SEPTUAGINTA

Η ΠΑΛΑΙΑ ΔΙΑΘΗΚΗ
ΚΑΤΑ ΤΟΥΣ ΕΒΔΟΜΗΚΟΝΤΑ (Ο΄)

ΕΚΔΟΣΙΣ ΑΝΑΓΝΩΣΤΙΚΗ

ΤΟΜΟΣ ΠΡΩΤΟΣ

SEPTUAGINTA

A READER'S EDITION

VOLUME ONE

Edited by
Gregory R. Lanier and William A. Ross

Septuaginta: A Reader's Edition

Hendrickson Publishers Marketing, LLC
P. O. Box 3473
Peabody, Massachusetts 01961-3473
www.hendrickson.com

Greek text:
Septuaginta, edited by Alfred Rahlfs
Second Revised Edition, edited by Robert Hanhart

P. O. Box 810340
70520 Stuttgart, Germany
www.academic-bible.com

ISBN (Hendrickson Publishers Marketing, LLC)
978-1-61970-843-3 Blue Cloth Hardcover: Two Volumes
978-1-68307-185-3 Black Flexisoft: Two Volumes
ISBN (Deutsche Bibelgesellschaft)
978-3-438-05190-5 Blue Cloth Hardcover: Two Volumes
978-3-438-05191-2 Black Flexisoft: Two Volumes

Printed in China

Second Printing—February 2019

Library of Congress Cataloging-in-Publication Data

Names: Lanier, Gregory R., editor. | Ross, William A, 1987- editor.
Title: Septuaginta : a reader's edition / edited by Gregory R. Lanier and William A. Ross.
Other titles: Bible. Old Testament. Greek. Septuagint. 2018.
Description: Peabody, Massachusetts : Hendrickson Publishers, 2018.
Identifiers: LCCN 2018013553| ISBN 9781619708433 (blue cloth hardcover Hendrickson Publishers edition : alk. paper) | ISBN 9781683071853 (black flexisoft Hendrickson Publishers edition : alk. paper) | ISBN 9783438051905 (blue cloth hardcover Deutsche Bibelgesellschaft edition : alk. paper) | ISBN 9783438051912 (black flexisoft Deutsche Bibelgesellschaft edition : alk. paper)
Classification: LCC BS741 .L36 2018 | DDC 221.4/8--dc23
LC record available at https://lccn.loc.gov/2018013553

TABLE OF CONTENTS

Volume One

Volume Two

INTRODUCTION

The more the Septuagint is read continuously, by chapters and by books, the more pleasure is likely to be gained by it.[1]

All honour to the Hebrew original! But the proverbial Novum in Vetere latet *cannot be fully understood without a knowledge of the Septuagint.*[2]

This work emerges from the editors' conviction, shared by many, that both competency in and enjoyment of the study of the ancient Scriptures arise through sustained reading of them in their original languages. Software programs have their place, as does the practice of studying a verse or two of Hebrew or Greek (parsing, diagramming, translating) regularly. But we, and many others before us, have found that reading the primary texts over long stretches—on paper, without surrounding distractions, using one's intuitions and, where necessary, outside aids—is a practice of inestimable benefit.

In recent years, the idea of "Reader's Editions"—which help readers do exactly this—has gained traction. Such tools present the reader with the ancient text, a set of glosses on each page to ease the pain of looking up unfamiliar words, a short lexicon in the back for all the rest, and English subheadings to help navigate. Such editions do not replace critical editions or modern translations; rather, they supplement them by helping the reader *just to read*, for enjoyment or study, in the primary languages. "Reader's Editions" for the Greek New Testament (NT) and the Hebrew Bible (HB) have been available for several years. For too long, however, such an edition of the Greek Old Testament (OT), commonly known as the Septuagint (more on this designation below), has been absent. This project fills that void.

1. About *Septuaginta: A Reader's Edition*

In the past few decades, interest in the Septuagint has been on the rise due to a variety of factors: an explosion of energy in the study of the NT's intertextual use of the OT/HB; the publication of several popular introductions to the field, along with specialized Septuagint lexicons, grammars, and translations; advances in the study of Hellenistic (Koine) Greek as well as Second Temple Judaism and the Greco-Roman world; and an increase in the number of master's-level and doctoral-level

1. Ottley 1920: 178.
2. Deissmann 1908: 12.

students whose studies focus on the Septuagint. Tools for *reading* the Septuagint have not kept pace with this increase in interest, however. We hope, therefore, that the present work constitutes a step forward in making the riches of this Greek corpus more readily accessible.

The goal of this project, which began taking shape in 2014, is simple: to present the text of the Greek OT, as well as that of the Apocryphal/Deuterocanonical books, in a clear and readable format, along with a vocabulary apparatus that provides contextual glosses for words that most students would not have encountered in two or three courses on NT Greek. The purpose of this work is not to replace other tools—particularly the text-critical apparatus that is the focus of critical editions—but to supplement them. In short, we aim to give scholars and students a tool that is less intimidating and much easier to read than critical editions (which still retain their place for academic study), so that such readers can more easily immerse themselves in the Greek text and improve their comprehension of Koine Greek in general.

2. How to Use This Edition

Text

The textual base used in this edition is the 2006 revision of *Septuaginta*, edited by Alfred Rahlfs and Robert Hanhart (and therefore commonly referred to as "Rahlfs-Hanhart"), which is based primarily on the major Greek majuscules that date between the fourth and sixth centuries. Rahlfs-Hanhart is largely superseded as a critical text by *Septuaginta Vetus Testamentum Graecum*, which has been issued over the past century in fascicles and which is known as "the Göttingen edition." However, for certain portions of the Septuagint corpus, such as the book of Judges, no fascicle of the Göttingen edition has yet been produced. As a result, Rahlfs-Hanhart offers the best complete textual basis for a work like this *Reader's Edition*, even though it is not the most rigorously up-to-date eclectic text in existence. Rahlfs-Hanhart nevertheless provides an excellent text for reading that in most places differs very little from what is found in the extant fascicles of the Göttingen edition.

We are grateful for the cooperation of the Deutsche Bibelgesellschaft in licensing the text of Rahlfs-Hanhart for this project. We chose to adopt a similar title to that of Rahlfs-Hanhart in order to make clear this work's relationship to it.

For a few books or parts of books, Rahlfs-Hanhart (reflecting the general scholarly opinion) provides "double-texts," that is, two distinct textual traditions. These include portions or all of Joshua, Judges, Tobit, Susanna, Daniel, and Bel and the Dragon. Wherever this occurs, we have provided both texts in this edition, on facing pages and with the verses and paragraphs in one text aligned with their parallels in the other as closely as possible (to facilitate comparative reading).

Although this *Reader's Edition* includes the Prayer of Manasseh (Ode 12), which we have placed after the book of Psalms, we have chosen not to include the thirteen other Odes found in Rahlfs-Hanhart. The Odes are a collection of poems/songs found in Codex Alexandrinus, and they appear in various locations throughout the canon, whether in the OT (e.g., Prayer of Moses at Exodus 15 // Ode 1 in Rahlfs-Hanhart) or the NT (e.g., Magnificat at Luke 1:46-55 // Ode 9 in Rahlfs-Hanhart).

Furthermore, in the book of Job we have followed Rahlfs-Hanhart in including some of the sigla that reflect what Origen deemed to be in the Hebrew text but which was not found in the Greek. For each of these blocks of text, ※ is placed at the beginning of each line (if there is more than one), and ↙ is placed at the end of the entire block. For the book of Job, Origen used the Theodotion version for almost all of these lines.

With the inclusion of the "double-texts" and Apocryphal/Deuterocanonical writings, the present work is twenty percent longer than the HB and four and a half times as long as the Greek NT.

Chapters and Verses

The differences among the systems of versification found in the HB (as presented in *Biblia Hebraica Stuttgartensia*, or BHS), in modern translations, and in Rahlfs-Hanhart's *Septuaginta* are notoriously complicated and cannot be covered adequately here.[3] The two most pronounced alignment issues (which concern the Psalter and Jeremiah) are summarized below.

Moreover, it is frequently the case that the Greek text presented in *Septuaginta* lacks verses that are found in BHS (and modern translations derived from it). In such cases, we have removed the verse numbers altogether so as not to clutter the page with orphaned verse numbers that lack any text. In a few places this occurs at the beginning of a chapter, such that there is no verse 1.[4]

Psalms

Some psalms that are treated as separate compositions in one tradition are combined in others, and vice versa. In particular:

BHS (and English)		***Septuaginta***
9 and 10	=	9
114 and 115	=	113
116	=	114 and 115
147	=	146 and 147

3. We refer the reader to Jobes and Silva (2015: 376–80) for a fuller treatment of the verse alignment.

4. Readers who are interested in the initial verse numbers are encouraged to consult Rahlfs-Hanhart, where they are retained.

Thus, for certain stretches of psalms, the psalm number in *Septuaginta* is one less than that found in the BHS (and English): specifically, 11–113 (*Septuaginta* 10–112) and 117–146 (*Septuaginta* 116–145).

Jeremiah

Greek Jeremiah is quite different in length, content, and sequencing from the book of Jeremiah known from the HB.

Major portions of the BHS text that are not found in Greek Jeremiah include 8:10–12; 10:6–8, 10; 11:7–8; 17:1–4; 29:16–20; 30:10–11; 33:14–26; 39:4–13; 48:45–46; 51:44d–49a; and 52:2–3, 27c–30.

The following guide will help the reader navigate from the Hebrew (and English) chapter/verse numbering to that found in *Septuaginta*, though not all details are shown.

BHS (and English)	*Septuaginta*	BHS (and English)	*Septuaginta*
25:15–38	32:15–38	49:7–22, 1–5, 28–33, 23–27	30:1–27
Chs. 26–43	Chs. 33–50	49:34a	25:14
31:35, 36, 37	38:36, 37, 35	49:35–39	25:15–19
44:1–30; 45:1–5	51:1–35	49:34b	25:20
46	26	50	27
47	29	51	28
48	31		

The Vocabulary Apparatus

Criteria for Inclusion

The main value of this *Reader's Edition* is the running vocabulary apparatus found on each page. Since it was not feasible or desirable to gloss in the apparatus of this work all of the roughly 14,000 individual lexemes found in the Septuagint, we needed to decide which words to exclude from the apparatus and put in the glossary. We recognize that the target audience for this edition consists largely of students who have begun their study of Greek with the NT and who are now working their way into reading the Greek OT. As such, we are assuming that most of our readers will have some competency with the vocabulary acquired in their introductory NT coursework. We also wanted to strike the right readability balance: too many glosses on a given page means the amount of text is small and cluttered with footnotes, but too few means the reader needs constantly to be turning to the glossary at the back.

We settled on the following scheme. We footnote every word in the main text that meets one or more of the following criteria:

- The lexeme appears 100 times or fewer in *Septuaginta*.
- The lexeme appears 30 times or fewer in the *UBS Greek New Testament* (Fifth Edition).
- The specific form is spelled in a way that would likely be unfamiliar to readers (even for otherwise common lexemes); examples include verbs in the pluperfect or optative, verbs with certain irregular stem changes, and adjectives in comparative/superlative form.
- The specific occurrence is part of a phrase or idiom that is uncommon in the Greek NT but relatively common in the Septuagint (e.g., ὃν τρόπον, ἀνὰ μέσον, ἀνθ᾽ ὧν).

All other words are included in the glossary (on which see further below). One major exception is that, in nearly all cases, proper nouns are excluded from both the running apparatus and the glossary.

As was just stated, our general principle has been that every word meeting at least one of the above criteria receives a numerical footnote marker in the main text and an entry in the vocabulary apparatus at the bottom of the page. However, in many cases a word is repeated in a verse. For these we tried to balance readability and clarity by doing the following:

- Only the first occurrence of a non-verb in a given verse receives a footnote *unless* its meaning changes in a later occurrence in the same verse; if so, a new footnote is provided for the subsequent occurrence.
- Every verb receives a footnote *unless* it has already occurred in the same verse with the same morphology and meaning.

Applying these criteria has yielded approximately 125,000 vocabulary footnotes across the 1,175 chapters contained in this work. The footnotes are presented in a two-column format, and the numbering restarts on each page.

Glosses

For each footnote in the vocabulary apparatus, we have provided the word's lexical form along with a context-sensitive English gloss (typically a one- or two-word equivalent). Our aim has not been to provide a full definition at each occurrence, but rather to provide the minimally sufficient information needed to enable the reader to check the meaning of a word and move on. In crafting these glosses, we have studied context and consulted a variety of Septuagint-specific and general Koine lexicons.[5] We have done our best to be as consistent as possible in how we gloss the same word across stretches of text (beginning at the level of chapters), but with many thousands of glosses created over several years, it has been impossible

5. Especially Lust, Eynikel, Hauspie 2003; Muraoka 2009; Liddell, Scott, Jones 1996 [1843]; others are listed below.

to be perfectly consistent. Diversity in glosses for the same word across the entirety of the work is therefore to be expected, and in our opinion this is, in fact, a good thing: by encountering different glosses for the same word in various contexts, the reader is able to develop a more robust sense of its semantic range. Moreover, any given gloss may be debated; those who are prompted to dig further are encouraged to consult the lexicons listed below.

Adjectives used substantivally are usually glossed as normal English adjectives or, in cases of ambiguity, with a parenthetical addition making the substantival use clear (e.g., ὅσιος, holy [person]). In some cases an adjective is used so often as a substantive in the Septuagint (or in Koine in general) that, while technically remaining adjectival, it functions as a noun; in such cases, we may gloss the word in question with an English noun (e.g., νομικός, legal statute).

For verbs, the gloss provided is essentially an English infinitive form without the "to" and, in nearly all cases, phrased in the English present tense. This allows the reader to determine mentally how to render the verb based on the parsing information provided, without our imposing any particular view of verbal aspect (with respect to, say, the aorist).

We also default to an "active"-sounding gloss in most cases, allowing readers to, once again, use context and the parsing information to render as they see fit a verb with middle or passive morphology. For some verbs, however, this approach simply does not work, and we have done our best to provide an English gloss that suits the context better. For instance, εὐφραίνω with an active morphology is typically transitive, whereby person *X* "cheers up" or "makes glad" person *Y* (so we gloss it accordingly); with passive morphology, however, it is almost always self-referential, whereby person *X* "rejoices" or "is glad" (so we gloss it accordingly). Similarly, θυμόω with active morphology will typically be glossed "make angry" or "enrage." However, in the passive we typically render it "be/become angry," though in certain cases context may suggest that "make angry" is still preferred. As is well known, glossing is a blend of art and science.

Furthermore, for some verbs there is debate about the proper ending of the lexical form, particularly with regard to voice (-ω vs. -ομαι) or whether the verb is athematic or thematic (-μι vs. -ω/-αζω). We have consulted the best lexicons in an effort to be as accurate as possible, but conflicting opinions remain for some lexemes. The reading experience, however, should not be negatively impacted by such details.

Parsing Information and Abbreviations

Due to the scale of this work and our desire to provide only essential information, we have chosen not to provide genitive endings or gender indications. Such details can almost always be deduced from the context, but if not, they can be found readily in a lexicon.

For verbs, we have provided full parsing information in italics following the lexical form. The following guide will help the reader understand how to use this information:

Scenario	Parsing information provided	Example
Finite verb	Tense-form Voice Mood Person Number	λύω, *aor pas ind 3p*
Infinitive	Tense-form Voice *inf*	λύω, *pres act inf*
Participle	Tense-form Voice *ptc* Case Number Gender	λύω, *perf mid ptc nom s m*

The abbreviations used for verbs are as follows:

Tense-form		**Voice**		**Person**	
Present	*pres*	Active	*act*	First	*1*
Imperfect	*impf*	Middle	*mid*	Second	*2*
Aorist	*aor*	Passive	*pas*	Third	*3*
Future	*fut*				
Perfect	*perf*	**Mood**		**Number**	
Pluperfect	*plpf*	Indicative	*ind*	Singular	*s*
		Subjunctive	*sub*	Plural	*p*
		Imperative	*impv*		
		Infinitive	*inf*		
		Optative	*opt*		
Participle	*ptc*	**Case**		**Gender**	
		Nominative	*nom*	Masculine	*m*
		Genitive	*gen*	Feminine	*f*
		Dative	*dat*	Neuter	*n*
		Accusative	*acc*		
		Vocative	*voc*		

In addition, in some cases we supplement an English gloss with extra information to help the reader better understand a given word. The following conventions are used:

Abbreviation	How it is used in this edition	Example
( )	Encloses additional English words that are needed to clarify the contextual meaning of a word: i.e., (i) to elaborate on technical terms, (ii) to bring out contextual nuance or make meaning more obvious, and/or (iii) to suggest alternative glosses where a word is being used in an unusual way	(i) ὀβολός, obol (one fifth of a drachma) (ii) σωτηρία, (sacrifice of) deliverance, peace (iii) ἐπιφέρω, carry, (float)
?	Uncertain English gloss or other semantic/lexical feature	ὄρθιος, upright, (old?)
cr.	Crasis (combination of two words)	κἀγώ, I also, *cr.* καὶ ἐγώ
comp	Comparative form of an adjective	μείζων, *comp of* μέγας, greater
dim	Diminutive form of a noun	κοράσιον, *dim of* κόρη, girl
Heb. LW	Hebrew loanword (typically accented)	σίκλος, shekel, *Heb. LW*
read	Suggested reading for a possible textual variant or possible instance where the translator was confused by the Hebrew	ὦμος, shoulder (*read* offspring)
sup	Superlative form of an adjective	ὕψιστος, *sup*, highest
translit.	Transliteration of a Hebrew or Aramaic word (typically unaccented)	νωκηδ, sheep breeder, *translit.*

Headings, Text Divisions, and Poetry Formatting

Throughout this work, we have incorporated other aids for readers that are not typically found in critical editions of the Septuagint. At the top of each page we include the Greek and English book names (in contrast to the Latin names found in Rahlfs-Hanhart), with the former on even pages and the latter on odd pages. Additionally, for every book but Psalms and Proverbs, we provide English subheadings to help the reader navigate the text.

In narratives, Rahlfs-Hanhart and other critical editions tend to present the text in unbroken, chapter-length blocks. This, of course, makes for difficult reading, and it does not match the practice of paragraphing found in most early manuscripts. We have therefore incorporated more frequent textual breaks (between and within pericopes) to assist the reader.

Furthermore, Rahlfs-Hanhart often presents portions of text that most scholars consider to be poetry in the form of prose paragraphs. This is true especially for the prophetic books and several works of the Apocrypha/Deuterocanon. Therefore, to assist the reader we have introduced both breaks for stanzas/strophes and line divisions; note, however, that the results of this effort are often subjective and can be debated in many cases. Where Rahlfs-Hanhart does present the text as poetry, as in the Psalter and other books, we have in most cases adopted the formatting of that edition. Finally, the reader should note that there is sometimes debate about where a line of poetry begins or ends, and thus such a line may occasionally include the start of a new verse midway through.

Glossary

Approximately 330 higher-frequency words that are not included in the running vocabulary apparatus are provided in a glossary located at the back of both volumes of this *Reader's Edition*. Each word in the glossary is provided in its lexical form along with select additional information, such as genitive endings and gender indicators, if relevant. We have then provided information that goes beyond simple glosses but that is, in most cases, more concise than what one might find in a full scholarly lexicon. Vocabulary frequency statistics for *Septuaginta* and the Greek NT are also included for reference.[6] We recommend that all readers familiarize themselves with the words in the glossary in order to reduce the need to consult it while reading.

The following are additional abbreviations specific to the glossary:

adj	Adjective	*neg*	Negative particle
adv	Adverb	*num*	Numeral
conj	Conjunction	*prep*	Preposition
idiom	Hebrew idiom	*pron*	Pronoun
indef article	Indefinite article	*subst*	Substantival use of adjective
interj	Interjection	*trans*	Transitive
intr	Intransitive		

3. Advanced Information on Septuagint Studies

What Is "the Septuagint"?

"Septuagint" is often abbreviated LXX, the Roman numeral for "seventy," owing to the legend of an original seventy(-two) translators. The term was originally reserved for the Greek translation of the Pentateuch, but in early Christian writings it came to designate the Greek translations of the rest of the books of the HB as well, along with certain Apocryphal/Deuterocanonical books. It is generally thought

6. Computed using *BibleWorks* 10 and *Accordance* 6.

that the Pentateuch was translated first, perhaps followed by the Psalms, Historical Books, and Major Prophets, with certain of the Wisdom Books translated last. Although this conjectured timeline is far from certain, what is clear is that the entire project took over four centuries to produce (early or mid-third century BCE through first or second century CE).

Hence, in some respects it is potentially misleading to refer to "*the* Septuagint." Accordingly, when we say "Septuagint" we must remain alert to the fact that we are studying a collection of books, or even a library of sorts, one that was produced by many anonymous Jewish translators, in various places, in unknown circumstances, and over several centuries.[7]

Is There Such a Thing as "Septuagint Greek"?

It is not uncommon to encounter in scholarly literature the idea that the language of the Septuagint is peculiar. After just a few pages of reading in this edition, the reasons for such a claim will likely become clear. But is it correct to say that Septuagint Greek is, from a linguistic perspective, unique—that is, a category unto itself? If it is not unique, why does it seem so different from other Greek writings from the Hellenistic period? Answering these questions is surprisingly tricky.

At one point scholars felt confident that the Septuagint contained a kind of Jewish dialect of Greek, and they often described it as something corrupted from the so-called purer form of the language. Often the (misguided) point of comparison for the Septuagint was the older, Classical variety of the language, or sometimes that of Hellenistic literature. This kind of approach was most common prior to the early twentieth century, at which point the vast troves of Koine documentary evidence that we now possess had not been discovered. Although it took several decades for the significance of this evidence to sink in, eventually scholars came to recognize that the language of the Septuagint, as well as that of the Greek New Testament, was not a Jewish dialect. Rather, it was, for the most part, the non-literary variety of Koine: the language of its time.[8]

But to say that the language of the Septuagint is conventional Greek does not answer all our questions. First of all, the term "Koine" designates the form of Greek—in all its literary and spoken varieties—used throughout the Mediterranean world from the conquest of Alexander the Great right through Late Antiquity. Outside of the saturated analysis of the New Testament corpus, scholarship has only begun to make headway in understanding and describing Koine Greek as a whole. Moreover, the Septuagint is, after all, largely a translation. For that reason, its language has been influenced in varying degrees by the Hebrew or Aramaic of its source texts. It is true that the Septuagint translators typically produced a text that followed its source in a word-for-word fashion. What is still debated, however, is what significance that

7. Fernández Marcos 2008: 287; see also Aitken 2015a: 1–12; Williams 2016.

8. See Horsley 1989: 5–40; 1984: 393–403; Lee 1983: 11–30; Voelz 1984: 894–930; Porter 2016. For a discussion of understanding the Greek of the Septuagint as part of the development of the language, see Aitken 2014b: 183–94.

method has for our understanding of the language of the Septuagint.[9] Should we assume that the translators, in representing the *form* of their Hebrew or Aramaic source, also intended to represent its *meaning*? Some scholars who take this first position consider the language to be "translation Greek" and default to the Semitic text in understanding the Septuagint. Alternatively, should we assume that the translators, although representing the form of their Hebrew or Aramaic source, used Greek according to the normal conventions it had within the Hellenistic world? Scholars who take this second position largely disregard the source text in understanding the Septuagint and instead look to contemporary compositional Greek.

What kind of Greek do we find in the Septuagint, then? It is Koine, even if this is only a very broad claim. To be sure, there are features of the Septuagint that will be unfamiliar to those whose experience with the language does not extend beyond the New Testament or Patristic sources. Its style is distinctive and fluctuating. There are features in it that are still not attested in other Koine Greek sources. But it is almost always comprehensible, and it communicates effectively. We should recognize that, to whatever extent the translators decided against using conventional language or chose not to employ a higher literary register, their doing so was conscious and intentional. Put differently, the language of the Septuagint is what it is, *not* because its translators were bad at their job or incompetent in Greek, but because other concerns mattered more to them than producing a "literary" Greek text.[10] Precisely what those more important concerns were and why they arose, however, is a matter of ongoing study.

As the reader may sense from this brief discussion, the questions involved in the debate about the language of the Septuagint are numerous and complex. For this reason we have avoided taking a stand on such issues as much as possible. For instance, in the vocabulary apparatus we provide very little information about common Hebraisms or stereotypical equivalents, instead letting readers work through them on their own. This is part of the challenge and enjoyment of reading the Greek OT, whether as a first-century Ptolemaic Jew or a twenty-first-century Bible student.

What Is the State of Lexicography for the Greek OT?

Although it may come as a surprise to some, the field of Greek lexicography is constantly in a state of development. With the writing of new lexicons and the ever-growing mass of materials at our disposal (from newly discovered inscriptions to increased access to Greek texts in electronic form), new insights and revisions to old paradigms are regularly being achieved. Given that a major aspect of our work on this *Reader's Edition* involved making decisions about the meanings of words, we certainly have been impacted by such ongoing lexicographical work. Of particular importance is the recent publication of two lexicons that focus directly

---

9. See Aitken 2016.

10. There are, of course, points where the translators evidently did misunderstand their source text; see Tov 1984a: 53–70. For a discussion of so-called Hebraisms see Thackeray 1909: §4; Walters 1973: 141–264; Soisalon-Soininen 1990: 35–51. Also see Tov 2015: 92n26 for a historical bibliography of the discussion of Hebraisms.

on the Greek OT, namely, those by Lust, Eynikel, and Hauspie (*LEH*) and Muraoka (*GELS*). These resources mark a major step forward in Greek lexicography, though they, like all other Greek lexicons, derive from the work of prior scholars (including its weaknesses) going back to the fifteenth century.[11]

Due to the scale of this *Reader's Edition*, we have not undertaken lexicographical work *de novo*. Rather, we have attempted to make prudent use of the major lexicons currently available, acknowledging the benefits and shortcomings of each.

For Further Reading

For those who wish to learn more about the Greek OT and the field of Septuagint studies, the best place to start is an introduction to the Septuagint, for which we recommend Jobes and Silva (2015), Law (2013), Dines (2004), and Fernández Marcos (2000), though older works such as Jellicoe (1968) and Swete (1896) remain immensely valuable. More advanced handbooks to the Septuagint corpus include Aitken (2015) and Karrer, Kraus, and Kreuzer (2016). (Full bibliographical details for all of these sources, as well as the others listed in this section, are found below, under "Select Bibliography.")

For students who are interested in studying the grammar and syntax of the Septuagint more closely in order to build on what they have already learned, we highly recommend Muraoka (2016), along with older resources such as Conybeare and Stock (1905) and Thackeray (1909).

Modern translations of the Septuagint have become available in recent years in the following languages: English (*NETS*; Pietersma and Wright [2009]), German (*LXX.D*; Karrer and Kraus [2009]), Spanish (*LBG*; Fernández Marcos et al. [2008]), and French (*Bd'A*; Harl et al. [1984–]). As with all translation efforts, each of these takes a different approach and has its advantages and disadvantages.

Finally, we would point readers to Jobes (2016) and McLean (2014), both of which are "graded readers" featuring selections of Koine Greek text accompanied by lexical and syntactical comments and vocabulary helps.

For those interested in following the latest developments in Septuagint studies, we strongly recommend joining the International Organization of Septuagint and Cognate Studies (IOSCS) and reading its publication, the *Journal of Septuagint and Cognate Studies*.

4. Select Bibliography

Aitken, James K.

2014a "The Language of the Septuagint and Jewish-Greek Identity." Pages 120–34 in *The Jewish-Greek Tradition in Antiquity and the Byzantine Empire*. James K. Aitken and James C. Padget (eds.). Cambridge: Cambridge University Press.

11. Lee 2003: 3–14.

2014b “Outlook.” Pages 183–94 in *The Reception of Septuagint Words in Jewish-Hellenistic and Christian Literature*. Eberhard Bons, Ralph Brucker, and Jan Joosten (eds.). Tübingen: Mohr Siebeck.

2015 “Introduction.” Pages 1–12 in *T&T Clark Companion to the Septuagint*. James K. Aitken (ed.). New York: T&T Clark.

2016 “The Septuagint and Egyptian Translation Methods.” Pages 269–93 in *XV Congress of the International Organization for Septuagint and Cognate Studies: Munich, 2013*. Wolfgang Kraus, Michaël N. van der Meer, and Martin Meiser (eds.). Atlanta: SBL Press.

Aitken, James K. (ed.)

2015 *T&T Clark Companion to the Septuagint*. New York: T&T Clark.

Deissmann, Adolf

1908 *The Philology of the Greek Bible: Its Present and Future*. London: Hodder & Stoughton.

Dines, Jennifer

2004 *The Septuagint*. London: T&T Clark.

Fernández Marcos, Natalio

2000 *The Septuagint in Context: Introduction to the Greek Version of the Bible*. Leiden: Brill.

2008 “A New Spanish Translation of the Septuagint.” Pages 283–91 in *Translating a Translation*. H. Ausloos, J. Cook, F. García Martínez, B. Lemmelijn, and M. Vervenne (eds.). Leuven: Peeters.

Fernández Marcos, Natalio, Spottorno Díaz-Caro, María Victoria, Cañas Reíllo, and José Manuel (eds.)

2008 *La Biblia Griega Septuaginta*. 3 volumes. Biblioteca de Estudios Bíblicos. Salamanca: Ediciones Sígueme.

Harl, Marguerite et al. (eds.)

1984– *La Biblia d’Alexandrie LXX*. Multiple volumes. Paris: Cerf.

Horsley, G. H. R.

1984 “*Res Bibliographicae*: Divergent Views on the Nature of Greek of the Bible.” *Biblica* 65: 393–403.

1989 “The Fiction of ‘Jewish Greek.’ ” Pages 5–40 in *New Documents Illustrating Early Christianity*. G. H. R. Horsley (ed.). North Ryde, New South Wales: Ancient History Documentary Research Centre, Macquarie University.

Jellicoe, Sidney

1968 *The Septuagint and Modern Study*. Winona Lake, IN: Eisenbrauns.

Jobes, Karen H.

2016 *Discovering the Septuagint: A Guided Reader*. Grand Rapids: Kregel Academic.

Jobes, Karen H., and Moisés Silva

2015 *Invitation to the Septuagint*. 2nd ed. Grand Rapids: Baker Academic.

Joosten, Jan

2011 "Le Vocabulaire de la Septante et la Question du Sociolecte des Juifs Alexandrins. Le Cas du Verbe ΕΥΛΟΓΕΩ, 'Benir.'" Pages 13–23 in *Septuagint Vocabulary: Pre-History, Usage, Reception*. Jan Joosten and Eberhard Bons (eds.). Atlanta: SBL Press.

2014 "Mixed Blessings: The Biblical Notion of Blessing in the Works of Philo and Flavius Josephus." Pages 105–15 in *The Reception of Septuagint Words in Jewish-Hellenistic and Christian Literature*. Eberhard Bons, Ralph Brucker, and Jan Joosten (eds.). Tübingen: Mohr Siebeck.

Karrer, Martin, and Wolfgang Kraus (eds.)

2009 *Septuaginta Deutsch: Das griechische Alte Testament in deutscher Übersetzung*. Stuttgart: Deutsche Bibelgesellschaft.

Karrer, Martin, Wolfgang Kraus, and Siegfried Kreuzer (eds.)

2016 *Handbuch zur Septuaginta*. München: Gütersloh.

Law, Timothy Michael

2013 *When God Spoke Greek: The Septuagint and the Making of the Christian Bible*. Oxford: Oxford University Press.

Lee, John A. L.

1983 *A Lexical Study of the Septuagint Version of the Pentateuch, Septuagint and Cognate Studies*. Chico, CA: Scholars Press.

2003 *A History of New Testament Lexicography*. Studies in Biblical Greek. New York: Peter Lang.

Liddell, Henry George, Robert Scott, and Henry Stuart Jones

1843 *A Greek-English Lexicon*. Oxford: Clarendon. Reprint, 1996.

Lust, Johan, Erik Eynikel, and Katrin Hauspie

2003 *A Greek-English Lexicon of the Septuagint*. Rev. ed. Stuttgart: Deutsche Bibelgesellschaft.

McLean, B.H.

2014 *Hellenistic and Biblical Greek: A Graduated Reader*. Cambridge: Cambridge University Press.

Mulroney, James A. E.

2016 *The Translation Style of Old Greek Habakkuk: Methodological Advancement in Interpretative Studies of the Septuagint*. FAT II 86. Tübingen: Mohr Siebeck.

Muraoka, Takamitsu

2009 *A Greek-English Lexicon of the Septuagint*. Leuven: Peeters.

2016 *A Syntax of Septuagint Greek*. Leuven: Peeters.

Ottley, R. R.

1920 *A Handbook to the Septuagint*. London: Methuen.

Pietersma, Albert, and Benjamin G. Wright (eds.)

2009 *New English Translation of the Septuagint*. Oxford: Oxford University Press.

Porter, Stanley E.

2016 "Historical Scholarship on the Language of the Septuagint." Pages 15–38 in *Die Sprache der Septuaginta*. Handbuch zur Septuaginta, vol. 3. E. Bons and J. Joosten (eds.). Gütersloh: Gütersloher Verlagshaus.

Soisalon-Soininen, Ilmari

1990 "Zurück zur Hebraismenfrage. " Pages 35–51 in *Studien zur Septuaginta—Robert Hanhart zu Ehren: Aus Anlass seines 65. Geburtstages*. D. Fraenkel, U. Quast, and J. W. Wevers (eds.). Göttingen: Vandenhoeck und Ruprecht.

Swete, Henry Barclay

1896 *The Old Testament in Greek according to the Septuagint*. Cambridge: Cambridge University Press.

Thackeray, Henry St. J.

1909 *A Grammar of the Old Testament in Greek according to the Septuagint*. Vol. 1: Introduction, Orthography and Accidence. Cambridge: Cambridge University Press.

Tov, Emanuel

1984a "Did the Septuagint Translators Always Understand Their Hebrew Text?" Pages 53–70 in *De Septuaginta: Studies in Honour of J. W. Wevers on His 65th Birthday*. A. Pietersma and C. Cox (eds.). Mississauga, ON: Beben Publications.

1984b "The Fifth Fascicle of Margolis' *The Book of Joshua in Greek*." *Jewish Quarterly Review* 74: 397–407.

1999 "Some Thoughts on a Lexicon of the Septuagint." Pages 95–108 in *The Greek and Hebrew Bible: Collected Essays on the Septuagint*. Leiden: Brill.

2015 *The Text-Critical Use of the Septuagint in Biblical Research*. 3d ed. Winona Lake, IN: Eisenbrauns.

Voelz, J. W.

1984 "The Language of the New Testament." Pages 893–977 in *Geschichte und Kultur Roms im spiegel der Neueren Forschung*. Hildegard Temporini and Wolfgang Haase (eds.). Berlin: de Gruyter.

Walters, Peter

1973 *The Text of the Septuagint: Its Corruptions and Their Emendation*. Cambridge: Cambridge University Press. Reprint, 2009.

Williams, Peter J.

2016 "On the Invention and Problem of the Term 'Septuagint.'" Presented at the Septuagint Studies Panel of the annual meeting of the ETS, San Antonio, TX.

5. Acknowledgments

We would like to thank our wives and children for their immense patience and sense of humor as we toiled away at (and frequently commented upon) this sometimes bizarre-sounding project for years, mostly in the early morning or late at night. Ecclesiastes 7:8 was often in mind. We began this work when we were both PhD students at the University of Cambridge, and a lot of life—battles with pediatric cancer, births of children, international moves, dissertation defenses, job interviews, and more—has happened in the meantime. We could not have sustained the energy for such a long project without our families' support.

We also thank the team at Hendrickson for their excellent professionalism and support throughout the project. Jonathan Kline, our editor, has been a joy to work alongside during this massive endeavor and has become a friend through the process. Phil Frank has done a splendid job typesetting the book and deserves much acclaim for his endurance and attention to detail. Tirzah Frank, likewise, has spent painstaking hours improving the apparatus and other features of this project. We also remember the late John Kohlenberger, who briefly began work on this project before the Lord called him home after a lengthy battle with cancer.

Finally, we thank our instructors, peers, and colleagues—too many to name—who have stirred up in us a zeal for the biblical languages, a love for Scripture, and a passion for the Septuagint.

τοῦ κυρίου ἡ σωτηρία
καὶ ἐπὶ τὸν λαόν σου ἡ εὐλογία σου
Psalm 3:9

GRL and WAR
Easter MMXVIII

ΓΕΝΕΣΙΣ
Genesis

Creation Account

1 Ἐν ἀρχῇ ἐποίησεν ὁ θεὸς τὸν οὐρανὸν καὶ τὴν γῆν. **2** ἡ δὲ γῆ ἦν ἀόρατος[1] καὶ ἀκατασκεύαστος,[2] καὶ σκότος ἐπάνω[3] τῆς ἀβύσσου,[4] καὶ πνεῦμα θεοῦ ἐπεφέρετο[5] ἐπάνω[6] τοῦ ὕδατος. **3** καὶ εἶπεν ὁ θεός Γενηθήτω φῶς. καὶ ἐγένετο φῶς. **4** καὶ εἶδεν ὁ θεὸς τὸ φῶς ὅτι καλόν. καὶ διεχώρισεν[7] ὁ θεὸς ἀνὰ μέσον[8] τοῦ φωτὸς καὶ ἀνὰ μέσον τοῦ σκότους. **5** καὶ ἐκάλεσεν ὁ θεὸς τὸ φῶς ἡμέραν καὶ τὸ σκότος ἐκάλεσεν νύκτα. καὶ ἐγένετο ἑσπέρα[9] καὶ ἐγένετο πρωί,[10] ἡμέρα μία.

6 Καὶ εἶπεν ὁ θεός Γενηθήτω στερέωμα[11] ἐν μέσῳ τοῦ ὕδατος καὶ ἔστω διαχωρίζον[12] ἀνὰ μέσον[13] ὕδατος καὶ ὕδατος. καὶ ἐγένετο οὕτως. **7** καὶ ἐποίησεν ὁ θεὸς τὸ στερέωμα,[14] καὶ διεχώρισεν[15] ὁ θεὸς ἀνὰ μέσον[16] τοῦ ὕδατος, ὃ ἦν ὑποκάτω[17] τοῦ στερεώματος, καὶ ἀνὰ μέσον τοῦ ὕδατος τοῦ ἐπάνω[18] τοῦ στερεώματος. **8** καὶ ἐκάλεσεν ὁ θεὸς τὸ στερέωμα[19] οὐρανόν. καὶ εἶδεν ὁ θεὸς ὅτι καλόν. καὶ ἐγένετο ἑσπέρα[20] καὶ ἐγένετο πρωί,[21] ἡμέρα δευτέρα.

9 Καὶ εἶπεν ὁ θεός Συναχθήτω τὸ ὕδωρ τὸ ὑποκάτω[22] τοῦ οὐρανοῦ εἰς συναγωγὴν μίαν, καὶ ὀφθήτω ἡ ξηρά.[23] καὶ ἐγένετο οὕτως. καὶ συνήχθη τὸ ὕδωρ τὸ ὑποκάτω τοῦ οὐρανοῦ εἰς τὰς συναγωγὰς αὐτῶν, καὶ ὤφθη ἡ ξηρά. **10** καὶ ἐκάλεσεν ὁ θεὸς τὴν ξηρὰν[24] γῆν καὶ τὰ συστήματα[25] τῶν ὑδάτων ἐκάλεσεν θαλάσσας. καὶ εἶδεν ὁ

1 ἀόρατος, invisible, without form
2 ἀκατασκεύαστος, without shape
3 ἐπάνω, above
4 ἄβυσσος, deep, abyss
5 ἐπιφέρω, *impf mid ind 3s*, set upon, place upon
6 ἐπάνω, above
7 διαχωρίζω, *aor act ind 3s*, separate
8 ἀνὰ μέσον, between
9 ἑσπέρα, evening
10 πρωί, morning
11 στερέωμα, firmament
12 διαχωρίζω, *pres act ptc nom s n*, separate
13 ἀνὰ μέσον, between
14 στερέωμα, firmament
15 διαχωρίζω, *aor act ind 3s*, separate
16 ἀνὰ μέσον, between
17 ὑποκάτω, below, under
18 ἐπάνω, above
19 στερέωμα, firmament
20 ἑσπέρα, evening
21 πρωί, morning
22 ὑποκάτω, below, under
23 ξηρός, dry (ground)
24 ξηρός, dry (ground)
25 σύστημα, gathering

θεὸς ὅτι καλόν. — **11** καὶ εἶπεν ὁ θεός Βλαστησάτω[1] ἡ γῆ βοτάνην[2] χόρτου,[3] σπεῖρον[4]
σπέρμα κατὰ γένος[5] καὶ καθ᾽ ὁμοιότητα,[6] καὶ ξύλον[7] κάρπιμον[8] ποιοῦν καρπόν, οὗ τὸ
σπέρμα αὐτοῦ ἐν αὐτῷ κατὰ γένος ἐπὶ τῆς γῆς. καὶ ἐγένετο οὕτως. **12** καὶ ἐξήνεγκεν[9]
ἡ γῆ βοτάνην[10] χόρτου,[11] σπεῖρον[12] σπέρμα κατὰ γένος[13] καὶ καθ᾽ ὁμοιότητα,[14] καὶ
ξύλον[15] κάρπιμον[16] ποιοῦν καρπόν, οὗ τὸ σπέρμα αὐτοῦ ἐν αὐτῷ κατὰ γένος ἐπὶ
τῆς γῆς. καὶ εἶδεν ὁ θεὸς ὅτι καλόν. **13** καὶ ἐγένετο ἑσπέρα[17] καὶ ἐγένετο πρωί,[18]
ἡμέρα τρίτη.

14 Καὶ εἶπεν ὁ θεός Γενηθήτωσαν φωστῆρες[19] ἐν τῷ στερεώματι[20] τοῦ οὐρανοῦ
εἰς φαῦσιν[21] τῆς γῆς τοῦ διαχωρίζειν[22] ἀνὰ μέσον[23] τῆς ἡμέρας καὶ ἀνὰ μέσον τῆς
νυκτὸς καὶ ἔστωσαν εἰς σημεῖα καὶ εἰς καιροὺς καὶ εἰς ἡμέρας καὶ εἰς ἐνιαυτοὺς[24]
15 καὶ ἔστωσαν εἰς φαῦσιν[25] ἐν τῷ στερεώματι[26] τοῦ οὐρανοῦ ὥστε φαίνειν[27] ἐπὶ
τῆς γῆς. καὶ ἐγένετο οὕτως. **16** καὶ ἐποίησεν ὁ θεὸς τοὺς δύο φωστῆρας[28] τοὺς
μεγάλους, τὸν φωστῆρα τὸν μέγαν εἰς ἀρχὰς τῆς ἡμέρας καὶ τὸν φωστῆρα τὸν
ἐλάσσω[29] εἰς ἀρχὰς τῆς νυκτός, καὶ τοὺς ἀστέρας.[30] **17** καὶ ἔθετο αὐτοὺς ὁ θεὸς ἐν τῷ
στερεώματι[31] τοῦ οὐρανοῦ ὥστε φαίνειν[32] ἐπὶ τῆς γῆς **18** καὶ ἄρχειν τῆς ἡμέρας καὶ
τῆς νυκτὸς καὶ διαχωρίζειν[33] ἀνὰ μέσον[34] τοῦ φωτὸς καὶ ἀνὰ μέσον τοῦ σκότους. καὶ
εἶδεν ὁ θεὸς ὅτι καλόν. **19** καὶ ἐγένετο ἑσπέρα[35] καὶ ἐγένετο πρωί,[36] ἡμέρα τετάρτη.[37]
20 Καὶ εἶπεν ὁ θεός Ἐξαγαγέτω[38] τὰ ὕδατα ἑρπετὰ[39] ψυχῶν ζωσῶν καὶ πετεινὰ[40]
πετόμενα[41] ἐπὶ τῆς γῆς κατὰ τὸ στερέωμα[42] τοῦ οὐρανοῦ. καὶ ἐγένετο οὕτως. **21** καὶ
ἐποίησεν ὁ θεὸς τὰ κήτη[43] τὰ μεγάλα καὶ πᾶσαν ψυχὴν ζῴων[44] ἑρπετῶν,[45] ἃ ἐξήγαγεν[46]

1 βλαστάνω, *aor act impv 3s*, sprout
2 βοτάνη, plant
3 χόρτος, grass
4 σπείρω, *pres act ptc acc s n*, sow, yield
5 γένος, kind
6 ὁμοιότης, likeness
7 ξύλον, tree
8 κάρπιμος, fruitful
9 ἐκφέρω, *aor act ind 3s*, bear
10 βοτάνη, plant
11 χόρτος, grass
12 σπείρω, *pres act ptc acc s n*, sow, yield
13 γένος, kind
14 ὁμοιότης, likeness
15 ξύλον, tree
16 κάρπιμος, fruit-bearing
17 ἑσπέρα, evening
18 πρωί, morning
19 φωστήρ, luminary
20 στερέωμα, firmament
21 φαῦσις, illumination, light
22 διαχωρίζω, *pres act inf*, separate
23 ἀνὰ μέσον, between
24 ἐνιαυτός, year
25 φαῦσις, illumination, light
26 στερέωμα, firmament
27 φαίνω, *pres act inf*, shine, give light
28 φωστήρ, luminary
29 ἐλάσσων (ττ), *comp of* μικρός, *from* ἐλαχύς, lesser
30 ἀστήρ, star
31 στερέωμα, firmament
32 φαίνω, *pres act inf*, shine, give light
33 διαχωρίζω, *pres act inf*, separate
34 ἀνὰ μέσον, between
35 ἑσπέρα, evening
36 πρωί, morning
37 τέταρτος, fourth
38 ἐξάγω, *aor act impv 3s*, bring out
39 ἑρπετόν, creeping thing
40 πετεινός, bird
41 πέτομαι, *pres mid ptc acc p n*, fly
42 στερέωμα, firmament
43 κῆτος, sea creature
44 ζῷον, living
45 ἑρπετόν, creeping thing
46 ἐξάγω, *aor act ind 3s*, bring out

τὰ ὕδατα κατὰ γένη[1] αὐτῶν, καὶ πᾶν πετεινὸν[2] πτερωτὸν[3] κατὰ γένος.[4] καὶ εἶδεν ὁ
θεὸς ὅτι καλά. **22** καὶ ηὐλόγησεν αὐτὰ ὁ θεὸς λέγων Αὐξάνεσθε[5] καὶ πληθύνεσθε[6]
καὶ πληρώσατε τὰ ὕδατα ἐν ταῖς θαλάσσαις, καὶ τὰ πετεινὰ[7] πληθυνέσθωσαν[8] ἐπὶ
τῆς γῆς. **23** καὶ ἐγένετο ἑσπέρα[9] καὶ ἐγένετο πρωί,[10] ἡμέρα πέμπτη.[11]

24 Καὶ εἶπεν ὁ θεός Ἐξαγαγέτω[12] ἡ γῆ ψυχὴν ζῶσαν κατὰ γένος,[13] τετράποδα[14] καὶ
ἑρπετὰ[15] καὶ θηρία τῆς γῆς κατὰ γένος. καὶ ἐγένετο οὕτως. **25** καὶ ἐποίησεν ὁ θεὸς
τὰ θηρία τῆς γῆς κατὰ γένος[16] καὶ τὰ κτήνη[17] κατὰ γένος καὶ πάντα τὰ ἑρπετὰ[18] τῆς
γῆς κατὰ γένος αὐτῶν. καὶ εἶδεν ὁ θεὸς ὅτι καλά. — **26** καὶ εἶπεν ὁ θεός Ποιήσωμεν
ἄνθρωπον κατ᾽ εἰκόνα[19] ἡμετέραν[20] καὶ καθ᾽ ὁμοίωσιν,[21] καὶ ἀρχέτωσαν τῶν ἰχθύων[22]
τῆς θαλάσσης καὶ τῶν πετεινῶν[23] τοῦ οὐρανοῦ καὶ τῶν κτηνῶν[24] καὶ πάσης τῆς
γῆς καὶ πάντων τῶν ἑρπετῶν[25] τῶν ἑρπόντων[26] ἐπὶ τῆς γῆς. **27** καὶ ἐποίησεν ὁ θεὸς
τὸν ἄνθρωπον, κατ᾽ εἰκόνα[27] θεοῦ ἐποίησεν αὐτόν, ἄρσεν[28] καὶ θῆλυ[29] ἐποίησεν
αὐτούς. **28** καὶ ηὐλόγησεν αὐτοὺς ὁ θεὸς λέγων Αὐξάνεσθε[30] καὶ πληθύνεσθε[31]
καὶ πληρώσατε τὴν γῆν καὶ κατακυριεύσατε[32] αὐτῆς καὶ ἄρχετε τῶν ἰχθύων[33] τῆς
θαλάσσης καὶ τῶν πετεινῶν[34] τοῦ οὐρανοῦ καὶ πάντων τῶν κτηνῶν[35] καὶ πάσης τῆς
γῆς καὶ πάντων τῶν ἑρπετῶν[36] τῶν ἑρπόντων[37] ἐπὶ τῆς γῆς. **29** καὶ εἶπεν ὁ θεός Ἰδοὺ
δέδωκα ὑμῖν πᾶν χόρτον[38] σπόριμον[39] σπεῖρον[40] σπέρμα, ὅ ἐστιν ἐπάνω[41] πάσης τῆς
γῆς, καὶ πᾶν ξύλον,[42] ὃ ἔχει ἐν ἑαυτῷ καρπὸν σπέρματος σπορίμου[43] — ὑμῖν ἔσται εἰς
βρῶσιν[44] — **30** καὶ πᾶσι τοῖς θηρίοις τῆς γῆς καὶ πᾶσι τοῖς πετεινοῖς[45] τοῦ οὐρανοῦ
καὶ παντὶ ἑρπετῷ[46] τῷ ἕρποντι[47] ἐπὶ τῆς γῆς, ὃ ἔχει ἐν ἑαυτῷ ψυχὴν ζωῆς, πάντα

1 γένος, kind
2 πετεινός, bird
3 πτερωτός, feathered
4 γένος, kind
5 αὐξάνω, *pres mid impv 2p*, increase
6 πληθύνω, *pres pas impv 2p*, multiply
7 πετεινός, bird
8 πληθύνω, *pres pas impv 3p*, multiply
9 ἑσπέρα, evening
10 πρωί, morning
11 πέμπτος, fifth
12 ἐξάγω, *aor act impv 3s*, bring out
13 γένος, kind
14 τετράπους, four-footed
15 ἑρπετόν, creeping thing
16 γένος, kind
17 κτῆνος, animal, (*p*) herd
18 ἑρπετόν, creeping thing
19 εἰκών, image
20 ἡμέτερος, our
21 ὁμοίωσις, likeness
22 ἰχθύς, fish
23 πετεινός, bird
24 κτῆνος, animal, (*p*) herd
25 ἑρπετόν, creeping thing
26 ἕρπω, *pres act ptc gen p n*, creep, move
27 εἰκών, image
28 ἄρσην, male
29 θῆλυς, female
30 αὐξάνω, *pres mid impv 2p*, increase
31 πληθύνω, *pres pas impv 2p*, multiply
32 κατακυριεύω, *aor act impv 2p*, exercise dominion
33 ἰχθύς, fish
34 πετεινός, bird
35 κτῆνος, animal, (*p*) herd
36 ἑρπετόν, creeping thing
37 ἕρπω, *pres act ptc gen p n*, creep, move
38 χόρτος, grass
39 σπόριμος, seed-bearing
40 σπείρω, *pres act ptc acc s n*, sow, yield
41 ἐπάνω, above
42 ξύλον, tree
43 σπόριμος, seed-bearing
44 βρῶσις, food
45 πετεινός, bird
46 ἑρπετόν, creeping thing
47 ἕρπω, *pres act ptc dat s n*, creep, move

χόρτον[1] χλωρὸν[2] εἰς βρῶσιν.[3] καὶ ἐγένετο οὕτως. **31** καὶ εἶδεν ὁ θεὸς τὰ πάντα, ὅσα
ἐποίησεν, καὶ ἰδοὺ καλὰ λίαν.[4] καὶ ἐγένετο ἑσπέρα[5] καὶ ἐγένετο πρωί,[6] ἡμέρα ἕκτη.[7]

2 Καὶ συνετελέσθησαν[8] ὁ οὐρανὸς καὶ ἡ γῆ καὶ πᾶς ὁ κόσμος[9] αὐτῶν. **2** καὶ
συνετέλεσεν[10] ὁ θεὸς ἐν τῇ ἡμέρᾳ τῇ ἕκτῃ[11] τὰ ἔργα αὐτοῦ, ἃ ἐποίησεν, καὶ
κατέπαυσεν[12] τῇ ἡμέρᾳ τῇ ἑβδόμῃ[13] ἀπὸ πάντων τῶν ἔργων αὐτοῦ, ὧν ἐποίησεν.
3 καὶ ηὐλόγησεν ὁ θεὸς τὴν ἡμέραν τὴν ἑβδόμην[14] καὶ ἡγίασεν[15] αὐτήν, ὅτι ἐν αὐτῇ
κατέπαυσεν[16] ἀπὸ πάντων τῶν ἔργων αὐτοῦ, ὧν ἤρξατο ὁ θεὸς ποιῆσαι.

Creation of Adam and Eve

4 Αὕτη ἡ βίβλος[17] γενέσεως[18] οὐρανοῦ καὶ γῆς, ὅτε ἐγένετο, ᾗ ἡμέρᾳ ἐποίησεν ὁ
θεὸς τὸν οὐρανὸν καὶ τὴν γῆν **5** καὶ πᾶν χλωρὸν[19] ἀγροῦ πρὸ τοῦ γενέσθαι ἐπὶ τῆς
γῆς καὶ πάντα χόρτον[20] ἀγροῦ πρὸ τοῦ ἀνατεῖλαι·[21] οὐ γὰρ ἔβρεξεν[22] ὁ θεὸς ἐπὶ τὴν
γῆν, καὶ ἄνθρωπος οὐκ ἦν ἐργάζεσθαι τὴν γῆν, **6** πηγὴ[23] δὲ ἀνέβαινεν ἐκ τῆς γῆς καὶ
ἐπότιζεν[24] πᾶν τὸ πρόσωπον τῆς γῆς. **7** καὶ ἔπλασεν[25] ὁ θεὸς τὸν ἄνθρωπον χοῦν[26]
ἀπὸ τῆς γῆς καὶ ἐνεφύσησεν[27] εἰς τὸ πρόσωπον αὐτοῦ πνοὴν[28] ζωῆς, καὶ ἐγένετο ὁ
ἄνθρωπος εἰς ψυχὴν ζῶσαν.

8 Καὶ ἐφύτευσεν[29] κύριος ὁ θεὸς παράδεισον[30] ἐν Εδεμ κατὰ ἀνατολὰς[31] καὶ ἔθετο
ἐκεῖ τὸν ἄνθρωπον, ὃν ἔπλασεν.[32] **9** καὶ ἐξανέτειλεν[33] ὁ θεὸς ἔτι ἐκ τῆς γῆς πᾶν
ξύλον[34] ὡραῖον[35] εἰς ὅρασιν[36] καὶ καλὸν εἰς βρῶσιν[37] καὶ τὸ ξύλον τῆς ζωῆς ἐν
μέσῳ τῷ παραδείσῳ[38] καὶ τὸ ξύλον τοῦ εἰδέναι γνωστὸν[39] καλοῦ καὶ πονηροῦ.
10 ποταμὸς[40] δὲ ἐκπορεύεται ἐξ Εδεμ ποτίζειν[41] τὸν παράδεισον·[42] ἐκεῖθεν[43]

1 χόρτος, grass
2 χλωρός, green
3 βρῶσις, food
4 λίαν, very
5 ἑσπέρα, evening
6 πρωί, morning
7 ἕκτος, sixth
8 συντελέω, *aor pas ind 3p*, finish, complete
9 κόσμος, world, earth
10 συντελέω, *aor act ind 3s*, finish, complete
11 ἕκτος, sixth
12 καταπαύω, *aor act ind 3s*, rest, cease
13 ἕβδομος, seventh
14 ἕβδομος, seventh
15 ἁγιάζω, *aor act ind 3s*, sanctify, consecrate
16 καταπαύω, *aor act ind 3s*, rest, cease
17 βίβλος, record, book
18 γένεσις, generation, offspring, lineage
19 χλωρός, green
20 χόρτος, grass
21 ἀνατέλλω, *aor act inf*, spring up, grow
22 βρέχω, *aor act ind 3s*, cause to rain, rain
23 πηγή, spring of water
24 ποτίζω, *impf act ind 3s*, water
25 πλάσσω, *aor act ind 3s*, form, mold
26 χοῦς, soil, dust
27 ἐμφυσάω, *aor act ind 3s*, breathe in
28 πνοή, breath, wind
29 φυτεύω, *aor act ind 3s*, plant
30 παράδεισος, garden, paradise
31 ἀνατολή, east
32 πλάσσω, *aor act ind 3s*, form, mold
33 ἐξανατέλλω, *aor act ind 3s*, spring up
34 ξύλον, tree
35 ὡραῖος, pleasant, beautiful
36 ὅρασις, sight
37 βρῶσις, food
38 παράδεισος, garden, paradise
39 γνωστός, knowledge
40 ποταμός, river
41 ποτίζω, *pres act inf*, water
42 παράδεισος, garden, paradise
43 ἐκεῖθεν, from there

ἀφορίζεται[1] εἰς τέσσαρας ἀρχάς. **11** ὄνομα τῷ ἑνὶ Φισων· οὗτος ὁ κυκλῶν[2] πᾶσαν τὴν
γῆν Ευιλατ, ἐκεῖ οὗ ἐστιν τὸ χρυσίον·[3] **12** τὸ δὲ χρυσίον[4] τῆς γῆς ἐκείνης καλόν· καὶ
ἐκεῖ ἐστιν ὁ ἄνθραξ[5] καὶ ὁ λίθος ὁ πράσινος.[6] **13** καὶ ὄνομα τῷ ποταμῷ[7] τῷ δευτέρῳ
Γηων· οὗτος ὁ κυκλῶν[8] πᾶσαν τὴν γῆν Αἰθιοπίας. **14** καὶ ὁ ποταμὸς[9] ὁ τρίτος Τίγρις·
οὗτος ὁ πορευόμενος κατέναντι[10] Ἀσσυρίων. ὁ δὲ ποταμὸς ὁ τέταρτος,[11] οὗτος
Εὐφράτης.

15 Καὶ ἔλαβεν κύριος ὁ θεὸς τὸν ἄνθρωπον, ὃν ἔπλασεν,[12] καὶ ἔθετο αὐτὸν ἐν τῷ
παραδείσῳ[13] ἐργάζεσθαι αὐτὸν καὶ φυλάσσειν. **16** καὶ ἐνετείλατο[14] κύριος ὁ θεὸς
τῷ Αδαμ λέγων Ἀπὸ παντὸς ξύλου[15] τοῦ ἐν τῷ παραδείσῳ[16] βρώσει[17] φάγῃ, **17** ἀπὸ
δὲ τοῦ ξύλου[18] τοῦ γινώσκειν καλὸν καὶ πονηρόν, οὐ φάγεσθε ἀπ᾽ αὐτοῦ· ᾗ δ᾽ ἂν
ἡμέρᾳ φάγητε ἀπ᾽ αὐτοῦ, θανάτῳ ἀποθανεῖσθε.

18 Καὶ εἶπεν κύριος ὁ θεός Οὐ καλὸν εἶναι τὸν ἄνθρωπον μόνον· ποιήσωμεν αὐτῷ
βοηθὸν[19] κατ᾽ αὐτόν. **19** καὶ ἔπλασεν[20] ὁ θεὸς ἔτι ἐκ τῆς γῆς πάντα τὰ θηρία τοῦ
ἀγροῦ καὶ πάντα τὰ πετεινὰ[21] τοῦ οὐρανοῦ καὶ ἤγαγεν αὐτὰ πρὸς τὸν Αδαμ ἰδεῖν, τί
καλέσει αὐτά, καὶ πᾶν, ὃ ἐὰν ἐκάλεσεν αὐτὸ Αδαμ ψυχὴν ζῶσαν, τοῦτο ὄνομα αὐτοῦ.
20 Καὶ ἐκάλεσεν Αδαμ ὀνόματα πᾶσιν τοῖς κτήνεσιν[22] καὶ πᾶσι τοῖς πετεινοῖς[23] τοῦ
οὐρανοῦ καὶ πᾶσι τοῖς θηρίοις τοῦ ἀγροῦ, τῷ δὲ Αδαμ οὐχ εὑρέθη βοηθὸς[24] ὅμοιος[25]
αὐτῷ. — **21** καὶ ἐπέβαλεν[26] ὁ θεὸς ἔκστασιν[27] ἐπὶ τὸν Αδαμ, καὶ ὕπνωσεν·[28] καὶ
ἔλαβεν μίαν τῶν πλευρῶν[29] αὐτοῦ καὶ ἀνεπλήρωσεν[30] σάρκα ἀντ᾽[31] αὐτῆς. **22** καὶ
ᾠκοδόμησεν κύριος ὁ θεὸς τὴν πλευράν,[32] ἣν ἔλαβεν ἀπὸ τοῦ Αδαμ, εἰς γυναῖκα
καὶ ἤγαγεν αὐτὴν πρὸς τὸν Αδαμ. **23** καὶ εἶπεν Αδαμ

Τοῦτο νῦν ὀστοῦν[33] ἐκ τῶν ὀστέων μου
  καὶ σὰρξ ἐκ τῆς σαρκός μου·
αὕτη κληθήσεται γυνή,
  ὅτι ἐκ τοῦ ἀνδρὸς αὐτῆς ἐλήμφθη αὕτη.

1 ἀφορίζω, *pres mid ind 3s*, divide, separate
2 κυκλόω, *pres act ptc nom s m*, encircle
3 χρυσίον, gold
4 χρυσίον, gold
5 ἄνθραξ, coal, charcoal
6 πράσινος, green
7 ποταμός, river
8 κυκλόω, *pres act ptc nom s m*, encircle
9 ποταμός, river
10 κατέναντι, before, opposite
11 τέταρτος, fourth
12 πλάσσω, *aor act ind 3s*, form, mold
13 παράδεισος, garden, paradise
14 ἐντέλλομαι, *aor mid ind 3s*, command
15 ξύλον, tree
16 παράδεισος, garden, paradise
17 βρῶσις, food
18 ξύλον, tree
19 βοηθός, helper, assistant
20 πλάσσω, *aor act ind 3s*, form, mold
21 πετεινός, bird
22 κτῆνος, animal, (*p*) herd
23 πετεινός, bird
24 βοηθός, helper, assistant
25 ὅμοιος, equal to, like
26 ἐπιβάλλω, *aor act ind 3s*, cast upon, throw
27 ἔκστασις, vision, trance
28 ὑπνόω, *aor act ind 3s*, fall asleep
29 πλευρά, rib
30 ἀναπληρόω, *aor act ind 3s*, fill up
31 ἀντί, in place of
32 πλευρά, rib
33 ὀστέον, bone

24 ἕνεκεν[1] τούτου καταλείψει[2] ἄνθρωπος τὸν πατέρα αὐτοῦ καὶ τὴν μητέρα αὐτοῦ καὶ προσκολληθήσεται[3] πρὸς τὴν γυναῖκα αὐτοῦ, καὶ ἔσονται οἱ δύο εἰς σάρκα μίαν. **25** καὶ ἦσαν οἱ δύο γυμνοί,[4] ὅ τε Αδαμ καὶ ἡ γυνὴ αὐτοῦ, καὶ οὐκ ᾐσχύνοντο.[5]

Sin and Its Punishment

3 Ὁ δὲ ὄφις[6] ἦν φρονιμώτατος[7] πάντων τῶν θηρίων τῶν ἐπὶ τῆς γῆς, ὧν ἐποίησεν κύριος ὁ θεός· καὶ εἶπεν ὁ ὄφις τῇ γυναικί Τί ὅτι εἶπεν ὁ θεός Οὐ μὴ φάγητε ἀπὸ παντὸς ξύλου[8] τοῦ ἐν τῷ παραδείσῳ;[9] **2** καὶ εἶπεν ἡ γυνὴ τῷ ὄφει[10] Ἀπὸ καρποῦ ξύλου[11] τοῦ παραδείσου[12] φαγόμεθα, **3** ἀπὸ δὲ καρποῦ τοῦ ξύλου,[13] ὅ ἐστιν ἐν μέσῳ τοῦ παραδείσου,[14] εἶπεν ὁ θεός Οὐ φάγεσθε ἀπ᾽ αὐτοῦ οὐδὲ μὴ ἅψησθε αὐτοῦ, ἵνα μὴ ἀποθάνητε. **4** καὶ εἶπεν ὁ ὄφις[15] τῇ γυναικί Οὐ θανάτῳ ἀποθανεῖσθε· **5** ᾔδει[16] γὰρ ὁ θεὸς ὅτι ἐν ᾗ ἂν ἡμέρᾳ φάγητε ἀπ᾽ αὐτοῦ, διανοιχθήσονται[17] ὑμῶν οἱ ὀφθαλμοί, καὶ ἔσεσθε ὡς θεοὶ γινώσκοντες καλὸν καὶ πονηρόν. **6** καὶ εἶδεν ἡ γυνὴ ὅτι καλὸν τὸ ξύλον[18] εἰς βρῶσιν[19] καὶ ὅτι ἀρεστὸν[20] τοῖς ὀφθαλμοῖς ἰδεῖν καὶ ὡραῖόν[21] ἐστιν τοῦ κατανοῆσαι,[22] καὶ λαβοῦσα τοῦ καρποῦ αὐτοῦ ἔφαγεν· καὶ ἔδωκεν καὶ τῷ ἀνδρὶ αὐτῆς μετ᾽ αὐτῆς, καὶ ἔφαγον. **7** καὶ διηνοίχθησαν[23] οἱ ὀφθαλμοὶ τῶν δύο, καὶ ἔγνωσαν ὅτι γυμνοὶ[24] ἦσαν, καὶ ἔρραψαν[25] φύλλα[26] συκῆς[27] καὶ ἐποίησαν ἑαυτοῖς περιζώματα.[28]

8 Καὶ ἤκουσαν τὴν φωνὴν κυρίου τοῦ θεοῦ περιπατοῦντος[29] ἐν τῷ παραδείσῳ[30] τὸ δειλινόν,[31] καὶ ἐκρύβησαν[32] ὅ τε Αδαμ καὶ ἡ γυνὴ αὐτοῦ ἀπὸ προσώπου κυρίου τοῦ θεοῦ ἐν μέσῳ τοῦ ξύλου[33] τοῦ παραδείσου.[34] **9** καὶ ἐκάλεσεν κύριος ὁ θεὸς τὸν Αδαμ καὶ εἶπεν αὐτῷ Αδαμ, ποῦ εἶ; **10** καὶ εἶπεν αὐτῷ Τὴν φωνήν σου ἤκουσα περιπατοῦντος[35] ἐν τῷ παραδείσῳ[36] καὶ ἐφοβήθην, ὅτι γυμνός[37] εἰμι, καὶ ἐκρύβην.[38]

1 ἕνεκα, because
2 καταλείπω, *fut act ind 3s*, leave behind
3 προσκολλάω, *fut pas ind 3s*, cleave, be united
4 γυμνός, naked
5 αἰσχύνω, *impf pas ind 3p*, be ashamed
6 ὄφις, snake, serpent
7 φρόνιμος, wise
8 ξύλον, tree
9 παράδεισος, garden, paradise
10 ὄφις, snake, serpent
11 ξύλον, tree
12 παράδεισος, garden, paradise
13 ξύλον, tree
14 παράδεισος, garden, paradise
15 ὄφις, snake, serpent
16 οἶδα, *plpf act ind 3s*, know
17 διανοίγω, *fut pas ind 3p*, open
18 ξύλον, tree
19 βρῶσις, food
20 ἀρεστός, pleasing, pleasant
21 ὡραῖος, beautiful
22 κατανοέω, *aor act inf*, understand, comprehend
23 διανοίγω, *aor pas ind 3p*, open
24 γυμνός, naked
25 ῥάπτω, *aor act ind 3p*, sew, stitch
26 φύλλον, leaf
27 συκῆ, fig, fig tree
28 περίζωμα, covering
29 περιπατέω, *pres act ptc gen s m*, walk
30 παράδεισος, garden, paradise
31 δειλινός, in the evening
32 κρύπτω, *aor pas ind 3p*, hide
33 ξύλον, tree
34 παράδεισος, garden, paradise
35 περιπατέω, *pres act ptc gen s m*, walk
36 παράδεισος, garden, paradise
37 γυμνός, naked
38 κρύπτω, *aor pas ind 1s*, hide

11 καὶ εἶπεν αὐτῷ Τίς ἀνήγγειλέν[1] σοι ὅτι γυμνὸς[2] εἶ; μὴ ἀπὸ τοῦ ξύλου,[3] οὗ
ἐνετειλάμην[4] σοι τούτου μόνου μὴ φαγεῖν ἀπ᾽ αὐτοῦ, ἔφαγες; **12** καὶ εἶπεν ὁ Αδαμ Ἡ
γυνή, ἣν ἔδωκας μετ᾽ ἐμοῦ, αὕτη μοι ἔδωκεν ἀπὸ τοῦ ξύλου,[5] καὶ ἔφαγον. **13** καὶ εἶπεν
κύριος ὁ θεὸς τῇ γυναικί Τί τοῦτο ἐποίησας; καὶ εἶπεν ἡ γυνή Ὁ ὄφις[6] ἠπάτησέν[7]
με, καὶ ἔφαγον. **14** καὶ εἶπεν κύριος ὁ θεὸς τῷ ὄφει[8]

Ὅτι ἐποίησας τοῦτο, ἐπικατάρατος[9] σὺ ἀπὸ πάντων τῶν κτηνῶν[10]
  καὶ ἀπὸ πάντων τῶν θηρίων τῆς γῆς·
ἐπὶ τῷ στήθει[11] σου καὶ τῇ κοιλίᾳ[12] πορεύσῃ
  καὶ γῆν φάγῃ πάσας τὰς ἡμέρας τῆς ζωῆς σου.
15 καὶ ἔχθραν[13] θήσω ἀνὰ μέσον[14] σου καὶ ἀνὰ μέσον τῆς γυναικὸς
  καὶ ἀνὰ μέσον τοῦ σπέρματός σου καὶ ἀνὰ μέσον τοῦ σπέρματος
    αὐτῆς·
αὐτός σου τηρήσει[15] κεφαλήν,
  καὶ σὺ τηρήσεις[16] αὐτοῦ πτέρναν.[17]

16 καὶ τῇ γυναικὶ εἶπεν

Πληθύνων[18] πληθυνῶ[19] τὰς λύπας[20] σου καὶ τὸν στεναγμόν[21] σου,
  ἐν λύπαις τέξῃ[22] τέκνα·
καὶ πρὸς τὸν ἄνδρα σου ἡ ἀποστροφή[23] σου,
  καὶ αὐτός σου κυριεύσει.[24]

17 τῷ δὲ Αδαμ εἶπεν

Ὅτι ἤκουσας τῆς φωνῆς τῆς γυναικός σου καὶ ἔφαγες ἀπὸ τοῦ ξύλου,[25]
  οὗ ἐνετειλάμην[26] σοι τούτου μόνου μὴ φαγεῖν ἀπ᾽ αὐτοῦ,
ἐπικατάρατος[27] ἡ γῆ ἐν τοῖς ἔργοις σου·
  ἐν λύπαις[28] φάγῃ αὐτὴν πάσας τὰς ἡμέρας τῆς ζωῆς σου·

1 ἀναγγέλλω, *aor act ind 3s*, reveal, report
2 γυμνός, naked
3 ξύλον, tree
4 ἐντέλλομαι, *aor mid ind 1s*, command
5 ξύλον, tree
6 ὄφις, snake, serpent
7 ἀπατάω, *aor act ind 3s*, deceive
8 ὄφις, snake, serpent
9 ἐπικατάρατος, cursed
10 κτῆνος, animal, (*p*) herd
11 στῆθος, belly, chest
12 κοιλία, belly
13 ἔχθρα, enmity, hatred
14 ἀνὰ μέσον, between
15 τηρέω, *fut act ind 3s*, watch (against), observe, (lie in wait for)
16 τηρέω, *fut act ind 2s*, watch (against), observe, (lie in wait for)
17 πτέρνα, heel
18 πληθύνω, *pres act ptc nom s m*, multiply
19 πληθύνω, *fut act ind 1s*, multiply
20 λύπη, grief, pain
21 στεναγμός, groaning
22 τίκτω, *fut mid ind 2s*, give birth
23 ἀποστροφή, return, turning back, recourse
24 κυριεύω, *fut act ind 3s*, rule over, dominate
25 ξύλον, tree
26 ἐντέλλομαι, *aor mid ind 1s*, command
27 ἐπικατάρατος, cursed
28 λύπη, grief, pain

18 ἀκάνθας[1] καὶ τριβόλους[2] ἀνατελεῖ[3] σοι,
καὶ φάγῃ τὸν χόρτον[4] τοῦ ἀγροῦ.
19 ἐν ἱδρῶτι[5] τοῦ προσώπου σου φάγῃ τὸν ἄρτον σου
ἕως τοῦ ἀποστρέψαι[6] σε εἰς τὴν γῆν, ἐξ ἧς ἐλήμφθης·
ὅτι γῆ εἶ καὶ εἰς γῆν ἀπελεύσῃ.

20 καὶ ἐκάλεσεν Αδαμ τὸ ὄνομα τῆς γυναικὸς αὐτοῦ Ζωή, ὅτι αὕτη μήτηρ πάντων
τῶν ζώντων.

21 Καὶ ἐποίησεν κύριος ὁ θεὸς τῷ Αδαμ καὶ τῇ γυναικὶ αὐτοῦ χιτῶνας[7] δερματίνους[8]
καὶ ἐνέδυσεν[9] αὐτούς. — **22** καὶ εἶπεν ὁ θεός Ἰδοὺ Αδαμ γέγονεν ὡς εἷς ἐξ ἡμῶν
τοῦ γινώσκειν καλὸν καὶ πονηρόν, καὶ νῦν μήποτε[10] ἐκτείνῃ[11] τὴν χεῖρα καὶ λάβῃ
τοῦ ξύλου[12] τῆς ζωῆς καὶ φάγῃ καὶ ζήσεται εἰς τὸν αἰῶνα. **23** καὶ ἐξαπέστειλεν
αὐτὸν κύριος ὁ θεὸς ἐκ τοῦ παραδείσου[13] τῆς τρυφῆς[14] ἐργάζεσθαι τὴν γῆν, ἐξ ἧς
ἐλήμφθη. **24** καὶ ἐξέβαλεν τὸν Αδαμ καὶ κατῴκισεν[15] αὐτὸν ἀπέναντι[16] τοῦ παρα-
δείσου[17] τῆς τρυφῆς[18] καὶ ἔταξεν[19] τὰ χερουβιμ[20] καὶ τὴν φλογίνην[21] ῥομφαίαν[22] τὴν
στρεφομένην[23] φυλάσσειν τὴν ὁδὸν τοῦ ξύλου[24] τῆς ζωῆς.

Cain and Abel

4 Αδαμ δὲ ἔγνω Ευαν τὴν γυναῖκα αὐτοῦ, καὶ συλλαβοῦσα[25] ἔτεκεν[26] τὸν Καιν
καὶ εἶπεν Ἐκτησάμην[27] ἄνθρωπον διὰ τοῦ θεοῦ. **2** καὶ προσέθηκεν[28] τεκεῖν[29]
τὸν ἀδελφὸν αὐτοῦ τὸν Αβελ. καὶ ἐγένετο Αβελ ποιμὴν[30] προβάτων, Καιν δὲ ἦν
ἐργαζόμενος τὴν γῆν. **3** καὶ ἐγένετο μεθ᾽ ἡμέρας ἤνεγκεν Καιν ἀπὸ τῶν καρπῶν τῆς
γῆς θυσίαν[31] τῷ κυρίῳ, **4** καὶ Αβελ ἤνεγκεν καὶ αὐτὸς ἀπὸ τῶν πρωτοτόκων[32] τῶν
προβάτων αὐτοῦ καὶ ἀπὸ τῶν στεάτων[33] αὐτῶν. καὶ ἐπεῖδεν[34] ὁ θεὸς ἐπὶ Αβελ καὶ
ἐπὶ τοῖς δώροις[35] αὐτοῦ, **5** ἐπὶ δὲ Καιν καὶ ἐπὶ ταῖς θυσίαις[36] αὐτοῦ οὐ προσέσχεν.[37]

1 ἄκανθα, thorn
2 τρίβολος, briar, thistle
3 ἀνατέλλω, *fut act ind 3s*, spring up, grow
4 χόρτος, grass
5 ἱδρώς, sweat
6 ἀποστρέφω, *aor act inf*, return
7 χιτών, tunic
8 δερμάτινος, made of leather
9 ἐνδύω, *aor act ind 3s*, clothe, put on
10 μήποτε, lest
11 ἐκτείνω, *pres act sub 3s*, stretch forth
12 ξύλον, tree
13 παράδεισος, garden, paradise
14 τρυφή, delight
15 κατοικίζω, *aor act ind 3s*, settle, place, put
16 ἀπέναντι, opposite
17 παράδεισος, garden, paradise
18 τρυφή, delight
19 τάσσω, *aor act ind 3s*, appoint, station
20 χερουβ, cherub, *translit.*
21 φλόγινος, flaming, burning
22 ῥομφαία, sword
23 στρέφω, *pres mid ptc acc s f*, turn
24 ξύλον, tree
25 συλλαμβάνω, *aor act ptc nom s f*, conceive
26 τίκτω, *aor act ind 3s*, give birth
27 κτάομαι, *aor mid ind 1s*, obtain, acquire
28 προστίθημι, *aor act ind 3s*, proceed
29 τίκτω, *aor act inf*, give birth
30 ποιμήν, shepherd
31 θυσία, offering
32 πρωτότοκος, firstborn
33 στέαρ, fat portions
34 ἐφοράω, *aor act ind 3s*, look upon, observe
35 δῶρον, gift
36 θυσία, offering
37 προσέχω, *aor act ind 3s*, pay attention

καὶ ἐλύπησεν[1] τὸν Καιν λίαν,[2] καὶ συνέπεσεν[3] τῷ προσώπῳ. **6** καὶ εἶπεν κύριος ὁ θεὸς τῷ Καιν Ἵνα τί περίλυπος[4] ἐγένου, καὶ ἵνα τί συνέπεσεν[5] τὸ πρόσωπόν σου; **7** οὐκ, ἐὰν ὀρθῶς[6] προσενέγκῃς, ὀρθῶς δὲ μὴ διέλῃς,[7] ἥμαρτες; ἡσύχασον·[8] πρὸς σὲ ἡ ἀποστροφὴ[9] αὐτοῦ, καὶ σὺ ἄρξεις αὐτοῦ. **8** καὶ εἶπεν Καιν πρὸς Αβελ τὸν ἀδελφὸν αὐτοῦ Διέλθωμεν εἰς τὸ πεδίον.[10] καὶ ἐγένετο ἐν τῷ εἶναι αὐτοὺς ἐν τῷ πεδίῳ καὶ ἀνέστη Καιν ἐπὶ Αβελ τὸν ἀδελφὸν αὐτοῦ καὶ ἀπέκτεινεν αὐτόν. **9** καὶ εἶπεν ὁ θεὸς πρὸς Καιν Ποῦ ἐστιν Αβελ ὁ ἀδελφός σου; ὁ δὲ εἶπεν Οὐ γινώσκω· μὴ φύλαξ[11] τοῦ ἀδελφοῦ μού εἰμι ἐγώ; **10** καὶ εἶπεν ὁ θεός Τί ἐποίησας; φωνὴ αἵματος τοῦ ἀδελφοῦ σου βοᾷ[12] πρός με ἐκ τῆς γῆς. **11** καὶ νῦν ἐπικατάρατος[13] σὺ ἀπὸ τῆς γῆς, ἣ ἔχανεν[14] τὸ στόμα αὐτῆς δέξασθαι[15] τὸ αἷμα τοῦ ἀδελφοῦ σου ἐκ τῆς χειρός σου· **12** ὅτι ἐργᾷ τὴν γῆν, καὶ οὐ προσθήσει[16] τὴν ἰσχὺν[17] αὐτῆς δοῦναί σοι· στένων[18] καὶ τρέμων[19] ἔσῃ ἐπὶ τῆς γῆς. **13** καὶ εἶπεν Καιν πρὸς τὸν κύριον Μείζων[20] ἡ αἰτία[21] μου τοῦ ἀφεθῆναί με· **14** εἰ ἐκβάλλεις με σήμερον ἀπὸ προσώπου τῆς γῆς καὶ ἀπὸ τοῦ προσώπου σου κρυβήσομαι,[22] καὶ ἔσομαι στένων[23] καὶ τρέμων[24] ἐπὶ τῆς γῆς, καὶ ἔσται πᾶς ὁ εὑρίσκων με ἀποκτενεῖ με. **15** καὶ εἶπεν αὐτῷ κύριος ὁ θεός Οὐχ οὕτως· πᾶς ὁ ἀποκτείνας Καιν ἑπτὰ ἐκδικούμενα[25] παραλύσει.[26] καὶ ἔθετο κύριος ὁ θεὸς σημεῖον τῷ Καιν τοῦ μὴ ἀνελεῖν[27] αὐτὸν πάντα τὸν εὑρίσκοντα αὐτόν. **16** ἐξῆλθεν δὲ Καιν ἀπὸ προσώπου τοῦ θεοῦ καὶ ᾤκησεν[28] ἐν γῇ Ναιδ κατέναντι[29] Εδεμ.

Beginnings of Civilization

17 Καὶ ἔγνω Καιν τὴν γυναῖκα αὐτοῦ, καὶ συλλαβοῦσα[30] ἔτεκεν[31] τὸν Ενωχ· καὶ ἦν οἰκοδομῶν πόλιν καὶ ἐπωνόμασεν[32] τὴν πόλιν ἐπὶ τῷ ὀνόματι τοῦ υἱοῦ αὐτοῦ Ενωχ. **18** ἐγενήθη δὲ τῷ Ενωχ Γαιδαδ, καὶ Γαιδαδ ἐγέννησεν τὸν Μαιηλ, καὶ Μαιηλ ἐγέννησεν τὸν Μαθουσαλα, καὶ Μαθουσαλα ἐγέννησεν τὸν Λαμεχ. **19** καὶ ἔλαβεν ἑαυτῷ Λαμεχ δύο γυναῖκας, ὄνομα τῇ μιᾷ Αδα, καὶ ὄνομα τῇ δευτέρᾳ Σελλα. **20** καὶ

1 λυπέω, *aor act ind 3s*, grieve
2 λίαν, exceedingly, greatly
3 συμπίπτω, *aor act ind 3s*, fall, collapse
4 περίλυπος, very sorrowful
5 συμπίπτω, *aor act ind 3s*, fall, collapse
6 ὀρθῶς, well, rightly
7 διαιρέω, *aor act sub 2s*, divide
8 ἡσυχάζω, *aor act impv 2s*, be quiet, still
9 ἀποστροφή, return, recourse, turning back
10 πεδίον, plain
11 φύλαξ, guardian, keeper
12 βοάω, *pres act ind 3s*, cry out
13 ἐπικατάρατος, cursed
14 χαίνω, *aor act ind 3s*, open wide
15 δέχομαι, *aor mid inf*, receive
16 προστίθημι, *fut act ind 3s*, continue
17 ἰσχύς, strength, power
18 στένω, *pres act ptc nom s m*, groan, lament
19 τρέμω, *pres act ptc nom s m*, tremble
20 μείζων, *comp of* μέγας, greater
21 αἰτία, basis for an accusation
22 κρύπτω, *fut pas ind 1s*, hide, conceal
23 στένω, *pres act ptc nom s m*, groan, lament
24 τρέμω, *pres act ptc nom s m*, tremble
25 ἐκδικέω, *pres mid ptc acc p n*, revenge
26 παραλύω, *fut act ind 3s*, let loose
27 ἀναιρέω, *aor act inf*, kill, destroy
28 οἰκέω, *aor act ind 3s*, dwell
29 κατέναντι, opposite, across from
30 συλλαμβάνω, *aor act ptc nom s f*, conceive
31 τίκτω, *aor act ind 3s*, give birth
32 ἐπονομάζω, *aor act ind 3s*, name, call

ἔτεκεν[1] Αδα τὸν Ιωβελ· οὗτος ἦν ὁ πατὴρ οἰκούντων[2] ἐν σκηναῖς[3] κτηνοτρόφων.[4]
21 καὶ ὄνομα τῷ ἀδελφῷ αὐτοῦ Ιουβαλ· οὗτος ἦν ὁ καταδείξας[5] ψαλτήριον[6] καὶ
κιθάραν.[7] **22** Σελλα δὲ ἔτεκεν[8] καὶ αὐτὴ τὸν Θοβελ, καὶ ἦν σφυροκόπος[9] χαλκεὺς[10]
χαλκοῦ[11] καὶ σιδήρου·[12] ἀδελφὴ δὲ Θοβελ Νοεμα. **23** εἶπεν δὲ Λαμεχ ταῖς ἑαυτοῦ
γυναιξίν

Αδα καὶ Σελλα, ἀκούσατέ μου τῆς φωνῆς,
  γυναῖκες Λαμεχ, ἐνωτίσασθέ[13] μου τοὺς λόγους,
ὅτι ἄνδρα ἀπέκτεινα εἰς τραῦμα[14] ἐμοὶ
  καὶ νεανίσκον[15] εἰς μώλωπα[16] ἐμοί,
24 ὅτι ἑπτάκις[17] ἐκδεδίκηται[18] ἐκ Καιν,
  ἐκ δὲ Λαμεχ ἑβδομηκοντάκις[19] ἑπτά.

25 Ἔγνω δὲ Αδαμ Ευαν τὴν γυναῖκα αὐτοῦ, καὶ συλλαβοῦσα[20] ἔτεκεν[21] υἱὸν καὶ
ἐπωνόμασεν[22] τὸ ὄνομα αὐτοῦ Σηθ λέγουσα Ἐξανέστησεν[23] γάρ μοι ὁ θεὸς σπέρμα
ἕτερον ἀντὶ[24] Αβελ, ὃν ἀπέκτεινεν Καιν. **26** καὶ τῷ Σηθ ἐγένετο υἱός, ἐπωνόμασεν[25]
δὲ τὸ ὄνομα αὐτοῦ Ενως· οὗτος ἤλπισεν ἐπικαλεῖσθαι[26] τὸ ὄνομα κυρίου τοῦ θεοῦ.

Adam's Descendants through Noah

5 Αὕτη ἡ βίβλος[27] γενέσεως[28] ἀνθρώπων· ᾗ ἡμέρᾳ ἐποίησεν ὁ θεὸς τὸν Αδαμ,
κατ᾽ εἰκόνα[29] θεοῦ ἐποίησεν αὐτόν· **2** ἄρσεν[30] καὶ θῆλυ[31] ἐποίησεν αὐτοὺς καὶ
εὐλόγησεν αὐτούς. καὶ ἐπωνόμασεν[32] τὸ ὄνομα αὐτῶν Αδαμ, ᾗ ἡμέρᾳ ἐποίησεν
αὐτούς. **3** ἔζησεν δὲ Αδαμ διακόσια[33] καὶ τριάκοντα[34] ἔτη καὶ ἐγέννησεν κατὰ τὴν
ἰδέαν[35] αὐτοῦ καὶ κατὰ τὴν εἰκόνα[36] αὐτοῦ καὶ ἐπωνόμασεν[37] τὸ ὄνομα αὐτοῦ Σηθ.
4 ἐγένοντο δὲ αἱ ἡμέραι Αδαμ μετὰ τὸ γεννῆσαι αὐτὸν τὸν Σηθ ἑπτακόσια[38] ἔτη, καὶ

1 τίκτω, *aor act ind 3s*, give birth
2 οἰκέω, *pres act ptc gen p m*, dwell
3 σκηνή, tent
4 κτηνοτρόφος, livestock herder
5 καταδείκνυμι, *aor act ptc nom s m*, invent
6 ψαλτήριον, harp
7 κιθάρα, lyre
8 τίκτω, *aor act ind 3s*, give birth
9 σφυροκόπος, smith, hammerer
10 χαλκεύς, forger, coppersmith
11 χαλκός, bronze
12 σίδηρος, iron
13 ἐνωτίζομαι, *aor mid impv 2p*, pay close attention
14 τραῦμα, wound
15 νεανίσκος, youth
16 μώλωψ, severe wound
17 ἑπτάκις, seven times
18 ἐκδικέω, *perf pas ind 3s*, revenge
19 ἑβδομηκοντάκις, seventy times
20 συλλαμβάνω, *aor act ptc nom s f*, conceive
21 τίκτω, *aor act ind 3s*, give birth
22 ἐπονομάζω, *aor act ind 3s*, name, call
23 ἐξανίστημι, *aor act ind 3s*, raise up
24 ἀντί, in place of
25 ἐπονομάζω, *aor act ind 3s*, name, call
26 ἐπικαλέω, *pres mid inf*, call upon
27 βίβλος, record, book
28 γένεσις, generation, offspring, lineage
29 εἰκών, image
30 ἄρσην, male
31 θῆλυς, female
32 ἐπονομάζω, *aor act ind 3s*, name, call
33 διακόσιοι, two hundred
34 τριάκοντα, thirty
35 ἰδέα, form
36 εἰκών, image
37 ἐπονομάζω, *aor act ind 3s*, name, call
38 ἑπτακόσιοι, seven hundred

ἐγέννησεν υἱοὺς καὶ θυγατέρας.[1] **5** καὶ ἐγένοντο πᾶσαι αἱ ἡμέραι Αδαμ, ἃς ἔζησεν, ἐννακόσια[2] καὶ τριάκοντα[3] ἔτη, καὶ ἀπέθανεν.

6 Ἔζησεν δὲ Σηθ διακόσια[4] καὶ πέντε ἔτη καὶ ἐγέννησεν τὸν Ενως. **7** καὶ ἔζησεν Σηθ μετὰ τὸ γεννῆσαι αὐτὸν τὸν Ενως ἑπτακόσια[5] καὶ ἑπτὰ ἔτη καὶ ἐγέννησεν υἱοὺς καὶ θυγατέρας.[6] **8** καὶ ἐγένοντο πᾶσαι αἱ ἡμέραι Σηθ ἐννακόσια[7] καὶ δώδεκα[8] ἔτη, καὶ ἀπέθανεν.

9 Καὶ ἔζησεν Ενως ἑκατὸν ἐνενήκοντα[9] ἔτη καὶ ἐγέννησεν τὸν Καιναν. **10** καὶ ἔζησεν Ενως μετὰ τὸ γεννῆσαι αὐτὸν τὸν Καιναν ἑπτακόσια[10] καὶ δέκα[11] πέντε ἔτη καὶ ἐγέννησεν υἱοὺς καὶ θυγατέρας.[12] **11** καὶ ἐγένοντο πᾶσαι αἱ ἡμέραι Ενως ἐννακόσια[13] καὶ πέντε ἔτη, καὶ ἀπέθανεν.

12 Καὶ ἔζησεν Καιναν ἑκατὸν[14] ἑβδομήκοντα[15] ἔτη καὶ ἐγέννησεν τὸν Μαλελεηλ. **13** καὶ ἔζησεν Καιναν μετὰ τὸ γεννῆσαι αὐτὸν τὸν Μαλελεηλ ἑπτακόσια[16] καὶ τεσσαράκοντα[17] ἔτη καὶ ἐγέννησεν υἱοὺς καὶ θυγατέρας.[18] **14** καὶ ἐγένοντο πᾶσαι αἱ ἡμέραι Καιναν ἐννακόσια[19] καὶ δέκα[20] ἔτη, καὶ ἀπέθανεν.

15 Καὶ ἔζησεν Μαλελεηλ ἑκατὸν[21] καὶ ἑξήκοντα[22] πέντε ἔτη καὶ ἐγέννησεν τὸν Ιαρεδ. **16** καὶ ἔζησεν Μαλελεηλ μετὰ τὸ γεννῆσαι αὐτὸν τὸν Ιαρεδ ἑπτακόσια[23] καὶ τριάκοντα[24] ἔτη καὶ ἐγέννησεν υἱοὺς καὶ θυγατέρας.[25] **17** καὶ ἐγένοντο πᾶσαι αἱ ἡμέραι Μαλελεηλ ὀκτακόσια[26] καὶ ἐνενήκοντα[27] πέντε ἔτη, καὶ ἀπέθανεν.

18 Καὶ ἔζησεν Ιαρεδ ἑκατὸν[28] καὶ ἑξήκοντα[29] δύο ἔτη καὶ ἐγέννησεν τὸν Ενωχ. **19** καὶ ἔζησεν Ιαρεδ μετὰ τὸ γεννῆσαι αὐτὸν τὸν Ενωχ ὀκτακόσια[30] ἔτη καὶ ἐγέννησεν υἱοὺς καὶ θυγατέρας.[31] **20** καὶ ἐγένοντο πᾶσαι αἱ ἡμέραι Ιαρεδ ἐννακόσια[32] καὶ ἑξήκοντα[33] δύο ἔτη, καὶ ἀπέθανεν.

21 Καὶ ἔζησεν Ενωχ ἑκατὸν καὶ ἑξήκοντα[34] πέντε ἔτη καὶ ἐγέννησεν τὸν Μαθουσαλα. **22** εὐηρέστησεν[35] δὲ Ενωχ τῷ θεῷ μετὰ τὸ γεννῆσαι αὐτὸν τὸν Μαθουσαλα

1 θυγάτηρ, daughter
2 ἐννακόσιοι, nine hundred
3 τριάκοντα, thirty
4 διακόσιοι, two hundred
5 ἑπτακόσιοι, seven hundred
6 θυγάτηρ, daughter
7 ἐννακόσιοι, nine hundred
8 δώδεκα, twelve
9 ἐνενήκοντα, ninety
10 ἑπτακόσιοι, seven hundred
11 δέκα, ten
12 θυγάτηρ, daughter
13 ἐννακόσιοι, nine hundred
14 ἑκατόν, hundred
15 ἑβδομήκοντα, seventy
16 ἑπτακόσιοι, seven hundred
17 τεσσαράκοντα, forty
18 θυγάτηρ, daughter
19 ἐννακόσιοι, nine hundred
20 δέκα, ten
21 ἑκατόν, hundred
22 ἑξήκοντα, sixty
23 ἑπτακόσιοι, seven hundred
24 τριάκοντα, thirty
25 θυγάτηρ, daughter
26 ὀκτακόσιοι, eight hundred
27 ἐνενήκοντα, ninety
28 ἑκατόν, hundred
29 ἑξήκοντα, sixty
30 ὀκτακόσιοι, eight hundred
31 θυγάτηρ, daughter
32 ἐννακόσιοι, nine hundred
33 ἑξήκοντα, sixty
34 ἑξήκοντα, sixty
35 εὐαρεστέω, *aor act ind 3s*, please

διακόσια[1] ἔτη καὶ ἐγέννησεν υἱοὺς καὶ θυγατέρας.[2] **23** καὶ ἐγένοντο πᾶσαι αἱ ἡμέραι
Ενωχ τριακόσια[3] ἑξήκοντα[4] πέντε ἔτη. **24** καὶ εὐηρέστησεν[5] Ενωχ τῷ θεῷ καὶ οὐχ
ηὑρίσκετο, ὅτι μετέθηκεν[6] αὐτὸν ὁ θεός.

25 Καὶ ἔζησεν Μαθουσαλα ἑκατὸν[7] καὶ ἑξήκοντα[8] ἑπτὰ ἔτη καὶ ἐγέννησεν τὸν
Λαμεχ. **26** καὶ ἔζησεν Μαθουσαλα μετὰ τὸ γεννῆσαι αὐτὸν τὸν Λαμεχ ὀκτακόσια[9]
δύο ἔτη καὶ ἐγέννησεν υἱοὺς καὶ θυγατέρας.[10] **27** καὶ ἐγένοντο πᾶσαι αἱ ἡμέραι
Μαθουσαλα, ἃς ἔζησεν, ἐννακόσια[11] καὶ ἑξήκοντα[12] ἐννέα[13] ἔτη, καὶ ἀπέθανεν.

28 Καὶ ἔζησεν Λαμεχ ἑκατὸν[14] ὀγδοήκοντα[15] ὀκτὼ[16] ἔτη καὶ ἐγέννησεν υἱὸν **29** καὶ
ἐπωνόμασεν[17] τὸ ὄνομα αὐτοῦ Νωε λέγων Οὗτος διαναπαύσει[18] ἡμᾶς ἀπὸ τῶν
ἔργων ἡμῶν καὶ ἀπὸ τῶν λυπῶν[19] τῶν χειρῶν ἡμῶν καὶ ἀπὸ τῆς γῆς, ἧς κατηράσατο[20]
κύριος ὁ θεός. **30** καὶ ἔζησεν Λαμεχ μετὰ τὸ γεννῆσαι αὐτὸν τὸν Νωε πεντακόσια[21]
καὶ ἑξήκοντα[22] πέντε ἔτη καὶ ἐγέννησεν υἱοὺς καὶ θυγατέρας.[23] **31** καὶ ἐγένοντο
πᾶσαι αἱ ἡμέραι Λαμεχ ἑπτακόσια[24] καὶ πεντήκοντα[25] τρία ἔτη, καὶ ἀπέθανεν.

32 Καὶ ἦν Νωε ἐτῶν πεντακοσίων[26] καὶ ἐγέννησεν Νωε τρεῖς υἱούς, τὸν Σημ, τὸν
Χαμ, τὸν Ιαφεθ.

Human Wickedness

6 Καὶ ἐγένετο ἡνίκα[27] ἤρξαντο οἱ ἄνθρωποι πολλοὶ γίνεσθαι ἐπὶ τῆς γῆς, καὶ
θυγατέρες[28] ἐγενήθησαν αὐτοῖς. **2** ἰδόντες δὲ οἱ υἱοὶ τοῦ θεοῦ τὰς θυγατέρας[29]
τῶν ἀνθρώπων ὅτι καλαί εἰσιν, ἔλαβον ἑαυτοῖς γυναῖκας ἀπὸ πασῶν, ὧν ἐξελέξαντο.[30]
3 καὶ εἶπεν κύριος ὁ θεός Οὐ μὴ καταμείνῃ[31] τὸ πνεῦμά μου ἐν τοῖς ἀνθρώποις
τούτοις εἰς τὸν αἰῶνα διὰ τὸ εἶναι αὐτοὺς σάρκας, ἔσονται δὲ αἱ ἡμέραι αὐτῶν
ἑκατὸν[32] εἴκοσι[33] ἔτη. **4** οἱ δὲ γίγαντες[34] ἦσαν ἐπὶ τῆς γῆς ἐν ταῖς ἡμέραις ἐκείναις
καὶ μετ᾽ ἐκεῖνο, ὡς ἂν εἰσεπορεύοντο[35] οἱ υἱοὶ τοῦ θεοῦ πρὸς τὰς θυγατέρας[36] τῶν

1 διακόσιοι, two hundred
2 θυγάτηρ, daughter
3 τριακόσιοι, three hundred
4 ἑξήκοντα, sixty
5 εὐαρεστέω, *aor act ind 3s*, please
6 μετατίθημι, *aor act ind 3s*, change place, transfer
7 ἑκατόν, hundred
8 ἑξήκοντα, sixty
9 ὀκτακόσιοι, eight hundred
10 θυγάτηρ, daughter
11 ἐννακόσιοι, nine hundred
12 ἑξήκοντα, sixty
13 ἐννέα, nine
14 ἑκατόν, hundred
15 ὀγδοήκοντα, eighty
16 ὀκτώ, eight
17 ἐπονομάζω, *aor act ind 3s*, name, call
18 διαναπαύω, *fut act ind 3s*, give rest
19 λύπη, grief, pain
20 καταράομαι, *aor mid ind 3s*, curse
21 πεντακόσιοι, five hundred
22 ἑξήκοντα, sixty
23 θυγάτηρ, daughter
24 ἑπτακόσιοι, seven hundred
25 πεντήκοντα, fifty
26 πεντακόσιοι, five hundred
27 ἡνίκα, when
28 θυγάτηρ, daughter
29 θυγάτηρ, daughter
30 ἐκλέγω, *aor mid ind 3p*, choose
31 καταμένω, *aor act sub 3s*, stay, remain
32 ἑκατόν, hundred
33 εἴκοσι, twenty
34 γίγας, giant
35 εἰσπορεύομαι, *impf mid ind 3p*, go into
36 θυγάτηρ, daughter

ἀνθρώπων καὶ ἐγεννῶσαν ἑαυτοῖς· ἐκεῖνοι ἦσαν οἱ γίγαντες[1] οἱ ἀπ᾽ αἰῶνος, οἱ
ἄνθρωποι οἱ ὀνομαστοί.[2]

5 Ἰδὼν δὲ κύριος ὁ θεὸς ὅτι ἐπληθύνθησαν[3] αἱ κακίαι[4] τῶν ἀνθρώπων ἐπὶ τῆς
γῆς καὶ πᾶς τις διανοεῖται[5] ἐν τῇ καρδίᾳ αὐτοῦ ἐπιμελῶς[6] ἐπὶ τὰ πονηρὰ πάσας
τὰς ἡμέρας, **6** καὶ ἐνεθυμήθη[7] ὁ θεὸς ὅτι ἐποίησεν τὸν ἄνθρωπον ἐπὶ τῆς γῆς, καὶ
διενοήθη.[8] **7** καὶ εἶπεν ὁ θεός Ἀπαλείψω[9] τὸν ἄνθρωπον, ὃν ἐποίησα, ἀπὸ προσώπου
τῆς γῆς ἀπὸ ἀνθρώπου ἕως κτήνους[10] καὶ ἀπὸ ἑρπετῶν[11] ἕως τῶν πετεινῶν[12] τοῦ
οὐρανοῦ, ὅτι ἐθυμώθην[13] ὅτι ἐποίησα αὐτούς. **8** Νωε δὲ εὗρεν χάριν ἐναντίον[14]
κυρίου τοῦ θεοῦ.

Account of Noah

9 Αὗται δὲ αἱ γενέσεις[15] Νωε· Νωε ἄνθρωπος δίκαιος, τέλειος[16] ὢν ἐν τῇ γενεᾷ αὐτοῦ·
τῷ θεῷ εὐηρέστησεν[17] Νωε. **10** ἐγέννησεν δὲ Νωε τρεῖς υἱούς, τὸν Σημ, τὸν Χαμ,
τὸν Ιαφεθ. **11** ἐφθάρη[18] δὲ ἡ γῆ ἐναντίον[19] τοῦ θεοῦ, καὶ ἐπλήσθη[20] ἡ γῆ ἀδικίας.[21]
12 καὶ εἶδεν κύριος ὁ θεὸς τὴν γῆν, καὶ ἦν κατεφθαρμένη,[22] ὅτι κατέφθειρεν[23] πᾶσα
σὰρξ τὴν ὁδὸν αὐτοῦ ἐπὶ τῆς γῆς. **13** καὶ εἶπεν ὁ θεὸς πρὸς Νωε Καιρὸς παντὸς
ἀνθρώπου ἥκει[24] ἐναντίον[25] μου, ὅτι ἐπλήσθη[26] ἡ γῆ ἀδικίας[27] ἀπ᾽ αὐτῶν, καὶ ἰδοὺ
ἐγὼ καταφθείρω[28] αὐτοὺς καὶ τὴν γῆν. **14** ποίησον οὖν σεαυτῷ κιβωτὸν[29] ἐκ ξύλων[30]
τετραγώνων·[31] νοσσιὰς[32] ποιήσεις τὴν κιβωτὸν καὶ ἀσφαλτώσεις[33] αὐτὴν ἔσωθεν[34]
καὶ ἔξωθεν[35] τῇ ἀσφάλτῳ.[36] **15** καὶ οὕτως ποιήσεις τὴν κιβωτόν·[37] τριακοσίων[38]
πήχεων[39] τὸ μῆκος[40] τῆς κιβωτοῦ καὶ πεντήκοντα[41] πήχεων τὸ πλάτος[42] καὶ

1 γίγας, giant
2 ὀνομαστός, famous, renowned
3 πληθύνω, *aor pas ind 3p*, increase
4 κακία, wickedness
5 διανοέομαι, *pres mid ind 3s*, intend, think
6 ἐπιμελῶς, attentively, carefully
7 ἐνθυμέομαι, *aor pas ind 3s*, consider
8 διανοέομαι, *aor pas ind 3s*, think over
9 ἀπαλείφω, *fut act ind 1s*, wipe out
10 κτῆνος, animal, (*p*) herd
11 ἑρπετόν, creeping thing
12 πετεινός, bird
13 θυμόω, *aor pas ind 1s*, be angry
14 ἐναντίον, before
15 γένεσις, generation, offspring, lineage
16 τέλειος, perfect
17 εὐαρεστέω, *aor act ind 3s*, please
18 φθείρω, *aor pas ind 3s*, be corrupt
19 ἐναντίον, before
20 πίμπλημι, *aor pas ind 3s*, fill
21 ἀδικία, injustice, wrongdoing
22 καταφθείρω, *perf pas ptc nom s f*, corrupt, ruin
23 καταφθείρω, *aor act ind 3s*, corrupt, ruin
24 ἥκω, *pres act ind 3s*, come
25 ἐναντίον, before
26 πίμπλημι, *aor pas ind 3s*, fill
27 ἀδικία, injustice, wrongdoing
28 καταφθείρω, *pres act ind 1s*, corrupt, ruin
29 κιβωτός, ark
30 ξύλον, wood
31 τετράγωνος, squared
32 νοσσία, nest
33 ἀσφαλτόω, *fut act ind 2s*, cover with tar or pitch
34 ἔσωθεν, inside, from within
35 ἔξωθεν, outside, from outside
36 ἄσφαλτος, tar, pitch, bitumen
37 κιβωτός, ark
38 τριακόσιοι, three hundred
39 πῆχυς, cubit
40 μῆκος, length
41 πεντήκοντα, fifty
42 πλάτος, width, breadth

τριάκοντα πήχεων τὸ ὕψος[1] αὐτῆς· **16** ἐπισυνάγων[2] ποιήσεις τὴν κιβωτὸν[3] καὶ
εἰς πῆχυν[4] συντελέσεις[5] αὐτὴν ἄνωθεν·[6] τὴν δὲ θύραν τῆς κιβωτοῦ ποιήσεις ἐκ
πλαγίων·[7] κατάγαια,[8] διώροφα[9] καὶ τριώροφα[10] ποιήσεις αὐτήν. **17** ἐγὼ δὲ ἰδοὺ
ἐπάγω[11] τὸν κατακλυσμὸν[12] ὕδωρ ἐπὶ τὴν γῆν καταφθεῖραι[13] πᾶσαν σάρκα, ἐν ᾗ
ἐστιν πνεῦμα ζωῆς, ὑποκάτω[14] τοῦ οὐρανοῦ· καὶ ὅσα ἐὰν ᾖ ἐπὶ τῆς γῆς, τελευτήσει.[15]
18 καὶ στήσω τὴν διαθήκην μου πρὸς σέ· εἰσελεύσῃ δὲ εἰς τὴν κιβωτόν,[16] σὺ καὶ οἱ
υἱοί σου καὶ ἡ γυνή σου καὶ αἱ γυναῖκες τῶν υἱῶν σου μετὰ σοῦ. **19** καὶ ἀπὸ πάντων
τῶν κτηνῶν[17] καὶ ἀπὸ πάντων τῶν ἑρπετῶν[18] καὶ ἀπὸ πάντων τῶν θηρίων καὶ ἀπὸ
πάσης σαρκός, δύο δύο ἀπὸ πάντων εἰσάξεις[19] εἰς τὴν κιβωτόν,[20] ἵνα τρέφῃς[21] μετὰ
σεαυτοῦ· ἄρσεν[22] καὶ θῆλυ[23] ἔσονται. **20** ἀπὸ πάντων τῶν ὀρνέων[24] τῶν πετεινῶν[25]
κατὰ γένος[26] καὶ ἀπὸ πάντων τῶν κτηνῶν[27] κατὰ γένος καὶ ἀπὸ πάντων τῶν
ἑρπετῶν[28] τῶν ἑρπόντων[29] ἐπὶ τῆς γῆς κατὰ γένος αὐτῶν, δύο δύο ἀπὸ πάντων
εἰσελεύσονται πρὸς σὲ τρέφεσθαι[30] μετὰ σοῦ, ἄρσεν[31] καὶ θῆλυ.[32] **21** σὺ δὲ λήμψῃ
σεαυτῷ ἀπὸ πάντων τῶν βρωμάτων,[33] ἃ ἔδεσθε,[34] καὶ συνάξεις πρὸς σεαυτόν, καὶ
ἔσται σοὶ καὶ ἐκείνοις φαγεῖν. **22** καὶ ἐποίησεν Νωε πάντα, ὅσα ἐνετείλατο[35] αὐτῷ
κύριος ὁ θεός, οὕτως ἐποίησεν.

God Sends the Flood

7 Καὶ εἶπεν κύριος ὁ θεὸς πρὸς Νωε Εἴσελθε σὺ καὶ πᾶς ὁ οἶκός σου εἰς τὴν
κιβωτόν,[36] ὅτι σὲ εἶδον δίκαιον ἐναντίον[37] μου ἐν τῇ γενεᾷ ταύτῃ. **2** ἀπὸ δὲ
τῶν κτηνῶν[38] τῶν καθαρῶν[39] εἰσάγαγε[40] πρὸς σὲ ἑπτὰ ἑπτά, ἄρσεν[41] καὶ θῆλυ,[42]
ἀπὸ δὲ τῶν κτηνῶν τῶν μὴ καθαρῶν δύο δύο, ἄρσεν καὶ θῆλυ, **3** καὶ ἀπὸ τῶν

1 ὕψος, height
2 ἐπισυνάγω, *pres act ptc nom s m*, gather together
3 κιβωτός, ark
4 πῆχυς, cubit
5 συντελέω, *fut act ind 2s*, finish, complete
6 ἄνωθεν, above
7 πλάγιος, side
8 κατάγαιος, ground floor
9 διώροφος, second floor
10 τριώροφος, third floor
11 ἐπάγω, *pres act ind 1s*, bring upon
12 κατακλυσμός, flood, deluge
13 καταφθείρω, *aor act inf*, destroy, corrupt
14 ὑποκάτω, under
15 τελευτάω, *fut act ind 3s*, die
16 κιβωτός, ark
17 κτῆνος, animal, (*p*) herd
18 ἑρπετόν, creeping thing
19 εἰσάγω, *fut act ind 2s*, lead into
20 κιβωτός, ark
21 τρέφω, *pres act sub 2s*, feed
22 ἄρσην, male
23 θῆλυς, female
24 ὄρνεον, bird
25 πετεινός, winged
26 γένος, kind
27 κτῆνος, animal, (*p*) herd
28 ἑρπετόν, creeping thing
29 ἕρπω, *pres act ptc gen p n*, creep, move
30 τρέφω, *pres pas inf*, nourish, sustain
31 ἄρσην, male
32 θῆλυς, female
33 βρῶμα, food
34 ἐσθίω, *fut mid ind 2p*, eat
35 ἐντέλλομαι, *aor mid ind 3s*, command
36 κιβωτός, ark
37 ἐναντίον, before
38 κτῆνος, animal, (*p*) herd
39 καθαρός, clean, pure
40 εἰσάγω, *aor act impv 2s*, bring in
41 ἄρσην, male
42 θῆλυς, female

πετεινῶν[1] τοῦ οὐρανοῦ τῶν καθαρῶν[2] ἑπτὰ ἑπτά, ἄρσεν[3] καὶ θῆλυ,[4] καὶ ἀπὸ τῶν
πετεινῶν τῶν μὴ καθαρῶν δύο δύο, ἄρσεν καὶ θῆλυ, διαθρέψαι[5] σπέρμα ἐπὶ πᾶσαν
τὴν γῆν. **4** ἔτι γὰρ ἡμερῶν ἑπτὰ ἐγὼ ἐπάγω[6] ὑετὸν[7] ἐπὶ τὴν γῆν τεσσαράκοντα[8]
ἡμέρας καὶ τεσσαράκοντα νύκτας καὶ ἐξαλείψω[9] πᾶσαν τὴν ἐξανάστασιν,[10] ἣν
ἐποίησα, ἀπὸ προσώπου τῆς γῆς. **5** καὶ ἐποίησεν Νωε πάντα, ὅσα ἐνετείλατο[11] αὐτῷ
κύριος ὁ θεός.

6 Νωε δὲ ἦν ἐτῶν ἑξακοσίων,[12] καὶ ὁ κατακλυσμὸς[13] ἐγένετο ὕδατος ἐπὶ τῆς γῆς.
7 εἰσῆλθεν δὲ Νωε καὶ οἱ υἱοὶ αὐτοῦ καὶ ἡ γυνὴ αὐτοῦ καὶ αἱ γυναῖκες τῶν υἱῶν
αὐτοῦ μετ᾽ αὐτοῦ εἰς τὴν κιβωτὸν[14] διὰ τὸ ὕδωρ τοῦ κατακλυσμοῦ.[15] **8** καὶ ἀπὸ
τῶν πετεινῶν[16] καὶ ἀπὸ τῶν κτηνῶν[17] τῶν καθαρῶν[18] καὶ ἀπὸ τῶν κτηνῶν τῶν μὴ
καθαρῶν καὶ ἀπὸ πάντων τῶν ἑρπετῶν[19] τῶν ἐπὶ τῆς γῆς **9** δύο δύο εἰσῆλθον πρὸς
Νωε εἰς τὴν κιβωτόν,[20] ἄρσεν[21] καὶ θῆλυ,[22] καθὰ[23] ἐνετείλατο[24] αὐτῷ ὁ θεός. **10** καὶ
ἐγένετο μετὰ τὰς ἑπτὰ ἡμέρας καὶ τὸ ὕδωρ τοῦ κατακλυσμοῦ[25] ἐγένετο ἐπὶ τῆς γῆς.
11 ἐν τῷ ἑξακοσιοστῷ[26] ἔτει ἐν τῇ ζωῇ τοῦ Νωε, τοῦ δευτέρου μηνός,[27] ἑβδόμῃ[28] καὶ
εἰκάδι[29] τοῦ μηνός,[30] τῇ ἡμέρᾳ ταύτῃ ἐρράγησαν[31] πᾶσαι αἱ πηγαὶ[32] τῆς ἀβύσσου,[33]
καὶ οἱ καταρράκται[34] τοῦ οὐρανοῦ ἠνεῴχθησαν, **12** καὶ ἐγένετο ὁ ὑετὸς[35] ἐπὶ τῆς γῆς
τεσσαράκοντα[36] ἡμέρας καὶ τεσσαράκοντα νύκτας. **13** ἐν τῇ ἡμέρᾳ ταύτῃ εἰσῆλθεν
Νωε, Σημ, Χαμ, Ιαφεθ, υἱοὶ Νωε, καὶ ἡ γυνὴ Νωε καὶ αἱ τρεῖς γυναῖκες τῶν υἱῶν
αὐτοῦ μετ᾽ αὐτοῦ εἰς τὴν κιβωτόν.[37] **14** καὶ πάντα τὰ θηρία κατὰ γένος[38] καὶ πάντα
τὰ κτήνη[39] κατὰ γένος καὶ πᾶν ἑρπετὸν[40] κινούμενον[41] ἐπὶ τῆς γῆς κατὰ γένος καὶ
πᾶν πετεινὸν[42] κατὰ γένος **15** εἰσῆλθον πρὸς Νωε εἰς τὴν κιβωτόν,[43] δύο δύο ἀπὸ

1 πετεινός, bird
2 καθαρός, clean, pure
3 ἄρσην, male
4 θῆλυς, female
5 διατρέφω, *aor act inf*, sustain, support
6 ἐπάγω, *pres act ind 1s*, bring upon
7 ὑετός, rain
8 τεσσαράκοντα, forty
9 ἐξαλείφω, *fut act ind 1s*, wipe out, wash over
10 ἐξανάστασις, thing that springs or rises up
11 ἐντέλλομαι, *aor mid ind 3s*, command
12 ἑξακόσιοι, six hundred
13 κατακλυσμός, flood, deluge
14 κιβωτός, ark
15 κατακλυσμός, flood, deluge
16 πετεινός, bird
17 κτῆνος, animal, (*p*) herd
18 καθαρός, clean, pure
19 ἑρπετόν, creeping thing
20 κιβωτός, ark
21 ἄρσην, male
22 θῆλυς, female
23 καθά, as, just as
24 ἐντέλλομαι, *aor mid ind 3s*, command
25 κατακλυσμός, flood, deluge
26 ἑξακοσιοστός, six hundredth
27 μήν, month
28 ἕβδομος, seventh
29 εἰκάς, twentieth
30 μήν, month
31 ῥήγνυμι, *aor pas ind 3p*, burst forth
32 πηγή, spring, fountain
33 ἄβυσσος, abyss, deep
34 καταρράκτης, cataract
35 ὑετός, rain
36 τεσσαράκοντα, forty
37 κιβωτός, ark
38 γένος, kind
39 κτῆνος, animal, (*p*) herd
40 ἑρπετόν, creeping thing
41 κινέω, *pres mid ptc nom s n*, move, creep
42 πετεινός, bird
43 κιβωτός, ark

πάσης σαρκός, ἐν ᾧ ἐστιν πνεῦμα ζωῆς. **16** καὶ τὰ εἰσπορευόμενα[1] ἄρσεν[2] καὶ θῆλυ[3]
ἀπὸ πάσης σαρκὸς εἰσῆλθεν, καθὰ[4] ἐνετείλατο[5] ὁ θεὸς τῷ Νωε. καὶ ἔκλεισεν[6] κύριος
ὁ θεὸς ἔξωθεν[7] αὐτοῦ τὴν κιβωτόν.[8]

17 Καὶ ἐγένετο ὁ κατακλυσμὸς[9] τεσσαράκοντα[10] ἡμέρας καὶ τεσσαράκοντα νύκτας
ἐπὶ τῆς γῆς, καὶ ἐπληθύνθη[11] τὸ ὕδωρ καὶ ἐπῆρεν[12] τὴν κιβωτόν,[13] καὶ ὑψώθη[14] ἀπὸ
τῆς γῆς. **18** καὶ ἐπεκράτει[15] τὸ ὕδωρ καὶ ἐπληθύνετο[16] σφόδρα[17] ἐπὶ τῆς γῆς, καὶ
ἐπεφέρετο[18] ἡ κιβωτὸς[19] ἐπάνω[20] τοῦ ὕδατος. **19** τὸ δὲ ὕδωρ ἐπεκράτει[21] σφόδρα[22]
σφοδρῶς[23] ἐπὶ τῆς γῆς καὶ ἐπεκάλυψεν[24] πάντα τὰ ὄρη τὰ ὑψηλά,[25] ἃ ἦν ὑποκάτω[26]
τοῦ οὐρανοῦ· **20** δέκα[27] πέντε πήχεις[28] ἐπάνω[29] ὑψώθη[30] τὸ ὕδωρ καὶ ἐπεκάλυψεν[31]
πάντα τὰ ὄρη τὰ ὑψηλά.[32] **21** καὶ ἀπέθανεν πᾶσα σὰρξ κινουμένη[33] ἐπὶ τῆς γῆς τῶν
πετεινῶν[34] καὶ τῶν κτηνῶν[35] καὶ τῶν θηρίων καὶ πᾶν ἑρπετὸν[36] κινούμενον[37] ἐπὶ
τῆς γῆς καὶ πᾶς ἄνθρωπος. **22** καὶ πάντα, ὅσα ἔχει πνοὴν[38] ζωῆς, καὶ πᾶς, ὃς ἦν ἐπὶ
τῆς ξηρᾶς,[39] ἀπέθανεν. **23** καὶ ἐξήλειψεν[40] πᾶν τὸ ἀνάστημα,[41] ὃ ἦν ἐπὶ προσώπου
πάσης τῆς γῆς, ἀπὸ ἀνθρώπου ἕως κτήνους[42] καὶ ἑρπετῶν[43] καὶ τῶν πετεινῶν[44]
τοῦ οὐρανοῦ, καὶ ἐξηλείφθησαν[45] ἀπὸ τῆς γῆς· καὶ κατελείφθη[46] μόνος Νωε καὶ
οἱ μετ᾽ αὐτοῦ ἐν τῇ κιβωτῷ.[47] **24** καὶ ὑψώθη[48] τὸ ὕδωρ ἐπὶ τῆς γῆς ἡμέρας ἑκατὸν[49]
πεντήκοντα.[50]

1 εἰσπορεύομαι, *pres mid ptc nom p n*, enter
2 ἄρσην, male
3 θῆλυς, female
4 καθά, as, just as
5 ἐντέλλομαι, *aor mid ind 3s*, command
6 κλείω, *aor act ind 3s*, shut, close
7 ἔξωθεν, outside, from outside
8 κιβωτός, ark
9 κατακλυσμός, flood, deluge
10 τεσσαράκοντα, forty
11 πληθύνω, *aor pas ind 3s*, increase
12 ἐπαίρω, *aor act ind 3s*, lift up
13 κιβωτός, ark
14 ὑψόω, *aor pas ind 3s*, raise up
15 ἐπικρατέω, *impf act ind 3s*, prevail, rule over
16 πληθύνω, *impf pas ind 3s*, increase
17 σφόδρα, very much
18 ἐπιφέρω, *impf mid ind 3s*, be carried, (float)
19 κιβωτός, ark
20 ἐπάνω, above
21 ἐπικρατέω, *impf act ind 3s*, prevail over
22 σφόδρα, very much
23 σφοδρῶς, greatly
24 ἐπικαλύπτω, *aor act ind 3s*, cover
25 ὑψηλός, high
26 ὑποκάτω, below
27 δέκα, ten
28 πῆχυς, cubit
29 ἐπάνω, above
30 ὑψόω, *aor pas ind 3s*, raise up
31 ἐπικαλύπτω, *aor act ind 3s*, cover
32 ὑψηλός, high
33 κινέω, *pres mid ptc nom s f*, move
34 πετεινός, bird
35 κτῆνος, animal, (*p*) herd
36 ἑρπετόν, creeping thing
37 κινέω, *pres mid ptc acc s m*, move, creep
38 πνοή, breath
39 ξηρός, dry (ground)
40 ἐξαλείφω, *aor act ind 3s*, wipe out
41 ἀνάστημα, rising thing
42 κτῆνος, animal, (*p*) herd
43 ἑρπετόν, creeping thing
44 πετεινός, bird
45 ἐξαλείφω, *aor pas ind 3p*, wipe out
46 καταλείπω, *aor pas ind 3s*, leave behind
47 κιβωτός, ark
48 ὑψόω, *aor pas ind 3s*, raise up
49 ἑκατόν, hundred
50 πεντήκοντα, fifty

The Flood Subsides

8 Καὶ ἐμνήσθη[1] ὁ θεὸς τοῦ Νωε καὶ πάντων τῶν θηρίων καὶ πάντων τῶν κτηνῶν[2]
καὶ πάντων τῶν πετεινῶν[3] καὶ πάντων τῶν ἑρπετῶν,[4] ὅσα ἦν μετ᾽ αὐτοῦ ἐν τῇ
κιβωτῷ,[5] καὶ ἐπήγαγεν[6] ὁ θεὸς πνεῦμα ἐπὶ τὴν γῆν, καὶ ἐκόπασεν[7] τὸ ὕδωρ, **2** καὶ
ἐπεκαλύφθησαν[8] αἱ πηγαὶ[9] τῆς ἀβύσσου[10] καὶ οἱ καταρράκται[11] τοῦ οὐρανοῦ, καὶ
συνεσχέθη[12] ὁ ὑετὸς[13] ἀπὸ τοῦ οὐρανοῦ. **3** καὶ ἐνεδίδου[14] τὸ ὕδωρ πορευόμενον
ἀπὸ τῆς γῆς, ἐνεδίδου καὶ ἠλαττονοῦτο[15] τὸ ὕδωρ μετὰ πεντήκοντα[16] καὶ ἑκατὸν[17]
ἡμέρας. **4** καὶ ἐκάθισεν ἡ κιβωτὸς[18] ἐν μηνὶ[19] τῷ ἑβδόμῳ,[20] ἑβδόμῃ καὶ εἰκάδι[21] τοῦ
μηνός, ἐπὶ τὰ ὄρη τὰ Αραρατ. **5** τὸ δὲ ὕδωρ πορευόμενον ἠλαττονοῦτο[22] ἕως τοῦ
δεκάτου[23] μηνός·[24] ἐν δὲ τῷ ἑνδεκάτῳ[25] μηνί, τῇ πρώτῃ τοῦ μηνός, ὤφθησαν αἱ
κεφαλαὶ τῶν ὀρέων. — **6** καὶ ἐγένετο μετὰ τεσσαράκοντα[26] ἡμέρας ἠνέῳξεν Νωε
τὴν θυρίδα[27] τῆς κιβωτοῦ,[28] ἣν ἐποίησεν, **7** καὶ ἀπέστειλεν τὸν κόρακα[29] τοῦ ἰδεῖν εἰ
κεκόπακεν[30] τὸ ὕδωρ· καὶ ἐξελθὼν οὐχ ὑπέστρεψεν[31] ἕως τοῦ ξηρανθῆναι[32] τὸ ὕδωρ
ἀπὸ τῆς γῆς. **8** καὶ ἀπέστειλεν τὴν περιστερὰν[33] ὀπίσω αὐτοῦ ἰδεῖν εἰ κεκόπακεν[34]
τὸ ὕδωρ ἀπὸ προσώπου τῆς γῆς· **9** καὶ οὐχ εὑροῦσα ἡ περιστερὰ[35] ἀνάπαυσιν[36]
τοῖς ποσὶν αὐτῆς ὑπέστρεψεν[37] πρὸς αὐτὸν εἰς τὴν κιβωτόν,[38] ὅτι ὕδωρ ἦν ἐπὶ
παντὶ προσώπῳ πάσης τῆς γῆς, καὶ ἐκτείνας[39] τὴν χεῖρα αὐτοῦ ἔλαβεν αὐτὴν καὶ
εἰσήγαγεν[40] αὐτὴν πρὸς ἑαυτὸν εἰς τὴν κιβωτόν.[41] **10** καὶ ἐπισχὼν[42] ἔτι ἡμέρας ἑπτὰ

1 μιμνήσκομαι, *aor pas ind 3s*, remember
2 κτῆνος, animal, (*p*) herd
3 πετεινός, bird
4 ἑρπετόν, creeping thing
5 κιβωτός, ark
6 ἐπάγω, *aor act ind 3s*, bring upon
7 κοπάζω, *aor act ind 3s*, stop, cease
8 ἐπικαλύπτω, *aor pas ind 3p*, cover, close up
9 πηγή, spring, fountain
10 ἄβυσσος, abyss, deep
11 καταρράκτης, cataract
12 συνέχω, *aor pas ind 3s*, restrain, stop
13 ὑετός, rain
14 ἐνδίδωμι, *impf act ind 3s*, subside, give way
15 ἐλαττονέω, *impf mid ind 3s*, diminish, lessen
16 πεντήκοντα, fifty
17 ἑκατόν, hundred
18 κιβωτός, ark
19 μήν, month
20 ἕβδομος, seventh
21 εἰκάς, twentieth
22 ἐλαττονέω, *impf mid ind 3s*, diminish, lessen
23 δέκατος, tenth
24 μήν, month
25 ἑνδέκατος, eleventh
26 τεσσαράκοντα, forty
27 θυρίς, window
28 κιβωτός, ark
29 κόραξ, raven
30 κοπάζω, *perf act ind 3s*, stop, cease
31 ὑποστρέφω, *aor act ind 3s*, return
32 ξηραίνω, *aor pas inf*, dry up
33 περιστερά, dove, pigeon
34 κοπάζω, *perf act ind 3s*, stop, cease
35 περιστερά, dove, pigeon
36 ἀνάπαυσις, rest
37 ὑποστρέφω, *aor act ind 3s*, return
38 κιβωτός, ark
39 ἐκτείνω, *aor act ptc nom s m*, stretch forth
40 εἰσάγω, *aor act ind 3s*, bring in
41 κιβωτός, ark
42 ἐπέχω, *aor act ptc nom s m*, wait

ἑτέρας πάλιν[1] ἐξαπέστειλεν[2] τὴν περιστερὰν[3] ἐκ τῆς κιβωτοῦ·[4] **11** καὶ ἀνέστρεψεν[5]
πρὸς αὐτὸν ἡ περιστερὰ[6] τὸ πρὸς ἑσπέραν[7] καὶ εἶχεν φύλλον[8] ἐλαίας[9] κάρφος[10] ἐν τῷ
στόματι αὐτῆς, καὶ ἔγνω Νωε ὅτι κεκόπακεν[11] τὸ ὕδωρ ἀπὸ τῆς γῆς. **12** καὶ ἐπισχὼν[12]
ἔτι ἡμέρας ἑπτὰ ἑτέρας πάλιν[13] ἐξαπέστειλεν[14] τὴν περιστεράν,[15] καὶ οὐ προσέθετο[16]
τοῦ ἐπιστρέψαι πρὸς αὐτὸν ἔτι. — **13** καὶ ἐγένετο ἐν τῷ ἑνὶ καὶ ἑξακοσιοστῷ[17] ἔτει
ἐν τῇ ζωῇ τοῦ Νωε, τοῦ πρώτου μηνός,[18] μιᾷ τοῦ μηνός, ἐξέλιπεν[19] τὸ ὕδωρ ἀπὸ τῆς
γῆς· καὶ ἀπεκάλυψεν[20] Νωε τὴν στέγην[21] τῆς κιβωτοῦ,[22] ἣν ἐποίησεν, καὶ εἶδεν ὅτι
ἐξέλιπεν τὸ ὕδωρ ἀπὸ προσώπου τῆς γῆς. **14** ἐν δὲ τῷ μηνὶ[23] τῷ δευτέρῳ, ἑβδόμῃ[24]
καὶ εἰκάδι[25] τοῦ μηνός, ἐξηράνθη[26] ἡ γῆ.

15 Καὶ εἶπεν κύριος ὁ θεὸς τῷ Νωε λέγων **16** Ἔξελθε ἐκ τῆς κιβωτοῦ,[27] σὺ καὶ ἡ
γυνή σου καὶ οἱ υἱοί σου καὶ αἱ γυναῖκες τῶν υἱῶν σου μετὰ σοῦ **17** καὶ πάντα τὰ
θηρία, ὅσα ἐστὶν μετὰ σοῦ, καὶ πᾶσα σὰρξ ἀπὸ πετεινῶν[28] ἕως κτηνῶν,[29] καὶ πᾶν
ἑρπετὸν[30] κινούμενον[31] ἐπὶ τῆς γῆς ἐξάγαγε[32] μετὰ σεαυτοῦ· καὶ αὐξάνεσθε[33] καὶ
πληθύνεσθε[34] ἐπὶ τῆς γῆς. **18** καὶ ἐξῆλθεν Νωε καὶ ἡ γυνὴ αὐτοῦ καὶ οἱ υἱοὶ αὐτοῦ καὶ
αἱ γυναῖκες τῶν υἱῶν αὐτοῦ μετ᾽ αὐτοῦ, **19** καὶ πάντα τὰ θηρία καὶ πάντα τὰ κτήνη[35]
καὶ πᾶν πετεινὸν[36] καὶ πᾶν ἑρπετὸν[37] κινούμενον[38] ἐπὶ τῆς γῆς κατὰ γένος[39] αὐτῶν
ἐξήλθοσαν ἐκ τῆς κιβωτοῦ.[40] **20** καὶ ᾠκοδόμησεν Νωε θυσιαστήριον[41] τῷ θεῷ καὶ
ἔλαβεν ἀπὸ πάντων τῶν κτηνῶν[42] τῶν καθαρῶν[43] καὶ ἀπὸ πάντων τῶν πετεινῶν[44]
τῶν καθαρῶν καὶ ἀνήνεγκεν[45] ὁλοκαρπώσεις[46] ἐπὶ τὸ θυσιαστήριον.[47] **21** καὶ

1 πάλιν, again
2 ἐξαποστέλλω, *aor act ind 3s*, send forth
3 περιστερά, dove, pigeon
4 κιβωτός, ark
5 ἀναστρέφω, *aor act ind 3s*, return
6 περιστερά, dove, pigeon
7 ἑσπέρα, evening
8 φύλλον, leaf
9 ἐλαία, olive, olive tree
10 κάρφος, twig, branch
11 κοπάζω, *perf act ind 3s*, stop, cease
12 ἐπέχω, *aor act ptc nom s m*, wait
13 πάλιν, again
14 ἐξαποστέλλω, *aor act ind 3s*, send forth
15 περιστερά, dove, pigeon
16 προστίθημι, *aor mid ind 3s*, continue
17 ἑξακοσιοστός, six hundredth
18 μήν, month
19 ἐκλείπω, *aor act ind 3s*, disappear
20 ἀποκαλύπτω, *aor act ind 3s*, uncover
21 στέγη, roof
22 κιβωτός, ark
23 μήν, month
24 ἕβδομος, seventh
25 εἰκάς, twentieth
26 ξηραίνω, *aor pas ind 3s*, dry up
27 κιβωτός, ark
28 πετεινός, bird
29 κτῆνος, animal, (*p*) herd
30 ἑρπετόν, creeping thing
31 κινέω, *pres mid ptc acc s n*, move, creep
32 ἐξάγω, *aor act impv 2s*, lead out
33 αὐξάνω, *pres mid impv 2p*, increase
34 πληθύνω, *pres pas impv 2p*, multiply
35 κτῆνος, animal, (*p*) herd
36 πετεινός, bird
37 ἑρπετόν, creeping thing
38 κινέω, *pres mid ptc nom s n*, move, creep
39 γένος, kind
40 κιβωτός, ark
41 θυσιαστήριον, altar
42 κτῆνος, animal, (*p*) herd
43 καθαρός, clean, pure
44 πετεινός, bird
45 ἀναφέρω, *aor act ind 3s*, bring, offer
46 ὁλοκάρπωσις, whole burnt offering
47 θυσιαστήριον, altar

ὠσφράνθη[1] κύριος ὁ θεὸς ὀσμὴν[2] εὐωδίας,[3] καὶ εἶπεν κύριος ὁ θεὸς διανοηθείς[4] Οὐ
προσθήσω[5] ἔτι τοῦ καταράσασθαι[6] τὴν γῆν διὰ τὰ ἔργα τῶν ἀνθρώπων, ὅτι ἔγκειται[7]
ἡ διάνοια[8] τοῦ ἀνθρώπου ἐπιμελῶς[9] ἐπὶ τὰ πονηρὰ ἐκ νεότητος·[10] οὐ προσθήσω[11]
οὖν ἔτι πατάξαι[12] πᾶσαν σάρκα ζῶσαν, καθὼς ἐποίησα.

22 πάσας τὰς ἡμέρας τῆς γῆς σπέρμα καὶ θερισμός,[13] ψῦχος[14] καὶ καῦμα,[15]
θέρος[16] καὶ ἔαρ[17] ἡμέραν καὶ νύκτα οὐ καταπαύσουσιν.[18]

God's Covenant with Noah

9 Καὶ ηὐλόγησεν ὁ θεὸς τὸν Νωε καὶ τοὺς υἱοὺς αὐτοῦ καὶ εἶπεν αὐτοῖς Αὐξά-
νεσθε[19] καὶ πληθύνεσθε[20] καὶ πληρώσατε τὴν γῆν καὶ κατακυριεύσατε[21] αὐτῆς.
2 καὶ ὁ τρόμος[22] ὑμῶν καὶ ὁ φόβος ἔσται ἐπὶ πᾶσιν τοῖς θηρίοις τῆς γῆς καὶ ἐπὶ πάντα
τὰ ὄρνεα[23] τοῦ οὐρανοῦ καὶ ἐπὶ πάντα τὰ κινούμενα[24] ἐπὶ τῆς γῆς καὶ ἐπὶ πάντας
τοὺς ἰχθύας[25] τῆς θαλάσσης· ὑπὸ χεῖρας ὑμῖν δέδωκα. **3** καὶ πᾶν ἑρπετόν,[26] ὅ ἐστιν
ζῶν, ὑμῖν ἔσται εἰς βρῶσιν·[27] ὡς λάχανα[28] χόρτου[29] δέδωκα ὑμῖν τὰ πάντα. **4** πλὴν
κρέας[30] ἐν αἵματι ψυχῆς οὐ φάγεσθε· **5** καὶ γὰρ τὸ ὑμέτερον[31] αἷμα τῶν ψυχῶν ὑμῶν
ἐκζητήσω,[32] ἐκ χειρὸς πάντων τῶν θηρίων ἐκζητήσω αὐτὸ καὶ ἐκ χειρὸς ἀνθρώπου
ἀδελφοῦ ἐκζητήσω τὴν ψυχὴν τοῦ ἀνθρώπου. **6** ὁ ἐκχέων[33] αἷμα ἀνθρώπου ἀντὶ[34]
τοῦ αἵματος αὐτοῦ ἐκχυθήσεται,[35] ὅτι ἐν εἰκόνι[36] θεοῦ ἐποίησα τὸν ἄνθρωπον.
7 ὑμεῖς δὲ αὐξάνεσθε[37] καὶ πληθύνεσθε[38] καὶ πληρώσατε τὴν γῆν καὶ πληθύνεσθε
ἐπ᾽ αὐτῆς.

8 Καὶ εἶπεν ὁ θεὸς τῷ Νωε καὶ τοῖς υἱοῖς αὐτοῦ μετ᾽ αὐτοῦ λέγων **9** Ἐγὼ ἰδοὺ ἀνίστημι
τὴν διαθήκην μου ὑμῖν καὶ τῷ σπέρματι ὑμῶν μεθ᾽ ὑμᾶς **10** καὶ πάσῃ ψυχῇ τῇ ζώσῃ

1 ὀσφραίνομαι, *aor pas ind 3s*, smell
2 ὀσμή, scent, aroma
3 εὐωδία, fragrant, sweet-smelling
4 διανοέομαι, *aor pas ptc nom s m*, think over
5 προστίθημι, *fut act ind 1s*, add to, continue
6 καταράομαι, *aor mid inf*, curse
7 ἔγκειμαι, *pres pas ind 3s*, be inclined toward
8 διάνοια, mind, thought, intention
9 ἐπιμελῶς, attentively, carefully
10 νεότης, youth
11 προστίθημι, *fut act ind 1s*, add to, continue
12 πατάσσω, *aor act inf*, strike, smite
13 θερισμός, harvest
14 ψῦχος, cold
15 καῦμα, heat
16 θέρος, summertime
17 ἔαρ, springtime
18 καταπαύω, *fut act ind 3p*, cease
19 αὐξάνω, *pres mid impv 2p*, increase
20 πληθύνω, *pres pas impv 2p*, multiply
21 κατακυριεύω, *aor act impv 2p*, exercise dominion
22 τρόμος, trembling
23 ὄρνεον, bird
24 κινέω, *pres mid ptc acc p n*, move, creep
25 ἰχθύς, fish
26 ἑρπετόν, creeping thing
27 βρῶσις, food
28 λάχανον, vegetation
29 χόρτος, grass
30 κρέας, meat
31 ὑμέτερος, your
32 ἐκζητέω, *fut act ind 1s*, seek after
33 ἐκχέω, *pres act ptc nom s m*, pour out
34 ἀντί, in place of
35 ἐκχέω, *fut pas ind 3s*, pour out
36 εἰκών, image
37 αὐξάνω, *pres mid impv 2p*, increase
38 πληθύνω, *pres pas impv 2p*, multiply

μεθ' ὑμῶν ἀπὸ ὀρνέων[1] καὶ ἀπὸ κτηνῶν[2] καὶ πᾶσι τοῖς θηρίοις τῆς γῆς, ὅσα μεθ' ὑμῶν, ἀπὸ πάντων τῶν ἐξελθόντων ἐκ τῆς κιβωτοῦ.[3] **11** καὶ στήσω τὴν διαθήκην μου πρὸς ὑμᾶς, καὶ οὐκ ἀποθανεῖται πᾶσα σὰρξ ἔτι ἀπὸ τοῦ ὕδατος τοῦ κατακλυσμοῦ,[4] καὶ οὐκ ἔσται ἔτι κατακλυσμὸς ὕδατος τοῦ καταφθεῖραι[5] πᾶσαν τὴν γῆν. — **12** καὶ εἶπεν κύριος ὁ θεὸς πρὸς Νωε Τοῦτο τὸ σημεῖον τῆς διαθήκης, ὃ ἐγὼ δίδωμι ἀνὰ μέσον[6] ἐμοῦ καὶ ὑμῶν καὶ ἀνὰ μέσον πάσης ψυχῆς ζώσης, ἥ ἐστιν μεθ' ὑμῶν, εἰς γενεὰς αἰωνίους· **13** τὸ τόξον[7] μου τίθημι ἐν τῇ νεφέλῃ,[8] καὶ ἔσται εἰς σημεῖον διαθήκης ἀνὰ μέσον[9] ἐμοῦ καὶ τῆς γῆς. **14** καὶ ἔσται ἐν τῷ συννεφεῖν[10] με νεφέλας[11] ἐπὶ τὴν γῆν ὀφθήσεται τὸ τόξον[12] μου ἐν τῇ νεφέλῃ,[13] **15** καὶ μνησθήσομαι[14] τῆς διαθήκης μου, ἥ ἐστιν ἀνὰ μέσον[15] ἐμοῦ καὶ ὑμῶν καὶ ἀνὰ μέσον πάσης ψυχῆς ζώσης ἐν πάσῃ σαρκί, καὶ οὐκ ἔσται ἔτι τὸ ὕδωρ εἰς κατακλυσμὸν[16] ὥστε ἐξαλεῖψαι[17] πᾶσαν σάρκα. **16** καὶ ἔσται τὸ τόξον[18] μου ἐν τῇ νεφέλῃ,[19] καὶ ὄψομαι τοῦ μνησθῆναι[20] διαθήκην αἰώνιον ἀνὰ μέσον[21] ἐμοῦ καὶ ἀνὰ μέσον πάσης ψυχῆς ζώσης ἐν πάσῃ σαρκί, ἥ ἐστιν ἐπὶ τῆς γῆς. **17** καὶ εἶπεν ὁ θεὸς τῷ Νωε Τοῦτο τὸ σημεῖον τῆς διαθήκης, ἧς διεθέμην[22] ἀνὰ μέσον[23] ἐμοῦ καὶ ἀνὰ μέσον πάσης σαρκός, ἥ ἐστιν ἐπὶ τῆς γῆς.

Noah and His Sons

18 Ἦσαν δὲ οἱ υἱοὶ Νωε οἱ ἐξελθόντες ἐκ τῆς κιβωτοῦ[24] Σημ, Χαμ, Ιαφεθ· Χαμ ἦν πατὴρ Χανααν. **19** τρεῖς οὗτοί εἰσιν οἱ υἱοὶ Νωε· ἀπὸ τούτων διεσπάρησαν[25] ἐπὶ πᾶσαν τὴν γῆν.

20 Καὶ ἤρξατο Νωε ἄνθρωπος γεωργὸς[26] γῆς καὶ ἐφύτευσεν[27] ἀμπελῶνα.[28] **21** καὶ ἔπιεν ἐκ τοῦ οἴνου καὶ ἐμεθύσθη[29] καὶ ἐγυμνώθη[30] ἐν τῷ οἴκῳ αὐτοῦ. **22** καὶ εἶδεν Χαμ ὁ πατὴρ Χανααν τὴν γύμνωσιν[31] τοῦ πατρὸς αὐτοῦ καὶ ἐξελθὼν ἀνήγγειλεν[32] τοῖς δυσὶν ἀδελφοῖς αὐτοῦ ἔξω. **23** καὶ λαβόντες Σημ καὶ Ιαφεθ τὸ ἱμάτιον ἐπέθεντο ἐπὶ τὰ δύο νῶτα[33] αὐτῶν καὶ ἐπορεύθησαν ὀπισθοφανῶς[34] καὶ συνεκάλυψαν[35] τὴν

1 ὄρνεον, bird
2 κτῆνος, animal, (*p*) herd
3 κιβωτός, ark
4 κατακλυσμός, flood, deluge
5 καταφθείρω, *aor act inf*, corrupt, ruin
6 ἀνὰ μέσον, between
7 τόξον, bow
8 νεφέλη, cloud
9 ἀνὰ μέσον, between
10 συννεφέω, *pres act inf*, gather clouds
11 νεφέλη, cloud
12 τόξον, bow
13 νεφέλη, cloud
14 μιμνῄσκομαι, *fut pas ind 1s*, remember
15 ἀνὰ μέσον, between
16 κατακλυσμός, flood, deluge
17 ἐξαλείφω, *aor act inf*, wipe out
18 τόξον, bow
19 νεφέλη, cloud
20 μιμνῄσκομαι, *aor pas inf*, remember
21 ἀνὰ μέσον, between
22 διατίθημι, *aor mid ind 1s*, arrange
23 ἀνὰ μέσον, between
24 κιβωτός, ark
25 διασπείρω, *aor pas ind 3p*, scatter abroad
26 γεωργός, farmer
27 φυτεύω, *aor act ind 3s*, plant
28 ἀμπελών, vineyard
29 μεθύσκω, *aor pas ind 3s*, become drunk
30 γυμνόω, *aor pas ind 3s*, be naked
31 γύμνωσις, nakedness, exposure
32 ἀναγγέλλω, *aor act ind 3s*, report
33 νῶτον, back
34 ὀπισθοφανῶς, backward
35 συγκαλύπτω, *aor act ind 3p*, cover up

γύμνωσιν[1] τοῦ πατρὸς αὐτῶν, καὶ τὸ πρόσωπον αὐτῶν ὀπισθοφανές,[2] καὶ τὴν γύμ-
νωσιν τοῦ πατρὸς αὐτῶν οὐκ εἶδον. **24** ἐξένηψεν[3] δὲ Νωε ἀπὸ τοῦ οἴνου καὶ ἔγνω
ὅσα ἐποίησεν αὐτῷ ὁ υἱὸς αὐτοῦ ὁ νεώτερος,[4] **25** καὶ εἶπεν

Ἐπικατάρατος[5] Χανααν·
παῖς[6] οἰκέτης[7] ἔσται τοῖς ἀδελφοῖς αὐτοῦ.

26 καὶ εἶπεν

Εὐλογητὸς[8] κύριος ὁ θεὸς τοῦ Σημ,
καὶ ἔσται Χανααν παῖς[9] αὐτοῦ.
27 πλατύναι[10] ὁ θεὸς τῷ Ιαφεθ
καὶ κατοικησάτω ἐν τοῖς οἴκοις τοῦ Σημ,
καὶ γενηθήτω Χανααν παῖς[11] αὐτῶν.

28 Ἔζησεν δὲ Νωε μετὰ τὸν κατακλυσμὸν[12] τριακόσια[13] πεντήκοντα[14] ἔτη. **29** καὶ
ἐγένοντο πᾶσαι αἱ ἡμέραι Νωε ἐννακόσια[15] πεντήκοντα[16] ἔτη, καὶ ἀπέθανεν.

Genealogy of Noah

10 Αὗται δὲ αἱ γενέσεις[17] τῶν υἱῶν Νωε, Σημ, Χαμ, Ιαφεθ, καὶ ἐγενήθησαν
αὐτοῖς υἱοὶ μετὰ τὸν κατακλυσμόν.[18]

2 Υἱοὶ Ιαφεθ· Γαμερ καὶ Μαγωγ καὶ Μαδαι καὶ Ιωυαν καὶ Ελισα καὶ Θοβελ καὶ
Μοσοχ καὶ Θιρας. **3** καὶ υἱοὶ Γαμερ· Ασχαναζ καὶ Ριφαθ καὶ Θοργαμα. **4** καὶ υἱοὶ
Ιωυαν· Ελισα καὶ Θαρσις, Κίτιοι, Ῥόδιοι. **5** ἐκ τούτων ἀφωρίσθησαν[19] νῆσοι[20] τῶν
ἐθνῶν ἐν τῇ γῇ αὐτῶν, ἕκαστος κατὰ γλῶσσαν ἐν ταῖς φυλαῖς αὐτῶν καὶ ἐν τοῖς
ἔθνεσιν αὐτῶν.

6 Υἱοὶ δὲ Χαμ· Χους καὶ Μεσραιμ, Φουδ καὶ Χανααν. **7** υἱοὶ δὲ Χους· Σαβα καὶ Ευιλα
καὶ Σαβαθα καὶ Ρεγμα καὶ Σαβακαθα. υἱοὶ δὲ Ρεγμα· Σαβα καὶ Δαδαν. **8** Χους δὲ
ἐγέννησεν τὸν Νεβρωδ. οὗτος ἤρξατο εἶναι γίγας[21] ἐπὶ τῆς γῆς· **9** οὗτος ἦν γίγας[22]
κυνηγὸς[23] ἐναντίον[24] κυρίου τοῦ θεοῦ· διὰ τοῦτο ἐροῦσιν Ὡς Νεβρωδ γίγας κυνηγὸς
ἐναντίον κυρίου. **10** καὶ ἐγένετο ἀρχὴ τῆς βασιλείας αὐτοῦ Βαβυλὼν καὶ Ορεχ καὶ
Αρχαδ καὶ Χαλαννη ἐν τῇ γῇ Σεννααρ. **11** ἐκ τῆς γῆς ἐκείνης ἐξῆλθεν Ασσουρ καὶ
ᾠκοδόμησεν τὴν Νινευη καὶ τὴν Ροωβωθ πόλιν καὶ τὴν Χαλαχ **12** καὶ τὴν Δασεμ

1 γύμνωσις, nakedness, exposure
2 ὀπισθοφανῶς, backward
3 ἐκνήφω, *aor act ind 3s*, become sober
4 νέος, *comp*, younger
5 ἐπικατάρατος, cursed
6 παῖς, servant
7 οἰκέτης, servant, slave
8 εὐλογητός, blessed
9 παῖς, servant
10 πλατύνω, *aor act opt 3s*, enlarge
11 παῖς, servant
12 κατακλυσμός, flood, deluge
13 τριακόσιοι, three hundred
14 πεντήκοντα, fifty
15 ἐννακόσιοι, nine hundred
16 πεντήκοντα, fifty
17 γένεσις, generation, offspring, lineage
18 κατακλυσμός, flood, deluge
19 ἀφορίζω, *aor pas ind 3p*, separate, divide
20 νῆσος, nation on the sea coast
21 γίγας, giant
22 γίγας, giant
23 κυνηγός, hunter
24 ἐναντίον, before

ἀνὰ μέσον[1] Νινευη καὶ ἀνὰ μέσον Χαλαχ· αὕτη ἡ πόλις ἡ μεγάλη. — **13** καὶ Μεσραιμ
ἐγέννησεν τοὺς Λουδιμ καὶ τοὺς Ενεμετιιμ καὶ τοὺς Λαβιιμ καὶ τοὺς Νεφθαλιιμ
14 καὶ τοὺς Πατροσωνιιμ καὶ τοὺς Χασλωνιιμ, ὅθεν[2] ἐξῆλθεν ἐκεῖθεν[3] Φυλιστιιμ,
καὶ τοὺς Καφθοριιμ. — **15** Χανααν δὲ ἐγέννησεν τὸν Σιδῶνα πρωτότοκον[4] καὶ
τὸν Χετταῖον **16** καὶ τὸν Ιεβουσαῖον καὶ τὸν Αμορραῖον καὶ τὸν Γεργεσαῖον **17** καὶ
τὸν Ευαῖον καὶ τὸν Αρουκαῖον καὶ τὸν Ασενναῖον **18** καὶ τὸν Ἀράδιον καὶ τὸν
Σαμαραῖον καὶ τὸν Αμαθι. καὶ μετὰ τοῦτο διεσπάρησαν[5] αἱ φυλαὶ τῶν Χαναναίων,
19 καὶ ἐγένοντο τὰ ὅρια[6] τῶν Χαναναίων ἀπὸ Σιδῶνος ἕως ἐλθεῖν εἰς Γεραρα καὶ
Γάζαν, ἕως ἐλθεῖν Σοδομων καὶ Γομορρας, Αδαμα καὶ Σεβωιμ, ἕως Λασα. — **20** οὗτοι
υἱοὶ Χαμ ἐν ταῖς φυλαῖς αὐτῶν κατὰ γλώσσας αὐτῶν ἐν ταῖς χώραις[7] αὐτῶν καὶ ἐν
τοῖς ἔθνεσιν αὐτῶν.

21 Καὶ τῷ Σημ ἐγενήθη καὶ αὐτῷ, πατρὶ πάντων τῶν υἱῶν Εβερ, ἀδελφῷ Ιαφεθ
τοῦ μείζονος.[8] **22** υἱοὶ Σημ· Αιλαμ καὶ Ασσουρ καὶ Αρφαξαδ καὶ Λουδ καὶ Αραμ
καὶ Καιναν. **23** καὶ υἱοὶ Αραμ· Ως καὶ Ουλ καὶ Γαθερ καὶ Μοσοχ. **24** καὶ Αρφαξαδ
ἐγέννησεν τὸν Καιναν, καὶ Καιναν ἐγέννησεν τὸν Σαλα, Σαλα δὲ ἐγέννησεν
τὸν Εβερ. **25** καὶ τῷ Εβερ ἐγενήθησαν δύο υἱοί· ὄνομα τῷ ἑνὶ Φαλεκ, ὅτι ἐν ταῖς
ἡμέραις αὐτοῦ διεμερίσθη[9] ἡ γῆ, καὶ ὄνομα τῷ ἀδελφῷ αὐτοῦ Ιεκταν. **26** Ιεκταν δὲ
ἐγέννησεν τὸν Ελμωδαδ καὶ τὸν Σαλεφ καὶ Ασαρμωθ καὶ Ιαραχ **27** καὶ Οδορρα
καὶ Αιζηλ καὶ Δεκλα **28** καὶ Αβιμεηλ καὶ Σαβευ **29** καὶ Ουφιρ καὶ Ευιλα καὶ Ιωβαβ.
πάντες οὗτοι υἱοὶ Ιεκταν. **30** καὶ ἐγένετο ἡ κατοίκησις[10] αὐτῶν ἀπὸ Μασση ἕως
ἐλθεῖν εἰς Σωφηρα, ὄρος ἀνατολῶν.[11] **31** οὗτοι υἱοὶ Σημ ἐν ταῖς φυλαῖς αὐτῶν κατὰ
γλώσσας αὐτῶν ἐν ταῖς χώραις[12] αὐτῶν καὶ ἐν τοῖς ἔθνεσιν αὐτῶν.

32 Αὗται αἱ φυλαὶ υἱῶν Νωε κατὰ γενέσεις[13] αὐτῶν κατὰ τὰ ἔθνη αὐτῶν· ἀπὸ τούτων
διεσπάρησαν[14] νῆσοι[15] τῶν ἐθνῶν ἐπὶ τῆς γῆς μετὰ τὸν κατακλυσμόν.[16]

Tower of Babel

11 Καὶ ἦν πᾶσα ἡ γῆ χεῖλος[17] ἕν, καὶ φωνὴ μία πᾶσιν. **2** καὶ ἐγένετο ἐν τῷ κινῆσαι[18]
αὐτοὺς ἀπὸ ἀνατολῶν[19] εὗρον πεδίον[20] ἐν γῇ Σενναар καὶ κατῴκησαν
ἐκεῖ. **3** καὶ εἶπεν ἄνθρωπος τῷ πλησίον[21] Δεῦτε[22] πλινθεύσωμεν[23] πλίνθους[24] καὶ
ὀπτήσωμεν[25] αὐτὰς πυρί. καὶ ἐγένετο αὐτοῖς ἡ πλίνθος εἰς λίθον, καὶ ἄσφαλτος[26] ἦν

1 ἀνὰ μέσον, between
2 ὅθεν, from where
3 ἐκεῖθεν, from there
4 πρωτότοκος, firstborn
5 διασπείρω, *aor pas ind 3p*, scatter abroad
6 ὅριον, boundary
7 χώρα, land
8 μείζων, *comp of* μέγας, older
9 διαμερίζω, *aor pas ind 3s*, divide
10 κατοίκησις, dwelling, abode
11 ἀνατολή, east
12 χώρα, land
13 γένεσις, generation, offspring, lineage
14 διασπείρω, *aor pas ind 3p*, scatter abroad
15 νῆσος, nation on the sea coast
16 κατακλυσμός, flood, deluge
17 χεῖλος, lip, language
18 κινέω, *aor act inf*, move
19 ἀνατολή, east
20 πεδίον, plain, level area
21 πλησίον, neighbor
22 δεῦτε, come!
23 πλινθεύω, *aor act sub 1p*, make bricks
24 πλίνθος, brick
25 ὀπτάω, *aor act sub 1p*, bake
26 ἄσφαλτος, tar, pitch, bitumen

αὐτοῖς ὁ πηλός.[1] **4** καὶ εἶπαν Δεῦτε[2] οἰκοδομήσωμεν ἑαυτοῖς πόλιν καὶ πύργον,[3] οὗ ἡ
κεφαλὴ ἔσται ἕως τοῦ οὐρανοῦ, καὶ ποιήσωμεν ἑαυτοῖς ὄνομα πρὸ τοῦ διασπαρῆναι[4]
ἐπὶ προσώπου πάσης τῆς γῆς. **5** καὶ κατέβη κύριος ἰδεῖν τὴν πόλιν καὶ τὸν πύργον,[5]
ὃν ᾠκοδόμησαν οἱ υἱοὶ τῶν ἀνθρώπων. **6** καὶ εἶπεν κύριος Ἰδοὺ γένος[6] ἓν καὶ χεῖλος[7]
ἓν πάντων, καὶ τοῦτο ἤρξαντο ποιῆσαι, καὶ νῦν οὐκ ἐκλείψει[8] ἐξ αὐτῶν πάντα, ὅσα
ἂν ἐπιθῶνται ποιεῖν. **7** δεῦτε[9] καὶ καταβάντες συγχέωμεν[10] ἐκεῖ αὐτῶν τὴν γλῶσσαν,
ἵνα μὴ ἀκούσωσιν ἕκαστος τὴν φωνὴν τοῦ πλησίον.[11] **8** καὶ διέσπειρεν[12] αὐτοὺς
κύριος ἐκεῖθεν[13] ἐπὶ πρόσωπον πάσης τῆς γῆς, καὶ ἐπαύσαντο[14] οἰκοδομοῦντες τὴν
πόλιν καὶ τὸν πύργον.[15] **9** διὰ τοῦτο ἐκλήθη τὸ ὄνομα αὐτῆς Σύγχυσις, ὅτι ἐκεῖ
συνέχεεν[16] κύριος τὰ χείλη[17] πάσης τῆς γῆς, καὶ ἐκεῖθεν[18] διέσπειρεν[19] αὐτοὺς κύριος
ὁ θεὸς ἐπὶ πρόσωπον πάσης τῆς γῆς.

Genealogy of Shem

10 Καὶ αὗται αἱ γενέσεις[20] Σημ· Σημ υἱὸς ἑκατὸν[21] ἐτῶν, ὅτε ἐγέννησεν τὸν Αρφαξαδ,
δευτέρου ἔτους μετὰ τὸν κατακλυσμόν.[22] **11** καὶ ἔζησεν Σημ μετὰ τὸ γεννῆσαι αὐτὸν
τὸν Αρφαξαδ πεντακόσια[23] ἔτη καὶ ἐγέννησεν υἱοὺς καὶ θυγατέρας[24] καὶ ἀπέθανεν.

12 Καὶ ἔζησεν Αρφαξαδ ἑκατὸν[25] τριάκοντα[26] πέντε ἔτη καὶ ἐγέννησεν τὸν Καιναν.
13 καὶ ἔζησεν Αρφαξαδ μετὰ τὸ γεννῆσαι αὐτὸν τὸν Καιναν ἔτη τετρακόσια[27] τρι-
άκοντα[28] καὶ ἐγέννησεν υἱοὺς καὶ θυγατέρας[29] καὶ ἀπέθανεν. Καὶ ἔζησεν Καιναν
ἑκατὸν[30] τριάκοντα ἔτη καὶ ἐγέννησεν τὸν Σαλα. καὶ ἔζησεν Καιναν μετὰ τὸ γεν-
νῆσαι αὐτὸν τὸν Σαλα ἔτη τριακόσια τριάκοντα καὶ ἐγέννησεν υἱοὺς καὶ θυγατέρας
καὶ ἀπέθανεν.

14 Καὶ ἔζησεν Σαλα ἑκατὸν[31] τριάκοντα[32] ἔτη καὶ ἐγέννησεν τὸν Εβερ. **15** καὶ ἔζησεν
Σαλα μετὰ τὸ γεννῆσαι αὐτὸν τὸν Εβερ τριακόσια[33] τριάκοντα[34] ἔτη καὶ ἐγέννησεν
υἱοὺς καὶ θυγατέρας[35] καὶ ἀπέθανεν.

1 πηλός, mud, clay
2 δεῦτε, come!
3 πύργος, tower
4 διασπείρω, *aor pas inf*, scatter abroad
5 πύργος, tower
6 γένος, kind
7 χεῖλος, lip, language
8 ἐκλείπω, *fut act ind 3s*, fail, be lacking
9 δεῦτε, come!
10 συγχέω, *aor act sub 1p*, confuse, confound
11 πλησίον, neighbor
12 διασπείρω, *aor act ind 3s*, scatter abroad
13 ἐκεῖθεν, from there
14 παύω, *aor mid ind 3p*, cease
15 πύργος, tower
16 συγχέω, *aor act ind 3s*, confuse, confound
17 χεῖλος, lip, language
18 ἐκεῖθεν, from there
19 διασπείρω, *aor act ind 3s*, scatter abroad
20 γένεσις, generation, offspring, lineage
21 ἑκατόν, hundred
22 κατακλυσμός, flood, deluge
23 πεντακόσιοι, five hundred
24 θυγάτηρ, daughter
25 ἑκατόν, hundred
26 τριάκοντα, thirty
27 τετρακόσιοι, four hundred
28 τριάκοντα, thirty
29 θυγάτηρ, daughter
30 ἑκατόν, hundred
31 ἑκατόν, hundred
32 τριάκοντα, thirty
33 τριακόσιοι, three hundred
34 τριάκοντα, thirty
35 θυγάτηρ, daughter

16 Καὶ ἔζησεν Εβερ ἑκατὸν[1] τριάκοντα[2] τέσσαρα ἔτη καὶ ἐγέννησεν τὸν Φαλεκ.
17 καὶ ἔζησεν Εβερ μετὰ τὸ γεννῆσαι αὐτὸν τὸν Φαλεκ ἔτη τριακόσια[3] ἑβδομήκοντα[4]
καὶ ἐγέννησεν υἱοὺς καὶ θυγατέρας[5] καὶ ἀπέθανεν.

18 Καὶ ἔζησεν Φαλεκ ἑκατὸν[6] τριάκοντα[7] ἔτη καὶ ἐγέννησεν τὸν Ραγαυ. **19** καὶ ἔζησεν
Φαλεκ μετὰ τὸ γεννῆσαι αὐτὸν τὸν Ραγαυ διακόσια[8] ἐννέα[9] ἔτη καὶ ἐγέννησεν
υἱοὺς καὶ θυγατέρας[10] καὶ ἀπέθανεν.

20 Καὶ ἔζησεν Ραγαυ ἑκατὸν[11] τριάκοντα[12] δύο ἔτη καὶ ἐγέννησεν τὸν Σερουχ.
21 καὶ ἔζησεν Ραγαυ μετὰ τὸ γεννῆσαι αὐτὸν τὸν Σερουχ διακόσια[13] ἑπτὰ ἔτη καὶ
ἐγέννησεν υἱοὺς καὶ θυγατέρας[14] καὶ ἀπέθανεν.

22 Καὶ ἔζησεν Σερουχ ἑκατὸν[15] τριάκοντα[16] ἔτη καὶ ἐγέννησεν τὸν Ναχωρ. **23** καὶ
ἔζησεν Σερουχ μετὰ τὸ γεννῆσαι αὐτὸν τὸν Ναχωρ ἔτη διακόσια[17] καὶ ἐγέννησεν
υἱοὺς καὶ θυγατέρας[18] καὶ ἀπέθανεν.

24 Καὶ ἔζησεν Ναχωρ ἔτη ἑβδομήκοντα[19] ἐννέα[20] καὶ ἐγέννησεν τὸν Θαρα. **25** καὶ
ἔζησεν Ναχωρ μετὰ τὸ γεννῆσαι αὐτὸν τὸν Θαρα ἔτη ἑκατὸν[21] εἴκοσι[22] ἐννέα[23] καὶ
ἐγέννησεν υἱοὺς καὶ θυγατέρας[24] καὶ ἀπέθανεν.

26 Καὶ ἔζησεν Θαρα ἑβδομήκοντα[25] ἔτη καὶ ἐγέννησεν τὸν Αβραμ καὶ τὸν Ναχωρ
καὶ τὸν Αρραν.

Genealogy of Terah

27 Αὗται δὲ αἱ γενέσεις[26] Θαρα· Θαρα ἐγέννησεν τὸν Αβραμ καὶ τὸν Ναχωρ καὶ
τὸν Αρραν, καὶ Αρραν ἐγέννησεν τὸν Λωτ. **28** καὶ ἀπέθανεν Αρραν ἐνώπιον Θαρα
τοῦ πατρὸς αὐτοῦ ἐν τῇ γῇ, ᾗ ἐγενήθη, ἐν τῇ χώρᾳ[27] τῶν Χαλδαίων. **29** καὶ ἔλαβον
Αβραμ καὶ Ναχωρ ἑαυτοῖς γυναῖκας· ὄνομα τῇ γυναικὶ Αβραμ Σαρα, καὶ ὄνομα τῇ
γυναικὶ Ναχωρ Μελχα θυγάτηρ[28] Αρραν, πατὴρ Μελχα καὶ πατὴρ Ιεσχα. **30** καὶ ἦν
Σαρα στεῖρα[29] καὶ οὐκ ἐτεκνοποίει.[30] **31** καὶ ἔλαβεν Θαρα τὸν Αβραμ υἱὸν αὐτοῦ
καὶ τὸν Λωτ υἱὸν Αρραν υἱὸν τοῦ υἱοῦ αὐτοῦ καὶ τὴν Σαραν τὴν νύμφην[31] αὐτοῦ

1 ἑκατόν, hundred
2 τριάκοντα, thirty
3 τριακόσιοι, three hundred
4 ἑβδομήκοντα, seventy
5 θυγάτηρ, daughter
6 ἑκατόν, hundred
7 τριάκοντα, thirty
8 διακόσιοι, two hundred
9 ἐννέα, nine
10 θυγάτηρ, daughter
11 ἑκατόν, hundred
12 τριάκοντα, thirty
13 διακόσιοι, two hundred
14 θυγάτηρ, daughter
15 ἑκατόν, hundred
16 τριάκοντα, thirty
17 διακόσιοι, two hundred
18 θυγάτηρ, daughter
19 ἑβδομήκοντα, seventy
20 ἐννέα, nine
21 ἑκατόν, hundred
22 εἴκοσι, twenty
23 ἐννέα, nine
24 θυγάτηρ, daughter
25 ἑβδομήκοντα, seventy
26 γένεσις, generation, offspring, lineage
27 χώρα, land, territory
28 θυγάτηρ, daughter
29 στεῖρα, barren, infertile
30 τεκνοποιέω, *impf act ind 3s*, bear children
31 νύμφη, bride

γυναῖκα Αβραμ τοῦ υἱοῦ αὐτοῦ καὶ ἐξήγαγεν[1] αὐτοὺς ἐκ τῆς χώρας[2] τῶν Χαλδαίων πορευθῆναι εἰς τὴν γῆν Χανααν καὶ ἦλθεν ἕως Χαρραν καὶ κατῴκησεν ἐκεῖ. **32** καὶ ἐγένοντο αἱ ἡμέραι Θαρα ἐν Χαρραν διακόσια[3] πέντε ἔτη, καὶ ἀπέθανεν Θαρα ἐν Χαρραν.

God Calls Abram

12 Καὶ εἶπεν κύριος τῷ Αβραμ Ἔξελθε ἐκ τῆς γῆς σου καὶ ἐκ τῆς συγγενείας[4] σου καὶ ἐκ τοῦ οἴκου τοῦ πατρός σου εἰς τὴν γῆν, ἣν ἄν σοι δείξω· **2** καὶ ποιήσω σε εἰς ἔθνος μέγα καὶ εὐλογήσω σε καὶ μεγαλυνῶ[5] τὸ ὄνομά σου, καὶ ἔσῃ εὐλογητός·[6] **3** καὶ εὐλογήσω τοὺς εὐλογοῦντάς σε, καὶ τοὺς καταρωμένους[7] σε καταράσομαι·[8] καὶ ἐνευλογηθήσονται[9] ἐν σοὶ πᾶσαι αἱ φυλαὶ τῆς γῆς. **4** καὶ ἐπορεύθη Αβραμ, καθάπερ[10] ἐλάλησεν αὐτῷ κύριος, καὶ ᾤχετο[11] μετ᾽ αὐτοῦ Λωτ· Αβραμ δὲ ἦν ἐτῶν ἑβδομήκοντα[12] πέντε, ὅτε ἐξῆλθεν ἐκ Χαρραν. **5** καὶ ἔλαβεν Αβραμ τὴν Σαραν γυναῖκα αὐτοῦ καὶ τὸν Λωτ υἱὸν τοῦ ἀδελφοῦ αὐτοῦ καὶ πάντα τὰ ὑπάρχοντα αὐτῶν, ὅσα ἐκτήσαντο,[13] καὶ πᾶσαν ψυχήν, ἣν ἐκτήσαντο ἐν Χαρραν, καὶ ἐξήλθοσαν πορευθῆναι εἰς γῆν Χανααν καὶ ἦλθον εἰς γῆν Χανααν. — **6** καὶ διώδευσεν[14] Αβραμ τὴν γῆν εἰς τὸ μῆκος[15] αὐτῆς ἕως τοῦ τόπου Συχεμ ἐπὶ τὴν δρῦν[16] τὴν ὑψηλήν·[17] οἱ δὲ Χαναναῖοι τότε κατῴκουν τὴν γῆν. **7** καὶ ὤφθη κύριος τῷ Αβραμ καὶ εἶπεν αὐτῷ Τῷ σπέρματί σου δώσω τὴν γῆν ταύτην. καὶ ᾠκοδόμησεν ἐκεῖ Αβραμ θυσιαστήριον[18] κυρίῳ τῷ ὀφθέντι[19] αὐτῷ. **8** καὶ ἀπέστη[20] ἐκεῖθεν[21] εἰς τὸ ὄρος κατ᾽ ἀνατολὰς[22] Βαιθηλ καὶ ἔστησεν ἐκεῖ τὴν σκηνὴν[23] αὐτοῦ, Βαιθηλ κατὰ θάλασσαν καὶ Αγγαι κατ᾽ ἀνατολάς· καὶ ᾠκοδόμησεν ἐκεῖ θυσιαστήριον[24] τῷ κυρίῳ καὶ ἐπεκαλέσατο[25] ἐπὶ τῷ ὀνόματι κυρίου. **9** καὶ ἀπῆρεν[26] Αβραμ καὶ πορευθεὶς ἐστρατοπέδευσεν[27] ἐν τῇ ἐρήμῳ.

Abram and Sarai Sojourn in Egypt

10 Καὶ ἐγένετο λιμὸς[28] ἐπὶ τῆς γῆς, καὶ κατέβη Αβραμ εἰς Αἴγυπτον παροικῆσαι[29] ἐκεῖ, ὅτι ἐνίσχυσεν[30] ὁ λιμὸς[31] ἐπὶ τῆς γῆς. **11** ἐγένετο δὲ ἡνίκα[32] ἤγγισεν Αβραμ

1 ἐξάγω, *aor act ind 3s*, lead out
2 χώρα, land, territory
3 διακόσιοι, two hundred
4 συγγένεια, kindred, relatives, family
5 μεγαλύνω, *fut act ind 1s*, enlarge, magnify
6 εὐλογητός, blessed
7 καταράομαι, *pres mid ptc acc p m*, curse
8 καταράομαι, *fut mid ind 1s*, curse
9 ἐνευλογέω, *fut pas ind 3p*, bless, praise
10 καθάπερ, just as
11 οἴχομαι, *impf mid ind 3s*, go
12 ἑβδομήκοντα, seventy
13 κτάομαι, *aor mid ind 3p*, acquire, obtain
14 διοδεύω, *aor act ind 3s*, travel through
15 μῆκος, length
16 δρῦς, oak tree
17 ὑψηλός, high
18 θυσιαστήριον, altar
19 ὁράω, *aor pas ptc dat s m*, see
20 ἀφίστημι, *aor act ind 3s*, depart
21 ἐκεῖθεν, from there
22 ἀνατολή, east
23 σκηνή, tent
24 θυσιαστήριον, altar
25 ἐπικαλέω, *aor mid ind 3s*, call upon
26 ἀπαίρω, *aor act ind 3s*, depart, lead away
27 στρατοπεδεύω, *aor act ind 3s*, encamp
28 λιμός, famine
29 παροικέω, *aor act inf*, sojourn, reside as an alien
30 ἐνισχύω, *aor act ind 3s*, strengthen
31 λιμός, famine
32 ἡνίκα, when

εἰσελθεῖν εἰς Αἴγυπτον, εἶπεν Αβραμ Σαρα τῇ γυναικὶ αὐτοῦ Γινώσκω ἐγὼ ὅτι γυνὴ εὐπρόσωπος[1] εἶ· **12** ἔσται οὖν ὡς ἂν ἴδωσίν σε οἱ Αἰγύπτιοι, ἐροῦσιν ὅτι Γυνὴ αὐτοῦ αὕτη, καὶ ἀποκτενοῦσίν με, σὲ δὲ περιποιήσονται.[2] **13** εἰπὸν οὖν ὅτι Ἀδελφὴ αὐτοῦ εἰμι, ὅπως ἂν εὖ[3] μοι γένηται διὰ σέ, καὶ ζήσεται ἡ ψυχή μου ἕνεκεν[4] σοῦ. **14** ἐγένετο δὲ ἡνίκα[5] εἰσῆλθεν Αβραμ εἰς Αἴγυπτον, ἰδόντες οἱ Αἰγύπτιοι τὴν γυναῖκα ὅτι καλὴ ἦν σφόδρα,[6] **15** καὶ εἶδον αὐτὴν οἱ ἄρχοντες Φαραω καὶ ἐπῄνεσαν[7] αὐτὴν πρὸς Φαραω καὶ εἰσήγαγον[8] αὐτὴν εἰς τὸν οἶκον Φαραω· **16** καὶ τῷ Αβραμ εὖ[9] ἐχρήσαντο[10] δι᾽ αὐτήν, καὶ ἐγένοντο αὐτῷ πρόβατα καὶ μόσχοι[11] καὶ ὄνοι,[12] παῖδες[13] καὶ παιδίσκαι,[14] ἡμίονοι[15] καὶ κάμηλοι.[16] **17** καὶ ἤτασεν[17] ὁ θεὸς τὸν Φαραω ἐτασμοῖς[18] μεγάλοις καὶ πονηροῖς καὶ τὸν οἶκον αὐτοῦ περὶ Σαρας τῆς γυναικὸς Αβραμ. **18** καλέσας δὲ Φαραω τὸν Αβραμ εἶπεν Τί τοῦτο ἐποίησάς μοι, ὅτι οὐκ ἀπήγγειλάς μοι ὅτι γυνή σού ἐστιν; **19** ἵνα τί εἶπας ὅτι Ἀδελφή μού ἐστιν; καὶ ἔλαβον αὐτὴν ἐμαυτῷ[19] εἰς γυναῖκα. καὶ νῦν ἰδοὺ ἡ γυνή σου ἐναντίον[20] σου· λαβὼν ἀπότρεχε.[21] **20** καὶ ἐνετείλατο[22] Φαραω ἀνδράσιν περὶ Αβραμ συμπροπέμψαι[23] αὐτὸν καὶ τὴν γυναῖκα αὐτοῦ καὶ πάντα, ὅσα ἦν αὐτῷ, καὶ Λωτ μετ᾽ αὐτοῦ.

Abram and Lot Separate

13 Ἀνέβη δὲ Αβραμ ἐξ Αἰγύπτου, αὐτὸς καὶ ἡ γυνὴ αὐτοῦ καὶ πάντα τὰ αὐτοῦ καὶ Λωτ μετ᾽ αὐτοῦ, εἰς τὴν ἔρημον. **2** Αβραμ δὲ ἦν πλούσιος[24] σφόδρα[25] κτήνεσιν[26] καὶ ἀργυρίῳ[27] καὶ χρυσίῳ.[28] **3** καὶ ἐπορεύθη ὅθεν[29] ἦλθεν, εἰς τὴν ἔρημον ἕως Βαιθηλ, ἕως τοῦ τόπου, οὗ ἦν ἡ σκηνή[30] αὐτοῦ τὸ πρότερον,[31] ἀνὰ μέσον[32] Βαιθηλ καὶ ἀνὰ μέσον Αγγαι, **4** εἰς τὸν τόπον τοῦ θυσιαστηρίου,[33] οὗ ἐποίησεν ἐκεῖ τὴν ἀρχήν· καὶ ἐπεκαλέσατο[34] ἐκεῖ Αβραμ τὸ ὄνομα κυρίου. **5** καὶ Λωτ τῷ συμπορευομένῳ[35] μετὰ Αβραμ ἦν πρόβατα καὶ βόες[36] καὶ σκηναί.[37] **6** καὶ οὐκ ἐχώρει[38] αὐτοὺς ἡ γῆ κατοικεῖν ἅμα,[39] ὅτι ἦν τὰ ὑπάρχοντα αὐτῶν πολλά, καὶ οὐκ ἐδύναντο κατοικεῖν ἅμα.

1 εὐπρόσωπος, pleasing in appearance
2 περιποιέω, *fut mid ind 3p*, keep
3 εὖ, good, well
4 ἕνεκα, because of
5 ἡνίκα, when
6 σφόδρα, very
7 ἐπαινέω, *aor act ind 3p*, praise
8 εἰσάγω, *aor act ind 3p*, bring in
9 εὖ, good, well
10 χράω, *aor mid ind 3p*, treat
11 μόσχος, cattle
12 ὄνος, donkey
13 παῖς, servant
14 παιδίσκη, maidservant
15 ἡμίονος, mule
16 κάμηλος, camel
17 ἐτάζω, *aor act ind 3s*, try, test
18 ἐτασμός, trial, affliction
19 ἐμαυτοῦ, of myself, my own
20 ἐναντίον, before
21 ἀποτρέχω, *pres act impv 2s*, hurry away
22 ἐντέλλομαι, *aor mid ind 3s*, command
23 συμπροπέμπω, *aor act inf*, accompany
24 πλούσιος, wealthy, rich
25 σφόδρα, very
26 κτῆνος, animal, (*p*) herd
27 ἀργύριον, silver
28 χρυσίον, gold
29 ὅθεν, from where, where
30 σκηνή, tent
31 πρότερος, first, former
32 ἀνὰ μέσον, between
33 θυσιαστήριον, altar
34 ἐπικαλέω, *aor mid ind 3s*, call upon
35 συμπορεύομαι, *pres mid ptc dat s m*, go together
36 βοῦς, cow, (*p*) cattle
37 σκηνή, tent
38 χωρέω, *impf act ind 3s*, hold, contain
39 ἅμα, together, at the same time

7 καὶ ἐγένετο μάχη[1] ἀνὰ μέσον[2] τῶν ποιμένων[3] τῶν κτηνῶν[4] τοῦ Αβραμ καὶ ἀνὰ μέσον τῶν ποιμένων τῶν κτηνῶν τοῦ Λωτ· οἱ δὲ Χαναναῖοι καὶ οἱ Φερεζαῖοι τότε κατῴκουν τὴν γῆν. **8** εἶπεν δὲ Αβραμ τῷ Λωτ Μὴ ἔστω μάχη[5] ἀνὰ μέσον[6] ἐμοῦ καὶ σοῦ καὶ ἀνὰ μέσον τῶν ποιμένων[7] μου καὶ ἀνὰ μέσον τῶν ποιμένων σου, ὅτι ἄνθρωποι ἀδελφοὶ ἡμεῖς ἐσμεν. **9** οὐκ ἰδοὺ πᾶσα ἡ γῆ ἐναντίον[8] σού ἐστιν; διαχωρίσθητι[9] ἀπ᾽ ἐμοῦ· εἰ σὺ εἰς ἀριστερά,[10] ἐγὼ εἰς δεξιά· εἰ δὲ σὺ εἰς δεξιά, ἐγὼ εἰς ἀριστερά. **10** καὶ ἐπάρας[11] Λωτ τοὺς ὀφθαλμοὺς αὐτοῦ εἶδεν πᾶσαν τὴν περίχωρον[12] τοῦ Ιορδάνου ὅτι πᾶσα ἦν ποτιζομένη[13] — πρὸ τοῦ καταστρέψαι[14] τὸν θεὸν Σοδομα καὶ Γομορρα — ὡς ὁ παράδεισος[15] τοῦ θεοῦ καὶ ὡς ἡ γῆ Αἰγύπτου ἕως ἐλθεῖν εἰς Ζογορα. **11** καὶ ἐξελέξατο[16] ἑαυτῷ Λωτ πᾶσαν τὴν περίχωρον[17] τοῦ Ιορδάνου, καὶ ἀπῆρεν[18] Λωτ ἀπὸ ἀνατολῶν,[19] καὶ διεχωρίσθησαν[20] ἕκαστος ἀπὸ τοῦ ἀδελφοῦ αὐτοῦ. **12** Αβραμ δὲ κατῴκησεν ἐν γῇ Χανααν, Λωτ δὲ κατῴκησεν ἐν πόλει τῶν περιχώρων[21] καὶ ἐσκήνωσεν[22] ἐν Σοδομοις· **13** οἱ δὲ ἄνθρωποι οἱ ἐν Σοδομοις πονηροὶ καὶ ἁμαρτωλοὶ ἐναντίον[23] τοῦ θεοῦ σφόδρα.[24]

14 Ὁ δὲ θεὸς εἶπεν τῷ Αβραμ μετὰ τὸ διαχωρισθῆναι[25] τὸν Λωτ ἀπ᾽ αὐτοῦ Ἀναβλέψας[26] τοῖς ὀφθαλμοῖς σου ἰδὲ ἀπὸ τοῦ τόπου, οὗ νῦν σὺ εἶ, πρὸς βορρᾶν[27] καὶ λίβα[28] καὶ ἀνατολὰς[29] καὶ θάλασσαν· **15** ὅτι πᾶσαν τὴν γῆν, ἣν σὺ ὁρᾷς, σοὶ δώσω αὐτὴν καὶ τῷ σπέρματί σου ἕως τοῦ αἰῶνος. **16** καὶ ποιήσω τὸ σπέρμα σου ὡς τὴν ἄμμον[30] τῆς γῆς· εἰ δύναταί τις ἐξαριθμῆσαι[31] τὴν ἄμμον τῆς γῆς, καὶ τὸ σπέρμα σου ἐξαριθμηθήσεται.[32] **17** ἀναστὰς διόδευσον[33] τὴν γῆν εἴς τε τὸ μῆκος[34] αὐτῆς καὶ εἰς τὸ πλάτος,[35] ὅτι σοὶ δώσω αὐτήν. **18** καὶ ἀποσκηνώσας[36] Αβραμ ἐλθὼν κατῴκησεν παρὰ τὴν δρῦν[37] τὴν Μαμβρη, ἣ ἦν ἐν Χεβρων, καὶ ᾠκοδόμησεν ἐκεῖ θυσιαστήριον[38] κυρίῳ.

1 μάχη, quarrel, strife
2 ἀνὰ μέσον, between
3 ποιμήν, shepherd
4 κτῆνος, animal, (*p*) herd
5 μάχη, quarrel, strife
6 ἀνὰ μέσον, between
7 ποιμήν, shepherd
8 ἐναντίον, before
9 διαχωρίζω, *aor pas impv 2s*, separate
10 ἀριστερός, left
11 ἐπαίρω, *aor act ptc nom s m*, lift up
12 περίχωρος, surrounding region
13 ποτίζω, *pres pas ptc nom s f*, give water, irrigate
14 καταστρέφω, *aor act inf*, overthrow
15 παράδεισος, garden, paradise
16 ἐκλέγω, *aor mid ind 3s*, choose
17 περίχωρος, surrounding region
18 ἀπαίρω, *aor act ind 3s*, depart, lead away
19 ἀνατολή, east
20 διαχωρίζω, *aor pas ind 3p*, separate
21 περίχωρος, surrounding region
22 σκηνόω, *aor act ind 3s*, pitch a tent
23 ἐναντίον, before
24 σφόδρα, very
25 διαχωρίζω, *aor pas inf*, separate
26 ἀναβλέπω, *aor act ptc nom s m*, look up
27 βορέας, north
28 λίψ, south
29 ἀνατολή, east
30 ἄμμος, sand
31 ἐξαριθμέω, *aor act inf*, count
32 ἐξαριθμέω, *fut pas ind 3s*, count
33 διοδεύω, *aor act impv 2s*, travel through
34 μῆκος, length
35 πλάτος, width
36 ἀποσκηνόω, *aor act ptc nom s m*, break camp
37 δρῦς, oak tree
38 θυσιαστήριον, altar

Abram Rescues Lot from Captivity

14 Ἐγένετο δὲ ἐν τῇ βασιλείᾳ τῇ Αμαρφαλ βασιλέως Σεννααρ, Αριωχ βασιλεὺς
Ελλασαρ καὶ Χοδολλογομορ βασιλεὺς Αιλαμ καὶ Θαργαλ βασιλεὺς ἐθνῶν
2 ἐποίησαν πόλεμον μετὰ Βαλλα βασιλέως Σοδομων καὶ μετὰ Βαρσα βασιλέως
Γομορρας καὶ Σενναβαρ βασιλέως Αδαμα καὶ Συμοβορ βασιλέως Σεβωιμ καὶ βασιλέως
Βαλακ (αὕτη ἐστὶν Σηγωρ). **3** πάντες οὗτοι συνεφώνησαν[1] ἐπὶ τὴν φάραγγα[2] τὴν
ἁλυκήν[3] (αὕτη ἡ θάλασσα τῶν ἁλῶν[4]). **4** δώδεκα[5] ἔτη ἐδούλευον[6] τῷ Χοδολλογομορ,
τῷ δὲ τρισκαιδεκάτῳ[7] ἔτει ἀπέστησαν.[8] **5** ἐν δὲ τῷ τεσσαρεσκαιδεκάτῳ[9] ἔτει ἦλθεν
Χοδολλογομορ καὶ οἱ βασιλεῖς οἱ μετ᾽ αὐτοῦ καὶ κατέκοψαν[10] τοὺς γίγαντας[11] τοὺς
ἐν Ασταρωθ Καρναιν καὶ ἔθνη ἰσχυρὰ[12] ἅμα[13] αὐτοῖς καὶ τοὺς Ομμαίους τοὺς ἐν
Σαυη τῇ πόλει **6** καὶ τοὺς Χορραίους τοὺς ἐν τοῖς ὄρεσιν Σηιρ ἕως τῆς τερεμίνθου[14]
τῆς Φαραν, ἥ ἐστιν ἐν τῇ ἐρήμῳ. **7** καὶ ἀναστρέψαντες[15] ἦλθοσαν ἐπὶ τὴν πηγὴν[16]
τῆς κρίσεως (αὕτη ἐστὶν Καδης) καὶ κατέκοψαν[17] πάντας τοὺς ἄρχοντας Αμαληκ
καὶ τοὺς Αμορραίους τοὺς κατοικοῦντας ἐν Ασασανθαμαρ.

8 ἐξῆλθεν δὲ βασιλεὺς Σοδομων καὶ βασιλεὺς Γομορρας καὶ βασιλεὺς Αδαμα καὶ
βασιλεὺς Σεβωιμ καὶ βασιλεὺς Βαλακ (αὕτη ἐστὶν Σηγωρ) καὶ παρετάξαντο[18] αὐτοῖς
εἰς πόλεμον ἐν τῇ κοιλάδι[19] τῇ ἁλυκῇ,[20] **9** πρὸς Χοδολλογομορ βασιλέα Αιλαμ
καὶ Θαργαλ βασιλέα ἐθνῶν καὶ Αμαρφαλ βασιλέα Σενναρ καὶ Αριωχ βασιλέα
Ελλασαρ, οἱ τέσσαρες βασιλεῖς πρὸς τοὺς πέντε. **10** ἡ δὲ κοιλὰς[21] ἡ ἁλυκὴ[22] φρέατα[23]
φρέατα ἀσφάλτου·[24] ἔφυγεν[25] δὲ βασιλεὺς Σοδομων καὶ βασιλεὺς Γομορρας καὶ
ἐνέπεσαν[26] ἐκεῖ, οἱ δὲ καταλειφθέντες[27] εἰς τὴν ὀρεινὴν[28] ἔφυγον.[29] **11** ἔλαβον δὲ
τὴν ἵππον[30] πᾶσαν τὴν Σοδομων καὶ Γομορρας καὶ πάντα τὰ βρώματα[31] αὐτῶν καὶ
ἀπῆλθον. **12** ἔλαβον δὲ καὶ τὸν Λωτ υἱὸν τοῦ ἀδελφοῦ Αβραμ καὶ τὴν ἀποσκευὴν[32]
αὐτοῦ καὶ ἀπῴχοντο·[33] ἦν γὰρ κατοικῶν ἐν Σοδομοις.

1 συμφωνέω, *aor act ind 3p*, make agreement
2 φάραγξ, valley
3 ἁλυκός, salt
4 ἅλς, salt
5 δώδεκα, twelve
6 δουλεύω, *impf act ind 3p*, serve
7 τρισκαιδέκατος, thirteenth
8 ἀφίστημι, *aor act ind 3p*, depart
9 τεσσαρεσκαιδέκατος, fourteenth
10 κατακόπτω, *aor act ind 3p*, cut down
11 γίγας, giant
12 ἰσχυρός, strong, powerful
13 ἅμα, together, at the same time
14 τερέμινθος, terebinth tree
15 ἀναστρέφω, *aor act ptc nom p m*, return
16 πηγή, spring, fountain
17 κατακόπτω, *aor act ind 3p*, cut down
18 παρατάσσω, *aor mid ind 3p*, align
19 κοιλάς, deep valley
20 ἁλυκός, salt
21 κοιλάς, deep valley
22 ἁλυκός, salt
23 φρέαρ, well, pit
24 ἄσφαλτος, tar, pitch, bitumen
25 φεύγω, *aor act ind 3s*, flee
26 ἐμπίπτω, *aor act ind 3p*, fall in
27 καταλείπω, *aor pas ptc nom p m*, leave behind
28 ὀρεινός, mountain, hill
29 φεύγω, *aor act ind 3p*, flee
30 ἵππος, horse, cavalry
31 βρῶμα, food
32 ἀποσκευή, member of household
33 ἀποίχομαι, *impf mid ind 3p*, depart, go away

13 Παραγενόμενος δὲ τῶν ἀνασωθέντων[1] τις ἀπήγγειλεν Αβραμ τῷ περάτῃ·[2] αὐτὸς
δὲ κατῴκει πρὸς τῇ δρυὶ[3] τῇ Μαμβρη ὁ Αμορις τοῦ ἀδελφοῦ Εσχωλ καὶ ἀδελφοῦ
Αυναν, οἳ ἦσαν συνωμόται[4] τοῦ Αβραμ. **14** ἀκούσας δὲ Αβραμ ὅτι ᾐχμαλώτευται[5]
Λωτ ὁ ἀδελφὸς αὐτοῦ, ἠρίθμησεν[6] τοὺς ἰδίους[7] οἰκογενεῖς[8] αὐτοῦ, τριακοσίους[9]
δέκα[10] καὶ ὀκτώ,[11] καὶ κατεδίωξεν[12] ὀπίσω αὐτῶν ἕως Δαν. **15** καὶ ἐπέπεσεν[13] ἐπ᾽
αὐτοὺς τὴν νύκτα, αὐτὸς καὶ οἱ παῖδες[14] αὐτοῦ, καὶ ἐπάταξεν[15] αὐτοὺς καὶ ἐδίωξεν
αὐτοὺς ἕως Χωβα, ἥ ἐστιν ἐν ἀριστερᾷ[16] Δαμασκοῦ. **16** καὶ ἀπέστρεψεν[17] πᾶσαν τὴν
ἵππον[18] Σοδομων, καὶ Λωτ τὸν ἀδελφὸν αὐτοῦ ἀπέστρεψεν καὶ τὰ ὑπάρχοντα αὐτοῦ
καὶ τὰς γυναῖκας καὶ τὸν λαόν.

Abram Blessed by Melchizedek

17 Ἐξῆλθεν δὲ βασιλεὺς Σοδομων εἰς συνάντησιν[19] αὐτῷ — μετὰ τὸ ἀναστρέψαι[20]
αὐτὸν ἀπὸ τῆς κοπῆς[21] τοῦ Χοδολλογομορ καὶ τῶν βασιλέων τῶν μετ᾽ αὐτοῦ —
εἰς τὴν κοιλάδα[22] τὴν Σαυη (τοῦτο ἦν τὸ πεδίον[23] βασιλέως). **18** καὶ Μελχισεδεκ
βασιλεὺς Σαλημ ἐξήνεγκεν[24] ἄρτους καὶ οἶνον· ἦν δὲ ἱερεὺς τοῦ θεοῦ τοῦ ὑψίστου.[25]
19 καὶ ηὐλόγησεν τὸν Αβραμ καὶ εἶπεν

Εὐλογημένος Αβραμ τῷ θεῷ τῷ ὑψίστῳ,[26]
    ὃς ἔκτισεν[27] τὸν οὐρανὸν καὶ τὴν γῆν,
20 καὶ εὐλογητὸς[28] ὁ θεὸς ὁ ὕψιστος,[29]
    ὃς παρέδωκεν τοὺς ἐχθρούς σου ὑποχειρίους[30] σοι.

καὶ ἔδωκεν αὐτῷ δεκάτην[31] ἀπὸ πάντων. **21** εἶπεν δὲ βασιλεὺς Σοδομων πρὸς
Αβραμ Δός μοι τοὺς ἄνδρας, τὴν δὲ ἵππον[32] λαβὲ σεαυτῷ **22** εἶπεν δὲ Αβραμ
πρὸς βασιλέα Σοδομων Ἐκτενῶ[33] τὴν χεῖρά μου πρὸς τὸν θεὸν τὸν ὕψιστον,[34]

1 ἀνασῴζω, *aor pas ptc gen p m*, deliver
2 περάτης, emigrant, wanderer
3 δρῦς, oak tree
4 συνωμότης, ally
5 αἰχμαλωτεύω, *perf pas ind 3s*, lead captive
6 ἀριθμέω, *aor act ind 3s*, count, number
7 ἴδιος, one's own
8 οἰκογενής, member of household
9 τριακόσιοι, three hundred
10 δέκα, ten
11 ὀκτώ, eight
12 καταδιώκω, *aor act ind 3s*, pursue
13 ἐπιπίπτω, *aor act ind 3s*, fall upon, attack
14 παῖς, servant
15 πατάσσω, *aor act ind 3s*, strike
16 ἀριστερός, left hand
17 ἀποστρέφω, *aor act ind 3s*, bring back, return
18 ἵππος, horse, cavalry
19 συνάντησις, meeting
20 ἀναστρέφω, *aor act inf*, return
21 κοπή, slaughter
22 κοιλάς, deep valley
23 πεδίον, plain, level area
24 ἐκφέρω, *aor act ind 3s*, carry out
25 ὕψιστος, *sup*, Most High
26 ὕψιστος, *sup*, Most High
27 κτίζω, *aor act ind 3s*, create
28 εὐλογητός, blessed
29 ὕψιστος, *sup*, Most High
30 ὑποχείριος, subject
31 δέκατος, tenth, tithe
32 ἵππος, horse, cavalry
33 ἐκτείνω, *fut act ind 1s*, stretch forth
34 ὕψιστος, *sup*, Most High

ὃς ἔκτισεν[1] τὸν οὐρανὸν καὶ τὴν γῆν, **23** εἰ ἀπὸ σπαρτίου[2] ἕως σφαιρωτῆρος[3] ὑποδήματος[4] λήμψομαι ἀπὸ πάντων τῶν σῶν,[5] ἵνα μὴ εἴπῃς ὅτι Ἐγὼ ἐπλούτισα[6] τὸν Αβραμ· **24** πλὴν ὧν ἔφαγον οἱ νεανίσκοι[7] καὶ τῆς μερίδος[8] τῶν ἀνδρῶν τῶν συμπορευθέντων[9] μετ᾽ ἐμοῦ, Εσχωλ, Αυναν, Μαμβρη, οὗτοι λήμψονται μερίδα.[10]

God's Covenant with Abram

15 Μετὰ δὲ τὰ ῥήματα ταῦτα ἐγενήθη ῥῆμα κυρίου πρὸς Αβραμ ἐν ὁράματι[11] λέγων Μὴ φοβοῦ, Αβραμ· ἐγὼ ὑπερασπίζω[12] σου· ὁ μισθός[13] σου πολὺς ἔσται σφόδρα.[14] **2** λέγει δὲ Αβραμ Δέσποτα,[15] τί μοι δώσεις; ἐγὼ δὲ ἀπολύομαι[16] ἄτεκνος·[17] ὁ δὲ υἱὸς Μασεκ τῆς οἰκογενοῦς[18] μου, οὗτος Δαμασκὸς Ελιεζερ. **3** καὶ εἶπεν Αβραμ Ἐπειδὴ[19] ἐμοὶ οὐκ ἔδωκας σπέρμα, ὁ δὲ οἰκογενής[20] μου κληρονομήσει[21] με. **4** καὶ εὐθὺς[22] φωνὴ κυρίου ἐγένετο πρὸς αὐτὸν λέγων Οὐ κληρονομήσει[23] σε οὗτος, ἀλλ᾽ ὃς ἐξελεύσεται ἐκ σοῦ, οὗτος κληρονομήσει σε. **5** ἐξήγαγεν[24] δὲ αὐτὸν ἔξω καὶ εἶπεν αὐτῷ Ἀνάβλεψον[25] δὴ[26] εἰς τὸν οὐρανὸν καὶ ἀρίθμησον[27] τοὺς ἀστέρας,[28] εἰ δυνήσῃ ἐξαριθμῆσαι[29] αὐτούς. καὶ εἶπεν Οὕτως ἔσται τὸ σπέρμα σου. **6** καὶ ἐπίστευσεν Αβραμ τῷ θεῷ, καὶ ἐλογίσθη αὐτῷ εἰς δικαιοσύνην.

7 εἶπεν δὲ πρὸς αὐτόν Ἐγὼ ὁ θεὸς ὁ ἐξαγαγών[30] σε ἐκ χώρας[31] Χαλδαίων ὥστε δοῦναί σοι τὴν γῆν ταύτην κληρονομῆσαι.[32] **8** εἶπεν δέ Δέσποτα[33] κύριε, κατὰ τί γνώσομαι ὅτι κληρονομήσω[34] αὐτήν; **9** εἶπεν δὲ αὐτῷ Λαβέ μοι δάμαλιν[35] τριετίζουσαν[36] καὶ αἶγα[37] τριετίζουσαν καὶ κριὸν[38] τριετίζοντα[39] καὶ τρυγόνα[40] καὶ περιστεράν.[41] **10** ἔλαβεν δὲ αὐτῷ πάντα ταῦτα καὶ διεῖλεν[42] αὐτὰ μέσα[43] καὶ ἔθηκεν

1 κτίζω, *aor act ind 3s*, create
2 σπαρτίον, small cord
3 σφαιρωτήρ, thong
4 ὑπόδημα, sandal
5 σός, your
6 πλουτίζω, *aor act ind 1s*, enrich
7 νεανίσκος, young servant
8 μερίς, part, portion
9 συμπορεύομαι, *aor pas ptc gen p m*, go together
10 μερίς, part, portion
11 ὅραμα, vision
12 ὑπερασπίζω, *pres act ind 1s*, shield, defend
13 μισθός, reward
14 σφόδρα, very
15 δεσπότης, lord, master
16 ἀπολύω, *pres mid ind 1s*, go away
17 ἄτεκνος, childless
18 οἰκογενής, member of household
19 ἐπειδή, since, because
20 οἰκογενής, member of household
21 κληρονομέω, *fut act ind 3s*, inherit from
22 εὐθύς, immediately
23 κληρονομέω, *fut act ind 3s*, inherit from
24 ἐξάγω, *aor act ind 3s*, bring out
25 ἀναβλέπω, *aor act impv 2s*, look up
26 δή, indeed, now
27 ἀριθμέω, *aor act impv 2s*, count, number
28 ἀστήρ, star
29 ἐξαριθμέω, *aor act inf*, enumerate
30 ἐξάγω, *aor act ptc nom s m*, bring out
31 χώρα, land, territory
32 κληρονομέω, *aor act inf*, inherit
33 δεσπότης, lord, master
34 κληρονομέω, *fut act ind 1s*, inherit
35 δάμαλις, heifer
36 τριετίζω, *pres act ptc acc s f*, be three years old
37 αἴξ, goat
38 κριός, ram
39 τριετίζω, *pres act ptc acc s m*, be three years old
40 τρυγών, turtledove
41 περιστερά, dove, pigeon
42 διαιρέω, *aor act ind 3s*, divide
43 μέσος, in the middle

αὐτὰ ἀντιπρόσωπα[1] ἀλλήλοις,[2] τὰ δὲ ὄρνεα[3] οὐ διεῖλεν.[4] **11** κατέβη δὲ ὄρνεα[5] ἐπὶ τὰ
σώματα, τὰ διχοτομήματα[6] αὐτῶν, καὶ συνεκάθισεν[7] αὐτοῖς Αβραμ.

12 περὶ δὲ ἡλίου δυσμὰς[8] ἔκστασις[9] ἐπέπεσεν[10] τῷ Αβραμ, καὶ ἰδοὺ φόβος σκο-
τεινὸς[11] μέγας ἐπιπίπτει[12] αὐτῷ. **13** καὶ ἐρρέθη πρὸς Αβραμ Γινώσκων γνώσῃ ὅτι
πάροικον[13] ἔσται τὸ σπέρμα σου ἐν γῇ οὐκ ἰδίᾳ,[14] καὶ δουλώσουσιν[15] αὐτοὺς καὶ
κακώσουσιν[16] αὐτοὺς καὶ ταπεινώσουσιν[17] αὐτοὺς τετρακόσια[18] ἔτη. **14** τὸ δὲ
ἔθνος, ᾧ ἐὰν δουλεύσωσιν,[19] κρινῶ ἐγώ· μετὰ δὲ ταῦτα ἐξελεύσονται ὧδε[20] μετὰ
ἀποσκευῆς[21] πολλῆς. **15** σὺ δὲ ἀπελεύσῃ πρὸς τοὺς πατέρας σου μετ᾽ εἰρήνης,
ταφεὶς[22] ἐν γήρει[23] καλῷ. **16** τετάρτῃ[24] δὲ γενεὰ ἀποστραφήσονται[25] ὧδε·[26] οὔπω[27]
γὰρ ἀναπεπλήρωνται[28] αἱ ἁμαρτίαι τῶν Αμορραίων ἕως τοῦ νῦν.

17 ἐπεὶ[29] δὲ ἐγίνετο ὁ ἥλιος πρὸς δυσμαῖς,[30] φλὸξ[31] ἐγένετο, καὶ ἰδοὺ κλίβανος[32]
καπνιζόμενος[33] καὶ λαμπάδες[34] πυρός, αἳ διῆλθον ἀνὰ μέσον[35] τῶν διχοτομημάτων[36]
τούτων. **18** ἐν τῇ ἡμέρᾳ ἐκείνῃ διέθετο[37] κύριος τῷ Αβραμ διαθήκην λέγων Τῷ
σπέρματί σου δώσω τὴν γῆν ταύτην ἀπὸ τοῦ ποταμοῦ[38] Αἰγύπτου ἕως τοῦ ποταμοῦ
τοῦ μεγάλου, ποταμοῦ Εὐφράτου, **19** τοὺς Καιναίους καὶ τοὺς Κενεζαίους καὶ τοὺς
Κεδμωναίους **20** καὶ τοὺς Χετταίους καὶ τοὺς Φερεζαίους καὶ τοὺς Ραφαϊν **21** καὶ
τοὺς Αμορραίους καὶ τοὺς Χαναναίους καὶ τοὺς Ευαίους καὶ τοὺς Γεργεσαίους καὶ
τοὺς Ιεβουσαίους.

Sarai, Hagar, and the Birth of Ishmael

16 Σαρα δὲ ἡ γυνὴ Αβραμ οὐκ ἔτικτεν[39] αὐτῷ. ἦν δὲ αὐτῇ παιδίσκη[40] Αἰγυπτία,
ᾗ ὄνομα Αγαρ. **2** εἶπεν δὲ Σαρα πρὸς Αβραμ Ἰδοὺ συνέκλεισέν[41] με κύριος

1 ἀντιπρόσωπος, facing, across from
2 ἀλλήλων, one another
3 ὄρνεον, bird
4 διαιρέω, *aor act ind 3s*, divide
5 ὄρνεον, bird
6 διχοτόμημα, divided piece
7 συγκαθίζω, *aor act ind 3s*, sit together
8 δυσμή, sunset
9 ἔκστασις, vision, trance
10 ἐπιπίπτω, *aor act ind 3s*, fall upon
11 σκοτεινός, dark
12 ἐπιπίπτω, *pres act ind 3s*, fall upon
13 πάροικος, stranger, resident alien
14 ἴδιος, one's own
15 δουλόω, *fut act ind 3p*, enslave
16 κακόω, *fut act ind 3p*, harm
17 ταπεινόω, *fut act ind 3p*, humble
18 τετρακόσιοι, four hundred
19 δουλεύω, *aor act sub 3p*, serve
20 ὧδε, here
21 ἀποσκευή, member of household
22 θάπτω, *aor pas ptc nom s m*, bury
23 γῆρας, old age
24 τέταρτος, fourth
25 ἀποστρέφω, *fut pas ind 3p*, return
26 ὧδε, here
27 οὔπω, not yet
28 ἀναπληρόω, *perf pas ind 3p*, fill up
29 ἐπεί, when
30 δυσμή, sunset
31 φλόξ, flame
32 κλίβανος, oven, furnace
33 καπνίζω, *pres mid ptc nom s m*, make smoke
34 λαμπάς, lamp, torch
35 ἀνὰ μέσον, between
36 διχοτόμημα, divided piece
37 διατίθημι, *aor mid ind 3s*, arrange
38 ποταμός, river
39 τίκτω, *impf act ind 3s*, give birth
40 παιδίσκη, maidservant
41 συγκλείω, *aor act ind 3s*, shut off, imprison

τοῦ μὴ τίκτειν·[1] εἴσελθε οὖν πρὸς τὴν παιδίσκην[2] μου, ἵνα τεκνοποιήσῃς[3] ἐξ αὐτῆς.
ὑπήκουσεν[4] δὲ Αβραμ τῆς φωνῆς Σαρας. **3** καὶ λαβοῦσα Σαρα ἡ γυνὴ Αβραμ Αγαρ
τὴν Αἰγυπτίαν τὴν ἑαυτῆς παιδίσκην[5] — μετὰ δέκα[6] ἔτη τοῦ οἰκῆσαι[7] Αβραμ ἐν γῇ
Χανααν — καὶ ἔδωκεν αὐτὴν Αβραμ τῷ ἀνδρὶ αὐτῆς αὐτῷ γυναῖκα. **4** καὶ εἰσῆλθεν
πρὸς Αγαρ, καὶ συνέλαβεν[8] καὶ εἶδεν ὅτι ἐν γαστρὶ[9] ἔχει, καὶ ἠτιμάσθη[10] ἡ κυρία[11]
ἐναντίον[12] αὐτῆς. **5** εἶπεν δὲ Σαρα πρὸς Αβραμ Ἀδικοῦμαι[13] ἐκ σοῦ· ἐγὼ δέδωκα τὴν
παιδίσκην[14] μου εἰς τὸν κόλπον[15] σου, ἰδοῦσα δὲ ὅτι ἐν γαστρὶ[16] ἔχει, ἠτιμάσθην[17]
ἐναντίον[18] αὐτῆς· κρίναι[19] ὁ θεὸς ἀνὰ μέσον[20] ἐμοῦ καὶ σοῦ. **6** εἶπεν δὲ Αβραμ πρὸς
Σαραν Ἰδοὺ ἡ παιδίσκη[21] σου ἐν ταῖς χερσίν σου· χρῶ[22] αὐτῇ, ὡς ἄν σοι ἀρεστὸν[23]
ᾖ. καὶ ἐκάκωσεν[24] αὐτὴν Σαρα, καὶ ἀπέδρα[25] ἀπὸ προσώπου αὐτῆς.

7 Εὗρεν δὲ αὐτὴν ἄγγελος κυρίου ἐπὶ τῆς πηγῆς[26] τοῦ ὕδατος ἐν τῇ ἐρήμῳ, ἐπὶ τῆς
πηγῆς ἐν τῇ ὁδῷ Σουρ. **8** καὶ εἶπεν αὐτῇ ὁ ἄγγελος κυρίου Αγαρ παιδίσκη[27] Σαρας,
πόθεν[28] ἔρχῃ καὶ ποῦ πορεύῃ; καὶ εἶπεν Ἀπὸ προσώπου Σαρας τῆς κυρίας[29] μου ἐγὼ
ἀποδιδράσκω.[30] **9** εἶπεν δὲ αὐτῇ ὁ ἄγγελος κυρίου Ἀποστράφητι[31] πρὸς τὴν κυρίαν[32]
σου καὶ ταπεινώθητι[33] ὑπὸ τὰς χεῖρας αὐτῆς. **10** καὶ εἶπεν αὐτῇ ὁ ἄγγελος κυρίου
Πληθύνων[34] πληθυνῶ[35] τὸ σπέρμα σου, καὶ οὐκ ἀριθμηθήσεται[36] ἀπὸ τοῦ πλήθους.
11 καὶ εἶπεν αὐτῇ ὁ ἄγγελος κυρίου

Ἰδοὺ σὺ ἐν γαστρὶ[37] ἔχεις καὶ τέξῃ[38] υἱὸν
καὶ καλέσεις τὸ ὄνομα αὐτοῦ Ισμαηλ,
ὅτι ἐπήκουσεν[39] κύριος τῇ ταπεινώσει[40] σου.
12 οὗτος ἔσται ἄγροικος[41] ἄνθρωπος·
αἱ χεῖρες αὐτοῦ ἐπὶ πάντας, καὶ αἱ χεῖρες πάντων ἐπ᾽ αὐτόν,
καὶ κατὰ πρόσωπον πάντων τῶν ἀδελφῶν αὐτοῦ κατοικήσει.

1 τίκτω, *pres act inf*, give birth
2 παιδίσκη, maidservant
3 τεκνοποιέω, *aor act sub 2s*, bear children
4 ὑπακούω, *aor act ind 3s*, hear, obey
5 παιδίσκη, maidservant
6 δέκα, ten
7 οἰκέω, *aor act inf*, dwell
8 συλλαμβάνω, *aor act ind 3s*, conceive
9 γαστήρ, womb
10 ἀτιμάζω, *aor pas ind 3s*, dishonor
11 κυρία, female master
12 ἐναντίον, before
13 ἀδικέω, *pres pas ind 1s*, harm, wrong
14 παιδίσκη, maidservant
15 κόλπος, bosom
16 γαστήρ, womb
17 ἀτιμάζω, *aor pas ind 1s*, dishonor
18 ἐναντίον, before
19 κρίνω, *aor act opt 3s*, judge
20 ἀνὰ μέσον, between
21 παιδίσκη, maidservant
22 χράω, *pres mid impv 2s*, use
23 ἀρεστός, pleasing
24 κακόω, *aor act ind 3s*, harm, mistreat
25 ἀποδιδράσκω, *aor act ind 3s*, run away
26 πηγή, spring
27 παιδίσκη, maidservant
28 πόθεν, from where
29 κυρία, female master
30 ἀποδιδράσκω, *pres act ind 1s*, run away
31 ἀποστρέφω, *aor pas impv 2s*, return
32 κυρία, female master
33 ταπεινόω, *aor pas impv 2s*, humble
34 πληθύνω, *pres act ptc nom s m*, multiply
35 πληθύνω, *fut act ind 1s*, multiply
36 ἀριθμέω, *fut pas ind 3s*, count, number
37 γαστήρ, womb
38 τίκτω, *fut mid ind 2s*, give birth
39 ἐπακούω, *aor act ind 3s*, hear, listen
40 ταπείνωσις, humiliation
41 ἄγροικος, wild, rustic

13 καὶ ἐκάλεσεν Αγαρ τὸ ὄνομα κυρίου τοῦ λαλοῦντος πρὸς αὐτήν Σὺ ὁ θεὸς ὁ ἐπιδών[1] με· ὅτι εἶπεν Καὶ γὰρ ἐνώπιον[2] εἶδον ὀφθέντα μοι. **14** ἕνεκεν[3] τούτου ἐκάλεσεν τὸ φρέαρ[4] Φρέαρ οὗ ἐνώπιον[5] εἶδον· ἰδοὺ ἀνὰ μέσον[6] Καδης καὶ ἀνὰ μέσον Βαραδ.

15 Καὶ ἔτεκεν[7] Αγαρ τῷ Αβραμ υἱόν, καὶ ἐκάλεσεν Αβραμ τὸ ὄνομα τοῦ υἱοῦ αὐτοῦ, ὃν ἔτεκεν αὐτῷ Αγαρ, Ισμαηλ. **16** Αβραμ δὲ ἦν ὀγδοήκοντα[8] ἓξ[9] ἐτῶν, ἡνίκα[10] ἔτεκεν[11] Αγαρ τὸν Ισμαηλ τῷ Αβραμ.

Abram and the Covenant Sign of Circumcision

17 Ἐγένετο δὲ Αβραμ ἐτῶν ἐνενήκοντα[12] ἐννέα,[13] καὶ ὤφθη κύριος τῷ Αβραμ καὶ εἶπεν αὐτῷ Ἐγώ εἰμι ὁ θεός σου· εὐαρέστει[14] ἐναντίον[15] ἐμοῦ καὶ γίνου ἄμεμπτος,[16] **2** καὶ θήσομαι τὴν διαθήκην μου ἀνὰ μέσον[17] ἐμοῦ καὶ ἀνὰ μέσον σοῦ καὶ πληθυνῶ[18] σε σφόδρα.[19] **3** καὶ ἔπεσεν Αβραμ ἐπὶ πρόσωπον αὐτοῦ, καὶ ἐλάλησεν αὐτῷ ὁ θεὸς λέγων **4** Καὶ ἐγὼ ἰδοὺ ἡ διαθήκη μου μετὰ σοῦ, καὶ ἔσῃ πατὴρ πλήθους ἐθνῶν. **5** καὶ οὐ κληθήσεται ἔτι τὸ ὄνομά σου Αβραμ, ἀλλ᾽ ἔσται τὸ ὄνομά σου Αβρααμ, ὅτι πατέρα πολλῶν ἐθνῶν τέθεικά σε. **6** καὶ αὐξανῶ[20] σε σφόδρα[21] σφόδρα[22] καὶ θήσω σε εἰς ἔθνη, καὶ βασιλεῖς ἐκ σοῦ ἐξελεύσονται. **7** καὶ στήσω τὴν διαθήκην μου ἀνὰ μέσον[23] ἐμοῦ καὶ ἀνὰ μέσον σοῦ καὶ ἀνὰ μέσον τοῦ σπέρματός σου μετὰ σὲ εἰς γενεὰς αὐτῶν εἰς διαθήκην αἰώνιον εἶναί σου θεὸς καὶ τοῦ σπέρματός σου μετὰ σέ. **8** καὶ δώσω σοι καὶ τῷ σπέρματί σου μετὰ σὲ τὴν γῆν, ἣν παροικεῖς,[24] πᾶσαν τὴν γῆν Χανααν, εἰς κατάσχεσιν[25] αἰώνιον καὶ ἔσομαι αὐτοῖς θεός.

9 καὶ εἶπεν ὁ θεὸς πρὸς Αβρααμ Σὺ δὲ τὴν διαθήκην μου διατηρήσεις,[26] σὺ καὶ τὸ σπέρμα σου μετὰ σὲ εἰς τὰς γενεὰς αὐτῶν. **10** καὶ αὕτη ἡ διαθήκη, ἣν διατηρήσεις,[27] ἀνὰ μέσον[28] ἐμοῦ καὶ ὑμῶν καὶ ἀνὰ μέσον τοῦ σπέρματός σου μετὰ σὲ εἰς τὰς γενεὰς αὐτῶν· περιτμηθήσεται[29] ὑμῶν πᾶν ἀρσενικόν,[30] **11** καὶ περιτμηθήσεσθε[31] τὴν σάρκα τῆς ἀκροβυστίας[32] ὑμῶν, καὶ ἔσται ἐν σημείῳ διαθήκης ἀνὰ μέσον[33] ἐμοῦ καὶ ὑμῶν.

1 ἐφοράω, *aor act ptc nom s m*, watch over
2 ἐνώπιος, before
3 ἕνεκα, because of
4 φρέαρ, well
5 ἐνώπιος, before
6 ἀνὰ μέσον, between
7 τίκτω, *aor act ind 3s*, give birth
8 ὀγδοήκοντα, eighty
9 ἕξ, six
10 ἡνίκα, when
11 τίκτω, *aor act ind 3s*, give birth
12 ἐνενήκοντα, ninety
13 ἐννέα, nine
14 εὐαρεστέω, *pres act impv 2s*, be pleasing
15 ἐναντίον, before
16 ἄμεμπτος, blameless
17 ἀνὰ μέσον, between
18 πληθύνω, *fut act ind 1s*, multiply
19 σφόδρα, very, greatly
20 αὐξάνω, *fut act ind 1s*, increase
21 σφόδρα, very
22 σφόδρα, exceedingly
23 ἀνὰ μέσον, between
24 παροικέω, *pres act ind 2s*, sojourn, reside as an alien
25 κατάσχεσις, possession
26 διατηρέω, *fut act ind 2s*, preserve, keep
27 διατηρέω, *fut act ind 2s*, preserve, keep
28 ἀνὰ μέσον, between
29 περιτέμνω, *fut pas ind 3s*, circumcise
30 ἀρσενικός, male
31 περιτέμνω, *fut pas ind 2p*, circumcise
32 ἀκροβυστία, foreskin, uncircumcision
33 ἀνὰ μέσον, between

12 καὶ παιδίον ὀκτὼ[1] ἡμερῶν περιτμηθήσεται[2] ὑμῖν πᾶν ἀρσενικὸν[3] εἰς τὰς γενεὰς
ὑμῶν, ὁ οἰκογενὴς[4] τῆς οἰκίας σου καὶ ὁ ἀργυρώνητος[5] ἀπὸ παντὸς υἱοῦ ἀλλοτρίου,[6]
ὃς οὐκ ἔστιν ἐκ τοῦ σπέρματός σου. **13** περιτομῇ[7] περιτμηθήσεται[8] ὁ οἰκογενὴς[9] τῆς
οἰκίας σου καὶ ὁ ἀργυρώνητος,[10] καὶ ἔσται ἡ διαθήκη μου ἐπὶ τῆς σαρκὸς ὑμῶν εἰς
διαθήκην αἰώνιον. **14** καὶ ἀπερίτμητος[11] ἄρσην,[12] ὃς οὐ περιτμηθήσεται[13] τὴν σάρκα
τῆς ἀκροβυστίας[14] αὐτοῦ τῇ ἡμέρᾳ τῇ ὀγδόῃ,[15] ἐξολεθρευθήσεται[16] ἡ ψυχὴ ἐκείνη
ἐκ τοῦ γένους[17] αὐτῆς, ὅτι τὴν διαθήκην μου διεσκέδασεν.[18]

Isaac's Birth Promised

15 Εἶπεν δὲ ὁ θεὸς τῷ Αβρααμ Σαρα ἡ γυνή σου, οὐ κληθήσεται τὸ ὄνομα αὐτῆς
Σαρα, ἀλλὰ Σαρρα ἔσται τὸ ὄνομα αὐτῆς. **16** εὐλογήσω δὲ αὐτὴν καὶ δώσω σοι
ἐξ αὐτῆς τέκνον· καὶ εὐλογήσω αὐτόν, καὶ ἔσται εἰς ἔθνη, καὶ βασιλεῖς ἐθνῶν ἐξ
αὐτοῦ ἔσονται. **17** καὶ ἔπεσεν Αβρααμ ἐπὶ πρόσωπον καὶ ἐγέλασεν[19] καὶ εἶπεν ἐν τῇ
διανοίᾳ[20] αὐτοῦ λέγων Εἰ τῷ ἑκατονταετεῖ[21] γενήσεται, καὶ εἰ Σαρρα ἐνενήκοντα[22]
ἐτῶν οὖσα τέξεται;[23] **18** εἶπεν δὲ Αβρααμ πρὸς τὸν θεόν Ισμαηλ οὗτος ζήτω
ἐναντίον[24] σου. **19** εἶπεν δὲ ὁ θεὸς τῷ Αβρααμ Ναί·[25] ἰδοὺ Σαρρα ἡ γυνή σου τέξεταί[26]
σοι υἱόν, καὶ καλέσεις τὸ ὄνομα αὐτοῦ Ισαακ, καὶ στήσω τὴν διαθήκην μου πρὸς
αὐτὸν εἰς διαθήκην αἰώνιον καὶ τῷ σπέρματι αὐτοῦ μετ᾽ αὐτόν. **20** περὶ δὲ Ισμαηλ
ἰδοὺ ἐπήκουσά[27] σου· ἰδοὺ εὐλόγησα αὐτὸν καὶ αὐξανῶ[28] αὐτὸν καὶ πληθυνῶ[29]
αὐτὸν σφόδρα·[30] δώδεκα[31] ἔθνη γεννήσει, καὶ δώσω αὐτὸν εἰς ἔθνος μέγα. **21** τὴν
δὲ διαθήκην μου στήσω πρὸς Ισαακ, ὃν τέξεταί[32] σοι Σαρρα εἰς τὸν καιρὸν τοῦτον
ἐν τῷ ἐνιαυτῷ[33] τῷ ἑτέρῳ. **22** συνετέλεσεν[34] δὲ λαλῶν πρὸς αὐτὸν καὶ ἀνέβη ὁ
θεὸς ἀπὸ Αβρααμ. **23** Καὶ ἔλαβεν Αβρααμ Ισμαηλ τὸν υἱὸν αὐτοῦ καὶ πάντας τοὺς
οἰκογενεῖς[35] αὐτοῦ καὶ πάντας τοὺς ἀργυρωνήτους[36] καὶ πᾶν ἄρσεν[37] τῶν ἀνδρῶν
τῶν ἐν τῷ οἴκῳ Αβρααμ καὶ περιέτεμεν[38] τὰς ἀκροβυστίας[39] αὐτῶν ἐν τῷ καιρῷ τῆς

1 ὀκτώ, eight
2 περιτέμνω, *fut pas ind 3s*, circumcise
3 ἀρσενικός, male
4 οἰκογενής, member of household
5 ἀργυρώνητος, purchased with money
6 ἀλλότριος, foreign
7 περιτομή, circumcision
8 περιτέμνω, *fut pas ind 3s*, circumcise
9 οἰκογενής, member of household
10 ἀργυρώνητος, purchased with money
11 ἀπερίτμητος, uncircumcised
12 ἄρσην, male
13 περιτέμνω, *fut pas ind 3s*, circumcise
14 ἀκροβυστία, foreskin, uncircumcision
15 ὄγδοος, eight
16 ἐξολεθρεύω, *fut pas ind 3s*, utterly destroy
17 γένος, race, nation
18 διασκεδάζω, *aor act ind 3s*, scatter, break
19 γελάω, *aor act ind 3s*, laugh
20 διάνοια, mind, thought
21 ἑκατονταετής, hundred years old
22 ἐνενήκοντα, ninety
23 τίκτω, *fut mid ind 3s*, give birth
24 ἐναντίον, before
25 ναί, yes
26 τίκτω, *fut mid ind 3s*, give birth
27 ἐπακούω, *aor act ind 1s*, hear
28 αὐξάνω, *fut act ind 1s*, grow, increase
29 πληθύνω, *fut act ind 1s*, multiply
30 σφόδρα, very, greatly
31 δώδεκα, twelve
32 τίκτω, *fut mid ind 3s*, give birth
33 ἐνιαυτός, year
34 συντελέω, *aor act ind 3s*, finish
35 οἰκογενής, member of household
36 ἀργυρώνητος, purchased with money
37 ἄρσην, male
38 περιτέμνω, *aor act ind 3s*, circumcise
39 ἀκροβυστία, foreskin, uncircumcision

ἡμέρας ἐκείνης, καθὰ[1] ἐλάλησεν αὐτῷ ὁ θεός. **24** Αβρααμ δὲ ἦν ἐνενήκοντα[2] ἐννέα[3] ἐτῶν, ἡνίκα[4] περιέτεμεν[5] τὴν σάρκα τῆς ἀκροβυστίας[6] αὐτοῦ· **25** Ισμαηλ δὲ ὁ υἱὸς αὐτοῦ ἐτῶν δέκα[7] τριῶν ἦν, ἡνίκα[8] περιετμήθη[9] τὴν σάρκα τῆς ἀκροβυστίας[10] αὐτοῦ. **26** ἐν τῷ καιρῷ τῆς ἡμέρας ἐκείνης περιετμήθη[11] Αβρααμ καὶ Ισμαηλ ὁ υἱὸς αὐτοῦ· **27** καὶ πάντες οἱ ἄνδρες τοῦ οἴκου αὐτοῦ καὶ οἱ οἰκογενεῖς[12] καὶ οἱ ἀργυρώνητοι[13] ἐξ ἀλλογενῶν[14] ἐθνῶν, περιέτεμεν[15] αὐτούς.

Abraham's Three Visitors

18 Ὤφθη δὲ αὐτῷ ὁ θεὸς πρὸς τῇ δρυὶ[16] τῇ Μαμβρη καθημένου αὐτοῦ ἐπὶ τῆς θύρας τῆς σκηνῆς[17] αὐτοῦ μεσημβρίας.[18] **2** ἀναβλέψας[19] δὲ τοῖς ὀφθαλμοῖς αὐτοῦ εἶδεν, καὶ ἰδοὺ τρεῖς ἄνδρες εἱστήκεισαν[20] ἐπάνω[21] αὐτοῦ· καὶ ἰδὼν προσέδραμεν[22] εἰς συνάντησιν[23] αὐτοῖς ἀπὸ τῆς θύρας τῆς σκηνῆς[24] αὐτοῦ καὶ προσεκύνησεν ἐπὶ τὴν γῆν **3** καὶ εἶπεν Κύριε, εἰ ἄρα εὗρον χάριν ἐναντίον[25] σου, μὴ παρέλθῃς[26] τὸν παῖδά[27] σου· **4** λημφθήτω δὴ[28] ὕδωρ, καὶ νιψάτωσαν[29] τοὺς πόδας ὑμῶν, καὶ καταψύξατε[30] ὑπὸ τὸ δένδρον·[31] **5** καὶ λήμψομαι ἄρτον, καὶ φάγεσθε, καὶ μετὰ τοῦτο παρελεύσεσθε[32] εἰς τὴν ὁδὸν ὑμῶν, οὗ εἵνεκεν[33] ἐξεκλίνατε[34] πρὸς τὸν παῖδα[35] ὑμῶν. καὶ εἶπαν Οὕτως ποίησον, καθὼς εἴρηκας. **6** καὶ ἔσπευσεν[36] Αβρααμ ἐπὶ τὴν σκηνὴν[37] πρὸς Σαρραν καὶ εἶπεν αὐτῇ Σπεῦσον[38] καὶ φύρασον[39] τρία μέτρα[40] σεμιδάλεως[41] καὶ ποίησον ἐγκρυφίας.[42] **7** καὶ εἰς τὰς βόας[43] ἔδραμεν[44] Αβρααμ καὶ ἔλαβεν μοσχάριον[45] ἁπαλὸν[46] καὶ καλὸν καὶ ἔδωκεν τῷ παιδί,[47] καὶ ἐτάχυνεν[48] τοῦ

1 καθά, just as
2 ἐνενήκοντα, ninety
3 ἐννέα, nine
4 ἡνίκα, when
5 περιτέμνω, *aor act ind 3s*, circumcise
6 ἀκροβυστία, foreskin, uncircumcision
7 δέκα, ten
8 ἡνίκα, when
9 περιτέμνω, *aor pas ind 3s*, circumcise
10 ἀκροβυστία, foreskin, uncircumcision
11 περιτέμνω, *aor pas ind 3s*, circumcise
12 οἰκογενής, member of household
13 ἀργυρώνητος, purchased with money
14 ἀλλογενής, foreign, alien
15 περιτέμνω, *aor act ind 3s*, circumcise
16 δρῦς, oak tree
17 σκηνή, tent
18 μεσημβρία, noon, midday
19 ἀναβλέπω, *aor act ptc nom s m*, look up
20 ἵστημι, *plpf act ind 3p*, stand
21 ἐπάνω, above
22 προστρέχω, *aor act ind 3s*, run out to
23 συνάντησις, meeting
24 σκηνή, tent
25 ἐναντίον, before
26 παρέρχομαι, *aor act sub 2s*, pass by
27 παῖς, servant
28 δή, now, indeed
29 νίπτω, *aor act impv 3p*, wash
30 καταψύχω, *aor act impv 2p*, cool off
31 δένδρον, tree
32 παρέρχομαι, *fut mid ind 2p*, pass by
33 εἵνεκεν, on account of, because of
34 ἐκκλίνω, *aor act ind 2p*, turn aside
35 παῖς, servant
36 σπεύδω, *aor act ind 3s*, hurry, hasten
37 σκηνή, tent
38 σπεύδω, *aor act impv 2s*, hurry, hasten
39 φυράω, *aor act impv 2s*, mix
40 μέτρον, measure
41 σεμίδαλις, fine flour
42 ἐγκρυφίας, bread baked in ashes
43 βοῦς, cow, (*p*) cattle
44 τρέχω, *aor act ind 3s*, run
45 μοσχάριον, small calf
46 ἁπαλός, tender
47 παῖς, servant
48 ταχύνω, *aor act ind 3s*, hasten

ποιῆσαι αὐτό. **8** ἔλαβεν δὲ βούτυρον[1] καὶ γάλα[2] καὶ τὸ μοσχάριον,[3] ὃ ἐποίησεν, καὶ
παρέθηκεν[4] αὐτοῖς, καὶ ἐφάγοσαν· αὐτὸς δὲ παρειστήκει[5] αὐτοῖς ὑπὸ τὸ δένδρον.[6]

9 Εἶπεν δὲ πρὸς αὐτόν Ποῦ Σαρρα ἡ γυνή σου; ὁ δὲ ἀποκριθεὶς εἶπεν Ἰδοὺ ἐν τῇ
σκηνῇ.[7] **10** εἶπεν δέ Ἐπαναστρέφων[8] ἥξω[9] πρὸς σὲ κατὰ τὸν καιρὸν τοῦτον εἰς ὥρας,
καὶ ἕξει υἱὸν Σαρρα ἡ γυνή σου. Σαρρα δὲ ἤκουσεν πρὸς τῇ θύρᾳ τῆς σκηνῆς,[10]
οὖσα ὄπισθεν[11] αὐτοῦ. **11** Αβρααμ δὲ καὶ Σαρρα πρεσβύτεροι προβεβηκότες[12]
ἡμερῶν, ἐξέλιπεν[13] δὲ Σαρρα γίνεσθαι τὰ γυναικεῖα.[14] **12** ἐγέλασεν[15] δὲ Σαρρα ἐν
ἑαυτῇ λέγουσα Οὔπω[16] μέν μοι γέγονεν ἕως τοῦ νῦν, ὁ δὲ κύριός μου πρεσβύτερος.
13 καὶ εἶπεν κύριος πρὸς Αβρααμ Τί ὅτι ἐγέλασεν[17] Σαρρα ἐν ἑαυτῇ λέγουσα Ἆρά
γε ἀληθῶς[18] τέξομαι;[19] ἐγὼ δὲ γεγήρακα.[20] **14** μὴ ἀδυνατεῖ[21] παρὰ τῷ θεῷ ῥῆμα;
εἰς τὸν καιρὸν τοῦτον ἀναστρέψω[22] πρὸς σὲ εἰς ὥρας, καὶ ἔσται τῇ Σαρρα υἱός.
15 ἠρνήσατο[23] δὲ Σαρρα λέγουσα Οὐκ ἐγέλασα·[24] ἐφοβήθη γάρ. καὶ εἶπεν Οὐχί,
ἀλλὰ ἐγέλασας.[25]

Abraham Intercedes for Sodom and Gomorrah

16 Ἐξαναστάντες[26] δὲ ἐκεῖθεν[27] οἱ ἄνδρες κατέβλεψαν[28] ἐπὶ πρόσωπον Σοδομων καὶ
Γομορρας, Αβρααμ δὲ συνεπορεύετο[29] μετ᾽ αὐτῶν συμπροπέμπων[30] αὐτούς. **17** ὁ δὲ
κύριος εἶπεν Μὴ κρύψω[31] ἐγὼ ἀπὸ Αβρααμ τοῦ παιδός μου ἃ ἐγὼ ποιῶ; **18** Αβρααμ
δὲ γινόμενος ἔσται εἰς ἔθνος μέγα καὶ πολύ, καὶ ἐνευλογηθήσονται[32] ἐν αὐτῷ πάντα
τὰ ἔθνη τῆς γῆς. **19** ᾔδειν[33] γὰρ ὅτι συντάξει[34] τοῖς υἱοῖς αὐτοῦ καὶ τῷ οἴκῳ αὐτοῦ
μετ᾽ αὐτόν, καὶ φυλάξουσιν τὰς ὁδοὺς κυρίου ποιεῖν δικαιοσύνην καὶ κρίσιν· ὅπως ἂν
ἐπαγάγῃ[35] κύριος ἐπὶ Αβρααμ πάντα, ὅσα ἐλάλησεν πρὸς αὐτόν. **20** εἶπεν δὲ κύριος
Κραυγὴ[36] Σοδομων καὶ Γομορρας πεπλήθυνται,[37] καὶ αἱ ἁμαρτίαι αὐτῶν μεγάλαι

1 βούτυρον, butter
2 γάλα, milk
3 μοσχάριον, small calf
4 παρατίθημι, *aor act ind 3s*, set before
5 παρίστημι, *plpf act ind 3s*, stand
6 δένδρον, tree
7 σκηνή, tent
8 ἐπαναστρέφω, *pres act ptc nom s m*, return
9 ἥκω, *fut act ind 1s*, come
10 σκηνή, tent
11 ὄπισθε(ν), behind
12 προβαίνω, *perf act ptc nom p m*, advance
13 ἐκλείπω, *aor act ind 3s*, cease, fail
14 γυναικεῖος, menstruation
15 γελάω, *aor act ind 3s*, laugh
16 οὔπω, not yet
17 γελάω, *aor act ind 3s*, laugh
18 ἀληθῶς, truly
19 τίκτω, *fut mid ind 1s*, give birth
20 γηράσκω, *perf act ind 1s*, grow old
21 ἀδυνατέω, *pres act ind 3s*, be impossible
22 ἀναστρέφω, *fut act ind 1s*, return
23 ἀρνέομαι, *aor mid ind 3s*, deny
24 γελάω, *aor act ind 1s*, laugh
25 γελάω, *aor act ind 2s*, laugh
26 ἐξανίστημι, *aor act ptc nom p m*, rise up
27 ἐκεῖθεν, from there
28 καταβλέπω, *aor act ind 3p*, look down
29 συμπορεύομαι, *impf mid ind 3s*, go with
30 συμπροπέμπω, *pres act ptc nom s m*, accompany
31 κρύπτω, *aor act sub 1s*, hide, conceal
32 ἐνευλογέω, *fut pas ind 3p*, bless
33 οἶδα, *plpf act ind 1s*, know
34 συντάσσω, *fut act ind 3s*, instruct
35 ἐπάγω, *aor act sub 3s*, bring upon
36 κραυγή, outcry
37 πληθύνω, *perf pas ind 3s*, multiply

σφόδρα·[1] **21** καταβὰς οὖν ὄψομαι εἰ κατὰ τὴν κραυγὴν[2] αὐτῶν τὴν ἐρχομένην πρός
με συντελοῦνται,[3] εἰ δὲ μή, ἵνα γνῶ.

22 καὶ ἀποστρέψαντες[4] ἐκεῖθεν[5] οἱ ἄνδρες ἦλθον εἰς Σοδομα, Αβρααμ δὲ ἦν
ἑστηκὼς ἐναντίον[6] κυρίου. **23** καὶ ἐγγίσας Αβρααμ εἶπεν Μὴ συναπολέσῃς[7]
δίκαιον μετὰ ἀσεβοῦς[8] καὶ ἔσται ὁ δίκαιος ὡς ὁ ἀσεβής; **24** ἐὰν ὦσιν πεντήκοντα[9]
δίκαιοι ἐν τῇ πόλει, ἀπολεῖς αὐτούς; οὐκ ἀνήσεις[10] πάντα τὸν τόπον ἕνεκεν[11] τῶν
πεντήκοντα[12] δικαίων, ἐὰν ὦσιν ἐν αὐτῇ; **25** μηδαμῶς[13] σὺ ποιήσεις ὡς τὸ ῥῆμα
τοῦτο, τοῦ ἀποκτεῖναι δίκαιον μετὰ ἀσεβοῦς,[14] καὶ ἔσται ὁ δίκαιος ὡς ὁ ἀσεβής.
μηδαμῶς·[15] ὁ κρίνων πᾶσαν τὴν γῆν οὐ ποιήσεις κρίσιν; **26** εἶπεν δὲ κύριος Ἐὰν
εὕρω ἐν Σοδομοις πεντήκοντα[16] δικαίους ἐν τῇ πόλει, ἀφήσω πάντα τὸν τόπον δι᾽
αὐτούς. **27** καὶ ἀποκριθεὶς Αβρααμ εἶπεν Νῦν ἠρξάμην λαλῆσαι πρὸς τὸν κύριον,
ἐγὼ δέ εἰμι γῆ καὶ σποδός·[17] **28** ἐὰν δὲ ἐλαττονωθῶσιν[18] οἱ πεντήκοντα[19] δίκαιοι
πέντε, ἀπολεῖς ἕνεκεν[20] τῶν πέντε πᾶσαν τὴν πόλιν; καὶ εἶπεν Οὐ μὴ ἀπολέσω, ἐὰν
εὕρω ἐκεῖ τεσσαράκοντα[21] πέντε. **29** καὶ προσέθηκεν[22] ἔτι λαλῆσαι πρὸς αὐτὸν καὶ
εἶπεν Ἐὰν δὲ εὑρεθῶσιν ἐκεῖ τεσσαράκοντα;[23] καὶ εἶπεν Οὐ μὴ ἀπολέσω ἕνεκεν[24]
τῶν τεσσαράκοντα.[25] **30** καὶ εἶπεν Μή τι, κύριε, ἐὰν λαλήσω· ἐὰν δὲ εὑρεθῶσιν
ἐκεῖ τριάκοντα;[26] καὶ εἶπεν Οὐ μὴ ἀπολέσω, ἐὰν εὕρω ἐκεῖ τριάκοντα. **31** καὶ εἶπεν
Ἐπειδὴ[27] ἔχω λαλῆσαι πρὸς τὸν κύριον, ἐὰν δὲ εὑρεθῶσιν ἐκεῖ εἴκοσι;[28] καὶ εἶπεν
Οὐ μὴ ἀπολέσω ἕνεκεν[29] τῶν εἴκοσι. **32** καὶ εἶπεν Μή τι, κύριε, ἐὰν λαλήσω ἔτι
ἅπαξ·[30] ἐὰν δὲ εὑρεθῶσιν ἐκεῖ δέκα;[31] καὶ εἶπεν Οὐ μὴ ἀπολέσω ἕνεκεν[32] τῶν δέκα.
33 ἀπῆλθεν δὲ κύριος, ὡς ἐπαύσατο[33] λαλῶν τῷ Αβρααμ, καὶ Αβρααμ ἀπέστρεψεν[34]
εἰς τὸν τόπον αὐτοῦ.

1 σφόδρα, very
2 κραυγή, outcry
3 συντελέω, *pres mid ind 3p*, finish
4 ἀποστρέφω, *aor act ptc nom p m*, turn away
5 ἐκεῖθεν, from there
6 ἐναντίον, before
7 συναπόλλυμι, *aor act sub 2s*, destroy together
8 ἀσεβής, ungodly
9 πεντήκοντα, fifty
10 ἀνίημι, *fut act ind 2s*, let go free, forgive
11 ἕνεκα, because of, on account of
12 πεντήκοντα, fifty
13 μηδαμῶς, by no means
14 ἀσεβής, ungodly
15 μηδαμῶς, by no means
16 πεντήκοντα, fifty
17 σποδός, ash
18 ἐλαττονόω, *aor pas sub 3p*, reduce, diminish
19 πεντήκοντα, fifty
20 ἕνεκα, because of, on account of
21 τεσσαράκοντα, forty
22 προστίθημι, *aor act ind 3s*, continue
23 τεσσαράκοντα, forty
24 ἕνεκα, because of, on account of
25 τεσσαράκοντα, forty
26 τριάκοντα, thirty
27 ἐπειδή, because, since
28 εἴκοσι, twenty
29 ἕνεκα, because of, on account of
30 ἅπαξ, once
31 δέκα, ten
32 ἕνεκα, because of, on account of
33 παύω, *aor mid ind 3s*, cease
34 ἀποστρέφω, *aor act ind 3s*, return

Sodom's Depravity

19 Ἦλθον δὲ οἱ δύο ἄγγελοι εἰς Σοδομα ἑσπέρας·[1] Λωτ δὲ ἐκάθητο παρὰ
τὴν πύλην[2] Σοδομων. ἰδὼν δὲ Λωτ ἐξανέστη[3] εἰς συνάντησιν[4] αὐτοῖς καὶ
προσεκύνησεν τῷ προσώπῳ ἐπὶ τὴν γῆν **2** καὶ εἶπεν Ἰδού, κύριοι, ἐκκλίνατε[5] εἰς
τὸν οἶκον τοῦ παιδὸς[6] ὑμῶν καὶ καταλύσατε[7] καὶ νίψασθε[8] τοὺς πόδας ὑμῶν,
καὶ ὀρθρίσαντες[9] ἀπελεύσεσθε εἰς τὴν ὁδὸν ὑμῶν. εἶπαν δέ Οὐχί, ἀλλ᾽ ἐν τῇ
πλατείᾳ[10] καταλύσομεν.[11] **3** καὶ κατεβιάζετο[12] αὐτούς, καὶ ἐξέκλιναν[13] πρὸς αὐτὸν
καὶ εἰσῆλθον εἰς τὴν οἰκίαν αὐτοῦ. καὶ ἐποίησεν αὐτοῖς πότον,[14] καὶ ἀζύμους[15]
ἔπεψεν[16] αὐτοῖς, καὶ ἔφαγον. **4** πρὸ τοῦ κοιμηθῆναι[17] καὶ οἱ ἄνδρες τῆς πόλεως
οἱ Σοδομῖται περιεκύκλωσαν[18] τὴν οἰκίαν ἀπὸ νεανίσκου[19] ἕως πρεσβυτέρου,
ἅπας[20] ὁ λαὸς ἅμα,[21] **5** καὶ ἐξεκαλοῦντο[22] τὸν Λωτ καὶ ἔλεγον πρὸς αὐτόν Ποῦ
εἰσιν οἱ ἄνδρες οἱ εἰσελθόντες πρὸς σὲ τὴν νύκτα; ἐξάγαγε[23] αὐτοὺς πρὸς ἡμᾶς, ἵνα
συγγενώμεθα[24] αὐτοῖς. **6** ἐξῆλθεν δὲ Λωτ πρὸς αὐτοὺς πρὸς τὸ πρόθυρον,[25] τὴν δὲ
θύραν προσέῳξεν[26] ὀπίσω αὐτοῦ. **7** εἶπεν δὲ πρὸς αὐτούς Μηδαμῶς,[27] ἀδελφοί, μὴ
πονηρεύσησθε.[28] **8** εἰσὶν δέ μοι δύο θυγατέρες,[29] αἳ οὐκ ἔγνωσαν ἄνδρα· ἐξάξω[30]
αὐτὰς πρὸς ὑμᾶς, καὶ χρήσασθε[31] αὐταῖς, καθὰ[32] ἂν ἀρέσκῃ[33] ὑμῖν· μόνον εἰς τοὺς
ἄνδρας τούτους μὴ ποιήσητε μηδὲν[34] ἄδικον,[35] οὗ εἵνεκεν[36] εἰσῆλθον ὑπὸ τὴν
σκέπην[37] τῶν δοκῶν[38] μου. **9** εἶπαν δέ Ἀπόστα[39] ἐκεῖ. εἷς ἦλθες παροικεῖν·[40] μὴ καὶ
κρίσιν κρίνειν; νῦν οὖν σὲ κακώσομεν[41] μᾶλλον[42] ἢ ἐκείνους. καὶ παρεβιάζοντο[43]

1 ἑσπέρα, evening
2 πύλη, gate
3 ἐξανίστημι, *aor act ind 3s*, rise up
4 συνάντησις, meeting
5 ἐκκλίνω, *aor act impv 2p*, turn aside
6 παῖς, servant
7 καταλύω, *aor act impv 2p*, lodge
8 νίπτω, *aor mid impv 2p*, wash
9 ὀρθρίζω, *aor act ptc nom p m*, rise in the morning
10 πλατύς, broad (street)
11 καταλύω, *fut act ind 1p*, lodge
12 καταβιάζομαι, *impf mid ind 3s*, constrain
13 ἐκκλίνω, *aor act ind 3p*, turn aside
14 πότος, drinking party
15 ἄζυμος, unleavened bread
16 πέσσω, *aor act ind 3s*, bake
17 κοιμάω, *aor pas inf*, sleep
18 περικυκλόω, *aor act ind 3p*, surround
19 νεανίσκος, young man
20 ἅπας, all
21 ἅμα, at the same time
22 ἐκκαλέω, *impf mid ind 3p*, call out, summon
23 ἐξάγω, *aor act impv 2s*, bring out
24 συγγίνομαι, *aor mid sub 1p*, have sexual intercourse
25 πρόθυρον, doorway
26 προσοίγω, *aor act ind 3s*, shut
27 μηδαμῶς, by no means
28 πονηρεύομαι, *aor mid sub 2p*, fornicate, act wickedly
29 θυγάτηρ, daughter
30 ἐξάγω, *fut act ind 1s*, bring out
31 χράω, *aor mid impv 2p*, use
32 καθά, just as
33 ἀρέσκω, *pres act sub 3s*, be pleasing
34 μηδείς, no, none
35 ἄδικος, unjust, unrighteous
36 εἵνεκεν, on account of, because of
37 σκέπη, shelter
38 δοκός, (roof) beam
39 ἀφίστημι, *aor act impv 2s*, depart, withdraw
40 παροικέω, *pres act inf*, sojourn, reside as an alien
41 κακόω, *fut act ind 1p*, harm, do evil
42 μᾶλλον, more than, rather than
43 παραβιάζομαι, *impf mid ind 3p*, press

τὸν ἄνδρα τὸν Λωτ σφόδρα[1] καὶ ἤγγισαν συντρῖψαι[2] τὴν θύραν. **10** ἐκτείναντες[3]
δὲ οἱ ἄνδρες τὰς χεῖρας εἰσεσπάσαντο[4] τὸν Λωτ πρὸς ἑαυτοὺς εἰς τὸν οἶκον καὶ
τὴν θύραν τοῦ οἴκου ἀπέκλεισαν·[5] **11** τοὺς δὲ ἄνδρας τοὺς ὄντας ἐπὶ τῆς θύρας τοῦ
οἴκου ἐπάταξαν[6] ἀορασίᾳ[7] ἀπὸ μικροῦ ἕως μεγάλου, καὶ παρελύθησαν[8] ζητοῦντες
τὴν θύραν.

Destruction of Sodom and Gomorrah

12 Εἶπαν δὲ οἱ ἄνδρες πρὸς Λωτ Ἔστιν τίς σοι ὧδε,[9] γαμβροὶ[10] ἢ υἱοὶ ἢ θυγατέρες;[11] ἢ
εἴ τίς σοι ἄλλος ἔστιν ἐν τῇ πόλει, ἐξάγαγε[12] ἐκ τοῦ τόπου τούτου· **13** ὅτι ἀπόλλυμεν
ἡμεῖς τὸν τόπον τοῦτον, ὅτι ὑψώθη[13] ἡ κραυγὴ[14] αὐτῶν ἐναντίον[15] κυρίου, καὶ ἀπέ-
στειλεν ἡμᾶς κύριος ἐκτρῖψαι[16] αὐτήν. **14** ἐξῆλθεν δὲ Λωτ καὶ ἐλάλησεν πρὸς τοὺς
γαμβροὺς[17] αὐτοῦ τοὺς εἰληφότας[18] τὰς θυγατέρας[19] αὐτοῦ καὶ εἶπεν Ἀνάστητε
καὶ ἐξέλθατε ἐκ τοῦ τόπου τούτου, ὅτι ἐκτρίβει[20] κύριος τὴν πόλιν. ἔδοξεν[21] δὲ
γελοιάζειν[22] ἐναντίον[23] τῶν γαμβρῶν[24] αὐτοῦ. **15** ἡνίκα[25] δὲ ὄρθρος[26] ἐγίνετο, ἐπε-
σπούδαζον[27] οἱ ἄγγελοι τὸν Λωτ λέγοντες Ἀναστὰς λαβὲ τὴν γυναῖκά σου καὶ
τὰς δύο θυγατέρας[28] σου, ἃς ἔχεις, καὶ ἔξελθε, ἵνα μὴ συναπόλῃ[29] ταῖς ἀνομίαις[30]
τῆς πόλεως. **16** καὶ ἐταράχθησαν·[31] καὶ ἐκράτησαν οἱ ἄγγελοι τῆς χειρὸς αὐτοῦ
καὶ τῆς χειρὸς τῆς γυναικὸς αὐτοῦ καὶ τῶν χειρῶν τῶν δύο θυγατέρων[32] αὐτοῦ ἐν
τῷ φείσασθαι[33] κύριον αὐτοῦ. **17** καὶ ἐγένετο ἡνίκα[34] ἐξήγαγον[35] αὐτοὺς ἔξω. καὶ
εἶπαν Σῴζων σῷζε τὴν σεαυτοῦ ψυχήν· μὴ περιβλέψῃς[36] εἰς τὰ ὀπίσω μηδὲ στῇς
ἐν πάσῃ τῇ περιχώρῳ·[37] εἰς τὸ ὄρος σῴζου, μήποτε[38] συμπαραλημφθῇς.[39] **18** εἶπεν

1 σφόδρα, very much
2 συντρίβω, *aor act inf*, break
3 ἐκτείνω, *aor act ptc nom p m*, stretch forth
4 εἰσσπάομαι, *aor mid ind 3p*, draw in
5 ἀποκλείω, *aor act ind 3p*, close
6 πατάσσω, *aor act ind 3p*, strike
7 ἀορασία, blindness
8 παραλύω, *aor pas ind 3p*, exhaust, weaken
9 ὧδε, here
10 γαμβρός, son-in-law
11 θυγάτηρ, daughter
12 ἐξάγω, *aor act impv 2s*, lead away
13 ὑψόω, *aor pas ind 3s*, raise up
14 κραυγή, outcry
15 ἐναντίον, before
16 ἐκτρίβω, *aor act inf*, destroy, crush
17 γαμβρός, son-in-law
18 λαμβάνω, *perf act ptc acc p m*, take, marry
19 θυγάτηρ, daughter
20 ἐκτρίβω, *pres act ind 3s*, destroy, crush
21 δοκέω, *aor act ind 3s*, seem, appear
22 γελοιάζω, *pres act inf*, joke
23 ἐναντίον, before
24 γαμβρός, son-in-law
25 ἡνίκα, when
26 ὄρθρος, dawn, early morning
27 ἐπισπουδάζω, *impf act ind 3p*, urge on
28 θυγάτηρ, daughter
29 συναπόλλυμι, *aor mid sub 2s*, perish together
30 ἀνομία, iniquity, wickedness
31 ταράσσω, *aor pas ind 3p*, trouble, disturb
32 θυγάτηρ, daughter
33 φείδομαι, *aor mid inf*, spare
34 ἡνίκα, when
35 ἐξάγω, *aor act ind 3p*, bring out
36 περιβλέπω, *aor act sub 2s*, look around
37 περίχωρος, surrounding region
38 μήποτε, lest
39 συμπαραλαμβάνω, *aor pas sub 2s*, take with

δὲ Λωτ πρὸς αὐτούς Δέομαι,[1] κύριε· **19** ἐπειδὴ[2] εὗρεν ὁ παῖς[3] σου ἔλεος[4] ἐναντίον[5]
σου καὶ ἐμεγάλυνας[6] τὴν δικαιοσύνην σου, ὃ ποιεῖς ἐπ᾽ ἐμέ, τοῦ ζῆν τὴν ψυχήν
μου, ἐγὼ δὲ οὐ δυνήσομαι διασωθῆναι[7] εἰς τὸ ὄρος, μὴ καταλάβῃ[8] με τὰ κακὰ καὶ
ἀποθάνω, **20** ἰδοὺ ἡ πόλις αὕτη ἐγγὺς[9] τοῦ καταφυγεῖν[10] με ἐκεῖ, ἥ ἐστιν μικρά,
ἐκεῖ σωθήσομαι· οὐ μικρά ἐστιν; καὶ ζήσεται ἡ ψυχή μου. **21** καὶ εἶπεν αὐτῷ Ἰδοὺ
ἐθαύμασά[11] σου τὸ πρόσωπον καὶ ἐπὶ τῷ ῥήματι τούτῳ τοῦ μὴ καταστρέψαι[12] τὴν
πόλιν, περὶ ἧς ἐλάλησας· **22** σπεῦσον[13] οὖν τοῦ σωθῆναι ἐκεῖ· οὐ γὰρ δυνήσομαι
ποιῆσαι πρᾶγμα[14] ἕως τοῦ σε εἰσελθεῖν ἐκεῖ. διὰ τοῦτο ἐκάλεσεν τὸ ὄνομα τῆς
πόλεως ἐκείνης Σηγωρ. **23** ὁ ἥλιος ἐξῆλθεν ἐπὶ τὴν γῆν, καὶ Λωτ εἰσῆλθεν εἰς Σηγωρ,
24 καὶ κύριος ἔβρεξεν[15] ἐπὶ Σοδομα καὶ Γομορρα θεῖον[16] καὶ πῦρ παρὰ κυρίου ἐκ
τοῦ οὐρανοῦ **25** καὶ κατέστρεψεν[17] τὰς πόλεις ταύτας καὶ πᾶσαν τὴν περίοικον[18] καὶ
πάντας τοὺς κατοικοῦντας ἐν ταῖς πόλεσιν καὶ πάντα τὰ ἀνατέλλοντα[19] ἐκ τῆς γῆς.
26 καὶ ἐπέβλεψεν[20] ἡ γυνὴ αὐτοῦ εἰς τὰ ὀπίσω καὶ ἐγένετο στήλη[21] ἁλός.[22]

27 Ὤρθρισεν[23] δὲ Αβρααμ τὸ πρωὶ[24] εἰς τὸν τόπον, οὗ εἱστήκει[25] ἐναντίον[26] κυρίου,
28 καὶ ἐπέβλεψεν[27] ἐπὶ πρόσωπον Σοδομων καὶ Γομορρας καὶ ἐπὶ πρόσωπον τῆς γῆς
τῆς περιχώρου[28] καὶ εἶδεν, καὶ ἰδοὺ ἀνέβαινεν φλὸξ[29] τῆς γῆς ὡσεὶ[30] ἀτμὶς[31] καμίνου.[32]
29 καὶ ἐγένετο ἐν τῷ ἐκτρῖψαι[33] κύριον πάσας τὰς πόλεις τῆς περιοίκου[34] ἐμνήσθη[35]
ὁ θεὸς τοῦ Αβρααμ καὶ ἐξαπέστειλεν[36] τὸν Λωτ ἐκ μέσου τῆς καταστροφῆς[37] ἐν τῷ
καταστρέψαι[38] κύριον τὰς πόλεις, ἐν αἷς κατῴκει ἐν αὐταῖς Λωτ.

1 δέομαι, *pres mid ind 1s*, pray, supplicate
2 ἐπειδή, because, since
3 παῖς, servant
4 ἔλεος, mercy, pity
5 ἐναντίον, before
6 μεγαλύνω, *aor act ind 2s*, magnify
7 διασῴζω, *aor pas inf*, escape
8 καταλαμβάνω, *aor act sub 3s*, overtake
9 ἐγγύς, nearby
10 καταφεύγω, *aor act inf*, flee
11 θαυμάζω, *aor act ind 1s*, marvel, be amazed
12 καταστρέφω, *aor act inf*, destroy, overthrow
13 σπεύδω, *aor act impv 2s*, hasten, hurry
14 πρᾶγμα, deed, action
15 βρέχω, *aor act ind 3s*, rain down
16 θεῖον, sulfur
17 καταστρέφω, *aor act ind 3s*, destroy, overthrow
18 περίοικος, inhabitant
19 ἀνατέλλω, *pres act ptc acc p n*, grow up
20 ἐπιβλέπω, *aor act ind 3s*, look with attentiveness
21 στήλη, pillar
22 ἅλς, salt
23 ὀρθρίζω, *aor act ind 3s*, rise early
24 πρωί, (in the) morning
25 ἵστημι, *plpf act ind 3s*, stand
26 ἐναντίον, before
27 ἐπιβλέπω, *aor act ind 3s*, look with attentiveness
28 περίχωρος, surrounding region
29 φλόξ, flame
30 ὡσεί, as if, like
31 ἀτμίς, smoke
32 κάμινος, furnace
33 ἐκτρίβω, *aor act inf*, destroy
34 περίοικος, neighboring region
35 μιμνῄσκομαι, *aor pas ind 3s*, remember
36 ἐξαποστέλλω, *aor act ind 3s*, send away
37 καταστροφή, destruction
38 καταστρέφω, *aor act inf*, destroy, overthrow

Lot and His Daughters

30 Ἀνέβη δὲ Λωτ ἐκ Σηγωρ καὶ ἐκάθητο ἐν τῷ ὄρει καὶ αἱ δύο θυγατέρες[1] αὐτοῦ μετ' αὐτοῦ· ἐφοβήθη γὰρ κατοικῆσαι[2] ἐν Σηγωρ. καὶ ᾤκησεν ἐν τῷ σπηλαίῳ,[3] αὐτὸς καὶ αἱ δύο θυγατέρες αὐτοῦ μετ' αὐτοῦ. **31** εἶπεν δὲ ἡ πρεσβυτέρα πρὸς τὴν νεωτέραν[4] Ὁ πατὴρ ἡμῶν πρεσβύτερος, καὶ οὐδείς ἐστιν ἐπὶ τῆς γῆς, ὃς εἰσελεύσεται πρὸς ἡμᾶς, ὡς καθήκει[5] πάσῃ τῇ γῇ· **32** δεῦρο[6] καὶ ποτίσωμεν[7] τὸν πατέρα ἡμῶν οἶνον καὶ κοιμηθῶμεν[8] μετ' αὐτοῦ καὶ ἐξαναστήσωμεν[9] ἐκ τοῦ πατρὸς ἡμῶν σπέρμα. **33** ἐπότισαν[10] δὲ τὸν πατέρα αὐτῶν οἶνον ἐν τῇ νυκτὶ ταύτῃ, καὶ εἰσελθοῦσα ἡ πρεσβυτέρα ἐκοιμήθη[11] μετὰ τοῦ πατρὸς αὐτῆς τὴν νύκτα ἐκείνην, καὶ οὐκ ᾔδει[12] ἐν τῷ κοιμηθῆναι[13] αὐτὴν καὶ ἀναστῆναι. **34** ἐγένετο δὲ τῇ ἐπαύριον[14] καὶ εἶπεν ἡ πρεσβυτέρα πρὸς τὴν νεωτέραν[15] Ἰδοὺ ἐκοιμήθην[16] ἐχθὲς[17] μετὰ τοῦ πατρὸς ἡμῶν· ποτίσωμεν[18] αὐτὸν οἶνον καὶ τὴν νύκτα ταύτην, καὶ εἰσελθοῦσα κοιμήθητι[19] μετ' αὐτοῦ, καὶ ἐξαναστήσωμεν[20] ἐκ τοῦ πατρὸς ἡμῶν σπέρμα. **35** ἐπότισαν[21] δὲ καὶ ἐν τῇ νυκτὶ ἐκείνῃ τὸν πατέρα αὐτῶν οἶνον, καὶ εἰσελθοῦσα ἡ νεωτέρα[22] ἐκοιμήθη[23] μετὰ τοῦ πατρὸς αὐτῆς, καὶ οὐκ ᾔδει[24] ἐν τῷ κοιμηθῆναι[25] αὐτὴν καὶ ἀναστῆναι. **36** καὶ συνέλαβον[26] αἱ δύο θυγατέρες[27] Λωτ ἐκ τοῦ πατρὸς αὐτῶν. **37** καὶ ἔτεκεν[28] ἡ πρεσβυτέρα υἱὸν καὶ ἐκάλεσεν τὸ ὄνομα αὐτοῦ Μωαβ λέγουσα Ἐκ τοῦ πατρός μου· οὗτος πατὴρ Μωαβιτῶν ἕως τῆς σήμερον ἡμέρας. **38** ἔτεκεν[29] δὲ καὶ ἡ νεωτέρα[30] υἱὸν καὶ ἐκάλεσεν τὸ ὄνομα αὐτοῦ Αμμαν υἱὸς τοῦ γένους[31] μου· οὗτος πατὴρ Αμμανιτῶν ἕως τῆς σήμερον ἡμέρας.

Abraham and Abimelech

20 Καὶ ἐκίνησεν[32] ἐκεῖθεν[33] Αβρααμ εἰς γῆν πρὸς λίβα[34] καὶ ᾤκησεν[35] ἀνὰ μέσον[36] Καδης καὶ ἀνὰ μέσον Σουρ καὶ παρῴκησεν[37] ἐν Γεραροις. **2** εἶπεν δὲ

1 θυγάτηρ, daughter
2 οἰκέω, *aor act ind 3s*, dwell, settle
3 σπήλαιον, cave
4 νέος, *comp*, younger
5 καθήκω, *pres act ind 3s*, be proper, customary
6 δεῦρο, come!
7 ποτίζω, *aor act sub 1p*, give drink
8 κοιμάω, *aor pas sub 1p*, sleep with, lie with
9 ἐξανίστημι, *aor act sub 1p*, raise up
10 ποτίζω, *aor act ind 3p*, give drink
11 κοιμάω, *aor pas ind 3s*, sleep with, lie with
12 οἶδα, *plpf act ind 3s*, know
13 κοιμάω, *aor pas inf*, sleep with, lie with
14 ἐπαύριον, next day
15 νέος, *comp*, younger
16 κοιμάω, *aor pas ind 1s*, sleep with, lie with
17 ἐχθές, yesterday
18 ποτίζω, *aor act sub 1p*, give drink
19 κοιμάω, *aor pas impv 2s*, sleep with, lie with
20 ἐξανίστημι, *aor act sub 1p*, raise up
21 ποτίζω, *aor act ind 3p*, give drink
22 νέος, *comp*, younger
23 κοιμάω, *aor pas ind 3s*, sleep with, lie with
24 οἶδα, *plpf act ind 3s*, know
25 κοιμάω, *aor pas inf*, sleep with, lie with
26 συλλαμβάνω, *aor act ind 3p*, conceive
27 θυγάτηρ, daughter
28 τίκτω, *aor act ind 3s*, give birth
29 τίκτω, *aor act ind 3s*, give birth
30 νέος, *comp*, younger
31 γένος, race, family
32 κινέω, *aor act ind 3s*, move
33 ἐκεῖθεν, from there
34 λίψ, southwest
35 οἰκέω, *aor act ind 3s*, dwell
36 ἀνὰ μέσον, between
37 παροικέω, *aor act ind 3s*, sojourn, reside as an alien

Αβρααμ περὶ Σαρρας τῆς γυναικὸς αὐτοῦ ὅτι Ἀδελφή μού ἐστιν· ἐφοβήθη γὰρ εἰπεῖν ὅτι Γυνή μού ἐστιν, μήποτε[1] ἀποκτείνωσιν αὐτὸν οἱ ἄνδρες τῆς πόλεως δι᾽ αὐτήν. ἀπέστειλεν δὲ Αβιμελεχ βασιλεὺς Γεραρων καὶ ἔλαβεν τὴν Σαρραν. **3** καὶ εἰσῆλθεν ὁ θεὸς πρὸς Αβιμελεχ ἐν ὕπνῳ[2] τὴν νύκτα καὶ εἶπεν Ἰδοὺ σὺ ἀποθνήσκεις περὶ τῆς γυναικός, ἧς ἔλαβες, αὕτη δέ ἐστιν συνῳκηκυῖα[3] ἀνδρί. **4** Αβιμελεχ δὲ οὐχ ἥψατο αὐτῆς καὶ εἶπεν Κύριε, ἔθνος ἀγνοοῦν[4] καὶ δίκαιον ἀπολεῖς; **5** οὐκ αὐτός μοι εἶπεν Ἀδελφή μού ἐστιν; καὶ αὐτή μοι εἶπεν Ἀδελφός μού ἐστιν. ἐν καθαρᾷ[5] καρδίᾳ καὶ ἐν δικαιοσύνῃ χειρῶν ἐποίησα τοῦτο. **6** εἶπεν δὲ αὐτῷ ὁ θεὸς καθ᾽ ὕπνον[6] Κἀγὼ[7] ἔγνων ὅτι ἐν καθαρᾷ[8] καρδίᾳ ἐποίησας τοῦτο, καὶ ἐφεισάμην[9] ἐγώ σου τοῦ μὴ ἁμαρτεῖν σε εἰς ἐμέ· ἕνεκεν[10] τούτου οὐκ ἀφῆκά σε ἅψασθαι αὐτῆς. **7** νῦν δὲ ἀπόδος τὴν γυναῖκα τῷ ἀνθρώπῳ, ὅτι προφήτης ἐστὶν καὶ προσεύξεται περὶ σοῦ καὶ ζήσῃ· εἰ δὲ μὴ ἀποδίδως, γνῶθι ὅτι ἀποθανῇ σὺ καὶ πάντα τὰ σά.[11]

8 καὶ ὤρθρισεν[12] Αβιμελεχ τὸ πρωὶ[13] καὶ ἐκάλεσεν πάντας τοὺς παῖδας[14] αὐτοῦ καὶ ἐλάλησεν πάντα τὰ ῥήματα ταῦτα εἰς τὰ ὦτα αὐτῶν, ἐφοβήθησαν δὲ πάντες οἱ ἄνθρωποι σφόδρα.[15] **9** καὶ ἐκάλεσεν Αβιμελεχ τὸν Αβρααμ καὶ εἶπεν αὐτῷ Τί τοῦτο ἐποίησας ἡμῖν; μή τι ἡμάρτομεν εἰς σέ, ὅτι ἐπήγαγες[16] ἐπ᾽ ἐμὲ καὶ ἐπὶ τὴν βασιλείαν μου ἁμαρτίαν μεγάλην; ἔργον, ὃ οὐδεὶς ποιήσει, πεποίηκάς μοι. **10** εἶπεν δὲ Αβιμελεχ τῷ Αβρααμ Τί ἐνιδὼν[17] ἐποίησας τοῦτο; **11** εἶπεν δὲ Αβρααμ Εἶπα γάρ Ἆρα οὐκ ἔστιν θεοσέβεια[18] ἐν τῷ τόπῳ τούτῳ, ἐμέ τε ἀποκτενοῦσιν ἕνεκεν[19] τῆς γυναικός μου. **12** καὶ γὰρ ἀληθῶς[20] ἀδελφή μού ἐστιν ἐκ πατρός, ἀλλ᾽ οὐκ ἐκ μητρός· ἐγενήθη δέ μοι εἰς γυναῖκα. **13** ἐγένετο δὲ ἡνίκα[21] ἐξήγαγέν[22] με ὁ θεὸς ἐκ τοῦ οἴκου τοῦ πατρός μου, καὶ εἶπα αὐτῇ Ταύτην τὴν δικαιοσύνην ποιήσεις ἐπ᾽ ἐμέ· εἰς πάντα τόπον, οὗ ἐὰν εἰσέλθωμεν ἐκεῖ, εἰπὸν ἐμὲ ὅτι Ἀδελφός μού ἐστιν.

14 ἔλαβεν δὲ Αβιμελεχ χίλια[23] δίδραχμα[24] πρόβατα καὶ μόσχους[25] καὶ παῖδας[26] καὶ παιδίσκας[27] καὶ ἔδωκεν τῷ Αβρααμ καὶ ἀπέδωκεν αὐτῷ Σαρραν τὴν γυναῖκα αὐτοῦ. **15** καὶ εἶπεν Αβιμελεχ τῷ Αβρααμ Ἰδοὺ ἡ γῆ μου ἐναντίον[28] σου· οὗ ἐάν σοι ἀρέσκῃ,[29] κατοίκει. **16** τῇ δὲ Σαρρα εἶπεν Ἰδοὺ δέδωκα χίλια[30] δίδραχμα[31] τῷ ἀδελφῷ

1 μήποτε, lest
2 ὕπνος, sleep
3 συνοικέω, *perf act ptc nom s f*, live with
4 ἀγνοέω, *pres act ptc acc s n*, be ignorant
5 καθαρός, pure, clean
6 ὕπνος, sleep
7 κἀγώ, I too, *cr.* καὶ ἐγώ
8 καθαρός, pure, clean
9 φείδομαι, *aor mid ind 1s*, spare
10 ἕνεκα, because of, on account of
11 σός, your
12 ὀρθρίζω, *aor act ind 3s*, rise early
13 πρωί, (in the) morning
14 παῖς, servant
15 σφόδρα, very
16 ἐπάγω, *aor act ind 2s*, bring upon
17 ἐνοράω, *aor act ptc nom s m*, see, observe
18 θεοσέβεια, fear of God, piety
19 ἕνεκα, because of, on account of
20 ἀληθῶς, truly
21 ἡνίκα, when
22 ἐξάγω, *aor act ind 3s*, bring out
23 χίλιοι, thousand
24 δίδραχμον, two-drachma coin
25 μόσχος, cattle
26 παῖς, servant
27 παιδίσκη, maidservant
28 ἐναντίον, before
29 ἀρέσκω, *pres act sub 3s*, please
30 χίλιοι, thousand
31 δίδραχμον, two-drachma coin

σου· ταῦτα ἔσται σοι εἰς τιμὴν τοῦ προσώπου σου καὶ πάσαις ταῖς μετὰ σοῦ· καὶ πάντα ἀλήθευσον.[1] **17** προσηύξατο δὲ Αβρααμ πρὸς τὸν θεόν, καὶ ἰάσατο[2] ὁ θεὸς τὸν Αβιμελεχ καὶ τὴν γυναῖκα αὐτοῦ καὶ τὰς παιδίσκας[3] αὐτοῦ, καὶ ἔτεκον·[4] **18** ὅτι συγκλείων[5] συνέκλεισεν[6] κύριος ἔξωθεν[7] πᾶσαν μήτραν[8] ἐν τῷ οἴκῳ τοῦ Αβιμελεχ ἕνεκεν[9] Σαρρας τῆς γυναικὸς Αβρααμ.

Isaac's Birth

21 Καὶ κύριος ἐπεσκέψατο[10] τὴν Σαρραν, καθὰ[11] εἶπεν, καὶ ἐποίησεν κύριος τῇ
Σαρρα, καθὰ ἐλάλησεν, **2** καὶ συλλαβοῦσα[12] ἔτεκεν[13] Σαρρα τῷ Αβρααμ υἱὸν
εἰς τὸ γῆρας[14] εἰς τὸν καιρόν, καθὰ[15] ἐλάλησεν αὐτῷ κύριος. **3** καὶ ἐκάλεσεν Αβρααμ
τὸ ὄνομα τοῦ υἱοῦ αὐτοῦ τοῦ γενομένου αὐτῷ, ὃν ἔτεκεν[16] αὐτῷ Σαρρα, Ισαακ.
4 περιέτεμεν[17] δὲ Αβρααμ τὸν Ισαακ τῇ ὀγδόῃ[18] ἡμέρᾳ, καθὰ[19] ἐνετείλατο[20] αὐτῷ
ὁ θεός. **5** Αβρααμ δὲ ἦν ἑκατὸν[21] ἐτῶν, ἡνίκα[22] ἐγένετο αὐτῷ Ισαακ ὁ υἱὸς αὐτοῦ.
6 εἶπεν δὲ Σαρρα Γέλωτά[23] μοι ἐποίησεν κύριος· ὃς γὰρ ἂν ἀκούσῃ, συγχαρεῖταί[24]
μοι. **7** καὶ εἶπεν Τίς ἀναγγελεῖ[25] τῷ Αβρααμ ὅτι θηλάζει[26] παιδίον Σαρρα; ὅτι ἔτεκον[27]
υἱὸν ἐν τῷ γήρει[28] μου.

Hagar and Ishmael Sent Away

8 Καὶ ηὐξήθη[29] τὸ παιδίον καὶ ἀπεγαλακτίσθη,[30] καὶ ἐποίησεν Αβρααμ δοχὴν[31]
μεγάλην, ᾗ ἡμέρᾳ ἀπεγαλακτίσθη[32] Ισαακ ὁ υἱὸς αὐτοῦ. **9** ἰδοῦσα δὲ Σαρρα τὸν
υἱὸν Αγαρ τῆς Αἰγυπτίας, ὃς ἐγένετο τῷ Αβρααμ, παίζοντα[33] μετὰ Ισαακ τοῦ υἱοῦ
αὐτῆς **10** καὶ εἶπεν τῷ Αβρααμ Ἔκβαλε τὴν παιδίσκην[34] ταύτην καὶ τὸν υἱὸν αὐτῆς·
οὐ γὰρ κληρονομήσει[35] ὁ υἱὸς τῆς παιδίσκης[36] ταύτης μετὰ τοῦ υἱοῦ μου Ισαακ.
11 σκληρὸν[37] δὲ ἐφάνη[38] τὸ ῥῆμα σφόδρα[39] ἐναντίον[40] Αβρααμ περὶ τοῦ υἱοῦ αὐτοῦ.

1 ἀληθεύω, *aor act impv 2s*, tell the truth
2 ἰάομαι, *aor mid ind 3s*, heal
3 παιδίσκη, maidservant
4 τίκτω, *aor act ind 3p*, give birth
5 συγκλείω, *pres act ptc nom s m*, shut off
6 συγκλείω, *aor act ind 3s*, shut off
7 ἔξωθεν, from outside
8 μήτρα, womb
9 ἕνεκα, because of, on account of
10 ἐπισκέπτομαι, *aor mid ind 3s*, visit
11 καθά, just as
12 συλλαμβάνω, *aor act ptc nom s f*, conceive
13 τίκτω, *aor act ind 3s*, give birth
14 γῆρας, old age
15 καθά, just as
16 τίκτω, *aor act ind 3s*, give birth
17 περιτέμνω, *aor act ind 3s*, circumcise
18 ὄγδοος, eighth
19 καθά, just as
20 ἐντέλλομαι, *aor mid ind 3s*, command
21 ἑκατόν, hundred
22 ἡνίκα, when
23 γέλως, laughter
24 συγχαίρω, *fut mid ind 3s*, rejoice with
25 ἀναγγέλλω, *fut act ind 3s*, report, tell
26 θηλάζω, *pres act ind 3s*, nurse
27 τίκτω, *aor act ind 1s*, give birth
28 γῆρας, old age
29 αὐξάνω, *aor pas ind 3s*, grow
30 ἀπογαλακτίζω, *aor pas ind 3s*, wean
31 δοχή, banquet
32 ἀπογαλακτίζω, *aor pas ind 3s*, wean
33 παίζω, *pres act ptc acc s m*, play with, (mock)
34 παιδίσκη, maidservant
35 κληρονομέω, *fut act ind 3s*, inherit
36 παιδίσκη, maidservant
37 σκληρός, hard, cruel
38 φαίνω, *aor pas ind 3s*, appear
39 σφόδρα, very
40 ἐναντίον, before

12 εἶπεν δὲ ὁ θεὸς τῷ Αβρααμ Μὴ σκληρὸν[1] ἔστω τὸ ῥῆμα ἐναντίον[2] σου περὶ τοῦ
παιδίου καὶ περὶ τῆς παιδίσκης·[3] πάντα, ὅσα ἐὰν εἴπῃ σοι Σαρρα, ἄκουε τῆς φωνῆς
αὐτῆς, ὅτι ἐν Ισαακ κληθήσεταί σοι σπέρμα. **13** καὶ τὸν υἱὸν δὲ τῆς παιδίσκης[4]
ταύτης, εἰς ἔθνος μέγα ποιήσω αὐτόν, ὅτι σπέρμα σόν[5] ἐστιν. **14** ἀνέστη δὲ Αβρααμ
τὸ πρωὶ[6] καὶ ἔλαβεν ἄρτους καὶ ἀσκὸν[7] ὕδατος καὶ ἔδωκεν Αγαρ καὶ ἐπέθηκεν ἐπὶ
τὸν ὦμον[8] καὶ τὸ παιδίον καὶ ἀπέστειλεν αὐτήν. ἀπελθοῦσα δὲ ἐπλανᾶτο τὴν ἔρημον
κατὰ τὸ φρέαρ[9] τοῦ ὅρκου.[10]

15 ἐξέλιπεν[11] δὲ τὸ ὕδωρ ἐκ τοῦ ἀσκοῦ,[12] καὶ ἔρριψεν[13] τὸ παιδίον ὑποκάτω[14] μιᾶς
ἐλάτης·[15] **16** ἀπελθοῦσα δὲ ἐκάθητο ἀπέναντι[16] αὐτοῦ μακρόθεν[17] ὡσεὶ[18] τόξου[19]
βολήν·[20] εἶπεν γάρ Οὐ μὴ ἴδω τὸν Θάνατον τοῦ παιδίου μου. καὶ ἐκάθισεν ἀπέναντι[21]
αὐτοῦ, ἀναβοῆσαν[22] δὲ τὸ παιδίον ἔκλαυσεν. **17** εἰσήκουσεν[23] δὲ ὁ θεὸς τῆς φωνῆς
τοῦ παιδίου ἐκ τοῦ τόπου, οὗ ἦν, καὶ ἐκάλεσεν ἄγγελος τοῦ θεοῦ τὴν Αγαρ ἐκ τοῦ
οὐρανοῦ καὶ εἶπεν αὐτῇ Τί ἐστιν, Αγαρ; μὴ φοβοῦ· ἐπακήκοεν[24] γὰρ ὁ θεὸς τῆς φωνῆς
τοῦ παιδίου σου ἐκ τοῦ τόπου, οὗ ἐστιν. **18** ἀνάστηθι, λαβὲ τὸ παιδίον καὶ κράτησον
τῇ χειρί σου αὐτό· εἰς γὰρ ἔθνος μέγα ποιήσω αὐτόν. **19** καὶ ἀνέῳξεν ὁ θεὸς τοὺς
ὀφθαλμοὺς αὐτῆς, καὶ εἶδεν φρέαρ[25] ὕδατος ζῶντος καὶ ἐπορεύθη καὶ ἔπλησεν[26] τὸν
ἀσκὸν[27] ὕδατος καὶ ἐπότισεν[28] τὸ παιδίον. **20** καὶ ἦν ὁ θεὸς μετὰ τοῦ παιδίου, καὶ
ηὐξήθη.[29] καὶ κατῴκησεν ἐν τῇ ἐρήμῳ, ἐγένετο δὲ τοξότης.[30] **21** καὶ κατῴκησεν ἐν
τῇ ἐρήμῳ τῇ Φαραν, καὶ ἔλαβεν αὐτῷ ἡ μήτηρ γυναῖκα ἐκ γῆς Αἰγύπτου.

Abraham Makes a Covenant with Abimelech

22 Ἐγένετο δὲ ἐν τῷ καιρῷ ἐκείνῳ καὶ εἶπεν Αβιμελεχ καὶ Οχοζαθ ὁ νυμφαγωγὸς[31]
αὐτοῦ καὶ Φικολ ὁ ἀρχιστράτηγος[32] τῆς δυνάμεως αὐτοῦ πρὸς Αβρααμ λέγων
Ὁ θεὸς μετὰ σοῦ ἐν πᾶσιν, οἷς ἐὰν ποιῇς· **23** νῦν οὖν ὄμοσόν[33] μοι τὸν θεὸν μὴ
ἀδικήσειν[34] με μηδὲ τὸ σπέρμα μου μηδὲ τὸ ὄνομά μου, ἀλλὰ κατὰ τὴν δικαιοσύνην,

1 σκληρός, hard, cruel
2 ἐναντίον, before
3 παιδίσκη, maidservant
4 παιδίσκη, maidservant
5 σός, your
6 πρωί, (in the) morning
7 ἀσκός, skin, leather bag
8 ὦμος, shoulder
9 φρέαρ, well
10 ὅρκος, oath
11 ἐκλείπω, *aor act ind 3s*, give out, fail
12 ἀσκός, skin, leather bag
13 ῥίπτω, *aor act ind 3s*, throw down
14 ὑποκάτω, beneath
15 ἐλάτη, silver fir tree
16 ἀπέναντι, opposite
17 μακρόθεν, far off
18 ὡσεί, about, as
19 τόξον, archer's bow
20 βολή, shot
21 ἀπέναντι, opposite
22 ἀναβοάω, *aor act ptc nom s n*, cry
23 εἰσακούω, *aor act ind 3s*, hear
24 ἐπακούω, *perf act ind 3s*, hear, heed
25 φρέαρ, well
26 πίμπλημι, *aor act ind 3s*, fill
27 ἀσκός, skin, leather bag
28 ποτίζω, *aor act ind 3s*, give drink to
29 αὐξάνω, *aor pas ind 3s*, grow
30 τοξότης, archer
31 νυμφαγωγός, groomsman
32 ἀρχιστράτηγος, chief commander
33 ὄμνυμι, *aor act impv 2s*, swear an oath
34 ἀδικέω, *fut act inf*, harm, do evil

ἣν ἐποίησα μετὰ σοῦ, ποιήσεις μετ᾽ ἐμοῦ καὶ τῇ γῇ, ᾗ σὺ παρῴκησας[1] ἐν αὐτῇ. **24** καὶ
εἶπεν Αβρααμ Ἐγὼ ὀμοῦμαι.[2]

25 καὶ ἤλεγξεν[3] Αβρααμ τὸν Αβιμελεχ περὶ τῶν φρεάτων[4] τοῦ ὕδατος, ὧν ἀφείλαντο[5]
οἱ παῖδες[6] τοῦ Αβιμελεχ. **26** καὶ εἶπεν αὐτῷ Αβιμελεχ Οὐκ ἔγνων, τίς ἐποίησεν τὸ
πρᾶγμα[7] τοῦτο, οὐδὲ σύ μοι ἀπήγγειλας, οὐδὲ ἐγὼ ἤκουσα ἀλλ᾽ ἢ σήμερον. **27** καὶ
ἔλαβεν Αβρααμ πρόβατα καὶ μόσχους[8] καὶ ἔδωκεν τῷ Αβιμελεχ, καὶ διέθεντο[9]
ἀμφότεροι[10] διαθήκην. **28** καὶ ἔστησεν Αβρααμ ἑπτὰ ἀμνάδας[11] προβάτων μόνας.
29 καὶ εἶπεν Αβιμελεχ τῷ Αβρααμ Τί εἰσιν αἱ ἑπτὰ ἀμνάδες[12] τῶν προβάτων τούτων,
ἃς ἔστησας μόνας; **30** καὶ εἶπεν Αβρααμ ὅτι Τὰς ἑπτὰ ἀμνάδας[13] ταύτας λήμψῃ παρ᾽
ἐμοῦ, ἵνα ὦσίν μοι εἰς μαρτύριον[14] ὅτι ἐγὼ ὤρυξα[15] τὸ φρέαρ[16] τοῦτο. **31** διὰ τοῦτο
ἐπωνόμασεν[17] τὸ ὄνομα τοῦ τόπου ἐκείνου Φρέαρ ὁρκισμοῦ,[18] ὅτι ἐκεῖ ὤμοσαν[19]
ἀμφότεροι.[20] **32** καὶ διέθεντο[21] διαθήκην ἐν τῷ φρέατι[22] τοῦ ὅρκου.[23] ἀνέστη δὲ
Αβιμελεχ καὶ Οχοζαθ ὁ νυμφαγωγὸς[24] αὐτοῦ καὶ Φικολ ὁ ἀρχιστράτηγος[25] τῆς
δυνάμεως αὐτοῦ καὶ ἐπέστρεψαν εἰς τὴν γῆν τῶν Φυλιστιιμ. **33** καὶ ἐφύτευσεν[26]
Αβρααμ ἄρουραν[27] ἐπὶ τῷ φρέατι[28] τοῦ ὅρκου[29] καὶ ἐπεκαλέσατο[30] ἐκεῖ τὸ ὄνομα
κυρίου Θεὸς αἰώνιος. **34** παρῴκησεν[31] δὲ Αβρααμ ἐν τῇ γῇ τῶν Φυλιστιιμ ἡμέρας
πολλάς.

God Commands Abraham to Sacrifice Isaac

22 Καὶ ἐγένετο μετὰ τὰ ῥήματα ταῦτα ὁ θεὸς ἐπείραζεν[32] τὸν Αβρααμ καὶ
εἶπεν πρὸς αὐτόν Αβρααμ, Αβρααμ· ὁ δὲ εἶπεν Ἰδοὺ ἐγώ. **2** καὶ εἶπεν Λαβὲ
τὸν υἱόν σου τὸν ἀγαπητόν,[33] ὃν ἠγάπησας, τὸν Ισαακ, καὶ πορεύθητι εἰς τὴν γῆν
τὴν ὑψηλὴν[34] καὶ ἀνένεγκον[35] αὐτὸν ἐκεῖ εἰς ὁλοκάρπωσιν[36] ἐφ᾽ ἓν τῶν ὀρέων,
ὧν ἄν σοι εἴπω. **3** ἀναστὰς δὲ Αβρααμ τὸ πρωὶ[37] ἐπέσαξεν[38] τὴν ὄνον[39] αὐτοῦ·

1 παροικέω, *aor act ind 2s*, sojourn, reside as an alien
2 ὄμνυμι, *fut mid ind 1s*, swear an oath
3 ἐλέγχω, *aor act ind 3s*, rebuke
4 φρέαρ, well
5 ἀφαιρέω, *aor mid ind 3p*, seize
6 παῖς, servant
7 πρᾶγμα, deed, action
8 μόσχος, cattle
9 διατίθημι, *aor mid ind 3p*, arrange
10 ἀμφότεροι, both
11 ἀμνάς, ewe lamb
12 ἀμνάς, ewe lamb
13 ἀμνάς, ewe lamb
14 μαρτύριον, witness, testimony
15 ὀρύσσω, *aor act ind 1s*, dig
16 φρέαρ, well
17 ἐπονομάζω, *aor act ind 3s*, name, call
18 ὁρκισμός, swearing of an oath
19 ὄμνυμι, *aor act ind 3p*, swear an oath
20 ἀμφότεροι, both
21 διατίθημι, *aor mid ind 3p*, arrange
22 φρέαρ, well
23 ὅρκος, oath
24 νυμφαγωγός, groomsman
25 ἀρχιστράτηγος, chief commander
26 φυτεύω, *aor act ind 3s*, plant
27 ἄρουρα, field
28 φρέαρ, well
29 ὅρκος, oath
30 ἐπικαλέω, *aor mid ind 3s*, call upon
31 παροικέω, *aor act ind 3s*, sojourn, reside as an alien
32 πειράζω, *impf act ind 3s*, test, put to trial
33 ἀγαπητός, beloved, only
34 ὑψηλός, high
35 ἀναφέρω, *aor act impv 2s*, offer up
36 ὁλοκάρπωσις, whole burnt offering
37 πρωΐ, (in the) morning
38 ἐπισάσσω, *aor act ind 3s*, saddle
39 ὄνος, donkey

παρέλαβεν[1] δὲ μεθ᾽ ἑαυτοῦ δύο παῖδας[2] καὶ Ισαακ τὸν υἱὸν αὐτοῦ καὶ σχίσας[3]
ξύλα[4] εἰς ὁλοκάρπωσιν[5] ἀναστὰς ἐπορεύθη καὶ ἦλθεν ἐπὶ τὸν τόπον, ὃν εἶπεν αὐτῷ
ὁ θεός. **4** τῇ ἡμέρᾳ τῇ τρίτῃ καὶ ἀναβλέψας[6] Αβρααμ τοῖς ὀφθαλμοῖς εἶδεν τὸν
τόπον μακρόθεν.[7] **5** καὶ εἶπεν Αβρααμ τοῖς παισὶν[8] αὐτοῦ[9] Καθίσατε αὐτοῦ μετὰ
τῆς ὄνου,[10] ἐγὼ δὲ καὶ τὸ παιδάριον[11] διελευσόμεθα ἕως ὧδε[12] καὶ προσκυνήσαντες
ἀναστρέψωμεν[13] πρὸς ὑμᾶς. **6** ἔλαβεν δὲ Αβρααμ τὰ ξύλα[14] τῆς ὁλοκαρπώσεως[15] καὶ
ἐπέθηκεν Ισαακ τῷ υἱῷ αὐτοῦ· ἔλαβεν δὲ καὶ τὸ πῦρ μετὰ χεῖρα καὶ τὴν μάχαιραν,[16]
καὶ ἐπορεύθησαν οἱ δύο ἅμα.[17] **7** εἶπεν δὲ Ισαακ πρὸς Αβρααμ τὸν πατέρα αὐτοῦ
εἴπας Πάτερ. ὁ δὲ εἶπεν Τί ἐστιν, τέκνον; λέγων Ἰδοὺ τὸ πῦρ καὶ τὰ ξύλα·[18] ποῦ
ἐστιν τὸ πρόβατον τὸ εἰς ὁλοκάρπωσιν;[19] **8** εἶπεν δὲ Αβρααμ Ὁ θεὸς ὄψεται ἑαυτῷ
πρόβατον εἰς ὁλοκάρπωσιν,[20] τέκνον.

πορευθέντες δὲ ἀμφότεροι[21] ἅμα[22] **9** ἦλθον ἐπὶ τὸν τόπον, ὃν εἶπεν αὐτῷ ὁ θεός. καὶ
ᾠκοδόμησεν ἐκεῖ Αβρααμ θυσιαστήριον[23] καὶ ἐπέθηκεν τὰ ξύλα καὶ συμποδίσας[24]
Ισαακ τὸν υἱὸν αὐτοῦ ἐπέθηκεν αὐτὸν ἐπὶ τὸ θυσιαστήριον[25] ἐπάνω[26] τῶν ξύλων.[27]
10 καὶ ἐξέτεινεν[28] Αβρααμ τὴν χεῖρα αὐτοῦ λαβεῖν τὴν μάχαιραν[29] σφάξαι[30] τὸν
υἱὸν αὐτοῦ. **11** καὶ ἐκάλεσεν αὐτὸν ἄγγελος κυρίου ἐκ τοῦ οὐρανοῦ καὶ εἶπεν αὐτῷ
Αβρααμ, Αβρααμ. ὁ δὲ εἶπεν Ἰδοὺ ἐγώ. **12** καὶ εἶπεν Μὴ ἐπιβάλῃς[31] τὴν χεῖρά σου ἐπὶ
τὸ παιδάριον[32] μηδὲ ποιήσῃς αὐτῷ μηδέν·[33] νῦν γὰρ ἔγνων ὅτι φοβῇ τὸν θεὸν σὺ καὶ
οὐκ ἐφείσω[34] τοῦ υἱοῦ σου τοῦ ἀγαπητοῦ[35] δι᾽ ἐμέ. **13** καὶ ἀναβλέψας[36] Αβρααμ τοῖς
ὀφθαλμοῖς αὐτοῦ εἶδεν, καὶ ἰδοὺ κριὸς[37] εἷς κατεχόμενος[38] ἐν φυτῷ[39] σαβεκ[40] τῶν
κεράτων·[41] καὶ ἐπορεύθη Αβρααμ καὶ ἔλαβεν τὸν κριὸν[42] καὶ ἀνήνεγκεν[43] αὐτὸν εἰς

1 παραλαμβάνω, *aor act ind 3s*, take
2 παῖς, servant
3 σχίζω, *aor act ptc nom s m*, split
4 ξύλον, wood
5 ὁλοκάρπωσις, whole burnt offering
6 ἀναβλέπω, *aor act ptc nom s m*, look up
7 μακρόθεν, from afar
8 παῖς, servant
9 αὐτοῦ, here, there
10 ὄνος, donkey
11 παιδάριον, boy, youth
12 ὧδε, here
13 ἀναστρέφω, *aor act sub 1p*, return
14 ξύλον, wood
15 ὁλοκάρπωσις, whole burnt offering
16 μάχαιρα, dagger, knife
17 ἅμα, at the same time, together
18 ξύλον, wood
19 ὁλοκάρπωσις, whole burnt offering
20 ὁλοκάρπωσις, whole burnt offering
21 ἀμφότεροι, both
22 ἅμα, at the same time, together
23 θυσιαστήριον, altar
24 συμποδίζω, *aor act ptc nom s m*, bind at the feet
25 θυσιαστήριον, altar
26 ἐπάνω, on top of, above
27 ξύλον, wood
28 ἐκτείνω, *aor act ind 3s*, stretch forth
29 μάχαιρα, dagger, knife
30 σφάζω, *aor act inf*, slay
31 ἐπιβάλλω, *aor act sub 2s*, lay hands on
32 παιδάριον, boy, youth
33 μηδείς, nothing, anything
34 φείδομαι, *aor mid ind 2s*, spare
35 ἀγαπητός, beloved, only
36 ἀναβλέπω, *aor act ptc nom s m*, look up
37 κριός, ram
38 κατέχω, *pres pas ptc nom s m*, hold fast
39 φυτόν, plant
40 σαβεκ, thicket, *translit.*
41 κέρας, horn
42 κριός, ram
43 ἀναφέρω, *aor act ind 3s*, offer up

ὁλοκάρπωσιν[1] ἀντὶ[2] Ισαακ τοῦ υἱοῦ αὐτοῦ. **14** καὶ ἐκάλεσεν Αβρααμ τὸ ὄνομα τοῦ τόπου ἐκείνου Κύριος εἶδεν, ἵνα εἴπωσιν σήμερον Ἐν τῷ ὄρει κύριος ὤφθη.

15 καὶ ἐκάλεσεν ἄγγελος κυρίου τὸν Αβρααμ δεύτερον ἐκ τοῦ οὐρανοῦ **16** λέγων
Κατ᾽ ἐμαυτοῦ[3] ὤμοσα,[4] λέγει κύριος, οὗ εἵνεκεν[5] ἐποίησας τὸ ῥῆμα τοῦτο καὶ οὐκ
ἐφείσω[6] τοῦ υἱοῦ σου τοῦ ἀγαπητοῦ[7] δι᾽ ἐμέ, **17** ἦ μὴν[8] εὐλογῶν εὐλογήσω σε καὶ
πληθύνων[9] πληθυνῶ[10] τὸ σπέρμα σου ὡς τοὺς ἀστέρας[11] τοῦ οὐρανοῦ καὶ ὡς τὴν
ἄμμον[12] τὴν παρὰ τὸ χεῖλος[13] τῆς θαλάσσης, καὶ κληρονομήσει[14] τὸ σπέρμα σου τὰς
πόλεις τῶν ὑπεναντίων·[15] **18** καὶ ἐνευλογηθήσονται[16] ἐν τῷ σπέρματί σου πάντα τὰ
ἔθνη τῆς γῆς, ἀνθ᾽ ὧν[17] ὑπήκουσας[18] τῆς ἐμῆς φωνῆς. **19** ἀπεστράφη[19] δὲ Αβρααμ
πρὸς τοὺς παῖδας[20] αὐτοῦ, καὶ ἀναστάντες ἐπορεύθησαν ἅμα[21] ἐπὶ τὸ φρέαρ[22] τοῦ
ὅρκου.[23] καὶ κατῴκησεν Αβρααμ ἐπὶ τῷ φρέατι τοῦ ὅρκου.

20 Ἐγένετο δὲ μετὰ τὰ ῥήματα ταῦτα καὶ ἀνηγγέλη[24] τῷ Αβρααμ λέγοντες Ἰδοὺ
τέτοκεν[25] Μελχα καὶ αὐτὴ υἱοὺς Ναχωρ τῷ ἀδελφῷ σου, **21** τὸν Ωξ πρωτότοκον[26]
καὶ τὸν Βαυξ ἀδελφὸν αὐτοῦ καὶ τὸν Καμουηλ πατέρα Σύρων **22** καὶ τὸν Χασαδ
καὶ τὸν Αζαυ καὶ τὸν Φαλδας καὶ τὸν Ιεδλαφ καὶ τὸν Βαθουηλ· **23** καὶ Βαθουηλ
ἐγέννησεν τὴν Ρεβεκκαν. ὀκτὼ[27] οὗτοι υἱοί, οὓς ἔτεκεν[28] Μελχα τῷ Ναχωρ τῷ
ἀδελφῷ Αβρααμ. **24** καὶ ἡ παλλακὴ[29] αὐτοῦ, ᾗ ὄνομα Ρεημα, ἔτεκεν[30] καὶ αὐτὴ τὸν
Ταβεκ καὶ τὸν Γααμ καὶ τὸν Τοχος καὶ τὸν Μωχα.

Sarah's Death and Burial

23 Ἐγένετο δὲ ἡ ζωὴ Σαρρας ἔτη ἑκατὸν[31] εἴκοσι[32] ἑπτά. **2** καὶ ἀπέθανεν
Σαρρα ἐν πόλει Αρβοκ, ἥ ἐστιν ἐν τῷ κοιλώματι[33] (αὕτη ἐστὶν Χεβρων)
ἐν γῇ Χανααν. ἦλθεν δὲ Αβρααμ κόψασθαι[34] Σαρραν καὶ πενθῆσαι.[35] **3** καὶ ἀνέστη
Αβρααμ ἀπὸ τοῦ νεκροῦ[36] αὐτοῦ καὶ εἶπεν τοῖς υἱοῖς Χετ λέγων **4** Πάροικος[37] καὶ

1 ὁλοκάρπωσις, whole burnt offering
2 ἀντί, in place of
3 ἐμαυτοῦ, of myself, my own
4 ὄμνυμι, *aor act ind 1s*, swear an oath
5 εἵνεκεν, because, inasmuch as
6 φείδομαι, *aor mid ind 2s*, spare
7 ἀγαπητός, beloved, only
8 ἦ μήν, verily, surely
9 πληθύνω, *pres act ptc nom s m*, multiply
10 πληθύνω, *fut act ind 1s*, multiply
11 ἀστήρ, star
12 ἄμμος, sand
13 χεῖλος, edge
14 κληρονομέω, *fut act ind 3s*, inherit
15 ὑπεναντίος, opposition, adversary
16 ἐνευλογέω, *fut pas ind 3p*, bless
17 ἀνθ᾽ ὧν, because
18 ὑπακούω, *aor act ind 2s*, hear, obey
19 ἀποστρέφω, *aor pas ind 3s*, turn away
20 παῖς, servant
21 ἅμα, at the same time, together
22 φρέαρ, well
23 ὅρκος, oath
24 ἀναγγέλλω, *aor pas ind 3s*, report, tell
25 τίκτω, *perf act ind 3s*, give birth
26 πρωτότοκος, firstborn
27 ὀκτώ, eight
28 τίκτω, *aor act ind 3s*, give birth
29 παλλακή, concubine
30 τίκτω, *aor act ind 3s*, give birth
31 ἑκατόν, hundred
32 εἴκοσι, twenty
33 κοίλωμα, valley
34 κόπτω, *aor mid inf*, mourn
35 πενθέω, *aor act inf*, grieve
36 νεκρός, dead
37 πάροικος, stranger, resident alien

παρεπίδημος[1] ἐγώ εἰμι μεθ᾽ ὑμῶν· δότε οὖν μοι κτῆσιν[2] τάφου[3] μεθ᾽ ὑμῶν, καὶ θάψω[4]
τὸν νεκρόν[5] μου ἀπ᾽ ἐμοῦ. **5** ἀπεκρίθησαν δὲ οἱ υἱοὶ Χετ πρὸς Αβρααμ λέγοντες
6 Μή, κύριε· ἄκουσον δὲ ἡμῶν. βασιλεὺς παρὰ θεοῦ εἶ σὺ ἐν ἡμῖν· ἐν τοῖς ἐκλεκτοῖς[6]
μνημείοις[7] ἡμῶν θάψον[8] τὸν νεκρόν[9] σου· οὐδεὶς γὰρ ἡμῶν τὸ μνημεῖον αὐτοῦ
κωλύσει[10] ἀπὸ σοῦ τοῦ θάψαι[11] τὸν νεκρόν[12] σου ἐκεῖ. **7** ἀναστὰς δὲ Αβρααμ προσ-
εκύνησεν τῷ λαῷ τῆς γῆς, τοῖς υἱοῖς Χετ, **8** καὶ ἐλάλησεν πρὸς αὐτοὺς Αβρααμ
λέγων Εἰ ἔχετε τῇ ψυχῇ ὑμῶν ὥστε θάψαι[13] τὸν νεκρόν[14] μου ἀπὸ προσώπου μου,
ἀκούσατέ μου καὶ λαλήσατε περὶ ἐμοῦ Εφρων τῷ τοῦ Σααρ, **9** καὶ δότω μοι τὸ
σπήλαιον[15] τὸ διπλοῦν,[16] ὅ ἐστιν αὐτῷ, τὸ ὂν ἐν μέρει τοῦ ἀγροῦ αὐτοῦ· ἀργυρίου[17]
τοῦ ἀξίου[18] δότω μοι αὐτὸ ἐν ὑμῖν εἰς κτῆσιν[19] μνημείου.[20]

10 Εφρων δὲ ἐκάθητο ἐν μέσῳ τῶν υἱῶν Χετ· ἀποκριθεὶς δὲ Εφρων ὁ Χετταῖος
πρὸς Αβρααμ εἶπεν ἀκουόντων τῶν υἱῶν Χετ καὶ πάντων τῶν εἰσπορευομένων[21]
εἰς τὴν πόλιν λέγων **11** Παρ᾽ ἐμοὶ γενοῦ, κύριε, καὶ ἄκουσόν μου. τὸν ἀγρὸν καὶ
τὸ σπήλαιον[22] τὸ ἐν αὐτῷ σοι δίδωμι· ἐναντίον[23] πάντων τῶν πολιτῶν[24] μου
δέδωκά σοι· θάψον[25] τὸν νεκρόν[26] σου. **12** καὶ προσεκύνησεν Αβρααμ ἐναντίον[27]
τοῦ λαοῦ τῆς γῆς **13** καὶ εἶπεν τῷ Εφρων εἰς τὰ ὦτα τοῦ λαοῦ τῆς γῆς Ἐπειδὴ[28]
πρὸς ἐμοῦ εἶ, ἄκουσόν μου· τὸ ἀργύριον[29] τοῦ ἀγροῦ λαβὲ παρ᾽ ἐμοῦ, καὶ θάψω[30]
τὸν νεκρόν[31] μου ἐκεῖ. **14** ἀπεκρίθη δὲ Εφρων τῷ Αβρααμ λέγων **15** Οὐχί, κύριε·
ἀκήκοα. γῆ τετρακοσίων[32] διδράχμων[33] ἀργυρίου, ἀνὰ μέσον[34] ἐμοῦ καὶ σοῦ τί ἂν
εἴη[35] τοῦτο; σὺ δὲ τὸν νεκρόν[36] σου θάψον.[37] **16** καὶ ἤκουσεν Αβρααμ τοῦ Εφρων,
καὶ ἀπεκατέστησεν[38] Αβρααμ τῷ Εφρων τὸ ἀργύριον,[39] ὃ ἐλάλησεν εἰς τὰ ὦτα τῶν
υἱῶν Χετ, τετρακόσια[40] δίδραχμα[41] ἀργυρίου[42] δοκίμου[43] ἐμπόροις.[44]

1 παρεπίδημος, sojourner
2 κτῆσις, property, possession
3 τάφος, grave, burial place
4 θάπτω, *aor act sub 1s*, bury
5 νεκρός, dead
6 ἐκλεκτός, choice
7 μνημεῖον, tomb
8 θάπτω, *aor act impv 2s*, bury
9 νεκρός, dead
10 κωλύω, *fut act ind 3s*, hinder
11 θάπτω, *aor act inf*, bury
12 νεκρός, dead
13 θάπτω, *aor act inf*, bury
14 νεκρός, dead
15 σπήλαιον, cave
16 διπλοῦς, double
17 ἀργύριον, money, silver
18 ἄξιος, worthy
19 κτῆσις, property, possession
20 μνημεῖον, tomb
21 εἰσπορεύομαι, *pres mid ptc gen p m*, enter
22 σπήλαιον, cave
23 ἐναντίον, before
24 πολίτης, citizen
25 θάπτω, *aor act impv 2s*, bury
26 νεκρός, dead
27 ἐναντίον, before
28 ἐπειδή, since, because
29 ἀργύριον, money, silver
30 θάπτω, *aor act sub 1s*, bury
31 νεκρός, dead
32 τετρακόσιοι, four hundred
33 δίδραχμον, two-drachma coin
34 ἀνὰ μέσον, between
35 εἰμί, *pres act opt 3s*, be
36 νεκρός, dead
37 θάπτω, *aor act impv 2s*, bury
38 ἀποκαθιστάνω, *aor act ind 3s*, hand over
39 ἀργύριον, money, silver
40 τετρακόσιοι, four hundred
41 δίδραχμον, two-drachma coin
42 ἀργύριον, silver
43 δόκιμος, approved
44 ἔμπορος, merchant

17 καὶ ἔστη ὁ ἀγρὸς Εφρων, ὅς ἦν ἐν τῷ διπλῷ[1] σπηλαίῳ,[2] ὅς ἐστιν κατὰ πρόσωπον
Μαμβρη, ὁ ἀγρὸς καὶ τὸ σπήλαιον, ὃ ἦν ἐν αὐτῷ, καὶ πᾶν δένδρον,[3] ὃ ἦν ἐν τῷ
ἀγρῷ, ὅ ἐστιν ἐν τοῖς ὁρίοις[4] αὐτοῦ κύκλῳ,[5] **18** τῷ Αβρααμ εἰς κτῆσιν[6] ἐναντίον[7] τῶν
υἱῶν Χετ καὶ πάντων τῶν εἰσπορευομένων[8] εἰς τὴν πόλιν. **19** μετὰ ταῦτα ἔθαψεν[9]
Αβρααμ Σαρραν τὴν γυναῖκα αὐτοῦ ἐν τῷ σπηλαίῳ[10] τοῦ ἀγροῦ τῷ διπλῷ,[11] ὅ ἐστιν
ἀπέναντι[12] Μαμβρη (αὕτη ἐστὶν Χεβρων) ἐν τῇ γῇ Χαναάν. **20** καὶ ἐκυρώθη[13] ὁ
ἀγρὸς καὶ τὸ σπήλαιον,[14] ὃ ἦν ἐν αὐτῷ, τῷ Αβρααμ εἰς κτῆσιν[15] τάφου[16] παρὰ τῶν
υἱῶν Χετ.

Isaac and Rebekah

24 Καὶ Αβρααμ ἦν πρεσβύτερος προβεβηκὼς[17] ἡμερῶν, καὶ κύριος εὐλόγησεν
τὸν Αβρααμ κατὰ πάντα. **2** καὶ εἶπεν Αβρααμ τῷ παιδὶ[18] αὐτοῦ τῷ πρε-
σβυτέρῳ τῆς οἰκίας αὐτοῦ τῷ ἄρχοντι πάντων τῶν αὐτοῦ Θὲς τὴν χεῖρά σου
ὑπὸ τὸν μηρόν[19] μου, **3** καὶ ἐξορκιῶ[20] σε κύριον τὸν θεὸν τοῦ οὐρανοῦ καὶ τὸν
θεὸν τῆς γῆς, ἵνα μὴ λάβῃς γυναῖκα τῷ υἱῷ μου Ισαακ ἀπὸ τῶν θυγατέρων[21] τῶν
Χαναναίων, μεθ᾽ ὧν ἐγὼ οἰκῶ[22] ἐν αὐτοῖς, **4** ἀλλὰ εἰς τὴν γῆν μου, οὗ ἐγενόμην,
πορεύσῃ καὶ εἰς τὴν φυλήν μου καὶ λήμψῃ γυναῖκα τῷ υἱῷ μου Ισαακ ἐκεῖθεν.[23]
5 εἶπεν δὲ πρὸς αὐτὸν ὁ παῖς[24] Μήποτε[25] οὐ βούλεται ἡ γυνὴ πορευθῆναι μετ᾽ ἐμοῦ
ὀπίσω εἰς τὴν γῆν ταύτην· ἀποστρέψω[26] τὸν υἱόν σου εἰς τὴν γῆν, ὅθεν[27] ἐξῆλθες
ἐκεῖθεν;[28] **6** εἶπεν δὲ πρὸς αὐτὸν Αβρααμ Πρόσεχε[29] σεαυτῷ, μὴ ἀποστρέψῃς[30] τὸν
υἱόν μου ἐκεῖ. **7** κύριος ὁ θεὸς τοῦ οὐρανοῦ καὶ ὁ θεὸς τῆς γῆς, ὃς ἔλαβέν με ἐκ τοῦ
οἴκου τοῦ πατρός μου καὶ ἐκ τῆς γῆς, ἧς ἐγενήθην, ὃς ἐλάλησέν μοι καὶ ὤμοσέν[31]
μοι λέγων Σοὶ δώσω τὴν γῆν ταύτην καὶ τῷ σπέρματί σου, αὐτὸς ἀποστελεῖ τὸν
ἄγγελον αὐτοῦ ἔμπροσθέν σου, καὶ λήμψῃ γυναῖκα τῷ υἱῷ μου Ισαακ ἐκεῖθεν.[32]
8 ἐὰν δὲ μὴ θέλῃ ἡ γυνὴ πορευθῆναι μετὰ σοῦ εἰς τὴν γῆν ταύτην, καθαρὸς[33] ἔσῃ
ἀπὸ τοῦ ὅρκου[34] τούτου· μόνον τὸν υἱόν μου μὴ ἀποστρέψῃς[35] ἐκεῖ. **9** καὶ ἔθηκεν

1 διπλοῦς, double
2 σπήλαιον, cave
3 δένδρον, tree
4 ὅριον, boundary, territory
5 κύκλῳ, round about, around
6 κτῆσις, property, possession
7 ἐναντίον, before
8 εἰσπορεύομαι, *pres mid ptc gen p m*, enter, go into
9 θάπτω, *aor act ind 3s*, bury
10 σπήλαιον, cave
11 διπλοῦς, double
12 ἀπέναντι, opposite
13 κυρόω, *aor pas ind 3s*, confirm
14 σπήλαιον, cave
15 κτῆσις, property, possession
16 τάφος, grave, burial place
17 προβαίνω, *perf act ptc nom s m*, advance
18 παῖς, servant
19 μηρός, thigh
20 ἐξορκίζω, *fut act ind 1s*, swear
21 θυγάτηρ, daughter
22 οἰκέω, *pres act ind 1s*, dwell
23 ἐκεῖθεν, from there
24 παῖς, servant
25 μήποτε, lest
26 ἀποστρέφω, *fut act ind 1s*, return
27 ὅθεν, from where
28 ἐκεῖθεν, from there
29 προσέχω, *pres act impv 2s*, pay attention
30 ἀποστρέφω, *aor act sub 2s*, return
31 ὄμνυμι, *aor act ind 3s*, swear an oath
32 ἐκεῖθεν, from there
33 καθαρός, pure, clean
34 ὅρκος, oath
35 ἀποστρέφω, *aor act sub 2s*, return

ὁ παῖς[1] τὴν χεῖρα αὐτοῦ ὑπὸ τὸν μηρὸν[2] Αβρααμ τοῦ κυρίου αὐτοῦ καὶ ὤμοσεν[3]
αὐτῷ περὶ τοῦ ῥήματος τούτου.

10 Καὶ ἔλαβεν ὁ παῖς[4] δέκα καμήλους[5] ἀπὸ τῶν καμήλων τοῦ κυρίου αὐτοῦ καὶ
ἀπὸ πάντων τῶν ἀγαθῶν τοῦ κυρίου αὐτοῦ μεθ᾽ ἑαυτοῦ καὶ ἀναστὰς ἐπορεύθη
εἰς τὴν Μεσοποταμίαν εἰς τὴν πόλιν Ναχωρ. **11** καὶ ἐκοίμισεν[6] τὰς καμήλους[7] ἔξω
τῆς πόλεως παρὰ τὸ φρέαρ[8] τοῦ ὕδατος τὸ πρὸς ὀψέ,[9] ἡνίκα[10] ἐκπορεύονται αἱ
ὑδρευόμεναι.[11] **12** καὶ εἶπεν Κύριε ὁ θεὸς τοῦ κυρίου μου Αβρααμ, εὐόδωσον[12]
ἐναντίον[13] ἐμοῦ σήμερον καὶ ποίησον ἔλεος[14] μετὰ τοῦ κυρίου μου Αβρααμ. **13** ἰδοὺ
ἐγὼ ἕστηκα ἐπὶ τῆς πηγῆς[15] τοῦ ὕδατος, αἱ δὲ θυγατέρες[16] τῶν οἰκούντων[17] τὴν
πόλιν ἐκπορεύονται ἀντλῆσαι[18] ὕδωρ, **14** καὶ ἔσται ἡ παρθένος,[19] ᾗ ἂν ἐγὼ εἴπω
Ἐπίκλινον[20] τὴν ὑδρίαν[21] σου, ἵνα πίω, καὶ εἴπῃ μοι Πίε, καὶ τὰς καμήλους[22] σου
ποτιῶ,[23] ἕως ἂν παύσωνται[24] πίνουσαι, ταύτην ἡτοίμασας τῷ παιδί[25] σου Ισαακ, καὶ
ἐν τούτῳ γνώσομαι ὅτι ἐποίησας ἔλεος[26] τῷ κυρίῳ μου Αβρααμ.

15 καὶ ἐγένετο πρὸ τοῦ συντελέσαι[27] αὐτὸν λαλοῦντα ἐν τῇ διανοίᾳ,[28] καὶ ἰδοὺ
Ρεβεκκα ἐξεπορεύετο ἡ τεχθεῖσα[29] Βαθουηλ υἱῷ Μελχας τῆς γυναικὸς Ναχωρ ἀδελ-
φοῦ δὲ Αβρααμ ἔχουσα τὴν ὑδρίαν[30] ἐπὶ τῶν ὤμων[31] αὐτῆς. **16** ἡ δὲ παρθένος[32]
ἦν καλὴ τῇ ὄψει[33] σφόδρα·[34] παρθένος ἦν, ἀνὴρ οὐκ ἔγνω αὐτήν. καταβᾶσα δὲ
ἐπὶ τὴν πηγὴν[35] ἔπλησεν[36] τὴν ὑδρίαν[37] καὶ ἀνέβη. **17** ἐπέδραμεν[38] δὲ ὁ παῖς[39] εἰς
συνάντησιν[40] αὐτῆς καὶ εἶπεν Πότισόν[41] με μικρὸν ὕδωρ ἐκ τῆς ὑδρίας[42] σου. **18** ἡ
δὲ εἶπεν Πίε, κύριε. καὶ ἔσπευσεν[43] καὶ καθεῖλεν[44] τὴν ὑδρίαν[45] ἐπὶ τὸν βραχίονα[46]

1 παῖς, servant
2 μηρός, thigh
3 ὄμνυμι, *aor act ind 3s*, swear an oath
4 παῖς, servant
5 κάμηλος, camel
6 κοιμίζω, *aor act ind 3s*, allow to rest
7 κάμηλος, camel
8 φρέαρ, well
9 ὀψέ, evening
10 ἡνίκα, when
11 ὑδρεύω, *pres mid ptc nom p f*, carry water
12 εὐοδόω, *aor act impv 2s*, prosper, give success
13 ἐναντίον, before
14 ἔλεος, mercy, compassion
15 πηγή, spring, well
16 θυγάτηρ, daughter
17 οἰκέω, *pres act ptc gen p m*, dwell
18 ἀντλέω, *aor act inf*, draw
19 παρθένος, virgin, young maiden
20 ἐπικλίνω, *aor act impv 2s*, incline
21 ὑδρία, water jar
22 κάμηλος, camel
23 ποτίζω, *fut act ind 1s*, give drink
24 παύω, *aor mid sub 3p*, cease
25 παῖς, servant
26 ἔλεος, mercy
27 συντελέω, *aor act inf*, finish
28 διάνοια, mind
29 τίκτω, *aor pas ptc nom s f*, give birth
30 ὑδρία, water jar
31 ὦμος, shoulder
32 παρθένος, virgin, young maiden
33 ὄψις, face
34 σφόδρα, very
35 πηγή, spring, well
36 πίμπλημι, *aor act ind 3s*, fill
37 ὑδρία, water jar
38 ἐπιτρέχω, *aor act ind 3s*, run to
39 παῖς, servant
40 συνάντησις, meeting
41 ποτίζω, *aor act impv 2s*, give drink
42 ὑδρία, water jar
43 σπεύδω, *aor act ind 3s*, hasten, hurry
44 καθαιρέω, *aor act ind 3s*, lower
45 ὑδρία, water jar
46 βραχίων, arm

αὐτῆς καὶ ἐπότισεν[1] αὐτόν, **19** ἕως ἐπαύσατο[2] πίνων. καὶ εἶπεν Καὶ ταῖς καμήλοις[3] σου ὑδρεύσομαι,[4] ἕως ἂν πᾶσαι πίωσιν. **20** καὶ ἔσπευσεν[5] καὶ ἐξεκένωσεν[6] τὴν ὑδρίαν[7] εἰς τὸ ποτιστήριον[8] καὶ ἔδραμεν[9] ἔτι ἐπὶ τὸ φρέαρ[10] ἀντλῆσαι[11] καὶ ὑδρεύσατο[12] πάσαις ταῖς καμήλοις.[13] **21** ὁ δὲ ἄνθρωπος κατεμάνθανεν[14] αὐτὴν καὶ παρεσιώπα[15] τοῦ γνῶναι εἰ εὐόδωκεν[16] κύριος τὴν ὁδὸν αὐτοῦ ἢ οὔ. **22** ἐγένετο δὲ ἡνίκα[17] ἐπαύσαντο[18] πᾶσαι αἱ κάμηλοι[19] πίνουσαι, ἔλαβεν ὁ ἄνθρωπος ἐνώτια[20] χρυσᾶ[21] ἀνὰ δραχμὴν[22] ὁλκῆς[23] καὶ δύο ψέλια[24] ἐπὶ τὰς χεῖρας αὐτῆς, δέκα[25] χρυσῶν[26] ὁλκὴ[27] αὐτῶν. **23** καὶ ἐπηρώτησεν[28] αὐτὴν καὶ εἶπεν Θυγάτηρ[29] τίνος εἶ; ἀνάγγειλόν[30] μοι· εἰ ἔστιν παρὰ τῷ πατρί σου τόπος ἡμῖν καταλῦσαι;[31] **24** καὶ εἶπεν αὐτῷ Θυγάτηρ[32] Βαθουηλ εἰμὶ ἐγὼ τοῦ Μελχας, ὃν ἔτεκεν[33] τῷ Ναχωρ. **25** καὶ εἶπεν αὐτῷ Καὶ ἄχυρα[34] καὶ χορτάσματα[35] πολλὰ παρ᾽ ἡμῖν καὶ τόπος τοῦ καταλῦσαι.[36] **26** καὶ εὐδοκήσας[37] ὁ ἄνθρωπος προσεκύνησεν κυρίῳ **27** καὶ εἶπεν Εὐλογητὸς[38] κύριος ὁ θεὸς τοῦ κυρίου μου Αβρααμ, ὃς οὐκ ἐγκατέλιπεν[39] τὴν δικαιοσύνην αὐτοῦ καὶ τὴν ἀλήθειαν ἀπὸ τοῦ κυρίου μου· ἐμὲ εὐόδωκεν[40] κύριος εἰς οἶκον τοῦ ἀδελφοῦ τοῦ κυρίου μου.

28 Καὶ δραμοῦσα[41] ἡ παῖς[42] ἀπήγγειλεν εἰς τὸν οἶκον τῆς μητρὸς αὐτῆς κατὰ τὰ ῥήματα ταῦτα. **29** τῇ δὲ Ρεβεκκα ἀδελφὸς ἦν, ᾧ ὄνομα Λαβαν· καὶ ἔδραμεν[43] Λαβαν πρὸς τὸν ἄνθρωπον ἔξω ἐπὶ τὴν πηγήν.[44] **30** καὶ ἐγένετο ἡνίκα[45] εἶδεν τὰ ἐνώτια[46] καὶ τὰ ψέλια[47] ἐπὶ τὰς χεῖρας τῆς ἀδελφῆς αὐτοῦ καὶ ὅτε ἤκουσεν τὰ ῥήματα Ρεβεκκας

1 ποτίζω, *aor act ind 3s*, give drink
2 παύω, *aor mid ind 3s*, cease
3 κάμηλος, camel
4 ὑδρεύω, *fut mid ind 1s*, water
5 σπεύδω, *aor act ind 3s*, hasten, hurry
6 ἐκκενόω, *aor act ind 3s*, empty
7 ὑδρία, water jar
8 ποτιστήριον, watering trough
9 τρέχω, *aor act ind 3s*, run
10 φρέαρ, well
11 ἀντλέω, *aor act inf*, draw
12 ὑδρεύω, *aor mid ind 3s*, water
13 κάμηλος, camel
14 καταμανθάνω, *impf act ind 3s*, observe closely
15 παρασιωπάω, *impf act ind 3s*, keep silent
16 εὐοδόω, *perf act ind 3s*, prosper, bless
17 ἡνίκα, when
18 παύω, *aor mid ind 3p*, cease
19 κάμηλος, camel
20 ἐνώτιον, earring
21 χρύσεος, made of gold
22 δραχμή, drachma
23 ὁλκή, weight
24 ψέλιον, bracelet
25 δέκα, ten
26 χρυσοῦς, gold
27 ὁλκή, weight
28 ἐπερωτάω, *aor act ind 3s*, ask
29 θυγάτηρ, daughter
30 ἀναγγέλλω, *aor act impv 2s*, tell, report
31 καταλύω, *aor act inf*, lodge
32 θυγάτηρ, daughter
33 τίκτω, *aor act ind 3s*, give birth
34 ἄχυρον, straw
35 χόρτασμα, feed
36 καταλύω, *aor act inf*, lodge
37 εὐδοκέω, *aor act ptc nom s m*, be pleased
38 εὐλογητός, blessed
39 ἐγκαταλείπω, *aor act ind 3s*, forsake
40 εὐοδόω, *perf act ind 3s*, prosper, give success
41 τρέχω, *aor act ptc nom s f*, run
42 παῖς, servant
43 τρέχω, *aor act ind 3s*, run
44 πηγή, spring, well
45 ἡνίκα, when
46 ἐνώτιον, earring
47 ψέλιον, bracelet

τῆς ἀδελφῆς αὐτοῦ λεγούσης Οὕτως λελάληκέν μοι ὁ ἄνθρωπος, καὶ ἦλθεν πρὸς
τὸν ἄνθρωπον ἑστηκότος αὐτοῦ ἐπὶ τῶν καμήλων[1] ἐπὶ τῆς πηγῆς[2] **31** καὶ εἶπεν
αὐτῷ Δεῦρο[3] εἴσελθε· εὐλογητὸς[4] κύριος· ἵνα τί ἕστηκας ἔξω; ἐγὼ δὲ ἡτοίμακα τὴν
οἰκίαν καὶ τόπον ταῖς καμήλοις.[5] **32** εἰσῆλθεν δὲ ὁ ἄνθρωπος εἰς τὴν οἰκίαν καὶ
ἀπέσαξεν[6] τὰς καμήλους.[7] καὶ ἔδωκεν ἄχυρα[8] καὶ χορτάσματα[9] ταῖς καμήλοις καὶ
ὕδωρ νίψασθαι[10] τοῖς ποσὶν αὐτοῦ καὶ τοῖς ποσὶν τῶν ἀνδρῶν τῶν μετ᾽ αὐτοῦ. **33** καὶ
παρέθηκεν[11] αὐτοῖς ἄρτους φαγεῖν. καὶ εἶπεν Οὐ μὴ φάγω ἕως τοῦ λαλῆσαί με τὰ
ῥήματά μου. καὶ εἶπαν Λάλησον.

34 Καὶ εἶπεν Παῖς[12] Αβρααμ ἐγώ εἰμι. **35** κύριος δὲ εὐλόγησεν τὸν κύριόν μου
σφόδρα,[13] καὶ ὑψώθη·[14] καὶ ἔδωκεν αὐτῷ πρόβατα καὶ μόσχους,[15] ἀργύριον[16] καὶ
χρυσίον,[17] παῖδας[18] καὶ παιδίσκας,[19] καμήλους[20] καὶ ὄνους.[21] **36** καὶ ἔτεκεν[22] Σαρρα
ἡ γυνὴ τοῦ κυρίου μου υἱὸν ἕνα τῷ κυρίῳ μου μετὰ τὸ γηρᾶσαι[23] αὐτόν, καὶ ἔδωκεν
αὐτῷ ὅσα ἦν αὐτῷ. **37** καὶ ὥρκισέν[24] με ὁ κύριός μου λέγων Οὐ λήμψῃ γυναῖκα τῷ
υἱῷ μου ἀπὸ τῶν θυγατέρων[25] τῶν Χαναναίων, ἐν οἷς ἐγὼ παροικῶ[26] ἐν τῇ γῇ αὐτῶν,
38 ἀλλ᾽ ἢ εἰς τὸν οἶκον τοῦ πατρός μου πορεύσῃ καὶ εἰς τὴν φυλήν μου καὶ λήμψῃ
γυναῖκα τῷ υἱῷ μου ἐκεῖθεν.[27] **39** εἶπα δὲ τῷ κυρίῳ μου Μήποτε[28] οὐ πορεύσεται ἡ
γυνὴ μετ᾽ ἐμοῦ. **40** καὶ εἶπέν μοι Κύριος, ᾧ εὐηρέστησα[29] ἐναντίον[30] αὐτοῦ, αὐτὸς
ἀποστελεῖ τὸν ἄγγελον αὐτοῦ μετὰ σοῦ καὶ εὐοδώσει[31] τὴν ὁδόν σου, καὶ λήμψῃ
γυναῖκα τῷ υἱῷ μου ἐκ τῆς φυλῆς μου καὶ ἐκ τοῦ οἴκου τοῦ πατρός μου. **41** τότε
ἀθῷος[32] ἔσῃ ἀπὸ τῆς ἀρᾶς[33] μου· ἡνίκα[34] γὰρ ἐὰν ἔλθῃς εἰς τὴν ἐμὴν φυλὴν καὶ μή
σοι δῶσιν, καὶ ἔσῃ ἀθῷος ἀπὸ τοῦ ὁρκισμοῦ[35] μου.

42 καὶ ἐλθὼν σήμερον ἐπὶ τὴν πηγὴν[36] εἶπα Κύριε ὁ θεὸς τοῦ κυρίου μου Αβρααμ,
εἰ σὺ εὐοδοῖς[37] τὴν ὁδόν μου, ἣν νῦν ἐγὼ πορεύομαι ἐπ᾽ αὐτήν, **43** ἰδοὺ ἐγὼ

1 κάμηλος, camel
2 πηγή, spring, well
3 δεῦρο, come!
4 εὐλογητός, blessed
5 κάμηλος, camel
6 ἀποσάττω, *aor act ind 3s*, unharness
7 κάμηλος, camel
8 ἄχυρον, straw
9 χόρτασμα, feed
10 νίπτω, *aor mid inf*, wash
11 παρατίθημι, *aor act ind 3s*, set before
12 παῖς, servant
13 σφόδρα, very
14 ὑψόω, *aor pas ind 3s*, raise up
15 μόσχος, cattle
16 ἀργύριον, silver
17 χρυσίον, gold
18 παῖς, servant
19 παιδίσκη, maidservant
20 κάμηλος, camel
21 ὄνος, donkey
22 τίκτω, *aor act ind 3s*, give birth
23 γηράσκω, *aor act inf*, grow old
24 ὁρκίζω, *aor act ind 3s*, cause to swear an oath
25 θυγάτηρ, daughter
26 παροικέω, *pres act ind 1s*, sojourn, reside as an alien
27 ἐκεῖθεν, from there
28 μήποτε, lest
29 εὐαρεστέω, *aor act ind 1s*, please
30 ἐναντίον, before
31 εὐοδόω, *fut act ind 3s*, prosper, bless
32 ἀθῷος, free
33 ἀρά, curse
34 ἡνίκα, when
35 ὁρκισμός, swearing of an oath
36 πηγή, spring, well
37 εὐοδόω, *pres act ind 2s*, prosper, bless

ἐφέστηκα[1] ἐπὶ τῆς πηγῆς[2] τοῦ ὕδατος, καὶ αἱ θυγατέρες[3] τῶν ἀνθρώπων τῆς πόλεως ἐξελεύσονται ὑδρεύσασθαι[4] ὕδωρ, καὶ ἔσται ἡ παρθένος,[5] ᾗ ἂν ἐγὼ εἴπω Πότισόν[6] με μικρὸν ὕδωρ ἐκ τῆς ὑδρίας[7] σου, **44** καὶ εἴπῃ μοι Καὶ σὺ πίε, καὶ ταῖς καμήλοις[8] σου ὑδρεύσομαι,[9] αὕτη ἡ γυνή, ἣν ἡτοίμασεν κύριος τῷ ἑαυτοῦ θεράποντι[10] Ισαακ, καὶ ἐν τούτῳ γνώσομαι ὅτι πεποίηκας ἔλεος[11] τῷ κυρίῳ μου Αβρααμ.

45 καὶ ἐγένετο πρὸ τοῦ συντελέσαι[12] με λαλοῦντα ἐν τῇ διανοίᾳ[13] εὐθὺς[14] Ρεβεκκα ἐξεπορεύετο ἔχουσα τὴν ὑδρίαν[15] ἐπὶ τῶν ὤμων[16] καὶ κατέβη ἐπὶ τὴν πηγὴν[17] καὶ ὑδρεύσατο.[18] εἶπα δὲ αὐτῇ Πότισόν[19] με. **46** καὶ σπεύσασα[20] καθεῖλεν[21] τὴν ὑδρίαν[22] αὐτῆς ἀφ᾽ ἑαυτῆς καὶ εἶπεν Πίε σύ, καὶ τὰς καμήλους[23] σου ποτιῶ.[24] καὶ ἔπιον, καὶ τὰς καμήλους[25] μου ἐπότισεν.[26] **47** καὶ ἠρώτησα[27] αὐτὴν καὶ εἶπα Τίνος εἶ θυγάτηρ;[28] ἡ δὲ ἔφη[29] Θυγάτηρ Βαθουηλ εἰμὶ τοῦ υἱοῦ Ναχωρ, ὃν ἔτεκεν[30] αὐτῷ Μελχα. καὶ περιέθηκα[31] αὐτῇ τὰ ἐνώτια[32] καὶ τὰ ψέλια[33] περὶ τὰς χεῖρας αὐτῆς· **48** καὶ εὐδοκήσας[34] προσεκύνησα κυρίῳ καὶ εὐλόγησα κύριον τὸν θεὸν τοῦ κυρίου μου Αβρααμ, ὃς εὐόδωσέν[35] μοι ἐν ὁδῷ ἀληθείας λαβεῖν τὴν θυγατέρα[36] τοῦ ἀδελφοῦ τοῦ κυρίου μου τῷ υἱῷ αὐτοῦ. **49** εἰ οὖν ποιεῖτε ὑμεῖς ἔλεος[37] καὶ δικαιοσύνην πρὸς τὸν κύριόν μου, ἀπαγγείλατέ μοι, εἰ δὲ μή, ἀπαγγείλατέ μοι, ἵνα ἐπιστρέψω εἰς δεξιὰν ἢ εἰς ἀριστεράν.[38]

50 Ἀποκριθεὶς δὲ Λαβαν καὶ Βαθουηλ εἶπαν Παρὰ κυρίου ἐξῆλθεν τὸ πρόσταγμα[39] τοῦτο· οὐ δυνησόμεθα οὖν σοι ἀντειπεῖν[40] κακὸν καλῷ. **51** ἰδοὺ Ρεβεκκα ἐνώπιόν σου· λαβὼν ἀπότρεχε,[41] καὶ ἔστω γυνὴ τῷ υἱῷ τοῦ κυρίου σου, καθὰ[42] ἐλάλησεν κύριος. **52** ἐγένετο δὲ ἐν τῷ ἀκοῦσαι τὸν παῖδα[43] τὸν Αβρααμ τῶν ῥημάτων τούτων

1 ἐφίστημι, *perf act ind 1s*, come upon
2 πηγή, spring, well
3 θυγάτηρ, daughter
4 ὑδρεύω, *aor mid inf*, carry water
5 παρθένος, virgin, young maiden
6 ποτίζω, *aor act impv 2s*, give drink
7 ὑδρία, water jar
8 κάμηλος, camel
9 ὑδρεύω, *fut mid ind 1s*, carry water
10 θεράπων, servant
11 ἔλεος, mercy, compassion
12 συντελέω, *aor act inf*, finish
13 διάνοια, mind
14 εὐθύς, immediately
15 ὑδρία, water jar
16 ὦμος, shoulder
17 πηγή, spring, well
18 ὑδρεύω, *aor mid ind 3s*, carry water
19 ποτίζω, *aor act impv 2s*, give drink
20 σπεύδω, *aor act ptc nom s f*, hasten
21 καθαιρέω, *aor act ind 3s*, lower
22 ὑδρία, water jar
23 κάμηλος, camel
24 ποτίζω, *fut act ind 1s*, give drink
25 κάμηλος, camel
26 ποτίζω, *aor act ind 3s*, give drink
27 ἐρωτάω, *aor act ind 1s*, ask
28 θυγάτηρ, daughter
29 φημί, *aor act ind 3s*, say
30 τίκτω, *aor act ind 3s*, give birth
31 περιτίθημι, *aor act ind 1s*, put on
32 ἐνώτιον, earring
33 ψέλιον, bracelet
34 εὐδοκέω, *aor act ptc nom s m*, be pleased
35 εὐοδόω, *aor act ind 3s*, prosper, bless
36 θυγάτηρ, sister
37 ἔλεος, mercy, compassion
38 ἀριστερός, left hand
39 πρόσταγμα, command
40 ἀντιλέγω, *aor act inf*, speak against
41 ἀποτρέχω, *pres act impv 2s*, leave quickly
42 καθά, just as
43 παῖς, servant

προσεκύνησεν ἐπὶ τὴν γῆν κυρίῳ. **53** καὶ ἐξενέγκας[1] ὁ παῖς[2] σκεύη[3] ἀργυρᾶ[4] καὶ
χρυσᾶ[5] καὶ ἱματισμὸν[6] ἔδωκεν Ρεβεκκα καὶ δῶρα[7] ἔδωκεν τῷ ἀδελφῷ αὐτῆς καὶ
τῇ μητρὶ αὐτῆς. **54** καὶ ἔφαγον καὶ ἔπιον, αὐτὸς καὶ οἱ ἄνδρες οἱ μετ᾽ αὐτοῦ ὄντες,
καὶ ἐκοιμήθησαν.[8] Καὶ ἀναστὰς πρωὶ[9] εἶπεν Ἐκπέμψατέ[10] με, ἵνα ἀπέλθω πρὸς τὸν
κύριόν μου. **55** εἶπαν δὲ οἱ ἀδελφοὶ αὐτῆς καὶ ἡ μήτηρ Μεινάτω[11] ἡ παρθένος[12] μεθ᾽
ἡμῶν ἡμέρας ὡσεὶ δέκα,[13] καὶ μετὰ ταῦτα ἀπελεύσεται. **56** ὁ δὲ εἶπεν πρὸς αὐτούς
Μὴ κατέχετέ[14] με, καὶ κύριος εὐόδωσεν[15] τὴν ὁδόν μου· ἐκπέμψατέ[16] με, ἵνα ἀπέλθω
πρὸς τὸν κύριόν μου. **57** οἱ δὲ εἶπαν Καλέσωμεν τὴν παῖδα[17] καὶ ἐρωτήσωμεν[18]
τὸ στόμα αὐτῆς. **58** καὶ ἐκάλεσαν Ρεβεκκαν καὶ εἶπαν αὐτῇ Πορεύσῃ μετὰ τοῦ
ἀνθρώπου τούτου; ἡ δὲ εἶπεν Πορεύσομαι. **59** καὶ ἐξέπεμψαν[19] Ρεβεκκαν τὴν ἀδελ-
φὴν αὐτῶν καὶ τὰ ὑπάρχοντα αὐτῆς καὶ τὸν παῖδα[20] τὸν Αβρααμ καὶ τοὺς μετ᾽ αὐτοῦ.
60 καὶ εὐλόγησαν Ρεβεκκαν τὴν ἀδελφὴν αὐτῶν καὶ εἶπαν αὐτῇ

Ἀδελφὴ ἡμῶν εἶ· γίνου εἰς χιλιάδας[21] μυριάδων,[22]
καὶ κληρονομησάτω[23] τὸ σπέρμα σου τὰς πόλεις τῶν ὑπεναντίων.[24]

61 ἀναστᾶσα δὲ Ρεβεκκα καὶ αἱ ἅβραι[25] αὐτῆς ἐπέβησαν[26] ἐπὶ τὰς καμήλους[27] καὶ
ἐπορεύθησαν μετὰ τοῦ ἀνθρώπου, καὶ ἀναλαβὼν[28] ὁ παῖς[29] τὴν Ρεβεκκαν ἀπῆλθεν.

62 Ισαακ δὲ ἐπορεύετο διὰ τῆς ἐρήμου κατὰ τὸ φρέαρ[30] τῆς ὁράσεως·[31] αὐτὸς δὲ
κατῴκει ἐν τῇ γῇ τῇ πρὸς λίβα.[32] **63** καὶ ἐξῆλθεν Ισαακ ἀδολεσχῆσαι[33] εἰς τὸ πεδίον[34]
τὸ πρὸς δείλης[35] καὶ ἀναβλέψας[36] τοῖς ὀφθαλμοῖς εἶδεν καμήλους[37] ἐρχομένας. **64** καὶ
ἀναβλέψασα[38] Ρεβεκκα τοῖς ὀφθαλμοῖς εἶδεν τὸν Ισαακ καὶ κατεπήδησεν[39] ἀπὸ τῆς
καμήλου[40] **65** καὶ εἶπεν τῷ παιδί[41] Τίς ἐστιν ὁ ἄνθρωπος ἐκεῖνος ὁ πορευόμενος ἐν
τῷ πεδίῳ[42] εἰς συνάντησιν[43] ἡμῖν; εἶπεν δὲ ὁ παῖς Οὗτός ἐστιν ὁ κύριός μου. ἡ δὲ

1 ἐκφέρω, *aor act ptc nom s m*, carry away
2 παῖς, servant
3 σκεῦος, vessel, article
4 ἀργυροῦς, made of silver
5 χρύσεος, made of gold
6 ἱματισμός, clothing
7 δῶρον, gift
8 κοιμάω, *aor pas ind 3p*, sleep
9 πρωί, (in the) morning
10 ἐκπέμπω, *aor act impv 2p*, send away
11 μένω, *aor act impv 3s*, remain, wait
12 παρθένος, virgin, young maiden
13 δέκα, ten
14 κατέχω, *pres act impv 2p*, detain, withhold
15 εὐοδόω, *aor act ind 3s*, prosper, bless
16 ἐκπέμπω, *aor act impv 2p*, send away
17 παῖς, servant
18 ἐρωτάω, *aor act sub 1p*, ask
19 ἐκπέμπω, *aor act ind 3p*, send away
20 παῖς, servant
21 χιλιάς, thousand
22 μυριάς, ten thousand
23 κληρονομέω, *aor act impv 3s*, inherit
24 ὑπεναντίος, opposition, adversary
25 ἅβρα, servant
26 ἐπιβαίνω, *aor act ind 3p*, sit
27 κάμηλος, camel
28 ἀναλαμβάνω, *aor act ptc nom s m*, take up
29 παῖς, servant
30 φρέαρ, well
31 ὅρασις, vision
32 λίψ, southwest
33 ἀδολεσχέω, *aor act inf*, meditate
34 πεδίον, plain
35 δείλη, evening
36 ἀναβλέπω, *aor act ptc nom s m*, look up
37 κάμηλος, camel
38 ἀναβλέπω, *aor act ptc nom s f*, look up
39 καταπηδάω, *aor act ind 3s*, dismount
40 κάμηλος, camel
41 παῖς, servant
42 πεδίον, plain
43 συνάντησις, meeting

λαβοῦσα τὸ θέριστρον[1] περιεβάλετο.[2] **66** καὶ διηγήσατο[3] ὁ παῖς[4] τῷ Ισαακ πάντα τὰ ῥήματα, ἃ ἐποίησεν. **67** εἰσῆλθεν δὲ Ισαακ εἰς τὸν οἶκον τῆς μητρὸς αὐτοῦ καὶ ἔλαβεν τὴν Ρεβεκκαν, καὶ ἐγένετο αὐτοῦ γυνή, καὶ ἠγάπησεν αὐτήν· καὶ παρεκλήθη Ισαακ περὶ Σαρρας τῆς μητρὸς αὐτοῦ.

Abraham Marries Keturah

25 Προσθέμενος[5] δὲ Αβρααμ ἔλαβεν γυναῖκα, ᾗ ὄνομα Χεττουρα. **2** ἔτεκεν[6] δὲ αὐτῷ τὸν Ζεμραν καὶ τὸν Ιεξαν καὶ τὸν Μαδαν καὶ τὸν Μαδιαμ καὶ τὸν Ιεσβοκ καὶ τὸν Σωυε. **3** Ιεξαν δὲ ἐγέννησεν τὸν Σαβα καὶ τὸν Θαιμαν καὶ τὸν Δαιδαν· υἱοὶ δὲ Δαιδαν ἐγένοντο Ραγουηλ καὶ Ναβδεηλ καὶ Ασσουριιμ καὶ Λατουσιιμ καὶ Λοωμιμ. **4** υἱοὶ δὲ Μαδιαμ· Γαιφα καὶ Αφερ καὶ Ενωχ καὶ Αβιρα καὶ Ελραγα. πάντες οὗτοι ἦσαν υἱοὶ Χεττουρας. **5** Ἔδωκεν δὲ Αβρααμ πάντα τὰ ὑπάρχοντα αὐτοῦ Ισαακ τῷ υἱῷ αὐτοῦ, **6** καὶ τοῖς υἱοῖς τῶν παλλακῶν[7] αὐτοῦ ἔδωκεν Αβρααμ δόματα[8] καὶ ἐξαπέστειλεν[9] αὐτοὺς ἀπὸ Ισαακ τοῦ υἱοῦ αὐτοῦ ἔτι ζῶντος αὐτοῦ πρὸς ἀνατολὰς[10] εἰς γῆν ἀνατολῶν.

Abraham's Death

7 Ταῦτα δὲ τὰ ἔτη ἡμερῶν ζωῆς Αβρααμ, ὅσα ἔζησεν· ἑκατὸν[11] ἑβδομήκοντα[12] πέντε ἔτη. **8** καὶ ἐκλιπὼν[13] ἀπέθανεν Αβρααμ ἐν γήρει[14] καλῷ πρεσβύτης[15] καὶ πλήρης[16] ἡμερῶν καὶ προσετέθη[17] πρὸς τὸν λαὸν αὐτοῦ. **9** καὶ ἔθαψαν[18] αὐτὸν Ισαακ καὶ Ισμαηλ οἱ υἱοὶ αὐτοῦ εἰς τὸ σπήλαιον[19] τὸ διπλοῦν[20] εἰς τὸν ἀγρὸν Εφρων τοῦ Σααρ τοῦ Χετταίου, ὅ ἐστιν ἀπέναντι[21] Μαμβρη, **10** τὸν ἀγρὸν καὶ τὸ σπήλαιον,[22] ὃ ἐκτήσατο[23] Αβρααμ παρὰ τῶν υἱῶν Χετ, ἐκεῖ ἔθαψαν[24] Αβρααμ καὶ Σαρραν τὴν γυναῖκα αὐτοῦ. **11** ἐγένετο δὲ μετὰ τὸ ἀποθανεῖν Αβρααμ εὐλόγησεν ὁ θεὸς Ισαακ τὸν υἱὸν αὐτοῦ· καὶ κατῴκησεν Ισαακ παρὰ τὸ φρέαρ[25] τῆς ὁράσεως.[26]

Ishmael's Descendants

12 Αὗται δὲ αἱ γενέσεις[27] Ισμαηλ τοῦ υἱοῦ Αβρααμ, ὃν ἔτεκεν[28] Αγαρ ἡ παιδίσκη[29] Σαρρας τῷ Αβρααμ, **13** καὶ ταῦτα τὰ ὀνόματα τῶν υἱῶν Ισμαηλ κατ᾽ ὄνομα τῶν

1 θέριστρον, veil
2 περιβάλλω, *aor mid ind 3s*, put on
3 διηγέομαι, *aor mid ind 3s*, report
4 παῖς, servant
5 προστίθημι, *aor mid ptc nom s m*, add, continue
6 τίκτω, *aor act ind 3s*, give birth
7 παλλακή, concubine
8 δόμα, gift
9 ἐξαποστέλλω, *aor act ind 3s*, send away
10 ἀνατολή, east
11 ἑκατόν, hundred
12 ἑβδομήκοντα, seventy
13 ἐκλείπω, *aor act ptc nom s m*, fail, give out
14 γῆρας, old age
15 πρεσβύτης, elderly
16 πλήρης, full
17 προστίθημι, *aor pas ind 3s*, join
18 θάπτω, *aor act ind 3p*, bury
19 σπήλαιον, cave
20 διπλοῦς, double
21 ἀπέναντι, opposite
22 σπήλαιον, cave
23 κτάομαι, *aor mid ind 3s*, acquire
24 θάπτω, *aor act ind 3p*, bury
25 φρέαρ, well
26 ὅρασις, vision
27 γένεσις, generation, offspring, lineage
28 τίκτω, *aor act ind 3s*, give birth
29 παιδίσκη, maidservant

γενεῶν αὐτοῦ· πρωτότοκος[1] Ισμαηλ Ναβαιωθ καὶ Κηδαρ καὶ Ναβδεηλ καὶ Μασσαμ **14** καὶ Μασμα καὶ Ιδουμα καὶ Μασση **15** καὶ Χοδδαδ καὶ Θαιμαν καὶ Ιετουρ καὶ Ναφες καὶ Κεδμα. **16** οὗτοί εἰσιν οἱ υἱοὶ Ισμαηλ καὶ ταῦτα τὰ ὀνόματα αὐτῶν ἐν ταῖς σκηναῖς[2] αὐτῶν καὶ ἐν ταῖς ἐπαύλεσιν[3] αὐτῶν· δώδεκα[4] ἄρχοντες κατὰ ἔθνη αὐτῶν. **17** καὶ ταῦτα τὰ ἔτη τῆς ζωῆς Ισμαηλ· ἑκατὸν[5] τριάκοντα[6] ἑπτὰ ἔτη· καὶ ἐκλιπὼν[7] ἀπέθανεν καὶ προσετέθη[8] πρὸς τὸ γένος[9] αὐτοῦ. **18** κατῴκησεν δὲ ἀπὸ Ευιλατ ἕως Σουρ, ἥ ἐστιν κατὰ πρόσωπον Αἰγύπτου, ἕως ἐλθεῖν πρὸς Ἀσσυρίους· κατὰ πρόσωπον πάντων τῶν ἀδελφῶν αὐτοῦ κατῴκησεν.

Birth of Esau and Jacob

19 Καὶ αὗται αἱ γενέσεις[10] Ισαακ τοῦ υἱοῦ Αβρααμ· Αβρααμ ἐγέννησεν τὸν Ισαακ. **20** ἦν δὲ Ισαακ ἐτῶν τεσσαράκοντα,[11] ὅτε ἔλαβεν τὴν Ρεβεκκαν θυγατέρα[12] Βαθουηλ τοῦ Σύρου ἐκ τῆς Μεσοποταμίας ἀδελφὴν Λαβαν τοῦ Σύρου ἑαυτῷ γυναῖκα. **21** ἐδεῖτο[13] δὲ Ισαακ κυρίου περὶ Ρεβεκκας τῆς γυναικὸς αὐτοῦ, ὅτι στεῖρα[14] ἦν· ἐπήκουσεν[15] δὲ αὐτοῦ ὁ θεός, καὶ ἔλαβεν ἐν γαστρὶ[16] Ρεβεκκα ἡ γυνὴ αὐτοῦ. **22** ἐσκίρτων[17] δὲ τὰ παιδία ἐν αὐτῇ· εἶπεν δέ Εἰ οὕτως μοι μέλλει[18] γίνεσθαι, ἵνα τί μοι τοῦτο; ἐπορεύθη δὲ πυθέσθαι[19] παρὰ κυρίου, **23** καὶ εἶπεν κύριος αὐτῇ

Δύο ἔθνη ἐν τῇ γαστρί[20] σού εἰσιν,
καὶ δύο λαοὶ ἐκ τῆς κοιλίας[21] σου διασταλήσονται[22]
καὶ λαὸς λαοῦ ὑπερέξει,[23]
καὶ ὁ μείζων[24] δουλεύσει[25] τῷ ἐλάσσονι.[26]

24 καὶ ἐπληρώθησαν αἱ ἡμέραι τοῦ τεκεῖν[27] αὐτήν, καὶ τῇδε[28] ἦν δίδυμα[29] ἐν τῇ κοιλίᾳ[30] αὐτῆς. **25** ἐξῆλθεν δὲ ὁ υἱὸς ὁ πρωτότοκος[31] πυρράκης,[32] ὅλος ὡσεὶ[33] δορὰ[34] δασύς·[35] ἐπωνόμασεν[36] δὲ τὸ ὄνομα αὐτοῦ Ησαυ. **26** καὶ μετὰ τοῦτο ἐξῆλθεν ὁ

1 πρωτότοκος, firstborn
2 σκηνή, tent
3 ἔπαυλις, house
4 δώδεκα, twelve
5 ἑκατόν, hundred
6 τριάκοντα, thirty
7 ἐκλείπω, *aor act ptc nom s m*, fail, give out
8 προστίθημι, *aor pas ind 3s*, join
9 γένος, kin, family
10 γένεσις, generation, offspring, lineage
11 τεσσαράκοντα, forty
12 θυγάτηρ, daughter
13 δέομαι, *impf mid ind 3s*, pray
14 στεῖρα, barren, infertile
15 ἐπακούω, *aor act ind 3s*, hear, heed
16 γαστήρ, womb
17 σκιρτάω, *impf act ind 3p*, leap
18 μέλλω, *pres act ind 3s*, be about to
19 πυνθάνομαι, *aor mid inf*, inquire
20 γαστήρ, womb
21 κοιλία, belly, womb
22 διαστέλλω, *fut pas ind 3p*, divide
23 ὑπερέχω, *fut act ind 3s*, excel
24 μείζων, *comp of* μέγας, greater, elder
25 δουλεύω, *fut act ind 3s*, serve
26 ἐλάσσων (ττ), *comp of* μικρός, *from* ἐλαχύς, lesser
27 τίκτω, *aor act inf*, give birth
28 ὅδε, this, here
29 δίδυμος, twin
30 κοιλία, belly, womb
31 πρωτότοκος, firstborn
32 πυρράκης, red, ruddy
33 ὡσεί, as if, like
34 δορά, skin
35 δασύς, hairy
36 ἐπονομάζω, *aor act ind 3s*, call, name

ἀδελφὸς αὐτοῦ, καὶ ἡ χεὶρ αὐτοῦ ἐπειλημμένη[1] τῆς πτέρνης[2] Ησαυ· καὶ ἐκάλεσεν
τὸ ὄνομα αὐτοῦ Ιακωβ. Ισαακ δὲ ἦν ἐτῶν ἑξήκοντα,[3] ὅτε ἔτεκεν[4] αὐτοὺς Ρεβεκκα.

Esau Sells His Birthright

27 Ηὐξήθησαν[5] δὲ οἱ νεανίσκοι,[6] καὶ ἦν Ησαυ ἄνθρωπος εἰδὼς κυνηγεῖν[7] ἄγροικος,[8]
Ιακωβ δὲ ἦν ἄνθρωπος ἄπλαστος[9] οἰκῶν[10] οἰκίαν. **28** ἠγάπησεν δὲ Ισαακ τὸν Ησαυ,
ὅτι ἡ θήρα[11] αὐτοῦ βρῶσις[12] αὐτῷ· Ρεβεκκα δὲ ἠγάπα τὸν Ιακωβ. **29** ἥψησεν[13] δὲ
Ιακωβ ἕψεμα·[14] ἦλθεν δὲ Ησαυ ἐκ τοῦ πεδίου[15] ἐκλείπων,[16] **30** καὶ εἶπεν Ησαυ τῷ
Ιακωβ Γεῦσόν[17] με ἀπὸ τοῦ ἑψέματος[18] τοῦ πυρροῦ[19] τούτου, ὅτι ἐκλείπω.[20] διὰ τοῦτο
ἐκλήθη τὸ ὄνομα αὐτοῦ Εδωμ. **31** εἶπεν δὲ Ιακωβ τῷ Ησαυ Ἀπόδου μοι σήμερον τὰ
πρωτοτόκιά[21] σου ἐμοί. **32** εἶπεν δὲ Ησαυ Ἰδοὺ ἐγὼ πορεύομαι τελευτᾶν,[22] καὶ ἵνα
τί μοι ταῦτα τὰ πρωτοτόκια;[23] **33** καὶ εἶπεν αὐτῷ Ιακωβ Ὄμοσόν[24] μοι σήμερον. καὶ
ὤμοσεν[25] αὐτῷ· ἀπέδοτο δὲ Ησαυ τὰ πρωτοτόκια[26] τῷ Ιακωβ. **34** Ιακωβ δὲ ἔδωκεν
τῷ Ησαυ ἄρτον καὶ ἕψεμα[27] φακοῦ,[28] καὶ ἔφαγεν καὶ ἔπιεν καὶ ἀναστὰς ᾤχετο·[29] καὶ
ἐφαύλισεν[30] Ησαυ τὰ πρωτοτόκια.[31]

Covenant Renewed with Isaac

26 Ἐγένετο δὲ λιμὸς[32] ἐπὶ τῆς γῆς χωρὶς[33] τοῦ λιμοῦ τοῦ πρότερον,[34] ὃς ἐγένετο
ἐν τῷ χρόνῳ τῷ Αβρααμ· ἐπορεύθη δὲ Ισαακ πρὸς Αβιμελεχ βασιλέα
Φυλιστιιμ εἰς Γεραρα. **2** ὤφθη δὲ αὐτῷ κύριος καὶ εἶπεν Μὴ καταβῇς εἰς Αἴγυπτον·
κατοίκησον δὲ ἐν τῇ γῇ, ᾗ ἄν σοι εἴπω. **3** καὶ παροίκει[35] ἐν τῇ γῇ ταύτῃ, καὶ ἔσομαι
μετὰ σοῦ καὶ εὐλογήσω σε· σοὶ γὰρ καὶ τῷ σπέρματί σου δώσω πᾶσαν τὴν γῆν ταύτην
καὶ στήσω τὸν ὅρκον[36] μου, ὃν ὤμοσα[37] Αβρααμ τῷ πατρί σου. **4** καὶ πληθυνῶ[38] τὸ
σπέρμα σου ὡς τοὺς ἀστέρας[39] τοῦ οὐρανοῦ καὶ δώσω τῷ σπέρματί σου πᾶσαν

1 ἐπιλαμβάνω, *perf mid ptc nom s f*, seize
2 πτέρνα, heel
3 ἑξήκοντα, sixty
4 τίκτω, *aor act ind 3s*, give birth
5 αὐξάνω, *aor pas ind 3p*, grow
6 νεανίσκος, young boy
7 κυνηγέω, *pres act inf*, hunt
8 ἄγροικος, wild, rustic
9 ἄπλαστος, simple
10 οἰκέω, *pres act ptc nom s m*, stay
11 θήρα, wild game
12 βρῶσις, food
13 ἕψω, *aor act ind 3s*, boil
14 ἕψεμα, stew
15 πεδίον, field
16 ἐκλείπω, *pres act ptc nom s m*, faint, give out
17 γεύω, *aor act impv 2s*, give a taste
18 ἕψεμα, stew
19 πυρρός, red
20 ἐκλείπω, *pres act ind 1s*, faint, give out
21 πρωτοτόκια, birthright
22 τελευτάω, *pres act inf*, die
23 πρωτοτόκια, birthright
24 ὄμνυμι, *aor act impv 2s*, swear an oath
25 ὄμνυμι, *aor act ind 3s*, swear an oath
26 πρωτοτόκια, birthright
27 ἕψεμα, stew
28 φακός, lentil
29 οἴχομαι, *impf mid ind 3s*, go
30 φαυλίζω, *aor act ind 3s*, despise
31 πρωτοτόκια, birthright
32 λιμός, famine
33 χωρίς, besides, apart from
34 πρότερος, former, earlier
35 παροικέω, *pres act impv 2s*, sojourn, reside as an alien
36 ὅρκος, oath
37 ὄμνυμι, *aor act ind 1s*, swear an oath
38 πληθύνω, *fut act ind 1s*, multiply
39 ἀστήρ, star

τὴν γῆν ταύτην, καὶ ἐνευλογηθήσονται[1] ἐν τῷ σπέρματί σου πάντα τὰ ἔθνη τῆς
γῆς, **5** ἀνθ᾽ ὧν[2] ὑπήκουσεν[3] Αβρααμ ὁ πατήρ σου τῆς ἐμῆς φωνῆς καὶ ἐφύλαξεν τὰ
προστάγματά[4] μου καὶ τὰς ἐντολάς μου καὶ τὰ δικαιώματά[5] μου καὶ τὰ νόμιμά[6] μου.
6 καὶ κατῴκησεν Ισαακ ἐν Γεραροις.

Isaac and Abimelech

7 Ἐπηρώτησαν[7] δὲ οἱ ἄνδρες τοῦ τόπου περὶ Ρεβεκκας τῆς γυναικὸς αὐτοῦ, καὶ εἶπεν
Ἀδελφή μού ἐστιν· ἐφοβήθη γὰρ εἰπεῖν ὅτι Γυνή μού ἐστιν, μήποτε[8] ἀποκτείνωσιν
αὐτὸν οἱ ἄνδρες τοῦ τόπου περὶ Ρεβεκκας, ὅτι ὡραία[9] τῇ ὄψει[10] ἦν. **8** ἐγένετο δὲ
πολυχρόνιος[11] ἐκεῖ· παρακύψας[12] δὲ Αβιμελεχ ὁ βασιλεὺς Γεραρων διὰ τῆς θυρίδος[13]
εἶδεν τὸν Ισαακ παίζοντα[14] μετὰ Ρεβεκκας τῆς γυναικὸς αὐτοῦ. **9** ἐκάλεσεν δὲ
Αβιμελεχ τὸν Ισαακ καὶ εἶπεν αὐτῷ Ἄρα γε γυνή σού ἐστιν· τί ὅτι εἶπας Ἀδελφή
μού ἐστιν; εἶπεν δὲ αὐτῷ Ισαακ Εἶπα γάρ Μήποτε[15] ἀποθάνω δι᾽ αὐτήν. **10** εἶπεν δὲ
αὐτῷ Αβιμελεχ Τί τοῦτο ἐποίησας ἡμῖν; μικροῦ ἐκοιμήθη[16] τις τοῦ γένους[17] μου μετὰ
τῆς γυναικός σου, καὶ ἐπήγαγες[18] ἐφ᾽ ἡμᾶς ἄγνοιαν.[19] **11** συνέταξεν[20] δὲ Αβιμελεχ
παντὶ τῷ λαῷ αὐτοῦ λέγων Πᾶς ὁ ἁπτόμενος τοῦ ἀνθρώπου τούτου ἢ τῆς γυναικὸς
αὐτοῦ θανάτου ἔνοχος[21] ἔσται.

12 Ἔσπειρεν[22] δὲ Ισαακ ἐν τῇ γῇ ἐκείνῃ καὶ εὗρεν ἐν τῷ ἐνιαυτῷ[23] ἐκείνῳ ἑκατο-
στεύουσαν[24] κριθήν·[25] εὐλόγησεν δὲ αὐτὸν κύριος. **13** καὶ ὑψώθη[26] ὁ ἄνθρωπος καὶ
προβαίνων[27] μείζων[28] ἐγίνετο, ἕως οὗ μέγας ἐγένετο σφόδρα·[29] **14** ἐγένετο δὲ αὐτῷ
κτήνη[30] προβάτων καὶ κτήνη βοῶν[31] καὶ γεώργια[32] πολλά. ἐζήλωσαν[33] δὲ αὐτὸν οἱ
Φυλιστιιμ, **15** καὶ πάντα τὰ φρέατα,[34] ἃ ὤρυξαν[35] οἱ παῖδες[36] τοῦ πατρὸς αὐτοῦ ἐν
τῷ χρόνῳ τοῦ πατρὸς αὐτοῦ, ἐνέφραξαν[37] αὐτὰ οἱ Φυλιστιιμ καὶ ἔπλησαν[38] αὐτὰ

1 ἐνευλογέω, *fut pas ind 3p*, bless
2 ἀνθ᾽ ὧν, because
3 ὑπακούω, *aor act ind 3s*, obey
4 πρόσταγμα, command
5 δικαίωμα, ordinance, decree
6 νόμιμος, statute
7 ἐπερωτάω, *aor act ind 3p*, ask
8 μήποτε, lest
9 ὡραῖος, beautiful
10 ὄψις, face
11 πολυχρόνιος, long time
12 παρακύπτω, *aor act ptc nom s m*, look in
13 θυρίς, window
14 παίζω, *pres act ptc acc s m*, play, jest
15 μήποτε, lest
16 κοιμάω, *aor pas ind 3s*, sleep with, lie with
17 γένος, kin, family
18 ἐπάγω, *aor act ind 2s*, bring upon
19 ἄγνοια, ignorance
20 συντάσσω, *aor act ind 3s*, instruct
21 ἔνοχος, liable, guilty
22 σπείρω, *aor act ind 3s*, sow
23 ἐνιαυτός, year
24 ἑκατοστεύω, *pres act ptc acc s f*, produce a hundredfold
25 κριθή, barley
26 ὑψόω, *aor pas ind 3s*, rise up, lift up
27 προβαίνω, *pres act ptc nom s m*, continue on
28 μείζων, *comp of* μέγας, greater
29 σφόδρα, very
30 κτῆνος, animal, (*p*) herd
31 βοῦς, cow, (*p*) cattle
32 γεώργιον, field
33 ζηλόω, *aor act ind 3p*, be jealous
34 φρέαρ, well
35 ὀρύσσω, *aor act ind 3p*, dig
36 παῖς, servant
37 ἐμφράσσω, *aor act ind 3p*, stop up, block
38 πίμπλημι, *aor act ind 3p*, fill

γῆς. **16** εἶπεν δὲ Αβιμελεχ πρὸς Ισαακ Ἄπελθε ἀφ᾽ ἡμῶν, ὅτι δυνατώτερος[1] ἡμῶν
ἐγένου σφόδρα.[2] **17** καὶ ἀπῆλθεν ἐκεῖθεν[3] Ισαακ καὶ κατέλυσεν[4] ἐν τῇ φάραγγι[5]
Γεραρων καὶ κατῴκησεν ἐκεῖ. **18** καὶ πάλιν[6] Ισαακ ὤρυξεν[7] τὰ φρέατα[8] τοῦ ὕδατος,
ἃ ὤρυξαν[9] οἱ παῖδες[10] Αβρααμ τοῦ πατρὸς αὐτοῦ καὶ ἐνέφραξαν[11] αὐτὰ οἱ Φυλιστιιμ
μετὰ τὸ ἀποθανεῖν Αβρααμ τὸν πατέρα αὐτοῦ, καὶ ἐπωνόμασεν[12] αὐτοῖς ὀνόματα
κατὰ τὰ ὀνόματα, ἃ ἐπωνόμασεν Αβρααμ ὁ πατὴρ αὐτοῦ. **19** καὶ ὤρυξαν[13] οἱ
παῖδες[14] Ισαακ ἐν τῇ φάραγγι[15] Γεραρων καὶ εὗρον ἐκεῖ φρέαρ[16] ὕδατος ζῶντος.
20 καὶ ἐμαχέσαντο[17] οἱ ποιμένες[18] Γεραρων μετὰ τῶν ποιμένων Ισαακ φάσκοντες[19]
αὐτῶν εἶναι τὸ ὕδωρ· καὶ ἐκάλεσεν τὸ ὄνομα τοῦ φρέατος[20] Ἀδικία· ἠδίκησαν[21] γὰρ
αὐτόν. **21** ἀπάρας[22] δὲ Ισαακ ἐκεῖθεν[23] ὤρυξεν[24] φρέαρ[25] ἕτερον, ἐκρίνοντο δὲ καὶ
περὶ ἐκείνου· καὶ ἐπωνόμασεν[26] τὸ ὄνομα αὐτοῦ Ἐχθρία. **22** ἀπάρας[27] δὲ ἐκεῖθεν[28]
ὤρυξεν[29] φρέαρ[30] ἕτερον, καὶ οὐκ ἐμαχέσαντο[31] περὶ αὐτοῦ· καὶ ἐπωνόμασεν[32] τὸ
ὄνομα αὐτοῦ Εὐρυχωρία λέγων Διότι[33] νῦν ἐπλάτυνεν[34] κύριος ἡμῖν καὶ ηὔξησεν[35]
ἡμᾶς ἐπὶ τῆς γῆς.

23 Ἀνέβη δὲ ἐκεῖθεν[36] ἐπὶ τὸ φρέαρ[37] τοῦ ὅρκου.[38] **24** καὶ ὤφθη αὐτῷ κύριος ἐν
τῇ νυκτὶ ἐκείνῃ καὶ εἶπεν Ἐγώ εἰμι ὁ θεὸς Αβρααμ τοῦ πατρός σου· μὴ φοβοῦ·
μετὰ σοῦ γάρ εἰμι καὶ ηὐλόγηκά σε καὶ πληθυνῶ[39] τὸ σπέρμα σου διὰ Αβρααμ
τὸν πατέρα σου. **25** καὶ ᾠκοδόμησεν ἐκεῖ θυσιαστήριον[40] καὶ ἐπεκαλέσατο[41] τὸ
ὄνομα κυρίου καὶ ἔπηξεν[42] ἐκεῖ τὴν σκηνὴν[43] αὐτοῦ· ὤρυξαν[44] δὲ ἐκεῖ οἱ παῖδες[45]
Ισαακ φρέαρ.[46] **26** καὶ Αβιμελεχ ἐπορεύθη πρὸς αὐτὸν ἀπὸ Γεραρων καὶ Οχοζαθ
ὁ νυμφαγωγὸς[47] αὐτοῦ καὶ Φικολ ὁ ἀρχιστράτηγος[48] τῆς δυνάμεως αὐτοῦ. **27** καὶ

1 δυνατός, *comp*, stronger
2 σφόδρα, very
3 ἐκεῖθεν, from there
4 καταλύω, *aor act ind 3s*, lodge
5 φάραγξ, valley
6 πάλιν, again, once more
7 ὀρύσσω, *aor act ind 3s*, dig
8 φρέαρ, well
9 ὀρύσσω, *aor act ind 3p*, dig
10 παῖς, servant
11 ἐμφράσσω, *aor act ind 3p*, stop up, block
12 ἐπονομάζω, *aor act ind 3s*, name, call
13 ὀρύσσω, *aor act ind 3p*, dig
14 παῖς, servant
15 φάραγξ, valley
16 φρέαρ, well
17 μάχομαι, *aor mid ind 3p*, quarrel
18 ποιμήν, shepherd
19 φάσκω, *pres act ptc nom p m*, assert, claim
20 φρέαρ, well
21 ἀδικέω, *aor act ind 3p*, harm
22 ἀπαίρω, *aor act ptc nom s m*, move away
23 ἐκεῖθεν, from there
24 ὀρύσσω, *aor act ind 3s*, dig
25 φρέαρ, well
26 ἐπονομάζω, *aor act ind 3s*, name, call
27 ἀπαίρω, *aor act ptc nom s m*, move away
28 ἐκεῖθεν, from there
29 ὀρύσσω, *aor act ind 3s*, dig
30 φρέαρ, well
31 μάχομαι, *aor mid ind 3p*, quarrel
32 ἐπονομάζω, *aor act ind 3s*, name, call
33 διότι, because
34 πλατύνω, *aor act ind 3s*, enlarge
35 αὐξάνω, *aor act ind 3s*, cause to grow
36 ἐκεῖθεν, from there
37 φρέαρ, well
38 ὅρκος, oath
39 πληθύνω, *fut act ind 1s*, multiply
40 θυσιαστήριον, altar
41 ἐπικαλέω, *aor mid ind 3s*, call upon
42 πήγνυμι, *aor act ind 3s*, put up, pitch
43 σκηνή, tent
44 ὀρύσσω, *aor act ind 3p*, dig
45 παῖς, servant
46 φρέαρ, well
47 νυμφαγωγός, trusted friend
48 ἀρχιστράτηγος, chief commander

εἶπεν αὐτοῖς Ισαακ Ἵνα τί ἤλθατε πρός με; ὑμεῖς δὲ ἐμισήσατέ με καὶ ἀπεστείλατέ
με ἀφ᾽ ὑμῶν. **28** καὶ εἶπαν Ἰδόντες ἑωράκαμεν ὅτι ἦν κύριος μετὰ σοῦ, καὶ εἴπαμεν
Γενέσθω ἀρὰ ἀνὰ μέσον[1] ἡμῶν καὶ ἀνὰ μέσον σοῦ, καὶ διαθησόμεθα[2] μετὰ σοῦ
διαθήκην **29** μὴ ποιήσειν μεθ᾽ ἡμῶν κακόν, καθότι[3] ἡμεῖς σε οὐκ ἐβδελυξάμεθα,[4] καὶ
ὃν τρόπον[5] ἐχρησάμεθά[6] σοι καλῶς[7] καὶ ἐξαπεστείλαμέν[8] σε μετ᾽ εἰρήνης· καὶ νῦν σὺ
εὐλογητὸς[9] ὑπὸ κυρίου. **30** καὶ ἐποίησεν αὐτοῖς δοχήν,[10] καὶ ἔφαγον καὶ ἔπιον· **31** καὶ
ἀναστάντες τὸ πρωὶ[11] ὤμοσαν[12] ἄνθρωπος τῷ πλησίον[13] αὐτοῦ, καὶ ἐξαπέστειλεν
αὐτοὺς Ισαακ, καὶ ἀπῴχοντο[14] ἀπ᾽ αὐτοῦ μετὰ σωτηρίας. **32** ἐγένετο δὲ ἐν τῇ ἡμέρᾳ
ἐκείνῃ καὶ παραγενόμενοι οἱ παῖδες[15] Ισαακ ἀπήγγειλαν αὐτῷ περὶ τοῦ φρέατος,[16]
οὗ ὤρυξαν,[17] καὶ εἶπαν Οὐχ εὕρομεν ὕδωρ. **33** καὶ ἐκάλεσεν αὐτὸ Ὅρκος· διὰ τοῦτο
ὄνομα τῇ πόλει Φρέαρ ὅρκου[18] ἕως τῆς σήμερον ἡμέρας.

34 Ἦν δὲ Ησαυ ἐτῶν τεσσαράκοντα[19] καὶ ἔλαβεν γυναῖκα Ιουδιν τὴν θυγατέρα[20]
Βεηρ τοῦ Χετταίου καὶ τὴν Βασεμμαθ θυγατέρα Αιλων τοῦ Ευαίου. **35** καὶ ἦσαν
ἐρίζουσαι[21] τῷ Ισαακ καὶ τῇ Ρεβεκκα.

Isaac Blesses Jacob

27 Ἐγένετο δὲ μετὰ τὸ γηρᾶσαι[22] Ισαακ καὶ ἠμβλύνθησαν[23] οἱ ὀφθαλμοὶ αὐτοῦ
τοῦ ὁρᾶν, καὶ ἐκάλεσεν Ησαυ τὸν υἱὸν αὐτοῦ τὸν πρεσβύτερον καὶ εἶπεν
αὐτῷ Υἱέ μου· καὶ εἶπεν Ἰδοὺ ἐγώ. **2** καὶ εἶπεν Ἰδοὺ γεγήρακα[24] καὶ οὐ γινώσκω τὴν
ἡμέραν τῆς τελευτῆς[25] μου· **3** νῦν οὖν λαβὲ τὸ σκεῦός[26] σου, τήν τε φαρέτραν[27] καὶ
τὸ τόξον,[28] καὶ ἔξελθε εἰς τὸ πεδίον[29] καὶ θήρευσόν[30] μοι θήραν[31] **4** καὶ ποίησόν μοι
ἐδέσματα,[32] ὡς φιλῶ[33] ἐγώ, καὶ ἔνεγκέ μοι, ἵνα φάγω, ὅπως εὐλογήσῃ σε ἡ ψυχή
μου πρὶν[34] ἀποθανεῖν με.

1 ἀνὰ μέσον, between
2 διατίθημι, *fut mid ind 1p*, arrange
3 καθότι, because, for
4 βδελύσσω, *aor mid ind 1p*, make detestable, abominate
5 ὃν τρόπον, in the manner that
6 χράω, *aor mid ind 1p*, use
7 καλῶς, well
8 ἐξαποστέλλω, *aor act ind 1p*, send forth
9 εὐλογητός, blessed
10 δοχή, banquet
11 πρωί, (in the) morning
12 ὄμνυμι, *aor act ind 3p*, swear an oath
13 πλησίον, neighbor
14 ἀποίχομαι, *impf mid ind 3p*, depart
15 παῖς, servant
16 φρέαρ, well
17 ὀρύσσω, *aor act ind 3p*, dig
18 ὅρκος, oath
19 τεσσαράκοντα, forty
20 θυγάτηρ, daughter
21 ἐρίζω, *pres act ptc nom p f*, contend with
22 γηράσκω, *aor act inf*, grow old
23 ἀμβλύνω, *aor pas ind 3p*, make dim, dull
24 γηράσκω, *perf act ind 1s*, grow old
25 τελευτή, death
26 σκεῦος, equipment
27 φαρέτρα, arrow quiver
28 τόξον, archer's bow
29 πεδίον, field
30 θηρεύω, *aor act impv 2s*, catch, hunt
31 θήρα, wild game
32 ἔδεσμα, choice food
33 φιλέω, *pres act ind 1s*, love
34 πρίν, before

5 Ρεβεκκα δὲ ἤκουσεν λαλοῦντος Ισαακ πρὸς Ησαυ τὸν υἱὸν αὐτοῦ. ἐπορεύθη δὲ
Ησαυ εἰς τὸ πεδίον[1] θηρεῦσαι[2] θήραν[3] τῷ πατρὶ αὐτοῦ· **6** Ρεβεκκα δὲ εἶπεν πρὸς Ιακωβ
τὸν υἱὸν αὐτῆς τὸν ἐλάσσω[4] Ἰδὲ ἐγὼ ἤκουσα τοῦ πατρός σου λαλοῦντος πρὸς Ησαυ
τὸν ἀδελφόν σου λέγοντος **7** Ἔνεγκόν μοι θήραν[5] καὶ ποίησόν μοι ἐδέσματα,[6] καὶ
φαγὼν εὐλογήσω σε ἐναντίον[7] κυρίου πρὸ τοῦ ἀποθανεῖν με. **8** νῦν οὖν, υἱέ, ἄκουσόν
μου, καθὰ[8] ἐγώ σοι ἐντέλλομαι,[9] **9** καὶ πορευθεὶς εἰς τὰ πρόβατα λαβέ μοι ἐκεῖθεν[10]
δύο ἐρίφους[11] ἁπαλοὺς[12] καὶ καλούς, καὶ ποιήσω αὐτοὺς ἐδέσματα[13] τῷ πατρί σου, ὡς
φιλεῖ,[14] **10** καὶ εἰσοίσεις[15] τῷ πατρί σου, καὶ φάγεται, ὅπως εὐλογήσῃ σε ὁ πατήρ σου
πρὸ τοῦ ἀποθανεῖν αὐτόν. **11** εἶπεν δὲ Ιακωβ πρὸς Ρεβεκκαν τὴν μητέρα αὐτοῦ Ἔστιν
Ησαυ ὁ ἀδελφός μου ἀνὴρ δασύς,[16] ἐγὼ δὲ ἀνὴρ λεῖος·[17] **12** μήποτε[18] ψηλαφήσῃ[19] με ὁ
πατήρ μου, καὶ ἔσομαι ἐναντίον[20] αὐτοῦ ὡς καταφρονῶν[21] καὶ ἐπάξω[22] ἐπ᾽ ἐμαυτὸν[23]
κατάραν[24] καὶ οὐκ εὐλογίαν.[25] **13** εἶπεν δὲ αὐτῷ ἡ μήτηρ Ἐπ᾽ ἐμὲ ἡ κατάρα[26] σου,
τέκνον· μόνον ὑπάκουσον[27] τῆς φωνῆς μου καὶ πορευθεὶς ἔνεγκέ μοι.

14 πορευθεὶς δὲ ἔλαβεν καὶ ἤνεγκεν τῇ μητρί, καὶ ἐποίησεν ἡ μήτηρ αὐτοῦ ἐδέσ-
ματα,[28] καθὰ[29] ἐφίλει[30] ὁ πατὴρ αὐτοῦ. **15** καὶ λαβοῦσα Ρεβεκκα τὴν στολὴν[31] Ησαυ
τοῦ υἱοῦ αὐτῆς τοῦ πρεσβυτέρου τὴν καλήν, ἣ ἦν παρ᾽ αὐτῇ ἐν τῷ οἴκῳ, ἐνέδυσεν[32]
Ιακωβ τὸν υἱὸν αὐτῆς τὸν νεώτερον[33] **16** καὶ τὰ δέρματα[34] τῶν ἐρίφων[35] περιέθηκεν[36]
ἐπὶ τοὺς βραχίονας[37] αὐτοῦ καὶ ἐπὶ τὰ γυμνὰ[38] τοῦ τραχήλου[39] αὐτοῦ **17** καὶ ἔδωκεν
τὰ ἐδέσματα[40] καὶ τοὺς ἄρτους, οὓς ἐποίησεν, εἰς τὰς χεῖρας Ιακωβ τοῦ υἱοῦ αὐτῆς.

18 καὶ εἰσήνεγκεν[41] τῷ πατρὶ αὐτοῦ. εἶπεν δέ Πάτερ. ὁ δὲ εἶπεν Ἰδοὺ ἐγώ· τίς εἶ σύ,
τέκνον; **19** καὶ εἶπεν Ιακωβ τῷ πατρὶ αὐτοῦ Ἐγὼ Ησαυ ὁ πρωτότοκός[42] σου· ἐποίησα,

1 πεδίον, field
2 θηρεύω, *aor act inf*, catch, hunt
3 θήρα, wild game
4 ἐλάσσων (ττ), *comp of* μικρός, *from* ἐλαχύς, younger, lesser
5 θήρα, wild game
6 ἔδεσμα, choice food
7 ἐναντίον, before
8 καθά, just as
9 ἐντέλλομαι, *pres mid ind 1s*, command
10 ἐκεῖθεν, from there
11 ἔριφος, kid, young goat
12 ἁπαλός, tender
13 ἔδεσμα, choice food
14 φιλέω, *pres act ind 3s*, love
15 εἰσφέρω, *fut act ind 2s*, bring in
16 δασύς, hairy
17 λεῖος, smooth
18 μήποτε, lest
19 ψηλαφάω, *aor act sub 3s*, touch
20 ἐναντίον, before
21 καταφρονέω, *pres act ptc nom s m*, despise
22 ἐπάγω, *fut act ind 1s*, bring upon
23 ἐμαυτοῦ, myself
24 κατάρα, curse
25 εὐλογία, blessing
26 κατάρα, curse
27 ὑπακούω, *aor act impv 2s*, obey
28 ἔδεσμα, choice food
29 καθά, just as
30 φιλέω, *impf act ind 3s*, love
31 στολή, clothing
32 ἐνδύω, *aor act ind 3s*, clothe
33 νέος, *comp*, younger
34 δέρμα, skin, hide
35 ἔριφος, kid, young goat
36 περιτίθημι, *aor act ind 3s*, put on
37 βραχίων, arm
38 γυμνός, bare part
39 τράχηλος, neck
40 ἔδεσμα, choice food
41 εἰσφέρω, *aor act ind 3s*, bring in
42 πρωτότοκος, firstborn

καθὰ[1] ἐλάλησάς μοι· ἀναστὰς κάθισον καὶ φάγε τῆς θήρας[2] μου, ὅπως εὐλογήσῃ με
ἡ ψυχή σου. **20** εἶπεν δὲ Ισαακ τῷ υἱῷ αὐτοῦ Τί τοῦτο, ὃ ταχὺ[3] εὗρες, ὦ τέκνον; ὁ δὲ
εἶπεν Ὃ παρέδωκεν κύριος ὁ θεός σου ἐναντίον[4] μου. **21** εἶπεν δὲ Ισαακ τῷ Ιακωβ
Ἔγγισόν μοι, καὶ ψηλαφήσω[5] σε, τέκνον, εἰ σὺ εἶ ὁ υἱός μου Ησαυ ἢ οὔ. **22** ἤγγισεν
δὲ Ιακωβ πρὸς Ισαακ τὸν πατέρα αὐτοῦ, καὶ ἐψηλάφησεν[6] αὐτὸν καὶ εἶπεν Ἡ μὲν
φωνὴ φωνὴ Ιακωβ, αἱ δὲ χεῖρες χεῖρες Ησαυ. **23** καὶ οὐκ ἐπέγνω αὐτόν· ἦσαν γὰρ αἱ
χεῖρες αὐτοῦ ὡς αἱ χεῖρες Ησαυ τοῦ ἀδελφοῦ αὐτοῦ δασεῖαι·[7] καὶ ηὐλόγησεν αὐτόν.
24 καὶ εἶπεν Σὺ εἶ ὁ υἱός μου Ησαυ; ὁ δὲ εἶπεν Ἐγώ. **25** καὶ εἶπεν Προσάγαγέ[8] μοι, καὶ
φάγομαι ἀπὸ τῆς θήρας[9] σου, τέκνον, ἵνα εὐλογήσῃ σε ἡ ψυχή μου. καὶ προσήγαγεν[10]
αὐτῷ, καὶ ἔφαγεν· καὶ εἰσήνεγκεν[11] αὐτῷ οἶνον, καὶ ἔπιεν. **26** καὶ εἶπεν αὐτῷ Ισαακ ὁ
πατὴρ αὐτοῦ Ἔγγισόν μοι καὶ φίλησόν[12] με, τέκνον. **27** καὶ ἐγγίσας ἐφίλησεν[13] αὐτόν,
καὶ ὠσφράνθη[14] τὴν ὀσμὴν[15] τῶν ἱματίων αὐτοῦ καὶ ηὐλόγησεν αὐτὸν καὶ εἶπεν

Ἰδοὺ ὀσμὴ τοῦ υἱοῦ μου
ὡς ὀσμὴ ἀγροῦ πλήρους,[16] ὃν ηὐλόγησεν κύριος.
28 καὶ δῴη[17] σοι ὁ θεὸς ἀπὸ τῆς δρόσου[18] τοῦ οὐρανοῦ
καὶ ἀπὸ τῆς πιότητος[19] τῆς γῆς
καὶ πλῆθος σίτου[20] καὶ οἴνου.
29 καὶ δουλευσάτωσάν[21] σοι ἔθνη,
καὶ προσκυνήσουσίν σοι ἄρχοντες·
καὶ γίνου κύριος τοῦ ἀδελφοῦ σου,
καὶ προσκυνήσουσίν σοι οἱ υἱοὶ τοῦ πατρός σου.
ὁ καταρώμενός[22] σε ἐπικατάρατος,[23]
ὁ δὲ εὐλογῶν σε εὐλογημένος.

Esau Loses His Blessing

30 Καὶ ἐγένετο μετὰ τὸ παύσασθαι[24] Ισαακ εὐλογοῦντα Ιακωβ τὸν υἱὸν αὐτοῦ
καὶ ἐγένετο ὡς ἐξῆλθεν Ιακωβ ἀπὸ προσώπου Ισαακ τοῦ πατρὸς αὐτοῦ, καὶ Ησαυ
ὁ ἀδελφὸς αὐτοῦ ἦλθεν ἀπὸ τῆς θήρας.[25] **31** καὶ ἐποίησεν καὶ αὐτὸς ἐδέσματα[26]
καὶ προσήνεγκεν[27] τῷ πατρὶ αὐτοῦ καὶ εἶπεν τῷ πατρί Ἀναστήτω ὁ πατήρ μου καὶ

1 καθά, just as
2 θήρα, wild game
3 ταχύς, quickly, soon
4 ἐναντίον, before
5 ψηλαφάω, *fut act ind 1s*, touch
6 ψηλαφάω, *aor act ind 3s*, touch
7 δασύς, hairy
8 προσάγω, *aor act impv 2s*, bring to
9 θήρα, wild game
10 προσάγω, *aor act ind 3s*, bring to
11 εἰσφέρω, *aor act ind 3s*, bring in
12 φιλέω, *aor act impv 2s*, kiss
13 φιλέω, *aor act ind 3s*, kiss
14 ὀσφραίνομαι, *aor pas ind 3s*, smell
15 ὀσμή, scent
16 πλήρης, abundant
17 δίδωμι, *aor act opt 3s*, give
18 δρόσος, dew
19 πιότης, fatness, riches
20 σῖτος, grain
21 δουλεύω, *aor act impv 3p*, serve
22 καταράομαι, *pres mid ptc nom s m*, curse
23 ἐπικατάρατος, cursed
24 παύω, *aor mid inf*, cease
25 θήρα, hunt
26 ἔδεσμα, choice food
27 προσφέρω, *aor act ind 3s*, bring to

φαγέτω τῆς θήρας[1] τοῦ υἱοῦ αὐτοῦ, ὅπως εὐλογήσῃ με ἡ ψυχή σου. **32** καὶ εἶπεν αὐτῷ
Ισαακ ὁ πατὴρ αὐτοῦ Τίς εἶ σύ; ὁ δὲ εἶπεν Ἐγώ εἰμι ὁ υἱός σου ὁ πρωτότοκος[2] Ησαυ.
33 ἐξέστη[3] δὲ Ισαακ ἔκστασιν[4] μεγάλην σφόδρα[5] καὶ εἶπεν Τίς οὖν ὁ θηρεύσας[6]
μοι θήραν[7] καὶ εἰσενέγκας[8] μοι; καὶ ἔφαγον ἀπὸ πάντων πρὸ τοῦ σε ἐλθεῖν καὶ
ηὐλόγησα αὐτόν, καὶ εὐλογημένος ἔστω. **34** ἐγένετο δὲ ἡνίκα[9] ἤκουσεν Ησαυ τὰ
ῥήματα Ισαακ τοῦ πατρὸς αὐτοῦ, ἀνεβόησεν[10] φωνὴν μεγάλην καὶ πικρὰν[11] σφόδρα[12]
καὶ εἶπεν Εὐλόγησον δή[13] κἀμέ,[14] πάτερ. **35** εἶπεν δὲ αὐτῷ Ἐλθὼν ὁ ἀδελφός σου
μετὰ δόλου[15] ἔλαβεν τὴν εὐλογίαν[16] σου. **36** καὶ εἶπεν Δικαίως[17] ἐκλήθη τὸ ὄνομα
αὐτοῦ Ιακωβ· ἐπτέρνικεν[18] γάρ με ἤδη[19] δεύτερον τοῦτο· τά τε πρωτοτόκιά[20] μου
εἴληφεν καὶ νῦν εἴληφεν τὴν εὐλογίαν[21] μου. καὶ εἶπεν Ησαυ τῷ πατρὶ αὐτοῦ Οὐχ
ὑπελίπω[22] μοι εὐλογίαν, πάτερ; **37** ἀποκριθεὶς δὲ Ισαακ εἶπεν τῷ Ησαυ Εἰ κύριον
αὐτὸν ἐποίησά σου καὶ πάντας τοὺς ἀδελφοὺς αὐτοῦ ἐποίησα αὐτοῦ οἰκέτας,[23]
σίτῳ[24] καὶ οἴνῳ ἐστήρισα[25] αὐτόν, σοὶ δὲ τί ποιήσω, τέκνον; **38** εἶπεν δὲ Ησαυ πρὸς
τὸν πατέρα αὐτοῦ Μὴ εὐλογία[26] μία σοί ἐστιν, πάτερ; εὐλόγησον δή[27] κἀμέ,[28] πάτερ.
κατανυχθέντος[29] δὲ Ισαακ ἀνεβόησεν[30] φωνὴν Ησαυ καὶ ἔκλαυσεν. **39** ἀποκριθεὶς
δὲ Ισαακ ὁ πατὴρ αὐτοῦ εἶπεν αὐτῷ

Ἰδοὺ ἀπὸ τῆς πιότητος[31] τῆς γῆς ἔσται ἡ κατοίκησίς[32] σου
  καὶ ἀπὸ τῆς δρόσου[33] τοῦ οὐρανοῦ ἄνωθεν·[34]
40 καὶ ἐπὶ τῇ μαχαίρῃ[35] σου ζήσῃ
  καὶ τῷ ἀδελφῷ σου δουλεύσεις·[36]
ἔσται δὲ ἡνίκα[37] ἐὰν καθέλῃς,[38]
  καὶ ἐκλύσεις[39] τὸν ζυγὸν[40] αὐτοῦ ἀπὸ τοῦ τραχήλου[41] σου.

1 θήρα, wild game
2 πρωτότοκος, firstborn
3 ἐξίστημι, *aor act ind 3s*, be amazed, be confounded
4 ἔκστασις, amazement
5 σφόδρα, very
6 θηρεύω, *aor act ptc nom s m*, hunt
7 θήρα, wild game
8 εἰσφέρω, *aor act ptc nom s m*, bring in
9 ἡνίκα, when
10 ἀναβοάω, *aor act ind 3s*, cry out
11 πικρός, bitter
12 σφόδρα, very
13 δή, now, therefore, indeed
14 κἀμέ, me too, *cr.* καὶ ἐμέ
15 δόλος, deceit
16 εὐλογία, blessing
17 δικαίως, justly, rightly
18 πτερνίζω, *perf act ind 3s*, act treacherously
19 ἤδη, already, now
20 πρωτοτόκια, birthright
21 εὐλογία, blessing
22 ὑπολείπω, *aor mid ind 2s*, leave
23 οἰκέτης, servant
24 σῖτος, grain
25 στηρίζω, *aor act ind 1s*, sustain, establish
26 εὐλογία, blessing
27 δή, now, therefore, indeed
28 κἀμέ, me too, *cr.* καὶ ἐμέ
29 κατανύσσομαι, *aor pas ptc gen s m*, cut to the quick
30 ἀναβοάω, *aor act ind 3s*, cry out
31 πιότης, riches, fatness
32 κατοίκησις, dwelling, abode
33 δρόσος, dew
34 ἄνωθεν, from above
35 μάχαιρα, sword
36 δουλεύω, *fut act ind 2s*, serve
37 ἡνίκα, when
38 καθαιρέω, *aor act sub 2s*, bring down
39 ἐκλύω, *fut act ind 2s*, loose
40 ζυγός, yoke
41 τράχηλος, neck

Jacob Escapes Esau

41 Καὶ ἐνεκότει[1] Ησαυ τῷ Ιακωβ περὶ τῆς εὐλογίας,[2] ἧς εὐλόγησεν αὐτὸν ὁ πατὴρ
αὐτοῦ· εἶπεν δὲ Ησαυ ἐν τῇ διανοίᾳ[3] Ἐγγισάτωσαν αἱ ἡμέραι τοῦ πένθους[4] τοῦ
πατρός μου, ἵνα ἀποκτείνω Ιακωβ τὸν ἀδελφόν μου. **42** ἀπηγγέλη δὲ Ρεβεκκα τὰ
ῥήματα Ησαυ τοῦ υἱοῦ αὐτῆς τοῦ πρεσβυτέρου, καὶ πέμψασα[5] ἐκάλεσεν Ιακωβ τὸν
υἱὸν αὐτῆς τὸν νεώτερον[6] καὶ εἶπεν αὐτῷ Ἰδοὺ Ησαυ ὁ ἀδελφός σου ἀπειλεῖ[7] σοι τοῦ
ἀποκτεῖναί σε· **43** νῦν οὖν, τέκνον, ἄκουσόν μου τῆς φωνῆς καὶ ἀναστὰς ἀπόδραθι[8]
εἰς τὴν Μεσοποταμίαν πρὸς Λαβαν τὸν ἀδελφόν μου εἰς Χαρραν **44** καὶ οἴκησον[9]
μετ᾽ αὐτοῦ ἡμέρας τινὰς ἕως τοῦ ἀποστρέψαι[10] τὸν θυμὸν[11] **45** καὶ τὴν ὀργὴν
τοῦ ἀδελφοῦ σου ἀπὸ σοῦ καὶ ἐπιλάθηται[12] ἃ πεποίηκας αὐτῷ, καὶ ἀποστείλασα
μεταπέμψομαί[13] σε ἐκεῖθεν,[14] μήποτε[15] ἀτεκνωθῶ[16] ἀπὸ τῶν δύο ὑμῶν ἐν ἡμέρᾳ μιᾷ.
46 Εἶπεν δὲ Ρεβεκκα πρὸς Ισαακ Προσώχθικα[17] τῇ ζωῇ μου διὰ τὰς θυγατέρας[18]
τῶν υἱῶν Χετ· εἰ λήμψεται Ιακωβ γυναῖκα ἀπὸ τῶν θυγατέρων τῆς γῆς ταύτης, ἵνα
τί μοι ζῆν;

Jacob Sent to Laban

28 προσκαλεσάμενος[19] δὲ Ισαακ τὸν Ιακωβ εὐλόγησεν αὐτὸν καὶ ἐνετείλατο[20]
αὐτῷ λέγων Οὐ λήμψῃ γυναῖκα ἐκ τῶν θυγατέρων[21] Χανααν· **2** ἀναστὰς
ἀπόδραθι[22] εἰς τὴν Μεσοποταμίαν εἰς τὸν οἶκον Βαθουηλ τοῦ πατρὸς τῆς μητρός
σου καὶ λαβὲ σεαυτῷ ἐκεῖθεν[23] γυναῖκα ἐκ τῶν θυγατέρων[24] Λαβαν τοῦ ἀδελφοῦ τῆς
μητρός σου. **3** ὁ δὲ θεός μου εὐλογήσαι[25] σε καὶ αὐξήσαι[26] σε καὶ πληθύναι[27] σε, καὶ
ἔσῃ εἰς συναγωγὰς ἐθνῶν· **4** καὶ δῴη[28] σοι τὴν εὐλογίαν[29] Αβρααμ τοῦ πατρός μου,
σοὶ καὶ τῷ σπέρματί σου μετὰ σέ, κληρονομῆσαι[30] τὴν γῆν τῆς παροικήσεώς[31] σου,
ἣν ἔδωκεν ὁ θεὸς τῷ Αβρααμ. **5** καὶ ἀπέστειλεν Ισαακ τὸν Ιακωβ, καὶ ἐπορεύθη εἰς
τὴν Μεσοποταμίαν πρὸς Λαβαν τὸν υἱὸν Βαθουηλ τοῦ Σύρου ἀδελφὸν δὲ Ρεβεκκας
τῆς μητρὸς Ιακωβ καὶ Ησαυ.

1 ἐγκοτέω, *impf act ind 3s*, be angry
2 εὐλογία, blessing
3 διάνοια, mind, thought
4 πένθος, mourning
5 πέμπω, *aor act ptc nom s f*, send
6 νέος, *comp*, younger
7 ἀπειλέω, *pres act ind 3s*, threaten
8 ἀποδιδράσκω, *aor act impv 2s*, escape
9 οἰκέω, *aor act impv 2s*, dwell
10 ἀποστρέφω, *aor act inf*, turn away
11 θυμός, anger, wrath
12 ἐπιλανθάνω, *aor mid sub 3s*, forget
13 μεταπέμπομαι, *fut mid ind 1s*, summon
14 ἐκεῖθεν, from there
15 μήποτε, lest
16 ἀτεκνόω, *aor pas sub 1s*, make childless
17 προσοχθίζω, *perf act ind 1s*, be irritated
18 θυγάτηρ, daughter
19 προσκαλέω, *aor mid ptc nom s m*, summon
20 ἐντέλλομαι, *aor mid ind 3s*, command
21 θυγάτηρ, daughter
22 ἀποδιδράσκω, *aor act impv 2s*, escape
23 ἐκεῖθεν, from there
24 θυγάτηρ, daughter
25 εὐλογέω, *aor act opt 3s*, bless
26 αὐξάνω, *aor act opt 3s*, grow, increase
27 πληθύνω, *aor act opt 3s*, multiply
28 δίδωμι, *aor act opt 3s*, give
29 εὐλογία, blessing
30 κληρονομέω, *aor act inf*, inherit
31 παροίκησις, life as a sojourner or resident alien

6 Εἶδεν δὲ Ησαυ ὅτι εὐλόγησεν Ισαακ τὸν Ιακωβ καὶ ἀπῴχετο[1] εἰς τὴν Μεσοποταμίαν Συρίας λαβεῖν ἑαυτῷ ἐκεῖθεν[2] γυναῖκα ἐν τῷ εὐλογεῖν αὐτὸν καὶ ἐνετείλατο[3] αὐτῷ λέγων Οὐ λήμψῃ γυναῖκα ἀπὸ τῶν θυγατέρων[4] Χαναaν, **7** καὶ ἤκουσεν Ιακωβ τοῦ πατρὸς καὶ τῆς μητρὸς αὐτοῦ καὶ ἐπορεύθη εἰς τὴν Μεσοποταμίαν Συρίας, **8** καὶ εἶδεν Ησαυ ὅτι πονηραί εἰσιν αἱ θυγατέρες[5] Χαναaν ἐναντίον[6] Ισαακ τοῦ πατρὸς αὐτοῦ, **9** καὶ ἐπορεύθη Ησαυ πρὸς Ισμαηλ καὶ ἔλαβεν τὴν Μαελεθ θυγατέρα[7] Ισμαηλ τοῦ υἱοῦ Αβρααμ ἀδελφὴν Ναβαιωθ πρὸς ταῖς γυναιξὶν αὐτοῦ γυναῖκα.

Jacob's Dream

10 Καὶ ἐξῆλθεν Ιακωβ ἀπὸ τοῦ φρέατος[8] τοῦ ὅρκου[9] καὶ ἐπορεύθη εἰς Χαρραν. **11** καὶ ἀπήντησεν[10] τόπῳ καὶ ἐκοιμήθη[11] ἐκεῖ· ἔδυ[12] γὰρ ὁ ἥλιος· καὶ ἔλαβεν ἀπὸ τῶν λίθων τοῦ τόπου καὶ ἔθηκεν πρὸς κεφαλῆς αὐτοῦ καὶ ἐκοιμήθη ἐν τῷ τόπῳ ἐκείνῳ. **12** καὶ ἐνυπνιάσθη,[13] καὶ ἰδοὺ κλίμαξ[14] ἐστηριγμένη[15] ἐν τῇ γῇ, ἧς ἡ κεφαλὴ ἀφικνεῖτο[16] εἰς τὸν οὐρανόν, καὶ οἱ ἄγγελοι τοῦ θεοῦ ἀνέβαινον καὶ κατέβαινον ἐπ' αὐτῆς. **13** ὁ δὲ κύριος ἐπεστήρικτο[17] ἐπ' αὐτῆς καὶ εἶπεν Ἐγὼ κύριος ὁ θεὸς Αβρααμ τοῦ πατρός σου καὶ ὁ θεὸς Ισαακ· μὴ φοβοῦ· ἡ γῆ, ἐφ' ἧς σὺ καθεύδεις[18] ἐπ' αὐτῆς, σοὶ δώσω αὐτὴν καὶ τῷ σπέρματί σου. **14** καὶ ἔσται τὸ σπέρμα σου ὡς ἡ ἄμμος[19] τῆς γῆς καὶ πλατυνθήσεται[20] ἐπὶ θάλασσαν καὶ ἐπὶ λίβα[21] καὶ ἐπὶ βορρᾶν[22] καὶ ἐπ' ἀνατολάς,[23] καὶ ἐνευλογηθήσονται[24] ἐν σοὶ πᾶσαι αἱ φυλαὶ τῆς γῆς καὶ ἐν τῷ σπέρματί σου. **15** καὶ ἰδοὺ ἐγὼ μετὰ σοῦ διαφυλάσσων[25] σε ἐν τῇ ὁδῷ πάσῃ, οὗ ἐὰν πορευθῇς, καὶ ἀποστρέψω[26] σε εἰς τὴν γῆν ταύτην, ὅτι οὐ μή σε ἐγκαταλίπω[27] ἕως τοῦ ποιῆσαί με πάντα, ὅσα ἐλάλησά σοι.

16 καὶ ἐξηγέρθη[28] Ιακωβ ἀπὸ τοῦ ὕπνου[29] αὐτοῦ καὶ εἶπεν ὅτι Ἔστιν κύριος ἐν τῷ τόπῳ τούτῳ, ἐγὼ δὲ οὐκ ᾔδειν.[30] **17** καὶ ἐφοβήθη καὶ εἶπεν Ὡς φοβερὸς[31] ὁ τόπος οὗτος· οὐκ ἔστιν τοῦτο ἀλλ' ἢ οἶκος θεοῦ, καὶ αὕτη ἡ πύλη[32] τοῦ οὐρανοῦ.

1 ἀποίχομαι, *impf mid ind 3s*, go away
2 ἐκεῖθεν, from there
3 ἐντέλλομαι, *aor mid ind 3s*, command
4 θυγάτηρ, daughter
5 θυγάτηρ, daughter
6 ἐναντίον, before
7 θυγάτηρ, daughter
8 φρέαρ, well
9 ὅρκος, oath
10 ἀπαντάω, *aor act ind 3s*, encounter
11 κοιμάω, *aor pas ind 3s*, fall asleep
12 δύω, *aor act ind 3s*, go down, set
13 ἐνυπνιάζομαι, *aor pas ind 3s*, dream
14 κλῖμαξ, ladder, stairway
15 στηρίζω, *perf pas ptc nom s f*, fix, set firmly
16 ἀφικνέομαι, *impf mid ind 3s*, reach
17 ἐπιστηρίζω, *plpf pas ind 3s*, support
18 καθεύδω, *pres act ind 2s*, sleep
19 ἄμμος, sand
20 πλατύνω, *fut pas ind 3s*, enlarge
21 λίψ, southwest
22 βορέας, north
23 ἀνατολή, east
24 ἐνευλογέω, *fut pas ind 3p*, bless
25 διαφυλάσσω, *pres act ptc nom s m*, keep guard
26 ἀποστρέφω, *fut act ind 1s*, bring back
27 ἐγκαταλείπω, *aor act sub 1s*, forsake
28 ἐξεγείρω, *aor pas ind 3s*, awaken
29 ὕπνος, dream
30 οἶδα, *plpf act ind 1s*, know
31 φοβερός, fearful
32 πύλη, gate

18 καὶ ἀνέστη Ιακωβ τὸ πρωὶ[1] καὶ ἔλαβεν τὸν λίθον, ὃν ὑπέθηκεν[2] ἐκεῖ πρὸς κεφαλῆς
αὐτοῦ, καὶ ἔστησεν αὐτὸν στήλην[3] καὶ ἐπέχεεν[4] ἔλαιον[5] ἐπὶ τὸ ἄκρον[6] αὐτῆς. **19** καὶ
ἐκάλεσεν Ιακωβ τὸ ὄνομα τοῦ τόπου ἐκείνου Οἶκος θεοῦ· καὶ Ουλαμλους ἦν ὄνομα
τῇ πόλει τὸ πρότερον.[7] **20** καὶ ηὔξατο[8] Ιακωβ εὐχὴν[9] λέγων Ἐὰν ᾖ κύριος ὁ θεὸς μετ᾽
ἐμοῦ καὶ διαφυλάξῃ[10] με ἐν τῇ ὁδῷ ταύτῃ, ᾗ ἐγὼ πορεύομαι, καὶ δῷ μοι ἄρτον φαγεῖν
καὶ ἱμάτιον περιβαλέσθαι[11] **21** καὶ ἀποστρέψῃ[12] με μετὰ σωτηρίας εἰς τὸν οἶκον τοῦ
πατρός μου, καὶ ἔσται μοι κύριος εἰς θεόν, **22** καὶ ὁ λίθος οὗτος, ὃν ἔστησα στήλην,[13]
ἔσται μοι οἶκος θεοῦ, καὶ πάντων, ὧν ἐάν μοι δῷς, δεκάτην[14] ἀποδεκατώσω[15] αὐτά
σοι.

Jacob Meets Rachel

29 Καὶ ἐξάρας[16] Ιακωβ τοὺς πόδας ἐπορεύθη εἰς γῆν ἀνατολῶν[17] πρὸς Λαβαν
τὸν υἱὸν Βαθουηλ τοῦ Σύρου ἀδελφὸν δὲ Ρεβεκκας μητρὸς Ιακωβ καὶ Ησαυ.
2 καὶ ὁρᾷ καὶ ἰδοὺ φρέαρ[18] ἐν τῷ πεδίῳ,[19] ἦσαν δὲ ἐκεῖ τρία ποίμνια[20] προβάτων
ἀναπαυόμενα[21] ἐπ᾽ αὐτοῦ· ἐκ γὰρ τοῦ φρέατος[22] ἐκείνου ἐπότιζον[23] τὰ ποίμνια,[24]
λίθος δὲ ἦν μέγας ἐπὶ τῷ στόματι τοῦ φρέατος,[25] **3** καὶ συνήγοντο ἐκεῖ πάντα τὰ
ποίμνια[26] καὶ ἀπεκύλιον[27] τὸν λίθον ἀπὸ τοῦ στόματος τοῦ φρέατος[28] καὶ ἐπότιζον[29]
τὰ πρόβατα καὶ ἀπεκαθίστων[30] τὸν λίθον ἐπὶ τὸ στόμα τοῦ φρέατος[31] εἰς τὸν τόπον
αὐτοῦ. **4** εἶπεν δὲ αὐτοῖς Ιακωβ Ἀδελφοί, πόθεν[32] ἐστὲ ὑμεῖς; οἱ δὲ εἶπαν Ἐκ Χαρραν
ἐσμέν. **5** εἶπεν δὲ αὐτοῖς Γινώσκετε Λαβαν τὸν υἱὸν Ναχωρ; οἱ δὲ εἶπαν Γινώσκομεν.
6 εἶπεν δὲ αὐτοῖς Ὑγιαίνει;[33] οἱ δὲ εἶπαν Ὑγιαίνει. καὶ ἰδοὺ Ραχηλ ἡ θυγάτηρ[34] αὐτοῦ
ἤρχετο μετὰ τῶν προβάτων. **7** καὶ εἶπεν Ιακωβ Ἔτι ἐστὶν ἡμέρα πολλή, οὔπω[35]
ὥρα[36] συναχθῆναι τὰ κτήνη·[37] ποτίσαντες[38] τὰ πρόβατα ἀπελθόντες βόσκετε.[39]

1 πρωί, (in the) morning
2 ὑποτίθημι, *aor act ind 3s*, put under
3 στήλη, memorial pillar
4 ἐπιχέω, *aor act ind 3s*, pour over
5 ἔλαιον, oil
6 ἄκρος, top
7 πρότερος, former, prior, first
8 εὔχομαι, *aor mid ind 3s*, make a vow
9 εὐχή, vow
10 διαφυλάσσω, *aor act sub 3s*, keep guard
11 περιβάλλω, *aor mid inf*, put on
12 ἀποστρέφω, *aor act sub 3s*, bring back
13 στήλη, memorial pillar
14 δέκατος, tenth, tithe
15 ἀποδεκατόω, *fut act ind 1s*, give as a tithe
16 ἐξαίρω, *aor act ptc nom s m*, lift up
17 ἀνατολή, east
18 φρέαρ, well
19 πεδίον, plain
20 ποίμνιον, flock
21 ἀναπαύω, *pres mid ptc nom p n*, rest
22 φρέαρ, well
23 ποτίζω, *impf act ind 3p*, give water
24 ποίμνιον, flock
25 φρέαρ, well
26 ποίμνιον, flock
27 ἀποκυλίω, *impf act ind 3p*, roll away
28 φρέαρ, well
29 ποτίζω, *impf act ind 3p*, give water
30 ἀποκαθιστάνω, *impf act ind 3p*, restore
31 φρέαρ, well
32 πόθεν, from where
33 ὑγιαίνω, *pres act ind 3s*, be healthy
34 θυγάτηρ, daughter
35 οὔπω, not yet
36 ὥρα, hour
37 κτῆνος, animal, (*p*) herd
38 ποτίζω, *aor act ptc nom p m*, give water
39 βόσκω, *pres act impv 2p*, graze

8 οἱ δὲ εἶπαν Οὐ δυνησόμεθα ἕως τοῦ συναχθῆναι πάντας τοὺς ποιμένας[1] καὶ
ἀποκυλίσωσιν[2] τὸν λίθον ἀπὸ τοῦ στόματος τοῦ φρέατος,[3] καὶ ποτιοῦμεν[4] τὰ
πρόβατα.

9 ἔτι αὐτοῦ λαλοῦντος αὐτοῖς καὶ Ραχηλ ἡ θυγάτηρ[5] Λαβαν ἤρχετο μετὰ τῶν
προβάτων τοῦ πατρὸς αὐτῆς· αὐτὴ γὰρ ἔβοσκεν[6] τὰ πρόβατα τοῦ πατρὸς αὐτῆς.
10 ἐγένετο δὲ ὡς εἶδεν Ιακωβ τὴν Ραχηλ θυγατέρα[7] Λαβαν ἀδελφοῦ τῆς μητρὸς
αὐτοῦ καὶ τὰ πρόβατα Λαβαν ἀδελφοῦ τῆς μητρὸς αὐτοῦ, καὶ προσελθὼν Ιακωβ
ἀπεκύλισεν[8] τὸν λίθον ἀπὸ τοῦ στόματος τοῦ φρέατος[9] καὶ ἐπότισεν[10] τὰ πρόβατα
Λαβαν τοῦ ἀδελφοῦ τῆς μητρὸς αὐτοῦ. **11** καὶ ἐφίλησεν[11] Ιακωβ τὴν Ραχηλ καὶ
βοήσας[12] τῇ φωνῇ αὐτοῦ ἔκλαυσεν. **12** καὶ ἀνήγγειλεν[13] τῇ Ραχηλ ὅτι ἀδελφὸς τοῦ
πατρὸς αὐτῆς ἐστιν καὶ ὅτι υἱὸς Ρεβεκκας ἐστίν, καὶ δραμοῦσα[14] ἀπήγγειλεν τῷ πατρὶ
αὐτῆς κατὰ τὰ ῥήματα ταῦτα. **13** ἐγένετο δὲ ὡς ἤκουσεν Λαβαν τὸ ὄνομα Ιακωβ τοῦ
υἱοῦ τῆς ἀδελφῆς αὐτοῦ, ἔδραμεν[15] εἰς συνάντησιν[16] αὐτῷ καὶ περιλαβὼν[17] αὐτὸν
ἐφίλησεν[18] καὶ εἰσήγαγεν[19] αὐτὸν εἰς τὸν οἶκον αὐτοῦ. καὶ διηγήσατο[20] τῷ Λαβαν
πάντας τοὺς λόγους τούτους. **14** καὶ εἶπεν αὐτῷ Λαβαν Ἐκ τῶν ὀστῶν[21] μου καὶ ἐκ
τῆς σαρκός μου εἶ σύ. καὶ ἦν μετ᾽ αὐτοῦ μῆνα[22] ἡμερῶν.

Jacob Marries Leah and Rachel

15 Εἶπεν δὲ Λαβαν τῷ Ιακωβ Ὅτι γὰρ ἀδελφός μου εἶ, οὐ δουλεύσεις[23] μοι δωρεάν·[24]
ἀπάγγειλόν μοι, τίς ὁ μισθός[25] σού ἐστιν. **16** τῷ δὲ Λαβαν δύο θυγατέρες,[26] ὄνομα τῇ
μείζονι[27] Λεια, καὶ ὄνομα τῇ νεωτέρᾳ[28] Ραχηλ· **17** οἱ δὲ ὀφθαλμοὶ Λειας ἀσθενεῖς,[29]
Ραχηλ δὲ καλὴ τῷ εἴδει[30] καὶ ὡραία[31] τῇ ὄψει.[32] **18** ἠγάπησεν δὲ Ιακωβ τὴν Ραχηλ
καὶ εἶπεν Δουλεύσω[33] σοι ἑπτὰ ἔτη περὶ Ραχηλ τῆς θυγατρός[34] σου τῆς νεωτέρας.[35]
19 εἶπεν δὲ αὐτῷ Λαβαν Βέλτιον[36] δοῦναί με αὐτὴν σοὶ ἢ δοῦναί με αὐτὴν ἀνδρὶ

1 ποιμήν, shepherd
2 ἀποκυλίω, *aor act sub 3p*, roll away
3 φρέαρ, well
4 ποτίζω, *fut act ind 1p*, give water
5 θυγάτηρ, daughter
6 βόσκω, *impf act ind 3s*, graze
7 θυγάτηρ, daughter
8 ἀποκυλίω, *aor act ind 3s*, roll away
9 φρέαρ, well
10 ποτίζω, *aor act ind 3s*, give water
11 φιλέω, *aor act ind 3s*, love
12 βοάω, *aor act ptc nom s m*, cry out
13 ἀναγγέλλω, *aor act ind 3s*, report, announce
14 τρέχω, *aor act ptc nom s f*, run
15 τρέχω, *aor act ind 3s*, run
16 συνάντησις, meeting
17 περιλαμβάνω, *aor act ptc nom s m*, embrace
18 φιλέω, *aor act ind 3s*, kiss
19 εἰσάγω, *aor act ind 3s*, bring in
20 διηγέομαι, *aor mid ind 3s*, explain
21 ὀστέον, bone
22 μήν, month
23 δουλεύω, *fut act ind 2s*, serve
24 δωρεάν, freely, for free
25 μισθός, wages
26 θυγάτηρ, daughter
27 μείζων, *comp of* μέγας, elder
28 νέος, *comp*, younger
29 ἀσθενής, weak
30 εἶδος, form, outward appearance
31 ὡραῖος, beautiful
32 ὄψις, face
33 δουλεύω, *fut act ind 1s*, serve
34 θυγάτηρ, daughter
35 νέος, *comp*, younger
36 βελτίων, *comp of* ἀγαθός, better

ἑτέρῳ· οἴκησον[1] μετ᾽ ἐμοῦ. **20** καὶ ἐδούλευσεν[2] Ιακωβ περὶ Ραχηλ ἔτη ἑπτά, καὶ ἦσαν ἐναντίον[3] αὐτοῦ ὡς ἡμέραι ὀλίγαι[4] παρὰ τὸ ἀγαπᾶν αὐτὸν αὐτήν.

21 εἶπεν δὲ Ιακωβ πρὸς Λαβαν Ἀπόδος τὴν γυναῖκά μου, πεπλήρωνται γὰρ αἱ ἡμέραι μου, ὅπως εἰσέλθω πρὸς αὐτήν. **22** συνήγαγεν δὲ Λαβαν πάντας τοὺς ἄνδρας τοῦ τόπου καὶ ἐποίησεν γάμον.[5] **23** καὶ ἐγένετο ἑσπέρα,[6] καὶ λαβὼν Λαβαν Λειαν τὴν θυγατέρα[7] αὐτοῦ εἰσήγαγεν[8] αὐτὴν πρὸς Ιακωβ, καὶ εἰσῆλθεν πρὸς αὐτὴν Ιακωβ. **24** ἔδωκεν δὲ Λαβαν Λεια τῇ θυγατρὶ[9] αὐτοῦ Ζελφαν τὴν παιδίσκην[10] αὐτοῦ αὐτῇ παιδίσκην. **25** ἐγένετο δὲ πρωί,[11] καὶ ἰδοὺ ἦν Λεια. εἶπεν δὲ Ιακωβ τῷ Λαβαν Τί τοῦτο ἐποίησάς μοι; οὐ περὶ Ραχηλ ἐδούλευσα[12] παρὰ σοί; καὶ ἵνα τί παρελογίσω[13] με; **26** εἶπεν δὲ Λαβαν Οὐκ ἔστιν οὕτως ἐν τῷ τόπῳ ἡμῶν, δοῦναι τὴν νεωτέραν[14] πρὶν[15] ἢ τὴν πρεσβυτέραν· **27** συντέλεσον[16] οὖν τὰ ἕβδομα[17] ταύτης, καὶ δώσω σοι καὶ ταύτην ἀντὶ[18] τῆς ἐργασίας,[19] ἧς ἐργᾷ παρ᾽ ἐμοὶ ἔτι ἑπτὰ ἔτη ἕτερα. **28** ἐποίησεν δὲ Ιακωβ οὕτως καὶ ἀνεπλήρωσεν[20] τὰ ἕβδομα[21] ταύτης, καὶ ἔδωκεν αὐτῷ Λαβαν Ραχηλ τὴν θυγατέρα[22] αὐτοῦ αὐτῷ γυναῖκα. **29** ἔδωκεν δὲ Λαβαν Ραχηλ τῇ θυγατρὶ[23] αὐτοῦ Βαλλαν τὴν παιδίσκην[24] αὐτοῦ αὐτῇ παιδίσκην. **30** καὶ εἰσῆλθεν πρὸς Ραχηλ· ἠγάπησεν δὲ Ραχηλ μᾶλλον[25] ἢ Λειαν· καὶ ἐδούλευσεν[26] αὐτῷ ἑπτὰ ἔτη ἕτερα.

31 Ἰδὼν δὲ κύριος ὅτι μισεῖται Λεια, ἤνοιξεν τὴν μήτραν[27] αὐτῆς· Ραχηλ δὲ ἦν στεῖρα.[28] **32** καὶ συνέλαβεν[29] Λεια καὶ ἔτεκεν[30] υἱὸν τῷ Ιακωβ· ἐκάλεσεν δὲ τὸ ὄνομα αὐτοῦ Ρουβην λέγουσα Διότι[31] εἶδέν μου κύριος τὴν ταπείνωσιν·[32] νῦν με ἀγαπήσει ὁ ἀνήρ μου. **33** καὶ συνέλαβεν[33] πάλιν[34] Λεια καὶ ἔτεκεν[35] υἱὸν δεύτερον τῷ Ιακωβ καὶ εἶπεν Ὅτι ἤκουσεν κύριος ὅτι μισοῦμαι, καὶ προσέδωκέν[36] μοι καὶ τοῦτον· ἐκάλεσεν δὲ τὸ ὄνομα αὐτοῦ Συμεων. **34** καὶ συνέλαβεν[37] ἔτι καὶ ἔτεκεν[38] υἱὸν καὶ εἶπεν Ἐν τῷ νῦν καιρῷ πρὸς ἐμοῦ ἔσται ὁ ἀνήρ μου, ἔτεκον[39] γὰρ αὐτῷ τρεῖς υἱούς·

1 οἰκέω, *aor act impv 2s*, dwell
2 δουλεύω, *aor act ind 3s*, serve
3 ἐναντίον, before
4 ὀλίγος, little, few
5 γάμος, marriage
6 ἑσπέρα, evening
7 θυγάτηρ, daughter
8 εἰσάγω, *aor act ind 3s*, bring in
9 θυγάτηρ, daughter
10 παιδίσκη, maidservant
11 πρωί, morning
12 δουλεύω, *aor act ind 1s*, serve
13 παραλογίζομαι, *aor mid ind 2s*, deceive
14 νέος, *comp*, younger
15 πρίν, before
16 συντελέω, *aor act impv 2s*, finish
17 ἕβδομος, seven
18 ἀντί, in return for
19 ἐργασία, work
20 ἀναπληρόω, *aor act ind 3s*, fulfill
21 ἕβδομος, seven
22 θυγάτηρ, daughter
23 θυγάτηρ, daughter
24 παιδίσκη, maidservant
25 μᾶλλον, more
26 δουλεύω, *aor act ind 3s*, serve
27 μήτρα, womb
28 στεῖρα, barren, infertile
29 συλλαμβάνω, *aor act ind 3s*, conceive
30 τίκτω, *aor act ind 3s*, give birth
31 διότι, because
32 ταπείνωσις, humiliation
33 συλλαμβάνω, *aor act ind 3s*, conceive
34 πάλιν, again, once more
35 τίκτω, *aor act ind 3s*, give birth
36 προσδίδωμι, *aor act ind 3s*, give to
37 συλλαμβάνω, *aor act ind 3s*, conceive
38 τίκτω, *aor act ind 3s*, give birth
39 τίκτω, *aor act ind 1s*, give birth

διὰ τοῦτο ἐκάλεσεν τὸ ὄνομα αὐτοῦ Λευι. **35** καὶ συλλαβοῦσα[1] ἔτι ἔτεκεν[2] υἱὸν καὶ
εἶπεν Νῦν ἔτι τοῦτο ἐξομολογήσομαι[3] κυρίῳ· διὰ τοῦτο ἐκάλεσεν τὸ ὄνομα αὐτοῦ
Ιουδα. καὶ ἔστη τοῦ τίκτειν.[4]

Jacob's Children by Leah, Bilhah, Zilpah, and Rachel

30 Ἰδοῦσα δὲ Ραχηλ ὅτι οὐ τέτοκεν[5] τῷ Ιακωβ, καὶ ἐζήλωσεν[6] Ραχηλ τὴν ἀδελ-
φὴν αὐτῆς καὶ εἶπεν τῷ Ιακωβ Δός μοι τέκνα· εἰ δὲ μή, τελευτήσω[7] ἐγώ.
2 ἐθυμώθη[8] δὲ Ιακωβ τῇ Ραχηλ καὶ εἶπεν αὐτῇ Μὴ ἀντὶ[9] θεοῦ ἐγώ εἰμι, ὃς ἐστέρησέν[10]
σε καρπὸν κοιλίας;[11] **3** εἶπεν δὲ Ραχηλ τῷ Ιακωβ Ἰδοὺ ἡ παιδίσκη[12] μου Βαλλα·
εἴσελθε πρὸς αὐτήν, καὶ τέξεται[13] ἐπὶ τῶν γονάτων[14] μου, καὶ τεκνοποιήσομαι[15]
κἀγὼ[16] ἐξ αὐτῆς. **4** καὶ ἔδωκεν αὐτῷ Βαλλαν τὴν παιδίσκην[17] αὐτῆς αὐτῷ γυναῖκα·
εἰσῆλθεν δὲ πρὸς αὐτὴν Ιακωβ. **5** καὶ συνέλαβεν[18] Βαλλα ἡ παιδίσκη[19] Ραχηλ καὶ
ἔτεκεν[20] τῷ Ιακωβ υἱόν. **6** καὶ εἶπεν Ραχηλ Ἔκρινέν μοι ὁ θεὸς καὶ ἐπήκουσεν[21] τῆς
φωνῆς μου καὶ ἔδωκέν μοι υἱόν· διὰ τοῦτο ἐκάλεσεν τὸ ὄνομα αὐτοῦ Δαν. **7** καὶ
συνέλαβεν[22] ἔτι Βαλλα ἡ παιδίσκη[23] Ραχηλ καὶ ἔτεκεν[24] υἱὸν δεύτερον τῷ Ιακωβ.
8 καὶ εἶπεν Ραχηλ Συνελάβετό[25] μοι ὁ θεός, καὶ συνανεστράφην[26] τῇ ἀδελφῇ μου
καὶ ἠδυνάσθην· καὶ ἐκάλεσεν τὸ ὄνομα αὐτοῦ Νεφθαλι.

9 Εἶδεν δὲ Λεια ὅτι ἔστη τοῦ τίκτειν,[27] καὶ ἔλαβεν Ζελφαν τὴν παιδίσκην[28] αὐτῆς καὶ
ἔδωκεν αὐτὴν τῷ Ιακωβ γυναῖκα. **10** εἰσῆλθεν δὲ πρὸς αὐτὴν Ιακωβ, καὶ συνέλαβεν[29]
Ζελφα ἡ παιδίσκη[30] Λειας καὶ ἔτεκεν[31] τῷ Ιακωβ υἱόν. **11** καὶ εἶπεν Λεια Ἐν τύχῃ·[32]
καὶ ἐπωνόμασεν[33] τὸ ὄνομα αὐτοῦ Γαδ. **12** καὶ συνέλαβεν[34] Ζελφα ἡ παιδίσκη[35]
Λειας καὶ ἔτεκεν[36] ἔτι τῷ Ιακωβ υἱὸν δεύτερον. **13** καὶ εἶπεν Λεια Μακαρία[37] ἐγώ,
ὅτι μακαρίζουσίν[38] με αἱ γυναῖκες· καὶ ἐκάλεσεν τὸ ὄνομα αὐτοῦ Ασηρ.

1 συλλαμβάνω, *aor act ptc nom s f*, conceive
2 τίκτω, *aor act ind 3s*, give birth
3 ἐξομολογέω, *fut mid ind 1s*, confess
4 τίκτω, *pres act inf*, give birth
5 τίκτω, *perf act ind 3s*, give birth
6 ζηλόω, *aor act ind 3s*, be jealous
7 τελευτάω, *fut act ind 1s*, die
8 θυμόω, *aor pas ind 3s*, be angry
9 ἀντί, in the place of
10 στερέω, *aor act ind 3s*, deprive
11 κοιλία, belly, womb
12 παιδίσκη, maidservant
13 τίκτω, *fut mid ind 3s*, give birth
14 γόνυ, knee
15 τεκνοποιέω, *fut mid ind 1s*, bear children
16 κἀγώ, I too, *cr.* καὶ ἐγώ
17 παιδίσκη, maidservant
18 συλλαμβάνω, *aor act ind 3s*, conceive
19 παιδίσκη, maidservant
20 τίκτω, *aor act ind 3s*, give birth
21 ἐπακούω, *aor act ind 3s*, hear, heed
22 συλλαμβάνω, *aor act ind 3s*, conceive
23 παιδίσκη, maidservant
24 τίκτω, *aor act ind 3s*, give birth
25 συλλαμβάνω, *aor mid ind 3s*, cause to conceive
26 συναναστρέφω, *aor pas ind 1s*, live among
27 τίκτω, *pres act inf*, give birth
28 παιδίσκη, maidservant
29 συλλαμβάνω, *aor act ind 3s*, conceive
30 παιδίσκη, maidservant
31 τίκτω, *aor act ind 3s*, give birth
32 τύχη, fortune
33 ἐπονομάζω, *aor act ind 3s*, name, call
34 συλλαμβάνω, *aor act ind 3s*, conceive
35 παιδίσκη, maidservant
36 τίκτω, *aor act ind 3s*, give birth
37 μακάριος, blessed
38 μακαρίζω, *pres act ind 3p*, call blessed

14 Ἐπορεύθη δὲ Ρουβην ἐν ἡμέραις θερισμοῦ[1] πυρῶν[2] καὶ εὗρεν μῆλα[3] μανδρα-
γόρου[4] ἐν τῷ ἀγρῷ καὶ ἤνεγκεν αὐτὰ πρὸς Λειαν τὴν μητέρα αὐτοῦ. εἶπεν δὲ
Ραχηλ τῇ Λεια Δός μοι τῶν μανδραγορῶν[5] τοῦ υἱοῦ σου. **15** εἶπεν δὲ Λεια Οὐχ
ἱκανόν[6] σοι ὅτι ἔλαβες τὸν ἄνδρα μου; μὴ καὶ τοὺς μανδραγόρας[7] τοῦ υἱοῦ μου
λήμψῃ; εἶπεν δὲ Ραχηλ Οὐχ οὕτως· κοιμηθήτω[8] μετὰ σοῦ τὴν νύκτα ταύτην ἀντὶ[9]
τῶν μανδραγορῶν[10] τοῦ υἱοῦ σου. **16** εἰσῆλθεν δὲ Ιακωβ ἐξ ἀγροῦ ἑσπέρας,[11]
καὶ ἐξῆλθεν Λεια εἰς συνάντησιν[12] αὐτῷ καὶ εἶπεν Πρός με εἰσελεύσῃ σήμερον·
μεμίσθωμαι[13] γάρ σε ἀντὶ[14] τῶν μανδραγορῶν[15] τοῦ υἱοῦ μου. καὶ ἐκοιμήθη[16] μετ᾽
αὐτῆς τὴν νύκτα ἐκείνην. **17** καὶ ἐπήκουσεν[17] ὁ θεὸς Λειας, καὶ συλλαβοῦσα[18]
ἔτεκεν[19] τῷ Ιακωβ υἱὸν πέμπτον.[20] **18** καὶ εἶπεν Λεια Ἔδωκεν ὁ θεὸς τὸν μισθόν[21]
μου ἀνθ᾽ οὗ[22] ἔδωκα τὴν παιδίσκην[23] μου τῷ ἀνδρί μου· καὶ ἐκάλεσεν τὸ ὄνομα
αὐτοῦ Ισσαχαρ, ὅ ἐστιν Μισθός. **19** καὶ συνέλαβεν[24] ἔτι Λεια καὶ ἔτεκεν[25] υἱὸν
ἕκτον[26] τῷ Ιακωβ. **20** καὶ εἶπεν Λεια Δεδώρηταί[27] μοι ὁ θεὸς δῶρον[28] καλόν· ἐν τῷ
νῦν καιρῷ αἱρετιεῖ[29] με ὁ ἀνήρ μου, ἔτεκον[30] γὰρ αὐτῷ υἱοὺς ἕξ·[31] καὶ ἐκάλεσεν τὸ
ὄνομα αὐτοῦ Ζαβουλων. **21** καὶ μετὰ τοῦτο ἔτεκεν[32] θυγατέρα[33] καὶ ἐκάλεσεν τὸ
ὄνομα αὐτῆς Δινα.

22 Ἐμνήσθη[34] δὲ ὁ θεὸς τῆς Ραχηλ, καὶ ἐπήκουσεν[35] αὐτῆς ὁ θεὸς καὶ ἀνέῳξεν
αὐτῆς τὴν μήτραν,[36] **23** καὶ συλλαβοῦσα[37] ἔτεκεν[38] τῷ Ιακωβ υἱόν. εἶπεν δὲ Ραχηλ
Ἀφεῖλεν[39] ὁ θεός μου τὸ ὄνειδος·[40] **24** καὶ ἐκάλεσεν τὸ ὄνομα αὐτοῦ Ιωσηφ λέγουσα
Προσθέτω[41] ὁ θεός μοι υἱὸν ἕτερον.

1 θερισμός, harvest
2 πυρός, wheat
3 μῆλον, fruit, apple
4 μανδραγόρας, mandrake plant
5 μανδραγόρας, mandrake
6 ἱκανός, enough, sufficient
7 μανδραγόρας, mandrake
8 κοιμάω, *aor pas impv 3s*, sleep with, lie with
9 ἀντί, in return for
10 μανδραγόρας, mandrake
11 ἑσπέρα, evening
12 συνάντησις, meeting
13 μισθόω, *perf mid ind 1s*, hire
14 ἀντί, in return for
15 μανδραγόρας, mandrake
16 κοιμάω, *aor pas ind 3s*, sleep with, lie with
17 ἐπακούω, *aor act ind 3s*, hear, heed
18 συλλαμβάνω, *aor act ptc nom s f*, conceive
19 τίκτω, *aor act ind 3s*, give birth
20 πέμπτος, fifth
21 μισθός, reward
22 ἀνθ᾽ οὗ, since, because
23 παιδίσκη, maidservant
24 συλλαμβάνω, *aor act ind 3s*, conceive
25 τίκτω, *aor act ind 3s*, give birth
26 ἕκτος, sixth
27 δωρέομαι, *perf mid ind 3s*, give
28 δῶρον, gift
29 αἱρετίζω, *fut act ind 3s*, choose
30 τίκτω, *aor act ind 1s*, give birth
31 ἕξ, six
32 τίκτω, *aor act ind 3s*, give birth
33 θυγάτηρ, daughter
34 μιμνῄσκομαι, *aor pas ind 3s*, remember
35 ἐπακούω, *aor act ind 3s*, hear, heed
36 μήτρα, womb
37 συλλαμβάνω, *aor act ptc nom s f*, conceive
38 τίκτω, *aor act ind 3s*, give birth
39 ἀφαιρέω, *aor act ind 3s*, take away
40 ὄνειδος, disgrace, shame
41 προστίθημι, *aor mid impv 3s*, add to

Jacob Prospers at Laban's Expense

25 Ἐγένετο δὲ ὡς ἔτεκεν[1] Ραχηλ τὸν Ιωσηφ, εἶπεν Ιακωβ τῷ Λαβαν Ἀπόστειλόν
με, ἵνα ἀπέλθω εἰς τὸν τόπον μου καὶ εἰς τὴν γῆν μου. **26** ἀπόδος τὰς γυναῖκάς
μου καὶ τὰ παιδία, περὶ ὧν δεδούλευκά[2] σοι, ἵνα ἀπέλθω· σὺ γὰρ γινώσκεις τὴν
δουλείαν,[3] ἣν δεδούλευκά σοι. **27** εἶπεν δὲ αὐτῷ Λαβαν Εἰ εὗρον χάριν ἐναντίον[4]
σου, οἰωνισάμην[5] ἄν· εὐλόγησεν γάρ με ὁ θεὸς τῇ σῇ[6] εἰσόδῳ.[7] **28** διάστειλον[8]
τὸν μισθόν[9] σου πρός με, καὶ δώσω. **29** εἶπεν δὲ αὐτῷ Ιακωβ Σὺ γινώσκεις ἃ
δεδούλευκά[10] σοι καὶ ὅσα ἦν κτήνη[11] σου μετ᾽ ἐμοῦ· **30** μικρὰ γὰρ ἦν ὅσα σοι ἦν
ἐναντίον[12] ἐμοῦ, καὶ ηὐξήθη[13] εἰς πλῆθος, καὶ ηὐλόγησέν σε κύριος ἐπὶ τῷ ποδί
μου. νῦν οὖν πότε[14] ποιήσω κἀγὼ[15] ἐμαυτῷ[16] οἶκον; **31** καὶ εἶπεν αὐτῷ Λαβαν Τί
σοι δώσω; εἶπεν δὲ αὐτῷ Ιακωβ Οὐ δώσεις μοι οὐθέν·[17] ἐὰν ποιήσῃς μοι τὸ ῥῆμα
τοῦτο, πάλιν[18] ποιμανῶ[19] τὰ πρόβατά σου καὶ φυλάξω. **32** παρελθάτω[20] πάντα τὰ
πρόβατά σου σήμερον, καὶ διαχώρισον[21] ἐκεῖθεν[22] πᾶν πρόβατον φαιὸν[23] ἐν τοῖς
ἀρνάσιν[24] καὶ πᾶν διάλευκον[25] καὶ ῥαντὸν[26] ἐν ταῖς αἰξίν·[27] ἔσται μοι μισθός.[28]
33 καὶ ἐπακούσεταί[29] μοι ἡ δικαιοσύνη μου ἐν τῇ ἡμέρᾳ τῇ αὔριον,[30] ὅτι ἐστὶν
ὁ μισθός[31] μου ἐνώπιόν σου· πᾶν, ὃ ἐὰν μὴ ᾖ ῥαντὸν[32] καὶ διάλευκον[33] ἐν ταῖς
αἰξὶν[34] καὶ φαιὸν[35] ἐν τοῖς ἀρνάσιν,[36] κεκλεμμένον[37] ἔσται παρ᾽ ἐμοί. **34** εἶπεν δὲ
αὐτῷ Λαβαν Ἔστω κατὰ τὸ ῥῆμά σου. **35** καὶ διέστειλεν[38] ἐν τῇ ἡμέρᾳ ἐκείνῃ τοὺς
τράγους[39] τοὺς ῥαντοὺς[40] καὶ τοὺς διαλεύκους[41] καὶ πάσας τὰς αἶγας[42] τὰς ῥαντὰς
καὶ τὰς διαλεύκους καὶ πᾶν, ὃ ἦν λευκὸν[43] ἐν αὐτοῖς, καὶ πᾶν, ὃ ἦν φαιὸν[44] ἐν τοῖς

1 τίκτω, *aor act ind 3s*, give birth
2 δουλεύω, *perf act ind 1s*, serve
3 δουλεία, servitude
4 ἐναντίον, before
5 οἰωνίζομαι, *aor mid ind 1s*, learn by divination
6 σός, your
7 εἴσοδος, coming
8 διαστέλλω, *aor act impv 2s*, specify, order
9 μισθός, wages
10 δουλεύω, *perf act ind 1s*, serve
11 κτῆνος, animal, (*p*) herd
12 ἐναντίον, before
13 αὐξάνω, *aor pas ind 3s*, grow
14 πότε, when
15 κἀγώ, I also, *cr.* καὶ ἐγώ
16 ἐμαυτοῦ, of myself, my own
17 οὐθείς, anything, nothing
18 πάλιν, again
19 ποιμαίνω, *fut act ind 1s*, tend (flocks), shepherd
20 παρέρχομαι, *aor act impv 3s*, pass by
21 διαχωρίζω, *aor act impv 2s*, separate
22 ἐκεῖθεν, from there
23 φαιός, gray
24 ἀρήν, lamb, sheep
25 διάλευκος, white-speckled
26 ῥαντός, spotted
27 αἴξ, goat
28 μισθός, wages
29 ἐπακούω, *fut mid ind 3s*, hear, heed
30 αὔριον, tomorrow
31 μισθός, wages
32 ῥαντός, spotted
33 διάλευκος, white-speckled
34 αἴξ, goat
35 φαιός, gray
36 ἀρήν, lamb, sheep
37 κλέπτω, *perf pas ptc nom s n*, steal
38 διαστέλλω, *aor act ind 3s*, set apart
39 τράγος, male goat
40 ῥαντός, spotted
41 διάλευκος, white-speckled
42 αἴξ, goat
43 λευκός, white
44 φαιός, gray

ἀρνάσιν,[1] καὶ ἔδωκεν διὰ χειρὸς τῶν υἱῶν αὐτοῦ. **36** καὶ ἀπέστησεν[2] ὁδὸν τριῶν
ἡμερῶν ἀνὰ μέσον[3] αὐτῶν καὶ ἀνὰ μέσον Ιακωβ· Ιακωβ δὲ ἐποίμαινεν[4] τὰ πρόβατα
Λαβαν τὰ ὑπολειφθέντα.[5]

37 ἔλαβεν δὲ ἑαυτῷ Ιακωβ ῥάβδον[6] στυρακίνην[7] χλωρὰν[8] καὶ καρυΐνην[9] καὶ πλατάνου,[10] καὶ ἐλέπισεν[11] αὐτὰς Ιακωβ λεπίσματα[12] λευκὰ[13] περισύρων[14] τὸ χλωρόν·[15]
ἐφαίνετο[16] δὲ ἐπὶ ταῖς ῥάβδοις[17] τὸ λευκόν,[18] ὃ ἐλέπισεν,[19] ποικίλον.[20] **38** καὶ παρ-
έθηκεν[21] τὰς ῥάβδους,[22] ἃς ἐλέπισεν,[23] ἐν ταῖς ληνοῖς[24] τῶν ποτιστηρίων[25] τοῦ
ὕδατος, ἵνα, ὡς ἂν ἔλθωσιν τὰ πρόβατα πιεῖν ἐνώπιον τῶν ῥάβδων,[26] ἐλθόντων
αὐτῶν εἰς τὸ πιεῖν, **39** ἐγκισσήσωσιν[27] τὰ πρόβατα εἰς τὰς ῥάβδους·[28] καὶ
ἔτικτον τὰ πρόβατα διάλευκα[29] καὶ ποικίλα[30] καὶ σποδοειδῆ[31] ῥαντά.[32] **40** τοὺς
δὲ ἀμνοὺς[33] διέστειλεν[34] Ιακωβ καὶ ἔστησεν ἐναντίον[35] τῶν προβάτων κριὸν[36]
διάλευκον[37] καὶ πᾶν ποικίλον[38] ἐν τοῖς ἀμνοῖς·[39] καὶ διεχώρισεν[40] ἑαυτῷ ποίμνια[41]
καθ᾽ ἑαυτὸν καὶ οὐκ ἔμιξεν[42] αὐτὰ εἰς τὰ πρόβατα Λαβαν. **41** ἐγένετο δὲ ἐν τῷ
καιρῷ, ᾧ ἐνεκίσσησεν[43] τὰ πρόβατα ἐν γαστρὶ[44] λαμβάνοντα, ἔθηκεν Ιακωβ τὰς
ῥάβδους[45] ἐναντίον[46] τῶν προβάτων ἐν ταῖς ληνοῖς[47] τοῦ ἐγκισσῆσαι[48] αὐτὰ κατὰ
τὰς ῥάβδους·[49] **42** ἡνίκα[50] δ᾽ ἂν ἔτεκον[51] τὰ πρόβατα, οὐκ ἐτίθει· ἐγένετο δὲ τὰ
ἄσημα[52] τοῦ Λαβαν, τὰ δὲ ἐπίσημα[53] τοῦ Ιακωβ. **43** καὶ ἐπλούτησεν[54] ὁ ἄνθρωπος

1 ἀρήν, lamb, sheep
2 ἀφίστημι, *aor act ind 3s*, draw away, remove
3 ἀνὰ μέσον, between
4 ποιμαίνω, *impf act ind 3s*, tend (flocks), shepherd
5 ὑπολείπω, *aor pas ptc acc p n*, leave behind
6 ῥάβδος, rod, staff
7 στυράκινος, storax wood
8 χλωρός, green
9 καρύϊνος, almond, walnut
10 πλάτανος, plane tree
11 λεπίζω, *aor act ind 3s*, peel
12 λέπισμα, peel
13 λευκός, white
14 περισύρω, *pres act ptc nom s m*, tear away
15 χλωρός, green
16 φαίνω, *impf mid ind 3s*, appear
17 ῥάβδος, rod, staff
18 λευκός, white
19 λεπίζω, *aor act ind 3s*, peel
20 ποικίλος, variegated, multicolored
21 παρατίθημι, *aor act ind 3s*, set before
22 ῥάβδος, rod, staff
23 λεπίζω, *aor act ind 3s*, peel
24 ληνός, watering place
25 ποτιστήριον, watering trough
26 ῥάβδος, rod, staff
27 ἐγκισσάω, *aor act sub 3p*, come into heat
28 ῥάβδος, rod, staff
29 διάλευκος, white-speckled
30 ποικίλος, variegated, multicolored
31 σποδοειδής, ash-colored
32 ῥαντός, spotted
33 ἀμνός, lamb
34 διαστέλλω, *aor act ind 3s*, set apart
35 ἐναντίον, before
36 κριός, ram
37 διάλευκος, white-speckled
38 ποικίλος, variegated, multicolored
39 ἀμνός, lamb
40 διαχωρίζω, *aor act ind 3s*, separate
41 ποίμνιον, flock
42 μίγνυμι, *aor act ind 3s*, mix
43 ἐγκισσάω, *aor act ind 3s*, conceive
44 γαστήρ, womb
45 ῥάβδος, rod, staff
46 ἐναντίον, before
47 ληνός, channel
48 ἐγκισσάω, *aor act inf*, conceive
49 ῥάβδος, rod, staff
50 ἡνίκα, when
51 τίκτω, *aor act ind 3p*, give birth
52 ἄσημος, unmarked
53 ἐπίσημος, marked
54 πλουτέω, *aor act ind 3s*, become wealthy

σφόδρα[1] σφόδρα,[2] καὶ ἐγένετο αὐτῷ κτήνη[3] πολλὰ καὶ βόες[4] καὶ παῖδες[5] καὶ
παιδίσκαι[6] καὶ κάμηλοι[7] καὶ ὄνοι.[8]

Jacob Flees Laban

31 Ἤκουσεν δὲ Ιακωβ τὰ ῥήματα τῶν υἱῶν Λαβαν λεγόντων Εἴληφεν Ιακωβ
πάντα τὰ τοῦ πατρὸς ἡμῶν καὶ ἐκ τῶν τοῦ πατρὸς ἡμῶν πεποίηκεν πᾶσαν
τὴν δόξαν ταύτην. **2** καὶ εἶδεν Ιακωβ τὸ πρόσωπον τοῦ Λαβαν, καὶ ἰδοὺ οὐκ ἦν πρὸς
αὐτὸν ὡς ἐχθὲς[9] καὶ τρίτην ἡμέραν. **3** εἶπεν δὲ κύριος πρὸς Ιακωβ Ἀποστρέφου[10] εἰς
τὴν γῆν τοῦ πατρός σου καὶ εἰς τὴν γενεάν σου, καὶ ἔσομαι μετὰ σοῦ. **4** ἀποστείλας
δὲ Ιακωβ ἐκάλεσεν Ραχηλ καὶ Λειαν εἰς τὸ πεδίον,[11] οὗ τὰ ποίμνια,[12] **5** καὶ εἶπεν
αὐταῖς Ὁρῶ ἐγὼ τὸ πρόσωπον τοῦ πατρὸς ὑμῶν ὅτι οὐκ ἔστιν πρὸς ἐμοῦ ὡς
ἐχθὲς[13] καὶ τρίτην ἡμέραν· ὁ δὲ θεὸς τοῦ πατρός μου ἦν μετ᾽ ἐμοῦ. **6** καὶ αὐταὶ δὲ
οἴδατε ὅτι ἐν πάσῃ τῇ ἰσχύι[14] μου δεδούλευκα[15] τῷ πατρὶ ὑμῶν. **7** ὁ δὲ πατὴρ ὑμῶν
παρεκρούσατό[16] με καὶ ἤλλαξεν[17] τὸν μισθόν[18] μου τῶν δέκα[19] ἀμνῶν,[20] καὶ οὐκ
ἔδωκεν αὐτῷ ὁ θεὸς κακοποιῆσαί[21] με. **8** ἐὰν οὕτως εἴπῃ Τὰ ποικίλα[22] ἔσται σου
μισθός,[23] καὶ τέξεται[24] πάντα τὰ πρόβατα ποικίλα·[25] ἐὰν δὲ εἴπῃ Τὰ λευκὰ[26] ἔσται σου
μισθός,[27] καὶ τέξεται[28] πάντα τὰ πρόβατα λευκά·[29] **9** καὶ ἀφείλατο[30] ὁ θεὸς πάντα τὰ
κτήνη[31] τοῦ πατρὸς ὑμῶν καὶ ἔδωκέν μοι αὐτά.

10 καὶ ἐγένετο ἡνίκα[32] ἐνεκίσσων[33] τὰ πρόβατα, καὶ εἶδον τοῖς ὀφθαλμοῖς αὐτὰ ἐν
τῷ ὕπνῳ,[34] καὶ ἰδοὺ οἱ τράγοι[35] καὶ οἱ κριοὶ[36] ἀναβαίνοντες ἦσαν ἐπὶ τὰ πρόβατα
καὶ τὰς αἶγας[37] διάλευκοι[38] καὶ ποικίλοι[39] καὶ σποδοειδεῖς[40] ῥαντοί.[41] **11** καὶ εἶπέν
μοι ὁ ἄγγελος τοῦ θεοῦ καθ᾽ ὕπνον[42] Ιακωβ· ἐγὼ δὲ εἶπα Τί ἐστιν; **12** καὶ εἶπεν

1 σφόδρα, very
2 σφόδρα, exceedingly
3 κτῆνος, animal, (*p*) herd
4 βοῦς, cow, (*p*) cattle
5 παῖς, servant
6 παιδίσκη, maidservant
7 κάμηλος, camel
8 ὄνος, donkey
9 ἐχθές, yesterday
10 ἀποστρέφω, *pres mid impv 2s*, return
11 πεδίον, plain
12 ποίμνιον, flock
13 ἐχθές, yesterday
14 ἰσχύς, strength, might
15 δουλεύω, *perf act ind 1s*, serve
16 παρακρούω, *aor mid ind 3s*, deceive
17 ἀλλάσσω, *aor act ind 3s*, change
18 μισθός, wages
19 δέκα, ten
20 ἀμνός, lamb
21 κακοποιέω, *aor act inf*, harm, do evil
22 ποικίλος, variegated, multicolored
23 μισθός, wages
24 τίκτω, *fut mid ind 3s*, give birth
25 ποικίλος, variegated, multicolored
26 λευκός, white
27 μισθός, wages
28 τίκτω, *fut mid ind 3s*, give birth
29 λευκός, white
30 ἀφαιρέω, *aor mid ind 3s*, take away
31 κτῆνος, animal, (*p*) herd
32 ἡνίκα, when
33 ἐγκισσάω, *impf act ind 3p*, come into heat
34 ὕπνος, sleep
35 τράγος, male goat
36 κριός, ram
37 αἴξ, goat
38 διάλευκος, white-speckled
39 ποικίλος, variegated, multicolored
40 σποδοειδής, ash-colored
41 ῥαντός, spotted
42 ὕπνος, sleep

Ἀνάβλεψον[1] τοῖς ὀφθαλμοῖς σου καὶ ἰδὲ τοὺς τράγους[2] καὶ τοὺς κριοὺς[3] ἀναβαίνοντας
ἐπὶ τὰ πρόβατα καὶ τὰς αἶγας[4] διαλεύκους[5] καὶ ποικίλους[6] καὶ σποδοειδεῖς[7] ῥαντούς·[8]
ἑώρακα γὰρ ὅσα σοι Λαβαν ποιεῖ. **13** ἐγώ εἰμι ὁ θεὸς ὁ ὀφθείς σοι ἐν τόπῳ θεοῦ,
οὗ ἤλειψάς[9] μοι ἐκεῖ στήλην[10] καὶ ηὔξω[11] μοι ἐκεῖ εὐχήν·[12] νῦν οὖν ἀνάστηθι καὶ
ἔξελθε ἐκ τῆς γῆς ταύτης καὶ ἄπελθε εἰς τὴν γῆν τῆς γενέσεώς[13] σου, καὶ ἔσομαι
μετὰ σοῦ. **14** καὶ ἀποκριθεῖσα Ραχηλ καὶ Λεια εἶπαν αὐτῷ Μὴ ἔστιν ἡμῖν ἔτι μερὶς[14]
ἢ κληρονομία[15] ἐν τῷ οἴκῳ τοῦ πατρὸς ἡμῶν; **15** οὐχ ὡς αἱ ἀλλότριαι[16] λελογίσμεθα
αὐτῷ; πέπρακεν[17] γὰρ ἡμᾶς καὶ κατέφαγεν[18] καταβρώσει[19] τὸ ἀργύριον[20] ἡμῶν.
16 πάντα τὸν πλοῦτον[21] καὶ τὴν δόξαν, ἣν ἀφείλατο[22] ὁ θεὸς τοῦ πατρὸς ἡμῶν, ἡμῖν
ἔσται καὶ τοῖς τέκνοις ἡμῶν. νῦν οὖν ὅσα εἴρηκέν σοι ὁ θεός, ποίει.

17 Ἀναστὰς δὲ Ιακωβ ἔλαβεν τὰς γυναῖκας αὐτοῦ καὶ τὰ παιδία αὐτοῦ ἐπὶ τὰς
καμήλους[23] **18** καὶ ἀπήγαγεν[24] πάντα τὰ ὑπάρχοντα αὐτοῦ καὶ πᾶσαν τὴν ἀποσκευὴν[25]
αὐτοῦ, ἣν περιεποιήσατο[26] ἐν τῇ Μεσοποταμίᾳ, καὶ πάντα τὰ αὐτοῦ ἀπελθεῖν πρὸς
Ισαακ τὸν πατέρα αὐτοῦ εἰς γῆν Χανααν. **19** Λαβαν δὲ ᾤχετο[27] κεῖραι[28] τὰ πρόβατα
αὐτοῦ· ἔκλεψεν[29] δὲ Ραχηλ τὰ εἴδωλα[30] τοῦ πατρὸς αὐτῆς. **20** ἔκρυψεν[31] δὲ Ιακωβ
Λαβαν τὸν Σύρον τοῦ μὴ ἀναγγεῖλαι[32] αὐτῷ ὅτι ἀποδιδράσκει,[33] **21** καὶ ἀπέδρα[34]
αὐτὸς καὶ πάντα τὰ αὐτοῦ καὶ διέβη[35] τὸν ποταμὸν[36] καὶ ὥρμησεν[37] εἰς τὸ ὄρος
Γαλααδ.

Laban Overtakes Jacob

22 ἀνηγγέλη[38] δὲ Λαβαν τῷ Σύρῳ τῇ τρίτῃ ἡμέρᾳ ὅτι ἀπέδρα[39] Ιακωβ, **23** καὶ παρα-
λαβὼν[40] πάντας τοὺς ἀδελφοὺς αὐτοῦ μεθ᾽ ἑαυτοῦ ἐδίωξεν ὀπίσω αὐτοῦ ὁδὸν
ἡμερῶν ἑπτὰ καὶ κατέλαβεν[41] αὐτὸν ἐν τῷ ὄρει τῷ Γαλααδ. **24** ἦλθεν δὲ ὁ θεὸς

1 ἀναβλέπω, *aor act impv 2s*, look up
2 τράγος, male goat
3 κριός, ram
4 αἴξ, goat
5 διάλευκος, white-speckled
6 ποικίλος, variegated, multicolored
7 σποδοειδής, ash-colored
8 ῥαντός, spotted
9 ἀλείφω, *aor act ind 2s*, anoint
10 στήλη, memorial pillar
11 εὔχομαι, *aor mid ind 2s*, make a vow
12 εὐχή, vow
13 γένεσις, ancestor
14 μερίς, portion
15 κληρονομία, inheritance
16 ἀλλότριος, foreigner, stranger
17 πιπράσκω, *perf act ind 3s*, sell
18 κατεσθίω, *aor act ind 3s*, eat, devour
19 κατάβρωσις, devouring
20 ἀργύριον, silver, money
21 πλοῦτος, wealth, riches
22 ἀφαιρέω, *aor mid ind 3s*, take away
23 κάμηλος, camel
24 ἀπάγω, *aor act ind 3s*, lead away
25 ἀποσκευή, household
26 περιποιέω, *aor mid ind 3s*, obtain
27 οἴχομαι, *impf mid ind 3s*, go
28 κείρω, *aor act inf*, shear
29 κλέπτω, *aor act ind 3s*, steal
30 εἴδωλον, idol
31 κρύπτω, *aor act ind 3s*, hide, conceal
32 ἀναγγέλλω, *aor act inf*, report, recount
33 ἀποδιδράσκω, *pres act ind 3s*, escape
34 ἀποδιδράσκω, *aor act ind 3s*, escape
35 διαβαίνω, *aor act ind 3s*, cross over
36 ποταμός, river
37 ὁρμάω, *aor act ind 3s*, rush
38 ἀναγγέλλω, *aor pas ind 3s*, report, recount
39 ἀποδιδράσκω, *aor act ind 3s*, escape
40 παραλαμβάνω, *aor act ptc nom s m*, take
41 καταλαμβάνω, *aor act ind 3s*, overtake

πρὸς Λαβαν τὸν Σύρον καθ᾽ ὕπνον[1] τὴν νύκτα καὶ εἶπεν αὐτῷ Φύλαξαι σεαυτόν,
μήποτε[2] λαλήσῃς μετὰ Ιακωβ πονηρά.

25 καὶ κατέλαβεν[3] Λαβαν τὸν Ιακωβ· Ιακωβ δὲ ἔπηξεν[4] τὴν σκηνὴν[5] αὐτοῦ ἐν τῷ
ὄρει· Λαβαν δὲ ἔστησεν τοὺς ἀδελφοὺς αὐτοῦ ἐν τῷ ὄρει Γαλααδ. **26** εἶπεν δὲ
Λαβαν τῷ Ιακωβ Τί ἐποίησας; ἵνα τί κρυφῇ[6] ἀπέδρας[7] καὶ ἐκλοποφόρησάς[8] με καὶ
ἀπήγαγες[9] τὰς θυγατέρας[10] μου ὡς αἰχμαλώτιδας[11] μαχαίρᾳ;[12] **27** καὶ εἰ ἀνήγγειλάς[13]
μοι, ἐξαπέστειλα[14] ἄν σε μετ᾽ εὐφροσύνης[15] καὶ μετὰ μουσικῶν,[16] τυμπάνων[17] καὶ
κιθάρας.[18] **28** οὐκ ἠξιώθην[19] καταφιλῆσαι[20] τὰ παιδία μου καὶ τὰς θυγατέρας[21] μου.
νῦν δὲ ἀφρόνως[22] ἔπραξας.[23] **29** καὶ νῦν ἰσχύει[24] ἡ χείρ μου κακοποιῆσαί[25] σε· ὁ δὲ θεὸς
τοῦ πατρός σου ἐχθὲς[26] εἶπεν πρός με λέγων Φύλαξαι σεαυτόν, μήποτε[27] λαλήσῃς
μετὰ Ιακωβ πονηρά. **30** νῦν οὖν πεπόρευσαι· ἐπιθυμίᾳ[28] γὰρ ἐπεθύμησας[29] ἀπελθεῖν
εἰς τὸν οἶκον τοῦ πατρός σου· ἵνα τί ἔκλεψας[30] τοὺς θεούς μου; **31** ἀποκριθεὶς δὲ
Ιακωβ εἶπεν τῷ Λαβαν Εἶπα γάρ Μήποτε[31] ἀφέλῃς[32] τὰς θυγατέρας[33] σου ἀπ᾽ ἐμοῦ
καὶ πάντα τὰ ἐμά· **32** ἐπίγνωθι, τί ἐστιν τῶν σῶν[34] παρ᾽ ἐμοί, καὶ λαβέ. καὶ οὐκ
ἐπέγνω παρ᾽ αὐτῷ οὐθέν.[35] καὶ εἶπεν αὐτῷ Ιακωβ Παρ᾽ ᾧ ἐὰν εὕρῃς τοὺς θεούς σου,
οὐ ζήσεται ἐναντίον[36] τῶν ἀδελφῶν ἡμῶν. οὐκ ᾔδει[37] δὲ Ιακωβ ὅτι Ραχηλ ἡ γυνὴ
αὐτοῦ ἔκλεψεν[38] αὐτούς.

33 εἰσελθὼν δὲ Λαβαν ἠρεύνησεν[39] εἰς τὸν οἶκον Λειας καὶ οὐχ εὗρεν· καὶ ἐξελθὼν
ἐκ τοῦ οἴκου Λειας ἠρεύνησεν τὸν οἶκον Ιακωβ καὶ ἐν τῷ οἴκῳ τῶν δύο παιδισκῶν[40]
καὶ οὐχ εὗρεν. εἰσῆλθεν δὲ καὶ εἰς τὸν οἶκον Ραχηλ. **34** Ραχηλ δὲ ἔλαβεν τὰ εἴδωλα[41]
καὶ ἐνέβαλεν[42] αὐτὰ εἰς τὰ σάγματα[43] τῆς καμήλου[44] καὶ ἐπεκάθισεν[45] αὐτοῖς **35** καὶ

1 ὕπνος, sleep
2 μήποτε, lest
3 καταλαμβάνω, *aor act ind 3s*, overtake
4 πήγνυμι, *aor act ind 3s*, put up, pitch
5 σκηνή, tent
6 κρυφῇ, secretly
7 ἀποδιδράσκω, *aor act ind 2s*, escape
8 κλοποφορέω, *aor act ind 2s*, rob
9 ἀπάγω, *aor act ind 2s*, lead away
10 θυγάτηρ, daughter
11 αἰχμαλωτίς, captive
12 μάχαιρα, sword
13 ἀναγγέλλω, *aor act ind 2s*, report, recount
14 ἐξαποστέλλω, *aor act ind 1s*, send away
15 εὐφροσύνη, joy
16 μουσικός, music
17 τύμπανον, drum
18 κιθάρα, harp
19 ἀξιόω, *aor pas ind 1s*, count worthy
20 καταφιλέω, *aor act inf*, kiss
21 θυγάτηρ, daughter
22 ἀφρόνως, foolishly
23 πράσσω, *aor act ind 2s*, do, act
24 ἰσχύω, *pres act ind 3s*, strengthen
25 κακοποιέω, *aor act inf*, harm, do evil
26 ἐχθές, yesterday
27 μήποτε, lest
28 ἐπιθυμία, longing, desire
29 ἐπιθυμέω, *aor act ind 2s*, long for, yearn for
30 κλέπτω, *aor act ind 2s*, steal
31 μήποτε, lest
32 ἀφαιρέω, *aor act sub 2s*, take away
33 θυγάτηρ, daughter
34 σός, your
35 οὐθείς, anything, nothing
36 ἐναντίον, before
37 οἶδα, *plpf act ind 3s*, know
38 κλέπτω, *aor act ind 3s*, steal
39 ἐρευνάω, *aor act ind 3s*, search
40 παιδίσκη, maidservant
41 εἴδωλον, idol
42 ἐμβάλλω, *aor act ind 3s*, throw in
43 σάγμα, saddlebag
44 κάμηλος, camel
45 ἐπικαθίζω, *aor act ind 3s*, sit upon

εἶπεν τῷ πατρὶ αὐτῆς Μὴ βαρέως[1] φέρε, κύριε· οὐ δύναμαι ἀναστῆναι ἐνώπιόν σου,
ὅτι τὸ κατ᾿ ἐθισμὸν[2] τῶν γυναικῶν μοί ἐστιν. ἠρεύνησεν[3] δὲ Λαβαν ἐν ὅλῳ τῷ οἴκῳ
καὶ οὐχ εὗρεν τὰ εἴδωλα.[4]

36 ὠργίσθη[5] δὲ Ιακωβ καὶ ἐμαχέσατο[6] τῷ Λαβαν· ἀποκριθεὶς δὲ Ιακωβ εἶπεν τῷ
Λαβαν Τί τὸ ἀδίκημά[7] μου καὶ τί τὸ ἁμάρτημά[8] μου, ὅτι κατεδίωξας[9] ὀπίσω μου
37 καὶ ὅτι ἠρεύνησας[10] πάντα τὰ σκεύη[11] μου; τί εὗρες ἀπὸ πάντων τῶν σκευῶν
τοῦ οἴκου σου; θὲς ὧδε[12] ἐναντίον[13] τῶν ἀδελφῶν μου καὶ τῶν ἀδελφῶν σου, καὶ
ἐλεγξάτωσαν[14] ἀνὰ μέσον[15] τῶν δύο ἡμῶν. **38** ταῦτά μοι εἴκοσι[16] ἔτη ἐγώ εἰμι μετὰ
σοῦ· τὰ πρόβατά σου καὶ αἱ αἶγές[17] σου οὐκ ἠτεκνώθησαν·[18] κριοὺς[19] τῶν προβάτων
σου οὐ κατέφαγον·[20] **39** θηριάλωτον[21] οὐκ ἀνενήνοχά[22] σοι, ἐγὼ ἀπετίννυον[23]
παρ᾿ ἐμαυτοῦ[24] κλέμματα[25] ἡμέρας καὶ κλέμματα νυκτός· **40** ἐγινόμην τῆς ἡμέρας
συγκαιόμενος[26] τῷ καύματι[27] καὶ παγετῷ[28] τῆς νυκτός, καὶ ἀφίστατο[29] ὁ ὕπνος[30] ἀπὸ
τῶν ὀφθαλμῶν μου. **41** ταῦτά μοι εἴκοσι[31] ἔτη ἐγώ εἰμι ἐν τῇ οἰκίᾳ σου· ἐδούλευσά[32]
σοι δέκα[33] τέσσαρα ἔτη ἀντὶ[34] τῶν δύο θυγατέρων[35] σου καὶ ἓξ[36] ἔτη ἐν τοῖς προβάτοις
σου, καὶ παρελογίσω[37] τὸν μισθόν[38] μου δέκα[39] ἀμνάσιν.[40]

Jacob and Laban Make a Covenant

42 εἰ μὴ ὁ θεὸς τοῦ πατρός μου Αβρααμ καὶ ὁ φόβος Ισαακ ἦν μοι, νῦν ἂν κενόν[41] με
ἐξαπέστειλας·[42] τὴν ταπείνωσίν[43] μου καὶ τὸν κόπον[44] τῶν χειρῶν μου εἶδεν ὁ θεὸς
καὶ ἤλεγξέν[45] σε ἐχθές.[46] **43** ἀποκριθεὶς δὲ Λαβαν εἶπεν τῷ Ιακωβ Αἱ θυγατέρες[47]

1 βαρέως, with difficulty
2 ἐθισμός, customary
3 ἐρευνάω, *aor act ind 3s*, search
4 εἴδωλον, idol
5 ὀργίζω, *aor pas ind 3s*, be angry
6 μάχομαι, *aor mid ind 3s*, quarrel
7 ἀδίκημα, crime
8 ἁμάρτημα, sin
9 καταδιώκω, *aor act ind 2s*, follow hard after, pursue
10 ἐρευνάω, *aor act ind 2s*, search
11 σκεῦος, thing, furniture
12 ὧδε, here
13 ἐναντίον, before
14 ἐλέγχω, *aor act impv 3p*, decide
15 ἀνὰ μέσον, between
16 εἴκοσι, twenty
17 αἴξ, goat
18 ἀτεκνόω, *aor pas ind 3p*, make barren
19 κριός, ram
20 κατεσθίω, *aor act ind 1s*, eat, devour
21 θηριάλωτος, caught by wild animals
22 ἀναφέρω, *perf act ind 1s*, bring back
23 ἀποτιννύω, *impf act ind 1s*, pay for
24 ἐμαυτοῦ, of myself, my own
25 κλέμμα, stolen object
26 συγκαίω, *pres pas ptc nom s m*, burn
27 καῦμα, heat
28 παγετός, frost
29 ἀφίστημι, *impf mid ind 3s*, remove, take away
30 ὕπνος, sleep
31 εἴκοσι, twenty
32 δουλεύω, *aor act ind 1s*, serve
33 δέκα, ten
34 ἀντί, in return for
35 θυγάτηρ, daughter
36 ἕξ, six
37 παραλογίζομαι, *aor mid ind 2s*, deceive
38 μισθός, wages
39 δέκα, ten
40 ἀμνάς, lamb
41 κενός, empty-handed
42 ἐξαποστέλλω, *aor act ind 2s*, send forth
43 ταπείνωσις, humiliation
44 κόπος, labor
45 ἐλέγχω, *aor act ind 3s*, rebuke
46 ἐχθές, yesterday
47 θυγάτηρ, daughter

θυγατέρες μου, καὶ οἱ υἱοὶ υἱοί μου, καὶ τὰ κτήνη[1] κτήνη μου, καὶ πάντα, ὅσα σὺ
ὁρᾷς, ἐμά ἐστιν καὶ τῶν θυγατέρων μου. τί ποιήσω ταύταις σήμερον ἢ τοῖς τέκνοις
αὐτῶν, οἷς ἔτεκον;[2] **44** νῦν οὖν δεῦρο[3] διαθώμεθα[4] διαθήκην ἐγὼ καὶ σύ, καὶ ἔσται
εἰς μαρτύριον[5] ἀνὰ μέσον[6] ἐμοῦ καὶ σοῦ. εἶπεν δὲ αὐτῷ Ἰδοὺ οὐθεὶς[7] μεθ᾽ ἡμῶν ἐστιν,
ἰδὲ ὁ θεὸς μάρτυς[8] ἀνὰ μέσον[9] ἐμοῦ καὶ σοῦ. **45** λαβὼν δὲ Ιακωβ λίθον ἔστησεν
αὐτὸν στήλην.[10] **46** εἶπεν δὲ Ιακωβ τοῖς ἀδελφοῖς αὐτοῦ Συλλέγετε[11] λίθους. καὶ
συνέλεξαν[12] λίθους καὶ ἐποίησαν βουνόν,[13] καὶ ἔφαγον καὶ ἔπιον ἐκεῖ ἐπὶ τοῦ βου-
νοῦ. καὶ εἶπεν αὐτῷ Λαβαν Ὁ βουνὸς οὗτος μαρτυρεῖ[14] ἀνὰ μέσον[15] ἐμοῦ καὶ σοῦ
σήμερον. **47** καὶ ἐκάλεσεν αὐτὸν Λαβαν Βουνὸς τῆς μαρτυρίας,[16] Ιακωβ δὲ ἐκάλεσεν
αὐτὸν Βουνὸς μάρτυς.[17] **48** εἶπεν δὲ Λαβαν τῷ Ιακωβ Ἰδοὺ ὁ βουνὸς[18] οὗτος καὶ ἡ
στήλη[19] αὕτη, ἣν ἔστησα ἀνὰ μέσον[20] ἐμοῦ καὶ σοῦ, μαρτυρεῖ[21] ὁ βουνὸς[22] οὗτος καὶ
μαρτυρεῖ ἡ στήλη αὕτη· διὰ τοῦτο ἐκλήθη τὸ ὄνομα αὐτοῦ Βουνὸς μαρτυρεῖ **49** καὶ
Ἡ ὅρασις,[23] ἣν εἶπεν Ἐπίδοι[24] ὁ θεὸς ἀνὰ μέσον[25] ἐμοῦ καὶ σοῦ, ὅτι ἀποστησόμεθα[26]
ἕτερος ἀπὸ τοῦ ἑτέρου. **50** εἰ ταπεινώσεις[27] τὰς θυγατέρας[28] μου, εἰ λήμψῃ γυναῖκας
ἐπὶ ταῖς θυγατράσιν μου, ὅρα οὐθεὶς[29] μεθ᾽ ἡμῶν ἐστιν·

52 ἐάν τε γὰρ ἐγὼ μὴ διαβῶ[30] πρὸς σὲ μηδὲ σὺ διαβῇς[31] πρός με τὸν βουνὸν[32] τοῦτον
καὶ τὴν στήλην[33] ταύτην ἐπὶ κακίᾳ,[34] **53** ὁ θεὸς Αβρααμ καὶ ὁ θεὸς Ναχωρ κρινεῖ
ἀνὰ μέσον[35] ἡμῶν. καὶ ὤμοσεν[36] Ιακωβ κατὰ τοῦ φόβου τοῦ πατρὸς αὐτοῦ Ισαακ.
54 καὶ ἔθυσεν[37] Ιακωβ θυσίαν[38] ἐν τῷ ὄρει καὶ ἐκάλεσεν τοὺς ἀδελφοὺς αὐτοῦ, καὶ
ἔφαγον καὶ ἔπιον καὶ ἐκοιμήθησαν[39] ἐν τῷ ὄρει.

1 κτῆνος, animal, (*p*) herd
2 τίκτω, *aor act ind 3p*, give birth
3 δεῦρο, come!
4 διατίθημι, *aor mid sub 1p*, arrange
5 μαρτύριον, witness, testimony
6 ἀνὰ μέσον, between
7 οὐθείς, nothing, nobody
8 μάρτυς, witness
9 ἀνὰ μέσον, between
10 στήλη, memorial pillar
11 συλλέγω, *pres act impv 2p*, gather
12 συλλέγω, *aor act ind 3p*, gather
13 βουνός, mound
14 μαρτυρέω, *pres act ind 3s*, bear witness
15 ἀνὰ μέσον, between
16 μαρτυρία, testimony
17 μάρτυς, witness
18 βουνός, mound
19 στήλη, memorial pillar
20 ἀνὰ μέσον, between
21 μαρτυρέω, *pres act ind 3s*, bear witness
22 βουνός, mound
23 ὅρασις, vision, sight
24 ἐφοράω, *aor act opt 3s*, oversee
25 ἀνὰ μέσον, between
26 ἀφίστημι, *fut mid ind 1p*, remove, depart
27 ταπεινόω, *fut act ind 2s*, humiliate
28 θυγάτηρ, daughter
29 οὐθείς, nothing, nobody
30 διαβαίνω, *aor act sub 1s*, cross over
31 διαβαίνω, *aor act sub 2s*, cross over
32 βουνός, mound
33 στήλη, memorial pillar
34 κακία, evil, wickedness
35 ἀνὰ μέσον, between
36 ὄμνυμι, *aor act ind 3s*, swear an oath
37 θύω, *aor act ind 3s*, sacrifice
38 θυσία, sacrifice
39 κοιμάω, *aor pas ind 3p*, sleep

32 ἀναστὰς δὲ Λαβαν τὸ πρωὶ[1] κατεφίλησεν[2] τοὺς υἱοὺς αὐτοῦ καὶ τὰς θυγα-
τέρας[3] αὐτοῦ καὶ εὐλόγησεν αὐτούς, καὶ ἀποστραφεὶς[4] Λαβαν ἀπῆλθεν εἰς
τὸν τόπον αὐτοῦ.

Jacob Fears Esau

2 Καὶ Ιακωβ ἀπῆλθεν εἰς τὴν ἑαυτοῦ ὁδόν. καὶ ἀναβλέψας[5] εἶδεν παρεμβολὴν[6] θεοῦ
παρεμβεβληκυῖαν,[7] καὶ συνήντησαν[8] αὐτῷ οἱ ἄγγελοι τοῦ θεοῦ. **3** εἶπεν δὲ Ιακωβ,
ἡνίκα[9] εἶδεν αὐτούς Παρεμβολὴ[10] θεοῦ αὕτη· καὶ ἐκάλεσεν τὸ ὄνομα τοῦ τόπου
ἐκείνου Παρεμβολαί.

4 Ἀπέστειλεν δὲ Ιακωβ ἀγγέλους ἔμπροσθεν αὐτοῦ πρὸς Ησαυ τὸν ἀδελφὸν
αὐτοῦ εἰς γῆν Σηιρ εἰς χώραν[11] Εδωμ **5** καὶ ἐνετείλατο[12] αὐτοῖς λέγων Οὕτως ἐρεῖτε
τῷ κυρίῳ μου Ησαυ Οὕτως λέγει ὁ παῖς[13] σου Ιακωβ Μετὰ Λαβαν παρῴκησα[14]
καὶ ἐχρόνισα[15] ἕως τοῦ νῦν, **6** καὶ ἐγένοντό μοι βόες[16] καὶ ὄνοι[17] καὶ πρόβατα καὶ
παῖδες[18] καὶ παιδίσκαι,[19] καὶ ἀπέστειλα ἀναγγεῖλαι[20] τῷ κυρίῳ μου Ησαυ, ἵνα εὕρῃ ὁ
παῖς[21] σου χάριν ἐναντίον[22] σου. **7** καὶ ἀνέστρεψαν[23] οἱ ἄγγελοι πρὸς Ιακωβ λέγοντες
Ἤλθομεν πρὸς τὸν ἀδελφόν σου Ησαυ, καὶ ἰδοὺ αὐτὸς ἔρχεται εἰς συνάντησίν[24]
σοι καὶ τετρακόσιοι[25] ἄνδρες μετ᾽ αὐτοῦ. **8** ἐφοβήθη δὲ Ιακωβ σφόδρα[26] καὶ ἠπο-
ρεῖτο.[27] καὶ διεῖλεν[28] τὸν λαὸν τὸν μετ᾽ αὐτοῦ καὶ τοὺς βοας[29] καὶ τὰ πρόβατα εἰς
δύο παρεμβολάς,[30] **9** καὶ εἶπεν Ιακωβ Ἐὰν ἔλθῃ Ησαυ εἰς παρεμβολὴν[31] μίαν καὶ
ἐκκόψῃ[32] αὐτήν, ἔσται ἡ παρεμβολὴ ἡ δευτέρα εἰς τὸ σῴζεσθαι.

10 εἶπεν δὲ Ιακωβ Ὁ θεὸς τοῦ πατρός μου Αβρααμ καὶ ὁ θεὸς τοῦ πατρός μου
Ισαακ, κύριε ὁ εἴπας μοι Ἀπότρεχε[33] εἰς τὴν γῆν τῆς γενέσεώς[34] σου καὶ εὖ[35] σε
ποιήσω, **11** ἱκανοῦταί[36] μοι ἀπὸ πάσης δικαιοσύνης καὶ ἀπὸ πάσης ἀληθείας, ἧς

1 πρωί, (in the) morning
2 καταφιλέω, *aor act ind 3s*, kiss
3 θυγάτηρ, daughter
4 ἀποστρέφω, *aor pas ptc nom s m*, turn back
5 ἀναβλέπω, *aor act ptc nom s m*, look up
6 παρεμβολή, camp, company
7 παρεμβάλλω, *perf act ptc acc s f*, encamp, set up camp
8 συναντάω, *aor act ind 3p*, meet
9 ἡνίκα, when
10 παρεμβολή, camp, company
11 χώρα, territory, country
12 ἐντέλλομαι, *aor mid ind 3s*, command
13 παῖς, servant
14 παροικέω, *aor act ind 1s*, sojourn, reside as an alien
15 χρονίζω, *aor act ind 1s*, stay long
16 βοῦς, cow, (*p*) cattle
17 ὄνος, donkey
18 παῖς, servant
19 παιδίσκη, maidservant
20 ἀναγγέλλω, *aor act inf*, report, announce
21 παῖς, servant
22 ἐναντίον, before
23 ἀναστρέφω, *aor act ind 3p*, return
24 συνάντησις, meeting
25 τετρακόσιοι, four hundred
26 σφόδρα, greatly
27 ἀπορέω, *impf pas ind 3s*, be at a loss
28 διαιρέω, *aor act ind 3s*, divide, separate
29 βοῦς, cow, (*p*) cattle
30 παρεμβολή, camp, company
31 παρεμβολή, camp, company
32 ἐκκόπτω, *aor act sub 3s*, cut down
33 ἀποτρέχω, *pres act impv 2s*, hurry away
34 γένεσις, ancestor
35 εὖ, well, good
36 ἱκανόω, *pres pas ind 3s*, make sufficient

ἐποίησας τῷ παιδί[1] σου· ἐν γὰρ τῇ ῥάβδῳ[2] μου διέβην[3] τὸν Ιορδάνην τοῦτον, νῦν
δὲ γέγονα εἰς δύο παρεμβολάς.[4] **12** ἐξελοῦ[5] με ἐκ χειρὸς τοῦ ἀδελφοῦ μου Ησαυ, ὅτι
φοβοῦμαι ἐγὼ αὐτόν, μήποτε[6] ἐλθὼν πατάξῃ[7] με καὶ μητέρα ἐπὶ τέκνοις. **13** σὺ δὲ
εἶπας Καλῶς[8] εὖ[9] σε ποιήσω καὶ θήσω τὸ σπέρμα σου ὡς τὴν ἄμμον[10] τῆς θαλάσσης,
ἣ οὐκ ἀριθμηθήσεται[11] ἀπὸ τοῦ πλήθους.

14 καὶ ἐκοιμήθη[12] ἐκεῖ τὴν νύκτα ἐκείνην. καὶ ἔλαβεν ὧν ἔφερεν δῶρα[13] καὶ ἐξα-
πέστειλεν[14] Ησαυ τῷ ἀδελφῷ αὐτοῦ, **15** αἶγας[15] διακοσίας,[16] τράγους[17] εἴκοσι,[18]
πρόβατα διακόσια,[19] κριοὺς[20] εἴκοσι,[21] **16** καμήλους[22] θηλαζούσας[23] καὶ τὰ παιδία[24]
αὐτῶν τριάκοντα,[25] βόας[26] τεσσαράκοντα,[27] ταύρους[28] δέκα,[29] ὄνους[30] εἴκοσι[31] καὶ
πώλους[32] δέκα. **17** καὶ ἔδωκεν διὰ χειρὸς τοῖς παισὶν[33] αὐτοῦ ποίμνιον[34] κατὰ μόνας.
εἶπεν δὲ τοῖς παισὶν αὐτοῦ Προπορεύεσθε[35] ἔμπροσθέν μου καὶ διάστημα[36] ποιεῖτε
ἀνὰ μέσον[37] ποίμνης[38] καὶ ποίμνης. **18** καὶ ἐνετείλατο[39] τῷ πρώτῳ λέγων Ἐάν σοι
συναντήσῃ[40] Ησαυ ὁ ἀδελφός μου καὶ ἐρωτᾷ[41] σε λέγων Τίνος εἶ καὶ ποῦ πορεύῃ,
καὶ τίνος ταῦτα τὰ προπορευόμενά[42] σου; **19** ἐρεῖς Τοῦ παιδός[43] σου Ιακωβ· δῶρα[44]
ἀπέσταλκεν τῷ κυρίῳ μου Ησαυ, καὶ ἰδοὺ αὐτὸς ὀπίσω ἡμῶν. **20** καὶ ἐνετείλατο[45]
τῷ πρώτῳ καὶ τῷ δευτέρῳ καὶ τῷ τρίτῳ καὶ πᾶσι τοῖς προπορευομένοις[46] ὀπίσω τῶν
ποιμνίων[47] τούτων λέγων Κατὰ τὸ ῥῆμα τοῦτο λαλήσατε Ησαυ ἐν τῷ εὑρεῖν ὑμᾶς
αὐτὸν **21** καὶ ἐρεῖτε Ἰδοὺ ὁ παῖς[48] σου Ιακωβ παραγίνεται ὀπίσω ἡμῶν. εἶπεν γάρ

1 παῖς, servant
2 ῥάβδος, rod, staff
3 διαβαίνω, *aor act ind 1s*, cross over
4 παρεμβολή, camp, company
5 ἐξαιρέω, *aor mid impv 2s*, deliver
6 μήποτε, lest
7 πατάσσω, *aor act sub 3s*, strike
8 καλῶς, well
9 εὖ, well, good
10 ἄμμος, sand
11 ἀριθμέω, *fut pas ind 3s*, number, count
12 κοιμάω, *aor pas ind 3s*, sleep
13 δῶρον, gift
14 ἐξαποστέλλω, *aor act ind 3s*, send forth
15 αἴξ, goat
16 διακόσιοι, two hundred
17 τράγος, male goat
18 εἴκοσι, twenty
19 διακόσιοι, two hundred
20 κριός, ram
21 εἴκοσι, twenty
22 κάμηλος, camel
23 θηλάζω, *pres act ptc acc p f*, nurse
24 παιδίον, foal
25 τριάκοντα, thirty
26 βοῦς, cow, (*p*) cattle
27 τεσσαράκοντα, forty
28 ταῦρος, bull
29 δέκα, ten
30 ὄνος, donkey
31 εἴκοσι, twenty
32 πῶλος, colt
33 παῖς, servant
34 ποίμνιον, flock
35 προπορεύομαι, *pres mid impv 2p*, go beforehand
36 διάστημα, interval
37 ἀνὰ μέσον, between
38 ποίμνη, flock
39 ἐντέλλομαι, *aor mid ind 3s*, command, order
40 συναντάω, *aor act sub 3s*, meet
41 ἐρωτάω, *pres act sub 3s*, ask
42 προπορεύομαι, *pres mid ptc nom p n*, go beforehand
43 παῖς, servant
44 δῶρον, gift
45 ἐντέλλομαι, *aor mid ind 3s*, command, order
46 προπορεύομαι, *pres mid ptc dat p m*, go beforehand
47 ποίμνιον, flock
48 παῖς, servant

Ἐξιλάσομαι[1] τὸ πρόσωπον αὐτοῦ ἐν τοῖς δώροις[2] τοῖς προπορευομένοις[3] αὐτοῦ, καὶ μετὰ τοῦτο ὄψομαι τὸ πρόσωπον αὐτοῦ· ἴσως[4] γὰρ προσδέξεται[5] τὸ πρόσωπόν μου.
22 καὶ παρεπορεύοντο[6] τὰ δῶρα[7] κατὰ πρόσωπον αὐτοῦ, αὐτὸς δὲ ἐκοιμήθη[8] τὴν νύκτα ἐκείνην ἐν τῇ παρεμβολῇ.[9]

Jacob Wrestles with God

23 Ἀναστὰς δὲ τὴν νύκτα ἐκείνην ἔλαβεν τὰς δύο γυναῖκας καὶ τὰς δύο παιδίσκας[10]
καὶ τὰ ἕνδεκα[11] παιδία αὐτοῦ καὶ διέβη[12] τὴν διάβασιν[13] τοῦ Ιαβοκ· **24** καὶ ἔλαβεν
αὐτοὺς καὶ διέβη[14] τὸν χειμάρρουν[15] καὶ διεβίβασεν[16] πάντα τὰ αὐτοῦ. **25** ὑπελείφθη[17]
δὲ Ιακωβ μόνος, καὶ ἐπάλαιεν[18] ἄνθρωπος μετ᾽ αὐτοῦ ἕως πρωί.[19] **26** εἶδεν δὲ ὅτι οὐ
δύναται πρὸς αὐτόν, καὶ ἥψατο τοῦ πλάτους[20] τοῦ μηροῦ[21] αὐτοῦ, καὶ ἐνάρκησεν[22]
τὸ πλάτος τοῦ μηροῦ Ιακωβ ἐν τῷ παλαίειν[23] αὐτὸν μετ᾽ αὐτοῦ. **27** καὶ εἶπεν αὐτῷ
Ἀπόστειλόν με· ἀνέβη γὰρ ὁ ὄρθρος.[24] ὁ δὲ εἶπεν Οὐ μή σε ἀποστείλω, ἐὰν μή με
εὐλογήσῃς. **28** εἶπεν δὲ αὐτῷ Τί τὸ ὄνομά σού ἐστιν; ὁ δὲ εἶπεν Ιακωβ. **29** εἶπεν δὲ
αὐτῷ Οὐ κληθήσεται ἔτι τὸ ὄνομά σου Ιακωβ, ἀλλὰ Ισραηλ ἔσται τὸ ὄνομά σου,
ὅτι ἐνίσχυσας[25] μετὰ θεοῦ καὶ μετὰ ἀνθρώπων δυνατός. **30** ἠρώτησεν[26] δὲ Ιακωβ
καὶ εἶπεν Ἀνάγγειλόν[27] μοι τὸ ὄνομά σου. καὶ εἶπεν Ἵνα τί τοῦτο ἐρωτᾷς[28] τὸ ὄνομά
μου; καὶ ηὐλόγησεν αὐτὸν ἐκεῖ. **31** καὶ ἐκάλεσεν Ιακωβ τὸ ὄνομα τοῦ τόπου ἐκείνου
Εἶδος[29] θεοῦ· εἶδον γὰρ θεὸν πρόσωπον πρὸς πρόσωπον, καὶ ἐσώθη μου ἡ ψυχή.
32 ἀνέτειλεν[30] δὲ αὐτῷ ὁ ἥλιος, ἡνίκα[31] παρῆλθεν[32] τὸ Εἶδος[33] τοῦ θεοῦ· αὐτὸς δὲ
ἐπέσκαζεν[34] τῷ μηρῷ[35] αὐτοῦ. **33** ἕνεκεν[36] τούτου οὐ μὴ φάγωσιν οἱ υἱοὶ Ισραηλ τὸ

1 ἐξιλάσκομαι, *fut mid ind 1s*, propitiate, make atonement
2 δῶρον, gift
3 προπορεύομαι, *pres mid ptc dat p n*, go beforehand
4 ἴσως, perhaps
5 προσδέχομαι, *fut mid ind 3s*, receive
6 παραπορεύομαι, *impf mid ind 3p*, pass by
7 δῶρον, gift
8 κοιμάω, *aor pas ind 3s*, sleep
9 παρεμβολή, camp, company
10 παιδίσκη, maidservant
11 ἕνδεκα, eleven
12 διαβαίνω, *aor act ind 3s*, cross over
13 διάβασις, passage, ford
14 διαβαίνω, *aor act ind 3s*, cross over
15 χείμαρρος, brook
16 διαβιβάζω, *aor act ind 3s*, carry over
17 ὑπολείπω, *aor pas ind 3s*, leave behind
18 παλαίω, *impf act ind 3s*, wrestle
19 πρωί, morning
20 πλάτος, breadth
21 μηρός, thigh
22 ναρκάω, *aor act ind 3s*, become numb
23 παλαίω, *pres act inf*, wrestle
24 ὄρθρος, early morning
25 ἐνισχύω, *aor act ind 2s*, prevail
26 ἐρωτάω, *aor act ind 3s*, ask
27 ἀναγγέλλω, *aor act impv 2s*, tell
28 ἐρωτάω, *pres act ind 2s*, ask
29 εἶδος, appearance
30 ἀνατέλλω, *aor act ind 3s*, rise
31 ἡνίκα, when
32 παρέρχομαι, *aor act ind 3s*, pass by
33 εἶδος, appearance
34 ἐπισκάζω, *impf act ind 3s*, limp
35 μηρός, thigh
36 ἕνεκα, because, therefore

νεῦρον,[1] ὃ ἐνάρκησεν,[2] ὅ ἐστιν ἐπὶ τοῦ πλάτους[3] τοῦ μηροῦ,[4] ἕως τῆς ἡμέρας ταύτης,
ὅτι ἥψατο τοῦ πλάτους τοῦ μηροῦ Ιακωβ τοῦ νεύρου καὶ ἐνάρκησεν.

Jacob and Esau Meet

33 Ἀναβλέψας[5] δὲ Ιακωβ εἶδεν καὶ ἰδοὺ Ησαυ ὁ ἀδελφὸς αὐτοῦ ἐρχόμενος καὶ
τετρακόσιοι[6] ἄνδρες μετ᾽ αὐτοῦ. καὶ ἐπιδιεῖλεν[7] Ιακωβ τὰ παιδία ἐπὶ Λειαν
καὶ Ραχηλ καὶ τὰς δύο παιδίσκας[8] **2** καὶ ἐποίησεν τὰς δύο παιδίσκας[9] καὶ τοὺς
υἱοὺς αὐτῶν ἐν πρώτοις καὶ Λειαν καὶ τὰ παιδία αὐτῆς ὀπίσω καὶ Ραχηλ καὶ Ιωσηφ
ἐσχάτους. **3** αὐτὸς δὲ προῆλθεν[10] ἔμπροσθεν αὐτῶν καὶ προσεκύνησεν ἐπὶ τὴν γῆν
ἑπτάκις[11] ἕως τοῦ ἐγγίσαι τοῦ ἀδελφοῦ αὐτοῦ.

4 καὶ προσέδραμεν[12] Ησαυ εἰς συνάντησιν[13] αὐτῷ καὶ περιλαβὼν[14] αὐτὸν ἐφίλησεν[15]
καὶ προσέπεσεν[16] ἐπὶ τὸν τράχηλον[17] αὐτοῦ, καὶ ἔκλαυσαν ἀμφότεροι.[18] **5** καὶ ἀνα-
βλέψας[19] εἶδεν τὰς γυναῖκας καὶ τὰ παιδία καὶ εἶπεν Τί ταῦτά σοί ἐστιν; ὁ δὲ εἶπεν Τὰ
παιδία, οἷς ἠλέησεν[20] ὁ θεὸς τὸν παῖδά[21] σου. **6** καὶ προσήγγισαν[22] αἱ παιδίσκαι[23] καὶ
τὰ τέκνα αὐτῶν καὶ προσεκύνησαν, **7** καὶ προσήγγισεν[24] Λεια καὶ τὰ τέκνα αὐτῆς καὶ
προσεκύνησαν, καὶ μετὰ ταῦτα προσήγγισεν Ραχηλ καὶ Ιωσηφ καὶ προσεκύνησαν.
8 καὶ εἶπεν Τί ταῦτά σοί ἐστιν, πᾶσαι αἱ παρεμβολαὶ[25] αὗται, αἷς ἀπήντηκα;[26] ὁ δὲ
εἶπεν Ἵνα εὕρῃ ὁ παῖς[27] σου χάριν ἐναντίον[28] σου, κύριε. **9** εἶπεν δὲ Ησαυ Ἔστιν μοι
πολλά, ἄδελφε· ἔστω σοι τὰ σά.[29] **10** εἶπεν δὲ Ιακωβ Εἰ εὕρηκα χάριν ἐναντίον[30] σου,
δέξαι[31] τὰ δῶρα[32] διὰ τῶν ἐμῶν χειρῶν· ἕνεκεν[33] τούτου εἶδον τὸ πρόσωπόν σου,
ὡς ἄν τις ἴδοι[34] πρόσωπον θεοῦ, καὶ εὐδοκήσεις[35] με· **11** λαβὲ τὰς εὐλογίας[36] μου,
ἃς ἤνεγκά σοι, ὅτι ἠλέησέν[37] με ὁ θεὸς καὶ ἔστιν μοι πάντα. καὶ ἐβιάσατο[38] αὐτόν,
καὶ ἔλαβεν.

1 νεῦρον, sinew
2 ναρκάω, *aor act ind 3s*, become numb
3 πλάτος, breadth
4 μηρός, thigh
5 ἀναβλέπω, *aor act ptc nom s m*, look up
6 τετρακόσιοι, four hundred
7 ἐπιδιαιρέω, *aor act ind 3s*, divide
8 παιδίσκη, maidservant
9 παιδίσκη, maidservant
10 προέρχομαι, *aor act ind 3s*, go before
11 ἑπτάκις, seven times
12 προστρέχω, *aor act ind 3s*, run out to
13 συνάντησις, meeting
14 περιλαμβάνω, *aor act ptc nom s m*, embrace
15 φιλέω, *aor act ind 3s*, kiss
16 προσπίπτω, *aor act ind 3s*, fall upon
17 τράχηλος, neck
18 ἀμφότεροι, both
19 ἀναβλέπω, *aor act ptc nom s m*, look up
20 ἐλεέω, *aor act ind 3s*, show mercy
21 παῖς, servant
22 προσεγγίζω, *aor act ind 3p*, draw near
23 παιδίσκη, maidservant
24 προσεγγίζω, *aor act ind 3s*, draw near
25 παρεμβολή, company
26 ἀπαντάω, *perf act ind 1s*, meet
27 παῖς, servant
28 ἐναντίον, before
29 σός, your
30 ἐναντίον, before
31 δέχομαι, *aor mid impv 2s*, receive
32 δῶρον, gift
33 ἕνεκεν, because
34 ὁράω, *aor act opt 3s*, see, look at
35 εὐδοκέω, *fut act ind 2s*, be pleased
36 εὐλογία, blessing
37 ἐλεέω, *aor act ind 3s*, show mercy
38 βιάζομαι, *aor mid ind 3s*, urge

12 καὶ εἶπεν Ἀπάραντες[1] πορευσόμεθα ἐπ᾽ εὐθεῖαν.[2] **13** εἶπεν δὲ αὐτῷ Ὁ κύριός μου
γινώσκει ὅτι τὰ παιδία ἁπαλώτερα[3] καὶ τὰ πρόβατα καὶ αἱ βόες[4] λοχεύονται[5] ἐπ᾽
ἐμέ· ἐὰν οὖν καταδιώξω[6] αὐτοὺς ἡμέραν μίαν, ἀποθανοῦνται πάντα τὰ κτήνη.[7]
14 προελθέτω[8] ὁ κύριός μου ἔμπροσθεν τοῦ παιδός,[9] ἐγὼ δὲ ἐνισχύσω[10] ἐν τῇ ὁδῷ
κατὰ σχολὴν[11] τῆς πορεύσεως[12] τῆς ἐναντίον[13] μου καὶ κατὰ πόδα τῶν παιδαρίων[14]
ἕως τοῦ με ἐλθεῖν πρὸς τὸν κύριόν μου εἰς Σηιρ. **15** εἶπεν δὲ Ησαυ Καταλείψω[15]
μετὰ σοῦ ἀπὸ τοῦ λαοῦ τοῦ μετ᾽ ἐμοῦ. ὁ δὲ εἶπεν Ἵνα τί τοῦτο; ἱκανὸν[16] ὅτι εὗρον
χάριν ἐναντίον[17] σου, κύριε. **16** ἀπέστρεψεν[18] δὲ Ησαυ ἐν τῇ ἡμέρᾳ ἐκείνῃ εἰς τὴν
ὁδὸν αὐτοῦ εἰς Σηιρ.

17 Καὶ Ιακωβ ἀπαίρει[19] εἰς Σκηνάς· καὶ ἐποίησεν ἑαυτῷ ἐκεῖ οἰκίας καὶ τοῖς κτήνεσιν[20]
αὐτοῦ ἐποίησεν σκηνάς·[21] διὰ τοῦτο ἐκάλεσεν τὸ ὄνομα τοῦ τόπου ἐκείνου Σκηναί.
18 καὶ ἦλθεν Ιακωβ εἰς Σαλημ πόλιν Σικιμων, ἥ ἐστιν ἐν γῇ Χανααν, ὅτε ἦλθεν ἐκ
τῆς Μεσοποταμίας Συρίας, καὶ παρενέβαλεν[22] κατὰ πρόσωπον τῆς πόλεως. **19** καὶ
ἐκτήσατο[23] τὴν μερίδα[24] τοῦ ἀγροῦ, οὗ ἔστησεν ἐκεῖ τὴν σκηνὴν[25] αὐτοῦ, παρὰ
Εμμωρ πατρὸς Συχεμ ἑκατὸν[26] ἀμνῶν[27] **20** καὶ ἔστησεν ἐκεῖ θυσιαστήριον[28] καὶ
ἐπεκαλέσατο[29] τὸν θεὸν Ισραηλ.

Defilement of Dinah

34 Ἐξῆλθεν δὲ Δινα ἡ θυγάτηρ[30] Λειας, ἣν ἔτεκεν[31] τῷ Ιακωβ, καταμαθεῖν[32]
τὰς θυγατέρας[33] τῶν ἐγχωρίων.[34] **2** καὶ εἶδεν αὐτὴν Συχεμ ὁ υἱὸς Εμμωρ ὁ
Χορραῖος ὁ ἄρχων τῆς γῆς καὶ λαβὼν αὐτὴν ἐκοιμήθη[35] μετ᾽ αὐτῆς καὶ ἐταπείνωσεν[36]
αὐτήν. **3** καὶ προσέσχεν[37] τῇ ψυχῇ Δινας τῆς θυγατρὸς[38] Ιακωβ καὶ ἠγάπησεν τὴν

1 ἀπαίρω, *aor act ptc nom p m*, depart
2 εὐθύς, direct
3 ἁπαλός, tender, delicate
4 βοῦς, cow, (*p*) cattle
5 λοχεύω, *pres mid ind 3p*, give birth
6 καταδιώκω, *aor act sub 1s*, drive hard
7 κτῆνος, animal, (*p*) herd
8 προέρχομαι, *aor act impv 3s*, go before
9 παῖς, servant
10 ἐνισχύω, *fut act ind 1s*, strengthen
11 σχολή, leisure
12 πόρευσις, journey
13 ἐναντίον, before
14 παιδάριον, young child
15 καταλείπω, *fut act ind 1s*, leave behind
16 ἱκανός, sufficient, enough
17 ἐναντίον, before
18 ἀποστρέφω, *aor act ind 3s*, turn back
19 ἀπαίρω, *pres act ind 3s*, depart, set out
20 κτῆνος, animal, (*p*) herd
21 σκηνή, tent
22 παρεμβάλλω, *aor act ind 3s*, encamp, set up camp
23 κτάομαι, *aor mid ind 3s*, acquire
24 μερίς, portion
25 σκηνή, tent
26 ἑκατόν, hundred
27 ἀμνός, lamb
28 θυσιαστήριον, altar
29 ἐπικαλέω, *aor mid ind 3s*, call upon
30 θυγάτηρ, daughter
31 τίκτω, *aor act ind 3s*, give birth
32 καταμανθάνω, *aor act inf*, observe
33 θυγάτηρ, daughter
34 ἐγχώριος, inhabitant, native
35 κοιμάω, *aor pas ind 3s*, sleep with, lie with
36 ταπεινόω, *aor act ind 3s*, humiliate, abase
37 προσέχω, *aor act ind 3s*, pay attention to, regard
38 θυγάτηρ, daughter

παρθένον[1] καὶ ἐλάλησεν κατὰ τὴν διάνοιαν[2] τῆς παρθένου αὐτῇ. **4** εἶπεν δὲ Συχεμ πρὸς Εμμωρ τὸν πατέρα αὐτοῦ λέγων Λαβέ μοι τὴν παιδίσκην[3] ταύτην εἰς γυναῖκα. **5** Ιακωβ δὲ ἤκουσεν ὅτι ἐμίανεν[4] ὁ υἱὸς Εμμωρ Διναν τὴν θυγατέρα[5] αὐτοῦ· οἱ δὲ υἱοὶ αὐτοῦ ἦσαν μετὰ τῶν κτηνῶν[6] αὐτοῦ ἐν τῷ πεδίῳ,[7] παρεσιώπησεν[8] δὲ Ιακωβ ἕως τοῦ ἐλθεῖν αὐτούς. **6** ἐξῆλθεν δὲ Εμμωρ ὁ πατὴρ Συχεμ πρὸς Ιακωβ λαλῆσαι αὐτῷ. **7** οἱ δὲ υἱοὶ Ιακωβ ἦλθον ἐκ τοῦ πεδίου·[9] ὡς δὲ ἤκουσαν, κατενύχθησαν[10] οἱ ἄνδρες, καὶ λυπηρὸν[11] ἦν αὐτοῖς σφόδρα[12] ὅτι ἄσχημον[13] ἐποίησεν ἐν Ισραηλ κοιμηθεὶς[14] μετὰ τῆς θυγατρὸς[15] Ιακωβ, καὶ οὐχ οὕτως ἔσται.

8 καὶ ἐλάλησεν Εμμωρ αὐτοῖς λέγων Συχεμ ὁ υἱός μου προείλατο[16] τῇ ψυχῇ τὴν θυγατέρα[17] ὑμῶν· δότε οὖν αὐτὴν αὐτῷ γυναῖκα. **9** ἐπιγαμβρεύσασθε[18] ἡμῖν· τὰς θυγατέρας[19] ὑμῶν δότε ἡμῖν καὶ τὰς θυγατέρας ἡμῶν λάβετε τοῖς υἱοῖς ὑμῶν. **10** καὶ ἐν ἡμῖν κατοικεῖτε, καὶ ἡ γῆ ἰδοὺ πλατεῖα[20] ἐναντίον[21] ὑμῶν· κατοικεῖτε καὶ ἐμπορεύεσθε[22] ἐπ᾽ αὐτῆς καὶ ἐγκτήσασθε[23] ἐν αὐτῇ. **11** εἶπεν δὲ Συχεμ πρὸς τὸν πατέρα αὐτῆς καὶ πρὸς τοὺς ἀδελφοὺς αὐτῆς Εὕροιμι[24] χάριν ἐναντίον[25] ὑμῶν, καὶ ὃ ἐὰν εἴπητε, δώσομεν. **12** πληθύνατε[26] τὴν φερνὴν[27] σφόδρα,[28] καὶ δώσω, καθότι[29] ἂν εἴπητέ μοι, καὶ δώσετέ μοι τὴν παῖδα[30] ταύτην εἰς γυναῖκα.

13 ἀπεκρίθησαν δὲ οἱ υἱοὶ Ιακωβ τῷ Συχεμ καὶ Εμμωρ τῷ πατρὶ αὐτοῦ μετὰ δόλου[31] καὶ ἐλάλησαν αὐτοῖς, ὅτι ἐμίαναν[32] Διναν τὴν ἀδελφὴν αὐτῶν, **14** καὶ εἶπαν αὐτοῖς Συμεων καὶ Λευι οἱ ἀδελφοὶ Δινας υἱοὶ δὲ Λειας Οὐ δυνησόμεθα ποιῆσαι τὸ ῥῆμα τοῦτο, δοῦναι τὴν ἀδελφὴν ἡμῶν ἀνθρώπῳ, ὃς ἔχει ἀκροβυστίαν·[33] ἔστιν γὰρ ὄνειδος[34] ἡμῖν. **15** ἐν τούτῳ ὁμοιωθησόμεθα[35] ὑμῖν καὶ κατοικήσομεν ἐν ὑμῖν, ἐὰν γένησθε ὡς ἡμεῖς καὶ ὑμεῖς ἐν τῷ περιτμηθῆναι[36] ὑμῶν πᾶν ἀρσενικόν,[37] **16** καὶ δώσομεν τὰς θυγατέρας[38] ἡμῶν ὑμῖν καὶ ἀπὸ τῶν θυγατέρων ὑμῶν λημψόμεθα

1 παρθένος, virgin, young maiden
2 διάνοια, mind, heart
3 παιδίσκη, maidservant
4 μιαίνω, *aor act ind 3s*, defile
5 θυγάτηρ, daughter
6 κτῆνος, animal, (*p*) herd
7 πεδίον, plain, field
8 παρασιωπάω, *aor act ind 3s*, keep silent
9 πεδίον, plain, field
10 κατανύσσομαι, *aor pas ind 3p*, pierce to the heart
11 λυπηρός, painful, grievous
12 σφόδρα, very much
13 ἀσχήμων, shameful, unseemly
14 κοιμάω, *aor pas ptc nom s m*, sleep with, lie with
15 θυγάτηρ, daughter
16 προαιρέω, *aor mid ind 3s*, choose
17 θυγάτηρ, daughter
18 ἐπιγαμβρεύω, *aor mid impv 2p*, marry
19 θυγάτηρ, daughter
20 πλατύς, wide
21 ἐναντίον, before
22 ἐμπορεύομαι, *pres mid impv 2p*, conduct trade
23 ἐγκτάομαι, *aor mid impv 2p*, obtain possessions
24 εὑρίσκω, *aor act opt 1s*, find
25 ἐναντίον, before
26 πληθύνω, *aor act impv 2p*, multiply
27 φερνή, bride-price, dowry
28 σφόδρα, very much
29 καθότι, just as
30 παῖς, servant
31 δόλος, deceit
32 μιαίνω, *aor act ind 3p*, defile
33 ἀκροβυστία, foreskin
34 ὄνειδος, disgrace
35 ὁμοιόω, *fut pas ind 1p*, make like
36 περιτέμνω, *aor pas inf*, circumcise
37 ἀρσενικός, male
38 θυγάτηρ, daughter

ἡμῖν γυναῖκας καὶ οἰκήσομεν[1] παρ᾽ ὑμῖν καὶ ἐσόμεθα ὡς γένος[2] ἕν. **17** ἐὰν δὲ μὴ εἰσακούσητε[3] ἡμῶν τοῦ περιτέμνεσθαι,[4] λαβόντες τὰς θυγατέρας[5] ἡμῶν ἀπελευσόμεθα.

18 καὶ ἤρεσαν[6] οἱ λόγοι ἐναντίον[7] Εμμωρ καὶ ἐναντίον Συχεμ τοῦ υἱοῦ Εμμωρ.
19 καὶ οὐκ ἐχρόνισεν[8] ὁ νεανίσκος[9] τοῦ ποιῆσαι τὸ ῥῆμα τοῦτο· ἐνέκειτο[10] γὰρ τῇ θυγατρὶ[11] Ιακωβ· αὐτὸς δὲ ἦν ἐνδοξότατος[12] πάντων τῶν ἐν τῷ οἴκῳ τοῦ πατρὸς
αὐτοῦ. **20** ἦλθεν δὲ Εμμωρ καὶ Συχεμ ὁ υἱὸς αὐτοῦ πρὸς τὴν πύλην[13] τῆς πόλεως
αὐτῶν καὶ ἐλάλησαν πρὸς τοὺς ἄνδρας τῆς πόλεως αὐτῶν λέγοντες **21** Οἱ ἄνθρωποι οὗτοι εἰρηνικοί[14] εἰσιν μεθ᾽ ἡμῶν· οἰκείτωσαν[15] ἐπὶ τῆς γῆς καὶ ἐμπορευέσθωσαν[16] αὐτήν, ἡ δὲ γῆ ἰδοὺ πλατεῖα[17] ἐναντίον[18] αὐτῶν. τὰς θυγατέρας[19] αὐτῶν λημψόμεθα
ἡμῖν γυναῖκας καὶ τὰς θυγατέρας ἡμῶν δώσομεν αὐτοῖς. **22** μόνον ἐν τούτῳ ὁμοιωθήσονται[20] ἡμῖν οἱ ἄνθρωποι τοῦ κατοικεῖν μεθ᾽ ἡμῶν ὥστε εἶναι λαὸν ἕνα, ἐν τῷ περιτέμνεσθαι[21] ἡμῶν πᾶν ἀρσενικόν,[22] καθὰ[23] καὶ αὐτοὶ περιτέτμηνται.[24]
23 καὶ τὰ κτήνη[25] αὐτῶν καὶ τὰ ὑπάρχοντα αὐτῶν καὶ τὰ τετράποδα[26] οὐχ ἡμῶν
ἔσται; μόνον ἐν τούτῳ ὁμοιωθῶμεν[27] αὐτοῖς, καὶ οἰκήσουσιν[28] μεθ᾽ ἡμῶν. **24** καὶ
εἰσήκουσαν[29] Εμμωρ καὶ Συχεμ τοῦ υἱοῦ αὐτοῦ πάντες οἱ ἐκπορευόμενοι τὴν πύλην[30] τῆς πόλεως αὐτῶν καὶ περιετέμοντο[31] τὴν σάρκα τῆς ἀκροβυστίας[32] αὐτῶν, πᾶς ἄρσην.[33]

Dinah's Brothers Avenge Her

25 ἐγένετο δὲ ἐν τῇ ἡμέρᾳ τῇ τρίτῃ, ὅτε ἦσαν ἐν τῷ πόνῳ,[34] ἔλαβον οἱ δύο υἱοὶ Ιακωβ Συμεων καὶ Λευι οἱ ἀδελφοὶ Δινας ἕκαστος τὴν μάχαιραν[35] αὐτοῦ καὶ εἰσῆλθον εἰς τὴν πόλιν ἀσφαλῶς[36] καὶ ἀπέκτειναν πᾶν ἀρσενικόν·[37]

1 οἰκέω, *fut act ind 1p*, dwell
2 γένος, nation, family, race
3 εἰσακούω, *aor act sub 2p*, hear, heed
4 περιτέμνω, *pres pas inf*, circumcise
5 θυγάτηρ, daughter
6 ἀρέσκω, *aor act ind 3p*, please
7 ἐναντίον, before
8 χρονίζω, *aor act ind 3s*, delay
9 νεανίσκος, young man
10 ἔγκειμαι, *impf pas ind 3s*, devoted to
11 θυγάτηρ, daughter
12 ἔνδοξος, honored
13 πύλη, gate
14 εἰρηνικός, peaceful
15 οἰκέω, *pres act impv 3p*, dwell
16 ἐμπορεύομαι, *pres mid impv 3p*, conduct trade
17 πλατύς, wide, broad
18 ἐναντίον, before
19 θυγάτηρ, daughter
20 ὁμοιόω, *fut pas ind 3p*, make like
21 περιτέμνω, *pres pas inf*, circumcise
22 ἀρσενικός, male
23 καθά, just as
24 περιτέμνω, *perf pas ind 3p*, circumcise
25 κτῆνος, animal, (*p*) herd
26 τετράπους, quadruped
27 ὁμοιόω, *aor pas sub 1p*, make like
28 οἰκέω, *fut act ind 3p*, dwell
29 εἰσακούω, *aor act ind 3p*, hear, heed
30 πύλη, gate
31 περιτέμνω, *aor mid ind 3p*, circumcise
32 ἀκροβυστία, foreskin, uncircumcision
33 ἄρσην, male
34 πόνος, pain
35 μάχαιρα, sword
36 ἀσφαλῶς, safely
37 ἀρσενικός, male

26 τόν τε Εμμωρ καὶ Συχεμ τὸν υἱὸν αὐτοῦ ἀπέκτειναν ἐν στόματι μαχαίρας[1] καὶ
ἔλαβον τὴν Διναν ἐκ τοῦ οἴκου τοῦ Συχεμ καὶ ἐξῆλθον. **27** οἱ δὲ υἱοὶ Ιακωβ εἰσῆλθον
ἐπὶ τοὺς τραυματίας[2] καὶ διήρπασαν[3] τὴν πόλιν, ἐν ᾗ ἐμίαναν[4] Διναν τὴν ἀδελφὴν
αὐτῶν, **28** καὶ τὰ πρόβατα αὐτῶν καὶ τοὺς βόας[5] αὐτῶν καὶ τοὺς ὄνους[6] αὐτῶν,
ὅσα τε ἦν ἐν τῇ πόλει καὶ ὅσα ἦν ἐν τῷ πεδίῳ,[7] ἔλαβον. **29** καὶ πάντα τὰ σώματα
αὐτῶν καὶ πᾶσαν τὴν ἀποσκευὴν[8] αὐτῶν καὶ τὰς γυναῖκας αὐτῶν ᾐχμαλώτευσαν,[9]
καὶ διήρπασαν[10] ὅσα τε ἦν ἐν τῇ πόλει καὶ ὅσα ἦν ἐν ταῖς οἰκίαις. **30** εἶπεν δὲ Ιακωβ
Συμεων καὶ Λευι Μισητόν[11] με πεποιήκατε ὥστε πονηρόν με εἶναι πᾶσιν τοῖς κατ-
οικοῦσιν τὴν γῆν, ἔν τε τοῖς Χαναναίοις καὶ τοῖς Φερεζαίοις· ἐγὼ δὲ ὀλιγοστός[12]
εἰμι ἐν ἀριθμῷ,[13] καὶ συναχθέντες ἐπ᾽ ἐμὲ συγκόψουσίν[14] με, καὶ ἐκτριβήσομαι[15] ἐγὼ
καὶ ὁ οἶκός μου. **31** οἱ δὲ εἶπαν Ἀλλ᾽ ὡσεὶ[16] πόρνῃ[17] χρήσωνται[18] τῇ ἀδελφῇ ἡμῶν;

God Blesses and Renames Jacob

35 Εἶπεν δὲ ὁ θεὸς πρὸς Ιακωβ Ἀναστὰς ἀνάβηθι εἰς τὸν τόπον Βαιθηλ καὶ
οἴκει[19] ἐκεῖ καὶ ποίησον ἐκεῖ θυσιαστήριον[20] τῷ θεῷ τῷ ὀφθέντι σοι ἐν τῷ
ἀποδιδράσκειν[21] σε ἀπὸ προσώπου Ησαυ τοῦ ἀδελφοῦ σου. **2** εἶπεν δὲ Ιακωβ τῷ
οἴκῳ αὐτοῦ καὶ πᾶσιν τοῖς μετ᾽ αὐτοῦ Ἄρατε τοὺς θεοὺς τοὺς ἀλλοτρίους[22] τοὺς
μεθ᾽ ὑμῶν ἐκ μέσου ὑμῶν καὶ καθαρίσασθε καὶ ἀλλάξατε[23] τὰς στολάς[24] ὑμῶν, **3** καὶ
ἀναστάντες ἀναβῶμεν εἰς Βαιθηλ καὶ ποιήσωμεν ἐκεῖ θυσιαστήριον[25] τῷ θεῷ τῷ
ἐπακούσαντί[26] μοι ἐν ἡμέρᾳ θλίψεως, ὃς ἦν μετ᾽ ἐμοῦ καὶ διέσωσέν[27] με ἐν τῇ ὁδῷ,
ᾗ ἐπορεύθην. **4** καὶ ἔδωκαν τῷ Ιακωβ τοὺς θεοὺς τοὺς ἀλλοτρίους,[28] οἳ ἦσαν ἐν ταῖς
χερσὶν αὐτῶν, καὶ τὰ ἐνώτια[29] τὰ ἐν τοῖς ὠσὶν αὐτῶν, καὶ κατέκρυψεν[30] αὐτὰ Ιακωβ
ὑπὸ τὴν τερέμινθον[31] τὴν ἐν Σικιμοις καὶ ἀπώλεσεν αὐτὰ ἕως τῆς σήμερον ἡμέρας.

5 καὶ ἐξῆρεν[32] Ισραηλ ἐκ Σικιμων, καὶ ἐγένετο φόβος θεοῦ ἐπὶ τὰς πόλεις τὰς κύκλῳ[33]
αὐτῶν, καὶ οὐ κατεδίωξαν[34] ὀπίσω τῶν υἱῶν Ισραηλ. **6** ἦλθεν δὲ Ιακωβ εἰς Λουζα, ἥ
ἐστιν ἐν γῇ Χανααν, ἥ ἐστιν Βαιθηλ, αὐτὸς καὶ πᾶς ὁ λαός, ὃς ἦν μετ᾽ αὐτοῦ. **7** καὶ

1 μάχαιρα, sword
2 τραυματίας, casualty
3 διαρπάζω, *aor act ind 3p*, plunder
4 μιαίνω, aor act ind 3p, defile
5 βοῦς, cow, (*p*) cattle
6 ὄνος, donkey
7 πεδίον, field, plain
8 ἀποσκευή, member of household
9 αἰχμαλωτεύω, *aor act ind 3p*, lead captive
10 διαρπάζω, *aor act ind 3p*, plunder
11 μισητός, detestable, hateful
12 ὀλίγος, *sup*, few in number
13 ἀριθμός, number
14 συγκόπτω, *fut act ind 3p*, cut down
15 ἐκτρίβω, *fut pas ind 1s*, destroy
16 ὡσεί, as if, like
17 πόρνη, prostitute
18 χράω, *aor mid sub 3p*, use
19 οἰκέω, *pres act impv 2s*, dwell
20 θυσιαστήριον, altar
21 ἀποδιδράσκω, *pres act inf*, flee
22 ἀλλότριος, foreign, strange
23 ἀλλάσσω, *aor act impv 2p*, change, alter
24 στολή, clothing
25 θυσιαστήριον, altar
26 ἐπακούω, *aor act ptc dat s m*, hear, heed
27 διασῴζω, *aor act ind 3s*, preserve, save
28 ἀλλότριος, foreign, strange
29 ἐνώτιον, earring
30 κατακρύπτω, *aor act ind 3s*, hide
31 τερέμινθος, terebinth tree
32 ἐξαίρω, *aor act ind 3s*, rise up
33 κύκλῳ, around
34 καταδιώκω, *aor act ind 3p*, pursue

ᾠκοδόμησεν ἐκεῖ θυσιαστήριον[1] καὶ ἐκάλεσεν τὸ ὄνομα τοῦ τόπου Βαιθηλ· ἐκεῖ γὰρ ἐπεφάνη[2] αὐτῷ ὁ θεὸς ἐν τῷ ἀποδιδράσκειν[3] αὐτὸν ἀπὸ προσώπου Ησαυ τοῦ ἀδελφοῦ αὐτοῦ. **8** ἀπέθανεν δὲ Δεββωρα ἡ τροφὸς[4] Ρεβεκκας κατώτερον[5] Βαιθηλ ὑπὸ τὴν βάλανον,[6] καὶ ἐκάλεσεν Ιακωβ τὸ ὄνομα αὐτῆς Βάλανος πένθους.[7]

9 Ὤφθη δὲ ὁ θεὸς Ιακωβ ἔτι ἐν Λουζα, ὅτε παρεγένετο ἐκ Μεσοποταμίας τῆς Συρίας, καὶ ηὐλόγησεν αὐτὸν ὁ θεός. **10** καὶ εἶπεν αὐτῷ ὁ θεός Τὸ ὄνομά σου Ιακωβ· οὐ κληθήσεται ἔτι Ιακωβ, ἀλλ᾽ Ισραηλ ἔσται τὸ ὄνομά σου. **11** εἶπεν δὲ αὐτῷ ὁ θεός Ἐγὼ ὁ θεός σου· αὐξάνου[8] καὶ πληθύνου·[9] ἔθνη καὶ συναγωγαὶ ἐθνῶν ἔσονται ἐκ σοῦ, καὶ βασιλεῖς ἐκ τῆς ὀσφύος[10] σου ἐξελεύσονται. **12** καὶ τὴν γῆν, ἣν δέδωκα Αβρααμ καὶ Ισαακ, σοὶ δέδωκα αὐτήν· σοὶ ἔσται, καὶ τῷ σπέρματί σου μετὰ σὲ δώσω τὴν γῆν ταύτην. **13** ἀνέβη δὲ ὁ θεὸς ἀπ᾽ αὐτοῦ ἐκ τοῦ τόπου, οὗ ἐλάλησεν μετ᾽ αὐτοῦ. **14** καὶ ἔστησεν Ιακωβ στήλην[11] ἐν τῷ τόπῳ, ᾧ ἐλάλησεν μετ᾽ αὐτοῦ, στήλην λιθίνην,[12] καὶ ἔσπεισεν[13] ἐπ᾽ αὐτὴν σπονδὴν[14] καὶ ἐπέχεεν[15] ἐπ᾽ αὐτὴν ἔλαιον.[16] **15** καὶ ἐκάλεσεν Ιακωβ τὸ ὄνομα τοῦ τόπου, ἐν ᾧ ἐλάλησεν μετ᾽ αὐτοῦ ἐκεῖ ὁ θεός, Βαιθηλ.

Deaths of Rachel and Isaac

16 Ἀπάρας[17] δὲ Ιακωβ ἐκ Βαιθηλ ἔπηξεν[18] τὴν σκηνὴν[19] αὐτοῦ ἐπέκεινα[20] τοῦ πύργου[21] Γαδερ. ἐγένετο δὲ ἡνίκα[22] ἤγγισεν χαβραθα[23] εἰς γῆν ἐλθεῖν Εφραθα, ἔτεκεν[24] Ραχηλ καὶ ἐδυστόκησεν[25] ἐν τῷ τοκετῷ.[26] **17** ἐγένετο δὲ ἐν τῷ σκληρῶς[27] αὐτὴν τίκτειν[28] εἶπεν αὐτῇ ἡ μαῖα[29] Θάρσει,[30] καὶ γὰρ οὗτός σοί ἐστιν υἱός. **18** ἐγένετο δὲ ἐν τῷ ἀφιέναι αὐτὴν τὴν ψυχήν — ἀπέθνῃσκεν γάρ — ἐκάλεσεν τὸ ὄνομα αὐτοῦ Υἱὸς ὀδύνης[31] μου· ὁ δὲ πατὴρ ἐκάλεσεν αὐτὸν Βενιαμιν. **19** ἀπέθανεν δὲ Ραχηλ καὶ ἐτάφη[32] ἐν τῇ ὁδῷ Εφραθα (αὕτη ἐστὶν Βηθλεεμ). **20** καὶ ἔστησεν Ιακωβ στήλην[33] ἐπὶ τοῦ μνημείου[34] αὐτῆς· αὕτη ἐστὶν στήλη μνημείου Ραχηλ ἕως τῆς σήμερον ἡμέρας.

1 θυσιαστήριον, altar
2 ἐπιφαίνω, *aor pas ind 3s*, appear
3 ἀποδιδράσκω, *pres act inf*, flee
4 τροφός, nurse
5 κάτω, below
6 βάλανος, acorn tree
7 πένθος, mourning
8 αὐξάνω, *pres mid impv 2s*, increase
9 πληθύνω, *pres mid impv 2s*, multiply
10 ὀσφύς, loin
11 στήλη, memorial pillar
12 λίθινος, made of stone
13 σπένδω, *aor act ind 3s*, pour out an offering
14 σπονδή, drink offering
15 ἐπιχέω, *aor act ind 3s*, pour over
16 ἔλαιον, oil
17 ἀπαίρω, *aor act ptc nom s m*, set out
18 πήγνυμι, *aor act ind 3s*, put up, pitch
19 σκηνή, tent
20 ἐπέκεινα, beyond
21 πύργος, tower
22 ἡνίκα, when
23 χαβραθα, a good distance, *translit.*
24 τίκτω, *aor act ind 3s*, give birth
25 δυστοκέω, *aor act ind 3s*, suffer birth pains
26 τοκετός, delivery, childbirth
27 σκληρῶς, with difficulty
28 τίκτω, *pres act inf*, give birth
29 μαῖα, midwife
30 θαρσέω, *pres act impv 2s*, take courage
31 ὀδύνη, sorrow, pain
32 θάπτω, *aor pas ind 3s*, bury
33 στήλη, memorial pillar
34 μνημεῖον, tomb

22 Ἐγένετο δὲ ἡνίκα[1] κατῴκησεν Ισραηλ ἐν τῇ γῇ ἐκείνῃ, ἐπορεύθη Ρουβην καὶ ἐκοιμήθη[2] μετὰ Βαλλας τῆς παλλακῆς[3] τοῦ πατρὸς αὐτοῦ· καὶ ἤκουσεν Ισραηλ, καὶ πονηρὸν ἐφάνη[4] ἐναντίον[5] αὐτοῦ. Ἦσαν δὲ οἱ υἱοὶ Ιακωβ δώδεκα.[6] **23** υἱοὶ Λειας· πρωτότοκος[7] Ιακωβ Ρουβην, Συμεων, Λευι, Ιουδας, Ισσαχαρ, Ζαβουλων. **24** υἱοὶ δὲ Ραχηλ· Ιωσηφ καὶ Βενιαμιν. **25** υἱοὶ δὲ Βαλλας παιδίσκης[8] Ραχηλ· Δαν καὶ Νεφθαλι. **26** υἱοὶ δὲ Ζελφας παιδίσκης[9] Λειας· Γαδ καὶ Ασηρ. οὗτοι υἱοὶ Ιακωβ, οἳ ἐγένοντο αὐτῷ ἐν Μεσοποταμίᾳ τῆς Συρίας

27 Ἦλθεν δὲ Ιακωβ πρὸς Ισαακ τὸν πατέρα αὐτοῦ εἰς Μαμβρη εἰς πόλιν τοῦ πεδίου[10] (αὕτη ἐστὶν Χεβρων) ἐν γῇ Χανααν, οὗ παρῴκησεν[11] Αβρααμ καὶ Ισαακ. **28** ἐγένοντο δὲ αἱ ἡμέραι Ισαακ, ἃς ἔζησεν, ἔτη ἑκατὸν[12] ὀγδοήκοντα·[13] **29** καὶ ἐκλιπὼν[14] ἀπέθανεν καὶ προσετέθη[15] πρὸς τὸ γένος[16] αὐτοῦ πρεσβύτερος καὶ πλήρης[17] ἡμερῶν, καὶ ἔθαψαν[18] αὐτὸν Ησαυ καὶ Ιακωβ οἱ υἱοὶ αὐτοῦ.

Esau's Descendants

36 Αὗται δὲ αἱ γενέσεις[19] Ησαυ (αὐτός ἐστιν Εδωμ)· **2** Ησαυ δὲ ἔλαβεν γυναῖκας ἑαυτῷ ἀπὸ τῶν θυγατέρων[20] τῶν Χαναναίων, τὴν Αδα θυγατέρα Αιλων τοῦ Χετταίου καὶ τὴν Ελιβεμα θυγατέρα Ανα τοῦ υἱοῦ Σεβεγων τοῦ Ευαίου **3** καὶ τὴν Βασεμμαθ θυγατέρα[21] Ισμαηλ ἀδελφὴν Ναβαιωθ. **4** ἔτεκεν[22] δὲ Αδα τῷ Ησαυ τὸν Ελιφας, καὶ Βασεμμαθ ἔτεκεν τὸν Ραγουηλ, **5** καὶ Ελιβεμα ἔτεκεν[23] τὸν Ιεους καὶ τὸν Ιεγλομ καὶ τὸν Κορε· οὗτοι υἱοὶ Ησαυ, οἳ ἐγένοντο αὐτῷ ἐν γῇ Χανααν.

6 ἔλαβεν δὲ Ησαυ τὰς γυναῖκας αὐτοῦ καὶ τοὺς υἱοὺς καὶ τὰς θυγατέρας[24] καὶ πάντα τὰ σώματα τοῦ οἴκου αὐτοῦ καὶ πάντα τὰ ὑπάρχοντα καὶ πάντα τὰ κτήνη[25] καὶ πάντα, ὅσα ἐκτήσατο[26] καὶ ὅσα περιεποιήσατο[27] ἐν γῇ Χανααν, καὶ ἐπορεύθη ἐκ γῆς Χανααν ἀπὸ προσώπου Ιακωβ τοῦ ἀδελφοῦ αὐτοῦ· **7** ἦν γὰρ αὐτῶν τὰ ὑπάρχοντα πολλὰ τοῦ οἰκεῖν[28] ἅμα,[29] καὶ οὐκ ἐδύνατο ἡ γῆ τῆς παροικήσεως[30] αὐτῶν φέρειν αὐτοὺς ἀπὸ τοῦ πλήθους τῶν ὑπαρχόντων αὐτῶν. **8** ᾤκησεν[31] δὲ Ησαυ ἐν τῷ ὄρει Σηιρ (Ησαυ αὐτός ἐστιν Εδωμ).

1 ἡνίκα, when
2 κοιμάω, *aor pas ind 3s*, sleep with, lie with
3 παλλακή, concubine
4 φαίνω, *aor pas ind 3s*, seem
5 ἐναντίον, before
6 δώδεκα, twelve
7 πρωτότοκος, firstborn
8 παιδίσκη, maidservant
9 παιδίσκη, maidservant
10 πεδίον, plain
11 παροικέω, *aor act ind 3s*, sojourn, reside as an alien
12 ἑκατόν, hundred
13 ὀγδοήκοντα, eighty
14 ἐκλείπω, *aor act ptc nom s m*, expire
15 προστίθημι, *aor pas ind 3s*, join
16 γένος, kin, family
17 πλήρης, full
18 θάπτω, *aor act ind 3p*, bury
19 γένεσις, generation, offspring, lineage
20 θυγάτηρ, daughter
21 θυγάτηρ, daughter
22 τίκτω, *aor act ind 3s*, give birth
23 τίκτω, *aor act ind 3s*, give birth
24 θυγάτηρ, daughter
25 κτῆνος, animal, (*p*) herd
26 κτάομαι, *aor mid ind 3s*, acquire, obtain
27 περιποιέω, *aor mid ind 3s*, procure
28 οἰκέω, *pres act inf*, dwell
29 ἅμα, together, at the same time
30 παροίκησις, sojourn
31 οἰκέω, *aor act ind 3s*, dwell

9 Αὗται δὲ αἱ γενέσεις[1] Ησαυ πατρὸς Εδωμ ἐν τῷ ὄρει Σηιρ, **10** καὶ ταῦτα τὰ ὀνόματα
τῶν υἱῶν Ησαυ· Ελιφας υἱὸς Αδας γυναικὸς Ησαυ καὶ Ραγουηλ υἱὸς Βασεμμαθ
γυναικὸς Ησαυ. **11** ἐγένοντο δὲ υἱοὶ Ελιφας· Θαιμαν, Ωμαρ, Σωφαρ, Γοθομ καὶ
Κενεζ· **12** Θαμνα δὲ ἦν παλλακὴ[2] Ελιφας τοῦ υἱοῦ Ησαυ καὶ ἔτεκεν[3] τῷ Ελιφας τὸν
Αμαληκ· οὗτοι υἱοὶ Αδας γυναικὸς Ησαυ. **13** οὗτοι δὲ υἱοὶ Ραγουηλ· Ναχοθ, Ζαρε,
Σομε καὶ Μοζε· οὗτοι ἦσαν υἱοὶ Βασεμμαθ γυναικὸς Ησαυ. **14** οὗτοι δὲ ἦσαν υἱοὶ
Ελιβεμας θυγατρὸς[4] Ανα τοῦ υἱοῦ Σεβεγων, γυναικὸς Ησαυ· ἔτεκεν[5] δὲ τῷ Ησαυ
τὸν Ιεους καὶ τὸν Ιεγλομ καὶ τὸν Κορε. — **15** οὗτοι ἡγεμόνες[6] υἱοὶ Ησαυ· υἱοὶ Ελιφας
πρωτοτόκου[7] Ησαυ· ἡγεμὼν Θαιμαν, ἡγεμὼν Ωμαρ, ἡγεμὼν Σωφαρ, ἡγεμὼν Κενεζ,
16 ἡγεμὼν[8] Κορε, ἡγεμὼν Γοθομ, ἡγεμὼν Αμαληκ· οὗτοι ἡγεμόνες Ελιφας ἐν γῇ
Ιδουμαίᾳ· οὗτοι υἱοὶ Αδας. **17** καὶ οὗτοι υἱοὶ Ραγουηλ υἱοῦ Ησαυ· ἡγεμὼν[9] Ναχοθ,
ἡγεμὼν Ζαρε, ἡγεμὼν Σομε, ἡγεμὼν Μοζε· οὗτοι ἡγεμόνες Ραγουηλ ἐν γῇ Εδωμ·
οὗτοι υἱοὶ Βασεμμαθ γυναικὸς Ησαυ. **18** οὗτοι δὲ υἱοὶ Ελιβεμας γυναικὸς Ησαυ·
ἡγεμὼν[10] Ιεους, ἡγεμὼν Ιεγλομ, ἡγεμὼν Κορε· οὗτοι ἡγεμόνες Ελιβεμας. — **19** οὗτοι
υἱοὶ Ησαυ, καὶ οὗτοι ἡγεμόνες[11] αὐτῶν. οὗτοί εἰσιν υἱοὶ Εδωμ.

20 Οὗτοι δὲ υἱοὶ Σηιρ τοῦ Χορραίου τοῦ κατοικοῦντος τὴν γῆν· Λωταν, Σωβαλ,
Σεβεγων, Ανα **21** καὶ Δησων καὶ Ασαρ καὶ Ρισων· οὗτοι ἡγεμόνες[12] τοῦ Χορραίου
τοῦ υἱοῦ Σηιρ ἐν τῇ γῇ Εδωμ. **22** ἐγένοντο δὲ υἱοὶ Λωταν· Χορρι καὶ Αιμαν· ἀδελφὴ
δὲ Λωταν Θαμνα. **23** οὗτοι δὲ υἱοὶ Σωβαλ· Γωλων καὶ Μαναχαθ καὶ Γαιβηλ, Σωφ καὶ
Ωμαν. **24** καὶ οὗτοι υἱοὶ Σεβεγων· Αιε καὶ Ωναν· οὗτός ἐστιν ὁ Ωνας, ὃς εὗρεν τὸν
Ιαμιν ἐν τῇ ἐρήμῳ, ὅτε ἔνεμεν[13] τὰ ὑποζύγια[14] Σεβεγων τοῦ πατρὸς αὐτοῦ. **25** οὗτοι
δὲ υἱοὶ Ανα· Δησων· καὶ Ελιβεμα θυγάτηρ[15] Ανα. **26** οὗτοι δὲ υἱοὶ Δησων· Αμαδα
καὶ Ασβαν καὶ Ιεθραν καὶ Χαρραν. **27** οὗτοι δὲ υἱοὶ Ασαρ· Βαλααν καὶ Ζουκαμ καὶ
Ιωυκαμ καὶ Ουκαν. **28** οὗτοι δὲ υἱοὶ Ρισων· Ως καὶ Αραμ. — **29** οὗτοι ἡγεμόνες[16]
Χορρι· ἡγεμὼν Λωταν, ἡγεμὼν Σωβαλ, ἡγεμὼν Σεβεγων, ἡγεμὼν Ανα, **30** ἡγεμὼν[17]
Δησων, ἡγεμὼν Ασαρ, ἡγεμὼν Ρισων. οὗτοι ἡγεμόνες Χορρι ἐν ταῖς ἡγεμονίαις[18]
αὐτῶν ἐν γῇ Εδωμ.

31 Καὶ οὗτοι οἱ βασιλεῖς οἱ βασιλεύσαντες[19] ἐν Εδωμ πρὸ τοῦ βασιλεῦσαι[20] βασιλέα
ἐν Ισραηλ. **32** καὶ ἐβασίλευσεν[21] ἐν Εδωμ Βαλακ υἱὸς τοῦ Βεωρ, καὶ ὄνομα τῇ πόλει
αὐτοῦ Δενναβα. **33** ἀπέθανεν δὲ Βαλακ, καὶ ἐβασίλευσεν[22] ἀντ᾽[23] αὐτοῦ Ιωβαβ υἱὸς
Ζαρα ἐκ Βοσορρας. **34** ἀπέθανεν δὲ Ιωβαβ, καὶ ἐβασίλευσεν[24] ἀντ᾽[25] αὐτοῦ Ασομ ἐκ

1 γένεσις, generation, offspring, lineage
2 παλλακή, concubine
3 τίκτω, *aor act ind 3s*, give birth
4 θυγάτηρ, daughter
5 τίκτω, *aor act ind 3s*, give birth
6 ἡγεμών, leader, chief
7 πρωτότοκος, firstborn
8 ἡγεμών, leader, chief
9 ἡγεμών, leader, chief
10 ἡγεμών, leader, chief
11 ἡγεμών, leader, chief
12 ἡγεμών, leader, chief
13 νέμω, *impf act ind 3s*, graze, pasture
14 ὑποζύγιον, pack animal
15 θυγάτηρ, daughter
16 ἡγεμών, leader, chief
17 ἡγεμών, leader, chief
18 ἡγεμονία, military rulership
19 βασιλεύω, *aor act ptc nom p m*, rule
20 βασιλεύω, *aor act inf*, rule
21 βασιλεύω, *aor act ind 3s*, rule
22 βασιλεύω, *aor act ind 3s*, rule
23 ἀντί, in place of
24 βασιλεύω, *aor act ind 3s*, rule
25 ἀντί, in place of

τῆς γῆς Θαιμανων. **35** ἀπέθανεν δὲ Ασομ, καὶ ἐβασίλευσεν[1] ἀντ᾽[2] αὐτοῦ Αδαδ υἱὸς
Βαραδ ὁ ἐκκόψας[3] Μαδιαμ ἐν τῷ πεδίῳ[4] Μωαβ, καὶ ὄνομα τῇ πόλει αὐτοῦ Γεθθαιμ.
36 ἀπέθανεν δὲ Αδαδ, καὶ ἐβασίλευσεν[5] ἀντ᾽[6] αὐτοῦ Σαμαλα ἐκ Μασεκκας.
37 ἀπέθανεν δὲ Σαμαλα, καὶ ἐβασίλευσεν[7] ἀντ᾽[8] αὐτοῦ Σαουλ ἐκ Ροωβωθ τῆς παρὰ
ποταμόν.[9] **38** ἀπέθανεν δὲ Σαουλ, καὶ ἐβασίλευσεν[10] ἀντ᾽[11] αὐτοῦ Βαλαεννων υἱὸς
Αχοβωρ. **39** ἀπέθανεν δὲ Βαλαεννων υἱὸς Αχοβωρ, καὶ ἐβασίλευσεν[12] ἀντ᾽[13] αὐτοῦ
Αραδ υἱὸς Βαραδ, καὶ ὄνομα τῇ πόλει αὐτοῦ Φογωρ, ὄνομα δὲ τῇ γυναικὶ αὐτοῦ
Μαιτεβεηλ θυγάτηρ[14] Ματραιθ υἱοῦ Μαιζοοβ.

40 Ταῦτα τὰ ὀνόματα τῶν ἡγεμόνων[15] Ησαυ ἐν ταῖς φυλαῖς αὐτῶν κατὰ τόπον αὐτῶν,
ἐν ταῖς χώραις[16] αὐτῶν καὶ ἐν τοῖς ἔθνεσιν αὐτῶν· ἡγεμὼν Θαμνα, ἡγεμὼν Γωλα,
ἡγεμὼν Ιεθερ, **41** ἡγεμὼν[17] Ελιβεμας, ἡγεμὼν Ηλας, ἡγεμὼν Φινων, **42** ἡγεμὼν[18]
Κενεζ, ἡγεμὼν Θαιμαν, ἡγεμὼν Μαζαρ, **43** ἡγεμὼν[19] Μεγεδιηλ, ἡγεμὼν Ζαφωιμ.
οὗτοι ἡγεμόνες Εδωμ ἐν ταῖς κατῳκοδομημέναις[20] ἐν τῇ γῇ τῆς κτήσεως[21] αὐτῶν.
Οὗτος Ησαυ πατὴρ Εδωμ.

Joseph's Dream

37 Κατῴκει δὲ Ιακωβ ἐν τῇ γῇ, οὗ παρῴκησεν[22] ὁ πατὴρ αὐτοῦ, ἐν γῇ Χανααν.
2 αὗται δὲ αἱ γενέσεις[23] Ιακωβ· Ιωσηφ δέκα[24] ἑπτὰ ἐτῶν ἦν ποιμαίνων[25] μετὰ
τῶν ἀδελφῶν αὐτοῦ τὰ πρόβατα ὢν νέος,[26] μετὰ τῶν υἱῶν Βαλλας καὶ μετὰ τῶν
υἱῶν Ζελφας τῶν γυναικῶν τοῦ πατρὸς αὐτοῦ· κατήνεγκεν[27] δὲ Ιωσηφ ψόγον[28]
πονηρὸν πρὸς Ισραηλ τὸν πατέρα αὐτῶν. **3** Ιακωβ δὲ ἠγάπα τὸν Ιωσηφ παρὰ πάντας
τοὺς υἱοὺς αὐτοῦ, ὅτι υἱὸς γήρους[29] ἦν αὐτῷ· ἐποίησεν δὲ αὐτῷ χιτῶνα[30] ποικίλον.[31]
4 ἰδόντες δὲ οἱ ἀδελφοὶ αὐτοῦ ὅτι αὐτὸν ὁ πατὴρ φιλεῖ[32] ἐκ πάντων τῶν υἱῶν αὐτοῦ,
ἐμίσησαν αὐτὸν καὶ οὐκ ἐδύναντο λαλεῖν αὐτῷ οὐδὲν εἰρηνικόν.[33]

1 βασιλεύω, *aor act ind 3s*, rule
2 ἀντί, in place of
3 ἐκκόπτω, *aor act ptc nom s m*, cut down
4 πεδίον, plain
5 βασιλεύω, *aor act ind 3s*, rule
6 ἀντί, in place of
7 βασιλεύω, *aor act ind 3s*, rule
8 ἀντί, in place of
9 ποταμός, river
10 βασιλεύω, *aor act ind 3s*, rule
11 ἀντί, in place of
12 βασιλεύω, *aor act ind 3s*, rule
13 ἀντί, in place of
14 θυγάτηρ, daughter
15 ἡγεμών, leader, chief
16 χώρα, land, territory
17 ἡγεμών, leader, chief
18 ἡγεμών, leader, chief
19 ἡγεμών, leader, chief
20 κατοικοδομέω, *perf mid ptc dat p f*, build on
21 κτῆσις, possession
22 παροικέω, *aor act ind 3s*, sojourn, reside as an alien
23 γένεσις, generation, offspring, lineage
24 δέκα, ten
25 ποιμαίνω, *pres act ptc nom s m*, tend (flocks), shepherd
26 νέος, young
27 καταφέρω, *aor act ind 3s*, bring back
28 ψόγος, fault, censure, blame
29 γῆρας, old age
30 χιτών, tunic
31 ποικίλος, variegated, multicolored
32 φιλέω, *pres act ind 3s*, love
33 εἰρηνικός, peaceable

5 Ἐνυπνιασθεὶς[1] δὲ Ιωσηφ ἐνύπνιον[2] ἀπήγγειλεν αὐτὸ τοῖς ἀδελφοῖς αὐτοῦ **6** καὶ
εἶπεν αὐτοῖς Ἀκούσατε τοῦ ἐνυπνίου[3] τούτου, οὗ ἐνυπνιάσθην·[4] **7** ᾤμην[5] ἡμᾶς δεσ-
μεύειν[6] δράγματα[7] ἐν μέσῳ τῷ πεδίῳ,[8] καὶ ἀνέστη τὸ ἐμὸν δράγμα καὶ ὠρθώθη,[9]
περιστραφέντα[10] δὲ τὰ δράγματα ὑμῶν προσεκύνησαν τὸ ἐμὸν δράγμα. **8** εἶπαν δὲ
αὐτῷ οἱ ἀδελφοί Μὴ βασιλεύων[11] βασιλεύσεις[12] ἐφ᾽ ἡμᾶς ἢ κυριεύων[13] κυριεύσεις[14]
ἡμῶν; καὶ προσέθεντο[15] ἔτι μισεῖν αὐτὸν ἕνεκεν[16] τῶν ἐνυπνίων[17] αὐτοῦ καὶ ἕνεκεν
τῶν ῥημάτων αὐτοῦ.

9 εἶδεν δὲ ἐνύπνιον[18] ἕτερον καὶ διηγήσατο[19] αὐτὸ τῷ πατρὶ αὐτοῦ καὶ τοῖς ἀδελφοῖς
αὐτοῦ καὶ εἶπεν Ἰδοὺ ἐνυπνιασάμην[20] ἐνύπνιον[21] ἕτερον, ὥσπερ ὁ ἥλιος καὶ ἡ
σελήνη[22] καὶ ἕνδεκα[23] ἀστέρες[24] προσεκύνουν με. **10** καὶ ἐπετίμησεν[25] αὐτῷ ὁ πατὴρ
αὐτοῦ καὶ εἶπεν αὐτῷ Τί τὸ ἐνύπνιον[26] τοῦτο, ὃ ἐνυπνιάσθης;[27] ἆρά γε ἐλθόντες
ἐλευσόμεθα ἐγώ τε καὶ ἡ μήτηρ σου καὶ οἱ ἀδελφοί σου προσκυνῆσαί σοι ἐπὶ τὴν γῆν;
11 ἐζήλωσαν[28] δὲ αὐτὸν οἱ ἀδελφοὶ αὐτοῦ, ὁ δὲ πατὴρ αὐτοῦ διετήρησεν[29] τὸ ῥῆμα.

Joseph Is Sold by His Brothers

12 Ἐπορεύθησαν δὲ οἱ ἀδελφοὶ αὐτοῦ βόσκειν[30] τὰ πρόβατα τοῦ πατρὸς αὐτῶν
εἰς Συχεμ. **13** καὶ εἶπεν Ισραηλ πρὸς Ιωσηφ Οὐχ οἱ ἀδελφοί σου ποιμαίνουσιν[31] ἐν
Συχεμ; δεῦρο[32] ἀποστείλω σε πρὸς αὐτούς. εἶπεν δὲ αὐτῷ Ἰδοὺ ἐγώ. **14** εἶπεν δὲ
αὐτῷ Ισραηλ Πορευθεὶς ἰδὲ εἰ ὑγιαίνουσιν[33] οἱ ἀδελφοί σου καὶ τὰ πρόβατα, καὶ
ἀνάγγειλόν[34] μοι. καὶ ἀπέστειλεν αὐτὸν ἐκ τῆς κοιλάδος[35] τῆς Χεβρων, καὶ ἦλθεν
εἰς Συχεμ. **15** καὶ εὗρεν αὐτὸν ἄνθρωπος πλανώμενον ἐν τῷ πεδίῳ·[36] ἠρώτησεν[37] δὲ

1 ἐνυπνιάζομαι, *aor pas ptc nom s m*, dream
2 ἐνύπνιον, dream
3 ἐνύπνιον, dream
4 ἐνυπνιάζομαι, *aor pas ind 1s*, dream
5 οἴομαι, *impf mid ind 1s*, imagine
6 δεσμεύω, *pres act inf*, bind
7 δράγμα, sheaf
8 πεδίον, field, plain
9 ὀρθόω, *aor pas ind 3s*, stand upright
10 περιστρέφω, *aor pas ptc nom p n*, turn around
11 βασιλεύω, *pres act ptc nom s m*, reign, be king over
12 βασιλεύω, *fut act ind 2s*, reign, be king over
13 κυριεύω, *pres act ptc nom s m*, rule over
14 κυριεύω, *fut act ind 2s*, rule over
15 προστίθημι, *aor mid ind 3p*, continue
16 ἕνεκα, because
17 ἐνύπνιον, dream
18 ἐνύπνιον, dream
19 διηγέομαι, *aor mid ind 3s*, describe, tell
20 ἐνυπνιάζομαι, *aor mid ind 1s*, dream
21 ἐνύπνιον, dream
22 σελήνη, moon
23 ἕνδεκα, eleven
24 ἀστήρ, star
25 ἐπιτιμάω, *aor act ind 3s*, rebuke, reprove
26 ἐνύπνιον, dream
27 ἐνυπνιάζομαι, *aor pas ind 2s*, dream
28 ζηλόω, *aor act ind 3p*, be jealous
29 διατηρέω, *aor act ind 3s*, maintain, closely observe
30 βόσκω, *pres act inf*, graze
31 ποιμαίνω, *pres act ind 3p*, tend (flocks), shepherd
32 δεῦρο, come!
33 ὑγιαίνω, *pres act ind 3p*, be well
34 ἀναγγέλλω, *aor act impv 2s*, report, tell
35 κοιλάς, valley
36 πεδίον, plain
37 ἐρωτάω, *aor act ind 3s*, ask

αὐτὸν ὁ ἄνθρωπος λέγων Τί ζητεῖς; **16** ὁ δὲ εἶπεν Τοὺς ἀδελφούς μου ζητῶ· ἀνάγγειλόν[1] μοι, ποῦ βόσκουσιν.[2] **17** εἶπεν δὲ αὐτῷ ὁ ἄνθρωπος Ἀπήρκασιν[3] ἐντεῦθεν·[4] ἤκουσα γὰρ αὐτῶν λεγόντων Πορευθῶμεν εἰς Δωθαϊμ. καὶ ἐπορεύθη Ιωσηφ κατόπισθεν[5] τῶν ἀδελφῶν αὐτοῦ καὶ εὗρεν αὐτοὺς ἐν Δωθαϊμ.

18 προεῖδον[6] δὲ αὐτὸν μακρόθεν[7] πρὸ τοῦ ἐγγίσαι αὐτὸν πρὸς αὐτοὺς καὶ ἐπονηρεύοντο[8] τοῦ ἀποκτεῖναι αὐτόν. **19** εἶπαν δὲ ἕκαστος πρὸς τὸν ἀδελφὸν αὐτοῦ Ἰδοὺ ὁ ἐνυπνιαστὴς[9] ἐκεῖνος ἔρχεται· **20** νῦν οὖν δεῦτε[10] ἀποκτείνωμεν αὐτὸν καὶ ῥίψωμεν[11] αὐτὸν εἰς ἕνα τῶν λάκκων[12] καὶ ἐροῦμεν Θηρίον πονηρὸν κατέφαγεν[13] αὐτόν· καὶ ὀψόμεθα τί ἔσται τὰ ἐνύπνια[14] αὐτοῦ. **21** ἀκούσας δὲ Ρουβην ἐξείλατο[15] αὐτὸν ἐκ τῶν χειρῶν αὐτῶν καὶ εἶπεν Οὐ πατάξομεν[16] αὐτὸν εἰς ψυχήν. **22** εἶπεν δὲ αὐτοῖς Ρουβην Μὴ ἐκχέητε[17] αἷμα· ἐμβάλετε[18] αὐτὸν εἰς τὸν λάκκον[19] τοῦτον τὸν ἐν τῇ ἐρήμῳ, χεῖρα δὲ μὴ ἐπενέγκητε[20] αὐτῷ· ὅπως ἐξέληται[21] αὐτὸν ἐκ τῶν χειρῶν αὐτῶν καὶ ἀποδῷ αὐτὸν τῷ πατρὶ αὐτοῦ. **23** ἐγένετο δὲ ἡνίκα[22] ἦλθεν Ιωσηφ πρὸς τοὺς ἀδελφοὺς αὐτοῦ, ἐξέδυσαν[23] τὸν Ιωσηφ τὸν χιτῶνα[24] τὸν ποικίλον[25] τὸν περὶ αὐτὸν **24** καὶ λαβόντες αὐτὸν ἔρριψαν[26] εἰς τὸν λάκκον·[27] ὁ δὲ λάκκος κενός,[28] ὕδωρ οὐκ εἶχεν.

25 Ἐκάθισαν δὲ φαγεῖν ἄρτον καὶ ἀναβλέψαντες[29] τοῖς ὀφθαλμοῖς εἶδον, καὶ ἰδοὺ ὁδοιπόροι[30] Ισμαηλῖται ἤρχοντο ἐκ Γαλααδ, καὶ αἱ κάμηλοι[31] αὐτῶν ἔγεμον[32] θυμιαμάτων[33] καὶ ῥητίνης[34] καὶ στακτῆς·[35] ἐπορεύοντο δὲ καταγαγεῖν[36] εἰς Αἴγυπτον. **26** εἶπεν δὲ Ιουδας πρὸς τοὺς ἀδελφοὺς αὐτοῦ Τί χρήσιμον[37] ἐὰν ἀποκτείνωμεν τὸν ἀδελφὸν ἡμῶν καὶ κρύψωμεν[38] τὸ αἷμα αὐτοῦ; **27** δεῦτε[39] ἀποδώμεθα αὐτὸν τοῖς Ισμαηλίταις τούτοις, αἱ δὲ χεῖρες ἡμῶν μὴ ἔστωσαν ἐπ᾽ αὐτόν, ὅτι ἀδελφὸς ἡμῶν καὶ σὰρξ ἡμῶν ἐστιν. ἤκουσαν δὲ οἱ ἀδελφοὶ αὐτοῦ. **28** καὶ παρεπορεύοντο[40] οἱ

1 ἀναγγέλλω, *aor act impv 2s*, report, tell
2 βόσκω, *pres act ind 3p*, graze
3 ἀπαίρω, *perf act ind 3p*, depart from
4 ἐντεῦθεν, from here
5 κατόπισθεν, after
6 προοράω, *aor act ind 3p*, see ahead of time
7 μακρόθεν, from afar
8 πονηρεύομαι, *impf mid ind 3p*, act wickedly
9 ἐνυπνιαστής, dreamer
10 δεῦτε, come!
11 ῥίπτω, *aor act sub 1p*, throw down
12 λάκκος, pit, cistern
13 κατεσθίω, *aor act ind 3s*, devour
14 ἐνύπνιον, dream
15 ἐξαιρέω, *aor mid ind 3s*, deliver
16 πατάσσω, *fut act ind 1p*, strike
17 ἐκχέω, *pres act sub 2p*, spill, pour out
18 ἐμβάλλω, *aor act impv 2p*, throw in
19 λάκκος, pit, cistern
20 ἐπιφέρω, *aor act sub 2p*, lay upon
21 ἐξαιρέω, *aor mid sub 3s*, deliver
22 ἡνίκα, when
23 ἐκδύω, *aor act ind 3p*, remove, strip off
24 χιτών, tunic
25 ποικίλος, variegated, multicolored
26 ῥίπτω, *aor act ind 3p*, throw down
27 λάκκος, pit, cistern
28 κενός, empty
29 ἀναβλέπω, *aor act ptc nom p m*, look up
30 ὁδοιπόρος, traveler
31 κάμηλος, camel
32 γέμω, *impf act ind 3p*, be full
33 θυμίαμα, incense
34 ῥητίνη, resin, balm
35 στακτή, myrrh
36 κατάγω, *aor act inf*, bring down
37 χρήσιμος, profit, advantage
38 κρύπτω, *aor act sub 1p*, hide, conceal
39 δεῦτε, come!
40 παραπορεύομαι, *impf mid ind 3p*, pass by

ἄνθρωποι οἱ Μαδιηναῖοι οἱ ἔμποροι,[1] καὶ ἐξείλκυσαν[2] καὶ ἀνεβίβασαν[3] τὸν Ιωσηφ ἐκ τοῦ λάκκου[4] καὶ ἀπέδοντο τὸν Ιωσηφ τοῖς Ισμαηλίταις εἴκοσι[5] χρυσῶν,[6] καὶ κατήγαγον[7] τὸν Ιωσηφ εἰς Αἴγυπτον. **29** ἀνέστρεψεν[8] δὲ Ρουβην ἐπὶ τὸν λάκκον[9] καὶ οὐχ ὁρᾷ τὸν Ιωσηφ ἐν τῷ λάκκῳ καὶ διέρρηξεν[10] τὰ ἱμάτια αὐτοῦ. **30** καὶ ἀνέστρεψεν[11] πρὸς τοὺς ἀδελφοὺς αὐτοῦ καὶ εἶπεν Τὸ παιδάριον[12] οὐκ ἔστιν· ἐγὼ δὲ ποῦ πορεύομαι ἔτι;

31 Λαβόντες δὲ τὸν χιτῶνα[13] τοῦ Ιωσηφ ἔσφαξαν[14] ἔριφον[15] αἰγῶν[16] καὶ ἐμόλυναν[17] τὸν χιτῶνα[18] τῷ αἵματι. **32** καὶ ἀπέστειλαν τὸν χιτῶνα[19] τὸν ποικίλον[20] καὶ εἰσήνεγκαν[21] τῷ πατρὶ αὐτῶν καὶ εἶπαν Τοῦτον εὕρομεν· ἐπίγνωθι εἰ χιτὼν[22] τοῦ υἱοῦ σού ἐστιν ἢ οὔ. **33** καὶ ἐπέγνω αὐτὸν καὶ εἶπεν Χιτὼν[23] τοῦ υἱοῦ μού ἐστιν· θηρίον πονηρὸν κατέφαγεν[24] αὐτόν, θηρίον ἥρπασεν[25] τὸν Ιωσηφ. **34** διέρρηξεν[26] δὲ Ιακωβ τὰ ἱμάτια αὐτοῦ καὶ ἐπέθετο σάκκον[27] ἐπὶ τὴν ὀσφὺν[28] αὐτοῦ καὶ ἐπένθει[29] τὸν υἱὸν αὐτοῦ ἡμέρας πολλάς. **35** συνήχθησαν δὲ πάντες οἱ υἱοὶ αὐτοῦ καὶ αἱ θυγατέρες[30] καὶ ἦλθον παρακαλέσαι αὐτόν, καὶ οὐκ ἤθελεν παρακαλεῖσθαι λέγων ὅτι Καταβήσομαι πρὸς τὸν υἱόν μου πενθῶν[31] εἰς ᾅδου.[32] καὶ ἔκλαυσεν αὐτὸν ὁ πατὴρ αὐτοῦ. — **36** οἱ δὲ Μαδιηναῖοι ἀπέδοντο τὸν Ιωσηφ εἰς Αἴγυπτον τῷ Πετεφρη τῷ σπάδοντι[33] Φαραω, ἀρχιμαγείρῳ.[34]

Judah and Tamar

38 Ἐγένετο δὲ ἐν τῷ καιρῷ ἐκείνῳ κατέβη Ιουδας ἀπὸ τῶν ἀδελφῶν αὐτοῦ καὶ ἀφίκετο[35] ἕως πρὸς ἄνθρωπόν τινα Οδολλαμίτην, ᾧ ὄνομα Ιρας. **2** καὶ εἶδεν ἐκεῖ Ιουδας θυγατέρα[36] ἀνθρώπου Χαναναίου, ᾗ ὄνομα Σαυα, καὶ ἔλαβεν αὐτὴν καὶ εἰσῆλθεν πρὸς αὐτήν. **3** καὶ συλλαβοῦσα[37] ἔτεκεν[38] υἱὸν καὶ ἐκάλεσεν τὸ ὄνομα

1 ἔμπορος, merchant
2 ἐξέλκω, *aor act ind 3p*, draw out
3 ἀναβιβάζω, *aor act ind 3p*, bring up
4 λάκκος, pit, cistern
5 εἴκοσι, twenty
6 χρυσοῦς, gold
7 κατάγω, *aor act ind 3p*, bring down
8 ἀναστρέφω, *aor act ind 3s*, return
9 λάκκος, pit, cistern
10 διαρρήγνυμι, *aor act ind 3s*, tear
11 ἀναστρέφω, *aor act ind 3s*, return
12 παιδάριον, youth
13 χιτών, tunic
14 σφάζω, *aor act ind 3p*, slay
15 ἔριφος, kid, young goat
16 αἴξ, goat
17 μολύνω, *aor act ind 3p*, stain
18 χιτών, tunic
19 χιτών, tunic
20 ποικίλος, variegated, multicolored
21 εἰσφέρω, *aor act ind 3p*, bring in
22 χιτών, tunic
23 χιτών, tunic
24 κατεσθίω, *aor act ind 3s*, devour
25 ἁρπάζω, *aor act ind 3s*, seize
26 διαρρήγνυμι, *aor act ind 3s*, tear
27 σάκκος, sackcloth
28 ὀσφύς, waist
29 πενθέω, *impf act ind 3s*, mourn
30 θυγάτηρ, daughter
31 πενθέω, *pres act ptc nom s m*, mourn
32 ᾅδης, underworld, Hades
33 σπάδων, eunuch
34 ἀρχιμάγειρος, chief cook
35 ἀφικνέομαι, *aor mid ind 3s*, arrive at
36 θυγάτηρ, daughter
37 συλλαμβάνω, *aor act ptc nom s f*, conceive
38 τίκτω, *aor act ind 3s*, give birth

αὐτοῦ Ηρ. **4** καὶ συλλαβοῦσα[1] ἔτι ἔτεκεν[2] υἱὸν καὶ ἐκάλεσεν τὸ ὄνομα αὐτοῦ Αυναν.
5 καὶ προσθεῖσα[3] ἔτι ἔτεκεν[4] υἱὸν καὶ ἐκάλεσεν τὸ ὄνομα αὐτοῦ Σηλωμ. αὐτὴ δὲ ἦν
ἐν Χασβι, ἡνίκα[5] ἔτεκεν αὐτούς.

6 καὶ ἔλαβεν Ιουδας γυναῖκα Ηρ τῷ πρωτοτόκῳ[6] αὐτοῦ, ᾗ ὄνομα Θαμαρ. **7** ἐγένετο
δὲ Ηρ πρωτότοκος[7] Ιουδα πονηρὸς ἐναντίον[8] κυρίου, καὶ ἀπέκτεινεν αὐτὸν ὁ
θεός. **8** εἶπεν δὲ Ιουδας τῷ Αυναν Εἴσελθε πρὸς τὴν γυναῖκα τοῦ ἀδελφοῦ σου καὶ
γάμβρευσαι[9] αὐτὴν καὶ ἀνάστησον σπέρμα τῷ ἀδελφῷ σου. **9** γνοὺς δὲ Αυναν ὅτι
οὐκ αὐτῷ ἔσται τὸ σπέρμα, ἐγίνετο ὅταν εἰσήρχετο πρὸς τὴν γυναῖκα τοῦ ἀδελφοῦ
αὐτοῦ, ἐξέχεεν[10] ἐπὶ τὴν γῆν τοῦ μὴ δοῦναι σπέρμα τῷ ἀδελφῷ αὐτοῦ. **10** πονηρὸν δὲ
ἐφάνη[11] ἐναντίον[12] τοῦ θεοῦ ὅτι ἐποίησεν τοῦτο, καὶ ἐθανάτωσεν[13] καὶ τοῦτον. **11** εἶπεν
δὲ Ιουδας Θαμαρ τῇ νύμφῃ[14] αὐτοῦ Κάθου χήρα[15] ἐν τῷ οἴκῳ τοῦ πατρός σου, ἕως
μέγας γένηται Σηλωμ ὁ υἱός μου· εἶπεν γάρ Μήποτε[16] ἀποθάνῃ καὶ οὗτος ὥσπερ οἱ
ἀδελφοὶ αὐτοῦ. ἀπελθοῦσα δὲ Θαμαρ ἐκάθητο ἐν τῷ οἴκῳ τοῦ πατρὸς αὐτῆς.

12 Ἐπληθύνθησαν[17] δὲ αἱ ἡμέραι καὶ ἀπέθανεν Σαυα ἡ γυνὴ Ιουδα· καὶ παρακληθεὶς
Ιουδας ἀνέβη ἐπὶ τοὺς κείροντας[18] τὰ πρόβατα αὐτοῦ, αὐτὸς καὶ Ιρας ὁ ποιμὴν[19]
αὐτοῦ ὁ Οδολλαμίτης, εἰς Θαμνα. **13** καὶ ἀπηγγέλη Θαμαρ τῇ νύμφῃ[20] αὐτοῦ λέ-
γοντες Ἰδοὺ ὁ πενθερός[21] σου ἀναβαίνει εἰς Θαμνα κεῖραι[22] τὰ πρόβατα αὐτοῦ.
14 καὶ περιελομένη[23] τὰ ἱμάτια τῆς χηρεύσεως[24] ἀφ᾽ ἑαυτῆς περιεβάλετο[25] θέρι-
στρον[26] καὶ ἐκαλλωπίσατο[27] καὶ ἐκάθισεν πρὸς ταῖς πύλαις[28] Αιναν, ἥ ἐστιν ἐν
παρόδῳ[29] Θαμνα· εἶδεν γὰρ ὅτι μέγας γέγονεν Σηλωμ, αὐτὸς δὲ οὐκ ἔδωκεν
αὐτὴν αὐτῷ γυναῖκα. **15** καὶ ἰδὼν αὐτὴν Ιουδας ἔδοξεν[30] αὐτὴν πόρνην[31] εἶναι·
κατεκαλύψατο[32] γὰρ τὸ πρόσωπον αὐτῆς, καὶ οὐκ ἐπέγνω αὐτήν. **16** ἐξέκλινεν[33] δὲ
πρὸς αὐτὴν τὴν ὁδὸν καὶ εἶπεν αὐτῇ Ἔασόν[34] με εἰσελθεῖν πρὸς σέ· οὐ γὰρ ἔγνω
ὅτι ἡ νύμφη[35] αὐτοῦ ἐστιν. ἡ δὲ εἶπεν Τί μοι δώσεις, ἐὰν εἰσέλθῃς πρός με; **17** ὁ δὲ

1 συλλαμβάνω, *aor act ptc nom s f*, conceive
2 τίκτω, *aor act ind 3s*, give birth
3 προστίθημι, *aor act ptc nom s f*, add to, continue
4 τίκτω, *aor act ind 3s*, give birth
5 ἡνίκα, when
6 πρωτότοκος, firstborn
7 πρωτότοκος, firstborn
8 ἐναντίον, before
9 γαμβρεύω, *aor mid impv 2s*, perform the act of a brother-in-law, marry
10 ἐκχέω, *impf act ind 3s*, pour out
11 φαίνω, *aor pas ind 3s*, seem
12 ἐναντίον, before
13 θανατόω, *aor act ind 3s*, put to death
14 νύμφη, daughter-in-law
15 χήρα, widow
16 μήποτε, lest
17 πληθύνω, *aor pas ind 3p*, multiply
18 κείρω, *pres act ptc acc p m*, shear
19 ποιμήν, shepherd
20 νύμφη, daughter-in-law
21 πενθερός, father-in-law
22 κείρω, *aor act inf*, shear
23 περιαιρέω, *aor mid ptc nom s f*, take off
24 χήρευσις, widowhood
25 περιβάλλω, *aor mid ind 3s*, put on
26 θέριστρον, veil, light garment
27 καλλωπίζω, *aor mid ind 3s*, adorn oneself
28 πύλη, gate
29 πάροδος, passage, way
30 δοκέω, *aor act ind 3s*, think, suppose
31 πόρνη, prostitute
32 κατακαλύπτω, *aor mid ind 3s*, cover
33 ἐκκλίνω, *aor act ind 3s*, turn aside
34 ἐάω, *aor act impv 2s*, permit
35 νύμφη, daughter-in-law

εἶπεν Ἐγώ σοι ἀποστελῶ ἔριφον[1] αἰγῶν[2] ἐκ τῶν προβάτων. ἡ δὲ εἶπεν Ἐὰν δῷς ἀρραβῶνα[3] ἕως τοῦ ἀποστεῖλαί σε. **18** ὁ δὲ εἶπεν Τίνα τὸν ἀρραβῶνά[4] σοι δώσω; ἡ δὲ εἶπεν Τὸν δακτύλιόν[5] σου καὶ τὸν ὁρμίσκον[6] καὶ τὴν ῥάβδον[7] τὴν ἐν τῇ χειρί σου. καὶ ἔδωκεν αὐτῇ καὶ εἰσῆλθεν πρὸς αὐτήν, καὶ ἐν γαστρὶ[8] ἔλαβεν ἐξ αὐτοῦ. **19** καὶ ἀναστᾶσα ἀπῆλθεν καὶ περιείλατο[9] τὸ θέριστρον[10] ἀφ᾽ ἑαυτῆς καὶ ἐνεδύσατο[11] τὰ ἱμάτια τῆς χηρεύσεως[12] αὐτῆς.

20 ἀπέστειλεν δὲ Ιουδας τὸν ἔριφον[13] ἐξ αἰγῶν[14] ἐν χειρὶ τοῦ ποιμένος[15] αὐτοῦ τοῦ Οδολλαμίτου κομίσασθαι[16] τὸν ἀρραβῶνα[17] παρὰ τῆς γυναικός, καὶ οὐχ εὗρεν αὐτήν. **21** ἐπηρώτησεν[18] δὲ τοὺς ἄνδρας τοὺς ἐκ τοῦ τόπου Ποῦ ἐστιν ἡ πόρνη[19] ἡ γενομένη ἐν Αιναν ἐπὶ τῆς ὁδοῦ; καὶ εἶπαν Οὐκ ἦν ἐνταῦθα[20] πόρνη. **22** καὶ ἀπεστράφη[21] πρὸς Ιουδαν καὶ εἶπεν Οὐχ εὗρον, καὶ οἱ ἄνθρωποι οἱ ἐκ τοῦ τόπου λέγουσιν μὴ εἶναι ὧδε[22] πόρνην.[23] **23** εἶπεν δὲ Ιουδας Ἐχέτω αὐτά, ἀλλὰ μήποτε[24] καταγελασθῶμεν·[25] ἐγὼ μὲν ἀπέσταλκα τὸν ἔριφον[26] τοῦτον, σὺ δὲ οὐχ εὕρηκας.

24 Ἐγένετο δὲ μετὰ τρίμηνον[27] ἀπηγγέλη τῷ Ιουδα λέγοντες Ἐκπεπόρνευκεν[28] Θαμαρ ἡ νύμφη[29] σου καὶ ἰδοὺ ἐν γαστρὶ[30] ἔχει ἐκ πορνείας.[31] εἶπεν δὲ Ιουδας Ἐξαγάγετε[32] αὐτήν, καὶ κατακαυθήτω.[33] **25** αὐτὴ δὲ ἀγομένη ἀπέστειλεν πρὸς τὸν πενθερὸν[34] αὐτῆς λέγουσα Ἐκ τοῦ ἀνθρώπου, τίνος ταῦτά ἐστιν, ἐγὼ ἐν γαστρὶ ἔχω.[35] καὶ εἶπεν Ἐπίγνωθι, τίνος ὁ δακτύλιος[36] καὶ ὁ ὁρμίσκος[37] καὶ ἡ ῥάβδος[38] αὕτη. **26** ἐπέγνω δὲ Ιουδας καὶ εἶπεν Δεδικαίωται[39] Θαμαρ ἢ ἐγώ, οὗ εἵνεκεν[40] οὐκ ἔδωκα αὐτὴν Σηλωμ τῷ υἱῷ μου. καὶ οὐ προσέθετο[41] ἔτι τοῦ γνῶναι αὐτήν.

1 ἔριφος, kid, young goat
2 αἴξ, goat
3 ἀρραβών, pledge
4 ἀρραβών, pledge
5 δακτύλιος, ring
6 ὁρμίσκος, necklace
7 ῥάβδος, rod, staff
8 γαστήρ, womb
9 περιαιρέω, *aor mid ind 3s*, take off
10 θέριστρον, veil, light garment
11 ἐνδύω, *aor mid ind 3s*, put on, clothe
12 χήρευσις, widowhood
13 ἔριφος, kid, young goat
14 αἴξ, goat
15 ποιμήν, shepherd
16 κομίζω, *aor mid inf*, recover
17 ἀρραβών, pledge
18 ἐπερωτάω, *aor act ind 3s*, ask
19 πόρνη, prostitute
20 ἐνταῦθα, here
21 ἀποστρέφω, *aor pas ind 3s*, return
22 ὧδε, here
23 πόρνη, prostitute
24 μήποτε, lest
25 καταγελάω, *aor pas sub 1p*, laugh at
26 ἔριφος, kid, young goat
27 τρίμηνος, three months
28 ἐκπορνεύω, *perf act ind 3s*, commit fornication
29 νύμφη, daughter-in-law
30 γαστήρ, womb
31 πορνεία, fornication, adultery
32 ἐξάγω, *aor act impv 2p*, bring out
33 κατακαίω, *aor pas impv 3s*, burn up, destroy
34 πενθερός, father-in-law
35 γαστήρ, womb
36 δακτύλιος, ring
37 ὁρμίσκος, necklace
38 ῥάβδος, rod, staff
39 δικαιόω, *perf pas ind 3s*, justify, vindicate
40 εἵνεκεν, on account of, inasmuch as
41 προστίθημι, *aor mid ind 3s*, continue

27 Ἐγένετο δὲ ἡνίκα[1] ἔτικτεν,[2] καὶ τῇδε[3] ἦν δίδυμα[4] ἐν τῇ γαστρὶ[5] αὐτῆς. **28** ἐγένετο
δὲ ἐν τῷ τίκτειν[6] αὐτὴν ὁ εἷς προεξήνεγκεν[7] τὴν χεῖρα· λαβοῦσα δὲ ἡ μαῖα[8] ἔδησεν[9]
ἐπὶ τὴν χεῖρα αὐτοῦ κόκκινον[10] λέγουσα Οὗτος ἐξελεύσεται πρότερος.[11] **29** ὡς
δὲ ἐπισυνήγαγεν[12] τὴν χεῖρα, καὶ εὐθὺς[13] ἐξῆλθεν ὁ ἀδελφὸς αὐτοῦ. ἡ δὲ εἶπεν Τί
διεκόπη[14] διὰ σὲ φραγμός;[15] καὶ ἐκάλεσεν τὸ ὄνομα αὐτοῦ Φαρες. **30** καὶ μετὰ τοῦτο
ἐξῆλθεν ὁ ἀδελφὸς αὐτοῦ, ἐφ᾽ ᾧ ἦν ἐπὶ τῇ χειρὶ αὐτοῦ τὸ κόκκινον·[16] καὶ ἐκάλεσεν
τὸ ὄνομα αὐτοῦ Ζαρα.

Joseph and Potiphar's Wife

39 Ιωσηφ δὲ κατήχθη[17] εἰς Αἴγυπτον, καὶ ἐκτήσατο[18] αὐτὸν Πετεφρης ὁ εὐ-
νοῦχος[19] Φαραω, ἀρχιμάγειρος,[20] ἀνὴρ Αἰγύπτιος, ἐκ χειρὸς Ισμαηλιτῶν, οἳ
κατήγαγον[21] αὐτὸν ἐκεῖ. **2** καὶ ἦν κύριος μετὰ Ιωσηφ, καὶ ἦν ἀνὴρ ἐπιτυγχάνων[22]
καὶ ἐγένετο ἐν τῷ οἴκῳ παρὰ τῷ κυρίῳ τῷ Αἰγυπτίῳ. **3** ᾔδει[23] δὲ ὁ κύριος αὐτοῦ ὅτι
κύριος μετ᾽ αὐτοῦ καὶ ὅσα ἂν ποιῇ, κύριος εὐοδοῖ[24] ἐν ταῖς χερσὶν αὐτοῦ. **4** καὶ εὗρεν
Ιωσηφ χάριν ἐναντίον[25] τοῦ κυρίου αὐτοῦ, εὐηρέστει[26] δὲ αὐτῷ, καὶ κατέστησεν[27]
αὐτὸν ἐπὶ τοῦ οἴκου αὐτοῦ καὶ πάντα, ὅσα ἦν αὐτῷ, ἔδωκεν διὰ χειρὸς Ιωσηφ.
5 ἐγένετο δὲ μετὰ τὸ κατασταθῆναι[28] αὐτὸν ἐπὶ τοῦ οἴκου αὐτοῦ καὶ ἐπὶ πάντα, ὅσα
ἦν αὐτῷ, καὶ ηὐλόγησεν κύριος τὸν οἶκον τοῦ Αἰγυπτίου διὰ Ιωσηφ, καὶ ἐγενήθη
εὐλογία[29] κυρίου ἐν πᾶσιν τοῖς ὑπάρχουσιν αὐτῷ ἐν τῷ οἴκῳ καὶ ἐν τῷ ἀγρῷ. **6** καὶ
ἐπέτρεψεν[30] πάντα, ὅσα ἦν αὐτῷ, εἰς χεῖρας Ιωσηφ καὶ οὐκ ᾔδει[31] τῶν καθ᾽ ἑαυτὸν
οὐδὲν πλὴν τοῦ ἄρτου, οὗ ἤσθιεν αὐτός.

Καὶ ἦν Ιωσηφ καλὸς τῷ εἴδει[32] καὶ ὡραῖος[33] τῇ ὄψει[34] σφόδρα.[35] **7** καὶ ἐγένετο μετὰ
τὰ ῥήματα ταῦτα καὶ ἐπέβαλεν[36] ἡ γυνὴ τοῦ κυρίου αὐτοῦ τοὺς ὀφθαλμοὺς αὐτῆς
ἐπὶ Ιωσηφ καὶ εἶπεν Κοιμήθητι[37] μετ᾽ ἐμοῦ. **8** ὁ δὲ οὐκ ἤθελεν, εἶπεν δὲ τῇ γυναικὶ

1 ἡνίκα, when
2 τίκτω, *impf act ind 3s*, give birth
3 ὅδε, that
4 δίδυμος, twin
5 γαστήρ, womb
6 τίκτω, *pres act inf*, give birth
7 προεκφέρω, *aor act ind 3s*, put forth
8 μαῖα, midwife
9 δέω, *aor act ind 3s*, bind
10 κόκκινος, scarlet
11 πρότερος, first
12 ἐπισυνάγω, *aor act ind 3s*, retract
13 εὐθύς, immediately
14 διακόπτω, *aor pas ind 3s*, cut through
15 φραγμός, wall, barrier
16 κόκκινος, scarlet
17 κατάγω, *aor pas ind 3s*, lead down
18 κτάομαι, *aor mid ind 3s*, acquire
19 εὐνοῦχος, eunuch
20 ἀρχιμάγειρος, chief cook
21 κατάγω, *aor act ind 3p*, lead down
22 ἐπιτυγχάνω, *pres act ptc nom s m*, be successful
23 οἶδα, *plpf act ind 3s*, know
24 εὐοδόω, *pres act ind 3s*, prosper
25 ἐναντίον, before
26 εὐαρεστέω, *impf act ind 3s*, please
27 καθίστημι, *aor act ind 3s*, appoint
28 καθίστημι, *aor pas inf*, appoint
29 εὐλογία, blessing
30 ἐπιτρέπω, *aor act ind 3s*, entrust
31 οἶδα, *plpf act ind 3s*, know
32 εἶδος, outward appearance
33 ὡραῖος, handsome
34 ὄψις, face
35 σφόδρα, very
36 ἐπιβάλλω, *aor act ind 3s*, cast
37 κοιμάω, *aor pas impv 2s*, sleep with, lie with

τοῦ κυρίου αὐτοῦ Εἰ ὁ κύριός μου οὐ γινώσκει δι᾽ ἐμὲ οὐδὲν ἐν τῷ οἴκῳ αὐτοῦ καὶ πάντα, ὅσα ἐστὶν αὐτῷ, ἔδωκεν εἰς τὰς χεῖράς μου **9** καὶ οὐχ ὑπερέχει[1] ἐν τῇ οἰκίᾳ ταύτῃ οὐθὲν[2] ἐμοῦ οὐδὲ ὑπεξῄρηται[3] ἀπ᾽ ἐμοῦ οὐδὲν πλὴν σοῦ διὰ τὸ σὲ γυναῖκα αὐτοῦ εἶναι, καὶ πῶς ποιήσω τὸ ῥῆμα τὸ πονηρὸν τοῦτο καὶ ἁμαρτήσομαι ἐναντίον[4] τοῦ θεοῦ; **10** ἡνίκα[5] δὲ ἐλάλει τῷ Ιωσηφ ἡμέραν ἐξ ἡμέρας, καὶ οὐχ ὑπήκουσεν[6] αὐτῇ καθεύδειν[7] μετ᾽ αὐτῆς τοῦ συγγενέσθαι[8] αὐτῇ.

11 ἐγένετο δὲ τοιαύτη[9] τις ἡμέρα, εἰσῆλθεν Ιωσηφ εἰς τὴν οἰκίαν ποιεῖν τὰ ἔργα αὐτοῦ, καὶ οὐθεὶς[10] ἦν τῶν ἐν τῇ οἰκίᾳ ἔσω,[11] **12** καὶ ἐπεσπάσατο[12] αὐτὸν τῶν ἱματίων λέγουσα Κοιμήθητι[13] μετ᾽ ἐμοῦ. καὶ καταλιπὼν[14] τὰ ἱμάτια αὐτοῦ ἐν ταῖς χερσὶν αὐτῆς ἔφυγεν[15] καὶ ἐξῆλθεν ἔξω. **13** καὶ ἐγένετο ὡς εἶδεν ὅτι κατέλιπεν[16] τὰ ἱμάτια αὐτοῦ ἐν ταῖς χερσὶν αὐτῆς καὶ ἔφυγεν[17] καὶ ἐξῆλθεν ἔξω, **14** καὶ ἐκάλεσεν τοὺς ὄντας ἐν τῇ οἰκίᾳ καὶ εἶπεν αὐτοῖς λέγουσα Ἴδετε, εἰσήγαγεν[18] ἡμῖν παῖδα[19] Εβραῖον ἐμπαίζειν[20] ἡμῖν· εἰσῆλθεν πρός με λέγων Κοιμήθητι[21] μετ᾽ ἐμοῦ, καὶ ἐβόησα[22] φωνῇ μεγάλῃ· **15** ἐν δὲ τῷ ἀκοῦσαι αὐτὸν ὅτι ὕψωσα[23] τὴν φωνήν μου καὶ ἐβόησα,[24] καταλιπὼν[25] τὰ ἱμάτια αὐτοῦ παρ᾽ ἐμοὶ ἔφυγεν[26] καὶ ἐξῆλθεν ἔξω. **16** καὶ καταλιμπάνει[27] τὰ ἱμάτια παρ᾽ ἑαυτῇ, ἕως ἦλθεν ὁ κύριος εἰς τὸν οἶκον αὐτοῦ. **17** καὶ ἐλάλησεν αὐτῷ κατὰ τὰ ῥήματα ταῦτα λέγουσα Εἰσῆλθεν πρός με ὁ παῖς[28] ὁ Εβραῖος, ὃν εἰσήγαγες[29] πρὸς ἡμᾶς, ἐμπαῖξαί[30] μοι καὶ εἶπέν μοι Κοιμηθήσομαι[31] μετὰ σοῦ· **18** ὡς δὲ ἤκουσεν ὅτι ὕψωσα[32] τὴν φωνήν μου καὶ ἐβόησα,[33] κατέλιπεν[34] τὰ ἱμάτια αὐτοῦ παρ᾽ ἐμοὶ καὶ ἔφυγεν[35] καὶ ἐξῆλθεν ἔξω. **19** ἐγένετο δὲ ὡς ἤκουσεν ὁ κύριος αὐτοῦ τὰ ῥήματα τῆς γυναικὸς αὐτοῦ, ὅσα ἐλάλησεν πρὸς αὐτὸν λέγουσα Οὕτως ἐποίησέν μοι ὁ παῖς[36] σου, καὶ ἐθυμώθη[37] ὀργῇ. **20** καὶ λαβὼν ὁ κύριος Ιωσηφ ἐνέβαλεν[38] αὐτὸν εἰς τὸ

1 ὑπερέχω, *pres act ind 3s*, be above
2 οὐθείς, nobody, nothing
3 ὑπεξαιρέω, *perf pas ind 3s*, exclude
4 ἐναντίον, before
5 ἡνίκα, when
6 ὑπακούω, *aor act ind 3s*, heed, submit
7 καθεύδω, *pres act inf*, sleep
8 συγγίνομαι, *aor mid inf*, have sexual relations
9 τοιοῦτος, such a
10 οὐθείς, nobody, no one
11 ἔσω, inside, within
12 ἐπισπάομαι, *aor mid ind 3s*, draw, grab
13 κοιμάω, *aor pas impv 2s*, sleep with, lie with
14 καταλείπω, *aor act ptc nom s m*, leave behind
15 φεύγω, *aor act ind 3s*, flee
16 καταλείπω, *aor act ind 3s*, leave behind
17 φεύγω, *aor act ind 3s*, flee
18 εἰσάγω, *aor act ind 3s*, bring in
19 παῖς, servant
20 ἐμπαίζω, *pres act inf*, mock, make sport of
21 κοιμάω, *aor pas impv 2s*, sleep with, lie with
22 βοάω, *aor act ind 1s*, cry out
23 ὑψόω, *aor act ind 1s*, raise up
24 βοάω, *aor act ind 1s*, cry out
25 καταλείπω, *aor act ptc nom s m*, leave behind
26 φεύγω, *aor act ind 3s*, flee
27 καταλιμπάνω, *pres act ind 3s*, leave behind
28 παῖς, servant
29 εἰσάγω, *aor act ind 2s*, bring in
30 ἐμπαίζω, *aor act inf*, mock, make sport of
31 κοιμάω, *fut pas ind 1s*, sleep with, lie with
32 ὑψόω, *aor act ind 1s*, raise up
33 βοάω, *aor act ind 1s*, cry out
34 καταλείπω, *aor act ind 3s*, leave behind
35 φεύγω, *aor act ind 3s*, flee
36 παῖς, servant
37 θυμόω, *aor pas ind 3s*, be angry
38 ἐμβάλλω, *aor act ind 3s*, throw in

ὀχύρωμα,[1] εἰς τὸν τόπον, ἐν ᾧ οἱ δεσμῶται[2] τοῦ βασιλέως κατέχονται[3] ἐκεῖ ἐν τῷ
ὀχυρώματι.[4]

21 Καὶ ἦν κύριος μετὰ Ιωσηφ καὶ κατέχεεν[5] αὐτοῦ ἔλεος[6] καὶ ἔδωκεν αὐτῷ χάριν ἐναν-
τίον[7] τοῦ ἀρχιδεσμοφύλακος,[8] **22** καὶ ἔδωκεν ὁ ἀρχιδεσμοφύλαξ[9] τὸ δεσμωτήριον[10]
διὰ χειρὸς Ιωσηφ καὶ πάντας τοὺς ἀπηγμένους,[11] ὅσοι ἐν τῷ δεσμωτηρίῳ,[12] καὶ πάντα,
ὅσα ποιοῦσιν ἐκεῖ. **23** οὐκ ἦν ὁ ἀρχιδεσμοφύλαξ[13] τοῦ δεσμωτηρίου[14] γινώσκων δι᾽
αὐτὸν οὐθέν·[15] πάντα γὰρ ἦν διὰ χειρὸς Ιωσηφ διὰ τὸ τὸν κύριον μετ᾽ αὐτοῦ εἶναι, καὶ
ὅσα αὐτὸς ἐποίει, κύριος εὐώδου[16] ἐν ταῖς χερσὶν αὐτοῦ.

Joseph Interprets Two Prisoners' Dreams

40 Ἐγένετο δὲ μετὰ τὰ ῥήματα ταῦτα ἥμαρτεν ὁ ἀρχιοινοχόος[17] τοῦ βασιλέως
Αἰγύπτου καὶ ὁ ἀρχισιτοποιὸς[18] τῷ κυρίῳ αὐτῶν βασιλεῖ Αἰγύπτου. **2** καὶ
ὠργίσθη[19] Φαραω ἐπὶ τοῖς δυσὶν εὐνούχοις[20] αὐτοῦ, ἐπὶ τῷ ἀρχιοινοχόῳ[21] καὶ ἐπὶ
τῷ ἀρχισιτοποιῷ,[22] **3** καὶ ἔθετο αὐτοὺς ἐν φυλακῇ παρὰ τῷ δεσμοφύλακι[23] εἰς
τὸ δεσμωτήριον,[24] εἰς τὸν τόπον, οὗ Ιωσηφ ἀπῆκτο[25] ἐκεῖ. **4** καὶ συνέστησεν[26] ὁ
ἀρχιδεσμώτης[27] τῷ Ιωσηφ αὐτούς, καὶ παρέστη[28] αὐτοῖς· ἦσαν δὲ ἡμέρας ἐν τῇ
φυλακῇ.

5 καὶ εἶδον ἀμφότεροι[29] ἐνύπνιον,[30] ἑκάτερος[31] ἐνύπνιον, ἐν μιᾷ νυκτὶ ὅρασις[32]
τοῦ ἐνυπνίου αὐτοῦ, ὁ ἀρχιοινοχόος[33] καὶ ὁ ἀρχισιτοποιός,[34] οἳ ἦσαν τῷ βασιλεῖ
Αἰγύπτου, οἱ ὄντες ἐν τῷ δεσμωτηρίῳ.[35] **6** εἰσῆλθεν δὲ πρὸς αὐτοὺς Ιωσηφ τὸ πρωὶ[36]
καὶ εἶδεν αὐτούς, καὶ ἦσαν τεταραγμένοι.[37] **7** καὶ ἠρώτα[38] τοὺς εὐνούχους[39] Φαραω,
οἳ ἦσαν μετ᾽ αὐτοῦ ἐν τῇ φυλακῇ παρὰ τῷ κυρίῳ αὐτοῦ, λέγων Τί ὅτι τὰ πρόσωπα

1 ὀχύρωμα, stronghold
2 δεσμώτης, prisoner
3 κατέχω, *pres pas ind 3p*, hold
4 ὀχύρωμα, stronghold
5 καταχέω, *aor act ind 3s*, pour
6 ἔλεος, mercy, compassion
7 ἐναντίον, before
8 ἀρχιδεσμοφύλαξ, chief prison guard
9 ἀρχιδεσμοφύλαξ, chief prison guard
10 δεσμωτήριον, prison
11 ἀπάγω, *perf pas ptc acc p m*, lead away
12 δεσμωτήριον, prison
13 ἀρχιδεσμοφύλαξ, chief prison guard
14 δεσμωτήριον, prison
15 οὐθείς, nothing
16 εὐοδόω, *impf act ind 3s*, prosper
17 ἀρχιοινοχόος, chief cupbearer
18 ἀρχισιτοποιός, chief baker
19 ὀργίζω, *aor pas ind 3s*, be angry
20 εὐνοῦχος, eunuch
21 ἀρχιοινοχόος, chief cupbearer
22 ἀρχισιτοποιός, chief baker
23 δεσμοφύλαξ, jailer
24 δεσμωτήριον, prison
25 ἀπάγω, *plpf pas ind 3s*, lead away
26 συνίστημι, *aor act ind 3s*, put together
27 ἀρχιδεσμώτης, chief prison guard
28 παρίστημι, *aor act ind 3s*, show, present
29 ἀμφότεροι, both
30 ἐνύπνιον, dream
31 ἑκάτερος, each one
32 ὅρασις, vision
33 ἀρχιοινοχόος, chief cupbearer
34 ἀρχισιτοποιός, chief baker
35 δεσμωτήριον, prison
36 πρωί, (in the) morning
37 ταράσσω, *perf pas ptc nom p m*, trouble, disturb
38 ἐρωτάω, *impf act ind 3s*, ask
39 εὐνοῦχος, eunuch

ὑμῶν σκυθρωπὰ[1] σήμερον; **8** οἱ δὲ εἶπαν αὐτῷ Ἐνύπνιον[2] εἴδομεν, καὶ ὁ συγκρίνων[3]
οὐκ ἔστιν αὐτό. εἶπεν δὲ αὐτοῖς Ιωσηφ Οὐχὶ διὰ τοῦ θεοῦ ἡ διασάφησις[4] αὐτῶν
ἐστιν; διηγήσασθε[5] οὖν μοι.

9 καὶ διηγήσατο[6] ὁ ἀρχιοινοχόος[7] τὸ ἐνύπνιον[8] αὐτοῦ τῷ Ιωσηφ καὶ εἶπεν Ἐν τῷ
ὕπνῳ[9] μου ἦν ἄμπελος[10] ἐναντίον[11] μου· **10** ἐν δὲ τῇ ἀμπέλῳ[12] τρεῖς πυθμένες,[13] καὶ
αὐτὴ θάλλουσα[14] ἀνενηνοχυῖα[15] βλαστούς·[16] πέπειροι[17] οἱ βότρυες[18] σταφυλῆς.[19]
11 καὶ τὸ ποτήριον[20] Φαραω ἐν τῇ χειρί μου· καὶ ἔλαβον τὴν σταφυλὴν[21] καὶ ἐξέθλιψα[22]
αὐτὴν εἰς τὸ ποτήριον[23] καὶ ἔδωκα τὸ ποτήριον εἰς τὰς χεῖρας Φαραω. **12** καὶ εἶπεν
αὐτῷ Ιωσηφ Τοῦτο ἡ σύγκρισις[24] αὐτοῦ· οἱ τρεῖς πυθμένες[25] τρεῖς ἡμέραι εἰσίν· **13** ἔτι
τρεῖς ἡμέραι καὶ μνησθήσεται[26] Φαραω τῆς ἀρχῆς σου καὶ ἀποκαταστήσει[27] σε ἐπὶ
τὴν ἀρχιοινοχοΐαν[28] σου, καὶ δώσεις τὸ ποτήριον[29] Φαραω εἰς τὴν χεῖρα αὐτοῦ κατὰ
τὴν ἀρχήν σου τὴν προτέραν,[30] ὡς ἦσθα[31] οἰνοχοῶν.[32] **14** ἀλλὰ μνήσθητί[33] μου διὰ
σεαυτοῦ, ὅταν εὖ[34] σοι γένηται, καὶ ποιήσεις ἐν ἐμοὶ ἔλεος[35] καὶ μνησθήσῃ[36] περὶ
ἐμοῦ Φαραω καὶ ἐξάξεις[37] με ἐκ τοῦ ὀχυρώματος[38] τούτου· **15** ὅτι κλοπῇ[39] ἐκλάπην[40]
ἐκ γῆς Εβραίων καὶ ὧδε[41] οὐκ ἐποίησα οὐδέν, ἀλλ᾽ ἐνέβαλόν[42] με εἰς τὸν λάκκον[43]
τοῦτον.

16 καὶ εἶδεν ὁ ἀρχισιτοποιὸς[44] ὅτι ὀρθῶς[45] συνέκρινεν,[46] καὶ εἶπεν τῷ Ιωσηφ Κἀγὼ[47]
εἶδον ἐνύπνιον[48] καὶ ᾤμην[49] τρία κανᾶ[50] χονδριτῶν[51] αἴρειν ἐπὶ τῆς κεφαλῆς μου·

1 σκυθρωπός, gloomy
2 ἐνύπνιον, dream
3 συγκρίνω, *pres act ptc nom s m*, interpret
4 διασάφησις, explanation
5 διηγέομαι, *aor mid impv 2p*, describe, tell
6 διηγέομαι, *aor mid ind 3s*, describe, tell
7 ἀρχιοινοχόος, chief cupbearer
8 ἐνύπνιον, dream
9 ὕπνος, sleep
10 ἄμπελος, vine
11 ἐναντίον, before
12 ἄμπελος, vine
13 πυθμήν, stem
14 θάλλω, *pres act ptc nom s f*, sprout
15 ἀναφέρω, *perf act ptc nom s f*, produce
16 βλαστός, shoot
17 πέπειρος, ripe
18 βότρυς, grape
19 σταφυλή, bunch of grapes
20 ποτήριον, cup
21 σταφυλή, bunch of grapes
22 ἐκθλίβω, *aor act ind 1s*, squeeze
23 ποτήριον, cup
24 σύγκρισις, interpretation
25 πυθμήν, stem
26 μιμνήσκομαι, *fut pas ind 3s*, remember
27 ἀποκαθιστάνω, *fut act ind 3s*, restore
28 ἀρχιοινοχοΐα, position of chief cupbearer
29 ποτήριον, cup
30 πρότερος, former, before
31 εἰμί, *impf act ind 2s*, be
32 οἰνοχοέω, *pres act ptc nom s m*, pour wine
33 μιμνήσκομαι, *aor pas impv 2s*, remember
34 εὖ, good, well
35 ἔλεος, mercy
36 μιμνήσκομαι, *fut pas ind 2s*, remember
37 ἐξάγω, *fut act ind 2s*, bring out
38 ὀχύρωμα, stronghold
39 κλοπή, stealth
40 κλέπτω, *aor pas ind 1s*, steal
41 ὧδε, here
42 ἐμβάλλω, *aor act ind 3p*, throw in
43 λάκκος, pit, cistern
44 ἀρχισιτοποιός, chief baker
45 ὀρθῶς, rightly
46 συγκρίνω, *aor act ind 3s*, interpret
47 κἀγώ, I too, *cr.* καὶ ἐγώ
48 ἐνύπνιον, dream
49 οἴομαι, *impf mid ind 1s*, imagine
50 κανοῦν, basket
51 χονδρίτης, bread loaf

17 ἐν δὲ τῷ κανῷ[1] τῷ ἐπάνω[2] ἀπὸ πάντων τῶν γενῶν,[3] ὧν ὁ βασιλεὺς Φαραω ἐσθίει,
ἔργον σιτοποιοῦ,[4] καὶ τὰ πετεινὰ[5] τοῦ οὐρανοῦ κατήσθιεν[6] αὐτὰ ἀπὸ τοῦ κανοῦ τοῦ
ἐπάνω τῆς κεφαλῆς μου. **18** ἀποκριθεὶς δὲ Ιωσηφ εἶπεν αὐτῷ Αὕτη ἡ σύγκρισις[7]
αὐτοῦ· τὰ τρία κανᾶ[8] τρεῖς ἡμέραι εἰσίν· **19** ἔτι τριῶν ἡμερῶν ἀφελεῖ[9] Φαραω τὴν
κεφαλήν σου ἀπὸ σοῦ καὶ κρεμάσει[10] σε ἐπὶ ξύλου,[11] καὶ φάγεται τὰ ὄρνεα[12] τοῦ
οὐρανοῦ τὰς σάρκας σου ἀπὸ σοῦ.

20 ἐγένετο δὲ ἐν τῇ ἡμέρᾳ τῇ τρίτῃ ἡμέρα γενέσεως[13] ἦν Φαραω, καὶ ἐποίει πότον[14]
πᾶσι τοῖς παισὶν[15] αὐτοῦ. καὶ ἐμνήσθη[16] τῆς ἀρχῆς τοῦ ἀρχιοινοχόου[17] καὶ τῆς
ἀρχῆς τοῦ ἀρχισιτοποιοῦ[18] ἐν μέσῳ τῶν παίδων[19] αὐτοῦ **21** καὶ ἀπεκατέστησεν[20]
τὸν ἀρχιοινοχόον[21] ἐπὶ τὴν ἀρχὴν αὐτοῦ, καὶ ἔδωκεν τὸ ποτήριον[22] εἰς τὴν χεῖρα
Φαραω, **22** τὸν δὲ ἀρχισιτοποιὸν[23] ἐκρέμασεν,[24] καθὰ[25] συνέκρινεν[26] αὐτοῖς Ιωσηφ.
23 οὐκ ἐμνήσθη[27] δὲ ὁ ἀρχιοινοχόος[28] τοῦ Ιωσηφ, ἀλλὰ ἐπελάθετο[29] αὐτοῦ.

Joseph Interprets Pharaoh's Dream

41 Ἐγένετο δὲ μετὰ δύο ἔτη ἡμερῶν Φαραω εἶδεν ἐνύπνιον.[30] ᾤετο[31] ἑστάναι
ἐπὶ τοῦ ποταμοῦ,[32] **2** καὶ ἰδοὺ ὥσπερ ἐκ τοῦ ποταμοῦ[33] ἀνέβαινον ἑπτὰ βόες[34]
καλαὶ τῷ εἴδει[35] καὶ ἐκλεκταὶ[36] ταῖς σαρξὶν καὶ ἐβόσκοντο[37] ἐν τῷ ἄχει·[38] **3** ἄλλαι
δὲ ἑπτὰ βόες[39] ἀνέβαινον μετὰ ταύτας ἐκ τοῦ ποταμοῦ[40] αἰσχραὶ[41] τῷ εἴδει[42] καὶ
λεπταὶ[43] ταῖς σαρξὶν καὶ ἐνέμοντο[44] παρὰ τὰς βόας παρὰ τὸ χεῖλος[45] τοῦ ποταμοῦ·[46]

1 κανοῦν, basket
2 ἐπάνω, above
3 γένος, kind, species
4 σιτοποιός, baker
5 πετεινός, bird
6 κατεσθίω, *impf act ind 3s*, devour
7 σύγκρισις, interpretation
8 κανοῦν, basket
9 ἀφαιρέω, *fut act ind 3s*, take away
10 κρεμάννυμι, *fut act ind 3s*, hang
11 ξύλον, tree
12 ὄρνεον, bird
13 γένεσις, birthday
14 πότος, feast
15 παῖς, servant
16 μιμνῄσκομαι, *aor pas ind 3s*, remember
17 ἀρχιοινοχόος, chief cupbearer
18 ἀρχισιτοποιός, chief baker
19 παῖς, servant
20 ἀποκαθιστάνω, *aor act ind 3s*, restore
21 ἀρχιοινοχόος, chief cupbearer
22 ποτήριον, cup
23 ἀρχισιτοποιός, chief baker
24 κρεμάννυμι, *aor act ind 3s*, hang
25 καθά, just as
26 συγκρίνω, *aor act ind 3s*, interpret
27 μιμνῄσκομαι, *aor pas ind 3s*, remember
28 ἀρχιοινοχόος, chief cupbearer
29 ἐπιλανθάνω, *aor mid ind 3s*, forget
30 ἐνύπνιον, dream
31 οἴομαι, *impf mid ind 3s*, imagine
32 ποταμός, river
33 ποταμός, river
34 βοῦς, cow
35 εἶδος, outward appearance
36 ἐκλεκτός, choice
37 βόσκω, *impf mid ind 3p*, graze
38 ἄχι, reed grass
39 βοῦς, cow
40 ποταμός, river
41 αἰσχρός, ugly
42 εἶδος, outward appearance
43 λεπτός, skinny, thin
44 νέμω, *impf mid ind 3p*, feed
45 χεῖλος, bank
46 ποταμός, river

4 καὶ κατέφαγον[1] αἱ ἑπτὰ βόες[2] αἱ αἰσχραὶ[3] καὶ λεπταὶ[4] ταῖς σαρξὶν τὰς ἑπτὰ βόας τὰς καλὰς τῷ εἴδει[5] καὶ τὰς ἐκλεκτάς.[6] ἠγέρθη[7] δὲ Φαραω.

5 καὶ ἐνυπνιάσθη[8] τὸ δεύτερον, καὶ ἰδοὺ ἑπτὰ στάχυες[9] ἀνέβαινον ἐν πυθμένι[10]
ἑνὶ ἐκλεκτοὶ[11] καὶ καλοί· **6** ἄλλοι δὲ ἑπτὰ στάχυες[12] λεπτοὶ[13] καὶ ἀνεμόφθοροι[14]
ἀνεφύοντο[15] μετ᾽ αὐτούς· **7** καὶ κατέπιον[16] οἱ ἑπτὰ στάχυες[17] οἱ λεπτοὶ[18] καὶ ἀνεμόφθοροι[19] τοὺς ἑπτὰ στάχυας[20] τοὺς ἐκλεκτοὺς[21] καὶ τοὺς πλήρεις.[22] ἠγέρθη[23] δὲ Φαραω, καὶ ἦν ἐνύπνιον.[24]

8 Ἐγένετο δὲ πρωὶ[25] καὶ ἐταράχθη[26] ἡ ψυχὴ αὐτοῦ, καὶ ἀποστείλας ἐκάλεσεν πάντας τοὺς ἐξηγητὰς[27] Αἰγύπτου καὶ πάντας τοὺς σοφοὺς[28] αὐτῆς, καὶ διηγήσατο[29] αὐτοῖς
Φαραω τὸ ἐνύπνιον,[30] καὶ οὐκ ἦν ὁ ἀπαγγέλλων αὐτὸ τῷ Φαραω. **9** καὶ ἐλάλησεν
ὁ ἀρχιοινοχόος[31] πρὸς Φαραω λέγων Τὴν ἁμαρτίαν μου ἀναμιμνῄσκω[32] σήμερον·
10 Φαραω ὠργίσθη[33] τοῖς παισὶν[34] αὐτοῦ καὶ ἔθετο ἡμᾶς ἐν φυλακῇ ἐν τῷ οἴκῳ τοῦ
ἀρχιμαγείρου,[35] ἐμέ τε καὶ τὸν ἀρχισιτοποιόν.[36] **11** καὶ εἴδομεν ἐνύπνιον[37] ἐν νυκτὶ
μιᾷ, ἐγώ τε καὶ αὐτός, ἕκαστος κατὰ τὸ αὐτοῦ ἐνύπνιον εἴδομεν. **12** ἦν δὲ ἐκεῖ μεθ᾽
ἡμῶν νεανίσκος[38] παῖς[39] Εβραῖος τοῦ ἀρχιμαγείρου,[40] καὶ διηγησάμεθα[41] αὐτῷ, καὶ
συνέκρινεν[42] ἡμῖν. **13** ἐγενήθη δὲ καθὼς συνέκρινεν[43] ἡμῖν, οὕτως καὶ συνέβη,[44] ἐμέ τε ἀποκατασταθῆναι[45] ἐπὶ τὴν ἀρχήν μου, ἐκεῖνον δὲ κρεμασθῆναι.[46]

1 κατεσθίω, *aor act ind 3p*, devour
2 βοῦς, cow
3 αἰσχρός, ugly
4 λεπτός, skinny, thin
5 εἶδος, outward appearance
6 ἐκλεκτός, choice
7 ἐγείρω, *aor pas ind 3s*, awaken, rise up
8 ἐνυπνιάζομαι, *aor pas ind 3s*, dream
9 στάχυς, head of grain
10 πυθμήν, stalk
11 ἐκλεκτός, choice
12 στάχυς, head of grain
13 λεπτός, skinny, thin
14 ἀνεμόφθορος, wind-blown
15 ἀναφύω, *impf mid ind 3p*, sprout, grow up
16 καταπίνω, *aor act ind 3p*, swallow
17 στάχυς, head of grain
18 λεπτός, skinny, thin
19 ἀνεμόφθορος, wind-blown
20 στάχυς, head of grain
21 ἐκλεκτός, choice
22 πλήρης, full, complete
23 ἐγείρω, *aor pas ind 3s*, awaken, rise up
24 ἐνύπνιον, dream
25 πρωί, morning
26 ταράσσω, *aor pas ind 3s*, trouble
27 ἐξηγητής, interpreter
28 σοφός, wise man
29 διηγέομαι, *aor mid ind 3s*, explain
30 ἐνύπνιον, dream
31 ἀρχιοινοχόος, chief cupbearer
32 ἀναμιμνῄσκω, *pres act ind 1s*, remember
33 ὀργίζω, *aor pas ind 3s*, be angry
34 παῖς, servant
35 ἀρχιμάγειρος, chief cook
36 ἀρχισιτοποιός, chief baker
37 ἐνύπνιον, dream
38 νεανίσκος, young
39 παῖς, servant
40 ἀρχιμάγειρος, chief cook
41 διηγέομαι, *aor mid ind 1p*, describe, tell
42 συγκρίνω, *aor act ind 3s*, interpret
43 συγκρίνω, *aor act ind 3s*, interpret
44 συμβαίνω, *aor act ind 3s*, happen
45 ἀποκαθιστάνω, *aor pas inf*, restore
46 κρεμάννυμι, *aor pas inf*, hang

14 Ἀποστείλας δὲ Φαραω ἐκάλεσεν τὸν Ιωσηφ, καὶ ἐξήγαγον[1] αὐτὸν ἐκ τοῦ ὀχυ-
ρώματος[2] καὶ ἐξύρησαν[3] αὐτὸν καὶ ἤλλαξαν[4] τὴν στολὴν[5] αὐτοῦ, καὶ ἦλθεν πρὸς
Φαραω. **15** εἶπεν δὲ Φαραω τῷ Ιωσηφ Ἐνύπνιον[6] ἑώρακα, καὶ ὁ συγκρίνων[7] οὐκ
ἔστιν αὐτό· ἐγὼ δὲ ἀκήκοα περὶ σοῦ λεγόντων ἀκούσαντά σε ἐνύπνια[8] συγκρῖναι[9]
αὐτά. **16** ἀποκριθεὶς δὲ Ιωσηφ τῷ Φαραω εἶπεν Ἄνευ[10] τοῦ θεοῦ οὐκ ἀποκριθήσεται
τὸ σωτήριον[11] Φαραω. **17** ἐλάλησεν δὲ Φαραω τῷ Ιωσηφ λέγων Ἐν τῷ ὕπνῳ[12] μου
ᾤμην[13] ἑστάναι παρὰ τὸ χεῖλος[14] τοῦ ποταμοῦ,[15] **18** καὶ ὥσπερ ἐκ τοῦ ποταμοῦ[16]
ἀνέβαινον ἑπτὰ βόες[17] καλαὶ τῷ εἴδει[18] καὶ ἐκλεκταὶ[19] ταῖς σαρξὶν καὶ ἐνέμοντο[20]
ἐν τῷ ἄχει·[21] **19** καὶ ἰδοὺ ἑπτὰ βόες[22] ἕτεραι ἀνέβαινον ὀπίσω αὐτῶν ἐκ τοῦ ποτα-
μοῦ[23] πονηραὶ καὶ αἰσχραὶ[24] τῷ εἴδει[25] καὶ λεπταὶ[26] ταῖς σαρξίν, οἵας[27] οὐκ εἶδον
τοιαύτας[28] ἐν ὅλῃ γῇ Αἰγύπτῳ αἰσχροτέρας·[29] **20** καὶ κατέφαγον[30] αἱ ἑπτὰ βόες[31] αἱ
αἰσχραὶ[32] καὶ λεπταὶ[33] τὰς ἑπτὰ βόας τὰς πρώτας τὰς καλὰς καὶ ἐκλεκτάς,[34] **21** καὶ
εἰσῆλθον εἰς τὰς κοιλίας[35] αὐτῶν καὶ οὐ διάδηλοι[36] ἐγένοντο ὅτι εἰσῆλθον εἰς τὰς
κοιλίας αὐτῶν, καὶ αἱ ὄψεις[37] αὐτῶν αἰσχραὶ[38] καθὰ[39] καὶ τὴν ἀρχήν. ἐξεγερθεὶς[40]
δὲ ἐκοιμήθην[41] **22** καὶ εἶδον πάλιν[42] ἐν τῷ ὕπνῳ[43] μου, καὶ ὥσπερ ἑπτὰ στάχυες[44]
ἀνέβαινον ἐν πυθμένι[45] ἑνὶ πλήρεις[46] καὶ καλοί· **23** ἄλλοι δὲ ἑπτὰ στάχυες[47] λεπτοὶ[48]
καὶ ἀνεμόφθοροι[49] ἀνεφύοντο[50] ἐχόμενοι αὐτῶν· **24** καὶ κατέπιον[51] οἱ ἑπτὰ στάχυες[52]

1 ἐξάγω, *aor act ind 3p*, bring out
2 ὀχύρωμα, stronghold
3 ξυρέω, *aor act ind 3p*, shave
4 ἀλλάσσω, *aor act ind 3p*, change
5 στολή, clothing
6 ἐνύπνιον, dream
7 συγκρίνω, *pres act ptc nom s m*, interpret
8 ἐνύπνιον, dream
9 συγκρίνω, *aor act inf*, interpret
10 ἄνευ, without
11 σωτήριον, salvation, safety
12 ὕπνος, sleep
13 οἴομαι, *impf mid ind 1s*, imagine
14 χεῖλος, bank
15 ποταμός, river
16 ποταμός, river
17 βοῦς, cow
18 εἶδος, outward appearance
19 ἐκλεκτός, choice
20 νέμω, *impf mid ind 3p*, graze
21 ἄχι, reed, grass
22 βοῦς, cow
23 ποταμός, river
24 αἰσχρός, ugly
25 εἶδος, outward appearance
26 λεπτός, skinny, thin
27 οἷος, such as, like
28 τοιοῦτος, such, like this
29 αἰσχρός, *comp*, ugly
30 κατεσθίω, *aor act ind 3p*, devour
31 βοῦς, cow
32 αἰσχρός, ugly
33 λεπτός, skinny, thin
34 ἐκλεκτός, choice
35 κοιλία, belly
36 διάδηλος, distinguishable
37 ὄψις, face, appearance
38 αἰσχρός, ugly
39 καθά, just as
40 ἐξεγείρω, *aor pas ptc nom s m*, awaken
41 κοιμάω, *aor pas ind 1s*, sleep
42 πάλιν, again, once more
43 ὕπνος, sleep
44 στάχυς, head of grain
45 πυθμήν, stalk
46 πλήρης, full, complete
47 στάχυς, head of grain
48 λεπτός, skinny, thin
49 ἀνεμόφθορος, wind-blown
50 ἀναφύω, *impf mid ind 3p*, sprout, grow up
51 καταπίνω, *aor act ind 3p*, swallow
52 στάχυς, head of grain

οἱ λεπτοὶ[1] καὶ ἀνεμόφθοροι[2] τοὺς ἑπτὰ στάχυας τοὺς καλοὺς καὶ τοὺς πλήρεις.[3] εἶπα
οὖν τοῖς ἐξηγηταῖς,[4] καὶ οὐκ ἦν ὁ ἀπαγγέλλων μοι.

25 Καὶ εἶπεν Ιωσηφ τῷ Φαραω Τὸ ἐνύπνιον[5] Φαραω ἕν ἐστιν· ὅσα ὁ θεὸς ποιεῖ,
ἔδειξεν τῷ Φαραω. **26** αἱ ἑπτὰ βόες[6] αἱ καλαὶ ἑπτὰ ἔτη ἐστίν, καὶ οἱ ἑπτὰ στάχυες[7]
οἱ καλοὶ ἑπτὰ ἔτη ἐστίν· τὸ ἐνύπνιον[8] Φαραω ἕν ἐστιν. **27** καὶ αἱ ἑπτὰ βόες[9] αἱ
λεπταὶ[10] αἱ ἀναβαίνουσαι ὀπίσω αὐτῶν ἑπτὰ ἔτη ἐστίν, καὶ οἱ ἑπτὰ στάχυες[11] οἱ
λεπτοὶ καὶ ἀνεμόφθοροι[12] ἔσονται ἑπτὰ ἔτη λιμοῦ.[13] **28** τὸ δὲ ῥῆμα, ὃ εἴρηκα Φαραω
Ὅσα ὁ θεὸς ποιεῖ, ἔδειξεν τῷ Φαραω, **29** ἰδοὺ ἑπτὰ ἔτη ἔρχεται εὐθηνία[14] πολλὴ
ἐν πάσῃ γῇ Αἰγύπτῳ· **30** ἥξει[15] δὲ ἑπτὰ ἔτη λιμοῦ[16] μετὰ ταῦτα, καὶ ἐπιλήσονται[17]
τῆς πλησμονῆς[18] ἐν ὅλῃ γῇ Αἰγύπτῳ, καὶ ἀναλώσει[19] ὁ λιμὸς[20] τὴν γῆν, **31** καὶ οὐκ
ἐπιγνωσθήσεται ἡ εὐθηνία[21] ἐπὶ τῆς γῆς ἀπὸ τοῦ λιμοῦ[22] τοῦ ἐσομένου μετὰ ταῦτα·
ἰσχυρὸς[23] γὰρ ἔσται σφόδρα.[24] **32** περὶ δὲ τοῦ δευτερῶσαι[25] τὸ ἐνύπνιον[26] Φαραω
δίς,[27] ὅτι ἀληθὲς[28] ἔσται τὸ ῥῆμα τὸ παρὰ τοῦ θεοῦ, καὶ ταχυνεῖ[29] ὁ θεὸς τοῦ ποιῆσαι
αὐτό. **33** νῦν οὖν σκέψαι[30] ἄνθρωπον φρόνιμον[31] καὶ συνετὸν[32] καὶ κατάστησον[33]
αὐτὸν ἐπὶ γῆς Αἰγύπτου· **34** καὶ ποιησάτω Φαραω καὶ καταστησάτω[34] τοπάρχας[35]
ἐπὶ τῆς γῆς, καὶ ἀποπεμπτωσάτωσαν[36] πάντα τὰ γενήματα[37] τῆς γῆς Αἰγύπτου τῶν
ἑπτὰ ἐτῶν τῆς εὐθηνίας[38] **35** καὶ συναγαγέτωσαν πάντα τὰ βρώματα[39] τῶν ἑπτὰ
ἐτῶν τῶν ἐρχομένων τῶν καλῶν τούτων, καὶ συναχθήτω ὁ σῖτος[40] ὑπὸ χεῖρα Φαραω,
βρώματα ἐν ταῖς πόλεσιν φυλαχθήτω·[41] **36** καὶ ἔσται τὰ βρώματα[42] πεφυλαγμένα[43]
τῇ γῇ εἰς τὰ ἑπτὰ ἔτη τοῦ λιμοῦ,[44] ἃ ἔσονται ἐν γῇ Αἰγύπτῳ, καὶ οὐκ ἐκτριβήσεται[45]
ἡ γῆ ἐν τῷ λιμῷ.

1 λεπτός, skinny, thin
2 ἀνεμόφθορος, wind-blown
3 πλήρης, full, complete
4 ἐξηγητής, interpreter
5 ἐνύπνιον, dream
6 βοῦς, cow
7 στάχυς, head of grain
8 ἐνύπνιον, dream
9 βοῦς, cow
10 λεπτός, skinny, thin
11 στάχυς, head of grain
12 ἀνεμόφθορος, wind-blown
13 λιμός, famine
14 εὐθηνία, prosperity, plenty
15 ἥκω, *fut act ind 3s*, come
16 λιμός, famine
17 ἐπιλανθάνω, *fut mid ind 3p*, forget
18 πλησμονή, abundance
19 ἀναλίσκω, *fut act ind 3s*, consume
20 λιμός, famine
21 εὐθηνία, prosperity, plenty
22 λιμός, famine
23 ἰσχυρός, strong, severe
24 σφόδρα, very
25 δευτερόω, *aor act inf*, repeat
26 ἐνύπνιον, dream
27 δίς, twice
28 ἀληθής, true, real
29 ταχύνω, *fut act ind 3s*, hasten, hurry
30 σκέπτομαι, *aor mid impv 2s*, search out
31 φρόνιμος, wise
32 συνετός, intelligent
33 καθίστημι, *aor act impv 2s*, appoint
34 καθίστημι, *aor act impv 3s*, appoint
35 τοπάρχης, district governor
36 ἀποπεμπτόω, *aor act impv 3p*, take one-fifth
37 γένημα, produce
38 εὐθηνία, prosperity, plenty
39 βρῶμα, food
40 σῖτος, grain
41 φυλάσσω, *aor pas impv 3s*, keep, guard
42 βρῶμα, food
43 φυλάσσω, *perf pas ptc nom p n*, keep, guard
44 λιμός, famine
45 ἐκτρίβω, *fut pas ind 3s*, destroy

Joseph's Rise to Power

37 Ἤρεσεν[1] δὲ τὰ ῥήματα ἐναντίον[2] Φαραω καὶ ἐναντίον πάντων τῶν παίδων[3] αὐτοῦ,
38 καὶ εἶπεν Φαραω πᾶσιν τοῖς παισὶν[4] αὐτοῦ Μὴ εὑρήσομεν ἄνθρωπον τοιοῦτον,[5]
ὃς ἔχει πνεῦμα θεοῦ ἐν αὐτῷ; **39** εἶπεν δὲ Φαραω τῷ Ιωσηφ Ἐπειδὴ[6] ἔδειξεν ὁ θεός
σοι πάντα ταῦτα, οὐκ ἔστιν ἄνθρωπος φρονιμώτερος[7] καὶ συνετώτερός[8] σου· **40** σὺ
ἔσῃ ἐπὶ τῷ οἴκῳ μου, καὶ ἐπὶ τῷ στόματί σου ὑπακούσεται[9] πᾶς ὁ λαός μου· πλὴν
τὸν θρόνον ὑπερέξω[10] σου ἐγώ. **41** εἶπεν δὲ Φαραω τῷ Ιωσηφ Ἰδοὺ καθίστημί[11] σε
σήμερον ἐπὶ πάσης γῆς Αἰγύπτου. **42** καὶ περιελόμενος[12] Φαραω τὸν δακτύλιον[13]
ἀπὸ τῆς χειρὸς αὐτοῦ περιέθηκεν[14] αὐτὸν ἐπὶ τὴν χεῖρα Ιωσηφ καὶ ἐνέδυσεν[15] αὐτὸν
στολὴν[16] βυσσίνην[17] καὶ περιέθηκεν[18] κλοιὸν[19] χρυσοῦν[20] περὶ τὸν τράχηλον[21] αὐτοῦ·
43 καὶ ἀνεβίβασεν[22] αὐτὸν ἐπὶ τὸ ἅρμα[23] τὸ δεύτερον τῶν αὐτοῦ, καὶ ἐκήρυξεν[24]
ἔμπροσθεν αὐτοῦ κῆρυξ·[25] καὶ κατέστησεν[26] αὐτὸν ἐφ᾽ ὅλης γῆς Αἰγύπτου. **44** εἶπεν
δὲ Φαραω τῷ Ιωσηφ Ἐγὼ Φαραω· ἄνευ[27] σοῦ οὐκ ἐξαρεῖ[28] οὐθεὶς[29] τὴν χεῖρα αὐτοῦ
ἐπὶ πάσῃ γῇ Αἰγύπτου. **45** καὶ ἐκάλεσεν Φαραω τὸ ὄνομα Ιωσηφ Ψονθομφανηχ·
καὶ ἔδωκεν αὐτῷ τὴν Ασεννεθ θυγατέρα[30] Πετεφρη ἱερέως Ἡλίου πόλεως αὐτῷ
γυναῖκα.

46 Ιωσηφ δὲ ἦν ἐτῶν τριάκοντα,[31] ὅτε ἔστη ἐναντίον[32] Φαραω βασιλέως Αἰγύπτου.
Ἐξῆλθεν δὲ Ιωσηφ ἐκ προσώπου Φαραω καὶ διῆλθεν πᾶσαν γῆν Αἰγύπτου. **47** καὶ
ἐποίησεν ἡ γῆ ἐν τοῖς ἑπτὰ ἔτεσιν τῆς εὐθηνίας[33] δράγματα·[34] **48** καὶ συνήγαγεν
πάντα τὰ βρώματα[35] τῶν ἑπτὰ ἐτῶν, ἐν οἷς ἦν ἡ εὐθηνία[36] ἐν γῇ Αἰγύπτου, καὶ ἔθηκεν
τὰ βρώματα ἐν ταῖς πόλεσιν, βρώματα τῶν πεδίων[37] τῆς πόλεως τῶν κύκλῳ[38] αὐτῆς

1 ἀρέσκω, *aor act ind 3s*, please
2 ἐναντίον, before
3 παῖς, servant
4 παῖς, servant
5 τοιοῦτος, such a
6 ἐπειδή, because
7 φρόνιμος, *comp*, more intelligent
8 συνετός, *comp*, intelligent
9 ὑπακούω, *fut mid ind 3s*, obey
10 ὑπερέχω, *fut act ind 1s*, surpass
11 καθίστημι, appoint
12 περιαιρέω, *aor mid ptc nom s m*, take off
13 δακτύλιος, ring
14 περιτίθημι, *aor act ind 3s*, put on
15 ἐνδύω, *aor act ind 3s*, clothe
16 στολή, clothing
17 βύσσινος, linen
18 περιτίθημι, *aor act ind 3s*, put on
19 κλοιός, collar
20 χρύσεος, made of gold
21 τράχηλος, neck
22 ἀναβιβάζω, *aor act ind 3s*, mount, place upon
23 ἅρμα, chariot
24 κηρύσσω, *aor act ind 3s*, proclaim
25 κῆρυξ, proclaimer
26 καθίστημι, *aor act ind 3s*, appoint
27 ἄνευ, without
28 ἐξαίρω, *fut act ind 3s*, lift up
29 οὐθείς, nobody, no one
30 θυγάτηρ, daughter
31 τριάκοντα, thirty
32 ἐναντίον, before
33 εὐθηνία, prosperity, plenty
34 δράγμα, sheave
35 βρῶμα, food
36 εὐθηνία, prosperity, plenty
37 πεδίον, plain
38 κύκλῳ, around, surrounding

ἔθηκεν ἐν αὐτῇ. **49** καὶ συνήγαγεν Ιωσηφ σῖτον[1] ὡσεὶ[2] τὴν ἄμμον[3] τῆς θαλάσσης
πολὺν σφόδρα,[4] ἕως οὐκ ἠδύναντο ἀριθμῆσαι,[5] οὐ γὰρ ἦν ἀριθμός.[6]

50 Τῷ δὲ Ιωσηφ ἐγένοντο υἱοὶ δύο πρὸ τοῦ ἐλθεῖν τὰ ἑπτὰ ἔτη τοῦ λιμοῦ,[7] οὓς
ἔτεκεν[8] αὐτῷ Ασεννεθ θυγάτηρ[9] Πετεφρη ἱερέως Ἡλίου πόλεως. **51** ἐκάλεσεν δὲ
Ιωσηφ τὸ ὄνομα τοῦ πρωτοτόκου[10] Μανασση, ὅτι Ἐπιλαθέσθαι[11] με ἐποίησεν ὁ θεὸς
πάντων τῶν πόνων[12] μου καὶ πάντων τῶν τοῦ πατρός μου. **52** τὸ δὲ ὄνομα τοῦ
δευτέρου ἐκάλεσεν Εφραιμ, ὅτι Ηὔξησέν[13] με ὁ θεὸς ἐν γῇ ταπεινώσεώς[14] μου.

53 Παρῆλθον[15] δὲ τὰ ἑπτὰ ἔτη τῆς εὐθηνίας,[16] ἃ ἐγένοντο ἐν γῇ Αἰγύπτῳ, **54** καὶ
ἤρξαντο τὰ ἑπτὰ ἔτη τοῦ λιμοῦ[17] ἔρχεσθαι, καθὰ[18] εἶπεν Ιωσηφ. καὶ ἐγένετο λιμὸς
ἐν πάσῃ τῇ γῇ, ἐν δὲ πάσῃ γῇ Αἰγύπτου ἦσαν ἄρτοι. **55** καὶ ἐπείνασεν[19] πᾶσα ἡ γῆ
Αἰγύπτου, ἐκέκραξεν δὲ ὁ λαὸς πρὸς Φαραω περὶ ἄρτων· εἶπεν δὲ Φαραω πᾶσι τοῖς
Αἰγυπτίοις Πορεύεσθε πρὸς Ιωσηφ, καὶ ὃ ἐὰν εἴπῃ ὑμῖν, ποιήσατε. **56** καὶ ὁ λιμὸς[20]
ἦν ἐπὶ προσώπου πάσης τῆς γῆς· ἀνέῳξεν δὲ Ιωσηφ πάντας τοὺς σιτοβολῶνας[21]
καὶ ἐπώλει[22] πᾶσι τοῖς Αἰγυπτίοις. **57** καὶ πᾶσαι αἱ χῶραι[23] ἦλθον εἰς Αἴγυπτον
ἀγοράζειν[24] πρὸς Ιωσηφ· ἐπεκράτησεν[25] γὰρ ὁ λιμὸς[26] ἐν πάσῃ τῇ γῇ.

Joseph's Brothers Go to Egypt

42 Ἰδὼν δὲ Ιακωβ ὅτι ἔστιν πρᾶσις[27] ἐν Αἰγύπτῳ, εἶπεν τοῖς υἱοῖς αὐτοῦ Ἵνα
τί ῥᾳθυμεῖτε;[28] **2** ἰδοὺ ἀκήκοα ὅτι ἔστιν σῖτος[29] ἐν Αἰγύπτῳ· κατάβητε ἐκεῖ
καὶ πρίασθε[30] ἡμῖν μικρὰ βρώματα,[31] ἵνα ζῶμεν καὶ μὴ ἀποθάνωμεν. **3** κατέβησαν
δὲ οἱ ἀδελφοὶ Ιωσηφ οἱ δέκα[32] πρίασθαι[33] σῖτον[34] ἐξ Αἰγύπτου· **4** τὸν δὲ Βενιαμιν
τὸν ἀδελφὸν Ιωσηφ οὐκ ἀπέστειλεν μετὰ τῶν ἀδελφῶν αὐτοῦ· εἶπεν γάρ Μήποτε[35]
συμβῇ[36] αὐτῷ μαλακία.[37]

1 σῖτος, grain
2 ὡσεί, as, like
3 ἄμμος, sand
4 σφόδρα, very
5 ἀριθμέω, *aor act inf*, count
6 ἀριθμός, count
7 λιμός, famine
8 τίκτω, *aor act ind 3s*, give birth
9 θυγάτηρ, daughter
10 πρωτότοκος, firstborn
11 ἐπιλανθάνω, *aor mid inf*, forget
12 πόνος, hardship, toil
13 αὐξάνω, *aor act ind 3s*, increase
14 ταπείνωσις, humiliation
15 παρέρχομαι, *aor act ind 3p*, pass by
16 εὐθηνία, prosperity, plenty
17 λιμός, famine
18 καθά, just as
19 πεινάω, *aor act ind 3s*, be hungry
20 λιμός, famine
21 σιτοβολών, granary
22 πωλέω, *impf act ind 3s*, sell
23 χώρα, land, country, territory
24 ἀγοράζω, *pres act inf*, purchase
25 ἐπικρατέω, *aor act ind 3s*, prevail over
26 λιμός, famine
27 πρᾶσις, sale
28 ῥᾳθυμέω, *pres act ind 2p*, be unconcerned, be idle
29 σῖτος, grain
30 πρίαμαι, *aor mid impv 2p*, buy
31 βρῶμα, food
32 δέκα, ten
33 πρίαμαι, *aor mid inf*, buy
34 σῖτος, grain
35 μήποτε, lest
36 συμβαίνω, *aor act sub 3s*, befall
37 μαλακία, sickness

5 Ἦλθον δὲ οἱ υἱοὶ Ισραηλ ἀγοράζειν[1] μετὰ τῶν ἐρχομένων· ἦν γὰρ ὁ λιμὸς[2] ἐν
γῇ Χανααν. **6** Ιωσηφ δὲ ἦν ἄρχων τῆς γῆς, οὗτος ἐπώλει[3] παντὶ τῷ λαῷ τῆς γῆς·
ἐλθόντες δὲ οἱ ἀδελφοὶ Ιωσηφ προσεκύνησαν αὐτῷ ἐπὶ πρόσωπον ἐπὶ τὴν γῆν.
7 ἰδὼν δὲ Ιωσηφ τοὺς ἀδελφοὺς αὐτοῦ ἐπέγνω καὶ ἠλλοτριοῦτο[4] ἀπ᾽ αὐτῶν καὶ
ἐλάλησεν αὐτοῖς σκληρὰ[5] καὶ εἶπεν αὐτοῖς Πόθεν[6] ἥκατε;[7] οἱ δὲ εἶπαν Ἐκ γῆς
Χανααν ἀγοράσαι[8] βρώματα.[9] **8** ἐπέγνω δὲ Ιωσηφ τοὺς ἀδελφοὺς αὐτοῦ, αὐτοὶ δὲ
οὐκ ἐπέγνωσαν αὐτόν. **9** καὶ ἐμνήσθη[10] Ιωσηφ τῶν ἐνυπνίων,[11] ὧν εἶδεν αὐτός, καὶ
εἶπεν αὐτοῖς Κατάσκοποί[12] ἐστε· κατανοῆσαι[13] τὰ ἴχνη[14] τῆς χώρας[15] ἥκατε.[16] **10** οἱ δὲ
εἶπαν Οὐχί, κύριε· οἱ παῖδές[17] σου ἤλθομεν πρίασθαι[18] βρώματα·[19] **11** πάντες ἐσμὲν
υἱοὶ ἑνὸς ἀνθρώπου· εἰρηνικοί[20] ἐσμεν, οὐκ εἰσὶν οἱ παῖδές[21] σου κατάσκοποι.[22]

12 εἶπεν δὲ αὐτοῖς Οὐχί, ἀλλὰ τὰ ἴχνη[23] τῆς γῆς ἤλθατε ἰδεῖν. **13** οἱ δὲ εἶπαν Δώδεκά[24]
ἐσμεν οἱ παῖδές[25] σου ἀδελφοὶ ἐν γῇ Χανααν, καὶ ἰδοὺ ὁ νεώτερος[26] μετὰ τοῦ πατρὸς
ἡμῶν σήμερον, ὁ δὲ ἕτερος οὐχ ὑπάρχει. **14** εἶπεν δὲ αὐτοῖς Ιωσηφ Τοῦτό ἐστιν, ὃ
εἴρηκα ὑμῖν λέγων ὅτι Κατάσκοποί[27] ἐστε· **15** ἐν τούτῳ φανεῖσθε·[28] νὴ[29] τὴν ὑγίειαν[30]
Φαραω, οὐ μὴ ἐξέλθητε ἐντεῦθεν,[31] ἐὰν μὴ ὁ ἀδελφὸς ὑμῶν ὁ νεώτερος[32] ἔλθῃ ὧδε.[33]
16 ἀποστείλατε ἐξ ὑμῶν ἕνα καὶ λάβετε τὸν ἀδελφὸν ὑμῶν, ὑμεῖς δὲ ἀπάχθητε[34]
ἕως τοῦ φανερὰ[35] γενέσθαι τὰ ῥήματα ὑμῶν, εἰ ἀληθεύετε[36] ἢ οὔ· εἰ δὲ μή, νὴ[37] τὴν
ὑγίειαν[38] Φαραω, ἦ μὴν[39] κατάσκοποί[40] ἐστε. **17** καὶ ἔθετο αὐτοὺς ἐν φυλακῇ ἡμέρας
τρεῖς.

18 Εἶπεν δὲ αὐτοῖς τῇ ἡμέρᾳ τῇ τρίτῃ Τοῦτο ποιήσατε καὶ ζήσεσθε — τὸν θεὸν γὰρ
ἐγὼ φοβοῦμαι —· **19** εἰ εἰρηνικοί[41] ἐστε, ἀδελφὸς ὑμῶν εἷς κατασχεθήτω[42] ἐν τῇ

1 ἀγοράζω, *pres act inf*, purchase
2 λιμός, famine
3 πωλέω, *impf act ind 3s*, sell
4 ἀλλοτριόω, *impf mid ind 3s*, pull away, estrange
5 σκληρός, harshly
6 πόθεν, from where
7 ἥκω, *perf act ind 2p*, come
8 ἀγοράζω, *aor act inf*, purchase
9 βρῶμα, food
10 μιμνῄσκομαι, *aor pas ind 3s*, remember
11 ἐνύπνιον, dream
12 κατάσκοπος, spy
13 κατανοέω, *aor act inf*, scrutinize
14 ἴχνος, track
15 χώρα, land, country
16 ἥκω, *perf act ind 2p*, come
17 παῖς, servant
18 πρίαμαι, *aor mid inf*, buy
19 βρῶμα, food
20 εἰρηνικός, peaceable
21 παῖς, servant
22 κατάσκοπος, spy
23 ἴχνος, track
24 δώδεκα, twelve
25 παῖς, servant
26 νέος, *comp*, younger
27 κατάσκοπος, spy
28 φαίνω, *fut mid ind 2p*, show, reveal
29 νή, by
30 ὑγίεια, health
31 ἐντεῦθεν, here
32 νέος, *comp*, younger
33 ὧδε, here
34 ἀπάγω, *aor pas impv 2p*, lead away
35 φανερός, shown, manifest
36 ἀληθεύω, *pres act ind 2p*, prove truthful
37 νή, by
38 ὑγίεια, health
39 ἦ μήν, truly, verily
40 κατάσκοπος, spy
41 εἰρηνικός, peaceable
42 κατέχω, *aor pas impv 3s*, hold

φυλακῇ, αὐτοὶ δὲ βαδίσατε[1] καὶ ἀπαγάγετε[2] τὸν ἀγορασμὸν[3] τῆς σιτοδοσίας[4] ὑμῶν
20 καὶ τὸν ἀδελφὸν ὑμῶν τὸν νεώτερον[5] ἀγάγετε πρός με, καὶ πιστευθήσονται
τὰ ῥήματα ὑμῶν· εἰ δὲ μή, ἀποθανεῖσθε. ἐποίησαν δὲ οὕτως. — **21** καὶ εἶπεν
ἕκαστος πρὸς τὸν ἀδελφὸν αὐτοῦ Ναί·[6] ἐν ἁμαρτίᾳ γάρ ἐσμεν περὶ τοῦ ἀδελφοῦ
ἡμῶν, ὅτι ὑπερείδομεν[7] τὴν θλῖψιν τῆς ψυχῆς αὐτοῦ, ὅτε κατεδέετο[8] ἡμῶν, καὶ
οὐκ εἰσηκούσαμεν[9] αὐτοῦ· ἕνεκεν[10] τούτου ἐπῆλθεν[11] ἐφ᾽ ἡμᾶς ἡ θλῖψις αὕτη.
22 ἀποκριθεὶς δὲ Ρουβην εἶπεν αὐτοῖς Οὐκ ἐλάλησα ὑμῖν λέγων Μὴ ἀδικήσητε[12]
τὸ παιδάριον;[13] καὶ οὐκ εἰσηκούσατέ[14] μου· καὶ ἰδοὺ τὸ αἷμα αὐτοῦ ἐκζητεῖται.[15]
23 αὐτοὶ δὲ οὐκ ᾔδεισαν[16] ὅτι ἀκούει Ιωσηφ· ὁ γὰρ ἑρμηνευτὴς[17] ἀνὰ μέσον[18] αὐτῶν
ἦν. **24** ἀποστραφεὶς[19] δὲ ἀπ᾽ αὐτῶν ἔκλαυσεν Ιωσηφ. — καὶ πάλιν[20] προσῆλθεν
πρὸς αὐτοὺς καὶ εἶπεν αὐτοῖς καὶ ἔλαβεν τὸν Συμεων ἀπ᾽ αὐτῶν καὶ ἔδησεν[21] αὐτὸν
ἐναντίον[22] αὐτῶν. **25** ἐνετείλατο[23] δὲ Ιωσηφ ἐμπλῆσαι[24] τὰ ἀγγεῖα[25] αὐτῶν σίτου[26]
καὶ ἀποδοῦναι τὸ ἀργύριον[27] ἑκάστου εἰς τὸν σάκκον[28] αὐτοῦ καὶ δοῦναι αὐτοῖς
ἐπισιτισμὸν[29] εἰς τὴν ὁδόν. καὶ ἐγενήθη αὐτοῖς οὕτως.

26 καὶ ἐπιθέντες τὸν σῖτον[30] ἐπὶ τοὺς ὄνους[31] αὐτῶν ἀπῆλθον ἐκεῖθεν.[32] —
27 λύσας[33] δὲ εἷς τὸν μάρσιππον[34] αὐτοῦ δοῦναι χορτάσματα[35] τοῖς ὄνοις[36] αὐτοῦ, οὗ
κατέλυσαν,[37] εἶδεν τὸν δεσμὸν[38] τοῦ ἀργυρίου[39] αὐτοῦ, καὶ ἦν ἐπάνω[40] τοῦ στόματος
τοῦ μαρσίππου· **28** καὶ εἶπεν τοῖς ἀδελφοῖς αὐτοῦ Ἀπεδόθη μοι τὸ ἀργύριον,[41] καὶ
ἰδοὺ τοῦτο ἐν τῷ μαρσίππῳ[42] μου. καὶ ἐξέστη[43] ἡ καρδία αὐτῶν, καὶ ἐταράχθησαν[44]
πρὸς ἀλλήλους[45] λέγοντες Τί τοῦτο ἐποίησεν ὁ θεὸς ἡμῖν;

1 βαδίζω, *aor act impv 2p*, go
2 ἀπάγω, *aor act impv 2p*, carry away
3 ἀγορασμός, provisions
4 σιτοδοσία, granary
5 νέος, *comp*, younger
6 ναί, yes
7 ὑπεροράω, *aor act ind 1p*, disregard, overlook
8 καταδέομαι, *impf mid ind 3s*, plead
9 εἰσακούω, *aor act ind 1p*, hear, heed
10 ἕνεκα, because
11 ἐπέρχομαι, *aor act ind 3s*, come upon
12 ἀδικέω, *aor act sub 2p*, harm
13 παιδάριον, youth
14 εἰσακούω, *aor act ind 2p*, hear, heed
15 ἐκζητέω, *pres pas ind 3s*, seek earnestly
16 οἶδα, *plpf act ind 3p*, know
17 ἑρμηνευτής, interpreter
18 ἀνὰ μέσον, between
19 ἀποστρέφω, *aor pas ptc nom s m*, turn away
20 πάλιν, again
21 δέω, *aor act ind 3s*, bind
22 ἐναντίον, before
23 ἐντέλλομαι, *aor mid ind 3s*, order, command
24 ἐμπίπλημι, *aor act inf*, fill
25 ἀγγεῖον, container
26 σῖτος, grain
27 ἀργύριον, silver
28 σάκκος, sack
29 ἐπισιτισμός, provision
30 σῖτος, grain
31 ὄνος, donkey
32 ἐκεῖθεν, from there
33 λύω, *aor act ptc nom s m*, loosen
34 μάρσιππος, bag
35 χόρτασμα, feed
36 ὄνος, donkey
37 καταλύω, *aor act ind 3p*, lodge
38 δεσμός, bundle
39 ἀργύριον, silver
40 ἐπάνω, above, in the upper part
41 ἀργύριον, silver
42 μάρσιππος, bag
43 ἐξίστημι, *aor act ind 3s*, be amazed, be confounded
44 ταράσσω, *aor pas ind 3p*, trouble
45 ἀλλήλων, one another

29 Ἦλθον δὲ πρὸς Ιακωβ τὸν πατέρα αὐτῶν εἰς γῆν Χανααν καὶ ἀπήγγειλαν αὐτῷ
πάντα τὰ συμβάντα[1] αὐτοῖς λέγοντες **30** Λελάληκεν ὁ ἄνθρωπος ὁ κύριος τῆς
γῆς πρὸς ἡμᾶς σκληρὰ[2] καὶ ἔθετο ἡμᾶς ἐν φυλακῇ ὡς κατασκοπεύοντας[3] τὴν γῆν.
31 εἴπαμεν δὲ αὐτῷ Εἰρηνικοί[4] ἐσμεν, οὔκ ἐσμεν κατάσκοποι·[5] **32** δώδεκα[6] ἀδελφοί
ἐσμεν, υἱοὶ τοῦ πατρὸς ἡμῶν· ὁ εἷς οὐχ ὑπάρχει, ὁ δὲ μικρότερος[7] μετὰ τοῦ πατρὸς
ἡμῶν σήμερον ἐν γῇ Χανααν. **33** εἶπεν δὲ ἡμῖν ὁ ἄνθρωπος ὁ κύριος τῆς γῆς Ἐν τούτῳ
γνώσομαι ὅτι εἰρηνικοί[8] ἐστε· ἀδελφὸν ἕνα ἄφετε ὧδε[9] μετ᾽ ἐμοῦ, τὸν δὲ ἀγορασμὸν[10]
τῆς σιτοδοσίας[11] τοῦ οἴκου ὑμῶν λαβόντες ἀπέλθατε **34** καὶ ἀγάγετε πρός με τὸν
ἀδελφὸν ὑμῶν τὸν νεώτερον,[12] καὶ γνώσομαι ὅτι οὐ κατάσκοποί[13] ἐστε, ἀλλ᾽ ὅτι
εἰρηνικοί[14] ἐστε, καὶ τὸν ἀδελφὸν ὑμῶν ἀποδώσω ὑμῖν, καὶ τῇ γῇ ἐμπορεύεσθε.[15]

35 ἐγένετο δὲ ἐν τῷ κατακενοῦν[16] αὐτοὺς τοὺς σάκκους[17] αὐτῶν καὶ ἦν ἑκάστου
ὁ δεσμὸς[18] τοῦ ἀργυρίου[19] ἐν τῷ σάκκῳ[20] αὐτῶν· καὶ εἶδον τοὺς δεσμοὺς[21] τοῦ
ἀργυρίου[22] αὐτῶν, αὐτοὶ καὶ ὁ πατὴρ αὐτῶν, καὶ ἐφοβήθησαν. **36** εἶπεν δὲ αὐτοῖς
Ιακωβ ὁ πατὴρ αὐτῶν Ἐμὲ ἠτεκνώσατε·[23] Ιωσηφ οὐκ ἔστιν, Συμεων οὐκ ἔστιν, καὶ
τὸν Βενιαμιν λήμψεσθε· ἐπ᾽ ἐμὲ ἐγένετο πάντα ταῦτα. **37** εἶπεν δὲ Ρουβην τῷ πατρὶ
αὐτοῦ λέγων Τοὺς δύο υἱούς μου ἀπόκτεινον, ἐὰν μὴ ἀγάγω αὐτὸν πρὸς σέ· δὸς αὐτὸν
εἰς τὴν χεῖρά μου, κἀγὼ[24] ἀνάξω[25] αὐτὸν πρὸς σέ. **38** ὁ δὲ εἶπεν Οὐ καταβήσεται ὁ
υἱός μου μεθ᾽ ὑμῶν, ὅτι ὁ ἀδελφὸς αὐτοῦ ἀπέθανεν καὶ αὐτὸς μόνος καταλέλειπται·[26]
καὶ συμβήσεται[27] αὐτὸν μαλακισθῆναι[28] ἐν τῇ ὁδῷ, ᾗ ἂν πορεύησθε, καὶ κατάξετέ[29]
μου τὸ γῆρας[30] μετὰ λύπης[31] εἰς ᾅδου.[32]

Joseph's Brothers Return to Egypt

43 Ὁ δὲ λιμὸς[33] ἐνίσχυσεν[34] ἐπὶ τῆς γῆς. **2** ἐγένετο δὲ ἡνίκα[35] συνετέλεσαν[36]
καταφαγεῖν[37] τὸν σῖτον,[38] ὃν ἤνεγκαν ἐξ Αἰγύπτου, καὶ εἶπεν αὐτοῖς ὁ πατὴρ

1 συμβαίνω, *aor act ptc acc p n*, happen
2 σκληρός, hard, cruel
3 κατασκοπεύω, *pres act ptc acc p m*, spy out
4 εἰρηνικός, peaceable
5 κατάσκοπος, spy
6 δώδεκα, twelve
7 μικρός, *comp*, small
8 εἰρηνικός, peaceable
9 ὧδε, here
10 ἀγορασμός, purchase
11 σιτοδοσία, grain allowance
12 νέος, *comp*, younger
13 κατάσκοπος, spy
14 εἰρηνικός, peaceable
15 ἐμπορεύομαι, *pres mid ind 2p*, conduct trade
16 κατακενόω, *pres act inf*, empty
17 σάκκος, sack
18 δεσμός, bundle
19 ἀργύριον, silver
20 σάκκος, sack
21 δεσμός, bundle
22 ἀργύριον, silver
23 ἀτεκνόω, *aor act ind 2p*, make childless
24 κἀγώ, and I, *cr.* καὶ ἐγώ
25 ἀνάγω, *fut act ind 1s*, bring up
26 καταλείπω, *perf pas ind 3s*, leave behind
27 συμβαίνω, *fut mid ind 3s*, happen
28 μαλακίζομαι, *aor pas inf*, become sick
29 κατάγω, *fut act ind 2p*, bring down
30 γῆρας, old age
31 λύπη, sorrow
32 ᾅδης, underworld, Hades
33 λιμός, famine
34 ἐνισχύω, *aor act ind 3s*, strengthen, prevail over
35 ἡνίκα, when
36 συντελέω, *aor act ind 3p*, finish
37 κατεσθίω, *aor act inf*, eat up, consume
38 σῖτος, grain

αὐτῶν Πάλιν[1] πορευθέντες πρίασθε[2] ἡμῖν μικρὰ βρώματα.[3] **3** εἶπεν δὲ αὐτῷ Ιουδας
λέγων Διαμαρτυρίᾳ[4] διαμεμαρτύρηται[5] ἡμῖν ὁ ἄνθρωπος λέγων Οὐκ ὄψεσθε τὸ
πρόσωπόν μου, ἐὰν μὴ ὁ ἀδελφὸς ὑμῶν ὁ νεώτερος[6] μεθ' ὑμῶν ᾖ. **4** εἰ μὲν οὖν
ἀποστέλλεις τὸν ἀδελφὸν ἡμῶν μεθ' ἡμῶν, καταβησόμεθα καὶ ἀγοράσωμέν[7] σοι
βρώματα·[8] **5** εἰ δὲ μὴ ἀποστέλλεις τὸν ἀδελφὸν ἡμῶν μεθ' ἡμῶν, οὐ πορευσόμεθα·
ὁ γὰρ ἄνθρωπος εἶπεν ἡμῖν λέγων Οὐκ ὄψεσθέ μου τὸ πρόσωπον, ἐὰν μὴ ὁ
ἀδελφὸς ὑμῶν ὁ νεώτερος[9] μεθ' ὑμῶν ᾖ. **6** εἶπεν δὲ Ισραηλ Τί ἐκακοποιήσατέ[10]
με ἀναγγείλαντες[11] τῷ ἀνθρώπῳ εἰ ἔστιν ὑμῖν ἀδελφός; **7** οἱ δὲ εἶπαν Ἐρωτῶν[12]
ἐπηρώτησεν[13] ἡμᾶς ὁ ἄνθρωπος καὶ τὴν γενεὰν ἡμῶν λέγων Εἰ ἔτι ὁ πατὴρ ὑμῶν
ζῇ; εἰ ἔστιν ὑμῖν ἀδελφός; καὶ ἀπηγγείλαμεν αὐτῷ κατὰ τὴν ἐπερώτησιν[14] ταύτην. μὴ
ᾔδειμεν[15] εἰ ἐρεῖ ἡμῖν Ἀγάγετε τὸν ἀδελφὸν ὑμῶν; **8** εἶπεν δὲ Ιουδας πρὸς Ισραηλ τὸν
πατέρα αὐτοῦ Ἀπόστειλον τὸ παιδάριον[16] μετ' ἐμοῦ, καὶ ἀναστάντες πορευσόμεθα,
ἵνα ζῶμεν καὶ μὴ ἀποθάνωμεν καὶ ἡμεῖς καὶ σὺ καὶ ἡ ἀποσκευὴ[17] ἡμῶν. **9** ἐγὼ δὲ
ἐκδέχομαι[18] αὐτόν, ἐκ χειρός μου ζήτησον αὐτόν· ἐὰν μὴ ἀγάγω αὐτὸν πρὸς σὲ καὶ
στήσω αὐτὸν ἐναντίον[19] σου, ἡμαρτηκὼς ἔσομαι πρὸς σὲ πάσας τὰς ἡμέρας. **10** εἰ
μὴ γὰρ ἐβραδύναμεν,[20] ἤδη[21] ἂν ὑπεστρέψαμεν[22] δίς.[23]

11 εἶπεν δὲ αὐτοῖς Ισραηλ ὁ πατὴρ αὐτῶν Εἰ οὕτως ἐστίν, τοῦτο ποιήσατε· λάβετε
ἀπὸ τῶν καρπῶν τῆς γῆς ἐν τοῖς ἀγγείοις[24] ὑμῶν καὶ καταγάγετε[25] τῷ ἀνθρώπῳ
δῶρα,[26] τῆς ῥητίνης[27] καὶ τοῦ μέλιτος,[28] θυμίαμα[29] καὶ στακτὴν[30] καὶ τερέμινθον[31]
καὶ κάρυα.[32] **12** καὶ τὸ ἀργύριον[33] δισσὸν[34] λάβετε ἐν ταῖς χερσὶν ὑμῶν· τὸ ἀργύριον
τὸ ἀποστραφὲν[35] ἐν τοῖς μαρσίπποις[36] ὑμῶν ἀποστρέψατε[37] μεθ' ὑμῶν· μήποτε[38]
ἀγνόημά[39] ἐστιν. **13** καὶ τὸν ἀδελφὸν ὑμῶν λάβετε καὶ ἀναστάντες κατάβητε πρὸς
τὸν ἄνθρωπον. **14** ὁ δὲ θεός μου δῴη[40] ὑμῖν χάριν ἐναντίον[41] τοῦ ἀνθρώπου, καὶ

1 πάλιν, again
2 πρίαμαι, *aor mid impv 2p*, buy
3 βρῶμα, food
4 διαμαρτυρία, witness, declaration
5 διαμαρτυρέω, *perf mid ind 3s*, witness, declare
6 νέος, *comp*, younger
7 ἀγοράζω, *aor act sub 1p*, purchase
8 βρῶμα, food
9 νέος, *comp*, younger
10 κακοποιέω, *aor act ind 2p*, harm
11 ἀναγγέλλω, *aor act ptc nom p m*, report, tell
12 ἐρωτάω, *pres act ptc nom s m*, ask
13 ἐπερωτάω, *aor act ind 3s*, ask
14 ἐπερώτησις, questioning
15 οἶδα, *plpf act ind 1p*, know
16 παιδάριον, youth
17 ἀποσκευή, member of household
18 ἐκδέχομαι, *pres mid ind 1s*, stand as surety
19 ἐναντίον, before
20 βραδύνω, *aor act ind 1p*, delay
21 ἤδη, already
22 ὑποστρέφω, *aor act ind 1p*, return
23 δίς, twice
24 ἀγγεῖον, container
25 κατάγω, *aor act impv 2p*, bring down
26 δῶρον, gift
27 ῥητίνη, resin
28 μέλι, honey
29 θυμίαμα, incense
30 στακτή, myrrh
31 τερέμινθος, terebinth
32 κάρυον, almond
33 ἀργύριον, silver
34 δισσός, double
35 ἀποστρέφω, *aor pas ptc acc s n*, return
36 μάρσιππος, bag
37 ἀποστρέφω, *aor act impv 2p*, take back
38 μήποτε, lest
39 ἀγνόημα, error
40 δίδωμι, *aor act opt 3s*, give, grant
41 ἐναντίον, before

ἀποστεῖλαι[1] τὸν ἀδελφὸν ὑμῶν τὸν ἕνα καὶ τὸν Βενιαμιν· ἐγὼ μὲν γάρ, καθὰ[2]
ἠτέκνωμαι,[3] ἠτέκνωμαι.

15 Λαβόντες δὲ οἱ ἄνδρες τὰ δῶρα[4] ταῦτα καὶ τὸ ἀργύριον[5] διπλοῦν[6] ἔλαβον ἐν ταῖς
χερσὶν αὐτῶν καὶ τὸν Βενιαμιν καὶ ἀναστάντες κατέβησαν εἰς Αἴγυπτον καὶ ἔστησαν
ἐναντίον[7] Ιωσηφ. **16** εἶδεν δὲ Ιωσηφ αὐτοὺς καὶ τὸν Βενιαμιν τὸν ἀδελφὸν αὐτοῦ τὸν
ὁμομήτριον[8] καὶ εἶπεν τῷ ἐπὶ τῆς οἰκίας αὐτοῦ Εἰσάγαγε[9] τοὺς ἀνθρώπους εἰς τὴν
οἰκίαν καὶ σφάξον[10] θύματα[11] καὶ ἑτοίμασον· μετ᾽ ἐμοῦ γὰρ φάγονται οἱ ἄνθρωποι
ἄρτους τὴν μεσημβρίαν.[12] **17** ἐποίησεν δὲ ὁ ἄνθρωπος, καθὰ[13] εἶπεν Ιωσηφ, καὶ
εἰσήγαγεν[14] τοὺς ἀνθρώπους εἰς τὸν οἶκον Ιωσηφ.

18 ἰδόντες δὲ οἱ ἄνθρωποι ὅτι εἰσήχθησαν[15] εἰς τὸν οἶκον Ιωσηφ, εἶπαν Διὰ τὸ
ἀργύριον[16] τὸ ἀποστραφὲν[17] ἐν τοῖς μαρσίπποις[18] ἡμῶν τὴν ἀρχὴν ἡμεῖς εἰσαγόμεθα[19]
τοῦ συκοφαντῆσαι[20] ἡμᾶς καὶ ἐπιθέσθαι ἡμῖν τοῦ λαβεῖν ἡμᾶς εἰς παῖδας[21] καὶ τοὺς
ὄνους[22] ἡμῶν. **19** προσελθόντες δὲ πρὸς τὸν ἄνθρωπον τὸν ἐπὶ τοῦ οἴκου Ιωσηφ
ἐλάλησαν αὐτῷ ἐν τῷ πυλῶνι[23] τοῦ οἴκου **20** λέγοντες Δεόμεθα,[24] κύριε· κατέβημεν
τὴν ἀρχὴν πρίασθαι[25] βρώματα·[26] **21** ἐγένετο δὲ ἡνίκα[27] ἤλθομεν εἰς τὸ καταλῦσαι[28]
καὶ ἠνοίξαμεν τοὺς μαρσίππους[29] ἡμῶν, καὶ τόδε[30] τὸ ἀργύριον[31] ἑκάστου ἐν τῷ
μαρσίππῳ[32] αὐτοῦ· τὸ ἀργύριον ἡμῶν ἐν σταθμῷ[33] ἀπεστρέψαμεν[34] νῦν ἐν ταῖς
χερσὶν ἡμῶν **22** καὶ ἀργύριον[35] ἕτερον ἠνέγκαμεν μεθ᾽ ἑαυτῶν ἀγοράσαι[36] βρώματα·[37]
οὐκ οἴδαμεν, τίς ἐνέβαλεν[38] τὸ ἀργύριον[39] εἰς τοὺς μαρσίππους[40] ἡμῶν. **23** εἶπεν δὲ
αὐτοῖς Ἵλεως[41] ὑμῖν, μὴ φοβεῖσθε· ὁ θεὸς ὑμῶν καὶ ὁ θεὸς τῶν πατέρων ὑμῶν ἔδωκεν
ὑμῖν θησαυροὺς[42] ἐν τοῖς μαρσίπποις[43] ὑμῶν, τὸ δὲ ἀργύριον[44] ὑμῶν εὐδοκιμοῦν[45]

1 ἀποστέλλω, *aor act opt 3s*, send away
2 καθά, just as
3 ἀτεκνόω, *perf pas ind 1s*, make childless
4 δῶρον, gift
5 ἀργύριον, silver
6 διπλοῦς, double
7 ἐναντίον, before
8 ὁμομήτριος, having the same mother
9 εἰσάγω, *aor act impv 2s*, bring in
10 σφάζω, *aor act impv 2s*, slay
11 θῦμα, sacrifice, offering
12 μεσημβρία, noon, midday
13 καθά, just as
14 εἰσάγω, *aor act ind 3s*, bring in
15 εἰσάγω, *aor pas ind 3p*, bring in
16 ἀργύριον, silver
17 ἀποστρέφω, *aor pas ptc acc s n*, return
18 μάρσιππος, bag
19 εἰσάγω, *pres pas ind 1p*, bring in
20 συκοφαντέω, *aor act inf*, accuse falsely
21 παῖς, servant
22 ὄνος, donkey
23 πυλών, gateway
24 δέομαι, *pres mid ind 1p*, beseech, supplicate
25 πρίαμαι, *aor mid inf*, buy
26 βρῶμα, food
27 ἡνίκα, when
28 καταλύω, *aor act inf*, lodge
29 μάρσιππος, bag
30 ὅδε, here
31 ἀργύριον, silver
32 μάρσιππος, bag
33 σταθμός, weight
34 ἀποστρέφω, *aor act ind 1p*, bring back
35 ἀργύριον, silver
36 ἀγοράζω, *aor act inf*, purchase
37 βρῶμα, food
38 ἐμβάλλω, *aor act ind 3s*, put in
39 ἀργύριον, silver
40 μάρσιππος, bag
41 ἵλεως, merciful
42 θησαυρός, treasure
43 μάρσιππος, bag
44 ἀργύριον, silver
45 εὐδοκιμέω, *pres act ptc acc s n*, be genuine

ἀπέχω.[1] καὶ ἐξήγαγεν[2] πρὸς αὐτοὺς τὸν Συμεων **24** καὶ ἤνεγκεν ὕδωρ νίψαι[3] τοὺς πόδας αὐτῶν καὶ ἔδωκεν χορτάσματα[4] τοῖς ὄνοις[5] αὐτῶν. **25** ἡτοίμασαν δὲ τὰ δῶρα[6] ἕως τοῦ ἐλθεῖν Ιωσηφ μεσημβρίας·[7] ἤκουσαν γὰρ ὅτι ἐκεῖ μέλλει[8] ἀριστᾶν.[9]

26 Εἰσῆλθεν δὲ Ιωσηφ εἰς τὴν οἰκίαν, καὶ προσήνεγκαν αὐτῷ τὰ δῶρα,[10] ἃ εἶχον ἐν ταῖς χερσὶν αὐτῶν, εἰς τὸν οἶκον καὶ προσεκύνησαν αὐτῷ ἐπὶ πρόσωπον ἐπὶ τὴν γῆν. **27** ἠρώτησεν[11] δὲ αὐτούς Πῶς ἔχετε; καὶ εἶπεν αὐτοῖς Εἰ ὑγιαίνει[12] ὁ πατὴρ ὑμῶν ὁ πρεσβύτερος, ὃν εἴπατε; ἔτι ζῇ; **28** οἱ δὲ εἶπαν Ὑγιαίνει[13] ὁ παῖς[14] σου ὁ πατὴρ ἡμῶν, ἔτι ζῇ. καὶ εἶπεν Εὐλογητὸς[15] ὁ ἄνθρωπος ἐκεῖνος τῷ θεῷ. καὶ κύψαντες[16] προσεκύνησαν αὐτῷ. **29** ἀναβλέψας[17] δὲ τοῖς ὀφθαλμοῖς Ιωσηφ εἶδεν Βενιαμιν τὸν ἀδελφὸν αὐτοῦ τὸν ὁμομήτριον[18] καὶ εἶπεν Οὗτος ὁ ἀδελφὸς ὑμῶν ὁ νεώτερος,[19] ὃν εἴπατε πρός με ἀγαγεῖν; καὶ εἶπεν Ὁ θεὸς ἐλεήσαι[20] σε, τέκνον. **30** ἐταράχθη[21] δὲ Ιωσηφ — συνεστρέφετο[22] γὰρ τὰ ἔντερα[23] αὐτοῦ ἐπὶ τῷ ἀδελφῷ αὐτοῦ — καὶ ἐζήτει κλαῦσαι· εἰσελθὼν δὲ εἰς τὸ ταμιεῖον[24] ἔκλαυσεν ἐκεῖ. **31** καὶ νιψάμενος[25] τὸ πρόσωπον ἐξελθὼν ἐνεκρατεύσατο[26] καὶ εἶπεν Παράθετε[27] ἄρτους. **32** καὶ παρέθηκαν[28] αὐτῷ μόνῳ καὶ αὐτοῖς καθ᾽ ἑαυτοὺς καὶ τοῖς Αἰγυπτίοις τοῖς συνδειπνοῦσιν[29] μετ᾽ αὐτοῦ καθ᾽ ἑαυτούς· οὐ γὰρ ἐδύναντο οἱ Αἰγύπτιοι συνεσθίειν[30] μετὰ τῶν Εβραίων ἄρτους, βδέλυγμα[31] γάρ ἐστιν τοῖς Αἰγυπτίοις. **33** ἐκάθισαν δὲ ἐναντίον[32] αὐτοῦ, ὁ πρωτότοκος[33] κατὰ τὰ πρεσβεῖα[34] αὐτοῦ καὶ ὁ νεώτερος[35] κατὰ τὴν νεότητα[36] αὐτοῦ· ἐξίσταντο[37] δὲ οἱ ἄνθρωποι ἕκαστος πρὸς τὸν ἀδελφὸν αὐτοῦ. **34** ἦραν δὲ μερίδας[38] παρ᾽ αὐτοῦ πρὸς αὐτούς· ἐμεγαλύνθη[39] δὲ ἡ μερὶς[40] Βενιαμιν παρὰ τὰς μερίδας πάντων πενταπλασίως[41] πρὸς τὰς ἐκείνων. ἔπιον δὲ καὶ ἐμεθύσθησαν[42] μετ᾽ αὐτοῦ.

1 ἀπέχω, *pres act ind 1s*, receive
2 ἐξάγω, *aor act ind 3s*, bring out
3 νίπτω, *aor act inf*, wash
4 χόρτασμα, feed
5 ὄνος, donkey
6 δῶρον, gift
7 μεσημβρία, noon, midday
8 μέλλω, *pres act ind 3s*, be about to
9 ἀριστάω, *pres act inf*, dine
10 δῶρον, gift
11 ἐρωτάω, *aor act ind 3s*, ask
12 ὑγιαίνω, *pres act ind 3s*, be healthy
13 ὑγιαίνω, *pres act ind 3s*, be healthy
14 παῖς, servant
15 εὐλογητός, blessed
16 κύπτω, *aor act ptc nom p m*, stoop
17 ἀναβλέπω, *aor act ptc nom s m*, look up
18 ὁμομήτριος, having the same mother
19 νέος, *comp*, younger
20 ἐλεέω, *aor act opt 3s*, show mercy
21 ταράσσω, *aor pas ind 3s*, trouble
22 συστρέφω, *impf pas ind 3s*, gather up, compact
23 ἔντερον, gut, bowel
24 ταμιεῖον, chamber
25 νίπτω, *aor mid ptc nom s m*, wash
26 ἐγκρατεύομαι, *aor mid ind 3s*, show self-control
27 παρατίθημι, *aor act impv 2p*, serve
28 παρατίθημι, *aor act ind 3p*, serve
29 συνδειπνέω, *pres act ptc dat p m*, dine together
30 συνεσθίω, *pres act inf*, eat together
31 βδέλυγμα, abomination, something detestable
32 ἐναντίον, before
33 πρωτότοκος, firstborn
34 πρεσβεῖον, seniority
35 νέος, *comp*, younger
36 νεότης, youth
37 ἐξίστημι, *impf mid ind 3p*, be amazed
38 μερίς, portion
39 μεγαλύνω, *aor pas ind 3s*, magnify, make great
40 μερίς, portion
41 πενταπλασίως, fivefold
42 μεθύσκω, *aor pas ind 3p*, make drunk, intoxicate

Joseph Detains Benjamin

44 Καὶ ἐνετείλατο[1] Ιωσηφ τῷ ὄντι ἐπὶ τῆς οἰκίας αὐτοῦ λέγων Πλήσατε[2] τοὺς μαρσίππους[3] τῶν ἀνθρώπων βρωμάτων,[4] ὅσα ἐὰν δύνωνται ἆραι, καὶ ἐμβάλατε[5] ἑκάστου τὸ ἀργύριον[6] ἐπὶ τοῦ στόματος τοῦ μαρσίππου[7] **2** καὶ τὸ κόνδυ[8] μου τὸ ἀργυροῦν[9] ἐμβάλατε[10] εἰς τὸν μάρσιππον[11] τοῦ νεωτέρου[12] καὶ τὴν τιμὴν[13] τοῦ σίτου[14] αὐτοῦ. ἐγενήθη δὲ κατὰ τὸ ῥῆμα Ιωσηφ, καθὼς εἶπεν. — **3** τὸ πρωὶ[15] διέφαυσεν,[16] καὶ οἱ ἄνθρωποι ἀπεστάλησαν, αὐτοὶ καὶ οἱ ὄνοι[17] αὐτῶν. **4** ἐξελθόντων δὲ αὐτῶν τὴν πόλιν (οὐκ ἀπέσχον[18] μακράν[19]) καὶ Ιωσηφ εἶπεν τῷ ἐπὶ τῆς οἰκίας αὐτοῦ Ἀναστὰς ἐπιδίωξον[20] ὀπίσω τῶν ἀνθρώπων καὶ καταλήμψῃ[21] αὐτοὺς καὶ ἐρεῖς αὐτοῖς Τί ὅτι ἀνταπεδώκατε[22] πονηρὰ ἀντὶ[23] καλῶν; **5** ἵνα τί ἐκλέψατέ[24] μου τὸ κόνδυ[25] τὸ ἀργυροῦν;[26] οὐ τοῦτό ἐστιν, ἐν ᾧ πίνει ὁ κύριός μου; αὐτὸς δὲ οἰωνισμῷ[27] οἰωνίζεται[28] ἐν αὐτῷ. πονηρὰ συντετέλεσθε,[29] ἃ πεποιήκατε.

6 εὑρὼν δὲ αὐτοὺς εἶπεν αὐτοῖς κατὰ τὰ ῥήματα ταῦτα. **7** οἱ δὲ εἶπον αὐτῷ Ἵνα τί λαλεῖ ὁ κύριος κατὰ τὰ ῥήματα ταῦτα; μὴ γένοιτο[30] τοῖς παισίν[31] σου ποιῆσαι κατὰ τὸ ῥῆμα τοῦτο. **8** εἰ τὸ μὲν ἀργύριον,[32] ὃ εὕρομεν ἐν τοῖς μαρσίπποις[33] ἡμῶν, ἀπεστρέψαμεν[34] πρὸς σὲ ἐκ γῆς Χανααν, πῶς ἂν κλέψαιμεν[35] ἐκ τοῦ οἴκου τοῦ κυρίου σου ἀργύριον[36] ἢ χρυσίον;[37] **9** παρ᾽ ᾧ ἂν εὑρεθῇ τὸ κόνδυ[38] τῶν παίδων[39] σου, ἀποθνῃσκέτω· καὶ ἡμεῖς δὲ ἐσόμεθα παῖδες τῷ κυρίῳ ἡμῶν. **10** ὁ δὲ εἶπεν Καὶ νῦν ὡς λέγετε, οὕτως ἔσται· ὁ ἄνθρωπος, παρ᾽ ᾧ ἂν εὑρεθῇ τὸ κόνδυ,[40] αὐτὸς ἔσται μου παῖς,[41] ὑμεῖς δὲ ἔσεσθε καθαροί.[42] **11** καὶ ἔσπευσαν[43] καὶ καθεῖλαν[44] ἕκαστος τὸν μάρσιππον[45] αὐτοῦ ἐπὶ τὴν γῆν καὶ ἤνοιξαν ἕκαστος τὸν μάρσιππον αὐτοῦ.

1 ἐντέλλομαι, *aor mid ind 3s*, command, order
2 πίμπλημι, *aor act impv 2p*, fill
3 μάρσιππος, bag
4 βρῶμα, food
5 ἐμβάλλω, *aor act impv 2p*, put in
6 ἀργύριον, silver
7 μάρσιππος, bag
8 κόνδυ, cup
9 ἀργυροῦς, made of silver
10 ἐμβάλλω, *aor act impv 2p*, put in
11 μάρσιππος, bag
12 νέος, *comp*, younger
13 τιμή, value, price
14 σῖτος, grain
15 πρωί, morning
16 διαφαύσκω, *aor act ind 3s*, dawn
17 ὄνος, donkey
18 ἀπέχω, *aor act ind 3p*, be far away
19 μακράν, far
20 ἐπιδιώκω, *aor act impv 2s*, pursue
21 καταλαμβάνω, *fut mid ind 2s*, overtake
22 ἀνταποδίδωμι, *aor act ind 2p*, pay back
23 ἀντί, in return for
24 κλέπτω, *aor act ind 2p*, steal
25 κόνδυ, cup
26 ἀργυροῦς, made of silver
27 οἰωνισμός, omen of birds
28 οἰωνίζομαι, *pres mid ind 3s*, practice divination
29 συντελέω, *perf mid ind 2p*, do, finish
30 γίνομαι, *aor mid opt 3s*, be, occur
31 παῖς, servant
32 ἀργύριον, silver
33 μάρσιππος, bag
34 ἀποστρέφω, *aor act ind 1p*, take back
35 κλέπτω, *aor act opt 1p*, steal
36 ἀργύριον, silver
37 χρυσίον, gold
38 κόνδυ, cup
39 παῖς, servant
40 κόνδυ, cup
41 παῖς, servant
42 καθαρός, pure, clean
43 σπεύδω, *aor act ind 3p*, hasten, hurry
44 καθαιρέω, *aor act ind 3p*, take down
45 μάρσιππος, bag

12 ἠρεύνα[1] δὲ ἀπὸ τοῦ πρεσβυτέρου ἀρξάμενος ἕως ἦλθεν ἐπὶ τὸν νεώτερον,[2] καὶ
εὗρεν τὸ κόνδυ[3] ἐν τῷ μαρσίππῳ[4] τῷ Βενιαμιν. **13** καὶ διέρρηξαν[5] τὰ ἱμάτια αὐτῶν
καὶ ἐπέθηκαν ἕκαστος τὸν μάρσιππον[6] αὐτοῦ ἐπὶ τὸν ὄνον[7] αὐτοῦ καὶ ἐπέστρεψαν
εἰς τὴν πόλιν.

14 Εἰσῆλθεν δὲ Ιουδας καὶ οἱ ἀδελφοὶ αὐτοῦ πρὸς Ιωσηφ ἔτι αὐτοῦ ὄντος ἐκεῖ καὶ
ἔπεσον ἐναντίον[8] αὐτοῦ ἐπὶ τὴν γῆν. **15** εἶπεν δὲ αὐτοῖς Ιωσηφ Τί τὸ πρᾶγμα[9] τοῦτο,
ὃ ἐποιήσατε; οὐκ οἴδατε ὅτι οἰωνισμῷ[10] οἰωνιεῖται[11] ἄνθρωπος οἷος[12] ἐγώ; **16** εἶπεν
δὲ Ιουδας Τί ἀντεροῦμεν[13] τῷ κυρίῳ ἢ τί λαλήσωμεν ἢ τί δικαιωθῶμεν;[14] ὁ δὲ θεὸς
εὗρεν τὴν ἀδικίαν[15] τῶν παίδων[16] σου. ἰδού ἐσμεν οἰκέται[17] τῷ κυρίῳ ἡμῶν, καὶ
ἡμεῖς καὶ παρ' ᾧ εὑρέθη τὸ κόνδυ.[18] **17** εἶπεν δὲ Ιωσηφ Μή μοι γένοιτο[19] ποιῆσαι τὸ
ῥῆμα τοῦτο· ὁ ἄνθρωπος, παρ' ᾧ εὑρέθη τὸ κόνδυ,[20] αὐτὸς ἔσται μου παῖς,[21] ὑμεῖς
δὲ ἀνάβητε μετὰ σωτηρίας πρὸς τὸν πατέρα ὑμῶν.

Judah Pleads for Benjamin's Release

18 Ἐγγίσας δὲ αὐτῷ Ιουδας εἶπεν Δέομαι,[22] κύριε, λαλησάτω ὁ παῖς[23] σου ῥῆμα
ἐναντίον[24] σου, καὶ μὴ θυμωθῇς[25] τῷ παιδί[26] σου, ὅτι σὺ εἶ μετὰ Φαραω. **19** κύριε, σὺ
ἠρώτησας[27] τοὺς παῖδάς[28] σου λέγων Εἰ ἔχετε πατέρα ἢ ἀδελφόν; **20** καὶ εἴπαμεν τῷ
κυρίῳ Ἔστιν ἡμῖν πατὴρ πρεσβύτερος καὶ παιδίον γήρως[29] νεώτερον[30] αὐτῷ, καὶ ὁ
ἀδελφὸς αὐτοῦ ἀπέθανεν, αὐτὸς δὲ μόνος ὑπελείφθη[31] τῇ μητρὶ αὐτοῦ, ὁ δὲ πατὴρ
αὐτὸν ἠγάπησεν. **21** εἶπας δὲ τοῖς παισίν[32] σου Καταγάγετε[33] αὐτὸν πρός με, καὶ
ἐπιμελοῦμαι[34] αὐτοῦ. **22** καὶ εἴπαμεν τῷ κυρίῳ Οὐ δυνήσεται τὸ παιδίον καταλιπεῖν[35]
τὸν πατέρα· ἐὰν δὲ καταλίπῃ[36] τὸν πατέρα, ἀποθανεῖται. **23** σὺ δὲ εἶπας τοῖς παισίν[37]

1 ἐρευνάω, *impf act ind 3s*, search
2 νέος, *comp*, younger
3 κόνδυ, cup
4 μάρσιππος, bag
5 διαρρήγνυμι, *aor act ind 3p*, tear
6 μάρσιππος, bag
7 ὄνος, donkey
8 ἐναντίον, before
9 πρᾶγμα, thing, deed
10 οἰωνισμός, omen of birds
11 οἰωνίζομαι, *fut mid ind 3s*, practice divination
12 οἷος, such as
13 ἀντιλέγω, *fut act ind 1p*, answer
14 δικαιόω, *aor pas sub 1p*, justify
15 ἀδικία, wrongdoing, injustice
16 παῖς, servant
17 οἰκέτης, slave, servant
18 κόνδυ, cup
19 γίνομαι, *aor mid opt 3s*, be, occur
20 κόνδυ, cup
21 παῖς, servant
22 δέομαι, *pres mid ind 1s*, beseech, supplicate
23 παῖς, servant
24 ἐναντίον, before
25 θυμόω, *aor pas sub 2s*, be angry
26 παῖς, servant
27 ἐρωτάω, *aor act ind 2s*, ask
28 παῖς, servant
29 γῆρας, old age
30 νέος, *comp*, younger
31 ὑπολείπω, *aor pas ind 3s*, leave
32 παῖς, servant
33 κατάγω, *aor act impv 2p*, bring down
34 ἐπιμελέομαι, *pres mid ind 1s*, take care
35 καταλείπω, *aor act inf*, forsake, leave behind
36 καταλείπω, *aor act sub 3s*, forsake, leave behind
37 παῖς, servant

σου Ἐὰν μὴ καταβῇ ὁ ἀδελφὸς ὑμῶν ὁ νεώτερος[1] μεθ' ὑμῶν, οὐ προσθήσεσθε[2] ἔτι ἰδεῖν τὸ πρόσωπόν μου.

24 ἐγένετο δὲ ἡνίκα[3] ἀνέβημεν πρὸς τὸν παῖδά[4] σου πατέρα δὲ ἡμῶν, ἀπηγγείλαμεν αὐτῷ τὰ ῥήματα τοῦ κυρίου. **25** εἶπεν δὲ ἡμῖν ὁ πατὴρ ἡμῶν Βαδίσατε[5] πάλιν,[6] ἀγοράσατε[7] ἡμῖν μικρὰ βρώματα.[8] **26** ἡμεῖς δὲ εἴπαμεν Οὐ δυνησόμεθα καταβῆναι· ἀλλ' εἰ μὲν ὁ ἀδελφὸς ἡμῶν ὁ νεώτερος[9] καταβαίνει μεθ' ἡμῶν, καταβησόμεθα· οὐ γὰρ δυνησόμεθα ἰδεῖν τὸ πρόσωπον τοῦ ἀνθρώπου, τοῦ ἀδελφοῦ τοῦ νεωτέρου μὴ ὄντος μεθ' ἡμῶν. **27** εἶπεν δὲ ὁ παῖς[10] σου ὁ πατὴρ ἡμῶν πρὸς ἡμᾶς Ὑμεῖς γινώσκετε ὅτι δύο ἔτεκέν[11] μοι ἡ γυνή· **28** καὶ ἐξῆλθεν ὁ εἷς ἀπ' ἐμοῦ, καὶ εἴπατε ὅτι θηριόβρωτος[12] γέγονεν, καὶ οὐκ εἶδον αὐτὸν ἔτι καὶ νῦν· **29** ἐὰν οὖν λάβητε καὶ τοῦτον ἐκ προσώπου μου καὶ συμβῇ[13] αὐτῷ μαλακία[14] ἐν τῇ ὁδῷ, καὶ κατάξετέ[15] μου τὸ γῆρας[16] μετὰ λύπης[17] εἰς ᾅδου.[18] **30** νῦν οὖν ἐὰν εἰσπορεύωμαι[19] πρὸς τὸν παῖδά[20] σου πατέρα δὲ ἡμῶν καὶ τὸ παιδάριον[21] μὴ ᾖ μεθ' ἡμῶν — ἡ δὲ ψυχὴ αὐτοῦ ἐκκρέμαται[22] ἐκ τῆς τούτου ψυχῆς — **31** καὶ ἔσται ἐν τῷ ἰδεῖν αὐτὸν μὴ ὂν τὸ παιδάριον[23] μεθ' ἡμῶν τελευτήσει,[24] καὶ κατάξουσιν[25] οἱ παῖδές[26] σου τὸ γῆρας[27] τοῦ παιδός[28] σου πατρὸς δὲ ἡμῶν μετ' ὀδύνης[29] εἰς ᾅδου.[30] **32** ὁ γὰρ παῖς[31] σου ἐκδέδεκται[32] τὸ παιδίον παρὰ τοῦ πατρὸς λέγων Ἐὰν μὴ ἀγάγω αὐτὸν πρὸς σὲ καὶ στήσω αὐτὸν ἐναντίον[33] σου, ἡμαρτηκὼς ἔσομαι πρὸς τὸν πατέρα πάσας τὰς ἡμέρας. **33** νῦν οὖν παραμενῶ[34] σοι παῖς[35] ἀντὶ[36] τοῦ παιδίου, οἰκέτης[37] τοῦ κυρίου· τὸ δὲ παιδίον ἀναβήτω μετὰ τῶν ἀδελφῶν. **34** πῶς γὰρ ἀναβήσομαι πρὸς τὸν πατέρα, τοῦ παιδίου μὴ ὄντος μεθ' ἡμῶν; ἵνα μὴ ἴδω τὰ κακά, ἃ εὑρήσει τὸν πατέρα μου.

1 νέος, *comp*, younger
2 προστίθημι, *fut mid ind 2p*, add, continue
3 ἡνίκα, when
4 παῖς, servant
5 βαδίζω, *aor act impv 2p*, go
6 πάλιν, again, once more
7 ἀγοράζω, *aor act impv 2p*, purchase
8 βρῶμα, food
9 νέος, *comp*, younger
10 παῖς, servant
11 τίκτω, *aor act ind 3s*, give birth
12 θηριόβρωτος, eaten by wild beasts
13 συμβαίνω, *aor act sub 3s*, befall
14 μαλακία, sickness
15 κατάγω, *fut act ind 2p*, bring down
16 γῆρας, old age
17 λύπη, grief, pain
18 ᾅδης, underworld, Hades
19 εἰσπορεύομαι, *pres mid sub 1s*, go to
20 παῖς, servant
21 παιδάριον, youth
22 ἐκκρεμάννυμι, *pres pas ind 3s*, cling to
23 παιδάριον, youth
24 τελευτάω, *fut act ind 3s*, die
25 κατάγω, *fut act ind 3p*, bring down
26 παῖς, servant
27 γῆρας, old age
28 παῖς, servant
29 ὀδύνη, sorrow, pain
30 ᾅδης, underworld, Hades
31 παῖς, servant
32 ἐκδέχομαι, *perf mid ind 3s*, stand as surety
33 ἐναντίον, before
34 παραμένω, *fut act ind 1s*, remain
35 παῖς, servant
36 ἀντί, in return for
37 οἰκέτης, slave, servant

Joseph Reveals Himself to His Brothers

45 Καὶ οὐκ ἠδύνατο Ιωσηφ ἀνέχεσθαι[1] πάντων τῶν παρεστηκότων[2] αὐτῷ,
ἀλλ᾽ εἶπεν Ἐξαποστείλατε[3] πάντας ἀπ᾽ ἐμοῦ. καὶ οὐ παρειστήκει[4] οὐδεὶς ἔτι
τῷ Ιωσηφ, ἡνίκα[5] ἀνεγνωρίζετο[6] τοῖς ἀδελφοῖς αὐτοῦ. **2** καὶ ἀφῆκεν φωνὴν μετὰ
κλαυθμοῦ·[7] ἤκουσαν δὲ πάντες οἱ Αἰγύπτιοι, καὶ ἀκουστὸν[8] ἐγένετο εἰς τὸν οἶκον
Φαραω. **3** εἶπεν δὲ Ιωσηφ πρὸς τοὺς ἀδελφοὺς αὐτοῦ Ἐγώ εἰμι Ιωσηφ· ἔτι ὁ πατήρ
μου ζῇ; καὶ οὐκ ἐδύναντο οἱ ἀδελφοὶ ἀποκριθῆναι αὐτῷ· ἐταράχθησαν[9] γάρ.

4 εἶπεν δὲ Ιωσηφ πρὸς τοὺς ἀδελφοὺς αὐτοῦ Ἐγγίσατε πρός με. καὶ ἤγγισαν. καὶ εἶπεν
Ἐγώ εἰμι Ιωσηφ ὁ ἀδελφὸς ὑμῶν, ὃν ἀπέδοσθε εἰς Αἴγυπτον. **5** νῦν οὖν μὴ λυπεῖσθε[10]
μηδὲ σκληρὸν[11] ὑμῖν φανήτω[12] ὅτι ἀπέδοσθέ με ὧδε·[13] εἰς γὰρ ζωὴν ἀπέστειλέν με ὁ
θεὸς ἔμπροσθεν ὑμῶν· **6** τοῦτο γὰρ δεύτερον ἔτος λιμὸς[14] ἐπὶ τῆς γῆς, καὶ ἔτι λοιπὰ
πέντε ἔτη, ἐν οἷς οὐκ ἔσται ἀροτρίασις[15] οὐδὲ ἄμητος·[16] **7** ἀπέστειλεν γάρ με ὁ θεὸς
ἔμπροσθεν ὑμῶν, ὑπολείπεσθαι[17] ὑμῶν κατάλειμμα[18] ἐπὶ τῆς γῆς καὶ ἐκθρέψαι[19]
ὑμῶν κατάλειψιν[20] μεγάλην. **8** νῦν οὖν οὐχ ὑμεῖς με ἀπεστάλκατε ὧδε,[21] ἀλλ᾽ ἢ ὁ
θεός, καὶ ἐποίησέν με ὡς πατέρα Φαραω καὶ κύριον παντὸς τοῦ οἴκου αὐτοῦ καὶ
ἄρχοντα πάσης γῆς Αἰγύπτου. **9** σπεύσαντες[22] οὖν ἀνάβητε πρὸς τὸν πατέρα μου
καὶ εἴπατε αὐτῷ Τάδε[23] λέγει ὁ υἱός σου Ιωσηφ Ἐποίησέν με ὁ θεὸς κύριον πάσης
γῆς Αἰγύπτου· κατάβηθι οὖν πρός με καὶ μὴ μείνῃς·[24] **10** καὶ κατοικήσεις ἐν γῇ Γεσεμ
Ἀραβίας καὶ ἔσῃ ἐγγύς[25] μου, σὺ καὶ οἱ υἱοί σου καὶ οἱ υἱοὶ τῶν υἱῶν σου, τὰ πρόβατά
σου καὶ αἱ βόες[26] σου καὶ ὅσα σοί ἐστιν, **11** καὶ ἐκθρέψω[27] σε ἐκεῖ — ἔτι γὰρ πέντε
ἔτη λιμός[28] — ἵνα μὴ ἐκτριβῇς,[29] σὺ καὶ οἱ υἱοί σου καὶ πάντα τὰ ὑπάρχοντά σου.
12 ἰδοὺ οἱ ὀφθαλμοὶ ὑμῶν βλέπουσιν καὶ οἱ ὀφθαλμοὶ Βενιαμιν τοῦ ἀδελφοῦ μου
ὅτι τὸ στόμα μου τὸ λαλοῦν πρὸς ὑμᾶς. **13** ἀπαγγείλατε οὖν τῷ πατρί μου πᾶσαν
τὴν δόξαν μου τὴν ἐν Αἰγύπτῳ καὶ ὅσα εἴδετε, καὶ ταχύναντες[30] καταγάγετε[31] τὸν
πατέρα μου ὧδε.[32] **14** καὶ ἐπιπεσὼν[33] ἐπὶ τὸν τράχηλον[34] Βενιαμιν τοῦ ἀδελφοῦ

1 ἀνέχω, *pres mid inf*, bear
2 παρίστημι, *perf act ptc gen p m*, stand near
3 ἐξαποστέλλω, *aor act impv 2p*, send away
4 παρίστημι, *plpf act ind 3s*, be present with
5 ἡνίκα, when
6 ἀναγνωρίζομαι, *impf mid ind 3s*, make oneself known
7 κλαυθμός, weeping
8 ἀκουστός, heard
9 ταράσσω, *aor pas ind 3p*, trouble
10 λυπέω, *pres mid impv 2p*, grieve, be distressed
11 σκληρός, hard
12 φαίνω, *aor pas impv 3s*, seem, appear
13 ὧδε, here
14 λιμός, famine
15 ἀροτρίασις, plowing
16 ἄμητος, reaping, harvest
17 ὑπολείπω, *pres pas inf*, leave behind
18 κατάλειμμα, remnant, hurry
19 ἐκτρέφω, *aor act inf*, nourish
20 κατάλειψις, posterity, remnant
21 ὧδε, here
22 σπεύδω, *aor act ptc nom p m*, hasten
23 ὅδε, this
24 μένω, *aor act sub 2s*, stay, remain
25 ἐγγύς, near
26 βοῦς, cow, (*p*) cattle
27 ἐκτρέφω, *fut act ind 1s*, nourish
28 λιμός, famine
29 ἐκτρίβω, *aor pas sub 2s*, destroy
30 ταχύνω, *aor act ptc nom p m*, be quick
31 κατάγω, *aor act impv 2p*, bring down
32 ὧδε, here
33 ἐπιπίπτω, *aor act ptc nom s m*, fall upon
34 τράχηλος, neck

αὐτοῦ ἔκλαυσεν ἐπ᾽ αὐτῷ, καὶ Βενιαμιν ἔκλαυσεν ἐπὶ τῷ τραχήλῳ αὐτοῦ. **15** καὶ
καταφιλήσας[1] πάντας τοὺς ἀδελφοὺς αὐτοῦ ἔκλαυσεν ἐπ᾽ αὐτοῖς, καὶ μετὰ ταῦτα
ἐλάλησαν οἱ ἀδελφοὶ αὐτοῦ πρὸς αὐτόν.

16 Καὶ διεβοήθη[2] ἡ φωνὴ εἰς τὸν οἶκον Φαραω λέγοντες Ἥκασιν[3] οἱ ἀδελφοὶ Ιωσηφ.
ἐχάρη[4] δὲ Φαραω καὶ ἡ θεραπεία[5] αὐτοῦ. **17** εἶπεν δὲ Φαραω πρὸς Ιωσηφ Εἰπὸν τοῖς
ἀδελφοῖς σου Τοῦτο ποιήσατε· γεμίσατε[6] τὰ πορεῖα[7] ὑμῶν καὶ ἀπέλθατε εἰς γῆν
Χανααν **18** καὶ παραλαβόντες[8] τὸν πατέρα ὑμῶν καὶ τὰ ὑπάρχοντα ὑμῶν ἥκετε[9]
πρός με, καὶ δώσω ὑμῖν πάντων τῶν ἀγαθῶν Αἰγύπτου, καὶ φάγεσθε τὸν μυελὸν[10]
τῆς γῆς. **19** σὺ δὲ ἔντειλαι[11] ταῦτα, λαβεῖν αὐτοῖς ἁμάξας[12] ἐκ γῆς Αἰγύπτου τοῖς
παιδίοις ὑμῶν καὶ ταῖς γυναιξίν, καὶ ἀναλαβόντες[13] τὸν πατέρα ὑμῶν παραγίνεσθε·
20 καὶ μὴ φείσησθε[14] τοῖς ὀφθαλμοῖς τῶν σκευῶν[15] ὑμῶν, τὰ γὰρ πάντα ἀγαθὰ
Αἰγύπτου ὑμῖν ἔσται. **21** ἐποίησαν δὲ οὕτως οἱ υἱοὶ Ισραηλ· ἔδωκεν δὲ Ιωσηφ
αὐτοῖς ἁμάξας[16] κατὰ τὰ εἰρημένα[17] ὑπὸ Φαραω τοῦ βασιλέως καὶ ἔδωκεν αὐτοῖς
ἐπισιτισμὸν[18] εἰς τὴν ὁδόν, **22** καὶ πᾶσιν ἔδωκεν δισσὰς[19] στολάς,[20] τῷ δὲ Βενιαμιν
ἔδωκεν τριακοσίους[21] χρυσοῦς[22] καὶ πέντε ἐξαλλασσούσας[23] στολάς,[24] **23** καὶ τῷ
πατρὶ αὐτοῦ ἀπέστειλεν κατὰ τὰ αὐτὰ καὶ δέκα[25] ὄνους[26] αἴροντας ἀπὸ πάντων τῶν
ἀγαθῶν Αἰγύπτου καὶ δέκα ἡμιόνους[27] αἰρούσας ἄρτους τῷ πατρὶ αὐτοῦ εἰς ὁδόν.
24 ἐξαπέστειλεν[28] δὲ τοὺς ἀδελφοὺς αὐτοῦ, καὶ ἐπορεύθησαν· καὶ εἶπεν αὐτοῖς Μὴ
ὀργίζεσθε[29] ἐν τῇ ὁδῷ.

25 Καὶ ἀνέβησαν ἐξ Αἰγύπτου καὶ ἦλθον εἰς γῆν Χανααν πρὸς Ιακωβ τὸν πατέρα
αὐτῶν **26** καὶ ἀνήγγειλαν[30] αὐτῷ λέγοντες ὅτι Ὁ υἱός σου Ιωσηφ ζῇ, καὶ αὐτὸς ἄρχει
πάσης γῆς Αἰγύπτου. καὶ ἐξέστη[31] ἡ διάνοια[32] Ιακωβ· οὐ γὰρ ἐπίστευσεν αὐτοῖς.
27 ἐλάλησαν δὲ αὐτῷ πάντα τὰ ῥηθέντα[33] ὑπὸ Ιωσηφ, ὅσα εἶπεν αὐτοῖς. ἰδὼν δὲ
τὰς ἁμάξας,[34] ἃς ἀπέστειλεν Ιωσηφ ὥστε ἀναλαβεῖν[35] αὐτόν, ἀνεζωπύρησεν[36] τὸ

1 καταφιλέω, *aor act ptc nom s m*, kiss
2 διαβοάω, *aor pas ind 3s*, proclaim
3 ἥκω, *perf act ind 3p*, come
4 χαίρω, *aor pas ind 3s*, rejoice
5 θεραπεία, house servants
6 γεμίζω, *aor act impv 2s*, fill
7 πορεῖον, cart, transport
8 παραλαμβάνω, *aor act ptc nom p m*, take along
9 ἥκω, *pres act impv 2p*, come
10 μυελός, marrow
11 ἐντέλλομαι, *aor mid impv 2s*, order
12 ἅμαξα, wagon
13 ἀναλαμβάνω, *aor act ptc nom p m*, take along
14 φείδομαι, *aor mid sub 2p*, pay heed to
15 σκεῦος, vessel, thing
16 ἅμαξα, wagon
17 λέγω, *perf pas ptc acc p n*, say
18 ἐπισιτισμός, provision
19 δισσός, double
20 στολή, clothing
21 τριακόσιοι, three hundred
22 χρυσοῦς, gold
23 ἐξαλλάσσω, *pres act ptc acc p f*, differ
24 στολή, clothing
25 δέκα, ten
26 ὄνος, donkey
27 ἡμίονος, mule
28 ἐξαποστέλλω, *aor act ind 3s*, send away
29 ὀργίζω, *pres pas impv 2p*, be angry
30 ἀναγγέλλω, *aor act ind 3p*, report, recount
31 ἐξίστημι, *aor act ind 3s*, be amazed
32 διάνοια, mind
33 λέγω, *aor pas ptc acc p n*, say
34 ἅμαξα, wagon
35 ἀναλαμβάνω, *aor act inf*, take along
36 ἀναζωπυρέω, *aor act ind 3s*, rekindle

πνεῦμα Ιακωβ τοῦ πατρὸς αὐτῶν. **28** εἶπεν δὲ Ισραηλ Μέγα μοί ἐστιν, εἰ ἔτι Ιωσηφ ὁ υἱός μου ζῇ· πορευθεὶς ὄψομαι αὐτὸν πρὸ τοῦ ἀποθανεῖν με.

Jacob and His Family Go to Egypt

46 Ἀπάρας[1] δὲ Ισραηλ, αὐτὸς καὶ πάντα τὰ αὐτοῦ, ἦλθεν ἐπὶ τὸ φρέαρ[2] τοῦ ὅρκου[3] καὶ ἔθυσεν[4] θυσίαν[5] τῷ θεῷ τοῦ πατρὸς αὐτοῦ Ισαακ. **2** εἶπεν δὲ ὁ θεὸς Ισραηλ ἐν ὁράματι[6] τῆς νυκτὸς εἴπας Ιακωβ, Ιακωβ. ὁ δὲ εἶπεν Τί ἐστιν; **3** λέγων Ἐγώ εἰμι ὁ θεὸς τῶν πατέρων σου· μὴ φοβοῦ καταβῆναι εἰς Αἴγυπτον· εἰς γὰρ ἔθνος μέγα ποιήσω σε ἐκεῖ, **4** καὶ ἐγὼ καταβήσομαι μετὰ σοῦ εἰς Αἴγυπτον, καὶ ἐγὼ ἀναβιβάσω[7] σε εἰς τέλος, καὶ Ιωσηφ ἐπιβαλεῖ[8] τὰς χεῖρας ἐπὶ τοὺς ὀφθαλμούς σου.

5 ἀνέστη δὲ Ιακωβ ἀπὸ τοῦ φρέατος[9] τοῦ ὅρκου,[10] καὶ ἀνέλαβον[11] οἱ υἱοὶ Ισραηλ τὸν πατέρα αὐτῶν καὶ τὴν ἀποσκευὴν[12] καὶ τὰς γυναῖκας αὐτῶν ἐπὶ τὰς ἁμάξας,[13] ἃς ἀπέστειλεν Ιωσηφ ἆραι αὐτόν, **6** καὶ ἀναλαβόντες[14] τὰ ὑπάρχοντα αὐτῶν καὶ πᾶσαν τὴν κτῆσιν,[15] ἣν ἐκτήσαντο[16] ἐν γῇ Χανααν, εἰσῆλθον εἰς Αἴγυπτον, Ιακωβ καὶ πᾶν τὸ σπέρμα αὐτοῦ μετ᾽ αὐτοῦ, **7** υἱοὶ καὶ οἱ υἱοὶ τῶν υἱῶν αὐτοῦ μετ᾽ αὐτοῦ, θυγατέρες[17] καὶ θυγατέρες τῶν υἱῶν αὐτοῦ· καὶ πᾶν τὸ σπέρμα αὐτοῦ ἤγαγεν εἰς Αἴγυπτον.

8 Ταῦτα δὲ τὰ ὀνόματα τῶν υἱῶν Ισραηλ τῶν εἰσελθόντων εἰς Αἴγυπτον. Ιακωβ καὶ οἱ υἱοὶ αὐτοῦ· πρωτότοκος[18] Ιακωβ Ρουβην. **9** υἱοὶ δὲ Ρουβην· Ενωχ καὶ Φαλλους, Ασρων καὶ Χαρμι. **10** υἱοὶ δὲ Συμεων· Ιεμουηλ καὶ Ιαμιν καὶ Αωδ καὶ Ιαχιν καὶ Σααρ καὶ Σαουλ υἱὸς τῆς Χανανίτιδος. **11** υἱοὶ δὲ Λευι· Γηρσων, Κααθ καὶ Μεραρι. **12** υἱοὶ δὲ Ιουδα· Ηρ καὶ Αυναν καὶ Σηλωμ καὶ Φαρες καὶ Ζαρα· ἀπέθανεν δὲ Ηρ καὶ Αυναν ἐν γῇ Χανααν· ἐγένοντο δὲ υἱοὶ Φαρες Ασρων καὶ Ιεμουηλ. **13** υἱοὶ δὲ Ισσαχαρ· Θωλα καὶ Φουα καὶ Ιασουβ καὶ Ζαμβραμ. **14** υἱοὶ δὲ Ζαβουλων· Σερεδ καὶ Αλλων καὶ Αλοηλ. **15** οὗτοι υἱοὶ Λειας, οὓς ἔτεκεν[19] τῷ Ιακωβ ἐν Μεσοποταμίᾳ τῆς Συρίας, καὶ Διναν τὴν θυγατέρα[20] αὐτοῦ· πᾶσαι αἱ ψυχαί, υἱοὶ καὶ θυγατέρες, τριάκοντα[21] τρεῖς. — **16** υἱοὶ δὲ Γαδ· Σαφων καὶ Αγγις καὶ Σαυνις καὶ Θασοβαν καὶ Αηδις καὶ Αροηδις καὶ Αροηλις. **17** υἱοὶ δὲ Ασηρ· Ιεμνα καὶ Ιεσουα καὶ Ιεουλ καὶ Βαρια, καὶ Σαρα ἀδελφὴ αὐτῶν. υἱοὶ δὲ Βαρια· Χοβορ καὶ Μελχιηλ. **18** οὗτοι υἱοὶ Ζελφας,

1 ἀπαίρω, *aor act ptc nom s m*, set out, depart
2 φρέαρ, well
3 ὅρκος, oath
4 θύω, *aor act ind 3s*, sacrifice
5 θυσία, sacrifice
6 ὅραμα, vision
7 ἀναβιβάζω, *fut act ind 1s*, bring up
8 ἐπιβάλλω, *fut act ind 3s*, lay hands on
9 φρέαρ, well
10 ὅρκος, oath
11 ἀναλαμβάνω, *aor act ind 3p*, take along
12 ἀποσκευή, member of household
13 ἅμαξα, wagon
14 ἀναλαμβάνω, *aor act ptc nom p m*, take along
15 κτῆσις, property
16 κτάομαι, *aor mid ind 3p*, acquire
17 θυγάτηρ, daughter
18 πρωτότοκος, firstborn
19 τίκτω, *aor act ind 3s*, give birth
20 θυγάτηρ, daughter
21 τριάκοντα, thirty

ἣν ἔδωκεν Λαβαν Λεια τῇ θυγατρὶ[1] αὐτοῦ, ἣ ἔτεκεν[2] τούτους τῷ Ιακωβ, δέκα[3] ἕξ[4]
ψυχάς. — **19** υἱοὶ δὲ Ραχηλ γυναικὸς Ιακωβ· Ιωσηφ καὶ Βενιαμιν. **20** ἐγένοντο δὲ υἱοὶ
Ιωσηφ ἐν γῇ Αἰγύπτῳ, οὓς ἔτεκεν[5] αὐτῷ Ασεννεθ θυγάτηρ[6] Πετεφρη ἱερέως Ἡλίου
πόλεως, τὸν Μανασση καὶ τὸν Εφραιμ. ἐγένοντο δὲ υἱοὶ Μανασση, οὓς ἔτεκεν
αὐτῷ ἡ παλλακὴ[7] ἡ Σύρα, τὸν Μαχιρ· Μαχιρ δὲ ἐγέννησεν τὸν Γαλααδ. υἱοὶ δὲ
Εφραιμ ἀδελφοῦ Μανασση· Σουταλααμ καὶ Τααμ. υἱοὶ δὲ Σουταλααμ· Εδεμ. **21** υἱοὶ
δὲ Βενιαμιν· Βαλα καὶ Χοβωρ καὶ Ασβηλ. ἐγένοντο δὲ υἱοὶ Βαλα· Γηρα καὶ Νοεμαν
καὶ Αγχις καὶ Ρως καὶ Μαμφιν καὶ Οφιμιν· Γηρα δὲ ἐγέννησεν τὸν Αραδ. **22** οὗτοι
υἱοὶ Ραχηλ, οὓς ἔτεκεν[8] τῷ Ιακωβ· πᾶσαι ψυχαὶ δέκα[9] ὀκτώ.[10] — **23** υἱοὶ δὲ Δαν·
Ασομ. **24** καὶ υἱοὶ Νεφθαλι· Ασιηλ καὶ Γωυνι καὶ Ισσααρ καὶ Συλλημ. **25** οὗτοι υἱοὶ
Βαλλας, ἣν ἔδωκεν Λαβαν Ραχηλ τῇ θυγατρὶ[11] αὐτοῦ, ἣ ἔτεκεν[12] τούτους τῷ Ιακωβ·
πᾶσαι ψυχαὶ ἑπτά. — **26** πᾶσαι δὲ ψυχαὶ αἱ εἰσελθοῦσαι μετὰ Ιακωβ εἰς Αἴγυπτον, οἱ
ἐξελθόντες ἐκ τῶν μηρῶν[13] αὐτοῦ, χωρὶς[14] τῶν γυναικῶν υἱῶν Ιακωβ, πᾶσαι ψυχαὶ
ἑξήκοντα[15] ἕξ. **27** υἱοὶ δὲ Ιωσηφ οἱ γενόμενοι αὐτῷ ἐν γῇ Αἰγύπτῳ ψυχαὶ ἐννέα.[16]
πᾶσαι ψυχαὶ οἴκου Ιακωβ αἱ εἰσελθοῦσαι εἰς Αἴγυπτον ἑβδομήκοντα[17] πέντε.

Jacob Settles in the Land

28 Τὸν δὲ Ιουδαν ἀπέστειλεν ἔμπροσθεν αὐτοῦ πρὸς Ιωσηφ συναντῆσαι[18] αὐτῷ καθ'
Ἡρώων πόλιν εἰς γῆν Ραμεσση. **29** ζεύξας[19] δὲ Ιωσηφ τὰ ἅρματα[20] αὐτοῦ ἀνέβη εἰς
συνάντησιν[21] Ισραηλ τῷ πατρὶ αὐτοῦ καθ' Ἡρώων πόλιν καὶ ὀφθεὶς αὐτῷ ἐπέπεσεν[22]
ἐπὶ τὸν τράχηλον[23] αὐτοῦ καὶ ἔκλαυσεν κλαυθμῷ[24] πλείονι.[25] **30** καὶ εἶπεν Ισραηλ
πρὸς Ιωσηφ Ἀποθανοῦμαι ἀπὸ τοῦ νῦν, ἐπεὶ[26] ἑώρακα τὸ πρόσωπόν σου· ἔτι γὰρ σὺ
ζῇς. **31** εἶπεν δὲ Ιωσηφ πρὸς τοὺς ἀδελφοὺς αὐτοῦ Ἀναβὰς ἀπαγγελῶ τῷ Φαραω καὶ
ἐρῶ αὐτῷ Οἱ ἀδελφοί μου καὶ ὁ οἶκος τοῦ πατρός μου, οἳ ἦσαν ἐν γῇ Χανααν, ἥκασιν[27]
πρός με· **32** οἱ δὲ ἄνδρες εἰσὶν ποιμένες[28] — ἄνδρες γὰρ κτηνοτρόφοι[29] ἦσαν — καὶ
τὰ κτήνη[30] καὶ τοὺς βόας[31] καὶ πάντα τὰ αὐτῶν ἀγειόχασιν. **33** ἐὰν οὖν καλέσῃ ὑμᾶς
Φαραω καὶ εἴπῃ ὑμῖν Τί τὸ ἔργον ὑμῶν ἐστιν; **34** ἐρεῖτε Ἄνδρες κτηνοτρόφοι[32] ἐσμὲν

1 θυγάτηρ, daughter
2 τίκτω, *aor act ind 3s*, give birth
3 δέκα, ten
4 ἕξ, six
5 τίκτω, *aor act ind 3s*, give birth
6 θυγάτηρ, daughter
7 παλλακή, concubine
8 τίκτω, *aor act ind 3s*, give birth
9 δέκα, ten
10 ὀκτώ, eight
11 θυγάτηρ, daughter
12 τίκτω, *aor act ind 3s*, give birth
13 μηρός, loin
14 χωρίς, not including
15 ἑξήκοντα, sixty
16 ἐννέα, nine
17 ἑβδομήκοντα, seventy
18 συναντάω, *aor act inf*, meet
19 ζεύγνυμι, *aor act ptc nom s m*, hitch
20 ἅρμα, chariot
21 συνάντησις, meeting
22 ἐπιπίπτω, *aor act ind 3s*, fall upon
23 τράχηλος, neck
24 κλαυθμός, weeping
25 πλείων/πλεῖον, *comp of* πολύς, more
26 ἐπεί, because
27 ἥκω, *perf act ind 3p*, come
28 ποιμήν, shepherd
29 κτηνοτρόφος, cattle herder
30 κτῆνος, animal, (*p*) herd
31 βοῦς, cow, (*p*) cattle
32 κτηνοτρόφος, cattle herder

οἱ παῖδές[1] σου ἐκ παιδὸς ἕως τοῦ νῦν, καὶ ἡμεῖς καὶ οἱ πατέρες ἡμῶν, ἵνα κατοικήσητε
ἐν γῇ Γεσεμ Ἀραβίᾳ· βδέλυγμα[2] γάρ ἐστιν Αἰγυπτίοις πᾶς ποιμὴν[3] προβάτων.

47 Ἐλθὼν δὲ Ιωσηφ ἀπήγγειλεν τῷ Φαραω λέγων Ὁ πατήρ μου καὶ οἱ ἀδελφοί
μου καὶ τὰ κτήνη[4] καὶ οἱ βόες[5] αὐτῶν καὶ πάντα τὰ αὐτῶν ἦλθον ἐκ γῆς
Χανααν καὶ ἰδού εἰσιν ἐν γῇ Γεσεμ. **2** ἀπὸ δὲ τῶν ἀδελφῶν αὐτοῦ παρέλαβεν[6] πέντε
ἄνδρας καὶ ἔστησεν αὐτοὺς ἐναντίον[7] Φαραω. **3** καὶ εἶπεν Φαραω τοῖς ἀδελφοῖς
Ιωσηφ Τί τὸ ἔργον ὑμῶν; οἱ δὲ εἶπαν τῷ Φαραω Ποιμένες[8] προβάτων οἱ παῖδές[9] σου,
καὶ ἡμεῖς καὶ οἱ πατέρες ἡμῶν. **4** εἶπαν δὲ τῷ Φαραω Παροικεῖν[10] ἐν τῇ γῇ ἥκαμεν·[11]
οὐ γάρ ἐστιν νομὴ[12] τοῖς κτήνεσιν[13] τῶν παίδων[14] σου, ἐνίσχυσεν[15] γὰρ ὁ λιμὸς[16] ἐν
γῇ Χανααν· νῦν οὖν κατοικήσομεν οἱ παῖδές[17] σου ἐν γῇ Γεσεμ. **5** εἶπεν δὲ Φαραω τῷ
Ιωσηφ Κατοικείτωσαν ἐν γῇ Γεσεμ· εἰ δὲ ἐπίστῃ[18] ὅτι εἰσὶν ἐν αὐτοῖς ἄνδρες δυνατοί,
κατάστησον[19] αὐτοὺς ἄρχοντας τῶν ἐμῶν κτηνῶν.[20] Ἦλθον δὲ εἰς Αἴγυπτον πρὸς
Ιωσηφ Ιακωβ καὶ οἱ υἱοὶ αὐτοῦ, καὶ ἤκουσεν Φαραω βασιλεὺς Αἰγύπτου. καὶ εἶπεν
Φαραω πρὸς Ιωσηφ λέγων Ὁ πατήρ σου καὶ οἱ ἀδελφοί σου ἥκασι[21] πρὸς σέ· **6** ἰδοὺ
ἡ γῆ Αἰγύπτου[22] ἐναντίον σού ἐστιν· ἐν τῇ βελτίστῃ[23] γῇ κατοίκισον[24] τὸν πατέρα
σου καὶ τοὺς ἀδελφούς σου.

7 εἰσήγαγεν[25] δὲ Ιωσηφ Ιακωβ τὸν πατέρα αὐτοῦ καὶ ἔστησεν αὐτὸν ἐναντίον[26]
Φαραω, καὶ εὐλόγησεν Ιακωβ τὸν Φαραω. **8** εἶπεν δὲ Φαραω τῷ Ιακωβ Πόσα[27]
ἔτη ἡμερῶν τῆς ζωῆς σου; **9** καὶ εἶπεν Ιακωβ τῷ Φαραω Αἱ ἡμέραι τῶν ἐτῶν τῆς
ζωῆς μου, ἃς παροικῶ,[28] ἑκατὸν[29] τριάκοντα[30] ἔτη· μικραὶ καὶ πονηραὶ γεγόνασιν αἱ
ἡμέραι τῶν ἐτῶν τῆς ζωῆς μου, οὐκ ἀφίκοντο[31] εἰς τὰς ἡμέρας τῶν ἐτῶν τῆς ζωῆς
τῶν πατέρων μου, ἃς ἡμέρας παρῴκησαν.[32] **10** καὶ εὐλογήσας Ιακωβ τὸν Φαραω
ἐξῆλθεν ἀπ᾽ αὐτοῦ. **11** καὶ κατῴκισεν[33] Ιωσηφ τὸν πατέρα καὶ τοὺς ἀδελφοὺς αὐτοῦ
καὶ ἔδωκεν αὐτοῖς κατάσχεσιν[34] ἐν γῇ Αἰγύπτου ἐν τῇ βελτίστῃ[35] γῇ ἐν γῇ Ραμεσση,

1 παῖς, servant
2 βδέλυγμα, abomination, detestable thing
3 ποιμήν, shepherd
4 κτῆνος, animal, (*p*) herd
5 βοῦς, cow, (*p*) cattle
6 παραλαμβάνω, *aor act ind 3s*, take along
7 ἐναντίον, before
8 ποιμήν, shepherd
9 παῖς, servant
10 παροικέω, *pres act inf*, sojourn, reside as an alien
11 ἥκω, *perf act ind 1p*, come
12 νομή, pasture
13 κτῆνος, animal, (*p*) herd
14 παῖς, servant
15 ἐνισχύω, *aor act ind 3s*, strengthen
16 λιμός, famine
17 παῖς, servant
18 ἐπίσταμαι, *pres mid sub 2s*, know
19 καθίστημι, *aor act impv 2s*, set over
20 κτῆνος, animal, (*p*) herd
21 ἥκω, *perf act ind 3p*, come
22 ἐναντίον, before
23 βέλτιστος, *sup of* ἀγαθός, best
24 κατοικίζω, *aor act impv 2s*, settle
25 εἰσάγω, *aor act ind 3s*, bring in
26 ἐναντίον, before
27 πόσος, how many
28 παροικέω, *pres act ind 1s*, sojourn, reside as an alien
29 ἑκατόν, hundred
30 τριάκοντα, thirty
31 ἀφικνέομαι, *aor mid ind 3p*, arrive
32 παροικέω, *aor act ind 3p*, sojourn, reside as an alien
33 κατοικίζω, *aor act ind 3s*, settle
34 κατάσχεσις, holding
35 βέλτιστος, *sup of* ἀγαθός, best

καθά[1] προσέταξεν[2] Φαραω. **12** καὶ ἐσιτομέτρει[3] Ιωσηφ τῷ πατρὶ καὶ τοῖς ἀδελφοῖς αὐτοῦ καὶ παντὶ τῷ οἴκῳ τοῦ πατρὸς αὐτοῦ σῖτον[4] κατὰ σῶμα.

Famine in Egypt

13 Σῖτος[5] δὲ οὐκ ἦν ἐν πάσῃ τῇ γῇ· ἐνίσχυσεν[6] γὰρ ὁ λιμὸς[7] σφόδρα·[8] ἐξέλιπεν[9] δὲ ἡ γῆ Αἰγύπτου καὶ ἡ γῆ Χανααν ἀπὸ τοῦ λιμοῦ.[10] **14** συνήγαγεν δὲ Ιωσηφ πᾶν τὸ ἀργύριον[11] τὸ εὑρεθὲν ἐν γῇ Αἰγύπτου καὶ ἐν γῇ Χανααν τοῦ σίτου,[12] οὗ ἠγόραζον[13] καὶ ἐσιτομέτρει[14] αὐτοῖς, καὶ εἰσήνεγκεν[15] Ιωσηφ πᾶν τὸ ἀργύριον[16] εἰς τὸν οἶκον Φαραω. **15** καὶ ἐξέλιπεν[17] πᾶν τὸ ἀργύριον[18] ἐκ γῆς Αἰγύπτου καὶ ἐκ γῆς Χανααν. ἦλθον δὲ πάντες οἱ Αἰγύπτιοι πρὸς Ιωσηφ λέγοντες Δὸς ἡμῖν ἄρτους, καὶ ἵνα τί ἀποθνῄσκομεν ἐναντίον[19] σου; ἐκλέλοιπεν[20] γὰρ τὸ ἀργύριον[21] ἡμῶν. **16** εἶπεν δὲ αὐτοῖς Ιωσηφ Φέρετε τὰ κτήνη[22] ὑμῶν, καὶ δώσω ὑμῖν ἄρτους ἀντὶ[23] τῶν κτηνῶν ὑμῶν, εἰ ἐκλέλοιπεν[24] τὸ ἀργύριον.[25] **17** ἤγαγον δὲ τὰ κτήνη[26] πρὸς Ιωσηφ, καὶ ἔδωκεν αὐτοῖς Ιωσηφ ἄρτους ἀντὶ[27] τῶν ἵππων[28] καὶ ἀντὶ τῶν προβάτων καὶ ἀντὶ τῶν βοῶν[29] καὶ ἀντὶ τῶν ὄνων[30] καὶ ἐξέθρεψεν[31] αὐτοὺς ἐν ἄρτοις ἀντὶ πάντων τῶν κτηνῶν αὐτῶν ἐν τῷ ἐνιαυτῷ[32] ἐκείνῳ. — **18** ἐξῆλθεν δὲ τὸ ἔτος ἐκεῖνο, καὶ ἦλθον πρὸς αὐτὸν ἐν τῷ ἔτει τῷ δευτέρῳ καὶ εἶπαν αὐτῷ Μήποτε[33] ἐκτριβῶμεν[34] ἀπὸ τοῦ κυρίου ἡμῶν· εἰ γὰρ ἐκλέλοιπεν[35] τὸ ἀργύριον[36] καὶ τὰ ὑπάρχοντα καὶ τὰ κτήνη[37] πρὸς σὲ τὸν κύριον, καὶ οὐχ ὑπολείπεται[38] ἡμῖν ἐναντίον[39] τοῦ κυρίου ἡμῶν ἀλλ᾽ ἢ τὸ ἴδιον[40] σῶμα καὶ ἡ γῆ ἡμῶν. **19** ἵνα οὖν μὴ ἀποθάνωμεν ἐναντίον[41] σου καὶ ἡ γῆ ἐρημωθῇ,[42] κτῆσαι[43] ἡμᾶς καὶ τὴν γῆν ἡμῶν ἀντὶ[44] ἄρτων, καὶ ἐσόμεθα ἡμεῖς καὶ ἡ

1 καθά, just as
2 προστάσσω, *aor act ind 3s*, order
3 σιτομετρέω, *impf act ind 3s*, distribute grain
4 σῖτος, grain
5 σῖτος, grain
6 ἐνισχύω, *aor act ind 3s*, strengthen
7 λιμός, famine
8 σφόδρα, very much
9 ἐκλείπω, *aor act ind 3s*, languish, fail
10 λιμός, famine
11 ἀργύριον, money, silver
12 σῖτος, grain
13 ἀγοράζω, *impf act ind 3p*, purchase
14 σιτομετρέω, *impf act ind 3s*, distribute grain
15 εἰσφέρω, *aor act ind 3s*, bring in
16 ἀργύριον, money, silver
17 ἐκλείπω, *aor act ind 3s*, fail
18 ἀργύριον, money, silver
19 ἐναντίον, before
20 ἐκλείπω, *perf act ind 3s*, cease, depart
21 ἀργύριον, money, silver
22 κτῆνος, animal, (*p*) herd
23 ἀντί, in return for
24 ἐκλείπω, *perf act ind 3s*, cease, depart
25 ἀργύριον, money, silver
26 κτῆνος, animal, (*p*) herd
27 ἀντί, in return for
28 ἵππος, horse
29 βοῦς, cow, (*p*) cattle
30 ὄνος, donkey
31 ἐκτρέφω, *aor act ind 3s*, nourish
32 ἐνιαυτός, year
33 μήποτε, lest
34 ἐκτρίβω, *aor pas sub 1p*, destroy
35 ἐκλείπω, *perf act ind 3s*, fail
36 ἀργύριον, money, silver
37 κτῆνος, animal, (*p*) herd
38 ὑπολείπω, *pres pas ind 3s*, leave
39 ἐναντίον, before
40 ἴδιος, one's own
41 ἐναντίον, before
42 ἐρημόω, *aor pas sub 3s*, make desolate
43 κτάομαι, *aor mid impv 2s*, acquire
44 ἀντί, in return for

γῆ ἡμῶν παῖδες[1] Φαραω· δὸς σπέρμα, ἵνα σπείρωμεν[2] καὶ ζῶμεν καὶ μὴ ἀποθάνωμεν
καὶ ἡ γῆ οὐκ ἐρημωθήσεται.[3]

20 καὶ ἐκτήσατο[4] Ιωσηφ πᾶσαν τὴν γῆν τῶν Αἰγυπτίων τῷ Φαραω· ἀπέδοντο γὰρ οἱ
Αἰγύπτιοι τὴν γῆν αὐτῶν τῷ Φαραω, ἐπεκράτησεν[5] γὰρ αὐτῶν ὁ λιμός·[6] καὶ ἐγένετο
ἡ γῆ Φαραω, **21** καὶ τὸν λαὸν κατεδουλώσατο[7] αὐτῷ εἰς παῖδας[8] ἀπ᾽ ἄκρων[9] ὁρίων[10]
Αἰγύπτου ἕως τῶν ἄκρων,[11] **22** χωρὶς[12] τῆς γῆς τῶν ἱερέων μόνον· οὐκ ἐκτήσατο[13]
ταύτην Ιωσηφ, ἐν δόσει[14] γὰρ ἔδωκεν δόμα[15] τοῖς ἱερεῦσιν Φαραω, καὶ ἤσθιον τὴν
δόσιν, ἣν ἔδωκεν αὐτοῖς Φαραω· διὰ τοῦτο οὐκ ἀπέδοντο τὴν γῆν αὐτῶν. **23** εἶπεν
δὲ Ιωσηφ πᾶσι τοῖς Αἰγυπτίοις Ἰδοὺ κέκτημαι[16] ὑμᾶς καὶ τὴν γῆν ὑμῶν σήμερον τῷ
Φαραω· λάβετε ἑαυτοῖς σπέρμα καὶ σπείρατε[17] τὴν γῆν, **24** καὶ ἔσται τὰ γενήματα[18]
αὐτῆς δώσετε τὸ πέμπτον[19] μέρος τῷ Φαραω, τὰ δὲ τέσσαρα μέρη ἔσται ὑμῖν αὐτοῖς
εἰς σπέρμα τῇ γῇ καὶ εἰς βρῶσιν[20] ὑμῖν καὶ πᾶσιν τοῖς ἐν τοῖς οἴκοις ὑμῶν. **25** καὶ εἶπαν
Σέσωκας ἡμᾶς, εὕρομεν χάριν ἐναντίον[21] τοῦ κυρίου ἡμῶν καὶ ἐσόμεθα παῖδες[22]
Φαραω. **26** καὶ ἔθετο αὐτοῖς Ιωσηφ εἰς πρόσταγμα[23] ἕως τῆς ἡμέρας ταύτης ἐπὶ γῆν
Αἰγύπτου τῷ Φαραω ἀποπεμπτοῦν,[24] χωρὶς[25] τῆς γῆς τῶν ἱερέων μόνον· οὐκ ἦν τῷ
Φαραω.

Jacob's Last Days

27 Κατῴκησεν δὲ Ισραηλ ἐν γῇ Αἰγύπτῳ ἐπὶ τῆς γῆς Γεσεμ καὶ ἐκληρονόμησαν[26] ἐπ᾽
αὐτῆς καὶ ηὐξήθησαν[27] καὶ ἐπληθύνθησαν[28] σφόδρα.[29] — **28** ἐπέζησεν[30] δὲ Ιακωβ
ἐν γῇ Αἰγύπτῳ δέκα[31] ἑπτὰ ἔτη· ἐγένοντο δὲ αἱ ἡμέραι Ιακωβ ἐνιαυτῶν[32] τῆς ζωῆς
αὐτοῦ ἑκατὸν[33] τεσσαράκοντα[34] ἑπτὰ ἔτη.

29 ἤγγισαν δὲ αἱ ἡμέραι Ισραηλ τοῦ ἀποθανεῖν, καὶ ἐκάλεσεν τὸν υἱὸν αὐτοῦ Ιωσηφ
καὶ εἶπεν αὐτῷ Εἰ εὕρηκα χάριν ἐναντίον[35] σου, ὑπόθες[36] τὴν χεῖρά σου ὑπὸ τὸν

1 παῖς, servant
2 σπείρω, *aor act sub 1p*, sow
3 ἐρημόω, *fut pas ind 3s*, make desolate
4 κτάομαι, *aor mid ind 3s*, acquire
5 ἐπικρατέω, *aor act ind 3s*, prevail
6 λιμός, famine
7 καταδουλόω, *aor mid ind 3s*, enslave
8 παῖς, servant
9 ἄκρος, furthest, utmost
10 ὅριον, boundary
11 ἄκρος, end, extremity
12 χωρίς, except for
13 κτάομαι, *aor mid ind 3s*, acquire
14 δόσις, grant
15 δόμα, gift
16 κτάομαι, *perf mid ind 1s*, acquire
17 σπείρω, *aor act impv 2p*, sow
18 γένημα, produce
19 πέμπτος, fifth
20 βρῶσις, food
21 ἐναντίον, before
22 παῖς, servant
23 πρόσταγμα, ordinance
24 ἀποπεμπτόω, *pres act inf*, give a fifth
25 χωρίς, except for
26 κληρονομέω, *aor act ind 3p*, inherit
27 αὐξάνω, *aor pas ind 3p*, increase
28 πληθύνω, *aor pas ind 3p*, multiply
29 σφόδρα, greatly
30 ἐπιζάω, *aor act ind 3s*, survive
31 δέκα, ten
32 ἐνιαυτός, year
33 ἑκατόν, hundred
34 τεσσαράκοντα, forty
35 ἐναντίον, before
36 ὑποτίθημι, *aor act impv 2s*, put under

μηρόν[1] μου καὶ ποιήσεις ἐπ' ἐμὲ ἐλεημοσύνην[2] καὶ ἀλήθειαν τοῦ μή με θάψαι[3] ἐν
Αἰγύπτῳ, **30** ἀλλὰ κοιμηθήσομαι[4] μετὰ τῶν πατέρων μου, καὶ ἀρεῖς με ἐξ Αἰγύπτου
καὶ θάψεις[5] με ἐν τῷ τάφῳ[6] αὐτῶν. ὁ δὲ εἶπεν Ἐγὼ ποιήσω κατὰ τὸ ῥῆμά σου.
31 εἶπεν δέ Ὄμοσόν[7] μοι. καὶ ὤμοσεν[8] αὐτῷ. καὶ προσεκύνησεν Ισραηλ ἐπὶ τὸ
ἄκρον[9] τῆς ῥάβδου[10] αὐτοῦ.

Jacob Blesses Joseph's Sons

48 Ἐγένετο δὲ μετὰ τὰ ῥήματα ταῦτα καὶ ἀπηγγέλη τῷ Ιωσηφ ὅτι Ὁ πατήρ
σου ἐνοχλεῖται.[11] καὶ ἀναλαβὼν[12] τοὺς δύο υἱοὺς αὐτοῦ, τὸν Μανασση καὶ
τὸν Εφραιμ, ἦλθεν πρὸς Ιακωβ. **2** ἀπηγγέλη δὲ τῷ Ιακωβ λέγοντες Ἰδοὺ ὁ υἱός
σου Ιωσηφ ἔρχεται πρὸς σέ. καὶ ἐνισχύσας[13] Ισραηλ ἐκάθισεν ἐπὶ τὴν κλίνην.[14]
3 καὶ εἶπεν Ιακωβ τῷ Ιωσηφ Ὁ θεός μου ὤφθη μοι ἐν Λουζα ἐν γῇ Χανααν καὶ
εὐλόγησέν με **4** καὶ εἶπέν μοι Ἰδοὺ ἐγὼ αὐξανῶ[15] σε καὶ πληθυνῶ[16] σε καὶ ποιήσω
σε εἰς συναγωγὰς ἐθνῶν καὶ δώσω σοι τὴν γῆν ταύτην καὶ τῷ σπέρματί σου μετὰ
σὲ εἰς κατάσχεσιν[17] αἰώνιον. **5** νῦν οὖν οἱ δύο υἱοί σου οἱ γενόμενοί σοι ἐν Αἰγύπτῳ
πρὸ τοῦ με ἐλθεῖν πρὸς σὲ εἰς Αἴγυπτον ἐμοί εἰσιν, Εφραιμ καὶ Μανασση ὡς Ρουβην
καὶ Συμεων ἔσονταί μοι· **6** τὰ δὲ ἔκγονα,[18] ἃ ἐὰν γεννήσῃς μετὰ ταῦτα, σοὶ ἔσονται,
ἐπὶ τῷ ὀνόματι τῶν ἀδελφῶν αὐτῶν κληθήσονται ἐν τοῖς ἐκείνων κλήροις.[19] **7** ἐγὼ
δὲ ἡνίκα[20] ἠρχόμην ἐκ Μεσοποταμίας τῆς Συρίας, ἀπέθανεν Ραχηλ ἡ μήτηρ σου ἐν
γῇ Χανααν ἐγγίζοντός μου κατὰ τὸν ἱππόδρομον[21] χαβραθα[22] τῆς γῆς τοῦ ἐλθεῖν
Εφραθα, καὶ κατώρυξα[23] αὐτὴν ἐν τῇ ὁδῷ τοῦ ἱπποδρόμου (αὕτη ἐστὶν Βαιθλεεμ).

8 ἰδὼν δὲ Ισραηλ τοὺς υἱοὺς Ιωσηφ εἶπεν Τίνες σοι οὗτοι; **9** εἶπεν δὲ Ιωσηφ τῷ πατρὶ
αὐτοῦ Υἱοί μού εἰσιν, οὓς ἔδωκέν μοι ὁ θεὸς ἐνταῦθα.[24] καὶ εἶπεν Ιακωβ Προσάγαγέ[25]
μοι αὐτούς, ἵνα εὐλογήσω αὐτούς. **10** οἱ δὲ ὀφθαλμοὶ Ισραηλ ἐβαρυώπησαν[26]
ἀπὸ τοῦ γήρους,[27] καὶ οὐκ ἠδύνατο βλέπειν· καὶ ἤγγισεν αὐτοὺς πρὸς αὐτόν, καὶ
ἐφίλησεν[28] αὐτοὺς καὶ περιέλαβεν[29] αὐτούς. **11** καὶ εἶπεν Ισραηλ πρὸς Ιωσηφ Ἰδοὺ
τοῦ προσώπου σου οὐκ ἐστερήθην,[30] καὶ ἰδοὺ ἔδειξέν μοι ὁ θεὸς καὶ τὸ σπέρμα

1 μηρός, thigh
2 ἐλεημοσύνη, mercy
3 θάπτω, *aor act inf*, bury
4 κοιμάω, *fut pas ind 1s*, fall asleep
5 θάπτω, *fut act ind 2s*, bury
6 τάφος, grave, burial place
7 ὄμνυμι, *aor act impv 2s*, swear an oath
8 ὄμνυμι, *aor act ind 3s*, swear an oath
9 ἄκρος, top
10 ῥάβδος, rod, staff
11 ἐνοχλέω, *pres pas ind 3s*, be ill
12 ἀναλαμβάνω, *aor act ptc nom s m*, take along
13 ἐνισχύω, *aor act ptc nom s m*, strengthen
14 κλίνη, bed
15 αὐξάνω, *fut act ind 1s*, increase
16 πληθύνω, *fut act ind 1s*, multiply
17 κατάσχεσις, possession
18 ἔκγονος, descendant
19 κλῆρος, lot, portion
20 ἡνίκα, when
21 ἱππόδρομος, hippodrome
22 χαβραθα, a good distance, *translit.*
23 κατορύσσω, *aor act ind 1s*, bury
24 ἐνταῦθα, here
25 προσάγω, *aor act impv 2s*, bring to
26 βαρυωπέω, *aor act ind 3p*, be of poor vision
27 γῆρας, old age
28 φιλέω, *aor act ind 3s*, kiss
29 περιλαμβάνω, *aor act ind 3s*, embrace
30 στερέω, *aor pas ind 1s*, deprive

σου. **12** καὶ ἐξήγαγεν[1] Ιωσηφ αὐτοὺς ἀπὸ τῶν γονάτων[2] αὐτοῦ, καὶ προσεκύνησαν
αὐτῷ ἐπὶ πρόσωπον ἐπὶ τῆς γῆς. **13** λαβὼν δὲ Ιωσηφ τοὺς δύο υἱοὺς αὐτοῦ, τόν
τε Εφραιμ ἐν τῇ δεξιᾷ ἐξ ἀριστερῶν[3] δὲ Ισραηλ, τὸν δὲ Μανασση ἐν τῇ ἀριστερᾷ
ἐκ δεξιῶν δὲ Ισραηλ, ἤγγισεν αὐτοὺς αὐτῷ. **14** ἐκτείνας[4] δὲ Ισραηλ τὴν χεῖρα τὴν
δεξιὰν ἐπέβαλεν[5] ἐπὶ τὴν κεφαλὴν Εφραιμ — οὗτος δὲ ἦν ὁ νεώτερος[6] — καὶ τὴν
ἀριστερὰν[7] ἐπὶ τὴν κεφαλὴν Μανασση, ἐναλλὰξ[8] τὰς χεῖρας. **15** καὶ ηὐλόγησεν
αὐτοὺς καὶ εἶπεν

Ὁ θεός, ᾧ εὐηρέστησαν[9] οἱ πατέρες μου ἐναντίον[10] αὐτοῦ
  Αβρααμ καὶ Ισαακ,
 ὁ θεὸς ὁ τρέφων[11] με ἐκ νεότητος[12] ἕως τῆς ἡμέρας ταύτης,

16 ὁ ἄγγελος ὁ ῥυόμενός[13] με ἐκ πάντων τῶν κακῶν
  εὐλογήσαι[14] τὰ παιδία ταῦτα,
 καὶ ἐπικληθήσεται[15] ἐν αὐτοῖς τὸ ὄνομά μου
  καὶ τὸ ὄνομα τῶν πατέρων μου Αβρααμ καὶ Ισαακ,
  καὶ πληθυνθείησαν[16] εἰς πλῆθος πολὺ ἐπὶ τῆς γῆς.

17 ἰδὼν δὲ Ιωσηφ ὅτι ἐπέβαλεν[17] ὁ πατὴρ τὴν δεξιὰν αὐτοῦ ἐπὶ τὴν κεφαλὴν Εφραιμ,
βαρὺ[18] αὐτῷ κατεφάνη,[19] καὶ ἀντελάβετο[20] Ιωσηφ τῆς χειρὸς τοῦ πατρὸς αὐτοῦ
ἀφελεῖν[21] αὐτὴν ἀπὸ τῆς κεφαλῆς Εφραιμ ἐπὶ τὴν κεφαλὴν Μανασση. **18** εἶπεν δὲ
Ιωσηφ τῷ πατρὶ αὐτοῦ Οὐχ οὕτως, πάτερ· οὗτος γὰρ ὁ πρωτότοκος·[22] ἐπίθες τὴν
δεξιάν σου ἐπὶ τὴν κεφαλὴν αὐτοῦ. **19** καὶ οὐκ ἠθέλησεν, ἀλλὰ εἶπεν Οἶδα, τέκνον,
οἶδα· καὶ οὗτος ἔσται εἰς λαόν, καὶ οὗτος ὑψωθήσεται,[23] ἀλλὰ ὁ ἀδελφὸς αὐτοῦ
ὁ νεώτερος[24] μείζων[25] αὐτοῦ ἔσται, καὶ τὸ σπέρμα αὐτοῦ ἔσται εἰς πλῆθος ἐθνῶν.
20 καὶ εὐλόγησεν αὐτοὺς ἐν τῇ ἡμέρᾳ ἐκείνῃ λέγων

Ἐν ὑμῖν εὐλογηθήσεται Ισραηλ λέγοντες
  Ποιήσαι[26] σε ὁ θεὸς ὡς Εφραιμ καὶ ὡς Μανασση·

καὶ ἔθηκεν τὸν Εφραιμ ἔμπροσθεν τοῦ Μανασση. **21** εἶπεν δὲ Ισραηλ τῷ Ιωσηφ Ἰδοὺ
ἐγὼ ἀποθνῄσκω, καὶ ἔσται ὁ θεὸς μεθ᾽ ὑμῶν καὶ ἀποστρέψει[27] ὑμᾶς εἰς τὴν γῆν τῶν

1 ἐξάγω, *aor act ind 3s*, bring forth
2 γόνυ, knee
3 ἀριστερός, left (hand)
4 ἐκτείνω, *aor act ptc nom s m*, stretch forth
5 ἐπιβάλλω, *aor act ind 3s*, place upon
6 νέος, *comp*, younger
7 ἀριστερός, left (hand)
8 ἐναλλάξ, crosswise
9 εὐαρεστέω, *aor act ind 3p*, please
10 ἐναντίον, before
11 τρέφω, *pres act ptc nom s m*, sustain
12 νεότης, youth
13 ῥύομαι, *pres mid ptc nom s m*, rescue, deliver
14 εὐλογέω, *aor act opt 3s*, bless
15 ἐπικαλέω, *fut pas ind 3s*, call upon
16 πληθύνω, *aor pas opt 3p*, multiply
17 ἐπιβάλλω, *aor act ind 3s*, place upon
18 βαρύς, hard, heavy, grievous
19 καταφαίνω, *aor pas ind 3s*, seem, appear
20 ἀντιλαμβάνομαι, *aor mid ind 3s*, take
21 ἀφαιρέω, *aor act inf*, remove, take away
22 πρωτότοκος, firstborn
23 ὑψόω, *fut pas ind 3s*, lift high, raise
24 νέος, *comp*, younger
25 μείζων, *comp of* μέγας, greater
26 ποιέω, *aor act opt 3s*, do
27 ἀποστρέφω, *fut act ind 3s*, bring back

πατέρων ὑμῶν· **22** ἐγὼ δὲ δίδωμί σοι Σικιμα ἐξαίρετον[1] ὑπὲρ τοὺς ἀδελφούς σου, ἣν ἔλαβον ἐκ χειρὸς Αμορραίων ἐν μαχαίρᾳ[2] μου καὶ τόξῳ.[3]

Jacob's Last Words to His Sons

49 Ἐκάλεσεν δὲ Ιακωβ τοὺς υἱοὺς αὐτοῦ καὶ εἶπεν Συνάχθητε, ἵνα ἀναγγείλω[4] ὑμῖν, τί ἀπαντήσει[5] ὑμῖν ἐπ᾽ ἐσχάτων τῶν ἡμερῶν·

2 ἀθροίσθητε[6] καὶ ἀκούσατε, υἱοὶ Ιακωβ,
ἀκούσατε Ισραηλ τοῦ πατρὸς ὑμῶν.

3 Ρουβην, πρωτότοκός[7] μου σύ,
ἰσχύς[8] μου καὶ ἀρχὴ τέκνων μου,
σκληρὸς[9] φέρεσθαι καὶ σκληρὸς αὐθάδης.[10]
4 ἐξύβρισας[11] ὡς ὕδωρ, μὴ ἐκζέσῃς·[12]
ἀνέβης γὰρ ἐπὶ τὴν κοίτην[13] τοῦ πατρός σου·
τότε ἐμίανας[14] τὴν στρωμνήν,[15] οὗ ἀνέβης.

5 Συμεων καὶ Λευι ἀδελφοί·
συνετέλεσαν[16] ἀδικίαν[17] ἐξ αἱρέσεως[18] αὐτῶν.
6 εἰς βουλὴν[19] αὐτῶν μὴ ἔλθοι[20] ἡ ψυχή μου,
καὶ ἐπὶ τῇ συστάσει[21] αὐτῶν μὴ ἐρείσαι[22] τὰ ἥπατά[23] μου,
ὅτι ἐν τῷ θυμῷ[24] αὐτῶν ἀπέκτειναν ἀνθρώπους
καὶ ἐν τῇ ἐπιθυμίᾳ[25] αὐτῶν ἐνευροκόπησαν[26] ταῦρον.[27]
7 ἐπικατάρατος[28] ὁ θυμὸς[29] αὐτῶν, ὅτι αὐθάδης,[30]
καὶ ἡ μῆνις[31] αὐτῶν, ὅτι ἐσκληρύνθη·[32]
διαμεριῶ[33] αὐτοὺς ἐν Ιακωβ
καὶ διασπερῶ[34] αὐτοὺς ἐν Ισραηλ.

1 ἐξαιρετός, specially, exclusively
2 μάχαιρα, sword
3 τόξον, bow
4 ἀναγγέλλω, *aor act sub 1s*, declare, announce
5 ἀπαντάω, *fut act ind 3s*, happen, come before
6 ἀθροίζω, *aor pas impv 2p*, assemble
7 πρωτότοκος, firstborn
8 ἰσχύς, strength, might
9 σκληρός, hard
10 αὐθάδης, self-centered, self-willed
11 ἐξυβρίζω, *aor act ptc nom s m*, be insolent
12 ἐκζέω, *aor act sub 2s*, burst forth
13 κοίτη, bed
14 μιαίνω, *aor act ind 2s*, defile
15 στρωμνή, couch
16 συντελέω, *aor act ind 3p*, accomplish
17 ἀδικία, wrongdoing
18 αἵρεσις, purpose, free choice
19 βουλή, advice, counsel
20 ἔρχομαι, *aor act opt 3s*, come, go
21 σύστασις, alliance
22 ἐρείδω, *aor act opt 3s*, support
23 ἧπαρ, inward parts
24 θυμός, anger, wrath
25 ἐπιθυμία, desire, yearning
26 νευροκοπέω, *aor act ind 3p*, hamstring
27 ταῦρος, bull
28 ἐπικατάρατος, cursed
29 θυμός, anger, wrath
30 αὐθάδης, arrogant, stubborn
31 μῆνις, anger
32 σκληρύνω, *aor pas ind 3s*, harden
33 διαμερίζω, *fut act ind 1s*, divide
34 διασπείρω, *fut act ind 1s*, scatter

8 Ιουδα, σὲ αἰνέσαισαν[1] οἱ ἀδελφοί σου·
αἱ χεῖρές σου ἐπὶ νώτου[2] τῶν ἐχθρῶν σου·
προσκυνήσουσίν σοι οἱ υἱοὶ τοῦ πατρός σου.
9 σκύμνος[3] λέοντος[4] Ιουδα·
ἐκ βλαστοῦ,[5] υἱέ μου, ἀνέβης·
ἀναπεσὼν[6] ἐκοιμήθης[7] ὡς λέων καὶ ὡς σκύμνος·
τίς ἐγερεῖ[8] αὐτόν;
10 οὐκ ἐκλείψει[9] ἄρχων ἐξ Ιουδα
καὶ ἡγούμενος[10] ἐκ τῶν μηρῶν[11] αὐτοῦ,
ἕως ἂν ἔλθῃ τὰ ἀποκείμενα[12] αὐτῷ,
καὶ αὐτὸς προσδοκία[13] ἐθνῶν.
11 δεσμεύων[14] πρὸς ἄμπελον[15] τὸν πῶλον[16] αὐτοῦ
καὶ τῇ ἕλικι[17] τὸν πῶλον τῆς ὄνου[18] αὐτοῦ·
πλυνεῖ[19] ἐν οἴνῳ τὴν στολὴν[20] αὐτοῦ
καὶ ἐν αἵματι σταφυλῆς[21] τὴν περιβολὴν[22] αὐτοῦ·
12 χαροποὶ[23] οἱ ὀφθαλμοὶ αὐτοῦ ἀπὸ οἴνου,
καὶ λευκοὶ[24] οἱ ὀδόντες[25] αὐτοῦ ἢ γάλα.[26]

13 Ζαβουλων παράλιος[27] κατοικήσει,
καὶ αὐτὸς παρ᾽ ὅρμον[28] πλοίων,[29]
καὶ παρατενεῖ[30] ἕως Σιδῶνος.

14 Ισσαχαρ τὸ καλὸν ἐπεθύμησεν[31]
ἀναπαυόμενος[32] ἀνὰ μέσον[33] τῶν κλήρων·[34]
15 καὶ ἰδὼν τὴν ἀνάπαυσιν[35] ὅτι καλή,
καὶ τὴν γῆν ὅτι πίων,[36]

1 αἰνέω, *aor act opt 3p*, praise
2 νῶτον, back
3 σκύμνος, cub
4 λέων, lion
5 βλαστός, sprout, shoot, bud
6 ἀναπίπτω, *aor act ptc nom s m*, fall back, recline
7 κοιμάω, *aor pas ind 2s*, sleep
8 ἐγείρω, *fut act ind 3s*, awaken, rouse
9 ἐκλείπω, *fut act ind 3s*, be lacking, desert
10 ἡγέομαι, *pres mid ptc nom s m*, lead out
11 μηρός, thigh
12 ἀπόκειμαι, *pres pas ptc nom p n*, store up
13 προσδοκία, expectation
14 δεσμεύω, *pres act ptc nom s m*, bind
15 ἄμπελος, vine
16 πῶλος, colt
17 ἕλιξ, choice branch, tendril
18 ὄνος, donkey
19 πλύνω, *fut act ind 3s*, wash
20 στολή, robe
21 σταφυλή, bunch of grapes
22 περιβολή, garment
23 χαροπός, glazed, dull
24 λευκός, white
25 ὀδούς, teeth
26 γάλα, milk
27 παράλιος, coastal area, seaside
28 ὅρμος, harbor
29 πλοῖον, boat
30 παρατείνω, *fut act ind 3s*, extend
31 ἐπιθυμέω, *aor act ind 3s*, desire, yearn for
32 ἀναπαύω, *pres mid ptc nom s m*, rest
33 ἀνὰ μέσον, between
34 κλῆρος, lot, portion
35 ἀνάπαυσις, resting place
36 πίων, fertile, rich

ὑπέθηκεν[1] τὸν ὦμον[2] αὐτοῦ εἰς τὸ πονεῖν[3]
καὶ ἐγενήθη ἀνὴρ γεωργός.[4]

16 Δαν κρινεῖ τὸν ἑαυτοῦ λαὸν
ὡσεὶ[5] καὶ μία φυλὴ ἐν Ισραηλ.
17 καὶ γενηθήτω Δαν ὄφις[6] ἐφ᾽ ὁδοῦ
ἐγκαθήμενος[7] ἐπὶ τρίβου,[8]
δάκνων[9] πτέρναν[10] ἵππου,[11]
καὶ πεσεῖται ὁ ἱππεὺς[12] εἰς τὰ ὀπίσω.
18 τὴν σωτηρίαν περιμένω[13] κυρίου.

19 Γαδ, πειρατήριον[14] πειρατεύσει[15] αὐτόν,
αὐτὸς δὲ πειρατεύσει αὐτῶν κατὰ πόδας.

20 Ασηρ, πίων[16] αὐτοῦ ὁ ἄρτος,
καὶ αὐτὸς δώσει τρυφὴν[17] ἄρχουσιν.

21 Νεφθαλι στέλεχος[18] ἀνειμένον,[19]
ἐπιδιδοὺς[20] ἐν τῷ γενήματι[21] κάλλος.[22]

22 Υἱὸς ηὐξημένος[23] Ιωσηφ,
υἱὸς ηὐξημένος ζηλωτός,[24]
υἱός μου νεώτατος·[25] πρός με ἀνάστρεψον.[26]
23 εἰς ὃν διαβουλευόμενοι[27] ἐλοιδόρουν,[28]
καὶ ἐνεῖχον[29] αὐτῷ κύριοι τοξευμάτων·[30]
24 καὶ συνετρίβη[31] μετὰ κράτους[32] τὰ τόξα[33] αὐτῶν,
καὶ ἐξελύθη[34] τὰ νεῦρα[35] βραχιόνων[36] χειρῶν αὐτῶν

1 ὑποτίθημι, *aor act ind 3s*, be subject to
2 ὦμος, shoulder
3 πονέω, *pres act inf*, labor
4 γεωργός, farmer
5 ὡσεί, as, like
6 ὄφις, snake, serpent
7 ἐγκάθημαι, *pres mid ptc nom s m*, lie in wait
8 τρίβος, path
9 δάκνω, *pres act ptc nom s m*, bite
10 πτέρνα, heel
11 ἵππος, horse
12 ἱππεύς, horse rider
13 περιμένω, *pres act ind 1s*, await
14 πειρατήριον, band of marauders
15 πειρατεύω, *fut act ind 3s*, raid
16 πίων, fertile, rich
17 τρυφή, delight, luxury
18 στέλεχος, stem, branch
19 ἀνίημι, *perf pas ptc nom s n*, let loose
20 ἐπιδίδωμι, *pres act ptc nom s m*, give, bestow
21 γένημα, produce
22 κάλλος, beauty
23 αὐξάνω, *perf pas ptc nom s m*, grow
24 ζηλωτός, jealous, enviable
25 νέος, *sup*, youngest
26 ἀναστρέφω, *aor act impv 2s*, return
27 διαβουλεύομαι, *pres mid ptc nom p m*, deliberate, devise evil plans
28 λοιδορέω, *impf act ind 3p*, scoff at, revile
29 ἐνέχω, *impf act ind 3p*, be vehemently against
30 τόξευμα, arrow
31 συντρίβω, *aor pas ind 3s*, crush
32 κράτος, force, might
33 τόξον, bow
34 ἐκλύω, *aor pas ind 3s*, weaken, fail
35 νεῦρον, sinew
36 βραχίων, arm

διὰ χεῖρα δυνάστου[1] Ιακωβ,
ἐκεῖθεν[2] ὁ κατισχύσας[3] Ισραηλ·
25 παρὰ θεοῦ τοῦ πατρός σου,
καὶ ἐβοήθησέν[4] σοι ὁ θεὸς ὁ ἐμὸς
καὶ εὐλόγησέν σε εὐλογίαν[5] οὐρανοῦ ἄνωθεν[6]
καὶ εὐλογίαν[7] γῆς ἐχούσης πάντα·
ἕνεκεν[8] εὐλογίας μαστῶν[9] καὶ μήτρας,[10]
26 εὐλογίας[11] πατρός σου καὶ μητρός σου·
ὑπερίσχυσεν[12] ἐπ᾿ εὐλογίαις ὀρέων μονίμων[13]
καὶ ἐπ᾿ εὐλογίαις θινῶν[14] ἀενάων·[15]
ἔσονται ἐπὶ κεφαλὴν Ιωσηφ
καὶ ἐπὶ κορυφῆς[16] ὧν ἡγήσατο[17] ἀδελφῶν.

27 Βενιαμιν λύκος[18] ἅρπαξ·[19]
τὸ πρωινὸν[20] ἔδεται[21] ἔτι
καὶ εἰς τὸ ἑσπέρας[22] διαδώσει[23] τροφήν.[24]

Jacob's Death and Burial

28 Πάντες οὗτοι υἱοὶ Ιακωβ δώδεκα,[25] καὶ ταῦτα ἐλάλησεν αὐτοῖς ὁ πατὴρ αὐτῶν
καὶ εὐλόγησεν αὐτούς, ἕκαστον κατὰ τὴν εὐλογίαν[26] αὐτοῦ εὐλόγησεν αὐτούς.
29 καὶ εἶπεν αὐτοῖς Ἐγὼ προστίθεμαι[27] πρὸς τὸν ἐμὸν λαόν· θάψατέ[28] με μετὰ τῶν
πατέρων μου ἐν τῷ σπηλαίῳ,[29] ὅ ἐστιν ἐν τῷ ἀγρῷ Εφρων τοῦ Χετταίου, **30** ἐν
τῷ σπηλαίῳ[30] τῷ διπλῷ[31] τῷ ἀπέναντι[32] Μαμβρη ἐν τῇ γῇ Χανααν, ὃ ἐκτήσατο[33]
Αβρααμ τὸ σπήλαιον παρὰ Εφρων τοῦ Χετταίου ἐν κτήσει[34] μνημείου·[35] **31** ἐκεῖ
ἔθαψαν[36] Αβρααμ καὶ Σαρραν τὴν γυναῖκα αὐτοῦ, ἐκεῖ ἔθαψαν Ισαακ καὶ Ρεβεκκαν

1 δυνάστης, mighty one
2 ἐκεῖθεν, from there
3 κατισχύω, *aor act ptc nom s m*, overpower
4 βοηθέω, *aor act ind 3s*, help
5 εὐλογία, blessing
6 ἄνωθεν, above
7 εὐλογία, blessing
8 ἕνεκα, because
9 μαστός, breast
10 μήτρα, womb
11 εὐλογία, blessing
12 ὑπερισχύω, *aor act ind 3s*, prevail, overpower
13 μόνιμος, stable
14 θίς, dune, mound
15 ἀέναος, everlasting
16 κορυφή, summit, top, choice, best
17 ἡγέομαι, *aor mid ind 3s*, go before
18 λύκος, wolf
19 ἅρπαξ, rapacious
20 πρωϊνός, early
21 ἐσθίω, *fut mid ind 3s*, eat
22 ἑσπέρα, evening
23 διαδίδωμι, *fut act ind 3s*, distribute
24 τροφή, food
25 δώδεκα, twelve
26 εὐλογία, blessing
27 προστίθημι, *pres pas ind 1s*, join
28 θάπτω, *aor act impv 2p*, bury
29 σπήλαιον, cave
30 σπήλαιον, cave
31 διπλοῦς, double
32 ἀπέναντι, opposite
33 κτάομαι, *aor mid ind 3s*, acquire
34 κτῆσις, acquisition, possession
35 μνημεῖον, tomb
36 θάπτω, *aor act ind 3p*, bury

τὴν γυναῖκα αὐτοῦ, καὶ ἐκεῖ ἔθαψα[1] Λειαν **32** ἐν κτήσει[2] τοῦ ἀγροῦ καὶ τοῦ σπηλαίου[3]
τοῦ ὄντος ἐν αὐτῷ παρὰ τῶν υἱῶν Χετ. **33** καὶ κατέπαυσεν[4] Ιακωβ ἐπιτάσσων[5] τοῖς
υἱοῖς αὐτοῦ καὶ ἐξάρας[6] τοὺς πόδας αὐτοῦ ἐπὶ τὴν κλίνην[7] ἐξέλιπεν[8] καὶ προσετέθη[9]
πρὸς τὸν λαὸν αὐτοῦ.

50 Καὶ ἐπιπεσὼν[10] Ιωσηφ ἐπὶ τὸ πρόσωπον τοῦ πατρὸς αὐτοῦ ἔκλαυσεν
ἐπ᾽ αὐτὸν καὶ ἐφίλησεν[11] αὐτόν. **2** καὶ προσέταξεν[12] Ιωσηφ τοῖς παισὶν[13]
αὐτοῦ τοῖς ἐνταφιασταῖς[14] ἐνταφιάσαι[15] τὸν πατέρα αὐτοῦ, καὶ ἐνεταφίασαν[16] οἱ
ἐνταφιασταὶ[17] τὸν Ισραηλ. **3** καὶ ἐπλήρωσαν αὐτοῦ τεσσαράκοντα[18] ἡμέρας· οὕτως
γὰρ καταριθμοῦνται[19] αἱ ἡμέραι τῆς ταφῆς.[20] καὶ ἐπένθησεν[21] αὐτὸν Αἴγυπτος ἑβδο-
μήκοντα[22] ἡμέρας.

4 Ἐπειδὴ[23] δὲ παρῆλθον[24] αἱ ἡμέραι τοῦ πένθους,[25] ἐλάλησεν Ιωσηφ πρὸς τοὺς
δυνάστας[26] Φαραω λέγων Εἰ εὗρον χάριν ἐναντίον[27] ὑμῶν, λαλήσατε περὶ ἐμοῦ
εἰς τὰ ὦτα Φαραω λέγοντες **5** Ὁ πατήρ μου ὥρκισέν[28] με λέγων Ἐν τῷ μνημείῳ,[29]
ᾧ ὤρυξα[30] ἐμαυτῷ[31] ἐν γῇ Χανααν, ἐκεῖ με θάψεις·[32] νῦν οὖν ἀναβὰς θάψω[33] τὸν
πατέρα μου καὶ ἐπανελεύσομαι.[34] **6** καὶ εἶπεν Φαραω Ἀνάβηθι, θάψον[35] τὸν πατέρα
σου, καθάπερ[36] ὥρκισέν[37] σε.

7 καὶ ἀνέβη Ιωσηφ θάψαι[38] τὸν πατέρα αὐτοῦ, καὶ συνανέβησαν[39] μετ᾽ αὐτοῦ πάντες
οἱ παῖδες[40] Φαραω καὶ οἱ πρεσβύτεροι τοῦ οἴκου αὐτοῦ καὶ πάντες οἱ πρεσβύτεροι τῆς
γῆς Αἰγύπτου **8** καὶ πᾶσα ἡ πανοικία[41] Ιωσηφ καὶ οἱ ἀδελφοὶ αὐτοῦ καὶ πᾶσα ἡ οἰκία
ἡ πατρικὴ[42] αὐτοῦ, καὶ τὴν συγγένειαν[43] καὶ τὰ πρόβατα καὶ τοὺς βόας[44] ὑπελίποντο[45]

1 θάπτω, *aor act ind 1s*, bury
2 κτῆσις, acquisition, possession
3 σπήλαιον, cave
4 καταπαύω, *aor act ind 3s*, cease
5 ἐπιτάσσω, *pres act ptc nom s m*, command
6 ἐξαίρω, *aor act ptc nom s m*, lift up
7 κλίνη, bed
8 ἐκλείπω, *aor act ind 3s*, expire
9 προστίθημι, *aor pas ind 3s*, join
10 ἐπιπίπτω, *aor act ptc nom s m*, fall upon
11 φιλέω, *aor act ind 3s*, kiss
12 προστάσσω, *aor act ind 3s*, order
13 παῖς, servant
14 ἐνταφιαστής, embalmer
15 ἐνταφιάζω, *aor act inf*, prepare for burial
16 ἐνταφιάζω, *aor act ind 3p*, prepare for burial
17 ἐνταφιαστής, embalmer
18 τεσσαράκοντα, forty
19 καταριθμέω, *pres pas ind 3p*, number
20 ταφή, burial
21 πενθέω, *aor act ind 3s*, mourn
22 ἑβδομήκοντα, seventy
23 ἐπειδή, then
24 παρέρχομαι, *aor act ind 3p*, pass by
25 πένθος, mourning
26 δυνάστης, official, chief ruler
27 ἐναντίον, before
28 ὁρκίζω, *aor act ind 3s*, cause to swear an oath
29 μνημεῖον, tomb
30 ὀρύσσω, *aor act ind 1s*, dig
31 ἐμαυτοῦ, for myself
32 θάπτω, *fut act ind 2s*, bury
33 θάπτω, *fut act ind 1s*, bury
34 ἐπανέρχομαι, *fut mid ind 1s*, return
35 θάπτω, *aor act impv 2s*, bury
36 καθάπερ, just as
37 ὁρκίζω, *aor act ind 3s*, cause to swear an oath
38 θάπτω, *aor act inf*, bury
39 συναναβαίνω, *aor act ind 3p*, travel together
40 παῖς, servant
41 πανοικία, household
42 πατρικός, paternal, patriarchal
43 συγγένεια, kindred
44 βοῦς, cow, (*p*) cattle
45 ὑπολείπω, *aor mid ind 3p*, leave behind

ἐν γῇ Γεσεμ. **9** καὶ συνανέβησαν[1] μετ᾽ αὐτοῦ καὶ ἅρματα[2] καὶ ἱππεῖς,[3] καὶ ἐγένετο ἡ
παρεμβολὴ[4] μεγάλη σφόδρα.[5] **10** καὶ παρεγένοντο ἐφ᾽ ἅλωνα[6] Αταδ, ὅ ἐστιν πέραν[7]
τοῦ Ιορδάνου, καὶ ἐκόψαντο[8] αὐτὸν κοπετὸν[9] μέγαν καὶ ἰσχυρὸν σφόδρα·[10] καὶ
ἐποίησεν τὸ πένθος[11] τῷ πατρὶ αὐτοῦ ἑπτὰ ἡμέρας. **11** καὶ εἶδον οἱ κάτοικοι[12] τῆς
γῆς Χανααν τὸ πένθος[13] ἐν ἅλωνι[14] Αταδ καὶ εἶπαν Πένθος μέγα τοῦτό ἐστιν τοῖς
Αἰγυπτίοις· διὰ τοῦτο ἐκάλεσεν τὸ ὄνομα αὐτοῦ Πένθος Αἰγύπτου, ὅ ἐστιν πέραν[15] τοῦ
Ιορδάνου. **12** καὶ ἐποίησαν αὐτῷ οὕτως οἱ υἱοὶ αὐτοῦ καὶ ἔθαψαν[16] αὐτὸν ἐκεῖ. **13** καὶ
ἀνέλαβον[17] αὐτὸν οἱ υἱοὶ αὐτοῦ εἰς γῆν Χανααν καὶ ἔθαψαν[18] αὐτὸν εἰς τὸ σπήλαιον[19]
τὸ διπλοῦν,[20] ὃ ἐκτήσατο[21] Αβρααμ τὸ σπήλαιον ἐν κτήσει[22] μνημείου[23] παρὰ Εφρων
τοῦ Χετταίου κατέναντι[24] Μαμβρη. **14** καὶ ἀπέστρεψεν[25] Ιωσηφ εἰς Αἴγυπτον, αὐτὸς
καὶ οἱ ἀδελφοὶ αὐτοῦ καὶ οἱ συναναβάντες[26] θάψαι[27] τὸν πατέρα αὐτοῦ.

Joseph Forgives His Brothers

15 Ἰδόντες δὲ οἱ ἀδελφοὶ Ιωσηφ ὅτι τέθνηκεν[28] ὁ πατὴρ αὐτῶν, εἶπαν Μήποτε[29]
μνησικακήσῃ[30] ἡμῖν Ιωσηφ καὶ ἀνταπόδομα[31] ἀνταποδῷ[32] ἡμῖν πάντα τὰ κακά,
ἃ ἐνεδειξάμεθα[33] αὐτῷ. **16** καὶ παρεγένοντο πρὸς Ιωσηφ λέγοντες Ὁ πατήρ σου
ὥρκισεν[34] πρὸ τοῦ τελευτῆσαι[35] αὐτὸν λέγων **17** Οὕτως εἴπατε Ιωσηφ Ἄφες αὐτοῖς
τὴν ἀδικίαν[36] καὶ τὴν ἁμαρτίαν αὐτῶν, ὅτι πονηρά σοι ἐνεδείξαντο·[37] καὶ νῦν δέξαι[38]
τὴν ἀδικίαν τῶν θεραπόντων[39] τοῦ θεοῦ τοῦ πατρός σου. καὶ ἔκλαυσεν Ιωσηφ
λαλούντων αὐτῶν πρὸς αὐτόν. **18** καὶ ἐλθόντες πρὸς αὐτὸν εἶπαν Οἵδε[40] ἡμεῖς σοι
οἰκέται.[41] **19** καὶ εἶπεν αὐτοῖς Ιωσηφ Μὴ φοβεῖσθε· τοῦ γὰρ θεοῦ εἰμι ἐγώ. **20** ὑμεῖς

1 συναναβαίνω, *aor act ind 3p*, travel together
2 ἅρμα, chariot
3 ἱππεύς, horse rider
4 παρεμβολή, company
5 σφόδρα, very
6 ἅλων, threshing floor
7 πέραν, across, opposite
8 κόπτω, *aor mid ind 3p*, lament
9 κοπετός, lamenting
10 σφόδρα, very much
11 πένθος, mourning
12 κάτοικος, inhabitant
13 πένθος, mourning
14 ἅλων, threshing floor
15 πέραν, across, opposite
16 θάπτω, *aor act ind 3p*, bury
17 ἀναλαμβάνω, *aor act ind 3p*, take along
18 θάπτω, *aor act ind 3p*, bury
19 σπήλαιον, cave
20 διπλοῦς, double
21 κτάομαι, *aor mid ind 3s*, acquire
22 κτῆσις, acquisition, possession
23 μνημεῖον, tomb
24 κατέναντι, opposite
25 ἀποστρέφω, *aor act ind 3s*, return
26 συναναβαίνω, *aor act ptc nom p m*, travel together
27 θάπτω, *aor act inf*, bury
28 θνῄσκω, *perf act ind 3s*, die
29 μήποτε, lest
30 μνησικακέω, *aor act sub 3s*, bear malice
31 ἀνταπόδομα, repayment, requital
32 ἀνταποδίδωμι, *aor act sub 3s*, recompense
33 ἐνδείκνυμι, *aor mid ind 1p*, show
34 ὁρκίζω, *aor act ind 3s*, cause to swear an oath
35 τελευτάω, *aor act inf*, die
36 ἀδικία, wrongdoing, injustice
37 ἐνδείκνυμι, *aor mid ind 3p*, show
38 δέχομαι, *aor mid impv 2s*, accept
39 θεράπων, servant
40 ὅδε, here
41 οἰκέτης, slave, servant

ἐβουλεύσασθε[1] κατ᾽ ἐμοῦ εἰς πονηρά, ὁ δὲ θεὸς ἐβουλεύσατο[2] περὶ ἐμοῦ εἰς ἀγαθά,
ὅπως ἂν γενηθῇ ὡς σήμερον, ἵνα διατραφῇ[3] λαὸς πολύς. **21** καὶ εἶπεν αὐτοῖς Μὴ
φοβεῖσθε· ἐγὼ διαθρέψω[4] ὑμᾶς καὶ τὰς οἰκίας ὑμῶν. καὶ παρεκάλεσεν αὐτοὺς καὶ
ἐλάλησεν αὐτῶν εἰς τὴν καρδίαν.

Joseph's Death

22 Καὶ κατῴκησεν Ιωσηφ ἐν Αἰγύπτῳ, αὐτὸς καὶ οἱ ἀδελφοὶ αὐτοῦ καὶ πᾶσα ἡ
πανοικία[5] τοῦ πατρὸς αὐτοῦ. καὶ ἔζησεν Ιωσηφ ἔτη ἑκατὸν[6] δέκα.[7] **23** καὶ εἶδεν
Ιωσηφ Εφραιμ παιδία ἕως τρίτης γενεᾶς, καὶ υἱοὶ Μαχιρ τοῦ υἱοῦ Μανασση ἐτέ-
χθησαν[8] ἐπὶ μηρῶν[9] Ιωσηφ. **24** καὶ εἶπεν Ιωσηφ τοῖς ἀδελφοῖς αὐτοῦ λέγων Ἐγὼ
ἀποθνῄσκω· ἐπισκοπῇ[10] δὲ ἐπισκέψεται[11] ὑμᾶς ὁ θεὸς καὶ ἀνάξει[12] ὑμᾶς ἐκ τῆς γῆς
ταύτης εἰς τὴν γῆν, ἣν ὤμοσεν[13] ὁ θεὸς τοῖς πατράσιν ἡμῶν Αβρααμ καὶ Ισαακ
καὶ Ιακωβ. **25** καὶ ὥρκισεν[14] Ιωσηφ τοὺς υἱοὺς Ισραηλ λέγων Ἐν τῇ ἐπισκοπῇ,[15] ᾗ
ἐπισκέψεται[16] ὑμᾶς ὁ θεός, καὶ συνανοίσετε[17] τὰ ὀστᾶ[18] μου ἐντεῦθεν[19] μεθ᾽ ὑμῶν.
26 καὶ ἐτελεύτησεν[20] Ιωσηφ ἐτῶν ἑκατὸν[21] δέκα·[22] καὶ ἔθαψαν[23] αὐτὸν καὶ ἔθηκαν
ἐν τῇ σορῷ[24] ἐν Αἰγύπτῳ.

1 βουλεύω, *aor mid ind 2p*, plan, devise
2 βουλεύω, *aor mid ind 3s*, plan, devise
3 διατρέφω, *aor pas sub 3s*, sustain
4 διατρέφω, *fut act ind 1s*, sustain
5 πανοικία, household
6 ἑκατόν, hundred
7 δέκα, ten
8 τίκτω, *aor pas ind 3p*, give birth
9 μηρός, thigh
10 ἐπισκοπή, visitation
11 ἐπισκέπτομαι, *fut mid ind 3s*, visit
12 ἀνάγω, *fut act ind 3s*, bring out
13 ὄμνυμι, *aor act ind 3s*, swear an oath
14 ὁρκίζω, *aor act ind 3s*, make to swear an oath
15 ἐπισκοπή, visitation
16 ἐπισκέπτομαι, *fut mid ind 3s*, visit
17 συναναφέρω, *fut act ind 2p*, carry up
18 ὀστέον, bone
19 ἐντεῦθεν, from here
20 τελευτάω, *aor act ind 3s*, die
21 ἑκατόν, hundred
22 δέκα, ten
23 θάπτω, *aor act ind 3p*, bury
24 σορός, coffin

ΕΞΟΔΟΣ
Exodus

Oppression in Egypt

1 Ταῦτα τὰ ὀνόματα τῶν υἱῶν Ισραηλ τῶν εἰσπεπορευμένων[1] εἰς Αἴγυπτον ἅμα[2]
Ιακωβ τῷ πατρὶ αὐτῶν — ἕκαστος πανοικίᾳ[3] αὐτῶν εἰσήλθοσαν· **2** Ρουβην, Συ-
μεων, Λευι, Ιουδας, **3** Ισσαχαρ, Ζαβουλων καὶ Βενιαμιν, **4** Δαν καὶ Νεφθαλι, Γαδ
καὶ Ασηρ. **5** Ιωσηφ δὲ ἦν ἐν Αἰγύπτῳ. ἦσαν δὲ πᾶσαι ψυχαὶ ἐξ Ιακωβ πέντε καὶ
ἑβδομήκοντα.[4] **6** ἐτελεύτησεν[5] δὲ Ιωσηφ καὶ πάντες οἱ ἀδελφοὶ αὐτοῦ καὶ πᾶσα
ἡ γενεὰ ἐκείνη. **7** οἱ δὲ υἱοὶ Ισραηλ ηὐξήθησαν[6] καὶ ἐπληθύνθησαν[7] καὶ χυδαῖοι[8]
ἐγένοντο καὶ κατίσχυον[9] σφόδρα[10] σφόδρα, ἐπλήθυνεν[11] δὲ ἡ γῆ αὐτούς.

8 Ἀνέστη δὲ βασιλεὺς ἕτερος ἐπ᾽ Αἴγυπτον, ὃς οὐκ ᾔδει[12] τὸν Ιωσηφ. **9** εἶπεν δὲ
τῷ ἔθνει αὐτοῦ Ἰδοὺ τὸ γένος[13] τῶν υἱῶν Ισραηλ μέγα πλῆθος καὶ ἰσχύει[14] ὑπὲρ
ἡμᾶς· **10** δεῦτε[15] οὖν κατασοφισώμεθα[16] αὐτούς, μήποτε[17] πληθυνθῇ[18] καί, ἡνίκα[19]
ἂν συμβῇ[20] ἡμῖν πόλεμος, προστεθήσονται[21] καὶ οὗτοι πρὸς τοὺς ὑπεναντίους[22]
καὶ ἐκπολεμήσαντες[23] ἡμᾶς ἐξελεύσονται ἐκ τῆς γῆς. **11** καὶ ἐπέστησεν[24] αὐτοῖς
ἐπιστάτας[25] τῶν ἔργων, ἵνα κακώσωσιν[26] αὐτοὺς ἐν τοῖς ἔργοις· καὶ ᾠκοδόμησαν
πόλεις ὀχυρὰς[27] τῷ Φαραω, τήν τε Πιθωμ καὶ Ραμεσση καὶ Ων, ἥ ἐστιν Ἡλίου πόλις.
12 καθότι[28] δὲ αὐτοὺς ἐταπείνουν,[29] τοσούτῳ[30] πλείους[31] ἐγίνοντο καὶ ἴσχυον[32]

1 εἰσπορεύομαι, *perf mid ptc gen p m*, enter
2 ἅμα, together with
3 πανοικία, whole household
4 ἑβδομήκοντα, seventy
5 τελευτάω, *aor act ind 3s*, die
6 αὐξάνω, *aor pas ind 3p*, increase
7 πληθύνω, *aor pas ind 3p*, multiply
8 χυδαῖος, common, numerous
9 κατισχύω, *impf act ind 3p*, strengthen, grow
10 σφόδρα, very much
11 πληθύνω, *impf act ind 3s*, multiply
12 οἶδα, *plpf act ind 3s*, know
13 γένος, race, family
14 ἰσχύω, *pres act ind 3s*, be strong
15 δεῦτε, come!
16 κατασοφίζομαι, *aor mid sub 1p*, deal craftily, deceive
17 μήποτε, lest
18 πληθύνω, *aor pas sub 3s*, multiply
19 ἡνίκα, when
20 συμβαίνω, *aor act sub 3s*, happen
21 προστίθημι, *fut pas ind 3p*, add to
22 ὑπεναντίος, opposing, enemy
23 ἐκπολεμέω, *aor act ptc nom p m*, fight against
24 ἐφίστημι, *aor act ind 3s*, set over
25 ἐπιστάτης, overseer
26 κακόω, *aor act sub 3p*, mistreat, afflict
27 ὀχυρός, fortified
28 καθότι, as
29 ταπεινόω, *impf act ind 3p*, humble, bring low
30 τοσοῦτος, so much
31 πλείων/πλεῖον, *comp of* πολύς, more, greater
32 ἰσχύω, *impf act ind 3p*, be strong

σφόδρα[1] σφόδρα· καὶ ἐβδελύσσοντο[2] οἱ Αἰγύπτιοι ἀπὸ τῶν υἱῶν Ισραηλ. **13** καὶ
κατεδυνάστευον[3] οἱ Αἰγύπτιοι τοὺς υἱοὺς Ισραηλ βίᾳ[4] **14** καὶ κατωδύνων[5] αὐτῶν
τὴν ζωὴν ἐν τοῖς ἔργοις τοῖς σκληροῖς,[6] τῷ πηλῷ[7] καὶ τῇ πλινθείᾳ[8] καὶ πᾶσι τοῖς
ἔργοις τοῖς ἐν τοῖς πεδίοις,[9] κατὰ πάντα τὰ ἔργα, ὧν κατεδουλοῦντο[10] αὐτοὺς
μετὰ βίας.[11]

15 Καὶ εἶπεν ὁ βασιλεὺς τῶν Αἰγυπτίων ταῖς μαίαις[12] τῶν Εβραίων, τῇ μιᾷ αὐτῶν, ᾗ
ὄνομα Σεπφωρα, καὶ τὸ ὄνομα τῆς δευτέρας Φουα, **16** καὶ εἶπεν Ὅταν μαιοῦσθε[13]
τὰς Εβραίας καὶ ὦσιν[14] πρὸς τῷ τίκτειν,[15] ἐὰν μὲν ἄρσεν[16] ᾖ, ἀποκτείνατε αὐτό, ἐὰν δὲ
θῆλυ,[17] περιποιεῖσθε[18] αὐτό. **17** ἐφοβήθησαν δὲ αἱ μαῖαι[19] τὸν θεὸν καὶ οὐκ ἐποίησαν
καθότι[20] συνέταξεν[21] αὐταῖς ὁ βασιλεὺς Αἰγύπτου, καὶ ἐζωογόνουν[22] τὰ ἄρσενα.[23]
18 ἐκάλεσεν δὲ ὁ βασιλεὺς Αἰγύπτου τὰς μαίας[24] καὶ εἶπεν αὐταῖς Τί ὅτι ἐποιήσατε
τὸ πρᾶγμα[25] τοῦτο καὶ ἐζωογονεῖτε[26] τὰ ἄρσενα;[27] **19** εἶπαν δὲ αἱ μαῖαι[28] τῷ Φαραω
Οὐχ ὡς γυναῖκες Αἰγύπτου αἱ Εβραῖαι, τίκτουσιν[29] γὰρ πρὶν[30] ἢ εἰσελθεῖν πρὸς αὐτὰς
τὰς μαίας· καὶ ἔτικτον.[31] **20** εὖ[32] δὲ ἐποίει ὁ θεὸς ταῖς μαίαις,[33] καὶ ἐπλήθυνεν[34] ὁ λαὸς
καὶ ἴσχυεν[35] σφόδρα.[36] **21** ἐπειδὴ[37] ἐφοβοῦντο αἱ μαῖαι[38] τὸν θεόν, ἐποίησαν ἑαυταῖς
οἰκίας. — **22** συνέταξεν[39] δὲ Φαραω παντὶ τῷ λαῷ αὐτοῦ λέγων Πᾶν ἄρσεν,[40] ὃ ἐὰν
τεχθῇ[41] τοῖς Εβραίοις, εἰς τὸν ποταμὸν[42] ῥίψατε·[43] καὶ πᾶν θῆλυ,[44] ζωογονεῖτε[45] αὐτό.

1 σφόδρα, very much
2 βδελύσσω, *impf mid ind 3p*, be disgusted
3 καταδυναστεύω, *impf act ind 3p*, oppress
4 βία, force
5 κατοδυνάω, *impf act ind 3p*, afflict grievously
6 σκληρός, severe
7 πηλός, clay, earth
8 πλινθεία, brick-making
9 πεδίον, field
10 καταδουλόω, *impf mid ind 3p*, enslave
11 βία, force
12 μαῖα, midwife
13 μαιόομαι, *pres mid ind 2p*, act as midwife
14 εἰμί, *pres act sub 3p*, to be
15 τίκτω, *pres act inf*, give birth
16 ἄρσην, male
17 θῆλυς, female
18 περιποιέω, *pres mid impv 2p*, keep alive
19 μαῖα, midwife
20 καθότι, as
21 συντάσσω, *aor act ind 3s*, instruct, order
22 ζωογονέω, *impf act ind 3p*, preserve alive
23 ἄρσην, male
24 μαῖα, midwife
25 πρᾶγμα, deed
26 ζωογονέω, *impf act ind 2p*, preserve alive
27 ἄρσην, male
28 μαῖα, midwife
29 τίκτω, *pres act ind 3p*, give birth
30 πρίν, before
31 τίκτω, *impf act ind 3p*, give birth
32 εὖ, well
33 μαῖα, midwife
34 πληθύνω, *impf act ind 3s*, multiply
35 ἰσχύω, *impf act ind 3s*, strengthen
36 σφόδρα, very much
37 ἐπειδή, since, for
38 μαῖα, midwife
39 συντάσσω, *aor act ind 3s*, instruct, order
40 ἄρσην, male
41 τίκτω, *aor pas sub 3s*, give birth
42 ποταμός, river
43 ῥίπτω, *aor act impv 2p*, throw, cast
44 θῆλυς, female
45 ζωογονέω, *pres act ind 2p*, preserve alive

Birth of Moses

2 Ἦν δέ τις ἐκ τῆς φυλῆς Λευι, ὃς ἔλαβεν τῶν θυγατέρων[1] Λευι καὶ ἔσχεν αὐτήν.
2 καὶ ἐν γαστρὶ[2] ἔλαβεν καὶ ἔτεκεν[3] ἄρσεν·[4] ἰδόντες δὲ αὐτὸ ἀστεῖον[5] ἐσκέπασαν[6]
αὐτὸ μῆνας[7] τρεῖς. **3** ἐπεὶ[8] δὲ οὐκ ἠδύναντο αὐτὸ ἔτι κρύπτειν,[9] ἔλαβεν αὐτῷ ἡ μήτηρ
αὐτοῦ θῖβιν[10] καὶ κατέχρισεν[11] αὐτὴν ἀσφαλτοπίσσῃ[12] καὶ ἐνέβαλεν[13] τὸ παιδίον εἰς
αὐτὴν καὶ ἔθηκεν αὐτὴν εἰς τὸ ἕλος[14] παρὰ τὸν ποταμόν.[15] **4** καὶ κατεσκόπευεν[16] ἡ
ἀδελφὴ αὐτοῦ μακρόθεν[17] μαθεῖν,[18] τί τὸ ἀποβησόμενον[19] αὐτῷ.

5 κατέβη δὲ ἡ θυγάτηρ[20] Φαραω λούσασθαι[21] ἐπὶ τὸν ποταμόν,[22] καὶ αἱ ἅβραι[23]
αὐτῆς παρεπορεύοντο[24] παρὰ τὸν ποταμόν· καὶ ἰδοῦσα τὴν θῖβιν[25] ἐν τῷ ἕλει[26]
ἀποστείλασα τὴν ἅβραν[27] ἀνείλατο[28] αὐτήν. **6** ἀνοίξασα δὲ ὁρᾷ παιδίον κλαῖον ἐν
τῇ θίβει,[29] καὶ ἐφείσατο[30] αὐτοῦ ἡ θυγάτηρ[31] Φαραω καὶ ἔφη[32] Ἀπὸ τῶν παιδίων τῶν
Εβραίων τοῦτο. **7** καὶ εἶπεν ἡ ἀδελφὴ αὐτοῦ τῇ θυγατρὶ[33] Φαραω Θέλεις καλέσω σοι
γυναῖκα τροφεύουσαν[34] ἐκ τῶν Εβραίων καὶ θηλάσει[35] σοι τὸ παιδίον; **8** ἡ δὲ εἶπεν
αὐτῇ ἡ θυγάτηρ[36] Φαραω Πορεύου. ἐλθοῦσα δὲ ἡ νεᾶνις[37] ἐκάλεσεν τὴν μητέρα τοῦ
παιδίου. **9** εἶπεν δὲ πρὸς αὐτὴν ἡ θυγάτηρ[38] Φαραω Διατήρησόν[39] μοι τὸ παιδίον
τοῦτο καὶ θήλασόν[40] μοι αὐτό, ἐγὼ δὲ δώσω σοι τὸν μισθόν.[41] ἔλαβεν δὲ ἡ γυνὴ τὸ
παιδίον καὶ ἐθήλαζεν[42] αὐτό. **10** ἁδρυνθέντος[43] δὲ τοῦ παιδίου εἰσήγαγεν[44] αὐτὸ
πρὸς τὴν θυγατέρα[45] Φαραω, καὶ ἐγενήθη αὐτῇ εἰς υἱόν· ἐπωνόμασεν[46] δὲ τὸ ὄνομα
αὐτοῦ Μωυσῆν λέγουσα Ἐκ τοῦ ὕδατος αὐτὸν ἀνειλόμην.[47]

1 θυγάτηρ, daughter
2 γαστήρ, womb
3 τίκτω, *aor act ind 3s*, give birth
4 ἄρσην, male
5 ἀστεῖος, handsome
6 σκεπάζω, *aor act ind 3p*, shelter
7 μήν, month
8 ἐπεί, when
9 κρύπτω, *pres act inf*, hide
10 θῖβις, basket
11 καταχρίω, *aor act ind 3s*, besmear, plaster
12 ἀσφαλτόπισσα, bitumen
13 ἐμβάλλω, *aor act ind 3s*, place into
14 ἕλος, marsh
15 ποταμός, river
16 κατασκοπεύω, *impf act ind 3s*, watch
17 μακρόθεν, from afar
18 μανθάνω, *aor act inf*, learn
19 ἀποβαίνω, *fut mid ptc acc s n*, happen
20 θυγάτηρ, daughter
21 λούω, *aor mid inf*, bathe
22 ποταμός, river
23 ἅβρα, attendant
24 παραπορεύομαι, *impf mid ind 3p*, walk beside
25 θῖβις, basket
26 ἕλος, marsh
27 ἅβρα, attendant
28 ἀναιρέω, *aor mid ind 3s*, draw out
29 θῖβις, basket
30 φείδομαι, *aor mid ind 3s*, spare, have pity
31 θυγάτηρ, daughter
32 φημί, *aor act ind 3s*, say
33 θυγάτηρ, daughter
34 τροφεύω, *pres act ptc acc s f*, nurse
35 θηλάζω, *fut act ind 3s*, nurse, suckle
36 θυγάτηρ, daughter
37 νεᾶνις, girl
38 θυγάτηρ, daughter
39 διατηρέω, *aor act impv 2s*, care for
40 θηλάζω, *aor act impv 2s*, nurse, suckle
41 μισθός, wage, pay, reward
42 θηλάζω, *impf act ind 3s*, nurse, suckle
43 ἁδρύνω, *aor pas ptc gen s n*, mature, grow up
44 εἰσάγω, *aor act ind 3s*, bring
45 θυγάτηρ, daughter
46 ἐπονομάζω, *aor act ind 3s*, name
47 ἀναιρέω, *aor mid ind 1s*, draw out

Moses Kills an Egyptian and Flees to Midian

11 Ἐγένετο δὲ ἐν ταῖς ἡμέραις ταῖς πολλαῖς ἐκείναις μέγας γενόμενος Μωυσῆς
ἐξῆλθεν πρὸς τοὺς ἀδελφοὺς αὐτοῦ τοὺς υἱοὺς Ισραηλ. κατανοήσας[1] δὲ τὸν πόνον[2]
αὐτῶν ὁρᾷ ἄνθρωπον Αἰγύπτιον τύπτοντά[3] τινα Εβραῖον τῶν ἑαυτοῦ ἀδελφῶν τῶν
υἱῶν Ισραηλ· **12** περιβλεψάμενος[4] δὲ ὧδε[5] καὶ ὧδε οὐχ ὁρᾷ οὐδένα καὶ πατάξας[6] τὸν
Αἰγύπτιον ἔκρυψεν[7] αὐτὸν ἐν τῇ ἄμμῳ.[8] **13** ἐξελθὼν δὲ τῇ ἡμέρᾳ τῇ δευτέρᾳ ὁρᾷ δύο
ἄνδρας Εβραίους διαπληκτιζομένους[9] καὶ λέγει τῷ ἀδικοῦντι[10] Διὰ τί σὺ τύπτεις[11]
τὸν πλησίον;[12] **14** ὁ δὲ εἶπεν Τίς σε κατέστησεν[13] ἄρχοντα καὶ δικαστὴν[14] ἐφ᾽ ἡμῶν;
μὴ ἀνελεῖν[15] με σὺ θέλεις, ὃν τρόπον[16] ἀνεῖλες[17] ἐχθὲς[18] τὸν Αἰγύπτιον; ἐφοβήθη δὲ
Μωυσῆς καὶ εἶπεν Εἰ οὕτως ἐμφανὲς[19] γέγονεν τὸ ῥῆμα τοῦτο;

15 ἤκουσεν δὲ Φαραω τὸ ῥῆμα τοῦτο καὶ ἐζήτει ἀνελεῖν[20] Μωυσῆν· ἀνεχώρησεν[21]
δὲ Μωυσῆς ἀπὸ προσώπου Φαραω καὶ ᾤκησεν ἐν γῇ Μαδιαμ· ἐλθὼν δὲ εἰς γῆν
Μαδιαμ ἐκάθισεν ἐπὶ τοῦ φρέατος.[22] **16** τῷ δὲ ἱερεῖ Μαδιαμ ἦσαν ἑπτὰ θυγατέρες[23]
ποιμαίνουσαι[24] τὰ πρόβατα τοῦ πατρὸς αὐτῶν Ιοθορ· παραγενόμεναι δὲ ἤντλουν,[25]
ἕως ἔπλησαν[26] τὰς δεξαμενὰς[27] ποτίσαι[28] τὰ πρόβατα τοῦ πατρὸς αὐτῶν Ιοθορ.
17 παραγενόμενοι δὲ οἱ ποιμένες[29] ἐξέβαλον αὐτάς· ἀναστὰς δὲ Μωυσῆς ἐρρύσατο[30]
αὐτὰς καὶ ἤντλησεν[31] αὐταῖς καὶ ἐπότισεν[32] τὰ πρόβατα αὐτῶν. **18** παρεγένοντο
δὲ πρὸς Ραγουηλ τὸν πατέρα αὐτῶν· ὁ δὲ εἶπεν αὐταῖς Τί ὅτι ἐταχύνατε[33] τοῦ
παραγενέσθαι σήμερον; **19** αἱ δὲ εἶπαν Ἄνθρωπος Αἰγύπτιος ἐρρύσατο[34] ἡμᾶς
ἀπὸ τῶν ποιμένων[35] καὶ ἤντλησεν[36] ἡμῖν καὶ ἐπότισεν[37] τὰ πρόβατα ἡμῶν. **20** ὁ δὲ
εἶπεν ταῖς θυγατράσιν[38] αὐτοῦ Καὶ ποῦ ἐστι; καὶ ἵνα τί οὕτως καταλελοίπατε[39] τὸν
ἄνθρωπον; καλέσατε οὖν αὐτόν, ὅπως φάγῃ ἄρτον.

1 κατανοέω, *aor act ptc nom s m*, observe, consider
2 πόνος, toil
3 τύπτω, *pres act ptc acc s m*, beat
4 περιβλέπω, *aor mid ptc nom s m*, look around
5 ὧδε, here
6 πατάσσω, *aor act ptc nom s m*, strike, slay
7 κρύπτω, *aor act ind 3s*, hide, conceal
8 ἄμμος, sand
9 διαπληκτίζομαι, *pres mid ptc acc p m*, fight
10 ἀδικέω, *pres act ptc dat s m*, do wrong, mistreat
11 τύπτω, *pres act ind 2s*, beat
12 πλησίον, neighbor
13 καθίστημι, *aor act ind 3s*, appoint
14 δικαστής, judge
15 ἀναιρέω, *aor act inf*, kill
16 ὃν τρόπον, in the manner that
17 ἀναιρέω, *aor act ind 2s*, kill
18 ἐχθές, yesterday
19 ἐμφανής, well-known
20 ἀναιρέω, *aor act inf*, kill
21 ἀναχωρέω, *aor act ind 3s*, flee
22 φρέαρ, well
23 θυγάτηρ, daughter
24 ποιμαίνω, *pres act ptc nom p f*, tend
25 ἀντλέω, *impf act ind 3p*, draw water
26 πίμπλημι, *aor act ind 3p*, fill
27 δεξαμενή, trough, tank
28 ποτίζω, *aor act inf*, give drink
29 ποιμήν, shepherd
30 ῥύομαι, *aor mid ind 3s*, rescue
31 ἀντλέω, *aor act ind 3s*, draw water
32 ποτίζω, *aor act ind 3s*, give drink
33 ταχύνω, *aor act ind 2p*, make haste
34 ῥύομαι, *aor mid ind 3s*, rescue
35 ποιμήν, shepherd
36 ἀντλέω, *aor act ind 3s*, draw water
37 ποτίζω, *aor act ind 3s*, give drink
38 θυγάτηρ, daughter
39 καταλείπω, *perf act ind 2p*, leave behind

21 κατῳκίσθη[1] δὲ Μωυσῆς παρὰ τῷ ἀνθρώπῳ, καὶ ἐξέδοτο[2] Σεπφωραν τὴν θυγα-
τέρα[3] αὐτοῦ Μωυσῇ γυναῖκα. **22** ἐν γαστρὶ[4] δὲ λαβοῦσα ἡ γυνὴ ἔτεκεν[5] υἱόν, καὶ
ἐπωνόμασεν[6] Μωυσῆς τὸ ὄνομα αὐτοῦ Γηρσαμ λέγων ὅτι Πάροικός[7] εἰμι ἐν γῇ
ἀλλοτρίᾳ.[8]

23 Μετὰ δὲ τὰς ἡμέρας τὰς πολλὰς ἐκείνας ἐτελεύτησεν[9] ὁ βασιλεὺς Αἰγύπτου. καὶ
κατεστέναξαν[10] οἱ υἱοὶ Ισραηλ ἀπὸ τῶν ἔργων καὶ ἀνεβόησαν,[11] καὶ ἀνέβη ἡ βοὴ[12]
αὐτῶν πρὸς τὸν θεὸν ἀπὸ τῶν ἔργων. **24** καὶ εἰσήκουσεν[13] ὁ θεὸς τὸν στεναγμὸν[14]
αὐτῶν, καὶ ἐμνήσθη[15] ὁ θεὸς τῆς διαθήκης αὐτοῦ τῆς πρὸς Αβρααμ καὶ Ισαακ καὶ
Ιακωβ. **25** καὶ ἐπεῖδεν[16] ὁ θεὸς τοὺς υἱοὺς Ισραηλ καὶ ἐγνώσθη αὐτοῖς.

Moses Encounters the Lord in the Burning Bush

3 Καὶ Μωυσῆς ἦν ποιμαίνων[17] τὰ πρόβατα Ιοθορ τοῦ γαμβροῦ[18] αὐτοῦ τοῦ ἱερέως
Μαδιαμ καὶ ἤγαγεν τὰ πρόβατα ὑπὸ τὴν ἔρημον καὶ ἦλθεν εἰς τὸ ὄρος Χωρηβ.
2 ὤφθη δὲ αὐτῷ ἄγγελος κυρίου ἐν φλογὶ[19] πυρὸς ἐκ τοῦ βάτου,[20] καὶ ὁρᾷ ὅτι ὁ
βάτος καίεται[21] πυρί, ὁ δὲ βάτος οὐ κατεκαίετο.[22] **3** εἶπεν δὲ Μωυσῆς Παρελθὼν[23]
ὄψομαι τὸ ὅραμα[24] τὸ μέγα τοῦτο, τί ὅτι οὐ κατακαίεται[25] ὁ βάτος.[26]

4 ὡς δὲ εἶδεν κύριος ὅτι προσάγει[27] ἰδεῖν, ἐκάλεσεν αὐτὸν κύριος ἐκ τοῦ βάτου[28]
λέγων Μωυσῆ, Μωυσῆ. ὁ δὲ εἶπεν Τί ἐστιν; **5** καὶ εἶπεν Μὴ ἐγγίσῃς ὧδε·[29] λῦσαι
τὸ ὑπόδημα[30] ἐκ τῶν ποδῶν σου· ὁ γὰρ τόπος, ἐν ᾧ σὺ ἕστηκας, γῆ ἁγία ἐστίν.
6 καὶ εἶπεν αὐτῷ Ἐγώ εἰμι ὁ θεὸς τοῦ πατρός σου, θεὸς Αβρααμ καὶ θεὸς Ισαακ
καὶ θεὸς Ιακωβ. ἀπέστρεψεν[31] δὲ Μωυσῆς τὸ πρόσωπον αὐτοῦ· εὐλαβεῖτο[32] γὰρ
κατεμβλέψαι[33] ἐνώπιον τοῦ θεοῦ.

7 εἶπεν δὲ κύριος πρὸς Μωυσῆν Ἰδὼν εἶδον τὴν κάκωσιν[34] τοῦ λαοῦ μου τοῦ ἐν
Αἰγύπτῳ καὶ τῆς κραυγῆς[35] αὐτῶν ἀκήκοα ἀπὸ τῶν ἐργοδιωκτῶν·[36] οἶδα γὰρ τὴν

1 κατοικίζω, *aor pas ind 3s*, dwell with
2 ἐκδίδωμι, *aor mid ind 3s*, give in marriage
3 θυγάτηρ, daughter
4 γαστήρ, womb
5 τίκτω, *aor act ind 3s*, give birth
6 ἐπονομάζω, *aor act ind 3s*, name
7 πάροικος, foreign, strange
8 ἀλλότριος, foreign
9 τελευτάω, *aor act ind 3s*, die
10 καταστενάζω, *aor act ind 3p*, groan
11 ἀναβοάω, *aor act ind 3p*, cry out
12 βοή, cry
13 εἰσακούω, *aor act ind 3s*, listen
14 στεναγμός, groaning
15 μιμνῄσκομαι, *aor pas ind 3s*, remember
16 ἐφοράω, *aor act ind 3s*, look upon
17 ποιμαίνω, *pres act ptc nom s m*, herd, tend
18 γαμβρός, father-in-law
19 φλόξ, flame
20 βάτος, bush
21 καίω, *pres pas ind 3s*, burn
22 κατακαίω, *impf pas ind 3s*, burn up
23 παρέρχομαι, *aor act ptc nom s m*, pass by
24 ὅραμα, spectacle, sight
25 κατακαίω, *pres pas ind 3s*, burn up
26 βάτος, bush
27 προσάγω, *pres act ind 3s*, draw near
28 βάτος, bush
29 ὧδε, here
30 ὑπόδημα, sandal
31 ἀποστρέφω, *aor act ind 3s*, turn away
32 εὐλαβέομαι, *impf mid ind 3s*, pay regard, respect
33 κατεμβλέπω, *aor act inf*, look down
34 κάκωσις, affliction
35 κραυγή, outcry
36 ἐργοδιώκτης, taskmaster

ὀδύνην[1] αὐτῶν· **8** καὶ κατέβην ἐξελέσθαι[2] αὐτοὺς ἐκ χειρὸς Αἰγυπτίων καὶ ἐξαγαγεῖν[3]
αὐτοὺς ἐκ τῆς γῆς ἐκείνης καὶ εἰσαγαγεῖν[4] αὐτοὺς εἰς γῆν ἀγαθὴν καὶ πολλήν, εἰς
γῆν ῥέουσαν[5] γάλα[6] καὶ μέλι,[7] εἰς τὸν τόπον τῶν Χαναναίων καὶ Χετταίων καὶ
Αμορραίων καὶ Φερεζαίων καὶ Γεργεσαίων καὶ Ευαίων καὶ Ιεβουσαίων. **9** καὶ νῦν
ἰδοὺ κραυγὴ[8] τῶν υἱῶν Ισραηλ ἥκει[9] πρός με, κἀγὼ[10] ἑώρακα τὸν θλιμμόν,[11] ὃν
οἱ Αἰγύπτιοι θλίβουσιν[12] αὐτούς. **10** καὶ νῦν δεῦρο[13] ἀποστείλω σε πρὸς Φαραω
βασιλέα Αἰγύπτου, καὶ ἐξάξεις[14] τὸν λαόν μου τοὺς υἱοὺς Ισραηλ ἐκ γῆς Αἰγύπτου.

11 καὶ εἶπεν Μωυσῆς πρὸς τὸν θεόν Τίς εἰμι, ὅτι πορεύσομαι πρὸς Φαραω βασιλέα
Αἰγύπτου, καὶ ὅτι ἐξάξω[15] τοὺς υἱοὺς Ισραηλ ἐκ γῆς Αἰγύπτου; **12** εἶπεν δὲ ὁ
θεὸς Μωυσεῖ λέγων ὅτι Ἔσομαι μετὰ σοῦ, καὶ τοῦτό σοι τὸ σημεῖον ὅτι ἐγώ σε
ἐξαποστέλλω·[16] ἐν τῷ ἐξαγαγεῖν[17] σε τὸν λαόν μου ἐξ Αἰγύπτου καὶ λατρεύσετε[18]
τῷ θεῷ ἐν τῷ ὄρει τούτῳ.

13 καὶ εἶπεν Μωυσῆς πρὸς τὸν θεόν Ἰδοὺ ἐγὼ ἐλεύσομαι πρὸς τοὺς υἱοὺς Ισραηλ
καὶ ἐρῶ πρὸς αὐτούς Ὁ θεὸς τῶν πατέρων ὑμῶν ἀπέσταλκέν με πρὸς ὑμᾶς, ἐρω-
τήσουσίν[19] με Τί ὄνομα αὐτῷ; τί ἐρῶ πρὸς αὐτούς; **14** καὶ εἶπεν ὁ θεὸς πρὸς Μωυσῆν
Ἐγώ εἰμι ὁ ὤν· καὶ εἶπεν Οὕτως ἐρεῖς τοῖς υἱοῖς Ισραηλ Ὁ ὢν ἀπέσταλκέν με πρὸς
ὑμᾶς. **15** καὶ εἶπεν ὁ θεὸς πάλιν[20] πρὸς Μωυσῆν Οὕτως ἐρεῖς τοῖς υἱοῖς Ισραηλ
Κύριος ὁ θεὸς τῶν πατέρων ὑμῶν, θεὸς Αβρααμ καὶ θεὸς Ισαακ καὶ θεὸς Ιακωβ,
ἀπέσταλκέν με πρὸς ὑμᾶς·

τοῦτό μού ἐστιν ὄνομα αἰώνιον
 καὶ μνημόσυνον[21] γενεῶν γενεαῖς.

16 ἐλθὼν οὖν συνάγαγε τὴν γερουσίαν[22] τῶν υἱῶν Ισραηλ καὶ ἐρεῖς πρὸς αὐτούς
Κύριος ὁ θεὸς τῶν πατέρων ὑμῶν ὦπταί[23] μοι, θεὸς Αβρααμ καὶ θεὸς Ισαακ καὶ θεὸς
Ιακωβ, λέγων Ἐπισκοπῇ[24] ἐπέσκεμμαι[25] ὑμᾶς καὶ ὅσα συμβέβηκεν[26] ὑμῖν ἐν Αἰγύπτῳ,
17 καὶ εἶπον Ἀναβιβάσω[27] ὑμᾶς ἐκ τῆς κακώσεως[28] τῶν Αἰγυπτίων εἰς τὴν γῆν τῶν
Χαναναίων καὶ Χετταίων καὶ Αμορραίων καὶ Φερεζαίων καὶ Γεργεσαίων καὶ Ευαίων

1 ὀδύνη, pain, grief
2 ἐξαιρέω, *aor mid inf*, deliver, rescue
3 ἐξάγω, *aor act inf*, lead out
4 εἰσάγω, *aor act inf*, bring into
5 ῥέω, *pres act ptc acc s f*, flow
6 γάλα, milk
7 μέλι, honey
8 κραυγή, outcry
9 ἥκω, *pres act ind 3s*, come
10 κἀγώ, and I, *cr.* καὶ ἐγώ
11 θλιμμός, affliction
12 θλίβω, *pres act ind 3p*, afflict
13 δεῦρο, come!
14 ἐξάγω, *fut act ind 2s*, lead out
15 ἐξάγω, *fut act ind 1s*, lead out
16 ἐξαποστέλλω, *pres act ind 1s*, send forth
17 ἐξάγω, *aor act inf*, lead out
18 λατρεύω, *fut act ind 2p*, serve (in worship)
19 ἐρωτάω, *fut act ind 3p*, ask
20 πάλιν, again, once more
21 μνημόσυνον, memorial
22 γερουσία, council of elders
23 ὁράω, *perf mid ind 3s*, appear
24 ἐπισκοπή, visitation, concern
25 ἐπισκέπτομαι, *perf mid ind 1s*, visit, show concern, consider
26 συμβαίνω, *perf act ind 3s*, happen, befall
27 ἀναβιβάζω, *fut act ind 1s*, bring up
28 κάκωσις, affliction

καὶ Ιεβουσαίων, εἰς γῆν ῥέουσαν[1] γάλα[2] καὶ μέλι.[3] **18** καὶ εἰσακούσονταί[4] σου τῆς φωνῆς· καὶ εἰσελεύσῃ[5] σὺ καὶ ἡ γερουσία[6] Ισραηλ πρὸς Φαραω βασιλέα Αἰγύπτου καὶ ἐρεῖς πρὸς αὐτόν Ὁ θεὸς τῶν Εβραίων προσκέκληται[7] ἡμᾶς· πορευσώμεθα οὖν ὁδὸν τριῶν ἡμερῶν εἰς τὴν ἔρημον, ἵνα θύσωμεν[8] τῷ θεῷ ἡμῶν.

19 ἐγὼ δὲ οἶδα ὅτι οὐ προήσεται[9] ὑμᾶς Φαραω βασιλεὺς Αἰγύπτου πορευθῆναι, ἐὰν
μὴ μετὰ χειρὸς κραταιᾶς.[10] **20** καὶ ἐκτείνας[11] τὴν χεῖρα πατάξω[12] τοὺς Αἰγυπτίους ἐν
πᾶσι τοῖς θαυμασίοις[13] μου, οἷς ποιήσω ἐν αὐτοῖς, καὶ μετὰ ταῦτα ἐξαποστελεῖ[14] ὑμᾶς.
21 καὶ δώσω χάριν τῷ λαῷ τούτῳ ἐναντίον[15] τῶν Αἰγυπτίων· ὅταν δὲ ἀποτρέχητε,[16]
οὐκ ἀπελεύσεσθε[17] κενοί·[18] **22** αἰτήσει[19] γυνὴ παρὰ γείτονος[20] καὶ συσκήνου[21] αὐτῆς
σκεύη[22] ἀργυρᾶ[23] καὶ χρυσᾶ[24] καὶ ἱματισμόν,[25] καὶ ἐπιθήσετε ἐπὶ τοὺς υἱοὺς ὑμῶν καὶ ἐπὶ τὰς θυγατέρας[26] ὑμῶν καὶ σκυλεύσετε[27] τοὺς Αἰγυπτίους.

Signs and Powers Given to Moses

4 ἀπεκρίθη δὲ Μωυσῆς καὶ εἶπεν Ἐὰν οὖν μὴ πιστεύσωσίν μοι μηδὲ εἰσακού-
σωσιν[28] τῆς φωνῆς μου, ἐροῦσιν γὰρ ὅτι Οὐκ ὦπταί[29] σοι ὁ θεός, τί ἐρῶ πρὸς
αὐτούς; **2** εἶπεν δὲ αὐτῷ κύριος Τί τοῦτό ἐστιν τὸ ἐν τῇ χειρί σου; ὁ δὲ εἶπεν Ῥάβδος.[30]
3 καὶ εἶπεν Ῥῖψον[31] αὐτὴν ἐπὶ τὴν γῆν. καὶ ἔρριψεν[32] αὐτὴν ἐπὶ τὴν γῆν, καὶ ἐγένετο
ὄφις·[33] καὶ ἔφυγεν[34] Μωυσῆς ἀπ᾽ αὐτοῦ. **4** καὶ εἶπεν κύριος πρὸς Μωυσῆν Ἔκτεινον[35]
τὴν χεῖρα καὶ ἐπιλαβοῦ[36] τῆς κέρκου·[37] ἐκτείνας[38] οὖν τὴν χεῖρα ἐπελάβετο[39] τῆς
κέρκου, καὶ ἐγένετο ῥάβδος[40] ἐν τῇ χειρὶ αὐτοῦ· **5** ἵνα πιστεύσωσίν σοι ὅτι ὦπταί[41]
σοι κύριος ὁ θεὸς τῶν πατέρων αὐτῶν, θεὸς Αβρααμ καὶ θεὸς Ισαακ καὶ θεὸς Ιακωβ.

1 ῥέω, *pres act ptc acc s f*, flow
2 γάλα, milk
3 μέλι, honey
4 εἰσακούω, *fut mid ind 3p*, listen
5 εἰσέρχομαι, *fut mid ind 2s*, go to
6 γερουσία, council of elders
7 προσκαλέω, *perf mid ind 3s*, summon
8 θύω, *aor act sub 1p*, sacrifice
9 προΐημι, *fut mid ind 3s*, send forth, dismiss
10 κραταιός, mighty, strong
11 ἐκτείνω, *aor act ptc nom s m*, stretch out
12 πατάσσω, *fut act ind 1s*, strike, smite
13 θαυμάσιος, wonder, miracle
14 ἐξαποστέλλω, *fut act ind 3s*, send forth
15 ἐναντίον, before
16 ἀποτρέχω, *pres act sub 2p*, depart
17 ἀπέρχομαι, *fut mid ind 2p*, go away
18 κενός, empty-handed
19 αἰτέω, *fut act ind 3s*, ask
20 γείτων, neighbor
21 σύσκηνος, tent-mate, fellow lodger
22 σκεῦος, object, item
23 ἀργυροῦς, silver
24 χρυσοῦς, gold
25 ἱματισμός, clothing
26 θυγάτηρ, daughter
27 σκυλεύω, *fut act ind 2p*, plunder
28 εἰσακούω, *aor act sub 3p*, listen to, obey
29 ὁράω, *perf mid ind 3s*, appear
30 ῥάβδος, rod, staff
31 ῥίπτω, *aor act impv 2s*, throw down
32 ῥίπτω, *aor act ind 3s*, throw down
33 ὄφις, snake, serpent
34 φεύγω, *aor act ind 3s*, flee
35 ἐκτείνω, *aor act impv 2s*, stretch out
36 ἐπιλαμβάνω, *aor mid impv 2s*, take hold of
37 κέρκος, tail
38 ἐκτείνω, *aor act ptc nom s m*, stretch out
39 ἐπιλαμβάνω, *aor mid ind 3s*, take hold of
40 ῥάβδος, rod, staff
41 ὁράω, *perf mid ind 3s*, appear

6 εἶπεν δὲ αὐτῷ κύριος πάλιν[1] Εἰσένεγκε[2] τὴν χεῖρά σου εἰς τὸν κόλπον[3] σου. καὶ εἰσήνεγκεν[4] τὴν χεῖρα αὐτοῦ εἰς τὸν κόλπον αὐτοῦ· καὶ ἐξήνεγκεν[5] τὴν χεῖρα αὐτοῦ ἐκ τοῦ κόλπου αὐτοῦ, καὶ ἐγενήθη ἡ χεὶρ αὐτοῦ ὡσεὶ[6] χιών.[7] **7** καὶ εἶπεν Πάλιν[8] εἰσένεγκε[9] τὴν χεῖρά σου εἰς τὸν κόλπον[10] σου. καὶ εἰσήνεγκεν[11] τὴν χεῖρα εἰς τὸν κόλπον αὐτοῦ· καὶ ἐξήνεγκεν αὐτὴν ἐκ τοῦ κόλπου αὐτοῦ, καὶ πάλιν ἀπεκατέστη[12] εἰς τὴν χρόαν[13] τῆς σαρκὸς αὐτοῦ. **8** ἐὰν δὲ μὴ πιστεύσωσίν σοι μηδὲ εἰσακούσωσιν[14] τῆς φωνῆς τοῦ σημείου τοῦ πρώτου, πιστεύσουσίν σοι τῆς φωνῆς τοῦ σημείου τοῦ ἐσχάτου. **9** καὶ ἔσται ἐὰν μὴ πιστεύσωσίν σοι τοῖς δυσὶ σημείοις τούτοις μηδὲ εἰσακούσωσιν[15] τῆς φωνῆς σου, λήμψῃ ἀπὸ τοῦ ὕδατος τοῦ ποταμοῦ[16] καὶ ἐκχεεῖς[17] ἐπὶ τὸ ξηρόν,[18] καὶ ἔσται τὸ ὕδωρ, ὃ ἐὰν λάβῃς ἀπὸ τοῦ ποταμοῦ, αἷμα ἐπὶ τοῦ ξηροῦ.

10 εἶπεν δὲ Μωυσῆς πρὸς κύριον Δέομαι,[19] κύριε, οὐχ ἱκανός[20] εἰμι πρὸ τῆς ἐχθὲς[21] οὐδὲ πρὸ τῆς τρίτης ἡμέρας οὐδὲ ἀφ᾽ οὗ ἤρξω λαλεῖν τῷ θεράποντί[22] σου· ἰσχνόφωνος[23] καὶ βραδύγλωσσος[24] ἐγώ εἰμι. **11** εἶπεν δὲ κύριος πρὸς Μωυσῆν Τίς ἔδωκεν στόμα ἀνθρώπῳ, καὶ τίς ἐποίησεν δύσκωφον[25] καὶ κωφόν,[26] βλέποντα καὶ τυφλόν;[27] οὐκ ἐγὼ ὁ θεός; **12** καὶ νῦν πορεύου, καὶ ἐγὼ ἀνοίξω τὸ στόμα σου καὶ συμβιβάσω[28] σε ὃ μέλλεις[29] λαλῆσαι. **13** καὶ εἶπεν Μωυσῆς Δέομαι,[30] κύριε, προχείρισαι[31] δυνάμενον ἄλλον, ὃν ἀποστελεῖς.

14 καὶ θυμωθεὶς[32] ὀργῇ κύριος ἐπὶ Μωυσῆν εἶπεν Οὐκ ἰδοὺ Ααρων ὁ ἀδελφός σου ὁ Λευίτης; ἐπίσταμαι[33] ὅτι λαλῶν λαλήσει αὐτός σοι· καὶ ἰδοὺ αὐτὸς ἐξελεύσεται εἰς συνάντησίν[34] σοι καὶ ἰδών σε χαρήσεται[35] ἐν ἑαυτῷ. **15** καὶ ἐρεῖς πρὸς αὐτὸν καὶ δώσεις τὰ ῥήματά μου εἰς τὸ στόμα αὐτοῦ· καὶ ἐγὼ ἀνοίξω τὸ στόμα σου καὶ τὸ στόμα αὐτοῦ καὶ συμβιβάσω[36] ὑμᾶς ἃ ποιήσετε. **16** καὶ αὐτός σοι προσλαλήσει[37] πρὸς τὸν λαόν, καὶ αὐτὸς ἔσται σου στόμα, σὺ δὲ αὐτῷ ἔσῃ τὰ πρὸς τὸν θεόν. **17** καὶ

1 πάλιν, again
2 εἰσφέρω, *aor act impv 2s*, bring in
3 κόλπος, fold of a garment, chest
4 εἰσφέρω, *aor act ind 3s*, bring in
5 ἐκφέρω, *aor act ind* 3s, bring out
6 ὡσεί, as
7 χιών, snow
8 πάλιν, again
9 εἰσφέρω, *aor act impv 2s*, bring in
10 κόλπος, fold of a garment, chest
11 ἐκφέρω, *aor act ind 3s*, bring out
12 ἀποκαθίστημι, *aor act ind 3s*, restore
13 χρόα, color
14 εἰσακούω, *aor act sub 3p*, listen to, obey
15 εἰσακούω, *aor act sub 3p*, listen to, obey
16 ποταμός, river
17 ἐκχέω, *fut act ind 2s*, pour out
18 ξηρός, dry (land)
19 δέομαι, *pres mid ind 1s*, beseech
20 ἱκανός, sufficient, adequate
21 ἐχθές, yesterday
22 θεράπων, attendant, servant
23 ἰσχνόφωνος, weak-voiced
24 βραδύγλωσσος, slow of tongue
25 δύσκωφος, deaf
26 κωφός, mute
27 τυφλός, blind
28 συμβιβάζω, *fut act ind 1s*, teach
29 μέλλω, *pres act ind 2s*, be about to
30 δέομαι, *pres mid ind 1s*, beseech
31 προχειρίζω, *aor mid impv 2s*, choose
32 θυμόω, *aor pas ptc nom s m*, make angry
33 ἐπίσταμαι, *pres mid ind 1s*, know
34 συνάντησις, meeting
35 χαίρω, *fut mid ind 3s*, rejoice
36 συμβιβάζω, *fut act ind 1s*, teach
37 προσλαλέω, *fut act ind 3s*, speak for someone

τὴν ῥάβδον[1] ταύτην τὴν στραφεῖσαν[2] εἰς ὄφιν[3] λήμψῃ ἐν τῇ χειρί σου, ἐν ᾗ ποιήσεις
ἐν αὐτῇ τὰ σημεῖα.

Moses Returns to Egypt

18 Ἐπορεύθη δὲ Μωυσῆς καὶ ἀπέστρεψεν[4] πρὸς Ιοθορ τὸν γαμβρὸν[5] αὐτοῦ καὶ λέγει
Πορεύσομαι καὶ ἀποστρέψω[6] πρὸς τοὺς ἀδελφούς μου τοὺς ἐν Αἰγύπτῳ καὶ ὄψομαι
εἰ ἔτι ζῶσιν. καὶ εἶπεν Ιοθορ Μωυσῇ Βάδιζε[7] ὑγιαίνων.[8] **19** μετὰ δὲ τὰς ἡμέρας τὰς
πολλὰς ἐκείνας ἐτελεύτησεν[9] ὁ βασιλεὺς Αἰγύπτου. εἶπεν δὲ κύριος πρὸς Μωυσῆν
ἐν Μαδιαμ Βάδιζε[10] ἄπελθε εἰς Αἴγυπτον· τεθνήκασιν[11] γὰρ πάντες οἱ ζητοῦντές σου
τὴν ψυχήν. **20** ἀναλαβὼν[12] δὲ Μωυσῆς τὴν γυναῖκα καὶ τὰ παιδία ἀνεβίβασεν[13] αὐτὰ
ἐπὶ τὰ ὑποζύγια[14] καὶ ἐπέστρεψεν εἰς Αἴγυπτον· ἔλαβεν δὲ Μωυσῆς τὴν ῥάβδον[15]
τὴν παρὰ τοῦ θεοῦ ἐν τῇ χειρὶ αὐτοῦ.

21 εἶπεν δὲ κύριος πρὸς Μωυσῆν Πορευομένου σου καὶ ἀποστρέφοντος[16] εἰς
Αἴγυπτον ὅρα πάντα τὰ τέρατα,[17] ἃ ἔδωκα ἐν ταῖς χερσίν σου, ποιήσεις αὐτὰ
ἐναντίον[18] Φαραω· ἐγὼ δὲ σκληρυνῶ[19] τὴν καρδίαν αὐτοῦ, καὶ οὐ μὴ ἐξαποστείλῃ[20]
τὸν λαόν. **22** σὺ δὲ ἐρεῖς τῷ Φαραω Τάδε[21] λέγει κύριος Υἱὸς πρωτότοκός[22] μου
Ισραηλ· **23** εἶπα δέ σοι Ἐξαπόστειλον[23] τὸν λαόν μου, ἵνα μοι λατρεύσῃ·[24] εἰ μὲν
οὖν μὴ βούλει ἐξαποστεῖλαι[25] αὐτούς, ὅρα οὖν ἐγὼ ἀποκτενῶ τὸν υἱόν σου τὸν
πρωτότοκον.[26]

24 Ἐγένετο δὲ ἐν τῇ ὁδῷ ἐν τῷ καταλύματι[27] συνήντησεν[28] αὐτῷ ἄγγελος κυρίου
καὶ ἐζήτει αὐτὸν ἀποκτεῖναι. **25** καὶ λαβοῦσα Σεπφωρα ψῆφον[29] περιέτεμεν[30] τὴν
ἀκροβυστίαν[31] τοῦ υἱοῦ αὐτῆς καὶ προσέπεσεν[32] πρὸς τοὺς πόδας καὶ εἶπεν Ἔστη
τὸ αἷμα τῆς περιτομῆς[33] τοῦ παιδίου μου. **26** καὶ ἀπῆλθεν ἀπ᾽ αὐτοῦ, διότι[34] εἶπεν
Ἔστη τὸ αἷμα τῆς περιτομῆς τοῦ παιδίου μου.

1 ῥάβδος, rod, staff
2 στρέφω, *aor pas ptc acc s f*, change into
3 ὄφις, snake, serpent
4 ἀποστρέφω, *aor act ind 3s*, return
5 γαμβρός, father-in-law
6 ἀποστρέφω, *fut act ind 1s*, return
7 βαδίζω, *pres act impv 2s*, go
8 ὑγιαίνω, *pres act ptc nom s m*, be in good health
9 τελευτάω, *aor act ind 3s*, die
10 βαδίζω, *pres act impv 2s*, go
11 θνήσκω, *perf act ind 3p*, die
12 ἀναλαμβάνω, *aor act ptc nom s m*, take
13 ἀναβιβάζω, *aor act ind 3s*, mount upon
14 ὑποζύγιον, beast of burden, mule
15 ῥάβδος, rod, staff
16 ἀποστρέφω, *pres act ptc gen s m*, return
17 τέρας, wonder
18 ἐναντίον, before
19 σκληρύνω, *fut act ind 1s*, harden
20 ἐξαποστέλλω, *aor act sub 3s*, send away
21 ὅδε, this
22 πρωτότοκος, firstborn
23 ἐξαποστέλλω, *aor act impv 2s*, send away
24 λατρεύω, *aor act sub 3s*, serve (in worship)
25 ἐξαποστέλλω, *aor act inf*, send away
26 πρωτότοκος, firstborn
27 κατάλυμα, lodging
28 συναντάω, *aor act ind 3s*, meet
29 ψῆφος, sharp stone
30 περιτέμνω, *aor act ind 3s*, circumcise
31 ἀκροβυστία, foreskin
32 προσπίπτω, *aor act ind 3s*, fall upon
33 περιτομή, circumcision
34 διότι, because

27 Εἶπεν δὲ κύριος πρὸς Ααρων Πορεύθητι εἰς συνάντησιν[1] Μωυσεῖ εἰς τὴν ἔρη-
μον· καὶ ἐπορεύθη καὶ συνήντησεν[2] αὐτῷ ἐν τῷ ὄρει τοῦ θεοῦ, καὶ κατεφίλησαν[3]
ἀλλήλους.[4] **28** καὶ ἀνήγγειλεν[5] Μωυσῆς τῷ Ααρων πάντας τοὺς λόγους κυρίου, οὓς
ἀπέστειλεν, καὶ πάντα τὰ σημεῖα, ἃ ἐνετείλατο[6] αὐτῷ. **29** ἐπορεύθη δὲ Μωυσῆς καὶ
Ααρων καὶ συνήγαγον τὴν γερουσίαν[7] τῶν υἱῶν Ισραηλ. **30** καὶ ἐλάλησεν Ααρων
πάντα τὰ ῥήματα ταῦτα, ἃ ἐλάλησεν ὁ θεὸς πρὸς Μωυσῆν, καὶ ἐποίησεν τὰ σημεῖα
ἐναντίον[8] τοῦ λαοῦ. **31** καὶ ἐπίστευσεν ὁ λαὸς καὶ ἐχάρη,[9] ὅτι ἐπεσκέψατο[10] ὁ θεὸς
τοὺς υἱοὺς Ισραηλ, καὶ ὅτι εἶδεν αὐτῶν τὴν θλῖψιν· κύψας[11] δὲ ὁ λαὸς προσεκύνησεν.

Oppression in Egypt Worsens

5 Καὶ μετὰ ταῦτα εἰσῆλθεν Μωυσῆς καὶ Ααρων πρὸς Φαραω καὶ εἶπαν αὐτῷ Τάδε[12]
λέγει κύριος ὁ θεὸς Ισραηλ Ἐξαπόστειλον[13] τὸν λαόν μου, ἵνα μοι ἑορτάσωσιν[14]
ἐν τῇ ἐρήμῳ. **2** καὶ εἶπεν Φαραω Τίς ἐστιν οὗ εἰσακούσομαι[15] τῆς φωνῆς αὐτοῦ
ὥστε ἐξαποστεῖλαι[16] τοὺς υἱοὺς Ισραηλ; οὐκ οἶδα τὸν κύριον καὶ τὸν Ισραηλ οὐκ
ἐξαποστέλλω.[17] **3** καὶ λέγουσιν αὐτῷ Ὁ θεὸς τῶν Εβραίων προσκέκληται[18] ἡμᾶς·
πορευσόμεθα οὖν ὁδὸν τριῶν ἡμερῶν εἰς τὴν ἔρημον, ὅπως θύσωμεν[19] τῷ θεῷ ἡμῶν,
μήποτε[20] συναντήσῃ[21] ἡμῖν θάνατος ἢ φόνος.[22]

4 καὶ εἶπεν αὐτοῖς ὁ βασιλεὺς Αἰγύπτου Ἵνα τί, Μωυσῆ καὶ Ααρων, διαστρέφετε[23]
τὸν λαόν μου ἀπὸ τῶν ἔργων; ἀπέλθατε ἕκαστος ὑμῶν πρὸς τὰ ἔργα αὐτοῦ. **5** καὶ
εἶπεν Φαραω Ἰδοὺ νῦν πολυπληθεῖ[24] ὁ λαός· μὴ οὖν καταπαύσωμεν[25] αὐτοὺς
ἀπὸ τῶν ἔργων. **6** συνέταξεν[26] δὲ Φαραω τοῖς ἐργοδιώκταις[27] τοῦ λαοῦ καὶ τοῖς
γραμματεῦσιν[28] λέγων **7** Οὐκέτι προστεθήσεται[29] διδόναι ἄχυρον[30] τῷ λαῷ εἰς
τὴν πλινθουργίαν[31] καθάπερ[32] ἐχθὲς[33] καὶ τρίτην ἡμέραν· αὐτοὶ πορευέσθωσαν
καὶ συναγαγέτωσαν ἑαυτοῖς ἄχυρα. **8** καὶ τὴν σύνταξιν[34] τῆς πλινθείας,[35] ἧς
αὐτοὶ ποιοῦσιν καθ' ἑκάστην ἡμέραν, ἐπιβαλεῖς[36] αὐτοῖς, οὐκ ἀφελεῖς[37] οὐδέν·

1 συνάντησις, meeting
2 συναντάω, *aor act ind 3s*, meet
3 καταφιλέω, *aor act ind 3p*, kiss, embrace
4 ἀλλήλων, one another
5 ἀναγγέλλω, *aor act ind 3s*, report
6 ἐντέλλομαι, *aor mid ind 3s*, command
7 γερουσία, council of elders
8 ἐναντίον, before
9 χαίρω, *aor pas ind 3s*, rejoice
10 ἐπισκέπτομαι, *aor mid ind 3s*, visit, show concern, consider
11 κύπτω, *aor act ptc nom s m*, bow down
12 ὅδε, this
13 ἐξαποστέλλω, *aor act impv 2s*, send away
14 ἑορτάζω, *aor act sub 3p*, celebrate a feast
15 εἰσακούω, *fut mid ind 1s*, listen
16 ἐξαποστέλλω, *aor act inf*, send away
17 ἐξαποστέλλω, *pres act ind 1s*, send away
18 προσκαλέω, *perf mid ind 3s*, summon
19 θύω, *aor act sub 1p*, sacrifice
20 μήποτε, lest
21 συναντάω, *aor act sub 3s*, fall upon, meet
22 φόνος, killing
23 διαστρέφω, *pres act ind 2p*, divert
24 πολυπληθέω, *pres act ind 3s*, become numerous
25 καταπαύω, *aor act sub 1p*, cease
26 συντάσσω, *aor act ind 3s*, instruct, order
27 ἐργοδιώκτης, taskmaster
28 γραμματεύς, scribe
29 προστίθημι, *fut pas ind 3s*, add to, continue
30 ἄχυρον, straw
31 πλινθουργία, brick-making
32 καθάπερ, just as
33 ἐχθές, yesterday
34 σύνταξις, rate, quota
35 πλινθεία, brick-making
36 ἐπιβάλλω, *fut act ind 2s*, impose upon
37 ἀφαιρέω, *fut act ind 2s*, take away

σχολάζουσιν[1] γάρ· διὰ τοῦτο κεκράγασιν λέγοντες Πορευθῶμεν καὶ θύσωμεν[2] τῷ
θεῷ ἡμῶν. **9** βαρυνέσθω[3] τὰ ἔργα τῶν ἀνθρώπων τούτων, καὶ μεριμνάτωσαν[4] ταῦτα
καὶ μὴ μεριμνάτωσαν ἐν λόγοις κενοῖς.[5]

10 κατέσπευδον[6] δὲ αὐτοὺς οἱ ἐργοδιῶκται[7] καὶ οἱ γραμματεῖς[8] καὶ ἔλεγον πρὸς
τὸν λαὸν λέγοντες Τάδε[9] λέγει Φαραω Οὐκέτι δίδωμι ὑμῖν ἄχυρα·[10] **11** αὐτοὶ ὑμεῖς
πορευόμενοι συλλέγετε[11] ἑαυτοῖς ἄχυρα[12] ὅθεν[13] ἐὰν εὕρητε, οὐ γὰρ ἀφαιρεῖται[14]
ἀπὸ τῆς συντάξεως[15] ὑμῶν οὐθέν.[16] **12** καὶ διεσπάρη[17] ὁ λαὸς ἐν ὅλῃ Αἰγύπτῳ
συναγαγεῖν καλάμην[18] εἰς ἄχυρα·[19] **13** οἱ δὲ ἐργοδιῶκται[20] κατέσπευδον[21] αὐτοὺς
λέγοντες Συντελεῖτε[22] τὰ ἔργα τὰ καθήκοντα[23] καθ᾽ ἡμέραν καθάπερ[24] καὶ ὅτε
τὸ ἄχυρον[25] ἐδίδοτο ὑμῖν. **14** καὶ ἐμαστιγώθησαν[26] οἱ γραμματεῖς[27] τοῦ γένους[28]
τῶν υἱῶν Ισραηλ οἱ κατασταθέντες[29] ἐπ᾽ αὐτοὺς ὑπὸ τῶν ἐπιστατῶν[30] τοῦ Φαραω
λέγοντες Διὰ τί οὐ συνετελέσατε[31] τὰς συντάξεις[32] ὑμῶν τῆς πλινθείας,[33] καθάπερ[34]
ἐχθὲς[35] καὶ τρίτην ἡμέραν, καὶ τὸ τῆς σήμερον;

15 εἰσελθόντες δὲ οἱ γραμματεῖς[36] τῶν υἱῶν Ισραηλ κατεβόησαν[37] πρὸς Φαραω
λέγοντες Ἵνα τί οὕτως ποιεῖς τοῖς σοῖς[38] οἰκέταις;[39] **16** ἄχυρον[40] οὐ δίδοται τοῖς
οἰκέταις[41] σου, καὶ τὴν πλίνθον[42] ἡμῖν λέγουσιν ποιεῖν, καὶ ἰδοὺ οἱ παῖδές[43] σου
μεμαστίγωνται·[44] ἀδικήσεις[45] οὖν τὸν λαόν σου. **17** καὶ εἶπεν αὐτοῖς Σχολάζετε,[46]
σχολασταί[47] ἐστε· διὰ τοῦτο λέγετε Πορευθῶμεν θύσωμεν[48] τῷ θεῷ ἡμῶν. **18** νῦν

1 σχολάζω, *pres act ind 3p*, have nothing to do, be idle
2 θύω, *aor act sub 1p*, sacrifice
3 βαρύνω, *pres pas impv 3s*, make heavy
4 μεριμνάω, *pres act impv 3p*, be preoccupied
5 κενός, worthless, empty
6 κατασπεύδω, *impf act ind 3p*, urge, hasten
7 ἐργοδιώκτης, taskmaster
8 γραμματεύς, clerk
9 ὅδε, this
10 ἄχυρον, straw
11 συλλέγω, *pres act impv 2p*, gather
12 ἄχυρον, straw
13 ὅθεν, wherever
14 ἀφαιρέω, *pres pas ind 3s*, take away
15 σύνταξις, rate, quota
16 οὐθείς, nothing
17 διασπείρω, *aor pas ind 3s*, scatter
18 καλάμη, stubble
19 ἄχυρον, straw
20 ἐργοδιώκτης, taskmaster
21 κατασπεύδω, *impf act ind 3p*, urge, hasten
22 συντελέω, *pres act impv 2p*, finish
23 καθήκω, *pres act ptc acc p n*, belong to
24 καθάπερ, just as
25 ἄχυρον, straw
26 μαστιγόω, *aor pas ind 3p*, whip, beat, flog
27 γραμματεύς, clerk
28 γένος, nation, people
29 καθίστημι, *aor pas ptc nom p m*, appoint, set over
30 ἐπιστάτης, overseer
31 συντελέω, *aor act ind 2p*, complete
32 σύνταξις, rate, quota
33 πλινθεία, brick-making
34 καθάπερ, just as
35 ἐχθές, yesterday
36 γραμματεύς, clerk
37 καταβοάω, *aor act ind 3p*, cry out
38 σός, your
39 οἰκέτης, household slave, servant
40 ἄχυρον, straw
41 οἰκέτης, household slave, servant
42 πλίνθος, brick
43 παῖς, servant
44 μαστιγόω, *perf pas ind 3p*, whip, beat, flog
45 ἀδικέω, *fut act ind 2s*, do wrong
46 σχολάζω, *pres act ind 2p*, have nothing to do, be idle
47 σχολαστής, one who is idle
48 θύω, *aor act sub 1p*, sacrifice

οὖν πορευθέντες ἐργάζεσθε· τὸ γὰρ ἄχυρον[1] οὐ δοθήσεται ὑμῖν, καὶ τὴν σύνταξιν[2] τῆς πλινθείας[3] ἀποδώσετε. **19** ἑώρων δὲ οἱ γραμματεῖς[4] τῶν υἱῶν Ισραηλ ἑαυτοὺς ἐν κακοῖς λέγοντες Οὐκ ἀπολείψετε[5] τῆς πλινθείας[6] τὸ καθῆκον[7] τῇ ἡμέρᾳ. **20** συνήντησαν[8] δὲ Μωυσῇ καὶ Ααρων ἐρχομένοις εἰς συνάντησιν[9] αὐτοῖς ἐκπορευομένων αὐτῶν ἀπὸ Φαραω **21** καὶ εἶπαν αὐτοῖς Ἴδοι[10] ὁ θεὸς ὑμᾶς καὶ κρίναι,[11] ὅτι ἐβδελύξατε[12] τὴν ὀσμὴν[13] ἡμῶν ἐναντίον[14] Φαραω καὶ ἐναντίον τῶν θεραπόντων[15] αὐτοῦ δοῦναι ῥομφαίαν[16] εἰς τὰς χεῖρας αὐτοῦ ἀποκτεῖναι ἡμᾶς.

22 ἐπέστρεψεν δὲ Μωυσῆς πρὸς κύριον καὶ εἶπεν Κύριε, διὰ τί ἐκάκωσας[17] τὸν λαὸν τοῦτον; καὶ ἵνα τί ἀπέσταλκάς με; **23** καὶ ἀφ᾽ οὗ πεπόρευμαι πρὸς Φαραω λαλῆσαι ἐπὶ τῷ σῷ[18] ὀνόματι, ἐκάκωσεν[19] τὸν λαὸν τοῦτον, καὶ οὐκ ἐρρύσω[20] τὸν λαόν σου

Promise of Deliverance from Egypt

6 καὶ εἶπεν κύριος πρὸς Μωυσῆν Ἤδη[21] ὄψει ἃ ποιήσω τῷ Φαραω· ἐν γὰρ χειρὶ κραταιᾷ[22] ἐξαποστελεῖ[23] αὐτοὺς καὶ ἐν βραχίονι[24] ὑψηλῷ[25] ἐκβαλεῖ αὐτοὺς ἐκ τῆς γῆς αὐτοῦ.

2 Ἐλάλησεν δὲ ὁ θεὸς πρὸς Μωυσῆν καὶ εἶπεν πρὸς αὐτόν Ἐγὼ κύριος· **3** καὶ ὤφθην[26] πρὸς Αβρααμ καὶ Ισαακ καὶ Ιακωβ, θεὸς ὢν αὐτῶν, καὶ τὸ ὄνομά μου κύριος οὐκ ἐδήλωσα[27] αὐτοῖς· **4** καὶ ἔστησα τὴν διαθήκην μου πρὸς αὐτοὺς ὥστε δοῦναι αὐτοῖς τὴν γῆν τῶν Χαναναίων, τὴν γῆν, ἣν παρῳκήκασιν,[28] ἐν ᾗ καὶ παρῴκησαν[29] ἐπ᾽ αὐτῆς. **5** καὶ ἐγὼ εἰσήκουσα[30] τὸν στεναγμὸν[31] τῶν υἱῶν Ισραηλ, ὃν οἱ Αἰγύπτιοι καταδουλοῦνται[32] αὐτούς, καὶ ἐμνήσθην[33] τῆς διαθήκης ὑμῶν. **6** βάδιζε[34] εἰπὸν τοῖς υἱοῖς Ισραηλ λέγων Ἐγὼ κύριος καὶ ἐξάξω[35] ὑμᾶς ἀπὸ τῆς δυναστείας[36] τῶν Αἰγυπτίων καὶ ῥύσομαι[37] ὑμᾶς ἐκ τῆς δουλείας[38] καὶ λυτρώσομαι[39] ὑμᾶς ἐν βραχίονι[40]

1 ἄχυρον, straw
2 σύνταξις, rate, quota
3 πλινθεία, brick-making
4 γραμματεύς, clerk
5 ἀπολείπω, *fut act ind 2p*, fall short
6 πλινθεία, brick-making
7 καθήκω, *pres act ptc acc s n*, be due
8 συναντάω, *aor act ind 3p*, meet
9 συνάντησις, meeting
10 ὁράω, *aor act opt 3s*, see
11 κρίνω, *aor act opt 3s*, judge
12 βδελύσσω, *aor act ind 2p*, become loathsome
13 ὀσμή, smell
14 ἐναντίον, before
15 θεράπων, attendant, servant
16 ῥομφαία, sword
17 κακόω, *aor act ind 2s*, afflict, maltreat
18 σός, your
19 κακόω, *aor act ind 3s*, afflict, maltreat
20 ῥύομαι, *aor mid ind 2s*, deliver, rescue
21 ἤδη, now
22 κραταιός, strong
23 ἐξαποστέλλω, *fut act ind 3s*, send away
24 βραχίων, arm
25 ὑψηλός, upraised, high
26 ὁράω, *aor pas ind 1s*, see
27 δηλόω, *aor act ind 1s*, make known
28 παροικέω, *perf act ind 3p*, reside as an alien, sojourn
29 παροικέω, *aor act ind 3p*, reside as an alien, sojourn
30 εἰσακούω, *aor act ind 1s*, hear
31 στεναγμός, groaning
32 καταδουλόω, *pres mid ind 3p*, enslave
33 μιμνῄσκομαι, *aor pas ind 1s*, remember
34 βαδίζω, *pres act impv 2s*, go
35 ἐξάγω, *fut act ind 1s*, bring out
36 δυναστεία, power, domination
37 ῥύομαι, *fut mid ind 1s*, deliver
38 δουλεία, slavery
39 λυτρόω, *fut mid ind 1s*, redeem
40 βραχίων, arm

ὑψηλῷ[1] καὶ κρίσει μεγάλῃ **7** καὶ λήμψομαι ἐμαυτῷ[2] ὑμᾶς λαὸν ἐμοὶ καὶ ἔσομαι
ὑμῶν θεός, καὶ γνώσεσθε ὅτι ἐγὼ κύριος ὁ θεὸς ὑμῶν ὁ ἐξαγαγὼν[3] ὑμᾶς ἐκ τῆς
καταδυναστείας[4] τῶν Αἰγυπτίων, **8** καὶ εἰσάξω[5] ὑμᾶς εἰς τὴν γῆν, εἰς ἣν ἐξέτεινα[6]
τὴν χεῖρά μου δοῦναι αὐτὴν τῷ Αβρααμ καὶ Ισαακ καὶ Ιακωβ, καὶ δώσω ὑμῖν αὐτὴν
ἐν κλήρῳ·[7] ἐγὼ κύριος. **9** ἐλάλησεν δὲ Μωυσῆς οὕτως τοῖς υἱοῖς Ισραηλ, καὶ οὐκ
εἰσήκουσαν[8] Μωυσῆ ἀπὸ τῆς ὀλιγοψυχίας[9] καὶ ἀπὸ τῶν ἔργων τῶν σκληρῶν.[10]

10 Εἶπεν δὲ κύριος πρὸς Μωυσῆν λέγων **11** Εἴσελθε λάλησον Φαραω βασιλεῖ Αἰ-
γύπτου, ἵνα ἐξαποστείλῃ[11] τοὺς υἱοὺς Ισραηλ ἐκ τῆς γῆς αὐτοῦ. **12** ἐλάλησεν δὲ
Μωυσῆς ἔναντι[12] κυρίου λέγων Ἰδοὺ οἱ υἱοὶ Ισραηλ οὐκ εἰσήκουσάν[13] μου, καὶ
πῶς εἰσακούσεταί[14] μου Φαραω; ἐγὼ δὲ ἄλογός[15] εἰμι. **13** εἶπεν δὲ κύριος πρὸς
Μωυσῆν καὶ Ααρων καὶ συνέταξεν[16] αὐτοῖς πρὸς Φαραω βασιλέα Αἰγύπτου ὥστε
ἐξαποστεῖλαι[17] τοὺς υἱοὺς Ισραηλ ἐκ γῆς Αἰγύπτου.

Israel's Chiefs

14 Καὶ οὗτοι ἀρχηγοὶ[18] οἴκων πατριῶν[19] αὐτῶν. υἱοὶ Ρουβην πρωτοτόκου[20] Ισραηλ·
Ενωχ καὶ Φαλλους, Ασρων καὶ Χαρμι· αὕτη ἡ συγγένεια[21] Ρουβην. **15** καὶ υἱοὶ Συ-
μεων· Ιεμουηλ καὶ Ιαμιν καὶ Αωδ καὶ Ιαχιν καὶ Σααρ καὶ Σαουλ ὁ ἐκ τῆς Φοινίσσης·
αὗται αἱ πατριαὶ[22] τῶν υἱῶν Συμεων. **16** καὶ ταῦτα τὰ ὀνόματα τῶν υἱῶν Λευι κατὰ
συγγενείας[23] αὐτῶν· Γεδσων, Κααθ καὶ Μεραρι· καὶ τὰ ἔτη τῆς ζωῆς Λευι ἑκατὸν[24]
τριάκοντα[25] ἑπτά. **17** καὶ οὗτοι υἱοὶ Γεδσων· Λοβενι καὶ Σεμεϊ, οἶκοι πατριᾶς[26]
αὐτῶν. **18** καὶ υἱοὶ Κααθ· Αμβραμ καὶ Ισσααρ, Χεβρων καὶ Οζιηλ· καὶ τὰ ἔτη τῆς
ζωῆς Κααθ ἑκατὸν[27] τριάκοντα[28] ἔτη. **19** καὶ υἱοὶ Μεραρι· Μοολι καὶ Ομουσι. οὗτοι
οἶκοι πατριῶν[29] Λευι κατὰ συγγενείας[30] αὐτῶν. **20** καὶ ἔλαβεν Αμβραμ τὴν Ιωχαβεδ
θυγατέρα[31] τοῦ ἀδελφοῦ τοῦ πατρὸς αὐτοῦ ἑαυτῷ εἰς γυναῖκα, καὶ ἐγέννησεν αὐτῷ
τόν τε Ααρων καὶ Μωυσῆν καὶ Μαριαμ τὴν ἀδελφὴν αὐτῶν· τὰ δὲ ἔτη τῆς ζωῆς
Αμβραμ ἑκατὸν[32] τριάκοντα[33] δύο ἔτη. **21** καὶ υἱοὶ Ισσααρ· Κορε καὶ Ναφεκ καὶ
Ζεχρι. **22** καὶ υἱοὶ Οζιηλ· Ελισαφαν καὶ Σετρι. **23** ἔλαβεν δὲ Ααρων τὴν Ελισαβεθ

1 ὑψηλός, upraised, high
2 ἐμαυτοῦ, of myself
3 ἐξάγω, *aor act ptc nom s m*, bring out
4 καταδυναστεία, oppression
5 εἰσάγω, *fut act ind 1s*, bring in
6 ἐκτείνω, *aor act ind 1s*, stretch out
7 κλῆρος, portion, lot
8 εἰσακούω, *aor act ind 3p*, hear
9 ὀλιγοψυχία, discouragement
10 σκληρός, heavy, hard
11 ἐξαποστέλλω, *aor act sub 3s*, send away
12 ἔναντι, before
13 εἰσακούω, *aor act ind 3p*, listen
14 εἰσακούω, *fut mid ind 3s*, listen
15 ἄλογος, lacking in eloquence
16 συντάσσω, *aor act ind 3s*, instruct, order
17 ἐξαποστέλλω, *aor act inf*, send away
18 ἀρχηγός, chief
19 πάτριος, of one's father, patriarchal
20 πρωτότοκος, firstborn
21 συγγένεια, family
22 πατριά, paternal lineage, house
23 συγγένεια, family
24 ἑκατόν, hundred
25 τριάκοντα, thirty
26 πατριά, paternal lineage, house
27 ἑκατόν, hundred
28 τριάκοντα, thirty
29 πάτριος, of one's father, patriarchal
30 συγγένεια, family
31 θυγάτηρ, daughter
32 ἑκατόν, hundred
33 τριάκοντα, thirty

θυγατέρα[1] Αμιναδαβ ἀδελφὴν Ναασσων αὐτῷ γυναῖκα, καὶ ἔτεκεν[2] αὐτῷ τόν τε
Ναδαβ καὶ Αβιουδ καὶ Ελεαζαρ καὶ Ιθαμαρ. **24** υἱοὶ δὲ Κορε· Ασιρ καὶ Ελκανα
καὶ Αβιασαφ· αὗται αἱ γενέσεις[3] Κορε. **25** καὶ Ελεαζαρ ὁ τοῦ Ααρων ἔλαβεν τῶν
θυγατέρων[4] Φουτιηλ αὐτῷ γυναῖκα, καὶ ἔτεκεν[5] αὐτῷ τὸν Φινεες. αὗται αἱ ἀρχαὶ
πατριᾶς[6] Λευιτῶν κατὰ γενέσεις[7] αὐτῶν.

26 οὗτος Ααρων καὶ Μωυσῆς, οἷς εἶπεν αὐτοῖς ὁ θεὸς ἐξαγαγεῖν[8] τοὺς υἱοὺς Ισραηλ
ἐκ γῆς Αἰγύπτου σὺν δυνάμει αὐτῶν· **27** οὗτοί εἰσιν οἱ διαλεγόμενοι[9] πρὸς Φαραω
βασιλέα Αἰγύπτου καὶ ἐξήγαγον[10] τοὺς υἱοὺς Ισραηλ ἐξ Αἰγύπτου· αὐτὸς Ααρων
καὶ Μωυσῆς.

28 Ἧι ἡμέρᾳ ἐλάλησεν κύριος Μωυσῇ ἐν γῇ Αἰγύπτῳ, **29** καὶ ἐλάλησεν κύριος πρὸς
Μωυσῆν λέγων Ἐγὼ κύριος· λάλησον πρὸς Φαραω βασιλέα Αἰγύπτου ὅσα ἐγὼ
λέγω πρὸς σέ. **30** καὶ εἶπεν Μωυσῆς ἐναντίον[11] κυρίου Ἰδοὺ ἐγὼ ἰσχνόφωνός[12] εἰμι,
καὶ πῶς εἰσακούσεταί[13] μου Φαραω;

Aaron to Speak for Moses

7 καὶ εἶπεν κύριος πρὸς Μωυσῆν λέγων Ἰδοὺ δέδωκά σε θεὸν Φαραω, καὶ Ααρων
ὁ ἀδελφός σου ἔσται σου προφήτης· **2** σὺ δὲ λαλήσεις αὐτῷ πάντα, ὅσα σοι
ἐντέλλομαι,[14] ὁ δὲ Ααρων ὁ ἀδελφός σου λαλήσει πρὸς Φαραω ὥστε ἐξαποστεῖλαι[15]
τοὺς υἱοὺς Ισραηλ ἐκ τῆς γῆς αὐτοῦ. **3** ἐγὼ δὲ σκληρυνῶ[16] τὴν καρδίαν Φαραω καὶ
πληθυνῶ[17] τὰ σημεῖά μου καὶ τὰ τέρατα[18] ἐν γῇ Αἰγύπτῳ. **4** καὶ οὐκ εἰσακούσεται[19]
ὑμῶν Φαραω· καὶ ἐπιβαλῶ[20] τὴν χεῖρά μου ἐπ᾽ Αἴγυπτον καὶ ἐξάξω[21] σὺν δυνάμει
μου τὸν λαόν μου τοὺς υἱοὺς Ισραηλ ἐκ γῆς Αἰγύπτου σὺν ἐκδικήσει[22] μεγάλῃ,
5 καὶ γνώσονται πάντες οἱ Αἰγύπτιοι ὅτι ἐγώ εἰμι κύριος ἐκτείνων[23] τὴν χεῖρα ἐπ᾽
Αἴγυπτον, καὶ ἐξάξω[24] τοὺς υἱοὺς Ισραηλ ἐκ μέσου αὐτῶν. **6** ἐποίησεν δὲ Μωυσῆς
καὶ Ααρων, καθάπερ[25] ἐνετείλατο[26] αὐτοῖς κύριος, οὕτως ἐποίησαν. **7** Μωυσῆς δὲ
ἦν ἐτῶν ὀγδοήκοντα,[27] Ααρων δὲ ὁ ἀδελφὸς αὐτοῦ ἐτῶν ὀγδοήκοντα τριῶν, ἡνίκα[28]
ἐλάλησεν πρὸς Φαραω.

1 θυγάτηρ, daughter
2 τίκτω, *aor act ind 3s*, give birth
3 γένεσις, generation, lineage
4 θυγάτηρ, daughter
5 τίκτω, *aor act ind 3s*, give birth
6 πατριά, paternal lineage, house
7 γένεσις, generation, lineage
8 ἐξάγω, *aor act inf*, bring out
9 διαλέγομαι, *pres mid ptc nom p m*, negotiate
10 ἐξάγω, *aor act ind 3p*, bring out
11 ἐναντίον, before
12 ἰσχνόφωνος, weak-voiced
13 εἰσακούω, *fut mid ind 3s*, listen
14 ἐντέλλομαι, *pres mid ind 1s*, command
15 ἐξαποστέλλω, *aor act inf*, send away
16 σκληρύνω, *fut act ind 1s*, harden
17 πληθύνω, *fut act ind 1s*, multiply
18 τέρας, wonder
19 εἰσακούω, *fut mid ind 3s*, listen
20 ἐπιβάλλω, *fut act ind 1s*, lay upon
21 ἐξάγω, *fut act ind 1s*, bring out
22 ἐκδίκησις, vengeance
23 ἐκτείνω, *pres act ptc nom s m*, stretch out
24 ἐξάγω, *fut act ind 1s*, bring out
25 καθάπερ, just as
26 ἐντέλλομαι, *aor mid ind 3s*, command
27 ὀγδοήκοντα, eighty
28 ἡνίκα, when

Aaron's Rod Becomes a Serpent

8 Καὶ εἶπεν κύριος πρὸς Μωυσῆν καὶ Ααρων λέγων **9** Καὶ ἐὰν λαλήσῃ πρὸς ὑμᾶς
Φαραω λέγων Δότε ἡμῖν σημεῖον ἢ τέρας,[1] καὶ ἐρεῖς Ααρων τῷ ἀδελφῷ σου
Λαβὲ τὴν ῥάβδον[2] καὶ ῥῖψον[3] αὐτὴν ἐπὶ τὴν γῆν ἐναντίον[4] Φαραω καὶ ἐναντίον
τῶν θεραπόντων[5] αὐτοῦ, καὶ ἔσται δράκων.[6] **10** εἰσῆλθεν δὲ Μωυσῆς καὶ Ααρων
ἐναντίον[7] Φαραω καὶ τῶν θεραπόντων[8] αὐτοῦ καὶ ἐποίησαν οὕτως, καθάπερ[9]
ἐνετείλατο[10] αὐτοῖς κύριος· καὶ ἔρριψεν[11] Ααρων τὴν ῥάβδον[12] ἐναντίον Φαραω
καὶ ἐναντίον τῶν θεραπόντων[13] αὐτοῦ, καὶ ἐγένετο δράκων.[14] **11** συνεκάλεσεν[15]
δὲ Φαραω τοὺς σοφιστὰς[16] Αἰγύπτου καὶ τοὺς φαρμάκους,[17] καὶ ἐποίησαν καὶ οἱ
ἐπαοιδοὶ[18] τῶν Αἰγυπτίων ταῖς φαρμακείαις[19] αὐτῶν ὡσαύτως.[20] **12** καὶ ἔρριψαν[21]
ἕκαστος τὴν ῥάβδον[22] αὐτοῦ, καὶ ἐγένοντο δράκοντες·[23] καὶ κατέπιεν[24] ἡ ῥάβδος
ἡ Ααρων τὰς ἐκείνων ῥάβδους. **13** καὶ κατίσχυσεν[25] ἡ καρδία Φαραω, καὶ οὐκ
εἰσήκουσεν[26] αὐτῶν, καθάπερ[27] ἐλάλησεν αὐτοῖς κύριος.

The River Turns to Blood

14 Εἶπεν δὲ κύριος πρὸς Μωυσῆν Βεβάρηται[28] ἡ καρδία Φαραω τοῦ μὴ ἐξαποστεῖλαι[29]
τὸν λαόν. **15** βάδισον[30] πρὸς Φαραω τὸ πρωί·[31] ἰδοὺ αὐτὸς ἐκπορεύεται ἐπὶ τὸ ὕδωρ,
καὶ στήσῃ συναντῶν[32] αὐτῷ ἐπὶ τὸ χεῖλος[33] τοῦ ποταμοῦ[34] καὶ τὴν ῥάβδον[35] τὴν
στραφεῖσαν[36] εἰς ὄφιν[37] λήμψῃ ἐν τῇ χειρί σου. **16** καὶ ἐρεῖς πρὸς αὐτόν Κύριος ὁ
θεὸς τῶν Εβραίων ἀπέσταλκέν με πρὸς σὲ λέγων Ἐξαπόστειλον[38] τὸν λαόν μου,
ἵνα μοι λατρεύσῃ[39] ἐν τῇ ἐρήμῳ· καὶ ἰδοὺ οὐκ εἰσήκουσας[40] ἕως τούτου. **17** τάδε[41]

1 τέρας, wonder
2 ῥάβδος, rod, staff
3 ῥίπτω, *aor act impv 2s*, throw down
4 ἐναντίον, before
5 θεράπων, attendant, servant
6 δράκων, dragon, serpent
7 ἐναντίον, before
8 θεράπων, attendant, servant
9 καθάπερ, just as
10 ἐντέλλομαι, *aor mid ind 3s*, command
11 ῥίπτω, *aor act ind 3s*, throw down
12 ῥάβδος, rod, staff
13 θεράπων, attendant, servant
14 δράκων, dragon, serpent
15 συγκαλέω, *aor act ind 3s*, call together
16 σοφιστής, wise man, diviner
17 φάρμακος, sorcerer
18 ἐπαοιδός, enchanter
19 φαρμακεία, sorcery, magic
20 ὡσαύτως, in like manner
21 ῥίπτω, *aor act ind 3p*, throw down
22 ῥάβδος, rod, staff
23 δράκων, dragon, serpent
24 καταπίνω, *aor act ind 3s*, swallow
25 κατισχύω, *aor act ind 3s*, prevail, be dominant
26 εἰσακούω, *aor act ind 3s*, listen
27 καθάπερ, just as
28 βαρέω, *perf pas ind 3s*, burden, weigh down
29 ἐξαποστέλλω, *aor act inf*, send away
30 βαδίζω, *aor act impv 2s*, go
31 πρωί, (in the) morning
32 συναντάω, *pres act ptc nom s m*, meet
33 χεῖλος, bank
34 ποταμός, river
35 ῥάβδος, rod, staff
36 στρέφω, *aor pas ptc acc s f*, change into
37 ὄφις, snake, serpent
38 ἐξαποστέλλω, *aor act impv 2s*, send away
39 λατρεύω, *aor act sub 3s*, serve (in worship)
40 εἰσακούω, *aor act ind 2s*, listen
41 ὅδε, this

λέγει κύριος Ἐν τούτῳ γνώσῃ ὅτι ἐγὼ κύριος· ἰδοὺ ἐγὼ τύπτω[1] τῇ ῥάβδῳ[2] τῇ ἐν τῇ χειρί μου ἐπὶ τὸ ὕδωρ τὸ ἐν τῷ ποταμῷ,[3] καὶ μεταβαλεῖ[4] εἰς αἷμα· **18** καὶ οἱ ἰχθύες[5] οἱ ἐν τῷ ποταμῷ[6] τελευτήσουσιν,[7] καὶ ἐποζέσει[8] ὁ ποταμός, καὶ οὐ δυνήσονται οἱ Αἰγύπτιοι πιεῖν ὕδωρ ἀπὸ τοῦ ποταμοῦ. **19** εἶπεν δὲ κύριος πρὸς Μωυσῆν Εἰπὸν Ααρων τῷ ἀδελφῷ σου Λαβὲ τὴν ῥάβδον[9] σου καὶ ἔκτεινον[10] τὴν χεῖρά σου ἐπὶ τὰ ὕδατα Αἰγύπτου καὶ ἐπὶ τοὺς ποταμοὺς[11] αὐτῶν καὶ ἐπὶ τὰς διώρυγας[12] αὐτῶν καὶ ἐπὶ τὰ ἕλη[13] αὐτῶν καὶ ἐπὶ πᾶν συνεστηκὸς[14] ὕδωρ αὐτῶν, καὶ ἔσται αἷμα. καὶ ἐγένετο αἷμα ἐν πάσῃ γῇ Αἰγύπτου ἔν τε τοῖς ξύλοις[15] καὶ ἐν τοῖς λίθοις.

20 καὶ ἐποίησαν οὕτως Μωυσῆς καὶ Ααρων, καθάπερ[16] ἐνετείλατο[17] αὐτοῖς κύριος· καὶ ἐπάρας[18] τῇ ῥάβδῳ[19] αὐτοῦ ἐπάταξεν[20] τὸ ὕδωρ τὸ ἐν τῷ ποταμῷ[21] ἐναντίον[22] Φαραω καὶ ἐναντίον τῶν θεραπόντων[23] αὐτοῦ καὶ μετέβαλεν[24] πᾶν τὸ ὕδωρ τὸ ἐν τῷ ποταμῷ εἰς αἷμα. **21** καὶ οἱ ἰχθύες[25] οἱ ἐν τῷ ποταμῷ[26] ἐτελεύτησαν,[27] καὶ ἐπώζεσεν[28] ὁ ποταμός, καὶ οὐκ ἠδύναντο οἱ Αἰγύπτιοι πιεῖν ὕδωρ ἐκ τοῦ ποταμοῦ, καὶ ἦν τὸ αἷμα ἐν πάσῃ γῇ Αἰγύπτου. **22** ἐποίησαν δὲ ὡσαύτως[29] καὶ οἱ ἐπαοιδοὶ[30] τῶν Αἰγυπτίων ταῖς φαρμακείαις[31] αὐτῶν· καὶ ἐσκληρύνθη[32] ἡ καρδία Φαραω, καὶ οὐκ εἰσήκουσεν[33] αὐτῶν, καθάπερ[34] εἶπεν κύριος. **23** ἐπιστραφεὶς δὲ Φαραω εἰσῆλθεν εἰς τὸν οἶκον αὐτοῦ καὶ οὐκ ἐπέστησεν[35] τὸν νοῦν[36] αὐτοῦ οὐδὲ ἐπὶ τούτῳ. **24** ὤρυξαν[37] δὲ πάντες οἱ Αἰγύπτιοι κύκλῳ[38] τοῦ ποταμοῦ[39] ὥστε πιεῖν ὕδωρ, καὶ οὐκ ἠδύναντο πιεῖν ὕδωρ ἀπὸ τοῦ ποταμοῦ. **25** καὶ ἀνεπληρώθησαν[40] ἑπτὰ ἡμέραι μετὰ τὸ πατάξαι[41] κύριον τὸν ποταμόν.[42]

1 τύπτω, *pres act ind 1s*, strike
2 ῥάβδος, rod, staff
3 ποταμός, river
4 μεταβάλλω, *fut act ind 3s*, change, transform
5 ἰχθύς, fish
6 ποταμός, river
7 τελευτάω, *fut act ind 3p*, die
8 ἐπόζω, *fut act ind 3s*, putrify, become stinking
9 ῥάβδος, rod, staff
10 ἐκτείνω, *aor act impv 2s*, stretch out
11 ποταμός, river
12 διῶρυξ, canal
13 ἕλος, marsh
14 συνίστημι, *perf act ptc acc s n*, collect, gather
15 ξύλον, wood
16 καθάπερ, just as
17 ἐντέλλομαι, *aor mid ind 3s*, command
18 ἐπαίρω, *aor act ptc nom s m*, raise
19 ῥάβδος, rod, staff
20 πατάσσω, *aor act ind 3s*, strike
21 ποταμός, river
22 ἐναντίον, before
23 θεράπων, attendant, servant
24 μεταβάλλω, *aor act ind 3s*, change, transform
25 ἰχθύς, fish
26 ποταμός, river
27 τελευτάω, *aor act ind 3p*, die
28 ἐπόζω, *aor act ind 3s*, putrify, become stinking
29 ὡσαύτως, in like manner
30 ἐπαοιδός, enchanter
31 φαρμακεία, sorcery, magic
32 σκληρύνω, *aor pas ind 3s*, harden
33 εἰσακούω, *aor act ind 3s*, listen
34 καθάπερ, just as
35 ἐφίστημι, *aor act ind 3s*, set, put
36 νοῦς, mind
37 ὀρύσσω, *aor act ind 3p*, dig
38 κύκλῳ, around
39 ποταμός, river
40 ἀναπληρόω, *aor pas ind 3p*, complete, finish
41 πατάσσω, *aor act inf*, strike
42 ποταμός, river

Frogs Overtake the Land

26 Εἶπεν δὲ κύριος πρὸς Μωυσῆν Εἴσελθε πρὸς Φαραω καὶ ἐρεῖς πρὸς αὐτόν Τάδε[1] λέγει κύριος Ἐξαπόστειλον[2] τὸν λαόν μου, ἵνα μοι λατρεύσωσιν·[3] **27** εἰ δὲ μὴ βούλει σὺ ἐξαποστεῖλαι,[4] ἰδοὺ ἐγὼ τύπτω[5] πάντα τὰ ὅριά[6] σου τοῖς βατράχοις.[7] **28** καὶ ἐξερεύξεται[8] ὁ ποταμὸς[9] βατράχους,[10] καὶ ἀναβάντες εἰσελεύσονται εἰς τοὺς οἴκους σου καὶ εἰς τὰ ταμιεῖα[11] τῶν κοιτώνων[12] σου καὶ ἐπὶ τῶν κλινῶν[13] σου καὶ εἰς τοὺς οἴκους τῶν θεραπόντων[14] σου καὶ τοῦ λαοῦ σου καὶ ἐν τοῖς φυράμασίν[15] σου καὶ ἐν τοῖς κλιβάνοις[16] σου· **29** καὶ ἐπὶ σὲ καὶ ἐπὶ τοὺς θεράποντάς[17] σου καὶ ἐπὶ τὸν λαόν σου ἀναβήσονται οἱ βάτραχοι.[18]

8 εἶπεν δὲ κύριος πρὸς Μωυσῆν Εἰπὸν Ααρων τῷ ἀδελφῷ σου Ἔκτεινον[19] τῇ χειρὶ τὴν ῥάβδον[20] σου ἐπὶ τοὺς ποταμοὺς[21] καὶ ἐπὶ τὰς διώρυγας[22] καὶ ἐπὶ τὰ ἕλη[23] καὶ ἀνάγαγε[24] τοὺς βατράχους.[25] **2** καὶ ἐξέτεινεν[26] Ααρων τὴν χεῖρα ἐπὶ τὰ ὕδατα Αἰγύπτου καὶ ἀνήγαγεν[27] τοὺς βατράχους·[28] καὶ ἀνεβιβάσθη[29] ὁ βάτραχος καὶ ἐκάλυψεν[30] τὴν γῆν Αἰγύπτου. **3** ἐποίησαν δὲ ὡσαύτως[31] καὶ οἱ ἐπαοιδοὶ[32] τῶν Αἰγυπτίων ταῖς φαρμακείαις[33] αὐτῶν καὶ ἀνήγαγον[34] τοὺς βατράχους[35] ἐπὶ γῆν Αἰγύπτου.

4 καὶ ἐκάλεσεν Φαραω Μωυσῆν καὶ Ααρων καὶ εἶπεν Εὔξασθε[36] περὶ ἐμοῦ πρὸς κύριον, καὶ περιελέτω[37] τοὺς βατράχους[38] ἀπ᾽ ἐμοῦ καὶ ἀπὸ τοῦ ἐμοῦ λαοῦ, καὶ ἐξαποστελῶ[39] τὸν λαόν, καὶ θύσωσιν[40] κυρίῳ. **5** εἶπεν δὲ Μωυσῆς πρὸς Φαραω Τάξαι[41] πρός με, πότε[42] εὔξωμαι[43] περὶ σοῦ καὶ περὶ τῶν θεραπόντων[44] σου καὶ περὶ

1 ὅδε, this
2 ἐξαποστέλλω, *aor act impv 2s*, send away
3 λατρεύω, *aor act sub 3p*, serve (in worship)
4 ἐξαποστέλλω, *aor act inf*, send away
5 τύπτω, *pres act ind 1s*, smite
6 ὅριον, border, territory
7 βάτραχος, frog
8 ἐξερεύγομαι, *fut mid ind 3s*, vomit, overflow
9 ποταμός, river
10 βάτραχος, frog
11 ταμιεῖον, closet, storeroom
12 κοιτών, bedroom
13 κλίνη, bed
14 θεράπων, attendant, servant
15 φύραμα, lump of dough
16 κλίβανος, oven, furnace
17 θεράπων, attendant, servant
18 βάτραχος, frog
19 ἐκτείνω, *aor act impv 2s*, stretch out
20 ῥάβδος, rod, staff
21 ποταμός, river
22 διῶρυξ, canal
23 ἕλος, marsh
24 ἀνάγω, *aor act impv 2s*, bring up
25 βάτραχος, frog
26 ἐκτείνω, *aor act ind 3s*, stretch out
27 ἀνάγω, *aor act ind 3s*, bring up
28 βάτραχος, frog
29 ἀναβιβάζω, *aor pas ind 3s*, make to go up
30 καλύπτω, *aor act ind 3s*, cover
31 ὡσαύτως, just as
32 ἐπαοιδός, enchanter
33 φαρμακεία, sorcery, magic
34 ἀνάγω, *aor act ind 3p*, bring up
35 βάτραχος, frog
36 εὔχομαι, *aor mid impv 2p*, pray
37 περιαιρέω, *aor act impv 3s*, take away
38 βάτραχος, frog
39 ἐξαποστέλλω, *fut act ind 1s*, send away
40 θύω, *aor act sub 3p*, sacrifice
41 τάσσω, *aor mid impv 2s*, arrange
42 πότε, when
43 εὔχομαι, *aor mid sub 1s*, pray
44 θεράπων, attendant, servant

τοῦ λαοῦ σου ἀφανίσαι[1] τοὺς βατράχους[2] ἀπὸ σοῦ καὶ ἀπὸ τοῦ λαοῦ σου καὶ ἐκ τῶν
οἰκιῶν ὑμῶν, πλὴν ἐν τῷ ποταμῷ[3] ὑπολειφθήσονται.[4]

6 ὁ δὲ εἶπεν Εἰς αὔριον.[5] εἶπεν οὖν Ὡς εἴρηκας· ἵνα εἰδῇς[6] ὅτι οὐκ ἔστιν ἄλλος πλὴν
κυρίου· **7** καὶ περιαιρεθήσονται[7] οἱ βάτραχοι[8] ἀπὸ σοῦ καὶ ἐκ τῶν οἰκιῶν ὑμῶν καὶ
ἐκ τῶν ἐπαύλεων[9] καὶ ἀπὸ τῶν θεραπόντων[10] σου καὶ ἀπὸ τοῦ λαοῦ σου, πλὴν ἐν
τῷ ποταμῷ[11] ὑπολειφθήσονται.[12] **8** ἐξῆλθεν δὲ Μωυσῆς καὶ Ααρων ἀπὸ Φαραω· καὶ
ἐβόησεν[13] Μωυσῆς πρὸς κύριον περὶ τοῦ ὁρισμοῦ[14] τῶν βατράχων,[15] ὡς ἐτάξατο[16]
Φαραω. **9** ἐποίησεν δὲ κύριος καθάπερ[17] εἶπεν Μωυσῆς, καὶ ἐτελεύτησαν[18] οἱ βά-
τραχοι[19] ἐκ τῶν οἰκιῶν καὶ ἐκ τῶν ἐπαύλεων[20] καὶ ἐκ τῶν ἀγρῶν·[21] **10** καὶ συνήγαγον
αὐτοὺς θημωνιὰς[22] θημωνιάς, καὶ ὤζεσεν[23] ἡ γῆ. **11** ἰδὼν δὲ Φαραω ὅτι γέγονεν
ἀνάψυξις,[24] ἐβαρύνθη[25] ἡ καρδία αὐτοῦ, καὶ οὐκ εἰσήκουσεν[26] αὐτῶν, καθάπερ[27]
ἐλάλησεν κύριος.

Gnats Overtake the Land

12 Εἶπεν δὲ κύριος πρὸς Μωυσῆν Εἰπὸν Ααρων Ἔκτεινον[28] τῇ χειρὶ τὴν ῥάβδον[29]
σου καὶ πάταξον[30] τὸ χῶμα[31] τῆς γῆς, καὶ ἔσονται σκνῖφες[32] ἔν τε τοῖς ἀνθρώποις
καὶ ἐν τοῖς τετράποσιν[33] καὶ ἐν πάσῃ γῇ Αἰγύπτου. **13** ἐξέτεινεν[34] οὖν Ααρων τῇ
χειρὶ τὴν ῥάβδον[35] καὶ ἐπάταξεν[36] τὸ χῶμα[37] τῆς γῆς, καὶ ἐγένοντο οἱ σκνῖφες[38] ἔν
τε τοῖς ἀνθρώποις καὶ ἐν τοῖς τετράποσιν,[39] καὶ ἐν παντὶ χώματι τῆς γῆς ἐγένοντο
οἱ σκνῖφες ἐν πάσῃ γῇ Αἰγύπτου. **14** ἐποιήσαν δὲ ὡσαύτως[40] καὶ οἱ ἐπαοιδοὶ[41] ταῖς
φαρμακείαις[42] αὐτῶν ἐξαγαγεῖν[43] τὸν σκνῖφα[44] καὶ οὐκ ἠδύναντο. καὶ ἐγένοντο οἱ

1 ἀφανίζω, *aor act inf*, remove
2 βάτραχος, frog
3 ποταμός, river
4 ὑπολείπω, *fut pas ind 3p*, leave behind
5 αὔριον, tomorrow
6 οἶδα, *perf act sub 2s*, know
7 περιαιρέω, *fut pas ind 3p*, take away
8 βάτραχος, frog
9 ἔπαυλις, village
10 θεράπων, attendant, servant
11 ποταμός, river
12 ὑπολείπω, *fut pas ind 3p*, leave behind
13 βοάω, *aor act ind 3s*, cry out
14 ὁρισμός, boundary, agreed timing
15 βάτραχος, frog
16 τάσσω, *aor mid ind 3s*, arrange
17 καθάπερ, just as
18 τελευτάω, *aor act ind 3p*, die
19 βάτραχος, frog
20 ἔπαυλις, village
21 ἀγρός, field
22 θημωνιά, heap
23 ὄζω, *aor act ind 3s*, stink
24 ἀνάψυξις, relief, respite
25 βαρύνω, *aor pas ind 3s*, make heavy
26 εἰσακούω, *aor act ind 3s*, listen
27 καθάπερ, just as
28 ἐκτείνω, *aor act impv 2s*, stretch out
29 ῥάβδος, rod, staff
30 πατάσσω, *aor act impv 2s*, strike
31 χῶμα, mound, mass of soil
32 σκνίψ, gnat
33 τετράπους, four-footed (animal)
34 ἐκτείνω, *aor act ind 3s*, stretch out
35 ῥάβδος, rod, staff
36 πατάσσω, *aor act ind 3s*, strike
37 χῶμα, mound
38 σκνίψ, gnat
39 τετράπους, four-footed (animal)
40 ὡσαύτως, just as
41 ἐπαοιδός, enchanter
42 φαρμακεία, sorcery, magic
43 ἐξάγω, *aor act inf*, bring out
44 σκνίψ, gnat

σκνῖφες ἐν τοῖς ἀνθρώποις καὶ ἐν τοῖς τετράποσιν.[1] **15** εἶπαν οὖν οἱ ἐπαοιδοὶ[2] τῷ Φαραω Δάκτυλος[3] θεοῦ ἐστιν τοῦτο. καὶ ἐσκληρύνθη[4] ἡ καρδία Φαραω, καὶ οὐκ εἰσήκουσεν[5] αὐτῶν, καθάπερ[6] ἐλάλησεν κύριος.

Flies Overtake the Land

16 Εἶπεν δὲ κύριος πρὸς Μωυσῆν Ὄρθρισον[7] τὸ πρωὶ[8] καὶ στῆθι ἐναντίον[9] Φαραω·
καὶ ἰδοὺ αὐτὸς ἐξελεύσεται ἐπὶ τὸ ὕδωρ, καὶ ἐρεῖς πρὸς αὐτόν Τάδε[10] λέγει κύριος
Ἐξαπόστειλον[11] τὸν λαόν μου, ἵνα μοι λατρεύσωσιν[12] ἐν τῇ ἐρήμῳ· **17** ἐὰν δὲ μὴ
βούλῃ ἐξαποστεῖλαι[13] τὸν λαόν μου, ἰδοὺ ἐγὼ ἐπαποστέλλω[14] ἐπὶ σὲ καὶ ἐπὶ τοὺς
θεράποντάς[15] σου καὶ ἐπὶ τὸν λαόν σου καὶ ἐπὶ τοὺς οἴκους ὑμῶν κυνόμυιαν,[16] καὶ
πλησθήσονται[17] αἱ οἰκίαι τῶν Αἰγυπτίων τῆς κυνομυίης καὶ εἰς τὴν γῆν, ἐφ᾽ ἧς εἰσιν
ἐπ᾽ αὐτῆς. **18** καὶ παραδοξάσω[18] ἐν τῇ ἡμέρᾳ ἐκείνῃ τὴν γῆν Γεσεμ, ἐφ᾽ ἧς ὁ λαός
μου ἔπεστιν[19] ἐπ᾽ αὐτῆς, ἐφ᾽ ἧς οὐκ ἔσται ἐκεῖ ἡ κυνόμυια,[20] ἵνα εἰδῇς[21] ὅτι ἐγώ εἰμι
κύριος ὁ κύριος πάσης τῆς γῆς. **19** καὶ δώσω διαστολὴν[22] ἀνὰ μέσον[23] τοῦ ἐμοῦ
λαοῦ καὶ ἀνὰ μέσον τοῦ σοῦ λαοῦ· ἐν δὲ τῇ αὔριον[24] ἔσται τὸ σημεῖον τοῦτο ἐπὶ τῆς
γῆς. **20** ἐποίησεν δὲ κύριος οὕτως, καὶ παρεγένετο ἡ κυνόμυια[25] πλῆθος εἰς τοὺς
οἴκους Φαραω καὶ εἰς τοὺς οἴκους τῶν θεραπόντων[26] αὐτοῦ καὶ εἰς πᾶσαν τὴν γῆν
Αἰγύπτου, καὶ ἐξωλεθρεύθη[27] ἡ γῆ ἀπὸ τῆς κυνομυίης.[28]

21 ἐκάλεσεν δὲ Φαραω Μωυσῆν καὶ Ααρων λέγων Ἐλθόντες θύσατε[29] τῷ θεῷ ὑμῶν
ἐν τῇ γῇ. **22** καὶ εἶπεν Μωυσῆς Οὐ δυνατὸν γενέσθαι οὕτως· τὰ γὰρ βδελύγματα[30]
τῶν Αἰγυπτίων θύσομεν[31] κυρίῳ τῷ θεῷ ἡμῶν· ἐὰν γὰρ θύσωμεν[32] τὰ βδελύγματα
τῶν Αἰγυπτίων ἐναντίον[33] αὐτῶν, λιθοβοληθησόμεθα.[34] **23** ὁδὸν τριῶν ἡμερῶν
πορευσόμεθα εἰς τὴν ἔρημον καὶ θύσομεν[35] κυρίῳ τῷ θεῷ ἡμῶν, καθάπερ[36] εἶπεν
ἡμῖν. **24** καὶ εἶπεν Φαραω Ἐγὼ ἀποστέλλω ὑμᾶς, καὶ θύσατε[37] κυρίῳ τῷ θεῷ ὑμῶν

1 τετράπους, four-footed (animal)
2 ἐπαοιδός, enchanter
3 δάκτυλος, finger
4 σκληρύνω, *aor pas ind 3s*, harden
5 εἰσακούω, *aor act ind 3s*, listen to
6 καθάπερ, just as
7 ὀρθρίζω, *aor act impv 2s*, rise early
8 πρωί, (in the) morning
9 ἐναντίον, before
10 ὅδε, this
11 ἐξαποστέλλω, *aor act impv 2s*, send away
12 λατρεύω, *aor act sub 3p*, serve (in worship)
13 ἐξαποστέλλω, *aor act inf*, send away
14 ἐπαποστέλλω, *pres act ind 1s*, send upon
15 θεράπων, attendant, servant
16 κυνόμυια, dog-fly
17 πίμπλημι, *fut pas ind 3p*, fill
18 παραδοξάζω, *fut act ind 1s*, distinguish, make extraordinary
19 ἔπειμι, *pres act ind 3s*, be upon
20 κυνόμυια, dog-fly
21 οἶδα, *perf act sub 2s*, know
22 διαστολή, command, injunction
23 ἀνὰ μέσον, between
24 αὔριον, tomorrow
25 κυνόμυια, dog-fly
26 θεράπων, attendant, servant
27 ἐξολεθρεύω, *aor pas ind 3s*, utterly destroy
28 κυνόμυια, dog-fly
29 θύω, *aor act impv 2p*, sacrifice
30 βδέλυγμα, abomination
31 θύω, *fut act ind 1p*, sacrifice
32 θύω, *aor act sub 1p*, sacrifice
33 ἐναντίον, before
34 λιθοβολέω, *fut pas ind 1p*, throw stones at
35 θύω, *fut act ind 1p*, sacrifice
36 καθάπερ, just as
37 θύω, *aor act impv 2p*, sacrifice

ἐν τῇ ἐρήμῳ, ἀλλ᾽ οὐ μακρὰν[1] ἀποτενεῖτε[2] πορευθῆναι· εὔξασθε[3] οὖν περὶ ἐμοῦ πρὸς
κύριον. **25** εἶπεν δὲ Μωυσῆς Ὅδε[4] ἐγὼ ἐξελεύσομαι ἀπὸ σοῦ καὶ εὔξομαι[5] πρὸς τὸν
θεόν, καὶ ἀπελεύσεται ἡ κυνόμυια[6] ἀπὸ σοῦ καὶ ἀπὸ τῶν θεραπόντων[7] σου καὶ τοῦ
λαοῦ σου αὔριον·[8] μὴ προσθῇς[9] ἔτι, Φαραω, ἐξαπατῆσαι[10] τοῦ μὴ ἐξαποστεῖλαι[11]
τὸν λαὸν θῦσαι[12] κυρίῳ.

26 ἐξῆλθεν δὲ Μωυσῆς ἀπὸ Φαραω καὶ ηὔξατο[13] πρὸς τὸν θεόν· **27** ἐποίησεν δὲ
κύριος καθάπερ[14] εἶπεν Μωυσῆς, καὶ περιεῖλεν[15] τὴν κυνόμυιαν[16] ἀπὸ Φαραω καὶ
τῶν θεραπόντων[17] αὐτοῦ καὶ τοῦ λαοῦ αὐτοῦ, καὶ οὐ κατελείφθη[18] οὐδεμία. **28** καὶ
ἐβάρυνεν[19] Φαραω τὴν καρδίαν αὐτοῦ καὶ ἐπὶ τοῦ καιροῦ τούτου καὶ οὐκ ἠθέλησεν
ἐξαποστεῖλαι[20] τὸν λαόν.

Death of Egypt's Livestock

9 Εἶπεν δὲ κύριος πρὸς Μωυσῆν Εἴσελθε πρὸς Φαραω καὶ ἐρεῖς αὐτῷ Τάδε[21]
λέγει κύριος ὁ θεὸς τῶν Εβραίων Ἐξαπόστειλον[22] τὸν λαόν μου, ἵνα μοι λα-
τρεύσωσιν·[23] **2** εἰ μὲν οὖν μὴ βούλει ἐξαποστεῖλαι[24] τὸν λαόν μου, ἀλλ᾽ ἔτι ἐγκρατεῖς[25]
αὐτοῦ, **3** ἰδοὺ χεὶρ κυρίου ἐπέσται[26] ἐν τοῖς κτήνεσίν[27] σου τοῖς ἐν τοῖς πεδίοις,[28]
ἔν τε τοῖς ἵπποις[29] καὶ ἐν τοῖς ὑποζυγίοις[30] καὶ ταῖς καμήλοις[31] καὶ βουσὶν[32] καὶ
προβάτοις, θάνατος μέγας σφόδρα.[33] **4** καὶ παραδοξάσω[34] ἐγὼ ἐν τῷ καιρῷ ἐκείνῳ
ἀνὰ μέσον[35] τῶν κτηνῶν[36] τῶν Αἰγυπτίων καὶ ἀνὰ μέσον τῶν κτηνῶν τῶν υἱῶν
Ισραηλ· οὐ τελευτήσει[37] ἀπὸ πάντων τῶν τοῦ Ισραηλ υἱῶν ῥητόν.[38] **5** καὶ ἔδωκεν ὁ
θεὸς ὅρον[39] λέγων Ἐν τῇ αὔριον[40] ποιήσει κύριος τὸ ῥῆμα τοῦτο ἐπὶ τῆς γῆς. **6** καὶ

1 μακράν, distant, far away
2 ἀποτείνω, *fut act ind 2p*, stretch out, extend
3 εὔχομαι, *aor mid impv 2p*, pray
4 ὅδε, now
5 εὔχομαι, *fut mid ind 1s*, pray
6 κυνόμυια, dog-fly
7 θεράπων, attendant, servant
8 αὔριον, tomorrow
9 προστίθημι, *aor act sub 2s*, add to, continue
10 ἐξαπατάω, *aor act inf*, deceive
11 ἐξαποστέλλω, *aor act inf*, send away
12 θύω, *aor act inf*, sacrifice
13 εὔχομαι, *aor mid ind 3s*, pray
14 καθάπερ, just as
15 περιαιρέω, *aor act ind 3s*, take away
16 κυνόμυια, dog-fly
17 θεράπων, attendant, servant
18 καταλείπω, *aor pas ind 3s*, leave behind
19 βαρύνω, *aor act ind 3s*, oppress
20 ἐξαποστέλλω, *aor act inf*, send away
21 ὅδε, this
22 ἐξαποστέλλω, *aor act impv 2s*, send away
23 λατρεύω, *aor act sub 3p*, serve (in worship)
24 ἐξαποστέλλω, *aor act inf*, send away
25 ἐγκρατέω, *pres act ind 2s*, hold onto
26 ἔπειμι, *fut mid ind 3s*, be upon
27 κτῆνος, animal, (*p*) herd
28 πεδίον, field
29 ἵππος, horse
30 ὑποζύγιον, beast of burden, mule
31 κάμηλος, camel
32 βοῦς, cattle
33 σφόδρα, very, exceedingly
34 παραδοξάζω, *fut act ind 1s*, distinguish
35 ἀνὰ μέσον, between
36 κτῆνος, animal, (*p*) herd
37 τελευτάω, *fut act ind 3s*, die
38 ῥητός, expressly, having been agreed upon
39 ὅρος, boundary, limit (of time)
40 αὔριον, tomorrow

ἐποίησεν κύριος τὸ ῥῆμα τοῦτο τῇ ἐπαύριον,[1] καὶ ἐτελεύτησεν[2] πάντα τὰ κτήνη[3]
τῶν Αἰγυπτίων, ἀπὸ δὲ τῶν κτηνῶν τῶν υἱῶν Ισραηλ οὐκ ἐτελεύτησεν οὐδέν. **7** ἰδὼν
δὲ Φαραω ὅτι οὐκ ἐτελεύτησεν[4] ἀπὸ πάντων τῶν κτηνῶν[5] τῶν υἱῶν Ισραηλ οὐδέν,
ἐβαρύνθη[6] ἡ καρδία Φαραω, καὶ οὐκ ἐξαπέστειλεν[7] τὸν λαόν.

Sores and Blisters on the People and Animals

8 Εἶπεν δὲ κύριος πρὸς Μωυσῆν καὶ Ααρων λέγων Λάβετε ὑμεῖς πλήρεις[8] τὰς χεῖρας
αἰθάλης[9] καμιναίας,[10] καὶ πασάτω[11] Μωυσῆς εἰς τὸν οὐρανὸν ἐναντίον[12] Φαραω καὶ
ἐναντίον τῶν θεραπόντων[13] αὐτοῦ, **9** καὶ γενηθήτω κονιορτὸς[14] ἐπὶ πᾶσαν τὴν γῆν
Αἰγύπτου, καὶ ἔσται ἐπὶ τοὺς ἀνθρώπους καὶ ἐπὶ τὰ τετράποδα[15] ἕλκη,[16] φλυκτίδες[17]
ἀναζέουσαι,[18] ἔν τε τοῖς ἀνθρώποις καὶ ἐν τοῖς τετράποσιν καὶ ἐν πάσῃ γῇ Αἰγύπτου.
10 καὶ ἔλαβεν τὴν αἰθάλην[19] τῆς καμιναίας[20] ἐναντίον[21] Φαραω καὶ ἔπασεν[22] αὐτὴν
Μωυσῆς εἰς τὸν οὐρανόν, καὶ ἐγένετο ἕλκη,[23] φλυκτίδες[24] ἀναζέουσαι,[25] ἐν τοῖς
ἀνθρώποις καὶ ἐν τοῖς τετράποσιν.[26] **11** καὶ οὐκ ἠδύναντο οἱ φάρμακοι[27] στῆναι
ἐναντίον[28] Μωυσῆ διὰ τὰ ἕλκη·[29] ἐγένετο γὰρ τὰ ἕλκη ἐν τοῖς φαρμάκοις καὶ ἐν πάσῃ
γῇ Αἰγύπτου. **12** ἐσκλήρυνεν[30] δὲ κύριος τὴν καρδίαν Φαραω, καὶ οὐκ εἰσήκουσεν[31]
αὐτῶν, καθὰ[32] συνέταξεν[33] κύριος.

Hail Sent upon the Land

13 Εἶπεν δὲ κύριος πρὸς Μωυσῆν Ὄρθρισον[34] τὸ πρωὶ[35] καὶ στῆθι ἐναντίον[36] Φαραω
καὶ ἐρεῖς πρὸς αὐτόν Τάδε[37] λέγει κύριος ὁ θεὸς τῶν Εβραίων Ἐξαπόστειλον[38]
τὸν λαόν μου, ἵνα λατρεύσωσίν[39] μοι. **14** ἐν τῷ γὰρ νῦν καιρῷ ἐγὼ ἐξαποστέλλω[40]

1 ἐπαύριον, on the next day
2 τελευτάω, *aor act ind 3s*, die
3 κτῆνος, animal, (*p*) herd
4 τελευτάω, *aor act ind 3s*, die
5 κτῆνος, animal, (*p*) herd
6 βαρύνω, *aor pas ind 3s*, make heavy, distress
7 ἐξαποστέλλω, *aor act ind 3s*, send away
8 πλήρης, full
9 αἰθάλη, soot
10 καμιναία, furnace
11 πάσσω, *aor act impv 3s*, scatter
12 ἐναντίον, before
13 θεράπων, attendant, servant
14 κονιορτός, dust cloud
15 τετράπους, four-footed (animal)
16 ἕλκος, sore
17 φλυκτίς, blister
18 ἀναζέω, *pres act ptc nom p f*, fester
19 αἰθάλη, soot
20 καμιναία, furnace
21 ἐναντίον, before
22 πάσσω, *aor act ind 3s*, scatter
23 ἕλκος, sore
24 φλυκτίς, blister
25 ἀναζέω, *pres act ptc nom p f*, fester
26 τετράπους, four-footed (animal)
27 φαρμακός, sorcerer
28 ἐναντίον, before
29 ἕλκος, sore
30 σκληρύνω, *aor act ind 3s*, harden
31 εἰσακούω, *aor act ind 3s*, listen
32 καθά, just as
33 συντάσσω, *aor act ind 3s*, instruct, order
34 ὀρθρίζω, *aor act impv 2s*, rise early
35 πρωί, (in the) morning
36 ἐναντίον, before
37 ὅδε, this
38 ἐξαποστέλλω, *aor act impv 2s*, send away
39 λατρεύω, *aor act sub 3p*, serve (in worship)
40 ἐξαποστέλλω, *pres act ind 1s*, send away

πάντα τὰ συναντήματά[1] μου εἰς τὴν καρδίαν σου καὶ τῶν θεραπόντων[2] σου καὶ
τοῦ λαοῦ σου, ἵν᾽ εἰδῇς[3] ὅτι οὐκ ἔστιν ὡς ἐγὼ ἄλλος ἐν πάσῃ τῇ γῇ. **15** νῦν γὰρ
ἀποστείλας τὴν χεῖρα πατάξω[4] σε καὶ τὸν λαόν σου θανάτῳ, καὶ ἐκτριβήσῃ[5] ἀπὸ
τῆς γῆς· **16** καὶ ἕνεκεν[6] τούτου διετηρήθης,[7] ἵνα ἐνδείξωμαι[8] ἐν σοὶ τὴν ἰσχύν[9] μου,
καὶ ὅπως διαγγελῇ[10] τὸ ὄνομά μου ἐν πάσῃ τῇ γῇ. **17** ἔτι οὖν σὺ ἐμποιῇ[11] τοῦ λαοῦ
μου τοῦ μὴ ἐξαποστεῖλαι[12] αὐτούς.

18 ἰδοὺ ἐγὼ ὕω[13] ταύτην τὴν ὥραν[14] αὔριον[15] χάλαζαν[16] πολλὴν σφόδρα,[17] ἥτις
τοιαύτη[18] οὐ γέγονεν ἐν Αἰγύπτῳ ἀφ᾽ ἧς ἡμέρας ἔκτισται[19] ἕως τῆς ἡμέρας ταύτης.
19 νῦν οὖν κατάσπευσον[20] συναγαγεῖν τὰ κτήνη[21] σου καὶ ὅσα σοί ἐστιν ἐν τῷ
πεδίῳ·[22] πάντες γὰρ οἱ ἄνθρωποι καὶ τὰ κτήνη, ὅσα ἂν εὑρεθῇ ἐν τῷ πεδίῳ καὶ μὴ
εἰσέλθῃ εἰς οἰκίαν, πέσῃ δὲ ἐπ᾽ αὐτὰ ἡ χάλαζα,[23] τελευτήσει.[24] **20** ὁ φοβούμενος
τὸ ῥῆμα κυρίου τῶν θεραπόντων[25] Φαραω συνήγαγεν τὰ κτήνη[26] αὐτοῦ εἰς τοὺς
οἴκους· **21** ὃς δὲ μὴ προσέσχεν[27] τῇ διανοίᾳ[28] εἰς τὸ ῥῆμα κυρίου, ἀφῆκεν τὰ κτήνη[29]
ἐν τοῖς πεδίοις.[30]

22 εἶπεν δὲ κύριος πρὸς Μωυσῆν Ἔκτεινον[31] τὴν χεῖρά σου εἰς τὸν οὐρανόν, καὶ
ἔσται χάλαζα[32] ἐπὶ πᾶσαν γῆν Αἰγύπτου, ἐπί τε τοὺς ἀνθρώπους καὶ τὰ κτήνη[33] καὶ
ἐπὶ πᾶσαν βοτάνην[34] τὴν ἐπὶ τῆς γῆς. **23** ἐξέτεινεν[35] δὲ Μωυσῆς τὴν χεῖρα εἰς τὸν
οὐρανόν, καὶ κύριος ἔδωκεν φωνὰς καὶ χάλαζαν,[36] καὶ διέτρεχεν[37] τὸ πῦρ ἐπὶ τῆς
γῆς, καὶ ἔβρεξεν[38] κύριος χάλαζαν ἐπὶ πᾶσαν γῆν Αἰγύπτου. **24** ἦν δὲ ἡ χάλαζα[39]
καὶ τὸ πῦρ φλογίζον[40] ἐν τῇ χαλάζῃ· ἡ δὲ χάλαζα πολλὴ σφόδρα[41] σφόδρα, ἥτις
τοιαύτη[42] οὐ γέγονεν ἐν Αἰγύπτῳ ἀφ᾽ οὗ γεγένηται ἐπ᾽ αὐτῆς ἔθνος. **25** ἐπάταξεν[43]
δὲ ἡ χάλαζα[44] ἐν πάσῃ γῇ Αἰγύπτου ἀπὸ ἀνθρώπου ἕως κτήνους,[45] καὶ πᾶσαν

1 συνάντημα, event, plague
2 θεράπων, attendant, servant
3 οἶδα, *perf act sub 2s*, know
4 πατάσσω, *fut act ind 1s*, strike, smite
5 ἐκτρίβω, *fut pas ind 2s*, destroy
6 ἕνεκα, because
7 διατηρέω, *aor pas ind 2s*, spare, preserve
8 ἐνδείκνυμι, *aor mid sub 1s*, display
9 ἰσχύς, strength, might
10 διαγγέλλω, *aor pas sub 3s*, declare
11 ἐμποιέω, *pres mid ind 2s*, lay claim to
12 ἐξαποστέλλω, *aor act inf*, send away
13 ὕω, *pres act ind 1s*, cause to rain
14 ὥρα, hour
15 αὔριον, tomorrow
16 χάλαζα, hail
17 σφόδρα, very much
18 τοιοῦτος, like this, such as
19 κτίζω, *perf pas ind 3s*, create
20 κατασπεύδω, *aor act impv 2s*, hasten
21 κτῆνος, animal, (*p*) herd
22 πεδίον, field
23 χάλαζα, hail
24 τελευτάω, *fut act ind 3s*, die
25 θεράπων, attendant, servant
26 κτῆνος, animal, (*p*) herd
27 προσέχω, *aor act ind 3s*, pay attention
28 διάνοια, reason, understanding
29 κτῆνος, animal, (*p*) herd
30 πεδίον, field
31 ἐκτείνω, *aor act impv 2s*, stretch out
32 χάλαζα, hail
33 κτῆνος, animal, (*p*) herd
34 βοτάνη, herbage, plant
35 ἐκτείνω, *aor act ind 3s*, stretch out
36 χάλαζα, hail
37 διατρέχω, *impf act ind 3s*, run across
38 βρέχω, *aor act ind 3s*, rain
39 χάλαζα, hail
40 φλογίζω, *pres act ptc nom s n*, burn
41 σφόδρα, very much
42 τοιοῦτος, like this, such as
43 πατάσσω, *aor act ind 3s*, strike
44 χάλαζα, hail
45 κτῆνος, animal, (*p*) herd

βοτάνην[1] τὴν ἐν τῷ πεδίῳ[2] ἐπάταξεν ἡ χάλαζα, καὶ πάντα τὰ ξύλα[3] τὰ ἐν τοῖς πεδίοις συνέτριψεν[4] ἡ χάλαζα· **26** πλὴν ἐν γῇ Γεσεμ, οὗ ἦσαν οἱ υἱοὶ Ισραηλ, οὐκ ἐγένετο ἡ χάλαζα.[5]

27 ἀποστείλας δὲ Φαραω ἐκάλεσεν Μωυσῆν καὶ Ααρων καὶ εἶπεν αὐτοῖς Ἡμάρτηκα τὸ νῦν· ὁ κύριος δίκαιος, ἐγὼ δὲ καὶ ὁ λαός μου ἀσεβεῖς.[6] **28** εὔξασθε[7] οὖν περὶ ἐμοῦ πρὸς κύριον, καὶ παυσάσθω[8] τοῦ γενηθῆναι φωνὰς θεοῦ καὶ χάλαζαν[9] καὶ πῦρ· καὶ ἐξαποστελῶ[10] ὑμᾶς, καὶ οὐκέτι προσθήσεσθε[11] μένειν.[12] **29** εἶπεν δὲ αὐτῷ Μωυσῆς Ὡς ἂν ἐξέλθω τὴν πόλιν, ἐκπετάσω[13] τὰς χεῖράς μου πρὸς κύριον, καὶ αἱ φωναὶ παύσονται,[14] καὶ ἡ χάλαζα[15] καὶ ὁ ὑετὸς[16] οὐκ ἔσται ἔτι· ἵνα γνῷς ὅτι τοῦ κυρίου ἡ γῆ. **30** καὶ σὺ καὶ οἱ θεράποντές[17] σου ἐπίσταμαι[18] ὅτι οὐδέπω[19] πεφόβησθε τὸν κύριον. **31** τὸ δὲ λίνον[20] καὶ ἡ κριθὴ[21] ἐπλήγη·[22] ἡ γὰρ κριθὴ παρεστηκυῖα,[23] τὸ δὲ λίνον[24] σπερματίζον.[25] **32** ὁ δὲ πυρὸς[26] καὶ ἡ ὀλύρα[27] οὐκ ἐπλήγη·[28] ὄψιμα[29] γὰρ ἦν. **33** ἐξῆλθεν δὲ Μωυσῆς ἀπὸ Φαραω ἐκτὸς[30] τῆς πόλεως καὶ ἐξεπέτασεν[31] τὰς χεῖρας πρὸς κύριον, καὶ αἱ φωναὶ ἐπαύσαντο[32] καὶ ἡ χάλαζα,[33] καὶ ὁ ὑετὸς[34] οὐκ ἔσταξεν[35] ἔτι ἐπὶ τὴν γῆν. **34** ἰδὼν δὲ Φαραω ὅτι πέπαυται[36] ὁ ὑετὸς[37] καὶ ἡ χάλαζα[38] καὶ αἱ φωναί, προσέθετο[39] τοῦ ἁμαρτάνειν καὶ ἐβάρυνεν[40] αὐτοῦ τὴν καρδίαν καὶ τῶν θεραπόντων[41] αὐτοῦ. **35** καὶ ἐσκληρύνθη[42] ἡ καρδία Φαραω, καὶ οὐκ ἐξαπέστειλεν[43] τοὺς υἱοὺς Ισραηλ, καθάπερ[44] ἐλάλησεν κύριος τῷ Μωυσῇ.

1 βοτάνη, herbage, plant
2 πεδίον, field
3 ξύλον, tree
4 συντρίβω, *aor act ind 3s*, crush
5 χάλαζα, hail
6 ἀσεβής, ungodly, impious
7 εὔχομαι, *aor mid impv 2p*, pray
8 παύω, *aor mid impv 3s*, cease
9 χάλαζα, hail
10 ἐξαποστέλλω, *fut act ind 1s*, send away
11 προστίθημι, *fut mid ind 2p*, add to, continue
12 μένω, *pres act inf*, stay, remain
13 ἐκπετάννυμι, *fut act ind 1s*, spread out
14 παύω, *fut mid ind 3p*, cease
15 χάλαζα, hail
16 ὑετός, rain
17 θεράπων, attendant, servant
18 ἐπίσταμαι, *pres mid ind 1s*, know
19 οὐδέπω, not yet
20 λίνον, flax
21 κριθή, barley
22 πλήσσω, *aor pas ind 3s*, ruin
23 παρίστημι, *perf act ptc nom s f*, be present, (ripen)
24 λίνον, flax
25 σπερματίζω, *pres act ptc nom s n*, go to seed
26 πυρός, wheat
27 ὀλύρα, rye, spelt
28 πλήσσω, *aor pas ind 3s*, ruin, strike
29 ὄψιμος, late
30 ἐκτός, beyond
31 ἐκπετάννυμι, *aor act ind 3s*, spread out
32 παύω, *aor mid ind 3p*, cease
33 χάλαζα, hail
34 ὑετός, rain
35 στάζω, *aor act ind 3s*, drop
36 παύω, *perf pas ind 3s*, cease
37 ὑετός, rain
38 χάλαζα, hail
39 προστίθημι, *aor mid ind 3s*, add to, continue
40 βαρύνω, *aor act ind 3s*, oppress
41 θεράπων, attendant, servant
42 σκληρύνω, *aor pas ind 3s*, harden
43 ἐξαποστέλλω, *aor act ind 3s*, send away
44 καθάπερ, just as

Locusts Overtake the Land

10 Εἶπεν δὲ κύριος πρὸς Μωυσῆν λέγων Εἴσελθε πρὸς Φαραω· ἐγὼ γὰρ ἐσκλήρυνα[1] αὐτοῦ τὴν καρδίαν καὶ τῶν θεραπόντων[2] αὐτοῦ, ἵνα ἑξῆς[3] ἐπέλθῃ[4] τὰ σημεῖα ταῦτα ἐπ᾽ αὐτούς· **2** ὅπως διηγήσησθε[5] εἰς τὰ ὦτα τῶν τέκνων ὑμῶν καὶ τοῖς τέκνοις τῶν τέκνων ὑμῶν ὅσα ἐμπέπαιχα[6] τοῖς Αἰγυπτίοις, καὶ τὰ σημεῖά μου, ἃ ἐποίησα ἐν αὐτοῖς, καὶ γνώσεσθε ὅτι ἐγὼ κύριος.

3 εἰσῆλθεν δὲ Μωυσῆς καὶ Ααρων ἐναντίον[7] Φαραω καὶ εἶπαν αὐτῷ Τάδε[8] λέγει κύριος ὁ θεὸς τῶν Εβραίων Ἕως τίνος οὐ βούλει ἐντραπῆναί[9] με; ἐξαπόστειλον[10] τὸν λαόν μου, ἵνα λατρεύσωσίν[11] μοι. **4** ἐὰν δὲ μὴ θέλῃς σὺ ἐξαποστεῖλαι[12] τὸν λαόν μου, ἰδοὺ ἐγὼ ἐπάγω[13] ταύτην τὴν ὥραν[14] αὔριον[15] ἀκρίδα[16] πολλὴν ἐπὶ πάντα τὰ ὅριά[17] σου, **5** καὶ καλύψει[18] τὴν ὄψιν[19] τῆς γῆς, καὶ οὐ δυνήσῃ κατιδεῖν[20] τὴν γῆν, καὶ κατέδεται[21] πᾶν τὸ περισσὸν[22] τῆς γῆς τὸ καταλειφθέν,[23] ὃ κατέλιπεν[24] ὑμῖν ἡ χάλαζα,[25] καὶ κατέδεται πᾶν ξύλον[26] τὸ φυόμενον[27] ὑμῖν ἐπὶ τῆς γῆς· **6** καὶ πλησθήσονταί[28] σου αἱ οἰκίαι καὶ αἱ οἰκίαι τῶν θεραπόντων[29] σου καὶ πᾶσαι αἱ οἰκίαι ἐν πάσῃ γῇ τῶν Αἰγυπτίων, ἃ οὐδέποτε[30] ἑωράκασιν οἱ πατέρες σου οὐδὲ οἱ πρόπαπποι[31] αὐτῶν ἀφ᾽ ἧς ἡμέρας γεγόνασιν ἐπὶ τῆς γῆς ἕως τῆς ἡμέρας ταύτης. καὶ ἐκκλίνας[32] Μωυσῆς ἐξῆλθεν ἀπὸ Φαραω.

7 καὶ λέγουσιν οἱ θεράποντες[33] Φαραω πρὸς αὐτόν Ἕως τίνος ἔσται τοῦτο ἡμῖν σκῶλον;[34] ἐξαπόστειλον[35] τοὺς ἀνθρώπους, ὅπως λατρεύσωσιν[36] τῷ θεῷ αὐτῶν· ἢ εἰδέναι βούλει ὅτι ἀπόλωλεν[37] Αἴγυπτος; **8** καὶ ἀπέστρεψαν[38] τόν τε Μωυσῆν καὶ Ααρων πρὸς Φαραω, καὶ εἶπεν αὐτοῖς Πορεύεσθε καὶ λατρεύσατε[39] τῷ θεῷ ὑμῶν· τίνες δὲ καὶ τίνες εἰσὶν οἱ πορευόμενοι; **9** καὶ λέγει Μωυσῆς Σὺν τοῖς νεανίσκοις[40]

1 σκληρύνω, *aor act ind 1s*, harden
2 θεράπων, attendant, servant
3 ἑξῆς, one after another
4 ἐπέρχομαι, *aor act sub 3s*, come upon
5 διηγέομαι, *aor mid sub 2p*, describe, recount
6 ἐμπαίζω, *perf act ind 1s*, mock
7 ἐναντίον, before
8 ὅδε, this
9 ἐντρέπω, *aor pas inf*, respect
10 ἐξαποστέλλω, *aor act impv 2s*, send away
11 λατρεύω, *aor act sub 3p*, serve (in worship)
12 ἐξαποστέλλω, *aor act inf*, send away
13 ἐπάγω, *pres act ind 1s*, bring
14 ὥρα, hour
15 αὔριον, tomorrow
16 ἀκρίς, locust
17 ὅριον, border, territory
18 καλύπτω, *fut act ind 3s*, cover
19 ὄψις, face
20 καθοράω, *aor act inf*, see
21 κατεσθίω, *fut mid ind 3s*, devour, eat
22 περισσός, abundant
23 καταλείπω, *aor pas ptc acc s n*, leave behind
24 καταλείπω, *aor act ind 3s*, leave behind
25 χάλαζα, hail
26 ξύλον, tree
27 φύω, *pres mid ptc acc s n*, grow
28 πίμπλημι, *fut pas ind 3p*, fill
29 θεράπων, attendant, servant
30 οὐδέποτε, never
31 πρόπαππος, grandfather
32 ἐκκλίνω, *aor act ptc nom s m*, turn away
33 θεράπων, attendant, servant
34 σκῶλον, hindrance, obstacle
35 ἐξαποστέλλω, *aor act impv 2s*, send away
36 λατρεύω, *aor act sub 3p*, serve (in worship)
37 ἀπόλλυμι, *perf act ind 3s*, destroy, ruin
38 ἀποστρέφω, *aor act ind 3p*, return
39 λατρεύω, *aor act impv 2p*, serve (in worship)
40 νεανίσκος, young man

καὶ πρεσβυτέροις πορευσόμεθα, σὺν τοῖς υἱοῖς καὶ θυγατράσιν[1] καὶ προβάτοις καὶ
βουσὶν[2] ἡμῶν· ἔστιν γὰρ ἑορτὴ[3] κυρίου τοῦ θεοῦ ἡμῶν. **10** καὶ εἶπεν πρὸς αὐτούς
Ἔστω οὕτως, κύριος μεθ' ὑμῶν· καθότι[4] ἀποστέλλω ὑμᾶς, μὴ καὶ τὴν ἀποσκευὴν[5]
ὑμῶν; ἴδετε ὅτι πονηρία[6] πρόκειται[7] ὑμῖν. **11** μὴ οὕτως· πορευέσθωσαν δὲ οἱ ἄν-
δρες, καὶ λατρεύσατε[8] τῷ θεῷ· τοῦτο γὰρ αὐτοὶ ζητεῖτε. ἐξέβαλον δὲ αὐτοὺς ἀπὸ
προσώπου Φαραω.

12 εἶπεν δὲ κύριος πρὸς Μωυσῆν Ἔκτεινον[9] τὴν χεῖρα ἐπὶ γῆν Αἰγύπτου, καὶ ἀναβήτω
ἀκρὶς[10] ἐπὶ τὴν γῆν καὶ κατέδεται[11] πᾶσαν βοτάνην[12] τῆς γῆς καὶ πάντα τὸν καρπὸν
τῶν ξύλων,[13] ὃν ὑπελίπετο[14] ἡ χάλαζα.[15] **13** καὶ ἐπῆρεν[16] Μωυσῆς τὴν ῥάβδον[17] εἰς
τὸν οὐρανόν, καὶ κύριος ἐπήγαγεν[18] ἄνεμον[19] νότον[20] ἐπὶ τὴν γῆν ὅλην τὴν ἡμέραν
ἐκείνην καὶ ὅλην τὴν νύκτα· τὸ πρωὶ[21] ἐγενήθη, καὶ ὁ ἄνεμος[22] ὁ νότος ἀνέλαβεν[23]
τὴν ἀκρίδα[24] **14** καὶ ἀνήγαγεν[25] αὐτὴν ἐπὶ πᾶσαν γῆν Αἰγύπτου, καὶ κατέπαυσεν[26] ἐπὶ
πάντα τὰ ὅρια[27] Αἰγύπτου πολλὴ σφόδρα·[28] προτέρα[29] αὐτῆς οὐ γέγονεν τοιαύτη[30]
ἀκρὶς[31] καὶ μετὰ ταῦτα οὐκ ἔσται οὕτως. **15** καὶ ἐκάλυψεν[32] τὴν ὄψιν[33] τῆς γῆς, καὶ
ἐφθάρη[34] ἡ γῆ· καὶ κατέφαγεν[35] πᾶσαν βοτάνην[36] τῆς γῆς καὶ πάντα τὸν καρπὸν τῶν
ξύλων,[37] ὃς ὑπελείφθη[38] ἀπὸ τῆς χαλάζης·[39] οὐχ ὑπελείφθη[40] χλωρὸν[41] οὐδὲν ἐν τοῖς
ξύλοις[42] καὶ ἐν πάσῃ βοτάνῃ[43] τοῦ πεδίου[44] ἐν πάσῃ γῇ Αἰγύπτου. **16** κατέσπευδεν[45]
δὲ Φαραω καλέσαι Μωυσῆν καὶ Ααρων λέγων Ἡμάρτηκα ἐναντίον[46] κυρίου
τοῦ θεοῦ ὑμῶν καὶ εἰς ὑμᾶς· **17** προσδέξασθε[47] οὖν μου τὴν ἁμαρτίαν ἔτι νῦν καὶ
προσεύξασθε πρὸς κύριον τὸν θεὸν ὑμῶν, καὶ περιελέτω[48] ἀπ' ἐμοῦ τὸν θάνατον

1 θυγάτηρ, daughter
2 βοῦς, cow, (*p*) cattle
3 ἑορτή, feast
4 καθότι, as
5 ἀποσκευή, household
6 πονηρία, evil
7 πρόκειμαι, *pres pas ind 3s*, lie before
8 λατρεύω, *aor act impv 2p*, serve (in worship)
9 ἐκτείνω, *aor act impv 2s*, stretch out
10 ἀκρίς, locust
11 κατεσθίω, *fut mid ind 3s*, devour, eat
12 βοτάνη, herbage, plant
13 ξύλον, tree
14 ὑπολείπω, *aor mid ind 3s*, leave behind
15 χάλαζα, hail
16 ἐπαίρω, *aor act ind 3s*, raise
17 ῥάβδος, rod, staff
18 ἐπάγω, *aor act ind 3s*, bring upon
19 ἄνεμος, wind
20 νότος, south
21 πρωί, morning
22 ἄνεμος, wind
23 ἀναλαμβάνω, *aor act ind 3s*, raise up
24 ἀκρίς, locust
25 ἀνάγω, *aor act ind 3s*, bring up
26 καταπαύω, *aor act ind 3s*, stop, rest
27 ὅριον, region, territory
28 σφόδρα, very
29 πρότερος, before
30 τοιοῦτος, like this
31 ἀκρίς, swarm of locusts
32 καλύπτω, *aor act ind 3s*, cover
33 ὄψις, surface, face
34 φθείρω, *aor pas ind 3s*, destroy
35 κατεσθίω, *aor act ind 3s*, devour, eat
36 βοτάνη, herbage, plant
37 ξύλον, tree
38 ὑπολείπω, *aor pas ind 3s*, leave behind
39 χάλαζα, hail
40 ὑπολείπω, *aor pas ind 3s*, leave behind
41 χλωρός, green
42 ξύλον, tree
43 βοτάνη, herbage, plant
44 πεδίον, field
45 κατασπεύδω, *impf act ind 3s*, hasten
46 ἐναντίον, before
47 προσδέχομαι, *aor mid impv 2p*, endure, bear with
48 περιαιρέω, *aor act impv 3s*, remove

τοῦτον. **18** ἐξῆλθεν δὲ Μωυσῆς ἀπὸ Φαραω καὶ ηὔξατο[1] πρὸς τὸν θεόν. **19** καὶ μετέβαλεν[2] κύριος ἄνεμον[3] ἀπὸ θαλάσσης σφοδρόν,[4] καὶ ἀνέλαβεν[5] τὴν ἀκρίδα[6] καὶ ἐνέβαλεν[7] αὐτὴν εἰς τὴν ἐρυθρὰν[8] θάλασσαν, καὶ οὐχ ὑπελείφθη[9] ἀκρὶς μία ἐν πάσῃ γῇ Αἰγύπτου. **20** καὶ ἐσκλήρυνεν[10] κύριος τὴν καρδίαν Φαραω, καὶ οὐκ ἐξαπέστειλεν[11] τοὺς υἱοὺς Ισραηλ.

Darkness Overtakes the Land

21 Εἶπεν δὲ κύριος πρὸς Μωυσῆν Ἔκτεινον[12] τὴν χεῖρά σου εἰς τὸν οὐρανόν, καὶ γενηθήτω σκότος ἐπὶ γῆν Αἰγύπτου, ψηλαφητὸν[13] σκότος. **22** ἐξέτεινεν[14] δὲ Μωυσῆς τὴν χεῖρα εἰς τὸν οὐρανόν, καὶ ἐγένετο σκότος γνόφος[15] θύελλα[16] ἐπὶ πᾶσαν γῆν Αἰγύπτου τρεῖς ἡμέρας, **23** καὶ οὐκ εἶδεν οὐδεὶς τὸν ἀδελφὸν αὐτοῦ τρεῖς ἡμέρας, καὶ οὐκ ἐξανέστη[17] οὐδεὶς ἐκ τῆς κοίτης[18] αὐτοῦ τρεῖς ἡμέρας· πᾶσι δὲ τοῖς υἱοῖς Ισραηλ ἦν φῶς ἐν πᾶσιν, οἷς κατεγίνοντο.[19] **24** καὶ ἐκάλεσεν Φαραω Μωυσῆν καὶ Ααρων λέγων Βαδίζετε,[20] λατρεύσατε[21] κυρίῳ τῷ θεῷ ὑμῶν· πλὴν τῶν προβάτων καὶ τῶν βοῶν[22] ὑπολίπεσθε·[23] καὶ ἡ ἀποσκευὴ[24] ὑμῶν ἀποτρεχέτω[25] μεθ' ὑμῶν. **25** καὶ εἶπεν Μωυσῆς Ἀλλὰ καὶ σὺ δώσεις ἡμῖν ὁλοκαυτώματα[26] καὶ θυσίας,[27] ἃ ποιήσομεν κυρίῳ τῷ θεῷ ἡμῶν, **26** καὶ τὰ κτήνη[28] ἡμῶν πορεύσεται μεθ' ἡμῶν, καὶ οὐχ ὑπολειψόμεθα[29] ὁπλήν·[30] ἀπ' αὐτῶν γὰρ λημψόμεθα λατρεῦσαι[31] κυρίῳ τῷ θεῷ ἡμῶν· ἡμεῖς δὲ οὐκ οἴδαμεν, τί λατρεύσωμεν[32] κυρίῳ τῷ θεῷ ἡμῶν, ἕως τοῦ ἐλθεῖν ἡμᾶς ἐκεῖ. **27** ἐσκλήρυνεν[33] δὲ κύριος τὴν καρδίαν Φαραω, καὶ οὐκ ἐβουλήθη ἐξαποστεῖλαι[34] αὐτούς. **28** καὶ λέγει Φαραω Ἄπελθε ἀπ' ἐμοῦ, πρόσεχε[35] σεαυτῷ ἔτι προσθεῖναι[36] ἰδεῖν μου τὸ πρόσωπον· ᾗ δ' ἂν ἡμέρᾳ ὀφθῇς μοι, ἀποθανῇ. **29** λέγει δὲ Μωυσῆς Εἴρηκας· οὐκέτι ὀφθήσομαί σοι εἰς πρόσωπον.

1 εὔχομαι, *aor mid ind 3s*, pray
2 μεταβάλλω, *aor act ind 3s*, turn, change
3 ἄνεμος, wind
4 σφοδρός, strong
5 ἀναλαμβάνω, *aor act ind 3s*, take up
6 ἀκρίς, locust
7 ἐμβάλλω, *aor act ind 3s*, cast
8 ἐρυθρός, red
9 ὑπολείπω, *aor pas ind 3s*, leave behind
10 σκληρύνω, *aor act ind 3s*, harden
11 ἐξαποστέλλω, *aor act ind 3s*, send away
12 ἐκτείνω, *aor act impv 2s*, stretch out
13 ψηλαφητός, palpable, dense
14 ἐκτείνω, *aor act ind 3s*, stretch out
15 γνόφος, gloom
16 θύελλα, storm
17 ἐξανίστημι, *aor act ind 3s*, rise up
18 κοίτη, bed
19 καταγίνομαι, *impf mid ind 3p*, dwell
20 βαδίζω, *pres act impv 2p*, go
21 λατρεύω, *aor act impv 2p*, serve (in worship)
22 βοῦς, cow, (*p*) cattle
23 ὑπολείπω, *aor mid impv 2p*, leave behind
24 ἀποσκευή, household
25 ἀποτρέχω, *pres act impv 3s*, depart
26 ὁλοκαύτωμα, whole burnt offering
27 θυσία, sacrifice
28 κτῆνος, animal, (*p*) herd
29 ὑπολείπω, *fut mid ind 1p*, leave behind
30 ὁπλή, hoof
31 λατρεύω, *aor act inf*, serve (in worship)
32 λατρεύω, *aor act sub 1p*, serve (in worship)
33 σκληρύνω, *aor act ind 3s*, harden
34 ἐξαποστέλλω, *aor act inf*, send away
35 προσέχω, *pres act impv 2s*, pay attention
36 προστίθημι, *aor act inf*, add to, continue

Death Pronounced on the Firstborn of Egypt

11 Εἶπεν δὲ κύριος πρὸς Μωυσῆν Ἔτι μίαν πληγὴν[1] ἐπάξω[2] ἐπὶ Φαραω καὶ ἐπ᾽ Αἴγυπτον, καὶ μετὰ ταῦτα ἐξαποστελεῖ[3] ὑμᾶς ἐντεῦθεν·[4] ὅταν δὲ ἐξαποστέλλῃ[5] ὑμᾶς, σὺν παντὶ ἐκβαλεῖ ὑμᾶς ἐκβολῇ.[6] **2** λάλησον οὖν κρυφῇ[7] εἰς τὰ ὦτα τοῦ λαοῦ, καὶ αἰτησάτω[8] ἕκαστος παρὰ τοῦ πλησίον[9] καὶ γυνὴ παρὰ τῆς πλησίον σκεύη[10] ἀργυρᾶ[11] καὶ χρυσᾶ[12] καὶ ἱματισμόν.[13] **3** κύριος δὲ ἔδωκεν τὴν χάριν τῷ λαῷ αὐτοῦ ἐναντίον[14] τῶν Αἰγυπτίων, καὶ ἔχρησαν[15] αὐτοῖς· καὶ ὁ ἄνθρωπος Μωυσῆς μέγας ἐγενήθη σφόδρα[16] ἐναντίον τῶν Αἰγυπτίων καὶ ἐναντίον Φαραω καὶ ἐναντίον πάντων τῶν θεραπόντων[17] αὐτοῦ.

4 Καὶ εἶπεν Μωυσῆς Τάδε[18] λέγει κύριος Περὶ μέσας νύκτας ἐγὼ εἰσπορεύομαι[19] εἰς μέσον Αἰγύπτου, **5** καὶ τελευτήσει[20] πᾶν πρωτότοκον[21] ἐν γῇ Αἰγύπτῳ ἀπὸ πρωτοτόκου Φαραω, ὃς κάθηται ἐπὶ τοῦ θρόνου, καὶ ἕως πρωτοτόκου τῆς θεραπαίνης[22] τῆς παρὰ τὸν μύλον[23] καὶ ἕως πρωτοτόκου παντὸς κτήνους,[24] **6** καὶ ἔσται κραυγὴ[25] μεγάλη κατὰ πᾶσαν γῆν Αἰγύπτου, ἥτις τοιαύτη[26] οὐ γέγονεν καὶ τοιαύτη οὐκέτι προστεθήσεται.[27] **7** καὶ ἐν πᾶσι τοῖς υἱοῖς Ισραηλ οὐ γρύξει[28] κύων[29] τῇ γλώσσῃ αὐτοῦ ἀπὸ ἀνθρώπου ἕως κτήνους,[30] ὅπως εἰδῇς[31] ὅσα παραδοξάσει[32] κύριος ἀνὰ μέσον[33] τῶν Αἰγυπτίων καὶ τοῦ Ισραηλ. **8** καὶ καταβήσονται πάντες οἱ παῖδές[34] σου οὗτοι πρός με καὶ προκυνήσουσίν με λέγοντες Ἔξελθε σὺ καὶ πᾶς ὁ λαός σου, οὗ σὺ ἀφηγῇ·[35] καὶ μετὰ ταῦτα ἐξελεύσομαι. ἐξῆλθεν δὲ Μωυσῆς ἀπὸ Φαραω μετὰ θυμοῦ.[36]

9 εἶπεν δὲ κύριος πρὸς Μωυσῆν Οὐκ εἰσακούσεται[37] ὑμῶν Φαραω, ἵνα πληθύνων[38] πληθύνω[39] μου τὰ σημεῖα καὶ τὰ τέρατα[40] ἐν γῇ Αἰγύπτῳ. **10** Μωυσῆς δὲ καὶ Ααρων ἐποίησαν πάντα τὰ σημεῖα καὶ τὰ τέρατα[41] ταῦτα ἐν γῇ Αἰγύπτῳ ἐναντίον[42] Φαραω·

1 πληγή, plague
2 ἐπάγω, *fut act ind 1s*, bring upon
3 ἐξαποστέλλω, *fut act ind 3s*, send away
4 ἐντεῦθεν, from here
5 ἐξαποστέλλω, *pres act sub 3s*, send away
6 ἐκβολή, expulsion, jettisoning
7 κρυφῇ, secretly
8 αἰτέω, *aor act impv 3s*, ask
9 πλησίον, neighbor
10 σκεῦος, article, object
11 ἀργυροῦς, silver
12 χρυσοῦς, gold
13 ἱματισμός, clothing
14 ἐναντίον, before
15 χράω, *aor act ind 3p*, supply
16 σφόδρα, very
17 θεράπων, attendant, servant
18 ὅδε, this
19 εἰσπορεύομαι, *pres mid ind 1s*, go into
20 τελευτάω, *fut act ind 3s*, die
21 πρωτότοκος, firstborn
22 θεράπαινα, female servant
23 μύλος, millstone
24 κτῆνος, animal, (*p*) herd
25 κραυγή, outcry
26 τοιοῦτος, like this
27 προστίθημι, *fut pas ind 3s*, happen again
28 γρύζω, *fut act ind 3s*, growl
29 κύων, dog
30 κτῆνος, animal, (*p*) herd
31 οἶδα, *perf act sub 2s*, know
32 παραδοξάζω, *fut act ind 3s*, distinguish
33 ἀνὰ μέσον, between
34 παῖς, servant
35 ἀφηγέομαι, *pres mid ind 2s*, lead away
36 θυμός, wrath, anger
37 εἰσακούω, *fut mid ind 3s*, listen
38 πληθύνω, *pres act ptc nom s m*, multiply
39 πληθύνω, *pres act sub 1s*, multiply
40 τέρας, wonder
41 τέρας, wonder
42 ἐναντίον, before

ἐσκλήρυνεν[1] δὲ κύριος τὴν καρδίαν Φαραω, καὶ οὐκ ἠθέλησεν ἐξαποστεῖλαι[2] τοὺς
υἱοὺς Ισραηλ ἐκ γῆς Αἰγύπτου.

Instructions Regarding the Passover Lamb

12 Εἶπεν δὲ κύριος πρὸς Μωυσῆν καὶ Ααρων ἐν γῇ Αἰγύπτου λέγων **2** Ὁ μὴν[3]
οὗτος ὑμῖν ἀρχὴ μηνῶν, πρῶτός ἐστιν ὑμῖν ἐν τοῖς μησὶν τοῦ ἐνιαυτοῦ.[4]
3 λάλησον πρὸς πᾶσαν συναγωγὴν υἱῶν Ισραηλ λέγων Τῇ δεκάτῃ[5] τοῦ μηνὸς[6]
τούτου λαβέτωσαν ἕκαστος πρόβατον κατ᾽ οἴκους πατριῶν,[7] ἕκαστος πρόβατον κατ᾽
οἰκίαν. **4** ἐὰν δὲ ὀλιγοστοὶ[8] ὦσιν οἱ ἐν τῇ οἰκίᾳ ὥστε μὴ ἱκανοὺς[9] εἶναι εἰς πρόβατον,
συλλήμψεται[10] μεθ᾽ ἑαυτοῦ τὸν γείτονα[11] τὸν πλησίον[12] αὐτοῦ κατὰ ἀριθμὸν[13] ψυχῶν·
ἕκαστος τὸ ἀρκοῦν[14] αὐτῷ συναριθμήσεται[15] εἰς πρόβατον. **5** πρόβατον τέλειον[16]
ἄρσεν[17] ἐνιαύσιον[18] ἔσται ὑμῖν· ἀπὸ τῶν ἀρνῶν[19] καὶ τῶν ἐρίφων[20] λήμψεσθε. **6** καὶ
ἔσται ὑμῖν διατετηρημένον[21] ἕως τῆς τεσσαρεσκαιδεκάτης[22] τοῦ μηνὸς[23] τούτου, καὶ
σφάξουσιν[24] αὐτὸ πᾶν τὸ πλῆθος συναγωγῆς υἱῶν Ισραηλ πρὸς ἑσπέραν.[25]

7 καὶ λήμψονται ἀπὸ τοῦ αἵματος καὶ θήσουσιν ἐπὶ τῶν δύο σταθμῶν[26] καὶ ἐπὶ τὴν
φλιὰν[27] ἐν τοῖς οἴκοις, ἐν οἷς ἐὰν φάγωσιν αὐτὰ ἐν αὐτοῖς. **8** καὶ φάγονται τὰ κρέα[28]
τῇ νυκτὶ ταύτῃ· ὀπτὰ[29] πυρὶ καὶ ἄζυμα[30] ἐπὶ πικρίδων[31] ἔδονται.[32] **9** οὐκ ἔδεσθε[33]
ἀπ᾽ αὐτῶν ὠμὸν[34] οὐδὲ ἡψημένον[35] ἐν ὕδατι, ἀλλ᾽ ἢ ὀπτὰ[36] πυρί, κεφαλὴν σὺν τοῖς
ποσὶν καὶ τοῖς ἐνδοσθίοις.[37] **10** οὐκ ἀπολείψετε[38] ἀπ᾽ αὐτοῦ ἕως πρωὶ[39] καὶ ὀστοῦν[40]
οὐ συντρίψετε[41] ἀπ᾽ αὐτοῦ· τὰ δὲ καταλειπόμενα[42] ἀπ᾽ αὐτοῦ ἕως πρωὶ ἐν πυρὶ
κατακαύσετε.[43] **11** οὕτως δὲ φάγεσθε αὐτό· αἱ ὀσφύες[44] ὑμῶν περιεζωσμέναι,[45] καὶ τὰ

1 σκληρύνω, *aor act ind 3s*, harden
2 ἐξαποστέλλω, *aor act inf*, send away
3 μήν, month
4 ἐνιαυτός, year
5 δέκατος, tenth
6 μήν, month
7 πάτριος, of one's father, patriarchal
8 ὀλίγος, *sup*, very few
9 ἱκανός, enough, sufficient
10 συλλαμβάνω, *fut mid ind 3s*, gather together
11 γείτων, neighbor
12 πλησίον, nearby
13 ἀριθμός, number
14 ἀρκέω, *pres act ptc acc s n*, suffice
15 συναριθμέω, *fut mid ind 3s*, number together
16 τέλειος, perfect, without blemish
17 ἄρσην, male
18 ἐνιαύσιος, one year (old)
19 ἀρήν, lamb
20 ἔριφος, kid
21 διατηρέω, *perf pas ptc nom s n*, preserve, keep
22 τεσσαρεσκαιδέκατος, fourteenth
23 μήν, month
24 σφάζω, *fut act ind 3p*, slaughter
25 ἑσπέρα, evening
26 σταθμός, doorpost
27 φλιά, lintel
28 κρέας, meat
29 ὀπτός, roasted
30 ἄζυμος, unleavened (bread)
31 πικρίς, bitter herb
32 ἐσθίω, *fut mid ind 3p*, eat
33 ἐσθίω, *fut mid ind 2p*, eat
34 ὠμός, raw
35 ἕψω, *perf mid ptc acc s n*, boil
36 ὀπτός, roasted
37 ἐνδόσθια, innards, entrails
38 ἀπολείπω, *fut act ind 2p*, leave behind
39 πρωί, morning
40 ὀστέον, bone
41 συντρίβω, *fut act ind 2p*, break
42 καταλείπω, *pres pas ptc acc p n*, leave behind
43 κατακαίω, *fut act ind 2p*, burn up
44 ὀσφύς, waist, loins
45 περιζώννυμι, *perf pas ptc nom p f*, gird

ὑποδήματα[1] ἐν τοῖς ποσὶν ὑμῶν, καὶ αἱ βακτηρίαι[2] ἐν ταῖς χερσὶν ὑμῶν· καὶ ἔδεσθε[3]
αὐτὸ μετὰ σπουδῆς·[4] πασχα[5] ἐστὶν κυρίῳ. **12** καὶ διελεύσομαι ἐν γῇ Αἰγύπτῳ ἐν
τῇ νυκτὶ ταύτῃ καὶ πατάξω[6] πᾶν πρωτότοκον[7] ἐν γῇ Αἰγύπτῳ ἀπὸ ἀνθρώπου ἕως
κτήνους[8] καὶ ἐν πᾶσι τοῖς θεοῖς τῶν Αἰγυπτίων ποιήσω τὴν ἐκδίκησιν·[9] ἐγὼ κύριος.
13 καὶ ἔσται τὸ αἷμα ὑμῖν ἐν σημείῳ ἐπὶ τῶν οἰκιῶν, ἐν αἷς ὑμεῖς ἐστε ἐκεῖ, καὶ ὄψομαι
τὸ αἷμα καὶ σκεπάσω[10] ὑμᾶς, καὶ οὐκ ἔσται ἐν ὑμῖν πληγὴ[11] τοῦ ἐκτριβῆναι,[12] ὅταν
παίω[13] ἐν γῇ Αἰγύπτῳ.

Feast of Unleavened Bread

14 καὶ ἔσται ἡ ἡμέρα ὑμῖν αὕτη μνημόσυνον,[14] καὶ ἑορτάσετε[15] αὐτὴν ἑορτὴν[16]
κυρίῳ εἰς πάσας τὰς γενεὰς ὑμῶν· νόμιμον[17] αἰώνιον ἑορτάσετε αὐτήν. **15** ἑπτὰ
ἡμέρας ἄζυμα[18] ἔδεσθε,[19] ἀπὸ δὲ τῆς ἡμέρας τῆς πρώτης ἀφανιεῖτε[20] ζύμην[21] ἐκ
τῶν οἰκιῶν ὑμῶν· πᾶς, ὃς ἂν φάγῃ ζύμην, ἐξολεθρευθήσεται[22] ἡ ψυχὴ ἐκείνη ἐξ
Ισραηλ ἀπὸ τῆς ἡμέρας τῆς πρώτης ἕως τῆς ἡμέρας τῆς ἑβδόμης.[23] **16** καὶ ἡ ἡμέρα
ἡ πρώτη κληθήσεται ἁγία, καὶ ἡ ἡμέρα ἡ ἑβδόμη[24] κλητὴ[25] ἁγία ἔσται ὑμῖν· πᾶν
ἔργον λατρευτὸν[26] οὐ ποιήσετε ἐν αὐταῖς, πλὴν ὅσα ποιηθήσεται πάσῃ ψυχῇ, τοῦτο
μόνον ποιηθήσεται ὑμῖν. **17** καὶ φυλάξεσθε τὴν ἐντολὴν ταύτην· ἐν γὰρ τῇ ἡμέρᾳ
ταύτῃ ἐξάξω[27] τὴν δύναμιν ὑμῶν ἐκ γῆς Αἰγύπτου, καὶ ποιήσετε τὴν ἡμέραν ταύτην
εἰς γενεὰς ὑμῶν νόμιμον[28] αἰώνιον. **18** ἐναρχομένου[29] τῇ τεσσαρεσκαιδεκάτῃ[30]
ἡμέρᾳ τοῦ μηνὸς[31] τοῦ πρώτου ἀφ᾽ ἑσπέρας[32] ἔδεσθε[33] ἄζυμα[34] ἕως ἡμέρας μιᾶς
καὶ εἰκάδος[35] τοῦ μηνὸς ἕως ἑσπέρας. **19** ἑπτὰ ἡμέρας ζύμη[36] οὐχ εὑρεθήσεται ἐν
ταῖς οἰκίαις ὑμῶν· πᾶς, ὃς ἂν φάγῃ ζυμωτόν,[37] ἐξολεθρευθήσεται[38] ἡ ψυχὴ ἐκείνη ἐκ

1 ὑπόδημα, sandal
2 βακτηρία, staff
3 ἐσθίω, *fut mid ind 2p*, eat
4 σπουδή, haste
5 πασχα, Passover, *translit.*
6 πατάσσω, *fut act ind 1s*, strike
7 πρωτότοκος, firstborn
8 κτῆνος, animal, (*p*) herd
9 ἐκδίκησις, vengeance
10 σκεπάζω, *fut act ind 1s*, protect, shelter
11 πληγή, plague
12 ἐκτρίβω, *aor pas inf*, destroy
13 παίω, *pres act sub 1s*, strike, smite
14 μνημόσυνον, memorial
15 ἑορτάζω, *fut act ind 2p*, keep a feast
16 ἑορτή, feast
17 νόμιμος, statute, precept, ordinance
18 ἄζυμος, unleavened (bread)
19 ἐσθίω, *fut mid ind 2p*, eat
20 ἀφανίζω, *fut act ind 2p*, remove
21 ζύμη, leaven
22 ἐξολεθρεύω, *fut pas ind 3s*, utterly destroy
23 ἕβδομος, seventh
24 ἕβδομος, seventh
25 κλητός, designated
26 λατρευτός, service
27 ἐξάγω, *fut act ind 1s*, lead out
28 νόμιμος, statute, precept, ordinance
29 ἐνάρχομαι, *pres mid ptc gen s m*, begin
30 τεσσαρεσκαιδέκατος, fourteenth
31 μήν, month
32 ἑσπέρα, evening
33 ἐσθίω, *fut mid ind 2p*, eat
34 ἄζυμος, unleavened (bread)
35 εἰκάς, twentieth
36 ζύμη, leaven
37 ζυμωτός, leavened
38 ἐξολεθρεύω, *fut pas ind 3s*, utterly destroy

συναγωγῆς Ισραηλ ἔν τε τοῖς γειώραις[1] καὶ αὐτόχθοσιν[2] τῆς γῆς· **20** πᾶν ζυμωτὸν[3]
οὐκ ἔδεσθε,[4] ἐν παντὶ δὲ κατοικητηρίῳ[5] ὑμῶν ἔδεσθε ἄζυμα.[6]

21 Ἐκάλεσεν δὲ Μωυσῆς πᾶσαν γερουσίαν[7] υἱῶν Ισραηλ καὶ εἶπεν πρὸς αὐτούς
Ἀπελθόντες λάβετε ὑμῖν ἑαυτοῖς πρόβατον κατὰ συγγενείας[8] ὑμῶν καὶ θύσατε[9]
τὸ πασχα.[10] **22** λήμψεσθε δὲ δεσμὴν[11] ὑσσώπου[12] καὶ βάψαντες[13] ἀπὸ τοῦ αἵματος
τοῦ παρὰ τὴν θύραν καθίξετε[14] τῆς φλιᾶς[15] καὶ ἐπ᾽ ἀμφοτέρων[16] τῶν σταθμῶν[17]
ἀπὸ τοῦ αἵματος, ὅ ἐστιν παρὰ τὴν θύραν· ὑμεῖς δὲ οὐκ ἐξελεύσεσθε ἕκαστος τὴν
θύραν τοῦ οἴκου αὐτοῦ ἕως πρωί.[18] **23** καὶ παρελεύσεται[19] κύριος πατάξαι[20] τοὺς
Αἰγυπτίους καὶ ὄψεται τὸ αἷμα ἐπὶ τῆς φλιᾶς[21] καὶ ἐπ᾽ ἀμφοτέρων[22] τῶν σταθμῶν,[23]
καὶ παρελεύσεται[24] κύριος τὴν θύραν καὶ οὐκ ἀφήσει τὸν ὀλεθρεύοντα[25] εἰσελθεῖν
εἰς τὰς οἰκίας ὑμῶν πατάξαι.[26] **24** καὶ φυλάξεσθε τὸ ῥῆμα τοῦτο νόμιμον[27] σεαυτῷ
καὶ τοῖς υἱοῖς σου ἕως αἰῶνος. **25** ἐὰν δὲ εἰσέλθητε εἰς τὴν γῆν, ἣν ἂν δῷ κύριος ὑμῖν,
καθότι[28] ἐλάλησεν, φυλάξεσθε τὴν λατρείαν[29] ταύτην. **26** καὶ ἔσται, ἐὰν λέγωσιν πρὸς
ὑμᾶς οἱ υἱοὶ ὑμῶν Τίς ἡ λατρεία[30] αὕτη; **27** καὶ ἐρεῖτε αὐτοῖς Θυσία[31] τὸ πασχα[32] τοῦτο
κυρίῳ, ὡς ἐσκέπασεν[33] τοὺς οἴκους τῶν υἱῶν Ισραηλ ἐν Αἰγύπτῳ, ἡνίκα[34] ἐπάταξεν[35]
τοὺς Αἰγυπτίους, τοὺς δὲ οἴκους ἡμῶν ἐρρύσατο.[36] καὶ κύψας[37] ὁ λαὸς προσεκύνησεν.

28 καὶ ἀπελθόντες ἐποίησαν οἱ υἱοὶ Ισραηλ καθὰ[38] ἐνετείλατο[39] κύριος τῷ Μωυσῇ
καὶ Ααρων, οὕτως ἐποίησαν.

Israel's Exodus from Egypt

29 Ἐγενήθη δὲ μεσούσης[40] τῆς νυκτὸς καὶ κύριος ἐπάταξεν[41] πᾶν πρωτότοκον[42]
ἐν γῇ Αἰγύπτῳ ἀπὸ πρωτοτόκου Φαραω τοῦ καθημένου ἐπὶ τοῦ θρόνου ἕως

1 γειώρας, sojourner
2 αὐτόχθων, native
3 ζυμωτός, leavened
4 ἐσθίω, *fut mid ind 2p*, eat
5 κατοικητήριον, habitation
6 ἄζυμος, unleavened
7 γερουσία, council of elders
8 συγγένεια, kindred, family
9 θύω, *aor act impv 2p*, sacrifice
10 πασχα, Passover, *translit.*
11 δέσμη, bundle
12 ὕσσωπος, hyssop
13 βάπτω, *aor act ptc nom p m*, dip
14 καθικνέομαι, *fut act ind 2p*, touch
15 φλιά, lintel
16 ἀμφότεροι, both
17 σταθμός, doorpost
18 πρωί, morning
19 παρέρχομαι, *fut mid ind 3s*, pass by
20 πατάσσω, *aor act inf*, strike
21 φλιά, lintel
22 ἀμφότεροι, both
23 σταθμός, doorpost
24 παρέρχομαι, *fut mid ind 3s*, pass by
25 ὀλεθρεύω, *pres act ptc acc s m*, destroy
26 πατάσσω, *aor act inf*, strike
27 νόμιμος, statute, precept, ordinance
28 καθότι, as
29 λατρεία, rite
30 λατρεία, rite
31 θυσία, sacrifice
32 πασχα, Passover, *translit.*
33 σκεπάζω, *aor act ind 3s*, protect
34 ἡνίκα, when
35 πατάσσω, *aor act ind 3s*, strike
36 ῥύομαι, *aor mid ind 3s*, deliver
37 κύπτω, *aor act ptc nom s m*, bow down
38 καθά, just as
39 ἐντέλλομαι, *aor mid ind 3s*, command
40 μεσόω, *pres act ptc gen s f*, be in the middle
41 πατάσσω, *aor act ind 3s*, strike
42 πρωτότοκος, firstborn

πρωτοτόκου τῆς αἰχμαλωτίδος[1] τῆς ἐν τῷ λάκκῳ[2] καὶ ἕως πρωτοτόκου παντὸς κτήνους.[3] **30** καὶ ἀναστὰς Φαραω νυκτὸς καὶ πάντες οἱ θεράποντες[4] αὐτοῦ καὶ πάντες οἱ Αἰγύπτιοι καὶ ἐγενήθη κραυγὴ[5] μεγάλη ἐν πάσῃ γῇ Αἰγύπτῳ· οὐ γὰρ ἦν οἰκία, ἐν ᾗ οὐκ ἦν ἐν αὐτῇ τεθνηκώς.[6] **31** καὶ ἐκάλεσεν Φαραω Μωυσῆν καὶ Ααρων νυκτὸς καὶ εἶπεν αὐτοῖς Ἀνάστητε καὶ ἐξέλθατε ἐκ τοῦ λαοῦ μου καὶ ὑμεῖς καὶ οἱ υἱοὶ Ισραηλ· βαδίζετε[7] καὶ λατρεύσατε[8] κυρίῳ τῷ θεῷ ὑμῶν, καθὰ[9] λέγετε· **32** καὶ τὰ πρόβατα καὶ τοὺς βόας[10] ὑμῶν ἀναλαβόντες[11] πορεύεσθε, εὐλογήσατε δὲ κἀμέ.[12]

33 καὶ κατεβιάζοντο[13] οἱ Αἰγύπτιοι τὸν λαὸν σπουδῇ[14] ἐκβαλεῖν αὐτοὺς ἐκ τῆς γῆς· εἶπαν γὰρ ὅτι Πάντες ἡμεῖς ἀποθνῄσκομεν. **34** ἀνέλαβεν[15] δὲ ὁ λαὸς τὸ σταῖς[16] πρὸ τοῦ ζυμωθῆναι,[17] τὰ φυράματα[18] αὐτῶν ἐνδεδεμένα[19] ἐν τοῖς ἱματίοις αὐτῶν ἐπὶ τῶν ὤμων.[20] **35** οἱ δὲ υἱοὶ Ισραηλ ἐποίησαν καθὰ[21] συνέταξεν[22] αὐτοῖς Μωυσῆς, καὶ ᾔτησαν[23] παρὰ τῶν Αἰγυπτίων σκεύη[24] ἀργυρᾶ[25] καὶ χρυσᾶ[26] καὶ ἱματισμόν·[27] **36** καὶ κύριος ἔδωκεν τὴν χάριν τῷ λαῷ αὐτοῦ ἐναντίον[28] τῶν Αἰγυπτίων, καὶ ἔχρησαν[29] αὐτοῖς· καὶ ἐσκύλευσαν[30] τοὺς Αἰγυπτίους.

37 Ἀπάραντες[31] δὲ οἱ υἱοὶ Ισραηλ ἐκ Ραμεσση εἰς Σοκχωθα εἰς ἑξακοσίας[32] χιλιάδας[33] πεζῶν[34] οἱ ἄνδρες πλὴν τῆς ἀποσκευῆς,[35] **38** καὶ ἐπίμικτος[36] πολὺς συνανέβη[37] αὐτοῖς καὶ πρόβατα καὶ βόες[38] καὶ κτήνη[39] πολλὰ σφόδρα.[40] **39** καὶ ἔπεψαν[41] τὸ σταῖς,[42] ὃ ἐξήνεγκαν[43] ἐξ Αἰγύπτου, ἐγκρυφίας[44] ἀζύμους·[45] οὐ γὰρ ἐζυμώθη·[46] ἐξέβαλον γὰρ αὐτοὺς οἱ Αἰγύπτιοι, καὶ οὐκ ἠδυνήθησαν ἐπιμεῖναι[47] οὐδὲ ἐπισιτισμὸν[48] ἐποίησαν ἑαυτοῖς εἰς τὴν ὁδόν. **40** ἡ δὲ κατοίκησις[49] τῶν υἱῶν Ισραηλ, ἣν κατῴκησαν ἐν γῇ

1 αἰχμαλωτίς, captive
2 λάκκος, prison
3 κτῆνος, animal, (*p*) herd
4 θεράπων, attendant, servant
5 κραυγή, outcry
6 θνῄσκω, *perf act ptc nom s m*, die
7 βαδίζω, *pres act impv 2p*, go
8 λατρεύω, *aor act impv 2p*, serve (in worship)
9 καθά, just as
10 βοῦς, cow, (*p*) cattle
11 ἀναλαμβάνω, *aor act ptc nom p m*, take up
12 κἀμέ, me too, *cr.* καὶ ἐμέ
13 καταβιάζομαι, *impf mid ind 3p*, force, constrain
14 σπουδή, haste
15 ἀναλαμβάνω, *aor act ind 3s*, take up
16 σταῖς, dough
17 ζυμόω, *aor pas inf*, leaven
18 φύραμα, kneaded dough
19 ἐνδέω, *perf pas ptc acc p n*, bind
20 ὦμος, shoulder
21 καθά, just as
22 συντάσσω, *aor act ind 3s*, instruct, order
23 αἰτέω, *aor act ind 3p*, ask
24 σκεῦος, article, object
25 ἀργυροῦς, silver
26 χρυσοῦς, gold
27 ἱματισμός, clothing
28 ἐναντίον, before
29 χράω, *aor act ind 3p*, supply
30 σκυλεύω, *aor act ind 3p*, plunder
31 ἀπαίρω, *aor act ptc nom p m*, depart
32 ἑξακόσιοι, six hundred
33 χιλιάς, thousand
34 πεζός, on foot
35 ἀποσκευή, household
36 ἐπίμικτος, mixed
37 συναναβαίνω, *aor act ind 3s*, go up together
38 βοῦς, cow, (*p*) cattle
39 κτῆνος, animal, (*p*) herd
40 σφόδρα, haste
41 πέπτω, *aor act ind 3p*, bake
42 σταῖς, dough
43 ἐκφέρω, *aor act ind 3p*, carry out
44 ἐγκρυφίας, bread baked in ashes
45 ἄζυμος, unleavened
46 ζυμόω, *aor pas ind 3s*, leaven
47 ἐπιμένω, *aor act inf*, stay, tarry
48 ἐπισιτισμός, provision
49 κατοίκησις, sojourn

Αἰγύπτῳ καὶ ἐν γῇ Χανααν, ἔτη τετρακόσια[1] τριάκοντα,[2] **41** καὶ ἐγένετο μετὰ τὰ
τετρακόσια[3] τριάκοντα[4] ἔτη ἐξῆλθεν πᾶσα ἡ δύναμις κυρίου ἐκ γῆς Αἰγύπτου.
42 νυκτὸς προφυλακή[5] ἐστιν τῷ κυρίῳ ὥστε ἐξαγαγεῖν[6] αὐτοὺς ἐκ γῆς Αἰγύπτου·
ἐκείνη ἡ νὺξ αὕτη προφυλακὴ[7] κυρίῳ ὥστε πᾶσι τοῖς υἱοῖς Ισραηλ εἶναι εἰς γενεὰς
αὐτῶν.

Passover Restrictions

43 Εἶπεν δὲ κύριος πρὸς Μωυσῆν καὶ Ααρων λέγων Οὗτος ὁ νόμος τοῦ πασχα·[8]
πᾶς ἀλλογενὴς[9] οὐκ ἔδεται[10] ἀπ᾽ αὐτοῦ· **44** καὶ πᾶν οἰκέτην[11] τινὸς ἢ ἀργυρώνητον[12]
περιτεμεῖς[13] αὐτόν, καὶ τότε φάγεται[14] ἀπ᾽ αὐτοῦ· **45** πάροικος[15] ἢ μισθωτὸς[16] οὐκ
ἔδεται[17] ἀπ᾽ αὐτοῦ. **46** ἐν οἰκίᾳ μιᾷ βρωθήσεται,[18] καὶ οὐκ ἐξοίσετε[19] ἐκ τῆς οἰκίας
τῶν κρεῶν[20] ἔξω· καὶ ὀστοῦν[21] οὐ συντρίψετε[22] ἀπ᾽ αὐτοῦ. **47** πᾶσα συναγωγὴ υἱῶν
Ισραηλ ποιήσει αὐτό. **48** ἐὰν δέ τις προσέλθῃ πρὸς ὑμᾶς προσήλυτος[23] ποιῆσαι τὸ
πασχα[24] κυρίῳ, περιτεμεῖς[25] αὐτοῦ πᾶν ἀρσενικόν,[26] καὶ τότε προσελεύσεται ποιῆσαι
αὐτὸ καὶ ἔσται ὥσπερ καὶ ὁ αὐτόχθων[27] τῆς γῆς· πᾶς ἀπερίτμητος[28] οὐκ ἔδεται[29] ἀπ᾽
αὐτοῦ. **49** νόμος εἷς ἔσται τῷ ἐγχωρίῳ[30] καὶ τῷ προσελθόντι προσηλύτῳ[31] ἐν ὑμῖν.

50 καὶ ἐποίησαν οἱ υἱοὶ Ισραηλ καθὰ[32] ἐνετείλατο[33] κύριος τῷ Μωυσῇ καὶ Ααρων
πρὸς αὐτούς, οὕτως ἐποίησαν. — **51** καὶ ἐγένετο ἐν τῇ ἡμέρᾳ ἐκείνῃ ἐξήγαγεν[34]
κύριος τοὺς υἱοὺς Ισραηλ ἐκ γῆς Αἰγύπτου σὺν δυνάμει αὐτῶν.

Consecration of the Firstborn

13 Εἶπεν δὲ κύριος πρὸς Μωυσῆν λέγων **2** Ἁγίασόν[35] μοι πᾶν πρωτότοκον[36]
πρωτογενὲς[37] διανοῖγον[38] πᾶσαν μήτραν[39] ἐν τοῖς υἱοῖς Ισραηλ ἀπὸ ἀνθρώπου
ἕως κτήνους·[40] ἐμοί ἐστιν.

1 τετρακόσιοι, four hundred
2 τριάκοντα, thirty
3 τετρακόσιοι, four hundred
4 τριάκοντα, thirty
5 προφυλακή, watching, vigil
6 ἐξάγω, *aor act inf*, lead out
7 προφυλακή, watching, vigil
8 πασχα, Passover, *translit.*
9 ἀλλογενής, strange
10 ἐσθίω, *fut mid ind 3s*, eat
11 οἰκέτης, household slave, servant
12 ἀργυρώνητος, purchased
13 περιτέμνω, *fut act ind 2s*, circumcise
14 ἐσθίω, *fut mid ind 3s*, eat
15 πάροικος, foreign, strange
16 μισθωτός, hired
17 ἐσθίω, *fut mid ind 3s*, eat
18 βιβρώσκω, *fut pas ind 3s*, eat
19 ἐκφέρω, *fut act ind 2p*, carry out
20 κρέας, meat
21 ὀστέον, bone
22 συντρίβω, *fut act ind 2p*, break
23 προσήλυτος, immigrant, guest
24 πασχα, Passover, *translit.*
25 περιτέμνω, *fut act ind 2s*, circumcise
26 ἀρσενικός, male
27 αὐτόχθων, native
28 ἀπερίτμητος, uncircumcised
29 ἐσθίω, *fut mid ind 3s*, eat
30 ἐγχώριος, local (inhabitant)
31 προσήλυτος, immigrant, guest
32 καθά, just as
33 ἐντέλλομαι, *aor mid ind 3s*, command
34 ἐξάγω, *aor act ind 3s*, lead out
35 ἁγιάζω, *aor act impv 2s*, consecrate
36 πρωτότοκος, firstborn
37 πρωτογενής, first-produced
38 διανοίγω, *pres act ptc nom s n*, lay open
39 μήτρα, womb
40 κτῆνος, animal, (*p*) herd

3 Εἶπεν δὲ Μωυσῆς πρὸς τὸν λαόν Μνημονεύετε[1] τὴν ἡμέραν ταύτην, ἐν ᾗ ἐξήλθατε
ἐκ γῆς Αἰγύπτου ἐξ οἴκου δουλείας·[2] ἐν γὰρ χειρὶ κραταιᾷ[3] ἐξήγαγεν[4] ὑμᾶς κύριος
ἐντεῦθεν·[5] καὶ οὐ βρωθήσεται[6] ζύμη.[7] **4** ἐν γὰρ τῇ σήμερον ὑμεῖς ἐκπορεύεσθε ἐν
μηνὶ[8] τῶν νέων.[9] **5** καὶ ἔσται ἡνίκα[10] ἐὰν εἰσαγάγῃ[11] σε κύριος ὁ θεός σου εἰς τὴν
γῆν τῶν Χαναναίων καὶ Χετταίων καὶ Ευαίων καὶ Γεργεσαίων καὶ Αμορραίων
καὶ Φερεζαίων καὶ Ιεβουσαίων, ἣν ὤμοσεν[12] τοῖς πατράσιν σου δοῦναί σοι, γῆν
ῥέουσαν[13] γάλα[14] καὶ μέλι,[15] καὶ ποιήσεις τὴν λατρείαν[16] ταύτην ἐν τῷ μηνὶ[17] τούτῳ.
6 ἓξ[18] ἡμέρας ἔδεσθε[19] ἄζυμα,[20] τῇ δὲ ἡμέρᾳ τῇ ἑβδόμῃ[21] ἑορτὴ[22] κυρίου· **7** ἄζυμα[23]
ἔδεσθε[24] τὰς ἑπτὰ ἡμέρας, οὐκ ὀφθήσεταί σοι ζυμωτόν,[25] οὐδὲ ἔσται σοι ζύμη[26] ἐν
πᾶσιν τοῖς ὁρίοις[27] σου. **8** καὶ ἀναγγελεῖς[28] τῷ υἱῷ σου ἐν τῇ ἡμέρᾳ ἐκείνῃ λέγων Διὰ
τοῦτο ἐποίησεν κύριος ὁ θεός μοι, ὡς ἐξεπορευόμην ἐξ Αἰγύπτου. **9** καὶ ἔσται σοι
σημεῖον ἐπὶ τῆς χειρός σου καὶ μνημόσυνον[29] πρὸ ὀφθαλμῶν σου, ὅπως ἂν γένηται
ὁ νόμος κυρίου ἐν τῷ στόματί σου· ἐν γὰρ χειρὶ κραταιᾷ[30] ἐξήγαγέν[31] σε κύριος ὁ
θεὸς ἐξ Αἰγύπτου. **10** καὶ φυλάξεσθε τὸν νόμον τοῦτον κατὰ καιροὺς ὡρῶν[32] ἀφ᾽
ἡμερῶν εἰς ἡμέρας.

11 καὶ ἔσται ὡς ἂν εἰσαγάγῃ[33] σε κύριος ὁ θεός σου εἰς τὴν γῆν τῶν Χαναναίων,
ὃν τρόπον[34] ὤμοσεν[35] τοῖς πατράσιν σου, καὶ δώσει σοι αὐτήν, **12** καὶ ἀφελεῖς[36]
πᾶν διανοῖγον[37] μήτραν,[38] τὰ ἀρσενικά,[39] τῷ κυρίῳ· πᾶν διανοῖγον μήτραν ἐκ τῶν
βουκολίων[40] ἢ ἐν τοῖς κτήνεσίν[41] σου, ὅσα ἐὰν γένηταί σοι, τὰ ἀρσενικά, ἁγιάσεις[42]
τῷ κυρίῳ. **13** πᾶν διανοῖγον[43] μήτραν[44] ὄνου[45] ἀλλάξεις[46] προβάτῳ· ἐὰν δὲ μὴ

1 μνημονεύω, *pres act impv 2p*, remember
2 δουλεία, slavery
3 κραταιός, strong
4 ἐξάγω, *aor act ind 3s*, lead out
5 ἐντεῦθεν, from there
6 βιβρώσκω, *fut pas ind 3s*, eat
7 ζύμη, leaven
8 μήν, month
9 νέος, new
10 ἡνίκα, at the time when
11 εἰσάγω, *aor act sub 3s*, bring into
12 ὄμνυμι, *aor act ind 3s*, swear an oath
13 ῥέω, *pres act ptc acc s f*, flow
14 γάλα, milk
15 μέλι, honey
16 λατρεία, service
17 μήν, month
18 ἕξ, six
19 ἐσθίω, *fut mid ind 2p*, eat
20 ἄζυμος, unleavened (bread)
21 ἕβδομος, seventh
22 ἑορτή, feast
23 ἄζυμος, unleavened (bread)
24 ἐσθίω, *fut mid ind 2p*, eat
25 ζυμωτός, leavened
26 ζύμη, leaven
27 ὅριον, region, district
28 ἀναγγέλλω, *fut act ind 2s*, recount
29 μνημόσυνον, memorial
30 κραταιός, strong
31 ἐξάγω, *aor act ind 3s*, lead out
32 ὥρα, season
33 εἰσάγω, *aor act sub 3s*, bring into
34 ὃν τρόπον, in the manner that
35 ὄμνυμι, *aor act ind 3s*, swear an oath
36 ἀφαιρέω, *fut act ind 2s*, set apart
37 διανοίγω, *pres act ptc acc s n*, lay open
38 μήτρα, womb
39 ἀρσενικός, male
40 βουκόλιον, herd (of cattle)
41 κτῆνος, animal, (*p*) herd
42 ἁγιάζω, *fut act ind 2s*, consecrate
43 διανοίγω, *pres act ptc acc s n*, lay open
44 μήτρα, womb
45 ὄνος, donkey
46 ἀλλάσσω, *fut act ind 2s*, exchange

ἀλλάξῃς,[1] λυτρώσῃ[2] αὐτό. πᾶν πρωτότοκον[3] ἀνθρώπου τῶν υἱῶν σου λυτρώσῃ.
14 ἐὰν δὲ ἐρωτήσῃ[4] σε ὁ υἱός σου μετὰ ταῦτα λέγων Τί τοῦτο; καὶ ἐρεῖς αὐτῷ ὅτι Ἐν
χειρὶ κραταιᾷ[5] ἐξήγαγεν[6] ἡμᾶς κύριος ἐκ γῆς Αἰγύπτου ἐξ οἴκου δουλείας·[7] **15** ἡνίκα[8]
δὲ ἐσκλήρυνεν[9] Φαραω ἐξαποστεῖλαι[10] ἡμᾶς, ἀπέκτεινεν πᾶν πρωτότοκον[11] ἐν γῇ
Αἰγύπτῳ ἀπὸ πρωτοτόκων ἀνθρώπων ἕως πρωτοτόκων κτηνῶν·[12] διὰ τοῦτο ἐγὼ
θύω[13] τῷ κυρίῳ πᾶν διανοῖγον[14] μήτραν,[15] τὰ ἀρσενικά,[16] καὶ πᾶν πρωτότοκον τῶν
υἱῶν μου λυτρώσομαι.[17] **16** καὶ ἔσται εἰς σημεῖον ἐπὶ τῆς χειρός σου καὶ ἀσάλευτον[18]
πρὸ ὀφθαλμῶν σου· ἐν γὰρ χειρὶ κραταιᾷ[19] ἐξήγαγέν[20] σε κύριος ἐξ Αἰγύπτου.

God Leads the People in the Pillar of Cloud and Fire

17 Ὡς δὲ ἐξαπέστειλεν[21] Φαραω τὸν λαόν, οὐχ ὡδήγησεν[22] αὐτοὺς ὁ θεὸς ὁδὸν γῆς
Φυλιστιιμ, ὅτι ἐγγὺς[23] ἦν· εἶπεν γὰρ ὁ θεός Μήποτε[24] μεταμελήσῃ[25] τῷ λαῷ ἰδόντι
πόλεμον, καὶ ἀποστρέψῃ[26] εἰς Αἴγυπτον. **18** καὶ ἐκύκλωσεν[27] ὁ θεὸς τὸν λαὸν ὁδὸν
τὴν εἰς τὴν ἔρημον εἰς τὴν ἐρυθρὰν[28] θάλασσαν. πέμπτῃ[29] δὲ γενεᾷ ἀνέβησαν οἱ
υἱοὶ Ισραηλ ἐκ γῆς Αἰγύπτου. **19** καὶ ἔλαβεν Μωυσῆς τὰ ὀστᾶ[30] Ιωσηφ μεθ᾽ ἑαυτοῦ·
ὅρκῳ[31] γὰρ ὥρκισεν[32] Ιωσηφ τοὺς υἱοὺς Ισραηλ λέγων Ἐπισκοπῇ[33] ἐπισκέψεται[34]
ὑμᾶς κύριος, καὶ συνανοίσετέ[35] μου τὰ ὀστᾶ[36] ἐντεῦθεν[37] μεθ᾽ ὑμῶν. **20** ἐξάραντες[38]
δὲ οἱ υἱοὶ Ισραηλ ἐκ Σοκχωθ ἐστρατοπέδευσαν[39] ἐν Οθομ παρὰ τὴν ἔρημον. **21** ὁ δὲ
θεὸς ἡγεῖτο[40] αὐτῶν, ἡμέρας μὲν ἐν στύλῳ[41] νεφέλης[42] δεῖξαι αὐτοῖς τὴν ὁδόν, τὴν

1 ἀλλάσσω, *aor act sub 2s*, exchange
2 λυτρόω, *fut mid ind 2s*, redeem
3 πρωτότοκος, firstborn
4 ἐρωτάω, *aor act sub 3s*, ask
5 κραταιός, strong
6 ἐξάγω, *aor act ind 3s*, lead out
7 δουλεία, slavery
8 ἡνίκα, at the time when
9 σκληρύνω, *aor act ind 3s*, harden
10 ἐξαποστέλλω, *aor act inf*, send away
11 πρωτότοκος, firstborn
12 κτῆνος, animal, (*p*) herd
13 θύω, *pres act ind 1s*, sacrifice
14 διανοίγω, *pres act ptc acc s n*, lay open
15 μήτρα, womb
16 ἀρσενικός, male
17 λυτρόω, *fut mid ind 1s*, redeem
18 ἀσάλευτος, immovable
19 κραταιός, strong
20 ἐξάγω, *aor act ind 3s*, lead out
21 ἐξαποστέλλω, *aor act ind 3s*, send away
22 ὁδηγέω, *aor act ind 3s*, guide, lead
23 ἐγγύς, near
24 μήποτε, lest
25 μεταμελέω, *aor act sub 3s*, regret, change one's mind
26 ἀποστρέφω, *aor act sub 3s*, turn back
27 κυκλόω, *aor act ind 3s*, encircle
28 ἐρυθρός, red
29 πέμπτος, fifth
30 ὀστέον, bone
31 ὅρκος, oath
32 ὁρκίζω, *aor act ind 3s*, cause to swear (an oath)
33 ἐπισκοπή, visitation, concern
34 ἐπισκέπτομαι, *fut mid ind 3s*, visit, show concern, consider
35 συναναφέρω, *fut act ind 2p*, carry up with
36 ὀστέον, bone
37 ἐντεῦθεν, from here
38 ἐξαίρω, *aor act ptc nom p m*, depart
39 στρατοπεδεύω, *aor act ind 3p*, pitch camp
40 ἡγέομαι, *impf mid ind 3s*, go before, lead
41 στῦλος, pillar
42 νεφέλη, cloud

δὲ νύκτα ἐν στύλῳ πυρός· **22** οὐκ ἐξέλιπεν[1] ὁ στῦλος[2] τῆς νεφέλης[3] ἡμέρας καὶ ὁ
στῦλος τοῦ πυρὸς νυκτὸς ἐναντίον[4] παντὸς τοῦ λαοῦ.

Pharaoh Pursues Israel

14 Καὶ ἐλάλησεν κύριος πρὸς Μωυσῆν λέγων **2** Λάλησον τοῖς υἱοῖς Ισραηλ,
καὶ ἀποστρέψαντες[5] στρατοπεδευσάτωσαν[6] ἀπέναντι[7] τῆς ἐπαύλεως[8] ἀνὰ
μέσον[9] Μαγδώλου καὶ ἀνὰ μέσον τῆς θαλάσσης ἐξ ἐναντίας[10] Βεελσεπφων, ἐνώπιον
αὐτῶν στρατοπεδεύσεις[11] ἐπὶ τῆς θαλάσσης. **3** καὶ ἐρεῖ Φαραω τῷ λαῷ αὐτοῦ Οἱ
υἱοὶ Ισραηλ πλανῶνται[12] οὗτοι ἐν τῇ γῇ· συγκέκλεικεν[13] γὰρ αὐτοὺς ἡ ἔρημος.
4 ἐγὼ δὲ σκληρυνῶ[14] τὴν καρδίαν Φαραω, καὶ καταδιώξεται[15] ὀπίσω αὐτῶν· καὶ
ἐνδοξασθήσομαι[16] ἐν Φαραω καὶ ἐν πάσῃ τῇ στρατιᾷ[17] αὐτοῦ, καὶ γνώσονται πάντες
οἱ Αἰγύπτιοι ὅτι ἐγώ εἰμι κύριος. καὶ ἐποίησαν οὕτως.

5 καὶ ἀνηγγέλη[18] τῷ βασιλεῖ τῶν Αἰγυπτίων ὅτι πέφευγεν[19] ὁ λαός· καὶ μετεστράφη[20]
ἡ καρδία Φαραω καὶ τῶν θεραπόντων[21] αὐτοῦ ἐπὶ τὸν λαόν, καὶ εἶπαν Τί τοῦτο
ἐποιήσαμεν τοῦ ἐξαποστεῖλαι[22] τοὺς υἱοὺς Ισραηλ τοῦ μὴ δουλεύειν[23] ἡμῖν; **6** ἔζευξεν[24]
οὖν Φαραω τὰ ἅρματα[25] αὐτοῦ καὶ πάντα τὸν λαὸν αὐτοῦ συναπήγαγεν[26] μεθ᾽ ἑαυτοῦ
7 καὶ λαβὼν ἑξακόσια[27] ἅρματα[28] ἐκλεκτὰ[29] καὶ πᾶσαν τὴν ἵππον[30] τῶν Αἰγυπτίων καὶ
τριστάτας[31] ἐπὶ πάντων. **8** καὶ ἐσκλήρυνεν[32] κύριος τὴν καρδίαν Φαραω βασιλέως
Αἰγύπτου καὶ τῶν θεραπόντων[33] αὐτοῦ, καὶ κατεδίωξεν[34] ὀπίσω τῶν υἱῶν Ισραηλ·
οἱ δὲ υἱοὶ Ισραηλ ἐξεπορεύοντο ἐν χειρὶ ὑψηλῇ.[35] **9** καὶ κατεδίωξαν[36] οἱ Αἰγύπτιοι
ὀπίσω αὐτῶν καὶ εὕροσαν αὐτοὺς παρεμβεβληκότας[37] παρὰ τὴν θάλασσαν, καὶ πᾶσα

1 ἐκλείπω, *aor act ind 3s*, cease, depart
2 στῦλος, pillar
3 νεφέλη, cloud
4 ἐναντίον, before
5 ἀποστρέφω, *aor act ptc nom p m*, turn away
6 στρατοπεδεύω, *aor act impv 3p*, pitch camp
7 ἀπέναντι, opposite
8 ἔπαυλις, village
9 ἀνὰ μέσον, between
10 ἐναντίος, opposite
11 στρατοπεδεύω, *fut act ind 2s*, pitch camp
12 πλανάω, *pres pas ind 3p*, wander about
13 συγκλείω, *perf act ind 3s*, shut in
14 σκληρύνω, *fut act ind 1s*, harden
15 καταδιώκω, *fut mid ind 3s*, pursue
16 ἐνδοξάζω, *fut pas ind 1s*, glorify
17 στρατιά, army
18 ἀναγγέλλω, *aor pas ind 3s*, report, announce
19 φεύγω, *perf act ind 3s*, flee
20 μεταστρέφω, *aor pas ind 3s*, change
21 θεράπων, attendant, servant
22 ἐξαποστέλλω, *aor act inf*, send away
23 δουλεύω, *pres act inf*, serve as slave
24 ζεύγνυμι, *aor act ind 3s*, hitch up, yoke
25 ἅρμα, chariot
26 συναπάγω, *aor act ind 3s*, lead away with
27 ἑξακόσιοι, six hundred
28 ἅρμα, chariot
29 ἐκλεκτός, chosen
30 ἵππος, horse
31 τριστάτης, officer
32 σκληρύνω, *aor act ind 3s*, harden
33 θεράπων, attendant, servant
34 καταδιώκω, *aor act ind 3s*, pursue
35 ὑψηλός, upraised, high
36 καταδιώκω, *aor act ind 3p*, pursue
37 παρεμβάλλω, *perf act ptc acc p m*, pitch camp

ἡ ἵππος[1] καὶ τὰ ἅρματα[2] Φαραω καὶ οἱ ἱππεῖς[3] καὶ ἡ στρατιὰ[4] αὐτοῦ ἀπέναντι[5] τῆς
ἐπαύλεως[6] ἐξ ἐναντίας[7] Βεελσεπφων.

10 καὶ Φαραω προσῆγεν·[8] καὶ ἀναβλέψαντες[9] οἱ υἱοὶ Ισραηλ τοῖς ὀφθαλμοῖς ὁρῶσιν,
καὶ οἱ Αἰγύπτιοι ἐστρατοπέδευσαν[10] ὀπίσω αὐτῶν, καὶ ἐφοβήθησαν σφόδρα·[11]
ἀνεβόησαν[12] δὲ οἱ υἱοὶ Ισραηλ πρὸς κύριον. **11** καὶ εἶπεν πρὸς Μωυσῆν Παρὰ τὸ μὴ
ὑπάρχειν μνήματα[13] ἐν γῇ Αἰγύπτῳ ἐξήγαγες[14] ἡμᾶς θανατῶσαι[15] ἐν τῇ ἐρήμῳ; τί
τοῦτο ἐποίησας ἡμῖν ἐξαγαγὼν[16] ἐξ Αἰγύπτου; **12** οὐ τοῦτο ἦν τὸ ῥῆμα, ὃ ἐλαλήσαμεν
πρὸς σὲ ἐν Αἰγύπτῳ λέγοντες Πάρες[17] ἡμᾶς, ὅπως δουλεύσωμεν[18] τοῖς Αἰγυπτίοις;
κρεῖσσον[19] γὰρ ἡμᾶς δουλεύειν[20] τοῖς Αἰγυπτίοις ἢ ἀποθανεῖν ἐν τῇ ἐρήμῳ ταύτῃ.
13 εἶπεν δὲ Μωυσῆς πρὸς τὸν λαόν Θαρσεῖτε·[21] στῆτε καὶ ὁρᾶτε τὴν σωτηρίαν τὴν
παρὰ τοῦ θεοῦ, ἣν ποιήσει ἡμῖν σήμερον· ὃν τρόπον[22] γὰρ ἑωράκατε τοὺς Αἰγυπτίους
σήμερον, οὐ προσθήσεσθε[23] ἔτι ἰδεῖν αὐτοὺς εἰς τὸν αἰῶνα χρόνον· **14** κύριος
πολεμήσει[24] περὶ ὑμῶν, καὶ ὑμεῖς σιγήσετε.[25]

Israel Crosses through the Sea

15 Εἶπεν δὲ κύριος πρὸς Μωυσῆν Τί βοᾷς[26] πρός με; λάλησον τοῖς υἱοῖς Ισραηλ, καὶ
ἀναζευξάτωσαν·[27] **16** καὶ σὺ ἔπαρον[28] τῇ ῥάβδῳ[29] σου καὶ ἔκτεινον[30] τὴν χεῖρά σου
ἐπὶ τὴν θάλασσαν καὶ ῥῆξον[31] αὐτήν, καὶ εἰσελθάτωσαν οἱ υἱοὶ Ισραηλ εἰς μέσον
τῆς θαλάσσης κατὰ τὸ ξηρόν.[32] **17** καὶ ἰδοὺ ἐγὼ σκληρυνῶ[33] τὴν καρδίαν Φαραω
καὶ τῶν Αἰγυπτίων πάντων, καὶ εἰσελεύσονται ὀπίσω αὐτῶν· καὶ ἐνδοξασθήσομαι[34]
ἐν Φαραω καὶ ἐν πάσῃ τῇ στρατιᾷ[35] αὐτοῦ καὶ ἐν τοῖς ἅρμασιν[36] καὶ ἐν τοῖς ἵπποις[37]
αὐτοῦ. **18** καὶ γνώσονται πάντες οἱ Αἰγύπτιοι ὅτι ἐγώ εἰμι κύριος ἐνδοξαζομένου[38]
μου ἐν Φαραω καὶ ἐν τοῖς ἅρμασιν[39] καὶ ἵπποις[40] αὐτοῦ.

1 ἵππος, horse
2 ἅρμα, chariot
3 ἱππεύς, cavalry
4 στρατιά, army
5 ἀπέναντι, opposite
6 ἔπαυλις, village
7 ἐναντίος, opposite
8 προσάγω, *impf act ind 3s*, draw near
9 ἀναβλέπω, *aor act ptc nom p m*, look up
10 στρατοπεδεύω, *aor act ind 3p*, take up a position
11 σφόδρα, very much
12 ἀναβοάω, *aor act ind 3p*, cry out
13 μνῆμα, grave
14 ἐξάγω, *aor act ind 2s*, lead out
15 θανατόω, *aor act inf*, kill
16 ἐξάγω, *aor act ptc nom s m*, lead out
17 παρίημι, *aor act impv 2s*, leave alone
18 δουλεύω, *aor act sub 1p*, serve
19 κρείσσων (ττ), *comp of* ἀγαθός, better
20 δουλεύω, *pres act inf*, serve as slave
21 θαρσέω, *pres act impv 2p*, take courage
22 ὃν τρόπον, just as
23 προστίθημι, *fut mid ind 2p*, add to, continue
24 πολεμέω, *fut act ind 3s*, fight
25 σιγάω, *fut act ind 2p*, be silent
26 βοάω, *pres act ind 2s*, cry out
27 ἀναζεύγνυμι, *aor act impv 3p*, break camp and move
28 ἐπαίρω, *aor act impv 2s*, raise
29 ῥάβδος, rod, staff
30 ἐκτείνω, *aor act impv 2s*, stretch out
31 ῥήγνυμι, *aor act impv 2s*, break in pieces, rend
32 ξηρός, dry (land)
33 σκληρύνω, *fut act ind 1s*, harden
34 ἐνδοξάζω, *fut pas ind 1s*, glorify
35 στρατιά, army
36 ἅρμα, chariot
37 ἵππος, horse
38 ἐνδοξάζω, *pres pas ptc gen s m*, glorify
39 ἅρμα, chariot
40 ἵππος, horse

19 ἐξῆρεν[1] δὲ ὁ ἄγγελος τοῦ θεοῦ ὁ προπορευόμενος[2] τῆς παρεμβολῆς[3] τῶν υἱῶν Ισραηλ καὶ ἐπορεύθη ἐκ τῶν ὄπισθεν·[4] ἐξῆρεν[5] δὲ καὶ ὁ στῦλος[6] τῆς νεφέλης[7] ἀπὸ προσώπου αὐτῶν καὶ ἔστη ἐκ τῶν ὀπίσω αὐτῶν. **20** καὶ εἰσῆλθεν ἀνὰ μέσον[8] τῆς παρεμβολῆς[9] τῶν Αἰγυπτίων καὶ ἀνὰ μέσον τῆς παρεμβολῆς Ισραηλ καὶ ἔστη· καὶ ἐγένετο σκότος καὶ γνόφος,[10] καὶ διῆλθεν ἡ νύξ, καὶ οὐ συνέμιξαν[11] ἀλλήλοις[12] ὅλην τὴν νύκτα·

21 ἐξέτεινεν[13] δὲ Μωυσῆς τὴν χεῖρα ἐπὶ τὴν θάλασσαν, καὶ ὑπήγαγεν[14] κύριος τὴν θάλασσαν ἐν ἀνέμῳ[15] νότῳ[16] βιαίῳ[17] ὅλην τὴν νύκτα καὶ ἐποίησεν τὴν θάλασσαν ξηράν,[18] καὶ ἐσχίσθη[19] τὸ ὕδωρ. **22** καὶ εἰσῆλθον οἱ υἱοὶ Ισραηλ εἰς μέσον τῆς θαλάσσης κατὰ τὸ ξηρόν,[20] καὶ τὸ ὕδωρ αὐτοῖς τεῖχος[21] ἐκ δεξιῶν καὶ τεῖχος ἐξ εὐωνύμων·[22] **23** κατεδίωξαν[23] δὲ οἱ Αἰγύπτιοι καὶ εἰσῆλθον ὀπίσω αὐτῶν, πᾶσα ἡ ἵππος[24] Φαραω καὶ τὰ ἅρματα[25] καὶ οἱ ἀναβάται,[26] εἰς μέσον τῆς θαλάσσης. **24** ἐγενήθη δὲ ἐν τῇ φυλακῇ τῇ ἑωθινῇ[27] καὶ ἐπέβλεψεν[28] κύριος ἐπὶ τὴν παρεμβολὴν[29] τῶν Αἰγυπτίων ἐν στύλῳ[30] πυρὸς καὶ νεφέλης[31] καὶ συνετάραξεν[32] τὴν παρεμβολὴν[33] τῶν Αἰγυπτίων **25** καὶ συνέδησεν[34] τοὺς ἄξονας[35] τῶν ἁρμάτων[36] αὐτῶν καὶ ἤγαγεν αὐτοὺς μετὰ βίας.[37] καὶ εἶπαν οἱ Αἰγύπτιοι Φύγωμεν[38] ἀπὸ προσώπου Ισραηλ· ὁ γὰρ κύριος πολεμεῖ περὶ αὐτῶν τοὺς Αἰγυπτίους.

26 εἶπεν δὲ κύριος πρὸς Μωυσῆν Ἔκτεινον[39] τὴν χεῖρά σου ἐπὶ τὴν θάλασσαν, καὶ ἀποκαταστήτω[40] τὸ ὕδωρ καὶ ἐπικαλυψάτω[41] τοὺς Αἰγυπτίους, ἐπί τε τὰ ἅρματα[42] καὶ τοὺς ἀναβάτας.[43] **27** ἐξέτεινεν[44] δὲ Μωυσῆς τὴν χεῖρα ἐπὶ τὴν θάλασσαν, καὶ

1 ἐξαίρω, *aor act ind 3s*, lift up
2 προπορεύομαι, *pres mid ptc nom s m*, go before
3 παρεμβολή, camp
4 ὄπισθε(ν), behind
5 ἐξαίρω, *aor act ind 3s*, lift up
6 στῦλος, pillar
7 νεφέλη, cloud
8 ἀνὰ μέσον, between
9 παρεμβολή, camp
10 γνόφος, gloom
11 συμμίγνυμι, *aor act ind 3p*, mix
12 ἀλλήλων, one another
13 ἐκτείνω, *aor act ind 3s*, stretch out
14 ὑπάγω, *aor act ind 3s*, carry away
15 ἄνεμος, wind
16 νότος, south
17 βίαιος, hard
18 ξηρός, dry (land)
19 σχίζω, *aor pas ind 3s*, separate
20 ξηρός, dry (land)
21 τεῖχος, wall
22 εὐώνυμος, left
23 καταδιώκω, *aor act ind 3p*, pursue
24 ἵππος, horse
25 ἅρμα, chariot
26 ἀναβάτης, rider, horseman
27 ἑωθινός, early
28 ἐπιβλέπω, *aor act ind 3s*, look upon
29 παρεμβολή, camp
30 στῦλος, pillar
31 νεφέλη, cloud
32 συνταράσσω, *aor act ind 3s*, throw into disarray
33 παρεμβολή, camp
34 συνδέω, *aor act ind 3s*, bind together
35 ἄξων, axle
36 ἅρμα, chariot
37 βία, violence, force
38 φεύγω, *aor act sub 1p*, flee
39 ἐκτείνω, *aor act impv 2s*, stretch out
40 ἀποκαθίστημι, *aor act impv 3s*, bring back, return
41 ἐπικαλύπτω, *aor act impv 3s*, cover
42 ἅρμα, chariot
43 ἀναβάτης, rider, horseman
44 ἐκτείνω, *aor act ind 3s*, stretch out

ἀπεκατέστη[1] τὸ ὕδωρ πρὸς ἡμέραν ἐπὶ χώρας·[2] οἱ δὲ Αἰγύπτιοι ἔφυγον[3] ὑπὸ τὸ
ὕδωρ, καὶ ἐξετίναξεν[4] κύριος τοὺς Αἰγυπτίους μέσον τῆς θαλάσσης. **28** καὶ ἐπα-
ναστραφὲν[5] τὸ ὕδωρ ἐκάλυψεν[6] τὰ ἅρματα[7] καὶ τοὺς ἀναβάτας[8] καὶ πᾶσαν τὴν
δύναμιν Φαραω τοὺς εἰσπεπορευμένους[9] ὀπίσω αὐτῶν εἰς τὴν θάλασσαν, καὶ οὐ
κατελείφθη[10] ἐξ αὐτῶν οὐδὲ εἷς. **29** οἱ δὲ υἱοὶ Ισραηλ ἐπορεύθησαν διὰ ξηρᾶς[11] ἐν
μέσῳ τῆς θαλάσσης, τὸ δὲ ὕδωρ αὐτοῖς τεῖχος[12] ἐκ δεξιῶν καὶ τεῖχος ἐξ εὐωνύμων.[13]

30 καὶ ἐρρύσατο[14] κύριος τὸν Ισραηλ ἐν τῇ ἡμέρᾳ ἐκείνῃ ἐκ χειρὸς τῶν Αἰγυπτίων· καὶ
εἶδεν Ισραηλ τοὺς Αἰγυπτίους τεθνηκότας[15] παρὰ τὸ χεῖλος[16] τῆς θαλάσσης. **31** εἶδεν
δὲ Ισραηλ τὴν χεῖρα τὴν μεγάλην, ἃ ἐποίησεν κύριος τοῖς Αἰγυπτίοις· ἐφοβήθη δὲ ὁ
λαὸς τὸν κύριον καὶ ἐπίστευσαν τῷ θεῷ καὶ Μωυσῇ τῷ θεράποντι[17] αὐτοῦ.

Song of Moses

15 Τότε ᾖσεν[18] Μωυσῆς καὶ οἱ υἱοὶ Ισραηλ τὴν ᾠδὴν[19] ταύτην τῷ θεῷ καὶ εἶπαν λέγοντες

Ἄισωμεν[20] τῷ κυρίῳ, ἐνδόξως[21] γὰρ δεδόξασται·
ἵππον[22] καὶ ἀναβάτην[23] ἔρριψεν[24] εἰς θάλασσαν.
2 βοηθὸς[25] καὶ σκεπαστὴς[26] ἐγένετό μοι εἰς σωτηρίαν·
οὗτός μου θεός, καὶ δοξάσω αὐτόν,
θεὸς τοῦ πατρός μου, καὶ ὑψώσω[27] αὐτόν.
3 κύριος συντρίβων[28] πολέμους,
κύριος ὄνομα αὐτῷ.
4 ἅρματα[29] Φαραω καὶ τὴν δύναμιν αὐτοῦ ἔρριψεν[30] εἰς θάλασσαν,
ἐπιλέκτους[31] ἀναβάτας[32] τριστάτας[33] κατεπόντισεν[34] ἐν ἐρυθρᾷ[35] θαλάσσῃ.

1 ἀποκαθίστημι, *aor act ind 3s*, restore, return
2 χώρα, place, location
3 φεύγω, *aor act ind 3p*, flee
4 ἐκτινάσσω, *aor act ind 3s*, scatter, shake off
5 ἐπαναστρέφω, *aor pas ptc nom s n*, return
6 καλύπτω, *aor act ind 3s*, cover
7 ἅρμα, chariot
8 ἀναβάτης, rider, horseman
9 εἰσπορεύομαι, *perf mid ptc acc p m*, enter
10 καταλείπω, *aor pas ind 3s*, remain
11 ξηρός, dry (land)
12 τεῖχος, wall
13 εὐώνυμος, left
14 ῥύομαι, *aor mid ind 3s*, deliver
15 θνῄσκω, *perf act ptc acc p m*, die
16 χεῖλος, edge, shore
17 θεράπων, servant
18 ᾄδω, *aor act ind 3s*, sing
19 ᾠδή, song of praise
20 ᾄδω, *aor act sub 1p*, sing
21 ἐνδόξως, gloriously
22 ἵππος, horse
23 ἀναβάτης, cavalry
24 ῥίπτω, *aor act ind 3s*, throw, cast
25 βοηθός, helper
26 σκεπαστής, protector
27 ὑψόω, *fut act ind 1s*, lift up, exalt
28 συντρίβω, *pres act ptc nom s m*, shatter, crush
29 ἅρμα, chariot
30 ῥίπτω, *aor act ind 3s*, throw, cast
31 ἐπίλεκτος, chosen
32 ἀναβάτης, rider, horseman
33 τριστάτης, officer
34 καταποντίζω, *aor act ind 3s*, cast into, swallow up
35 ἐρυθρός, red

5 πόντῳ[1] ἐκάλυψεν[2] αὐτούς,
κατέδυσαν[3] εἰς βυθὸν[4] ὡσεὶ[5] λίθος.
6 ἡ δεξιά σου, κύριε, δεδόξασται ἐν ἰσχύι·[6]
ἡ δεξιά σου χείρ, κύριε, ἔθραυσεν[7] ἐχθρούς.
7 καὶ τῷ πλήθει τῆς δόξης σου συνέτριψας[8] τοὺς ὑπεναντίους·[9]
ἀπέστειλας τὴν ὀργήν σου,
καὶ κατέφαγεν[10] αὐτοὺς ὡς καλάμην.[11]
8 καὶ διὰ πνεύματος τοῦ θυμοῦ[12] σου διέστη[13] τὸ ὕδωρ·
ἐπάγη[14] ὡσεὶ[15] τεῖχος[16] τὰ ὕδατα,
ἐπάγη τὰ κύματα[17] ἐν μέσῳ τῆς θαλάσσης.
9 εἶπεν ὁ ἐχθρός Διώξας καταλήμψομαι,[18]
μεριῶ[19] σκῦλα,[20] ἐμπλήσω[21] ψυχήν μου,
ἀνελῶ[22] τῇ μαχαίρῃ[23] μου, κυριεύσει[24] ἡ χείρ μου.
10 ἀπέστειλας τὸ πνεῦμά σου, ἐκάλυψεν[25] αὐτοὺς θάλασσα·
ἔδυσαν[26] ὡσεὶ[27] μόλιβος[28] ἐν ὕδατι σφοδρῷ.[29]

11 τίς ὅμοιός[30] σοι ἐν θεοῖς, κύριε;
τίς ὅμοιός σοι, δεδοξασμένος ἐν ἁγίοις,
θαυμαστὸς[31] ἐν δόξαις, ποιῶν τέρατα;[32]
12 ἐξέτεινας[33] τὴν δεξιάν σου,
κατέπιεν[34] αὐτοὺς γῆ.

13 ὡδήγησας[35] τῇ δικαιοσύνῃ σου τὸν λαόν σου τοῦτον, ὃν ἐλυτρώσω,[36]
παρεκάλεσας τῇ ἰσχύι[37] σου εἰς κατάλυμα[38] ἅγιόν σου.

1 πόντος, open sea
2 καλύπτω, *aor act ind 3s*, cover
3 καταδύω, *aor act ind 3p*, sink down
4 βυθός, deep
5 ὡσεί, like
6 ἰσχύς, strength, might
7 θραύω, *aor act ind 3s*, shatter, smite
8 συντρίβω, *aor act ind 2s*, crush
9 ὑπεναντίος, opposing, enemy
10 κατεσθίω, *aor act ind 3s*, consume, devour
11 καλάμη, stubble, straw
12 θυμός, anger, wrath
13 διΐστημι, *aor act ind 3s*, separate
14 πήγνυμι, *aor pas ind 3s*, make firm
15 ὡσεί, like
16 τεῖχος, wall
17 κῦμα, wave
18 καταλαμβάνω, *fut mid ind 1s*, overtake
19 μερίζω, *fut act ind 1s*, divide
20 σκῦλον, spoils, booty
21 ἐμπίμπλημι, *fut act ind 1s*, satisfy
22 ἀναιρέω, *fut act ind 1s*, destroy
23 μάχαιρα, sword
24 κυριεύω, *fut act ind 3s*, rule over, dominate
25 καλύπτω, *aor act ind 3s*, cover
26 δύω, *aor act ind 3p*, sink
27 ὡσεί, like
28 μόλιβος, lead
29 σφοδρός, mighty
30 ὅμοιος, like, equal to
31 θαυμαστός, marvelous
32 τέρας, wonder
33 ἐκτείνω, *aor act ind 2s*, stretch out
34 καταπίνω, *aor act ind 3s*, swallow
35 ὁδηγέω, *aor act ind 2s*, guide, lead
36 λυτρόω, *aor mid ind 2s*, redeem
37 ἰσχύς, strength, might
38 κατάλυμα, habitation, dwelling place

14 ἤκουσαν ἔθνη καὶ ὠργίσθησαν·[1]
ὠδῖνες[2] ἔλαβον κατοικοῦντας Φυλιστιιμ.
15 τότε ἔσπευσαν[3] ἡγεμόνες[4] Εδωμ,
καὶ ἄρχοντες Μωαβιτῶν, ἔλαβεν αὐτοὺς τρόμος,[5]
ἐτάκησαν[6] πάντες οἱ κατοικοῦντες Χανααν.
16 ἐπιπέσοι[7] ἐπ᾽ αὐτοὺς φόβος καὶ τρόμος,[8]
μεγέθει[9] βραχίονός[10] σου ἀπολιθωθήτωσαν,[11]
ἕως ἂν παρέλθῃ[12] ὁ λαός σου, κύριε,
ἕως ἂν παρέλθῃ ὁ λαός σου οὗτος, ὃν ἐκτήσω.[13]
17 εἰσαγαγὼν[14] καταφύτευσον[15] αὐτοὺς εἰς ὄρος κληρονομίας[16] σου,
εἰς ἕτοιμον[17] κατοικητήριόν[18] σου, ὃ κατειργάσω,[19] κύριε,
ἁγίασμα,[20] κύριε, ὃ ἡτοίμασαν αἱ χεῖρές σου.
18 κύριος βασιλεύων[21] τὸν αἰῶνα καὶ ἐπ᾽ αἰῶνα καὶ ἔτι.

19 Ὅτι εἰσῆλθεν ἵππος[22] Φαραω σὺν ἅρμασιν[23] καὶ ἀναβάταις[24] εἰς θάλασσαν, καὶ
ἐπήγαγεν[25] ἐπ᾽ αὐτοὺς κύριος τὸ ὕδωρ τῆς θαλάσσης· οἱ δὲ υἱοὶ Ισραηλ ἐπορεύθησαν
διὰ ξηρᾶς[26] ἐν μέσῳ τῆς θαλάσσης.

Song of Miriam

20 Λαβοῦσα δὲ Μαριαμ ἡ προφῆτις[27] ἡ ἀδελφὴ Ααρων τὸ τύμπανον[28] ἐν τῇ χειρὶ
αὐτῆς, καὶ ἐξήλθοσαν πᾶσαι αἱ γυναῖκες ὀπίσω αὐτῆς μετὰ τυμπάνων καὶ χορῶν,[29]
21 ἐξῆρχεν[30] δὲ αὐτῶν Μαριαμ λέγουσα

Ἄισωμεν[31] τῷ κυρίῳ, ἐνδόξως[32] γὰρ δεδόξασται·
ἵππον[33] καὶ ἀναβάτην[34] ἔρριψεν[35] εἰς θάλασσαν.

1 ὀργίζω, *aor pas ind 3p*, be angry
2 ὠδίν, great pain
3 σπεύδω, *aor act ind 3p*, hasten
4 ἡγεμών, leader, chief
5 τρόμος, trembling
6 τήκω, *aor pas ind 3p*, melt away
7 ἐπιπίπτω, *aor act opt 3s*, fall upon
8 τρόμος, trembling
9 μέγεθος, greatness
10 βραχίων, arm, strength
11 ἀπολιθόω, *aor pas impv 3p*, petrify, make into stone
12 παρέρχομαι, *aor act sub 3s*, pass by
13 κτάομαι, *aor mid ind 2s*, acquire for oneself
14 εἰσάγω, *aor act ptc nom s m*, bring in
15 καταφυτεύω, *aor act impv 2s*, plant, settle
16 κληρονομία, inheritance
17 ἕτοιμος, prepared
18 κατοικητήριον, dwelling place, habitation
19 κατεργάζομαι, *aor mid ind 2s*, prepare
20 ἁγίασμα, sanctuary
21 βασιλεύω, *pres act ptc nom s m*, reign as king
22 ἵππος, horse
23 ἅρμα, chariot
24 ἀναβάτης, rider, horseman
25 ἐπάγω, *aor act ind 3s*, bring upon
26 ξηρός, dry (land)
27 προφῆτις, prophetess
28 τύμπανον, drum
29 χορός, band of dancers
30 ἐξάρχω, *impf act ind 3s*, begin (to sing)
31 ᾄδω, *aor act sub 1p*, sing
32 ἐνδόξως, gloriously
33 ἵππος, horse
34 ἀναβάτης, rider, horseman
35 ῥίπτω, *aor act ind 3s*, throw, cast

Grumbling at the Waters of Marah

22 Ἐξῆρεν[1] δὲ Μωυσῆς τοὺς υἱοὺς Ισραηλ ἀπὸ θαλάσσης ἐρυθρᾶς[2] καὶ ἤγαγεν
αὐτοὺς εἰς τὴν ἔρημον Σουρ· καὶ ἐπορεύοντο τρεῖς ἡμέρας ἐν τῇ ἐρήμῳ καὶ οὐχ
ηὕρισκον ὕδωρ ὥστε πιεῖν. **23** ἦλθον δὲ εἰς Μερρα καὶ οὐκ ἠδύναντο πιεῖν ἐκ
Μερρας, πικρὸν[3] γὰρ ἦν· διὰ τοῦτο ἐπωνομάσθη[4] τὸ ὄνομα τοῦ τόπου ἐκείνου
Πικρία. **24** καὶ διεγόγγυζεν[5] ὁ λαὸς ἐπὶ Μωυσῆν λέγοντες Τί πιόμεθα; **25** ἐβόησεν[6]
δὲ Μωυσῆς πρὸς κύριον· καὶ ἔδειξεν αὐτῷ κύριος ξύλον,[7] καὶ ἐνέβαλεν[8] αὐτὸ εἰς
τὸ ὕδωρ, καὶ ἐγλυκάνθη[9] τὸ ὕδωρ. ἐκεῖ ἔθετο αὐτῷ δικαιώματα[10] καὶ κρίσεις καὶ
ἐκεῖ ἐπείρασεν[11] αὐτὸν **26** καὶ εἶπεν Ἐὰν ἀκοῇ[12] ἀκούσῃς τῆς φωνῆς κυρίου τοῦ
θεοῦ σου καὶ τὰ ἀρεστὰ[13] ἐναντίον[14] αὐτοῦ ποιήσῃς καὶ ἐνωτίσῃ[15] ταῖς ἐντολαῖς
αὐτοῦ καὶ φυλάξῃς πάντα τὰ δικαιώματα[16] αὐτοῦ, πᾶσαν νόσον,[17] ἣν ἐπήγαγον[18]
τοῖς Αἰγυπτίοις, οὐκ ἐπάξω[19] ἐπὶ σέ· ἐγὼ γάρ εἰμι κύριος ὁ ἰώμενός[20] σε.

27 Καὶ ἤλθοσαν εἰς Αιλιμ, καὶ ἦσαν ἐκεῖ δώδεκα[21] πηγαὶ[22] ὑδάτων καὶ ἑβδομήκοντα[23]
στελέχη[24] φοινίκων·[25] παρενέβαλον[26] δὲ ἐκεῖ παρὰ τὰ ὕδατα.

Manna and Quail

16 Ἀπῆραν[27] δὲ ἐξ Αιλιμ καὶ ἤλθοσαν πᾶσα συναγωγὴ υἱῶν Ισραηλ εἰς τὴν ἔρημον
Σιν, ὅ ἐστιν ἀνὰ μέσον[28] Αιλιμ καὶ ἀνὰ μέσον Σινα. τῇ δὲ πεντεκαιδεκάτῃ[29]
ἡμέρᾳ τῷ μηνὶ[30] τῷ δευτέρῳ ἐξεληλυθότων αὐτῶν ἐκ γῆς Αἰγύπτου **2** διεγόγγυζεν[31]
πᾶσα συναγωγὴ υἱῶν Ισραηλ ἐπὶ Μωυσῆν καὶ Ααρων, **3** καὶ εἶπαν πρὸς αὐτοὺς οἱ
υἱοὶ Ισραηλ Ὄφελον[32] ἀπεθάνομεν πληγέντες[33] ὑπὸ κυρίου ἐν γῇ Αἰγύπτῳ, ὅταν
ἐκαθίσαμεν ἐπὶ τῶν λεβήτων[34] τῶν κρεῶν[35] καὶ ἠσθίομεν ἄρτους εἰς πλησμονήν·[36]
ὅτι ἐξηγάγετε[37] ἡμᾶς εἰς τὴν ἔρημον ταύτην ἀποκτεῖναι πᾶσαν τὴν συναγωγὴν
ταύτην ἐν λιμῷ.[38]

1 ἐξαίρω, *aor act ind 3s*, take away, remove
2 ἐρυθρός, red
3 πικρός, bitter
4 ἐπονομάζω, *aor pas ind 3s*, name, call
5 διαγογγύζω, *impf act ind 3s*, grumble
6 βοάω, *aor act ind 3s*, cry out
7 ξύλον, wood
8 ἐμβάλλω, *aor act ind 3s*, throw into
9 γλυκαίνω, *aor pas ind 3s*, sweeten
10 δικαίωμα, ordinance, statute
11 πειράζω, *aor act ind 3s*, test, put to trial
12 ἀκοή, hearing
13 ἀρεστός, pleasing
14 ἐναντίον, before
15 ἐνωτίζομαι, *aor mid sub 2s*, give ear, hearken
16 δικαίωμα, ordinance, statute
17 νόσος, disease
18 ἐπάγω, *aor act ind 1s*, bring upon
19 ἐπάγω, *fut act ind 1s*, bring upon
20 ἰάομαι, *pres mid ptc nom s m*, heal
21 δώδεκα, twelve
22 πηγή, spring
23 ἑβδομήκοντα, seventy
24 στέλεχος, trunk
25 φοῖνιξ, date palm
26 παρεμβάλλω, *aor act ind 3p*, pitch camp
27 ἀπαίρω, *aor act ind 3p*, depart
28 ἀνὰ μέσον, between
29 πεντεκαιδέκατος, fifteenth
30 μήν, month
31 διαγογγύζω, *impf act ind 3s*, grumble
32 ὄφελον, if only
33 πλήσσω, *aor pas ptc nom p m*, smite, strike
34 λέβης, kettle
35 κρέας, meat
36 πλησμονή, satisfaction
37 ἐξάγω, *aor act ind 2p*, lead out
38 λιμός, hunger, famine

4 εἶπεν δὲ κύριος πρὸς Μωυσῆν Ἰδοὺ ἐγὼ ὕω[1] ὑμῖν ἄρτους ἐκ τοῦ οὐρανοῦ, καὶ
ἐξελεύσεται ὁ λαὸς καὶ συλλέξουσιν[2] τὸ τῆς ἡμέρας εἰς ἡμέραν, ὅπως πειράσω[3]
αὐτοὺς εἰ πορεύσονται τῷ νόμῳ μου ἢ οὔ· **5** καὶ ἔσται τῇ ἡμέρᾳ τῇ ἕκτῃ[4] καὶ
ἑτοιμάσουσιν ὃ ἐὰν εἰσενέγκωσιν,[5] καὶ ἔσται διπλοῦν[6] ὃ ἐὰν συναγάγωσιν τὸ καθ᾽
ἡμέραν εἰς ἡμέραν. **6** καὶ εἶπεν Μωυσῆς καὶ Ααρων πρὸς πᾶσαν συναγωγὴν υἱῶν
Ισραηλ Ἑσπέρας[7] γνώσεσθε ὅτι κύριος ἐξήγαγεν[8] ὑμᾶς ἐκ γῆς Αἰγύπτου, **7** καὶ πρωὶ[9]
ὄψεσθε τὴν δόξαν κυρίου ἐν τῷ εἰσακοῦσαι[10] τὸν γογγυσμὸν[11] ὑμῶν ἐπὶ τῷ θεῷ·
ἡμεῖς δὲ τί ἐσμεν ὅτι διαγογγύζετε[12] καθ᾽ ἡμῶν; **8** καὶ εἶπεν Μωυσῆς Ἐν τῷ διδόναι
κύριον ὑμῖν ἑσπέρας[13] κρέα[14] φαγεῖν καὶ ἄρτους τὸ πρωὶ[15] εἰς πλησμονὴν[16] διὰ τὸ
εἰσακοῦσαι[17] κύριον τὸν γογγυσμὸν[18] ὑμῶν, ὃν ὑμεῖς διαγογγύζετε[19] καθ᾽ ἡμῶν·
ἡμεῖς δὲ τί ἐσμεν; οὐ γὰρ καθ᾽ ἡμῶν ὁ γογγυσμὸς ὑμῶν ἐστιν, ἀλλ᾽ ἢ κατὰ τοῦ θεοῦ.

9 εἶπεν δὲ Μωυσῆς πρὸς Ααρων Εἰπὸν πάσῃ συναγωγῇ υἱῶν Ισραηλ Προσέλθατε
ἐναντίον[20] τοῦ θεοῦ· εἰσακήκοεν[21] γὰρ ὑμῶν τὸν γογγυσμόν.[22] **10** ἡνίκα[23] δὲ ἐλάλει
Ααρων πάσῃ συναγωγῇ υἱῶν Ισραηλ, καὶ ἐπεστράφησαν εἰς τὴν ἔρημον, καὶ
ἡ δόξα κυρίου ὤφθη ἐν νεφέλῃ.[24] **11** καὶ ἐλάλησεν κύριος πρὸς Μωυσῆν λέγων
12 Εἰσακήκοα[25] τὸν γογγυσμὸν[26] τῶν υἱῶν Ισραηλ· λάλησον πρὸς αὐτοὺς λέγων Τὸ
πρὸς ἑσπέραν[27] ἔδεσθε[28] κρέα[29] καὶ τὸ πρωὶ[30] πλησθήσεσθε[31] ἄρτων· καὶ γνώσεσθε
ὅτι ἐγὼ κύριος ὁ θεὸς ὑμῶν.

13 ἐγένετο δὲ ἑσπέρα,[32] καὶ ἀνέβη ὀρτυγομήτρα[33] καὶ ἐκάλυψεν[34] τὴν παρεμβολήν·[35]
τὸ πρωὶ[36] ἐγένετο καταπαυομένης[37] τῆς δρόσου[38] κύκλῳ[39] τῆς παρεμβολῆς[40] **14** καὶ
ἰδοὺ ἐπὶ πρόσωπον τῆς ἐρήμου λεπτὸν[41] ὡσεὶ[42] κόριον[43] λευκὸν[44] ὡσεὶ πάγος[45] ἐπὶ

1 ὕω, *pres act ind 1s*, cause to rain
2 συλλέγω, *fut act ind 3p*, gather
3 πειράζω, *aor act sub 1s*, test, put to trial
4 ἕκτος, sixth
5 εἰσφέρω, *aor act sub 3p*, bring in
6 διπλοῦς, double
7 ἑσπέρα, evening
8 ἐξάγω, *aor act ind 3s*, lead out
9 πρωί, (in the) morning
10 εἰσακούω, *aor act inf*, hear
11 γογγυσμός, grumbling
12 διαγογγύζω, *pres act ind 2p*, grumble
13 ἑσπέρα, (in the) evening
14 κρέας, meat
15 πρωί, (in the) morning
16 πλησμονή, satisfaction
17 εἰσακούω, *aor act inf*, hear
18 γογγυσμός, grumbling
19 διαγογγύζω, *pres act ind 2p*, grumble
20 ἐναντίον, before
21 εἰσακούω, *perf act ind 3s*, hear
22 γογγυσμός, grumbling
23 ἡνίκα, when
24 νεφέλη, cloud
25 εἰσακούω, *perf act ind 1s*, hear
26 γογγυσμός, grumbling
27 ἑσπέρα, evening
28 ἐσθίω, *fut mid ind 2p*, eat
29 κρέας, meat
30 πρωί, (in the) morning
31 πίμπλημι, *fut pas ind 2p*, satisfy
32 ἑσπέρα, evening
33 ὀρτυγομήτρα, quail
34 καλύπτω, *aor act ind 3s*, cover
35 παρεμβολή, camp
36 πρωί, morning
37 καταπαύω, *pres mid ptc gen s f*, rest, settle
38 δρόσος, dew
39 κύκλῳ, around
40 παρεμβολή, camp
41 λεπτός, fine
42 ὡσεί, like
43 κόριον, coriander
44 λευκός, white
45 πάγος, frost

τῆς γῆς. **15** ἰδόντες δὲ αὐτὸ οἱ υἱοὶ Ισραηλ εἶπαν ἕτερος τῷ ἑτέρῳ Τί ἐστιν τοῦτο; οὐ
γὰρ ᾔδεισαν,[1] τί ἦν. εἶπεν δὲ Μωυσῆς πρὸς αὐτούς Οὗτος ὁ ἄρτος, ὃν ἔδωκεν κύριος
ὑμῖν φαγεῖν· **16** τοῦτο τὸ ῥῆμα, ὃ συνέταξεν[2] κύριος Συναγάγετε ἀπ᾽ αὐτοῦ ἕκαστος
εἰς τοὺς καθήκοντας,[3] γομορ[4] κατὰ κεφαλὴν κατὰ ἀριθμὸν[5] ψυχῶν ὑμῶν ἕκαστος
σὺν τοῖς συσκηνίοις[6] ὑμῶν συλλέξατε.[7] **17** ἐποίησαν δὲ οὕτως οἱ υἱοὶ Ισραηλ καὶ
συνέλεξαν,[8] ὁ τὸ πολὺ καὶ ὁ τὸ ἔλαττον.[9] **18** καὶ μετρήσαντες[10] τῷ γομορ[11] οὐκ
ἐπλεόνασεν[12] ὁ τὸ πολύ, καὶ ὁ τὸ ἔλαττον[13] οὐκ ἠλαττόνησεν·[14] ἕκαστος εἰς τοὺς
καθήκοντας[15] παρ᾽ ἑαυτῷ συνέλεξαν.[16] **19** εἶπεν δὲ Μωυσῆς πρὸς αὐτούς Μηδεὶς[17]
καταλιπέτω[18] ἀπ᾽ αὐτοῦ εἰς τὸ πρωί.[19] **20** καὶ οὐκ εἰσήκουσαν[20] Μωυσῆ, ἀλλὰ κα-
τέλιπόν[21] τινες ἀπ᾽ αὐτοῦ εἰς τὸ πρωί·[22] καὶ ἐξέζεσεν[23] σκώληκας[24] καὶ ἐπώζεσεν·[25]
καὶ ἐπικράνθη[26] ἐπ᾽ αὐτοῖς Μωυσῆς. **21** καὶ συνέλεξαν[27] αὐτὸ πρωὶ[28] πρωί, ἕκαστος
τὸ καθῆκον[29] αὐτῷ· ἡνίκα[30] δὲ διεθέρμαινεν[31] ὁ ἥλιος, ἐτήκετο.[32]

Israel Observes the Sabbath

22 ἐγένετο δὲ τῇ ἡμέρᾳ τῇ ἕκτῃ[33] συνέλεξαν[34] τὰ δέοντα[35] διπλᾶ,[36] δύο γομορ[37] τῷ
ἑνί· εἰσήλθοσαν δὲ πάντες οἱ ἄρχοντες τῆς συναγωγῆς καὶ ἀνήγγειλαν[38] Μωυσεῖ.
23 εἶπεν δὲ Μωυσῆς πρὸς αὐτούς Τοῦτο τὸ ῥῆμά ἐστιν, ὃ ἐλάλησεν κύριος· σάββατα
ἀνάπαυσις[39] ἁγία τῷ κυρίῳ αὔριον·[40] ὅσα ἐὰν πέσσητε,[41] πέσσετε,[42] καὶ ὅσα ἐὰν ἕψητε,[43]
ἕψετε·[44] καὶ πᾶν τὸ πλεονάζον[45] καταλίπετε[46] αὐτὸ εἰς ἀποθήκην[47] εἰς τὸ πρωί.[48]

1 οἶδα, *plpf act ind 3p*, know
2 συντάσσω, *aor act ind 3s*, instruct, order
3 καθήκω, *pres act ptc acc p m*, be due to
4 γομορ, homer, *translit.*
5 ἀριθμός, number
6 συσκήνιος, fellow lodger
7 συλλέγω, *aor act impv 2p*, gather
8 συλλέγω, *aor act ind 3p*, gather
9 ἐλάττων (σσ), *comp of* μικρός, *from* ἐλαχύς, lesser
10 μετρέω, *aor act ptc nom p m*, measure
11 γομορ, homer, *translit.*
12 πλεονάζω, *aor act ind 3s*, abound
13 ἐλάττων (σσ), *comp of* μικρός, *from* ἐλαχύς, lesser
14 ἐλαττονέω, *aor act ind 3s*, have too little
15 καθήκω, *pres act ptc acc p m*, be due to
16 συλλέγω, *aor act ind 3p*, gather
17 μηδείς, nothing
18 καταλείπω, *aor act impv 3s*, leave behind
19 πρωί, morning
20 εἰσακούω, *aor act ind 3p*, listen
21 καταλείπω, *aor act ind 3p*, leave behind
22 πρωί, morning
23 ἐκζέω, *aor act ind 3s*, breed
24 σκώληξ, worm
25 ἐπόζω, *aor act ind 3s*, putrify, become stinking
26 πικραίνω, *aor pas ind 3s*, irritate, provoke
27 συλλέγω, *aor act ind 3p*, gather
28 πρωί, (in the) morning
29 καθήκω, *pres act ptc acc s n*, be fitting, be appropriate
30 ἡνίκα, when
31 διαθερμαίνω, *impf act ind 3s*, warm up
32 τήκω, *impf pas ind 3s*, melt
33 ἕκτος, sixth
34 συλλέγω, *aor act ind 3p*, gather
35 δέω, *pres act ptc acc p n*, require
36 διπλοῦς, double
37 γομορ, homer, *translit.*
38 ἀναγγέλλω, *aor act ind 3p*, report
39 ἀνάπαυσις, rest
40 αὔριον, tomorrow
41 πέσσω, *pres act sub 2p*, bake
42 πέσσω, *pres act impv 2p*, bake
43 ἕψω, *pres act sub 2p*, boil
44 ἕψω, *pres act impv 2p*, boil
45 πλεονάζω, *pres act ptc acc s n*, abound
46 καταλείπω, *aor act impv 2p*, leave
47 ἀποθήκη, storage
48 πρωί, morning

24 καὶ κατελίποσαν[1] ἀπ᾽ αὐτοῦ εἰς τὸ πρωί,[2] καθάπερ[3] συνέταξεν[4] αὐτοῖς Μωυσῆς· καὶ οὐκ ἐπώζεσεν,[5] οὐδὲ σκώληξ[6] ἐγένετο ἐν αὐτῷ. **25** εἶπεν δὲ Μωυσῆς Φάγετε σήμερον· ἔστιν γὰρ σάββατα σήμερον τῷ κυρίῳ· οὐχ εὑρεθήσεται ἐν τῷ πεδίῳ.[7] **26** ἓξ[8] ἡμέρας συλλέξετε·[9] τῇ δὲ ἡμέρᾳ τῇ ἑβδόμῃ[10] σάββατα, ὅτι οὐκ ἔσται ἐν αὐτῇ. **27** ἐγένετο δὲ ἐν τῇ ἡμέρᾳ τῇ ἑβδόμῃ ἐξήλθοσάν τινες ἐκ τοῦ λαοῦ συλλέξαι[11] καὶ οὐχ εὗρον. **28** εἶπεν δὲ κύριος πρὸς Μωυσῆν Ἕως τίνος οὐ βούλεσθε εἰσακούειν[12] τὰς ἐντολάς μου καὶ τὸν νόμον μου; **29** ἴδετε, ὁ γὰρ κύριος ἔδωκεν ὑμῖν τὴν ἡμέραν ταύτην τὰ σάββατα· διὰ τοῦτο αὐτὸς ἔδωκεν ὑμῖν τῇ ἡμέρᾳ τῇ ἕκτῃ[13] ἄρτους δύο ἡμερῶν· καθήσεσθε ἕκαστος εἰς τοὺς οἴκους ὑμῶν, μηδεὶς[14] ἐκπορευέσθω ἐκ τοῦ τόπου αὐτοῦ τῇ ἡμέρᾳ τῇ ἑβδόμῃ.[15] **30** καὶ ἐσαββάτισεν[16] ὁ λαὸς τῇ ἡμέρᾳ τῇ ἑβδόμῃ.[17]

31 καὶ ἐπωνόμασαν[18] οἱ υἱοὶ Ισραηλ τὸ ὄνομα αὐτοῦ μαν·[19] ἦν δὲ ὡς σπέρμα κορίου[20] λευκόν,[21] τὸ δὲ γεῦμα[22] αὐτοῦ ὡς ἐγκρὶς[23] ἐν μέλιτι.[24] **32** εἶπεν δὲ Μωυσῆς Τοῦτο τὸ ῥῆμα, ὃ συνέταξεν[25] κύριος Πλήσατε[26] τὸ γομορ[27] τοῦ μαν[28] εἰς ἀποθήκην[29] εἰς τὰς γενεὰς ὑμῶν, ἵνα ἴδωσιν τὸν ἄρτον, ὃν ἐφάγετε ὑμεῖς ἐν τῇ ἐρήμῳ, ὡς ἐξήγαγεν[30] ὑμᾶς κύριος ἐκ γῆς Αἰγύπτου. **33** καὶ εἶπεν Μωυσῆς πρὸς Ααρων Λαβὲ στάμνον[31] χρυσοῦν[32] ἕνα καὶ ἔμβαλε[33] εἰς αὐτὸν πλῆρες[34] τὸ γομορ[35] τοῦ μαν[36] καὶ ἀποθήσεις[37] αὐτὸ ἐναντίον[38] τοῦ θεοῦ εἰς διατήρησιν[39] εἰς τὰς γενεὰς ὑμῶν. **34** ὃν τρόπον[40] συνέταξεν[41] κύριος τῷ Μωυσῇ, καὶ ἀπέθετο[42] Ααρων ἐναντίον[43] τοῦ μαρτυρίου[44] εἰς διατήρησιν.[45] **35** οἱ δὲ υἱοὶ Ισραηλ ἔφαγον τὸ μαν[46] ἔτη τεσσαράκοντα,[47] ἕως ἦλθον εἰς γῆν οἰκουμένην·[48] τὸ μαν ἐφάγοσαν, ἕως παρεγένοντο εἰς μέρος τῆς Φοινίκης.

1 καταλείπω, *aor act ind 3p*, leave
2 πρωί, morning
3 καθάπερ, just as
4 συντάσσω, *aor act ind 3s*, instruct, order
5 ἐπόζω, *aor act ind 3s*, putrify, become stinking
6 σκώληξ, worm
7 πεδίον, field
8 ἕξ, six
9 συλλέγω, *fut act ind 2p*, gather
10 ἕβδομος, seventh
11 συλλέγω, *aor act inf*, gather
12 εἰσακούω, *pres act inf*, listen
13 ἕκτος, sixth
14 μηδείς, no one
15 ἕβδομος, seventh
16 σαββατίζω, *aor act ind 3s*, keep Sabbath
17 ἕβδομος, seventh
18 ἐπονομάζω, *aor act ind 3p*, name, call
19 μαν, manna, *translit.*
20 κόριον, coriander
21 λευκός, white
22 γεῦμα, taste
23 ἐγκρίς, cake made with oil
24 μέλι, honey
25 συντάσσω, *aor act ind 3s*, instruct, order
26 πίμπλημι, *aor act impv 2p*, fill up
27 γομορ, homer, *translit.*
28 μαν, manna, *translit.*
29 ἀποθήκη, storage
30 ἐξάγω, *aor act ind 3s*, lead out
31 στάμνος, pot
32 χρυσοῦς, gold
33 ἐμβάλλω, *aor act impv 2s*, put into
34 πλήρης, full
35 γομορ, homer, *translit.*
36 μαν, manna, *translit.*
37 ἀποτίθημι, *fut act ind 2s*, put aside
38 ἐναντίον, before
39 διατήρησις, preservation
40 ὃν τρόπον, in the manner that
41 συντάσσω, *aor act ind 3s*, instruct, order
42 ἀποτίθημι, *aor mid ind 3s*, put aside
43 ἐναντίον, before
44 μαρτύριον, testimony
45 διατήρησις, preservation
46 μαν, manna, *translit.*
47 τεσσαράκοντα, forty
48 οἰκέω, *pres pas ptc acc s f*, dwell

36 τὸ δὲ γομορ[1] τὸ δέκατον[2] τῶν τριῶν μέτρων[3] ἦν.

Water from the Rock

17 Καὶ ἀπῆρεν[4] πᾶσα συναγωγὴ υἱῶν Ισραηλ ἐκ τῆς ἐρήμου Σιν κατὰ παρεμ-
βολὰς[5] αὐτῶν διὰ ῥήματος κυρίου καὶ παρενεβάλοσαν[6] ἐν Ραφιδιν· οὐκ ἦν
δὲ ὕδωρ τῷ λαῷ πιεῖν. **2** καὶ ἐλοιδορεῖτο[7] ὁ λαὸς πρὸς Μωυσῆν λέγοντες Δὸς ἡμῖν
ὕδωρ, ἵνα πίωμεν. καὶ εἶπεν αὐτοῖς Μωυσῆς Τί λοιδορεῖσθέ[8] μοι, καὶ τί πειράζετε[9]
κύριον; **3** ἐδίψησεν[10] δὲ ἐκεῖ ὁ λαὸς ὕδατι, καὶ ἐγόγγυζεν[11] ἐκεῖ ὁ λαὸς πρὸς Μωυσῆν
λέγοντες Ἵνα τί τοῦτο ἀνεβίβασας[12] ἡμᾶς ἐξ Αἰγύπτου ἀποκτεῖναι ἡμᾶς καὶ τὰ τέκνα
ἡμῶν καὶ τὰ κτήνη[13] τῷ δίψει;[14] **4** ἐβόησεν[15] δὲ Μωυσῆς πρὸς κύριον λέγων Τί
ποιήσω τῷ λαῷ τούτῳ; ἔτι μικρὸν καὶ καταλιθοβολήσουσίν[16] με. **5** καὶ εἶπεν κύριος
πρὸς Μωυσῆν Προπορεύου[17] τοῦ λαοῦ τούτου, λαβὲ δὲ μετὰ σεαυτοῦ ἀπὸ τῶν
πρεσβυτέρων τοῦ λαοῦ· καὶ τὴν ῥάβδον,[18] ἐν ᾗ ἐπάταξας[19] τὸν ποταμόν,[20] λαβὲ ἐν
τῇ χειρί σου καὶ πορεύσῃ. **6** ὅδε[21] ἐγὼ ἕστηκα πρὸ τοῦ σὲ ἐκεῖ ἐπὶ τῆς πέτρας[22] ἐν
Χωρηβ· καὶ πατάξεις[23] τὴν πέτραν,[24] καὶ ἐξελεύσεται ἐξ αὐτῆς ὕδωρ, καὶ πίεται ὁ λαός
μου. ἐποίησεν δὲ Μωυσῆς οὕτως ἐναντίον[25] τῶν υἱῶν Ισραηλ. **7** καὶ ἐπωνόμασεν[26]
τὸ ὄνομα τοῦ τόπου ἐκείνου Πειρασμὸς καὶ Λοιδόρησις διὰ τὴν λοιδορίαν[27] τῶν
υἱῶν Ισραηλ καὶ διὰ τὸ πειράζειν[28] κύριον λέγοντας Εἰ ἔστιν κύριος ἐν ἡμῖν ἢ οὔ;

Israel Fights the Amalekites

8 Ἦλθεν δὲ Αμαληκ καὶ ἐπολέμει Ισραηλ ἐν Ραφιδιν. **9** εἶπεν δὲ Μωυσῆς τῷ Ἰησοῦ
Ἐπίλεξον[29] σεαυτῷ ἄνδρας δυνατοὺς καὶ ἐξελθὼν παράταξαι[30] τῷ Αμαληκ αὔριον,[31]
καὶ ἰδοὺ ἐγὼ ἕστηκα ἐπὶ τῆς κορυφῆς[32] τοῦ βουνοῦ,[33] καὶ ἡ ῥάβδος[34] τοῦ θεοῦ ἐν
τῇ χειρί μου. **10** καὶ ἐποίησεν Ἰησοῦς καθάπερ[35] εἶπεν αὐτῷ Μωυσῆς, καὶ ἐξελθὼν

1 γομορ, homer, *translit.*
2 δέκατος, tenth
3 μέτρον, measure
4 ἀπαίρω, *aor act ind 3s*, depart
5 παρεμβολή, camp
6 παρεμβάλλω, *aor act ind 3p*, pitch camp
7 λοιδορέω, *impf mid ind 3s*, revile, abuse
8 λοιδορέω, *pres mid ind 2p*, revile, abuse
9 πειράζω, *pres act ind 2p*, test, put to trial
10 διψάω, *aor act ind 3s*, be thirsty
11 γογγύζω, *impf act ind 3s*, grumble
12 ἀναβιβάζω, *aor act ind 2s*, bring up
13 κτῆνος, animal, (*p*) herd
14 δίψος, thirst
15 βοάω, *aor act ind 3s*, cry out
16 καταλιθοβολέω, *fut act ind 3p*, throw stones at
17 προπορεύομαι, *pres mid impv 2s*, go before
18 ῥάβδος, rod, staff
19 πατάσσω, *aor act ind 2s*, strike
20 ποταμός, river
21 ὅδε, here
22 πέτρα, rock
23 πατάσσω, *fut act ind 2s*, strike
24 πέτρα, rock
25 ἐναντίον, before
26 ἐπονομάζω, *aor act ind 3s*, name, call
27 λοιδορία, reviling, abuse
28 πειράζω, *pres act inf*, test, put to trial
29 ἐπιλέγω, *aor act impv 2s*, choose
30 παρατάσσω, *aor mid impv 2s*, battle
31 αὔριον, tomorrow
32 κορυφή, summit
33 βουνός, hill
34 ῥάβδος, rod, staff
35 καθάπερ, just as

παρετάξατο[1] τῷ Αμαληκ· καὶ Μωυσῆς καὶ Ααρων καὶ Ωρ ἀνέβησαν ἐπὶ τὴν κορυφὴν[2]
τοῦ βουνοῦ.[3] **11** καὶ ἐγίνετο ὅταν ἐπῆρεν[4] Μωυσῆς τὰς χεῖρας, κατίσχυεν[5] Ισραηλ·
ὅταν δὲ καθῆκεν[6] τὰς χεῖρας, κατίσχυεν Αμαληκ. **12** αἱ δὲ χεῖρες Μωυσῆ βαρεῖαι·[7]
καὶ λαβόντες λίθον ὑπέθηκαν[8] ὑπ᾽ αὐτόν, καὶ ἐκάθητο ἐπ᾽ αὐτοῦ, καὶ Ααρων καὶ Ωρ
ἐστήριζον[9] τὰς χεῖρας αὐτοῦ, ἐντεῦθεν[10] εἷς καὶ ἐντεῦθεν[11] εἷς· καὶ ἐγένοντο αἱ χεῖρες
Μωυσῆ ἐστηριγμέναι[12] ἕως δυσμῶν[13] ἡλίου. **13** καὶ ἐτρέψατο[14] Ἰησοῦς τὸν Αμαληκ
καὶ πάντα τὸν λαὸν αὐτοῦ ἐν φόνῳ[15] μαχαίρας.[16]

14 εἶπεν δὲ κύριος πρὸς Μωυσῆν Κατάγραψον[17] τοῦτο εἰς μνημόσυνον[18] ἐν βιβλίῳ
καὶ δὸς εἰς τὰ ὦτα Ἰησοῖ ὅτι Ἀλοιφῇ[19] ἐξαλείψω[20] τὸ μνημόσυνον Αμαληκ ἐκ τῆς ὑπὸ
τὸν οὐρανόν. **15** καὶ ᾠκοδόμησεν Μωυσῆς θυσιαστήριον[21] κυρίῳ καὶ ἐπωνόμασεν[22]
τὸ ὄνομα αὐτοῦ Κύριός μου καταφυγή·[23] **16** ὅτι ἐν χειρὶ κρυφαίᾳ[24] πολεμεῖ κύριος
ἐπὶ Αμαληκ ἀπὸ γενεῶν εἰς γενεάς.

Moses and Jethro

18 Ἤκουσεν δὲ Ιοθορ ὁ ἱερεὺς Μαδιαμ ὁ γαμβρὸς[25] Μωυσῆ πάντα, ὅσα ἐποί-
ησεν κύριος Ισραηλ τῷ ἑαυτοῦ λαῷ· ἐξήγαγεν[26] γὰρ κύριος τὸν Ισραηλ ἐξ
Αἰγύπτου. **2** ἔλαβεν δὲ Ιοθορ ὁ γαμβρὸς[27] Μωυσῆ Σεπφωραν τὴν γυναῖκα Μωυσῆ
μετὰ τὴν ἄφεσιν[28] αὐτῆς **3** καὶ τοὺς δύο υἱοὺς αὐτοῦ· ὄνομα τῷ ἑνὶ αὐτῶν Γηρσαμ
λέγων Πάροικος[29] ἤμην ἐν γῇ ἀλλοτρίᾳ·[30] **4** καὶ τὸ ὄνομα τοῦ δευτέρου Ελιεζερ
λέγων Ὁ γὰρ θεὸς τοῦ πατρός μου βοηθός[31] μου καὶ ἐξείλατό[32] με ἐκ χειρὸς Φαραω.
5 καὶ ἐξῆλθεν Ιοθορ ὁ γαμβρὸς[33] Μωυσῆ καὶ οἱ υἱοὶ καὶ ἡ γυνὴ πρὸς Μωυσῆν εἰς τὴν
ἔρημον, οὗ παρενέβαλεν[34] ἐπ᾽ ὄρους τοῦ θεοῦ. **6** ἀνηγγέλη[35] δὲ Μωυσεῖ λέγοντες
Ἰδοὺ ὁ γαμβρός[36] σου Ιοθορ παραγίνεται πρὸς σέ, καὶ ἡ γυνὴ καὶ οἱ δύο υἱοί σου μετ᾽
αὐτοῦ. **7** ἐξῆλθεν δὲ Μωυσῆς εἰς συνάντησιν[37] τῷ γαμβρῷ[38] αὐτοῦ καὶ προσεκύνησεν

1 παρατάσσω, *aor mid ind 3s*, battle
2 κορυφή, summit
3 βουνός, hill
4 ἐπαίρω, *aor act ind 3s*, lift up
5 κατισχύω, *impf act ind 3s*, dominate, prevail
6 καθίημι, *aor act ind 3s*, let drop
7 βαρύς, heavy
8 ὑποτίθημι, *aor act ind 3p*, place under
9 στηρίζω, *impf act ind 3p*, strengthen
10 ἐντεῦθεν, on this side
11 ἐντεῦθεν, on the other side
12 στηρίζω, *perf pas ptc nom p f*, strengthen
13 δυσμή, setting
14 τρέπω, *aor mid ind 3s*, rout
15 φόνος, massacre
16 μάχαιρα, sword
17 καταγράφω, *aor act impv 2s*, write down
18 μνημόσυνον, memorial
19 ἀλοιφή, wipe
20 ἐξαλείφω, *fut act ind 1s*, wipe out
21 θυσιαστήριον, altar
22 ἐπονομάζω, *aor act ind 3s*, name, call
23 καταφυγή, refuge
24 κρυφαῖος, secret
25 γαμβρός, father-in-law
26 ἐξάγω, *aor act ind 3s*, bring out
27 γαμβρός, father-in-law
28 ἄφεσις, dismissal
29 πάροικος, foreign, strange
30 ἀλλότριος, foreign
31 βοηθός, helper
32 ἐξαιρέω, *aor mid ind 3s*, deliver
33 γαμβρός, father-in-law
34 παρεμβάλλω, *aor act ind 3s*, pitch camp
35 ἀναγγέλλω, *aor pas ind 3s*, report
36 γαμβρός, father-in-law
37 συνάντησις, meeting
38 γαμβρός, father-in-law

αὐτῷ καὶ ἐφίλησεν[1] αὐτόν, καὶ ἠσπάσαντο[2] ἀλλήλους·[3] καὶ εἰσήγαγεν[4] αὐτὸν εἰς τὴν σκηνήν.[5] **8** καὶ διηγήσατο[6] Μωυσῆς τῷ γαμβρῷ[7] πάντα, ὅσα ἐποίησεν κύριος τῷ Φαραω καὶ τοῖς Αἰγυπτίοις ἕνεκεν[8] τοῦ Ισραηλ, καὶ πάντα τὸν μόχθον[9] τὸν γενόμενον αὐτοῖς ἐν τῇ ὁδῷ καὶ ὅτι ἐξείλατο[10] αὐτοὺς κύριος ἐκ χειρὸς Φαραω καὶ ἐκ χειρὸς τῶν Αἰγυπτίων. **9** ἐξέστη[11] δὲ Ιοθορ ἐπὶ πᾶσι τοῖς ἀγαθοῖς, οἷς ἐποίησεν αὐτοῖς κύριος, ὅτι ἐξείλατο[12] αὐτοὺς ἐκ χειρὸς Αἰγυπτίων καὶ ἐκ χειρὸς Φαραω.

10 καὶ εἶπεν Ιοθορ Εὐλογητὸς[13] κύριος, ὅτι ἐξείλατο[14] τὸν λαὸν αὐτοῦ ἐκ χειρὸς Αἰγυπτίων καὶ ἐκ χειρὸς Φαραω· **11** νῦν ἔγνων ὅτι μέγας κύριος παρὰ πάντας τοὺς θεούς, ἕνεκεν[15] τούτου ὅτι ἐπέθεντο αὐτοῖς. **12** καὶ ἔλαβεν Ιοθορ ὁ γαμβρὸς[16] Μωυσῆ ὁλοκαυτώματα[17] καὶ θυσίας[18] τῷ θεῷ· παρεγένετο δὲ Ααρων καὶ πάντες οἱ πρεσβύτεροι Ισραηλ συμφαγεῖν[19] ἄρτον μετὰ τοῦ γαμβροῦ[20] Μωυσῆ ἐναντίον[21] τοῦ θεοῦ.

13 Καὶ ἐγένετο μετὰ τὴν ἐπαύριον[22] συνεκάθισεν[23] Μωυσῆς κρίνειν τὸν λαόν· παρειστήκει[24] δὲ πᾶς ὁ λαὸς Μωυσεῖ ἀπὸ πρωίθεν[25] ἕως ἑσπέρας.[26] **14** καὶ ἰδὼν Ιοθορ πάντα, ὅσα ἐποίει τῷ λαῷ, λέγει Τί τοῦτο, ὃ σὺ ποιεῖς τῷ λαῷ; διὰ τί σὺ κάθησαι μόνος, πᾶς δὲ ὁ λαὸς παρέστηκέν[27] σοι ἀπὸ πρωίθεν[28] ἕως δείλης;[29] **15** καὶ λέγει Μωυσῆς τῷ γαμβρῷ[30] ὅτι Παραγίνεται πρός με ὁ λαὸς ἐκζητῆσαι[31] κρίσιν παρὰ τοῦ θεοῦ· **16** ὅταν γὰρ γένηται αὐτοῖς ἀντιλογία[32] καὶ ἔλθωσι πρός με, διακρίνω[33] ἕκαστον καὶ συμβιβάζω[34] αὐτοὺς τὰ προστάγματα[35] τοῦ θεοῦ καὶ τὸν νόμον αὐτοῦ.

17 εἶπεν δὲ ὁ γαμβρὸς[36] Μωυσῆ πρὸς αὐτόν Οὐκ ὀρθῶς[37] σὺ ποιεῖς τὸ ῥῆμα τοῦτο· **18** φθορᾷ[38] καταφθαρήσῃ[39] ἀνυπομονήτῳ[40] καὶ σὺ καὶ πᾶς ὁ λαὸς οὗτος, ὅς ἐστιν μετὰ σοῦ· βαρύ[41] σοι τὸ ῥῆμα τοῦτο, οὐ δυνήσῃ ποιεῖν μόνος. **19** νῦν οὖν ἄκουσόν μου, καὶ συμβουλεύσω[42] σοι, καὶ ἔσται ὁ θεὸς μετὰ σοῦ. γίνου σὺ τῷ λαῷ τὰ πρὸς

1 φιλέω, *aor act ind 3s*, kiss
2 ἀσπάζομαι, *aor mid ind 3p*, embrace
3 ἀλλήλων, one another
4 εἰσάγω, *aor act ind 3s*, bring in
5 σκηνή, tent
6 διηγέομαι, *aor mid ind 3s*, describe, recount
7 γαμβρός, father-in-law
8 ἕνεκα, on behalf of
9 μόχθος, hardship
10 ἐξαιρέω, *aor mid ind 3s*, deliver
11 ἐξίστημι, *aor act ind 3s*, be amazed
12 ἐξαιρέω, *aor mid ind 3s*, deliver
13 εὐλογητός, blessed
14 ἐξαιρέω, *aor mid ind 3s*, deliver
15 ἕνεκα, on behalf of
16 γαμβρός, father-in-law
17 ὁλοκαύτωμα, whole burnt offering
18 θυσία, sacrifice
19 συνεσθίω, *aor act inf*, eat together
20 γαμβρός, father-in-law
21 ἐναντίον, before
22 ἐπαύριον, on the next day
23 συγκαθίζω, *aor act ind 3s*, sit together
24 παρίστημι, *plpf act ind 3s*, stand before
25 πρωίθεν, morning
26 ἑσπέρα, evening
27 παρίστημι, *perf act ind 3s*, stand before
28 πρωίθεν, morning
29 δείλη, late afternoon, evening
30 γαμβρός, father-in-law
31 ἐκζητέω, *aor act inf*, seek out
32 ἀντιλογία, argument, lawsuit
33 διακρίνω, *pres act ind 1s*, give judgment
34 συμβιβάζω, *pres act ind 1s*, teach, instruct
35 πρόσταγμα, ordinance
36 γαμβρός, father-in-law
37 ὀρθῶς, rightly
38 φθορά, destruction
39 καταφθείρω, *fut pas ind 2s*, destroy
40 ἀνυπομόνητος, unbearable
41 βαρύς, heavy
42 συμβουλεύω, *fut act ind 1s*, advise, counsel

τὸν θεὸν καὶ ἀνοίσεις[1] τοὺς λόγους αὐτῶν πρὸς τὸν θεὸν **20** καὶ διαμαρτυρῇ[2] αὐτοῖς
τὰ προστάγματα[3] τοῦ θεοῦ καὶ τὸν νόμον αὐτοῦ καὶ σημανεῖς[4] αὐτοῖς τὰς ὁδούς,
ἐν αἷς πορεύσονται ἐν αὐταῖς, καὶ τὰ ἔργα, ἃ ποιήσουσιν. **21** καὶ σὺ σεαυτῷ σκέψαι[5]
ἀπὸ παντὸς τοῦ λαοῦ ἄνδρας δυνατοὺς θεοσεβεῖς,[6] ἄνδρας δικαίους μισοῦντας
ὑπερηφανίαν,[7] καὶ καταστήσεις[8] αὐτοὺς ἐπ᾽ αὐτῶν χιλιάρχους[9] καὶ ἑκατοντάρχους[10]
καὶ πεντηκοντάρχους[11] καὶ δεκαδάρχους,[12] **22** καὶ κρινοῦσιν τὸν λαὸν πᾶσαν ὥραν·[13]
τὸ δὲ ῥῆμα τὸ ὑπέρογκον[14] ἀνοίσουσιν[15] ἐπὶ σέ, τὰ δὲ βραχέα[16] τῶν κριμάτων[17]
κρινοῦσιν αὐτοὶ καὶ κουφιοῦσιν[18] ἀπὸ σοῦ καὶ συναντιλήμψονταί[19] σοι. **23** ἐὰν τὸ
ῥῆμα τοῦτο ποιήσῃς, κατισχύσει[20] σε ὁ θεός, καὶ δυνήσῃ παραστῆναι,[21] καὶ πᾶς ὁ
λαὸς οὗτος εἰς τὸν ἑαυτοῦ τόπον μετ᾽ εἰρήνης ἥξει.[22]

24 ἤκουσεν δὲ Μωυσῆς τῆς φωνῆς τοῦ γαμβροῦ[23] καὶ ἐποίησεν ὅσα αὐτῷ εἶπεν. **25** καὶ
ἐπέλεξεν[24] Μωυσῆς ἄνδρας δυνατοὺς ἀπὸ παντὸς Ισραηλ καὶ ἐποίησεν αὐτοὺς ἐπ᾽
αὐτῶν χιλιάρχους[25] καὶ ἑκατοντάρχους[26] καὶ πεντηκοντάρχους[27] καὶ δεκαδάρχους,[28]
26 καὶ ἐκρίνοσαν τὸν λαὸν πᾶσαν ὥραν·[29] πᾶν δὲ ῥῆμα ὑπέρογκον[30] ἀνεφέροσαν[31]
ἐπὶ Μωυσῆν, πᾶν δὲ ῥῆμα ἐλαφρὸν[32] ἐκρίνοσαν αὐτοί. **27** ἐξαπέστειλεν[33] δὲ Μωυσῆς
τὸν ἑαυτοῦ γαμβρόν,[34] καὶ ἀπῆλθεν εἰς τὴν γῆν αὐτοῦ.

Israel at Mount Sinai

19 Τοῦ δὲ μηνὸς[35] τοῦ τρίτου τῆς ἐξόδου[36] τῶν υἱῶν Ισραηλ ἐκ γῆς Αἰγύπτου τῇ
ἡμέρᾳ ταύτῃ ἤλθοσαν εἰς τὴν ἔρημον τοῦ Σινα. **2** καὶ ἐξῆραν[37] ἐκ Ραφιδιν καὶ
ἤλθοσαν εἰς τὴν ἔρημον τοῦ Σινα, καὶ παρενέβαλεν[38] ἐκεῖ Ισραηλ κατέναντι[39] τοῦ
ὄρους. **3** καὶ Μωυσῆς ἀνέβη εἰς τὸ ὄρος τοῦ θεοῦ· καὶ ἐκάλεσεν αὐτὸν ὁ θεὸς ἐκ τοῦ
ὄρους λέγων Τάδε[40] ἐρεῖς τῷ οἴκῳ Ιακωβ καὶ ἀναγγελεῖς[41] τοῖς υἱοῖς Ισραηλ **4** Αὐτοὶ

1 ἀναφέρω, *fut act ind 2s*, bring to
2 διαμαρτύρομαι, *fut mid ind 2s*, bear witness
3 πρόσταγμα, ordinance
4 σημαίνω, *fut act ind 2s*, show
5 σκέπτομαι, *aor mid impv 2s*, search out
6 θεοσεβής, godly
7 ὑπερηφανία, arrogance, pride
8 καθίστημι, *fut act ind 2s*, set over
9 χιλίαρχος, leader over a thousand
10 ἑκατόνταρχος, leader over a hundred
11 πεντηκόνταρχος, leader over fifty
12 δεκάδαρχος, leader over ten
13 ὥρα, season
14 ὑπέρογκος, burdensome
15 ἀναφέρω, *fut act ind 3p*, bring to
16 βραχύς, small
17 κρίμα, decision, judgment
18 κουφίζω, *fut act ind 3p*, lighten
19 συναντιλαμβάνομαι, *fut mid ind 3p*, assist, support
20 κατισχύω, *fut act ind 3s*, strengthen
21 παρίστημι, *aor act inf*, stand
22 ἥκω, *fut act ind 3s*, come
23 γαμβρός, father-in-law
24 ἐπιλέγω, *aor act ind 3s*, select
25 χιλίαρχος, leader over a thousand
26 ἑκατόνταρχος, leader over a hundred
27 πεντηκόνταρχος, leader over fifty
28 δεκάδαρχος, leader over ten
29 ὥρα, season
30 ὑπέρογκος, burdensome
31 ἀναφέρω, *impf act ind 3p*, bring
32 ἐλαφρός, light
33 ἐξαποστέλλω, *aor act ind 3s*, send away
34 γαμβρός, father-in-law
35 μήν, month
36 ἔξοδος, going out
37 ἐξαίρω, *aor act ind 3p*, depart
38 παρεμβάλλω, *aor act ind 3s*, pitch camp
39 κατέναντι, opposite, in front of
40 ὅδε, this
41 ἀναγγέλλω, *fut act ind 2s*, declare, recount

ἑωράκατε ὅσα πεποίηκα τοῖς Αἰγυπτίοις, καὶ ἀνέλαβον[1] ὑμᾶς ὡσεὶ[2] ἐπὶ πτερύγων[3]
ἀετῶν[4] καὶ προσηγαγόμην[5] ὑμᾶς πρὸς ἐμαυτόν.[6] **5** καὶ νῦν ἐὰν ἀκοῇ[7] ἀκούσητε
τῆς ἐμῆς φωνῆς καὶ φυλάξητε τὴν διαθήκην μου, ἔσεσθέ μοι λαὸς περιούσιος[8] ἀπὸ
πάντων τῶν ἐθνῶν· ἐμὴ γάρ ἐστιν πᾶσα ἡ γῆ· **6** ὑμεῖς δὲ ἔσεσθέ μοι βασίλειον[9]
ἱεράτευμα[10] καὶ ἔθνος ἅγιον. ταῦτα τὰ ῥήματα ἐρεῖς τοῖς υἱοῖς Ισραηλ.

7 ἦλθεν δὲ Μωυσῆς καὶ ἐκάλεσεν τοὺς πρεσβυτέρους τοῦ λαοῦ καὶ παρέθηκεν[11]
αὐτοῖς πάντας τοὺς λόγους τούτους, οὓς συνέταξεν[12] αὐτῷ ὁ θεός. **8** ἀπεκρίθη
δὲ πᾶς ὁ λαὸς ὁμοθυμαδὸν[13] καὶ εἶπαν Πάντα, ὅσα εἶπεν ὁ θεός, ποιήσομεν καὶ
ἀκουσόμεθα. ἀνήνεγκεν[14] δὲ Μωυσῆς τοὺς λόγους τοῦ λαοῦ πρὸς τὸν θεόν. **9** εἶπεν
δὲ κύριος πρὸς Μωυσῆν Ἰδοὺ ἐγὼ παραγίνομαι πρὸς σὲ ἐν στύλῳ[15] νεφέλης,[16]
ἵνα ἀκούσῃ ὁ λαὸς λαλοῦντός μου πρὸς σὲ καὶ σοὶ πιστεύσωσιν εἰς τὸν αἰῶνα.
ἀνήγγειλεν[17] δὲ Μωυσῆς τὰ ῥήματα τοῦ λαοῦ πρὸς κύριον.

10 εἶπεν δὲ κύριος πρὸς Μωυσῆν Καταβὰς διαμάρτυραι[18] τῷ λαῷ καὶ ἅγνισον[19]
αὐτοὺς σήμερον καὶ αὔριον,[20] καὶ πλυνάτωσαν[21] τὰ ἱμάτια· **11** καὶ ἔστωσαν[22] ἕτοι-
μοι[23] εἰς τὴν ἡμέραν τὴν τρίτην· τῇ γὰρ ἡμέρᾳ τῇ τρίτῃ καταβήσεται κύριος ἐπὶ
τὸ ὄρος τὸ Σινα ἐναντίον[24] παντὸς τοῦ λαοῦ. **12** καὶ ἀφοριεῖς[25] τὸν λαὸν κύκλῳ[26]
λέγων Προσέχετε[27] ἑαυτοῖς τοῦ ἀναβῆναι εἰς τὸ ὄρος καὶ θιγεῖν[28] τι αὐτοῦ· πᾶς ὁ
ἁψάμενος τοῦ ὄρους θανάτῳ τελευτήσει.[29] **13** οὐχ ἅψεται αὐτοῦ χείρ· ἐν γὰρ λίθοις
λιθοβοληθήσεται[30] ἢ βολίδι[31] κατατοξευθήσεται·[32] ἐάν τε κτῆνος[33] ἐάν τε ἄνθρωπος,
οὐ ζήσεται. ὅταν αἱ φωναὶ καὶ αἱ σάλπιγγες[34] καὶ ἡ νεφέλη[35] ἀπέλθῃ ἀπὸ τοῦ ὄρους,
ἐκεῖνοι ἀναβήσονται ἐπὶ τὸ ὄρος. **14** κατέβη δὲ Μωυσῆς ἐκ τοῦ ὄρους πρὸς τὸν λαὸν

1 ἀναλαμβάνω, *aor act ind 1s*, take up
2 ὡσεί, like
3 πτέρυξ, wing
4 ἀετός, eagle
5 προσάγω, *aor mid ind 1s*, bring to, lead to
6 ἐμαυτοῦ, myself
7 ἀκοή, hearing
8 περιούσιος, chosen, special
9 βασίλειος, kingdom, royal
10 ἱεράτευμα, priesthood
11 παρατίθημι, *aor act ind 3s*, set before
12 συντάσσω, *aor act ind 3s*, instruct, prescribe
13 ὁμοθυμαδόν, together, with one accord
14 ἀναφέρω, *aor act ind 3s*, bring to, report
15 στῦλος, pillar
16 νεφέλη, cloud
17 ἀναγγέλλω, *aor act ind 3s*, report, recount
18 διαμαρτύρομαι, *aor mid impv 2s*, testify, bear witness
19 ἁγνίζω, *aor act impv 2s*, purify, cleanse
20 αὔριον, tomorrow
21 πλύνω, *aor act impv 3p*, wash
22 εἰμί, *pres act impv 3p*, be
23 ἕτοιμος, prepared, ready
24 ἐναντίον, before
25 ἀφορίζω, *fut act ind 2s*, mark off, set a limit
26 κύκλῳ, around
27 προσέχω, *pres act impv 2p*, beware, be on guard
28 θιγγάνω, *aor act inf*, touch
29 τελευτάω, *fut act ind 3s*, die
30 λιθοβολέω, *fut pas ind 3s*, throw stones at
31 βολίς, arrow
32 κατατοξεύω, *fut pas ind 3s*, shoot
33 κτῆνος, animal, (*p*) herd
34 σάλπιγξ, trumpet
35 νεφέλη, cloud

καὶ ἡγίασεν[1] αὐτούς, καὶ ἔπλυναν[2] τὰ ἱμάτια. **15** καὶ εἶπεν τῷ λαῷ Γίνεσθε ἕτοιμοι[3]
τρεῖς ἡμέρας, μὴ προσέλθητε γυναικί.

The Lord Descends upon Mount Sinai

16 ἐγένετο δὲ τῇ ἡμέρᾳ τῇ τρίτῃ γενηθέντος πρὸς ὄρθρον[4] καὶ ἐγίνοντο φωναὶ καὶ
ἀστραπαὶ[5] καὶ νεφέλη[6] γνοφώδης[7] ἐπ᾽ ὄρους Σινα, φωνὴ τῆς σάλπιγγος[8] ἤχει[9] μέγα·
καὶ ἐπτοήθη[10] πᾶς ὁ λαὸς ὁ ἐν τῇ παρεμβολῇ.[11] **17** καὶ ἐξήγαγεν[12] Μωυσῆς τὸν λαὸν
εἰς συνάντησιν[13] τοῦ θεοῦ ἐκ τῆς παρεμβολῆς,[14] καὶ παρέστησαν[15] ὑπὸ τὸ ὄρος.
18 τὸ δὲ ὄρος τὸ Σινα ἐκαπνίζετο[16] ὅλον διὰ τὸ καταβεβηκέναι ἐπ᾽ αὐτὸ τὸν θεὸν
ἐν πυρί, καὶ ἀνέβαινεν ὁ καπνὸς[17] ὡς καπνὸς καμίνου,[18] καὶ ἐξέστη[19] πᾶς ὁ λαὸς
σφόδρα.[20] **19** ἐγίνοντο δὲ αἱ φωναὶ τῆς σάλπιγγος[21] προβαίνουσαι[22] ἰσχυρότεραι[23]
σφόδρα·[24] Μωυσῆς ἐλάλει, ὁ δὲ θεὸς ἀπεκρίνατο αὐτῷ φωνῇ. **20** κατέβη δὲ κύ-
ριος ἐπὶ τὸ ὄρος τὸ Σινα ἐπὶ τὴν κορυφὴν[25] τοῦ ὄρους· καὶ ἐκάλεσεν κύριος
Μωυσῆν ἐπὶ τὴν κορυφὴν τοῦ ὄρους, καὶ ἀνέβη Μωυσῆς. **21** καὶ εἶπεν ὁ θεὸς πρὸς
Μωυσῆν λέγων Καταβὰς διαμάρτυραι[26] τῷ λαῷ, μήποτε[27] ἐγγίσωσιν πρὸς τὸν θεὸν
κατανοῆσαι[28] καὶ πέσωσιν ἐξ αὐτῶν πλῆθος· **22** καὶ οἱ ἱερεῖς οἱ ἐγγίζοντες κυρίῳ τῷ
θεῷ ἁγιασθήτωσαν,[29] μήποτε[30] ἀπαλλάξῃ[31] ἀπ᾽ αὐτῶν κύριος. **23** καὶ εἶπεν Μωυσῆς
πρὸς τὸν θεόν Οὐ δυνήσεται ὁ λαὸς προσαναβῆναι[32] πρὸς τὸ ὄρος τὸ Σινα· σὺ γὰρ
διαμεμαρτύρησαι[33] ἡμῖν λέγων Ἀφόρισαι[34] τὸ ὄρος καὶ ἁγίασαι[35] αὐτό. **24** εἶπεν δὲ
αὐτῷ κύριος Βάδιζε[36] κατάβηθι καὶ ἀνάβηθι σὺ καὶ Ααρων μετὰ σοῦ· οἱ δὲ ἱερεῖς
καὶ ὁ λαὸς μὴ βιαζέσθωσαν[37] ἀναβῆναι πρὸς τὸν θεόν, μήποτε[38] ἀπολέσῃ ἀπ᾽ αὐτῶν
κύριος. **25** κατέβη δὲ Μωυσῆς πρὸς τὸν λαὸν καὶ εἶπεν αὐτοῖς.

1 ἁγιάζω, *aor act ind 3s*, sanctify, consecrate
2 πλύνω, *aor act ind 3p*, wash
3 ἕτοιμος, prepared, ready
4 ὄρθρος, dawn, early morning
5 ἀστραπή, lightning
6 νεφέλη, cloud
7 γνοφώδης, dark
8 σάλπιγξ, trumpet
9 ἠχέω, *impf act ind 3s*, make noise, roar
10 πτοέω, *aor pas ind 3s*, terrify, dismay
11 παρεμβολή, camp
12 ἐξάγω, *aor act ind 3s*, lead out
13 συνάντησις, meeting
14 παρεμβολή, camp
15 παρίστημι, *aor act ind 3p*, stand
16 καπνίζω, *impf mid ind 3s*, smoke
17 καπνός, smoke
18 κάμινος, furnace
19 ἐξίστημι, *aor act ind 3s*, be amazed
20 σφόδρα, very much
21 σάλπιγξ, trumpet
22 προβαίνω, *pres act ptc nom p f*, increase
23 ἰσχυρός, *comp*, stronger, mightier
24 σφόδρα, very much
25 κορυφή, summit
26 διαμαρτύρομαι, *aor mid impv 2s*, testify, bear witness
27 μήποτε, lest
28 κατανοέω, *aor act inf*, gaze, look at
29 ἁγιάζω, *aor pas impv 3p*, sanctify, consecrate
30 μήποτε, lest
31 ἀπαλλάσσω, *aor act sub 3s*, do away with
32 προσαναβαίνω, *aor act inf*, ascend
33 διαμαρτύρομαι, *perf mid ind 2s*, warn
34 ἀφορίζω, *aor mid impv 2s*, mark off, set a limit
35 ἁγιάζω, *aor mid impv 2s*, sanctify, consecrate
36 βαδίζω, *pres act impv 2s*, go
37 βιάζομαι, *pres mid impv 3p*, force one's way, struggle
38 μήποτε, lest

Ten Commandments

20 Καὶ ἐλάλησεν κύριος πάντας τοὺς λόγους τούτους λέγων **2** Ἐγώ εἰμι κύριος
ὁ θεός σου, ὅστις ἐξήγαγόν[1] σε ἐκ γῆς Αἰγύπτου ἐξ οἴκου δουλείας.[2]

3 οὐκ ἔσονταί σοι θεοὶ ἕτεροι πλὴν ἐμοῦ.

4 οὐ ποιήσεις σεαυτῷ εἴδωλον[3] οὐδὲ παντὸς ὁμοίωμα,[4] ὅσα ἐν τῷ οὐρανῷ ἄνω[5] καὶ
ὅσα ἐν τῇ γῇ κάτω[6] καὶ ὅσα ἐν τοῖς ὕδασιν ὑποκάτω[7] τῆς γῆς. **5** οὐ προσκυνήσεις
αὐτοῖς οὐδὲ μὴ λατρεύσῃς[8] αὐτοῖς· ἐγὼ γάρ εἰμι κύριος ὁ θεός σου, θεὸς ζηλωτὴς[9]
ἀποδιδοὺς ἁμαρτίας πατέρων ἐπὶ τέκνα ἕως τρίτης καὶ τετάρτης[10] γενεᾶς τοῖς
μισοῦσίν με **6** καὶ ποιῶν ἔλεος[11] εἰς χιλιάδας[12] τοῖς ἀγαπῶσίν με καὶ τοῖς φυλάσσουσιν
τὰ προστάγματά[13] μου.

7 οὐ λήμψῃ τὸ ὄνομα κυρίου τοῦ θεοῦ σου ἐπὶ ματαίῳ·[14] οὐ γὰρ μὴ καθαρίσῃ κύριος
τὸν λαμβάνοντα τὸ ὄνομα αὐτοῦ ἐπὶ ματαίῳ.

8 μνήσθητι[15] τὴν ἡμέραν τῶν σαββάτων ἁγιάζειν[16] αὐτήν. **9** ἓξ[17] ἡμέρας ἐργᾷ καὶ
ποιήσεις πάντα τὰ ἔργα σου· **10** τῇ δὲ ἡμέρᾳ τῇ ἑβδόμῃ[18] σάββατα κυρίῳ τῷ θεῷ
σου· οὐ ποιήσεις ἐν αὐτῇ πᾶν ἔργον, σὺ καὶ ὁ υἱός σου καὶ ἡ θυγάτηρ[19] σου, ὁ παῖς[20]
σου καὶ ἡ παιδίσκη[21] σου, ὁ βοῦς[22] σου καὶ τὸ ὑποζύγιόν[23] σου καὶ πᾶν κτῆνός[24] σου
καὶ ὁ προσήλυτος[25] ὁ παροικῶν[26] ἐν σοί. **11** ἐν γὰρ ἓξ[27] ἡμέραις ἐποίησεν κύριος τὸν
οὐρανὸν καὶ τὴν γῆν καὶ τὴν θάλασσαν καὶ πάντα τὰ ἐν αὐτοῖς καὶ κατέπαυσεν[28]
τῇ ἡμέρᾳ τῇ ἑβδόμῃ·[29] διὰ τοῦτο εὐλόγησεν κύριος τὴν ἡμέραν τὴν ἑβδόμην καὶ
ἡγίασεν[30] αὐτήν.

12 τίμα[31] τὸν πατέρα σου καὶ τὴν μητέρα, ἵνα εὖ[32] σοι γένηται, καὶ ἵνα μακροχρόνιος[33]
γένῃ ἐπὶ τῆς γῆς τῆς ἀγαθῆς, ἧς κύριος ὁ θεός σου δίδωσίν σοι.

13 οὐ μοιχεύσεις.[34]

1 ἐξάγω, *aor act ind 1s*, bring out
2 δουλεία, slavery
3 εἴδωλον, image of a god, idol
4 ὁμοίωμα, likeness, representation
5 ἄνω, above
6 κάτω, beneath
7 ὑποκάτω, below
8 λατρεύω, *aor act sub 2s*, serve (in worship)
9 ζηλωτής, jealous, zealous
10 τέταρτος, fourth
11 ἔλεος, mercy, compassion
12 χιλιάς, thousand
13 πρόσταγμα, ordinance, command
14 μάταιος, profane, vain
15 μιμνῄσκομαι, *aor pas impv 2s*, remember
16 ἁγιάζω, *pres act inf*, sanctify, consecrate
17 ἕξ, six
18 ἕβδομος, seventh
19 θυγάτηρ, daughter
20 παῖς, servant
21 παιδίσκη, female servant
22 βοῦς, cow, (*p*) cattle
23 ὑποζύγιον, beast of burden
24 κτῆνος, animal, (*p*) herd
25 προσήλυτος, immigrant, guest
26 παροικέω, *pres act ptc nom s m*, reside, dwell
27 ἕξ, six
28 καταπαύω, *aor act ind 3s*, cease
29 ἕβδομος, seventh
30 ἁγιάζω, *aor act ind 3s*, sanctify, consecrate
31 τιμάω, *pres act impv 2s*, honor
32 εὖ, well
33 μακροχρόνιος, long time
34 μοιχεύω, *fut act ind 2s*, commit adultery

14 οὐ κλέψεις.[1]

15 οὐ φονεύσεις.[2]

16 οὐ ψευδομαρτυρήσεις[3] κατὰ τοῦ πλησίον[4] σου μαρτυρίαν[5] ψευδῆ.[6]

17 οὐκ ἐπιθυμήσεις[7] τὴν γυναῖκα τοῦ πλησίον[8] σου. οὐκ ἐπιθυμήσεις τὴν οἰκίαν τοῦ πλησίον σου οὔτε τὸν ἀγρὸν αὐτοῦ οὔτε τὸν παῖδα[9] αὐτοῦ οὔτε τὴν παιδίσκην[10] αὐτοῦ οὔτε τοῦ βοὸς[11] αὐτοῦ οὔτε τοῦ ὑποζυγίου[12] αὐτοῦ οὔτε παντὸς κτήνους[13] αὐτοῦ οὔτε ὅσα τῷ πλησίον σού ἐστιν.

18 Καὶ πᾶς ὁ λαὸς ἑώρα τὴν φωνὴν καὶ τὰς λαμπάδας[14] καὶ τὴν φωνὴν τῆς σάλπιγγος[15]
καὶ τὸ ὄρος τὸ καπνίζον·[16] φοβηθέντες δὲ πᾶς ὁ λαὸς ἔστησαν μακρόθεν.[17] **19** καὶ
εἶπαν πρὸς Μωυσῆν Λάλησον σὺ ἡμῖν, καὶ μὴ λαλείτω πρὸς ἡμᾶς ὁ θεός, μήποτε[18]
ἀποθάνωμεν. **20** καὶ λέγει αὐτοῖς Μωυσῆς Θαρσεῖτε·[19] ἕνεκεν[20] γὰρ τοῦ πειράσαι[21]
ὑμᾶς παρεγενήθη ὁ θεὸς πρὸς ὑμᾶς, ὅπως ἂν γένηται ὁ φόβος αὐτοῦ ἐν ὑμῖν, ἵνα
μὴ ἁμαρτάνητε. **21** εἱστήκει[22] δὲ ὁ λαὸς μακρόθεν,[23] Μωυσῆς δὲ εἰσῆλθεν εἰς τὸν
γνόφον,[24] οὗ ἦν ὁ θεός.

Idols and Altars

22 Εἶπεν δὲ κύριος πρὸς Μωυσῆν Τάδε[25] ἐρεῖς τῷ οἴκῳ Ιακωβ καὶ ἀναγγελεῖς[26]
τοῖς υἱοῖς Ισραηλ Ὑμεῖς ἑωράκατε ὅτι ἐκ τοῦ οὐρανοῦ λελάληκα πρὸς ὑμᾶς· **23** οὐ
ποιήσετε ἑαυτοῖς θεοὺς ἀργυροῦς[27] καὶ θεοὺς χρυσοῦς[28] οὐ ποιήσετε ὑμῖν αὐτοῖς.
24 θυσιαστήριον[29] ἐκ γῆς ποιήσετέ μοι καὶ θύσετε[30] ἐπ' αὐτοῦ τὰ ὁλοκαυτώματα[31]
καὶ τὰ σωτήρια[32] ὑμῶν, τὰ πρόβατα καὶ τοὺς μόσχους[33] ὑμῶν ἐν παντὶ τόπῳ, οὗ
ἐὰν ἐπονομάσω[34] τὸ ὄνομά μου ἐκεῖ, καὶ ἥξω[35] πρὸς σὲ καὶ εὐλογήσω σε. **25** ἐὰν
δὲ θυσιαστήριον[36] ἐκ λίθων ποιῇς μοι, οὐκ οἰκοδομήσεις αὐτοὺς τμητούς·[37] τὸ

1 κλέπτω, *fut act ind 2s*, steal
2 φονεύω, *fut act ind 2s*, murder, kill
3 ψευδομαρτυρέω, *fut act ind 2s*, bear false witness
4 πλησίον, neighbor
5 μαρτυρία, testimony, witness
6 ψευδής, false
7 ἐπιθυμέω, *fut act ind 2s*, long for, covet, desire
8 πλησίον, neighbor
9 παῖς, servant
10 παιδίσκη, female servant
11 βοῦς, cow, (*p*) cattle
12 ὑποζύγιον, beast of burden
13 κτῆνος, animal, (*p*) herd
14 λαμπάς, flash
15 σάλπιγξ, trumpet
16 καπνίζω, *pres act ptc acc s n*, smoke
17 μακρόθεν, at a distance
18 μήποτε, lest
19 θαρσέω, *pres act impv 2p*, take courage
20 ἕνεκεν, in order
21 πειράζω, *aor act inf*, test, put to trial
22 ἵστημι, *plpf act ind 3s*, stand
23 μακρόθεν, at a distance
24 γνόφος, darkness, gloom
25 ὅδε, this
26 ἀναγγέλλω, *fut act ind 2s*, announce, declare
27 ἀργυροῦς, silver
28 χρυσοῦς, gold
29 θυσιαστήριον, altar
30 θύω, *fut act ind 2p*, sacrifice
31 ὁλοκαύτωμα, whole burnt offering
32 σωτήριον, (sacrifice of) deliverance, peace
33 μόσχος, young bull
34 ἐπονομάζω, *aor act sub 1s*, call
35 ἥκω, *fut act ind 1s*, come
36 θυσιαστήριον, altar
37 τμητός, cut (stone)

γὰρ ἐγχειρίδιόν[1] σου ἐπιβέβληκας[2] ἐπ᾽ αὐτούς, καὶ μεμίανται.[3] **26** οὐκ ἀναβήσῃ ἐν ἀναβαθμίσιν[4] ἐπὶ τὸ θυσιαστήριόν[5] μου, ὅπως ἂν μὴ ἀποκαλύψῃς[6] τὴν ἀσχημοσύνην[7] σου ἐπ᾽ αὐτοῦ.

21 Καὶ ταῦτα τὰ δικαιώματα,[8] ἃ παραθήσεις[9] ἐνώπιον αὐτῶν.

Ordinances for Servants

2 ἐὰν κτήσῃ[10] παῖδα[11] Εβραῖον, ἓξ[12] ἔτη δουλεύσει[13] σοι· τῷ δὲ ἑβδόμῳ[14] ἔτει ἀπελεύσεται ἐλεύθερος[15] δωρεάν.[16] **3** ἐὰν αὐτὸς μόνος εἰσέλθῃ, καὶ μόνος ἐξελεύσεται· ἐὰν δὲ γυνὴ συνεισέλθῃ[17] μετ᾽ αὐτοῦ, ἐξελεύσεται καὶ ἡ γυνὴ μετ᾽ αὐτοῦ. **4** ἐὰν δὲ ὁ κύριος δῷ αὐτῷ γυναῖκα, καὶ τέκῃ[18] αὐτῷ υἱοὺς ἢ θυγατέρας,[19] ἡ γυνὴ καὶ τὰ παιδία ἔσται τῷ κυρίῳ αὐτοῦ, αὐτὸς δὲ μόνος ἐξελεύσεται. **5** ἐὰν δὲ ἀποκριθεὶς εἴπῃ ὁ παῖς[20] Ἠγάπηκα τὸν κύριόν μου καὶ τὴν γυναῖκα καὶ τὰ παιδία, οὐκ ἀποτρέχω[21] ἐλεύθερος·[22] **6** προσάξει[23] αὐτὸν ὁ κύριος αὐτοῦ πρὸς τὸ κριτήριον[24] τοῦ θεοῦ καὶ τότε προσάξει[25] αὐτὸν ἐπὶ τὴν θύραν ἐπὶ τὸν σταθμόν,[26] καὶ τρυπήσει[27] αὐτοῦ ὁ κύριος τὸ οὖς τῷ ὀπητίῳ,[28] καὶ δουλεύσει[29] αὐτῷ εἰς τὸν αἰῶνα.

7 ἐὰν δέ τις ἀποδῶται τὴν ἑαυτοῦ θυγατέρα[30] οἰκέτιν,[31] οὐκ ἀπελεύσεται ὥσπερ ἀποτρέχουσιν[32] αἱ δοῦλαι.[33] **8** ἐὰν μὴ εὐαρεστήσῃ[34] τῷ κυρίῳ αὐτῆς ἣν αὐτῷ καθωμολογήσατο,[35] ἀπολυτρώσει[36] αὐτήν· ἔθνει δὲ ἀλλοτρίῳ[37] οὐ κύριός ἐστιν πωλεῖν[38] αὐτήν, ὅτι ἠθέτησεν[39] ἐν αὐτῇ. **9** ἐὰν δὲ τῷ υἱῷ καθομολογήσηται[40] αὐτήν, κατὰ τὸ δικαίωμα[41] τῶν θυγατέρων[42] ποιήσει αὐτῇ. **10** ἐὰν δὲ ἄλλην λάβῃ ἑαυτῷ, τὰ

1 ἐγχειρίδιον, cutting tool
2 ἐπιβάλλω, *perf act ind 2s*, place, lay upon
3 μιαίνω, *perf pas ind 3p*, defile, pollute
4 ἀναβαθμίς, step
5 θυσιαστήριον, altar
6 ἀποκαλύπτω, *aor act sub 2s*, reveal
7 ἀσχημοσύνη, shame
8 δικαίωμα, ordinance, statute
9 παρατίθημι, *fut act ind 2s*, set before
10 κτάομαι, *aor mid sub 2s*, obtain, acquire
11 παῖς, servant
12 ἕξ, six
13 δουλεύω, *fut act ind 3s*, serve as slave
14 ἕβδομος, seventh
15 ἐλεύθερος, free
16 δωρεάν, freely
17 συνεισέρχομαι, *aor act sub 3s*, enter together
18 τίκτω, *aor act sub 3s*, give birth
19 θυγάτηρ, daughter
20 παῖς, servant
21 ἀποτρέχω, *pres act ind 1s*, depart, go away
22 ἐλεύθερος, free
23 προσάγω, *fut act ind 3s*, bring, lead
24 κριτήριον, judgment seat, tribunal
25 προσάγω, *fut act ind 3s*, bring, lead
26 σταθμός, doorpost
27 τρυπάω, *fut act ind 3s*, pierce
28 ὀπήτιον, little awl
29 δουλεύω, *fut act ind 3s*, serve as slave
30 θυγάτηρ, daughter
31 οἰκέτις, female household slave
32 ἀποτρέχω, *pres act ind 3p*, depart, go away
33 δούλη, female slave
34 εὐαρεστέω, *aor act sub 3s*, please
35 καθομολογέω, *aor mid ind 3s*, betroth oneself
36 ἀπολυτρόω, *fut act ind 3s*, free, release
37 ἀλλότριος, foreign
38 πωλέω, *pres act inf*, sell
39 ἀθετέω, *aor act ind 3s*, reject, break faith with
40 καθομολογέω, *aor mid sub 3s*, betroth
41 δικαίωμα, duty
42 θυγάτηρ, daughter

δέοντα[1] καὶ τὸν ἱματισμὸν[2] καὶ τὴν ὁμιλίαν[3] αὐτῆς οὐκ ἀποστερήσει.[4] **11** ἐὰν δὲ τὰ τρία ταῦτα μὴ ποιήσῃ αὐτῇ, ἐξελεύσεται δωρεὰν[5] ἄνευ[6] ἀργυρίου.[7]

Ordinances for Personal Injury

12 Ἐὰν δὲ πατάξῃ[8] τίς τινα, καὶ ἀποθάνῃ, θανάτῳ θανατούσθω·[9] **13** ὁ δὲ οὐχ ἑκών,[10] ἀλλὰ ὁ θεὸς παρέδωκεν εἰς τὰς χεῖρας αὐτοῦ, δώσω σοι τόπον, οὗ φεύξεται[11] ἐκεῖ ὁ φονεύσας.[12] **14** ἐὰν δέ τις ἐπιθῆται τῷ πλησίον[13] ἀποκτεῖναι αὐτὸν δόλῳ[14] καὶ καταφύγῃ,[15] ἀπὸ τοῦ θυσιαστηρίου[16] μου λήμψῃ αὐτὸν θανατῶσαι.[17]

15 ὃς τύπτει[18] πατέρα αὐτοῦ ἢ μητέρα αὐτοῦ, θανάτῳ θανατούσθω.[19] **16** ὁ κακολογῶν[20] πατέρα αὐτοῦ ἢ μητέρα αὐτοῦ τελευτήσει[21] θανάτῳ.

17 ὃς ἐὰν κλέψῃ[22] τίς τινα τῶν υἱῶν Ισραηλ καὶ καταδυναστεύσας[23] αὐτὸν ἀποδῶται, καὶ εὑρεθῇ ἐν αὐτῷ, θανάτῳ τελευτάτω.[24]

18 ἐὰν δὲ λοιδορῶνται[25] δύο ἄνδρες καὶ πατάξῃ[26] τις τὸν πλησίον[27] λίθῳ ἢ πυγμῇ,[28] καὶ μὴ ἀποθάνῃ, κατακλιθῇ[29] δὲ ἐπὶ τὴν κοίτην,[30] **19** ἐὰν ἐξαναστὰς[31] ὁ ἄνθρωπος περιπατήσῃ[32] ἔξω ἐπὶ ῥάβδου,[33] ἀθῷος[34] ἔσται ὁ πατάξας·[35] πλὴν τῆς ἀργίας[36] αὐτοῦ ἀποτείσει[37] καὶ τὰ ἰατρεῖα.[38]

20 ἐὰν δέ τις πατάξῃ[39] τὸν παῖδα[40] αὐτοῦ ἢ τὴν παιδίσκην[41] αὐτοῦ ἐν ῥάβδῳ,[42] καὶ ἀποθάνῃ ὑπὸ τὰς χεῖρας αὐτοῦ, δίκῃ[43] ἐκδικηθήτω.[44] **21** ἐὰν δὲ διαβιώσῃ[45] ἡμέραν μίαν ἢ δύο, οὐκ ἐκδικηθήσεται·[46] τὸ γὰρ ἀργύριον[47] αὐτοῦ ἐστιν.

1 δεῖ, *pres act ptc acc p n*, be necessary, need
2 ἱματισμός, clothing
3 ὁμιλία, marital rights
4 ἀποστερέω, *fut act ind 3s*, withhold
5 δωρεάν, freely
6 ἄνευ, without
7 ἀργύριον, money
8 πατάσσω, *aor act sub 3s*, strike
9 θανατόω, *pres mid impv 3s*, put to death
10 ἑκών, willingly
11 φεύγω, *fut mid ind 3s*, flee, take refuge
12 φονεύω, *aor act ptc nom s m*, kill, murder
13 πλησίον, neighbor
14 δόλος, treachery
15 καταφεύγω, *aor act sub 3s*, flee for refuge
16 θυσιαστήριον, altar
17 θανατόω, *aor act inf*, put to death
18 τύπτω, *pres act ind 3s*, beat
19 θανατόω, *pres mid impv 3s*, put to death
20 κακολογέω, *pres act ptc nom s m*, revile, abuse
21 τελευτάω, *fut act ind 3s*, bring to an end, die
22 κλέπτω, *aor act sub 3s*, steal
23 καταδυναστεύω, *aor act ptc nom s m*, oppress, exploit
24 τελευτάω, *pres act impv 3s*, end, die
25 λοιδορέω, *pres mid sub 3p*, insult, rail against
26 πατάσσω, *aor act sub 3s*, strike
27 πλησίον, neighbor
28 πυγμή, fist
29 κατακλίνω, *aor pas sub 3s*, lie down
30 κοίτη, bed
31 ἐξανίστημι, *aor act ptc nom s m*, rise up
32 περιπατέω, *aor act sub 3s*, walk
33 ῥάβδος, staff
34 ἀθῷος, innocent, not liable
35 πατάσσω, *aor act ptc nom s m*, strike
36 ἀργία, inability to work
37 ἀποτίνω, *fut act ind 3s*, compensate
38 ἰατρεῖον, healing, medical treatment
39 πατάσσω, *aor act sub 3s*, strike
40 παῖς, servant
41 παιδίσκη, maidservant
42 ῥάβδος, rod
43 δίκη, justice
44 ἐκδικέω, *aor pas impv 3s*, punish, avenge
45 διαβιόω, *aor act sub 3s*, survive
46 ἐκδικέω, *fut pas ind 3s*, punish, avenge
47 ἀργύριον, money, silver

22 ἐὰν δὲ μάχωνται[1] δύο ἄνδρες καὶ πατάξωσιν[2] γυναῖκα ἐν γαστρὶ[3] ἔχουσαν, καὶ ἐξέλθῃ τὸ παιδίον αὐτῆς μὴ ἐξεικονισμένον,[4] ἐπιζήμιον[5] ζημιωθήσεται·[6] καθότι[7] ἂν ἐπιβάλῃ[8] ὁ ἀνὴρ τῆς γυναικός, δώσει μετὰ ἀξιώματος·[9] **23** ἐὰν δὲ ἐξεικονισμένον[10] ᾖν, δώσει ψυχὴν ἀντὶ[11] ψυχῆς, **24** ὀφθαλμὸν ἀντὶ[12] ὀφθαλμοῦ, ὀδόντα[13] ἀντὶ ὀδόντος, χεῖρα ἀντὶ χειρός, πόδα ἀντὶ ποδός, **25** κατάκαυμα[14] ἀντὶ[15] κατακαύματος, τραῦμα[16] ἀντὶ τραύματος, μώλωπα[17] ἀντὶ μώλωπος.

26 ἐὰν δέ τις πατάξῃ[18] τὸν ὀφθαλμὸν τοῦ οἰκέτου[19] αὐτοῦ ἢ τὸν ὀφθαλμὸν τῆς θεραπαίνης[20] αὐτοῦ καὶ ἐκτυφλώσῃ,[21] ἐλευθέρους[22] ἐξαποστελεῖ[23] αὐτοὺς ἀντὶ[24] τοῦ ὀφθαλμοῦ αὐτῶν. **27** ἐὰν δὲ τὸν ὀδόντα[25] τοῦ οἰκέτου[26] ἢ τὸν ὀδόντα τῆς θεραπαίνης[27] αὐτοῦ ἐκκόψῃ,[28] ἐλευθέρους[29] ἐξαποστελεῖ[30] αὐτοὺς ἀντὶ[31] τοῦ ὀδόντος αὐτῶν.

28 Ἐὰν δὲ κερατίσῃ[32] ταῦρος[33] ἄνδρα ἢ γυναῖκα, καὶ ἀποθάνῃ, λίθοις λιθοβοληθήσεται[34] ὁ ταῦρος, καὶ οὐ βρωθήσεται[35] τὰ κρέα[36] αὐτοῦ· ὁ δὲ κύριος τοῦ ταύρου ἀθῷος[37] ἔσται. **29** ἐὰν δὲ ὁ ταῦρος[38] κερατιστὴς[39] ᾖ πρὸ τῆς ἐχθὲς[40] καὶ πρὸ τῆς τρίτης, καὶ διαμαρτύρωνται[41] τῷ κυρίῳ αὐτοῦ, καὶ μὴ ἀφανίσῃ[42] αὐτόν, ἀνέλῃ[43] δὲ ἄνδρα ἢ γυναῖκα, ὁ ταῦρος λιθοβοληθήσεται,[44] καὶ ὁ κύριος αὐτοῦ προσαποθανεῖται.[45] **30** ἐὰν δὲ λύτρα[46] ἐπιβληθῇ[47] αὐτῷ, δώσει λύτρα τῆς ψυχῆς αὐτοῦ ὅσα ἐὰν ἐπιβάλωσιν[48] αὐτῷ. **31** ἐὰν δὲ υἱὸν ἢ θυγατέρα[49] κερατίσῃ,[50] κατὰ

1 μάχομαι, *pres mid sub 3p*, quarrel
2 πατάσσω, *aor act sub 3p*, strike
3 γαστήρ, womb
4 ἐξεικονίζω, *perf pas ptc nom s n*, be fully formed
5 ἐπιζήμιον, punishment, fine
6 ζημιόω, *fut pas ind 3s*, punish
7 καθότι, as
8 ἐπιβάλλω, *aor act sub 3s*, set upon, impose
9 ἀξίωμα, judicial assessment
10 ἐξεικονίζω, *perf pas ptc nom s n*, be fully formed
11 ἀντί, in return for
12 ἀντί, in return for
13 ὀδούς, tooth
14 κατάκαυμα, burn
15 ἀντί, in return for
16 τραῦμα, wound
17 μώλωψ, stripe, bruise
18 πατάσσω, *aor act sub 3s*, strike
19 οἰκέτης, household slave, servant
20 θεράπαινα, handmaid, maidservant
21 ἐκτυφλόω, *aor act sub 3s*, blind
22 ἐλεύθερος, free
23 ἐξαποστέλλω, *fut act ind 3s*, send away
24 ἀντί, in return for
25 ὀδούς, tooth
26 οἰκέτης, household slave, servant
27 θεράπαινα, handmaid, maidservant
28 ἐκκόπτω, *aor act sub 3s*, knock out
29 ἐλεύθερος, free
30 ἐξαποστέλλω, *fut act ind 3s*, send away
31 ἀντί, in return for
32 κερατίζω, *aor act sub 3s*, gore
33 ταῦρος, bull
34 λιθοβολέω, *fut pas ind 3s*, stone
35 βιβρώσκω, *fut pas ind 3s*, eat
36 κρέας, meat
37 ἀθῷος, innocent, not liable
38 ταῦρος, bull
39 κερατιστής, prone to gore
40 ἐχθές, yesterday
41 διαμαρτύρομαι, *pres mid sub 3p*, inform
42 ἀφανίζω, *aor act sub 3s*, remove
43 ἀναιρέω, *aor act sub 3s*, kill
44 λιθοβολέω, *fut pas ind 3s*, stone
45 προσαποθνῄσκω, *fut mid ind 3s*, die with
46 λύτρον, price of ransom
47 ἐπιβάλλω, *aor pas sub 3s*, place upon
48 ἐπιβάλλω, *aor act sub 3p*, place upon
49 θυγάτηρ, daughter
50 κερατίζω, *aor act sub 3s*, gore

τὸ δικαίωμα[1] τοῦτο ποιήσουσιν αὐτῷ. **32** ἐὰν δὲ παῖδα[2] κερατίσῃ[3] ὁ ταῦρος[4] ἢ παιδίσκην,[5] ἀργυρίου[6] τριάκοντα[7] δίδραχμα[8] δώσει τῷ κυρίῳ αὐτῶν, καὶ ὁ ταῦρος λιθοβοληθήσεται.[9]

33 ἐὰν δέ τις ἀνοίξῃ λάκκον[10] ἢ λατομήσῃ[11] λάκκον[12] καὶ μὴ καλύψῃ[13] αὐτόν, καὶ ἐμπέσῃ[14] ἐκεῖ μόσχος[15] ἢ ὄνος,[16] **34** ὁ κύριος τοῦ λάκκου[17] ἀποτείσει·[18] ἀργύριον[19] δώσει τῷ κυρίῳ αὐτῶν, τὸ δὲ τετελευτηκὸς[20] αὐτῷ ἔσται.

35 ἐὰν δὲ κερατίσῃ[21] τινὸς ταῦρος[22] τὸν ταῦρον τοῦ πλησίον,[23] καὶ τελευτήσῃ,[24] ἀποδώσονται τὸν ταῦρον τὸν ζῶντα καὶ διελοῦνται[25] τὸ ἀργύριον[26] αὐτοῦ καὶ τὸν ταῦρον τὸν τεθνηκότα[27] διελοῦνται.[28] **36** ἐὰν δὲ γνωρίζηται[29] ὁ ταῦρος[30] ὅτι κερατιστής[31] ἐστιν πρὸ τῆς ἐχθὲς[32] καὶ πρὸ τῆς τρίτης ἡμέρας, καὶ διαμεμαρτυρημένοι[33] ὦσιν τῷ κυρίῳ αὐτοῦ, καὶ μὴ ἀφανίσῃ[34] αὐτόν, ἀποτείσει[35] ταῦρον[36] ἀντὶ[37] ταύρου, ὁ δὲ τετελευτηκὼς[38] αὐτῷ ἔσται.

37 Ἐὰν δέ τις κλέψῃ[39] μόσχον[40] ἢ πρόβατον καὶ σφάξῃ[41] αὐτὸ ἢ ἀποδῶται, πέντε μόσχους ἀποτείσει[42] ἀντὶ[43] τοῦ μόσχου καὶ τέσσαρα πρόβατα ἀντὶ τοῦ προβάτου.

Ordinances for Property

22 ἐὰν δὲ ἐν τῷ διορύγματι[44] εὑρεθῇ ὁ κλέπτης[45] καὶ πληγεὶς[46] ἀποθάνῃ, οὐκ ἔστιν αὐτῷ φόνος·[47] **2** ἐὰν δὲ ἀνατείλῃ[48] ὁ ἥλιος ἐπ᾽ αὐτῷ, ἔνοχός[49] ἐστιν,

1 δικαίωμα, ordinance, statute
2 παῖς, servant
3 κερατίζω, *aor act sub 3s*, gore
4 ταῦρος, bull
5 παιδίσκη, maidservant
6 ἀργύριον, silver
7 τριάκοντα, thirty
8 δίδραχμον, two-drachma coin
9 λιθοβολέω, *fut pas ind 3s*, stone
10 λάκκος, pit, cistern
11 λατομέω, *aor act sub 3s*, hew (from rock)
12 λάκκος, pit, cistern
13 καλύπτω, *aor act sub 3s*, cover
14 ἐμπίπτω, *aor act sub 3s*, fall in
15 μόσχος, calf
16 ὄνος, donkey, ass
17 λάκκος, pit, cistern
18 ἀποτίνω, *fut act ind 3s*, compensate
19 ἀργύριον, money
20 τελευτάω, *perf act ptc nom s n*, die
21 κερατίζω, *aor act sub 3s*, gore
22 ταῦρος, bull
23 πλησίον, neighbor
24 τελευτάω, *aor act sub 3s*, die
25 διαιρέω, *fut mid ind 3p*, divide
26 ἀργύριον, money
27 θνῄσκω, *perf act ptc acc s m*, die
28 διαιρέω, *fut mid ind 3p*, divide
29 γνωρίζω, *pres pas sub 3s*, make known
30 ταῦρος, bull
31 κερατιστής, prone to gore
32 ἐχθές, yesterday
33 διαμαρτυρέω, *perf mid ptc nom p m*, warn
34 ἀφανίζω, *aor act sub 3s*, remove
35 ἀποτίνω, *fut act ind 3s*, compensate
36 ταῦρος, bull
37 ἀντί, in return for
38 τελευτάω, *perf act ptc nom s m*, die
39 κλέπτω, *aor act sub 3s*, steal
40 μόσχος, calf
41 σφάζω, *aor act sub 3s*, slaughter
42 ἀποτίνω, *fut act ind 3s*, compensate
43 ἀντί, in return for
44 διόρυγμα, point of breaking in, breach
45 κλέπτης, thief
46 πλήσσω, *aor pas ptc nom s m*, wound, strike
47 φόνος, murder
48 ἀνατέλλω, *aor act sub 3s*, rise
49 ἔνοχος, guilty

ἀνταποθανεῖται.[1] ἐὰν δὲ μὴ ὑπάρχῃ αὐτῷ, πραθήτω[2] ἀντὶ[3] τοῦ κλέμματος.[4] **3** ἐὰν δὲ καταλημφθῇ,[5] καὶ εὑρεθῇ ἐν τῇ χειρὶ αὐτοῦ τὸ κλέμμα[6] ἀπό τε ὄνου[7] ἕως προβάτου ζῶντα, διπλᾶ[8] αὐτὰ ἀποτείσει.[9]

4 ἐὰν δὲ καταβοσκήσῃ[10] τις ἀγρὸν ἢ ἀμπελῶνα[11] καὶ ἀφῇ τὸ κτῆνος[12] αὐτοῦ καταβοσκῆσαι[13] ἀγρὸν ἕτερον, ἀποτείσει[14] ἐκ τοῦ ἀγροῦ αὐτοῦ κατὰ τὸ γένημα[15] αὐτοῦ· ἐὰν δὲ πάντα τὸν ἀγρὸν καταβοσκήσῃ,[16] τὰ βέλτιστα[17] τοῦ ἀγροῦ αὐτοῦ καὶ τὰ βέλτιστα τοῦ ἀμπελῶνος αὐτοῦ ἀποτείσει.

5 ἐὰν δὲ ἐξελθὸν πῦρ εὕρῃ ἀκάνθας[18] καὶ προσεμπρήσῃ[19] ἅλωνα[20] ἢ στάχυς[21] ἢ πεδίον,[22] ἀποτείσει[23] ὁ τὸ πῦρ ἐκκαύσας.[24]

6 ἐὰν δέ τις δῷ τῷ πλησίον[25] ἀργύριον[26] ἢ σκεύη[27] φυλάξαι, καὶ κλαπῇ[28] ἐκ τῆς οἰκίας τοῦ ἀνθρώπου, ἐὰν εὑρεθῇ ὁ κλέψας,[29] ἀποτείσει[30] διπλοῦν·[31] **7** ἐὰν δὲ μὴ εὑρεθῇ ὁ κλέψας,[32] προσελεύσεται ὁ κύριος τῆς οἰκίας ἐνώπιον τοῦ θεοῦ καὶ ὀμεῖται[33] ἦ μὴν[34] μὴ αὐτὸς πεπονηρεῦσθαι[35] ἐφ᾽ ὅλης τῆς παρακαταθήκης[36] τοῦ πλησίον.[37] **8** κατὰ πᾶν ῥητὸν[38] ἀδίκημα[39] περί τε μόσχου[40] καὶ ὑποζυγίου[41] καὶ προβάτου καὶ ἱματίου καὶ πάσης ἀπωλείας[42] τῆς ἐγκαλουμένης,[43] ὅ τι οὖν ἂν ᾖ, ἐνώπιον τοῦ θεοῦ ἐλεύσεται ἡ κρίσις ἀμφοτέρων,[44] καὶ ὁ ἁλοὺς[45] διὰ τοῦ θεοῦ ἀποτείσει[46] διπλοῦν[47] τῷ πλησίον.[48]

1 ἀνταποθνῄσκω, *fut mid ind 3s*, die in exchange
2 πιπράσκω, *aor pas impv 3s*, sell
3 ἀντί, in return for
4 κλέμμα, stolen thing
5 καταλαμβάνω, *aor pas sub 3s*, overtake, catch
6 κλέμμα, stolen thing
7 ὄνος, donkey, ass
8 διπλοῦς, double
9 ἀποτίνω, *fut act ind 3s*, compensate
10 καταβόσκω, *aor act sub 3s*, graze
11 ἀμπελών, vineyard
12 κτῆνος, animal
13 καταβόσκω, *aor act inf*, graze
14 ἀποτίνω, *fut act ind 3s*, compensate
15 γένημα, yield, produce
16 καταβόσκω, *aor act sub 3s*, graze
17 βέλτιστος, *sup of* ἀγαθός, best
18 ἄκανθα, thorny plant
19 προσεμπίμπρημι, *aor act sub 3s*, burn
20 ἅλων, threshing floor
21 στάχυς, head of grain
22 πεδίον, field, plain
23 ἀποτίνω, *fut act ind 3s*, compensate
24 ἐκκαίω, *aor act ptc nom s m*, kindle
25 πλησίον, neighbor
26 ἀργύριον, silver
27 σκεῦος, item, good
28 κλέπτω, *aor pas sub 3s*, steal
29 κλέπτω, *aor act ptc nom s m*, steal
30 ἀποτίνω, *fut act ind 3s*, compensate
31 διπλοῦς, double
32 κλέπτω, *aor act ptc nom s m*, steal
33 ὄμνυμι, *fut mid ind 3s*, swear an oath
34 ἦ μήν, truly, surely, indeed
35 πονηρεύομαι, *perf mid inf*, act wickedly
36 παρακαταθήκη, deposit
37 πλησίον, neighbor
38 ῥητός, specifically (stated)
39 ἀδίκημα, injustice
40 μόσχος, calf
41 ὑποζύγιον, beast of burden
42 ἀπώλεια, destruction
43 ἐγκαλέω, *pres pas ptc gen s f*, accuse
44 ἀμφότεροι, both
45 ἁλίσκω, *aor act ptc nom s m*, convict
46 ἀποτίνω, *fut act ind 3s*, compensate
47 διπλοῦς, double
48 πλησίον, neighbor

9 ἐὰν δέ τις δῷ τῷ πλησίον[1] ὑποζύγιον[2] ἢ μόσχον[3] ἢ πρόβατον ἢ πᾶν κτῆνος[4] φυλάξαι,
καὶ συντριβῇ[5] ἢ τελευτήσῃ[6] ἢ αἰχμάλωτον[7] γένηται, καὶ μηδεὶς[8] γνῷ, **10** ὅρκος[9]
ἔσται τοῦ θεοῦ ἀνὰ μέσον[10] ἀμφοτέρων[11] ἦ μὴν[12] μὴ αὐτὸν πεπονηρεῦσθαι[13] καθ'
ὅλης τῆς παρακαταθήκης[14] τοῦ πλησίον·[15] καὶ οὕτως προσδέξεται[16] ὁ κύριος αὐτοῦ,
καὶ οὐκ ἀποτείσει.[17] **11** ἐὰν δὲ κλαπῇ[18] παρ' αὐτοῦ, ἀποτείσει[19] τῷ κυρίῳ. **12** ἐὰν δὲ
θηριάλωτον[20] γένηται, ἄξει αὐτὸν ἐπὶ τὴν θήραν[21] καὶ οὐκ ἀποτείσει.[22]

13 ἐὰν δὲ αἰτήσῃ[23] τις παρὰ τοῦ πλησίον,[24] καὶ συντριβῇ[25] ἢ ἀποθάνῃ ἢ αἰχμάλωτον[26]
γένηται, ὁ δὲ κύριος μὴ ᾖ μετ' αὐτοῦ, ἀποτείσει·[27] **14** ἐὰν δὲ ὁ κύριος ᾖ μετ' αὐτοῦ,
οὐκ ἀποτείσει·[28] ἐὰν δὲ μισθωτὸς[29] ᾖ, ἔσται αὐτῷ ἀντὶ[30] τοῦ μισθοῦ[31] αὐτοῦ.

Miscellaneous Ordinances

15 Ἐὰν δὲ ἀπατήσῃ[32] τις παρθένον[33] ἀμνήστευτον[34] καὶ κοιμηθῇ[35] μετ' αὐτῆς, φερνῇ[36]
φερνιεῖ[37] αὐτὴν αὐτῷ γυναῖκα. **16** ἐὰν δὲ ἀνανεύων[38] ἀνανεύσῃ[39] καὶ μὴ βούληται
ὁ πατὴρ αὐτῆς δοῦναι αὐτὴν αὐτῷ γυναῖκα, ἀργύριον[40] ἀποτείσει[41] τῷ πατρὶ καθ'
ὅσον ἐστὶν ἡ φερνὴ[42] τῶν παρθένων.[43]

17 φαρμάκους[44] οὐ περιποιήσετε.[45]

18 πᾶν κοιμώμενον[46] μετὰ κτήνους,[47] θανάτῳ ἀποκτενεῖτε αὐτούς.

19 ὁ θυσιάζων[48] θεοῖς θανάτῳ ὀλεθρευθήσεται[49] πλὴν κυρίῳ μόνῳ.

1 πλησίον, neighbor
2 ὑποζύγιον, beast of burden
3 μόσχος, calf
4 κτῆνος, animal
5 συντρίβω, *aor pas sub 3s*, crush, break
6 τελευτάω, *aor act sub 3s*, die
7 αἰχμάλωτος, stolen, captive
8 μηδείς, no one
9 ὅρκος, oath
10 ἀνὰ μέσον, between
11 ἀμφότεροι, both
12 ἦ μήν, truly, surely, indeed
13 πονηρεύομαι, *perf mid inf*, act wickedly
14 παρακαταθήκη, deposit
15 πλησίον, neighbor
16 προσδέχομαι, *fut mid ind 3s*, accept
17 ἀποτίνω, *fut act ind 3s*, compensate
18 κλέπτω, *aor pas sub 3s*, steal
19 ἀποτίνω, *fut act ind 3s*, compensate
20 θηριάλωτος, caught by wild beasts
21 θήρα, prey
22 ἀποτίνω, *fut act ind 3s*, compensate
23 αἰτέω, *aor act sub 3s*, ask
24 πλησίον, neighbor
25 συντρίβω, *aor pas sub 3s*, crush, break
26 αἰχμάλωτος, stolen, captive
27 ἀποτίνω, *fut act ind 3s*, compensate
28 ἀποτίνω, *fut act ind 3s*, compensate
29 μισθωτός, hired
30 ἀντί, in return for, in place of
31 μισθός, pay, wages
32 ἀπατάω, *aor act sub 3s*, deceive
33 παρθένος, virgin, young woman
34 ἀμνήστευτος, unbetrothed
35 κοιμάω, *aor pas sub 3s*, sleep with, lie with
36 φερνή, bridal price
37 φερνίζω, *fut act ind 3s*, pay bridal price
38 ἀνανεύω, *pres act ptc nom s m*, refuse
39 ἀνανεύω, *aor act sub 3s*, refuse
40 ἀργύριον, silver
41 ἀποτίνω, *fut act ind 3s*, compensate
42 φερνή, bridal price
43 παρθένος, virgin, young woman
44 φάρμακος, sorcerer
45 περιποιέω, *fut act ind 2p*, keep alive
46 κοιμάω, *pres mid ptc nom s n*, sleep with, lie with
47 κτῆνος, animal
48 θυσιάζω, *pres act ptc nom s m*, sacrifice
49 ὀλεθρεύω, *fut pas ind 3s*, destroy

20 Καὶ προσήλυτον[1] οὐ κακώσετε[2] οὐδὲ μὴ θλίψητε[3] αὐτόν· ἦτε γὰρ προσήλυτοι[4] ἐν γῇ Αἰγύπτῳ.

21 πᾶσαν χήραν[5] καὶ ὀρφανὸν[6] οὐ κακώσετε·[7] **22** ἐὰν δὲ κακίᾳ[8] κακώσητε[9] αὐτοὺς καὶ κεκράξαντες καταβοήσωσι[10] πρός με, ἀκοῇ[11] εἰσακούσομαι[12] τῆς φωνῆς αὐτῶν
23 καὶ ὀργισθήσομαι[13] θυμῷ[14] καὶ ἀποκτενῶ ὑμᾶς μαχαίρᾳ,[15] καὶ ἔσονται αἱ γυναῖκες ὑμῶν χῆραι[16] καὶ τὰ παιδία ὑμῶν ὀρφανά.[17]

24 ἐὰν δὲ ἀργύριον[18] ἐκδανείσῃς[19] τῷ ἀδελφῷ τῷ πενιχρῷ[20] παρὰ σοί, οὐκ ἔσῃ αὐτὸν
κατεπείγων,[21] οὐκ ἐπιθήσεις αὐτῷ τόκον.[22] **25** ἐὰν δὲ ἐνεχύρασμα[23] ἐνεχυράσῃς[24]
τὸ ἱμάτιον τοῦ πλησίον,[25] πρὸ δυσμῶν[26] ἡλίου ἀποδώσεις αὐτῷ· **26** ἔστιν γὰρ
τοῦτο περιβόλαιον[27] αὐτοῦ, μόνον τοῦτο τὸ ἱμάτιον ἀσχημοσύνης[28] αὐτοῦ· ἐν τίνι κοιμηθήσεται;[29] ἐὰν οὖν καταβοήσῃ[30] πρός με, εἰσακούσομαι[31] αὐτοῦ· ἐλεήμων[32] γάρ εἰμι.

27 θεοὺς οὐ κακολογήσεις[33] καὶ ἄρχοντας τοῦ λαοῦ σου οὐ κακῶς[34] ἐρεῖς.

28 ἀπαρχὰς[35] ἅλωνος[36] καὶ ληνοῦ[37] σου οὐ καθυστερήσεις·[38] τὰ πρωτότοκα[39] τῶν
υἱῶν σου δώσεις ἐμοί. **29** οὕτως ποιήσεις τὸν μόσχον[40] σου καὶ τὸ πρόβατόν σου καὶ τὸ ὑποζύγιόν[41] σου· ἑπτὰ ἡμέρας ἔσται ὑπὸ τὴν μητέρα, τῇ δὲ ὀγδόῃ[42] ἡμέρᾳ ἀποδώσεις μοι αὐτό.

30 καὶ ἄνδρες ἅγιοι ἔσεσθέ μοι. καὶ κρέας[43] θηριάλωτον[44] οὐκ ἔδεσθε,[45] τῷ κυνὶ[46] ἀπορρίψατε[47] αὐτό.

1 προσήλυτος, immigrant, guest
2 κακόω, *fut act ind 2p*, maltreat, treat wrongly
3 θλίβω, *aor act sub 2p*, afflict
4 προσήλυτος, immigrant, guest
5 χήρα, widow
6 ὀρφανός, orphan
7 κακόω, *fut act ind 2p*, maltreat, treat wrongly
8 κακία, wickedness
9 κακόω, *aor act sub 2p*, maltreat, treat wrongly
10 καταβοάω, *aor act sub 3p*, cry out
11 ἀκοή, sound
12 εἰσακούω, *fut mid ind 1s*, listen
13 ὀργίζω, *fut pas ind 1s*, be angry
14 θυμός, anger, wrath
15 μάχαιρα, sword
16 χήρα, widow
17 ὀρφανός, orphan
18 ἀργύριον, silver
19 ἐκδανείζω, *aor act sub 2s*, lend at interest
20 πενιχρός, poor
21 κατεπείγω, *pres act ptc nom s m*, press hard
22 τόκος, interest
23 ἐνεχύρασμα, pledge
24 ἐνεχυράζω, *aor act sub 2s*, take in pledge
25 πλησίον, neighbor
26 δυσμή, setting
27 περιβόλαιον, covering
28 ἀσχημοσύνη, bareness, nakedness
29 κοιμάω, *fut pas ind 3s*, sleep
30 καταβοάω, *aor act sub 3s*, cry out
31 εἰσακούω, *fut mid ind 1s*, listen
32 ἐλεήμων, merciful
33 κακολογέω, *fut act ind 2s*, revile, abuse
34 κακῶς, wrong, ill
35 ἀπαρχή, firstfruit
36 ἅλων, threshing floor
37 ληνός, vat, winepress
38 καθυστερέω, *fut act ind 2s*, hold back
39 πρωτότοκος, firstborn
40 μόσχος, calf
41 ὑποζύγιον, beast of burden
42 ὄγδοος, eighth
43 κρέας, meat
44 θηριάλωτος, torn by wild animals
45 ἐσθίω, *fut mid ind 2p*, eat
46 κύων, dog
47 ἀπορρίπτω, *aor act impv 2p*, throw away

Ordinances for Justice and Mercy

23 Οὐ παραδέξῃ[1] ἀκοὴν[2] ματαίαν.[3] οὐ συγκαταθήσῃ[4] μετὰ τοῦ ἀδίκου[5] γενέσθαι
μάρτυς[6] ἄδικος. **2** οὐκ ἔσῃ μετὰ πλειόνων[7] ἐπὶ κακίᾳ.[8] οὐ προστεθήσῃ[9]
μετὰ πλήθους ἐκκλῖναι[10] μετὰ πλειόνων ὥστε ἐκκλῖναι κρίσιν. **3** καὶ πένητα[11] οὐκ
ἐλεήσεις[12] ἐν κρίσει.

4 ἐὰν δὲ συναντήσῃς[13] τῷ βοὶ[14] τοῦ ἐχθροῦ σου ἢ τῷ ὑποζυγίῳ[15] αὐτοῦ πλανωμένοις,
ἀποστρέψας[16] ἀποδώσεις αὐτῷ. **5** ἐὰν δὲ ἴδῃς τὸ ὑποζύγιον[17] τοῦ ἐχθροῦ σου
πεπτωκὸς[18] ὑπὸ τὸν γόμον[19] αὐτοῦ, οὐ παρελεύσῃ[20] αὐτό, ἀλλὰ συνεγερεῖς[21] αὐτὸ
μετ' αὐτοῦ.

6 οὐ διαστρέψεις[22] κρίμα[23] πένητος[24] ἐν κρίσει αὐτοῦ. **7** ἀπὸ παντὸς ῥήματος ἀδίκου[25]
ἀποστήσῃ·[26] ἀθῷον[27] καὶ δίκαιον οὐκ ἀποκτενεῖς καὶ οὐ δικαιώσεις τὸν ἀσεβῆ[28]
ἕνεκεν[29] δώρων.[30] **8** καὶ δῶρα[31] οὐ λήμψῃ· τὰ γὰρ δῶρα ἐκτυφλοῖ[32] ὀφθαλμοὺς
βλεπόντων καὶ λυμαίνεται[33] ῥήματα δίκαια.

9 καὶ προσήλυτον[34] οὐ θλίψετε·[35] ὑμεῖς γὰρ οἴδατε τὴν ψυχὴν τοῦ προσηλύτου·
αὐτοὶ γὰρ προσήλυτοι ἦτε ἐν γῇ Αἰγύπτῳ.

Ordinances for the Sabbath and the Land

10 Ἓξ[36] ἔτη σπερεῖς[37] τὴν γῆν σου καὶ συνάξεις τὰ γενήματα[38] αὐτῆς· **11** τῷ δὲ
ἑβδόμῳ[39] ἄφεσιν[40] ποιήσεις καὶ ἀνήσεις[41] αὐτήν, καὶ ἔδονται[42] οἱ πτωχοὶ τοῦ ἔθνους

1 παραδέχομαι, *fut mid ind 2s*, receive
2 ἀκοή, report
3 μάταιος, truthless, groundless
4 συγκατατίθημι, *fut mid ind 2s*, consent, agree
5 ἄδικος, unjust
6 μάρτυς, witness
7 πλείων/πλεῖον, *comp of* πολύς, more, more numerous
8 κακία, wickedness
9 προστίθημι, *fut pas ind 2s*, join to
10 ἐκκλίνω, *aor act inf*, turn aside
11 πένης, poor man
12 ἐλεέω, *fut act ind 2s*, show pity
13 συναντάω, *aor act sub 2s*, meet
14 βοῦς, cow, ox
15 ὑποζύγιον, beast of burden
16 ἀποστρέφω, *aor act ptc nom s m*, turn back
17 ὑποζύγιον, beast of burden
18 πίπτω, *perf act ptc acc s n*, fall, stumble
19 γόμος, cargo, load
20 παρέρχομαι, *fut mid ind 2s*, pass by
21 συνεγείρω, *fut act ind 2s*, raise up together
22 διαστρέφω, *fut act ind 2s*, pervert
23 κρίμα, judgment
24 πένης, poor man
25 ἄδικος, unjust
26 ἀφίστημι, *aor act sub 3s*, depart from, keep away
27 ἀθῷος, innocent, without fault
28 ἀσεβής, ungodly
29 ἕνεκα, for the sake of
30 δῶρον, bribe
31 δῶρον, bribe
32 ἐκτυφλόω, *pres act ind 3s*, blind
33 λυμαίνομαι, *pres mid ind 3s*, injure, corrupt
34 προσήλυτος, immigrant, guest
35 θλίβω, *fut act ind 2p*, afflict
36 ἕξ, six
37 σπείρω, *fut act ind 2s*, sow
38 γένημα, produce
39 ἕβδομος, seventh
40 ἄφεσις, remission, rest
41 ἀνίημι, *fut act ind 2s*, leave
42 ἐσθίω, *fut mid ind 3p*, eat

σου, τὰ δὲ ὑπολειπόμενα[1] ἔδεται[2] τὰ ἄγρια[3] θηρία. οὕτως ποιήσεις τὸν ἀμπελῶνά[4] σου καὶ τὸν ἐλαιῶνά[5] σου.

12 ἓξ[6] ἡμέρας ποιήσεις τὰ ἔργα σου, τῇ δὲ ἡμέρᾳ τῇ ἑβδόμῃ[7] ἀνάπαυσις,[8] ἵνα ἀναπαύσηται[9] ὁ βοῦς[10] σου καὶ τὸ ὑποζύγιόν[11] σου, καὶ ἵνα ἀναψύξῃ[12] ὁ υἱὸς τῆς παιδίσκης[13] σου καὶ ὁ προσήλυτος.[14]

13 πάντα, ὅσα εἴρηκα πρὸς ὑμᾶς, φυλάξασθε. Καὶ ὄνομα θεῶν ἑτέρων οὐκ ἀναμνησθήσεσθε,[15] οὐδὲ μὴ ἀκουσθῇ ἐκ τοῦ στόματος ὑμῶν.

Ordinances for Three Feasts

14 τρεῖς καιροὺς τοῦ ἐνιαυτοῦ[16] ἑορτάσατέ[17] μοι.
15 τὴν ἑορτὴν[18] τῶν ἀζύμων[19] φυλάξασθε ποιεῖν· ἑπτὰ ἡμέρας ἔδεσθε[20] ἄζυμα, καθάπερ[21] ἐνετειλάμην[22] σοι, κατὰ τὸν καιρὸν τοῦ μηνὸς[23] τῶν νέων·[24] ἐν γὰρ αὐτῷ ἐξῆλθες ἐξ Αἰγύπτου. οὐκ ὀφθήσῃ ἐνώπιόν μου κενός.[25]
16 καὶ ἑορτὴν[26] θερισμοῦ[27] πρωτογενημάτων[28] ποιήσεις τῶν ἔργων σου, ὧν ἐὰν σπείρῃς[29] ἐν τῷ ἀγρῷ σου, καὶ ἑορτὴν συντελείας[30] ἐπ᾽ ἐξόδου[31] τοῦ ἐνιαυτοῦ[32] ἐν τῇ συναγωγῇ τῶν ἔργων σου τῶν ἐκ τοῦ ἀγροῦ σου.
17 τρεῖς καιροὺς τοῦ ἐνιαυτοῦ[33] ὀφθήσεται πᾶν ἀρσενικόν[34] σου ἐνώπιον κυρίου τοῦ θεοῦ σου.
18 ὅταν γὰρ ἐκβάλω ἔθνη ἀπὸ προσώπου σου καὶ ἐμπλατύνω[35] τὰ ὅριά[36] σου, οὐ θύσεις[37] ἐπὶ ζύμῃ[38] αἷμα θυσιάσματός[39] μου, οὐδὲ μὴ κοιμηθῇ[40] στέαρ[41] τῆς ἑορτῆς[42]

1 ὑπολείπω, *pres pas ptc acc p n*, leave behind
2 ἐσθίω, *fut mid ind 3s*, eat
3 ἄγριος, wild
4 ἀμπελών, vineyard
5 ἐλαιών, olive grove
6 ἕξ, six
7 ἕβδομος, seventh
8 ἀνάπαυσις, rest
9 ἀναπαύω, *aor mid sub 3s*, give rest
10 βοῦς, cow, ox
11 ὑποζύγιον, beast of burden
12 ἀναψύχω, *aor act sub 3s*, revive
13 παιδίσκη, maidservant
14 προσήλυτος, immigrant, guest
15 ἀναμιμνήσκω, *fut pas ind 2p*, remember, recall
16 ἐνιαυτός, year
17 ἑορτάζω, *aor act impv 2p*, keep a feast
18 ἑορτή, feast
19 ἄζυμος, unleavened (bread)
20 ἐσθίω, *fut mid ind 2p*, eat
21 καθάπερ, just as
22 ἐντέλλομαι, *aor mid ind 1s*, command
23 μήν, month
24 νέος, new
25 κενός, empty-handed
26 ἑορτή, feast
27 θερισμός, harvest
28 πρωτογένημα, first product
29 σπείρω, *aor act sub 2s*, sow
30 συντέλεια, completion
31 ἔξοδος, departure, going out
32 ἐνιαυτός, year
33 ἐνιαυτός, year
34 ἀρσενικός, male
35 ἐμπλατύνω, *aor act sub 1s*, extend
36 ὅριον, border, territory
37 θύω, *fut act ind 2s*, sacrifice
38 ζύμη, leaven
39 θυσίασμα, offering
40 κοιμάω, *aor pas sub 3s*, leave lying
41 στέαρ, fat
42 ἑορτή, feast

μου ἕως πρωί.[1] **19** τὰς ἀπαρχὰς[2] τῶν πρωτογενημάτων[3] τῆς γῆς σου εἰσοίσεις[4] εἰς τὸν οἶκον κυρίου τοῦ θεοῦ σου. οὐχ ἑψήσεις[5] ἄρνα[6] ἐν γάλακτι[7] μητρὸς αὐτοῦ.

Conquest of the Land

20 Καὶ ἰδοὺ ἐγὼ ἀποστέλλω τὸν ἄγγελόν μου πρὸ προσώπου σου, ἵνα φυλάξῃ σε ἐν τῇ ὁδῷ, ὅπως εἰσαγάγῃ[8] σε εἰς τὴν γῆν, ἣν ἡτοίμασά σοι. **21** πρόσεχε[9] σεαυτῷ καὶ εἰσάκουε[10] αὐτοῦ καὶ μὴ ἀπείθει[11] αὐτῷ· οὐ γὰρ μὴ ὑποστείληταί[12] σε, τὸ γὰρ ὄνομά μού ἐστιν ἐπ᾽ αὐτῷ.

22 ἐὰν ἀκοῇ[13] ἀκούσητε τῆς ἐμῆς φωνῆς καὶ ποιήσῃς πάντα, ὅσα ἂν ἐντείλωμαί[14] σοι, καὶ φυλάξητε τὴν διαθήκην μου, ἔσεσθέ μοι λαὸς περιούσιος[15] ἀπὸ πάντων τῶν ἐθνῶν· ἐμὴ γάρ ἐστιν πᾶσα ἡ γῆ, ὑμεῖς δὲ ἔσεσθέ μοι βασίλειον[16] ἱεράτευμα[17] καὶ ἔθνος ἅγιον. ταῦτα τὰ ῥήματα ἐρεῖς τοῖς υἱοῖς Ισραηλ Ἐὰν ἀκοῇ[18] ἀκούσητε τῆς φωνῆς μου καὶ ποιήσῃς πάντα, ὅσα ἂν εἴπω σοι, ἐχθρεύσω[19] τοῖς ἐχθροῖς σου καὶ ἀντικείσομαι[20] τοῖς ἀντικειμένοις[21] σοι.

23 πορεύσεται γὰρ ὁ ἄγγελός μου ἡγούμενός[22] σου καὶ εἰσάξει[23] σε πρὸς τὸν Αμορραῖον καὶ Χετταῖον καὶ Φερεζαῖον καὶ Χαναναῖον καὶ Γεργεσαῖον καὶ Ευαῖον καὶ Ιεβουσαῖον, καὶ ἐκτρίψω[24] αὐτούς. **24** οὐ προσκυνήσεις τοῖς θεοῖς αὐτῶν οὐδὲ μὴ λατρεύσῃς[25] αὐτοῖς· οὐ ποιήσεις κατὰ τὰ ἔργα αὐτῶν, ἀλλὰ καθαιρέσει[26] καθελεῖς[27] καὶ συντρίβων[28] συντρίψεις[29] τὰς στήλας[30] αὐτῶν. **25** καὶ λατρεύσεις[31] κυρίῳ τῷ θεῷ σου, καὶ εὐλογήσω τὸν ἄρτον σου καὶ τὸν οἶνόν σου καὶ τὸ ὕδωρ σου καὶ ἀποστρέψω[32] μαλακίαν[33] ἀφ᾽ ὑμῶν. **26** οὐκ ἔσται ἄγονος[34] οὐδὲ στεῖρα[35] ἐπὶ τῆς γῆς σου· τὸν ἀριθμὸν[36] τῶν ἡμερῶν σου ἀναπληρώσω.[37] **27** καὶ τὸν φόβον ἀποστελῶ

1 πρωί, morning
2 ἀπαρχή, firstfruit
3 πρωτογένημα, first product
4 εἰσφέρω, *fut act ind 2s*, bring in
5 ἕψω, *fut act ind 2s*, boil
6 ἀρήν, lamb
7 γάλα, milk
8 εἰσάγω, *aor act sub 3s*, bring in
9 προσέχω, *pres act impv 2s*, pay attention
10 εἰσακούω, *pres act impv 2s*, listen
11 ἀπειθέω, *pres act impv 2s*, disobey
12 ὑποστέλλω, *aor mid sub 3s*, draw back
13 ἀκοή, sound
14 ἐντέλλομαι, *aor mid sub 1s*, command
15 περιούσιος, special, peculiar
16 βασίλειος, royal
17 ἱεράτευμα, priesthood
18 ἀκοή, sound
19 ἐχθρεύω, *fut act ind 1s*, be an enemy
20 ἀντίκειμαι, *fut mid ind 1s*, oppose, be against
21 ἀντίκειμαι, *pres mid ptc dat p m*, oppose, be against
22 ἡγέομαι, *pres mid ptc nom s m*, go before, lead
23 εἰσάγω, *fut act ind 3s*, bring into
24 ἐκτρίβω, *fut act ind 1s*, destroy
25 λατρεύω, *aor act sub 2s*, serve (in worship)
26 καθαίρεσις, demolition
27 καθαιρέω, *fut act ind 2s*, demolish
28 συντρίβω, *pres act ptc nom s m*, shatter, crush
29 συντρίβω, *fut act ind 2s*, shatter, crush
30 στήλη, pillar
31 λατρεύω, *fut act ind 2s*, serve (in worship)
32 ἀποστρέφω, *fut act ind 1s*, turn away
33 μαλακία, sickness
34 ἄγονος, childless
35 στεῖρα, barren, sterile
36 ἀριθμός, number
37 ἀναπληρόω, *fut act ind 1s*, fill

ἡγούμενόν[1] σου καὶ ἐκστήσω[2] πάντα τὰ ἔθνη, εἰς οὓς σὺ εἰσπορεύῃ[3] εἰς αὐτούς, καὶ δώσω πάντας τοὺς ὑπεναντίους[4] σου φυγάδας.[5] **28** καὶ ἀποστελῶ τὰς σφηκίας[6] προτέρας[7] σου, καὶ ἐκβαλεῖ τοὺς Αμορραίους καὶ τοὺς Ευαίους καὶ τοὺς Χαναναίους καὶ τοὺς Χετταίους ἀπὸ σοῦ.

29 οὐκ ἐκβαλῶ αὐτοὺς ἐν ἐνιαυτῷ[8] ἑνί, ἵνα μὴ γένηται ἡ γῆ ἔρημος καὶ πολλὰ γένηται ἐπὶ σὲ τὰ θηρία τῆς γῆς· **30** κατὰ μικρὸν μικρὸν ἐκβαλῶ αὐτοὺς ἀπὸ σοῦ, ἕως ἂν αὐξηθῇς[9] καὶ κληρονομήσῃς[10] τὴν γῆν. **31** καὶ θήσω τὰ ὅριά[11] σου ἀπὸ τῆς ἐρυθρᾶς[12] θαλάσσης ἕως τῆς θαλάσσης τῆς Φυλιστιιμ καὶ ἀπὸ τῆς ἐρήμου ἕως τοῦ μεγάλου ποταμοῦ[13] Εὐφράτου· καὶ παραδώσω εἰς τὰς χεῖρας ὑμῶν τοὺς ἐγκαθημένους[14] ἐν τῇ γῇ καὶ ἐκβαλῶ αὐτοὺς ἀπὸ σοῦ. **32** οὐ συγκαταθήσῃ[15] αὐτοῖς καὶ τοῖς θεοῖς αὐτῶν διαθήκην, **33** καὶ οὐκ ἐγκαθήσονται[16] ἐν τῇ γῇ σου, ἵνα μὴ ἁμαρτεῖν σε ποιήσωσιν πρός με· ἐὰν γὰρ δουλεύσῃς[17] τοῖς θεοῖς αὐτῶν, οὗτοι ἔσονταί σοι πρόσκομμα.[18]

Confirmation of the Covenant

24 Καὶ Μωυσῇ εἶπεν Ἀνάβηθι πρὸς κύριον σὺ καὶ Ααρων καὶ Ναδαβ καὶ Αβιουδ καὶ ἑβδομήκοντα[19] τῶν πρεσβυτέρων Ισραηλ, καὶ προσκυνήσουσιν μακρόθεν[20] τῷ κυρίῳ· **2** καὶ ἐγγιεῖ Μωυσῆς μόνος πρὸς τὸν θεόν, αὐτοὶ δὲ οὐκ ἐγγιοῦσιν· ὁ δὲ λαὸς οὐ συναναβήσεται[21] μετ' αὐτῶν.

3 εἰσῆλθεν δὲ Μωυσῆς καὶ διηγήσατο[22] τῷ λαῷ πάντα τὰ ῥήματα τοῦ θεοῦ καὶ τὰ δικαιώματα·[23] ἀπεκρίθη δὲ πᾶς ὁ λαὸς φωνῇ μιᾷ λέγοντες Πάντας τοὺς λόγους, οὓς ἐλάλησεν κύριος, ποιήσομεν καὶ ἀκουσόμεθα. **4** καὶ ἔγραψεν Μωυσῆς πάντα τὰ ῥήματα κυρίου. ὀρθρίσας[24] δὲ Μωυσῆς τὸ πρωὶ[25] ᾠκοδόμησεν θυσιαστήριον[26] ὑπὸ τὸ ὄρος καὶ δώδεκα[27] λίθους εἰς τὰς δώδεκα φυλὰς τοῦ Ισραηλ· **5** καὶ ἐξαπέστειλεν[28] τοὺς νεανίσκους[29] τῶν υἱῶν Ισραηλ, καὶ ἀνήνεγκαν[30] ὁλοκαυτώματα[31] καὶ ἔθυσαν[32]

1 ἡγέομαι, *pres mid ptc acc s m*, go before, lead
2 ἐξίστημι, *fut act ind 1s*, confound
3 εἰσπορεύομαι, *pres mid ind 2s*, enter
4 ὑπεναντίος, adversary
5 φυγάς, fugitive
6 σφηκία, hornet
7 πρότερος, before
8 ἐνιαυτός, year
9 αὐξάνω, *aor pas sub 2s*, increase
10 κληρονομέω, *aor act sub 2s*, acquire possession
11 ὅριον, border, territory
12 ἐρυθρός, red
13 ποταμός, river
14 ἐγκάθημαι, *pres mid ptc acc p m*, dwell, reside
15 συγκατατίθημι, *fut mid ind 2s*, consent to
16 ἐγκάθημαι, *fut mid ind 3p*, dwell, reside
17 δουλεύω, *aor act sub 2s*, serve
18 πρόσκομμα, obstacle, source of stumbling
19 ἑβδομήκοντα, seventy
20 μακρόθεν, at a distance
21 συναναβαίνω, *fut mid ind 3s*, go up together
22 διηγέομαι, *aor mid ind 3s*, describe in detail
23 δικαίωμα, ordinance, statute
24 ὀρθρίζω, *aor act ptc nom s m*, rise early
25 πρωί, (in the) morning
26 θυσιαστήριον, altar
27 δώδεκα, twelve
28 ἐξαποστέλλω, *aor act ind 3s*, send forth
29 νεανίσκος, young man
30 ἀναφέρω, *aor act ind 3p*, bring back
31 ὁλοκαύτωμα, whole burnt offering
32 θύω, *aor act ind 3p*, sacrifice

θυσίαν[1] σωτηρίου[2] τῷ θεῷ μοσχάρια.[3] **6** λαβὼν δὲ Μωυσῆς τὸ ἥμισυ[4] τοῦ αἵματος
ἐνέχεεν[5] εἰς κρατῆρας,[6] τὸ δὲ ἥμισυ τοῦ αἵματος προσέχεεν[7] πρὸς τὸ θυσιαστήριον.[8]
7 καὶ λαβὼν τὸ βιβλίον τῆς διαθήκης ἀνέγνω[9] εἰς τὰ ὦτα τοῦ λαοῦ, καὶ εἶπαν Πάντα,
ὅσα ἐλάλησεν κύριος, ποιήσομεν καὶ ἀκουσόμεθα. **8** λαβὼν δὲ Μωυσῆς τὸ αἷμα
κατεσκέδασεν[10] τοῦ λαοῦ καὶ εἶπεν Ἰδοὺ τὸ αἷμα τῆς διαθήκης, ἧς διέθετο[11] κύριος
πρὸς ὑμᾶς περὶ πάντων τῶν λόγων τούτων.

9 Καὶ ἀνέβη Μωυσῆς καὶ Ααρων καὶ Ναδαβ καὶ Αβιουδ καὶ ἑβδομήκοντα[12] τῆς
γερουσίας[13] Ισραηλ **10** καὶ εἶδον τὸν τόπον, οὗ εἱστήκει[14] ἐκεῖ ὁ θεὸς τοῦ Ισραηλ·
καὶ τὰ ὑπὸ τοὺς πόδας αὐτοῦ ὡσεὶ[15] ἔργον πλίνθου[16] σαπφείρου[17] καὶ ὥσπερ εἶδος[18]
στερεώματος[19] τοῦ οὐρανοῦ τῇ καθαριότητι.[20] **11** καὶ τῶν ἐπιλέκτων[21] τοῦ Ισραηλ
οὐ διεφώνησεν[22] οὐδὲ εἷς· καὶ ὤφθησαν ἐν τῷ τόπῳ τοῦ θεοῦ καὶ ἔφαγον καὶ ἔπιον.

12 καὶ εἶπεν κύριος πρὸς Μωυσῆν Ἀνάβηθι πρός με εἰς τὸ ὄρος καὶ ἴσθι[23] ἐκεῖ·
καὶ δώσω σοι τὰ πυξία[24] τὰ λίθινα,[25] τὸν νόμον καὶ τὰς ἐντολάς, ἃς ἔγραψα
νομοθετῆσαι[26] αὐτοῖς. **13** καὶ ἀναστὰς Μωυσῆς καὶ Ἰησοῦς ὁ παρεστηκὼς[27] αὐτῷ
ἀνέβησαν εἰς τὸ ὄρος τοῦ θεοῦ· **14** καὶ τοῖς πρεσβυτέροις εἶπαν Ἡσυχάζετε[28] αὐτοῦ,[29]
ἕως ἀναστρέψωμεν[30] πρὸς ὑμᾶς· καὶ ἰδοὺ Ααρων καὶ Ωρ μεθ᾽ ὑμῶν· ἐάν τινι συμβῇ[31]
κρίσις, προσπορευέσθωσαν[32] αὐτοῖς.

15 καὶ ἀνέβη Μωυσῆς καὶ Ἰησοῦς εἰς τὸ ὄρος, καὶ ἐκάλυψεν[33] ἡ νεφέλη[34] τὸ ὄρος.
16 καὶ κατέβη ἡ δόξα τοῦ θεοῦ ἐπὶ τὸ ὄρος τὸ Σινα, καὶ ἐκάλυψεν[35] αὐτὸ ἡ νεφέλη[36]
ἓξ[37] ἡμέρας· καὶ ἐκάλεσεν κύριος τὸν Μωυσῆν τῇ ἡμέρᾳ τῇ ἑβδόμῃ[38] ἐκ μέσου τῆς
νεφέλης. **17** τὸ δὲ εἶδος[39] τῆς δόξης κυρίου ὡσεὶ[40] πῦρ φλέγον[41] ἐπὶ τῆς κορυφῆς[42]

1 θυσία, sacrifice
2 σωτήριον, (sacrifice of) deliverance, peace
3 μοσχάριον, small calf
4 ἥμισυς, half
5 ἐγχέω, *aor act ind 3s*, pour
6 κρατήρ, bowl
7 προσχέω, *aor act ind 3s*, pour out
8 θυσιαστήριον, altar
9 ἀναγινώσκω, *aor act ind 3s*, read aloud
10 κατασκεδάννυμι, *aor act ind 3s*, scatter, sprinkle
11 διατίθημι, *aor mid ind 3s*, arrange
12 ἑβδομήκοντα, seventy
13 γερουσία, council of elders
14 ἵστημι, *plpf act ind 3s*, stand
15 ὡσεί, like
16 πλίνθος, brick
17 σάπφειρος, sapphire, lapis lazuli
18 εἶδος, appearance
19 στερέωμα, firmament
20 καθαριότης, clarity, brightness, purity
21 ἐπίλεκτος, chosen
22 διαφωνέω, *aor act ind 3s*, perish
23 εἰμί, *pres act impv 2s*, be
24 πυξίον, tablet
25 λίθινος, of stone
26 νομοθετέω, *aor act inf*, give law, legislate
27 παρίστημι, *perf act ptc nom s m*, stand by, assist
28 ἡσυχάζω, *pres act impv 2p*, rest, wait
29 αὐτοῦ, here
30 ἀναστρέφω, *aor act sub 1p*, return
31 συμβαίνω, *aor act sub 3s*, happen
32 προσπορεύομαι, *pres mid impv 3p*, go to
33 καλύπτω, *aor act ind 3s*, cover
34 νεφέλη, cloud
35 καλύπτω, *aor act ind 3s*, cover
36 νεφέλη, cloud
37 ἕξ, six
38 ἕβδομος, seventh
39 εἶδος, appearance
40 ὡσεί, like
41 φλέγω, *pres act ptc nom s n*, burn
42 κορυφή, summit

τοῦ ὄρους ἐναντίον[1] τῶν υἱῶν Ισραηλ. **18** καὶ εἰσῆλθεν Μωυσῆς εἰς τὸ μέσον τῆς
νεφέλης[2] καὶ ἀνέβη εἰς τὸ ὄρος καὶ ἦν ἐκεῖ ἐν τῷ ὄρει τεσσαράκοντα[3] ἡμέρας καὶ
τεσσαράκοντα νύκτας.

Offerings for the Tent

25 Καὶ ἐλάλησεν κύριος πρὸς Μωυσῆν λέγων **2** Εἰπὸν τοῖς υἱοῖς Ισραηλ, καὶ
λάβετέ μοι ἀπαρχὰς[4] παρὰ πάντων, οἷς ἂν δόξῃ[5] τῇ καρδίᾳ, καὶ λήμψεσθε
τὰς ἀπαρχάς μου. **3** καὶ αὕτη ἐστὶν ἡ ἀπαρχή,[6] ἣν λήμψεσθε παρ᾽ αὐτῶν· χρυσίον[7]
καὶ ἀργύριον[8] καὶ χαλκὸν[9] **4** καὶ ὑάκινθον[10] καὶ πορφύραν[11] καὶ κόκκινον[12]
διπλοῦν[13] καὶ βύσσον[14] κεκλωσμένην[15] καὶ τρίχας[16] αἰγείας[17] **5** καὶ δέρματα[18] κριῶν[19]
ἠρυθροδανωμένα[20] καὶ δέρματα[21] ὑακίνθινα[22] καὶ ξύλα[23] ἄσηπτα[24] **7** καὶ λίθους
σαρδίου[25] καὶ λίθους εἰς τὴν γλυφὴν[26] εἰς τὴν ἐπωμίδα[27] καὶ τὸν ποδήρη.[28] **8** καὶ
ποιήσεις μοι ἁγίασμα,[29] καὶ ὀφθήσομαι ἐν ὑμῖν· **9** καὶ ποιήσεις μοι κατὰ πάντα,
ὅσα ἐγώ σοι δεικνύω ἐν τῷ ὄρει, τὸ παράδειγμα[30] τῆς σκηνῆς[31] καὶ τὸ παράδειγμα
πάντων τῶν σκευῶν[32] αὐτῆς· οὕτω ποιήσεις.

Ark of the Covenant

10 Καὶ ποιήσεις κιβωτὸν[33] μαρτυρίου[34] ἐκ ξύλων[35] ἀσήπτων,[36] δύο πήχεων[37] καὶ
ἡμίσους[38] τὸ μῆκος[39] καὶ πήχεος καὶ ἡμίσους τὸ πλάτος[40] καὶ πήχεος καὶ ἡμίσους
τὸ ὕψος.[41] **11** καὶ καταχρυσώσεις[42] αὐτὴν χρυσίῳ[43] καθαρῷ,[44] ἔξωθεν[45] καὶ ἔσωθεν[46]

1 ἐναντίον, before
2 νεφέλη, cloud
3 τεσσαράκοντα, forty
4 ἀπαρχή, firstfruit
5 δοκέω, *aor act sub 3s*, think, seem
6 ἀπαρχή, firstfruit
7 χρυσίον, gold
8 ἀργύριον, silver
9 χαλκός, bronze
10 ὑάκινθος, blue
11 πορφύρα, purple
12 κόκκινος, scarlet
13 διπλοῦς, double
14 βύσσος, linen
15 κλώθω, *perf pas ptc acc s f*, twist
16 θρίξ, hair
17 αἴγειος, of a goat
18 δέρμα, skin, hide
19 κριός, ram
20 ἐρυθροδανόω, *perf pas ptc acc p n*, dye red
21 δέρμα, skin, hide
22 ὑακίνθινος, blue
23 ξύλον, wood
24 ἄσηπτος, not rotten
25 σάρδιον, sardius
26 γλυφή, carving
27 ἐπωμίς, shoulder piece
28 ποδήρης, full-length robe
29 ἁγίασμα, sanctuary, holy place
30 παράδειγμα, pattern
31 σκηνή, tent
32 σκεῦος, vessel, furnishing
33 κιβωτός, chest, ark (of the covenant)
34 μαρτύριον, testimony, witness
35 ξύλον, wood
36 ἄσηπτος, not rotten
37 πῆχυς, cubit
38 ἥμισυς, half
39 μῆκος, length
40 πλάτος, width
41 ὕψος, height
42 καταχρυσόω, *fut act ind 2s*, gild
43 χρυσίον, gold
44 καθαρός, pure
45 ἔξωθεν, outside
46 ἔσωθεν, inside

χρυσώσεις[1] αὐτήν· καὶ ποιήσεις αὐτῇ κυμάτια[2] στρεπτὰ[3] χρυσᾶ[4] κύκλῳ.[5] **12** καὶ
ἐλάσεις[6] αὐτῇ τέσσαρας δακτυλίους[7] χρυσοῦς[8] καὶ ἐπιθήσεις ἐπὶ τὰ τέσσαρα κλίτη,[9]
δύο δακτυλίους ἐπὶ τὸ κλίτος τὸ ἓν καὶ δύο δακτυλίους ἐπὶ τὸ κλίτος τὸ δεύτερον.
13 ποιήσεις δὲ ἀναφορεῖς[10] ξύλα[11] ἄσηπτα[12] καὶ καταχρυσώσεις[13] αὐτὰ χρυσίῳ·[14]
14 καὶ εἰσάξεις[15] τοὺς ἀναφορεῖς[16] εἰς τοὺς δακτυλίους[17] τοὺς ἐν τοῖς κλίτεσι[18]
τῆς κιβωτοῦ[19] αἴρειν τὴν κιβωτὸν ἐν αὐτοῖς· **15** ἐν τοῖς δακτυλίοις[20] τῆς κιβωτοῦ[21]
ἔσονται οἱ ἀναφορεῖς[22] ἀκίνητοι.[23] **16** καὶ ἐμβαλεῖς[24] εἰς τὴν κιβωτὸν[25] τὰ μαρτύρια,[26]
ἃ ἂν δῶ σοι.

17 καὶ ποιήσεις ἱλαστήριον[27] ἐπίθεμα[28] χρυσίου[29] καθαροῦ,[30] δύο πήχεων[31] καὶ
ἡμίσους[32] τὸ μῆκος[33] καὶ πήχεος καὶ ἡμίσους[34] τὸ πλάτος.[35] **18** καὶ ποιήσεις δύο
χερουβιμ[36] χρυσᾶ[37] τορευτὰ[38] καὶ ἐπιθήσεις αὐτὰ ἐξ ἀμφοτέρων[39] τῶν κλιτῶν[40] τοῦ
ἱλαστηρίου·[41] **19** ποιηθήσονται χερουβ[42] εἷς ἐκ τοῦ κλίτους[43] τούτου καὶ χερουβ εἷς
ἐκ τοῦ κλίτους τοῦ δευτέρου τοῦ ἱλαστηρίου·[44] καὶ ποιήσεις τοὺς δύο χερουβιμ ἐπὶ
τὰ δύο κλίτη. **20** ἔσονται οἱ χερουβιμ[45] ἐκτείνοντες[46] τὰς πτέρυγας[47] ἐπάνωθεν,[48]
συσκιάζοντες[49] ταῖς πτέρυξιν αὐτῶν ἐπὶ τοῦ ἱλαστηρίου,[50] καὶ τὰ πρόσωπα αὐτῶν
εἰς ἄλληλα·[51] εἰς τὸ ἱλαστήριον ἔσονται τὰ πρόσωπα τῶν χερουβιμ. **21** καὶ ἐπιθήσεις

1 χρυσόω, *fut act ind 2s*, gild
2 κυμάτιον, molding
3 στρεπτός, twisted
4 χρυσοῦς, gold
5 κύκλῳ, round about
6 ἐλαύνω, *fut act ind 2s*, forge, cast
7 δακτύλιος, ring
8 χρυσοῦς, gold
9 κλίτος, side
10 ἀναφορεύς, carrying pole
11 ξύλον, wood
12 ἄσηπτος, not rotten
13 καταχρυσόω, *fut act ind 2s*, gild
14 χρυσίον, gold
15 εἰσάγω, *fut act ind 2s*, put into, insert
16 ἀναφορεύς, carrying pole
17 δακτύλιος, ring
18 κλίτος, side
19 κιβωτός, chest, ark (of the covenant)
20 δακτύλιος, ring
21 κιβωτός, chest, ark (of the covenant)
22 ἀναφορεύς, carrying pole
23 ἀκίνητος, fixed
24 ἐμβάλλω, *fut act ind 2s*, put into
25 κιβωτός, chest, ark (of the covenant)
26 μαρτύριον, testimony, witness
27 ἱλαστήριον, mercy seat, place of propitiation
28 ἐπίθεμα, cover
29 χρυσίον, gold
30 καθαρός, pure
31 πῆχυς, cubit
32 ἥμισυς, half
33 μῆκος, length
34 ἥμισυς, half
35 πλάτος, width
36 χερουβιμ, cherubim, *translit.*
37 χρυσοῦς, gold
38 τορευτός, carved
39 ἀμφότεροι, both
40 κλίτος, side
41 ἱλαστῆριον, mercy seat, place of propitiation
42 χερουβ, cherub, *translit.*
43 κλίτος, side
44 ἱλαστῆριον, mercy seat, place of propitiation
45 χερουβιμ, cherubim, *translit.*
46 ἐκτείνω, *pres act ptc nom p m*, spread out
47 πτέρυξ, wing
48 ἐπάνωθεν, above
49 συσκιάζω, *pres act ptc nom p m*, overshadow
50 ἱλαστῆριον, mercy seat, place of propitiation
51 ἀλλήλων, one another

τὸ ἱλαστήριον[1] ἐπὶ τὴν κιβωτὸν[2] ἄνωθεν·[3] καὶ εἰς τὴν κιβωτὸν ἐμβαλεῖς[4] τὰ μαρτύρια,[5] ἃ ἂν δῶ σοι. **22** καὶ γνωσθήσομαί σοι ἐκεῖθεν[6] καὶ λαλήσω σοι ἄνωθεν[7] τοῦ ἱλαστηρίου[8] ἀνὰ μέσον[9] τῶν δύο χερουβιμ[10] τῶν ὄντων ἐπὶ τῆς κιβωτοῦ[11] τοῦ μαρτυρίου[12] καὶ κατὰ πάντα, ὅσα ἂν ἐντείλωμαί[13] σοι πρὸς τοὺς υἱοὺς Ισραηλ.

Table of the Bread

23 Καὶ ποιήσεις τράπεζαν[14] χρυσίου[15] καθαροῦ,[16] δύο πήχεων[17] τὸ μῆκος[18] καὶ πήχεος τὸ εὖρος[19] καὶ πήχεος καὶ ἡμίσους[20] τὸ ὕψος.[21] **24** καὶ ποιήσεις αὐτῇ στρεπτὰ[22] κυμάτια[23] χρυσᾶ[24] κύκλῳ.[25] **25** καὶ ποιήσεις αὐτῇ στεφάνην[26] παλαιστοῦ[27] κύκλῳ·[28] καὶ ποιήσεις στρεπτὸν[29] κυμάτιον τῇ στεφάνῃ[30] κύκλῳ. **26** καὶ ποιήσεις τέσσαρας δακτυλίους[31] χρυσοῦς[32] καὶ ἐπιθήσεις τοὺς δακτυλίους ἐπὶ τὰ τέσσαρα μέρη τῶν ποδῶν αὐτῆς **27** ὑπὸ τὴν στεφάνην,[33] καὶ ἔσονται οἱ δακτύλιοι[34] εἰς θήκας[35] τοῖς ἀναφορεῦσιν[36] ὥστε αἴρειν ἐν αὐτοῖς τὴν τράπεζαν.[37] **28** καὶ ποιήσεις τοὺς ἀναφορεῖς[38] ἐκ ξύλων[39] ἀσήπτων[40] καὶ καταχρυσώσεις[41] αὐτοὺς χρυσίῳ[42] καθαρῷ,[43] καὶ ἀρθήσεται ἐν αὐτοῖς ἡ τράπεζα.[44] **29** καὶ ποιήσεις τὰ τρύβλια[45] αὐτῆς καὶ τὰς θυίσκας[46] καὶ τὰ σπονδεῖα[47] καὶ τοὺς κυάθους,[48] ἐν οἷς σπείσεις[49] ἐν αὐτοῖς· χρυσίου[50] καθαροῦ[51] ποιήσεις αὐτά. **30** καὶ ἐπιθήσεις ἐπὶ τὴν τράπεζαν[52] ἄρτους ἐνωπίους[53] ἐναντίον[54] μου διὰ παντός.

1 ἱλαστήριον, mercy seat, place of propitiation
2 κιβωτός, chest, ark (of the covenant)
3 ἄνωθεν, above
4 ἐμβάλλω, *fut act ind 2s*, put into
5 μαρτύριον, testimony, witness
6 ἐκεῖθεν, there
7 ἄνωθεν, above
8 ἱλαστῆριον, mercy seat, place of propitiation
9 ἀνὰ μέσον, between
10 χερουβιμ, cherubim, *translit.*
11 κιβωτός, chest, ark (of the covenant)
12 μαρτύριον, testimony, witness
13 ἐντέλλομαι, *aor mid sub 1s*, command
14 τράπεζα, table
15 χρυσίον, gold
16 καθαρός, pure
17 πῆχυς, cubit
18 μῆκος, length
19 εὖρος, width
20 ἥμισυς, half
21 ὕψος, height
22 στρεπτός, twisted
23 κυμάτιον, molding
24 χρυσοῦς, gold
25 κύκλῳ, round about
26 στεφάνη, rim
27 παλαιστής, handbreadth
28 κύκλῳ, round about
29 στρεπτός, twisted
30 στεφάνη, rim
31 δακτύλιος, ring
32 χρυσοῦς, gold
33 στεφάνη, rim
34 δακτύλιος, ring
35 θήκη, sheath
36 ἀναφορεύς, carrying pole
37 τράπεζα, table
38 ἀναφορεύς, carrying pole
39 ξύλον, wood
40 ἄσηπτος, not rotten
41 καταχρυσόω, *fut act ind 2s*, gild
42 χρυσίον, gold
43 καθαρός, pure
44 τράπεζα, table
45 τρύβλιον, bowl
46 θυίσκη, censer
47 σπονδεῖον, drink offering cup
48 κύαθος, cup, ladle
49 σπένδω, *fut act ind 2s*, pour out an offering
50 χρυσίον, gold
51 καθαρός, pure
52 τράπεζα, table
53 ἐνώπιος, face-to-face, before
54 ἐναντίον, before

Golden Lampstand

31 Καὶ ποιήσεις λυχνίαν[1] ἐκ χρυσίου[2] καθαροῦ,[3] τορευτὴν[4] ποιήσεις τὴν λυχνίαν·
ὁ καυλὸς[5] αὐτῆς καὶ οἱ καλαμίσκοι[6] καὶ οἱ κρατῆρες[7] καὶ οἱ σφαιρωτῆρες[8] καὶ τὰ
κρίνα[9] ἐξ αὐτῆς ἔσται. **32** ἓξ[10] δὲ καλαμίσκοι[11] ἐκπορευόμενοι ἐκ πλαγίων,[12] τρεῖς
καλαμίσκοι τῆς λυχνίας[13] ἐκ τοῦ κλίτους[14] αὐτῆς τοῦ ἑνὸς καὶ τρεῖς καλαμίσκοι
τῆς λυχνίας ἐκ τοῦ κλίτους τοῦ δευτέρου. **33** καὶ τρεῖς κρατῆρες[15] ἐκτετυπωμένοι[16]
καρυίσκους[17] ἐν τῷ ἑνὶ καλαμίσκῳ,[18] σφαιρωτὴρ[19] καὶ κρίνον·[20] οὕτως τοῖς ἓξ[21]
καλαμίσκοις τοῖς ἐκπορευομένοις ἐκ τῆς λυχνίας.[22] **34** καὶ ἐν τῇ λυχνίᾳ[23] τέσσαρες
κρατῆρες[24] ἐκτετυπωμένοι[25] καρυίσκους·[26] ἐν τῷ ἑνὶ καλαμίσκῳ[27] οἱ σφαιρωτῆρες[28]
καὶ τὰ κρίνα[29] αὐτῆς. **35** ὁ σφαιρωτὴρ[30] ὑπὸ τοὺς δύο καλαμίσκους[31] ἐξ αὐτῆς, καὶ
σφαιρωτὴρ ὑπὸ τοὺς τέσσαρας καλαμίσκους ἐξ αὐτῆς· οὕτως τοῖς ἓξ[32] καλαμίσκοις
τοῖς ἐκπορευομένοις ἐκ τῆς λυχνίας.[33] **36** οἱ σφαιρωτῆρες[34] καὶ οἱ καλαμίσκοι[35] ἐξ
αὐτῆς ἔστωσαν· ὅλη τορευτὴ[36] ἐξ ἑνὸς χρυσίου[37] καθαροῦ.[38] **37** καὶ ποιήσεις τοὺς
λύχνους[39] αὐτῆς ἑπτά· καὶ ἐπιθήσεις τοὺς λύχνους, καὶ φανοῦσιν[40] ἐκ τοῦ ἑνὸς
προσώπου. **38** καὶ τὸν ἐπαρυστῆρα[41] αὐτῆς καὶ τὰ ὑποθέματα[42] αὐτῆς ἐκ χρυσίου[43]
καθαροῦ[44] ποιήσεις. **39** πάντα τὰ σκεύη[45] ταῦτα τάλαντον[46] χρυσίου[47] καθαροῦ.[48]
40 ὅρα ποιήσεις κατὰ τὸν τύπον[49] τὸν δεδειγμένον σοι ἐν τῷ ὄρει.

1 λυχνία, lampstand
2 χρυσίον, gold
3 καθαρός, pure
4 τορευτός, engraved, carved
5 καυλός, stem
6 καλαμίσκος, branch
7 κρατήρ, bowl
8 σφαιρωτήρ, ornamental ball, knob
9 κρίνον, cup, lily
10 ἕξ, six
11 καλαμίσκος, branch
12 πλάγιος, sideways
13 λυχνία, lampstand
14 κλίτος, side
15 κρατήρ, bowl
16 ἐκτυπόω, *perf pas ptc nom p m*, shape, model
17 καρυΐσκος, nut
18 καλαμίσκος, branch
19 σφαιρωτήρ, ornamental ball, knob
20 κρίνον, cup, lily
21 ἕξ, six
22 λυχνία, lampstand
23 λυχνία, lampstand
24 κρατήρ, bowl
25 ἐκτυπόω, *perf pas ptc nom p m*, shape, model
26 καρυΐσκος, nut
27 καλαμίσκος, branch
28 σφαιρωτήρ, ornamental ball, knob
29 κρίνον, cup, lily
30 σφαιρωτήρ, ornamental ball, knob
31 καλαμίσκος, branch
32 ἕξ, six
33 λυχνία, lampstand
34 σφαιρωτήρ, ornamental ball, knob
35 καλαμίσκος, branch
36 τορευτός, engraved, carved
37 χρυσίον, gold
38 καθαρός, pure
39 λύχνος, lamp
40 φαίνω, *fut act ind 3p*, shine, give light
41 ἐπαρυστήρ, oil lamp
42 ὑπόθεμα, dish placed under a cup
43 χρυσίον, gold
44 καθαρός, pure
45 σκεῦος, vessel, item
46 τάλαντον, talent
47 χρυσίον, gold
48 καθαρός, pure
49 τύπος, pattern, example

The Tent

26 Καὶ τὴν σκηνὴν[1] ποιήσεις δέκα[2] αὐλαίας[3] ἐκ βύσσου[4] κεκλωσμένης[5] καὶ
ὑακίνθου[6] καὶ πορφύρας[7] καὶ κοκκίνου[8] κεκλωσμένου·[9] χερουβιμ[10] ἐργασίᾳ[11]
ὑφάντου[12] ποιήσεις αὐτάς. **2** μῆκος[13] τῆς αὐλαίας[14] τῆς μιᾶς ὀκτὼ[15] καὶ εἴκοσι[16]
πήχεων[17] καὶ εὖρος[18] τεσσάρων πήχεων ἡ αὐλαία[19] ἡ μία ἔσται· μέτρον[20] τὸ αὐτὸ
ἔσται πάσαις ταῖς αὐλαίαις. **3** πέντε δὲ αὐλαῖαι[21] ἔσονται ἐξ ἀλλήλων[22] ἐχόμεναι ἡ
ἑτέρα ἐκ τῆς ἑτέρας, καὶ πέντε αὐλαῖαι ἔσονται συνεχόμεναι[23] ἑτέρα τῇ ἑτέρᾳ. **4** καὶ
ποιήσεις αὐταῖς ἀγκύλας[24] ὑακινθίνας[25] ἐπὶ τοῦ χείλους[26] τῆς αὐλαίας[27] τῆς μιᾶς ἐκ
τοῦ ἑνὸς μέρους εἰς τὴν συμβολὴν[28] καὶ οὕτως ποιήσεις ἐπὶ τοῦ χείλους τῆς αὐλαίας
τῆς ἐξωτέρας[29] πρὸς τῇ συμβολῇ τῇ δευτέρᾳ. **5** πεντήκοντα[30] ἀγκύλας[31] ποιήσεις
τῇ αὐλαίᾳ[32] τῇ μιᾷ καὶ πεντήκοντα ἀγκύλας ποιήσεις ἐκ τοῦ μέρους τῆς αὐλαίας
κατὰ τὴν συμβολὴν[33] τῆς δευτέρας· ἀντιπρόσωποι[34] ἀντιπίπτουσαι[35] ἀλλήλαις[36]
εἰς ἑκάστην. **6** καὶ ποιήσεις κρίκους[37] πεντήκοντα[38] χρυσοῦς[39] καὶ συνάψεις[40] τὰς
αὐλαίας[41] ἑτέραν τῇ ἑτέρᾳ τοῖς κρίκοις, καὶ ἔσται ἡ σκηνὴ[42] μία.

7 καὶ ποιήσεις δέρρεις[43] τριχίνας[44] σκέπην[45] ἐπὶ τῆς σκηνῆς·[46] ἕνδεκα[47] δέρρεις[48]
ποιήσεις αὐτάς. **8** τὸ μῆκος[49] τῆς δέρρεως[50] τῆς μιᾶς ἔσται τριάκοντα[51] πήχεων,[52]
καὶ τεσσάρων πήχεων τὸ εὖρος[53] τῆς δέρρεως τῆς μιᾶς· μέτρον[54] τὸ αὐτὸ ἔσται ταῖς

1 σκηνή, tent
2 δέκα, ten
3 αὐλαία, curtain
4 βύσσος, linen
5 κλώθω, *perf pas ptc gen s f*, twist
6 ὑάκινθος, blue
7 πορφύρα, purple
8 κόκκινος, scarlet
9 κλώθω, *perf pas ptc gen s n*, twist
10 χερουβιμ, cherubim, *translit.*
11 ἐργασία, work, production
12 ὑφάντης, weaver
13 μῆκος, length
14 αὐλαία, curtain
15 ὀκτώ, eight
16 εἴκοσι, twenty
17 πῆχυς, cubit
18 εὖρος, width
19 αὐλαία, curtain
20 μέτρον, measurement
21 αὐλαία, curtain
22 ἀλλήλων, one another
23 συνέχω, *pres pas ptc nom p f*, join
24 ἀγκύλη, loop
25 ὑακίνθινος, blue
26 χεῖλος, lip, edge
27 αὐλαία, curtain
28 συμβολή, coupling
29 ἐξώτερος, outer
30 πεντήκοντα, fifty
31 ἀγκύλη, loop
32 αὐλαία, curtain
33 συμβολή, coupling
34 ἀντιπρόσωπος, opposite, facing
35 ἀντιπίπτω, *pres act ptc nom p f*, correspond
36 ἀλλήλων, one another
37 κρίκος, ring, clasp
38 πεντήκοντα, fifty
39 χρυσοῦς, gold
40 συνάπτω, *fut act ind 2s*, join
41 αὐλαία, curtain
42 σκηνή, tent
43 δέρρις, goat skin
44 τρίχινος, made of hair
45 σκέπη, covering
46 σκηνή, tent
47 ἕνδεκα, eleven
48 δέρρις, goat skin
49 μῆκος, length
50 δέρρις, goat skin
51 τριάκοντα, thirty
52 πῆχυς, cubit
53 εὖρος, width
54 μέτρον, measurement

ἕνδεκα[1] δέρρεσι. 9 καὶ συνάψεις[2] τὰς πέντε δέρρεις[3] ἐπὶ τὸ αὐτὸ καὶ τὰς ἕξ[4] δέρρεις ἐπὶ τὸ αὐτό· καὶ ἐπιδιπλώσεις[5] τὴν δέρριν τὴν ἕκτην[6] κατὰ πρόσωπον τῆς σκηνῆς.[7]
10 καὶ ποιήσεις ἀγκύλας[8] πεντήκοντα[9] ἐπὶ τοῦ χείλους[10] τῆς δέρρεως[11] τῆς μιᾶς τῆς ἀνὰ μέσον[12] κατὰ συμβολὴν[13] καὶ πεντήκοντα ἀγκύλας ποιήσεις ἐπὶ τοῦ χείλους τῆς δέρρεως τῆς συναπτούσης[14] τῆς δευτέρας.

11 καὶ ποιήσεις κρίκους[15] χαλκοῦς[16] πεντήκοντα[17] καὶ συνάψεις[18] τοὺς κρίκους[19] ἐκ τῶν ἀγκυλῶν[20] καὶ συνάψεις τὰς δέρρεις,[21] καὶ ἔσται ἕν. **12** καὶ ὑποθήσεις[22] τὸ πλεονάζον[23] ἐν ταῖς δέρρεσιν[24] τῆς σκηνῆς·[25] τὸ ἥμισυ[26] τῆς δέρρεως τὸ ὑπολελειμμένον[27] ὑποκαλύψεις,[28] τὸ πλεονάζον[29] τῶν δέρρεων τῆς σκηνῆς ὑποκαλύψεις ὀπίσω τῆς σκηνῆς· **13** πῆχυν[30] ἐκ τούτου καὶ πῆχυν ἐκ τούτου ἐκ τοῦ ὑπερέχοντος[31] τῶν δέρρεων[32] ἐκ τοῦ μήκους[33] τῶν δέρρεων τῆς σκηνῆς[34] ἔσται συγκαλύπτον[35] ἐπὶ τὰ πλάγια[36] τῆς σκηνῆς ἔνθεν[37] καὶ ἔνθεν,[38] ἵνα καλύπτῃ.[39]
14 καὶ ποιήσεις κατακάλυμμα[40] τῇ σκηνῇ[41] δέρματα[42] κριῶν[43] ἠρυθροδανωμένα[44] καὶ ἐπικαλύμματα[45] δέρματα ὑακίνθινα[46] ἐπάνωθεν.[47]

15 καὶ ποιήσεις στύλους[48] τῇ σκηνῇ[49] ἐκ ξύλων[50] ἀσήπτων·[51] **16** δέκα[52] πήχεων[53] ποιήσεις τὸν στῦλον[54] τὸν ἕνα, καὶ πήχεος ἑνὸς καὶ ἡμίσους[55] τὸ πλάτος[56] τοῦ

1 ἕνδεκα, eleven
2 συνάπτω, *fut act ind 2s*, join
3 δέρρις, goat skin
4 ἕξ, six
5 ἐπιδιπλόω, *fut act ind 2s*, double
6 ἕκτος, sixth
7 σκηνή, tent
8 ἀγκύλη, loop
9 πεντήκοντα, fifty
10 χεῖλος, lip, edge
11 δέρρις, goat skin
12 ἀνὰ μέσον, between
13 συμβολή, coupling
14 συνάπτω, *pres act ptc gen s f*, join
15 κρίκος, ring, clasp
16 χαλκοῦς, bronze
17 πεντήκοντα, fifty
18 συνάπτω, *fut act ind 2s*, join
19 κρίκος, ring, clasp
20 ἀγκύλη, loop
21 δέρρις, goat skin
22 ὑποτίθημι, *fut act ind 2s*, put under
23 πλεονάζω, *pres act ptc acc s n*, exceed
24 δέρρις, goat skin
25 σκηνή, tent
26 ἥμισυς, half
27 ὑπολείπω, *perf pas ptc acc s n*, remain
28 ὑποκαλύπτω, *fut act ind 2s*, fold over
29 πλεονάζω, *pres act ptc acc s n*, exceed
30 πῆχυς, cubit
31 ὑπερέχω, *pres act ptc gen s n*, remain
32 δέρρις, goat skin
33 μῆκος, length
34 σκηνή, tent
35 συγκαλύπτω, *pres act ptc nom s n*, cover
36 πλάγιος, on the side
37 ἔνθεν, on this
38 ἔνθεν, on that
39 καλύπτω, *pres act sub 3s*, cover
40 κατακάλυμμα, covering
41 σκηνή, tent
42 δέρμα, skin, hide
43 κριός, ram
44 ἐρυθροδανόω, *perf pas ptc acc p n*, dye red
45 ἐπικάλυμμα, covering
46 ὑακίνθινος, blue
47 ἐπάνωθεν, above
48 στῦλος, pillar
49 σκηνή, tent
50 ξύλον, wood
51 ἄσηπτος, not rotten
52 δέκα, ten
53 πῆχυς, cubit
54 στῦλος, pillar, (upright) pole
55 ἥμισυς, half
56 πλάτος, width

στύλου τοῦ ἑνός· **17** δύο ἀγκωνίσκους[1] τῷ στύλῳ[2] τῷ ἑνὶ ἀντιπίπτοντας[3] ἕτερον τῷ ἑτέρῳ· οὕτως ποιήσεις πᾶσι τοῖς στύλοις τῆς σκηνῆς.[4] **18** καὶ ποιήσεις στύλους[5] τῇ σκηνῇ,[6] εἴκοσι[7] στύλους ἐκ τοῦ κλίτους[8] τοῦ πρὸς βορρᾶν.[9] **19** καὶ τεσσαράκοντα[10] βάσεις[11] ἀργυρᾶς[12] ποιήσεις τοῖς εἴκοσι[13] στύλοις,[14] δύο βάσεις τῷ στύλῳ τῷ ἑνὶ εἰς ἀμφότερα[15] τὰ μέρη αὐτοῦ καὶ δύο βάσεις τῷ στύλῳ τῷ ἑνὶ εἰς ἀμφότερα τὰ μέρη αὐτοῦ. **20** καὶ τὸ κλίτος[16] τὸ δεύτερον τὸ πρὸς νότον[17] εἴκοσι[18] στύλους·[19] **21** καὶ τεσσαράκοντα[20] βάσεις[21] αὐτῶν ἀργυρᾶς,[22] δύο βάσεις τῷ στύλῳ[23] τῷ ἑνὶ εἰς ἀμφότερα[24] τὰ μέρη αὐτοῦ καὶ δύο βάσεις τῷ στύλῳ τῷ ἑνὶ εἰς ἀμφότερα τὰ μέρη αὐτοῦ. **22** καὶ ἐκ τῶν ὀπίσω τῆς σκηνῆς[25] κατὰ τὸ μέρος τὸ πρὸς θάλασσαν ποιήσεις ἓξ[26] στύλους.[27] **23** καὶ δύο στύλους[28] ποιήσεις ἐπὶ τῶν γωνιῶν[29] τῆς σκηνῆς[30] ἐκ τῶν ὀπισθίων,[31] **24** καὶ ἔσται ἐξ ἴσου[32] κάτωθεν·[33] κατὰ τὸ αὐτὸ ἔσονται ἴσοι ἐκ τῶν κεφαλίδων[34] εἰς σύμβλησιν[35] μίαν· οὕτως ποιήσεις ἀμφοτέραις,[36] ταῖς δυσὶν γωνίαις[37] ἔστωσαν. **25** καὶ ἔσονται ὀκτὼ[38] στῦλοι,[39] καὶ αἱ βάσεις[40] αὐτῶν ἀργυραῖ[41] δέκα[42] ἕξ·[43] δύο βάσεις τῷ στύλῳ[44] τῷ ἑνὶ εἰς ἀμφότερα[45] τὰ μέρη αὐτοῦ καὶ δύο βάσεις τῷ στύλῳ τῷ ἑνί.

26 καὶ ποιήσεις μοχλοὺς[46] ἐκ ξύλων[47] ἀσήπτων[48] πέντε τῷ ἑνὶ στύλῳ[49] ἐκ τοῦ ἑνὸς μέρους τῆς σκηνῆς[50] **27** καὶ πέντε μοχλοὺς[51] τῷ στύλῳ[52] τῷ κλίτει[53] τῆς σκηνῆς[54] τῷ

1 ἀγκωνίσκος, joint, hook
2 στῦλος, pillar, (upright) pole
3 ἀντιπίπτω, *pres act ptc acc p m*, correspond
4 σκηνή, tent
5 στῦλος, pillar, (upright) pole
6 σκηνή, tent
7 εἴκοσι, twenty
8 κλίτος, side
9 βορέας, north
10 τεσσαράκοντα, forty
11 βάσις, base
12 ἀργυροῦς, silver
13 εἴκοσι, twenty
14 στῦλος, pillar, (upright) pole
15 ἀμφότεροι, both
16 κλίτος, side
17 νότος, south
18 εἴκοσι, twenty
19 στῦλος, pillar, (upright) pole
20 τεσσαράκοντα, forty
21 βάσις, base
22 ἀργυροῦς, silver
23 στῦλος, pillar, (upright) pole
24 ἀμφότεροι, both
25 σκηνή, tent
26 ἕξ, six
27 στῦλος, pillar, (upright) pole
28 στῦλος, pillar, (upright) pole
29 γωνία, corner
30 σκηνή, tent
31 ὀπίσθιος, rear
32 ἴσος, equal
33 κάτωθεν, below
34 κεφαλίς, capital
35 σύμβλησις, juncture
36 ἀμφότεροι, both
37 γωνία, corner
38 ὀκτώ, eight
39 στῦλος, pillar, (upright) pole
40 βάσις, base
41 ἀργυροῦς, silver
42 δέκα, ten
43 ἕξ, six
44 στῦλος, pillar, (upright) pole
45 ἀμφότεροι, both
46 μοχλός, bar
47 ξύλον, wood
48 ἄσηπτος, not rotten
49 στῦλος, pillar, (upright) pole
50 σκηνή, tent
51 μοχλός, bar
52 στῦλος, pillar, (upright) pole
53 κλίτος, side
54 σκηνή, tent

δευτέρῳ καὶ πέντε μοχλοὺς τῷ στύλῳ τῷ ὀπισθίῳ[1] τῷ κλίτει τῆς σκηνῆς τῷ πρὸς
θάλασσαν· **28** καὶ ὁ μοχλὸς[2] ὁ μέσος ἀνὰ μέσον[3] τῶν στύλων[4] διικνείσθω[5] ἀπὸ τοῦ
ἑνὸς κλίτους[6] εἰς τὸ ἕτερον κλίτος. **29** καὶ τοὺς στύλους[7] καταχρυσώσεις[8] χρυσίῳ[9]
καὶ τοὺς δακτυλίους[10] ποιήσεις χρυσοῦς,[11] εἰς οὓς εἰσάξεις[12] τοὺς μοχλούς,[13] καὶ
καταχρυσώσεις[14] τοὺς μοχλοὺς χρυσίῳ. **30** καὶ ἀναστήσεις τὴν σκηνὴν[15] κατὰ τὸ
εἶδος[16] τὸ δεδειγμένον σοι ἐν τῷ ὄρει.

31 καὶ ποιήσεις καταπέτασμα[17] ἐξ ὑακίνθου[18] καὶ πορφύρας[19] καὶ κοκκίνου[20]
κεκλωσμένου[21] καὶ βύσσου[22] νενησμένης·[23] ἔργον ὑφαντὸν[24] ποιήσεις αὐτὸ
χερουβιμ.[25] **32** καὶ ἐπιθήσεις αὐτὸ ἐπὶ τεσσάρων στύλων[26] ἀσήπτων[27] κεχρυσωμένων[28]
χρυσίῳ·[29] καὶ αἱ κεφαλίδες[30] αὐτῶν χρυσαῖ,[31] καὶ αἱ βάσεις[32] αὐτῶν τέσσαρες
ἀργυραῖ.[33] **33** καὶ θήσεις τὸ καταπέτασμα[34] ἐπὶ τοὺς στύλους[35] καὶ εἰσοίσεις[36] ἐκεῖ
ἐσώτερον[37] τοῦ καταπετάσματος[38] τὴν κιβωτὸν[39] τοῦ μαρτυρίου·[40] καὶ διοριεῖ[41]
τὸ καταπέτασμα ὑμῖν ἀνὰ μέσον[42] τοῦ ἁγίου καὶ ἀνὰ μέσον τοῦ ἁγίου τῶν ἁγίων.
34 καὶ κατακαλύψεις[43] τῷ καταπετάσματι[44] τὴν κιβωτὸν[45] τοῦ μαρτυρίου[46] ἐν τῷ
ἁγίῳ τῶν ἁγίων. **35** καὶ θήσεις τὴν τράπεζαν[47] ἔξωθεν[48] τοῦ καταπετάσματος[49] καὶ
τὴν λυχνίαν[50] ἀπέναντι[51] τῆς τραπέζης ἐπὶ μέρους τῆς σκηνῆς[52] τὸ πρὸς νότον[53] καὶ
τὴν τράπεζαν θήσεις ἐπὶ μέρους τῆς σκηνῆς τὸ πρὸς βορρᾶν.[54]

1 ὀπίσθιος, rear
2 μοχλός, bar
3 ἀνὰ μέσον, between
4 στῦλος, pillar, (upright) pole
5 διϊκνέομαι, *pres mid impv 3s*, go through
6 κλίτος, side
7 στῦλος, pillar, (upright) pole
8 καταχρυσόω, *fut act ind 2s*, gild
9 χρυσίον, gold
10 δακτύλιος, ring
11 χρυσοῦς, gold
12 εἰσάγω, *fut act ind 2s*, put in
13 μοχλός, bar
14 καταχρυσόω, *fut act ind 2s*, gild
15 σκηνή, tent
16 εἶδος, pattern
17 καταπέτασμα, veil
18 ὑάκινθος, blue
19 πορφύρα, purple
20 κόκκινος, scarlet
21 κλώθω, *perf pas ptc gen s n*, twist
22 βύσσος, linen
23 νήθω, *perf pas ptc gen s f*, spin
24 ὑφαντός, woven
25 χερουβιμ, cherubim, *translit.*
26 στῦλος, pillar, (upright) pole
27 ἄσηπτος, not rotten
28 χρυσόω, *perf pas ptc gen p m*, gild
29 χρυσίον, gold
30 κεφαλίς, capital
31 χρυσοῦς, gold
32 βάσις, base
33 ἀργυροῦς, silver
34 καταπέτασμα, veil
35 στῦλος, pillar, (upright) pole
36 εἰσφέρω, *fut act ind 2s*, bring in
37 ἐσώτερος, *comp*, inside
38 καταπέτασμα, veil
39 κιβωτός, chest, ark (of the covenant)
40 μαρτύριον, testimony, witness
41 διορίζω, *fut act ind 3s*, separate
42 ἀνὰ μέσον, between
43 κατακαλύπτω, *fut act ind 2s*, cover
44 καταπέτασμα, veil
45 κιβωτός, chest, ark (of the covenant)
46 μαρτύριον, testimony, witness
47 τράπεζα, table
48 ἔξωθεν, outside
49 καταπέτασμα, veil
50 λυχνία, lampstand
51 ἀπέναντι, opposite
52 σκηνή, tent
53 νότος, south
54 βορρᾶς, south

36 καὶ ποιήσεις ἐπίσπαστρον[1] ἐξ ὑακίνθου[2] καὶ πορφύρας[3] καὶ κοκκίνου[4]
κεκλωσμένου[5] καὶ βύσσου[6] κεκλωσμένης,[7] ἔργον ποικιλτοῦ.[8] **37** καὶ ποιήσεις τῷ
καταπετάσματι[9] πέντε στύλους[10] καὶ χρυσώσεις[11] αὐτοὺς χρυσίῳ,[12] καὶ αἱ κεφαλίδες[13]
αὐτῶν χρυσαῖ,[14] καὶ χωνεύσεις[15] αὐτοῖς πέντε βάσεις[16] χαλκᾶς.[17]

Bronze Altar

27 Καὶ ποιήσεις θυσιαστήριον[18] ἐκ ξύλων[19] ἀσήπτων,[20] πέντε πήχεων[21] τὸ
μῆκος[22] καὶ πέντε πήχεων τὸ εὖρος[23] — τετράγωνον[24] ἔσται τὸ θυσιαστήριον
— καὶ τριῶν πήχεων τὸ ὕψος[25] αὐτοῦ. **2** καὶ ποιήσεις τὰ κέρατα[26] ἐπὶ τῶν τεσσάρων
γωνιῶν·[27] ἐξ αὐτοῦ ἔσται τὰ κέρατα· καὶ καλύψεις[28] αὐτὰ χαλκῷ.[29] **3** καὶ ποιήσεις
στεφάνην[30] τῷ θυσιαστηρίῳ[31] καὶ τὸν καλυπτῆρα[32] αὐτοῦ καὶ τὰς φιάλας[33] αὐτοῦ καὶ
τὰς κρεάγρας[34] αὐτοῦ καὶ τὸ πυρεῖον[35] αὐτοῦ· καὶ πάντα τὰ σκεύη[36] αὐτοῦ ποιήσεις
χαλκᾶ.[37] **4** καὶ ποιήσεις αὐτῷ ἐσχάραν[38] ἔργῳ δικτυωτῷ[39] χαλκῆν·[40] καὶ ποιήσεις τῇ
ἐσχάρᾳ τέσσαρας δακτυλίους[41] χαλκοῦς ἐπὶ τὰ τέσσαρα κλίτη.[42] **5** καὶ ὑποθήσεις[43]
αὐτοὺς ὑπὸ τὴν ἐσχάραν[44] τοῦ θυσιαστηρίου[45] κάτωθεν·[46] ἔσται δὲ ἡ ἐσχάρα ἕως τοῦ
ἡμίσους[47] τοῦ θυσιαστηρίου. **6** καὶ ποιήσεις τῷ θυσιαστηρίῳ[48] φορεῖς[49] ἐκ ξύλων[50]
ἀσήπτων[51] καὶ περιχαλκώσεις[52] αὐτοὺς χαλκῷ.[53] **7** καὶ εἰσάξεις[54] τοὺς φορεῖς[55] εἰς

1 ἐπίσπαστρον, curtain
2 ὑάκινθος, blue
3 πορφύρα, purple
4 κόκκινος, scarlet
5 κλώθω, *perf pas ptc gen s n*, twist
6 βύσσος, linen
7 κλώθω, *perf pas ptc gen s f*, twist
8 ποικιλτής, embroiderer
9 καταπέτασμα, veil
10 στῦλος, pillar, (upright) pole
11 χρυσόω, *fut act ind 2s*, gild
12 χρυσίον, gold
13 κεφαλίς, capital
14 χρυσοῦς, gold
15 χωνεύω, *fut act ind 2s*, cast
16 βάσις, base
17 χαλκοῦς, bronze
18 θυσιαστήριον, altar
19 ξύλον, wood
20 ἄσηπτος, not rotten
21 πῆχυς, cubit
22 μῆκος, length
23 εὖρος, width
24 τετράγωνος, square
25 ὕψος, height
26 κέρας, horn
27 γωνία, corner
28 καλύπτω, *fut act ind 2s*, cover
29 χαλκός, bronze
30 στεφάνη, rim, molding
31 θυσιαστήριον, altar
32 καλυπτήρ, covering
33 φιάλη, bowl, cup
34 κρεάγρα, meat fork
35 πυρεῖον, censer
36 σκεῦος, vessel
37 χαλκοῦς, bronze
38 ἐσχάρα, grate
39 δικτυωτός, latticed
40 χαλκοῦς, bronze
41 δακτύλιος, ring
42 κλίτος, side
43 ὑποτίθημι, *fut act ind 2s*, put under
44 ἐσχάρα, grate
45 θυσιαστήριον, altar
46 κάτωθεν, beneath
47 ἥμισυς, middle
48 θυσιαστήριον, altar
49 φορεύς, pole
50 ξύλον, wood
51 ἄσηπτος, not rotten
52 περιχαλκόω, *fut act ind 2s*, plate with bronze
53 χαλκοῦς, bronze
54 εἰσάγω, *fut act ind 2s*, put in
55 φορεύς, pole

τοὺς δακτυλίους,[1] καὶ ἔστωσαν οἱ φορεῖς κατὰ τὰ πλευρὰ[2] τοῦ θυσιαστηρίου[3] ἐν
τῷ αἴρειν αὐτό. **8** κοῖλον[4] σανιδωτὸν[5] ποιήσεις αὐτό· κατὰ τὸ παραδειχθέν[6] σοι ἐν
τῷ ὄρει, οὕτως ποιήσεις αὐτό.

Courtyard

9 Καὶ ποιήσεις αὐλὴν[7] τῇ σκηνῇ·[8] εἰς τὸ κλίτος[9] τὸ πρὸς λίβα[10] ἱστία[11] τῆς αὐλῆς ἐκ
βύσσου[12] κεκλωσμένης,[13] μῆκος[14] ἑκατὸν[15] πηχῶν[16] τῷ ἑνὶ κλίτει· **10** καὶ οἱ στῦλοι[17]
αὐτῶν εἴκοσι,[18] καὶ αἱ βάσεις[19] αὐτῶν εἴκοσι χαλκαῖ,[20] καὶ οἱ κρίκοι[21] αὐτῶν καὶ
αἱ ψαλίδες[22] αὐτῶν ἀργυραῖ.[23] **11** οὕτως τῷ κλίτει[24] τῷ πρὸς ἀπηλιώτην[25] ἱστία,[26]
ἑκατὸν[27] πηχῶν[28] μῆκος·[29] καὶ οἱ στῦλοι[30] αὐτῶν εἴκοσι,[31] καὶ αἱ βάσεις[32] αὐτῶν
εἴκοσι χαλκαῖ,[33] καὶ οἱ κρίκοι[34] καὶ αἱ ψαλίδες[35] τῶν στύλων καὶ αἱ βάσεις αὐτῶν
περιηργυρωμέναι[36] ἀργύρῳ.[37] **12** τὸ δὲ εὖρος[38] τῆς αὐλῆς[39] τὸ κατὰ θάλασσαν ἱστία[40]
πεντήκοντα[41] πηχῶν·[42] στῦλοι[43] αὐτῶν δέκα,[44] καὶ αἱ βάσεις[45] αὐτῶν δέκα. **13** καὶ
εὖρος[46] τῆς αὐλῆς[47] τὸ πρὸς νότον[48] ἱστία[49] πεντήκοντα[50] πήχεων·[51] στῦλοι[52] αὐτῶν
δέκα,[53] καὶ αἱ βάσεις[54] αὐτῶν δέκα. **14** καὶ πεντεκαίδεκα[55] πήχεων[56] τὸ ὕψος[57] τῶν
ἱστίων[58] τῷ κλίτει[59] τῷ ἑνί· στῦλοι[60] αὐτῶν τρεῖς, καὶ αἱ βάσεις[61] αὐτῶν τρεῖς. **15** καὶ

1 δακτύλιος, ring
2 πλευρά, side
3 θυσιαστήριον, altar
4 κοῖλος, hollow
5 σανιδωτός, planked
6 παραδείκνυμι, *aor pas ptc acc s n*, show
7 αὐλή, courtyard
8 σκηνή, tent
9 κλίτος, side
10 λίψ, southwest
11 ἱστίον, hanging
12 βύσσος, linen
13 κλώθω, *perf pas ptc gen s f*, twist
14 μῆκος, length
15 ἑκατόν, hundred
16 πῆχυς, cubit
17 στῦλος, pillar, (upright) pole
18 εἴκοσι, twenty
19 βάσις, base
20 χαλκοῦς, bronze
21 κρίκος, ring, clasp
22 ψαλίς, band, ring
23 ἀργυροῦς, silver
24 κλίτος, side
25 ἀπηλιώτης, east
26 ἱστίον, hanging
27 ἑκατόν, hundred
28 πῆχυς, cubit
29 μῆκος, length
30 στῦλος, pillar, (upright) pole
31 εἴκοσι, twenty
32 βάσις, base
33 χαλκοῦς, bronze
34 κρίκος, ring, clasp
35 ψαλίς, band, ring
36 περιαργυρόω, *perf pas ptc nom p f*, plate with silver
37 ἄργυρος, silver
38 εὖρος, width
39 αὐλή, courtyard
40 ἱστίον, hanging
41 πεντήκοντα, fifty
42 πῆχυς, cubit
43 στῦλος, pillar, (upright) pole
44 δέκα, ten
45 βάσις, base
46 εὖρος, width
47 αὐλή, courtyard
48 νότος, south
49 ἱστίον, hanging
50 πεντήκοντα, fifty
51 πῆχυς, cubit
52 στῦλος, pillar, (upright) pole
53 δέκα, ten
54 βάσις, base
55 πεντεκαίδεκα, fifteen
56 πῆχυς, cubit
57 ὕψος, height
58 ἱστίον, hanging
59 κλίτος, side
60 στῦλος, pillar, (upright) pole
61 βάσις, base

τὸ κλίτος[1] τὸ δεύτερον, δέκα[2] πέντε πηχῶν[3] τῶν ἱστίων[4] τὸ ὕψος·[5] στῦλοι[6] αὐτῶν
τρεῖς, καὶ αἱ βάσεις[7] αὐτῶν τρεῖς. **16** καὶ τῇ πύλῃ[8] τῆς αὐλῆς[9] κάλυμμα,[10] εἴκοσι[11]
πηχῶν[12] τὸ ὕψος,[13] ἐξ ὑακίνθου[14] καὶ πορφύρας[15] καὶ κοκκίνου[16] κεκλωσμένου[17]
καὶ βύσσου[18] κεκλωσμένης[19] τῇ ποικιλίᾳ[20] τοῦ ῥαφιδευτοῦ·[21] στῦλοι[22] αὐτῶν
τέσσαρες, καὶ αἱ βάσεις[23] αὐτῶν τέσσαρες. **17** πάντες οἱ στῦλοι[24] τῆς αὐλῆς[25]
κύκλῳ[26] κατηργυρωμένοι[27] ἀργυρίῳ,[28] καὶ αἱ κεφαλίδες[29] αὐτῶν ἀργυραῖ,[30] καὶ
αἱ βάσεις[31] αὐτῶν χαλκαῖ.[32] **18** τὸ δὲ μῆκος[33] τῆς αὐλῆς[34] ἑκατὸν[35] ἐφ᾽ ἑκατόν,
καὶ εὖρος[36] πεντήκοντα[37] ἐπὶ πεντήκοντα, καὶ ὕψος[38] πέντε πηχῶν,[39] ἐκ βύσσου[40]
κεκλωσμένης,[41] καὶ αἱ βάσεις[42] αὐτῶν χαλκαῖ.[43] **19** καὶ πᾶσα ἡ κατασκευὴ[44] καὶ πάντα
τὰ ἐργαλεῖα[45] καὶ οἱ πάσσαλοι[46] τῆς αὐλῆς[47] χαλκοῖ.[48]

20 Καὶ σὺ σύνταξον[49] τοῖς υἱοῖς Ισραηλ καὶ λαβέτωσάν σοι ἔλαιον[50] ἐξ ἐλαιῶν
ἄτρυγον[51] καθαρὸν[52] κεκομμένον[53] εἰς φῶς καῦσαι,[54] ἵνα κάηται[55] λύχνος[56] διὰ
παντός. **21** ἐν τῇ σκηνῇ[57] τοῦ μαρτυρίου[58] ἔξωθεν[59] τοῦ καταπετάσματος[60] τοῦ

1 κλίτος, side
2 δέκα, ten
3 πῆχυς, cubit
4 ἱστίον, hanging
5 ὕψος, height
6 στῦλος, pillar, (upright) pole
7 βάσις, base
8 πύλη, gate
9 αὐλή, courtyard
10 κάλυμμα, veil
11 εἴκοσι, twenty
12 πῆχυς, cubit
13 ὕψος, height
14 ὑάκινθος, blue
15 πορφύρα, purple
16 κόκκινος, scarlet
17 κλώθω, *perf pas ptc gen s n*, twist
18 βύσσος, linen
19 κλώθω, *perf pas ptc gen s f*, twist
20 ποικιλία, variegated
21 ῥαφιδευτής, embroiderer
22 στῦλος, pillar, (upright) pole
23 βάσις, base
24 στῦλος, pillar, (upright) pole
25 αὐλή, courtyard
26 κύκλῳ, surrounding, around
27 καταργυρόω, *perf pas ptc nom p m*, cover with silver
28 ἀργύριον, silver
29 κεφαλίς, capital
30 ἀργυροῦς, silver
31 βάσις, base
32 χαλκοῦς, bronze
33 μῆκος, length
34 αὐλή, courtyard
35 ἑκατόν, hundred
36 εὖρος, width
37 πεντήκοντα, fifty
38 ὕψος, height
39 πῆχυς, cubit
40 βύσσος, linen
41 κλώθω, *perf pas ptc gen s f*, twist
42 βάσις, base
43 χαλκοῦς, bronze
44 κατασκευή, equipment
45 ἐργαλεῖον, tools
46 πάσσαλος, tent peg
47 αὐλή, courtyard
48 χαλκοῦς, bronze
49 συντάσσω, *aor act impv 2s*, instruct
50 ἔλαιον, oil
51 ἄτρυγος, refined
52 καθαρός, pure
53 κόπτω, *perf pas ptc acc s n*, press
54 καίω, *aor act inf*, burn
55 καίω, *aor mid sub 3s*, burn
56 λύχνος, lamp
57 σκηνή, tent
58 μαρτύριον, testimony, witness
59 ἔξωθεν, outside
60 καταπέτασμα, veil

ἐπὶ τῆς διαθήκης καύσει[1] αὐτὸ Ααρων καὶ οἱ υἱοὶ αὐτοῦ ἀφ᾽ ἑσπέρας[2] ἕως πρωὶ[3] ἐναντίον[4] κυρίου· νόμιμον[5] αἰώνιον εἰς τὰς γενεὰς ὑμῶν παρὰ τῶν υἱῶν Ισραηλ.

Priestly Garments

28 Καὶ σὺ προσαγάγου[6] πρὸς σεαυτὸν τόν τε Ααρων τὸν ἀδελφόν σου καὶ τοὺς υἱοὺς αὐτοῦ ἐκ τῶν υἱῶν Ισραηλ ἱερατεύειν[7] μοι, Ααρων καὶ Ναδαβ καὶ Αβιουδ καὶ Ελεαζαρ καὶ Ιθαμαρ υἱοὺς Ααρων. **2** καὶ ποιήσεις στολὴν[8] ἁγίαν Ααρων τῷ ἀδελφῷ σου εἰς τιμὴν[9] καὶ δόξαν. **3** καὶ σὺ λάλησον πᾶσι τοῖς σοφοῖς[10] τῇ διανοίᾳ,[11] οὓς ἐνέπλησα[12] πνεύματος αἰσθήσεως,[13] καὶ ποιήσουσιν τὴν στολὴν[14] τὴν ἁγίαν Ααρων εἰς τὸ ἅγιον, ἐν ᾗ ἱερατεύσει[15] μοι. **4** καὶ αὗται αἱ στολαί,[16] ἃς ποιήσουσιν· τὸ περιστήθιον[17] καὶ τὴν ἐπωμίδα[18] καὶ τὸν ποδήρη[19] καὶ χιτῶνα[20] κοσυμβωτὸν[21] καὶ κίδαριν[22] καὶ ζώνην·[23] καὶ ποιήσουσιν στολὰς[24] ἁγίας Ααρων καὶ τοῖς υἱοῖς αὐτοῦ εἰς τὸ ἱερατεύειν[25] μοι. **5** καὶ αὐτοὶ λήμψονται τὸ χρυσίον[26] καὶ τὴν ὑάκινθον[27] καὶ τὴν πορφύραν[28] καὶ τὸ κόκκινον[29] καὶ τὴν βύσσον.[30]

6 καὶ ποιήσουσιν τὴν ἐπωμίδα[31] ἐκ βύσσου[32] κεκλωσμένης,[33] ἔργον ὑφαντὸν[34] ποικιλτοῦ·[35] **7** δύο ἐπωμίδες[36] συνέχουσαι[37] ἔσονται αὐτῷ ἑτέρα τὴν ἑτέραν, ἐπὶ τοῖς δυσὶ μέρεσιν ἐξηρτημέναι·[38] **8** καὶ τὸ ὕφασμα[39] τῶν ἐπωμίδων,[40] ὅ ἐστιν ἐπ᾽ αὐτῷ, κατὰ τὴν ποίησιν[41] ἐξ αὐτοῦ ἔσται ἐκ χρυσίου[42] καὶ ὑακίνθου[43] καὶ πορφύρας[44] καὶ κοκκίνου[45] διανενησμένου[46] καὶ βύσσου[47] κεκλωσμένης.[48] **9** καὶ λήμψῃ τοὺς δύο λίθους, λίθους σμαράγδου,[49] καὶ γλύψεις[50] ἐν αὐτοῖς τὰ ὀνόματα τῶν υἱῶν Ισραηλ,

1 καίω, *fut act ind 3s*, burn
2 ἑσπέρα, evening
3 πρωί, morning
4 ἐναντίον, before
5 νόμιμος, statute, precept, ordinance
6 προσάγω, *aor mid impv 2s*, bring to
7 ἱερατεύω, *pres act inf*, serve as priest
8 στολή, garment
9 τιμή, honor
10 σοφός, wise, learned, skilled
11 διάνοια, mind
12 ἐμπίμπλημι, *aor act ind 1s*, fill
13 αἴσθησις, knowledge, perception
14 στολή, garment
15 ἱερατεύω, *fut act ind 3s*, serve as priest
16 στολή, garment
17 περιστήθιον, breastplate
18 ἐπωμίς, shoulder piece
19 ποδήρης, full-length robe
20 χιτών, tunic
21 κοσυμβωτός, tasseled
22 κίδαρις, priestly headdress
23 ζωνή, sash
24 στολή, garment
25 ἱερατεύω, *pres act inf*, serve as priest
26 χρυσίον, gold
27 ὑάκινθος, blue
28 πορφύρα, purple
29 κόκκινος, scarlet
30 βύσσος, linen
31 ἐπωμίς, shoulder piece
32 βύσσος, linen
33 κλώθω, *perf pas ptc gen s f*, twist
34 ὑφαντός, woven
35 ποικιλτής, embroiderer
36 ἐπωμίς, shoulder piece
37 συνέχω, *pres act ptc nom p f*, join
38 ἐξαρτάω, *perf pas ptc nom p f*, attach, fasten
39 ὕφασμα, woven cloth
40 ἐπωμίς, shoulder piece
41 ποίησις, fabrication
42 χρυσίον, gold
43 ὑάκινθος, blue
44 πορφύρα, purple
45 κόκκινος, scarlet
46 διανήθω, *perf pas ptc gen s n*, spin
47 βύσσος, linen
48 κλώθω, *perf pas ptc gen s f*, twist
49 σμάραγδος, emerald
50 γλύφω, *fut act ind 2s*, carve, engrave

10 ἓξ[1] ὀνόματα ἐπὶ τὸν λίθον τὸν ἕνα καὶ τὰ ἓξ ὀνόματα τὰ λοιπὰ ἐπὶ τὸν λίθον
τὸν δεύτερον κατὰ τὰς γενέσεις[2] αὐτῶν. **11** ἔργον λιθουργικῆς[3] τέχνης,[4] γλύμμα[5]
σφραγῖδος,[6] διαγλύψεις[7] τοὺς δύο λίθους ἐπὶ τοῖς ὀνόμασιν τῶν υἱῶν Ισραηλ.
12 καὶ θήσεις τοὺς δύο λίθους ἐπὶ τῶν ὤμων[8] τῆς ἐπωμίδος·[9] λίθοι μνημοσύνου[10]
εἰσὶν τοῖς υἱοῖς Ισραηλ· καὶ ἀναλήμψεται[11] Ααρων τὰ ὀνόματα τῶν υἱῶν Ισραηλ
ἔναντι[12] κυρίου ἐπὶ τῶν δύο ὤμων[13] αὐτοῦ, μνημόσυνον[14] περὶ αὐτῶν. **13** καὶ
ποιήσεις ἀσπιδίσκας[15] ἐκ χρυσίου[16] καθαροῦ·[17] **14** καὶ ποιήσεις δύο κροσσωτὰ[18] ἐκ
χρυσίου[19] καθαροῦ,[20] καταμεμιγμένα[21] ἐν ἄνθεσιν,[22] ἔργον πλοκῆς·[23] καὶ ἐπιθήσεις
τὰ κροσσωτὰ[24] τὰ πεπλεγμένα[25] ἐπὶ τὰς ἀσπιδίσκας[26] κατὰ τὰς παρωμίδας[27] αὐτῶν
ἐκ τῶν ἐμπροσθίων.[28]

15 καὶ ποιήσεις λογεῖον[29] τῶν κρίσεων,[30] ἔργον ποικιλτοῦ·[31] κατὰ τὸν ῥυθμὸν[32] τῆς
ἐπωμίδος[33] ποιήσεις αὐτό· ἐκ χρυσίου[34] καὶ ὑακίνθου[35] καὶ πορφύρας[36] καὶ κοκκίνου[37]
κεκλωσμένου[38] καὶ βύσσου[39] κεκλωσμένης[40] ποιήσεις αὐτό. **16** τετράγωνον[41] ἔσται,
διπλοῦν,[42] σπιθαμῆς[43] τὸ μῆκος[44] καὶ σπιθαμῆς[45] τὸ εὖρος.[46] **17** καὶ καθυφανεῖς[47] ἐν
αὐτῷ ὕφασμα[48] κατάλιθον[49] τετράστιχον.[50] στίχος[51] λίθων ἔσται σάρδιον,[52] τοπάζιον[53]
καὶ σμάραγδος,[54] ὁ στίχος ὁ εἷς· **18** καὶ ὁ στίχος[55] ὁ δεύτερος ἄνθραξ[56] καὶ σάπφειρος[57]

1 ἕξ, six
2 γένεσις, generation, lineage
3 λιθουργικός, of a stone cutter
4 τέχνη, craft
5 γλύμμα, inscription, engraving
6 σφραγίς, seal
7 διαγλύφω, *fut act ind 2s*, carve, engrave
8 ὦμος, shoulder
9 ἐπωμίς, shoulder piece
10 μνημόσυνον, memorial
11 ἀναλαμβάνω, *fut mid ind 3s*, take up, bear
12 ἔναντι, before
13 ὦμος, shoulder
14 μνημόσυνον, memorial
15 ἀσπιδίσκη, shield
16 χρυσίον, gold
17 καθαρός, pure
18 κροσσωτός, tassel
19 χρυσίον, gold
20 καθαρός, pure
21 καταμίγνυμι, *perf pas ptc acc p n*, combine, intermingle
22 ἄνθος, flower
23 πλοκή, braiding, twisting
24 κροσσωτός, tassel
25 πλέκω, *perf pas ptc acc p n*, braid
26 ἀσπιδίσκη, shield
27 παρωμίς, shoulder strap
28 ἐμπρόσθιος, in front
29 λογεῖον, oracular breast pouch
30 κρίσις, judgment
31 ποικιλτής, embroiderer
32 ῥυθμός, shape
33 ἐπωμίς, shoulder piece
34 χρυσίον, gold
35 ὑάκινθος, blue
36 πορφύρα, purple
37 κόκκινος, scarlet
38 κλώθω, *perf pas ptc gen s n*, twist
39 βύσσος, linen
40 κλώθω, *perf pas ptc gen s f*, twist
41 τετράγωνος, square
42 διπλοῦς, doubled, twofold
43 σπιθαμή, span
44 μῆκος, length
45 σπιθαμή, span
46 εὖρος, width
47 καθυφαίνω, *fut act ind 2s*, interweave
48 ὕφασμα, woven cloth
49 κατάλιθος, set with stones
50 τετράστιχος, arranged in four rows
51 στίχος, row
52 σάρδιον, sardius
53 τοπάζιον, topaz
54 σμάραγδος, emerald
55 στίχος, row
56 ἄνθραξ, carbuncle
57 σάπφειρος, sapphire

καὶ ἴασπις·[1] **19** καὶ ὁ στίχος[2] ὁ τρίτος λιγύριον,[3] ἀχάτης[4] καὶ ἀμέθυστος·[5] **20** καὶ ὁ στίχος[6] ὁ τέταρτος[7] χρυσόλιθος[8] καὶ βηρύλλιον[9] καὶ ὀνύχιον·[10] περικεκαλυμμένα[11] χρυσίῳ,[12] συνδεδεμένα[13] ἐν χρυσίῳ[14] ἔστωσαν κατὰ στίχον[15] αὐτῶν. **21** καὶ οἱ λίθοι ἔστωσαν ἐκ τῶν ὀνομάτων τῶν υἱῶν Ισραηλ δέκα[16] δύο κατὰ τὰ ὀνόματα αὐτῶν· γλυφαὶ[17] σφραγίδων,[18] ἕκαστος κατὰ τὸ ὄνομα, ἔστωσαν εἰς δέκα δύο φυλάς. **22** καὶ ποιήσεις ἐπὶ τὸ λογεῖον[19] κροσσοὺς[20] συμπεπλεγμένους,[21] ἔργον ἁλυσιδωτὸν[22] ἐκ χρυσίου[23] καθαροῦ.[24]

29 καὶ λήμψεται Ααρων τὰ ὀνόματα τῶν υἱῶν Ισραηλ ἐπὶ τοῦ λογείου[25] τῆς κρίσεως[26] ἐπὶ τοῦ στήθους,[27] εἰσιόντι[28] εἰς τὸ ἅγιον μνημόσυνον[29] ἔναντι[30] τοῦ θεοῦ. [**29**] καὶ θήσεις ἐπὶ τὸ λογεῖον[31] τῆς κρίσεως[32] τοὺς κροσσούς·[33] τὰ ἁλυσιδωτὰ[34] ἐπ' ἀμφοτέρων[35] τῶν κλιτῶν[36] τοῦ λογείου ἐπιθήσεις καὶ τὰς δύο ἀσπιδίσκας[37] ἐπιθήσεις ἐπ' ἀμφοτέρους τοὺς ὤμους[38] τῆς ἐπωμίδος[39] κατὰ πρόσωπον. **30** καὶ ἐπιθήσεις ἐπὶ τὸ λογεῖον[40] τῆς κρίσεως[41] τὴν δήλωσιν[42] καὶ τὴν ἀλήθειαν,[43] καὶ ἔσται ἐπὶ τοῦ στήθους[44] Ααρων, ὅταν εἰσπορεύηται[45] εἰς τὸ ἅγιον ἐναντίον[46] κυρίου· καὶ οἴσει[47] Ααρων τὰς κρίσεις τῶν υἱῶν Ισραηλ ἐπὶ τοῦ στήθους[48] ἐναντίον[49] κυρίου διὰ παντός.

1 ἴασπις, jasper
2 στίχος, row
3 λιγύριον, stone of Liguria
4 ἀχάτης, agate
5 ἀμέθυστος, amethyst
6 στίχος, row
7 τέταρτος, fourth
8 χρυσόλιθος, chrysolite
9 βηρύλλιον, beryl
10 ὀνύχιον, onyx
11 περικαλύπτω, *perf pas ptc nom p n*, cover around
12 χρυσίον, gold
13 συνδέω, *perf pas ptc nom p n*, fasten
14 χρυσίον, gold
15 στίχος, row
16 δέκα, ten
17 γλυφή, carving
18 σφραγίς, seal
19 λογεῖον, oracular breast pouch
20 κροσσός, tassel
21 συμπλέκω, *perf pas ptc acc p m*, plait, twist
22 ἁλυσιδωτός, like a chain
23 χρυσίον, gold
24 καθαρός, pure
25 λογεῖον, oracular breast pouch
26 κρίσις, judgment
27 στῆθος, breast
28 εἴσειμι, *pres act ptc dat s m*, go in
29 μνημόσυνον, memorial
30 ἔναντι, before
31 λογεῖον, oracular breast pouch
32 κρίσις, judgment
33 κροσσός, tassel
34 ἁλυσιδωτός, like a chain
35 ἀμφότεροι, both
36 κλίτος, side
37 ἀσπιδίσκη, shield
38 ὦμος, shoulder
39 ἐπωμίς, shoulder piece
40 λογεῖον, oracular breast pouch
41 κρίσις, judgment
42 δήλωσις, disclosure, (Urim)
43 ἀλήθεια, truth, (Thummim)
44 στῆθος, breast
45 εἰσπορεύομαι, *pres mid sub 3s*, go in
46 ἐναντίον, before
47 φέρω, *fut act ind 3s*, bear, carry
48 στῆθος, breast
49 ἐναντίον, before

31 καὶ ποιήσεις ὑποδύτην[1] ποδήρη[2] ὅλον ὑακίνθινον.[3] **32** καὶ ἔσται τὸ περιστόμιον[4]
ἐξ αὐτοῦ μέσον, ᾤαν[5] ἔχον κύκλῳ[6] τοῦ περιστομίου,[7] ἔργον ὑφάντου,[8] τὴν
συμβολὴν[9] συνυφασμένην[10] ἐξ αὐτοῦ, ἵνα μὴ ῥαγῇ.[11] **33** καὶ ποιήσεις ἐπὶ τὸ λῶμα[12]
τοῦ ὑποδύτου[13] κάτωθεν[14] ὡσεὶ[15] ἐξανθούσης[16] ῥόας[17] ῥοίσκους[18] ἐξ ὑακίνθου[19] καὶ
πορφύρας[20] καὶ κοκκίνου[21] διανενησμένου[22] καὶ βύσσου[23] κεκλωσμένης[24] ἐπὶ τοῦ
λώματος[25] τοῦ ὑποδύτου[26] κύκλῳ·[27] τὸ αὐτὸ δὲ εἶδος[28] ῥοίσκους[29] χρυσοῦς[30] καὶ
κώδωνας[31] ἀνὰ μέσον[32] τούτων περικύκλῳ·[33] **34** παρὰ ῥοίσκον[34] χρυσοῦν[35] κώδωνα[36]
καὶ ἄνθινον[37] ἐπὶ τοῦ λώματος[38] τοῦ ὑποδύτου[39] κύκλῳ.[40] **35** καὶ ἔσται Ααρων ἐν τῷ
λειτουργεῖν[41] ἀκουστὴ[42] ἡ φωνὴ αὐτοῦ εἰσιόντι[43] εἰς τὸ ἅγιον ἐναντίον[44] κυρίου καὶ
ἐξιόντι,[45] ἵνα μὴ ἀποθάνῃ.

36 καὶ ποιήσεις πέταλον[46] χρυσοῦν[47] καθαρὸν[48] καὶ ἐκτυπώσεις[49] ἐν αὐτῷ
ἐκτύπωμα[50] σφραγῖδος[51] Ἁγίασμα[52] κυρίου. **37** καὶ ἐπιθήσεις αὐτὸ ἐπὶ ὑακίνθου[53]
κεκλωσμένης,[54] καὶ ἔσται ἐπὶ τῆς μίτρας· κατὰ πρόσωπον τῆς μίτρας[55] ἔσται. **38** καὶ
ἔσται ἐπὶ τοῦ μετώπου[56] Ααρων, καὶ ἐξαρεῖ[57] Ααρων τὰ ἁμαρτήματα[58] τῶν ἁγίων,

1 ὑποδύτης, undergarment
2 ποδήρης, full-length robe
3 ὑακίνθινος, blue
4 περιστόμιον, collar
5 ᾤα, border
6 κύκλῳ, round about
7 περιστόμιον, collar
8 ὑφάντης, weaver
9 συμβολή, coupling
10 συνυφαίνω, *perf pas ptc acc s f*, interweave
11 ῥήγνυμι, *aor pas sub 3s*, tear, rend
12 λῶμα, fringe
13 ὑποδύτης, undergarment
14 κάτωθεν, under
15 ὡσεί, like, as if
16 ἐξανθέω, *pres act ptc gen s f*, bloom
17 ῥόα, pomegranate tree
18 ῥοΐσκος, pomegranate
19 ὑάκινθος, blue
20 πορφύρα, purple
21 κόκκινος, scarlet
22 διανήθω, *perf pas ptc gen s n*, spin
23 βύσσος, linen
24 κλώθω, *perf pas ptc gen s f*, twist
25 λῶμα, fringe
26 ὑποδύτης, undergarment
27 κύκλῳ, round about
28 εἶδος, form, shape
29 ῥοΐσκος, pomegranate
30 χρυσοῦς, gold
31 κώδων, bell
32 ἀνὰ μέσον, between
33 περικύκλῳ, round about
34 ῥοΐσκος, pomegranate
35 χρυσοῦς, gold
36 κώδων, bell
37 ἄνθινος, flower-like
38 λῶμα, fringe
39 ὑποδύτης, undergarment
40 κύκλῳ, round about
41 λειτουργέω, *pres act inf*, minister
42 ἀκουστός, audible
43 εἴσειμι, *pres act ptc dat s m*, go in
44 ἐναντίον, before
45 ἔξειμι, *pres act ptc dat s m*, go out
46 πέταλον, thin plate
47 χρυσοῦς, gold
48 καθαρός, pure
49 ἐκτυπόω, *fut act ind 2s*, model in relief
50 ἐκτύπωμα, figure in relief
51 σφραγίς, seal
52 ἁγίασμα, holiness
53 ὑάκινθος, blue
54 κλώθω, *perf pas ptc gen s f*, twist
55 μίτρα, headdress
56 μέτωπον, forehead
57 ἐξαίρω, *fut act ind 3s*, lift up
58 ἁμάρτημα, sin

ὅσα ἂν ἁγιάσωσιν[1] οἱ υἱοὶ Ισραηλ, παντὸς δόματος[2] τῶν ἁγίων αὐτῶν· καὶ ἔσται ἐπὶ
τοῦ μετώπου[3] Ααρων διὰ παντός, δεκτὸν[4] αὐτοῖς ἔναντι[5] κυρίου.

39 καὶ οἱ κόσυμβοι[6] τῶν χιτώνων[7] ἐκ βύσσου·[8] καὶ ποιήσεις κίδαριν[9] βυσσίνην[10] καὶ
ζώνην[11] ποιήσεις, ἔργον ποικιλτοῦ.[12] **40** καὶ τοῖς υἱοῖς Ααρων ποιήσεις χιτῶνας[13] καὶ
ζώνας[14] καὶ κιδάρεις[15] ποιήσεις αὐτοῖς εἰς τιμὴν[16] καὶ δόξαν. **41** καὶ ἐνδύσεις[17] αὐτὰ
Ααρων τὸν ἀδελφόν σου καὶ τοὺς υἱοὺς αὐτοῦ μετ᾽ αὐτοῦ· καὶ χρίσεις[18] αὐτοὺς καὶ
ἐμπλήσεις[19] αὐτῶν τὰς χεῖρας καὶ ἁγιάσεις[20] αὐτούς, ἵνα ἱερατεύωσίν[21] μοι. **42** καὶ
ποιήσεις αὐτοῖς περισκελῆ[22] λινᾶ[23] καλύψαι[24] ἀσχημοσύνην[25] χρωτὸς[26] αὐτῶν·
ἀπὸ ὀσφύος[27] ἕως μηρῶν[28] ἔσται. **43** καὶ ἕξει Ααρων αὐτὰ καὶ οἱ υἱοὶ αὐτοῦ, ὡς
ἂν εἰσπορεύωνται[29] εἰς τὴν σκηνὴν[30] τοῦ μαρτυρίου[31] ἢ ὅταν προσπορεύωνται[32]
λειτουργεῖν[33] πρὸς τὸ θυσιαστήριον[34] τοῦ ἁγίου, καὶ οὐκ ἐπάξονται[35] πρὸς ἑαυτοὺς
ἁμαρτίαν, ἵνα μὴ ἀποθάνωσιν· νόμιμον[36] αἰώνιον αὐτῷ καὶ τῷ σπέρματι αὐτοῦ μετ᾽
αὐτόν.

Consecration of the Priests

29 Καὶ ταῦτά ἐστιν, ἃ ποιήσεις αὐτοῖς ἁγιάσαι[37] αὐτοὺς ὥστε ἱερατεύειν[38] μοι
αὐτούς. λήμψῃ μοσχάριον[39] ἐκ βοῶν[40] ἓν καὶ κριοὺς[41] δύο ἀμώμους[42] **2** καὶ
ἄρτους ἀζύμους[43] πεφυραμένους[44] ἐν ἐλαίῳ[45] καὶ λάγανα[46] ἄζυμα[47] κεχρισμένα[48] ἐν

1 ἁγιάζω, *aor act sub 3p*, sanctify, consecrate
2 δόμα, gift
3 μέτωπον, forehead
4 δεκτός, acceptable
5 ἔναντι, before
6 κόσυμβος, tassel
7 χιτών, tunic
8 βύσσος, linen
9 κίδαρις, priestly headdress
10 βύσσινος, made of linen
11 ζωνή, sash
12 ποικιλτής, embroiderer
13 χιτών, tunic
14 ζωνή, sash
15 κίδαρις, priestly headdress
16 τιμή, honor
17 ἐνδύω, *fut act ind 2s*, clothe
18 χρίω, *fut act ind 2s*, anoint
19 ἐμπίμπλημι, *fut act ind 2s*, place upon
20 ἁγιάζω, *fut act ind 2s*, sanctify, consecrate
21 ἱερατεύω, *pres act sub 3p*, serve as priest
22 περισκελής, around the leg
23 λινοῦς, linen
24 καλύπτω, *aor act inf*, cover
25 ἀσχημοσύνη, shame
26 χρώς, skin, flesh
27 ὀσφύς, loin, hip
28 μηρός, thigh
29 εἰσπορεύομαι, *pres mid sub 3p*, enter
30 σκηνή, tent
31 μαρτύριον, witness
32 προσπορεύομαι, *pres mid sub 3p*, come near
33 λειτουργέω, *pres act inf*, minister
34 θυσιαστήριον, altar
35 ἐπάγω, *fut mid ind 3p*, bring onto
36 νόμιμος, statute, precept, ordinance
37 ἁγιάζω, *aor mid impv 2s*, sanctify, consecrate
38 ἱερατεύω, *pres act inf*, serve as priest
39 μοσχάριον, small calf
40 βοῦς, cow, (*p*) cattle
41 κριός, ram
42 ἄμωμος, unblemished
43 ἄζυμος, unleavened
44 φυράω, *perf pas ptc acc p m*, knead
45 ἔλαιον, oil
46 λάγανον, cake
47 ἄζυμος, unleavened
48 χρίω, *perf pas ptc acc p n*, coat, smear

ἐλαίῳ· σεμίδαλιν[1] ἐκ πυρῶν[2] ποιήσεις αὐτά. **3** καὶ ἐπιθήσεις αὐτὰ ἐπὶ κανοῦν[3] ἓν
καὶ προσοίσεις[4] αὐτὰ ἐπὶ τῷ κανῷ καὶ τὸ μοσχάριον[5] καὶ τοὺς δύο κριούς.[6] **4** καὶ
Ααρων καὶ τοὺς υἱοὺς αὐτοῦ προσάξεις[7] ἐπὶ τὰς θύρας τῆς σκηνῆς[8] τοῦ μαρτυρίου[9]
καὶ λούσεις[10] αὐτοὺς ἐν ὕδατι. **5** καὶ λαβὼν τὰς στολὰς[11] ἐνδύσεις[12] Ααρων τὸν
ἀδελφόν σου καὶ τὸν χιτῶνα[13] τὸν ποδήρη[14] καὶ τὴν ἐπωμίδα[15] καὶ τὸ λογεῖον[16] καὶ
συνάψεις[17] αὐτῷ τὸ λογεῖον πρὸς τὴν ἐπωμίδα. **6** καὶ ἐπιθήσεις τὴν μίτραν[18] ἐπὶ
τὴν κεφαλὴν αὐτοῦ καὶ ἐπιθήσεις τὸ πέταλον[19] τὸ Ἁγίασμα[20] ἐπὶ τὴν μίτραν. **7** καὶ
λήμψῃ τοῦ ἐλαίου[21] τοῦ χρίσματος[22] καὶ ἐπιχεεῖς[23] αὐτὸ ἐπὶ τὴν κεφαλὴν αὐτοῦ καὶ
χρίσεις[24] αὐτόν. **8** καὶ τοὺς υἱοὺς αὐτοῦ προσάξεις[25] καὶ ἐνδύσεις[26] αὐτοὺς χιτῶνας[27]
9 καὶ ζώσεις[28] αὐτοὺς ταῖς ζώναις[29] καὶ περιθήσεις[30] αὐτοῖς τὰς κιδάρεις,[31] καὶ ἔσται
αὐτοῖς ἱερατεία[32] ἐμοὶ εἰς τὸν αἰῶνα. καὶ τελειώσεις[33] τὰς χεῖρας Ααρων καὶ τὰς
χεῖρας τῶν υἱῶν αὐτοῦ.

10 καὶ προσάξεις[34] τὸν μόσχον[35] ἐπὶ τὰς θύρας τῆς σκηνῆς[36] τοῦ μαρτυρίου,[37] καὶ
ἐπιθήσουσιν Ααρων καὶ οἱ υἱοὶ αὐτοῦ τὰς χεῖρας αὐτῶν ἐπὶ τὴν κεφαλὴν τοῦ μόσχου
ἔναντι[38] κυρίου παρὰ τὰς θύρας τῆς σκηνῆς τοῦ μαρτυρίου· **11** καὶ σφάξεις[39] τὸν
μόσχον[40] ἔναντι[41] κυρίου παρὰ τὰς θύρας τῆς σκηνῆς[42] τοῦ μαρτυρίου.[43] **12** καὶ λήμψῃ
ἀπὸ τοῦ αἵματος τοῦ μόσχου[44] καὶ θήσεις ἐπὶ τῶν κεράτων[45] τοῦ θυσιαστηρίου[46] τῷ
δακτύλῳ[47] σου· τὸ δὲ λοιπὸν πᾶν αἷμα ἐκχεεῖς[48] παρὰ τὴν βάσιν[49] τοῦ θυσιαστηρίου.
13 καὶ λήμψῃ πᾶν τὸ στέαρ[50] τὸ ἐπὶ τῆς κοιλίας[51] καὶ τὸν λοβὸν[52] τοῦ ἥπατος[53] καὶ

1 σεμίδαλις, fine flour
2 πυρός, wheat
3 κανοῦν, reed basket
4 προσφέρω, *fut act ind 2s*, bring near
5 μοσχάριον, small calf
6 κριός, ram
7 προσάγω, *fut act ind 2s*, bring to
8 σκηνή, tent
9 μαρτύριον, witness
10 λούω, *fut act ind 2s*, wash
11 στολή, garment
12 ἐνδύω, *fut act ind 2s*, clothe
13 χιτών, tunic
14 ποδήρης, full-length robe
15 ἐπωμίς, shoulder piece
16 λογεῖον, oracular breast pouch
17 συνάπτω, *fut act ind 2s*, join together
18 μίτρα, headdress
19 πέταλον, thin plate
20 ἁγίασμα, holiness
21 ἔλαιον, oil
22 χρῖσμα, anointing
23 ἐπιχέω, *fut act ind 2s*, pour over
24 χρίω, *fut act ind 2s*, anoint
25 προσάγω, *fut act ind 2s*, bring to
26 ἐνδύω, *fut act ind 2s*, clothe
27 χιτών, tunic
28 ζώννυμι, *fut act ind 2s*, gird with a sash
29 ζωνή, sash
30 περιτίθημι, *fut act ind 2s*, put around
31 κίδαρις, priestly headdress
32 ἱερατεία, priesthood
33 τελειόω, *fut act ind 2s*, (consecrate, validate)
34 προσάγω, *fut act ind 2s*, bring in
35 μόσχος, calf
36 σκηνή, tent
37 μαρτύριον, witness
38 ἔναντι, before
39 σφάζω, *fut act ind 2s*, slaughter
40 μόσχος, calf
41 ἔναντι, before
42 σκηνή, tent
43 μαρτύριον, witness
44 μόσχος, calf
45 κέρας, horn
46 θυσιαστήριον, altar
47 δάκτυλος, finger
48 ἐκχέω, *fut act ind 2s*, pour out
49 βάσις, base
50 στέαρ, fat
51 κοιλία, stomach, bowels
52 λοβός, lobe
53 ἧπαρ, liver

τοὺς δύο νεφροὺς[1] καὶ τὸ στέαρ τὸ ἐπʼ αὐτῶν καὶ ἐπιθήσεις ἐπὶ τὸ θυσιαστήριον.[2]
14 τὰ δὲ κρέα[3] τοῦ μόσχου[4] καὶ τὸ δέρμα[5] καὶ τὴν κόπρον[6] κατακαύσεις[7] πυρὶ ἔξω
τῆς παρεμβολῆς·[8] ἁμαρτίας γάρ ἐστιν.

15 καὶ τὸν κριὸν[9] λήμψῃ τὸν ἕνα, καὶ ἐπιθήσουσιν Ααρων καὶ οἱ υἱοὶ αὐτοῦ
τὰς χεῖρας αὐτῶν ἐπὶ τὴν κεφαλὴν τοῦ κριοῦ· **16** καὶ σφάξεις[10] αὐτὸν καὶ
λαβὼν τὸ αἷμα προσχεεῖς[11] πρὸς τὸ θυσιαστήριον[12] κύκλῳ.[13] **17** καὶ τὸν κριὸν[14]
διχοτομήσεις[15] κατὰ μέλη[16] καὶ πλυνεῖς[17] τὰ ἐνδόσθια[18] καὶ τοὺς πόδας ὕδατι καὶ
ἐπιθήσεις ἐπὶ τὰ διχοτομήματα[19] σὺν τῇ κεφαλῇ. **18** καὶ ἀνοίσεις[20] ὅλον τὸν κριὸν[21]
ἐπὶ τὸ θυσιαστήριον[22] ὁλοκαύτωμα[23] κυρίῳ εἰς ὀσμὴν[24] εὐωδίας·[25] θυσίασμα[26]
κυρίῳ ἐστίν.

19 καὶ λήμψῃ τὸν κριὸν[27] τὸν δεύτερον, καὶ ἐπιθήσει Ααρων καὶ οἱ υἱοὶ αὐτοῦ τὰς
χεῖρας αὐτῶν ἐπὶ τὴν κεφαλὴν τοῦ κριοῦ· **20** καὶ σφάξεις[28] αὐτὸν καὶ λήμψῃ τοῦ
αἵματος αὐτοῦ καὶ ἐπιθήσεις ἐπὶ τὸν λοβὸν[29] τοῦ ὠτὸς Ααρων τοῦ δεξιοῦ καὶ ἐπὶ τὸ
ἄκρον[30] τῆς χειρὸς τῆς δεξιᾶς καὶ ἐπὶ τὸ ἄκρον τοῦ ποδὸς τοῦ δεξιοῦ καὶ ἐπὶ τοὺς
λοβοὺς τῶν ὤτων τῶν υἱῶν αὐτοῦ τῶν δεξιῶν καὶ ἐπὶ τὰ ἄκρα τῶν χειρῶν αὐτῶν
τῶν δεξιῶν καὶ ἐπὶ τὰ ἄκρα τῶν ποδῶν αὐτῶν τῶν δεξιῶν. **21** καὶ λήμψῃ ἀπὸ τοῦ
αἵματος τοῦ ἀπὸ τοῦ θυσιαστηρίου[31] καὶ ἀπὸ τοῦ ἐλαίου[32] τῆς χρίσεως[33] καὶ ῥανεῖς[34]
ἐπὶ Ααρων καὶ ἐπὶ τὴν στολὴν[35] αὐτοῦ καὶ ἐπὶ τοὺς υἱοὺς αὐτοῦ καὶ ἐπὶ τὰς στολὰς
τῶν υἱῶν αὐτοῦ μετʼ αὐτοῦ, καὶ ἁγιασθήσεται[36] αὐτὸς καὶ ἡ στολὴ αὐτοῦ καὶ οἱ υἱοὶ
αὐτοῦ καὶ αἱ στολαὶ τῶν υἱῶν αὐτοῦ μετʼ αὐτοῦ· τὸ δὲ αἷμα τοῦ κριοῦ[37] προσχεεῖς[38]
πρὸς τὸ θυσιαστήριον κύκλῳ.[39]

1 νεφρός, kidney
2 θυσιαστήριον, altar
3 κρέας, meat
4 μόσχος, calf
5 δέρμα, hide, skin
6 κόπρος, excrement, dung
7 κατακαίω, *fut act ind 2s*, burn up
8 παρεμβολή, camp
9 κριός, ram
10 σφάζω, *fut act ind 2s*, slaughter
11 προσχέω, *fut act ind 2s*, pour out
12 θυσιαστήριον, altar
13 κύκλῳ, around
14 κριός, ram
15 διχοτομέω, *fut act ind 2s*, cut in two
16 μέλος, part
17 πλύνω, *fut act ind 2s*, cleanse
18 ἐνδόσθια, entrails
19 διχοτόμημα, divided piece
20 ἀναφέρω, *fut act ind 2s*, offer up
21 κριός, ram
22 θυσιαστήριον, altar
23 ὁλοκαύτωμα, whole burnt offering
24 ὀσμή, odor
25 εὐωδία, fragrant
26 θυσίασμα, offering
27 κριός, ram
28 σφάζω, *fut act ind 2s*, slaughter
29 λοβός, lobe
30 ἄκρος, tip
31 θυσιαστήριον, altar
32 ἔλαιον, oil
33 χρῖσις, anointing
34 ῥαίνω, *fut act ind 2s*, sprinkle
35 στολή, garment
36 ἁγιάζω, *fut pas ind 3s*, anoint, consecrate
37 κριός, ram
38 προσχέω, *fut act ind 2s*, pour out
39 κύκλῳ, around

22 καὶ λήμψῃ ἀπὸ τοῦ κριοῦ[1] τὸ στέαρ[2] αὐτοῦ καὶ τὸ στέαρ τὸ κατακαλύπτον[3] τὴν
κοιλίαν[4] καὶ τὸν λοβὸν[5] τοῦ ἥπατος[6] καὶ τοὺς δύο νεφροὺς[7] καὶ τὸ στέαρ τὸ ἐπʼ
αὐτῶν καὶ τὸν βραχίονα[8] τὸν δεξιόν — ἔστιν γὰρ τελείωσις[9] αὕτη — **23** καὶ ἄρτον
ἕνα ἐξ ἐλαίου[10] καὶ λάγανον[11] ἓν ἀπὸ τοῦ κανοῦ[12] τῶν ἀζύμων[13] τῶν προτεθειμένων[14]
ἔναντι[15] κυρίου **24** καὶ ἐπιθήσεις τὰ πάντα ἐπὶ τὰς χεῖρας Ααρων καὶ ἐπὶ τὰς χεῖρας
τῶν υἱῶν αὐτοῦ καὶ ἀφοριεῖς[16] αὐτοὺς ἀφόρισμα[17] ἔναντι[18] κυρίου.

25 καὶ λήμψῃ αὐτὰ ἐκ τῶν χειρῶν αὐτῶν καὶ ἀνοίσεις[19] ἐπὶ τὸ θυσιαστήριον[20] τῆς
ὁλοκαυτώσεως[21] εἰς ὀσμὴν[22] εὐωδίας[23] ἔναντι[24] κυρίου· κάρπωμά[25] ἐστιν κυρίῳ.
26 καὶ λήμψῃ τὸ στηθύνιον[26] ἀπὸ τοῦ κριοῦ[27] τῆς τελειώσεως,[28] ὅ ἐστιν Ααρων,
καὶ ἀφοριεῖς[29] αὐτὸ ἀφόρισμα[30] ἔναντι[31] κυρίου, καὶ ἔσται σοι ἐν μερίδι.[32] **27** καὶ
ἁγιάσεις[33] τὸ στηθύνιον[34] ἀφόρισμα[35] καὶ τὸν βραχίονα[36] τοῦ ἀφαιρέματος,[37] ὃς
ἀφώρισται[38] καὶ ὃς ἀφῄρηται[39] ἀπὸ τοῦ κριοῦ[40] τῆς τελειώσεως[41] ἀπὸ τοῦ Ααρων
καὶ ἀπὸ τῶν υἱῶν αὐτοῦ, **28** καὶ ἔσται Ααρων καὶ τοῖς υἱοῖς αὐτοῦ νόμιμον[42] αἰώνιον
παρὰ τῶν υἱῶν Ισραηλ· ἔστιν γὰρ ἀφαίρεμα[43] τοῦτο καὶ ἀφαίρεμα ἔσται παρὰ τῶν
υἱῶν Ισραηλ ἀπὸ τῶν θυμάτων[44] τῶν σωτηρίων[45] τῶν υἱῶν Ισραηλ, ἀφαίρεμα κυρίῳ.

29 καὶ ἡ στολὴ[46] τοῦ ἁγίου, ἥ ἐστιν Ααρων, ἔσται τοῖς υἱοῖς αὐτοῦ μετʼ αὐτόν,
χρισθῆναι[47] αὐτοὺς ἐν αὐτοῖς καὶ τελειῶσαι[48] τὰς χεῖρας αὐτῶν. **30** ἑπτὰ ἡμέρας

1 κριός, ram
2 στέαρ, fat
3 κατακαλύπτω, *pres act ptc acc s n*, cover
4 κοιλία, stomach
5 λοβός, lobe
6 ἧπαρ, liver
7 νεφρός, kidney
8 βραχίων, arm
9 τελείωσις, validation, completion
10 ἔλαιον, oil
11 λάγανον, cake
12 κανοῦν, reed basket
13 ἄζυμος, unleavened (bread)
14 προτίθημι, *perf pas ptc gen p n*, set before
15 ἔναντι, before
16 ἀφορίζω, *fut act ind 2s*, set apart
17 ἀφόρισμα, special offering
18 ἔναντι, before
19 ἀναφέρω, *fut act ind 2s*, offer up
20 θυσιαστήριον, altar
21 ὁλοκαύτωσις, whole burnt offering
22 ὀσμή, odor
23 εὐωδία, fragrance
24 ἔναντι, before
25 κάρπωμα, burnt offering
26 στηθύνιον, breast
27 κριός, ram
28 τελείωσις, validation, completion
29 ἀφορίζω, *fut act ind 2s*, set apart
30 ἀφόρισμα, special offering
31 ἔναντι, before
32 μερίς, portion
33 ἁγιάζω, *fut act ind 2s*, sanctify, consecrate
34 στηθύνιον, breast
35 ἀφόρισμα, special offering
36 βραχίων, arm
37 ἀφαίρεμα, choice portion
38 ἀφορίζω, *perf pas ind 3s*, set apart
39 ἀφαιρέω, *perf pas ind 3s*, separate as a choice portion
40 κριός, ram
41 τελείωσις, validation, completion
42 νόμιμος, statute, precept, ordinance
43 ἀφαίρεμα, choice portion
44 θῦμα, offering
45 σωτήριον, (sacrifice of) deliverance, peace
46 στολή, garment
47 χρίω, *aor pas inf*, anoint
48 τελειόω, *aor act inf*, (consecrate, validate)

ἐνδύσεται[1] αὐτὰ ὁ ἱερεὺς ὁ ἀντ᾽[2] αὐτοῦ τῶν υἱῶν αὐτοῦ, ὃς εἰσελεύσεται εἰς τὴν
σκηνὴν[3] τοῦ μαρτυρίου[4] λειτουργεῖν[5] ἐν τοῖς ἁγίοις.

31 καὶ τὸν κριὸν[6] τῆς τελειώσεως[7] λήμψῃ καὶ ἑψήσεις[8] τὰ κρέα[9] ἐν τόπῳ ἁγίῳ, **32** καὶ
ἔδονται[10] Ααρων καὶ οἱ υἱοὶ αὐτοῦ τὰ κρέα[11] τοῦ κριοῦ[12] καὶ τοὺς ἄρτους τοὺς ἐν
τῷ κανῷ[13] παρὰ τὰς θύρας τῆς σκηνῆς[14] τοῦ μαρτυρίου·[15] **33** ἔδονται[16] αὐτά, ἐν
οἷς ἡγιάσθησαν[17] ἐν αὐτοῖς τελειῶσαι[18] τὰς χεῖρας αὐτῶν ἁγιάσαι[19] αὐτούς, καὶ
ἀλλογενὴς[20] οὐκ ἔδεται[21] ἀπ᾽ αὐτῶν· ἔστιν γὰρ ἅγια. **34** ἐὰν δὲ καταλειφθῇ[22] ἀπὸ
τῶν κρεῶν[23] τῆς θυσίας[24] τῆς τελειώσεως[25] καὶ τῶν ἄρτων ἕως πρωί,[26] κατακαύσεις[27]
τὰ λοιπὰ πυρί· οὐ βρωθήσεται,[28] ἁγίασμα[29] γάρ ἐστιν.

35 καὶ ποιήσεις Ααρων καὶ τοῖς υἱοῖς αὐτοῦ οὕτως κατὰ πάντα, ὅσα ἐνετειλάμην[30]
σοι· ἑπτὰ ἡμέρας τελειώσεις[31] αὐτῶν τὰς χεῖρας. **36** καὶ τὸ μοσχάριον[32] τῆς
ἁμαρτίας ποιήσεις τῇ ἡμέρᾳ τοῦ καθαρισμοῦ[33] καὶ καθαριεῖς[34] τὸ θυσιαστήριον[35]
ἐν τῷ ἁγιάζειν[36] σε ἐπ᾽ αὐτῷ καὶ χρίσεις[37] αὐτὸ ὥστε ἁγιάσαι[38] αὐτό. **37** ἑπτὰ ἡμέρας
καθαριεῖς[39] τὸ θυσιαστήριον[40] καὶ ἁγιάσεις[41] αὐτό, καὶ ἔσται τὸ θυσιαστήριον ἅγιον
τοῦ ἁγίου· πᾶς ὁ ἁπτόμενος τοῦ θυσιαστηρίου ἁγιασθήσεται.[42]

38 Καὶ ταῦτά ἐστιν, ἃ ποιήσεις ἐπὶ τοῦ θυσιαστηρίου·[43] ἀμνοὺς[44] ἐνιαυσίους[45]
ἀμώμους[46] δύο τὴν ἡμέραν ἐπὶ τὸ θυσιαστήριον ἐνδελεχῶς,[47] κάρπωμα[48]

1 ἐνδύω, *fut mid ind 3s*, clothe
2 ἀντί, in place of
3 σκηνή, tent
4 μαρτύριον, witness
5 λειτουργέω, *pres act inf*, minister
6 κριός, ram
7 τελείωσις, validation, completion
8 ἕψω, *fut act ind 2s*, boil
9 κρέας, meat
10 ἐσθίω, *fut mid ind 3p*, eat
11 κρέας, meat
12 κριός, ram
13 κανοῦν, reed basket
14 σκηνή, tent
15 μαρτύριον, witness
16 ἐσθίω, *fut mid ind 3p*, eat
17 ἁγιάζω, *aor pas ind 3p*, sanctify, consecrate
18 τελειόω, *aor act inf*, (consecrate, validate)
19 ἁγιάζω, *aor act inf*, sanctify, consecrate
20 ἀλλογενής, foreign
21 ἐσθίω, *fut mid ind 3s*, eat
22 καταλείπω, *aor pas sub 3s*, leave behind
23 κρέας, meat
24 θυσία, sacrificial offering
25 τελείωσις, validation, completion
26 πρωί, morning
27 κατακαίω, *fut act ind 2s*, burn up
28 βιβρώσκω, *fut pas ind 3s*, eat, consume
29 ἁγίασμα, holiness
30 ἐντέλλομαι, *aor mid ind 1s*, command, instruct
31 τελειόω, *fut act ind 2s*, (consecrate, validate)
32 μοσχάριον, small calf
33 καθαρισμός, purification
34 καθαρίζω, *fut act ind 2s*, purify, cleanse
35 θυσιαστήριον, altar
36 ἁγιάζω, *pres act inf*, sanctify, consecrate
37 χρίω, *fut act ind 2s*, anoint
38 ἁγιάζω, *aor act inf*, sanctify, consecrate
39 καθαρίζω, *fut act ind 2s*, purify, cleanse
40 θυσιαστήριον, altar
41 ἁγιάζω, *fut act ind 2s*, sanctify, consecrate
42 ἁγιάζω, *fut pas ind 3s*, sanctify, consecrate
43 θυσιαστήριον, altar
44 ἀμνός, lamb
45 ἐνιαύσιος, one year (old)
46 ἄμωμος, unblemished
47 ἐνδελεχῶς, continually
48 κάρπωμα, burnt offering

ἐνδελεχισμοῦ.[1] **39** τὸν ἀμνὸν[2] τὸν ἕνα ποιήσεις τὸ πρωῒ[3] καὶ τὸν ἀμνὸν τὸν
δεύτερον ποιήσεις τὸ δειλινόν·[4] **40** καὶ δέκατον[5] σεμιδάλεως[6] πεφυραμένης[7] ἐν
ἐλαίῳ[8] κεκομμένῳ[9] τῷ τετάρτῳ[10] τοῦ ιν[11] καὶ σπονδὴν[12] τὸ τέταρτον[13] τοῦ ιν οἴνου
τῷ ἀμνῷ[14] τῷ ἑνί· **41** καὶ τὸν ἀμνὸν[15] τὸν δεύτερον ποιήσεις τὸ δειλινόν,[16] κατὰ
τὴν θυσίαν[17] τὴν πρωινὴν[18] καὶ κατὰ τὴν σπονδὴν[19] αὐτοῦ ποιήσεις εἰς ὀσμὴν[20]
εὐωδίας[21] κάρπωμα[22] κυρίῳ, **42** θυσίαν[23] ἐνδελεχισμοῦ[24] εἰς γενεὰς ὑμῶν ἐπὶ θύρας
τῆς σκηνῆς[25] τοῦ μαρτυρίου[26] ἔναντι[27] κυρίου, ἐν οἷς γνωσθήσομαί σοι ἐκεῖθεν[28]
ὥστε λαλῆσαί σοι. **43** καὶ τάξομαι[29] ἐκεῖ τοῖς υἱοῖς Ισραηλ καὶ ἁγιασθήσομαι[30] ἐν
δόξῃ μου· **44** καὶ ἁγιάσω[31] τὴν σκηνὴν[32] τοῦ μαρτυρίου[33] καὶ τὸ θυσιαστήριον·[34]
καὶ Ααρων καὶ τοὺς υἱοὺς αὐτοῦ ἁγιάσω[35] ἱερατεύειν[36] μοι. **45** καὶ ἐπικληθήσομαι[37]
ἐν τοῖς υἱοῖς Ισραηλ καὶ ἔσομαι αὐτῶν θεός, **46** καὶ γνώσονται ὅτι ἐγώ εἰμι κύριος
ὁ θεὸς αὐτῶν ὁ ἐξαγαγὼν[38] αὐτοὺς ἐκ γῆς Αἰγύπτου ἐπικληθῆναι[39] αὐτοῖς καὶ θεὸς
εἶναι αὐτῶν.

Incense Altar

30 Καὶ ποιήσεις θυσιαστήριον[40] θυμιάματος[41] ἐκ ξύλων[42] ἀσήπτων·[43] καὶ
ποιήσεις αὐτὸ **2** πήχεος[44] τὸ μῆκος[45] καὶ πήχεος τὸ εὖρος[46] — τετράγωνον[47]
ἔσται — καὶ δύο πήχεων τὸ ὕψος·[48] ἐξ αὐτοῦ ἔσται τὰ κέρατα[49] αὐτοῦ. **3** καὶ

1 ἐνδελεχισμός, continuity
2 ἀμνός, lamb
3 πρωί, (in the) morning
4 δειλινός, evening
5 δέκατος, tenth
6 σεμίδαλις, fine wheat flour
7 φυράω, *perf pas ptc gen s f*, knead
8 ἔλαιον, oil
9 κόπτω, *perf pas ptc dat s n*, press
10 τέταρτος, fourth
11 ιν, hin, *translit.*
12 σπονδή, libation
13 τέταρτος, fourth
14 ἀμνός, lamb
15 ἀμνός, lamb
16 δειλινός, evening
17 θυσία, offering
18 πρωϊνός, in the morning
19 σπονδή, libation
20 ὀσμή, odor
21 εὐωδία, pleasant
22 κάρπωμα, burnt offering
23 θυσία, offering
24 ἐνδελεχισμός, continuity
25 σκηνή, tent
26 μαρτύριον, witness
27 ἔναντι, before
28 ἐκεῖθεν, there
29 τάσσω, *fut mid ind 1s*, instruct, give orders
30 ἁγιάζω, *fut pas ind 1s*, sanctify, consecrate
31 ἁγιάζω, *fut act ind 1s*, sanctify, consecrate
32 σκηνή, tent
33 μαρτύριον, witness
34 θυσιαστήριον, altar
35 ἁγιάζω, *fut act ind 1s*, sanctify, consecrate
36 ἱερατεύω, *pres act inf*, serve as priest
37 ἐπικαλέω, *fut pas ind 1s*, call upon
38 ἐξάγω, *aor act ptc nom s m*, bring out
39 ἐπικαλέω, *aor pas inf*, call upon
40 θυσιαστήριον, altar
41 θυμίαμα, incense
42 ξύλον, wood
43 ἄσηπτος, not rotten
44 πῆχυς, cubit
45 μῆκος, length
46 εὖρος, width
47 τετράγωνος, square
48 ὕψος, height
49 κέρας, horn

καταχρυσώσεις[1] αὐτὰ χρυσίῳ[2] καθαρῷ,[3] τὴν ἐσχάραν[4] αὐτοῦ καὶ τοὺς τοίχους[5]
αὐτοῦ κύκλῳ[6] καὶ τὰ κέρατα[7] αὐτοῦ, καὶ ποιήσεις αὐτῷ στρεπτὴν[8] στεφάνην[9]
χρυσῆν κύκλῳ. **4** καὶ δύο δακτυλίους[10] χρυσοῦς[11] καθαροὺς[12] ποιήσεις ὑπὸ τὴν
στρεπτὴν[13] στεφάνην[14] αὐτοῦ, εἰς τὰ δύο κλίτη[15] ποιήσεις ἐν τοῖς δυσὶ πλευροῖς·[16]
καὶ ἔσονται ψαλίδες[17] ταῖς σκυτάλαις[18] ὥστε αἴρειν αὐτὸ ἐν αὐταῖς. **5** καὶ ποιήσεις
σκυτάλας[19] ἐκ ξύλων[20] ἀσήπτων[21] καὶ καταχρυσώσεις[22] αὐτὰς χρυσίῳ.[23] **6** καὶ
θήσεις αὐτὸ ἀπέναντι[24] τοῦ καταπετάσματος[25] τοῦ ὄντος ἐπὶ τῆς κιβωτοῦ[26] τῶν
μαρτυρίων,[27] ἐν οἷς γνωσθήσομαί σοι ἐκεῖθεν.[28] **7** καὶ θυμιάσει[29] ἐπ' αὐτοῦ Ααρων
θυμίαμα[30] σύνθετον[31] λεπτόν·[32] τὸ πρωὶ[33] πρωί, ὅταν ἐπισκευάζῃ[34] τοὺς λύχνους,[35]
θυμιάσει[36] ἐπ' αὐτοῦ, **8** καὶ ὅταν ἐξάπτῃ[37] Ααρων τοὺς λύχνους[38] ὀψέ,[39] θυμιάσει[40]
ἐπ' αὐτοῦ· θυμίαμα[41] ἐνδελεχισμοῦ[42] διὰ παντὸς ἔναντι[43] κυρίου εἰς γενεὰς αὐτῶν.
9 καὶ οὐκ ἀνοίσεις[44] ἐπ' αὐτοῦ θυμίαμα[45] ἕτερον, κάρπωμα,[46] θυσίαν·[47] καὶ σπονδὴν[48]
οὐ σπείσεις[49] ἐπ' αὐτοῦ. **10** καὶ ἐξιλάσεται[50] ἐπ' αὐτὸ Ααρων ἐπὶ τῶν κεράτων[51]
αὐτοῦ ἅπαξ[52] τοῦ ἐνιαυτοῦ·[53] ἀπὸ τοῦ αἵματος τοῦ καθαρισμοῦ[54] τῶν ἁμαρτιῶν τοῦ
ἐξιλασμοῦ[55] ἅπαξ[56] τοῦ ἐνιαυτοῦ καθαριεῖ αὐτὸ εἰς τὰς γενεὰς αὐτῶν· ἅγιον τῶν
ἁγίων ἐστὶν κυρίῳ.

1 καταχρυσόω, *fut act ind 2s*, gild
2 χρυσίον, gold
3 καθαρός, pure
4 ἐσχάρα, grate
5 τοῖχος, side
6 κύκλῳ, around
7 κέρας, horn
8 στρεπτός, twisted
9 στεφάνη, molding
10 δακτύλιος, ring
11 χρυσοῦς, gold
12 καθαρός, pure
13 στρεπτός, twisted
14 στεφάνη, molding
15 κλίτος, side
16 πλευρόν, side, flank
17 ψαλίς, ring, holder
18 σκυτάλη, pole
19 σκυτάλη, pole
20 ξύλον, wood
21 ἄσηπτος, not rotten
22 καταχρυσόω, *fut act ind 2s*, gild
23 χρυσίον, gold
24 ἀπέναντι, before
25 καταπέτασμα, veil
26 κιβωτός, chest, ark (of the covenant)
27 μαρτύριον, witness
28 ἐκεῖθεν, there
29 θυμιάω, *fut act ind 3s*, burn incense
30 θυμίαμα, incense
31 σύνθετος, mixed, compounded
32 λεπτός, fine
33 πρωί, (in the) morning
34 ἐπισκευάζω, *pres act sub 3s*, arrange
35 λύχνος, lamp
36 θυμιάω, *fut act ind 3s*, burn incense
37 ἐξάπτω, *pres act sub 3s*, light
38 λύχνος, lamp
39 ὀψέ, in the evening
40 θυμιάω, *fut act ind 3s*, burn incense
41 θυμίαμα, incense
42 ἐνδελεχισμός, continuity
43 ἔναντι, before
44 ἀναφέρω, *fut act ind 2s*, offer
45 θυμίαμα, incense
46 κάρπωμα, burnt offering
47 θυσία, sacrifice
48 σπονδή, drink offering
49 σπένδω, *fut act ind 2s*, pour out
50 ἐξιλάσκομαι, *fut mid ind 3s*, propitiate, make atonement
51 κέρας, horn
52 ἅπαξ, once
53 ἐνιαυτός, year
54 καθαρισμός, purification
55 ἐξιλασμός, propitiation, atonement
56 ἅπαξ, once

11 Καὶ ἐλάλησεν κύριος πρὸς Μωυσῆν λέγων **12** Ἐὰν λάβῃς τὸν συλλογισμὸν[1] τῶν
υἱῶν Ισραηλ ἐν τῇ ἐπισκοπῇ[2] αὐτῶν, καὶ δώσουσιν ἕκαστος λύτρα[3] τῆς ψυχῆς αὐτοῦ
τῷ κυρίῳ, καὶ οὐκ ἔσται ἐν αὐτοῖς πτῶσις[4] ἐν τῇ ἐπισκοπῇ αὐτῶν. **13** καὶ τοῦτό ἐστιν
ὃ δώσουσιν ὅσοι ἂν παραπορεύωνται[5] τὴν ἐπίσκεψιν·[6] τὸ ἥμισυ[7] τοῦ διδράχμου,[8]
ὅ ἐστιν κατὰ τὸ δίδραχμον τὸ ἅγιον· εἴκοσι[9] ὀβολοὶ[10] τὸ δίδραχμον, τὸ δὲ ἥμισυ
τοῦ διδράχμου εἰσφορὰ[11] κυρίῳ. **14** πᾶς ὁ παραπορευόμενος[12] εἰς τὴν ἐπίσκεψιν[13]
ἀπὸ εἰκοσαετοῦς[14] καὶ ἐπάνω[15] δώσουσιν τὴν εἰσφορὰν[16] κυρίῳ. **15** ὁ πλουτῶν[17] οὐ
προσθήσει[18] καὶ ὁ πενόμενος[19] οὐκ ἐλαττονήσει[20] ἀπὸ τοῦ ἡμίσους[21] τοῦ διδράχμου[22]
ἐν τῷ διδόναι τὴν εἰσφορὰν[23] κυρίῳ ἐξιλάσασθαι[24] περὶ τῶν ψυχῶν ὑμῶν. **16** καὶ
λήμψῃ τὸ ἀργύριον[25] τῆς εἰσφορᾶς[26] παρὰ τῶν υἱῶν Ισραηλ καὶ δώσεις αὐτὸ εἰς
κάτεργον[27] τῆς σκηνῆς[28] τοῦ μαρτυρίου,[29] καὶ ἔσται τοῖς υἱοῖς Ισραηλ μνημόσυνον[30]
ἔναντι[31] κυρίου ἐξιλάσασθαι[32] περὶ τῶν ψυχῶν ὑμῶν.

17 Καὶ ἐλάλησεν κύριος πρὸς Μωυσῆν λέγων **18** Ποίησον λουτῆρα[33] χαλκοῦν[34] καὶ
βάσιν[35] αὐτῷ χαλκῆν ὥστε νίπτεσθαι·[36] καὶ θήσεις αὐτὸν ἀνὰ μέσον[37] τῆς σκηνῆς[38]
τοῦ μαρτυρίου[39] καὶ ἀνὰ μέσον τοῦ θυσιαστηρίου[40] καὶ ἐκχεεῖς[41] εἰς αὐτὸν ὕδωρ,
19 καὶ νίψεται[42] Ααρων καὶ οἱ υἱοὶ αὐτοῦ ἐξ αὐτοῦ τὰς χεῖρας καὶ τοὺς πόδας ὕδατι.
20 ὅταν εἰσπορεύωνται[43] εἰς τὴν σκηνὴν[44] τοῦ μαρτυρίου,[45] νίψονται[46] ὕδατι καὶ οὐ
μὴ ἀποθάνωσιν· ἢ ὅταν προσπορεύωνται[47] πρὸς τὸ θυσιαστήριον[48] λειτουργεῖν[49]

1 συλλογισμός, count
2 ἐπισκοπή, observance, visitation
3 λύτρον, price of release, ransom
4 πτῶσις, calamity, damage
5 παραπορεύομαι, *pres mid sub 3p*, pass by
6 ἐπίσκεψις, numbering, review
7 ἥμισυς, half
8 δίδραχμον, two-drachma coin
9 εἴκοσι, twenty
10 ὀβολός, weight, coin
11 εἰσφορά, contribution, tax
12 παραπορεύομαι, *pres mid ptc nom s m*, pass by
13 ἐπίσκεψις, numbering, review
14 εἰκοσαετής, twenty years (old)
15 ἐπάνω, above
16 εἰσφορά, contribution, tax
17 πλουτέω, *pres act ptc nom s m*, be rich
18 προστίθημι, *fut act ind 3s*, increase
19 πένομαι, *pres mid ptc nom s m*, be poor
20 ἐλαττονέω, *fut act ind 3s*, reduce, decrease
21 ἥμισυς, half
22 δίδραχμον, two-drachma coin
23 εἰσφορά, contribution, tax
24 ἐξιλάσκομαι, *aor mid inf*, propitiate, make atonement
25 ἀργύριον, silver, money
26 εἰσφορά, contribution, tax
27 κάτεργον, cost of labor
28 σκηνή, tent
29 μαρτύριον, witness
30 μνημόσυνον, memorial
31 ἔναντι, before
32 ἐξιλάσκομαι, *aor mid inf*, propitiate, make atonement
33 λουτήρ, washbasin
34 χαλκοῦς, bronze
35 βάσις, base
36 νίπτω, *pres mid inf*, wash
37 ἀνὰ μέσον, between
38 σκηνή, tent
39 μαρτύριον, witness
40 θυσιαστήριον, altar
41 ἐκχέω, *fut act ind 2s*, pour out
42 νίπτω, *fut mid ind 3s*, wash
43 εἰσπορεύομαι, *pres mid sub 3p*, enter
44 σκηνή, tent
45 μαρτύριον, witness
46 νίπτω, *fut mid ind 3p*, wash
47 προσπορεύομαι, *pres mid sub 3p*, approach
48 θυσιαστήριον, altar
49 λειτουργέω, *pres act inf*, minister

καὶ ἀναφέρειν[1] τὰ ὁλοκαυτώματα[2] κυρίῳ, **21** νίψονται[3] τὰς χεῖρας καὶ τοὺς πόδας
ὕδατι· ὅταν εἰσπορεύωνται[4] εἰς τὴν σκηνὴν[5] τοῦ μαρτυρίου,[6] νίψονται ὕδατι, ἵνα
μὴ ἀποθάνωσιν· καὶ ἔσται αὐτοῖς νόμιμον[7] αἰώνιον, αὐτῷ καὶ ταῖς γενεαῖς αὐτοῦ
μετ᾽ αὐτόν.

Oil of Anointing

22 Καὶ ἐλάλησεν κύριος πρὸς Μωυσῆν λέγων **23** Καὶ σὺ λαβὲ ἡδύσματα,[8] τὸ ἄνθος[9]
σμύρνης[10] ἐκλεκτῆς[11] πεντακοσίους[12] σίκλους[13] καὶ κινναμώμου[14] εὐώδους[15] τὸ
ἥμισυ[16] τούτου διακοσίους[17] πεντήκοντα[18] καὶ καλάμου[19] εὐώδους διακοσίους
πεντήκοντα **24** καὶ ἴρεως[20] πεντακοσίους[21] σίκλους[22] τοῦ ἁγίου καὶ ἔλαιον[23] ἐξ
ἐλαιῶν ιν[24] **25** καὶ ποιήσεις αὐτὸ ἔλαιον[25] χρῖσμα[26] ἅγιον, μύρον[27] μυρεψικὸν[28] τέχνῃ[29]
μυρεψοῦ·[30] ἔλαιον χρῖσμα ἅγιον ἔσται. **26** καὶ χρίσεις[31] ἐξ αὐτοῦ τὴν σκηνὴν[32] τοῦ
μαρτυρίου[33] καὶ τὴν κιβωτὸν[34] τοῦ μαρτυρίου[35] **27** καὶ τὴν λυχνίαν[36] καὶ πάντα τὰ
σκεύη[37] αὐτῆς καὶ τὸ θυσιαστήριον[38] τοῦ θυμιάματος[39] **28** καὶ τὸ θυσιαστήριον[40]
τῶν ὁλοκαυτωμάτων[41] καὶ πάντα αὐτοῦ τὰ σκεύη[42] καὶ τὴν τράπεζαν[43] καὶ πάντα
τὰ σκεύη αὐτῆς καὶ τὸν λουτῆρα[44] καὶ τὴν βάσιν[45] αὐτοῦ **29** καὶ ἁγιάσεις[46] αὐτά, καὶ
ἔσται ἅγια τῶν ἁγίων· πᾶς ὁ ἁπτόμενος αὐτῶν ἁγιασθήσεται.[47] **30** καὶ Ααρων καὶ
τοὺς υἱοὺς αὐτοῦ χρίσεις[48] καὶ ἁγιάσεις[49] αὐτοὺς ἱερατεύειν[50] μοι. **31** καὶ τοῖς υἱοῖς

1 ἀναφέρω, *pres act inf*, offer
2 ὁλοκαύτωμα, whole burnt offering
3 νίπτω, *fut mid ind 3p*, wash
4 εἰσπορεύομαι, *pres mid sub 3p*, enter
5 σκηνή, tent
6 μαρτύριον, witness
7 νόμιμος, statute, precept, ordinance
8 ἥδυσμα, spice
9 ἄνθος, flower
10 σμύρνα, myrrh
11 ἐκλεκτός, choice
12 πεντακόσιοι, five hundred
13 σίκλος, shekel, *Heb. LW*
14 κιννάμωμον, cinnamon
15 εὐώδης, fragrant
16 ἥμισυς, half
17 διακόσιοι, two hundred
18 πεντήκοντα, fifty
19 κάλαμος, reed, cane
20 ἶρις, iris
21 πεντακόσιοι, five hundred
22 σίκλος, shekel, *Heb. LW*
23 ἔλαιον, oil
24 ιν, hin, *translit.*
25 ἔλαιον, oil
26 χρῖσμα, anointing
27 μύρον, ointment
28 μυρεψικός, aromatic
29 τέχνη, craft
30 μυρεψός, perfumer
31 χρίω, *fut act ind 2s*, anoint
32 σκηνή, tent
33 μαρτύριον, witness
34 κιβωτός, chest, ark (of the covenant)
35 μαρτύριον, witness
36 λυχνία, lampstand
37 σκεῦος, equipment, furnishing
38 θυσιαστήριον, altar
39 θυμίαμα, incense
40 θυσιαστήριον, altar
41 ὁλοκαύτωμα, whole burnt offering
42 σκεῦος, equipment, furnishing
43 τράπεζα, table
44 λουτήρ, washbasin
45 βάσις, base
46 ἁγιάζω, *fut act ind 2s*, sanctify, consecrate
47 ἁγιάζω, *fut pas ind 3s*, sanctify, consecrate
48 χρίω, *fut act ind 2s*, anoint
49 ἁγιάζω, *fut act ind 2s*, sanctify, consecrate
50 ἱερατεύω, *pres act inf*, serve as priest

Ισραηλ λαλήσεις λέγων Ἔλαιον[1] ἄλειμμα[2] χρίσεως[3] ἅγιον ἔσται τοῦτο ὑμῖν εἰς τὰς
γενεὰς ὑμῶν. **32** ἐπὶ σάρκα ἀνθρώπου οὐ χρισθήσεται,[4] καὶ κατὰ τὴν σύνθεσιν[5]
ταύτην οὐ ποιήσετε ὑμῖν ἑαυτοῖς ὡσαύτως·[6] ἅγιόν ἐστιν καὶ ἁγίασμα[7] ἔσται ὑμῖν.
33 ὃς ἂν ποιήσῃ ὡσαύτως,[8] καὶ ὃς ἂν δῷ ἀπ᾽ αὐτοῦ ἀλλογενεῖ,[9] ἐξολεθρευθήσεται[10]
ἐκ τοῦ λαοῦ αὐτοῦ.

Incense

34 καὶ εἶπεν κύριος πρὸς Μωυσῆν Λαβὲ σεαυτῷ ἡδύσματα,[11] στακτήν,[12] ὄνυχα,[13]
χαλβάνην[14] ἡδυσμοῦ[15] καὶ λίβανον[16] διαφανῆ,[17] ἴσον[18] ἴσῳ[19] ἔσται· **35** καὶ ποιήσουσιν
ἐν αὐτῷ θυμίαμα,[20] μυρεψικὸν[21] ἔργον μυρεψοῦ,[22] μεμιγμένον,[23] καθαρόν,[24] ἔργον
ἅγιον. **36** καὶ συγκόψεις[25] ἐκ τούτων λεπτὸν[26] καὶ θήσεις ἀπέναντι[27] τῶν μαρτυρίων[28]
ἐν τῇ σκηνῇ[29] τοῦ μαρτυρίου, ὅθεν[30] γνωσθήσομαί σοι ἐκεῖθεν·[31] ἅγιον τῶν ἁγίων
ἔσται ὑμῖν. **37** θυμίαμα[32] κατὰ τὴν σύνθεσιν[33] ταύτην οὐ ποιήσετε ὑμῖν αὐτοῖς·
ἁγίασμα[34] ἔσται ὑμῖν κυρίῳ· **38** ὃς ἂν ποιήσῃ ὡσαύτως[35] ὥστε ὀσφραίνεσθαι[36] ἐν
αὐτῷ, ἀπολεῖται ἐκ τοῦ λαοῦ αὐτοῦ.

Craftsmen for the Tent

31 Καὶ ἐλάλησεν κύριος πρὸς Μωυσῆν λέγων **2** Ἰδοὺ ἀνακέκλημαι[37] ἐξ ὀνόματος
τὸν Βεσελεηλ τὸν τοῦ Ουριου τὸν Ωρ τῆς φυλῆς Ιουδα **3** καὶ ἐνέπλησα[38] αὐτὸν
πνεῦμα θεῖον[39] σοφίας καὶ συνέσεως[40] καὶ ἐπιστήμης[41] ἐν παντὶ ἔργῳ **4** διανοεῖσθαι[42]
καὶ ἀρχιτεκτονῆσαι[43] ἐργάζεσθαι[44] τὸ χρυσίον[45] καὶ τὸ ἀργύριον[46] καὶ τὸν χαλκὸν[47]

1 ἔλαιον, oil
2 ἄλειμμα, oil used for anointing
3 χρῖσις, anointing
4 χρίω, *fut pas ind 3s*, anoint
5 σύνθεσις, mixture, compound
6 ὡσαύτως, just so, such as this
7 ἁγίασμα, holiness
8 ὡσαύτως, in like manner
9 ἀλλογενής, foreign, strange
10 ἐξολεθρεύω, *fut pas ind 3s*, destroy
11 ἥδυσμα, spice
12 στακτή, oil of myrrh
13 ὄνυξ, aromatic material
14 χαλβάνη, resin of galbanum plant
15 ἡδυσμός, sweet savor
16 λίβανος, frankincense, *Heb. LW*
17 διαφανής, translucent
18 ἴσος, equal portion
19 ἴσος, equal portion
20 θυμίαμα, incense
21 μυρεψικός, aromatic
22 μυρεψός, perfumer
23 μίγνυμι, *perf pas ptc acc s n*, mix
24 καθαρός, pure
25 συγκόπτω, *fut act ind 2s*, beat
26 λεπτός, fine, powdery
27 ἀπέναντι, before
28 μαρτύριον, witness
29 σκηνή, tent
30 ὅθεν, where
31 ἐκεῖθεν, there
32 θυμίαμα, incense
33 σύνθεσις, mixture, compound
34 ἁγίασμα, holiness
35 ὡσαύτως, just so, such as this
36 ὀσφραίνομαι, *pres mid inf*, smell
37 ἀνακαλέω, *perf mid ind 1s*, call, summon
38 ἐμπίμπλημι, *aor act ind 1s*, fill
39 θεῖος, divine, of God
40 σύνεσις, understanding
41 ἐπιστήμη, knowledge, skill
42 διανοέομαι, *pres mid inf*, have in mind, design
43 ἀρχιτεκτονέω, *aor act inf*, be a workman
44 ἐργάζομαι, *pres mid inf*, work, make
45 χρυσίον, gold
46 ἀργύριον, silver
47 χαλκός, bronze

καὶ τὴν ὑάκινθον[1] καὶ τὴν πορφύραν[2] καὶ τὸ κόκκινον[3] τὸ νηστὸν[4] καὶ τὴν βύσσον[5]
τὴν κεκλωσμένην[6] **5** καὶ τὰ λιθουργικὰ[7] καὶ εἰς τὰ ἔργα τὰ τεκτονικὰ[8] τῶν ξύλων[9]
ἐργάζεσθαι κατὰ πάντα τὰ ἔργα. **6** καὶ ἐγὼ ἔδωκα αὐτὸν καὶ τὸν Ελιαβ τὸν τοῦ
Αχισαμαχ ἐκ φυλῆς Δαν καὶ παντὶ συνετῷ[10] καρδίᾳ δέδωκα σύνεσιν,[11] καὶ ποιήσουσιν
πάντα, ὅσα σοι συνέταξα,[12] **7** τὴν σκηνὴν[13] τοῦ μαρτυρίου[14] καὶ τὴν κιβωτὸν[15] τῆς
διαθήκης καὶ τὸ ἱλαστήριον[16] τὸ ἐπ᾽ αὐτῆς καὶ τὴν διασκευὴν[17] τῆς σκηνῆς **8** καὶ
τὰ θυσιαστήρια[18] καὶ τὴν τράπεζαν[19] καὶ πάντα τὰ σκεύη[20] αὐτῆς καὶ τὴν λυχνίαν[21]
τὴν καθαρὰν[22] καὶ πάντα τὰ σκεύη αὐτῆς **9** καὶ τὸν λουτῆρα[23] καὶ τὴν βάσιν[24] αὐτοῦ
10 καὶ τὰς στολὰς[25] τὰς λειτουργικὰς[26] Ααρων καὶ τὰς στολὰς τῶν υἱῶν αὐτοῦ
ἱερατεύειν[27] μοι **11** καὶ τὸ ἔλαιον[28] τῆς χρίσεως[29] καὶ τὸ θυμίαμα[30] τῆς συνθέσεως[31]
τοῦ ἁγίου· κατὰ πάντα, ὅσα ἐγὼ ἐνετειλάμην[32] σοι, ποιήσουσιν.

The Sabbath

12 Καὶ ἐλάλησεν κύριος πρὸς Μωυσῆν λέγων **13** Καὶ σὺ σύνταξον[33] τοῖς υἱοῖς
Ισραηλ λέγων Ὁρᾶτε καὶ τὰ σάββατά μου φυλάξεσθε· σημεῖόν ἐστιν παρ᾽ ἐμοὶ καὶ
ἐν ὑμῖν εἰς τὰς γενεὰς ὑμῶν, ἵνα γνῶτε ὅτι ἐγὼ κύριος ὁ ἁγιάζων[34] ὑμᾶς. **14** καὶ
φυλάξεσθε τὰ σάββατα, ὅτι ἅγιον τοῦτό ἐστιν κυρίου ὑμῖν· ὁ βεβηλῶν[35] αὐτὸ
θανάτῳ θανατωθήσεται·[36] πᾶς, ὃς ποιήσει ἐν αὐτῷ ἔργον, ἐξολεθρευθήσεται[37] ἡ
ψυχὴ ἐκείνη ἐκ μέσου τοῦ λαοῦ αὐτοῦ. **15** ἓξ[38] ἡμέρας ποιήσεις ἔργα, τῇ δὲ ἡμέρᾳ
τῇ ἑβδόμῃ[39] σάββατα, ἀνάπαυσις[40] ἁγία τῷ κυρίῳ· πᾶς, ὃς ποιήσει ἔργον τῇ ἡμέρᾳ
τῇ ἑβδόμῃ, θανάτῳ θανατωθήσεται.[41] **16** καὶ φυλάξουσιν οἱ υἱοὶ Ισραηλ τὰ σάββατα
ποιεῖν αὐτὰ εἰς τὰς γενεὰς αὐτῶν· διαθήκη αἰώνιος. **17** ἐν ἐμοὶ καὶ τοῖς υἱοῖς Ισραηλ

1 ὑάκινθος, blue
2 πορφύρα, purple
3 κόκκινος, scarlet
4 νηστός, spun
5 βύσσος, linen
6 κλώθω, *perf pas ptc acc s f*, twist
7 λιθουργικός, of stone carving
8 τεκτονικός, of a craftsman
9 ξύλον, wood
10 συνετός, wise, prudent
11 σύνεσις, understanding
12 συντάσσω, *aor act ind 1s*, order, instruct
13 σκηνή, tent
14 μαρτύριον, witness
15 κιβωτός, chest, ark (of the covenant)
16 ἱλαστήριον, mercy seat, propitiation
17 διασκευή, items, furniture
18 θυσιαστήριον, altar
19 τράπεζα, table
20 σκεῦος, equipment, furnishing
21 λυχνία, lampstand
22 καθαρός, pure
23 λουτήρ, washbasin
24 βάσις, base
25 στολή, garment
26 λειτουργικός, of ministry
27 ἱερατεύω, *pres act inf*, serve as priest
28 ἔλαιον, oil
29 χρῖσις, anointing
30 θυμίαμα, incense
31 σύνθεσις, mixture, compound
32 ἐντέλλομαι, *aor mid ind 1s*, command
33 συντάσσω, *aor act impv 2s*, charge, instruct
34 ἁγιάζω, *pres act ptc nom s m*, sanctify, consecrate
35 βεβηλόω, *pres act ptc nom s m*, profane
36 θανατόω, *fut pas ind 3s*, kill, die
37 ἐξολεθρεύω, *fut pas ind 3s*, destroy
38 ἕξ, six
39 ἕβδομος, seventh
40 ἀνάπαυσις, rest
41 θανατόω, *fut pas ind 3s*, put to death

σημεῖόν ἐστιν αἰώνιον, ὅτι ἐν ἓξ[1] ἡμέραις ἐποίησεν κύριος τὸν οὐρανὸν καὶ τὴν γῆν
καὶ τῇ ἡμέρᾳ τῇ ἑβδόμῃ[2] ἐπαύσατο[3] καὶ κατέπαυσεν.[4]

18 Καὶ ἔδωκεν Μωυσεῖ, ἡνίκα[5] κατέπαυσεν[6] λαλῶν αὐτῷ ἐν τῷ ὄρει τῷ Σινα, τὰς
δύο πλάκας[7] τοῦ μαρτυρίου,[8] πλάκας λιθίνας[9] γεγραμμένας τῷ δακτύλῳ[10] τοῦ θεοῦ.

Aaron and the People Make a Golden Calf

32 Καὶ ἰδὼν ὁ λαὸς ὅτι κεχρόνικεν[11] Μωυσῆς καταβῆναι ἐκ τοῦ ὄρους, συνέστη[12]
ὁ λαὸς ἐπὶ Ααρων καὶ λέγουσιν αὐτῷ Ἀνάστηθι καὶ ποίησον ἡμῖν θεούς, οἳ
προπορεύσονται[13] ἡμῶν· ὁ γὰρ Μωυσῆς οὗτος ὁ ἄνθρωπος, ὃς ἐξήγαγεν[14] ἡμᾶς ἐξ
Αἰγύπτου, οὐκ οἴδαμεν τί γέγονεν αὐτῷ. **2** καὶ λέγει αὐτοῖς Ααρων Περιέλεσθε[15]
τὰ ἐνώτια[16] τὰ χρυσᾶ[17] τὰ ἐν τοῖς ὠσὶν τῶν γυναικῶν ὑμῶν καὶ θυγατέρων[18] καὶ
ἐνέγκατε πρός με. **3** καὶ περιείλαντο[19] πᾶς ὁ λαὸς τὰ ἐνώτια[20] τὰ χρυσᾶ[21] τὰ ἐν
τοῖς ὠσὶν αὐτῶν καὶ ἤνεγκαν πρὸς Ααρων. **4** καὶ ἐδέξατο[22] ἐκ τῶν χειρῶν αὐτῶν
καὶ ἔπλασεν[23] αὐτὰ ἐν τῇ γραφίδι[24] καὶ ἐποίησεν αὐτὰ μόσχον[25] χωνευτὸν[26] καὶ
εἶπεν Οὗτοι οἱ θεοί σου, Ισραηλ, οἵτινες ἀνεβίβασάν[27] σε ἐκ γῆς Αἰγύπτου. **5** καὶ
ἰδὼν Ααρων ᾠκοδόμησεν θυσιαστήριον[28] κατέναντι[29] αὐτοῦ, καὶ ἐκήρυξεν[30] Ααρων
λέγων Ἑορτὴ[31] τοῦ κυρίου αὔριον.[32] **6** καὶ ὀρθρίσας[33] τῇ ἐπαύριον[34] ἀνεβίβασεν[35]
ὁλοκαυτώματα[36] καὶ προσήνεγκεν θυσίαν[37] σωτηρίου,[38] καὶ ἐκάθισεν ὁ λαὸς φαγεῖν
καὶ πιεῖν καὶ ἀνέστησαν παίζειν.[39]

1 ἕξ, six
2 ἕβδομος, seventh
3 παύω, *aor mid ind 3s*, cease
4 καταπαύω, *aor act ind 3s*, finish, cease
5 ἡνίκα, when
6 καταπαύω, *aor act ind 3s*, stop, rest
7 πλάξ, tablet
8 μαρτύριον, witness
9 λίθινος, of stone
10 δάκτυλος, finger
11 χρονίζω, *perf act ind 3s*, delay, tarry
12 συνίστημι, *aor act ind 3s*, stand together, gather
13 προπορεύομαι, *fut mid ind 3p*, go before
14 ἐξάγω, *aor act ind 3s*, bring out
15 περιαιρέω, *aor mid impv 2p*, remove, take off
16 ἐνώτιον, earring
17 χρυσοῦς, gold
18 θυγάτηρ, daughter
19 περιαιρέω, *aor mid ind 3p*, remove, take off
20 ἐνώτιον, earring
21 χρυσοῦς, gold
22 δέχομαι, *aor mid ind 3s*, receive
23 πλάσσω, *aor act ind 3s*, mold
24 γραφίς, pointed tool
25 μόσχος, calf
26 χωνευτός, molten, formed of cast metal
27 ἀναβιβάζω, *aor act ind 3p*, bring up, take up
28 θυσιαστήριον, altar
29 κατέναντι, opposite, before
30 κηρύσσω, *aor act ind 3s*, proclaim, announce
31 ἑορτή, feast
32 αὔριον, tomorrow
33 ὀρθρίζω, *aor act ptc nom s m*, rise early
34 ἐπαύριον, on the next day
35 ἀναβιβάζω, *aor act ind 3s*, offer up, bring up
36 ὁλοκαύτωμα, whole burnt offering
37 θυσία, sacrifice, offering
38 σωτήριον, (sacrifice of) deliverance, peace
39 παίζω, *pres act inf*, play, dance

7 Καὶ ἐλάλησεν κύριος πρὸς Μωυσῆν λέγων Βάδιζε[1] τὸ τάχος[2] ἐντεῦθεν[3] κατάβηθι·
ἠνόμησεν[4] γὰρ ὁ λαός σου, οὓς ἐξήγαγες[5] ἐκ γῆς Αἰγύπτου· **8** παρέβησαν[6] ταχὺ[7] ἐκ
τῆς ὁδοῦ, ἧς ἐνετείλω[8] αὐτοῖς· ἐποίησαν ἑαυτοῖς μόσχον[9] καὶ προσκεκυνήκασιν
αὐτῷ καὶ τεθύκασιν[10] αὐτῷ καὶ εἶπαν Οὗτοι οἱ θεοί σου, Ισραηλ, οἵτινες ἀνεβίβασάν[11]
σε ἐκ γῆς Αἰγύπτου. **10** καὶ νῦν ἔασόν[12] με καὶ θυμωθεὶς[13] ὀργῇ εἰς αὐτοὺς ἐκτρίψω[14]
αὐτοὺς καὶ ποιήσω σὲ εἰς ἔθνος μέγα.

Moses Intercedes for the People

11 καὶ ἐδεήθη[15] Μωυσῆς ἔναντι[16] κυρίου τοῦ θεοῦ καὶ εἶπεν Ἵνα τί, κύριε, θυμοῖ[17]
ὀργῇ εἰς τὸν λαόν σου, οὓς ἐξήγαγες[18] ἐκ γῆς Αἰγύπτου ἐν ἰσχύι[19] μεγάλῃ καὶ ἐν
τῷ βραχίονί[20] σου τῷ ὑψηλῷ;[21] **12** μήποτε[22] εἴπωσιν οἱ Αἰγύπτιοι λέγοντες Μετὰ
πονηρίας[23] ἐξήγαγεν[24] αὐτοὺς ἀποκτεῖναι ἐν τοῖς ὄρεσιν καὶ ἐξαναλῶσαι[25] αὐτοὺς
ἀπὸ τῆς γῆς. παῦσαι[26] τῆς ὀργῆς τοῦ θυμοῦ[27] σου καὶ ἵλεως[28] γενοῦ ἐπὶ τῇ κακίᾳ[29]
τοῦ λαοῦ σου **13** μνησθεὶς[30] Αβρααμ καὶ Ισαακ καὶ Ιακωβ τῶν σῶν[31] οἰκετῶν,[32]
οἷς ὤμοσας[33] κατὰ σεαυτοῦ καὶ ἐλάλησας πρὸς αὐτοὺς λέγων Πολυπληθυνῶ[34] τὸ
σπέρμα ὑμῶν ὡσεὶ[35] τὰ ἄστρα[36] τοῦ οὐρανοῦ τῷ πλήθει, καὶ πᾶσαν τὴν γῆν ταύτην,
ἣν εἶπας δοῦναι τῷ σπέρματι αὐτῶν, καὶ καθέξουσιν[37] αὐτὴν εἰς τὸν αἰῶνα. **14** καὶ
ἱλάσθη[38] κύριος περὶ τῆς κακίας,[39] ἧς εἶπεν ποιῆσαι τὸν λαὸν αὐτοῦ.

15 Καὶ ἀποστρέψας[40] Μωυσῆς κατέβη ἀπὸ τοῦ ὄρους, καὶ αἱ δύο πλάκες[41]
τοῦ μαρτυρίου[42] ἐν ταῖς χερσὶν αὐτοῦ, πλάκες λίθιναι[43] καταγεγραμμέναι[44] ἐξ

1 βαδίζω, *pres act impv 2s*, go
2 τάχος, quickly
3 ἐντεῦθεν, hence
4 ἀνομέω, *aor act ind 3s*, act lawlessly
5 ἐξάγω, *aor act ind 2s*, bring out
6 παραβαίνω, *aor act ind 3p*, deviate
7 ταχύς, quickly
8 ἐντέλλομαι, *aor mid ind 2s*, command
9 μόσχος, calf
10 θύω, *perf act ind 3p*, sacrifice
11 ἀναβιβάζω, *aor act ind 3p*, bring up
12 ἐάω, *aor act impv 2s*, permit, allow
13 θυμόω, *aor pas ptc nom s m*, be angry
14 ἐκτρίβω, *fut act ind 1s*, destroy
15 δέομαι, *aor pas ind 3s*, supplicate, pray
16 ἔναντι, before
17 θυμόω, *pres mid ind 2s*, be angry
18 ἐξάγω, *aor act ind 2s*, bring out
19 ἰσχύς, strength, might
20 βραχίων, arm
21 ὑψηλός, upraised, high
22 μήποτε, lest
23 πονηρία, wickedness, iniquity
24 ἐξάγω, *aor act ind 3s*, bring out
25 ἐξαναλίσκω, *aor act inf*, consume, destroy
26 παύω, *aor mid impv 2s*, cease, stop
27 θυμός, wrath, anger
28 ἵλεως, merciful, propitious
29 κακία, wickedness
30 μιμνῄσκομαι, *aor pas ptc nom s m*, remember
31 σός, your
32 οἰκέτης, servant
33 ὄμνυμι, *aor act ind 2s*, swear an oath
34 πολυπληθύνω, *fut act ind 1s*, multiply
35 ὡσεί, as if, like
36 ἄστρον, star
37 κατέχω, *fut act ind 3p*, possess
38 ἱλάσκομαι, *aor pas ind 3s*, propitiate
39 κακία, harm
40 ἀποστρέφω, *aor act ptc nom s m*, turn away
41 πλάξ, tablet
42 μαρτύριον, witness
43 λίθινος, of stone
44 καταγράφω, *perf pas ptc nom p f*, engrave, write

ἀμφοτέρων[1] τῶν μερῶν αὐτῶν, ἔνθεν[2] καὶ ἔνθεν[3] ἦσαν γεγραμμέναι· **16** καὶ αἱ πλάκες[4] ἔργον θεοῦ ἦσαν, καὶ ἡ γραφὴ[5] γραφὴ θεοῦ ἐστιν κεκολαμμένη[6] ἐν ταῖς πλαξίν. **17** καὶ ἀκούσας Ἰησοῦς τὴν φωνὴν τοῦ λαοῦ κραζόντων λέγει πρὸς Μωυσῆν Φωνὴ πολέμου ἐν τῇ παρεμβολῇ.[7] **18** καὶ λέγει

Οὐκ ἔστιν φωνὴ ἐξαρχόντων[8] κατ᾽ ἰσχὺν[9]
οὐδὲ φωνὴ ἐξαρχόντων τροπῆς,[10]
ἀλλὰ φωνὴν ἐξαρχόντων οἴνου ἐγὼ ἀκούω.

Moses Confronts the People

19 καὶ ἡνίκα[11] ἤγγιζεν τῇ παρεμβολῇ,[12] ὁρᾷ τὸν μόσχον[13] καὶ τοὺς χορούς,[14] καὶ ὀργισθεὶς[15] θυμῷ[16] Μωυσῆς ἔρριψεν[17] ἀπὸ τῶν χειρῶν αὐτοῦ τὰς δύο πλάκας[18] καὶ συνέτριψεν[19] αὐτὰς ὑπὸ τὸ ὄρος. **20** καὶ λαβὼν τὸν μόσχον,[20] ὃν ἐποίησαν, κατέκαυσεν[21] αὐτὸν ἐν πυρὶ καὶ κατήλεσεν[22] αὐτὸν λεπτὸν[23] καὶ ἔσπειρεν[24] αὐτὸν ἐπὶ τὸ ὕδωρ καὶ ἐπότισεν[25] αὐτὸ τοὺς υἱοὺς Ισραηλ.

21 καὶ εἶπεν Μωυσῆς τῷ Ααρων Τί ἐποίησέν σοι ὁ λαὸς οὗτος, ὅτι ἐπήγαγες[26] ἐπ᾽ αὐτοὺς ἁμαρτίαν μεγάλην; **22** καὶ εἶπεν Ααρων πρὸς Μωυσῆν Μὴ ὀργίζου,[27] κύριε· σὺ γὰρ οἶδας τὸ ὅρμημα[28] τοῦ λαοῦ τούτου. **23** λέγουσιν γάρ μοι Ποίησον ἡμῖν θεούς, οἳ προπορεύσονται[29] ἡμῶν· ὁ γὰρ Μωυσῆς οὗτος ὁ ἄνθρωπος, ὃς ἐξήγαγεν[30] ἡμᾶς ἐξ Αἰγύπτου, οὐκ οἴδαμεν, τί γέγονεν αὐτῷ. **24** καὶ εἶπα αὐτοῖς Εἴ τινι ὑπάρχει χρυσία,[31] περιέλεσθε.[32] καὶ ἔδωκάν μοι· καὶ ἔρριψα[33] εἰς τὸ πῦρ, καὶ ἐξῆλθεν ὁ μόσχος[34] οὗτος.

25 καὶ ἰδὼν Μωυσῆς τὸν λαὸν ὅτι διεσκέδασται[35] — διεσκέδασεν[36] γὰρ αὐτοὺς Ααρων, ἐπίχαρμα[37] τοῖς ὑπεναντίοις[38] αὐτῶν — **26** ἔστη δὲ Μωυσῆς ἐπὶ τῆς

1 ἀμφότεροι, both
2 ἔνθεν, on this
3 ἔνθεν, on that
4 πλάξ, tablet
5 γραφή, writing
6 κολάπτω, *perf pas ptc nom s f*, carve
7 παρεμβολή, camp
8 ἐξάρχω, *pres act ptc gen p m*, begin to lead
9 ἰσχύς, strength, might
10 τροπή, rout
11 ἡνίκα, when
12 παρεμβολή, camp
13 μόσχος, calf
14 χορός, dancer
15 ὀργίζω, *aor pas ptc nom s m*, be angry
16 θυμός, wrath, anger
17 ῥίπτω, *aor act ind 3s*, throw down, cast
18 πλάξ, tablet
19 συντρίβω, *aor act ind 3s*, crush, shatter
20 μόσχος, calf
21 κατακαίω, *aor act ind 3s*, burn up
22 καταλέω, *aor act ind 3s*, grind
23 λεπτός, fine, powdery
24 σπείρω, *aor act ind 3s*, scatter
25 ποτίζω, *aor act ind 3s*, give to drink
26 ἐπάγω, *aor act ind 2s*, bring out
27 ὀργίζω, *pres pas impv 2s*, be angry
28 ὅρμημα, impulse, inclination
29 προπορεύομαι, *fut mid ind 3p*, go before
30 ἐξάγω, *aor act ind 3s*, bring out
31 χρυσίον, gold
32 περιαιρέω, *aor mid impv 2p*, remove, take off
33 ῥίπτω, *aor act ind 1s*, throw, cast
34 μόσχος, calf
35 διασκεδάζω, *perf pas ind 3s*, disperse
36 διασκεδάζω, *aor act ind 3s*, disperse
37 ἐπίχαρμα, object of boasting
38 ὑπεναντίος, opposing, enemy

πύλης[1] τῆς παρεμβολῆς[2] καὶ εἶπεν Τίς πρὸς κύριον; ἴτω[3] πρός με. συνῆλθον[4] οὖν
πρὸς αὐτὸν πάντες οἱ υἱοὶ Λευι. **27** καὶ λέγει αὐτοῖς Τάδε[5] λέγει κύριος ὁ θεὸς
Ισραηλ Θέσθε ἕκαστος τὴν ἑαυτοῦ ῥομφαίαν[6] ἐπὶ τὸν μηρὸν[7] καὶ διέλθατε[8] καὶ
ἀνακάμψατε[9] ἀπὸ πύλης[10] ἐπὶ πύλην διὰ τῆς παρεμβολῆς[11] καὶ ἀποκτείνατε ἕκαστος
τὸν ἀδελφὸν αὐτοῦ καὶ ἕκαστος τὸν πλησίον[12] αὐτοῦ καὶ ἕκαστος τὸν ἔγγιστα[13]
αὐτοῦ. **28** καὶ ἐποίησαν οἱ υἱοὶ Λευι καθὰ[14] ἐλάλησεν αὐτοῖς Μωυσῆς, καὶ ἔπεσαν ἐκ
τοῦ λαοῦ ἐν ἐκείνῃ τῇ ἡμέρᾳ εἰς τρισχιλίους[15] ἄνδρας. **29** καὶ εἶπεν αὐτοῖς Μωυσῆς
Ἐπληρώσατε τὰς χεῖρας ὑμῶν σήμερον κυρίῳ, ἕκαστος ἐν τῷ υἱῷ ἢ τῷ ἀδελφῷ,
δοθῆναι ἐφ᾽ ὑμᾶς εὐλογίαν.[16]

30 Καὶ ἐγένετο μετὰ τὴν αὔριον[17] εἶπεν Μωυσῆς πρὸς τὸν λαόν Ὑμεῖς ἡμαρτήκατε
ἁμαρτίαν μεγάλην· καὶ νῦν ἀναβήσομαι πρὸς τὸν θεόν, ἵνα ἐξιλάσωμαι[18] περὶ τῆς
ἁμαρτίας ὑμῶν. **31** ὑπέστρεψεν[19] δὲ Μωυσῆς πρὸς κύριον καὶ εἶπεν Δέομαι,[20] κύριε·
ἡμάρτηκεν ὁ λαὸς οὗτος ἁμαρτίαν μεγάλην καὶ ἐποίησαν ἑαυτοῖς θεοὺς χρυσοῦς.[21]
32 καὶ νῦν εἰ μὲν ἀφεῖς αὐτοῖς τὴν ἁμαρτίαν, ἄφες· εἰ δὲ μή, ἐξάλειψόν[22] με ἐκ τῆς
βίβλου[23] σου, ἧς ἔγραψας. **33** καὶ εἶπεν κύριος πρὸς Μωυσῆν Εἴ τις ἡμάρτηκεν
ἐνώπιόν μου, ἐξαλείψω[24] αὐτὸν ἐκ τῆς βίβλου[25] μου. **34** νυνὶ[26] δὲ βάδιζε[27] κατάβηθι
καὶ ὁδήγησον[28] τὸν λαὸν τοῦτον εἰς τὸν τόπον, ὃν εἶπά σοι· ἰδοὺ ὁ ἄγγελός μου
προπορεύεται[29] πρὸ προσώπου σου· ᾗ δ᾽ ἂν ἡμέρᾳ ἐπισκέπτωμαι,[30] ἐπάξω[31] ἐπ᾽
αὐτοὺς τὴν ἁμαρτίαν αὐτῶν. **35** καὶ ἐπάταξεν[32] κύριος τὸν λαὸν περὶ τῆς ποιήσεως[33]
τοῦ μόσχου,[34] οὗ ἐποίησεν Ααρων.

33 Καὶ εἶπεν κύριος πρὸς Μωυσῆν Πορεύου ἀνάβηθι ἐντεῦθεν[35] σὺ καὶ ὁ λαός
σου, οὓς ἐξήγαγες[36] ἐκ γῆς Αἰγύπτου, εἰς τὴν γῆν, ἣν ὤμοσα[37] τῷ Αβρααμ
καὶ Ισαακ καὶ Ιακωβ λέγων Τῷ σπέρματι ὑμῶν δώσω αὐτήν. **2** καὶ συναποστελῶ[38]
τὸν ἄγγελόν μου πρὸ προσώπου σου, καὶ ἐκβαλεῖ τὸν Αμορραῖον καὶ Χετταῖον

1 πύλη, gate
2 παρεμβολή, camp
3 εἶμι, *pres act impv 3s*, go
4 συνέρχομαι, *aor act ind 3p*, go together
5 ὅδε, this
6 ῥομφαία, sword
7 μηρός, thigh
8 διέρχομαι, *aor act impv 2p*, pass through
9 ἀνακάμπτω, *aor act impv 2p*, return, turn back
10 πύλη, gate
11 παρεμβολή, camp
12 πλησίον, neighbor
13 ἐγγύς, *sup*, nearest
14 καθά, just as
15 τρισχίλιοι, three thousand
16 εὐλογία, blessing
17 αὔριον, tomorrow
18 ἐξιλάσκομαι, *aor mid sub 1s*, propitiate, make atonement
19 ὑποστρέφω, *aor act ind 3s*, return
20 δέομαι, *pres mid ind 1s*, supplicate, pray
21 χρυσοῦς, gold
22 ἐξαλείφω, *aor act impv 2s*, wipe out, erase
23 βίβλος, book
24 ἐξαλείφω, *fut act ind 1s*, wipe out, erase
25 βίβλος, book
26 νυνί, now
27 βαδίζω, *pres act impv 2s*, go, proceed
28 ὁδηγέω, *aor act impv 2s*, guide, lead
29 προπορεύομαι, *pres mid ind 3s*, go before
30 ἐπισκέπτομαι, *pres mid sub 1s*, visit, show concern, consider
31 ἐπάγω, *fut act ind 1s*, bring upon
32 πατάσσω, *aor act ind 3s*, strike
33 ποίησις, fabrication, making
34 μόσχος, calf
35 ἐντεῦθεν, hence, from here
36 ἐξάγω, *aor act ind 2s*, bring out
37 ὄμνυμι, *aor act ind 1s*, swear an oath
38 συναποστέλλω, *fut act ind 1s*, send with

καὶ Φερεζαῖον καὶ Γεργεσαῖον καὶ Ευαῖον καὶ Ιεβουσαῖον. **3** καὶ εἰσάξω[1] σε
εἰς γῆν ῥέουσαν[2] γάλα[3] καὶ μέλι·[4] οὐ γὰρ μὴ συναναβῶ[5] μετὰ σοῦ διὰ τὸ λαὸν
σκληροτράχηλόν[6] σε εἶναι, ἵνα μὴ ἐξαναλώσω[7] σε ἐν τῇ ὁδῷ. **4** καὶ ἀκούσας ὁ λαὸς
τὸ ῥῆμα τὸ πονηρὸν τοῦτο κατεπένθησαν[8] ἐν πενθικοῖς.[9] **5** καὶ εἶπεν κύριος τοῖς
υἱοῖς Ισραηλ Ὑμεῖς λαὸς σκληροτράχηλος·[10] ὁρᾶτε μὴ πληγὴν[11] ἄλλην ἐπάξω[12] ἐγὼ
ἐφ᾽ ὑμᾶς καὶ ἐξαναλώσω[13] ὑμᾶς· νῦν οὖν ἀφέλεσθε[14] τὰς στολὰς[15] τῶν δοξῶν ὑμῶν
καὶ τὸν κόσμον,[16] καὶ δείξω σοι ἃ ποιήσω σοι. **6** καὶ περιείλαντο[17] οἱ υἱοὶ Ισραηλ τὸν
κόσμον[18] αὐτῶν καὶ τὴν περιστολὴν[19] ἀπὸ τοῦ ὄρους τοῦ Χωρηβ.

Moses and the Tent of Witness

7 Καὶ λαβὼν Μωυσῆς τὴν σκηνὴν[20] αὐτοῦ ἔπηξεν[21] ἔξω τῆς παρεμβολῆς[22]
μακρὰν[23] ἀπὸ τῆς παρεμβολῆς, καὶ ἐκλήθη σκηνὴ[24] μαρτυρίου·[25] καὶ ἐγένετο πᾶς
ὁ ζητῶν κύριον ἐξεπορεύετο εἰς τὴν σκηνὴν ἔξω τῆς παρεμβολῆς. **8** ἡνίκα[26] δ᾽ ἂν
εἰσεπορεύετο[27] Μωυσῆς εἰς τὴν σκηνὴν[28] ἔξω τῆς παρεμβολῆς,[29] εἱστήκει[30] πᾶς ὁ
λαὸς σκοπεύοντες[31] ἕκαστος παρὰ τὰς θύρας τῆς σκηνῆς[32] αὐτοῦ καὶ κατενοοῦσαν[33]
ἀπιόντος[34] Μωυσῆ ἕως τοῦ εἰσελθεῖν αὐτὸν εἰς τὴν σκηνήν. **9** ὡς δ᾽ ἂν εἰσῆλθεν
Μωυσῆς εἰς τὴν σκηνήν,[35] κατέβαινεν ὁ στῦλος[36] τῆς νεφέλης[37] καὶ ἵστατο[38] ἐπὶ τὴν
θύραν τῆς σκηνῆς, καὶ ἐλάλει Μωυσῇ· **10** καὶ ἑώρα πᾶς ὁ λαὸς τὸν στῦλον[39] τῆς
νεφέλης[40] ἑστῶτα ἐπὶ τῆς θύρας τῆς σκηνῆς,[41] καὶ στάντες πᾶς ὁ λαὸς προσεκύνησαν
ἕκαστος ἀπὸ τῆς θύρας τῆς σκηνῆς αὐτοῦ. **11** καὶ ἐλάλησεν κύριος πρὸς Μωυσῆν
ἐνώπιος[42] ἐνωπίῳ, ὡς εἴ τις λαλήσει πρὸς τὸν ἑαυτοῦ φίλον.[43] καὶ ἀπελύετο[44] εἰς

1 εἰσάγω, *fut act ind 1s*, bring into
2 ῥέω, *pres act ptc acc s f*, flow
3 γάλα, milk
4 μέλι, honey
5 συναναβαίνω, *aor act sub 1s*, go up with
6 σκληροτράχηλος, stiff-necked
7 ἐξαναλίσκω, *aor act sub 1s*, consume, destroy utterly
8 καταπενθέω, *aor act ind 3p*, lament, mourn
9 πενθικός, pertaining to mourning
10 σκληροτράχηλος, stiff-necked
11 πληγή, plague, misfortune
12 ἐπάγω, *fut act ind 1s*, bring upon
13 ἐξαναλίσκω, *fut act ind 1s*, consume, destroy utterly
14 ἀφαιρέω, *aor mid impv 2p*, remove
15 στολή, garment
16 κόσμος, ornamentation
17 περιαιρέω, *aor mid ind 3p*, take off
18 κόσμος, ornamentation
19 περιστολή, adornment, robe
20 σκηνή, tent
21 πήγνυμι, *aor act ind 3s*, pitch
22 παρεμβολή, camp
23 μακράν, far away
24 σκηνή, tent
25 μαρτύριον, witness
26 ἡνίκα, when
27 εἰσπορεύομαι, *impf mid ind 3s*, enter
28 σκηνή, tent
29 παρεμβολή, camp
30 ἵστημι, *plpf act ind 3s*, stand
31 σκοπεύω, *pres act ptc nom p m*, watch closely
32 σκηνή, tent
33 κατανοέω, *impf act ind 3p*, pay attention, look at
34 ἄπειμι, *pres act ptc gen s m*, be far away
35 σκηνή, tent
36 στῦλος, pillar
37 νεφέλη, cloud
38 ἵστημι, *impf mid ind 3s*, stand
39 στῦλος, pillar
40 νεφέλη, cloud
41 σκηνή, tent
42 ἐνώπιος, face
43 φίλος, friend
44 ἀπολύω, *impf mid ind 3s*, return

τὴν παρεμβολήν,[1] ὁ δὲ θεράπων[2] Ἰησοῦς υἱὸς Ναυη νέος[3] οὐκ ἐξεπορεύετο ἐκ τῆς σκηνῆς.[4]

Moses and the Glory of the Lord

12 Καὶ εἶπεν Μωυσῆς πρὸς κύριον Ἰδοὺ σύ μοι λέγεις Ἀνάγαγε[5] τὸν λαὸν τοῦτον· σὺ δὲ οὐκ ἐδήλωσάς[6] μοι ὃν συναποστελεῖς[7] μετ᾽ ἐμοῦ· σὺ δέ μοι εἶπας Οἶδά σε παρὰ πάντας, καὶ χάριν ἔχεις παρ᾽ ἐμοί. **13** εἰ οὖν εὕρηκα χάριν ἐναντίον[8] σου, ἐμφάνισόν[9] μοι σεαυτόν· γνωστῶς[10] ἴδω[11] σε, ὅπως ἂν ὦ εὑρηκὼς χάριν ἐναντίον σου, καὶ ἵνα γνῶ ὅτι λαός σου τὸ ἔθνος τὸ μέγα τοῦτο. **14** καὶ λέγει Αὐτὸς προπορεύσομαί[12] σου καὶ καταπαύσω[13] σε. **15** καὶ λέγει πρὸς αὐτόν Εἰ μὴ αὐτὸς σὺ πορεύῃ, μή με ἀναγάγῃς[14] ἐντεῦθεν·[15] **16** καὶ πῶς γνωστὸν[16] ἔσται ἀληθῶς[17] ὅτι εὕρηκα χάριν παρὰ σοί, ἐγώ τε καὶ ὁ λαός σου, ἀλλ᾽ ἢ συμπορευομένου[18] σου μεθ᾽ ἡμῶν; καὶ ἐνδοξασθήσομαι[19] ἐγώ τε καὶ ὁ λαός σου παρὰ πάντα τὰ ἔθνη, ὅσα ἐπὶ τῆς γῆς ἐστιν.

17 καὶ εἶπεν κύριος πρὸς Μωυσῆν Καὶ τοῦτόν σοι τὸν λόγον, ὃν εἴρηκας, ποιήσω· εὕρηκας γὰρ χάριν ἐνώπιόν μου, καὶ οἶδά σε παρὰ πάντας. **18** καὶ λέγει Δεῖξόν μοι τὴν σεαυτοῦ δόξαν. **19** καὶ εἶπεν Ἐγὼ παρελεύσομαι[20] πρότερός[21] σου τῇ δόξῃ μου καὶ καλέσω ἐπὶ τῷ ὀνόματί μου Κύριος ἐναντίον[22] σου· καὶ ἐλεήσω[23] ὃν ἂν ἐλεῶ,[24] καὶ οἰκτιρήσω[25] ὃν ἂν οἰκτίρω.[26] **20** καὶ εἶπεν Οὐ δυνήσῃ ἰδεῖν μου τὸ πρόσωπον· οὐ γὰρ μὴ ἴδῃ ἄνθρωπος τὸ πρόσωπόν μου καὶ ζήσεται. **21** καὶ εἶπεν κύριος Ἰδοὺ τόπος παρ᾽ ἐμοί, στήσῃ ἐπὶ τῆς πέτρας·[27] **22** ἡνίκα[28] δ᾽ ἂν παρέλθῃ[29] μου ἡ δόξα, καὶ θήσω σε εἰς ὀπὴν[30] τῆς πέτρας[31] καὶ σκεπάσω[32] τῇ χειρί μου ἐπὶ σέ, ἕως ἂν παρέλθω·[33] **23** καὶ ἀφελῶ[34] τὴν χεῖρα, καὶ τότε ὄψῃ τὰ ὀπίσω μου, τὸ δὲ πρόσωπόν μου οὐκ ὀφθήσεταί σοι.

1 παρεμβολή, camp
2 θεράπων, servant
3 νέος, young
4 σκηνή, tent
5 ἀνάγω, *aor act impv 2s*, bring up
6 δηλόω, *aor act ind 2s*, reveal, make known
7 συναποστέλλω, *fut act ind 2s*, send with
8 ἐναντίον, before
9 ἐμφανίζω, *aor act impv 2s*, manifest, disclose
10 γνωστῶς, clearly, recognizably
11 ὁράω, *aor act sub 1s*, see, behold
12 προπορεύομαι, *fut mid ind 1s*, go before
13 καταπαύω, *fut act ind 1s*, give rest
14 ἀνάγω, *aor act sub 2s*, bring up
15 ἐντεῦθεν, hence, from here
16 γνωστός, known
17 ἀληθῶς, truly
18 συμπορεύομαι, *pres mid ptc gen s m*, go along with
19 ἐνδοξάζω, *fut pas ind 1s*, glorify, be glorious
20 παρέρχομαι, *fut mid ind 1s*, pass by
21 πρότερος, in front of
22 ἐναντίον, before
23 ἐλεέω, *fut act ind 1s*, show mercy
24 ἐλεέω, *pres act sub 1s*, show mercy
25 οἰκτίρω, *fut act ind 1s*, have compassion
26 οἰκτίρω, *pres act sub 1s*, have compassion
27 πέτρα, rock
28 ἡνίκα, when
29 παρέρχομαι, *aor act sub 3s*, pass by
30 ὀπή, cleft
31 πέτρα, rock
32 σκεπάζω, *fut act ind 1s*, cover, shelter
33 παρέρχομαι, *aor act sub 1s*, pass by
34 ἀφαιρέω, *fut act ind 1s*, remove, take away

New Stone Tablets

34 Καὶ εἶπεν κύριος πρὸς Μωυσῆν Λάξευσον[1] σεαυτῷ δύο πλάκας[2] λιθίνας[3]
καθὼς καὶ αἱ πρῶται καὶ ἀνάβηθι πρός με εἰς τὸ ὄρος, καὶ γράψω ἐπὶ
τῶν πλακῶν τὰ ῥήματα, ἃ ἦν ἐν ταῖς πλαξὶν ταῖς πρώταις, αἷς συνέτριψας.[4] **2** καὶ
γίνου ἕτοιμος[5] εἰς τὸ πρωὶ[6] καὶ ἀναβήσῃ ἐπὶ τὸ ὄρος τὸ Σινα καὶ στήσῃ μοι ἐκεῖ
ἐπ᾽ ἄκρου[7] τοῦ ὄρους. **3** καὶ μηδεὶς[8] ἀναβήτω μετὰ σοῦ μηδὲ ὀφθήτω ἐν παντὶ τῷ
ὄρει· καὶ τὰ πρόβατα καὶ αἱ βόες[9] μὴ νεμέσθωσαν[10] πλησίον[11] τοῦ ὄρους ἐκείνου.
4 καὶ ἐλάξευσεν[12] δύο πλάκας[13] λιθίνας[14] καθάπερ[15] καὶ αἱ πρῶται· καὶ ὀρθρίσας[16]
Μωυσῆς ἀνέβη εἰς τὸ ὄρος τὸ Σινα, καθότι[17] συνέταξεν[18] αὐτῷ κύριος· καὶ ἔλαβεν
Μωυσῆς τὰς δύο πλάκας τὰς λιθίνας. **5** καὶ κατέβη κύριος ἐν νεφέλῃ[19] καὶ παρέστη[20]
αὐτῷ ἐκεῖ· καὶ ἐκάλεσεν τῷ ὀνόματι κυρίου. **6** καὶ παρῆλθεν[21] κύριος πρὸ προσώπου
αὐτοῦ καὶ ἐκάλεσεν

Κύριος ὁ θεὸς οἰκτίρμων[22] καὶ ἐλεήμων,[23]
μακρόθυμος[24] καὶ πολυέλεος[25] καὶ ἀληθινὸς[26]
7 καὶ δικαιοσύνην διατηρῶν[27] καὶ ποιῶν ἔλεος[28] εἰς χιλιάδας,[29]
ἀφαιρῶν[30] ἀνομίας[31] καὶ ἀδικίας[32] καὶ ἁμαρτίας,
καὶ οὐ καθαριεῖ τὸν ἔνοχον[33] ἐπάγων[34] ἀνομίας πατέρων ἐπὶ τέκνα
καὶ ἐπὶ τέκνα τέκνων ἐπὶ τρίτην καὶ τετάρτην[35] γενεάν.

8 καὶ σπεύσας[36] Μωυσῆς κύψας[37] ἐπὶ τὴν γῆν προσεκύνησεν **9** καὶ εἶπεν Εἰ
εὕρηκα χάριν ἐνώπιόν σου, συμπορευθήτω[38] ὁ κύριός μου μεθ᾽ ἡμῶν· ὁ λαὸς γὰρ
σκληροτράχηλός[39] ἐστιν, καὶ ἀφελεῖς[40] σὺ τὰς ἁμαρτίας ἡμῶν καὶ τὰς ἀνομίας[41]
ἡμῶν, καὶ ἐσόμεθα σοί.

1 λαξεύω, *aor act impv 2s*, hew (from stone)
2 πλάξ, tablet
3 λίθινος, of stone
4 συντρίβω, *aor act ind 2s*, crush, shatter
5 ἕτοιμος, prepared, ready
6 πρωί, morning
7 ἄκρος, topmost, pinnacle
8 μηδείς, no one
9 βοῦς, cow, (*p*) cattle
10 νέμω, *pres mid impv 3p*, graze
11 πλησίον, near
12 λαξεύω, *aor act ind 3s*, hew (from stone)
13 πλάξ, tablet
14 λίθινος, of stone
15 καθάπερ, just as
16 ὀρθρίζω, *aor act ptc nom s m*, rise early
17 καθότι, as
18 συντάσσω, *aor act ind 3s*, order, instruct
19 νεφέλη, cloud
20 παρίστημι, *aor act ind 3s*, stand beside
21 παρέρχομαι, *aor act ind 3s*, pass by
22 οἰκτίρμων, compassionate
23 ἐλεήμων, merciful
24 μακρόθυμος, patient
25 πολυέλεος, very merciful
26 ἀληθινός, truthful
27 διατηρέω, *pres act ptc nom s m*, maintain
28 ἔλεος, mercy
29 χιλιάς, thousand
30 ἀφαιρέω, *pres act ptc nom s m*, take away
31 ἀνομία, transgression, iniquity
32 ἀδικία, wrongdoing, injustice
33 ἔνοχος, guilty
34 ἐπάγω, *pres act ptc nom s m*, bring upon
35 τέταρτος, fourth
36 σπεύδω, *aor act ptc nom s m*, hasten
37 κύπτω, *aor act ptc nom s m*, bend down
38 συμπορεύομαι, *aor pas impv 3s*, go along
39 σκληροτράχηλος, stiff-necked
40 ἀφαιρέω, *fut act ind 2s*, take away
41 ἀνομία, transgression, iniquity

Renewal of the Covenant

10 καὶ εἶπεν κύριος πρὸς Μωυσῆν Ἰδοὺ ἐγὼ τίθημί σοι διαθήκην· ἐνώπιον παντὸς
τοῦ λαοῦ σου ποιήσω ἔνδοξα,[1] ἃ οὐ γέγονεν ἐν πάσῃ τῇ γῇ καὶ ἐν παντὶ ἔθνει, καὶ
ὄψεται πᾶς ὁ λαός, ἐν οἷς εἶ σύ, τὰ ἔργα κυρίου ὅτι θαυμαστά[2] ἐστιν ἃ ἐγὼ ποιήσω
σοι.

11 πρόσεχε[3] σὺ πάντα, ὅσα ἐγὼ ἐντέλλομαί[4] σοι. ἰδοὺ ἐγὼ ἐκβάλλω πρὸ προσώπου
ὑμῶν τὸν Αμορραῖον καὶ Χαναναῖον καὶ Χετταῖον καὶ Φερεζαῖον καὶ Ευαῖον
καὶ Γεργεσαῖον καὶ Ιεβουσαῖον· **12** πρόσεχε[5] σεαυτῷ, μήποτε[6] θῇς διαθήκην τοῖς
ἐγκαθημένοις[7] ἐπὶ τῆς γῆς, εἰς ἣν εἰσπορεύῃ[8] εἰς αὐτήν, μή σοι γένηται πρόσκομμα[9]
ἐν ὑμῖν. **13** τοὺς βωμοὺς[10] αὐτῶν καθελεῖτε[11] καὶ τὰς στήλας[12] αὐτῶν συντρίψετε[13]
καὶ τὰ ἄλση[14] αὐτῶν ἐκκόψετε[15] καὶ τὰ γλυπτὰ[16] τῶν θεῶν αὐτῶν κατακαύσετε[17]
ἐν πυρί. **14** οὐ γὰρ μὴ προσκυνήσητε θεῷ ἑτέρῳ· ὁ γὰρ κύριος ὁ θεὸς ζηλωτὸν[18]
ὄνομα, θεὸς ζηλωτής[19] ἐστιν. **15** μήποτε[20] θῇς διαθήκην τοῖς ἐγκαθημένοις[21] πρὸς
ἀλλοφύλους[22] ἐπὶ τῆς γῆς, καὶ ἐκπορνεύσωσιν[23] ὀπίσω τῶν θεῶν αὐτῶν καὶ θύσωσι[24]
τοῖς θεοῖς αὐτῶν καὶ καλέσωσίν σε καὶ φάγῃς τῶν θυμάτων[25] αὐτῶν, **16** καὶ λάβῃς
τῶν θυγατέρων[26] αὐτῶν τοῖς υἱοῖς σου καὶ τῶν θυγατέρων σου δῷς τοῖς υἱοῖς αὐτῶν,
καὶ ἐκπορνεύσωσιν[27] αἱ θυγατέρες σου ὀπίσω τῶν θεῶν αὐτῶν καὶ ἐκπορνεύσωσιν
τοὺς υἱούς σου ὀπίσω τῶν θεῶν αὐτῶν.

17 καὶ θεοὺς χωνευτοὺς[28] οὐ ποιήσεις σεαυτῷ.

18 καὶ τὴν ἑορτὴν[29] τῶν ἀζύμων[30] φυλάξῃ· ἑπτὰ ἡμέρας φάγῃ ἄζυμα, καθάπερ[31]
ἐντέταλμαί[32] σοι, εἰς τὸν καιρὸν ἐν μηνὶ[33] τῶν νέων·[34] ἐν γὰρ μηνὶ τῶν νέων ἐξῆλθες
ἐξ Αἰγύπτου.

1 ἔνδοξος, glorious
2 θαυμαστός, wonderful
3 προσέχω, *pres act impv 2s*, watch, take heed
4 ἐντέλλομαι, *pres mid ind 1s*, command
5 προσέχω, *pres act impv 2s*, watch, take heed
6 μήποτε, lest
7 ἐγκάθημαι, *pres mid ptc dat p m*, dwell, reside
8 εἰσπορεύομαι, *pres mid ind 2s*, enter
9 πρόσκομμα, cause of stumbling
10 βωμός, (illegitimate) altar
11 καθαιρέω, *fut act ind 2p*, pull down
12 στήλη, pillar
13 συντρίβω, *fut act ind 2p*, crush, shatter
14 ἄλσος, sacred grove
15 ἐκκόπτω, *fut act ind 2p*, cut down
16 γλυπτός, graven image
17 κατακαίω, *fut act ind 2p*, burn up
18 ζηλωτός, jealous
19 ζηλωτής, jealousy, zeal
20 μήποτε, lest
21 ἐγκάθημαι, *pres mid ptc dat p m*, dwell, reside
22 ἀλλόφυλος, foreign
23 ἐκπορνεύω, *aor act sub 3p*, fornicate
24 θύω, *aor act sub 3p*, sacrifice
25 θῦμα, sacrificial offering
26 θυγάτηρ, daughter
27 ἐκπορνεύω, *aor act sub 3p*, fornicate
28 χωνευτός, molten, cast
29 ἑορτή, feast
30 ἄζυμος, unleavened (bread)
31 καθάπερ, just as
32 ἐντέλλομαι, *perf mid ind 1s*, command
33 μήν, month
34 νέος, new

19 πᾶν διανοῖγον[1] μήτραν[2] ἐμοί, τὰ ἀρσενικά,[3] πρωτότοκον[4] μόσχου[5] καὶ πρωτότοκον προβάτου. **20** καὶ πρωτότοκον[6] ὑποζυγίου[7] λυτρώσῃ[8] προβάτῳ· ἐὰν δὲ μὴ λυτρώσῃ αὐτό, τιμὴν[9] δώσεις. πᾶν πρωτότοκον τῶν υἱῶν σου λυτρώσῃ.

οὐκ ὀφθήσῃ ἐνώπιόν μου κενός.[10]

21 ἓξ[11] ἡμέρας ἐργᾷ, τῇ δὲ ἑβδόμῃ[12] καταπαύσεις·[13] τῷ σπόρῳ[14] καὶ τῷ ἀμήτῳ[15] καταπαύσεις. **22** καὶ ἑορτὴν[16] ἑβδομάδων[17] ποιήσεις μοι ἀρχὴν θερισμοῦ[18] πυρῶν[19] καὶ ἑορτὴν συναγωγῆς μεσοῦντος[20] τοῦ ἐνιαυτοῦ.[21] **23** τρεῖς καιροὺς τοῦ ἐνιαυτοῦ[22] ὀφθήσεται πᾶν ἀρσενικόν[23] σου ἐνώπιον κυρίου τοῦ θεοῦ Ισραηλ· **24** ὅταν γὰρ ἐκβάλω τὰ ἔθνη πρὸ προσώπου σου καὶ πλατύνω[24] τὰ ὅριά[25] σου, οὐκ ἐπιθυμήσει[26] οὐδεὶς τῆς γῆς σου, ἡνίκα[27] ἂν ἀναβαίνῃς ὀφθῆναι ἐναντίον[28] κυρίου τοῦ θεοῦ σου τρεῖς καιροὺς τοῦ ἐνιαυτοῦ.[29]

25 οὐ σφάξεις[30] ἐπὶ ζύμῃ[31] αἷμα θυμιαμάτων[32] μου. καὶ οὐ κοιμηθήσεται[33] εἰς τὸ πρωὶ[34] θύματα[35] τῆς ἑορτῆς[36] τοῦ πασχα.[37]

26 τὰ πρωτογενήματα[38] τῆς γῆς σου θήσεις εἰς τὸν οἶκον κυρίου τοῦ θεοῦ σου. οὐ προσοίσεις[39] ἄρνα[40] ἐν γάλακτι[41] μητρὸς αὐτοῦ.

27 Καὶ εἶπεν κύριος πρὸς Μωυσῆν Γράψον σεαυτῷ τὰ ῥήματα ταῦτα· ἐπὶ γὰρ τῶν λόγων τούτων τέθειμαί σοι διαθήκην καὶ τῷ Ισραηλ. **28** καὶ ἦν ἐκεῖ Μωυσῆς ἐναντίον[42] κυρίου τεσσαράκοντα[43] ἡμέρας καὶ τεσσαράκοντα νύκτας· ἄρτον οὐκ ἔφαγεν καὶ ὕδωρ οὐκ ἔπιεν· καὶ ἔγραψεν τὰ ῥήματα ταῦτα ἐπὶ τῶν πλακῶν[44] τῆς διαθήκης, τοὺς δέκα[45] λόγους.

1 διανοίγω, *pres act ptc nom s n*, lay open
2 μήτρα, womb
3 ἀρσενικός, male
4 πρωτότοκος, firstborn
5 μόσχος, young bull
6 πρωτότοκος, firstborn
7 ὑποζύγιον, beast of burden
8 λυτρόω, *fut mid ind 2s*, redeem
9 τιμή, price
10 κενός, empty-handed
11 ἕξ, six
12 ἕβδομος, seventh
13 καταπαύω, *fut act ind 2s*, cease
14 σπόρος, seed time
15 ἄμητος, harvest time
16 ἑορτή, feast
17 ἑβδομάς, week
18 θερισμός, harvest
19 πυρός, wheat
20 μεσόω, *pres act ptc gen s m*, be in the middle
21 ἐνιαυτός, year
22 ἐνιαυτός, year
23 ἀρσενικός, male
24 πλατύνω, *pres act sub 1s*, enlarge
25 ὅριον, boundary, territory
26 ἐπιθυμέω, *fut act ind 3s*, desire
27 ἡνίκα, when
28 ἐναντίον, before
29 ἐνιαυτός, year
30 σφάζω, *fut act ind 2s*, slaughter
31 ζύμη, leaven
32 θυμίαμα, incense, (*read* θυμιασμάτων, victim?)
33 κοιμάω, *fut pas ind 3s*, lie
34 πρωί, morning
35 θῦμα, sacrificial offering
36 ἑορτή, feast
37 πασχα, Passover, *translit.*
38 πρωτογένημα, firstfruit, first product
39 προσφέρω, *fut act ind 2s*, offer
40 ἀρήν, lamb
41 γάλα, milk
42 ἐναντίον, before
43 τεσσαράκοντα, forty
44 πλάξ, tablet
45 δέκα, ten

Moses's Glorious Face

29 ὡς δὲ κατέβαινεν Μωυσῆς ἐκ τοῦ ὄρους, καὶ αἱ δύο πλάκες[1] ἐπὶ τῶν χειρῶν
Μωυσῆ· καταβαίνοντος δὲ αὐτοῦ ἐκ τοῦ ὄρους Μωυσῆς οὐκ ᾔδει[2] ὅτι δεδόξασται
ἡ ὄψις[3] τοῦ χρώματος[4] τοῦ προσώπου αὐτοῦ ἐν τῷ λαλεῖν αὐτὸν αὐτῷ. **30** καὶ εἶδεν
Ααρων καὶ πάντες οἱ πρεσβύτεροι Ισραηλ τὸν Μωυσῆν καὶ ἦν δεδοξασμένη ἡ
ὄψις[5] τοῦ χρώματος[6] τοῦ προσώπου αὐτοῦ, καὶ ἐφοβήθησαν ἐγγίσαι αὐτοῦ. **31** καὶ
ἐκάλεσεν αὐτοὺς Μωυσῆς, καὶ ἐπεστράφησαν πρὸς αὐτὸν Ααρων καὶ πάντες
οἱ ἄρχοντες τῆς συναγωγῆς, καὶ ἐλάλησεν αὐτοῖς Μωυσῆς. **32** καὶ μετὰ ταῦτα
προσῆλθον πρὸς αὐτὸν πάντες οἱ υἱοὶ Ισραηλ, καὶ ἐνετείλατο[7] αὐτοῖς πάντα,
ὅσα ἐλάλησεν κύριος πρὸς αὐτὸν ἐν τῷ ὄρει Σινα. **33** καὶ ἐπειδὴ[8] κατέπαυσεν[9]
λαλῶν πρὸς αὐτούς, ἐπέθηκεν ἐπὶ τὸ πρόσωπον αὐτοῦ κάλυμμα.[10] **34** ἡνίκα[11]
δ᾽ ἂν εἰσεπορεύετο[12] Μωυσῆς ἔναντι[13] κυρίου λαλεῖν αὐτῷ, περιῃρεῖτο[14] τὸ κά-
λυμμα[15] ἕως τοῦ ἐκπορεύεσθαι. καὶ ἐξελθὼν ἐλάλει πᾶσιν τοῖς υἱοῖς Ισραηλ ὅσα
ἐνετείλατο[16] αὐτῷ κύριος, **35** καὶ εἶδον οἱ υἱοὶ Ισραηλ τὸ πρόσωπον Μωυσῆ ὅτι
δεδόξασται, καὶ περιέθηκεν[17] Μωυσῆς κάλυμμα[18] ἐπὶ τὸ πρόσωπον ἑαυτοῦ, ἕως
ἂν εἰσέλθῃ συλλαλεῖν[19] αὐτῷ

The Sabbath and the Tent

35 Καὶ συνήθροισεν[20] Μωυσῆς πᾶσαν συναγωγὴν υἱῶν Ισραηλ καὶ εἶπεν πρὸς
αὐτούς Οὗτοι οἱ λόγοι, οὓς εἶπεν κύριος ποιῆσαι αὐτούς. **2** ἓξ[21] ἡμέρας
ποιήσεις ἔργα, τῇ δὲ ἡμέρᾳ τῇ ἑβδόμῃ[22] κατάπαυσις,[23] ἅγιον, σάββατα, ἀνάπαυσις[24]
κυρίῳ· πᾶς ὁ ποιῶν ἔργον ἐν αὐτῇ τελευτάτω.[25] **3** οὐ καύσετε[26] πῦρ ἐν πάσῃ κατ-
οικίᾳ[27] ὑμῶν τῇ ἡμέρᾳ τῶν σαββάτων· ἐγὼ κύριος.

4 Καὶ εἶπεν Μωυσῆς πρὸς πᾶσαν συναγωγὴν υἱῶν Ισραηλ λέγων Τοῦτο τὸ ῥῆμα,
ὃ συνέταξεν[28] κύριος λέγων **5** Λάβετε παρ᾽ ὑμῶν αὐτῶν ἀφαίρεμα[29] κυρίῳ· πᾶς ὁ
καταδεχόμενος[30] τῇ καρδίᾳ οἴσουσιν[31] τὰς ἀπαρχὰς[32] κυρίῳ, χρυσίον,[33] ἀργύριον,[34]

1 πλάξ, tablet
2 οἶδα, *plpf act ind 3s*, know
3 ὄψις, appearance
4 χρῶμα, skin
5 ὄψις, appearance
6 χρῶμα, skin
7 ἐντέλλομαι, *aor mid ind 3s*, command
8 ἐπειδή, when
9 καταπαύω, *aor act ind 3s*, stop
10 κάλυμμα, veil
11 ἡνίκα, when
12 εἰσπορεύομαι, *impf mid ind 3s*, go in
13 ἔναντι, before
14 περιαιρέω, *impf mid ind 3s*, remove
15 κάλυμμα, veil
16 ἐντέλλομαι, *aor mid ind 3s*, command
17 περιτίθημι, *aor act ind 3s*, put on
18 κάλυμμα, veil
19 συλλαλέω, *pres act inf*, talk with
20 συναθροίζω, *aor act ind 3s*, gather
21 ἕξ, six
22 ἕβδομος, seventh
23 κατάπαυσις, rest
24 ἀνάπαυσις, repose
25 τελευτάω, *pres act impv 3s*, die
26 καίω, *fut act ind 2p*, burn
27 κατοικία, dwelling, habitation
28 συντάσσω, *aor act ind 3s*, order, instruct
29 ἀφαίρεμα, choice portion
30 καταδέχομαι, *pres mid ptc nom s m*, accept
31 φέρω, *fut act ind 3p*, bring
32 ἀπαρχή, firstfruit
33 χρυσίον, gold
34 ἀργύριον, silver

χαλκόν,[1] **6** ὑάκινθον,[2] πορφύραν,[3] κόκκινον[4] διπλοῦν[5] διανενησμένον[6] καὶ βύσσον[7]
κεκλωσμένην[8] καὶ τρίχας[9] αἰγείας[10] **7** καὶ δέρματα[11] κριῶν[12] ἠρυθροδανωμένα[13] καὶ
δέρματα ὑακίνθινα[14] καὶ ξύλα[15] ἄσηπτα[16] **9** καὶ λίθους σαρδίου[17] καὶ λίθους εἰς τὴν
γλυφὴν[18] εἰς τὴν ἐπωμίδα[19] καὶ τὸν ποδήρη.[20]

10 καὶ πᾶς σοφὸς[21] τῇ καρδίᾳ ἐν ὑμῖν ἐλθὼν ἐργαζέσθω πάντα, ὅσα συνέταξεν[22]
κύριος· **11** τὴν σκηνὴν[23] καὶ τὰ παραρρύματα[24] καὶ τὰ καλύμματα[25] καὶ τὰ διατόνια[26]
καὶ τοὺς μοχλοὺς[27] καὶ τοὺς στύλους[28] **12** καὶ τὴν κιβωτὸν[29] τοῦ μαρτυρίου[30] καὶ
τοὺς ἀναφορεῖς[31] αὐτῆς καὶ τὸ ἱλαστήριον[32] αὐτῆς καὶ τὸ καταπέτασμα[33] **12** καὶ τὰ
ἱστία[34] τῆς αὐλῆς[35] καὶ τοὺς στύλους[36] αὐτῆς καὶ τοὺς λίθους τῆς σμαράγδου[37] καὶ
τὸ θυμίαμα[38] καὶ τὸ ἔλαιον[39] τοῦ χρίσματος[40] **13** καὶ τὴν τράπεζαν[41] καὶ πάντα τὰ
σκεύη[42] αὐτῆς **14** καὶ τὴν λυχνίαν[43] τοῦ φωτὸς καὶ πάντα τὰ σκεύη[44] αὐτῆς **15** **16** καὶ
τὸ θυσιαστήριον[45] καὶ πάντα τὰ σκεύη[46] αὐτοῦ **19** καὶ τὰς στολὰς[47] τὰς ἁγίας Ααρων
τοῦ ἱερέως καὶ τὰς στολάς, ἐν αἷς λειτουργήσουσιν[48] ἐν αὐταῖς, καὶ τοὺς χιτῶνας[49]
τοῖς υἱοῖς Ααρων τῆς ἱερατείας[50] καὶ τὸ ἔλαιον[51] τοῦ χρίσματος[52] καὶ τὸ θυμίαμα[53]
τῆς συνθέσεως.[54]

1 χαλκός, bronze
2 ὑάκινθος, blue
3 πορφύρα, purple
4 κόκκινος, scarlet
5 διπλοῦς, double
6 διανήθω, *perf pas ptc acc s n*, spin
7 βύσσος, linen
8 κλώθω, *perf pas ptc acc s f*, twist
9 θρίξ, hair
10 αἴγειος, of a goat
11 δέρμα, skin, hide
12 κριός, ram
13 ἐρυθροδανόω, *perf pas ptc acc p n*, dye red
14 ὑακίνθινος, blue
15 ξύλον, wood
16 ἄσηπτος, not rotten
17 σάρδιον, sardius
18 γλυφή, carving
19 ἐπωμίς, shoulder piece
20 ποδήρης, full-length robe
21 σοφός, wise, skilled
22 συντάσσω, *aor act ind 3s*, order, instruct
23 σκηνή, tent
24 παράρρυμα, wrapping
25 κάλυμμα, veil
26 διατόνιον, beam
27 μοχλός, bar
28 στῦλος, pillar, (upright) pole
29 κιβωτός, chest, ark (of the covenant)
30 μαρτύριον, witness
31 ἀναφορεύς, carrying pole
32 ἱλαστήριον, mercy seat, place of propitiation
33 καταπέτασμα, veil
34 ἱστίον, hanging
35 αὐλή, court
36 στῦλος, pillar, (upright) pole
37 σμάραγδος, emerald
38 θυμίαμα, incense
39 ἔλαιον, oil
40 χρῖσμα, anointing
41 τράπεζα, table
42 σκεῦος, vessel, furnishing
43 λυχνία, lampstand
44 σκεῦος, equipment
45 θυσιαστήριον, altar
46 σκεῦος, vessel, furnishing
47 στολή, garment
48 λειτουργέω, *fut act ind 3p*, minister
49 χιτών, tunic
50 ἱερατεία, priesthood
51 ἔλαιον, oil
52 χρῖσμα, anointing
53 θυμίαμα, incense
54 σύνθεσις, mixture, compound

Provisions for the Tent

20 καὶ ἐξῆλθεν πᾶσα συναγωγὴ υἱῶν Ισραηλ ἀπὸ Μωυσῆ **21** καὶ ἤνεγκαν ἕκαστος
ὧν ἔφερεν αὐτῶν ἡ καρδία, καὶ ὅσοις ἔδοξεν[1] τῇ ψυχῇ αὐτῶν, ἤνεγκαν ἀφαίρεμα[2]
κυρίῳ εἰς πάντα τὰ ἔργα τῆς σκηνῆς[3] τοῦ μαρτυρίου[4] καὶ εἰς πάντα τὰ κάτεργα[5]
αὐτῆς καὶ εἰς πάσας τὰς στολὰς[6] τοῦ ἁγίου. **22** καὶ ἤνεγκαν οἱ ἄνδρες παρὰ τῶν
γυναικῶν· πᾶς, ᾧ ἔδοξεν[7] τῇ διανοίᾳ,[8] ἤνεγκαν σφραγῖδας[9] καὶ ἐνώτια[10] καὶ δα-
κτυλίους[11] καὶ ἐμπλόκια[12] καὶ περιδέξια,[13] πᾶν σκεῦος[14] χρυσοῦν,[15] καὶ πάντες,
ὅσοι ἤνεγκαν ἀφαιρέματα[16] χρυσίου[17] κυρίῳ. **23** καὶ παρ' ᾧ εὑρέθη βύσσος[18] καὶ
δέρματα[19] ὑακίνθινα[20] καὶ δέρματα[21] κριῶν[22] ἠρυθροδανωμένα,[23] ἤνεγκαν. **24** καὶ
πᾶς ὁ ἀφαιρῶν[24] ἀφαίρεμα[25] ἀργύριον[26] καὶ χαλκὸν[27] ἤνεγκαν τὰ ἀφαιρέματα κυρίῳ,
καὶ παρ' οἷς εὑρέθη ξύλα[28] ἄσηπτα[29] εἰς πάντα τὰ ἔργα τῆς κατασκευῆς,[30] ἤνεγκαν.
25 καὶ πᾶσα γυνὴ σοφὴ[31] τῇ διανοίᾳ[32] ταῖς χερσὶν νήθειν[33] ἤνεγκαν νενησμένα,[34]
τὴν ὑάκινθον[35] καὶ τὴν πορφύραν[36] καὶ τὸ κόκκινον[37] καὶ τὴν βύσσον·[38] **26** καὶ πᾶσαι
αἱ γυναῖκες, αἷς ἔδοξεν[39] τῇ διανοίᾳ[40] αὐτῶν ἐν σοφίᾳ, ἔνησαν[41] τὰς τρίχας[42] τὰς
αἰγείας.[43] **27** καὶ οἱ ἄρχοντες ἤνεγκαν τοὺς λίθους τῆς σμαράγδου[44] καὶ τοὺς λίθους
τῆς πληρώσεως[45] εἰς τὴν ἐπωμίδα[46] καὶ εἰς τὸ λογεῖον[47] **28** καὶ τὰς συνθέσεις[48] καὶ
τὸ ἔλαιον[49] τῆς χρίσεως[50] καὶ τὴν σύνθεσιν τοῦ θυμιάματος.[51] **29** καὶ πᾶς ἀνὴρ
καὶ γυνή, ὧν ἔφερεν ἡ διάνοια[52] αὐτῶν εἰσελθόντας ποιεῖν πάντα τὰ ἔργα, ὅσα

1 δοκέω, *aor act ind 3s*, think
2 ἀφαίρεμα, choice portion
3 σκηνή, tent
4 μαρτύριον, witness
5 κάτεργον, labor cost
6 στολή, garment
7 δοκέω, *aor act ind 3s*, think
8 διάνοια, mind
9 σφραγίς, seal
10 ἐνώτιον, earring
11 δακτύλιος, ring
12 ἐμπλόκιον, hair clasp
13 περιδέξιον, bracelet
14 σκεῦος, vessel
15 χρυσοῦς, gold
16 ἀφαίρεμα, choice portion
17 χρυσίον, gold
18 βύσσος, linen
19 δέρμα, skin, hide
20 ὑακίνθινος, blue
21 δέρμα, skin, hide
22 κριός, ram
23 ἐρυθροδανόω, *perf pas ptc nom p n*, dye red
24 ἀφαιρέω, *pres act ptc nom s m*, separate
25 ἀφαίρεμα, choice portion
26 ἀργύριον, silver
27 χαλκός, bronze
28 ξύλον, wood
29 ἄσηπτος, not rotten
30 κατασκευή, work of construction
31 σοφός, wise, skilled
32 διάνοια, mind
33 νήθω, *pres act inf*, spin
34 νήθω, *perf pas ptc acc p n*, spin
35 ὑάκινθος, blue
36 πορφύρα, purple
37 κόκκινος, scarlet
38 βύσσος, linen
39 δοκέω, *aor act ind 3s*, think
40 διάνοια, mind
41 νήθω, *aor act ind 3p*, spin
42 θρίξ, hair
43 αἴγειος, of a goat
44 σμάραγδος, emerald
45 πλήρωσις, setting
46 ἐπωμίς, shoulder piece
47 λογεῖον, oracular breast pouch
48 σύνθεσις, mixture, compound
49 ἔλαιον, oil
50 χρῖσις, anointing
51 θυμίαμα, incense
52 διάνοια, mind

συνέταξεν[1] κύριος ποιῆσαι αὐτὰ διὰ Μωυσῆ, ἤνεγκαν οἱ υἱοὶ Ισραηλ ἀφαίρεμα[2] κυρίῳ.

30 Καὶ εἶπεν Μωυσῆς τοῖς υἱοῖς Ισραηλ Ἰδοὺ ἀνακέκληκεν[3] ὁ θεὸς ἐξ ὀνόματος τὸν Βεσελεηλ τὸν τοῦ Ουριου τὸν Ωρ ἐκ φυλῆς Ιουδα **31** καὶ ἐνέπλησεν[4] αὐτὸν πνεῦμα θεῖον[5] σοφίας καὶ συνέσεως[6] καὶ ἐπιστήμης[7] πάντων **32** ἀρχιτεκτονεῖν[8] κατὰ πάντα τὰ ἔργα τῆς ἀρχιτεκτονίας[9] ποιεῖν τὸ χρυσίον[10] καὶ τὸ ἀργύριον[11] καὶ τὸν χαλκὸν[12] **33** καὶ λιθουργῆσαι[13] τὸν λίθον καὶ κατεργάζεσθαι[14] τὰ ξύλα[15] καὶ ποιεῖν ἐν παντὶ ἔργῳ σοφίας· **34** καὶ προβιβάσαι[16] γε ἔδωκεν αὐτῷ ἐν τῇ διανοίᾳ,[17] αὐτῷ τε καὶ Ελιαβ τῷ τοῦ Αχισαμακ ἐκ φυλῆς Δαν· **35** ἐνέπλησεν[18] αὐτοὺς σοφίας καὶ συνέσεως[19] διανοίας[20] πάντα συνιέναι[21] ποιῆσαι τὰ ἔργα τοῦ ἁγίου καὶ τὰ ὑφαντὰ[22] καὶ ποικιλτὰ[23] ὑφᾶναι[24] τῷ κοκκίνῳ[25] καὶ τῇ βύσσῳ[26] ποιεῖν πᾶν ἔργον ἀρχιτεκτονίας[27] ποικιλίας.[28]

36 καὶ ἐποίησεν Βεσελεηλ καὶ Ελιαβ καὶ πᾶς σοφὸς[29] τῇ διανοίᾳ,[30] ᾧ ἐδόθη σοφία καὶ ἐπιστήμη[31] ἐν αὐτοῖς συνιέναι[32] ποιεῖν πάντα τὰ ἔργα κατὰ τὰ ἅγια καθήκοντα,[33] κατὰ πάντα, ὅσα συνέταξεν[34] κύριος.

2 Καὶ ἐκάλεσεν Μωυσῆς Βεσελεηλ καὶ Ελιαβ καὶ πάντας τοὺς ἔχοντας τὴν σοφίαν, ᾧ ἔδωκεν ὁ θεὸς ἐπιστήμην[35] ἐν τῇ καρδίᾳ, καὶ πάντας τοὺς ἑκουσίως[36] βουλομένους προσπορεύεσθαι[37] πρὸς τὰ ἔργα ὥστε συντελεῖν[38] αὐτά, **3** καὶ ἔλαβον παρὰ Μωυσῆ πάντα τὰ ἀφαιρέματα,[39] ἃ ἤνεγκαν οἱ υἱοὶ Ισραηλ εἰς πάντα τὰ ἔργα τοῦ ἁγίου ποιεῖν αὐτά, καὶ αὐτοὶ προσεδέχοντο[40] ἔτι τὰ προσφερόμενα παρὰ τῶν φερόντων τὸ πρωὶ[41] πρωί. **4** καὶ παρεγίνοντο πάντες οἱ σοφοὶ[42] οἱ ποιοῦντες τὰ ἔργα τοῦ ἁγίου, ἕκαστος

1 συντάσσω, *aor act ind 3s*, order, instruct
2 ἀφαίρεμα, choice portion
3 ἀνακαλέω, *perf act ind 3s*, summon
4 ἐμπίμπλημι, *aor act ind 3s*, fill
5 θεῖος, divine, of God
6 σύνεσις, understanding
7 ἐπιστήμη, knowledge, skill
8 ἀρχιτεκτονέω, *pres act inf*, construct, fabricate
9 ἀρχιτεκτονία, workmanship
10 χρυσίον, gold
11 ἀργύριον, silver
12 χαλκός, bronze
13 λιθουργέω, *aor act inf*, carve in stone
14 κατεργάζομαι, *pres mid inf*, fashion
15 ξύλον, wood
16 προβιβάζω, *aor act inf*, teach
17 διάνοια, mind
18 ἐμπίμπλημι, *aor act ind 3s*, fill
19 σύνεσις, understanding
20 διάνοια, mind
21 συνίημι, *pres act inf*, understand
22 ὑφαντός, woven
23 ποικιλτός, embroidered
24 ὑφαίνω, *aor act inf*, weave
25 κόκκινος, scarlet
26 βύσσος, linen
27 ἀρχιτεκτονία, workmanship
28 ποικιλία, multicolored, embroidered
29 σοφός, wisdom, skill
30 διάνοια, mind
31 ἐπιστήμη, knowledge
32 συνίημι, *pres act inf*, understand
33 καθήκω, *pres act ptc acc p n*, belong to
34 συντάσσω, *aor act ind 3s*, order, instruct
35 ἐπιστήμη, knowledge
36 ἑκουσίως, willingly
37 προσπορεύομαι, *pres mid inf*, advance, go to
38 συντελέω, *pres act inf*, complete
39 ἀφαίρεμα, choice portion
40 προσδέχομαι, *impf mid ind 3p*, receive
41 πρωί, (in the) morning
42 σοφός, wise, skilled

κατὰ τὸ αὐτοῦ ἔργον, ὃ αὐτοὶ ἠργάζοντο, **5** καὶ εἶπαν πρὸς Μωυσῆν ὅτι Πλῆθος φέρει ὁ λαὸς παρὰ τὰ ἔργα, ὅσα συνέταξεν[1] κύριος ποιῆσαι. **6** καὶ προσέταξεν[2] Μωυσῆς καὶ ἐκήρυξεν[3] ἐν τῇ παρεμβολῇ[4] λέγων Ἀνὴρ καὶ γυνὴ μηκέτι[5] ἐργαζέσθωσαν εἰς τὰς ἀπαρχὰς[6] τοῦ ἁγίου· καὶ ἐκωλύθη[7] ὁ λαὸς ἔτι προσφέρειν. **7** καὶ τὰ ἔργα ἦν αὐτοῖς ἱκανὰ[8] εἰς τὴν κατασκευὴν[9] ποιῆσαι, καὶ προσκατέλιπον.[10]

Construction of the Tent

8 Καὶ ἐποίησεν πᾶς σοφὸς[11] ἐν τοῖς ἐργαζομένοις τὰς στολὰς[12] τῶν ἁγίων, αἵ εἰσιν Ααρων τῷ ἱερεῖ, καθὰ[13] συνέταξεν[14] κύριος τῷ Μωυσῇ. **9** καὶ ἐποίησαν τὴν ἐπωμίδα[15] ἐκ χρυσίου[16] καὶ ὑακίνθου[17] καὶ πορφύρας[18] καὶ κοκκίνου[19] νενησμένου[20] καὶ βύσσου[21] κεκλωσμένης.[22] **10** καὶ ἐτμήθη[23] τὰ πέταλα[24] τοῦ χρυσίου[25] τρίχες[26] ὥστε συνυφᾶναι[27] σὺν τῇ ὑακίνθῳ[28] καὶ τῇ πορφύρᾳ[29] καὶ σὺν τῷ κοκκίνῳ[30] τῷ διανενησμένῳ[31] καὶ σὺν τῇ βύσσῳ[32] τῇ κεκλωσμένῃ[33] ἔργον ὑφαντόν·[34] **11** ἐποίησαν αὐτὸ ἐπωμίδας[35] συνεχούσας[36] ἐξ ἀμφοτέρων[37] τῶν μερῶν, **12** ἔργον ὑφαντὸν[38] εἰς ἄλληλα[39] συμπεπλεγμένον[40] καθ' ἑαυτὸ ἐξ αὐτοῦ ἐποίησαν κατὰ τὴν αὐτοῦ ποίησιν ἐκ χρυσίου[41] καὶ ὑακίνθου[42] καὶ πορφύρας[43] καὶ κοκκίνου[44] διανενησμένου[45] καὶ βύσσου[46] κεκλωσμένης,[47] καθὰ[48] συνέταξεν[49] κύριος τῷ Μωυσῇ. **13** καὶ ἐποίησαν ἀμφοτέρους[50] τοὺς λίθους τῆς σμαράγδου[51] συμπεπορπημένους[52] καὶ

1 συντάσσω, *aor act ind 3s*, order, instruct
2 προστάσσω, *aor act ind 3s*, command
3 κηρύσσω, *aor act ind 3s*, proclaim
4 παρεμβολή, camp
5 μηκέτι, no longer
6 ἀπαρχή, firstfruit
7 κωλύω, *aor pas ind 3s*, prevent
8 ἱκανός, sufficient
9 κατασκευή, equipment
10 προσκαταλείπω, *aor act ind 3p*, have surplus
11 σοφός, wise, skilled
12 στολή, garment
13 καθά, as
14 συντάσσω, *aor act ind 3s*, order, instruct
15 ἐπωμίς, shoulder piece
16 χρυσίον, gold
17 ὑάκινθος, blue
18 πορφύρα, purple
19 κόκκινος, scarlet
20 νήθω, *perf pas ptc gen s n*, spin
21 βύσσος, linen
22 κλώθω, *perf pas ptc gen s f*, twist
23 τέμνω, *aor pas ind 3s*, cut
24 πέταλον, leaf
25 χρυσίον, gold
26 θρίξ, hair
27 συνυφαίνω, *aor act inf*, interweave
28 ὑάκινθος, blue
29 πορφύρα, purple
30 κόκκινος, scarlet
31 διανήθω, *perf pas ptc dat s n*, spin
32 βύσσος, linen
33 κλώθω, *perf pas ptc dat s f*, twist
34 ὑφαντός, woven
35 ἐπωμίς, shoulder piece
36 συνέχω, *pres act ptc acc p f*, hold together
37 ἀμφότεροι, both
38 ὑφαντός, woven
39 ἀλλήλων, one another
40 συμπλέκω, *perf pas ptc acc s n*, weave
41 χρυσίον, gold
42 ὑάκινθος, blue
43 πορφύρα, purple
44 κόκκινος, scarlet
45 διανήθω, *perf pas ptc gen s n*, spin
46 βύσσος, linen
47 κλώθω, *perf pas ptc gen s f*, twist
48 καθά, as
49 συντάσσω, *aor act ind 3s*, order, instruct
50 ἀμφότεροι, both
51 σμάραγδος, emerald
52 συμπορπάω, *perf pas ptc acc p m*, fasten together

περισεσιαλωμένους[1] χρυσίῳ,[2] γεγλυμμένους[3] καὶ ἐκκεκολαμμένους[4] ἐκκόλαμμα[5]
σφραγῖδος[6] ἐκ τῶν ὀνομάτων τῶν υἱῶν Ισραηλ· **14** καὶ ἐπέθηκεν αὐτοὺς ἐπὶ τοὺς
ὤμους[7] τῆς ἐπωμίδος,[8] λίθους μνημοσύνου[9] τῶν υἱῶν Ισραηλ, καθὰ[10] συνέταξεν[11]
κύριος τῷ Μωυσῇ.

15 Καὶ ἐποίησαν λογεῖον,[12] ἔργον ὑφαντὸν[13] ποικιλίᾳ[14] κατὰ τὸ ἔργον τῆς ἐπωμίδος[15]
ἐκ χρυσίου[16] καὶ ὑακίνθου[17] καὶ πορφύρας[18] καὶ κοκκίνου[19] διανενησμένου[20] καὶ
βύσσου[21] κεκλωσμένης·[22] **16** τετράγωνον[23] διπλοῦν[24] ἐποίησαν τὸ λογεῖον,[25]
σπιθαμῆς[26] τὸ μῆκος[27] καὶ σπιθαμῆς τὸ εὖρος,[28] διπλοῦν. **17** καὶ συνυφάνθη[29]
ἐν αὐτῷ ὕφασμα[30] κατάλιθον[31] τετράστιχον·[32] στίχος[33] λίθων σάρδιον[34] καὶ
τοπάζιον[35] καὶ σμάραγδος,[36] ὁ στίχος ὁ εἷς· **18** καὶ ὁ στίχος[37] ὁ δεύτερος ἄνθραξ[38]
καὶ σάπφειρος[39] καὶ ἴασπις·[40] **19** καὶ ὁ στίχος[41] ὁ τρίτος λιγύριον[42] καὶ ἀχάτης[43]
καὶ ἀμέθυστος·[44] **20** καὶ ὁ στίχος[45] ὁ τέταρτος[46] χρυσόλιθος[47] καὶ βηρύλλιον[48]
καὶ ὀνύχιον·[49] περικεκυκλωμένα[50] χρυσίῳ[51] καὶ συνδεδεμένα[52] χρυσίῳ. **21** καὶ οἱ
λίθοι ἦσαν ἐκ τῶν ὀνομάτων τῶν υἱῶν Ισραηλ δώδεκα[53] ἐκ τῶν ὀνομάτων αὐτῶν,
ἐγγεγραμμένα[54] εἰς σφραγῖδας,[55] ἕκαστος ἐκ τοῦ ἑαυτοῦ ὀνόματος, εἰς τὰς δώδεκα
φυλάς. **22** καὶ ἐποίησαν ἐπὶ τὸ λογεῖον[56] κροσσοὺς[57] συμπεπλεγμένους,[58] ἔργον

1 περισιαλόω, *perf pas ptc acc p m*, set around with
2 χρυσίον, gold
3 γλύφω, *perf pas ptc acc p m*, engrave
4 ἐκκολάπτω, *perf pas ptc acc p m*, carve out
5 ἐκκόλαμμα, engraving
6 σφραγίς, seal
7 ὦμος, shoulder
8 ἐπωμίς, shoulder piece
9 μνημόσυνον, memorial
10 καθά, as
11 συντάσσω, *aor act ind 3s*, order, instruct
12 λογεῖον, oracular breast pouch
13 ὑφαντός, woven
14 ποικιλία, embroidery
15 ἐπωμίς, shoulder piece
16 χρυσίον, gold
17 ὑάκινθος, blue
18 πορφύρα, purple
19 κόκκινος, scarlet
20 διανήθω, *perf pas ptc gen s n*, spin
21 βύσσος, linen
22 κλώθω, *perf pas ptc gen s f*, twist
23 τετράγωνος, square
24 διπλοῦς, double
25 λογεῖον, oracular breast pouch
26 σπιθαμή, span
27 μῆκος, length
28 εὖρος, width
29 συνυφαίνω, *aor pas ind 3s*, interweave
30 ὕφασμα, woven cloth
31 κατάλιθος, set with stones
32 τετράστιχος, arranged in four rows
33 στίχος, row
34 σάρδιον, sardius
35 τοπάζιον, topaz
36 σμάραγδος, emerald
37 στίχος, row
38 ἄνθραξ, ruby
39 σάπφειρος, sapphire
40 ἴασπις, jasper
41 στίχος, row
42 λιγύριον, stone of Liguria
43 ἀχάτης, agate
44 ἀμέθυστος, amethyst
45 στίχος, row
46 τέταρτος, fourth
47 χρυσόλιθος, chrysolite
48 βηρύλλιον, beryl
49 ὀνύχιον, onyx
50 περικυκλόω, *perf pas ptc nom p n*, encircle
51 χρυσίον, gold
52 συνδέω, *perf pas ptc nom p n*, fasten
53 δώδεκα, twelve
54 ἐγγράφω, *perf pas ptc nom p n*, inscribe
55 σφραγίς, seal
56 λογεῖον, oracular breast pouch
57 κροσσός, tassel
58 συμπλέκω, *perf pas ptc acc p m*, braid

ἐμπλοκίου[1] ἐκ χρυσίου[2] καθαροῦ·[3] **23** καὶ ἐποίησαν δύο ἀσπιδίσκας[4] χρυσᾶς[5] καὶ
δύο δακτυλίους[6] χρυσοῦς καὶ ἐπέθηκαν τοὺς δύο δακτυλίους τοὺς χρυσοῦς ἐπ᾽
ἀμφοτέρας[7] τὰς ἀρχὰς[8] τοῦ λογείου·[9] **24** καὶ ἐπέθηκαν τὰ ἐμπλόκια[10] ἐκ χρυσίου[11]
ἐπὶ τοὺς δακτυλίους[12] ἐπ᾽ ἀμφοτέρων[13] τῶν μερῶν τοῦ λογείου[14] **25** καὶ εἰς τὰς δύο
συμβολὰς[15] τὰ δύο ἐμπλόκια[16] καὶ ἐπέθηκαν ἐπὶ τὰς δύο ἀσπιδίσκας[17] καὶ ἐπέθηκαν
ἐπὶ τοὺς ὤμους[18] τῆς ἐπωμίδος[19] ἐξ ἐναντίας[20] κατὰ πρόσωπον. **26** καὶ ἐποίησαν
δύο δακτυλίους[21] χρυσοῦς[22] καὶ ἐπέθηκαν ἐπὶ τὰ δύο πτερύγια[23] ἐπ᾽ ἄκρου[24] τοῦ
λογείου[25] ἐπὶ τὸ ἄκρον τοῦ ὀπισθίου[26] τῆς ἐπωμίδος[27] ἔσωθεν.[28] **27** καὶ ἐποίησαν δύο
δακτυλίους[29] χρυσοῦς[30] καὶ ἐπέθηκαν ἐπ᾽ ἀμφοτέρους[31] τοὺς ὤμους[32] τῆς ἐπωμίδος[33]
κάτωθεν[34] αὐτοῦ κατὰ πρόσωπον κατὰ τὴν συμβολὴν[35] ἄνωθεν[36] τῆς συνυφῆς[37]
τῆς ἐπωμίδος. **28** καὶ συνέσφιγξεν[38] τὸ λογεῖον[39] ἀπὸ τῶν δακτυλίων[40] τῶν ἐπ᾽
αὐτοῦ εἰς τοὺς δακτυλίους τῆς ἐπωμίδος,[41] συνεχομένους[42] ἐκ τῆς ὑακίνθου,[43] συμ-
πεπλεγμένους[44] εἰς τὸ ὕφασμα[45] τῆς ἐπωμίδος, ἵνα μὴ χαλᾶται[46] τὸ λογεῖον ἀπὸ τῆς
ἐπωμίδος, καθὰ[47] συνέταξεν[48] κύριος τῷ Μωυσῇ.

29 Καὶ ἐποίησαν τὸν ὑποδύτην[49] ὑπὸ τὴν ἐπωμίδα,[50] ἔργον ὑφαντὸν[51] ὅλον
ὑακίνθινον·[52] **30** τὸ δὲ περιστόμιον[53] τοῦ ὑποδύτου[54] ἐν τῷ μέσῳ διυφασμένον[55]

1 ἐμπλόκιον, braided work
2 χρυσίον, gold
3 καθαρός, pure
4 ἀσπιδίσκη, shield
5 χρυσοῦς, gold
6 δακτύλιος, ring
7 ἀμφότεροι, both
8 ἀρχή, corner
9 λογεῖον, oracular breast pouch
10 ἐμπλόκιον, braided work
11 χρυσίον, gold
12 δακτύλιος, ring
13 ἀμφότεροι, both
14 λογεῖον, oracular breast pouch
15 συμβολή, coupling
16 ἐμπλόκιον, braided work
17 ἀσπιδίσκη, shield
18 ὦμος, shoulder
19 ἐπωμίς, shoulder piece
20 ἐναντίος, opposite
21 δακτύλιος, ring
22 χρυσοῦς, gold
23 πτερυγίον, wing
24 ἄκρος, topmost
25 λογεῖον, oracular breast pouch
26 ὀπίσθιος, rear
27 ἐπωμίς, shoulder piece
28 ἔσωθεν, within, inward
29 δακτύλιος, ring
30 χρυσοῦς, gold
31 ἀμφότεροι, both
32 ὦμος, shoulder
33 ἐπωμίς, shoulder piece
34 κάτωθεν, under
35 συμβολή, coupling
36 ἄνωθεν, above
37 συνυφή, woven strap
38 συσφίγγω, *aor act ind 3s*, fasten
39 λογεῖον, oracular breast pouch
40 δακτύλιος, ring
41 ἐπωμίς, shoulder piece
42 συνέχω, *pres pas ptc acc p m*, enclose
43 ὑάκινθος, blue
44 συμπλέκω, *perf pas ptc acc p m*, interweave
45 ὕφασμα, woven cloth
46 χαλάω, *pres mid sub 3s*, loosen
47 καθά, as
48 συντάσσω, *aor act ind 3s*, order, instruct
49 ὑποδύτης, undergarment
50 ἐπωμίς, shoulder piece
51 ὑφαντός, woven
52 ὑακίνθινος, blue
53 περιστόμιον, edge
54 ὑποδύτης, undergarment
55 διυφαίνω, *perf pas ptc nom s n*, interweave

συμπλεκτόν,[1] ᾦαν[2] ἔχον κύκλῳ[3] τὸ περιστόμιον ἀδιάλυτον.[4] **31** καὶ ἐποίησαν ἐπὶ τοῦ
λώματος[5] τοῦ ὑποδύτου[6] κάτωθεν[7] ὡς ἐξανθούσης[8] ῥόας[9] ῥοίσκους[10] ἐξ ὑακίνθου[11]
καὶ πορφύρας[12] καὶ κοκκίνου[13] νενησμένου[14] καὶ βύσσου[15] κεκλωσμένης[16] **32** καὶ
ἐποίησαν κώδωνας[17] χρυσοῦς[18] καὶ ἐπέθηκαν τοὺς κώδωνας ἐπὶ τὸ λῶμα[19] τοῦ
ὑποδύτου[20] κύκλῳ[21] ἀνὰ μέσον[22] τῶν ῥοίσκων·[23] **33** κώδων[24] χρυσοῦς[25] καὶ ῥοίσκος[26]
ἐπὶ τοῦ λώματος[27] τοῦ ὑποδύτου[28] κύκλῳ[29] εἰς τὸ λειτουργεῖν,[30] καθὰ[31] συνέταξεν[32]
κύριος τῷ Μωυσῇ.

34 Καὶ ἐποίησαν χιτῶνας[33] βυσσίνους[34] ἔργον ὑφαντὸν[35] Αρων καὶ τοῖς υἱοῖς αὐτοῦ
35 καὶ τὰς κιδάρεις[36] ἐκ βύσσου[37] καὶ τὴν μίτραν[38] ἐκ βύσσου καὶ τὰ περισκελῆ[39]
ἐκ βύσσου κεκλωσμένης[40] **36** καὶ τὰς ζώνας[41] αὐτῶν ἐκ βύσσου[42] καὶ ὑακίνθου[43]
καὶ πορφύρας[44] καὶ κοκκίνου[45] νενησμένου,[46] ἔργον ποικιλτοῦ,[47] ὃν τρόπον[48] συνέ-
ταξεν[49] κύριος τῷ Μωυσῇ.

37 Καὶ ἐποίησαν τὸ πέταλον[50] τὸ χρυσοῦν,[51] ἀφόρισμα[52] τοῦ ἁγίου, χρυσίου κα-
θαροῦ·[53] καὶ ἔγραψεν ἐπ᾽ αὐτοῦ γράμματα[54] ἐκτετυπωμένα[55] σφραγῖδος[56] Ἁγίασμα[57]

1 συμπλεκτός, woven together
2 ᾦα, collar
3 κύκλῳ, round about
4 ἀδιάλυτος, untearable
5 λῶμα, hem, fringe
6 ὑποδύτης, undergarment
7 κάτωθεν, below, under
8 ἐξανθέω, *pres act ptc gen s f*, bloom
9 ῥόα, pomegranate
10 ῥοΐσκος, pomegranate tree
11 ὑάκινθος, blue
12 πορφύρα, purple
13 κόκκινος, scarlet
14 νήθω, *perf pas ptc gen s n*, spin
15 βύσσος, linen
16 κλώθω, *perf pas ptc gen s f*, twist
17 κώδων, bell
18 χρυσοῦς, gold
19 λῶμα, hem, fringe
20 ὑποδύτης, undergarment
21 κύκλῳ, round about
22 ἀνὰ μέσον, between
23 ῥοΐσκος, pomegranate tree
24 κώδων, bell
25 χρυσοῦς, gold
26 ῥοΐσκος, pomegranate tree
27 λῶμα, hem, fringe
28 ὑποδύτης, undergarment
29 κύκλῳ, round about
30 λειτουργέω, *pres act inf*, minister
31 καθά, as
32 συντάσσω, *aor act ind 3s*, order, instruct
33 χιτών, tunic
34 βύσσινος, of linen
35 ὑφαντός, woven
36 κίδαρις, priestly headdress
37 βύσσος, linen
38 μίτρα, headdress
39 περισκελής, legging
40 κλώθω, *perf pas ptc gen s f*, twist
41 ζωνή, sash
42 βύσσος, linen
43 ὑάκινθος, blue
44 πορφύρα, purple
45 κόκκινος, scarlet
46 νήθω, *perf pas ptc gen s n*, spin
47 ποικιλτής, embroiderer
48 ὃν τρόπον, in the manner that
49 συντάσσω, *aor act ind 3s*, order, instruct
50 πέταλον, leaf
51 χρυσοῦς, gold
52 ἀφόρισμα, choice portion
53 καθαρός, pure
54 γράμμα, writing
55 ἐκτυπόω, *perf pas ptc acc p n*, work in relief
56 σφραγίς, seal
57 ἁγίασμα, holiness

κυρίῳ· **38** καὶ ἐπέθηκαν ἐπ᾽ αὐτὸ λῶμα[1] ὑακίνθινον[2] ὥστε ἐπικεῖσθαι[3] ἐπὶ τὴν μίτραν[4]
ἄνωθεν,[5] ὃν τρόπον[6] συνέταξεν[7] κύριος τῷ Μωυσῇ.

37 Καὶ ἐποίησαν τῇ σκηνῇ[8] δέκα[9] αὐλαίας,[10] **2** ὀκτὼ[11] καὶ εἴκοσι[12] πήχεων[13]
μῆκος[14] τῆς αὐλαίας[15] τῆς μιᾶς — τὸ αὐτὸ ἦσαν πᾶσαι — καὶ τεσσάρων πηχῶν
τὸ εὖρος[16] τῆς αὐλαίας τῆς μιᾶς. **3** καὶ ἐποίησαν τὸ καταπέτασμα[17] ἐξ ὑακίνθου[18]
καὶ πορφύρας[19] καὶ κοκκίνου[20] νενησμένου[21] καὶ βύσσου[22] κεκλωσμένης,[23] ἔργον
ὑφάντου[24] χερουβιμ,[25] **4** καὶ ἐπέθηκαν αὐτὸ ἐπὶ τέσσαρας στύλους[26] ἀσήπτους[27]
κατακεχρυσωμένους[28] ἐν χρυσίῳ,[29] καὶ αἱ κεφαλίδες[30] αὐτῶν χρυσαῖ, καὶ αἱ βάσεις[31]
αὐτῶν τέσσαρες ἀργυραῖ.[32] **5** καὶ ἐποίησαν τὸ καταπέτασμα[33] τῆς θύρας τῆς σκηνῆς[34]
τοῦ μαρτυρίου[35] ἐξ ὑακίνθου[36] καὶ πορφύρας[37] καὶ κοκκίνου[38] νενησμένου[39] καὶ
βύσσου[40] κεκλωσμένης,[41] ἔργον ὑφάντου[42] χερουβιμ,[43] **6** καὶ τοὺς στύλους[44] αὐτοῦ
πέντε καὶ τοὺς κρίκους·[45] καὶ τὰς κεφαλίδας[46] αὐτῶν καὶ τὰς ψαλίδας[47] αὐτῶν
κατεχρύσωσαν[48] χρυσίῳ,[49] καὶ αἱ βάσεις[50] αὐτῶν πέντε χαλκαῖ.[51]

7 Καὶ ἐποίησαν τὴν αὐλήν·[52] τὰ πρὸς λίβα[53] ἱστία[54] τῆς αὐλῆς ἐκ βύσσου[55]
κεκλωσμένης[56] ἑκατὸν[57] ἐφ᾽ ἑκατόν, **8** καὶ οἱ στῦλοι[58] αὐτῶν εἴκοσι,[59] καὶ αἱ

1 λῶμα, hem, fringe
2 ὑακίνθινος, blue
3 ἐπίκειμαι, *pres pas inf*, lay upon
4 μίτρα, headdress
5 ἄνωθεν, above
6 ὃν τρόπον, in the manner that
7 συντάσσω, *aor act ind 3s*, order, instruct
8 σκηνή, tent
9 δέκα, ten
10 αὐλαία, curtain
11 ὀκτώ, eight
12 εἴκοσι, twenty
13 πῆχυς, cubit
14 μῆκος, length
15 αὐλαία, curtain
16 εὖρος, width
17 καταπέτασμα, veil
18 ὑάκινθος, blue
19 πορφύρα, purple
20 κόκκινος, scarlet
21 νήθω, *perf pas ptc gen s n*, spin
22 βύσσος, linen
23 κλώθω, *perf pas ptc gen s f*, twist
24 ὑφάντης, weaver
25 χερουβιμ, cherubim, *translit.*
26 στῦλος, pillar, (upright) pole
27 ἄσηπτος, not rotten
28 καταχρυσόω, *perf pas ptc acc p m*, gild
29 χρυσίον, gold
30 κεφαλίς, capital
31 βάσις, base
32 ἀργυροῦς, silver
33 καταπέτασμα, veil
34 σκηνή, tent
35 μαρτύριον, witness
36 ὑάκινθος, blue
37 πορφύρα, purple
38 κόκκινος, scarlet
39 νήθω, *perf pas ptc gen s n*, spin
40 βύσσος, linen
41 κλώθω, *perf pas ptc gen s f*, twist
42 ὑφάντης, weaver
43 χερουβιμ, cherubim, *translit.*
44 στῦλος, pillar, (upright) pole
45 κρίκος, ring
46 κεφαλίς, capital
47 ψαλίς, ring
48 καταχρυσόω, *aor act ind 3p*, gild
49 χρυσίον, gold
50 βάσις, base
51 χαλκοῦς, bronze
52 αὐλή, courtyard
53 λίψ, south
54 ἱστίον, hanging
55 βύσσος, linen
56 κλώθω, *perf pas ptc gen s f*, twist
57 ἑκατόν, hundred
58 στῦλος, pillar, (upright) pole
59 εἴκοσι, twenty

βάσεις[1] αὐτῶν εἴκοσι· **9** καὶ τὸ κλίτος[2] τὸ πρὸς βορρᾶν[3] ἑκατὸν[4] ἐφ᾽ ἑκατόν, καὶ
οἱ στῦλοι[5] αὐτῶν εἴκοσι,[6] καὶ αἱ βάσεις[7] αὐτῶν εἴκοσι· **10** καὶ τὸ κλίτος[8] τὸ πρὸς
θάλασσαν αὐλαῖαι[9] πεντήκοντα[10] πήχεων,[11] στῦλοι[12] αὐτῶν δέκα,[13] καὶ αἱ βάσεις[14]
αὐτῶν δέκα· **11** καὶ τὸ κλίτος[15] τὸ πρὸς ἀνατολὰς[16] πεντήκοντα[17] πήχεων,[18]
12 ἱστία[19] πεντεκαίδεκα[20] πήχεων[21] τὸ κατὰ νώτου,[22] καὶ οἱ στῦλοι[23] αὐτῶν τρεῖς,
καὶ αἱ βάσεις[24] αὐτῶν τρεῖς, **13** καὶ ἐπὶ τοῦ νώτου[25] τοῦ δευτέρου ἔνθεν[26] καὶ ἔνθεν[27]
κατὰ τὴν πύλην[28] τῆς αὐλῆς[29] αὐλαῖαι[30] πεντεκαίδεκα[31] πήχεων,[32] καὶ οἱ στῦλοι[33]
αὐτῶν τρεῖς, καὶ αἱ βάσεις[34] αὐτῶν τρεῖς. **14** πᾶσαι αἱ αὐλαῖαι[35] τῆς αὐλῆς[36] ἐκ
βύσσου[37] κεκλωσμένης,[38] **15** καὶ αἱ βάσεις[39] τῶν στύλων[40] χαλκαῖ,[41] καὶ αἱ ἀγκύλαι[42]
αὐτῶν ἀργυραῖ,[43] καὶ αἱ κεφαλίδες[44] αὐτῶν περιηργυρωμέναι[45] ἀργυρίῳ, καὶ οἱ
στῦλοι[46] περιηργυρωμένοι[47] ἀργυρίῳ, πάντες οἱ στῦλοι τῆς αὐλῆς.[48] — **16** καὶ
τὸ καταπέτασμα[49] τῆς πύλης[50] τῆς αὐλῆς[51] ἔργον ποικιλτοῦ[52] ἐξ ὑακίνθου[53] καὶ
πορφύρας[54] καὶ κοκκίνου[55] νενησμένου[56] καὶ βύσσου[57] κεκλωσμένης,[58] εἴκοσι[59]
πήχεων[60] τὸ μῆκος,[61] καὶ τὸ ὕψος[62] καὶ τὸ εὖρος[63] πέντε πήχεων ἐξισούμενον[64] τοῖς

1 βάσις, base
2 κλίτος, side
3 βορρᾶς, north
4 ἑκατόν, hundred
5 στῦλος, pillar, (upright) pole
6 εἴκοσι, twenty
7 βάσις, base
8 κλίτος, side
9 αὐλαία, curtain
10 πεντήκοντα, fifty
11 πῆχυς, cubit
12 στῦλος, pillar, (upright) pole
13 δέκα, ten
14 βάσις, base
15 κλίτος, side
16 ἀνατολή, east
17 πεντήκοντα, fifty
18 πῆχυς, cubit
19 ἱστίον, hanging
20 πεντεκαίδεκα, fifteen
21 πῆχυς, cubit
22 νῶτον, back, rear
23 στῦλος, pillar, (upright) pole
24 βάσις, base
25 νῶτον, back, rear
26 ἔνθεν, on this
27 ἔνθεν, on that
28 πύλη, gate, door
29 αὐλή, courtyard
30 αὐλαία, curtain
31 πεντεκαίδεκα, fifteen
32 πῆχυς, cubit
33 στῦλος, pillar, (upright) pole
34 βάσις, base
35 αὐλαία, curtain
36 αὐλή, courtyard
37 βύσσος, linen
38 κλώθω, *perf pas ptc gen s f*, twist
39 βάσις, base
40 στῦλος, pillar, (upright) pole
41 χαλκοῦς, bronze
42 ἀγκύλη, loop
43 ἀργυροῦς, silver
44 κεφαλίς, capital
45 περιαργυρόω, *perf pas ptc nom p f*, overlay with silver
46 στῦλος, pillar, (upright) pole
47 περιαργυρόω, *perf pas ptc nom p m*, overlay with silver
48 αὐλή, courtyard
49 καταπέτασμα, veil
50 πύλη, gate, door
51 αὐλή, courtyard
52 ποικιλτής, embroiderer
53 ὑάκινθος, blue
54 πορφύρα, purple
55 κόκκινος, scarlet
56 νήθω, *perf pas ptc gen s n*, spin
57 βύσσος, linen
58 κλώθω, *perf pas ptc gen s f*, twist
59 εἴκοσι, twenty
60 πῆχυς, cubit
61 μῆκος, length
62 ὕψος, height
63 εὖρος, width
64 ἐξισόω, *pres pas ptc nom s n*, make equal to

ἱστίοις[1] τῆς αὐλῆς·[2] **17** καὶ οἱ στῦλοι[3] αὐτῶν τέσσαρες, καὶ αἱ βάσεις[4] αὐτῶν τέσσαρες χαλκαῖ,[5] καὶ αἱ ἀγκύλαι[6] αὐτῶν ἀργυραῖ,[7] καὶ αἱ κεφαλίδες[8] αὐτῶν περιηργυρωμέναι[9] ἀργυρίῳ· **18** καὶ αὐτοὶ περιηργυρωμένοι[10] ἀργυρίῳ,[11] καὶ πάντες οἱ πάσσαλοι[12] τῆς αὐλῆς[13] κύκλῳ[14] χαλκοῖ.[15]

19 Καὶ αὕτη ἡ σύνταξις[16] τῆς σκηνῆς[17] τοῦ μαρτυρίου,[18] καθὰ[19] συνετάγη[20] Μωυσῇ
τὴν λειτουργίαν[21] εἶναι τῶν Λευιτῶν διὰ Ιθαμαρ τοῦ υἱοῦ Ααρων τοῦ ἱερέως. **20** καὶ
Βεσελεηλ ὁ τοῦ Ουριου ἐκ φυλῆς Ιουδα ἐποίησεν καθὰ[22] συνέταξεν[23] κύριος τῷ
Μωυσῇ, **21** καὶ Ελιαβ ὁ τοῦ Αχισαμακ ἐκ τῆς φυλῆς Δαν, ὃς ἠρχιτεκτόνησεν[24] τὰ
ὑφαντὰ[25] καὶ τὰ ῥαφιδευτὰ[26] καὶ ποικιλτικὰ[27] ὑφᾶναι[28] τῷ κοκκίνῳ[29] καὶ τῇ βύσσῳ.[30]

Completion of the Tent

38 Καὶ ἐποίησεν Βεσελεηλ τὴν κιβωτὸν[31] **2** καὶ κατεχρύσωσεν[32] αὐτὴν χρυ-
σίῳ[33] καθαρῷ[34] ἔσωθεν[35] καὶ ἔξωθεν.[36] **3** καὶ ἐχώνευσεν[37] αὐτῇ τέσσαρας
δακτυλίους[38] χρυσοῦς,[39] δύο ἐπὶ τὸ κλίτος[40] τὸ ἓν καὶ δύο ἐπὶ τὸ κλίτος τὸ δεύ-
τερον, **4** εὐρεῖς[41] τοῖς διωστῆρσιν[42] ὥστε αἴρειν αὐτὴν ἐν αὐτοῖς. **5** καὶ ἐποίησεν
τὸ ἱλαστήριον[43] ἐπάνωθεν[44] τῆς κιβωτοῦ[45] ἐκ χρυσίου[46] **6** καὶ τοὺς δύο χερουβιμ[47]
χρυσοῦς,[48] **7** χερουβ[49] ἕνα ἐπὶ τὸ ἄκρον[50] τοῦ ἱλαστηρίου[51] τὸ ἓν καὶ χερουβ ἕνα ἐπὶ

1 ἱστίον, hanging
2 αὐλή, courtyard
3 στῦλος, pillar, (upright) pole
4 βάσις, base
5 χαλκοῦς, bronze
6 ἀγκύλη, loop
7 ἀργυροῦς, silver
8 κεφαλίς, capital
9 περιαργυρόω, *perf pas ptc nom p f*, overlay with silver
10 περιαργυρόω, *perf pas ptc nom p m*, overlay with silver
11 ἀργύριον, silver
12 πάσσαλος, peg
13 αὐλή, courtyard
14 κύκλῳ, round about
15 χαλκοῦς, bronze
16 σύνταξις, arrangement
17 σκηνή, tent
18 μαρτύριον, witness
19 καθά, just as
20 συντάσσω, *aor pas ind 3s*, order, instruct
21 λειτουργία, liturgical service, ministry
22 καθά, just as
23 συντάσσω, *aor act ind 3s*, order, instruct
24 ἀρχιτεκτονέω, *aor act ind 3s*, craft, contrive
25 ὑφαντός, of weaving, woven
26 ῥαφιδευτός, of needlework
27 ποικιλτικός, of embroidery
28 ὑφαίνω, *aor act inf*, weave
29 κόκκινος, scarlet
30 βύσσος, linen
31 κιβωτός, chest, ark (of the covenant)
32 καταχρυσόω, *aor act ind 3s*, gild
33 χρυσίον, gold
34 καθαρός, pure
35 ἔσωθεν, inside
36 ἔξωθεν, outside
37 χωνεύω, *aor act ind 3s*, cast
38 δακτύλιος, ring
39 χρυσοῦς, gold
40 κλίτος, side
41 εὐρύς, wide enough
42 διωστήρ, carrying pole
43 ἱλαστήριον, mercy seat, place of propitiation
44 ἐπάνωθεν, above
45 κιβωτός, chest, ark (of the covenant)
46 χρυσίον, gold
47 χερουβιμ, cherubim, *translit.*
48 χρυσοῦς, gold
49 χερουβ, cherub, *translit.*
50 ἄκρος, top, end
51 ἱλαστήριον, mercy seat, place of propitiation

τὸ ἄκρον τὸ δεύτερον τοῦ ἱλαστηρίου, **8** σκιάζοντα[1] ταῖς πτέρυξιν[2] αὐτῶν ἐπὶ τὸ
ἱλαστήριον.[3]

9 Καὶ ἐποίησεν τὴν τράπεζαν[4] τὴν προκειμένην[5] ἐκ χρυσίου[6] καθαροῦ·[7] **10** καὶ ἐχώ-
νευσεν[8] αὐτῇ τέσσαρας δακτυλίους,[9] δύο ἐπὶ τοῦ κλίτους[10] τοῦ ἑνὸς καὶ δύο ἐπὶ
τοῦ κλίτους τοῦ δευτέρου, εὐρεῖς[11] ὥστε αἴρειν τοῖς διωστῆρσιν[12] ἐν αὐτοῖς. **11** καὶ
τοὺς διωστῆρας[13] τῆς κιβωτοῦ[14] καὶ τῆς τραπέζης[15] ἐποίησεν καὶ κατεχρύσωσεν[16]
αὐτοὺς χρυσίῳ.[17] **12** καὶ ἐποίησεν τὰ σκεύη[18] τῆς τραπέζης,[19] τά τε τρύβλια[20] καὶ τὰς
θυίσκας[21] καὶ τοὺς κυάθους[22] καὶ τὰ σπονδεῖα,[23] ἐν οἷς σπείσει[24] ἐν αὐτοῖς, χρυσᾶ.[25]

13 Καὶ ἐποίησεν τὴν λυχνίαν,[26] ἣ φωτίζει,[27] χρυσῆν,[28] στερεὰν[29] τὸν καυλόν,[30] **14** καὶ
τοὺς καλαμίσκους[31] ἐξ ἀμφοτέρων[32] τῶν μερῶν αὐτῆς· **15** ἐκ τῶν καλαμίσκων[33]
αὐτῆς οἱ βλαστοὶ[34] ἐξέχοντες,[35] τρεῖς ἐκ τούτου καὶ τρεῖς ἐκ τούτου, ἐξισούμενοι[36]
ἀλλήλοις·[37] **16** καὶ τὰ λαμπαδεῖα[38] αὐτῶν, ἅ ἐστιν ἐπὶ τῶν ἄκρων,[39] καρυωτὰ[40] ἐξ
αὐτῶν· καὶ τὰ ἐνθέμια[41] ἐξ αὐτῶν, ἵνα ὦσιν ἐπ᾽ αὐτῶν οἱ λύχνοι,[42] καὶ τὸ ἐνθέμιον
τὸ ἕβδομον[43] ἀπ᾽ ἄκρου[44] τοῦ λαμπαδείου[45] ἐπὶ τῆς κορυφῆς[46] ἄνωθεν,[47] στερεὸν[48]
ὅλον χρυσοῦν·[49] **17** καὶ ἑπτὰ λύχνους[50] ἐπ᾽ αὐτῆς χρυσοῦς[51] καὶ τὰς λαβίδας[52] αὐτῆς
χρυσᾶς καὶ τὰς ἐπαρυστρίδας[53] αὐτῶν χρυσᾶς.

1 σκιάζω, *pres act ptc acc s m*, overshadow
2 πτέρυξ, wing
3 ἱλαστήριον, mercy seat, place of propitiation
4 τράπεζα, table
5 πρόκειμαι, *pres pas ptc acc s f*, present
6 χρυσίον, gold
7 καθαρός, pure
8 χωνεύω, *aor act ind 3s*, cast
9 δακτύλιος, ring
10 κλίτος, side
11 εὐρύς, wide enough
12 διωστήρ, carrying pole
13 διωστήρ, carrying pole
14 κιβωτός, chest, ark (of the covenant)
15 τράπεζα, table
16 καταχρυσόω, *aor act ind 3s*, gild
17 χρυσίον, gold
18 σκεῦος, utensil
19 τράπεζα, table
20 τρύβλιον, bowl
21 θυίσκη, censer
22 κύαθος, cup
23 σπονδεῖον, pouring cup
24 σπένδω, *fut act ind 3s*, pour a drink offering
25 χρυσοῦς, gold
26 λυχνία, lampstand
27 φωτίζω, *pres act ind 3s*, give light
28 χρυσοῦς, gold
29 στερεός, solid, strong
30 καυλός, stem
31 καλαμίσκος, branch
32 ἀμφότεροι, both
33 καλαμίσκος, branch
34 βλαστός, shoot, bud, blossom
35 ἐξέχω, *pres act ptc nom p m*, project
36 ἐξισόω, *pres pas ptc nom p m*, make equal to
37 ἀλλήλων, one another
38 λαμπάδιον, lamp bowl
39 ἄκρος, end
40 καρυωτός, almond-like
41 ἐνθέμιον, socket
42 λύχνος, lamp
43 ἕβδομος, seventh
44 ἄκρος, end
45 λαμπάδιον, lamp-holder
46 κορυφή, top, extremity
47 ἄνωθεν, above
48 στερεός, solid, strong
49 χρυσοῦς, gold
50 λύχνος, lamp
51 χρυσοῦς, gold
52 λαβίς, snuffer
53 ἐπαρυστρίς, pouring vessel

18 Οὗτος περιηργύρωσεν[1] τοὺς στύλους[2] καὶ ἐχώνευσεν[3] τῷ στύλῳ δακτυλίους[4]
χρυσοῦς[5] καὶ ἐχρύσωσεν[6] τοὺς μοχλοὺς[7] χρυσίῳ καὶ κατεχρύσωσεν[8] τοὺς στύλους
τοῦ καταπετάσματος[9] χρυσίῳ καὶ ἐποίησεν τὰς ἀγκύλας[10] χρυσᾶς. **19** οὗτος ἐποίησεν
καὶ τοὺς κρίκους[11] τῆς σκηνῆς[12] χρυσοῦς[13] καὶ τοὺς κρίκους τῆς αὐλῆς[14] καὶ κρίκους
εἰς τὸ ἐκτείνειν[15] τὸ κατακάλυμμα[16] ἄνωθεν[17] χαλκοῦς.[18] **20** οὗτος ἐχώνευσεν[19] τὰς
κεφαλίδας[20] τὰς ἀργυρᾶς[21] τῆς σκηνῆς[22] καὶ τὰς κεφαλίδας[23] τὰς χαλκᾶς[24] τῆς θύρας
τῆς σκηνῆς καὶ τὴν πύλην[25] τῆς αὐλῆς[26] καὶ ἀγκύλας[27] ἐποίησεν τοῖς στύλοις[28]
ἀργυρᾶς ἐπὶ τῶν στύλων· οὗτος περιηργύρωσεν[29] αὐτάς. **21** οὗτος ἐποίησεν καὶ
τοὺς πασσάλους[30] τῆς σκηνῆς[31] καὶ τοὺς πασσάλους[32] τῆς αὐλῆς[33] χαλκοῦς.[34]

22 οὗτος ἐποίησεν τὸ θυσιαστήριον[35] τὸ χαλκοῦν[36] ἐκ τῶν πυρείων[37] τῶν χαλκῶν,
ἃ ἦσαν τοῖς ἀνδράσιν τοῖς καταστασιάσασι[38] μετὰ τῆς Κορε συναγωγῆς. **23** οὗτος
ἐποίησεν πάντα τὰ σκεύη[39] τοῦ θυσιαστηρίου[40] καὶ τὸ πυρεῖον[41] αὐτοῦ καὶ τὴν
βάσιν[42] καὶ τὰς φιάλας[43] καὶ τὰς κρεάγρας[44] χαλκᾶς.[45] **24** οὗτος ἐποίησεν τῷ θυσι-
αστηρίῳ[46] παράθεμα,[47] ἔργον δικτυωτόν,[48] κάτωθεν[49] τοῦ πυρείου[50] ὑπὸ αὐτὸ ἕως
τοῦ ἡμίσους[51] αὐτοῦ καὶ ἐπέθηκεν αὐτῷ τέσσαρας δακτυλίους ἐκ τῶν τεσσάρων
μερῶν τοῦ παραθέματος[52] τοῦ θυσιαστηρίου χαλκοῦς,[53] τοῖς μοχλοῖς[54] εὐρεῖς[55] ὥστε
αἴρειν τὸ θυσιαστήριον ἐν αὐτοῖς.

1 περιαργυρόω, *aor act ind 3s*, overlay with silver
2 στῦλος, pillar, (upright) pole
3 χωνεύω, *aor act ind 3s*, cast
4 δακτύλιος, ring
5 χρυσοῦς, gold
6 χρυσόω, *aor act ind 3s*, gild
7 μοχλός, bar
8 καταχρυσόω, *aor act ind 3s*, gild
9 καταπέτασμα, veil
10 ἀγκύλη, loop
11 κρίκος, ring, clasp
12 σκηνή, tent
13 χρυσοῦς, gold
14 αὐλή, courtyard
15 ἐκτείνω, *pres act inf*, stretch out
16 κατακάλυμμα, covering
17 ἄνωθεν, from above
18 χαλκοῦς, bronze
19 χωνεύω, *aor act ind 3s*, cast
20 κεφαλίς, capital
21 ἀργυροῦς, silver
22 σκηνή, tent
23 κεφαλίς, capital
24 χαλκοῦς, bronze
25 πύλη, gate, door
26 αὐλή, courtyard
27 ἀγκύλη, loop
28 στῦλος, pillar, (upright) pole
29 περιαργυρόω, *aor act ind 3s*, overlay with silver
30 πάσσαλος, peg
31 σκηνή, tent
32 πάσσαλος, peg
33 αὐλή, courtyard
34 χαλκοῦς, bronze
35 θυσιαστήριον, altar
36 χαλκοῦς, bronze
37 πυρεῖον, pan for coals
38 καταστασιάζω, *aor act ptc dat p m*, revolt
39 σκεῦος, equipment
40 θυσιαστήριον, altar
41 πυρεῖον, pan for coals
42 βάσις, base
43 φιάλη, shallow bowl
44 κρεάγρα, meat hook
45 χαλκοῦς, bronze
46 θυσιαστήριον, altar
47 παράθεμα, attachment
48 δικτυωτός, latticed
49 κάτωθεν, below
50 πυρεῖον, pan for coals
51 ἥμισυς, half
52 παράθεμα, attachment
53 χαλκοῦς, bronze
54 μοχλός, bar
55 εὐρύς, wide enough

25 οὗτος ἐποίησεν τὸ ἔλαιον[1] τῆς χρίσεως[2] τὸ ἅγιον καὶ τὴν σύνθεσιν[3] τοῦ θυμι-
άματος,[4] καθαρὸν[5] ἔργον μυρεψοῦ.[6] **26** οὗτος ἐποίησεν τὸν λουτῆρα[7] χαλκοῦν[8] καὶ
τὴν βάσιν[9] αὐτοῦ χαλκῆν ἐκ τῶν κατόπτρων[10] τῶν νηστευσασῶν,[11] αἳ ἐνήστευσαν[12]
παρὰ τὰς θύρας τῆς σκηνῆς[13] τοῦ μαρτυρίου[14] ἐν ᾗ ἡμέρᾳ ἔπηξεν[15] αὐτήν· **27** καὶ
ἐποίησεν τὸν λουτῆρα,[16] ἵνα νίπτωνται[17] ἐξ αὐτοῦ Μωυσῆς καὶ Ααρων καὶ οἱ υἱοὶ
αὐτοῦ τὰς χεῖρας αὐτῶν καὶ τοὺς πόδας· εἰσπορευομένων[18] αὐτῶν εἰς τὴν σκηνὴν[19]
τοῦ μαρτυρίου[20] ἢ ὅταν προσπορεύωνται[21] πρὸς τὸ θυσιαστήριον[22] λειτουργεῖν,[23]
ἐνίπτοντο[24] ἐξ αὐτοῦ, καθάπερ[25] συνέταξεν[26] κύριος τῷ Μωυσῇ.

Cost of the Tent

39 Πᾶν τὸ χρυσίον,[27] ὃ κατειργάσθη[28] εἰς τὰ ἔργα κατὰ πᾶσαν τὴν ἐργασίαν[29]
τῶν ἁγίων, ἐγένετο χρυσίου τοῦ τῆς ἀπαρχῆς[30] ἐννέα[31] καὶ εἴκοσι[32] τάλαντα[33]
καὶ ἑπτακόσιοι[34] εἴκοσι σίκλοι[35] κατὰ τὸν σίκλον τὸν ἅγιον· **2** καὶ ἀργυρίου[36] ἀφαί-
ρεμα[37] παρὰ τῶν ἐπεσκεμμένων[38] ἀνδρῶν τῆς συναγωγῆς ἑκατὸν[39] τάλαντα[40] καὶ
χίλιοι[41] ἑπτακόσιοι[42] ἑβδομήκοντα[43] πέντε σίκλοι,[44] **3** δραχμὴ[45] μία τῇ κεφαλῇ τὸ
ἥμισυ[46] τοῦ σίκλου[47] κατὰ τὸν σίκλον τὸν ἅγιον, πᾶς ὁ παραπορευόμενος[48] τὴν
ἐπίσκεψιν[49] ἀπὸ εἰκοσαετοῦς[50] καὶ ἐπάνω[51] εἰς τὰς ἑξήκοντα[52] μυριάδας[53] καὶ τρι-

1 ἔλαιον, oil
2 χρῖσις, anointing
3 σύνθεσις, mixture, compound
4 θυμίαμα, incense
5 καθαρός, pure
6 μυρεψός, perfumer
7 λουτήρ, washbasin
8 χαλκοῦς, bronze
9 βάσις, base
10 κάτοπτρον, mirror
11 νηστεύω, *aor act ptc gen p f*, fast
12 νηστεύω, *aor act ind 3p*, fast
13 σκηνή, tent
14 μαρτύριον, witness
15 πήγνυμι, *aor act ind 3s*, put together, pitch
16 λουτήρ, washbasin
17 νίπτω, *pres mid sub 3p*, wash
18 εἰσπορεύομαι, *pres mid ptc gen p m*, enter
19 σκηνή, tent
20 μαρτύριον, witness
21 προσπορεύομαι, *pres mid sub 3p*, approach
22 θυσιαστήριον, altar
23 λειτουργέω, *pres act inf*, minister
24 νίπτω, *impf mid ind 3p*, wash
25 καθάπερ, just as
26 συντάσσω, *aor act ind 3s*, order, instruct
27 χρυσίον, gold
28 κατεργάζομαι, *aor pas ind 3s*, fashion
29 ἐργασία, work
30 ἀπαρχή, firstfruit
31 ἐννέα, nine
32 εἴκοσι, twenty
33 τάλαντον, talent
34 ἑπτακόσιοι, seven hundred
35 σίκλος, shekel, *Heb. LW*
36 ἀργύριον, silver
37 ἀφαίρεμα, choice portion
38 ἐπισκέπτομαι, *perf pas ptc gen p m*, take into account
39 ἑκατόν, hundred
40 τάλαντον, talent
41 χίλιοι, thousand
42 ἑπτακόσιοι, seven hundred
43 ἑβδομήκοντα, seventy
44 σίκλος, shekel, *Heb. LW*
45 δραχμή, drachma
46 ἥμισυς, half
47 σίκλος, shekel, *Heb. LW*
48 παραπορεύομαι, *pres mid ptc nom s m*, pass by
49 ἐπίσκεψις, census
50 εἰκοσαετής, twenty years old
51 ἐπάνω, above
52 ἑξήκοντα, sixty
53 μυριάς, ten thousand

σχίλιοι[1] πεντακόσιοι[2] καὶ πεντήκοντα.[3] **4** καὶ ἐγενήθη τὰ ἑκατὸν[4] τάλαντα[5] τοῦ
ἀργυρίου[6] εἰς τὴν χώνευσιν[7] τῶν ἑκατὸν κεφαλίδων[8] τῆς σκηνῆς[9] καὶ εἰς τὰς κεφα-
λίδας[10] τοῦ καταπετάσματος,[11] ἑκατὸν κεφαλίδες[12] εἰς τὰ ἑκατὸν τάλαντα, τάλαντον
τῇ κεφαλίδι. **5** καὶ τοὺς χιλίους[13] ἑπτακοσίους[14] ἑβδομήκοντα[15] πέντε σίκλους[16]
ἐποίησαν εἰς τὰς ἀγκύλας[17] τοῖς στύλοις,[18] καὶ κατεχρύσωσεν[19] τὰς κεφαλίδας[20]
αὐτῶν καὶ κατεκόσμησεν[21] αὐτούς.

6 καὶ ὁ χαλκὸς[22] τοῦ ἀφαιρέματος[23] ἑβδομήκοντα[24] τάλαντα[25] καὶ χίλιοι[26] πεντα-
κόσιοι[27] σίκλοι.[28] **7** καὶ ἐποίησεν ἐξ αὐτοῦ τὰς βάσεις[29] τῆς θύρας τῆς σκηνῆς[30]
τοῦ μαρτυρίου[31] **8** καὶ τὰς βάσεις[32] τῆς αὐλῆς[33] κύκλῳ[34] καὶ τὰς βάσεις τῆς πύλης[35]
τῆς αὐλῆς καὶ τοὺς πασσάλους[36] τῆς σκηνῆς[37] καὶ τοὺς πασσάλους[38] τῆς αὐλῆς
κύκλῳ **9** καὶ τὸ παράθεμα[39] τὸ χαλκοῦν[40] τοῦ θυσιαστηρίου[41] καὶ πάντα τὰ σκεύη[42]
τοῦ θυσιαστηρίου καὶ πάντα τὰ ἐργαλεῖα[43] τῆς σκηνῆς[44] τοῦ μαρτυρίου.[45] **10** καὶ
ἐποίησαν οἱ υἱοὶ Ισραηλ καθὰ[46] συνέταξεν[47] κύριος τῷ Μωυσῇ, οὕτως ἐποίησαν.

11 Τὸ δὲ λοιπὸν χρυσίον[48] τοῦ ἀφαιρέματος[49] ἐποίησαν σκεύη[50] εἰς τὸ λειτουργεῖν[51]
ἐν αὐτοῖς ἔναντι[52] κυρίου. **12** καὶ τὴν καταλειφθεῖσαν[53] ὑάκινθον[54] καὶ πορφύραν[55]

1 τρισχίλιοι, three thousand
2 πεντακόσιοι, five hundred
3 πεντήκοντα, fifty
4 ἑκατόν, hundred
5 τάλαντον, talent
6 ἀργύριον, silver
7 χώνευσις, casting
8 κεφαλίς, capital
9 σκηνή, tent
10 κεφαλίς, capital
11 καταπέτασμα, veil
12 κεφαλίς, capital
13 χίλιοι, thousand
14 ἑπτακόσιοι, seven hundred
15 ἑβδομήκοντα, seventy
16 σίκλος, shekel, *Heb. LW*
17 ἀγκύλη, loop
18 στῦλος, pillar, (upright) pole
19 καταχρυσόω, *aor act ind 3s*, gild
20 κεφαλίς, capital
21 κατακοσμέω, *aor act ind 3s*, decorate
22 χαλκός, bronze
23 ἀφαίρεμα, choice portion
24 ἑβδομήκοντα, seventy
25 τάλαντον, talent
26 χίλιοι, thousand
27 πεντακόσιοι, five hundred
28 σίκλος, shekel, *Heb. LW*
29 βάσις, base
30 σκηνή, tent
31 μαρτύριον, witness
32 βάσις, base
33 αὐλή, courtyard
34 κύκλῳ, all around
35 πύλη, gate, door
36 πάσσαλος, peg
37 σκηνή, tent
38 πάσσαλος, peg
39 παράθεμα, attachment
40 χαλκοῦς, bronze
41 θυσιαστήριον, altar
42 σκεῦος, equipment
43 ἐργαλεῖον, instrument, utensil
44 σκηνή, tent
45 μαρτύριον, witness
46 καθά, just as
47 συντάσσω, *aor act ind 3s*, order, instruct
48 χρυσίον, gold
49 ἀφαίρεμα, choice portion
50 σκεῦος, vessel, utensil
51 λειτουργέω, *pres act inf*, minister
52 ἔναντι, before
53 καταλείπω, *aor pas ptc acc s f*, leave behind
54 ὑάκινθος, blue
55 πορφύρα, purple

καὶ τὸ κόκκινον[1] ἐποίησαν στολὰς[2] λειτουργικὰς[3] Ααρων ὥστε λειτουργεῖν[4] ἐν
αὐταῖς ἐν τῷ ἁγίῳ.

Priestly Garments

13 Καὶ ἤνεγκαν τὰς στολὰς[5] πρὸς Μωυσῆν καὶ τὴν σκηνὴν[6] καὶ τὰ σκεύη[7] αὐτῆς
καὶ τὰς βάσεις[8] καὶ τοὺς μοχλοὺς[9] αὐτῆς καὶ τοὺς στύλους[10] **14** καὶ τὴν κιβωτὸν[11]
τῆς διαθήκης καὶ τοὺς διωστῆρας[12] αὐτῆς **15** καὶ τὸ θυσιαστήριον[13] καὶ πάντα τὰ
σκεύη[14] αὐτοῦ καὶ τὸ ἔλαιον[15] τῆς χρίσεως[16] καὶ τὸ θυμίαμα[17] τῆς συνθέσεως[18] **16** καὶ
τὴν λυχνίαν[19] τὴν καθαρὰν[20] καὶ τοὺς λύχνους[21] αὐτῆς, λύχνους τῆς καύσεως,[22] καὶ
τὸ ἔλαιον[23] τοῦ φωτὸς **17** καὶ τὴν τράπεζαν[24] τῆς προθέσεως[25] καὶ πάντα τὰ αὐτῆς
σκεύη[26] καὶ τοὺς ἄρτους τοὺς προκειμένους[27] **18** καὶ τὰς στολὰς[28] τοῦ ἁγίου, αἵ εἰσιν
Ααρων, καὶ τὰς στολὰς τῶν υἱῶν αὐτοῦ εἰς τὴν ἱερατείαν[29] **19** καὶ τὰ ἱστία[30] τῆς
αὐλῆς[31] καὶ τοὺς στύλους[32] καὶ τὸ καταπέτασμα[33] τῆς θύρας τῆς σκηνῆς[34] καὶ τῆς
πύλης[35] τῆς αὐλῆς καὶ πάντα τὰ σκεύη[36] τῆς σκηνῆς καὶ πάντα τὰ ἐργαλεῖα[37] αὐτῆς
20 καὶ τὰς διφθέρας[38] δέρματα[39] κριῶν[40] ἠρυθροδανωμένα[41] καὶ τὰ καλύμματα[42]
δέρματα ὑακίνθινα[43] καὶ τῶν λοιπῶν τὰ ἐπικαλύμματα[44] **21** καὶ τοὺς πασσάλους[45] καὶ
πάντα τὰ ἐργαλεῖα[46] τὰ εἰς τὰ ἔργα τῆς σκηνῆς[47] τοῦ μαρτυρίου·[48] **22** ὅσα συνέταξεν[49]
κύριος τῷ Μωυσῇ, οὕτως ἐποίησαν οἱ υἱοὶ Ισραηλ πᾶσαν τὴν ἀποσκευήν.[50] **23** καὶ
εἶδεν Μωυσῆς πάντα τὰ ἔργα, καὶ ἦσαν πεποιηκότες αὐτὰ ὃν τρόπον[51] συνέταξεν[52]
κύριος τῷ Μωυσῇ, οὕτως ἐποίησαν αὐτά· καὶ εὐλόγησεν αὐτοὺς Μωυσῆς.

1 κόκκινος, scarlet
2 στολή, garment
3 λειτουργικός, of ministry
4 λειτουργέω, *pres act inf*, minister
5 στολή, garment
6 σκηνή, tent
7 σκεῦος, furnishing
8 βάσις, base
9 μοχλός, bar
10 στῦλος, pillar, (upright) pole
11 κιβωτός, chest, ark (of the covenant)
12 διωστήρ, carrying pole
13 θυσιαστήριον, altar
14 σκεῦος, equipment, utensil
15 ἔλαιον, oil
16 χρῖσις, anointing
17 θυμίαμα, incense
18 σύνθεσις, mixture, compound
19 λυχνία, lampstand
20 καθαρός, pure
21 λύχνος, lamp
22 καῦσις, burning
23 ἔλαιον, oil
24 τράπεζα, table
25 πρόθεσις, presentation
26 σκεῦος, equipment, furnishing
27 πρόκειμαι, *pres pas ptc acc p m*, set forth
28 στολή, garment
29 ἱερατεία, priesthood
30 ἱστίον, hanging
31 αὐλή, courtyard
32 στῦλος, pillar, (upright) pole
33 καταπέτασμα, veil
34 σκηνή, tent
35 πύλη, gate, door
36 σκεῦος, furnishing
37 ἐργαλεῖον, instrument, utensil
38 διφθέρα, leather
39 δέρμα, skin, hide
40 κριός, ram
41 ἐρυθροδανόω, *perf pas ptc acc p n*, dye red
42 κάλυμμα, veil
43 ὑακίνθινος, blue
44 ἐπικάλυμμα, covering
45 πάσσαλος, peg
46 ἐργαλεῖον, instrument, utensil
47 σκηνή, tent
48 μαρτύριον, witness
49 συντάσσω, *aor act ind 3s*, order, instruct
50 ἀποσκευή, fixture, equipment
51 ὃν τρόπον, in the manner that
52 συντάσσω, *aor act ind 3s*, order, instruct

Setting Up the Tent

40 Καὶ ἐλάλησεν κύριος πρὸς Μωυσῆν λέγων **2** Ἐν ἡμέρᾳ μιᾷ τοῦ μηνὸς[1]
τοῦ πρώτου νουμηνίᾳ[2] στήσεις τὴν σκηνὴν[3] τοῦ μαρτυρίου[4] **3** καὶ θήσεις
τὴν κιβωτὸν[5] τοῦ μαρτυρίου[6] καὶ σκεπάσεις[7] τὴν κιβωτὸν τῷ καταπετάσματι[8]
4 καὶ εἰσοίσεις[9] τὴν τράπεζαν[10] καὶ προθήσεις[11] τὴν πρόθεσιν[12] αὐτῆς καὶ
εἰσοίσεις[13] τὴν λυχνίαν[14] καὶ ἐπιθήσεις τοὺς λύχνους[15] αὐτῆς **5** καὶ θήσεις τὸ
θυσιαστήριον[16] τὸ χρυσοῦν[17] εἰς τὸ θυμιᾶν[18] ἐναντίον[19] τῆς κιβωτοῦ[20] καὶ ἐπιθήσεις
κάλυμμα[21] καταπετάσματος[22] ἐπὶ τὴν θύραν τῆς σκηνῆς[23] τοῦ μαρτυρίου[24] **6** καὶ
τὸ θυσιαστήριον[25] τῶν καρπωμάτων[26] θήσεις παρὰ τὰς θύρας τῆς σκηνῆς[27] τοῦ
μαρτυρίου[28] **7** **8** καὶ περιθήσεις[29] τὴν σκηνὴν[30] καὶ πάντα τὰ αὐτῆς ἁγιάσεις[31]
κύκλῳ.[32] **9** καὶ λήμψῃ τὸ ἔλαιον[33] τοῦ χρίσματος[34] καὶ χρίσεις[35] τὴν σκηνὴν[36] καὶ
πάντα τὰ ἐν αὐτῇ καὶ ἁγιάσεις[37] αὐτὴν καὶ πάντα τὰ σκεύη[38] αὐτῆς, καὶ ἔσται
ἁγία. **10** καὶ χρίσεις[39] τὸ θυσιαστήριον[40] τῶν καρπωμάτων[41] καὶ πάντα αὐτοῦ τὰ
σκεύη[42] καὶ ἁγιάσεις[43] τὸ θυσιαστήριον, καὶ ἔσται τὸ θυσιαστήριον ἅγιον τῶν ἁγίων.
12 καὶ προσάξεις[44] Ααρων καὶ τοὺς υἱοὺς αὐτοῦ ἐπὶ τὰς θύρας τῆς σκηνῆς[45] τοῦ
μαρτυρίου[46] καὶ λούσεις[47] αὐτοὺς ὕδατι **13** καὶ ἐνδύσεις[48] Ααρων τὰς στολὰς[49] τὰς
ἁγίας καὶ χρίσεις[50] αὐτὸν καὶ ἁγιάσεις[51] αὐτόν, καὶ ἱερατεύσει[52] μοι· **14** καὶ τοὺς υἱοὺς

1 μήν, month
2 νουμηνία, new moon
3 σκηνή, tent
4 μαρτύριον, witness
5 κιβωτός, chest, ark (of the covenant)
6 μαρτύριον, witness, testimony
7 σκεπάζω, *fut act ind 2s*, cover
8 καταπέτασμα, veil
9 εἰσφέρω, *fut act ind 2s*, bring in
10 τράπεζα, table
11 προτίθημι, *fut act ind 2s*, set forth
12 πρόθεσις, presentation
13 εἰσφέρω, *fut act ind 2s*, bring in
14 λυχνία, lampstand
15 λύχνος, lamp
16 θυσιαστήριον, altar
17 χρυσοῦς, gold
18 θυμιάω, *pres act inf*, burn incense
19 ἐναντίον, before
20 κιβωτός, chest, ark (of the covenant)
21 κάλυμμα, cover
22 καταπέτασμα, veil
23 σκηνή, tent
24 μαρτύριον, witness
25 θυσιαστήριον, altar
26 κάρπωμα, burnt offering
27 σκηνή, tent
28 μαρτύριον, witness
29 περιτίθημι, *fut act ind 2s*, position
30 σκηνή, tent
31 ἁγιάζω, *fut act ind 2s*, sanctify, consecrate
32 κύκλῳ, round about
33 ἔλαιον, oil
34 χρῖσμα, anointing
35 χρίω, *fut act ind 2s*, anoint
36 σκηνή, tent
37 ἁγιάζω, *fut act ind 2s*, sanctify, consecrate
38 σκεῦος, furnishing
39 χρίω, *fut act ind 2s*, anoint
40 θυσιαστήριον, altar
41 κάρπωμα, burnt offering
42 σκεῦος, utensil
43 ἁγιάζω, *fut act ind 2s*, sanctify, consecrate
44 προσάγω, *fut act ind 2s*, bring forth
45 σκηνή, tent
46 μαρτύριον, witness
47 λούω, *fut act ind 2s*, wash
48 ἐνδύω, *fut act ind 2s*, clothe
49 στολή, garment
50 χρίω, *fut act ind 2s*, anoint
51 ἁγιάζω, *fut act ind 2s*, sanctify, consecrate
52 ἱερατεύω, *fut act ind 3s*, serve as priest

αὐτοῦ προσάξεις[1] καὶ ἐνδύσεις[2] αὐτοὺς χιτῶνας[3] **15** καὶ ἀλείψεις[4] αὐτούς, ὃν τρόπον[5] ἤλειψας[6] τὸν πατέρα αὐτῶν, καὶ ἱερατεύσουσίν[7] μοι· καὶ ἔσται ὥστε εἶναι αὐτοῖς χρῖσμα[8] ἱερατείας[9] εἰς τὸν αἰῶνα εἰς τὰς γενεὰς αὐτῶν. **16** καὶ ἐποίησεν Μωυσῆς πάντα, ὅσα ἐνετείλατο[10] αὐτῷ κύριος, οὕτως ἐποίησεν.

17 Καὶ ἐγένετο ἐν τῷ μηνὶ[11] τῷ πρώτῳ τῷ δευτέρῳ ἔτει ἐκπορευομένων αὐτῶν ἐξ Αἰγύπτου νουμηνίᾳ[12] ἐστάθη ἡ σκηνή·[13] **18** καὶ ἔστησεν Μωυσῆς τὴν σκηνὴν[14] καὶ ἐπέθηκεν τὰς κεφαλίδας[15] καὶ διενέβαλεν[16] τοὺς μοχλοὺς[17] καὶ ἔστησεν τοὺς στύλους[18] **19** καὶ ἐξέτεινεν[19] τὰς αὐλαίας[20] ἐπὶ τὴν σκηνὴν[21] καὶ ἐπέθηκεν τὸ κατακάλυμμα[22] τῆς σκηνῆς ἐπ' αὐτῆς ἄνωθεν,[23] καθὰ[24] συνέταξεν[25] κύριος τῷ Μωυσῇ. **20** καὶ λαβὼν τὰ μαρτύρια[26] ἐνέβαλεν[27] εἰς τὴν κιβωτὸν[28] καὶ ὑπέθηκεν[29] τοὺς διωστῆρας[30] ὑπὸ τὴν κιβωτὸν **21** καὶ εἰσήνεγκεν[31] τὴν κιβωτὸν[32] εἰς τὴν σκηνὴν[33] καὶ ἐπέθηκεν τὸ κατακάλυμμα[34] τοῦ καταπετάσματος[35] καὶ ἐσκέπασεν[36] τὴν κιβωτὸν τοῦ μαρτυρίου,[37] ὃν τρόπον[38] συνέταξεν[39] κύριος τῷ Μωυσῇ. **22** καὶ ἔθηκεν τὴν τράπεζαν[40] εἰς τὴν σκηνὴν[41] τοῦ μαρτυρίου[42] ἐπὶ τὸ κλίτος[43] τῆς σκηνῆς τοῦ μαρτυρίου τὸ πρὸς βορρᾶν[44] ἔξωθεν[45] τοῦ καταπετάσματος[46] τῆς σκηνῆς[47] **23** καὶ προέθηκεν[48] ἐπ' αὐτῆς ἄρτους τῆς προθέσεως[49] ἔναντι[50] κυρίου, ὃν τρόπον[51] συνέταξεν[52] κύριος τῷ Μωυσῇ. **24** καὶ ἔθηκεν τὴν λυχνίαν[53] εἰς τὴν σκηνὴν[54] τοῦ μαρτυρίου[55] εἰς τὸ

1 προσάγω, *fut act ind 2s,* bring forth
2 ἐνδύω, *fut act ind 2s,* clothe
3 χιτών, tunic
4 ἀλείφω, *fut act ind 2s,* anoint
5 ὃν τρόπον, in the manner that
6 ἀλείφω, *aor act ind 2s,* anoint
7 ἱερατεύω, *fut act ind 3p,* serve as priest
8 χρῖσμα, anointing
9 ἱερατεία, priesthood
10 ἐντέλλομαι, *aor mid ind 3s,* command
11 μήν, month
12 νουμηνία, new moon
13 σκηνή, tent
14 σκηνή, tent
15 κεφαλίς, capital
16 διεμβάλλω, *aor act ind 3s,* insert
17 μοχλός, carrying pole
18 στῦλος, pillar, (upright) pole
19 ἐκτείνω, *aor act ind 3s,* stretch forth
20 αὐλαία, curtain
21 σκηνή, tent
22 κατακάλυμμα, covering
23 ἄνωθεν, from above
24 καθά, just as
25 συντάσσω, *aor act ind 3s,* order, instruct
26 μαρτύριον, witness
27 ἐμβάλλω, *aor act ind 3s,* put into
28 κιβωτός, chest, ark (of the covenant)
29 ὑποτίθημι, *aor act ind 3s,* put under
30 διωστήρ, carrying pole
31 εἰσφέρω, *aor act ind 3s,* bring in
32 κιβωτός, chest, ark (of the covenant)
33 σκηνή, tent
34 κατακάλυμμα, covering
35 καταπέτασμα, veil
36 σκεπάζω, *aor act ind 3s,* cover
37 μαρτύριον, witness
38 ὃν τρόπον, in the manner that
39 συντάσσω, *aor act ind 3s,* order, instruct
40 τράπεζα, table
41 σκηνή, tent
42 μαρτύριον, witness
43 κλίτος, side
44 βορρᾶς, north
45 ἔξωθεν, outside
46 καταπέτασμα, veil
47 σκηνή, tent
48 προτίθημι, *aor act ind 3s,* set forth
49 πρόθεσις, presentation
50 ἔναντι, before
51 ὃν τρόπον, in the manner that
52 συντάσσω, *aor act ind 3s,* order, instruct
53 λυχνία, lampstand
54 σκηνή, tent
55 μαρτύριον, witness

κλίτος[1] τῆς σκηνῆς τὸ πρὸς νότον[2] **25** καὶ ἐπέθηκεν τοὺς λύχνους[3] αὐτῆς ἔναντι[4]
κυρίου, ὃν τρόπον[5] συνέταξεν[6] κύριος τῷ Μωυσῇ. **26** καὶ ἔθηκεν τὸ θυσιαστήριον[7]
τὸ χρυσοῦν[8] ἐν τῇ σκηνῇ[9] τοῦ μαρτυρίου[10] ἀπέναντι[11] τοῦ καταπετάσματος[12] **27** καὶ
ἐθυμίασεν[13] ἐπ᾽ αὐτοῦ τὸ θυμίαμα[14] τῆς συνθέσεως,[15] καθάπερ[16] συνέταξεν[17] κύριος
τῷ Μωυσῇ. **29** καὶ τὸ θυσιαστήριον[18] τῶν καρπωμάτων[19] ἔθηκεν παρὰ τὰς θύρας τῆς
σκηνῆς[20] **33** καὶ ἔστησεν τὴν αὐλὴν[21] κύκλῳ[22] τῆς σκηνῆς[23] καὶ τοῦ θυσιαστηρίου.[24]
καὶ συνετέλεσεν[25] Μωυσῆς πάντα τὰ ἔργα.

God's Glory Fills the Tent

34 Καὶ ἐκάλυψεν[26] ἡ νεφέλη[27] τὴν σκηνὴν[28] τοῦ μαρτυρίου,[29] καὶ δόξης κυρίου
ἐπλήσθη[30] ἡ σκηνή·[31] **35** καὶ οὐκ ἠδυνάσθη Μωυσῆς εἰσελθεῖν εἰς τὴν σκηνὴν[32]
τοῦ μαρτυρίου,[33] ὅτι ἐπεσκίαζεν[34] ἐπ᾽ αὐτὴν ἡ νεφέλη[35] καὶ δόξης κυρίου ἐπλήσθη[36]
ἡ σκηνή. **36** ἡνίκα[37] δ᾽ ἂν ἀνέβη ἡ νεφέλη[38] ἀπὸ τῆς σκηνῆς,[39] ἀνεζεύγνυσαν[40]
οἱ υἱοὶ Ισραηλ σὺν τῇ ἀπαρτίᾳ[41] αὐτῶν· **37** εἰ δὲ μὴ ἀνέβη ἡ νεφέλη,[42] οὐκ
ἀνεζεύγνυσαν[43] ἕως τῆς ἡμέρας, ἧς ἀνέβη ἡ νεφέλη· **38** νεφέλη[44] γὰρ ἦν ἐπὶ τῆς
σκηνῆς[45] ἡμέρας καὶ πῦρ ἦν ἐπ᾽ αὐτῆς νυκτὸς ἐναντίον[46] παντὸς Ισραηλ ἐν πάσαις
ταῖς ἀναζυγαῖς[47] αὐτῶν.

1 κλίτος, side
2 νότος, south
3 λύχνος, lamp
4 ἔναντι, before
5 ὃν τρόπον, in the manner that
6 συντάσσω, *aor act ind 3s*, order, instruct
7 θυσιαστήριον, altar
8 χρυσοῦς, gold
9 σκηνή, tent
10 μαρτύριον, witness
11 ἀπέναντι, opposite
12 καταπέτασμα, veil
13 θυμιάω, *aor act ind 3s*, burn incense
14 θυμίαμα, incense
15 σύνθεσις, mixture, compound
16 καθάπερ, just as
17 συντάσσω, *aor act ind 3s*, order, instruct
18 θυσιαστήριον, altar
19 κάρπωμα, burnt offering
20 σκηνή, tent
21 αὐλή, courtyard
22 κύκλῳ, around
23 σκηνή, tent
24 θυσιαστήριον, altar
25 συντελέ, *aor act ind 3s*, finish
26 καλύπτω, *aor act ind 3s*, cover
27 νεφέλη, cloud
28 σκηνή, tent
29 μαρτύριον, witness
30 πίμπλημι, *aor pas ind 3s*, fill
31 σκηνή, tent
32 σκηνή, tent
33 μαρτύριον, witness
34 ἐπισκιάζω, *impf act ind 3s*, overshadow
35 νεφέλη, cloud
36 πίμπλημι, *aor pas ind 3s*, fill
37 ἡνίκα, when
38 νεφέλη, cloud
39 σκηνή, tent
40 ἀναζεύγνυμι, *aor act ind 3p*, move camp
41 ἀπαρτία, household goods
42 νεφέλη, cloud
43 ἀναζεύγνυμι, *aor act ind 3p*, move camp
44 νεφέλη, cloud
45 σκηνή, tent
46 ἐναντίον, before
47 ἀναζυγή, journey

ΛΕΥΙΤΙΚΟΝ
Leviticus

Burnt Offerings

1 Καὶ ἀνεκάλεσεν[1] Μωυσῆν καὶ ἐλάλησεν κύριος αὐτῷ ἐκ τῆς σκηνῆς[2] τοῦ μαρ-
τυρίου[3] λέγων **2** Λάλησον τοῖς υἱοῖς Ισραηλ καὶ ἐρεῖς πρὸς αὐτούς Ἄνθρωπος
ἐξ ὑμῶν ἐὰν προσαγάγῃ[4] δῶρα[5] τῷ κυρίῳ, ἀπὸ τῶν κτηνῶν,[6] ἀπὸ τῶν βοῶν[7] καὶ
ἀπὸ τῶν προβάτων, προσοίσετε[8] τὰ δῶρα ὑμῶν. **3** ἐὰν ὁλοκαύτωμα[9] τὸ δῶρον[10]
αὐτοῦ ἐκ τῶν βοῶν,[11] ἄρσεν[12] ἄμωμον[13] προσάξει·[14] πρὸς τὴν θύραν τῆς σκηνῆς[15]
τοῦ μαρτυρίου[16] προσοίσει[17] αὐτὸ δεκτὸν[18] ἐναντίον[19] κυρίου. **4** καὶ ἐπιθήσει τὴν
χεῖρα ἐπὶ τὴν κεφαλὴν τοῦ καρπώματος,[20] δεκτὸν[21] αὐτῷ ἐξιλάσασθαι[22] περὶ αὐτοῦ.
5 καὶ σφάξουσι[23] τὸν μόσχον[24] ἔναντι[25] κυρίου, καὶ προσοίσουσιν[26] οἱ υἱοὶ Ααρων
οἱ ἱερεῖς τὸ αἷμα καὶ προσχεοῦσιν[27] τὸ αἷμα ἐπὶ τὸ θυσιαστήριον[28] κύκλῳ[29] τὸ ἐπὶ
τῶν θυρῶν τῆς σκηνῆς[30] τοῦ μαρτυρίου.[31] **6** καὶ ἐκδείραντες[32] τὸ ὁλοκαύτωμα[33]
μελιοῦσιν[34] αὐτὸ κατὰ μέλη,[35] **7** καὶ ἐπιθήσουσιν οἱ υἱοὶ Ααρων οἱ ἱερεῖς πῦρ ἐπὶ τὸ
θυσιαστήριον[36] καὶ ἐπιστοιβάσουσιν[37] ξύλα[38] ἐπὶ τὸ πῦρ, **8** καὶ ἐπιστοιβάσουσιν[39]
οἱ υἱοὶ Ααρων οἱ ἱερεῖς τὰ διχοτομήματα[40] καὶ τὴν κεφαλὴν καὶ τὸ στέαρ[41] ἐπὶ τὰ

1 ἀνακαλέω, *aor act ind 3s*, summon
2 σκηνή, tent
3 μαρτύριον, witness
4 προσάγω, *aor act sub 3s*, bring
5 δῶρον, gift, offering
6 κτῆνος, animal, (*p*) herd
7 βοῦς, cow, (*p*) cattle
8 προσφέρω, *fut act ind 2p*, bring to
9 ὁλοκαύτωμα, whole burnt offering
10 δῶρον, gift, offering
11 βοῦς, cow, (*p*) cattle
12 ἄρσην, male
13 ἄμωμος, unblemished
14 προσάγω, *fut act ind 3s*, bring
15 σκηνή, tent
16 μαρτύριον, witness
17 προσφέρω, *fut act ind 3s*, bring to
18 δεκτός, acceptable
19 ἐναντίον, before
20 κάρπωμα, burnt offering
21 δεκτός, acceptable
22 ἐξιλάσκομαι, *aor mid inf*, propitiate, make atonement
23 σφάζω, *fut act ind 3p*, slaughter
24 μόσχος, young calf, bull
25 ἔναντι, before
26 προσφέρω, *fut act ind 3p*, bring to
27 προσχέω, *fut act ind 3p*, pour out
28 θυσιαστήριον, altar
29 κύκλῳ, round about
30 σκηνή, tent
31 μαρτύριον, witness
32 ἐκδέρω, *aor act ptc nom p m*, strip off the skin
33 ὁλοκαύτωμα, whole burnt offering
34 μελίζω, *fut act ind 3p*, cut to pieces
35 μέλος, part, limb
36 θυσιαστήριον, altar
37 ἐπιστοιβάζω, *fut act ind 3p*, pile up
38 ξύλον, wood
39 ἐπιστοιβάζω, *fut act ind 3p*, pile up
40 διχοτόμημα, divided piece
41 στέαρ, fat portion

ξύλα[1] τὰ ἐπὶ τοῦ πυρὸς τὰ ὄντα ἐπὶ τοῦ θυσιαστηρίου,[2] **9** τὰ δὲ ἐγκοίλια[3] καὶ τοὺς πόδας πλυνοῦσιν[4] ὕδατι, καὶ ἐπιθήσουσιν οἱ ἱερεῖς τὰ πάντα ἐπὶ τὸ θυσιαστήριον·[5] κάρπωμά[6] ἐστιν, θυσία,[7] ὀσμὴ[8] εὐωδίας[9] τῷ κυρίῳ.

10 Ἐὰν δὲ ἀπὸ τῶν προβάτων τὸ δῶρον[10] αὐτοῦ τῷ κυρίῳ, ἀπό τε τῶν ἀρνῶν[11] καὶ τῶν ἐρίφων,[12] εἰς ὁλοκαύτωμα,[13] ἄρσεν[14] ἄμωμον[15] προσάξει[16] αὐτὸ καὶ ἐπιθήσει τὴν χεῖρα ἐπὶ τὴν κεφαλὴν αὐτοῦ. **11** καὶ σφάξουσιν[17] αὐτὸ ἐκ πλαγίων[18] τοῦ θυσιαστηρίου[19] πρὸς βορρᾶν[20] ἔναντι[21] κυρίου, καὶ προσχεοῦσιν[22] οἱ υἱοὶ Ααρων οἱ ἱερεῖς τὸ αἷμα αὐτοῦ ἐπὶ τὸ θυσιαστήριον[23] κύκλῳ.[24] **12** καὶ διελοῦσιν[25] αὐτὸ κατὰ μέλη[26] καὶ τὴν κεφαλὴν καὶ τὸ στέαρ,[27] καὶ ἐπιστοιβάσουσιν[28] αὐτὰ οἱ ἱερεῖς ἐπὶ τὰ ξύλα[29] τὰ ἐπὶ τοῦ πυρὸς τὰ ἐπὶ τοῦ θυσιαστηρίου.[30] **13** καὶ τὰ ἐγκοίλια[31] καὶ τοὺς πόδας πλυνοῦσιν[32] ὕδατι, καὶ προσοίσει[33] ὁ ἱερεὺς τὰ πάντα καὶ ἐπιθήσει ἐπὶ τὸ θυσιαστήριον·[34] κάρπωμά[35] ἐστιν, θυσία,[36] ὀσμὴ[37] εὐωδίας[38] τῷ κυρίῳ.

14 Ἐὰν δὲ ἀπὸ τῶν πετεινῶν[39] κάρπωμα[40] προσφέρῃς[41] δῶρον[42] τῷ κυρίῳ, καὶ προσοίσει[43] ἀπὸ τῶν τρυγόνων[44] ἢ ἀπὸ τῶν περιστερῶν[45] τὸ δῶρον[46] αὐτοῦ. **15** καὶ προσοίσει[47] αὐτὸ ὁ ἱερεὺς πρὸς τὸ θυσιαστήριον[48] καὶ ἀποκνίσει[49] τὴν κεφαλήν, καὶ ἐπιθήσει ὁ ἱερεὺς ἐπὶ τὸ θυσιαστήριον καὶ στραγγιεῖ[50] τὸ αἷμα πρὸς τὴν βάσιν[51] τοῦ θυσιαστηρίου. **16** καὶ ἀφελεῖ[52] τὸν πρόλοβον[53] σὺν τοῖς πτεροῖς[54] καὶ ἐκβαλεῖ

1 ξύλον, wood
2 θυσιαστήριον, altar
3 ἐγκοίλια, entrail
4 πλύνω, *fut act ind 3p*, wash, cleanse
5 θυσιαστήριον, altar
6 κάρπωμα, burnt offering
7 θυσία, sacrifice
8 ὀσμή, smell
9 εὐωδία, fragrance
10 δῶρον, gift, offering
11 ἀρήν, lamb
12 ἔριφος, kid
13 ὁλοκαύτωμα, whole burnt offering
14 ἄρσην, male
15 ἄμωμος, unblemished
16 προσάγω, *fut act ind 3s*, bring
17 σφάζω, *fut act ind 3p*, slaughter
18 πλάγιος, on the side
19 θυσιαστήριον, altar
20 βορρᾶς, north
21 ἔναντι, before
22 προσχέω, *fut act ind 3p*, pour out
23 θυσιαστήριον, altar
24 κύκλῳ, round about
25 διαιρέω, *fut act ind 3p*, divide
26 μέλος, part, limb
27 στέαρ, fat portion
28 ἐπιστοιβάζω, *fut act ind 3p*, pile up
29 ξύλον, wood
30 θυσιαστήριον, altar
31 ἐγκοίλια, entrail
32 πλύνω, *fut act ind 3p*, wash, cleanse
33 προσφέρω, *fut act ind 3s*, bring to
34 θυσιαστήριον, altar
35 κάρπωμα, burnt offering
36 θυσία, sacrifice
37 ὀσμή, smell
38 εὐωδία, fragrance
39 πετεινόν, bird
40 κάρπωμα, burnt offering
41 προσφέρω, *pres act sub 2s*, bring to
42 δῶρον, gift, offering
43 προσφέρω, *fut act ind 3s*, bring to
44 τρυγών, turtledove
45 περιστερά, dove
46 δῶρον, gift, offering
47 προσφέρω, *fut act ind 3s*, bring to
48 θυσιαστήριον, altar
49 ἀποκνίζω, *fut act ind 3s*, nip off
50 στραγγίζω, *fut act ind 3s*, squeeze out
51 βάσις, base
52 ἀφαιρέω, *fut act ind 3s*, remove
53 πρόλοβος, crop of a bird
54 πτερόν, feather

αὐτὸ παρὰ τὸ θυσιαστήριον[1] κατὰ ἀνατολὰς[2] εἰς τὸν τόπον τῆς σποδοῦ.[3] **17** καὶ
ἐκκλάσει[4] αὐτὸ ἐκ τῶν πτερύγων[5] καὶ οὐ διελεῖ,[6] καὶ ἐπιθήσει αὐτὸ ὁ ἱερεὺς ἐπὶ
τὸ θυσιαστήριον[7] ἐπὶ τὰ ξύλα[8] τὰ ἐπὶ τοῦ πυρός· κάρπωμά[9] ἐστιν, θυσία,[10] ὀσμὴ[11]
εὐωδίας[12] τῷ κυρίῳ.

Grain Offerings

2 Ἐὰν δὲ ψυχὴ προσφέρῃ δῶρον[13] θυσίαν[14] τῷ κυρίῳ, σεμίδαλις[15] ἔσται τὸ δῶρον[16]
αὐτοῦ, καὶ ἐπιχεεῖ[17] ἐπ᾽ αὐτὸ ἔλαιον[18] καὶ ἐπιθήσει ἐπ᾽ αὐτὸ λίβανον·[19] θυσία
ἐστίν. **2** καὶ οἴσει[20] πρὸς τοὺς υἱοὺς Ααρων τοὺς ἱερεῖς, καὶ δραξάμενος[21] ἀπ᾽ αὐτῆς
πλήρη[22] τὴν δράκα[23] ἀπὸ τῆς σεμιδάλεως[24] σὺν τῷ ἐλαίῳ[25] καὶ πάντα τὸν λίβανον[26]
αὐτῆς καὶ ἐπιθήσει ὁ ἱερεὺς τὸ μνημόσυνον[27] αὐτῆς ἐπὶ τὸ θυσιαστήριον·[28] θυσία,[29]
ὀσμὴ[30] εὐωδίας[31] τῷ κυρίῳ. **3** καὶ τὸ λοιπὸν ἀπὸ τῆς θυσίας[32] Ααρων καὶ τοῖς υἱοῖς
αὐτοῦ· ἅγιον τῶν ἁγίων ἀπὸ τῶν θυσιῶν κυρίου.

4 ἐὰν δὲ προσφέρῃ δῶρον[33] θυσίαν[34] πεπεμμένην[35] ἐν κλιβάνῳ,[36] δῶρον[37] κυρίῳ
ἐκ σεμιδάλεως,[38] ἄρτους ἀζύμους[39] πεφυραμένους[40] ἐν ἐλαίῳ[41] καὶ λάγανα[42]
ἄζυμα διακεχρισμένα[43] ἐν ἐλαίῳ. — **5** ἐὰν δὲ θυσία[44] ἀπὸ τηγάνου[45] τὸ δῶρόν[46]
σου, σεμίδαλις[47] πεφυραμένη[48] ἐν ἐλαίῳ,[49] ἄζυμα[50] ἔσται· **6** καὶ διαθρύψεις[51] αὐτὰ

1 θυσιαστήριον, altar
2 ἀνατολή, east
3 σποδός, ashes
4 ἐκκλάω, *fut act ind 3s*, break off
5 πτέρυξ, wing
6 διαιρέω, *fut act ind 3s*, divide
7 θυσιαστήριον, altar
8 ξύλον, wood
9 κάρπωμα, burnt offering
10 θυσία, sacrifice
11 ὀσμή, smell
12 εὐωδία, fragrance
13 δῶρον, gift, offering
14 θυσία, sacrifice
15 σεμίδαλις, fine flour
16 δῶρον, gift, offering
17 ἐπιχέω, *fut act ind 3s*, pour out
18 ἔλαιον, oil
19 λίβανος, frankincense, *Heb. LW*
20 φέρω, *fut act ind 3s*, bring
21 δράσσομαι, *aor mid ptc nom s m*, grasp
22 πλήρης, full
23 δράξ, handful
24 σεμίδαλις, fine flour
25 ἔλαιον, oil
26 λίβανος, frankincense, *Heb. LW*
27 μνημόσυνον, memorial offering
28 θυσιαστήριον, altar
29 θυσία, sacrifice
30 ὀσμή, smell
31 εὐωδία, fragrance
32 θυσία, sacrifice
33 δῶρον, gift, offering
34 θυσία, sacrifice
35 πέσσω, *perf pas ptc acc s f*, bake
36 κλίβανος, oven
37 δῶρον, gift, offering
38 σεμίδαλις, fine flour
39 ἄζυμος, unleavened
40 φυράω, *perf pas ptc acc p m*, knead
41 ἔλαιον, oil
42 λάγανον, cake, wafer
43 διαχρίομαι, *perf pas ptc acc p n*, spread with
44 θυσία, sacrifice
45 τήγανον, frying pan
46 δῶρον, gift, offering
47 σεμίδαλις, fine flour
48 φυράω, *perf pas ptc nom s f*, knead
49 ἔλαιον, oil
50 ἄζυμος, unleavened
51 διαθρύπτω, *fut act ind 2s*, break

κλάσματα[1] καὶ ἐπιχεεῖς[2] ἐπ᾽ αὐτὰ ἔλαιον·[3] θυσία[4] ἐστὶν κυρίῳ. — **7** ἐὰν δὲ θυσία[5]
ἀπὸ ἐσχάρας[6] τὸ δῶρόν[7] σου, σεμίδαλις[8] ἐν ἐλαίῳ[9] ποιηθήσεται. **8** καὶ προσοίσει[10]
τὴν θυσίαν,[11] ἣν ἂν ποιῇ ἐκ τούτων, τῷ κυρίῳ· καὶ προσοίσει πρὸς τὸν ἱερέα, καὶ
προσεγγίσας[12] πρὸς τὸ θυσιαστήριον[13] **9** ἀφελεῖ[14] ὁ ἱερεὺς ἀπὸ τῆς θυσίας[15] τὸ
μνημόσυνον[16] αὐτῆς, καὶ ἐπιθήσει ὁ ἱερεὺς ἐπὶ τὸ θυσιαστήριον·[17] κάρπωμα,[18] ὀσμὴ[19]
εὐωδίας[20] κυρίῳ. **10** τὸ δὲ καταλειφθὲν[21] ἀπὸ τῆς θυσίας[22] Ααρων καὶ τοῖς υἱοῖς
αὐτοῦ· ἅγια τῶν ἁγίων ἀπὸ τῶν καρπωμάτων[23] κυρίου.

11 Πᾶσαν θυσίαν,[24] ἣν ἂν προσφέρητε κυρίῳ, οὐ ποιήσετε ζυμωτόν·[25] πᾶσαν γὰρ
ζύμην[26] καὶ πᾶν μέλι,[27] οὐ προσοίσετε[28] ἀπ᾽ αὐτοῦ καρπῶσαι[29] κυρίῳ. **12** δῶρον[30]
ἀπαρχῆς[31] προσοίσετε[32] αὐτὰ κυρίῳ, ἐπὶ δὲ τὸ θυσιαστήριον[33] οὐκ ἀναβιβασθήσεται[34]
εἰς ὀσμὴν[35] εὐωδίας[36] κυρίῳ. **13** καὶ πᾶν δῶρον[37] θυσίας[38] ὑμῶν ἁλὶ[39] ἁλισθήσεται·[40]
οὐ διαπαύσετε[41] ἅλα διαθήκης κυρίου ἀπὸ θυσιασμάτων[42] ὑμῶν, ἐπὶ παντὸς δώρου[43]
ὑμῶν προσοίσετε[44] κυρίῳ τῷ θεῷ ὑμῶν ἅλας.

14 ἐὰν δὲ προσφέρῃς θυσίαν[45] πρωτογενημάτων[46] τῷ κυρίῳ, νέα[47] πεφρυγμένα[48]
χῖδρα[49] ἐρεικτὰ[50] τῷ κυρίῳ, καὶ προσοίσεις[51] τὴν θυσίαν τῶν πρωτογενημάτων[52]

1 κλάσμα, piece
2 ἐπιχέω, *fut act ind 2s*, pour out
3 ἔλαιον, oil
4 θυσία, sacrifice
5 θυσία, sacrifice
6 ἐσχάρα, grate, fireplace
7 δῶρον, gift, offering
8 σεμίδαλις, fine flour
9 ἔλαιον, oil
10 προσφέρω, *fut act ind 3s*, bring to
11 θυσία, sacrifice
12 προσεγγίζω, *aor act ptc nom s m*, approach
13 θυσιαστήριον, altar
14 ἀφαιρέω, *fut act ind 3s*, remove
15 θυσία, sacrifice
16 μνημόσυνον, memorial offering
17 θυσιαστήριον, altar
18 κάρπωμα, burnt offering
19 ὀσμή, smell
20 εὐωδία, fragrance
21 καταλείπω, *aor pas ptc nom s n*, leave behind
22 θυσία, sacrifice
23 κάρπωμα, burnt offering
24 θυσία, sacrifice
25 ζυμωτός, leavened
26 ζύμη, leaven
27 μέλι, honey
28 προσφέρω, *fut act ind 2p*, bring to
29 καρπόω, *aor act inf*, offer as a burnt offering
30 δῶρον, gift, offering
31 ἀπαρχή, firstfruit
32 προσφέρω, *fut act ind 2p*, bring to
33 θυσιαστήριον, altar
34 ἀναβιβάζω, *fut pas ind 3s*, take up to
35 ὀσμή, smell
36 εὐωδία, fragrance
37 δῶρον, gift, offering
38 θυσία, sacrifice
39 ἅλς, salt
40 ἁλίζω, *fut pas ind 3s*, salt
41 διαπαύω, *fut act ind 2p*, pause, omit
42 θυσίασμα, offering
43 δῶρον, gift, offering
44 προσφέρω, *fut act ind 2p*, bring to
45 θυσία, sacrifice
46 πρωτογένημα, first produce
47 νέος, new
48 φρύγω, *perf mid ptc acc p n*, roast
49 χίδρον, hulled kernel
50 ἐρεικτός, pounded
51 προσφέρω, *fut act ind 2s*, bring to
52 πρωτογένημα, first produce

15 καὶ ἐπιχεεῖς[1] ἐπ᾽ αὐτὴν ἔλαιον[2] καὶ ἐπιθήσεις ἐπ᾽ αὐτὴν λίβανον·[3] θυσία[4] ἐστίν.
16 καὶ ἀνοίσει[5] ὁ ἱερεὺς τὸ μνημόσυνον[6] αὐτῆς ἀπὸ τῶν χίδρων[7] σὺν τῷ ἐλαίῳ[8] καὶ
πάντα τὸν λίβανον[9] αὐτῆς· κάρπωμά[10] ἐστιν κυρίῳ.

Peace Offerings

3 Ἐὰν δὲ θυσία[11] σωτηρίου[12] τὸ δῶρον[13] αὐτοῦ τῷ κυρίῳ, ἐὰν μὲν ἐκ τῶν βοῶν[14]
αὐτοῦ προσαγάγῃ,[15] ἐάν τε ἄρσεν[16] ἐάν τε θῆλυ,[17] ἄμωμον[18] προσάξει[19] αὐτὸ
ἐναντίον[20] κυρίου. **2** καὶ ἐπιθήσει τὰς χεῖρας ἐπὶ τὴν κεφαλὴν τοῦ δώρου[21] καὶ
σφάξει[22] αὐτὸ παρὰ τὰς θύρας τῆς σκηνῆς[23] τοῦ μαρτυρίου,[24] καὶ προσχεοῦσιν[25] οἱ
υἱοὶ Ααρων οἱ ἱερεῖς τὸ αἷμα ἐπὶ τὸ θυσιαστήριον[26] τῶν ὁλοκαυτωμάτων[27] κύκλῳ.[28]
3 καὶ προσάξουσιν[29] ἀπὸ τῆς θυσίας[30] τοῦ σωτηρίου[31] κάρπωμα[32] κυρίῳ, τὸ στέαρ[33]
τὸ κατακαλύπτον[34] τὴν κοιλίαν[35] καὶ πᾶν τὸ στέαρ τὸ ἐπὶ τῆς κοιλίας **4** καὶ τοὺς δύο
νεφροὺς[36] καὶ τὸ στέαρ[37] τὸ ἐπ᾽ αὐτῶν τὸ ἐπὶ τῶν μηρίων[38] καὶ τὸν λοβὸν[39] τὸν ἐπὶ
τοῦ ἥπατος[40] (σὺν τοῖς νεφροῖς περιελεῖ[41]), **5** καὶ ἀνοίσουσιν[42] αὐτὰ οἱ υἱοὶ Ααρων οἱ
ἱερεῖς ἐπὶ τὸ θυσιαστήριον[43] ἐπὶ τὰ ὁλοκαυτώματα[44] ἐπὶ τὰ ξύλα[45] τὰ ἐπὶ τοῦ πυρὸς
ἐπὶ τοῦ θυσιαστηρίου· κάρπωμα,[46] ὀσμὴ[47] εὐωδίας[48] κυρίῳ.

1 ἐπιχέω, *fut act ind 2s*, pour out
2 ἔλαιον, oil
3 λίβανος, frankincense, *Heb. LW*
4 θυσία, sacrifice
5 ἀναφέρω, *fut act ind 3s*, offer
6 μνημόσυνον, memorial offering
7 χίδρον, hulled kernel
8 ἔλαιον, oil
9 λίβανος, frankincense, *Heb. LW*
10 κάρπωμα, burnt offering
11 θυσία, sacrifice
12 σωτήριον, deliverance, peace
13 δῶρον, gift, offering
14 βοῦς, cow, (*p*) cattle
15 προσάγω, *aor act sub 3s*, bring
16 ἄρσην, male
17 θῆλυς, female
18 ἄμωμος, unblemished
19 προσάγω, *fut act ind 3s*, bring
20 ἐναντίον, before
21 δῶρον, gift, offering
22 σφάζω, *fut act ind 3s*, slaughter
23 σκηνή, tent
24 μαρτύριον, witness
25 προσχέω, *fut act ind 3p*, pour out
26 θυσιαστήριον, altar
27 ὁλοκαύτωμα, whole burnt offering
28 κύκλῳ, around
29 προσάγω, *fut act ind 3p*, bring
30 θυσία, sacrifice
31 σωτήριον, deliverance, peace
32 κάρπωμα, burnt offering
33 στέαρ, fat portion
34 κατακαλύπτω, *pres act ptc acc s n*, cover
35 κοιλία, belly
36 νεφρός, kidney
37 στέαρ, fat portion
38 μηρία, thigh
39 λοβός, lobe
40 ἧπαρ, liver
41 περιαιρέω, *fut act ind 3s*, remove
42 ἀναφέρω, *fut act ind 3p*, offer
43 θυσιαστήριον, altar
44 ὁλοκαύτωμα, whole burnt offering
45 ξύλον, wood
46 κάρπωμα, burnt offering
47 ὀσμή, smell
48 εὐωδία, fragrance

6 Ἐὰν δὲ ἀπὸ τῶν προβάτων τὸ δῶρον[1] αὐτοῦ, θυσίαν[2] σωτηρίου[3] τῷ κυρίῳ, ἄρσεν[4] ἢ θῆλυ,[5] ἄμωμον[6] προσοίσει[7] αὐτό. **7** ἐὰν ἄρνα[8] προσαγάγῃ[9] τὸ δῶρον[10] αὐτοῦ, προσάξει[11] αὐτὸ ἔναντι[12] κυρίου **8** καὶ ἐπιθήσει τὰς χεῖρας ἐπὶ τὴν κεφαλὴν τοῦ δώρου[13] αὐτοῦ καὶ σφάξει[14] αὐτὸ παρὰ τὰς θύρας τῆς σκηνῆς[15] τοῦ μαρτυρίου,[16] καὶ προσχεοῦσιν[17] οἱ υἱοὶ Ααρων οἱ ἱερεῖς τὸ αἷμα ἐπὶ τὸ θυσιαστήριον[18] κύκλῳ.[19] **9** καὶ προσοίσει[20] ἀπὸ τῆς θυσίας[21] τοῦ σωτηρίου[22] κάρπωμα[23] τῷ θεῷ, τὸ στέαρ[24] καὶ τὴν ὀσφὺν[25] ἄμωμον[26] (σὺν ταῖς ψόαις[27] περιελεῖ[28] αὐτό) καὶ τὸ στέαρ τῆς κοιλίας[29] **10** καὶ ἀμφοτέρους[30] τοὺς νεφροὺς[31] καὶ τὸ στέαρ[32] τὸ ἐπ᾽ αὐτῶν τὸ ἐπὶ τῶν μηρίων[33] καὶ τὸν λοβὸν[34] τὸν ἐπὶ τοῦ ἥπατος[35] (σὺν τοῖς νεφροῖς περιελών[36]) **11** ἀνοίσει[37] ὁ ἱερεὺς ἐπὶ τὸ θυσιαστήριον·[38] ὀσμὴ[39] εὐωδίας,[40] κάρπωμα[41] κυρίῳ.

12 Ἐὰν δὲ ἀπὸ τῶν αἰγῶν[42] τὸ δῶρον[43] αὐτοῦ, καὶ προσάξει[44] ἔναντι[45] κυρίου **13** καὶ ἐπιθήσει τὰς χεῖρας ἐπὶ τὴν κεφαλὴν αὐτοῦ, καὶ σφάξουσιν[46] αὐτὸ ἔναντι[47] κυρίου παρὰ τὰς θύρας τῆς σκηνῆς[48] τοῦ μαρτυρίου,[49] καὶ προσχεοῦσιν[50] οἱ υἱοὶ Ααρων οἱ ἱερεῖς τὸ αἷμα ἐπὶ τὸ θυσιαστήριον[51] κύκλῳ.[52] **14** καὶ ἀνοίσει[53] ἐπ᾽ αὐτοῦ κάρπωμα[54] κυρίῳ, τὸ στέαρ[55] τὸ κατακαλύπτον[56] τὴν κοιλίαν[57] καὶ πᾶν τὸ στέαρ τὸ ἐπὶ τῆς κοιλίας **15** καὶ ἀμφοτέρους[58] τοὺς νεφροὺς[59] καὶ πᾶν τὸ στέαρ[60] τὸ ἐπ᾽ αὐτῶν τὸ

1 δῶρον, gift, offering
2 θυσία, sacrifice
3 σωτήριον, deliverance, peace
4 ἄρσην, male
5 θῆλυς, female
6 ἄμωμος, unblemished
7 προσφέρω, *fut act ind 3s*, bring to
8 ἀρήν, lamb
9 προσάγω, *aor act sub 3s*, bring to
10 δῶρον, gift, offering
11 προσάγω, *fut act ind 3s*, bring to
12 ἔναντι, before
13 δῶρον, gift, offering
14 σφάζω, *fut act ind 3s*, slaughter
15 σκηνή, tent
16 μαρτύριον, witness
17 προσχέω, *fut act ind 3p*, pour out
18 θυσιαστήριον, altar
19 κύκλῳ, around
20 προσφέρω, *fut act ind 3s*, bring to
21 θυσία, sacrifice
22 σωτήριον, deliverance, peace
23 κάρπωμα, burnt offering
24 στέαρ, fat portion
25 ὀσφύς, loin
26 ἄμωμος, unblemished
27 ψόα, loin muscle
28 περιαιρέω, *fut act ind 3s*, remove
29 κοιλία, belly
30 ἀμφότεροι, both
31 νεφρός, liver
32 στέαρ, fat portion
33 μηρία, thigh
34 λοβός, lobe
35 ἧπαρ, liver
36 περιαιρέω, *aor act ptc nom s m*, remove
37 ἀναφέρω, *fut act ind 3s*, offer
38 θυσιαστήριον, altar
39 ὀσμή, smell
40 εὐωδία, fragrance
41 κάρπωμα, burnt offering
42 αἴξ, goat
43 δῶρον, gift, offering
44 προσάγω, *fut act ind 3s*, bring to
45 ἔναντι, before
46 σφάζω, *fut act ind 3p*, slaughter
47 ἔναντι, before
48 σκηνή, tent
49 μαρτύριον, witness
50 προσχέω, *fut act ind 3p*, pour out
51 θυσιαστήριον, altar
52 κύκλῳ, around
53 ἀναφέρω, *fut act ind 3s*, offer
54 κάρπωμα, burnt offering
55 στέαρ, fat portion
56 κατακαλύπτω, *pres act ptc acc s n*, cover
57 κοιλία, belly
58 ἀμφότεροι, both
59 νεφρός, kidney
60 στέαρ, fat portion

ἐπὶ τῶν μηρίων[1] καὶ τὸν λοβὸν[2] τοῦ ἥπατος[3] (σὺν τοῖς νεφροῖς περιελεῖ[4]), **16** καὶ
ἀνοίσει[5] ὁ ἱερεὺς ἐπὶ τὸ θυσιαστήριον·[6] κάρπωμα,[7] ὀσμὴ[8] εὐωδίας[9] τῷ κυρίῳ. πᾶν τὸ
στέαρ[10] τῷ κυρίῳ· **17** νόμιμον[11] εἰς τὸν αἰῶνα εἰς τὰς γενεὰς ὑμῶν ἐν πάσῃ κατοικίᾳ[12]
ὑμῶν· πᾶν στέαρ καὶ πᾶν αἷμα οὐκ ἔδεσθε.[13]

Sin Offerings

4 Καὶ ἐλάλησεν κύριος πρὸς Μωυσῆν λέγων **2** Λάλησον πρὸς τοὺς υἱοὺς Ισραηλ
λέγων Ψυχὴ ἐὰν ἁμάρτῃ ἔναντι[14] κυρίου ἀκουσίως[15] ἀπὸ τῶν προσταγμάτων[16]
κυρίου, ὧν οὐ δεῖ[17] ποιεῖν, καὶ ποιήσῃ ἕν τι ἀπ᾽ αὐτῶν· **3** ἐὰν μὲν ὁ ἀρχιερεὺς[18] ὁ
κεχρισμένος[19] ἁμάρτῃ τοῦ τὸν λαὸν ἁμαρτεῖν, καὶ προσάξει[20] περὶ τῆς ἁμαρτίας
αὐτοῦ, ἧς ἥμαρτεν, μόσχον[21] ἐκ βοῶν[22] ἄμωμον[23] τῷ κυρίῳ περὶ τῆς ἁμαρτίας αὐτοῦ.
4 καὶ προσάξει[24] τὸν μόσχον[25] παρὰ τὴν θύραν τῆς σκηνῆς[26] τοῦ μαρτυρίου[27]
ἔναντι[28] κυρίου καὶ ἐπιθήσει τὴν χεῖρα αὐτοῦ ἐπὶ τὴν κεφαλὴν τοῦ μόσχου ἔναντι
κυρίου καὶ σφάξει[29] τὸν μόσχον ἐνώπιον κυρίου. **5** καὶ λαβὼν ὁ ἱερεὺς ὁ χριστὸς ὁ
τετελειωμένος[30] τὰς χεῖρας ἀπὸ τοῦ αἵματος τοῦ μόσχου[31] καὶ εἰσοίσει[32] αὐτὸ ἐπὶ
τὴν σκηνὴν[33] τοῦ μαρτυρίου·[34] **6** καὶ βάψει[35] ὁ ἱερεὺς τὸν δάκτυλον[36] εἰς τὸ αἷμα καὶ
προσρανεῖ[37] ἀπὸ τοῦ αἵματος ἑπτάκις[38] ἔναντι[39] κυρίου κατὰ τὸ καταπέτασμα[40] τὸ
ἅγιον· **7** καὶ ἐπιθήσει ὁ ἱερεὺς ἀπὸ τοῦ αἵματος τοῦ μόσχου[41] ἐπὶ τὰ κέρατα[42] τοῦ
θυσιαστηρίου[43] τοῦ θυμιάματος[44] τῆς συνθέσεως[45] τοῦ ἐναντίον[46] κυρίου, ὅ ἐστιν ἐν
τῇ σκηνῇ[47] τοῦ μαρτυρίου·[48] καὶ πᾶν τὸ αἷμα τοῦ μόσχου[49] ἐκχεεῖ[50] παρὰ τὴν βάσιν[51]

1 μηρία, thigh
2 λοβός, lobe
3 ἧπαρ, liver
4 περιαιρέω, *fut act ind 3s*, remove
5 ἀναφέρω, *fut act ind 3s*, offer
6 θυσιαστήριον, altar
7 κάρπωμα, burnt offering
8 ὀσμή, smell
9 εὐωδία, fragrance
10 στέαρ, fat portion
11 νόμιμος, statute, ordinance
12 κατοικία, dwelling, settlement
13 ἐσθίω, *fut mid ind 2p*, eat
14 ἔναντι, before
15 ἀκουσίως, involuntarily
16 πρόσταγμα, ordinance
17 δεῖ, *pres act ind 3s*, be necessary
18 ἀρχιερεύς, high priest
19 χρίω, *perf pas ptc nom s m*, anoint
20 προσάγω, *fut act ind 3s*, bring to
21 μόσχος, calf, young bull
22 βοῦς, cow, (*p*) cattle
23 ἄμωμος, unblemished
24 προσάγω, *fut act ind 3s*, bring to
25 μόσχος, calf, young bull
26 σκηνή, tent
27 μαρτύριον, witness
28 ἔναντι, before
29 σφάζω, *fut act ind 3s*, slaughter
30 τελειόω, *perf pas ptc nom s m*, (consecrate, validate)
31 μόσχος, calf, young bull
32 εἰσφέρω, *fut act ind 3s*, bring in
33 σκηνή, tent
34 μαρτύριον, witness
35 βάπτω, *fut act ind 3s*, dip
36 δάκτυλος, finger
37 προσραίνω, *fut act ind 3s*, sprinkle
38 ἑπτάκις, seven times
39 ἔναντι, before
40 καταπέτασμα, veil
41 μόσχος, calf, young bull
42 κέρας, horn
43 θυσιαστήριον, altar
44 θυμίαμα, incense
45 σύνθεσις, mixture, compounding
46 ἐναντίον, before
47 σκηνή, tent
48 μαρτύριον, witness
49 μόσχος, calf, young bull
50 ἐκχέω, *pres act ind 3s*, pour
51 βάσις, base

τοῦ θυσιαστηρίου τῶν ὁλοκαυτωμάτων,[1] ὅ ἐστιν παρὰ τὰς θύρας τῆς σκηνῆς[2] τοῦ μαρτυρίου.[3] **8** καὶ πᾶν τὸ στέαρ[4] τοῦ μόσχου[5] τοῦ τῆς ἁμαρτίας περιελεῖ[6] ἀπ᾽ αὐτοῦ, τὸ στέαρ[7] τὸ κατακαλύπτον[8] τὰ ἐνδόσθια[9] καὶ πᾶν τὸ στέαρ τὸ ἐπὶ τῶν ἐνδοσθίων **9** καὶ τοὺς δύο νεφροὺς[10] καὶ τὸ στέαρ[11] τὸ ἐπ᾽ αὐτῶν, ὅ ἐστιν ἐπὶ τῶν μηρίων,[12] καὶ τὸν λοβὸν[13] τὸν ἐπὶ τοῦ ἥπατος[14] (σὺν τοῖς νεφροῖς περιελεῖ[15] αὐτό), **10** ὃν τρόπον[16] ἀφαιρεῖται[17] ἀπὸ τοῦ μόσχου[18] τοῦ τῆς θυσίας[19] τοῦ σωτηρίου,[20] καὶ ἀνοίσει[21] ὁ ἱερεὺς ἐπὶ τὸ θυσιαστήριον[22] τῆς καρπώσεως.[23] **11** καὶ τὸ δέρμα[24] τοῦ μόσχου[25] καὶ πᾶσαν αὐτοῦ τὴν σάρκα σὺν τῇ κεφαλῇ καὶ τοῖς ἀκρωτηρίοις[26] καὶ τῇ κοιλίᾳ[27] καὶ τῇ κόπρῳ[28] **12** καὶ ἐξοίσουσιν[29] ὅλον τὸν μόσχον[30] ἔξω τῆς παρεμβολῆς[31] εἰς τόπον καθαρόν,[32] οὗ ἐκχεοῦσιν[33] τὴν σποδιάν,[34] καὶ κατακαύσουσιν[35] αὐτὸν ἐπὶ ξύλων[36] ἐν πυρί· ἐπὶ τῆς ἐκχύσεως[37] τῆς σποδιᾶς[38] καυθήσεται.[39]

13 Ἐὰν δὲ πᾶσα συναγωγὴ Ισραηλ ἀγνοήσῃ[40] ἀκουσίως[41] καὶ λάθῃ[42] ῥῆμα ἐξ ὀφθαλμῶν τῆς συναγωγῆς καὶ ποιήσωσιν μίαν ἀπὸ πασῶν τῶν ἐντολῶν κυρίου, ἣ οὐ ποιηθήσεται, καὶ πλημμελήσωσιν,[43] **14** καὶ γνωσθῇ αὐτοῖς ἡ ἁμαρτία, ἣν ἥμαρτον ἐν αὐτῇ, καὶ προσάξει[44] ἡ συναγωγὴ μόσχον[45] ἐκ βοῶν[46] ἄμωμον[47] περὶ τῆς ἁμαρτίας καὶ προσάξει[48] αὐτὸν παρὰ τὰς θύρας τῆς σκηνῆς[49] τοῦ μαρτυρίου.[50] **15** καὶ ἐπιθήσουσιν οἱ πρεσβύτεροι τῆς συναγωγῆς τὰς χεῖρας αὐτῶν ἐπὶ τὴν κεφαλὴν τοῦ μόσχου[51] ἔναντι[52] κυρίου καὶ σφάξουσιν[53] τὸν μόσχον ἔναντι κυρίου. **16** καὶ εἰσοίσει[54] ὁ ἱερεὺς

1 ὁλοκαύτωμα, whole burnt offering
2 σκηνή, tent
3 μαρτύριον, witness
4 στέαρ, fat portion
5 μόσχος, calf, young bull
6 περιαιρέω, *fut act ind 3s*, remove
7 στέαρ, fat portion
8 κατακαλύπτω, *pres act ptc acc s n*, cover
9 ἐνδόσθια, entrails
10 νεφρός, kidney
11 στέαρ, fat portion
12 μηρία, thigh
13 λοβός, lobe
14 ἧπαρ, liver
15 περιαιρέω, *fut act ind 3s*, remove
16 ὃν τρόπον, in the manner that
17 ἀφαιρέω, *pres pas ind 3s*, remove
18 μόσχος, calf, young bull
19 θυσία, sacrifice
20 σωτήριον, deliverance, peace
21 ἀναφέρω, *fut act ind 3s*, offer
22 θυσιαστήριον, altar
23 κάρπωσις, burnt offering
24 δέρμα, skin, hide
25 μόσχος, calf, young bull
26 ἀκρωτήριον, extremities
27 κοιλία, belly
28 κόπρος, excrement
29 ἐκφέρω, *fut act ind 3p*, carry out
30 μόσχος, calf, young bull
31 παρεμβολή, camp
32 καθαρός, pure
33 ἐκχέω, *fut act ind 3p*, pour out
34 σποδιά, ashes
35 κατακαίω, *fut act ind 3p*, burn up
36 ξύλον, wood
37 ἔκχυσις, outpouring
38 σποδιά, ashes
39 καίω, *fut pas ind 3s*, burn
40 ἀγνοέω, *aor act sub 3s*, be ignorant of
41 ἀκουσίως, involuntarily
42 λανθάνω, *aor act sub 3s*, go unnoticed
43 πλημμελέω, *aor act sub 3p*, trespass, offend
44 προσάγω, *fut act ind 3s*, bring to
45 μόσχος, calf, young bull
46 βοῦς, cow, (*p*) cattle
47 ἄμωμος, unblemished
48 προσάγω, *fut act ind 3s*, bring to
49 σκηνή, tent
50 μαρτύριον, witness
51 μόσχος, calf, young bull
52 ἔναντι, before
53 σφάζω, *fut act ind 3p*, slaughter
54 εἰσφέρω, *fut act ind 3s*, bring in

ὁ χριστὸς ἀπὸ τοῦ αἵματος τοῦ μόσχου[1] εἰς τὴν σκηνὴν[2] τοῦ μαρτυρίου·[3] **17** καὶ
βάψει[4] ὁ ἱερεὺς τὸν δάκτυλον[5] ἀπὸ τοῦ αἵματος τοῦ μόσχου[6] καὶ ῥανεῖ[7] ἑπτάκις[8]
ἔναντι[9] κυρίου κατενώπιον[10] τοῦ καταπετάσματος[11] τοῦ ἁγίου· **18** καὶ ἀπὸ τοῦ αἵμα-
τος ἐπιθήσει ὁ ἱερεὺς ἐπὶ τὰ κέρατα[12] τοῦ θυσιαστηρίου[13] τῶν θυμιαμάτων[14] τῆς
συνθέσεως,[15] ὅ ἐστιν ἐνώπιον κυρίου, ὅ ἐστιν ἐν τῇ σκηνῇ[16] τοῦ μαρτυρίου·[17] καὶ τὸ
πᾶν αἷμα ἐκχεεῖ[18] πρὸς τὴν βάσιν[19] τοῦ θυσιαστηρίου τῶν καρπώσεων[20] τῶν πρὸς
τῇ θύρᾳ τῆς σκηνῆς τοῦ μαρτυρίου. **19** καὶ τὸ πᾶν στέαρ[21] περιελεῖ[22] ἀπ᾽ αὐτοῦ καὶ
ἀνοίσει[23] ἐπὶ τὸ θυσιαστήριον·[24] **20** καὶ ποιήσει τὸν μόσχον[25] ὃν τρόπον[26] ἐποίησεν
τὸν μόσχον τὸν τῆς ἁμαρτίας, οὕτως ποιηθήσεται· καὶ ἐξιλάσεται[27] περὶ αὐτῶν ὁ
ἱερεύς, καὶ ἀφεθήσεται αὐτοῖς ἡ ἁμαρτία. **21** καὶ ἐξοίσουσιν[28] τὸν μόσχον[29] ὅλον ἔξω
τῆς παρεμβολῆς[30] καὶ κατακαύσουσιν[31] τὸν μόσχον, ὃν τρόπον[32] κατέκαυσαν[33] τὸν
μόσχον τὸν πρότερον.[34] ἁμαρτία συναγωγῆς ἐστιν.

22 Ἐὰν δὲ ὁ ἄρχων ἁμάρτῃ καὶ ποιήσῃ μίαν ἀπὸ πασῶν τῶν ἐντολῶν κυρίου τοῦ θεοῦ
αὐτῶν, ἣ οὐ ποιηθήσεται, ἀκουσίως[35] καὶ ἁμάρτῃ καὶ πλημμελήσῃ,[36] **23** καὶ γνωσθῇ
αὐτῷ ἡ ἁμαρτία, ἣν ἥμαρτεν ἐν αὐτῇ, καὶ προσοίσει[37] τὸ δῶρον[38] αὐτοῦ χίμαρον[39] ἐξ
αἰγῶν,[40] ἄρσεν[41] ἄμωμον.[42] **24** καὶ ἐπιθήσει τὴν χεῖρα ἐπὶ τὴν κεφαλὴν τοῦ χιμάρου,[43]
καὶ σφάξουσιν[44] αὐτὸν ἐν τόπῳ, οὗ[45] σφάζουσιν τὰ ὁλοκαυτώματα[46] ἐνώπιον
κυρίου· ἁμαρτία ἐστίν. **25** καὶ ἐπιθήσει ὁ ἱερεὺς ἀπὸ τοῦ αἵματος τοῦ τῆς ἁμαρτίας
τῷ δακτύλῳ[47] ἐπὶ τὰ κέρατα[48] τοῦ θυσιαστηρίου[49] τῶν ὁλοκαυτωμάτων·[50] καὶ τὸ

1 μόσχος, calf, young bull
2 σκηνή, tent
3 μαρτύριον, witness
4 βάπτω, *fut act ind 3s*, dip
5 δάκτυλος, finger
6 μόσχος, calf, young bull
7 ῥαίνω, *fut act ind 3s*, sprinkle
8 ἑπτάκις, seven times
9 ἔναντι, before
10 κατενώπιον, in front of
11 καταπέτασμα, veil
12 κέρας, horn
13 θυσιαστήριον, altar
14 θυμίαμα, altar
15 σύνθεσις, mixture, compounding
16 σκηνή, tent
17 μαρτύριον, witness
18 ἐκχέω, *pres act ind 3s*, pour out
19 βάσις, base
20 κάρπωσις, burnt offering
21 στέαρ, fat portion
22 περιαιρέω, *fut act ind 3s*, remove
23 ἀναφέρω, *fut act ind 3s*, offer
24 θυσιαστήριον, altar
25 μόσχος, calf, young bull
26 ὃν τρόπον, in the manner that
27 ἐξιλάσκομαι, *fut mid ind 3s*, propitiate, make atonement
28 ἐκφέρω, *fut act ind 3p*, carry out
29 μόσχος, calf, young bull
30 παρεμβολή, camp
31 κατακαίω, *fut act ind 3p*, burn up
32 ὃν τρόπον, in the manner that
33 κατακαίω, *aor act ind 3p*, burn up
34 πρότερος, former, earlier, before
35 ἀκουσίως, involuntarily
36 πλημμελέω, *aor act sub 3s*, trespass, offend
37 προσφέρω, *fut act ind 3s*, bring to
38 δῶρον, gift, offering
39 χίμαρος, young male goat
40 αἴξ, goat
41 ἄρσην, male
42 ἄμωμος, unblemished
43 χίμαρος, young male goat
44 σφάζω, *fut act ind 3p*, slaughter
45 οὗ, where
46 ὁλοκαύτωμα, whole burnt offering
47 δάκτυλος, finger
48 κέρας, horn
49 θυσιαστήριον, altar
50 ὁλοκαύτωμα, whole burnt offering

πᾶν αἷμα αὐτοῦ ἐκχεεῖ[1] παρὰ τὴν βάσιν[2] τοῦ θυσιαστηρίου τῶν ὁλοκαυτωμάτων.[3]
26 καὶ τὸ πᾶν στέαρ[4] αὐτοῦ ἀνοίσει[5] ἐπὶ τὸ θυσιαστήριον[6] ὥσπερ τὸ στέαρ θυσίας[7]
σωτηρίου.[8] καὶ ἐξιλάσεται[9] περὶ αὐτοῦ ὁ ἱερεὺς ἀπὸ τῆς ἁμαρτίας αὐτοῦ, καὶ ἀφε-
θήσεται αὐτῷ.

27 Ἐὰν δὲ ψυχὴ μία ἁμάρτῃ ἀκουσίως[10] ἐκ τοῦ λαοῦ τῆς γῆς ἐν τῷ ποιῆσαι μίαν
ἀπὸ πασῶν τῶν ἐντολῶν κυρίου, ἣ οὐ ποιηθήσεται, καὶ πλημμελήσῃ,[11] **28** καὶ
γνωσθῇ αὐτῷ ἡ ἁμαρτία, ἣν ἥμαρτεν ἐν αὐτῇ, καὶ οἴσει[12] χίμαιραν[13] ἐξ αἰγῶν,[14]
θήλειαν[15] ἄμωμον,[16] οἴσει περὶ τῆς ἁμαρτίας, ἧς ἥμαρτεν. **29** καὶ ἐπιθήσει τὴν χεῖρα
ἐπὶ τὴν κεφαλὴν τοῦ ἁμαρτήματος[17] αὐτοῦ, καὶ σφάξουσιν[18] τὴν χίμαιραν[19] τὴν τῆς
ἁμαρτίας ἐν τόπῳ, οὗ[20] σφάζουσιν τὰ ὁλοκαυτώματα.[21] **30** καὶ λήμψεται ὁ ἱερεὺς ἀπὸ
τοῦ αἵματος αὐτῆς τῷ δακτύλῳ[22] καὶ ἐπιθήσει ἐπὶ τὰ κέρατα[23] τοῦ θυσιαστηρίου[24]
τῶν ὁλοκαυτωμάτων·[25] καὶ πᾶν τὸ αἷμα αὐτῆς ἐκχεεῖ[26] παρὰ τὴν βάσιν[27] τοῦ
θυσιαστηρίου. **31** καὶ πᾶν τὸ στέαρ[28] περιελεῖ,[29] ὃν τρόπον[30] περιαιρεῖται[31] στέαρ
ἀπὸ θυσίας[32] σωτηρίου,[33] καὶ ἀνοίσει[34] ὁ ἱερεὺς ἐπὶ τὸ θυσιαστήριον[35] εἰς ὀσμὴν[36]
εὐωδίας[37] κυρίῳ. καὶ ἐξιλάσεται[38] περὶ αὐτοῦ ὁ ἱερεύς, καὶ ἀφεθήσεται αὐτῷ.

32 ἐὰν δὲ πρόβατον προσενέγκῃ τὸ δῶρον[39] αὐτοῦ εἰς ἁμαρτίαν, θῆλυ[40] ἄμωμον[41]
προσοίσει[42] αὐτό. **33** καὶ ἐπιθήσει τὴν χεῖρα ἐπὶ τὴν κεφαλὴν τοῦ τῆς ἁμαρτίας, καὶ
σφάξουσιν[43] αὐτὸ ἐν τόπῳ, οὗ[44] σφάζουσιν τὰ ὁλοκαυτώματα.[45] **34** καὶ λαβὼν ὁ
ἱερεὺς ἀπὸ τοῦ αἵματος τοῦ τῆς ἁμαρτίας τῷ δακτύλῳ[46] ἐπιθήσει ἐπὶ τὰ κέρατα[47] τοῦ

1 ἐκχέω, *pres act ind 3s*, pour out
2 βάσις, base
3 ὁλοκαύτωμα, whole burnt offering
4 στέαρ, fat portion
5 ἀναφέρω, *fut act ind 3s*, offer
6 θυσιαστήριον, altar
7 θυσία, sacrifice
8 σωτήριον, deliverance, peace
9 ἐξιλάσκομαι, *fut mid ind 3s*, propitiate, make atonement
10 ἀκουσίως, involuntarily
11 πλημμελέω, *aor act sub 3s*, trespass, offend
12 φέρω, *fut act ind 3s*, bring
13 χίμαιρα, young female goat
14 αἴξ, goat
15 θῆλυς, female
16 ἄμωμος, unblemished
17 ἁμάρτημα, sin offering
18 σφάζω, *fut act ind 3p*, slaughter
19 χίμαιρα, young female goat
20 οὗ, where
21 ὁλοκαύτωμα, whole burnt offering
22 δάκτυλος, finger
23 κέρας, horn
24 θυσιαστήριον, altar
25 ὁλοκαύτωμα, whole burnt offering
26 ἐκχέω, *pres act ind 3s*, pour out
27 βάσις, base
28 στέαρ, fat portion
29 περιαιρέω, *fut act ind 3s*, remove
30 ὃν τρόπον, in the manner that
31 περιαιρέω, *pres pas ind 3s*, remove
32 θυσία, sacrifice
33 σωτήριον, deliverance, peace
34 ἀναφέρω, *fut act ind 3s*, offer
35 θυσιαστήριον, altar
36 ὀσμή, smell
37 εὐωδία, fragrance
38 ἐξιλάσκομαι, *fut mid ind 3s*, propitiate, make atonement
39 δῶρον, gift, offering
40 θῆλυς, female
41 ἄμωμος, unblemished
42 προσφέρω, *fut act ind 3s*, bring to
43 σφάζω, *fut act ind 3p*, slaughter
44 οὗ, where
45 ὁλοκαύτωμα, whole burnt offering
46 δάκτυλος, finger
47 κέρας, horn

θυσιαστηρίου[1] τῆς ὁλοκαυτώσεως·[2] καὶ πᾶν αὐτοῦ τὸ αἷμα ἐκχεεῖ[3] παρὰ τὴν βάσιν[4]
τοῦ θυσιαστηρίου τῆς ὁλοκαυτώσεως. **35** καὶ πᾶν αὐτοῦ τὸ στέαρ[5] περιελεῖ,[6] ὃν
τρόπον[7] περιαιρεῖται[8] στέαρ προβάτου ἐκ τῆς θυσίας[9] τοῦ σωτηρίου,[10] καὶ ἐπιθήσει
αὐτὸ ὁ ἱερεὺς ἐπὶ τὸ θυσιαστήριον[11] ἐπὶ τὸ ὁλοκαύτωμα[12] κυρίου. καὶ ἐξιλάσεται[13]
περὶ αὐτοῦ ὁ ἱερεὺς περὶ τῆς ἁμαρτίας, ἧς ἥμαρτεν, καὶ ἀφεθήσεται αὐτῷ.

Guilt Offerings

5 Ἐὰν δὲ ψυχὴ ἁμάρτῃ καὶ ἀκούσῃ φωνὴν ὁρκισμοῦ[14] καὶ οὗτος μάρτυς[15] (ἢ ἑώρα-
κεν ἢ σύνοιδεν[16]), ἐὰν μὴ ἀπαγγείλῃ, λήμψεται τὴν ἁμαρτίαν· **2** ἢ ψυχή, ἥτις ἐὰν
ἅψηται παντὸς πράγματος[17] ἀκαθάρτου, ἢ θνησιμαίου[18] ἢ θηριαλώτου[19] ἀκαθάρτου
ἢ τῶν θνησιμαίων ἢ τῶν βδελυγμάτων[20] τῶν ἀκαθάρτων ἢ τῶν θνησιμαίων κτηνῶν[21]
τῶν ἀκαθάρτων, **3** ἢ ἅψηται ἀπὸ ἀκαθαρσίας[22] ἀνθρώπου, ἀπὸ πάσης ἀκαθαρσίας
αὐτοῦ, ἧς ἂν ἁψάμενος μιανθῇ,[23] καὶ ἔλαθεν[24] αὐτόν, μετὰ τοῦτο δὲ γνῷ καὶ πλημ-
μελήσῃ,[25] **4** ἢ ψυχή, ἣ ἂν ὀμόσῃ[26] διαστέλλουσα[27] τοῖς χείλεσιν[28] κακοποιῆσαι[29]
ἢ καλῶς[30] ποιῆσαι κατὰ πάντα, ὅσα ἐὰν διαστείλῃ[31] ὁ ἄνθρωπος μεθ᾽ ὅρκου,[32]
καὶ λάθῃ[33] αὐτὸν πρὸ ὀφθαλμῶν, καὶ οὗτος γνῷ καὶ ἁμάρτῃ ἕν τι τούτων, **5** καὶ
ἐξαγορεύσει[34] τὴν ἁμαρτίαν περὶ ὧν ἡμάρτηκεν κατ᾽ αὐτῆς, **6** καὶ οἴσει[35] περὶ ὧν
ἐπλημμέλησεν[36] κυρίῳ, περὶ τῆς ἁμαρτίας, ἧς ἥμαρτεν, θῆλυ[37] ἀπὸ τῶν προβάτων,
ἀμνάδα[38] ἢ χίμαιραν[39] ἐξ αἰγῶν,[40] περὶ ἁμαρτίας· καὶ ἐξιλάσεται[41] περὶ αὐτοῦ ὁ ἱερεὺς
περὶ τῆς ἁμαρτίας αὐτοῦ, ἧς ἥμαρτεν, καὶ ἀφεθήσεται αὐτῷ ἡ ἁμαρτία.

1 θυσιαστήριον, altar
2 ὁλοκαύτωσις, whole burnt offering
3 ἐκχέω, *pres act ind 3s*, pour out
4 βάσις, base
5 στέαρ, fat portion
6 περιαιρέω, *fut act ind 3s*, remove
7 ὃν τρόπον, in the manner that
8 περιαιρέω, *pres pas ind 3s*, remove
9 θυσία, sacrifice
10 σωτήριον, deliverance, peace
11 θυσιαστήριον, altar
12 ὁλοκαύτωμα, whole burnt offering
13 ἐξιλάσκομαι, *fut mid ind 3s*, propitiate, make atonement
14 ὁρκισμός, oath-taking
15 μάρτυς, witness
16 σύνοιδα, *perf act ind 3s*, know
17 πρᾶγμα, thing
18 θνησιμαῖος, carcass
19 θηριάλωτος, caught by wild beasts
20 βδέλυγμα, abomination
21 κτῆνος, animal, (*p*) herd
22 ἀκαθαρσία, impurity
23 μιαίνω, *aor pas sub 3s*, defile, pollute
24 λανθάνω, *aor act ind 3s*, go unnoticed
25 πλημμελέω, *aor act sub 3s*, trespass, offend
26 ὄμνυμι, *aor act sub 3s*, swear an oath
27 διαστέλλω, *pres act ptc nom s f*, pronounce
28 χεῖλος, lip
29 κακοποιέω, *aor act inf*, do evil
30 καλῶς, well, good
31 διαστέλλω, *aor act sub 3s*, pronounce
32 ὅρκος, oath
33 λανθάνω, *aor act sub 3s*, go unnoticed
34 ἐξαγορεύω, *fut act ind 3s*, confess, declare
35 φέρω, *fut act ind 3s*, bring
36 πλημμελέω, *aor act ind 3s*, trespass, offend
37 θῆλυς, female
38 ἀμνάς, ewe
39 χίμαιρα, young female goat
40 αἴξ, goat
41 ἐξιλάσκομαι, *fut mid ind 3s*, propitiate, make atonement

7 Ἐὰν δὲ μὴ ἰσχύσῃ[1] ἡ χεὶρ αὐτοῦ τὸ ἱκανὸν[2] εἰς τὸ πρόβατον, οἴσει[3] περὶ τῆς ἁμαρ-
τίας αὐτοῦ, ἧς ἥμαρτεν, δύο τρυγόνας[4] ἢ δύο νεοσσοὺς[5] περιστερῶν[6] κυρίῳ, ἕνα περὶ
ἁμαρτίας καὶ ἕνα εἰς ὁλοκαύτωμα.[7] **8** καὶ οἴσει[8] αὐτὰ πρὸς τὸν ἱερέα, καὶ προσάξει[9]
ὁ ἱερεὺς τὸ περὶ τῆς ἁμαρτίας πρότερον·[10] καὶ ἀποκνίσει[11] ὁ ἱερεὺς τὴν κεφαλὴν
αὐτοῦ ἀπὸ τοῦ σφονδύλου[12] καὶ οὐ διελεῖ·[13] **9** καὶ ῥανεῖ[14] ἀπὸ τοῦ αἵματος τοῦ περὶ
τῆς ἁμαρτίας ἐπὶ τὸν τοῖχον[15] τοῦ θυσιαστηρίου,[16] τὸ δὲ κατάλοιπον[17] τοῦ αἵματος
καταστραγγιεῖ[18] ἐπὶ τὴν βάσιν[19] τοῦ θυσιαστηρίου· ἁμαρτίας γάρ ἐστιν. **10** καὶ τὸ
δεύτερον ποιήσει ὁλοκαύτωμα,[20] ὡς καθήκει.[21] καὶ ἐξιλάσεται[22] ὁ ἱερεὺς περὶ τῆς
ἁμαρτίας αὐτοῦ, ἧς ἥμαρτεν, καὶ ἀφεθήσεται αὐτῷ.

11 ἐὰν δὲ μὴ εὑρίσκῃ αὐτοῦ ἡ χεὶρ ζεῦγος[23] τρυγόνων[24] ἢ δύο νεοσσοὺς[25] περιστερῶν,[26]
καὶ οἴσει[27] τὸ δῶρον[28] αὐτοῦ περὶ οὗ ἥμαρτεν, τὸ δέκατον[29] τοῦ οιφι[30] σεμίδαλιν[31] περὶ
ἁμαρτίας· οὐκ ἐπιχεεῖ[32] ἐπ᾽ αὐτὸ ἔλαιον[33] οὐδὲ ἐπιθήσει ἐπ᾽ αὐτὸ λίβανον,[34] ὅτι περὶ
ἁμαρτίας ἐστίν· **12** καὶ οἴσει[35] αὐτὸ πρὸς τὸν ἱερέα. καὶ δραξάμενος[36] ὁ ἱερεὺς ἀπ᾽
αὐτῆς πλήρη[37] τὴν δράκα,[38] τὸ μνημόσυνον[39] αὐτῆς ἐπιθήσει ἐπὶ τὸ θυσιαστήριον[40]
τῶν ὁλοκαυτωμάτων[41] κυρίῳ· ἁμαρτία ἐστίν. **13** καὶ ἐξιλάσεται[42] περὶ αὐτοῦ ὁ ἱερεὺς
περὶ τῆς ἁμαρτίας αὐτοῦ, ἧς ἥμαρτεν, ἐφ᾽ ἑνὸς τούτων, καὶ ἀφεθήσεται αὐτῷ. τὸ δὲ
καταλειφθὲν[43] ἔσται τῷ ἱερεῖ ὡς ἡ θυσία[44] τῆς σεμιδάλεως.[45]

1 ἰσχύω, *aor act sub 3s*, be strong
2 ἱκανός, sufficient
3 φέρω, *fut act ind 3s*, bring
4 τρυγών, turtledove
5 νεοσσός, young bird
6 περιστερά, pigeon, dove
7 ὁλοκαύτωμα, whole burnt offering
8 φέρω, *fut act ind 3s*, bring
9 προσάγω, *fut act ind 3s*, bring to
10 πρότερος, former, earlier, before
11 ἀποκνίζω, *fut act ind 3s*, nip off
12 σφόνδυλος, neck joint
13 διαιρέω, *fut act ind 3s*, sever
14 ῥαίνω, *fut act ind 3s*, sprinkle
15 τοῖχος, side
16 θυσιαστήριον, altar
17 κατάλοιπος, remainder
18 καταστραγγίζω, *fut act ind 3s*, squeeze out
19 βάσις, base
20 ὁλοκαύτωμα, whole burnt offering
21 καθήκω, *pres act ind 3s*, be proper, be fitting
22 ἐξιλάσκομαι, *fut mid ind 3s*, propitiate, make atonement
23 ζεῦγος, pair
24 τρυγών, turtledove
25 νεοσσός, young bird
26 περιστερά, pigeon, dove
27 φέρω, *fut act ind 3s*, bring
28 δῶρον, gift, offering
29 δέκατος, tenth
30 οιφι, ephah, *translit.*
31 σεμίδαλις, fine flour
32 ἐπιχέω, *fut act ind 3s*, pour over
33 ἔλαιον, oil
34 λίβανος, frankincense, *Heb. LW*
35 φέρω, *fut act ind 3s*, bring
36 δράσσομαι, *aor mid ptc nom s m*, grasp
37 πλήρης, full
38 δράξ, handful
39 μνημόσυνον, memorial offering
40 θυσιαστήριον, altar
41 ὁλοκαύτωμα, whole burnt offering
42 ἐξιλάσκομαι, *fut mid ind 3s*, propitiate, make atonement
43 καταλείπω, *aor pas ptc nom s n*, leave behind
44 θυσία, sacrifice
45 σεμίδαλις, fine flour

14 Καὶ ἐλάλησεν κύριος πρὸς Μωυσῆν λέγων **15** Ψυχὴ ἐὰν λάθῃ[1] αὐτὸν λήθη[2] καὶ
ἁμάρτῃ ἀκουσίως[3] ἀπὸ τῶν ἁγίων κυρίου, καὶ οἴσει[4] τῆς πλημμελείας[5] αὐτοῦ τῷ
κυρίῳ κριὸν[6] ἄμωμον[7] ἐκ τῶν προβάτων τιμῆς[8] ἀργυρίου[9] σίκλων,[10] τῷ σίκλῳ τῶν
ἁγίων, περὶ οὗ ἐπλημμέλησεν.[11] **16** καὶ ὃ ἥμαρτεν ἀπὸ τῶν ἁγίων, ἀποτείσαι[12] αὐτὸ
καὶ τὸ ἐπίπεμπτον[13] προσθήσει[14] ἐπ᾽ αὐτὸ καὶ δώσει αὐτὸ τῷ ἱερεῖ· καὶ ὁ ἱερεὺς
ἐξιλάσεται[15] περὶ αὐτοῦ ἐν τῷ κριῷ[16] τῆς πλημμελείας,[17] καὶ ἀφεθήσεται αὐτῷ.

17 Καὶ ἡ ψυχή, ἣ ἂν ἁμάρτῃ καὶ ποιήσῃ μίαν ἀπὸ πασῶν τῶν ἐντολῶν κυρίου, ὧν
οὐ δεῖ[18] ποιεῖν, καὶ οὐκ ἔγνω καὶ πλημμελήσῃ[19] καὶ λάβῃ τὴν ἁμαρτίαν, **18** καὶ οἴσει[20]
κριὸν[21] ἄμωμον[22] ἐκ τῶν προβάτων τιμῆς[23] ἀργυρίου[24] εἰς πλημμέλειαν[25] πρὸς τὸν
ἱερέα· καὶ ἐξιλάσεται[26] περὶ αὐτοῦ ὁ ἱερεὺς περὶ τῆς ἀγνοίας[27] αὐτοῦ, ἧς ἠγνόησεν[28]
καὶ αὐτὸς οὐκ ᾔδει,[29] καὶ ἀφεθήσεται αὐτῷ· **19** ἐπλημμέλησεν[30] γὰρ πλημμέλησιν[31]
ἔναντι[32] κυρίου.

20 Καὶ ἐλάλησεν κύριος πρὸς Μωυσῆν λέγων **21** Ψυχὴ ἐὰν ἁμάρτῃ καὶ παριδὼν[33]
παρίδῃ[34] τὰς ἐντολὰς κυρίου καὶ ψεύσηται[35] τὰ πρὸς τὸν πλησίον[36] ἐν παραθήκῃ[37]
ἢ περὶ κοινωνίας[38] ἢ περὶ ἁρπαγῆς[39] ἢ ἠδίκησέν[40] τι τὸν πλησίον **22** ἢ εὗρεν ἀπώ-
λειαν[41] καὶ ψεύσηται[42] περὶ αὐτῆς καὶ ὀμόσῃ[43] ἀδίκως[44] περὶ ἑνὸς ἀπὸ πάντων,
ὧν ἐὰν ποιήσῃ ὁ ἄνθρωπος ὥστε ἁμαρτεῖν ἐν τούτοις, **23** καὶ ἔσται ἡνίκα[45] ἐὰν

1 λανθάνω, *aor act sub 3s*, go unnoticed
2 λήθη, forgetfulness
3 ἀκουσίως, involuntarily
4 φέρω, *fut act ind 3s*, bring
5 πλημμέλεια, trespass
6 κριός, ram
7 ἄμωμος, unblemished
8 τιμή, value
9 ἀργύριον, silver
10 σίκλος, shekel, *Heb. LW*
11 πλημμελέω, *aor act ind 3s*, trespass, offend
12 ἀποτίνω, *aor act opt 3s*, repay, pay damages
13 ἐπίπεμπτος, fifth part
14 προστίθημι, *fut act ind 3s*, add to
15 ἐξιλάσκομαι, *fut mid ind 3s*, propitiate, make atonement
16 κριός, ram
17 πλημμέλεια, trespass
18 δεῖ, *pres act ind 3s*, be right, be necessary
19 πλημμελέω, *aor act sub 3s*, trespass, offend
20 φέρω, *fut act ind 3s*, bring
21 κριός, ram
22 ἄμωμος, unblemished
23 τιμή, value
24 ἀργύριον, silver
25 πλημμέλεια, trespass
26 ἐξιλάσκομαι, *fut mid ind 3s*, propitiate, make atonement
27 ἄγνοια, ignorance
28 ἀγνοέω, *aor act ind 3s*, be ignorant
29 οἶδα, *plpf act ind 3s*, know
30 πλημμελέω, *aor act ind 3s*, trespass, offend
31 πλημμέλησις, transgression
32 ἔναντι, before
33 παροράω, *aor act ptc nom s m*, overlook
34 παροράω, *aor act sub 3s*, overlook
35 ψεύδομαι, *aor mid sub 3s*, lie, speak falsely
36 πλησίον, neighbor
37 παραθήκη, deposit
38 κοινωνία, contribution
39 ἁρπαγή, robbery
40 ἀδικέω, *aor act ind 3s*, do wrong, act unjust
41 ἀπώλεια, loss, waste
42 ψεύδομαι, *aor mid sub 3s*, lie
43 ὄμνυμι, *aor act sub 3s*, swear an oath
44 ἀδίκως, unjustly
45 ἡνίκα, when

ἁμάρτῃ καὶ πλημμελήσῃ,[1] καὶ ἀποδῷ τὸ ἅρπαγμα,[2] ὃ ἥρπασεν,[3] ἢ τὸ ἀδίκημα,[4] ὃ
ἠδίκησεν,[5] ἢ τὴν παραθήκην,[6] ἥτις παρετέθη[7] αὐτῷ, ἢ τὴν ἀπώλειαν,[8] ἣν εὗρεν,
24 ἀπὸ παντὸς πράγματος,[9] οὗ ὤμοσεν[10] περὶ αὐτοῦ ἀδίκως,[11] καὶ ἀποτείσει[12] αὐτὸ
τὸ κεφάλαιον[13] καὶ τὸ πέμπτον[14] προσθήσει[15] ἐπ᾽ αὐτό· τίνος ἐστίν, αὐτῷ ἀποδώσει
ᾗ ἡμέρᾳ ἐλεγχθῇ.[16] **25** καὶ τῆς πλημμελείας[17] αὐτοῦ οἴσει[18] τῷ κυρίῳ κριὸν[19] ἀπὸ τῶν
προβάτων ἄμωμον[20] τιμῆς[21] εἰς ὃ ἐπλημμέλησεν.[22] **26** καὶ ἐξιλάσεται[23] περὶ αὐτοῦ ὁ
ἱερεὺς ἔναντι[24] κυρίου, καὶ ἀφεθήσεται αὐτῷ περὶ ἑνὸς ἀπὸ πάντων, ὧν ἐποίησεν
καὶ ἐπλημμέλησεν[25] αὐτῷ.

Burnt Offerings

6 Καὶ ἐλάλησεν κύριος πρὸς Μωυσῆν λέγων **2** Ἔντειλαι[26] Ααρων καὶ τοῖς υἱοῖς
αὐτοῦ λέγων Οὗτος ὁ νόμος τῆς ὁλοκαυτώσεως·[27] αὐτὴ ἡ ὁλοκαύτωσις ἐπὶ
τῆς καύσεως[28] αὐτῆς ἐπὶ τοῦ θυσιαστηρίου[29] ὅλην τὴν νύκτα ἕως τὸ πρωί,[30] καὶ τὸ
πῦρ τοῦ θυσιαστηρίου καυθήσεται[31] ἐπ᾽ αὐτοῦ, οὐ σβεσθήσεται.[32] **3** καὶ ἐνδύσεται[33]
ὁ ἱερεὺς χιτῶνα[34] λινοῦν[35] καὶ περισκελὲς[36] λινοῦν ἐνδύσεται περὶ τὸ σῶμα αὐτοῦ
καὶ ἀφελεῖ[37] τὴν κατακάρπωσιν,[38] ἣν ἂν καταναλώσῃ[39] τὸ πῦρ τὴν ὁλοκαύτωσιν,[40]
ἀπὸ τοῦ θυσιαστηρίου[41] καὶ παραθήσει[42] αὐτὸ ἐχόμενον τοῦ θυσιαστηρίου.
4 καὶ ἐκδύσεται[43] τὴν στολὴν[44] αὐτοῦ καὶ ἐνδύσεται[45] στολὴν ἄλλην καὶ ἐξοίσει[46]

1 πλημμελέω, *aor act sub 3s*, trespass, offend
2 ἅρπαγμα, spoil, booty
3 ἁρπάζω, *aor act ind 3s*, seize
4 ἀδίκημα, injustice
5 ἀδικέω, *aor act ind 3s*, do wrong, act unjustly
6 παραθήκη, deposit
7 παρατίθημι, *aor pas ind 3s*, entrust
8 ἀπώλεια, lost thing
9 πρᾶγμα, matter, deed
10 ὄμνυμι, *aor act ind 3s*, swear an oath
11 ἀδίκως, unjustly
12 ἀποτίνω, *fut act ind 3s*, repay, pay damages
13 κεφάλαιον, sum (of money)
14 πέμπτος, fifth
15 προστίθημι, *fut act ind 3s*, add to
16 ἐλέγχω, *aor pas sub 3s*, reproach, convict
17 πλημμέλεια, trespass
18 φέρω, *fut act ind 3s*, bring
19 κριός, ram
20 ἄμωμος, unblemished
21 τιμή, value
22 πλημμελέω, *aor act ind 3s*, trespass, offend
23 ἐξιλάσκομαι, *fut mid ind 3s*, propitiate, make atonement
24 ἔναντι, before
25 πλημμελέω, *aor act ind 3s*, trespass, offend
26 ἐντέλλομαι, *aor mid impv 2s*, command
27 ὁλοκαύτωσις, whole burnt offering
28 καῦσις, burning
29 θυσιαστήριον, altar
30 πρωί, morning
31 καίω, *fut pas ind 3s*, burn
32 σβέννυμι, *fut pas ind 3s*, extinguish
33 ἐνδύω, *fut mid ind 3s*, put on
34 χιτών, tunic
35 λινοῦς, linen
36 περισκελής, legging
37 ἀφαιρέω, *fut act ind 3s*, remove
38 κατακάρπωσις, remains of a burnt sacrifice
39 καταναλίσκω, *aor act sub 3s*, consume
40 ὁλοκαύτωσις, whole burnt offering
41 θυσιαστήριον, altar
42 παρατίθημι, *fut act ind 3s*, place, lay
43 ἐκδύω, *fut mid ind 3s*, take off
44 στολή, garment
45 ἐνδύω, *fut mid ind 3s*, put on
46 ἐκφέρω, *fut act ind 3s*, carry out

τὴν κατακάρπωσιν[1] ἔξω τῆς παρεμβολῆς[2] εἰς τόπον καθαρόν. **5** καὶ πῦρ ἐπὶ τὸ θυσιαστήριον[3] καυθήσεται[4] ἀπ᾽ αὐτοῦ καὶ οὐ σβεσθήσεται,[5] καὶ καύσει[6] ὁ ἱερεὺς ἐπ᾽ αὐτὸ ξύλα[7] τὸ πρωὶ[8] καὶ στοιβάσει[9] ἐπ᾽ αὐτοῦ τὴν ὁλοκαύτωσιν[10] καὶ ἐπιθήσει ἐπ᾽ αὐτὸ τὸ στέαρ[11] τοῦ σωτηρίου·[12] **6** καὶ πῦρ διὰ παντὸς καυθήσεται[13] ἐπὶ τὸ θυσιαστήριον,[14] οὐ σβεσθήσεται.[15]

7 Οὗτος ὁ νόμος τῆς θυσίας,[16] ἣν προσάξουσιν[17] αὐτὴν οἱ υἱοὶ Ααρων ἔναντι[18] κυρίου ἀπέναντι[19] τοῦ θυσιαστηρίου·[20] **8** καὶ ἀφελεῖ[21] ἀπ᾽ αὐτοῦ τῇ δρακὶ[22] ἀπὸ τῆς σεμιδάλεως[23] τῆς θυσίας[24] σὺν τῷ ἐλαίῳ[25] αὐτῆς καὶ σὺν τῷ λιβάνῳ[26] αὐτῆς τὰ ὄντα ἐπὶ τῆς θυσίας[27] καὶ ἀνοίσει[28] ἐπὶ τὸ θυσιαστήριον[29] κάρπωμα·[30] ὀσμὴ[31] εὐωδίας,[32] τὸ μνημόσυνον[33] αὐτῆς τῷ κυρίῳ. **9** τὸ δὲ καταλειφθὲν[34] ἀπ᾽ αὐτῆς ἔδεται[35] Ααρων καὶ οἱ υἱοὶ αὐτοῦ· ἄζυμα[36] βρωθήσεται[37] ἐν τόπῳ ἁγίῳ, ἐν αὐλῇ[38] τῆς σκηνῆς[39] τοῦ μαρτυρίου[40] ἔδονται[41] αὐτήν. **10** οὐ πεφθήσεται[42] ἐζυμωμένη·[43] μερίδα[44] αὐτὴν ἔδωκα αὐτοῖς ἀπὸ τῶν καρπωμάτων[45] κυρίου· ἅγια ἁγίων ὥσπερ τὸ τῆς ἁμαρτίας καὶ ὥσπερ τὸ τῆς πλημμελείας.[46] **11** πᾶν ἀρσενικὸν[47] τῶν ἱερέων ἔδονται[48] αὐτήν· νόμιμον[49] αἰώνιον εἰς τὰς γενεὰς ὑμῶν ἀπὸ τῶν καρπωμάτων[50] κυρίου. πᾶς, ὃς ἐὰν ἅψηται αὐτῶν, ἁγιασθήσεται.[51]

1 κατακάρπωσις, remains of a burnt sacrifice
2 παρεμβολή, camp
3 θυσιαστήριον, altar
4 καίω, *fut pas ind 3s*, burn
5 σβέννυμι, *fut pas ind 3s*, extinguish
6 καίω, *fut act ind 3s*, burn
7 ξύλον, wood
8 πρωί, (in the) morning
9 στοιβάζω, *fut act ind 3s*, pile
10 ὁλοκαύτωσις, whole burnt offering
11 στέαρ, fat portion
12 σωτήριον, (sacrifice of) deliverance, peace
13 καίω, *fut pas ind 3s*, burn
14 θυσιαστήριον, altar
15 σβέννυμι, *fut pas ind 3s*, extinguish
16 θυσία, sacrifice
17 προσάγω, *fut act ind 3p*, bring to
18 ἔναντι, before
19 ἀπέναντι, in front of
20 θυσιαστήριον, altar
21 ἀφαιρέω, *fut act ind 3s*, remove
22 δράξ, handful
23 σεμίδαλις, fine flour
24 θυσία, sacrifice
25 ἔλαιον, oil
26 λίβανος, frankincense, *Heb. LW*
27 θυσία, sacrifice
28 ἀναφέρω, *fut act ind 3s*, offer
29 θυσιαστήριον, altar
30 κάρπωμα, burnt offering
31 ὀσμή, smell
32 εὐωδία, fragrance
33 μνημόσυνον, memorial offering
34 καταλείπω, *aor pas ptc acc s n*, leave behind
35 ἐσθίω, *fut mid ind 3s*, eat
36 ἄζυμος, unleavened (bread)
37 βιβρώσκω, *fut pas ind 3s*, eat
38 αὐλή, court
39 σκηνή, tent
40 μαρτύριον, witness
41 ἐσθίω, *fut mid ind 3p*, eat
42 πέσσω, *fut pas ind 3s*, bake
43 ζυμόω, *perf pas ptc nom s f*, leaven
44 μερίς, portion
45 κάρπωμα, burnt offering
46 πλημμέλεια, trespass
47 ἀρσενικός, male
48 ἐσθίω, *fut mid ind 3p*, eat
49 νόμιμος, statute, ordinance
50 κάρπωμα, burnt offering
51 ἁγιάζω, *fut pas ind 3s*, sanctify, consecrate

Grain Offerings

12 Καὶ ἐλάλησεν κύριος πρὸς Μωυσῆν λέγων **13** Τοῦτο τὸ δῶρον[1] Ααρων καὶ τῶν υἱῶν αὐτοῦ, ὃ προσοίσουσιν[2] κυρίῳ ἐν τῇ ἡμέρᾳ, ᾗ ἂν χρίσῃς[3] αὐτόν· τὸ δέκατον[4] τοῦ οιφι[5] σεμιδάλεως[6] εἰς θυσίαν[7] διὰ παντός, τὸ ἥμισυ[8] αὐτῆς τὸ πρωὶ[9] καὶ τὸ ἥμισυ αὐτῆς τὸ δειλινόν.[10] **14** ἐπὶ τηγάνου[11] ἐν ἐλαίῳ[12] ποιηθήσεται, πεφυραμένην[13] οἴσει[14] αὐτήν, ἑλικτά,[15] θυσίαν[16] ἐκ κλασμάτων,[17] θυσίαν ὀσμὴν[18] εὐωδίας[19] κυρίῳ. **15** ὁ ἱερεὺς ὁ χριστὸς ἀντ᾽[20] αὐτοῦ ἐκ τῶν υἱῶν αὐτοῦ ποιήσει αὐτήν· νόμος αἰώνιος, ἅπαν[21] ἐπιτελεσθήσεται.[22] **16** καὶ πᾶσα θυσία[23] ἱερέως ὁλόκαυτος[24] ἔσται καὶ οὐ βρωθήσεται.[25]

17 Καὶ ἐλάλησεν κύριος πρὸς Μωυσῆν λέγων **18** Λάλησον Ααρων καὶ τοῖς υἱοῖς αὐτοῦ λέγων Οὗτος ὁ νόμος τῆς ἁμαρτίας· ἐν τόπῳ, οὗ[26] σφάζουσιν[27] τὸ ὁλοκαύτωμα,[28] σφάξουσιν τὰ περὶ τῆς ἁμαρτίας ἔναντι[29] κυρίου· ἅγια ἁγίων ἐστίν. **19** ὁ ἱερεὺς ὁ ἀναφέρων[30] αὐτὴν ἔδεται[31] αὐτήν· ἐν τόπῳ ἁγίῳ βρωθήσεται,[32] ἐν αὐλῇ[33] τῆς σκηνῆς[34] τοῦ μαρτυρίου.[35] **20** πᾶς ὁ ἁπτόμενος τῶν κρεῶν[36] αὐτῆς ἁγιασθήσεται·[37] καὶ ᾧ ἐὰν ἐπιρραντισθῇ[38] ἀπὸ τοῦ αἵματος αὐτῆς ἐπὶ τὸ ἱμάτιον, ὃ ἐὰν ῥαντισθῇ[39] ἐπ᾽ αὐτὸ πλυθήσεται[40] ἐν τόπῳ ἁγίῳ. **21** καὶ σκεῦος[41] ὀστράκινον,[42] οὗ ἐὰν ἑψηθῇ[43] ἐν αὐτῷ, συντριβήσεται·[44] ἐὰν δὲ ἐν σκεύει[45] χαλκῷ[46] ἑψηθῇ, ἐκτρίψει[47] αὐτὸ καὶ ἐκκλύσει[48] ὕδατι. **22** πᾶς ἄρσην[49] ἐν τοῖς ἱερεῦσιν φάγεται αὐτά· ἅγια ἁγίων ἐστὶν κυρίου. **23** καὶ πάντα τὰ περὶ τῆς ἁμαρτίας, ὧν ἐὰν εἰσενεχθῇ[50] ἀπὸ τοῦ αἵματος

1 δῶρον, gift, offering
2 προσφέρω, *fut act ind 3p*, offer, bring to
3 χρίω, *aor act sub 2s*, anoint
4 δέκατος, tenth
5 οιφι, ephah, *translit.*
6 σεμίδαλις, fine flour
7 θυσία, sacrifice
8 ἥμισυς, half
9 πρωί, (in the) morning
10 δειλινός, (in the) evening
11 τήγανον, frying pan
12 ἔλαιον, oil
13 φυράω, *perf pas ptc acc s f*, knead
14 φέρω, *fut act ind 3s*, offer, bring
15 ἑλικτός, rolled
16 θυσία, sacrifice
17 κλάσμα, piece
18 ὀσμή, smell
19 εὐωδία, fragrance
20 ἀντί, on behalf of
21 ἅπας, completely
22 ἐπιτελέω, *fut pas ind 3s*, complete
23 θυσία, sacrifice
24 ὁλόκαυτος, completely burnt
25 βιβρώσκω, *fut pas ind 3s*, eat
26 οὗ, where
27 σφάζω, *pres act ind 3p*, slaughter
28 ὁλοκαύτωμα, whole burnt offering
29 ἔναντι, before
30 ἀναφέρω, *pres act ptc nom s m*, offer up
31 ἐσθίω, *fut mid ind 3s*, eat
32 βιβρώσκω, *fut pas ind 3s*, eat
33 αὐλή, court
34 σκηνή, tent
35 μαρτύριον, witness
36 κρέας, meat, flesh
37 ἁγιάζω, *fut pas ind 3s*, sanctify, consecrate
38 ἐπιρραντίζω, *aor pas sub 3s*, sprinkle on
39 ῥαντίζω, *aor pas sub 3s*, sprinkle
40 πλύνω, *fut pas ind 3s*, wash, cleanse
41 σκεῦος, vessel
42 ὀστράκινος, of clay
43 ἕψω, *aor pas sub 3s*, boil
44 συντρίβω, *fut pas ind 3s*, smash, break
45 σκεῦος, vessel
46 χαλκοῦς, bronze
47 ἐκτρίβω, *fut act ind 3s*, rub out, scour
48 ἐκκλύζω, *fut act ind 3s*, wash out
49 ἄρσην, male
50 εἰσφέρω, *aor pas sub 3s*, bring in

αὐτῶν εἰς τὴν σκηνὴν[1] τοῦ μαρτυρίου[2] ἐξιλάσασθαι[3] ἐν τῷ ἁγίῳ, οὐ βρωθήσεται·[4]
ἐν πυρὶ κατακαυθήσεται.[5]

Sin Offerings

7 Καὶ οὗτος ὁ νόμος τοῦ κριοῦ[6] τοῦ περὶ τῆς πλημμελείας·[7] ἅγια ἁγίων ἐστίν.
2 ἐν τόπῳ, οὗ[8] σφάζουσιν[9] τὸ ὁλοκαύτωμα,[10] σφάξουσιν τὸν κριὸν[11] τῆς
πλημμελείας[12] ἔναντι[13] κυρίου, καὶ τὸ αἷμα προσχεεῖ[14] ἐπὶ τὴν βάσιν[15] τοῦ
θυσιαστηρίου[16] κύκλῳ.[17] **3** καὶ πᾶν τὸ στέαρ[18] αὐτοῦ προσοίσει[19] ἀπ᾽ αὐτοῦ, καὶ τὴν
ὀσφὺν[20] καὶ πᾶν τὸ στέαρ τὸ κατακαλύπτον[21] τὰ ἐνδόσθια[22] καὶ πᾶν τὸ στέαρ τὸ
ἐπὶ τῶν ἐνδοσθίων **4** καὶ τοὺς δύο νεφροὺς[23] καὶ τὸ στέαρ[24] τὸ ἐπ᾽ αὐτῶν τὸ ἐπὶ
τῶν μηρίων[25] καὶ τὸν λοβὸν[26] τὸν ἐπὶ τοῦ ἥπατος[27] (σὺν τοῖς νεφροῖς περιελεῖ[28]
αὐτά), **5** καὶ ἀνοίσει[29] αὐτὰ ὁ ἱερεὺς ἐπὶ τὸ θυσιαστήριον[30] κάρπωμα[31] τῷ κυρίῳ·
περὶ πλημμελείας[32] ἐστίν. **6** πᾶς ἄρσην[33] ἐκ τῶν ἱερέων ἔδεται[34] αὐτά, ἐν τόπῳ
ἁγίῳ ἔδονται[35] αὐτά· ἅγια ἁγίων ἐστίν. **7** ὥσπερ τὸ περὶ τῆς ἁμαρτίας, οὕτω καὶ
τὸ τῆς πλημμελείας,[36] νόμος εἷς αὐτῶν· ὁ ἱερεύς, ὅστις ἐξιλάσεται[37] ἐν αὐτῷ,
αὐτῷ ἔσται. **8** καὶ ὁ ἱερεὺς ὁ προσάγων[38] ὁλοκαύτωμα[39] ἀνθρώπου, τὸ δέρμα[40]
τῆς ὁλοκαυτώσεως,[41] ἧς αὐτὸς προσφέρει, αὐτῷ ἔσται. **9** καὶ πᾶσα θυσία,[42] ἥτις
ποιηθήσεται ἐν τῷ κλιβάνῳ,[43] καὶ πᾶσα, ἥτις ποιηθήσεται ἐπ᾽ ἐσχάρας[44] ἢ ἐπὶ
τηγάνου,[45] τοῦ ἱερέως τοῦ προσφέροντος αὐτήν, αὐτῷ ἔσται. **10** καὶ πᾶσα θυσία[46]

1 σκηνή, tent
2 μαρτύριον, witness
3 ἐξιλάσκομαι, *aor mid inf*, propitiate, make atonement
4 βιβρώσκω, *fut pas ind 3s*, eat
5 κατακαίω, *fut pas ind 3s*, burn up
6 κριός, ram
7 πλημμέλεια, trespass
8 οὗ, where
9 σφάζω, *pres act ind 3p*, slaughter
10 ὁλοκαύτωμα, whole burnt offering
11 κριός, ram
12 πλημμέλεια, trespass
13 ἔναντι, before
14 προσχέω, *fut act ind 3s*, pour out
15 βάσις, base
16 θυσιαστήριον, altar
17 κύκλῳ, around
18 στέαρ, fat portion
19 προσφέρω, *fut act ind 3s*, bring
20 ὀσφύς, loin
21 κατακαλύπτω, *pres act ptc acc s n*, cover
22 ἐνδόσθια, entrails
23 νεφρός, kidney
24 στέαρ, fat portion
25 μηρία, thigh
26 λοβός, lobe
27 ἧπαρ, liver
28 περιαιρέω, *fut act ind 3s*, remove
29 ἀναφέρω, *fut act ind 3s*, offer
30 θυσιαστήριον, altar
31 κάρπωμα, burnt offering
32 πλημμέλεια, trespass
33 ἄρσην, male
34 ἐσθίω, *fut mid ind 3s*, eat
35 ἐσθίω, *fut mid ind 3p*, eat
36 πλημμέλεια, trespass
37 ἐξιλάσκομαι, *fut mid ind 3s*, propitiate, make atonement
38 προσάγω, *pres act ptc nom s m*, bring to
39 ὁλοκαύτωμα, whole burnt offering
40 δέρμα, skin, hide
41 ὁλοκαύτωσις, whole burnt offering
42 θυσία, sacrifice
43 κλίβανος, oven
44 ἐσχάρα, grate, hearth
45 τήγανον, frying pan
46 θυσία, sacrifice

ἀναπεποιημένη[1] ἐν ἐλαίῳ[2] καὶ μὴ ἀναπεποιημένη πᾶσι τοῖς υἱοῖς Ααρων ἔσται,
ἑκάστῳ τὸ ἴσον.[3]

Peace Offerings

11 Οὗτος ὁ νόμος θυσίας[4] σωτηρίου,[5] ἣν προσοίσουσιν[6] κυρίῳ. **12** ἐὰν μὲν περὶ
αἰνέσεως[7] προσφέρῃ αὐτήν, καὶ προσοίσει[8] ἐπὶ τῆς θυσίας[9] τῆς αἰνέσεως ἄρτους ἐκ
σεμιδάλεως[10] ἀναπεποιημένους[11] ἐν ἐλαίῳ,[12] λάγανα[13] ἄζυμα[14] διακεχρισμένα[15] ἐν
ἐλαίῳ καὶ σεμίδαλιν πεφυραμένην[16] ἐν ἐλαίῳ· **13** ἐπ᾽ ἄρτοις ζυμίταις[17] προσοίσει[18] τὰ
δῶρα[19] αὐτοῦ ἐπὶ θυσίᾳ[20] αἰνέσεως[21] σωτηρίου.[22] **14** καὶ προσάξει[23] ἓν ἀπὸ πάντων
τῶν δώρων[24] αὐτοῦ ἀφαίρεμα[25] κυρίῳ· τῷ ἱερεῖ τῷ προσχέοντι[26] τὸ αἷμα τοῦ
σωτηρίου,[27] αὐτῷ ἔσται. **15** καὶ τὰ κρέα[28] θυσίας[29] αἰνέσεως[30] σωτηρίου[31] αὐτῷ ἔσται
καὶ ἐν ᾗ ἡμέρᾳ δωρεῖται,[32] βρωθήσεται·[33] οὐ καταλείψουσιν[34] ἀπ᾽ αὐτοῦ εἰς τὸ πρωί.[35]
16 κἂν[36] εὐχή,[37] ἢ ἑκούσιον[38] θυσιάζῃ[39] τὸ δῶρον[40] αὐτοῦ, ᾗ ἂν ἡμέρᾳ προσαγάγῃ[41]
τὴν θυσίαν[42] αὐτοῦ, βρωθήσεται[43] καὶ τῇ αὔριον·[44] **17** καὶ τὸ καταλειφθὲν[45] ἀπὸ τῶν
κρεῶν[46] τῆς θυσίας[47] ἕως ἡμέρας τρίτης ἐν πυρὶ κατακαυθήσεται.[48] **18** ἐὰν δὲ φαγὼν
φάγῃ ἀπὸ τῶν κρεῶν[49] τῇ ἡμέρᾳ τῇ τρίτῃ, οὐ δεχθήσεται[50] αὐτῷ τῷ προσφέροντι
αὐτό, οὐ λογισθήσεται αὐτῷ, μίασμά[51] ἐστιν· ἡ δὲ ψυχή, ἥτις ἐὰν φάγῃ ἀπ᾽ αὐτοῦ,
τὴν ἁμαρτίαν λήμψεται. **19** καὶ κρέα,[52] ὅσα ἂν ἅψηται παντὸς ἀκαθάρτου, οὐ

1 ἀναποιέω, *perf pas ptc nom s f*, prepare
2 ἔλαιον, oil
3 ἴσος, equal
4 θυσία, sacrifice
5 σωτήριον, deliverance, peace
6 προσφέρω, *fut act ind 3p*, bring to
7 αἴνεσις, praise
8 προσφέρω, *fut act ind 3s*, bring to
9 θυσία, sacrifice
10 σεμίδαλις, fine flour
11 ἀναποιέω, *perf pas ptc acc p m*, prepare
12 ἔλαιον, oil
13 λάγανον, cake, wafer
14 ἄζυμος, unleavened
15 διαχρίω, *perf pas ptc acc p n*, spread with
16 φυράω, *perf pas ptc acc s f*, knead
17 ζυμίτης, leavened
18 προσφέρω, *fut act ind 3s*, bring to
19 δῶρον, gift, offering
20 θυσία, sacrifice
21 αἴνεσις, praise
22 σωτήριον, deliverance, peace
23 προσάγω, *fut act ind 3s*, bring to
24 δῶρον, gift, offering
25 ἀφαίρεμα, choice portion
26 προσχέω, *pres act ptc dat s m*, pour out
27 σωτήριον, (sacrifice of) deliverance, peace
28 κρέας, meat, flesh
29 θυσία, sacrifice
30 αἴνεσις, praise
31 σωτήριον, deliverance, peace
32 δωρέομαι, *pres pas ind 3s*, give
33 βιβρώσκω, *fut pas ind 3s*, eat
34 καταλείπω, *fut act ind 3p*, leave
35 πρωί, morning
36 κἄν, and if, *cr.* καὶ ἐάν or καὶ ἄν
37 εὐχή, vow
38 ἑκούσιος, voluntary
39 θυσιάζω, *pres act sub 3s*, sacrifice
40 δῶρον, gift, offering
41 προσάγω, *aor act sub 3s*, bring to
42 θυσία, sacrifice
43 βιβρώσκω, *fut pas ind 3s*, eat
44 αὔριον, following day
45 καταλείπω, *aor pas ptc nom s n*, leave behind
46 κρέας, meat, flesh
47 θυσία, sacrifice
48 κατακαίω, *fut pas ind 3s*, burn up
49 κρέας, meat, flesh
50 δέχομαι, *fut pas ind 3s*, receive, accept
51 μίασμα, defilement, pollution
52 κρέας, meat, flesh

βρωθήσεται,[1] ἐν πυρὶ κατακαυθήσεται.[2] πᾶς καθαρὸς[3] φάγεται κρέα. **20** ἡ δὲ ψυχή,
ἥτις ἐὰν φάγῃ ἀπὸ τῶν κρεῶν[4] τῆς θυσίας[5] τοῦ σωτηρίου,[6] ὅ ἐστιν κυρίου, καὶ ἡ
ἀκαθαρσία[7] αὐτοῦ ἐπ' αὐτοῦ, ἀπολεῖται ἡ ψυχὴ ἐκείνη ἐκ τοῦ λαοῦ αὐτῆς. **21** καὶ
ψυχή, ἣ ἂν ἅψηται παντὸς πράγματος[8] ἀκαθάρτου ἢ ἀπὸ ἀκαθαρσίας ἀνθρώπου ἢ
τῶν τετραπόδων[9] τῶν ἀκαθάρτων ἢ παντὸς βδελύγματος[10] ἀκαθάρτου καὶ φάγη
ἀπὸ τῶν κρεῶν[11] τῆς θυσίας[12] τοῦ σωτηρίου,[13] ὅ ἐστιν κυρίου, ἀπολεῖται ἡ ψυχὴ
ἐκείνη ἐκ τοῦ λαοῦ αὐτῆς.

Eating Fat and Blood Forbidden

22 Καὶ ἐλάλησεν κύριος πρὸς Μωυσῆν λέγων **23** Λάλησον τοῖς υἱοῖς Ισραηλ
λέγων Πᾶν στέαρ[14] βοῶν[15] καὶ προβάτων καὶ αἰγῶν[16] οὐκ ἔδεσθε.[17] **24** καὶ στέαρ[18]
θνησιμαίων[19] καὶ θηριάλωτον[20] ποιηθήσεται εἰς πᾶν ἔργον καὶ εἰς βρῶσιν[21] οὐ
βρωθήσεται.[22] **25** πᾶς ὁ ἔσθων στέαρ[23] ἀπὸ τῶν κτηνῶν,[24] ὧν προσάξει[25] αὐτῶν
κάρπωμα[26] κυρίῳ, ἀπολεῖται ἡ ψυχὴ ἐκείνη ἀπὸ τοῦ λαοῦ αὐτῆς. **26** πᾶν αἷμα οὐκ
ἔδεσθε[27] ἐν πάσῃ τῇ κατοικίᾳ[28] ὑμῶν ἀπό τε τῶν πετεινῶν[29] καὶ ἀπὸ τῶν κτηνῶν.[30]
27 πᾶσα ψυχή, ἣ ἂν φάγῃ αἷμα, ἀπολεῖται ἡ ψυχὴ ἐκείνη ἀπὸ τοῦ λαοῦ αὐτῆς.

Priests' Share of the Offerings

28 Καὶ ἐλάλησεν κύριος πρὸς Μωυσῆν λέγων **29** Καὶ τοῖς υἱοῖς Ισραηλ λαλήσεις
λέγων Ὁ προσφέρων θυσίαν[31] σωτηρίου[32] κυρίῳ οἴσει[33] τὸ δῶρον[34] αὐτοῦ κυρίῳ
ἀπὸ τῆς θυσίας τοῦ σωτηρίου. **30** αἱ χεῖρες αὐτοῦ προσοίσουσιν[35] τὰ καρπώματα[36]
κυρίῳ· τὸ στέαρ[37] τὸ ἐπὶ τοῦ στηθυνίου[38] καὶ τὸν λοβὸν[39] τοῦ ἥπατος,[40] προσοίσει[41]

1 βιβρώσκω, *fut pas ind 3s*, eat
2 κατακαίω, *fut pas ind 3s*, burn up
3 καθαρός, pure, undefiled
4 κρέας, meat, flesh
5 θυσία, sacrifice
6 σωτήριον, deliverance, peace
7 ἀκαθαρσία, ritual impurity
8 πρᾶγμα, thing
9 τετράπους, four-footed (animal)
10 βδέλυγμα, abomination
11 κρέας, meat, flesh
12 θυσία, sacrifice
13 σωτήριον, deliverance, peace
14 στέαρ, meat, flesh
15 βοῦς, cow
16 αἴξ, goat
17 ἐσθίω, *fut mid ind 2p*, eat
18 στέαρ, meat, flesh
19 θνησιμαῖος, carcass
20 θηριάλωτος, caught by wild beasts
21 βρῶσις, food
22 βιβρώσκω, *fut pas ind 3s*, eat
23 στέαρ, meat, flesh
24 κτῆνος, animal, (*p*) herd
25 προσάγω, *fut act ind 3s*, bring to
26 κάρπωμα, burnt offering
27 ἐσθίω, *fut mid ind 2p*, eat
28 κατοικία, dwelling, settlement
29 πετεινός, bird
30 κτῆνος, animal, (*p*) herd
31 θυσία, sacrifice
32 σωτήριον, deliverance, peace
33 φέρω, *fut act ind 3s*, bring
34 δῶρον, gift, offering
35 προσφέρω, *fut act ind 3p*, bring to
36 κάρπωμα, burnt offering
37 στέαρ, meat, flesh
38 στηθύνιον, breast
39 λοβός, lobe
40 ἧπαρ, liver
41 προσφέρω, *fut act ind 3s*, bring to

αὐτὰ ὥστε ἐπιθεῖναι δόμα[1] ἔναντι[2] κυρίου. **31** καὶ ἀνοίσει[3] ὁ ἱερεὺς τὸ στέαρ[4] ἐπὶ τοῦ θυσιαστηρίου,[5] καὶ ἔσται τὸ στηθύνιον[6] Ααρων καὶ τοῖς υἱοῖς αὐτοῦ. **32** καὶ τὸν βραχίονα[7] τὸν δεξιὸν δώσετε ἀφαίρεμα[8] τῷ ἱερεῖ ἀπὸ τῶν θυσιῶν[9] τοῦ σωτηρίου[10] ὑμῶν· **33** ὁ προσφέρων τὸ αἷμα τοῦ σωτηρίου[11] καὶ τὸ στέαρ[12] ἀπὸ τῶν υἱῶν Ααρων, αὐτῷ ἔσται ὁ βραχίων[13] ὁ δεξιὸς ἐν μερίδι.[14] **34** τὸ γὰρ στηθύνιον[15] τοῦ ἐπιθέματος[16] καὶ τὸν βραχίονα[17] τοῦ ἀφαιρέματος[18] εἴληφα[19] παρὰ τῶν υἱῶν Ισραηλ ἀπὸ τῶν θυσιῶν[20] τοῦ σωτηρίου[21] ὑμῶν καὶ ἔδωκα αὐτὰ Ααρων τῷ ἱερεῖ καὶ τοῖς υἱοῖς αὐτοῦ νόμιμον[22] αἰώνιον παρὰ τῶν υἱῶν Ισραηλ.

35 Αὕτη ἡ χρῖσις[23] Ααρων καὶ ἡ χρῖσις τῶν υἱῶν αὐτοῦ ἀπὸ τῶν καρπωμάτων[24] κυρίου ἐν ᾗ ἡμέρᾳ προσηγάγετο[25] αὐτοὺς τοῦ ἱερατεύειν[26] τῷ κυρίῳ, **36** καθὰ[27] ἐνετείλατο[28] κύριος δοῦναι αὐτοῖς ᾗ ἡμέρᾳ ἔχρισεν[29] αὐτούς, παρὰ τῶν υἱῶν Ισραηλ· νόμιμον[30] αἰώνιον εἰς τὰς γενεὰς αὐτῶν. **37** οὗτος ὁ νόμος τῶν ὁλοκαυτωμάτων[31] καὶ θυσίας[32] καὶ περὶ ἁμαρτίας καὶ τῆς πλημμελείας[33] καὶ τῆς τελειώσεως[34] καὶ τῆς θυσίας τοῦ σωτηρίου,[35] **38** ὃν τρόπον[36] ἐνετείλατο[37] κύριος τῷ Μωυσῇ ἐν τῷ ὄρει Σινα ᾗ ἡμέρᾳ ἐνετείλατο τοῖς υἱοῖς Ισραηλ προσφέρειν τὰ δῶρα[38] αὐτῶν ἔναντι[39] κυρίου ἐν τῇ ἐρήμῳ Σινα.

Ordination of Aaron and His Sons

8 Καὶ ἐλάλησεν κύριος πρὸς Μωυσῆν λέγων **2** Λαβὲ Ααρων καὶ τοὺς υἱοὺς αὐτοῦ καὶ τὰς στολὰς[40] αὐτοῦ καὶ τὸ ἔλαιον[41] τῆς χρίσεως[42] καὶ τὸν μόσχον[43] τὸν περὶ τῆς ἁμαρτίας καὶ τοὺς δύο κριοὺς[44] καὶ τὸ κανοῦν[45] τῶν ἀζύμων[46] **3** καὶ πᾶσαν

1 δόμα, gift
2 ἔναντι, before
3 ἀναφέρω, *fut act ind 3s*, offer
4 στέαρ, meat, flesh
5 θυσιαστήριον, altar
6 στηθύνιον, breast
7 βραχίων, arm, shoulder
8 ἀφαίρεμα, choice portion
9 θυσία, sacrifice
10 σωτήριον, deliverance, peace
11 σωτήριον, (sacrifice of) deliverance, peace
12 στέαρ, meat, flesh
13 βραχίων, arm, shoulder
14 μερίς, share, portion
15 στηθύνιον, breast
16 ἐπίθεμα, addition
17 βραχίων, arm, shoulder
18 ἀφαίρεμα, choice portion
19 λαμβάνω, *perf act ind 1s*, take
20 θυσία, sacrifice
21 σωτήριον, deliverance, peace
22 νόμιμος, statute, ordinance
23 χρῖσις, anointing
24 κάρπωμα, burnt offering
25 προσάγω, *aor mid ind 3s*, bring to
26 ἱερατεύω, *pres act inf*, serve as priest
27 καθά, just as
28 ἐντέλλομαι, *aor mid ind 3s*, command
29 χρίω, *aor act ind 3s*, anoint
30 νόμιμος, statute, ordinance
31 ὁλοκαύτωμα, whole burnt offering
32 θυσία, sacrifice
33 πλημμέλεια, trespass
34 τελείωσις, fulfillment, validation
35 σωτήριον, deliverance, peace
36 ὃν τρόπον, in the manner that
37 ἐντέλλομαι, *aor mid ind 3s*, command
38 δῶρον, gift, offering
39 ἔναντι, before
40 στολή, garment
41 ἔλαιον, oil
42 χρῖσις, anointing
43 μόσχος, calf, young bull
44 κριός, ram
45 κανοῦν, reed basket
46 ἄζυμος, unleavened

τὴν συναγωγὴν ἐκκλησίασον[1] ἐπὶ τὴν θύραν τῆς σκηνῆς[2] τοῦ μαρτυρίου.[3] **4** καὶ ἐποίησεν Μωυσῆς ὃν τρόπον[4] συνέταξεν[5] αὐτῷ κύριος, καὶ ἐξεκκλησίασεν[6] τὴν συναγωγὴν ἐπὶ τὴν θύραν τῆς σκηνῆς[7] τοῦ μαρτυρίου.[8] **5** καὶ εἶπεν Μωυσῆς τῇ συναγωγῇ Τοῦτό ἐστιν τὸ ῥῆμα, ὃ ἐνετείλατο[9] κύριος ποιῆσαι.

6 καὶ προσήνεγκεν Μωυσῆς τὸν Ααρων καὶ τοὺς υἱοὺς αὐτοῦ καὶ ἔλουσεν[10] αὐτοὺς ὕδατι· **7** καὶ ἐνέδυσεν[11] αὐτὸν τὸν χιτῶνα[12] καὶ ἔζωσεν[13] αὐτὸν τὴν ζώνην[14] καὶ ἐνέδυσεν αὐτὸν τὸν ὑποδύτην[15] καὶ ἐπέθηκεν ἐπ᾽ αὐτὸν τὴν ἐπωμίδα[16] καὶ συνέζωσεν[17] αὐτὸν κατὰ τὴν ποίησιν[18] τῆς ἐπωμίδος καὶ συνέσφιγξεν[19] αὐτὸν ἐν αὐτῇ· **8** καὶ ἐπέθηκεν ἐπ᾽ αὐτὴν τὸ λογεῖον[20] καὶ ἐπέθηκεν ἐπὶ τὸ λογεῖον τὴν δήλωσιν[21] καὶ τὴν ἀλήθειαν·[22] **9** καὶ ἐπέθηκεν τὴν μίτραν[23] ἐπὶ τὴν κεφαλὴν αὐτοῦ καὶ ἐπέθηκεν ἐπὶ τὴν μίτραν κατὰ πρόσωπον αὐτοῦ τὸ πέταλον[24] τὸ χρυσοῦν[25] τὸ καθηγιασμένον[26] ἅγιον, ὃν τρόπον[27] συνέταξεν[28] κύριος τῷ Μωυσῇ. **10** καὶ ἔλαβεν Μωυσῆς ἀπὸ τοῦ ἐλαίου[29] τῆς χρίσεως[30] **11** καὶ ἔρρανεν[31] ἀπ᾽ αὐτοῦ ἐπὶ τὸ θυσιαστήριον[32] ἑπτάκις[33] καὶ ἔχρισεν[34] τὸ θυσιαστήριον καὶ ἡγίασεν[35] αὐτὸ καὶ πάντα τὰ σκεύη[36] αὐτοῦ καὶ τὸν λουτῆρα[37] καὶ τὴν βάσιν[38] αὐτοῦ καὶ ἡγίασεν[39] αὐτά· καὶ ἔχρισεν τὴν σκηνὴν[40] καὶ πάντα τὰ ἐν αὐτῇ καὶ ἡγίασεν αὐτήν. **12** καὶ ἐπέχεεν[41] Μωυσῆς ἀπὸ τοῦ ἐλαίου[42] τῆς χρίσεως[43] ἐπὶ τὴν κεφαλὴν Ααρων καὶ ἔχρισεν[44] αὐτὸν καὶ ἡγίασεν[45] αὐτόν. **13** καὶ προσήγαγεν[46] Μωυσῆς τοὺς υἱοὺς Ααρων καὶ ἐνέδυσεν[47]

1 ἐκκλησιάζω, *aor act impv 2s*, assemble, convene
2 σκηνή, tent
3 μαρτύριον, witness
4 ὃν τρόπον, in the manner that
5 συντάσσω, *aor act ind 3s*, order, instruct
6 ἐξεκκλησιάζω, *aor act ind 3s*, assemble, convene
7 σκηνή, tent
8 μαρτύριον, witness
9 ἐντέλλομαι, *aor mid ind 3s*, command
10 λούω, *aor act ind 3s*, wash
11 ἐνδύω, *aor act ind 3s*, clothe
12 χιτών, tunic
13 ζώννυμι, *aor act ind 3s*, gird
14 ζωνή, sash
15 ὑποδύτης, undergarment
16 ἐπωμίς, shoulder piece
17 συζώννυμι, *aor act ind 3s*, gird up
18 ποίησις, fabrication
19 συσφίγγω, *aor act ind 3s*, fasten
20 λογεῖον, oracular breast pouch
21 δήλωσις, revelation, (Urim)
22 ἀλήθεια, truth, (Thummim)
23 μίτρα, headdress
24 πέταλον, headband
25 χρυσοῦς, golden
26 καθαγιάζω, *perf pas ptc acc s n*, consecrate
27 ὃν τρόπον, in the manner that
28 συντάσσω, *aor act ind 3s*, order, instruct
29 ἔλαιον, oil
30 χρῖσις, anointing
31 ῥαίνω, *aor act ind 3s*, sprinkle
32 θυσιαστήριον, altar
33 ἑπτάκις, seven times
34 χρίω, *aor act ind 3s*, anoint
35 ἁγιάζω, *aor act ind 3s*, sanctify, consecrate
36 σκεῦος, vessel, furnishing
37 λουτήρ, washbasin
38 βάσις, base
39 ἁγιάζω, *aor act ind 3s*, sanctify, consecrate
40 σκηνή, tent
41 ἐπιχέω, *aor act ind 3s*, pour over
42 ἔλαιον, oil
43 χρῖσις, anointing
44 χρίω, *aor act ind 3s*, anoint
45 ἁγιάζω, *aor act ind 3s*, sanctify, consecrate
46 προσάγω, *aor act ind 3s*, bring to
47 ἐνδύω, *aor act ind 3s*, clothe

αὐτοὺς χιτῶνας[1] καὶ ἔζωσεν[2] αὐτοὺς ζώνας[3] καὶ περιέθηκεν αὐτοῖς κιδάρεις,[4] καθάπερ[5] συνέταξεν[6] κύριος τῷ Μωυσῇ.

14 καὶ προσήγαγεν[7] Μωυσῆς τὸν μόσχον[8] τὸν περὶ τῆς ἁμαρτίας, καὶ ἐπέθηκεν Ααρων καὶ οἱ υἱοὶ αὐτοῦ τὰς χεῖρας ἐπὶ τὴν κεφαλὴν τοῦ μόσχου τοῦ τῆς ἁμαρτίας.
15 καὶ ἔσφαξεν[9] αὐτὸν καὶ ἔλαβεν Μωυσῆς ἀπὸ τοῦ αἵματος καὶ ἐπέθηκεν ἐπὶ τὰ κέρατα[10] τοῦ θυσιαστηρίου[11] κύκλῳ[12] τῷ δακτύλῳ[13] καὶ ἐκαθάρισεν τὸ θυσιαστήριον· καὶ τὸ αἷμα ἐξέχεεν[14] ἐπὶ τὴν βάσιν[15] τοῦ θυσιαστηρίου καὶ ἡγίασεν[16] αὐτὸ τοῦ ἐξιλάσασθαι[17] ἐπ᾽ αὐτοῦ. **16** καὶ ἔλαβεν Μωυσῆς πᾶν τὸ στέαρ[18] τὸ ἐπὶ τῶν ἐνδοσθίων[19] καὶ τὸν λοβὸν[20] τὸν ἐπὶ τοῦ ἥπατος[21] καὶ ἀμφοτέρους[22] τοὺς νεφροὺς[23] καὶ τὸ στέαρ[24] τὸ ἐπ᾽ αὐτῶν, καὶ ἀνήνεγκεν[25] Μωυσῆς ἐπὶ τὸ θυσιαστήριον·[26] **17** καὶ τὸν μόσχον[27] καὶ τὴν βύρσαν[28] αὐτοῦ καὶ τὰ κρέα[29] αὐτοῦ καὶ τὴν κόπρον[30] αὐτοῦ καὶ κατέκαυσεν[31] αὐτὰ πυρὶ ἔξω τῆς παρεμβολῆς,[32] ὃν τρόπον[33] συνέταξεν[34] κύριος τῷ Μωυσῇ. **18** καὶ προσήγαγεν[35] Μωυσῆς τὸν κριὸν[36] τὸν εἰς ὁλοκαύτωμα,[37] καὶ ἐπέθηκεν Ααρων καὶ οἱ υἱοὶ αὐτοῦ τὰς χεῖρας αὐτῶν ἐπὶ τὴν κεφαλὴν τοῦ κριοῦ.[38]
19 καὶ ἔσφαξεν[39] Μωυσῆς τὸν κριόν,[40] καὶ προσέχεεν[41] Μωυσῆς τὸ αἷμα ἐπὶ τὸ θυσιαστήριον[42] κύκλῳ.[43] **20** καὶ τὸν κριὸν[44] ἐκρεανόμησεν[45] κατὰ μέλη[46] καὶ ἀνήνεγκεν[47] Μωυσῆς τὴν κεφαλὴν καὶ τὰ μέλη καὶ τὸ στέαρ·[48] **21** καὶ τὴν κοιλίαν[49] καὶ τοὺς πόδας ἔπλυνεν[50] ὕδατι καὶ ἀνήνεγκεν[51] Μωυσῆς ὅλον τὸν κριὸν[52] ἐπὶ τὸ

1 χιτών, tunic
2 ζώννυμι, *aor act ind 3s*, gird
3 ζωνή, sash
4 κίδαρις, headdress
5 καθάπερ, just as
6 συντάσσω, *aor act ind 3s*, order, instruct
7 προσάγω, *aor act ind 3s*, bring to
8 μόσχος, calf, young bull
9 σφάζω, *aor act ind 3s*, slaughter
10 κέρας, horn
11 θυσιαστήριον, altar
12 κύκλῳ, round about
13 δάκτυλος, finger
14 ἐκχέω, *aor act ind 3s*, pour out
15 βάσις, base
16 ἁγιάζω, *aor act ind 3s*, sanctify, consecrate
17 ἐξιλάσκομαι, *aor mid inf*, propitiate, make atonement
18 στέαρ, fat portion
19 ἐνδόσθια, entrails
20 λοβός, lobe
21 ἧπαρ, liver
22 ἀμφότεροι, both
23 νεφρός, kidney
24 στέαρ, fat portion
25 ἀναφέρω, *aor act ind 3s*, offer
26 θυσιαστήριον, altar
27 μόσχος, calf, young bull
28 βύρσα, hide
29 κρέας, meat, flesh
30 κόπρος, excrement
31 κατακαίω, *aor act ind 3s*, burn up
32 παρεμβολή, camp
33 ὃν τρόπον, in the manner that
34 συντάσσω, *aor act ind 3s*, order, instruct
35 προσάγω, *aor act ind 3s*, bring to
36 κριός, ram
37 ὁλοκαύτωμα, whole burnt offering
38 κριός, ram
39 σφάζω, *aor act ind 3s*, slaughter
40 κριός, ram
41 προσχέω, *impf act ind 3s*, pour out
42 θυσιαστήριον, altar
43 κύκλῳ, around
44 κριός, ram
45 κρεανομέω, *aor act ind 3s*, divide the meat
46 μέλος, part, limb
47 ἀναφέρω, *aor act ind 3s*, offer
48 στέαρ, fat portion
49 κοιλία, belly
50 πλύνω, *aor act ind 3s*, wash, cleanse
51 ἀναφέρω, *aor act ind 3s*, offer
52 κριός, ram

θυσιαστήριον·[1] ὁλοκαύτωμα,[2] ὅ ἐστιν εἰς ὀσμὴν[3] εὐωδίας,[4] κάρπωμά[5] ἐστιν τῷ κυρίῳ, καθάπερ[6] ἐνετείλατο[7] κύριος τῷ Μωυσῇ.

22 καὶ προσήγαγεν[8] Μωυσῆς τὸν κριὸν[9] τὸν δεύτερον, κριὸν τελειώσεως·[10] καὶ
ἐπέθηκεν Ααρων καὶ οἱ υἱοὶ αὐτοῦ τὰς χεῖρας αὐτῶν ἐπὶ τὴν κεφαλὴν τοῦ κριοῦ.
23 καὶ ἔσφαξεν[11] αὐτὸν καὶ ἔλαβεν Μωυσῆς ἀπὸ τοῦ αἵματος αὐτοῦ καὶ ἐπέθηκεν
ἐπὶ τὸν λοβὸν[12] τοῦ ὠτὸς Ααρων τοῦ δεξιοῦ καὶ ἐπὶ τὸ ἄκρον[13] τῆς χειρὸς τῆς δεξιᾶς
καὶ ἐπὶ τὸ ἄκρον τοῦ ποδὸς τοῦ δεξιοῦ. **24** καὶ προσήγαγεν[14] Μωυσῆς τοὺς υἱοὺς
Ααρων, καὶ ἐπέθηκεν Μωυσῆς ἀπὸ τοῦ αἵματος ἐπὶ τοὺς λοβοὺς[15] τῶν ὤτων τῶν δεξιῶν καὶ ἐπὶ τὰ ἄκρα[16] τῶν χειρῶν αὐτῶν τῶν δεξιῶν καὶ ἐπὶ τὰ ἄκρα τῶν ποδῶν αὐτῶν τῶν δεξιῶν, καὶ προσέχεεν[17] Μωυσῆς τὸ αἷμα ἐπὶ τὸ θυσιαστήριον[18] κύκλῳ.[19]

25 καὶ ἔλαβεν τὸ στέαρ[20] καὶ τὴν ὀσφὺν[21] καὶ τὸ στέαρ τὸ ἐπὶ τῆς κοιλίας[22] καὶ
τὸν λοβὸν[23] τοῦ ἥπατος[24] καὶ τοὺς δύο νεφροὺς[25] καὶ τὸ στέαρ τὸ ἐπ᾽ αὐτῶν καὶ
τὸν βραχίονα[26] τὸν δεξιόν· **26** καὶ ἀπὸ τοῦ κανοῦ[27] τῆς τελειώσεως[28] τοῦ ὄντος
ἔναντι[29] κυρίου ἔλαβεν ἄρτον ἕνα ἄζυμον[30] καὶ ἄρτον ἐξ ἐλαίου[31] ἕνα καὶ λάγανον[32]
ἓν καὶ ἐπέθηκεν ἐπὶ τὸ στέαρ[33] καὶ τὸν βραχίονα[34] τὸν δεξιόν· **27** καὶ ἐπέθηκεν
ἅπαντα[35] ἐπὶ τὰς χεῖρας Ααρων καὶ ἐπὶ τὰς χεῖρας τῶν υἱῶν αὐτοῦ καὶ ἀνήνεγκεν[36]
αὐτὰ ἀφαίρεμα[37] ἔναντι[38] κυρίου. **28** καὶ ἔλαβεν Μωυσῆς ἀπὸ τῶν χειρῶν αὐτῶν,
καὶ ἀνήνεγκεν[39] αὐτὰ Μωυσῆς ἐπὶ τὸ θυσιαστήριον[40] ἐπὶ τὸ ὁλοκαύτωμα[41] τῆς
τελειώσεως,[42] ὅ ἐστιν ὀσμὴ[43] εὐωδίας·[44] κάρπωμά[45] ἐστιν τῷ κυρίῳ. **29** καὶ λαβὼν
Μωυσῆς τὸ στηθύνιον[46] ἀφεῖλεν[47] αὐτὸ ἐπίθεμα[48] ἔναντι[49] κυρίου ἀπὸ τοῦ κριοῦ[50]

1 θυσιαστήριον, altar
2 ὁλοκαύτωμα, whole burnt offering
3 ὀσμή, smell
4 εὐωδία, fragrance
5 κάρπωμα, burnt offering
6 καθάπερ, just as
7 ἐντέλλομαι, *aor mid ind 3s*, command
8 προσάγω, *aor act ind 3s*, bring to
9 κριός, ram
10 τελείωσις, completion, validation
11 σφάζω, *aor act ind 3s*, slaughter
12 λοβός, lobe
13 ἄκρος, tip, end
14 προσάγω, *aor act ind 3s*, bring to
15 λοβός, lobe
16 ἄκρος, tip, end
17 προσχέω, *aor act ind 3s*, pour out
18 θυσιαστήριον, altar
19 κύκλῳ, around
20 στέαρ, fat portion
21 ὀσφύς, loin
22 κοιλία, belly
23 λοβός, lobe
24 ἧπαρ, liver
25 νεφρός, kidney
26 βραχίων, arm, shoulder
27 κανοῦν, reed basket
28 τελείωσις, completion, validation
29 ἔναντι, before
30 ἄζυμος, unleavened
31 ἔλαιον, oil
32 λάγανον, cake, wafer
33 στέαρ, fat portion
34 βραχίων, arm, shoulder
35 ἅπας, all, whole
36 ἀναφέρω, *aor act ind 3s*, offer
37 ἀφαίρεμα, choice portion
38 ἔναντι, before
39 ἀναφέρω, *aor act ind 3s*, offer
40 θυσιαστήριον, altar
41 ὁλοκαύτωμα, whole burnt offering
42 τελείωσις, completion, validation
43 ὀσμή, smell
44 εὐωδία, fragrance
45 κάρπωμα, burnt offering
46 στηθύνιον, breast
47 ἀφαιρέω, *aor act ind 3s*, separate
48 ἐπίθεμα, addition
49 ἔναντι, before
50 κριός, ram

τῆς τελειώσεως,[1] καὶ ἐγένετο Μωυσῇ ἐν μερίδι,[2] καθὰ[3] ἐνετείλατο[4] κύριος τῷ Μωυσῇ.

30 καὶ ἔλαβεν Μωυσῆς ἀπὸ τοῦ ἐλαίου[5] τῆς χρίσεως[6] καὶ ἀπὸ τοῦ αἵματος τοῦ ἐπὶ
τοῦ θυσιαστηρίου[7] καὶ προσέρρανεν[8] ἐπὶ Ααρων καὶ τὰς στολὰς[9] αὐτοῦ καὶ τοὺς
υἱοὺς αὐτοῦ καὶ τὰς στολὰς τῶν υἱῶν αὐτοῦ μετ᾽ αὐτοῦ καὶ ἡγίασεν[10] Ααρων καὶ τὰς
στολὰς αὐτοῦ καὶ τοὺς υἱοὺς αὐτοῦ καὶ τὰς στολὰς τῶν υἱῶν αὐτοῦ μετ᾽ αὐτοῦ. **31** καὶ
εἶπεν Μωυσῆς πρὸς Ααρων καὶ τοὺς υἱοὺς αὐτοῦ Ἑψήσατε[11] τὰ κρέα[12] ἐν τῇ αὐλῇ[13]
τῆς σκηνῆς[14] τοῦ μαρτυρίου[15] ἐν τόπῳ ἁγίῳ καὶ ἐκεῖ φάγεσθε αὐτὰ καὶ τοὺς ἄρτους
τοὺς ἐν τῷ κανῷ[16] τῆς τελειώσεως,[17] ὃν τρόπον[18] συντέτακταί[19] μοι λέγων Ααρων
καὶ οἱ υἱοὶ αὐτοῦ φάγονται αὐτά· **32** καὶ τὸ καταλειφθὲν[20] τῶν κρεῶν[21] καὶ τῶν ἄρτων
ἐν πυρὶ κατακαυθήσεται.[22] **33** καὶ ἀπὸ τῆς θύρας τῆς σκηνῆς[23] τοῦ μαρτυρίου[24] οὐκ
ἐξελεύσεσθε ἑπτὰ ἡμέρας, ἕως ἡμέρα πληρωθῇ, ἡμέρα τελειώσεως[25] ὑμῶν· ἑπτὰ
γὰρ ἡμέρας τελειώσει[26] τὰς χεῖρας ὑμῶν. **34** καθάπερ[27] ἐποίησεν ἐν τῇ ἡμέρᾳ ταύτῃ,
ἐνετείλατο[28] κύριος τοῦ ποιῆσαι ὥστε ἐξιλάσασθαι[29] περὶ ὑμῶν. **35** καὶ ἐπὶ τὴν θύραν
τῆς σκηνῆς[30] τοῦ μαρτυρίου[31] καθήσεσθε ἑπτὰ ἡμέρας ἡμέραν καὶ νύκτα· φυλάξεσθε
τὰ φυλάγματα[32] κυρίου, ἵνα μὴ ἀποθάνητε· οὕτως γὰρ ἐνετείλατό[33] μοι κύριος ὁ
θεός. **36** καὶ ἐποίησεν Ααρων καὶ οἱ υἱοὶ αὐτοῦ πάντας τοὺς λόγους, οὓς συνέταξεν[34]
κύριος τῷ Μωυσῇ.

Aaron Offers Sacrifices

9 Καὶ ἐγενήθη τῇ ἡμέρᾳ τῇ ὀγδόῃ[35] ἐκάλεσεν Μωυσῆς Ααρων καὶ τοὺς υἱοὺς
αὐτοῦ καὶ τὴν γερουσίαν[36] Ισραηλ. **2** καὶ εἶπεν Μωυσῆς πρὸς Ααρων Λαβὲ

1 τελείωσις, completion, validation
2 μερίς, portion
3 καθά, as
4 ἐντέλλομαι, *aor mid ind 3s*, command
5 ἔλαιον, oil
6 χρῖσις, anointing
7 θυσιαστήριον, altar
8 προσραίνω, *aor act ind 3s*, sprinkle on
9 στολή, garment
10 ἁγιάζω, *aor act ind 3s*, sanctify, consecrate
11 ἕψω, *aor act impv 2p*, boil
12 κρέας, meat, flesh
13 αὐλή, court
14 σκηνή, tent
15 μαρτύριον, witness
16 κανοῦν, reed basket
17 τελείωσις, completion, validation
18 ὃν τρόπον, in the manner that
19 συντάσσω, *perf pas ind 3s*, order, instruct
20 καταλείπω, *aor pas ptc nom s n*, leave behind
21 κρέας, meat, flesh
22 κατακαίω, *fut pas ind 3s*, burn up
23 σκηνή, tent
24 μαρτύριον, witness
25 τελείωσις, completion, validation
26 τελειόω, *fut act ind 3s*, (validate)
27 καθάπερ, just as
28 ἐντέλλομαι, *aor mid ind 3s*, command
29 ἐξιλάσκομαι, *aor mid inf*, propitiate, make atonement
30 σκηνή, tent
31 μαρτύριον, witness
32 φύλαγμα, observance, obligation
33 ἐντέλλομαι, *aor mid ind 3s*, command
34 συντάσσω, *aor act ind 3s*, order, instruct
35 ὄγδοος, eighth
36 γερουσία, council of elders

σεαυτῷ μοσχάριον[1] ἐκ βοῶν[2] περὶ ἁμαρτίας καὶ κριὸν[3] εἰς ὁλοκαύτωμα,[4] ἄμωμα,[5] καὶ προσένεγκε αὐτὰ ἔναντι[6] κυρίου· **3** καὶ τῇ γερουσίᾳ[7] Ισραηλ λάλησον λέγων Λάβετε χίμαρον[8] ἐξ αἰγῶν[9] ἕνα περὶ ἁμαρτίας καὶ μοσχάριον[10] καὶ ἀμνὸν[11] ἐνιαύσιον[12] εἰς ὁλοκάρπωσιν,[13] ἄμωμα,[14] **4** καὶ μόσχον[15] καὶ κριὸν[16] εἰς θυσίαν[17] σωτηρίου[18] ἔναντι[19] κυρίου καὶ σεμίδαλιν[20] πεφυραμένην[21] ἐν ἐλαίῳ,[22] ὅτι σήμερον κύριος ὀφθήσεται ἐν ὑμῖν. **5** καὶ ἔλαβον, καθὸ[23] ἐνετείλατο[24] Μωυσῆς, ἀπέναντι[25] τῆς σκηνῆς[26] τοῦ μαρτυρίου,[27] καὶ προσῆλθεν πᾶσα συναγωγὴ καὶ ἔστησαν ἔναντι[28] κυρίου. **6** καὶ εἶπεν Μωυσῆς Τοῦτο τὸ ῥῆμα, ὃ εἶπεν κύριος, ποιήσατε, καὶ ὀφθήσεται ἐν ὑμῖν δόξα κυρίου. **7** καὶ εἶπεν Μωυσῆς τῷ Ααρων Πρόσελθε πρὸς τὸ θυσιαστήριον[29] καὶ ποίησον τὸ περὶ τῆς ἁμαρτίας σου καὶ τὸ ὁλοκαύτωμά[30] σου καὶ ἐξίλασαι[31] περὶ σεαυτοῦ καὶ τοῦ οἴκου σου· καὶ ποίησον τὰ δῶρα[32] τοῦ λαοῦ καὶ ἐξίλασαι περὶ αὐτῶν, καθάπερ[33] ἐνετείλατο[34] κύριος τῷ Μωυσῇ.

8 καὶ προσῆλθεν Ααρων πρὸς τὸ θυσιαστήριον[35] καὶ ἔσφαξεν[36] τὸ μοσχάριον[37] τὸ περὶ τῆς ἁμαρτίας· **9** καὶ προσήνεγκαν οἱ υἱοὶ Ααρων τὸ αἷμα πρὸς αὐτόν, καὶ ἔβαψεν[38] τὸν δάκτυλον[39] εἰς τὸ αἷμα καὶ ἐπέθηκεν ἐπὶ τὰ κέρατα[40] τοῦ θυσιαστηρίου[41] καὶ τὸ αἷμα ἐξέχεεν[42] ἐπὶ τὴν βάσιν[43] τοῦ θυσιαστηρίου· **10** καὶ τὸ στέαρ[44] καὶ τοὺς νεφροὺς[45] καὶ τὸν λοβὸν[46] τοῦ ἥπατος[47] τοῦ περὶ τῆς ἁμαρτίας ἀνήνεγκεν[48] ἐπὶ τὸ

1 μοσχάριον, little calf
2 βοῦς, cow, (*p*) cattle
3 κριός, ram
4 ὁλοκαύτωμα, whole burnt offering
5 ἄμωμος, unblemished
6 ἔναντι, before
7 γερουσία, council of elders
8 χίμαρος, young male goat
9 αἴξ, goat
10 μοσχάριον, little calf
11 ἀμνός, male lamb
12 ἐνιαύσιος, one year (old)
13 ὁλοκάρπωσις, whole burnt offering
14 ἄμωμος, unblemished
15 μόσχος, calf, young bull
16 κριός, ram
17 θυσία, sacrifice
18 σωτήριον, deliverance, peace
19 ἔναντι, before
20 σεμίδαλις, fine flour
21 φυράω, *perf pas ptc acc s f*, knead
22 ἔλαιον, oil
23 καθό, as
24 ἐντέλλομαι, *aor mid ind 3s*, command
25 ἀπέναντι, opposite, before
26 σκηνή, tent
27 μαρτύριον, witness
28 ἔναντι, before
29 θυσιαστήριον, altar
30 ὁλοκαύτωμα, whole burnt offering
31 ἐξιλάσκομαι, *aor mid impv 2s*, propitiate, make atonement
32 δῶρον, gift, offering
33 καθάπερ, just as
34 ἐντέλλομαι, *aor mid ind 3s*, command
35 θυσιαστήριον, altar
36 σφάζω, *aor act ind 3s*, slaughter
37 μοσχάριον, little calf
38 βάπτω, *aor act ind 3s*, dip
39 δάκτυλος, finger
40 κέρας, horn
41 θυσιαστήριον, altar
42 ἐκχέω, *impf act ind 3s*, pour out
43 βάσις, base
44 στέαρ, fat portion
45 νεφρός, kidney
46 λοβός, lobe
47 ἧπαρ, liver
48 ἀναφέρω, *aor act ind 3s*, offer

θυσιαστήριον,[1] ὃν τρόπον[2] ἐνετείλατο[3] κύριος τῷ Μωυσῇ· **11** καὶ τὰ κρέα[4] καὶ τὴν
βύρσαν,[5] κατέκαυσεν[6] αὐτὰ πυρὶ ἔξω τῆς παρεμβολῆς.[7]

12 καὶ ἔσφαξεν[8] τὸ ὁλοκαύτωμα·[9] καὶ προσήνεγκαν οἱ υἱοὶ Ααρων τὸ αἷμα πρὸς
αὐτόν, καὶ προσέχεεν[10] ἐπὶ τὸ θυσιαστήριον[11] κύκλῳ·[12] **13** καὶ τὸ ὁλοκαύτωμα[13]
προσήνεγκαν αὐτῷ κατὰ μέλη,[14] αὐτὰ καὶ τὴν κεφαλήν, καὶ ἐπέθηκεν ἐπὶ τὸ θυσι-
αστήριον·[15] **14** καὶ ἔπλυνεν[16] τὴν κοιλίαν[17] καὶ τοὺς πόδας ὕδατι καὶ ἐπέθηκεν ἐπὶ τὸ
ὁλοκαύτωμα[18] ἐπὶ τὸ θυσιαστήριον.[19] **15** καὶ προσήνεγκαν τὸ δῶρον[20] τοῦ λαοῦ· καὶ
ἔλαβεν τὸν χίμαρον[21] τὸν περὶ τῆς ἁμαρτίας τοῦ λαοῦ καὶ ἔσφαξεν[22] αὐτὸ καθὰ[23] καὶ
τὸ πρῶτον. **16** καὶ προσήνεγκεν τὸ ὁλοκαύτωμα[24] καὶ ἐποίησεν αὐτό, ὡς καθήκει.[25]
17 καὶ προσήνεγκεν τὴν θυσίαν[26] καὶ ἔπλησεν[27] τὰς χεῖρας ἀπ᾽ αὐτῆς καὶ ἐπέθηκεν
ἐπὶ τὸ θυσιαστήριον[28] χωρὶς[29] τοῦ ὁλοκαυτώματος[30] τοῦ πρωινοῦ.[31]

18 καὶ ἔσφαξεν[32] τὸν μόσχον[33] καὶ τὸν κριὸν[34] τῆς θυσίας[35] τοῦ σωτηρίου[36] τῆς τοῦ
λαοῦ· καὶ προσήνεγκαν οἱ υἱοὶ Ααρων τὸ αἷμα πρὸς αὐτόν, καὶ προσέχεεν[37] πρὸς τὸ
θυσιαστήριον[38] κύκλῳ·[39] **19** καὶ τὸ στέαρ[40] τὸ ἀπὸ τοῦ μόσχου[41] καὶ τοῦ κριοῦ,[42] τὴν
ὀσφὴν[43] καὶ τὸ στέαρ[44] τὸ κατακαλύπτον[45] ἐπὶ τῆς κοιλίας[46] καὶ τοὺς δύο νεφροὺς[47]
καὶ τὸ στέαρ[48] τὸ ἐπ᾽ αὐτῶν καὶ τὸν λοβὸν[49] τὸν ἐπὶ τοῦ ἥπατος,[50] **20** καὶ ἐπέθηκεν τὰ
στέατα[51] ἐπὶ τὰ στηθύνια,[52] καὶ ἀνήνεγκαν[53] τὰ στέατα ἐπὶ τὸ θυσιαστήριον.[54] **21** καὶ

1 θυσιαστήριον, altar
2 τρόπος, in such manner
3 ἐντέλλομαι, *aor mid ind 3s*, command
4 κρέας, meat, flesh
5 βύρσα, skin, hide
6 κατακαίω, *aor act ind 3s*, burn up
7 παρεμβολή, camp
8 σφάζω, *aor act ind 3s*, slaughter
9 ὁλοκαύτωμα, whole burnt offering
10 προσχέω, *aor act ind 3s*, pour out
11 θυσιαστήριον, altar
12 κύκλῳ, around
13 ὁλοκαύτωμα, whole burnt offering
14 μέλος, part, limb
15 θυσιαστήριον, altar
16 πλύνω, *aor act ind 3s*, wash, cleanse
17 κοιλία, belly
18 ὁλοκαύτωμα, whole burnt offering
19 θυσιαστήριον, altar
20 δῶρον, gift, offering
21 χίμαρος, young male goat
22 σφάζω, *aor act ind 3s*, slaughter
23 καθά, as
24 ὁλοκαύτωμα, whole burnt offering
25 καθήκω, *pres act ind 3s*, be due to
26 θυσία, sacrifice
27 πίμπλημι, *aor act ind 3s*, fill
28 θυσιαστήριον, altar
29 χωρίς, separately, apart from
30 ὁλοκαύτωμα, whole burnt offering
31 πρωϊνός, of the morning
32 σφάζω, *aor act ind 3s*, slaughter
33 μόσχος, calf, young bull
34 κριός, ram
35 θυσία, sacrifice
36 σωτήριον, deliverance, peace
37 προσχέω, *aor act ind 3s*, pour out
38 θυσιαστήριον, altar
39 κύκλῳ, around
40 στέαρ, fat portion
41 μόσχος, calf, young bull
42 κριός, ram
43 ὀσφύς, loins
44 στέαρ, fat portion
45 κατακαλύπτω, *pres act ptc acc s n*, cover
46 κοιλία, belly
47 νεφρός, kidney
48 στέαρ, fat portion
49 λοβός, lobe
50 ἧπαρ, liver
51 στέαρ, fat portion
52 στηθύνιον, breast
53 ἀναφέρω, *aor act ind 3p*, offer
54 θυσιαστήριον, altar

τὸ στηθύνιον[1] καὶ τὸν βραχίονα[2] τὸν δεξιὸν ἀφεῖλεν[3] Ααρων ἀφαίρεμα[4] ἔναντι[5]
κυρίου, ὃν τρόπον[6] συνέταξεν[7] κύριος τῷ Μωυσῇ.

22 καὶ ἐξάρας[8] Ααρων τὰς χεῖρας ἐπὶ τὸν λαὸν εὐλόγησεν αὐτούς· καὶ κατέβη
ποιήσας τὸ περὶ τῆς ἁμαρτίας καὶ τὰ ὁλοκαυτώματα[9] καὶ τὰ τοῦ σωτηρίου.[10] **23** καὶ
εἰσῆλθεν Μωυσῆς καὶ Ααρων εἰς τὴν σκηνὴν[11] τοῦ μαρτυρίου[12] καὶ ἐξελθόντες
εὐλόγησαν πάντα τὸν λαόν, καὶ ὤφθη ἡ δόξα κυρίου παντὶ τῷ λαῷ. **24** καὶ ἐξῆλθεν
πῦρ παρὰ κυρίου καὶ κατέφαγεν[13] τὰ ἐπὶ τοῦ θυσιαστηρίου,[14] τά τε ὁλοκαυτώματα[15]
καὶ τὰ στέατα,[16] καὶ εἶδεν πᾶς ὁ λαὸς καὶ ἐξέστη[17] καὶ ἔπεσαν ἐπὶ πρόσωπον.

Nadab and Abihu

10 Καὶ λαβόντες οἱ δύο υἱοὶ Ααρων Ναδαβ καὶ Αβιουδ ἕκαστος τὸ πυρεῖον[18]
αὐτοῦ ἐπέθηκαν ἐπ᾽ αὐτὸ πῦρ καὶ ἐπέβαλον[19] ἐπ᾽ αὐτὸ θυμίαμα[20] καὶ
προσήνεγκαν ἔναντι[21] κυρίου πῦρ ἀλλότριον,[22] ὃ οὐ προσέταξεν[23] κύριος αὐτοῖς.
2 καὶ ἐξῆλθεν πῦρ παρὰ κυρίου καὶ κατέφαγεν[24] αὐτούς, καὶ ἀπέθανον ἔναντι[25]
κυρίου. **3** καὶ εἶπεν Μωυσῆς πρὸς Ααρων Τοῦτό ἐστιν, ὃ εἶπεν κύριος λέγων Ἐν
τοῖς ἐγγίζουσίν μοι ἁγιασθήσομαι[26] καὶ ἐν πάσῃ τῇ συναγωγῇ δοξασθήσομαι. καὶ
κατενύχθη[27] Ααρων. **4** καὶ ἐκάλεσεν Μωυσῆς τὸν Μισαδαι καὶ τὸν Ελισαφαν υἱοὺς
Οζιηλ υἱοὺς τοῦ ἀδελφοῦ τοῦ πατρὸς Ααρων καὶ εἶπεν αὐτοῖς Προσέλθατε καὶ
ἄρατε τοὺς ἀδελφοὺς ὑμῶν ἐκ προσώπου τῶν ἁγίων ἔξω τῆς παρεμβολῆς.[28] **5** καὶ
προσῆλθον καὶ ἦραν ἐν τοῖς χιτῶσιν[29] αὐτῶν ἔξω τῆς παρεμβολῆς,[30] ὃν τρόπον[31]
εἶπεν Μωυσῆς. **6** καὶ εἶπεν Μωυσῆς πρὸς Ααρων καὶ Ελεαζαρ καὶ Ιθαμαρ τοὺς
υἱοὺς αὐτοῦ τοὺς καταλελειμμένους[32] Τὴν κεφαλὴν ὑμῶν οὐκ ἀποκιδαρώσετε[33] καὶ
τὰ ἱμάτια ὑμῶν οὐ διαρρήξετε,[34] ἵνα μὴ ἀποθάνητε καὶ ἐπὶ πᾶσαν τὴν συναγωγὴν
ἔσται θυμός·[35] οἱ ἀδελφοὶ ὑμῶν πᾶς ὁ οἶκος Ισραηλ κλαύσονται τὸν ἐμπυρισμόν,[36]

1 στηθύνιον, breast
2 βραχίων, arm, shoulder
3 ἀφαιρέω, *aor act ind 3s*, separate
4 ἀφαίρεμα, choice portion
5 ἔναντι, before
6 ὃν τρόπον, in the manner that
7 συντάσσω, *aor act ind 3s*, order, instruct
8 ἐξαίρω, *aor act ptc nom s m*, lift up
9 ὁλοκαύτωμα, whole burnt offering
10 σωτήριον, (sacrifice of) deliverance, peace
11 σκηνή, tent
12 μαρτύριον, witness
13 κατεσθίω, *aor act ind 3s*, devour
14 θυσιαστήριον, altar
15 ὁλοκαύτωμα, whole burnt offering
16 στέαρ, fat portion
17 ἐξίστημι, *aor act ind 3s*, be amazed
18 πυρεῖον, censer
19 ἐπιβάλλω, *aor act ind 3p*, throw upon
20 θυμίαμα, incense
21 ἔναντι, before
22 ἀλλότριος, foreign, strange
23 προστάσσω, *aor act ind 3s*, prescribe, command
24 κατεσθίω, *aor act ind 3s*, devour
25 ἔναντι, before
26 ἁγιάζω, *fut pas ind 1s*, sanctify, consecrate
27 κατανύσσω, *aor pas ind 3s*, be deeply pained
28 παρεμβολή, camp
29 χιτών, tunic
30 παρεμβολή, camp
31 ὃν τρόπον, just as
32 καταλείπω, *perf pas ptc acc p m*, remain
33 ἀποκιδαρόω, *fut act ind 2p*, take off one's turban
34 διαρρήγνυμι, *fut act ind 2p*, tear
35 θυμός, wrath, anger
36 ἐμπυρισμός, burning

ὃν ἐνεπυρίσθησαν[1] ὑπὸ κυρίου. **7** καὶ ἀπὸ τῆς θύρας τῆς σκηνῆς[2] τοῦ μαρτυρίου[3]
οὐκ ἐξελεύσεσθε, ἵνα μὴ ἀποθάνητε· τὸ γὰρ ἔλαιον[4] τῆς χρίσεως[5] τὸ παρὰ κυρίου
ἐφ᾽ ὑμῖν. καὶ ἐποίησαν κατὰ τὸ ῥῆμα Μωυσῆ.

8 Καὶ ἐλάλησεν κύριος τῷ Ααρων λέγων **9** Οἶνον καὶ σικερα[6] οὐ πίεσθε, σὺ καὶ
οἱ υἱοί σου μετὰ σοῦ, ἡνίκα[7] ἂν εἰσπορεύησθε[8] εἰς τὴν σκηνὴν[9] τοῦ μαρτυρίου,[10] ἢ
προσπορευομένων[11] ὑμῶν πρὸς τὸ θυσιαστήριον,[12] καὶ οὐ μὴ ἀποθάνητε (νόμιμον[13]
αἰώνιον εἰς τὰς γενεὰς ὑμῶν) **10** διαστεῖλαι[14] ἀνὰ μέσον[15] τῶν ἁγίων καὶ τῶν βεβήλων[16]
καὶ ἀνὰ μέσον τῶν ἀκαθάρτων καὶ τῶν καθαρῶν.[17] **11** καὶ συμβιβάσεις[18] τοὺς υἱοὺς
Ισραηλ πάντα τὰ νόμιμα,[19] ἃ ἐλάλησεν κύριος πρὸς αὐτοὺς διὰ χειρὸς Μωυσῆ.

12 Καὶ εἶπεν Μωυσῆς πρὸς Ααρων καὶ πρὸς Ελεαζαρ καὶ Ιθαμαρ τοὺς υἱοὺς
Ααρων τοὺς καταλειφθέντας[20] Λάβετε τὴν θυσίαν[21] τὴν καταλειφθεῖσαν[22] ἀπὸ τῶν
καρπωμάτων[23] κυρίου καὶ φάγεσθε ἄζυμα[24] παρὰ τὸ θυσιαστήριον·[25] ἅγια ἁγίων
ἐστίν. **13** καὶ φάγεσθε αὐτὴν ἐν τόπῳ ἁγίῳ· νόμιμον[26] γάρ σοί ἐστιν καὶ νόμιμον τοῖς
υἱοῖς σου τοῦτο ἀπὸ τῶν καρπωμάτων[27] κυρίου· οὕτω γὰρ ἐντέταλταί[28] μοι. **14** καὶ
τὸ στηθύνιον[29] τοῦ ἀφορίσματος[30] καὶ τὸν βραχίονα[31] τοῦ ἀφαιρέματος[32] φάγεσθε
ἐν τόπῳ ἁγίῳ, σὺ καὶ οἱ υἱοί σου καὶ ὁ οἶκός σου μετὰ σοῦ· νόμιμον[33] γὰρ σοὶ καὶ
νόμιμον τοῖς υἱοῖς σου ἐδόθη ἀπὸ τῶν θυσιῶν[34] τοῦ σωτηρίου[35] τῶν υἱῶν Ισραηλ.
15 τὸν βραχίονα[36] τοῦ ἀφαιρέματος[37] καὶ τὸ στηθύνιον[38] τοῦ ἀφορίσματος[39] ἐπὶ
τῶν καρπωμάτων[40] τῶν στεάτων[41] προσοίσουσιν,[42] ἀφόρισμα[43] ἀφορίσαι[44] ἔναντι[45]

1 ἐμπυρίζω, *aor pas ind 3p*, burn
2 σκηνή, tent
3 μαρτύριον, witness
4 ἔλαιον, oil
5 χρῖσις, anointing
6 σικερα, fermented drink, *translit.*
7 ἡνίκα, when
8 εἰσπορεύομαι, *pres mid sub 2p*, enter
9 σκηνή, tent
10 μαρτύριον, witness
11 προσπορεύομαι, *pres mid ptc gen p m*, approach
12 θυσιαστήριον, altar
13 νόμιμος, statute, ordinance
14 διαστέλλω, *aor act inf*, separate, distinguish
15 ἀνὰ μέσον, between
16 βέβηλος, profane
17 καθαρός, pure, clean
18 συμβιβάζω, *fut act ind 2s*, instruct
19 νόμιμος, statute, ordinance
20 καταλείπω, *aor pas ptc acc p m*, leave behind
21 θυσία, sacrifice
22 καταλείπω, *aor pas ptc acc s f*, leave behind
23 κάρπωμα, burnt offering
24 ἄζυμος, unleavened
25 θυσιαστήριον, altar
26 νόμιμος, statute, ordinance
27 κάρπωμα, burnt offering
28 ἐντέλλομαι, *perf pas ind 3s*, command
29 στηθύνιον, breast
30 ἀφόρισμα, special offering, that which is set apart
31 βραχίων, arm, shoulder
32 ἀφαίρεμα, choice portion
33 νόμιμος, statute, ordinance
34 θυσία, sacrifice
35 σωτήριον, deliverance, peace
36 βραχίων, arm, shoulder
37 ἀφαίρεμα, choice portion
38 στηθύνιον, breast
39 ἀφόρισμα, special offering, that which is set apart
40 κάρπωμα, burnt offering
41 στέαρ, fat portion
42 προσφέρω, *fut act ind 3p*, offer
43 ἀφόρισμα, special offering, that which is set apart
44 ἀφορίζω, *aor mid impv 2s*, separate
45 ἔναντι, before

κυρίου· καὶ ἔσται σοὶ καὶ τοῖς υἱοῖς σου καὶ ταῖς θυγατράσιν[1] σου μετὰ σοῦ νόμιμον[2]
αἰώνιον, ὃν τρόπον[3] συνέταξεν[4] κύριος τῷ Μωυσῇ.

16 Καὶ τὸν χίμαρον[5] τὸν περὶ τῆς ἁμαρτίας ζητῶν ἐξεζήτησεν[6] Μωυσῆς, καὶ ὅδε[7]
ἐνεπεπύριστο·[8] καὶ ἐθυμώθη[9] Μωυσῆς ἐπὶ Ελεαζαρ καὶ Ιθαμαρ τοὺς υἱοὺς Ααρων
τοὺς καταλελειμμένους[10] λέγων **17** Διὰ τί οὐκ ἐφάγετε τὸ περὶ τῆς ἁμαρτίας ἐν
τόπῳ ἁγίῳ; ὅτι γὰρ ἅγια ἁγίων ἐστίν, τοῦτο ἔδωκεν ὑμῖν φαγεῖν, ἵνα ἀφέλητε[11] τὴν
ἁμαρτίαν τῆς συναγωγῆς καὶ ἐξιλάσησθε[12] περὶ αὐτῶν ἔναντι[13] κυρίου· **18** οὐ γὰρ
εἰσήχθη[14] τοῦ αἵματος αὐτοῦ εἰς τὸ ἅγιον· κατὰ πρόσωπον ἔσω[15] φάγεσθε αὐτὸ
ἐν τόπῳ ἁγίῳ, ὃν τρόπον[16] μοι συνέταξεν[17] κύριος. **19** καὶ ἐλάλησεν Ααρων πρὸς
Μωυσῆν λέγων Εἰ σήμερον προσαγειόχασιν[18] τὰ περὶ τῆς ἁμαρτίας αὐτῶν καὶ τὰ
ὁλοκαυτώματα[19] αὐτῶν ἔναντι[20] κυρίου, καὶ συμβέβηκέν[21] μοι ταῦτα· καὶ φάγομαι
τὰ περὶ τῆς ἁμαρτίας σήμερον, μὴ ἀρεστὸν[22] ἔσται κυρίῳ; **20** καὶ ἤκουσεν Μωυσῆς,
καὶ ἤρεσεν[23] αὐτῷ.

Clean and Unclean Food

11 Καὶ ἐλάλησεν κύριος πρὸς Μωυσῆν καὶ Ααρων λέγων **2** Λαλήσατε τοῖς υἱοῖς
Ισραηλ λέγοντες Ταῦτα τὰ κτήνη,[24] ἃ φάγεσθε ἀπὸ πάντων τῶν κτηνῶν
τῶν ἐπὶ τῆς γῆς· **3** πᾶν κτῆνος[25] διχηλοῦν[26] ὁπλὴν[27] καὶ ὀνυχιστῆρας[28] ὀνυχίζον[29]
δύο χηλῶν[30] καὶ ἀνάγον[31] μηρυκισμὸν[32] ἐν τοῖς κτήνεσιν, ταῦτα φάγεσθε. **4** πλὴν
ἀπὸ τούτων οὐ φάγεσθε· ἀπὸ τῶν ἀναγόντων[33] μηρυκισμὸν[34] καὶ ἀπὸ τῶν
διχηλούντων[35] τὰς ὁπλὰς[36] καὶ ὀνυχιζόντων[37] ὀνυχιστῆρας·[38] τὸν κάμηλον,[39] ὅτι
ἀνάγει[40] μηρυκισμὸν τοῦτο, ὁπλὴν δὲ οὐ διχηλεῖ,[41] ἀκάθαρτον τοῦτο ὑμῖν· **5** καὶ

1 θυγάτηρ, daughter
2 νόμιμος, statute, ordinance
3 ὃν τρόπον, in the manner that
4 συντάσσω, *aor act ind 3s*, order, instruct
5 χίμαρος, young male goat
6 ἐκζητέω, *aor act ind 3s*, seek
7 ὅδε, this
8 ἐμπυρίζω, *plpf pas ind 3s*, burn, set on fire
9 θυμόω, *aor pas ind 3s*, be angry
10 καταλείπω, *perf pas ptc acc p m*, remain
11 ἀφαιρέω, *aor act sub 2p*, remove
12 ἐξιλάσκομαι, *aor mid sub 2p*, propitiate, make atonement
13 ἔναντι, before
14 εἰσάγω, *aor pas ind 3s*, bring in
15 ἔσω, within, inside
16 ὃν τρόπον, in the manner that
17 συντάσσω, *aor act ind 3s*, order, instruct
18 προσάγω, *perf act ind 3p*, bring to
19 ὁλοκαύτωμα, whole burnt offering
20 ἔναντι, before
21 συμβαίνω, *perf act ind 3s*, happen, befall
22 ἀρεστός, pleasing
23 ἀρέσκω, *aor act ind 3s*, please, satisfy
24 κτῆνος, animal, (*p*) herd
25 κτῆνος, animal, (*p*) herd
26 διχηλέω, *pres act ptc acc s n*, divide
27 ὁπλή, hoof
28 ὀνυχιστήρ, hoof
29 ὀνυχίζω, *pres act ptc acc s n*, split
30 χήλη, hoof
31 ἀνάγω, *pres act ptc acc s n*, bring up
32 μηρυκισμός, cud
33 ἀνάγω, *pres act ptc gen p n*, bring up
34 μηρυκισμός, cud
35 διχηλέω, *pres act ptc gen p n*, divide
36 ὁπλή, hoof
37 ὀνυχίζω, *pres act ptc gen p n*, split
38 ὀνυχιστήρ, hoof
39 κάμηλος, camel
40 ἀνάγω, *pres act ind 3s*, bring up
41 διχηλέω, *pres act ind 3s*, divide

τὸν δασύποδα,[1] ὅτι ἀνάγει[2] μηρυκισμὸν[3] τοῦτο καὶ ὁπλὴν[4] οὐ διχηλεῖ,[5] ἀκάθαρτον
τοῦτο ὑμῖν· **6** καὶ τὸν χοιρογρύλλιον,[6] ὅτι ἀνάγει[7] μηρυκισμὸν[8] τοῦτο καὶ ὁπλὴν[9]
οὐ διχηλεῖ,[10] ἀκάθαρτον τοῦτο ὑμῖν· **7** καὶ τὸν ὗν,[11] ὅτι διχηλεῖ[12] ὁπλὴν[13] τοῦτο
καὶ ὀνυχίζει[14] ὄνυχας[15] ὁπλῆς, καὶ τοῦτο οὐκ ἀνάγει[16] μηρυκισμόν,[17] ἀκάθαρτον
τοῦτο ὑμῖν· **8** ἀπὸ τῶν κρεῶν[18] αὐτῶν οὐ φάγεσθε καὶ τῶν θνησιμαίων[19] αὐτῶν οὐχ
ἅψεσθε, ἀκάθαρτα ταῦτα ὑμῖν.

9 Καὶ ταῦτα, ἃ φάγεσθε ἀπὸ πάντων τῶν ἐν τοῖς ὕδασιν· πάντα, ὅσα ἐστὶν αὐτοῖς
πτερύγια[20] καὶ λεπίδες[21] ἐν τοῖς ὕδασιν καὶ ἐν ταῖς θαλάσσαις καὶ ἐν τοῖς χειμάρροις,[22]
ταῦτα φάγεσθε. **10** καὶ πάντα, ὅσα οὐκ ἔστιν αὐτοῖς πτερύγια[23] οὐδὲ λεπίδες[24] ἐν
τῷ ὕδατι ἢ ἐν ταῖς θαλάσσαις καὶ ἐν τοῖς χειμάρροις,[25] ἀπὸ πάντων, ὧν ἐρεύγεται[26]
τὰ ὕδατα, καὶ ἀπὸ πάσης ψυχῆς ζώσης τῆς ἐν τῷ ὕδατι βδέλυγμά[27] ἐστιν· **11** καὶ
βδελύγματα[28] ἔσονται ὑμῖν, ἀπὸ τῶν κρεῶν[29] αὐτῶν οὐκ ἔδεσθε καὶ τὰ θνησιμαῖα[30]
αὐτῶν βδελύξεσθε·[31] **12** καὶ πάντα, ὅσα οὐκ ἔστιν αὐτοῖς πτερύγια[32] καὶ λεπίδες,[33]
τῶν ἐν τῷ ὕδατι, βδέλυγμα[34] τοῦτό ἐστιν ὑμῖν.

13 Καὶ ταῦτα βδελύξεσθε[35] ἀπὸ τῶν πετεινῶν,[36] καὶ οὐ βρωθήσεται,[37] βδέλυγμά[38]
ἐστιν· τὸν ἀετὸν[39] καὶ τὸν γρύπα[40] καὶ τὸν ἁλιαίετον[41] **14** καὶ τὸν γύπα[42] καὶ ἰκτῖνα[43]
καὶ τὰ ὅμοια[44] αὐτῷ **15** καὶ κόρακα[45] καὶ τὰ ὅμοια[46] αὐτῷ **16** καὶ στρουθὸν[47] καὶ
γλαῦκα[48] καὶ λάρον[49] καὶ τὰ ὅμοια[50] αὐτῷ καὶ ἱέρακα[51] καὶ τὰ ὅμοια αὐτῷ **17** καὶ

1 δασύπους, hare
2 ἀνάγω, *pres act ind 3s*, bring up
3 μηρυκισμός, cud
4 ὁπλή, hoof
5 διχηλέω, *pres act ind 3s*, divide
6 χοιρογρύλλιος, rabbit, coney
7 ἀνάγω, *pres act ind 3s*, bring up
8 μηρυκισμός, cud
9 ὁπλή, hoof
10 διχηλέω, *pres act ind 3s*, divide
11 ὗς, pig, hog
12 διχηλέω, *pres act ind 3s*, divide
13 ὁπλή, hoof
14 ὀνυχίζω, *pres act ind 3s*, split
15 ὄνυξ, claw, nail
16 ἀνάγω, *pres act ind 3s*, bring up
17 μηρυκισμός, cud
18 κρέας, meat, flesh
19 θνησιμαῖος, carcass
20 πτερυγίον, fin
21 λεπίς, scale
22 χείμαρρος, brook
23 πτερυγίον, fin
24 λεπίς, scale
25 χείμαρρος, brook
26 ἐρεύγομαι, *pres mid ind 3s*, discharge
27 βδέλυγμα, abomination
28 βδέλυγμα, abomination
29 κρέας, meat, flesh
30 θνησιμαῖος, carcass
31 βδελύσσω, *fut mid ind 2p*, detest, consider offensive
32 πτερυγίον, fin
33 λεπίς, scale
34 βδέλυγμα, abomination
35 βδελύσσω, *fut mid ind 2p*, detest, consider offensive
36 πετεινός, bird
37 βιβρώσκω, *fut pas ind 3s*, eat
38 βδέλυγμα, abomination
39 ἀετός, eagle
40 γρύψ, bearded vulture
41 ἁλιάετος, osprey
42 γύψ, vulture
43 ἰκτίν, kite
44 ὅμοιος, similar
45 κόραξ, raven
46 ὅμοιος, similar
47 στρουθός, ostrich
48 γλαύξ, small owl
49 λάρος, seagull
50 ὅμοιος, similar
51 ἱέραξ, hawk, falcon

νυκτικόρακα[1] καὶ καταρράκτην[2] καὶ ἶβιν[3] **18** καὶ πορφυρίωνα[4] καὶ πελεκᾶνα[5] καὶ
κύκνον[6] **19** καὶ γλαῦκα[7] καὶ ἐρωδιὸν[8] καὶ χαραδριὸν[9] καὶ τὰ ὅμοια[10] αὐτῷ καὶ ἔποπα[11]
καὶ νυκτερίδα.[12] — **20** καὶ πάντα τὰ ἑρπετὰ[13] τῶν πετεινῶν,[14] ἃ πορεύεται ἐπὶ τέσ-
σαρα, βδελύγματά[15] ἐστιν ὑμῖν. **21** ἀλλὰ ταῦτα φάγεσθε ἀπὸ τῶν ἑρπετῶν[16] τῶν
πετεινῶν,[17] ἃ πορεύεται ἐπὶ τέσσαρα· ἃ ἔχει σκέλη[18] ἀνώτερον[19] τῶν ποδῶν αὐτοῦ
πηδᾶν[20] ἐν αὐτοῖς ἐπὶ τῆς γῆς. **22** καὶ ταῦτα φάγεσθε ἀπ᾽ αὐτῶν· τὸν βροῦχον[21] καὶ
τὰ ὅμοια[22] αὐτῷ καὶ τὸν ἀττάκην[23] καὶ τὰ ὅμοια[24] αὐτῷ καὶ τὴν ἀκρίδα[25] καὶ τὰ ὅμοια
αὐτῇ καὶ τὸν ὀφιομάχην[26] καὶ τὰ ὅμοια αὐτῷ. **23** πᾶν ἑρπετὸν[27] ἀπὸ τῶν πετεινῶν,[28]
οἷς ἐστιν τέσσαρες πόδες, βδέλυγμά[29] ἐστιν ὑμῖν.

24 καὶ ἐν τούτοις μιανθήσεσθε,[30] πᾶς ὁ ἁπτόμενος τῶν θνησιμαίων[31] αὐτῶν ἀκά-
θαρτος ἔσται ἕως ἑσπέρας,[32] **25** καὶ πᾶς ὁ αἴρων τῶν θνησιμαίων[33] αὐτῶν πλυνεῖ[34]
τὰ ἱμάτια καὶ ἀκάθαρτος ἔσται ἕως ἑσπέρας·[35] **26** ἐν πᾶσιν τοῖς κτήνεσιν[36] ὅ ἐστιν
διχηλοῦν[37] ὁπλὴν[38] καὶ ὀνυχιστῆρας[39] ὀνυχίζει[40] καὶ μηρυκισμὸν[41] οὐ μαρυκᾶται,[42]
ἀκάθαρτα ἔσονται ὑμῖν· πᾶς ὁ ἁπτόμενος τῶν θνησιμαίων[43] αὐτῶν ἀκάθαρτος
ἔσται ἕως ἑσπέρας.[44] **27** καὶ πᾶς, ὃς πορεύεται ἐπὶ χειρῶν ἐν πᾶσι τοῖς θηρίοις, ἃ
πορεύεται ἐπὶ τέσσαρα, ἀκάθαρτα ἔσται ὑμῖν· πᾶς ὁ ἁπτόμενος τῶν θνησιμαίων[45]
αὐτῶν ἀκάθαρτος ἔσται ἕως ἑσπέρας·[46] **28** καὶ ὁ αἴρων τῶν θνησιμαίων[47] αὐτῶν
πλυνεῖ[48] τὰ ἱμάτια καὶ ἀκάθαρτος ἔσται ἕως ἑσπέρας·[49] ἀκάθαρτα ταῦτα ὑμῖν ἐστιν.

1 νυκτικόραξ, horned owl
2 καταρράκτης, cormorant
3 ἶβις, ibis
4 πορφυρίων, water hen
5 πελεκάν, pelican
6 κύκνος, swan
7 γλαύξ, owl
8 ἐρωδιός, heron
9 χαραδριός, curlew
10 ὅμοιος, similar
11 ἔποψ, hoopoe
12 νυκτερίς, bat
13 ἑρπετόν, creeping thing, reptile
14 πετεινός, able to fly
15 βδέλυγμα, abomination
16 ἑρπετόν, creeping thing
17 πετεινός, bird
18 σκέλος, leg
19 ἀνώτερον, upper
20 πηδάω, *pres act inf*, leap
21 βροῦχος, locust
22 ὅμοιος, similar
23 ἀττάκης, bald locust?
24 ὅμοιος, similar
25 ἀκρίς, desert locust, grasshopper
26 ὀφιομάχης, snake-fighting grasshopper?
27 ἑρπετόν, creeping thing
28 πετεινός, able to fly
29 βδέλυγμα, abomination
30 μιαίνω, *fut pas ind 2p*, defile, pollute
31 θνησιμαῖος, carcass
32 ἑσπέρα, evening
33 θνησιμαῖος, carcass
34 πλύνω, *fut act ind 3s*, wash
35 ἑσπέρα, evening
36 κτῆνος, animal, (*p*) herd
37 διχηλέω, *pres act ptc acc s n*, divide
38 ὁπλή, hoof
39 ὀνυχιστήρ, hoof
40 ὀνυχίζω, *pres act ind 3s*, split
41 μηρυκισμός, cud
42 μαρυκάομαι, *pres mid ind 3s*, chew
43 θνησιμαῖος, carcass
44 ἑσπέρα, evening
45 θνησιμαῖος, carcass
46 ἑσπέρα, evening
47 θνησιμαῖος, carcass
48 πλύνω, *fut act ind 3s*, wash
49 ἑσπέρα, evening

29 Καὶ ταῦτα ὑμῖν ἀκάθαρτα ἀπὸ τῶν ἑρπετῶν[1] τῶν ἑρπόντων[2] ἐπὶ τῆς γῆς· ἡ γαλῆ[3]
καὶ ὁ μῦς[4] καὶ ὁ κροκόδειλος[5] ὁ χερσαῖος,[6] **30** μυγαλῆ[7] καὶ χαμαιλέων[8] καὶ καλαβώτης[9]
καὶ σαύρα[10] καὶ ἀσπάλαξ.[11] **31** ταῦτα ἀκάθαρτα ὑμῖν ἀπὸ πάντων τῶν ἑρπετῶν[12] τῶν
ἐπὶ τῆς γῆς· πᾶς ὁ ἁπτόμενος αὐτῶν τεθνηκότων[13] ἀκάθαρτος ἔσται ἕως ἑσπέρας.[14]
32 καὶ πᾶν, ἐφ' ὃ ἂν ἐπιπέσῃ[15] ἀπ' αὐτῶν τεθνηκότων[16] αὐτῶν, ἀκάθαρτον ἔσται ἀπὸ
παντὸς σκεύους[17] ξυλίνου[18] ἢ ἱματίου ἢ δέρματος[19] ἢ σάκκου·[20] πᾶν σκεῦος,[21] ὃ ἐὰν
ποιηθῇ ἔργον ἐν αὐτῷ, εἰς ὕδωρ βαφήσεται[22] καὶ ἀκάθαρτον ἔσται ἕως ἑσπέρας[23]
καὶ καθαρὸν ἔσται. **33** καὶ πᾶν σκεῦος[24] ὀστράκινον,[25] εἰς ὃ ἐὰν πέσῃ ἀπὸ τούτων
ἔνδον,[26] ὅσα ἐὰν ἔνδον ᾖ, ἀκάθαρτα ἔσται, καὶ αὐτὸ συντριβήσεται.[27] **34** καὶ πᾶν
βρῶμα,[28] ὃ ἔσθεται,[29] εἰς ὃ ἐὰν ἐπέλθῃ[30] ἐπ' αὐτὸ ὕδωρ, ἀκάθαρτον ἔσται· καὶ πᾶν
ποτόν,[31] ὃ πίνεται ἐν παντὶ ἀγγείῳ,[32] ἀκάθαρτον ἔσται. **35** καὶ πᾶν, ὃ ἐὰν πέσῃ ἀπὸ
τῶν θνησιμαίων[33] αὐτῶν ἐπ' αὐτό, ἀκάθαρτον ἔσται· κλίβανοι[34] καὶ κυθρόποδες[35]
καθαιρεθήσονται·[36] ἀκάθαρτα ταῦτά ἐστιν καὶ ἀκάθαρτα ταῦτα ὑμῖν ἔσονται·
36 πλὴν πηγῶν[37] ὑδάτων καὶ λάκκου[38] καὶ συναγωγῆς ὕδατος, ἔσται καθαρόν·[39] ὁ
δὲ ἁπτόμενος τῶν θνησιμαίων[40] αὐτῶν ἀκάθαρτος ἔσται. **37** ἐὰν δὲ ἐπιπέσῃ[41] τῶν
θνησιμαίων[42] αὐτῶν ἐπὶ πᾶν σπέρμα σπόριμον,[43] ὃ σπαρήσεται,[44] καθαρὸν[45] ἔσται·
38 ἐὰν δὲ ἐπιχυθῇ[46] ὕδωρ ἐπὶ πᾶν σπέρμα καὶ ἐπιπέσῃ[47] τῶν θνησιμαίων[48] αὐτῶν
ἐπ' αὐτό, ἀκάθαρτόν ἐστιν ὑμῖν.

39 Ἐὰν δὲ ἀποθάνῃ τῶν κτηνῶν[49] ὅ ἐστιν ὑμῖν τοῦτο φαγεῖν, ὁ ἁπτόμενος τῶν
θνησιμαίων[50] αὐτῶν ἀκάθαρτος ἔσται ἕως ἑσπέρας·[51] **40** καὶ ὁ ἐσθίων ἀπὸ τῶν

1 ἑρπετόν, creeping thing
2 ἕρπω, *pres act ptc gen p n*, creep
3 γαλῆ, weasel, marten
4 μῦς, mouse
5 κροκόδειλος, crocodile
6 χερσαῖος, of dry land
7 μυγαλῆ, field mouse
8 χαμαιλέων, chameleon
9 καλαβώτης, spotted lizard
10 σαύρα, lizard
11 ἀσπάλαξ, mole
12 ἑρπετόν, creeping thing
13 θνήσκω, *perf act ptc gen p n*, die
14 ἑσπέρα, evening
15 ἐπιπίπτω, *aor act sub 3s*, fall upon
16 θνήσκω, *perf act ptc gen p n*, die
17 σκεῦος, item, thing
18 ξύλινος, wooden
19 δέρμα, hide, skin
20 σάκκος, sackcloth, *Heb. LW*
21 σκεῦος, item, thing
22 βάπτω, *fut pas ind 3s*, dip
23 ἑσπέρα, evening
24 σκεῦος, vessel
25 ὀστράκινος, earthen
26 ἔνδον, inside
27 συντρίβω, *fut pas ind 3s*, shatter
28 βρῶμα, food
29 ἔσθω, *pres pas ind 3s*, eat
30 ἐπέρχομαι, *aor act sub 3s*, come upon
31 πότος, drink, liquid
32 ἀγγεῖον, vessel, container
33 θνησιμαῖος, carcass
34 κλίβανος, oven, furnace
35 κυθρόπους, pot
36 καθαιρέω, *fut pas ind 3p*, destroy
37 πηγή, spring
38 λάκκος, cistern, well
39 καθαρός, pure, clean
40 θνησιμαῖος, carcass
41 ἐπιπίπτω, *aor act sub 3s*, fall upon
42 θνησιμαῖος, carcass
43 σπόριμος, seed-bearing
44 σπείρω, *fut pas ind 3s*, sow
45 καθαρός, pure, clean
46 ἐπιχέω, *aor pas sub 3s*, pour over
47 ἐπιπίπτω, *aor act sub 3s*, fall upon
48 θνησιμαῖος, carcass
49 κτῆνος, animal, (*p*) herd
50 θνησιμαῖος, carcass
51 ἑσπέρα, evening

θνησιμαίων[1] τούτων πλυνεῖ[2] τὰ ἱμάτια καὶ ἀκάθαρτος ἔσται ἕως ἑσπέρας·[3] καὶ ὁ
αἴρων ἀπὸ θνησιμαίων αὐτῶν πλυνεῖ τὰ ἱμάτια καὶ λούσεται[4] ὕδατι καὶ ἀκάθαρτος
ἔσται ἕως ἑσπέρας.[5]

41 Καὶ πᾶν ἑρπετόν,[6] ὃ ἕρπει[7] ἐπὶ τῆς γῆς, βδέλυγμα[8] τοῦτο ἔσται ὑμῖν, οὐ βρωθήσεται.[9]
42 καὶ πᾶς ὁ πορευόμενος ἐπὶ κοιλίας[10] καὶ πᾶς ὁ πορευόμενος ἐπὶ τέσσαρα διὰ
παντός, ὃ πολυπληθεῖ[11] ποσὶν ἐν πᾶσιν τοῖς ἑρπετοῖς[12] τοῖς ἕρπουσιν[13] ἐπὶ τῆς γῆς,
οὐ φάγεσθε αὐτό, ὅτι βδέλυγμα[14] ὑμῖν ἐστιν. **43** καὶ οὐ μὴ βδελύξητε[15] τὰς ψυχὰς
ὑμῶν ἐν πᾶσι τοῖς ἑρπετοῖς[16] τοῖς ἕρπουσιν[17] ἐπὶ τῆς γῆς καὶ οὐ μιανθήσεσθε[18] ἐν
τούτοις καὶ οὐκ ἀκάθαρτοι ἔσεσθε ἐν αὐτοῖς· **44** ὅτι ἐγώ εἰμι κύριος ὁ θεὸς ὑμῶν,
καὶ ἁγιασθήσεσθε[19] καὶ ἅγιοι ἔσεσθε, ὅτι ἅγιός εἰμι ἐγὼ κύριος ὁ θεὸς ὑμῶν, καὶ οὐ
μιανεῖτε[20] τὰς ψυχὰς ὑμῶν ἐν πᾶσιν τοῖς ἑρπετοῖς[21] τοῖς κινουμένοις[22] ἐπὶ τῆς γῆς·
45 ὅτι ἐγώ εἰμι κύριος ὁ ἀναγαγὼν[23] ὑμᾶς ἐκ γῆς Αἰγύπτου εἶναι ὑμῶν θεός, καὶ
ἔσεσθε ἅγιοι, ὅτι ἅγιός εἰμι ἐγὼ κύριος.

46 Οὗτος ὁ νόμος περὶ τῶν κτηνῶν[24] καὶ τῶν πετεινῶν[25] καὶ πάσης ψυχῆς τῆς
κινουμένης[26] ἐν τῷ ὕδατι καὶ πάσης ψυχῆς ἑρπούσης[27] ἐπὶ τῆς γῆς **47** διαστεῖλαι[28]
ἀνὰ μέσον[29] τῶν ἀκαθάρτων καὶ ἀνὰ μέσον τῶν καθαρῶν[30] καὶ ἀνὰ μέσον τῶν
ζωογονούντων[31] τὰ ἐσθιόμενα καὶ ἀνὰ μέσον τῶν ζωογονούντων τὰ μὴ ἐσθιόμενα.

Purification after Childbirth

12 Καὶ ἐλάλησεν κύριος πρὸς Μωυσῆν λέγων **2** Λάλησον τοῖς υἱοῖς Ισραηλ
καὶ ἐρεῖς πρὸς αὐτούς Γυνή, ἥτις ἐὰν σπερματισθῇ[32] καὶ τέκῃ[33] ἄρσεν,[34]
καὶ ἀκάθαρτος ἔσται ἑπτὰ ἡμέρας, κατὰ τὰς ἡμέρας τοῦ χωρισμοῦ[35] τῆς ἀφέ-
δρου[36] αὐτῆς ἀκάθαρτος ἔσται· **3** καὶ τῇ ἡμέρᾳ τῇ ὀγδόῃ[37] περιτεμεῖ[38] τὴν σάρκα

1 θνησιμαῖος, carcass
2 πλύνω, *fut act ind 3s*, wash
3 ἑσπέρα, evening
4 λούω, *fut mid ind 3s*, bathe, wash
5 ἑσπέρα, evening
6 ἑρπετόν, creeping thing
7 ἕρπω, *pres act ind 3s*, creep
8 βδέλυγμα, abomination
9 βιβρώσκω, *fut pas ind 3s*, eat
10 κοιλία, belly
11 πολυπληθέω, *pres act ind 3s*, have many feet
12 ἑρπετόν, creeping thing
13 ἕρπω, *pres act ptc dat p n*, creep
14 βδέλυγμα, abomination
15 βδελύσσω, *aor act sub 2p*, make abominable
16 ἑρπετόν, creeping thing
17 ἕρπω, *pres act ptc dat p n*, creep
18 μιαίνω, *fut pas ind 2p*, defile, pollute
19 ἁγιάζω, *fut pas ind 2p*, sanctify, consecrate
20 μιαίνω, *fut act ind 2p*, defile, pollute
21 ἑρπετόν, creeping thing
22 κινέω, *pres mid ptc dat p n*, move
23 ἀνάγω, *aor act ptc nom s m*, bring up
24 κτῆνος, animal, (*p*) herd
25 πετεινός, bird
26 κινέω, *pres mid ptc gen s f*, move
27 ἕρπω, *pres act ptc gen s f*, creep
28 διαστέλλω, *aor act inf*, distinguish
29 ἀνὰ μέσον, between
30 καθαρός, pure, clean
31 ζωογονέω, *pres act ptc gen p n*, breed, propagate
32 σπερματίζω, *aor pas sub 3s*, conceive
33 τίκτω, *aor act sub 3s*, give birth
34 ἄρσην, male
35 χωρισμός, discharge
36 ἄφεδρος, menstruation
37 ὄγδοος, eighth
38 περιτέμνω, *fut act ind 3s*, circumcise

τῆς ἀκροβυστίας[1] αὐτοῦ· **4** καὶ τριάκοντα[2] ἡμέρας καὶ τρεῖς καθήσεται ἐν αἵματι ἀκαθάρτῳ αὐτῆς, παντὸς ἁγίου οὐχ ἅψεται καὶ εἰς τὸ ἁγιαστήριον[3] οὐκ εἰσελεύσεται, ἕως ἂν πληρωθῶσιν αἱ ἡμέραι καθάρσεως[4] αὐτῆς. **5** ἐὰν δὲ θῆλυ[5] τέκῃ,[6] καὶ ἀκάθαρτος ἔσται δὶς[7] ἑπτὰ ἡμέρας κατὰ τὴν ἄφεδρον·[8] καὶ ἑξήκοντα[9] ἡμέρας καὶ ἓξ[10] καθεσθήσεται[11] ἐν αἵματι ἀκαθάρτῳ αὐτῆς.

6 καὶ ὅταν ἀναπληρωθῶσιν[12] αἱ ἡμέραι καθάρσεως[13] αὐτῆς ἐφ᾽ υἱῷ ἢ ἐπὶ θυγατρί,[14] προσοίσει[15] ἀμνὸν[16] ἐνιαύσιον[17] ἄμωμον[18] εἰς ὁλοκαύτωμα[19] καὶ νεοσσὸν[20] περιστερᾶς[21] ἢ τρυγόνα[22] περὶ ἁμαρτίας ἐπὶ τὴν θύραν τῆς σκηνῆς[23] τοῦ μαρτυρίου[24] πρὸς τὸν ἱερέα, **7** καὶ προσοίσει[25] ἔναντι[26] κυρίου καὶ ἐξιλάσεται[27] περὶ αὐτῆς ὁ ἱερεὺς καὶ καθαριεῖ αὐτὴν ἀπὸ τῆς πηγῆς[28] τοῦ αἵματος αὐτῆς. οὗτος ὁ νόμος τῆς τικτούσης[29] ἄρσεν[30] ἢ θῆλυ.[31] **8** ἐὰν δὲ μὴ εὑρίσκῃ ἡ χεὶρ αὐτῆς τὸ ἱκανὸν[32] εἰς ἀμνόν,[33] καὶ λήμψεται δύο τρυγόνας[34] ἢ δύο νεοσσοὺς[35] περιστερῶν,[36] μίαν εἰς ὁλοκαύτωμα[37] καὶ μίαν περὶ ἁμαρτίας, καὶ ἐξιλάσεται[38] περὶ αὐτῆς ὁ ἱερεύς, καὶ καθαρισθήσεται.

Leprosy and Skin Diseases

13 Καὶ ἐλάλησεν κύριος πρὸς Μωυσῆν καὶ Ααρων λέγων **2** Ἀνθρώπῳ ἐάν τινι γένηται ἐν δέρματι[39] χρωτὸς[40] αὐτοῦ οὐλὴ[41] σημασίας[42] τηλαυγὴς[43] καὶ γένηται ἐν δέρματι[44] χρωτὸς[45] αὐτοῦ ἁφὴ[46] λέπρας,[47] καὶ ἀχθήσεται[48] πρὸς Ααρων τὸν ἱερέα ἢ ἕνα τῶν υἱῶν αὐτοῦ τῶν ἱερέων. **3** καὶ ὄψεται ὁ ἱερεὺς τὴν ἁφὴν[49] ἐν

1 ἀκροβυστία, foreskin, uncircumcision
2 τριάκοντα, thirty
3 ἁγιαστήριον, holy place, sanctuary
4 κάθαρσις, cleansing, purification
5 θῆλυς, female
6 τίκτω, *aor act sub 3s*, give birth
7 δίς, twice, double
8 ἄφεδρος, menstruation
9 ἑξήκοντα, sixty
10 ἕξ, six
11 καθέζομαι, *fut pas ind 3s*, sit down, remain
12 ἀναπληρόω, *aor pas sub 3p*, complete
13 κάθαρσις, cleansing, purification
14 θυγάτηρ, daughter
15 προσφέρω, *fut act ind 3s*, bring to
16 ἀμνός, lamb
17 ἐνιαύσιος, one year (old)
18 ἄμωμος, unblemished
19 ὁλοκαύτωμα, whole burnt offering
20 νεοσσός, young bird
21 περιστερά, pigeon, dove
22 τρυγών, turtledove
23 σκηνή, tent
24 μαρτύριον, witness
25 προσφέρω, *fut act ind 3s*, offer
26 ἔναντι, before
27 ἐξιλάσκομαι, *fut mid ind 3s*, propitiate, make atonement
28 πηγή, source
29 τίκτω, *pres act ptc gen s f*, give birth
30 ἄρσην, male
31 θῆλυς, female
32 ἱκανός, sufficient, adequate
33 ἀμνός, lamb
34 τρυγών, turtledove
35 νεοσσός, young bird
36 περιστερά, pigeon, dove
37 ὁλοκαύτωμα, whole burnt offering
38 ἐξιλάσκομαι, *fut mid ind 3s*, propitiate, make atonement
39 δέρμα, skin
40 χρώς, flesh
41 οὐλή, lesion, wound
42 σημασία, signaling, indicating
43 τηλαυγής, plain, obvious
44 δέρμα, skin
45 χρώς, flesh
46 ἁφή, infection
47 λέπρα, skin disease
48 ἄγω, *fut pas ind 3s*, bring
49 ἁφή, infection

δέρματι[1] τοῦ χρωτὸς[2] αὐτοῦ, καὶ ἡ θρὶξ[3] ἐν τῇ ἁφῇ[4] μεταβάλῃ[5] λευκή,[6] καὶ ἡ ὄψις[7]
τῆς ἁφῆς ταπεινὴ[8] ἀπὸ τοῦ δέρματος τοῦ χρωτός, ἁφὴ[9] λέπρας[10] ἐστίν· καὶ ὄψεται
ὁ ἱερεὺς καὶ μιανεῖ[11] αὐτόν. **4** ἐὰν δὲ τηλαυγὴς[12] λευκὴ[13] ᾖ ἐν τῷ δέρματι[14] τοῦ
χρωτός,[15] καὶ ταπεινὴ[16] μὴ ᾖ ἡ ὄψις[17] αὐτῆς ἀπὸ τοῦ δέρματος, καὶ ἡ θρὶξ[18] αὐτοῦ
οὐ μετέβαλεν[19] τρίχα λευκήν, αὐτὴ δέ ἐστιν ἀμαυρά,[20] καὶ ἀφοριεῖ[21] ὁ ἱερεὺς τὴν
ἁφὴν[22] ἑπτὰ ἡμέρας. **5** καὶ ὄψεται ὁ ἱερεὺς τὴν ἁφὴν[23] τῇ ἡμέρᾳ τῇ ἑβδόμῃ,[24] καὶ ἰδοὺ
ἡ ἁφὴ μένει ἐναντίον[25] αὐτοῦ, οὐ μετέπεσεν[26] ἡ ἁφὴ ἐν τῷ δέρματι,[27] καὶ ἀφοριεῖ[28]
αὐτὸν ὁ ἱερεὺς ἑπτὰ ἡμέρας τὸ δεύτερον. **6** καὶ ὄψεται αὐτὸν ὁ ἱερεὺς τῇ ἡμέρᾳ
τῇ ἑβδόμῃ[29] τὸ δεύτερον, καὶ ἰδοὺ ἀμαυρὰ[30] ἡ ἁφή,[31] οὐ μετέπεσεν[32] ἡ ἁφὴ ἐν τῷ
δέρματι,[33] καθαριεῖ αὐτὸν ὁ ἱερεύς· σημασία[34] γάρ ἐστιν· καὶ πλυνάμενος[35] τὰ ἱμάτια
καθαρὸς[36] ἔσται. **7** ἐὰν δὲ μεταβαλοῦσα[37] μεταπέσῃ[38] ἡ σημασία[39] ἐν τῷ δέρματι[40]
μετὰ τὸ ἰδεῖν αὐτὸν τὸν ἱερέα τοῦ καθαρίσαι αὐτόν, καὶ ὀφθήσεται τὸ δεύτερον τῷ
ἱερεῖ, **8** καὶ ὄψεται αὐτὸν ὁ ἱερεὺς καὶ ἰδοὺ μετέπεσεν[41] ἡ σημασία[42] ἐν τῷ δέρματι,[43]
καὶ μιανεῖ[44] αὐτὸν ὁ ἱερεύς· λέπρα[45] ἐστίν.

9 Καὶ ἁφὴ[46] λέπρας[47] ἐὰν γένηται ἐν ἀνθρώπῳ, καὶ ἥξει[48] πρὸς τὸν ἱερέα· **10** καὶ ὄψεται
ὁ ἱερεὺς καὶ ἰδοὺ οὐλὴ[49] λευκὴ[50] ἐν τῷ δέρματι,[51] καὶ αὕτη μετέβαλεν[52] τρίχα[53] λευκήν,
καὶ ἀπὸ τοῦ ὑγιοῦς[54] τῆς σαρκὸς τῆς ζώσης ἐν τῇ οὐλῇ,[55] **11** λέπρα[56] παλαιουμένη[57]

1 δέρμα, skin
2 χρώς, flesh
3 θρίξ, hair
4 ἁφή, infection
5 μεταβάλλω, *aor act sub 3s*, change to
6 λευκός, white
7 ὄψις, appearance
8 ταπεινός, lower
9 ἁφή, infection
10 λέπρα, skin disease, leprosy
11 μιαίνω, *fut act ind 3s*, declare unclean
12 τηλαυγής, plain, obvious
13 λευκός, white
14 δέρμα, skin
15 χρώς, flesh
16 ταπεινός, lower
17 ὄψις, appearance
18 θρίξ, hair
19 μεταβάλλω, *aor act ind 3s*, change to
20 ἀμαυρός, faint, obscure
21 ἀφορίζω, *fut act ind 3s*, isolate
22 ἁφή, infection
23 ἁφή, infection
24 ἕβδομος, seventh
25 ἐναντίον, before
26 μεταπίπτω, *aor act ind 3s*, change, spread
27 δέρμα, skin
28 ἀφορίζω, *fut act ind 3s*, isolate
29 ἕβδομος, seventh
30 ἀμαυρός, faint, obscure
31 ἁφή, infection
32 μεταπίπτω, *aor act ind 3s*, change, spread
33 δέρμα, skin
34 σημασία, mark (of disease)
35 πλύνω, *aor mid ptc nom s m*, wash
36 καθαρός, pure, clean
37 μεταβάλλω, *aor act ptc nom s f*, alter
38 μεταπίπτω, *aor act sub 3s*, change, spread
39 σημασία, mark (of disease)
40 δέρμα, skin
41 μεταπίπτω, *aor act ind 3s*, change, spread
42 σημασία, mark (of disease)
43 δέρμα, skin
44 μιαίνω, *fut act ind 3s*, declare defiled
45 λέπρα, skin disease, leprosy
46 ἁφή, infection
47 λέπρα, skin disease, leprosy
48 ἥκω, *fut act ind 3s*, come
49 οὐλή, lesion, wound
50 λευκός, white
51 δέρμα, skin
52 μεταβάλλω, *aor act ind 3s*, change to
53 θρίξ, hair
54 ὑγιής, healthy
55 οὐλή, lesion, wound
56 λέπρα, skin disease, leprosy
57 παλαιόω, *pres act ptc nom s f*, become chronic, linger

ἐστίν, ἐν τῷ δέρματι[1] τοῦ χρωτός[2] ἐστιν, καὶ μιανεῖ[3] αὐτὸν ὁ ἱερεὺς καὶ ἀφοριεῖ[4] αὐτόν,
ὅτι ἀκάθαρτός ἐστιν. **12** ἐὰν δὲ ἐξανθοῦσα[5] ἐξανθήσῃ[6] ἡ λέπρα[7] ἐν τῷ δέρματι,[8] καὶ
καλύψῃ[9] ἡ λέπρα πᾶν τὸ δέρμα τῆς ἀφῆς[10] ἀπὸ κεφαλῆς ἕως ποδῶν καθ᾽ ὅλην τὴν
ὅρασιν[11] τοῦ ἱερέως, **13** καὶ ὄψεται ὁ ἱερεὺς καὶ ἰδοὺ ἐκάλυψεν[12] ἡ λέπρα[13] πᾶν τὸ
δέρμα[14] τοῦ χρωτός,[15] καὶ καθαριεῖ αὐτὸν ὁ ἱερεὺς τὴν ἀφήν,[16] ὅτι πᾶν μετέβαλεν[17]
λευκόν,[18] καθαρόν[19] ἐστιν. **14** καὶ ᾗ ἂν ἡμέρᾳ ὀφθῇ ἐν αὐτῷ χρὼς[20] ζῶν, μιανθήσεται,[21]
15 καὶ ὄψεται ὁ ἱερεὺς τὸν χρῶτα[22] τὸν ὑγιῆ,[23] καὶ μιανεῖ[24] αὐτὸν ὁ χρὼς[25] ὁ ὑγιής,
ὅτι ἀκάθαρτός ἐστιν· λέπρα[26] ἐστίν. **16** ἐὰν δὲ ἀποκαταστῇ[27] ὁ χρὼς[28] ὁ ὑγιὴς[29] καὶ
μεταβάλῃ[30] λευκή,[31] καὶ ἐλεύσεται πρὸς τὸν ἱερέα, **17** καὶ ὄψεται ὁ ἱερεὺς καὶ ἰδοὺ
μετέβαλεν[32] ἡ ἀφὴ[33] εἰς τὸ λευκόν,[34] καὶ καθαριεῖ ὁ ἱερεὺς τὴν ἀφήν· καθαρός[35] ἐστιν.

18 Καὶ σὰρξ ἐὰν γένηται ἐν τῷ δέρματι[36] αὐτοῦ ἕλκος[37] καὶ ὑγιασθῇ,[38] **19** καὶ γένηται
ἐν τῷ τόπῳ τοῦ ἕλκους[39] οὐλὴ[40] λευκὴ[41] ἢ τηλαυγὴς[42] λευκαίνουσα[43] ἢ πυρρίζουσα,[44]
καὶ ὀφθήσεται τῷ ἱερεῖ, **20** καὶ ὄψεται ὁ ἱερεὺς καὶ ἰδοὺ ἡ ὄψις[45] ταπεινοτέρα[46] τοῦ
δέρματος,[47] καὶ ἡ θρὶξ[48] αὐτῆς μετέβαλεν[49] εἰς λευκήν,[50] καὶ μιανεῖ[51] αὐτὸν ὁ ἱερεύς·
λέπρα[52] ἐστίν, ἐν τῷ ἕλκει[53] ἐξήνθησεν.[54] **21** ἐὰν δὲ ἴδῃ ὁ ἱερεὺς καὶ ἰδοὺ οὐκ ἔστιν ἐν
αὐτῷ θρὶξ[55] λευκή,[56] καὶ ταπεινὸν[57] μὴ ᾖ ἀπὸ τοῦ δέρματος[58] τοῦ χρωτός,[59] καὶ αὐτὴ ᾖ

1 δέρμα, skin
2 χρώς, flesh
3 μιαίνω, *fut act ind 3s*, declare defiled
4 ἀφορίζω, *fut act ind 3s*, isolate
5 ἐξανθέω, *pres act ptc nom s f*, break out
6 ἐξανθέω, *aor act sub 3s*, break out
7 λέπρα, skin disease, leprosy
8 δέρμα, skin
9 καλύπτω, *aor act sub 3s*, cover
10 ἁφή, infection
11 ὅρασις, sight
12 καλύπτω, *aor act ind 3s*, cover
13 λέπρα, skin disease, leprosy
14 δέρμα, skin
15 χρώς, flesh
16 ἁφή, infection
17 μεταβάλλω, *aor act ind 3s*, change to
18 λευκός, white
19 καθαρός, pure, clean
20 χρώς, flesh
21 μιαίνω, *fut pas ind 3s*, declare defiled
22 χρώς, flesh
23 ὑγιής, healthy
24 μιαίνω, *fut act ind 3s*, defile
25 χρώς, flesh
26 λέπρα, skin disease, leprosy
27 ἀποκαθίστημι, *aor act sub 3s*, restore
28 χρώς, flesh
29 ὑγιής, healthy
30 μεταβάλλω, *aor act sub 3s*, change to
31 λευκός, white
32 μεταβάλλω, *aor act ind 3s*, change to
33 ἁφή, infection
34 λευκός, white
35 καθαρός, pure, clean
36 δέρμα, skin
37 ἕλκος, festering sore
38 ὑγιάζω, *aor pas sub 3s*, heal
39 ἕλκος, festering sore
40 οὐλή, lesion, wound
41 λευκός, white
42 τηλαυγής, plain, obvious
43 λευκαίνω, *pres act ptc nom s f*, turn white
44 πυρρίζω, *pres act ptc nom s f*, redden
45 ὄψις, appearance
46 ταπεινός, *comp*, lower
47 δέρμα, skin
48 θρίξ, hair
49 μεταβάλλω, *aor act ind 3s*, change to
50 λευκός, white
51 μιαίνω, *fut act ind 3s*, declare defiled
52 λέπρα, skin disease, leprosy
53 ἕλκος, festering sore
54 ἐξανθέω, *aor act ind 3s*, break out
55 θρίξ, hair
56 λευκός, white
57 ταπεινός, lower
58 δέρμα, skin
59 χρώς, flesh

ἀμαυρά,[1] ἀφοριεῖ[2] αὐτὸν ὁ ἱερεὺς ἑπτὰ ἡμέρας. **22** ἐὰν δὲ διαχέηται[3] ἐν τῷ δέρματι,[4]
καὶ μιανεῖ[5] αὐτὸν ὁ ἱερεύς· ἁφὴ[6] λέπρας[7] ἐστίν, ἐν τῷ ἕλκει[8] ἐξήνθησεν.[9] **23** ἐὰν δὲ
κατὰ χώραν[10] μείνῃ[11] τὸ τηλαύγημα[12] καὶ μὴ διαχέηται,[13] οὐλὴ[14] τοῦ ἕλκους[15] ἐστίν,
καὶ καθαριεῖ αὐτὸν ὁ ἱερεύς.

24 Καὶ σὰρξ ἐὰν γένηται ἐν τῷ δέρματι[16] αὐτοῦ κατάκαυμα[17] πυρός, καὶ γένηται ἐν
τῷ δέρματι[18] αὐτοῦ τὸ ὑγιασθὲν[19] τοῦ κατακαύματος[20] αὐγάζον[21] τηλαυγὲς[22] λευκὸν[23]
ὑποπυρρίζον[24] ἢ ἔκλευκον,[25] **25** καὶ ὄψεται αὐτὸν ὁ ἱερεὺς καὶ ἰδοὺ μετέβαλεν[26]
θρὶξ[27] λευκὴ[28] εἰς τὸ αὐγάζον,[29] καὶ ἡ ὄψις[30] αὐτοῦ ταπεινὴ[31] ἀπὸ τοῦ δέρματος,[32]
λέπρα[33] ἐστίν, ἐν τῷ κατακαύματι[34] ἐξήνθησεν·[35] καὶ μιανεῖ[36] αὐτὸν ὁ ἱερεύς, ἁφὴ[37]
λέπρας ἐστίν. **26** ἐὰν δὲ ἴδῃ ὁ ἱερεὺς καὶ ἰδοὺ οὐκ ἔστιν ἐν τῷ αὐγάζοντι[38] θρὶξ[39]
λευκή,[40] καὶ ταπεινὸν[41] μὴ ᾖ ἀπὸ τοῦ δέρματος,[42] αὐτὸ δὲ ἀμαυρόν,[43] καὶ ἀφοριεῖ[44]
αὐτὸν ὁ ἱερεὺς ἑπτὰ ἡμέρας. **27** καὶ ὄψεται αὐτὸν ὁ ἱερεὺς τῇ ἡμέρᾳ τῇ ἑβδόμῃ·[45] ἐὰν
δὲ διαχύσει[46] διαχέηται[47] ἐν τῷ δέρματι,[48] καὶ μιανεῖ[49] αὐτὸν ὁ ἱερεύς· ἁφὴ[50] λέπρας[51]
ἐστίν, ἐν τῷ ἕλκει[52] ἐξήνθησεν.[53] **28** ἐὰν δὲ κατὰ χώραν[54] μείνῃ[55] τὸ αὐγάζον[56] καὶ μὴ

1 ἀμαυρός, faint, obscure
2 ἀφορίζω, *fut act ind 3s*, isolate
3 διαχέω, *pres pas sub 3s*, spread
4 δέρμα, skin
5 μιαίνω, *fut act ind 3s*, declare defiled
6 ἁφή, infection
7 λέπρα, skin disease, leprosy
8 ἕλκος, festering sore
9 ἐξανθέω, *aor act ind 3s*, break out
10 χώρα, place on the body
11 μένω, *aor act sub 3s*, remain
12 τηλαύγημα, white spot
13 διαχέω, *pres pas sub 3s*, spread
14 οὐλή, lesion, wound
15 ἕλκος, festering sore
16 δέρμα, skin
17 κατάκαυμα, burn
18 δέρμα, skin
19 ὑγιάζω, *aor pas ptc nom s n*, heal
20 κατάκαυμα, burn
21 αὐγάζω, *pres act ptc nom s n*, appear white
22 τηλαυγής, plain, obvious
23 λευκός, white
24 ὑποπυρρίζω, *pres act ptc nom s n*, redden
25 ἔκλευκος, quite white
26 μεταβάλλω, *aor act ind 3s*, change to
27 θρίξ, hair
28 λευκός, white
29 αὐγάζω, *pres act ptc acc s n*, appear white
30 ὄψις, appearance
31 ταπεινός, lower
32 δέρμα, skin
33 λέπρα, skin disease, leprosy
34 κατάκαυμα, burn
35 ἐξανθέω, *aor act ind 3s*, break out
36 μιαίνω, *fut act ind 3s*, declare defiled
37 ἁφή, infection
38 αὐγάζω, *pres act ptc dat s n*, appear white
39 θρίξ, hair
40 λευκός, white
41 ταπεινός, lower
42 δέρμα, skin
43 ἀμαυρός, faint, obscure
44 ἀφορίζω, *fut act ind 3s*, isolate
45 ἕβδομος, seventh
46 διάχυσις, spreading
47 διαχέω, *pres pas sub 3s*, spread
48 δέρμα, skin
49 μιαίνω, *fut act ind 3s*, declare defiled
50 ἁφή, infection
51 λέπρα, skin disease, leprosy
52 ἕλκος, festering sore
53 ἐξανθέω, *aor act ind 3s*, break out
54 χώρα, place on the body
55 μένω, *aor act sub 3s*, remain
56 αὐγάζω, *pres act ptc nom s n*, appear white

διαχυθῇ[1] ἐν τῷ δέρματι,[2] αὐτὴ δὲ ᾖ ἀμαυρά,[3] ἡ οὐλὴ[4] τοῦ κατακαύματός[5] ἐστιν, καὶ καθαριεῖ αὐτὸν ὁ ἱερεύς· ὁ γὰρ χαρακτὴρ[6] τοῦ κατακαύματός ἐστιν.

29 Καὶ ἀνδρὶ καὶ γυναικὶ ἐὰν γένηται ἐν αὐτοῖς ἁφὴ[7] λέπρας[8] ἐν τῇ κεφαλῇ ἢ ἐν τῷ
πώγωνι,[9] **30** καὶ ὄψεται ὁ ἱερεὺς τὴν ἁφὴν[10] καὶ ἰδοὺ ἡ ὄψις[11] αὐτῆς ἐγκοιλοτέρα[12]
τοῦ δέρματος,[13] ἐν αὐτῇ δὲ θρὶξ[14] ξανθίζουσα[15] λεπτή,[16] καὶ μιανεῖ[17] αὐτὸν ὁ ἱερεύς·
θραῦσμά[18] ἐστιν, λέπρα[19] τῆς κεφαλῆς ἢ λέπρα τοῦ πώγωνός[20] ἐστιν. **31** καὶ ἐὰν
ἴδῃ ὁ ἱερεὺς τὴν ἁφὴν[21] τοῦ θραύσματος[22] καὶ ἰδοὺ οὐχ ἡ ὄψις[23] ἐγκοιλοτέρα[24] τοῦ
δέρματος,[25] καὶ θρὶξ[26] ξανθίζουσα[27] οὐκ ἔστιν ἐν αὐτῇ, καὶ ἀφοριεῖ[28] ὁ ἱερεὺς τὴν
ἁφὴν[29] τοῦ θραύσματος[30] ἑπτὰ ἡμέρας. **32** καὶ ὄψεται ὁ ἱερεὺς τὴν ἁφὴν[31] τῇ ἡμέρᾳ
τῇ ἑβδόμῃ,[32] καὶ ἰδοὺ οὐ διεχύθη[33] τὸ θραῦσμα,[34] καὶ θρὶξ[35] ξανθίζουσα[36] οὐκ ἔστιν
ἐν αὐτῇ, καὶ ἡ ὄψις[37] τοῦ θραύσματος[38] οὐκ ἔστιν κοίλη[39] ἀπὸ τοῦ δέρματος,[40]
33 καὶ ξυρηθήσεται[41] τὸ δέρμα,[42] τὸ δὲ θραῦσμα[43] οὐ ξυρηθήσεται,[44] καὶ ἀφοριεῖ[45] ὁ
ἱερεὺς τὸ θραῦσμα ἑπτὰ ἡμέρας τὸ δεύτερον. **34** καὶ ὄψεται ὁ ἱερεὺς τὸ θραῦσμα[46]
τῇ ἡμέρᾳ τῇ ἑβδόμῃ,[47] καὶ ἰδοὺ οὐ διεχύθη[48] τὸ θραῦσμα ἐν τῷ δέρματι[49] μετὰ τὸ ξυρηθῆναι[50] αὐτόν, καὶ ἡ ὄψις[51] τοῦ θραύσματος[52] οὐκ ἔστιν κοίλη[53] ἀπὸ τοῦ δέρματος, καὶ καθαριεῖ αὐτὸν ὁ ἱερεύς, καὶ πλυνάμενος[54] τὰ ἱμάτια καθαρὸς[55] ἔσται.

1 διαχέω, *aor pas sub 3s*, spread
2 δέρμα, skin
3 ἀμαυρός, faint, obscure
4 οὐλή, lesion, wound
5 κατάκαυμα, burn
6 χαρακτήρ, mark
7 ἁφή, infection
8 λέπρα, skin disease, leprosy
9 πώγων, beard
10 ἁφή, infection
11 ὄψις, appearance
12 ἔγκοιλος, *comp*, deeper, more hollow
13 δέρμα, skin
14 θρίξ, hair
15 ξανθίζω, *pres act ptc nom s f*, turn yellow
16 λεπτός, fine, thin
17 μιαίνω, *fut act ind 3s*, declare defiled
18 θραῦσμα, rupture
19 λέπρα, skin disease, leprosy
20 πώγων, beard
21 ἁφή, infection
22 θραῦσμα, rupture
23 ὄψις, appearance
24 ἔγκοιλος, *comp*, deeper, more hollow
25 δέρμα, skin
26 θρίξ, hair
27 ξανθίζω, *pres act ptc nom s f*, turn yellow
28 ἀφορίζω, *fut act ind 3s*, isolate
29 ἁφή, infection
30 θραῦσμα, rupture
31 ἁφή, infection
32 ἕβδομος, seventh
33 διαχέω, *aor pas ind 3s*, spread
34 θραῦσμα, rupture
35 θρίξ, hair
36 ξανθίζω, *pres act ptc nom s f*, turn yellow
37 ὄψις, appearance
38 θραῦσμα, rupture
39 κοῖλος, hollow
40 δέρμα, skin
41 ξυρέω, *fut pas ind 3s*, shave
42 δέρμα, skin
43 θραῦσμα, rupture
44 ξυρέω, *fut pas ind 3s*, shave
45 ἀφορίζω, *fut act ind 3s*, isolate
46 θραῦσμα, rupture
47 ἕβδομος, seventh
48 διαχέω, *aor pas ind 3s*, spread
49 δέρμα, skin
50 ξυρέω, *aor pas inf*, shave
51 ὄψις, appearance
52 θραῦσμα, rupture
53 κοῖλος, hollow
54 πλύνω, *aor mid ptc nom s m*, wash, cleanse
55 καθαρός, pure, clean

35 ἐὰν δὲ διαχύσει[1] διαχέηται[2] τὸ θραῦσμα[3] ἐν τῷ δέρματι[4] μετὰ τὸ καθαρισθῆναι
αὐτόν, **36** καὶ ὄψεται ὁ ἱερεὺς καὶ ἰδοὺ διακέχυται[5] τὸ θραῦσμα[6] ἐν τῷ δέρματι,[7] οὐκ
ἐπισκέψεται[8] ὁ ἱερεὺς περὶ τῆς τριχὸς[9] τῆς ξανθῆς,[10] ὅτι ἀκάθαρτός ἐστιν. **37** ἐὰν δὲ
ἐνώπιον[11] μείνῃ[12] τὸ θραῦσμα[13] ἐπὶ χώρας[14] καὶ θρὶξ[15] μέλαινα[16] ἀνατείλῃ[17] ἐν αὐτῷ,
ὑγίακεν[18] τὸ θραῦσμα· καθαρός[19] ἐστιν, καὶ καθαριεῖ αὐτὸν ὁ ἱερεύς.

38 Καὶ ἀνδρὶ ἢ γυναικὶ ἐὰν γένηται ἐν δέρματι[20] τῆς σαρκὸς αὐτοῦ αὐγάσματα[21]
αὐγάζοντα[22] λευκαθίζοντα,[23] **39** καὶ ὄψεται ὁ ἱερεὺς καὶ ἰδοὺ ἐν δέρματι[24] τῆς
σαρκὸς αὐτοῦ αὐγάσματα[25] αὐγάζοντα[26] λευκαθίζοντα,[27] ἀλφός[28] ἐστιν, καθαρός[29]
ἐστιν· ἐξανθεῖ[30] ἐν τῷ δέρματι[31] τῆς σαρκὸς αὐτοῦ, καθαρός ἐστιν.

40 Ἐὰν δέ τινι μαδήσῃ[32] ἡ κεφαλὴ αὐτοῦ, φαλακρός[33] ἐστιν, καθαρός[34] ἐστιν· **41** ἐὰν
δὲ κατὰ πρόσωπον μαδήσῃ[35] ἡ κεφαλὴ αὐτοῦ, ἀναφάλαντός[36] ἐστιν, καθαρός[37]
ἐστιν. **42** ἐὰν δὲ γένηται ἐν τῷ φαλακρώματι[38] αὐτοῦ ἢ ἐν τῷ ἀναφαλαντώματι[39]
αὐτοῦ ἁφὴ[40] λευκὴ[41] ἢ πυρρίζουσα,[42] λέπρα[43] ἐστὶν ἐν τῷ φαλακρώματι αὐτοῦ ἢ
ἐν τῷ ἀναφαλαντώματι αὐτοῦ, **43** καὶ ὄψεται αὐτὸν ὁ ἱερεὺς καὶ ἰδοὺ ἡ ὄψις[44] τῆς
ἁφῆς[45] λευκὴ[46] πυρρίζουσα[47] ἐν τῷ φαλακρώματι[48] αὐτοῦ ἢ ἐν τῷ ἀναφαλαντώματι[49]

1 διάχυσις, spreading
2 διαχέω, *pres pas sub 3s*, spread
3 θραῦσμα, rupture
4 δέρμα, skin
5 διαχέω, *perf pas ind 3s*, spread
6 θραῦσμα, rupture
7 δέρμα, skin
8 ἐπισκέπτομαι, *fut mid ind 3s*, inspect
9 θρίξ, hair
10 ξανθός, yellow
11 ἐνώπιος, evident
12 μένω, *aor act sub 3s*, remain
13 θραῦσμα, rupture
14 χώρα, place, spot
15 θρίξ, hair
16 μέλας, black
17 ἀνατέλλω, *aor act sub 3s*, rise up, grow
18 ὑγιάζω, *perf act ind 3s*, heal
19 καθαρός, pure, clean
20 δέρμα, skin
21 αὔγασμα, bright spot
22 αὐγάζω, *pres act ptc nom p n*, appear white
23 λευκαθίζω, *pres act ptc nom p n*, turn white
24 δέρμα, skin
25 αὔγασμα, bright spot
26 αὐγάζω, *pres act ptc nom p n*, appear white
27 λευκαθίζω, *pres act ptc nom p n*, turn white
28 ἀλφός, eczema, skin disease
29 καθαρός, pure, clean
30 ἐξανθέω, *pres act ind 3s*, break out
31 δέρμα, skin
32 μαδάω, *aor act sub 3s*, become bald
33 φαλακρός, bald
34 καθαρός, pure, clean
35 μαδάω, *aor act sub 3s*, become bald
36 ἀναφάλαντος, bald on the forehead
37 καθαρός, pure, clean
38 φαλάκρωμα, baldness
39 ἀναφαλάντωμα, baldness on the forehead
40 ἁφή, infection
41 λευκός, white
42 πυρρίζω, *pres act ptc nom s f*, redden
43 λέπρα, skin disease, leprosy
44 ὄψις, appearance
45 ἁφή, infection
46 λευκός, white
47 πυρρίζω, *pres act ptc nom s f*, redden
48 φαλάκρωμα, baldness
49 ἀναφαλάντωμα, baldness on the forehead

αὐτοῦ ὡς εἶδος[1] λέπρας[2] ἐν δέρματι[3] τῆς σαρκὸς αὐτοῦ, **44** ἄνθρωπος λεπρός[4] ἐστιν·
μιάνσει[5] μιανεῖ[6] αὐτὸν ὁ ἱερεύς, ἐν τῇ κεφαλῇ αὐτοῦ ἡ ἁφὴ[7] αὐτοῦ.

45 Καὶ ὁ λεπρός,[8] ἐν ᾧ ἐστιν ἡ ἁφή,[9] τὰ ἱμάτια αὐτοῦ ἔστω παραλελυμένα[10]
καὶ ἡ κεφαλὴ αὐτοῦ ἀκατακάλυπτος,[11] καὶ περὶ τὸ στόμα αὐτοῦ περιβαλέσθω[12]
καὶ ἀκάθαρτος κεκλήσεται· **46** πάσας τὰς ἡμέρας, ὅσας ἂν ᾖ ἐπ' αὐτοῦ ἡ ἁφή,[13]
ἀκάθαρτος ὢν ἀκάθαρτος ἔσται· κεχωρισμένος[14] καθήσεται, ἔξω τῆς παρεμβολῆς[15]
ἔσται αὐτοῦ ἡ διατριβή.[16]

47 Καὶ ἱματίῳ ἐὰν γένηται ἐν αὐτῷ ἁφὴ[17] λέπρας,[18] ἐν ἱματίῳ ἐρεῷ[19] ἢ ἐν ἱματίῳ
στιππυίνῳ,[20] **48** ἢ ἐν στήμονι[21] ἢ ἐν κρόκῃ[22] ἢ ἐν τοῖς λινοῖς[23] ἢ ἐν τοῖς ἐρεοῖς[24] ἢ
ἐν δέρματι[25] ἢ ἐν παντὶ ἐργασίμῳ[26] δέρματι, **49** καὶ γένηται ἡ ἁφὴ[27] χλωρίζουσα[28]
ἢ πυρρίζουσα[29] ἐν τῷ δέρματι[30] ἢ ἐν τῷ ἱματίῳ ἢ ἐν τῷ στήμονι[31] ἢ ἐν τῇ κρόκῃ[32]
ἢ ἐν παντὶ σκεύει[33] ἐργασίμῳ[34] δέρματος, ἁφὴ λέπρας[35] ἐστίν, καὶ δείξει τῷ ἱερεῖ.
50 καὶ ὄψεται ὁ ἱερεὺς τὴν ἁφήν,[36] καὶ ἀφοριεῖ[37] ὁ ἱερεὺς τὴν ἁφὴν ἑπτὰ ἡμέρας.
51 καὶ ὄψεται ὁ ἱερεὺς τὴν ἁφὴν[38] τῇ ἡμέρᾳ τῇ ἑβδόμῃ·[39] ἐὰν δὲ διαχέηται[40] ἡ ἁφὴ ἐν
τῷ ἱματίῳ ἢ ἐν τῷ στήμονι[41] ἢ ἐν τῇ κρόκῃ[42] ἢ ἐν τῷ δέρματι[43] κατὰ πάντα, ὅσα ἂν
ποιηθῇ δέρματα ἐν τῇ ἐργασίᾳ,[44] λέπρα[45] ἔμμονός[46] ἐστιν ἡ ἁφή, ἀκάθαρτός ἐστιν.
52 κατακαύσει[47] τὸ ἱμάτιον ἢ τὸν στήμονα[48] ἢ τὴν κρόκην[49] ἐν τοῖς ἐρεοῖς[50] ἢ ἐν

1 εἶδος, appearance, form
2 λέπρα, skin disease, leprosy
3 δέρμα, skin
4 λεπρός, leprous
5 μίανσις, defilement
6 μιαίνω, *fut act ind 3s*, declare defiled
7 ἁφή, infection
8 λεπρός, skin diseased, leper
9 ἁφή, infection
10 παραλύω, *perf pas ptc nom p n*, loosen
11 ἀκατακάλυπτος, uncovered
12 περιβάλλω, *aor mid impv 3s*, place around
13 ἁφή, infection
14 χωρίζω, *perf pas ptc nom s m*, isolate
15 παρεμβολή, camp
16 διατριβή, way of life, passing of time
17 ἁφή, infection
18 λέπρα, skin disease, leprosy
19 ἐρεοῦς, woolen
20 στιππύϊνος, lightweight fabric
21 στήμων, warp
22 κρόκη, woof
23 λινοῦς, linen
24 ἐρεοῦς, woolen
25 δέρμα, skin
26 ἐργάσιμος, fabricated
27 ἁφή, infection
28 χλωρίζω, *pres act ptc nom s f*, be green
29 πυρρίζω, *pres act ptc nom s f*, be red
30 δέρμα, skin
31 στήμων, warp
32 κρόκη, woof
33 σκεῦος, article
34 ἐργάσιμος, fabricated
35 λέπρα, skin disease, leprosy
36 ἁφή, infection
37 ἀφορίζω, *fut act ind 3s*, isolate
38 ἁφή, infection
39 ἕβδομος, seventh
40 διαχέω, *pres pas sub 3s*, spread
41 στήμων, warp
42 κρόκη, woof
43 δέρμα, hide, skin
44 ἐργασία, work, production
45 λέπρα, skin disease, leprosy
46 ἔμμονος, chronic
47 κατακαίω, *fut act ind 3s*, burn up
48 στήμων, warp
49 κρόκη, woof
50 ἐρεοῦς, woolen

τοῖς λινοῖς[1] ἢ ἐν παντὶ σκεύει[2] δερματίνῳ,[3] ἐν ᾧ ἐὰν ᾖ ἐν αὐτῷ ἡ ἁφή,[4] ὅτι λέπρα[5]
ἔμμονός[6] ἐστιν, ἐν πυρὶ κατακαυθήσεται.[7]

53 ἐὰν δὲ ἴδῃ ὁ ἱερεὺς καὶ μὴ διαχέηται[8] ἡ ἁφὴ[9] ἐν τῷ ἱματίῳ ἢ ἐν τῷ στήμονι[10] ἢ ἐν
τῇ κρόκῃ[11] ἢ ἐν παντὶ σκεύει[12] δερματίνῳ,[13] **54** καὶ συντάξει[14] ὁ ἱερεύς, καὶ πλυνεῖ[15]
ἐφ᾽ οὗ ἐὰν ᾖ ἐπ᾽ αὐτοῦ ἡ ἁφή,[16] καὶ ἀφοριεῖ[17] ὁ ἱερεὺς τὴν ἁφὴν ἑπτὰ ἡμέρας τὸ
δεύτερον· **55** καὶ ὄψεται ὁ ἱερεὺς μετὰ τὸ πλυθῆναι[18] αὐτὸ τὴν ἁφήν,[19] καὶ ἥδε[20]
μὴ μετέβαλεν[21] τὴν ὄψιν[22] ἡ ἁφή,[23] καὶ ἡ ἁφὴ οὐ διαχεῖται,[24] ἀκάθαρτόν ἐστιν,
ἐν πυρὶ κατακαυθήσεται·[25] ἐστήρισται[26] ἐν τῷ ἱματίῳ ἢ ἐν τῷ στήμονι[27] ἢ ἐν τῇ
κρόκῃ.[28] **56** καὶ ἐὰν ἴδῃ ὁ ἱερεὺς καὶ ᾖ ἀμαυρὰ[29] ἡ ἁφὴ[30] μετὰ τὸ πλυθῆναι[31] αὐτό,
ἀπορρήξει[32] αὐτὸ ἀπὸ τοῦ ἱματίου ἢ ἀπὸ τοῦ δέρματος[33] ἢ ἀπὸ τοῦ στήμονος[34] ἢ ἀπὸ
τῆς κρόκης.[35] **57** ἐὰν δὲ ὀφθῇ ἔτι ἐν τῷ ἱματίῳ ἢ ἐν τῷ στήμονι[36] ἢ ἐν τῇ κρόκῃ[37] ἢ
ἐν παντὶ σκεύει[38] δερματίνῳ,[39] λέπρα[40] ἐξανθοῦσά[41] ἐστιν· ἐν πυρὶ κατακαυθήσεται[42]
ἐν ᾧ ἐστὶν ἡ ἁφή.[43] **58** καὶ τὸ ἱμάτιον ἢ ὁ στήμων[44] ἢ ἡ κρόκη[45] ἢ πᾶν σκεῦος[46]
δερμάτινον,[47] ὃ πλυθήσεται[48] καὶ ἀποστήσεται[49] ἀπ᾽ αὐτοῦ ἡ ἁφή,[50] καὶ πλυθήσεται[51]
τὸ δεύτερον καὶ καθαρὸν[52] ἔσται. **59** οὗτος ὁ νόμος ἁφῆς[53] λέπρας[54] ἱματίου ἐρεοῦ[55]

1 λινοῦς, linen
2 σκεῦος, article
3 δερμάτινος, of hide, leather
4 ἁφή, infection
5 λέπρα, skin disease, leprosy
6 ἔμμονος, chronic
7 κατακαίω, *fut pas ind 3s*, burn up
8 διαχέω, *pres pas sub 3s*, spread
9 ἁφή, infection
10 στήμων, warp
11 κρόκη, woof
12 σκεῦος, article
13 δερμάτινος, of hide, leather
14 συντάσσω, *fut act ind 3s*, give orders
15 πλύνω, *fut act ind 3s*, wash, cleanse
16 ἁφή, infection
17 ἀφορίζω, *fut act ind 3s*, isolate
18 πλύνω, *aor pas inf*, wash, cleanse
19 ἁφή, infection
20 ὅδε, this
21 μεταβάλλω, *aor act ind 3s*, change
22 ὄψις, appearance
23 ἁφή, infection
24 διαχέω, *pres pas ind 3s*, spread
25 κατακαίω, *fut pas ind 3s*, burn up
26 στηρίζω, *perf pas ind 3s*, fix
27 στήμων, warp
28 κρόκη, woof
29 ἀμαυρός, faint, obscure
30 ἁφή, infection
31 πλύνω, *aor pas inf*, wash, cleanse
32 ἀπορρήγνυμι, *fut act ind 3s*, tear out
33 δέρμα, hide, skin
34 στήμων, warp
35 κρόκη, woof
36 στήμων, warp
37 κρόκη, woof
38 σκεῦος, article
39 δερμάτινος, of hide, leather
40 λέπρα, skin disease, leprosy
41 ἐξανθέω, *pres act ptc nom s f*, break out
42 κατακαίω, *fut pas ind 3s*, burn up
43 ἁφή, infection
44 στήμων, warp
45 κρόκη, woof
46 σκεῦος, article
47 δερμάτινος, of hide, leather
48 πλύνω, *fut pas ind 3s*, wash, cleanse
49 ἀφίστημι, *fut mid ind 3s*, remove
50 ἁφή, infection
51 πλύνω, *fut pas ind 3s*, wash, cleanse
52 καθαρός, pure, clean
53 ἁφή, infection
54 λέπρα, skin disease, leprosy
55 ἐρεοῦς, woolen

ἢ στιππυίνου[1] ἢ στήμονος[2] ἢ κρόκης[3] ἢ παντὸς σκεύους[4] δερματίνου[5] εἰς τὸ καθαρίσαι αὐτὸ ἢ μιᾶναι[6] αὐτό.

Cleansing Persons with Skin Diseases

14 Καὶ ἐλάλησεν κύριος πρὸς Μωυσῆν λέγων 2 Οὗτος ὁ νόμος τοῦ λεπροῦ,[7] ᾗ
ἂν ἡμέρᾳ καθαρισθῇ· καὶ προσαχθήσεται[8] πρὸς τὸν ἱερέα, 3 καὶ ἐξελεύσεται ὁ
ἱερεὺς ἔξω τῆς παρεμβολῆς,[9] καὶ ὄψεται ὁ ἱερεὺς καὶ ἰδοὺ ἴαται[10] ἡ ἁφὴ[11] τῆς λέπρας[12]
ἀπὸ τοῦ λεπροῦ,[13] 4 καὶ προστάξει[14] ὁ ἱερεὺς καὶ λήμψονται τῷ κεκαθαρισμένῳ
δύο ὀρνίθια[15] ζῶντα καθαρὰ[16] καὶ ξύλον[17] κέδρινον[18] καὶ κεκλωσμένον[19] κόκκινον[20]
καὶ ὕσσωπον·[21] 5 καὶ προστάξει[22] ὁ ἱερεὺς καὶ σφάξουσιν[23] τὸ ὀρνίθιον[24] τὸ ἓν εἰς
ἀγγεῖον[25] ὀστράκινον[26] ἐφ᾽ ὕδατι ζῶντι· 6 καὶ τὸ ὀρνίθιον[27] τὸ ζῶν λήμψεται αὐτὸ
καὶ τὸ ξύλον[28] τὸ κέδρινον[29] καὶ τὸ κλωστὸν[30] κόκκινον[31] καὶ τὸν ὕσσωπον[32] καὶ
βάψει[33] αὐτὰ καὶ τὸ ὀρνίθιον[34] τὸ ζῶν εἰς τὸ αἷμα τοῦ ὀρνιθίου τοῦ σφαγέντος[35] ἐφ᾽
ὕδατι ζῶντι· 7 καὶ περιρρανεῖ[36] ἐπὶ τὸν καθαρισθέντα ἀπὸ τῆς λέπρας[37] ἑπτάκις,[38]
καὶ καθαρὸς[39] ἔσται· καὶ ἐξαποστελεῖ[40] τὸ ὀρνίθιον[41] τὸ ζῶν εἰς τὸ πεδίον.[42] 8 καὶ
πλυνεῖ[43] ὁ καθαρισθεὶς τὰ ἱμάτια αὐτοῦ καὶ ξυρηθήσεται[44] αὐτοῦ πᾶσαν τὴν τρίχα[45]
καὶ λούσεται[46] ἐν ὕδατι καὶ καθαρὸς[47] ἔσται· καὶ μετὰ ταῦτα εἰσελεύσεται εἰς τὴν
παρεμβολὴν[48] καὶ διατρίψει[49] ἔξω τοῦ οἴκου αὐτοῦ ἑπτὰ ἡμέρας. 9 καὶ ἔσται τῇ
ἡμέρᾳ τῇ ἑβδόμῃ[50] ξυρηθήσεται[51] πᾶσαν τὴν τρίχα[52] αὐτοῦ, τὴν κεφαλὴν αὐτοῦ καὶ

1 στιππύϊνος, lightweight fabric
2 στήμων, warp
3 κρόκη, woof
4 σκεῦος, article
5 δερμάτινος, of hide, leather
6 μιαίνω, *aor act inf*, declare defiled
7 λεπρός, skin diseased, leper
8 προσάγω, *fut pas ind 3s*, bring to
9 παρεμβολή, camp
10 ἰάομαι, *pres pas ind 3s*, heal
11 ἁφή, infection
12 λέπρα, skin disease, leprosy
13 λεπρός, skin diseased, leper
14 προστάσσω, *fut act ind 3s*, give orders
15 ὀρνίθιον, small bird
16 καθαρός, pure, clean
17 ξύλον, wood
18 κέδρινος, of cedar
19 κλώθω, *perf pas ptc acc s n*, spin
20 κόκκινος, scarlet
21 ὕσσωπος, hyssop, *Heb. LW*
22 προστάσσω, *fut act ind 3s*, give orders
23 σφάζω, *fut act ind 3p*, slaughter
24 ὀρνίθιον, small bird
25 ἀγγεῖον, vessel
26 ὀστράκινος, earthen
27 ὀρνίθιον, small bird
28 ξύλον, wood
29 κέδρινος, of cedar
30 κλωστός, twisted, spun
31 κόκκινος, scarlet
32 ὕσσωπος, hyssop, *Heb. LW*
33 βάπτω, *fut act ind 3s*, dip
34 ὀρνίθιον, small bird
35 σφάζω, *aor pas ptc gen s n*, slaughter
36 περιρραίνω, *fut act ind 3s*, sprinkle
37 λέπρα, skin disease, leprosy
38 ἑπτάκις, seven times
39 καθαρός, pure, clean
40 ἐξαποστέλλω, *fut act ind 3s*, send forth
41 ὀρνίθιον, small bird
42 πεδίον, field
43 πλύνω, *fut act ind 3s*, wash, cleanse
44 ξυρέω, *fut pas ind 3s*, shave
45 θρίξ, hair
46 λούω, *fut mid ind 3s*, wash
47 καθαρός, pure, clean
48 παρεμβολή, camp
49 διατρίβω, *fut act ind 3s*, spend time
50 ἕβδομος, seventh
51 ξυρέω, *fut pas ind 3s*, shave
52 θρίξ, hair

τὸν πώγωνα[1] καὶ τὰς ὀφρύας[2] καὶ πᾶσαν τὴν τρίχα[3] αὐτοῦ ξυρηθήσεται·[4] καὶ πλυνεῖ[5] τὰ ἱμάτια καὶ λούσεται[6] τὸ σῶμα αὐτοῦ ὕδατι καὶ καθαρὸς[7] ἔσται.

10 καὶ τῇ ἡμέρᾳ τῇ ὀγδόῃ[8] λήμψεται δύο ἀμνοὺς[9] ἐνιαυσίους[10] ἀμώμους[11] καὶ πρόβατον
ἐνιαύσιον[12] ἄμωμον καὶ τρία δέκατα[13] σεμιδάλεως[14] εἰς θυσίαν[15] πεφυραμένης[16] ἐν
ἐλαίῳ[17] καὶ κοτύλην[18] ἐλαίου μίαν, **11** καὶ στήσει ὁ ἱερεὺς ὁ καθαρίζων τὸν ἄνθρωπον
τὸν καθαριζόμενον καὶ ταῦτα ἔναντι[19] κυρίου ἐπὶ τὴν θύραν τῆς σκηνῆς[20] τοῦ
μαρτυρίου.[21] **12** καὶ λήμψεται ὁ ἱερεὺς τὸν ἀμνὸν[22] τὸν ἕνα καὶ προσάξει[23] αὐτὸν
τῆς πλημμελείας[24] καὶ τὴν κοτύλην[25] τοῦ ἐλαίου[26] καὶ ἀφοριεῖ[27] αὐτὸ ἀφόρισμα[28]
ἔναντι[29] κυρίου· **13** καὶ σφάξουσιν[30] τὸν ἀμνὸν[31] ἐν τόπῳ, οὗ[32] σφάζουσιν[33] τὰ
ὁλοκαυτώματα[34] καὶ τὰ περὶ ἁμαρτίας, ἐν τόπῳ ἁγίῳ· ἔστιν γὰρ τὸ περὶ ἁμαρτίας
ὥσπερ τὸ τῆς πλημμελείας,[35] ἔστιν τῷ ἱερεῖ, ἅγια ἁγίων ἐστίν. **14** καὶ λήμψεται ὁ
ἱερεὺς ἀπὸ τοῦ αἵματος τοῦ τῆς πλημμελείας,[36] καὶ ἐπιθήσει ὁ ἱερεὺς ἐπὶ τὸν λοβὸν[37]
τοῦ ὠτὸς τοῦ καθαριζομένου τοῦ δεξιοῦ καὶ ἐπὶ τὸ ἄκρον[38] τῆς χειρὸς τῆς δεξιᾶς
καὶ ἐπὶ τὸ ἄκρον τοῦ ποδὸς τοῦ δεξιοῦ. **15** καὶ λαβὼν ὁ ἱερεὺς ἀπὸ τῆς κοτύλης[39]
τοῦ ἐλαίου[40] ἐπιχεεῖ[41] ἐπὶ τὴν χεῖρα τοῦ ἱερέως τὴν ἀριστερὰν[42] **16** καὶ βάψει[43] τὸν
δάκτυλον[44] τὸν δεξιὸν ἀπὸ τοῦ ἐλαίου[45] τοῦ ὄντος ἐπὶ τῆς χειρὸς τῆς ἀριστερᾶς[46]
καὶ ῥανεῖ[47] ἑπτάκις[48] τῷ δακτύλῳ ἔναντι[49] κυρίου· **17** τὸ δὲ καταλειφθὲν[50] ἔλαιον[51]
τὸ ὂν ἐν τῇ χειρὶ ἐπιθήσει ὁ ἱερεὺς ἐπὶ τὸν λοβὸν[52] τοῦ ὠτὸς τοῦ καθαριζομένου τοῦ

1 πώγων, beard
2 ὀφρύς, eyebrow
3 θρίξ, hair
4 ξυρέω, *fut pas ind 3s*, shave
5 πλύνω, *fut act ind 3s*, wash, cleanse
6 λούω, *fut mid ind 3s*, wash
7 καθαρός, pure, clean
8 ὄγδοος, eighth
9 ἀμνός, male lamb
10 ἐνιαύσιος, one year (old)
11 ἄμωμος, unblemished
12 ἐνιαύσιος, one year (old)
13 δέκατος, tenth
14 σεμίδαλις, fine flour
15 θυσία, sacrifice
16 φυράω, *perf pas ptc gen s f*, knead
17 ἔλαιον, oil
18 κοτύλη, liquid measure
19 ἔναντι, before
20 σκηνή, tent
21 μαρτύριον, witness
22 ἀμνός, male lamb
23 προσάγω, *fut act ind 3s*, bring to
24 πλημμέλεια, sin offering
25 κοτύλη, liquid measure
26 ἔλαιον, oil
27 ἀφορίζω, *fut act ind 3s*, separate
28 ἀφόρισμα, special offering, that which is set apart
29 ἔναντι, before
30 σφάζω, *fut act ind 3p*, slaughter
31 ἀμνός, male lamb
32 οὗ, where
33 σφάζω, *pres act ind 3p*, slaughter
34 ὁλοκαύτωμα, whole burnt offering
35 πλημμέλεια, sin offering
36 πλημμέλεια, sin offering
37 λοβός, lobe
38 ἄκρος, tip, end
39 κοτύλη, liquid measure
40 ἔλαιον, oil
41 ἐπιχέω, *fut act ind 3s*, pour out
42 ἀριστερός, on the left
43 βάπτω, *fut act ind 3s*, dip
44 δάκτυλος, finger
45 ἔλαιον, oil
46 ἀριστερός, on the left
47 ῥαίνω, *fut act ind 3s*, sprinkle
48 ἑπτάκις, seven times
49 ἔναντι, before
50 καταλείπω, *aor pas ptc acc s n*, leave behind
51 ἔλαιον, oil
52 λοβός, lobe

δεξιοῦ καὶ ἐπὶ τὸ ἄκρον[1] τῆς χειρὸς τῆς δεξιᾶς καὶ ἐπὶ τὸ ἄκρον τοῦ ποδὸς τοῦ δεξιοῦ
ἐπὶ τὸν τόπον τοῦ αἵματος τοῦ τῆς πλημμελείας·[2] **18** τὸ δὲ καταλειφθὲν[3] ἔλαιον[4] τὸ
ἐπὶ τῆς χειρὸς τοῦ ἱερέως ἐπιθήσει ὁ ἱερεὺς ἐπὶ τὴν κεφαλὴν τοῦ καθαρισθέντος, καὶ
ἐξιλάσεται[5] περὶ αὐτοῦ ὁ ἱερεὺς ἔναντι[6] κυρίου. **19** καὶ ποιήσει ὁ ἱερεὺς τὸ περὶ τῆς
ἁμαρτίας, καὶ ἐξιλάσεται[7] ὁ ἱερεὺς περὶ τοῦ ἀκαθάρτου τοῦ καθαριζομένου ἀπὸ τῆς
ἁμαρτίας αὐτοῦ· καὶ μετὰ τοῦτο σφάξει[8] ὁ ἱερεὺς τὸ ὁλοκαύτωμα.[9] **20** καὶ ἀνοίσει[10]
ὁ ἱερεὺς τὸ ὁλοκαύτωμα[11] καὶ τὴν θυσίαν[12] ἐπὶ τὸ θυσιαστήριον[13] ἔναντι[14] κυρίου·
καὶ ἐξιλάσεται[15] περὶ αὐτοῦ ὁ ἱερεύς, καὶ καθαρισθήσεται.

21 Ἐὰν δὲ πένηται[16] καὶ ἡ χεὶρ αὐτοῦ μὴ εὑρίσκῃ, λήμψεται ἀμνὸν[17] ἕνα εἰς ὃ
ἐπλημμέλησεν[18] εἰς ἀφαίρεμα[19] ὥστε ἐξιλάσασθαι[20] περὶ αὐτοῦ καὶ δέκατον[21] σεμι-
δάλεως[22] πεφυραμένης[23] ἐν ἐλαίῳ[24] εἰς θυσίαν[25] καὶ κοτύλην[26] ἐλαίου[27] μίαν **22** καὶ
δύο τρυγόνας[28] ἢ δύο νεοσσοὺς[29] περιστερῶν,[30] ὅσα εὗρεν ἡ χεὶρ αὐτοῦ, καὶ ἔσται
ἡ μία περὶ ἁμαρτίας καὶ ἡ μία εἰς ὁλοκαύτωμα·[31] **23** καὶ προσοίσει[32] αὐτὰ τῇ ἡμέρᾳ
τῇ ὀγδόῃ[33] εἰς τὸ καθαρίσαι αὐτὸν πρὸς τὸν ἱερέα ἐπὶ τὴν θύραν τῆς σκηνῆς[34] τοῦ
μαρτυρίου[35] ἔναντι[36] κυρίου. **24** καὶ λαβὼν ὁ ἱερεὺς τὸν ἀμνὸν[37] τῆς πλημμελείας[38]
καὶ τὴν κοτύλην[39] τοῦ ἐλαίου[40] ἐπιθήσει αὐτὰ ἐπίθεμα[41] ἔναντι[42] κυρίου. **25** καὶ
σφάξει[43] τὸν ἀμνὸν[44] τῆς πλημμελείας[45] καὶ λήμψεται ὁ ἱερεὺς ἀπὸ τοῦ αἵματος
τοῦ τῆς πλημμελείας καὶ ἐπιθήσει ἐπὶ τὸν λοβὸν[46] τοῦ ὠτὸς τοῦ καθαριζομένου
τοῦ δεξιοῦ καὶ ἐπὶ τὸ ἄκρον[47] τῆς χειρὸς τῆς δεξιᾶς καὶ ἐπὶ τὸ ἄκρον τοῦ ποδὸς

1 ἄκρος, tip, end
2 πλημμέλεια, sin offering
3 καταλείπω, *aor pas ptc acc s n*, leave behind
4 ἔλαιον, oil
5 ἐξιλάσκομαι, *fut mid ind 3s*, propitiate, make atonement
6 ἔναντι, before
7 ἐξιλάσκομαι, *fut mid ind 3s*, propitiate, make atonement
8 σφάζω, *fut act ind 3s*, slaughter
9 ὁλοκαύτωμα, whole burnt offering
10 ἀναφέρω, *fut act ind 3s*, offer
11 ὁλοκαύτωμα, whole burnt offering
12 θυσία, sacrifice
13 θυσιαστήριον, altar
14 ἔναντι, before
15 ἐξιλάσκομαι, *fut mid ind 3s*, propitiate, make atonement
16 πένομαι, *pres mid sub 3s*, be poor
17 ἀμνός, male lamb
18 πλημμελέω, *aor act ind 3s*, trespass
19 ἀφαίρεμα, choice portion
20 ἐξιλάσκομαι, *aor mid inf*, propitiate, make atonement
21 δέκατος, tenth
22 σεμίδαλις, fine flour
23 φυράω, *perf pas ptc gen s f*, knead
24 ἔλαιον, oil
25 θυσία, sacrifice
26 κοτύλη, liquid measure
27 ἔλαιον, oil
28 τρυγών, turtledove
29 νεοσσός, young bird
30 περιστερά, pigeon, dove
31 ὁλοκαύτωμα, whole burnt offering
32 προσφέρω, *fut act ind 3s*, offer
33 ὄγδοος, eighth
34 σκηνή, tent
35 μαρτύριον, witness
36 ἔναντι, before
37 ἀμνός, male lamb
38 πλημμέλεια, sin offering
39 κοτύλη, liquid measure
40 ἔλαιον, oil
41 ἐπίθεμα, addition
42 ἔναντι, before
43 σφάζω, *fut act ind 3s*, slaughter
44 ἀμνός, male lamb
45 πλημμέλεια, sin offering
46 λοβός, lobe
47 ἄκρος, tip, end

τοῦ δεξιοῦ. **26** καὶ ἀπὸ τοῦ ἐλαίου[1] ἐπιχεεῖ[2] ὁ ἱερεὺς ἐπὶ τὴν χεῖρα τοῦ ἱερέως τὴν
ἀριστεράν,[3] **27** καὶ ῥανεῖ[4] ὁ ἱερεὺς τῷ δακτύλῳ[5] τῷ δεξιῷ ἀπὸ τοῦ ἐλαίου[6] τοῦ ἐν
τῇ χειρὶ αὐτοῦ τῇ ἀριστερᾷ[7] ἑπτάκις[8] ἔναντι[9] κυρίου· **28** καὶ ἐπιθήσει ὁ ἱερεὺς ἀπὸ
τοῦ ἐλαίου[10] τοῦ ἐπὶ τῆς χειρὸς αὐτοῦ ἐπὶ τὸν λοβὸν[11] τοῦ ὠτὸς τοῦ καθαριζομένου
τοῦ δεξιοῦ καὶ ἐπὶ τὸ ἄκρον[12] τῆς χειρὸς αὐτοῦ τῆς δεξιᾶς καὶ ἐπὶ τὸ ἄκρον τοῦ
ποδὸς αὐτοῦ τοῦ δεξιοῦ ἐπὶ τὸν τόπον τοῦ αἵματος τοῦ τῆς πλημμελείας·[13] **29** τὸ
δὲ καταλειφθὲν[14] ἀπὸ τοῦ ἐλαίου[15] τὸ ὂν ἐπὶ τῆς χειρὸς τοῦ ἱερέως ἐπιθήσει ἐπὶ τὴν
κεφαλὴν τοῦ καθαρισθέντος, καὶ ἐξιλάσεται[16] περὶ αὐτοῦ ὁ ἱερεὺς ἔναντι[17] κυρίου.
30 καὶ ποιήσει μίαν τῶν τρυγόνων[18] ἢ ἀπὸ τῶν νεοσσῶν[19] τῶν περιστερῶν,[20] καθότι[21]
εὗρεν αὐτοῦ ἡ χείρ, **31** τὴν μίαν περὶ ἁμαρτίας καὶ τὴν μίαν εἰς ὁλοκαύτωμα[22] σὺν τῇ
θυσίᾳ,[23] καὶ ἐξιλάσεται[24] ὁ ἱερεὺς περὶ τοῦ καθαριζομένου ἔναντι[25] κυρίου. **32** οὗτος
ὁ νόμος, ἐν ᾧ ἐστιν ἡ ἁφὴ[26] τῆς λέπρας[27] καὶ τοῦ μὴ εὑρίσκοντος τῇ χειρὶ εἰς τὸν
καθαρισμὸν[28] αὐτοῦ.

Cleansing Houses of Skin Disease

33 Καὶ ἐλάλησεν κύριος πρὸς Μωυσῆν καὶ Ααρων λέγων **34** Ὡς ἂν εἰσέλθητε εἰς
τὴν γῆν τῶν Χαναναίων, ἣν ἐγὼ δίδωμι ὑμῖν ἐν κτήσει,[29] καὶ δώσω ἁφὴν[30] λέπρας[31]
ἐν ταῖς οἰκίαις τῆς γῆς τῆς ἐγκτήτου[32] ὑμῖν, **35** καὶ ἥξει[33] τίνος αὐτοῦ ἡ οἰκία καὶ
ἀναγγελεῖ[34] τῷ ἱερεῖ λέγων Ὥσπερ ἁφὴ[35] ἑώραταί μου ἐν τῇ οἰκίᾳ. **36** καὶ προστάξει[36]
ὁ ἱερεὺς ἀποσκευάσαι[37] τὴν οἰκίαν πρὸ τοῦ εἰσελθόντα ἰδεῖν τὸν ἱερέα τὴν ἁφὴν[38]
καὶ οὐ μὴ ἀκάθαρτα γένηται ὅσα ἐὰν ᾖ ἐν τῇ οἰκίᾳ, καὶ μετὰ ταῦτα εἰσελεύσεται
ὁ ἱερεὺς καταμαθεῖν[39] τὴν οἰκίαν. **37** καὶ ὄψεται τὴν ἁφὴν[40] ἐν τοῖς τοίχοις[41] τῆς

1 ἔλαιον, oil
2 ἐπιχέω, *fut act ind 3s*, pour out
3 ἀριστερός, on the left
4 ῥαίνω, *fut act ind 3s*, sprinkle
5 δάκτυλος, finger
6 ἔλαιον, oil
7 ἀριστερός, on the left
8 ἑπτάκις, seven times
9 ἔναντι, before
10 ἔλαιον, oil
11 λοβός, lobe
12 ἄκρος, tip, end
13 πλημμέλεια, sin offering
14 καταλείπω, *aor pas ptc acc s n*, leave behind
15 ἔλαιον, oil
16 ἐξιλάσκομαι, *fut mid ind 3s*, propitiate, make atonement
17 ἔναντι, before
18 τρυγών, turtledove
19 νεοσσός, young bird
20 περιστερά, pigeon, dove
21 καθότι, just as
22 ὁλοκαύτωμα, whole burnt offering
23 θυσία, sacrifice
24 ἐξιλάσκομαι, *fut mid ind 3s*, propitiate, make atonement
25 ἔναντι, before
26 ἁφή, infection
27 λέπρα, skin disease, leprosy
28 καθαρισμός, purification
29 κτῆσις, possession, property
30 ἁφή, infection
31 λέπρα, skin disease, leprosy
32 ἔγκτητος, acquired
33 ἥκω, *fut act ind 3s*, come
34 ἀναγγέλλω, *fut act ind 3s*, report
35 ἁφή, infection
36 προστάσσω, *fut act ind 3s*, give orders
37 ἀποσκευάζω, *aor act inf*, remove furniture
38 ἁφή, infection
39 καταμανθάνω, *aor act inf*, examine closely
40 ἁφή, infection
41 τοῖχος, wall

οἰκίας, κοιλάδας[1] χλωριζούσας[2] ἢ πυρριζούσας,[3] καὶ ἡ ὄψις[4] αὐτῶν ταπεινοτέρα[5] τῶν τοίχων,[6] **38** καὶ ἐξελθὼν ὁ ἱερεὺς ἐκ τῆς οἰκίας ἐπὶ τὴν θύραν τῆς οἰκίας καὶ ἀφοριεῖ[7] ὁ ἱερεὺς τὴν οἰκίαν ἑπτὰ ἡμέρας. **39** καὶ ἐπανήξει[8] ὁ ἱερεὺς τῇ ἡμέρᾳ τῇ ἑβδόμῃ[9] καὶ ὄψεται τὴν οἰκίαν καὶ ἰδοὺ οὐ διεχύθη[10] ἡ ἁφὴ[11] ἐν τοῖς τοίχοις[12] τῆς οἰκίας, **40** καὶ προστάξει[13] ὁ ἱερεὺς καὶ ἐξελοῦσιν[14] τοὺς λίθους, ἐν οἷς ἐστιν ἡ ἁφή,[15] καὶ ἐκβαλοῦσιν αὐτοὺς ἔξω τῆς πόλεως εἰς τόπον ἀκάθαρτον. **41** καὶ ἀποξύσουσιν[16] τὴν οἰκίαν ἔσωθεν[17] κύκλῳ[18] καὶ ἐκχεοῦσιν[19] τὸν χοῦν[20] ἔξω τῆς πόλεως εἰς τόπον ἀκάθαρτον. **42** καὶ λήμψονται λίθους ἀπεξυσμένους[21] ἑτέρους καὶ ἀντιθήσουσιν[22] ἀντὶ[23] τῶν λίθων καὶ χοῦν[24] ἕτερον λήμψονται καὶ ἐξαλείψουσιν[25] τὴν οἰκίαν. **43** ἐὰν δὲ ἐπέλθῃ πάλιν ἁφὴ[26] καὶ ἀνατείλῃ[27] ἐν τῇ οἰκίᾳ μετὰ τὸ ἐξελεῖν[28] τοὺς λίθους καὶ μετὰ τὸ ἀποξυσθῆναι[29] τὴν οἰκίαν καὶ μετὰ τὸ ἐξαλειφθῆναι,[30] **44** καὶ εἰσελεύσεται ὁ ἱερεὺς καὶ ὄψεται· εἰ διακέχυται[31] ἡ ἁφὴ[32] ἐν τῇ οἰκίᾳ, λέπρα[33] ἔμμονός[34] ἐστιν ἐν τῇ οἰκίᾳ, ἀκάθαρτός ἐστιν. **45** καὶ καθελοῦσιν[35] τὴν οἰκίαν καὶ τὰ ξύλα[36] αὐτῆς καὶ τοὺς λίθους αὐτῆς καὶ πάντα τὸν χοῦν[37] ἐξοίσουσιν[38] ἔξω τῆς πόλεως εἰς τόπον ἀκάθαρτον. **46** καὶ ὁ εἰσπορευόμενος[39] εἰς τὴν οἰκίαν πάσας τὰς ἡμέρας, ἃς ἀφωρισμένη[40] ἐστίν, ἀκάθαρτος ἔσται ἕως ἑσπέρας·[41] **47** καὶ ὁ κοιμώμενος[42] ἐν τῇ οἰκίᾳ πλυνεῖ[43] τὰ ἱμάτια αὐτοῦ καὶ ἀκάθαρτος ἔσται ἕως ἑσπέρας·[44] καὶ ὁ ἔσθων[45] ἐν τῇ οἰκίᾳ πλυνεῖ τὰ ἱμάτια αὐτοῦ καὶ ἀκάθαρτος ἔσται ἕως ἑσπέρας.

48 ἐὰν δὲ παραγενόμενος εἰσέλθῃ ὁ ἱερεὺς καὶ ἴδῃ καὶ ἰδοὺ διαχύσει[46] οὐ διαχεῖται[47] ἡ ἁφὴ[48] ἐν τῇ οἰκίᾳ μετὰ τὸ ἐξαλειφθῆναι[49] τὴν οἰκίαν, καὶ καθαριεῖ ὁ ἱερεὺς τὴν οἰκίαν,

1 κοιλάς, hollow
2 χλωρίζω, *pres act ptc acc p f*, be green
3 πυρρίζω, *pres act ptc acc p f*, be red
4 ὄψις, appearance
5 ταπεινός, *comp*, lower
6 τοῖχος, wall
7 ἀφορίζω, *fut act ind 3s*, isolate
8 ἐπανήκω, *fut act ind 3s*, return
9 ἕβδομος, seventh
10 διαχέω, *aor pas ind 3s*, spread
11 ἁφή, infection
12 τοῖχος, wall
13 προστάσσω, *fut act ind 3s*, give orders
14 ἐξαιρέω, *fut act ind 3p*, remove
15 ἁφή, infection
16 ἀποξύω, *fut act ind 3p*, scrape off
17 ἔσωθεν, within
18 κύκλῳ, around
19 ἐκχέω, *fut act ind 3p*, pour out
20 χοῦς, dust
21 ἀποξύω, *perf pas ptc acc p m*, scrape off
22 ἀντιτίθημι, *fut act ind 3p*, set against
23 ἀντί, in place of
24 χοῦς, dust
25 ἐξαλείφω, *fut act ind 3p*, plaster
26 ἁφή, infection
27 ἀνατέλλω, *aor act sub 3s*, spring forth
28 ἐξαιρέω, *aor act inf*, remove
29 ἀποξύω, *aor pas inf*, scrape off
30 ἐξαλείφω, *aor pas inf*, plaster
31 διαχέω, *perf pas ind 3s*, spread
32 ἁφή, infection
33 λέπρα, skin disease, leprosy
34 ἔμμονος, chronic
35 καθαιρέω, *fut act ind 3p*, destroy
36 ξύλον, wood
37 χοῦς, dust
38 ἐκφέρω, *fut act ind 3p*, carry out
39 εἰσπορεύομαι, *pres mid ptc nom s m*, enter
40 ἀφορίζω, *perf pas ptc nom s f*, isolate
41 ἑσπέρα, evening
42 κοιμάω, *pres mid ptc nom s m*, sleep
43 πλύνω, *fut act ind 3s*, wash, cleanse
44 ἑσπέρα, evening
45 ἔσθω, *pres act ptc nom s m*, eat
46 διάχυσις, spreading
47 διαχέω, *pres pas ind 3s*, spread
48 ἁφή, infection
49 ἐξαλείφω, *aor pas inf*, plaster

ὅτι ἰάθη[1] ἡ ἁφή.[2] **49** καὶ λήμψεται ἀφαγνίσαι[3] τὴν οἰκίαν δύο ὀρνίθια[4] ζῶντα καθαρὰ[5]
καὶ ξύλον[6] κέδρινον[7] καὶ κεκλωσμένον[8] κόκκινον[9] καὶ ὕσσωπον·[10] **50** καὶ σφάξει[11]
τὸ ὀρνίθιον[12] τὸ ἓν εἰς σκεῦος[13] ὀστράκινον[14] ἐφ᾽ ὕδατι ζῶντι **51** καὶ λήμψεται τὸ
ξύλον[15] τὸ κέδρινον[16] καὶ τὸ κεκλωσμένον[17] κόκκινον[18] καὶ τὸν ὕσσωπον[19] καὶ τὸ
ὀρνίθιον[20] τὸ ζῶν καὶ βάψει[21] αὐτὸ εἰς τὸ αἷμα τοῦ ὀρνιθίου τοῦ ἐσφαγμένου[22] ἐφ᾽
ὕδατι ζῶντι καὶ περιρρανεῖ[23] ἐν αὐτοῖς ἐπὶ τὴν οἰκίαν ἑπτάκις[24] **52** καὶ ἀφαγνιεῖ[25] τὴν
οἰκίαν ἐν τῷ αἵματι τοῦ ὀρνιθίου[26] καὶ ἐν τῷ ὕδατι τῷ ζῶντι καὶ ἐν τῷ ὀρνιθίῳ τῷ
ζῶντι καὶ ἐν τῷ ξύλῳ[27] τῷ κεδρίνῳ[28] καὶ ἐν τῷ ὑσσώπῳ[29] καὶ ἐν τῷ κεκλωσμένῳ[30]
κοκκίνῳ·[31] **53** καὶ ἐξαποστελεῖ[32] τὸ ὀρνίθιον[33] τὸ ζῶν ἔξω τῆς πόλεως εἰς τὸ πεδίον[34]
καὶ ἐξιλάσεται[35] περὶ τῆς οἰκίας, καὶ καθαρὰ[36] ἔσται.

54 Οὗτος ὁ νόμος κατὰ πᾶσαν ἁφὴν[37] λέπρας[38] καὶ θραύσματος[39] **55** καὶ τῆς
λέπρας[40] ἱματίου καὶ οἰκίας **56** καὶ οὐλῆς[41] καὶ σημασίας[42] καὶ τοῦ αὐγάζοντος[43]
57 καὶ τοῦ ἐξηγήσασθαι[44] ᾗ ἡμέρᾳ ἀκάθαρτον καὶ ᾗ ἡμέρᾳ καθαρισθήσεται· οὗτος
ὁ νόμος τῆς λέπρας.[45]

Bodily Discharges

15 Καὶ ἐλάλησεν κύριος πρὸς Μωυσῆν καὶ Ααρων λέγων **2** Λάλησον τοῖς υἱοῖς
Ισραηλ καὶ ἐρεῖς αὐτοῖς Ἀνδρὶ ἀνδρί, ᾧ ἐὰν γένηται ῥύσις[46] ἐκ τοῦ σώματος
αὐτοῦ, ἡ ῥύσις αὐτοῦ ἀκάθαρτός ἐστιν. **3** καὶ οὗτος ὁ νόμος τῆς ἀκαθαρσίας[47]

1 ἰάομαι, *aor pas ind 3s*, heal
2 ἁφή, infection
3 ἀφαγνίζω, *aor act inf*, purify
4 ὀρνίθιον, small bird
5 καθαρός, pure, clean
6 ξύλον, wood
7 κέδρινος, of cedar
8 κλώθω, *perf pas ptc acc s n*, spin
9 κόκκινος, scarlet
10 ὕσσωπος, hyssop, *Heb. LW*
11 σφάζω, *fut act ind 3s*, slaughter
12 ὀρνίθιον, small bird
13 σκεῦος, vessel
14 ὀστράκινος, earthen
15 ξύλον, wood
16 κέδρινος, of cedar
17 κλώθω, *perf pas ptc acc s n*, spin
18 κόκκινος, scarlet
19 ὕσσωπος, hyssop, *Heb. LW*
20 ὀρνίθιον, small bird
21 βάπτω, *fut act ind 3s*, dip
22 σφάζω, *perf pas ptc gen s n*, slaughter
23 περιρραίνω, *fut act ind 3s*, sprinkle
24 ἑπτάκις, seven times
25 ἀφαγνίζω, *fut act ind 3s*, purify
26 ὀρνίθιον, small bird
27 ξύλον, wood
28 κέδρινος, of cedar
29 ὕσσωπος, hyssop, *Heb. LW*
30 κλώθω, *perf pas ptc dat s n*, spin
31 κόκκινος, scarlet
32 ἐξαποστέλλω, *fut act ind 3s*, send forth
33 ὀρνίθιον, small bird
34 πεδίον, field
35 ἐξιλάσκομαι, *fut mid ind 3s*, propitiate, make atonement
36 καθαρός, pure, clean
37 ἁφή, infection
38 λέπρα, skin disease, leprosy
39 θραῦσμα, rupture
40 λέπρα, skin disease, leprosy
41 οὐλή, lesion, wound
42 σημασία, mark (of disease)
43 αὐγάζω, *pres act ptc gen s n*, appear white
44 ἐξηγέομαι, *aor mid inf*, determine
45 λέπρα, skin disease, leprosy
46 ῥύσις, discharge
47 ἀκαθαρσία, physical impurity

αὐτοῦ· ῥέων[1] γόνον[2] ἐκ σώματος αὐτοῦ ἐκ τῆς ῥύσεως,[3] ἧς συνέστηκεν[4] τὸ σῶμα
αὐτοῦ διὰ τῆς ῥύσεως, αὕτη ἡ ἀκαθαρσία[5] αὐτοῦ ἐν αὐτῷ· πᾶσαι αἱ ἡμέραι ῥύσεως
σώματος αὐτοῦ, ᾗ συνέστηκεν τὸ σῶμα αὐτοῦ διὰ τῆς ῥύσεως, ἀκαθαρσία αὐτοῦ
ἐστιν. **4** πᾶσα κοίτη,[6] ἐφ᾽ ᾗ ἐὰν κοιμηθῇ[7] ἐπ᾽ αὐτῆς ὁ γονορρυής,[8] ἀκάθαρτός ἐστιν,
καὶ πᾶν σκεῦος,[9] ἐφ᾽ ὃ ἐὰν καθίσῃ ἐπ᾽ αὐτὸ ὁ γονορρυής, ἀκάθαρτον ἔσται. **5** καὶ
ἄνθρωπος, ὃς ἂν ἅψηται τῆς κοίτης[10] αὐτοῦ, πλυνεῖ[11] τὰ ἱμάτια αὐτοῦ καὶ λούσεται[12]
ὕδατι καὶ ἀκάθαρτος ἔσται ἕως ἑσπέρας·[13] **6** καὶ ὁ καθήμενος ἐπὶ τοῦ σκεύους,[14]
ἐφ᾽ ὃ ἐὰν καθίσῃ ὁ γονορρυής,[15] πλυνεῖ[16] τὰ ἱμάτια αὐτοῦ καὶ λούσεται[17] ὕδατι καὶ
ἀκάθαρτος ἔσται ἕως ἑσπέρας·[18] **7** καὶ ὁ ἁπτόμενος τοῦ χρωτὸς[19] τοῦ γονορρυοῦς[20]
πλυνεῖ[21] τὰ ἱμάτια καὶ λούσεται[22] ὕδατι καὶ ἀκάθαρτος ἔσται ἕως ἑσπέρας.[23] **8** ἐὰν δὲ
προσσιελίσῃ[24] ὁ γονορρυὴς[25] ἐπὶ τὸν καθαρόν,[26] πλυνεῖ[27] τὰ ἱμάτια καὶ λούσεται[28]
ὕδατι καὶ ἀκάθαρτος ἔσται ἕως ἑσπέρας.[29] **9** καὶ πᾶν ἐπίσαγμα[30] ὄνου,[31] ἐφ᾽ ὃ
ἂν ἐπιβῇ[32] ἐπ᾽ αὐτὸ ὁ γονορρυής,[33] ἀκάθαρτον ἔσται ἕως ἑσπέρας.[34] **10** καὶ πᾶς
ὁ ἁπτόμενος ὅσα ἐὰν ᾖ ὑποκάτω[35] αὐτοῦ, ἀκάθαρτος ἔσται ἕως ἑσπέρας·[36] καὶ ὁ
αἴρων αὐτὰ πλυνεῖ[37] τὰ ἱμάτια αὐτοῦ καὶ λούσεται[38] ὕδατι καὶ ἀκάθαρτος ἔσται
ἕως ἑσπέρας. **11** καὶ ὅσων ἐὰν ἅψηται ὁ γονορρυὴς[39] καὶ τὰς χεῖρας οὐ νένιπται,[40]
πλυνεῖ[41] τὰ ἱμάτια καὶ λούσεται[42] τὸ σῶμα ὕδατι καὶ ἀκάθαρτος ἔσται ἕως ἑσπέρας.[43]

1 ῥέω, *pres act ptc nom s m*, overflow, discharge
2 γόνος, seed
3 ῥύσις, discharge
4 συνίστημι, *perf act ind 3s*, be blocked
5 ἀκαθαρσία, physical impurity
6 κοίτη, bed
7 κοιμάω, *aor pas sub 3s*, sleep
8 γονορρυής, suffering involuntary discharge
9 σκεῦος, furniture
10 κοίτη, bed
11 πλύνω, *fut act ind 3s*, wash, cleanse
12 λούω, *fut mid ind 3s*, wash
13 ἑσπέρα, evening
14 σκεῦος, furniture
15 γονορρυής, suffering involuntary discharge
16 πλύνω, *fut act ind 3s*, wash, cleanse
17 λούω, *fut mid ind 3s*, wash
18 ἑσπέρα, evening
19 χρώς, flesh
20 γονορρυής, suffering involuntary discharge
21 πλύνω, *fut act ind 3s*, wash, cleanse
22 λούω, *fut mid ind 3s*, wash
23 ἑσπέρα, evening
24 προσσιελίζω, *aor act sub 3s*, spit upon
25 γονορρυής, suffering involuntary discharge
26 καθαρός, pure, clean
27 πλύνω, *fut act ind 3s*, wash, cleanse
28 λούω, *fut mid ind 3s*, wash
29 ἑσπέρα, evening
30 ἐπίσαγμα, pack-saddle
31 ὄνος, donkey
32 ἐπιβαίνω, *aor act sub 3s*, mount on
33 γονορρυής, suffering involuntary discharge
34 ἑσπέρα, evening
35 ὑποκάτω, below
36 ἑσπέρα, evening
37 πλύνω, *fut act ind 3s*, wash, cleanse
38 λούω, *fut mid ind 3s*, wash
39 γονορρυής, suffering involuntary discharge
40 νίπτω, *perf mid ind 3s*, rinse, dip
41 πλύνω, *fut act ind 3s*, wash, cleanse
42 λούω, *fut mid ind 3s*, wash
43 ἑσπέρα, evening

12 καὶ σκεῦος[1] ὀστράκινον,[2] οὗ[3] ἂν ἅψηται ὁ γονορρυής,[4] συντριβήσεται·[5] καὶ σκεῦος ξύλινον[6] νιφήσεται[7] ὕδατι καὶ καθαρὸν[8] ἔσται.

13 ἐὰν δὲ καθαρισθῇ ὁ γονορρυὴς[9] ἐκ τῆς ῥύσεως[10] αὐτοῦ, καὶ ἐξαριθμήσεται[11] αὐτῷ ἑπτὰ ἡμέρας εἰς τὸν καθαρισμὸν[12] καὶ πλυνεῖ[13] τὰ ἱμάτια αὐτοῦ καὶ λούσεται[14] τὸ σῶμα ὕδατι καὶ καθαρὸς[15] ἔσται. **14** καὶ τῇ ἡμέρᾳ τῇ ὀγδόῃ[16] λήμψεται ἑαυτῷ δύο τρυγόνας[17] ἢ δύο νεοσσοὺς[18] περιστερῶν[19] καὶ οἴσει[20] αὐτὰ ἔναντι[21] κυρίου ἐπὶ τὰς θύρας τῆς σκηνῆς[22] τοῦ μαρτυρίου[23] καὶ δώσει αὐτὰ τῷ ἱερεῖ· **15** καὶ ποιήσει αὐτὰ ὁ ἱερεύς, μίαν περὶ ἁμαρτίας καὶ μίαν εἰς ὁλοκαύτωμα,[24] καὶ ἐξιλάσεται[25] περὶ αὐτοῦ ὁ ἱερεὺς ἔναντι[26] κυρίου ἀπὸ τῆς ῥύσεως[27] αὐτοῦ.

16 Καὶ ἄνθρωπος, ᾧ ἐὰν ἐξέλθῃ ἐξ αὐτοῦ κοίτη[28] σπέρματος, καὶ λούσεται[29] ὕδατι πᾶν τὸ σῶμα αὐτοῦ καὶ ἀκάθαρτος ἔσται ἕως ἑσπέρας·[30] **17** καὶ πᾶν ἱμάτιον καὶ πᾶν δέρμα,[31] ἐφ᾽ ὃ ἐὰν ᾖ ἐπ᾽ αὐτὸ κοίτη[32] σπέρματος, καὶ πλυθήσεται[33] ὕδατι καὶ ἀκάθαρτον ἔσται ἕως ἑσπέρας.[34] **18** καὶ γυνή, ἐὰν κοιμηθῇ[35] ἀνὴρ μετ᾽ αὐτῆς κοίτην[36] σπέρματος, καὶ λούσονται[37] ὕδατι καὶ ἀκάθαρτοι ἔσονται ἕως ἑσπέρας.[38]

19 Καὶ γυνή, ἥτις ἐὰν ᾖ ῥέουσα[39] αἵματι, ἔσται ἡ ῥύσις[40] αὐτῆς ἐν τῷ σώματι αὐτῆς, ἑπτὰ ἡμέρας ἔσται ἐν τῇ ἀφέδρῳ[41] αὐτῆς· πᾶς ὁ ἁπτόμενος αὐτῆς ἀκάθαρτος ἔσται ἕως ἑσπέρας,[42] **20** καὶ πᾶν, ἐφ᾽ ὃ ἂν κοιτάζηται[43] ἐπ᾽ αὐτὸ ἐν τῇ ἀφέδρῳ[44] αὐτῆς, ἀκάθαρτον ἔσται, καὶ πᾶν, ἐφ᾽ ὃ ἂν ἐπικαθίσῃ[45] ἐπ᾽ αὐτό, ἀκάθαρτον ἔσται. **21** καὶ πᾶς, ὃς ἐὰν ἅψηται τῆς κοίτης[46] αὐτῆς, πλυνεῖ[47] τὰ ἱμάτια αὐτοῦ καὶ λούσεται[48] τὸ

1 σκεῦος, vessel
2 ὀστράκινος, earthen
3 οὗ, where
4 γονορρυής, suffering involuntary discharge
5 συντρίβω, *fut pas ind 3s*, shatter
6 ξύλινος, of wood
7 νίπτω, *fut pas ind 3s*, dip
8 καθαρός, pure, clean
9 γονορρυής, suffering involuntary discharge
10 ῥύσις, discharge
11 ἐξαριθμέω, *fut mid ind 3s*, count
12 καθαρισμός, purification
13 πλύνω, *fut act ind 3s*, wash, cleanse
14 λούω, *fut mid ind 3s*, wash
15 καθαρός, pure, clean
16 ὄγδοος, eighth
17 τρυγών, turtledove
18 νεοσσός, young bird
19 περιστερά, pigeon, dove
20 φέρω, *fut act ind 3s*, bring
21 ἔναντι, before
22 σκηνή, tent
23 μαρτύριον, witness
24 ὁλοκαύτωμα, whole burnt offering
25 ἐξιλάσκομαι, *fut mid ind 3s*, propitiate, make atonement
26 ἔναντι, before
27 ῥύσις, discharge
28 κοίτη, ejaculation
29 λούω, *fut mid ind 3s*, wash
30 ἑσπέρα, evening
31 δέρμα, hide, skin
32 κοίτη, ejaculation
33 πλύνω, *fut pas ind 3s*, wash, cleanse
34 ἑσπέρα, evening
35 κοιμάω, *aor pas sub 3s*, sleep, lie (sexually)
36 κοίτη, ejaculation
37 λούω, *fut mid ind 3p*, wash
38 ἑσπέρα, evening
39 ῥέω, *pres act ptc nom s f*, flow
40 ῥύσις, discharge
41 ἄφεδρος, menstruation
42 ἑσπέρα, evening
43 κοιτάζω, *pres mid sub 3s*, go to bed
44 ἄφεδρος, menstruation
45 ἐπικαθίζω, *aor act sub 3s*, sit upon
46 κοίτη, bed
47 πλύνω, *fut act ind 3s*, wash, cleanse
48 λούω, *fut mid ind 3s*, wash

σῶμα αὐτοῦ ὕδατι καὶ ἀκάθαρτος ἔσται ἕως ἑσπέρας.[1] **22** καὶ πᾶς ὁ ἁπτόμενος παντὸς σκεύους,[2] οὗ ἐὰν καθίσῃ ἐπ᾽ αὐτό, πλυνεῖ[3] τὰ ἱμάτια αὐτοῦ καὶ λούσεται[4] ὕδατι καὶ ἀκάθαρτος ἔσται ἕως ἑσπέρας.[5] **23** ἐὰν δὲ ἐν τῇ κοίτῃ[6] αὐτῆς οὔσης ἢ ἐπὶ τοῦ σκεύους,[7] οὗ ἐὰν καθίσῃ ἐπ᾽ αὐτῷ, ἐν τῷ ἅπτεσθαι αὐτὸν αὐτῆς, ἀκάθαρτος ἔσται ἕως ἑσπέρας.[8] **24** ἐὰν δὲ κοίτῃ[9] τις κοιμηθῇ[10] μετ᾽ αὐτῆς καὶ γένηται ἡ ἀκαθαρσία[11] αὐτῆς ἐπ᾽ αὐτῷ, καὶ ἀκάθαρτος ἔσται ἑπτὰ ἡμέρας, καὶ πᾶσα κοίτη, ἐφ᾽ ᾗ ἂν κοιμηθῇ ἐπ᾽ αὐτῆς, ἀκάθαρτος ἔσται.

25 Καὶ γυνή, ἐὰν ῥέῃ[12] ῥύσει[13] αἵματος ἡμέρας πλείους[14] οὐκ ἐν καιρῷ τῆς ἀφέδρου[15] αὐτῆς, ἐὰν καὶ ῥέῃ[16] μετὰ τὴν ἄφεδρον αὐτῆς, πᾶσαι αἱ ἡμέραι ῥύσεως[17] ἀκαθαρσίας[18] αὐτῆς καθάπερ[19] αἱ ἡμέραι τῆς ἀφέδρου, ἀκάθαρτος ἔσται. **26** καὶ πᾶσαν κοίτην,[20] ἐφ᾽ ἣν ἂν κοιμηθῇ[21] ἐπ᾽ αὐτῆς πάσας τὰς ἡμέρας τῆς ῥύσεως,[22] κατὰ τὴν κοίτην τῆς ἀφέδρου[23] ἔσται αὐτῇ, καὶ πᾶν σκεῦος,[24] ἐφ᾽ ὃ ἐὰν καθίσῃ ἐπ᾽ αὐτό, ἀκάθαρτον ἔσται κατὰ τὴν ἀκαθαρσίαν τῆς ἀφέδρου. **27** πᾶς ὁ ἁπτόμενος αὐτῆς ἀκάθαρτος ἔσται καὶ πλυνεῖ[25] τὰ ἱμάτια καὶ λούσεται[26] τὸ σῶμα ὕδατι καὶ ἀκάθαρτος ἔσται ἕως ἑσπέρας.[27] **28** ἐὰν δὲ καθαρισθῇ ἀπὸ τῆς ῥύσεως,[28] καὶ ἐξαριθμήσεται[29] αὐτῇ ἑπτὰ ἡμέρας καὶ μετὰ ταῦτα καθαρισθήσεται. **29** καὶ τῇ ἡμέρᾳ τῇ ὀγδόῃ[30] λήμψεται αὐτῇ δύο τρυγόνας[31] ἢ δύο νεοσσοὺς[32] περιστερῶν[33] καὶ οἴσει[34] αὐτὰ πρὸς τὸν ἱερέα ἐπὶ τὴν θύραν τῆς σκηνῆς[35] τοῦ μαρτυρίου,[36] **30** καὶ ποιήσει ὁ ἱερεὺς τὴν μίαν περὶ ἁμαρτίας καὶ τὴν μίαν εἰς ὁλοκαύτωμα,[37] καὶ ἐξιλάσεται[38] περὶ αὐτῆς ὁ ἱερεὺς ἔναντι[39] κυρίου ἀπὸ ῥύσεως[40] ἀκαθαρσίας[41] αὐτῆς.

1 ἑσπέρα, evening
2 σκεῦος, furniture
3 πλύνω, *fut act ind 3s*, wash, cleanse
4 λούω, *fut mid ind 3s*, wash
5 ἑσπέρα, evening
6 κοίτη, bed
7 σκεῦος, furniture
8 ἑσπέρα, evening
9 κοίτη, bed
10 κοιμάω, *aor pas sub 3s*, sleep, lie (sexually)
11 ἀκαθαρσία, physical impurity
12 ῥέω, *pres act sub 3s*, flow
13 ῥύσις, discharge
14 πλείων/πλεῖον, *comp of* πολύς, even more
15 ἄφεδρος, menstruation
16 ῥέω, *pres act sub 3s*, flow
17 ῥύσις, discharge
18 ἀκαθαρσία, physical impurity
19 καθάπερ, just as
20 κοίτη, bed
21 κοιμάω, *aor pas sub 3s*, sleep
22 ῥύσις, discharge
23 ἄφεδρος, menstruation
24 σκεῦος, furniture
25 πλύνω, *fut act ind 3s*, wash, cleanse
26 λούω, *fut mid ind 3s*, wash
27 ἑσπέρα, evening
28 ῥύσις, discharge
29 ἐξαριθμέω, *fut mid ind 3s*, count
30 ὄγδοος, eighth
31 τρυγών, turtledove
32 νεοσσός, young bird
33 περιστερά, pigeon, dove
34 φέρω, *fut act ind 3s*, bring
35 σκηνή, tent
36 μαρτύριον, witness
37 ὁλοκαύτωμα, whole burnt offering
38 ἐξιλάσκομαι, *fut mid ind 3s*, propitiate, make atonement
39 ἔναντι, before
40 ῥύσις, discharge
41 ἀκαθαρσία, physical impurity

31 Καὶ εὐλαβεῖς[1] ποιήσετε τοὺς υἱοὺς Ισραηλ ἀπὸ τῶν ἀκαθαρσιῶν[2] αὐτῶν, καὶ οὐκ
ἀποθανοῦνται διὰ τὴν ἀκαθαρσίαν αὐτῶν ἐν τῷ μιαίνειν[3] αὐτοὺς τὴν σκηνήν[4] μου
τὴν ἐν αὐτοῖς. — **32** οὗτος ὁ νόμος τοῦ γονορρυοῦς[5] καὶ ἐάν τινι ἐξέλθῃ ἐξ αὐτοῦ
κοίτη[6] σπέρματος ὥστε μιανθῆναι[7] ἐν αὐτῇ **33** καὶ τῇ αἱμορροούσῃ[8] ἐν τῇ ἀφέδρῳ[9]
αὐτῆς καὶ ὁ γονορρυὴς[10] ἐν τῇ ῥύσει[11] αὐτοῦ, τῷ ἄρσενι[12] ἢ τῇ θηλείᾳ,[13] καὶ τῷ ἀνδρί,
ὃς ἂν κοιμηθῇ[14] μετὰ ἀποκαθημένης.[15]

Day of Atonement

16 Καὶ ἐλάλησεν κύριος πρὸς Μωυσῆν μετὰ τὸ τελευτῆσαι[16] τοὺς δύο υἱοὺς
Ααρων ἐν τῷ προσάγειν[17] αὐτοὺς πῦρ ἀλλότριον[18] ἔναντι[19] κυρίου καὶ
ἐτελεύτησαν[20] **2** καὶ εἶπεν κύριος πρὸς Μωυσῆν Λάλησον πρὸς Ααρων τὸν
ἀδελφόν σου καὶ μὴ εἰσπορευέσθω[21] πᾶσαν ὥραν[22] εἰς τὸ ἅγιον ἐσώτερον[23] τοῦ
καταπετάσματος[24] εἰς πρόσωπον τοῦ ἱλαστηρίου,[25] ὅ ἐστιν ἐπὶ τῆς κιβωτοῦ[26] τοῦ
μαρτυρίου,[27] καὶ οὐκ ἀποθανεῖται· ἐν γὰρ νεφέλῃ[28] ὀφθήσομαι ἐπὶ τοῦ ἱλαστηρίου.
3 οὕτως εἰσελεύσεται Ααρων εἰς τὸ ἅγιον· ἐν μόσχῳ[29] ἐκ βοῶν[30] περὶ ἁμαρτίας
καὶ κριὸν[31] εἰς ὁλοκαύτωμα·[32] **4** καὶ χιτῶνα[33] λινοῦν[34] ἡγιασμένον[35] ἐνδύσεται,[36] καὶ
περισκελὲς[37] λινοῦν ἔσται ἐπὶ τοῦ χρωτὸς[38] αὐτοῦ, καὶ ζώνῃ[39] λινῇ ζώσεται[40] καὶ
κίδαριν[41] λινῆν περιθήσεται·[42] ἱμάτια ἅγιά ἐστιν, καὶ λούσεται[43] ὕδατι πᾶν τὸ σῶμα

1 εὐλαβής, prudent, cautious
2 ἀκαθαρσία, physical impurity
3 μιαίνω, *pres act inf*, defile
4 σκηνή, tent
5 γονορρυής, suffering involuntary discharge
6 κοίτη, ejaculation
7 μιαίνω, *aor pas inf*, defile
8 αἱμορροέω, *pres act ptc dat s f*, lose blood
9 ἄφεδρος, menstruation
10 γονορρυής, suffering involuntary discharge
11 ῥύσις, discharge
12 ἄρσην, male
13 θῆλυς, female
14 κοιμάω, *aor pas sub 3s*, sleep, lie (sexually)
15 ἀποκάθημαι, *pres pas ptc gen s f*, sit apart (in menstruation)
16 τελευτάω, *aor act inf*, die
17 προσάγω, *pres act inf*, bring to
18 ἀλλότριος, foreign, strange
19 ἔναντι, before
20 τελευτάω, *aor act ind 3p*, die
21 εἰσπορεύομαι, *pres mid impv 3s*, enter
22 ὥρα, time
23 ἔσω, *comp*, inside
24 καταπέτασμα, veil
25 ἱλαστήριον, mercy seat, propitiation
26 κιβωτός, chest, ark (of the covenant)
27 μαρτύριον, testimony, witness
28 νεφέλη, cloud
29 μόσχος, calf, young bull
30 βοῦς, cow, (*p*) cattle
31 κριός, ram
32 ὁλοκαύτωμα, whole burnt offering
33 χιτών, tunic
34 λινοῦς, linen
35 ἁγιάζω, *perf pas ptc acc s m*, sanctify, consecrate
36 ἐνδύω, *fut mid ind 3s*, clothe
37 περισκελής, around the leg
38 χρώς, flesh
39 ζωνή, sash
40 ζώννυμι, *fut mid ind 3s*, gird
41 κίδαρις, headdress
42 περιτίθημι, *fut mid ind 3s*, put on
43 λούω, *fut mid ind 3s*, wash

αὐτοῦ καὶ ἐνδύσεται[1] αὐτά. **5** καὶ παρὰ τῆς συναγωγῆς τῶν υἱῶν Ισραηλ λήμψεται δύο χιμάρους[2] ἐξ αἰγῶν[3] περὶ ἁμαρτίας καὶ κριὸν[4] ἕνα εἰς ὁλοκαύτωμα.[5]

6 καὶ προσάξει[6] Ααρων τὸν μόσχον[7] τὸν περὶ τῆς ἁμαρτίας αὐτοῦ καὶ ἐξιλάσεται[8] περὶ αὐτοῦ καὶ τοῦ οἴκου αὐτοῦ. **7** καὶ λήμψεται τοὺς δύο χιμάρους[9] καὶ στήσει αὐτοὺς ἔναντι[10] κυρίου παρὰ τὴν θύραν τῆς σκηνῆς[11] τοῦ μαρτυρίου·[12] **8** καὶ ἐπιθήσει Ααρων ἐπὶ τοὺς δύο χιμάρους[13] κλῆρον[14] ἕνα τῷ κυρίῳ καὶ κλῆρον ἕνα τῷ ἀποπομπαίῳ.[15] **9** καὶ προσάξει[16] Ααρων τὸν χίμαρον,[17] ἐφ᾽ ὃν ἐπῆλθεν[18] ἐπ᾽ αὐτὸν ὁ κλῆρος[19] τῷ κυρίῳ, καὶ προσοίσει[20] περὶ ἁμαρτίας· **10** καὶ τὸν χίμαρον,[21] ἐφ᾽ ὃν ἐπῆλθεν[22] ἐπ᾽ αὐτὸν ὁ κλῆρος[23] τοῦ ἀποπομπαίου,[24] στήσει αὐτὸν ζῶντα ἔναντι[25] κυρίου τοῦ ἐξιλάσασθαι[26] ἐπ᾽ αὐτοῦ ὥστε ἀποστεῖλαι αὐτὸν εἰς τὴν ἀποπομπήν·[27] ἀφήσει αὐτὸν εἰς τὴν ἔρημον.

11 καὶ προσάξει[28] Ααρων τὸν μόσχον[29] τὸν περὶ τῆς ἁμαρτίας τὸν αὐτοῦ καὶ τοῦ οἴκου αὐτοῦ μόνον καὶ ἐξιλάσεται[30] περὶ αὐτοῦ καὶ τοῦ οἴκου αὐτοῦ καὶ σφάξει[31] τὸν μόσχον[32] τὸν περὶ τῆς ἁμαρτίας τὸν αὐτοῦ. **12** καὶ λήμψεται τὸ πυρεῖον[33] πλῆρες[34] ἀνθράκων[35] πυρὸς ἀπὸ τοῦ θυσιαστηρίου[36] τοῦ ἀπέναντι[37] κυρίου καὶ πλήσει[38] τὰς χεῖρας θυμιάματος[39] συνθέσεως[40] λεπτῆς[41] καὶ εἰσοίσει[42] ἐσώτερον[43] τοῦ καταπετάσματος[44] **13** καὶ ἐπιθήσει τὸ θυμίαμα[45] ἐπὶ τὸ πῦρ ἔναντι[46] κυρίου· καὶ καλύψει[47] ἡ ἀτμὶς[48] τοῦ θυμιάματος τὸ ἱλαστήριον[49] τὸ ἐπὶ τῶν μαρτυρίων,[50] καὶ οὐκ

1 ἐνδύω, *fut mid ind 3s*, clothe
2 χίμαρος, male goat
3 αἴξ, goat
4 κριός, ram
5 ὁλοκαύτωμα, whole burnt offering
6 προσάγω, *fut act ind 3s*, bring to
7 μόσχος, calf, young bull
8 ἐξιλάσκομαι, *fut mid ind 3s*, propitiate, make atonement
9 χίμαρος, male goat
10 ἔναντι, before
11 σκηνή, tent
12 μαρτύριον, witness
13 χίμαρος, male goat
14 κλῆρος, lot
15 ἀποπομπαῖος, carrying away evil
16 προσάγω, *fut act ind 3s*, bring to
17 χίμαρος, male goat
18 ἐπέρχομαι, *aor act ind 3s*, come upon
19 κλῆρος, lot
20 προσφέρω, *fut act ind 3s*, offer
21 χίμαρος, male goat
22 ἐπέρχομαι, *aor act ind 3s*, come upon
23 κλῆρος, lot
24 ἀποπομπαῖος, carrying away evil
25 ἔναντι, before
26 ἐξιλάσκομαι, *aor mid inf*, propitiate, make atonement
27 ἀποπομπή, sending away, removal
28 προσάγω, *fut act ind 3s*, bring to
29 μόσχος, calf, young bull
30 ἐξιλάσκομαι, *fut mid ind 3s*, propitiate, make atonement
31 σφάζω, *fut act ind 3s*, slaughter
32 μόσχος, calf, young bull
33 πυρεῖον, censer
34 πλήρης, full
35 ἄνθραξ, coal
36 θυσιαστήριον, altar
37 ἀπέναντι, before
38 πίμπλημι, *fut act ind 3s*, fill
39 θυμίαμα, incense
40 σύνθεσις, mixture, compounding
41 λεπτός, fine
42 εἰσφέρω, *fut act ind 3s*, bring in
43 ἔσω, *comp*, inside
44 καταπέτασμα, veil
45 θυμίαμα, incense
46 ἔναντι, before
47 καλύπτω, *fut act ind 3s*, cover
48 ἀτμίς, smoke
49 ἱλαστήριον, mercy seat, place of propitiation
50 μαρτύριον, testimony

ἀποθανεῖται. **14** καὶ λήμψεται ἀπὸ τοῦ αἵματος τοῦ μόσχου[1] καὶ ῥανεῖ[2] τῷ δακτύλῳ[3]
ἐπὶ τὸ ἱλαστήριον[4] κατὰ ἀνατολάς·[5] κατὰ πρόσωπον τοῦ ἱλαστηρίου ῥανεῖ ἑπτάκις[6]
ἀπὸ τοῦ αἵματος τῷ δακτύλῳ.

15 καὶ σφάξει[7] τὸν χίμαρον[8] τὸν περὶ τῆς ἁμαρτίας τὸν περὶ τοῦ λαοῦ ἔναντι[9] κυρίου
καὶ εἰσοίσει[10] ἀπὸ τοῦ αἵματος αὐτοῦ ἐσώτερον[11] τοῦ καταπετάσματος[12] καὶ ποιήσει
τὸ αἷμα αὐτοῦ ὃν τρόπον[13] ἐποίησεν τὸ αἷμα τοῦ μόσχου,[14] καὶ ῥανεῖ τὸ αἷμα αὐτοῦ
ἐπὶ τὸ ἱλαστήριον[15] κατὰ πρόσωπον τοῦ ἱλαστηρίου **16** καὶ ἐξιλάσεται[16] τὸ ἅγιον
ἀπὸ τῶν ἀκαθαρσιῶν[17] τῶν υἱῶν Ισραηλ καὶ ἀπὸ τῶν ἀδικημάτων[18] αὐτῶν περὶ
πασῶν τῶν ἁμαρτιῶν αὐτῶν· καὶ οὕτω ποιήσει τῇ σκηνῇ[19] τοῦ μαρτυρίου[20] τῇ
ἐκτισμένῃ[21] ἐν αὐτοῖς ἐν μέσῳ τῆς ἀκαθαρσίας αὐτῶν. **17** καὶ πᾶς ἄνθρωπος οὐκ
ἔσται ἐν τῇ σκηνῇ[22] τοῦ μαρτυρίου[23] εἰσπορευομένου[24] αὐτοῦ ἐξιλάσασθαι[25] ἐν τῷ
ἁγίῳ, ἕως ἂν ἐξέλθῃ· καὶ ἐξιλάσεται[26] περὶ αὐτοῦ καὶ τοῦ οἴκου αὐτοῦ καὶ περὶ πάσης
συναγωγῆς υἱῶν Ισραηλ. **18** καὶ ἐξελεύσεται ἐπὶ τὸ θυσιαστήριον[27] τὸ ὂν ἀπέναντι[28]
κυρίου καὶ ἐξιλάσεται[29] ἐπ᾽ αὐτοῦ· καὶ λήμψεται ἀπὸ τοῦ αἵματος τοῦ μόσχου[30] καὶ
ἀπὸ τοῦ αἵματος τοῦ χιμάρου[31] καὶ ἐπιθήσει ἐπὶ τὰ κέρατα[32] τοῦ θυσιαστηρίου[33]
κύκλῳ[34] **19** καὶ ῥανεῖ[35] ἐπ᾽ αὐτοῦ ἀπὸ τοῦ αἵματος τῷ δακτύλῳ[36] ἑπτάκις[37] καὶ
καθαριεῖ αὐτὸ καὶ ἁγιάσει[38] αὐτὸ ἀπὸ τῶν ἀκαθαρσιῶν[39] τῶν υἱῶν Ισραηλ. **20** καὶ
συντελέσει[40] ἐξιλασκόμενος[41] τὸ ἅγιον καὶ τὴν σκηνὴν[42] τοῦ μαρτυρίου[43] καὶ τὸ

1 μόσχος, calf, young bull
2 ῥαίνω, *fut act ind 3s*, sprinkle
3 δάκτυλος, finger
4 ἱλαστήριον, mercy seat, place of propitiation
5 ἀνατολή, east
6 ἑπτάκις, seven times
7 σφάζω, *fut act ind 3s*, slaughter
8 χίμαρος, male goat
9 ἔναντι, before
10 εἰσφέρω, *fut act ind 3s*, bring in
11 ἔσω, *comp*, inside
12 καταπέτασμα, veil
13 ὃν τρόπον, in the manner that
14 μόσχος, calf, young bull
15 ἱλαστήριον, mercy seat, place of propitiation
16 ἐξιλάσκομαι, *fut mid ind 3s*, propitiate, make atonement
17 ἀκαθαρσία, impurity
18 ἀδίκημα, trespass
19 σκηνή, tent
20 μαρτύριον, witness
21 κτίζω, *perf pas ptc dat s f*, establish
22 σκηνή, tent
23 μαρτύριον, witness
24 εἰσπορεύομαι, *pres mid ptc gen s m*, enter
25 ἐξιλάσκομαι, *aor mid inf*, propitiate, make atonement
26 ἐξιλάσκομαι, *fut mid ind 3s*, propitiate, make atonement
27 θυσιαστήριον, altar
28 ἀπέναντι, before
29 ἐξιλάσκομαι, *fut mid ind 3s*, propitiate, make atonement
30 μόσχος, calf, young bull
31 χίμαρος, male goat
32 κέρας, horn
33 θυσιαστήριον, altar
34 κύκλῳ, round about
35 ῥαίνω, *fut act ind 3s*, sprinkle
36 δάκτυλος, finger
37 ἑπτάκις, seven times
38 ἁγιάζω, *fut act ind 3s*, sanctify, consecrate
39 ἀκαθαρσία, impurity
40 συντελέω, *fut act ind 3s*, finish
41 ἐξιλάσκομαι, *pres mid ptc nom s m*, propitiate, make atonement
42 σκηνή, tent
43 μαρτύριον, witness

θυσιαστήριον,[1] καὶ περὶ τῶν ἱερέων καθαριεῖ· καὶ προσάξει[2] τὸν χίμαρον[3] τὸν ζῶντα.
21 καὶ ἐπιθήσει Ααρων τὰς χεῖρας αὐτοῦ ἐπὶ τὴν κεφαλὴν τοῦ χιμάρου[4] τοῦ ζῶντος
καὶ ἐξαγορεύσει[5] ἐπ᾽ αὐτοῦ πάσας τὰς ἀνομίας[6] τῶν υἱῶν Ισραηλ καὶ πάσας τὰς
ἀδικίας[7] αὐτῶν καὶ πάσας τὰς ἁμαρτίας αὐτῶν καὶ ἐπιθήσει αὐτὰς ἐπὶ τὴν κεφαλὴν
τοῦ χιμάρου τοῦ ζῶντος καὶ ἐξαποστελεῖ[8] ἐν χειρὶ ἀνθρώπου ἑτοίμου[9] εἰς τὴν
ἔρημον·

22 καὶ λήμψεται ὁ χίμαρος[10] ἐφ᾽ ἑαυτῷ τὰς ἀδικίας[11] αὐτῶν εἰς γῆν ἄβατον,[12] καὶ
ἐξαποστελεῖ[13] τὸν χίμαρον[14] εἰς τὴν ἔρημον. **23** καὶ εἰσελεύσεται Ααρων εἰς τὴν
σκηνὴν[15] τοῦ μαρτυρίου[16] καὶ ἐκδύσεται[17] τὴν στολὴν[18] τὴν λινῆν,[19] ἣν ἐνεδεδύκει[20]
εἰσπορευομένου[21] αὐτοῦ εἰς τὸ ἅγιον, καὶ ἀποθήσει[22] αὐτὴν ἐκεῖ. **24** καὶ λούσεται[23]
τὸ σῶμα αὐτοῦ ὕδατι ἐν τόπῳ ἁγίῳ καὶ ἐνδύσεται[24] τὴν στολὴν[25] αὐτοῦ καὶ
ἐξελθὼν ποιήσει τὸ ὁλοκάρπωμα[26] αὐτοῦ καὶ τὸ ὁλοκάρπωμα τοῦ λαοῦ καὶ
ἐξιλάσεται[27] περὶ αὐτοῦ καὶ περὶ τοῦ οἴκου αὐτοῦ καὶ περὶ τοῦ λαοῦ ὡς περὶ τῶν
ἱερέων. **25** καὶ τὸ στέαρ[28] τὸ περὶ τῶν ἁμαρτιῶν ἀνοίσει[29] ἐπὶ τὸ θυσιαστήριον.[30]
26 καὶ ὁ ἐξαποστέλλων[31] τὸν χίμαρον[32] τὸν διεσταλμένον[33] εἰς ἄφεσιν πλυνεῖ[34] τὰ
ἱμάτια καὶ λούσεται[35] τὸ σῶμα αὐτοῦ ὕδατι καὶ μετὰ ταῦτα εἰσελεύσεται εἰς τὴν
παρεμβολήν.[36] **27** καὶ τὸν μόσχον[37] τὸν περὶ τῆς ἁμαρτίας καὶ τὸν χίμαρον[38] τὸν περὶ
τῆς ἁμαρτίας, ὧν τὸ αἷμα εἰσηνέχθη[39] ἐξιλάσασθαι[40] ἐν τῷ ἁγίῳ, ἐξοίσουσιν[41] αὐτὰ
ἔξω τῆς παρεμβολῆς[42] καὶ κατακαύσουσιν[43] αὐτὰ ἐν πυρί, καὶ τὰ δέρματα[44] αὐτῶν
καὶ τὰ κρέα[45] αὐτῶν καὶ τὴν κόπρον[46] αὐτῶν· **28** ὁ δὲ κατακαίων[47] αὐτὰ πλυνεῖ[48]

1 θυσιαστήριον, altar
2 προσάγω, *fut act ind 3s*, bring to
3 χίμαρος, male goat
4 χίμαρος, male goat
5 ἐξαγορεύω, *fut act ind 3s*, confess
6 ἀνομία, transgression, iniquity
7 ἀδικία, wrongdoing, injustice
8 ἐξαποστέλλω, *fut act ind 3s*, send away
9 ἕτοιμος, prepared, ready
10 χίμαρος, male goat
11 ἀδικία, wrongdoing, injustice
12 ἄβατος, desolate
13 ἐξαποστέλλω, *fut act ind 3s*, send away
14 χίμαρος, male goat
15 σκηνή, tent
16 μαρτύριον, witness
17 ἐκδύω, *fut mid ind 3s*, remove
18 στολή, garment
19 λινοῦς, linen
20 ἐνδύω, *plpf act ind 3s*, put on, clothe
21 εἰσπορεύομαι, *pres mid ptc gen s m*, enter
22 ἀποτίθημι, *fut act ind 3s*, put off
23 λούω, *fut mid ind 3s*, wash
24 ἐνδύω, *fut mid ind 3s*, put on, clothe
25 στολή, garment
26 ὁλοκάρπωμα, whole burnt offering
27 ἐξιλάσκομαι, *fut mid ind 3s*, propitiate, make atonement
28 στέαρ, fat portion
29 ἀναφέρω, *fut act ind 3s*, offer
30 θυσιαστήριον, altar
31 ἐξαποστέλλω, *pres act ptc nom s m*, send away
32 χίμαρος, male goat
33 διαστέλλω, *perf pas ptc acc s m*, set aside, separate
34 πλύνω, *fut act ind 3s*, wash, cleanse
35 λούω, *fut mid ind 3s*, wash
36 παρεμβολή, camp
37 μόσχος, calf, young bull
38 χίμαρος, male goat
39 εἰσφέρω, *aor pas ind 3s*, bring in
40 ἐξιλάσκομαι, *aor mid inf*, propitiate, make atonement
41 ἐκφέρω, *fut act ind 3p*, carry out
42 παρεμβολή, camp
43 κατακαίω, *fut act ind 3p*, burn up
44 δέρμα, skin, hide
45 κρέας, meat, flesh
46 κόπρος, excrement
47 κατακαίω, *pres act ptc nom s m*, burn up
48 πλύνω, *fut act ind 3s*, wash, cleanse

τὰ ἱμάτια καὶ λούσεται[1] τὸ σῶμα αὐτοῦ ὕδατι καὶ μετὰ ταῦτα εἰσελεύσεται εἰς τὴν
παρεμβολήν.[2]

29 Καὶ ἔσται τοῦτο ὑμῖν νόμιμον[3] αἰώνιον· ἐν τῷ μηνὶ[4] τῷ ἑβδόμῳ[5] δεκάτῃ[6] τοῦ
μηνὸς ταπεινώσατε[7] τὰς ψυχὰς ὑμῶν καὶ πᾶν ἔργον οὐ ποιήσετε, ὁ αὐτόχθων[8] καὶ
ὁ προσήλυτος[9] ὁ προσκείμενος[10] ἐν ὑμῖν. **30** ἐν γὰρ τῇ ἡμέρᾳ ταύτῃ ἐξιλάσεται[11]
περὶ ὑμῶν καθαρίσαι ὑμᾶς ἀπὸ πασῶν τῶν ἁμαρτιῶν ὑμῶν ἔναντι[12] κυρίου, καὶ
καθαρισθήσεσθε. **31** σάββατα σαββάτων ἀνάπαυσις[13] αὕτη ἔσται ὑμῖν, καὶ ταπει-
νώσετε[14] τὰς ψυχὰς ὑμῶν, νόμιμον[15] αἰώνιον. **32** ἐξιλάσεται[16] ὁ ἱερεύς, ὃν ἂν χρίσω-
σιν[17] αὐτὸν καὶ ὃν ἂν τελειώσουσιν[18] τὰς χεῖρας αὐτοῦ ἱερατεύειν[19] μετὰ τὸν πατέρα
αὐτοῦ, καὶ ἐνδύσεται[20] τὴν στολὴν[21] τὴν λινῆν,[22] στολὴν ἁγίαν, **33** καὶ ἐξιλάσεται[23] τὸ
ἅγιον τοῦ ἁγίου καὶ τὴν σκηνὴν[24] τοῦ μαρτυρίου[25] καὶ τὸ θυσιαστήριον[26] ἐξιλάσεται
καὶ περὶ τῶν ἱερέων καὶ περὶ πάσης συναγωγῆς ἐξιλάσεται. **34** καὶ ἔσται τοῦτο ὑμῖν
νόμιμον[27] αἰώνιον ἐξιλάσκεσθαι[28] περὶ τῶν υἱῶν Ισραηλ ἀπὸ πασῶν τῶν ἁμαρτιῶν
αὐτῶν· ἅπαξ[29] τοῦ ἐνιαυτοῦ[30] ποιηθήσεται, καθάπερ[31] συνέταξεν[32] κύριος τῷ Μωυσῇ.

Place of Sacrifice

17 Καὶ ἐλάλησεν κύριος πρὸς Μωυσῆν λέγων **2** Λάλησον πρὸς Ααρων καὶ πρὸς
τοὺς υἱοὺς αὐτοῦ καὶ πρὸς πάντας υἱοὺς Ισραηλ καὶ ἐρεῖς πρὸς αὐτούς Τοῦτο
τὸ ῥῆμα, ὃ ἐνετείλατο[33] κύριος λέγων **3** Ἄνθρωπος ἄνθρωπος τῶν υἱῶν Ισραηλ ἢ
τῶν προσηλύτων[34] τῶν προσκειμένων[35] ἐν ὑμῖν, ὃς ἂν σφάξῃ[36] μόσχον[37] ἢ πρόβατον
ἢ αἶγα[38] ἐν τῇ παρεμβολῇ[39] καὶ ὃς ἂν σφάξῃ ἔξω τῆς παρεμβολῆς **4** καὶ ἐπὶ τὴν

1 λούω, *fut mid ind 3s*, wash
2 παρεμβολή, camp
3 νόμιμος, statute, ordinance
4 μήν, month
5 ἕβδομος, seventh
6 δέκατος, tenth
7 ταπεινόω, *aor act impv 2p*, humble
8 αὐτόχθων, native, indigenous person
9 προσήλυτος, immigrant, guest
10 πρόσκειμαι, *pres pas ptc nom s m*, join to, belong to
11 ἐξιλάσκομαι, *fut mid ind 3s*, propitiate, make atonement
12 ἔναντι, before
13 ἀνάπαυσις, rest
14 ταπεινόω, *fut act ind 2p*, humble
15 νόμιμος, statute, ordinance
16 ἐξιλάσκομαι, *fut mid ind 3s*, propitiate, make atonement
17 χρίω, *aor act sub 3p*, anoint
18 τελειόω, *fut act ind 3p*, (validate)
19 ἱερατεύω, *pres act inf*, serve as priest
20 ἐνδύω, *fut mid ind 3s*, put on, clothe
21 στολή, garment
22 λινοῦς, linen
23 ἐξιλάσκομαι, *fut mid ind 3s*, propitiate, make atonement
24 σκηνή, tent
25 μαρτύριον, witness
26 θυσιαστήριον, altar
27 νόμιμος, statute, ordinance
28 ἐξιλάσκομαι, *pres mid inf*, propitiate, make atonement
29 ἅπαξ, once
30 ἐνιαυτός, year
31 καθάπερ, just as
32 συντάσσω, *aor act ind 3s*, order, instruct
33 ἐντέλλομαι, *aor mid ind 3s*, command
34 προσήλυτος, immigrant, guest
35 πρόσκειμαι, *pres pas ptc gen p m*, join to
36 σφάζω, *aor act sub 3s*, slaughter
37 μόσχος, calf, young bull
38 αἴξ, goat
39 παρεμβολή, camp

θύραν τῆς σκηνῆς[1] τοῦ μαρτυρίου[2] μὴ ἐνέγκῃ ὥστε ποιῆσαι αὐτὸ εἰς ὁλοκαύτωμα[3] ἢ σωτήριον[4] κυρίῳ δεκτὸν[5] εἰς ὀσμὴν[6] εὐωδίας,[7] καὶ ὃς ἂν σφάξῃ[8] ἔξω καὶ ἐπὶ τὴν θύραν τῆς σκηνῆς τοῦ μαρτυρίου μὴ ἐνέγκῃ αὐτὸ ὥστε μὴ προσενέγκαι δῶρον[9] κυρίῳ ἀπέναντι[10] τῆς σκηνῆς κυρίου, καὶ λογισθήσεται τῷ ἀνθρώπῳ ἐκείνῳ αἷμα· αἷμα ἐξέχεεν,[11] ἐξολεθρευθήσεται[12] ἡ ψυχὴ ἐκείνη ἐκ τοῦ λαοῦ αὐτῆς·
5 ὅπως ἀναφέρωσιν[13] οἱ υἱοὶ Ισραηλ τὰς θυσίας[14] αὐτῶν, ὅσας ἂν αὐτοὶ σφάξουσιν[15] ἐν τοῖς πεδίοις,[16] καὶ οἴσουσιν[17] τῷ κυρίῳ ἐπὶ τὰς θύρας τῆς σκηνῆς[18] τοῦ μαρτυρίου[19] πρὸς τὸν ἱερέα καὶ θύσουσιν[20] θυσίαν σωτηρίου[21] τῷ κυρίῳ αὐτά·
6 καὶ προσχεεῖ[22] ὁ ἱερεὺς τὸ αἷμα ἐπὶ τὸ θυσιαστήριον[23] κύκλῳ[24] ἀπέναντι[25] κυρίου παρὰ τὰς θύρας τῆς σκηνῆς[26] τοῦ μαρτυρίου[27] καὶ ἀνοίσει[28] τὸ στέαρ[29] εἰς ὀσμὴν[30] εὐωδίας[31] κυρίῳ·
7 καὶ οὐ θύσουσιν[32] ἔτι τὰς θυσίας[33] αὐτῶν τοῖς ματαίοις,[34] οἷς αὐτοὶ ἐκπορνεύουσιν[35] ὀπίσω αὐτῶν· νόμιμον[36] αἰώνιον ἔσται ὑμῖν εἰς τὰς γενεὰς ὑμῶν.

8 Καὶ ἐρεῖς πρὸς αὐτούς Ἄνθρωπος ἄνθρωπος τῶν υἱῶν Ισραηλ καὶ ἀπὸ τῶν υἱῶν τῶν προσηλύτων[37] τῶν προσκειμένων[38] ἐν ὑμῖν, ὃς ἂν ποιήσῃ ὁλοκαύτωμα[39] ἢ θυσίαν[40]
9 καὶ ἐπὶ τὴν θύραν τῆς σκηνῆς[41] τοῦ μαρτυρίου[42] μὴ ἐνέγκῃ ποιῆσαι αὐτὸ τῷ κυρίῳ, ἐξολεθρευθήσεται[43] ὁ ἄνθρωπος ἐκεῖνος ἐκ τοῦ λαοῦ αὐτοῦ.

Eating Blood Forbidden

10 Καὶ ἄνθρωπος ἄνθρωπος τῶν υἱῶν Ισραηλ ἢ τῶν προσηλύτων[44] τῶν προσκειμένων[45] ἐν ὑμῖν, ὃς ἂν φάγῃ πᾶν αἷμα, καὶ ἐπιστήσω[46] τὸ πρόσωπόν μου ἐπὶ τὴν

1 σκηνή, tent
2 μαρτύριον, witness
3 ὁλοκαύτωμα, whole burnt offering
4 σωτήριον, (sacrifice of) deliverance, peace
5 δεκτός, acceptable
6 ὀσμή, smell
7 εὐωδία, fragrance
8 σφάζω, *aor act sub 3s*, slaughter
9 δῶρον, gift, offering
10 ἀπέναντι, opposite, before
11 ἐκχέω, *aor act ind 3s*, pour out
12 ἐξολεθρεύω, *fut pas ind 3s*, utterly destroy
13 ἀναφέρω, *pres act sub 3p*, bring up, offer
14 θυσία, sacrifice
15 σφάζω, *fut act ind 3p*, slaughter
16 πεδίον, field
17 φέρω, *fut act ind 3p*, bring
18 σκηνή, tent
19 μαρτύριον, witness
20 θύω, *fut act ind 3p*, sacrifice
21 σωτήριον, deliverance, peace
22 προσχέω, *fut act ind 3s*, pour out
23 θυσιαστήριον, altar
24 κύκλῳ, around
25 ἀπέναντι, before
26 σκηνή, tent
27 μαρτύριον, witness
28 ἀναφέρω, *fut act ind 3s*, offer
29 στέαρ, fat portion
30 ὀσμή, smell
31 εὐωδία, fragrance
32 θύω, *fut act ind 3p*, sacrifice
33 θυσία, sacrifice
34 μάταιος, profane, useless
35 ἐκπορνεύω, *pres act ind 3p*, fornicate
36 νόμιμος, statute, ordinance
37 προσήλυτος, immigrant, guest
38 πρόσκειμαι, *pres pas ptc gen p m*, join to
39 ὁλοκαύτωμα, whole burnt offering
40 θυσία, sacrifice
41 σκηνή, tent
42 μαρτύριον, witness
43 ἐξολεθρεύω, *fut pas ind 3s*, utterly destroy
44 προσήλυτος, immigrant, guest
45 πρόσκειμαι, *pres pas ptc gen p m*, join to
46 ἐφίστημι, *fut act ind 1s*, set, make firm

ψυχὴν τὴν ἔσθουσαν[1] τὸ αἷμα καὶ ἀπολῶ αὐτὴν ἐκ τοῦ λαοῦ αὐτῆς. **11** ἡ γὰρ ψυχὴ
πάσης σαρκὸς αἷμα αὐτοῦ ἐστιν, καὶ ἐγὼ δέδωκα αὐτὸ ὑμῖν ἐπὶ τοῦ θυσιαστηρίου[2]
ἐξιλάσκεσθαι[3] περὶ τῶν ψυχῶν ὑμῶν· τὸ γὰρ αἷμα αὐτοῦ ἀντὶ τῆς ψυχῆς ἐξιλάσεται.[4]
12 διὰ τοῦτο εἴρηκα τοῖς υἱοῖς Ισραηλ Πᾶσα ψυχὴ ἐξ ὑμῶν οὐ φάγεται αἷμα, καὶ ὁ
προσήλυτος[5] ὁ προσκείμενος[6] ἐν ὑμῖν οὐ φάγεται αἷμα. **13** καὶ ἄνθρωπος ἄνθρωπος
τῶν υἱῶν Ισραηλ καὶ τῶν προσηλύτων[7] τῶν προσκειμένων[8] ἐν ὑμῖν, ὃς ἂν θηρεύσῃ[9]
θήρευμα[10] θηρίον ἢ πετεινόν,[11] ὃ ἔσθεται, καὶ ἐκχεεῖ[12] τὸ αἷμα καὶ καλύψει[13] αὐτὸ
τῇ γῇ· **14** ἡ γὰρ ψυχὴ πάσης σαρκὸς αἷμα αὐτοῦ ἐστιν, καὶ εἶπα τοῖς υἱοῖς Ισραηλ
Αἷμα πάσης σαρκὸς οὐ φάγεσθε, ὅτι ἡ ψυχὴ πάσης σαρκὸς αἷμα αὐτοῦ ἐστιν· πᾶς ὁ
ἔσθων[14] αὐτὸ ἐξολεθρευθήσεται.[15]

15 Καὶ πᾶσα ψυχή, ἥτις φάγεται θνησιμαῖον[16] ἢ θηριάλωτον[17] ἐν τοῖς αὐτόχθοσιν[18] ἢ
ἐν τοῖς προσηλύτοις,[19] πλυνεῖ[20] τὰ ἱμάτια αὐτοῦ καὶ λούσεται[21] ὕδατι καὶ ἀκάθαρτος
ἔσται ἕως ἑσπέρας[22] καὶ καθαρὸς[23] ἔσται· **16** ἐὰν δὲ μὴ πλύνῃ[24] τὰ ἱμάτια καὶ τὸ σῶμα
μὴ λούσηται[25] ὕδατι, καὶ λήμψεται ἀνόμημα[26] αὐτοῦ.

Immoral Sexual Relations

18 Καὶ εἶπεν κύριος πρὸς Μωυσῆν λέγων **2** Λάλησον τοῖς υἱοῖς Ισραηλ καὶ ἐρεῖς
πρὸς αὐτούς Ἐγὼ κύριος ὁ θεὸς ὑμῶν. **3** κατὰ τὰ ἐπιτηδεύματα[27] γῆς Αἰγύπτου,
ἐν ᾗ κατῳκήσατε ἐπ᾽ αὐτῇ, οὐ ποιήσετε καὶ κατὰ τὰ ἐπιτηδεύματα γῆς Χανααν, εἰς
ἣν ἐγὼ εἰσάγω[28] ὑμᾶς ἐκεῖ, οὐ ποιήσετε καὶ τοῖς νομίμοις[29] αὐτῶν οὐ πορεύσεσθε·
4 τὰ κρίματά[30] μου ποιήσετε καὶ τὰ προστάγματά[31] μου φυλάξεσθε πορεύεσθαι ἐν
αὐτοῖς· ἐγὼ κύριος ὁ θεὸς ὑμῶν. **5** καὶ φυλάξεσθε πάντα τὰ προστάγματά[32] μου καὶ
πάντα τὰ κρίματά[33] μου καὶ ποιήσετε αὐτά, ἃ ποιήσας ἄνθρωπος ζήσεται ἐν αὐτοῖς·
ἐγὼ κύριος ὁ θεὸς ὑμῶν.

1 ἔσθω, *pres act ptc acc s f*, eat
2 θυσιαστήριον, altar
3 ἐξιλάσκομαι, *pres mid inf*, propitiate, make atonement
4 ἐξιλάσκομαι, *fut mid ind 3s*, propitiate, make atonement
5 προσήλυτος, immigrant, guest
6 πρόσκειμαι, *pres pas ptc nom s m*, join to
7 προσήλυτος, immigrant, guest
8 πρόσκειμαι, *pres mid ptc gen p m*, join to
9 θηρεύω, *aor act sub 3s*, hunt
10 θήρευμα, prey
11 πετεινός, bird
12 ἐκχέω, *pres act ind 3s*, pour out
13 καλύπτω, *fut act ind 3s*, cover
14 ἔσθω, *pres act ptc nom s m*, eat
15 ἐξολεθρεύω, *fut pas ind 3s*, utterly destroy
16 θνησιμαῖος, carcass
17 θηριάλωτος, caught by wild beasts
18 αὐτόχθων, native, indigenous person
19 προσήλυτος, immigrant, guest
20 πλύνω, *fut act ind 3s*, wash, cleanse
21 λούω, *fut mid ind 3s*, wash
22 ἑσπέρα, evening
23 καθαρός, pure, clean
24 πλύνω, *pres act sub 3s*, wash, cleanse
25 λούω, *aor mid sub 3s*, wash
26 ἀνόμημα, transgression of the law
27 ἐπιτήδευμα, practice, habit of living
28 εἰσάγω, *pres act ind 1s*, bring in
29 νόμιμος, statute, ordinance
30 κρίμα, judgment
31 πρόσταγμα, ordinance
32 πρόσταγμα, ordinance
33 κρίμα, judgment

6 Ἄνθρωπος ἄνθρωπος πρὸς πάντα οἰκεῖα[1] σαρκὸς αὐτοῦ οὐ προσελεύσεται ἀποκαλύψαι[2] ἀσχημοσύνην·[3] ἐγὼ κύριος. **7** ἀσχημοσύνην[4] πατρός σου καὶ ἀσχημοσύνην μητρός σου οὐκ ἀποκαλύψεις·[5] μήτηρ γάρ σού ἐστιν, καὶ οὐκ ἀποκαλύψεις τὴν ἀσχημοσύνην αὐτῆς. **8** ἀσχημοσύνην[6] γυναικὸς πατρός σου οὐκ ἀποκαλύψεις·[7] ἀσχημοσύνη πατρός σού ἐστιν. **9** ἀσχημοσύνην[8] τῆς ἀδελφῆς σου ἐκ πατρός σου ἢ ἐκ μητρός σου, ἐνδογενοῦς[9] ἢ γεγεννημένης ἔξω, οὐκ ἀποκαλύψεις[10] ἀσχημοσύνην αὐτῆς. **10** ἀσχημοσύνην[11] θυγατρὸς[12] υἱοῦ σου ἢ θυγατρὸς θυγατρός σου, οὐκ ἀποκαλύψεις[13] τὴν ἀσχημοσύνην αὐτῶν, ὅτι σὴ[14] ἀσχημοσύνη ἐστίν.
11 ἀσχημοσύνην[15] θυγατρὸς[16] γυναικὸς πατρός σου οὐκ ἀποκαλύψεις·[17] ὁμοπατρία[18] ἀδελφή σού ἐστιν, οὐκ ἀποκαλύψεις τὴν ἀσχημοσύνην αὐτῆς. **12** ἀσχημοσύνην[19] ἀδελφῆς πατρός σου οὐκ ἀποκαλύψεις·[20] οἰκεία[21] γὰρ πατρός σού ἐστιν. **13** ἀσχημοσύνην[22] ἀδελφῆς μητρός σου οὐκ ἀποκαλύψεις·[23] οἰκεία[24] γὰρ μητρός σού ἐστιν. **14** ἀσχημοσύνην[25] ἀδελφοῦ τοῦ πατρός σου οὐκ ἀποκαλύψεις[26] καὶ πρὸς τὴν γυναῖκα αὐτοῦ οὐκ εἰσελεύσῃ· συγγενὴς[27] γάρ σού ἐστιν. **15** ἀσχημοσύνην[28] νύμφης[29] σου οὐκ ἀποκαλύψεις·[30] γυνὴ γὰρ υἱοῦ σού ἐστιν, οὐκ ἀποκαλύψεις τὴν ἀσχημοσύνην αὐτῆς. **16** ἀσχημοσύνην[31] γυναικὸς ἀδελφοῦ σου οὐκ ἀποκαλύψεις·[32] ἀσχημοσύνη ἀδελφοῦ σού ἐστιν. **17** ἀσχημοσύνην[33] γυναικὸς καὶ θυγατρὸς[34] αὐτῆς οὐκ ἀποκαλύψεις·[35] τὴν θυγατέρα τοῦ υἱοῦ αὐτῆς καὶ τὴν θυγατέρα τῆς θυγατρὸς αὐτῆς οὐ λήμψῃ ἀποκαλύψαι[36] τὴν ἀσχημοσύνην αὐτῶν· οἰκεῖαι[37] γάρ σού εἰσιν, ἀσέβημά[38] ἐστιν. **18** γυναῖκα ἐπὶ ἀδελφῇ αὐτῆς οὐ λήμψῃ ἀντίζηλον[39] ἀποκαλύψαι[40] τὴν ἀσχημοσύνην[41] αὐτῆς ἐπ᾽ αὐτῇ ἔτι ζώσης αὐτῆς.

19 Καὶ πρὸς γυναῖκα ἐν χωρισμῷ[42] ἀκαθαρσίας[43] αὐτῆς οὐ προσελεύσῃ ἀποκαλύψαι[44] τὴν ἀσχημοσύνην[45] αὐτῆς. **20** καὶ πρὸς τὴν γυναῖκα τοῦ πλησίον[46] σου οὐ δώσεις

1 οἰκεῖος, household
2 ἀποκαλύπτω, *aor act inf*, uncover
3 ἀσχημοσύνη, shame
4 ἀσχημοσύνη, shame
5 ἀποκαλύπτω, *fut act ind 2s*, uncover
6 ἀσχημοσύνη, shame
7 ἀποκαλύπτω, *fut act ind 2s*, uncover
8 ἀσχημοσύνη, shame
9 ἐνδογενής, born at home
10 ἀποκαλύπτω, *fut act ind 2s*, uncover
11 ἀσχημοσύνη, shame
12 θυγάτηρ, daughter
13 ἀποκαλύπτω, *fut act ind 2s*, uncover
14 σός, your
15 ἀσχημοσύνη, shame
16 θυγάτηρ, daughter
17 ἀποκαλύπτω, *fut act ind 2s*, uncover
18 ὁμοπάτριος, having the same father
19 ἀσχημοσύνη, shame
20 ἀποκαλύπτω, *fut act ind 2s*, uncover
21 οἰκεῖος, household
22 ἀσχημοσύνη, shame
23 ἀποκαλύπτω, *fut act ind 2s*, uncover
24 οἰκεῖος, household
25 ἀσχημοσύνη, shame
26 ἀποκαλύπτω, *fut act ind 2s*, uncover
27 συγγενής, related, of the same family
28 ἀσχημοσύνη, shame
29 νύμφη, daughter-in-law
30 ἀποκαλύπτω, *fut act ind 2s*, uncover
31 ἀσχημοσύνη, shame
32 ἀποκαλύπτω, *fut act ind 2s*, uncover
33 ἀσχημοσύνη, shame
34 θυγάτηρ, daughter
35 ἀποκαλύπτω, *fut act ind 2s*, uncover
36 ἀποκαλύπτω, *aor act inf*, uncover
37 οἰκεῖος, household
38 ἀσέβημα, profane act
39 ἀντίζηλος, rival
40 ἀποκαλύπτω, *aor act inf*, uncover
41 ἀσχημοσύνη, shame
42 χωρισμός, discharge
43 ἀκαθαρσία, impurity
44 ἀποκαλύπτω, *aor act inf*, uncover
45 ἀσχημοσύνη, shame
46 πλησίον, neighbor

κοίτην[1] σπέρματός σου ἐκμιανθῆναι[2] πρὸς αὐτήν. **21** καὶ ἀπὸ τοῦ σπέρματός σου οὐ δώσεις λατρεύειν[3] ἄρχοντι καὶ οὐ βεβηλώσεις[4] τὸ ὄνομα τὸ ἅγιον· ἐγὼ κύριος. **22** καὶ μετὰ ἄρσενος[5] οὐ κοιμηθήσῃ[6] κοίτην[7] γυναικός· βδέλυγμα[8] γάρ ἐστιν. **23** καὶ πρὸς πᾶν τετράπουν[9] οὐ δώσεις τὴν κοίτην[10] σου εἰς σπερματισμὸν[11] ἐκμιανθῆναι[12] πρὸς αὐτό, καὶ γυνὴ οὐ στήσεται πρὸς πᾶν τετράπουν βιβασθῆναι·[13] μυσερὸν[14] γάρ ἐστιν.

24 Μὴ μιαίνεσθε[15] ἐν πᾶσιν τούτοις· ἐν πᾶσι γὰρ τούτοις ἐμιάνθησαν[16] τὰ ἔθνη, ἃ ἐγὼ ἐξαποστέλλω[17] πρὸ προσώπου ὑμῶν, **25** καὶ ἐμιάνθη[18] ἡ γῆ, καὶ ἀνταπέδωκα[19] ἀδικίαν[20] αὐτοῖς δι᾽ αὐτήν, καὶ προσώχθισεν[21] ἡ γῆ τοῖς ἐγκαθημένοις[22] ἐπ᾽ αὐτῆς. **26** καὶ φυλάξεσθε πάντα τὰ νόμιμά[23] μου καὶ πάντα τὰ προστάγματά[24] μου καὶ οὐ ποιήσετε ἀπὸ πάντων τῶν βδελυγμάτων[25] τούτων, ὁ ἐγχώριος[26] καὶ ὁ προσγενόμενος[27] προσήλυτος[28] ἐν ὑμῖν· **27** πάντα γὰρ τὰ βδελύγματα[29] ταῦτα ἐποίησαν οἱ ἄνθρωποι τῆς γῆς οἱ ὄντες πρότεροι[30] ὑμῶν, καὶ ἐμιάνθη[31] ἡ γῆ· **28** καὶ ἵνα μὴ προσοχθίσῃ[32] ὑμῖν ἡ γῆ ἐν τῷ μιαίνειν[33] ὑμᾶς αὐτήν, ὃν τρόπον[34] προσώχθισεν[35] τοῖς ἔθνεσιν τοῖς πρὸ ὑμῶν. **29** ὅτι πᾶς, ὃς ἂν ποιήσῃ ἀπὸ πάντων τῶν βδελυγμάτων[36] τούτων, ἐξολεθρευθήσονται[37] αἱ ψυχαὶ αἱ ποιοῦσαι ἐκ τοῦ λαοῦ αὐτῶν. **30** καὶ φυλάξετε τὰ προστάγματά[38] μου, ὅπως μὴ ποιήσητε ἀπὸ πάντων τῶν νομίμων[39] τῶν ἐβδελυγμένων,[40] ἃ γέγονεν πρὸ τοῦ ὑμᾶς, καὶ οὐ μιανθήσεσθε[41] ἐν αὐτοῖς· ὅτι ἐγὼ κύριος ὁ θεὸς ὑμῶν.

1 κοίτη, ejaculation
2 ἐκμιαίνω, *aor pas inf*, defile
3 λατρεύω, *pres act inf*, minister, serve
4 βεβηλόω, *fut act ind 2s*, profane, pollute
5 ἄρσην, male
6 κοιμάω, *fut pas ind 2s*, sleep, lie (sexually)
7 κοίτη, bed
8 βδέλυγμα, abomination
9 τετράπους, four-footed (animal)
10 κοίτη, ejaculation
11 σπερματισμός, insemination
12 ἐκμιαίνω, *aor pas inf*, defile
13 βιβάζω, *aor pas inf*, mount (an animal)
14 μυσερός, loathsome
15 μιαίνω, *pres mid impv 2p*, defile
16 μιαίνω, *aor pas ind 3p*, defile
17 ἐξαποστέλλω, *pres act ind 1s*, send forth
18 μιαίνω, *aor pas ind 3s*, defile
19 ἀνταποδίδωμι, *aor act ind 1s*, repay
20 ἀδικία, wrongdoing, injustice
21 προσοχθίζω, *aor act ind 3s*, be provoked
22 ἐγκάθημαι, *pres mid ptc dat p m*, dwell
23 νόμιμος, statute, ordinance
24 πρόσταγμα, ordinance
25 βδέλυγμα, abomination
26 ἐγχώριος, inhabitant, native
27 προσγίνομαι, *aor mid ptc nom s m*, attach oneself to
28 προσήλυτος, immigrant, guest
29 βδέλυγμα, abomination
30 πρότερος, former, earlier, before
31 μιαίνω, *aor pas ind 3s*, defile
32 προσοχθίζω, *aor act sub 3s*, be provoked
33 μιαίνω, *pres act inf*, defile
34 ὃν τρόπον, in the manner that
35 προσοχθίζω, *aor act ind 3s*, be provoked
36 βδέλυγμα, abomination
37 ἐξολεθρεύω, *fut pas ind 3p*, utterly destroy
38 πρόσταγμα, ordinance
39 νόμιμος, statute, ordinance
40 βδελύσσω, *perf mid ptc gen p n*, be abominable
41 μιαίνω, *fut pas ind 2p*, defile

The Lord Is Holy

19 Καὶ ἐλάλησεν κύριος πρὸς Μωυσῆν λέγων **2** Λάλησον τῇ συναγωγῇ τῶν
υἱῶν Ισραηλ καὶ ἐρεῖς πρὸς αὐτούς Ἅγιοι ἔσεσθε, ὅτι ἐγὼ ἅγιος, κύριος ὁ θεὸς
ὑμῶν. **3** ἕκαστος πατέρα αὐτοῦ καὶ μητέρα αὐτοῦ φοβείσθω, καὶ τὰ σάββατά μου
φυλάξεσθε· ἐγὼ κύριος ὁ θεὸς ὑμῶν. **4** οὐκ ἐπακολουθήσετε[1] εἰδώλοις[2] καὶ θεοὺς
χωνευτοὺς[3] οὐ ποιήσετε ὑμῖν· ἐγὼ κύριος ὁ θεὸς ὑμῶν. — **5** καὶ ἐὰν θύσητε[4] θυσίαν[5]
σωτηρίου[6] τῷ κυρίῳ, δεκτὴν[7] ὑμῶν θύσετε.[8] **6** ᾗ ἂν ἡμέρᾳ θύσητε,[9] βρωθήσεται[10]
καὶ τῇ αὔριον·[11] καὶ ἐὰν καταλειφθῇ[12] ἕως ἡμέρας τρίτης, ἐν πυρὶ κατακαυθήσεται.[13]
7 ἐὰν δὲ βρώσει[14] βρωθῇ[15] τῇ ἡμέρᾳ τῇ τρίτῃ, ἄθυτόν[16] ἐστιν, οὐ δεχθήσεται·[17]
8 ὁ δὲ ἔσθων[18] αὐτὸ ἁμαρτίαν λήμψεται, ὅτι τὰ ἅγια κυρίου ἐβεβήλωσεν·[19] καὶ
ἐξολεθρευθήσονται[20] αἱ ψυχαὶ αἱ ἔσθουσαι[21] ἐκ τοῦ λαοῦ αὐτῶν.

Various Laws

9 Καὶ ἐκθεριζόντων[22] ὑμῶν τὸν θερισμὸν[23] τῆς γῆς ὑμῶν οὐ συντελέσετε[24] τὸν
θερισμὸν ὑμῶν τοῦ ἀγροῦ ἐκθερίσαι[25] καὶ τὰ ἀποπίπτοντα[26] τοῦ θερισμοῦ σου οὐ
συλλέξεις[27] **10** καὶ τὸν ἀμπελῶνά[28] σου οὐκ ἐπανατρυγήσεις[29] οὐδὲ τοὺς ῥῶγας[30]
τοῦ ἀμπελῶνός σου συλλέξεις·[31] τῷ πτωχῷ καὶ τῷ προσηλύτῳ[32] καταλείψεις[33] αὐτά·
ἐγώ εἰμι κύριος ὁ θεὸς ὑμῶν.

11 Οὐ κλέψετε.[34] οὐ ψεύσεσθε.[35] οὐ συκοφαντήσει[36] ἕκαστος τὸν πλησίον.[37] **12** καὶ
οὐκ ὀμεῖσθε[38] τῷ ὀνόματί μου ἐπ᾽ ἀδίκῳ[39] καὶ οὐ βεβηλώσετε[40] τὸ ὄνομα τοῦ θεοῦ
ὑμῶν· ἐγώ εἰμι κύριος ὁ θεὸς ὑμῶν. **13** οὐκ ἀδικήσεις[41] τὸν πλησίον[42] καὶ οὐχ

1 ἐπακολουθέω, *fut act ind 2p*, devote oneself to
2 εἴδωλον, idol
3 χωνευτός, cast, molten
4 θύω, *aor act sub 2p*, sacrifice
5 θυσία, sacrifice
6 σωτήριον, deliverance, peace
7 δεκτός, acceptable
8 θύω, *fut act ind 2p*, sacrifice
9 θύω, *aor act sub 2p*, sacrifice
10 βιβρώσκω, *fut pas ind 3s*, eat
11 αὔριον, following day
12 καταλείπω, *aor pas sub 3s*, leave behind
13 κατακαίω, *fut pas ind 3s*, burn up
14 βρῶσις, food
15 βιβρώσκω, *aor pas sub 3s*, eat
16 ἄθυτος, unfit for offering
17 δέχομαι, *fut pas ind 3s*, receive, accept
18 ἔσθω, *pres act ptc nom s m*, eat
19 βεβηλόω, *aor act ind 3s*, profane, defile
20 ἐξολεθρεύω, *fut pas ind 3p*, utterly destroy
21 ἔσθω, *pres act ptc nom p f*, eat
22 ἐκθερίζω, *pres act ptc gen p m*, reap
23 θερισμός, harvest
24 συντελέω, *fut act ind 2p*, finish
25 ἐκθερίζω, *aor act inf*, reap
26 ἀποπίπτω, *pres act ptc acc p n*, fall from
27 συλλέγω, *fut act ind 2s*, collect, gather
28 ἀμπελών, vineyard
29 ἐπανατρυγάω, *fut act ind 2s*, glean after the crop
30 ῥώξ, grape
31 συλλέγω, *fut act ind 2s*, collect, gather
32 προσήλυτος, immigrant, guest
33 καταλείπω, *fut act ind 2s*, leave behind
34 κλέπτω, *fut act ind 2p*, steal
35 ψεύδομαι, *fut mid ind 2p*, lie
36 συκοφαντέω, *fut act ind 3s*, slander, falsely accuse
37 πλησίον, neighbor
38 ὄμνυμι, *fut mid ind 2p*, swear an oath
39 ἄδικος, unjust
40 βεβηλόω, *fut act ind 2p*, profane
41 ἀδικέω, *fut act ind 2s*, do wrong, act unjustly
42 πλησίον, neighbor

ἁρπάσεις,[1] καὶ οὐ μὴ κοιμηθήσεται[2] ὁ μισθὸς[3] τοῦ μισθωτοῦ[4] παρὰ σοὶ ἕως πρωί.[5]
14 οὐ κακῶς[6] ἐρεῖς κωφὸν[7] καὶ ἀπέναντι[8] τυφλοῦ[9] οὐ προσθήσεις[10] σκάνδαλον[11] καὶ
φοβηθήσῃ κύριον τὸν θεόν σου· ἐγώ εἰμι κύριος ὁ θεὸς ὑμῶν.

15 Οὐ ποιήσετε ἄδικον[12] ἐν κρίσει· οὐ λήμψῃ πρόσωπον πτωχοῦ οὐδὲ θαυμάσεις[13]
πρόσωπον δυνάστου,[14] ἐν δικαιοσύνῃ κρινεῖς τὸν πλησίον[15] σου. **16** οὐ πορεύσῃ
δόλῳ[16] ἐν τῷ ἔθνει σου, οὐκ ἐπισυστήσῃ[17] ἐφ᾽ αἷμα τοῦ πλησίον[18] σου· ἐγώ εἰμι
κύριος ὁ θεὸς ὑμῶν. **17** οὐ μισήσεις τὸν ἀδελφόν σου τῇ διανοίᾳ[19] σου, ἐλεγμῷ[20]
ἐλέγξεις[21] τὸν πλησίον[22] σου καὶ οὐ λήμψῃ δι᾽ αὐτὸν ἁμαρτίαν. **18** καὶ οὐκ ἐκδικᾶταί[23]
σου ἡ χείρ, καὶ οὐ μηνιεῖς[24] τοῖς υἱοῖς τοῦ λαοῦ σου καὶ ἀγαπήσεις τὸν πλησίον[25] σου
ὡς σεαυτόν· ἐγώ εἰμι κύριος.

19 Τὸν νόμον μου φυλάξεσθε· τὰ κτήνη[26] σου οὐ κατοχεύσεις[27] ἑτεροζύγῳ[28] καὶ
τὸν ἀμπελῶνά[29] σου οὐ κατασπερεῖς[30] διάφορον[31] καὶ ἱμάτιον ἐκ δύο ὑφασμένον[32]
κίβδηλον[33] οὐκ ἐπιβαλεῖς[34] σεαυτῷ.

20 Καὶ ἐάν τις κοιμηθῇ[35] μετὰ γυναικὸς κοίτην[36] σπέρματος καὶ αὐτὴ οἰκέτις[37] δια-
πεφυλαγμένη[38] ἀνθρώπῳ καὶ αὐτὴ λύτροις[39] οὐ λελύτρωται[40] ἢ ἐλευθερία[41] οὐκ
ἐδόθη αὐτῇ, ἐπισκοπὴ[42] ἔσται αὐτοῖς· οὐκ ἀποθανοῦνται, ὅτι οὐκ ἀπηλευθερώθη.[43]
21 καὶ προσάξει[44] τῆς πλημμελείας[45] αὐτοῦ τῷ κυρίῳ παρὰ τὴν θύραν τῆς σκηνῆς[46]

1 ἁρπάζω, *fut act ind 2s*, seize, carry off
2 κοιμάω, *fut pas ind 3s*, stay overnight
3 μισθός, wages, pay
4 μισθωτός, hired person
5 πρωί, morning
6 κακῶς, wrongly, badly
7 κωφός, deaf
8 ἀπέναντι, before
9 τυφλός, blind
10 προστίθημι, *fut act ind 2s*, place
11 σκάνδαλον, stumbling block
12 ἄδικος, unjust, unrighteous
13 θαυμάζω, *fut act ind 2s*, admire, have respect
14 δυνάστης, master, high official
15 πλησίον, neighbor
16 δόλος, deceit, treachery
17 ἐπισυνίστημι, *fut mid ind 2s*, conspire against
18 πλησίον, neighbor
19 διάνοια, mind
20 ἐλεγμός, reproof
21 ἐλέγχω, *fut act ind 2s*, reprove, reproach
22 πλησίον, neighbor
23 ἐκδικάζω, *fut mid ind 3s*, avenge
24 μηνίω, *fut act ind 2s*, bear a grudge
25 πλησίον, neighbor
26 κτῆνος, animal, (*p*) herd
27 κατοχεύω, *fut act ind 2s*, cross-breed
28 ἑτερόζυγος, animal of a different kind
29 ἀμπελών, vineyard
30 κατασπείρω, *fut act ind 2s*, sow
31 διάφορος, different
32 ὑφαίνω, *perf pas ptc acc s n*, weave
33 κίβδηλος, hybrid, mingled
34 ἐπιβάλλω, *fut act ind 2s*, put on
35 κοιμάω, *aor pas sub 3s*, sleep, lie (sexually)
36 κοίτη, ejaculation
37 οἰκέτις, female household slave
38 διαφυλάσσω, *perf pas ptc nom s f*, guard carefully
39 λύτρον, ransom price
40 λυτρόω, *perf pas ind 3s*, redeem, pay ransom price
41 ἐλευθερία, freedom
42 ἐπισκοπή, inquiry, visitation
43 ἀπελευθερόω, *aor pas ind 3s*, set free
44 προσάγω, *fut act ind 3s*, bring to
45 πλημμέλεια, trespass
46 σκηνή, tent

τοῦ μαρτυρίου[1] κριὸν[2] πλημμελείας·[3] **22** καὶ ἐξιλάσεται[4] περὶ αὐτοῦ ὁ ἱερεὺς ἐν τῷ
κριῷ[5] τῆς πλημμελείας[6] ἔναντι[7] κυρίου περὶ τῆς ἁμαρτίας, ἧς ἥμαρτεν, καὶ ἀφε-
θήσεται αὐτῷ ἡ ἁμαρτία, ἣν ἥμαρτεν.

23 Ὅταν δὲ εἰσέλθητε εἰς τὴν γῆν, ἣν κύριος ὁ θεὸς ὑμῶν δίδωσιν ὑμῖν, καὶ κατα-
φυτεύσετε[8] πᾶν ξύλον[9] βρώσιμον[10] καὶ περικαθαριεῖτε[11] τὴν ἀκαθαρσίαν[12] αὐτοῦ·
ὁ καρπὸς αὐτοῦ τρία ἔτη ἔσται ὑμῖν ἀπερικάθαρτος,[13] οὐ βρωθήσεται·[14] **24** καὶ τῷ
ἔτει τῷ τετάρτῳ[15] ἔσται πᾶς ὁ καρπὸς αὐτοῦ ἅγιος αἰνετὸς[16] τῷ κυρίῳ· **25** ἐν δὲ τῷ
ἔτει τῷ πέμπτῳ[17] φάγεσθε τὸν καρπόν, πρόσθεμα[18] ὑμῖν τὰ γενήματα[19] αὐτοῦ· ἐγώ
εἰμι κύριος ὁ θεὸς ὑμῶν.

26 Μὴ ἔσθετε[20] ἐπὶ τῶν ὀρέων καὶ οὐκ οἰωνιεῖσθε[21] οὐδὲ ὀρνιθοσκοπήσεσθε.[22] **27** οὐ
ποιήσετε σισόην[23] ἐκ τῆς κόμης[24] τῆς κεφαλῆς ὑμῶν οὐδὲ φθερεῖτε[25] τὴν ὄψιν[26]
τοῦ πώγωνος[27] ὑμῶν. **28** καὶ ἐντομίδας[28] ἐπὶ ψυχῇ οὐ ποιήσετε ἐν τῷ σώματι ὑμῶν
καὶ γράμματα[29] στικτὰ[30] οὐ ποιήσετε ἐν ὑμῖν· ἐγώ εἰμι κύριος ὁ θεὸς ὑμῶν. **29** οὐ
βεβηλώσεις[31] τὴν θυγατέρα[32] σου ἐκπορνεῦσαι[33] αὐτήν, καὶ οὐκ ἐκπορνεύσει[34] ἡ γῆ
καὶ ἡ γῆ πλησθήσεται[35] ἀνομίας.[36]

30 Τὰ σάββατά μου φυλάξεσθε καὶ ἀπὸ τῶν ἁγίων μου φοβηθήσεσθε· ἐγώ εἰμι
κύριος. **31** οὐκ ἐπακολουθήσετε[37] ἐγγαστριμύθοις[38] καὶ τοῖς ἐπαοιδοῖς[39] οὐ προσ-
κολληθήσεσθε[40] ἐκμιανθῆναι[41] ἐν αὐτοῖς· ἐγώ εἰμι κύριος ὁ θεὸς ὑμῶν. **32** ἀπὸ
προσώπου πολιοῦ[42] ἐξαναστήσῃ[43] καὶ τιμήσεις[44] πρόσωπον πρεσβυτέρου καὶ φοβη-
θήσῃ τὸν θεόν σου· ἐγώ εἰμι κύριος ὁ θεὸς ὑμῶν.

1 μαρτύριον, witness
2 κριός, ram
3 πλημμέλεια, trespass
4 ἐξιλάσκομαι, *fut mid ind 3s*, propitiate, make atonement
5 κριός, ram
6 πλημμέλεια, trespass
7 ἔναντι, before
8 καταφυτεύω, *fut act ind 2p*, plant
9 ξύλον, tree
10 βρώσιμος, (producing what is) eatable
11 περικαθαρίζω, *fut act ind 2p*, clean away
12 ἀκαθαρσία, impurity
13 ἀπερικάθαρτος, impure
14 βιβρώσκω, *fut pas ind 3s*, eat
15 τέταρτος, fourth
16 αἰνετός, praiseworthy
17 πέμπτος, fifth
18 πρόσθεμα, addition
19 γένημα, produce, fruit, yield
20 ἔσθω, *pres act impv 2p*, eat
21 οἰωνίζομαι, *fut mid ind 2p*, perform divination with omens
22 ὀρνιθοσκοπέομαι, *fut mid ind 2p*, perform divination with birds
23 σισόη, curl of hair
24 κόμη, hair
25 φθείρω, *fut act ind 2p*, spoil, corrupt
26 ὄψις, appearance
27 πώγων, beard
28 ἐντομίς, incision, gash
29 γράμμα, written character
30 στικτός, tattooed
31 βεβηλόω, *fut act ind 2s*, defile, profane
32 θυγάτηρ, daughter
33 ἐκπορνεύω, *aor act inf*, fornicate
34 ἐκπορνεύω, *fut act ind 3s*, fornicate
35 πίμπλημι, *fut pas ind 3s*, fill
36 ἀνομία, iniquity, wickedness
37 ἐπακολουθέω, *fut act ind 2p*, follow after
38 ἐγγαστρίμυθος, speaking with spirits by ventriloquism
39 ἐπαοιδός, enchanter, charmer
40 προσκολλάω, *fut pas ind 2p*, attach to
41 ἐκμιαίνω, *aor pas inf*, defile
42 πολιός, gray-haired person
43 ἐξανίστημι, *fut mid ind 2s*, rise up
44 τιμάω, *fut act ind 2s*, honor

33 Ἐὰν δέ τις προσέλθῃ προσήλυτος[1] ὑμῖν ἐν τῇ γῇ ὑμῶν, οὐ θλίψετε[2] αὐτόν· **34** ὡς
ὁ αὐτόχθων[3] ἐν ὑμῖν ἔσται ὁ προσήλυτος[4] ὁ προσπορευόμενος[5] πρὸς ὑμᾶς, καὶ
ἀγαπήσεις αὐτὸν ὡς σεαυτόν, ὅτι προσήλυτοι ἐγενήθητε ἐν γῇ Αἰγύπτῳ· ἐγώ εἰμι
κύριος ὁ θεὸς ὑμῶν. **35** οὐ ποιήσετε ἄδικον[6] ἐν κρίσει ἐν μέτροις[7] καὶ ἐν σταθμίοις[8]
καὶ ἐν ζυγοῖς·[9] **36** ζυγὰ[10] δίκαια καὶ στάθμια[11] δίκαια καὶ χοῦς[12] δίκαιος ἔσται ὑμῖν·
ἐγώ εἰμι κύριος ὁ θεὸς ὑμῶν ὁ ἐξαγαγὼν[13] ὑμᾶς ἐκ γῆς Αἰγύπτου.

37 Καὶ φυλάξεσθε πάντα τὸν νόμον μου καὶ πάντα τὰ προστάγματά[14] μου καὶ
ποιήσετε αὐτά· ἐγώ εἰμι κύριος ὁ θεὸς ὑμῶν.

Punishment for Human Sacrifice and Other Immoral Acts

20 Καὶ ἐλάλησεν κύριος πρὸς Μωυσῆν λέγων **2** Καὶ τοῖς υἱοῖς Ισραηλ λαλήσεις
Ἐάν τις ἀπὸ τῶν υἱῶν Ισραηλ ἢ ἀπὸ τῶν προσγεγενημένων[15] προσηλύτων[16]
ἐν Ισραηλ, ὃς ἂν δῷ τοῦ σπέρματος αὐτοῦ ἄρχοντι, θανάτῳ θανατούσθω·[17] τὸ
ἔθνος τὸ ἐπὶ τῆς γῆς λιθοβολήσουσιν[18] αὐτὸν ἐν λίθοις. **3** καὶ ἐγὼ ἐπιστήσω[19] τὸ
πρόσωπόν μου ἐπὶ τὸν ἄνθρωπον ἐκεῖνον καὶ ἀπολῶ αὐτὸν ἐκ τοῦ λαοῦ αὐτοῦ,
ὅτι τοῦ σπέρματος αὐτοῦ ἔδωκεν ἄρχοντι, ἵνα μιάνῃ[20] τὰ ἅγιά μου καὶ βεβηλώσῃ[21]
τὸ ὄνομα τῶν ἡγιασμένων[22] μοι. **4** ἐὰν δὲ ὑπερόψει[23] ὑπερίδωσιν[24] οἱ αὐτόχθονες[25]
τῆς γῆς τοῖς ὀφθαλμοῖς αὐτῶν ἀπὸ τοῦ ἀνθρώπου ἐκείνου ἐν τῷ δοῦναι αὐτὸν τοῦ
σπέρματος αὐτοῦ ἄρχοντι τοῦ μὴ ἀποκτεῖναι αὐτόν, **5** καὶ ἐπιστήσω[26] τὸ πρόσωπόν
μου ἐπὶ τὸν ἄνθρωπον ἐκεῖνον καὶ τὴν συγγένειαν[27] αὐτοῦ καὶ ἀπολῶ αὐτὸν καὶ
πάντας τοὺς ὁμονοοῦντας[28] αὐτῷ ὥστε ἐκπορνεύειν[29] αὐτὸν εἰς τοὺς ἄρχοντας ἐκ
τοῦ λαοῦ αὐτῶν.

6 καὶ ψυχή, ἣ ἐὰν ἐπακολουθήσῃ[30] ἐγγαστριμύθοις[31] ἢ ἐπαοιδοῖς[32] ὥστε ἐκπορ-
νεῦσαι[33] ὀπίσω αὐτῶν, ἐπιστήσω[34] τὸ πρόσωπόν μου ἐπὶ τὴν ψυχὴν ἐκείνην καὶ

1 προσήλυτος, immigrant, guest
2 θλίβω, *fut act ind 2p*, afflict, oppress
3 αὐτόχθων, native, indigenous person
4 προσήλυτος, immigrant, guest
5 προσπορεύομαι, *pres mid ptc nom s m*, come near
6 ἄδικος, unjust
7 μέτρον, measure
8 στάθμιον, weight
9 ζυγόν, balance, scale
10 ζυγόν, balance, scale
11 στάθμιον, weight
12 χοῦς, measure (of capacity)
13 ἐξάγω, *aor act ptc nom s m*, bring out
14 πρόσταγμα, ordinance
15 προσγίνομαι, *perf mid ptc gen p m*, attach oneself to
16 προσήλυτος, immigrant, guest
17 θανατόω, *pres mid impv 3s*, die
18 λιθοβολέω, *fut act ind 3p*, stone
19 ἐφίστημι, *fut act ind 1s*, set against
20 μιαίνω, *aor act sub 3s*, defile
21 βεβηλόω, *aor act sub 3s*, profane
22 ἁγιάζω, *perf pas ptc gen p m*, sanctify, consecrate
23 ὑπέροψις, heedlessness
24 ὑπεροράω, *aor act sub 3p*, disregard
25 αὐτόχθων, native, indigenous person
26 ἐφίστημι, *fut act ind 1s*, set against
27 συγγένεια, kinfolk, family
28 ὁμονοέω, *pres act ptc acc p m*, be like-minded
29 ἐκπορνεύω, *pres act inf*, fornicate
30 ἐπακολουθέω, *aor act sub 3s*, follow after
31 ἐγγαστρίμυθος, speaking with spirits by ventriloquism
32 ἐπαοιδός, enchanter, charmer
33 ἐκπορνεύω, *aor act inf*, prostitute oneself
34 ἐφίστημι, *fut act ind 1s*, set against

ἀπολῶ αὐτὴν ἐκ τοῦ λαοῦ αὐτῆς. **7** καὶ ἔσεσθε ἅγιοι, ὅτι ἅγιος ἐγὼ κύριος ὁ θεὸς ὑμῶν· **8** καὶ φυλάξεσθε τὰ προστάγματά[1] μου καὶ ποιήσετε αὐτά· ἐγὼ κύριος ὁ ἁγιάζων[2] ὑμᾶς. **9** ἄνθρωπος ἄνθρωπος, ὃς ἂν κακῶς[3] εἴπῃ τὸν πατέρα αὐτοῦ ἢ τὴν μητέρα αὐτοῦ, θανάτῳ θανατούσθω·[4] πατέρα αὐτοῦ ἢ μητέρα αὐτοῦ κακῶς[5] εἶπεν, ἔνοχος[6] ἔσται.

10 ἄνθρωπος, ὃς ἂν μοιχεύσηται[7] γυναῖκα ἀνδρὸς ἢ ὃς ἂν μοιχεύσηται γυναῖκα τοῦ πλησίον,[8] θανάτῳ θανατούσθωσαν[9] ὁ μοιχεύων[10] καὶ ἡ μοιχευομένη.[11] **11** ἐάν τις κοιμηθῇ[12] μετὰ γυναικὸς τοῦ πατρὸς αὐτοῦ, ἀσχημοσύνην[13] τοῦ πατρὸς αὐτοῦ ἀπεκάλυψεν,[14] θανάτῳ θανατούσθωσαν[15] ἀμφότεροι,[16] ἔνοχοί[17] εἰσιν. **12** καὶ ἐάν τις κοιμηθῇ[18] μετὰ νύμφης[19] αὐτοῦ, θανάτῳ θανατούσθωσαν[20] ἀμφότεροι·[21] ἠσεβήκασιν[22] γάρ, ἔνοχοί[23] εἰσιν. **13** καὶ ὃς ἂν κοιμηθῇ[24] μετὰ ἄρσενος[25] κοίτην[26] γυναικός, βδέλυγμα[27] ἐποίησαν ἀμφότεροι·[28] θανατούσθωσαν,[29] ἔνοχοί[30] εἰσιν. **14** ὃς ἐὰν λάβῃ γυναῖκα καὶ τὴν μητέρα αὐτῆς, ἀνόμημά[31] ἐστιν· ἐν πυρὶ κατακαύσουσιν[32] αὐτὸν καὶ αὐτάς, καὶ οὐκ ἔσται ἀνομία[33] ἐν ὑμῖν. **15** καὶ ὃς ἂν δῷ κοιτασίαν[34] αὐτοῦ ἐν τετράποδι,[35] θανάτῳ θανατούσθω,[36] καὶ τὸ τετράπουν[37] ἀποκτενεῖτε. **16** καὶ γυνή, ἥτις προσελεύσεται πρὸς πᾶν κτῆνος[38] βιβασθῆναι[39] αὐτὴν ὑπ᾽ αὐτοῦ, ἀποκτενεῖτε τὴν γυναῖκα καὶ τὸ κτῆνος· θανάτῳ θανατούσθωσαν,[40] ἔνοχοί[41] εἰσιν.

17 ὃς ἐὰν λάβῃ τὴν ἀδελφὴν αὐτοῦ ἐκ πατρὸς αὐτοῦ ἢ ἐκ μητρὸς αὐτοῦ καὶ ἴδῃ τὴν ἀσχημοσύνην[42] αὐτῆς καὶ αὕτη ἴδῃ τὴν ἀσχημοσύνην αὐτοῦ, ὄνειδός[43] ἐστιν, ἐξολεθρευθήσονται[44] ἐνώπιον υἱῶν γένους αὐτῶν· ἀσχημοσύνην ἀδελφῆς αὐτοῦ

1 πρόσταγμα, ordinance
2 ἁγιάζω, *pres act ptc nom s m*, sanctify, consecrate
3 κακῶς, wrongly, badly
4 θανατόω, *pres mid impv 3s*, die
5 κακῶς, wrongly, badly
6 ἔνοχος, guilty
7 μοιχεύω, *aor mid sub 3s*, commit adultery
8 πλησίον, neighbor
9 θανατόω, *pres mid impv 3p*, die
10 μοιχεύω, *pres act ptc nom s m*, commit adultery
11 μοιχεύω, *pres pas ptc nom s f*, commit adultery
12 κοιμάω, *aor pas sub 3s*, sleep, lie (sexually)
13 ἀσχημοσύνη, shame
14 ἀποκαλύπτω, *aor act ind 3s*, uncover
15 θανατόω, *pres pas impv 3p*, die
16 ἀμφότεροι, both
17 ἔνοχος, guilty
18 κοιμάω, *aor pas sub 3s*, sleep, lie (sexually)
19 νύμφη, daughter-in-law
20 θανατόω, *pres pas impv 3p*, die
21 ἀμφότεροι, both
22 ἀσεβέω, *perf act ind 3p*, act profanely
23 ἔνοχος, guilty
24 κοιμάω, *aor pas sub 3s*, sleep, lie (sexually)
25 ἄρσην, male
26 κοίτη, bed
27 βδέλυγμα, abomination
28 ἀμφότεροι, both
29 θανατόω, *pres pas impv 3p*, die
30 ἔνοχος, guilty
31 ἀνόμημα, transgression of the law
32 κατακαίω, *fut act ind 3p*, burn up
33 ἀνομία, iniquity, wickedness
34 κοιτασία, sexual intercourse
35 τετράπους, four-footed (animal)
36 θανατόω, *pres mid impv 3s*, die
37 τετράπους, four-footed (animal)
38 κτῆνος, animal, (*p*) herd
39 βιβάζω, *aor pas inf*, mount
40 θανατόω, *pres pas impv 3p*, die
41 ἔνοχος, guilty
42 ἀσχημοσύνη, shame
43 ὄνειδος, disgrace
44 ἐξολεθρεύω, *fut pas ind 3p*, utterly destroy

ἀπεκάλυψεν,[1] ἁμαρτίαν κομιοῦνται.[2] **18** καὶ ἀνήρ, ὃς ἂν κοιμηθῇ[3] μετὰ γυναικὸς ἀποκαθημένης[4] καὶ ἀποκαλύψῃ[5] τὴν ἀσχημοσύνην[6] αὐτῆς, τὴν πηγὴν[7] αὐτῆς ἀπεκάλυψεν, καὶ αὕτη ἀπεκάλυψεν τὴν ῥύσιν[8] τοῦ αἵματος αὐτῆς· ἐξολεθρευθήσονται[9] ἀμφότεροι[10] ἐκ τοῦ γένους[11] αὐτῶν. **19** καὶ ἀσχημοσύνην[12] ἀδελφῆς πατρός σου καὶ ἀδελφῆς μητρός σου οὐκ ἀποκαλύψεις·[13] τὴν γὰρ οἰκειότητα[14] ἀπεκάλυψεν,[15] ἁμαρτίαν ἀποίσονται.[16] **20** ὃς ἂν κοιμηθῇ[17] μετὰ τῆς συγγενοῦς[18] αὐτοῦ, ἀσχημοσύνην[19] τῆς συγγενείας[20] αὐτοῦ ἀπεκάλυψεν·[21] ἄτεκνοι[22] ἀποθανοῦνται. **21** ὃς ἂν λάβῃ τὴν γυναῖκα τοῦ ἀδελφοῦ αὐτοῦ, ἀκαθαρσία[23] ἐστίν· ἀσχημοσύνην[24] τοῦ ἀδελφοῦ αὐτοῦ ἀπεκάλυψεν,[25] ἄτεκνοι[26] ἀποθανοῦνται.

You Shall Be Holy

22 Καὶ φυλάξασθε πάντα τὰ προστάγματά[27] μου καὶ τὰ κρίματά[28] μου καὶ ποιήσετε αὐτά, καὶ οὐ μὴ προσοχθίσῃ[29] ὑμῖν ἡ γῆ, εἰς ἣν ἐγὼ εἰσάγω[30] ὑμᾶς ἐκεῖ κατοικεῖν ἐπ᾽ αὐτῆς. **23** καὶ οὐχὶ πορεύεσθε τοῖς νομίμοις[31] τῶν ἐθνῶν, οὓς ἐξαποστέλλω[32] ἀφ᾽ ὑμῶν· ὅτι ταῦτα πάντα ἐποίησαν, καὶ ἐβδελυξάμην[33] αὐτούς. **24** καὶ εἶπα ὑμῖν Ὑμεῖς κληρονομήσατε[34] τὴν γῆν αὐτῶν, καὶ ἐγὼ δώσω ὑμῖν αὐτὴν ἐν κτήσει,[35] γῆν ῥέουσαν[36] γάλα[37] καὶ μέλι·[38] ἐγὼ κύριος ὁ θεὸς ὑμῶν, ὃς διώρισα[39] ὑμᾶς ἀπὸ πάντων τῶν ἐθνῶν. **25** καὶ ἀφοριεῖτε[40] αὐτοὺς ἀνὰ μέσον[41] τῶν κτηνῶν[42] τῶν καθαρῶν[43] καὶ ἀνὰ μέσον τῶν κτηνῶν τῶν ἀκαθάρτων καὶ ἀνὰ μέσον τῶν πετεινῶν[44] τῶν

1 ἀποκαλύπτω, *aor act ind 3s*, uncover
2 κομίζω, *fut mid ind 3p*, carry off, bear
3 κοιμάω, *aor pas sub 3s*, sleep, lie (sexually)
4 ἀποκάθημαι, *pres pas ptc gen s f*, sit apart (in menstruation)
5 ἀποκαλύπτω, *aor act sub 3s*, uncover
6 ἀσχημοσύνη, shame
7 πηγή, stream
8 ῥύσις, flow
9 ἐξολεθρεύω, *fut pas ind 3p*, utterly destroy
10 ἀμφότεροι, both
11 γένος, kind, family
12 ἀσχημοσύνη, shame
13 ἀποκαλύπτω, *fut act ind 2s*, uncover
14 οἰκειότης, kindred, relationship
15 ἀποκαλύπτω, *aor act ind 3s*, uncover
16 ἀποφέρω, *fut mid ind 3p*, carry away, bear
17 κοιμάω, *aor pas sub 3s*, sleep, lie (sexually)
18 συγγενής, related, of the same family
19 ἀσχημοσύνη, shame
20 συγγένεια, kinfolk, family
21 ἀποκαλύπτω, *aor act ind 3s*, uncover
22 ἄτεκνος, without children
23 ἀκαθαρσία, impurity
24 ἀσχημοσύνη, shame
25 ἀποκαλύπτω, *aor act ind 3s*, uncover
26 ἄτεκνος, without children
27 πρόσταγμα, ordinance
28 κρίμα, judgment, decree
29 προσοχθίζω, *aor act sub 3s*, be provoked
30 εἰσάγω, *pres act ind 1s*, bring to
31 νόμιμος, statute, ordinance
32 ἐξαποστέλλω, *pres act ind 1s*, send forth
33 βδελύσσω, *aor mid ind 1s*, make abominable
34 κληρονομέω, *aor act impv 2p*, inherit
35 κτῆσις, possession
36 ῥέω, *pres act ptc acc s f*, flow
37 γάλα, milk
38 μέλι, honey
39 διορίζω, *aor act ind 1s*, separate
40 ἀφορίζω, *fut act ind 2p*, distinguish, separate
41 ἀνὰ μέσον, between
42 κτῆνος, animal, (*p*) herd
43 καθαρός, pure, clean
44 πετεινός, bird

καθαρῶν[1] καὶ τῶν ἀκαθάρτων καὶ οὐ βδελύξετε[2] τὰς ψυχὰς ὑμῶν ἐν τοῖς κτήνεσιν
καὶ ἐν τοῖς πετεινοῖς καὶ ἐν πᾶσιν τοῖς ἑρπετοῖς[3] τῆς γῆς, ἃ ἐγὼ ἀφώρισα[4] ὑμῖν ἐν
ἀκαθαρσίᾳ.[5] **26** καὶ ἔσεσθέ μοι ἅγιοι, ὅτι ἐγὼ ἅγιος κύριος ὁ θεὸς ὑμῶν ὁ ἀφορίσας[6]
ὑμᾶς ἀπὸ πάντων τῶν ἐθνῶν εἶναι ἐμοί.

27 Καὶ ἀνὴρ ἢ γυνή, ὃς ἂν γένηται αὐτῶν ἐγγαστρίμυθος[7] ἢ ἐπαοιδός,[8] θανάτῳ
θανατούσθωσαν[9] ἀμφότεροι·[10] λίθοις λιθοβολήσατε[11] αὐτούς, ἔνοχοί[12] εἰσιν.

Holiness of Priests

21 Καὶ εἶπεν κύριος πρὸς Μωυσῆν λέγων Εἰπὸν τοῖς ἱερεῦσιν τοῖς υἱοῖς
Ααρων καὶ ἐρεῖς πρὸς αὐτούς Ἐν ταῖς ψυχαῖς οὐ μιανθήσονται[13] ἐν τῷ ἔθνει
αὐτῶν **2** ἀλλ᾽ ἢ ἐν τῷ οἰκείῳ[14] τῷ ἔγγιστα[15] αὐτῶν, ἐπὶ πατρὶ καὶ μητρὶ καὶ υἱοῖς
καὶ θυγατράσιν,[16] ἐπ᾽ ἀδελφῷ **3** καὶ ἐπ᾽ ἀδελφῇ παρθένῳ[17] τῇ ἐγγιζούσῃ[18] αὐτῷ τῇ
μὴ ἐκδεδομένῃ[19] ἀνδρί, ἐπὶ τούτοις μιανθήσεται.[20] **4** οὐ μιανθήσεται[21] ἐξάπινα[22] ἐν
τῷ λαῷ αὐτοῦ εἰς βεβήλωσιν[23] αὐτοῦ. **5** καὶ φαλάκρωμα[24] οὐ ξυρηθήσεσθε[25] τὴν
κεφαλὴν ἐπὶ νεκρῷ καὶ τὴν ὄψιν[26] τοῦ πώγωνος[27] οὐ ξυρήσονται[28] καὶ ἐπὶ τὰς
σάρκας αὐτῶν οὐ κατατεμοῦσιν[29] ἐντομίδας.[30] **6** ἅγιοι ἔσονται τῷ θεῷ αὐτῶν καὶ
οὐ βεβηλώσουσιν[31] τὸ ὄνομα τοῦ θεοῦ αὐτῶν· τὰς γὰρ θυσίας[32] κυρίου δῶρα[33]
τοῦ θεοῦ αὐτῶν αὐτοὶ προσφέρουσιν καὶ ἔσονται ἅγιοι. **7** γυναῖκα πόρνην[34] καὶ
βεβηλωμένην[35] οὐ λήμψονται καὶ γυναῖκα ἐκβεβλημένην ἀπὸ ἀνδρὸς αὐτῆς· ἅγιός
ἐστιν τῷ κυρίῳ θεῷ αὐτοῦ. **8** καὶ ἁγιάσει[36] αὐτόν, τὰ δῶρα[37] κυρίου τοῦ θεοῦ ὑμῶν
οὗτος προσφέρει· ἅγιος ἔσται, ὅτι ἅγιος ἐγὼ κύριος ὁ ἁγιάζων[38] αὐτούς. **9** καὶ

1 καθαρός, pure, clean
2 βδελύσσω, *fut act ind 2p*, make abominable
3 ἑρπετόν, creeping thing
4 ἀφορίζω, *aor act ind 1s*, distinguish, separate
5 ἀκαθαρσία, impurity
6 ἀφορίζω, *aor act ptc nom s m*, distinguish, separate
7 ἐγγαστρίμυθος, speaking with spirits by ventriloquism
8 ἐπαοιδός, enchanter, charmer
9 θανατόω, *pres pas impv 3p*, die
10 ἀμφότεροι, both
11 λιθοβολέω, *aor act impv 2p*, stone
12 ἔνοχος, guilty
13 μιαίνω, *fut pas ind 3p*, defile
14 οἰκεῖος, close kin, household members
15 ἐγγύς, *sup*, nearest
16 θυγάτηρ, daughter
17 παρθένος, virgin, young woman
18 ἐγγίζω, *pres act ptc dat s f*, draw near, approach
19 ἐκδίδωμι, *perf mid ptc dat s f*, give
20 μιαίνω, *fut pas ind 3s*, defile
21 μιαίνω, *fut pas ind 3s*, defile
22 ἐξάπινα, suddenly
23 βεβήλωσις, profanation, desecration
24 φαλάκρωμα, baldness
25 ξυρέω, *fut pas ind 2p*, shave
26 ὄψις, appearance
27 πώγων, beard
28 ξυρέω, *fut mid ind 3p*, shave
29 κατατέμνω, *fut act ind 3p*, cut, gash
30 ἐντομίς, incision, gash
31 βεβηλόω, *fut act ind 3p*, profane, pollute
32 θυσία, sacrifice
33 δῶρον, gift, offering
34 πόρνη, harlot, prostitute
35 βεβηλόω, *pres pas ptc acc s f*, profane, pollute
36 ἁγιάζω, *fut act ind 3s*, sanctify, consecrate
37 δῶρον, gift, offering
38 ἁγιάζω, *pres act ptc nom s m*, sanctify, consecrate

θυγάτηρ[1] ἀνθρώπου ἱερέως ἐὰν βεβηλωθῇ[2] τοῦ ἐκπορνεῦσαι,[3] τὸ ὄνομα τοῦ πατρὸς
αὐτῆς αὐτὴ βεβηλοῖ·[4] ἐπὶ πυρὸς κατακαυθήσεται.[5]

10 Καὶ ὁ ἱερεὺς ὁ μέγας ἀπὸ τῶν ἀδελφῶν αὐτοῦ, τοῦ ἐπικεχυμένου[6] ἐπὶ τὴν κεφαλὴν
τοῦ ἐλαίου[7] τοῦ χριστοῦ[8] καὶ τετελειωμένου[9] ἐνδύσασθαι[10] τὰ ἱμάτια, τὴν κεφαλὴν
οὐκ ἀποκιδαρώσει[11] καὶ τὰ ἱμάτια οὐ διαρρήξει[12] **11** καὶ ἐπὶ πάσῃ ψυχῇ τετελευτη-
κυίᾳ[13] οὐκ εἰσελεύσεται, ἐπὶ πατρὶ αὐτοῦ οὐδὲ ἐπὶ μητρὶ αὐτοῦ οὐ μιανθήσεται·[14]
12 καὶ ἐκ τῶν ἁγίων οὐκ ἐξελεύσεται καὶ οὐ βεβηλώσει[15] τὸ ἡγιασμένον[16] τοῦ θεοῦ
αὐτοῦ, ὅτι τὸ ἅγιον ἔλαιον[17] τὸ χριστὸν τοῦ θεοῦ ἐπ᾽ αὐτῷ· ἐγὼ κύριος. **13** οὗτος
γυναῖκα παρθένον[18] ἐκ τοῦ γένους[19] αὐτοῦ λήμψεται· **14** χήραν[20] δὲ καὶ ἐκβεβλη-
μένην καὶ βεβηλωμένην[21] καὶ πόρνην,[22] ταύτας οὐ λήμψεται, ἀλλ᾽ ἢ παρθένον[23] ἐκ
τοῦ γένους[24] αὐτοῦ λήμψεται γυναῖκα· **15** καὶ οὐ βεβηλώσει[25] τὸ σπέρμα αὐτοῦ ἐν
τῷ λαῷ αὐτοῦ· ἐγὼ κύριος ὁ ἁγιάζων[26] αὐτόν.

16 Καὶ ἐλάλησεν κύριος πρὸς Μωυσῆν λέγων **17** Εἰπὸν Ααρων Ἄνθρωπος ἐκ τοῦ
γένους[27] σου εἰς τὰς γενεὰς ὑμῶν, τίνι ἐὰν ᾖ ἐν αὐτῷ μῶμος,[28] οὐ προσελεύσεται
προσφέρειν τὰ δῶρα[29] τοῦ θεοῦ αὐτοῦ. **18** πᾶς ἄνθρωπος, ᾧ ἂν ᾖ ἐν αὐτῷ μῶμος,[30]
οὐ προσελεύσεται, ἄνθρωπος χωλὸς[31] ἢ τυφλὸς[32] ἢ κολοβόριν[33] ἢ ὠτότμητος[34] **19** ἢ
ἄνθρωπος, ᾧ ἔστιν ἐν αὐτῷ σύντριμμα[35] χειρὸς ἢ σύντριμμα ποδός, **20** ἢ κυρτὸς[36]
ἢ ἔφηλος[37] ἢ πτίλος[38] τοὺς ὀφθαλμοὺς ἢ ἄνθρωπος, ᾧ ἂν ᾖ ἐν αὐτῷ ψώρα[39] ἀγρία[40]
ἢ λειχήν,[41] ἢ μόνορχις,[42] **21** πᾶς, ᾧ ἔστιν ἐν αὐτῷ μῶμος,[43] ἐκ τοῦ σπέρματος Ααρων
τοῦ ἱερέως, οὐκ ἐγγιεῖ τοῦ προσενεγκεῖν τὰς θυσίας[44] τῷ θεῷ σου· ὅτι μῶμος ἐν

1 θυγάτηρ, daughter
2 βεβηλόω, *aor pas sub 3s*, profane, pollute
3 ἐκπορνεύω, *aor act inf*, fornicate
4 βεβηλόω, *pres act ind 3s*, profane, pollute
5 κατακαίω, *fut pas ind 3s*, burn up
6 ἐπιχέω, *perf pas ptc gen s n*, pour over
7 ἔλαιον, oil
8 χριστός, anointed
9 τελειόω, *perf pas ptc gen s m*, complete, finish
10 ἐνδύω, *aor mid inf*, put on
11 ἀποκιδαρόω, *fut act ind 3s*, remove headdress
12 διαρρήγνυμι, *fut act ind 3s*, tear, split
13 τελευτάω, *perf act ptc dat s f*, die
14 μιαίνω, *fut pas ind 3s*, defile
15 βεβηλόω, *fut act ind 3s*, profane, pollute
16 ἁγιάζω, *perf pas ptc acc s n*, sanctify, consecrate
17 ἔλαιον, oil
18 παρθένος, virgin, young woman
19 γένος, kin, family
20 χήρα, widow
21 βεβηλόω, *pres pas ptc acc s f*, profane, pollute
22 πόρνη, harlot, prostitute
23 παρθένος, virgin, young woman
24 γένος, kin, family
25 βεβηλόω, *fut act ind 3s*, profane, defile
26 ἁγιάζω, *pres act ptc nom s m*, sanctify, consecrate
27 γένος, kin, family
28 μῶμος, blemish
29 δῶρον, gift, offering
30 μῶμος, blemish
31 χωλός, lame
32 τυφλός, blind
33 κολοβόριν, with a disfigured nose
34 ὠτότμητος, with ears cut off
35 σύντριμμα, fracture, wound
36 κυρτός, humpbacked
37 ἔφηλος, with a white spot on the eye
38 πτίλος, inflamed, infected
39 ψώρα, itch, mange
40 ἄγριος, severe, malignant
41 λειχήν, callous growth, scurvy
42 μόνορχις, with one testicle
43 μῶμος, blemish
44 θυσία, sacrifice

αὐτῷ, τὰ δῶρα[1] τοῦ θεοῦ οὐ προσελεύσεται προσενεγκεῖν. **22** τὰ δῶρα[2] τοῦ θεοῦ
τὰ ἅγια τῶν ἁγίων καὶ ἀπὸ τῶν ἁγίων φάγεται· **23** πλὴν πρὸς τὸ καταπέτασμα[3]
οὐ προσελεύσεται καὶ πρὸς τὸ θυσιαστήριον[4] οὐκ ἐγγιεῖ, ὅτι μῶμον[5] ἔχει· καὶ οὐ
βεβηλώσει[6] τὸ ἅγιον τοῦ θεοῦ αὐτοῦ, ὅτι ἐγώ εἰμι κύριος ὁ ἁγιάζων[7] αὐτούς. **24** καὶ
ἐλάλησεν Μωυσῆς πρὸς Ααρων καὶ τοὺς υἱοὺς αὐτοῦ καὶ πρὸς πάντας υἱοὺς Ισραηλ.

22 Καὶ ἐλάλησεν κύριος πρὸς Μωυσῆν λέγων **2** Εἰπὸν Ααρων καὶ τοῖς
υἱοῖς αὐτοῦ καὶ προσεχέτωσαν[8] ἀπὸ τῶν ἁγίων τῶν υἱῶν Ισραηλ καὶ οὐ
βεβηλώσουσιν[9] τὸ ὄνομα τὸ ἅγιόν μου, ὅσα αὐτοὶ ἁγιάζουσίν[10] μοι· ἐγὼ κύριος.
3 εἰπὸν αὐτοῖς Εἰς τὰς γενεὰς ὑμῶν πᾶς ἄνθρωπος, ὃς ἂν προσέλθῃ ἀπὸ παντὸς
τοῦ σπέρματος ὑμῶν πρὸς τὰ ἅγια, ὅσα ἂν ἁγιάζωσιν[11] οἱ υἱοὶ Ισραηλ τῷ κυρίῳ,
καὶ ἡ ἀκαθαρσία[12] αὐτοῦ ἐπ᾽ αὐτῷ, ἐξολεθρευθήσεται[13] ἡ ψυχὴ ἐκείνη ἀπ᾽ ἐμοῦ· ἐγὼ
κύριος ὁ θεὸς ὑμῶν. **4** καὶ ἄνθρωπος ἐκ τοῦ σπέρματος Ααρων τοῦ ἱερέως καὶ οὗτος
λεπρᾷ[14] ἢ γονορρυής,[15] τῶν ἁγίων οὐκ ἔδεται,[16] ἕως ἂν καθαρισθῇ· καὶ ὁ ἁπτόμενος
πάσης ἀκαθαρσίας[17] ψυχῆς ἢ ἄνθρωπος, ᾧ ἂν ἐξέλθῃ ἐξ αὐτοῦ κοίτη[18] σπέρματος,
5 ἢ ὅστις ἂν ἅψηται παντὸς ἑρπετοῦ[19] ἀκαθάρτου, ὃ μιανεῖ[20] αὐτόν, ἢ ἐπ᾽ ἀνθρώπῳ,
ἐν ᾧ μιανεῖ αὐτὸν κατὰ πᾶσαν ἀκαθαρσίαν[21] αὐτοῦ, **6** ψυχή, ἥτις ἂν ἅψηται αὐτῶν,
ἀκάθαρτος ἔσται ἕως ἑσπέρας·[22] οὐκ ἔδεται[23] ἀπὸ τῶν ἁγίων, ἐὰν μὴ λούσηται[24]
τὸ σῶμα αὐτοῦ ὕδατι· **7** καὶ δύῃ[25] ὁ ἥλιος, καὶ καθαρὸς[26] ἔσται καὶ τότε φάγεται
τῶν ἁγίων, ὅτι ἄρτος ἐστὶν αὐτοῦ. **8** θνησιμαῖον[27] καὶ θηριάλωτον[28] οὐ φάγεται
μιανθῆναι[29] αὐτὸν ἐν αὐτοῖς· ἐγὼ κύριος. **9** καὶ φυλάξονται τὰ φυλάγματά[30] μου, ἵνα
μὴ λάβωσιν δι᾽ αὐτὰ ἁμαρτίαν καὶ ἀποθάνωσιν δι᾽ αὐτά, ἐὰν βεβηλώσωσιν[31] αὐτά·
ἐγὼ κύριος ὁ θεὸς ὁ ἁγιάζων[32] αὐτούς.

1 δῶρον, gift, offering
2 δῶρον, gift, offering
3 καταπέτασμα, veil
4 θυσιαστήριον, altar
5 μῶμος, blemish
6 βεβηλόω, *fut act ind 3s*, profane, pollute
7 ἁγιάζω, *pres act ptc nom s m*, sanctify, consecrate
8 προσέχω, *pres act impv 3p*, give heed, pay attention
9 βεβηλόω, *fut act ind 3p*, profane, defile
10 ἁγιάζω, *pres act ind 3p*, sanctify, consecrate
11 ἁγιάζω, *pres act sub 3p*, sanctify, consecrate
12 ἀκαθαρσία, impurity
13 ἐξολεθρεύω, *fut pas ind 3s*, utterly destroy
14 λεπράω, *pres act ind 3s*, have skin disease, leprosy
15 γονορρυής, suffering involuntary discharge
16 ἐσθίω, *fut mid ind 3s*, eat
17 ἀκαθαρσία, impurity
18 κοίτη, ejaculation
19 ἑρπετόν, creeping thing
20 μιαίνω, *fut act ind 3s*, defile
21 ἀκαθαρσία, impurity
22 ἑσπέρα, evening
23 ἐσθίω, *fut mid ind 3s*, eat
24 λούω, *aor mid sub 3s*, wash
25 δύω, *pres act sub 3s*, set
26 καθαρός, pure, clean
27 θνησιμαῖος, carcass
28 θηριάλωτος, caught by wild beasts
29 μιαίνω, *aor pas inf*, defile
30 φύλαγμα, obligation, observance
31 βεβηλόω, *aor act sub 3p*, profane, pollute
32 ἁγιάζω, *pres act ptc nom s m*, sanctify, consecrate

10 καὶ πᾶς ἀλλογενὴς[1] οὐ φάγεται ἅγια· πάροικος[2] ἱερέως ἢ μισθωτὸς[3] οὐ φάγεται
ἅγια. **11** ἐὰν δὲ ἱερεὺς κτήσηται[4] ψυχὴν ἔγκτητον[5] ἀργυρίου,[6] οὗτος φάγεται ἐκ τῶν
ἄρτων αὐτοῦ· καὶ οἱ οἰκογενεῖς[7] αὐτοῦ, καὶ οὗτοι φάγονται τῶν ἄρτων αὐτοῦ. **12** καὶ
θυγάτηρ[8] ἀνθρώπου ἱερέως ἐὰν γένηται ἀνδρὶ ἀλλογενεῖ,[9] αὐτὴ τῶν ἀπαρχῶν[10] τῶν
ἁγίων οὐ φάγεται. **13** καὶ θυγάτηρ[11] ἱερέως ἐὰν γένηται χήρα[12] ἢ ἐκβεβλημένη,[13]
σπέρμα δὲ μὴ ἦν αὐτῇ, ἐπαναστρέψει[14] ἐπὶ τὸν οἶκον τὸν πατρικὸν[15] κατὰ τὴν
νεότητα[16] αὐτῆς· ἀπὸ τῶν ἄρτων τοῦ πατρὸς αὐτῆς φάγεται. καὶ πᾶς ἀλλογενὴς[17]
οὐ φάγεται ἀπ᾽ αὐτῶν. **14** καὶ ἄνθρωπος, ὃς ἂν φάγῃ ἅγια κατὰ ἄγνοιαν,[18] καὶ
προσθήσει[19] τὸ ἐπίπεμπτον[20] αὐτοῦ ἐπ᾽ αὐτὸ καὶ δώσει τῷ ἱερεῖ τὸ ἅγιον. **15** καὶ οὐ
βεβηλώσουσιν[21] τὰ ἅγια τῶν υἱῶν Ισραηλ, ἃ αὐτοὶ ἀφαιροῦσιν[22] τῷ κυρίῳ, **16** καὶ
ἐπάξουσιν[23] ἐφ᾽ ἑαυτοὺς ἀνομίαν[24] πλημμελείας[25] ἐν τῷ ἐσθίειν αὐτοὺς τὰ ἅγια
αὐτῶν· ὅτι ἐγὼ κύριος ὁ ἁγιάζων[26] αὐτούς.

Acceptable Offerings

17 Καὶ ἐλάλησεν κύριος πρὸς Μωυσῆν λέγων **18** Λάλησον Ααρων καὶ τοῖς υἱοῖς
αὐτοῦ καὶ πάσῃ συναγωγῇ Ισραηλ καὶ ἐρεῖς πρὸς αὐτούς Ἄνθρωπος ἄνθρωπος ἀπὸ
τῶν υἱῶν Ισραηλ ἢ τῶν υἱῶν τῶν προσηλύτων[27] τῶν προσκειμένων[28] πρὸς αὐτοὺς ἐν
Ισραηλ, ὃς ἂν προσενέγκῃ τὰ δῶρα[29] αὐτοῦ κατὰ πᾶσαν ὁμολογίαν[30] αὐτῶν ἢ κατὰ
πᾶσαν αἵρεσιν[31] αὐτῶν, ὅσα ἂν προσενέγκωσιν τῷ θεῷ εἰς ὁλοκαύτωμα,[32] **19** δεκτὰ[33]
ὑμῖν ἄμωμα[34] ἄρσενα[35] ἐκ τῶν βουκολίων[36] καὶ ἐκ τῶν προβάτων καὶ ἐκ τῶν αἰγῶν.[37]
20 πάντα, ὅσα ἂν ἔχῃ μῶμον[38] ἐν αὐτῷ, οὐ προσάξουσιν[39] κυρίῳ, διότι[40] οὐ δεκτὸν[41]
ἔσται ὑμῖν. **21** καὶ ἄνθρωπος, ὃς ἂν προσενέγκῃ θυσίαν[42] σωτηρίου[43] τῷ κυρίῳ

1 ἀλλογενής, foreigner, sojourner
2 πάροικος, stranger, neighbor
3 μισθωτός, hired person
4 κτάομαι, *aor mid sub 3s*, acquire
5 ἔγκτητος, acquisition
6 ἀργύριον, money, silver
7 οἰκογενής, member of household
8 θυγάτηρ, daughter
9 ἀλλογενής, foreigner, sojourner
10 ἀπαρχή, firstfruit
11 θυγάτηρ, daughter
12 χήρα, widow
13 ἐκβάλλω, *perf pas ptc nom s f*, cast out, divorce
14 ἐπαναστρέφω, *fut act ind 3s*, return
15 πατρικός, paternal
16 νεότης, youth
17 ἀλλογενής, foreigner, sojourner
18 ἄγνοια, ignorance
19 προστίθημι, *fut act ind 3s*, add
20 ἐπίπεμπτος, fifth part
21 βεβηλόω, *fut act ind 3p*, profane, pollute
22 ἀφαιρέω, *pres act ind 3p*, separate
23 ἐπάγω, *fut act ind 3p*, bring upon
24 ἀνομία, iniquity, transgression
25 πλημμέλεια, trespass
26 ἁγιάζω, *pres act ptc nom s m*, sanctify, consecrate
27 προσήλυτος, immigrant, guest
28 πρόσκειμαι, *pres pas ptc gen p m*, join to, belong to
29 δῶρον, gift, offering
30 ὁμολογία, promise, vow
31 αἵρεσις, free will
32 ὁλοκαύτωμα, whole burnt offering
33 δεκτός, acceptable
34 ἄμωμος, unblemished
35 ἄρσην, male
36 βουκόλιον, herd of cattle
37 αἴξ, goat
38 μῶμος, blemish
39 προσάγω, *fut act ind 3p*, bring to
40 διότι, because
41 δεκτός, acceptable
42 θυσία, sacrifice
43 σωτήριον, deliverance, peace

διαστείλας[1] εὐχὴν[2] κατὰ αἵρεσιν[3] ἢ ἐν ταῖς ἑορταῖς[4] ὑμῶν ἐκ τῶν βουκολίων[5] ἢ ἐκ τῶν
προβάτων, ἄμωμον[6] ἔσται εἰς δεκτόν,[7] πᾶς μῶμος[8] οὐκ ἔσται ἐν αὐτῷ. **22** τυφλὸν[9] ἢ
συντετριμμένον[10] ἢ γλωσσότμητον[11] ἢ μυρμηκιῶντα[12] ἢ ψωραγριῶντα[13] ἢ λειχῆνας[14]
ἔχοντα, οὐ προσάξουσιν[15] ταῦτα τῷ κυρίῳ, καὶ εἰς κάρπωσιν[16] οὐ δώσετε ἀπ'
αὐτῶν ἐπὶ τὸ θυσιαστήριον[17] τῷ κυρίῳ. **23** καὶ μόσχον[18] ἢ πρόβατον ὠτότμητον[19] ἢ
κολοβόκερκον,[20] σφάγια[21] ποιήσεις αὐτὰ σεαυτῷ, εἰς δὲ εὐχήν[22] σου οὐ δεχθήσεται.[23]
24 θλαδίαν[24] καὶ ἐκτεθλιμμένον[25] καὶ ἐκτομίαν[26] καὶ ἀπεσπασμένον,[27] οὐ προσάξεις[28]
αὐτὰ τῷ κυρίῳ καὶ ἐπὶ τῆς γῆς ὑμῶν οὐ ποιήσετε. **25** καὶ ἐκ χειρὸς ἀλλογενοῦς[29] οὐ
προσοίσετε[30] τὰ δῶρα[31] τοῦ θεοῦ ὑμῶν ἀπὸ πάντων τούτων, ὅτι φθάρματά[32] ἐστιν
ἐν αὐτοῖς, μῶμος[33] ἐν αὐτοῖς, οὐ δεχθήσεται[34] ταῦτα ὑμῖν.

26 Καὶ ἐλάλησεν κύριος πρὸς Μωυσῆν λέγων **27** Μόσχον[35] ἢ πρόβατον ἢ αἶγα,[36]
ὡς ἂν τεχθῇ,[37] καὶ ἔσται ἑπτὰ ἡμέρας ὑπὸ τὴν μητέρα, τῇ δὲ ἡμέρᾳ τῇ ὀγδόῃ[38] καὶ
ἐπέκεινα[39] δεχθήσεται[40] εἰς δῶρα,[41] κάρπωμα[42] κυρίῳ. **28** καὶ μόσχον[43] ἢ πρόβατον,
αὐτὴν καὶ τὰ παιδία[44] αὐτῆς οὐ σφάξεις[45] ἐν ἡμέρᾳ μιᾷ. **29** ἐὰν δὲ θύσῃς[46] θυσίαν[47]
εὐχὴν[48] χαρμοσύνης[49] κυρίῳ, εἰς δεκτὸν[50] ὑμῖν θύσετε[51] αὐτό· **30** αὐτῇ τῇ ἡμέρᾳ
ἐκείνῃ βρωθήσεται,[52] οὐκ ἀπολείψετε[53] ἀπὸ τῶν κρεῶν[54] εἰς τὸ πρωί·[55] ἐγώ εἰμι
κύριος.

1 διαστέλλω, *aor act ptc nom s m*, pronounce
2 εὐχή, vow
3 αἵρεσις, free will
4 ἑορτή, feast, festival
5 βουκόλιον, herd of cattle
6 ἄμωμος, unblemished
7 δεκτός, acceptable
8 μῶμος, blemish
9 τυφλός, blind
10 συντρίβω, *perf pas ptc acc s n*, crush
11 γλωσσότμητος, with the tongue cut out
12 μυρμηκιάω, *pres act ptc acc p n*, be afflicted with warts
13 ψωραγριάω, *pres act ptc acc p n*, suffer from mange
14 λειχήν, canker, scurvy
15 προσάγω, *fut act ind 3p*, bring to
16 κάρπωσις, offering
17 θυσιαστήριον, altar
18 μόσχος, calf, young bull
19 ὠτότμητος, with ears chopped off
20 κολοβόκερκος, with docked tail
21 σφάγιον, slaughtered offering
22 εὐχή, vow
23 δέχομαι, *fut pas ind 3s*, accept
24 θλαδίας, one that is castrated
25 ἐκθλίβω, *perf pas ptc acc s n*, bruise
26 ἐκτομίας, one that is castrated
27 ἀποσπάω, *perf pas ptc acc s n*, tear off
28 προσάγω, *fut act ind 2s*, bring to
29 ἀλλογενής, foreign, strange
30 προσφέρω, *fut act ind 2p*, offer
31 δῶρον, gift, offering
32 φθάρμα, corruption
33 μῶμος, blemish
34 δέχομαι, *fut pas ind 3s*, accept
35 μόσχος, calf, young bull
36 αἴξ, goat
37 τίκτω, *aor pas sub 3s*, give birth
38 ὄγδοος, eighth
39 ἐπέκεινα, beyond
40 δέχομαι, *fut pas ind 3s*, accept
41 δῶρον, gift, offering
42 κάρπωμα, burnt offering
43 μόσχος, calf, young bull
44 παιδίον, young
45 σφάζω, *fut act ind 2s*, slaughter
46 θύω, *aor act sub 2s*, sacrifice
47 θυσία, sacrifice
48 εὐχή, vow
49 χαρμοσύνη, joyfulness
50 δεκτός, acceptable
51 θύω, *fut act ind 2p*, sacrifice
52 βιβρώσκω, *fut pas ind 3s*, eat
53 ἀπολείπω, *fut act ind 2p*, leave behind
54 κρέας, meat
55 πρωί, morning

31 Καὶ φυλάξετε τὰς ἐντολάς μου καὶ ποιήσετε αὐτάς. **32** καὶ οὐ βεβηλώσετε[1] τὸ
ὄνομα τοῦ ἁγίου, καὶ ἁγιασθήσομαι[2] ἐν μέσῳ τῶν υἱῶν Ισραηλ· ἐγὼ κύριος ὁ ἁγιάζων[3]
ὑμᾶς **33** ὁ ἐξαγαγὼν[4] ὑμᾶς ἐκ γῆς Αἰγύπτου ὥστε εἶναι ὑμῶν θεός, ἐγὼ κύριος.

Religious Celebrations

23 Καὶ εἶπεν κύριος πρὸς Μωυσῆν λέγων **2** Λάλησον τοῖς υἱοῖς Ισραηλ καὶ ἐρεῖς
πρὸς αὐτούς Αἱ ἑορταὶ[5] κυρίου, ἃς καλέσετε αὐτὰς κλητὰς[6] ἁγίας, αὗταί
εἰσιν ἑορταί μου. — **3** ἓξ[7] ἡμέρας ποιήσεις ἔργα, καὶ τῇ ἡμέρᾳ τῇ ἑβδόμῃ[8] σάββατα
ἀνάπαυσις[9] κλητὴ[10] ἁγία τῷ κυρίῳ· πᾶν ἔργον οὐ ποιήσεις· σάββατά ἐστιν τῷ κυρίῳ
ἐν πάσῃ κατοικίᾳ[11] ὑμῶν.

4 Αὗται αἱ ἑορταὶ[12] τῷ κυρίῳ, κληταὶ[13] ἅγιαι, ἃς καλέσετε αὐτὰς ἐν τοῖς καιροῖς
αὐτῶν. **5** ἐν τῷ πρώτῳ μηνὶ[14] ἐν τῇ τεσσαρεσκαιδεκάτῃ[15] ἡμέρᾳ τοῦ μηνὸς ἀνὰ
μέσον[16] τῶν ἑσπερινῶν[17] πάσχα τῷ κυρίῳ. **6** καὶ ἐν τῇ πεντεκαιδεκάτῃ[18] ἡμέρᾳ τοῦ
μηνὸς[19] τούτου ἑορτὴ[20] τῶν ἀζύμων[21] τῷ κυρίῳ· ἑπτὰ ἡμέρας ἄζυμα ἔδεσθε.[22] **7** καὶ
ἡ ἡμέρα ἡ πρώτη κλητὴ[23] ἁγία ἔσται ὑμῖν, πᾶν ἔργον λατρευτὸν[24] οὐ ποιήσετε· **8** καὶ
προσάξετε[25] ὁλοκαυτώματα[26] τῷ κυρίῳ ἑπτὰ ἡμέρας· καὶ ἡ ἑβδόμη[27] ἡμέρα κλητὴ[28]
ἁγία ἔσται ὑμῖν, πᾶν ἔργον λατρευτὸν[29] οὐ ποιήσετε.

9 Καὶ ἐλάλησεν κύριος πρὸς Μωυσῆν λέγων **10** Εἰπὸν τοῖς υἱοῖς Ισραηλ καὶ ἐρεῖς
πρὸς αὐτούς Ὅταν εἰσέλθητε εἰς τὴν γῆν, ἣν ἐγὼ δίδωμι ὑμῖν, καὶ θερίζητε[30] τὸν
θερισμὸν[31] αὐτῆς, καὶ οἴσετε[32] δράγμα[33] ἀπαρχὴν[34] τοῦ θερισμοῦ ὑμῶν πρὸς τὸν
ἱερέα· **11** καὶ ἀνοίσει[35] τὸ δράγμα[36] ἔναντι[37] κυρίου δεκτὸν[38] ὑμῖν, τῇ ἐπαύριον[39]
τῆς πρώτης ἀνοίσει[40] αὐτὸ ὁ ἱερεύς. **12** καὶ ποιήσετε ἐν τῇ ἡμέρᾳ, ἐν ᾗ ἂν φέρητε

1 βεβηλόω, *fut act ind 2p*, profane, pollute
2 ἁγιάζω, *fut pas ind 1s*, sanctify, consecrate
3 ἁγιάζω, *pres act ptc nom s m*, sanctify, consecrate
4 ἐξάγω, *aor act ptc nom s m*, bring out
5 ἑορτή, feast
6 κλητός, designated, chosen
7 ἕξ, six
8 ἕβδομος, seventh
9 ἀνάπαυσις, rest
10 κλητός, designated, chosen
11 κατοικία, dwelling, settlement
12 ἑορτή, feast
13 κλητός, designated, chosen
14 μήν, month
15 τεσσαρεσκαιδέκατος, fourteenth
16 ἀνὰ μέσον, between
17 ἑσπερινός, toward evening
18 πεντεκαιδέκατος, fifteenth
19 μήν, month
20 ἑορτή, feast
21 ἄζυμος, unleavened
22 ἐσθίω, *fut mid ind 2p*, eat
23 κλητός, designated, chosen
24 λατρευτός, of service
25 προσάγω, *fut act ind 2p*, bring to, present
26 ὁλοκαύτωμα, whole burnt offering
27 ἕβδομος, seventh
28 κλητός, designated, chosen
29 λατρευτός, of service
30 θερίζω, *pres act sub 2p*, reap
31 θερισμός, harvest
32 φέρω, *fut act ind 2p*, bring
33 δράγμα, sheaf
34 ἀπαρχή, firstfruit
35 ἀναφέρω, *fut act ind 3s*, offer
36 δράγμα, sheaf
37 ἔναντι, before
38 δεκτός, acceptable
39 ἐπαύριον, day after
40 ἀναφέρω, *fut act ind 3s*, offer

τὸ δράγμα,[1] πρόβατον ἄμωμον[2] ἐνιαύσιον[3] εἰς ὁλοκαύτωμα[4] τῷ κυρίῳ **13** καὶ τὴν
θυσίαν[5] αὐτοῦ δύο δέκατα[6] σεμιδάλεως[7] ἀναπεποιημένης[8] ἐν ἐλαίῳ[9] — θυσία[10] τῷ
κυρίῳ, ὀσμὴ[11] εὐωδίας[12] κυρίῳ — καὶ σπονδὴν[13] αὐτοῦ τὸ τέταρτον[14] τοῦ ιν[15] οἴνου.
14 καὶ ἄρτον καὶ πεφρυγμένα[16] χῖδρα[17] νέα[18] οὐ φάγεσθε ἕως εἰς αὐτὴν τὴν ἡμέραν
ταύτην, ἕως ἂν προσενέγκητε ὑμεῖς τὰ δῶρα[19] τῷ θεῷ ὑμῶν· νόμιμον[20] αἰώνιον εἰς
τὰς γενεὰς ὑμῶν ἐν πάσῃ κατοικίᾳ[21] ὑμῶν.

15 Καὶ ἀριθμήσετε[22] ὑμεῖς ἀπὸ τῆς ἐπαύριον[23] τῶν σαββάτων, ἀπὸ τῆς ἡμέρας, ἧς
ἂν προσενέγκητε τὸ δράγμα[24] τοῦ ἐπιθέματος,[25] ἑπτὰ ἑβδομάδας[26] ὁλοκλήρους·[27]
16 ἕως τῆς ἐπαύριον[28] τῆς ἐσχάτης ἑβδομάδος[29] ἀριθμήσετε[30] πεντήκοντα[31] ἡμέρας
καὶ προσοίσετε[32] θυσίαν[33] νέαν[34] τῷ κυρίῳ. **17** ἀπὸ τῆς κατοικίας[35] ὑμῶν προσοίσετε[36]
ἄρτους ἐπίθεμα,[37] δύο ἄρτους· ἐκ δύο δεκάτων[38] σεμιδάλεως[39] ἔσονται, ἐζυμωμένοι[40]
πεφθήσονται[41] πρωτογενημάτων[42] τῷ κυρίῳ. **18** καὶ προσάξετε[43] μετὰ τῶν ἄρτων
ἑπτὰ ἀμνοὺς ἀμώμους[44] ἐνιαυσίους[45] καὶ μόσχον[46] ἕνα ἐκ βουκολίου[47] καὶ κριοὺς[48]
δύο ἀμώμους — ἔσονται ὁλοκαύτωμα[49] τῷ κυρίῳ — καὶ αἱ θυσίαι[50] αὐτῶν καὶ αἱ
σπονδαὶ[51] αὐτῶν, θυσίαν ὀσμὴν[52] εὐωδίας[53] τῷ κυρίῳ. **19** καὶ ποιήσουσιν χίμαρον[54]
ἐξ αἰγῶν[55] ἕνα περὶ ἁμαρτίας καὶ δύο ἀμνοὺς[56] ἐνιαυσίους[57] εἰς θυσίαν[58] σωτηρίου[59]

1 δράγμα, sheaf
2 ἄμωμος, unblemished
3 ἐνιαύσιος, one year (old)
4 ὁλοκαύτωμα, whole burnt offering
5 θυσία, sacrifice
6 δέκατος, tenth
7 σεμίδαλις, fine flour
8 ἀναποιέω, *perf pas ptc gen s f*, prepare
9 ἔλαιον, oil
10 θυσία, sacrifice
11 ὀσμή, smell
12 εὐωδία, fragrance
13 σπονδή, drink offering
14 τέταρτος, fourth
15 ιν, hin, *translit.*
16 φρύγω, *perf mid ptc acc p n*, parch
17 χίδρον, hulled kernel
18 νέος, fresh, new
19 δῶρον, gift, offering
20 νόμιμος, statute, ordinance
21 κατοικία, dwelling, settlement
22 ἀριθμέω, *fut act ind 2p*, number
23 ἐπαύριον, day after
24 δράγμα, sheaf
25 ἐπίθεμα, addition
26 ἑβδομάς, week
27 ὁλόκληρος, whole
28 ἐπαύριον, day after
29 ἑβδομάς, week
30 ἀριθμέω, *fut act ind 2p*, number
31 πεντήκοντα, fifty
32 προσφέρω, *fut act ind 2p*, bring to, present
33 θυσία, sacrifice
34 νέος, new
35 κατοικία, dwelling, settlement
36 προσφέρω, *fut act ind 2p*, bring to, present
37 ἐπίθεμα, addition
38 δέκατος, tenth
39 σεμίδαλις, fine flour
40 ζυμόω, *perf pas ptc nom p m*, leaven
41 πέπτω, *fut pas ind 3p*, bake
42 πρωτογένημα, firstfruit
43 προσάγω, *fut act ind 2p*, bring to
44 ἄμωμος, unblemished
45 ἐνιαύσιος, one year (old)
46 μόσχος, calf, young bull
47 βουκόλιον, herd of cattle
48 κριός, ram
49 ὁλοκαύτωμα, whole burnt offering
50 θυσία, sacrifice
51 σπονδή, drink offering
52 ὀσμή, smell
53 εὐωδία, fragrance
54 χίμαρος, young male goat
55 αἴξ, goat
56 ἀμνός, lamb
57 ἐνιαύσιος, one year (old)
58 θυσία, sacrifice
59 σωτήριον, deliverance, peace

μετὰ τῶν ἄρτων τοῦ πρωτογενήματος·[1] **20** καὶ ἐπιθήσει αὐτὰ ὁ ἱερεὺς μετὰ τῶν ἄρτων τοῦ πρωτογενήματος[2] ἐπίθεμα[3] ἔναντι[4] κυρίου μετὰ τῶν δύο ἀμνῶν·[5] ἅγια ἔσονται τῷ κυρίῳ, τῷ ἱερεῖ τῷ προσφέροντι αὐτὰ αὐτῷ ἔσται. **21** καὶ καλέσετε ταύτην τὴν ἡμέραν κλητήν·[6] ἁγία ἔσται ὑμῖν, πᾶν ἔργον λατρευτὸν[7] οὐ ποιήσετε ἐν αὐτῇ· νόμιμον[8] αἰώνιον εἰς τὰς γενεὰς ὑμῶν ἐν πάσῃ τῇ κατοικίᾳ[9] ὑμῶν.— **22** καὶ ὅταν θερίζητε[10] τὸν θερισμὸν[11] τῆς γῆς ὑμῶν, οὐ συντελέσετε[12] τὸ λοιπὸν τοῦ θερισμοῦ τοῦ ἀγροῦ σου ἐν τῷ θερίζειν[13] σε καὶ τὰ ἀποπίπτοντα[14] τοῦ θερισμοῦ σου οὐ συλλέξεις,[15] τῷ πτωχῷ καὶ τῷ προσηλύτῳ[16] ὑπολείψῃ[17] αὐτά· ἐγὼ κύριος ὁ θεὸς ὑμῶν.

23 Καὶ ἐλάλησεν κύριος πρὸς Μωυσῆν λέγων **24** Λάλησον τοῖς υἱοῖς Ισραηλ λέγων Τοῦ μηνὸς[18] τοῦ ἑβδόμου[19] μιᾷ τοῦ μηνὸς ἔσται ὑμῖν ἀνάπαυσις,[20] μνημόσυνον[21] σαλπίγγων,[22] κλητὴ[23] ἁγία ἔσται ὑμῖν· **25** πᾶν ἔργον λατρευτὸν[24] οὐ ποιήσετε καὶ προσάξετε[25] ὁλοκαύτωμα[26] κυρίῳ.

26 Καὶ ἐλάλησεν κύριος πρὸς Μωυσῆν λέγων **27** Καὶ τῇ δεκάτῃ[27] τοῦ μηνὸς[28] τοῦ ἑβδόμου[29] τούτου ἡμέρα ἐξιλασμοῦ,[30] κλητὴ[31] ἁγία ἔσται ὑμῖν, καὶ ταπεινώσετε[32] τὰς ψυχὰς ὑμῶν καὶ προσάξετε[33] ὁλοκαύτωμα[34] τῷ κυρίῳ. **28** πᾶν ἔργον οὐ ποιήσετε ἐν αὐτῇ τῇ ἡμέρᾳ ταύτῃ· ἔστιν γὰρ ἡμέρα ἐξιλασμοῦ[35] αὕτη ὑμῖν ἐξιλάσασθαι[36] περὶ ὑμῶν ἔναντι[37] κυρίου τοῦ θεοῦ ὑμῶν. **29** πᾶσα ψυχή, ἥτις μὴ ταπεινωθήσεται[38] ἐν αὐτῇ τῇ ἡμέρᾳ ταύτῃ, ἐξολεθρευθήσεται[39] ἐκ τοῦ λαοῦ αὐτῆς. **30** καὶ πᾶσα ψυχή, ἥτις ποιήσει ἔργον ἐν αὐτῇ τῇ ἡμέρᾳ ταύτῃ, ἀπολεῖται ἡ ψυχὴ ἐκείνη ἐκ τοῦ λαοῦ αὐτῆς. **31** πᾶν ἔργον οὐ ποιήσετε· νόμιμον[40] αἰώνιον εἰς τὰς γενεὰς ὑμῶν ἐν πάσαις κατοικίαις[41] ὑμῶν. **32** σάββατα σαββάτων ἔσται ὑμῖν, καὶ ταπεινώσετε[42] τὰς

1 πρωτογένημα, firstfruit
2 πρωτογένημα, firstfruit
3 ἐπίθεμα, addition
4 ἔναντι, before
5 ἀμνός, lamb
6 κλητός, chosen, designated
7 λατρευτός, of service
8 νόμιμος, statute, ordinance
9 κατοικία, dwelling, settlement
10 θερίζω, *pres act sub 2p*, reap
11 θερισμός, harvest
12 συντελέω, *fut act ind 2p*, finish
13 θερίζω, *pres act inf*, reap
14 ἀποπίπτω, *pres act ptc acc p n*, fall from
15 συλλέγω, *fut act ind 2s*, gather
16 προσήλυτος, immigrant, guest
17 ὑπολείπω, *fut mid ind 2s*, leave behind
18 μήν, month
19 ἕβδομος, seventh
20 ἀνάπαυσις, rest
21 μνημόσυνον, memorial
22 σάλπιγξ, trumpet call
23 κλητός, designated, chosen
24 λατρευτός, of service
25 προσάγω, *fut act ind 2p*, bring to
26 ὁλοκαύτωμα, whole burnt offering
27 δέκατος, tenth
28 μήν, month
29 ἕβδομος, seventh
30 ἐξιλασμός, propitiation, atonement
31 κλητός, designated, chosen
32 ταπεινόω, *fut act ind 2p*, humble
33 προσάγω, *fut act ind 2p*, bring to
34 ὁλοκαύτωμα, whole burnt offering
35 ἐξιλασμός, propitiation, atonement
36 ἐξιλάσκομαι, *aor mid inf*, propitiate, make atonement
37 ἔναντι, before
38 ταπεινόω, *fut pas ind 3s*, humble
39 ἐξολεθρεύω, *fut pas ind 3s*, utterly destroy
40 νόμιμος, statute, ordinance
41 κατοικία, dwelling, settlement
42 ταπεινόω, *fut act ind 2p*, humble

ψυχὰς ὑμῶν· ἀπὸ ἐνάτης[1] τοῦ μηνὸς[2] ἀπὸ ἑσπέρας[3] ἕως ἑσπέρας σαββατιεῖτε[4] τὰ
σάββατα ὑμῶν.

33 Καὶ ἐλάλησεν κύριος πρὸς Μωυσῆν λέγων **34** Λάλησον τοῖς υἱοῖς Ισραηλ λέγων
Τῇ πεντεκαιδεκάτῃ[5] τοῦ μηνὸς[6] τοῦ ἑβδόμου[7] τούτου ἑορτὴ[8] σκηνῶν[9] ἑπτὰ ἡμέρας
τῷ κυρίῳ. **35** καὶ ἡ ἡμέρα ἡ πρώτη κλητὴ[10] ἁγία, πᾶν ἔργον λατρευτὸν[11] οὐ ποιήσετε.
36 ἑπτὰ ἡμέρας προσάξετε[12] ὁλοκαυτώματα[13] τῷ κυρίῳ· καὶ ἡ ἡμέρα ἡ ὀγδόη[14]
κλητὴ[15] ἁγία ἔσται ὑμῖν, καὶ προσάξετε[16] ὁλοκαυτώματα[17] τῷ κυρίῳ· ἐξόδιόν[18] ἐστιν,
πᾶν ἔργον λατρευτὸν[19] οὐ ποιήσετε.

37 Αὗται αἱ ἑορταὶ[20] κυρίῳ, ἃς καλέσετε κλητὰς[21] ἁγίας ὥστε προσενέγκαι καρ-
πώματα[22] τῷ κυρίῳ, ὁλοκαυτώματα[23] καὶ θυσίας[24] αὐτῶν καὶ σπονδὰς[25] αὐτῶν τὸ
καθ' ἡμέραν εἰς ἡμέραν **38** πλὴν τῶν σαββάτων κυρίου καὶ πλὴν τῶν δομάτων[26]
ὑμῶν καὶ πλὴν πασῶν τῶν εὐχῶν[27] ὑμῶν καὶ πλὴν τῶν ἑκουσίων[28] ὑμῶν, ἃ ἂν δῶτε
τῷ κυρίῳ.

39 Καὶ ἐν τῇ πεντεκαιδεκάτῃ[29] ἡμέρᾳ τοῦ μηνὸς[30] τοῦ ἑβδόμου[31] τούτου, ὅταν
συντελέσητε[32] τὰ γενήματα[33] τῆς γῆς, ἑορτάσετε[34] τῷ κυρίῳ ἑπτὰ ἡμέρας· τῇ ἡμέρᾳ
τῇ πρώτῃ ἀνάπαυσις,[35] καὶ τῇ ἡμέρᾳ τῇ ὀγδόῃ[36] ἀνάπαυσις. **40** καὶ λήμψεσθε τῇ
ἡμέρᾳ τῇ πρώτῃ καρπὸν ξύλου[37] ὡραῖον[38] καὶ κάλλυνθρα[39] φοινίκων[40] καὶ κλάδους[41]
ξύλου δασεῖς[42] καὶ ἰτέας[43] καὶ ἄγνου[44] κλάδους[45] ἐκ χειμάρρου[46] εὐφρανθῆναι[47]
ἔναντι[48] κυρίου τοῦ θεοῦ ὑμῶν ἑπτὰ ἡμέρας **41** τοῦ ἐνιαυτοῦ·[49] νόμιμον[50] αἰώνιον εἰς

1 ἔνατος, ninth
2 μήν, month
3 ἑσπέρα, evening
4 σαββατίζω, *fut act ind 2p*, keep Sabbath, *Heb. LW*
5 πεντεκαιδέκατος, fifteenth
6 μήν, month
7 ἕβδομος, seventh
8 ἑορτή, feast
9 σκηνή, tent, booth
10 κλητός, designated, chosen
11 λατρευτός, of service
12 προσάγω, *fut act ind 2p*, bring to
13 ὁλοκαύτωμα, whole burnt offering
14 ὄγδοος, eighth
15 κλητός, designated, chosen
16 προσάγω, *fut act ind 2p*, bring to
17 ὁλοκαύτωμα, whole burnt offering
18 ἐξόδιον, conclusion, final part
19 λατρευτός, of service
20 ἑορτή, festival
21 κλητός, chosen, designated
22 κάρπωμα, burnt offering
23 ὁλοκαύτωμα, whole burnt offering
24 θυσία, sacrifice
25 σπονδή, drink offering
26 δόμα, gift, offering
27 εὐχή, vow
28 ἑκούσιος, free will (offering)
29 πεντεκαιδέκατος, fifteenth
30 μήν, month
31 ἕβδομος, seventh
32 συντελέω, *aor act sub 2p*, accomplish, complete
33 γένημα, fruit, produce
34 ἑορτάζω, *fut act ind 2p*, keep a feast
35 ἀνάπαυσις, rest
36 ὄγδοος, eighth
37 ξύλον, tree
38 ὡραῖος, ripe
39 κάλλυνθρον, frond
40 φοῖνιξ, palm
41 κλάδος, branch
42 δασύς, leafy
43 ἰτέα, willow tree
44 ἄγνος, chaste-tree
45 κλάδος, branch
46 χείμαρρος, brook
47 εὐφραίνω, *aor pas inf*, rejoice
48 ἔναντι, before
49 ἐνιαυτός, year
50 νόμιμος, statute, ordinance

τὰς γενεὰς ὑμῶν· ἐν τῷ μηνὶ[1] τῷ ἑβδόμῳ[2] ἑορτάσετε[3] αὐτήν. **42** ἐν σκηναῖς[4] κατοικήσετε ἑπτὰ ἡμέρας, πᾶς ὁ αὐτόχθων[5] ἐν Ισραηλ κατοικήσει ἐν σκηναῖς, **43** ὅπως ἴδωσιν αἱ γενεαὶ ὑμῶν ὅτι ἐν σκηναῖς[6] κατῴκισα[7] τοὺς υἱοὺς Ισραηλ ἐν τῷ ἐξαγαγεῖν[8] με αὐτοὺς ἐκ γῆς Αἰγύπτου· ἐγὼ κύριος ὁ θεὸς ὑμῶν.

44 Καὶ ἐλάλησεν Μωυσῆς τὰς ἑορτὰς[9] κυρίου τοῖς υἱοῖς Ισραηλ.

Lamp and Bread of the Tabernacle

24 Καὶ ἐλάλησεν κύριος πρὸς Μωυσῆν λέγων **2** Ἔντειλαι[10] τοῖς υἱοῖς Ισραηλ καὶ λαβέτωσάν μοι ἔλαιον[11] ἐλάινον[12] καθαρὸν[13] κεκομμένον[14] εἰς φῶς καῦσαι[15] λύχνον[16] διὰ παντός. **3** ἔξωθεν[17] τοῦ καταπετάσματος[18] ἐν τῇ σκηνῇ[19] τοῦ μαρτυρίου[20] καύσουσιν[21] αὐτὸν Ααρων καὶ οἱ υἱοὶ αὐτοῦ ἀπὸ ἑσπέρας[22] ἕως πρωὶ[23] ἐνώπιον κυρίου ἐνδελεχῶς·[24] νόμιμον αἰώνιον εἰς τὰς γενεὰς ὑμῶν. **4** ἐπὶ τῆς λυχνίας[25] τῆς καθαρᾶς[26] καύσετε[27] τοὺς λύχνους[28] ἔναντι[29] κυρίου ἕως τὸ πρωί.[30]

5 Καὶ λήμψεσθε σεμίδαλιν[31] καὶ ποιήσετε αὐτὴν δώδεκα[32] ἄρτους, δύο δεκάτων[33] ἔσται ὁ ἄρτος ὁ εἷς· **6** καὶ ἐπιθήσετε αὐτοὺς δύο θέματα,[34] ἓξ[35] ἄρτους τὸ ἓν θέμα,[36] ἐπὶ τὴν τράπεζαν[37] τὴν καθαρὰν[38] ἔναντι[39] κυρίου. **7** καὶ ἐπιθήσετε ἐπὶ τὸ θέμα[40] λίβανον[41] καθαρὸν[42] καὶ ἅλα,[43] καὶ ἔσονται εἰς ἄρτους εἰς ἀνάμνησιν[44] προκείμενα[45] τῷ κυρίῳ. **8** τῇ ἡμέρᾳ τῶν σαββάτων προθήσεται[46] ἔναντι[47] κυρίου διὰ παντὸς ἐνώπιον τῶν υἱῶν Ισραηλ διαθήκην αἰώνιον. **9** καὶ ἔσται Ααρων καὶ τοῖς υἱοῖς αὐτοῦ, καὶ φάγονται αὐτὰ ἐν τόπῳ ἁγίῳ· ἔστιν γὰρ ἅγια τῶν ἁγίων τοῦτο αὐτῷ ἀπὸ τῶν θυσιαζομένων[48] τῷ κυρίῳ, νόμιμον[49] αἰώνιον.

1 μήν, month
2 ἕβδομος, seventh
3 ἑορτάζω, *fut act ind 2p*, keep a feast
4 σκηνή, tent
5 αὐτόχθων, native, indigenous person
6 σκηνή, tent
7 κατοικίζω, *aor act ind 1s*, cause to dwell
8 ἐξάγω, *aor act inf*, bring out
9 ἑορτή, feast
10 ἐντέλλομαι, *aor mid impv 2s*, command
11 ἔλαιον, oil
12 ἐλάϊνος, of olives
13 καθαρός, pure, clean
14 κόπτω, *perf pas ptc acc s n*, beat
15 καίω, *aor act inf*, burn
16 λύχνος, lamp
17 ἔξωθεν, outside
18 καταπέτασμα, veil
19 σκηνή, tent
20 μαρτύριον, witness
21 καίω, *fut act ind 3p*, burn
22 ἑσπέρα, evening
23 πρωί, morning
24 ἐνδελεχῶς, continually
25 λυχνία, lampstand
26 καθαρός, pure, clean
27 καίω, *fut act ind 2p*, burn
28 λύχνος, lamp
29 ἔναντι, before
30 πρωί, morning
31 σεμίδαλις, fine flour
32 δώδεκα, twelve
33 δέκατος, tenth
34 θέμα, pile
35 ἕξ, six
36 θέμα, pile
37 τράπεζα, table
38 καθαρός, pure, clean
39 ἔναντι, before
40 θέμα, pile
41 λίβανος, frankincense, *Heb. LW*
42 καθαρός, pure, clean
43 ἅλς, salt
44 ἀνάμνησις, remembrance
45 πρόκειμαι, *pres pas ptc acc p n*, set before
46 προτίθημι, *fut mid ind 3s*, set before
47 ἔναντι, before
48 θυσιάζω, *pres pas ptc gen p n*, sacrifice
49 νόμιμος, statute, ordinance

Punishment for Blasphemy

10 Καὶ ἐξῆλθεν υἱὸς γυναικὸς Ισραηλίτιδος καὶ οὗτος ἦν υἱὸς Αἰγυπτίου ἐν τοῖς υἱοῖς Ισραηλ, καὶ ἐμαχέσαντο[1] ἐν τῇ παρεμβολῇ[2] ὁ ἐκ τῆς Ισραηλίτιδος καὶ ὁ ἄνθρωπος ὁ Ισραηλίτης, **11** καὶ ἐπονομάσας[3] ὁ υἱὸς τῆς γυναικὸς τῆς Ισραηλίτιδος τὸ ὄνομα κατηράσατο,[4] καὶ ἤγαγον αὐτὸν πρὸς Μωυσῆν· καὶ τὸ ὄνομα τῆς μητρὸς αὐτοῦ Σαλωμιθ θυγάτηρ[5] Δαβρι ἐκ τῆς φυλῆς Δαν. **12** καὶ ἀπέθεντο[6] αὐτὸν εἰς φυλακὴν διακρῖναι[7] αὐτὸν διὰ προστάγματος[8] κυρίου. **13** καὶ ἐλάλησεν κύριος πρὸς Μωυσῆν λέγων **14** Ἐξάγαγε[9] τὸν καταρασάμενον[10] ἔξω τῆς παρεμβολῆς,[11] καὶ ἐπιθήσουσιν πάντες οἱ ἀκούσαντες τὰς χεῖρας αὐτῶν ἐπὶ τὴν κεφαλὴν αὐτοῦ, καὶ λιθοβολήσουσιν[12] αὐτὸν πᾶσα ἡ συναγωγή. **15** καὶ τοῖς υἱοῖς Ισραηλ λάλησον καὶ ἐρεῖς πρὸς αὐτούς Ἄνθρωπος, ὃς ἐὰν καταράσηται[13] θεόν, ἁμαρτίαν λήμψεται· **16** ὀνομάζων[14] δὲ τὸ ὄνομα κυρίου θανάτῳ θανατούσθω·[15] λίθοις λιθοβολείτω[16] αὐτὸν πᾶσα συναγωγὴ Ισραηλ· ἐάν τε προσήλυτος[17] ἐάν τε αὐτόχθων,[18] ἐν τῷ ὀνομάσαι[19] αὐτὸν τὸ ὄνομα κυρίου τελευτάτω.[20]

An Eye for an Eye

17 καὶ ἄνθρωπος, ὃς ἂν πατάξῃ[21] ψυχὴν ἀνθρώπου καὶ ἀποθάνῃ, θανάτῳ θανατούσθω.[22] **18** καὶ ὃς ἂν πατάξῃ[23] κτῆνος[24] καὶ ἀποθάνῃ, ἀποτεισάτω[25] ψυχὴν ἀντὶ[26] ψυχῆς. **19** καὶ ἐάν τις δῷ μῶμον[27] τῷ πλησίον,[28] ὡς ἐποίησεν αὐτῷ, ὡσαύτως[29] ἀντιποιηθήσεται[30] αὐτῷ· **20** σύντριμμα[31] ἀντὶ[32] συντρίμματος, ὀφθαλμὸν ἀντὶ ὀφθαλμοῦ, ὀδόντα[33] ἀντὶ ὀδόντος· καθότι[34] ἂν δῷ μῶμον[35] τῷ ἀνθρώπῳ, οὕτως δοθήσεται αὐτῷ. **21** ὃς ἂν πατάξῃ[36] ἄνθρωπον καὶ ἀποθάνῃ, θανάτῳ θανατούσθω·[37] **22** δικαίωσις[38] μία ἔσται τῷ προσηλύτῳ[39] καὶ τῷ ἐγχωρίῳ,[40] ὅτι ἐγώ εἰμι κύριος ὁ θεὸς ὑμῶν. **23** καὶ ἐλάλησεν Μωυσῆς τοῖς υἱοῖς Ισραηλ καὶ ἐξήγαγον[41] τὸν

1 μάχομαι, *aor mid ind 3p*, fight
2 παρεμβολή, camp
3 ἐπονομάζω, *aor act ptc nom s m*, call down
4 καταράομαι, *aor mid ind 3s*, curse
5 θυγάτηρ, daughter
6 ἀποτίθημι, *aor mid ind 3p*, put away
7 διακρίνω, *aor act inf*, judge
8 πρόσταγμα, ordinance
9 ἐξάγω, *aor act impv 2s*, bring out
10 καταράομαι, *aor mid ptc acc s m*, curse
11 παρεμβολή, camp
12 λιθοβολέω, *fut act ind 3p*, stone
13 καταράομαι, *aor mid sub 3s*, curse
14 ὀνομάζω, *pres act ptc nom s m*, call, name
15 θανατόω, *pres mid impv 3s*, die
16 λιθοβολέω, *pres act impv 3s*, stone
17 προσήλυτος, immigrant, guest
18 αὐτόχθων, native, indigenous person
19 ὀνομάζω, *aor act inf*, call, name
20 τελευτάω, *pres act impv 3s*, die
21 πατάσσω, *aor act sub 3s*, strike
22 θανατόω, *pres mid impv 3s*, die
23 πατάσσω, *aor act sub 3s*, strike
24 κτῆνος, animal, (*p*) herd
25 ἀποτίνω, *aor act impv 3s*, repay
26 ἀντί, in return for
27 μῶμος, blemish
28 πλησίον, neighbor
29 ὡσαύτως, in the manner that
30 ἀντιποιέω, *fut pas ind 3s*, do in return
31 σύντριμμα, fracture, wound
32 ἀντί, in return for
33 ὀδούς, tooth
34 καθότι, as
35 μῶμος, blemish
36 πατάσσω, *aor act sub 3s*, strike
37 θανατόω, *pres mid impv 3s*, die
38 δικαίωσις, judgment
39 προσήλυτος, immigrant, guest
40 ἐγχώριος, inhabitant, native
41 ἐξάγω, *aor act ind 3p*, bring out

καταρασάμενον[1] ἔξω τῆς παρεμβολῆς[2] καὶ ἐλιθοβόλησαν[3] αὐτὸν ἐν λίθοις· καὶ οἱ υἱοὶ Ισραηλ ἐποίησαν καθὰ[4] συνέταξεν[5] κύριος τῷ Μωυσῇ.

Sabbath Year

25 Καὶ ἐλάλησεν κύριος πρὸς Μωυσῆν ἐν τῷ ὄρει Σινα λέγων **2** Λάλησον
τοῖς υἱοῖς Ισραηλ καὶ ἐρεῖς πρὸς αὐτούς Ἐὰν εἰσέλθητε εἰς τὴν γῆν, ἣν ἐγὼ
δίδωμι ὑμῖν, καὶ ἀναπαύσεται[6] ἡ γῆ, ἣν ἐγὼ δίδωμι ὑμῖν, σάββατα τῷ κυρίῳ. **3** ἓξ[7]
ἔτη σπερεῖς[8] τὸν ἀγρόν σου καὶ ἓξ ἔτη τεμεῖς[9] τὴν ἄμπελόν[10] σου καὶ συνάξεις τὸν
καρπὸν αὐτῆς. **4** τῷ δὲ ἔτει τῷ ἑβδόμῳ[11] σάββατα ἀνάπαυσις[12] ἔσται τῇ γῇ, σάββατα
τῷ κυρίῳ· τὸν ἀγρόν σου οὐ σπερεῖς[13] καὶ τὴν ἄμπελόν[14] σου οὐ τεμεῖς[15] **5** καὶ τὰ
αὐτόματα[16] ἀναβαίνοντα τοῦ ἀγροῦ σου οὐκ ἐκθερίσεις[17] καὶ τὴν σταφυλὴν[18] τοῦ
ἁγιάσματός[19] σου οὐκ ἐκτρυγήσεις·[20] ἐνιαυτὸς[21] ἀναπαύσεως[22] ἔσται τῇ γῇ. **6** καὶ
ἔσται τὰ σάββατα τῆς γῆς βρώματά[23] σοι καὶ τῷ παιδί[24] σου καὶ τῇ παιδίσκῃ[25] σου καὶ
τῷ μισθωτῷ[26] σου καὶ τῷ παροίκῳ[27] τῷ προσκειμένῳ[28] πρὸς σέ, **7** καὶ τοῖς κτήνεσίν[29]
σου καὶ τοῖς θηρίοις[30] τοῖς ἐν τῇ γῇ σου ἔσται πᾶν τὸ γένημα[31] αὐτοῦ εἰς βρῶσιν.[32]

Jubilee Year

8 Καὶ ἐξαριθμήσεις[33] σεαυτῷ ἑπτὰ ἀναπαύσεις[34] ἐτῶν, ἑπτὰ ἔτη ἑπτάκις,[35] καὶ ἔσονταί
σοι ἑπτὰ ἑβδομάδες[36] ἐτῶν ἐννέα[37] καὶ τεσσαράκοντα[38] ἔτη. **9** καὶ διαγγελεῖτε[39]
σάλπιγγος[40] φωνῇ ἐν πάσῃ τῇ γῇ ὑμῶν τῷ μηνὶ[41] τῷ ἑβδόμῳ[42] τῇ δεκάτῃ[43] τοῦ

1 καταράομαι, *aor mid ptc acc s m*, curse
2 παρεμβολή, camp
3 λιθοβολέω, *aor act ind 3p*, stone
4 καθά, as
5 συντάσσω, *aor act ind 3s*, order, instruct
6 ἀναπαύω, *fut mid ind 3s*, rest
7 ἕξ, six
8 σπείρω, *fut act ind 2s*, sow
9 τέμνω, *fut act ind 2s*, prune, trim
10 ἄμπελος, vine
11 ἕβδομος, seventh
12 ἀνάπαυσις, rest
13 σπείρω, *fut act ind 2s*, sow
14 ἄμπελος, vine
15 τέμνω, *fut act ind 2s*, prune, trim
16 αὐτόματος, by itself, spontaneously
17 ἐκθερίζω, *fut act ind 2s*, reap completely
18 σταφυλή, (bunch of) grapes
19 ἁγίασμα, holiness
20 ἐκτρυγάω, *fut act ind 2s*, gather in the vintage
21 ἐνιαυτός, year
22 ἀνάπαυσις, rest
23 βρῶμα, food
24 παῖς, servant
25 παιδίσκη, maidservant
26 μισθωτός, hired worker
27 πάροικος, foreigner, sojourner
28 πρόσκειμαι, *pres pas ptc dat s m*, join to, belong to
29 κτῆνος, animal, (*p*) herd
30 θηρίον, wild animal
31 γένημα, yield, produce
32 βρῶσις, food
33 ἐξαριθμέω, *fut act ind 2s*, enumerate, number
34 ἀνάπαυσις, rest
35 ἑπτάκις, seven times
36 ἑβδομάς, period of seven years
37 ἐννέα, nine
38 τεσσαράκοντα, forty
39 διαγγέλλω, *fut act ind 2p*, proclaim
40 σάλπιγξ, trumpet
41 μήν, month
42 ἕβδομος, seventh
43 δέκατος, tenth

μηνός· τῇ ἡμέρᾳ τοῦ ἱλασμοῦ[1] διαγγελεῖτε[2] σάλπιγγι[3] ἐν πάσῃ τῇ γῇ ὑμῶν **10** καὶ ἁγιάσετε[4] τὸ ἔτος τὸ πεντηκοστὸν[5] ἐνιαυτὸν[6] καὶ διαβοήσετε[7] ἄφεσιν[8] ἐπὶ τῆς γῆς πᾶσιν τοῖς κατοικοῦσιν αὐτήν· ἐνιαυτὸς ἀφέσεως σημασία[9] αὕτη ἔσται ὑμῖν, καὶ ἀπελεύσεται εἷς ἕκαστος εἰς τὴν κτῆσιν[10] αὐτοῦ, καὶ ἕκαστος εἰς τὴν πατρίδα[11] αὐτοῦ ἀπελεύσεσθε. **11** ἀφέσεως[12] σημασία[13] αὕτη, τὸ ἔτος τὸ πεντηκοστὸν[14] ἐνιαυτὸς[15] ἔσται ὑμῖν· οὐ σπερεῖτε[16] οὐδὲ ἀμήσετε[17] τὰ αὐτόματα[18] ἀναβαίνοντα αὐτῆς καὶ οὐ τρυγήσετε[19] τὰ ἡγιασμένα[20] αὐτῆς, **12** ὅτι ἀφέσεως[21] σημασία[22] ἐστίν, ἅγιον ἔσται ὑμῖν, ἀπὸ τῶν πεδίων[23] φάγεσθε τὰ γενήματα[24] αὐτῆς.

13 Ἐν τῷ ἔτει τῆς ἀφέσεως[25] σημασίᾳ[26] αὐτῆς ἐπανελεύσεται[27] ἕκαστος εἰς τὴν κτῆσιν[28] αὐτοῦ. **14** ἐὰν δὲ ἀποδῷ[29] πρᾶσιν[30] τῷ πλησίον[31] σου ἐὰν καὶ κτήσῃ[32] παρὰ τοῦ πλησίον σου, μὴ θλιβέτω[33] ἄνθρωπος τὸν πλησίον· **15** κατὰ ἀριθμὸν[34] ἐτῶν μετὰ τὴν σημασίαν[35] κτήσῃ[36] παρὰ τοῦ πλησίον,[37] κατὰ ἀριθμὸν ἐνιαυτῶν γενημάτων[38] ἀποδώσεταί σοι. **16** καθότι[39] ἂν πλεῖον[40] τῶν ἐτῶν, πληθύνῃ[41] τὴν ἔγκτησιν[42] αὐτοῦ, καὶ καθότι[43] ἂν ἔλαττον[44] τῶν ἐτῶν, ἐλαττονώσῃ[45] τὴν κτῆσιν[46] αὐτοῦ· ὅτι ἀριθμὸν[47] γενημάτων[48] αὐτοῦ οὕτως ἀποδώσεταί σοι. **17** μὴ θλιβέτω[49] ἄνθρωπος τὸν πλησίον[50] καὶ φοβηθήσῃ κύριον τὸν θεόν σου· ἐγώ εἰμι κύριος ὁ θεὸς ὑμῶν. **18** καὶ ποιήσετε πάντα τὰ δικαιώματά[51] μου καὶ πάσας τὰς κρίσεις μου καὶ φυλάξασθε

1 ἱλασμός, propitiation, atonement
2 διαγγέλλω, *fut act ind 2p*, proclaim
3 σάλπιγξ, trumpet call
4 ἁγιάζω, *fut act ind 2p*, sanctify, consecrate
5 πεντηκοστός, fiftieth
6 ἐνιαυτός, year
7 διαβοάω, *fut act ind 2p*, proclaim, declare
8 ἄφεσις, release
9 σημασία, signal
10 κτῆσις, possession
11 πατρίς, home town
12 ἄφεσις, release
13 σημασία, signal
14 πεντηκοστός, fiftieth
15 ἐνιαυτός, year
16 σπείρω, *fut act ind 2p*, sow
17 ἀμάω, *fut act ind 2p*, reap
18 αὐτόματος, by itself, spontaneously
19 τρυγάω, *fut act ind 2p*, gather
20 ἁγιάζω, *perf pas ptc acc p n*, sanctify, consecrate
21 ἄφεσις, release
22 σημασία, signal
23 πεδίον, field, plain
24 γένημα, yield, produce
25 ἄφεσις, release
26 σημασία, signal
27 ἐπανέρχομαι, *fut mid ind 3s*, return
28 κτῆσις, possession
29 ἀποδίδωμι, *aor mid sub 3s*, sell
30 πρᾶσις, sale
31 πλησίον, neighbor
32 κτάομαι, *aor mid sub 2s*, acquire
33 θλίβω, *pres act impv 3s*, afflict, oppress
34 ἀριθμός, number
35 σημασία, signal
36 κτάομαι, *fut mid ind 2s*, acquire
37 πλησίον, neighbor
38 γένημα, yield, produce
39 καθότι, as
40 πλείων/πλεῖον, *comp of* πολύς, more numerous, greater
41 πληθύνω, *aor act sub 3s*, multiply, increase
42 ἔγκτησις, property, possession
43 καθότι, as
44 ἐλάττων (σσ), *comp of* μικρός, *from* ἐλαχύς, less, fewer
45 ἐλαττονόω, *aor act sub 3s*, reduce, diminish
46 κτῆσις, possession
47 ἀριθμός, number
48 γένημα, yield, produce
49 θλίβω, *pres act impv 3s*, afflict, oppress
50 πλησίον, neighbor
51 δικαίωμα, ordinance

καὶ ποιήσετε αὐτὰ καὶ κατοικήσετε ἐπὶ τῆς γῆς πεποιθότες· **19** καὶ δώσει ἡ γῆ τὰ
ἐκφόρια[1] αὐτῆς, καὶ φάγεσθε εἰς πλησμονὴν[2] καὶ κατοικήσετε πεποιθότες ἐπ᾽ αὐτῆς.
20 ἐὰν δὲ λέγητε Τί φαγόμεθα ἐν τῷ ἔτει τῷ ἑβδόμῳ[3] τούτῳ, ἐὰν μὴ σπείρωμεν[4]
μηδὲ συναγάγωμεν τὰ γενήματα[5] ἡμῶν; **21** καὶ ἀποστελῶ τὴν εὐλογίαν[6] μου ὑμῖν ἐν
τῷ ἔτει τῷ ἕκτῳ,[7] καὶ ποιήσει τὰ γενήματα[8] αὐτῆς εἰς τὰ τρία ἔτη. **22** καὶ σπερεῖτε[9]
τὸ ἔτος τὸ ὄγδοον[10] καὶ φάγεσθε ἀπὸ τῶν γενημάτων[11] παλαιά·[12] ἕως τοῦ ἔτους τοῦ
ἐνάτου,[13] ἕως ἂν ἔλθῃ τὸ γένημα αὐτῆς, φάγεσθε παλαιὰ παλαιῶν.

Redemption of Property

23 καὶ ἡ γῆ οὐ πραθήσεται[14] εἰς βεβαίωσιν,[15] ἐμὴ γάρ ἐστιν ἡ γῆ, διότι[16] προσήλυτοι[17]
καὶ πάροικοι[18] ὑμεῖς ἐστε ἐναντίον[19] μου· **24** καὶ κατὰ πᾶσαν γῆν κατασχέσεως[20]
ὑμῶν λύτρα[21] δώσετε τῆς γῆς. — **25** ἐὰν δὲ πένηται[22] ὁ ἀδελφός σου ὁ μετὰ σοῦ καὶ
ἀποδῶται ἀπὸ τῆς κατασχέσεως[23] αὐτοῦ καὶ ἔλθῃ ὁ ἀγχιστεύων[24] ἐγγίζων ἔγγιστα[25]
αὐτοῦ, καὶ λυτρώσεται[26] τὴν πρᾶσιν[27] τοῦ ἀδελφοῦ αὐτοῦ. **26** ἐὰν δὲ μὴ ᾖ τινι ὁ
ἀγχιστεύων[28] καὶ εὐπορηθῇ[29] τῇ χειρὶ καὶ εὑρεθῇ αὐτῷ τὸ ἱκανὸν[30] λύτρα[31] αὐτοῦ,
27 καὶ συλλογιεῖται[32] τὰ ἔτη τῆς πράσεως[33] αὐτοῦ καὶ ἀποδώσει ὃ ὑπερέχει[34] τῷ
ἀνθρώπῳ, ᾧ ἀπέδοτο ἑαυτὸν αὐτῷ, καὶ ἀπελεύσεται εἰς τὴν κατάσχεσιν[35] αὐτοῦ.
28 ἐὰν δὲ μὴ εὐπορηθῇ[36] ἡ χεὶρ αὐτοῦ τὸ ἱκανὸν[37] ὥστε ἀποδοῦναι αὐτῷ, καὶ ἔσται ἡ
πρᾶσις[38] τῷ κτησαμένῳ[39] αὐτὰ ἕως τοῦ ἕκτου[40] ἔτους τῆς ἀφέσεως·[41] καὶ ἐξελεύσεται
τῇ ἀφέσει, καὶ ἀπελεύσεται εἰς τὴν κατάσχεσιν[42] αὐτοῦ.

1 ἐκφόριον, produce
2 πλησμονή, abundance, plenty
3 ἕβδομος, seventh
4 σπείρω, *aor act sub 1p*, sow
5 γένημα, yield, produce
6 εὐλογία, blessing
7 ἕκτος, sixth
8 γένημα, yield, produce
9 σπείρω, *fut act ind 2p*, sow
10 ὄγδοος, eighth
11 γένημα, yield, produce
12 παλαιός, former, old
13 ἔνατος, ninth
14 πιπράσκω, *fut pas ind 3s*, sell
15 βεβαίωσις, confirmation, guarantee
16 διότι, because
17 προσήλυτος, immigrant, guest
18 πάροικος, foreigner, sojourner
19 ἐναντίον, before
20 κατάσχεσις, possession
21 λύτρον, ransom price
22 πένομαι, *pres mid sub 3s*, be poor
23 κατάσχεσις, possession
24 ἀγχιστεύω, *pres act ptc nom s m*, be a kinsman
25 ἐγγύς, *sup*, nearest
26 λυτρόω, *fut mid ind 3s*, redeem, ransom
27 πρᾶσις, sale
28 ἀγχιστεύω, *pres act ptc nom s m*, be a kinsman
29 εὐπορέω, *aor pas sub 3s*, prosper
30 ἱκανός, sufficient, adequate
31 λύτρον, ransom price
32 συλλογίζομαι, *fut mid ind 3s*, calculate
33 πρᾶσις, sale
34 ὑπερέχω, *pres act ind 3s*, possess in excess
35 κατάσχεσις, possession
36 εὐπορέω, *aor pas sub 3s*, prosper
37 ἱκανός, sufficient, adequate
38 πρᾶσις, sale
39 κτάομαι, *aor mid ptc dat s m*, acquire
40 ἕκτος, sixth
41 ἄφεσις, release
42 κατάσχεσις, possession

29 Ἐὰν δέ τις ἀποδῶται οἰκίαν οἰκητὴν[1] ἐν πόλει τετειχισμένῃ,[2] καὶ ἔσται ἡ λύτρω-
σις[3] αὐτῆς, ἕως πληρωθῇ[4] ἐνιαυτὸς[5] ἡμερῶν, ἔσται ἡ λύτρωσις αὐτῆς. **30** ἐὰν δὲ μὴ
λυτρωθῇ,[6] ἕως ἂν πληρωθῇ[7] αὐτῆς ἐνιαυτὸς[8] ὅλος, κυρωθήσεται[9] ἡ οἰκία ἡ οὖσα
ἐν πόλει τῇ ἐχούσῃ τεῖχος[10] βεβαίως[11] τῷ κτησαμένῳ[12] αὐτὴν εἰς τὰς γενεὰς αὐτοῦ
καὶ οὐκ ἐξελεύσεται ἐν τῇ ἀφέσει.[13] **31** αἱ δὲ οἰκίαι αἱ ἐν ἐπαύλεσιν,[14] αἷς οὐκ ἔστιν
ἐν αὐταῖς τεῖχος[15] κύκλῳ,[16] πρὸς τὸν ἀγρὸν τῆς γῆς λογισθήτωσαν· λυτρωταὶ[17] διὰ
παντὸς ἔσονται καὶ ἐν τῇ ἀφέσει[18] ἐξελεύσονται. **32** καὶ αἱ πόλεις τῶν Λευιτῶν
οἰκίαι τῶν πόλεων αὐτῶν κατασχέσεως[19] λυτρωταὶ[20] διὰ παντὸς ἔσονται τοῖς
Λευίταις· **33** καὶ ὃς ἂν λυτρωσάμενος[21] παρὰ τῶν Λευιτῶν, καὶ ἐξελεύσεται ἡ διά-
πρασις[22] αὐτῶν οἰκιῶν πόλεως κατασχέσεως[23] αὐτῶν ἐν τῇ ἀφέσει,[24] ὅτι οἰκίαι τῶν
πόλεων τῶν Λευιτῶν κατάσχεσις αὐτῶν ἐν μέσῳ υἱῶν Ισραηλ. **34** καὶ οἱ ἀγροὶ οἱ
ἀφωρισμένοι[25] ταῖς πόλεσιν αὐτῶν οὐ πραθήσονται,[26] ὅτι κατάσχεσις[27] αἰωνία τοῦτο
αὐτῶν ἐστιν.

Kindness to the Poor

35 Ἐὰν δὲ πένηται[28] ὁ ἀδελφός σου καὶ ἀδυνατήσῃ[29] ταῖς χερσὶν παρὰ σοί, ἀντι-
λήμψῃ[30] αὐτοῦ ὡς προσηλύτου[31] καὶ παροίκου,[32] καὶ ζήσεται ὁ ἀδελφός σου μετὰ
σοῦ. **36** οὐ λήμψῃ παρ᾽ αὐτοῦ τόκον[33] οὐδὲ ἐπὶ πλήθει καὶ φοβηθήσῃ τὸν θεόν σου
— ἐγὼ κύριος — καὶ ζήσεται ὁ ἀδελφός σου μετὰ σοῦ. **37** τὸ ἀργύριόν[34] σου οὐ
δώσεις αὐτῷ ἐπὶ τόκῳ[35] καὶ ἐπὶ πλεονασμὸν[36] οὐ δώσεις αὐτῷ τὰ βρώματά[37] σου.
38 ἐγὼ κύριος ὁ θεὸς ὑμῶν ὁ ἐξαγαγὼν[38] ὑμᾶς ἐκ γῆς Αἰγύπτου δοῦναι ὑμῖν τὴν
γῆν Χανααν ὥστε εἶναι ὑμῶν θεός.

1 οἰκητός, inhabited
2 τειχίζω, *perf pas ptc dat s f*, fortify
3 λύτρωσις, ransoming, redemption
4 πληρόω, *aor pas sub 3s*, fulfill
5 ἐνιαυτός, year
6 λυτρόω, *aor pas sub 3s*, redeem, ransom
7 πληρόω, *aor pas sub 3s*, fulfill
8 ἐνιαυτός, year
9 κυρόω, *fut pas ind 3s*, confirm
10 τεῖχος, city wall
11 βεβαίως, properly, perpetually
12 κτάομαι, *aor mid ptc dat s m*, acquire
13 ἄφεσις, release
14 ἔπαυλις, unwalled village
15 τεῖχος, city wall
16 κύκλῳ, around
17 λυτρωτής, ransomer, redeemer
18 ἄφεσις, release
19 κατάσχεσις, possession
20 λυτρωτής, ransomer, redeemer
21 λυτρόω, *aor mid ptc nom s m*, redeem, ransom
22 διάπρασις, sale to various purchasers
23 κατάσχεσις, possession
24 ἄφεσις, release
25 ἀφορίζω, *perf pas ptc nom p m*, separate
26 πιπράσκω, *fut pas ind 3p*, sell
27 κατάσχεσις, possession
28 πένομαι, *pres mid sub 3s*, be poor
29 ἀδυνατέω, *aor act sub 3s*, be unable
30 ἀντιλαμβάνομαι, *fut mid ind 2s*, help, support
31 προσήλυτος, immigrant, guest
32 πάροικος, foreigner, sojourner
33 τόκος, interest
34 ἀργύριον, money, silver
35 τόκος, interest
36 πλεονασμός, usury, unjust gain
37 βρῶμα, food
38 ἐξάγω, *aor act ptc nom s m*, bring out

39 Ἐὰν δὲ ταπεινωθῇ[1] ὁ ἀδελφός σου παρὰ σοὶ καὶ πραθῇ[2] σοι, οὐ δουλεύσει[3] σοι
δουλείαν[4] οἰκέτου·[5] **40** ὡς μισθωτὸς[6] ἢ πάροικος[7] ἔσται σοι, ἕως τοῦ ἔτους τῆς
ἀφέσεως[8] ἐργᾶται παρὰ σοί. **41** καὶ ἐξελεύσεται τῇ ἀφέσει[9] καὶ τὰ τέκνα αὐτοῦ μετ'
αὐτοῦ καὶ ἀπελεύσεται εἰς τὴν γενεὰν αὐτοῦ, εἰς τὴν κατάσχεσιν[10] τὴν πατρικὴν[11]
ἀποδραμεῖται,[12] **42** διότι[13] οἰκέται[14] μού εἰσιν οὗτοι, οὓς ἐξήγαγον[15] ἐκ γῆς Αἰγύπτου,
οὐ πραθήσεται[16] ἐν πράσει[17] οἰκέτου·[18] **43** οὐ κατατενεῖς[19] αὐτὸν ἐν τῷ μόχθῳ[20] καὶ
φοβηθήσῃ κύριον τὸν θεόν σου. **44** καὶ παῖς[21] καὶ παιδίσκη,[22] ὅσοι ἂν γένωνταί σοι
ἀπὸ τῶν ἐθνῶν, ὅσοι κύκλῳ[23] σού εἰσιν, ἀπ' αὐτῶν κτήσεσθε[24] δοῦλον καὶ δούλην.[25]
45 καὶ ἀπὸ τῶν υἱῶν τῶν παροίκων[26] τῶν ὄντων ἐν ὑμῖν, ἀπὸ τούτων κτήσεσθε[27]
καὶ ἀπὸ τῶν συγγενῶν[28] αὐτῶν, ὅσοι ἂν γένωνται ἐν τῇ γῇ ὑμῶν· ἔστωσαν ὑμῖν εἰς
κατάσχεσιν.[29] **46** καὶ καταμεριεῖτε[30] αὐτοὺς τοῖς τέκνοις ὑμῶν μεθ' ὑμᾶς, καὶ ἔσονται
ὑμῖν κατόχιμοι[31] εἰς τὸν αἰῶνα· τῶν ἀδελφῶν ὑμῶν τῶν υἱῶν Ισραηλ ἕκαστος τὸν
ἀδελφὸν αὐτοῦ οὐ κατατενεῖ[32] αὐτὸν ἐν τοῖς μόχθοις.[33]

47 Ἐὰν δὲ εὕρῃ ἡ χεὶρ τοῦ προσηλύτου[34] ἢ τοῦ παροίκου[35] τοῦ παρὰ σοὶ καὶ ἀπο-
ρηθεὶς[36] ὁ ἀδελφός σου πραθῇ[37] τῷ προσηλύτῳ ἢ τῷ παροίκῳ[38] τῷ παρὰ σοὶ ἐκ
γενετῆς[39] προσηλύτῳ, **48** μετὰ τὸ πραθῆναι[40] αὐτῷ λύτρωσις[41] ἔσται αὐτῷ· εἷς τῶν
ἀδελφῶν αὐτοῦ λυτρώσεται[42] αὐτόν, **49** ἀδελφὸς πατρὸς αὐτοῦ ἢ υἱὸς ἀδελφοῦ
πατρὸς λυτρώσεται[43] αὐτὸν ἢ ἀπὸ τῶν οἰκείων[44] τῶν σαρκῶν αὐτοῦ ἐκ τῆς φυλῆς
αὐτοῦ λυτρώσεται αὐτόν· ἐὰν δὲ εὐπορηθεὶς[45] ταῖς χερσὶν λυτρώσηται[46] ἑαυτόν,
50 καὶ συλλογιεῖται[47] πρὸς τὸν κεκτημένον[48] αὐτὸν ἀπὸ τοῦ ἔτους, οὗ ἀπέδοτο

1 ταπεινόω, *aor pas sub 3s*, humble, make low
2 πιπράσκω, *aor pas sub 3s*, sell
3 δουλεύω, *fut act ind 3s*, be subject
4 δουλεία, bondage, service
5 οἰκέτης, household slave, servant
6 μισθωτός, hired worker
7 πάροικος, migrant, sojourner
8 ἄφεσις, release
9 ἄφεσις, release
10 κατάσχεσις, possession
11 πατρικός, ancestral, of one's father
12 ἀποτρέχω, *fut mid ind 3s*, depart
13 διότι, because
14 οἰκέτης, household slave, servant
15 ἐξάγω, *aor act ind 1s*, bring out
16 πιπράσκω, *fut pas ind 3s*, sell
17 πρᾶσις, sale
18 οἰκέτης, household slave, servant
19 κατατείνω, *fut act ind 2s*, overwork
20 μόχθος, labor, toil
21 παῖς, servant
22 παιδίσκη, maidservant
23 κύκλῳ, around
24 κτάομαι, *fut mid ind 2p*, acquire
25 δούλη, female slave
26 πάροικος, foreigner, sojourner
27 κτάομαι, *fut mid ind 2p*, acquire
28 συγγενής, related, of the same family
29 κατάσχεσις, possession
30 καταμερίζω, *fut act ind 2p*, distribute
31 κατόχιμος, held in possession
32 κατατείνω, *fut act ind 3s*, overwork
33 μόχθος, labor, toil
34 προσήλυτος, immigrant, guest
35 πάροικος, foreigner, sojourner
36 ἀπορέω, *aor pas ptc nom s m*, be at a loss
37 πιπράσκω, *aor pas sub 3s*, sell
38 πάροικος, foreigner, sojourner
39 γενετή, birth, descent
40 πιπράσκω, *aor pas inf*, sell
41 λύτρωσις, ransoming, redemption
42 λυτρόω, *fut mid ind 3s*, redeem, ransom
43 λυτρόω, *fut mid ind 3s*, redeem, ransom
44 οἰκεῖος, kinfolk
45 εὐπορέω, *aor pas ptc nom s m*, prosper
46 λυτρόω, *aor mid sub 3s*, redeem, ransom
47 συλλογίζομαι, *fut mid ind 3s*, calculate
48 κτάομαι, *perf mid ptc acc s m*, acquire

ἑαυτὸν αὐτῷ, ἕως τοῦ ἐνιαυτοῦ[1] τῆς ἀφέσεως,[2] καὶ ἔσται τὸ ἀργύριον[3] τῆς πράσεως[4] αὐτοῦ ὡς μισθίου·[5] ἔτος ἐξ ἔτους ἔσται μετ᾽ αὐτοῦ. **51** ἐὰν δέ τινι πλεῖον[6] τῶν ἐτῶν ᾖ, πρὸς ταῦτα ἀποδώσει τὰ λύτρα[7] αὐτοῦ ἀπὸ τοῦ ἀργυρίου[8] τῆς πράσεως[9] αὐτοῦ· **52** ἐὰν δὲ ὀλίγον[10] καταλειφθῇ[11] ἀπὸ τῶν ἐτῶν εἰς τὸν ἐνιαυτὸν[12] τῆς ἀφέσεως,[13] καὶ συλλογιεῖται[14] αὐτῷ κατὰ τὰ ἔτη αὐτοῦ, καὶ ἀποδώσει τὰ λύτρα[15] αὐτοῦ. **53** ὡς μισθωτὸς[16] ἐνιαυτὸν[17] ἐξ ἐνιαυτοῦ ἔσται μετ᾽ αὐτοῦ· οὐ κατατενεῖς[18] αὐτὸν ἐν τῷ μόχθῳ[19] ἐνώπιόν σου. **54** ἐὰν δὲ μὴ λυτρῶται[20] κατὰ ταῦτα, ἐξελεύσεται ἐν τῷ ἔτει τῆς ἀφέσεως[21] αὐτὸς καὶ τὰ παιδία[22] αὐτοῦ μετ᾽ αὐτοῦ. **55** ὅτι ἐμοὶ οἱ υἱοὶ Ισραηλ οἰκέται,[23] παῖδές[24] μου οὗτοί εἰσιν, οὓς ἐξήγαγον[25] ἐκ γῆς Αἰγύπτου· ἐγὼ κύριος ὁ θεὸς ὑμῶν.

Blessings for Obedience

26 Οὐ ποιήσετε ὑμῖν αὐτοῖς χειροποίητα[26] οὐδὲ γλυπτὰ[27] οὐδὲ στήλην[28] ἀναστήσετε ὑμῖν οὐδὲ λίθον σκοπὸν[29] θήσετε ἐν τῇ γῇ ὑμῶν προσκυνῆσαι αὐτῷ· ἐγώ εἰμι κύριος ὁ θεὸς ὑμῶν. **2** τὰ σάββατά μου φυλάξεσθε καὶ ἀπὸ τῶν ἁγίων μου φοβηθήσεσθε· ἐγώ εἰμι κύριος.

3 Ἐὰν τοῖς προστάγμασίν[30] μου πορεύησθε καὶ τὰς ἐντολάς μου φυλάσσησθε καὶ ποιήσητε αὐτάς, **4** καὶ δώσω τὸν ὑετὸν[31] ὑμῖν ἐν καιρῷ αὐτοῦ, καὶ ἡ γῆ δώσει τὰ γενήματα[32] αὐτῆς, καὶ τὰ ξύλα[33] τῶν πεδίων[34] ἀποδώσει τὸν καρπὸν αὐτῶν· **5** καὶ καταλήμψεται[35] ὑμῖν ὁ ἀλοητὸς[36] τὸν τρύγητον,[37] καὶ ὁ τρύγητος καταλήμψεται[38] τὸν σπόρον,[39] καὶ φάγεσθε τὸν ἄρτον ὑμῶν εἰς πλησμονὴν[40] καὶ κατοικήσετε μετὰ ἀσφαλείας[41] ἐπὶ τῆς γῆς ὑμῶν. **6** καὶ πόλεμος οὐ διελεύσεται διὰ τῆς γῆς ὑμῶν, καὶ

1 ἐνιαυτός, year
2 ἄφεσις, release
3 ἀργύριον, money, silver
4 πρᾶσις, sale
5 μίσθιος, hired labor
6 πλείων/πλεῖον, *comp of* πολύς, more
7 λύτρον, ransom price
8 ἀργύριον, money, silver
9 πρᾶσις, sale
10 ὀλίγος, little, few
11 καταλείπω, *aor pas sub 3s*, leave behind
12 ἐνιαυτός, year
13 ἄφεσις, release
14 συλλογίζομαι, *fut mid ind 3s*, calculate
15 λύτρον, ransom price
16 μισθωτός, hired worker
17 ἐνιαυτός, year
18 κατατείνω, *fut act ind 2s*, overwork
19 μόχθος, labor, toil
20 λυτρόω, *pres pas sub 3s*, redeem, ransom
21 ἄφεσις, release
22 παιδίον, young child
23 οἰκέτης, household slave, servant
24 παῖς, servant
25 ἐξάγω, *aor act ind 1s*, bring out
26 χειροποίητος, made by hand, (idol)
27 γλυπτός, carved, graven
28 στήλη, cultic pillar
29 σκοπός, lookout
30 πρόσταγμα, ordinance
31 ὑετός, rain
32 γένημα, yield, produce
33 ξύλον, tree
34 πεδίον, field
35 καταλαμβάνω, *fut mid ind 3s*, reach, overtake
36 ἀλοητός, harvest, threshing
37 τρύγητος, vintage, gathering of fruit
38 καταλαμβάνω, *fut mid ind 3s*, reach, overtake
39 σπόρος, sowing
40 πλησμονή, abundance, plenty
41 ἀσφάλεια, security, safety

δώσω εἰρήνην ἐν τῇ γῇ ὑμῶν, καὶ κοιμηθήσεσθε,[1] καὶ οὐκ ἔσται ὑμᾶς ὁ ἐκφοβῶν,[2]
καὶ ἀπολῶ θηρία[3] πονηρὰ ἐκ τῆς γῆς ὑμῶν. **7** καὶ διώξεσθε τοὺς ἐχθροὺς ὑμῶν,
καὶ πεσοῦνται ἐναντίον[4] ὑμῶν φόνῳ·[5] **8** καὶ διώξονται ἐξ ὑμῶν πέντε ἑκατόν,[6] καὶ
ἑκατὸν ὑμῶν διώξονται μυριάδας,[7] καὶ πεσοῦνται οἱ ἐχθροὶ ὑμῶν ἐναντίον[8] ὑμῶν
μαχαίρᾳ.[9] **9** καὶ ἐπιβλέψω[10] ἐφ᾽ ὑμᾶς καὶ αὐξανῶ[11] ὑμᾶς καὶ πληθυνῶ[12] ὑμᾶς καὶ
στήσω τὴν διαθήκην μου μεθ᾽ ὑμῶν. **10** καὶ φάγεσθε παλαιὰ[13] καὶ παλαιὰ παλαιῶν
καὶ παλαιὰ ἐκ προσώπου νέων[14] ἐξοίσετε.[15] **11** καὶ θήσω τὴν διαθήκην μου ἐν ὑμῖν,
καὶ οὐ βδελύξεται[16] ἡ ψυχή μου ὑμᾶς· **12** καὶ ἐμπεριπατήσω[17] ἐν ὑμῖν καὶ ἔσομαι ὑμῶν
θεός, καὶ ὑμεῖς ἔσεσθέ μου λαός. **13** ἐγώ εἰμι κύριος ὁ θεὸς ὑμῶν ὁ ἐξαγαγὼν[18] ὑμᾶς
ἐκ γῆς Αἰγύπτου ὄντων ὑμῶν δούλων καὶ συνέτριψα[19] τὸν δεσμὸν[20] τοῦ ζυγοῦ[21]
ὑμῶν καὶ ἤγαγον ὑμᾶς μετὰ παρρησίας.[22]

Punishments for Disobedience

14 Ἐὰν δὲ μὴ ὑπακούσητέ[23] μου μηδὲ ποιήσητε τὰ προστάγματά[24] μου ταῦτα,
15 ἀλλὰ ἀπειθήσητε[25] αὐτοῖς καὶ τοῖς κρίμασίν[26] μου προσοχθίσῃ[27] ἡ ψυχὴ ὑμῶν
ὥστε ὑμᾶς μὴ ποιεῖν πάσας τὰς ἐντολάς μου ὥστε διασκεδάσαι[28] τὴν διαθήκην
μου, **16** καὶ ἐγὼ ποιήσω οὕτως ὑμῖν καὶ ἐπισυστήσω[29] ἐφ᾽ ὑμᾶς τὴν ἀπορίαν[30]
τήν τε ψώραν[31] καὶ τὸν ἴκτερον[32] καὶ σφακελίζοντας[33] τοὺς ὀφθαλμοὺς ὑμῶν καὶ
τὴν ψυχὴν ὑμῶν ἐκτήκουσαν,[34] καὶ σπερεῖτε[35] διὰ κενῆς[36] τὰ σπέρματα ὑμῶν, καὶ
ἔδονται[37] οἱ ὑπεναντίοι[38] ὑμῶν· **17** καὶ ἐπιστήσω[39] τὸ πρόσωπόν μου ἐφ᾽ ὑμᾶς, καὶ
πεσεῖσθε ἐναντίον[40] τῶν ἐχθρῶν ὑμῶν, καὶ διώξονται ὑμᾶς οἱ μισοῦντες ὑμᾶς, καὶ
φεύξεσθε[41] οὐθενὸς[42] διώκοντος ὑμᾶς. — **18** καὶ ἐὰν ἕως τούτου μὴ ὑπακούσητέ[43]

1 κοιμάω, *fut pas ind 2p*, sleep
2 ἐκφοβέω, *pres act ptc nom s m*, frighten
3 θηρίον, wild animal
4 ἐναντίον, before
5 φόνος, slaughter, massacre
6 ἑκατόν, hundred
7 μυριάς, ten thousand
8 ἐναντίον, before
9 μάχαιρα, sword
10 ἐπιβλέπω, *fut act ind 1s*, look upon
11 αὐξάνω, *fut act ind 1s*, increase
12 πληθύνω, *fut act ind 1s*, multiply
13 παλαιός, old
14 νέος, young, new
15 ἐκφέρω, *fut act ind 2p*, bring out
16 βδελύσσω, *fut mid ind 3s*, consider abominable
17 ἐμπεριπατέω, *fut act ind 1s*, walk about
18 ἐξάγω, *aor act ptc nom s m*, bring out
19 συντρίβω, *aor act ind 1s*, break
20 δεσμός, bonds, chains
21 ζυγόν, yoke
22 παρρησία, boldness
23 ὑπακούω, *aor act sub 2p*, listen, obey
24 πρόσταγμα, ordinance
25 ἀπειθέω, *aor act sub 2p*, disobey
26 κρίμα, judgment
27 προσοχθίζω, *aor act sub 3s*, be provoked
28 διασκεδάζω, *aor act inf*, turn from, reject
29 ἐπισυνίστημι, *fut act ind 1s*, bring upon
30 ἀπορία, distress
31 ψώρα, scab, itch
32 ἴκτερος, blight, jaundice
33 σφακελίζω, *pres act ptc acc p m*, be infected
34 ἐκτήκω, *pres act ptc acc s f*, waste away
35 σπείρω, *fut act ind 2p*, sow
36 κενός, vain
37 ἐσθίω, *fut mid ind 3p*, eat
38 ὑπεναντίος, adversary
39 ἐφίστημι, *fut act ind 1s*, set against
40 ἐναντίον, before
41 φεύγω, *fut mid ind 2p*, flee
42 οὐθείς, no one
43 ὑπακούω, *aor act sub 2p*, listen, obey

μου, καὶ προσθήσω[1] τοῦ παιδεῦσαι[2] ὑμᾶς ἑπτάκις[3] ἐπὶ ταῖς ἁμαρτίαις ὑμῶν
19 καὶ συντρίψω[4] τὴν ὕβριν[5] τῆς ὑπερηφανίας[6] ὑμῶν καὶ θήσω τὸν οὐρανὸν ὑμῖν
σιδηροῦν[7] καὶ τὴν γῆν ὑμῶν ὡσεὶ χαλκῆν,[8] **20** καὶ ἔσται εἰς κενὸν[9] ἡ ἰσχὺς[10] ὑμῶν,
καὶ οὐ δώσει ἡ γῆ ὑμῶν τὸν σπόρον[11] αὐτῆς, καὶ τὸ ξύλον[12] τοῦ ἀγροῦ ὑμῶν οὐ
δώσει τὸν καρπὸν αὐτοῦ.

21 καὶ ἐὰν μετὰ ταῦτα πορεύησθε πλάγιοι[13] καὶ μὴ βούλησθε ὑπακούειν[14] μου,
προσθήσω[15] ὑμῖν πληγὰς[16] ἑπτὰ κατὰ τὰς ἁμαρτίας ὑμῶν **22** καὶ ἀποστελῶ ἐφ᾽ ὑμᾶς
τὰ θηρία τὰ ἄγρια[17] τῆς γῆς, καὶ κατέδεται[18] ὑμᾶς καὶ ἐξαναλώσει[19] τὰ κτήνη[20] ὑμῶν
καὶ ὀλιγοστοὺς[21] ποιήσει ὑμᾶς, καὶ ἐρημωθήσονται[22] αἱ ὁδοὶ ὑμῶν. — **23** καὶ ἐπὶ
τούτοις ἐὰν μὴ παιδευθῆτε,[23] ἀλλὰ πορεύησθε πρός με πλάγιοι,[24] **24** πορεύσομαι
κἀγὼ[25] μεθ᾽ ὑμῶν θυμῷ[26] πλαγίῳ[27] καὶ πατάξω[28] ὑμᾶς κἀγὼ ἑπτάκις[29] ἀντὶ[30] τῶν
ἁμαρτιῶν ὑμῶν **25** καὶ ἐπάξω[31] ἐφ᾽ ὑμᾶς μάχαιραν[32] ἐκδικοῦσαν[33] δίκην[34] διαθήκης,
καὶ καταφεύξεσθε[35] εἰς τὰς πόλεις ὑμῶν· καὶ ἐξαποστελῶ[36] θάνατον εἰς ὑμᾶς, καὶ
παραδοθήσεσθε εἰς χεῖρας ἐχθρῶν. **26** ἐν τῷ θλῖψαι[37] ὑμᾶς σιτοδείᾳ[38] ἄρτων καὶ
πέψουσιν[39] δέκα[40] γυναῖκες τοὺς ἄρτους ὑμῶν ἐν κλιβάνῳ[41] ἑνὶ καὶ ἀποδώσουσιν
τοὺς ἄρτους ὑμῶν ἐν σταθμῷ,[42] καὶ φάγεσθε καὶ οὐ μὴ ἐμπλησθῆτε.[43]

27 ἐὰν δὲ ἐπὶ τούτοις μὴ ὑπακούσητέ[44] μου καὶ πορεύησθε πρός με πλάγιοι,[45]
28 καὶ αὐτὸς πορεύσομαι μεθ᾽ ὑμῶν ἐν θυμῷ[46] πλαγίῳ[47] καὶ παιδεύσω[48] ὑμᾶς ἐγὼ

1 προστίθημι, *fut act ind 1s*, increase, add
2 παιδεύω, *aor act inf*, discipline, chastise
3 ἑπτάκις, seven times
4 συντρίβω, *fut act act 1s*, crush
5 ὕβρις, pride, insolence
6 ὑπερηφανία, haughtiness, arrogance
7 σιδηροῦς, made of iron
8 χαλκοῦς, made of bronze
9 κενός, vain
10 ἰσχύς, strength
11 σπόρος, harvest
12 ξύλον, tree
13 πλάγιος, crooked
14 ὑπακούω, *pres act inf*, listen, obey
15 προστίθημι, *fut act ind 1s*, add to
16 πληγή, blow, plague
17 ἄγριος, wild
18 κατεσθίω, *fut mid ind 3s*, devour
19 ἐξαναλίσκω, *fut act ind 3s*, consume, destroy
20 κτῆνος, animal, (*p*) herd
21 ὀλίγος, *sup*, fewest in number
22 ἐρημόω, *fut pas ind 3p*, lay waste, desolate
23 παιδεύω, *aor pas sub 2p*, discipline, chastise
24 πλάγιος, crooked
25 κἀγώ, I too, *cr.* καὶ ἐγώ
26 θυμός, anger, wrath
27 πλάγιος, crooked
28 πατάσσω, *fut act ind 1s*, strike, smite
29 ἑπτάκις, seven times
30 ἀντί, in return for
31 ἐπάγω, *fut act ind 1s*, bring upon
32 μάχαιρα, sword
33 ἐκδικέω, *pres act ptc acc s f*, avenge
34 δίκη, vengeance
35 καταφεύγω, *fut mid ind 2p*, flee for refuge
36 ἐξαποστέλλω, *fut act ind 1s*, send forth
37 θλίβω, *aor act inf*, afflict, oppress
38 σιτοδεία, want of food, famine
39 πέσσω, *fut act ind 3p*, bake
40 δέκα, ten
41 κλίβανος, oven, furnace
42 σταθμός, weight
43 ἐμπίμπλημι, *aor pas impv 2p*, fill, satisfy
44 ὑπακούω, *aor act sub 2p*, listen, obey
45 πλάγιος, crooked
46 θυμός, anger, wrath
47 πλάγιος, crooked
48 παιδεύω, *fut act ind 1s*, discipline, chastise

ἑπτάκις[1] κατὰ τὰς ἁμαρτίας ὑμῶν, **29** καὶ φάγεσθε τὰς σάρκας τῶν υἱῶν ὑμῶν καὶ
τὰς σάρκας τῶν θυγατέρων[2] ὑμῶν φάγεσθε· **30** καὶ ἐρημώσω[3] τὰς στήλας[4] ὑμῶν
καὶ ἐξολεθρεύσω[5] τὰ ξύλινα[6] χειροποίητα[7] ὑμῶν καὶ θήσω τὰ κῶλα[8] ὑμῶν ἐπὶ τὰ
κῶλα τῶν εἰδώλων[9] ὑμῶν, καὶ προσοχθιεῖ[10] ἡ ψυχή μου ὑμῖν· **31** καὶ θήσω τὰς πόλεις
ὑμῶν ἐρήμους καὶ ἐξερημώσω[11] τὰ ἅγια ὑμῶν καὶ οὐ μὴ ὀσφρανθῶ[12] τῆς ὀσμῆς[13]
τῶν θυσιῶν[14] ὑμῶν· **32** καὶ ἐξερημώσω[15] ἐγὼ τὴν γῆν ὑμῶν, καὶ θαυμάσονται[16] ἐπ'
αὐτῇ οἱ ἐχθροὶ ὑμῶν οἱ ἐνοικοῦντες[17] ἐν αὐτῇ· **33** καὶ διασπερῶ[18] ὑμᾶς εἰς τὰ ἔθνη,
καὶ ἐξαναλώσει[19] ὑμᾶς ἐπιπορευομένη[20] ἡ μάχαιρα·[21] καὶ ἔσται ἡ γῆ ὑμῶν ἔρημος,
καὶ αἱ πόλεις ὑμῶν ἔσονται ἔρημοι.

34 τότε εὐδοκήσει[22] ἡ γῆ τὰ σάββατα αὐτῆς καὶ πάσας τὰς ἡμέρας τῆς ἐρημώσεως[23]
αὐτῆς, καὶ ὑμεῖς ἔσεσθε ἐν τῇ γῇ τῶν ἐχθρῶν ὑμῶν· τότε σαββατιεῖ[24] ἡ γῆ καὶ
εὐδοκήσει[25] τὰ σάββατα αὐτῆς. **35** πάσας τὰς ἡμέρας τῆς ἐρημώσεως[26] αὐτῆς
σαββατιεῖ[27] ἃ οὐκ ἐσαββάτισεν[28] ἐν τοῖς σαββάτοις ὑμῶν, ἡνίκα[29] κατῳκεῖτε αὐτήν.
36 καὶ τοῖς καταλειφθεῖσιν[30] ἐξ ὑμῶν ἐπάξω[31] δειλίαν[32] εἰς τὴν καρδίαν αὐτῶν ἐν
τῇ γῇ τῶν ἐχθρῶν αὐτῶν, καὶ διώξεται αὐτοὺς φωνὴ φύλλου[33] φερομένου, καὶ
φεύξονται[34] ὡς φεύγοντες[35] ἀπὸ πολέμου καὶ πεσοῦνται οὐθενὸς[36] διώκοντος· **37** καὶ
ὑπερόψεται[37] ὁ ἀδελφὸς τὸν ἀδελφὸν ὡσεὶ[38] ἐν πολέμῳ οὐθενὸς[39] κατατρέχοντος,[40]
καὶ οὐ δυνήσεσθε ἀντιστῆναι[41] τοῖς ἐχθροῖς ὑμῶν. **38** καὶ ἀπολεῖσθε ἐν τοῖς ἔθνε-
σιν, καὶ κατέδεται[42] ὑμᾶς ἡ γῆ τῶν ἐχθρῶν ὑμῶν. **39** καὶ οἱ καταλειφθέντες[43] ἀφ'

1 ἑπτάκις, seven times
2 θυγάτηρ, daughter
3 ἐρημόω, *fut act ind 1s*, lay waste, desolate
4 στήλη, cultic pillar
5 ἐξολεθρεύω, *fut act ind 1s*, utterly destroy
6 ξύλινος, wooden
7 χειροποίητος, made by hands
8 κῶλον, limb
9 εἴδωλον, idol
10 προσοχθίζω, *fut act ind 3s*, be provoked
11 ἐξερημόω, *fut act ind 1s*, desolate greatly
12 ὀσφραίνομαι, *aor pas sub 1s*, smell
13 ὀσμή, smell
14 θυσία, sacrifice
15 ἐξερημόω, *fut act ind 1s*, desolate greatly, devastate
16 θαυμάζω, *fut mid ind 3p*, be astonished
17 ἐνοικέω, *pres act ptc nom p m*, inhabit
18 διασπείρω, *fut act ind 1s*, scatter
19 ἐξαναλίσκω, *fut act ind 3s*, utterly destroy, consume
20 ἐπιπορεύομαι, *pres pas ptc nom s f*, come upon
21 μάχαιρα, sword
22 εὐδοκέω, *fut act ind 3s*, enjoy
23 ἐρήμωσις, desolation
24 σαββατίζω, *fut act ind 3s*, keep Sabbath, *Heb. LW*
25 εὐδοκέω, *fut act ind 3s*, enjoy
26 ἐρήμωσις, desolation
27 σαββατίζω, *fut act ind 3s*, keep Sabbath, *Heb. LW*
28 σαββατίζω, *aor act ind 3s*, keep Sabbath, *Heb. LW*
29 ἡνίκα, at the time when
30 καταλείπω, *aor pas ptc dat p m*, leave behind
31 ἐπάγω, *fut act ind 1s*, bring upon
32 δειλία, fear, terror
33 φύλλον, leaf
34 φεύγω, *fut mid ind 3p*, flee
35 φεύγω, *pres act ptc nom p m*, flee
36 οὐθείς, no one
37 ὑπεροράω, *fut mid ind 3s*, disdain
38 ὡσεί, as
39 οὐθείς, no one
40 κατατρέχω, *pres act ptc gen s m*, pursue
41 ἀνθίστημι, *aor act inf*, stand against
42 κατεσθίω, *fut mid ind 3s*, devour
43 καταλείπω, *aor pas ptc nom p m*, leave behind

ὑμῶν καταφθαρήσονται[1] διὰ τὰς ἁμαρτίας ὑμῶν, ἐν τῇ γῇ τῶν ἐχθρῶν αὐτῶν
τακήσονται.[2]

40 καὶ ἐξαγορεύσουσιν[3] τὰς ἁμαρτίας αὐτῶν καὶ τὰς ἁμαρτίας τῶν πατέρων αὐτῶν,
ὅτι παρέβησαν[4] καὶ ὑπερεῖδόν[5] με, καὶ ὅτι ἐπορεύθησαν ἐναντίον[6] μου πλάγιοι,[7]
41 καὶ ἐγὼ ἐπορεύθην μετ᾽ αὐτῶν ἐν θυμῷ[8] πλαγίῳ[9] καὶ ἀπολῶ αὐτοὺς ἐν τῇ γῇ
τῶν ἐχθρῶν αὐτῶν· τότε ἐντραπήσεται[10] ἡ καρδία αὐτῶν ἡ ἀπερίτμητος,[11] καὶ
τότε εὐδοκήσουσιν[12] τὰς ἁμαρτίας αὐτῶν. **42** καὶ μνησθήσομαι[13] τῆς διαθήκης
Ιακωβ καὶ τῆς διαθήκης Ισαακ καὶ τῆς διαθήκης Αβρααμ μνησθήσομαι καὶ τῆς
γῆς μνησθήσομαι. **43** καὶ ἡ γῆ ἐγκαταλειφθήσεται[14] ὑπ᾽ αὐτῶν· τότε προσδέξεται[15]
ἡ γῆ τὰ σάββατα αὐτῆς ἐν τῷ ἐρημωθῆναι[16] αὐτὴν δι᾽ αὐτούς, καὶ αὐτοὶ προσ-
δέξονται[17] τὰς αὐτῶν ἀνομίας,[18] ἀνθ᾽ ὧν[19] τὰ κρίματά[20] μου ὑπερεῖδον[21] καὶ τοῖς
προστάγμασίν[22] μου προσώχθισαν[23] τῇ ψυχῇ αὐτῶν. **44** καὶ οὐδ᾽ ὡς ὄντων αὐτῶν
ἐν τῇ γῇ τῶν ἐχθρῶν αὐτῶν οὐχ ὑπερεῖδον[24] αὐτοὺς οὐδὲ προσώχθισα[25] αὐτοῖς
ὥστε ἐξαναλῶσαι[26] αὐτοὺς τοῦ διασκεδάσαι[27] τὴν διαθήκην μου τὴν πρὸς αὐτούς·
ὅτι ἐγώ εἰμι κύριος ὁ θεὸς αὐτῶν. **45** καὶ μνησθήσομαι[28] αὐτῶν τῆς διαθήκης τῆς
προτέρας,[29] ὅτε ἐξήγαγον[30] αὐτοὺς ἐκ γῆς Αἰγύπτου ἐξ οἴκου δουλείας[31] ἔναντι[32]
τῶν ἐθνῶν τοῦ εἶναι αὐτῶν θεός· ἐγώ εἰμι κύριος.

46 Ταῦτα τὰ κρίματα[33] καὶ τὰ προστάγματα[34] καὶ ὁ νόμος, ὃν ἔδωκεν κύριος ἀνὰ
μέσον[35] αὐτοῦ καὶ ἀνὰ μέσον τῶν υἱῶν Ισραηλ ἐν τῷ ὄρει Σινα ἐν χειρὶ Μωυσῆ.

Miscellaneous Vows

27 Καὶ ἐλάλησεν κύριος πρὸς Μωυσῆν λέγων **2** Λάλησον τοῖς υἱοῖς Ισραηλ
καὶ ἐρεῖς αὐτοῖς Ὃς ἂν εὔξηται[36] εὐχὴν[37] ὥστε τιμὴν[38] τῆς ψυχῆς αὐτοῦ τῷ

1 καταφθείρω, *fut pas ind 3p*, destroy, corrupt
2 τήκω, *fut pas ind 3p*, melt
3 ἐξαγορεύω, *fut act ind 3p*, confess
4 παραβαίνω, *aor act ind 3p*, deviate, transgress
5 ὑπεροράω, *aor act ind 3p*, disdain
6 ἐναντίον, in the sight of
7 πλάγιος, crooked
8 θυμός, anger, wrath
9 πλάγιος, crooked
10 ἐντρέπω, *fut pas ind 3s*, feel ashamed
11 ἀπερίτμητος, uncircumcised
12 εὐδοκέω, *fut act ind 3p*, be content
13 μιμνῄσκομαι, *fut pas ind 1s*, remember
14 ἐγκαταλείπω, *fut pas ind 3s*, abandon, forsake
15 προσδέχομαι, *fut mid ind 3s*, receive
16 ἐρημόω, *aor pas inf*, lay waste, desolate
17 προσδέχομαι, *fut mid ind 3p*, accept
18 ἀνομία, iniquity, wickedness
19 ἀνθ᾽ ὧν, because of
20 κρίμα, judgment
21 ὑπεροράω, *aor act ind 3p*, disdain
22 πρόσταγμα, ordinance
23 προσοχθίζω, *aor act ind 3p*, be provoked
24 ὑπεροράω, *aor act ind 1s*, disdain
25 προσοχθίζω, *aor act ind 1s*, be provoked
26 ἐξαναλίσκω, *aor act inf*, utterly destroy, consume
27 διασκεδάζω, *aor act inf*, turn away, reject
28 μιμνῄσκομαι, *fut pas ind 1s*, remember
29 πρότερος, former
30 ἐξάγω, *aor act ind 1s*, bring out
31 δουλεία, slavery, bondage
32 ἔναντι, before
33 κρίμα, judgment
34 πρόσταγμα, ordinance
35 ἀνὰ μέσον, between
36 εὔχομαι, *aor mid sub 3s*, vow
37 εὐχή, vow
38 τιμή, value

κυρίῳ, **3** ἔσται ἡ τιμὴ[1] τοῦ ἄρσενος[2] ἀπὸ εἰκοσαετοῦς[3] ἕως ἑξηκονταετοῦς,[4] ἔσται
αὐτοῦ ἡ τιμὴ[5] πεντήκοντα[6] δίδραχμα[7] ἀργυρίου[8] τῷ σταθμῷ[9] τῷ ἁγίῳ, **4** τῆς δὲ
θηλείας[10] ἔσται ἡ συντίμησις[11] τριάκοντα[12] δίδραχμα.[13] **5** ἐὰν δὲ ἀπὸ πενταετοῦς[14]
ἕως εἴκοσι[15] ἐτῶν, ἔσται ἡ τιμὴ[16] τοῦ ἄρσενος[17] εἴκοσι δίδραχμα,[18] τῆς δὲ θηλείας[19]
δέκα[20] δίδραχμα. **6** ἀπὸ δὲ μηνιαίου[21] ἕως πενταετοῦς[22] ἔσται ἡ τιμὴ[23] τοῦ ἄρσε-
νος[24] πέντε δίδραχμα[25] ἀργυρίου,[26] τῆς δὲ θηλείας[27] τρία δίδραχμα. **7** ἐὰν δὲ ἀπὸ
ἑξηκονταετῶν[28] καὶ ἐπάνω,[29] ἐὰν μὲν ἄρσεν[30] ᾖ, ἔσται ἡ τιμὴ[31] πεντεκαίδεκα[32] δί-
δραχμα[33] ἀργυρίου,[34] ἐὰν δὲ θήλεια,[35] δέκα[36] δίδραχμα. **8** ἐὰν δὲ ταπεινὸς[37] ᾖ τῇ
τιμῇ,[38] στήσεται ἐναντίον[39] τοῦ ἱερέως, καὶ τιμήσεται[40] αὐτὸν ὁ ἱερεύς· καθάπερ[41]
ἰσχύει[42] ἡ χεὶρ τοῦ εὐξαμένου,[43] τιμήσεται αὐτὸν ὁ ἱερεύς.

9 Ἐὰν δὲ ἀπὸ τῶν κτηνῶν[44] τῶν προσφερομένων ἀπ᾽ αὐτῶν δῶρον[45] τῷ κυρίῳ, ὃς ἂν
δῷ ἀπὸ τούτων τῷ κυρίῳ, ἔσται ἅγιον. **10** οὐκ ἀλλάξει[46] αὐτὸ καλὸν πονηρῷ οὐδὲ
πονηρὸν καλῷ· ἐὰν δὲ ἀλλάσσων[47] ἀλλάξῃ[48] αὐτὸ κτῆνος[49] κτήνει, ἔσται αὐτὸ καὶ
τὸ ἄλλαγμα[50] ἅγια. **11** ἐὰν δὲ πᾶν κτῆνος[51] ἀκάθαρτον, ἀφ᾽ ὧν οὐ προσφέρεται ἀπ᾽
αὐτῶν δῶρον[52] τῷ κυρίῳ, στήσει τὸ κτῆνος ἔναντι[53] τοῦ ἱερέως, **12** καὶ τιμήσεται[54]
αὐτὸ ὁ ἱερεὺς ἀνὰ μέσον[55] καλοῦ καὶ ἀνὰ μέσον πονηροῦ, καὶ καθότι[56] ἂν τιμήσεται

1 τιμή, value
2 ἄρσην, male
3 εἰκοσαετής, twenty years (old)
4 ἑξηκονταετής, sixty years (old)
5 τιμή, value
6 πεντήκοντα, fifty
7 δίδραχμον, two-drachma coin
8 ἀργύριον, silver
9 σταθμός, scale, standard
10 θῆλυς, female
11 συντίμησις, valuation
12 τριάκοντα, thirty
13 δίδραχμον, two-drachma coin
14 πενταετής, five years (old)
15 εἴκοσι, twenty
16 τιμή, value
17 ἄρσην, male
18 δίδραχμον, two-drachma coin
19 θῆλυς, female
20 δέκα, ten
21 μηνιαῖος, one month (old)
22 πενταετής, five years (old)
23 τιμή, value
24 ἄρσην, male
25 δίδραχμον, two-drachma coin
26 ἀργύριον, silver
27 θῆλυς, female
28 ἑξηκονταετής, sixty years (old)
29 ἐπάνω, above
30 ἄρσην, male
31 τιμή, value
32 πεντεκαίδεκα, fifteen
33 δίδραχμον, two-drachma coin
34 ἀργύριον, silver
35 θῆλυς, female
36 δέκα, ten
37 ταπεινός, low
38 τιμή, value
39 ἐναντίον, before
40 τιμάω, *fut mid ind 3s*, assess value
41 καθάπερ, just as
42 ἰσχύω, *pres act ind 3s*, be strong
43 εὔχομαι, *aor mid ptc gen s m*, vow
44 κτῆνος, animal, (*p*) herd
45 δῶρον, gift, offering
46 ἀλλάσσω, *fut act ind 3s*, exchange
47 ἀλλάσσω, *pres act ptc nom s m*, exchange
48 ἀλλάσσω, *aor act sub 3s*, exchange
49 κτῆνος, animal, (*p*) herd
50 ἄλλαγμα, that which is given in exchange
51 κτῆνος, animal, (*p*) herd
52 δῶρον, gift, offering
53 ἔναντι, before
54 τιμάω, *fut mid ind 3s*, assess value
55 ἀνὰ μέσον, between
56 καθότι, as

ὁ ἱερεύς, οὕτως στήσεται. **13** ἐὰν δὲ λυτρούμενος[1] λυτρώσηται[2] αὐτό, προσθήσει[3]
τὸ ἐπίπεμπτον[4] πρὸς τὴν τιμὴν[5] αὐτοῦ.

14 Καὶ ἄνθρωπος, ὃς ἂν ἁγιάσῃ[6] τὴν οἰκίαν αὐτοῦ ἁγίαν τῷ κυρίῳ, καὶ τιμήσεται[7]
αὐτὴν ὁ ἱερεὺς ἀνὰ μέσον[8] καλῆς καὶ ἀνὰ μέσον πονηρᾶς· ὡς ἂν τιμήσεται αὐτὴν ὁ
ἱερεύς, οὕτως σταθήσεται. **15** ἐὰν δὲ ὁ ἁγιάσας[9] αὐτὴν λυτρῶται[10] τὴν οἰκίαν αὐτοῦ,
προσθήσει[11] ἐπ᾽ αὐτὸ τὸ ἐπίπεμπτον[12] τοῦ ἀργυρίου[13] τῆς τιμῆς,[14] καὶ ἔσται αὐτῷ.

16 Ἐὰν δὲ ἀπὸ τοῦ ἀγροῦ τῆς κατασχέσεως[15] αὐτοῦ ἁγιάσῃ[16] ἄνθρωπος τῷ κυρίῳ,
καὶ ἔσται ἡ τιμὴ[17] κατὰ τὸν σπόρον[18] αὐτοῦ, κόρου[19] κριθῶν[20] πεντήκοντα[21] δί-
δραχμα[22] ἀργυρίου.[23] **17** ἐὰν δὲ ἀπὸ τοῦ ἐνιαυτοῦ[24] τῆς ἀφέσεως[25] ἁγιάσῃ[26] τὸν
ἀγρὸν αὐτοῦ, κατὰ τὴν τιμὴν[27] αὐτοῦ στήσεται. **18** ἐὰν δὲ ἔσχατον μετὰ τὴν ἄφεσιν[28]
ἁγιάσῃ[29] τὸν ἀγρὸν αὐτοῦ, προσλογιεῖται[30] αὐτῷ ὁ ἱερεὺς τὸ ἀργύριον[31] ἐπὶ τὰ
ἔτη τὰ ἐπίλοιπα[32] ἕως εἰς τὸν ἐνιαυτὸν[33] τῆς ἀφέσεως,[34] καὶ ἀνθυφαιρεθήσεται[35]
ἀπὸ τῆς συντιμήσεως[36] αὐτοῦ. **19** ἐὰν δὲ λυτρῶται[37] τὸν ἀγρὸν ὁ ἁγιάσας[38] αὐτόν,
προσθήσει[39] τὸ ἐπίπεμπτον[40] τοῦ ἀργυρίου[41] πρὸς τὴν τιμὴν[42] αὐτοῦ, καὶ ἔσται αὐτῷ.
20 ἐὰν δὲ μὴ λυτρῶται[43] τὸν ἀγρὸν καὶ ἀποδῶται τὸν ἀγρὸν ἀνθρώπῳ ἑτέρῳ, οὐκέτι
μὴ λυτρώσηται[44] αὐτόν, **21** ἀλλ᾽ ἔσται ὁ ἀγρὸς ἐξεληλυθυίας τῆς ἀφέσεως[45] ἅγιος τῷ
κυρίῳ ὥσπερ ἡ γῆ ἡ ἀφωρισμένη·[46] τῷ ἱερεῖ ἔσται κατάσχεσις.[47]

1 λυτρόω, *pres mid ptc nom s m*, redeem
2 λυτρόω, *aor mid sub 3s*, redeem
3 προστίθημι, *fut act ind 3s*, add to
4 ἐπίπεμπτος, fifth part
5 τιμή, value
6 ἁγιάζω, *aor act sub 3s*, consecrate
7 τιμάω, *fut mid ind 3s*, assess value
8 ἀνὰ μέσον, between
9 ἁγιάζω, *aor act ptc nom s m*, consecrate
10 λυτρόω, *pres mid sub 3s*, redeem
11 προστίθημι, *fut act ind 3s*, add to
12 ἐπίπεμπτος, fifth part
13 ἀργύριον, money, silver
14 τιμή, value
15 κατάσχεσις, possession
16 ἁγιάζω, *aor act sub 3s*, consecrate
17 τιμή, value
18 σπόρος, seed
19 κόρος, kor, *Heb. LW*
20 κριθή, barley
21 πεντήκοντα, fifty
22 δίδραχμον, two-drachma coin
23 ἀργύριον, silver
24 ἐνιαυτός, year
25 ἄφεσις, release
26 ἁγιάζω, *aor act sub 3s*, consecrate
27 τιμή, value
28 ἄφεσις, release
29 ἁγιάζω, *aor act sub 3s*, consecrate
30 προσλογίζομαι, *fut mid ind 3s*, reckon, calculate
31 ἀργύριον, money
32 ἐπίλοιπος, remaining
33 ἐνιαυτός, year
34 ἄφεσις, release
35 ἀνθυφαιρέω, *fut pas ind 3s*, deduct
36 συντίμησις, valuation
37 λυτρόω, *pres mid sub 3s*, redeem
38 ἁγιάζω, *aor act ptc nom s m*, consecrate
39 προστίθημι, *fut act ind 3s*, add to
40 ἐπίπεμπτος, fifth part
41 ἀργύριον, money, silver
42 τιμή, value
43 λυτρόω, *pres mid sub 3s*, redeem
44 λυτρόω, *aor mid sub 3s*, redeem
45 ἄφεσις, release
46 ἀφορίζω, *perf pas ptc nom s f*, separate, set aside
47 κατάσχεσις, possession

22 Ἐὰν δὲ ἀπὸ τοῦ ἀγροῦ, οὗ κέκτηται,[1] ὃς οὐκ ἔστιν ἀπὸ τοῦ ἀγροῦ τῆς κατασχέσεως[2] αὐτοῦ, ἁγιάσῃ[3] τῷ κυρίῳ, **23** λογιεῖται πρὸς αὐτὸν ὁ ἱερεὺς τὸ τέλος τῆς τιμῆς[4] ἐκ τοῦ ἐνιαυτοῦ[5] τῆς ἀφέσεως,[6] καὶ ἀποδώσει τὴν τιμὴν ἐν τῇ ἡμέρᾳ ἐκείνῃ ἅγιον τῷ κυρίῳ· **24** καὶ ἐν τῷ ἐνιαυτῷ[7] τῆς ἀφέσεως[8] ἀποδοθήσεται ὁ ἀγρὸς τῷ ἀνθρώπῳ, παρ᾽ οὗ κέκτηται[9] αὐτόν, οὗ ἦν ἡ κατάσχεσις[10] τῆς γῆς. **25** καὶ πᾶσα τιμὴ[11] ἔσται σταθμίοις[12] ἁγίοις· εἴκοσι[13] ὀβολοὶ[14] ἔσται τὸ δίδραχμον.[15]

26 Καὶ πᾶν πρωτότοκον,[16] ὃ ἂν γένηται ἐν τοῖς κτήνεσίν[17] σου, ἔσται τῷ κυρίῳ, καὶ οὐ καθαγιάσει[18] οὐθεὶς[19] αὐτό· ἐάν τε μόσχον[20] ἐάν τε πρόβατον, τῷ κυρίῳ ἐστίν. **27** ἐὰν δὲ τῶν τετραπόδων[21] τῶν ἀκαθάρτων, ἀλλάξει[22] κατὰ τὴν τιμὴν[23] αὐτοῦ καὶ προσθήσει[24] τὸ ἐπίπεμπτον[25] πρὸς αὐτό, καὶ ἔσται αὐτῷ· ἐὰν δὲ μὴ λυτρῶται,[26] πραθήσεται[27] κατὰ τὸ τίμημα[28] αὐτοῦ. **28** πᾶν δὲ ἀνάθεμα,[29] ὃ ἐὰν ἀναθῇ[30] ἄνθρωπος τῷ κυρίῳ ἀπὸ πάντων, ὅσα αὐτῷ ἐστιν, ἀπὸ ἀνθρώπου ἕως κτήνους[31] καὶ ἀπὸ ἀγροῦ κατασχέσεως[32] αὐτοῦ, οὐκ ἀποδώσεται οὐδὲ λυτρώσεται·[33] πᾶν ἀνάθεμα ἅγιον ἁγίων ἔσται τῷ κυρίῳ. **29** καὶ πᾶν, ὃ ἐὰν ἀνατεθῇ[34] ἀπὸ τῶν ἀνθρώπων, οὐ λυτρωθήσεται,[35] ἀλλὰ θανάτῳ θανατωθήσεται.[36]

30 Πᾶσα δεκάτη[37] τῆς γῆς ἀπὸ τοῦ σπέρματος τῆς γῆς καὶ τοῦ καρποῦ τοῦ ξυλίνου[38] τῷ κυρίῳ ἐστίν, ἅγιον τῷ κυρίῳ. **31** ἐὰν δὲ λυτρῶται[39] λύτρῳ[40] ἄνθρωπος τὴν δεκάτην[41] αὐτοῦ, τὸ ἐπίπεμπτον[42] προσθήσει[43] πρὸς αὐτό, καὶ ἔσται αὐτῷ. **32** καὶ πᾶσα δεκάτη[44] βοῶν[45] καὶ προβάτων καὶ πᾶν, ὃ ἐὰν ἔλθῃ ἐν τῷ ἀριθμῷ[46] ὑπὸ τὴν

1 κτάομαι, *perf mid ind 3s*, acquire
2 κατάσχεσις, possession
3 ἁγιάζω, *aor act sub 3s*, consecrate
4 τιμή, value
5 ἐνιαυτός, year
6 ἄφεσις, release
7 ἐνιαυτός, year
8 ἄφεσις, release
9 κτάομαι, *perf mid ind 3s*, acquire
10 κατάσχεσις, release
11 τιμή, value
12 στάθμιον, weight
13 εἴκοσι, twenty
14 ὀβολός, obol (one-fifth of a drachma)
15 δίδραχμον, two-drachma coin
16 πρωτότοκος, firstborn
17 κτῆνος, animal, (*p*) herd
18 καθαγιάζω, *fut act ind 3s*, dedicate, consecrate
19 οὐθείς, no one
20 μόσχος, calf, young bull
21 τετράπους, four-footed (animal)
22 ἀλλάσσω, *fut act ind 3s*, exchange
23 τιμή, value
24 προστίθημι, *fut act ind 3s*, add to
25 ἐπίπεμπτος, fifth part
26 λυτρόω, *pres mid sub 3s*, redeem
27 πιπράσκω, *fut pas ind 3s*, sell
28 τίμημα, valuation
29 ἀνάθεμα, devoted to destruction, accursed
30 ἀνατίθημι, *aor act sub 3s*, dedicate
31 κτῆνος, animal, (*p*) herd
32 κατάσχεσις, possession
33 λυτρόω, *fut mid ind 3s*, redeem
34 ἀνατίθημι, *aor pas sub 3s*, dedicate
35 λυτρόω, *fut pas ind 3s*, redeem
36 θανατόω, *fut pas ind 3s*, kill
37 δέκατος, tenth, tithe
38 ξύλινος, tree
39 λυτρόω, *pres mid sub 3s*, redeem
40 λύτρον, ransom price
41 δέκατος, tenth, tithe
42 ἐπίπεμπτος, fifth part
43 προστίθημι, *fut act ind 3s*, add to
44 δέκατος, tenth, tithe
45 βοῦς, cow, (*p*) cattle
46 ἀριθμός, count

ῥάβδον,[1] τὸ δέκατον ἔσται ἅγιον τῷ κυρίῳ. **33** οὐκ ἀλλάξεις[2] καλὸν πονηρῷ· ἐὰν δὲ
ἀλλάσσων[3] ἀλλάξῃς[4] αὐτό, καὶ τὸ ἄλλαγμα[5] αὐτοῦ ἔσται ἅγιον, οὐ λυτρωθήσεται.[6]

34 Αὗταί εἰσιν αἱ ἐντολαί, ἃς ἐνετείλατο[7] κύριος τῷ Μωυσῇ πρὸς τοὺς υἱοὺς Ισραηλ
ἐν τῷ ὄρει Σινα.

1 ῥάβδος, rod
2 ἀλλάσσω, *fut act ind 2s*, exchange
3 ἀλλάσσω, *pres act ptc nom s m*, exchange
4 ἀλλάσσω, *aor act sub 2s*, exchange
5 ἄλλαγμα, that which is given in exchange
6 λυτρόω, *fut pas ind 3s*, redeem
7 ἐντέλλομαι, *aor mid ind 3s*, command

ΑΡΙΘΜΟΙ
Numbers

Census of Israel

1 Καὶ ἐλάλησεν κύριος πρὸς Μωυσῆν ἐν τῇ ἐρήμῳ τῇ Σινα ἐν τῇ σκηνῇ[1] τοῦ
μαρτυρίου[2] ἐν μιᾷ τοῦ μηνὸς[3] τοῦ δευτέρου ἔτους δευτέρου ἐξελθόντων
αὐτῶν ἐκ γῆς Αἰγύπτου λέγων **2** Λάβετε ἀρχὴν πάσης συναγωγῆς υἱῶν Ισραηλ
κατὰ συγγενείας[4] αὐτῶν κατ᾽ οἴκους πατριῶν[5] αὐτῶν κατὰ ἀριθμὸν[6] ἐξ ὀνόματος
αὐτῶν κατὰ κεφαλὴν αὐτῶν, πᾶς ἄρσην[7] **3** ἀπὸ εἰκοσαετοῦς[8] καὶ ἐπάνω,[9] πᾶς ὁ
ἐκπορευόμενος ἐν δυνάμει Ισραηλ, ἐπισκέψασθε[10] αὐτοὺς σὺν δυνάμει αὐτῶν, σὺ
καὶ Ααρων ἐπισκέψασθε αὐτούς. **4** καὶ μεθ᾽ ὑμῶν ἔσονται ἕκαστος κατὰ φυλὴν
ἑκάστου ἀρχόντων, κατ᾽ οἴκους πατριῶν[11] ἔσονται. **5** καὶ ταῦτα τὰ ὀνόματα τῶν
ἀνδρῶν, οἵτινες παραστήσονται[12] μεθ᾽ ὑμῶν·

τῶν Ρουβην Ελισουρ υἱὸς Σεδιουρ· **6** τῶν Συμεων Σαλαμιηλ υἱὸς Σουρισαδαι· **7** τῶν
Ιουδα Ναασσων υἱὸς Αμιναδαβ· **8** τῶν Ισσαχαρ Ναθαναηλ υἱὸς Σωγαρ· **9** τῶν
Ζαβουλων Ελιαβ υἱὸς Χαιλων· **10** τῶν υἱῶν Ιωσηφ, τῶν Εφραιμ Ελισαμα υἱὸς Εμιουδ,
τῶν Μανασση Γαμαλιηλ υἱὸς Φαδασσουρ· **11** τῶν Βενιαμιν Αβιδαν υἱὸς Γαδεωνι·
12 τῶν Δαν Αχιεζερ υἱὸς Αμισαδαι· **13** τῶν Ασηρ Φαγαιηλ υἱὸς Εχραν· **14** τῶν Γαδ
Ελισαφ υἱὸς Ραγουηλ· **15** τῶν Νεφθαλι Αχιρε υἱὸς Αιναν. **16** οὗτοι ἐπίκλητοι[13] τῆς
συναγωγῆς, ἄρχοντες τῶν φυλῶν κατὰ πατριάς,[14] χιλίαρχοι[15] Ισραηλ εἰσίν.

17 καὶ ἔλαβεν Μωυσῆς καὶ Ααρων τοὺς ἄνδρας τούτους τοὺς ἀνακληθέντας[16] ἐξ
ὀνόματος **18** καὶ πᾶσαν τὴν συναγωγὴν συνήγαγον ἐν μιᾷ τοῦ μηνὸς[17] τοῦ δευ-
τέρου ἔτους καὶ ἐπηξονοῦσαν[18] κατὰ γενέσεις[19] αὐτῶν κατὰ πατριὰς[20] αὐτῶν κατὰ

1 σκηνή, tent
2 μαρτύριον, witness
3 μήν, month
4 συγγένεια, family, kinfolk
5 πατριά, paternal lineage, house
6 ἀριθμός, number
7 ἄρσην, male
8 εἰκοσαετής, twenty years (old)
9 ἐπάνω, above
10 ἐπισκέπτομαι, *aor mid impv 2p*, account for, number
11 πατριά, paternal lineage, house
12 παρίστημι, *fut mid ind 3p*, be present with, attend
13 ἐπίκλητος, appointed, designated
14 πατριά, paternal lineage, house
15 χιλίαρχος, captain of a thousand
16 ἀνακαλέω, *aor pas ptc acc p m*, call out, summon
17 μήν, month
18 ἐπαξονέω, *aor act ind 3p*, enroll, register
19 γένεσις, family
20 πατριά, paternal lineage, house

ἀριθμὸν[1] ὀνομάτων αὐτῶν ἀπὸ εἰκοσαετοῦς[2] καὶ ἐπάνω[3] πᾶν ἀρσενικὸν[4] κατὰ
κεφαλὴν αὐτῶν, **19** ὃν τρόπον[5] συνέταξεν[6] κύριος τῷ Μωυσῇ· καὶ ἐπεσκέπησαν[7]
ἐν τῇ ἐρήμῳ τῇ Σινα.

20 Καὶ ἐγένοντο οἱ υἱοὶ Ρουβην πρωτοτόκου[8] Ισραηλ κατὰ συγγενείας[9] αὐτῶν
κατὰ δήμους[10] αὐτῶν κατ᾽ οἴκους πατριῶν[11] αὐτῶν κατὰ ἀριθμὸν[12] ὀνομάτων αὐτῶν
κατὰ κεφαλὴν αὐτῶν, πάντα ἀρσενικὰ[13] ἀπὸ εἰκοσαετοῦς[14] καὶ ἐπάνω,[15] πᾶς ὁ
ἐκπορευόμενος ἐν τῇ δυνάμει, **21** ἡ ἐπίσκεψις[16] αὐτῶν ἐκ τῆς φυλῆς Ρουβην ἓξ[17]
καὶ τεσσαράκοντα[18] χιλιάδες[19] καὶ πεντακόσιοι.[20]

22 τοῖς υἱοῖς Συμεων κατὰ συγγενείας[21] αὐτῶν κατὰ δήμους[22] αὐτῶν κατ᾽ οἴκους
πατριῶν[23] αὐτῶν κατὰ ἀριθμὸν[24] ὀνομάτων αὐτῶν κατὰ κεφαλὴν αὐτῶν, πάντα
ἀρσενικὰ[25] ἀπὸ εἰκοσαετοῦς[26] καὶ ἐπάνω,[27] πᾶς ὁ ἐκπορευόμενος ἐν τῇ δυνάμει,
23 ἡ ἐπίσκεψις[28] αὐτῶν ἐκ τῆς φυλῆς Συμεων ἐννέα[29] καὶ πεντήκοντα[30] χιλιάδες[31]
καὶ τριακόσιοι.[32]

24 τοῖς υἱοῖς Ιουδα κατὰ συγγενείας[33] αὐτῶν κατὰ δήμους[34] αὐτῶν κατ᾽ οἴκους
πατριῶν[35] αὐτῶν κατὰ ἀριθμὸν[36] ὀνομάτων αὐτῶν κατὰ κεφαλὴν αὐτῶν, πάντα
ἀρσενικὰ[37] ἀπὸ εἰκοσαετοῦς[38] καὶ ἐπάνω,[39] πᾶς ὁ ἐκπορευόμενος ἐν τῇ δυνάμει,
25 ἡ ἐπίσκεψις[40] αὐτῶν ἐκ τῆς φυλῆς Ιουδα τέσσαρες καὶ ἑβδομήκοντα[41] χιλιάδες[42]
καὶ ἑξακόσιοι.[43]

26 τοῖς υἱοῖς Ισσαχαρ κατὰ συγγενείας[44] αὐτῶν κατὰ δήμους[45] αὐτῶν κατ᾽ οἴκους
πατριῶν[46] αὐτῶν κατὰ ἀριθμὸν[47] ὀνομάτων αὐτῶν κατὰ κεφαλὴν αὐτῶν, πάντα

1 ἀριθμός, number
2 εἰκοσαετής, twenty years (old)
3 ἐπάνω, above
4 ἀρσενικός, male
5 ὃν τρόπον, in the manner that
6 συντάσσω, *aor act ind 3s*, order, charge, prescribe
7 ἐπισκέπτομαι, *aor pas ind 3p*, account for, number
8 πρωτότοκος, firstborn
9 συγγένεια, family, kinfolk
10 δῆμος, district, division
11 πατριά, paternal lineage, house
12 ἀριθμός, number
13 ἀρσενικός, male
14 εἰκοσαετής, twenty years (old)
15 ἐπάνω, above
16 ἐπίσκεψις, numbering, census
17 ἕξ, six
18 τεσσαράκοντα, forty
19 χιλιάς, thousand
20 πεντακόσιοι, five hundred
21 συγγένεια, family, kinfolk
22 δῆμος, district, division
23 πατριά, paternal lineage, house
24 ἀριθμός, number
25 ἀρσενικός, male
26 εἰκοσαετής, twenty years (old)
27 ἐπάνω, above
28 ἐπίσκεψις, numbering, census
29 ἐννέα, nine
30 πεντήκοντα, fifty
31 χιλιάς, thousand
32 τριακόσιοι, three hundred
33 συγγένεια, family, kinfolk
34 δῆμος, district, division
35 πατριά, paternal lineage, house
36 ἀριθμός, number
37 ἀρσενικός, male
38 εἰκοσαετής, twenty years (old)
39 ἐπάνω, above
40 ἐπίσκεψις, numbering, census
41 ἑβδομήκοντα, seventy
42 χιλιάς, thousand
43 ἑξακόσιοι, six hundred
44 συγγένεια, family, kinfolk
45 δῆμος, district, division
46 πατριά, paternal lineage, house
47 ἀριθμός, number

ἀρσενικὰ[1] ἀπὸ εἰκοσαετοῦς[2] καὶ ἐπάνω,[3] πᾶς ὁ ἐκπορευόμενος ἐν τῇ δυνάμει, **27** ἡ
ἐπίσκεψις[4] αὐτῶν ἐκ τῆς φυλῆς Ισσαχαρ τέσσαρες καὶ πεντήκοντα[5] χιλιάδες[6] καὶ
τετρακόσιοι.[7]

28 τοῖς υἱοῖς Ζαβουλων κατὰ συγγενείας[8] αὐτῶν κατὰ δήμους[9] αὐτῶν κατ᾽ οἴκους
πατριῶν[10] αὐτῶν κατὰ ἀριθμὸν[11] ὀνομάτων αὐτῶν κατὰ κεφαλὴν αὐτῶν, πάντα
ἀρσενικὰ[12] ἀπὸ εἰκοσαετοῦς[13] καὶ ἐπάνω,[14] πᾶς ὁ ἐκπορευόμενος ἐν τῇ δυνάμει,
29 ἡ ἐπίσκεψις[15] αὐτῶν ἐκ τῆς φυλῆς Ζαβουλων ἑπτὰ καὶ πεντήκοντα[16] χιλιάδες[17]
καὶ τετρακόσιοι.[18]

30 τοῖς υἱοῖς Ιωσηφ υἱοῖς Εφραιμ κατὰ συγγενείας[19] αὐτῶν κατὰ δήμους[20] αὐτῶν
κατ᾽ οἴκους πατριῶν[21] αὐτῶν κατὰ ἀριθμὸν[22] ὀνομάτων αὐτῶν κατὰ κεφαλὴν αὐτῶν,
πάντα ἀρσενικὰ[23] ἀπὸ εἰκοσαετοῦς[24] καὶ ἐπάνω,[25] πᾶς ὁ ἐκπορευόμενος ἐν τῇ
δυνάμει, **31** ἡ ἐπίσκεψις[26] αὐτῶν ἐκ τῆς φυλῆς Εφραιμ τεσσαράκοντα[27] χιλιάδες[28]
καὶ πεντακόσιοι.[29]

32 τοῖς υἱοῖς Μανασση κατὰ συγγενείας[30] αὐτῶν κατὰ δήμους[31] αὐτῶν κατ᾽ οἴκους
πατριῶν[32] αὐτῶν κατὰ ἀριθμὸν[33] ὀνομάτων αὐτῶν κατὰ κεφαλὴν αὐτῶν, πάντα
ἀρσενικὰ[34] ἀπὸ εἰκοσαετοῦς[35] καὶ ἐπάνω,[36] πᾶς ὁ ἐκπορευόμενος ἐν τῇ δυνάμει,
33 ἡ ἐπίσκεψις[37] αὐτῶν ἐκ τῆς φυλῆς Μανασση δύο καὶ τριάκοντα[38] χιλιάδες[39] καὶ
διακόσιοι.[40]

34 τοῖς υἱοῖς Βενιαμιν κατὰ συγγενείας[41] αὐτῶν κατὰ δήμους[42] αὐτῶν κατ᾽ οἴκους
πατριῶν[43] αὐτῶν κατὰ ἀριθμὸν[44] ὀνομάτων αὐτῶν κατὰ κεφαλὴν αὐτῶν, πάντα

1 ἀρσενικός, male
2 εἰκοσαετής, twenty years (old)
3 ἐπάνω, above
4 ἐπίσκεψις, numbering, census
5 πεντήκοντα, fifty
6 χιλιάς, thousand
7 τετρακόσιοι, four hundred
8 συγγένεια, family, kinfolk
9 δῆμος, district, division
10 πατριά, paternal lineage, house
11 ἀριθμός, number
12 ἀρσενικός, male
13 εἰκοσαετής, twenty years (old)
14 ἐπάνω, above
15 ἐπίσκεψις, numbering, census
16 πεντήκοντα, fifty
17 χιλιάς, thousand
18 τετρακόσιοι, four hundred
19 συγγένεια, family, kinfolk
20 δῆμος, district, division
21 πατριά, paternal lineage, house
22 ἀριθμός, number
23 ἀρσενικός, male
24 εἰκοσαετής, twenty years (old)
25 ἐπάνω, above
26 ἐπίσκεψις, numbering, census
27 τεσσαράκοντα, forty
28 χιλιάς, thousand
29 πεντακόσιοι, five hundred
30 συγγένεια, family, kinfolk
31 δῆμος, district, division
32 πατριά, paternal lineage, house
33 ἀριθμός, number
34 ἀρσενικός, male
35 εἰκοσαετής, twenty years (old)
36 ἐπάνω, above
37 ἐπίσκεψις, numbering, census
38 τριάκοντα, thirty
39 χιλιάς, thousand
40 διακόσιοι, two hundred
41 συγγένεια, family, kinfolk
42 δῆμος, district, division
43 πατριά, paternal lineage, house
44 ἀριθμός, number

ἀρσενικὰ[1] ἀπὸ εἰκοσαετοῦς[2] καὶ ἐπάνω,[3] πᾶς ὁ ἐκπορευόμενος ἐν τῇ δυνάμει, **35** ἡ ἐπίσκεψις[4] αὐτῶν ἐκ τῆς φυλῆς Βενιαμιν πέντε καὶ τριάκοντα[5] χιλιάδες[6] καὶ τετρακόσιοι.[7]

36 τοῖς υἱοῖς Γαδ κατὰ συγγενείας[8] αὐτῶν κατὰ δήμους[9] αὐτῶν κατ᾽ οἴκους πατριῶν[10] αὐτῶν κατὰ ἀριθμὸν[11] ὀνομάτων αὐτῶν κατὰ κεφαλὴν αὐτῶν, πάντα ἀρσενικὰ[12] ἀπὸ εἰκοσαετοῦς[13] καὶ ἐπάνω,[14] πᾶς ὁ ἐκπορευόμενος ἐν τῇ δυνάμει, **37** ἡ ἐπίσκεψις[15] αὐτῶν ἐκ τῆς φυλῆς Γαδ πέντε καὶ τεσσαράκοντα[16] χιλιάδες[17] καὶ ἑξακόσιοι[18] καὶ πεντήκοντα.[19]

38 τοῖς υἱοῖς Δαν κατὰ συγγενείας[20] αὐτῶν κατὰ δήμους[21] αὐτῶν κατ᾽ οἴκους πατριῶν[22] αὐτῶν κατὰ ἀριθμὸν[23] ὀνομάτων αὐτῶν κατὰ κεφαλὴν αὐτῶν, πάντα ἀρσενικὰ[24] ἀπὸ εἰκοσαετοῦς[25] καὶ ἐπάνω,[26] πᾶς ὁ ἐκπορευόμενος ἐν τῇ δυνάμει, **39** ἡ ἐπίσκεψις[27] αὐτῶν ἐκ τῆς φυλῆς Δαν δύο καὶ ἑξήκοντα[28] χιλιάδες[29] καὶ ἑπτακόσιοι.[30]

40 τοῖς υἱοῖς Ασηρ κατὰ συγγενείας[31] αὐτῶν κατὰ δήμους[32] αὐτῶν κατ᾽ οἴκους πατριῶν[33] αὐτῶν κατὰ ἀριθμὸν[34] ὀνομάτων αὐτῶν κατὰ κεφαλὴν αὐτῶν, πάντα ἀρσενικὰ[35] ἀπὸ εἰκοσαετοῦς[36] καὶ ἐπάνω,[37] πᾶς ὁ ἐκπορευόμενος ἐν τῇ δυνάμει, **41** ἡ ἐπίσκεψις[38] αὐτῶν ἐκ τῆς φυλῆς Ασηρ μία καὶ τεσσαράκοντα[39] χιλιάδες[40] καὶ πεντακόσιοι.[41]

42 τοῖς υἱοῖς Νεφθαλι κατὰ συγγενείας[42] αὐτῶν κατὰ δήμους[43] αὐτῶν κατ᾽ οἴκους πατριῶν[44] αὐτῶν κατὰ ἀριθμὸν[45] ὀνομάτων αὐτῶν κατὰ κεφαλὴν αὐτῶν, πάντα ἀρσενικὰ[46] ἀπὸ εἰκοσαετοῦς[47] καὶ ἐπάνω,[48] πᾶς ὁ ἐκπορευόμενος ἐν τῇ δυνάμει,

1 ἀρσενικός, male
2 εἰκοσαετής, twenty years (old)
3 ἐπάνω, above
4 ἐπίσκεψις, numbering, census
5 τριάκοντα, thirty
6 χιλιάς, thousand
7 τετρακόσιοι, four hundred
8 συγγένεια, family, kinfolk
9 δῆμος, district, division
10 πατριά, paternal lineage, house
11 ἀριθμός, number
12 ἀρσενικός, male
13 εἰκοσαετής, twenty years (old)
14 ἐπάνω, above
15 ἐπίσκεψις, numbering, census
16 τεσσαράκοντα, forty
17 χιλιάς, thousand
18 ἑξακόσιοι, six hundred
19 πεντήκοντα, fifty
20 συγγένεια, family, kinfolk
21 δῆμος, district, division
22 πατριά, paternal lineage, house
23 ἀριθμός, number
24 ἀρσενικός, male
25 εἰκοσαετής, twenty years (old)
26 ἐπάνω, above
27 ἐπίσκεψις, numbering, census
28 ἑξήκοντα, sixty
29 χιλιάς, thousand
30 ἑπτακόσιοι, seven hundred
31 συγγένεια, family, kinfolk
32 δῆμος, district, division
33 πατριά, paternal lineage, house
34 ἀριθμός, number
35 ἀρσενικός, male
36 εἰκοσαετής, twenty years (old)
37 ἐπάνω, above
38 ἐπίσκεψις, numbering, census
39 τεσσαράκοντα, forty
40 χιλιάς, thousand
41 πεντακόσιοι, five hundred
42 συγγένεια, family, kinfolk
43 δῆμος, district, division
44 πατριά, paternal lineage, house
45 ἀριθμός, number
46 ἀρσενικός, male
47 εἰκοσαετής, twenty years (old)
48 ἐπάνω, above

43 ἡ ἐπίσκεψις[1] αὐτῶν ἐκ τῆς φυλῆς Νεφθαλι τρεῖς καὶ πεντήκοντα[2] χιλιάδες[3] καὶ τετρακόσιοι.[4]

44 αὕτη ἡ ἐπίσκεψις,[5] ἣν ἐπεσκέψαντο[6] Μωυσῆς καὶ Ααρων καὶ οἱ ἄρχοντες Ισραηλ,
δώδεκα[7] ἄνδρες· ἀνὴρ εἷς κατὰ φυλὴν μίαν κατὰ φυλὴν οἴκων πατριᾶς[8] ἦσαν. **45** καὶ
ἐγένετο πᾶσα ἡ ἐπίσκεψις[9] υἱῶν Ισραηλ σὺν δυνάμει αὐτῶν ἀπὸ εἰκοσαετοῦς[10] καὶ
ἐπάνω,[11] πᾶς ὁ ἐκπορευόμενος παρατάξασθαι[12] ἐν Ισραηλ, **46** ἑξακόσιαι[13] χιλιάδες[14]
καὶ τρισχίλιοι[15] καὶ πεντακόσιοι[16] καὶ πεντήκοντα.[17]

Exemption of the Levites

47 Οἱ δὲ Λευῖται ἐκ τῆς φυλῆς πατριᾶς[18] αὐτῶν οὐκ ἐπεσκέπησαν[19] ἐν τοῖς υἱοῖς
Ισραηλ. **48** καὶ ἐλάλησεν κύριος πρὸς Μωυσῆν λέγων **49** Ὅρα τὴν φυλὴν τὴν Λευι
οὐ συνεπισκέψῃ[20] καὶ τὸν ἀριθμὸν[21] αὐτῶν οὐ λήμψῃ ἐν μέσῳ τῶν υἱῶν Ισραηλ.
50 καὶ σὺ ἐπίστησον[22] τοὺς Λευίτας ἐπὶ τὴν σκηνὴν[23] τοῦ μαρτυρίου[24] καὶ ἐπὶ πάντα
τὰ σκεύη[25] αὐτῆς καὶ ἐπὶ πάντα, ὅσα ἐστὶν ἐν αὐτῇ· αὐτοὶ ἀροῦσιν τὴν σκηνὴν
καὶ πάντα τὰ σκεύη αὐτῆς, καὶ αὐτοὶ λειτουργήσουσιν[26] ἐν αὐτῇ καὶ κύκλῳ[27] τῆς
σκηνῆς παρεμβαλοῦσιν.[28] **51** καὶ ἐν τῷ ἐξαίρειν[29] τὴν σκηνὴν[30] καθελοῦσιν[31] αὐτὴν
οἱ Λευῖται καὶ ἐν τῷ παρεμβάλλειν[32] τὴν σκηνὴν ἀναστήσουσιν· καὶ ὁ ἀλλογενὴς[33]
ὁ προσπορευόμενος[34] ἀποθανέτω. **52** καὶ παρεμβαλοῦσιν[35] οἱ υἱοὶ Ισραηλ ἀνὴρ
ἐν τῇ ἑαυτοῦ τάξει[36] καὶ ἀνὴρ κατὰ τὴν ἑαυτοῦ ἡγεμονίαν[37] σὺν δυνάμει αὐτῶν·
53 οἱ δὲ Λευῖται παρεμβαλέτωσαν[38] ἐναντίον[39] κυρίου κύκλῳ[40] τῆς σκηνῆς[41] τοῦ

1 ἐπίσκεψις, numbering, census
2 πεντήκοντα, fifty
3 χιλιάς, thousand
4 τετρακόσιοι, four hundred
5 ἐπίσκεψις, numbering, census
6 ἐπισκέπτομαι, *aor mid ind 3p*, account for, number
7 δώδεκα, twelve
8 πατριά, paternal lineage, house
9 ἐπίσκεψις, numbering, census
10 εἰκοσαετής, twenty years (old)
11 ἐπάνω, above
12 παρατάσσω, *aor mid inf*, align (for battle)
13 ἑξακόσιοι, six hundred
14 χιλιάς, thousand
15 τρισχίλιοι, three thousand
16 πεντακόσιοι, five hundred
17 πεντήκοντα, fifty
18 πατριά, paternal lineage, house
19 ἐπισκέπτομαι, *aor pas ind 3p*, account for, number
20 συνεπισκέπτομαι, *fut mid ind 2s*, number among
21 ἀριθμός, number
22 ἐφίστημι, *aor act impv 2s*, appoint, set over
23 σκηνή, tent
24 μαρτύριον, witness
25 σκεῦος, vessel, equipment
26 λειτουργέω, *fut act ind 3p*, minister
27 κύκλῳ, around
28 παρεμβάλλω, *fut act ind 3p*, pitch
29 ἐξαίρω, *pres act inf*, break camp, set out
30 σκηνή, tent
31 καθαιρέω, *fut act ind 3p*, take down, dismantle
32 παρεμβάλλω, *pres act inf*, pitch
33 ἀλλογενής, foreign, alien
34 προσπορεύομαι, *pres mid ptc nom s m*, come near, approach
35 παρεμβάλλω, *fut act ind 3p*, pitch camp
36 τάξις, position, space
37 ἡγεμονία, rule, (military) company
38 παρεμβάλλω, *aor act impv 3p*, pitch camp
39 ἐναντίον, before, opposite
40 κύκλῳ, around
41 σκηνή, tent

μαρτυρίου,[1] καὶ οὐκ ἔσται ἁμάρτημα[2] ἐν υἱοῖς Ισραηλ. καὶ φυλάξουσιν οἱ Λευῖται
αὐτοὶ τὴν φυλακὴν τῆς σκηνῆς τοῦ μαρτυρίου. **54** καὶ ἐποίησαν οἱ υἱοὶ Ισραηλ κατὰ
πάντα, ἃ ἐνετείλατο[3] κύριος τῷ Μωυσῇ καὶ Ααρων, οὕτως ἐποίησαν.

Setting Up the Camp

2 Καὶ ἐλάλησεν κύριος πρὸς Μωυσῆν καὶ Ααρων λέγων **2** Ἄνθρωπος ἐχόμενος
αὐτοῦ κατὰ τάγμα[4] κατὰ σημέας[5] κατ᾽ οἴκους πατριῶν[6] αὐτῶν παρεμβαλέτωσαν[7]
οἱ υἱοὶ Ισραηλ· ἐναντίοι[8] κύκλῳ[9] τῆς σκηνῆς[10] τοῦ μαρτυρίου[11] παρεμβαλοῦσιν[12]
οἱ υἱοὶ Ισραηλ. **3** καὶ οἱ παρεμβάλλοντες[13] πρῶτοι κατ᾽ ἀνατολὰς[14] τάγμα[15] παρεμ-
βολῆς[16] Ιουδα σὺν δυνάμει αὐτῶν, καὶ ὁ ἄρχων τῶν υἱῶν Ιουδα Ναασσων υἱὸς
Αμιναδαβ· **4** δύναμις αὐτοῦ οἱ ἐπεσκεμμένοι[17] τέσσαρες καὶ ἑβδομήκοντα[18] χιλι-
άδες[19] καὶ ἑξακόσιοι.[20] **5** καὶ οἱ παρεμβάλλοντες[21] ἐχόμενοι φυλῆς Ισσαχαρ, καὶ ὁ
ἄρχων τῶν υἱῶν Ισσαχαρ Ναθαναηλ υἱὸς Σωγαρ· **6** δύναμις αὐτοῦ οἱ ἐπεσκεμμένοι[22]
τέσσαρες καὶ πεντήκοντα[23] χιλιάδες[24] καὶ τετρακόσιοι.[25] **7** καὶ οἱ παρεμβάλλοντες[26]
ἐχόμενοι φυλῆς Ζαβουλων, καὶ ὁ ἄρχων τῶν υἱῶν Ζαβουλων Ελιαβ υἱὸς Χαι-
λων· **8** δύναμις αὐτοῦ οἱ ἐπεσκεμμένοι[27] ἑπτὰ καὶ πεντήκοντα[28] χιλιάδες[29] καὶ
τετρακόσιοι.[30] **9** πάντες οἱ ἐπεσκεμμένοι[31] ἐκ τῆς παρεμβολῆς[32] Ιουδα ἑκατὸν[33]
ὀγδοήκοντα[34] χιλιάδες[35] καὶ ἑξακισχίλιοι[36] καὶ τετρακόσιοι[37] σὺν δυνάμει αὐτῶν·
πρῶτοι ἐξαροῦσιν.[38]

1 μαρτύριον, witness
2 ἁμάρτημα, sin, offense
3 ἐντέλλομαι, *aor mid ind 3s*, command
4 τάγμα, group, unit
5 σημέα, (military) standard
6 πατριά, paternal lineage, house
7 παρεμβάλλω, *aor act impv 3p*, pitch camp
8 ἐναντίος, opposite, facing
9 κύκλῳ, around
10 σκηνή, tent
11 μαρτύριον, witness
12 παρεμβάλλω, *fut act ind 3p*, pitch camp
13 παρεμβάλλω, *pres act ptc nom p m*, pitch camp
14 ἀνατολή, east
15 τάγμα, group, unit
16 παρεμβολή, camp
17 ἐπισκέπτομαι, *perf pas ptc nom p m*, account for, number
18 ἑβδομήκοντα, seventy
19 χιλιάς, thousand
20 ἑξακόσιοι, six hundred
21 παρεμβάλλω, *pres act ptc nom p m*, pitch camp
22 ἐπισκέπτομαι, *perf pas ptc nom p m*, account for, number
23 πεντήκοντα, fifty
24 χιλιάς, thousand
25 τετρακόσιοι, four hundred
26 παρεμβάλλω, *pres act ptc nom p m*, pitch camp
27 ἐπισκέπτομαι, *perf pas ptc nom p m*, account for, number
28 πεντήκοντα, fifty
29 χιλιάς, thousand
30 τετρακόσιοι, four hundred
31 ἐπισκέπτομαι, *perf pas ptc nom p m*, account for, number
32 παρεμβολή, camp
33 ἑκατόν, one hundred
34 ὀγδοήκοντα, eighty
35 χιλιάς, thousand
36 ἑξακισχίλιοι, six thousand
37 τετρακόσιοι, four hundred
38 ἐξαίρω, *fut act ind 3p*, break camp, set out

10 Τάγμα[1] παρεμβολῆς[2] Ρουβην πρὸς λίβα[3] σὺν δυνάμει αὐτῶν, καὶ ὁ ἄρχων τῶν
υἱῶν Ρουβην Ελισουρ υἱὸς Σεδιουρ· **11** δύναμις αὐτοῦ οἱ ἐπεσκεμμένοι[4] ἓξ[5] καὶ τεσ-
σαράκοντα[6] χιλιάδες[7] καὶ πεντακόσιοι.[8] **12** καὶ οἱ παρεμβάλλοντες[9] ἐχόμενοι αὐτοῦ
φυλῆς Συμεων, καὶ ὁ ἄρχων τῶν υἱῶν Συμεων Σαλαμιηλ υἱὸς Σουρισαδαι· **13** δύναμις
αὐτοῦ οἱ ἐπεσκεμμένοι[10] ἐννέα[11] καὶ πεντήκοντα[12] χιλιάδες[13] καὶ τριακόσιοι.[14] **14** καὶ οἱ
παρεμβάλλοντες[15] ἐχόμενοι αὐτοῦ φυλῆς Γαδ, καὶ ὁ ἄρχων τῶν υἱῶν Γαδ Ελισαφ υἱὸς
Ραγουηλ· **15** δύναμις αὐτοῦ οἱ ἐπεσκεμμένοι[16] πέντε καὶ τεσσαράκοντα[17] χιλιάδες[18]
καὶ ἑξακόσιοι[19] καὶ πεντήκοντα.[20] **16** πάντες οἱ ἐπεσκεμμένοι[21] τῆς παρεμβολῆς[22]
Ρουβην ἑκατὸν[23] πεντήκοντα[24] μία χιλιάδες[25] καὶ τετρακόσιοι[26] καὶ πεντήκοντα[27]
σὺν δυνάμει αὐτῶν· δεύτεροι ἐξαροῦσιν.[28]

17 καὶ ἀρθήσεται[29] ἡ σκηνὴ[30] τοῦ μαρτυρίου[31] καὶ ἡ παρεμβολὴ[32] τῶν Λευιτῶν
μέσον τῶν παρεμβολῶν· ὡς καὶ παρεμβάλλουσιν,[33] οὕτως καὶ ἐξαροῦσιν[34] ἕκαστος
ἐχόμενος καθ᾿ ἡγεμονίαν.[35]

18 Τάγμα[36] παρεμβολῆς[37] Εφραιμ παρὰ θάλασσαν σὺν δυνάμει αὐτῶν, καὶ ὁ ἄρχων
τῶν υἱῶν Εφραιμ Ελισαμα υἱὸς Εμιουδ·

19 δύναμις αὐτοῦ οἱ ἐπεσκεμμένοι[38] τεσσαράκοντα[39] χιλιάδες[40] καὶ πεντακόσιοι.[41]
20 καὶ οἱ παρεμβάλλοντες[42] ἐχόμενοι φυλῆς Μανασση, καὶ ὁ ἄρχων τῶν υἱῶν
Μανασση Γαμαλιηλ υἱὸς Φαδασσουρ· **21** δύναμις αὐτοῦ οἱ ἐπεσκεμμένοι[43] δύο καὶ

1 τάγμα, group, unit
2 παρεμβολή, camp
3 λίψ, southwest
4 ἐπισκέπτομαι, *perf pas ptc nom p m*, account for, number
5 ἕξ, six
6 τεσσαράκοντα, forty
7 χιλιάς, thousand
8 πεντακόσιοι, five hundred
9 παρεμβάλλω, *pres act ptc nom p m*, pitch camp
10 ἐπισκέπτομαι, *perf pas ptc nom p m*, account for, number
11 ἐννέα, nine
12 πεντήκοντα, fifty
13 χιλιάς, thousand
14 τριακόσιοι, three hundred
15 παρεμβάλλω, *pres act ptc nom p m*, pitch camp
16 ἐπισκέπτομαι, *perf pas ptc nom p m*, account for, number
17 τεσσαράκοντα, forty
18 χιλιάς, thousand
19 ἑξακόσιοι, six hundred
20 πεντήκοντα, fifty
21 ἐπισκέπτομαι, *perf pas ptc nom p m*, account for, number
22 παρεμβολή, camp
23 ἑκατόν, one hundred
24 πεντήκοντα, fifty
25 χιλιάς, thousand
26 τετρακόσιοι, four hundred
27 πεντήκοντα, fifty
28 ἐξαίρω, *fut act ind 3p*, break camp, set out
29 αἴρω, *fut pas ind 3s*, take up, carry away
30 σκηνή, tent
31 μαρτύριον, witness
32 παρεμβολή, camp
33 παρεμβάλλω, *pres act ind 3p*, pitch camp
34 ἐξαίρω, *fut act ind 3p*, break camp, set out
35 ἡγεμονία, (military) company
36 τάγμα, group, unit
37 παρεμβολή, camp
38 ἐπισκέπτομαι, *perf pas ptc nom p m*, account for, number
39 τεσσαράκοντα, forty
40 χιλιάς, thousand
41 πεντακόσιοι, five hundred
42 παρεμβάλλω, *pres act ptc nom p m*, pitch camp
43 ἐπισκέπτομαι, *perf pas ptc nom p m*, account for, number

τριάκοντα[1] χιλιάδες[2] καὶ διακόσιοι.[3] **22** καὶ οἱ παρεμβάλλοντες[4] ἐχόμενοι φυλῆς
Βενιαμιν, καὶ ὁ ἄρχων τῶν υἱῶν Βενιαμιν Αβιδαν υἱὸς Γαδεωνι· **23** δύναμις αὐτοῦ
οἱ ἐπεσκεμμένοι[5] πέντε καὶ τριάκοντα[6] χιλιάδες[7] καὶ τετρακόσιοι.[8] **24** πάντες οἱ
ἐπεσκεμμένοι[9] τῆς παρεμβολῆς[10] Εφραιμ ἑκατὸν[11] χιλιάδες[12] καὶ ὀκτακισχίλιοι[13]
καὶ ἑκατὸν σὺν δυνάμει αὐτῶν· τρίτοι ἐξαροῦσιν.[14]

25 Τάγμα[15] παρεμβολῆς[16] Δαν πρὸς βορρᾶν[17] σὺν δυνάμει αὐτῶν, καὶ ὁ ἄρχων
τῶν υἱῶν Δαν Αχιεζερ υἱὸς Αμισαδαι· **26** δύναμις αὐτοῦ οἱ ἐπεσκεμμένοι[18] δύο καὶ
ἑξήκοντα[19] χιλιάδες[20] καὶ ἑπτακόσιοι.[21] **27** καὶ οἱ παρεμβάλλοντες[22] ἐχόμενοι αὐτοῦ
φυλῆς Ασηρ, καὶ ὁ ἄρχων τῶν υἱῶν Ασηρ Φαγαιηλ υἱὸς Εχραν· **28** δύναμις αὐτοῦ
οἱ ἐπεσκεμμένοι[23] μία καὶ τεσσαράκοντα[24] χιλιάδες[25] καὶ πεντακόσιοι.[26] **29** καὶ οἱ
παρεμβάλλοντες[27] ἐχόμενοι φυλῆς Νεφθαλι, καὶ ὁ ἄρχων τῶν υἱῶν Νεφθαλι Αχιρε
υἱὸς Αιναν· **30** δύναμις αὐτοῦ οἱ ἐπεσκεμμένοι[28] τρεῖς καὶ πεντήκοντα[29] χιλιάδες[30]
καὶ τετρακόσιοι.[31] **31** πάντες οἱ ἐπεσκεμμένοι[32] τῆς παρεμβολῆς[33] Δαν ἑκατὸν[34] καὶ
πεντήκοντα[35] ἑπτὰ χιλιάδες[36] καὶ ἑξακόσιοι·[37] ἔσχατοι ἐξαροῦσιν[38] κατὰ τάγμα[39]
αὐτῶν.

32 Αὕτη ἡ ἐπίσκεψις[40] τῶν υἱῶν Ισραηλ κατ᾽ οἴκους πατριῶν[41] αὐτῶν· πᾶσα ἡ ἐπί-
σκεψις τῶν παρεμβολῶν[42] σὺν ταῖς δυνάμεσιν αὐτῶν ἑξακόσιαι[43] χιλιάδες[44] καὶ

1 τριάκοντα, thirty
2 χιλιάς, thousand
3 διακόσιοι, two hundred
4 παρεμβάλλω, *pres act ptc nom p m*, pitch camp
5 ἐπισκέπτομαι, *perf pas ptc nom p m*, account for, number
6 τριάκοντα, thirty
7 χιλιάς, thousand
8 τετρακόσιοι, four hundred
9 ἐπισκέπτομαι, *perf pas ptc nom p m*, account for, number
10 παρεμβολή, camp
11 ἑκατόν, one hundred
12 χιλιάς, thousand
13 ὀκτακισχίλιοι, eight thousand
14 ἐξαίρω, *fut act ind 3p*, break camp, set out
15 τάγμα, group, unit
16 παρεμβολή, camp
17 βορρᾶς, north
18 ἐπισκέπτομαι, *perf pas ptc nom p m*, account for, number
19 ἑξήκοντα, sixty
20 χιλιάς, thousand
21 ἑπτακόσιοι, seven hundred
22 παρεμβάλλω, *pres act ptc nom p m*, pitch camp
23 ἐπισκέπτομαι, *perf pas ptc nom p m*, account for, number
24 τεσσαράκοντα, forty
25 χιλιάς, thousand
26 πεντακόσιοι, five hundred
27 παρεμβάλλω, *pres act ptc nom p m*, pitch camp
28 ἐπισκέπτομαι, *perf pas ptc nom p m*, account for, number
29 πεντήκοντα, fifty
30 χιλιάς, thousand
31 τετρακόσιοι, four hundred
32 ἐπισκέπτομαι, *perf pas ptc nom p m*, account for, number
33 παρεμβολή, camp
34 ἑκατόν, one hundred
35 πεντήκοντα, fifty
36 χιλιάς, thousand
37 ἑξακόσιοι, six hundred
38 ἐξαίρω, *fut act ind 3p*, break camp, set out
39 τάγμα, group, unit
40 ἐπίσκεψις, numbering, census
41 πατριά, paternal lineage, house
42 παρεμβολή, camp
43 ἑξακόσιοι, six hundred
44 χιλιάς, thousand

τρισχίλιοι[1] πεντακόσιοι[2] πεντήκοντα.[3] **33** οἱ δὲ Λευῖται οὐ συνεπεσκέπησαν[4] ἐν αὐτοῖς, καθὰ[5] ἐνετείλατο[6] κύριος τῷ Μωυσῇ.

34 καὶ ἐποίησαν οἱ υἱοὶ Ισραηλ πάντα, ὅσα συνέταξεν[7] κύριος τῷ Μωυσῇ, οὕτως παρενέβαλον[8] κατὰ τάγμα[9] αὐτῶν καὶ οὕτως ἐξῆρον,[10] ἕκαστος ἐχόμενοι κατὰ δήμους[11] αὐτῶν κατ᾽ οἴκους πατριῶν[12] αὐτῶν.

Aaron's Sons

3 Καὶ αὗται αἱ γενέσεις[13] Ααρων καὶ Μωυσῆ ἐν ᾗ ἡμέρᾳ ἐλάλησεν κύριος τῷ Μωυσῇ ἐν ὄρει Σινα, **2** καὶ ταῦτα τὰ ὀνόματα τῶν υἱῶν Ααρων· πρωτότοκος[14] Ναδαβ καὶ Αβιουδ, Ελεαζαρ καὶ Ιθαμαρ· **3** ταῦτα τὰ ὀνόματα τῶν υἱῶν Ααρων, οἱ ἱερεῖς οἱ ἠλειμμένοι,[15] οὓς ἐτελείωσαν[16] τὰς χεῖρας αὐτῶν ἱερατεύειν.[17] **4** καὶ ἐτελεύτησεν[18] Ναδαβ καὶ Αβιουδ ἔναντι[19] κυρίου προσφερόντων αὐτῶν πῦρ ἀλλότριον[20] ἔναντι κυρίου ἐν τῇ ἐρήμῳ Σινα, καὶ παιδία οὐκ ἦν αὐτοῖς· καὶ ἱεράτευσεν[21] Ελεαζαρ καὶ Ιθαμαρ μετ᾽ Ααρων τοῦ πατρὸς αὐτῶν.

Duties of the Levites

5 Καὶ ἐλάλησεν κύριος πρὸς Μωυσῆν λέγων **6** Λαβὲ τὴν φυλὴν Λευι καὶ στήσεις αὐτοὺς ἐναντίον[22] Ααρων τοῦ ἱερέως, καὶ λειτουργήσουσιν[23] αὐτῷ **7** καὶ φυλάξουσιν τὰς φυλακὰς αὐτοῦ καὶ τὰς φυλακὰς τῶν υἱῶν Ισραηλ ἔναντι[24] τῆς σκηνῆς[25] τοῦ μαρτυρίου[26] ἐργάζεσθαι τὰ ἔργα τῆς σκηνῆς **8** καὶ φυλάξουσιν πάντα τὰ σκεύη[27] τῆς σκηνῆς[28] τοῦ μαρτυρίου[29] καὶ τὰς φυλακὰς τῶν υἱῶν Ισραηλ κατὰ πάντα τὰ ἔργα τῆς σκηνῆς. **9** καὶ δώσεις τοὺς Λευίτας Ααρων καὶ τοῖς υἱοῖς αὐτοῦ τοῖς ἱερεῦσιν· δόμα[30] δεδομένοι οὗτοί μοί εἰσιν ἀπὸ τῶν υἱῶν Ισραηλ. **10** καὶ Ααρων καὶ τοὺς υἱοὺς αὐτοῦ καταστήσεις[31] ἐπὶ τῆς σκηνῆς[32] τοῦ μαρτυρίου,[33] καὶ φυλάξουσιν τὴν

1 τρισχίλιοι, three thousand
2 πεντακόσιοι, five hundred
3 πεντήκοντα, fifty
4 συνεπισκέπτομαι, *aor pas ind 3p*, number among
5 καθά, just as
6 ἐντέλλομαι, *aor mid ind 3s*, command
7 συντάσσω, *aor act ind 3s*, order, charge, prescribe
8 παρεμβάλλω, *aor act ind 3p*, pitch camp
9 τάγμα, group, unit
10 ἐξαίρω, *aor act ind 3p*, break camp, set out
11 δῆμος, district, division
12 πατριά, paternal lineage, house
13 γένεσις, generation
14 πρωτότοκος, firstborn
15 ἀλείφω, *perf mid ptc nom p m*, anoint
16 τελειόω, *aor act ind 3p*, (consecrate, initiate)
17 ἱερατεύω, *pres act inf*, perform the office of priest
18 τελευτάω, *aor act ind 3s*, die
19 ἔναντι, before
20 ἀλλότριος, foreign, strange
21 ἱερατεύω, *aor act ind 3s*, perform the office of priest
22 ἐναντίον, before
23 λειτουργέω, *fut act ind 3p*, minister
24 ἔναντι, before
25 σκηνή, tent
26 μαρτύριον, witness
27 σκεῦος, vessel, equipment
28 σκηνή, tent
29 μαρτύριον, witness
30 δόμα, gift
31 καθίστημι, *fut act ind 2s*, appoint, put in charge
32 σκηνή, tent
33 μαρτύριον, witness

ἱερατείαν[1] αὐτῶν καὶ πάντα τὰ κατὰ τὸν βωμὸν[2] καὶ ἔσω[3] τοῦ καταπετάσματος·[4]
καὶ ὁ ἀλλογενὴς[5] ὁ ἁπτόμενος ἀποθανεῖται.

11 Καὶ ἐλάλησεν κύριος πρὸς Μωυσῆν λέγων **12** Καὶ ἐγὼ ἰδοὺ εἴληφα[6] τοὺς Λευίτας
ἐκ μέσου τῶν υἱῶν Ισραηλ ἀντὶ[7] παντὸς πρωτοτόκου[8] διανοίγοντος[9] μήτραν[10] παρὰ
τῶν υἱῶν Ισραηλ· λύτρα[11] αὐτῶν ἔσονται καὶ ἔσονται ἐμοὶ οἱ Λευῖται. **13** ἐμοὶ γὰρ
πᾶν πρωτότοκον·[12] ἐν ᾗ ἡμέρᾳ ἐπάταξα[13] πᾶν πρωτότοκον ἐν γῇ Αἰγύπτου, ἡγίασα[14]
ἐμοὶ πᾶν πρωτότοκον ἐν Ισραηλ ἀπὸ ἀνθρώπου ἕως κτήνους·[15] ἐμοὶ ἔσονται, ἐγὼ
κύριος.

Census of the Levites

14 Καὶ ἐλάλησεν κύριος πρὸς Μωυσῆν ἐν τῇ ἐρήμῳ Σινα λέγων **15** Ἐπίσκεψαι[16] τοὺς
υἱοὺς Λευι κατ᾽ οἴκους πατριῶν[17] αὐτῶν κατὰ δήμους[18] αὐτῶν κατὰ συγγενείας[19]
αὐτῶν· πᾶν ἀρσενικὸν[20] ἀπὸ μηνιαίου[21] καὶ ἐπάνω[22] ἐπισκέψασθε[23] αὐτούς. **16** καὶ
ἐπεσκέψαντο[24] αὐτοὺς Μωυσῆς καὶ Ααρων διὰ φωνῆς κυρίου, ὃν τρόπον[25] συνέ-
ταξεν[26] αὐτοῖς κύριος. **17** καὶ ἦσαν οὗτοι οἱ υἱοὶ Λευι ἐξ ὀνομάτων αὐτῶν· Γεδσων,
Κααθ καὶ Μεραρι. **18** καὶ ταῦτα τὰ ὀνόματα τῶν υἱῶν Γεδσων κατὰ δήμους αὐτῶν·
Λοβενι καὶ Σεμεϊ. **19** καὶ υἱοὶ Κααθ κατὰ δήμους[27] αὐτῶν· Αμραμ καὶ Ισσααρ,
Χεβρων καὶ Οζιηλ. **20** καὶ υἱοὶ Μεραρι κατὰ δήμους[28] αὐτῶν· Μοολι καὶ Μουσι.
οὗτοί εἰσιν δῆμοι τῶν Λευιτῶν κατ᾽ οἴκους πατριῶν[29] αὐτῶν.

21 Τῷ Γεδσων δῆμος[30] τοῦ Λοβενι καὶ δῆμος τοῦ Σεμεϊ· οὗτοι δῆμοι τοῦ Γεδσων.
22 ἡ ἐπίσκεψις[31] αὐτῶν κατὰ ἀριθμὸν[32] παντὸς ἀρσενικοῦ[33] ἀπὸ μηνιαίου[34] καὶ
ἐπάνω,[35] ἡ ἐπίσκεψις αὐτῶν ἑπτακισχίλιοι[36] καὶ πεντακόσιοι.[37] **23** καὶ υἱοὶ Γεδσων

1 ἱερατεία, priesthood
2 βωμός, altar
3 ἔσω, within
4 καταπέτασμα, curtain, veil
5 ἀλλογενής, foreign, alien
6 λαμβάνω, *perf act ind 1s*, take
7 ἀντί, instead of, in place of
8 πρωτότοκος, firstborn
9 διανοίγω, *pres act ptc gen s m*, lay open
10 μήτρα, womb
11 λύτρον, price of release, ransom
12 πρωτότοκος, firstborn
13 πατάσσω, *aor act ind 1s*, strike, slay
14 ἁγιάζω, *aor act ind 1s*, make sacred, sanctify
15 κτῆνος, animal, (*p*) herd
16 ἐπισκέπτομαι, *aor mid impv 2s*, account for, number
17 πατριά, paternal lineage, house
18 δῆμος, district, division
19 συγγένεια, family, kinfolk
20 ἀρσενικός, male
21 μηνιαῖος, one month (old)
22 ἐπάνω, above
23 ἐπισκέπτομαι, *aor mid impv 2p*, account for, number
24 ἐπισκέπτομαι, *aor mid ind 3p*, account for, number
25 τρόπος, way, manner
26 συντάσσω, *aor act ind 3s*, order, charge, prescribe
27 δῆμος, district, division
28 δῆμος, district, division
29 πατριά, paternal lineage, house
30 δῆμος, district, division
31 ἐπίσκεψις, numbering, census
32 ἀριθμός, number
33 ἀρσενικός, male
34 μηνιαῖος, one month (old)
35 ἐπάνω, above
36 ἑπτακισχίλιος, seven thousand
37 πεντακόσιοι, five hundred

ὀπίσω τῆς σκηνῆς[1] παρὰ θάλασσαν παρεμβαλοῦσιν,[2] **24** καὶ ὁ ἄρχων οἴκου πατριᾶς[3] τοῦ δήμου[4] τοῦ Γεδσων Ελισαφ υἱὸς Λαηλ. **25** καὶ ἡ φυλακὴ υἱῶν Γεδσων ἐν τῇ σκηνῇ[5] τοῦ μαρτυρίου·[6] ἡ σκηνὴ καὶ τὸ κάλυμμα[7] καὶ τὸ κατακάλυμμα[8] τῆς θύρας τῆς σκηνῆς τοῦ μαρτυρίου **26** καὶ τὰ ἱστία[9] τῆς αὐλῆς[10] καὶ τὸ καταπέτασμα[11] τῆς πύλης[12] τῆς αὐλῆς τῆς οὔσης ἐπὶ τῆς σκηνῆς[13] καὶ τὰ κατάλοιπα[14] πάντων τῶν ἔργων αὐτοῦ.

27 Τῷ Κααθ δῆμος[15] ὁ Αμραμις καὶ δῆμος ὁ Σααρις καὶ δῆμος ὁ Χεβρωνις καὶ δῆμος ὁ Οζιηλις· οὗτοί εἰσιν δῆμοι τοῦ Κααθ. **28** κατὰ ἀριθμὸν[16] πᾶν ἀρσενικὸν[17] ἀπὸ μηνιαίου[18] καὶ ἐπάνω[19] ὀκτακισχίλιοι[20] καὶ ἑξακόσιοι[21] φυλάσσοντες τὰς φυλακὰς τῶν ἁγίων. **29** οἱ δῆμοι[22] τῶν υἱῶν Κααθ παρεμβαλοῦσιν[23] ἐκ πλαγίων[24] τῆς σκηνῆς[25] κατὰ λίβα,[26] **30** καὶ ὁ ἄρχων οἴκου πατριῶν[27] τῶν δήμων[28] τοῦ Κααθ Ελισαφαν υἱὸς Οζιηλ. **31** καὶ ἡ φυλακὴ αὐτῶν ἡ κιβωτὸς[29] καὶ ἡ τράπεζα[30] καὶ ἡ λυχνία[31] καὶ τὰ θυσιαστήρια[32] καὶ τὰ σκεύη[33] τοῦ ἁγίου, ὅσα λειτουργοῦσιν[34] ἐν αὐτοῖς, καὶ τὸ κατακάλυμμα[35] καὶ πάντα τὰ ἔργα αὐτῶν. **32** καὶ ὁ ἄρχων ἐπὶ τῶν ἀρχόντων τῶν Λευιτῶν Ελεαζαρ ὁ υἱὸς Ααρων τοῦ ἱερέως καθεσταμένος[36] φυλάσσειν τὰς φυλακὰς τῶν ἁγίων.

33 Τῷ Μεραρι δῆμος[37] ὁ Μοολι καὶ δῆμος ὁ Μουσι· οὗτοί εἰσιν δῆμοι Μεραρι. **34** ἡ ἐπίσκεψις[38] αὐτῶν κατὰ ἀριθμόν,[39] πᾶν ἀρσενικὸν[40] ἀπὸ μηνιαίου[41] καὶ ἐπάνω,[42] ἑξακισχίλιοι[43] καὶ πεντήκοντα·[44] **35** καὶ ὁ ἄρχων οἴκου πατριῶν[45] τοῦ δήμου[46] τοῦ Μεραρι Σουριηλ υἱὸς Αβιχαιλ· ἐκ πλαγίων[47] τῆς σκηνῆς[48] παρεμβαλοῦσιν[49] πρὸς

1 σκηνή, tent
2 παρεμβάλλω, *fut act ind 3p*, pitch camp
3 πατριά, paternal lineage, house
4 δῆμος, district, division
5 σκηνή, tent
6 μαρτύριον, witness
7 κάλυμμα, veil, screen
8 κατακάλυμμα, covering, curtain
9 ἱστίον, curtains
10 αὐλή, court, chamber
11 καταπέτασμα, curtain, veil
12 πύλη, gate
13 σκηνή, tent
14 κατάλοιπος, remnant, rest
15 δῆμος, district, division
16 ἀριθμός, number
17 ἀρσενικός, male
18 μηνιαῖος, one month (old)
19 ἐπάνω, above
20 ὀκτακισχίλιοι, eight thousand
21 ἑξακόσιοι, six hundred
22 δῆμος, district, division
23 παρεμβάλλω, *fut act ind 3p*, pitch camp
24 πλάγιος, side
25 σκηνή, tent
26 λίψ, southwest
27 πατριά, paternal lineage, house
28 δῆμος, district, division
29 κιβωτός, chest, ark (of the covenant)
30 τράπεζα, table
31 λυχνία, lampstand
32 θυσιαστήριον, altar
33 σκεῦος, vessel, equipment
34 λειτουργέω, *pres act ind 3p,* minister
35 κατακάλυμμα, covering, curtain
36 καθίστημι, *perf pas ptc nom s m*, appoint, put in charge
37 δῆμος, district, division
38 ἐπίσκεψις, numbering, census
39 ἀριθμός, number
40 ἀρσενικός, male
41 μηνιαῖος, one month (old)
42 ἐπάνω, above
43 ἑξακισχίλιοι, six thousand
44 πεντήκοντα, fifty
45 πατριά, paternal lineage, house
46 δῆμος, district, division
47 πλάγιος, side
48 σκηνή, tent
49 παρεμβάλλω, *fut act ind 3p*, pitch camp

βορρᾶν.[1] **36** ἡ ἐπίσκεψις[2] ἡ φυλακὴ υἱῶν Μεραρι· τὰς κεφαλίδας[3] τῆς σκηνῆς[4] καὶ
τοὺς μοχλοὺς[5] αὐτῆς καὶ τοὺς στύλους[6] αὐτῆς καὶ τὰς βάσεις[7] αὐτῆς καὶ πάντα τὰ
σκεύη[8] αὐτῶν καὶ τὰ ἔργα αὐτῶν **37** καὶ τοὺς στύλους[9] τῆς αὐλῆς[10] κύκλῳ[11] καὶ τὰς
βάσεις[12] αὐτῶν καὶ τοὺς πασσάλους[13] καὶ τοὺς κάλους[14] αὐτῶν.

38 Καὶ οἱ παρεμβάλλοντες[15] κατὰ πρόσωπον τῆς σκηνῆς[16] τοῦ μαρτυρίου[17] ἀπ᾽
ἀνατολῆς[18] Μωυσῆς καὶ Ααρων καὶ οἱ υἱοὶ αὐτοῦ φυλάσσοντες τὰς φυλακὰς τοῦ
ἁγίου εἰς τὰς φυλακὰς τῶν υἱῶν Ισραηλ· καὶ ὁ ἀλλογενὴς[19] ὁ ἁπτόμενος ἀποθανεῖται.

39 Πᾶσα ἡ ἐπίσκεψις[20] τῶν Λευιτῶν, οὓς ἐπεσκέψατο[21] Μωυσῆς καὶ Ααρων διὰ
φωνῆς κυρίου κατὰ δήμους[22] αὐτῶν, πᾶν ἀρσενικὸν[23] ἀπὸ μηνιαίου[24] καὶ ἐπάνω[25]
δύο καὶ εἴκοσι[26] χιλιάδες.[27]

Redemption of the Firstborn

40 Καὶ εἶπεν κύριος πρὸς Μωυσῆν λέγων Ἐπίσκεψαι[28] πᾶν πρωτότοκον[29] ἄρσεν[30]
τῶν υἱῶν Ισραηλ ἀπὸ μηνιαίου[31] καὶ ἐπάνω[32] καὶ λαβὲ τὸν ἀριθμὸν[33] ἐξ ὀνόματος·
41 καὶ λήμψῃ τοὺς Λευίτας ἐμοί, ἐγὼ κύριος, ἀντὶ[34] πάντων τῶν πρωτοτόκων[35] τῶν
υἱῶν Ισραηλ καὶ τὰ κτήνη[36] τῶν Λευιτῶν ἀντὶ πάντων τῶν πρωτοτόκων ἐν τοῖς
κτήνεσιν τῶν υἱῶν Ισραηλ. **42** καὶ ἐπεσκέψατο[37] Μωυσῆς, ὃν τρόπον[38] ἐνετείλατο[39]
κύριος, πᾶν πρωτότοκον[40] ἐν τοῖς υἱοῖς Ισραηλ· **43** καὶ ἐγένοντο πάντα τὰ πρω-
τότοκα[41] τὰ ἀρσενικὰ[42] κατὰ ἀριθμὸν[43] ἐξ ὀνόματος ἀπὸ μηνιαίου[44] καὶ ἐπάνω[45]

1 βορρᾶς, north
2 ἐπίσκεψις, numbering, census
3 κεφαλίς, capital or base (of a pillar)
4 σκηνή, tent
5 μοχλός, bar, bolt (of a door)
6 στῦλος, pillar, column
7 βάσις, base
8 σκεῦος, vessel, equipment
9 στῦλος, pillar, column
10 αὐλή, court, chamber
11 κύκλῳ, around
12 βάσις, base
13 πάσσαλος, pin, peg
14 κάλος, rope, cord
15 παρεμβάλλω, *pres act ptc nom p m*, pitch camp
16 σκηνή, tent
17 μαρτύριον, witness
18 ἀνατολή, east, toward sunrise
19 ἀλλογενής, foreign, alien
20 ἐπίσκεψις, numbering, census
21 ἐπισκέπτομαι, *aor mid ind 3s*, account for, number
22 δῆμος, district, division
23 ἀρσενικός, male
24 μηνιαῖος, one month (old)
25 ἐπάνω, above
26 εἴκοσι, twenty
27 χιλιάς, thousand
28 ἐπισκέπτομαι, *aor mid impv 2s*, account for, number
29 πρωτότοκος, firstborn
30 ἄρσην, male
31 μηνιαῖος, one month (old)
32 ἐπάνω, above
33 ἀριθμός, number
34 ἀντί, instead of, in place of
35 πρωτότοκος, firstborn
36 κτῆνος, animal, (*p*) herd
37 ἐπισκέπτομαι, *aor mid ind 3s*, account for, number
38 ὃν τρόπον, in the manner that
39 ἐντέλλομαι, *aor mid ind 3s*, command
40 πρωτότοκος, firstborn
41 πρωτότοκος, firstborn
42 ἀρσενικός, male
43 ἀριθμός, number
44 μηνιαῖος, one month (old)
45 ἐπάνω, above

ἐκ τῆς ἐπισκέψεως[1] αὐτῶν δύο καὶ εἴκοσι[2] χιλιάδες[3] τρεῖς καὶ ἑβδομήκοντα[4] καὶ διακόσιοι.[5]

44 Καὶ ἐλάλησεν κύριος πρὸς Μωυσῆν λέγων **45** Λαβὲ τοὺς Λευίτας ἀντὶ[6] πάντων
τῶν πρωτοτόκων[7] τῶν υἱῶν Ισραηλ καὶ τὰ κτήνη[8] τῶν Λευιτῶν ἀντὶ τῶν κτηνῶν
αὐτῶν, καὶ ἔσονται ἐμοὶ οἱ Λευῖται· ἐγὼ κύριος. **46** καὶ τὰ λύτρα[9] τριῶν καὶ
ἑβδομήκοντα[10] καὶ διακοσίων,[11] οἱ πλεονάζοντες[12] παρὰ τοὺς Λευίτας ἀπὸ τῶν
πρωτοτόκων[13] τῶν υἱῶν Ισραηλ, **47** καὶ λήμψῃ πέντε σίκλους[14] κατὰ κεφαλήν, κατὰ
τὸ δίδραχμον[15] τὸ ἅγιον λήμψῃ, εἴκοσι[16] ὀβολοὺς[17] τοῦ σίκλου, **48** καὶ δώσεις τὸ
ἀργύριον[18] Ααρων καὶ τοῖς υἱοῖς αὐτοῦ λύτρα[19] τῶν πλεοναζόντων[20] ἐν αὐτοῖς.
49 καὶ ἔλαβεν Μωυσῆς τὸ ἀργύριον,[21] τὰ λύτρα[22] τῶν πλεοναζόντων,[23] εἰς τὴν
ἐκλύτρωσιν[24] τῶν Λευιτῶν· **50** παρὰ τῶν πρωτοτόκων[25] τῶν υἱῶν Ισραηλ ἔλαβεν
τὸ ἀργύριον,[26] χιλίους[27] τριακοσίους[28] ἑξήκοντα[29] πέντε σίκλους[30] κατὰ τὸν σίκλον
τὸν ἅγιον. **51** καὶ ἔδωκεν Μωυσῆς τὰ λύτρα[31] τῶν πλεοναζόντων[32] Ααρων καὶ τοῖς
υἱοῖς αὐτοῦ διὰ φωνῆς κυρίου, ὃν τρόπον[33] συνέταξεν[34] κύριος τῷ Μωυσῇ.

Duties of the Kohathites

4 Καὶ ἐλάλησεν κύριος πρὸς Μωυσῆν καὶ Ααρων λέγων **2** Λαβὲ τὸ κεφάλαιον[35]
τῶν υἱῶν Κααθ ἐκ μέσου υἱῶν Λευι κατὰ δήμους[36] αὐτῶν κατ᾽ οἴκους πατριῶν[37]
αὐτῶν **3** ἀπὸ εἴκοσι[38] καὶ πέντε ἐτῶν καὶ ἐπάνω[39] καὶ ἕως πεντήκοντα[40] ἐτῶν,
πᾶς ὁ εἰσπορευόμενος[41] λειτουργεῖν[42] ποιῆσαι πάντα τὰ ἔργα ἐν τῇ σκηνῇ[43] τοῦ

1 ἐπίσκεψις, numbering census
2 εἴκοσι, twenty
3 χιλιάς, thousand
4 ἑβδομήκοντα, seventy
5 διακόσιοι, two hundred
6 ἀντί, instead of, in place of
7 πρωτότοκος, firstborn
8 κτῆνος, animal, (*p*) herd
9 λύτρον, price of release, ransom
10 ἑβδομήκοντα, seventy
11 διακόσιοι, two hundred
12 πλεονάζω, *pres act ptc nom p m*, be present in abundance, exceed
13 πρωτότοκος, firstborn
14 σίκλος, shekel, *Heb. LW*
15 δίδραχμον, two-drachma coin
16 εἴκοσι, twenty
17 ὀβολός, obol (one-fifth of a drachma)
18 ἀργύριον, money, silver
19 λύτρον, price of release, ransom
20 πλεονάζω, *pres act ptc gen p m*, be present in abundance, exceed
21 ἀργύριον, money, silver
22 λύτρον, price of release, ransom
23 πλεονάζω, *pres act ptc gen p m*, be present in abundance, exceed
24 ἐκλύτρωσις, redemption
25 πρωτότοκος, firstborn
26 ἀργύριον, money, silver
27 χίλιοι, thousand
28 τριακόσιοι, three hundred
29 ἑξήκοντα, sixty
30 σίκλος, shekel, *Heb. LW*
31 λύτρον, price of release, ransom
32 πλεονάζω, *pres act ptc gen p m*, be present in abundance, exceed
33 ὃν τρόπον, in the manner that
34 συντάσσω, *aor act ind 3s*, order, charge, prescribe
35 κεφάλαιον, sum total
36 δῆμος, district, division
37 πατριά, paternal lineage, house
38 εἴκοσι, twenty
39 ἐπάνω, above
40 πεντήκοντα, fifty
41 εἰσπορεύομαι, *pres mid ptc nom s m*, enter
42 λειτουργέω, *pres act inf*, minister
43 σκηνή, tent

μαρτυρίου.[1] **4** καὶ ταῦτα τὰ ἔργα τῶν υἱῶν Κααθ ἐν τῇ σκηνῇ[2] τοῦ μαρτυρίου·[3]
ἅγιον τῶν ἁγίων.

5 καὶ εἰσελεύσεται Ααρων καὶ οἱ υἱοὶ αὐτοῦ, ὅταν ἐξαίρῃ[4] ἡ παρεμβολή,[5] καὶ
καθελοῦσιν[6] τὸ καταπέτασμα[7] τὸ συσκιάζον[8] καὶ κατακαλύψουσιν[9] ἐν αὐτῷ τὴν
κιβωτὸν[10] τοῦ μαρτυρίου[11] **6** καὶ ἐπιθήσουσιν ἐπ᾽ αὐτὸ κατακάλυμμα[12] δέρμα[13]
ὑακίνθινον[14] καὶ ἐπιβαλοῦσιν[15] ἐπ᾽ αὐτὴν ἱμάτιον ὅλον ὑακίνθινον ἄνωθεν[16] καὶ
διεμβαλοῦσιν[17] τοὺς ἀναφορεῖς.[18] **7** καὶ ἐπὶ τὴν τράπεζαν[19] τὴν προκειμένην[20]
ἐπιβαλοῦσιν[21] ἐπ᾽ αὐτὴν ἱμάτιον ὁλοπόρφυρον[22] καὶ τὰ τρύβλια[23] καὶ τὰς θυίσκας[24]
καὶ τοὺς κυάθους[25] καὶ τὰ σπονδεῖα,[26] ἐν οἷς σπένδει,[27] καὶ οἱ ἄρτοι οἱ διὰ παντὸς ἐπ᾽
αὐτῆς ἔσονται. **8** καὶ ἐπιβαλοῦσιν[28] ἐπ᾽ αὐτὴν ἱμάτιον κόκκινον[29] καὶ καλύψουσιν[30]
αὐτὴν καλύμματι[31] δερματίνῳ[32] ὑακινθίνῳ[33] καὶ διεμβαλοῦσιν[34] δι᾽ αὐτῆς τοὺς
ἀναφορεῖς.[35] **9** καὶ λήμψονται ἱμάτιον ὑακίνθινον[36] καὶ καλύψουσιν[37] τὴν λυχνίαν[38]
τὴν φωτίζουσαν[39] καὶ τοὺς λύχνους[40] αὐτῆς καὶ τὰς λαβίδας[41] αὐτῆς καὶ τὰς ἐπα-
ρυστρίδας[42] αὐτῆς καὶ πάντα τὰ ἀγγεῖα[43] τοῦ ἐλαίου,[44] οἷς λειτουργοῦσιν[45] ἐν
αὐτοῖς, **10** καὶ ἐμβαλοῦσιν[46] αὐτὴν καὶ πάντα τὰ σκεύη[47] αὐτῆς εἰς κάλυμμα[48]
δερμάτινον[49] ὑακίνθινον[50] καὶ ἐπιθήσουσιν αὐτὴν ἐπ᾽ ἀναφορέων.[51] **11** καὶ ἐπὶ τὸ

1 μαρτύριον, witness
2 σκηνή, tent
3 μαρτύριον, witness
4 ἐξαίρω, *pres act sub 3s*, take up, dismantle
5 παρεμβολή, camp
6 καθαιρέω, *fut act ind 3p*, take down
7 καταπέτασμα, curtain, veil
8 συσκιάζω, *pres act ptc acc s n*, (over)shadow
9 κατακαλύπτω, *fut act ind 3p*, cover up
10 κιβωτός, chest, ark (of the covenant)
11 μαρτύριον, testimony, witness
12 κατακάλυμμα, covering, curtain
13 δέρμα, leather, skin
14 ὑακίνθινος, blue
15 ἐπιβάλλω, *fut act ind 3p*, put upon
16 ἄνωθεν, from above
17 διεμβάλλω, *fut act ind 3p*, put in, insert
18 ἀναφορεύς, carrying pole
19 τράπεζα, table
20 πρόκειμαι, *pres pas ptc acc s f*, set forth, lay out
21 ἐπιβάλλω, *fut act ind 3p*, put upon
22 ὁλοπόρφυρος, completely purple
23 τρύβλιον, bowl, dish
24 θυίσκη, censer
25 κύαθος, ladle
26 σπονδεῖον, cup
27 σπένδω, *pres act ind 3s*, offer drink offerings
28 ἐπιβάλλω, *fut act ind 3p*, put upon
29 κόκκινος, scarlet
30 καλύπτω, *fut act ind 3p*, cover up
31 κάλυμμα, covering, curtain
32 δερμάτινος, of skin, of leather
33 ὑακίνθινος, blue
34 διεμβάλλω, *fut act ind 3p*, put in, insert
35 ἀναφορεύς, carrying pole
36 ὑακίνθινος, blue
37 καλύπτω, *fut act ind 3p*, cover up
38 λυχνία, lampstand
39 φωτίζω, *pres act ptc acc s f*, shine, give light
40 λύχνος, lamp
41 λαβίς, snuffers
42 ἐπαρυστρίς, oil pourer, funnel
43 ἀγγεῖον, vessel, container
44 ἔλαιον, oil
45 λειτουργέω, *pres act ind 3p*, minister
46 ἐμβάλλω, *fut act ind 3p*, cast, put
47 σκεῦος, vessel, equipment
48 κάλυμμα, covering, curtain
49 δερμάτινος, of skin, of leather
50 ὑακίνθινος, blue
51 ἀναφορεύς, carrying pole

θυσιαστήριον[1] τὸ χρυσοῦν[2] ἐπικαλύψουσιν[3] ἱμάτιον ὑακίνθινον[4] καὶ καλύψουσιν[5] αὐτὸ καλύμματι[6] δερματίνῳ[7] ὑακινθίνῳ[8] καὶ διεμβαλοῦσιν[9] τοὺς ἀναφορεῖς[10] αὐτοῦ. **12** καὶ λήμψονται πάντα τὰ σκεύη[11] τὰ λειτουργικά,[12] ὅσα λειτουργοῦσιν[13] ἐν αὐτοῖς ἐν τοῖς ἁγίοις, καὶ ἐμβαλοῦσιν[14] εἰς ἱμάτιον ὑακίνθινον[15] καὶ καλύψουσιν[16] αὐτὰ καλύμματι[17] δερματίνῳ[18] ὑακινθίνῳ[19] καὶ ἐπιθήσουσιν ἐπὶ ἀναφορεῖς.[20]
13 καὶ τὸν καλυπτῆρα[21] ἐπιθήσει ἐπὶ τὸ θυσιαστήριον,[22] καὶ ἐπικαλύψουσιν[23]
ἐπ᾽ αὐτὸ ἱμάτιον ὁλοπόρφυρον[24] **14** καὶ ἐπιθήσουσιν ἐπ᾽ αὐτὸ πάντα τὰ σκεύη,[25] ὅσοις λειτουργοῦσιν[26] ἐπ᾽ αὐτὸ ἐν αὐτοῖς, καὶ τὰ πυρεῖα[27] καὶ τὰς κρεάγρας[28] καὶ τὰς φιάλας[29] καὶ τὸν καλυπτῆρα[30] καὶ πάντα τὰ σκεύη[31] τοῦ θυσιαστηρίου·[32] καὶ ἐπιβαλοῦσιν[33] ἐπ᾽ αὐτὸ κάλυμμα[34] δερμάτινον[35] ὑακίνθινον[36] καὶ διεμβαλοῦσιν[37] τοὺς ἀναφορεῖς[38] αὐτοῦ· καὶ λήμψονται ἱμάτιον πορφυροῦν[39] καὶ συγκαλύψουσιν[40] τὸν λουτῆρα[41] καὶ τὴν βάσιν[42] αὐτοῦ καὶ ἐμβαλοῦσιν[43] αὐτὰ εἰς κάλυμμα δερμάτινον
ὑακίνθινον καὶ ἐπιθήσουσιν ἐπὶ ἀναφορεῖς.[44] **15** καὶ συντελέσουσιν[45] Ααρων καὶ οἱ υἱοὶ αὐτοῦ καλύπτοντες[46] τὰ ἅγια καὶ πάντα τὰ σκεύη[47] τὰ ἅγια ἐν τῷ ἐξαίρειν[48] τὴν παρεμβολήν,[49] καὶ μετὰ ταῦτα εἰσελεύσονται υἱοὶ Κααθ αἴρειν καὶ οὐχ ἅψονται τῶν ἁγίων, ἵνα μὴ ἀποθάνωσιν· ταῦτα ἀροῦσιν οἱ υἱοὶ Κααθ ἐν τῇ σκηνῇ[50] τοῦ μαρτυρίου.[51]

1 θυσιαστήριον, altar
2 χρυσοῦς, gold
3 ἐπικαλύπτω, *fut act ind 3p*, cover over
4 ὑακίνθινος, blue
5 καλύπτω, *fut act ind 3p*, cover up
6 κάλυμμα, covering, curtain
7 δερμάτινος, of skin, of leather
8 ὑακίνθινος, blue
9 διεμβάλλω, *fut act ind 3p*, put in, insert
10 ἀναφορεύς, carrying pole
11 σκεῦος, vessel, equipment
12 λειτουργικός, of or for liturgical service
13 λειτουργέω, *pres act ind 3p*, minister
14 ἐμβάλλω, *fut act ind 3p*, cast, put
15 ὑακίνθινος, blue
16 καλύπτω, *fut act ind 3p*, cover up
17 κάλυμμα, covering, curtain
18 δερμάτινος, of skin, of leather
19 ὑακίνθινος, blue
20 ἀναφορεύς, carrying pole
21 καλυπτήρ, covering
22 θυσιαστήριον, altar
23 ἐπικαλύπτω, *fut act ind 3p*, cover over
24 ὁλοπόρφυρος, completely purple
25 σκεῦος, vessel, equipment
26 λειτουργέω, *pres act ind 3p*, minister
27 πυρεῖον, fire pan
28 κρεάγρα, meat hook
29 φιάλη, shallow bowl, saucer
30 καλυπτήρ, covering
31 σκεῦος, vessel, equipment
32 θυσιαστήριον, altar
33 ἐπιβάλλω, *fut act ind 3p*, put upon
34 κάλυμμα, covering, curtain
35 δερμάτινος, of skin, of leather
36 ὑακίνθινος, blue
37 διεμβάλλω, *fut act ind 3p*, put in, insert
38 ἀναφορεύς, carrying pole
39 πορφυροῦς, purple
40 συγκαλύπτω, *fut act ind 3p*, cover up
41 λουτήρ, washing tub, basin
42 βάσις, base
43 ἐμβάλλω, *fut act ind 3p*, cast, put
44 ἀναφορεύς, carrying pole
45 συντελέω, *fut act ind 3p*, finish
46 καλύπτω, *pres act ptc nom p m*, cover up
47 σκεῦος, vessel, equipment
48 ἐξαίρω, *pres act inf*, take up, dismantle
49 παρεμβολή, camp
50 σκηνή, tent
51 μαρτύριον, witness

16 ἐπίσκοπος[1] Ελεαζαρ υἱὸς Ααρων τοῦ ἱερέως· τὸ ἔλαιον[2] τοῦ φωτὸς καὶ τὸ θυμίαμα[3] τῆς συνθέσεως[4] καὶ ἡ θυσία[5] ἡ καθ᾽ ἡμέραν καὶ τὸ ἔλαιον τῆς χρίσεως,[6] ἡ ἐπισκοπὴ[7] ὅλης τῆς σκηνῆς[8] καὶ ὅσα ἐστὶν ἐν αὐτῇ ἐν τῷ ἁγίῳ ἐν πᾶσι τοῖς ἔργοις.

17 καὶ ἐλάλησεν κύριος πρὸς Μωυσῆν καὶ Ααρων λέγων **18** Μὴ ὀλεθρεύσητε[9] τῆς φυλῆς τὸν δῆμον[10] τὸν Κααθ ἐκ μέσου τῶν Λευιτῶν· **19** τοῦτο ποιήσατε αὐτοῖς καὶ ζήσονται καὶ οὐ μὴ ἀποθάνωσιν προσπορευομένων[11] αὐτῶν πρὸς τὰ ἅγια τῶν ἁγίων· Ααρων καὶ οἱ υἱοὶ αὐτοῦ προσπορευέσθωσαν[12] καὶ καταστήσουσιν[13] αὐτοὺς ἕκαστον κατὰ τὴν ἀναφορὰν[14] αὐτοῦ, **20** καὶ οὐ μὴ εἰσέλθωσιν ἰδεῖν ἐξάπινα[15] τὰ ἅγια καὶ ἀποθανοῦνται.

Gershonites and Merarites

21 Καὶ ἐλάλησεν κύριος πρὸς Μωυσῆν λέγων **22** Λαβὲ τὴν ἀρχὴν τῶν υἱῶν Γεδσων, καὶ τούτους κατ᾽ οἴκους πατριῶν[16] αὐτῶν κατὰ δήμους[17] αὐτῶν· **23** ἀπὸ πεντεκαιεικοσαετοῦς[18] καὶ ἐπάνω[19] ἕως πεντηκονταετοῦς[20] ἐπίσκεψαι[21] αὐτούς, πᾶς ὁ εἰσπορευόμενος[22] λειτουργεῖν[23] καὶ ποιεῖν τὰ ἔργα αὐτοῦ ἐν τῇ σκηνῇ[24] τοῦ μαρτυρίου.[25] **24** αὕτη ἡ λειτουργία[26] τοῦ δήμου[27] τοῦ Γεδσων λειτουργεῖν[28] καὶ αἴρειν· **25** καὶ ἀρεῖ τὰς δέρρεις[29] τῆς σκηνῆς[30] καὶ τὴν σκηνὴν τοῦ μαρτυρίου[31] καὶ τὸ κάλυμμα[32] αὐτῆς καὶ τὸ κάλυμμα τὸ ὑακίνθινον[33] τὸ ὂν ἐπ᾽ αὐτῆς ἄνωθεν[34] καὶ τὸ κάλυμμα τῆς θύρας τῆς σκηνῆς τοῦ μαρτυρίου **26** καὶ τὰ ἱστία[35] τῆς αὐλῆς,[36] ὅσα ἐπὶ τῆς σκηνῆς[37] τοῦ μαρτυρίου,[38] καὶ τὰ περισσὰ[39] καὶ πάντα τὰ σκεύη[40] τὰ λειτουργικά,[41] ὅσα λειτουργοῦσιν[42] ἐν αὐτοῖς, ποιήσουσιν. **27** κατὰ στόμα Ααρων καὶ

1 ἐπίσκοπος, supervisor, overseer
2 ἔλαιον, oil
3 θυμίαμα, incense
4 σύνθεσις, mixture, compound
5 θυσία, sacrifice
6 χρῖσις, anointing
7 ἐπισκοπή, supervision, oversight
8 σκηνή, tent
9 ὀλεθρεύω, *aor act sub 2p*, utterly destroy
10 δῆμος, district, division
11 προσπορεύομαι, *pres mid ptc gen p m*, approach, come to
12 προσπορεύομαι, *pres mid impv 3p*, approach, come to
13 καθίστημι, *fut act ind 3p*, appoint, set over
14 ἀναφορά, cultic offering
15 ἐξάπινα, suddenly
16 πατριά, paternal lineage, house
17 δῆμος, district, division
18 πεντεκαιεικοσαετής, twenty-five years (old)
19 ἐπάνω, above
20 πεντηκονταετής, fifty years (old)
21 ἐπισκέπτομαι, *aor mid impv 2s*, account for, number
22 εἰσπορεύομαι, *pres mid ptc nom s m*, enter
23 λειτουργέω, *pres act inf*, minister
24 σκηνή, tent
25 μαρτύριον, witness
26 λειτουργία, liturgical service, ministry
27 δῆμος, district, division
28 λειτουργέω, *pres act inf*, minister
29 δέρρις, curtain (of goats' hair)
30 σκηνή, tent
31 μαρτύριον, witness
32 κάλυμμα, covering, curtain
33 ὑακίνθινος, blue
34 ἄνωθεν, above
35 ἱστίον, curtain, hanging
36 αὐλή, court, chamber
37 σκηνή, tent
38 μαρτύριον, witness
39 περισσός, remainder, leftover
40 σκεῦος, vessel, equipment
41 λειτουργικός, of or for liturgical service
42 λειτουργέω, *pres act ind 3p*, minister

τῶν υἱῶν αὐτοῦ ἔσται ἡ λειτουργία[1] τῶν υἱῶν Γεδσων κατὰ πάσας τὰς λειτουργίας
αὐτῶν καὶ κατὰ πάντα τὰ ἀρτὰ δι᾽ αὐτῶν· καὶ ἐπισκέψῃ[2] αὐτοὺς ἐξ ὀνομάτων
πάντα τὰ ἀρτὰ[3] ὑπ᾽ αὐτῶν. **28** αὕτη ἡ λειτουργία[4] τῶν υἱῶν Γεδσων ἐν τῇ σκηνῇ[5]
τοῦ μαρτυρίου,[6] καὶ ἡ φυλακὴ αὐτῶν ἐν χειρὶ Ιθαμαρ τοῦ υἱοῦ Ααρων τοῦ ἱερέως.

29 Υἱοὶ Μεραρι, κατὰ δήμους[7] αὐτῶν κατ᾽ οἴκους πατριῶν[8] αὐτῶν ἐπισκέψασθε[9]
αὐτούς· **30** ἀπὸ πεντεκαιεικοσαετοῦς[10] καὶ ἐπάνω[11] ἕως πεντηκονταετοῦς[12] ἐπι-
σκέψασθε[13] αὐτούς, πᾶς ὁ εἰσπορευόμενος[14] λειτουργεῖν[15] τὰ ἔργα τῆς σκηνῆς[16] τοῦ
μαρτυρίου.[17] **31** καὶ ταῦτα τὰ φυλάγματα[18] τῶν αἰρομένων ὑπ᾽ αὐτῶν κατὰ πάντα τὰ
ἔργα αὐτῶν ἐν τῇ σκηνῇ[19] τοῦ μαρτυρίου·[20] τὰς κεφαλίδας[21] τῆς σκηνῆς καὶ τοὺς
μοχλοὺς[22] καὶ τοὺς στύλους[23] αὐτῆς καὶ τὰς βάσεις[24] αὐτῆς καὶ τὸ κατακάλυμμα[25]
καὶ αἱ βάσεις αὐτῶν καὶ οἱ στύλοι αὐτῶν καὶ τὸ κατακάλυμμα τῆς θύρας τῆς
σκηνῆς **32** καὶ τοὺς στύλους[26] τῆς αὐλῆς[27] κύκλῳ[28] καὶ αἱ βάσεις[29] αὐτῶν καὶ τοὺς
στύλους τοῦ καταπετάσματος[30] τῆς πύλης[31] τῆς αὐλῆς καὶ τὰς βάσεις αὐτῶν καὶ
τοὺς πασσάλους[32] αὐτῶν καὶ τοὺς κάλους αὐτῶν καὶ πάντα τὰ σκεύη[33] αὐτῶν καὶ
πάντα τὰ λειτουργήματα[34] αὐτῶν, ἐξ ὀνομάτων ἐπισκέψασθε[35] αὐτοὺς καὶ πάντα τὰ
σκεύη[36] τῆς φυλακῆς τῶν αἰρομένων ὑπ᾽ αὐτῶν. **33** αὕτη ἡ λειτουργία[37] δήμου[38] υἱῶν
Μεραρι ἐν πᾶσιν τοῖς ἔργοις αὐτῶν ἐν τῇ σκηνῇ[39] τοῦ μαρτυρίου[40] ἐν χειρὶ Ιθαμαρ
υἱοῦ Ααρων τοῦ ἱερέως.

1 λειτουργία, liturgical service, ministry
2 ἐπισκέπτομαι, *aor act sub 3s*, account for, number
3 ἀρτός, that which is taken up, undertaken
4 λειτουργία, liturgical service, ministry
5 σκηνή, tent
6 μαρτύριον, witness
7 δῆμος, district, division
8 πατριά, paternal lineage, house
9 ἐπισκέπτομαι, *aor mid impv 2p*, account for, number
10 πεντεκαιεικοσαετής, twenty-five years (old)
11 ἐπάνω, above
12 πεντηκονταετής, fifty years old
13 ἐπισκέπτομαι, *aor mid impv 2p*, account for, number
14 εἰσπορεύομαι, *pres mid ptc nom s m*, enter
15 λειτουργέω, *pres act inf*, minister
16 σκηνή, tent
17 μαρτύριον, witness
18 φύλαγμα, obligation, precept
19 σκηνή, tent
20 μαρτύριον, witness
21 κεφαλίς, capital (of a pillar)
22 μοχλός, bar, bolt (of a door)
23 στῦλος, pillar, column
24 βάσις, base
25 κατακάλυμμα, covering, curtain
26 στῦλος, pillar, column
27 αὐλή, court, chamber
28 κύκλῳ, around
29 βάσις, base
30 καταπέτασμα, curtain, veil
31 πύλη, gate
32 πάσσαλος, peg
33 σκεῦος, equipment
34 λειτούργημα, liturgical implement
35 ἐπισκέπτομαι, *aor mid impv 2p*, account for, number
36 σκεῦος, equipment
37 λειτουργία, liturgical service, ministry
38 δῆμος, district, division
39 σκηνή, tent
40 μαρτύριον, witness

Census of the Levites

34 Καὶ ἐπεσκέψατο[1] Μωυσῆς καὶ Ααρων καὶ οἱ ἄρχοντες Ισραηλ τοὺς υἱοὺς Κααθ
κατὰ δήμους[2] αὐτῶν κατ' οἴκους πατριῶν[3] αὐτῶν **35** ἀπὸ πεντεκαιεικοσαετοῦς[4]
καὶ ἐπάνω[5] ἕως πεντηκονταετοῦς,[6] πᾶς ὁ εἰσπορευόμενος[7] λειτουργεῖν[8] καὶ ποιεῖν
ἐν τῇ σκηνῇ[9] τοῦ μαρτυρίου.[10] **36** καὶ ἐγένετο ἡ ἐπίσκεψις[11] αὐτῶν κατὰ δήμους[12]
αὐτῶν δισχίλιοι[13] διακόσιοι[14] πεντήκοντα·[15] **37** αὕτη ἡ ἐπίσκεψις[16] δήμου[17] Κααθ,
πᾶς ὁ λειτουργῶν[18] ἐν τῇ σκηνῇ[19] τοῦ μαρτυρίου,[20] καθὰ[21] ἐπεσκέψατο[22] Μωυσῆς
καὶ Ααρων διὰ φωνῆς κυρίου ἐν χειρὶ Μωυσῆ.

38 Καὶ ἐπεσκέπησαν[23] υἱοὶ Γεδσων κατὰ δήμους[24] αὐτῶν κατ' οἴκους πατριῶν[25]
αὐτῶν **39** ἀπὸ πεντεκαιεικοσαετοῦς[26] καὶ ἐπάνω[27] ἕως πεντηκονταετοῦς,[28] πᾶς ὁ
εἰσπορευόμενος[29] λειτουργεῖν[30] καὶ ποιεῖν τὰ ἔργα ἐν τῇ σκηνῇ[31] τοῦ μαρτυρίου.[32]
40 καὶ ἐγένετο ἡ ἐπίσκεψις[33] αὐτῶν κατὰ δήμους[34] αὐτῶν κατ' οἴκους πατριῶν[35]
αὐτῶν δισχίλιοι[36] ἑξακόσιοι[37] τριάκοντα·[38] **41** αὕτη ἡ ἐπίσκεψις[39] δήμου[40] υἱῶν
Γεδσων, πᾶς ὁ λειτουργῶν[41] ἐν τῇ σκηνῇ[42] τοῦ μαρτυρίου,[43] οὓς ἐπεσκέψατο[44]
Μωυσῆς καὶ Ααρων διὰ φωνῆς κυρίου ἐν χειρὶ Μωυσῆ.

1 ἐπισκέπτομαι, *aor mid ind 3s*, account for, number
2 δῆμος, district, division
3 πατριά, paternal lineage, house
4 πεντεκαιεικοσαετής, twenty-five years (old)
5 ἐπάνω, above
6 πεντηκονταετής, fifty years old
7 εἰσπορεύομαι, *pres mid ptc nom s m*, enter
8 λειτουργέω, *pres act inf*, minister
9 σκηνή, tent
10 μαρτύριον, witness
11 ἐπίσκεψις, numbering, census
12 δῆμος, district, division
13 δισχίλιοι, two thousand
14 διακόσιοι, two hundred
15 πεντήκοντα, fifty
16 ἐπίσκεψις, numbering, census
17 δῆμος, district, division
18 λειτουργέω, *pres act ptc nom s m*, minister
19 σκηνή, tent
20 μαρτύριον, witness
21 καθά, just as
22 ἐπισκέπτομαι, *aor mid ind 3s*, account for, number
23 ἐπισκέπτομαι, *aor pas ind 3p*, account for, number
24 δῆμος, district, division
25 πατριά, paternal lineage, house
26 πεντεκαιεικοσαετής, twenty-five years (old)
27 ἐπάνω, above
28 πεντηκονταετής, fifty years old
29 εἰσπορεύομαι, *pres mid ptc nom s m*, enter
30 λειτουργέω, *pres act inf*, minister
31 σκηνή, tent
32 μαρτύριον, witness
33 ἐπίσκεψις, numbering, census
34 δῆμος, district, division
35 πατριά, paternal lineage, house
36 δισχίλιοι, two thousand
37 ἑξακόσιοι, six hundred
38 τριάκοντα, thirty
39 ἐπίσκεψις, numbering, census
40 δῆμος, district, division
41 λειτουργέω, *pres act ptc nom s m*, minister
42 σκηνή, tent
43 μαρτύριον, witness
44 ἐπισκέπτομαι, *aor mid ind 3s*, account for, number

42 Ἐπεσκέπησαν[1] δὲ καὶ δῆμος[2] υἱῶν Μεραρι κατὰ δήμους αὐτῶν κατ᾽ οἴκους πα-
τριῶν[3] αὐτῶν **43** ἀπὸ πεντεκαιεικοσαετοῦς[4] καὶ ἐπάνω[5] ἕως πεντηκονταετοῦς,[6]
πᾶς ὁ εἰσπορευόμενος[7] λειτουργεῖν[8] πρὸς τὰ ἔργα τῆς σκηνῆς[9] τοῦ μαρτυρίου.[10]
44 καὶ ἐγενήθη ἡ ἐπίσκεψις[11] αὐτῶν κατὰ δήμους[12] αὐτῶν κατ᾽ οἴκους πατριῶν[13]
αὐτῶν τρισχίλιοι[14] καὶ διακόσιοι·[15] **45** αὕτη ἡ ἐπίσκεψις[16] δήμου[17] υἱῶν Μεραρι, οὓς
ἐπεσκέψατο[18] Μωυσῆς καὶ Ααρων διὰ φωνῆς κυρίου ἐν χειρὶ Μωυσῆ.

46 Πάντες οἱ ἐπεσκεμμένοι,[19] οὓς ἐπεσκέψατο[20] Μωυσῆς καὶ Ααρων καὶ οἱ ἄρ-
χοντες Ισραηλ, τοὺς Λευίτας κατὰ δήμους[21] κατ᾽ οἴκους πατριῶν[22] αὐτῶν **47** ἀπὸ
πεντεκαιεικοσαετοῦς[23] καὶ ἐπάνω[24] ἕως πεντηκονταετοῦς,[25] πᾶς ὁ εἰσπορευόμενος[26]
πρὸς τὸ ἔργον τῶν ἔργων καὶ τὰ ἔργα τὰ αἰρόμενα ἐν τῇ σκηνῇ[27] τοῦ μαρτυρίου,[28]
48 καὶ ἐγενήθησαν οἱ ἐπισκεπέντες[29] ὀκτακισχίλιοι[30] πεντακόσιοι[31] ὀγδοήκοντα.[32]
49 διὰ φωνῆς κυρίου ἐπεσκέψατο[33] αὐτοὺς ἐν χειρὶ Μωυσῆ ἄνδρα κατ᾽ ἄνδρα
ἐπὶ τῶν ἔργων αὐτῶν καὶ ἐπὶ ὧν αἴρουσιν αὐτοί· καὶ ἐπεσκέπησαν,[34] ὃν τρόπον[35]
συνέταξεν[36] κύριος τῷ Μωυσῇ.

Unclean Persons

5 Καὶ ἐλάλησεν κύριος πρὸς Μωυσῆν λέγων **2** Πρόσταξον[37] τοῖς υἱοῖς Ισραηλ καὶ
ἐξαποστειλάτωσαν[38] ἐκ τῆς παρεμβολῆς[39] πάντα λεπρὸν[40] καὶ πάντα γονορρυῆ[41]

1 ἐπισκέπτομαι, *aor pas ind 3p*, account for, number
2 δῆμος, district, division
3 πατριά, paternal lineage, house
4 πεντεκαιεικοσαετής, twenty-five years (old)
5 ἐπάνω, above
6 πεντηκονταετής, fifty years old
7 εἰσπορεύομαι, *pres mid ptc nom s m*, enter
8 λειτουργέω, *pres act inf*, minister
9 σκηνή, tent
10 μαρτύριον, witness
11 ἐπίσκεψις, numbering, census
12 δῆμος, district, division
13 πατριά, paternal lineage, house
14 τρισχίλιοι, three thousand
15 διακόσιοι, two hundred
16 ἐπίσκεψις, numbering, census
17 δῆμος, district, division
18 ἐπισκέπτομαι, *aor mid ind 3s*, account for, number
19 ἐπισκέπτομαι, *perf pas ptc nom p m*, account for, number
20 ἐπισκέπτομαι, *aor mid ind 3s*, account for, number
21 δῆμος, district, division
22 πατριά, paternal lineage, house
23 πεντεκαιεικοσαετής, twenty-five years (old)
24 ἐπάνω, above
25 πεντηκονταετής, fifty years old
26 εἰσπορεύομαι, *pres mid ptc nom s m*, enter
27 σκηνή, tent
28 μαρτύριον, witness
29 ἐπισκέπτομαι, *aor pas ptc nom p m*, account for, number
30 ὀκτακισχίλιοι, eight thousand
31 πεντακόσιοι, five hundred
32 ὀγδοήκοντα, eighty
33 ἐπισκέπτομαι, *aor mid ind 3s*, account for, number
34 ἐπισκέπτομαι, *aor pas ind 3p*, account for, number
35 ὃν τρόπον, in the manner that
36 συντάσσω, *aor act ind 3s*, order, charge, prescribe
37 προστάσσω, *aor act impv 2s*, command
38 ἐξαποστέλλω, *aor act impv 3p*, send away
39 παρεμβολή, camp
40 λεπρός, leprous
41 γονορρυής, suffering a discharge

καὶ πάντα ἀκάθαρτον ἐπὶ ψυχῇ· **3** ἀπὸ ἀρσενικοῦ[1] ἕως θηλυκοῦ[2] ἐξαποστείλατε[3]
ἔξω τῆς παρεμβολῆς,[4] καὶ οὐ μὴ μιανοῦσιν[5] τὰς παρεμβολὰς αὐτῶν, ἐν οἷς ἐγὼ
καταγίνομαι[6] ἐν αὐτοῖς. **4** καὶ ἐποίησαν οὕτως οἱ υἱοὶ Ισραηλ καὶ ἐξαπέστειλαν[7]
αὐτοὺς ἔξω τῆς παρεμβολῆς·[8] καθὰ[9] ἐλάλησεν κύριος τῷ Μωυσῇ, οὕτως ἐποίησαν
οἱ υἱοὶ Ισραηλ.

Confession and Contributions

5 Καὶ ἐλάλησεν κύριος πρὸς Μωυσῆν λέγων **6** Λάλησον τοῖς υἱοῖς Ισραηλ λέγων
Ἀνὴρ ἢ γυνή, ὅστις ἐὰν ποιήσῃ ἀπὸ τῶν ἁμαρτιῶν τῶν ἀνθρωπίνων[10] καὶ παριδὼν[11]
παρίδῃ[12] καὶ πλημμελήσῃ[13] ἡ ψυχὴ ἐκείνη, **7** ἐξαγορεύσει[14] τὴν ἁμαρτίαν, ἣν ἐποί-
ησεν, καὶ ἀποδώσει τὴν πλημμέλειαν[15] τὸ κεφάλαιον[16] καὶ τὸ ἐπίπεμπτον[17] αὐτοῦ
προσθήσει[18] ἐπ᾽ αὐτὸ καὶ ἀποδώσει, τίνι ἐπλημμέλησεν[19] αὐτῷ. **8** ἐὰν δὲ μὴ ᾖ τῷ
ἀνθρώπῳ ὁ ἀγχιστεύων[20] ὥστε ἀποδοῦναι αὐτῷ τὸ πλημμέλημα[21] πρὸς αὐτόν, τὸ
πλημμέλημα τὸ ἀποδιδόμενον κυρίῳ τῷ ἱερεῖ ἔσται πλὴν τοῦ κριοῦ[22] τοῦ ἱλασμοῦ,[23]
δι᾽ οὗ ἐξιλάσεται[24] ἐν αὐτῷ περὶ αὐτοῦ. **9** καὶ πᾶσα ἀπαρχὴ[25] κατὰ πάντα τὰ ἁγι-
αζόμενα[26] ἐν υἱοῖς Ισραηλ, ὅσα ἂν προσφέρωσιν τῷ κυρίῳ τῷ ἱερεῖ, αὐτῷ ἔσται.
10 καὶ ἑκάστου τὰ ἡγιασμένα[27] αὐτοῦ ἔσται· ἀνὴρ ὃς ἐὰν δῷ τῷ ἱερεῖ, αὐτῷ ἔσται.

Unfaithful Wives

11 Καὶ ἐλάλησεν κύριος πρὸς Μωυσῆν λέγων **12** Λάλησον τοῖς υἱοῖς Ισραηλ καὶ
ἐρεῖς πρὸς αὐτούς Ἀνδρὸς ἀνδρὸς ἐὰν παραβῇ[28] ἡ γυνὴ αὐτοῦ καὶ παρίδῃ[29] αὐτὸν
ὑπεριδοῦσα[30] **13** καὶ κοιμηθῇ[31] τις μετ᾽ αὐτῆς κοίτην[32] σπέρματος καὶ λάθῃ[33] ἐξ
ὀφθαλμῶν τοῦ ἀνδρὸς αὐτῆς καὶ κρύψῃ,[34] αὐτὴ δὲ ᾖ μεμιαμμένη[35] καὶ μάρτυς[36]

1 ἀρσενικός, male
2 θηλυκός, female
3 ἐξαποστέλλω, *aor act impv 2p*, send away
4 παρεμβολή, camp
5 μιαίνω, *fut act ind 3p*, defile, pollute
6 καταγίνομαι, *pres mid ind 1s*, dwell
7 ἐξαποστέλλω, *aor act ind 3p*, send away
8 παρεμβολή, camp
9 καθά, just as
10 ἀνθρώπινος, human
11 παροράω, *aor act ptc nom s m*, disregard
12 παροράω, *aor act sub 3s*, disregard
13 πλημμελέω, *aor act sub 3s*, commit sin
14 ἐξαγορεύω, *fut act ind 3s*, confess
15 πλημμέλεια, trespass, offense
16 κεφάλαιον, total, sum
17 ἐπίπεμπτος, a fifth
18 προστίθημι, *fut act ind 3s*, add to
19 πλημμελέω, *aor act ind 3s*, commit sin
20 ἀγχιστεύω, *pres act ptc nom s m*, be next of kin
21 πλημμέλημα, transgression, mistake
22 κριός, ram
23 ἱλασμός, atonement
24 ἐξιλάσκομαι, *fut mid ind 3s*, propitiate, make atonement
25 ἀπαρχή, first portion
26 ἁγιάζω, *pres pas ptc acc p n*, sanctify
27 ἁγιάζω, *perf pas ptc acc p n*, sanctify
28 παραβαίνω, *aor act sub 3s*, turn astray
29 παροράω, *aor act sub 3s*, disregard
30 ὑπεροράω, *aor act ptc nom s f*, disdain
31 κοιμάω, *aor pas sub 3s*, lie with
32 κοίτη, bed, marriage bed
33 λανθάνω, *aor act sub 3s*, escape notice
34 κρύπτω, *aor act sub 3s*, hide
35 μιαίνω, *perf pas ptc nom s f*, defile, pollute
36 μάρτυς, witness

μὴ ἦν μετ᾽ αὐτῆς καὶ αὐτὴ μὴ ᾖ συνειλημμένη,[1] **14** καὶ ἐπέλθῃ[2] αὐτῷ πνεῦμα ζηλώ-
σεως[3] καὶ ζηλώσῃ[4] τὴν γυναῖκα αὐτοῦ, αὐτὴ δὲ μεμίανται,[5] ἢ ἐπέλθῃ[6] αὐτῷ πνεῦμα
ζηλώσεως[7] καὶ ζηλώσῃ[8] τὴν γυναῖκα αὐτοῦ, αὐτὴ δὲ μὴ ᾖ μεμιαμμένη,[9] **15** καὶ
ἄξει ὁ ἄνθρωπος τὴν γυναῖκα αὐτοῦ πρὸς τὸν ἱερέα καὶ προσοίσει[10] τὸ δῶρον[11]
περὶ αὐτῆς τὸ δέκατον[12] τοῦ οιφι[13] ἄλευρον[14] κρίθινον,[15] οὐκ ἐπιχεεῖ[16] ἐπ᾽ αὐτὸ
ἔλαιον[17] οὐδὲ ἐπιθήσει ἐπ᾽ αὐτὸ λίβανον,[18] ἔστιν γὰρ θυσία[19] ζηλοτυπίας,[20] θυσία
μνημοσύνου[21] ἀναμιμνήσκουσα[22] ἁμαρτίαν. **16** καὶ προσάξει[23] αὐτὴν ὁ ἱερεὺς καὶ
στήσει αὐτὴν ἔναντι[24] κυρίου, **17** καὶ λήμψεται ὁ ἱερεὺς ὕδωρ καθαρὸν[25] ζῶν ἐν
ἀγγείῳ[26] ὀστρακίνῳ[27] καὶ τῆς γῆς τῆς οὔσης ἐπὶ τοῦ ἐδάφους[28] τῆς σκηνῆς[29] τοῦ
μαρτυρίου[30] καὶ λαβὼν ὁ ἱερεὺς ἐμβαλεῖ[31] εἰς τὸ ὕδωρ, **18** καὶ στήσει ὁ ἱερεὺς τὴν
γυναῖκα ἔναντι[32] κυρίου καὶ ἀποκαλύψει[33] τὴν κεφαλὴν τῆς γυναικὸς καὶ δώσει ἐπὶ
τὰς χεῖρας αὐτῆς τὴν θυσίαν[34] τοῦ μνημοσύνου,[35] τὴν θυσίαν τῆς ζηλοτυπίας,[36] ἐν
δὲ τῇ χειρὶ τοῦ ἱερέως ἔσται τὸ ὕδωρ τοῦ ἐλεγμοῦ[37] τοῦ ἐπικαταρωμένου[38] τούτου.
19 καὶ ὁρκιεῖ[39] αὐτὴν ὁ ἱερεὺς καὶ ἐρεῖ τῇ γυναικί Εἰ μὴ κεκοίμηταί[40] τις μετὰ σοῦ, εἰ
μὴ παραβέβηκας[41] μιανθῆναι[42] ὑπὸ τὸν ἄνδρα τὸν σεαυτῆς, ἀθῴα[43] ἴσθι[44] ἀπὸ τοῦ
ὕδατος τοῦ ἐλεγμοῦ[45] τοῦ ἐπικαταρωμένου[46] τούτου· **20** εἰ δὲ σὺ παραβέβηκας[47]
ὑπ᾽ ἀνδρὸς οὖσα ἢ μεμίανσαι[48] καὶ ἔδωκέν τις τὴν κοίτην[49] αὐτοῦ ἐν σοὶ πλὴν τοῦ
ἀνδρός σου. **21** καὶ ὁρκιεῖ[50] ὁ ἱερεὺς τὴν γυναῖκα ἐν τοῖς ὅρκοις[51] τῆς ἀρᾶς[52] ταύτης,

1 συλλαμβάνω, *perf pas ptc nom s f*, catch
2 ἐπέρχομαι, *aor act sub 3s*, come upon
3 ζήλωσις, jealousy
4 ζηλόω, *aor act sub 3s*, be jealous
5 μιαίνω, *perf pas ind 3p*, defile, pollute
6 ἐπέρχομαι, *aor act sub 3s*, come upon
7 ζήλωσις, jealousy
8 ζηλόω, *aor act sub 3s*, be jealous
9 μιαίνω, *perf pas ptc nom s f*, defile, pollute
10 προσφέρω, *fut act ind 3s*, bring, offer
11 δῶρον, offering
12 δέκατος, tenth
13 οιφι, ephah, *translit.*
14 ἄλευρον, flour
15 κρίθινος, barley
16 ἐπιχέω, *fut act ind 3s*, pour out
17 ἔλαιον, oil
18 λίβανος, frankincense, *Heb. LW*
19 θυσία, sacrifice
20 ζηλοτυπία, jealousy
21 μνημόσυνον, remembrance
22 ἀναμιμνήσκω, *pres act ptc nom s f*, remember
23 προσάγω, *fut act ind 3s*, bring
24 ἔναντι, before
25 καθαρός, pure
26 ἀγγεῖον, vessel
27 ὀστράκινος, clay
28 ἔδαφος, ground
29 σκηνή, tent
30 μαρτύριον, witness
31 ἐμβάλλω, *fut act ind 3s*, cast into
32 ἔναντι, before
33 ἀποκαλύπτω, *fut act ind 3s*, uncover
34 θυσία, sacrifice
35 μνημόσυνον, remembrance
36 ζηλοτυπία, jealousy
37 ἐλεγμός, rebuke
38 ἐπικαταράομαι, *pres mid ptc gen s m*, bring cursing
39 ὁρκίζω, *fut act ind 3s*, bind by oath
40 κοιμάω, *perf mid ind 3s*, lie with
41 παραβαίνω, *perf act ind 2s*, turn astray
42 μιαίνω, *aor pas inf*, defile, pollute
43 ἀθῷος, guiltless
44 εἰμί, *pres act impv 2s*, be
45 ἐλεγμός, rebuke
46 ἐπικαταράομαι, *pres mid ptc gen s m*, bring cursing
47 παραβαίνω, *perf act ind 2s*, turn astray
48 μιαίνω, *perf pas ind 2s*, defile, pollute
49 κοίτη, marriage bed
50 ὁρκίζω, *fut act ind 3s*, bind by oath
51 ὅρκος, oath
52 ἀρά, curse

καὶ ἐρεῖ ὁ ἱερεὺς τῇ γυναικί Δῴη[1] κύριός σε ἐν ἀρᾷ[2] καὶ ἐνόρκιον[3] ἐν μέσῳ τοῦ λαοῦ σου ἐν τῷ δοῦναι κύριον τὸν μηρόν[4] σου διαπεπτωκότα[5] καὶ τὴν κοιλίαν[6] σου πεπρησμένην,[7]
22 καὶ εἰσελεύσεται τὸ ὕδωρ τὸ ἐπικαταρώμενον[8] τοῦτο εἰς τὴν κοιλίαν[9] σου πρῆσαι[10] γαστέρα[11] καὶ διαπεσεῖν[12] μηρόν[13] σου. καὶ ἐρεῖ ἡ γυνή Γένοιτο,[14] γένοιτο.
23 καὶ γράψει ὁ ἱερεὺς τὰς ἀρὰς[15] ταύτας εἰς βιβλίον καὶ ἐξαλείψει[16] εἰς τὸ ὕδωρ τοῦ ἐλεγμοῦ[17] τοῦ ἐπικαταρωμένου[18]
24 καὶ ποτιεῖ[19] τὴν γυναῖκα τὸ ὕδωρ τοῦ ἐλεγμοῦ[20] τοῦ ἐπικαταρωμένου,[21] καὶ εἰσελεύσεται εἰς αὐτὴν τὸ ὕδωρ τὸ ἐπικαταρώμενον[22] τοῦ ἐλεγμοῦ.
25 καὶ λήμψεται ὁ ἱερεὺς ἐκ χειρὸς τῆς γυναικὸς τὴν θυσίαν[23] τῆς ζηλοτυπίας[24] καὶ ἐπιθήσει τὴν θυσίαν ἔναντι[25] κυρίου καὶ προσοίσει[26] αὐτὴν πρὸς τὸ θυσιαστήριον,[27]
26 καὶ δράξεται[28] ὁ ἱερεὺς ἀπὸ τῆς θυσίας[29] τὸ μνημόσυνον[30] αὐτῆς καὶ ἀνοίσει[31] αὐτὸ ἐπὶ τὸ θυσιαστήριον[32] καὶ μετὰ ταῦτα ποτιεῖ[33] τὴν γυναῖκα τὸ ὕδωρ.
27 καὶ ἔσται ἐὰν ᾖ μεμιαμμένη[34] καὶ λήθῃ[35] λάθῃ[36] τὸν ἄνδρα αὐτῆς, καὶ εἰσελεύσεται εἰς αὐτὴν τὸ ὕδωρ τοῦ ἐλεγμοῦ[37] τὸ ἐπικαταρώμενον,[38] καὶ πρησθήσεται[39] τὴν κοιλίαν,[40] καὶ διαπεσεῖται[41] ὁ μηρὸς[42] αὐτῆς, καὶ ἔσται ἡ γυνὴ εἰς ἀρὰν[43] ἐν τῷ λαῷ αὐτῆς·
28 ἐὰν δὲ μὴ μιανθῇ[44] ἡ γυνὴ καὶ καθαρὰ[45] ᾖ, καὶ ἀθῴα[46] ἔσται καὶ ἐκσπερματιεῖ[47] σπέρμα.

1 δίδωμι, *aor act opt 3s*, make as
2 ἀρά, curse
3 ἐνόρκιον, oath
4 μηρός, thigh
5 διαπίπτω, *perf act ptc acc s m*, rot
6 κοιλία, womb
7 πρήθω, *perf pas ptc acc s f*, swell out
8 ἐπικαταράομαι, *pres mid ptc nom s n*, bring cursing
9 κοιλία, womb
10 πρήθω, *aor act inf*, swell out
11 γαστήρ, belly
12 διαπίπτω, *aor act inf*, rot
13 μηρός, thigh
14 γίνομαι, *aor mid opt 3s*, be, become
15 ἀρά, curse
16 ἐξαλείφω, *fut act ind 3s*, wipe out
17 ἐλεγμός, rebuke
18 ἐπικαταράομαι, *pres mid ptc gen s m*, bring cursing
19 ποτίζω, *fut act ind 3s*, give to drink
20 ἐλεγμός, rebuke
21 ἐπικαταράομαι, *pres mid ptc gen s m*, bring cursing
22 ἐπικαταράομαι, *pres mid ptc nom s n*, bring cursing
23 θυσία, sacrifice
24 ζηλοτυπία, jealousy
25 ἔναντι, before
26 προσφέρω, *fut act ind 3s*, bring
27 θυσιαστήριον, altar
28 δράσσομαι, *fut mid ind 3s*, grasp
29 θυσία, sacrifice
30 μνημόσυνον, remembrance
31 ἀναφέρω, *fut act ind 3s*, offer up
32 θυσιαστήριον, altar
33 ποτίζω, *fut act ind 3s*, give to drink
34 μιαίνω, *perf pas ptc nom s f*, pollute, defile
35 λήθη, forgetfulness
36 λανθάνω, *aor act sub 3s*, escape notice
37 ἐλεγμός, rebuke
38 ἐπικαταράομαι, *pres mid ptc nom s n*, bring cursing
39 πρήθω, *fut pas ind 3s*, swell out
40 κοιλία, womb
41 διαπίπτω, *fut mid ind 3s*, rot
42 μηρός, thigh
43 ἀρά, curse
44 μιαίνω, *aor pas sub 3s*, pollute, defile
45 καθαρός, pure
46 ἀθῷος, guiltless
47 ἐκσπερματίζω, *fut act ind 3s*, conceive

29 οὗτος ὁ νόμος τῆς ζηλοτυπίας,[1] ᾧ ἐὰν παραβῇ[2] ἡ γυνὴ ὑπ᾽ ἀνδρὸς οὖσα καὶ
μιανθῇ·[3] **30** ἢ ἄνθρωπος, ᾧ ἐὰν ἐπέλθῃ[4] ἐπ᾽ αὐτὸν πνεῦμα ζηλώσεως[5] καὶ ζηλώσῃ[6]
τὴν γυναῖκα αὐτοῦ, καὶ στήσει τὴν γυναῖκα αὐτοῦ ἔναντι[7] κυρίου, καὶ ποιήσει αὐτῇ
ὁ ἱερεὺς πάντα τὸν νόμον τοῦτον· **31** καὶ ἀθῷος[8] ἔσται ὁ ἄνθρωπος ἀπὸ ἁμαρτίας,
καὶ ἡ γυνὴ ἐκείνη λήμψεται τὴν ἁμαρτίαν αὐτῆς.

Nazirites

6 Καὶ ἐλάλησεν κύριος πρὸς Μωυσῆν λέγων **2** Λάλησον τοῖς υἱοῖς Ισραηλ καὶ ἐρεῖς
πρὸς αὐτούς Ἀνὴρ ἢ γυνή, ὃς ἐὰν μεγάλως[9] εὔξηται[10] εὐχὴν[11] ἀφαγνίσασθαι[12]
ἁγνείαν[13] κυρίῳ **3** ἀπὸ οἴνου καὶ σικερα,[14] ἁγνισθήσεται[15] ἀπὸ οἴνου καὶ ὄξος[16]
ἐξ οἴνου καὶ ὄξος ἐκ σικερα οὐ πίεται καὶ ὅσα κατεργάζεται[17] ἐκ σταφυλῆς[18] οὐ
πίεται καὶ σταφυλὴν πρόσφατον[19] καὶ σταφίδα[20] οὐ φάγεται. **4** πάσας τὰς ἡμέρας
τῆς εὐχῆς[21] αὐτοῦ ἀπὸ πάντων, ὅσα γίνεται ἐξ ἀμπέλου,[22] οἶνον ἀπὸ στεμφύλων[23]
ἕως γιγάρτου[24] οὐ φάγεται. **5** πάσας τὰς ἡμέρας τῆς εὐχῆς[25] τοῦ ἁγνισμοῦ[26] ξυρὸν[27]
οὐκ ἐπελεύσεται[28] ἐπὶ τὴν κεφαλὴν αὐτοῦ· ἕως ἂν πληρωθῶσιν αἱ ἡμέραι, ὅσας
ηὔξατο[29] κυρίῳ, ἅγιος ἔσται τρέφων[30] κόμην[31] τρίχα[32] κεφαλῆς. **6** πάσας τὰς ἡμέρας
τῆς εὐχῆς[33] κυρίῳ ἐπὶ πάσῃ ψυχῇ τετελευτηκυίᾳ[34] οὐκ εἰσελεύσεται· **7** ἐπὶ πατρὶ καὶ
ἐπὶ μητρὶ καὶ ἐπ᾽ ἀδελφῷ καὶ ἐπ᾽ ἀδελφῇ, οὐ μιανθήσεται[35] ἐπ᾽ αὐτοῖς ἀποθανόντων
αὐτῶν, ὅτι εὐχὴ[36] θεοῦ αὐτοῦ ἐπ᾽ αὐτῷ ἐπὶ κεφαλῆς αὐτοῦ· **8** πάσας τὰς ἡμέρας τῆς
εὐχῆς[37] αὐτοῦ ἅγιος ἔσται κυρίῳ.

9 ἐὰν δέ τις ἀποθάνῃ ἐξάπινα[38] ἐπ᾽ αὐτῷ, παραχρῆμα[39] μιανθήσεται[40] ἡ κεφαλὴ
εὐχῆς[41] αὐτοῦ, καὶ ξυρήσεται[42] τὴν κεφαλὴν αὐτοῦ ᾗ ἂν ἡμέρᾳ καθαρισθῇ· τῇ ἡμέρᾳ

1 ζηλοτυπία, jealousy
2 παραβαίνω, *aor act sub 3s*, turn astray
3 μιαίνω, *aor pas sub 3s*, pollute, defile
4 ἐπέρχομαι, *aor act sub 3s*, come upon
5 ζήλωσις, jealousy
6 ζηλόω, *aor act sub 3s*, be jealous
7 ἔναντι, before
8 ἀθῷος, guiltless
9 μεγάλως, heartily
10 εὔχομαι, *aor mid sub 3s*, vow
11 εὐχή, vow
12 ἀφαγνίζω, *aor mid inf*, consecrate
13 ἁγνεία, purity
14 σικερα, fermented drink, *translit.*
15 ἁγνίζω, *fut pas ind 3s*, purify
16 ὄξος, vinegar
17 κατεργάζομαι, *pres mid ind 3s*, make
18 σταφυλή, grapes
19 πρόσφατος, fresh
20 σταφίς, dried grape
21 εὐχή, vow
22 ἄμπελος, vine
23 στέμφυλον, pressed grapes
24 γίγαρτον, grape stone
25 εὐχή, vow
26 ἁγνισμός, purification
27 ξυρόν, razor
28 ἐπέρχομαι, *fut mid ind 3s*, go up
29 εὔχομαι, *aor mid ind 3s*, vow
30 τρέφω, *pres act ptc nom s m*, let grow
31 κόμη, long hair
32 θρίξ, hair
33 εὐχή, vow
34 τελευτάω, *perf act ptc dat s f*, die
35 μιαίνω, *fut pas ind 3s*, defile
36 εὐχή, vow
37 εὐχή, vow
38 ἐξάπινα, suddenly
39 παραχρῆμα, immediately
40 μιαίνω, *fut pas ind 3s*, defile
41 εὐχή, vow
42 ξυρέω, *fut mid ind 3s*, shave

τῇ ἑβδόμῃ[1] ξυρηθήσεται.[2] **10** καὶ τῇ ἡμέρᾳ τῇ ὀγδόῃ[3] οἴσει[4] δύο τρυγόνας[5] ἢ δύο
νεοσσοὺς[6] περιστερῶν[7] πρὸς τὸν ἱερέα ἐπὶ τὰς θύρας τῆς σκηνῆς[8] τοῦ μαρτυρίου,[9]
11 καὶ ποιήσει ὁ ἱερεὺς μίαν περὶ ἁμαρτίας καὶ μίαν εἰς ὁλοκαύτωμα,[10] καὶ ἐξιλάσεται[11]
περὶ αὐτοῦ ὁ ἱερεὺς περὶ ὧν ἥμαρτεν περὶ τῆς ψυχῆς καὶ ἁγιάσει[12] τὴν κεφαλὴν αὐτοῦ
ἐν ἐκείνῃ τῇ ἡμέρᾳ, **12** ᾗ ἡγιάσθη[13] κυρίῳ τὰς ἡμέρας τῆς εὐχῆς,[14] καὶ προσάξει[15]
ἀμνὸν[16] ἐνιαύσιον[17] εἰς πλημμέλειαν,[18] καὶ αἱ ἡμέραι αἱ πρότεραι[19] ἄλογοι[20] ἔσονται,
ὅτι ἐμιάνθη[21] κεφαλὴ εὐχῆς[22] αὐτοῦ.

13 Καὶ οὗτος ὁ νόμος τοῦ εὐξαμένου·[23] ᾗ ἂν ἡμέρᾳ πληρώσῃ ἡμέρας εὐχῆς[24] αὐτοῦ,
προσοίσει[25] αὐτὸς παρὰ τὰς θύρας τῆς σκηνῆς[26] τοῦ μαρτυρίου[27] **14** καὶ προσάξει[28]
τὸ δῶρον[29] αὐτοῦ κυρίῳ ἀμνὸν[30] ἐνιαύσιον[31] ἄμωμον[32] ἕνα εἰς ὁλοκαύτωσιν[33]
καὶ ἀμνάδα[34] ἐνιαυσίαν ἄμωμον μίαν εἰς ἁμαρτίαν καὶ κριὸν[35] ἕνα ἄμωμον εἰς
σωτήριον[36] **15** καὶ κανοῦν[37] ἀζύμων[38] σεμιδάλεως[39] ἄρτους ἀναπεποιημένους[40] ἐν
ἐλαίῳ[41] καὶ λάγανα[42] ἄζυμα[43] κεχρισμένα[44] ἐν ἐλαίῳ καὶ θυσία[45] αὐτῶν καὶ σπονδὴ[46]
αὐτῶν. **16** καὶ προσοίσει[47] ὁ ἱερεὺς ἔναντι[48] κυρίου καὶ ποιήσει τὸ περὶ ἁμαρτίας
αὐτοῦ καὶ τὸ ὁλοκαύτωμα[49] αὐτοῦ **17** καὶ τὸν κριὸν[50] ποιήσει θυσίαν[51] σωτηρίου[52]
κυρίῳ ἐπὶ τῷ κανῷ[53] τῶν ἀζύμων,[54] καὶ ποιήσει ὁ ἱερεὺς τὴν θυσίαν αὐτοῦ καὶ τὴν

1 ἕβδομος, seventh
2 ξυρέω, *fut pas ind 3s*, shave
3 ὄγδοος, eighth
4 φέρω, *fut act ind 3s*, bring
5 τρυγών, turtledove
6 νεοσσός, young bird
7 περιστερά, dove
8 σκηνή, tent
9 μαρτύριον, witness
10 ὁλοκαύτωμα, whole burnt offering
11 ἐξιλάσκομαι, *fut mid ind 3s*, propitiate, make atonement
12 ἁγιάζω, *fut act ind 3s*, sanctify
13 ἁγιάζω, *aor pas ind 3s*, sanctify
14 εὐχή, vow
15 προσάγω, *fut act ind 3s*, bring
16 ἀμνός, lamb
17 ἐνιαύσιος, one year (old)
18 πλημμέλεια, trespass, offense
19 πρότερος, earlier
20 ἄλογος, discounted, groundless
21 μιαίνω, *aor pas ind 3s*, defile
22 εὐχή, vow
23 εὔχομαι, *aor mid ptc gen s m*, vow
24 εὐχή, vow
25 προσφέρω, *fut act ind 3s*, bring
26 σκηνή, tent
27 μαρτύριον, witness
28 προσάγω, *fut act ind 3s*, offer
29 δῶρον, offering
30 ἀμνός, lamb
31 ἐνιαύσιος, one year (old)
32 ἄμωμος, unblemished
33 ὁλοκαύτωσις, whole burnt offering
34 ἀμνάς, ewe
35 κριός, ram
36 σωτήριον, (sacrifice of) deliverance, peace
37 κανοῦν, basket
38 ἄζυμος, unleavened
39 σεμίδαλις, fine wheat flour
40 ἀναποιέω, *perf pas ptc acc p m*, prepare
41 ἔλαιον, oil
42 λάγανον, cake
43 ἄζυμος, unleavened
44 χρίω, *perf pas ptc acc p n*, coat, anoint
45 θυσία, sacrifice
46 σπονδή, drink offering
47 προσφέρω, *fut act ind 3s*, bring
48 ἔναντι, before
49 ὁλοκαύτωμα, whole burnt offering
50 κριός, ram
51 θυσία, sacrifice
52 σωτήριον, deliverance, peace
53 κανοῦν, basket
54 ἄζυμος, unleavened

σπονδὴν[1] αὐτοῦ. **18** καὶ ξυρήσεται[2] ὁ ηὐγμένος[3] παρὰ τὰς θύρας τῆς σκηνῆς[4] τοῦ
μαρτυρίου[5] τὴν κεφαλὴν τῆς εὐχῆς[6] αὐτοῦ καὶ ἐπιθήσει τὰς τρίχας[7] ἐπὶ τὸ πῦρ,
ὅ ἐστιν ὑπὸ τὴν θυσίαν[8] τοῦ σωτηρίου.[9] **19** καὶ λήμψεται ὁ ἱερεὺς τὸν βραχίονα[10]
ἑφθὸν[11] ἀπὸ τοῦ κριοῦ[12] καὶ ἄρτον ἕνα ἄζυμον[13] ἀπὸ τοῦ κανοῦ[14] καὶ λάγανον[15]
ἄζυμον ἓν καὶ ἐπιθήσει ἐπὶ τὰς χεῖρας τοῦ ηὐγμένου[16] μετὰ τὸ ξυρήσασθαι[17] αὐτὸν
τὴν εὐχὴν[18] αὐτοῦ· **20** καὶ προσοίσει[19] αὐτὰ ὁ ἱερεὺς ἐπίθεμα[20] ἔναντι[21] κυρίου, ἅγιον
ἔσται τῷ ἱερεῖ ἐπὶ τοῦ στηθυνίου[22] τοῦ ἐπιθέματος[23] καὶ ἐπὶ τοῦ βραχίονος[24] τοῦ
ἀφαιρέματος·[25] καὶ μετὰ ταῦτα πίεται ὁ ηὐγμένος[26] οἶνον. — **21** οὗτος ὁ νόμος τοῦ
εὐξαμένου,[27] ὃς ἂν εὔξηται[28] κυρίῳ δῶρον[29] αὐτοῦ κυρίῳ περὶ τῆς εὐχῆς,[30] χωρὶς[31]
ὧν ἂν εὕρῃ ἡ χεὶρ αὐτοῦ κατὰ δύναμιν τῆς εὐχῆς αὐτοῦ, ἣν ἂν εὔξηται[32] κατὰ νόμον
ἁγνείας.[33]

High Priestly Blessing

22 Καὶ ἐλάλησεν κύριος πρὸς Μωυσῆν λέγων **23** Λάλησον Ααρων καὶ τοῖς υἱοῖς
αὐτοῦ λέγων Οὕτως εὐλογήσετε τοὺς υἱοὺς Ισραηλ λέγοντες αὐτοῖς (καὶ ἐπιθήσουσιν
τὸ ὄνομά μου ἐπὶ τοὺς υἱοὺς Ισραηλ, καὶ ἐγὼ κύριος εὐλογήσω αὐτούς)

24 Εὐλογήσαι[34] σε κύριος
καὶ φυλάξαι[35] σε,
25 ἐπιφάναι[36] κύριος τὸ πρόσωπον αὐτοῦ ἐπὶ σὲ
καὶ ἐλεήσαι[37] σε,
26 ἐπάραι[38] κύριος τὸ πρόσωπον αὐτοῦ ἐπὶ σὲ
καὶ δῴη[39] σοι εἰρήνην.

1 σπονδή, drink offering
2 ξυρέω, *fut mid ind 3s*, shave
3 εὔχομαι, *perf mid ptc nom s m*, vow
4 σκηνή, tent
5 μαρτύριον, witness
6 εὐχή, vow
7 θρίξ, hair
8 θυσία, sacrifice
9 σωτήριον, deliverance, peace
10 βραχίων, arm, shoulder
11 ἑφθός, boiled
12 κριός, ram
13 ἄζυμος, unleavened
14 κανοῦν, basket
15 λάγανον, cake
16 εὔχομαι, *perf mid ptc gen s m*, vow
17 ξυρέω, *aor mid inf*, shave
18 εὐχή, vow
19 προσφέρω, *fut act ind 3s*, bring
20 ἐπίθεμα, addition
21 ἔναντι, before
22 στηθύνιον, breast
23 ἐπίθεμα, addition
24 βραχίων, arm, shoulder
25 ἀφαίρεμα, choice portion
26 εὔχομαι, *perf mid ptc nom s m*, vow
27 εὔχομαι, *aor mid ptc gen s m*, vow
28 εὔχομαι, *aor mid sub 3s*, vow
29 δῶρον, offering
30 εὐχή, vow
31 χωρίς, besides
32 εὔχομαι, *aor mid sub 3s*, vow
33 ἁγνεία, purity
34 εὐλογέω, *aor act opt 3s*, bless
35 φυλάσσω, *aor act opt 3s*, keep
36 ἐπιφαίνω, *aor act opt 3s*, make apparent
37 ἐλεέω, *aor act opt 3s*, show mercy
38 ἐπαίρω, *aor act opt 3s*, lift up
39 δίδωμι, *aor act opt 3s*, give

Offerings of Israel's Rulers

7 Καὶ ἐγένετο ᾗ ἡμέρᾳ συνετέλεσεν[1] Μωυσῆς ὥστε ἀναστῆσαι τὴν σκηνὴν[2] καὶ
ἔχρισεν[3] αὐτὴν καὶ ἡγίασεν[4] αὐτὴν καὶ πάντα τὰ σκεύη[5] αὐτῆς καὶ τὸ θυσι-
αστήριον[6] καὶ πάντα τὰ σκεύη αὐτοῦ καὶ ἔχρισεν αὐτὰ καὶ ἡγίασεν αὐτά, **2** καὶ
προσήνεγκαν οἱ ἄρχοντες Ισραηλ, δώδεκα[7] ἄρχοντες οἴκων πατριῶν[8] αὐτῶν, οὗτοι
ἄρχοντες φυλῶν, οὗτοι οἱ παρεστηκότες[9] ἐπὶ τῆς ἐπισκοπῆς,[10] **3** καὶ ἤνεγκαν τὰ
δῶρα[11] αὐτῶν ἔναντι[12] κυρίου ἓξ[13] ἁμάξας[14] λαμπηνικὰς[15] καὶ δώδεκα[16] βόας,[17] ἅμα-
ξαν παρὰ δύο ἀρχόντων καὶ μόσχον[18] παρὰ ἑκάστου, καὶ προσήγαγον[19] ἐναντίον[20]
τῆς σκηνῆς.[21] **4** καὶ εἶπεν κύριος πρὸς Μωυσῆν λέγων **5** Λαβὲ παρ' αὐτῶν, καὶ
ἔσονται πρὸς τὰ ἔργα τὰ λειτουργικὰ[22] τῆς σκηνῆς[23] τοῦ μαρτυρίου, καὶ δώσεις
αὐτὰ τοῖς Λευίταις, ἑκάστῳ κατὰ τὴν αὐτοῦ λειτουργίαν.[24] **6** καὶ λαβὼν Μωυσῆς
τὰς ἁμάξας[25] καὶ τοὺς βόας[26] ἔδωκεν αὐτὰ τοῖς Λευίταις· **7** τὰς δύο ἁμάξας[27] καὶ
τοὺς τέσσαρας βόας[28] ἔδωκεν τοῖς υἱοῖς Γεδσων κατὰ τὰς λειτουργίας[29] αὐτῶν **8** καὶ
τὰς τέσσαρας ἁμάξας[30] καὶ τοὺς ὀκτὼ[31] βόας[32] ἔδωκεν τοῖς υἱοῖς Μεραρι κατὰ τὰς
λειτουργίας[33] αὐτῶν διὰ Ιθαμαρ υἱοῦ Ααρων τοῦ ἱερέως. **9** καὶ τοῖς υἱοῖς Κααθ οὐκ
ἔδωκεν, ὅτι τὰ λειτουργήματα[34] τοῦ ἁγίου ἔχουσιν· ἐπ' ὤμων[35] ἀροῦσιν.

10 Καὶ προσήνεγκαν οἱ ἄρχοντες εἰς τὸν ἐγκαινισμὸν[36] τοῦ θυσιαστηρίου[37] ἐν
τῇ ἡμέρᾳ, ᾗ ἔχρισεν[38] αὐτό, καὶ προσήνεγκαν οἱ ἄρχοντες τὰ δῶρα[39] αὐτῶν ἀπέ-
ναντι[40] τοῦ θυσιαστηρίου. **11** καὶ εἶπεν κύριος πρὸς Μωυσῆν Ἄρχων εἷς καθ'
ἡμέραν ἄρχων καθ' ἡμέραν προσοίσουσιν τὰ δῶρα[41] αὐτῶν εἰς τὸν ἐγκαινισμὸν[42]
τοῦ θυσιαστηρίου.[43]

1 συντελέω, *aor act ind 3s*, finish
2 σκηνή, tent
3 χρίω, *aor act ind 3s*, anoint
4 ἁγιάζω, *aor act ind 3s*, consecrate
5 σκεῦος, equipment, furnishing
6 θυσιαστήριον, altar
7 δώδεκα, twelve
8 πατριά, paternal lineage, house
9 παρίστημι, *perf act ptc nom p m*, preside over
10 ἐπισκοπή, inquiry, overseeing
11 δῶρον, offering
12 ἔναντι, before
13 ἕξ, six
14 ἅμαξα, wagon
15 λαμπηνικός, covered
16 δώδεκα, twelve
17 βοῦς, cow, (*p*) cattle
18 μόσχος, calf
19 προσάγω, *aor act ind 1s*, bring
20 ἐναντίον, before
21 σκηνή, tent
22 λειτουργικός, of or for liturgical service
23 σκηνή, tent
24 λειτουργία, liturgical service, ministry
25 ἅμαξα, wagon
26 βοῦς, cow, (*p*) cattle
27 ἅμαξα, wagon
28 βοῦς, cow, (*p*) cattle
29 λειτουργία, liturgical service, ministry
30 ἅμαξα, wagon
31 ὀκτώ, eight
32 βοῦς, cow, (*p*) cattle
33 λειτουργία, liturgical service, ministry
34 λειτούργημα, liturgical object
35 ὦμος, shoulder
36 ἐγκαινισμός, dedication
37 θυσιαστήριον, altar
38 χρίω, *aor act ind 3s*, anoint
39 δῶρον, offering
40 ἀπέναντι, before
41 δῶρον, offering
42 ἐγκαινισμός, dedication
43 θυσιαστήριον, altar

12 Καὶ ἦν ὁ προσφέρων τῇ ἡμέρᾳ τῇ πρώτῃ τὸ δῶρον[1] αὐτοῦ Ναασσων υἱὸς Αμι-
ναδαβ ἄρχων τῆς φυλῆς Ιουδα. **13** καὶ προσήνεγκεν τὸ δῶρον[2] αὐτοῦ τρύβλιον[3]
ἀργυροῦν[4] ἕν, τριάκοντα[5] καὶ ἑκατὸν[6] ὁλκὴ[7] αὐτοῦ, φιάλην[8] μίαν ἀργυρᾶν[9] ἑβδο-
μήκοντα[10] σίκλων[11] κατὰ τὸν σίκλον τὸν ἅγιον, ἀμφότερα[12] πλήρη[13] σεμιδάλεως[14]
ἀναπεποιημένης[15] ἐν ἐλαίῳ,[16] εἰς θυσίαν·[17] **14** θυίσκην[18] μίαν δέκα[19] χρυσῶν[20] πλήρη[21]
θυμιάματος·[22] **15** μόσχον[23] ἕνα ἐκ βοῶν,[24] κριὸν[25] ἕνα, ἀμνὸν[26] ἕνα ἐνιαύσιον[27] εἰς
ὁλοκαύτωμα·[28] **16** καὶ χίμαρον[29] ἐξ αἰγῶν[30] ἕνα περὶ ἁμαρτίας· **17** καὶ εἰς θυσίαν[31]
σωτηρίου[32] δαμάλεις[33] δύο, κριοὺς[34] πέντε, τράγους[35] πέντε, ἀμνάδας[36] ἐνιαυσίας
πέντε. τοῦτο τὸ δῶρον[37] Ναασσων υἱοῦ Αμιναδαβ.

18 Τῇ ἡμέρᾳ τῇ δευτέρᾳ προσήνεγκεν Ναθαναηλ υἱὸς Σωγαρ ἄρχων τῆς φυλῆς
Ισσαχαρ. **19** καὶ προσήνεγκεν τὸ δῶρον[38] αὐτοῦ τρύβλιον[39] ἀργυροῦν[40] ἕν, τριάκοντα[41]
καὶ ἑκατὸν[42] ὁλκὴ[43] αὐτοῦ, φιάλην[44] μίαν ἀργυρᾶν ἑβδομήκοντα[45] σίκλων[46] κατὰ
τὸν σίκλον τὸν ἅγιον, ἀμφότερα[47] πλήρη[48] σεμιδάλεως[49] ἀναπεποιημένης[50] ἐν
ἐλαίῳ,[51] εἰς θυσίαν·[52] **20** θυίσκην[53] μίαν δέκα[54] χρυσῶν[55] πλήρη[56] θυμιάματος·[57]
21 μόσχον[58] ἕνα ἐκ βοῶν,[59] κριὸν[60] ἕνα, ἀμνὸν[61] ἕνα ἐνιαύσιον[62] εἰς ὁλοκαύτωμα·[63]

1 δῶρον, offering
2 δῶρον, offering
3 τρύβλιον, cup, bowl
4 ἀργυροῦς, silver
5 τριάκοντα, thirty
6 ἑκατόν, one hundred
7 ὁλκή, weight
8 φιάλη, shallow bowl, saucer
9 ἀργυροῦς, silver
10 ἑβδομήκοντα, seventy
11 σίκλος, shekel, *Heb. LW*
12 ἀμφότεροι, both
13 πλήρης, full
14 σεμίδαλις, fine wheat flour
15 ἀναποιέω, *perf pas ptc gen s f*, prepare
16 ἔλαιον, oil
17 θυσία, sacrifice
18 θυΐσκη, censer
19 δέκα, ten
20 χρυσοῦς, gold
21 πλήρης, full
22 θυμίαμα, incense
23 μόσχος, calf
24 βοῦς, cow, (*p*) cattle
25 κριός, ram
26 ἀμνός, lamb
27 ἐνιαύσιος, one year (old)
28 ὁλοκαύτωμα, whole burnt offering
29 χίμαρος, young goat
30 αἴξ, goat
31 θυσία, sacrifice
32 σωτήριον, deliverance, peace
33 δάμαλις, young cow
34 κριός, ram
35 τράγος, male goat
36 ἀμνάς, ewe
37 δῶρον, offering
38 δῶρον, offering
39 τρύβλιον, cup, bowl
40 ἀργυροῦς, silver
41 τριάκοντα, thirty
42 ἑκατόν, one hundred
43 ὁλκή, weight
44 φιάλη, shallow bowl, saucer
45 ἑβδομήκοντα, seventy
46 σίκλος, shekel, *Heb. LW*
47 ἀμφότεροι, both
48 πλήρης, full
49 σεμίδαλις, fine wheat flour
50 ἀναποιέω, *perf pas ptc gen s f*, prepare
51 ἔλαιον, oil
52 θυσία, sacrifice
53 θυΐσκη, censer
54 δέκα, ten
55 χρυσοῦς, gold
56 πλήρης, full
57 θυμίαμα, incense
58 μόσχος, calf
59 βοῦς, cow, (*p*) cattle
60 κριός, ram
61 ἀμνός, lamb
62 ἐνιαύσιος, one year (old)
63 ὁλοκαύτωμα, whole burnt offering

22 καὶ χίμαρον[1] ἐξ αἰγῶν[2] ἕνα περὶ ἁμαρτίας· **23** καὶ εἰς θυσίαν[3] σωτηρίου[4] δαμάλεις[5]
δύο, κριοὺς[6] πέντε, τράγους[7] πέντε, ἀμνάδας[8] ἐνιαυσίας[9] πέντε. τοῦτο τὸ δῶρον[10]
Ναθαναηλ υἱοῦ Σωγαρ.

24 Τῇ ἡμέρᾳ τῇ τρίτῃ ἄρχων τῶν υἱῶν Ζαβουλων Ελιαβ υἱὸς Χαιλων. **25** τὸ δῶρον[11]
αὐτοῦ τρύβλιον[12] ἀργυροῦν[13] ἕν, τριάκοντα[14] καὶ ἑκατὸν[15] ὁλκὴ[16] αὐτοῦ, φιάλην[17]
μίαν ἀργυρᾶν[18] ἑβδομήκοντα[19] σίκλων[20] κατὰ τὸν σίκλον τὸν ἅγιον, ἀμφότερα[21]
πλήρη[22] σεμιδάλεως[23] ἀναπεποιημένης[24] ἐν ἐλαίῳ,[25] εἰς θυσίαν·[26] **26** θυίσκην[27] μίαν
δέκα[28] χρυσῶν[29] πλήρη[30] θυμιάματος·[31] **27** μόσχον[32] ἕνα ἐκ βοῶν,[33] κριὸν[34] ἕνα,
ἀμνὸν[35] ἕνα ἐνιαύσιον[36] εἰς ὁλοκαύτωμα·[37] **28** καὶ χίμαρον[38] ἐξ αἰγῶν[39] ἕνα περὶ
ἁμαρτίας· **29** καὶ εἰς θυσίαν[40] σωτηρίου[41] δαμάλεις[42] δύο, κριοὺς[43] πέντε, τράγους[44]
πέντε, ἀμνάδας[45] ἐνιαυσίας[46] πέντε. τοῦτο τὸ δῶρον[47] Ελιαβ υἱοῦ Χαιλων.

30 Τῇ ἡμέρᾳ τῇ τετάρτῃ[48] ἄρχων τῶν υἱῶν Ρουβην Ελισουρ υἱὸς Σεδιουρ. **31** τὸ
δῶρον[49] αὐτοῦ τρύβλιον[50] ἀργυροῦν[51] ἕν, τριάκοντα[52] καὶ ἑκατὸν[53] ὁλκὴ[54] αὐτοῦ,
φιάλην[55] μίαν ἀργυρᾶν[56] ἑβδομήκοντα[57] σίκλων[58] κατὰ τὸν σίκλον τὸν ἅγιον,

1 χίμαρος, young goat
2 αἴξ, goat
3 θυσία, sacrifice
4 σωτήριον, deliverance, peace
5 δάμαλις, young cow
6 κριός, ram
7 τράγος, male goat
8 ἀμνάς, ewe
9 ἐνιαύσιος, one year (old)
10 δῶρον, offering
11 δῶρον, offering
12 τρύβλιον, cup, bowl
13 ἀργυροῦς, silver
14 τριάκοντα, thirty
15 ἑκατόν, one hundred
16 ὁλκή, weight
17 φιάλη, shallow bowl, saucer
18 ἀργυροῦς, silver
19 ἑβδομήκοντα, seventy
20 σίκλος, shekel, *Heb. LW*
21 ἀμφότεροι, both
22 πλήρης, full
23 σεμίδαλις, fine wheat flour
24 ἀναποιέω, *perf pas ptc gen s f*, prepare
25 ἔλαιον, oil
26 θυσία, sacrifice
27 θυΐσκη, censer
28 δέκα, ten
29 χρυσοῦς, gold
30 πλήρης, full
31 θυμίαμα, incense
32 μόσχος, calf
33 βοῦς, cow, (*p*) cattle
34 κριός, ram
35 ἀμνός, lamb
36 ἐνιαύσιος, one year (old)
37 ὁλοκαύτωμα, whole burnt offering
38 χίμαρος, young goat
39 αἴξ, goat
40 θυσία, sacrifice
41 σωτήριον, deliverance, peace
42 δάμαλις, young cow
43 κριός, ram
44 τράγος, male goat
45 ἀμνάς, ewe
46 ἐνιαύσιος, one year (old)
47 δῶρον, offering
48 τέταρτος, fourth
49 δῶρον, offering
50 τρύβλιον, cup, bowl
51 ἀργυροῦς, silver
52 τριάκοντα, thirty
53 ἑκατόν, one hundred
54 ὁλκή, weight
55 φιάλη, shallow bowl, saucer
56 ἀργυροῦς, silver
57 ἑβδομήκοντα, seventy
58 σίκλος, shekel, *Heb. LW*

ἀμφότερα[1] πλήρη[2] σεμιδάλεως[3] ἀναπεποιημένης[4] ἐν ἐλαίῳ,[5] εἰς θυσίαν·[6] **32** θυίσκην[7]
μίαν δέκα[8] χρυσῶν[9] πλήρη[10] θυμιάματος·[11] **33** μόσχον[12] ἕνα ἐκ βοῶν,[13] κριὸν[14] ἕνα,
ἀμνὸν[15] ἕνα ἐνιαύσιον[16] εἰς ὁλοκαύτωμα·[17] **34** καὶ χίμαρον[18] ἐξ αἰγῶν[19] ἕνα περὶ
ἁμαρτίας· **35** καὶ εἰς θυσίαν[20] σωτηρίου[21] δαμάλεις[22] δύο, κριοὺς[23] πέντε, τράγους[24]
πέντε, ἀμνάδας[25] ἐνιαυσίας[26] πέντε. τοῦτο τὸ δῶρον[27] Ελισουρ υἱοῦ Σεδιουρ.

36 Τῇ ἡμέρᾳ τῇ πέμπτῃ[28] ἄρχων τῶν υἱῶν Συμεων Σαλαμιηλ υἱὸς Σουρισαδαι.
37 τὸ δῶρον[29] αὐτοῦ τρύβλιον[30] ἀργυροῦν[31] ἕν, τριάκοντα[32] καὶ ἑκατὸν[33] ὁλκὴ[34]
αὐτοῦ, φιάλην[35] μίαν ἀργυρᾶν[36] ἑβδομήκοντα[37] σίκλων[38] κατὰ τὸν σίκλον τὸν
ἅγιον, ἀμφότερα[39] πλήρη[40] σεμιδάλεως[41] ἀναπεποιημένης[42] ἐν ἐλαίῳ,[43] εἰς θυσίαν·[44]
38 θυίσκην[45] μίαν δέκα[46] χρυσῶν[47] πλήρη[48] θυμιάματος·[49] **39** μόσχον[50] ἕνα ἐκ
βοῶν,[51] κριὸν[52] ἕνα, ἀμνὸν[53] ἕνα ἐνιαύσιον[54] εἰς ὁλοκαύτωμα·[55] **40** καὶ χίμαρον[56] ἐξ
αἰγῶν[57] ἕνα περὶ ἁμαρτίας· **41** καὶ εἰς θυσίαν[58] σωτηρίου[59] δαμάλεις[60] δύο, κριοὺς[61]
πέντε, τράγους[62] πέντε, ἀμνάδας[63] ἐνιαυσίας[64] πέντε. τοῦτο τὸ δῶρον[65] Σαλαμιηλ
υἱοῦ Σουρισαδαι.

1 ἀμφότεροι, both
2 πλήρης, full
3 σεμίδαλις, fine wheat flour
4 ἀναποιέω, *perf pas ptc gen s f*, prepare
5 ἔλαιον, oil
6 θυσία, sacrifice
7 θυΐσκη, censer
8 δέκα, ten
9 χρυσοῦς, gold
10 πλήρης, full
11 θυμίαμα, incense
12 μόσχος, calf
13 βοῦς, cow, (*p*) cattle
14 κριός, ram
15 ἀμνός, lamb
16 ἐνιαύσιος, one year (old)
17 ὁλοκαύτωμα, whole burnt offering
18 χίμαρος, young goat
19 αἴξ, goat
20 θυσία, sacrifice
21 σωτήριον, deliverance, peace
22 δάμαλις, young cow
23 κριός, ram
24 τράγος, male goat
25 ἀμνάς, ewe
26 ἐνιαύσιος, one year (old)
27 δῶρον, offering
28 πέμπτος, fifth
29 δῶρον, offering
30 τρύβλιον, cup, bowl
31 ἀργυροῦς, silver
32 τριάκοντα, thirty
33 ἑκατόν, one hundred
34 ὁλκή, weight
35 φιάλη, shallow bowl, saucer
36 ἀργυροῦς, silver
37 ἑβδομήκοντα, seventy
38 σίκλος, shekel, *Heb. LW*
39 ἀμφότεροι, both
40 πλήρης, full
41 σεμίδαλις, fine wheat flour
42 ἀναποιέω, *perf pas ptc gen s f*, prepare
43 ἔλαιον, oil
44 θυσία, sacrifice
45 θυΐσκη, censer
46 δέκα, ten
47 χρυσοῦς, gold
48 πλήρης, full
49 θυμίαμα, incense
50 μόσχος, calf
51 βοῦς, cow, (*p*) cattle
52 κριός, ram
53 ἀμνός, lamb
54 ἐνιαύσιος, one year (old)
55 ὁλοκαύτωμα, whole burnt offering
56 χίμαρος, young goat
57 αἴξ, goat
58 θυσία, sacrifice
59 σωτήριον, deliverance, peace
60 δάμαλις, young cow
61 κριός, ram
62 τράγος, male goat
63 ἀμνάς, ewe
64 ἐνιαύσιος, one year (old)
65 δῶρον, offering

42 Τῇ ἡμέρᾳ τῇ ἕκτῃ[1] ἄρχων τῶν υἱῶν Γαδ Ελισαφ υἱὸς Ραγουηλ. **43** τὸ δῶρον[2] αὐτοῦ τρύβλιον[3] ἀργυροῦν[4] ἕν, τριάκοντα[5] καὶ ἑκατὸν[6] ὁλκὴ[7] αὐτοῦ, φιάλην[8] μίαν ἀργυρᾶν ἑβδομήκοντα[9] σίκλων[10] κατὰ τὸν σίκλον τὸν ἅγιον, ἀμφότερα[11] πλήρη[12] σεμιδάλεως[13] ἀναπεποιημένης[14] ἐν ἐλαίῳ,[15] εἰς θυσίαν·[16] **44** θυίσκην[17] μίαν δέκα[18] χρυσῶν[19] πλήρη[20] θυμιάματος·[21] **45** μόσχον[22] ἕνα ἐκ βοῶν,[23] κριὸν[24] ἕνα, ἀμνὸν[25] ἕνα ἐνιαύσιον[26] εἰς ὁλοκαύτωμα·[27] **46** καὶ χίμαρον[28] ἐξ αἰγῶν[29] ἕνα περὶ ἁμαρτίας· **47** καὶ εἰς θυσίαν[30] σωτηρίου[31] δαμάλεις[32] δύο, κριοὺς[33] πέντε, τράγους[34] πέντε, ἀμνάδας[35] ἐνιαυσίας[36] πέντε. τοῦτο τὸ δῶρον[37] Ελισαφ υἱοῦ Ραγουηλ.

48 Τῇ ἡμέρᾳ τῇ ἑβδόμῃ[38] ἄρχων τῶν υἱῶν Εφραιμ Ελισαμα υἱὸς Εμιουδ. **49** τὸ δῶρον[39] αὐτοῦ τρύβλιον[40] ἀργυροῦν[41] ἕν, τριάκοντα[42] καὶ ἑκατὸν[43] ὁλκὴ[44] αὐτοῦ, φιάλην[45] μίαν ἀργυρᾶν ἑβδομήκοντα[46] σίκλων[47] κατὰ τὸν σίκλον τὸν ἅγιον, ἀμφότερα[48] πλήρη[49] σεμιδάλεως[50] ἀναπεποιημένης[51] ἐν ἐλαίῳ,[52] εἰς θυσίαν·[53] **50** θυίσκην[54] μίαν δέκα[55] χρυσῶν[56] πλήρη[57] θυμιάματος·[58] **51** μόσχον[59] ἕνα ἐκ βοῶν,[60] κριὸν[61] ἕνα, ἀμνὸν[62] ἕνα ἐνιαύσιον[63] εἰς ὁλοκαύτωμα·[64] **52** καὶ χίμαρον[65]

1 ἕκτος, sixth
2 δῶρον, offering
3 τρύβλιον, cup, bowl
4 ἀργυροῦς, silver
5 τριάκοντα, thirty
6 ἑκατόν, one hundred
7 ὁλκή, weight
8 φιάλη, shallow bowl, saucer
9 ἑβδομήκοντα, seventy
10 σίκλος, shekel, *Heb. LW*
11 ἀμφότεροι, both
12 πλήρης, full
13 σεμίδαλις, fine wheat flour
14 ἀναποιέω, *perf pas ptc gen s f*, prepare
15 ἔλαιον, oil
16 θυσία, sacrifice
17 θυΐσκη, censer
18 δέκα, ten
19 χρυσοῦς, gold
20 πλήρης, full
21 θυμίαμα, incense
22 μόσχος, calf
23 βοῦς, cow, (*p*) cattle
24 κριός, ram
25 ἀμνός, lamb
26 ἐνιαύσιος, one year (old)
27 ὁλοκαύτωμα, whole burnt offering
28 χίμαρος, young goat
29 αἴξ, goat
30 θυσία, sacrifice
31 σωτήριον, deliverance, peace
32 δάμαλις, young cow
33 κριός, ram
34 τράγος, male goat
35 ἀμνάς, ewe
36 ἐνιαύσιος, one year (old)
37 δῶρον, offering
38 ἕβδομος, seventh
39 δῶρον, offering
40 τρύβλιον, cup, bowl
41 ἀργυροῦς, silver
42 τριάκοντα, thirty
43 ἑκατόν, one hundred
44 ὁλκή, weight
45 φιάλη, shallow bowl, saucer
46 ἑβδομήκοντα, seventy
47 σίκλος, shekel, *Heb. LW*
48 ἀμφότεροι, both
49 πλήρης, full
50 σεμίδαλις, fine wheat flour
51 ἀναποιέω, *perf pas ptc gen s f*, prepare
52 ἔλαιον, oil
53 θυσία, sacrifice
54 θυΐσκη, censer
55 δέκα, ten
56 χρυσοῦς, gold
57 πλήρης, full
58 θυμίαμα, incense
59 μόσχος, calf
60 βοῦς, cow, (*p*) cattle
61 κριός, ram
62 ἀμνός, lamb
63 ἐνιαύσιος, one year (old)
64 ὁλοκαύτωμα, whole burnt offering
65 χίμαρος, young goat

ἐξ αἰγῶν[1] ἕνα περὶ ἁμαρτίας· **53** καὶ εἰς θυσίαν[2] σωτηρίου[3] δαμάλεις[4] δύο, κριοὺς[5]
πέντε, τράγους[6] πέντε, ἀμνάδας[7] ἐνιαυσίας[8] πέντε. τοῦτο τὸ δῶρον[9] Ελισαμα υἱοῦ
Εμιουδ.

54 Τῇ ἡμέρᾳ τῇ ὀγδόῃ[10] ἄρχων τῶν υἱῶν Μανασση Γαμαλιηλ υἱὸς Φαδασσουρ.
55 τὸ δῶρον[11] αὐτοῦ τρύβλιον[12] ἀργυροῦν[13] ἕν, τριάκοντα[14] καὶ ἑκατὸν[15] ὁλκὴ[16]
αὐτοῦ, φιάλην[17] μίαν ἀργυρᾶν ἑβδομήκοντα[18] σίκλων[19] κατὰ τὸν σίκλον τὸν ἅγιον,
ἀμφότερα[20] πλήρη[21] σεμιδάλεως[22] ἀναπεποιημένης[23] ἐν ἐλαίῳ,[24] εἰς θυσίαν·[25]
56 θυίσκην[26] μίαν δέκα[27] χρυσῶν[28] πλήρη[29] θυμιάματος·[30] **57** μόσχον[31] ἕνα ἐκ
βοῶν,[32] κριὸν[33] ἕνα, ἀμνὸν[34] ἕνα ἐνιαύσιον[35] εἰς ὁλοκαύτωμα·[36] **58** καὶ χίμαρον[37] ἐξ
αἰγῶν[38] ἕνα περὶ ἁμαρτίας· **59** καὶ εἰς θυσίαν[39] σωτηρίου[40] δαμάλεις[41] δύο, κριοὺς[42]
πέντε, τράγους[43] πέντε, ἀμνάδας[44] ἐνιαυσίας[45] πέντε. τοῦτο τὸ δῶρον[46] Γαμαλιηλ
υἱοῦ Φαδασσουρ.

60 Τῇ ἡμέρᾳ τῇ ἐνάτῃ[47] ἄρχων τῶν υἱῶν Βενιαμιν Αβιδαν υἱὸς Γαδεωνι. **61** τὸ δῶρον[48]
αὐτοῦ τρύβλιον[49] ἀργυροῦν[50] ἕν, τριάκοντα[51] καὶ ἑκατὸν[52] ὁλκὴ[53] αὐτοῦ, φιάλην[54]
μίαν ἀργυρᾶν ἑβδομήκοντα[55] σίκλων[56] κατὰ τὸν σίκλον τὸν ἅγιον, ἀμφότερα[57]

1 αἴξ, goat
2 θυσία, sacrifice
3 σωτήριον, deliverance, peace
4 δάμαλις, young cow
5 κριός, ram
6 τράγος, male goat
7 ἀμνάς, ewe
8 ἐνιαύσιος, one year (old)
9 δῶρον, offering
10 ὄγδοος, eighth
11 δῶρον, offering
12 τρύβλιον, cup, bowl
13 ἀργυροῦς, silver
14 τριάκοντα, thirty
15 ἑκατόν, one hundred
16 ὁλκή, weight
17 φιάλη, shallow bowl, saucer
18 ἑβδομήκοντα, seventy
19 σίκλος, shekel, *Heb. LW*
20 ἀμφότεροι, both
21 πλήρης, full
22 σεμίδαλις, fine wheat flour
23 ἀναποιέω, *perf pas ptc gen s f*, prepare
24 ἔλαιον, oil
25 θυσία, sacrifice
26 θυΐσκη, censer
27 δέκα, ten
28 χρυσοῦς, gold
29 πλήρης, full
30 θυμίαμα, incense
31 μόσχος, calf
32 βοῦς, cow, (*p*) cattle
33 κριός, ram
34 ἀμνός, lamb
35 ἐνιαύσιος, one year (old)
36 ὁλοκαύτωμα, whole burnt offering
37 χίμαρος, young goat
38 αἴξ, goat
39 θυσία, sacrifice
40 σωτήριον, deliverance, peace
41 δάμαλις, young cow
42 κριός, ram
43 τράγος, male goat
44 ἀμνάς, ewe
45 ἐνιαύσιος, one year (old)
46 δῶρον, offering
47 ἔνατος, ninth
48 δῶρον, offering
49 τρύβλιον, cup, bowl
50 ἀργυροῦς, silver
51 τριάκοντα, thirty
52 ἑκατόν, one hundred
53 ὁλκή, weight
54 φιάλη, shallow bowl, saucer
55 ἑβδομήκοντα, seventy
56 σίκλος, shekel, *Heb. LW*
57 ἀμφότεροι, both

πλήρη[1] σεμιδάλεως[2] ἀναπεποιημένης[3] ἐν ἐλαίῳ,[4] εἰς θυσίαν·[5] **62** θυίσκην[6] μίαν δέκα[7]
χρυσῶν[8] πλήρη[9] θυμιάματος·[10] **63** μόσχον[11] ἕνα ἐκ βοῶν,[12] κριὸν[13] ἕνα, ἀμνὸν[14] ἕνα
ἐνιαύσιον[15] εἰς ὁλοκαύτωμα·[16] **64** καὶ χίμαρον[17] ἐξ αἰγῶν[18] ἕνα περὶ ἁμαρτίας· **65** καὶ
εἰς θυσίαν[19] σωτηρίου[20] δαμάλεις[21] δύο, κριοὺς[22] πέντε, τράγους[23] πέντε, ἀμνάδας[24]
ἐνιαυσίας[25] πέντε. τοῦτο τὸ δῶρον[26] Αβιδαν υἱοῦ Γαδεωνι.

66 Τῇ ἡμέρᾳ τῇ δεκάτῃ[27] ἄρχων τῶν υἱῶν Δαν Αχιεζερ υἱὸς Αμισαδαι. **67** τὸ δῶρον[28]
αὐτοῦ τρύβλιον[29] ἀργυροῦν[30] ἕν, τριάκοντα[31] καὶ ἑκατὸν[32] ὁλκὴ[33] αὐτοῦ, φιάλην[34]
μίαν ἀργυρᾶν ἑβδομήκοντα[35] σίκλων[36] κατὰ τὸν σίκλον τὸν ἅγιον, ἀμφότερα[37]
πλήρη[38] σεμιδάλεως[39] ἀναπεποιημένης[40] ἐν ἐλαίῳ,[41] εἰς θυσίαν·[42] **68** θυίσκην[43] μίαν
δέκα[44] χρυσῶν[45] πλήρη[46] θυμιάματος·[47] **69** μόσχον[48] ἕνα ἐκ βοῶν,[49] κριὸν[50] ἕνα,
ἀμνὸν[51] ἕνα ἐνιαύσιον[52] εἰς ὁλοκαύτωμα·[53] **70** καὶ χίμαρον[54] ἐξ αἰγῶν[55] ἕνα περὶ
ἁμαρτίας· **71** καὶ εἰς θυσίαν[56] σωτηρίου[57] δαμάλεις[58] δύο, κριοὺς[59] πέντε, τράγους[60]
πέντε, ἀμνάδας[61] ἐνιαυσίας πέντε. τοῦτο τὸ δῶρον[62] Αχιεζερ υἱοῦ Αμισαδαι.

1 πλήρης, full
2 σεμίδαλις, fine wheat flour
3 ἀναποιέω, *perf pas ptc gen s f*, prepare
4 ἔλαιον, oil
5 θυσία, sacrifice
6 θυΐσκη, censer
7 δέκα, ten
8 χρυσοῦς, gold
9 πλήρης, full
10 θυμίαμα, incense
11 μόσχος, calf
12 βοῦς, cow, (*p*) cattle
13 κριός, ram
14 ἀμνός, lamb
15 ἐνιαύσιος, one year (old)
16 ὁλοκαύτωμα, whole burnt offering
17 χίμαρος, young goat
18 αἴξ, goat
19 θυσία, sacrifice
20 σωτήριον, deliverance, peace
21 δάμαλις, young cow
22 κριός, ram
23 τράγος, male goat
24 ἀμνάς, ewe
25 ἐνιαύσιος, one year (old)
26 δῶρον, offering
27 δέκατος, tenth
28 δῶρον, offering
29 τρύβλιον, cup, bowl
30 ἀργυροῦς, silver
31 τριάκοντα, thirty
32 ἑκατόν, one hundred
33 ὁλκή, weight
34 φιάλη, shallow bowl, saucer
35 ἑβδομήκοντα, seventy
36 σίκλος, shekel, *Heb. LW*
37 ἀμφότεροι, both
38 πλήρης, full
39 σεμίδαλις, fine wheat flour
40 ἀναποιέω, *perf pas ptc gen s f*, prepare
41 ἔλαιον, oil
42 θυσία, sacrifice
43 θυΐσκη, censer
44 δέκα, ten
45 χρυσοῦς, gold
46 πλήρης, full
47 θυμίαμα, incense
48 μόσχος, calf
49 βοῦς, cow, (*p*) cattle
50 κριός, ram
51 ἀμνός, lamb
52 ἐνιαύσιος, one year (old)
53 ὁλοκαύτωμα, whole burnt offering
54 χίμαρος, young goat
55 αἴξ, goat
56 θυσία, sacrifice
57 σωτήριον, deliverance, peace
58 δάμαλις, young cow
59 κριός, ram
60 τράγος, male goat
61 ἀμνάς, ewe
62 δῶρον, offering

72 Τῇ ἡμέρᾳ τῇ ἑνδεκάτῃ[1] ἄρχων τῶν υἱῶν Ασηρ Φαγαιηλ υἱὸς Εχραν. **73** τὸ δῶρον[2]
αὐτοῦ τρύβλιον[3] ἀργυροῦν[4] ἕν, τριάκοντα[5] καὶ ἑκατὸν[6] ὁλκὴ[7] αὐτοῦ, φιάλην[8] μίαν
ἀργυρᾶν ἑβδομήκοντα[9] σίκλων[10] κατὰ τὸν σίκλον τὸν ἅγιον, ἀμφότερα[11] πλήρη[12]
σεμιδάλεως[13] ἀναπεποιημένης[14] ἐν ἐλαίῳ,[15] εἰς θυσίαν·[16] **74** θυίσκην[17] μίαν δέκα[18]
χρυσῶν[19] πλήρη[20] θυμιάματος·[21] **75** μόσχον[22] ἕνα ἐκ βοῶν,[23] κριὸν[24] ἕνα, ἀμνὸν[25] ἕνα
ἐνιαύσιον[26] εἰς ὁλοκαύτωμα·[27] **76** καὶ χίμαρον[28] ἐξ αἰγῶν[29] ἕνα περὶ ἁμαρτίας· **77** καὶ
εἰς θυσίαν[30] σωτηρίου[31] δαμάλεις[32] δύο, κριοὺς[33] πέντε, τράγους[34] πέντε, ἀμνάδας[35]
ἐνιαυσίας πέντε. τοῦτο τὸ δῶρον[36] Φαγαιηλ υἱοῦ Εχραν.

78 Τῇ ἡμέρᾳ τῇ δωδεκάτῃ[37] ἄρχων τῶν υἱῶν Νεφθαλι Αχιρε υἱὸς Αιναν. **79** τὸ δῶρον[38]
αὐτοῦ τρύβλιον[39] ἀργυροῦν[40] ἕν, τριάκοντα[41] καὶ ἑκατὸν[42] ὁλκὴ[43] αὐτοῦ, φιάλην[44] μίαν
ἀργυρᾶν ἑβδομήκοντα[45] σίκλων[46] κατὰ τὸν σίκλον τὸν ἅγιον, ἀμφότερα[47] πλήρη[48]
σεμιδάλεως[49] ἀναπεποιημένης[50] ἐν ἐλαίῳ,[51] εἰς θυσίαν·[52] **80** θυίσκην[53] μίαν δέκα[54]
χρυσῶν[55] πλήρη[56] θυμιάματος·[57] **81** μόσχον[58] ἕνα ἐκ βοῶν,[59] κριὸν[60] ἕνα, ἀμνὸν[61]
ἕνα ἐνιαύσιον[62] εἰς ὁλοκαύτωμα·[63] **82** καὶ χίμαρον[64] ἐξ αἰγῶν[65] ἕνα περὶ ἁμαρτίας·

1 ἑνδέκατος, eleventh
2 δῶρον, offering
3 τρύβλιον, cup, bowl
4 ἀργυροῦς, silver
5 τριάκοντα, thirty
6 ἑκατόν, one hundred
7 ὁλκή, weight
8 φιάλη, shallow bowl, saucer
9 ἑβδομήκοντα, seventy
10 σίκλος, shekel, *Heb. LW*
11 ἀμφότεροι, both
12 πλήρης, full
13 σεμίδαλις, fine wheat flour
14 ἀναποιέω, *perf pas ptc gen s f*, prepare
15 ἔλαιον, oil
16 θυσία, sacrifice
17 θυΐσκη, censer
18 δέκα, ten
19 χρυσοῦς, gold
20 πλήρης, full
21 θυμίαμα, incense
22 μόσχος, calf
23 βοῦς, cow, (*p*) cattle
24 κριός, ram
25 ἀμνός, lamb
26 ἐνιαύσιος, one year (old)
27 ὁλοκαύτωμα, whole burnt offering
28 χίμαρος, young goat
29 αἴξ, goat
30 θυσία, sacrifice
31 σωτήριον, deliverance, peace
32 δάμαλις, young cow
33 κριός, ram
34 τράγος, male goat
35 ἀμνάς, ewe
36 δῶρον, offering
37 δωδέκατος, twelfth
38 δῶρον, offering
39 τρύβλιον, cup, bowl
40 ἀργυροῦς, silver
41 τριάκοντα, thirty
42 ἑκατόν, one hundred
43 ὁλκή, weight
44 φιάλη, shallow bowl, saucer
45 ἑβδομήκοντα, seventy
46 σίκλος, shekel, *Heb. LW*
47 ἀμφότεροι, both
48 πλήρης, full
49 σεμίδαλις, fine wheat flour
50 ἀναποιέω, *perf pas ptc gen s f*, prepare
51 ἔλαιον, oil
52 θυσία, sacrifice
53 θυΐσκη, censer
54 δέκα, ten
55 χρυσοῦς, gold
56 πλήρης, full
57 θυμίαμα, incense
58 μόσχος, calf
59 βοῦς, cow, (*p*) cattle
60 κριός, ram
61 ἀμνός, lamb
62 ἐνιαύσιος, one year (old)
63 ὁλοκαύτωμα, whole burnt offering
64 χίμαρος, young goat
65 αἴξ, goat

83 καὶ εἰς θυσίαν[1] σωτηρίου[2] δαμάλεις[3] δύο, κριοὺς[4] πέντε, τράγους[5] πέντε, ἀμνάδας[6] ἐνιαυσίας[7] πέντε. τοῦτο τὸ δῶρον[8] Αχιρε υἱοῦ Αιναν.

84 Οὗτος ὁ ἐγκαινισμὸς[9] τοῦ θυσιαστηρίου,[10] ᾗ ἡμέρᾳ ἔχρισεν[11] αὐτό, παρὰ τῶν
ἀρχόντων τῶν υἱῶν Ισραηλ· τρύβλια[12] ἀργυρᾶ[13] δώδεκα,[14] φιάλαι[15] ἀργυραῖ δώδεκα,
θυίσκαι[16] χρυσαῖ[17] δώδεκα, **85** τριάκοντα[18] καὶ ἑκατὸν[19] σίκλων[20] τὸ τρύβλιον[21] τὸ
ἓν καὶ ἑβδομήκοντα[22] σίκλων ἡ φιάλη[23] ἡ μία, πᾶν τὸ ἀργύριον[24] τῶν σκευῶν[25]
δισχίλιοι[26] καὶ τετρακόσιοι[27] σίκλοι ἐν τῷ σίκλῳ τῷ ἁγίῳ. **86** θυίσκαι[28] χρυσαῖ[29]
δώδεκα[30] πλήρεις[31] θυμιάματος·[32] πᾶν τὸ χρυσίον[33] τῶν θυισκῶν εἴκοσι[34] καὶ
ἑκατὸν[35] χρυσοῖ. **87** πᾶσαι αἱ βόες[36] εἰς ὁλοκαύτωσιν[37] μόσχοι[38] δώδεκα,[39] κριοὶ[40]
δώδεκα, ἀμνοὶ[41] ἐνιαύσιοι[42] δώδεκα καὶ αἱ θυσίαι[43] αὐτῶν καὶ αἱ σπονδαὶ[44] αὐτῶν·
καὶ χίμαροι[45] ἐξ αἰγῶν[46] δώδεκα περὶ ἁμαρτίας. **88** πᾶσαι αἱ βόες[47] εἰς θυσίαν[48]
σωτηρίου[49] δαμάλεις[50] εἴκοσι[51] τέσσαρες,[52] κριοὶ[53] ἑξήκοντα,[54] τράγοι[55] ἑξήκοντα,
ἀμνάδες[56] ἑξήκοντα ἐνιαύσιαι[57] ἄμωμοι.[58] αὕτη ἡ ἐγκαίνωσις[59] τοῦ θυσιαστηρίου[60]
μετὰ τὸ πληρῶσαι τὰς χεῖρας αὐτοῦ καὶ μετὰ τὸ χρῖσαι[61] αὐτόν. — **89** ἐν τῷ

1 θυσία, sacrifice
2 σωτήριον, deliverance, peace
3 δάμαλις, young cow
4 κριός, ram
5 τράγος, male goat
6 ἀμνάς, ewe
7 ἐνιαύσιος, one year (old)
8 δῶρον, offering
9 ἐγκαινισμός, dedication
10 θυσιαστήριον, altar
11 χρίω, *aor act ind 3s*, anoint
12 τρύβλιον, cup, bowl
13 ἀργυροῦς, silver
14 δώδεκα, twelve
15 φιάλη, shallow bowl, saucer
16 θυΐσκη, censer
17 χρυσοῦς, gold
18 τριάκοντα, thirty
19 ἑκατόν, one hundred
20 σίκλος, shekel, *Heb. LW*
21 τρύβλιον, cup, bowl
22 ἑβδομήκοντα, seventy
23 φιάλη, shallow bowl, saucer
24 ἀργύριον, silver
25 σκεῦος, implement, equipment
26 δισχίλιοι, two thousand
27 τετρακόσιοι, four hundred
28 θυΐσκη, censer
29 χρυσοῦς, gold
30 δώδεκα, twelve
31 πλήρης, full
32 θυμίαμα, incense
33 χρυσίον, gold
34 εἴκοσι, twenty
35 ἑκατόν, one hundred
36 βοῦς, cow, (*p*) cattle
37 ὁλοκαύτωσις, whole burnt offering
38 μόσχος, calf
39 δώδεκα, twelve
40 κριός, ram
41 ἀμνός, lamb
42 ἐνιαύσιος, one year (old)
43 θυσία, sacrifice
44 σπονδή, drink offering
45 χίμαρος, young goat
46 αἴξ, goat
47 βοῦς, cow, (*p*) cattle
48 θυσία, sacrifice
49 σωτήριον, deliverance, peace
50 δάμαλις, young cow
51 εἴκοσι, twenty
52 τέσσαρες, four
53 κριός, ram
54 ἑξήκοντα, sixty
55 τράγος, male goat
56 ἀμνάς, ewe
57 ἐνιαύσιος, one year (old)
58 ἄμωμος, unblemished
59 ἐγκαίνωσις, dedication
60 θυσιαστήριον, altar
61 χρίω, *aor act inf*, anoint

εἰσπορεύεσθαι[1] Μωυσῆν εἰς τὴν σκηνὴν[2] τοῦ μαρτυρίου[3] λαλῆσαι αὐτῷ καὶ ἤκουσεν τὴν φωνὴν κυρίου λαλοῦντος πρὸς αὐτὸν ἄνωθεν[4] τοῦ ἱλαστηρίου,[5] ὅ ἐστιν ἐπὶ τῆς κιβωτοῦ[6] τοῦ μαρτυρίου,[7] ἀνὰ μέσον[8] τῶν δύο χερουβιμ·[9] καὶ ἐλάλει πρὸς αὐτόν.

Seven Lamps

8 Καὶ ἐλάλησεν κύριος πρὸς Μωυσῆν λέγων **2** Λάλησον τῷ Ααρων καὶ ἐρεῖς πρὸς
αὐτόν Ὅταν ἐπιτιθῇς τοὺς λύχνους,[10] ἐκ μέρους κατὰ πρόσωπον τῆς λυχνίας[11]
φωτιοῦσιν[12] οἱ ἑπτὰ λύχνοι. **3** καὶ ἐποίησεν οὕτως Ααρων· ἐκ τοῦ ἑνὸς μέρους κατὰ
πρόσωπον τῆς λυχνίας[13] ἐξῆψεν[14] τοὺς λύχνους[15] αὐτῆς, καθὰ[16] συνέταξεν[17] κύριος
τῷ Μωυσῇ. **4** καὶ αὕτη ἡ κατασκευὴ[18] τῆς λυχνίας·[19] στερεὰ[20] χρυσῆ,[21] ὁ καυλὸς[22]
αὐτῆς καὶ τὰ κρίνα[23] αὐτῆς, στερεὰ[24] ὅλη·[25] κατὰ τὸ εἶδος,[26] ὃ ἔδειξεν κύριος τῷ
Μωυσῇ, οὕτως ἐποίησεν τὴν λυχνίαν.

Purification and Ministry of the Levites

5 Καὶ ἐλάλησεν κύριος πρὸς Μωυσῆν λέγων **6** Λαβὲ τοὺς Λευίτας ἐκ μέσου υἱῶν
Ισραηλ καὶ ἀφαγνιεῖς[27] αὐτούς. **7** καὶ οὕτως ποιήσεις αὐτοῖς τὸν ἁγνισμὸν[28] αὐτῶν·
περιρρανεῖς[29] αὐτοὺς ὕδωρ ἁγνισμοῦ,[30] καὶ ἐπελεύσεται[31] ξυρὸν[32] ἐπὶ πᾶν τὸ σῶμα
αὐτῶν, καὶ πλυνοῦσιν[33] τὰ ἱμάτια αὐτῶν καὶ καθαροὶ[34] ἔσονται. **8** καὶ λήμψονται
μόσχον[35] ἕνα ἐκ βοῶν[36] καὶ τούτου θυσίαν[37] σεμιδάλεως[38] ἀναπεποιημένην[39] ἐν
ἐλαίῳ,[40] καὶ μόσχον[41] ἐνιαύσιον[42] ἐκ βοῶν λήμψῃ περὶ ἁμαρτίας. **9** καὶ προσάξεις[43]

1 εἰσπορεύομαι, *pres mid inf*, enter
2 σκηνή, tent
3 μαρτύριον, witness
4 ἄνωθεν, above
5 ἱλαστήριον, mercy seat, place of propitiation
6 κιβωτός, chest, ark (of the covenant)
7 μαρτύριον, testimony, witness
8 ἀνὰ μέσον, between
9 χερουβιμ, cherubim, *translit.*
10 λύχνος, lamp
11 λυχνία, lampstand
12 φωτίζω, *fut act ind 3p*, shine
13 λυχνία, lampstand
14 ἐξάπτω, *aor act ind 3s*, light (with fire)
15 λύχνος, lamp
16 καθά, as
17 συντάσσω, *aor act ind 3s*, order, charge, prescribe
18 κατασκευή, construction
19 λυχνία, lampstand
20 στερεός, solid
21 χρυσοῦς, gold
22 καυλός, stem
23 κρίνον, lily ornament
24 στερεός, solid
25 ὅλος, completely
26 εἶδος, pattern
27 ἀφαγνίζω, *fut act ind 2s*, purify
28 ἁγνισμός, purification
29 περιρραίνω, *fut act ind 2s*, sprinkle
30 ἁγνισμός, purification
31 ἐπέρχομαι, *fut mid ind 3s*, come upon
32 ξυρόν, razor
33 πλύνω, *fut act ind 3p*, wash
34 καθαρός, pure
35 μόσχος, calf
36 βοῦς, cow, (*p*) cattle
37 θυσία, sacrifice
38 σεμίδαλις, fine wheat flour
39 ἀναποιέω, *perf pas ptc acc s f*, prepare
40 ἔλαιον, oil
41 μόσχος, calf
42 ἐνιαύσιος, one year (old)
43 προσάγω, *fut act ind 2s*, bring

τοὺς Λευίτας ἔναντι[1] τῆς σκηνῆς[2] τοῦ μαρτυρίου[3] καὶ συνάξεις πᾶσαν συναγωγὴν
υἱῶν Ισραηλ **10** καὶ προσάξεις[4] τοὺς Λευίτας ἔναντι[5] κυρίου, καὶ ἐπιθήσουσιν οἱ υἱοὶ
Ισραηλ τὰς χεῖρας αὐτῶν ἐπὶ τοὺς Λευίτας, **11** καὶ ἀφοριεῖ[6] Ααρων τοὺς Λευίτας
ἀπόδομα[7] ἔναντι[8] κυρίου παρὰ τῶν υἱῶν Ισραηλ, καὶ ἔσονται ὥστε ἐργάζεσθαι
τὰ ἔργα κυρίου. **12** οἱ δὲ Λευῖται ἐπιθήσουσιν τὰς χεῖρας ἐπὶ τὰς κεφαλὰς τῶν
μόσχων,[9] καὶ ποιήσει τὸν ἕνα περὶ ἁμαρτίας καὶ τὸν ἕνα εἰς ὁλοκαύτωμα[10] κυρίῳ
ἐξιλάσασθαι[11] περὶ αὐτῶν. **13** καὶ στήσεις τοὺς Λευίτας ἔναντι[12] κυρίου καὶ ἔναντι
Ααρων καὶ ἔναντι τῶν υἱῶν αὐτοῦ καὶ ἀποδώσεις αὐτοὺς ἀπόδομα[13] ἔναντι κυρίου·
14 καὶ διαστελεῖς[14] τοὺς Λευίτας ἐκ μέσου υἱῶν Ισραηλ, καὶ ἔσονται ἐμοί. **15** καὶ μετὰ
ταῦτα εἰσελεύσονται οἱ Λευῖται ἐργάζεσθαι τὰ ἔργα τῆς σκηνῆς[15] τοῦ μαρτυρίου,[16]
καὶ καθαριεῖς αὐτοὺς καὶ ἀποδώσεις αὐτοὺς ἔναντι[17] κυρίου. **16** ὅτι ἀπόδομα[18]
ἀποδεδομένοι οὗτοί μοί εἰσιν ἐκ μέσου υἱῶν Ισραηλ· ἀντὶ[19] τῶν διανοιγόντων[20]
πᾶσαν μήτραν[21] πρωτοτόκων[22] πάντων ἐκ τῶν υἱῶν Ισραηλ εἴληφα[23] αὐτοὺς ἐμοί.
17 ὅτι ἐμοὶ πᾶν πρωτότοκον[24] ἐν υἱοῖς Ισραηλ ἀπὸ ἀνθρώπου ἕως κτήνους·[25] ᾗ ἡμέρᾳ
ἐπάταξα[26] πᾶν πρωτότοκον ἐν γῇ Αἰγύπτῳ, ἡγίασα[27] αὐτοὺς ἐμοὶ **18** καὶ ἔλαβον τοὺς
Λευίτας ἀντὶ[28] παντὸς πρωτοτόκου[29] ἐν υἱοῖς Ισραηλ. **19** καὶ ἀπέδωκα τοὺς Λευίτας
ἀπόδομα[30] δεδομένους Ααρων καὶ τοῖς υἱοῖς αὐτοῦ ἐκ μέσου υἱῶν Ισραηλ ἐργάζεσθαι
τὰ ἔργα τῶν υἱῶν Ισραηλ ἐν τῇ σκηνῇ[31] τοῦ μαρτυρίου[32] καὶ ἐξιλάσκεσθαι[33] περὶ
τῶν υἱῶν Ισραηλ, καὶ οὐκ ἔσται ἐν τοῖς υἱοῖς Ισραηλ προσεγγίζων[34] πρὸς τὰ ἅγια.
— **20** καὶ ἐποίησεν Μωυσῆς καὶ Ααρων καὶ πᾶσα συναγωγὴ υἱῶν Ισραηλ τοῖς
Λευίταις καθὰ[35] ἐνετείλατο[36] κύριος τῷ Μωυσῇ περὶ τῶν Λευιτῶν, οὕτως ἐποίησαν
αὐτοῖς οἱ υἱοὶ Ισραηλ. **21** καὶ ἡγνίσαντο[37] οἱ Λευῖται καὶ ἐπλύναντο[38] τὰ ἱμάτια, καὶ
ἀπέδωκεν αὐτοὺς Ααρων ἀπόδομα[39] ἔναντι[40] κυρίου, καὶ ἐξιλάσατο[41] περὶ αὐτῶν

1 ἔναντι, before
2 σκηνή, tent
3 μαρτύριον, witness
4 προσάγω, *fut act ind 2s*, bring
5 ἔναντι, before
6 ἀφορίζω, *fut act ind 3s*, set apart
7 ἀπόδομα, offering
8 ἔναντι, before
9 μόσχος, calf
10 ὁλοκαύτωμα, whole burnt offering
11 ἐξιλάσκομαι, *aor mid inf*, propitiate, make atonement
12 ἔναντι, before
13 ἀπόδομα, offering
14 διαστέλλω, *fut act ind 2s*, separate
15 σκηνή, tent
16 μαρτύριον, witness
17 ἔναντι, before
18 ἀπόδομα, offering
19 ἀντί, instead of
20 διανοίγω, *pres act ptc gen p m*, lay open
21 μήτρα, womb
22 πρωτότοκος, firstborn
23 λαμβάνω, *perf act ind 1s*, take
24 πρωτότοκος, firstborn
25 κτῆνος, animal, (*p*) herd
26 πατάσσω, *aor act ind 1s*, slay
27 ἁγιάζω, *aor act ind 1s*, consecrate
28 ἀντί, instead of
29 πρωτότοκος, firstborn
30 ἀπόδομα, offering
31 σκηνή, tent
32 μαρτύριον, witness
33 ἐξιλάσκομαι, *pres mid inf*, propitiate, make atonement
34 προσεγγίζω, *pres act ptc nom s m*, approach
35 καθά, just as
36 ἐντέλλομαι, *aor mid ind 3s*, command
37 ἁγνίζω, *aor mid ind 3p*, purify
38 πλύνω, *aor mid ind 3p*, wash
39 ἀπόδομα, offering
40 ἔναντι, before
41 ἐξιλάσκομαι, *aor mid ind 3s*, propitiate, make atonement

Ααρων ἀφαγνίσασθαι[1] αὐτούς. **22** καὶ μετὰ ταῦτα εἰσῆλθον οἱ Λευῖται λειτουργεῖν[2]
τὴν λειτουργίαν[3] αὐτῶν ἐν τῇ σκηνῇ[4] τοῦ μαρτυρίου[5] ἔναντι[6] Ααρων καὶ ἔναντι
τῶν υἱῶν αὐτοῦ· καθὼς συνέταξεν[7] κύριος τῷ Μωυσῇ περὶ τῶν Λευιτῶν, οὕτως
ἐποίησαν αὐτοῖς.

23 Καὶ ἐλάλησεν κύριος πρὸς Μωυσῆν λέγων **24** Τοῦτό ἐστιν τὸ περὶ τῶν Λευιτῶν·
ἀπὸ πεντεκαιεικοσαετοῦς[8] καὶ ἐπάνω[9] εἰσελεύσονται ἐνεργεῖν[10] ἐν τῇ σκηνῇ[11] τοῦ
μαρτυρίου·[12] **25** καὶ ἀπὸ πεντηκονταετοῦς[13] ἀποστήσεται[14] ἀπὸ τῆς λειτουργίας[15]
καὶ οὐκ ἐργᾶται ἔτι, **26** καὶ λειτουργήσει[16] ὁ ἀδελφὸς αὐτοῦ ἐν τῇ σκηνῇ[17] τοῦ
μαρτυρίου[18] φυλάσσειν φυλακάς, ἔργα δὲ οὐκ ἐργᾶται. οὕτως ποιήσεις τοῖς Λευίταις
ἐν ταῖς φυλακαῖς αὐτῶν.

Observing Passover in Sinai

9 Καὶ ἐλάλησεν κύριος πρὸς Μωυσῆν ἐν τῇ ἐρήμῳ Σινα ἐν τῷ ἔτει τῷ δευτέρῳ
ἐξελθόντων αὐτῶν ἐκ γῆς Αἰγύπτου ἐν τῷ μηνὶ[19] τῷ πρώτῳ λέγων **2** Εἰπὸν καὶ
ποιείτωσαν οἱ υἱοὶ Ισραηλ τὸ πασχα[20] καθ᾽ ὥραν[21] αὐτοῦ· **3** τῇ τεσσαρεσκαιδεκάτῃ[22]
ἡμέρᾳ τοῦ μηνὸς[23] τοῦ πρώτου πρὸς ἑσπέραν[24] ποιήσεις αὐτὸ κατὰ καιρούς· κατὰ τὸν
νόμον αὐτοῦ καὶ κατὰ τὴν σύγκρισιν[25] αὐτοῦ ποιήσεις αὐτό. **4** καὶ ἐλάλησεν Μωυσῆς
τοῖς υἱοῖς Ισραηλ ποιῆσαι τὸ πασχα.[26] **5** ἐναρχομένου[27] τῇ τεσσαρεσκαιδεκάτῃ[28]
ἡμέρᾳ τοῦ μηνὸς[29] ἐν τῇ ἐρήμῳ τοῦ Σινα, καθὰ[30] συνέταξεν[31] κύριος τῷ Μωυσῇ,
οὕτως ἐποίησαν οἱ υἱοὶ Ισραηλ.

6 Καὶ παρεγένοντο οἱ ἄνδρες, οἳ ἦσαν ἀκάθαρτοι ἐπὶ ψυχῇ ἀνθρώπου καὶ οὐκ
ἠδύναντο ποιῆσαι τὸ πασχα[32] ἐν τῇ ἡμέρᾳ ἐκείνῃ, καὶ προσῆλθον ἐναντίον[33] Μωυσῆ
καὶ Ααρων ἐν ἐκείνῃ τῇ ἡμέρᾳ, **7** καὶ εἶπαν οἱ ἄνδρες ἐκεῖνοι πρὸς αὐτόν Ἡμεῖς
ἀκάθαρτοι ἐπὶ ψυχῇ ἀνθρώπου· μὴ οὖν ὑστερήσωμεν[34] προσενέγκαι[35] τὸ δῶρον[36]

1 ἀφαγνίζω, *aor mid inf*, purify
2 λειτουργέω, *pres act inf*, minister
3 λειτουργία, liturgical service, ministry
4 σκηνή, tent
5 μαρτύριον, witness
6 ἔναντι, before
7 συντάσσω, *aor act ind 3s*, order, charge, prescribe
8 πεντεκαιεικοσαετής, twenty-five years (old)
9 ἐπάνω, above
10 ἐνεργέω, *pres act inf*, work
11 σκηνή, tent
12 μαρτύριον, witness
13 πεντηκονταετής, fifty years (old)
14 ἀφίστημι, *fut mid ind 3s*, depart from
15 λειτουργία, liturgical service, ministry
16 λειτουργέω, *fut act ind 3s*, minister
17 σκηνή, tent
18 μαρτύριον, witness
19 μήν, month
20 πασχα, Passover, *translit.*
21 ὥρα, fitting time
22 τεσσαρεσκαιδέκατος, fourteenth
23 μήν, month
24 ἑσπέρα, evening
25 σύγκρισις, ruling, pattern
26 πασχα, Passover, *translit.*
27 ἐνάρχομαι, *pres mid ptc gen s n*, begin
28 τεσσαρεσκαιδέκατος, fourteenth
29 μήν, month
30 καθά, just as
31 συντάσσω, *aor act ind 3s*, order, charge, prescribe
32 πασχα, Passover, *translit.*
33 ἐναντίον, before
34 ὑστερέω, *aor act sub 1p*, fail, lack
35 προσφέρω, *aor act inf*, bring to, offer
36 δῶρον, offering

κυρίῳ κατὰ καιρὸν αὐτοῦ ἐν μέσῳ υἱῶν Ισραηλ; **8** καὶ εἶπεν πρὸς αὐτοὺς Μωυσῆς
Στῆτε αὐτοῦ,[1] καὶ ἀκούσομαι, τί ἐντελεῖται[2] κύριος περὶ ὑμῶν.

9 καὶ ἐλάλησεν κύριος πρὸς Μωυσῆν λέγων **10** Λάλησον τοῖς υἱοῖς Ισραηλ λέγων
Ἄνθρωπος ἄνθρωπος, ὃς ἐὰν γένηται ἀκάθαρτος ἐπὶ ψυχῇ ἀνθρώπου ἢ ἐν ὁδῷ
μακρὰν[3] ὑμῖν ἢ ἐν ταῖς γενεαῖς ὑμῶν, καὶ ποιήσει τὸ πασχα[4] κυρίῳ· **11** ἐν τῷ μηνὶ[5]
τῷ δευτέρῳ ἐν τῇ τεσσαρεσκαιδεκάτῃ[6] ἡμέρᾳ τὸ πρὸς ἑσπέραν[7] ποιήσουσιν αὐτό,
ἐπ᾽ ἀζύμων[8] καὶ πικρίδων[9] φάγονται αὐτό, **12** οὐ καταλείψουσιν[10] ἀπ᾽ αὐτοῦ εἰς τὸ
πρωὶ[11] καὶ ὀστοῦν[12] οὐ συντρίψουσιν[13] ἀπ᾽ αὐτοῦ· κατὰ τὸν νόμον τοῦ πασχα[14]
ποιήσουσιν αὐτό. **13** καὶ ἄνθρωπος, ὃς ἐὰν καθαρὸς[15] ᾖ καὶ ἐν ὁδῷ μακρᾷ[16] οὐκ
ἔστιν καὶ ὑστερήσῃ[17] ποιῆσαι τὸ πασχα,[18] ἐξολεθρευθήσεται[19] ἡ ψυχὴ ἐκείνη ἐκ
τοῦ λαοῦ αὐτῆς· ὅτι τὸ δῶρον[20] κυρίῳ οὐ προσήνεγκεν κατὰ τὸν καιρὸν αὐτοῦ,
ἁμαρτίαν αὐτοῦ λήμψεται ὁ ἄνθρωπος ἐκεῖνος. — **14** ἐὰν δὲ προσέλθῃ πρὸς ὑμᾶς
προσήλυτος[21] ἐν τῇ γῇ ὑμῶν καὶ ποιήσει τὸ πασχα[22] κυρίῳ, κατὰ τὸν νόμον τοῦ
πασχα καὶ κατὰ τὴν σύνταξιν[23] αὐτοῦ ποιήσει αὐτό· νόμος εἷς ἔσται ὑμῖν καὶ τῷ
προσηλύτῳ καὶ τῷ αὐτόχθονι[24] τῆς γῆς.

The Cloud and Fire

15 Καὶ τῇ ἡμέρᾳ, ᾗ ἐστάθη ἡ σκηνή,[25] ἐκάλυψεν[26] ἡ νεφέλη[27] τὴν σκηνήν, τὸν οἶκον
τοῦ μαρτυρίου·[28] καὶ τὸ ἑσπέρας[29] ἦν ἐπὶ τῆς σκηνῆς ὡς εἶδος[30] πυρὸς ἕως πρωί.[31]
16 οὕτως ἐγίνετο[32] διὰ παντός· ἡ νεφέλη[33] ἐκάλυπτεν[34] αὐτὴν ἡμέρας καὶ εἶδος[35]
πυρὸς τὴν νύκτα. **17** καὶ ἡνίκα[36] ἀνέβη ἡ νεφέλη[37] ἀπὸ τῆς σκηνῆς,[38] καὶ μετὰ ταῦτα
ἀπῆραν[39] οἱ υἱοὶ Ισραηλ· καὶ ἐν τῷ τόπῳ, οὗ ἂν ἔστη ἡ νεφέλη, ἐκεῖ παρενέβαλον[40] οἱ
υἱοὶ Ισραηλ. **18** διὰ προστάγματος[41] κυρίου παρεμβαλοῦσιν[42] οἱ υἱοὶ Ισραηλ καὶ διὰ

1 αὐτοῦ, here
2 ἐντέλλομαι, *fut mid ind 3s*, command
3 μακράν, remote, distant
4 πασχα, Passover, *translit.*
5 μήν, month
6 τεσσαρεσκαιδέκατος, fourteenth
7 ἑσπέρα, evening
8 ἄζυμος, unleavened
9 πικρίς, bitter herb
10 καταλείπω, *fut act ind 3p*, leave behind
11 πρωί, morning
12 ὀστέον, bone
13 συντρίβω, *fut act ind 3p*, break
14 πασχα, Passover, *translit.*
15 καθαρός, pure
16 μακρός, remote, distant
17 ὑστερέω, *aor act sub 3s*, fail, lack
18 πασχα, Passover, *translit.*
19 ἐξολεθρεύω, *fut pas ind 3s*, utterly destroy
20 δῶρον, offering
21 προσήλυτος, immigrant, guest
22 πασχα, Passover, *translit.*
23 σύνταξις, arrangement, ordinance
24 αὐτόχθων, indigenous, native
25 σκηνή, tent
26 καλύπτω, *aor act ind 3s*, cover
27 νεφέλη, cloud
28 μαρτύριον, witness
29 ἑσπέρα, evening
30 εἶδος, appearance
31 πρωί, morning
32 γίνομαι, *impf mid ind 3s*, come about, happen
33 νεφέλη, cloud
34 καλύπτω, *impf act ind 3s*, cover
35 εἶδος, appearance
36 ἡνίκα, when
37 νεφέλη, cloud
38 σκηνή, tent
39 ἀπαίρω, *aor act ind 3p*, depart
40 παρεμβάλλω, *aor act ind 3p*, pitch camp
41 πρόσταγμα, ordinance, command
42 παρεμβάλλω, *fut act ind 3p*, pitch camp

προστάγματος κυρίου ἀπαροῦσιν·[1] πάσας τὰς ἡμέρας, ἐν αἷς σκιάζει[2] ἡ νεφέλη[3] ἐπὶ
τῆς σκηνῆς,[4] παρεμβαλοῦσιν οἱ υἱοὶ Ισραηλ· **19** καὶ ὅταν ἐφέλκηται[5] ἡ νεφέλη[6] ἐπὶ
τῆς σκηνῆς[7] ἡμέρας πλείους,[8] καὶ φυλάξονται οἱ υἱοὶ Ισραηλ τὴν φυλακὴν τοῦ θεοῦ
καὶ οὐ μὴ ἐξάρωσιν·[9] **20** καὶ ἔσται ὅταν σκεπάσῃ[10] ἡ νεφέλη[11] ἡμέρας ἀριθμῷ[12] ἐπὶ
τῆς σκηνῆς,[13] διὰ φωνῆς κυρίου παρεμβαλοῦσιν[14] καὶ διὰ προστάγματος[15] κυρίου
ἀπαροῦσιν·[16] **21** καὶ ἔσται ὅταν γένηται ἡ νεφέλη[17] ἀφ᾽ ἑσπέρας[18] ἕως πρωὶ[19] καὶ
ἀναβῇ ἡ νεφέλη τὸ πρωί,[20] καὶ ἀπαροῦσιν[21] ἡμέρας ἢ νυκτός· **22** μηνὸς[22] ἡμέρας
πλεοναζούσης[23] τῆς νεφέλης[24] σκιαζούσης[25] ἐπ᾽ αὐτῆς παρεμβαλοῦσιν[26] οἱ υἱοὶ
Ισραηλ καὶ οὐ μὴ ἀπάρωσιν.[27] **23** ὅτι διὰ προστάγματος[28] κυρίου ἀπαροῦσιν,[29] τὴν
φυλακὴν κυρίου ἐφυλάξαντο διὰ προστάγματος κυρίου ἐν χειρὶ Μωυσῆ.

Trumpets of Silver

10 Καὶ ἐλάλησεν κύριος πρὸς Μωυσῆν λέγων **2** Ποίησον σεαυτῷ δύο σάλ-
πιγγας[30] ἀργυρᾶς,[31] ἐλατὰς[32] ποιήσεις αὐτάς, καὶ ἔσονταί σοι ἀνακαλεῖν[33]
τὴν συναγωγὴν καὶ ἐξαίρειν[34] τὰς παρεμβολάς.[35] **3** καὶ σαλπίσεις[36] ἐν αὐταῖς, καὶ
συναχθήσεται πᾶσα ἡ συναγωγὴ ἐπὶ τὴν θύραν τῆς σκηνῆς[37] τοῦ μαρτυρίου·[38]
4 ἐὰν δὲ ἐν μιᾷ σαλπίσωσιν,[39] προσελεύσονται πρὸς σὲ πάντες οἱ ἄρχοντες, ἀρ-
χηγοὶ[40] Ισραηλ. **5** καὶ σαλπιεῖτε[41] σημασίαν,[42] καὶ ἐξαροῦσιν[43] αἱ παρεμβολαὶ[44] αἱ

1 ἀπαίρω, *fut act ind 3p*, depart
2 σκιάζω, *pres act ind 3s*, overshadow
3 νεφέλη, cloud
4 σκηνή, tent
5 ἐφέλκω, *pres pas sub 3s*, draw
6 νεφέλη, cloud
7 σκηνή, tent
8 πλείων/πλεῖον, *comp of* πολύς, more than, many
9 ἐξαίρω, *aor act sub 3p*, break camp, set out
10 σκεπάζω, *aor act sub 3s*, cover, hide
11 νεφέλη, cloud
12 ἀριθμός, number
13 σκηνή, tent
14 παρεμβάλλω, *fut act ind 3p*, pitch camp
15 πρόσταγμα, ordinance, command
16 ἀπαίρω, *fut act ind 3p*, depart
17 νεφέλη, cloud
18 ἑσπέρα, evening
19 πρωί, morning
20 πρωί, (in the) morning
21 ἀπαίρω, *fut act ind 3p*, depart
22 μήν, month
23 πλεονάζω, *pres act ptc gen s f*, be present in abundance
24 νεφέλη, cloud
25 σκιάζω, *pres act ptc gen s f*, overshadow
26 παρεμβάλλω, *fut act ind 3p*, pitch camp
27 ἀπαίρω, *aor act sub 3p*, depart
28 πρόσταγμα, ordinance, command
29 ἀπαίρω, *fut act ind 3p*, depart
30 σάλπιγξ, trumpet
31 ἀργυροῦς, silver
32 ἐλάτη, beaten
33 ἀνακαλέω, *pres act inf*, call
34 ἐξαίρω, *pres act inf*, take up, dismantle
35 παρεμβολή, camp
36 σαλπίζω, *fut act ind 2s*, sound (a trumpet)
37 σκηνή, tent
38 μαρτύριον, witness
39 σαλπίζω, *aor act sub 3p*, sound (a trumpet)
40 ἀρχηγός, chief, head
41 σαλπίζω, *fut act ind 2p*, sound (a trumpet)
42 σημασία, signal, alarm
43 ἐξαίρω, *fut act ind 3p*, take up, dismantle
44 παρεμβολή, camp

παρεμβάλλουσαι[1] ἀνατολάς·[2] **6** καὶ σαλπιεῖτε[3] σημασίαν[4] δευτέραν, καὶ ἐξαροῦσιν[5]
αἱ παρεμβολαὶ[6] αἱ παρεμβάλλουσαι[7] λίβα·[8] καὶ σαλπιεῖτε σημασίαν τρίτην, καὶ
ἐξαροῦσιν αἱ παρεμβολαὶ αἱ παρεμβάλλουσαι παρὰ θάλασσαν· καὶ σαλπιεῖτε
σημασίαν τετάρτην,[9] καὶ ἐξαροῦσιν αἱ παρεμβολαὶ αἱ παρεμβάλλουσαι πρὸς
βορρᾶν·[10] σημασίᾳ σαλπιοῦσιν ἐν τῇ ἐξάρσει[11] αὐτῶν. **7** καὶ ὅταν συναγάγητε τὴν
συναγωγήν, σαλπιεῖτε[12] καὶ οὐ σημασίᾳ.[13] **8** καὶ οἱ υἱοὶ Ααρων οἱ ἱερεῖς σαλπιοῦσιν[14]
ταῖς σάλπιγξιν,[15] καὶ ἔσται ὑμῖν νόμιμον[16] αἰώνιον εἰς τὰς γενεὰς ὑμῶν. **9** ἐὰν δὲ
ἐξέλθητε εἰς πόλεμον ἐν τῇ γῇ ὑμῶν πρὸς τοὺς ὑπεναντίους[17] τοὺς ἀνθεστηκότας[18]
ὑμῖν, καὶ σημανεῖτε[19] ταῖς σάλπιγξιν[20] καὶ ἀναμνησθήσεσθε[21] ἔναντι[22] κυρίου καὶ
διασωθήσεσθε[23] ἀπὸ τῶν ἐχθρῶν ὑμῶν. **10** καὶ ἐν ταῖς ἡμέραις τῆς εὐφροσύνης[24]
ὑμῶν καὶ ἐν ταῖς ἑορταῖς[25] ὑμῶν καὶ ἐν ταῖς νουμηνίαις[26] ὑμῶν σαλπιεῖτε[27] ταῖς
σάλπιγξιν[28] ἐπὶ τοῖς ὁλοκαυτώμασιν[29] καὶ ἐπὶ ταῖς θυσίαις[30] τῶν σωτηρίων[31] ὑμῶν,
καὶ ἔσται ὑμῖν ἀνάμνησις[32] ἔναντι[33] τοῦ θεοῦ ὑμῶν· ἐγὼ κύριος ὁ θεὸς ὑμῶν.

Setting Out from Sinai

11 Καὶ ἐγένετο ἐν τῷ ἐνιαυτῷ[34] τῷ δευτέρῳ ἐν τῷ μηνὶ[35] τῷ δευτέρῳ εἰκάδι[36] τοῦ
μηνὸς ἀνέβη ἡ νεφέλη[37] ἀπὸ τῆς σκηνῆς[38] τοῦ μαρτυρίου,[39] **12** καὶ ἐξῆραν[40] οἱ υἱοὶ
Ισραηλ σὺν ἀπαρτίαις[41] αὐτῶν ἐν τῇ ἐρήμῳ Σινα, καὶ ἔστη ἡ νεφέλη[42] ἐν τῇ ἐρήμῳ
τοῦ Φαραν. **13** καὶ ἐξῆραν[43] πρῶτοι διὰ φωνῆς κυρίου ἐν χειρὶ Μωυσῆ. — **14** καὶ
ἐξῆραν[44] τάγμα[45] παρεμβολῆς[46] υἱῶν Ιουδα πρῶτοι σὺν δυνάμει αὐτῶν· καὶ ἐπὶ τῆς

1 παρεμβάλλω, *pres act ptc nom p f*, pitch camp
2 ἀνατολή, east
3 σαλπίζω, *fut act ind 2p*, sound (a trumpet)
4 σημασία, signal, alarm
5 ἐξαίρω, *fut act ind 3p*, take up, dismantle
6 παρεμβολή, camp
7 παρεμβάλλω, *pres act ptc nom p f*, pitch camp
8 λίψ, southwest
9 τέταρτος, fourth
10 βορρᾶς, north
11 ἔξαρσις, setting out
12 σαλπίζω, *fut act ind 2p*, sound (a trumpet)
13 σημασία, signal, alarm
14 σαλπίζω, *fut act ind 3p*, sound (a trumpet)
15 σάλπιγξ, trumpet
16 νόμιμος, ordinance, statute
17 ὑπεναντίος, hostile
18 ἀνθίστημι, *perf act ptc acc p m*, stand against
19 σημαίνω, *fut act ind 2p*, sound an alarm
20 σάλπιγξ, trumpet
21 ἀναμιμνῄσκω, *fut pas ind 2p*, remember
22 ἔναντι, before
23 διασῴζω, *fut pas ind 2p*, preserve, save
24 εὐφροσύνη, gladness, joy
25 ἑορτή, feast, festival
26 νουμηνία, new moon, first day of the month
27 σαλπίζω, *fut act ind 2p*, trumpet
28 σάλπιγξ, trumpet
29 ὁλοκαύτωμα, whole burnt offering
30 θυσία, sacrifice
31 σωτήριον, deliverance, peace
32 ἀνάμνησις, reminder, remembrance
33 ἔναντι, before
34 ἐνιαυτός, year
35 μήν, month
36 εἰκάς, twentieth day
37 νεφέλη, cloud
38 σκηνή, tent
39 μαρτύριον, witness
40 ἐξαίρω, *aor act ind 3p*, set out, depart
41 ἀπαρτία, baggage, belongings
42 νεφέλη, cloud
43 ἐξαίρω, *aor act ind 3p*, set out, depart
44 ἐξαίρω, *aor act ind 3p*, set out, depart
45 τάγμα, division, rank
46 παρεμβολή, camp

δυνάμεως αὐτῶν Ναασσων υἱὸς Αμιναδαβ, **15** καὶ ἐπὶ τῆς δυνάμεως φυλῆς υἱῶν
Ισσαχαρ Ναθαναηλ υἱὸς Σωγαρ, **16** καὶ ἐπὶ τῆς δυνάμεως φυλῆς υἱῶν Ζαβουλων
Ελιαβ υἱὸς Χαιλων. **17** καὶ καθελοῦσιν[1] τὴν σκηνὴν[2] καὶ ἐξαροῦσιν[3] οἱ υἱοὶ Γεδσων
καὶ οἱ υἱοὶ Μεραρι αἴροντες τὴν σκηνήν. — **18** καὶ ἐξῆραν[4] τάγμα[5] παρεμβολῆς[6]
Ρουβην σὺν δυνάμει αὐτῶν· καὶ ἐπὶ τῆς δυνάμεως αὐτῶν Ελισουρ υἱὸς Σεδιουρ,
19 καὶ ἐπὶ τῆς δυνάμεως φυλῆς υἱῶν Συμεων Σαλαμιηλ υἱὸς Σουρισαδαι, **20** καὶ
ἐπὶ τῆς δυνάμεως φυλῆς υἱῶν Γαδ Ελισαφ ὁ τοῦ Ραγουηλ. **21** καὶ ἐξαροῦσιν[7] οἱ υἱοὶ
Κααθ αἴροντες τὰ ἅγια καὶ στήσουσιν τὴν σκηνήν,[8] ἕως παραγένωνται. — **22** καὶ
ἐξαροῦσιν[9] τάγμα[10] παρεμβολῆς[11] Εφραιμ σὺν δυνάμει αὐτῶν· καὶ ἐπὶ τῆς δυνάμεως
αὐτῶν Ελισαμα υἱὸς Εμιουδ, **23** καὶ ἐπὶ τῆς δυνάμεως φυλῆς υἱῶν Μανασση
Γαμαλιηλ ὁ τοῦ Φαδασσουρ, **24** καὶ ἐπὶ τῆς δυνάμεως φυλῆς υἱῶν Βενιαμιν Αβιδαν
ὁ τοῦ Γαδεωνι. — **25** καὶ ἐξαροῦσιν[12] τάγμα[13] παρεμβολῆς[14] υἱῶν Δαν ἔσχατοι πασῶν
τῶν παρεμβολῶν σὺν δυνάμει αὐτῶν· καὶ ἐπὶ τῆς δυνάμεως αὐτῶν Αχιεζερ ὁ τοῦ
Αμισαδαι, **26** καὶ ἐπὶ τῆς δυνάμεως φυλῆς υἱῶν Ασηρ Φαγαιηλ υἱὸς Εχραν, **27** καὶ
ἐπὶ τῆς δυνάμεως φυλῆς υἱῶν Νεφθαλι Αχιρε υἱὸς Αιναν. **28** αὗται αἱ στρατιαὶ[15] υἱῶν
Ισραηλ, καὶ ἐξῆραν[16] σὺν δυνάμει αὐτῶν.

29 Καὶ εἶπεν Μωυσῆς τῷ Ιωβαβ υἱῷ Ραγουηλ τῷ Μαδιανίτῃ τῷ γαμβρῷ[17] Μωυσῆ
Ἐξαίρομεν[18] ἡμεῖς εἰς τὸν τόπον, ὃν εἶπεν κύριος Τοῦτον δώσω ὑμῖν· δεῦρο[19] μεθ'
ἡμῶν, καὶ εὖ[20] σε ποιήσομεν, ὅτι κύριος ἐλάλησεν καλὰ περὶ Ισραηλ. **30** καὶ εἶπεν
πρὸς αὐτόν Οὐ πορεύσομαι ἀλλὰ εἰς τὴν γῆν μου καὶ εἰς τὴν γενεάν μου. **31** καὶ
εἶπεν Μὴ ἐγκαταλίπῃς[21] ἡμᾶς, οὗ εἵνεκεν[22] ἦσθα[23] μεθ' ἡμῶν ἐν τῇ ἐρήμῳ, καὶ ἔσῃ ἐν
ἡμῖν πρεσβύτης·[24] **32** καὶ ἔσται ἐὰν πορευθῇς μεθ' ἡμῶν, καὶ ἔσται τὰ ἀγαθὰ ἐκεῖνα,
ὅσα ἐὰν ἀγαθοποιήσῃ[25] κύριος ἡμᾶς, καὶ εὖ[26] σε ποιήσομεν.

33 Καὶ ἐξῆραν[27] ἐκ τοῦ ὄρους κυρίου ὁδὸν τριῶν ἡμερῶν, καὶ ἡ κιβωτὸς[28] τῆς
διαθήκης[29] κυρίου προεπορεύετο[30] προτέρα[31] αὐτῶν ὁδὸν τριῶν ἡμερῶν κατα-

1 καθαιρέω, *fut act ind 3p*, take down, remove
2 σκηνή, tent
3 ἐξαίρω, *fut act ind 3p*, set out, depart
4 ἐξαίρω, *aor act ind 3p*, set out, depart
5 τάγμα, division, rank
6 παρεμβολή, tent
7 ἐξαίρω, *fut act ind 3p*, set out, depart
8 σκηνή, tent
9 ἐξαίρω, *fut act ind 3p*, set out, depart
10 τάγμα, division, rank
11 παρεμβολή, camp
12 ἐξαίρω, *fut act ind 3p*, set out, depart
13 τάγμα, division, rank
14 παρεμβολή, camp
15 στρατιά, company
16 ἐξαίρω, *aor act ind 3p*, set out, depart
17 γαμβρός, father-in-law
18 ἐξαίρω, *pres act ind 1p*, set out, depart
19 δεῦρο, come!
20 εὖ, well
21 ἐγκαταλείπω, *aor act sub 2s*, leave behind
22 εἵνεκεν, on account of
23 εἰμί, *impf act ind 2s*, be
24 πρεσβύτης, elder
25 ἀγαθοποιέω, *aor act sub 3s*, do good to, benefit
26 εὖ, well
27 ἐξαίρω, *aor act ind 3p*, set out, depart
28 κιβωτός, chest, ark (of the covenant)
29 διαθήκη, covenant
30 προπορεύομαι, *impf mid ind 3s*, go before
31 πρότερος, first

σκέψασθαι[1] αὐτοῖς ἀνάπαυσιν.[2] **34** καὶ ἐγένετο ἐν τῷ ἐξαίρειν[3] τὴν κιβωτὸν[4] καὶ
εἶπεν Μωυσῆς Ἐξεγέρθητι,[5] κύριε, διασκορπισθήτωσαν[6] οἱ ἐχθροί σου, φυγέτωσαν[7]
πάντες οἱ μισοῦντές σε. **35** καὶ ἐν τῇ καταπαύσει[8] εἶπεν Ἐπίστρεφε, κύριε, χιλιάδας[9]
μυριάδας[10] ἐν τῷ Ισραηλ. **36** καὶ ἡ νεφέλη[11] ἐγένετο σκιάζουσα[12] ἐπ᾽ αὐτοῖς ἡμέρας
ἐν τῷ ἐξαίρειν[13] αὐτοὺς ἐκ τῆς παρεμβολῆς.[14]

Grumbling in the Wilderness

11 Καὶ ἦν ὁ λαὸς γογγύζων[15] πονηρὰ ἔναντι[16] κυρίου, καὶ ἤκουσεν κύριος καὶ
ἐθυμώθη[17] ὀργῇ, καὶ ἐξεκαύθη[18] ἐν αὐτοῖς πῦρ παρὰ κυρίου καὶ κατέφαγεν[19]
μέρος τι τῆς παρεμβολῆς.[20] **2** καὶ ἐκέκραξεν ὁ λαὸς πρὸς Μωυσῆν, καὶ ηὔξατο[21]
Μωυσῆς πρὸς κύριον, καὶ ἐκόπασεν[22] τὸ πῦρ. **3** καὶ ἐκλήθη τὸ ὄνομα τοῦ τόπου
ἐκείνου Ἐμπυρισμός,[23] ὅτι ἐξεκαύθη[24] ἐν αὐτοῖς πῦρ παρὰ κυρίου.

4 Καὶ ὁ ἐπίμικτος[25] ὁ ἐν αὐτοῖς ἐπεθύμησαν[26] ἐπιθυμίαν,[27] καὶ καθίσαντες ἔκλαιον καὶ
οἱ υἱοὶ Ισραηλ καὶ εἶπαν Τίς ἡμᾶς ψωμιεῖ[28] κρέα;[29] **5** ἐμνήσθημεν[30] τοὺς ἰχθύας,[31] οὓς
ἠσθίομεν ἐν Αἰγύπτῳ δωρεάν,[32] καὶ τοὺς σικύας[33] καὶ τοὺς πέπονας[34] καὶ τὰ πράσα[35]
καὶ τὰ κρόμμυα[36] καὶ τὰ σκόρδα·[37] **6** νυνὶ[38] δὲ ἡ ψυχὴ ἡμῶν κατάξηρος,[39] οὐδὲν πλὴν
εἰς τὸ μαννα[40] οἱ ὀφθαλμοὶ ἡμῶν. **7** τὸ δὲ μαννα[41] ὡσεὶ[42] σπέρμα κορίου[43] ἐστίν, καὶ
τὸ εἶδος[44] αὐτοῦ εἶδος κρυστάλλου·[45] **8** καὶ διεπορεύετο[46] ὁ λαὸς καὶ συνέλεγον[47] καὶ

1 κατασκέπτομαι, *aor mid inf*, survey, seek out
2 ἀνάπαυσις, rest
3 ἐξαίρω, *pres act inf*, set out, depart
4 κιβωτός, chest, ark (of the covenant)
5 ἐξεγείρω, *aor pas impv 2s*, awake, raise up
6 διασκορπίζω, *aor pas impv 3p*, scatter
7 φεύγω, *aor act impv 3p*, flee, vanish
8 κατάπαυσις, rest
9 χιλιάς, one thousand
10 μυριάς, ten thousand, myriad
11 νεφέλη, cloud
12 σκιάζω, *pres act ptc nom s f*, overshadow
13 ἐξαίρω, *pres act inf*, set out, depart
14 παρεμβολή, camp
15 γογγύζω, *pres act ptc nom s m*, grumble
16 ἔναντι, before
17 θυμόω, *aor pas ind 3s*, provoke
18 ἐκκαίω, *aor pas ind 3s*, kindle
19 κατεσθίω, *aor act ind 3s*, consume
20 παρεμβολή, camp
21 εὔχομαι, *aor mid ind 3s*, pray
22 κοπάζω, *aor act ind 3s*, cease
23 ἐμπυρισμός, burning
24 ἐκκαίω, *aor pas ind 3s*, kindle
25 ἐπίμικτος, mixed
26 ἐπιθυμέω, *aor act ind 3p*, long for
27 ἐπιθυμία, yearning
28 ψωμίζω, *fut act ind 3s*, feed
29 κρέας, meat
30 μιμνῄσκομαι, *aor pas ind 1p*, remember
31 ἰχθύς, fish
32 δωρεάν, freely
33 σικύς, cucumber
34 πέπων, gourd, melon
35 πράσον, leek
36 κρόμμυον, onion
37 σκόρδον, garlic
38 νυνί, now
39 κατάξηρος, parched
40 μαννα, manna, *translit.*
41 μαννα, manna, *translit.*
42 ὡσεί, like
43 κόριον, coriander
44 εἶδος, appearance
45 κρύσταλλος, crystal
46 διαπορεύομαι, *impf mid ind 3s*, pass through
47 συλλέγω, *impf act ind 3p*, gather

ἤληθον[1] αὐτὸ ἐν τῷ μύλῳ[2] καὶ ἔτριβον[3] ἐν τῇ θυίᾳ[4] καὶ ἥψουν[5] αὐτὸ ἐν τῇ χύτρᾳ[6] καὶ ἐποίουν αὐτὸ ἐγκρυφίας,[7] καὶ ἦν ἡ ἡδονὴ[8] αὐτοῦ ὡσεὶ[9] γεῦμα[10] ἐγκρὶς[11] ἐξ ἐλαίου·[12]
9 καὶ ὅταν κατέβη ἡ δρόσος[13] ἐπὶ τὴν παρεμβολὴν[14] νυκτός, κατέβαινεν τὸ μαννα[15]
ἐπ᾽ αὐτῆς. **10** καὶ ἤκουσεν Μωυσῆς κλαιόντων αὐτῶν κατὰ δήμους[16] αὐτῶν, ἕκαστον ἐπὶ τῆς θύρας αὐτοῦ· καὶ ἐθυμώθη[17] ὀργῇ κύριος σφόδρα,[18] καὶ ἔναντι[19] Μωυσῆ ἦν
πονηρόν. **11** καὶ εἶπεν Μωυσῆς πρὸς κύριον Ἵνα τί ἐκάκωσας[20] τὸν θεράποντά[21] σου, καὶ διὰ τί οὐχ εὕρηκα χάριν ἐναντίον[22] σου ἐπιθεῖναι τὴν ὁρμὴν[23] τοῦ λαοῦ
τούτου ἐπ᾽ ἐμέ; **12** μὴ ἐγὼ ἐν γαστρὶ[24] ἔλαβον πάντα τὸν λαὸν τοῦτον ἢ ἐγὼ ἔτεκον[25] αὐτούς, ὅτι λέγεις μοι Λαβὲ αὐτὸν εἰς τὸν κόλπον[26] σου, ὡσεὶ[27] ἄραι[28] τιθηνὸς[29] τὸν
θηλάζοντα,[30] εἰς τὴν γῆν, ἣν ὤμοσας[31] τοῖς πατράσιν αὐτῶν; **13** πόθεν[32] μοι κρέα[33]
δοῦναι παντὶ τῷ λαῷ τούτῳ; ὅτι κλαίουσιν ἐπ᾽ ἐμοὶ λέγοντες Δὸς ἡμῖν κρέα, ἵνα
φάγωμεν. **14** οὐ δυνήσομαι ἐγὼ μόνος φέρειν τὸν λαὸν τοῦτον, ὅτι βαρύτερόν[34]
μοί ἐστιν τὸ ῥῆμα τοῦτο. **15** εἰ δὲ οὕτως σὺ ποιεῖς μοι, ἀπόκτεινόν με ἀναιρέσει,[35] εἰ εὕρηκα ἔλεος[36] παρὰ σοί, ἵνα μὴ ἴδω[37] μου τὴν κάκωσιν.[38]

Seventy Elders Appointed

16 καὶ εἶπεν κύριος πρὸς Μωυσῆν Συνάγαγέ μοι ἑβδομήκοντα[39] ἄνδρας ἀπὸ τῶν πρεσβυτέρων Ισραηλ, οὓς αὐτὸς σὺ οἶδας ὅτι οὗτοί εἰσιν πρεσβύτεροι τοῦ λαοῦ καὶ γραμματεῖς[40] αὐτῶν, καὶ ἄξεις αὐτοὺς πρὸς τὴν σκηνὴν[41] τοῦ μαρτυρίου,[42] καὶ
στήσονται ἐκεῖ μετὰ σοῦ. **17** καὶ καταβήσομαι καὶ λαλήσω ἐκεῖ μετὰ σοῦ καὶ ἀφελῶ[43] ἀπὸ τοῦ πνεύματος τοῦ ἐπὶ σοὶ καὶ ἐπιθήσω ἐπ᾽ αὐτούς, καὶ συναντιλήμψονται[44] μετὰ σοῦ τὴν ὁρμὴν[45] τοῦ λαοῦ, καὶ οὐκ οἴσεις[46] αὐτοὺς σὺ μόνος. **18** καὶ τῷ λαῷ

1 ἀλήθω, *impf act ind 3p*, grind
2 μύλος, mill
3 τρίβω, *impf act ind 3p*, crush
4 θυΐα, mortar
5 ἕψω, *impf act ind 3p*, boil
6 χύτρα, earthen pot
7 ἐγκρυφίας, bread baked in ashes
8 ἡδονή, flavor
9 ὡσεί, like
10 γεῦμα, taste
11 ἐγκρίς, cake
12 ἔλαιον, oil
13 δρόσος, dew
14 παρεμβολή, camp
15 μαννα, manna, *translit.*
16 δῆμος, district, division
17 θυμόω, *aor pas ind 3s*, provoke
18 σφόδρα, exceedingly
19 ἔναντι, before
20 κακόω, *aor act ind 2s*, mistreat
21 θεράπων, servant
22 ἐναντίον, before
23 ὁρμή, impulse, fury
24 γαστήρ, womb
25 τίκτω, *aor act ind 1s*, give birth
26 κόλπος, bosom
27 ὡσεί, as
28 αἴρω, *aor act opt 3s*, carry
29 τιθηνός, nurse
30 θηλάζω, *pres act ptc acc s m*, suckle, nurse
31 ὄμνυμι, *aor act ind 2s*, swear an oath
32 πόθεν, from where
33 κρέας, meat
34 βαρύς, *comp*, heavy, grievous
35 ἀναίρεσις, slaying, murder
36 ἔλεος, mercy
37 ὁράω, *aor act sub 1s*, see
38 κάκωσις, distress, suffering
39 ἑβδομήκοντα, seventy
40 γραμματεύς, scribe
41 σκηνή, tent
42 μαρτύριον, witness
43 ἀφαιρέω, *fut act ind 1s*, remove
44 συναντιλαμβάνομαι, *fut mid ind 3p*, help
45 ὁρμή, impulse, fury
46 φέρω, *fut act ind 2s*, carry

ἐρεῖς Ἁγνίσασθε[1] εἰς αὔριον,[2] καὶ φάγεσθε κρέα,[3] ὅτι ἐκλαύσατε ἔναντι[4] κυρίου
λέγοντες Τίς ἡμᾶς ψωμιεῖ[5] κρέα; ὅτι καλὸν ἡμῖν ἐστιν ἐν Αἰγύπτῳ. καὶ δώσει κύριος
ὑμῖν κρέα φαγεῖν, καὶ φάγεσθε κρέα. **19** οὐχ ἡμέραν μίαν φάγεσθε οὐδὲ δύο οὐδὲ
πέντε ἡμέρας οὐδὲ δέκα[6] ἡμέρας οὐδὲ εἴκοσι[7] ἡμέρας· **20** ἕως μηνὸς[8] ἡμερῶν φά-
γεσθε, ἕως ἂν ἐξέλθῃ ἐκ τῶν μυκτήρων[9] ὑμῶν, καὶ ἔσται ὑμῖν εἰς χολέραν,[10] ὅτι
ἠπειθήσατε[11] κυρίῳ, ὅς ἐστιν ἐν ὑμῖν, καὶ ἐκλαύσατε ἐναντίον[12] αὐτοῦ λέγοντες
Ἵνα τί ἡμῖν ἐξελθεῖν ἐξ Αἰγύπτου; **21** καὶ εἶπεν Μωυσῆς Ἑξακόσιαι[13] χιλιάδες[14]
πεζῶν[15] ὁ λαός, ἐν οἷς εἰμι ἐν αὐτοῖς, καὶ σὺ εἶπας Κρέα[16] δώσω αὐτοῖς φαγεῖν,
καὶ φάγονται μῆνα[17] ἡμερῶν; **22** μὴ πρόβατα καὶ βόες[18] σφαγήσονται[19] αὐτοῖς,
καὶ ἀρκέσει[20] αὐτοῖς; ἢ πᾶν τὸ ὄψος[21] τῆς θαλάσσης συναχθήσεται αὐτοῖς, καὶ
ἀρκέσει αὐτοῖς; **23** καὶ εἶπεν κύριος πρὸς Μωυσῆν Μὴ χεὶρ κυρίου οὐκ ἐξαρκέσει;[22]
ἤδη[23] γνώσει εἰ ἐπικαταλήμψεταί[24] σε ὁ λόγος μου ἢ οὔ. **24** καὶ ἐξῆλθεν Μωυσῆς
καὶ ἐλάλησεν πρὸς τὸν λαὸν τὰ ῥήματα κυρίου καὶ συνήγαγεν ἑβδομήκοντα[25]
ἄνδρας ἀπὸ τῶν πρεσβυτέρων τοῦ λαοῦ καὶ ἔστησεν αὐτοὺς κύκλῳ[26] τῆς σκηνῆς.[27]
25 καὶ κατέβη κύριος ἐν νεφέλῃ[28] καὶ ἐλάλησεν πρὸς αὐτόν· καὶ παρείλατο[29] ἀπὸ
τοῦ πνεύματος τοῦ ἐπ᾽ αὐτῷ καὶ ἐπέθηκεν ἐπὶ τοὺς ἑβδομήκοντα[30] ἄνδρας τοὺς
πρεσβυτέρους· ὡς δὲ ἐπανεπαύσατο[31] τὸ πνεῦμα ἐπ᾽ αὐτούς, καὶ ἐπροφήτευσαν[32]
καὶ οὐκέτι προσέθεντο.[33] **26** καὶ κατελείφθησαν[34] δύο ἄνδρες ἐν τῇ παρεμβολῇ,[35]
ὄνομα τῷ ἑνὶ Ελδαδ καὶ ὄνομα τῷ δευτέρῳ Μωδαδ, καὶ ἐπανεπαύσατο[36] ἐπ᾽ αὐτοὺς
τὸ πνεῦμα — καὶ οὗτοι ἦσαν τῶν καταγεγραμμένων[37] καὶ οὐκ ἦλθον πρὸς τὴν
σκηνήν[38] — καὶ ἐπροφήτευσαν[39] ἐν τῇ παρεμβολῇ.[40]

1 ἁγνίζω, *aor mid impv 2p*, purify, cleanse
2 αὔριον, tomorrow
3 κρέας, meat
4 ἔναντι, before
5 ψωμίζω, *fut act ind 3s*, feed
6 δέκα, ten
7 εἴκοσι, twenty
8 μήν, month
9 μυκτήρ, nose
10 χολέρα, nausea, dysentery
11 ἀπειθέω, *aor act ind 2p*, be disobedient
12 ἐναντίον, before
13 ἑξακόσιοι, six hundred
14 χιλιάς, thousand
15 πεζός, on foot
16 κρέας, meat
17 μήν, month
18 βοῦς, cow, (*p*) cattle
19 σφάζω, *fut pas ind 3p*, slaughter
20 ἀρκέω, *fut act ind 3s*, be enough for
21 ὄψος, fish
22 ἐξαρκέω, *fut act ind 3s*, be sufficient
23 ἤδη, now
24 ἐπικαταλαμβάνω, *fut mid ind 3s*, overtake
25 ἑβδομήκοντα, seventy
26 κύκλῳ, around
27 σκηνή, tent
28 νεφέλη, cloud
29 παραιρέω, *aor mid ind 3s*, remove
30 ἑβδομήκοντα, seventy
31 ἐπαναπαύω, *aor mid ind 3s*, rest upon
32 προφητεύω, *aor act ind 3p*, prophesy
33 προστίθημι, *aor mid ind 3p*, add to, continue
34 καταλείπω, *aor pas ind 3p*, leave
35 παρεμβολή, camp
36 ἐπαναπαύω, *aor mid ind 3s*, rest upon
37 καταγράφω, *perf pas ptc gen p m*, enroll, write down
38 σκηνή, tent
39 προφητεύω, *aor act ind 3p*, prophesy
40 παρεμβολή, camp

27 καὶ προσδραμὼν[1] ὁ νεανίσκος[2] ἀπήγγειλεν Μωυσῇ καὶ εἶπεν λέγων Ελδαδ
καὶ Μωδαδ προφητεύουσιν[3] ἐν τῇ παρεμβολῇ.[4] **28** καὶ ἀποκριθεὶς Ἰησοῦς ὁ τοῦ
Ναυη ὁ παρεστηκὼς[5] Μωυσῇ ὁ ἐκλεκτὸς[6] εἶπεν Κύριε Μωυσῆ, κώλυσον[7] αὐτούς.
29 καὶ εἶπεν αὐτῷ Μωυσῆς Μὴ ζηλοῖς[8] σύ μοι; καὶ τίς δῴη[9] πάντα τὸν λαὸν κυρίου
προφήτας, ὅταν δῷ κύριος τὸ πνεῦμα αὐτοῦ ἐπ᾽ αὐτούς; **30** καὶ ἀπῆλθεν Μωυσῆς
εἰς τὴν παρεμβολήν,[10] αὐτὸς καὶ οἱ πρεσβύτεροι Ισραηλ.

Quail and Subsequent Plague

31 καὶ πνεῦμα ἐξῆλθεν παρὰ κυρίου καὶ ἐξεπέρασεν[11] ὀρτυγομήτραν[12] ἀπὸ τῆς
θαλάσσης καὶ ἐπέβαλεν[13] ἐπὶ τὴν παρεμβολὴν[14] ὁδὸν ἡμέρας ἐντεῦθεν[15] καὶ ὁδὸν
ἡμέρας ἐντεῦθεν[16] κύκλῳ[17] τῆς παρεμβολῆς[18] ὡσεὶ[19] δίπηχυ[20] ἀπὸ τῆς γῆς. **32** καὶ
ἀναστὰς ὁ λαὸς ὅλην τὴν ἡμέραν καὶ ὅλην τὴν νύκτα καὶ ὅλην τὴν ἡμέραν τὴν
ἐπαύριον[21] καὶ συνήγαγον τὴν ὀρτυγομήτραν,[22] ὁ τὸ ὀλίγον[23] συνήγαγεν δέκα[24]
κόρους,[25] καὶ ἔψυξαν[26] ἑαυτοῖς ψυγμοὺς[27] κύκλῳ[28] τῆς παρεμβολῆς.[29] **33** τὰ κρέα[30]
ἔτι ἦν ἐν τοῖς ὀδοῦσιν[31] αὐτῶν πρὶν[32] ἢ ἐκλείπειν,[33] καὶ κύριος ἐθυμώθη[34] εἰς τὸν
λαόν, καὶ ἐπάταξεν[35] κύριος τὸν λαὸν πληγὴν[36] μεγάλην σφόδρα.[37] **34** καὶ ἐκλήθη
τὸ ὄνομα τοῦ τόπου ἐκείνου Μνήματα[38] τῆς ἐπιθυμίας,[39] ὅτι ἐκεῖ ἔθαψαν[40] τὸν λαὸν
τὸν ἐπιθυμητήν.[41]

35 Ἀπὸ Μνημάτων[42] ἐπιθυμίας[43] ἐξῆρεν[44] ὁ λαὸς εἰς Ασηρωθ, καὶ ἐγένετο ὁ λαὸς
ἐν Ασηρωθ.

1 προστρέχω, *aor act ptc nom s m*, run forth
2 νεανίσκος, young servant
3 προφητεύω, *pres act ind 3p*, prophesy
4 παρεμβολή, camp
5 παρίστημι, *perf act ptc nom s m*, attend on, stand by
6 ἐκελεκτός, chosen
7 κωλύω, *aor act impv 2s*, stop, prevent
8 ζηλόω, *pres act sub 2s*, be jealous
9 δίδωμι, *aor act opt 3s*, give
10 παρεμβολή, camp
11 ἐκπεράω, *aor act ind 3s*, carry away
12 ὀρτυγομήτρα, quail
13 ἐπιβάλλω, *aor act ind 3s*, cast on
14 παρεμβολή, camp
15 ἐντεῦθεν, on this side
16 ἐντεῦθεν, on that side
17 κύκλῳ, around
18 παρεμβολή, camp
19 ὡσεί, about
20 δίπηχυς, two cubits
21 ἐπαύριον, the next day
22 ὀρτυγομήτρα, quail
23 ὀλίγος, little, few
24 δέκα, ten
25 κόρος, kor, *Heb. LW*
26 ψύχω, *aor act ind 3p*, dry
27 ψυγμός, drying
28 κύκλῳ, around
29 παρεμβολή, camp
30 κρέας, meat
31 ὀδούς, tooth
32 πρίν, before
33 ἐκλείπω, *pres act inf*, be gone
34 θυμόω, *aor pas ind 3s*, be angry
35 πατάσσω, *aor act ind 3s*, strike
36 πληγή, plague
37 σφόδρα, exceedingly
38 μνῆμα, tomb
39 ἐπιθυμία, desire, yearning
40 θάπτω, *aor act ind 3p*, bury
41 ἐπιθυμητός, one who desires
42 μνῆμα, tomb
43 ἐπιθυμία, desire, yearning
44 ἐξαίρω, *aor act ind 3s*, set out, depart

Jealousy of Moses

12 Καὶ ἐλάλησεν Μαριαμ καὶ Ααρων κατὰ Μωυσῆ ἕνεκεν[1] τῆς γυναικὸς τῆς
Αἰθιοπίσσης, ἣν ἔλαβεν Μωυσῆς, ὅτι γυναῖκα Αἰθιόπισσαν ἔλαβεν, **2** καὶ
εἶπαν Μὴ Μωυσῇ μόνῳ λελάληκεν κύριος; οὐχὶ καὶ ἡμῖν ἐλάλησεν; καὶ ἤκουσεν
κύριος. **3** καὶ ὁ ἄνθρωπος Μωυσῆς πραΰς[2] σφόδρα[3] παρὰ πάντας τοὺς ἀνθρώπους
τοὺς ὄντας ἐπὶ τῆς γῆς. **4** καὶ εἶπεν κύριος παραχρῆμα[4] πρὸς Μωυσῆν καὶ Μαριαμ
καὶ Ααρων Ἐξέλθατε ὑμεῖς οἱ τρεῖς εἰς τὴν σκηνὴν[5] τοῦ μαρτυρίου·[6] καὶ ἐξῆλθον
οἱ τρεῖς εἰς τὴν σκηνὴν τοῦ μαρτυρίου. **5** καὶ κατέβη κύριος ἐν στύλῳ[7] νεφέλης[8]
καὶ ἔστη ἐπὶ τῆς θύρας τῆς σκηνῆς[9] τοῦ μαρτυρίου,[10] καὶ ἐκλήθησαν Ααρων καὶ
Μαριαμ καὶ ἐξήλθοσαν ἀμφότεροι.[11] **6** καὶ εἶπεν πρὸς αὐτούς Ἀκούσατε τῶν λόγων
μου· ἐὰν γένηται προφήτης ὑμῶν κυρίῳ, ἐν ὁράματι[12] αὐτῷ γνωσθήσομαι καὶ ἐν
ὕπνῳ[13] λαλήσω αὐτῷ. **7** οὐχ οὕτως ὁ θεράπων[14] μου Μωυσῆς· ἐν ὅλῳ τῷ οἴκῳ μου
πιστός[15] ἐστιν· **8** στόμα κατὰ στόμα λαλήσω αὐτῷ, ἐν εἴδει[16] καὶ οὐ δι᾽ αἰνιγμάτων,[17]
καὶ τὴν δόξαν κυρίου εἶδεν· καὶ διὰ τί οὐκ ἐφοβήθητε καταλαλῆσαι[18] κατὰ τοῦ
θεράποντός[19] μου Μωυσῆ; **9** καὶ ὀργὴ θυμοῦ[20] κυρίου ἐπ᾽ αὐτοῖς, καὶ ἀπῆλθεν. **10** καὶ
ἡ νεφέλη[21] ἀπέστη[22] ἀπὸ τῆς σκηνῆς,[23] καὶ ἰδοὺ Μαριαμ λεπρῶσα[24] ὡσεὶ[25] χιών·[26]
καὶ ἐπέβλεψεν[27] Ααρων ἐπὶ Μαριαμ, καὶ ἰδοὺ λεπρῶσα. **11** καὶ εἶπεν Ααρων πρὸς
Μωυσῆν Δέομαι,[28] κύριε, μὴ συνεπιθῇ[29] ἡμῖν ἁμαρτίαν, διότι[30] ἠγνοήσαμεν[31] καθότι[32]
ἡμάρτομεν· **12** μὴ γένηται ὡσεὶ[33] ἴσον[34] θανάτῳ, ὡσεὶ ἔκτρωμα[35] ἐκπορευόμενον ἐκ
μήτρας[36] μητρὸς καὶ κατεσθίει[37] τὸ ἥμισυ[38] τῶν σαρκῶν αὐτῆς. **13** καὶ ἐβόησεν[39]
Μωυσῆς πρὸς κύριον λέγων Ὁ θεός, δέομαί[40] σου, ἴασαι[41] αὐτήν. **14** καὶ εἶπεν κύριος
πρὸς Μωυσῆν Εἰ ὁ πατὴρ αὐτῆς πτύων[42] ἐνέπτυσεν[43] εἰς τὸ πρόσωπον αὐτῆς, οὐκ

1 ἕνεκεν, on account of
2 πραΰς, humble, gentle
3 σφόδρα, exceedingly
4 παραχρῆμα, immediately
5 σκηνή, tent
6 μαρτύριον, witness
7 στῦλος, pillar
8 νεφέλη, cloud
9 σκηνή, tent
10 μαρτύριον, witness
11 ἀμφότεροι, both
12 ὅραμα, vision
13 ὕπνος, sleep
14 θεράπων, servant
15 πιστός, faithful, trustworthy
16 εἶδος, form
17 αἴνιγμα, obscure saying, riddle
18 καταλαλέω, *aor act inf*, speak evil of
19 θεράπων, servant
20 θυμός, wrath
21 νεφέλη, cloud
22 ἀφίστημι, *aor act ind 3s*, withdraw
23 σκηνή, tent
24 λεπράω, *pres act ptc nom s f*, have leprosy
25 ὡσεί, like
26 χιών, snow
27 ἐπιβλέπω, *aor act ind 3s*, look at
28 δέομαι, *pres mid ind 1s*, beg, beseech
29 συνεπιτίθημι, *aor mid sub 2s*, join in attack
30 διότι, because
31 ἀγνοέω, *aor act ind 1p*, be unaware
32 καθότι, that, as
33 ὡσεί, like
34 ἴσος, equal, like
35 ἔκτρωμα, miscarriage
36 μήτρα, womb
37 κατεσθίω, *pres act ind 3s*, consume
38 ἥμισυς, half
39 βοάω, *aor act ind 3s*, cry out
40 δέομαι, *pres act ind 1s*, beg, beseech
41 ἰάομαι, *aor mid impv 2s*, heal
42 πτύω, *pres act ptc nom s m*, spit
43 ἐμπτύω, *aor act ind 3s*, spit on

ἐντραπήσεται[1] ἑπτὰ ἡμέρας; ἀφορισθήτω[2] ἑπτὰ ἡμέρας ἔξω τῆς παρεμβολῆς[3] καὶ
μετὰ ταῦτα εἰσελεύσεται. 15 καὶ ἀφωρίσθη[4] Μαριαμ ἔξω τῆς παρεμβολῆς[5] ἑπτὰ
ἡμέρας· καὶ ὁ λαὸς οὐκ ἐξῆρεν,[6] ἕως ἐκαθαρίσθη Μαριαμ.

16 Καὶ μετὰ ταῦτα ἐξῆρεν[7] ὁ λαὸς ἐξ Ασηρωθ καὶ παρενέβαλον[8] ἐν τῇ ἐρήμῳ τοῦ
Φαραν.

Spying Out the Land

13 Καὶ ἐλάλησεν κύριος πρὸς Μωυσῆν λέγων 2 Ἀπόστειλον σεαυτῷ ἄνδρας, καὶ
κατασκεψάσθωσαν[9] τὴν γῆν τῶν Χαναναίων, ἣν ἐγὼ δίδωμι τοῖς υἱοῖς Ισραηλ
εἰς κατάσχεσιν,[10] ἄνδρα ἕνα κατὰ φυλὴν κατὰ δήμους[11] πατριῶν[12] αὐτῶν ἀποστελεῖς
αὐτούς, πάντα ἀρχηγὸν[13] ἐξ αὐτῶν. 3 καὶ ἐξαπέστειλεν[14] αὐτοὺς Μωυσῆς ἐκ τῆς
ἐρήμου Φαραν διὰ φωνῆς κυρίου· πάντες ἄνδρες ἀρχηγοὶ[15] υἱῶν Ισραηλ οὗτοι.
4 καὶ ταῦτα τὰ ὀνόματα αὐτῶν· τῆς φυλῆς Ρουβην Σαλαμιηλ υἱὸς Ζακχουρ· 5 τῆς
φυλῆς Συμεων Σαφατ υἱὸς Σουρι· 6 τῆς φυλῆς Ιουδα Χαλεβ υἱὸς Ιεφοννη· 7 τῆς
φυλῆς Ισσαχαρ Ιγααλ υἱὸς Ιωσηφ· 8 τῆς φυλῆς Εφραιμ Αυση υἱὸς Ναυη· 9 τῆς
φυλῆς Βενιαμιν Φαλτι υἱὸς Ραφου· 10 τῆς φυλῆς Ζαβουλων Γουδιηλ υἱὸς Σουδι·
11 τῆς φυλῆς Ιωσηφ τῶν υἱῶν Μανασση Γαδδι υἱὸς Σουσι· 12 τῆς φυλῆς Δαν Αμιηλ
υἱὸς Γαμαλι· 13 τῆς φυλῆς Ασηρ Σαθουρ υἱὸς Μιχαηλ· 14 τῆς φυλῆς Νεφθαλι Ναβι
υἱὸς Ιαβι· 15 τῆς φυλῆς Γαδ Γουδιηλ υἱὸς Μακχι. 16 ταῦτα τὰ ὀνόματα τῶν ἀνδρῶν,
οὓς ἀπέστειλεν Μωυσῆς κατασκέψασθαι[16] τὴν γῆν. καὶ ἐπωνόμασεν[17] Μωυσῆς τὸν
Αυση υἱὸν Ναυη Ἰησοῦν.

17 Καὶ ἀπέστειλεν αὐτοὺς Μωυσῆς κατασκέψασθαι[18] τὴν γῆν Χανααν καὶ εἶπεν
πρὸς αὐτούς Ἀνάβητε ταύτῃ τῇ ἐρήμῳ καὶ ἀναβήσεσθε εἰς τὸ ὄρος 18 καὶ ὄψεσθε
τὴν γῆν, τίς ἐστιν, καὶ τὸν λαὸν τὸν ἐγκαθήμενον[19] ἐπ' αὐτῆς, εἰ ἰσχυρότερός[20] ἐστιν
ἢ ἀσθενής,[21] εἰ ὀλίγοι[22] εἰσὶν ἢ πολλοί· 19 καὶ τίς ἡ γῆ, εἰς ἣν οὗτοι ἐγκάθηνται[23]
ἐπ' αὐτῆς, εἰ καλή ἐστιν ἢ πονηρά· καὶ τίνες αἱ πόλεις, εἰς ἃς οὗτοι κατοικοῦσιν ἐν
αὐταῖς, εἰ ἐν τειχήρεσιν[24] ἢ ἐν ἀτειχίστοις·[25] 20 καὶ τίς ἡ γῆ, εἰ πίων[26] ἢ παρειμένη,[27]
εἰ ἔστιν ἐν αὐτῇ δένδρα[28] ἢ οὔ· καὶ προσκαρτερήσαντες[29] λήμψεσθε ἀπὸ τῶν καρπῶν

1 ἐντρέπω, *fut pas ind 3s*, feel shame
2 ἀφορίζω, *aor pas impv 3s*, separate
3 παρεμβολή, camp
4 ἀφορίζω, *aor pas ind 3s*, separate
5 παρεμβολή, camp
6 ἐξαίρω, *aor act ind 3s*, set out, depart
7 ἐξαίρω, *aor act ind 3s*, set out, depart
8 παρεμβάλλω, *aor act ind 3p*, pitch camp
9 κατασκέπτομαι, *aor mid impv 3p*, spy (on)
10 κατάσχεσις, possession
11 δῆμος, district, division
12 πατριά, paternal lineage, house
13 ἀρχηγός, chief, head
14 ἐξαποστέλλω, *aor act ind 3s*, send out
15 ἀρχηγός, chief, head
16 κατασκέπτομαι, *aor mid inf*, spy (on)
17 ἐπονομάζω, *aor act ind 3s*, call by name
18 κατασκέπτομαι, *aor mid inf*, spy (on)
19 ἐγκάθημαι, *pres mid ptc acc s m*, dwell
20 ἰσχυρός, *comp*, strong
21 ἀσθενής, weak
22 ὀλίγος, few
23 ἐγκάθημαι, *pres mid ind 3p*, dwell
24 τειχήρης, fortified
25 ἀτείχιστος, unfortified
26 πίων, fertile
27 παρίημι, *perf pas ptc nom s f*, neglect, make poor
28 δένδρον, tree
29 προσκαρτερέω, *aor act ptc nom p m*, persevere

τῆς γῆς. καὶ αἱ ἡμέραι ἡμέραι ἔαρος,[1] πρόδρομοι[2] σταφυλῆς.[3] **21** καὶ ἀναβάντες
κατεσκέψαντο[4] τὴν γῆν ἀπὸ τῆς ἐρήμου Σιν ἕως Ρααβ εἰσπορευομένων[5] Εφααθ.
22 καὶ ἀνέβησαν κατὰ τὴν ἔρημον καὶ ἦλθον ἕως Χεβρων, καὶ ἐκεῖ Αχιμαν καὶ
Σεσσι καὶ Θελαμιν γενεαὶ Εναχ· καὶ Χεβρων ἑπτὰ ἔτεσιν ᾠκοδομήθη πρὸ τοῦ Τάνιν
Αἰγύπτου. **23** καὶ ἦλθοσαν ἕως Φάραγγος[6] βότρυος[7] καὶ κατεσκέψαντο[8] αὐτήν· καὶ
ἔκοψαν[9] ἐκεῖθεν[10] κλῆμα[11] καὶ βότρυν[12] σταφυλῆς[13] ἕνα ἐπ᾽ αὐτοῦ καὶ ἦραν αὐτὸν
ἐπ᾽ ἀναφορεῦσιν[14] καὶ ἀπὸ τῶν ῥοῶν[15] καὶ ἀπὸ τῶν συκῶν.[16] **24** τὸν τόπον ἐκεῖνον
ἐπωνόμασαν[17] Φάραγξ[18] βότρυος[19] διὰ τὸν βότρυν,[20] ὃν ἔκοψαν[21] ἐκεῖθεν[22] οἱ υἱοὶ
Ισραηλ.

Report of the Spies

25 Καὶ ἀπέστρεψαν[23] ἐκεῖθεν[24] κατασκεψάμενοι[25] τὴν γῆν μετὰ τεσσαράκοντα[26]
ἡμέρας **26** καὶ πορευθέντες ἦλθον πρὸς Μωυσῆν καὶ Ααρων καὶ πρὸς πᾶσαν
συναγωγὴν υἱῶν Ισραηλ εἰς τὴν ἔρημον Φαραν Καδης καὶ ἀπεκρίθησαν αὐτοῖς
ῥῆμα καὶ πάσῃ τῇ συναγωγῇ καὶ ἔδειξαν τὸν καρπὸν τῆς γῆς. **27** καὶ διηγήσαντο[27]
αὐτῷ καὶ εἶπαν Ἤλθαμεν εἰς τὴν γῆν, εἰς ἣν ἀπέστειλας ἡμᾶς, γῆν ῥέουσαν[28]
γάλα[29] καὶ μέλι,[30] καὶ οὗτος ὁ καρπὸς αὐτῆς· **28** ἀλλ᾽ ἢ ὅτι θρασὺ[31] τὸ ἔθνος τὸ
κατοικοῦν ἐπ᾽ αὐτῆς, καὶ αἱ πόλεις ὀχυραὶ[32] τετειχισμέναι[33] καὶ μεγάλαι σφόδρα,[34]
καὶ τὴν γενεὰν Εναχ ἑωράκαμεν[35] ἐκεῖ, **29** καὶ Αμαληκ κατοικεῖ ἐν τῇ γῇ τῇ πρὸς
νότον,[36] καὶ ὁ Χετταῖος καὶ ὁ Ευαῖος καὶ ὁ Ιεβουσαῖος καὶ ὁ Αμορραῖος κατοικεῖ
ἐν τῇ ὀρεινῇ,[37] καὶ ὁ Χαναναῖος κατοικεῖ παρὰ θάλασσαν καὶ παρὰ τὸν Ιορδάνην
ποταμόν.[38] **30** καὶ κατεσιώπησεν[39] Χαλεβ τὸν λαὸν πρὸς Μωυσῆν καὶ εἶπεν αὐτῷ
Οὐχί, ἀλλὰ ἀναβάντες ἀναβησόμεθα καὶ κατακληρονομήσομεν[40] αὐτήν, ὅτι δυνατοὶ
δυνησόμεθα πρὸς αὐτούς. **31** καὶ οἱ ἄνθρωποι οἱ συναναβάντες[41] μετ᾽ αὐτοῦ εἶπαν

1 ἔαρ, spring
2 πρόδρομος, going in advance
3 σταφυλή, grapes
4 κατασκέπτομαι, *aor mid ind 3p*, spy (on)
5 εἰσπορεύομαι, *pres mid ptc gen p m*, enter
6 φάραγξ, ravine
7 βότρυς, grape bunch
8 κατασκέπτομαι, *aor mid ind 3p*, spy (on)
9 κόπτω, *aor act ind 3p*, cut off
10 ἐκεῖθεν, from there
11 κλῆμα, branch
12 βότρυς, grape bunch
13 σταφυλή, grapes
14 ἀναφορεύς, carrying pole
15 ῥόα, pomegranate tree
16 συκῆ, fig tree
17 ἐπονομάζω, *aor act ind 3p*, call
18 φάραγξ, ravine
19 βότρυς, grape bunch
20 βότρυς, grapes
21 κόπτω, *aor act ind 3p*, cut off
22 ἐκεῖθεν, from there
23 ἀποστρέφω, *aor act ind 3p*, depart
24 ἐκεῖθεν, from that place
25 κατασκέπτομαι, *aor mid ptc nom p m*, spy (on)
26 τεσσαράκοντα, forty
27 διηγέομαι, *aor mid ind 3p*, tell, explain
28 ῥέω, *pres act ptc acc s f*, flow
29 γάλα, milk
30 μέλι, honey
31 θρασύς, fierce
32 ὀχυρός, firmly, securely
33 τειχίζω, *perf pas ptc nom p f*, fortify
34 σφόδρα, exceedingly
35 ὁράω, *perf act ind 1p*, see
36 νότος, south
37 ὀρεινός, mountainous, hilly
38 ποταμός, river
39 κατασιωπάω, *aor act ind 3s*, silence
40 κατακληρονομέω, *fut act ind 1p*, seize possession of
41 συναναβαίνω, *aor act ptc nom p m*, go up with

Οὐκ ἀναβαίνομεν, ὅτι οὐ μὴ δυνώμεθα ἀναβῆναι πρὸς τὸ ἔθνος, ὅτι ἰσχυρότερόν[1]
ἐστιν ἡμῶν μᾶλλον.[2] **32** καὶ ἐξήνεγκαν[3] ἔκστασιν[4] τῆς γῆς, ἣν κατεσκέψαντο[5] αὐτήν,
πρὸς τοὺς υἱοὺς Ισραηλ λέγοντες Τὴν γῆν, ἣν παρήλθομεν[6] αὐτὴν κατασκέψασθαι,[7]
γῆ κατέσθουσα[8] τοὺς κατοικοῦντας ἐπ' αὐτῆς ἐστιν· πᾶς ὁ λαός, ὃν ἑωράκαμεν
ἐν αὐτῇ, ἄνδρες ὑπερμήκεις·[9] **33** καὶ ἐκεῖ ἑωράκαμεν[10] τοὺς γίγαντας[11] καὶ ἦμεν
ἐνώπιον αὐτῶν ὡσεὶ[12] ἀκρίδες,[13] ἀλλὰ καὶ οὕτως ἦμεν ἐνώπιον αὐτῶν.

The People Complain

14 Καὶ ἀναλαβοῦσα[14] πᾶσα ἡ συναγωγὴ ἔδωκεν φωνήν, καὶ ἔκλαιεν ὁ λαὸς
ὅλην τὴν νύκτα ἐκείνην. **2** καὶ διεγόγγυζον[15] ἐπὶ Μωυσῆν καὶ Ααρων πάντες
οἱ υἱοὶ Ισραηλ, καὶ εἶπαν πρὸς αὐτοὺς πᾶσα ἡ συναγωγή Ὄφελον[16] ἀπεθάνομεν ἐν
γῇ Αἰγύπτῳ, ἢ ἐν τῇ ἐρήμῳ ταύτῃ εἰ ἀπεθάνομεν· **3** καὶ ἵνα τί κύριος εἰσάγει[17] ἡμᾶς
εἰς τὴν γῆν ταύτην πεσεῖν ἐν πολέμῳ; αἱ γυναῖκες ἡμῶν καὶ τὰ παιδία ἔσονται εἰς
διαρπαγήν·[18] νῦν οὖν βέλτιον[19] ἡμῖν ἐστιν ἀποστραφῆναι[20] εἰς Αἴγυπτον. **4** καὶ εἶπαν
ἕτερος τῷ ἑτέρῳ Δῶμεν ἀρχηγὸν[21] καὶ ἀποστρέψωμεν[22] εἰς Αἴγυπτον. **5** καὶ ἔπεσεν
Μωυσῆς καὶ Ααρων ἐπὶ πρόσωπον ἐναντίον[23] πάσης συναγωγῆς υἱῶν Ισραηλ.
6 Ἰησοῦς δὲ ὁ τοῦ Ναυη καὶ Χαλεβ ὁ τοῦ Ιεφοννη τῶν κατασκεψαμένων[24] τὴν
γῆν διέρρηξαν[25] τὰ ἱμάτια αὐτῶν **7** καὶ εἶπαν πρὸς πᾶσαν συναγωγὴν υἱῶν Ισραηλ
λέγοντες Ἡ γῆ, ἣν κατεσκεψάμεθα[26] αὐτήν, ἀγαθή ἐστιν σφόδρα[27] σφόδρα· **8** εἰ
αἱρετίζει[28] ἡμᾶς κύριος, εἰσάξει[29] ἡμᾶς εἰς τὴν γῆν ταύτην καὶ δώσει αὐτὴν ἡμῖν,
γῆ ἥτις ἐστὶν ῥέουσα[30] γάλα[31] καὶ μέλι.[32] **9** ἀλλὰ ἀπὸ τοῦ κυρίου μὴ ἀποστάται[33]
γίνεσθε· ὑμεῖς δὲ μὴ φοβηθῆτε τὸν λαὸν τῆς γῆς, ὅτι κατάβρωμα[34] ἡμῖν ἐστιν·
ἀφέστηκεν[35] γὰρ ὁ καιρὸς ἀπ' αὐτῶν, ὁ δὲ κύριος ἐν ἡμῖν· μὴ φοβηθῆτε αὐτούς.
10 καὶ εἶπεν πᾶσα ἡ συναγωγὴ καταλιθοβολῆσαι[36] αὐτοὺς ἐν λίθοις. καὶ ἡ δόξα

1 ἰσχυρός, *comp*, strong
2 μᾶλλον, rather, the more
3 ἐκφέρω, *aor act ind 3p*, bring about
4 ἔκστασις, dismay, terror
5 κατασκέπτομαι, *aor mid ind 3p*, spy (on)
6 παρέρχομαι, *aor act ind 1p*, pass through
7 κατασκέπτομαι, *aor mid inf*, spy (on)
8 κατέσθω, *pres act ptc nom s f*, devour
9 ὑπερμήκης, very tall
10 ὁράω, *perf act ind 1p*, see
11 γίγας, giant
12 ὡσεί, like
13 ἀκρίς, locust
14 ἀναλαμβάνω, *aor act ptc nom s f*, lift up
15 διαγογγύζω, *impf act ind 3p*, mutter, complain
16 ὄφελον, O that
17 εἰσάγω, *pres act ind 3s*, bring into
18 διαρπαγή, plunder
19 βελτίων, *comp of* ἀγαθός, better
20 ἀποστρέφω, *aor pas inf*, return
21 ἀρχηγός, chief, head
22 ἀποστρέφω, *aor act sub 1p*, return
23 ἐναντίον, before
24 κατασκέπτομαι, *aor mid ptc gen p m*, spy (on)
25 διαρρήγνυμι, *aor act ind 3p*, tear
26 κατασκέπτομαι, *aor mid ind 1p*, spy (on)
27 σφόδρα, very
28 αἱρετίζω, *pres act ind 3s*, choose
29 εἰσάγω, *fut act ind 3s*, lead into
30 ῥέω, *pres act ptc nom s f*, flow
31 γάλα, milk
32 μέλι, honey
33 ἀποστάτης, rebel
34 κατάβρωμα, prey, food
35 ἀφίστημι, *perf act ind 3s*, withdrawal
36 καταλιθοβολέω, *aor act inf*, stone

κυρίου ὤφθη[1] ἐν νεφέλῃ[2] ἐπὶ τῆς σκηνῆς[3] τοῦ μαρτυρίου[4] ἐν πᾶσι τοῖς υἱοῖς Ισραηλ. **11** καὶ εἶπεν κύριος πρὸς Μωυσῆν Ἕως τίνος παροξύνει[5] με ὁ λαὸς οὗτος καὶ ἕως τίνος οὐ πιστεύουσίν μοι ἐν πᾶσιν τοῖς σημείοις, οἷς ἐποίησα ἐν αὐτοῖς; **12** πατάξω[6] αὐτοὺς θανάτῳ καὶ ἀπολῶ αὐτοὺς καὶ ποιήσω σὲ καὶ τὸν οἶκον τοῦ πατρός σου εἰς ἔθνος μέγα καὶ πολὺ μᾶλλον[7] ἢ τοῦτο.

Moses Intercedes for Israel

13 καὶ εἶπεν Μωυσῆς πρὸς κύριον Καὶ ἀκούσεται Αἴγυπτος ὅτι ἀνήγαγες[8] τῇ ἰσχύι[9] σου τὸν λαὸν τοῦτον ἐξ αὐτῶν, **14** ἀλλὰ καὶ πάντες οἱ κατοικοῦντες ἐπὶ τῆς γῆς ταύτης ἀκηκόασιν ὅτι σὺ εἶ κύριος ἐν τῷ λαῷ τούτῳ, ὅστις ὀφθαλμοῖς κατ᾽ ὀφθαλμοὺς ὀπτάζῃ,[10] κύριε, καὶ ἡ νεφέλη[11] σου ἐφέστηκεν[12] ἐπ᾽ αὐτῶν, καὶ ἐν στύλῳ[13] νεφέλης[14] σὺ πορεύῃ πρότερος[15] αὐτῶν τὴν ἡμέραν καὶ ἐν στύλῳ[16] πυρὸς τὴν νύκτα. **15** καὶ ἐκτρίψεις[17] τὸν λαὸν τοῦτον ὡσεὶ[18] ἄνθρωπον ἕνα, καὶ ἐροῦσιν τὰ ἔθνη, ὅσοι ἀκηκόασιν τὸ ὄνομά σου, λέγοντες **16** Παρὰ τὸ μὴ δύνασθαι κύριον εἰσαγαγεῖν[19] τὸν λαὸν τοῦτον εἰς τὴν γῆν, ἣν ὤμοσεν[20] αὐτοῖς, κατέστρωσεν[21] αὐτοὺς ἐν τῇ ἐρήμῳ. **17** καὶ νῦν ὑψωθήτω[22] ἡ ἰσχύς[23] σου, κύριε, ὃν τρόπον[24] εἶπας λέγων **18** Κύριος μακρόθυμος[25] καὶ πολυέλεος[26] καὶ ἀληθινός,[27] ἀφαιρῶν[28] ἀνομίας[29] καὶ ἀδικίας[30] καὶ ἁμαρτίας, καὶ καθαρισμῷ[31] οὐ καθαριεῖ τὸν ἔνοχον[32] ἀποδιδοὺς ἁμαρτίας πατέρων ἐπὶ τέκνα ἕως τρίτης καὶ τετάρτης.[33] **19** ἄφες τὴν ἁμαρτίαν τῷ λαῷ τούτῳ κατὰ τὸ μέγα ἔλεός[34] σου, καθάπερ[35] ἵλεως[36] αὐτοῖς ἐγένου ἀπ᾽ Αἰγύπτου ἕως τοῦ νῦν. **20** καὶ εἶπεν κύριος πρὸς Μωυσῆν Ἵλεως[37] αὐτοῖς εἰμι κατὰ τὸ ῥῆμά σου· **21** ἀλλὰ ζῶ ἐγὼ καὶ ζῶν τὸ ὄνομά μου καὶ ἐμπλήσει[38] ἡ δόξα κυρίου πᾶσαν τὴν γῆν, **22** ὅτι πάντες οἱ ἄνδρες οἱ ὁρῶντες τὴν δόξαν μου καὶ τὰ

1 ὁράω, *aor pas ind 3s*, see
2 νεφέλη, cloud
3 σκηνή, tent
4 μαρτύριον, witness
5 παροξύνω, *pres act ind 3s*, provoke
6 πατάσσω, *aor act sub 1s*, strike
7 μᾶλλον, more
8 ἀνάγω, *aor act ind 2s*, bring up
9 ἰσχύς, might
10 ὀπτάζομαι, *pres pas ind 2s*, see
11 νεφέλη, cloud
12 ἐφίστημι, *perf act ind 3s*, set over
13 στῦλος, pillar
14 νεφέλη, cloud
15 πρότερος, in front of
16 στῦλος, pillar
17 ἐκτρίβω, *fut act ind 2s*, destroy
18 ὡσεί, as
19 εἰσάγω, *aor act inf*, bring into
20 ὄμνυμι, *aor act ind 3s*, swear an oath
21 καταστρώννυμι, *aor act ind 3s*, lay low, kill
22 ὑψόω, *aor pas impv 3s*, exalt, lift up
23 ἰσχύς, strength, might
24 ὃν τρόπον, in the manner that
25 μακρόθυμος, patient
26 πολυέλεος, very merciful
27 ἀληθινός, true
28 ἀφαιρέω, *pres act ptc nom s m*, remove, separate
29 ἀνομία, transgression, iniquity
30 ἀδικία, injustice, offense
31 καθαρισμός, purification
32 ἔνοχος, guilty
33 τέταρτος, fourth (generation)
34 ἔλεος, mercy, compassion
35 καθάπερ, just as
36 ἵλεως, gracious, merciful
37 ἵλεως, gracious, merciful
38 ἐμπίμπλημι, *fut act ind 3s*, fill completely

σημεῖα, ἃ ἐποίησα ἐν Αἰγύπτῳ καὶ ἐν τῇ ἐρήμῳ ταύτῃ, καὶ ἐπείρασάν[1] με τοῦτο
δέκατον[2] καὶ οὐκ εἰσήκουσάν[3] μου τῆς φωνῆς, **23** ἦ μὴν[4] οὐκ ὄψονται τὴν γῆν, ἣν
ὤμοσα[5] τοῖς πατράσιν αὐτῶν, ἀλλ᾽ ἢ τὰ τέκνα αὐτῶν, ἅ ἐστιν μετ᾽ ἐμοῦ ὧδε,[6] ὅσοι
οὐκ οἴδασιν ἀγαθὸν οὐδὲ κακόν, πᾶς νεώτερος[7] ἄπειρος,[8] τούτοις δώσω τὴν γῆν,
πάντες δὲ οἱ παροξύναντές[9] με οὐκ ὄψονται αὐτήν. **24** ὁ δὲ παῖς[10] μου Χαλεβ, ὅτι
ἐγενήθη πνεῦμα ἕτερον ἐν αὐτῷ καὶ ἐπηκολούθησέν[11] μοι, εἰσάξω[12] αὐτὸν εἰς τὴν
γῆν, εἰς ἣν εἰσῆλθεν ἐκεῖ, καὶ τὸ σπέρμα αὐτοῦ κληρονομήσει[13] αὐτήν.

25 ὁ δὲ Αμαληκ καὶ ὁ Χαναναῖος κατοικοῦσιν ἐν τῇ κοιλάδι·[14] αὔριον[15] ἐπιστράφητε
ὑμεῖς καὶ ἀπάρατε[16] εἰς τὴν ἔρημον ὁδὸν θάλασσαν ἐρυθράν.[17]

The Lord Curses the First Generation

26 Καὶ εἶπεν κύριος πρὸς Μωυσῆν καὶ Ααρων λέγων **27** Ἕως τίνος τὴν συναγωγὴν
τὴν πονηρὰν ταύτην; ἃ αὐτοὶ γογγύζουσιν[18] ἐναντίον[19] ἐμοῦ, τὴν γόγγυσιν[20] τῶν
υἱῶν Ισραηλ, ἣν ἐγόγγυσαν[21] περὶ ὑμῶν, ἀκήκοα. **28** εἰπὸν αὐτοῖς Ζῶ ἐγώ, λέγει
κύριος, ἦ μὴν[22] ὃν τρόπον[23] λελαλήκατε εἰς τὰ ὦτά μου, οὕτως ποιήσω ὑμῖν· **29** ἐν
τῇ ἐρήμῳ ταύτῃ πεσεῖται[24] τὰ κῶλα[25] ὑμῶν καὶ πᾶσα ἡ ἐπισκοπὴ[26] ὑμῶν καὶ οἱ
κατηριθμημένοι[27] ὑμῶν ἀπὸ εἰκοσαετοῦς[28] καὶ ἐπάνω,[29] ὅσοι ἐγόγγυσαν[30] ἐπ᾽ ἐμοί·
30 εἰ ὑμεῖς εἰσελεύσεσθε εἰς τὴν γῆν, ἐφ᾽ ἣν ἐξέτεινα[31] τὴν χεῖρά μου κατασκηνῶσαι[32]
ὑμᾶς ἐπ᾽ αὐτῆς, ἀλλ᾽ ἢ Χαλεβ υἱὸς Ιεφοννη καὶ Ἰησοῦς ὁ τοῦ Ναυη. **31** καὶ τὰ παιδία,
ἃ εἴπατε ἐν διαρπαγῇ[33] ἔσεσθαι, εἰσάξω[34] αὐτοὺς εἰς τὴν γῆν, καὶ κληρονομήσουσιν[35]
τὴν γῆν, ἣν ὑμεῖς ἀπέστητε[36] ἀπ᾽ αὐτῆς. **32** καὶ τὰ κῶλα[37] ὑμῶν πεσεῖται ἐν τῇ ἐρήμῳ
ταύτῃ, **33** οἱ δὲ υἱοὶ ὑμῶν ἔσονται νεμόμενοι[38] ἐν τῇ ἐρήμῳ τεσσαράκοντα[39] ἔτη καὶ

1 πειράζω, *aor act ind 3p*, test, try
2 δέκατος, tenth (time)
3 εἰσακούω, *aor act ind 3p*, listen
4 ἦ μήν, truly, certainly
5 ὄμνυμι, *aor act ind 1s*, swear an oath
6 ὧδε, here
7 νέος, *comp*, younger
8 ἄπειρος, untried, inexperienced
9 παροξύνω, *aor act ptc nom p m*, provoke, irritate
10 παῖς, servant
11 ἐπακολουθέω, *aor act ind 3s*, follow
12 εἰσάγω, *fut act ind 1s*, bring in
13 κληρονομέω, *fut act ind 3s*, inherit
14 κοιλάς, hollow
15 αὔριον, tomorrow
16 ἀπαίρω, *aor act impv 2p*, depart, set out
17 ἐρυθρός, red
18 γογγύζω, *pres act ind 3p*, mutter, complain
19 ἐναντίον, before
20 γόγγυσις, muttering, complaint
21 γογγύζω, *aor act ind 3p*, mutter, complain
22 ἦ μήν, truly, certainly
23 ὃν τρόπον, in the manner that
24 πίπτω, *fut mid ind 3s*, fall
25 κῶλον, corpse
26 ἐπισκοπή, numbering, count
27 καταριθμέω, *perf pas ptc nom p m*, number
28 εἰκοσαετής, twenty years (old)
29 ἐπάνω, above
30 γογγύζω, *aor act ind 3p*, mutter, complain
31 ἐκτείνω, *aor act ind 1s*, stretch out
32 κατασκηνόω, *aor act inf*, cause to dwell
33 διαρπαγή, plunder
34 εἰσάγω, *fut act ind 1s*, lead into
35 κληρονομέω, *fut act ind 3p*, inherit
36 ἀφίστημι, *aor act ind 2p*, turn away
37 κῶλον, corpse
38 νέμω, *pres mid ptc nom p m*, pasture, tend (sheep)
39 τεσσαράκοντα, forty

ἀνοίσουσιν[1] τὴν πορνείαν[2] ὑμῶν, ἕως ἂν ἀναλωθῇ[3] τὰ κῶλα[4] ὑμῶν ἐν τῇ ἐρήμῳ.
34 κατὰ τὸν ἀριθμὸν[5] τῶν ἡμερῶν, ὅσας κατεσκέψασθε[6] τὴν γῆν, τεσσαράκοντα[7]
ἡμέρας, ἡμέραν τοῦ ἐνιαυτοῦ,[8] λήμψεσθε τὰς ἁμαρτίας ὑμῶν τεσσαράκοντα ἔτη καὶ
γνώσεσθε τὸν θυμόν[9] τῆς ὀργῆς μου. **35** ἐγὼ κύριος ἐλάλησα· ἦ μὴν[10] οὕτως ποιήσω
τῇ συναγωγῇ τῇ πονηρᾷ ταύτῃ τῇ ἐπισυνεσταμένῃ[11] ἐπ᾽ ἐμέ· ἐν τῇ ἐρήμῳ ταύτῃ
ἐξαναλωθήσονται[12] καὶ ἐκεῖ ἀποθανοῦνται. **36** καὶ οἱ ἄνθρωποι, οὓς ἀπέστειλεν
Μωυσῆς κατασκέψασθαι[13] τὴν γῆν καὶ παραγενηθέντες διεγόγγυσαν[14] κατ᾽ αὐτῆς
πρὸς τὴν συναγωγὴν ἐξενέγκαι[15] ῥήματα πονηρὰ περὶ τῆς γῆς, **37** καὶ ἀπέθανον
οἱ ἄνθρωποι οἱ κατείπαντες[16] κατὰ τῆς γῆς πονηρὰ ἐν τῇ πληγῇ[17] ἔναντι[18] κυρίου·
38 καὶ Ἰησοῦς υἱὸς Ναυη καὶ Χαλεβ υἱὸς Ιεφοννη ἔζησαν ἀπὸ τῶν ἀνθρώπων
ἐκείνων τῶν πεπορευμένων κατασκέψασθαι[19] τὴν γῆν.

A Failed Attack

39 Καὶ ἐλάλησεν Μωυσῆς τὰ ῥήματα ταῦτα πρὸς πάντας υἱοὺς Ισραηλ, καὶ
ἐπένθησεν[20] ὁ λαὸς σφόδρα.[21] **40** καὶ ὀρθρίσαντες[22] τὸ πρωὶ[23] ἀνέβησαν εἰς τὴν
κορυφὴν[24] τοῦ ὄρους λέγοντες Ἰδοὺ οἵδε[25] ἡμεῖς ἀναβησόμεθα εἰς τὸν τόπον, ὃν
εἶπεν κύριος, ὅτι ἡμάρτομεν. **41** καὶ εἶπεν Μωυσῆς Ἵνα τί ὑμεῖς παραβαίνετε[26] τὸ ῥῆμα
κυρίου; οὐκ εὔοδα[27] ἔσται ὑμῖν. **42** μὴ ἀναβαίνετε· οὐ γάρ ἐστιν κύριος μεθ᾽ ὑμῶν,
καὶ πεσεῖσθε πρὸ προσώπου τῶν ἐχθρῶν ὑμῶν. **43** ὅτι ὁ Αμαληκ καὶ ὁ Χαναναῖος
ἐκεῖ ἔμπροσθεν ὑμῶν, καὶ πεσεῖσθε[28] μαχαίρᾳ·[29] οὗ εἵνεκεν[30] ἀπεστράφητε[31]
ἀπειθοῦντες[32] κυρίῳ, καὶ οὐκ ἔσται κύριος ἐν ὑμῖν. **44** καὶ διαβιασάμενοι[33] ἀνέβησαν
ἐπὶ τὴν κορυφὴν[34] τοῦ ὄρους· ἡ δὲ κιβωτὸς[35] τῆς διαθήκης κυρίου καὶ Μωυσῆς
οὐκ ἐκινήθησαν[36] ἐκ τῆς παρεμβολῆς.[37] **45** καὶ κατέβη ὁ Αμαληκ καὶ ὁ Χαναναῖος

1 ἀναφέρω, *fut act ind 3p*, bear
2 πορνεία, fornication
3 ἀναλίσκω, *aor pas sub 3s*, consume
4 κῶλον, corpse
5 ἀριθμός, number
6 κατασκέπτομαι, *aor mid ind 2p*, spy (on)
7 τεσσαράκοντα, forty
8 ἐνιαυτός, year
9 θυμός, wrath, rage
10 ἦ μήν, truly, certainly
11 ἐπισυνίστημι, *perf mid ptc dat s f*, conspire against
12 ἐξαναλίσκω, *fut pas ind 3p*, consume, destroy
13 κατασκέπτομαι, *aor mid inf*, spy (on)
14 διαγογγύζω, *aor act ind 3p*, mutter, complain
15 ἐκφέρω, *aor act inf*, bring forth
16 καταγορεύω, *aor act ptc nom p m*, report
17 πληγή, plague
18 ἔναντι, before
19 κατασκέπτομαι, *aor mid inf*, spy (on)
20 πενθέω, *aor act ind 3s*, mourn
21 σφόδρα, exceedingly
22 ὀρθρίζω, *aor act ptc nom p m*, rise early
23 πρωί, (in the) morning
24 κορυφή, summit
25 ὅδε, *here*
26 παραβαίνω, *pres act ind 2p*, deviate from, transgress
27 εὔοδος, easy
28 πίπτω, *fut mid ind 2p*, fall
29 μάχαιρα, sword
30 εἵνεκεν, on account of
31 ἀποστρέφω, *aor pas ind 2p*, turn away from
32 ἀπειθέω, *pres act ptc nom p m*, disobey
33 διαβιάζομαι, *aor mid ptc nom p m*, advance with force
34 κορυφή, summit
35 κιβωτός, chest, ark (of the covenant)
36 κινέω, *aor pas ind 3p*, move
37 παρεμβολή, camp

ὁ ἐγκαθήμενος[1] ἐν τῷ ὄρει ἐκείνῳ καὶ ἐτρέψαντο[2] αὐτοὺς καὶ κατέκοψαν[3] αὐτοὺς
ἕως Ερμαν· καὶ ἀπεστράφησαν[4] εἰς τὴν παρεμβολήν.[5]

Various Offerings

15 Καὶ εἶπεν κύριος πρὸς Μωυσῆν λέγων **2** Λάλησον τοῖς υἱοῖς Ισραηλ καὶ
ἐρεῖς πρὸς αὐτούς Ὅταν εἰσέλθητε εἰς τὴν γῆν τῆς κατοικήσεως[6] ὑμῶν, ἣν
ἐγὼ δίδωμι ὑμῖν, **3** καὶ ποιήσεις ὁλοκαυτώματα[7] κυρίῳ, ὁλοκάρπωμα[8] ἢ θυσίαν,[9]
μεγαλῦναι[10] εὐχὴν[11] ἢ καθ' ἑκούσιον[12] ἢ ἐν ταῖς ἑορταῖς[13] ὑμῶν ποιῆσαι ὀσμὴν[14]
εὐωδίας[15] κυρίῳ, εἰ μὲν ἀπὸ τῶν βοῶν[16] ἢ ἀπὸ τῶν προβάτων, **4** καὶ προσοίσει[17]
ὁ προσφέρων τὸ δῶρον[18] αὐτοῦ κυρίῳ θυσίαν[19] σεμιδάλεως[20] δέκατον[21] τοῦ οιφι[22]
ἀναπεποιημένης[23] ἐν ἐλαίῳ[24] ἐν τετάρτῳ[25] τοῦ ιν·[26] **5** καὶ οἶνον εἰς σπονδὴν[27] τὸ
τέταρτον[28] τοῦ ιν[29] ποιήσετε ἐπὶ τῆς ὁλοκαυτώσεως[30] ἢ ἐπὶ τῆς θυσίας·[31] τῷ ἀμνῷ[32] τῷ
ἑνὶ ποιήσεις τοσοῦτο,[33] κάρπωμα[34] ὀσμὴν[35] εὐωδίας[36] τῷ κυρίῳ. **6** καὶ τῷ κριῷ,[37] ὅταν
ποιῆτε αὐτὸν ἢ εἰς ὁλοκαύτωμα[38] ἢ εἰς θυσίαν,[39] ποιήσεις θυσίαν σεμιδάλεως[40] δύο
δέκατα[41] ἀναπεποιημένης[42] ἐν ἐλαίῳ,[43] τὸ τρίτον τοῦ ιν·[44] **7** καὶ οἶνον εἰς σπονδὴν[45]
τὸ τρίτον τοῦ ιν[46] προσοίσετε εἰς ὀσμὴν[47] εὐωδίας[48] κυρίῳ. **8** ἐὰν δὲ ἀπὸ τῶν βοῶν[49]
ποιῆτε εἰς ὁλοκαύτωμα[50] ἢ εἰς θυσίαν[51] μεγαλῦναι[52] εὐχὴν[53] ἢ εἰς σωτήριον[54] κυρίῳ,

1 ἐγκάθημαι, *pres mid ptc nom s m*, lie in wait
2 τρέπω, *aor mid ind 3p*, put to flight
3 κατακόπτω, *aor act ind 3p*, cut down, destroy
4 ἀποστρέφω, *aor pas ind 3p*, return to
5 παρεμβολή, camp
6 κατοίκησις, dwelling
7 ὁλοκαύτωμα, whole burnt offering
8 ὁλοκάρπωμα, whole burnt offering
9 θυσία, sacrifice
10 μεγαλύνω, *aor act inf*, increase, honor
11 εὐχή, vow
12 ἑκούσιος, voluntary
13 ἑορτή, feast
14 ὀσμή, odor
15 εὐωδία, sweet smell
16 βοῦς, cow, (*p*) cattle
17 προσφέρω, *fut act ind 3s*, offer
18 δῶρον, offering
19 θυσία, sacrifice
20 σεμίδαλις, fine wheat flour
21 δέκατος, tenth
22 οιφι, ephah, *translit.*
23 ἀναποιέω, *perf pas ptc gen s f*, prepare
24 ἔλαιον, oil
25 τέταρτος, fourth
26 ιν, hin, *translit.*
27 σπονδή, drink offering
28 τέταρτος, fourth
29 ιν, hin, *translit.*
30 ὁλοκαύτωσις, whole burnt offering
31 θυσία, altar
32 ἀμνός, lamb
33 τοσοῦτος, so much, so many
34 κάρπωμα, burnt offering
35 ὀσμή, odor
36 εὐωδία, sweet smell
37 κριός, ram
38 ὁλοκαύτωμα, whole burnt offering
39 θυσία, sacrifice
40 σεμίδαλις, fine wheat flour
41 δέκατος, tenth
42 ἀναποιέω, *perf pas ptc gen s f*, prepare
43 ἔλαιον, oil
44 ιν, hin, *translit.*
45 σπονδή, drink offering
46 ιν, hin, *translit.*
47 ὀσμή, odor
48 εὐωδία, sweet smell
49 βοῦς, cow, (*p*) cattle
50 ὁλοκαύτωμα, whole burnt offering
51 θυσία, sacrifice
52 μεγαλύνω, *aor act inf*, increase, honor
53 εὐχή, vow
54 σωτήριον, (sacrifice of) deliverance, peace

9 καὶ προσοίσει[1] ἐπὶ τοῦ μόσχου[2] θυσίαν[3] σεμιδάλεως[4] τρία δέκατα[5] ἀναπεποιημένης[6]
ἐν ἐλαίῳ[7] ἥμισυ[8] τοῦ ιν[9] **10** καὶ οἶνον εἰς σπονδὴν[10] τὸ ἥμισυ[11] τοῦ ιν[12] κάρπωμα[13]
ὀσμὴν[14] εὐωδίας[15] κυρίῳ. **11** οὕτως ποιήσεις τῷ μόσχῳ[16] τῷ ἑνὶ ἢ τῷ κριῷ[17] τῷ ἑνὶ
ἢ τῷ ἀμνῷ[18] τῷ ἑνὶ ἐκ τῶν προβάτων ἢ ἐκ τῶν αἰγῶν·[19] **12** κατὰ τὸν ἀριθμὸν[20] ὧν
ἐὰν ποιήσητε, οὕτω ποιήσετε τῷ ἑνὶ κατὰ τὸν ἀριθμὸν αὐτῶν. **13** πᾶς ὁ αὐτόχθων[21]
ποιήσει οὕτως τοιαῦτα,[22] προσενέγκαι καρπώματα[23] εἰς ὀσμὴν[24] εὐωδίας[25] κυρίῳ.
14 ἐὰν δὲ προσήλυτος[26] ἐν ὑμῖν προσγένηται[27] ἐν τῇ γῇ ὑμῶν ἢ ὃς ἂν γένηται ἐν ὑμῖν
ἐν ταῖς γενεαῖς ὑμῶν, καὶ ποιήσει κάρπωμα[28] ὀσμὴν[29] εὐωδίας[30] κυρίῳ· ὃν τρόπον[31]
ποιεῖτε ὑμεῖς, οὕτως ποιήσει ἡ συναγωγὴ κυρίῳ. **15** νόμος εἷς ἔσται ὑμῖν καὶ τοῖς
προσηλύτοις[32] τοῖς προσκειμένοις[33] ἐν ὑμῖν, νόμος αἰώνιος εἰς γενεὰς ὑμῶν· ὡς ὑμεῖς,
καὶ ὁ προσήλυτος ἔσται ἔναντι[34] κυρίου· **16** νόμος εἷς ἔσται καὶ δικαίωμα[35] ἓν ἔσται
ὑμῖν καὶ τῷ προσηλύτῳ[36] τῷ προσκειμένῳ[37] ἐν ὑμῖν.

17 Καὶ ἐλάλησεν κύριος πρὸς Μωυσῆν λέγων **18** Λάλησον τοῖς υἱοῖς Ισραηλ καὶ
ἐρεῖς πρὸς αὐτούς Ἐν τῷ εἰσπορεύεσθαι[38] ὑμᾶς εἰς τὴν γῆν, εἰς ἣν ἐγὼ εἰσάγω[39] ὑμᾶς
ἐκεῖ, **19** καὶ ἔσται ὅταν ἔσθητε[40] ὑμεῖς ἀπὸ τῶν ἄρτων τῆς γῆς, ἀφελεῖτε[41] ἀφαίρεμα[42]
ἀφόρισμα[43] κυρίῳ· **20** ἀπαρχὴν[44] φυράματος[45] ὑμῶν ἄρτον ἀφαίρεμα[46] ἀφοριεῖτε[47]
αὐτό· ὡς ἀφαίρεμα[48] ἀπὸ ἅλω,[49] οὕτως ἀφελεῖτε[50] αὐτόν, **21** ἀπαρχὴν[51] φυράματος[52]
ὑμῶν, καὶ δώσετε κυρίῳ ἀφαίρεμα[53] εἰς τὰς γενεὰς ὑμῶν.

1 προσφέρω, *fut act ind 3s*, offer
2 μόσχος, calf
3 θυσία, sacrifice
4 σεμίδαλις, fine wheat flour
5 δέκατος, tenth
6 ἀναποιέω, *perf pas ptc gen s f*, prepare
7 ἔλαιον, oil
8 ἥμισυς, half
9 ιν, hin, *translit.*
10 σπονδή, drink offering
11 ἥμισυς, half
12 ιν, hin, *translit.*
13 κάρπωμα, burnt offering
14 ὀσμή, odor
15 εὐωδία, sweet smell
16 μόσχος, calf
17 κριός, ram
18 ἀμνός, lamb
19 αἴξ, goat
20 ἀριθμός, number
21 αὐτόχθων, indigenous, native
22 τοιοῦτος, such a kind
23 κάρπωμα, burnt offering
24 ὀσμή, odor
25 εὐωδία, sweet smell
26 προσήλυτος, immigrant, guest
27 προσγίνομαι, *aor mid sub 3s*, add to
28 κάρπωμα, burnt offering
29 ὀσμή, odor
30 εὐωδία, sweet smell
31 ὃν τρόπον, in this manner
32 προσήλυτος, immigrant, guest
33 πρόσκειμαι, *pres pas ptc dat p m*, join to, belong to
34 ἔναντι, before
35 δικαίωμα, ordinance, decree
36 προσήλυτος, immigrant, guest
37 πρόσκειμαι, *pres pas ptc dat s m*, join to, belong to
38 εἰσπορεύομαι, *pres mid inf*, enter
39 εἰσάγω, *pres act ind 1s*, bring into
40 ἔσθω, *pres act sub 2p*, eat
41 ἀφαιρέω, *fut act ind 2p*, set aside, remove
42 ἀφαίρεμα, choice portion
43 ἀφόρισμα, separate offering
44 ἀπαρχή, first portion
45 φύραμα, dough
46 ἀφαίρεμα, choice portion
47 ἀφορίζω, *fut act ind 2p*, set aside, remove
48 ἀφαίρεμα, choice portion
49 ἅλων, threshing floor
50 ἀφαιρέω, *fut act ind 2p*, set aside, remove
51 ἀπαρχή, first portion
52 φύραμα, dough
53 ἀφαίρεμα, choice portion

22 Ὅταν δὲ διαμάρτητε[1] καὶ μὴ ποιήσητε πάσας τὰς ἐντολὰς ταύτας, ἃς ἐλάλησεν
κύριος πρὸς Μωυσῆν, **23** καθὰ[2] συνέταξεν[3] κύριος πρὸς ὑμᾶς ἐν χειρὶ Μωυσῆ ἀπὸ
τῆς ἡμέρας, ἧς συνέταξεν κύριος πρὸς ὑμᾶς, καὶ ἐπέκεινα[4] εἰς τὰς γενεὰς ὑμῶν,
24 καὶ ἔσται ἐὰν ἐξ ὀφθαλμῶν τῆς συναγωγῆς γενηθῇ ἀκουσίως,[5] καὶ ποιήσει πᾶσα
ἡ συναγωγὴ μόσχον[6] ἕνα ἐκ βοῶν[7] ἄμωμον[8] εἰς ὁλοκαύτωμα[9] εἰς ὀσμὴν[10] εὐωδίας[11]
κυρίῳ καὶ θυσίαν[12] τούτου καὶ σπονδὴν[13] αὐτοῦ κατὰ τὴν σύνταξιν[14] καὶ χίμαρον[15]
ἐξ αἰγῶν[16] ἕνα περὶ ἁμαρτίας. **25** καὶ ἐξιλάσεται[17] ὁ ἱερεὺς περὶ πάσης συναγωγῆς
υἱῶν Ισραηλ, καὶ ἀφεθήσεται αὐτοῖς· ὅτι ἀκούσιόν[18] ἐστιν, καὶ αὐτοὶ ἤνεγκαν τὸ
δῶρον[19] αὐτῶν κάρπωμα[20] κυρίῳ περὶ τῆς ἁμαρτίας αὐτῶν ἔναντι[21] κυρίου περὶ τῶν
ἀκουσίων[22] αὐτῶν. **26** καὶ ἀφεθήσεται κατὰ πᾶσαν συναγωγὴν υἱῶν Ισραηλ καὶ τῷ
προσηλύτῳ[23] τῷ προσκειμένῳ[24] πρὸς ὑμᾶς, ὅτι παντὶ τῷ λαῷ ἀκούσιον.[25]

27 ἐὰν δὲ ψυχὴ μία ἁμάρτῃ ἀκουσίως,[26] προσάξει[27] αἶγα[28] μίαν ἐνιαυσίαν[29] περὶ
ἁμαρτίας, **28** καὶ ἐξιλάσεται[30] ὁ ἱερεὺς περὶ τῆς ψυχῆς τῆς ἀκουσιασθείσης[31] καὶ
ἁμαρτούσης ἀκουσίως[32] ἔναντι[33] κυρίου ἐξιλάσασθαι[34] περὶ αὐτοῦ. **29** τῷ ἐγχωρίῳ[35]
ἐν υἱοῖς Ισραηλ καὶ τῷ προσηλύτῳ[36] τῷ προσκειμένῳ[37] ἐν αὐτοῖς, νόμος εἷς ἔσται
αὐτοῖς, ὃς ἂν ποιήσῃ ἀκουσίως.[38] **30** καὶ ψυχή, ἥτις ποιήσει ἐν χειρὶ ὑπερηφανίας[39]
ἀπὸ τῶν αὐτοχθόνων[40] ἢ ἀπὸ τῶν προσηλύτων,[41] τὸν θεὸν οὗτος παροξύνει·[42]
ἐξολεθρευθήσεται[43] ἡ ψυχὴ ἐκείνη ἐκ τοῦ λαοῦ αὐτῆς, **31** ὅτι τὸ ῥῆμα κυρίου

1 διαμαρτυρέω, *aor act sub 2p*, completely fail
2 καθά, just as
3 συντάσσω, *aor act ind 3s*, order, charge, prescribe
4 ἐπέκεινα, beyond, further on
5 ἀκουσίως, involuntary, unintentional
6 μόσχος, calf
7 βοῦς, cow, (*p*) cattle
8 ἄμωμος, unblemished
9 ὁλοκαύτωμα, whole burnt offering
10 ὀσμή, odor
11 εὐωδία, sweet smell
12 θυσία, sacrifice
13 σπονδή, drink offering
14 σύνταξις, ordinance
15 χίμαρος, young goat
16 αἴξ, goat
17 ἐξιλάσκομαι, *fut mid ind 3s*, propitiate, make atonement
18 ἀκούσιος, involuntary, unintentional
19 δῶρον, offering
20 κάρπωμα, burnt offering
21 ἔναντι, before
22 ἀκούσιος, involuntary, unintentional
23 προσήλυτος, immigrant, guest
24 πρόσκειμαι, *pres pas ptc dat s m*, join to, belong to
25 ἀκούσιος, involuntary, unintentional
26 ἀκουσίως, involuntarily, unintentionally
27 προσάγω, *fut act ind 3s*, bring forth
28 αἴξ, goat
29 ἐνιαύσιος, one year (old)
30 ἐξιλάσκομαι, *fut mid ind 3s*, make atonement
31 ἀκουσιάζομαι, *aor pas ptc gen s f*, sin unintentionally
32 ἀκουσίως, involuntarily, unintentionally
33 ἔναντι, before
34 ἐξιλάσκομαι, *aor mid inf*, propitiate, make atonement
35 ἐγχώριος, inhabitant, native
36 προσήλυτος, immigrant, guest
37 πρόσκειμαι, *pres pas ptc dat s m*, join to, belong to
38 ἀκουσίως, involuntarily, unintentionally
39 ὑπερηφανία, arrogance, haughtiness
40 αὐτόχθων, indigenous, native
41 προσήλυτος, immigrant, guest
42 παροξύνω, *pres act ind 3s*, provoke, irritate
43 ἐξολεθρεύω, *fut pas ind 3s*, utterly destroy

ἐφαύλισεν[1] καὶ τὰς ἐντολὰς αὐτοῦ διεσκέδασεν,[2] ἐκτρίψει[3] ἐκτριβήσεται[4] ἡ ψυχὴ
ἐκείνη, ἡ ἁμαρτία αὐτῆς ἐν αὐτῇ.

Punishment for Sabbath-Breaking

32 Καὶ ἦσαν οἱ υἱοὶ Ισραηλ ἐν τῇ ἐρήμῳ καὶ εὗρον ἄνδρα συλλέγοντα[5] ξύλα[6] τῇ ἡμέρᾳ
τῶν σαββάτων. **33** καὶ προσήγαγον[7] αὐτὸν οἱ εὑρόντες αὐτὸν συλλέγοντα[8] ξύλα[9] τῇ
ἡμέρᾳ τῶν σαββάτων πρὸς Μωυσῆν καὶ Ααρων καὶ πρὸς πᾶσαν συναγωγὴν υἱῶν
Ισραηλ. **34** καὶ ἀπέθεντο[10] αὐτὸν εἰς φυλακήν· οὐ γὰρ συνέκριναν,[11] τί ποιήσωσιν
αὐτόν. **35** καὶ ἐλάλησεν κύριος πρὸς Μωυσῆν λέγων Θανάτῳ θανατούσθω[12] ὁ
ἄνθρωπος· λιθοβολήσατε[13] αὐτὸν λίθοις, πᾶσα ἡ συναγωγή. **36** καὶ ἐξήγαγον[14]
αὐτὸν πᾶσα ἡ συναγωγὴ ἔξω τῆς παρεμβολῆς,[15] καὶ ἐλιθοβόλησαν[16] αὐτὸν πᾶσα
ἡ συναγωγὴ λίθοις ἔξω τῆς παρεμβολῆς,[17] καθὰ[18] συνέταξεν[19] κύριος τῷ Μωυσῇ.

Instructions for Garment Fringes

37 Καὶ εἶπεν κύριος πρὸς Μωυσῆν λέγων **38** Λάλησον τοῖς υἱοῖς Ισραηλ καὶ
ἐρεῖς πρὸς αὐτοὺς καὶ ποιησάτωσαν ἑαυτοῖς κράσπεδα[20] ἐπὶ τὰ πτερύγια[21] τῶν
ἱματίων αὐτῶν εἰς τὰς γενεὰς αὐτῶν καὶ ἐπιθήσετε ἐπὶ τὰ κράσπεδα τῶν πτερυγίων
κλῶσμα[22] ὑακίνθινον.[23] **39** καὶ ἔσται ὑμῖν ἐν τοῖς κρασπέδοις[24] καὶ ὄψεσθε αὐτὰ καὶ
μνησθήσεσθε[25] πασῶν τῶν ἐντολῶν κυρίου καὶ ποιήσετε αὐτὰς καὶ οὐ διαστρα-
φήσεσθε[26] ὀπίσω τῶν διανοιῶν[27] ὑμῶν καὶ ὀπίσω τῶν ὀφθαλμῶν ὑμῶν, ἐν οἷς
ὑμεῖς ἐκπορνεύετε[28] ὀπίσω αὐτῶν, **40** ὅπως ἂν μνησθῆτε[29] καὶ ποιήσητε πάσας
τὰς ἐντολάς μου καὶ ἔσεσθε ἅγιοι τῷ θεῷ ὑμῶν. **41** ἐγὼ κύριος ὁ θεὸς ὑμῶν ὁ
ἐξαγαγὼν[30] ὑμᾶς ἐκ γῆς Αἰγύπτου εἶναι ὑμῶν θεός, ἐγὼ κύριος ὁ θεὸς ὑμῶν.

1 φαυλίζω, *aor act ind 3s*, despise
2 διασκεδάζω, *aor act ind 3s*, turn from, reject
3 ἔκτριψις, destruction
4 ἐκτρίβω, *fut pas ind 3s*, destroy
5 συλλέγω, *pres act ptc acc s m*, gather
6 ξύλον, wood
7 προσάγω, *aor act ind 3p*, bring to
8 συλλέγω, *pres act ptc acc s m*, gather
9 ξύλον, firewood
10 ἀποτίθημι, *aor mid ind 3p*, put, place
11 συγκρίνω, *aor act ind 3p*, decide, settle
12 θανατόω, *pres mid impv 3s*, execute
13 λιθοβολέω, *aor act impv 2p*, stone
14 ἐξάγω, *aor act ind 3p*, bring out
15 παρεμβολή, camp
16 λιθοβολέω, *aor act ind 3p*, stone
17 παρεμβολή, camp
18 καθά, just as
19 συντάσσω, *aor act ind 3s*, order, charge, prescribe
20 κράσπεδον, fringe, tassel
21 πτερυγίον, edge
22 κλῶσμα, thread
23 ὑακίνθινος, blue
24 κράσπεδον, fringe, tassel
25 μιμνήσκομαι, *fut pas ind 2p*, remember
26 διαστρέφω, *fut pas ind 2p*, divert from, turn from
27 διάνοια, thought
28 ἐκπορνεύω, *pres act ind 2p*, commit fornication
29 μιμνήσκομαι, *aor pas impv 2p*, remember
30 ἐξάγω, *aor act ptc nom s m*, bring out

Korah's Revolt

16 Καὶ ἐλάλησεν Κορε υἱὸς Ισσααρ υἱοῦ Κααθ υἱοῦ Λευι καὶ Δαθαν καὶ Αβιρων
υἱοὶ Ελιαβ καὶ Αυν υἱὸς Φαλεθ υἱοῦ Ρουβην **2** καὶ ἀνέστησαν ἔναντι[1] Μωυσῆ,
καὶ ἄνδρες τῶν υἱῶν Ισραηλ πεντήκοντα[2] καὶ διακόσιοι,[3] ἀρχηγοὶ[4] συναγωγῆς,
σύγκλητοι[5] βουλῆς[6] καὶ ἄνδρες ὀνομαστοί,[7] **3** συνέστησαν[8] ἐπὶ Μωυσῆν καὶ Ααρων
καὶ εἶπαν Ἐχέτω ὑμῖν, ὅτι πᾶσα ἡ συναγωγὴ πάντες ἅγιοι καὶ ἐν αὐτοῖς κύριος, καὶ
διὰ τί κατανίστασθε[9] ἐπὶ τὴν συναγωγὴν κυρίου; **4** καὶ ἀκούσας Μωυσῆς ἔπεσεν ἐπὶ
πρόσωπον **5** καὶ ἐλάλησεν πρὸς Κορε καὶ πρὸς πᾶσαν αὐτοῦ τὴν συναγωγὴν λέγων
Ἐπέσκεπται[10] καὶ ἔγνω ὁ θεὸς τοὺς ὄντας αὐτοῦ καὶ τοὺς ἁγίους καὶ προσηγάγετο[11]
πρὸς ἑαυτόν, καὶ οὓς ἐξελέξατο[12] ἑαυτῷ, προσηγάγετο[13] πρὸς ἑαυτόν. **6** τοῦτο ποι-
ήσατε· λάβετε ὑμῖν αὐτοῖς πυρεῖα,[14] Κορε καὶ πᾶσα ἡ συναγωγὴ αὐτοῦ, **7** καὶ ἐπίθετε
ἐπ᾽ αὐτὰ πῦρ καὶ ἐπίθετε ἐπ᾽ αὐτὰ θυμίαμα[15] ἔναντι[16] κυρίου αὔριον,[17] καὶ ἔσται ὁ
ἀνήρ, ὃν ἂν ἐκλέξηται[18] κύριος, οὗτος ἅγιος· ἱκανούσθω[19] ὑμῖν, υἱοὶ Λευι. **8** καὶ εἶπεν
Μωυσῆς πρὸς Κορε Εἰσακούσατέ[20] μου, υἱοὶ Λευι. **9** μὴ μικρόν ἐστιν τοῦτο ὑμῖν ὅτι
διέστειλεν[21] ὁ θεὸς Ισραηλ ὑμᾶς ἐκ συναγωγῆς Ισραηλ καὶ προσηγάγετο[22] ὑμᾶς
πρὸς ἑαυτὸν λειτουργεῖν[23] τὰς λειτουργίας[24] τῆς σκηνῆς[25] κυρίου καὶ παρίστασθαι[26]
ἔναντι[27] τῆς συναγωγῆς λατρεύειν[28] αὐτοῖς; **10** καὶ προσηγάγετό[29] σε καὶ πάντας
τοὺς ἀδελφούς σου υἱοὺς Λευι μετὰ σοῦ, καὶ ζητεῖτε ἱερατεύειν;[30] **11** οὕτως σὺ καὶ
πᾶσα ἡ συναγωγή σου ἡ συνηθροισμένη[31] πρὸς τὸν θεόν· καὶ Ααρων τίς ἐστιν ὅτι
διαγογγύζετε[32] κατ᾽ αὐτοῦ;

12 καὶ ἀπέστειλεν Μωυσῆς καλέσαι Δαθαν καὶ Αβιρων υἱοὺς Ελιαβ. καὶ εἶπαν Οὐκ
ἀναβαίνομεν· **13** μὴ μικρὸν τοῦτο ὅτι ἀνήγαγες[33] ἡμᾶς ἐκ γῆς ῥεούσης[34] γάλα[35]

1 ἔναντι, before
2 πεντήκοντα, fifty
3 διακόσιοι, two hundred
4 ἀρχηγός, chief, head
5 σύγκλητος, summoned
6 βουλή, counsel
7 ὀνομαστός, reputable
8 συνίστημι, *aor act ind 3p*, join together, unite
9 κατανίστημι, *pres mid ind 2p*, raise against
10 ἐπισκέπτομαι, *perf mid ind 3s*, visit, inspect
11 προσάγω, *aor mid ind 3s*, bring to
12 ἐκλέγω, *aor mid ind 3s*, choose
13 προσάγω, *aor mid ind 3s*, bring to
14 πυρεῖον, fire pan
15 θυμίαμα, incense
16 ἔναντι, before
17 αὔριον, tomorrow
18 ἐκλέγω, *aor mid sub 3s*, choose
19 ἱκανόω, *pres pas impv 3s*, qualify, make sufficient
20 εἰσακούω, *aor act impv 2p*, listen
21 διαστέλλω, *aor act ind 3s*, distinguish, separate
22 προσάγω, *aor mid ind 3s*, bring to
23 λειτουργέω, *pres act inf*, minister
24 λειτουργία, liturgical service, ministry
25 σκηνή, tent
26 παρίστημι, *pres mid inf*, stand, preside
27 ἔναντι, before
28 λατρεύω, *pres act inf*, serve
29 προσάγω, *aor mid ind 3s*, bring near
30 ἱερατεύω, *pres act inf*, perform the office of priest
31 συναθροίζω, *perf pas ptc nom s f*, gather
32 διαγογγύζω, *pres act ind 2p*, mutter, complain
33 ἀνάγω, *aor act ind 2s*, bring up
34 ῥέω, *pres act ptc gen s f*, flow
35 γάλα, milk

καὶ μέλι[1] ἀποκτεῖναι ἡμᾶς ἐν τῇ ἐρήμῳ, ὅτι κατάρχεις[2] ἡμῶν ἄρχων; **14** εἰ καὶ εἰς
γῆν ῥέουσαν[3] γάλα[4] καὶ μέλι[5] εἰσήγαγες[6] ἡμᾶς καὶ ἔδωκας ἡμῖν κλῆρον[7] ἀγροῦ
καὶ ἀμπελῶνας,[8] τοὺς ὀφθαλμοὺς τῶν ἀνθρώπων ἐκείνων ἂν ἐξέκοψας.[9] οὐκ ἀνα-
βαίνομεν. **15** καὶ ἐβαρυθύμησεν[10] Μωυσῆς σφόδρα[11] καὶ εἶπεν πρὸς κύριον Μὴ
προσχῇς[12] εἰς τὴν θυσίαν[13] αὐτῶν· οὐκ ἐπιθύμημα[14] οὐδενὸς αὐτῶν εἴληφα[15] οὐδὲ
ἐκάκωσα[16] οὐδένα αὐτῶν. **16** καὶ εἶπεν Μωυσῆς πρὸς Κορε Ἁγίασον[17] τὴν συναγωγήν
σου καὶ γίνεσθε ἕτοιμοι[18] ἔναντι[19] κυρίου σὺ καὶ αὐτοὶ καὶ Ααρων αὔριον·[20] **17** καὶ
λάβετε ἕκαστος τὸ πυρεῖον[21] αὐτοῦ καὶ ἐπιθήσετε ἐπ᾽ αὐτὰ θυμίαμα[22] καὶ προσάξετε[23]
ἔναντι[24] κυρίου ἕκαστος τὸ πυρεῖον αὐτοῦ, πεντήκοντα[25] καὶ διακόσια[26] πυρεῖα, καὶ
σὺ καὶ Ααρων ἕκαστος τὸ πυρεῖον αὐτοῦ. **18** καὶ ἔλαβεν ἕκαστος τὸ πυρεῖον[27] αὐτοῦ
καὶ ἐπέθηκαν ἐπ᾽ αὐτὰ πῦρ καὶ ἐπέβαλον[28] ἐπ᾽ αὐτὸ θυμίαμα.[29] καὶ ἔστησαν παρὰ τὰς
θύρας τῆς σκηνῆς[30] τοῦ μαρτυρίου[31] Μωυσῆς καὶ Ααρων. **19** καὶ ἐπισυνέστησεν[32]
ἐπ᾽ αὐτοὺς Κορε τὴν πᾶσαν αὐτοῦ συναγωγὴν παρὰ τὴν θύραν τῆς σκηνῆς[33] τοῦ
μαρτυρίου.[34] καὶ ὤφθη ἡ δόξα κυρίου πάσῃ τῇ συναγωγῇ.

20 καὶ ἐλάλησεν κύριος πρὸς Μωυσῆν καὶ Ααρων λέγων **21** Ἀποσχίσθητε[35] ἐκ
μέσου τῆς συναγωγῆς ταύτης, καὶ ἐξαναλώσω[36] αὐτοὺς εἰς ἅπαξ.[37] **22** καὶ ἔπεσαν
ἐπὶ πρόσωπον αὐτῶν καὶ εἶπαν Θεὸς θεὸς τῶν πνευμάτων καὶ πάσης σαρκός, εἰ
ἄνθρωπος εἷς ἥμαρτεν, ἐπὶ πᾶσαν τὴν συναγωγὴν ὀργὴ κυρίου; **23** καὶ ἐλάλησεν
κύριος πρὸς Μωυσῆν λέγων **24** Λάλησον τῇ συναγωγῇ λέγων Ἀναχωρήσατε[38]
κύκλῳ[39] ἀπὸ τῆς συναγωγῆς Κορε. **25** καὶ ἀνέστη Μωυσῆς καὶ ἐπορεύθη πρὸς
Δαθαν καὶ Αβιρων, καὶ συνεπορεύθησαν[40] μετ᾽ αὐτοῦ πάντες οἱ πρεσβύτεροι Ισραηλ.
26 καὶ ἐλάλησεν πρὸς τὴν συναγωγὴν λέγων Ἀποσχίσθητε[41] ἀπὸ τῶν σκηνῶν[42] τῶν

1 μέλι, honey
2 κατάρχω, *pres act ind 2s*, rule, govern
3 ῥέω, *pres act ptc acc s f*, flow
4 γάλα, milk
5 μέλι, honey
6 εἰσάγω, *aor act ind 2s*, bring in
7 κλῆρος, share, portion
8 ἀμπελών, vineyard
9 ἐκκόπτω, *aor act ind 2s*, cut out
10 βαρυθυμέω, *aor act ind 3s*, be indignant
11 σφόδρα, exceedingly
12 προσέχω, *aor act sub 2s*, pay attention to
13 θυσία, sacrifice
14 ἐπιθύμημα, object of desire
15 λαμβάνω, *perf act ind 1s*, take
16 κακόω, *aor act ind 1s*, mistreat, harm
17 ἁγιάζω, *aor act impv 2s*, sanctify, consecrate
18 ἕτοιμος, prepared, ready
19 ἔναντι, before
20 αὔριον, tomorrow
21 πυρεῖον, fire pan
22 θυμίαμα, incense
23 προσάγω, *fut act ind 2p*, bring forward
24 ἔναντι, before
25 πεντήκοντα, fifty
26 διακόσιοι, two hundred
27 πυρεῖον, fire pan
28 ἐπιβάλλω, *aor act ind 3p*, put upon
29 θυμίαμα, incense
30 σκηνή, tent
31 μαρτύριον, witness
32 ἐπισυνίστημι, *aor act ind 3s*, conspire against
33 σκηνή, tent
34 μαρτύριον, witness
35 ἀποσχίζω, *aor pas impv 2p*, separate
36 ἐξαναλίσκω, *aor act sub 1s*, utterly destroy
37 ἅπαξ, once
38 ἀναχωρέω, *aor act impv 2p*, take refuge, depart
39 κύκλῳ, around
40 συμπορεύομαι, *aor pas ind 3p*, go with
41 ἀποσχίζω, *aor pas impv 2p*, separate
42 σκηνή, tent, abode

ἀνθρώπων τῶν σκληρῶν[1] τούτων καὶ μὴ ἅπτεσθε ἀπὸ πάντων, ὧν ἐστιν αὐτοῖς,
μὴ συναπόλησθε[2] ἐν πάσῃ τῇ ἁμαρτίᾳ αὐτῶν. **27** καὶ ἀπέστησαν[3] ἀπὸ τῆς σκηνῆς[4]
Κορε κύκλῳ·[5] καὶ Δαθαν καὶ Αβιρων ἐξῆλθον καὶ εἱστήκεισαν[6] παρὰ τὰς θύρας τῶν
σκηνῶν[7] αὐτῶν καὶ αἱ γυναῖκες αὐτῶν καὶ τὰ τέκνα αὐτῶν καὶ ἡ ἀποσκευὴ[8] αὐτῶν.

28 καὶ εἶπεν Μωυσῆς Ἐν τούτῳ γνώσεσθε ὅτι κύριος ἀπέστειλέν με ποιῆσαι πάντα
τὰ ἔργα ταῦτα, ὅτι οὐκ ἀπ᾽ ἐμαυτοῦ·[9] **29** εἰ κατὰ θάνατον πάντων ἀνθρώπων ἀπο-
θανοῦνται οὗτοι, εἰ καὶ κατ᾽ ἐπίσκεψιν[10] πάντων ἀνθρώπων ἐπισκοπὴ[11] ἔσται
αὐτῶν, οὐχὶ κύριος ἀπέσταλκέν με· **30** ἀλλ᾽ ἢ ἐν φάσματι[12] δείξει κύριος, καὶ
ἀνοίξασα ἡ γῆ τὸ στόμα αὐτῆς καταπίεται[13] αὐτοὺς καὶ τοὺς οἴκους αὐτῶν καὶ
τὰς σκηνὰς[14] αὐτῶν καὶ πάντα, ὅσα ἐστὶν αὐτοῖς, καὶ καταβήσονται ζῶντες εἰς
ᾅδου,[15] καὶ γνώσεσθε ὅτι παρώξυναν[16] οἱ ἄνθρωποι οὗτοι τὸν κύριον. **31** ὡς δὲ
ἐπαύσατο[17] λαλῶν πάντας τοὺς λόγους τούτους, ἐρράγη[18] ἡ γῆ ὑποκάτω[19] αὐτῶν,
32 καὶ ἠνοίχθη ἡ γῆ καὶ κατέπιεν[20] αὐτοὺς καὶ τοὺς οἴκους αὐτῶν καὶ πάντας τοὺς
ἀνθρώπους τοὺς ὄντας μετὰ Κορε καὶ τὰ κτήνη[21] αὐτῶν. **33** καὶ κατέβησαν αὐτοὶ
καὶ ὅσα ἐστὶν αὐτῶν ζῶντα εἰς ᾅδου,[22] καὶ ἐκάλυψεν[23] αὐτοὺς ἡ γῆ, καὶ ἀπώλοντο
ἐκ μέσου τῆς συναγωγῆς. **34** καὶ πᾶς Ισραηλ οἱ κύκλῳ[24] αὐτῶν ἔφυγον[25] ἀπὸ τῆς
φωνῆς αὐτῶν, ὅτι λέγοντες Μήποτε[26] καταπίῃ[27] ἡμᾶς ἡ γῆ. **35** καὶ πῦρ ἐξῆλθεν
παρὰ κυρίου καὶ κατέφαγεν[28] τοὺς πεντήκοντα[29] καὶ διακοσίους[30] ἄνδρας τοὺς
προσφέροντας τὸ θυμίαμα.[31]

Aaron's Budding Rod

17 Καὶ εἶπεν κύριος πρὸς Μωυσῆν **2** καὶ πρὸς Ελεαζαρ τὸν υἱὸν Ααρων τὸν ἱερέα
Ἀνέλεσθε[32] τὰ πυρεῖα[33] τὰ χαλκᾶ[34] ἐκ μέσου τῶν κατακεκαυμένων[35] καὶ τὸ

1 σκληρός, stubborn, hardened
2 συναπόλλυμι, *aor mid sub 2p*, destroy together with
3 ἀφίστημι, *aor act ind 3p*, depart, move from
4 σκηνή, tent, abode
5 κύκλῳ, around
6 ἵστημι, *plpf act ind 3p*, stand
7 σκηνή, tent, abode
8 ἀποσκευή, household members
9 ἐμαυτοῦ, of myself
10 ἐπίσκεψις, inspection, visitation
11 ἐπισκοπή, visitation
12 φάσμα, apparition, sign
13 καταπίνω, *fut mid ind 3s*, swallow up
14 σκηνή, tent, abode
15 ᾅδης, underworld, Hades
16 παροξύνω, *aor act ind 3p*, provoke, irritate
17 παύω, *aor mid ind 3s*, cease, stop
18 ῥήγνυμι, *aor pas ind 3s*, break, split
19 ὑποκάτω, below
20 καταπίνω, *aor act ind 3s*, swallow up
21 κτῆνος, animal, (*p*) herd
22 ᾅδης, underworld, Hades
23 καλύπτω, *aor act ind 3s*, cover, envelop
24 κύκλῳ, around
25 φεύγω, *aor act ind 3p*, flee
26 μήποτε, lest
27 καταπίνω, *aor act sub 3s*, swallow up
28 κατεσθίω, *aor act ind 3s*, consume
29 πεντήκοντα, fifty
30 διακόσιοι, two hundred
31 θυμίαμα, incense
32 ἀναιρέω, *aor mid impv 2p*, remove
33 πυρεῖον, fire pan
34 χαλκοῦς, copper
35 κατακαίω, *perf pas ptc gen p m*, burn up

πῦρ τὸ ἀλλότριον[1] τοῦτο σπεῖρον[2] ἐκεῖ, ὅτι ἡγίασαν[3] **3** τὰ πυρεῖα[4] τῶν ἁμαρτωλῶν
τούτων ἐν ταῖς ψυχαῖς αὐτῶν· καὶ ποίησον αὐτὰ λεπίδας[5] ἐλατάς,[6] περίθεμα[7] τῷ
θυσιαστηρίῳ,[8] ὅτι προσηνέχθησαν ἔναντι[9] κυρίου καὶ ἡγιάσθησαν[10] καὶ ἐγένοντο
εἰς σημεῖον τοῖς υἱοῖς Ισραηλ. **4** καὶ ἔλαβεν Ελεαζαρ υἱὸς Ααρων τοῦ ἱερέως τὰ
πυρεῖα[11] τὰ χαλκᾶ,[12] ὅσα προσήνεγκαν οἱ κατακεκαυμένοι,[13] καὶ προσέθηκαν[14]
αὐτὰ περίθεμα[15] τῷ θυσιαστηρίῳ,[16] **5** μνημόσυνον[17] τοῖς υἱοῖς Ισραηλ, ὅπως ἂν μὴ
προσέλθῃ μηθεὶς[18] ἀλλογενής,[19] ὃς οὐκ ἔστιν ἐκ τοῦ σπέρματος Ααρων, ἐπιθεῖναι
θυμίαμα[20] ἔναντι[21] κυρίου καὶ οὐκ ἔσται ὥσπερ Κορε καὶ ἡ ἐπισύστασις[22] αὐτοῦ,
καθὰ[23] ἐλάλησεν κύριος ἐν χειρὶ Μωυσῆ.

6 Καὶ ἐγόγγυσαν[24] οἱ υἱοὶ Ισραηλ τῇ ἐπαύριον[25] ἐπὶ Μωυσῆν καὶ Ααρων λέγοντες
Ὑμεῖς ἀπεκτάγκατε τὸν λαὸν κυρίου. **7** καὶ ἐγένετο ἐν τῷ ἐπισυστρέφεσθαι[26] τὴν
συναγωγὴν ἐπὶ Μωυσῆν καὶ Ααρων καὶ ὥρμησαν[27] ἐπὶ τὴν σκηνὴν[28] τοῦ μαρτυ-
ρίου,[29] καὶ τήνδε[30] ἐκάλυψεν[31] αὐτὴν ἡ νεφέλη,[32] καὶ ὤφθη[33] ἡ δόξα κυρίου. **8** καὶ
εἰσῆλθεν Μωυσῆς καὶ Ααρων κατὰ πρόσωπον τῆς σκηνῆς[34] τοῦ μαρτυρίου,[35] **9** καὶ
ἐλάλησεν κύριος πρὸς Μωυσῆν καὶ Ααρων λέγων **10** Ἐκχωρήσατε[36] ἐκ μέσου τῆς
συναγωγῆς ταύτης, καὶ ἐξαναλώσω[37] αὐτοὺς εἰς ἅπαξ.[38] καὶ ἔπεσον ἐπὶ πρόσωπον
αὐτῶν. **11** καὶ εἶπεν Μωυσῆς πρὸς Ααρων Λαβὲ τὸ πυρεῖον[39] καὶ ἐπίθες ἐπ᾽ αὐτὸ πῦρ
ἀπὸ τοῦ θυσιαστηρίου[40] καὶ ἐπίβαλε[41] ἐπ᾽ αὐτὸ θυμίαμα[42] καὶ ἀπένεγκε[43] τὸ τάχος[44]
εἰς τὴν παρεμβολὴν[45] καὶ ἐξίλασαι[46] περὶ αὐτῶν· ἐξῆλθεν γὰρ ὀργὴ ἀπὸ προσώπου

1 ἀλλότριος, foreign, strange
2 σπείρω, *aor act impv 2s*, scatter
3 ἁγιάζω, *aor act ind 3p*, sanctify
4 πυρεῖον, fire pan
5 λεπίς, plate
6 ἐλάτη, beaten
7 περίθεμα, cover
8 θυσιαστήριον, altar
9 ἔναντι, before
10 ἁγιάζω, *aor pas ind 3p*, sanctify
11 πυρεῖον, fire pan
12 χαλκοῦς, copper
13 κατακαίω, *perf pas ptc nom p m*, burn up
14 προστίθημι, *aor act ind 3p*, add to, join
15 περίθεμα, cover
16 θυσιαστήριον, altar
17 μνημόσυνον, memorial, remembrance
18 μηθείς, not one
19 ἀλλογενής, foreign, alien
20 θυμίαμα, incense
21 ἔναντι, before
22 ἐπισύστασις, insurrection
23 καθά, just as
24 γογγύζω, *aor act ind 3p*, mutter, complain
25 ἐπαύριον, on the next day
26 ἐπισυστρέφω, *pres mid inf*, gather together
27 ὁρμάω, *aor act ind 3p*, rush forward
28 σκηνή, tent
29 μαρτύριον, witness
30 ὅδε, this here
31 καλύπτω, *aor act ind 3s*, cover
32 νεφέλη, cloud
33 ὁράω, *aor pas ind 3s*, see
34 σκηνή, tent
35 μαρτύριον, witness
36 ἐκχωρέω, *aor act impv 2p*, depart
37 ἐξαναλίσκω, *aor act sub 1s*, utterly destroy
38 ἅπαξ, once
39 πυρεῖον, fire pan
40 θυσιαστήριον, altar
41 ἐπιβάλλω, *aor act impv 2s*, put upon
42 θυμίαμα, incense
43 ἀποφέρω, *aor act impv 2s*, carry off
44 τάχος, quickly
45 παρεμβολή, camp
46 ἐξιλάσκομαι, *aor mid impv 2s*, propitiate, make atonement

κυρίου, ἦρκται θραύειν[1] τὸν λαόν. **12** καὶ ἔλαβεν Ααρων, καθάπερ[2] ἐλάλησεν αὐτῷ
Μωυσῆς, καὶ ἔδραμεν[3] εἰς τὴν συναγωγήν· καὶ ἤδη[4] ἐνῆρκτο[5] ἡ θραῦσις[6] ἐν τῷ λαῷ·
καὶ ἐπέβαλεν[7] τὸ θυμίαμα[8] καὶ ἐξιλάσατο[9] περὶ τοῦ λαοῦ **13** καὶ ἔστη ἀνὰ μέσον[10]
τῶν τεθνηκότων[11] καὶ τῶν ζώντων, καὶ ἐκόπασεν[12] ἡ θραῦσις.[13] **14** καὶ ἐγένοντο
οἱ τεθνηκότες[14] ἐν τῇ θραύσει[15] τέσσαρες καὶ δέκα[16] χιλιάδες[17] καὶ ἑπτακόσιοι[18]
χωρὶς[19] τῶν τεθνηκότων[20] ἕνεκεν[21] Κορε. **15** καὶ ἐπέστρεψεν Ααρων πρὸς Μωυσῆν
ἐπὶ τὴν θύραν τῆς σκηνῆς[22] τοῦ μαρτυρίου,[23] καὶ ἐκόπασεν[24] ἡ θραῦσις.[25]

16 Καὶ ἐλάλησεν κύριος πρὸς Μωυσῆν λέγων **17** Λάλησον τοῖς υἱοῖς Ισραηλ καὶ λαβὲ
παρ' αὐτῶν ῥάβδον[26] ῥάβδον κατ' οἴκους πατριῶν[27] παρὰ πάντων τῶν ἀρχόντων
αὐτῶν κατ' οἴκους πατριῶν αὐτῶν, δώδεκα[28] ῥάβδους, καὶ ἑκάστου τὸ ὄνομα αὐτοῦ
ἐπίγραψον[29] ἐπὶ τῆς ῥάβδου αὐτοῦ. **18** καὶ τὸ ὄνομα Ααρων ἐπίγραψον[30] ἐπὶ τῆς
ῥάβδου[31] Λευι· ἔστιν γὰρ ῥάβδος μία, κατὰ φυλὴν οἴκου πατριῶν[32] αὐτῶν δώσουσιν.
19 καὶ θήσεις αὐτὰς ἐν τῇ σκηνῇ[33] τοῦ μαρτυρίου[34] κατέναντι[35] τοῦ μαρτυρίου,[36] ἐν
οἷς γνωσθήσομαί σοι ἐκεῖ. **20** καὶ ἔσται ὁ ἄνθρωπος, ὃν ἐὰν ἐκλέξωμαι[37] αὐτόν, ἡ
ῥάβδος[38] αὐτοῦ ἐκβλαστήσει·[39] καὶ περιελῶ[40] ἀπ' ἐμοῦ τὸν γογγυσμὸν[41] τῶν υἱῶν
Ισραηλ, ἃ αὐτοὶ γογγύζουσιν[42] ἐφ' ὑμῖν. **21** καὶ ἐλάλησεν Μωυσῆς τοῖς υἱοῖς Ισραηλ,
καὶ ἔδωκαν αὐτῷ πάντες οἱ ἄρχοντες αὐτῶν ῥάβδον,[43] τῷ ἄρχοντι τῷ ἑνὶ ῥάβδον
κατὰ ἄρχοντα κατ' οἴκους πατριῶν[44] αὐτῶν, δώδεκα[45] ῥάβδους, καὶ ἡ ῥάβδος Ααρων
ἀνὰ μέσον[46] τῶν ῥάβδων αὐτῶν. **22** καὶ ἀπέθηκεν Μωυσῆς τὰς ῥάβδους[47] ἔναντι[48]

1 θραύω, *pres act inf*, strike
2 καθάπερ, just as
3 τρέχω, *aor act ind 3s*, run
4 ἤδη, already
5 ἐνάρχομαι, *plpf mid ind 3s*, begin
6 θραῦσις, destruction
7 ἐπιβάλλω, *aor act ind 3s*, put upon
8 θυμίαμα, incense
9 ἐξιλάσκομαι, *aor mid ind 3s*, propitiate, make atonement
10 ἀνὰ μέσον, among
11 θνῄσκω, *perf act ptc gen p m*, die
12 κοπάζω, *aor act ind 3s*, cease
13 θραῦσις, destruction
14 θνῄσκω, *perf act ptc nom p m*, die
15 θραῦσις, destruction
16 δέκα, ten
17 χιλιάς, thousand
18 ἑπτακόσιοι, seven hundred
19 χωρίς, aside from
20 θνῄσκω, *perf act ptc gen p m*, die
21 ἕνεκεν, on account of
22 σκηνή, tent
23 μαρτύριον, witness
24 κοπάζω, *aor act ind 3s*, cease
25 θραῦσις, destruction
26 ῥάβδος, staff
27 πατριά, paternal lineage, house
28 δώδεκα, twelve
29 ἐπιγράφω, *aor act impv 2s*, write upon
30 ἐπιγράφω, *aor act impv 2s*, write upon
31 ῥάβδος, staff
32 πατριά, paternal lineage, house
33 σκηνή, tent
34 μαρτύριον, witness
35 κατέναντι, in front of
36 μαρτύριον, witness, testimony
37 ἐκλέγω, *aor mid sub 1s*, choose
38 ῥάβδος, staff
39 ἐκβλαστάνω, *fut act ind 3s*, bud, sprout
40 περιαιρέω, *fut act ind 1s*, remove from
41 γογγυσμός, muttering, complaining
42 γογγύζω, *pres act ind 3p*, mutter, complain
43 ῥάβδος, staff
44 πατριά, paternal lineage, house
45 δώδεκα, twelve
46 ἀνὰ μέσον, among
47 ῥάβδος, staff
48 ἔναντι, before

κυρίου ἐν τῇ σκηνῇ[1] τοῦ μαρτυρίου.[2] **23** καὶ ἐγένετο τῇ ἐπαύριον[3] καὶ εἰσῆλθεν
Μωυσῆς καὶ Ααρων εἰς τὴν σκηνὴν[4] τοῦ μαρτυρίου,[5] καὶ ἰδοὺ ἐβλάστησεν[6] ἡ
ῥάβδος[7] Ααρων εἰς οἶκον Λευι καὶ ἐξήνεγκεν[8] βλαστὸν[9] καὶ ἐξήνθησεν[10] ἄνθη[11]
καὶ ἐβλάστησεν κάρυα.[12] **24** καὶ ἐξήνεγκεν[13] Μωυσῆς πάσας τὰς ῥάβδους[14] ἀπὸ
προσώπου κυρίου πρὸς πάντας υἱοὺς Ισραηλ, καὶ εἶδον καὶ ἔλαβον ἕκαστος τὴν
ῥάβδον αὐτοῦ. **25** καὶ εἶπεν κύριος πρὸς Μωυσῆν Ἀπόθες[15] τὴν ῥάβδον[16] Ααρων
ἐνώπιον τῶν μαρτυρίων[17] εἰς διατήρησιν[18] σημεῖον τοῖς υἱοῖς τῶν ἀνηκόων,[19] καὶ
παυσάσθω[20] ὁ γογγυσμὸς[21] αὐτῶν ἀπ' ἐμοῦ, καὶ οὐ μὴ ἀποθάνωσιν. **26** καὶ ἐποίησεν
Μωυσῆς καὶ Ααρων καθὰ[22] συνέταξεν[23] κύριος τῷ Μωυσῇ, οὕτως ἐποίησαν.

27 Καὶ εἶπαν οἱ υἱοὶ Ισραηλ πρὸς Μωυσῆν λέγοντες Ἰδοὺ ἐξανηλώμεθα,[24] ἀπο-
λώλαμεν, παρανηλώμεθα·[25] **28** πᾶς ὁ ἁπτόμενος τῆς σκηνῆς[26] κυρίου ἀποθνῄσκει·
ἕως εἰς τέλος ἀποθάνωμεν;

Duties of the Priests and Levites

18 Καὶ εἶπεν κύριος πρὸς Ααρων λέγων Σὺ καὶ οἱ υἱοί σου καὶ ὁ οἶκος πατριᾶς[27]
σου λήμψεσθε τὰς ἁμαρτίας τῶν ἁγίων, καὶ σὺ καὶ οἱ υἱοί σου λήμψεσθε τὰς
ἁμαρτίας τῆς ἱερατείας[28] ὑμῶν. **2** καὶ τοὺς ἀδελφούς σου, φυλὴν Λευι, δῆμον[29] τοῦ
πατρός σου, προσαγάγου[30] πρὸς σεαυτόν, καὶ προστεθήτωσάν σοι καὶ λειτουρ-
γείτωσάν[31] σοι, καὶ σὺ καὶ οἱ υἱοί σου μετὰ σοῦ ἀπέναντι[32] τῆς σκηνῆς[33] τοῦ
μαρτυρίου.[34] **3** καὶ φυλάξονται τὰς φυλακάς σου καὶ τὰς φυλακὰς τῆς σκηνῆς,[35]
πλὴν πρὸς τὰ σκεύη[36] τὰ ἅγια καὶ πρὸς τὸ θυσιαστήριον[37] οὐ προσελεύσονται,
καὶ οὐκ ἀποθανοῦνται καὶ οὗτοι καὶ ὑμεῖς. **4** καὶ προστεθήσονται[38] πρὸς σὲ καὶ

1 σκηνή, tent
2 μαρτύριον, witness
3 ἐπαύριον, on the next day
4 σκηνή, tent
5 μαρτύριον, witness
6 βλαστέω, *aor act ind 3s*, bud, sprout
7 ῥάβδος, staff
8 ἐκφέρω, *aor act ind 3s*, bring forth, produce
9 βλαστός, shoot, bud
10 ἐξανθέω, *aor act ind 3s*, bloom
11 ἄνθος, flower
12 κάρυον, almond
13 ἐκφέρω, *aor act ind 3s*, carry out
14 ῥάβδος, staff
15 ἀποτίθημι, *aor act impv 2s*, lay aside
16 ῥάβδος, staff
17 μαρτύριον, testimony
18 διατήρησις, preservation
19 ἀνήκοος, disobedient
20 παύω, *aor mid impv 3s*, cease
21 γογγυσμός, muttering, complaining
22 καθά, just as
23 συντάσσω, *aor act ind 3s*, order, charge, prescribe
24 ἐξαναλίσκω, *perf pas ind 1p*, utterly destroy
25 παραναλίσκω, *perf pas ind 1p*, lose to no purpose
26 σκηνή, tent
27 πατριά, paternal lineage, house
28 ἱερατεία, priesthood
29 δῆμος, district, division
30 προσάγω, *aor mid impv 2s*, bring forward
31 λειτουργέω, *pres act impv 3p*, minister
32 ἀπέναντι, *before*
33 σκηνή, tent
34 μαρτύριον, witness
35 σκηνή, tent
36 σκεῦος, equipment, instrument
37 θυσιαστήριον, altar
38 προστίθημι, *fut pas ind 3p*, add, put with

φυλάξονται τὰς φυλακὰς τῆς σκηνῆς[1] τοῦ μαρτυρίου[2] κατὰ πάσας τὰς λειτουργίας[3] τῆς σκηνῆς, καὶ ὁ ἀλλογενὴς[4] οὐ προσελεύσεται πρὸς σέ. **5** καὶ φυλάξεσθε τὰς φυλακὰς τῶν ἁγίων καὶ τὰς φυλακὰς τοῦ θυσιαστηρίου,[5] καὶ οὐκ ἔσται θυμὸς[6] ἐν τοῖς υἱοῖς Ισραηλ. **6** καὶ ἐγὼ εἴληφα[7] τοὺς ἀδελφοὺς ὑμῶν τοὺς Λευίτας ἐκ μέσου τῶν υἱῶν Ισραηλ δόμα[8] δεδομένον κυρίῳ λειτουργεῖν[9] τὰς λειτουργίας[10] τῆς σκηνῆς[11] τοῦ μαρτυρίου·[12] **7** καὶ σὺ καὶ οἱ υἱοί σου μετὰ σοῦ διατηρήσετε[13] τὴν ἱερατείαν[14] ὑμῶν κατὰ πάντα τρόπον[15] τοῦ θυσιαστηρίου[16] καὶ τὸ ἔνδοθεν[17] τοῦ καταπετάσματος[18] καὶ λειτουργήσετε[19] τὰς λειτουργίας[20] δόμα[21] τῆς ἱερατείας[22] ὑμῶν· καὶ ὁ ἀλλογενὴς[23] ὁ προσπορευόμενος[24] ἀποθανεῖται.

Portion and Inheritance of the Priests

8 Καὶ ἐλάλησεν κύριος πρὸς Ααρων Καὶ ἐγὼ ἰδοὺ δέδωκα ὑμῖν τὴν διατήρησιν[25] τῶν ἀπαρχῶν·[26] ἀπὸ πάντων τῶν ἡγιασμένων[27] μοι παρὰ τῶν υἱῶν Ισραηλ σοὶ δέδωκα αὐτὰ εἰς γέρας[28] καὶ τοῖς υἱοῖς σου μετὰ σέ, νόμιμον[29] αἰώνιον. **9** καὶ τοῦτο ἔστω ὑμῖν ἀπὸ τῶν ἡγιασμένων[30] ἁγίων τῶν καρπωμάτων,[31] ἀπὸ πάντων τῶν δώρων[32] αὐτῶν καὶ ἀπὸ πάντων τῶν θυσιασμάτων[33] αὐτῶν καὶ ἀπὸ πάσης πλημμελείας[34] αὐτῶν καὶ ἀπὸ πασῶν τῶν ἁμαρτιῶν, ὅσα ἀποδιδόασίν μοι, ἀπὸ πάντων τῶν ἁγίων σοὶ ἔσται καὶ τοῖς υἱοῖς σου. **10** ἐν τῷ ἁγίῳ τῶν ἁγίων φάγεσθε αὐτά· πᾶν ἀρσενικὸν[35] φάγεται αὐτά, σὺ καὶ οἱ υἱοί σου· ἅγια ἔσται σοι. **11** καὶ τοῦτο ἔσται ὑμῖν ἀπαρχὴ[36] δομάτων[37] αὐτῶν· ἀπὸ πάντων τῶν ἐπιθεμάτων[38] τῶν υἱῶν Ισραηλ σοὶ δέδωκα αὐτὰ καὶ τοῖς υἱοῖς σου καὶ ταῖς θυγατράσιν[39] σου μετὰ σοῦ, νόμιμον[40] αἰώνιον· πᾶς καθαρὸς[41] ἐν τῷ οἴκῳ σου ἔδεται[42] αὐτά. **12** πᾶσα ἀπαρχὴ[43]

1 σκηνή, tent
2 μαρτύριον, witness
3 λειτουργία, religious service, ministry
4 ἀλλογενής, foreign, alien
5 θυσιαστήριον, altar
6 θυμός, anger, fury
7 λαμβάνω, *perf act ind 1s*, take, accept
8 δόμα, gift
9 λειτουργέω, *pres act inf*, minister
10 λειτουργία, religious service, ministry
11 σκηνή, tent
12 μαρτύριον, witness
13 διατηρέω, *fut act ind 2p*, maintain
14 ἱερατεία, priestly office
15 τρόπος, manner, method
16 θυσιαστήριον, altar
17 ἔνδοθεν, within
18 καταπέτασμα, veil
19 λειτουργέω, *fut act ind 2p*, minister
20 λειτουργία, religious service, ministry
21 δόμα, gift
22 ἱερατεία, priesthood
23 ἀλλογενής, foreign, alien
24 προσπορεύομαι, *pres mid ptc nom s m*, approach
25 διατήρησις, preservation, reserve
26 ἀπαρχή, first portion
27 ἁγιάζω, *perf pas ptc gen p n*, consecrate
28 γέρας, reward
29 νόμιμος, ordinance, statute
30 ἁγιάζω, *perf pas ptc gen p n*, consecrate
31 κάρπωμα, burnt offering
32 δῶρον, gift
33 θυσίασμα, offering
34 πλημμέλεια, trespass
35 ἀρσενικός, male
36 ἀπαρχή, first portion
37 δόμα, gift
38 ἐπίθεμα, addition
39 θυγάτηρ, daughter
40 νόμιμος, ordinance, statute
41 καθαρός, clean, pure
42 ἐσθίω, *fut mid ind 3s*, eat
43 ἀπαρχή, firstfruit

ἐλαίου[1] καὶ πᾶσα ἀπαρχὴ οἴνου καὶ σίτου,[2] ἀπαρχὴ αὐτῶν, ὅσα ἂν δῶσι τῷ κυρίῳ, σοὶ δέδωκα αὐτά. **13** τὰ πρωτογενήματα[3] πάντα, ὅσα ἐν τῇ γῇ αὐτῶν, ὅσα ἂν ἐνέγκωσιν[4] κυρίῳ, σοὶ ἔσται· πᾶς καθαρὸς[5] ἐν τῷ οἴκῳ σου ἔδεται[6] αὐτά. **14** πᾶν ἀνατεθεματισμένον[7] ἐν υἱοῖς Ισραηλ σοὶ ἔσται. **15** καὶ πᾶν διανοῖγον[8] μήτραν[9] ἀπὸ πάσης σαρκός, ἃ προσφέρουσιν κυρίῳ ἀπὸ ἀνθρώπου ἕως κτήνους,[10] σοὶ ἔσται· ἀλλ᾽ ἢ λύτροις[11] λυτρωθήσεται[12] τὰ πρωτότοκα[13] τῶν ἀνθρώπων, καὶ τὰ πρωτότοκα τῶν κτηνῶν τῶν ἀκαθάρτων λυτρώσῃ.[14] **16** καὶ ἡ λύτρωσις[15] αὐτοῦ ἀπὸ μηνιαίου·[16] ἡ συντίμησις[17] πέντε σίκλων[18] κατὰ τὸν σίκλον τὸν ἅγιον (εἴκοσι[19] ὀβολοί[20] εἰσιν). **17** πλὴν πρωτότοκα[21] μόσχων[22] καὶ πρωτότοκα προβάτων καὶ πρωτότοκα αἰγῶν[23] οὐ λυτρώσῃ·[24] ἅγιά ἐστιν· καὶ τὸ αἷμα αὐτῶν προσχεεῖς[25] πρὸς τὸ θυσιαστήριον[26] καὶ τὸ στέαρ[27] ἀνοίσεις[28] κάρπωμα[29] εἰς ὀσμὴν[30] εὐωδίας[31] κυρίῳ· **18** καὶ τὰ κρέα[32] ἔσται σοί· καθὰ[33] καὶ τὸ στηθύνιον[34] τοῦ ἐπιθέματος[35] καὶ κατὰ τὸν βραχίονα[36] τὸν δεξιὸν σοὶ ἔσται. **19** πᾶν ἀφαίρεμα[37] τῶν ἁγίων, ὅσα ἂν ἀφέλωσιν[38] οἱ υἱοὶ Ισραηλ κυρίῳ, σοὶ δέδωκα καὶ τοῖς υἱοῖς σου καὶ ταῖς θυγατράσιν[39] σου μετὰ σοῦ, νόμιμον[40] αἰώνιον· διαθήκη ἁλὸς[41] αἰωνίου ἐστὶν ἔναντι[42] κυρίου σοὶ καὶ τῷ σπέρματί σου μετὰ σέ.

20 Καὶ ἐλάλησεν κύριος πρὸς Ααρων Ἐν τῇ γῇ αὐτῶν οὐ κληρονομήσεις,[43] καὶ μερὶς[44] οὐκ ἔσται σοι ἐν αὐτοῖς, ὅτι ἐγὼ μερίς σου καὶ κληρονομία[45] σου ἐν μέσῳ τῶν υἱῶν Ισραηλ. **21** καὶ τοῖς υἱοῖς Λευι ἰδοὺ δέδωκα πᾶν ἐπιδέκατον[46] ἐν Ισραηλ ἐν κλήρῳ[47] ἀντὶ[48] τῶν λειτουργιῶν[49] αὐτῶν, ὅσα αὐτοὶ λειτουργοῦσιν[50] λειτουργίαν

1 ἔλαιον, oil
2 σῖτος, grain
3 πρωτογένημα, first portion
4 φέρω, *aor act sub 3p*, bring
5 καθαρός, clean, pure
6 ἐσθίω, *fut mid ind 3s*, eat
7 ἀναθεματίζω, *perf pas ptc nom s n*, devote to destruction
8 διανοίγω, *pres act ptc nom s n*, lay open
9 μήτρα, womb
10 κτῆνος, animal, (*p*) herd
11 λύτρον, ransom
12 λυτρόω, *fut pas ind 3s*, redeem
13 πρωτότοκος, firstborn
14 λυτρόω, *fut mid ind 2s*, redeem
15 λύτρωσις, ransoming, redemption
16 μηνιαῖος, one month (old)
17 συντίμησις, valuation, assessment
18 σίκλος, shekel, *Heb. LW*
19 εἴκοσι, twenty
20 ὀβολός, obol (one-fifth of a drachma)
21 πρωτότοκος, firstborn
22 μόσχος, calf
23 αἴξ, goat
24 λυτρόω, *fut mid ind 2s*, redeem
25 προσχέω, *fut act ind 2s*, pour out
26 θυσιαστήριον, altar
27 στέαρ, fat
28 ἀναφέρω, *fut act ind 2s*, bring, offer
29 κάρπωμα, burnt offering
30 ὀσμή, odor
31 εὐωδία, sweet smell
32 κρέας, meat
33 καθά, as
34 στηθύνιον, breast
35 ἐπίθεμα, addition
36 βραχίων, arm, shoulder
37 ἀφαίρεμα, choice portion
38 ἀφαιρέω, *aor act sub 3p*, separate, set aside
39 θυγάτηρ, daughter
40 νόμιμος, ordinance, statute
41 ἅλς, salt
42 ἔναντι, before
43 κληρονομέω, *fut act ind 2s*, inherit
44 μερίς, portion, lot
45 κληρονομία, inheritance
46 ἐπιδέκατον, tenth, tithe
47 κλῆρος, share, allotment
48 ἀντί, in return for
49 λειτουργία, religious service, ministry
50 λειτουργέω, *pres act ind 3p*, minister

ἐν τῇ σκηνῇ[1] τοῦ μαρτυρίου.[2] **22** καὶ οὐ προσελεύσονται ἔτι οἱ υἱοὶ Ισραηλ εἰς τὴν
σκηνὴν[3] τοῦ μαρτυρίου[4] λαβεῖν ἁμαρτίαν θανατηφόρον.[5] **23** καὶ λειτουργήσει[6] ὁ
Λευίτης αὐτὸς τὴν λειτουργίαν[7] τῆς σκηνῆς[8] τοῦ μαρτυρίου,[9] καὶ αὐτοὶ λήμψονται
τὰ ἁμαρτήματα[10] αὐτῶν, νόμιμον[11] αἰώνιον εἰς τὰς γενεὰς αὐτῶν· καὶ ἐν μέσῳ υἱῶν
Ισραηλ οὐ κληρονομήσουσιν[12] κληρονομίαν·[13] **24** ὅτι τὰ ἐπιδέκατα[14] τῶν υἱῶν
Ισραηλ, ὅσα ἂν ἀφορίσωσιν[15] κυρίῳ ἀφαίρεμα,[16] δέδωκα τοῖς Λευίταις ἐν κλήρῳ·[17]
διὰ τοῦτο εἴρηκα[18] αὐτοῖς Ἐν μέσῳ υἱῶν Ισραηλ οὐ κληρονομήσουσιν[19] κλῆρον.

25 Καὶ ἐλάλησεν κύριος πρὸς Μωυσῆν λέγων **26** Καὶ τοῖς Λευίταις λαλήσεις καὶ
ἐρεῖς πρὸς αὐτούς Ἐὰν λάβητε παρὰ τῶν υἱῶν Ισραηλ τὸ ἐπιδέκατον,[20] ὃ δέδωκα ὑμῖν
παρ᾽ αὐτῶν ἐν κλήρῳ,[21] καὶ ἀφελεῖτε[22] ὑμεῖς ἀπ᾽ αὐτοῦ ἀφαίρεμα[23] κυρίῳ ἐπιδέκατον[24]
ἀπὸ τοῦ ἐπιδεκάτου. **27** καὶ λογισθήσεται ὑμῖν τὰ ἀφαιρέματα[25] ὑμῶν ὡς σῖτος[26]
ἀπὸ ἅλω[27] καὶ ἀφαίρεμα ἀπὸ ληνοῦ.[28] **28** οὕτως ἀφελεῖτε[29] καὶ ὑμεῖς ἀπὸ τῶν ἀφαι-
ρεμάτων[30] κυρίου ἀπὸ πάντων ἐπιδεκάτων[31] ὑμῶν, ὅσα ἐὰν λάβητε παρὰ τῶν υἱῶν
Ισραηλ, καὶ δώσετε ἀπ᾽ αὐτῶν ἀφαίρεμα κυρίῳ Ααρων τῷ ἱερεῖ. **29** ἀπὸ πάντων
τῶν δομάτων[32] ὑμῶν ἀφελεῖτε[33] ἀφαίρεμα[34] κυρίῳ ἢ ἀπὸ πάντων τῶν ἀπαρχῶν[35] τὸ
ἡγιασμένον[36] ἀπ᾽ αὐτοῦ. **30** καὶ ἐρεῖς πρὸς αὐτούς Ὅταν ἀφαιρῆτε[37] τὴν ἀπαρχὴν[38]
ἀπ᾽ αὐτοῦ, καὶ λογισθήσεται τοῖς Λευίταις ὡς γένημα[39] ἀπὸ ἅλω[40] καὶ ὡς γένημα
ἀπὸ ληνοῦ.[41] **31** καὶ ἔδεσθε[42] αὐτὸ ἐν παντὶ τόπῳ ὑμεῖς καὶ οἱ οἶκοι ὑμῶν, ὅτι μισθὸς[43]
οὗτος ὑμῖν ἐστιν ἀντὶ[44] τῶν λειτουργιῶν[45] ὑμῶν τῶν ἐν τῇ σκηνῇ[46] τοῦ μαρτυρίου·[47]

1 σκηνή, tent
2 μαρτύριον, witness
3 σκηνή, tent
4 μαρτύριον, witness
5 θανατηφόρος, deadly, fatal
6 λειτουργέω, *fut act ind 3s*, minister
7 λειτουργία, religious service, ministry
8 σκηνή, tent
9 μαρτύριον, witness
10 ἁμάρτημα, sin, offense
11 νόμιμος, ordinance, statute
12 κληρονομέω, *fut act ind 3p*, inherit
13 κληρονομία, inheritance
14 ἐπιδέκατον, tenth, tithe
15 ἀφορίζω, *aor act sub 3p*, set apart
16 ἀφαίρεμα, choice portion
17 κλῆρος, share, allotment
18 λέγω, *perf act ind 1s*, say
19 κληρονομέω, *fut act ind 3p*, inherit
20 ἐπιδέκατον, tenth, tithe
21 κλῆρος, share, allotment
22 ἀφαιρέω, *fut act ind 2p*, separate, set aside
23 ἀφαίρεμα, choice portion
24 ἐπιδέκατον, tenth, tithe
25 ἀφαίρεμα, choice portion
26 σῖτος, grain
27 ἅλων, threshing floor
28 ληνός, winepress
29 ἀφαιρέω, *fut act ind 2p*, separate, set aside
30 ἀφαίρεμα, choice portion
31 ἐπιδέκατον, tenth, tithe
32 δόμα, gift
33 ἀφαιρέω, *fut act ind 2p*, separate, set aside
34 ἀφαίρεμα, choice portion
35 ἀπαρχή, first portion
36 ἁγιάζω, *perf pas ptc acc s n*, sanctify
37 ἀφαιρέω, *pres act sub 2p*, separate, set aside
38 ἀπαρχή, first portion
39 γένημα, yield, product
40 ἅλων, threshing floor
41 ληνός, winepress
42 ἐσθίω, *fut mid ind 2p*, eat
43 μισθός, wages, earning
44 ἀντί, in return for
45 λειτουργία, religious service, ministry
46 σκηνή, tent
47 μαρτύριον, witness

32 καὶ οὐ λήμψεσθε δι᾽ αὐτὸ ἁμαρτίαν, ὅτι ἂν ἀφαιρῆτε[1] τὴν ἀπαρχὴν[2] ἀπ᾽ αὐτοῦ·
καὶ τὰ ἅγια τῶν υἱῶν Ισραηλ οὐ βεβηλώσετε,[3] ἵνα μὴ ἀποθάνητε.

Sacrifice of the Red Heifer

19 Καὶ ἐλάλησεν κύριος πρὸς Μωυσῆν καὶ Ααρων λέγων **2** Αὕτη ἡ διαστολὴ[4]
τοῦ νόμου, ὅσα συνέταξεν[5] κύριος λέγων Λάλησον τοῖς υἱοῖς Ισραηλ καὶ
λαβέτωσαν πρὸς σὲ δάμαλιν[6] πυρρὰν[7] ἄμωμον,[8] ἥτις οὐκ ἔχει ἐν αὐτῇ μῶμον[9] καὶ
ᾗ οὐκ ἐπεβλήθη[10] ἐπ᾽ αὐτὴν ζυγός.[11] **3** καὶ δώσεις αὐτὴν πρὸς Ελεαζαρ τὸν ἱερέα,
καὶ ἐξάξουσιν[12] αὐτὴν ἔξω τῆς παρεμβολῆς[13] εἰς τόπον καθαρὸν[14] καὶ σφάξουσιν[15]
αὐτὴν ἐνώπιον αὐτοῦ. **4** καὶ λήμψεται Ελεαζαρ ἀπὸ τοῦ αἵματος αὐτῆς καὶ ῥανεῖ[16]
ἀπέναντι[17] τοῦ προσώπου τῆς σκηνῆς[18] τοῦ μαρτυρίου[19] ἀπὸ τοῦ αἵματος αὐτῆς
ἑπτάκις.[20] **5** καὶ κατακαύσουσιν[21] αὐτὴν ἐναντίον[22] αὐτοῦ, καὶ τὸ δέρμα[23] καὶ τὰ
κρέα[24] αὐτῆς καὶ τὸ αἷμα αὐτῆς σὺν τῇ κόπρῳ[25] αὐτῆς κατακαυθήσεται.[26] **6** καὶ λήμ-
ψεται ὁ ἱερεὺς ξύλον[27] κέδρινον[28] καὶ ὕσσωπον[29] καὶ κόκκινον[30] καὶ ἐμβαλοῦσιν[31]
εἰς μέσον τοῦ κατακαύματος[32] τῆς δαμάλεως.[33] **7** καὶ πλυνεῖ[34] τὰ ἱμάτια αὐτοῦ ὁ
ἱερεὺς καὶ λούσεται[35] τὸ σῶμα αὐτοῦ ὕδατι καὶ μετὰ ταῦτα εἰσελεύσεται εἰς τὴν
παρεμβολήν,[36] καὶ ἀκάθαρτος ἔσται ὁ ἱερεὺς ἕως ἑσπέρας.[37] **8** καὶ ὁ κατακαίων[38]
αὐτὴν πλυνεῖ[39] τὰ ἱμάτια αὐτοῦ καὶ λούσεται[40] τὸ σῶμα αὐτοῦ καὶ ἀκάθαρτος ἔσται
ἕως ἑσπέρας.[41] **9** καὶ συνάξει ἄνθρωπος καθαρὸς[42] τὴν σποδὸν[43] τῆς δαμάλεως[44]
καὶ ἀποθήσει[45] ἔξω τῆς παρεμβολῆς[46] εἰς τόπον καθαρόν,[47] καὶ ἔσται τῇ συναγωγῇ

1 ἀφαιρέω, *pres act sub 2p*, separate, set aside
2 ἀπαρχή, first portion
3 βεβηλόω, *fut act ind 2p*, profane, defile
4 διαστολή, command, ordinance
5 συντάσσω, *aor act ind 3s*, order, charge, prescribe
6 δάμαλις, heifer
7 πυρρός, red
8 ἄμωμος, unblemished
9 μῶμος, defect, blemish
10 ἐπιβάλλω, *aor pas ind 3s*, set upon
11 ζυγός, yoke
12 ἐξάγω, *fut act ind 3p*, lead out
13 παρεμβολή, camp
14 καθαρός, clean
15 σφάζω, *fut act ind 3p*, slaughter
16 ῥαίνω, *fut act ind 3s*, sprinkle
17 ἀπέναντι, over, against
18 σκηνή, tent
19 μαρτύριον, witness
20 ἑπτάκις, seven times
21 κατακαίω, *fut act ind 3p*, burn completely
22 ἐναντίον, before
23 δέρμα, hide
24 κρέας, flesh
25 κόπρος, excrement, dung
26 κατακαίω, *fut pas ind 3s*, burn completely
27 ξύλον, wood
28 κέδρινος, of cedar
29 ὕσσωπος, hyssop, *Heb. LW*
30 κόκκινος, scarlet
31 ἐμβάλλω, *fut act ind 3p*, cast into
32 κατάκαυμα, burning
33 δάμαλις, heifer
34 πλύνω, *fut act ind 3s*, wash
35 λούω, *fut mid ind 3s*, bathe
36 παρεμβολή, camp
37 ἑσπέρα, evening
38 κατακαίω, *pres act ptc nom s m*, burn completely
39 πλύνω, *fut act ind 3s*, wash
40 λούω, *fut mid ind 3s*, bathe
41 ἑσπέρα, evening
42 καθαρός, clean, pure
43 σποδός, ashes
44 δάμαλις, heifer
45 ἀποτίθημι, *fut act ind 3s*, put aside
46 παρεμβολή, camp
47 καθαρός, clean, pure

υἱῶν Ισραηλ εἰς διατήρησιν,[1] ὕδωρ ῥαντισμοῦ·[2] ἅγνισμά[3] ἐστιν. **10** καὶ πλυνεῖ[4] τὰ ἱμάτια ὁ συνάγων τὴν σποδιὰν[5] τῆς δαμάλεως[6] καὶ ἀκάθαρτος ἔσται ἕως ἑσπέρας.[7] καὶ ἔσται τοῖς υἱοῖς Ισραηλ καὶ τοῖς προσκειμένοις[8] προσηλύτοις[9] νόμιμον[10] αἰώνιον.

11 Ὁ ἁπτόμενος τοῦ τεθνηκότος[11] πάσης ψυχῆς ἀνθρώπου ἀκάθαρτος ἔσται ἑπτὰ ἡμέρας· **12** οὗτος ἁγνισθήσεται[12] τῇ ἡμέρᾳ τῇ τρίτῃ καὶ τῇ ἡμέρᾳ τῇ ἑβδόμῃ[13] καὶ καθαρὸς[14] ἔσται· ἐὰν δὲ μὴ ἀφαγνισθῇ[15] τῇ ἡμέρᾳ τῇ τρίτῃ καὶ τῇ ἡμέρᾳ τῇ ἑβδόμῃ, οὐ καθαρὸς[16] ἔσται. **13** πᾶς ὁ ἁπτόμενος τοῦ τεθνηκότος[17] ἀπὸ ψυχῆς ἀνθρώπου, ἐὰν ἀποθάνῃ, καὶ μὴ ἀφαγνισθῇ,[18] τὴν σκηνὴν[19] κυρίου ἐμίανεν·[20] ἐκτριβήσεται[21] ἡ ψυχὴ ἐκείνη ἐξ Ισραηλ· ὅτι ὕδωρ ῥαντισμοῦ[22] οὐ περιερραντίσθη[23] ἐπ᾽ αὐτόν, ἀκάθαρτός ἐστιν, ἔτι ἡ ἀκαθαρσία[24] αὐτοῦ ἐν αὐτῷ ἐστιν.

14 Καὶ οὗτος ὁ νόμος· ἄνθρωπος ἐὰν ἀποθάνῃ ἐν οἰκίᾳ, πᾶς ὁ εἰσπορευόμενος[25] εἰς τὴν οἰκίαν καὶ ὅσα ἐστὶν ἐν τῇ οἰκίᾳ, ἀκάθαρτα ἔσται ἑπτὰ ἡμέρας· **15** καὶ πᾶν σκεῦος[26] ἀνεῳγμένον, ὅσα οὐχὶ δεσμὸν[27] καταδέδεται[28] ἐπ᾽ αὐτῷ, ἀκάθαρτά ἐστιν. **16** καὶ πᾶς, ὃς ἐὰν ἅψηται ἐπὶ προσώπου τοῦ πεδίου[29] τραυματίου[30] ἢ νεκροῦ[31] ἢ ὀστέου[32] ἀνθρωπίνου[33] ἢ μνήματος,[34] ἑπτὰ ἡμέρας ἀκάθαρτος ἔσται. **17** καὶ λήμψονται τῷ ἀκαθάρτῳ ἀπὸ τῆς σποδιᾶς[35] τῆς κατακεκαυμένης[36] τοῦ ἁγνισμοῦ[37] καὶ ἐκχεοῦσιν[38] ἐπ᾽ αὐτὴν ὕδωρ ζῶν εἰς σκεῦος·[39] **18** καὶ λήμψεται ὕσσωπον[40] καὶ βάψει[41] εἰς τὸ ὕδωρ ἀνὴρ καθαρὸς[42] καὶ περιρρανεῖ[43] ἐπὶ τὸν οἶκον καὶ ἐπὶ τὰ σκεύη[44] καὶ ἐπὶ τὰς ψυχάς, ὅσαι ἐὰν ὦσιν ἐκεῖ, καὶ ἐπὶ τὸν ἡμμένον[45] τοῦ ὀστέου[46]

1 διατήρησις, preservation
2 ῥαντισμός, sprinkling
3 ἅγνισμα, purification
4 πλύνω, *fut act ind 3s*, wash
5 σποδιά, ashes
6 δάμαλις, heifer
7 ἑσπέρα, evening
8 πρόσκειμαι, *pres pas ptc dat p m*, join to, belong to
9 προσήλυτος, immigrant, guest
10 νόμιμος, ordinance, statute
11 θνήσκω, *perf act ptc gen s m*, die
12 ἁγνίζω, *fut pas ind 3s*, cleanse
13 ἕβδομος, seventh
14 καθαρός, clean, pure
15 ἀφαγνίζω, *aor pas sub 3s*, purify
16 καθαρός, clean, pure
17 θνήσκω, *perf act ptc gen s m*, die
18 ἀφαγνίζω, *aor pas sub 3s*, purify
19 σκηνή, tent
20 μιαίνω, *aor act ind 3s*, defile, pollute
21 ἐκτρίβω, *fut pas ind 3s*, rub out, destroy
22 ῥαντισμός, sprinkling
23 περιρραντίζω, *aor pas ind 3s*, sprinkle
24 ἀκαθαρσία, impurity, uncleanness
25 εἰσπορεύομαι, *pres mid ptc nom s m*, enter
26 σκεῦος, vessel, item
27 δεσμός, band, chain
28 καταδέω, *perf pas ind 3s*, bind up
29 πεδίον, field, open place
30 τραυματίας, casualty
31 νεκρός, dead
32 ὀστέον, bone
33 ἀνθρώπινος, belonging to a person
34 μνῆμα, grave, tomb
35 σποδιά, ashes
36 κατακαίω, *perf pas ptc gen s f*, burn completely
37 ἁγνισμός, purification
38 ἐκχέω, *fut act ind 3p*, pour out
39 σκεῦος, vessel
40 ὕσσωπος, hyssop, *Heb. LW*
41 βάπτω, *fut act ind 3s*, dip
42 καθαρός, clean, pure
43 περιρραίνω, *fut act ind 3s*, sprinkle
44 σκεῦος, vessel, item
45 ἅπτομαι, *perf mid ptc acc s m*, touch
46 ὀστέον, bone

τοῦ ἀνθρωπίνου[1] ἢ τοῦ τραυματίου[2] ἢ τοῦ τεθνηκότος[3] ἢ τοῦ μνήματος·[4] **19** καὶ
περιρρανεῖ[5] ὁ καθαρὸς[6] ἐπὶ τὸν ἀκάθαρτον ἐν τῇ ἡμέρᾳ τῇ τρίτῃ καὶ ἐν τῇ ἡμέρᾳ
τῇ ἑβδόμῃ,[7] καὶ ἀφαγνισθήσεται[8] τῇ ἡμέρᾳ τῇ ἑβδόμῃ καὶ πλυνεῖ[9] τὰ ἱμάτια αὐτοῦ
καὶ λούσεται[10] ὕδατι καὶ ἀκάθαρτος ἔσται ἕως ἑσπέρας.[11] **20** καὶ ἄνθρωπος, ὃς
ἐὰν μιανθῇ[12] καὶ μὴ ἀφαγνισθῇ,[13] ἐξολεθρευθήσεται[14] ἡ ψυχὴ ἐκείνη ἐκ μέσου τῆς
συναγωγῆς, ὅτι τὰ ἅγια κυρίου ἐμίανεν,[15] ὅτι ὕδωρ ῥαντισμοῦ[16] οὐ περιερραντίσθη[17]
ἐπ᾽ αὐτόν, ἀκάθαρτός ἐστιν. **21** καὶ ἔσται ὑμῖν νόμιμον[18] αἰώνιον· καὶ ὁ περιρραίνων[19]
ὕδωρ ῥαντισμοῦ[20] πλυνεῖ[21] τὰ ἱμάτια αὐτοῦ, καὶ ὁ ἁπτόμενος τοῦ ὕδατος τοῦ
ῥαντισμοῦ[22] ἀκάθαρτος ἔσται ἕως ἑσπέρας·[23] **22** καὶ παντός, οὗ ἐὰν ἅψηται αὐτοῦ
ὁ ἀκάθαρτος, ἀκάθαρτον ἔσται, καὶ ἡ ψυχὴ ἡ ἁπτομένη ἀκάθαρτος ἔσται ἕως
ἑσπέρας.[24]

Miriam's Death

20 Καὶ ἦλθον οἱ υἱοὶ Ισραηλ, πᾶσα ἡ συναγωγή, εἰς τὴν ἔρημον Σιν ἐν τῷ μηνὶ[25]
τῷ πρώτῳ, καὶ κατέμεινεν[26] ὁ λαὸς ἐν Καδης, καὶ ἐτελεύτησεν[27] ἐκεῖ Μαριαμ
καὶ ἐτάφη[28] ἐκεῖ.

Water at Meribah

2 καὶ οὐκ ἦν ὕδωρ τῇ συναγωγῇ, καὶ ἠθροίσθησαν[29] ἐπὶ Μωυσῆν καὶ Ααρων. **3** καὶ
ἐλοιδορεῖτο[30] ὁ λαὸς πρὸς Μωυσῆν λέγοντες Ὄφελον[31] ἀπεθάνομεν ἐν τῇ ἀπωλείᾳ[32]
τῶν ἀδελφῶν ἡμῶν ἔναντι[33] κυρίου· **4** καὶ ἵνα τί ἀνηγάγετε[34] τὴν συναγωγὴν κυρίου
εἰς τὴν ἔρημον ταύτην ἀποκτεῖναι ἡμᾶς καὶ τὰ κτήνη[35] ἡμῶν; **5** καὶ ἵνα τί τοῦτο
ἀνηγάγετε[36] ἡμᾶς ἐξ Αἰγύπτου παραγενέσθαι εἰς τὸν τόπον τὸν πονηρὸν τοῦτον;
τόπος, οὗ οὐ σπείρεται[37] οὐδὲ συκαῖ[38] οὐδὲ ἄμπελοι[39] οὐδὲ ῥόαι[40] οὐδὲ ὕδωρ ἐστὶν

1 ἀνθρώπινος, belonging to a person
2 τραυματίας, corpse
3 θνῄσκω, *perf act ptc gen s m*, die
4 μνῆμα, grave, tomb
5 περιρραίνω, *fut act ind 3s*, sprinkle
6 καθαρός, clean, pure
7 ἕβδομος, seventh
8 ἀφαγνίζω, *fut pas ind 3s*, purify
9 πλύνω, *fut act ind 3s*, wash
10 λούω, *fut mid ind 3s*, bathe
11 ἑσπέρα, evening
12 μιαίνω, *aor pas sub 3s*, defile, pollute
13 ἀφαγνίζω, *aor pas sub 3s*, purify
14 ἐξολεθρεύω, *fut pas ind 3s*, utterly destroy
15 μιαίνω, *aor act ind 3s*, defile, pollute
16 ῥαντισμός, sprinkling
17 περιρραντίζω, *aor pas ind 3s*, sprinkle
18 νόμιμος, ordinance, statute
19 περιρραίνω, *pres act ptc nom s m*, sprinkle
20 ῥαντισμός, sprinkling
21 πλύνω, *fut act ind 3s*, wash
22 ῥαντισμός, sprinkling
23 ἑσπέρα, evening
24 ἑσπέρα, evening
25 μήν, month
26 καταμένω, *aor act ind 3s*, stay
27 τελευτάω, *aor act ind 3s*, die
28 θάπτω, *aor pas ind 3s*, bury
29 ἀθροίζω, *aor pas ind 3p*, gather together
30 λοιδορέω, *impf mid ind 3s*, rail at, scoff
31 ὄφελον, O that
32 ἀπώλεια, annihilation
33 ἔναντι, before
34 ἀνάγω, *aor act ind 2p*, lead up
35 κτῆνος, animal, (*p*) herd
36 ἀνάγω, *aor act ind 2p*, lead up
37 σπείρω, *pres pas ind 3s*, sow
38 συκῆ, fig tree
39 ἄμπελος, vine
40 ῥόα, pomegranate tree

πιεῖν. **6** καὶ ἦλθεν Μωυσῆς καὶ Ααρων ἀπὸ προσώπου τῆς συναγωγῆς ἐπὶ τὴν θύραν
τῆς σκηνῆς[1] τοῦ μαρτυρίου[2] καὶ ἔπεσαν ἐπὶ πρόσωπον, καὶ ὤφθη ἡ δόξα κυρίου
πρὸς αὐτούς. **7** καὶ ἐλάλησεν κύριος πρὸς Μωυσῆν λέγων **8** Λαβὲ τὴν ῥάβδον[3] καὶ
ἐκκλησίασον[4] τὴν συναγωγὴν σὺ καὶ Ααρων ὁ ἀδελφός σου καὶ λαλήσατε πρὸς
τὴν πέτραν[5] ἔναντι[6] αὐτῶν, καὶ δώσει τὰ ὕδατα αὐτῆς, καὶ ἐξοίσετε[7] αὐτοῖς ὕδωρ
ἐκ τῆς πέτρας καὶ ποτιεῖτε[8] τὴν συναγωγὴν καὶ τὰ κτήνη[9] αὐτῶν. **9** καὶ ἔλαβεν
Μωυσῆς τὴν ῥάβδον[10] τὴν ἀπέναντι[11] κυρίου, καθὰ[12] συνέταξεν[13] κύριος· **10** καὶ
ἐξεκκλησίασεν[14] Μωυσῆς καὶ Ααρων τὴν συναγωγὴν ἀπέναντι[15] τῆς πέτρας[16] καὶ
εἶπεν πρὸς αὐτούς Ἀκούσατέ μου, οἱ ἀπειθεῖς·[17] μὴ ἐκ τῆς πέτρας ταύτης ἐξάξομεν[18]
ὑμῖν ὕδωρ; **11** καὶ ἐπάρας[19] Μωυσῆς τὴν χεῖρα αὐτοῦ ἐπάταξεν[20] τὴν πέτραν[21] τῇ
ῥάβδῳ[22] δίς,[23] καὶ ἐξῆλθεν ὕδωρ πολύ, καὶ ἔπιεν ἡ συναγωγὴ καὶ τὰ κτήνη[24] αὐτῶν.
12 καὶ εἶπεν κύριος πρὸς Μωυσῆν καὶ Ααρων Ὅτι οὐκ ἐπιστεύσατε ἁγιάσαι[25] με
ἐναντίον[26] υἱῶν Ισραηλ, διὰ τοῦτο οὐκ εἰσάξετε[27] ὑμεῖς τὴν συναγωγὴν ταύτην εἰς
τὴν γῆν, ἣν δέδωκα αὐτοῖς. **13** τοῦτο ὕδωρ ἀντιλογίας,[28] ὅτι ἐλοιδορήθησαν[29] οἱ υἱοὶ
Ισραηλ ἔναντι[30] κυρίου καὶ ἡγιάσθη[31] ἐν αὐτοῖς.

No Passage through Edom

14 Καὶ ἀπέστειλεν Μωυσῆς ἀγγέλους ἐκ Καδης πρὸς βασιλέα Εδωμ λέγων Τάδε[32]
λέγει ὁ ἀδελφός σου Ισραηλ Σὺ ἐπίστῃ[33] πάντα τὸν μόχθον[34] τὸν εὑρόντα ἡμᾶς,
15 καὶ κατέβησαν οἱ πατέρες ἡμῶν εἰς Αἴγυπτον, καὶ παρῳκήσαμεν[35] ἐν Αἰγύπτῳ
ἡμέρας πλείους,[36] καὶ ἐκάκωσαν[37] ἡμᾶς οἱ Αἰγύπτιοι καὶ τοὺς πατέρας ἡμῶν,
16 καὶ ἀνεβοήσαμεν[38] πρὸς κύριον, καὶ εἰσήκουσεν[39] κύριος τῆς φωνῆς ἡμῶν καὶ
ἀποστείλας ἄγγελον ἐξήγαγεν[40] ἡμᾶς ἐξ Αἰγύπτου, καὶ νῦν ἐσμεν ἐν Καδης, πόλει

1 σκηνή, tent
2 μαρτύριον, witness
3 ῥάβδος, staff
4 ἐκκλησιάζω, *aor act impv 2s*, assemble
5 πέτρα, rock
6 ἔναντι, before
7 ἐκφέρω, *fut act ind 2p*, bring forth
8 ποτίζω, *fut act ind 2p*, give drink to
9 κτῆνος, animal, (*p*) herd
10 ῥάβδος, staff
11 ἀπέναντι, before
12 καθά, just as
13 συντάσσω, *aor act ind 3s*, order, charge, prescribe
14 ἐξεκκλησιάζω, *aor act ind 3s*, assemble
15 ἀπέναντι, before
16 πέτρα, rock
17 ἀπειθής, disobedient, rebellious
18 ἐξάγω, *fut act ind 1p*, bring forth
19 ἐπαίρω, *aor act ptc nom s m*, lift up
20 πατάσσω, *aor act ind 3s*, strike
21 πέτρα, rock
22 ῥάβδος, staff
23 δίς, twice
24 κτῆνος, animal, (*p*) herd
25 ἁγιάζω, *aor act inf*, sanctify, consecrate
26 ἐναντίον, before
27 εἰσάγω, *fut act ind 2p*, bring into
28 ἀντιλογία, controversy, argument
29 λοιδορέω, *aor pas ind 3p*, revile, insult
30 ἔναντι, before
31 ἁγιάζω, *aor pas ind 3s*, sanctify, consecrate
32 ὅδε, *this*
33 ἐπίσταμαι, *pres mid ind 2s*, know
34 μόχθος, trouble, hardship
35 παροικέω, *aor act ind 1p*, inhabit as foreigner
36 πλείων/πλεῖον, *comp of* πολύς, more
37 κακόω, *aor act ind 3p*, mistreat, afflict
38 ἀναβοάω, *aor act ind 1p*, cry out
39 εἰσακούω, *aor act ind 3s*, listen
40 ἐξάγω, *aor act ind 3s*, lead out

ἐκ μέρους τῶν ὁρίων[1] σου· **17** παρελευσόμεθα[2] διὰ τῆς γῆς σου, οὐ διελευσόμεθα[3]
δι᾽ ἀγρῶν οὐδὲ δι᾽ ἀμπελώνων[4] οὐδὲ πιόμεθα ὕδωρ ἐκ λάκκου[5] σου, ὁδῷ βασιλικῇ[6]
πορευσόμεθα, οὐκ ἐκκλινοῦμεν[7] δεξιὰ οὐδὲ εὐώνυμα,[8] ἕως ἂν παρέλθωμεν[9] τὰ
ὅριά[10] σου. **18** καὶ εἶπεν πρὸς αὐτὸν Εδωμ Οὐ διελεύσῃ δι᾽ ἐμοῦ· εἰ δὲ μή, ἐν πολέμῳ
ἐξελεύσομαι εἰς συνάντησίν[11] σοι. **19** καὶ λέγουσιν αὐτῷ οἱ υἱοὶ Ισραηλ Παρὰ τὸ
ὄρος παρελευσόμεθα·[12] ἐὰν δὲ τοῦ ὕδατός σου πίωμεν ἐγώ τε καὶ τὰ κτήνη,[13]
δώσω τιμήν[14] σοι· ἀλλὰ τὸ πρᾶγμα[15] οὐδέν ἐστιν, παρὰ τὸ ὄρος παρελευσόμεθα.[16]
20 ὁ δὲ εἶπεν Οὐ διελεύσῃ[17] δι᾽ ἐμοῦ· καὶ ἐξῆλθεν Εδωμ εἰς συνάντησιν[18] αὐτῷ ἐν
ὄχλῳ[19] βαρεῖ[20] καὶ ἐν χειρὶ ἰσχυρᾷ.[21] **21** καὶ οὐκ ἠθέλησεν Εδωμ δοῦναι τῷ Ισραηλ
παρελθεῖν[22] διὰ τῶν ὁρίων[23] αὐτοῦ· καὶ ἐξέκλινεν[24] Ισραηλ ἀπ᾽ αὐτοῦ.

Aaron's Death

22 Καὶ ἀπῆραν[25] ἐκ Καδης· καὶ παρεγένοντο οἱ υἱοὶ Ισραηλ, πᾶσα ἡ συναγωγή,
εἰς Ωρ τὸ ὄρος. **23** καὶ εἶπεν κύριος πρὸς Μωυσῆν καὶ Ααρων ἐν Ωρ τῷ ὄρει ἐπὶ
τῶν ὁρίων[26] γῆς Εδωμ λέγων **24** Προστεθήτω[27] Ααρων πρὸς τὸν λαὸν αὐτοῦ, ὅτι
οὐ μὴ εἰσέλθητε εἰς τὴν γῆν, ἣν δέδωκα τοῖς υἱοῖς Ισραηλ, διότι[28] παρωξύνατέ[29] με
ἐπὶ τοῦ ὕδατος τῆς λοιδορίας.[30] **25** λαβὲ τὸν Ααρων καὶ Ελεαζαρ τὸν υἱὸν αὐτοῦ
καὶ ἀναβίβασον[31] αὐτοὺς εἰς Ωρ τὸ ὄρος ἔναντι[32] πάσης τῆς συναγωγῆς **26** καὶ
ἔκδυσον[33] Ααρων τὴν στολὴν[34] αὐτοῦ καὶ ἔνδυσον[35] Ελεαζαρ τὸν υἱὸν αὐτοῦ, καὶ
Ααρων προστεθεὶς[36] ἀποθανέτω ἐκεῖ. **27** καὶ ἐποίησεν Μωυσῆς καθὰ[37] συνέταξεν[38]
κύριος, καὶ ἀνεβίβασεν[39] αὐτὸν εἰς Ωρ τὸ ὄρος ἐναντίον[40] πάσης τῆς συναγωγῆς.
28 καὶ ἐξέδυσεν[41] Ααρων τὰ ἱμάτια αὐτοῦ καὶ ἐνέδυσεν[42] αὐτὰ Ελεαζαρ τὸν υἱὸν

1 ὅριον, border, territory
2 παρέρχομαι, *fut mid ind 1p*, go through
3 διέρχομαι, *fut mid ind 1p*, pass through
4 ἀμπελών, vineyard
5 λάκκος, well
6 βασιλικός, royal
7 ἐκκλίνω, *fut act ind 1p*, turn aside
8 εὐώνυμος, to the left
9 παρέρχομαι, *aor act sub 1p*, go through
10 ὅριον, border, territory
11 συνάντησις, meeting, confrontation
12 παρέρχομαι, *fut mid ind 1p*, pass near
13 κτῆνος, animal, (*p*) herd
14 τιμή, tribute
15 πρᾶγμα, matter, business
16 παρέρχομαι, *fut mid ind 1p*, go through
17 διέρχομαι, *fut mid ind 2s*, pass through
18 συνάντησις, meeting, confrontation
19 ὄχλος, army, troops
20 βάρις, fierce
21 ἰσχυρός, powerful
22 παρέρχομαι, *aor act inf*, go through
23 ὅριον, border, territory
24 ἐκκλίνω, *aor act ind 3s*, turn away
25 ἀπαίρω, *aor act ind 3p*, depart
26 ὅριον, border, territory
27 προστίθημι, *aor pas impv 3s*, put with, join
28 διότι, because
29 παροξύνω, *aor act ind 2p*, provoke, irritate
30 λοιδορία, reproach
31 ἀναβιβάζω, *aor act impv 2s*, guide up, take up
32 ἔναντι, before
33 ἐκδύω, *aor act impv 2s*, take off
34 στολή, robe, garment
35 ἐνδύω, *aor act impv 2s*, put on, clothe
36 προστίθημι, *aor pas ptc nom s m*, put with, join
37 καθά, just as
38 συντάσσω, *aor act ind 3s*, order, charge, prescribe
39 ἀναβιβάζω, *aor act ind 3s*, guide up, take up
40 ἐναντίον, before
41 ἐκδύω, *aor act ind 3s*, take off
42 ἐνδύω, *aor act ind 3s*, put on, clothe

αὐτοῦ· καὶ ἀπέθανεν Ααρων ἐπὶ τῆς κορυφῆς[1] τοῦ ὄρους, καὶ κατέβη Μωυσῆς καὶ
Ελεαζαρ ἐκ τοῦ ὄρους. **29** καὶ εἶδεν πᾶσα ἡ συναγωγὴ ὅτι ἀπελύθη[2] Ααρων, καὶ
ἔκλαυσαν τὸν Ααρων τριάκοντα[3] ἡμέρας πᾶς οἶκος Ισραηλ.

Destruction of Arad

21 Καὶ ἤκουσεν ὁ Χανανις βασιλεὺς Αραδ ὁ κατοικῶν κατὰ τὴν ἔρημον
— ἦλθεν γὰρ Ισραηλ ὁδὸν Αθαριν — καὶ ἐπολέμησεν πρὸς Ισραηλ καὶ
κατεπρονόμευσαν[4] ἐξ αὐτῶν αἰχμαλωσίαν.[5] **2** καὶ ηὔξατο[6] Ισραηλ εὐχὴν[7] κυρίῳ καὶ
εἶπεν Ἐάν μοι παραδῷς τὸν λαὸν τοῦτον ὑποχείριον,[8] ἀναθεματιῶ[9] αὐτὸν καὶ τὰς
πόλεις αὐτοῦ. **3** καὶ εἰσήκουσεν[10] κύριος τῆς φωνῆς Ισραηλ καὶ παρέδωκεν τὸν
Χανανιν ὑποχείριον[11] αὐτοῦ, καὶ ἀνεθεμάτισεν[12] αὐτὸν καὶ τὰς πόλεις αὐτοῦ· καὶ
ἐπεκάλεσαν[13] τὸ ὄνομα τοῦ τόπου ἐκείνου Ἀνάθεμα.

Bronze Serpent

4 Καὶ ἀπάραντες[14] ἐξ Ωρ τοῦ ὄρους ὁδὸν ἐπὶ θάλασσαν ἐρυθρὰν[15] περιεκύκλωσαν[16]
γῆν Εδωμ· καὶ ὠλιγοψύχησεν[17] ὁ λαὸς ἐν τῇ ὁδῷ. **5** καὶ κατελάλει[18] ὁ λαὸς πρὸς
τὸν θεὸν καὶ κατὰ Μωυσῆ λέγοντες Ἵνα τί ἐξήγαγες[19] ἡμᾶς ἐξ Αἰγύπτου ἀποκτεῖναι
ἡμᾶς ἐν τῇ ἐρήμῳ; ὅτι οὐκ ἔστιν ἄρτος οὐδὲ ὕδωρ, ἡ δὲ ψυχὴ ἡμῶν προσώχθισεν[20]
ἐν τῷ ἄρτῳ τῷ διακένῳ.[21] **6** καὶ ἀπέστειλεν κύριος εἰς τὸν λαὸν τοὺς ὄφεις[22]
τοὺς θανατοῦντας,[23] καὶ ἔδακνον[24] τὸν λαόν, καὶ ἀπέθανεν λαὸς πολὺς τῶν υἱῶν
Ισραηλ. **7** καὶ παραγενόμενος ὁ λαὸς πρὸς Μωυσῆν ἔλεγον ὅτι Ἡμάρτομεν ὅτι
κατελαλήσαμεν[25] κατὰ τοῦ κυρίου καὶ κατὰ σοῦ· εὖξαι[26] οὖν πρὸς κύριον, καὶ
ἀφελέτω[27] ἀφ᾽ ἡμῶν τὸν ὄφιν.[28] καὶ ηὔξατο[29] Μωυσῆς πρὸς κύριον περὶ τοῦ λαοῦ.
8 καὶ εἶπεν κύριος πρὸς Μωυσῆν Ποίησον σεαυτῷ ὄφιν[30] καὶ θὲς αὐτὸν ἐπὶ σημείου,
καὶ ἔσται ἐὰν δάκῃ[31] ὄφις ἄνθρωπον, πᾶς ὁ δεδηγμένος[32] ἰδὼν αὐτὸν ζήσεται. **9** καὶ

1 κορυφή, summit
2 ἀπολύω, *aor pas ind 3s*, release, free
3 τριάκοντα, thirty
4 καταπρονομεύω, *aor act ind 3p*, carry off as booty
5 αἰχμαλωσία, band of prisoners
6 εὔχομαι, *aor mid ind 3s*, vow
7 εὐχή, vow
8 ὑποχείριος, under command, subject
9 ἀναθεματίζω, *fut act ind 1s*, devote to destruction, curse
10 εἰσακούω, *aor act ind 3s*, listen
11 ὑποχείριος, under command, subject
12 ἀναθεματίζω, *aor act ind 3s*, devote to destruction, curse
13 ἐπικαλέω, *aor act ind 3p*, call
14 ἀπαίρω, *aor act ptc nom p m*, depart
15 ἐρυθρός, red
16 περικυκλόω, *aor act ind 3p*, go around
17 ὀλιγοψυχέω, *aor act ind 3s*, be disheartened
18 καταλαλέω, *impf act ind 3s*, speak against
19 ἐξάγω, *aor act ind 2s*, lead out
20 προσοχθίζω, *aor act ind 3s*, be offended
21 διάκενος, worthless
22 ὄφις, serpent
23 θανατόω, *pres act ptc acc p m*, kill
24 δάκνω, *impf act ind 3p*, bite
25 καταλαλέω, *aor act ind 1p*, speak against
26 εὔχομαι, *aor mid impv 2s*, vow
27 ἀφαιρέω, *aor act impv 3s*, remove
28 ὄφις, serpent
29 εὔχομαι, *aor mid ind 3s*, vow
30 ὄφις, serpent
31 δάκνω, *aor act sub 3s*, bite
32 δάκνω, *perf pas ptc nom s m*, bite

ἐποίησεν Μωυσῆς ὄφιν[1] χαλκοῦν[2] καὶ ἔστησεν αὐτὸν ἐπὶ σημείου, καὶ ἐγένετο ὅταν
ἔδακνεν[3] ὄφις ἄνθρωπον, καὶ ἐπέβλεψεν[4] ἐπὶ τὸν ὄφιν τὸν χαλκοῦν καὶ ἔζη.

Traveling to Moab

10 Καὶ ἀπῆραν[5] οἱ υἱοὶ Ισραηλ καὶ παρενέβαλον[6] ἐν Ωβωθ. **11** καὶ ἐξάραντες[7] ἐξ Ωβωθ
παρενέβαλον[8] ἐν Αχελγαι ἐκ τοῦ πέραν[9] ἐν τῇ ἐρήμῳ, ἥ ἐστιν κατὰ πρόσωπον Μωαβ
κατὰ ἀνατολὰς[10] ἡλίου. **12** ἐκεῖθεν[11] ἀπῆραν[12] καὶ παρενέβαλον[13] εἰς φάραγγα[14]
Ζαρετ. **13** καὶ ἐκεῖθεν[15] ἀπάραντες[16] παρενέβαλον[17] εἰς τὸ πέραν[18] Αρνων ἐν τῇ
ἐρήμῳ τὸ ἐξέχον[19] ἀπὸ τῶν ὁρίων[20] τῶν Αμορραίων· ἔστιν γὰρ Αρνων ὅρια Μωαβ
ἀνὰ μέσον[21] Μωαβ καὶ ἀνὰ μέσον τοῦ Αμορραίου. **14** διὰ τοῦτο λέγεται ἐν βιβλίῳ

Πόλεμος τοῦ κυρίου τὴν Ζωοβ ἐφλόγισεν[22]
    καὶ τοὺς χειμάρρους[23] Αρνων,
15 καὶ τοὺς χειμάρρους[24] κατέστησεν[25] κατοικίσαι[26] Ηρ
    καὶ πρόσκειται[27] τοῖς ὁρίοις[28] Μωαβ.

16 καὶ ἐκεῖθεν[29] τὸ φρέαρ·[30] τοῦτό ἐστιν τὸ φρέαρ, ὃ εἶπεν κύριος πρὸς Μωυσῆν
Συνάγαγε τὸν λαόν, καὶ δώσω αὐτοῖς ὕδωρ πιεῖν. **17** τότε ᾖσεν[31] Ισραηλ τὸ ᾆσμα[32]
τοῦτο ἐπὶ τοῦ φρέατος[33]

Ἐξάρχετε[34] αὐτῷ·
18   φρέαρ,[35] ὤρυξαν[36] αὐτὸ ἄρχοντες,
ἐξελατόμησαν[37] αὐτὸ βασιλεῖς ἐθνῶν
    ἐν τῇ βασιλείᾳ αὐτῶν, ἐν τῷ κυριεῦσαι[38] αὐτῶν.

1 ὄφις, serpent
2 χαλκοῦς, bronze
3 δάκνω, *impf act ind 3s*, bite
4 ἐπιβλέπω, *aor act ind 3s*, look at
5 ἀπαίρω, *aor act ind 3p*, depart
6 παρεμβάλλω, *aor act ind 3p*, pitch camp
7 ἐξαίρω, *aor act ptc nom p m*, break camp, set out
8 παρεμβάλλω, *aor act ind 3p*, pitch camp
9 πέραν, far side
10 ἀνατολή, rising
11 ἐκεῖθεν, from there
12 ἀπαίρω, *aor act ind 3p*, depart
13 παρεμβάλλω, *aor act ind 3p*, pitch camp
14 φάραγξ, ravine
15 ἐκεῖθεν, from there
16 ἀπαίρω, *aor act ptc nom p m*, depart
17 παρεμβάλλω, *aor act ind 3p*, pitch camp
18 πέραν, far side
19 ἐξέχω, *pres act ptc acc s n*, project from, extend
20 ὅριον, border, territory
21 ἀνὰ μέσον, between
22 φλογίζω, *aor act ind 3s*, burn, set fire to
23 χειμάρρος, brook, wadi
24 χειμάρρος, brook, wadi
25 καθίστημι, *aor act ind 3s*, set in order, appoint
26 κατοικίζω, *aor act inf*, settle, establish
27 πρόσκειμαι, *pres pas ind 3s*, join to, belong to
28 ὅριον, border, territory
29 ἐκεῖθεν, from there
30 φρέαρ, well
31 ᾄδω, *aor act ind 3s*, sing
32 ᾆσμα, song
33 φρέαρ, well
34 ἐξάρχω, *pres act impv 2p*, begin, lead
35 φρέαρ, well
36 ὀρύσσω, *aor act ind 3p*, dig out
37 ἐκλατομέω, *aor act ind 3p*, hollow out
38 κυριεύω, *aor act inf*, master, rule over

καὶ ἀπὸ φρέατος[1] εἰς Μανθαναιν· **19** καὶ ἀπὸ Μανθαναιν εἰς Νααλιηλ· καὶ ἀπὸ
Νααλιηλ εἰς Βαμωθ· **20** καὶ ἀπὸ Βαμωθ εἰς νάπην,[2] ἥ ἐστιν ἐν τῷ πεδίῳ[3] Μωαβ ἀπὸ
κορυφῆς[4] τοῦ λελαξευμένου[5] τὸ βλέπον κατὰ πρόσωπον τῆς ἐρήμου.

Defeat of King Sihon

21 Καὶ ἀπέστειλεν Μωυσῆς πρέσβεις[6] πρὸς Σηων βασιλέα Αμορραίων λόγοις
εἰρηνικοῖς[7] λέγων **22** Παρελευσόμεθα[8] διὰ τῆς γῆς σου· τῇ ὁδῷ πορευσόμεθα, οὐκ
ἐκκλινοῦμεν[9] οὔτε εἰς ἀγρὸν οὔτε εἰς ἀμπελῶνα,[10] οὐ πιόμεθα ὕδωρ ἐκ φρέατός[11]
σου· ὁδῷ βασιλικῇ[12] πορευσόμεθα, ἕως παρέλθωμεν[13] τὰ ὅριά[14] σου. **23** καὶ οὐκ
ἔδωκεν Σηων τῷ Ισραηλ παρελθεῖν[15] διὰ τῶν ὁρίων[16] αὐτοῦ, καὶ συνήγαγεν Σηων
πάντα τὸν λαὸν αὐτοῦ καὶ ἐξῆλθεν παρατάξασθαι[17] τῷ Ισραηλ εἰς τὴν ἔρημον καὶ
ἦλθεν εἰς Ιασσα καὶ παρετάξατο[18] τῷ Ισραηλ. **24** καὶ ἐπάταξεν[19] αὐτὸν Ισραηλ
φόνῳ[20] μαχαίρης[21] καὶ κατεκυρίευσαν[22] τῆς γῆς αὐτοῦ ἀπὸ Αρνων ἕως Ιαβοκ ἕως
υἱῶν Αμμαν· ὅτι Ιαζηρ ὅρια[23] υἱῶν Αμμων ἐστίν. **25** καὶ ἔλαβεν Ισραηλ πάσας τὰς
πόλεις ταύτας, καὶ κατῴκησεν Ισραηλ ἐν πάσαις ταῖς πόλεσιν τῶν Αμορραίων,
ἐν Εσεβων καὶ ἐν πάσαις ταῖς συγκυρούσαις[24] αὐτῇ. **26** ἔστιν γὰρ Εσεβων πόλις
Σηων τοῦ βασιλέως τῶν Αμορραίων, καὶ οὗτος ἐπολέμησεν[25] βασιλέα Μωαβ τὸ
πρότερον[26] καὶ ἔλαβον πᾶσαν τὴν γῆν αὐτοῦ ἀπὸ Αροηρ ἕως Αρνων.

27 διὰ τοῦτο ἐροῦσιν οἱ αἰνιγματισταί[27]

Ἔλθετε εἰς Εσεβων,
    ἵνα οἰκοδομηθῇ καὶ κατασκευασθῇ[28] πόλις Σηων.
28 ὅτι πῦρ ἐξῆλθεν ἐξ Εσεβων,
    φλὸξ[29] ἐκ πόλεως Σηων
καὶ κατέφαγεν[30] ἕως Μωαβ
    καὶ κατέπιεν[31] στήλας[32] Αρνων.

1 φρέαρ, well
2 νάπη, vale, glen
3 πεδίον, plain, field
4 κορυφή, summit
5 λαξεύω, *pres pas ptc gen s n*, hew (in stone)
6 πρέσβυς, ambassador
7 εἰρηνικός, peaceable
8 παρέρχομαι, *fut mid ind 1p*, go through
9 ἐκκλίνω, *fut act ind 1p*, turn aside
10 ἀμπελών, vineyard
11 φρέαρ, well
12 βασιλικός, royal
13 παρέρχομαι, *aor act sub 1p*, go through
14 ὅριον, border, territory
15 παρέρχομαι, *aor act inf*, go through
16 ὅριον, border, territory
17 παρατάσσω, *aor mid inf*, fight, battle
18 παρατάσσω, *aor mid ind 3s*, fight, battle
19 πατάσσω, *aor act ind 3s*, strike
20 φόνος, slaughter
21 μάχαιρα, sword
22 κατακυριεύω, *aor act ind 3p*, be master over, subdue
23 ὅριον, border, territory
24 συγκυρόω, *pres act ptc dat p f*, border, be adjacent to
25 πολεμέω, *aor act ind 3s*, do battle
26 πρότερος, before, earlier
27 αἰνιγματιστής, one who speaks riddles
28 κατασκευάζω, *aor pas sub 3s*, construct, build
29 φλόξ, flame
30 κατεσθίω, *aor act ind 3s*, consume
31 καταπίνω, *aor act ind 3s*, swallow up
32 στήλη, monument, pillar

29 οὐαί σοι, Μωαβ·
ἀπώλου, λαὸς Χαμως.
ἀπεδόθησαν οἱ υἱοὶ αὐτῶν διασῴζεσθαι[1]
καὶ αἱ θυγατέρες[2] αὐτῶν αἰχμάλωτοι[3]
τῷ βασιλεῖ τῶν Αμορραίων Σηων·
30 καὶ τὸ σπέρμα αὐτῶν ἀπολεῖται, Εσεβων ἕως Δαιβων,
καὶ αἱ γυναῖκες ἔτι προσεξέκαυσαν[4] πῦρ ἐπὶ Μωαβ.

Defeat of King Og

31 Κατῴκησεν δὲ Ισραηλ ἐν πάσαις ταῖς πόλεσιν τῶν Αμορραίων. 32 καὶ ἀπέστειλεν
Μωυσῆς κατασκέψασθαι[5] τὴν Ιαζηρ, καὶ κατελάβοντο[6] αὐτὴν καὶ τὰς κώμας[7] αὐτῆς
καὶ ἐξέβαλον τὸν Αμορραῖον τὸν κατοικοῦντα ἐκεῖ. 33 καὶ ἐπιστρέψαντες ἀνέβησαν
ὁδὸν τὴν εἰς Βασαν· καὶ ἐξῆλθεν Ωγ βασιλεὺς τῆς Βασαν εἰς συνάντησιν[8] αὐτοῖς
καὶ πᾶς ὁ λαὸς αὐτοῦ εἰς πόλεμον εἰς Εδραϊν. 34 καὶ εἶπεν κύριος πρὸς Μωυσῆν
Μὴ φοβηθῇς αὐτόν, ὅτι εἰς τὰς χεῖράς σου παραδέδωκα αὐτὸν καὶ πάντα τὸν λαὸν
αὐτοῦ καὶ πᾶσαν τὴν γῆν αὐτοῦ, καὶ ποιήσεις αὐτῷ καθὼς ἐποίησας τῷ Σηων
βασιλεῖ τῶν Αμορραίων, ὃς κατῴκει ἐν Εσεβων. 35 καὶ ἐπάταξεν[9] αὐτὸν καὶ τοὺς
υἱοὺς αὐτοῦ καὶ πάντα τὸν λαὸν αὐτοῦ ἕως τοῦ μὴ καταλιπεῖν[10] αὐτοῦ ζωγρίαν·[11]
καὶ ἐκληρονόμησαν[12] τὴν γῆν αὐτῶν.

Balaam Summoned to Curse Israel

22 Καὶ ἀπάραντες[13] οἱ υἱοὶ Ισραηλ παρενέβαλον[14] ἐπὶ δυσμῶν[15] Μωαβ παρὰ
τὸν Ιορδάνην κατὰ Ιεριχω.

2 Καὶ ἰδὼν Βαλακ υἱὸς Σεπφωρ πάντα, ὅσα ἐποίησεν Ισραηλ τῷ Αμορραίῳ, 3 καὶ
ἐφοβήθη Μωαβ τὸν λαὸν σφόδρα,[16] ὅτι πολλοὶ ἦσαν, καὶ προσώχθισεν[17] Μωαβ ἀπὸ
προσώπου υἱῶν Ισραηλ. 4 καὶ εἶπεν Μωαβ τῇ γερουσίᾳ[18] Μαδιαμ Νῦν ἐκλείξει[19] ἡ
συναγωγὴ αὕτη πάντας τοὺς κύκλῳ[20] ἡμῶν, ὡς ἐκλείξαι[21] ὁ μόσχος[22] τὰ χλωρὰ[23] ἐκ
τοῦ πεδίου.[24] καὶ Βαλακ υἱὸς Σεπφωρ βασιλεὺς Μωαβ ἦν κατὰ τὸν καιρὸν ἐκεῖνον.
5 καὶ ἀπέστειλεν πρέσβεις[25] πρὸς Βαλααμ υἱὸν Βεωρ Φαθουρα, ὅ ἐστιν ἐπὶ τοῦ
ποταμοῦ[26] γῆς υἱῶν λαοῦ αὐτοῦ, καλέσαι αὐτὸν λέγων Ἰδοὺ λαὸς ἐξελήλυθεν ἐξ

1 διασῴζω, *pres pas inf*, preserve safely
2 θυγάτηρ, daughter
3 αἰχμάλωτος, captive
4 προσεκκαίω, *aor act ind 3p*, ignite, set aflame
5 κατασκέπτομαι, *aor mid inf*, spy (on)
6 καταλαμβάνω, *aor mid ind 3p*, overtake, capture
7 κώμη, village
8 συνάντησις, meeting, confrontation
9 πατάσσω, *aor act ind 3s*, smite
10 καταλείπω, *aor act inf*, leave behind
11 ζωγρία, live captive
12 κληρονομέω, *aor act ind 3p*, inherit
13 ἀπαίρω, *aor act ptc nom p m*, depart
14 παρεμβάλλω, *aor act ind 3p*, pitch camp
15 δυσμή, west
16 σφόδρα, very
17 προσοχθίζω, *aor act ind 3s*, be angry
18 γερουσία, council of elders
19 ἐκλείχω, *fut act ind 3s*, lick up
20 κύκλῳ, around
21 ἐκλείχω, *aor act opt 3s*, lick up
22 μόσχος, calf
23 χλωρός, green (plants)
24 πεδίον, plain, field
25 πρέσβυς, ambassador
26 ποταμός, river

Αἰγύπτου καὶ ἰδοὺ κατεκάλυψεν[1] τὴν ὄψιν[2] τῆς γῆς καὶ οὗτος ἐγκάθηται[3] ἐχόμενός μου· **6** καὶ νῦν δεῦρο[4] ἄρασαί[5] μοι τὸν λαὸν τοῦτον, ὅτι ἰσχύει[6] οὗτος ἢ ἡμεῖς· ἐὰν δυνώμεθα πατάξαι[7] ἐξ αὐτῶν, καὶ ἐκβαλῶ αὐτοὺς ἐκ τῆς γῆς· ὅτι οἶδα οὓς ἐὰν εὐλογήσῃς σύ, εὐλόγηνται, καὶ οὓς ἐὰν καταράσῃ[8] σύ, κεκατήρανται.[9]

7 καὶ ἐπορεύθη ἡ γερουσία[10] Μωαβ καὶ ἡ γερουσία Μαδιαμ, καὶ τὰ μαντεῖα[11] ἐν ταῖς χερσὶν αὐτῶν, καὶ ἦλθον πρὸς Βαλααμ καὶ εἶπαν αὐτῷ τὰ ῥήματα Βαλακ. **8** καὶ εἶπεν πρὸς αὐτούς Καταλύσατε[12] αὐτοῦ[13] τὴν νύκτα, καὶ ἀποκριθήσομαι ὑμῖν πράγματα,[14] ἃ ἐὰν λαλήσῃ κύριος πρός με· καὶ κατέμειναν[15] οἱ ἄρχοντες Μωαβ παρὰ Βαλααμ. **9** καὶ ἦλθεν ὁ θεὸς πρὸς Βαλααμ καὶ εἶπεν αὐτῷ Τί οἱ ἄνθρωποι οὗτοι παρὰ σοί; **10** καὶ εἶπεν Βαλααμ πρὸς τὸν θεόν Βαλακ υἱὸς Σεπφωρ βασιλεὺς Μωαβ ἀπέστειλεν αὐτοὺς πρός με λέγων **11** Ἰδοὺ λαὸς ἐξελήλυθεν ἐξ Αἰγύπτου καὶ ἰδοὺ κεκάλυφεν[16] τὴν ὄψιν[17] τῆς γῆς καὶ οὗτος ἐγκάθηται[18] ἐχόμενός μου· καὶ νῦν δεῦρο[19] ἄρασαί[20] μοι αὐτόν, εἰ ἄρα δυνήσομαι πατάξαι[21] αὐτὸν καὶ ἐκβαλῶ αὐτὸν ἀπὸ τῆς γῆς. **12** καὶ εἶπεν ὁ θεὸς πρὸς Βαλααμ Οὐ πορεύσῃ μετ᾽ αὐτῶν οὐδὲ καταράσῃ[22] τὸν λαόν· ἔστιν γὰρ εὐλογημένος. **13** καὶ ἀναστὰς Βαλααμ τὸ πρωὶ[23] εἶπεν τοῖς ἄρχουσιν Βαλακ Ἀποτρέχετε[24] πρὸς τὸν κύριον ὑμῶν· οὐκ ἀφίησίν με ὁ θεὸς πορεύεσθαι μεθ᾽ ὑμῶν. **14** καὶ ἀναστάντες οἱ ἄρχοντες Μωαβ ἦλθον πρὸς Βαλακ καὶ εἶπαν Οὐ θέλει Βαλααμ πορευθῆναι μεθ᾽ ἡμῶν.

15 Καὶ προσέθετο[25] Βαλακ ἔτι ἀποστεῖλαι ἄρχοντας πλείους[26] καὶ ἐντιμοτέρους[27] τούτων. **16** καὶ ἦλθον πρὸς Βαλααμ καὶ λέγουσιν αὐτῷ Τάδε[28] λέγει Βαλακ ὁ τοῦ Σεπφωρ Ἀξιῶ[29] σε, μὴ ὀκνήσῃς[30] ἐλθεῖν πρός με· **17** ἐντίμως[31] γὰρ τιμήσω[32] σε, καὶ ὅσα ἐὰν εἴπῃς, ποιήσω σοι· καὶ δεῦρο[33] ἐπικατάρασαί[34] μοι τὸν λαὸν τοῦτον. **18** καὶ ἀπεκρίθη Βαλααμ καὶ εἶπεν τοῖς ἄρχουσιν Βαλακ Ἐὰν δῷ μοι Βαλακ πλήρη[35] τὸν οἶκον αὐτοῦ ἀργυρίου[36] καὶ χρυσίου,[37] οὐ δυνήσομαι παραβῆναι[38] τὸ ῥῆμα κυρίου

1 κατακαλύπτω, *aor act ind 3s*, cover
2 ὄψις, face, surface
3 ἐγκάθημαι, *pres mid ind 3s*, reside, dwell
4 δεῦρο, come!
5 ἀράομαι, *aor mid impv 2s*, curse
6 ἰσχύω, *pres act ind 3s*, be strong, have power
7 πατάσσω, *aor act inf*, strike
8 καταράομαι, *aor mid sub 2s*, curse
9 καταράομαι, *perf pas ind 3p*, curse
10 γερουσία, council of elders
11 μαντεῖον, things of divination
12 καταλύω, *aor act impv 2p*, lodge
13 αὐτοῦ, here
14 πρᾶγμα, business, matter
15 καταμένω, *aor act ind 3p*, remain, stay
16 καλύπτω, *perf act ind 3s*, cover
17 ὄψις, face, surface
18 ἐγκάθημαι, *pres mid ind 3s*, reside, dwell
19 δεῦρο, come!
20 ἀράομαι, *aor mid impv 2s*, curse
21 πατάσσω, *aor act inf*, strike
22 καταράομαι, *aor mid sub 2s*, curse
23 πρωί, (in the) morning
24 ἀποτρέχω, *pres act impv 2p*, run, depart
25 προστίθημι, *aor mid ind 3s*, add to, continue
26 πλείων/πλεῖον, *comp of* πολύς, even more
27 ἔντιμος, *comp*, more honorable
28 ὅδε, *this*
29 ἀξιόω, *pres act ind 1s*, request, ask
30 ὀκνέω, *aor act sub 2s*, hesitate, delay
31 ἐντίμως, honorably
32 τιμάω, *fut act ind 1s*, honor
33 δεῦρο, come!
34 ἐπικαταράομαι, *aor mid impv 2s*, call down curses upon
35 πλήρης, full
36 ἀργύριον, silver
37 χρυσίον, gold
38 παραβαίνω, *aor act inf*, transgress

τοῦ θεοῦ ποιῆσαι αὐτὸ μικρὸν ἢ μέγα ἐν τῇ διανοίᾳ[1] μου· **19** καὶ νῦν ὑπομείνατε[2] αὐτοῦ[3] καὶ ὑμεῖς τὴν νύκτα ταύτην, καὶ γνώσομαι, τί προσθήσει[4] κύριος λαλῆσαι πρός με. **20** καὶ ἦλθεν ὁ θεὸς πρὸς Βαλααμ νυκτὸς καὶ εἶπεν αὐτῷ Εἰ καλέσαι σε πάρεισιν[5] οἱ ἄνθρωποι οὗτοι, ἀναστὰς ἀκολούθησον[6] αὐτοῖς· ἀλλὰ τὸ ῥῆμα, ὃ ἂν λαλήσω πρὸς σέ, τοῦτο ποιήσεις. **21** καὶ ἀναστὰς Βαλααμ τὸ πρωὶ[7] ἐπέσαξεν[8] τὴν ὄνον[9] αὐτοῦ καὶ ἐπορεύθη μετὰ τῶν ἀρχόντων Μωαβ.

Balaam's Donkey and the Angel

22 καὶ ὠργίσθη[10] θυμῷ[11] ὁ θεὸς ὅτι ἐπορεύθη αὐτός, καὶ ἀνέστη ὁ ἄγγελος τοῦ θεοῦ ἐνδιαβάλλειν[12] αὐτόν, καὶ αὐτὸς ἐπιβεβήκει[13] ἐπὶ τῆς ὄνου[14] αὐτοῦ, καὶ δύο παῖδες[15] αὐτοῦ μετ᾽ αὐτοῦ. **23** καὶ ἰδοῦσα ἡ ὄνος[16] τὸν ἄγγελον τοῦ θεοῦ ἀνθεστηκότα[17] ἐν τῇ ὁδῷ καὶ τὴν ῥομφαίαν[18] ἐσπασμένην[19] ἐν τῇ χειρὶ αὐτοῦ καὶ ἐξέκλινεν[20] ἡ ὄνος ἐκ τῆς ὁδοῦ καὶ ἐπορεύετο εἰς τὸ πεδίον·[21] καὶ ἐπάταξεν[22] τὴν ὄνον τῇ ῥάβδῳ[23] τοῦ εὐθῦναι[24] αὐτὴν ἐν τῇ ὁδῷ. **24** καὶ ἔστη ὁ ἄγγελος τοῦ θεοῦ ἐν ταῖς αὔλαξιν[25] τῶν ἀμπέλων,[26] φραγμὸς[27] ἐντεῦθεν[28] καὶ φραγμὸς ἐντεῦθεν·[29] **25** καὶ ἰδοῦσα ἡ ὄνος[30] τὸν ἄγγελον τοῦ θεοῦ προσέθλιψεν[31] ἑαυτὴν πρὸς τὸν τοῖχον[32] καὶ ἀπέθλιψεν[33] τὸν πόδα Βαλααμ· καὶ προσέθετο[34] ἔτι μαστίξαι[35] αὐτήν. **26** καὶ προσέθετο[36] ὁ ἄγγελος τοῦ θεοῦ καὶ ἀπελθὼν ὑπέστη[37] ἐν τόπῳ στενῷ,[38] εἰς ὃν οὐκ ἦν ἐκκλῖναι[39] δεξιὰν οὐδὲ ἀριστεράν.[40] **27** καὶ ἰδοῦσα ἡ ὄνος[41] τὸν ἄγγελον τοῦ θεοῦ συνεκάθισεν[42] ὑποκάτω[43] Βαλααμ· καὶ ἐθυμώθη[44] Βαλααμ καὶ ἔτυπτεν[45] τὴν ὄνον τῇ ῥάβδῳ.[46]

1 διάνοια, thought, mind
2 ὑπομένω, *aor act impv 2p*, remain
3 αὐτοῦ, here
4 προστίθημι, *fut act ind 3s*, add to, continue
5 πάρειμι, *pres act ind 3p*, be present
6 ἀκολουθέω, *aor act impv 2s*, follow
7 πρωί, (in the) morning
8 ἐπισάσσω, *aor act ind 3s*, saddle
9 ὄνος, donkey
10 ὀργίζω, *aor pas ind 3s*, be angry
11 θυμός, wrath, fury
12 ἐνδιαβάλλω, *pres act inf*, falsely accuse
13 ἐπιβαίνω, *plpf act ind 3s*, ride on
14 ὄνος, donkey
15 παῖς, servant
16 ὄνος, donkey
17 ἀνθίστημι, *perf act ptc acc s m*, stand against, oppose
18 ῥομφαία, sword
19 σπάω, *perf pas ptc acc s f*, draw
20 ἐκκλίνω, *impf act ind 3s*, turn aside
21 πεδίον, plain, field
22 πατάσσω, *aor act ind 3s*, strike
23 ῥάβδος, rod, switch
24 εὐθύνω, *aor act inf*, guide straight
25 αὖλαξ, furrow
26 ἄμπελος, vineyard
27 φραγμός, fence, barrier
28 ἐντεῦθεν, here, on the one side
29 ἐντεῦθεν, there, on the other side
30 ὄνος, donkey
31 προσθλίβω, *aor act ind 3s*, press
32 τοῖχος, wall, side
33 ἀποθλίβω, *aor act ind 3s*, crush
34 προστίθημι, *aor mid ind 3s*, add to, continue
35 μαστίζω, *aor act inf*, whip
36 προστίθημι, *aor mid ind 3s*, add to, continue
37 ὑφίστημι, *aor act ind 3s*, remain, stand
38 στενός, narrow
39 ἐκκλίνω, *aor act inf*, turn aside
40 ἀριστερός, left
41 ὄνος, donkey
42 συγκαθίζω, *aor act ind 3s*, sit down
43 ὑποκάτω, beneath
44 θυμόω, *aor pas ind 3s*, be angry
45 τύπτω, *impf act ind 3s*, beat, strike
46 ῥάβδος, rod, switch

28 καὶ ἤνοιξεν ὁ θεὸς τὸ στόμα τῆς ὄνου,[1] καὶ λέγει τῷ Βαλααμ Τί ἐποίησά σοι ὅτι
πέπαικάς[2] με τοῦτο τρίτον; **29** καὶ εἶπεν Βαλααμ τῇ ὄνῳ[3] Ὅτι ἐμπέπαιχάς[4] μοι· καὶ
εἰ εἶχον μάχαιραν[5] ἐν τῇ χειρί μου, ἤδη[6] ἂν ἐξεκέντησά[7] σε. **30** καὶ λέγει ἡ ὄνος[8]
τῷ Βαλααμ Οὐκ ἐγὼ ἡ ὄνος σου, ἐφ᾽ ἧς ἐπέβαινες[9] ἀπὸ νεότητός[10] σου ἕως τῆς
σήμερον ἡμέρας; μὴ ὑπεροράσει[11] ὑπεριδοῦσα[12] ἐποίησά σοι οὕτως; ὁ δὲ εἶπεν Οὐχί.

31 ἀπεκάλυψεν[13] δὲ ὁ θεὸς τοὺς ὀφθαλμοὺς Βαλααμ, καὶ ὁρᾷ τὸν ἄγγελον κυρίου
ἀνθεστηκότα[14] ἐν τῇ ὁδῷ καὶ τὴν μάχαιραν[15] ἐσπασμένην[16] ἐν τῇ χειρὶ αὐτοῦ καὶ
κύψας[17] προσεκύνησεν τῷ προσώπῳ αὐτοῦ. **32** καὶ εἶπεν αὐτῷ ὁ ἄγγελος τοῦ θεοῦ
Διὰ τί ἐπάταξας[18] τὴν ὄνον[19] σου τοῦτο τρίτον; καὶ ἰδοὺ ἐγὼ ἐξῆλθον εἰς διαβολήν[20]
σου, ὅτι οὐκ ἀστεία[21] ἡ ὁδός σου ἐναντίον[22] μου. **33** καὶ ἰδοῦσά με ἡ ὄνος[23] ἐξέ-
κλινεν[24] ἀπ᾽ ἐμοῦ τρίτον τοῦτο· καὶ εἰ μὴ ἐξέκλινεν, νῦν οὖν σὲ μὲν ἀπέκτεινα,
ἐκείνην δὲ περιεποιησάμην.[25] **34** καὶ εἶπεν Βαλααμ τῷ ἀγγέλῳ κυρίου Ἡμάρτηκα,
οὐ γὰρ ἠπιστάμην[26] ὅτι σύ μοι ἀνθέστηκας[27] ἐν τῇ ὁδῷ εἰς συνάντησιν·[28] καὶ νῦν εἰ
μή σοι ἀρέσκει,[29] ἀποστραφήσομαι.[30] **35** καὶ εἶπεν ὁ ἄγγελος τοῦ θεοῦ πρὸς Βαλααμ
Συμπορεύθητι[31] μετὰ τῶν ἀνθρώπων· πλὴν τὸ ῥῆμα, ὃ ἐὰν εἴπω πρὸς σέ, τοῦτο
φυλάξῃ λαλῆσαι. καὶ ἐπορεύθη Βαλααμ μετὰ τῶν ἀρχόντων Βαλακ.

36 Καὶ ἀκούσας Βαλακ ὅτι ἥκει[32] Βαλααμ, ἐξῆλθεν εἰς συνάντησιν[33] αὐτῷ εἰς πόλιν
Μωαβ, ἥ ἐστιν ἐπὶ τῶν ὁρίων[34] Αρνων, ὅ ἐστιν ἐκ μέρους τῶν ὁρίων. **37** καὶ εἶπεν
Βαλακ πρὸς Βαλααμ Οὐχὶ ἀπέστειλα πρὸς σὲ καλέσαι σε; διὰ τί οὐκ ἤρχου πρός με;
ὄντως[35] οὐ δυνήσομαι τιμῆσαί[36] σε; **38** καὶ εἶπεν Βαλααμ πρὸς Βαλακ Ἰδοὺ ἥκω[37]
πρὸς σέ· νῦν δυνατὸς ἔσομαι λαλῆσαί τι; τὸ ῥῆμα, ὃ ἐὰν βάλῃ[38] ὁ θεὸς εἰς τὸ στόμα
μου, τοῦτο λαλήσω. **39** καὶ ἐπορεύθη Βαλααμ μετὰ Βαλακ, καὶ ἦλθον εἰς πόλεις

1 ὄνος, donkey
2 παίω, *perf act ind 2s*, strike, hit
3 ὄνος, donkey
4 ἐμπαίζω, *perf act ind 2s*, mock, make sport of
5 μάχαιρα, sword
6 ἤδη, by this time
7 ἐκκεντέω, *aor act ind 1s*, stab
8 ὄνος, donkey
9 ἐπιβαίνω, *impf act ind 2s*, ride upon
10 νεότης, youth
11 ὑπερόρασις, contempt
12 ὑπεροράω, *aor act ptc nom s f*, disregard, despise
13 ἀποκαλύπτω, *aor act ind 3s*, open
14 ἀνθίστημι, *perf act ptc acc s m*, stand against, oppose
15 μάχαιρα, sword
16 σπάω, *perf pas ptc acc s f*, draw
17 κύπτω, *aor act ptc nom s m*, bend down, bow
18 πατάσσω, *aor act ind 2s*, strike, hit
19 ὄνος, donkey
20 διαβολή, quarrel, enmity
21 ἀστεῖος, beautiful, honorable
22 ἐναντίον, before
23 ὄνος, donkey
24 ἐκκλίνω, *aor act ind 3s*, turn aside
25 περιποιέω, *aor mid ind 1s*, keep alive, preserve
26 ἐπίσταμαι, *impf mid ind 1s*, know
27 ἀνθίστημι, *perf act ind 2s*, stand against, oppose
28 συνάντησις, meeting
29 ἀρέσκω, *pres act ind 3s*, please
30 ἀποστρέφω, *fut pas ind 1s*, turn back
31 συμπορεύομαι, *aor pas impv 2s*, go along with
32 ἥκω, *pres act ind 3s*, have come
33 συνάντησις, meeting
34 ὅριον, border, territory
35 ὄντως, really, in truth
36 τιμάω, *aor act inf*, honor
37 ἥκω, *pres act ind 1s*, have come
38 βάλλω, *aor act sub 3s*, put

ἐπαύλεων.[1] **40** καὶ ἔθυσεν[2] Βαλακ πρόβατα καὶ μόσχους[3] καὶ ἀπέστειλεν τῷ Βαλααμ καὶ τοῖς ἄρχουσι τοῖς μετ᾽ αὐτοῦ.

41 καὶ ἐγενήθη πρωὶ[4] καὶ παραλαβὼν[5] Βαλακ τὸν Βαλααμ ἀνεβίβασεν[6] αὐτὸν ἐπὶ τὴν στήλην[7] τοῦ Βααλ καὶ ἔδειξεν αὐτῷ ἐκεῖθεν[8] μέρος τι τοῦ λαοῦ.

Balaam's First Oracle

23 καὶ εἶπεν Βαλααμ τῷ Βαλακ Οἰκοδόμησόν μοι ἐνταῦθα[9] ἑπτὰ βωμοὺς[10] καὶ ἑτοίμασόν μοι ἐνταῦθα ἑπτὰ μόσχους[11] καὶ ἑπτὰ κριούς.[12] **2** καὶ ἐποίησεν Βαλακ ὃν τρόπον[13] εἶπεν αὐτῷ Βαλααμ, καὶ ἀνήνεγκεν[14] μόσχον[15] καὶ κριὸν[16] ἐπὶ τὸν βωμόν.[17] **3** καὶ εἶπεν Βαλααμ πρὸς Βαλακ Παράστηθι[18] ἐπὶ τῆς θυσίας[19] σου, καὶ πορεύσομαι, εἴ μοι φανεῖται[20] ὁ θεὸς ἐν συναντήσει,[21] καὶ ῥῆμα, ὃ ἐάν μοι δείξῃ, ἀναγγελῶ[22] σοι. καὶ παρέστη[23] Βαλακ ἐπὶ τῆς θυσίας αὐτοῦ, καὶ Βαλααμ ἐπορεύθη ἐπερωτῆσαι[24] τὸν θεὸν καὶ ἐπορεύθη εὐθεῖαν.[25] **4** καὶ ἐφάνη[26] ὁ θεὸς τῷ Βαλααμ, καὶ εἶπεν πρὸς αὐτὸν Βαλααμ Τοὺς ἑπτὰ βωμοὺς[27] ἡτοίμασα καὶ ἀνεβίβασα[28] μόσχον[29] καὶ κριὸν[30] ἐπὶ τὸν βωμόν. **5** καὶ ἐνέβαλεν[31] ὁ θεὸς ῥῆμα εἰς τὸ στόμα Βαλααμ καὶ εἶπεν Ἐπιστραφεὶς πρὸς Βαλακ οὕτως λαλήσεις. **6** καὶ ἀπεστράφη[32] πρὸς αὐτόν, καὶ ὅδε[33] ἐφειστήκει[34] ἐπὶ τῶν ὁλοκαυτωμάτων[35] αὐτοῦ, καὶ πάντες οἱ ἄρχοντες Μωαβ μετ᾽ αὐτοῦ. **7** καὶ ἐγενήθη πνεῦμα θεοῦ ἐπ᾽ αὐτῷ, καὶ ἀναλαβὼν[36] τὴν παραβολὴν[37] αὐτοῦ εἶπεν

Ἐκ Μεσοποταμίας μετεπέμψατό[38] με Βαλακ,
  βασιλεὺς Μωαβ ἐξ ὀρέων ἀπ᾽ ἀνατολῶν[39] λέγων

1 ἔπαυλις, dwelling, residence
2 θύω, *aor act ind 3s*, sacrifice
3 μόσχος, calf
4 πρωί, (in the) morning
5 παραλαμβάνω, *aor act ptc nom s m*, take along
6 ἀναβιβάζω, *aor act ind 3s*, bring up
7 στήλη, stele, pillar
8 ἐκεῖθεν, from there
9 ἐνταῦθα, here
10 βωμός, (illegitimate) altar
11 μόσχος, calf
12 κριός, ram
13 ὃν τρόπον, in the manner that
14 ἀναφέρω, *aor act ind 3s*, offer up
15 μόσχος, calf
16 κριός, ram
17 βωμός, (illegitimate) altar
18 παρίστημι, *aor act impv 2s*, be near, preside over
19 θυσία, sacrifice
20 φαίνω, *fut mid ind 3s*, appear
21 συνάντησις, meeting, confrontation
22 ἀναγγέλλω, *fut act ind 1s*, report
23 παρίστημι, *aor act ind 3s*, be near, preside over
24 ἐπερωτάω, *aor act inf*, inquire, ask
25 εὐθύς, direct, straight
26 φαίνω, *aor pas ind 3s*, appear
27 βωμός, (illegitimate) altar
28 ἀναβιβάζω, *aor act ind 1s*, offer up
29 μόσχος, calf
30 κριός, ram
31 ἐμβάλλω, *aor act ind 3s*, put into
32 ἀποστρέφω, *aor pas ind 3s*, turn back, return
33 ὅδε, *here*
34 ἐφίστημι, *plpf act ind 3s*, stand near
35 ὁλοκαύτωμα, whole burnt offering
36 ἀναλαμβάνω, *aor act ptc nom s m*, take up
37 παραβολή, poem, proverb
38 μεταπέμπομαι, *aor mid ind 3s*, summon, bring back
39 ἀνατολή, east

Δεῦρο ἄρασαί μοι τὸν Ιακωβ
    καὶ δεῦρο[1] ἐπικατάρασαί[2] μοι τὸν Ισραηλ.

8 τί ἀράσωμαι[3] ὃν μὴ καταρᾶται[4] κύριος,
    ἢ τί καταράσωμαι[5] ὃν μὴ καταρᾶται ὁ θεός;
9 ὅτι ἀπὸ κορυφῆς[6] ὀρέων ὄψομαι αὐτὸν
    καὶ ἀπὸ βουνῶν[7] προσνοήσω[8] αὐτόν.
ἰδοὺ λαὸς μόνος κατοικήσει
    καὶ ἐν ἔθνεσιν οὐ συλλογισθήσεται.[9]

10 τίς ἐξηκριβάσατο[10] τὸ σπέρμα Ιακωβ,
    καὶ τίς ἐξαριθμήσεται[11] δήμους[12] Ισραηλ;
ἀποθάνοι[13] ἡ ψυχή μου ἐν ψυχαῖς δικαίων,
    καὶ γένοιτο[14] τὸ σπέρμα μου ὡς τὸ σπέρμα τούτων.

11 καὶ εἶπεν Βαλακ πρὸς Βαλααμ Τί πεποίηκάς μοι; εἰς κατάρασιν[15] ἐχθρῶν μου
κέκληκά σε, καὶ ἰδοὺ εὐλόγηκας εὐλογίαν.[16] **12** καὶ εἶπεν Βαλααμ πρὸς Βαλακ Οὐχὶ
ὅσα ἐὰν ἐμβάλῃ[17] ὁ θεὸς εἰς τὸ στόμα μου, τοῦτο φυλάξω λαλῆσαι;

Balaam's Second Oracle

13 Καὶ εἶπεν πρὸς αὐτὸν Βαλακ Δεῦρο[18] ἔτι μετ᾽ ἐμοῦ εἰς τόπον ἄλλον, ἐξ ὧν οὐκ ὄψῃ
αὐτὸν ἐκεῖθεν,[19] ἀλλ᾽ ἢ μέρος τι αὐτοῦ ὄψῃ, πάντας δὲ οὐ μὴ ἴδῃς,[20] καὶ κατάρασαί[21]
μοι αὐτὸν ἐκεῖθεν. **14** καὶ παρέλαβεν[22] αὐτὸν εἰς ἀγροῦ σκοπιὰν[23] ἐπὶ κορυφὴν[24]
λελαξευμένου[25] καὶ ᾠκοδόμησεν ἐκεῖ ἑπτὰ βωμοὺς[26] καὶ ἀνεβίβασεν[27] μόσχον[28]
καὶ κριὸν[29] ἐπὶ τὸν βωμόν. **15** καὶ εἶπεν Βαλααμ πρὸς Βαλακ Παράστηθι[30] ἐπὶ τῆς
θυσίας[31] σου, ἐγὼ δὲ πορεύσομαι ἐπερωτῆσαι[32] τὸν θεόν. **16** καὶ συνήντησεν[33] ὁ

1 δεῦρο, come!
2 ἐπικαταράομαι, *aor mid impv 2s*, call down curses upon
3 ἀράομαι, *aor mid sub 1s*, curse
4 καταράομαι, *pres mid ind 3s*, curse
5 καταράομαι, *aor mid sub 1s*, curse
6 κορυφή, summit
7 βουνός, hill
8 προσνοέω, *fut act ind 1s*, perceive, notice
9 συλλογίζομαι, *fut pas ind 3s*, reckon with, count
10 ἐξακριβάζομαι, *aor mid ind 3s*, examine accurately
11 ἐξαριθμέω, *fut mid ind 3s*, enumerate, count
12 δῆμος, people, multitude
13 ἀποθνήσκω, *aor act opt 3s*, die
14 γίνομαι, *aor mid opt 3s*, be, come about
15 κατάρασις, cursing
16 εὐλογία, blessing
17 ἐμβάλλω, *aor act sub 3s*, put into
18 δεῦρο, come!
19 ἐκεῖθεν, from there
20 ὁράω, *aor act sub 2s*, see
21 καταράομαι, *aor mid impv 2s*, curse
22 παραλαμβάνω, *aor act ind 3s*, take along
23 σκοπιά, lookout, high point
24 κορυφή, summit
25 λαξεύω, *perf pas ptc gen s m*, hew (in stone)
26 βωμός, (illegitimate) altar
27 ἀναβιβάζω, *aor act ind 3s*, offer up
28 μόσχος, calf
29 κριός, ram
30 παρίστημι, *aor act impv 2s*, be near, preside over
31 θυσία, sacrifice
32 ἐπερωτάω, *aor act inf*, inquire, ask
33 συναντάω, *aor act ind 3s*, meet

θεὸς τῷ Βαλααμ καὶ ἐνέβαλεν[1] ῥῆμα εἰς τὸ στόμα αὐτοῦ καὶ εἶπεν Ἀποστράφητι[2]
πρὸς Βαλακ καὶ τάδε[3] λαλήσεις. **17** καὶ ἀπεστράφη[4] πρὸς αὐτόν, καὶ ὅδε[5] ἐφειστήκει[6]
ἐπὶ τῆς ὁλοκαυτώσεως[7] αὐτοῦ, καὶ πάντες οἱ ἄρχοντες Μωαβ μετ᾽ αὐτοῦ. καὶ εἶπεν
αὐτῷ Βαλακ Τί ἐλάλησεν κύριος; **18** καὶ ἀναλαβὼν[8] τὴν παραβολὴν[9] αὐτοῦ εἶπεν

Ἀνάστηθι, Βαλακ, καὶ ἄκουε·
  ἐνώτισαι[10] μάρτυς,[11] υἱὸς Σεπφωρ.
19 οὐχ ὡς ἄνθρωπος ὁ θεὸς διαρτηθῆναι[12]
  οὐδὲ ὡς υἱὸς ἀνθρώπου ἀπειληθῆναι·[13]
αὐτὸς εἴπας οὐχὶ ποιήσει;
  λαλήσει, καὶ οὐχὶ ἐμμενεῖ;[14]

20 ἰδοὺ εὐλογεῖν παρείλημμαι·[15]
  εὐλογήσω καὶ οὐ μὴ ἀποστρέψω.[16]

21 οὐκ ἔσται μόχθος[17] ἐν Ιακωβ,
  οὐδὲ ὀφθήσεται πόνος[18] ἐν Ισραηλ·
κύριος ὁ θεὸς αὐτοῦ μετ᾽ αὐτοῦ,
  τὰ ἔνδοξα[19] ἀρχόντων ἐν αὐτῷ.
22 θεὸς ὁ ἐξαγαγὼν[20] αὐτοὺς ἐξ Αἰγύπτου·
  ὡς δόξα μονοκέρωτος[21] αὐτῷ.

23 οὐ γάρ ἐστιν οἰωνισμὸς[22] ἐν Ιακωβ
  οὐδὲ μαντεία[23] ἐν Ισραηλ·
κατὰ καιρὸν ῥηθήσεται[24] Ιακωβ καὶ τῷ Ισραηλ,
  τί ἐπιτελέσει[25] ὁ θεός.

24 ἰδοὺ λαὸς ὡς σκύμνος[26] ἀναστήσεται
  καὶ ὡς λέων[27] γαυριωθήσεται·[28]
οὐ κοιμηθήσεται,[29] ἕως φάγῃ θήραν,[30]
  καὶ αἷμα τραυματιῶν[31] πίεται.

1 ἐμβάλλω, *aor act ind 3s*, put into
2 ἀποστρέφω, *aor pas impv 2s*, turn back, return
3 ὅδε, *this*
4 ἀποστρέφω, *aor pas ind 3s*, turn back, return
5 ὅδε, *this*
6 ἐφίστημι, *plpf act ind 3s*, stand near
7 ὁλοκαύτωσις, whole burnt offering
8 ἀναλαμβάνω, *aor act ptc nom s m*, take up
9 παραβολή, poem, proverb
10 ἐνωτίζομαι, *aor mid impv 2s*, give ear
11 μάρτυς, witness
12 διαρτάω, *aor pas inf*, deceive, mislead
13 ἀπειλέω, *aor pas inf*, threaten
14 ἐμμένω, *fut act ind 3s*, persevere, remain fixed
15 παραλαμβάνω, *perf mid ind 1s*, invite, lay hold of
16 ἀποστρέφω, *fut act ind 1s*, reject, turn away
17 μόχθος, trouble, hardship
18 πόνος, affliction, distress
19 ἔνδοξος, honorable, glorious
20 ἐξάγω, *aor act ptc nom s m*, bring out
21 μονόκερως, unicorn, one-horned animal
22 οἰωνισμός, omen
23 μαντεία, divination
24 λέγω, *fut pas ind 3s*, say
25 ἐπιτελέω, *fut act ind 3s*, complete
26 σκύμνος, cub
27 λέων, lion
28 γαυριάω, *fut pas ind 3s*, exult
29 κοιμάω, *fut pas ind 3s*, lie down, rest
30 θήρα, prey
31 τραυματίας, victim, wounded one

25 καὶ εἶπεν Βαλακ πρὸς Βαλααμ Οὔτε κατάραις[1] καταράσῃ[2] μοι αὐτὸν οὔτε
εὐλογῶν μὴ εὐλογήσῃς αὐτόν. **26** καὶ ἀποκριθεὶς Βαλααμ εἶπεν τῷ Βαλακ Οὐκ
ἐλάλησά σοι λέγων Τὸ ῥῆμα, ὃ ἐὰν λαλήσῃ ὁ θεός, τοῦτο ποιήσω;

27 Καὶ εἶπεν Βαλακ πρὸς Βαλααμ Δεῦρο[3] παραλάβω[4] σε εἰς τόπον ἄλλον, εἰ ἀρέσει[5]
τῷ θεῷ καὶ καταρᾶσαί[6] μοι αὐτὸν ἐκεῖθεν.[7] **28** καὶ παρέλαβεν[8] Βαλακ τὸν Βαλααμ
ἐπὶ κορυφὴν[9] τοῦ Φογωρ τὸ παρατεῖνον[10] εἰς τὴν ἔρημον. **29** καὶ εἶπεν Βαλααμ
πρὸς Βαλακ Οἰκοδόμησόν μοι ὧδε[11] ἑπτὰ βωμοὺς[12] καὶ ἑτοίμασόν μοι ὧδε ἑπτὰ
μόσχους[13] καὶ ἑπτὰ κριούς.[14] **30** καὶ ἐποίησεν Βαλακ καθάπερ[15] εἶπεν αὐτῷ Βαλααμ,
καὶ ἀνήνεγκεν[16] μόσχον[17] καὶ κριὸν[18] ἐπὶ τὸν βωμόν.[19]

Balaam's Third Oracle

24 καὶ ἰδὼν Βαλααμ ὅτι καλόν ἐστιν ἔναντι[20] κυρίου εὐλογεῖν τὸν Ισραηλ, οὐκ
ἐπορεύθη κατὰ τὸ εἰωθὸς[21] εἰς συνάντησιν[22] τοῖς οἰωνοῖς[23] καὶ ἀπέστρεψεν[24]
τὸ πρόσωπον αὐτοῦ εἰς τὴν ἔρημον. **2** καὶ ἐξάρας[25] Βαλααμ τοὺς ὀφθαλμοὺς αὐτοῦ
καθορᾷ[26] τὸν Ισραηλ ἐστρατοπεδευκότα[27] κατὰ φυλάς. καὶ ἐγένετο πνεῦμα θεοῦ ἐν
αὐτῷ, **3** καὶ ἀναλαβὼν[28] τὴν παραβολὴν[29] αὐτοῦ εἶπεν

Φησὶν[30] Βαλααμ υἱὸς Βεωρ,
φησὶν ὁ ἄνθρωπος ὁ ἀληθινῶς[31] ὁρῶν,
4 φησὶν[32] ἀκούων λόγια[33] θεοῦ,
ὅστις ὅρασιν[34] θεοῦ εἶδεν ἐν ὕπνῳ,[35]
ἀποκεκαλυμμένοι[36] οἱ ὀφθαλμοὶ αὐτοῦ

1 κατάρα, curse
2 καταράομαι, *aor mid sub 2s*, curse
3 δεῦρο, come!
4 παραλαμβάνω, *aor act sub 1s*, take along
5 ἀρέσκω, *fut act ind 3s*, please, satisfy
6 καταράομαι, *aor mid impv 2s*, curse
7 ἐκεῖθεν, from there
8 παραλαμβάνω, *aor act ind 3s*, take along
9 κορυφή, summit
10 παρατείνω, *pres act ptc nom s n*, extend, stretch
11 ὧδε, here
12 βωμός, (illegitimate) altar
13 μόσχος, calf
14 κριός, ram
15 καθάπερ, just as
16 ἀναφέρω, *aor act ind 3s*, offer up
17 μόσχος, calf
18 κριός, ram
19 βωμός, (illegitimate) altar
20 ἔναντι, before
21 ἔθω, *perf act ptc acc s n*, be accustomed
22 συνάντησις, meeting
23 οἰωνός, omen
24 ἀποστρέφω, *aor act ind 3s*, turn from
25 ἐξαίρω, *aor act ptc nom s m*, raise
26 καθοράω, *pres act ind 3s*, look down on
27 στρατοπεδεύω, *perf act ptc acc s m*, encamp
28 ἀναλαμβάνω, *aor act ptc nom s m*, take up
29 παραβολή, poem, proverb
30 φημί, *pres act ind 3s*, say
31 ἀληθινῶς, truly
32 φημί, *pres act ind 3s*, say
33 λόγιον, teaching
34 ὅρασις, vision
35 ὕπνος, sleep
36 ἀποκαλύπτω, *perf pas ptc nom p m*, uncover

5 Ὡς καλοί σου οἱ οἶκοι, Ιακωβ,
    αἱ σκηναί[1] σου, Ισραηλ·
6 ὡσεὶ[2] νάπαι[3] σκιάζουσαι[4]
    καὶ ὡσεὶ παράδεισοι[5] ἐπὶ ποταμῶν[6]
καὶ ὡσεὶ σκηναί,[7] ἃς ἔπηξεν[8] κύριος,
    ὡσεὶ κέδροι[9] παρ᾽ ὕδατα.

7 ἐξελεύσεται ἄνθρωπος ἐκ τοῦ σπέρματος αὐτοῦ
    καὶ κυριεύσει[10] ἐθνῶν πολλῶν,
καὶ ὑψωθήσεται[11] ἢ Γωγ βασιλεία αὐτοῦ,
    καὶ αὐξηθήσεται[12] ἡ βασιλεία αὐτοῦ.
8 θεὸς ὡδήγησεν[13] αὐτὸν ἐξ Αἰγύπτου,
    ὡς δόξα μονοκέρωτος[14] αὐτῷ·
ἔδεται ἔθνη ἐχθρῶν αὐτοῦ
    καὶ τὰ πάχη[15] αὐτῶν ἐκμυελιεῖ[16]
    καὶ ταῖς βολίσιν[17] αὐτοῦ κατατοξεύσει[18] ἐχθρόν.
9 κατακλιθεὶς[19] ἀνεπαύσατο[20] ὡς λέων καὶ ὡς σκύμνος·[21]
    τίς ἀναστήσει αὐτόν;
οἱ εὐλογοῦντές σε εὐλόγηνται,
    καὶ οἱ καταρώμενοί[22] σε κεκατήρανται.[23]

10 καὶ ἐθυμώθη[24] Βαλακ ἐπὶ Βαλααμ καὶ συνεκρότησεν[25] ταῖς χερσὶν αὐτοῦ, καὶ εἶπεν
Βαλακ πρὸς Βαλααμ Καταρᾶσθαι[26] τὸν ἐχθρόν μου κέκληκά σε, καὶ ἰδοὺ εὐλογῶν
εὐλόγησας τρίτον τοῦτο· **11** νῦν οὖν φεῦγε[27] εἰς τὸν τόπον σου· εἶπα Τιμήσω[28] σε,
καὶ νῦν ἐστέρησέν[29] σε κύριος τῆς δόξης. **12** καὶ εἶπεν Βαλααμ πρὸς Βαλακ Οὐχὶ καὶ
τοῖς ἀγγέλοις σου, οὓς ἀπέστειλας πρός με, ἐλάλησα λέγων **13** Ἐάν μοι δῷ Βαλακ
πλήρη[30] τὸν οἶκον αὐτοῦ ἀργυρίου[31] καὶ χρυσίου,[32] οὐ δυνήσομαι παραβῆναι[33] τὸ

1 σκηνή, tent
2 ὡσεί, like
3 νάπη, vale, glen
4 σκιάζω, *pres act ptc nom p f*, shade, cover
5 παράδεισος, garden, paradise
6 ποταμός, river, stream
7 σκηνή, tent
8 πήγνυμι, *aor act ind 3s*, pitch
9 κέδρος, cedar
10 κυριεύω, *fut act ind 3s*, have authority over, master
11 ὑψόω, *fut pas ind 3s*, elevate, exalt
12 αὐξάνω, *fut pas ind 3s*, increase, cause to grow
13 ὁδηγέω, *aor act ind 3s*, guide, lead
14 μονόκερως, unicorn, one-horned animal
15 πάχος, thickness, sturdiness
16 ἐκμυελίζω, *fut act ind 3s*, suck marrow out of
17 βολίς, arrow
18 κατατοξεύω, *fut act ind 3s*, shoot
19 κατακλίνω, *aor pas ptc nom s m*, recline, lay down
20 ἀναπαύω, *aor mid ind 3s*, abide, take rest
21 σκύμνος, cub
22 καταράομαι, *pres mid ptc nom p m*, curse
23 καταράομαι, *perf pas ind 3p*, curse
24 θυμόω, *aor pas ind 3s*, make angry, provoke
25 συγκροτέω, *aor act ind 3s*, clap together
26 καταράομαι, *pres mid inf*, curse
27 φεύγω, *pres act impv 2s*, flee
28 τιμάω, *fut act ind 1s*, honor
29 στερέω, *aor act ind 3s*, deprive
30 πλήρης, full
31 ἀργύριον, silver
32 χρυσίον, gold
33 παραβαίνω, *aor act inf*, transgress

ῥῆμα κυρίου ποιῆσαι αὐτὸ πονηρὸν ἢ καλὸν παρ᾽ ἐμαυτοῦ·[1] ὅσα ἐὰν εἴπῃ ὁ θεός,
ταῦτα ἐρῶ; **14** καὶ νῦν ἰδοὺ ἀποτρέχω[2] εἰς τὸν τόπον μου· δεῦρο[3] συμβουλεύσω[4] σοι,
τί ποιήσει ὁ λαὸς οὗτος τὸν λαόν σου ἐπ᾽ ἐσχάτου τῶν ἡμερῶν.

Balaam's Final Oracle

15 Καὶ ἀναλαβὼν[5] τὴν παραβολὴν[6] αὐτοῦ εἶπεν

Φησὶν[7] Βαλααμ υἱὸς Βεωρ,
φησὶν ὁ ἄνθρωπος ὁ ἀληθινῶς[8] ὁρῶν,
16 ἀκούων λόγια[9] θεοῦ,
ἐπιστάμενος[10] ἐπιστήμην[11] παρὰ ὑψίστου[12]
καὶ ὅρασιν[13] θεοῦ ἰδὼν ἐν ὕπνῳ,[14]
ἀποκεκαλυμμένοι[15] οἱ ὀφθαλμοὶ αὐτοῦ

17 Δείξω αὐτῷ, καὶ οὐχὶ νῦν·
μακαρίζω,[16] καὶ οὐκ ἐγγίζει·
ἀνατελεῖ[17] ἄστρον[18] ἐξ Ιακωβ,
καὶ ἀναστήσεται ἄνθρωπος ἐξ Ισραηλ
καὶ θραύσει[19] τοὺς ἀρχηγοὺς[20] Μωαβ
καὶ προνομεύσει[21] πάντας υἱοὺς Σηθ.
18 καὶ ἔσται Εδωμ κληρονομία,[22]
καὶ ἔσται κληρονομία Ησαυ ὁ ἐχθρὸς αὐτοῦ·
καὶ Ισραηλ ἐποίησεν ἐν ἰσχύι.[23]
19 καὶ ἐξεγερθήσεται[24] ἐξ Ιακωβ
καὶ ἀπολεῖ σῳζόμενον ἐκ πόλεως.

20 καὶ ἰδὼν τὸν Αμαληκ καὶ ἀναλαβὼν[25] τὴν παραβολὴν[26] αὐτοῦ εἶπεν

Ἀρχὴ ἐθνῶν Αμαληκ,
καὶ τὸ σπέρμα αὐτῶν ἀπολεῖται.

1 ἐμαυτοῦ, of myself
2 ἀποτρέχω, *pres act ind 1s*, hurry away, run
3 δεῦρο, come!
4 συμβουλεύω, *fut act ind 1s*, advise
5 ἀναλαμβάνω, *aor act ptc nom s m*, take up
6 παραβολή, poem, proverb
7 φημί, *pres act ind 3s*, say
8 ἀληθινῶς, truly
9 λόγιον, teaching
10 ἐπίσταμαι, *pres mid ptc nom s m*, understand
11 ἐπιστήμη, understanding
12 ὕψιστος, *sup*, highest
13 ὅρασις, vision
14 ὕπνος, sleep
15 ἀποκαλύπτω, *perf pas ptc nom p m*, uncover
16 μακαρίζω, *pres act ind 1s*, bless
17 ἀνατέλλω, *fut act ind 3s*, rise
18 ἄστρον, star
19 θραύω, *fut act ind 3s*, destroy, break
20 ἀρχηγός, ruler
21 προνομεύω, *fut act ind 3s*, capture, plunder
22 κληρονομία, inheritance
23 ἰσχύς, power, strength
24 ἐξεγείρω, *fut pas ind 3s*, raise up
25 ἀναλαμβάνω, *aor act ptc nom s m*, take up
26 παραβολή, poem, proverb

21 καὶ ἰδὼν τὸν Καιναῖον καὶ ἀναλαβὼν[1] τὴν παραβολὴν[2] αὐτοῦ εἶπεν

Ἰσχυρὰ[3] ἡ κατοικία[4] σου·
καὶ ἐὰν θῇς ἐν πέτρᾳ[5] τὴν νοσσιάν[6] σου,
22 καὶ ἐὰν γένηται τῷ Βεωρ νεοσσιὰ[7] πανουργίας,[8]
Ἀσσύριοί σε αἰχμαλωτεύσουσιν.[9]

23 καὶ ἰδὼν τὸν Ωγ καὶ ἀναλαβὼν[10] τὴν παραβολὴν[11] αὐτοῦ εἶπεν

Ὦ[12] ὤ, τίς ζήσεται, ὅταν θῇ ταῦτα ὁ θεός;
24 καὶ ἐξελεύσεται ἐκ χειρὸς Κιτιαίων
καὶ κακώσουσιν[13] Ασσουρ καὶ κακώσουσιν Εβραίους,
καὶ αὐτοὶ ὁμοθυμαδὸν[14] ἀπολοῦνται.

25 καὶ ἀναστὰς Βαλααμ ἀπῆλθεν ἀποστραφεὶς[15] εἰς τὸν τόπον αὐτοῦ, καὶ Βαλακ
ἀπῆλθεν πρὸς ἑαυτόν.

Worshiping Baal at Peor

25 Καὶ κατέλυσεν[16] Ισραηλ ἐν Σαττιν· καὶ ἐβεβηλώθη[17] ὁ λαὸς ἐκπορνεῦσαι[18]
εἰς τὰς θυγατέρας[19] Μωαβ. **2** καὶ ἐκάλεσαν αὐτοὺς ἐπὶ ταῖς θυσίαις[20] τῶν
εἰδώλων[21] αὐτῶν, καὶ ἔφαγεν ὁ λαὸς τῶν θυσιῶν αὐτῶν καὶ προσεκύνησαν τοῖς
εἰδώλοις αὐτῶν. **3** καὶ ἐτελέσθη[22] Ισραηλ τῷ Βεελφεγωρ· καὶ ὠργίσθη[23] θυμῷ[24] κύριος
τῷ Ισραηλ. **4** καὶ εἶπεν κύριος τῷ Μωυσῇ Λαβὲ πάντας τοὺς ἀρχηγοὺς[25] τοῦ λαοῦ
καὶ παραδειγμάτισον[26] αὐτοὺς κυρίῳ ἀπέναντι[27] τοῦ ἡλίου, καὶ ἀποστραφήσεται[28]
ὀργὴ[29] θυμοῦ κυρίου ἀπὸ Ισραηλ. **5** καὶ εἶπεν Μωυσῆς ταῖς φυλαῖς Ισραηλ Ἀποκτεί-
νατε ἕκαστος τὸν οἰκεῖον[30] αὐτοῦ τὸν τετελεσμένον τῷ Βεελφεγωρ.

1 ἀναλαμβάνω, *aor act ptc nom s m*, take up
2 παραβολή, poem, proverb
3 ἰσχυρός, strong
4 κατοικία, dwelling
5 πέτρα, rock
6 νοσσιά, nest
7 νεοσσιά, nest
8 πανουργία, craftiness
9 αἰχμαλωτεύω, *fut act ind 3p*, take prisoner
10 ἀναλαμβάνω, *aor act ptc nom s m*, take up
11 παραβολή, poem, proverb
12 ὦ, Oh!
13 κακόω, *fut act ind 3p*, afflict, deal harshly
14 ὁμοθυμαδόν, together
15 ἀποστρέφω, *aor pas ptc nom s m*, turn back, return
16 καταλύω, *aor act ind 3s*, halt
17 βεβηλόω, *aor pas ind 3s*, profane, defile
18 ἐκπορνεύω, *aor act inf*, play the harlot with
19 θυγάτηρ, daughter
20 θυσία, sacrifice
21 εἴδωλον, idol
22 τελέω, *aor pas ind 3s*, finish, keep
23 ὀργίζω, *aor pas ind 3s*, make angry
24 θυμός, wrath, fury
25 ἀρχηγός, ruler
26 παραδειγματίζω, *aor act impv 2s*, punish publicly, put to shame
27 ἀπέναντι, before
28 ἀποστρέφω, *fut pas ind 3s*, turn away, avert
29 ὀργή, anger, wrath
30 οἰκεῖος, near kin, household member

6 Καὶ ἰδοὺ ἄνθρωπος τῶν υἱῶν Ισραηλ ἐλθὼν προσήγαγεν[1] τὸν ἀδελφὸν αὐτοῦ πρὸς τὴν Μαδιανῖτιν ἐναντίον[2] Μωυσῆ καὶ ἔναντι[3] πάσης συναγωγῆς υἱῶν Ισραηλ, αὐτοὶ δὲ ἔκλαιον παρὰ τὴν θύραν τῆς σκηνῆς[4] τοῦ μαρτυρίου.[5] **7** καὶ ἰδὼν Φινεες υἱὸς Ελεαζαρ υἱοῦ Ααρων τοῦ ἱερέως ἐξανέστη[6] ἐκ μέσου τῆς συναγωγῆς καὶ λαβὼν σειρομάστην[7] ἐν τῇ χειρὶ **8** εἰσῆλθεν ὀπίσω τοῦ ἀνθρώπου τοῦ Ισραηλίτου εἰς τὴν κάμινον[8] καὶ ἀπεκέντησεν[9] ἀμφοτέρους,[10] τόν τε ἄνθρωπον τὸν Ισραηλίτην καὶ τὴν γυναῖκα διὰ τῆς μήτρας[11] αὐτῆς· καὶ ἐπαύσατο[12] ἡ πληγὴ[13] ἀπὸ υἱῶν Ισραηλ. **9** καὶ ἐγένοντο οἱ τεθνηκότες[14] ἐν τῇ πληγῇ[15] τέσσαρες καὶ εἴκοσι[16] χιλιάδες.[17]

Zeal of Phinehas

10 Καὶ ἐλάλησεν κύριος πρὸς Μωυσῆν λέγων **11** Φινεες υἱὸς Ελεαζαρ υἱοῦ Ααρων τοῦ ἱερέως κατέπαυσεν[18] τὸν θυμόν[19] μου ἀπὸ υἱῶν Ισραηλ ἐν τῷ ζηλῶσαί[20] μου τὸν ζῆλον[21] ἐν αὐτοῖς, καὶ οὐκ ἐξανήλωσα[22] τοὺς υἱοὺς Ισραηλ ἐν τῷ ζήλῳ μου. **12** οὕτως εἰπόν Ἰδοὺ ἐγὼ δίδωμι αὐτῷ διαθήκην εἰρήνης, **13** καὶ ἔσται αὐτῷ καὶ τῷ σπέρματι αὐτοῦ μετ᾽ αὐτὸν διαθήκη ἱερατείας[23] αἰωνία, ἀνθ᾽ ὧν[24] ἐζήλωσεν[25] τῷ θεῷ αὐτοῦ καὶ ἐξιλάσατο[26] περὶ τῶν υἱῶν Ισραηλ. **14** τὸ δὲ ὄνομα τοῦ ἀνθρώπου τοῦ Ισραηλίτου τοῦ πεπληγότος,[27] ὃς ἐπλήγη[28] μετὰ τῆς Μαδιανίτιδος, Ζαμβρι υἱὸς Σαλω ἄρχων οἴκου πατριᾶς[29] τῶν Συμεων· **15** καὶ ὄνομα τῇ γυναικὶ τῇ Μαδιανίτιδι τῇ πεπληγυίᾳ[30] Χασβι θυγάτηρ[31] Σουρ ἄρχοντος ἔθνους Ομμωθ, οἴκου πατριᾶς[32] ἐστιν τῶν Μαδιαν.

16 Καὶ ἐλάλησεν κύριος πρὸς Μωυσῆν λέγων Λάλησον τοῖς υἱοῖς Ισραηλ λέγων **17** Ἐχθραίνετε[33] τοῖς Μαδιηναίοις καὶ πατάξατε[34] αὐτούς, **18** ὅτι ἐχθραίνουσιν[35] αὐτοὶ ὑμῖν ἐν δολιότητι,[36] ὅσα δολιοῦσιν[37] ὑμᾶς διὰ Φογωρ καὶ διὰ Χασβι θυγατέρα[38]

1 προσάγω, *aor act ind 3s*, bring to
2 ἐναντίον, before
3 ἔναντι, before
4 σκηνή, tent
5 μαρτύριον, witness
6 ἐξανίστημι, *aor act ind 3s*, raise up, arise
7 σειρομάστης, barbed lance
8 κάμινος, chamber, oven
9 ἀποκεντέω, *aor act ind 3s*, pierce
10 ἀμφότεροι, both
11 μήτρα, womb
12 παύω, *aor mid ind 3s*, cease, stop
13 πληγή, plague
14 θνήσκω, *perf act ptc nom p m*, die
15 πληγή, plague
16 εἴκοσι, twenty
17 χιλιάς, thousand
18 καταπαύω, *aor act ind 3s*, cause to cease, bring to rest
19 θυμός, anger, wrath
20 ζηλόω, *aor act inf*, be jealous
21 ζῆλος, zeal, jealousy
22 ἐξαναλίσκω, *aor act ind 1s*, utterly destroy
23 ἱερατεία, priesthood
24 ἀνθ᾽ ὧν, because, since
25 ζηλόω, *aor act ind 3s*, be jealous
26 ἐξιλάσκομαι, *aor mid ind 3s*, make atonement
27 πλήσσω, *perf act ptc gen s m*, slay, smite
28 πλήσσω, *aor pas ind 3s*, slay, smite
29 πατριά, paternal lineage, house
30 πλήσσω, *perf act ptc dat s f*, slay, smite
31 θυγάτηρ, daughter
32 πατριά, paternal lineage, house
33 ἐχθραίνω, *pres act impv 2p*, be at enmity
34 πατάσσω, *aor act impv 2p*, strike, slay
35 ἐχθραίνω, *pres act ind 3p*, be at enmity
36 δολιότης, deceit
37 δολιόω, *pres act ind 3p*, deal deceitfully with
38 θυγάτηρ, daughter

ἄρχοντος Μαδιαν ἀδελφὴν αὐτῶν τὴν πεπληγυῖαν[1] ἐν τῇ ἡμέρᾳ τῆς πληγῆς[2] διὰ Φογωρ.

A Census for the New Generation

26 Καὶ ἐγένετο μετὰ τὴν πληγὴν[3] καὶ ἐλάλησεν κύριος πρὸς Μωυσῆν καὶ πρὸς Ελεαζαρ τὸν ἱερέα λέγων **2** Λαβὲ τὴν ἀρχὴν πάσης συναγωγῆς υἱῶν Ισραηλ ἀπὸ εἰκοσαετοῦς[4] καὶ ἐπάνω[5] κατ᾽ οἴκους πατριῶν[6] αὐτῶν, πᾶς ὁ ἐκπορευόμενος παρατάξασθαι[7] ἐν Ισραηλ. **3** καὶ ἐλάλησεν Μωυσῆς καὶ Ελεαζαρ ὁ ἱερεὺς ἐν Αραβωθ Μωαβ ἐπὶ τοῦ Ιορδάνου κατὰ Ιεριχω λέγων **4** Ἀπὸ εἰκοσαετοῦς[8] καὶ ἐπάνω,[9] ὃν τρόπον[10] συνέταξεν[11] κύριος τῷ Μωυσῇ. Καὶ οἱ υἱοὶ Ισραηλ οἱ ἐξελθόντες ἐξ Αἰγύπτου·

5 Ρουβην πρωτότοκος[12] Ισραηλ. υἱοὶ δὲ Ρουβην· Ενωχ καὶ δῆμος[13] τοῦ Ενωχ· τῷ Φαλλου δῆμος τοῦ Φαλλουι· **6** τῷ Ασρων δῆμος[14] τοῦ Ασρωνι· τῷ Χαρμι δῆμος τοῦ Χαρμι. **7** οὗτοι δῆμοι[15] Ρουβην· καὶ ἐγένετο ἡ ἐπίσκεψις[16] αὐτῶν τρεῖς καὶ τεσσαράκοντα[17] χιλιάδες[18] καὶ ἑπτακόσιοι[19] καὶ τριάκοντα.[20] — **8** καὶ υἱοὶ Φαλλου· Ελιαβ. **9** καὶ υἱοὶ Ελιαβ· Ναμουηλ καὶ Δαθαν καὶ Αβιρων· οὗτοι ἐπίκλητοι[21] τῆς συναγωγῆς, οὗτοί εἰσιν οἱ ἐπισυστάντες[22] ἐπὶ Μωυσῆν καὶ Ααρων ἐν τῇ συναγωγῇ Κορε ἐν τῇ ἐπισυστάσει[23] κυρίου, **10** καὶ ἀνοίξασα ἡ γῆ τὸ στόμα αὐτῆς κατέπιεν[24] αὐτοὺς καὶ Κορε ἐν τῷ θανάτῳ τῆς συναγωγῆς αὐτοῦ, ὅτε κατέφαγεν[25] τὸ πῦρ τοὺς πεντήκοντα[26] καὶ διακοσίους,[27] καὶ ἐγενήθησαν ἐν σημείῳ, **11** οἱ δὲ υἱοὶ Κορε οὐκ ἀπέθανον.

12 Καὶ οἱ υἱοὶ Συμεων· ὁ δῆμος[28] τῶν υἱῶν Συμεων· τῷ Ναμουηλ δῆμος ὁ Ναμουηλι· τῷ Ιαμιν δῆμος ὁ Ιαμινι· τῷ Ιαχιν δῆμος ὁ Ιαχινι· **13** τῷ Ζαρα δῆμος[29] ὁ Ζαραϊ· τῷ Σαουλ δῆμος ὁ Σαουλι. **14** οὗτοι δῆμοι[30] Συμεων ἐκ τῆς ἐπισκέψεως[31] αὐτῶν, δύο καὶ εἴκοσι[32] χιλιάδες[33] καὶ διακόσιοι.[34]

1 πλήσσω, *perf act ptc acc s f*, slay, smite
2 πληγή, plague
3 πληγή, plague
4 εἰκοσαετής, twenty years (old)
5 ἐπάνω, above
6 πατριά, paternal lineage, house
7 παρατάσσω, *aor mid inf*, fight in battle
8 εἰκοσαετής, twenty years (old)
9 ἐπάνω, above
10 ὃν τρόπον, in the manner that
11 συντάσσω, *aor act ind 3s*, order, charge, prescribe
12 πρωτότοκος, firstborn
13 δῆμος, district, division
14 δῆμος, district, division
15 δῆμος, district, division
16 ἐπίσκεψις, numbering, census
17 τεσσαράκοντα, forty
18 χιλιάς, thousand
19 ἑπτακόσιοι, seven hundred
20 τριάκοντα, thirty
21 ἐπίκλητος, appointed
22 ἐπισυνίστημι, *aor act ptc nom p m*, conspire against
23 ἐπισύστασις, insurrection, uprising
24 καταπίνω, *aor act ind 3s*, swallow up
25 κατεσθίω, *aor act ind 3s*, consume
26 πεντήκοντα, fifty
27 διακόσιοι, two hundred
28 δῆμος, district, division
29 δῆμος, district, division
30 δῆμος, district, division
31 ἐπίσκεψις, numbering, census
32 εἴκοσι, twenty
33 χιλιάς, thousand
34 διακόσιοι, two hundred

15 Υἱοὶ δὲ Ιουδα· Ηρ καὶ Αυναν· καὶ ἀπέθανεν Ηρ καὶ Αυναν ἐν γῇ Χανααν. **16** ἐγέ-
νοντο δὲ οἱ υἱοὶ Ιουδα κατὰ δήμους[1] αὐτῶν· τῷ Σηλων δῆμος ὁ Σηλωνι· τῷ Φαρες
δῆμος ὁ Φαρες· τῷ Ζαρα δῆμος ὁ Ζαραϊ. **17** καὶ ἐγένοντο υἱοὶ Φαρες· τῷ Ασρων
δῆμος[2] ὁ Ασρωνι· τῷ Ιαμουν δῆμος ὁ Ιαμουνι. **18** οὗτοι δῆμοι[3] τῷ Ιουδα κατὰ τὴν
ἐπισκοπὴν[4] αὐτῶν, ἓξ[5] καὶ ἑβδομήκοντα[6] χιλιάδες[7] καὶ πεντακόσιοι.[8]

19 Καὶ υἱοὶ Ισσαχαρ κατὰ δήμους[9] αὐτῶν· τῷ Θωλα δῆμος ὁ Θωλαϊ· τῷ Φουα δῆμος
ὁ Φουαϊ· **20** τῷ Ιασουβ δῆμος[10] ὁ Ιασουβι· τῷ Σαμαραν δῆμος ὁ Σαμαρανι. **21** οὗτοι
δῆμοι[11] Ισσαχαρ ἐξ ἐπισκέψεως[12] αὐτῶν, τέσσαρες καὶ ἑξήκοντα[13] χιλιάδες[14] καὶ
τριακόσιοι.[15]

22 Υἱοὶ Ζαβουλων κατὰ δήμους[16] αὐτῶν· τῷ Σαρεδ δῆμος ὁ Σαρεδι· τῷ Αλλων δῆμος
ὁ Αλλωνι· τῷ Αλληλ δῆμος ὁ Αλληλι. **23** οὗτοι δῆμοι[17] Ζαβουλων ἐξ ἐπισκέψεως[18]
αὐτῶν, ἑξήκοντα[19] χιλιάδες[20] καὶ πεντακόσιοι.[21]

24 Υἱοὶ Γαδ κατὰ δήμους[22] αὐτῶν· τῷ Σαφων δῆμος ὁ Σαφωνι· τῷ Αγγι δῆμος ὁ
Αγγι· τῷ Σουνι δῆμος ὁ Σουνι· **25** τῷ Αζενι δῆμος[23] ὁ Αζενι· τῷ Αδδι δῆμος ὁ Αδδι·
26 τῷ Αροαδι δῆμος[24] ὁ Αροαδι· τῷ Αριηλ δῆμος ὁ Αριηλι. **27** οὗτοι δῆμοι[25] υἱῶν
Γαδ ἐξ ἐπισκέψεως[26] αὐτῶν, τεσσαράκοντα[27] χιλιάδες[28] καὶ πεντακόσιοι.[29]

28 Υἱοὶ Ασηρ κατὰ δήμους[30] αὐτῶν· τῷ Ιαμιν δῆμος ὁ Ιαμινι· τῷ Ιεσου δῆμος ὁ
Ιεσουι· τῷ Βαρια δῆμος ὁ Βαριαϊ· **29** τῷ Χοβερ δῆμος[31] ὁ Χοβερι· τῷ Μελχιηλ
δῆμος ὁ Μελχιηλι. **30** καὶ τὸ ὄνομα θυγατρὸς[32] Ασηρ Σαρα. **31** οὗτοι δῆμοι[33] Ασηρ
ἐξ ἐπισκέψεως[34] αὐτῶν, τρεῖς καὶ πεντήκοντα[35] χιλιάδες[36] καὶ τετρακόσιοι.[37]

32 Υἱοὶ Ιωσηφ κατὰ δήμους[38] αὐτῶν· Μανασση καὶ Εφραιμ. — **33** υἱοὶ Μανασση·
τῷ Μαχιρ δῆμος[39] ὁ Μαχιρι· καὶ Μαχιρ ἐγέννησεν τὸν Γαλααδ· τῷ Γαλααδ δῆμος ὁ
Γαλααδι. **34** καὶ οὗτοι υἱοὶ Γαλααδ· τῷ Αχιεζερ δῆμος[40] ὁ Αχιεζερι· τῷ Χελεγ δῆμος

1 δῆμος, district, division
2 δῆμος, district, division
3 δῆμος, district, division
4 ἐπισκοπή, numbering, census
5 ἕξ, six
6 ἑβδομήκοντα, seventy
7 χιλιάς, thousand
8 πεντακόσιοι, five hundred
9 δῆμος, district, division
10 δῆμος, district, division
11 δῆμος, district, division
12 ἐπίσκεψις, numbering, census
13 ἑξήκοντα, sixty
14 χιλιάς, thousand
15 τριακόσιοι, three hundred
16 δῆμος, district, division
17 δῆμος, district, division
18 ἐπίσκεψις, numbering, census
19 ἑξήκοντα, sixty
20 χιλιάς, thousand
21 πεντακόσιοι, five hundred
22 δῆμος, district, division
23 δῆμος, district, division
24 δῆμος, district, division
25 δῆμος, district, division
26 ἐπίσκεψις, numbering, census
27 τεσσαράκοντα, forty
28 χιλιάς, thousand
29 πεντακόσιοι, five hundred
30 δῆμος, district, division
31 δῆμος, district, division
32 θυγάτηρ, daughter
33 δῆμος, district, division
34 ἐπίσκεψις, numbering, census
35 πεντήκοντα, fifty
36 χιλιάς, thousand
37 τετρακόσιοι, four hundred
38 δῆμος, district, division
39 δῆμος, district, division
40 δῆμος, district, division

ὁ Χελεγι· **35** τῷ Εσριηλ δῆμος[1] ὁ Εσριηλι· τῷ Συχεμ δῆμος ὁ Συχεμι· **36** τῷ Συμαερ
δῆμος[2] ὁ Συμαερι· καὶ τῷ Οφερ δῆμος ὁ Οφερι. **37** καὶ τῷ Σαλπααδ υἱῷ Οφερ οὐκ
ἐγένοντο αὐτῷ υἱοί, ἀλλ᾽ ἢ θυγατέρες,[3] καὶ ταῦτα τὰ ὀνόματα τῶν θυγατέρων
Σαλπααδ· Μαλα καὶ Νουα καὶ Εγλα καὶ Μελχα καὶ Θερσα. **38** οὗτοι δῆμοι[4] Μανασση
ἐξ ἐπισκέψεως[5] αὐτῶν, δύο καὶ πεντήκοντα[6] χιλιάδες[7] καὶ ἑπτακόσιοι.[8]

39 Καὶ οὗτοι υἱοὶ Εφραιμ· τῷ Σουταλα δῆμος[9] ὁ Σουταλαϊ· τῷ Ταναχ δῆμος ὁ
Ταναχι. **40** οὗτοι υἱοὶ Σουταλα· τῷ Εδεν δῆμος[10] ὁ Εδενι. **41** οὗτοι δῆμοι[11] Εφραιμ
ἐξ ἐπισκέψεως[12] αὐτῶν, δύο καὶ τριάκοντα[13] χιλιάδες[14] καὶ πεντακόσιοι.[15] — οὗτοι
δῆμοι υἱῶν Ιωσηφ κατὰ δήμους αὐτῶν.

42 Υἱοὶ Βενιαμιν κατὰ δήμους[16] αὐτῶν· τῷ Βαλε δῆμος ὁ Βαλεϊ· τῷ Ασυβηρ δῆμος
ὁ Ασυβηρι· τῷ Ιαχιραν δῆμος ὁ Ιαχιρανι· **43** τῷ Σωφαν δῆμος[17] ὁ Σωφανι. **44** καὶ
ἐγένοντο οἱ υἱοὶ Βαλε Αδαρ. καὶ Νοεμαν· τῷ Αδαρ δῆμος[18] ὁ Αδαρι· τῷ Νοεμαν
δῆμος ὁ Νοεμανι. **45** οὗτοι υἱοὶ Βενιαμιν κατὰ δήμους[19] αὐτῶν ἐξ ἐπισκέψεως[20]
αὐτῶν, πέντε καὶ τεσσαράκοντα[21] χιλιάδες[22] καὶ ἑξακόσιοι.[23]

46 Καὶ υἱοὶ Δαν κατὰ δήμους[24] αὐτῶν· τῷ Σαμι δῆμος ὁ Σαμι· οὗτοι δῆμοι Δαν
κατὰ δήμους αὐτῶν. **47** πάντες οἱ δῆμοι[25] Σαμι κατ᾽ ἐπισκοπὴν[26] αὐτῶν τέσσαρες
καὶ ἑξήκοντα[27] χιλιάδες[28] καὶ τετρακόσιοι.[29]

48 Υἱοὶ Νεφθαλι κατὰ δήμους[30] αὐτῶν· τῷ Ασιηλ δῆμος ὁ Ασιηλι· τῷ Γαυνι δῆμος
ὁ Γαυνι· **49** τῷ Ιεσερ δῆμος[31] ὁ Ιεσερι· τῷ Σελλημ δῆμος ὁ Σελλημι. **50** οὗτοι
δῆμοι[32] Νεφθαλι ἐξ ἐπισκέψεως[33] αὐτῶν, πέντε καὶ τεσσαράκοντα[34] χιλιάδες[35] καὶ
τετρακόσιοι.[36]

1 δῆμος, district, division
2 δῆμος, district, division
3 θυγάτηρ, daughter
4 δῆμος, district, division
5 ἐπίσκεψις, numbering, census
6 πεντήκοντα, fifty
7 χιλιάς, thousand
8 ἑπτακόσιοι, seven hundred
9 δῆμος, district, division
10 δῆμος, district, division
11 δῆμος, district, division
12 ἐπίσκεψις, numbering, census
13 τριάκοντα, thirty
14 χιλιάς, thousand
15 πεντακόσιοι, five hundred
16 δῆμος, district, division
17 δῆμος, district, division
18 δῆμος, district, division
19 δῆμος, district, division
20 ἐπίσκεψις, numbering, census
21 τεσσαράκοντα, forty
22 χιλιάς, thousand
23 ἑξακόσιοι, six hundred
24 δῆμος, district, division
25 δῆμος, district, division
26 ἐπισκοπή, assignment, position
27 ἑξήκοντα, sixty
28 χιλιάς, thousand
29 τετρακόσιοι, four hundred
30 δῆμος, district, division
31 δῆμος, district, division
32 δῆμος, district, division
33 ἐπίσκεψις, numbering, census
34 τεσσαράκοντα, forty
35 χιλιάς, thousand
36 τετρακόσιοι, four hundred

51 Αὕτη ἡ ἐπίσκεψις[1] υἱῶν Ισραηλ, ἑξακόσιαι[2] χιλιάδες[3] καὶ χίλιοι[4] καὶ ἑπτακόσιοι[5]
καὶ τριάκοντα.[6]

52 Καὶ ἐλάλησεν κύριος πρὸς Μωυσῆν λέγων **53** Τούτοις μερισθήσεται[7] ἡ γῆ
κληρονομεῖν[8] ἐξ ἀριθμοῦ[9] ὀνομάτων· **54** τοῖς πλείοσιν[10] πλεονάσεις[11] τὴν κληρο-
νομίαν[12] καὶ τοῖς ἐλάττοσιν[13] ἐλαττώσεις[14] τὴν κληρονομίαν[15] αὐτῶν· ἑκάστῳ καθὼς
ἐπεσκέπησαν[16] δοθήσεται ἡ κληρονομία αὐτῶν. **55** διὰ κλήρων[17] μερισθήσεται[18] ἡ
γῆ· τοῖς ὀνόμασιν κατὰ φυλὰς πατριῶν[19] αὐτῶν κληρονομήσουσιν·[20] **56** ἐκ τοῦ
κλήρου[21] μεριεῖς[22] τὴν κληρονομίαν[23] αὐτῶν ἀνὰ μέσον[24] πολλῶν καὶ ὀλίγων.[25]

57 Καὶ υἱοὶ Λευι κατὰ δήμους[26] αὐτῶν· τῷ Γεδσων δῆμος ὁ Γεδσωνι· τῷ Κααθ δῆμος
ὁ Κααθι· τῷ Μεραρι δῆμος ὁ Μεραρι. **58** οὗτοι δῆμοι[27] υἱῶν Λευι· δῆμος ὁ Λοβενι,
δῆμος ὁ Χεβρωνι, δῆμος ὁ Κορε καὶ δῆμος ὁ Μουσι. καὶ Κααθ ἐγέννησεν τὸν
Αμραμ. **59** καὶ τὸ ὄνομα τῆς γυναικὸς αὐτοῦ Ιωχαβεδ θυγάτηρ[28] Λευι, ἣ ἔτεκεν[29]
τούτους τῷ Λευι ἐν Αἰγύπτῳ· καὶ ἔτεκεν τῷ Αμραμ τὸν Ααρων καὶ Μωυσῆν καὶ
Μαριαμ τὴν ἀδελφὴν αὐτῶν. **60** καὶ ἐγεννήθησαν τῷ Ααρων ὅ τε Ναδαβ καὶ Αβιουδ
καὶ Ελεαζαρ καὶ Ιθαμαρ. **61** καὶ ἀπέθανεν Ναδαβ καὶ Αβιουδ ἐν τῷ προσφέρειν
αὐτοὺς πῦρ ἀλλότριον[30] ἔναντι[31] κυρίου ἐν τῇ ἐρήμῳ Σινα. **62** καὶ ἐγενήθησαν ἐξ
ἐπισκέψεως[32] αὐτῶν τρεῖς καὶ εἴκοσι[33] χιλιάδες,[34] πᾶν ἀρσενικὸν[35] ἀπὸ μηνιαίου[36]
καὶ ἐπάνω·[37] οὐ γὰρ συνεπεσκέπησαν[38] ἐν μέσῳ υἱῶν Ισραηλ, ὅτι οὐ δίδοται αὐτοῖς
κλῆρος[39] ἐν μέσῳ υἱῶν Ισραηλ.

1 ἐπίσκεψις, numbering, census
2 ἑξακόσιοι, six hundred
3 χιλιάς, thousand
4 χίλιοι, one thousand
5 ἑπτακόσιοι, seven hundred
6 τριάκοντα, thirty
7 μερίζω, *fut pas ind 3s*, distribute, assign by lot
8 κληρονομέω, *pres act inf*, inherit
9 ἀριθμός, number
10 πλείων/πλεῖον, *comp of* πολύς, more
11 πλεονάζω, *fut act ind 2s*, cause to increase
12 κληρονομία, inheritance
13 ἐλάττων (σσ), *comp of* μικρός, *from* ἐλαχύς, lesser
14 ἐλαττόω, *fut act ind 2s*, make lower, decrease
15 κληρονομία, inheritance
16 ἐπισκέπτομαι, *aor pas ind 3p*, account for, number
17 κλῆρος, portion, lot
18 μερίζω, *fut pas ind 3s*, distribute, assign by lot
19 πατριά, paternal lineage, house
20 κληρονομέω, *fut act ind 3p*, inherit
21 κλῆρος, portion, lot
22 μερίζω, *fut act ind 2s*, distribute, assign by lot
23 κληρονομία, inheritance
24 ἀνὰ μέσον, between, among
25 ὀλίγος, lesser, smaller
26 δῆμος, district, division
27 δῆμος, district, division
28 θυγάτηρ, daughter
29 τίκτω, *aor act ind 3s*, give birth
30 ἀλλότριος, foreign, strange
31 ἔναντι, before
32 ἐπίσκεψις, numbering, census
33 εἴκοσι, twenty
34 χιλιάς, thousand
35 ἀρσενικός, male
36 μηνιαῖος, one month (old)
37 ἐπάνω, above
38 συνεπισκέπτομαι, *aor pas ind 3p*, number among
39 κλῆρος, portion, lot

63 Καὶ αὕτη ἡ ἐπίσκεψις[1] Μωυσῆ καὶ Ελεαζαρ τοῦ ἱερέως, οἳ ἐπεσκέψαντο[2] τοὺς
υἱοὺς Ισραηλ ἐν Αραβωθ Μωαβ ἐπὶ τοῦ Ιορδάνου κατὰ Ιεριχω. **64** καὶ ἐν τούτοις οὐκ
ἦν ἄνθρωπος τῶν ἐπεσκεμμένων[3] ὑπὸ Μωυσῆ καὶ Ααρων, οὓς ἐπεσκέψαντο[4] τοὺς
υἱοὺς Ισραηλ ἐν τῇ ἐρήμῳ Σινα· **65** ὅτι εἶπεν κύριος αὐτοῖς Θανάτῳ ἀποθανοῦνται
ἐν τῇ ἐρήμῳ· καὶ οὐ κατελείφθη[5] ἐξ αὐτῶν οὐδὲ εἷς πλὴν Χαλεβ υἱὸς Ιεφοννη καὶ
Ἰησοῦς ὁ τοῦ Ναυη.

Zelophehad's Daughters

27 Καὶ προσελθοῦσαι αἱ θυγατέρες[6] Σαλπααδ υἱοῦ Οφερ υἱοῦ Γαλααδ υἱοῦ
Μαχιρ τοῦ δήμου[7] Μανασση τῶν υἱῶν Ιωσηφ (καὶ ταῦτα τὰ ὀνόματα
αὐτῶν· Μαλα καὶ Νουα καὶ Εγλα καὶ Μελχα καὶ Θερσα) **2** καὶ στᾶσαι ἔναντι[8]
Μωυσῆ καὶ ἔναντι Ελεαζαρ τοῦ ἱερέως καὶ ἔναντι τῶν ἀρχόντων καὶ ἔναντι
πάσης συναγωγῆς ἐπὶ τῆς θύρας τῆς σκηνῆς[9] τοῦ μαρτυρίου[10] λέγουσιν **3** Ὁ
πατὴρ ἡμῶν ἀπέθανεν ἐν τῇ ἐρήμῳ, καὶ αὐτὸς οὐκ ἦν ἐν μέσῳ τῆς συναγωγῆς
τῆς ἐπισυστάσης[11] ἔναντι[12] κυρίου ἐν τῇ συναγωγῇ Κορε, ὅτι διὰ ἁμαρτίαν αὐτοῦ
ἀπέθανεν, καὶ υἱοὶ οὐκ ἐγένοντο αὐτῷ· **4** μὴ ἐξαλειφθήτω[13] τὸ ὄνομα τοῦ πατρὸς
ἡμῶν ἐκ μέσου τοῦ δήμου[14] αὐτοῦ, ὅτι οὐκ ἔστιν αὐτῷ υἱός· δότε ἡμῖν κατάσχεσιν[15]
ἐν μέσῳ ἀδελφῶν πατρὸς ἡμῶν. **5** καὶ προσήγαγεν[16] Μωυσῆς τὴν κρίσιν αὐτῶν
ἔναντι[17] κυρίου. **6** καὶ ἐλάλησεν κύριος πρὸς Μωυσῆν λέγων **7** Ὀρθῶς[18] θυγατέρες[19]
Σαλπααδ λελαλήκασιν· δόμα[20] δώσεις αὐταῖς κατάσχεσιν[21] κληρονομίας[22] ἐν μέσῳ
ἀδελφῶν πατρὸς αὐτῶν καὶ περιθήσεις[23] τὸν κλῆρον[24] τοῦ πατρὸς αὐτῶν αὐταῖς.
8 καὶ τοῖς υἱοῖς Ισραηλ λαλήσεις λέγων Ἄνθρωπος ἐὰν ἀποθάνῃ καὶ υἱὸς μὴ ᾖ
αὐτῷ, περιθήσετε[25] τὴν κληρονομίαν[26] αὐτοῦ τῇ θυγατρὶ[27] αὐτοῦ· **9** ἐὰν δὲ μὴ ᾖ
θυγάτηρ[28] αὐτῷ, δώσετε τὴν κληρονομίαν[29] τῷ ἀδελφῷ αὐτοῦ· **10** ἐὰν δὲ μὴ ὦσιν
αὐτῷ ἀδελφοί, δώσετε τὴν κληρονομίαν[30] τῷ ἀδελφῷ τοῦ πατρὸς αὐτοῦ· **11** ἐὰν
δὲ μὴ ὦσιν ἀδελφοὶ τοῦ πατρὸς αὐτοῦ, δώσετε τὴν κληρονομίαν[31] τῷ οἰκείῳ[32] τῷ

1 ἐπίσκεψις, numbering, census
2 ἐπισκέπτομαι, *aor mid ind 3p*, account for, number
3 ἐπισκέπτομαι, *perf pas ptc gen p m*, account for, number
4 ἐπισκέπτομαι, *aor mid ind 3p*, account for, number
5 καταλείπω, *aor pas ind 3s*, remain, leave behind
6 θυγάτηρ, daughter
7 δῆμος, district, division
8 ἔναντι, before
9 σκηνή, tent
10 μαρτύριον, witness
11 ἐπισυνίστημι, *aor act ptc gen s f*, conspire against
12 ἔναντι, before
13 ἐξαλείφω, *aor pas impv 3s*, wipe out
14 δῆμος, district, division
15 κατάσχεσις, possession
16 προσάγω, *aor act ind 3s*, bring to
17 ἔναντι, before
18 ὀρθῶς, truly, correctly
19 θυγάτηρ, daughter
20 δόμα, gift
21 κατάσχεσις, possession
22 κληρονομία, inheritance
23 περιτίθημι, *fut act ind 2s*, grant
24 κλῆρος, portion, lot
25 περιτίθημι, *fut act ind 2p*, grant
26 κληρονομία, inheritance
27 θυγάτηρ, daughter
28 θυγάτηρ, daughter
29 κληρονομία, inheritance
30 κληρονομία, inheritance
31 κληρονομία, inheritance
32 οἰκεῖος, near kin, household member

ἔγγιστα[1] αὐτοῦ ἐκ τῆς φυλῆς αὐτοῦ, κληρονομήσει[2] τὰ αὐτοῦ. καὶ ἔσται τοῦτο τοῖς
υἱοῖς Ισραηλ δικαίωμα[3] κρίσεως, καθὰ[4] συνέταξεν[5] κύριος τῷ Μωυσῇ.

Joshua Named Moses's Successor

12 Καὶ εἶπεν κύριος πρὸς Μωυσῆν Ἀνάβηθι εἰς τὸ ὄρος τὸ ἐν τῷ πέραν[6] (τοῦτο ὄρος
Ναβαυ) καὶ ἰδὲ τὴν γῆν Χαναaν, ἣν ἐγὼ δίδωμι τοῖς υἱοῖς Ισραηλ ἐν κατασχέσει·[7]
13 καὶ ὄψει αὐτὴν καὶ προστεθήσῃ[8] πρὸς τὸν λαόν σου καὶ σύ, καθὰ[9] προσετέθη[10]
Ααρων ὁ ἀδελφός σου ἐν Ωρ τῷ ὄρει, **14** διότι[11] παρέβητε[12] τὸ ῥῆμά μου ἐν τῇ ἐρήμῳ
Σιν ἐν τῷ ἀντιπίπτειν[13] τὴν συναγωγὴν ἁγιάσαι[14] με· οὐχ ἡγιάσατέ[15] με ἐπὶ τῷ ὕδατι
ἔναντι[16] αὐτῶν (τοῦτό ἐστιν ὕδωρ ἀντιλογίας[17] Καδης ἐν τῇ ἐρήμῳ Σιν). **15** καὶ εἶπεν
Μωυσῆς πρὸς κύριον **16** Ἐπισκεψάσθω[18] κύριος ὁ θεὸς τῶν πνευμάτων καὶ πάσης
σαρκὸς ἄνθρωπον ἐπὶ τῆς συναγωγῆς ταύτης, **17** ὅστις ἐξελεύσεται πρὸ προσώπου
αὐτῶν καὶ ὅστις εἰσελεύσεται πρὸ προσώπου αὐτῶν καὶ ὅστις ἐξάξει[19] αὐτοὺς καὶ
ὅστις εἰσάξει[20] αὐτούς, καὶ οὐκ ἔσται ἡ συναγωγὴ κυρίου ὡσεὶ[21] πρόβατα, οἷς οὐκ
ἔστιν ποιμήν.[22] **18** καὶ ἐλάλησεν κύριος πρὸς Μωυσῆν λέγων Λαβὲ πρὸς σεαυτὸν
τὸν Ἰησοῦν υἱὸν Ναυη, ἄνθρωπον, ὃς ἔχει πνεῦμα ἐν ἑαυτῷ, καὶ ἐπιθήσεις τὰς χεῖράς
σου ἐπ᾽ αὐτὸν **19** καὶ στήσεις αὐτὸν ἔναντι[23] Ελεαζαρ τοῦ ἱερέως καὶ ἐντελῇ[24] αὐτῷ
ἔναντι πάσης συναγωγῆς καὶ ἐντελῇ περὶ αὐτοῦ ἐναντίον[25] αὐτῶν **20** καὶ δώσεις
τῆς δόξης σου ἐπ᾽ αὐτόν, ὅπως ἂν εἰσακούσωσιν[26] αὐτοῦ οἱ υἱοὶ Ισραηλ. **21** καὶ
ἔναντι[27] Ελεαζαρ τοῦ ἱερέως στήσεται, καὶ ἐπερωτήσουσιν[28] αὐτὸν τὴν κρίσιν τῶν
δήλων[29] ἔναντι κυρίου· ἐπὶ τῷ στόματι αὐτοῦ ἐξελεύσονται καὶ ἐπὶ τῷ στόματι
αὐτοῦ εἰσελεύσονται αὐτὸς καὶ οἱ υἱοὶ Ισραηλ ὁμοθυμαδὸν[30] καὶ πᾶσα ἡ συναγωγή.
22 καὶ ἐποίησεν Μωυσῆς καθὰ[31] ἐνετείλατο[32] αὐτῷ κύριος, καὶ λαβὼν τὸν Ἰησοῦν
ἔστησεν αὐτὸν ἐναντίον[33] Ελεαζαρ τοῦ ἱερέως καὶ ἔναντι[34] πάσης συναγωγῆς **23** καὶ

1 ἐγγύς, *sup*, nearest
2 κληρονομέω, *fut act ind 3s*, inherit
3 δικαίωμα, regulation, requirement
4 καθά, just as
5 συντάσσω, *aor act ind 3s*, order, charge, prescribe
6 πέραν, beyond
7 κατάσχεσις, possession
8 προστίθημι, *fut pas ind 2s*, add to, put with
9 καθά, just as
10 προστίθημι, *aor pas ind 3s*, add to, put with
11 διότι, because
12 παραβαίνω, *aor act ind 2p*, transgress, break
13 ἀντιπίπτω, *pres act inf*, resist
14 ἁγιάζω, *aor act inf*, sanctify, consecrate
15 ἁγιάζω, *aor act ind 2p*, sanctify, consecrate
16 ἔναντι, before
17 ἀντιλογία, controversy, argument
18 ἐπισκέπτομαι, *aor mid impv 3s*, oversee, consider
19 ἐξάγω, *fut act ind 3s*, bring out
20 εἰσάγω, *fut act ind 3s*, bring in
21 ὡσεί, like
22 ποιμήν, shepherd
23 ἔναντι, before
24 ἐντέλλομαι, *fut mid ind 2s*, command
25 ἐναντίον, before
26 εἰσακούω, *aor act sub 3p*, listen
27 ἔναντι, before
28 ἐπερωτάω, *fut act ind 3p*, ask, inquire
29 δῆλος, visible, clear
30 ὁμοθυμαδόν, together
31 καθά, just as
32 ἐντέλλομαι, *aor mid ind 3s*, command
33 ἐναντίον, before
34 ἔναντι, before

ἐπέθηκεν τὰς χεῖρας αὐτοῦ ἐπ᾽ αὐτὸν καὶ συνέστησεν[1] αὐτόν, καθάπερ[2] συνέταξεν[3] κύριος τῷ Μωυσῇ.

Daily Offerings

28 Καὶ ἐλάλησεν κύριος πρὸς Μωυσῆν λέγων **2** Ἔντειλαι[4] τοῖς υἱοῖς Ισραηλ καὶ ἐρεῖς πρὸς αὐτοὺς λέγων Τὰ δῶρά[5] μου δόματά[6] μου καρπώματά[7] μου εἰς ὀσμὴν[8] εὐωδίας[9] διατηρήσετε[10] προσφέρειν ἐμοὶ ἐν ταῖς ἑορταῖς[11] μου. **3** καὶ ἐρεῖς πρὸς αὐτούς Ταῦτα τὰ καρπώματα,[12] ὅσα προσάξετε[13] κυρίῳ· ἀμνοὺς[14] ἐνιαυσίους[15] ἀμώμους[16] δύο τὴν ἡμέραν εἰς ὁλοκαύτωσιν[17] ἐνδελεχῶς,[18] **4** τὸν ἀμνὸν[19] τὸν ἕνα ποιήσεις τὸ πρωὶ[20] καὶ τὸν ἀμνὸν[21] τὸν δεύτερον ποιήσεις τὸ πρὸς ἑσπέραν·[22] **5** καὶ ποιήσεις τὸ δέκατον[23] τοῦ οιφι[24] σεμίδαλιν[25] εἰς θυσίαν[26] ἀναπεποιημένην[27] ἐν ἐλαίῳ[28] ἐν τετάρτῳ[29] τοῦ ιν.[30] **6** ὁλοκαύτωμα[31] ἐνδελεχισμοῦ,[32] ἡ γενομένη ἐν τῷ ὄρει Σινα εἰς ὀσμὴν[33] εὐωδίας[34] κυρίῳ· **7** καὶ σπονδὴν[35] αὐτοῦ τὸ τέταρτον[36] τοῦ ιν[37] τῷ ἀμνῷ[38] τῷ ἑνί, ἐν τῷ ἁγίῳ σπείσεις[39] σπονδὴν[40] σικερα[41] κυρίῳ. **8** καὶ τὸν ἀμνὸν[42] τὸν δεύτερον ποιήσεις τὸ πρὸς ἑσπέραν·[43] κατὰ τὴν θυσίαν[44] αὐτοῦ καὶ κατὰ τὴν σπονδὴν[45] αὐτοῦ ποιήσετε εἰς ὀσμὴν[46] εὐωδίας[47] κυρίῳ.

1 συνίστημι, *aor act ind 3s*, appoint
2 καθάπερ, just as
3 συντάσσω, *aor act ind 3s*, order, charge, prescribe
4 ἐντέλλομαι, *aor mid impv 2s*, command
5 δῶρον, offering
6 δόμα, offering
7 κάρπωμα, burnt offering
8 ὀσμή, odor
9 εὐωδία, sweet smell
10 διατηρέω, *fut act ind 2p*, be mindful of, take care to
11 ἑορτή, feast
12 κάρπωμα, burnt offering
13 προσάγω, *fut act ind 2p*, offer, bring to
14 ἀμνός, lamb
15 ἐνιαύσιος, one year (old)
16 ἄμωμος, unblemished
17 ὁλοκαύτωσις, whole burnt offering
18 ἐνδελεχῶς, continually
19 ἀμνός, lamb
20 πρωί, (in the) morning
21 ἀμνός, lamb
22 ἑσπέρα, evening
23 δέκατος, tenth
24 οιφι, ephah, *translit.*
25 σεμίδαλις, fine wheat flour
26 θυσία, sacrifice
27 ἀναποιέω, *perf pas ptc acc s f*, prepare
28 ἔλαιον, oil
29 τέταρτος, fourth
30 ιν, hin, *translit.*
31 ὁλοκαύτωμα, whole burnt offering
32 ἐνδελεχισμός, continuity
33 ὀσμή, odor
34 εὐωδία, sweet smell
35 σπονδή, drink offering
36 τέταρτος, fourth
37 ιν, hin, *translit.*
38 ἀμνός, lamb
39 σπένδω, *fut act ind 2s*, pour out
40 σπονδή, drink offering
41 σικερα, fermented drink, *translit.*
42 ἀμνός, lamb
43 ἑσπέρα, evening
44 θυσία, sacrifice
45 σπονδή, drink offering
46 ὀσμή, odor
47 εὐωδία, sweet smell

Sabbath Offerings

9 Καὶ τῇ ἡμέρᾳ τῶν σαββάτων προσάξετε[1] δύο ἀμνοὺς[2] ἐνιαυσίους[3] ἀμώμους[4] καὶ
δύο δέκατα[5] σεμιδάλεως[6] ἀναπεποιημένης[7] ἐν ἐλαίῳ[8] εἰς θυσίαν[9] καὶ σπονδὴν[10]
10 ὁλοκαύτωμα[11] σαββάτων ἐν τοῖς σαββάτοις ἐπὶ τῆς ὁλοκαυτώσεως[12] τῆς διὰ
παντὸς καὶ τὴν σπονδὴν[13] αὐτοῦ.

Monthly Offerings

11 Καὶ ἐν ταῖς νεομηνίαις[14] προσάξετε[15] ὁλοκαυτώματα[16] τῷ κυρίῳ μόσχους[17] ἐκ
βοῶν[18] δύο καὶ κριὸν[19] ἕνα, ἀμνοὺς[20] ἐνιαυσίους[21] ἑπτὰ ἀμώμους,[22] **12** τρία δέ-
κατα[23] σεμιδάλεως[24] ἀναπεποιημένης[25] ἐν ἐλαίῳ[26] τῷ μόσχῳ[27] τῷ ἑνὶ καὶ δύο
δέκατα[28] σεμιδάλεως[29] ἀναπεποιημένης[30] ἐν ἐλαίῳ[31] τῷ κριῷ[32] τῷ ἑνί, **13** δέκατον[33]
σεμιδάλεως[34] ἀναπεποιημένης[35] ἐν ἐλαίῳ[36] τῷ ἀμνῷ[37] τῷ ἑνί, θυσίαν[38] ὀσμὴν[39]
εὐωδίας[40] κάρπωμα[41] κυρίῳ. **14** ἡ σπονδὴ[42] αὐτῶν τὸ ἥμισυ[43] τοῦ ιν[44] ἔσται τῷ
μόσχῳ[45] τῷ ἑνί, καὶ τὸ τρίτον τοῦ ιν ἔσται τῷ κριῷ[46] τῷ ἑνί, καὶ τὸ τέταρτον τοῦ
ιν ἔσται τῷ ἀμνῷ[47] τῷ ἑνὶ οἴνου. τοῦτο ὁλοκαύτωμα[48] μῆνα[49] ἐκ μηνὸς εἰς τοὺς
μῆνας τοῦ ἐνιαυτοῦ.[50] **15** καὶ χίμαρον[51] ἐξ αἰγῶν[52] ἕνα περὶ ἁμαρτίας κυρίῳ· ἐπὶ τῆς
ὁλοκαυτώσεως[53] τῆς διὰ παντὸς ποιηθήσεται καὶ ἡ σπονδὴ[54] αὐτοῦ.

1 προσάγω, *fut act ind 2p*, offer, bring to
2 ἀμνός, lamb
3 ἐνιαύσιος, one year (old)
4 ἄμωμος, unblemished
5 δέκατος, tenth
6 σεμίδαλις, fine wheat flour
7 ἀναποιέω, *perf pas ptc gen s f*, prepare
8 ἔλαιον, oil
9 θυσία, sacrifice
10 σπονδή, drink offering
11 ὁλοκαύτωμα, whole burnt offering
12 ὁλοκαύτωσις, whole burnt offering
13 σπονδή, drink offering
14 νεομηνία, new moon
15 προσάγω, *fut act ind 2p*, offer, bring to
16 ὁλοκαύτωμα, whole burnt offering
17 μόσχος, calf
18 βοῦς, cow, (*p*) cattle
19 κριός, ram
20 ἀμνός, lamb
21 ἐνιαύσιος, one year (old)
22 ἄμωμος, unblemished
23 δέκατος, tenth
24 σεμίδαλις, fine wheat flour
25 ἀναποιέω, *perf pas ptc gen s f*, prepare
26 ἔλαιον, oil
27 μόσχος, calf
28 δέκατος, tenth
29 σεμίδαλις, fine wheat flour
30 ἀναποιέω, *perf pas ptc gen s f*, prepare
31 ἔλαιον, oil
32 κριός, ram
33 δέκατος, tenth
34 σεμίδαλις, fine wheat flour
35 ἀναποιέω, *perf pas ptc gen s f*, prepare
36 ἔλαιον, oil
37 ἀμνός, lamb
38 θυσία, sacrifice
39 ὀσμή, odor
40 εὐωδία, sweet smell
41 κάρπωμα, burnt offering
42 σπονδή, drink offering
43 ἥμισυς, half
44 ιν, hin, *translit.*
45 μόσχος, calf
46 κριός, ram
47 ἀμνός, lamb
48 ὁλοκαύτωμα, whole burnt offering
49 μήν, month
50 ἐνιαυτός, year
51 χίμαρος, young goat
52 αἴξ, goat
53 ὁλοκαύτωσις, whole burnt offering
54 σπονδή, drink offering

Passover Offerings

16 Καὶ ἐν τῷ μηνὶ[1] τῷ πρώτῳ τεσσαρεσκαιδεκάτῃ[2] ἡμέρᾳ τοῦ μηνός, πασχα[3] κυρίῳ.
17 καὶ τῇ πεντεκαιδεκάτῃ[4] ἡμέρᾳ τοῦ μηνὸς[5] τούτου ἑορτή·[6] ἑπτὰ ἡμέρας ἄζυμα[7]
ἔδεσθε.[8] **18** καὶ ἡ ἡμέρα ἡ πρώτη ἐπίκλητος[9] ἁγία ἔσται ὑμῖν, πᾶν ἔργον λατρευτὸν[10]
οὐ ποιήσετε. **19** καὶ προσάξετε[11] ὁλοκαυτώματα[12] καρπώματα[13] κυρίῳ μόσχους[14] ἐκ
βοῶν[15] δύο, κριὸν[16] ἕνα, ἑπτὰ ἀμνοὺς[17] ἐνιαυσίους,[18] ἄμωμοι[19] ἔσονται ὑμῖν· **20** καὶ
ἡ θυσία[20] αὐτῶν σεμίδαλις[21] ἀναπεποιημένη[22] ἐν ἐλαίῳ,[23] τρία δέκατα[24] τῷ μόσχῳ[25]
τῷ ἑνὶ καὶ δύο δέκατα τῷ κριῷ[26] τῷ ἑνί, **21** δέκατον[27] δέκατον ποιήσεις τῷ ἀμνῷ[28]
τῷ ἑνὶ τοῖς ἑπτὰ ἀμνοῖς· **22** καὶ χίμαρον[29] ἐξ αἰγῶν[30] ἕνα περὶ ἁμαρτίας ἐξιλάσασθαι[31]
περὶ ὑμῶν· **23** πλὴν τῆς ὁλοκαυτώσεως[32] τῆς διὰ παντὸς τῆς πρωινῆς,[33] ὅ ἐστιν
ὁλοκαύτωμα[34] ἐνδελεχισμοῦ.[35] **24** ταῦτα κατὰ ταῦτα ποιήσετε τὴν ἡμέραν εἰς τὰς ἑπτὰ
ἡμέρας δῶρον[36] κάρπωμα[37] εἰς ὀσμὴν[38] εὐωδίας[39] κυρίῳ· ἐπὶ τοῦ ὁλοκαυτώματος[40]
τοῦ διὰ παντὸς ποιήσεις τὴν σπονδὴν[41] αὐτοῦ. **25** καὶ ἡ ἡμέρα ἡ ἑβδόμη[42] κλητὴ[43]
ἁγία ἔσται ὑμῖν, πᾶν ἔργον λατρευτὸν[44] οὐ ποιήσετε ἐν αὐτῇ.

Offerings for the Feast of Weeks

26 Καὶ τῇ ἡμέρᾳ τῶν νέων,[45] ὅταν προσφέρητε[46] θυσίαν[47] νέαν[48] κυρίῳ τῶν ἑβδο-
μάδων,[49] ἐπίκλητος[50] ἁγία ἔσται ὑμῖν, πᾶν ἔργον λατρευτὸν[51] οὐ ποιήσετε. **27** καὶ

1 μήν, month
2 τεσσαρεσκαιδέκατος, fourteenth
3 πασχα, Passover, *translit.*
4 πεντεκαιδέκατος, fifteenth
5 μήν, month
6 ἑορτή, feast
7 ἄζυμος, unleavened
8 ἐσθίω, *fut mid ind 2p*, eat
9 ἐπίκλητος, called, designated
10 λατρευτός, of service
11 προσάγω, *fut act ind 2p*, offer, bring up
12 ὁλοκαύτωμα, whole burnt offering
13 κάρπωμα, burnt offering
14 μόσχος, calf
15 βοῦς, cow, (*p*) cattle
16 κριός, ram
17 ἀμνός, lamb
18 ἐνιαύσιος, one year (old)
19 ἄμωμος, unblemished
20 θυσία, sacrifice
21 σεμίδαλις, fine wheat flour
22 ἀναποιέω, *perf pas ptc nom s f*, prepare
23 ἔλαιον, oil
24 δέκατος, tenth
25 μόσχος, calf
26 κριός, ram
27 δέκατος, tenth
28 ἀμνός, lamb
29 χίμαρος, young goat
30 αἴξ, goat
31 ἐξιλάσκομαι, *aor mid inf*, propitiate, make atonement
32 ὁλοκαύτωσις, whole burnt offering
33 πρωϊνός, of the morning
34 ὁλοκαύτωμα, whole burnt offering
35 ἐνδελεχισμός, continuity
36 δῶρον, offering
37 κάρπωμα, burnt offering
38 ὀσμή, odor
39 εὐωδία, sweet smell
40 ὁλοκαύτωμα, whole burnt offering
41 σπονδή, drink offering
42 ἕβδομος, seventh
43 κλητός, chosen
44 λατρευτός, of service
45 νέος, new, first
46 προσφέρω, *pres act sub 2p*, offer
47 θυσία, sacrifice
48 νέος, new, first
49 ἑβδομάς, week
50 ἐπίκλητος, called, designated
51 λατρευτός, of service

προσάξετε[1] ὁλοκαυτώματα[2] εἰς ὀσμὴν[3] εὐωδίας[4] κυρίῳ μόσχους[5] ἐκ βοῶν[6] δύο,
κριὸν[7] ἕνα, ἑπτὰ ἀμνοὺς[8] ἐνιαυσίους[9] ἀμώμους·[10] **28** ἡ θυσία[11] αὐτῶν σεμίδαλις[12]
ἀναπεποιημένη[13] ἐν ἐλαίῳ,[14] τρία δέκατα[15] τῷ μόσχῳ[16] τῷ ἑνὶ καὶ δύο δέκατα τῷ
κριῷ[17] τῷ ἑνί, **29** δέκατον[18] δέκατον τῷ ἀμνῷ[19] τῷ ἑνὶ τοῖς ἑπτὰ ἀμνοῖς· **30** καὶ
χίμαρον[20] ἐξ αἰγῶν[21] ἕνα περὶ ἁμαρτίας ἐξιλάσασθαι[22] περὶ ὑμῶν· **31** πλὴν τοῦ
ὁλοκαυτώματος[23] τοῦ διὰ παντός· καὶ τὴν θυσίαν[24] αὐτῶν ποιήσετέ μοι — ἄμωμοι[25]
ἔσονται ὑμῖν — καὶ τὰς σπονδὰς[26] αὐτῶν.

Offerings for the Festival of Trumpets

29 Καὶ τῷ μηνὶ[27] τῷ ἑβδόμῳ[28] μιᾷ τοῦ μηνὸς ἐπίκλητος[29] ἁγία ἔσται ὑμῖν,
πᾶν ἔργον λατρευτὸν[30] οὐ ποιήσετε· ἡμέρα σημασίας[31] ἔσται ὑμῖν. **2** καὶ
ποιήσετε ὁλοκαυτώματα[32] εἰς ὀσμὴν[33] εὐωδίας[34] κυρίῳ μόσχον[35] ἕνα ἐκ βοῶν,[36]
κριὸν[37] ἕνα, ἀμνοὺς[38] ἐνιαυσίους[39] ἑπτὰ ἀμώμους·[40] **3** ἡ θυσία[41] αὐτῶν σεμίδαλις[42]
ἀναπεποιημένη[43] ἐν ἐλαίῳ,[44] τρία δέκατα[45] τῷ μόσχῳ[46] τῷ ἑνὶ καὶ δύο δέκατα
τῷ κριῷ[47] τῷ ἑνί, **4** δέκατον[48] δέκατον τῷ ἀμνῷ[49] τῷ ἑνὶ τοῖς ἑπτὰ ἀμνοῖς· **5** καὶ
χίμαρον[50] ἐξ αἰγῶν[51] ἕνα περὶ ἁμαρτίας ἐξιλάσασθαι[52] περὶ ὑμῶν· **6** πλὴν τῶν ὁλο-
καυτωμάτων[53] τῆς νουμηνίας,[54] καὶ αἱ θυσίαι[55] αὐτῶν καὶ αἱ σπονδαὶ[56] αὐτῶν καὶ

1 προσάγω, *fut act ind 2p*, offer, bring up
2 ὁλοκαύτωμα, whole burnt offering
3 ὀσμή, odor
4 εὐωδία, sweet smell
5 μόσχος, calf
6 βοῦς, cow, (*p*) cattle
7 κριός, ram
8 ἀμνός, lamb
9 ἐνιαύσιος, one year (old)
10 ἄμωμος, unblemished
11 θυσία, sacrifice
12 σεμίδαλις, fine wheat flour
13 ἀναποιέω, *perf pas ptc nom s f*, prepare
14 ἔλαιον, oil
15 δέκατος, tenth
16 μόσχος, calf
17 κριός, ram
18 δέκατος, tenth
19 ἀμνός, lamb
20 χίμαρος, young goat
21 αἴξ, goat
22 ἐξιλάσκομαι, *aor mid inf*, propitiate, make atonement
23 ὁλοκαύτωμα, whole burnt offering
24 θυσία, sacrifice
25 ἄμωμος, unblemished
26 σπονδή, drink offering
27 μήν, month
28 ἕβδομος, seventh
29 ἐπίκλητος, called, designated
30 λατρευτός, of service
31 σημασία, signal-making
32 ὁλοκαύτωμα, whole burnt offering
33 ὀσμή, odor
34 εὐωδία, sweet smell
35 μόσχος, calf
36 βοῦς, cow, (*p*) cattle
37 κριός, ram
38 ἀμνός, lamb
39 ἐνιαύσιος, one year (old)
40 ἄμωμος, unblemished
41 θυσία, sacrifice
42 σεμίδαλις, fine wheat flour
43 ἀναποιέω, *perf pas ptc nom s f*, prepare
44 ἔλαιον, oil
45 δέκατος, tenth
46 μόσχος, calf
47 κριός, ram
48 δέκατος, tenth
49 ἀμνός, lamb
50 χίμαρος, young goat
51 αἴξ, goat
52 ἐξιλάσκομαι, *aor mid inf*, propitiate, make atonement
53 ὁλοκαύτωμα, whole burnt offering
54 νουμηνία, new moon
55 θυσία, sacrifice
56 σπονδή, drink offering

τὸ ὁλοκαύτωμα τὸ διὰ παντὸς καὶ αἱ θυσίαι αὐτῶν καὶ αἱ σπονδαὶ αὐτῶν κατὰ τὴν
σύγκρισιν[1] αὐτῶν εἰς ὀσμὴν[2] εὐωδίας[3] κυρίῳ.

Offerings on the Day of Atonement

7 Καὶ τῇ δεκάτῃ[4] τοῦ μηνὸς[5] τούτου ἐπίκλητος[6] ἁγία ἔσται ὑμῖν, καὶ κακώσετε[7]
τὰς ψυχὰς ὑμῶν καὶ πᾶν ἔργον οὐ ποιήσετε. **8** καὶ προσοίσετε[8] ὁλοκαυτώματα[9]
εἰς ὀσμὴν[10] εὐωδίας[11] καρπώματα[12] κυρίῳ μόσχον[13] ἕνα ἐκ βοῶν,[14] κριὸν[15] ἕνα,
ἀμνοὺς[16] ἐνιαυσίους[17] ἑπτά, ἄμωμοι[18] ἔσονται ὑμῖν· **9** ἡ θυσία[19] αὐτῶν σεμίδαλις[20]
ἀναπεποιημένη[21] ἐν ἐλαίῳ,[22] τρία δέκατα[23] τῷ μόσχῳ[24] τῷ ἑνὶ καὶ δύο δέκατα τῷ
κριῷ[25] τῷ ἑνί, **10** δέκατον[26] δέκατον τῷ ἀμνῷ[27] τῷ ἑνὶ εἰς τοὺς ἑπτὰ ἀμνούς· **11** καὶ
χίμαρον[28] ἐξ αἰγῶν[29] ἕνα περὶ ἁμαρτίας ἐξιλάσασθαι[30] περὶ ὑμῶν· πλὴν τὸ περὶ τῆς
ἁμαρτίας τῆς ἐξιλάσεως[31] καὶ ἡ ὁλοκαύτωσις[32] ἡ διὰ παντός, ἡ θυσία[33] αὐτῆς καὶ ἡ
σπονδὴ[34] αὐτῆς κατὰ τὴν σύγκρισιν[35] εἰς ὀσμὴν[36] εὐωδίας[37] κάρπωμα[38] κυρίῳ.

Offerings at the Festival of Booths

12 Καὶ τῇ πεντεκαιδεκάτῃ[39] ἡμέρᾳ τοῦ μηνὸς[40] τοῦ ἑβδόμου[41] τούτου ἐπίκλητος[42]
ἁγία ἔσται ὑμῖν, πᾶν ἔργον λατρευτὸν[43] οὐ ποιήσετε καὶ ἑορτάσετε[44] αὐτὴν ἑορτὴν[45]
κυρίῳ ἑπτὰ ἡμέρας. **13** καὶ προσάξετε[46] ὁλοκαυτώματα[47] καρπώματα[48] εἰς ὀσμὴν[49]

1 σύγκρισις, ruling, pattern
2 ὀσμή, odor
3 εὐωδία, sweet smell
4 δέκατος, tenth
5 μήν, month
6 ἐπίκλητος, called, designated
7 κακόω, *fut act ind 2p*, afflict, deal harshly
8 προσφέρω, *fut act ind 2p*, offer
9 ὁλοκαύτωμα, whole burnt offering
10 ὀσμή, odor
11 εὐωδία, sweet smell
12 κάρπωμα, burnt offering
13 μόσχος, calf
14 βοῦς, cow, (*p*) cattle
15 κριός, ram
16 ἀμνός, lamb
17 ἐνιαύσιος, one year (old)
18 ἄμωμος, unblemished
19 θυσία, sacrifice
20 σεμίδαλις, fine wheat flour
21 ἀναποιέω, *perf pas ptc nom s f*, prepare
22 ἔλαιον, oil
23 δέκατος, tenth
24 μόσχος, calf
25 κριός, ram
26 δέκατος, tenth
27 ἀμνός, lamb
28 χίμαρος, young goat
29 αἴξ, goat
30 ἐξιλάσκομαι, *aor mid inf*, propitiate, make atonement
31 ἐξίλασις, atonement
32 ὁλοκαύτωσις, whole burnt offering
33 θυσία, sacrifice
34 σπονδή, drink offering
35 σύγκρισις, ruling, pattern
36 ὀσμή, odor
37 εὐωδία, sweet smell
38 κάρπωμα, burnt offering
39 πεντεκαιδέκατος, fifteenth
40 μήν, month
41 ἕβδομος, seventh
42 ἐπίκλητος, called, designated
43 λατρευτός, of service
44 ἑορτάζω, *fut act ind 2p*, celebrate a feast
45 ἑορτή, feast
46 προσάγω, *fut act ind 2p*, offer, bring to
47 ὁλοκαύτωμα, whole burnt offering
48 κάρπωμα, burnt offering
49 ὀσμή, odor

εὐωδίας[1] κυρίῳ, τῇ ἡμέρᾳ τῇ πρώτῃ μόσχους[2] ἐκ βοῶν[3] τρεῖς καὶ δέκα,[4] κριοὺς[5]
δύο, ἀμνοὺς[6] ἐνιαυσίους[7] δέκα τέσσαρας, ἄμωμοι[8] ἔσονται· **14** αἱ θυσίαι[9] αὐτῶν
σεμίδαλις[10] ἀναπεποιημένη[11] ἐν ἐλαίῳ,[12] τρία δέκατα[13] τῷ μόσχῳ[14] τῷ ἑνὶ τοῖς τρι-
σκαίδεκα[15] μόσχοις καὶ δύο δέκατα τῷ κριῷ[16] τῷ ἑνὶ ἐπὶ τοὺς δύο κριούς, **15** δέκατον[17]
δέκατον τῷ ἀμνῷ[18] τῷ ἑνὶ ἐπὶ τοὺς τέσσαρας καὶ δέκα[19] ἀμνούς· **16** καὶ χίμαρον[20]
ἐξ αἰγῶν[21] ἕνα περὶ ἁμαρτίας πλὴν τῆς ὁλοκαυτώσεως[22] τῆς διὰ παντός· αἱ θυσίαι[23]
αὐτῶν καὶ αἱ σπονδαὶ[24] αὐτῶν.

17 καὶ τῇ ἡμέρᾳ τῇ δευτέρᾳ μόσχους[25] δώδεκα,[26] κριοὺς[27] δύο, ἀμνοὺς[28] ἐνιαυ-
σίους[29] τέσσαρας καὶ δέκα[30] ἀμώμους·[31] **18** ἡ θυσία[32] αὐτῶν καὶ ἡ σπονδὴ[33] αὐτῶν
τοῖς μόσχοις[34] καὶ τοῖς κριοῖς[35] καὶ τοῖς ἀμνοῖς[36] κατὰ ἀριθμὸν[37] αὐτῶν κατὰ
τὴν σύγκρισιν[38] αὐτῶν· **19** καὶ χίμαρον[39] ἐξ αἰγῶν[40] ἕνα περὶ ἁμαρτίας πλὴν τῆς
ὁλοκαυτώσεως[41] τῆς διὰ παντός· αἱ θυσίαι[42] αὐτῶν καὶ αἱ σπονδαὶ[43] αὐτῶν.

20 τῇ ἡμέρᾳ τῇ τρίτῃ μόσχους[44] ἕνδεκα,[45] κριοὺς[46] δύο, ἀμνοὺς[47] ἐνιαυσίους[48]
τέσσαρας καὶ δέκα[49] ἀμώμους·[50] **21** ἡ θυσία[51] αὐτῶν καὶ ἡ σπονδὴ[52] αὐτῶν τοῖς
μόσχοις[53] καὶ τοῖς κριοῖς[54] καὶ τοῖς ἀμνοῖς[55] κατὰ ἀριθμὸν[56] αὐτῶν κατὰ τὴν

1 εὐωδία, sweet smell
2 μόσχος, calf
3 βοῦς, cow, (*p*) cattle
4 δέκα, ten
5 κριός, ram
6 ἀμνός, lamb
7 ἐνιαύσιος, one year (old)
8 ἄμωμος, unblemished
9 θυσία, sacrifice
10 σεμίδαλις, fine wheat flour
11 ἀναποιέω, *perf pas ptc nom s f*, prepare
12 ἔλαιον, oil
13 δέκατος, tenth
14 μόσχος, calf
15 τρισκαίδεκα, thirteen
16 κριός, ram
17 δέκατος, tenth
18 ἀμνός, lamb
19 δέκα, ten
20 χίμαρος, young goat
21 αἴξ, goat
22 ὁλοκαύτωσις, whole burnt offering
23 θυσία, sacrifice
24 σπονδή, drink offering
25 μόσχος, calf
26 δώδεκα, twelve
27 κριός, ram
28 ἀμνός, lamb
29 ἐνιαύσιος, one year (old)
30 δέκα, ten
31 ἄμωμος, unblemished
32 θυσία, sacrifice
33 σπονδή, drink offering
34 μόσχος, calf
35 κριός, ram
36 ἀμνός, lamb
37 ἀριθμός, number
38 σύγκρισις, ruling, pattern
39 χίμαρος, young goat
40 αἴξ, goat
41 ὁλοκαύτωσις, whole burnt offering
42 θυσία, sacrifice
43 σπονδή, drink offering
44 μόσχος, calf
45 ἕνδεκα, eleven
46 κριός, ram
47 ἀμνός, lamb
48 ἐνιαύσιος, one year (old)
49 δέκα, ten
50 ἄμωμος, unblemished
51 θυσία, sacrifice
52 σπονδή, drink offering
53 μόσχος, calf
54 κριός, ram
55 ἀμνός, lamb
56 ἀριθμός, number

σύγκρισιν[1] αὐτῶν· **22** καὶ χίμαρον[2] ἐξ αἰγῶν[3] ἕνα περὶ ἁμαρτίας πλὴν τῆς ὁλοκαυτώσεως[4] τῆς διὰ παντός· αἱ θυσίαι[5] αὐτῶν καὶ αἱ σπονδαὶ[6] αὐτῶν.

23 τῇ ἡμέρᾳ τῇ τετάρτῃ[7] μόσχους[8] δέκα,[9] κριοὺς[10] δύο, ἀμνοὺς[11] ἐνιαυσίους[12]
τέσσαρας καὶ δέκα ἀμώμους·[13] **24** αἱ θυσίαι[14] αὐτῶν καὶ αἱ σπονδαὶ[15] αὐτῶν
τοῖς μόσχοις[16] καὶ τοῖς κριοῖς[17] καὶ τοῖς ἀμνοῖς[18] κατὰ ἀριθμὸν[19] αὐτῶν κατὰ
τὴν σύγκρισιν[20] αὐτῶν· **25** καὶ χίμαρον[21] ἐξ αἰγῶν[22] ἕνα περὶ ἁμαρτίας πλὴν τῆς
ὁλοκαυτώσεως[23] τῆς διὰ παντός· αἱ θυσίαι[24] αὐτῶν καὶ αἱ σπονδαὶ[25] αὐτῶν.

26 τῇ ἡμέρᾳ τῇ πέμπτῃ[26] μόσχους[27] ἐννέα,[28] κριοὺς[29] δύο, ἀμνοὺς[30] ἐνιαυσίους[31]
τέσσαρας καὶ δέκα[32] ἀμώμους·[33] **27** αἱ θυσίαι[34] αὐτῶν καὶ αἱ σπονδαὶ[35] αὐτῶν
τοῖς μόσχοις[36] καὶ τοῖς κριοῖς[37] καὶ τοῖς ἀμνοῖς[38] κατὰ ἀριθμὸν[39] αὐτῶν κατὰ
τὴν σύγκρισιν[40] αὐτῶν· **28** καὶ χίμαρον[41] ἐξ αἰγῶν[42] ἕνα περὶ ἁμαρτίας πλὴν τῆς
ὁλοκαυτώσεως[43] τῆς διὰ παντός· αἱ θυσίαι[44] αὐτῶν καὶ αἱ σπονδαὶ[45] αὐτῶν.

29 τῇ ἡμέρᾳ τῇ ἕκτῃ[46] μόσχους[47] ὀκτώ,[48] κριοὺς[49] δύο, ἀμνοὺς[50] ἐνιαυσίους[51] δέκα[52]
τέσσαρας ἀμώμους·[53] **30** αἱ θυσίαι[54] αὐτῶν καὶ αἱ σπονδαὶ[55] αὐτῶν τοῖς μόσχοις[56] καὶ
τοῖς κριοῖς[57] καὶ τοῖς ἀμνοῖς[58] κατὰ ἀριθμὸν[59] αὐτῶν κατὰ τὴν σύγκρισιν[60] αὐτῶν·

1 σύγκρισις, ruling, pattern
2 χίμαρος, young goat
3 αἴξ, goat
4 ὁλοκαύτωσις, whole burnt offering
5 θυσία, sacrifice
6 σπονδή, drink offering
7 τέταρτος, fourth
8 μόσχος, calf
9 δέκα, ten
10 κριός, ram
11 ἀμνός, lamb
12 ἐνιαύσιος, one year (old)
13 ἄμωμος, unblemished
14 θυσία, sacrifice
15 σπονδή, drink offering
16 μόσχος, calf
17 κριός, ram
18 ἀμνός, lamb
19 ἀριθμός, number
20 σύγκρισις, ruling, pattern
21 χίμαρος, young goat
22 αἴξ, goat
23 ὁλοκαύτωσις, whole burnt offering
24 θυσία, sacrifice
25 σπονδή, drink offering
26 πέμπτος, fifth
27 μόσχος, calf
28 ἐννέα, nine
29 κριός, ram
30 ἀμνός, lamb
31 ἐνιαύσιος, one year (old)
32 δέκα, ten
33 ἄμωμος, unblemished
34 θυσία, sacrifice
35 σπονδή, drink offering
36 μόσχος, calf
37 κριός, ram
38 ἀμνός, lamb
39 ἀριθμός, number
40 σύγκρισις, ruling, pattern
41 χίμαρος, young goat
42 αἴξ, goat
43 ὁλοκαύτωσις, whole burnt offering
44 θυσία, sacrifice
45 σπονδή, drink offering
46 ἕκτος, sixth
47 μόσχος, calf
48 ὀκτώ, eight
49 κριός, ram
50 ἀμνός, lamb
51 ἐνιαύσιος, one year (old)
52 δέκα, ten
53 ἄμωμος, unblemished
54 θυσία, sacrifice
55 σπονδή, drink offering
56 μόσχος, calf
57 κριός, ram
58 ἀμνός, lamb
59 ἀριθμός, number
60 σύγκρισις, ruling, pattern

31 καὶ χίμαρον[1] ἐξ αἰγῶν[2] ἕνα περὶ ἁμαρτίας πλὴν τῆς ὁλοκαυτώσεως[3] τῆς διὰ
παντός· αἱ θυσίαι[4] αὐτῶν καὶ αἱ σπονδαὶ[5] αὐτῶν.

32 τῇ ἡμέρᾳ τῇ ἑβδόμῃ[6] μόσχους[7] ἑπτά, κριοὺς[8] δύο, ἀμνοὺς[9] ἐνιαυσίους[10] τέσσαρας
καὶ δέκα[11] ἀμώμους·[12] **33** αἱ θυσίαι[13] αὐτῶν καὶ αἱ σπονδαὶ[14] αὐτῶν τοῖς μόσχοις[15] καὶ
τοῖς κριοῖς[16] καὶ τοῖς ἀμνοῖς[17] κατὰ ἀριθμὸν[18] αὐτῶν κατὰ τὴν σύγκρισιν[19] αὐτῶν·
34 καὶ χίμαρον[20] ἐξ αἰγῶν[21] ἕνα περὶ ἁμαρτίας πλὴν τῆς ὁλοκαυτώσεως[22] τῆς διὰ
παντός· αἱ θυσίαι[23] αὐτῶν καὶ αἱ σπονδαὶ[24] αὐτῶν.

35 καὶ τῇ ἡμέρᾳ τῇ ὀγδόῃ[25] ἐξόδιον[26] ἔσται ὑμῖν· πᾶν ἔργον λατρευτὸν[27] οὐ ποιήσετε
ἐν αὐτῇ. **36** καὶ προσάξετε[28] ὁλοκαυτώματα[29] εἰς ὀσμὴν[30] εὐωδίας[31] καρπώματα[32]
κυρίῳ μόσχον[33] ἕνα, κριὸν[34] ἕνα, ἀμνοὺς[35] ἐνιαυσίους[36] ἑπτὰ ἀμώμους·[37] **37** αἱ
θυσίαι[38] αὐτῶν καὶ αἱ σπονδαὶ[39] αὐτῶν τῷ μόσχῳ[40] καὶ τῷ κριῷ[41] καὶ τοῖς ἀμνοῖς[42]
κατὰ ἀριθμὸν[43] αὐτῶν κατὰ τὴν σύγκρισιν[44] αὐτῶν· **38** καὶ χίμαρον[45] ἐξ αἰγῶν[46] ἕνα
περὶ ἁμαρτίας πλὴν τῆς ὁλοκαυτώσεως[47] τῆς διὰ παντός· αἱ θυσίαι[48] αὐτῶν καὶ αἱ
σπονδαὶ[49] αὐτῶν.

39 Ταῦτα ποιήσετε κυρίῳ ἐν ταῖς ἑορταῖς[50] ὑμῶν πλὴν τῶν εὐχῶν[51] ὑμῶν καὶ
τὰ ἑκούσια[52] ὑμῶν καὶ τὰ ὁλοκαυτώματα[53] ὑμῶν καὶ τὰς θυσίας[54] ὑμῶν καὶ τὰς
σπονδὰς[55] ὑμῶν καὶ τὰ σωτήρια[56] ὑμῶν.

1 χίμαρος, young goat
2 αἴξ, goat
3 ὁλοκαύτωσις, whole burnt offering
4 θυσία, sacrifice
5 σπονδή, drink offering
6 ἕβδομος, seventh
7 μόσχος, calf
8 κριός, ram
9 ἀμνός, lamb
10 ἐνιαύσιος, one year (old)
11 δέκα, ten
12 ἄμωμος, unblemished
13 θυσία, sacrifice
14 σπονδή, drink offering
15 μόσχος, calf
16 κριός, ram
17 ἀμνός, lamb
18 ἀριθμός, number
19 σύγκρισις, ruling, pattern
20 χίμαρος, young goat
21 αἴξ, goat
22 ὁλοκαύτωσις, whole burnt offering
23 θυσία, sacrifice
24 σπονδή, drink offering
25 ὄγδοος, eighth
26 ἐξόδιον, finale, final part
27 λατρευτός, of service
28 προσάγω, *fut act ind 2p*, offer, bring to
29 ὁλοκαύτωμα, whole burnt offering
30 ὀσμή, odor
31 εὐωδία, sweet smell
32 κάρπωμα, burnt offering
33 μόσχος, calf
34 κριός, ram
35 ἀμνός, lamb
36 ἐνιαύσιος, one year (old)
37 ἄμωμος, unblemished
38 θυσία, sacrifice
39 σπονδή, drink offering
40 μόσχος, calf
41 κριός, ram
42 ἀμνός, lamb
43 ἀριθμός, number
44 σύγκρισις, ruling, pattern
45 χίμαρος, young goat
46 αἴξ, goat
47 ὁλοκαύτωσις, whole burnt offering
48 θυσία, sacrifice
49 σπονδή, drink offering
50 ἑορτή, feast
51 εὐχή, vow
52 ἑκούσιος, voluntary
53 ὁλοκαύτωμα, whole burnt offering
54 θυσία, sacrifice
55 σπονδή, drink offering
56 σωτήριον, (sacrifice of) deliverance, peace

30 Καὶ ἐλάλησεν Μωυσῆς τοῖς υἱοῖς Ισραηλ κατὰ πάντα, ὅσα ἐνετείλατο[1]
κύριος τῷ Μωυσῇ.

Women's Vows

2 Καὶ ἐλάλησεν Μωυσῆς πρὸς τοὺς ἄρχοντας τῶν φυλῶν Ισραηλ λέγων Τοῦτο τὸ
ῥῆμα, ὃ συνέταξεν[2] κύριος· **3** ἄνθρωπος ἄνθρωπος, ὃς ἂν εὔξηται[3] εὐχὴν[4] κυρίῳ ἢ
ὀμόσῃ[5] ὅρκον[6] ἢ ὁρίσηται[7] ὁρισμῷ[8] περὶ τῆς ψυχῆς αὐτοῦ, οὐ βεβηλώσει[9] τὸ ῥῆμα
αὐτοῦ· πάντα, ὅσα ἐὰν ἐξέλθῃ ἐκ τοῦ στόματος αὐτοῦ, ποιήσει. **4** ἐὰν δὲ γυνὴ
εὔξηται[10] εὐχὴν[11] κυρίῳ ἢ ὁρίσηται[12] ὁρισμὸν[13] ἐν τῷ οἴκῳ τοῦ πατρὸς αὐτῆς ἐν τῇ
νεότητι[14] αὐτῆς **5** καὶ ἀκούσῃ ὁ πατὴρ αὐτῆς τὰς εὐχὰς[15] αὐτῆς καὶ τοὺς ὁρισμοὺς[16]
αὐτῆς, οὓς ὡρίσατο[17] κατὰ τῆς ψυχῆς αὐτῆς, καὶ παρασιωπήσῃ[18] αὐτῆς ὁ πατήρ,
καὶ στήσονται πᾶσαι αἱ εὐχαὶ[19] αὐτῆς, καὶ πάντες οἱ ὁρισμοί,[20] οὓς ὡρίσατο[21] κατὰ
τῆς ψυχῆς αὐτῆς, μενοῦσιν[22] αὐτῇ. **6** ἐὰν δὲ ἀνανεύων[23] ἀνανεύσῃ[24] ὁ πατὴρ αὐτῆς,
ᾗ ἂν ἡμέρᾳ ἀκούσῃ πάσας τὰς εὐχὰς[25] αὐτῆς καὶ τοὺς ὁρισμούς,[26] οὓς ὡρίσατο[27]
κατὰ τῆς ψυχῆς αὐτῆς, οὐ στήσονται· καὶ κύριος καθαριεῖ αὐτήν, ὅτι ἀνένευσεν[28]
ὁ πατὴρ αὐτῆς.

7 ἐὰν δὲ γενομένη γένηται ἀνδρὶ καὶ αἱ εὐχαὶ[29] αὐτῆς ἐπ᾽ αὐτῇ κατὰ τὴν διαστολὴν[30]
τῶν χειλέων[31] αὐτῆς, οὓς ὡρίσατο[32] κατὰ τῆς ψυχῆς αὐτῆς, **8** καὶ ἀκούσῃ ὁ ἀνὴρ
αὐτῆς καὶ παρασιωπήσῃ[33] αὐτῇ, ᾗ ἂν ἡμέρᾳ ἀκούσῃ, καὶ οὕτως στήσονται πᾶσαι
αἱ εὐχαὶ[34] αὐτῆς, καὶ οἱ ὁρισμοὶ[35] αὐτῆς, οὓς ὡρίσατο[36] κατὰ τῆς ψυχῆς αὐτῆς,

1 ἐντέλλομαι, *aor mid ind 3s*, command
2 συντάσσω, *aor act ind 3s*, order, charge, prescribe
3 εὔχομαι, *aor mid sub 3s*, vow
4 εὐχή, vow
5 ὄμνυμι, *aor act sub 3s*, swear
6 ὅρκος, oath
7 ὁρίζω, *aor mid sub 3s*, mark out, determine
8 ὁρισμός, obligation
9 βεβηλόω, *fut act ind 3s*, profane, desecrate
10 εὔχομαι, *aor mid sub 3s*, vow
11 εὐχή, vow
12 ὁρίζω, *aor mid sub 3s*, mark out, determine
13 ὁρισμός, obligation
14 νεότης, youth
15 εὐχή, vow
16 ὁρισμός, obligation
17 ὁρίζω, *aor mid ind 3s*, mark out, determine
18 παρασιωπάω, *aor act sub 3s*, omit mention, keep silent
19 εὐχή, vow
20 ὁρισμός, obligation
21 ὁρίζω, *aor mid ind 3s*, mark out, determine
22 μένω, *fut act ind 3p*, remain, stand
23 ἀνανεύω, *pres act ptc nom s m*, make signs of refusal, deny
24 ἀνανεύω, *aor act sub 3s*, make signs of refusal, deny
25 εὐχή, vow
26 ὁρισμός, obligation
27 ὁρίζω, *aor mid ind 3s*, mark out, determine
28 ἀνανεύω, *aor act ind 3s*, make signs of refusal, deny
29 εὐχή, vow
30 διαστολή, statement, explanation
31 χεῖλος, lip
32 ὁρίζω, *aor mid ind 3s*, mark out, determine
33 παρασιωπάω, *aor act sub 3s*, omit mention, keep silent
34 εὐχή, vow
35 ὁρισμός, obligation
36 ὁρίζω, *aor mid ind 3s*, mark out, determine

στήσονται. **9** ἐὰν δὲ ἀνανεύων[1] ἀνανεύσῃ[2] ὁ ἀνὴρ αὐτῆς, ᾗ ἂν ἡμέρᾳ ἀκούσῃ,
πᾶσαι αἱ εὐχαὶ[3] αὐτῆς καὶ οἱ ὁρισμοὶ[4] αὐτῆς, οὓς ὡρίσατο[5] κατὰ τῆς ψυχῆς αὐτῆς, οὐ
μενοῦσιν,[6] ὅτι ὁ ἀνὴρ ἀνένευσεν[7] ἀπ' αὐτῆς, καὶ κύριος καθαριεῖ αὐτήν. **10** καὶ εὐχὴ[8]
χήρας[9] καὶ ἐκβεβλημένης, ὅσα ἂν εὔξηται[10] κατὰ τῆς ψυχῆς αὐτῆς, μενοῦσιν[11] αὐτῇ.

11 ἐὰν δὲ ἐν τῷ οἴκῳ τοῦ ἀνδρὸς αὐτῆς ἡ εὐχὴ[12] αὐτῆς ἢ ὁ ὁρισμὸς[13] κατὰ τῆς ψυχῆς
αὐτῆς μεθ' ὅρκου[14] **12** καὶ ἀκούσῃ ὁ ἀνὴρ αὐτῆς καὶ παρασιωπήσῃ[15] αὐτῇ καὶ μὴ
ἀνανεύσῃ[16] αὐτῇ, καὶ στήσονται πᾶσαι αἱ εὐχαὶ[17] αὐτῆς, καὶ πάντες οἱ ὁρισμοὶ[18]
αὐτῆς, οὓς ὡρίσατο[19] κατὰ τῆς ψυχῆς αὐτῆς, στήσονται κατ' αὐτῆς. **13** ἐὰν δὲ περι-
ελὼν[20] περιέλῃ[21] ὁ ἀνὴρ αὐτῆς, ᾗ ἂν ἡμέρᾳ ἀκούσῃ πάντα, ὅσα ἐὰν ἐξέλθῃ ἐκ τῶν
χειλέων[22] αὐτῆς κατὰ τὰς εὐχὰς[23] αὐτῆς καὶ κατὰ τοὺς ὁρισμοὺς[24] τοὺς κατὰ τῆς
ψυχῆς αὐτῆς, οὐ μενεῖ[25] αὐτῇ· ὁ ἀνὴρ αὐτῆς περιεῖλεν,[26] καὶ κύριος καθαρίσει αὐτήν.
14 πᾶσα εὐχὴ[27] καὶ πᾶς ὅρκος[28] δεσμοῦ[29] κακῶσαι[30] ψυχήν, ὁ ἀνὴρ αὐτῆς στήσει
αὐτῇ καὶ ὁ ἀνὴρ αὐτῆς περιελεῖ.[31] **15** ἐὰν δὲ σιωπῶν[32] παρασιωπήσῃ[33] αὐτῇ ἡμέραν
ἐξ ἡμέρας, καὶ στήσει αὐτῇ πάσας τὰς εὐχὰς[34] αὐτῆς, καὶ τοὺς ὁρισμοὺς[35] τοὺς ἐπ'
αὐτῆς στήσει αὐτῇ, ὅτι ἐσιώπησεν[36] αὐτῇ τῇ ἡμέρᾳ, ᾗ ἤκουσεν. **16** ἐὰν δὲ περιελὼν[37]
περιέλῃ[38] αὐτῆς μετὰ τὴν ἡμέραν, ἣν ἤκουσεν, καὶ λήμψεται τὴν ἁμαρτίαν αὐτοῦ.

1 ἀνανεύω, *pres act ptc nom s m*, make signs of refusal, deny
2 ἀνανεύω, *aor act sub 3s*, make signs of refusal, deny
3 εὐχή, vow
4 ὁρισμός, obligation
5 ὁρίζω, *aor mid ind 3s*, mark out, determine
6 μένω, *fut act ind 3p*, remain, stand
7 ἀνανεύω, *aor act ind 3s*, make signs of refusal, deny
8 εὐχή, vow
9 χήρα, widow
10 εὔχομαι, *aor mid sub 3s*, vow
11 μένω, *fut act ind 3p*, remain, stand
12 εὐχή, vow
13 ὁρισμός, obligation
14 ὅρκος, oath
15 παρασιωπάω, *aor act sub 3s*, omit mention, keep silent
16 ἀνανεύω, *aor act sub 3s*, make signs of refusal, deny
17 εὐχή, vow
18 ὁρισμός, obligation
19 ὁρίζω, *aor mid ind 3s*, mark out, determine
20 περιαιρέω, *aor act ptc nom s m*, take away, remove
21 περιαιρέω, *aor act sub 3s*, take away, remove
22 χεῖλος, lip
23 εὐχή, vow
24 ὁρισμός, obligation
25 μένω, *pres act ind 3s*, remain, stand
26 περιαιρέω, *aor act ind 3s*, take away, remove
27 εὐχή, vow
28 ὅρκος, oath
29 δεσμός, bond, chain
30 κακόω, *aor act inf*, afflict, hurt
31 περιαιρέω, *fut act ind 3s*, take away, remove
32 σιωπάω, *pres act ptc nom s m*, be silent
33 παρασιωπάω, *aor act sub 3s*, omit mention, keep silent
34 εὐχή, vow
35 ὁρισμός, obligation
36 σιωπάω, *aor act ind 3s*, be silent
37 περιαιρέω, *aor act ptc nom s m*, take away, remove
38 περιαιρέω, *aor act sub 3s*, take away, remove

17 ταῦτα τὰ δικαιώματα,[1] ὅσα ἐνετείλατο[2] κύριος τῷ Μωυσῇ ἀνὰ μέσον[3] ἀνδρὸς καὶ γυναικὸς αὐτοῦ καὶ ἀνὰ μέσον πατρὸς καὶ θυγατρὸς[4] ἐν νεότητι[5] ἐν οἴκῳ πατρός.

War with Midian

31 Καὶ ἐλάλησεν κύριος πρὸς Μωυσῆν λέγων **2** Ἐκδίκει[6] τὴν ἐκδίκησιν[7] υἱῶν
Ισραηλ ἐκ τῶν Μαδιανιτῶν, καὶ ἔσχατον προστεθήσῃ[8] πρὸς τὸν λαόν σου.
3 καὶ ἐλάλησεν Μωυσῆς πρὸς τὸν λαὸν λέγων Ἐξοπλίσατε[9] ἐξ ὑμῶν ἄνδρας
παρατάξασθαι[10] ἔναντι[11] κυρίου ἐπὶ Μαδιαν ἀποδοῦναι ἐκδίκησιν[12] παρὰ τοῦ
κυρίου τῇ Μαδιαν· **4** χιλίους[13] ἐκ φυλῆς χιλίους ἐκ φυλῆς ἐκ πασῶν φυλῶν Ισραηλ
ἀποστείλατε παρατάξασθαι.[14] **5** καὶ ἐξηρίθμησαν[15] ἐκ τῶν χιλιάδων[16] Ισραηλ
χιλίους[17] ἐκ φυλῆς, δώδεκα[18] χιλιάδες, ἐνωπλισμένοι[19] εἰς παράταξιν.[20] **6** καὶ
ἀπέστειλεν αὐτοὺς Μωυσῆς χιλίους[21] ἐκ φυλῆς χιλίους ἐκ φυλῆς σὺν δυνάμει αὐτῶν
καὶ Φινεες υἱὸν Ελεαζαρ υἱοῦ Ααρων τοῦ ἱερέως, καὶ τὰ σκεύη[22] τὰ ἅγια καὶ αἱ
σάλπιγγες[23] τῶν σημασιῶν[24] ἐν ταῖς χερσὶν αὐτῶν. **7** καὶ παρετάξαντο[25] ἐπὶ Μαδιαν,
καθὰ[26] ἐνετείλατο[27] κύριος τῷ Μωυσῇ, καὶ ἀπέκτειναν πᾶν ἀρσενικόν·[28] **8** καὶ τοὺς
βασιλεῖς Μαδιαν ἀπέκτειναν ἅμα[29] τοῖς τραυματίαις[30] αὐτῶν, καὶ τὸν Ευιν καὶ τὸν
Σουρ καὶ τὸν Ροκομ καὶ τὸν Ουρ καὶ τὸν Ροβοκ, πέντε βασιλεῖς Μαδιαν· καὶ τὸν
Βαλααμ υἱὸν Βεωρ ἀπέκτειναν ἐν ῥομφαίᾳ[31] σὺν τοῖς τραυματίαις αὐτῶν. **9** καὶ
ἐπρονόμευσαν[32] τὰς γυναῖκας Μαδιαν καὶ τὴν ἀποσκευὴν[33] αὐτῶν, καὶ τὰ κτήνη[34]
αὐτῶν καὶ πάντα τὰ ἔγκτητα[35] αὐτῶν καὶ τὴν δύναμιν αὐτῶν ἐπρονόμευσαν·[36]
10 καὶ πάσας τὰς πόλεις αὐτῶν τὰς ἐν ταῖς οἰκίαις αὐτῶν καὶ τὰς ἐπαύλεις[37] αὐτῶν
ἐνέπρησαν[38] ἐν πυρί. **11** καὶ ἔλαβον πᾶσαν τὴν προνομὴν[39] καὶ πάντα τὰ σκῦλα[40]

1 δικαίωμα, ordinance, decree
2 ἐντέλλομαι, *aor mid ind 3s*, command
3 ἀνὰ μέσον, between
4 θυγάτηρ, daughter
5 νεότης, youth
6 ἐκδικέω, *pres act impv 3s*, avenge, grant justice
7 ἐκδίκησις, vengeance
8 προστίθημι, *fut pas ind 2s*, add to, put with
9 ἐξοπλίζω, *aor act impv 2p*, arm completely
10 παρατάσσω, *aor mid inf*, organize for battle
11 ἔναντι, before
12 ἐκδίκησις, vengeance
13 χίλιοι, one thousand
14 παρατάσσω, *aor mid inf*, battle
15 ἐξαριθμέω, *aor act ind 3p*, count, number
16 χιλιάς, thousand
17 χίλιοι, one thousand
18 δώδεκα, twelve
19 ἐνοπλίζω, *perf pas ptc nom p m*, arm
20 παράταξις, battle
21 χίλιοι, one thousand
22 σκεῦος, equipment, instrument
23 σάλπιγξ, trumpet
24 σημασία, signal, alarm
25 παρατάσσω, *aor mid ind 3p*, battle
26 καθά, just as
27 ἐντέλλομαι, *aor mid ind 3s*, command
28 ἀρσενικός, male
29 ἅμα, at the same time, together
30 τραυματίας, casualty, slain person
31 ῥομφαία, sword
32 προνομεύω, *aor act ind 3p*, plunder
33 ἀποσκευή, household members
34 κτῆνος, animal, (*p*) herd
35 ἔγκτητος, acquired, possessed
36 προνομεύω, *aor act ind 3p*, plunder
37 ἔπαυλις, dwelling, residence
38 ἐμπίμπρημι, *aor act ind 3p*, set on fire
39 προνομή, plunder
40 σκῦλον, spoils

αὐτῶν ἀπὸ ἀνθρώπου ἕως κτήνους[1] **12** καὶ ἤγαγον πρὸς Μωυσῆν καὶ πρὸς Ελεαζαρ τὸν ἱερέα καὶ πρὸς πάντας υἱοὺς Ισραηλ τὴν αἰχμαλωσίαν[2] καὶ τὰ σκῦλα[3] καὶ τὴν προνομὴν[4] εἰς τὴν παρεμβολὴν[5] εἰς Αραβωθ Μωαβ, ἥ ἐστιν ἐπὶ τοῦ Ιορδάνου κατὰ Ιεριχω.

Returning from War

13 Καὶ ἐξῆλθεν Μωυσῆς καὶ Ελεαζαρ ὁ ἱερεὺς καὶ πάντες οἱ ἄρχοντες τῆς συναγωγῆς εἰς συνάντησιν[6] αὐτοῖς ἔξω τῆς παρεμβολῆς.[7] **14** καὶ ὠργίσθη[8] Μωυσῆς ἐπὶ τοῖς ἐπισκόποις[9] τῆς δυνάμεως, χιλιάρχοις[10] καὶ ἑκατοντάρχοις[11] τοῖς ἐρχομένοις ἐκ τῆς παρατάξεως[12] τοῦ πολέμου, **15** καὶ εἶπεν αὐτοῖς Μωυσῆς Ἵνα τί ἐζωγρήσατε[13] πᾶν θῆλυ;[14] **16** αὗται γὰρ ἦσαν τοῖς υἱοῖς Ισραηλ κατὰ τὸ ῥῆμα Βαλααμ τοῦ ἀποστῆσαι[15] καὶ ὑπεριδεῖν[16] τὸ ῥῆμα κυρίου ἕνεκεν[17] Φογωρ, καὶ ἐγένετο ἡ πληγὴ[18] ἐν τῇ συναγωγῇ κυρίου. **17** καὶ νῦν ἀποκτείνατε πᾶν ἀρσενικὸν[19] ἐν πάσῃ τῇ ἀπαρτίᾳ,[20] καὶ πᾶσαν γυναῖκα, ἥτις ἔγνωκεν κοίτην[21] ἄρσενος,[22] ἀποκτείνατε· **18** πᾶσαν τὴν ἀπαρτίαν[23] τῶν γυναικῶν, ἥτις οὐκ οἶδεν κοίτην[24] ἄρσενος, ζωγρήσατε[25] αὐτάς. **19** καὶ ὑμεῖς παρεμβάλετε[26] ἔξω τῆς παρεμβολῆς[27] ἑπτὰ ἡμέρας· πᾶς ὁ ἀνελὼν[28] καὶ ὁ ἁπτόμενος τοῦ τετρωμένου[29] ἁγνισθήσεται[30] τῇ ἡμέρᾳ τῇ τρίτῃ καὶ τῇ ἡμέρᾳ τῇ ἑβδόμῃ,[31] ὑμεῖς καὶ ἡ αἰχμαλωσία[32] ὑμῶν· **20** καὶ πᾶν περίβλημα[33] καὶ πᾶν σκεῦος[34] δερμάτινον[35] καὶ πᾶσαν ἐργασίαν[36] ἐξ αἰγείας[37] καὶ πᾶν σκεῦος ξύλινον[38] ἀφαγνιεῖτε.[39]

1 κτῆνος, animal, (*p*) herd
2 αἰχμαλωσία, band of captives
3 σκῦλον, spoils
4 προνομή, plunder
5 παρεμβολή, camp
6 συνάντησις, meeting
7 παρεμβολή, camp
8 ὀργίζω, *aor pas ind 3s*, make angry
9 ἐπίσκοπος, overseer
10 χιλίαρχος, captain over a thousand men
11 ἑκατόνταρχος, leader of a hundred, centurion
12 παράταξις, place of battle
13 ζωγρέω, *aor act ind 2p*, take alive, preserve living
14 θῆλυς, female
15 ἀφίστημι, *aor act inf*, turn away
16 ὑπεροράω, *aor act inf*, disregard, disdain
17 ἕνεκεν, on account of
18 πληγή, plague
19 ἀρσενικός, male
20 ἀπαρτία, chattel
21 κοίτη, bed
22 ἄρσην, male
23 ἀπαρτία, chattel
24 κοίτη, bed
25 ζωγρέω, *aor act impv 2p*, take alive, preserve living
26 παρεμβάλλω, *aor act impv 2p*, pitch camp
27 παρεμβολή, camp
28 ἀναιρέω, *aor act ptc nom s m*, kill
29 τιτρώσκω, *perf pas ptc gen s m*, wound
30 ἁγνίζω, *fut pas ind 3s*, cleanse, purify
31 ἕβδομος, seventh
32 αἰχμαλωσία, band of captives
33 περίβλημα, garment
34 σκεῦος, outfit, item
35 δερμάτινος, leather
36 ἐργασία, work
37 αἴγειος, of goat
38 ξύλινος, wooden
39 ἀφαγνίζω, *fut act ind 2p*, purify

21 καὶ εἶπεν Ελεαζαρ ὁ ἱερεὺς πρὸς τοὺς ἄνδρας τῆς δυνάμεως τοὺς ἐρχομένους
ἐκ τῆς παρατάξεως[1] τοῦ πολέμου Τοῦτο τὸ δικαίωμα[2] τοῦ νόμου, ὃ συνέταξεν[3]
κύριος τῷ Μωυσῇ. **22** πλὴν τοῦ χρυσίου[4] καὶ τοῦ ἀργυρίου[5] καὶ χαλκοῦ[6] καὶ σιδή-
ρου[7] καὶ μολίβου[8] καὶ κασσιτέρου,[9] **23** πᾶν πρᾶγμα,[10] ὃ διελεύσεται ἐν πυρί, καὶ
καθαρισθήσεται, ἀλλ' ἢ τῷ ὕδατι τοῦ ἁγνισμοῦ[11] ἁγνισθήσεται·[12] καὶ πάντα, ὅσα
ἐὰν μὴ διαπορεύηται[13] διὰ πυρός, διελεύσεται δι' ὕδατος. **24** καὶ πλυνεῖσθε[14] τὰ
ἱμάτια τῇ ἡμέρᾳ τῇ ἑβδόμῃ[15] καὶ καθαρισθήσεσθε καὶ μετὰ ταῦτα εἰσελεύσεσθε εἰς
τὴν παρεμβολήν.[16]

Dividing the Spoils of War

25 Καὶ ἐλάλησεν κύριος πρὸς Μωυσῆν λέγων **26** Λαβὲ τὸ κεφάλαιον[17] τῶν σκύλων[18]
τῆς αἰχμαλωσίας[19] ἀπὸ ἀνθρώπου ἕως κτήνους,[20] σὺ καὶ Ελεαζαρ ὁ ἱερεὺς καὶ οἱ
ἄρχοντες τῶν πατριῶν[21] τῆς συναγωγῆς, **27** καὶ διελεῖτε[22] τὰ σκῦλα[23] ἀνὰ μέσον[24]
τῶν πολεμιστῶν[25] τῶν ἐκπορευομένων εἰς τὴν παράταξιν[26] καὶ ἀνὰ μέσον πάσης
συναγωγῆς. **28** καὶ ἀφελεῖτε[27] τέλος κυρίῳ παρὰ τῶν ἀνθρώπων τῶν πολεμιστῶν[28]
τῶν ἐκπεπορευμένων εἰς τὴν παράταξιν[29] μίαν ψυχὴν ἀπὸ πεντακοσίων[30] ἀπὸ τῶν
ἀνθρώπων καὶ ἀπὸ τῶν κτηνῶν[31] καὶ ἀπὸ τῶν βοῶν[32] καὶ ἀπὸ τῶν προβάτων καὶ ἀπὸ
τῶν αἰγῶν·[33] **29** καὶ ἀπὸ τοῦ ἡμίσους[34] αὐτῶν λήμψεσθε καὶ δώσεις Ελεαζαρ τῷ ἱερεῖ
τὰς ἀπαρχὰς[35] κυρίου. **30** καὶ ἀπὸ τοῦ ἡμίσους[36] τοῦ τῶν υἱῶν Ισραηλ λήμψῃ ἕνα ἀπὸ
τῶν πεντήκοντα[37] ἀπὸ τῶν ἀνθρώπων καὶ ἀπὸ τῶν βοῶν[38] καὶ ἀπὸ τῶν προβάτων
καὶ ἀπὸ τῶν ὄνων[39] καὶ ἀπὸ πάντων τῶν κτηνῶν[40] καὶ δώσεις αὐτὰ τοῖς Λευίταις
τοῖς φυλάσσουσιν τὰς φυλακὰς ἐν τῇ σκηνῇ[41] κυρίου. **31** καὶ ἐποίησεν Μωυσῆς καὶ
Ελεαζαρ ὁ ἱερεὺς καθὰ[42] συνέταξεν[43] κύριος τῷ Μωυσῇ.

1 παράταξις, place of battle
2 δικαίωμα, ordinance, decree
3 συντάσσω, *aor act ind 3s*, order, charge, prescribe
4 χρυσίον, gold
5 ἀργύριον, silver
6 χαλκοῦς, bronze
7 σίδηρος, iron
8 μόλιβος, lead
9 κασσίτερος, tin
10 πρᾶγμα, thing, object
11 ἁγνισμός, purification
12 ἁγνίζω, *fut pas ind 3s*, cleanse, purify
13 διαπορεύομαι, *pres mid sub 3s*, pass through
14 πλύνω, *fut mid ind 2p*, wash
15 ἕβδομος, seventh
16 παρεμβολή, camp
17 κεφάλαιον, sum, total
18 σκῦλον, spoils
19 αἰχμαλωσία, band of captives
20 κτῆνος, animal, (*p*) herd
21 πατριά, paternal lineage, house
22 διαιρέω, *fut act ind 2p*, divide
23 σκῦλον, spoils
24 ἀνὰ μέσον, between, among
25 πολεμιστής, warrior, soldier
26 παράταξις, battle
27 ἀφαιρέω, *fut act ind 2p*, separate
28 πολεμιστής, warrior, soldier
29 παράταξις, battle
30 πεντακόσιοι, five hundred
31 κτῆνος, animal, (*p*) herd
32 βοῦς, cow, (*p*) cattle
33 αἴξ, goat
34 ἥμισυς, half
35 ἀπαρχή, first portion
36 ἥμισυς, half
37 πεντήκοντα, fifty
38 βοῦς, cow, (*p*) cattle
39 ὄνος, donkey
40 κτῆνος, animal, (*p*) herd
41 σκηνή, tent
42 καθά, just as
43 συντάσσω, *aor act ind 3s*, order, charge, prescribe

32 καὶ ἐγενήθη τὸ πλεόνασμα[1] τῆς προνομῆς,[2] ὃ ἐπρονόμευσαν[3] οἱ ἄνδρες οἱ
πολεμισταί,[4] ἀπὸ τῶν προβάτων ἑξακόσιαι[5] χιλιάδες[6] καὶ ἑβδομήκοντα[7] καὶ
πέντε χιλιάδες **33** καὶ βόες[8] δύο καὶ ἑβδομήκοντα[9] χιλιάδες[10] **34** καὶ ὄνοι[11] μία
καὶ ἑξήκοντα[12] χιλιάδες[13] **35** καὶ ψυχαὶ ἀνθρώπων ἀπὸ τῶν γυναικῶν, αἳ οὐκ
ἔγνωσαν κοίτην[14] ἀνδρός, πᾶσαι ψυχαὶ δύο καὶ τριάκοντα[15] χιλιάδες.[16] **36** καὶ
ἐγενήθη τὸ ἡμίσευμα[17] ἡ μερὶς[18] τῶν ἐκπεπορευμένων εἰς τὸν πόλεμον ἐκ τοῦ
ἀριθμοῦ[19] τῶν προβάτων τριακόσιαι[20] καὶ τριάκοντα[21] χιλιάδες[22] καὶ ἑπτακισχίλια[23]
καὶ πεντακόσια,[24] **37** καὶ ἐγένετο τὸ τέλος κυρίῳ ἀπὸ τῶν προβάτων ἑξακόσια[25]
ἑβδομήκοντα[26] πέντε· **38** καὶ βόες[27] ἓξ[28] καὶ τριάκοντα[29] χιλιάδες,[30] καὶ τὸ
τέλος κυρίῳ δύο καὶ ἑβδομήκοντα·[31] **39** καὶ ὄνοι[32] τριάκοντα[33] χιλιάδες[34] καὶ
πεντακόσιοι,[35] καὶ τὸ τέλος κυρίῳ εἷς καὶ ἑξήκοντα·[36] **40** καὶ ψυχαὶ ἀνθρώπων
ἑκκαίδεκα[37] χιλιάδες,[38] καὶ τὸ τέλος αὐτῶν κυρίῳ δύο καὶ τριάκοντα[39] ψυχαί. **41** καὶ
ἔδωκεν Μωυσῆς τὸ τέλος κυρίῳ τὸ ἀφαίρεμα[40] τοῦ θεοῦ Ελεαζαρ τῷ ἱερεῖ, καθὰ[41]
συνέταξεν[42] κύριος τῷ Μωυσῇ.

42 ἀπὸ τοῦ ἡμισεύματος[43] τῶν υἱῶν Ισραηλ, οὓς διεῖλεν[44] Μωυσῆς ἀπὸ τῶν ἀνδρῶν
τῶν πολεμιστῶν[45] — **43** καὶ ἐγένετο τὸ ἡμίσευμα[46] τὸ τῆς συναγωγῆς ἀπὸ τῶν
προβάτων τριακόσιαι[47] χιλιάδες[48] καὶ τριάκοντα[49] χιλιάδες καὶ ἑπτακισχίλια[50] καὶ

1 πλεόνασμα, surplus
2 προνομή, plunder
3 προνομεύω, *aor act ind 3p*, plunder
4 πολεμιστής, warrior, soldier
5 ἑξακόσιοι, six hundred
6 χιλιάς, thousand
7 ἑβδομήκοντα, seventy
8 βοῦς, cow, (*p*) cattle
9 ἑβδομήκοντα, seventy
10 χιλιάς, thousand
11 ὄνος, donkey
12 ἑξήκοντα, sixty
13 χιλιάς, thousand
14 κοίτη, bed
15 τριάκοντα, thirty
16 χιλιάς, thousand
17 ἡμίσευμα, half
18 μερίς, part
19 ἀριθμός, number
20 τριακόσιοι, three hundred
21 τριάκοντα, thirty
22 χιλιάς, thousand
23 ἑπτακισχίλιος, seven thousand
24 πεντακόσιοι, five hundred
25 ἑξακόσιοι, six hundred
26 ἑβδομήκοντα, seventy
27 βοῦς, cow, (*p*) cattle
28 ἕξ, six
29 τριάκοντα, thirty
30 χιλιάς, thousand
31 ἑβδομήκοντα, seventy
32 ὄνος, donkey
33 τριάκοντα, thirty
34 χιλιάς, thousand
35 πεντακόσιοι, five hundred
36 ἑξήκοντα, sixty
37 ἑκκαίδεκα, sixteen
38 χιλιάς, thousand
39 τριάκοντα, thirty
40 ἀφαίρεμα, choice portion
41 καθά, just as
42 συντάσσω, *aor act ind 3s*, order, charge, prescribe
43 ἡμίσευμα, half
44 διαιρέω, *aor act ind 3s*, divide
45 πολεμιστής, warrior, soldier
46 ἡμίσευμα, half
47 τριακόσιοι, three hundred
48 χιλιάς, thousand
49 τριάκοντα, thirty
50 ἑπτακισχίλιος, seven thousand

πεντακόσια[1] **44** καὶ βόες[2] ἓξ[3] καὶ τριάκοντα[4] χιλιάδες,[5] **45** ὄνοι[6] τριάκοντα[7] χιλιάδες καὶ πεντακόσιοι[8] **46** καὶ ψυχαὶ ἀνθρώπων ἓξ[9] καὶ δέκα[10] χιλιάδες[11] — **47** καὶ ἔλαβεν Μωυσῆς ἀπὸ τοῦ ἡμισεύματος[12] τῶν υἱῶν Ισραηλ τὸ ἓν ἀπὸ τῶν πεντήκοντα[13] ἀπὸ τῶν ἀνθρώπων καὶ ἀπὸ τῶν κτηνῶν[14] καὶ ἔδωκεν αὐτὰ τοῖς Λευίταις τοῖς φυλάσσουσιν τὰς φυλακὰς τῆς σκηνῆς[15] κυρίου, ὃν τρόπον[16] συνέταξεν[17] κύριος τῷ Μωυσῇ.

48 Καὶ προσῆλθον πρὸς Μωυσῆν πάντες οἱ καθεσταμένοι[18] εἰς τὰς χιλιαρχίας[19] τῆς δυνάμεως, χιλίαρχοι[20] καὶ ἑκατόνταρχοι,[21] **49** καὶ εἶπαν πρὸς Μωυσῆν Οἱ παῖδές[22] σου εἰλήφασιν[23] τὸ κεφάλαιον[24] τῶν ἀνδρῶν τῶν πολεμιστῶν[25] τῶν παρ᾽ ἡμῶν, καὶ οὐ διαπεφώνηκεν[26] ἀπ᾽ αὐτῶν οὐδὲ εἷς· **50** καὶ προσενηνόχαμεν τὸ δῶρον[27] κυρίῳ, ἀνὴρ ὃ εὗρεν σκεῦος[28] χρυσοῦν,[29] χλιδῶνα[30] καὶ ψέλιον[31] καὶ δακτύλιον[32] καὶ περιδέξιον[33] καὶ ἐμπλόκιον,[34] ἐξιλάσασθαι[35] περὶ ἡμῶν ἔναντι[36] κυρίου. **51** καὶ ἔλαβεν Μωυσῆς καὶ Ελεαζαρ ὁ ἱερεὺς τὸ χρυσίον[37] παρ᾽ αὐτῶν, πᾶν σκεῦος[38] εἰργασμένον· **52** καὶ ἐγένετο πᾶν τὸ χρυσίον,[39] τὸ ἀφαίρεμα,[40] ὃ ἀφεῖλον[41] κυρίῳ, ἓξ[42] καὶ δέκα[43] χιλιάδες[44] καὶ ἑπτακόσιοι[45] καὶ πεντήκοντα[46] σίκλοι[47] παρὰ τῶν χιλιάρχων[48] καὶ παρὰ τῶν ἑκατοντάρχων.[49] **53** καὶ οἱ ἄνδρες οἱ πολεμισταὶ[50] ἐπρονόμευσαν[51] ἕκαστος ἑαυτῷ. **54** καὶ ἔλαβεν Μωυσῆς καὶ Ελεαζαρ ὁ ἱερεὺς τὸ

1 πεντακόσιοι, five hundred
2 βοῦς, cow, (*p*) cattle
3 ἕξ, six
4 τριάκοντα, thirty
5 χιλιάς, thousand
6 ὄνος, donkey
7 τριάκοντα, thirty
8 πεντακόσιοι, five hundred
9 ἕξ, six
10 δέκα, ten
11 χιλιάς, thousand
12 ἡμίσευμα, half
13 πεντήκοντα, fifty
14 κτῆνος, animal, (*p*) herd
15 σκηνή, tent
16 ὃν τρόπον, in the manner that
17 συντάσσω, *aor act ind 3s*, order, charge, prescribe
18 καθίστημι, *perf pas ptc nom p m*, appoint over
19 χιλιαρχία, unit of a thousand soldiers
20 χιλίαρχος, captain over a thousand men
21 ἑκατόνταρχος, leader of a hundred, centurion
22 παῖς, servant
23 λαμβάνω, *perf act ind 3p*, take
24 κεφάλαιον, sum, total
25 πολεμιστής, warrior, soldier
26 διαφωνέω, *perf act ind 3s*, be missing
27 δῶρον, offering
28 σκεῦος, object, thing
29 χρυσοῦς, gold
30 χλιδών, bracelet, anklet
31 ψέλιον, armlet, clasp
32 δακτύλιος, ring, signet
33 περιδέξιον, armlet, bracelet (for the right arm)
34 ἐμπλόκιον, hair clasp
35 ἐξιλάσκομαι, *aor mid inf*, propitiate, make atonement
36 ἔναντι, before
37 χρυσίον, gold
38 σκεῦος, thing, object
39 χρυσίον, gold
40 ἀφαίρεμα, choice portion
41 ἀφαιρέω, *aor act ind 3p*, separate
42 ἕξ, six
43 δέκα, ten
44 χιλιάς, thousand
45 ἑπτακόσιοι, seven hundred
46 πεντήκοντα, fifty
47 σίκλος, shekel, *Heb. LW*
48 χιλίαρχος, captain over a thousand men
49 ἑκατόνταρχος, leader of a hundred, centurion
50 πολεμιστής, warrior, soldier
51 προνομεύω, *aor act ind 3p*, plunder

χρυσίον[1] παρὰ τῶν χιλιάρχων[2] καὶ παρὰ τῶν ἑκατοντάρχων[3] καὶ εἰσήνεγκεν[4] αὐτὰ
εἰς τὴν σκηνὴν[5] τοῦ μαρτυρίου[6] μνημόσυνον[7] τῶν υἱῶν Ισραηλ ἔναντι[8] κυρίου.

Reuben and Gad Inhabit Gilead

32 Καὶ κτήνη[9] πλῆθος ἦν τοῖς υἱοῖς Ρουβην καὶ τοῖς υἱοῖς Γαδ, πλῆθος σφόδρα·[10]
καὶ εἶδον τὴν χώραν[11] Ιαζηρ καὶ τὴν χώραν Γαλααδ, καὶ ἦν ὁ τόπος τόπος
κτήνεσιν.[12] **2** καὶ προσελθόντες οἱ υἱοὶ Ρουβην καὶ οἱ υἱοὶ Γαδ εἶπαν πρὸς Μωυσῆν
καὶ πρὸς Ελεαζαρ τὸν ἱερέα καὶ πρὸς τοὺς ἄρχοντας τῆς συναγωγῆς λέγοντες
3 Αταρωθ καὶ Δαιβων καὶ Ιαζηρ καὶ Ναμβρα καὶ Εσεβων καὶ Ελεαλη καὶ Σεβαμα
καὶ Ναβαυ καὶ Βαιαν, **4** τὴν γῆν, ἣν παρέδωκεν κύριος ἐνώπιον τῶν υἱῶν Ισραηλ, γῆ
κτηνοτρόφος[13] ἐστίν, καὶ τοῖς παισίν[14] σου κτήνη[15] ὑπάρχει. **5** καὶ ἔλεγον Εἰ εὕρομεν
χάριν ἐνώπιόν σου, δοθήτω ἡ γῆ αὕτη τοῖς οἰκέταις[16] σου ἐν κατασχέσει,[17] καὶ μὴ
διαβιβάσῃς[18] ἡμᾶς τὸν Ιορδάνην.

6 καὶ εἶπεν Μωυσῆς τοῖς υἱοῖς Γαδ καὶ τοῖς υἱοῖς Ρουβην Οἱ ἀδελφοὶ ὑμῶν πο-
ρεύονται εἰς πόλεμον, καὶ ὑμεῖς καθήσεσθε αὐτοῦ;[19] **7** καὶ ἵνα τί διαστρέφετε[20] τὰς
διανοίας[21] τῶν υἱῶν Ισραηλ μὴ διαβῆναι[22] εἰς τὴν γῆν, ἣν κύριος δίδωσιν αὐτοῖς;
8 οὐχ οὕτως ἐποίησαν οἱ πατέρες ὑμῶν, ὅτε ἀπέστειλα αὐτοὺς ἐκ Καδης Βαρνη
κατανοῆσαι[23] τὴν γῆν; **9** καὶ ἀνέβησαν Φάραγγα[24] βότρυος[25] καὶ κατενόησαν[26] τὴν
γῆν καὶ ἀπέστησαν[27] τὴν καρδίαν τῶν υἱῶν Ισραηλ, ὅπως μὴ εἰσέλθωσιν εἰς τὴν
γῆν, ἣν ἔδωκεν κύριος αὐτοῖς. **10** καὶ ὠργίσθη[28] θυμῷ[29] κύριος ἐν τῇ ἡμέρᾳ ἐκείνῃ
καὶ ὤμοσεν[30] λέγων **11** Εἰ ὄψονται[31] οἱ ἄνθρωποι οὗτοι οἱ ἀναβάντες ἐξ Αἰγύπτου
ἀπὸ εἰκοσαετοῦς[32] καὶ ἐπάνω[33] οἱ ἐπιστάμενοι[34] τὸ κακὸν καὶ τὸ ἀγαθὸν τὴν γῆν,
ἣν ὤμοσα[35] τῷ Αβρααμ καὶ Ισαακ καὶ Ιακωβ, οὐ γὰρ συνεπηκολούθησαν[36] ὀπίσω

1 χρυσίον, gold
2 χιλίαρχος, captain over a thousand men
3 ἑκατόνταρχος, leader of a hundred, centurion
4 εἰσφέρω, *aor act ind 3s*, bring in
5 σκηνή, tent
6 μαρτύριον, witness
7 μνημόσυνον, memorial
8 ἔναντι, before
9 κτῆνος, animal, (*p*) herd
10 σφόδρα, very great
11 χώρα, place, land
12 κτῆνος, animal, (*p*) herd
13 κτηνοτρόφος, appropriate for pasture
14 παῖς, servant
15 κτῆνος, animal, (*p*) herd
16 οἰκέτης, servant
17 κατάσχεσις, possession
18 διαβιβάζω, *aor act sub 2s*, take across
19 αὐτοῦ, here
20 διαστρέφω, *pres act ind 2p*, turn from, pervert
21 διάνοια, mind
22 διαβαίνω, *aor act inf*, cross over
23 κατανοέω, *aor act inf*, gaze, observe
24 φάραγξ, ravine
25 βότρυς, grape bunch
26 κατανοέω, *aor act ind 3p*, observe
27 ἀφίστημι, *aor act ind 3p*, draw away, turn aside
28 ὀργίζω, *aor pas ind 3s*, make angry
29 θυμός, wrath, rage
30 ὄμνυμι, *aor act ind 3s*, swear an oath
31 ὁράω, *fut mid ind 3p*, see
32 εἰκοσαετής, twenty years (old)
33 ἐπάνω, above
34 ἐπίσταμαι, *pres mid ptc nom p m*, understand
35 ὄμνυμι, *aor act ind 1s*, swear
36 συνεπακολουθέω, *aor act ind 3p*, follow after, accompany

μου, **12** πλὴν Χαλεβ υἱὸς Ιεφοννη ὁ διακεχωρισμένος[1] καὶ Ἰησοῦς ὁ τοῦ Ναυη, ὅτι
συνεπηκολούθησεν[2] ὀπίσω κυρίου. **13** καὶ ὠργίσθη[3] θυμῷ[4] κύριος ἐπὶ τὸν Ισραηλ
καὶ κατερρόμβευσεν[5] αὐτοὺς ἐν τῇ ἐρήμῳ τεσσαράκοντα[6] ἔτη, ἕως ἐξανηλώθη[7]
πᾶσα ἡ γενεὰ οἱ ποιοῦντες τὰ πονηρὰ ἔναντι[8] κυρίου. **14** ἰδοὺ ἀνέστητε ἀντὶ[9] τῶν
πατέρων ὑμῶν σύστρεμμα[10] ἀνθρώπων ἁμαρτωλῶν προσθεῖναι[11] ἔτι ἐπὶ τὸν θυμὸν[12]
τῆς ὀργῆς κυρίου ἐπὶ Ισραηλ, **15** ὅτι ἀποστραφήσεσθε[13] ἀπ᾽ αὐτοῦ προσθεῖναι[14] ἔτι
καταλιπεῖν[15] αὐτὸν ἐν τῇ ἐρήμῳ καὶ ἀνομήσετε[16] εἰς ὅλην τὴν συναγωγὴν ταύτην.

16 καὶ προσῆλθον αὐτῷ καὶ ἔλεγον Ἐπαύλεις[17] προβάτων οἰκοδομήσωμεν ὧδε[18] τοῖς
κτήνεσιν[19] ἡμῶν καὶ πόλεις ταῖς ἀποσκευαῖς[20] ἡμῶν, **17** καὶ ἡμεῖς ἐνοπλισάμενοι[21]
προφυλακὴ[22] πρότεροι[23] τῶν υἱῶν Ισραηλ, ἕως ἂν ἀγάγωμεν αὐτοὺς εἰς τὸν ἑαυτῶν
τόπον· καὶ κατοικήσει ἡ ἀποσκευὴ[24] ἡμῶν ἐν πόλεσιν τετειχισμέναις[25] διὰ τοὺς
κατοικοῦντας τὴν γῆν. **18** οὐ μὴ ἀποστραφῶμεν[26] εἰς τὰς οἰκίας ἡμῶν, ἕως ἂν
καταμερισθῶσιν[27] οἱ υἱοὶ Ισραηλ ἕκαστος εἰς τὴν κληρονομίαν[28] αὐτοῦ· **19** καὶ οὐκέτι
κληρονομήσωμεν[29] ἐν αὐτοῖς ἀπὸ τοῦ πέραν[30] τοῦ Ιορδάνου καὶ ἐπέκεινα,[31] ὅτι
ἀπέχομεν[32] τοὺς κλήρους[33] ἡμῶν ἐν τῷ πέραν[34] τοῦ Ιορδάνου ἐν ἀνατολαῖς.[35] **20** καὶ
εἶπεν πρὸς αὐτοὺς Μωυσῆς Ἐὰν ποιήσητε κατὰ τὸ ῥῆμα τοῦτο, ἐὰν ἐξοπλίσησθε[36]
ἔναντι[37] κυρίου εἰς πόλεμον **21** καὶ παρελεύσεται[38] ὑμῶν πᾶς ὁπλίτης[39] τὸν Ιορδάνην
ἔναντι[40] κυρίου, ἕως ἂν ἐκτριβῇ[41] ὁ ἐχθρὸς αὐτοῦ ἀπὸ προσώπου αὐτοῦ **22** καὶ

1 διαχωρίζω, *perf mid ptc nom s m*, separate
2 συνεπακολουθέω, *aor act ind 3s*, follow after, accompany
3 ὀργίζω, *aor pas ind 3s*, make angry
4 θυμός, wrath, rage
5 καταρομβεύω, *aor act ind 3s*, lead astray
6 τεσσαράκοντα, forty
7 ἐξαναλίσκω, *aor pas ind 3s*, utterly destroy
8 ἔναντι, before
9 ἀντί, in place of
10 σύστρεμμα, band, company
11 προστίθημι, *aor act inf*, add to
12 θυμός, wrath, rage
13 ἀποστρέφω, *fut pas ind 2p*, turn from, depart
14 προστίθημι, *aor act inf*, add to, continue
15 καταλείπω, *aor act inf*, leave, forsake
16 ἀνομέω, *fut act ind 2p*, act lawlessly
17 ἔπαυλις, farmstead, quarters
18 ὧδε, here
19 κτῆνος, animal, (*p*) herd
20 ἀποσκευή, household members
21 ἐνοπλίζω, *aor mid ptc nom p m*, take up arms
22 προφυλακή, advance guard, watch
23 πρότερος, before, at the start
24 ἀποσκευή, household members
25 τειχίζω, *perf pas ptc dat p f*, wall in, fortify
26 ἀποστρέφω, *aor pas sub 1p*, turn back, return
27 καταμερίζω, *aor pas sub 3p*, distribute
28 κληρονομία, inheritance
29 κληρονομέω, *aor act sub 1p*, inherit
30 πέραν, beyond
31 ἐπέκεινα, far beyond
32 ἀπέχω, *pres act ind 1p*, receive in full
33 κλῆρος, portion, lot
34 πέραν, beyond
35 ἀνατολή, east
36 ἐξοπλίζω, *aor mid sub 2p*, arm completely
37 ἔναντι, before
38 παρέρχομαι, *fut mid ind 3s*, pass by
39 ὁπλίτης, heavily armed soldier
40 ἔναντι, before
41 ἐκτρίβω, *aor pas sub 3s*, destroy

κατακυριευθῇ[1] ἡ γῆ ἔναντι[2] κυρίου, καὶ μετὰ ταῦτα ἀποστραφήσεσθε,[3] καὶ ἔσεσθε ἀθῷοι[4] ἔναντι κυρίου καὶ ἀπὸ Ισραηλ, καὶ ἔσται ἡ γῆ αὕτη ὑμῖν ἐν κατασχέσει[5] ἔναντι κυρίου. **23** ἐὰν δὲ μὴ ποιήσητε οὕτως, ἁμαρτήσεσθε ἔναντι[6] κυρίου καὶ γνώσεσθε τὴν ἁμαρτίαν ὑμῶν, ὅταν ὑμᾶς καταλάβῃ[7] τὰ κακά. **24** καὶ οἰκοδομήσετε ὑμῖν αὐτοῖς πόλεις τῇ ἀποσκευῇ[8] ὑμῶν καὶ ἐπαύλεις[9] τοῖς κτήνεσιν[10] ὑμῶν καὶ τὸ ἐκπορευόμενον ἐκ τοῦ στόματος ὑμῶν ποιήσετε. **25** καὶ εἶπαν οἱ υἱοὶ Ρουβην καὶ οἱ υἱοὶ Γαδ πρὸς Μωυσῆν λέγοντες Οἱ παῖδές[11] σου ποιήσουσιν καθὰ[12] ὁ κύριος ἡμῶν ἐντέλλεται·[13] **26** ἡ ἀποσκευὴ[14] ἡμῶν καὶ αἱ γυναῖκες ἡμῶν καὶ πάντα τὰ κτήνη[15] ἡμῶν ἔσονται ἐν ταῖς πόλεσιν Γαλααδ, **27** οἱ δὲ παῖδές[16] σου παρελεύσονται[17] πάντες ἐνωπλισμένοι[18] καὶ ἐκτεταγμένοι[19] ἔναντι[20] κυρίου εἰς τὸν πόλεμον, ὃν τρόπον[21] ὁ κύριος λέγει.

28 καὶ συνέστησεν[22] αὐτοῖς Μωυσῆς Ελεαζαρ τὸν ἱερέα καὶ Ἰησοῦν υἱὸν Ναυη καὶ τοὺς ἄρχοντας πατριῶν[23] τῶν φυλῶν Ισραηλ, **29** καὶ εἶπεν πρὸς αὐτοὺς Μωυσῆς Ἐὰν διαβῶσιν[24] οἱ υἱοὶ Ρουβην καὶ οἱ υἱοὶ Γαδ μεθ᾽ ὑμῶν τὸν Ιορδάνην, πᾶς ἐνωπλισμένος[25] εἰς πόλεμον ἔναντι[26] κυρίου, καὶ κατακυριεύσητε[27] τῆς γῆς ἀπέναντι[28] ὑμῶν, καὶ δώσετε αὐτοῖς τὴν γῆν Γαλααδ ἐν κατασχέσει·[29] **30** ἐὰν δὲ μὴ διαβῶσιν[30] ἐνωπλισμένοι[31] μεθ᾽ ὑμῶν εἰς τὸν πόλεμον ἔναντι[32] κυρίου, καὶ διαβιβάσετε[33] τὴν ἀποσκευὴν[34] αὐτῶν καὶ τὰς γυναῖκας αὐτῶν καὶ τὰ κτήνη[35] αὐτῶν πρότερα[36] ὑμῶν εἰς γῆν Χανααν, καὶ συγκατακληρονομηθήσονται[37] ἐν ὑμῖν ἐν τῇ γῇ Χανααν. **31** καὶ ἀπεκρίθησαν οἱ υἱοὶ Ρουβην καὶ οἱ υἱοὶ Γαδ λέγοντες Ὅσα ὁ κύριος λέγει τοῖς θεράπουσιν[38] αὐτοῦ, οὕτως ποιήσομεν· **32** ἡμεῖς διαβησόμεθα[39]

1 κατακυριεύω, *aor pas sub 3s*, master, subdue
2 ἔναντι, before
3 ἀποστρέφω, *fut pas ind 2p*, turn back, return
4 ἀθῷος, guiltless
5 κατάσχεσις, possession
6 ἔναντι, before
7 καταλαμβάνω, *aor act sub 3s*, lay hold of
8 ἀποσκευή, household members
9 ἔπαυλις, homestead, residence
10 κτῆνος, animal, (*p*) herd
11 παῖς, servant
12 καθά, just as
13 ἐντέλλομαι, *pres mid ind 3s*, command
14 ἀποσκευή, household members
15 κτῆνος, animal, (*p*) herd
16 παῖς, servant
17 παρέρχομαι, *fut mid ind 3p*, pass by
18 ἐνοπλίζω, *perf mid ptc nom p m*, take up arms
19 ἐκτάσσω, *perf mid ptc nom p m*, draw up in battle order
20 ἔναντι, before
21 ὃν τρόπον, in the manner that
22 συνίστημι, *aor act ind 3s*, appoint
23 πατριά, paternal lineage, house
24 διαβαίνω, *aor act sub 3p*, cross over
25 ἐνοπλίζω, *perf mid ptc nom s m*, take up arms
26 ἔναντι, before
27 κατακυριεύω, *aor act sub 2p*, master, subdue
28 ἀπέναντι, before
29 κατάσχεσις, possession
30 διαβαίνω, *aor act sub 3p*, cross over
31 ἐνοπλίζω, *perf mid ptc nom p m*, take up arms
32 ἔναντι, before
33 διαβιβάζω, *fut act ind 2p*, take across
34 ἀποσκευή, household members
35 κτῆνος, animal, (*p*) herd
36 πρότερος, before, at the start
37 συγκατακληρονομέομαι, *fut pas ind 3p*, receive a common inheritance
38 θεράπων, attendant, servant
39 διαβαίνω, *fut mid ind 1p*, cross over

ἐνωπλισμένοι[1] ἔναντι[2] κυρίου εἰς γῆν Χανααν, καὶ δώσετε τὴν κατάσχεσιν[3] ἡμῖν ἐν τῷ πέραν[4] τοῦ Ιορδάνου. **33** καὶ ἔδωκεν αὐτοῖς Μωυσῆς, τοῖς υἱοῖς Γαδ καὶ τοῖς υἱοῖς Ρουβην καὶ τῷ ἡμίσει[5] φυλῆς Μανασση υἱῶν Ιωσηφ, τὴν βασιλείαν Σηων βασιλέως Αμορραίων καὶ τὴν βασιλείαν Ωγ βασιλέως τῆς Βασαν, τὴν γῆν καὶ τὰς πόλεις σὺν τοῖς ὁρίοις[6] αὐτῆς, πόλεις τῆς γῆς κύκλῳ.[7]

34 Καὶ ᾠκοδόμησαν οἱ υἱοὶ Γαδ τὴν Δαιβων καὶ τὴν Αταρωθ καὶ τὴν Αροηρ **35** καὶ τὴν Σωφαρ καὶ τὴν Ιαζηρ καὶ ὕψωσαν[8] αὐτὰς **36** καὶ τὴν Ναμβραν καὶ τὴν Βαιθαραν, πόλεις ὀχυρὰς[9] καὶ ἐπαύλεις[10] προβάτων. **37** καὶ οἱ υἱοὶ Ρουβην ᾠκοδόμησαν τὴν Εσεβων καὶ Ελεαλη καὶ Καριαθαιμ **38** καὶ τὴν Βεελμεων, περικεκυκλωμένας,[11] καὶ τὴν Σεβαμα καὶ ἐπωνόμασαν[12] κατὰ τὰ ὀνόματα αὐτῶν τὰ ὀνόματα τῶν πόλεων, ἃς ᾠκοδόμησαν.

39 καὶ ἐπορεύθη υἱὸς Μαχιρ υἱοῦ Μανασση εἰς Γαλααδ καὶ ἔλαβεν αὐτὴν καὶ ἀπώλεσεν τὸν Αμορραῖον τὸν κατοικοῦντα ἐν αὐτῇ. **40** καὶ ἔδωκεν Μωυσῆς τὴν Γαλααδ τῷ Μαχιρ υἱῷ Μανασση, καὶ κατῴκησεν ἐκεῖ. **41** καὶ Ιαϊρ ὁ τοῦ Μανασση ἐπορεύθη καὶ ἔλαβεν τὰς ἐπαύλεις[13] αὐτῶν καὶ ἐπωνόμασεν[14] αὐτὰς Ἐπαύλεις[15] Ιαϊρ. **42** καὶ Ναβαυ ἐπορεύθη καὶ ἔλαβεν τὴν Κανααθ καὶ τὰς κώμας[16] αὐτῆς καὶ ἐπωνόμασεν[17] αὐτὰς Ναβωθ ἐκ τοῦ ὀνόματος αὐτοῦ.

Israel's Journey from Egypt Retold

33 Καὶ οὗτοι σταθμοὶ[18] τῶν υἱῶν Ισραηλ, ὡς ἐξῆλθον ἐκ γῆς Αἰγύπτου σὺν δυνάμει αὐτῶν ἐν χειρὶ Μωυσῆ καὶ Ααρων· **2** καὶ ἔγραψεν Μωυσῆς τὰς ἀπάρσεις[19] αὐτῶν καὶ τοὺς σταθμοὺς[20] αὐτῶν διὰ ῥήματος κυρίου, καὶ οὗτοι σταθμοὶ τῆς πορείας[21] αὐτῶν. **3** ἀπῆραν[22] ἐκ Ραμεσση τῷ μηνὶ[23] τῷ πρώτῳ τῇ πεντεκαιδεκάτῃ[24] ἡμέρᾳ τοῦ μηνὸς τοῦ πρώτου· τῇ ἐπαύριον[24] τοῦ πασχα[25] ἐξῆλθον οἱ υἱοὶ Ισραηλ ἐν χειρὶ ὑψηλῇ[26] ἐναντίον πάντων τῶν Αἰγυπτίων, **4** καὶ οἱ Αἰγύπτιοι ἔθαπτον[27] ἐξ αὐτῶν τοὺς τεθνηκότας[28] πάντας, οὓς ἐπάταξεν[29] κύριος, πᾶν πρωτότοκον[30] ἐν γῇ Αἰγύπτῳ, καὶ ἐν τοῖς θεοῖς αὐτῶν ἐποίησεν τὴν ἐκδίκησιν[31] κύριος.

1 ἐνοπλίζω, *perf mid ptc nom p m*, take up arms
2 ἔναντι, before
3 κατάσχεσις, possession
4 πέραν, beyond
5 ἥμισυς, half
6 ὅριον, border, territory
7 κύκλῳ, round about
8 ὑψόω, *aor act ind 3p*, raise up, exalt
9 ὀχυρός, fortified, secure
10 ἔπαυλις, dwelling, fold
11 περικυκλόω, *perf pas ptc acc p f*, encircle
12 ἐπονομάζω, *aor act ind 3p*, name
13 ἔπαυλις, dwelling, homestead
14 ἐπονομάζω, *aor act ind 3s*, name
15 ἔπαυλις, dwelling, homestead
16 κώμη, village
17 ἐπονομάζω, *aor act ind 3s*, name
18 σταθμός, stage, step
19 ἄπαρσις, departure
20 σταθμός, stage, step
21 πορεία, journey
22 ἀπαίρω, *aor act ind 3p*, depart
23 μήν, month
24 πεντεκαιδέκατος, fifteenth
24 ἐπαύριον, day after
25 πασχα, Passover, *translit.*
26 ὑψηλός, lifted, elevated
27 θάπτω, *impf act ind 3p*, bury
28 θνῄσκω, *perf act ptc acc p m*, die
29 πατάσσω, *aor act ind 3s*, strike
30 πρωτότοκος, firstborn
31 ἐκδίκησις, vengeance

5 καὶ ἀπάραντες[1] οἱ υἱοὶ Ισραηλ ἐκ Ραμεσση παρενέβαλον[2] εἰς Σοκχωθ. **6** καὶ
ἀπῆραν[3] ἐκ Σοκχωθ καὶ παρενέβαλον[4] εἰς Βουθαν, ὅ ἐστιν μέρος τι τῆς ἐρήμου.
7 καὶ ἀπῆραν[5] ἐκ Βουθαν καὶ παρενέβαλον[6] ἐπὶ στόμα Εἱρωθ, ὅ ἐστιν ἀπέναντι[7]
Βεελσεπφων, καὶ παρενέβαλον ἀπέναντι Μαγδώλου. **8** καὶ ἀπῆραν[8] ἀπέναντι[9]
Εἱρωθ καὶ διέβησαν[10] μέσον τῆς θαλάσσης εἰς τὴν ἔρημον καὶ ἐπορεύθησαν
ὁδὸν τριῶν ἡμερῶν διὰ τῆς ἐρήμου αὐτοὶ καὶ παρενέβαλον[11] ἐν Πικρίαις. **9** καὶ
ἀπῆραν[12] ἐκ Πικριῶν καὶ ἦλθον εἰς Αιλιμ· καὶ ἐν Αιλιμ δώδεκα[13] πηγαὶ[14] ὑδάτων καὶ
ἑβδομήκοντα[15] στελέχη[16] φοινίκων,[17] καὶ παρενέβαλον[18] ἐκεῖ παρὰ τὸ ὕδωρ. **10** καὶ
ἀπῆραν[19] ἐξ Αιλιμ καὶ παρενέβαλον[20] ἐπὶ θάλασσαν ἐρυθράν.[21] **11** καὶ ἀπῆραν[22]
ἀπὸ θαλάσσης ἐρυθρᾶς[23] καὶ παρενέβαλον[24] εἰς τὴν ἔρημον Σιν. **12** καὶ ἀπῆραν[25]
ἐκ τῆς ἐρήμου Σιν καὶ παρενέβαλον[26] εἰς Ραφακα. **13** καὶ ἀπῆραν[27] ἐκ Ραφακα καὶ
παρενέβαλον[28] ἐν Αιλους. **14** καὶ ἀπῆραν[29] ἐξ Αιλους καὶ παρενέβαλον[30] ἐν Ραφιδιν,
καὶ οὐκ ἦν ὕδωρ τῷ λαῷ πιεῖν ἐκεῖ. **15** καὶ ἀπῆραν[31] ἐκ Ραφιδιν καὶ παρενέβαλον[32] ἐν
τῇ ἐρήμῳ Σινα. **16** καὶ ἀπῆραν[33] ἐκ τῆς ἐρήμου Σινα καὶ παρενέβαλον[34] ἐν Μνήμασιν[35]
τῆς ἐπιθυμίας.[36] **17** καὶ ἀπῆραν[37] ἐκ Μνημάτων[38] ἐπιθυμίας[39] καὶ παρενέβαλον[40] ἐν
Ασηρωθ. **18** καὶ ἀπῆραν[41] ἐξ Ασηρωθ καὶ παρενέβαλον[42] ἐν Ραθαμα. **19** καὶ ἀπῆραν[43]
ἐκ Ραθαμα καὶ παρενέβαλον[44] ἐν Ρεμμων Φαρες. **20** καὶ ἀπῆραν[45] ἐκ Ρεμμων Φαρες
καὶ παρενέβαλον[46] ἐν Λεμωνα. **21** καὶ ἀπῆραν[47] ἐκ Λεμωνα καὶ παρενέβαλον[48]
εἰς Δεσσα. **22** καὶ ἀπῆραν[49] ἐκ Δεσσα καὶ παρενέβαλον[50] εἰς Μακελλαθ. **23** καὶ
ἀπῆραν[51] ἐκ Μακελλαθ καὶ παρενέβαλον[52] εἰς Σαφαρ. **24** καὶ ἀπῆραν[53] ἐκ Σαφαρ

1 ἀπαίρω, *aor act ptc nom p m*, depart
2 παρεμβάλλω, *aor act ind 3p*, pitch camp
3 ἀπαίρω, *aor act ind 3p*, depart
4 παρεμβάλλω, *aor act ind 3p*, pitch camp
5 ἀπαίρω, *aor act ind 3p*, depart
6 παρεμβάλλω, *aor act ind 3p*, pitch camp
7 ἀπέναντι, opposite
8 ἀπαίρω, *aor act ind 3p*, depart
9 ἀπέναντι, opposite
10 διαβαίνω, *aor act ind 3p*, cross over
11 παρεμβάλλω, *aor act ind 3p*, pitch camp
12 ἀπαίρω, *aor act ind 3p*, depart
13 δώδεκα, twelve
14 πηγή, spring
15 ἑβδομήκοντα, seventy
16 στέλεχος, trunk
17 φοῖνιξ, date palm
18 παρεμβάλλω, *aor act ind 3p*, pitch camp
19 ἀπαίρω, *aor act ind 3p*, depart
20 παρεμβάλλω, *aor act ind 3p*, pitch camp
21 ἐρυθρός, red
22 ἀπαίρω, *aor act ind 3p*, depart
23 ἐρυθρός, red
24 παρεμβάλλω, *aor act ind 3p*, pitch camp
25 ἀπαίρω, *aor act ind 3p*, depart
26 παρεμβάλλω, *aor act ind 3p*, pitch camp
27 ἀπαίρω, *aor act ind 3p*, depart
28 παρεμβάλλω, *aor act ind 3p*, pitch camp
29 ἀπαίρω, *aor act ind 3p*, depart
30 παρεμβάλλω, *aor act ind 3p*, pitch camp
31 ἀπαίρω, *aor act ind 3p*, depart
32 παρεμβάλλω, *aor act ind 3p*, pitch camp
33 ἀπαίρω, *aor act ind 3p*, depart
34 παρεμβάλλω, *aor act ind 3p*, pitch camp
35 μνῆμα, tomb
36 ἐπιθυμία, yearning
37 ἀπαίρω, *aor act ind 3p*, depart
38 μνῆμα, tomb
39 ἐπιθυμία, yearning
40 παρεμβάλλω, *aor act ind 3p*, pitch camp
41 ἀπαίρω, *aor act ind 3p*, depart
42 παρεμβάλλω, *aor act ind 3p*, pitch camp
43 ἀπαίρω, *aor act ind 3p*, depart
44 παρεμβάλλω, *aor act ind 3p*, pitch camp
45 ἀπαίρω, *aor act ind 3p*, depart
46 παρεμβάλλω, *aor act ind 3p*, pitch camp
47 ἀπαίρω, *aor act ind 3p*, depart
48 παρεμβάλλω, *aor act ind 3p*, pitch camp
49 ἀπαίρω, *aor act ind 3p*, depart
50 παρεμβάλλω, *aor act ind 3p*, pitch camp
51 ἀπαίρω, *aor act ind 3p*, depart
52 παρεμβάλλω, *aor act ind 3p*, pitch camp
53 ἀπαίρω, *aor act ind 3p*, depart

καὶ παρενέβαλον[1] εἰς Χαραδαθ. **25** καὶ ἀπῆραν[2] ἐκ Χαραδαθ καὶ παρενέβαλον[3]
εἰς Μακηλωθ. **26** καὶ ἀπῆραν[4] ἐκ Μακηλωθ καὶ παρενέβαλον[5] εἰς Κατααθ. **27** καὶ
ἀπῆραν[6] ἐκ Κατααθ καὶ παρενέβαλον[7] εἰς Ταραθ. **28** καὶ ἀπῆραν[8] ἐκ Ταραθ καὶ
παρενέβαλον[9] εἰς Ματεκκα. **29** καὶ ἀπῆραν[10] ἐκ Ματεκκα καὶ παρενέβαλον[11] εἰς
Σελμωνα. **30** καὶ ἀπῆραν[12] ἐκ Σελμωνα καὶ παρενέβαλον[13] εἰς Μασσουρουθ. **31** καὶ
ἀπῆραν[14] ἐκ Μασσουρουθ καὶ παρενέβαλον[15] εἰς Βαναια. **32** καὶ ἀπῆραν[16] ἐκ Βαναια
καὶ παρενέβαλον[17] εἰς τὸ ὄρος Γαδγαδ. **33** καὶ ἀπῆραν[18] ἐκ τοῦ ὄρους Γαδγαδ καὶ
παρενέβαλον[19] εἰς Ετεβαθα. **34** καὶ ἀπῆραν[20] ἐξ Ετεβαθα καὶ παρενέβαλον[21] εἰς
Εβρωνα. **35** καὶ ἀπῆραν[22] ἐξ Εβρωνα καὶ παρενέβαλον[23] εἰς Γεσιωνγαβερ. **36** καὶ
ἀπῆραν[24] ἐκ Γεσιωνγαβερ καὶ παρενέβαλον[25] ἐν τῇ ἐρήμῳ Σιν. καὶ ἀπῆραν[26] ἐκ τῆς
ἐρήμου Σιν καὶ παρενέβαλον[27] εἰς τὴν ἔρημον Φαραν, αὕτη ἐστὶν Καδης. **37** καὶ
ἀπῆραν[28] ἐκ Καδης καὶ παρενέβαλον[29] εἰς Ωρ τὸ ὄρος πλησίον[30] γῆς Εδωμ·

38 καὶ ἀνέβη Ααρων ὁ ἱερεὺς διὰ προστάγματος[31] κυρίου καὶ ἀπέθανεν ἐκεῖ ἐν τῷ
τεσσαρακοστῷ[32] ἔτει τῆς ἐξόδου[33] τῶν υἱῶν Ισραηλ ἐκ γῆς Αἰγύπτου τῷ μηνὶ[34] τῷ
πέμπτῳ[35] μιᾷ τοῦ μηνός· **39** καὶ Ααρων ἦν τριῶν καὶ εἴκοσι[36] καὶ ἑκατὸν[37] ἐτῶν, ὅτε
ἀπέθνῃσκεν ἐν Ωρ τῷ ὄρει.

40 καὶ ἀκούσας ὁ Χανανις βασιλεὺς Αραδ, καὶ οὗτος κατῴκει ἐν γῇ Χανααν, ὅτε
εἰσεπορεύοντο[38] οἱ υἱοὶ Ισραηλ.

41 καὶ ἀπῆραν[39] ἐξ Ωρ τοῦ ὄρους καὶ παρενέβαλον[40] εἰς Σελμωνα. **42** καὶ ἀπῆραν[41] ἐκ
Σελμωνα καὶ παρενέβαλον[42] εἰς Φινω. **43** καὶ ἀπῆραν[43] ἐκ Φινω καὶ παρενέβαλον[44]
εἰς Ωβωθ. **44** καὶ ἀπῆραν[45] ἐξ Ωβωθ καὶ παρενέβαλον[46] ἐν Γαι ἐν τῷ πέραν[47] ἐπὶ

1 παρεμβάλλω, *aor act ind 3p*, pitch camp
2 ἀπαίρω, *aor act ind 3p*, depart
3 παρεμβάλλω, *aor act ind 3p*, pitch camp
4 ἀπαίρω, *aor act ind 3p*, depart
5 παρεμβάλλω, *aor act ind 3p*, pitch camp
6 ἀπαίρω, *aor act ind 3p*, depart
7 παρεμβάλλω, *aor act ind 3p*, pitch camp
8 ἀπαίρω, *aor act ind 3p*, depart
9 παρεμβάλλω, *aor act ind 3p*, pitch camp
10 ἀπαίρω, *aor act ind 3p*, depart
11 παρεμβάλλω, *aor act ind 3p*, pitch camp
12 ἀπαίρω, *aor act ind 3p*, depart
13 παρεμβάλλω, *aor act ind 3p*, pitch camp
14 ἀπαίρω, *aor act ind 3p*, depart
15 παρεμβάλλω, *aor act ind 3p*, pitch camp
16 ἀπαίρω, *aor act ind 3p*, depart
17 παρεμβάλλω, *aor act ind 3p*, pitch camp
18 ἀπαίρω, *aor act ind 3p*, depart
19 παρεμβάλλω, *aor act ind 3p*, pitch camp
20 ἀπαίρω, *aor act ind 3p*, depart
21 παρεμβάλλω, *aor act ind 3p*, pitch camp
22 ἀπαίρω, *aor act ind 3p*, depart
23 παρεμβάλλω, *aor act ind 3p*, pitch camp
24 ἀπαίρω, *aor act ind 3p*, depart
25 παρεμβάλλω, *aor act ind 3p*, pitch camp
26 ἀπαίρω, *aor act ind 3p*, depart
27 παρεμβάλλω, *aor act ind 3p*, pitch camp
28 ἀπαίρω, *aor act ind 3p*, depart
29 παρεμβάλλω, *aor act ind 3p*, pitch camp
30 πλησίον, near
31 πρόσταγμα, ordinance, command
32 τεσσαρακοστός, fortieth
33 ἔξοδος, departure, exodus
34 μήν, month
35 πέμπτος, fifth
36 εἴκοσι, twenty
37 ἑκατόν, one hundred
38 εἰσπορεύομαι, *impf mid ind 3p*, go in, enter
39 ἀπαίρω, *aor act ind 3p*, depart
40 παρεμβάλλω, *aor act ind 3p*, pitch camp
41 ἀπαίρω, *aor act ind 3p*, depart
42 παρεμβάλλω, *aor act ind 3p*, pitch camp
43 ἀπαίρω, *aor act ind 3p*, depart
44 παρεμβάλλω, *aor act ind 3p*, pitch camp
45 ἀπαίρω, *aor act ind 3p*, depart
46 παρεμβάλλω, *aor act ind 3p*, pitch camp
47 πέραν, beyond

τῶν ὁρίων[1] Μωαβ. **45** καὶ ἀπῆραν[2] ἐκ Γαι καὶ παρενέβαλον[3] εἰς Δαιβων Γαδ. **46** καὶ
ἀπῆραν[4] ἐκ Δαιβων Γαδ καὶ παρενέβαλον[5] ἐν Γελμων Δεβλαθαιμ. **47** καὶ ἀπῆραν[6]
ἐκ Γελμων Δεβλαθαιμ καὶ παρενέβαλον[7] ἐπὶ τὰ ὄρη τὰ Αβαριμ ἀπέναντι[8] Ναβαυ.

48 καὶ ἀπῆραν[9] ἀπὸ ὀρέων Αβαριμ καὶ παρενέβαλον[10] ἐπὶ δυσμῶν[11] Μωαβ ἐπὶ
τοῦ Ιορδάνου κατὰ Ιεριχω **49** καὶ παρενέβαλον[12] παρὰ τὸν Ιορδάνην ἀνὰ μέσον[13]
Αισιμωθ ἕως Βελσαττιμ κατὰ δυσμὰς[14] Μωαβ.

Instructions for the Conquest of Canaan

50 Καὶ ἐλάλησεν κύριος πρὸς Μωυσῆν ἐπὶ δυσμῶν[15] Μωαβ παρὰ τὸν Ιορδάνην κατὰ
Ιεριχω λέγων **51** Λάλησον τοῖς υἱοῖς Ισραηλ καὶ ἐρεῖς πρὸς αὐτούς Ὑμεῖς διαβαίνετε[16]
τὸν Ιορδάνην εἰς γῆν Χαναα **52** καὶ ἀπολεῖτε πάντας τοὺς κατοικοῦντας ἐν τῇ γῇ
πρὸ προσώπου ὑμῶν καὶ ἐξαρεῖτε[17] τὰς σκοπιὰς[18] αὐτῶν καὶ πάντα τὰ εἴδωλα[19]
τὰ χωνευτὰ[20] αὐτῶν ἀπολεῖτε αὐτὰ καὶ πάσας τὰς στήλας[21] αὐτῶν ἐξαρεῖτε **53** καὶ
ἀπολεῖτε πάντας τοὺς κατοικοῦντας τὴν γῆν καὶ κατοικήσετε ἐν αὐτῇ· ὑμῖν γὰρ
δέδωκα τὴν γῆν αὐτῶν ἐν κλήρῳ.[22] **54** καὶ κατακληρονομήσετε[23] τὴν γῆν αὐτῶν ἐν
κλήρῳ[24] κατὰ φυλὰς ὑμῶν· τοῖς πλείοσιν[25] πληθυνεῖτε[26] τὴν κατάσχεσιν[27] αὐτῶν καὶ
τοῖς ἐλάττοσιν[28] ἐλαττώσετε[29] τὴν κατάσχεσιν αὐτῶν· εἰς ὃ ἐὰν ἐξέλθῃ τὸ ὄνομα
αὐτοῦ ἐκεῖ, αὐτοῦ ἔσται· κατὰ φυλὰς πατριῶν[30] ὑμῶν κληρονομήσετε.[31] **55** ἐὰν δὲ
μὴ ἀπολέσητε τοὺς κατοικοῦντας ἐπὶ τῆς γῆς ἀπὸ προσώπου ὑμῶν, καὶ ἔσται οὓς
ἐὰν καταλίπητε[32] ἐξ αὐτῶν, σκόλοπες[33] ἐν τοῖς ὀφθαλμοῖς ὑμῶν καὶ βολίδες[34] ἐν ταῖς
πλευραῖς[35] ὑμῶν καὶ ἐχθρεύσουσιν[36] ἐπὶ τῆς γῆς, ἐφ᾽ ἣν ὑμεῖς κατοικήσετε, **56** καὶ
ἔσται καθότι[37] διεγνώκειν[38] ποιῆσαι αὐτούς, ποιήσω ὑμῖν.

1 ὅριον, border, territory
2 ἀπαίρω, *aor act ind 3p*, depart
3 παρεμβάλλω, *aor act ind 3p*, pitch camp
4 ἀπαίρω, *aor act ind 3p*, depart
5 παρεμβάλλω, *aor act ind 3p*, pitch camp
6 ἀπαίρω, *aor act ind 3p*, depart
7 παρεμβάλλω, *aor act ind 3p*, pitch camp
8 ἀπέναντι, opposite
9 ἀπαίρω, *aor act ind 3p*, depart
10 παρεμβάλλω, *aor act ind 3p*, pitch camp
11 δυσμή, west
12 παρεμβάλλω, *aor act ind 3p*, pitch camp
13 ἀνὰ μέσον, between
14 δυσμή, west
15 δυσμή, west
16 διαβαίνω, *pres act ind 2p*, cross over
17 ἐξαίρω, *fut act ind 2p*, take up, remove
18 σκοπιά, high place
19 εἴδωλον, idol
20 χωνευτός, made of cast metal
21 στήλη, stele, pillar
22 κλῆρος, portion, lot
23 κατακληρονομέω, *fut act ind 2p*, acquire possession
24 κλῆρος, portion, lot
25 πλείων/πλεῖον, *comp of* πολύς, more
26 πληθύνω, *fut act ind 2p*, increase
27 κατάσχεσις, possession
28 ἐλάττων (σσ), *comp of* μικρός, *from* ἐλαχύς, lesser
29 ἐλαττόω, *fut act ind 2p*, make lower, decrease
30 πατριά, paternal lineage, house
31 κληρονομέω, *fut act ind 2p*, inherit
32 καταλείπω, *aor act sub 2p*, leave behind
33 σκόλοψ, thorn
34 βολίς, arrow
35 πλευρά, side
36 ἐχθρεύω, *fut act ind 3p*, be at enmity
37 καθότι, just as
38 διαγινώσκω, *plpf act ind 1s*, determine, decide

Directions for Dividing Canaan

34 Καὶ ἐλάλησεν κύριος πρὸς Μωυσῆν λέγων **2** Ἔντειλαι[1] τοῖς υἱοῖς Ισραηλ καὶ
ἐρεῖς πρὸς αὐτούς Ὑμεῖς εἰσπορεύεσθε[2] εἰς τὴν γῆν Χανααν· αὕτη ἔσται ὑμῖν
εἰς κληρονομίαν,[3] γῆ Χανααν σὺν τοῖς ὁρίοις[4] αὐτῆς. **3** καὶ ἔσται ὑμῖν τὸ κλίτος[5] τὸ
πρὸς λίβα[6] ἀπὸ ἐρήμου Σιν ἕως ἐχόμενον Εδωμ, καὶ ἔσται ὑμῖν τὰ ὅρια[7] πρὸς λίβα
ἀπὸ μέρους τῆς θαλάσσης τῆς ἁλυκῆς[8] ἀπὸ ἀνατολῶν·[9] **4** καὶ κυκλώσει[10] ὑμᾶς τὰ
ὅρια[11] ἀπὸ λιβὸς[12] πρὸς ἀνάβασιν[13] Ακραβιν καὶ παρελεύσεται[14] Σεννα, καὶ ἔσται ἡ
διέξοδος[15] αὐτοῦ πρὸς λίβα[16] Καδης τοῦ Βαρνη, καὶ ἐξελεύσεται εἰς ἔπαυλιν[17] Αραδ
καὶ παρελεύσεται[18] Ασεμωνα· **5** καὶ κυκλώσει[19] τὰ ὅρια[20] ἀπὸ Ασεμωνα χειμάρρουν[21]
Αἰγύπτου, καὶ ἔσται ἡ διέξοδος[22] ἡ θάλασσα.

6 καὶ τὰ ὅρια[23] τῆς θαλάσσης ἔσται ὑμῖν· ἡ θάλασσα ἡ μεγάλη ὁριεῖ,[24] τοῦτο ἔσται
ὑμῖν τὰ ὅρια τῆς θαλάσσης. **7** καὶ τοῦτο ἔσται τὰ ὅρια[25] ὑμῖν πρὸς βορρᾶν·[26] ἀπὸ τῆς
θαλάσσης τῆς μεγάλης καταμετρήσετε[27] ὑμῖν αὐτοῖς παρὰ τὸ ὄρος τὸ ὄρος· **8** καὶ
ἀπὸ τοῦ ὄρους τὸ ὄρος καταμετρήσετε[28] αὐτοῖς εἰσπορευομένων[29] εἰς Εμαθ, καὶ
ἔσται ἡ διέξοδος[30] αὐτοῦ τὰ ὅρια[31] Σαραδα· **9** καὶ ἐξελεύσεται τὰ ὅρια[32] Δεφρωνα,
καὶ ἔσται ἡ διέξοδος[33] αὐτοῦ Ασερναιν· τοῦτο ἔσται ὑμῖν ὅρια ἀπὸ βορρᾶ.[34]

10 καὶ καταμετρήσετε[35] ὑμῖν αὐτοῖς τὰ ὅρια[36] ἀνατολῶν[37] ἀπὸ Ασερναιν Σεπφαμα·
11 καὶ καταβήσεται τὰ ὅρια[38] ἀπὸ Σεπφαμ Αρβηλα ἀπὸ ἀνατολῶν[39] ἐπὶ πηγάς,[40] καὶ
καταβήσεται τὰ ὅρια[41] Βηλα ἐπὶ νώτου[42] θαλάσσης Χεναρα ἀπὸ ἀνατολῶν·[43] **12** καὶ
καταβήσεται τὰ ὅρια[44] ἐπὶ τὸν Ιορδάνην, καὶ ἔσται ἡ διέξοδος[45] θάλασσα ἡ ἁλυκή.[46]
αὕτη ἔσται ὑμῖν ἡ γῆ καὶ τὰ ὅρια αὐτῆς κύκλῳ.[47]

1 ἐντέλλομαι, *aor mid impv 2s*, command
2 εἰσπορεύομαι, *pres mid impv 2p*, go in, enter
3 κληρονομία, inheritance
4 ὅριον, border, boundary
5 κλίτος, side
6 λίψ, southwest
7 ὅριον, border, boundary
8 ἁλυκός, salt
9 ἀνατολή, east
10 κυκλόω, *fut act ind 3s*, encircle
11 ὅριον, border, boundary
12 λίψ, southwest
13 ἀνάβασις, ascent, slope
14 παρέρχομαι, *fut mid ind 3s*, pass by
15 διέξοδος, outlet
16 λίψ, southwest
17 ἔπαυλις, dwelling, residence
18 παρέρχομαι, *fut mid ind 3s*, pass by
19 κυκλόω, *fut act ind 3s*, encircle
20 ὅριον, border, boundary
21 χειμάρρος, brook, wadi
22 διέξοδος, outlet
23 ὅριον, border, boundary
24 ὁρίζω, *fut act ind 3s*, border upon
25 ὅριον, border, boundary
26 βορρᾶς, north
27 καταμετρέω, *fut act ind 2p*, measure out
28 καταμετρέω, *fut act ind 2p*, measure out
29 εἰσπορεύομαι, *pres mid ptc gen p n*, enter
30 διέξοδος, outlet
31 ὅριον, border, boundary
32 ὅριον, border, boundary
33 διέξοδος, outlet
34 βορρᾶς, north
35 καταμετρέω, *fut act ind 2p*, measure out
36 ὅριον, border, boundary
37 ἀνατολή, east
38 ὅριον, border, boundary
39 ἀνατολή, east
40 πηγή, spring
41 ὅριον, border, boundary
42 νῶτον, rim, stretch, back
43 ἀνατολή, east
44 ὅριον, border, boundary
45 διέξοδος, outlet
46 ἁλυκός, salt
47 κύκλῳ, all around

13 καὶ ἐνετείλατο[1] Μωυσῆς τοῖς υἱοῖς Ισραηλ λέγων Αὕτη ἡ γῆ, ἣν κατακληρο-
νομήσετε[2] αὐτὴν μετὰ κλήρου,[3] ὃν τρόπον[4] συνέταξεν[5] κύριος τῷ Μωυσῇ δοῦναι
αὐτὴν ταῖς ἐννέα[6] φυλαῖς καὶ τῷ ἡμίσει[7] φυλῆς Μανασση· **14** ὅτι ἔλαβεν φυλὴ
υἱῶν Ρουβην καὶ φυλὴ υἱῶν Γαδ κατ' οἴκους πατριῶν[8] αὐτῶν, καὶ τὸ ἥμισυ[9] φυλῆς
Μανασση ἀπέλαβον[10] τοὺς κλήρους[11] αὐτῶν, **15** δύο φυλαὶ καὶ ἥμισυ[12] φυλῆς
ἔλαβον τοὺς κλήρους[13] αὐτῶν πέραν[14] τοῦ Ιορδάνου κατὰ Ιεριχω ἀπὸ νότου[15] κατ'
ἀνατολάς.[16]

Tribal Leaders Named

16 Καὶ ἐλάλησεν κύριος πρὸς Μωυσῆν λέγων **17** Ταῦτα τὰ ὀνόματα τῶν ἀνδρῶν,
οἳ κληρονομήσουσιν[17] ὑμῖν τὴν γῆν· Ελεαζαρ ὁ ἱερεὺς καὶ Ἰησοῦς ὁ τοῦ Ναυη.
18 καὶ ἄρχοντα ἕνα ἐκ φυλῆς λήμψεσθε κατακληρονομῆσαι[18] ὑμῖν τὴν γῆν. **19** καὶ
ταῦτα τὰ ὀνόματα τῶν ἀνδρῶν· τῆς φυλῆς Ιουδα Χαλεβ υἱὸς Ιεφοννη· **20** τῆς φυλῆς
Συμεων Σαλαμιηλ υἱὸς Εμιουδ· **21** τῆς φυλῆς Βενιαμιν Ελδαδ υἱὸς Χασλων· **22** τῆς
φυλῆς Δαν ἄρχων Βακχιρ υἱὸς Εγλι· **23** τῶν υἱῶν Ιωσηφ φυλῆς υἱῶν Μανασση
ἄρχων Ανιηλ υἱὸς Ουφι, **24** τῆς φυλῆς υἱῶν Εφραιμ ἄρχων Καμουηλ υἱὸς Σαβαθα·
25 τῆς φυλῆς Ζαβουλων ἄρχων Ελισαφαν υἱὸς Φαρναχ· **26** τῆς φυλῆς υἱῶν Ισσαχαρ
ἄρχων Φαλτιηλ υἱὸς Οζα· **27** τῆς φυλῆς υἱῶν Ασηρ ἄρχων Αχιωρ υἱὸς Σελεμι· **28** τῆς
φυλῆς Νεφθαλι ἄρχων Φαδαηλ υἱὸς Βεναμιουδ. **29** οὗτοι οἷς ἐνετείλατο[19] κύριος
καταμερίσαι[20] τοῖς υἱοῖς Ισραηλ ἐν γῇ Χανααν.

Cities for the Levites

35 Καὶ ἐλάλησεν κύριος πρὸς Μωυσῆν ἐπὶ δυσμῶν[21] Μωαβ παρὰ τὸν Ιορδάνην
κατὰ Ιεριχω λέγων **2** Σύνταξον[22] τοῖς υἱοῖς Ισραηλ καὶ δώσουσιν τοῖς Λευίταις
ἀπὸ τῶν κλήρων[23] κατασχέσεως[24] αὐτῶν πόλεις κατοικεῖν καὶ τὰ προάστια[25] τῶν
πόλεων κύκλῳ[26] αὐτῶν δώσουσιν τοῖς Λευίταις, **3** καὶ ἔσονται αὐτοῖς αἱ πόλεις
κατοικεῖν, καὶ τὰ ἀφορίσματα[27] αὐτῶν ἔσται τοῖς κτήνεσιν[28] αὐτῶν καὶ πᾶσι τοῖς

1 ἐντέλλομαι, *aor mid ind 3s*, command
2 κατακληρονομέω, *fut act ind 2p*, acquire possession
3 κλῆρος, portion, lot
4 ὃν τρόπον, in the manner that
5 συντάσσω, *aor act ind 3s*, order, charge, prescribe
6 ἐννέα, nine
7 ἥμισυς, half
8 πατριά, paternal lineage, house
9 ἥμισυς, half
10 ἀπολαμβάνω, *aor act ind 3p*, receive
11 κλῆρος, portion, lot
12 ἥμισυς, half
13 κλῆρος, portion, lot
14 πέραν, beyond
15 νότος, south
16 ἀνατολή, east
17 κληρονομέω, *fut act ind 3p*, inherit
18 κατακληρονομέω, *aor act inf*, acquire possession
19 ἐντέλλομαι, *aor mid ind 3s*, command
20 καταμερίζω, *aor act inf*, distribute
21 δυσμή, west
22 συντάσσω, *aor act impv 2s*, order, charge, prescribe
23 κλῆρος, portion, lot
24 κατάσχεσις, possession
25 προάστειον, suburb
26 κύκλῳ, around
27 ἀφόρισμα, that which is set apart, enclosure
28 κτῆνος, animal, (*p*) herd

τετράποσιν[1] αὐτῶν. **4** καὶ τὰ συγκυροῦντα[2] τῶν πόλεων, ἃς δώσετε τοῖς Λευίταις,
ἀπὸ τείχους[3] τῆς πόλεως καὶ ἔξω δισχιλίους[4] πήχεις[5] κύκλῳ·[6] **5** καὶ μετρήσεις[7] ἔξω
τῆς πόλεως τὸ κλίτος[8] τὸ πρὸς ἀνατολὰς[9] δισχιλίους[10] πήχεις[11] καὶ τὸ κλίτος τὸ
πρὸς λίβα[12] δισχιλίους πήχεις καὶ τὸ κλίτος τὸ πρὸς θάλασσαν δισχιλίους πήχεις
καὶ τὸ κλίτος τὸ πρὸς βορρᾶν[13] δισχιλίους πήχεις, καὶ ἡ πόλις μέσον τούτου ἔσται
ὑμῖν καὶ τὰ ὅμορα[14] τῶν πόλεων.

6 καὶ τὰς πόλεις δώσετε τοῖς Λευίταις, τὰς ἓξ[15] πόλεις τῶν φυγαδευτηρίων,[16] ἃς
δώσετε φεύγειν[17] ἐκεῖ τῷ φονεύσαντι,[18] καὶ πρὸς ταύταις τεσσαράκοντα[19] καὶ δύο
πόλεις· **7** πάσας τὰς πόλεις δώσετε τοῖς Λευίταις, τεσσαράκοντα[20] καὶ ὀκτὼ[21] πόλεις,
ταύτας καὶ τὰ προάστια[22] αὐτῶν. **8** καὶ τὰς πόλεις, ἃς δώσετε ἀπὸ τῆς κατασχέσεως[23]
υἱῶν Ισραηλ, ἀπὸ τῶν τὰ πολλὰ πολλὰ καὶ ἀπὸ τῶν ἐλαττόνων[24] ἐλάττω· ἕκαστος
κατὰ τὴν κληρονομίαν[25] αὐτοῦ, ἣν κληρονομήσουσιν,[26] δώσουσιν ἀπὸ τῶν πόλεων
τοῖς Λευίταις.

Cities of Refuge

9 Καὶ ἐλάλησεν κύριος πρὸς Μωυσῆν λέγων **10** Λάλησον τοῖς υἱοῖς Ισραηλ καὶ ἐρεῖς
πρὸς αὐτούς Ὑμεῖς διαβαίνετε[27] τὸν Ιορδάνην εἰς γῆν Χανααν **11** καὶ διαστελεῖτε[28]
ὑμῖν αὐτοῖς πόλεις· φυγαδευτήρια[29] ἔσται ὑμῖν φυγεῖν[30] ἐκεῖ τὸν φονευτήν,[31] πᾶς
ὁ πατάξας[32] ψυχὴν ἀκουσίως.[33] **12** καὶ ἔσονται αἱ πόλεις ὑμῖν φυγαδευτήρια[34] ἀπὸ
ἀγχιστεύοντος[35] τὸ αἷμα, καὶ οὐ μὴ ἀποθάνῃ ὁ φονεύων,[36] ἕως ἂν στῇ ἔναντι[37] τῆς
συναγωγῆς εἰς κρίσιν. **13** καὶ αἱ πόλεις, ἃς δώσετε, τὰς ἓξ[38] πόλεις, φυγαδευτήρια[39]
ἔσονται ὑμῖν· **14** τὰς τρεῖς πόλεις δώσετε ἐν τῷ πέραν[40] τοῦ Ιορδάνου καὶ τὰς

1 τετράπους, four-footed animal
2 συγκυρόω, *pres act ptc acc p n*, be adjacent to, border on
3 τεῖχος, city wall
4 δισχίλιοι, two thousand
5 πῆχυς, cubit
6 κύκλῳ, around
7 μετρέω, *fut act ind 2s*, measure
8 κλίτος, side
9 ἀνατολή, east
10 δισχίλιοι, two thousand
11 πῆχυς, cubit
12 λίψ, southwest
13 βορρᾶς, north
14 ὅμορος, neighboring, contiguous
15 ἕξ, six
16 φυγαδευτήριον, city of refuge
17 φεύγω, *pres act inf*, flee
18 φονεύω, *aor act ptc dat s m*, murder
19 τεσσαράκοντα, forty
20 τεσσαράκοντα, forty
21 ὀκτώ, eight
22 προάστειον, suburb
23 κατάσχεσις, possession
24 ἐλάττων (σσ), *comp of* μικρός, *from* ἐλαχύς, lesser
25 κληρονομία, inheritance
26 κληρονομέω, *fut act ind 3p*, inherit
27 διαβαίνω, *pres act ind 2p*, cross over
28 διαστέλλω, *fut act ind 2p*, divide, set apart
29 φυγαδευτήριον, city of refuge
30 φεύγω, *aor act inf*, flee
31 φονευτής, murderer
32 πατάσσω, *aor act ptc nom s m*, strike, slay
33 ἀκουσίως, involuntarily
34 φυγαδευτήριον, city of refuge
35 ἀγχιστεύω, *pres act ptc gen s m*, perform the role of kinsman
36 φονεύω, *pres act ptc nom s m*, murder
37 ἔναντι, before
38 ἕξ, six
39 φυγαδευτήριον, city of refuge
40 πέραν, beyond

τρεῖς πόλεις δώσετε ἐν γῇ Χανααν· **15** φυγαδεῖον[1] ἔσται τοῖς υἱοῖς Ισραηλ, καὶ τῷ
προσηλύτῳ[2] καὶ τῷ παροίκῳ[3] τῷ ἐν ὑμῖν ἔσονται αἱ πόλεις αὗται εἰς φυγαδευτήριον[4]
φυγεῖν[5] ἐκεῖ παντὶ πατάξαντι[6] ψυχὴν ἀκουσίως.[7]

Stipulations for Murder and Blood Revenge

16 ἐὰν δὲ ἐν σκεύει[8] σιδήρου[9] πατάξῃ[10] αὐτόν, καὶ τελευτήσῃ,[11] φονευτής[12] ἐστιν·
θανάτῳ θανατούσθω[13] ὁ φονευτής. **17** ἐὰν δὲ ἐν λίθῳ ἐκ χειρός, ἐν ᾧ ἀποθανεῖται
ἐν αὐτῷ, πατάξῃ[14] αὐτόν, καὶ ἀποθάνῃ, φονευτής[15] ἐστιν· θανάτῳ θανατούσθω[16]
ὁ φονευτής. **18** ἐὰν δὲ ἐν σκεύει[17] ξυλίνῳ[18] ἐκ χειρός, ἐξ οὗ ἀποθανεῖται ἐν αὐτῷ,
πατάξῃ[19] αὐτόν, καὶ ἀποθάνῃ, φονευτής[20] ἐστιν· θανάτῳ θανατούσθω[21] ὁ φονευτής.
19 ὁ ἀγχιστεύων[22] τὸ αἷμα, οὗτος ἀποκτενεῖ τὸν φονεύσαντα·[23] ὅταν συναντήσῃ[24]
αὐτῷ, οὗτος ἀποκτενεῖ αὐτόν. **20** ἐὰν δὲ δι᾽ ἔχθραν[25] ὤσῃ[26] αὐτὸν καὶ ἐπιρρίψῃ[27] ἐπ᾽
αὐτὸν πᾶν σκεῦος[28] ἐξ ἐνέδρου,[29] καὶ ἀποθάνῃ, **21** ἢ διὰ μῆνιν[30] ἐπάταξεν[31] αὐτὸν τῇ
χειρί, καὶ ἀποθάνῃ, θανάτῳ θανατούσθω[32] ὁ πατάξας,[33] φονευτής[34] ἐστιν· θανάτῳ
θανατούσθω[35] ὁ φονεύων·[36] ὁ ἀγχιστεύων[37] τὸ αἷμα ἀποκτενεῖ τὸν φονεύσαντα[38]
ἐν τῷ συναντῆσαι[39] αὐτῷ.

22 ἐὰν δὲ ἐξάπινα[40] οὐ δι᾽ ἔχθραν[41] ὤσῃ[42] αὐτὸν ἢ ἐπιρρίψῃ[43] ἐπ᾽ αὐτὸν πᾶν σκεῦος[44]
οὐκ ἐξ ἐνέδρου[45] **23** ἢ παντὶ λίθῳ, ἐν ᾧ ἀποθανεῖται ἐν αὐτῷ, οὐκ εἰδώς, καὶ ἐπιπέσῃ[46]
ἐπ᾽ αὐτόν, καὶ ἀποθάνῃ, αὐτὸς δὲ οὐκ ἐχθρὸς αὐτοῦ ἦν οὐδὲ ζητῶν κακοποιῆσαι[47]

1 φυγάδιον, place of refuge
2 προσήλυτος, immigrant, guest
3 πάροικος, foreign, alien
4 φυγαδευτήριον, city of refuge
5 φεύγω, *aor act inf*, flee
6 πατάσσω, *aor act ptc dat s m*, strike, slay
7 ἀκουσίως, involuntarily
8 σκεῦος, instrument, object
9 σίδηρος, iron
10 πατάσσω, *aor act sub 3s*, strike, slay
11 τελευτάω, *aor act sub 3s*, die
12 φονευτής, murderer
13 θανατόω, *pres mid impv 3s*, put to death
14 πατάσσω, *aor act sub 3s*, strike, slay
15 φονευτής, murderer
16 θανατόω, *pres mid impv 3s*, put to death
17 σκεῦος, instrument, object
18 ξύλινος, wooden
19 πατάσσω, *aor act sub 3s*, strike, slay
20 φονευτής, murderer
21 θανατόω, *pres mid impv 3s*, put to death
22 ἀγχιστεύω, *pres act ptc nom s m*, perform the role of kinsman
23 φονεύω, *aor act ptc acc s m*, murder
24 συναντάω, *aor act sub 3s*, meet
25 ἔχθρα, hatred, hostility
26 ὠθέω, *aor act sub 3s*, shove, push
27 ἐπιρρίπτω, *aor act sub 3s*, cast, throw
28 σκεῦος, object, implement
29 ἔνεδρον, ambush
30 μῆνις, vengefulness, wrath
31 πατάσσω, *aor act ind 3s*, strike, slay
32 θανατόω, *pres mid impv 3s*, put to death
33 πατάσσω, *aor act ptc nom s m*, strike, slay
34 φονευτής, murderer
35 θανατόω, *pres mid impv 3s*, put to death
36 φονεύω, *pres act ptc nom s m*, murder
37 ἀγχιστεύω, *pres act ptc nom s m*, perform the role of kinsman
38 φονεύω, *aor act ptc acc s m*, murder
39 συναντάω, *aor act inf*, meet
40 ἐξάπινα, suddenly
41 ἔχθρα, hatred, hostility
42 ὠθέω, *aor act sub 3s*, shove, push
43 ἐπιρρίπτω, *aor act sub 3s*, cast, throw
44 σκεῦος, object, implement
45 ἔνεδρον, ambush
46 ἐπιπίπτω, *aor act sub 3s*, fall upon
47 κακοποιέω, *aor act inf*, hurt, injure

αὐτόν, **24** καὶ κρινεῖ ἡ συναγωγὴ ἀνὰ μέσον[1] τοῦ πατάξαντος[2] καὶ ἀνὰ μέσον τοῦ
ἀγχιστεύοντος[3] τὸ αἷμα κατὰ τὰ κρίματα[4] ταῦτα, **25** καὶ ἐξελεῖται[5] ἡ συναγωγὴ τὸν
φονεύσαντα[6] ἀπὸ τοῦ ἀγχιστεύοντος[7] τὸ αἷμα, καὶ ἀποκαταστήσουσιν[8] αὐτὸν ἡ
συναγωγὴ εἰς τὴν πόλιν τοῦ φυγαδευτηρίου[9] αὐτοῦ, οὗ κατέφυγεν,[10] καὶ κατοικήσει
ἐκεῖ, ἕως ἂν ἀποθάνῃ ὁ ἱερεὺς ὁ μέγας, ὃν ἔχρισαν[11] αὐτὸν τῷ ἐλαίῳ[12] τῷ ἁγίῳ.
26 ἐὰν δὲ ἐξόδῳ[13] ἐξέλθῃ ὁ φονεύσας[14] τὰ ὅρια[15] τῆς πόλεως, εἰς ἣν κατέφυγεν[16] ἐκεῖ,
27 καὶ εὕρῃ αὐτὸν ὁ ἀγχιστεύων[17] τὸ αἷμα ἔξω τῶν ὁρίων[18] τῆς πόλεως καταφυγῆς[19]
αὐτοῦ καὶ φονεύσῃ[20] ὁ ἀγχιστεύων[21] τὸ αἷμα τὸν φονεύσαντα,[22] οὐκ ἔνοχός[23] ἐστιν·
28 ἐν γὰρ τῇ πόλει τῆς καταφυγῆς[24] κατοικείτω, ἕως ἂν ἀποθάνῃ ὁ ἱερεὺς ὁ μέγας,
καὶ μετὰ τὸ ἀποθανεῖν τὸν ἱερέα τὸν μέγαν ἐπαναστραφήσεται[25] ὁ φονεύσας[26] εἰς
τὴν γῆν τῆς κατασχέσεως[27] αὐτοῦ. **29** καὶ ἔσται ταῦτα ὑμῖν εἰς δικαίωμα[28] κρίματος[29]
εἰς τὰς γενεὰς ὑμῶν ἐν πάσαις ταῖς κατοικίαις[30] ὑμῶν.

30 πᾶς πατάξας[31] ψυχήν, διὰ μαρτύρων[32] φονεύσεις[33] τὸν φονεύσαντα,[34] καὶ μάρ-
τυς[35] εἷς οὐ μαρτυρήσει[36] ἐπὶ ψυχὴν ἀποθανεῖν. **31** καὶ οὐ λήμψεσθε λύτρα[37] περὶ
ψυχῆς παρὰ τοῦ φονεύσαντος[38] τοῦ ἐνόχου[39] ὄντος ἀναιρεθῆναι·[40] θανάτῳ γὰρ
θανατωθήσεται.[41] **32** οὐ λήμψεσθε λύτρα[42] τοῦ φυγεῖν[43] εἰς πόλιν τῶν φυγαδευ-
τηρίων[44] τοῦ πάλιν[45] κατοικεῖν ἐπὶ τῆς γῆς, ἕως ἂν ἀποθάνῃ ὁ ἱερεὺς ὁ μέγας.
33 καὶ οὐ μὴ φονοκτονήσητε[46] τὴν γῆν, εἰς ἣν ὑμεῖς κατοικεῖτε· τὸ γὰρ αἷμα τοῦτο

1 ἀνὰ μέσον, between
2 πατάσσω, *aor act ptc gen s m*, strike, slay
3 ἀγχιστεύω, *pres act ptc gen s m*, perform the role of kinsman
4 κρίμα, judgment, decree
5 ἐξαιρέω, *fut mid ind 3s*, set free
6 φονεύω, *aor act ptc acc s m*, murder
7 ἀγχιστεύω, *pres act ptc gen s m*, perform the role of kinsman
8 ἀποκαθίστημι, *fut act ind 3p*, reestablish, restore
9 φυγαδευτήριον, city of refuge
10 καταφεύγω, *aor act ind 3s*, flee for refuge
11 χρίω, *aor act ind 3p*, anoint
12 ἔλαιον, oil
13 ἔξοδος, departure, way out
14 φονεύω, *aor act ptc nom s m*, murder
15 ὅριον, border, boundary
16 καταφεύγω, *aor act ind 3s*, flee for refuge
17 ἀγχιστεύω, *pres act ptc nom s m*, perform the role of kinsman
18 ὅριον, border, boundary
19 καταφυγή, refuge
20 φονεύω, *aor act sub 3s*, murder
21 ἀγχιστεύω, *pres act ptc nom s m*, perform the role of kinsman
22 φονεύω, *aor act ptc acc s m*, murder
23 ἔνοχος, guilty
24 καταφυγή, refuge
25 ἐπαναστρέφω, *fut pas ind 3s*, return
26 φονεύω, *aor act ptc nom s m*, murder
27 κατάσχεσις, possession
28 δικαίωμα, ordinance, decree
29 κρίμα, judgment
30 κατοικία, dwelling, settlement
31 πατάσσω, *aor act ptc nom s m*, strike, slay
32 μάρτυς, witness
33 φονεύω, *fut act ind 2s*, murder
34 φονεύω, *aor act ptc acc s m*, murder
35 μάρτυς, witness
36 μαρτυρέω, *fut act ind 3s*, testify, bear witness
37 λύτρον, price of release, ransom
38 φονεύω, *aor act ptc gen s m*, murder
39 ἔνοχος, guilty
40 ἀναιρέω, *aor pas inf*, kill
41 θανατόω, *fut pas ind 3s*, put to death
42 λύτρον, price of release, ransom
43 φεύγω, *aor act inf*, flee
44 φυγαδευτήριον, city of refuge
45 πάλιν, again
46 φονοκτονέω, *aor act sub 2p*, kill by murder

φονοκτονεῖ[1] τὴν γῆν, καὶ οὐκ ἐξιλασθήσεται[2] ἡ γῆ ἀπὸ τοῦ αἵματος τοῦ ἐκχυθέντος[3] ἐπ᾽ αὐτῆς, ἀλλ᾽ ἐπὶ τοῦ αἵματος τοῦ ἐκχέοντος.[4] **34** καὶ οὐ μιανεῖτε[5] τὴν γῆν, ἐφ᾽ ἧς κατοικεῖτε ἐπ᾽ αὐτῆς, ἐφ᾽ ἧς ἐγὼ κατασκηνώσω[6] ἐν ὑμῖν· ἐγὼ γάρ εἰμι κύριος κατασκηνῶν ἐν μέσῳ τῶν υἱῶν Ισραηλ.

Marriage of Female Heirs

36 Καὶ προσῆλθον οἱ ἄρχοντες φυλῆς υἱῶν Γαλααδ υἱοῦ Μαχιρ υἱοῦ Μανασση ἐκ τῆς φυλῆς υἱῶν Ιωσηφ καὶ ἐλάλησαν ἔναντι[7] Μωυσῆ καὶ ἔναντι Ελεαζαρ τοῦ ἱερέως καὶ ἔναντι τῶν ἀρχόντων οἴκων πατριῶν[8] υἱῶν Ισραηλ **2** καὶ εἶπαν Τῷ κυρίῳ ἡμῶν ἐνετείλατο[9] κύριος ἀποδοῦναι τὴν γῆν τῆς κληρονομίας[10] ἐν κλήρῳ[11] τοῖς υἱοῖς Ισραηλ, καὶ τῷ κυρίῳ συνέταξεν[12] κύριος δοῦναι τὴν κληρονομίαν Σαλπααδ τοῦ ἀδελφοῦ ἡμῶν ταῖς θυγατράσιν[13] αὐτοῦ. **3** καὶ ἔσονται ἑνὶ τῶν φυλῶν υἱῶν Ισραηλ γυναῖκες, καὶ ἀφαιρεθήσεται[14] ὁ κλῆρος[15] αὐτῶν ἐκ τῆς κατασχέσεως[16] τῶν πατέρων ἡμῶν καὶ προστεθήσεται[17] εἰς κληρονομίαν[18] τῆς φυλῆς, οἷς ἂν γένωνται γυναῖκες, καὶ ἐκ τοῦ κλήρου τῆς κληρονομίας ἡμῶν ἀφαιρεθήσεται.[19] **4** ἐὰν δὲ γένηται ἡ ἄφεσις[20] τῶν υἱῶν Ισραηλ, καὶ προστεθήσεται[21] ἡ κληρονομία[22] αὐτῶν ἐπὶ τὴν κληρονομίαν τῆς φυλῆς, οἷς ἂν γένωνται γυναῖκες, καὶ ἀπὸ τῆς κληρονομίας φυλῆς πατριᾶς[23] ἡμῶν ἀφαιρεθήσεται[24] ἡ κληρονομία αὐτῶν.

5 καὶ ἐνετείλατο[25] Μωυσῆς τοῖς υἱοῖς Ισραηλ διὰ προστάγματος[26] κυρίου λέγων Οὕτως φυλὴ υἱῶν Ιωσηφ λέγουσιν. **6** τοῦτο τὸ ῥῆμα, ὃ συνέταξεν[27] κύριος ταῖς θυγατράσιν[28] Σαλπααδ λέγων Οὗ ἀρέσκει[29] ἐναντίον[30] αὐτῶν, ἔστωσαν γυναῖκες, πλὴν ἐκ τοῦ δήμου[31] τοῦ πατρὸς αὐτῶν ἔστωσαν γυναῖκες, **7** καὶ οὐχὶ περιστραφήσεται[32] κληρονομία[33] τοῖς υἱοῖς Ισραηλ ἀπὸ φυλῆς ἐπὶ φυλήν, ὅτι ἕκαστος ἐν

1 φονοκτονέω, *pres act ind 3s*, kill by murder
2 ἐξιλάσκομαι, *fut pas ind 3s*, propitiate, make atonement
3 ἐκχέω, *aor pas ptc gen s n*, pour out, shed
4 ἐκχέω, *pres act ptc gen s m*, pour out, shed
5 μιαίνω, *fut act ind 2p*, defile, pollute
6 κατασκηνόω, *fut act ind 1s*, encamp, dwell
7 ἔναντι, before
8 πατριά, paternal lineage, house
9 ἐντέλλομαι, *aor mid ind 3s*, command
10 κληρονομία, inheritance
11 κλῆρος, portion, lot
12 συντάσσω, *aor act ind 3s*, order, charge, prescribe
13 θυγάτηρ, daughter
14 ἀφαιρέω, *fut pas ind 3s*, take away, remove
15 κλῆρος, portion, lot
16 κατάσχεσις, possession
17 προστίθημι, *fut pas ind 3s*, add to
18 κληρονομία, inheritance
19 ἀφαιρέω, *fut pas ind 3s*, take away, remove
20 ἄφεσις, release
21 προστίθημι, *fut pas ind 3s*, add to
22 κληρονομία, inheritance
23 πατριά, paternal lineage, house
24 ἀφαιρέω, *fut pas ind 3s*, take away, remove
25 ἐντέλλομαι, *aor mid ind 3s*, command
26 πρόσταγμα, ordinance
27 συντάσσω, *aor act ind 3s*, order, charge, prescribe
28 θυγάτηρ, daughter
29 ἀρέσκω, *pres act ind 3s*, please
30 ἐναντίον, before
31 δῆμος, district, division
32 περιστρέφω, *fut pas ind 3s*, rotate
33 κληρονομία, inheritance

τῇ κληρονομίᾳ τῆς φυλῆς τῆς πατριᾶς[1] αὐτοῦ προσκολληθήσονται[2] οἱ υἱοὶ Ισραηλ.
8 καὶ πᾶσα θυγάτηρ[3] ἀγχιστεύουσα[4] κληρονομίαν[5] ἐκ τῶν φυλῶν υἱῶν Ισραηλ ἑνὶ
τῶν ἐκ τοῦ δήμου[6] τοῦ πατρὸς αὐτῆς ἔσονται γυναῖκες, ἵνα ἀγχιστεύσωσιν[7] οἱ υἱοὶ
Ισραηλ ἕκαστος τὴν κληρονομίαν τὴν πατρικὴν[8] αὐτοῦ· **9** καὶ οὐ περιστραφήσεται[9]
κλῆρος[10] ἐκ φυλῆς ἐπὶ φυλὴν ἑτέραν, ἀλλὰ ἕκαστος ἐν τῇ κληρονομίᾳ[11] αὐτοῦ
προσκολληθήσονται[12] οἱ υἱοὶ Ισραηλ.

10 ὃν τρόπον[13] συνέταξεν[14] κύριος Μωυσῇ, οὕτως ἐποίησαν θυγατέρες[15] Σαλπααδ,
11 καὶ ἐγένοντο Θερσα καὶ Εγλα καὶ Μελχα καὶ Νουα καὶ Μααλα θυγατέρες[16]
Σαλπααδ τοῖς ἀνεψιοῖς[17] αὐτῶν· **12** ἐκ τοῦ δήμου[18] τοῦ Μανασση υἱῶν Ιωσηφ ἐγε-
νήθησαν γυναῖκες, καὶ ἐγένετο ἡ κληρονομία[19] αὐτῶν ἐπὶ τὴν φυλὴν δήμου τοῦ
πατρὸς αὐτῶν.

13 Αὗται αἱ ἐντολαὶ καὶ τὰ δικαιώματα[20] καὶ τὰ κρίματα,[21] ἃ ἐνετείλατο[22] κύριος ἐν
χειρὶ Μωυσῇ ἐπὶ δυσμῶν[23] Μωαβ ἐπὶ τοῦ Ιορδάνου κατὰ Ιεριχω.

1 πατριά, paternal lineage, house
2 προσκολλάω, *fut pas ind 3p*, join, adhere to
3 θυγάτηρ, daughter
4 ἀγχιστεύω, *pres act ptc nom s f*, perform the role of kinsman
5 κληρονομία, inheritance
6 δῆμος, district, division
7 ἀγχιστεύω, *aor act sub 3p*, perform the role of kinsman
8 πατρικός, of one's father
9 περιστρέφω, *fut pas ind 3s*, rotate
10 κλῆρος, portion, lot
11 κληρονομία, inheritance
12 προσκολλάω, *fut pas ind 3p*, join, adhere to
13 ὃν τρόπον, in the manner that
14 συντάσσω, *aor act ind 3s*, order, charge, prescribe
15 θυγάτηρ, daughter
16 θυγάτηρ, daughter
17 ἀνεψιός, cousin
18 δῆμος, district, division
19 κληρονομία, inheritance
20 δικαίωμα, regulation, requirement
21 κρίμα, decision, judgment
22 ἐντέλλομαι, *aor mid ind 3s*, command
23 δυσμή, west

ΔΕΥΤΕΡΟΝΟΜΙΟΝ
Deuteronomy

Recounting the Events at Horeb

1 Οὗτοι οἱ λόγοι, οὓς ἐλάλησεν Μωυσῆς παντὶ Ισραηλ πέραν[1] τοῦ Ιορδάνου
ἐν τῇ ἐρήμῳ πρὸς δυσμαῖς[2] πλησίον[3] τῆς ἐρυθρᾶς[4] ἀνὰ μέσον[5] Φαραν, Τοφολ
καὶ Λοβον καὶ Αυλων καὶ Καταχρύσεα· **2** ἕνδεκα[6] ἡμερῶν ἐν Χωρηβ ὁδὸς ἐπ᾽
ὄρος Σηιρ ἕως Καδης Βαρνη. **3** καὶ ἐγενήθη ἐν τῷ τεσσαρακοστῷ[7] ἔτει ἐν τῷ ἑν-
δεκάτῳ[8] μηνὶ[9] μιᾷ τοῦ μηνὸς ἐλάλησεν Μωυσῆς πρὸς πάντας υἱοὺς Ισραηλ κατὰ
πάντα, ὅσα ἐνετείλατο[10] κύριος αὐτῷ πρὸς αὐτούς. **4** μετὰ τὸ πατάξαι[11] Σηων
βασιλέα Αμορραίων τὸν κατοικήσαντα ἐν Εσεβων καὶ Ωγ βασιλέα τῆς Βασαν
τὸν κατοικήσαντα ἐν Ασταρωθ καὶ ἐν Εδραϊν **5** ἐν τῷ πέραν[12] τοῦ Ιορδάνου ἐν γῇ
Μωαβ ἤρξατο Μωυσῆς διασαφῆσαι[13] τὸν νόμον τοῦτον λέγων **6** Κύριος ὁ θεὸς
ἡμῶν ἐλάλησεν ἡμῖν ἐν Χωρηβ λέγων Ἱκανούσθω[14] ὑμῖν κατοικεῖν ἐν τῷ ὄρει τούτῳ·
7 ἐπιστράφητε καὶ ἀπάρατε[15] ὑμεῖς καὶ εἰσπορεύεσθε[16] εἰς ὄρος Αμορραίων καὶ πρὸς
πάντας τοὺς περιοίκους[17] Αραβα εἰς ὄρος καὶ πεδίον[18] καὶ πρὸς λίβα[19] καὶ παραλίαν,[20]
γῆν Χαναναίων καὶ Ἀντιλίβανον ἕως τοῦ ποταμοῦ[21] τοῦ μεγάλου Εὐφράτου. **8** ἴδετε
παραδέδωκα ἐνώπιον ὑμῶν τὴν γῆν· εἰσπορευθέντες[22] κληρονομήσατε[23] τὴν γῆν,
ἣν ὤμοσα[24] τοῖς πατράσιν ὑμῶν τῷ Αβρααμ καὶ Ισαακ καὶ Ιακωβ δοῦναι αὐτοῖς καὶ
τῷ σπέρματι αὐτῶν μετ᾽ αὐτούς.

1 πέραν, beyond
2 δυσμή, west
3 πλησίον, near
4 ἐρυθρός, red
5 ἀνὰ μέσον, between
6 ἕνδεκα, eleven
7 τεσσαρακοστός, fortieth
8 ἑνδέκατος, eleventh
9 μήν, month
10 ἐντέλλομαι, *aor mid ind 3s*, command
11 πατάσσω, *aor act inf*, strike
12 πέραν, other side
13 διασαφέω, *aor act inf*, instruct plainly
14 ἱκανόω, *pres pas impv 3s*, make sufficient
15 ἀπαίρω, *aor act impv 2p*, depart
16 εἰσπορεύομαι, *pres mid impv 2p*, enter
17 περίοικος, dwelling around
18 πεδίον, plain, field
19 λίψ, southwest
20 παράλιος, near the sea
21 ποταμός, river
22 εἰσπορεύομαι, *aor pas ptc nom p m*, enter
23 κληρονομέω, *aor act impv 2p*, inherit, acquire
24 ὄμνυμι, *aor act ind 1s*, swear an oath

Appointing Leaders

9 καὶ εἶπα πρὸς ὑμᾶς ἐν τῷ καιρῷ ἐκείνῳ λέγων Οὐ δυνήσομαι μόνος φέρειν ὑμᾶς·
10 κύριος ὁ θεὸς ὑμῶν ἐπλήθυνεν[1] ὑμᾶς, καὶ ἰδού ἐστε σήμερον ὡσεὶ[2] τὰ ἄστρα[3]
τοῦ οὐρανοῦ τῷ πλήθει· **11** κύριος ὁ θεὸς τῶν πατέρων ὑμῶν προσθείη[4] ὑμῖν ὡς
ἐστὲ χιλιοπλασίως[5] καὶ εὐλογήσαι[6] ὑμᾶς, καθότι[7] ἐλάλησεν ὑμῖν. **12** πῶς δυνήσομαι
μόνος φέρειν τὸν κόπον[8] ὑμῶν καὶ τὴν ὑπόστασιν[9] ὑμῶν καὶ τὰς ἀντιλογίας[10] ὑμῶν;
13 δότε ἑαυτοῖς ἄνδρας σοφοὺς[11] καὶ ἐπιστήμονας[12] καὶ συνετοὺς[13] εἰς τὰς φυλὰς
ὑμῶν, καὶ καταστήσω[14] ἐφ᾽ ὑμῶν ἡγουμένους[15] ὑμῶν. **14** καὶ ἀπεκρίθητέ μοι καὶ
εἴπατε Καλὸν τὸ ῥῆμα, ὃ ἐλάλησας ποιῆσαι. **15** καὶ ἔλαβον ἐξ ὑμῶν ἄνδρας σοφοὺς[16]
καὶ ἐπιστήμονας[17] καὶ συνετοὺς[18] καὶ κατέστησα[19] αὐτοὺς ἡγεῖσθαι[20] ἐφ᾽ ὑμῶν
χιλιάρχους[21] καὶ ἑκατοντάρχους[22] καὶ πεντηκοντάρχους[23] καὶ δεκαδάρχους[24] καὶ
γραμματοεισαγωγεῖς[25] τοῖς κριταῖς[26] ὑμῶν. **16** καὶ ἐνετειλάμην[27] τοῖς κριταῖς[28] ὑμῶν
ἐν τῷ καιρῷ ἐκείνῳ λέγων Διακούετε[29] ἀνὰ μέσον[30] τῶν ἀδελφῶν ὑμῶν καὶ κρίνατε
δικαίως[31] ἀνὰ μέσον ἀνδρὸς καὶ ἀνὰ μέσον ἀδελφοῦ καὶ ἀνὰ μέσον προσηλύτου[32]
αὐτοῦ. **17** οὐκ ἐπιγνώσῃ πρόσωπον ἐν κρίσει, κατὰ τὸν μικρὸν καὶ κατὰ τὸν μέγαν
κρινεῖς, οὐ μὴ ὑποστείλῃ[33] πρόσωπον ἀνθρώπου, ὅτι ἡ κρίσις τοῦ θεοῦ ἐστιν· καὶ
τὸ ῥῆμα, ὃ ἐὰν σκληρὸν[34] ᾖ ἀφ᾽ ὑμῶν, ἀνοίσετε[35] αὐτὸ ἐπ᾽ ἐμέ, καὶ ἀκούσομαι αὐτό.
18 καὶ ἐνετειλάμην[36] ὑμῖν ἐν τῷ καιρῷ ἐκείνῳ πάντας τοὺς λόγους, οὓς ποιήσετε.

Israel Refuses to Enter Canaan

19 Καὶ ἀπάραντες[37] ἐκ Χωρηβ ἐπορεύθημεν πᾶσαν τὴν ἔρημον τὴν μεγάλην καὶ
τὴν φοβερὰν[38] ἐκείνην, ἣν εἴδετε, ὁδὸν ὄρους τοῦ Αμορραίου, καθότι[39] ἐνετείλατο[40]
κύριος ὁ θεὸς ἡμῶν ἡμῖν, καὶ ἤλθομεν ἕως Καδης Βαρνη. **20** καὶ εἶπα πρὸς ὑμᾶς
Ἤλθατε ἕως τοῦ ὄρους τοῦ Αμορραίου, ὃ ὁ κύριος ὁ θεὸς ἡμῶν δίδωσιν ὑμῖν. **21** ἴδετε

1 πληθύνω, *aor act ind 3s*, multiply, increase
2 ὡσεί, like
3 ἄστρον, star
4 προστίθημι, *aor act opt 3s*, increase
5 χιλιοπλασίως, a thousand times over
6 εὐλογέω, *aor act opt 3s*, bless
7 καθότι, as
8 κόπος, difficulty, trouble
9 ὑπόστασις, being, existence, situation
10 ἀντιλογία, argument, dispute
11 σοφός, wise
12 ἐπιστήμων, knowing, prudent
13 συνετός, intelligent
14 καθίστημι, *fut act ind 1s*, appoint
15 ἡγέομαι, *pres mid ptc acc p m*, be the head, be ruler
16 σοφός, wise
17 ἐπιστήμων, knowing, prudent
18 συνετός, intelligent
19 καθίστημι, *aor act ind 1s*, appoint
20 ἡγέομαι, *pres mid inf*, be the head, be ruler
21 χιλίαρχος, leader of a thousand
22 ἑκατόνταρχος, leader of a hundred
23 πεντηκόνταρχος, leader of fifty
24 δεκάδαρχος, leader of ten
25 γραμματοεισαγωγεύς, official
26 κριτής, judge
27 ἐντέλλομαι, *aor mid ind 1s*, command
28 κριτής, judge
29 διακούω, *pres act impv 2p*, hear a case
30 ἀνὰ μέσον, among
31 δικαίως, rightly, justly
32 προσήλυτος, immigrant, guest
33 ὑποστέλλω, *aor mid sub 2s*, draw back
34 σκληρός, severe, harsh
35 ἀναφέρω, *fut act ind 2p*, bring to, raise
36 ἐντέλλομαι, *aor mid ind 1s*, command
37 ἀπαίρω, *aor act ptc nom p m*, depart
38 φοβερός, terrible, dreadful
39 καθότι, as
40 ἐντέλλομαι, *aor mid ind 3s*, command

παραδέδωκεν ὑμῖν κύριος ὁ θεὸς ὑμῶν πρὸ προσώπου ὑμῶν τὴν γῆν· ἀναβάντες
κληρονομήσατε,[1] ὃν τρόπον[2] εἶπεν κύριος ὁ θεὸς τῶν πατέρων ὑμῶν ὑμῖν· μὴ φο-
βεῖσθε μηδὲ δειλιάσητε.[3] **22** καὶ προσήλθατέ μοι πάντες καὶ εἴπατε Ἀποστείλωμεν
ἄνδρας προτέρους[4] ἡμῶν, καὶ ἐφοδευσάτωσαν[5] ἡμῖν τὴν γῆν καὶ ἀναγγειλάτωσαν[6]
ἡμῖν ἀπόκρισιν[7] τὴν ὁδόν, δι᾽ ἧς ἀναβησόμεθα ἐν αὐτῇ, καὶ τὰς πόλεις, εἰς ἃς
εἰσπορευσόμεθα[8] εἰς αὐτάς. **23** καὶ ἤρεσεν[9] ἐναντίον[10] μου τὸ ῥῆμα, καὶ ἔλαβον ἐξ
ὑμῶν δώδεκα[11] ἄνδρας, ἄνδρα ἕνα κατὰ φυλήν. καὶ ἐπιστραφέντες ἀνέβησαν εἰς τὸ
ὄρος καὶ ἤλθοσαν ἕως Φάραγγος[12] βότρυος[13] καὶ κατεσκόπευσαν[14] αὐτήν. **25** καὶ
ἐλάβοσαν ἐν ταῖς χερσὶν αὐτῶν ἀπὸ τοῦ καρποῦ τῆς γῆς καὶ κατήνεγκαν[15] πρὸς ἡμᾶς
καὶ ἔλεγον Ἀγαθὴ ἡ γῆ, ἣν κύριος ὁ θεὸς ἡμῶν δίδωσιν ἡμῖν. **26** καὶ οὐκ ἠθελήσατε
ἀναβῆναι καὶ ἠπειθήσατε[16] τῷ ῥήματι κυρίου τοῦ θεοῦ ὑμῶν **27** καὶ διεγογγύζετε[17]
ἐν ταῖς σκηναῖς[18] ὑμῶν καὶ εἴπατε Διὰ τὸ μισεῖν κύριον ἡμᾶς ἐξήγαγεν[19] ἡμᾶς ἐκ
γῆς Αἰγύπτου παραδοῦναι ἡμᾶς εἰς χεῖρας Αμορραίων ἐξολεθρεῦσαι[20] ἡμᾶς. **28** ποῦ
ἡμεῖς ἀναβαίνομεν; οἱ ἀδελφοὶ ὑμῶν ἀπέστησαν[21] ὑμῶν τὴν καρδίαν λέγοντες Ἔθνος
μέγα καὶ πολὺ καὶ δυνατώτερον[22] ἡμῶν καὶ πόλεις μεγάλαι καὶ τετειχισμέναι[23] ἕως
τοῦ οὐρανοῦ, ἀλλὰ καὶ υἱοὺς γιγάντων[24] ἑωράκαμεν ἐκεῖ. **29** καὶ εἶπα πρὸς ὑμᾶς Μὴ
πτήξητε[25] μηδὲ φοβηθῆτε ἀπ᾽ αὐτῶν· **30** κύριος ὁ θεὸς ὑμῶν ὁ προπορευόμενος[26] πρὸ
προσώπου ὑμῶν αὐτὸς συνεκπολεμήσει[27] αὐτοὺς μεθ᾽ ὑμῶν κατὰ πάντα, ὅσα ἐποίησεν
ὑμῖν ἐν γῇ Αἰγύπτῳ **31** καὶ ἐν τῇ ἐρήμῳ ταύτῃ, ἣν εἴδετε, ὡς ἐτροφοφόρησέν[28] σε
κύριος ὁ θεός σου, ὡς εἴ τις τροφοφορήσει[29] ἄνθρωπος τὸν υἱὸν αὐτοῦ, κατὰ πᾶσαν
τὴν ὁδόν, ἣν ἐπορεύθητε, ἕως ἤλθετε εἰς τὸν τόπον τοῦτον. **32** καὶ ἐν τῷ λόγῳ τούτῳ
οὐκ ἐνεπιστεύσατε[30] κυρίῳ τῷ θεῷ ὑμῶν, **33** ὃς προπορεύεται[31] πρότερος[32] ὑμῶν ἐν

1 κληρονομέω, *aor act impv 2p*, inherit, acquire
2 ὃν τρόπον, in the manner that
3 δειλιάω, *aor act sub 2p*, be afraid, fear
4 πρότερος, before, ahead
5 ἐφοδεύω, *aor act impv 3p*, spy out, inspect
6 ἀναγγέλλω, *aor act impv 3p*, report
7 ἀπόκρισις, decision, report
8 εἰσπορεύομαι, *fut mid ind 1p*, enter
9 ἀρέσκω, *aor act ind 3s*, please, seem good
10 ἐναντίον, before
11 δώδεκα, twelve
12 φάραγξ, ravine
13 βότρυς, grape bunch
14 κατασκοπεύω, *aor act ind 3p*, spy out, inspect
15 καταφέρω, *aor act ind 3p*, bring down
16 ἀπειθέω, *aor act ind 2p*, disobey
17 διαγογγύζω, *impf act ind 2p*, grumble, mutter
18 σκηνή, tent
19 ἐξάγω, *aor act ind 3s*, bring out of
20 ἐξολεθρεύω, *aor act inf*, utterly destroy
21 ἀφίστημι, *aor act ind 3p*, mislead
22 δυνατός, *comp*, more powerful
23 τειχίζω, *perf pas ptc nom p f*, wall in, fortify
24 γίγας, giant
25 πτήσσω, *aor act sub 2p*, cower in fear
26 προπορεύομαι, *pres mid ptc nom s m*, go before
27 συνεκπολεμέω, *fut act ind 3s*, fight on someone's behalf
28 τροφοφορέω, *aor act ind 3s*, care for someone, bring nourishment
29 τροφοφορέω, *fut act ind 3s*, care for someone, bring nourishment
30 ἐμπιστεύω, *aor act ind 2p*, trust in
31 προπορεύομαι, *pres mid ind 3s*, go before
32 πρότερος, before, ahead

τῇ ὁδῷ ἐκλέγεσθαι[1] ὑμῖν τόπον ὁδηγῶν[2] ὑμᾶς ἐν πυρὶ νυκτὸς δεικνύων ὑμῖν τὴν ὁδόν, καθ᾽ ἣν πορεύεσθε ἐπ᾽ αὐτῆς, καὶ ἐν νεφέλῃ[3] ἡμέρας.

Israel's Punishment for Rebellion

34 καὶ ἤκουσεν κύριος τὴν φωνὴν τῶν λόγων ὑμῶν καὶ παροξυνθεὶς[4] ὤμοσεν[5]
λέγων **35** Εἰ ὄψεταί[6] τις τῶν ἀνδρῶν τούτων τὴν ἀγαθὴν ταύτην γῆν, ἣν ὤμοσα[7]
τοῖς πατράσιν αὐτῶν, **36** πλὴν Χαλεβ υἱὸς Ιεφοννη, οὗτος ὄψεται[8] αὐτήν, καὶ
τούτῳ δώσω τὴν γῆν, ἐφ᾽ ἣν ἐπέβη,[9] καὶ τοῖς υἱοῖς αὐτοῦ διὰ τὸ προσκεῖσθαι[10]
αὐτὸν τὰ πρὸς κύριον. **37** καὶ ἐμοὶ ἐθυμώθη[11] κύριος δι᾽ ὑμᾶς λέγων Οὐδὲ σὺ οὐ
μὴ εἰσέλθῃς ἐκεῖ· **38** Ἰησοῦς υἱὸς Ναυη ὁ παρεστηκώς[12] σοι, οὗτος εἰσελεύσεται
ἐκεῖ· αὐτὸν κατίσχυσον,[13] ὅτι αὐτὸς κατακληρονομήσει[14] αὐτὴν τῷ Ισραηλ. **39** καὶ
πᾶν παιδίον νέον,[15] ὅστις οὐκ οἶδεν σήμερον ἀγαθὸν ἢ κακόν, οὗτοι εἰσελεύσονται
ἐκεῖ, καὶ τούτοις δώσω αὐτήν, καὶ αὐτοὶ κληρονομήσουσιν[16] αὐτήν. **40** καὶ ὑμεῖς
ἐπιστραφέντες ἐστρατοπεδεύσατε[17] εἰς τὴν ἔρημον ὁδὸν τὴν ἐπὶ τῆς ἐρυθρᾶς[18]
θαλάσσης.

41 καὶ ἀπεκρίθητέ μοι καὶ εἴπατε Ἡμάρτομεν ἔναντι[19] κυρίου τοῦ θεοῦ ἡμῶν· ἡμεῖς
ἀναβάντες πολεμήσομεν κατὰ πάντα, ὅσα ἐνετείλατο[20] κύριος ὁ θεὸς ἡμῶν ἡμῖν.
καὶ ἀναλαβόντες[21] ἕκαστος τὰ σκεύη[22] τὰ πολεμικὰ[23] αὐτοῦ καὶ συναθροισθέντες[24]
ἀνεβαίνετε εἰς τὸ ὄρος. **42** καὶ εἶπεν κύριος πρός με Εἰπὸν αὐτοῖς Οὐκ ἀναβήσεσθε
οὐδὲ μὴ πολεμήσετε, οὐ γάρ εἰμι μεθ᾽ ὑμῶν· καὶ οὐ μὴ συντριβῆτε[25] ἐνώπιον τῶν
ἐχθρῶν ὑμῶν. **43** καὶ ἐλάλησα ὑμῖν, καὶ οὐκ εἰσηκούσατέ[26] μου καὶ παρέβητε[27] τὸ
ῥῆμα κυρίου καὶ παραβιασάμενοι[28] ἀνέβητε εἰς τὸ ὄρος.

1 ἐκλέγω, *pres mid inf*, elect, choose
2 ὁδηγέω, *pres act ptc nom s m*, guide, lead
3 νεφέλη, cloud
4 παροξύνω, *aor pas ptc nom s m*, provoke, irritate
5 ὄμνυμι, *aor act ind 3s*, swear an oath
6 ὁράω, *fut mid ind 3s*, see
7 ὄμνυμι, *aor act ind 1s*, swear an oath
8 ὁράω, *fut mid ind 3s*, see
9 ἐπιβαίνω, *aor act ind 3s*, set foot on, walk in
10 πρόσκειμαι, *pres mid inf*, keep close to, adhere to
11 θυμόω, *aor pas ind 3s*, make angry, provoke
12 παρίστημι, *perf act ptc nom s m*, stand by
13 κατισχύω, *aor act impv 2s*, prevail, be dominant
14 κατακληρονομέω, *fut act ind 3s*, take possession, occupy
15 νέος, young
16 κληρονομέω, *fut act ind 3p*, inherit, acquire
17 στρατοπεδεύω, *aor act ind 2p*, march out to camp
18 ἐρυθρός, red
19 ἔναντι, before
20 ἐντέλλομαι, *aor mid ind 3s*, command
21 ἀναλαμβάνω, *aor act ptc nom p m*, take up
22 σκεῦος, equipment
23 πολεμικός, of war
24 συναθροίζω, *aor pas ptc nom p m*, gather
25 συντρίβω, *aor pas sub 2p*, crush, annihilate
26 εἰσακούω, *aor act ind 2p*, listen to
27 παραβαίνω, *aor act ind 2p*, transgress, turn from
28 παραβιάζομαι, *aor mid ptc nom p m*, act against the law, use violence

44 καὶ ἐξῆλθεν ὁ Αμορραῖος ὁ κατοικῶν ἐν τῷ ὄρει ἐκείνῳ εἰς συνάντησιν[1] ὑμῖν
καὶ κατεδίωξαν[2] ὑμᾶς, ὡς εἰ ποιήσαισαν[3] αἱ μέλισσαι,[4] καὶ ἐτίτρωσκον[5] ὑμᾶς ἀπὸ
Σηιρ ἕως Ερμα. **45** καὶ καθίσαντες ἐκλαίετε ἔναντι[6] κυρίου, καὶ οὐκ εἰσήκουσεν[7]
κύριος τῆς φωνῆς ὑμῶν οὐδὲ προσέσχεν[8] ὑμῖν. **46** καὶ ἐνεκάθησθε[9] ἐν Καδης ἡμέρας
πολλάς, ὅσας ποτὲ[10] ἡμέρας ἐνεκάθησθε.

Years in the Wilderness

2 Καὶ ἐπιστραφέντες ἀπήραμεν[11] εἰς τὴν ἔρημον ὁδὸν θάλασσαν ἐρυθράν,[12]
ὃν τρόπον[13] ἐλάλησεν κύριος πρός με, καὶ ἐκυκλώσαμεν[14] τὸ ὄρος τὸ Σηιρ
ἡμέρας πολλάς. **2** καὶ εἶπεν κύριος πρός με **3** Ἱκανούσθω[15] ὑμῖν κυκλοῦν[16] τὸ
ὄρος τοῦτο, ἐπιστράφητε οὖν ἐπὶ βορρᾶν·[17] **4** καὶ τῷ λαῷ ἔντειλαι[18] λέγων Ὑμεῖς
παραπορεύεσθε[19] διὰ τῶν ὁρίων[20] τῶν ἀδελφῶν ὑμῶν υἱῶν Ησαυ, οἳ κατοικοῦσιν
ἐν Σηιρ, καὶ φοβηθήσονται ὑμᾶς καὶ εὐλαβηθήσονται[21] ὑμᾶς σφόδρα.[22] **5** μὴ συνά-
ψητε[23] πρὸς αὐτοὺς πόλεμον· οὐ γὰρ μὴ δῶ ὑμῖν ἀπὸ τῆς γῆς αὐτῶν οὐδὲ βῆμα[24]
ποδός, ὅτι ἐν κλήρῳ[25] δέδωκα τοῖς υἱοῖς Ησαυ τὸ ὄρος τὸ Σηιρ. **6** βρώματα[26]
ἀργυρίου[27] ἀγοράσατε[28] παρ᾽ αὐτῶν καὶ φάγεσθε καὶ ὕδωρ μέτρῳ[29] λήμψεσθε παρ᾽
αὐτῶν ἀργυρίου[30] καὶ πίεσθε. **7** ὁ γὰρ κύριος ὁ θεὸς ἡμῶν εὐλόγησέν σε ἐν παντὶ
ἔργῳ τῶν χειρῶν σου· διάγνωθι[31] πῶς διῆλθες τὴν ἔρημον τὴν μεγάλην καὶ τὴν
φοβερὰν[32] ἐκείνην· ἰδοὺ τεσσαράκοντα[33] ἔτη κύριος ὁ θεός σου μετὰ σοῦ, οὐκ
ἐπεδεήθης[34] ῥήματος.

8 καὶ παρήλθομεν[35] τοὺς ἀδελφοὺς ἡμῶν υἱοὺς Ησαυ τοὺς κατοικοῦντας ἐν Σηιρ
παρὰ τὴν ὁδὸν τὴν Αραβα ἀπὸ Αιλων καὶ ἀπὸ Γασιωνγαβερ καὶ ἐπιστρέψαντες
παρήλθομεν ὁδὸν ἔρημον Μωαβ. **9** καὶ εἶπεν κύριος πρός με Μὴ ἐχθραίνετε[36] τοῖς
Μωαβίταις καὶ μὴ συνάψητε[37] πρὸς αὐτοὺς πόλεμον· οὐ γὰρ μὴ δῶ ὑμῖν ἀπὸ τῆς

1 συνάντησις, meeting
2 καταδιώκω, *aor act ind 3p*, pursue closely
3 ποιέω, *aor act opt 3p*, do
4 μέλισσα, bee
5 τιτρώσκω, *impf act ind 3p*, wound
6 ἔναντι, before
7 εἰσακούω, *aor act ind 3s*, listen
8 προσέχω, *aor act ind 3s*, pay attention, give heed
9 ἐγκάθημαι, *impf mid ind 2p*, dwell, encamp
10 ποτέ, however (long)
11 ἀπαίρω, *aor act ind 1p*, depart
12 ἐρυθρός, red
13 ὃν τρόπον, just as
14 κυκλόω, *aor act ind 1p*, circle around
15 ἱκανόω, *pres pas impv 3s*, make sufficient
16 κυκλόω, *pres act inf*, circle around
17 βορρᾶς, north
18 ἐντέλλομαι, *aor mid impv 2s*, command
19 παραπορεύομαι, *pres mid impv 2p*, pass along
20 ὅριον, border, territory
21 εὐλαβέομαι, *fut pas ind 3p*, fear
22 σφόδρα, exceedingly
23 συνάπτω, *aor act sub 2p*, join together
24 βῆμα, step
25 κλῆρος, portion, lot
26 βρῶμα, food
27 ἀργύριον, money
28 ἀγοράζω, *aor act impv 2p*, buy
29 μέτρον, measure
30 ἀργύριον, money
31 διαγινώσκω, *aor act impv 2s*, consider
32 φοβερός, terrible, dreadful
33 τεσσαράκοντα, forty
34 ἐπιδέομαι, *aor pas ind 2s*, want, be in need
35 παρέρχομαι, *aor act ind 1p*, pass along
36 ἐχθραίνω, *pres act impv 2p*, hate
37 συνάπτω, *aor act sub 2p*, join together

γῆς αὐτῶν ἐν κλήρῳ,[1] τοῖς γὰρ υἱοῖς Λωτ δέδωκα τὴν Σηιρ κληρονομεῖν.[2] (**10** οἱ
Ομμιν πρότεροι[3] ἐνεκάθηντο[4] ἐπ' αὐτῆς, ἔθνος μέγα καὶ πολὺ καὶ ἰσχύοντες[5]
ὥσπερ οἱ Ενακιμ· **11** Ραφαϊν λογισθήσονται καὶ οὗτοι ὥσπερ οἱ Ενακιμ, καὶ οἱ
Μωαβῖται ἐπονομάζουσιν[6] αὐτοὺς Ομμιν. **12** καὶ ἐν Σηιρ ἐνεκάθητο[7] ὁ Χορραῖος
πρότερον,[8] καὶ υἱοὶ Ησαυ ἀπώλεσαν αὐτοὺς καὶ ἐξέτριψαν[9] αὐτοὺς ἀπὸ προσώπου
αὐτῶν καὶ κατῳκίσθησαν[10] ἀντ'[11] αὐτῶν, ὃν τρόπον[12] ἐποίησεν Ισραηλ τὴν γῆν
τῆς κληρονομίας[13] αὐτοῦ, ἣν δέδωκεν κύριος αὐτοῖς.) **13** νῦν οὖν ἀνάστητε καὶ
ἀπάρατε[14] ὑμεῖς καὶ παραπορεύεσθε[15] τὴν φάραγγα[16] Ζαρετ. καὶ παρήλθομεν[17] τὴν
φάραγγα Ζαρετ. **14** καὶ αἱ ἡμέραι, ἃς παρεπορεύθημεν[18] ἀπὸ Καδης Βαρνη ἕως οὗ
παρήλθομεν[19] τὴν φάραγγα[20] Ζαρετ, τριάκοντα[21] καὶ ὀκτὼ[22] ἔτη, ἕως οὗ διέπεσεν[23]
πᾶσα γενεὰ ἀνδρῶν πολεμιστῶν[24] ἀποθνῄσκοντες ἐκ τῆς παρεμβολῆς,[25] καθότι[26]
ὤμοσεν[27] αὐτοῖς ὁ θεός· **15** καὶ ἡ χεὶρ τοῦ θεοῦ ἦν ἐπ' αὐτοῖς ἐξαναλῶσαι[28] αὐτοὺς
ἐκ τῆς παρεμβολῆς,[29] ἕως οὗ διέπεσαν.[30]

16 καὶ ἐγενήθη ἐπεὶ[31] διέπεσαν[32] πάντες οἱ ἄνδρες οἱ πολεμισταὶ[33] ἀποθνῄσκοντες
ἐκ μέσου τοῦ λαοῦ, **17** καὶ ἐλάλησεν κύριος πρός με λέγων **18** Σὺ παραπορεύσῃ[34]
σήμερον τὰ ὅρια[35] Μωαβ τὴν Σηιρ **19** καὶ προσάξετε[36] ἐγγὺς[37] υἱῶν Αμμαν· μὴ
ἐχθραίνετε[38] αὐτοῖς καὶ μὴ συνάψητε[39] αὐτοῖς εἰς πόλεμον· οὐ γὰρ μὴ δῶ ἀπὸ
τῆς γῆς υἱῶν Αμμαν σοὶ ἐν κλήρῳ,[40] ὅτι τοῖς υἱοῖς Λωτ δέδωκα αὐτὴν ἐν κλήρῳ.
(**20** γῆ Ραφαϊν λογισθήσεται· καὶ γὰρ ἐπ' αὐτῆς κατῴκουν οἱ Ραφαϊν τὸ πρότερον,[41]
καὶ οἱ Αμμανῖται ὀνομάζουσιν[42] αὐτοὺς Ζομζομμιν, **21** ἔθνος μέγα καὶ πολὺ καὶ
δυνατώτερον[43] ὑμῶν ὥσπερ οἱ Ενακιμ, καὶ ἀπώλεσεν αὐτοὺς κύριος πρὸ προσώπου

1 κλῆρος, portion, lot
2 κληρονομέω, *pres act inf*, inherit, acquire
3 πρότερος, former, earlier, before
4 ἐγκάθημαι, *impf mid ind 3p*, dwell
5 ἰσχύω, *pres act ptc nom p m*, be strong
6 ἐπονομάζω, *pres act ind 3p*, name
7 ἐγκάθημαι, *impf mid ind 3s*, dwell
8 πρότερος, previously
9 ἐκτρίβω, *aor act ind 3p*, destroy
10 κατοικίζω, *aor pas ind 3p*, settle
11 ἀντί, in place of
12 ὃν τρόπον, in the manner that
13 κληρονομία, inheritance
14 ἀπαίρω, *aor act impv 2p*, depart
15 παραπορεύομαι, *pres mid impv 2p*, pass through
16 φάραγξ, ravine
17 παρέρχομαι, *aor act ind 1p*, pass through
18 παραπορεύομαι, *aor pas ind 1p*, go
19 παρέρχομαι, *aor act ind 1p*, pass through
20 φάραγξ, ravine
21 τριάκοντα, thirty
22 ὀκτώ, eight
23 διαπίπτω, *aor act ind 3s*, fall asunder, perish
24 πολεμιστής, warrior, soldier
25 παρεμβολή, camp
26 καθότι, as
27 ὄμνυμι, *aor act ind 3s*, swear an oath
28 ἐξαναλίσκω, *aor act inf*, utterly destroy
29 παρεμβολή, camp
30 διαπίπτω, *aor act ind 3p*, fall asunder, perish
31 ἐπεί, when
32 διαπίπτω, *aor act ind 3p*, fall asunder, perish
33 πολεμιστής, warrior, soldier
34 παραπορεύομαι, *fut mid ind 2s*, pass through
35 ὅριον, border, territory
36 προσάγω, *fut act ind 2p*, approach
37 ἐγγύς, near
38 ἐχθραίνω, *pres act impv 2p*, hate
39 συνάπτω, *aor act sub 2p*, join together
40 κλῆρος, portion, lot
41 πρότερος, previously
42 ὀνομάζω, *pres act ind 3p*, name
43 δυνατός, *comp*, stronger

αὐτῶν, καὶ κατεκληρονόμησαν[1] καὶ κατῳκίσθησαν[2] ἀντ᾽[3] αὐτῶν ἕως τῆς ἡμέρας ταύτης· **22** ὥσπερ ἐποίησαν τοῖς υἱοῖς Ησαυ τοῖς κατοικοῦσιν ἐν Σηιρ, ὃν τρόπον[4] ἐξέτριψαν[5] τὸν Χορραῖον ἀπὸ προσώπου αὐτῶν καὶ κατεκληρονόμησαν[6] καὶ κατῳκίσθησαν[7] ἀντ᾽[8] αὐτῶν ἕως τῆς ἡμέρας ταύτης· **23** καὶ οἱ Ευαῖοι οἱ κατοικοῦντες ἐν ασηρωθ ἕως Γάζης, καὶ οἱ Καππάδοκες οἱ ἐξελθόντες ἐκ Καππαδοκίας ἐξέτριψαν[9] αὐτοὺς καὶ κατῳκίσθησαν[10] ἀντ᾽[11] αὐτῶν.) **24** νῦν οὖν ἀνάστητε καὶ ἀπάρατε[12] καὶ παρέλθατε[13] ὑμεῖς τὴν φάραγγα[14] Αρνων· ἰδοὺ παραδέδωκα εἰς τὰς χεῖράς σου τὸν Σηων βασιλέα Εσεβων τὸν Αμορραῖον καὶ τὴν γῆν αὐτοῦ· ἐνάρχου[15] κληρονομεῖν,[16] σύναπτε[17] πρὸς αὐτὸν πόλεμον. **25** ἐν τῇ ἡμέρᾳ ταύτῃ ἐνάρχου[18] δοῦναι τὸν τρόμον[19] σου καὶ τὸν φόβον σου ἐπὶ πρόσωπον πάντων τῶν ἐθνῶν τῶν ὑποκάτω[20] τοῦ οὐρανοῦ, οἵτινες ἀκούσαντες τὸ ὄνομά σου ταραχθήσονται[21] καὶ ὠδῖνας[22] ἕξουσιν ἀπὸ προσώπου σου.

King Sihon Defeated

26 Καὶ ἀπέστειλα πρέσβεις[23] ἐκ τῆς ἐρήμου Κεδαμωθ πρὸς Σηων βασιλέα Εσεβων λόγοις εἰρηνικοῖς[24] λέγων **27** Παρελεύσομαι[25] διὰ τῆς γῆς σου· ἐν τῇ ὁδῷ παρελεύσομαι, οὐχὶ ἐκκλινῶ[26] δεξιὰ οὐδὲ ἀριστερά·[27] **28** βρώματα[28] ἀργυρίου[29] ἀποδώσῃ μοι, καὶ φάγομαι, καὶ ὕδωρ ἀργυρίου ἀποδώσῃ μοι, καὶ πίομαι· πλὴν ὅτι παρελεύσομαι[30] τοῖς ποσίν, **29** καθὼς ἐποίησάν μοι οἱ υἱοὶ Ησαυ οἱ κατοικοῦντες ἐν Σηιρ καὶ οἱ Μωαβῖται οἱ κατοικοῦντες ἐν Αροηρ, ἕως παρέλθω[31] τὸν Ιορδάνην εἰς τὴν γῆν, ἣν κύριος ὁ θεὸς ἡμῶν δίδωσιν ἡμῖν. **30** καὶ οὐκ ἠθέλησεν Σηων βασιλεὺς Εσεβων παρελθεῖν[32] ἡμᾶς δι᾽ αὐτοῦ, ὅτι ἐσκλήρυνεν[33] κύριος ὁ θεὸς ἡμῶν τὸ πνεῦμα αὐτοῦ καὶ κατίσχυσεν[34] τὴν καρδίαν αὐτοῦ, ἵνα παραδοθῇ εἰς τὰς χεῖράς σου ὡς ἐν τῇ ἡμέρᾳ ταύτῃ. **31** καὶ εἶπεν κύριος πρός με Ἰδοὺ ἦργμαι παραδοῦναι πρὸ προσώπου σου τὸν Σηων βασιλέα Εσεβων τὸν Αμορραῖον καὶ τὴν γῆν αὐτοῦ·

1 κατακληρονομέω, *aor act ind 3p*, take possession, occupy
2 κατοικίζω, *aor pas ind 3p*, settle
3 ἀντί, in place of
4 ὃν τρόπον, in the manner that
5 ἐκτρίβω, *aor act ind 3p*, destroy
6 κατακληρονομέω, *aor act ind 3p*, take possession, occupy
7 κατοικίζω, *aor pas ind 3p*, settle
8 ἀντί, in place of
9 ἐκτρίβω, *aor act ind 3p*, destroy
10 κατοικίζω, *aor pas ind 3p*, settle
11 ἀντί, in place of
12 ἀπαίρω, *aor act impv 2p*, depart
13 παρέρχομαι, *aor act impv 2p*, pass through
14 φάραγξ, ravine
15 ἐνάρχομαι, *pres mid impv 2s*, begin
16 κληρονομέω, *pres act inf*, inherit, acquire
17 συνάπτω, *pres act impv 2s*, join together
18 ἐνάρχομαι, *pres mid impv 2s*, begin
19 τρόμος, trembling
20 ὑποκάτω, beneath
21 ταράσσω, *fut pas ind 3p*, trouble, stir up
22 ὠδίν, pain
23 πρέσβυς, ambassador
24 εἰρηνικός, peaceable
25 παρέρχομαι, *fut mid ind 1s*, pass through
26 ἐκκλίνω, *fut act ind 1s*, turn aside
27 ἀριστερός, left
28 βρῶμα, food
29 ἀργύριον, money
30 παρέρχομαι, *fut mid ind 1s*, pass through
31 παρέρχομαι, *aor act sub 1s*, pass over
32 παρέρχομαι, *aor act inf*, pass by
33 σκληρύνω, *impf act ind 3s*, harden
34 κατισχύω, *aor act ind 3s*, overpower

ἔναρξαι[1] κληρονομῆσαι[2] τὴν γῆν αὐτοῦ. **32** καὶ ἐξῆλθεν Σηων βασιλεὺς Εσεβων
εἰς συνάντησιν[3] ἡμῖν, αὐτὸς καὶ πᾶς ὁ λαὸς αὐτοῦ, εἰς πόλεμον Ιασσα. **33** καὶ
παρέδωκεν αὐτὸν κύριος ὁ θεὸς ἡμῶν πρὸ προσώπου ἡμῶν, καὶ ἐπατάξαμεν[4] αὐτὸν
καὶ τοὺς υἱοὺς αὐτοῦ καὶ πάντα τὸν λαὸν αὐτοῦ **34** καὶ ἐκρατήσαμεν πασῶν τῶν
πόλεων αὐτοῦ ἐν τῷ καιρῷ ἐκείνῳ καὶ ἐξωλεθρεύσαμεν[5] πᾶσαν πόλιν ἑξῆς[6] καὶ
τὰς γυναῖκας αὐτῶν καὶ τὰ τέκνα αὐτῶν, οὐ κατελίπομεν[7] ζωγρίαν·[8] **35** πλὴν τὰ
κτήνη[9] ἐπρονομεύσαμεν[10] καὶ τὰ σκῦλα[11] τῶν πόλεων ἐλάβομεν. **36** ἐξ Αροηρ, ἥ
ἐστιν παρὰ τὸ χεῖλος[12] χειμάρρου[13] Αρνων, καὶ τὴν πόλιν τὴν οὖσαν ἐν τῇ φάραγγι[14]
καὶ ἕως ὄρους τοῦ Γαλααδ οὐκ ἐγενήθη πόλις, ἥτις διέφυγεν[15] ἡμᾶς, τὰς πάσας
παρέδωκεν κύριος ὁ θεὸς ἡμῶν εἰς τὰς χεῖρας ἡμῶν· **37** πλὴν εἰς γῆν υἱῶν Αμμων
οὐ προσήλθομεν, πάντα τὰ συγκυροῦντα[16] χειμάρρου[17] Ιαβοκ καὶ τὰς πόλεις τὰς ἐν
τῇ ὀρεινῇ,[18] καθότι[19] ἐνετείλατο[20] ἡμῖν κύριος ὁ θεὸς ἡμῶν.

King Og Defeated

3 καὶ ἐπιστραφέντες ἀνέβημεν ὁδὸν τὴν εἰς Βασαν, καὶ ἐξῆλθεν Ωγ βασιλεὺς
τῆς Βασαν εἰς συνάντησιν[21] ἡμῖν, αὐτὸς καὶ πᾶς ὁ λαὸς αὐτοῦ, εἰς πόλεμον
εἰς Εδραϊν. **2** καὶ εἶπεν κύριος πρός με Μὴ φοβηθῇς αὐτόν, ὅτι εἰς τὰς χεῖράς σου
παραδέδωκα αὐτὸν καὶ πάντα τὸν λαὸν αὐτοῦ καὶ πᾶσαν τὴν γῆν αὐτοῦ, καὶ ποιή-
σεις αὐτῷ ὥσπερ ἐποίησας Σηων βασιλεῖ τῶν Αμορραίων, ὃς κατῴκει ἐν Εσεβων.
3 καὶ παρέδωκεν αὐτὸν κύριος ὁ θεὸς ἡμῶν εἰς τὰς χεῖρας ἡμῶν, καὶ τὸν Ωγ
βασιλέα τῆς Βασαν καὶ πάντα τὸν λαὸν αὐτοῦ, καὶ ἐπατάξαμεν[22] αὐτὸν ἕως τοῦ
μὴ καταλιπεῖν[23] αὐτοῦ σπέρμα. **4** καὶ ἐκρατήσαμεν πασῶν τῶν πόλεων αὐτοῦ ἐν
τῷ καιρῷ ἐκείνῳ, οὐκ ἦν πόλις, ἣν οὐκ ἐλάβομεν παρ᾽ αὐτῶν, ἑξήκοντα[24] πόλεις,
πάντα τὰ περίχωρα[25] Αργοβ βασιλείας Ωγ ἐν Βασαν, **5** πᾶσαι πόλεις ὀχυραί,[26]
τείχη[27] ὑψηλά,[28] πύλαι[29] καὶ μοχλοί,[30] πλὴν τῶν πόλεων τῶν Φερεζαίων τῶν πολλῶν
σφόδρα.[31] **6** ἐξωλεθρεύσαμεν[32] αὐτούς, ὥσπερ ἐποιήσαμεν τὸν Σηων βασιλέα

1 ἐνάρχομαι, *aor mid impv 2s*, begin
2 κληρονομέω, *aor act inf*, inherit, acquire
3 συνάντησις, meeting
4 πατάσσω, *aor act ind 1p*, strike, slay
5 ἐξολεθρεύω, *aor act ind 1p*, utterly destroy
6 ἑξῆς, in a row, in order
7 καταλείπω, *aor act ind 1p*, leave behind
8 ζωγρίας, one taken alive
9 κτῆνος, animal, (*p*) herd
10 προνομεύω, *aor act ind 1p*, capture, plunder
11 σκῦλον, spoils
12 χεῖλος, edge
13 χείμαρρος, brook
14 φάραγξ, ravine
15 διαφεύγω, *aor act ind 3s*, escape
16 συγκυρόω, *pres act ptc acc p n*, border, be near
17 χείμαρρος, brook
18 ὀρεινός, hilly, mountainous
19 καθότι, as
20 ἐντέλλομαι, *aor mid ind 3s*, command
21 συνάντησις, meeting
22 πατάσσω, *aor act ind 1p*, strike, slay
23 καταλείπω, *aor act inf*, leave
24 ἑξήκοντα, sixty
25 περίχωρος, nearby country
26 ὀχυρός, strong, secure
27 τεῖχος, wall
28 ὑψηλός, high
29 πύλη, gate
30 μοχλός, bar
31 σφόδρα, very (much), exceedingly
32 ἐξολεθρεύω, *aor act ind 1p*, utterly destroy

Εσεβων, καὶ ἐξωλεθρεύσαμεν πᾶσαν πόλιν ἑξῆς[1] καὶ τὰς γυναῖκας καὶ τὰ παιδία·
7 καὶ πάντα τὰ κτήνη[2] καὶ τὰ σκῦλα[3] τῶν πόλεων ἐπρονομεύσαμεν[4] ἑαυτοῖς.

8 Καὶ ἐλάβομεν ἐν τῷ καιρῷ ἐκείνῳ τὴν γῆν ἐκ χειρῶν δύο βασιλέων τῶν Αμορραίων,
οἳ ἦσαν πέραν[5] τοῦ Ιορδάνου ἀπὸ τοῦ χειμάρρου[6] Αρνων καὶ ἕως Αερμων (**9** οἱ
Φοίνικες ἐπονομάζουσιν[7] τὸ Αερμων Σανιωρ, καὶ ὁ Αμορραῖος ἐπωνόμασεν[8] αὐτὸ
Σανιρ), **10** πᾶσαι πόλεις Μισωρ καὶ πᾶσα Γαλααδ καὶ πᾶσα Βασαν ἕως Σελχα καὶ
Εδραϊν, πόλεις βασιλείας τοῦ Ωγ ἐν τῇ Βασαν. **11** ὅτι πλὴν Ωγ βασιλεὺς Βασαν
κατελείφθη[9] ἀπὸ τῶν Ραφαϊν· ἰδοὺ ἡ κλίνη[10] αὐτοῦ κλίνη σιδηρᾶ,[11] ἰδοὺ αὕτη ἐν
τῇ ἄκρᾳ[12] τῶν υἱῶν Αμμων, ἐννέα[13] πηχῶν[14] τὸ μῆκος[15] αὐτῆς καὶ τεσσάρων πηχῶν
τὸ εὖρος[16] αὐτῆς ἐν πήχει[17] ἀνδρός. **12** καὶ τὴν γῆν ἐκείνην ἐκληρονομήσαμεν[18] ἐν
τῷ καιρῷ ἐκείνῳ ἀπὸ Αροηρ, ἥ ἐστιν ἐπὶ τοῦ χείλους[19] χειμάρρου[20] Αρνων, καὶ τὸ
ἥμισυ[21] ὄρους Γαλααδ καὶ τὰς πόλεις αὐτοῦ ἔδωκα τῷ Ρουβην καὶ τῷ Γαδ. **13** καὶ τὸ
κατάλοιπον[22] τοῦ Γαλααδ καὶ πᾶσαν τὴν Βασαν, βασιλείαν Ωγ, ἔδωκα τῷ ἡμίσει[23]
φυλῆς Μανασση καὶ πᾶσαν περίχωρον[24] Αργοβ, πᾶσαν τὴν Βασαν ἐκείνην· γῆ
Ραφαϊν λογισθήσεται. **14** καὶ Ιαϊρ υἱὸς Μανασση ἔλαβεν πᾶσαν τὴν περίχωρον[25]
Αργοβ ἕως τῶν ὁρίων[26] Γαργασι καὶ Ομαχαθι· ἐπωνόμασεν[27] αὐτὰς ἐπὶ τῷ ὀνόματι
αὐτοῦ τὴν Βασαν Αυωθ Ιαϊρ ἕως τῆς ἡμέρας ταύτης. **15** καὶ τῷ Μαχιρ ἔδωκα τὴν
Γαλααδ. **16** καὶ τῷ Ρουβην καὶ τῷ Γαδ δέδωκα ἀπὸ τῆς Γαλααδ ἕως χειμάρρου[28]
Αρνων (μέσον τοῦ χειμάρρου ὅριον[29]) καὶ ἕως τοῦ Ιαβοκ· ὁ χειμάρρους ὅριον τοῖς
υἱοῖς Αμμαν· **17** καὶ ἡ Αραβα καὶ ὁ Ιορδάνης ὅριον[30] Μαχαναρεθ καὶ ἕως θαλάσσης
Αραβα, θαλάσσης ἁλυκῆς,[31] ὑπὸ Ασηδωθ τὴν Φασγα ἀνατολῶν.[32]

18 καὶ ἐνετειλάμην[33] ὑμῖν ἐν τῷ καιρῷ ἐκείνῳ λέγων Κύριος ὁ θεὸς ὑμῶν ἔδωκεν
ὑμῖν τὴν γῆν ταύτην ἐν κλήρῳ·[34] ἐνοπλισάμενοι[35] προπορεύεσθε[36] πρὸ προσώπου
τῶν ἀδελφῶν ὑμῶν υἱῶν Ισραηλ, πᾶς δυνατός· **19** πλὴν αἱ γυναῖκες ὑμῶν καὶ τὰ

1 ἑξῆς, in a row, in order
2 κτῆνος, animal, (*p*) herd
3 σκῦλον, spoils
4 προνομεύω, *aor act ind 1p*, plunder
5 πέραν, beyond
6 χείμαρρος, brook
7 ἐπονομάζω, *pres act ind 3p*, name
8 ἐπονομάζω, *aor act ind 3s*, name
9 καταλείπω, *aor pas ind 3s*, leave
10 κλίνη, bed
11 σιδηροῦς, iron
12 ἄκρα, tower, citadel
13 ἐννέα, nine
14 πῆχυς, cubit
15 μῆκος, length
16 εὖρος, width
17 πῆχυς, forearm
18 κληρονομέω, *aor act ind 1p*, inherit, acquire
19 χεῖλος, edge, bank
20 χείμαρρος, brook
21 ἥμισυς, half
22 κατάλοιπος, remainder, rest
23 ἥμισυς, half
24 περίχωρος, nearby country
25 περίχωρος, nearby country
26 ὅριον, border, territory
27 ἐπονομάζω, *aor act ind 3s*, name
28 χείμαρρος, brook
29 ὅριον, boundary
30 ὅριον, boundary
31 ἁλυκός, salt
32 ἀνατολή, east
33 ἐντέλλομαι, *aor mid ind 1s*, command
34 κλῆρος, portion, lot
35 ἐνοπλίζω, *aor mid ptc nom p m*, take up arms
36 προπορεύομαι, *pres mid impv 2p*, go before

τέκνα ὑμῶν καὶ τὰ κτήνη[1] ὑμῶν — οἶδα ὅτι πολλὰ κτήνη ὑμῖν — κατοικείτωσαν
ἐν ταῖς πόλεσιν ὑμῶν, αἷς ἔδωκα ὑμῖν, **20** ἕως ἂν καταπαύσῃ[2] κύριος ὁ θεὸς ὑμῶν
τοὺς ἀδελφοὺς ὑμῶν ὥσπερ καὶ ὑμᾶς, καὶ κατακληρονομήσουσιν[3] καὶ οὗτοι
τὴν γῆν, ἣν κύριος ὁ θεὸς ἡμῶν δίδωσιν αὐτοῖς ἐν τῷ πέραν[4] τοῦ Ιορδάνου, καὶ
ἐπαναστραφήσεσθε[5] ἕκαστος εἰς τὴν κληρονομίαν[6] αὐτοῦ, ἣν ἔδωκα ὑμῖν.

21 Καὶ τῷ Ἰησοῖ ἐνετειλάμην[7] ἐν τῷ καιρῷ ἐκείνῳ λέγων Οἱ ὀφθαλμοὶ ὑμῶν
ἑωράκασιν πάντα, ὅσα ἐποίησεν κύριος ὁ θεὸς ἡμῶν τοῖς δυσὶ βασιλεῦσι τούτοις·
οὕτως ποιήσει κύριος ὁ θεὸς ἡμῶν πάσας τὰς βασιλείας, ἐφ᾽ ἃς σὺ διαβαίνεις[8] ἐκεῖ·
22 οὐ φοβηθήσεσθε, ὅτι κύριος ὁ θεὸς ἡμῶν αὐτὸς πολεμήσει περὶ ὑμῶν.

Moses Beholds Canaan

23 καὶ ἐδεήθην[9] κυρίου ἐν τῷ καιρῷ ἐκείνῳ λέγων **24** Κύριε κύριε, σὺ ἤρξω
δεῖξαι τῷ σῷ[10] θεράποντι[11] τὴν ἰσχύν[12] σου καὶ τὴν δύναμίν σου καὶ τὴν χεῖρα τὴν
κραταιὰν[13] καὶ τὸν βραχίονα[14] τὸν ὑψηλόν·[15] τίς γάρ ἐστιν θεὸς ἐν τῷ οὐρανῷ ἢ
ἐπὶ τῆς γῆς, ὅστις ποιήσει καθὰ[16] σὺ ἐποίησας καὶ κατὰ τὴν ἰσχύν σου; **25** διαβὰς[17]
οὖν ὄψομαι τὴν γῆν τὴν ἀγαθὴν ταύτην τὴν οὖσαν πέραν[18] τοῦ Ιορδάνου, τὸ ὄρος
τοῦτο τὸ ἀγαθὸν καὶ τὸν Ἀντιλίβανον. **26** καὶ ὑπερεῖδεν[19] κύριος ἐμὲ ἕνεκεν[20] ὑμῶν
καὶ οὐκ εἰσήκουσέν[21] μου, καὶ εἶπεν κύριος πρός με Ἱκανούσθω[22] σοι, μὴ προσθῇς[23]
ἔτι λαλῆσαι τὸν λόγον τοῦτον· **27** ἀνάβηθι ἐπὶ κορυφὴν[24] Λελαξευμένου καὶ
ἀναβλέψας[25] τοῖς ὀφθαλμοῖς κατὰ θάλασσαν καὶ βορρᾶν[26] καὶ λίβα[27] καὶ ἀνατολὰς[28]
καὶ ἰδὲ τοῖς ὀφθαλμοῖς σου· ὅτι οὐ διαβήσῃ[29] τὸν Ιορδάνην τοῦτον. **28** καὶ ἔντειλαι[30]
Ἰησοῖ καὶ κατίσχυσον[31] αὐτὸν καὶ παρακάλεσον αὐτόν, ὅτι οὗτος διαβήσεται[32] πρὸ

1 κτῆνος, animal, (*p*) herd
2 καταπαύω, *aor act sub 3s*, cause to cease, bring to rest
3 κατακληρονομέω, *fut act ind 3p*, receive possession of
4 πέραν, beyond
5 ἐπαναστρέφω, *fut pas ind 2p*, return
6 κληρονομία, inheritance
7 ἐντέλλομαι, *aor mid ind 1s*, command
8 διαβαίνω, *pres act ind 2s*, pass over, cross
9 δέομαι, *aor pas ind 1s*, pray, beseech
10 σός, your
11 θεράπων, servant
12 ἰσχύς, strength, might
13 κραταιός, strong
14 βραχίων, arm
15 ὑψηλός, high, upraised
16 καθά, as
17 διαβαίνω, *aor act ptc nom s m*, pass over, cross
18 πέραν, beyond
19 ὑπεροράω, *aor act ind 3s*, disdain, disregard
20 ἕνεκεν, on account of
21 εἰσακούω, *aor act ind 3s*, listen to
22 ἱκανόω, *pres pas impv 3s*, be sufficient
23 προστίθημι, *aor act sub 2s*, add to, continue
24 κορυφή, summit, top
25 ἀναβλέπω, *aor act ptc nom s m*, look up
26 βορρᾶς, north
27 λίψ, southwest
28 ἀνατολή, east
29 διαβαίνω, *fut mid ind 2s*, pass over, cross
30 ἐντέλλομαι, *aor mid impv 2s*, command
31 κατισχύω, *aor act impv 2s*, strengthen, encourage
32 διαβαίνω, *fut mid ind 3s*, pass over, cross

προσώπου τοῦ λαοῦ τούτου, καὶ αὐτὸς κατακληρονομήσει[1] αὐτοῖς τὴν γῆν, ἣν
ἑώρακας.

29 καὶ ἐνεκαθήμεθα[2] ἐν νάπῃ[3] σύνεγγυς[4] οἴκου Φογωρ.

Israel Commanded to Obey

4 Καὶ νῦν, Ισραηλ, ἄκουε τῶν δικαιωμάτων[5] καὶ τῶν κριμάτων,[6] ὅσα ἐγὼ διδά-
σκω ὑμᾶς σήμερον ποιεῖν, ἵνα ζῆτε καὶ πολυπλασιασθῆτε[7] καὶ εἰσελθόντες
κληρονομήσητε[8] τὴν γῆν, ἣν κύριος ὁ θεὸς τῶν πατέρων ὑμῶν δίδωσιν ὑμῖν.
2 οὐ προσθήσετε[9] πρὸς τὸ ῥῆμα, ὃ ἐγὼ ἐντέλλομαι[10] ὑμῖν, καὶ οὐκ ἀφελεῖτε[11] ἀπ᾽
αὐτοῦ· φυλάσσεσθε τὰς ἐντολὰς κυρίου τοῦ θεοῦ ὑμῶν, ὅσα ἐγὼ ἐντέλλομαι ὑμῖν
σήμερον. **3** οἱ ὀφθαλμοὶ ὑμῶν ἑωράκασιν πάντα, ὅσα ἐποίησεν κύριος ὁ θεὸς ἡμῶν
τῷ Βεελφεγωρ, ὅτι πᾶς ἄνθρωπος, ὅστις ἐπορεύθη ὀπίσω Βεελφεγωρ, ἐξέτριψεν[12]
αὐτὸν κύριος ὁ θεὸς ὑμῶν ἐξ ὑμῶν· **4** ὑμεῖς δὲ οἱ προσκείμενοι[13] κυρίῳ τῷ θεῷ ὑμῶν
ζῆτε πάντες ἐν τῇ σήμερον.

5 ἴδετε δέδειχα ὑμῖν δικαιώματα[14] καὶ κρίσεις, καθὰ[15] ἐνετείλατό[16] μοι κύριος,
ποιῆσαι οὕτως ἐν τῇ γῇ, εἰς ἣν ὑμεῖς εἰσπορεύεσθε[17] ἐκεῖ κληρονομεῖν[18] αὐτήν· **6** καὶ
φυλάξεσθε καὶ ποιήσετε, ὅτι αὕτη ἡ σοφία ὑμῶν καὶ ἡ σύνεσις[19] ἐναντίον πάντων
τῶν ἐθνῶν, ὅσοι ἐὰν ἀκούσωσιν πάντα τὰ δικαιώματα[20] ταῦτα καὶ ἐροῦσιν Ἰδοὺ
λαὸς σοφὸς[21] καὶ ἐπιστήμων[22] τὸ ἔθνος τὸ μέγα τοῦτο. **7** ὅτι ποῖον[23] ἔθνος μέγα,
ᾧ ἐστιν αὐτῷ θεὸς ἐγγίζων αὐτοῖς ὡς κύριος ὁ θεὸς ἡμῶν ἐν πᾶσιν, οἷς ἐὰν αὐτὸν
ἐπικαλεσώμεθα;[24] **8** καὶ ποῖον[25] ἔθνος μέγα, ᾧ ἐστιν αὐτῷ δικαιώματα[26] καὶ κρίματα[27]
δίκαια κατὰ πάντα τὸν νόμον τοῦτον, ὃν ἐγὼ δίδωμι ἐνώπιον ὑμῶν σήμερον;

9 πρόσεχε[28] σεαυτῷ καὶ φύλαξον τὴν ψυχήν σου σφόδρα,[29] μὴ ἐπιλάθῃ[30] πάντας
τοὺς λόγους, οὓς ἑωράκασιν οἱ ὀφθαλμοί σου· καὶ μὴ ἀποστήτωσαν[31] ἀπὸ τῆς

1 κατακληρονομέω, *fut act ind 3s*, receive possession of
2 ἐγκάθημαι, *impf mid ind 1p*, remain, encamp
3 νάπη, wooded valley
4 σύνεγγυς, near
5 δικαίωμα, ordinance, decree
6 κρίμα, judgment, rule
7 πολυπλασιάζω, *aor pas sub 2p*, multiply
8 κληρονομέω, *aor act sub 2p*, inherit, acquire
9 προστίθημι, *fut act ind 2p*, add to
10 ἐντέλλομαι, *pres mid ind 1s*, command
11 ἀφαιρέω, *fut act ind 2p*, take away
12 ἐκτρίβω, *aor act ind 3s*, ruin, destroy
13 πρόσκειμαι, *pres pas ptc nom p m*, be joined to, hold fast to
14 δικαίωμα, ordinance, decree
15 καθά, just as
16 ἐντέλλομαι, *aor mid ind 3s*, command
17 εἰσπορεύομαι, *pres mid impv 2p*, enter into
18 κληρονομέω, *pres act inf*, inherit, acquire
19 σύνεσις, intelligence, understanding
20 δικαίωμα, ordinance, decree
21 σοφός, wise
22 ἐπιστήμων, knowing, prudent
23 ποῖος, what kind of
24 ἐπικαλέω, *aor mid sub 1p*, call upon
25 ποῖος, what kind of
26 δικαίωμα, ordinance, decree
27 κρίμα, judgment, rule
28 προσέχω, *pres act impv 2s*, pay attention, give heed
29 σφόδρα, very much, exceedingly
30 ἐπιλανθάνω, *aor mid sub 2s*, forget
31 ἀφίστημι, *aor act impv 3p*, draw away from

καρδίας σου πάσας τὰς ἡμέρας τῆς ζωῆς σου, καὶ συμβιβάσεις[1] τοὺς υἱούς σου καὶ
τοὺς υἱοὺς τῶν υἱῶν σου **10** ἡμέραν, ἣν ἔστητε ἐναντίον[2] κυρίου τοῦ θεοῦ ὑμῶν ἐν
Χωρηβ τῇ ἡμέρᾳ τῆς ἐκκλησίας, ὅτε εἶπεν κύριος πρός με Ἐκκλησίασον[3] πρός με
τὸν λαόν, καὶ ἀκουσάτωσαν τὰ ῥήματά μου, ὅπως μάθωσιν[4] φοβεῖσθαί με πάσας
τὰς ἡμέρας, ἃς αὐτοὶ ζῶσιν ἐπὶ τῆς γῆς, καὶ τοὺς υἱοὺς αὐτῶν διδάξωσιν. **11** καὶ
προσήλθετε καὶ ἔστητε ὑπὸ τὸ ὄρος, καὶ τὸ ὄρος ἐκαίετο[5] πυρὶ ἕως τοῦ οὐρανοῦ,
σκότος, γνόφος,[6] θύελλα,[7] φωνὴ μεγάλη. **12** καὶ ἐλάλησεν κύριος πρὸς ὑμᾶς ἐκ
μέσου τοῦ πυρός· φωνὴν ῥημάτων ὑμεῖς ἠκούσατε καὶ ὁμοίωμα[8] οὐκ εἴδετε, ἀλλ᾽ ἢ
φωνήν· **13** καὶ ἀνήγγειλεν[9] ὑμῖν τὴν διαθήκην αὐτοῦ, ἣν ἐνετείλατο[10] ὑμῖν ποιεῖν, τὰ
δέκα[11] ῥήματα, καὶ ἔγραψεν αὐτὰ ἐπὶ δύο πλάκας[12] λιθίνας.[13] **14** καὶ ἐμοὶ ἐνετείλατο[14]
κύριος ἐν τῷ καιρῷ ἐκείνῳ διδάξαι ὑμᾶς δικαιώματα[15] καὶ κρίσεις ποιεῖν αὐτὰ ὑμᾶς
ἐπὶ τῆς γῆς, εἰς ἣν ὑμεῖς εἰσπορεύεσθε[16] ἐκεῖ κληρονομεῖν[17] αὐτήν.

15 καὶ φυλάξεσθε σφόδρα[18] τὰς ψυχὰς ὑμῶν, ὅτι οὐκ εἴδετε ὁμοίωμα[19] ἐν τῇ ἡμέρᾳ,
ᾗ ἐλάλησεν κύριος πρὸς ὑμᾶς ἐν Χωρηβ ἐν τῷ ὄρει ἐκ μέσου τοῦ πυρός. **16** μὴ
ἀνομήσητε[20] καὶ ποιήσητε ὑμῖν ἑαυτοῖς γλυπτὸν[21] ὁμοίωμα,[22] πᾶσαν εἰκόνα,[23]
ὁμοίωμα ἀρσενικοῦ[24] ἢ θηλυκοῦ,[25] **17** ὁμοίωμα[26] παντὸς κτήνους[27] τῶν ὄντων
ἐπὶ τῆς γῆς, ὁμοίωμα παντὸς ὀρνέου[28] πτερωτοῦ,[29] ὃ πέταται[30] ὑπὸ τὸν οὐρανόν,
18 ὁμοίωμα[31] παντὸς ἑρπετοῦ,[32] ὃ ἕρπει[33] ἐπὶ τῆς γῆς, ὁμοίωμα παντὸς ἰχθύος,[34] ὅσα
ἐστὶν ἐν τοῖς ὕδασιν ὑποκάτω[35] τῆς γῆς. **19** καὶ μὴ ἀναβλέψας[36] εἰς τὸν οὐρανὸν
καὶ ἰδὼν τὸν ἥλιον καὶ τὴν σελήνην[37] καὶ τοὺς ἀστέρας[38] καὶ πάντα τὸν κόσμον[39]
τοῦ οὐρανοῦ πλανηθεὶς προσκυνήσῃς αὐτοῖς καὶ λατρεύσῃς[40] αὐτοῖς, ἃ ἀπένειμεν[41]
κύριος ὁ θεός σου αὐτὰ πᾶσιν τοῖς ἔθνεσιν τοῖς ὑποκάτω[42] τοῦ οὐρανοῦ. **20** ὑμᾶς δὲ

1 συμβιβάζω, *fut act ind 2s*, teach, instruct
2 ἐναντίον, before
3 ἐκκλησιάζω, *aor act impv 2s*, assemble
4 μανθάνω, *aor act sub 3p*, learn
5 καίω, *impf pas ind 3s*, burn
6 γνόφος, darkness
7 θύελλα, hurricane, storm
8 ὁμοίωμα, likeness
9 ἀναγγέλλω, *aor act ind 3s*, announce, declare
10 ἐντέλλομαι, *aor mid ind 3s*, command
11 δέκα, ten
12 πλάξ, table
13 λίθινος, stone
14 ἐντέλλομαι, *aor mid ind 3s*, command
15 δικαίωμα, ordinance, decree
16 εἰσπορεύομαι, *pres mid impv 2p*, enter into
17 κληρονομέω, *pres act inf*, inherit, acquire
18 σφόδρα, very much, exceedingly
19 ὁμοίωμα, likeness
20 ἀνομέω, *aor act sub 2p*, act lawlessly
21 γλυπτός, graven, carved
22 ὁμοίωμα, likeness
23 εἰκών, icon
24 ἀρσενικός, male
25 θηλυκός, female
26 ὁμοίωμα, likeness
27 κτῆνος, animal, (*p*) herd
28 ὄρνεον, bird
29 πτερωτός, winged
30 πέταμαι, *pres mid ind 3s*, fly
31 ὁμοίωμα, likeness
32 ἑρπετόν, creeping thing
33 ἕρπω, *pres act ind 3s*, move slowly, creep
34 ἰχθύς, fish
35 ὑποκάτω, below
36 ἀναβλέπω, *aor act ptc nom s m*, look up
37 σελήνη, moon
38 ἀστήρ, star
39 κόσμος, adornment, ornament
40 λατρεύω, *aor act sub 2s*, serve
41 ἀπονέμω, *aor act ind 3s*, assign
42 ὑποκάτω, below

ἔλαβεν ὁ θεὸς καὶ ἐξήγαγεν[1] ὑμᾶς ἐκ τῆς καμίνου[2] τῆς σιδηρᾶς[3] ἐξ Αἰγύπτου εἶναι αὐτῷ λαὸν ἔγκληρον[4] ὡς ἐν τῇ ἡμέρᾳ ταύτῃ.

21 καὶ κύριος ἐθυμώθη[5] μοι περὶ τῶν λεγομένων ὑφ᾽ ὑμῶν καὶ ὤμοσεν[6] ἵνα μὴ διαβῶ[7] τὸν Ἰορδάνην τοῦτον καὶ ἵνα μὴ εἰσέλθω εἰς τὴν γῆν, ἣν κύριος ὁ θεὸς δίδωσίν σοι ἐν κλήρῳ·[8] **22** ἐγὼ γὰρ ἀποθνῄσκω ἐν τῇ γῇ ταύτῃ καὶ οὐ διαβαίνω[9] τὸν Ἰορδάνην τοῦτον, ὑμεῖς δὲ διαβαίνετε[10] καὶ κληρονομήσετε[11] τὴν γῆν τὴν ἀγαθὴν ταύτην. **23** προσέχετε[12] ὑμεῖς, μὴ ἐπιλάθησθε[13] τὴν διαθήκην κυρίου τοῦ θεοῦ ὑμῶν, ἣν διέθετο[14] πρὸς ὑμᾶς, καὶ ποιήσητε ὑμῖν ἑαυτοῖς γλυπτὸν[15] ὁμοίωμα[16] πάντων, ὧν συνέταξεν[17] κύριος ὁ θεός σου· **24** ὅτι κύριος ὁ θεός σου πῦρ καταναλίσκον[18] ἐστίν, θεὸς ζηλωτής.[19]

25 Ἐὰν δὲ γεννήσῃς υἱοὺς καὶ υἱοὺς τῶν υἱῶν σου καὶ χρονίσητε[20] ἐπὶ τῆς γῆς καὶ ἀνομήσητε[21] καὶ ποιήσητε γλυπτὸν[22] ὁμοίωμα[23] παντὸς καὶ ποιήσητε τὰ πονηρὰ ἐναντίον[24] κυρίου τοῦ θεοῦ ὑμῶν παροργίσαι[25] αὐτόν, **26** διαμαρτύρομαι[26] ὑμῖν σήμερον τόν τε οὐρανὸν καὶ τὴν γῆν ὅτι ἀπωλείᾳ[27] ἀπολεῖσθε ἀπὸ τῆς γῆς, εἰς ἣν ὑμεῖς διαβαίνετε[28] τὸν Ἰορδάνην ἐκεῖ κληρονομῆσαι[29] αὐτήν· οὐχὶ πολυχρονιεῖτε[30] ἡμέρας ἐπ᾽ αὐτῆς, ἀλλ᾽ ἢ ἐκτριβῇ[31] ἐκτριβήσεσθε.[32] **27** καὶ διασπερεῖ[33] κύριος ὑμᾶς ἐν πᾶσιν τοῖς ἔθνεσιν καὶ καταλειφθήσεσθε[34] ὀλίγοι[35] ἀριθμῷ[36] ἐν τοῖς ἔθνεσιν, εἰς οὓς εἰσάξει[37] κύριος ὑμᾶς ἐκεῖ. **28** καὶ λατρεύσετε[38] ἐκεῖ θεοῖς ἑτέροις, ἔργοις χειρῶν ἀνθρώπων, ξύλοις[39] καὶ λίθοις, οἳ οὐκ ὄψονται οὐδὲ μὴ ἀκούσωσιν οὔτε μὴ φάγωσιν οὔτε μὴ ὀσφρανθῶσιν.[40] **29** καὶ ζητήσετε ἐκεῖ κύριον τὸν θεὸν ὑμῶν καὶ εὑρήσετε, ὅταν ἐκζητήσητε[41] αὐτὸν ἐξ ὅλης τῆς καρδίας σου καὶ ἐξ ὅλης τῆς ψυχῆς σου ἐν τῇ

1 ἐξάγω, *aor act ind 3s*, lead out
2 κάμινος, furnace
3 σιδηροῦς, iron
4 ἔγκληρος, having a share of inheritance
5 θυμόω, *aor pas ind 3s*, make angry
6 ὄμνυμι, *aor act ind 3s*, swear an oath
7 διαβαίνω, *aor act sub 1s*, pass over, cross
8 κλῆρος, portion, lot
9 διαβαίνω, *pres act ind 1s*, pass over, cross
10 διαβαίνω, *pres act ind 2p*, pass over, cross
11 κληρονομέω, *fut act ind 2p*, inherit
12 προσέχω, *pres act impv 2p*, pay attention, give heed
13 ἐπιλανθάνω, *aor mid sub 2p*, forget
14 διατίθημι, *aor mid ind 3s*, arrange, establish
15 γλυπτός, graven, carved
16 ὁμοίωμα, likeness
17 συντάσσω, *aor act ind 3s*, order, instruct
18 καταναλίσκω, *pres act ptc nom s n*, consume, devour
19 ζηλωτής, zealous, jealous
20 χρονίζω, *aor act sub 2p*, dwell a long time
21 ἀνομέω, *aor act sub 2p*, act lawlessly
22 γλυπτός, graven, carved
23 ὁμοίωμα, likeness
24 ἐναντίον, before
25 παροργίζω, *aor act inf*, provoke to anger
26 διαμαρτύρομαι, *pres mid ind 1s*, call to witness
27 ἀπώλεια, destruction, annihilation
28 διαβαίνω, *pres act ind 2p*, pass over, cross
29 κληρονομέω, *aor act inf*, inherit, acquire
30 πολυχρονίζω, *fut act ind 2p*, live long
31 ἐκτριβή, destruction
32 ἐκτρίβω, *fut pas ind 2p*, ruin, destroy
33 διασπείρω, *fut act ind 3s*, scatter
34 καταλείπω, *fut pas ind 2p*, leave
35 ὀλίγος, few
36 ἀριθμός, number
37 εἰσάγω, *fut act ind 3s*, lead in
38 λατρεύω, *fut act ind 2p*, serve
39 ξύλον, wood
40 ὀσφραίνομαι, *aor pas sub 3p*, smell
41 ἐκζητέω, *aor act sub 2p*, seek out, search

θλίψει σου· **30** καὶ εὑρήσουσίν σε πάντες οἱ λόγοι οὗτοι ἐπ᾽ ἐσχάτῳ τῶν ἡμερῶν, καὶ ἐπιστραφήσῃ πρὸς κύριον τὸν θεόν σου καὶ εἰσακούσῃ[1] τῆς φωνῆς αὐτοῦ· **31** ὅτι θεὸς οἰκτίρμων[2] κύριος ὁ θεός σου, οὐκ ἐγκαταλείψει[3] σε οὐδὲ μὴ ἐκτρίψει[4] σε, οὐκ ἐπιλήσεται[5] τὴν διαθήκην τῶν πατέρων σου, ἣν ὤμοσεν[6] αὐτοῖς.

32 ἐπερωτήσατε[7] ἡμέρας προτέρας[8] τὰς γενομένας προτέρας σου ἀπὸ τῆς ἡμέρας, ἧς ἔκτισεν[9] ὁ θεὸς ἄνθρωπον ἐπὶ τῆς γῆς, καὶ ἐπὶ τὸ ἄκρον[10] τοῦ οὐρανοῦ ἕως ἄκρου τοῦ οὐρανοῦ, εἰ γέγονεν κατὰ τὸ ῥῆμα τὸ μέγα τοῦτο, εἰ ἤκουσται τοιοῦτο·[11] **33** εἰ ἀκήκοεν ἔθνος φωνὴν θεοῦ ζῶντος λαλοῦντος ἐκ μέσου τοῦ πυρός, ὃν τρόπον[12] ἀκήκοας σὺ καὶ ἔζησας· **34** εἰ ἐπείρασεν[13] ὁ θεὸς εἰσελθὼν λαβεῖν ἑαυτῷ ἔθνος ἐκ μέσου ἔθνους ἐν πειρασμῷ[14] καὶ ἐν σημείοις καὶ ἐν τέρασιν[15] καὶ ἐν πολέμῳ καὶ ἐν χειρὶ κραταιᾷ[16] καὶ ἐν βραχίονι[17] ὑψηλῷ[18] καὶ ἐν ὁράμασιν[19] μεγάλοις κατὰ πάντα, ὅσα ἐποίησεν κύριος ὁ θεὸς ἡμῶν ἐν Αἰγύπτῳ ἐνώπιόν σου βλέποντος·
35 ὥστε εἰδῆσαί σε ὅτι κύριος ὁ θεός σου, οὗτος θεός ἐστιν, καὶ οὐκ ἔστιν ἔτι πλὴν αὐτοῦ. **36** ἐκ τοῦ οὐρανοῦ ἀκουστὴ[20] ἐγένετο ἡ φωνὴ αὐτοῦ παιδεῦσαί[21] σε, καὶ ἐπὶ τῆς γῆς ἔδειξέν σοι τὸ πῦρ αὐτοῦ τὸ μέγα, καὶ τὰ ῥήματα αὐτοῦ ἤκουσας ἐκ μέσου τοῦ πυρός. **37** διὰ τὸ ἀγαπῆσαι αὐτὸν τοὺς πατέρας σου καὶ ἐξελέξατο[22] τὸ σπέρμα αὐτῶν μετ᾽ αὐτοὺς ὑμᾶς καὶ ἐξήγαγέν[23] σε αὐτὸς ἐν τῇ ἰσχύι[24] αὐτοῦ τῇ μεγάλῃ ἐξ Αἰγύπτου **38** ἐξολεθρεῦσαι[25] ἔθνη μεγάλα καὶ ἰσχυρότερά[26] σου πρὸ προσώπου σου εἰσαγαγεῖν[27] σε δοῦναί σοι τὴν γῆν αὐτῶν κληρονομεῖν,[28] καθὼς ἔχεις σήμερον. **39** καὶ γνώσῃ σήμερον καὶ ἐπιστραφήσῃ τῇ διανοίᾳ[29] ὅτι κύριος ὁ θεός σου, οὗτος θεὸς ἐν τῷ οὐρανῷ ἄνω[30] καὶ ἐπὶ τῆς γῆς κάτω,[31] καὶ οὐκ ἔστιν ἔτι πλὴν αὐτοῦ· **40** καὶ φυλάξῃ τὰ δικαιώματα[32] αὐτοῦ καὶ τὰς ἐντολὰς αὐτοῦ, ὅσας ἐγὼ ἐντέλλομαί[33] σοι σήμερον, ἵνα εὖ[34] σοι γένηται καὶ τοῖς υἱοῖς σου μετὰ σέ, ὅπως μακροήμεροι[35] γένησθε ἐπὶ τῆς γῆς, ἧς κύριος ὁ θεός σου δίδωσίν σοι πάσας τὰς ἡμέρας.

1 εἰσακούω, *fut mid ind 3s*, listen
2 οἰκτίρμων, merciful, compassionate
3 ἐγκαταλείπω, *fut act ind 3s*, forsake
4 ἐκτρίβω, *fut act ind 3s*, ruin, destroy
5 ἐπιλανθάνω, *fut mid ind 3s*, forget, neglect
6 ὄμνυμι, *aor act ind 3s*, swear an oath
7 ἐπερωτάω, *aor act impv 2p*, ask
8 πρότερος, former
9 κτίζω, *aor act ind 3s*, create, make
10 ἄκρος, end, extremity
11 τοιοῦτος, like this
12 ὃν τρόπον, in the way that
13 πειράζω, *aor act ind 3s*, attempt
14 πειρασμός, testing, trial
15 τέρας, wonder
16 κραταιός, strong, powerful
17 βραχίων, arm
18 ὑψηλός, high, upraised
19 ὅραμα, extraordinary vision, spectacle
20 ἀκουστός, heard, audible
21 παιδεύω, *aor act inf*, instruct, discipline
22 ἐκλέγω, *aor mid ind 3s*, choose
23 ἐξάγω, *aor act ind 3s*, lead out
24 ἰσχύς, strength, might
25 ἐξολεθρεύω, *aor act inf*, utterly destroy
26 ἰσχυρός, *comp*, stronger, mightier
27 εἰσάγω, *aor act inf*, bring in, lead in
28 κληρονομέω, *pres act inf*, inherit, acquire
29 διάνοια, mind
30 ἄνω, above
31 κάτω, beneath
32 δικαίωμα, ordinance, decree
33 ἐντέλλομαι, *pres mid ind 1s*, command
34 εὖ, well
35 μακροήμερος, long-lived

41 Τότε ἀφώρισεν[1] Μωυσῆς τρεῖς πόλεις πέραν[2] τοῦ Ιορδάνου ἀπὸ ἀνατολῶν[3] ἡλίου
42 φυγεῖν[4] ἐκεῖ τὸν φονευτήν,[5] ὃς ἂν φονεύσῃ[6] τὸν πλησίον[7] οὐκ εἰδὼς καὶ οὗτος
οὐ μισῶν αὐτὸν πρὸ τῆς ἐχθὲς[8] καὶ τρίτης, καὶ καταφεύξεται[9] εἰς μίαν τῶν πόλεων
τούτων καὶ ζήσεται· **43** τὴν Βοσορ ἐν τῇ ἐρήμῳ ἐν τῇ γῇ τῇ πεδινῇ[10] τῷ Ρουβην καὶ
τὴν Ραμωθ ἐν Γαλααδ τῷ Γαδδι καὶ τὴν Γαυλων ἐν Βασαν τῷ Μανασση.

44 Οὗτος ὁ νόμος, ὃν παρέθετο[11] Μωυσῆς ἐνώπιον υἱῶν Ισραηλ· **45** ταῦτα τὰ μαρ-
τύρια[12] καὶ τὰ δικαιώματα[13] καὶ τὰ κρίματα,[14] ὅσα ἐλάλησεν Μωυσῆς τοῖς υἱοῖς
Ισραηλ ἐν τῇ ἐρήμῳ ἐξελθόντων αὐτῶν ἐκ γῆς Αἰγύπτου **46** ἐν τῷ πέραν[15] τοῦ
Ιορδάνου ἐν φάραγγι[16] ἐγγὺς[17] οἴκου Φογωρ ἐν γῇ Σηων βασιλέως τῶν Αμορραίων,
ὃς κατῴκει ἐν Εσεβων, οὓς ἐπάταξεν[18] Μωυσῆς καὶ οἱ υἱοὶ Ισραηλ ἐξελθόντων
αὐτῶν ἐκ γῆς Αἰγύπτου **47** καὶ ἐκληρονόμησαν[19] τὴν γῆν αὐτοῦ καὶ τὴν γῆν Ωγ
βασιλέως τῆς Βασαν, δύο βασιλέων τῶν Αμορραίων, οἳ ἦσαν πέραν[20] τοῦ Ιορδάνου
κατ᾽ ἀνατολὰς[21] ἡλίου, **48** ἀπὸ Αροηρ, ἥ ἐστιν ἐπὶ τοῦ χείλους[22] χειμάρρου[23] Αρνων,
καὶ ἐπὶ τοῦ ὄρους τοῦ Σηων, ὅ ἐστιν Αερμων, **49** πᾶσαν τὴν Αραβα πέραν[24] τοῦ
Ιορδάνου κατ᾽ ἀνατολὰς[25] ἡλίου ὑπὸ Ασηδωθ τὴν λαξευτήν.[26]

The Ten Commandments

5 Καὶ ἐκάλεσεν Μωυσῆς πάντα Ισραηλ καὶ εἶπεν πρὸς αὐτούς Ἄκουε, Ισραηλ, τὰ
δικαιώματα[27] καὶ τὰ κρίματα,[28] ὅσα ἐγὼ λαλῶ ἐν τοῖς ὠσὶν ὑμῶν ἐν τῇ ἡμέρᾳ
ταύτῃ, καὶ μαθήσεσθε[29] αὐτὰ καὶ φυλάξεσθε ποιεῖν αὐτά. **2** κύριος ὁ θεὸς ὑμῶν
διέθετο[30] πρὸς ὑμᾶς διαθήκην ἐν Χωρηβ· **3** οὐχὶ τοῖς πατράσιν ὑμῶν διέθετο[31]
κύριος τὴν διαθήκην ταύτην, ἀλλ᾽ ἢ πρὸς ὑμᾶς, ὑμεῖς ὧδε[32] πάντες ζῶντες σήμερον·
4 πρόσωπον κατὰ πρόσωπον ἐλάλησεν κύριος πρὸς ὑμᾶς ἐν τῷ ὄρει ἐκ μέσου τοῦ
πυρός — **5** κἀγὼ[33] εἰστήκειν[34] ἀνὰ μέσον[35] κυρίου καὶ ὑμῶν ἐν τῷ καιρῷ ἐκείνῳ

1 ἀφορίζω, *aor act ind 3s*, set apart
2 πέραν, beyond
3 ἀνατολή, rising
4 φεύγω, *aor act inf*, flee
5 φονευτής, murderer
6 φονεύω, *aor act sub 3s*, murder, kill
7 πλησίον, neighbor
8 ἐχθές, yesterday
9 καταφεύγω, *fut mid ind 3s*, flee for refuge
10 πεδινός, flat, level (place)
11 παρατίθημι, *aor mid ind 3s*, set before, communicate
12 μαρτύριον, testimony, proof
13 δικαίωμα, ordinance, decree
14 κρίμα, judgment, rule
15 πέραν, beyond
16 φάραγξ, ravine
17 ἐγγύς, near
18 πατάσσω, *aor act ind 3s*, strike, slay
19 κληρονομέω, *aor act ind 3p*, inherit, acquire
20 πέραν, beyond
21 ἀνατολή, rising
22 χεῖλος, edge, bank
23 χείμαρρος, brook
24 πέραν, beyond
25 ἀνατολή, rising
26 λαξευτός, hewn in rock
27 δικαίωμα, ordinance, decree
28 κρίμα, judgment, rule
29 μανθάνω, *fut mid ind 2p*, learn
30 διατίθημι, *aor mid ind 3s*, arrange, establish
31 διατίθημι, *aor mid ind 3s*, arrange, establish
32 ὧδε, here
33 κἀγώ, and I, *cr.* καὶ ἐγώ
34 ἵστημι, *plpf act ind 1s*, stand
35 ἀνὰ μέσον, between

ἀναγγεῖλαι[1] ὑμῖν τὰ ῥήματα κυρίου, ὅτι ἐφοβήθητε ἀπὸ προσώπου τοῦ πυρὸς καὶ
οὐκ ἀνέβητε εἰς τὸ ὄρος — λέγων

6 Ἐγὼ κύριος ὁ θεός σου ὁ ἐξαγαγών[2] σε ἐκ γῆς Αἰγύπτου ἐξ οἴκου δουλείας.[3] **7** οὐκ
ἔσονταί σοι θεοὶ ἕτεροι πρὸ προσώπου μου.

8 οὐ ποιήσεις σεαυτῷ εἴδωλον[4] οὐδὲ παντὸς ὁμοίωμα,[5] ὅσα ἐν τῷ οὐρανῷ ἄνω[6] καὶ
ὅσα ἐν τῇ γῇ κάτω[7] καὶ ὅσα ἐν τοῖς ὕδασιν ὑποκάτω[8] τῆς γῆς. **9** οὐ προσκυνήσεις
αὐτοῖς οὐδὲ μὴ λατρεύσῃς[9] αὐτοῖς, ὅτι ἐγώ εἰμι κύριος ὁ θεός σου, θεὸς ζηλωτὴς[10]
ἀποδιδοὺς ἁμαρτίας πατέρων ἐπὶ τέκνα ἐπὶ τρίτην καὶ τετάρτην[11] γενεὰν τοῖς μισοῦ-
σίν με **10** καὶ ποιῶν ἔλεος[12] εἰς χιλιάδας[13] τοῖς ἀγαπῶσίν με καὶ τοῖς φυλάσσουσιν
τὰ προστάγματά[14] μου.

11 οὐ λήμψῃ τὸ ὄνομα κυρίου τοῦ θεοῦ σου ἐπὶ ματαίῳ·[15] οὐ γὰρ μὴ καθαρίσῃ κύριος
τὸν λαμβάνοντα τὸ ὄνομα αὐτοῦ ἐπὶ ματαίῳ.

12 φύλαξαι τὴν ἡμέραν τῶν σαββάτων ἁγιάζειν[16] αὐτήν, ὃν τρόπον[17] ἐνετείλατό[18]
σοι κύριος ὁ θεός σου. **13** ἓξ[19] ἡμέρας ἐργᾷ καὶ ποιήσεις πάντα τὰ ἔργα σου· **14** τῇ
δὲ ἡμέρᾳ τῇ ἑβδόμῃ[20] σάββατα κυρίῳ τῷ θεῷ σου, οὐ ποιήσεις ἐν αὐτῇ πᾶν ἔργον,
σὺ καὶ οἱ υἱοί σου καὶ ἡ θυγάτηρ[21] σου, ὁ παῖς[22] σου καὶ ἡ παιδίσκη[23] σου, ὁ βοῦς[24]
σου καὶ τὸ ὑποζύγιόν[25] σου καὶ πᾶν κτῆνός[26] σου καὶ ὁ προσήλυτος[27] ὁ παροικῶν[28]
ἐν σοί, ἵνα ἀναπαύσηται[29] ὁ παῖς[30] σου καὶ ἡ παιδίσκη[31] σου ὥσπερ καὶ σύ· **15** καὶ
μνησθήσῃ[32] ὅτι οἰκέτης[33] ἦσθα[34] ἐν γῇ Αἰγύπτῳ καὶ ἐξήγαγέν[35] σε κύριος ὁ θεός
σου ἐκεῖθεν[36] ἐν χειρὶ κραταιᾷ[37] καὶ ἐν βραχίονι[38] ὑψηλῷ,[39] διὰ τοῦτο συνέταξέν[40]
σοι κύριος ὁ θεός σου ὥστε φυλάσσεσθαι τὴν ἡμέραν τῶν σαββάτων καὶ ἁγιάζειν[41]
αὐτήν.

1 ἀναγγέλλω, *aor act inf*, report, declare
2 ἐξάγω, *aor act ptc nom s m*, bring out
3 δουλεία, slavery, bondage
4 εἴδωλον, idol
5 ὁμοίωμα, likeness
6 ἄνω, above
7 κάτω, below
8 ὑποκάτω, beneath
9 λατρεύω, *aor act sub 2s*, serve
10 ζηλωτής, zealous, jealous
11 τέταρτος, fourth
12 ἔλεος, mercy
13 χιλιάς, thousand
14 πρόσταγμα, commandment
15 μάταιος, vain, empty, profane
16 ἁγιάζω, *pres act inf*, hallow, consecrate
17 ὃν τρόπον, in such manner that
18 ἐντέλλομαι, *aor mid ind 3s*, command
19 ἕξ, six
20 ἕβδομος, seventh
21 θυγάτηρ, daughter
22 παῖς, servant
23 παιδίσκη, maidservant
24 βοῦς, cow, (*p*) cattle
25 ὑποζύγιον, beast of burden
26 κτῆνος, animal, (*p*) herd
27 προσήλυτος, immigrant, guest
28 παροικέω, *pres act ptc nom s m*, dwell
29 ἀναπαύω, *aor mid sub 3s*, give rest
30 παῖς, servant
31 παιδίσκη, maidservant
32 μιμνῄσκομαι, *fut pas ind 2s*, remember
33 οἰκέτης, slave
34 εἰμί, *impf act ind 2s*, be
35 ἐξάγω, *aor act ind 3s*, bring out
36 ἐκεῖθεν, from there
37 κραταιός, strong, powerful
38 βραχίων, arm
39 ὑψηλός, high, upraised
40 συντάσσω, *aor act ind 3s*, order, instruct
41 ἁγιάζω, *pres act inf*, hallow, consecrate

16 τίμα[1] τὸν πατέρα σου καὶ τὴν μητέρα σου, ὃν τρόπον[2] ἐνετείλατό[3] σοι κύριος ὁ θεός σου, ἵνα εὖ[4] σοι γένηται, καὶ ἵνα μακροχρόνιος[5] γένῃ ἐπὶ τῆς γῆς, ἧς κύριος ὁ θεός σου δίδωσίν σοι.

17 οὐ μοιχεύσεις.[6]

18 οὐ φονεύσεις.[7]

19 οὐ κλέψεις.[8]

20 οὐ ψευδομαρτυρήσεις[9] κατὰ τοῦ πλησίον[10] σου μαρτυρίαν[11] ψευδῆ.[12]

21 οὐκ ἐπιθυμήσεις[13] τὴν γυναῖκα τοῦ πλησίον[14] σου. οὐκ ἐπιθυμήσεις τὴν οἰκίαν τοῦ πλησίον σου οὔτε τὸν ἀγρὸν αὐτοῦ οὔτε τὸν παῖδα[15] αὐτοῦ οὔτε τὴν παιδίσκην[16] αὐτοῦ οὔτε τοῦ βοὸς[17] αὐτοῦ οὔτε τοῦ ὑποζυγίου[18] αὐτοῦ οὔτε παντὸς κτήνους[19] αὐτοῦ οὔτε ὅσα τῷ πλησίον σού ἐστιν.

22 Τὰ ῥήματα ταῦτα ἐλάλησεν κύριος πρὸς πᾶσαν συναγωγὴν ὑμῶν ἐν τῷ ὄρει ἐκ
μέσου τοῦ πυρός, σκότος, γνόφος,[20] θύελλα,[21] φωνὴ μεγάλη, καὶ οὐ προσέθηκεν·[22]
καὶ ἔγραψεν αὐτὰ ἐπὶ δύο πλάκας[23] λιθίνας[24] καὶ ἔδωκέν μοι. **23** καὶ ἐγένετο ὡς
ἠκούσατε τὴν φωνὴν ἐκ μέσου τοῦ πυρὸς καὶ τὸ ὄρος ἐκαίετο[25] πυρί, καὶ προσήλθετε
πρός με, πάντες οἱ ἡγούμενοι[26] τῶν φυλῶν ὑμῶν καὶ ἡ γερουσία[27] ὑμῶν, **24** καὶ
ἐλέγετε Ἰδοὺ ἔδειξεν ἡμῖν κύριος ὁ θεὸς ἡμῶν τὴν δόξαν αὐτοῦ, καὶ τὴν φωνὴν
αὐτοῦ ἠκούσαμεν ἐκ μέσου τοῦ πυρός· ἐν τῇ ἡμέρᾳ ταύτῃ εἴδομεν ὅτι λαλήσει ὁ
θεὸς πρὸς ἄνθρωπον, καὶ ζήσεται. **25** καὶ νῦν μὴ ἀποθάνωμεν, ὅτι ἐξαναλώσει[28] ἡμᾶς
τὸ πῦρ τὸ μέγα τοῦτο, ἐὰν προσθώμεθα[29] ἡμεῖς ἀκοῦσαι τὴν φωνὴν κυρίου τοῦ θεοῦ
ἡμῶν ἔτι, καὶ ἀποθανούμεθα. **26** τίς γὰρ σάρξ, ἥτις ἤκουσεν φωνὴν θεοῦ ζῶντος
λαλοῦντος ἐκ μέσου τοῦ πυρὸς ὡς ἡμεῖς καὶ ζήσεται; **27** πρόσελθε σὺ καὶ ἄκουσον
ὅσα ἐὰν εἴπῃ κύριος ὁ θεὸς ἡμῶν, καὶ σὺ λαλήσεις πρὸς ἡμᾶς πάντα, ὅσα ἂν λαλήσῃ
κύριος ὁ θεὸς ἡμῶν πρὸς σέ, καὶ ἀκουσόμεθα καὶ ποιήσομεν. **28** καὶ ἤκουσεν κύριος
τὴν φωνὴν τῶν λόγων ὑμῶν λαλούντων πρός με, καὶ εἶπεν κύριος πρός με Ἤκουσα

1 τιμάω, *pres act impv 2s*, honor
2 ὃν τρόπον, in such manner that
3 ἐντέλλομαι, *aor mid ind 3s*, command
4 εὖ, well
5 μακροχρόνιος, long-lived
6 μοιχεύω, *fut act ind 2s*, commit adultery
7 φονεύω, *fut act ind 2s*, murder, kill
8 κλέπτω, *fut act ind 2s*, steal
9 ψευδομαρτυρέω, *fut act ind 2s*, bear false witness
10 πλησίον, neighbor
11 μαρτυρία, testimony, witness
12 ψευδής, false, lying
13 ἐπιθυμέω, *fut act ind 2s*, long for, desire
14 πλησίον, neighbor
15 παῖς, servant
16 παιδίσκη, maidservant
17 βοῦς, cow, (*p*) cattle
18 ὑποζύγιον, beast of burden
19 κτῆνος, animal, (*p*) herd
20 γνόφος, darkness
21 θύελλα, storm
22 προστίθημι, *aor act ind 3s*, add to
23 πλάξ, tablet
24 λίθινος, of stone
25 καίω, *impf pas ind 3s*, burn
26 ἡγέομαι, *pres mid ptc nom p m*, lead, rule
27 γερουσία, council of elders
28 ἐξαναλίσκω, *fut act ind 3s*, utterly destroy
29 προστίθημι, *aor mid sub 1p*, add to, continue

τὴν φωνὴν τῶν λόγων τοῦ λαοῦ τούτου, ὅσα ἐλάλησαν πρὸς σέ· ὀρθῶς[1] πάντα, ὅσα
ἐλάλησαν. **29** τίς δώσει οὕτως εἶναι τὴν καρδίαν αὐτῶν ἐν αὐτοῖς ὥστε φοβεῖσθαί
με καὶ φυλάσσεσθαι τὰς ἐντολάς μου πάσας τὰς ἡμέρας, ἵνα εὖ[2] ᾖ αὐτοῖς καὶ τοῖς
υἱοῖς αὐτῶν δι᾽ αἰῶνος; **30** βάδισον[3] εἰπὸν αὐτοῖς Ἀποστράφητε[4] ὑμεῖς εἰς τοὺς
οἴκους ὑμῶν· **31** σὺ δὲ αὐτοῦ[5] στῆθι[6] μετ᾽ ἐμοῦ, καὶ λαλήσω πρὸς σὲ τὰς ἐντολὰς καὶ
τὰ δικαιώματα[7] καὶ τὰ κρίματα,[8] ὅσα διδάξεις αὐτούς, καὶ ποιείτωσαν ἐν τῇ γῇ, ἣν
ἐγὼ δίδωμι αὐτοῖς ἐν κλήρῳ.[9] **32** καὶ φυλάξεσθε ποιεῖν ὃν τρόπον[10] ἐνετείλατό[11] σοι
κύριος ὁ θεός σου· οὐκ ἐκκλινεῖτε[12] εἰς δεξιὰ οὐδὲ εἰς ἀριστερὰ[13] **33** κατὰ πᾶσαν τὴν
ὁδόν, ἣν ἐνετείλατό[14] σοι κύριος ὁ θεός σου πορεύεσθαι ἐν αὐτῇ, ὅπως καταπαύσῃ[15]
σε καὶ εὖ[16] σοι ᾖ καὶ μακροημερεύσητε[17] ἐπὶ τῆς γῆς, ἧς κληρονομήσετε.[18]

Greatest Commandment

6 Καὶ αὗται αἱ ἐντολαὶ καὶ τὰ δικαιώματα[19] καὶ τὰ κρίματα,[20] ὅσα ἐνετείλατο[21]
κύριος ὁ θεὸς ἡμῶν διδάξαι ὑμᾶς ποιεῖν οὕτως ἐν τῇ γῇ, εἰς ἣν ὑμεῖς εἰσπο-
ρεύεσθε[22] ἐκεῖ κληρονομῆσαι[23] αὐτήν, **2** ἵνα φοβῆσθε κύριον τὸν θεὸν ὑμῶν φυλάσ-
σεσθαι πάντα τὰ δικαιώματα[24] αὐτοῦ καὶ τὰς ἐντολὰς αὐτοῦ, ὅσας ἐγὼ ἐντέλλομαί[25]
σοι σήμερον, σὺ καὶ οἱ υἱοί σου καὶ οἱ υἱοὶ τῶν υἱῶν σου πάσας τὰς ἡμέρας τῆς
ζωῆς σου, ἵνα μακροημερεύσητε.[26] **3** καὶ ἄκουσον, Ισραηλ, καὶ φύλαξαι ποιεῖν, ὅπως
εὖ[27] σοι ᾖ καὶ ἵνα πληθυνθῆτε[28] σφόδρα,[29] καθάπερ[30] ἐλάλησεν κύριος ὁ θεὸς τῶν
πατέρων σου δοῦναί σοι γῆν ῥέουσαν[31] γάλα[32] καὶ μέλι.[33]

4 Καὶ ταῦτα τὰ δικαιώματα[34] καὶ τὰ κρίματα,[35] ὅσα ἐνετείλατο[36] κύριος τοῖς υἱοῖς
Ισραηλ ἐν τῇ ἐρήμῳ ἐξελθόντων αὐτῶν ἐκ γῆς Αἰγύπτου Ἄκουε, Ισραηλ· κύριος
ὁ θεὸς ἡμῶν κύριος εἷς ἐστιν· **5** καὶ ἀγαπήσεις κύριον τὸν θεόν σου ἐξ ὅλης τῆς
καρδίας σου καὶ ἐξ ὅλης τῆς ψυχῆς σου καὶ ἐξ ὅλης τῆς δυνάμεώς σου. **6** καὶ ἔσται τὰ
ῥήματα ταῦτα, ὅσα ἐγὼ ἐντέλλομαί[37] σοι σήμερον, ἐν τῇ καρδίᾳ σου καὶ ἐν τῇ ψυχῇ

1 ὀρθῶς, justly, correctly
2 εὖ, well
3 βαδίζω, *aor act impv 2s*, walk, go
4 ἀποστρέφω, *aor pas impv 2p*, return
5 αὐτοῦ, here
6 ἵστημι, *aor act impv 2s*, stand
7 δικαίωμα, ordinance, decree
8 κρίμα, judgment, rule
9 κλῆρος, lot, portion
10 ὃν τρόπον, in such manner that
11 ἐντέλλομαι, *aor mid ind 3s*, command
12 ἐκκλίνω, *fut act ind 2p*, turn aside
13 ἀριστερός, left
14 ἐντέλλομαι, *aor mid ind 3s*, command
15 καταπαύω, *aor act sub 3s*, give rest
16 εὖ, well
17 μακροημερεύω, *aor act sub 2p*, prolong one's days
18 κληρονομέω, *fut act ind 2p*, inherit, acquire
19 δικαίωμα, ordinance, decree
20 κρίμα, judgment, rule
21 ἐντέλλομαι, *aor mid ind 3s*, command
22 εἰσπορεύομαι, *pres mid ind 2p*, enter
23 κληρονομέω, *aor act inf*, inherit, acquire
24 δικαίωμα, ordinance, decree
25 ἐντέλλομαι, *pres mid ind 1s*, command
26 μακροημερεύω, *aor act sub 2p*, prolong one's days
27 εὖ, well
28 πληθύνω, *aor pas sub 2p*, multiply
29 σφόδρα, very much
30 καθάπερ, just as
31 ῥέω, *pres act ptc acc s f*, flow
32 γάλα, milk
33 μέλι, honey
34 δικαίωμα, ordinance, decree
35 κρίμα, judgment, rule
36 ἐντέλλομαι, *aor mid ind 3s*, command
37 ἐντέλλομαι, *pres mid ind 1s*, command

σου· **7** καὶ προβιβάσεις[1] αὐτὰ τοὺς υἱούς σου καὶ λαλήσεις ἐν αὐτοῖς καθήμενος ἐν
οἴκῳ καὶ πορευόμενος ἐν ὁδῷ καὶ κοιταζόμενος[2] καὶ διανιστάμενος·[3] **8** καὶ ἀφάψεις[4]
αὐτὰ εἰς σημεῖον ἐπὶ τῆς χειρός σου, καὶ ἔσται ἀσάλευτον[5] πρὸ ὀφθαλμῶν σου· **9** καὶ
γράψετε αὐτὰ ἐπὶ τὰς φλιὰς[6] τῶν οἰκιῶν ὑμῶν καὶ τῶν πυλῶν[7] ὑμῶν.

Caution against Disobedience

10 Καὶ ἔσται ὅταν εἰσαγάγῃ[8] σε κύριος ὁ θεός σου εἰς τὴν γῆν, ἣν ὤμοσεν[9] τοῖς
πατράσιν σου τῷ Αβρααμ καὶ Ισαακ καὶ Ιακωβ δοῦναί σοι, πόλεις μεγάλας καὶ
καλάς, ἃς οὐκ ᾠκοδόμησας, **11** οἰκίας πλήρεις[10] πάντων ἀγαθῶν, ἃς οὐκ ἐνέπλησας,[11]
λάκκους[12] λελατομημένους,[13] οὓς οὐκ ἐξελατόμησας,[14] ἀμπελῶνας[15] καὶ ἐλαιῶνας,[16]
οὓς οὐ κατεφύτευσας,[17] καὶ φαγὼν καὶ ἐμπλησθεὶς[18] **12** πρόσεχε[19] σεαυτῷ, μὴ
ἐπιλάθῃ[20] κυρίου τοῦ θεοῦ σου τοῦ ἐξαγαγόντος[21] σε ἐκ γῆς Αἰγύπτου ἐξ οἴκου
δουλείας.[22] **13** κύριον τὸν θεόν σου φοβηθήσῃ καὶ αὐτῷ λατρεύσεις[23] καὶ πρὸς αὐτὸν
κολληθήσῃ[24] καὶ τῷ ὀνόματι αὐτοῦ ὀμῇ.[25] **14** οὐ πορεύσεσθε ὀπίσω θεῶν ἑτέρων
ἀπὸ τῶν θεῶν τῶν ἐθνῶν τῶν περικύκλῳ[26] ὑμῶν, **15** ὅτι θεὸς ζηλωτὴς[27] κύριος ὁ
θεός σου ἐν σοί, μὴ ὀργισθεὶς[28] θυμωθῇ[29] κύριος ὁ θεός σου ἐν σοὶ καὶ ἐξολεθρεύσῃ[30]
σε ἀπὸ προσώπου τῆς γῆς.

16 Οὐκ ἐκπειράσεις[31] κύριον τὸν θεόν σου, ὃν τρόπον[32] ἐξεπειράσασθε[33] ἐν τῷ
Πειρασμῷ.[34] **17** φυλάσσων φυλάξῃ τὰς ἐντολὰς κυρίου τοῦ θεοῦ σου, τὰ μαρτύρια[35]
καὶ τὰ δικαιώματα,[36] ὅσα ἐνετείλατό[37] σοι· **18** καὶ ποιήσεις τὸ ἀρεστὸν[38] καὶ τὸ
καλὸν ἐναντίον[39] κυρίου τοῦ θεοῦ ὑμῶν, ἵνα εὖ[40] σοι γένηται καὶ εἰσέλθῃς καὶ

1 προβιβάζω, *fut act ind 2s*, teach
2 κοιτάζω, *pres mid ptc nom s m*, lie down to sleep
3 διανίστημι, *pres mid ptc nom s m*, arise
4 ἀφάπτω, *fut act ind 2s*, fasten
5 ἀσάλευτος, immovable
6 φλιά, doorpost
7 πύλη, gate, porch
8 εἰσάγω, *aor act sub 3s*, bring into
9 ὄμνυμι, *aor act ind 3s*, swear an oath
10 πλήρης, full, complete
11 ἐμπίμπλημι, *aor act ind 2s*, fill
12 λάκκος, cistern for water
13 λατομέω, *perf pas ptc acc p m*, hew in rock
14 ἐκλατομέω, *aor act ind 2s*, hew out of rock
15 ἀμπελών, vineyard
16 ἐλαιών, olive grove
17 καταφυτεύω, *aor act ind 2s*, plant
18 ἐμπίμπλημι, *aor pas ptc nom s m*, fill
19 προσέχω, *pres act impv 2s*, pay attention, give heed
20 ἐπιλανθάνω, *aor mid sub 2s*, forget
21 ἐξάγω, *aor act ptc gen s m*, bring out
22 δουλεία, slavery, bondage
23 λατρεύω, *fut act ind 2s*, serve
24 κολλάω, *fut pas ind 2s*, cling to
25 ὄμνυμι, *fut mid ind 2s*, swear an oath
26 περικύκλῳ, round about
27 ζηλωτής, zealous, jealous
28 ὀργίζω, *aor pas ptc nom s m*, make angry
29 θυμόω, *aor pas sub 3s*, provoke to anger
30 ἐξολεθρεύω, *aor act sub 3s*, utterly destroy
31 ἐκπειράζω, *fut act ind 2s*, put to the test
32 ὃν τρόπον, in the manner that
33 ἐκπειράζω, *aor mid ind 2p*, put to the test
34 πειρασμός, testing, trial
35 μαρτύριον, testimony
36 δικαίωμα, ordinance, decree
37 ἐντέλλομαι, *aor mid ind 3s*, command
38 ἀρεστός, pleasing
39 ἐναντίον, before
40 εὖ, well

κληρονομήσῃς[1] τὴν γῆν τὴν ἀγαθήν, ἣν ὤμοσεν[2] κύριος τοῖς πατράσιν ὑμῶν
19 ἐκδιῶξαι[3] πάντας τοὺς ἐχθρούς σου πρὸ προσώπου σου, καθὰ[4] ἐλάλησεν.

20 Καὶ ἔσται ὅταν ἐρωτήσῃ[5] σε ὁ υἱός σου αὔριον[6] λέγων Τί ἐστιν τὰ μαρτύρια[7] καὶ
τὰ δικαιώματα[8] καὶ τὰ κρίματα,[9] ὅσα ἐνετείλατο[10] κύριος ὁ θεὸς ἡμῶν ἡμῖν; **21** καὶ
ἐρεῖς τῷ υἱῷ σου Οἰκέται[11] ἦμεν τῷ Φαραω ἐν γῇ Αἰγύπτῳ, καὶ ἐξήγαγεν[12] ἡμᾶς
κύριος ἐκεῖθεν[13] ἐν χειρὶ κραταιᾷ[14] καὶ ἐν βραχίονι[15] ὑψηλῷ.[16] **22** καὶ ἔδωκεν κύριος
σημεῖα καὶ τέρατα[17] μεγάλα καὶ πονηρὰ ἐν Αἰγύπτῳ ἐν Φαραω καὶ ἐν τῷ οἴκῳ αὐτοῦ
ἐνώπιον ἡμῶν· **23** καὶ ἡμᾶς ἐξήγαγεν[18] ἐκεῖθεν,[19] ἵνα εἰσαγάγῃ[20] ἡμᾶς δοῦναι ἡμῖν
τὴν γῆν ταύτην, ἣν ὤμοσεν[21] δοῦναι τοῖς πατράσιν ἡμῶν. **24** καὶ ἐνετείλατο[22] ἡμῖν
κύριος ποιεῖν πάντα τὰ δικαιώματα[23] ταῦτα φοβεῖσθαι κύριον τὸν θεὸν ἡμῶν, ἵνα
εὖ[24] ᾖ ἡμῖν πάσας τὰς ἡμέρας, ἵνα ζῶμεν ὥσπερ καὶ σήμερον. **25** καὶ ἐλεημοσύνη[25]
ἔσται ἡμῖν, ἐὰν φυλασσώμεθα ποιεῖν πάσας τὰς ἐντολὰς ταύτας ἐναντίον[26] κυρίου
τοῦ θεοῦ ἡμῶν, καθὰ[27] ἐνετείλατο[28] ἡμῖν κύριος.

A Chosen People

7 Ἐὰν δὲ εἰσαγάγῃ[29] σε κύριος ὁ θεός σου εἰς τὴν γῆν, εἰς ἣν εἰσπορεύῃ[30] ἐκεῖ
κληρονομῆσαι,[31] καὶ ἐξαρεῖ[32] ἔθνη μεγάλα ἀπὸ προσώπου σου, τὸν Χετταῖον
καὶ Γεργεσαῖον καὶ Αμορραῖον καὶ Χαναναῖον καὶ Φερεζαῖον καὶ Ευαῖον καὶ
Ιεβουσαῖον, ἑπτὰ ἔθνη πολλὰ καὶ ἰσχυρότερα[33] ὑμῶν, **2** καὶ παραδώσει αὐτοὺς
κύριος ὁ θεός σου εἰς τὰς χεῖράς σου καὶ πατάξεις[34] αὐτούς, ἀφανισμῷ[35] ἀφανιεῖς[36]
αὐτούς, οὐ διαθήσῃ[37] πρὸς αὐτοὺς διαθήκην οὐδὲ μὴ ἐλεήσητε[38] αὐτούς. **3** οὐδὲ
μὴ γαμβρεύσητε[39] πρὸς αὐτούς· τὴν θυγατέρα[40] σου οὐ δώσεις τῷ υἱῷ αὐτοῦ καὶ
τὴν θυγατέρα αὐτοῦ οὐ λήμψῃ τῷ υἱῷ σου· **4** ἀποστήσει[41] γὰρ τὸν υἱόν σου ἀπ’

1 κληρονομέω, *aor act sub 2s*, inherit, acquire
2 ὄμνυμι, *aor act ind 3s*, swear an oath
3 ἐκδιώκω, *aor act inf*, drive away
4 καθά, as
5 ἐρωτάω, *aor act sub 3s*, ask
6 αὔριον, in the future
7 μαρτύριον, testimony
8 δικαίωμα, ordinance, decree
9 κρίμα, judgment, rule
10 ἐντέλλομαι, *aor mid ind 3s*, command
11 οἰκέτης, servant
12 ἐξάγω, *aor act ind 3s*, bring out
13 ἐκεῖθεν, from there
14 κραταιός, strong, powerful
15 βραχίων, arm
16 ὑψηλός, high, upraised
17 τέρας, wonder
18 ἐξάγω, *aor act ind 3s*, bring out
19 ἐκεῖθεν, from there
20 εἰσάγω, *aor act sub 3s*, bring into
21 ὄμνυμι, *aor act ind 3s*, swear an oath
22 ἐντέλλομαι, *aor mid ind 3s*, command
23 δικαίωμα, ordinance, decree
24 εὖ, well
25 ἐλεημοσύνη, mercy, compassion
26 ἐναντίον, before
27 καθά, as
28 ἐντέλλομαι, *aor mid ind 3s*, command
29 εἰσάγω, *aor act sub 3s*, bring into
30 εἰσπορεύομαι, *pres mid ind 2s*, enter
31 κληρονομέω, *aor act inf*, inherit, acquire
32 ἐξαίρω, *fut act ind 3s*, remove
33 ἰσχυρός, *comp*, stronger, mightier
34 πατάσσω, *fut act ind 2s*, strike, slay
35 ἀφανισμός, destruction
36 ἀφανίζω, *fut act ind 2s*, destroy
37 διατίθημι, *fut mid ind 2s*, arrange, establish
38 ἐλεέω, *aor act sub 2p*, show mercy
39 γαμβρεύω, *aor act sub 2p*, marry
40 θυγάτηρ, daughter
41 ἀφίστημι, *fut act ind 3s*, draw away

ἐμοῦ, καὶ λατρεύσει[1] θεοῖς ἑτέροις, καὶ ὀργισθήσεται[2] θυμῷ[3] κύριος εἰς ὑμᾶς καὶ
ἐξολεθρεύσει[4] σε τὸ τάχος.[5] **5** ἀλλ᾽ οὕτως ποιήσετε αὐτοῖς· τοὺς βωμοὺς[6] αὐτῶν
καθελεῖτε[7] καὶ τὰς στήλας[8] αὐτῶν συντρίψετε[9] καὶ τὰ ἄλση[10] αὐτῶν ἐκκόψετε[11] καὶ
τὰ γλυπτὰ[12] τῶν θεῶν αὐτῶν κατακαύσετε[13] πυρί· **6** ὅτι λαὸς ἅγιος εἶ κυρίῳ τῷ θεῷ
σου, καὶ σὲ προείλατο[14] κύριος ὁ θεός σου εἶναί σε αὐτῷ λαὸν περιούσιον[15] παρὰ
πάντα τὰ ἔθνη, ὅσα ἐπὶ προσώπου τῆς γῆς. **7** οὐχ ὅτι πολυπληθεῖτε[16] παρὰ πάντα τὰ
ἔθνη, προείλατο[17] κύριος ὑμᾶς καὶ ἐξελέξατο[18] ὑμᾶς — ὑμεῖς γάρ ἐστε ὀλιγοστοὶ[19]
παρὰ πάντα τὰ ἔθνη — **8** ἀλλὰ παρὰ τὸ ἀγαπᾶν κύριον ὑμᾶς καὶ διατηρῶν[20] τὸν
ὅρκον,[21] ὃν ὤμοσεν[22] τοῖς πατράσιν ὑμῶν, ἐξήγαγεν[23] κύριος ὑμᾶς ἐν χειρὶ κραταιᾷ[24]
καὶ ἐν βραχίονι[25] ὑψηλῷ[26] καὶ ἐλυτρώσατο[27] ἐξ οἴκου δουλείας[28] ἐκ χειρὸς Φαραω
βασιλέως Αἰγύπτου. **9** καὶ γνώσῃ ὅτι κύριος ὁ θεός σου, οὗτος θεός, θεὸς πιστός,[29]
ὁ φυλάσσων διαθήκην καὶ ἔλεος[30] τοῖς ἀγαπῶσιν αὐτὸν καὶ τοῖς φυλάσσουσιν τὰς
ἐντολὰς αὐτοῦ εἰς χιλίας[31] γενεὰς **10** καὶ ἀποδιδοὺς τοῖς μισοῦσιν κατὰ πρόσωπον
ἐξολεθρεῦσαι[32] αὐτούς· καὶ οὐχὶ βραδυνεῖ[33] τοῖς μισοῦσιν, κατὰ πρόσωπον ἀποδώσει
αὐτοῖς. **11** καὶ φυλάξῃ τὰς ἐντολὰς καὶ τὰ δικαιώματα[34] καὶ τὰ κρίματα[35] ταῦτα, ὅσα
ἐγὼ ἐντέλλομαί[36] σοι σήμερον ποιεῖν.

Blessings for Obedience

12 Καὶ ἔσται ἡνίκα[37] ἂν ἀκούσητε πάντα τὰ δικαιώματα[38] ταῦτα καὶ φυλάξητε καὶ
ποιήσητε αὐτά, καὶ διαφυλάξει[39] κύριος ὁ θεός σού σοι τὴν διαθήκην καὶ τὸ ἔλεος,[40]
ὃ ὤμοσεν[41] τοῖς πατράσιν ὑμῶν, **13** καὶ ἀγαπήσει σε καὶ εὐλογήσει σε καὶ πληθυνεῖ[42]
σε καὶ εὐλογήσει τὰ ἔκγονα[43] τῆς κοιλίας[44] σου καὶ τὸν καρπὸν τῆς γῆς σου, τὸν

1 λατρεύω, *fut act ind 3s*, serve
2 ὀργίζω, *fut pas ind 3s*, make angry
3 θυμός, wrath
4 ἐξολεθρεύω, *fut act ind 3s*, utterly destroy
5 τάχος, quickly
6 βωμός, (illegitimate) altar
7 καθαιρέω, *fut act ind 2p*, break down
8 στήλη, cultic pillar
9 συντρίβω, *fut act ind 2p*, crush, break
10 ἄλσος, sacred grove
11 ἐκκόπτω, *fut act ind 2p*, cut down
12 γλυπτός, graven, carved
13 κατακαίω, *fut act ind 2p*, burn up
14 προαιρέω, *aor mid ind 3s*, choose
15 περιούσιος, peculiar, special
16 πολυπληθέω, *pres act ind 2p*, be numerous
17 προαιρέω, *aor mid ind 3s*, choose
18 ἐκλέγω, *aor mid ind 3s*, elect
19 ὀλίγος, *sup*, fewest, smallest
20 διατηρέω, *pres act ptc nom s m*, preserve, maintain
21 ὅρκος, oath
22 ὄμνυμι, *aor act ind 3s*, swear
23 ἐξάγω, *aor act ind 3s*, bring out
24 κραταιός, strong, powerful
25 βραχίων, arm
26 ὑψηλός, high, upraised
27 λυτρόω, *aor mid ind 3s*, redeem, ransom
28 δουλεία, slavery
29 πιστός, trustworthy, faithful
30 ἔλεος, mercy, compassion
31 χίλιοι, thousand
32 ἐξολεθρεύω, *aor act inf*, utterly destroy
33 βραδύνω, *fut act ind 3s*, delay
34 δικαίωμα, ordinance, decree
35 κρίμα, judgment, rule
36 ἐντέλλομαι, *pres mid ind 1s*, command
37 ἡνίκα, when
38 δικαίωμα, ordinance, decree
39 διαφυλάσσω, *fut act ind 3s*, maintain, remember
40 ἔλεος, mercy, compassion
41 ὄμνυμι, *aor act ind 3s*, swear an oath
42 πληθύνω, *fut act ind 3s*, multiply
43 ἔκγονος, offspring
44 κοιλία, womb

σῖτόν[1] σου καὶ τὸν οἶνόν σου καὶ τὸ ἔλαιόν[2] σου, τὰ βουκόλια[3] τῶν βοῶν[4] σου καὶ τὰ
ποίμνια[5] τῶν προβάτων σου ἐπὶ τῆς γῆς, ἧς ὤμοσεν[6] κύριος τοῖς πατράσιν σου δοῦναί
σοι. **14** εὐλογητὸς[7] ἔσῃ παρὰ πάντα τὰ ἔθνη· οὐκ ἔσται ἐν ὑμῖν ἄγονος[8] οὐδὲ στεῖρα[9]
καὶ ἐν τοῖς κτήνεσίν[10] σου. **15** καὶ περιελεῖ[11] κύριος ἀπὸ σοῦ πᾶσαν μαλακίαν·[12] καὶ
πάσας νόσους[13] Αἰγύπτου τὰς πονηράς, ἃς ἑώρακας καὶ ὅσα ἔγνως, οὐκ ἐπιθήσει ἐπὶ
σὲ καὶ ἐπιθήσει αὐτὰ ἐπὶ πάντας τοὺς μισοῦντάς σε. **16** καὶ φάγῃ πάντα τὰ σκῦλα[14]
τῶν ἐθνῶν, ἃ κύριος ὁ θεός σου δίδωσίν σοι· οὐ φείσεται[15] ὁ ὀφθαλμός σου ἐπ'
αὐτοῖς, καὶ οὐ λατρεύσεις[16] τοῖς θεοῖς αὐτῶν, ὅτι σκῶλον[17] τοῦτό ἐστίν σοι.

17 Ἐὰν δὲ λέγῃς ἐν τῇ διανοίᾳ[18] σου ὅτι Πολὺ τὸ ἔθνος τοῦτο ἢ ἐγώ, πῶς δυνήσομαι
ἐξολεθρεῦσαι[19] αὐτούς; **18** οὐ φοβηθήσῃ αὐτούς· μνείᾳ[20] μνησθήσῃ[21] ὅσα ἐποίησεν
κύριος ὁ θεός σου τῷ Φαραω καὶ πᾶσι τοῖς Αἰγυπτίοις, **19** τοὺς πειρασμοὺς[22] τοὺς
μεγάλους, οὓς εἴδοσαν οἱ ὀφθαλμοί σου, τὰ σημεῖα καὶ τὰ τέρατα[23] τὰ μεγάλα
ἐκεῖνα, τὴν χεῖρα τὴν κραταιὰν[24] καὶ τὸν βραχίονα[25] τὸν ὑψηλόν,[26] ὡς ἐξήγαγέν[27]
σε κύριος ὁ θεός σου· οὕτως ποιήσει κύριος ὁ θεὸς ἡμῶν πᾶσιν τοῖς ἔθνεσιν, οὓς
σὺ φοβῇ ἀπὸ προσώπου αὐτῶν. **20** καὶ τὰς σφηκίας[28] ἀποστελεῖ κύριος ὁ θεός σου
εἰς αὐτούς, ἕως ἂν ἐκτριβῶσιν[29] οἱ καταλελειμμένοι[30] καὶ οἱ κεκρυμμένοι[31] ἀπὸ σοῦ.
21 οὐ τρωθήσῃ[32] ἀπὸ προσώπου αὐτῶν, ὅτι κύριος ὁ θεός σου ἐν σοί, θεὸς μέγας καὶ
κραταιός,[33] **22** καὶ καταναλώσει[34] κύριος ὁ θεός σου τὰ ἔθνη ταῦτα ἀπὸ προσώπου
σου κατὰ μικρὸν μικρόν· οὐ δυνήσῃ ἐξαναλῶσαι[35] αὐτοὺς τὸ τάχος,[36] ἵνα μὴ γένηται
ἡ γῆ ἔρημος καὶ πληθυνθῇ[37] ἐπὶ σὲ τὰ θηρία[38] τὰ ἄγρια.[39] **23** καὶ παραδώσει αὐτοὺς
κύριος ὁ θεός σου εἰς τὰς χεῖράς σου καὶ ἀπολέσει αὐτοὺς ἀπωλείᾳ[40] μεγάλῃ, ἕως
ἂν ἐξολεθρεύσῃ[41] αὐτούς, **24** καὶ παραδώσει τοὺς βασιλεῖς αὐτῶν εἰς τὰς χεῖρας

1 σῖτος, grain
2 ἔλαιον, oil
3 βουκόλιον, herd
4 βοῦς, cow, (*p*) cattle
5 ποίμνιον, flock
6 ὄμνυμι, *aor act ind 3s*, swear an oath
7 εὐλογητός, blessed
8 ἄγονος, childless
9 στεῖρα, barren, sterile
10 κτῆνος, animal, (*p*) herd
11 περιαιρέω, *fut act ind 3s*, remove
12 μαλακία, sickness
13 νόσος, disease
14 σκῦλον, spoils
15 φείδομαι, *fut mid ind 3s*, spare
16 λατρεύω, *fut act ind 2s*, serve
17 σκῶλον, thorn, hindrance, obstacle
18 διάνοια, mind, thought
19 ἐξολεθρεύω, *aor act inf*, utterly destroy
20 μνεία, remembrance
21 μιμνῄσκομαι, *fut pas ind 2s*, remember
22 πειρασμός, plague
23 τέρας, wonder
24 κραταιός, strong, powerful
25 βραχίων, arm
26 ὑψηλός, high, upraised
27 ἐξάγω, *aor act ind 3s*, bring out
28 σφηκία, hornet, wasp
29 ἐκτρίβω, *aor pas sub 3p*, destroy
30 καταλείπω, *perf pas ptc nom p m*, leave behind
31 κρύπτω, *perf pas ptc nom p m*, conceal
32 τρέω, *fut pas ind 2s*, be afraid
33 κραταιός, strong, powerful
34 καταναλίσκω, *fut act ind 3s*, consume, devour
35 ἐξαναλίσκω, *aor act inf*, utterly destroy
36 τάχος, quickly
37 πληθύνω, *aor pas sub 3s*, multiply
38 θηρίον, beast, animal
39 ἄγριος, wild
40 ἀπώλεια, destruction
41 ἐξολεθρεύω, *aor act sub 3s*, utterly destroy

ὑμῶν, καὶ ἀπολεῖται τὸ ὄνομα αὐτῶν ἐκ τοῦ τόπου ἐκείνου· οὐκ ἀντιστήσεται[1]
οὐδεὶς κατὰ πρόσωπόν σου, ἕως ἂν ἐξολεθρεύσῃς[2] αὐτούς. **25** τὰ γλυπτὰ[3] τῶν θεῶν
αὐτῶν κατακαύσετε[4] πυρί· οὐκ ἐπιθυμήσεις[5] ἀργύριον[6] οὐδὲ χρυσίον[7] ἀπ᾽ αὐτῶν καὶ
οὐ λήμψῃ σεαυτῷ, μὴ πταίσῃς[8] δι᾽ αὐτό, ὅτι βδέλυγμα[9] κυρίῳ τῷ θεῷ σού ἐστιν·
26 καὶ οὐκ εἰσοίσεις[10] βδέλυγμα[11] εἰς τὸν οἶκόν σου καὶ ἔσῃ ἀνάθημα[12] ὥσπερ τοῦτο·
προσοχθίσματι[13] προσοχθιεῖς[14] καὶ βδελύγματι[15] βδελύξῃ,[16] ὅτι ἀνάθημά[17] ἐστιν.

Remember the Lord in Prosperity

8 Πάσας τὰς ἐντολάς, ἃς ἐγὼ ἐντέλλομαι[18] ὑμῖν σήμερον, φυλάξεσθε ποιεῖν, ἵνα
ζῆτε καὶ πολυπλασιασθῆτε[19] καὶ εἰσέλθητε καὶ κληρονομήσητε[20] τὴν γῆν, ἣν
κύριος ὁ θεὸς ὑμῶν ὤμοσεν[21] τοῖς πατράσιν ὑμῶν. **2** καὶ μνησθήσῃ[22] πᾶσαν τὴν ὁδόν,
ἣν ἤγαγέν σε κύριος ὁ θεός σου ἐν τῇ ἐρήμῳ, ὅπως ἂν κακώσῃ[23] σε καὶ ἐκπειράσῃ[24]
σε καὶ διαγνωσθῇ[25] τὰ ἐν τῇ καρδίᾳ σου, εἰ φυλάξῃ τὰς ἐντολὰς αὐτοῦ ἢ οὔ. **3** καὶ
ἐκάκωσέν[26] σε καὶ ἐλιμαγχόνησέν[27] σε καὶ ἐψώμισέν[28] σε τὸ μαννα,[29] ὃ οὐκ εἴδησαν
οἱ πατέρες σου, ἵνα ἀναγγείλῃ[30] σοι ὅτι οὐκ ἐπ᾽ ἄρτῳ μόνῳ ζήσεται ὁ ἄνθρωπος,
ἀλλ᾽ ἐπὶ παντὶ ῥήματι τῷ ἐκπορευομένῳ διὰ στόματος θεοῦ ζήσεται ὁ ἄνθρωπος.
4 τὰ ἱμάτιά σου οὐ κατετρίβη[31] ἀπὸ σοῦ, οἱ πόδες σου οὐκ ἐτυλώθησαν,[32] ἰδοὺ
τεσσαράκοντα[33] ἔτη. **5** καὶ γνώσῃ τῇ καρδίᾳ σου ὅτι ὡς εἴ τις παιδεύσαι[34] ἄνθρωπος
τὸν υἱὸν αὐτοῦ, οὕτως κύριος ὁ θεός σου παιδεύσει[35] σε, **6** καὶ φυλάξῃ τὰς ἐντολὰς
κυρίου τοῦ θεοῦ σου πορεύεσθαι ἐν ταῖς ὁδοῖς αὐτοῦ καὶ φοβεῖσθαι αὐτόν. **7** ὁ γὰρ
κύριος ὁ θεός σου εἰσάγει[36] σε εἰς γῆν ἀγαθὴν καὶ πολλήν, οὗ χείμαρροι[37] ὑδάτων
καὶ πηγαὶ[38] ἀβύσσων[39] ἐκπορευόμεναι διὰ τῶν πεδίων[40] καὶ διὰ τῶν ὀρέων· **8** γῆ

1 ἀνθίστημι, *fut mid ind 3s*, stand against
2 ἐξολεθρεύω, *aor act sub 2s*, utterly destroy
3 γλυπτός, graven, carved
4 κατακαίω, *fut act ind 2p*, burn up
5 ἐπιθυμέω, *fut act ind 2s*, long for, desire
6 ἀργύριον, silver
7 χρυσίον, gold
8 πταίω, *aor act sub 2s*, stumble, fall
9 βδέλυγμα, abomination
10 εἰσφέρω, *fut act ind 2s*, bring in
11 βδέλυγμα, abomination
12 ἀνάθημα, cursed, devoted to destruction
13 προσόχθισμα, provocation, offense
14 προσοχθίζω, *fut act ind 2s*, take offense
15 βδέλυγμα, abomination
16 βδελύσσω, *fut mid ind 2s*, loathe, abhor
17 ἀνάθημα, cursed, devoted to destruction
18 ἐντέλλομαι, *pres mid ind 1s*, command
19 πολυπλασιάζω, *aor pas sub 2p*, multiply
20 κληρονομέω, *aor act sub 2p*, inherit, acquire
21 ὄμνυμι, *aor act ind 3s*, swear an oath
22 μιμνῄσκομαι, *fut pas ind 2s*, remember
23 κακόω, *aor act sub 3s*, afflict
24 ἐκπειράζω, *aor act sub 3s*, put to the test
25 διαγινώσκω, *aor pas sub 3s*, perceive, discern
26 κακόω, *aor act ind 3s*, afflict
27 λιμαγχονέω, *aor act ind 3s*, weaken through hunger
28 ψωμίζω, *aor act ind 3s*, feed
29 μαννα, manna, *translit.*
30 ἀναγγέλλω, *aor act sub 3s*, declare, reveal
31 κατατρίβω, *aor pas ind 3s*, wear out
32 τυλόω, *aor pas ind 3p*, toughen, make callous
33 τεσσαράκοντα, forty
34 παιδεύω, *aor act opt 3s*, teach, discipline
35 παιδεύω, *fut act ind 3s*, teach, discipline
36 εἰσάγω, *pres act ind 3s*, bring into
37 χείμαρρος, brook
38 πηγή, spring
39 ἄβυσσος, deep
40 πεδίον, plain, field

πυροῦ[1] καὶ κριθῆς,[2] ἄμπελοι,[3] συκαῖ,[4] ῥόαι,[5] γῆ ἐλαίας[6] ἐλαίου[7] καὶ μέλιτος·[8] **9** γῆ,
ἐφ᾿ ἧς οὐ μετὰ πτωχείας[9] φάγῃ τὸν ἄρτον σου καὶ οὐκ ἐνδεηθήσῃ[10] οὐδὲν ἐπ᾿ αὐτῆς·
γῆ, ἧς οἱ λίθοι σίδηρος,[11] καὶ ἐκ τῶν ὀρέων αὐτῆς μεταλλεύσεις[12] χαλκόν·[13] **10** καὶ
φάγῃ καὶ ἐμπλησθήσῃ[14] καὶ εὐλογήσεις κύριον τὸν θεόν σου ἐπὶ τῆς γῆς τῆς ἀγαθῆς,
ἧς ἔδωκέν σοι.

11 πρόσεχε[15] σεαυτῷ, μὴ ἐπιλάθῃ[16] κυρίου τοῦ θεοῦ σου τοῦ μὴ φυλάξαι τὰς
ἐντολὰς αὐτοῦ καὶ τὰ κρίματα[17] καὶ τὰ δικαιώματα[18] αὐτοῦ, ὅσα ἐγὼ ἐντέλλομαί[19]
σοι σήμερον, **12** μὴ φαγὼν καὶ ἐμπλησθεὶς[20] καὶ οἰκίας καλὰς οἰκοδομήσας καὶ
κατοικήσας ἐν αὐταῖς **13** καὶ τῶν βοῶν[21] σου καὶ τῶν προβάτων σου πληθυνθέντων[22]
σοι, ἀργυρίου[23] καὶ χρυσίου[24] πληθυνθέντος[25] σοι καὶ πάντων, ὅσων σοι ἔσται,
πληθυνθέντων[26] σοι **14** ὑψωθῇς[27] τῇ καρδίᾳ καὶ ἐπιλάθῃ[28] κυρίου τοῦ θεοῦ σου τοῦ
ἐξαγαγόντος[29] σε ἐκ γῆς Αἰγύπτου ἐξ οἴκου δουλείας,[30] **15** τοῦ ἀγαγόντος σε διὰ τῆς
ἐρήμου τῆς μεγάλης καὶ τῆς φοβερᾶς[31] ἐκείνης, οὗ[32] ὄφις[33] δάκνων[34] καὶ σκορπίος[35]
καὶ δίψα,[36] οὗ οὐκ ἦν ὕδωρ, τοῦ ἐξαγαγόντος[37] σοι ἐκ πέτρας[38] ἀκροτόμου[39] πηγὴν[40]
ὕδατος, **16** τοῦ ψωμίσαντός[41] σε τὸ μαννα[42] ἐν τῇ ἐρήμῳ, ὃ οὐκ εἴδησαν οἱ πατέρες
σου, ἵνα κακώσῃ[43] σε καὶ ἐκπειράσῃ[44] σε καὶ εὖ[45] σε ποιήσῃ ἐπ᾿ ἐσχάτων τῶν ἡμερῶν
σου. **17** μὴ εἴπῃς ἐν τῇ καρδίᾳ σου Ἡ ἰσχύς[46] μου καὶ τὸ κράτος[47] τῆς χειρός μου
ἐποίησέν μοι τὴν δύναμιν τὴν μεγάλην ταύτην· **18** καὶ μνησθήσῃ[48] κυρίου τοῦ θεοῦ
σου, ὅτι αὐτός σοι δίδωσιν ἰσχὺν[49] τοῦ ποιῆσαι δύναμιν καὶ ἵνα στήσῃ τὴν διαθήκην
αὐτοῦ, ἣν ὤμοσεν[50] κύριος τοῖς πατράσιν σου, ὡς σήμερον. **19** καὶ ἔσται ἐὰν λήθῃ[51]

1 πυρός, wheat
2 κριθή, barley
3 ἄμπελος, vine
4 συκῆ, fig tree
5 ῥόα, pomegranate tree
6 ἐλαία, olive tree
7 ἔλαιον, oil
8 μέλι, honey
9 πτωχεία, poverty
10 ἐνδέομαι, *fut pas ind 2s,* lack, be in want
11 σίδηρος, iron
12 μεταλλεύω, *fut act ind 2s,* extract, mine
13 χαλκός, copper
14 ἐμπίμπλημι, *fut pas ind 2s,* fill
15 προσέχω, *pres act impv 2s,* pay attention, give heed
16 ἐπιλανθάνω, *aor mid sub 2s,* forget
17 κρίμα, judgment, rule
18 δικαίωμα, ordinance, decree
19 ἐντέλλομαι, *pres mid ind 1s,* command
20 ἐμπίμπλημι, *aor pas ptc nom s m,* fill
21 βοῦς, cow, (*p*) cattle
22 πληθύνω, *aor pas ptc gen p m,* multiply
23 ἀργύριον, silver
24 χρυσίον, gold
25 πληθύνω, *aor pas ptc gen s n,* multiply
26 πληθύνω, *aor pas ptc gen p n,* multiply
27 ὑψόω, *aor pas sub 2s,* exalt
28 ἐπιλανθάνω, *aor mid sub 2s,* forget
29 ἐξάγω, *aor act ptc gen s m,* bring out
30 δουλεία, slavery
31 φοβερός, fearful, terrible
32 οὗ, where
33 ὄφις, serpent
34 δάκνω, *pres act ptc nom s m,* bite
35 σκορπίος, scorpion
36 δίψα, thirst
37 ἐξάγω, *aor act ptc gen s m,* bring out
38 πέτρα, rock
39 ἀκρότομος, sharp
40 πηγή, spring
41 ψωμίζω, *aor act ptc gen s m,* feed
42 μαννα, manna, *translit.*
43 κακόω, *aor act sub 3s,* afflict
44 ἐκπειράζω, *aor act sub 3s,* put to the test
45 εὖ, well
46 ἰσχύς, strength, might
47 κράτος, power
48 μιμνήσκομαι, *fut pas ind 2s,* remember
49 ἰσχύς, strength, might
50 ὄμνυμι, *aor act ind 3s,* swear an oath
51 λήθη, forgetfulness

ἐπιλάθῃ[1] κυρίου τοῦ θεοῦ σου καὶ πορευθῇς ὀπίσω θεῶν ἑτέρων καὶ λατρεύσῃς[2]
αὐτοῖς καὶ προσκυνήσῃς αὐτοῖς, διαμαρτύρομαι[3] ὑμῖν σήμερον τόν τε οὐρανὸν καὶ
τὴν γῆν ὅτι ἀπωλείᾳ[4] ἀπολεῖσθε· **20** καθὰ[5] καὶ τὰ λοιπὰ ἔθνη, ὅσα κύριος ἀπολλύει
πρὸ προσώπου ὑμῶν, οὕτως ἀπολεῖσθε, ἀνθ᾽ ὧν[6] οὐκ ἠκούσατε τῆς φωνῆς κυρίου
τοῦ θεοῦ ὑμῶν.

Not Because of Righteousness

9 Ἄκουε, Ισραηλ· σὺ διαβαίνεις[7] σήμερον τὸν Ιορδάνην εἰσελθεῖν κληρονομῆσαι[8]
ἔθνη μεγάλα καὶ ἰσχυρότερα[9] μᾶλλον[10] ἢ ὑμεῖς, πόλεις μεγάλας καὶ τειχήρεις[11]
ἕως τοῦ οὐρανοῦ, **2** λαὸν μέγαν καὶ πολὺν καὶ εὐμήκη,[12] υἱοὺς Ενακ, οὓς σὺ οἶσθα[13]
καὶ σὺ ἀκήκοας Τίς ἀντιστήσεται[14] κατὰ πρόσωπον υἱῶν Ενακ; **3** καὶ γνώσῃ σή-
μερον ὅτι κύριος ὁ θεός σου, οὗτος προπορεύεται[15] πρὸ προσώπου σου· πῦρ κατα-
ναλίσκον[16] ἐστίν· οὗτος ἐξολεθρεύσει[17] αὐτούς, καὶ οὗτος ἀποστρέψει[18] αὐτοὺς ἀπὸ
προσώπου σου, καὶ ἀπολεῖς αὐτούς, καθάπερ[19] εἶπέν σοι κύριος.

4 μὴ εἴπῃς ἐν τῇ καρδίᾳ σου ἐν τῷ ἐξαναλῶσαι[20] κύριον τὸν θεόν σου τὰ ἔθνη
ταῦτα ἀπὸ προσώπου σου λέγων Διὰ τὰς δικαιοσύνας μου εἰσήγαγέν[21] με κύριος
κληρονομῆσαι[22] τὴν γῆν τὴν ἀγαθὴν ταύτην· ἀλλὰ διὰ τὴν ἀσέβειαν[23] τῶν ἐθνῶν
τούτων κύριος ἐξολεθρεύσει[24] αὐτοὺς πρὸ προσώπου σου. **5** οὐχὶ διὰ τὴν δικαιοσύνην
σου οὐδὲ διὰ τὴν ὁσιότητα[25] τῆς καρδίας σου σὺ εἰσπορεύῃ[26] κληρονομῆσαι[27] τὴν
γῆν αὐτῶν, ἀλλὰ διὰ τὴν ἀσέβειαν[28] τῶν ἐθνῶν τούτων κύριος ἐξολεθρεύσει[29]
αὐτοὺς ἀπὸ προσώπου σου καὶ ἵνα στήσῃ τὴν διαθήκην αὐτοῦ, ἣν ὤμοσεν[30] τοῖς
πατράσιν ὑμῶν, τῷ Αβρααμ καὶ τῷ Ισαακ καὶ τῷ Ιακωβ.

6 καὶ γνώσῃ σήμερον ὅτι οὐχὶ διὰ τὰς δικαιοσύνας σου κύριος ὁ θεός σου δίδωσίν
σοι τὴν γῆν τὴν ἀγαθὴν ταύτην κληρονομῆσαι,[31] ὅτι λαὸς σκληροτράχηλος[32] εἶ.

1 ἐπιλανθάνω, *aor mid sub 2s*, forget
2 λατρεύω, *aor act sub 2s*, serve
3 διαμαρτύρομαι, *pres mid ind 1s*, testify, witness
4 ἀπώλεια, destruction
5 καθά, just as
6 ἀνθ᾽ ὧν, because
7 διαβαίνω, *pres act ind 2s*, cross over
8 κληρονομέω, *aor act inf*, inherit from, acquire from
9 ἰσχυρός, *comp*, stronger, mightier
10 μᾶλλον, than
11 τειχήρης, fortified, walled
12 εὐμήκης, tall
13 οἶδα, *perf act ind 2s*, know
14 ἀνθίστημι, *fut mid ind 3s*, stand against
15 προπορεύομαι, *pres mid ind 3s*, go before
16 καταναλίσκω, *pres act ptc nom s n*, consume, destroy
17 ἐξολεθρεύω, *fut act ind 3s*, utterly destroy
18 ἀποστρέφω, *fut act ind 3s*, turn away
19 καθάπερ, just as
20 ἐξαναλίσκω, *aor act inf*, consume, destroy
21 εἰσάγω, *aor act ind 3s*, bring into
22 κληρονομέω, *aor act inf*, inherit, acquire
23 ἀσέβεια, ungodliness, iniquity
24 ἐξολεθρεύω, *fut act ind 3s*, utterly destroy
25 ὁσιότης, piety, holiness
26 εἰσπορεύομαι, *pres mid ind 2s*, enter
27 κληρονομέω, *aor act inf*, inherit, acquire
28 ἀσέβεια, ungodliness, iniquity
29 ἐξολεθρεύω, *fut act ind 3s*, utterly destroy
30 ὄμνυμι, *aor act ind 3s*, swear an oath
31 κληρονομέω, *aor act inf*, inherit
32 σκληροτράχηλος, stiff-necked, obstinate

7 μνήσθητι[1] μὴ ἐπιλάθῃ[2] ὅσα παρώξυνας[3] κύριον τὸν θεόν σου ἐν τῇ ἐρήμῳ· ἀφ᾽ ἧς ἡμέρας ἐξήλθετε ἐξ Αἰγύπτου ἕως ἤλθετε εἰς τὸν τόπον τοῦτον, ἀπειθοῦντες[4] διετελεῖτε[5] τὰ πρὸς κύριον. **8** καὶ ἐν Χωρηβ παρωξύνατε[6] κύριον, καὶ ἐθυμώθη[7] κύριος ἐφ᾽ ὑμῖν ἐξολεθρεῦσαι[8] ὑμᾶς **9** ἀναβαίνοντός μου εἰς τὸ ὄρος λαβεῖν τὰς πλάκας[9] τὰς λιθίνας,[10] πλάκας διαθήκης, ἃς διέθετο[11] κύριος πρὸς ὑμᾶς. καὶ κατεγινόμην[12] ἐν τῷ ὄρει τεσσαράκοντα[13] ἡμέρας καὶ τεσσαράκοντα νύκτας· ἄρτον οὐκ ἔφαγον καὶ ὕδωρ οὐκ ἔπιον. **10** καὶ ἔδωκεν κύριος ἐμοὶ τὰς δύο πλάκας[14] τὰς λιθίνας[15] γεγραμμένας ἐν τῷ δακτύλῳ[16] τοῦ θεοῦ, καὶ ἐπ᾽ αὐταῖς ἐγέγραπτο[17] πάντες οἱ λόγοι, οὓς ἐλάλησεν κύριος πρὸς ὑμᾶς ἐν τῷ ὄρει ἡμέρᾳ ἐκκλησίας· **11** καὶ ἐγένετο διὰ τεσσαράκοντα[18] ἡμερῶν καὶ τεσσαράκοντα νυκτῶν ἔδωκεν κύριος ἐμοὶ τὰς δύο πλάκας[19] τὰς λιθίνας,[20] πλάκας[21] διαθήκης. **12** καὶ εἶπεν κύριος πρός με Ἀνάστηθι κατάβηθι τὸ τάχος[22] ἐντεῦθεν,[23] ὅτι ἠνόμησεν[24] ὁ λαός σου, οὓς ἐξήγαγες[25] ἐκ γῆς Αἰγύπτου· παρέβησαν[26] ταχὺ[27] ἐκ τῆς ὁδοῦ, ἧς ἐνετείλω[28] αὐτοῖς· ἐποίησαν ἑαυτοῖς χώνευμα.[29]

Golden Calf Incident

13 καὶ εἶπεν κύριος πρός με Λελάληκα πρὸς σὲ ἅπαξ[30] καὶ δὶς[31] λέγων Ἑώρακα τὸν λαὸν τοῦτον, καὶ ἰδοὺ λαὸς σκληροτράχηλός[32] ἐστιν· **14** ἔασόν[33] με ἐξολεθρεῦσαι[34] αὐτούς, καὶ ἐξαλείψω[35] τὸ ὄνομα αὐτῶν ὑποκάτωθεν[36] τοῦ οὐρανοῦ καὶ ποιήσω σὲ εἰς ἔθνος μέγα καὶ ἰσχυρὸν[37] καὶ πολὺ μᾶλλον[38] ἢ τοῦτο. **15** καὶ ἐπιστρέψας κατέβην ἐκ τοῦ ὄρους, καὶ τὸ ὄρος ἐκαίετο[39] πυρί, καὶ αἱ δύο πλάκες[40] ἐπὶ ταῖς δυσὶ χερσίν μου. **16** καὶ ἰδὼν ὅτι ἡμάρτετε ἐναντίον[41] κυρίου τοῦ θεοῦ ὑμῶν καὶ ἐποιήσατε

1 μιμνῄσκομαι, *aor pas impv 2s*, remember
2 ἐπιλανθάνω, *aor mid sub 2s*, forget
3 παροξύνω, *aor act ind 2s*, provoke
4 ἀπειθέω, *pres act ptc nom p m*, disobey, rebel
5 διατελέω, *impf act ind 2p*, continue
6 παροξύνω, *aor act ind 2p*, provoke
7 θυμόω, *aor pas ind 3s*, make angry
8 ἐξολεθρεύω, *aor act inf*, utterly destroy
9 πλάξ, tablet
10 λίθινος, of stone
11 διατίθημι, *aor mid ind 3s*, establish
12 καταγίνομαι, *impf mid ind 1s*, abide, be busy with
13 τεσσαράκοντα, forty
14 πλάξ, tablet
15 λίθινος, of stone
16 δάκτυλος, finger
17 γράφω, *plpf pas ind 3s*, write, engrave
18 τεσσαράκοντα, forty
19 πλάξ, tablet
20 λίθινος, of stone
21 πλάξ, tablet
22 τάχος, quickly
23 ἐντεῦθεν, from here
24 ἀνομέω, *aor act ind 3s*, act wickedly
25 ἐξάγω, *aor act ind 2s*, lead out
26 παραβαίνω, *aor act ind 3p*, deviate from
27 ταχύς, swiftly, hastily
28 ἐντέλλομαι, *aor mid ind 2s*, command
29 χώνευμα, molten image
30 ἅπαξ, once
31 δίς, twice
32 σκληροτράχηλος, stiff-necked, obstinate
33 ἐάω, *aor act impv 2s*, permit, allow
34 ἐξολεθρεύω, *aor act inf*, utterly destroy
35 ἐξαλείφω, *fut act ind 1s*, wipe out
36 ὑποκάτωθεν, from beneath
37 ἰσχυρός, strong, powerful
38 μᾶλλον, more than
39 καίω, *impf pas ind 3s*, burn
40 πλάξ, tablet
41 ἐναντίον, before

ὑμῖν ἑαυτοῖς χωνευτὸν[1] καὶ παρέβητε[2] ἀπὸ τῆς ὁδοῦ, ἧς ἐνετείλατο[3] ὑμῖν κύριος,
17 καὶ ἐπιλαβόμενος[4] τῶν δύο πλακῶν[5] ἔρριψα[6] αὐτὰς ἀπὸ τῶν δύο χειρῶν μου καὶ
συνέτριψα[7] ἐναντίον[8] ὑμῶν. **18** καὶ ἐδεήθην[9] ἐναντίον[10] κυρίου δεύτερον καθάπερ[11]
καὶ τὸ πρότερον[12] τεσσαράκοντα[13] ἡμέρας καὶ τεσσαράκοντα νύκτας — ἄρτον
οὐκ ἔφαγον καὶ ὕδωρ οὐκ ἔπιον — περὶ πασῶν τῶν ἁμαρτιῶν ὑμῶν, ὧν ἡμάρτετε
ποιῆσαι τὸ πονηρὸν ἐναντίον[14] κυρίου τοῦ θεοῦ ὑμῶν παροξῦναι[15] αὐτόν. **19** καὶ
ἔκφοβός[16] εἰμι διὰ τὴν ὀργὴν καὶ τὸν θυμόν,[17] ὅτι παρωξύνθη[18] κύριος ἐφ᾿ ὑμῖν
ἐξολεθρεῦσαι[19] ὑμᾶς· καὶ εἰσήκουσεν[20] κύριος ἐμοῦ καὶ ἐν τῷ καιρῷ τούτῳ. **20** καὶ
ἐπὶ Ααρων ἐθυμώθη[21] κύριος σφόδρα[22] ἐξολεθρεῦσαι[23] αὐτόν, καὶ ηὐξάμην[24] καὶ περὶ
Ααρων ἐν τῷ καιρῷ ἐκείνῳ. **21** καὶ τὴν ἁμαρτίαν ὑμῶν, ἣν ἐποιήσατε, τὸν μόσχον,[25]
ἔλαβον αὐτὸν καὶ κατέκαυσα[26] αὐτὸν ἐν πυρὶ καὶ συνέκοψα[27] αὐτὸν καταλέσας[28]
σφόδρα,[29] ἕως οὗ ἐγένετο λεπτόν·[30] καὶ ἐγενήθη ὡσεὶ[31] κονιορτός,[32] καὶ ἔρριψα[33]
τὸν κονιορτὸν εἰς τὸν χειμάρρουν[34] τὸν καταβαίνοντα ἐκ τοῦ ὄρους.

22 καὶ ἐν τῷ Ἐμπυρισμῷ[35] καὶ ἐν τῷ Πειρασμῷ[36] καὶ ἐν τοῖς Μνήμασιν[37] τῆς ἐπι-
θυμίας[38] παροξύνοντες[39] ἦτε κύριον τὸν θεὸν ὑμῶν. **23** καὶ ὅτε ἐξαπέστειλεν[40] κύριος
ὑμᾶς ἐκ Καδης Βαρνη λέγων Ἀνάβητε καὶ κληρονομήσατε[41] τὴν γῆν, ἣν δίδωμι ὑμῖν,
καὶ ἠπειθήσατε[42] τῷ ῥήματι κυρίου τοῦ θεοῦ ὑμῶν καὶ οὐκ ἐπιστεύσατε αὐτῷ καὶ
οὐκ εἰσηκούσατε[43] τῆς φωνῆς αὐτοῦ. **24** ἀπειθοῦντες[44] ἦτε τὰ πρὸς κύριον ἀπὸ τῆς
ἡμέρας, ἧς ἐγνώσθη ὑμῖν.

1 χωνευτός, molten image
2 παραβαίνω, *aor act ind 2p*, deviate from
3 ἐντέλλομαι, *aor mid ind 3s*, command
4 ἐπιλαμβάνω, *aor mid ptc nom s m*, lay hold of
5 πλάξ, tablet
6 ῥίπτω, *aor act ind 1s*, throw, cast down
7 συντρίβω, *aor act ind 1s*, break into pieces
8 ἐναντίον, before
9 δέομαι, *aor pas ind 1s*, pray, beseech
10 ἐναντίον, before
11 καθάπερ, just as
12 πρότερος, former, previous
13 τεσσαράκοντα, forty
14 ἐναντίον, before
15 παροξύνω, *aor act inf*, provoke
16 ἔκφοβος, terrified, fearful
17 θυμός, wrath
18 παροξύνω, *aor pas ind 3s*, provoke
19 ἐξολεθρεύω, *aor act inf*, utterly destroy
20 εἰσακούω, *aor act ind 3s*, listen
21 θυμόω, *aor pas ind 3s*, make angry
22 σφόδρα, very much
23 ἐξολεθρεύω, *aor act inf*, utterly destroy
24 εὔχομαι, *aor mid ind 1s*, vow
25 μόσχος, calf
26 κατακαίω, *aor act ind 1s*, burn up
27 συγκόπτω, *aor act ind 1s*, break up, pound
28 καταλέω, *aor act ptc nom s m*, grind
29 σφόδρα, very, thoroughly
30 λεπτός, fine, powdery
31 ὡσεί, as, like
32 κονιορτός, dust, powder
33 ῥίπτω, *aor act ind 1s*, throw
34 χείμαρρος, brook
35 ἐμπυρισμός, burning
36 πειρασμός, testing, trial
37 μνῆμα, grave
38 ἐπιθυμία, lust, yearning
39 παροξύνω, *pres act ptc nom p m*, provoke
40 ἐξαποστέλλω, *aor act ind 3s*, send forth
41 κληρονομέω, *aor act impv 2p*, inherit
42 ἀπειθέω, *aor act ind 2p*, disobey
43 εἰσακούω, *aor act ind 2p*, listen
44 ἀπειθέω, *pres act ptc nom p m*, disobey

25 καὶ ἐδεήθην[1] ἐναντίον[2] κυρίου τεσσαράκοντα[3] ἡμέρας καὶ τεσσαράκοντα νύκ-
τας, ὅσας ἐδεήθην — εἶπεν γὰρ κύριος ἐξολεθρεῦσαι[4] ὑμᾶς — **26** καὶ εὐξάμην[5]
πρὸς τὸν θεὸν καὶ εἶπα Κύριε κύριε βασιλεῦ τῶν θεῶν, μὴ ἐξολεθρεύσῃς[6] τὸν λαόν
σου καὶ τὴν μερίδα[7] σου, ἣν ἐλυτρώσω[8] ἐν τῇ ἰσχύι[9] σου τῇ μεγάλῃ, οὓς ἐξήγαγες[10]
ἐκ γῆς Αἰγύπτου ἐν τῇ ἰσχύι[11] σου τῇ μεγάλῃ καὶ ἐν τῇ χειρί σου τῇ κραταιᾷ[12] καὶ
ἐν τῷ βραχίονί[13] σου τῷ ὑψηλῷ·[14] **27** μνήσθητι[15] Αβρααμ καὶ Ισαακ καὶ Ιακωβ τῶν
θεραπόντων[16] σου, οἷς ὤμοσας[17] κατὰ σεαυτοῦ· μὴ ἐπιβλέψῃς[18] ἐπὶ τὴν σκληρότητα[19]
τοῦ λαοῦ τούτου καὶ τὰ ἀσεβήματα[20] καὶ τὰ ἁμαρτήματα[21] αὐτῶν, **28** μὴ εἴπωσιν
οἱ κατοικοῦντες τὴν γῆν, ὅθεν[22] ἐξήγαγες[23] ἡμᾶς ἐκεῖθεν,[24] λέγοντες Παρὰ τὸ μὴ
δύνασθαι κύριον εἰσαγαγεῖν[25] αὐτοὺς εἰς τὴν γῆν, ἣν εἶπεν αὐτοῖς, καὶ παρὰ τὸ
μισῆσαι αὐτοὺς ἐξήγαγεν[26] αὐτοὺς ἀποκτεῖναι ἐν τῇ ἐρήμῳ. **29** καὶ οὗτοι λαός σου
καὶ κλῆρός[27] σου, οὓς ἐξήγαγες[28] ἐκ γῆς Αἰγύπτου ἐν τῇ ἰσχύι[29] σου τῇ μεγάλῃ καὶ
ἐν τῷ βραχίονί[30] σου τῷ ὑψηλῷ.[31]

Second Pair of Stone Tablets

10 Ἐν ἐκείνῳ τῷ καιρῷ εἶπεν κύριος πρός με Λάξευσον[32] σεαυτῷ δύο πλάκας[33]
λιθίνας[34] ὥσπερ τὰς πρώτας καὶ ἀνάβηθι πρός με εἰς τὸ ὄρος· καὶ ποιήσεις
σεαυτῷ κιβωτὸν[35] ξυλίνην·[36] **2** καὶ γράψω ἐπὶ τὰς πλάκας[37] τὰ ῥήματα, ἃ ἦν ἐν ταῖς
πλαξὶν ταῖς πρώταις, ἃς συνέτριψας,[38] καὶ ἐμβαλεῖς[39] αὐτὰς εἰς τὴν κιβωτόν.[40] **3** καὶ
ἐποίησα κιβωτὸν[41] ἐκ ξύλων[42] ἀσήπτων[43] καὶ ἐλάξευσα[44] τὰς δύο πλάκας[45] τὰς
λιθίνας[46] ὡς αἱ πρῶται· καὶ ἀνέβην εἰς τὸ ὄρος, καὶ αἱ δύο πλάκες ἐπὶ ταῖς χερσίν μου.

1 δέομαι, *aor pas ind 1s*, pray, beseech
2 ἐναντίον, before
3 τεσσαράκοντα, forty
4 ἐξολεθρεύω, *aor act inf*, utterly destroy
5 εὔχομαι, *aor mid ind 1s*, vow
6 ἐξολεθρεύω, *aor act sub 2s*, utterly destroy
7 μερίς, lot, portion
8 λυτρόω, *aor mid ind 2s*, redeem, ransom
9 ἰσχύς, strength, might
10 ἐξάγω, *aor act ind 2s*, bring out
11 ἰσχύς, strength, might
12 κραταιός, strong
13 βραχίων, arm
14 ὑψηλός, high, upraised
15 μιμνήσκομαι, *aor pas impv 2s*, remember
16 θεράπων, servant
17 ὄμνυμι, *aor act ind 2s*, swear an oath
18 ἐπιβλέπω, *aor act sub 2s*, look upon
19 σκληρότης, hardness
20 ἀσέβημα, impiety
21 ἁμάρτημα, sin, offense
22 ὅθεν, for what reason
23 ἐξάγω, *aor act ind 2s*, bring out
24 ἐκεῖθεν, from there
25 εἰσάγω, *aor act inf*, bring into
26 ἐξάγω, *aor act ind 3s*, bring out
27 κλῆρος, lot, share
28 ἐξάγω, *aor act ind 2s*, bring out
29 ἰσχύς, strength, might
30 βραχίων, arm
31 ὑψηλός, high, upraised
32 λαξεύω, *aor act impv 2s*, hew
33 πλάξ, tablet
34 λίθινος, of stone
35 κιβωτός, chest, ark (of the covenant)
36 ξύλινος, wooden
37 πλάξ, tablet
38 συντρίβω, *aor act ind 2s*, break, shatter
39 ἐμβάλλω, *fut act ind 2s*, place, put in
40 κιβωτός, chest, ark (of the covenant)
41 κιβωτός, chest, ark (of the covenant)
42 ξύλον, wood
43 ἄσηπτος, not rotten
44 λαξεύω, *aor act ind 1s*, hew
45 πλάξ, tablet
46 λίθινος, of stone

4 καὶ ἔγραψεν ἐπὶ τὰς πλάκας[1] κατὰ τὴν γραφὴν[2] τὴν πρώτην τοὺς δέκα[3] λόγους, οὓς ἐλάλησεν κύριος πρὸς ὑμᾶς ἐν τῷ ὄρει ἐκ μέσου τοῦ πυρός, καὶ ἔδωκεν αὐτὰς κύριος ἐμοί. **5** καὶ ἐπιστρέψας κατέβην ἐκ τοῦ ὄρους καὶ ἐνέβαλον[4] τὰς πλάκας[5] εἰς τὴν κιβωτόν,[6] ἣν ἐποίησα, καὶ ἦσαν ἐκεῖ, καθὰ[7] ἐνετείλατό[8] μοι κύριος.

6 καὶ οἱ υἱοὶ Ισραηλ ἀπῆραν[9] ἐκ Βηρωθ υἱῶν Ιακιμ Μισαδαι· ἐκεῖ ἀπέθανεν Ααρων καὶ ἐτάφη[10] ἐκεῖ, καὶ ἱεράτευσεν[11] Ελεαζαρ υἱὸς αὐτοῦ ἀντ᾽[12] αὐτοῦ. **7** ἐκεῖθεν[13] ἀπῆραν[14] εἰς Γαδγαδ καὶ ἀπὸ Γαδγαδ εἰς Ετεβαθα, γῆ χείμαρροι[15] ὑδάτων. **8** ἐν ἐκείνῳ τῷ καιρῷ διέστειλεν[16] κύριος τὴν φυλὴν τὴν Λευι αἴρειν τὴν κιβωτὸν[17] τῆς διαθήκης κυρίου παρεστάναι[18] ἔναντι[19] κυρίου λειτουργεῖν[20] καὶ ἐπεύχεσθαι[21] ἐπὶ τῷ ὀνόματι αὐτοῦ ἕως τῆς ἡμέρας ταύτης. **9** διὰ τοῦτο οὐκ ἔστιν τοῖς Λευίταις μερὶς[22] καὶ κλῆρος[23] ἐν τοῖς ἀδελφοῖς αὐτῶν· κύριος αὐτὸς κλῆρος αὐτοῦ, καθὰ[24] εἶπεν αὐτῷ. **10** κἀγὼ[25] εἱστήκειν[26] ἐν τῷ ὄρει τεσσαράκοντα[27] ἡμέρας καὶ τεσσαράκοντα νύκτας, καὶ εἰσήκουσεν[28] κύριος ἐμοῦ καὶ ἐν τῷ καιρῷ τούτῳ, καὶ οὐκ ἠθέλησεν κύριος ἐξολεθρεῦσαι[29] ὑμᾶς. **11** καὶ εἶπεν κύριος πρός με Βάδιζε[30] ἄπαρον[31] ἐναντίον[32] τοῦ λαοῦ τούτου, καὶ εἰσπορευέσθωσαν[33] καὶ κληρονομείτωσαν[34] τὴν γῆν, ἣν ὤμοσα[35] τοῖς πατράσιν αὐτῶν δοῦναι αὐτοῖς.

Circumcise Your Heart

12 Καὶ νῦν, Ισραηλ, τί κύριος ὁ θεός σου αἰτεῖται[36] παρὰ σοῦ ἀλλ᾽ ἢ φοβεῖσθαι κύριον τὸν θεόν σου πορεύεσθαι ἐν πάσαις ταῖς ὁδοῖς αὐτοῦ καὶ ἀγαπᾶν αὐτὸν καὶ λατρεύειν[37] κυρίῳ τῷ θεῷ σου ἐξ ὅλης τῆς καρδίας σου καὶ ἐξ ὅλης τῆς ψυχῆς σου, **13** φυλάσσεσθαι τὰς ἐντολὰς κυρίου τοῦ θεοῦ σου καὶ τὰ δικαιώματα[38] αὐτοῦ, ὅσα ἐγὼ ἐντέλλομαί[39] σοι σήμερον, ἵνα εὖ[40] σοι ᾖ; **14** ἰδοὺ κυρίου τοῦ θεοῦ σου ὁ οὐρανὸς καὶ ὁ οὐρανὸς τοῦ οὐρανοῦ, ἡ γῆ καὶ πάντα, ὅσα ἐστὶν ἐν αὐτῇ· **15** πλὴν

1 πλάξ, tablet
2 γραφή, writing
3 δέκα, ten
4 ἐμβάλλω, *aor act ind 1s*, place, put in
5 πλάξ, tablet
6 κιβωτός, chest, ark (of the covenant)
7 καθά, as
8 ἐντέλλομαι, *aor mid ind 3s*, command
9 ἀπαίρω, *aor act ind 3p*, depart
10 θάπτω, *aor pas ind 3s*, bury
11 ἱερατεύω, *aor act ind 3s*, serve as priest
12 ἀντί, in place of
13 ἐκεῖθεν, from there
14 ἀπαίρω, *aor act ind 3p*, depart
15 χείμαρρος, brook
16 διαστέλλω, *aor act ind 3s*, give orders, set apart
17 κιβωτός, chest, ark (of the covenant)
18 παρίστημι, *perf act inf*, present before
19 ἔναντι, before
20 λειτουργέω, *pres act inf*, minister
21 ἐπεύχομαι, *pres mid inf*, pray
22 μερίς, part, portion
23 κλῆρος, lot, share
24 καθά, as
25 κἀγώ, and I, *cr.* καὶ ἐγώ
26 ἵστημι, *plpf act ind 1s*, stay, stand
27 τεσσαράκοντα, forty
28 εἰσακούω, *aor act ind 3s*, listen
29 ἐξολεθρεύω, *aor act inf*, utterly destroy
30 βαδίζω, *pres act impv 2s*, go, proceed
31 ἀπαίρω, *aor act impv 2s*, depart
32 ἐναντίον, before
33 εἰσπορεύομαι, *pres mid impv 3p*, enter
34 κληρονομέω, *pres act impv 3p*, inherit, acquire
35 ὄμνυμι, *aor act ind 1s*, swear an oath
36 αἰτέω, *pres mid ind 3s*, ask
37 λατρεύω, *pres act inf*, serve
38 δικαίωμα, ordinance, decree
39 ἐντέλλομαι, *pres mid ind 1s*, command
40 εὖ, well

τοὺς πατέρας ὑμῶν προείλατο[1] κύριος ἀγαπᾶν αὐτοὺς καὶ ἐξελέξατο[2] τὸ σπέρμα αὐτῶν μετ᾽ αὐτοὺς ὑμᾶς παρὰ πάντα τὰ ἔθνη κατὰ τὴν ἡμέραν ταύτην.

16 καὶ περιτεμεῖσθε[3] τὴν σκληροκαρδίαν[4] ὑμῶν καὶ τὸν τράχηλον[5] ὑμῶν οὐ σκληρυνεῖτε[6] ἔτι. **17** ὁ γὰρ κύριος ὁ θεὸς ὑμῶν, οὗτος θεὸς τῶν θεῶν καὶ κύριος τῶν κυρίων, ὁ θεὸς ὁ μέγας καὶ ἰσχυρὸς[7] καὶ ὁ φοβερός,[8] ὅστις οὐ θαυμάζει[9] πρόσωπον οὐδ᾽ οὐ μὴ λάβῃ δῶρον,[10] **18** ποιῶν κρίσιν προσηλύτῳ[11] καὶ ὀρφανῷ[12] καὶ χήρᾳ[13] καὶ ἀγαπᾷ τὸν προσήλυτον[14] δοῦναι αὐτῷ ἄρτον καὶ ἱμάτιον. **19** καὶ ἀγαπήσετε τὸν προσήλυτον·[15] προσήλυτοι γὰρ ἦτε ἐν γῇ Αἰγύπτῳ. **20** κύριον τὸν θεόν σου φοβηθήσῃ καὶ αὐτῷ λατρεύσεις[16] καὶ πρὸς αὐτὸν κολληθήσῃ[17] καὶ τῷ ὀνόματι αὐτοῦ ὀμῇ·[18] **21** οὗτος καύχημά[19] σου καὶ οὗτος θεός σου, ὅστις ἐποίησεν ἐν σοὶ τὰ μεγάλα καὶ τὰ ἔνδοξα[20] ταῦτα, ἃ εἴδοσαν οἱ ὀφθαλμοί σου. **22** ἐν ἑβδομήκοντα[21] ψυχαῖς κατέβησαν οἱ πατέρες σου εἰς Αἴγυπτον, νυνὶ[22] δὲ ἐποίησέν σε κύριος ὁ θεός σου ὡσεὶ[23] τὰ ἄστρα[24] τοῦ οὐρανοῦ τῷ πλήθει.

Love and Serve the Lord

11 Καὶ ἀγαπήσεις κύριον τὸν θεόν σου καὶ φυλάξῃ τὰ φυλάγματα[25] αὐτοῦ καὶ τὰ δικαιώματα[26] αὐτοῦ καὶ τὰς κρίσεις αὐτοῦ πάσας τὰς ἡμέρας. **2** καὶ γνώσεσθε σήμερον ὅτι οὐχὶ τὰ παιδία ὑμῶν, ὅσοι οὐκ οἴδασιν οὐδὲ εἴδοσαν τὴν παιδείαν[27] κυρίου τοῦ θεοῦ σου καὶ τὰ μεγαλεῖα[28] αὐτοῦ καὶ τὴν χεῖρα τὴν κραταιὰν[29] καὶ τὸν βραχίονα[30] τὸν ὑψηλὸν[31] **3** καὶ τὰ σημεῖα αὐτοῦ καὶ τὰ τέρατα[32] αὐτοῦ, ὅσα ἐποίησεν ἐν μέσῳ Αἰγύπτου Φαραω βασιλεῖ Αἰγύπτου καὶ πάσῃ τῇ γῇ αὐτοῦ, **4** καὶ ὅσα ἐποίησεν τὴν δύναμιν τῶν Αἰγυπτίων, τὰ ἅρματα[33] αὐτῶν καὶ τὴν ἵππον[34] αὐτῶν, ὡς ἐπέκλυσεν[35] τὸ ὕδωρ τῆς θαλάσσης τῆς ἐρυθρᾶς[36] ἐπὶ προσώπου αὐτῶν καταδιωκόντων[37] αὐτῶν ἐκ τῶν ὀπίσω ὑμῶν καὶ ἀπώλεσεν αὐτοὺς κύριος ἕως τῆς σήμερον ἡμέρας, **5** καὶ ὅσα ἐποίησεν ὑμῖν ἐν τῇ ἐρήμῳ, ἕως ἤλθετε εἰς τὸν τόπον τοῦτον, **6** καὶ ὅσα ἐποίησεν τῷ Δαθαν καὶ Αβιρων υἱοῖς Ελιαβ υἱοῦ Ρουβην, οὓς

1 προαιρέω, *aor mid ind 3s*, prefer, choose
2 ἐκλέγω, *aor mid ind 3s*, choose, elect
3 περιτέμνω, *fut mid ind 2p*, circumcise
4 σκληροκαρδία, hardness of heart
5 τράχηλος, neck
6 σκληρύνω, *fut act ind 2p*, harden
7 ἰσχυρός, strong, powerful
8 φοβερός, fearful
9 θαυμάζω, *pres act ind 3s*, marvel at, admire
10 δῶρον, gift, bribe
11 προσήλυτος, immigrant, guest
12 ὀρφανός, orphan
13 χήρα, widow
14 προσήλυτος, immigrant, guest
15 προσήλυτος, immigrant, guest
16 λατρεύω, *fut act ind 2s*, serve
17 κολλάω, *fut pas ind 2s*, attach to, unite
18 ὄμνυμι, *fut mid ind 2s*, swear an oath
19 καύχημα, boast, glory, honor
20 ἔνδοξος, glorious
21 ἑβδομήκοντα, seventy
22 νυνί, now
23 ὡσεί, like, as
24 ἄστρον, star
25 φύλαγμα, order, commandment
26 δικαίωμα, ordinance, decree
27 παιδεία, discipline, instruction
28 μεγαλεῖος, magnificent (deed)
29 κραταιός, strong, powerful
30 βραχίων, arm
31 ὑψηλός, high, upraised
32 τέρας, wonder
33 ἅρμα, chariot
34 ἵππος, horse
35 ἐπικλύζω, *aor act ind 3s*, overflow, flood
36 ἐρυθρός, red
37 καταδιώκω, *pres act ptc gen p m*, pursue

ἀνοίξασα ἡ γῆ τὸ στόμα αὐτῆς κατέπιεν[1] αὐτοὺς καὶ τοὺς οἴκους αὐτῶν καὶ τὰς
σκηνὰς[2] αὐτῶν καὶ πᾶσαν αὐτῶν τὴν ὑπόστασιν[3] τὴν μετ᾽ αὐτῶν ἐν μέσῳ παντὸς
Ισραηλ, **7** ὅτι οἱ ὀφθαλμοὶ ὑμῶν ἑώρακαν πάντα τὰ ἔργα κυρίου τὰ μεγάλα, ὅσα
ἐποίησεν ὑμῖν σήμερον.

8 καὶ φυλάξεσθε πάσας τὰς ἐντολὰς αὐτοῦ, ὅσας ἐγὼ ἐντέλλομαί[4] σοι σήμερον, ἵνα
ζῆτε καὶ πολυπλασιασθῆτε[5] καὶ εἰσελθόντες κληρονομήσητε[6] τὴν γῆν, εἰς ἣν ὑμεῖς
διαβαίνετε[7] τὸν Ιορδάνην ἐκεῖ κληρονομῆσαι[8] αὐτήν, **9** ἵνα μακροημερεύσητε[9] ἐπὶ
τῆς γῆς, ἧς ὤμοσεν[10] κύριος τοῖς πατράσιν ὑμῶν δοῦναι αὐτοῖς καὶ τῷ σπέρματι
αὐτῶν μετ᾽ αὐτούς, γῆν ῥέουσαν[11] γάλα[12] καὶ μέλι·[13] **10** ἔστιν γὰρ ἡ γῆ, εἰς ἣν εἰσ-
πορεύῃ[14] ἐκεῖ κληρονομῆσαι[15] αὐτήν, οὐχ ὥσπερ ἡ γῆ Αἰγύπτου ἐστίν, ὅθεν[16]
ἐκπεπόρευσθε[17] ἐκεῖθεν,[18] ὅταν σπείρωσιν[19] τὸν σπόρον[20] καὶ ποτίζωσιν[21] τοῖς ποσὶν
ὡσεὶ[22] κῆπον[23] λαχανείας·[24] **11** ἡ δὲ γῆ, εἰς ἣν εἰσπορεύῃ[25] ἐκεῖ κληρονομῆσαι[26] αὐτήν,
γῆ ὀρεινὴ[27] καὶ πεδινή,[28] ἐκ τοῦ ὑετοῦ[29] τοῦ οὐρανοῦ πίεται ὕδωρ, **12** γῆ, ἣν κύριος
ὁ θεός σου ἐπισκοπεῖται[30] αὐτήν, διὰ παντὸς οἱ ὀφθαλμοὶ κυρίου τοῦ θεοῦ σου ἐπ᾽
αὐτῆς ἀπ᾽ ἀρχῆς τοῦ ἐνιαυτοῦ[31] καὶ ἕως συντελείας[32] τοῦ ἐνιαυτοῦ.

13 Ἐὰν δὲ ἀκοῇ[33] εἰσακούσητε[34] πάσας τὰς ἐντολὰς αὐτοῦ, ὅσας ἐγὼ ἐντέλλομαί[35]
σοι σήμερον, ἀγαπᾶν κύριον τὸν θεόν σου καὶ λατρεύειν[36] αὐτῷ ἐξ ὅλης τῆς καρδίας
σου καὶ ἐξ ὅλης τῆς ψυχῆς σου, **14** καὶ δώσει τὸν ὑετὸν[37] τῇ γῇ σου καθ᾽ ὥραν
πρόιμον[38] καὶ ὄψιμον,[39] καὶ εἰσοίσεις[40] τὸν σῖτόν[41] σου καὶ τὸν οἶνόν σου καὶ τὸ
ἔλαιόν[42] σου· **15** καὶ δώσει χορτάσματα[43] ἐν τοῖς ἀγροῖς σου τοῖς κτήνεσίν[44] σου·

1 καταπίνω, *aor act ind 3s*, swallow
2 σκηνή, tent
3 ὑπόστασις, substance, being
4 ἐντέλλομαι, *pres mid ind 1s*, command
5 πολυπλασιάζω, *aor pas sub 2p*, become numerous
6 κληρονομέω, *aor act sub 2p*, inherit, acquire
7 διαβαίνω, *pres act ind 2p*, cross over
8 κληρονομέω, *aor act inf*, inherit, acquire
9 μακροημερεύω, *aor act sub 2p*, live long
10 ὄμνυμι, *aor act ind 3s*, swear an oath
11 ῥέω, *pres act ptc acc s f*, flow
12 γάλα, milk
13 μέλι, honey
14 εἰσπορεύομαι, *pres mid ind 2s*, enter
15 κληρονομέω, *aor act inf*, inherit, acquire
16 ὅθεν, from which
17 ἐκπορεύομαι, *perf mid ind 2p*, go out
18 ἐκεῖθεν, from there
19 σπείρω, *aor act sub 3p*, sow
20 σπόρος, seed
21 ποτίζω, *pres act sub 3p*, provide water
22 ὡσεί, as, like
23 κῆπος, garden
24 λαχανεία, vegetable
25 εἰσπορεύομαι, *pres mid ind 2s*, enter
26 κληρονομέω, *aor act inf*, inherit, acquire
27 ὀρεινός, hilly, mountainous
28 πεδινός, flat
29 ὑετός, rain
30 ἐπισκοπέω, *pres mid ind 3s*, look after, oversee
31 ἐνιαυτός, year
32 συντέλεια, end
33 ἀκοή, report, hearing
34 εἰσακούω, *aor act sub 2p*, listen, obey
35 ἐντέλλομαι, *pres mid ind 1s*, command
36 λατρεύω, *pres act inf*, serve
37 ὑετός, rain
38 πρόϊμος, early
39 ὄψιμος, later
40 εἰσφέρω, *fut act ind 2s*, gather in
41 σῖτος, grain
42 ἔλαιον, oil
43 χόρτασμα, fodder
44 κτῆνος, animal, (*p*) herd

καὶ φαγὼν καὶ ἐμπλησθεὶς[1] **16** πρόσεχε[2] σεαυτῷ, μὴ πλατυνθῇ[3] ἡ καρδία σου καὶ
παραβῆτε[4] καὶ λατρεύσητε[5] θεοῖς ἑτέροις καὶ προσκυνήσητε αὐτοῖς, **17** καὶ θυμω-
θεὶς[6] ὀργῇ κύριος ἐφ᾽ ὑμῖν καὶ συσχῇ[7] τὸν οὐρανόν, καὶ οὐκ ἔσται ὑετός,[8] καὶ ἡ γῆ
οὐ δώσει τὸν καρπὸν αὐτῆς, καὶ ἀπολεῖσθε ἐν τάχει[9] ἀπὸ τῆς γῆς τῆς ἀγαθῆς, ἧς
ἔδωκεν ὁ κύριος ὑμῖν.

18 καὶ ἐμβαλεῖτε[10] τὰ ῥήματα ταῦτα εἰς τὴν καρδίαν ὑμῶν καὶ εἰς τὴν ψυχὴν ὑμῶν·
καὶ ἀφάψετε[11] αὐτὰ εἰς σημεῖον ἐπὶ τῆς χειρὸς ὑμῶν, καὶ ἔσται ἀσάλευτον[12] πρὸ
ὀφθαλμῶν ὑμῶν· **19** καὶ διδάξετε αὐτὰ τὰ τέκνα ὑμῶν λαλεῖν αὐτὰ καθημένους
ἐν οἴκῳ καὶ πορευομένους ἐν ὁδῷ καὶ κοιταζομένους[13] καὶ διανισταμένους·[14]
20 καὶ γράψετε αὐτὰ ἐπὶ τὰς φλιὰς[15] τῶν οἰκιῶν ὑμῶν καὶ τῶν πυλῶν[16] ὑμῶν, **21** ἵνα
πολυημερεύσητε[17] καὶ αἱ ἡμέραι τῶν υἱῶν ὑμῶν ἐπὶ τῆς γῆς, ἧς ὤμοσεν[18] κύριος τοῖς
πατράσιν ὑμῶν δοῦναι αὐτοῖς, καθὼς αἱ ἡμέραι τοῦ οὐρανοῦ ἐπὶ τῆς γῆς. **22** καὶ
ἔσται ἐὰν ἀκοῇ[19] ἀκούσητε[20] πάσας τὰς ἐντολὰς ταύτας, ὅσας ἐγὼ ἐντέλλομαί[21]
σοι σήμερον ποιεῖν, ἀγαπᾶν κύριον τὸν θεὸν ἡμῶν καὶ πορεύεσθαι ἐν πάσαις ταῖς
ὁδοῖς αὐτοῦ καὶ προσκολλᾶσθαι[22] αὐτῷ, **23** καὶ ἐκβαλεῖ κύριος πάντα τὰ ἔθνη
ταῦτα ἀπὸ προσώπου ὑμῶν, καὶ κληρονομήσετε[23] ἔθνη μεγάλα καὶ ἰσχυρότερα[24]
μᾶλλον[25] ἢ ὑμεῖς. **24** πάντα τὸν τόπον, οὗ[26] ἐὰν πατήσῃ[27] τὸ ἴχνος[28] τοῦ ποδὸς ὑμῶν,
ὑμῖν ἔσται· ἀπὸ τῆς ἐρήμου καὶ Ἀντιλιβάνου καὶ ἀπὸ τοῦ ποταμοῦ[29] τοῦ μεγάλου,
ποταμοῦ Εὐφράτου, καὶ ἕως τῆς θαλάσσης τῆς ἐπὶ δυσμῶν[30] ἔσται τὰ ὅριά[31] σου.
25 οὐκ ἀντιστήσεται[32] οὐδεὶς κατὰ πρόσωπον ὑμῶν· τὸν τρόμον[33] ὑμῶν καὶ τὸν
φόβον ὑμῶν ἐπιθήσει κύριος ὁ θεὸς ὑμῶν ἐπὶ πρόσωπον πάσης τῆς γῆς, ἐφ᾽ ἧς ἐὰν
ἐπιβῆτε[34] ἐπ᾽ αὐτῆς, ὃν τρόπον[35] ἐλάλησεν κύριος πρὸς ὑμᾶς.

1 ἐμπίμπλημι, *aor pas ptc nom s m*, fill
2 προσέχω, *pres act impv 2s*, pay attention, give heed
3 πλατύνω, *aor pas sub 3s*, enlarge, widen out
4 παραβαίνω, *aor act sub 2p*, deviate
5 λατρεύω, *aor act sub 2p*, serve
6 θυμόω, *aor pas ptc nom s m*, make angry
7 συνέχω, *aor act sub 3s*, close up
8 ὑετός, rain
9 τάχος, quickly
10 ἐμβάλλω, *fut act ind 2p*, place in, put into
11 ἀφάπτω, *fut act ind 2p*, fasten upon
12 ἀσάλευτος, immovable, enduring
13 κοιτάζω, *pres mid ptc acc p m*, lie down
14 διανίστημι, *pres mid ptc acc p m*, rise up
15 φλιά, doorpost
16 πύλη, gate
17 πολυημερεύω, *aor act sub 2p*, be long-lived
18 ὄμνυμι, *aor act ind 3s*, swear an oath
19 ἀκοή, report, hearing
20 ἀκούω, *aor act sub 2p*, hear, listen
21 ἐντέλλομαι, *pres mid ind 1s*, command
22 προσκολλάω, *pres mid inf*, be devoted to, adhere to
23 κληρονομέω, *fut act ind 2p*, inherit from, acquire from
24 ἰσχυρός, *comp*, stronger, mightier
25 μᾶλλον, than
26 οὗ, where
27 πατέω, *aor act sub 3s*, tread, walk
28 ἴχνος, sole
29 ποταμός, river
30 δυσμή, west
31 ὅριον, boundary, border
32 ἀνθίστημι, *fut mid ind 3s*, stand against
33 τρόμος, quaking, trembling
34 ἐπιβαίνω, *aor act impv 2p*, go upon
35 ὃν τρόπον, in such manner that

26 Ἰδοὺ ἐγὼ δίδωμι ἐνώπιον ὑμῶν σήμερον εὐλογίαν[1] καὶ κατάραν,[2] **27** τὴν εὐλογίαν,[3]
ἐὰν ἀκούσητε τὰς ἐντολὰς κυρίου τοῦ θεοῦ ὑμῶν, ἃς ἐγὼ ἐντέλλομαι[4] ὑμῖν σήμερον,
28 καὶ τὰς κατάρας,[5] ἐὰν μὴ ἀκούσητε τὰς ἐντολὰς κυρίου τοῦ θεοῦ ὑμῶν, ὅσας
ἐγὼ ἐντέλλομαι[6] ὑμῖν σήμερον, καὶ πλανηθῆτε[7] ἀπὸ τῆς ὁδοῦ, ἧς ἐνετειλάμην[8] ὑμῖν,
πορευθέντες λατρεύειν[9] θεοῖς ἑτέροις, οὓς οὐκ οἴδατε. **29** καὶ ἔσται ὅταν εἰσαγάγῃ[10]
σε κύριος ὁ θεός σου εἰς τὴν γῆν, εἰς ἣν διαβαίνεις[11] ἐκεῖ κληρονομῆσαι[12] αὐτήν, καὶ
δώσεις τὴν εὐλογίαν[13] ἐπ᾽ ὄρος Γαριζιν καὶ τὴν κατάραν[14] ἐπ᾽ ὄρος Γαιβαλ. **30** (οὐκ
ἰδοὺ ταῦτα πέραν[15] τοῦ Ιορδάνου ὀπίσω ὁδὸν δυσμῶν[16] ἡλίου ἐν γῇ Χανααν τὸ
κατοικοῦν ἐπὶ δυσμῶν[17] ἐχόμενον τοῦ Γολγολ πλησίον[18] τῆς δρυὸς[19] τῆς ὑψηλῆς;[20])
31 ὑμεῖς γὰρ διαβαίνετε[21] τὸν Ιορδάνην εἰσελθόντες κληρονομῆσαι[22] τὴν γῆν, ἣν
κύριος ὁ θεὸς ὑμῶν δίδωσιν ὑμῖν ἐν κλήρῳ[23] πάσας τὰς ἡμέρας, καὶ κληρονομήσετε[24]
αὐτὴν καὶ κατοικήσετε ἐν αὐτῇ· **32** καὶ φυλάξεσθε τοῦ ποιεῖν πάντα τὰ προστάγματα[25]
αὐτοῦ καὶ τὰς κρίσεις ταύτας, ὅσας ἐγὼ δίδωμι ἐνώπιον ὑμῶν σήμερον.

One Place of Worship

12 Καὶ ταῦτα τὰ προστάγματα[26] καὶ αἱ κρίσεις, ἃς φυλάξετε τοῦ ποιεῖν ἐπὶ τῆς
γῆς, ἧς κύριος ὁ θεὸς τῶν πατέρων ὑμῶν δίδωσιν ὑμῖν ἐν κλήρῳ,[27] πάσας
τὰς ἡμέρας, ἃς ὑμεῖς ζῆτε ἐπὶ τῆς γῆς. **2** ἀπωλείᾳ[28] ἀπολεῖτε πάντας τοὺς τόπους,
ἐν οἷς ἐλάτρευσαν[29] ἐκεῖ τοῖς θεοῖς αὐτῶν οὓς ὑμεῖς κληρονομεῖτε[30] αὐτούς, ἐπὶ
τῶν ὀρέων τῶν ὑψηλῶν[31] καὶ ἐπὶ τῶν θινῶν[32] καὶ ὑποκάτω[33] δένδρου[34] δασέος[35]
3 καὶ κατασκάψετε[36] τοὺς βωμοὺς[37] αὐτῶν καὶ συντρίψετε[38] τὰς στήλας[39] αὐτῶν
καὶ τὰ ἄλση[40] αὐτῶν ἐκκόψετε[41] καὶ τὰ γλυπτὰ[42] τῶν θεῶν αὐτῶν κατακαύσετε[43]

1 εὐλογία, blessing
2 κατάρα, curse
3 εὐλογία, blessing
4 ἐντέλλομαι, *pres mid ind 1s*, command
5 κατάρα, curse
6 ἐντέλλομαι, *pres mid ind 1s*, command
7 πλανάω, *aor pas impv 2p*, wander, deviate
8 ἐντέλλομαι, *aor mid ind 1s*, command
9 λατρεύω, *pres act inf*, serve
10 εἰσάγω, *aor act sub 3s*, bring in
11 διαβαίνω, *pres act ind 2s*, cross over
12 κληρονομέω, *aor act inf*, inherit, acquire
13 εὐλογία, blessing
14 κατάρα, curse
15 πέραν, beyond
16 δυσμή, setting
17 δυσμή, west
18 πλησίον, near, adjacent
19 δρῦς, oak
20 ὑψηλός, high
21 διαβαίνω, *pres act ind 2p*, cross over
22 κληρονομέω, *aor act inf*, inherit, acquire
23 κλῆρος, lot, portion
24 κληρονομέω, *fut act ind 2p*, inherit, acquire
25 πρόσταγμα, ordinance, decree
26 πρόσταγμα, ordinance, decree
27 κλῆρος, lot, portion
28 ἀπώλεια, destruction
29 λατρεύω, *aor act ind 3p*, serve
30 κληρονομέω, *pres act ind 2p*, dispossess
31 ὑψηλός, high
32 θίς, dune, hill
33 ὑποκάτω, beneath
34 δένδρον, tree
35 δασύς, leafy
36 κατασκάπτω, *fut act ind 2p*, destroy, break down
37 βωμός, (illegitimate) altar
38 συντρίβω, *fut act ind 2p*, crush
39 στήλη, cultic pillar
40 ἄλσος, sacred grove
41 ἐκκόπτω, *fut act ind 2p*, cut down
42 γλυπτός, graven, carved
43 κατακαίω, *fut act ind 2p*, burn up

πυρί, καὶ ἀπολεῖται τὸ ὄνομα αὐτῶν ἐκ τοῦ τόπου ἐκείνου. **4** οὐ ποιήσετε οὕτως
κυρίῳ τῷ θεῷ ὑμῶν, **5** ἀλλ' ἢ εἰς τὸν τόπον, ὃν ἂν ἐκλέξηται[1] κύριος ὁ θεὸς ὑμῶν
ἐν μιᾷ τῶν φυλῶν ὑμῶν ἐπονομάσαι[2] τὸ ὄνομα αὐτοῦ ἐκεῖ ἐπικληθῆναι,[3] καὶ
ἐκζητήσετε[4] καὶ εἰσελεύσεσθε ἐκεῖ **6** καὶ οἴσετε[5] ἐκεῖ τὰ ὁλοκαυτώματα[6] ὑμῶν καὶ
τὰ θυσιάσματα[7] ὑμῶν καὶ τὰς ἀπαρχὰς[8] ὑμῶν καὶ τὰς εὐχὰς[9] ὑμῶν καὶ τὰ ἑκούσια[10]
ὑμῶν καὶ τὰ πρωτότοκα[11] τῶν βοῶν[12] ὑμῶν καὶ τῶν προβάτων ὑμῶν **7** καὶ φάγεσθε
ἐκεῖ ἐναντίον[13] κυρίου τοῦ θεοῦ ὑμῶν καὶ εὐφρανθήσεσθε[14] ἐπὶ πᾶσιν, οὗ ἂν τὴν
χεῖρα ἐπιβάλητε,[15] ὑμεῖς καὶ οἱ οἶκοι ὑμῶν, καθότι[16] εὐλόγησέν σε κύριος ὁ θεός σου.

8 οὐ ποιήσετε πάντα, ἃ ἡμεῖς ποιοῦμεν ὧδε[17] σήμερον, ἕκαστος τὸ ἀρεστὸν[18]
ἐνώπιον αὐτοῦ· **9** οὐ γὰρ ἥκατε[19] ἕως τοῦ νῦν εἰς τὴν κατάπαυσιν[20] καὶ εἰς τὴν κλη-
ρονομίαν,[21] ἣν κύριος ὁ θεὸς ὑμῶν δίδωσιν ὑμῖν. **10** καὶ διαβήσεσθε[22] τὸν Ιορδάνην
καὶ κατοικήσετε ἐπὶ τῆς γῆς, ἧς κύριος ὁ θεὸς ὑμῶν κατακληρονομεῖ[23] ὑμῖν, καὶ
καταπαύσει[24] ὑμᾶς ἀπὸ πάντων τῶν ἐχθρῶν ὑμῶν τῶν κύκλῳ,[25] καὶ κατοικήσετε
μετὰ ἀσφαλείας.[26] **11** καὶ ἔσται ὁ τόπος, ὃν ἂν ἐκλέξηται[27] κύριος ὁ θεὸς ὑμῶν
ἐπικληθῆναι[28] τὸ ὄνομα αὐτοῦ ἐκεῖ, ἐκεῖ οἴσετε πάντα, ὅσα ἐγὼ ἐντέλλομαι[29] ὑμῖν
σήμερον, τὰ ὁλοκαυτώματα[30] ὑμῶν καὶ τὰ θυσιάσματα[31] ὑμῶν καὶ τὰ ἐπιδέκατα[32]
ὑμῶν καὶ τὰς ἀπαρχὰς[33] τῶν χειρῶν ὑμῶν καὶ τὰ δόματα[34] ὑμῶν καὶ πᾶν ἐκλεκτὸν[35]
τῶν δώρων[36] ὑμῶν, ὅσα ἐὰν εὔξησθε[37] τῷ θεῷ ὑμῶν, **12** καὶ εὐφρανθήσεσθε[38]
ἐναντίον[39] κυρίου τοῦ θεοῦ ὑμῶν, ὑμεῖς καὶ οἱ υἱοὶ ὑμῶν καὶ αἱ θυγατέρες[40] ὑμῶν, οἱ
παῖδες[41] ὑμῶν καὶ αἱ παιδίσκαι[42] ὑμῶν καὶ ὁ Λευίτης ὁ ἐπὶ τῶν πυλῶν[43] ὑμῶν, ὅτι οὐκ
ἔστιν αὐτῷ μερὶς[44] οὐδὲ κλῆρος[45] μεθ' ὑμῶν. **13** πρόσεχε[46] σεαυτῷ μὴ ἀνενέγκῃς[47]

1 ἐκλέγω, *aor mid sub 3s*, choose, elect
2 ἐπονομάζω, *aor act inf*, designate
3 ἐπικαλέω, *aor pas inf*, call upon
4 ἐκζητέω, *fut act ind 2p*, seek out
5 φέρω, *fut act ind 2p*, bring, offer
6 ὁλοκαύτωμα, whole burnt offering
7 θυσίασμα, offering
8 ἀπαρχή, firstfruit
9 εὐχή, votive offering
10 ἑκούσιος, voluntary offering
11 πρωτότοκος, firstborn
12 βοῦς, cow, (*p*) cattle
13 ἐναντίον, before
14 εὐφραίνω, *fut pas ind 2p*, rejoice
15 ἐπιβάλλω, *aor act sub 2p*, put upon
16 καθότι, as
17 ὧδε, here
18 ἀρεστός, pleasing
19 ἥκω, *perf act ind 2p*, come
20 κατάπαυσις, rest, resting place
21 κληρονομία, inheritance
22 διαβαίνω, *fut mid ind 2p*, cross over
23 κατακληρονομέω, *pres act ind 3s*, give as inheritance
24 καταπαύω, *fut act ind 3s*, give rest
25 κύκλῳ, round about
26 ἀσφάλεια, security, safety
27 ἐκλέγω, *aor mid sub 3s*, choose, elect
28 ἐπικαλέω, *aor pas inf*, call upon
29 ἐντέλλομαι, *pres mid ind 1s*, command
30 ὁλοκαύτωμα, whole burnt offering
31 θυσίασμα, offering
32 ἐπιδέκατον, tithe
33 ἀπαρχή, firstfruit
34 δόμα, gift
35 ἐκλεκτός, choice, select
36 δῶρον, gift, offering
37 εὔχομαι, *aor mid sub 2p*, vow
38 εὐφραίνω, *fut pas ind 2p*, rejoice
39 ἐναντίον, before
40 θυγάτηρ, daughter
41 παῖς, servant
42 παιδίσκη, maidservant
43 πύλη, gate
44 μερίς, part, portion
45 κλῆρος, lot, share
46 προσέχω, *pres act impv 2s*, pay attention, give heed
47 ἀναφέρω, *aor act sub 2s*, bring to

τὰ ὁλοκαυτώματά[1] σου ἐν παντὶ τόπῳ, οὗ[2] ἐὰν ἴδῃς, **14** ἀλλ᾽ ἢ εἰς τὸν τόπον, ὃν ἂν ἐκλέξηται[3] κύριος ὁ θεός σου αὐτὸν ἐν μιᾷ τῶν φυλῶν σου, ἐκεῖ ἀνοίσεις[4] τὰ ὁλοκαυτώματά[5] σου καὶ ἐκεῖ ποιήσεις πάντα, ὅσα ἐγὼ ἐντέλλομαί[6] σοι σήμερον.

15 ἀλλ᾽ ἢ ἐν πάσῃ ἐπιθυμίᾳ[7] σου θύσεις[8] καὶ φάγῃ κρέα[9] κατὰ τὴν εὐλογίαν[10] κυρίου τοῦ θεοῦ σου, ἣν ἔδωκέν σοι ἐν πάσῃ πόλει· ὁ ἀκάθαρτος ἐν σοὶ καὶ ὁ καθαρὸς[11] ἐπὶ τὸ αὐτὸ φάγεται αὐτὸ ὡς δορκάδα[12] ἢ ἔλαφον·[13] **16** πλὴν τὸ αἷμα οὐ φάγεσθε, ἐπὶ τὴν γῆν ἐκχεεῖτε[14] αὐτὸ ὡς ὕδωρ. **17** οὐ δυνήσῃ φαγεῖν ἐν ταῖς πόλεσίν σου τὸ ἐπιδέκατον[15] τοῦ σίτου[16] σου καὶ τοῦ οἴνου σου καὶ τοῦ ἐλαίου[17] σου, τὰ πρωτότοκα[18] τῶν βοῶν[19] σου καὶ τῶν προβάτων σου καὶ πάσας εὐχάς,[20] ὅσας ἂν εὔξησθε,[21] καὶ τὰς ὁμολογίας[22] ὑμῶν καὶ τὰς ἀπαρχὰς[23] τῶν χειρῶν ὑμῶν, **18** ἀλλ᾽ ἢ ἐναντίον[24] κυρίου τοῦ θεοῦ σου φάγῃ αὐτὰ ἐν τῷ τόπῳ, ᾧ ἂν ἐκλέξηται[25] κύριος ὁ θεός σου αὐτῷ, σὺ καὶ ὁ υἱός σου καὶ ἡ θυγάτηρ[26] σου, ὁ παῖς[27] σου καὶ ἡ παιδίσκη[28] σου καὶ ὁ προσήλυτος[29] ὁ ἐν ταῖς πόλεσιν ὑμῶν, καὶ εὐφρανθήσῃ[30] ἐναντίον[31] κυρίου τοῦ θεοῦ σου ἐπὶ πάντα, οὗ[32] ἂν ἐπιβάλῃς[33] τὴν χεῖρά σου. **19** πρόσεχε[34] σεαυτῷ μὴ ἐγκαταλίπῃς[35] τὸν Λευίτην πάντα τὸν χρόνον, ὅσον ἐὰν ζῇς ἐπὶ τῆς γῆς.

20 Ἐὰν δὲ ἐμπλατύνῃ[36] κύριος ὁ θεός σου τὰ ὅριά[37] σου, καθάπερ[38] ἐλάλησέν σοι, καὶ ἐρεῖς Φάγομαι κρέα,[39] ἐὰν ἐπιθυμήσῃ[40] ἡ ψυχή σου ὥστε φαγεῖν κρέα, ἐν πάσῃ ἐπιθυμίᾳ[41] τῆς ψυχῆς σου φάγῃ κρέα. **21** ἐὰν δὲ μακρότερον[42] ἀπέχῃ[43] σου ὁ τόπος, ὃν ἂν ἐκλέξηται[44] κύριος ὁ θεός σου ἐπικληθῆναι[45] τὸ ὄνομα αὐτοῦ ἐκεῖ, καὶ θύσεις[46] ἀπὸ τῶν βοῶν[47] σου καὶ ἀπὸ τῶν προβάτων σου, ὧν ἂν δῷ ὁ θεός σοι, ὃν τρόπον[48]

1 ὁλοκαύτωμα, whole burnt offering
2 οὗ, where
3 ἐκλέγω, *aor mid sub 3s*, choose
4 ἀναφέρω, *fut act ind 2s*, offer up
5 ὁλοκαύτωμα, whole burnt offering
6 ἐντέλλομαι, *pres mid ind 1s*, command
7 ἐπιθυμία, desire, yearning
8 θύω, *fut act ind 2s*, sacrifice
9 κρέας, meat
10 εὐλογία, blessing
11 καθαρός, clean, pure
12 δορκάς, gazelle
13 ἔλαφος, deer
14 ἐκχέω, *fut act ind 2p*, pour out
15 ἐπιδέκατον, tenth, tithe
16 σῖτος, grain
17 ἔλαιον, oil
18 πρωτότοκος, firstborn
19 βοῦς, cow, (*p*) cattle
20 εὐχή, votive offering
21 εὔχομαι, *aor mid sub 2p*, vow
22 ὁμολογία, voluntary offering
23 ἀπαρχή, firstfruit
24 ἐναντίον, before
25 ἐκλέγω, *aor mid sub 3s*, choose
26 θυγάτηρ, daughter
27 παῖς, servant
28 παιδίσκη, maidservant
29 προσήλυτος, immigrant, guest
30 εὐφραίνω, *fut pas ind 2s*, rejoice
31 ἐναντίον, before
32 οὗ, where
33 ἐπιβάλλω, *aor act sub 2s*, put upon
34 προσέχω, *pres act impv 2s*, pay attention, give heed
35 ἐγκαταλείπω, *aor act sub 2s*, neglect, leave behind
36 ἐμπλατύνω, *pres act sub 3s*, enlarge
37 ὅριον, boundary, border
38 καθάπερ, just as
39 κρέας, meat
40 ἐπιθυμέω, *aor act sub 3s*, desire
41 ἐπιθυμία, desire, yearning
42 μακρός, *comp*, farther, more distant
43 ἀπέχω, *pres act sub 3s*, be far off
44 ἐκλέγω, *aor mid sub 3s*, choose
45 ἐπικαλέω, *aor pas inf*, call upon
46 θύω, *fut act ind 2s*, sacrifice
47 βοῦς, cow, (*p*) cattle
48 ὃν τρόπον, just as

ἐνετειλάμην[1] σοι, καὶ φάγῃ ἐν ταῖς πόλεσίν σου κατὰ τὴν ἐπιθυμίαν[2] τῆς ψυχῆς σου·
22 ὡς ἔσθεται[3] ἡ δορκὰς[4] καὶ ἡ ἔλαφος,[5] οὕτως φάγῃ αὐτό, ὁ ἀκάθαρτος ἐν σοὶ καὶ
ὁ καθαρὸς[6] ὡσαύτως[7] ἔδεται. **23** πρόσεχε[8] ἰσχυρῶς[9] τοῦ μὴ φαγεῖν αἷμα, ὅτι τὸ αἷμα
αὐτοῦ ψυχή· οὐ βρωθήσεται[10] ἡ ψυχὴ μετὰ τῶν κρεῶν,[11] **24** οὐ φάγεσθε, ἐπὶ τὴν γῆν
ἐκχεεῖτε[12] αὐτὸ ὡς ὕδωρ· **25** οὐ φάγῃ αὐτό, ἵνα εὖ[13] σοι γένηται καὶ τοῖς υἱοῖς σου
μετὰ σέ, ἐὰν ποιήσῃς τὸ καλὸν καὶ τὸ ἀρεστὸν[14] ἐναντίον[15] κυρίου τοῦ θεοῦ σου.

26 πλὴν τὰ ἅγιά σου, ἐὰν γένηταί σοι, καὶ τὰς εὐχάς[16] σου λαβὼν ἥξεις[17] εἰς τὸν
τόπον, ὃν ἂν ἐκλέξηται[18] κύριος ὁ θεός σου ἐπικληθῆναι[19] τὸ ὄνομα αὐτοῦ ἐκεῖ,
27 καὶ ποιήσεις τὰ ὁλοκαυτώματά[20] σου· τὰ κρέα[21] ἀνοίσεις[22] ἐπὶ τὸ θυσιαστήριον[23]
κυρίου τοῦ θεοῦ σου, τὸ δὲ αἷμα τῶν θυσιῶν[24] σου προσχεεῖς[25] πρὸς τὴν βάσιν[26]
τοῦ θυσιαστηρίου κυρίου τοῦ θεοῦ σου, τὰ δὲ κρέα[27] φάγῃ. **28** φυλάσσου καὶ ἄκουε
καὶ ποιήσεις πάντας τοὺς λόγους, οὓς ἐγὼ ἐντέλλομαί[28] σοι, ἵνα εὖ[29] σοι γένηται
καὶ τοῖς υἱοῖς σου δι᾽ αἰῶνος, ἐὰν ποιήσῃς τὸ καλὸν καὶ τὸ ἀρεστὸν[30] ἐναντίον[31]
κυρίου τοῦ θεοῦ σου.

Warning against Idolatry

29 Ἐὰν δὲ ἐξολεθρεύσῃ[32] κύριος ὁ θεός σου τὰ ἔθνη, εἰς οὓς σὺ εἰσπορεύῃ[33] ἐκεῖ
κληρονομῆσαι[34] τὴν γῆν αὐτῶν, ἀπὸ προσώπου σου καὶ κατακληρονομήσῃς[35]
αὐτοὺς καὶ κατοικήσῃς ἐν τῇ γῇ αὐτῶν, **30** πρόσεχε[36] σεαυτῷ μὴ ἐκζητήσῃς[37]
ἐπακολουθῆσαι[38] αὐτοῖς μετὰ τὸ ἐξολεθρευθῆναι[39] αὐτοὺς ἀπὸ προσώπου σου·
οὐ μὴ ἐκζητήσῃς[40] τοὺς θεοὺς αὐτῶν λέγων Πῶς ποιοῦσιν τὰ ἔθνη ταῦτα τοῖς
θεοῖς αὐτῶν; ποιήσω κἀγώ.[41] **31** οὐ ποιήσεις οὕτως κυρίῳ τῷ θεῷ σου· τὰ γὰρ

1 ἐντέλλομαι, *aor mid ind 1s*, command
2 ἐπιθυμία, desire, yearning
3 ἔσθω, *pres pas ind 3s*, eat
4 δορκάς, gazelle
5 ἔλαφος, deer
6 καθαρός, clean, pure
7 ὡσαύτως, alike
8 προσέχω, *pres act impv 2s*, pay attention, give heed
9 ἰσχυρῶς, very much, greatly
10 βιβρώσκω, *fut pas ind 3s*, eat
11 κρέας, meat
12 ἐκχέω, *fut act ind 2p*, pour out
13 εὖ, well
14 ἀρεστός, pleasing
15 ἐναντίον, before
16 εὐχή, votive offering
17 ἥκω, *fut act ind 2s*, come
18 ἐκλέγω, *aor mid sub 3s*, choose
19 ἐπικαλέω, *aor pas inf*, call upon
20 ὁλοκαύτωμα, whole burnt offering
21 κρέας, meat
22 ἀναφέρω, *fut act ind 2s*, offer up
23 θυσιαστήριον, altar
24 θυσία, sacrifice
25 προσχέω, *fut act ind 2s*, pour out
26 βάσις, base
27 κρέας, meat
28 ἐντέλλομαι, *pres mid ind 1s*, command
29 εὖ, well
30 ἀρεστός, pleasing
31 ἐναντίον, before
32 ἐξολεθρεύω, *aor act sub 3s*, utterly destroy
33 εἰσπορεύομαι, *pres mid ind 2s*, enter
34 κληρονομέω, *aor act inf*, inherit
35 κατακληρονομέω, *aor act sub 2s*, dispossess
36 προσέχω, *pres act impv 2s*, pay attention, give heed
37 ἐκζητέω, *aor act sub 2s*, seek
38 ἐπακολουθέω, *aor act inf*, follow
39 ἐξολεθρεύω, *aor pas inf*, utterly destroy
40 ἐκζητέω, *aor act sub 2s*, seek out
41 κἀγώ, I also, *cr.* καὶ ἐγώ

βδελύγματα,[1] ἃ κύριος ἐμίσησεν, ἐποίησαν τοῖς θεοῖς αὐτῶν, ὅτι τοὺς υἱοὺς αὐτῶν
καὶ τὰς θυγατέρας[2] αὐτῶν κατακαίουσιν[3] ἐν πυρὶ τοῖς θεοῖς αὐτῶν.

13 Πᾶν ῥῆμα, ὃ ἐγὼ ἐντέλλομαί[4] σοι σήμερον, τοῦτο φυλάξῃ ποιεῖν· οὐ προσ-
θήσεις[5] ἐπ᾽ αὐτὸ οὐδὲ ἀφελεῖς[6] ἀπ᾽ αὐτοῦ.

2 Ἐὰν δὲ ἀναστῇ ἐν σοὶ προφήτης ἢ ἐνυπνιαζόμενος[7] ἐνύπνιον[8] καὶ δῷ σοι σημεῖον
ἢ τέρας[9] **3** καὶ ἔλθῃ τὸ σημεῖον ἢ τὸ τέρας,[10] ὃ ἐλάλησεν πρὸς σὲ λέγων Πορευθῶμεν
καὶ λατρεύσωμεν[11] θεοῖς ἑτέροις, οὓς οὐκ οἴδατε, **4** οὐκ ἀκούσεσθε τῶν λόγων τοῦ
προφήτου ἐκείνου ἢ τοῦ ἐνυπνιαζομένου[12] τὸ ἐνύπνιον[13] ἐκεῖνο, ὅτι πειράζει[14]
κύριος ὁ θεὸς ὑμᾶς εἰδέναι εἰ ἀγαπᾶτε κύριον τὸν θεὸν ὑμῶν ἐξ ὅλης τῆς καρδίας
ὑμῶν καὶ ἐξ ὅλης τῆς ψυχῆς ὑμῶν. **5** ὀπίσω κυρίου τοῦ θεοῦ ὑμῶν πορεύεσθε καὶ
αὐτὸν φοβηθήσεσθε καὶ τὰς ἐντολὰς αὐτοῦ φυλάξεσθε καὶ τῆς φωνῆς αὐτοῦ
ἀκούσεσθε καὶ αὐτῷ προστεθήσεσθε.[15] **6** καὶ ὁ προφήτης ἐκεῖνος ἢ ὁ τὸ ἐνύπνιον[16]
ἐνυπνιαζόμενος[17] ἐκεῖνος ἀποθανεῖται· ἐλάλησεν γὰρ πλανῆσαί σε ἀπὸ κυρίου
τοῦ θεοῦ σου τοῦ ἐξαγαγόντος[18] σε ἐκ γῆς Αἰγύπτου τοῦ λυτρωσαμένου[19] σε ἐκ
τῆς δουλείας[20] ἐξῶσαί[21] σε ἐκ τῆς ὁδοῦ, ἧς ἐνετείλατό[22] σοι κύριος ὁ θεός σου
πορεύεσθαι ἐν αὐτῇ· καὶ ἀφανιεῖς[23] τὸν πονηρὸν ἐξ ὑμῶν αὐτῶν.

7 Ἐὰν δὲ παρακαλέσῃ σε ὁ ἀδελφός σου ἐκ πατρός σου ἢ ἐκ μητρός σου ἢ ὁ υἱός
σου ἢ ἡ θυγάτηρ[24] σου ἢ ἡ γυνὴ ἡ ἐν κόλπῳ[25] σου ἢ ὁ φίλος[26] ὁ ἴσος[27] τῆς ψυχῆς σου
λάθρᾳ[28] λέγων Βαδίσωμεν[29] καὶ λατρεύσωμεν[30] θεοῖς ἑτέροις, οὓς οὐκ ᾔδεις[31] σὺ καὶ οἱ
πατέρες σου, **8** ἀπὸ τῶν θεῶν τῶν ἐθνῶν τῶν περικύκλῳ[32] ὑμῶν τῶν ἐγγιζόντων σοι
ἢ τῶν μακρὰν[33] ἀπὸ σοῦ ἀπ᾽ ἄκρου[34] τῆς γῆς ἕως ἄκρου τῆς γῆς, **9** οὐ συνθελήσεις[35]
αὐτῷ καὶ οὐκ εἰσακούσῃ[36] αὐτοῦ, καὶ οὐ φείσεται[37] ὁ ὀφθαλμός σου ἐπ᾽ αὐτῷ, οὐκ

1 βδέλυγμα, abomination
2 θυγάτηρ, daughter
3 κατακαίω, *pres act ind 3p*, burn up
4 ἐντέλλομαι, *pres mid ind 1s*, command
5 προστίθημι, *fut act ind 2s*, add to
6 ἀφαιρέω, *fut act ind 2s*, take away
7 ἐνυπνιάζομαι, *pres mid ptc nom s m*, dream
8 ἐνύπνιον, dream
9 τέρας, wonder
10 τέρας, wonder
11 λατρεύω, *aor act sub 1p*, serve
12 ἐνυπνιάζομαι, *pres mid ptc gen s m*, dream
13 ἐνύπνιον, dream
14 πειράζω, *pres act ind 3s*, test
15 προστίθημι, *fut pas ind 2p*, join, add to
16 ἐνύπνιον, dream
17 ἐνυπνιάζομαι, *pres mid ptc nom s m*, dream
18 ἐξάγω, *aor act ptc gen s m*, bring out
19 λυτρόω, *aor mid ptc gen s m*, redeem, ransom
20 δουλεία, slavery
21 ἐξωθέω, *aor act inf*, thrust out, drive away
22 ἐντέλλομαι, *aor mid ind 3s*, command
23 ἀφανίζω, *fut act ind 2s*, expunge, destroy
24 θυγάτηρ, daughter
25 κόλπος, bosom
26 φίλος, friend
27 ἴσος, equal to, like
28 λάθρᾳ, secretly, in secret
29 βαδίζω, *aor act sub 1p*, go
30 λατρεύω, *aor act sub 1p*, serve
31 οἶδα, *plpf act ind 2s*, know
32 περικύκλῳ, round about
33 μακράν, far away, distant
34 ἄκρος, end, extremity
35 συνθέλω, *fut act ind 2s*, consent with
36 εἰσακούω, *fut mid ind 2s*, listen
37 φείδομαι, *fut mid ind 3s*, spare, be merciful

ἐπιποθήσεις[1] ἐπ᾽ αὐτῷ οὐδ᾽ οὐ μὴ σκεπάσῃς[2] αὐτόν· **10** ἀναγγέλλων[3] ἀναγγελεῖς[4]
περὶ αὐτοῦ, αἱ χεῖρές σου ἔσονται ἐπ᾽ αὐτὸν ἐν πρώτοις ἀποκτεῖναι αὐτόν, καὶ αἱ
χεῖρες παντὸς τοῦ λαοῦ ἐπ᾽ ἐσχάτῳ, **11** καὶ λιθοβολήσουσιν[5] αὐτὸν ἐν λίθοις, καὶ
ἀποθανεῖται, ὅτι ἐζήτησεν ἀποστῆσαί[6] σε ἀπὸ κυρίου τοῦ θεοῦ σου τοῦ ἐξαγαγόντος[7]
σε ἐκ γῆς Αἰγύπτου ἐξ οἴκου δουλείας.[8] **12** καὶ πᾶς Ισραηλ ἀκούσας φοβηθήσεται καὶ
οὐ προσθήσουσιν[9] ἔτι ποιῆσαι κατὰ τὸ ῥῆμα τὸ πονηρὸν τοῦτο ἐν ὑμῖν.

13 Ἐὰν δὲ ἀκούσῃς ἐν μιᾷ τῶν πόλεών σου, ὧν κύριος ὁ θεός σου δίδωσίν σοι
κατοικεῖν σε ἐκεῖ, λεγόντων **14** Ἐξῆλθοσαν ἄνδρες παράνομοι[10] ἐξ ὑμῶν καὶ ἀπέ-
στησαν[11] πάντας τοὺς κατοικοῦντας τὴν πόλιν αὐτῶν λέγοντες Πορευθῶμεν καὶ
λατρεύσωμεν[12] θεοῖς ἑτέροις, οὓς οὐκ ᾔδειτε,[13] **15** καὶ ἐρωτήσεις[14] καὶ ἐραυνήσεις[15]
σφόδρα,[16] καὶ ἰδοὺ ἀληθὴς σαφῶς[17] ὁ λόγος, γεγένηται τὸ βδέλυγμα[18] τοῦτο ἐν
ὑμῖν, **16** ἀναιρῶν[19] ἀνελεῖς[20] πάντας τοὺς κατοικοῦντας ἐν τῇ πόλει ἐκείνῃ ἐν φόνῳ[21]
μαχαίρας,[22] ἀναθέματι[23] ἀναθεματιεῖτε[24] αὐτὴν καὶ πάντα τὰ ἐν αὐτῇ **17** καὶ πάντα τὰ
σκῦλα[25] αὐτῆς συνάξεις εἰς τὰς διόδους[26] αὐτῆς καὶ ἐμπρήσεις[27] τὴν πόλιν ἐν πυρὶ
καὶ πάντα τὰ σκῦλα[28] αὐτῆς πανδημεὶ[29] ἐναντίον[30] κυρίου τοῦ θεοῦ σου, καὶ ἔσται
ἀοίκητος[31] εἰς τὸν αἰῶνα, οὐκ ἀνοικοδομηθήσεται[32] ἔτι. **18** οὐ προσκολληθήσεται[33]
ἐν τῇ χειρί σου οὐδὲν ἀπὸ τοῦ ἀναθέματος,[34] ἵνα ἀποστραφῇ[35] κύριος ἀπὸ θυμοῦ[36]
τῆς ὀργῆς αὐτοῦ καὶ δώσει σοι ἔλεος[37] καὶ ἐλεήσει[38] σε καὶ πληθυνεῖ[39] σε, ὃν τρόπον[40]
ὤμοσεν[41] κύριος τοῖς πατράσιν σου, **19** ἐὰν ἀκούσῃς τῆς φωνῆς κυρίου τοῦ θεοῦ σου
φυλάσσειν πάσας τὰς ἐντολὰς αὐτοῦ, ὅσας ἐγὼ ἐντέλλομαί[42] σοι σήμερον, ποιεῖν
τὸ καλὸν καὶ τὸ ἀρεστὸν[43] ἐναντίον[44] κυρίου τοῦ θεοῦ σου.

1 ἐπιποθέω, *fut act ind 2s*, feel affection, long for
2 σκεπάζω, *aor act sub 2s*, protect, shelter
3 ἀναγγέλλω, *pres act ptc nom s m*, report
4 ἀναγγέλλω, *fut act ind 2s*, report
5 λιθοβολέω, *fut act ind 3p*, stone
6 ἀφίστημι, *aor act inf*, draw away
7 ἐξάγω, *aor act ptc gen s m*, bring out
8 δουλεία, slavery
9 προστίθημι, *fut act ind 3p*, add to, continue
10 παράνομος, lawless, wicked
11 ἀφίστημι, *aor act ind 3p*, draw away
12 λατρεύω, *aor act sub 1p*, serve
13 οἶδα, *plpf act ind 2p*, know
14 ἐρωτάω, *fut act ind 2s*, ask
15 ἐραυνάω, *fut act ind 2s*, search, inquire
16 σφόδρα, closely
17 σαφῶς, clearly, plainly
18 βδέλυγμα, abomination
19 ἀναιρέω, *pres act ptc nom s m*, destroy
20 ἀναιρέω, *fut act ind 2s*, destroy
21 φόνος, killing, slaughter
22 μάχαιρα, sword
23 ἀνάθεμα, cursed, devoted to destruction
24 ἀναθεματίζω, *fut act ind 2p*, curse, devote to destruction
25 σκῦλον, spoils
26 δίοδος, pathway, road
27 ἐμπίμπρημι, *fut act ind 2s*, burn
28 σκῦλον, spoils
29 πανδημεί, with the whole people
30 ἐναντίον, before
31 ἀοίκητος, uninhabited
32 ἀνοικοδομέω, *fut pas ind 3s*, rebuild
33 προσκολλάω, *fut pas ind 3s*, attach, stick
34 ἀνάθεμα, cursed, devoted to destruction
35 ἀποστρέφω, *aor pas sub 3s*, turn from
36 θυμός, wrath
37 ἔλεος, mercy, compassion
38 ἐλεέω, *fut act ind 3s*, have pity on
39 πληθύνω, *fut act ind 3s*, multiply
40 ὃν τρόπον, in the manner that
41 ὄμνυμι, *aor act ind 3s*, swear an oath
42 ἐντέλλομαι, *pres mid ind 1s*, command
43 ἀρεστός, pleasing
44 ἐναντίον, before

Forbidden Mourning Practices

14 Υἱοί ἐστε κυρίου τοῦ θεοῦ ὑμῶν· οὐ φοιβήσετε,[1] οὐκ ἐπιθήσετε φαλάκρωμα[2]
ἀνὰ μέσον[3] τῶν ὀφθαλμῶν ὑμῶν ἐπὶ νεκρῷ·[4] **2** ὅτι λαὸς ἅγιος εἶ κυρίῳ τῷ
θεῷ σου, καὶ σὲ ἐξελέξατο[5] κύριος ὁ θεός σου γενέσθαι σε αὐτῷ λαὸν περιούσιον[6]
ἀπὸ πάντων τῶν ἐθνῶν τῶν ἐπὶ προσώπου τῆς γῆς.

Clean and Unclean Foods

3 Οὐ φάγεσθε πᾶν βδέλυγμα.[7] **4** ταῦτα τὰ κτήνη,[8] ἃ φάγεσθε· μόσχον[9] ἐκ βοῶν[10]
καὶ ἀμνὸν[11] ἐκ προβάτων καὶ χίμαρον[12] ἐξ αἰγῶν,[13] **5** ἔλαφον[14] καὶ δορκάδα[15] καὶ
βούβαλον[16] καὶ τραγέλαφον[17] καὶ πύγαργον,[18] ὄρυγα[19] καὶ καμηλοπάρδαλιν·[20]
6 πᾶν κτῆνος[21] διχηλοῦν[22] ὁπλὴν[23] καὶ ὀνυχιστῆρας[24] ὀνυχίζον[25] δύο χηλῶν[26] καὶ
ἀνάγον[27] μηρυκισμὸν[28] ἐν τοῖς κτήνεσιν,[29] ταῦτα φάγεσθε. **7** καὶ ταῦτα οὐ φάγεσθε
ἀπὸ τῶν ἀναγόντων[30] μηρυκισμὸν[31] καὶ ἀπὸ τῶν διχηλούντων[32] τὰς ὁπλὰς[33] καὶ
ὀνυχιζόντων[34] ὀνυχιστῆρας·[35] τὸν κάμηλον[36] καὶ δασύποδα[37] καὶ χοιρογρύλλιον,[38]
ὅτι ἀνάγουσιν[39] μηρυκισμὸν[40] καὶ ὁπλὴν[41] οὐ διχηλοῦσιν,[42] ἀκάθαρτα ταῦτα ὑμῖν
ἐστιν· **8** καὶ τὸν ὗν,[43] ὅτι διχηλεῖ[44] ὁπλὴν[45] τοῦτο καὶ ὀνυχίζει[46] ὄνυχας[47] ὁπλῆς καὶ
τοῦτο μηρυκισμὸν[48] οὐ μαρυκᾶται,[49] ἀκάθαρτον τοῦτο ὑμῖν· ἀπὸ τῶν κρεῶν[50] αὐτῶν
οὐ φάγεσθε καὶ τῶν θνησιμαίων[51] αὐτῶν οὐχ ἅψεσθε.

1 φοιβάω, *fut act ind 2p*, purify, seek oracular ecstasy?
2 φαλάκρωμα, baldness
3 ἀνὰ μέσον, between
4 νεκρός, dead
5 ἐκλέγω, *aor mid ind 3s*, choose, elect
6 περιούσιος, special, peculiar
7 βδέλυγμα, abomination
8 κτῆνος, animal, (*p*) herd
9 μόσχος, calf, young bull
10 βοῦς, cow, (*p*) cattle
11 ἀμνός, lamb
12 χίμαρος, young goat
13 αἴξ, goat
14 ἔλαφος, deer
15 δορκάς, gazelle
16 βούβαλος, antelope
17 τραγέλαφος, wild goat
18 πύγαργος, white-tailed antelope
19 ὄρυξ, sable antelope
20 καμηλοπάρδαλις, giraffe
21 κτῆνος, animal, (*p*) herd
22 διχηλέω, *pres act ptc acc s n*, divide
23 ὁπλή, hoof
24 ὀνυχιστήρ, hoof
25 ὀνυχίζω, *pres act ptc acc s n*, split
26 χηλή, cloven hoof
27 ἀνάγω, *pres act ptc acc s n*, regurgitate
28 μηρυκισμός, cud
29 κτῆνος, animal, (*p*) herd
30 ἀνάγω, *pres act ptc gen p n*, regurgitate
31 μηρυκισμός, cud
32 διχηλέω, *pres act ptc gen p n*, divide
33 ὁπλή, hoof
34 ὀνυχίζω, *pres act ptc gen p n*, split
35 ὀνυχιστήρ, hoof
36 κάμηλος, camel
37 δασύπους, hare
38 χοιρογρύλλιος, rabbit
39 ἀνάγω, *pres act ind 3p*, regurgitate
40 μηρυκισμός, cud
41 ὁπλή, hoof
42 διχηλέω, *pres act ind 3p*, divide
43 ὗς, pig
44 διχηλέω, *pres act ind 3s*, divide
45 ὁπλή, hoof
46 ὀνυχίζω, *pres act ind 3s*, split
47 ὄνυξ, claw, hoof
48 μηρυκισμός, cud
49 μαρυκάομαι, *pres mid ind 3s*, chew
50 κρέας, flesh, meat
51 θνησιμαῖος, carcass

9 καὶ ταῦτα φάγεσθε ἀπὸ πάντων τῶν ἐν τοῖς ὕδασιν· πάντα, ὅσα ἐστὶν ἐν αὐτοῖς
πτερύγια[1] καὶ λεπίδες,[2] φάγεσθε. **10** καὶ πάντα, ὅσα οὐκ ἔστιν αὐτοῖς πτερύγια[3] καὶ
λεπίδες,[4] οὐ φάγεσθε, ἀκάθαρτα ὑμῖν ἐστιν.

11 πᾶν ὄρνεον[5] καθαρὸν[6] φάγεσθε. **12** καὶ ταῦτα οὐ φάγεσθε ἀπ᾽ αὐτῶν· τὸν ἀετὸν[7]
καὶ τὸν γρύπα[8] καὶ τὸν ἁλιαίετον[9] **13** καὶ τὸν γύπα[10] καὶ τὸν ἰκτῖνα[11] καὶ τὰ ὅμοια[12]
αὐτῷ **14** καὶ πάντα κόρακα[13] καὶ τὰ ὅμοια[14] αὐτῷ **15** καὶ στρουθὸν[15] καὶ γλαῦκα[16] καὶ
λάρον[17] **16** καὶ ἐρωδιὸν[18] καὶ κύκνον[19] καὶ ἶβιν[20] **17** καὶ καταράκτην[21] καὶ ἱέρακα[22] καὶ
τὰ ὅμοια[23] αὐτῷ καὶ ἔποπα[24] καὶ νυκτικόρακα[25] **18** καὶ πελεκᾶνα[26] καὶ χαραδριὸν[27]
καὶ τὰ ὅμοια[28] αὐτῷ καὶ πορφυρίωνα[29] καὶ νυκτερίδα.[30] **19** πάντα τὰ ἑρπετὰ[31] τῶν
πετεινῶν[32] ἀκάθαρτα ταῦτά ἐστιν ὑμῖν, οὐ φάγεσθε ἀπ᾽ αὐτῶν. **20** πᾶν πετεινὸν[33]
καθαρὸν φάγεσθε.

21 πᾶν θνησιμαῖον[34] οὐ φάγεσθε· τῷ παροίκῳ[35] τῷ ἐν ταῖς πόλεσίν σου δοθήσεται,
καὶ φάγεται, ἢ ἀποδώσῃ τῷ ἀλλοτρίῳ·[36] ὅτι λαὸς ἅγιος εἶ κυρίῳ τῷ θεῷ σου. οὐχ
ἑψήσεις[37] ἄρνα[38] ἐν γάλακτι[39] μητρὸς αὐτοῦ.

Tithes

22 Δεκάτην[40] ἀποδεκατώσεις[41] παντὸς γενήματος[42] τοῦ σπέρματός σου, τὸ γένημα
τοῦ ἀγροῦ σου ἐνιαυτὸν[43] κατ᾽ ἐνιαυτόν, **23** καὶ φάγῃ αὐτὸ ἔναντι[44] κυρίου τοῦ θεοῦ
σου ἐν τῷ τόπῳ, ᾧ ἂν ἐκλέξηται[45] κύριος ὁ θεός σου ἐπικληθῆναι[46] τὸ ὄνομα αὐτοῦ
ἐκεῖ· οἴσετε[47] τὰ ἐπιδέκατα[48] τοῦ σίτου[49] σου καὶ τοῦ οἴνου σου καὶ τοῦ ἐλαίου[50] σου,

1 πτερυγίον, fin
2 λεπίς, scale
3 πτερυγίον, fin
4 λεπίς, scale
5 ὄρνεον, bird
6 καθαρός, clean
7 ἀετός, eagle, vulture
8 γρύψ, bearded vulture, griffin
9 ἁλιάετος, sea-eagle, osprey
10 γύψ, vulture
11 ἰκτίν, kite
12 ὅμοιος, like, similar to
13 κόραξ, crow, raven
14 ὅμοιος, like, similar to
15 στρουθός, ostrich
16 γλαύξ, owl
17 λάρος, seagull, cormorant
18 ἐρωδιός, heron
19 κύκνος, swan
20 ἶβις, ibis
21 καταράκτης, (diving) gull
22 ἱέραξ, falcon
23 ὅμοιος, like, similar to
24 ἔποψ, hoopoe
25 νυκτικόραξ, horned owl, night raven
26 πελεκάν, pelican
27 χαραδριός, plover
28 ὅμοιος, like, similar to
29 πορφυρίων, water-hen
30 νυκτερίς, bat
31 ἑρπετόν, creeping thing
32 πετεινός, bird
33 πετεινός, bird
34 θνησιμαῖος, carcass
35 πάροικος, resident, foreigner
36 ἀλλότριος, stranger
37 ἕψω, *fut act ind 2s*, boil
38 ἀρήν, lamb
39 γάλα, milk
40 δέκατος, tenth, tithe
41 ἀποδεκατόω, *fut act ind 2s*, tithe
42 γένημα, produce, yield
43 ἐνιαυτός, year
44 ἔναντι, before
45 ἐκλέγω, *aor mid sub 3s*, choose, select
46 ἐπικαλέω, *aor pas inf*, call upon
47 φέρω, *fut act ind 2p*, bring to
48 ἐπιδέκατον, tenth, tithe
49 σῖτος, grain
50 ἔλαιον, oil

τὰ πρωτότοκα[1] τῶν βοῶν[2] σου καὶ τῶν προβάτων σου, ἵνα μάθῃς[3] φοβεῖσθαι κύριον
τὸν θεόν σου πάσας τὰς ἡμέρας. **24** ἐὰν δὲ μακρὰν[4] γένηται ἀπὸ σοῦ ἡ ὁδὸς καὶ μὴ
δύνῃ ἀναφέρειν[5] αὐτά, ὅτι μακρὰν ἀπὸ σοῦ ὁ τόπος, ὃν ἂν ἐκλέξηται[6] κύριος ὁ θεός
σου ἐπικληθῆναι[7] τὸ ὄνομα αὐτοῦ ἐκεῖ, ὅτι εὐλογήσει σε κύριος ὁ θεός σου, **25** καὶ
ἀποδώσῃ αὐτὰ ἀργυρίου[8] καὶ λήμψῃ τὸ ἀργύριον ἐν ταῖς χερσίν σου καὶ πορεύσῃ εἰς
τὸν τόπον, ὃν ἂν ἐκλέξηται[9] κύριος ὁ θεός σου αὐτόν, **26** καὶ δώσεις τὸ ἀργύριον[10]
ἐπὶ παντός, οὗ ἐὰν ἐπιθυμῇ[11] ἡ ψυχή σου, ἐπὶ βουσὶ[12] ἢ ἐπὶ προβάτοις, ἐπὶ οἴνῳ ἢ
ἐπὶ σικερα[13] ἢ ἐπὶ παντός, οὗ ἐὰν ἐπιθυμῇ ἡ ψυχή σου, καὶ φάγῃ ἐκεῖ ἐναντίον[14]
κυρίου τοῦ θεοῦ σου καὶ εὐφρανθήσῃ[15] σὺ καὶ ὁ οἶκός σου **27** καὶ ὁ Λευίτης ὁ ἐν
ταῖς πόλεσίν σου, ὅτι οὐκ ἔστιν αὐτῷ μερὶς[16] οὐδὲ κλῆρος[17] μετὰ σοῦ.

28 μετὰ τρία ἔτη ἐξοίσεις[18] πᾶν τὸ ἐπιδέκατον[19] τῶν γενημάτων[20] σου· ἐν τῷ ἐνι-
αυτῷ[21] ἐκείνῳ θήσεις αὐτὸ ἐν ταῖς πόλεσίν σου, **29** καὶ ἐλεύσεται ὁ Λευίτης, ὅτι οὐκ
ἔστιν αὐτῷ μερὶς[22] οὐδὲ κλῆρος[23] μετὰ σοῦ, καὶ ὁ προσήλυτος[24] καὶ ὁ ὀρφανὸς[25] καὶ
ἡ χήρα[26] ἡ ἐν ταῖς πόλεσίν σου καὶ φάγονται καὶ ἐμπλησθήσονται,[27] ἵνα εὐλογήσῃ
σε κύριος ὁ θεός σου ἐν πᾶσιν τοῖς ἔργοις, οἷς ἐὰν ποιῇς.

Sabbatical Year

15 Δι᾿ ἑπτὰ ἐτῶν ποιήσεις ἄφεσιν.[28] **2** καὶ οὕτως τὸ πρόσταγμα[29] τῆς ἀφέσεως·[30]
ἀφήσεις[31] πᾶν χρέος[32] ἴδιον,[33] ὃ ὀφείλει[34] σοι ὁ πλησίον,[35] καὶ τὸν ἀδελφόν
σου οὐκ ἀπαιτήσεις,[36] ὅτι ἐπικέκληται[37] ἄφεσις κυρίῳ τῷ θεῷ σου. **3** τὸν ἀλλότριον[38]
ἀπαιτήσεις[39] ὅσα ἐὰν ᾖ σοι παρ᾿ αὐτῷ, τοῦ ἀδελφοῦ σου ἄφεσιν[40] ποιήσεις τοῦ
χρέους[41] σου· **4** ὅτι οὐκ ἔσται ἐν σοὶ ἐνδεής,[42] ὅτι εὐλογῶν εὐλογήσει σε κύριος ὁ

1 πρωτότοκος, firstborn
2 βοῦς, cow, (*p*) cattle
3 μανθάνω, *aor act sub 2s*, learn
4 μακράν, far away
5 ἀναφέρω, *pres act inf*, bring up, offer
6 ἐκλέγω, *aor mid sub 3s*, choose, select
7 ἐπικαλέω, *aor pas inf*, call upon
8 ἀργύριον, money, silver
9 ἐκλέγω, *aor mid sub 3s*, choose, select
10 ἀργύριον, money, silver
11 ἐπιθυμέω, *pres act sub 3s*, desire
12 βοῦς, cow, (*p*) cattle
13 σικερα, fermented drink, *translit.*
14 ἐναντίον, before
15 εὐφραίνω, *fut pas ind 2s*, rejoice
16 μερίς, part, portion
17 κλῆρος, lot, share
18 ἐκφέρω, *fut act ind 2s*, carry out
19 ἐπιδέκατον, tenth, tithe
20 γένημα, produce, yield
21 ἐνιαυτός, year
22 μερίς, part, portion
23 κλῆρος, lot, share
24 προσήλυτος, immigrant, guest
25 ὀρφανός, orphan
26 χήρα, widow
27 ἐμπίμπλημι, *fut pas ind 3p*, fill
28 ἄφεσις, cancellation, release
29 πρόσταγμα, ordinance
30 ἄφεσις, cancellation, release
31 ἀφίημι, *fut act ind 2s*, cancel, release
32 χρέος, debt
33 ἴδιος, personal, one's own
34 ὀφείλω, *pres act ind 3s*, owe
35 πλησίον, neighbor
36 ἀπαιτέω, *fut act ind 2s*, demand back
37 ἐπικαλέω, *perf pas ind 3s*, proclaim, call
38 ἀλλότριος, stranger
39 ἀπαιτέω, *fut act ind 2s*, demand back
40 ἄφεσις, cancellation, release
41 χρέος, debt
42 ἐνδεής, poor, someone in need

θεός σου ἐν τῇ γῇ, ᾗ κύριος ὁ θεός σου δίδωσίν σοι ἐν κλήρῳ[1] κατακληρονομῆσαι[2]
αὐτήν, **5** ἐὰν δὲ ἀκοῇ[3] εἰσακούσητε[4] τῆς φωνῆς κυρίου τοῦ θεοῦ ὑμῶν φυλάσσειν καὶ
ποιεῖν πάσας τὰς ἐντολὰς ταύτας, ὅσας ἐγὼ ἐντέλλομαί[5] σοι σήμερον. **6** ὅτι κύριος
ὁ θεός σου εὐλόγησέν σε, ὃν τρόπον[6] ἐλάλησέν σοι, καὶ δανιεῖς[7] ἔθνεσιν πολλοῖς,
σὺ δὲ οὐ δανιῇ,[8] καὶ ἄρξεις σὺ ἐθνῶν πολλῶν, σοῦ δὲ οὐκ ἄρξουσιν.

7 Ἐὰν δὲ γένηται ἐν σοὶ ἐνδεὴς[9] τῶν ἀδελφῶν σου ἐν μιᾷ τῶν πόλεών σου ἐν τῇ
γῇ, ᾗ κύριος ὁ θεός σου δίδωσίν σοι, οὐκ ἀποστέρξεις[10] τὴν καρδίαν σου οὐδ᾽ οὐ
μὴ συσφίγξῃς[11] τὴν χεῖρά σου ἀπὸ τοῦ ἀδελφοῦ σου τοῦ ἐπιδεομένου·[12] **8** ἀνοίγων
ἀνοίξεις τὰς χεῖράς σου αὐτῷ, δάνειον[13] δανιεῖς[14] αὐτῷ ὅσον ἐπιδέεται,[15] καθ᾽ ὅσον
ἐνδεεῖται.[16] **9** πρόσεχε[17] σεαυτῷ μὴ γένηται ῥῆμα κρυπτὸν[18] ἐν τῇ καρδίᾳ σου,
ἀνόμημα,[19] λέγων Ἐγγίζει τὸ ἔτος τὸ ἕβδομον,[20] ἔτος τῆς ἀφέσεως,[21] καὶ πονη-
ρεύσηται[22] ὁ ὀφθαλμός σου τῷ ἀδελφῷ σου τῷ ἐπιδεομένῳ,[23] καὶ οὐ δώσεις αὐτῷ,
καὶ βοήσεται[24] κατὰ σοῦ πρὸς κύριον, καὶ ἔσται ἐν σοὶ ἁμαρτία μεγάλη. **10** διδοὺς
δώσεις αὐτῷ καὶ δάνειον[25] δανιεῖς[26] αὐτῷ ὅσον ἐπιδέεται,[27] καὶ οὐ λυπηθήσῃ[28] τῇ
καρδίᾳ σου διδόντος σου αὐτῷ· ὅτι διὰ τὸ ῥῆμα τοῦτο εὐλογήσει σε κύριος ὁ θεός
σου ἐν πᾶσιν τοῖς ἔργοις καὶ ἐν πᾶσιν, οὗ[29] ἂν ἐπιβάλῃς[30] τὴν χεῖρά σου. **11** οὐ γὰρ
μὴ ἐκλίπῃ[31] ἐνδεὴς[32] ἀπὸ τῆς γῆς· διὰ τοῦτο ἐγώ σοι ἐντέλλομαι[33] ποιεῖν τὸ ῥῆμα
τοῦτο λέγων Ἀνοίγων ἀνοίξεις τὰς χεῖράς σου τῷ ἀδελφῷ σου τῷ πένητι[34] καὶ τῷ
ἐπιδεομένῳ[35] τῷ ἐπὶ τῆς γῆς σου.

12 Ἐὰν δὲ πραθῇ[36] σοι ὁ ἀδελφός σου ὁ Εβραῖος ἢ ἡ Εβραία, δουλεύσει[37] σοι
ἕξ[38] ἔτη, καὶ τῷ ἑβδόμῳ[39] ἐξαποστελεῖς[40] αὐτὸν ἐλεύθερον[41] ἀπὸ σοῦ. **13** ὅταν

1 κλῆρος, lot, share
2 κατακληρονομέω, *aor act inf*, give as inheritance
3 ἀκοή, hearing
4 εἰσακούω, *aor act sub 2p*, hear
5 ἐντέλλομαι, *pres mid ind 1s*, command
6 ὃν τρόπον, in the manner that
7 δανείζω, *fut act ind 2s*, lend
8 δανείζω, *fut mid ind 2s*, borrow
9 ἐνδεής, poor, someone in need
10 ἀποστέργω, *fut act ind 2s*, empty of love, harden
11 συσφίγγω, *aor act sub 2s*, close up
12 ἐπιδέομαι, *pres mid ptc gen s m*, need
13 δάνειον, loan
14 δανείζω, *fut act ind 2s*, lend
15 ἐπιδέομαι, *pres mid ind 3s*, need
16 ἐνδέομαι, *fut mid ind 3s*, need
17 προσέχω, *pres act impv 2s*, pay attention, give heed
18 κρυπτός, hidden, secret
19 ἀνόμημα, iniquity, transgression
20 ἕβδομος, seventh
21 ἄφεσις, cancellation, release
22 πονηρεύομαι, *aor mid sub 3s*, act maliciously
23 ἐπιδέομαι, *pres mid ptc dat s m*, need
24 βοάω, *fut mid ind 3s*, cry out
25 δάνειον, loan
26 δανείζω, *fut act ind 2s*, lend
27 ἐπιδέομαι, *pres mid ind 3s*, need
28 λυπέω, *fut pas ind 2s*, vex, distress
29 οὗ, where
30 ἐπιβάλλω, *aor act sub 2s*, put upon
31 ἐκλείπω, *aor act sub 3s*, fail, desert
32 ἐνδεής, poor, someone in need
33 ἐντέλλομαι, *pres mid ind 1s*, command
34 πένης, poor
35 ἐπιδέομαι, *pres mid ptc dat s m*, need
36 πιπράσκω, *aor pas sub 3s*, sell
37 δουλεύω, *fut act ind 3s*, serve
38 ἕξ, six
39 ἕβδομος, seventh
40 ἐξαποστέλλω, *fut act ind 2s*, send out
41 ἐλεύθερος, free

δὲ ἐξαποστέλλῃς[1] αὐτὸν ἐλεύθερον[2] ἀπὸ σοῦ, οὐκ ἐξαποστελεῖς[3] αὐτὸν κενόν·[4]
14 ἐφόδιον[5] ἐφοδιάσεις[6] αὐτὸν ἀπὸ τῶν προβάτων σου καὶ ἀπὸ τοῦ σίτου[7] σου καὶ
ἀπὸ τῆς ληνοῦ[8] σου· καθὰ[9] εὐλόγησέν σε κύριος ὁ θεός σου, δώσεις αὐτῷ. **15** καὶ
μνησθήσῃ[10] ὅτι οἰκέτης[11] ἦσθα[12] ἐν γῇ Αἰγύπτου καὶ ἐλυτρώσατό[13] σε κύριος ὁ θεός
σου ἐκεῖθεν·[14] διὰ τοῦτο ἐγώ σοι ἐντέλλομαι[15] ποιεῖν τὸ ῥῆμα τοῦτο. **16** ἐὰν δὲ λέγῃ
πρὸς σέ Οὐκ ἐξελεύσομαι[16] ἀπὸ σοῦ, ὅτι ἠγάπηκέν σε καὶ τὴν οἰκίαν σου, ὅτι εὖ[17]
αὐτῷ ἐστιν παρὰ σοί, **17** καὶ λήμψῃ τὸ ὀπήτιον[18] καὶ τρυπήσεις[19] τὸ ὠτίον[20] αὐτοῦ
πρὸς τὴν θύραν, καὶ ἔσται σοι οἰκέτης[21] εἰς τὸν αἰῶνα· καὶ τὴν παιδίσκην[22] σου
ποιήσεις ὡσαύτως.[23] **18** οὐ σκληρὸν[24] ἔσται ἐναντίον[25] σου ἐξαποστελλομένων[26]
αὐτῶν ἐλευθέρων[27] ἀπὸ σοῦ, ὅτι ἐφέτειον[28] μισθὸν[29] τοῦ μισθωτοῦ[30] ἐδούλευσέν[31]
σοι ἓξ[32] ἔτη· καὶ εὐλογήσει σε κύριος ὁ θεός σου ἐν πᾶσιν, οἷς ἐὰν ποιῇς.

Firstborn of Livestock

19 Πᾶν πρωτότοκον,[33] ὃ ἐὰν τεχθῇ[34] ἐν τοῖς βουσίν[35] σου καὶ ἐν τοῖς προβάτοις σου,
τὰ ἀρσενικά,[36] ἁγιάσεις[37] κυρίῳ τῷ θεῷ σου· οὐκ ἐργᾷ ἐν τῷ πρωτοτόκῳ[38] μόσχῳ[39]
σου καὶ οὐ μὴ κείρῃς[40] τὸ πρωτότοκον τῶν προβάτων σου· **20** ἔναντι[41] κυρίου φάγῃ
αὐτὸ ἐνιαυτὸν[42] ἐξ ἐνιαυτοῦ ἐν τῷ τόπῳ, ᾧ ἐὰν ἐκλέξηται[43] κύριος ὁ θεός σου, σὺ
καὶ ὁ οἶκός σου. **21** ἐὰν δὲ ᾖ ἐν αὐτῷ μῶμος,[44] χωλὸν[45] ἢ τυφλὸν[46] ἢ καὶ πᾶς μῶμος
πονηρός, οὐ θύσεις[47] αὐτὸ κυρίῳ τῷ θεῷ σου· **22** ἐν ταῖς πόλεσίν σου φάγῃ αὐτό, ὁ

1 ἐξαποστέλλω, *pres act sub 2s*, send out
2 ἐλεύθερος, free
3 ἐξαποστέλλω, *fut act ind 2s*, send out
4 κενός, empty-handed
5 ἐφόδιον, supply (for a journey), provisions
6 ἐφοδιάζω, *fut act ind 2s*, furnish with supplies
7 σῖτος, grain
8 ληνός, winepress
9 καθά, just as
10 μιμνῄσκομαι, *fut pas ind 2s*, remember
11 οἰκέτης, servant
12 εἰμί, *impf act ind 2s*, be
13 λυτρόω, *aor mid ind 3s*, redeem, ransom
14 ἐκεῖθεν, from there
15 ἐντέλλομαι, *pres mid ind 1s*, command
16 ἐξέρχομαι, *fut mid ind 1s*, go out
17 εὖ, well
18 ὀπήτιον, awl
19 τρυπάω, *fut act ind 2s*, pierce
20 ὠτίον, ear
21 οἰκέτης, servant
22 παιδίσκη, maidservant
23 ὡσαύτως, in this manner
24 σκληρός, hard, difficult
25 ἐναντίον, before
26 ἐξαποστέλλω, *pres mid ptc gen p m*, send out
27 ἐλεύθερος, free
28 ἐφέτιος, annual
29 μισθός, wage
30 μισθωτός, hired worker
31 δουλεύω, *aor act ind 3s*, serve
32 ἕξ, six
33 πρωτότοκος, firstborn
34 τίκτω, *aor pas sub 3s*, give birth
35 βοῦς, cow, (*p*) cattle
36 ἀρσενικός, male
37 ἁγιάζω, *fut act ind 2s*, consecrate
38 πρωτότοκος, firstborn
39 μόσχος, calf, young bull
40 κείρω, *aor act sub 2s*, shear
41 ἔναντι, before
42 ἐνιαυτός, year
43 ἐκλέγω, *aor mid sub 3s*, choose, select
44 μῶμος, defect, blemish
45 χωλός, lame
46 τυφλός, blind
47 θύω, *fut act ind 2s*, sacrifice

ἀκάθαρτος ἐν σοὶ καὶ ὁ καθαρὸς[1] ὡσαύτως[2] ἔδεται[3] ὡς δορκάδα[4] ἢ ἔλαφον·[5] 23 πλὴν
τὸ αἷμα οὐ φάγεσθε, ἐπὶ τὴν γῆν ἐκχεεῖς[6] αὐτὸ ὡς ὕδωρ.

Passover

16 Φύλαξαι τὸν μῆνα[7] τῶν νέων[8] καὶ ποιήσεις τὸ πασχα[9] κυρίῳ τῷ θεῷ σου, ὅτι
ἐν τῷ μηνὶ τῶν νέων ἐξῆλθες ἐξ Αἰγύπτου νυκτός. 2 καὶ θύσεις[10] τὸ πασχα[11]
κυρίῳ τῷ θεῷ σου πρόβατα καὶ βόας[12] ἐν τῷ τόπῳ, ᾧ ἐὰν ἐκλέξηται[13] κύριος ὁ θεός
σου αὐτὸν ἐπικληθῆναι[14] τὸ ὄνομα αὐτοῦ ἐκεῖ. 3 οὐ φάγῃ ἐπ᾽ αὐτοῦ ζύμην·[15] ἑπτὰ
ἡμέρας φάγῃ ἐπ᾽ αὐτοῦ ἄζυμα,[16] ἄρτον κακώσεως,[17] ὅτι ἐν σπουδῇ[18] ἐξήλθετε ἐξ
Αἰγύπτου· ἵνα μνησθῆτε[19] τὴν ἡμέραν τῆς ἐξοδίας[20] ὑμῶν ἐκ γῆς Αἰγύπτου πάσας
τὰς ἡμέρας τῆς ζωῆς ὑμῶν. 4 οὐκ ὀφθήσεταί σοι ζύμη[21] ἐν πᾶσι τοῖς ὁρίοις[22] σου
ἑπτὰ ἡμέρας, καὶ οὐ κοιμηθήσεται[23] ἀπὸ τῶν κρεῶν,[24] ὧν ἐὰν θύσῃς[25] τὸ ἑσπέρας[26]
τῇ ἡμέρᾳ τῇ πρώτῃ, εἰς τὸ πρωί.[27] 5 οὐ δυνήσῃ θῦσαι[28] τὸ πασχα[29] ἐν οὐδεμιᾷ[30]
τῶν πόλεών σου, ὧν κύριος ὁ θεός σου δίδωσίν σοι, 6 ἀλλ᾽ ἢ εἰς τὸν τόπον, ὃν
ἐὰν ἐκλέξηται[31] κύριος ὁ θεός σου ἐπικληθῆναι[32] τὸ ὄνομα αὐτοῦ ἐκεῖ, θύσεις[33] τὸ
πασχα[34] ἑσπέρας[35] πρὸς δυσμὰς[36] ἡλίου ἐν τῷ καιρῷ, ᾧ ἐξῆλθες ἐξ Αἰγύπτου, 7 καὶ
ἑψήσεις[37] καὶ ὀπτήσεις[38] καὶ φάγῃ ἐν τῷ τόπῳ, ᾧ ἐὰν ἐκλέξηται[39] κύριος ὁ θεός σου
αὐτόν, καὶ ἀποστραφήσῃ[40] τὸ πρωὶ[41] καὶ ἀπελεύσῃ εἰς τοὺς οἴκους σου. 8 ἓξ[42] ἡμέρας
φάγῃ ἄζυμα,[43] καὶ τῇ ἡμέρᾳ τῇ ἑβδόμῃ[44] ἐξόδιον,[45] ἑορτὴ[46] κυρίῳ τῷ θεῷ σου· οὐ
ποιήσεις ἐν αὐτῇ πᾶν ἔργον πλὴν ὅσα ποιηθήσεται ψυχῇ.

1 καθαρός, clean, pure
2 ὡσαύτως, just as, alike
3 ἐσθίω, *fut mid ind 3s*, eat
4 δορκάς, gazelle
5 ἔλαφος, deer
6 ἐκχέω, *fut act ind 2s*, pour out
7 μήν, month
8 νέος, new
9 πασχα, Passover, *translit.*
10 θύω, *fut act ind 2s*, sacrifice
11 πασχα, Passover, *translit.*
12 βοῦς, cow, (*p*) cattle
13 ἐκλέγω, *aor mid sub 3s*, choose, select
14 ἐπικαλέω, *aor pas inf*, call upon
15 ζύμη, leaven
16 ἄζυμος, unleavened
17 κάκωσις, affliction, oppression
18 σπουδή, haste
19 μιμνήσκομαι, *aor pas impv 2p*, remember
20 ἐξοδία, departure
21 ζύμη, leaven
22 ὅριον, border, territory
23 κοιμάω, *fut pas ind 3s*, lie, remain
24 κρέας, meat
25 θύω, *aor act sub 2s*, sacrifice
26 ἑσπέρα, evening
27 πρωί, morning
28 θύω, *aor act inf*, offer, sacrifice
29 πασχα, Passover, *translit.*
30 οὐδείς, not (any)
31 ἐκλέγω, *aor mid sub 3s*, choose, select
32 ἐπικαλέω, *aor pas inf*, call upon
33 θύω, *fut act ind 2s*, offer, sacrifice
34 πασχα, Passover, *translit.*
35 ἑσπέρα, evening
36 δυσμή, setting
37 ἕψω, *fut act ind 2s*, boil
38 ὀπτάω, *fut act ind 2s*, roast
39 ἐκλέγω, *aor mid sub 3s*, choose, select
40 ἀποστρέφω, *fut pas ind 2s*, return
41 πρωί, (in the) morning
42 ἕξ, six
43 ἄζυμος, unleavened
44 ἕβδομος, seventh
45 ἐξόδιον, final part
46 ἑορτή, feast

Feast of Weeks

9 ἑπτὰ ἑβδομάδας[1] ὁλοκλήρους[2] ἐξαριθμήσεις[3] σεαυτῷ· ἀρξαμένου[4] σου δρέπανον[5]
ἐπ᾽ ἀμητὸν[6] ἄρξῃ[7] ἐξαριθμῆσαι[8] ἑπτὰ ἑβδομάδας.[9] **10** καὶ ποιήσεις ἑορτὴν[10] ἑβδο-
μάδων[11] κυρίῳ τῷ θεῷ σου καθότι[12] ἡ χείρ σου ἰσχύει,[13] ὅσα ἂν δῷ σοι, καθότι
ηὐλόγησέν σε κύριος ὁ θεός σου· **11** καὶ εὐφρανθήσῃ[14] ἐναντίον[15] κυρίου τοῦ θεοῦ
σου, σὺ καὶ ὁ υἱός σου καὶ ἡ θυγάτηρ[16] σου, ὁ παῖς[17] σου καὶ ἡ παιδίσκη[18] σου καὶ ὁ
Λευίτης ὁ ἐν ταῖς πόλεσίν σου καὶ ὁ προσήλυτος[19] καὶ ὁ ὀρφανὸς[20] καὶ ἡ χήρα[21] ἡ
ἐν ὑμῖν, ἐν τῷ τόπῳ, ᾧ ἐὰν ἐκλέξηται[22] κύριος ὁ θεός σου ἐπικληθῆναι[23] τὸ ὄνομα
αὐτοῦ ἐκεῖ, **12** καὶ μνησθήσῃ[24] ὅτι οἰκέτης[25] ἦσθα[26] ἐν γῇ Αἰγύπτῳ, καὶ φυλάξῃ καὶ
ποιήσεις τὰς ἐντολὰς ταύτας.

Feast of Tents

13 ἑορτὴν[27] σκηνῶν[28] ποιήσεις σεαυτῷ ἑπτὰ ἡμέρας ἐν τῷ συναγαγεῖν σε ἐκ τοῦ
ἅλωνός[29] σου καὶ ἀπὸ τῆς ληνοῦ[30] σου· **14** καὶ εὐφρανθήσῃ[31] ἐν τῇ ἑορτῇ[32] σου, σὺ
καὶ ὁ υἱός σου καὶ ἡ θυγάτηρ[33] σου, ὁ παῖς[34] σου καὶ ἡ παιδίσκη[35] σου καὶ ὁ Λευίτης
καὶ ὁ προσήλυτος[36] καὶ ὁ ὀρφανὸς[37] καὶ ἡ χήρα[38] ἡ οὖσα ἐν ταῖς πόλεσίν σου. **15** ἑπτὰ
ἡμέρας ἑορτάσεις[39] κυρίῳ τῷ θεῷ σου ἐν τῷ τόπῳ, ᾧ ἐὰν ἐκλέξηται[40] κύριος ὁ θεός
σου αὐτῷ· ἐὰν δὲ εὐλογήσῃ σε κύριος ὁ θεός σου ἐν πᾶσιν τοῖς γενήμασίν[41] σου καὶ
ἐν παντὶ ἔργῳ τῶν χειρῶν σου, καὶ ἔσῃ εὐφραινόμενος.[42]

1 ἑβδομάς, week
2 ὁλόκληρος, whole
3 ἐξαριθμέω, *fut act ind 2s*, count, enumerate
4 ἄρχομαι, *aor mid ptc gen s m*, begin
5 δρέπανον, sickle
6 ἀμητός, reaping, harvest
7 ἄρχομαι, *fut mid ind 2s*, begin
8 ἐξαριθμέω, *aor act inf*, count, enumerate
9 ἑβδομάς, week
10 ἑορτή, feast
11 ἑβδομάς, week
12 καθότι, as
13 ἰσχύω, *pres act ind 3s*, be able
14 εὐφραίνω, *fut pas ind 2s*, rejoice
15 ἐναντίον, before
16 θυγάτηρ, daughter
17 παῖς, servant
18 παιδίσκη, maidservant
19 προσήλυτος, immigrant, guest
20 ὀρφανός, orphan
21 χήρα, widow
22 ἐκλέγω, *aor mid sub 3s*, choose, select
23 ἐπικαλέω, *aor pas inf*, call upon
24 μιμνῄσκομαι, *fut pas ind 2s*, remember
25 οἰκέτης, servant
26 εἰμί, *impf act ind 2s*, be
27 ἑορτή, feast
28 σκηνή, tent
29 ἅλων, threshing floor
30 ληνός, winepress
31 εὐφραίνω, *fut pas ind 2s*, rejoice
32 ἑορτή, feast
33 θυγάτηρ, daughter
34 παῖς, servant
35 παιδίσκη, maidservant
36 προσήλυτος, immigrant, guest
37 ὀρφανός, orphan
38 χήρα, widow
39 ἑορτάζω, *fut act ind 2s*, keep a feast
40 ἐκλέγω, *aor mid sub 3s*, choose, select
41 γένημα, produce, yield
42 εὐφραίνω, *pres pas ptc nom s m*, rejoice

16 τρεῖς καιροὺς τοῦ ἐνιαυτοῦ[1] ὀφθήσεται πᾶν ἀρσενικόν[2] σου ἐναντίον[3] κυρίου
τοῦ θεοῦ σου ἐν τῷ τόπῳ, ᾧ ἐὰν ἐκλέξηται[4] αὐτὸν κύριος, ἐν τῇ ἑορτῇ[5] τῶν ἀζύμων[6]
καὶ ἐν τῇ ἑορτῇ τῶν ἑβδομάδων[7] καὶ ἐν τῇ ἑορτῇ τῆς σκηνοπηγίας.[8] οὐκ ὀφθήσῃ
ἐνώπιον κυρίου τοῦ θεοῦ σου κενός·[9] **17** ἕκαστος κατὰ δύναμιν τῶν χειρῶν ὑμῶν
κατὰ τὴν εὐλογίαν[10] κυρίου τοῦ θεοῦ σου, ἣν ἔδωκέν σοι.

Appointing Judges

18 Κριτὰς[11] καὶ γραμματοεισαγωγεῖς[12] καταστήσεις[13] σεαυτῷ ἐν πάσαις ταῖς πόλεσίν
σου, αἷς κύριος ὁ θεός σου δίδωσίν σοι, κατὰ φυλάς, καὶ κρινοῦσιν τὸν λαὸν κρίσιν
δικαίαν. **19** οὐκ ἐκκλινοῦσιν[14] κρίσιν, οὐκ ἐπιγνώσονται πρόσωπον οὐδὲ λήμψονται
δῶρον·[15] τὰ γὰρ δῶρα ἐκτυφλοῖ[16] ὀφθαλμοὺς σοφῶν[17] καὶ ἐξαίρει[18] λόγους δικαίων.
20 δικαίως[19] τὸ δίκαιον διώξῃ, ἵνα ζῆτε καὶ εἰσελθόντες κληρονομήσητε[20] τὴν γῆν,
ἣν κύριος ὁ θεός σου δίδωσίν σοι.

Forbidden Forms of Worship

21 Οὐ φυτεύσεις[21] σεαυτῷ ἄλσος,[22] πᾶν ξύλον,[23] παρὰ τὸ θυσιαστήριον[24] κυρίου τοῦ
θεοῦ σου, ὃ ποιήσεις σεαυτῷ. **22** οὐ στήσεις σεαυτῷ στήλην,[25] ἃ ἐμίσησεν κύριος
ὁ θεός σου.

17 Οὐ θύσεις[26] κυρίῳ τῷ θεῷ σου μόσχον[27] ἢ πρόβατον, ἐν ᾧ ἔστιν ἐν αὐτῷ
μῶμος,[28] πᾶν ῥῆμα πονηρόν, ὅτι βδέλυγμα[29] κυρίῳ τῷ θεῷ σού ἐστιν.

2 Ἐὰν δὲ εὑρεθῇ ἐν σοὶ ἐν μιᾷ τῶν πόλεών σου, ὧν κύριος ὁ θεός σου δίδωσίν
σοι, ἀνὴρ ἢ γυνή, ὅστις ποιήσει τὸ πονηρὸν ἐναντίον[30] κυρίου τοῦ θεοῦ σου
παρελθεῖν[31] τὴν διαθήκην αὐτοῦ, **3** καὶ ἐλθόντες λατρεύσωσιν[32] θεοῖς ἑτέροις καὶ
προσκυνήσωσιν αὐτοῖς, τῷ ἡλίῳ ἢ τῇ σελήνῃ[33] ἢ παντὶ τῶν ἐκ τοῦ κόσμου[34] τοῦ

1 ἐνιαυτός, year
2 ἀρσενικός, male
3 ἐναντίον, before
4 ἐκλέγω, *aor mid sub 3s*, choose, select
5 ἑορτή, feast
6 ἄζυμος, unleavened
7 ἑβδομάς, week
8 σκηνοπηγία, tent-making
9 κενός, empty-handed
10 εὐλογία, blessing
11 κριτής, judge
12 γραμματοεισαγωγεύς, governor, recorder
13 καθίστημι, *fut act ind 2s*, appoint
14 ἐκκλίνω, *fut act ind 3p*, bend, pervert
15 δῶρον, gift, bribe
16 ἐκτυφλόω, *pres act ind 3s*, blind
17 σοφός, wise
18 ἐξαίρω, *pres act ind 3s*, lift up, remove
19 δικαίως, justly, rightly
20 κληρονομέω, *aor act sub 2p*, inherit, acquire
21 φυτεύω, *fut act ind 2s*, plant
22 ἄλσος, sacred grove
23 ξύλον, tree
24 θυσιαστήριον, altar
25 στήλη, cultic pillar
26 θύω, *fut act ind 2s*, sacrifice
27 μόσχος, calf, young bull
28 μῶμος, defect, blemish
29 βδέλυγμα, abomination
30 ἐναντίον, before
31 παρέρχομαι, *aor act inf*, transgress
32 λατρεύω, *aor act sub 3p*, serve
33 σελήνη, moon
34 κόσμος, adornment

οὐρανοῦ, ἃ οὐ προσέταξεν, **4** καὶ ἀναγγελῇ[1] σοι, καὶ ἐκζητήσεις[2] σφόδρα,[3] καὶ ἰδοὺ
ἀληθῶς[4] γέγονεν τὸ ῥῆμα, γεγένηται τὸ βδέλυγμα[5] τοῦτο ἐν Ισραηλ, **5** καὶ ἐξάξεις[6]
τὸν ἄνθρωπον ἐκεῖνον ἢ τὴν γυναῖκα ἐκείνην καὶ λιθοβολήσετε[7] αὐτοὺς ἐν λίθοις,
καὶ τελευτήσουσιν.[8] **6** ἐπὶ δυσὶν μάρτυσιν[9] ἢ ἐπὶ τρισὶν μάρτυσιν ἀποθανεῖται ὁ
ἀποθνῄσκων· οὐκ ἀποθανεῖται ἐφ᾽ ἑνὶ μάρτυρι. **7** καὶ ἡ χεὶρ τῶν μαρτύρων[10] ἔσται
ἐπ᾽ αὐτῷ ἐν πρώτοις θανατῶσαι[11] αὐτόν, καὶ ἡ χεὶρ παντὸς τοῦ λαοῦ ἐπ᾽ ἐσχάτων·
καὶ ἐξαρεῖς[12] τὸν πονηρὸν ἐξ ὑμῶν αὐτῶν.

Various Legal Decisions

8 Ἐὰν δὲ ἀδυνατήσῃ[13] ἀπὸ σοῦ ῥῆμα ἐν κρίσει ἀνὰ μέσον[14] αἷμα αἵματος καὶ
ἀνὰ μέσον κρίσις κρίσεως καὶ ἀνὰ μέσον ἁφὴ[15] ἁφῆς καὶ ἀνὰ μέσον ἀντιλογία[16]
ἀντιλογίας, ῥήματα κρίσεως ἐν ταῖς πόλεσιν ὑμῶν, καὶ ἀναστὰς ἀναβήσῃ εἰς τὸν
τόπον, ὃν ἂν ἐκλέξηται[17] κύριος ὁ θεός σου ἐπικληθῆναι[18] τὸ ὄνομα αὐτοῦ ἐκεῖ, **9** καὶ
ἐλεύσῃ πρὸς τοὺς ἱερεῖς τοὺς Λευίτας καὶ πρὸς τὸν κριτήν,[19] ὃς ἂν γένηται ἐν ταῖς
ἡμέραις ἐκείναις, καὶ ἐκζητήσαντες[20] ἀναγγελοῦσίν[21] σοι τὴν κρίσιν. **10** καὶ ποιήσεις
κατὰ τὸ πρᾶγμα,[22] ὃ ἐὰν ἀναγγείλωσίν[23] σοι ἐκ τοῦ τόπου, οὗ ἂν ἐκλέξηται[24] κύριος
ὁ θεός σου ἐπικληθῆναι[25] τὸ ὄνομα αὐτοῦ ἐκεῖ, καὶ φυλάξῃ σφόδρα[26] ποιῆσαι κατὰ
πάντα, ὅσα ἐὰν νομοθετηθῇ[27] σοι· **11** κατὰ τὸν νόμον καὶ κατὰ τὴν κρίσιν, ἣν ἂν
εἴπωσίν σοι, ποιήσεις, οὐκ ἐκκλινεῖς[28] ἀπὸ τοῦ ῥήματος, οὗ ἐὰν ἀναγγείλωσίν[29] σοι,
δεξιὰ οὐδὲ ἀριστερά.[30] **12** καὶ ὁ ἄνθρωπος, ὃς ἂν ποιήσῃ ἐν ὑπερηφανίᾳ[31] τοῦ μὴ
ὑπακοῦσαι[32] τοῦ ἱερέως τοῦ παρεστηκότος[33] λειτουργεῖν[34] ἐπὶ τῷ ὀνόματι κυρίου
τοῦ θεοῦ σου ἢ τοῦ κριτοῦ,[35] ὃς ἂν ᾖ ἐν ταῖς ἡμέραις ἐκείναις, καὶ ἀποθανεῖται ὁ
ἄνθρωπος ἐκεῖνος, καὶ ἐξαρεῖς[36] τὸν πονηρὸν ἐξ Ισραηλ· **13** καὶ πᾶς ὁ λαὸς ἀκούσας
φοβηθήσεται καὶ οὐκ ἀσεβήσει[37] ἔτι.

1 ἀναγγέλλω, *aor pas sub 3s*, declare, announce
2 ἐκζητέω, *fut act ind 2s*, inquire, search
3 σφόδρα, thoroughly, diligently
4 ἀληθῶς, truly, certainly
5 βδέλυγμα, abomination
6 ἐξάγω, *fut act ind 2s*, bring out
7 λιθοβολέω, *fut act ind 2p*, stone
8 τελευτάω, *fut act ind 3p*, die
9 μάρτυς, witness
10 μάρτυς, witness
11 θανατόω, *aor act inf*, kill, put to death
12 ἐξαίρω, *fut act ind 2s*, remove
13 ἀδυνατέω, *aor act sub 3s*, be difficult
14 ἀνὰ μέσον, between
15 ἁφή, wound, assault
16 ἀντιλογία, dispute, argument
17 ἐκλέγω, *aor mid sub 3s*, choose, select
18 ἐπικαλέω, *aor pas inf*, call upon
19 κριτής, judge
20 ἐκζητέω, *aor act ptc nom p m*, inquire
21 ἀναγγέλλω, *fut act ind 3p*, declare, announce
22 πρᾶγμα, word, thing
23 ἀναγγέλλω, *aor act sub 3p*, declare, announce
24 ἐκλέγω, *aor mid sub 3s*, choose, select
25 ἐπικαλέω, *aor pas inf*, call upon
26 σφόδρα, very much
27 νομοθετέω, *aor pas sub 3s*, appoint by law
28 ἐκκλίνω, *fut act ind 2s*, turn aside
29 ἀναγγέλλω, *aor act sub 3p*, declare, announce
30 ἀριστερός, left
31 ὑπερηφανία, arrogance, pride
32 ὑπακούω, *aor act inf*, obey
33 παρίστημι, *perf act ptc gen s m*, attend to
34 λειτουργέω, *pres act inf*, minister
35 κριτής, judge
36 ἐξαίρω, *fut act ind 2s*, remove
37 ἀσεβέω, *fut act ind 3s*, act impiously

Kings in Israel

14 Ἐὰν δὲ εἰσέλθῃς εἰς τὴν γῆν, ἣν κύριος ὁ θεός σου δίδωσίν σοι ἐν κλήρῳ,[1] καὶ
κληρονομήσῃς[2] αὐτὴν καὶ κατοικήσῃς ἐπ' αὐτῆς καὶ εἴπῃς Καταστήσω[3] ἐπ' ἐμαυτὸν[4]
ἄρχοντα[5] καθὰ[6] καὶ τὰ λοιπὰ ἔθνη τὰ κύκλῳ[7] μου, **15** καθιστῶν[8] καταστήσεις[9] ἐπὶ
σεαυτὸν ἄρχοντα,[10] ὃν ἂν ἐκλέξηται[11] κύριος ὁ θεός σου αὐτόν. ἐκ τῶν ἀδελφῶν σου
καταστήσεις ἐπὶ σεαυτὸν ἄρχοντα· οὐ δυνήσῃ καταστῆσαι[12] ἐπὶ σεαυτὸν ἄνθρωπον
ἀλλότριον,[13] ὅτι οὐκ ἀδελφός σού ἐστιν. **16** διότι[14] οὐ πληθυνεῖ[15] ἑαυτῷ ἵππον[16] οὐδὲ
μὴ ἀποστρέψῃ[17] τὸν λαὸν εἰς Αἴγυπτον, ὅπως πληθύνῃ[18] ἑαυτῷ ἵππον, ὁ δὲ κύριος
εἶπεν Οὐ προσθήσετε[19] ἀποστρέψαι[20] τῇ ὁδῷ ταύτῃ ἔτι. **17** καὶ οὐ πληθυνεῖ[21] ἑαυτῷ
γυναῖκας, οὐδὲ μεταστήσεται[22] αὐτοῦ ἡ καρδία· καὶ ἀργύριον[23] καὶ χρυσίον[24] οὐ
πληθυνεῖ ἑαυτῷ σφόδρα.[25]

18 καὶ ἔσται ὅταν καθίσῃ ἐπὶ τῆς ἀρχῆς[26] αὐτοῦ, καὶ γράψει ἑαυτῷ τὸ δευτερονόμιον[27]
τοῦτο εἰς βιβλίον παρὰ τῶν ἱερέων τῶν Λευιτῶν, **19** καὶ ἔσται μετ' αὐτοῦ, καὶ
ἀναγνώσεται[28] ἐν αὐτῷ πάσας τὰς ἡμέρας τῆς ζωῆς αὐτοῦ, ἵνα μάθῃ[29] φοβεῖσθαι
κύριον τὸν θεὸν αὐτοῦ φυλάσσεσθαι πάσας τὰς ἐντολὰς ταύτας καὶ τὰ δικαιώματα[30]
ταῦτα ποιεῖν, **20** ἵνα μὴ ὑψωθῇ[31] ἡ καρδία αὐτοῦ ἀπὸ τῶν ἀδελφῶν αὐτοῦ, ἵνα μὴ
παραβῇ[32] ἀπὸ τῶν ἐντολῶν δεξιὰ ἢ ἀριστερά,[33] ὅπως ἂν μακροχρονίσῃ[34] ἐπὶ τῆς
ἀρχῆς[35] αὐτοῦ, αὐτὸς καὶ οἱ υἱοὶ αὐτοῦ ἐν τοῖς υἱοῖς Ισραηλ.

Portion for Priests and Levites

18 Οὐκ ἔσται τοῖς ἱερεῦσιν τοῖς Λευίταις, ὅλῃ φυλῇ Λευι, μερὶς[36] οὐδὲ κλῆρος[37]
μετὰ Ισραηλ· καρπώματα[38] κυρίου ὁ κλῆρος αὐτῶν, φάγονται αὐτά. **2** κλῆρος[39]

1 κλῆρος, lot, share
2 κληρονομέω, *aor act sub 2s*, inherit
3 καθίστημι, *fut act ind 1s*, appoint, set over
4 ἐμαυτοῦ, myself
5 ἄρχων, ruler
6 καθά, just as
7 κύκλῳ, round about
8 καθίστημι, *pres act ptc nom s m*, appoint, set over
9 καθίστημι, *fut act ind 2s*, appoint, set over
10 ἄρχων, ruler
11 ἐκλέγω, *aor mid sub 3s*, choose, select
12 καθίστημι, *aor act inf*, appoint, set over
13 ἀλλότριος, foreign
14 διότι, because, for
15 πληθύνω, *fut act ind 3s*, multiply
16 ἵππος, horse
17 ἀποστρέφω, *aor act sub 3s*, turn away
18 πληθύνω, *aor act sub 3s*, multiply
19 προστίθημι, *fut act ind 2p*, add to, continue
20 ἀποστρέφω, *aor act inf*, turn away
21 πληθύνω, *fut act ind 3s*, multiply
22 μεθίστημι, *fut mid ind 3s*, change, turn away
23 ἀργύριον, silver
24 χρυσίον, gold
25 σφόδρα, greatly, very much
26 ἀρχή, rule, reign
27 δευτερονόμιον, second law
28 ἀναγινώσκω, *fut mid ind 3s*, read
29 μανθάνω, *aor act sub 3s*, learn
30 δικαίωμα, ordinance, decree
31 ὑψόω, *aor pas sub 3s*, lift up, raise up
32 παραβαίνω, *aor act sub 3s*, deviate from
33 ἀριστερός, left
34 μακροχρονίζω, *aor act sub 3s*, last a long time
35 ἀρχή, rule, reign
36 μερίς, part, portion
37 κλῆρος, lot, share
38 κάρπωμα, offering
39 κλῆρος, lot, share

δὲ οὐκ ἔσται αὐτοῖς ἐν τοῖς ἀδελφοῖς αὐτῶν· κύριος αὐτὸς κλῆρος αὐτοῦ, καθότι[1]
εἶπεν αὐτῷ. **3** καὶ αὕτη ἡ κρίσις τῶν ἱερέων, τὰ παρὰ τοῦ λαοῦ, παρὰ τῶν θυόντων[2]
τὰ θύματα,[3] ἐάν τε μόσχον[4] ἐάν τε πρόβατον· καὶ δώσει τῷ ἱερεῖ τὸν βραχίονα[5] καὶ τὰ
σιαγόνια[6] καὶ τὸ ἔνυστρον.[7] **4** καὶ τὰς ἀπαρχὰς[8] τοῦ σίτου[9] σου καὶ τοῦ οἴνου σου καὶ
τοῦ ἐλαίου[10] σου καὶ τὴν ἀπαρχὴν τῶν κουρῶν[11] τῶν προβάτων σου δώσεις αὐτῷ·
5 ὅτι αὐτὸν ἐξελέξατο[12] κύριος ὁ θεός σου ἐκ πασῶν τῶν φυλῶν σου παρεστάναι[13]
ἔναντι[14] κυρίου τοῦ θεοῦ σου λειτουργεῖν[15] καὶ εὐλογεῖν ἐπὶ τῷ ὀνόματι αὐτοῦ,
αὐτὸς καὶ οἱ υἱοὶ αὐτοῦ ἐν τοῖς υἱοῖς Ισραηλ.

6 ἐὰν δὲ παραγένηται ὁ Λευίτης ἐκ μιᾶς τῶν πόλεων ὑμῶν ἐκ πάντων τῶν υἱῶν
Ισραηλ, οὗ[16] αὐτὸς παροικεῖ,[17] καθότι[18] ἐπιθυμεῖ[19] ἡ ψυχὴ αὐτοῦ, εἰς τὸν τόπον,
ὃν ἂν ἐκλέξηται[20] κύριος, **7** καὶ λειτουργήσει[21] τῷ ὀνόματι κυρίου τοῦ θεοῦ αὐτοῦ
ὥσπερ πάντες οἱ ἀδελφοὶ αὐτοῦ οἱ Λευῖται οἱ παρεστηκότες[22] ἐκεῖ ἔναντι[23] κυρίου·
8 μερίδα[24] μεμερισμένην[25] φάγεται πλὴν τῆς πράσεως[26] τῆς κατὰ πατριάν.[27]

Forbidden Practices

9 Ἐὰν δὲ εἰσέλθῃς εἰς τὴν γῆν, ἣν κύριος ὁ θεός σου δίδωσίν σοι, οὐ μαθήσῃ[28] ποιεῖν
κατὰ τὰ βδελύγματα[29] τῶν ἐθνῶν ἐκείνων. **10** οὐχ εὑρεθήσεται ἐν σοὶ περικαθαίρων[30]
τὸν υἱὸν αὐτοῦ ἢ τὴν θυγατέρα[31] αὐτοῦ ἐν πυρί, μαντευόμενος[32] μαντείαν,[33]
κληδονιζόμενος[34] καὶ οἰωνιζόμενος,[35] φάρμακος,[36] **11** ἐπαείδων[37] ἐπαοιδήν,[38]
ἐγγαστρίμυθος[39] καὶ τερατοσκόπος,[40] ἐπερωτῶν[41] τοὺς νεκρούς.[42] **12** ἔστιν γὰρ

1 καθότι, as
2 θύω, *pres act ptc gen p m*, offer
3 θῦμα, sacrifice
4 μόσχος, calf, young bull
5 βραχίων, arm, shoulder
6 σιαγόνιον, cheek
7 ἔνυστρον, stomach
8 ἀπαρχή, firstfruit
9 σῖτος, grain
10 ἔλαιον, oil
11 κουρά, shorn wool
12 ἐκλέγω, *aor mid ind 3s*, choose, select
13 παρίστημι, *perf act inf*, stand
14 ἔναντι, before
15 λειτουργέω, *pres act inf*, minister
16 οὗ, where
17 παροικέω, *pres act impv 2s*, dwell
18 καθότι, as
19 ἐπιθυμέω, *pres act ind 3s*, desire, long for
20 ἐκλέγω, *aor mid sub 3s*, choose, select
21 λειτουργέω, *fut act ind 3s*, minister
22 παρίστημι, *perf act ptc nom p m*, stand
23 ἔναντι, before
24 μερίς, part, portion
25 μερίζω, *perf pas ptc acc s f*, allot, distribute
26 πρᾶσις, sale
27 πατριά, paternal lineage, house
28 μανθάνω, *fut mid ind 2s*, learn
29 βδέλυγμα, abomination
30 περικαθαίρω, *pres act ptc nom s m*, purge, purify (by magic)
31 θυγάτηρ, daughter
32 μαντεύομαι, *pres mid ptc nom s m*, practice divination
33 μαντεία, divination
34 κληδονίζω, *pres mid ptc nom s m*, act as a diviner
35 οἰωνίζομαι, *pres mid ptc nom s m*, divine from omens
36 φαρμακός, sorcerer, magician
37 ἐπαείδω, *pres act ptc nom s m*, cast spell, use charms
38 ἐπαοιδή, magical spell, enchantment
39 ἐγγαστρίμυθος, speaking with spirits by ventriloquism
40 τερατοσκόπος, observer of signs
41 ἐπερωτάω, *pres act ptc nom s m*, consult
42 νεκρός, dead

βδέλυγμα[1] κυρίῳ τῷ θεῷ σου πᾶς ποιῶν ταῦτα· ἕνεκεν[2] γὰρ τῶν βδελυγμάτων τούτων κύριος ἐξολεθρεύσει[3] αὐτοὺς ἀπὸ σοῦ. **13** τέλειος[4] ἔσῃ ἐναντίον[5] κυρίου τοῦ θεοῦ σου· **14** τὰ γὰρ ἔθνη ταῦτα, οὓς σὺ κατακληρονομεῖς[6] αὐτούς, οὗτοι κληδόνων[7] καὶ μαντειῶν[8] ἀκούσονται, σοὶ δὲ οὐχ οὕτως ἔδωκεν κύριος ὁ θεός σου.

Future Prophet Like Moses

15 προφήτην ἐκ τῶν ἀδελφῶν σου ὡς ἐμὲ ἀναστήσει σοι κύριος ὁ θεός σου, αὐτοῦ ἀκούσεσθε **16** κατὰ πάντα, ὅσα ᾐτήσω[9] παρὰ κυρίου τοῦ θεοῦ σου ἐν Χωρηβ τῇ ἡμέρᾳ τῆς ἐκκλησίας λέγοντες Οὐ προσθήσομεν[10] ἀκοῦσαι τὴν φωνὴν κυρίου τοῦ θεοῦ ἡμῶν καὶ τὸ πῦρ τὸ μέγα τοῦτο οὐκ ὀψόμεθα ἔτι οὐδὲ μὴ ἀποθάνωμεν, **17** καὶ εἶπεν κύριος πρός με Ὀρθῶς[11] πάντα, ὅσα ἐλάλησαν· **18** προφήτην ἀναστήσω αὐτοῖς ἐκ τῶν ἀδελφῶν αὐτῶν ὥσπερ σὲ καὶ δώσω τὸ ῥῆμά μου ἐν τῷ στόματι αὐτοῦ, καὶ λαλήσει αὐτοῖς καθότι[12] ἂν ἐντείλωμαι[13] αὐτῷ· **19** καὶ ὁ ἄνθρωπος, ὃς ἐὰν μὴ ἀκούσῃ ὅσα ἐὰν λαλήσῃ ὁ προφήτης ἐπὶ τῷ ὀνόματί μου, ἐγὼ ἐκδικήσω[14] ἐξ αὐτοῦ. **20** πλὴν ὁ προφήτης, ὃς ἂν ἀσεβήσῃ[15] λαλῆσαι ἐπὶ τῷ ὀνόματί μου ῥῆμα, ὃ οὐ προσέταξα[16] λαλῆσαι, καὶ ὃς ἂν λαλήσῃ ἐπ᾽ ὀνόματι θεῶν ἑτέρων, ἀποθανεῖται ὁ προφήτης ἐκεῖνος. **21** ἐὰν δὲ εἴπῃς ἐν τῇ καρδίᾳ σου Πῶς γνωσόμεθα τὸ ῥῆμα, ὃ οὐκ ἐλάλησεν κύριος; **22** ὅσα ἐὰν λαλήσῃ ὁ προφήτης ἐπὶ τῷ ὀνόματι κυρίου, καὶ μὴ γένηται τὸ ῥῆμα καὶ μὴ συμβῇ,[17] τοῦτο τὸ ῥῆμα, ὃ οὐκ ἐλάλησεν κύριος· ἐν ἀσεβείᾳ[18] ἐλάλησεν ὁ προφήτης ἐκεῖνος, οὐκ ἀφέξεσθε[19] αὐτοῦ.

Cities of Refuge

19 Ἐὰν δὲ ἀφανίσῃ[20] κύριος ὁ θεός σου τὰ ἔθνη, ἃ ὁ θεός σου δίδωσίν σοι τὴν γῆν αὐτῶν, καὶ κατακληρονομήσητε[21] αὐτοὺς καὶ κατοικήσητε ἐν ταῖς πόλεσιν αὐτῶν καὶ ἐν τοῖς οἴκοις αὐτῶν, **2** τρεῖς πόλεις διαστελεῖς[22] σεαυτῷ ἐν μέσῳ τῆς γῆς σου, ἧς κύριος ὁ θεός σου δίδωσίν σοι. **3** στόχασαί[23] σοι τὴν ὁδὸν καὶ

1 βδέλυγμα, abomination
2 ἕνεκα, for, because
3 ἐξολεθρεύω, *fut act ind 3s*, utterly destroy
4 τέλειος, perfect
5 ἐναντίον, before
6 κατακληρονομέω, *pres act ind 2s*, dispossess
7 κληδών, omen
8 μαντεία, divination
9 αἰτέω, *aor mid ind 2s*, ask for
10 προστίθημι, *fut act ind 1p*, add to, continue
11 ὀρθῶς, right, correct
12 καθότι, as
13 ἐντέλλομαι, *aor mid sub 1s*, command
14 ἐκδικέω, *fut act ind 1s*, exact vengeance, punish
15 ἀσεβέω, *aor act sub 3s*, act impiously
16 προστάσσω, *aor act ind 1s*, order, instruct
17 συμβαίνω, *aor act sub 3s*, happen, occur
18 ἀσέβεια, impiety, ungodliness
19 ἀπέχω, *fut mid ind 2p*, spare
20 ἀφανίζω, *aor act sub 3s*, destroy
21 κατακληρονομέω, *aor act sub 2p*, dispossess
22 διαστέλλω, *fut act ind 2s*, separate out
23 στοχάζομαι, *aor mid impv 2s*, calculate

τριμεριεῖς[1] τὰ ὅρια[2] τῆς γῆς σου, ἣν καταμερίζει[3] σοι κύριος ὁ θεός σου, καὶ ἔσται καταφυγὴ[4] ἐκεῖ παντὶ φονευτῇ.[5]

4 τοῦτο δὲ ἔσται τὸ πρόσταγμα[6] τοῦ φονευτοῦ,[7] ὃς ἂν φύγῃ[8] ἐκεῖ καὶ ζήσεται· ὃς
ἂν πατάξῃ[9] τὸν πλησίον[10] αὐτοῦ ἀκουσίως[11] καὶ οὗτος οὐ μισῶν αὐτὸν πρὸ τῆς
ἐχθὲς[12] καὶ πρὸ τῆς τρίτης, **5** καὶ ὃς ἂν εἰσέλθῃ μετὰ τοῦ πλησίον[13] εἰς τὸν δρυμὸν[14]
συναγαγεῖν ξύλα,[15] καὶ ἐκκρουσθῇ[16] ἡ χεὶρ αὐτοῦ τῇ ἀξίνῃ[17] κόπτοντος[18] τὸ ξύλον,
καὶ ἐκπεσὸν[19] τὸ σιδήριον[20] ἀπὸ τοῦ ξύλου[21] τύχῃ[22] τοῦ πλησίον,[23] καὶ ἀποθάνῃ,
οὗτος καταφεύξεται[24] εἰς μίαν τῶν πόλεων τούτων καὶ ζήσεται, **6** ἵνα μὴ διώξας
ὁ ἀγχιστεύων[25] τοῦ αἵματος ὀπίσω τοῦ φονεύσαντος,[26] ὅτι παρατεθέρμανται[27] τῇ
καρδίᾳ, καὶ καταλάβῃ[28] αὐτόν, ἐὰν μακροτέρα[29] ᾖ ἡ ὁδός, καὶ πατάξῃ[30] αὐτοῦ τὴν
ψυχήν, καὶ ἀποθάνῃ, καὶ τούτῳ οὐκ ἔστιν κρίσις θανάτου, ὅτι οὐ μισῶν ἦν αὐτὸν
πρὸ τῆς ἐχθὲς[31] καὶ πρὸ τῆς τρίτης. **7** διὰ τοῦτο ἐγώ σοι ἐντέλλομαι[32] τὸ ῥῆμα τοῦτο
λέγων Τρεῖς πόλεις διαστελεῖς[33] σεαυτῷ· **8** ἐὰν δὲ ἐμπλατύνῃ[34] κύριος ὁ θεός σου τὰ
ὅριά[35] σου, ὃν τρόπον[36] ὤμοσεν[37] τοῖς πατράσιν σου, καὶ δῷ σοι κύριος πᾶσαν τὴν
γῆν, ἣν εἶπεν δοῦναι τοῖς πατράσιν σου, **9** ἐὰν ἀκούσῃς ποιεῖν πάσας τὰς ἐντολὰς
ταύτας, ἃς ἐγὼ ἐντέλλομαί[38] σοι σήμερον, ἀγαπᾶν κύριον τὸν θεόν σου, πορεύεσθαι
ἐν πάσαις ταῖς ὁδοῖς αὐτοῦ πάσας τὰς ἡμέρας, καὶ προσθήσεις[39] σεαυτῷ ἔτι τρεῖς
πόλεις πρὸς τὰς τρεῖς ταύτας, **10** καὶ οὐκ ἐκχυθήσεται[40] αἷμα ἀναίτιον[41] ἐν τῇ γῇ σου,
ᾗ κύριος ὁ θεός σου δίδωσίν σοι ἐν κλήρῳ,[42] καὶ οὐκ ἔσται ἐν σοὶ αἵματι ἔνοχος.[43]

1 τριμερίζω, *fut act ind 2s*, divide into three
2 ὅριον, territory, region
3 καταμερίζω, *pres act ind 3s*, apportion
4 καταφυγή, refuge
5 φονευτής, murderer, killer
6 πρόσταγμα, ordinance, decree
7 φονευτής, murderer, killer
8 φεύγω, *aor act sub 3s*, flee
9 πατάσσω, *aor act sub 3s*, strike, slay
10 πλησίον, neighbor
11 ἀκουσίως, involuntarily
12 ἐχθές, yesterday
13 πλησίον, neighbor
14 δρυμός, woods, copse
15 ξύλον, wood
16 ἐκκρούω, *aor pas sub 3s*, knock out
17 ἀξίνη, axe
18 κόπτω, *pres act ptc gen s m*, cut down
19 ἐκπίπτω, *aor act ptc nom s n*, fall off
20 σιδήριον, iron blade
21 ξύλον, handle, shaft
22 τυγχάνω, *aor act sub 3s*, strike
23 πλησίον, neighbor
24 καταφεύγω, *fut mid ind 3s*, flee for refuge
25 ἀγχιστεύω, *pres act ptc nom s m*, act as avenger
26 φονεύω, *aor act ptc gen s m*, murder, kill
27 παραθερμαίνω, *perf pas ind 3p*, be heated in anger
28 καταλαμβάνω, *aor act sub 3s*, overtake
29 μακρός, *comp*, farther, more distant
30 πατάσσω, *aor act sub 3s*, strike, slay
31 ἐχθές, yesterday
32 ἐντέλλομαι, *pres mid ind 1s*, command
33 διαστέλλω, *fut act ind 2s*, separate out
34 ἐμπλατύνω, *aor act sub 3s*, enlarge
35 ὅριον, boundary, border
36 ὃν τρόπον, in the manner that
37 ὄμνυμι, *aor act ind 3s*, swear an oath
38 ἐντέλλομαι, *pres mid ind 1s*, command
39 προστίθημι, *fut act ind 2s*, add to
40 ἐκχέω, *fut pas ind 3s*, shed
41 ἀναίτιος, innocent
42 κλῆρος, lot, share
43 ἔνοχος, guilty

11 ἐὰν δὲ γένηται ἄνθρωπος μισῶν τὸν πλησίον[1] καὶ ἐνεδρεύσῃ[2] αὐτὸν καὶ ἐπαναστῇ[3] ἐπ᾽ αὐτὸν καὶ πατάξῃ[4] αὐτοῦ ψυχήν, καὶ ἀπεθάνῃ, καὶ φύγῃ[5] εἰς μίαν τῶν πόλεων
τούτων, **12** καὶ ἀποστελοῦσιν ἡ γερουσία[6] τῆς πόλεως αὐτοῦ καὶ λήμψονται αὐτὸν ἐκεῖθεν[7] καὶ παραδώσουσιν αὐτὸν εἰς χεῖρας τῷ ἀγχιστεύοντι[8] τοῦ αἵματος, καὶ
ἀποθανεῖται· **13** οὐ φείσεται[9] ὁ ὀφθαλμός σου ἐπ᾽ αὐτῷ, καὶ καθαριεῖς τὸ αἷμα τὸ ἀναίτιον[10] ἐξ Ισραηλ, καὶ εὖ[11] σοι ἔσται.

Property Boundaries and Witnesses

14 Οὐ μετακινήσεις[12] ὅρια[13] τοῦ πλησίον[14] σου, ἃ ἔστησαν οἱ πατέρες σου ἐν τῇ κληρονομίᾳ[15] σου, ᾗ κατεκληρονομήθης[16] ἐν τῇ γῇ, ᾗ κύριος ὁ θεός σου δίδωσίν σοι ἐν κλήρῳ.[17]

15 Οὐκ ἐμμενεῖ[18] μάρτυς[19] εἷς μαρτυρῆσαι[20] κατὰ ἀνθρώπου κατὰ πᾶσαν ἀδικίαν[21] καὶ κατὰ πᾶν ἁμάρτημα[22] καὶ κατὰ πᾶσαν ἁμαρτίαν, ἣν ἂν ἁμάρτῃ· ἐπὶ στόματος
δύο μαρτύρων[23] καὶ ἐπὶ στόματος τριῶν μαρτύρων σταθήσεται πᾶν ῥῆμα. **16** ἐὰν δὲ
καταστῇ[24] μάρτυς[25] ἄδικος[26] κατὰ ἀνθρώπου καταλέγων[27] αὐτοῦ ἀσέβειαν,[28] **17** καὶ
στήσονται οἱ δύο ἄνθρωποι, οἷς ἐστιν αὐτοῖς ἡ ἀντιλογία,[29] ἔναντι[30] κυρίου καὶ ἔναντι τῶν ἱερέων καὶ ἔναντι τῶν κριτῶν,[31] οἳ ἐὰν ὦσιν ἐν ταῖς ἡμέραις ἐκείναις,
18 καὶ ἐξετάσωσιν[32] οἱ κριταὶ[33] ἀκριβῶς,[34] καὶ ἰδοὺ μάρτυς[35] ἄδικος[36] ἐμαρτύρησεν[37]
ἄδικα,[38] ἀντέστη[39] κατὰ τοῦ ἀδελφοῦ αὐτοῦ, **19** καὶ ποιήσετε αὐτῷ ὃν τρόπον[40] ἐπονηρεύσατο[41] ποιῆσαι κατὰ τοῦ ἀδελφοῦ αὐτοῦ, καὶ ἐξαρεῖς[42] τὸν πονηρὸν ἐξ

1 πλησίον, neighbor
2 ἐνεδρεύω, *aor act sub 2s*, lie in wait, ambush
3 ἐπανίστημι, *aor act sub 3s*, rise against
4 πατάσσω, *aor act sub 3s*, strike, slay
5 φεύγω, *aor act sub 3s*, flee
6 γερουσία, council of elders
7 ἐκεῖθεν, from there
8 ἀγχιστεύω, *pres act ptc dat s m*, act as avenger
9 φείδομαι, *fut mid ind 3s*, spare, refrain
10 ἀναίτιος, innocent
11 εὖ, well
12 μετακινέω, *fut act ind 2s*, shift, move
13 ὅριον, boundary, border
14 πλησίον, neighbor
15 κληρονομία, inheritance
16 κατακληρονομέω, *aor pas ind 2s*, acquire possession
17 κλῆρος, lot, share
18 ἐμμένω, *fut act ind 3s*, hold good, persevere in
19 μάρτυς, witness
20 μαρτυρέω, *aor act inf*, testify, witness
21 ἀδικία, wrongdoing
22 ἁμάρτημα, offense
23 μάρτυς, witness
24 καθίστημι, *aor act sub 3s*, set before
25 μάρτυς, witness
26 ἄδικος, unjust
27 καταλέγω, *pres act ptc nom s m*, accuse
28 ἀσέβεια, impiety, ungodliness
29 ἀντιλογία, dispute, argument
30 ἔναντι, before
31 κριτής, judge
32 ἐξετάζω, *aor act sub 3p*, examine, question
33 κριτής, judge
34 ἀκριβῶς, diligently, carefully
35 μάρτυς, witness
36 ἄδικος, unjust
37 μαρτυρέω, *aor act ind 3s*, testify, witness
38 ἄδικος, unjust (thing), (unjustly)
39 ἀνθίστημι, *aor act ind 3s*, stand against
40 ὃν τρόπον, in such manner that
41 πονηρεύομαι, *aor mid ind 3s*, connive, act wickedly
42 ἐξαίρω, *fut act ind 2s*, remove

ὑμῶν αὐτῶν. **20** καὶ οἱ ἐπίλοιποι[1] ἀκούσαντες φοβηθήσονται καὶ οὐ προσθήσουσιν[2]
ἔτι ποιῆσαι κατὰ τὸ ῥῆμα τὸ πονηρὸν τοῦτο ἐν ὑμῖν. **21** οὐ φείσεται[3] ὁ ὀφθαλμός
σου ἐπ᾽ αὐτῷ· ψυχὴν ἀντὶ[4] ψυχῆς, ὀφθαλμὸν ἀντὶ ὀφθαλμοῦ, ὀδόντα[5] ἀντὶ ὀδόντος,
χεῖρα ἀντὶ χειρός, πόδα ἀντὶ ποδός.

Concerning Warfare

20 Ἐὰν δὲ ἐξέλθῃς εἰς πόλεμον ἐπὶ τοὺς ἐχθρούς σου καὶ ἴδῃς ἵππον[6] καὶ
ἀναβάτην[7] καὶ λαὸν πλείονά[8] σου, οὐ φοβηθήσῃ ἀπ᾽ αὐτῶν, ὅτι κύριος ὁ
θεός σου μετὰ σοῦ ὁ ἀναβιβάσας[9] σε ἐκ γῆς Αἰγύπτου. **2** καὶ ἔσται ὅταν ἐγγίσῃς
τῷ πολέμῳ, καὶ προσεγγίσας[10] ὁ ἱερεὺς λαλήσει τῷ λαῷ **3** καὶ ἐρεῖ πρὸς αὐτούς
Ἄκουε, Ισραηλ· ὑμεῖς προσπορεύεσθε[11] σήμερον εἰς πόλεμον ἐπὶ τοὺς ἐχθροὺς
ὑμῶν, μὴ ἐκλυέσθω[12] ἡ καρδία ὑμῶν, μὴ φοβεῖσθε μηδὲ θραύεσθε[13] μηδὲ ἐκκλίνητε[14]
ἀπὸ προσώπου αὐτῶν, **4** ὅτι κύριος ὁ θεὸς ὑμῶν ὁ προπορευόμενος[15] μεθ᾽ ὑμῶν
συνεκπολεμῆσαι[16] ὑμῖν τοὺς ἐχθροὺς ὑμῶν διασῶσαι[17] ὑμᾶς. **5** καὶ λαλήσουσιν
οἱ γραμματεῖς[18] πρὸς τὸν λαὸν λέγοντες Τίς ὁ ἄνθρωπος ὁ οἰκοδομήσας οἰκίαν
καινὴν[19] καὶ οὐκ ἐνεκαίνισεν[20] αὐτήν; πορευέσθω καὶ ἀποστραφήτω[21] εἰς τὴν
οἰκίαν αὐτοῦ, μὴ ἀποθάνῃ ἐν τῷ πολέμῳ καὶ ἄνθρωπος ἕτερος ἐγκαινιεῖ[22] αὐτήν.
6 καὶ τίς ὁ ἄνθρωπος, ὅστις ἐφύτευσεν[23] ἀμπελῶνα[24] καὶ οὐκ εὐφράνθη[25] ἐξ αὐτοῦ;
πορευέσθω καὶ ἀποστραφήτω[26] εἰς τὴν οἰκίαν αὐτοῦ, μὴ ἀποθάνῃ ἐν τῷ πολέμῳ
καὶ ἄνθρωπος ἕτερος εὐφρανθήσεται[27] ἐξ αὐτοῦ. **7** καὶ τίς ὁ ἄνθρωπος, ὅστις
μεμνήστευται[28] γυναῖκα καὶ οὐκ ἔλαβεν αὐτήν; πορευέσθω καὶ ἀποστραφήτω[29] εἰς
τὴν οἰκίαν αὐτοῦ, μὴ ἀποθάνῃ ἐν τῷ πολέμῳ καὶ ἄνθρωπος ἕτερος λήμψεται αὐτήν.
8 καὶ προσθήσουσιν[30] οἱ γραμματεῖς[31] λαλῆσαι πρὸς τὸν λαὸν καὶ ἐροῦσιν Τίς ὁ
ἄνθρωπος ὁ φοβούμενος καὶ δειλὸς[32] τῇ καρδίᾳ; πορευέσθω καὶ ἀποστραφήτω[33]

1 ἐπίλοιπος, remainder, rest
2 προστίθημι, *fut act ind 3p*, add to, continue
3 φείδομαι, *fut mid ind 3s*, spare, refrain
4 ἀντί, for, in return for
5 ὀδούς, tooth
6 ἵππος, horse
7 ἀναβάτης, rider, horsemen
8 πλείων/πλεῖον, *comp of* πολύς, more numerous
9 ἀναβιβάζω, *aor act ptc nom s m*, bring up
10 προσεγγίζω, *aor act ptc nom s m*, approach, draw near
11 προσπορεύομαι, *pres mid ind 2p*, advance
12 ἐκλύω, *pres mid impv 3s*, faint, fail
13 θραύω, *pres pas ind 2p*, break, shatter
14 ἐκκλίνω, *pres act sub 2p*, turn away
15 προπορεύομαι, *pres mid ptc nom s m*, go before
16 συνεκπολεμέω, *aor act inf*, fight with
17 διασῴζω, *aor act inf*, save, preserve
18 γραμματεύς, scribe
19 καινός, new
20 ἐγκαινίζω, *aor act ind 3s*, dedicate
21 ἀποστρέφω, *aor pas impv 3s*, return
22 ἐγκαινίζω, *fut act ind 3s*, dedicate
23 φυτεύω, *aor act ind 3s*, plant
24 ἀμπελών, vineyard
25 εὐφραίνω, *aor pas ind 3s*, enjoy
26 ἀποστρέφω, *aor pas impv 3s*, return
27 εὐφραίνω, *fut pas ind 3s*, enjoy
28 μνηστεύω, *perf mid ind 3s*, become engaged, betroth
29 ἀποστρέφω, *aor pas impv 3s*, return
30 προστίθημι, *fut act ind 3p*, add to, continue
31 γραμματεύς, scribe
32 δειλός, timid, cowardly
33 ἀποστρέφω, *aor pas impv 3s*, return

εἰς τὴν οἰκίαν αὐτοῦ, ἵνα μὴ δειλιάνῃ[1] τὴν καρδίαν τοῦ ἀδελφοῦ αὐτοῦ ὥσπερ ἡ
αὐτοῦ. **9** καὶ ἔσται ὅταν παύσωνται[2] οἱ γραμματεῖς[3] λαλοῦντες πρὸς τὸν λαόν, καὶ
καταστήσουσιν[4] ἄρχοντας[5] τῆς στρατιᾶς[6] προηγουμένους[7] τοῦ λαοῦ.

10 Ἐὰν δὲ προσέλθῃς πρὸς πόλιν ἐκπολεμῆσαι[8] αὐτήν, καὶ ἐκκαλέσῃ[9] αὐτοὺς μετ᾽
εἰρήνης· **11** ἐὰν μὲν εἰρηνικὰ[10] ἀποκριθῶσίν σοι καὶ ἀνοίξωσίν σοι, ἔσται πᾶς ὁ
λαὸς οἱ εὑρεθέντες ἐν αὐτῇ ἔσονταί σοι φορολόγητοι[11] καὶ ὑπήκοοί[12] σου· **12** ἐὰν
δὲ μὴ ὑπακούσωσίν[13] σοι καὶ ποιήσωσιν πρὸς σὲ πόλεμον, περικαθιεῖς[14] αὐτήν,
13 καὶ παραδώσει αὐτὴν κύριος ὁ θεός σου εἰς τὰς χεῖράς σου, καὶ πατάξεις[15] πᾶν
ἀρσενικὸν[16] αὐτῆς ἐν φόνῳ[17] μαχαίρας,[18] **14** πλὴν τῶν γυναικῶν καὶ τῆς ἀποσκευῆς[19]
καὶ πάντα τὰ κτήνη[20] καὶ πάντα, ὅσα ἂν ὑπάρχῃ[21] ἐν τῇ πόλει, καὶ πᾶσαν τὴν ἀπαρ-
τίαν[22] προνομεύσεις[23] σεαυτῷ καὶ φάγῃ πᾶσαν τὴν προνομὴν[24] τῶν ἐχθρῶν σου, ὧν
κύριος ὁ θεός σου δίδωσίν σοι. **15** οὕτως ποιήσεις πάσας τὰς πόλεις τὰς μακρὰν[25]
οὔσας ἀπὸ σοῦ σφόδρα,[26] αἳ οὐχὶ ἐκ τῶν πόλεων τῶν ἐθνῶν τούτων, **16** ἰδοὺ δὲ ἀπὸ
τῶν πόλεων τῶν ἐθνῶν τούτων, ὧν κύριος ὁ θεός σου δίδωσίν σοι κληρονομεῖν[27]
τὴν γῆν αὐτῶν, οὐ ζωγρήσετε[28] ἀπ᾽ αὐτῶν πᾶν ἐμπνέον,[29] **17** ἀλλ᾽ ἢ ἀναθέματι[30] ἀνα-
θεματιεῖτε[31] αὐτούς, τὸν Χετταῖον καὶ Αμορραῖον καὶ Χαναναῖον καὶ Φερεζαῖον καὶ
Ευαῖον καὶ Ιεβουσαῖον καὶ Γεργεσαῖον, ὃν τρόπον[32] ἐνετείλατό[33] σοι κύριος ὁ θεός
σου, **18** ἵνα μὴ διδάξωσιν ὑμᾶς ποιεῖν πάντα τὰ βδελύγματα[34] αὐτῶν, ὅσα ἐποίησαν
τοῖς θεοῖς αὐτῶν, καὶ ἁμαρτήσεσθε ἐναντίον[35] κυρίου τοῦ θεοῦ ὑμῶν.

19 Ἐὰν δὲ περικαθίσῃς[36] περὶ πόλιν ἡμέρας πλείους[37] ἐκπολεμῆσαι[38] αὐτὴν εἰς
κατάλημψιν[39] αὐτῆς, οὐχὶ ἐξολεθρεύσεις[40] τὰ δένδρα[41] αὐτῆς ἐπιβαλεῖν[42] ἐπ᾽ αὐτὰ

1 δειλιαίνω, *aor act sub 3s*, frighten
2 παύω, *aor mid sub 3p*, cease
3 γραμματεύς, scribe
4 καθίστημι, *fut act ind 3p*, appoint, set over
5 ἄρχων, captain
6 στρατιά, army company
7 προηγέομαι, *pres mid ptc acc p m*, lead, go before
8 ἐκπολεμέω, *aor act inf*, fight against
9 ἐκκαλέω, *fut mid ind 2s*, call out
10 εἰρηνικός, peacefully
11 φορολόγητος, paying tribute
12 ὑπήκοος, subject
13 ὑπακούω, *aor act sub 3p*, listen, obey
14 περικαθίζω, *fut act ind 2s*, besiege
15 πατάσσω, *fut act ind 2s*, strike, slay
16 ἀρσενικός, male
17 φόνος, slaughter
18 μάχαιρα, sword
19 ἀποσκευή, household
20 κτῆνος, animal, (*p*) herd
21 ὑπάρχω, *pres act sub 3s*, exist, be
22 ἀπαρτία, household goods, baggage
23 προνομεύω, *fut act ind 2s*, plunder, capture
24 προνομή, plunder, booty
25 μακράν, far away
26 σφόδρα, very
27 κληρονομέω, *pres act inf*, inherit, acquire
28 ζωγρέω, *fut act ind 2p*, preserve alive
29 ἐμπνέω, *pres act ptc acc s n*, breathe
30 ἀνάθεμα, cursed, devoted to destruction
31 ἀναθεματίζω, *fut act ind 2p*, curse, devote to destruction
32 ὃν τρόπον, in the manner that
33 ἐντέλλομαι, *aor mid ind 3s*, command
34 βδέλυγμα, abomination
35 ἐναντίον, before
36 περικαθίζω, *aor act sub 2s*, besiege
37 πλείων/πλεῖον, *comp of* πολύς, more
38 ἐκπολεμέω, *aor act inf*, fight against
39 κατάληψις, seizing, taking possession
40 ἐξολεθρεύω, *fut act ind 2s*, utterly destroy
41 δένδρον, tree
42 ἐπιβάλλω, *aor act inf*, put upon

σίδηρον,[1] ἀλλ᾽ ἢ ἀπ᾽ αὐτοῦ φάγῃ, αὐτὸ δὲ οὐκ ἐκκόψεις.[2] μὴ ἄνθρωπος τὸ ξύλον[3]
τὸ ἐν τῷ ἀγρῷ εἰσελθεῖν ἀπὸ προσώπου σου εἰς τὸν χάρακα;[4] **20** ἀλλὰ ξύλον,[5] ὃ
ἐπίστασαι[6] ὅτι οὐ καρπόβρωτόν[7] ἐστιν, τοῦτο ἐξολεθρεύσεις[8] καὶ ἐκκόψεις[9] καὶ
οἰκοδομήσεις χαράκωσιν[10] ἐπὶ τὴν πόλιν, ἥτις ποιεῖ πρὸς σὲ τὸν πόλεμον, ἕως ἂν
παραδοθῇ.

Atonement for Crimes

21 Ἐὰν δὲ εὑρεθῇ τραυματίας[11] ἐν τῇ γῇ, ᾗ κύριος ὁ θεός σου δίδωσίν σοι κλη-
ρονομῆσαι,[12] πεπτωκὼς[13] ἐν τῷ πεδίῳ[14] καὶ οὐκ οἴδασιν τὸν πατάξαντα,[15]
2 ἐξελεύσεται ἡ γερουσία[16] σου καὶ οἱ κριταί[17] σου καὶ ἐκμετρήσουσιν[18] ἐπὶ τὰς
πόλεις τὰς κύκλῳ[19] τοῦ τραυματίου,[20] **3** καὶ ἔσται ἡ πόλις ἡ ἐγγίζουσα τῷ τραυματίᾳ[21]
καὶ λήμψεται ἡ γερουσία[22] τῆς πόλεως ἐκείνης δάμαλιν[23] ἐκ βοῶν,[24] ἥτις οὐκ εἴρ-
γασται[25] καὶ ἥτις οὐχ εἵλκυσεν[26] ζυγόν,[27] **4** καὶ καταβιβάσουσιν[28] ἡ γερουσία[29]
τῆς πόλεως ἐκείνης τὴν δάμαλιν[30] εἰς φάραγγα[31] τραχεῖαν,[32] ἥτις οὐκ εἴργασται[33]
οὐδὲ σπείρεται,[34] καὶ νευροκοπήσουσιν[35] τὴν δάμαλιν[36] ἐν τῇ φάραγγι.[37] **5** καὶ
προσελεύσονται οἱ ἱερεῖς οἱ Λευῖται — ὅτι αὐτοὺς ἐπέλεξεν[38] κύριος ὁ θεός σου
παρεστηκέναι[39] αὐτῷ καὶ εὐλογεῖν ἐπὶ τῷ ὀνόματι αὐτοῦ, καὶ ἐπὶ τῷ στόματι αὐτῶν
ἔσται πᾶσα ἀντιλογία[40] καὶ πᾶσα ἁφή[41] — **6** καὶ πᾶσα ἡ γερουσία[42] τῆς πόλεως
ἐκείνης οἱ ἐγγίζοντες τῷ τραυματίᾳ[43] νίψονται[44] τὰς χεῖρας ἐπὶ τὴν κεφαλὴν τῆς
δαμάλεως[45] τῆς νενευροκοπημένης[46] ἐν τῇ φάραγγι[47] **7** καὶ ἀποκριθέντες ἐροῦσιν

1 σίδηρος, iron
2 ἐκκόπτω, *fut act ind 2s*, cut down
3 ξύλον, tree
4 χάραξ, palisade, bulwark
5 ξύλον, tree
6 ἐπίσταμαι, *pres mid ind 2s*, know
7 καρπόβρωτος, producing edible fruit
8 ἐξολεθρεύω, *fut act ind 2s*, utterly destroy
9 ἐκκόπτω, *fut act ind 2s*, cut down
10 χαράκωσις, palisade, bulwark
11 τραυματίας, casualty, wounded person
12 κληρονομέω, *aor act inf*, inherit
13 πίπτω, *perf act ptc nom s m*, fall
14 πεδίον, plain, field
15 πατάσσω, *aor act ptc acc s m*, strike
16 γερουσία, council of elders
17 κριτής, judge
18 ἐκμετρέω, *fut act ind 3p*, measure out (a distance)
19 κύκλῳ, around
20 τραυματίας, casualty, wounded person
21 τραυματίας, casualty, wounded person
22 γερουσία, council of elders
23 δάμαλις, heifer
24 βοῦς, cow, (*p*) cattle
25 ἐργάζομαι, *perf pas ind 3s*, work
26 ἑλκύω, *aor act ind 3s*, pull
27 ζυγός, yoke
28 καταβιβάζω, *fut act ind 3p*, bring down
29 γερουσία, council of elders
30 δάμαλις, heifer
31 φάραγξ, ravine
32 τραχύς, rugged
33 ἐργάζομαι, *perf pas ind 3s*, work
34 σπείρω, *pres pas ind 3s*, sow
35 νευροκοπέω, *fut act ind 3p*, cut the sinews, hamstring
36 δάμαλις, heifer
37 φάραγξ, ravine
38 ἐπιλέγω, *aor act ind 3s*, select, choose
39 παρίστημι, *perf act inf*, stand before, be present
40 ἀντιλογία, argument, dispute
41 ἁφή, stroke, assault
42 γερουσία, council of elders
43 τραυματίας, casualty, wounded person
44 νίπτω, *fut mid ind 3p*, wash
45 δάμαλις, heifer
46 νευροκοπέω, *perf pas ptc gen s f*, cut the sinews, hamstring
47 φάραγξ, ravine

Αἱ χεῖρες ἡμῶν οὐκ ἐξέχεαν[1] τὸ αἷμα τοῦτο, καὶ οἱ ὀφθαλμοὶ ἡμῶν οὐχ ἑωράκασιν·
8 ἵλεως[2] γενοῦ τῷ λαῷ σου Ισραηλ, οὓς ἐλυτρώσω,[3] κύριε, ἐκ γῆς Αἰγύπτου, ἵνα μὴ
γένηται αἷμα ἀναίτιον[4] ἐν τῷ λαῷ σου Ισραηλ. καὶ ἐξιλασθήσεται[5] αὐτοῖς τὸ αἷμα.
9 σὺ δὲ ἐξαρεῖς[6] τὸ αἷμα τὸ ἀναίτιον[7] ἐξ ὑμῶν αὐτῶν, ἐὰν ποιήσῃς τὸ καλὸν καὶ τὸ
ἀρεστὸν[8] ἔναντι[9] κυρίου τοῦ θεοῦ σου.

Domestic Relations

10 Ἐὰν δὲ ἐξελθὼν εἰς πόλεμον ἐπὶ τοὺς ἐχθρούς σου καὶ παραδῷ σοι κύριος ὁ
θεός σου εἰς τὰς χεῖράς σου καὶ προνομεύσεις[10] τὴν προνομὴν[11] αὐτῶν **11** καὶ ἴδῃς
ἐν τῇ προνομῇ[12] γυναῖκα καλὴν τῷ εἴδει[13] καὶ ἐνθυμηθῇς[14] αὐτῆς καὶ λάβῃς αὐτὴν
σαυτῷ γυναῖκα, **12** καὶ εἰσάξεις[15] αὐτὴν ἔνδον[16] εἰς τὴν οἰκίαν σου καὶ ξυρήσεις[17]
τὴν κεφαλὴν αὐτῆς καὶ περιονυχιεῖς[18] αὐτὴν **13** καὶ περιελεῖς[19] τὰ ἱμάτια τῆς
αἰχμαλωσίας[20] αὐτῆς ἀπ᾽ αὐτῆς, καὶ καθίεται ἐν τῇ οἰκίᾳ σου καὶ κλαύσεται[21] τὸν
πατέρα καὶ τὴν μητέρα μηνὸς[22] ἡμέρας, καὶ μετὰ ταῦτα εἰσελεύσῃ πρὸς αὐτὴν
καὶ συνοικισθήσῃ[23] αὐτῇ, καὶ ἔσται σου γυνή. **14** καὶ ἔσται ἐὰν μὴ θέλῃς αὐτήν,
ἐξαποστελεῖς[24] αὐτὴν ἐλευθέραν,[25] καὶ πράσει[26] οὐ πραθήσεται[27] ἀργυρίου·[28] οὐκ
ἀθετήσεις[29] αὐτήν, διότι[30] ἐταπείνωσας[31] αὐτήν.

15 Ἐὰν δὲ γένωνται ἀνθρώπῳ δύο γυναῖκες, μία αὐτῶν ἠγαπημένη καὶ μία αὐτῶν
μισουμένη, καὶ τέκωσιν[32] αὐτῷ ἡ ἠγαπημένη καὶ ἡ μισουμένη, καὶ γένηται υἱὸς
πρωτότοκος[33] τῆς μισουμένης, **16** καὶ ἔσται ᾗ ἂν ἡμέρᾳ κατακληροδοτῇ[34] τοῖς υἱοῖς
αὐτοῦ τὰ ὑπάρχοντα αὐτοῦ, οὐ δυνήσεται πρωτοτοκεῦσαι[35] τῷ υἱῷ τῆς ἠγαπημένης
ὑπεριδὼν[36] τὸν υἱὸν τῆς μισουμένης τὸν πρωτότοκον,[37] **17** ἀλλὰ τὸν πρωτότοκον[38]

1 ἐκχέω, *aor act ind 3p*, pour out, shed
2 ἵλεως, merciful
3 λυτρόω, *aor mid ind 2s*, redeem, ransom
4 ἀναίτιος, innocent
5 ἐξιλάσκομαι, *fut pas ind 3s*, propitiate, make atonement
6 ἐξαίρω, *fut act ind 2s*, remove
7 ἀναίτιος, innocent
8 ἀρεστός, pleasing
9 ἔναντι, before
10 προνομεύω, *fut act ind 2s*, plunder, capture
11 προνομή, plunder, booty
12 προνομή, plunder, booty
13 εἶδος, appearance
14 ἐνθυμέομαι, *aor pas sub 2s*, consider
15 εἰσάγω, *fut act ind 2s*, bring into
16 ἔνδον, within, inside
17 ξυρέω, *fut act ind 2s*, shave
18 περιονυχίζω, *fut act ind 2s*, trim one's nails
19 περιαιρέω, *fut act ind 2s*, take off, remove
20 αἰχμαλωσία, captivity
21 κλαίω, *fut mid ind 3s*, weep, mourn
22 μήν, month
23 συνοικίζω, *fut pas ind 2s*, give in marriage
24 ἐξαποστέλλω, *fut act ind 2s*, send forth
25 ἐλεύθερος, free
26 πρᾶσις, sale
27 πιπράσκω, *fut pas ind 3s*, sell
28 ἀργύριον, money
29 ἀθετέω, *fut act ind 2s*, reject, deal treacherously with
30 διότι, because
31 ταπεινόω, *aor act ind 2s*, bring low
32 τίκτω, *aor act sub 3p*, give birth
33 πρωτότοκος, firstborn
34 κατακληροδοτέω, *pres act sub 3s*, divide an inheritance
35 πρωτοτοκεύω, *aor act inf*, treat as firstborn
36 ὑπεροράω, *aor act ptc nom s m*, disregard, neglect
37 πρωτότοκος, firstborn
38 πρωτότοκος, firstborn

υἱὸν τῆς μισουμένης ἐπιγνώσεται δοῦναι αὐτῷ διπλᾶ[1] ἀπὸ πάντων, ὧν ἂν εὑρεθῇ
αὐτῷ, ὅτι οὗτός ἐστιν ἀρχὴ τέκνων αὐτοῦ, καὶ τούτῳ καθήκει[2] τὰ πρωτοτόκια.[3]

18 Ἐὰν δέ τινι ᾖ υἱὸς ἀπειθὴς[4] καὶ ἐρεθιστὴς[5] οὐχ ὑπακούων[6] φωνὴν πατρὸς καὶ
φωνὴν μητρὸς καὶ παιδεύσωσιν[7] αὐτὸν καὶ μὴ εἰσακούῃ[8] αὐτῶν, **19** καὶ συλλαβόντες[9]
αὐτὸν ὁ πατὴρ αὐτοῦ καὶ ἡ μήτηρ αὐτοῦ καὶ ἐξάξουσιν[10] αὐτὸν ἐπὶ τὴν γερουσίαν[11]
τῆς πόλεως αὐτοῦ καὶ ἐπὶ τὴν πύλην[12] τοῦ τόπου αὐτοῦ **20** καὶ ἐροῦσιν τοῖς ἀνδράσιν
τῆς πόλεως αὐτῶν Ὁ υἱὸς ἡμῶν οὗτος ἀπειθεῖ[13] καὶ ἐρεθίζει,[14] οὐχ ὑπακούει[15] τῆς
φωνῆς ἡμῶν, συμβολοκοπῶν[16] οἰνοφλυγεῖ·[17] **21** καὶ λιθοβολήσουσιν[18] αὐτὸν οἱ
ἄνδρες τῆς πόλεως αὐτοῦ ἐν λίθοις, καὶ ἀποθανεῖται· καὶ ἐξαρεῖς[19] τὸν πονηρὸν ἐξ
ὑμῶν αὐτῶν, καὶ οἱ ἐπίλοιποι[20] ἀκούσαντες φοβηθήσονται.

Being Hanged on a Tree

22 Ἐὰν δὲ γένηται ἔν τινι ἁμαρτία κρίμα[21] θανάτου καὶ ἀποθάνῃ καὶ κρεμάσητε[22]
αὐτὸν ἐπὶ ξύλου,[23] **23** οὐκ ἐπικοιμηθήσεται[24] τὸ σῶμα αὐτοῦ ἐπὶ τοῦ ξύλου,[25] ἀλλὰ
ταφῇ[26] θάψετε[27] αὐτὸν ἐν τῇ ἡμέρᾳ ἐκείνῃ, ὅτι κεκατηραμένος[28] ὑπὸ θεοῦ πᾶς
κρεμάμενος[29] ἐπὶ ξύλου· καὶ οὐ μιανεῖτε[30] τὴν γῆν, ἣν κύριος ὁ θεός σου δίδωσίν
σοι ἐν κλήρῳ.[31]

Miscellaneous Laws

22 Μὴ ἰδὼν τὸν μόσχον[32] τοῦ ἀδελφοῦ σου ἢ τὸ πρόβατον αὐτοῦ πλανώμενα
ἐν τῇ ὁδῷ ὑπερίδῃς[33] αὐτά· ἀποστροφῇ[34] ἀποστρέψεις[35] αὐτὰ τῷ ἀδελφῷ
σου καὶ ἀποδώσεις αὐτῷ. **2** ἐὰν δὲ μὴ ἐγγίζῃ ὁ ἀδελφός σου πρὸς σὲ μηδὲ ἐπίστῃ[36]
αὐτόν, συνάξεις αὐτὰ ἔνδον[37] εἰς τὴν οἰκίαν σου, καὶ ἔσται μετὰ σοῦ, ἕως ἂν ζητήσῃ

1 διπλοῦς, double
2 καθήκω, *pres act ind 3s*, be due to
3 πρωτοτόκια, birthright of the firstborn
4 ἀπειθής, disobedient
5 ἐρεθιστής, rebellious
6 ὑπακούω, *pres act ptc nom s m*, listen, obey
7 παιδεύω, *aor act sub 3p*, instruct, discipline
8 εἰσακούω, *pres act sub 3s*, listen, obey
9 συλλαμβάνω, *aor act ptc nom p m*, lay hold of
10 ἐξάγω, *fut act ind 3p*, bring out
11 γερουσία, council of elders
12 πύλη, gate
13 ἀπειθέω, *pres act ind 3s*, disobey
14 ἐρεθίζω, *pres act ind 3s*, be quarrelsome
15 ὑπακούω, *pres act ind 3s*, listen, obey
16 συμβολοκοπέω, *pres act ptc nom s m*, be given to feasting
17 οἰνοφλυγέω, *pres act ind 3s*, be drunk
18 λιθοβολέω, *fut act ind 3p*, stone
19 ἐξαίρω, *fut act ind 2s*, remove
20 ἐπίλοιπος, remaining, rest (of a group)
21 κρίμα, judgment, sentence
22 κρεμάννυμι, *aor act sub 2p*, hang (to death)
23 ξύλον, tree
24 ἐπικοιμάω, *fut pas ind 3s*, neglect
25 ξύλον, tree
26 ταφή, burial
27 θάπτω, *fut act ind 2p*, bury
28 καταράομαι, *perf pas ptc nom s m*, curse
29 κρεμάννυμι, *pres pas ptc nom s m*, hang (to death)
30 μιαίνω, *fut act ind 2p*, defile, pollute
31 κλῆρος, lot, share
32 μόσχος, calf, young bull
33 ὑπεροράω, *aor act sub 2s*, overlook, disregard
34 ἀποστροφή, returning
35 ἀποστρέφω, *fut act ind 2s*, return
36 ἐπίσταμαι, *pres mid sub 2s*, know
37 ἔνδον, inside

αὐτὰ ὁ ἀδελφός σου, καὶ ἀποδώσεις αὐτῷ. **3** οὕτως ποιήσεις τὸν ὄνον[1] αὐτοῦ καὶ
οὕτως ποιήσεις τὸ ἱμάτιον αὐτοῦ καὶ οὕτως ποιήσεις κατὰ πᾶσαν ἀπώλειαν[2] τοῦ
ἀδελφοῦ σου, ὅσα ἐὰν ἀπόληται παρ' αὐτοῦ καὶ εὕρῃς· οὐ δυνήσῃ ὑπεριδεῖν.[3] —
4 οὐκ ὄψῃ τὸν ὄνον[4] τοῦ ἀδελφοῦ σου ἢ τὸν μόσχον[5] αὐτοῦ πεπτωκότας[6] ἐν τῇ
ὁδῷ, μὴ ὑπερίδῃς[7] αὐτούς· ἀνιστῶν ἀναστήσεις μετ' αὐτοῦ.

5 Οὐκ ἔσται σκεύη[8] ἀνδρὸς ἐπὶ γυναικί, οὐδὲ μὴ ἐνδύσηται[9] ἀνὴρ στολὴν[10] γυναι-
κείαν,[11] ὅτι βδέλυγμα[12] κυρίῳ τῷ θεῷ σού ἐστιν πᾶς ποιῶν ταῦτα.

6 Ἐὰν δὲ συναντήσῃς[13] νοσσιᾷ[14] ὀρνέων[15] πρὸ προσώπου σου ἐν τῇ ὁδῷ ἢ ἐπὶ παντὶ
δένδρει[16] ἢ ἐπὶ τῆς γῆς, νεοσσοῖς[17] ἢ ᾠοῖς,[18] καὶ ἡ μήτηρ θάλπῃ[19] ἐπὶ τῶν νεοσσῶν
ἢ ἐπὶ τῶν ᾠῶν, οὐ λήμψῃ τὴν μητέρα μετὰ τῶν τέκνων· **7** ἀποστολῇ[20] ἀποστελεῖς
τὴν μητέρα, τὰ δὲ παιδία λήμψῃ σεαυτῷ, ἵνα εὖ[21] σοι γένηται καὶ πολυήμερος[22] ἔσῃ.

8 Ἐὰν δὲ οἰκοδομήσῃς οἰκίαν καινήν,[23] καὶ ποιήσεις στεφάνην[24] τῷ δώματί[25] σου·
καὶ οὐ ποιήσεις φόνον[26] ἐν τῇ οἰκίᾳ σου, ἐὰν πέσῃ ὁ πεσὼν ἀπ' αὐτοῦ.

9 Οὐ κατασπερεῖς[27] τὸν ἀμπελῶνά[28] σου διάφορον,[29] ἵνα μὴ ἁγιασθῇ[30] τὸ γένημα[31]
καὶ τὸ σπέρμα, ὃ ἐὰν σπείρῃς[32] μετὰ τοῦ γενήματος τοῦ ἀμπελῶνός[33] σου. — **10** οὐκ
ἀροτριάσεις[34] ἐν μόσχῳ[35] καὶ ὄνῳ[36] ἐπὶ τὸ αὐτό. — **11** οὐκ ἐνδύσῃ[37] κίβδηλον,[38] ἔρια[39]
καὶ λίνον,[40] ἐν τῷ αὐτῷ.

12 Στρεπτὰ[41] ποιήσεις σεαυτῷ ἐπὶ τῶν τεσσάρων κρασπέδων[42] τῶν περιβολαίων[43]
σου, ἃ ἐὰν περιβάλῃ[44] ἐν αὐτοῖς.

1 ὄνος, donkey
2 ἀπώλεια, loss
3 ὑπεροράω, *aor act inf*, ignore, disregard
4 ὄνος, donkey
5 μόσχος, calf, young bull
6 πίπτω, *perf act ptc acc p m*, fall
7 ὑπεροράω, *aor act sub 2s*, ignore, disregard
8 σκεῦος, equipment, paraphernalia
9 ἐνδύω, *aor mid sub 3s*, clothe, put on
10 στολή, garment
11 γυναικεῖος, feminine
12 βδέλυγμα, abomination
13 συναντάω, *aor act sub 2s*, encounter
14 νοσσιά, nest
15 ὄρνεον, bird
16 δένδρος, tree
17 νεοσσός, young bird, nestling
18 ᾠόν, egg
19 θάλπω, *pres act sub 3s*, brood
20 ἀποστολή, sending off
21 εὖ, well
22 πολυήμερος, long-lived
23 καινός, new
24 στεφάνη, parapet, railing
25 δῶμα, roof
26 φόνος, manslaughter
27 κατασπείρω, *fut act ind 2s*, sow
28 ἀμπελών, vineyard
29 διάφορος, different, various
30 ἁγιάζω, *aor pas sub 3s*, sanctify, consecrate
31 γένημα, produce, yield
32 σπείρω, *aor act sub 2s*, sow
33 ἀμπελών, vineyard
34 ἀροτριάω, *fut act ind 2s*, plow
35 μόσχος, calf, young bull
36 ὄνος, donkey
37 ἐνδύω, *fut mid ind 2s*, put on
38 κίβδηλος, composite, combined
39 ἔριον, wool
40 λίνον, linen
41 στρεπτός, braid, twisted
42 κράσπεδον, fringe, tassel
43 περιβόλαιον, cloak
44 περιβάλλω, *aor mid sub 3s*, put around

Laws concerning Sexual Morality

13 Ἐὰν δέ τις λάβῃ γυναῖκα καὶ συνοικήσῃ[1] αὐτῇ καὶ μισήσῃ αὐτὴν **14** καὶ ἐπιθῇ
αὐτῇ προφασιστικοὺς[2] λόγους καὶ κατενέγκῃ[3] αὐτῆς ὄνομα πονηρὸν καὶ λέγῃ
Τὴν γυναῖκα ταύτην εἴληφα[4] καὶ προσελθὼν αὐτῇ οὐχ εὕρηκα αὐτῆς παρθένια,[5]
15 καὶ λαβὼν ὁ πατὴρ τῆς παιδὸς[6] καὶ ἡ μήτηρ ἐξοίσουσιν[7] τὰ παρθένια[8] τῆς παιδὸς πρὸς τὴν γερουσίαν[9] ἐπὶ τὴν πύλην,[10] **16** καὶ ἐρεῖ ὁ πατὴρ τῆς παιδὸς[11] τῇ γερουσίᾳ[12] Τὴν θυγατέρα[13] μου ταύτην δέδωκα τῷ ἀνθρώπῳ τούτῳ γυναῖκα, καὶ
μισήσας αὐτὴν **17** αὐτὸς νῦν ἐπιτίθησιν[14] αὐτῇ προφασιστικοὺς[15] λόγους λέγων Οὐχ εὕρηκα τῇ θυγατρί[16] σου παρθένια,[17] καὶ ταῦτα τὰ παρθένια τῆς θυγατρός μου· καὶ ἀναπτύξουσιν[18] τὸ ἱμάτιον ἐναντίον[19] τῆς γερουσίας[20] τῆς πόλεως. **18** καὶ λήμψεται
ἡ γερουσία[21] τῆς πόλεως ἐκείνης τὸν ἄνθρωπον ἐκεῖνον καὶ παιδεύσουσιν[22] αὐτὸν
19 καὶ ζημιώσουσιν[23] αὐτὸν ἑκατὸν[24] σίκλους[25] καὶ δώσουσιν τῷ πατρὶ τῆς νεάνιδος,[26] ὅτι ἐξήνεγκεν[27] ὄνομα πονηρὸν ἐπὶ παρθένον[28] Ισραηλῖτιν· καὶ αὐτοῦ ἔσται γυνή, οὐ δυνήσεται ἐξαποστεῖλαι[29] αὐτὴν τὸν ἅπαντα[30] χρόνον. **20** ἐὰν δὲ ἐπ᾽ ἀληθείας
γένηται ὁ λόγος οὗτος καὶ μὴ εὑρεθῇ παρθένια[31] τῇ νεάνιδι,[32] **21** καὶ ἐξάξουσιν[33] τὴν νεᾶνιν[34] ἐπὶ τὰς θύρας οἴκου πατρὸς αὐτῆς, καὶ λιθοβολήσουσιν[35] αὐτὴν οἱ ἄνδρες τῆς πόλεως αὐτῆς ἐν λίθοις, καὶ ἀποθανεῖται, ὅτι ἐποίησεν ἀφροσύνην[36] ἐν υἱοῖς Ισραηλ ἐκπορνεῦσαι[37] τὸν οἶκον τοῦ πατρὸς αὐτῆς· καὶ ἐξαρεῖς[38] τὸν πονηρὸν ἐξ ὑμῶν αὐτῶν.

22 Ἐὰν δὲ εὑρεθῇ ἄνθρωπος κοιμώμενος[39] μετὰ γυναικὸς συνῳκισμένης[40] ἀνδρί, ἀποκτενεῖτε ἀμφοτέρους,[41] τὸν ἄνδρα τὸν κοιμώμενον[42] μετὰ τῆς γυναικὸς καὶ τὴν γυναῖκα· καὶ ἐξαρεῖς[43] τὸν πονηρὸν ἐξ Ισραηλ.

1 συνοικέω, *aor act sub 3s*, live in wedlock
2 προφασιστικός, falsely accusing
3 καταφέρω, *aor act sub 3s*, bring upon
4 λαμβάνω, *perf act ind 1s*, take
5 παρθένια, virginity
6 παῖς, girl
7 ἐκφέρω, *fut act ind 3p*, carry out
8 παρθένια, proof of virginity
9 γερουσία, council of elders
10 πύλη, gate
11 παῖς, girl
12 γερουσία, council of elders
13 θυγάτηρ, daughter
14 ἐπιτίθημι, *pres act ind 3s*, place upon
15 προφασιστικός, falsely accusing
16 θυγάτηρ, daughter
17 παρθένια, virginity
18 ἀναπτύσσω, *fut act ind 3p*, spread out
19 ἐναντίον, before
20 γερουσία, council of elders
21 γερουσία, council of elders
22 παιδεύω, *fut act ind 3p*, discipline
23 ζημιόω, *fut act ind 3p*, punish
24 ἑκατόν, hundred
25 σίκλος, shekel, *Heb. LW*
26 νεᾶνις, girl
27 ἐκφέρω, *aor act ind 3s*, bring forth
28 παρθένος, virgin
29 ἐξαποστέλλω, *aor act inf*, send away
30 ἅπας, all
31 παρθένια, proof of virginity
32 νεᾶνις, girl
33 ἐξάγω, *fut act ind 3p*, bring out
34 νεᾶνις, girl
35 λιθοβολέω, *fut act ind 3p*, stone
36 ἀφροσύνη, foolishness, folly
37 ἐκπορνεύω, *aor act inf*, fornicate, prostitute
38 ἐξαίρω, *fut act ind 2s*, remove
39 κοιμάω, *pres mid ptc nom s m*, lie with (sexually)
40 συνοικίζω, *perf pas ptc gen s f*, take in marriage
41 ἀμφότεροι, both
42 κοιμάω, *pres mid ptc acc s m*, lie with (sexually)
43 ἐξαίρω, *fut act ind 2s*, remove

23 Ἐὰν δὲ γένηται παῖς[1] παρθένος[2] μεμνηστευμένη[3] ἀνδρὶ καὶ εὑρὼν αὐτὴν ἄνθρω-
πος ἐν πόλει κοιμηθῇ[4] μετ᾽ αὐτῆς, **24** ἐξάξετε[5] ἀμφοτέρους[6] ἐπὶ τὴν πύλην[7] τῆς
πόλεως αὐτῶν, καὶ λιθοβοληθήσονται[8] ἐν λίθοις καὶ ἀποθανοῦνται· τὴν νεᾶνιν,[9]
ὅτι οὐκ ἐβόησεν[10] ἐν τῇ πόλει, καὶ τὸν ἄνθρωπον, ὅτι ἐταπείνωσεν[11] τὴν γυναῖκα
τοῦ πλησίον·[12] καὶ ἐξαρεῖς[13] τὸν πονηρὸν ἐξ ὑμῶν αὐτῶν. — **25** ἐὰν δὲ ἐν πεδίῳ[14]
εὕρῃ ἄνθρωπος τὴν παῖδα[15] τὴν μεμνηστευμένην[16] καὶ βιασάμενος[17] κοιμηθῇ[18] μετ᾽
αὐτῆς, ἀποκτενεῖτε τὸν ἄνθρωπον τὸν κοιμώμενον[19] μετ᾽ αὐτῆς μόνον[20] **26** καὶ
τῇ νεάνιδι[21] οὐ ποιήσετε οὐδέν· οὐκ ἔστιν τῇ νεάνιδι ἁμάρτημα[22] θανάτου, ὅτι
ὡς εἴ τις ἐπαναστῇ[23] ἄνθρωπος ἐπὶ τὸν πλησίον[24] καὶ φονεύσῃ[25] αὐτοῦ ψυχήν,
οὕτως τὸ πρᾶγμα[26] τοῦτο, **27** ὅτι ἐν τῷ ἀγρῷ εὗρεν αὐτήν, ἐβόησεν[27] ἡ νεᾶνις[28] ἡ
μεμνηστευμένη,[29] καὶ ὁ βοηθήσων[30] οὐκ ἦν αὐτῇ.

28 Ἐὰν δέ τις εὕρῃ τὴν παῖδα[31] τὴν παρθένον,[32] ἥτις οὐ μεμνήστευται,[33] καὶ βια-
σάμενος[34] κοιμηθῇ[35] μετ᾽ αὐτῆς καὶ εὑρεθῇ, **29** δώσει ὁ ἄνθρωπος ὁ κοιμηθεὶς[36]
μετ᾽ αὐτῆς τῷ πατρὶ τῆς νεάνιδος[37] πεντήκοντα[38] δίδραχμα[39] ἀργυρίου,[40] καὶ αὐτοῦ
ἔσται γυνή, ἀνθ᾽ ὧν[41] ἐταπείνωσεν[42] αὐτήν· οὐ δυνήσεται ἐξαποστεῖλαι[43] αὐτὴν τὸν
ἅπαντα[44] χρόνον.

1 παῖς, girl
2 παρθένος, virgin
3 μνηστεύομαι, *perf pas ptc nom s f*, engage, betroth
4 κοιμάω, *aor pas sub 3s*, lie with (sexually)
5 ἐξάγω, *fut act ind 2p*, bring out
6 ἀμφότεροι, both
7 πύλη, gate
8 λιθοβολέω, *fut pas ind 3p*, stone
9 νεᾶνις, girl
10 βοάω, *aor act ind 3s*, cry out
11 ταπεινόω, *aor act ind 3s*, humble, bring low
12 πλησίον, neighbor
13 ἐξαίρω, *fut act ind 2s*, remove
14 πεδίον, field
15 παῖς, girl
16 μνηστεύω, *perf pas ptc acc s f*, engage, betroth
17 βιάζομαι, *aor mid ptc nom s m*, force
18 κοιμάω, *aor pas sub 3s*, lie with (sexually)
19 κοιμάω, *pres mid ptc acc s m*, lie with (sexually)
20 μόνος, only
21 νεᾶνις, girl
22 ἁμάρτημα, offense
23 ἐπανίστημι, *aor act sub 3s*, rise against
24 πλησίον, neighbor
25 φονεύω, *aor act sub 3s*, murder
26 πρᾶγμα, deed
27 βοάω, *aor act ind 3s*, cry out
28 νεᾶνις, girl
29 μνηστεύω, *perf pas ptc nom s f*, engage, betroth
30 βοηθέω, *fut act ptc nom s m*, help, aide
31 παῖς, girl
32 παρθένος, virgin
33 μνηστεύω, *perf pas ind 3s*, engage, betroth
34 βιάζομαι, *aor mid ptc nom s m*, force
35 κοιμάω, *aor pas sub 3s*, lie with (sexually)
36 κοιμάω, *aor pas ptc nom s m*, lie with (sexually)
37 νεᾶνις, girl
38 πεντήκοντα, fifty
39 δίδραχμον, two-drachma coin
40 ἀργύριον, silver
41 ἀνθ᾽ ὧν, because
42 ταπεινόω, *aor act ind 3s*, humble, bring low
43 ἐξαποστέλλω, *aor act inf*, send away
44 ἅπας, all

Persons Excluded from the Assembly

23 Οὐ λήμψεται ἄνθρωπος τὴν γυναῖκα τοῦ πατρὸς αὐτοῦ καὶ οὐκ ἀποκαλύψει[1]
συγκάλυμμα[2] τοῦ πατρὸς αὐτοῦ.

2 Οὐκ εἰσελεύσεται θλαδίας[3] καὶ ἀποκεκομμένος[4] εἰς ἐκκλησίαν κυρίου. **3** οὐκ
εἰσελεύσεται ἐκ πόρνης[5] εἰς ἐκκλησίαν κυρίου. **4** οὐκ εἰσελεύσεται Αμμανίτης καὶ
Μωαβίτης εἰς ἐκκλησίαν κυρίου· καὶ ἕως δεκάτης[6] γενεᾶς οὐκ εἰσελεύσεται εἰς
ἐκκλησίαν κυρίου καὶ ἕως εἰς τὸν αἰῶνα **5** παρὰ τὸ μὴ συναντῆσαι[7] αὐτοὺς ὑμῖν μετὰ
ἄρτων καὶ ὕδατος ἐν τῇ ὁδῷ ἐκπορευομένων ὑμῶν ἐξ Αἰγύπτου, καὶ ὅτι ἐμισθώσαντο[8]
ἐπὶ σὲ τὸν Βαλααμ υἱὸν Βεωρ ἐκ τῆς Μεσοποταμίας καταράσασθαί[9] σε· **6** καὶ οὐκ
ἠθέλησεν κύριος ὁ θεός σου εἰσακοῦσαι[10] τοῦ Βαλααμ, καὶ μετέστρεψεν[11] κύριος
ὁ θεός σου τὰς κατάρας[12] εἰς εὐλογίαν,[13] ὅτι ἠγάπησέν σε κύριος ὁ θεός σου. **7** οὐ
προσαγορεύσεις[14] εἰρηνικὰ[15] αὐτοῖς καὶ συμφέροντα[16] αὐτοῖς πάσας τὰς ἡμέρας
σου εἰς τὸν αἰῶνα. **8** οὐ βδελύξῃ[17] Ιδουμαῖον, ὅτι ἀδελφός σού ἐστιν· οὐ βδελύξῃ
Αἰγύπτιον, ὅτι πάροικος[18] ἐγένου ἐν τῇ γῇ αὐτοῦ· **9** υἱοὶ ἐὰν γενηθῶσιν αὐτοῖς,
γενεὰ τρίτη εἰσελεύσονται εἰς ἐκκλησίαν κυρίου.

Uncleanness in the Camp

10 Ἐὰν δὲ ἐξέλθῃς παρεμβαλεῖν[19] ἐπὶ τοὺς ἐχθρούς σου, καὶ φυλάξῃ ἀπὸ παντὸς
ῥήματος πονηροῦ. **11** ἐὰν ᾖ ἐν σοὶ ἄνθρωπος, ὃς οὐκ ἔσται καθαρὸς[20] ἐκ ῥύσεως[21]
αὐτοῦ νυκτός, καὶ ἐξελεύσεται ἔξω τῆς παρεμβολῆς[22] καὶ οὐκ εἰσελεύσεται εἰς
τὴν παρεμβολήν· **12** καὶ ἔσται τὸ πρὸς ἑσπέραν[23] λούσεται[24] τὸ σῶμα αὐτοῦ ὕδατι
καὶ δεδυκότος[25] ἡλίου εἰσελεύσεται εἰς τὴν παρεμβολήν.[26] **13** καὶ τόπος ἔσται σοι
ἔξω τῆς παρεμβολῆς,[27] καὶ ἐξελεύσῃ ἐκεῖ ἔξω· **14** καὶ πάσσαλος[28] ἔσται σοι ἐπὶ
τῆς ζώνης[29] σου, καὶ ἔσται ὅταν διακαθιζάνῃς[30] ἔξω, καὶ ὀρύξεις[31] ἐν αὐτῷ καὶ
ἐπαγαγὼν[32] καλύψεις[33] τὴν ἀσχημοσύνην[34] σου ἐν αὐτῷ· **15** ὅτι κύριος ὁ θεός σου

1 ἀποκαλύπτω, *fut act ind 3s*, uncover
2 συγκάλυμμα, covering
3 θλαδίας, eunuch, one who is castrated
4 ἀποκόπτω, *perf pas ptc nom s m*, cut off
5 πόρνη, prostitute
6 δέκατος, tenth
7 συναντάω, *aor act inf*, meet together
8 μισθόω, *aor mid ind 3p*, hire
9 καταράομαι, *aor mid inf*, curse
10 εἰσακούω, *aor act inf*, listen
11 μεταστρέφω, *aor act ind 3s*, change, turn
12 κατάρα, curse
13 εὐλογία, blessing
14 προσαγορεύω, *fut act ind 2s*, address, call
15 εἰρηνικός, peaceable
16 συμφέρω, *pres act ptc acc p n*, be profitable
17 βδελύσσω, *fut mid ind 2s*, abhor
18 πάροικος, foreigner, sojourner
19 παρεμβάλλω, *aor act inf*, encamp
20 καθαρός, clean, pure
21 ῥύσις, discharge, emission
22 παρεμβολή, camp
23 ἑσπέρα, evening
24 λούω, *fut mid ind 3s*, wash, bathe
25 δύω, *perf act ptc gen s m*, sink, set
26 παρεμβολή, camp
27 παρεμβολή, camp
28 πάσσαλος, pin, peg, trowel?
29 ζωνή, belt
30 διακαθιζάνω, *pres act sub 2s*, sit down apart, relieve oneself
31 ὀρύσσω, *fut act ind 2s*, dig
32 ἐπάγω, *aor act ptc nom s m*, lay upon
33 καλύπτω, *fut act ind 2s*, cover
34 ἀσχημοσύνη, disgrace, shame

ἐμπεριπατεῖ[1] ἐν τῇ παρεμβολῇ[2] σου ἐξελέσθαι[3] σε καὶ παραδοῦναι τὸν ἐχθρόν σου πρὸ προσώπου σου, καὶ ἔσται ἡ παρεμβολή σου ἁγία, καὶ οὐκ ὀφθήσεται ἐν σοὶ ἀσχημοσύνη[4] πράγματος[5] καὶ ἀποστρέψει[6] ἀπὸ σοῦ.

Miscellaneous Laws

16 Οὐ παραδώσεις παῖδα[7] τῷ κυρίῳ αὐτοῦ ὃς προστέθειταί[8] σοι παρὰ τοῦ κυρίου
αὐτοῦ· **17** μετὰ σοῦ κατοικήσει, ἐν ὑμῖν κατοικήσει ἐν παντὶ τόπῳ, οὗ ἐὰν ἀρέσῃ[9]
αὐτῷ, οὐ θλίψεις[10] αὐτόν.

18 Οὐκ ἔσται πόρνη[11] ἀπὸ θυγατέρων[12] Ισραηλ, καὶ οὐκ ἔσται πορνεύων[13] ἀπὸ
υἱῶν Ισραηλ· οὐκ ἔσται τελεσφόρος[14] ἀπὸ θυγατέρων[15] Ισραηλ, καὶ οὐκ ἔσται τελι-
σκόμενος[16] ἀπὸ υἱῶν Ισραηλ. **19** οὐ προσοίσεις[17] μίσθωμα[18] πόρνης[19] οὐδὲ ἄλλαγμα[20]
κυνὸς[21] εἰς τὸν οἶκον κυρίου τοῦ θεοῦ σου πρὸς πᾶσαν εὐχήν,[22] ὅτι βδέλυγμα[23] κυρίῳ
τῷ θεῷ σού ἐστιν καὶ ἀμφότερα.[24]

20 Οὐκ ἐκτοκιεῖς[25] τῷ ἀδελφῷ σου τόκον[26] ἀργυρίου[27] καὶ τόκον βρωμάτων[28] καὶ
τόκον παντὸς πράγματος,[29] οὗ ἂν ἐκδανείσῃς·[30] **21** τῷ ἀλλοτρίῳ[31] ἐκτοκιεῖς,[32] τῷ δὲ
ἀδελφῷ σου οὐκ ἐκτοκιεῖς, ἵνα εὐλογήσῃ σε κύριος ὁ θεός σου ἐν πᾶσι τοῖς ἔργοις
σου ἐπὶ τῆς γῆς, εἰς ἣν εἰσπορεύῃ[33] ἐκεῖ κληρονομῆσαι[34] αὐτήν.

22 Ἐὰν δὲ εὔξῃ[35] εὐχὴν[36] κυρίῳ τῷ θεῷ σου, οὐ χρονιεῖς[37] ἀποδοῦναι αὐτήν, ὅτι
ἐκζητῶν[38] ἐκζητήσει[39] κύριος ὁ θεός σου παρὰ σοῦ, καὶ ἔσται ἐν σοὶ ἁμαρτία· **23** ἐὰν
δὲ μὴ θέλῃς εὔξασθαι,[40] οὐκ ἔστιν ἐν σοὶ ἁμαρτία. **24** τὰ ἐκπορευόμενα διὰ τῶν

1 ἐμπεριπατέω, *pres act ind 3s*, walk around
2 παρεμβολή, camp
3 ἐξαιρέω, *aor mid inf*, deliver, rescue
4 ἀσχημοσύνη, disgrace, shame
5 πρᾶγμα, thing, stuff
6 ἀποστρέφω, *fut act ind 3s*, turn away
7 παῖς, servant
8 προστίθημι, *perf mid ind 3s*, add
9 ἀρέσκω, *aor act sub 3s*, please, satisfy
10 θλίβω, *fut act ind 2s*, mistreat
11 πόρνη, prostitute
12 θυγάτηρ, daughter
13 πορνεύω, *pres act ptc nom s m*, prostitute oneself
14 τελεσφόρος, initiated one, temple prostitute
15 θυγάτηρ, daughter
16 τελίσκω, *pres pas ptc nom s m*, initiate
17 προσφέρω, *fut act ind 2s*, bring to
18 μίσθωμα, price, fee, wages
19 πόρνη, prostitute
20 ἄλλαγμα, something exchanged
21 κύων, dog
22 εὐχή, vow
23 βδέλυγμα, abomination
24 ἀμφότεροι, both
25 ἐκτοκίζω, *fut act ind 2s*, charge interest
26 τόκος, interest
27 ἀργύριον, money
28 βρῶμα, food
29 πρᾶγμα, thing
30 ἐκδανείζω, *aor act sub 2s*, lend
31 ἀλλότριος, foreign, strange
32 ἐκτοκίζω, *fut act ind 2s*, charge interest
33 εἰσπορεύομαι, *pres mid ind 2s*, enter
34 κληρονομέω, *aor act inf*, inherit, acquire
35 εὔχομαι, *aor mid sub 2s*, vow
36 εὐχή, vow
37 χρονίζω, *fut act ind 2s*, tarry, delay
38 ἐκζητέω, *pres act ptc nom s m*, require
39 ἐκζητέω, *fut act ind 3s*, require
40 εὔχομαι, *aor mid inf*, vow

χειλέων σου φυλάξῃ καὶ ποιήσεις ὃν τρόπον[1] εὔξω[2] κυρίῳ τῷ θεῷ σου δόμα,[3] ὃ ἐλάλησας τῷ στόματί σου.

25 Ἐὰν δὲ εἰσέλθῃς εἰς ἀμητὸν[4] τοῦ πλησίον[5] σου, καὶ συλλέξεις[6] ἐν ταῖς χερσίν σου
στάχυς[7] καὶ δρέπανον[8] οὐ μὴ ἐπιβάλῃς[9] ἐπὶ τὸν ἀμητὸν[10] τοῦ πλησίον σου. — **26** ἐὰν
δὲ εἰσέλθῃς εἰς τὸν ἀμπελῶνα[11] τοῦ πλησίον[12] σου, φάγῃ σταφυλὴν[13] ὅσον ψυχήν
σου ἐμπλησθῆναι,[14] εἰς δὲ ἄγγος[15] οὐκ ἐμβαλεῖς.[16]

Laws concerning Divorce

24 Ἐὰν δέ τις λάβῃ γυναῖκα καὶ συνοικήσῃ[17] αὐτῇ, καὶ ἔσται ἐὰν μὴ εὕρῃ χάριν
ἐναντίον[18] αὐτοῦ, ὅτι εὗρεν ἐν αὐτῇ ἄσχημον[19] πρᾶγμα,[20] καὶ γράψει αὐτῇ
βιβλίον[21] ἀποστασίου[22] καὶ δώσει εἰς τὰς χεῖρας αὐτῆς καὶ ἐξαποστελεῖ[23] αὐτὴν ἐκ
τῆς οἰκίας αὐτοῦ, **2** καὶ ἀπελθοῦσα[24] γένηται ἀνδρὶ ἑτέρῳ, **3** καὶ μισήσῃ αὐτὴν ὁ
ἀνὴρ ὁ ἔσχατος καὶ γράψει αὐτῇ βιβλίον[25] ἀποστασίου[26] καὶ δώσει εἰς τὰς χεῖρας
αὐτῆς καὶ ἐξαποστελεῖ[27] αὐτὴν ἐκ τῆς οἰκίας αὐτοῦ, ἢ ἀποθάνῃ ὁ ἀνὴρ ὁ ἔσχατος, ὃς
ἔλαβεν αὐτὴν ἑαυτῷ γυναῖκα, **4** οὐ δυνήσεται ὁ ἀνὴρ ὁ πρότερος[28] ὁ ἐξαποστείλας[29]
αὐτὴν ἐπαναστρέψας[30] λαβεῖν αὐτὴν ἑαυτῷ γυναῖκα μετὰ τὸ μιανθῆναι[31] αὐτήν,
ὅτι βδέλυγμά[32] ἐστιν ἐναντίον[33] κυρίου τοῦ θεοῦ σου· καὶ οὐ μιανεῖτε[34] τὴν γῆν, ἣν
κύριος ὁ θεὸς ὑμῶν δίδωσιν ὑμῖν ἐν κλήρῳ.[35]

Miscellaneous Laws

5 Ἐὰν δέ τις λάβῃ γυναῖκα προσφάτως,[36] οὐκ ἐξελεύσεται εἰς τὸν πόλεμον, καὶ οὐκ
ἐπιβληθήσεται[37] αὐτῷ οὐδὲν πρᾶγμα·[38] ἀθῷος[39] ἔσται ἐν τῇ οἰκίᾳ αὐτοῦ ἐνιαυτὸν[40]
ἕνα, εὐφρανεῖ[41] τὴν γυναῖκα αὐτοῦ, ἣν ἔλαβεν.

1 ὃν τρόπον, in the manner that
2 εὔχομαι, *aor mid ind 2s*, vow
3 δόμα, gift
4 ἀμητός, standing grain
5 πλησίον, neighbor
6 συλλέγω, *fut act ind 2s*, gather, collect
7 στάχυς, crop
8 δρέπανον, sickle
9 ἐπιβάλλω, *aor act sub 2s*, put upon
10 ἀμητός, standing grain
11 ἀμπελών, vineyard
12 πλησίον, neighbor
13 σταφυλή, (bunch of) grapes
14 ἐμπίμπλημι, *aor pas inf*, fill
15 ἄγγος, container
16 ἐμβάλλω, *fut act ind 2s*, put into
17 συνοικέω, *aor act sub 3s*, live in wedlock
18 ἐναντίον, before
19 ἀσχήμων, shameful, unworthy
20 πρᾶγμα, thing
21 βιβλίον, bill, certificate
22 ἀποστάσιον, divorce
23 ἐξαποστέλλω, *fut act ind 3s*, send away
24 ἀπέρχομαι, *aor act ptc nom s f*, go away
25 βιβλίον, bill, certificate
26 ἀποστάσιον, divorce
27 ἐξαποστέλλω, *fut act ind 3s*, send away
28 πρότερος, former, previous, first
29 ἐξαποστέλλω, *aor act ptc nom s m*, send away
30 ἐπαναστρέφω, *aor act ptc nom s m*, return
31 μιαίνω, *aor pas inf*, defile, pollute
32 βδέλυγμα, abomination
33 ἐναντίον, before
34 μιαίνω, *fut act ind 2p*, defile, pollute
35 κλῆρος, lot, share
36 προσφάτως, recently
37 ἐπιβάλλω, *fut pas ind 3s*, put upon
38 πρᾶγμα, matter, duty
39 ἀθῷος, innocent
40 ἐνιαυτός, year
41 εὐφραίνω, *fut act ind 3s*, make joyful

6 Οὐκ ἐνεχυράσεις[1] μύλον[2] οὐδὲ ἐπιμύλιον,[3] ὅτι ψυχὴν οὗτος ἐνεχυράζει.[4]

7 Ἐὰν δὲ ἁλῷ[5] ἄνθρωπος κλέπτων[6] ψυχὴν τῶν ἀδελφῶν αὐτοῦ τῶν υἱῶν Ισραηλ καὶ
καταδυναστεύσας[7] αὐτὸν ἀποδῶται,[8] ἀποθανεῖται ὁ κλέπτης[9] ἐκεῖνος· καὶ ἐξαρεῖς[10]
τὸν πονηρὸν ἐξ ὑμῶν αὐτῶν.

8 Πρόσεχε[11] σεαυτῷ ἐν τῇ ἁφῇ[12] τῆς λέπρας·[13] φυλάξῃ σφόδρα[14] ποιεῖν κατὰ πάντα
τὸν νόμον, ὃν ἐὰν ἀναγγείλωσιν[15] ὑμῖν οἱ ἱερεῖς οἱ Λευῖται· ὃν τρόπον[16] ἐνετειλάμην[17]
ὑμῖν, φυλάξασθε ποιεῖν. **9** μνήσθητι[18] ὅσα ἐποίησεν κύριος ὁ θεός σου τῇ Μαριαμ ἐν
τῇ ὁδῷ ἐκπορευομένων ὑμῶν ἐξ Αἰγύπτου.

10 Ἐὰν ὀφείλημα[19] ᾖ ἐν τῷ πλησίον[20] σου, ὀφείλημα ὁτιοῦν,[21] οὐκ εἰσελεύσῃ εἰς
τὴν οἰκίαν αὐτοῦ ἐνεχυράσαι[22] τὸ ἐνέχυρον·[23] **11** ἔξω στήσῃ, καὶ ὁ ἄνθρωπος, οὗ τὸ
δάνειόν[24] σού ἐστιν ἐν αὐτῷ, ἐξοίσει[25] σοι τὸ ἐνέχυρον[26] ἔξω. **12** ἐὰν δὲ ὁ ἄνθρωπος
πένηται,[27] οὐ κοιμηθήσῃ[28] ἐν τῷ ἐνεχύρῳ[29] αὐτοῦ· **13** ἀποδόσει[30] ἀποδώσεις τὸ
ἐνέχυρον[31] αὐτοῦ περὶ δυσμὰς[32] ἡλίου, καὶ κοιμηθήσεται[33] ἐν τῷ ἱματίῳ αὐτοῦ καὶ
εὐλογήσει σε, καὶ ἔσται σοι ἐλεημοσύνη[34] ἐναντίον[35] κυρίου τοῦ θεοῦ σου.

14 Οὐκ ἀπαδικήσεις[36] μισθὸν[37] πένητος[38] καὶ ἐνδεοῦς[39] ἐκ τῶν ἀδελφῶν σου ἢ ἐκ
τῶν προσηλύτων[40] τῶν ἐν ταῖς πόλεσίν σου· **15** αὐθημερὸν[41] ἀποδώσεις τὸν μισθὸν[42]
αὐτοῦ, οὐκ ἐπιδύσεται[43] ὁ ἥλιος ἐπ᾽ αὐτῷ, ὅτι πένης[44] ἐστὶν καὶ ἐν αὐτῷ ἔχει τὴν
ἐλπίδα· καὶ οὐ καταβοήσεται[45] κατὰ σοῦ πρὸς κύριον, καὶ ἔσται ἐν σοὶ ἁμαρτία.

1 ἐνεχυράζω, *fut act ind 2s*, seize payment, take in pledge
2 μύλος, millstone
3 ἐπιμύλιον, upper millstone
4 ἐνεχυράζω, *pres act ind 3s*, seize payment, take in pledge
5 ἁλίσκω, *aor act sub 3s*, be caught, be convicted
6 κλέπτω, *pres act ptc nom s m*, steal
7 καταδυναστεύω, *aor act ptc nom s m*, overpower, prevail against
8 ἀποδίδωμι, *aor mid sub 3s*, sell
9 κλέπτης, thief
10 ἐξαίρω, *fut act ind 2s*, remove
11 προσέχω, *pres act impv 2s*, pay attention, give heed
12 ἁφή, infection
13 λέπρα, leprosy
14 σφόδρα, very much
15 ἀναγγέλλω, *aor act sub 3p*, declare
16 ὃν τρόπον, in the manner that
17 ἐντέλλομαι, *aor mid ind 1s*, command
18 μιμνῄσκομαι, *aor pas impv 2s*, remember
19 ὀφείλημα, debt
20 πλησίον, neighbor
21 ὁστισοῦν, any kind
22 ἐνεχυράζω, *aor act inf*, seize payment, take in pledge
23 ἐνεχύρον, payment, pledge
24 δάνειον, loan
25 ἐκφέρω, *fut act ind 3s*, carry out
26 ἐνεχύρον, pledge
27 πένομαι, *pres mid sub 3s*, be poor
28 κοιμάω, *fut pas ind 2s*, sleep
29 ἐνεχύρον, pledge
30 ἀπόδοσις, return, repayment
31 ἐνεχύρον, pledge
32 δυσμή, setting
33 κοιμάω, *fut pas ind 3s*, sleep
34 ἐλεημοσύνη, mercy
35 ἐναντίον, before
36 ἀπαδικέω, *fut act ind 2s*, withhold unjustly
37 μισθός, wages
38 πένης, poor
39 ἐνδεής, needy
40 προσήλυτος, immigrant, guest
41 αὐθημερόν, on the same day, daily
42 μισθός, wages
43 ἐπιδύω, *fut mid ind 3s*, set
44 πένης, poor
45 καταβοάω, *fut mid ind 3s*, cry out

16 Οὐκ ἀποθανοῦνται πατέρες ὑπὲρ τέκνων, καὶ υἱοὶ οὐκ ἀποθανοῦνται ὑπὲρ
πατέρων· ἕκαστος τῇ ἑαυτοῦ ἁμαρτίᾳ ἀποθανεῖται.

17 Οὐκ ἐκκλινεῖς[1] κρίσιν προσηλύτου[2] καὶ ὀρφανοῦ[3] καὶ χήρας[4] καὶ οὐκ ἐνεχυ-
ράσεις[5] ἱμάτιον χήρας·[6] **18** καὶ μνησθήσῃ[7] ὅτι οἰκέτης[8] ἦσθα[9] ἐν γῇ Αἰγύπτῳ καὶ
ἐλυτρώσατό[10] σε κύριος ὁ θεός σου ἐκεῖθεν·[11] διὰ τοῦτο ἐγώ σοι ἐντέλλομαι[12] ποιεῖν
τὸ ῥῆμα τοῦτο.

19 Ἐὰν δὲ ἀμήσῃς[13] ἀμητὸν[14] ἐν τῷ ἀγρῷ σου καὶ ἐπιλάθῃ[15] δράγμα[16] ἐν τῷ ἀγρῷ σου,
οὐκ ἐπαναστραφήσῃ[17] λαβεῖν αὐτό· τῷ πτωχῷ[18] καὶ τῷ προσηλύτῳ[19] καὶ τῷ ὀρφανῷ[20]
καὶ τῇ χήρᾳ[21] ἔσται, ἵνα εὐλογήσῃ σε κύριος ὁ θεός σου ἐν πᾶσι τοῖς ἔργοις τῶν χειρῶν
σου. **20** ἐὰν δὲ ἐλαιαλογήσῃς,[22] οὐκ ἐπαναστρέψεις[23] καλαμήσασθαι[24] τὰ ὀπίσω σου·
τῷ προσηλύτῳ[25] καὶ τῷ ὀρφανῷ[26] καὶ τῇ χήρᾳ[27] ἔσται· καὶ μνησθήσῃ[28] ὅτι οἰκέτης[29]
ἦσθα[30] ἐν γῇ Αἰγύπτῳ, διὰ τοῦτο ἐγώ σοι ἐντέλλομαι[31] ποιεῖν τὸ ῥῆμα τοῦτο. **21** ἐὰν
δὲ τρυγήσῃς[32] τὸν ἀμπελῶνά[33] σου, οὐκ ἐπανατρυγήσεις[34] αὐτὸν τὰ ὀπίσω σου· τῷ
προσηλύτῳ[35] καὶ τῷ ὀρφανῷ[36] καὶ τῇ χήρᾳ[37] ἔσται· **22** καὶ μνησθήσῃ[38] ὅτι οἰκέτης[39]
ἦσθα[40] ἐν γῇ Αἰγύπτῳ, διὰ τοῦτο ἐγώ σοι ἐντέλλομαι[41] ποιεῖν τὸ ῥῆμα τοῦτο.

25 Ἐὰν δὲ γένηται ἀντιλογία[42] ἀνὰ μέσον[43] ἀνθρώπων καὶ προσέλθωσιν εἰς
κρίσιν καὶ κρίνωσιν καὶ δικαιώσωσιν τὸν δίκαιον καὶ καταγνῶσιν[44] τοῦ
ἀσεβοῦς,[45] **2** καὶ ἔσται ἐὰν ἄξιος[46] ᾖ πληγῶν[47] ὁ ἀσεβῶν,[48] καὶ καθιεῖς αὐτὸν ἔναντι[49]

1 ἐκκλίνω, *fut act ind 2s*, pervert
2 προσήλυτος, immigrant, guest
3 ὀρφανός, orphan
4 χήρα, widow
5 ἐνεχυράζω, *fut act ind 2s*, seize payment, take in pledge
6 χήρα, widow
7 μιμνῄσκομαι, *fut pas ind 2s*, remember
8 οἰκέτης, servant
9 εἰμί, *impf act ind 2s*, be
10 λυτρόω, *aor mid ind 3s*, redeem, ransom
11 ἐκεῖθεν, from there
12 ἐντέλλομαι, *pres mid ind 1s*, command
13 ἀμάω, *aor act sub 2s*, reap
14 ἀμητός, harvest
15 ἐπιλανθάνω, *aor mid sub 2s*, forget
16 δράγμα, sheaf
17 ἐπαναστρέφω, *fut pas ind 2s*, return
18 πτωχός, poor
19 προσήλυτος, immigrant, guest
20 ὀρφανός, orphan
21 χήρα, widow
22 ἐλαιολογέω, *aor act sub 3s*, pick olives
23 ἐπαναστρέφω, *fut act ind 2s*, return
24 καλαμάομαι, *aor mid inf*, gather, glean
25 προσήλυτος, immigrant, guest
26 ὀρφανός, orphan
27 χήρα, widow
28 μιμνῄσκομαι, *fut pas ind 2s*, remember
29 οἰκέτης, servant
30 εἰμί, *impf act ind 2s*, be
31 ἐντέλλομαι, *pres mid ind 1s*, command
32 τρυγάω, *aor act sub 2s*, harvest, gather
33 ἀμπελών, vineyard
34 ἐπανατρυγάω, *fut act ind 2s*, glean after the crop
35 προσήλυτος, immigrant, guest
36 ὀρφανός, orphan
37 χήρα, widow
38 μιμνῄσκομαι, *fut pas ind 2s*, remember
39 οἰκέτης, servant
40 εἰμί, *impf act ind 2s*, be
41 ἐντέλλομαι, *pres mid ind 1s*, command
42 ἀντιλογία, argument, disagreement
43 ἀνὰ μέσον, between
44 καταγινώσκω, *aor act sub 3p*, condemn
45 ἀσεβής, ungodly, impious
46 ἄξιος, deserving, worthy of
47 πληγή, lash, blow, wound
48 ἀσεβέω, *pres act part nom s m*, act wickedly, act impiously
49 ἔναντι, before

τῶν κριτῶν[1] καὶ μαστιγώσουσιν[2] αὐτὸν ἐναντίον[3] αὐτῶν κατὰ τὴν ἀσέβειαν[4] αὐτοῦ ἀριθμῷ.[5] **3** τεσσαράκοντα[6] μαστιγώσουσιν[7] αὐτόν, οὐ προσθήσουσιν·[8] ἐὰν δὲ προσθῶσιν[9] μαστιγῶσαι[10] αὐτὸν ὑπὲρ ταύτας τὰς πληγὰς[11] πλείους,[12] ἀσχημονήσει[13] ὁ ἀδελφός σου ἐναντίον[14] σου.

4 Οὐ φιμώσεις[15] βοῦν[16] ἀλοῶντα.[17]

Levirate Marriage

5 Ἐὰν δὲ κατοικῶσιν ἀδελφοὶ ἐπὶ τὸ αὐτὸ καὶ ἀποθάνῃ εἷς ἐξ αὐτῶν, σπέρμα δὲ
μὴ ᾖ αὐτῷ, οὐκ ἔσται ἡ γυνὴ τοῦ τεθνηκότος[18] ἔξω ἀνδρὶ μὴ ἐγγίζοντι· ὁ ἀδελφὸς
τοῦ ἀνδρὸς αὐτῆς εἰσελεύσεται πρὸς αὐτὴν καὶ λήμψεται αὐτὴν ἑαυτῷ γυναῖκα
καὶ συνοικήσει[19] αὐτῇ. **6** καὶ ἔσται τὸ παιδίον, ὃ ἐὰν τέκῃ,[20] κατασταθήσεται[21] ἐκ
τοῦ ὀνόματος τοῦ τετελευτηκότος,[22] καὶ οὐκ ἐξαλειφθήσεται[23] τὸ ὄνομα αὐτοῦ ἐξ
Ισραηλ. **7** ἐὰν δὲ μὴ βούληται ὁ ἄνθρωπος λαβεῖν τὴν γυναῖκα τοῦ ἀδελφοῦ αὐτοῦ,
καὶ ἀναβήσεται ἡ γυνὴ ἐπὶ τὴν πύλην[24] ἐπὶ τὴν γερουσίαν[25] καὶ ἐρεῖ Οὐ θέλει ὁ
ἀδελφὸς τοῦ ἀνδρός μου ἀναστῆσαι τὸ ὄνομα τοῦ ἀδελφοῦ αὐτοῦ ἐν Ισραηλ, οὐκ
ἠθέλησεν ὁ ἀδελφὸς τοῦ ἀνδρός μου. **8** καὶ καλέσουσιν αὐτὸν ἡ γερουσία[26] τῆς
πόλεως αὐτοῦ καὶ ἐροῦσιν αὐτῷ, καὶ στὰς εἴπῃ Οὐ βούλομαι λαβεῖν αὐτήν, **9** καὶ
προσελθοῦσα ἡ γυνὴ τοῦ ἀδελφοῦ αὐτοῦ ἔναντι[27] τῆς γερουσίας[28] καὶ ὑπολύσει[29]
τὸ ὑπόδημα[30] αὐτοῦ τὸ ἓν ἀπὸ τοῦ ποδὸς αὐτοῦ καὶ ἐμπτύσεται[31] εἰς τὸ πρόσωπον
αὐτοῦ καὶ ἀποκριθεῖσα ἐρεῖ Οὕτως ποιήσουσιν τῷ ἀνθρώπῳ, ὃς οὐκ οἰκοδομήσει
τὸν οἶκον τοῦ ἀδελφοῦ αὐτοῦ· **10** καὶ κληθήσεται τὸ ὄνομα αὐτοῦ ἐν Ισραηλ Οἶκος
τοῦ ὑπολυθέντος[32] τὸ ὑπόδημα.[33]

1 κριτής, judge
2 μαστιγόω, *fut act ind 3p*, flog, whip
3 ἐναντίον, before
4 ἀσέβεια, impiety, iniquity
5 ἀριθμός, number
6 τεσσαράκοντα, forty
7 μαστιγόω, *fut act ind 3p*, flog, whip
8 προστίθημι, *fut act ind 3p*, add to
9 προστίθημι, *aor act sub 3p*, add to, continue
10 μαστιγόω, *aor act inf*, flog, whip
11 πληγή, lash, blow, wound
12 πλείων/πλεῖον, *comp of* πολύς, more
13 ἀσχημονέω, *fut act ind 3s*, shame, disgrace oneself
14 ἐναντίον, before
15 φιμόω, *fut act ind 2s*, muzzle
16 βοῦς, ox
17 ἀλοάω, *pres act ptc acc s m*, tread, thresh
18 θνῄσκω, *perf act ptc gen s m*, die
19 συνοικέω, *fut act ind 3s*, live in wedlock
20 τίκτω, *aor act sub 3s*, give birth
21 καθίστημι, *fut pas ind 3s*, constitute, establish
22 τελευτάω, *perf act ptc gen s m*, die
23 ἐξαλείφω, *fut pas ind 3s*, wipe out
24 πύλη, gate
25 γερουσία, council of elders
26 γερουσία, council of elders
27 ἔναντι, before
28 γερουσία, council of elders
29 ὑπολύω, *fut act ind 3s*, untie
30 ὑπόδημα, sandal
31 ἐμπτύω, *fut mid ind 3s*, spit upon
32 ὑπολύω, *aor pas ptc gen s m*, untie
33 ὑπόδημα, sandal

Miscellaneous Laws

11 Ἐὰν δὲ μάχωνται[1] ἄνθρωποι ἐπὶ τὸ αὐτό, ἄνθρωπος μετὰ τοῦ ἀδελφοῦ αὐτοῦ, καὶ
προσέλθῃ γυνὴ ἑνὸς αὐτῶν ἐξελέσθαι[2] τὸν ἄνδρα αὐτῆς ἐκ χειρὸς τοῦ τύπτοντος[3]
αὐτὸν καὶ ἐκτείνασα[4] τὴν χεῖρα ἐπιλάβηται[5] τῶν διδύμων[6] αὐτοῦ, **12** ἀποκόψεις[7] τὴν
χεῖρα αὐτῆς· οὐ φείσεται[8] ὁ ὀφθαλμός σου ἐπ᾽ αὐτῇ.

13 Οὐκ ἔσται ἐν τῷ μαρσίππῳ[9] σου στάθμιον[10] καὶ στάθμιον, μέγα ἢ μικρόν· **14** οὐκ
ἔσται ἐν τῇ οἰκίᾳ σου μέτρον[11] καὶ μέτρον, μέγα ἢ μικρόν· **15** στάθμιον[12] ἀληθινὸν[13]
καὶ δίκαιον ἔσται σοι, καὶ μέτρον[14] ἀληθινὸν καὶ δίκαιον ἔσται σοι, ἵνα πολυήμερος[15]
γένῃ ἐπὶ τῆς γῆς, ἧς κύριος ὁ θεός σου δίδωσίν σοι ἐν κλήρῳ·[16] **16** ὅτι βδέλυγμα[17]
κυρίῳ τῷ θεῷ σου πᾶς ποιῶν ταῦτα, πᾶς ποιῶν ἄδικον.[18]

17 Μνήσθητι[19] ὅσα ἐποίησέν σοι Αμαληκ ἐν τῇ ὁδῷ ἐκπορευομένου σου ἐξ Αἰγύπτου,
18 πῶς ἀντέστη[20] σοι ἐν τῇ ὁδῷ καὶ ἔκοψέν[21] σου τὴν οὐραγίαν,[22] τοὺς κοπιῶντας[23]
ὀπίσω σου, σὺ δὲ ἐπείνας[24] καὶ ἐκοπίας,[25] καὶ οὐκ ἐφοβήθη τὸν θεόν· **19** καὶ ἔσται ἡνίκα[26]
ἐὰν καταπαύσῃ[27] σε κύριος ὁ θεός σου ἀπὸ πάντων τῶν ἐχθρῶν σου τῶν κύκλῳ[28]
σου ἐν τῇ γῇ, ᾗ κύριος ὁ θεός σου δίδωσίν σοι ἐν κλήρῳ[29] κατακληρονομῆσαι,[30]
ἐξαλείψεις[31] τὸ ὄνομα Αμαληκ ἐκ τῆς ὑπὸ τὸν οὐρανὸν καὶ οὐ μὴ ἐπιλάθῃ.[32]

Offering of Firstfruits and Tithes

26 Καὶ ἔσται ἐὰν εἰσέλθῃς εἰς τὴν γῆν, ἣν κύριος ὁ θεός σου δίδωσίν σοι ἐν
κλήρῳ,[33] καὶ κατακληρονομήσῃς[34] αὐτὴν καὶ κατοικήσῃς ἐπ᾽ αὐτῆς, **2** καὶ
λήμψῃ ἀπὸ τῆς ἀπαρχῆς[35] τῶν καρπῶν τῆς γῆς σου, ἧς κύριος ὁ θεός σου δίδωσίν
σοι, καὶ ἐμβαλεῖς[36] εἰς κάρταλλον[37] καὶ πορεύσῃ εἰς τὸν τόπον, ὃν ἂν ἐκλέξηται[38]

1 μάχομαι, *pres mid sub 3p*, fight
2 ἐξαιρέω, *aor mid inf*, remove, rescue
3 τύπτω, *pres act ptc gen s m*, strike
4 ἐκτείνω, *aor act ptc nom s f*, reach out
5 ἐπιλαμβάνω, *aor mid sub 3s*, take hold of
6 δίδυμος, testicle
7 ἀποκόπτω, *fut act ind 2s*, cut off
8 φείδομαι, *fut mid ind 3s*, spare
9 μάρσιππος, sack, bag
10 στάθμιον, weight
11 μέτρον, measure
12 στάθμιον, weight
13 ἀληθινός, trustworthy, dependable
14 μέτρον, measure
15 πολυήμερος, long-lived
16 κλῆρος, lot, share
17 βδέλυγμα, abomination
18 ἄδικος, unjustly
19 μιμνήσκομαι, *aor pas impv 2s*, remember
20 ἀνθίστημι, *aor act ind 3s*, stand against
21 κόπτω, *aor act ind 3s*, cut off
22 οὐραγία, rear (guard?)
23 κοπιάω, *pres act ptc acc p m*, tire, grow weary
24 πεινάω, *impf act ind 2s*, hunger
25 κοπιάω, *impf act ind 2s*, tire, grow weary
26 ἡνίκα, when
27 καταπαύω, *aor act sub 3s*, give rest
28 κύκλῳ, round about
29 κλῆρος, lot, share
30 κατακληρονομέω, *aor act inf*, give as inheritance
31 ἐξαλείφω, *fut act ind 2s*, wipe out
32 ἐπιλανθάνω, *aor mid sub 2s*, forget
33 κλῆρος, lot, share
34 κατακληρονομέω, *aor act sub 2s*, acquire possession
35 ἀπαρχή, firstfruit
36 ἐμβάλλω, *fut act ind 2s*, put into
37 κάρταλλος, pointed basket?
38 ἐκλέγω, *aor mid sub 3s*, choose, select

κύριος ὁ θεός σου ἐπικληθῆναι[1] τὸ ὄνομα αὐτοῦ ἐκεῖ, **3** καὶ ἐλεύσῃ πρὸς τὸν ἱερέα,
ὃς ἐὰν ᾖ ἐν ταῖς ἡμέραις ἐκείναις, καὶ ἐρεῖς πρὸς αὐτόν Ἀναγγέλλω[2] σήμερον κυρίῳ
τῷ θεῷ μου ὅτι εἰσελήλυθα εἰς τὴν γῆν, ἣν ὤμοσεν[3] κύριος τοῖς πατράσιν ἡμῶν
δοῦναι ἡμῖν. **4** καὶ λήμψεται ὁ ἱερεὺς τὸν κάρταλλον[4] ἐκ τῶν χειρῶν σου καὶ θήσει
αὐτὸν ἀπέναντι[5] τοῦ θυσιαστηρίου[6] κυρίου τοῦ θεοῦ σου, **5** καὶ ἀποκριθήσῃ καὶ
ἐρεῖς ἔναντι[7] κυρίου τοῦ θεοῦ σου Συρίαν ἀπέβαλεν[8] ὁ πατήρ μου καὶ κατέβη εἰς
Αἴγυπτον καὶ παρῴκησεν[9] ἐκεῖ ἐν ἀριθμῷ[10] βραχεῖ[11] καὶ ἐγένετο ἐκεῖ εἰς ἔθνος μέγα
καὶ πλῆθος πολὺ καὶ μέγα· **6** καὶ ἐκάκωσαν[12] ἡμᾶς οἱ Αἰγύπτιοι καὶ ἐταπείνωσαν[13]
ἡμᾶς καὶ ἐπέθηκαν ἡμῖν ἔργα σκληρά·[14] **7** καὶ ἀνεβοήσαμεν[15] πρὸς κύριον τὸν
θεὸν τῶν πατέρων ἡμῶν, καὶ εἰσήκουσεν[16] κύριος τῆς φωνῆς ἡμῶν καὶ εἶδεν τὴν
ταπείνωσιν[17] ἡμῶν καὶ τὸν μόχθον[18] ἡμῶν καὶ τὸν θλιμμὸν[19] ἡμῶν· **8** καὶ ἐξήγαγεν[20]
ἡμᾶς κύριος ἐξ Αἰγύπτου αὐτὸς ἐν ἰσχύι[21] μεγάλῃ καὶ ἐν χειρὶ κραταιᾷ[22] καὶ ἐν
βραχίονι[23] αὐτοῦ τῷ ὑψηλῷ[24] καὶ ἐν ὁράμασιν[25] μεγάλοις καὶ ἐν σημείοις καὶ ἐν
τέρασιν[26] **9** καὶ εἰσήγαγεν[27] ἡμᾶς εἰς τὸν τόπον τοῦτον καὶ ἔδωκεν ἡμῖν τὴν γῆν
ταύτην, γῆν ῥέουσαν[28] γάλα[29] καὶ μέλι·[30] **10** καὶ νῦν ἰδοὺ ἐνήνοχα[31] τὴν ἀπαρχὴν[32]
τῶν γενημάτων[33] τῆς γῆς, ἧς ἔδωκάς μοι, κύριε, γῆν ῥέουσαν[34] γάλα[35] καὶ μέλι.[36]
καὶ ἀφήσεις αὐτὰ ἀπέναντι[37] κυρίου τοῦ θεοῦ σου καὶ προσκυνήσεις ἐκεῖ ἔναντι[38]
κυρίου τοῦ θεοῦ σου· **11** καὶ εὐφρανθήσῃ[39] ἐν πᾶσιν τοῖς ἀγαθοῖς, οἷς ἔδωκέν σοι
κύριος ὁ θεός σου καὶ τῇ οἰκίᾳ σου, σὺ καὶ ὁ Λευίτης καὶ ὁ προσήλυτος[40] ὁ ἐν σοί.

12 Ἐὰν δὲ συντελέσῃς[41] ἀποδεκατῶσαι[42] πᾶν τὸ ἐπιδέκατον[43] τῶν γενημάτων[44] τῆς
γῆς σου ἐν τῷ ἔτει τῷ τρίτῳ, τὸ δεύτερον ἐπιδέκατον δώσεις τῷ Λευίτῃ καὶ τῷ

1 ἐπικαλέω, *aor pas inf*, call upon
2 ἀναγγέλλω, *pres act ind 1s*, declare
3 ὄμνυμι, *aor act ind 3s*, swear an oath
4 κάρταλλος, pointed basket?
5 ἀπέναντι, before
6 θυσιαστήριον, altar
7 ἔναντι, before
8 ἀποβάλλω, *aor act ind 3s*, leave, abandon
9 παροικέω, *aor act ind 3s*, inhabit, sojourn
10 ἀριθμός, number
11 βραχύς, few
12 κακόω, *aor act ind 3p*, mistreat, afflict
13 ταπεινόω, *aor act ind 3p*, humble, bring low
14 σκληρός, harsh, severe
15 ἀναβοάω, *aor act ind 1p*, cry out
16 εἰσακούω, *aor act ind 3s*, hear
17 ταπείνωσις, humiliation, abasement
18 μόχθος, labor, hardship
19 θλιμμός, oppression
20 ἐξάγω, *aor act ind 3s*, bring out
21 ἰσχύς, strength, might
22 κραταιός, strong, powerful
23 βραχίων, arm
24 ὑψηλός, high, upraised
25 ὅραμα, spectacle
26 τέρας, wonder
27 εἰσάγω, *aor act ind 3s*, bring into
28 ῥέω, *pres act ptc acc s f*, flow
29 γάλα, milk
30 μέλι, honey
31 φέρω, *perf act ind 1s*, bring
32 ἀπαρχή, firstfruit
33 γένημα, produce, yield
34 ῥέω, *pres act ptc acc s f*, flow
35 γάλα, milk
36 μέλι, honey
37 ἀπέναντι, in the presence of
38 ἔναντι, before
39 εὐφραίνω, *fut pas ind 2s*, rejoice
40 προσήλυτος, immigrant, guest
41 συντελέω, *aor act sub 2s*, complete, finish
42 ἀποδεκατόω, *aor act inf*, pay a tenth, tithe
43 ἐπιδέκατον, tenth, tithe
44 γένημα, produce, yield

προσηλύτῳ[1] καὶ τῷ ὀρφανῷ[2] καὶ τῇ χήρᾳ,[3] καὶ φάγονται ἐν ταῖς πόλεσίν σου καὶ
ἐμπλησθήσονται.[4] **13** καὶ ἐρεῖς ἐναντίον[5] κυρίου τοῦ θεοῦ σου Ἐξεκάθαρα[6] τὰ ἅγια
ἐκ τῆς οἰκίας μου καὶ ἔδωκα αὐτὰ τῷ Λευίτῃ καὶ τῷ προσηλύτῳ[7] καὶ τῷ ὀρφανῷ[8] καὶ
τῇ χήρᾳ[9] κατὰ πάσας τὰς ἐντολάς, ἃς ἐνετείλω[10] μοι· οὐ παρῆλθον[11] τὴν ἐντολήν σου
καὶ οὐκ ἐπελαθόμην·[12] **14** καὶ οὐκ ἔφαγον ἐν ὀδύνῃ[13] μου ἀπ᾽ αὐτῶν, οὐκ ἐκάρπωσα[14]
ἀπ᾽ αὐτῶν εἰς ἀκάθαρτον,[15] οὐκ ἔδωκα ἀπ᾽ αὐτῶν τῷ τεθνηκότι·[16] ὑπήκουσα[17] τῆς
φωνῆς κυρίου τοῦ θεοῦ μου, ἐποίησα καθὰ[18] ἐνετείλω[19] μοι. **15** κάτιδε[20] ἐκ τοῦ οἴκου
τοῦ ἁγίου σου ἐκ τοῦ οὐρανοῦ καὶ εὐλόγησον τὸν λαόν σου τὸν Ισραηλ καὶ τὴν γῆν,
ἣν ἔδωκας αὐτοῖς, καθὰ[21] ὤμοσας[22] τοῖς πατράσιν ἡμῶν δοῦναι ἡμῖν γῆν ῥέουσαν[23]
γάλα[24] καὶ μέλι.[25]

16 Ἐν τῇ ἡμέρᾳ ταύτῃ κύριος ὁ θεός σου ἐνετείλατό[26] σοι ποιῆσαι πάντα τὰ δικαιώ-
ματα[27] ταῦτα καὶ τὰ κρίματα,[28] καὶ φυλάξεσθε καὶ ποιήσετε αὐτὰ ἐξ ὅλης τῆς καρδίας
ὑμῶν καὶ ἐξ ὅλης τῆς ψυχῆς ὑμῶν. **17** τὸν θεὸν εἵλου[29] σήμερον εἶναί σου θεὸν καὶ
πορεύεσθαι ἐν ταῖς ὁδοῖς αὐτοῦ καὶ φυλάσσεσθαι τὰ δικαιώματα[30] καὶ τὰ κρίματα[31]
αὐτοῦ καὶ ὑπακούειν[32] τῆς φωνῆς αὐτοῦ· **18** καὶ κύριος εἵλατό[33] σε σήμερον γενέσθαι
σε αὐτῷ λαὸν περιούσιον,[34] καθάπερ[35] εἶπέν σοι, φυλάσσειν πάσας τὰς ἐντολὰς
αὐτοῦ **19** καὶ εἶναί σε ὑπεράνω[36] πάντων τῶν ἐθνῶν, ὡς ἐποίησέν σε ὀνομαστὸν[37] καὶ
καύχημα[38] καὶ δόξαστόν,[39] εἶναί σε λαὸν ἅγιον κυρίῳ τῷ θεῷ σου, καθὼς ἐλάλησεν.

Altar on Mount Ebal

27 Καὶ προσέταξεν[40] Μωυσῆς καὶ ἡ γερουσία[41] Ισραηλ λέγων Φυλάσσεσθε
πάσας τὰς ἐντολὰς ταύτας, ὅσας ἐγὼ ἐντέλλομαι[42] ὑμῖν σήμερον. **2** καὶ

1 προσήλυτος, immigrant, guest
2 ὀρφανός, orphan
3 χήρα, widow
4 ἐμπίμπλημι, *fut pas ind 3p*, fill
5 ἐναντίον, before
6 ἐκκαθαίρω, *aor act ind 1s*, cleanse
7 προσήλυτος, immigrant, guest
8 ὀρφανός, orphan
9 χήρα, widow
10 ἐντέλλομαι, *aor mid ind 2s*, command
11 παρέρχομαι, *aor act ind 1s*, transgress
12 ἐπιλανθάνω, *aor mid ind 1s*, forget
13 ὀδύνη, sorrow, grief
14 καρπόω, *aor act ind 1s*, reap the fruit, enjoy the use
15 ἀκάθαρτος, impure, unclean
16 θνήσκω, *perf act ptc dat s m*, die
17 ὑπακούω, *aor act ind 1s*, listen, obey
18 καθά, just as
19 ἐντέλλομαι, *aor mid ind 2s*, command
20 καθοράω, *aor act impv 2s*, look down
21 καθά, just as
22 ὄμνυμι, *aor act ind 2s*, swear an oath
23 ῥέω, *pres act ptc acc s f*, flow
24 γάλα, milk
25 μέλι, honey
26 ἐντέλλομαι, *aor mid ind 3s*, command
27 δικαίωμα, ordinance, decree
28 κρίμα, judgment, rule
29 αἱρέω, *aor mid ind 2s*, choose
30 δικαίωμα, ordinance, decree
31 κρίμα, judgment, rule
32 ὑπακούω, *pres act inf*, listen, obey
33 αἱρέω, *aor mid ind 3s*, choose
34 περιούσιος, peculiar, special
35 καθάπερ, just as
36 ὑπεράνω, above
37 ὀνομαστός, famous, renowned
38 καύχημα, source of boasting
39 δόξαστος, glorified
40 προστάσσω, *aor act ind 3s*, order, instruct
41 γερουσία, council of elders
42 ἐντέλλομαι, *pres mid ind 1s*, command

ἔσται ᾗ ἂν ἡμέρᾳ διαβῆτε[1] τὸν Ιορδάνην εἰς τὴν γῆν, ἣν κύριος ὁ θεός σου δίδωσίν
σοι, καὶ στήσεις σεαυτῷ λίθους μεγάλους καὶ κονιάσεις[2] αὐτοὺς κονίᾳ[3] **3** καὶ γρά-
ψεις ἐπὶ τῶν λίθων πάντας τοὺς λόγους τοῦ νόμου τούτου, ὡς ἂν διαβῆτε[4] τὸν
Ιορδάνην, ἡνίκα[5] ἐὰν εἰσέλθητε εἰς τὴν γῆν, ἣν κύριος ὁ θεὸς τῶν πατέρων σου
δίδωσίν σοι, γῆν ῥέουσαν[6] γάλα[7] καὶ μέλι,[8] ὃν τρόπον[9] εἶπεν κύριος ὁ θεὸς τῶν
πατέρων σού σοι· **4** καὶ ἔσται ὡς ἂν διαβῆτε[10] τὸν Ιορδάνην, στήσετε τοὺς λίθους
τούτους, οὓς ἐγὼ ἐντέλλομαί[11] σοι σήμερον, ἐν ὄρει Γαιβαλ καὶ κονιάσεις[12] αὐτοὺς
κονίᾳ.[13] **5** καὶ οἰκοδομήσεις ἐκεῖ θυσιαστήριον[14] κυρίῳ τῷ θεῷ σου, θυσιαστήριον
ἐκ λίθων, οὐκ ἐπιβαλεῖς[15] ἐπ' αὐτοὺς σίδηρον·[16] **6** λίθους ὁλοκλήρους[17] οἰκοδομήσεις
θυσιαστήριον[18] κυρίῳ τῷ θεῷ σου καὶ ἀνοίσεις[19] ἐπ' αὐτὸ ὁλοκαυτώματα[20] κυρίῳ
τῷ θεῷ σου **7** καὶ θύσεις[21] ἐκεῖ θυσίαν[22] σωτηρίου[23] κυρίῳ τῷ θεῷ σου καὶ φάγῃ καὶ
ἐμπλησθήσῃ[24] καὶ εὐφρανθήσῃ[25] ἐναντίον[26] κυρίου τοῦ θεοῦ σου. **8** καὶ γράψεις ἐπὶ
τῶν λίθων πάντα τὸν νόμον τοῦτον σαφῶς[27] σφόδρα.[28]

Curses from Mount Ebal

9 Καὶ ἐλάλησεν Μωυσῆς καὶ οἱ ἱερεῖς οἱ Λευῖται παντὶ Ισραηλ λέγοντες Σιώπα[29]
καὶ ἄκουε, Ισραηλ· ἐν τῇ ἡμέρᾳ ταύτῃ γέγονας εἰς λαὸν κυρίῳ τῷ θεῷ σου· **10** καὶ
εἰσακούσῃ[30] τῆς φωνῆς κυρίου τοῦ θεοῦ σου καὶ ποιήσεις πάσας τὰς ἐντολὰς αὐτοῦ
καὶ τὰ δικαιώματα[31] αὐτοῦ, ὅσα ἐγὼ ἐντέλλομαί[32] σοι σήμερον.

11 Καὶ ἐνετείλατο[33] Μωυσῆς τῷ λαῷ ἐν τῇ ἡμέρᾳ ἐκείνῃ λέγων **12** Οὗτοι στήσονται
εὐλογεῖν τὸν λαὸν ἐν ὄρει Γαριζιν διαβάντες[34] τὸν Ιορδάνην· Συμεων, Λευι, Ιουδας,
Ισσαχαρ, Ιωσηφ καὶ Βενιαμιν. **13** καὶ οὗτοι στήσονται ἐπὶ τῆς κατάρας[35] ἐν ὄρει
Γαιβαλ· Ρουβην, Γαδ καὶ Ασηρ, Ζαβουλων, Δαν καὶ Νεφθαλι. **14** καὶ ἀποκριθέντες
οἱ Λευῖται ἐροῦσιν παντὶ Ισραηλ φωνῇ μεγάλῃ

1 διαβαίνω, *aor act sub 2p*, cross over
2 κονιάω, *fut act ind 2s*, whitewash, cover with plaster
3 κονία, plaster
4 διαβαίνω, *aor act sub 2p*, cross over
5 ἡνίκα, when
6 ῥέω, *pres act ptc acc s f*, flow
7 γάλα, milk
8 μέλι, honey
9 ὃν τρόπον, just as
10 διαβαίνω, *aor act sub 2p*, cross over
11 ἐντέλλομαι, *pres mid ind 1s*, command
12 κονιάω, *fut act ind 2s*, whitewash, cover with plaster
13 κονία, plaster
14 θυσιαστήριον, altar
15 ἐπιβάλλω, *fut act ind 2s*, place upon
16 σίδηρος, iron tool
17 ὁλόκληρος, unhewn, whole
18 θυσιαστήριον, altar
19 ἀναφέρω, *fut act ind 2s*, offer up
20 ὁλοκαύτωμα, whole burnt offering
21 θύω, *fut act ind 2s*, sacrifice
22 θυσία, sacrifice
23 σωτήριον, deliverance, peace
24 ἐμπίμπλημι, *fut pas ind 2s*, satisfy, fill
25 εὐφραίνω, *fut pas ind 2s*, rejoice
26 ἐναντίον, before
27 σαφῶς, clearly, plainly
28 σφόδρα, very
29 σιωπάω, *pres act impv 2s*, keep silence
30 εἰσακούω, *fut mid ind 3s*, listen, obey
31 δικαίωμα, ordinance, decree
32 ἐντέλλομαι, *pres mid ind 1s*, command
33 ἐντέλλομαι, *aor mid ind 3s*, command
34 διαβαίνω, *aor act ptc nom p m*, cross over
35 κατάρα, curse

15 Ἐπικατάρατος[1] ἄνθρωπος, ὅστις ποιήσει γλυπτὸν[2] καὶ χωνευτόν,[3] βδέλυγμα[4] κυρίῳ, ἔργον χειρῶν τεχνίτου,[5] καὶ θήσει αὐτὸ ἐν ἀποκρύφῳ·[6] καὶ ἀποκριθεὶς πᾶς ὁ λαὸς ἐροῦσιν Γένοιτο.[7]

16 Ἐπικατάρατος[8] ὁ ἀτιμάζων[9] πατέρα αὐτοῦ ἢ μητέρα αὐτοῦ· καὶ ἐροῦσιν πᾶς ὁ λαός Γένοιτο.[10]

17 Ἐπικατάρατος[11] ὁ μετατιθεὶς[12] ὅρια[13] τοῦ πλησίον·[14] καὶ ἐροῦσιν πᾶς ὁ λαός Γένοιτο.[15]

18 Ἐπικατάρατος[16] ὁ πλανῶν τυφλὸν[17] ἐν ὁδῷ· καὶ ἐροῦσιν πᾶς ὁ λαός Γένοιτο.[18]

19 Ἐπικατάρατος[19] ὃς ἂν ἐκκλίνῃ[20] κρίσιν προσηλύτου[21] καὶ ὀρφανοῦ[22] καὶ χήρας·[23] καὶ ἐροῦσιν πᾶς ὁ λαός Γένοιτο.[24]

20 Ἐπικατάρατος[25] ὁ κοιμώμενος[26] μετὰ γυναικὸς τοῦ πατρὸς αὐτοῦ, ὅτι ἀπεκάλυψεν[27] συγκάλυμμα[28] τοῦ πατρὸς αὐτοῦ· καὶ ἐροῦσιν πᾶς ὁ λαός Γένοιτο.[29]

21 Ἐπικατάρατος[30] ὁ κοιμώμενος[31] μετὰ παντὸς κτήνους·[32] καὶ ἐροῦσιν πᾶς ὁ λαός Γένοιτο.[33]

22 Ἐπικατάρατος[34] ὁ κοιμώμενος[35] μετὰ ἀδελφῆς ἐκ πατρὸς ἢ ἐκ μητρὸς αὐτοῦ· καὶ ἐροῦσιν πᾶς ὁ λαός Γένοιτο.[36]

23 Ἐπικατάρατος[37] ὁ κοιμώμενος[38] μετὰ πενθερᾶς[39] αὐτοῦ· καὶ ἐροῦσιν πᾶς ὁ λαός Γένοιτο.[40] Ἐπικατάρατος ὁ κοιμώμενος μετὰ ἀδελφῆς γυναικὸς αὐτοῦ· καὶ ἐροῦσιν πᾶς ὁ λαός Γένοιτο.

1 ἐπικατάρατος, cursed
2 γλυπτός, graven image
3 χωνευτός, molten image
4 βδέλυγμα, abomination
5 τεχνίτης, artisan, craftsman
6 ἀπόκρυφος, secret
7 γίνομαι, *aor mid opt 3s*, be, happen
8 ἐπικατάρατος, cursed
9 ἀτιμάζω, *pres act ptc nom s m*, dishonor
10 γίνομαι, *aor mid opt 3s*, be, happen
11 ἐπικατάρατος, cursed
12 μετατίθημι, *pres act ptc nom s m*, change the place of
13 ὅριον, boundary, border
14 πλησίον, neighbor
15 γίνομαι, *aor mid opt 3s*, be, happen
16 ἐπικατάρατος, cursed
17 τυφλός, blind
18 γίνομαι, *aor mid opt 3s*, be, happen
19 ἐπικατάρατος, cursed
20 ἐκκλίνω, *pres act sub 3s*, distort, pervert
21 προσήλυτος, immigrant, guest
22 ὀρφανός, orphan
23 χήρα, widow
24 γίνομαι, *aor mid opt 3s*, be, happen
25 ἐπικατάρατος, cursed
26 κοιμάω, *pres mid ptc nom s m*, lie with (sexually)
27 ἀποκαλύπτω, *aor act ind 3s*, uncover, reveal
28 συγκάλυμμα, covering
29 γίνομαι, *aor mid opt 3s*, be, happen
30 ἐπικατάρατος, cursed
31 κοιμάω, *pres mid ptc nom s m*, lie with (sexually)
32 κτῆνος, animal, (*p*) herd
33 γίνομαι, *aor mid opt 3s*, be, happen
34 ἐπικατάρατος, cursed
35 κοιμάω, *pres mid ptc nom s m*, lie with (sexually)
36 γίνομαι, *aor mid opt 3s*, be, happen
37 ἐπικατάρατος, cursed
38 κοιμάω, *pres mid ptc nom s m*, lie with (sexually)
39 πενθερά, mother-in-law
40 γίνομαι, *aor mid opt 3s*, be, happen

24 Ἐπικατάρατος[1] ὁ τύπτων[2] τὸν πλησίον[3] αὐτοῦ δόλῳ·[4] καὶ ἐροῦσιν πᾶς ὁ λαός Γένοιτο.[5]

25 Ἐπικατάρατος[6] ὃς ἂν λάβῃ δῶρα[7] πατάξαι[8] ψυχὴν αἵματος ἀθῴου·[9] καὶ ἐροῦσιν πᾶς ὁ λαός Γένοιτο.[10]

26 Ἐπικατάρατος[11] πᾶς ἄνθρωπος, ὃς οὐκ ἐμμενεῖ[12] ἐν πᾶσιν τοῖς λόγοις τοῦ νόμου τούτου τοῦ ποιῆσαι αὐτούς· καὶ ἐροῦσιν πᾶς ὁ λαός Γένοιτο.[13]

Blessings for Obedience

28 Καὶ ἔσται ὡς ἂν διαβῆτε[14] τὸν Ιορδάνην εἰς τὴν γῆν, ἣν κύριος ὁ θεὸς ὑμῶν
δίδωσιν ὑμῖν, ἐὰν ἀκοῇ[15] εἰσακούσητε[16] τῆς φωνῆς κυρίου τοῦ θεοῦ ὑμῶν
φυλάσσειν καὶ ποιεῖν πάσας τὰς ἐντολὰς αὐτοῦ, ἃς ἐγὼ ἐντέλλομαί[17] σοι σήμερον,
καὶ δώσει σε κύριος ὁ θεός σου ὑπεράνω[18] πάντων τῶν ἐθνῶν τῆς γῆς, **2** καὶ
ἥξουσιν[19] ἐπὶ σὲ πᾶσαι αἱ εὐλογίαι[20] αὗται καὶ εὑρήσουσίν σε, ἐὰν ἀκοῇ[21] ἀκούσῃς
τῆς φωνῆς κυρίου τοῦ θεοῦ σου. **3** εὐλογημένος σὺ ἐν πόλει, καὶ εὐλογημένος σὺ
ἐν ἀγρῷ· **4** εὐλογημένα τὰ ἔκγονα[22] τῆς κοιλίας[23] σου καὶ τὰ γενήματα[24] τῆς γῆς
σου, τὰ βουκόλια[25] τῶν βοῶν[26] σου καὶ τὰ ποίμνια[27] τῶν προβάτων σου· **5** εὐλο-
γημέναι αἱ ἀποθῆκαί[28] σου καὶ τὰ ἐγκαταλείμματά[29] σου· **6** εὐλογημένος σὺ ἐν τῷ
εἰσπορεύεσθαί[30] σε, καὶ εὐλογημένος σὺ ἐν τῷ ἐκπορεύεσθαί σε.

7 παραδῷ κύριος ὁ θεός σου τοὺς ἐχθρούς σου τοὺς ἀνθεστηκότας[31] σοι συν-
τετριμμένους[32] πρὸ προσώπου σου· ὁδῷ μιᾷ ἐξελεύσονται πρὸς σὲ καὶ ἐν ἑπτὰ ὁδοῖς
φεύξονται[33] ἀπὸ προσώπου σου. **8** ἀποστείλαι[34] κύριος ἐπὶ σὲ τὴν εὐλογίαν[35] ἐν τοῖς
ταμιείοις[36] σου καὶ ἐν πᾶσιν, οὗ ἂν ἐπιβάλῃς[37] τὴν χεῖρά σου, ἐπὶ τῆς γῆς, ἧς κύριος
ὁ θεός σου δίδωσίν σοι. **9** ἀναστήσαι[38] σε κύριος ὁ θεός σου ἑαυτῷ λαὸν ἅγιον, ὃν

1 ἐπικατάρατος, cursed
2 τύπτω, *pres act ptc nom s m*, beat, strike
3 πλησίον, neighbor
4 δόλος, cunning, treachery
5 γίνομαι, *aor mid opt 3s*, be, happen
6 ἐπικατάρατος, cursed
7 δῶρον, gift, bribe
8 πατάσσω, *aor act inf*, strike, slay
9 ἀθῷος, innocent
10 γίνομαι, *aor mid opt 3s*, be, happen
11 ἐπικατάρατος, cursed
12 ἐμμένω, *fut act ind 3s*, abide by, remain in
13 γίνομαι, *aor mid opt 3s*, be, happen
14 διαβαίνω, *aor act sub 2p*, cross over
15 ἀκοή, report, hearing
16 εἰσακούω, *aor act sub 2p*, hear
17 ἐντέλλομαι, *pres mid ind 1s*, command
18 ὑπεράνω, above
19 ἥκω, *fut act ind 3p*, come
20 εὐλογία, blessing
21 ἀκοή, report, hearing
22 ἔκγονος, offspring
23 κοιλία, womb
24 γένημα, produce, yield
25 βουκόλιον, herd
26 βοῦς, cow, (*p*) cattle
27 ποίμνιον, flock
28 ἀποθήκη, barn, storehouse
29 ἐγκατάλειμμα, reserve
30 εἰσπορεύομαι, *pres mid inf*, enter, go in
31 ἀνθίστημι, *perf act ptc acc p m*, stand against
32 συντρίβω, *perf pas ptc acc p m*, crush
33 φεύγω, *fut mid ind 3p*, flee
34 ἀποστέλλω, *aor act opt 3s*, send
35 εὐλογία, blessing
36 ταμιεῖον, storehouse
37 ἐπιβάλλω, *aor act sub 2s*, put upon
38 ἀνίστημι, *aor act opt 3s*, raise up, establish

τρόπον[1] ὤμοσεν[2] τοῖς πατράσιν σου, ἐὰν εἰσακούσῃς[3] τῆς φωνῆς κυρίου τοῦ θεοῦ
σου καὶ πορευθῇς ἐν ταῖς ὁδοῖς αὐτοῦ· **10** καὶ ὄψονταί σε πάντα τὰ ἔθνη τῆς γῆς ὅτι
τὸ ὄνομα κυρίου ἐπικέκληταί[4] σοι, καὶ φοβηθήσονταί σε. **11** καὶ πληθυνεῖ[5] σε κύριος
ὁ θεός σου εἰς ἀγαθὰ ἐπὶ τοῖς ἐκγόνοις[6] τῆς κοιλίας[7] σου καὶ ἐπὶ τοῖς γενήμασιν[8]
τῆς γῆς σου καὶ ἐπὶ τοῖς ἐκγόνοις[9] τῶν κτηνῶν[10] σου ἐπὶ τῆς γῆς, ἧς ὤμοσεν[11]
κύριος τοῖς πατράσιν σου δοῦναί σοι. **12** ἀνοίξαι[12] σοι κύριος τὸν θησαυρὸν[13]
αὐτοῦ τὸν ἀγαθόν, τὸν οὐρανόν, δοῦναι τὸν ὑετὸν[14] τῇ γῇ σου ἐπὶ καιροῦ αὐτοῦ
εὐλογῆσαι πάντα τὰ ἔργα τῶν χειρῶν σου, καὶ δανιεῖς[15] ἔθνεσιν πολλοῖς, σὺ δὲ
οὐ δανιῇ,[16] καὶ ἄρξεις σὺ ἐθνῶν πολλῶν, σοῦ δὲ οὐκ ἄρξουσιν. **13** καταστήσαι[17] σε
κύριος ὁ θεός σου εἰς κεφαλὴν καὶ μὴ εἰς οὐράν,[18] καὶ ἔσῃ τότε ἐπάνω[19] καὶ οὐκ ἔσῃ
ὑποκάτω,[20] ἐὰν ἀκούσῃς τῶν ἐντολῶν κυρίου τοῦ θεοῦ σου, ὅσα ἐγὼ ἐντέλλομαί[21]
σοι σήμερον φυλάσσειν καὶ ποιεῖν· **14** οὐ παραβήσῃ[22] ἀπὸ πάντων τῶν λόγων, ὧν
ἐγὼ ἐντέλλομαί[23] σοι σήμερον, δεξιὰ οὐδὲ ἀριστερὰ[24] πορεύεσθαι ὀπίσω θεῶν
ἑτέρων λατρεύειν[25] αὐτοῖς.

Curses for Disobedience

15 Καὶ ἔσται ἐὰν μὴ εἰσακούσῃς[26] τῆς φωνῆς κυρίου τοῦ θεοῦ σου φυλάσσειν καὶ
ποιεῖν πάσας τὰς ἐντολὰς αὐτοῦ, ὅσας ἐγὼ ἐντέλλομαί[27] σοι σήμερον, καὶ ἐλεύσονται
ἐπὶ σὲ πᾶσαι αἱ κατάραι[28] αὗται καὶ καταλήμψονταί[29] σε. **16** ἐπικατάρατος[30] σὺ
ἐν πόλει, καὶ ἐπικατάρατος σὺ ἐν ἀγρῷ· **17** ἐπικατάρατοι[31] αἱ ἀποθῆκαί[32] σου καὶ
τὰ ἐγκαταλείμματά[33] σου· **18** ἐπικατάρατα[34] τὰ ἔκγονα[35] τῆς κοιλίας[36] σου καὶ
τὰ γενήματα[37] τῆς γῆς σου, τὰ βουκόλια[38] τῶν βοῶν[39] σου καὶ τὰ ποίμνια[40] τῶν

1 ὃν τρόπον, just as
2 ὄμνυμι, *aor act ind 3s*, swear an oath
3 εἰσακούω, *aor act sub 2s*, listen, obey
4 ἐπικαλέω, *perf pas ind 3s*, call upon
5 πληθύνω, *fut act ind 3s*, multiply
6 ἔκγονος, offspring
7 κοιλία, womb
8 γένημα, produce, yield
9 ἔκγονος, offspring
10 κτῆνος, animal, (*p*) herd
11 ὄμνυμι, *aor act ind 3s*, swear an oath
12 ἀνοίγω, *aor act opt 3s*, open
13 θησαυρός, treasury, storehouse
14 ὑετός, rain
15 δανείζω, *fut act ind 2s*, lend
16 δανείζω, *fut mid ind 2s*, borrow
17 καθίστημι, *aor act opt 3s*, appoint, set up
18 οὐρά, tail
19 ἐπάνω, above
20 ὑποκάτω, below, beneath
21 ἐντέλλομαι, *pres mid ind 1s*, command
22 παραβαίνω, *fut mid ind 2s*, turn aside
23 ἐντέλλομαι, *pres mid ind 1s*, command
24 ἀριστερός, left
25 λατρεύω, *pres act inf*, serve
26 εἰσακούω, *aor act sub 2s*, listen, obey
27 ἐντέλλομαι, *pres mid ind 1s*, command
28 κατάρα, curse
29 καταλαμβάνω, *fut mid ind 3p*, come upon
30 ἐπικατάρατος, cursed
31 ἐπικατάρατος, cursed
32 ἀποθήκη, barn, storehouse
33 ἐγκατάλειμμα, reserve
34 ἐπικατάρατος, cursed
35 ἔκγονος, offspring
36 κοιλία, womb
37 γένημα, produce, yield
38 βουκόλιον, herd
39 βοῦς, cow, (*p*) cattle
40 ποίμνιον, flock

προβάτων σου· **19** ἐπικατάρατος[1] σὺ ἐν τῷ ἐκπορεύεσθαί σε, καὶ ἐπικατάρατος σὺ
ἐν τῷ εἰσπορεύεσθαί[2] σε.

20 ἐξαποστείλαι[3] κύριός σοι τὴν ἔνδειαν[4] καὶ τὴν ἐκλιμίαν[5] καὶ τὴν ἀνάλωσιν[6] ἐπὶ
πάντα, οὗ[7] ἂν ἐπιβάλῃς[8] τὴν χεῖρά σου, ὅσα ἐὰν ποιήσῃς, ἕως ἂν ἐξολεθρεύσῃ[9]
σε καὶ ἕως ἂν ἀπολέσῃ σε ἐν τάχει[10] διὰ τὰ πονηρὰ ἐπιτηδεύματά[11] σου, διότι[12]
ἐγκατέλιπές[13] με. **21** προσκολλήσαι[14] κύριος εἰς σὲ τὸν θάνατον, ἕως ἂν ἐξαναλώσῃ[15]
σε ἀπὸ τῆς γῆς, εἰς ἣν σὺ εἰσπορεύῃ[16] ἐκεῖ κληρονομῆσαι[17] αὐτήν. **22** πατάξαι[18] σε
κύριος ἀπορίᾳ[19] καὶ πυρετῷ[20] καὶ ῥίγει[21] καὶ ἐρεθισμῷ[22] καὶ φόνῳ[23] καὶ ἀνεμοφθορίᾳ[24]
καὶ τῇ ὤχρᾳ,[25] καὶ καταδιώξονταί[26] σε, ἕως ἂν ἀπολέσωσίν σε. **23** καὶ ἔσται σοι ὁ
οὐρανὸς ὁ ὑπὲρ κεφαλῆς σου χαλκοῦς[27] καὶ ἡ γῆ ἡ ὑποκάτω[28] σου σιδηρᾶ.[29] **24** δῴη[30]
κύριος τὸν ὑετὸν[31] τῇ γῇ σου κονιορτόν,[32] καὶ χοῦς[33] ἐκ τοῦ οὐρανοῦ καταβήσεται
ἐπὶ σέ, ἕως ἂν ἐκτρίψῃ[34] σε καὶ ἕως ἂν ἀπολέσῃ σε.

25 δῴη[35] σε κύριος ἐπικοπὴν[36] ἐναντίον[37] τῶν ἐχθρῶν σου· ἐν ὁδῷ μιᾷ ἐξελεύσῃ
πρὸς αὐτοὺς καὶ ἐν ἑπτὰ ὁδοῖς φεύξῃ[38] ἀπὸ προσώπου αὐτῶν· καὶ ἔσῃ ἐν διασπορᾷ[39]
ἐν πάσαις ταῖς βασιλείαις τῆς γῆς. **26** καὶ ἔσονται οἱ νεκροὶ ὑμῶν κατάβρωμα[40]
τοῖς πετεινοῖς[41] τοῦ οὐρανοῦ καὶ τοῖς θηρίοις τῆς γῆς, καὶ οὐκ ἔσται ὁ ἀποσοβῶν.[42]
27 πατάξαι[43] σε κύριος ἐν ἕλκει[44] Αἰγυπτίῳ ἐν ταῖς ἕδραις[45] καὶ ψώρᾳ[46] ἀγρίᾳ[47]

1 ἐπικατάρατος, cursed
2 εἰσπορεύομαι, *pres mid inf*, enter, go in
3 ἐξαποστέλλω, *aor act opt 3s*, send forth
4 ἔνδεια, lack, poverty
5 ἐκλιμία, faintness, hunger
6 ἀνάλωσις, waste, exhaustion
7 οὗ, where
8 ἐπιβάλλω, *aor act sub 2s*, put upon
9 ἐξολεθρεύω, *aor act sub 3s*, utterly destroy
10 τάχος, quickly
11 ἐπιτήδευμα, habit, way of life
12 διότι, because
13 ἐγκαταλείπω, *aor act ind 2s*, forsake
14 προσκολλάω, *aor act opt 3s*, cause to cling
15 ἐξαναλίσκω, *aor act sub 3s*, consume
16 εἰσπορεύομαι, *pres mid ind 2s*, enter
17 κληρονομέω, *aor act inf*, inherit, acquire
18 πατάσσω, *aor act opt 3s*, strike
19 ἀπορία, distress, anxiety
20 πυρετός, fever
21 ῥῖγος, cold, chill
22 ἐρεθισμός, irritation
23 φόνος, murder
24 ἀνεμοφθορία, blight
25 ὤχρα, mildew
26 καταδιώκω, *fut mid ind 3p*, pursue
27 χαλκοῦς, bronze
28 ὑποκάτω, beneath
29 σιδηροῦς, iron
30 δίδωμι, *aor act opt 3s*, give
31 ὑετός, rain
32 κονιορτός, powder
33 χοῦς, dust
34 ἐκτρίβω, *aor act sub 3s*, wipe out
35 δίδωμι, *aor act opt 3s*, give
36 ἐπικοπή, slaughter
37 ἐναντίον, before
38 φεύγω, *fut mid ind 2s*, flee
39 διασπορά, scattering, dispersion
40 κατάβρωμα, food
41 πετεινός, bird
42 ἀποσοβέω, *pres act ptc nom s m*, scare away
43 πατάσσω, *aor act opt 3s*, strike
44 ἕλκος, wound, sore
45 ἕδρα, seat, buttocks
46 ψώρα, scab, mange
47 ἄγριος, severe

καὶ κνήφῃ[1] ὥστε μὴ δύνασθαί σε ἰαθῆναι.[2] **28** πατάξαι[3] σε κύριος παραπληξίᾳ[4]
καὶ ἀορασίᾳ[5] καὶ ἐκστάσει[6] διανοίας,[7] **29** καὶ ἔσῃ ψηλαφῶν[8] μεσημβρίας,[9] ὡσεὶ[10]
ψηλαφήσαι[11] ὁ τυφλὸς[12] ἐν τῷ σκότει, καὶ οὐκ εὐοδώσει[13] τὰς ὁδούς σου· καὶ ἔσῃ
τότε ἀδικούμενος[14] καὶ διαρπαζόμενος[15] πάσας τὰς ἡμέρας, καὶ οὐκ ἔσται σοι ὁ
βοηθῶν.[16] **30** γυναῖκα λήμψῃ, καὶ ἀνὴρ ἕτερος ἕξει αὐτήν· οἰκίαν οἰκοδομήσεις
καὶ οὐκ οἰκήσεις[17] ἐν αὐτῇ· ἀμπελῶνα[18] φυτεύσεις[19] καὶ οὐ τρυγήσεις[20] αὐτόν· **31** ὁ
μόσχος[21] σου ἐσφαγμένος[22] ἐναντίον[23] σου, καὶ οὐ φάγῃ ἐξ αὐτοῦ· ὁ ὄνος[24] σου
ἡρπασμένος[25] ἀπὸ σοῦ καὶ οὐκ ἀποδοθήσεταί σοι· τὰ πρόβατά σου δεδομένα τοῖς
ἐχθροῖς σου, καὶ οὐκ ἔσται σοι ὁ βοηθῶν·[26] **32** οἱ υἱοί σου καὶ αἱ θυγατέρες[27] σου
δεδομέναι ἔθνει ἑτέρῳ, καὶ οἱ ὀφθαλμοί σου βλέψονται σφακελίζοντες[28] εἰς αὐτά, καὶ
οὐκ ἰσχύσει[29] ἡ χείρ σου· **33** τὰ ἐκφόρια[30] τῆς γῆς σου καὶ πάντας τοὺς πόνους[31] σου
φάγεται ἔθνος, ὃ οὐκ ἐπίστασαι,[32] καὶ ἔσῃ ἀδικούμενος[33] καὶ τεθραυσμένος[34] πάσας
τὰς ἡμέρας· **34** καὶ ἔσῃ παράπληκτος[35] διὰ τὰ ὁράματα[36] τῶν ὀφθαλμῶν σου, ἃ
βλέψῃ. **35** πατάξαι[37] σε κύριος ἐν ἕλκει[38] πονηρῷ ἐπὶ τὰ γόνατα[39] καὶ ἐπὶ τὰς κνήμας[40]
ὥστε μὴ δύνασθαί σε ἰαθῆναι[41] ἀπὸ ἴχνους[42] τῶν ποδῶν σου ἕως τῆς κορυφῆς[43]
σου. **36** ἀπαγάγοι[44] κύριός σε καὶ τοὺς ἄρχοντάς σου, οὓς ἐὰν καταστήσῃς[45] ἐπὶ
σεαυτόν, εἰς ἔθνος, ὃ οὐκ ἐπίστασαι[46] σὺ καὶ οἱ πατέρες σου, καὶ λατρεύσεις[47] ἐκεῖ

1 κνήφη, itch
2 ἰάομαι, *aor pas inf*, heal
3 πατάσσω, *aor act opt 3s*, strike
4 παραπληξία, madness, derangement
5 ἀορασία, blindness
6 ἔκστασις, bewilderment, astonishment
7 διάνοια, understanding, sense
8 ψηλαφάω, *pres act ptc nom s m*, grope around
9 μεσημβρία, midday, noon
10 ὡσεί, as, like
11 ψηλαφάω, *aor act opt 3s*, grope around
12 τυφλός, blind
13 εὐοδόω, *fut act ind 3s*, prosper, succeed in
14 ἀδικέω, *pres pas ptc nom s m*, treat unjustly
15 διαρπάζω, *pres pas ptc nom s m*, plunder
16 βοηθέω, *pres act ptc nom s m*, help
17 οἰκέω, *fut act ind 2s*, inhabit, dwell
18 ἀμπελών, vineyard
19 φυτεύω, *fut act ind 2s*, plant
20 τρυγάω, *fut act ind 2s*, gather, harvest
21 μόσχος, calf, young bull
22 σφάζω, *perf pas ptc nom s m*, slaughter
23 ἐναντίον, before
24 ὄνος, donkey
25 ἁρπάζω, *perf pas ptc nom s m*, seize, carry away
26 βοηθέω, *pres act ptc nom s m*, help
27 θυγάτηρ, daughter
28 σφακελίζω, *pres act ptc nom p m*, be infected, have gangrene
29 ἰσχύω, *fut act ind 3s*, be strong
30 ἐκφόριον, produce
31 πόνος, (results of) labor
32 ἐπίσταμαι, *pres mid ind 2s*, know
33 ἀδικέω, *pres pas ptc nom s m*, do wrong, injure
34 θραύω, *perf pas ptc nom s m*, shatter, strike
35 παράπληκτος, mad, frenzied
36 ὅραμα, vision
37 πατάσσω, *aor act opt 3s*, afflict
38 ἕλκος, festering sore
39 γόνυ, knee
40 κνήμη, shin, leg
41 ἰάομαι, *aor pas inf*, heal
42 ἴχνος, sole
43 κορυφή, top of the head
44 ἀπάγω, *aor act opt 3s*, lead away
45 καθίστημι, *aor act sub 2s*, appoint, set over
46 ἐπίσταμαι, *pres mid ind 2s*, know
47 λατρεύω, *fut act ind 2s*, serve

θεοῖς ἑτέροις, ξύλοις[1] καὶ λίθοις. **37** καὶ ἔσῃ ἐκεῖ ἐν αἰνίγματι[2] καὶ παραβολῇ[3] καὶ
διηγήματι[4] ἐν πᾶσιν τοῖς ἔθνεσιν, εἰς οὓς ἂν ἀπαγάγῃ[5] σε κύριος ἐκεῖ.

38 σπέρμα πολὺ ἐξοίσεις[6] εἰς τὸ πεδίον[7] καὶ ὀλίγα[8] εἰσοίσεις,[9] ὅτι κατέδεται[10]
αὐτὰ ἡ ἀκρίς.[11] **39** ἀμπελῶνα[12] φυτεύσεις[13] καὶ κατεργᾷ[14] καὶ οἶνον οὐ πίεσαι οὐδὲ
εὐφρανθήσῃ[15] ἐξ αὐτοῦ, ὅτι καταφάγεται[16] αὐτὰ ὁ σκώληξ.[17] **40** ἐλαῖαι[18] ἔσονταί σοι
ἐν πᾶσι τοῖς ὁρίοις[19] σου, καὶ ἔλαιον[20] οὐ χρίσῃ,[21] ὅτι ἐκρυήσεται[22] ἡ ἐλαία[23] σου.

41 υἱοὺς καὶ θυγατέρας[24] γεννήσεις, καὶ οὐκ ἔσονταί σοι· ἀπελεύσονται γὰρ ἐν
αἰχμαλωσίᾳ.[25] **42** πάντα τὰ ξύλινά[26] σου καὶ τὰ γενήματα[27] τῆς γῆς σου ἐξαναλώσει[28]
ἡ ἐρυσίβη.[29] **43** ὁ προσήλυτος,[30] ὅς ἐστιν ἐν σοί, ἀναβήσεται ἐπὶ σὲ ἄνω[31] ἄνω, σὺ
δὲ καταβήσῃ κάτω[32] κάτω· **44** οὗτος δανιεῖ[33] σοι, σὺ δὲ τούτῳ οὐ δανιεῖς·[34] οὗτος
ἔσται κεφαλή, σὺ δὲ ἔσῃ οὐρά.[35]

45 καὶ ἐλεύσονται ἐπὶ σὲ πᾶσαι αἱ κατάραι[36] αὗται καὶ καταδιώξονταί[37] σε καὶ
καταλήμψονταί[38] σε, ἕως ἂν ἐξολεθρεύσῃ[39] σε καὶ ἕως ἂν ἀπολέσῃ σε, ὅτι οὐκ
εἰσήκουσας[40] τῆς φωνῆς κυρίου τοῦ θεοῦ σου φυλάξαι τὰς ἐντολὰς αὐτοῦ καὶ τὰ
δικαιώματα[41] αὐτοῦ, ὅσα ἐνετείλατό[42] σοι. **46** καὶ ἔσται ἐν σοὶ σημεῖα καὶ τέρατα[43] καὶ
ἐν τῷ σπέρματί σου ἕως τοῦ αἰῶνος, **47** ἀνθ᾽ ὧν[44] οὐκ ἐλάτρευσας[45] κυρίῳ τῷ θεῷ σου
ἐν εὐφροσύνῃ[46] καὶ ἀγαθῇ καρδίᾳ διὰ τὸ πλῆθος πάντων. **48** καὶ λατρεύσεις[47] τοῖς

1 ξύλον, wood
2 αἴνιγμα, puzzle, riddle
3 παραβολή, proverb, saying
4 διήγημα, tale, legend
5 ἀπάγω, *aor act sub 3s*, lead away
6 ἐκφέρω, *fut act ind 2s*, carry out
7 πεδίον, field
8 ὀλίγος, few
9 εἰσφέρω, *fut act ind 2s*, bring in
10 κατεσθίω, *fut mid ind 3s*, devour, consume
11 ἀκρίς, locust
12 ἀμπελών, vineyard
13 φυτεύω, *fut act ind 2s*, plant
14 κατεργάζομαι, *fut mid ind 2s*, produce
15 εὐφραίνω, *fut pas ind 2s*, gladden, cheer
16 κατεσθίω, *fut mid ind 3s*, devour, consume
17 σκώληξ, worm
18 ἐλαία, olive tree
19 ὅριον, boundary, border
20 ἔλαιον, oil
21 χρίω, *fut mid ind 2s*, anoint
22 ἐκρέω, *fut mid ind 3s*, shed, fall off
23 ἐλαία, olive
24 θυγάτηρ, daughter
25 αἰχμαλωσία, captivity
26 ξύλινος, tree
27 γένημα, produce, yield
28 ἐξαναλίσκω, *fut act ind 3s*, utterly destroy
29 ἐρυσίβη, blight, mildew
30 προσήλυτος, immigrant, guest
31 ἄνω, upward
32 κάτω, downward
33 δανείζω, *fut act ind 3s*, lend
34 δανείζω, *fut act ind 2s*, lend
35 οὐρά, tail
36 κατάρα, curse
37 καταδιώκω, *fut mid ind 3p*, pursue
38 καταλαμβάνω, *fut mid ind 3p*, overtake, befall
39 ἐξολεθρεύω, *aor act sub 3s*, utterly destroy
40 εἰσακούω, *aor act ind 2s*, listen, obey
41 δικαίωμα, ordinance, decree
42 ἐντέλλομαι, *aor mid ind 3s*, command
43 τέρας, wonder
44 ἀνθ᾽ ὧν, because
45 λατρεύω, *aor act ind 2s*, serve
46 εὐφροσύνη, rejoicing
47 λατρεύω, *fut act ind 2s*, serve

ἐχθροῖς σου, οὓς ἐπαποστελεῖ[1] κύριος ἐπὶ σέ, ἐν λιμῷ[2] καὶ ἐν δίψει[3] καὶ ἐν γυμνότητι[4]
καὶ ἐν ἐκλείψει[5] πάντων· καὶ ἐπιθήσει κλοιὸν[6] σιδηροῦν[7] ἐπὶ τὸν τράχηλόν[8] σου, ἕως
ἂν ἐξολεθρεύσῃ[9] σε. **49** ἐπάξει[10] κύριος ἐπὶ σὲ ἔθνος μακρόθεν[11] ἀπ᾽ ἐσχάτου τῆς γῆς
ὡσεὶ[12] ὅρμημα[13] ἀετοῦ,[14] ἔθνος, ὃ οὐκ ἀκούσῃ τῆς φωνῆς αὐτοῦ, **50** ἔθνος ἀναιδὲς[15]
προσώπῳ, ὅστις οὐ θαυμάσει[16] πρόσωπον πρεσβύτου[17] καὶ νέον[18] οὐκ ἐλεήσει,[19]
51 καὶ κατέδεται[20] τὰ ἔκγονα[21] τῶν κτηνῶν[22] σου καὶ τὰ γενήματα[23] τῆς γῆς σου
ὥστε μὴ καταλιπεῖν[24] σοι σῖτον,[25] οἶνον, ἔλαιον,[26] τὰ βουκόλια[27] τῶν βοῶν[28] σου καὶ
τὰ ποίμνια[29] τῶν προβάτων σου, ἕως ἂν ἀπολέσῃ σε **52** καὶ ἐκτρίψῃ[30] σε ἐν πάσαις
ταῖς πόλεσίν σου, ἕως ἂν καθαιρεθῶσιν[31] τὰ τείχη[32] σου τὰ ὑψηλὰ[33] καὶ τὰ ὀχυρά,[34]
ἐφ᾽ οἷς σὺ πέποιθας ἐπ᾽ αὐτοῖς, ἐν πάσῃ τῇ γῇ σου, καὶ θλίψει[35] σε ἐν πάσαις ταῖς
πόλεσίν σου, αἷς ἔδωκέν σοι κύριος ὁ θεός σου.

53 καὶ φάγῃ τὰ ἔκγονα[36] τῆς κοιλίας[37] σου, κρέα[38] υἱῶν σου καὶ θυγατέρων[39]
σου, ὅσα ἔδωκέν σοι κύριος ὁ θεός σου, ἐν τῇ στενοχωρίᾳ[40] σου καὶ ἐν τῇ θλίψει
σου, ᾗ θλίψει[41] σε ὁ ἐχθρός σου. **54** ὁ ἁπαλὸς[42] ἐν σοὶ καὶ ὁ τρυφερὸς[43] σφόδρα[44]
βασκανεῖ[45] τῷ ὀφθαλμῷ τὸν ἀδελφὸν καὶ τὴν γυναῖκα τὴν ἐν τῷ κόλπῳ[46] αὐτοῦ
καὶ τὰ καταλελειμμένα[47] τέκνα, ἃ ἂν καταλειφθῇ,[48] **55** ὥστε δοῦναι ἑνὶ αὐτῶν ἀπὸ
τῶν σαρκῶν τῶν τέκνων αὐτοῦ, ὧν ἂν κατέσθῃ,[49] διὰ τὸ μὴ καταλειφθῆναι[50] αὐτῷ
μηθὲν[51] ἐν τῇ στενοχωρίᾳ[52] σου καὶ ἐν τῇ θλίψει σου, ᾗ ἂν θλίψωσίν[53] σε οἱ ἐχθροί

1 ἐπαποστέλλω, *fut act ind 3s*, send upon
2 λιμός, hunger
3 δίψος, thirst
4 γυμνότης, nakedness
5 ἔκλειψις, abandonment, lack
6 κλοιός, collar, yoke
7 σιδηροῦς, iron
8 τράχηλος, neck
9 ἐξολεθρεύω, *aor act sub 3s*, utterly destroy
10 ἐπάγω, *fut act ind 3s*, bring upon
11 μακρόθεν, from afar
12 ὡσεί, as, like
13 ὅρμημα, sudden onrush, swoop
14 ἀετός, eagle, vulture
15 ἀναιδής, shameless, bold
16 θαυμάζω, *fut act ind 3s*, show respect
17 πρεσβύτης, elder, old person
18 νέος, young person
19 ἐλεέω, *fut act ind 3s*, show mercy
20 κατεσθίω, *fut mid ind 3s*, devour
21 ἔκγονος, offspring
22 κτῆνος, animal, (*p*) herd
23 γένημα, produce, yield
24 καταλείπω, *aor act inf*, leave behind
25 σῖτος, grain
26 ἔλαιον, oil
27 βουκόλιον, herd
28 βοῦς, cow, (*p*) cattle
29 ποίμνιον, flock
30 ἐκτρίβω, *aor act sub 3s*, destroy, wipe out
31 καθαιρέω, *aor pas sub 3p*, pull down
32 τεῖχος, wall
33 ὑψηλός, high
34 ὀχυρός, fortified
35 θλίβω, *fut act ind 3s*, afflict
36 ἔκγονος, offspring
37 κοιλία, womb
38 κρέας, flesh
39 θυγάτηρ, daughter
40 στενοχωρία, distress
41 θλίβω, *fut act ind 3s*, afflict
42 ἁπαλός, tender, gentle
43 τρυφερός, delicate, dainty
44 σφόδρα, very
45 βασκαίνω, *fut act ind 3s*, begrudge
46 κόλπος, breast, bosom
47 καταλείπω, *perf pas ptc acc p n*, remain, leave behind
48 καταλείπω, *aor pas sub 3s*, leave behind
49 κατέσθω, *pres act sub 3s*, devour
50 καταλείπω, *aor pas inf*, leave behind
51 μηθείς, nothing
52 στενοχωρία, distress, difficulty
53 θλίβω, *aor act sub 3p*, afflict

σου ἐν πάσαις ταῖς πόλεσίν σου. **56** καὶ ἡ ἁπαλὴ[1] ἐν ὑμῖν καὶ ἡ τρυφερὰ[2] σφόδρα,[3] ἧς
οὐχὶ πεῖραν[4] ἔλαβεν ὁ ποὺς αὐτῆς βαίνειν[5] ἐπὶ τῆς γῆς διὰ τὴν τρυφερότητα[6] καὶ διὰ
τὴν ἁπαλότητα,[7] βασκανεῖ[8] τῷ ὀφθαλμῷ αὐτῆς τὸν ἄνδρα αὐτῆς τὸν ἐν τῷ κόλπῳ[9]
αὐτῆς καὶ τὸν υἱὸν καὶ τὴν θυγατέρα[10] αὐτῆς **57** καὶ τὸ χόριον[11] αὐτῆς τὸ ἐξελθὸν
διὰ τῶν μηρῶν[12] αὐτῆς καὶ τὸ τέκνον, ὃ ἂν τέκῃ·[13] καταφάγεται[14] γὰρ αὐτὰ διὰ τὴν
ἔνδειαν[15] πάντων κρυφῇ[16] ἐν τῇ στενοχωρίᾳ[17] σου καὶ ἐν τῇ θλίψει σου, ᾗ θλίψει[18]
σε ὁ ἐχθρός σου ἐν πάσαις ταῖς πόλεσίν σου.

58 ἐὰν μὴ εἰσακούσητε[19] ποιεῖν πάντα τὰ ῥήματα τοῦ νόμου τούτου τὰ γεγραμμένα
ἐν τῷ βιβλίῳ τούτῳ φοβεῖσθαι τὸ ὄνομα τὸ ἔντιμον[20] καὶ τὸ θαυμαστὸν[21] τοῦτο,
κύριον τὸν θεόν σου, **59** καὶ παραδοξάσει[22] κύριος τὰς πληγάς[23] σου καὶ τὰς πληγὰς
τοῦ σπέρματός σου, πληγὰς μεγάλας καὶ θαυμαστάς,[24] καὶ νόσους[25] πονηρὰς[26] καὶ
πιστὰς[27] **60** καὶ ἐπιστρέψει ἐπὶ σὲ πᾶσαν τὴν ὀδύνην[28] Αἰγύπτου τὴν πονηράν,[29]
ἣν διευλαβοῦ[30] ἀπὸ προσώπου αὐτῶν, καὶ κολληθήσονται[31] ἐν σοί. **61** καὶ πᾶσαν
μαλακίαν[32] καὶ πᾶσαν πληγὴν[33] τὴν μὴ γεγραμμένην ἐν τῷ βιβλίῳ τοῦ νόμου τούτου
ἐπάξει[34] κύριος ἐπὶ σέ, ἕως ἂν ἐξολεθρεύσῃ[35] σε.

62 καὶ καταλειφθήσεσθε[36] ἐν ἀριθμῷ[37] βραχεῖ[38] ἀνθ᾽ ὧν[39] ὅτι ἦτε ὡσεὶ[40] τὰ ἄστρα[41]
τοῦ οὐρανοῦ τῷ πλήθει, ὅτι οὐκ εἰσηκούσατε[42] τῆς φωνῆς κυρίου τοῦ θεοῦ ὑμῶν.
63 καὶ ἔσται ὃν τρόπον[43] εὐφράνθη[44] κύριος ἐφ᾽ ὑμῖν εὖ[45] ποιῆσαι ὑμᾶς καὶ πλη-
θῦναι[46] ὑμᾶς, οὕτως εὐφρανθήσεται[47] κύριος ἐφ᾽ ὑμῖν ἐξολεθρεῦσαι[48] ὑμᾶς, καὶ

1 ἁπαλός, tender, gentle
2 τρυφερός, delicate, dainty
3 σφόδρα, very
4 πεῖρα, attempt
5 βαίνω, *pres act inf*, tread
6 τρυφερότης, delicacy, daintiness
7 ἁπαλότης, tenderness, softness
8 βασκαίνω, *fut act ind 3s*, begrudge
9 κόλπος, breast, bosom
10 θυγάτηρ, daughter
11 χόριον, afterbirth, placenta
12 μηρός, thigh
13 τίκτω, *aor act sub 3s*, give birth
14 κατεσθίω, *fut mid ind 3s*, devour
15 ἔνδεια, want, poverty
16 κρυφῇ, secret
17 στενοχωρία, distress, difficulty
18 θλίβω, *fut act ind 3s*, afflict
19 εἰσακούω, *aor act sub 2p*, listen
20 ἔντιμος, honorable
21 θαυμαστός, marvelous
22 παραδοξάζω, *fut act ind 3s*, make extraordinary
23 πληγή, plague
24 θαυμαστός, marvelous
25 νόσος, disease
26 πονηρός, severe
27 πιστός, lasting, unfailing
28 ὀδύνη, pain, grief
29 πονηρός, severe
30 διευλαβέομαι, *impf mid ind 2s*, beware of
31 κολλάω, *fut pas ind 3p*, cling
32 μαλακία, malady, sickness
33 πληγή, plague
34 ἐπάγω, *fut act ind 3s*, bring upon
35 ἐξολεθρεύω, *aor act sub 3s*, utterly destroy
36 καταλείπω, *fut pas ind 2p*, leave behind
37 ἀριθμός, number
38 βραχύς, few
39 ἀνθ᾽ ὧν, instead of
40 ὡσεί, like
41 ἄστρον, star
42 εἰσακούω, *aor act ind 2p*, listen, obey
43 ὃν τρόπον, in the manner that
44 εὐφραίνω, *aor pas ind 3s*, rejoice
45 εὖ, well
46 πληθύνω, *aor act inf*, multiply
47 εὐφραίνω, *fut pas ind 3s*, rejoice
48 ἐξολεθρεύω, *aor act inf*, utterly destroy

ἐξαρθήσεσθε[1] ἀπὸ τῆς γῆς, εἰς ἣν ὑμεῖς εἰσπορεύεσθε[2] ἐκεῖ κληρονομῆσαι[3] αὐτήν.
64 καὶ διασπερεῖ[4] σε κύριος ὁ θεός σου εἰς πάντα τὰ ἔθνη ἀπ᾽ ἄκρου[5] τῆς γῆς ἕως
ἄκρου τῆς γῆς, καὶ δουλεύσεις[6] ἐκεῖ θεοῖς ἑτέροις, ξύλοις[7] καὶ λίθοις, οὓς οὐκ
ἠπίστω[8] σὺ καὶ οἱ πατέρες σου. **65** ἀλλὰ καὶ ἐν τοῖς ἔθνεσιν ἐκείνοις οὐκ ἀναπαύσει[9]
σε, οὐδ᾽ οὐ μὴ γένηται στάσις[10] τῷ ἴχνει[11] τοῦ ποδός σου, καὶ δώσει σοι κύριος
ἐκεῖ καρδίαν ἀθυμοῦσαν[12] καὶ ἐκλείποντας[13] ὀφθαλμοὺς καὶ τηκομένην[14] ψυχήν.
66 καὶ ἔσται ἡ ζωή σου κρεμαμένη[15] ἀπέναντι[16] τῶν ὀφθαλμῶν σου, καὶ φοβηθήσῃ
ἡμέρας καὶ νυκτὸς καὶ οὐ πιστεύσεις τῇ ζωῇ σου· **67** τὸ πρωὶ[17] ἐρεῖς Πῶς ἂν
γένοιτο[18] ἑσπέρα;[19] καὶ τὸ ἑσπέρας[20] ἐρεῖς Πῶς ἂν γένοιτο[21] πρωί;[22] ἀπὸ τοῦ φόβου
τῆς καρδίας σου, ἃ φοβηθήσῃ, καὶ ἀπὸ τῶν ὁραμάτων[23] τῶν ὀφθαλμῶν σου, ὧν ὄψῃ.
68 καὶ ἀποστρέψει[24] σε κύριος εἰς Αἴγυπτον ἐν πλοίοις[25] καὶ ἐν τῇ ὁδῷ, ᾗ εἶπα Οὐ
προσθήσεσθε[26] ἔτι ἰδεῖν αὐτήν· καὶ πραθήσεσθε[27] ἐκεῖ τοῖς ἐχθροῖς ὑμῶν εἰς παῖδας[28]
καὶ παιδίσκας,[29] καὶ οὐκ ἔσται ὁ κτώμενος.[30]

69 Οὗτοι οἱ λόγοι τῆς διαθήκης, οὓς ἐνετείλατο[31] κύριος Μωυσῇ στῆσαι τοῖς υἱοῖς
Ισραηλ ἐν γῇ Μωαβ, πλὴν τῆς διαθήκης, ἧς διέθετο[32] αὐτοῖς ἐν Χωρηβ.

Covenant Renewal at Moab

29 Καὶ ἐκάλεσεν Μωυσῆς πάντας τοὺς υἱοὺς Ισραηλ καὶ εἶπεν πρὸς αὐτούς
Ὑμεῖς ἑωράκατε πάντα, ὅσα ἐποίησεν κύριος ἐν γῇ Αἰγύπτῳ ἐνώπιον ὑμῶν
Φαραω καὶ τοῖς θεράπουσιν[33] αὐτοῦ καὶ πάσῃ τῇ γῇ αὐτοῦ, **2** τοὺς πειρασμοὺς[34] τοὺς
μεγάλους, οὓς ἑωράκασιν οἱ ὀφθαλμοί σου, τὰ σημεῖα καὶ τὰ τέρατα[35] τὰ μεγάλα
ἐκεῖνα· **3** καὶ οὐκ ἔδωκεν κύριος ὁ θεὸς ὑμῖν καρδίαν εἰδέναι καὶ ὀφθαλμοὺς βλέπειν
καὶ ὦτα ἀκούειν ἕως τῆς ἡμέρας ταύτης. **4** καὶ ἤγαγεν ὑμᾶς τεσσαράκοντα[36] ἔτη ἐν

1 ἐξαίρω, *fut pas ind 2p*, remove
2 εἰσπορεύομαι, *pres mid ind 2p*, enter
3 κληρονομέω, *aor act inf*, inherit, acquire
4 διασπείρω, *fut act ind 3s*, scatter
5 ἄκρος, end, extremity
6 δουλεύω, *fut act ind 2s*, serve
7 ξύλον, wood
8 ἐπίσταμαι, *impf mid ind 2s*, know
9 ἀναπαύω, *fut act ind 3s*, give rest
10 στάσις, place, station
11 ἴχνος, sole, footstep
12 ἀθυμέω, *pres act ptc acc s f*, be discouraged
13 ἐκλείπω, *pres act ptc acc p m*, fail
14 τήκω, *pres pas ptc acc s f*, melt
15 κρεμάννυμι, *pres pas ptc nom s f*, hang
16 ἀπέναντι, before
17 πρωί, (in the) morning
18 γίνομαι, *aor mid opt 3s*, be
19 ἑσπέρα, evening
20 ἑσπέρα, (in the) evening
21 γίνομαι, *aor mid opt 3s*, be
22 πρωί, morning
23 ὅραμα, vision, sight
24 ἀποστρέφω, *fut act ind 3s*, bring back
25 πλοῖον, ship, boat
26 προστίθημι, *fut mid ind 2p*, add, do again
27 πιπράσκω, *fut pas ind 2p*, sell
28 παῖς, servant
29 παιδίσκη, maidservant
30 κτάομαι, *pres mid ptc nom s m*, buy, acquire
31 ἐντέλλομαι, *aor mid ind 3s*, command
32 διατίθημι, *aor mid ind 3s*, arrange, establish
33 θεράπων, attendant
34 πειρασμός, trial
35 τέρας, wonder
36 τεσσαράκοντα, forty

τῇ ἐρήμῳ· οὐκ ἐπαλαιώθη[1] τὰ ἱμάτια ὑμῶν, καὶ τὰ ὑποδήματα[2] ὑμῶν οὐ κατετρίβη[3]
ἀπὸ τῶν ποδῶν ὑμῶν· **5** ἄρτον οὐκ ἐφάγετε, οἶνον καὶ σικερα[4] οὐκ ἐπίετε, ἵνα γνῶτε
ὅτι οὗτος κύριος ὁ θεὸς ὑμῶν. **6** καὶ ἤλθετε ἕως τοῦ τόπου τούτου, καὶ ἐξῆλθεν Σηων
βασιλεὺς Εσεβων καὶ Ωγ βασιλεὺς τῆς Βασαν εἰς συνάντησιν[5] ἡμῖν ἐν πολέμῳ, καὶ
ἐπατάξαμεν[6] αὐτοὺς **7** καὶ ἐλάβομεν τὴν γῆν αὐτῶν, καὶ ἔδωκα αὐτὴν ἐν κλήρῳ[7] τῷ
Ρουβην καὶ τῷ Γαδδι καὶ τῷ ἡμίσει[8] φυλῆς Μανασση. **8** καὶ φυλάξεσθε ποιεῖν πάντας
τοὺς λόγους τῆς διαθήκης ταύτης, ἵνα συνῆτε[9] πάντα, ὅσα ποιήσετε.

9 Ὑμεῖς ἑστήκατε πάντες σήμερον ἐναντίον[10] κυρίου τοῦ θεοῦ ὑμῶν, οἱ ἀρχίφυλοι[11]
ὑμῶν καὶ ἡ γερουσία[12] ὑμῶν καὶ οἱ κριταὶ[13] ὑμῶν καὶ οἱ γραμματοεισαγωγεῖς[14] ὑμῶν,
πᾶς ἀνὴρ Ισραηλ, **10** αἱ γυναῖκες ὑμῶν καὶ τὰ ἔκγονα[15] ὑμῶν καὶ ὁ προσήλυτος[16]
ὁ ἐν μέσῳ τῆς παρεμβολῆς[17] ὑμῶν ἀπὸ ξυλοκόπου[18] ὑμῶν καὶ ἕως ὑδροφόρου[19]
ὑμῶν, **11** παρελθεῖν[20] ἐν τῇ διαθήκῃ κυρίου τοῦ θεοῦ σου καὶ ἐν ταῖς ἀραῖς[21] αὐτοῦ,
ὅσα κύριος ὁ θεός σου διατίθεται[22] πρὸς σὲ σήμερον, **12** ἵνα στήσῃ σε αὐτῷ εἰς
λαόν, καὶ αὐτὸς ἔσται σου θεός, ὃν τρόπον[23] εἶπέν σοι, καὶ ὃν τρόπον ὤμοσεν[24] τοῖς
πατράσιν σου Αβρααμ καὶ Ισαακ καὶ Ιακωβ. **13** καὶ οὐχ ὑμῖν μόνοις ἐγὼ διατίθεμαι[25]
τὴν διαθήκην ταύτην καὶ τὴν ἀρὰν[26] ταύτην, **14** ἀλλὰ καὶ τοῖς ὧδε[27] οὖσι μεθ᾽ ἡμῶν
σήμερον ἐναντίον[28] κυρίου τοῦ θεοῦ ὑμῶν καὶ τοῖς μὴ οὖσιν μεθ᾽ ἡμῶν ὧδε σήμερον.
15 ὅτι ὑμεῖς οἴδατε ὡς κατῳκήσαμεν ἐν γῇ Αἰγύπτῳ καὶ ὡς παρήλθομεν[29] ἐν μέσῳ
τῶν ἐθνῶν, οὓς παρήλθετε,[30] **16** καὶ εἴδετε τὰ βδελύγματα[31] αὐτῶν καὶ τὰ εἴδωλα[32]
αὐτῶν, ξύλον[33] καὶ λίθον, ἀργύριον[34] καὶ χρυσίον,[35] ἅ ἐστιν παρ᾽ αὐτοῖς.

17 μή τίς ἐστιν ἐν ὑμῖν ἀνὴρ ἢ γυνὴ ἢ πατριὰ[36] ἢ φυλή, τίνος ἡ διάνοια[37] ἐξέκλινεν[38]
ἀπὸ κυρίου τοῦ θεοῦ ὑμῶν πορεύεσθαι λατρεύειν[39] τοῖς θεοῖς τῶν ἐθνῶν ἐκείνων;

1 παλαιόω, *aor pas ind 3s*, grow old
2 ὑπόδημα, sandal, footwear
3 κατατρίβω, *aor pas ind 3s*, wear out
4 σικερα, fermented drink, *translit.*
5 συνάντησις, meeting
6 πατάσσω, *aor act ind 1p*, strike, slay
7 κλῆρος, lot, share
8 ἥμισυς, half
9 συνίημι, *aor act sub 2p*, understand
10 ἐναντίον, before
11 ἀρχίφυλος, chief of a tribe
12 γερουσία, council of elders
13 κριτής, judge
14 γραμματοεισαγωγεύς, instructor, recorder
15 ἔκγονος, offspring
16 προσήλυτος, immigrant, guest
17 παρεμβολή, camp
18 ξυλοκόπος, wood-cutter
19 ὑδροφόρος, water-carrier
20 παρέρχομαι, *aor act inf*, enter
21 ἀρά, vow, oath
22 διατίθημι, *pres mid ind 3s*, arrange, establish
23 ὃν τρόπον, just as
24 ὄμνυμι, *aor act ind 3s*, swear an oath
25 διατίθημι, *pres mid ind 1s*, arrange, establish
26 ἀρά, vow, oath
27 ὧδε, here
28 ἐναντίον, before
29 παρέρχομαι, *aor act ind 1p*, pass through
30 παρέρχομαι, *aor act ind 2p*, pass through
31 βδέλυγμα, abomination
32 εἴδωλον, idol
33 ξύλον, wood
34 ἀργύριον, silver
35 χρυσίον, gold
36 πατριά, paternal lineage, house
37 διάνοια, thought, mind
38 ἐκκλίνω, *aor act ind 3s*, fall away
39 λατρεύω, *pres act inf*, serve

μή τίς ἐστιν ἐν ὑμῖν ῥίζα[1] ἄνω[2] φύουσα[3] ἐν χολῇ[4] καὶ πικρίᾳ;[5] **18** καὶ ἔσται ἐὰν ἀκούσῃ
τὰ ῥήματα τῆς ἀρᾶς[6] ταύτης καὶ ἐπιφημίσηται[7] ἐν τῇ καρδίᾳ αὐτοῦ λέγων Ὅσιά[8] μοι
γένοιτο[9] ὅτι ἐν τῇ ἀποπλανήσει[10] τῆς καρδίας μου πορεύσομαι, ἵνα μὴ συναπολέσῃ[11]
ὁ ἁμαρτωλὸς τὸν ἀναμάρτητον,[12] **19** οὐ μὴ θελήσῃ ὁ θεὸς εὐιλατεῦσαι[13] αὐτῷ, ἀλλ᾽
ἢ τότε ἐκκαυθήσεται[14] ὀργὴ κυρίου καὶ ὁ ζῆλος[15] αὐτοῦ ἐν τῷ ἀνθρώπῳ ἐκείνῳ, καὶ
κολληθήσονται[16] ἐν αὐτῷ πᾶσαι αἱ ἀραὶ[17] τῆς διαθήκης ταύτης αἱ γεγραμμέναι ἐν
τῷ βιβλίῳ τοῦ νόμου τούτου, καὶ ἐξαλείψει[18] κύριος τὸ ὄνομα αὐτοῦ ἐκ τῆς ὑπὸ τὸν
οὐρανόν· **20** καὶ διαστελεῖ[19] αὐτὸν κύριος εἰς κακὰ ἐκ πάντων τῶν υἱῶν Ισραηλ κατὰ
πάσας τὰς ἀρὰς[20] τῆς διαθήκης τὰς γεγραμμένας ἐν τῷ βιβλίῳ τοῦ νόμου τούτου.

21 καὶ ἐροῦσιν ἡ γενεὰ ἡ ἑτέρα, οἱ υἱοὶ ὑμῶν, οἳ ἀναστήσονται μεθ᾽ ὑμᾶς, καὶ ὁ ἀλλό-
τριος,[21] ὃς ἂν ἔλθῃ ἐκ γῆς μακρόθεν,[22] καὶ ὄψονται τὰς πληγὰς[23] τῆς γῆς ἐκείνης καὶ
τὰς νόσους[24] αὐτῆς, ἃς ἀπέστειλεν κύριος ἐπ᾽ αὐτήν — **22** θεῖον[25] καὶ ἅλα[26] κατα-
κεκαυμένον,[27] πᾶσα ἡ γῆ αὐτῆς οὐ σπαρήσεται[28] οὐδὲ ἀνατελεῖ,[29] οὐδὲ μὴ ἀναβῇ ἐπ᾽
αὐτὴν πᾶν χλωρόν,[30] ὥσπερ κατεστράφη[31] Σοδομα καὶ Γομορρα, Αδαμα καὶ Σεβωιμ,
ἃς κατέστρεψεν[32] κύριος ἐν θυμῷ[33] καὶ ὀργῇ — **23** καὶ ἐροῦσιν πάντα τὰ ἔθνη Διὰ
τί ἐποίησεν κύριος οὕτως τῇ γῇ ταύτῃ; τίς ὁ θυμὸς[34] τῆς ὀργῆς ὁ μέγας οὗτος;
24 καὶ ἐροῦσιν Ὅτι κατελίποσαν[35] τὴν διαθήκην κυρίου τοῦ θεοῦ τῶν πατέρων
αὐτῶν, ἃ διέθετο[36] τοῖς πατράσιν αὐτῶν, ὅτε ἐξήγαγεν[37] αὐτοὺς ἐκ γῆς Αἰγύπτου,
25 καὶ πορευθέντες ἐλάτρευσαν[38] θεοῖς ἑτέροις καὶ προσεκύνησαν αὐτοῖς, οἷς οὐκ
ἠπίσταντο[39] οὐδὲ διένειμεν[40] αὐτοῖς· **26** καὶ ὠργίσθη[41] θυμῷ[42] κύριος ἐπὶ τὴν γῆν
ἐκείνην ἐπαγαγεῖν[43] ἐπ᾽ αὐτὴν κατὰ πάσας τὰς κατάρας[44] τὰς γεγραμμένας ἐν τῷ

1 ῥίζα, root
2 ἄνω, upward
3 φύω, *pres act ptc nom s f*, grow, spring up
4 χολή, gall
5 πικρία, bitterness
6 ἀρά, imprecation, curse
7 ἐπιφημίζω, *aor mid sub 3s*, utter words
8 ὅσιος, holy
9 γίνομαι, *aor mid opt 3s*, be
10 ἀποπλάνησις, wandering, error
11 συναπόλλυμι, *aor act sub 3s*, destroy together with
12 ἀναμάρτητος, sinless
13 εὐιλατεύω, *aor act inf*, be merciful to
14 ἐκκαίω, *fut pas ind 3s*, burn out
15 ζῆλος, zeal, jealousy
16 κολλάω, *fut pas ind 3p*, attach to, cling to
17 ἀρά, imprecation
18 ἐξαλείφω, *fut act ind 3s*, wipe out
19 διαστέλλω, *fut act ind 3s*, single out
20 ἀρά, imprecation, curse
21 ἀλλότριος, foreign, strange
22 μακρόθεν, from afar
23 πληγή, plague
24 νόσος, disease
25 θεῖον, sulfur
26 ἅλς, salt
27 κατακαίω, *perf pas ptc acc s m*, burn up
28 σπείρω, *fut pas ind 3s*, sow
29 ἀνατέλλω, *fut act ind 3s*, sprout up, grow
30 χλωρός, vegetation
31 καταστρέφω, *aor pas ind 3s*, ruin, overturn
32 καταστρέφω, *aor act ind 3s*, ruin, overturn
33 θυμός, wrath
34 θυμός, wrath
35 καταλείπω, *aor act ind 3p*, forsake
36 διατίθημι, *aor mid ind 3s*, arrange, establish
37 ἐξάγω, *aor act ind 3s*, bring out
38 λατρεύω, *aor act ind 3p*, serve
39 ἐπίσταμαι, *impf mid ind 3p*, know
40 διανέμω, *aor act ind 3s*, distribute, allot
41 ὀργίζω, *aor pas ind 3s*, make angry
42 θυμός, wrath
43 ἐπάγω, *aor act inf*, bring upon
44 κατάρα, curse

βιβλίῳ τοῦ νόμου τούτου, 27 καὶ ἐξῆρεν[1] αὐτοὺς κύριος ἀπὸ τῆς γῆς αὐτῶν ἐν θυμῷ[2] καὶ ὀργῇ καὶ παροξυσμῷ[3] μεγάλῳ σφόδρα[4] καὶ ἐξέβαλεν[5] αὐτοὺς εἰς γῆν ἑτέραν ὡσεὶ[6] νῦν. 28 τὰ κρυπτὰ[7] κυρίῳ τῷ θεῷ ἡμῶν, τὰ δὲ φανερὰ[8] ἡμῖν καὶ τοῖς τέκνοις ἡμῶν εἰς τὸν αἰῶνα ποιεῖν πάντα τὰ ῥήματα τοῦ νόμου τούτου.

Restoration Promised

30 Καὶ ἔσται ὡς ἂν ἔλθωσιν ἐπὶ σὲ πάντα τὰ ῥήματα ταῦτα, ἡ εὐλογία[9] καὶ ἡ κατάρα,[10] ἣν ἔδωκα πρὸ προσώπου σου, καὶ δέξῃ[11] εἰς τὴν καρδίαν σου ἐν πᾶσιν τοῖς ἔθνεσιν, οὗ ἐάν σε διασκορπίσῃ[12] κύριος ἐκεῖ, 2 καὶ ἐπιστραφήσῃ ἐπὶ κύριον τὸν θεόν σου καὶ ὑπακούσῃ[13] τῆς φωνῆς αὐτοῦ κατὰ πάντα, ὅσα ἐγὼ ἐντέλλομαί[14] σοι σήμερον, ἐξ ὅλης τῆς καρδίας σου καὶ ἐξ ὅλης τῆς ψυχῆς σου, 3 καὶ ἰάσεται[15] κύριος τὰς ἁμαρτίας σου καὶ ἐλεήσει[16] σε καὶ πάλιν συνάξει[17] σε ἐκ πάντων τῶν ἐθνῶν, εἰς οὓς διεσκόρπισέν[18] σε κύριος ἐκεῖ. 4 ἐὰν ᾖ ἡ διασπορά[19] σου ἀπ' ἄκρου[20] τοῦ οὐρανοῦ ἕως ἄκρου τοῦ οὐρανοῦ, ἐκεῖθεν[21] συνάξει[22] σε κύριος ὁ θεός σου, καὶ ἐκεῖθεν λήμψεταί σε κύριος ὁ θεός σου· 5 καὶ εἰσάξει[23] σε κύριος ὁ θεός σου εἰς τὴν γῆν, ἣν ἐκληρονόμησαν[24] οἱ πατέρες σου, καὶ κληρονομήσεις[25] αὐτήν· καὶ εὖ[26] σε ποιήσει καὶ πλεοναστόν[27] σε ποιήσει ὑπὲρ τοὺς πατέρας σου.

6 καὶ περικαθαριεῖ[28] κύριος τὴν καρδίαν σου καὶ τὴν καρδίαν τοῦ σπέρματός σου ἀγαπᾶν κύριον τὸν θεόν σου ἐξ ὅλης τῆς καρδίας σου καὶ ἐξ ὅλης τῆς ψυχῆς σου, ἵνα ζῇς σύ. 7 καὶ δώσει κύριος ὁ θεός σου τὰς ἀρὰς[29] ταύτας ἐπὶ τοὺς ἐχθρούς σου καὶ ἐπὶ τοὺς μισοῦντάς σε, οἳ ἐδίωξάν σε. 8 καὶ σὺ ἐπιστραφήσῃ καὶ εἰσακούσῃ[30] τῆς φωνῆς κυρίου τοῦ θεοῦ σου καὶ ποιήσεις τὰς ἐντολὰς αὐτοῦ, ὅσας ἐγὼ ἐντέλλομαί[31] σοι σήμερον, 9 καὶ πολυωρήσει[32] σε κύριος ὁ θεός σου ἐν παντὶ ἔργῳ τῶν χειρῶν σου, ἐν τοῖς ἐκγόνοις[33] τῆς κοιλίας[34] σου καὶ ἐν τοῖς γενήμασιν[35] τῆς γῆς σου καὶ

1 ἐξαίρω, *aor act ind 3s*, remove
2 θυμός, wrath
3 παροξυσμός, exasperation, provocation
4 σφόδρα, very
5 ἐκβάλλω, *aor act ind 3s*, cast off
6 ὡσεί, as
7 κρυπτός, secret, hidden
8 φανερός, revealed, known
9 εὐλογία, blessing
10 κατάρα, curse
11 δέχομαι, *fut mid ind 2s*, receive
12 διασκορπίζω, *aor act sub 3s*, scatter
13 ὑπακούω, *fut mid ind 2s*, listen, obey
14 ἐντέλλομαι, *pres mid ind 1s*, command
15 ἰάομαι, *fut mid ind 3s*, heal, cure
16 ἐλεέω, *fut act ind 3s*, show mercy to
17 συνάγω, *fut act ind 3s*, gather
18 διασκορπίζω, *aor act ind 3s*, scatter
19 διασπορά, scattering, dispersion
20 ἄκρος, end, extremity
21 ἐκεῖθεν, from there
22 συνάγω, *fut act ind 3s*, gather
23 εἰσάγω, *fut act ind 3s*, bring into
24 κληρονομέω, *aor act ind 3p*, inherit
25 κληρονομέω, *fut act ind 2s*, inherit, acquire
26 εὖ, well
27 πλεοναστός, numerous
28 περικαθαρίζω, *fut act ind 3s*, cleanse, purge
29 ἀρά, imprecation
30 εἰσακούω, *fut mid ind 2s*, listen, obey
31 ἐντέλλομαι, *pres mid ind 1s*, command
32 πολυωρέω, *fut act ind 3s*, care for greatly
33 ἔκγονος, offspring
34 κοιλία, womb
35 γένημα, yield, produce

ἐν τοῖς ἐκγόνοις τῶν κτηνῶν[1] σου· ὅτι ἐπιστρέψει κύριος ὁ θεός σου εὐφρανθῆναι[2]
ἐπὶ σὲ εἰς ἀγαθά, καθότι[3] ηὐφράνθη[4] ἐπὶ τοῖς πατράσιν σου, **10** ἐὰν εἰσακούσῃς[5]
τῆς φωνῆς κυρίου τοῦ θεοῦ σου φυλάσσεσθαι καὶ ποιεῖν πάσας τὰς ἐντολὰς αὐτοῦ
καὶ τὰ δικαιώματα[6] αὐτοῦ καὶ τὰς κρίσεις αὐτοῦ τὰς γεγραμμένας ἐν τῷ βιβλίῳ τοῦ
νόμου τούτου, ἐὰν ἐπιστραφῇς ἐπὶ κύριον τὸν θεόν σου ἐξ ὅλης τῆς καρδίας σου
καὶ ἐξ ὅλης τῆς ψυχῆς σου.

Choice of Life and Death

11 Ὅτι ἡ ἐντολὴ αὕτη, ἣν ἐγὼ ἐντέλλομαί[7] σοι σήμερον, οὐχ ὑπέρογκός[8] ἐστιν
οὐδὲ μακρὰν[9] ἀπὸ σοῦ. **12** οὐκ ἐν τῷ οὐρανῷ ἄνω[10] ἐστὶν λέγων Τίς ἀναβήσεται
ἡμῖν εἰς τὸν οὐρανὸν καὶ λήμψεται αὐτὴν ἡμῖν; καὶ ἀκούσαντες αὐτὴν ποιήσομεν.
13 οὐδὲ πέραν[11] τῆς θαλάσσης ἐστὶν λέγων Τίς διαπεράσει[12] ἡμῖν εἰς τὸ πέραν[13]
τῆς θαλάσσης καὶ λήμψεται ἡμῖν αὐτήν; καὶ ἀκουστὴν[14] ἡμῖν ποιήσει αὐτήν, καὶ
ποιήσομεν. **14** ἔστιν σου ἐγγὺς[15] τὸ ῥῆμα σφόδρα[16] ἐν τῷ στόματί σου καὶ ἐν τῇ
καρδίᾳ σου καὶ ἐν ταῖς χερσίν σου αὐτὸ ποιεῖν.

15 Ἰδοὺ δέδωκα πρὸ προσώπου σου σήμερον τὴν ζωὴν καὶ τὸν θάνατον, τὸ ἀγαθὸν
καὶ τὸ κακόν. **16** ἐὰν εἰσακούσῃς[17] τὰς ἐντολὰς κυρίου τοῦ θεοῦ σου, ἃς ἐγὼ ἐντέλ-
λομαί[18] σοι σήμερον, ἀγαπᾶν κύριον τὸν θεόν σου, πορεύεσθαι ἐν πάσαις ταῖς ὁδοῖς
αὐτοῦ, φυλάσσεσθαι τὰ δικαιώματα[19] αὐτοῦ καὶ τὰς κρίσεις αὐτοῦ, καὶ ζήσεσθε καὶ
πολλοὶ ἔσεσθε, καὶ εὐλογήσει σε κύριος ὁ θεός σου ἐν πάσῃ τῇ γῇ, εἰς ἣν εἰσπορεύῃ[20]
ἐκεῖ κληρονομῆσαι[21] αὐτήν. **17** καὶ ἐὰν μεταστῇ[22] ἡ καρδία σου καὶ μὴ εἰσακούσῃς[23]
καὶ πλανηθεὶς προσκυνήσῃς θεοῖς ἑτέροις καὶ λατρεύσῃς[24] αὐτοῖς, **18** ἀναγγέλλω[25]
σοι σήμερον ὅτι ἀπωλείᾳ[26] ἀπολεῖσθε καὶ οὐ μὴ πολυήμεροι[27] γένησθε ἐπὶ τῆς
γῆς, ἧς κύριος ὁ θεός σου δίδωσίν σοι, εἰς ἣν ὑμεῖς διαβαίνετε[28] τὸν Ιορδάνην ἐκεῖ
κληρονομῆσαι[29] αὐτήν. **19** διαμαρτύρομαι[30] ὑμῖν σήμερον τόν τε οὐρανὸν καὶ τὴν
γῆν Τὴν ζωὴν καὶ τὸν θάνατον δέδωκα πρὸ προσώπου ὑμῶν, τὴν εὐλογίαν[31] καὶ τὴν
κατάραν·[32] ἔκλεξαι[33] τὴν ζωήν, ἵνα ζῇς σὺ καὶ τὸ σπέρμα σου, **20** ἀγαπᾶν κύριον τὸν

1 κτῆνος, animal, (*p*) herd
2 εὐφραίνω, *aor pas inf*, rejoice
3 καθότι, just as
4 εὐφραίνω, *aor pas ind 3s*, rejoice
5 εἰσακούω, *aor act sub 2s*, listen, obey
6 δικαίωμα, ordinance, decree
7 ἐντέλλομαι, *pres mid ind 1s*, command
8 ὑπέρογκος, difficult, excessive
9 μακράν, far off
10 ἄνω, above
11 πέραν, beyond
12 διαπεράω, *fut act ind 3s*, traverse, go over
13 πέραν, other side
14 ἀκουστός, audible, heard
15 ἐγγύς, near, close by
16 σφόδρα, very
17 εἰσακούω, *aor act sub 2s*, listen, obey
18 ἐντέλλομαι, *pres mid ind 1s*, command
19 δικαίωμα, ordinance, decree
20 εἰσπορεύομαι, *pres mid ind 2s*, enter
21 κληρονομέω, *aor act inf*, inherit, acquire
22 μεθίστημι, *aor act sub 3s*, turn away
23 εἰσακούω, *aor act sub 2s*, listen, obey
24 λατρεύω, *aor act sub 2s*, serve
25 ἀναγγέλλω, *pres act ind 1s*, declare
26 ἀπώλεια, destruction
27 πολυήμερος, long-lived
28 διαβαίνω, *pres act ind 2p*, cross over
29 κληρονομέω, *aor act inf*, inherit, acquire
30 διαμαρτύρομαι, *pres mid ind 1s*, call to witness
31 εὐλογία, blessing
32 κατάρα, curse
33 ἐκλέγω, *aor mid impv 2s*, choose

θεόν σου, εἰσακούειν[1] τῆς φωνῆς αὐτοῦ καὶ ἔχεσθαι[2] αὐτοῦ· ὅτι τοῦτο ἡ ζωή σου καὶ ἡ μακρότης[3] τῶν ἡμερῶν σου κατοικεῖν σε ἐπὶ τῆς γῆς, ἧς ὤμοσεν[4] κύριος τοῖς πατράσιν σου Αβρααμ καὶ Ισαακ καὶ Ιακωβ δοῦναι αὐτοῖς.

Joshua to Succeed Moses

31 Καὶ συνετέλεσεν[5] Μωυσῆς λαλῶν πάντας τοὺς λόγους τούτους πρὸς πάντας υἱοὺς Ισραηλ· **2** καὶ εἶπεν πρὸς αὐτούς Ἑκατὸν[6] καὶ εἴκοσι[7] ἐτῶν ἐγώ εἰμι
σήμερον, οὐ δυνήσομαι ἔτι εἰσπορεύεσθαι[8] καὶ ἐκπορεύεσθαι,[9] κύριος δὲ εἶπεν πρός
με Οὐ διαβήσῃ[10] τὸν Ιορδάνην τοῦτον. **3** κύριος ὁ θεός σου ὁ προπορευόμενος[11]
πρὸ προσώπου σου αὐτὸς ἐξολεθρεύσει[12] τὰ ἔθνη ταῦτα ἀπὸ προσώπου σου, καὶ
κατακληρονομήσεις[13] αὐτούς· καὶ Ἰησοῦς ὁ προπορευόμενος[14] πρὸ προσώπου
σου, καθὰ[15] ἐλάλησεν κύριος. **4** καὶ ποιήσει κύριος αὐτοῖς καθὰ[16] ἐποίησεν Σηων
καὶ Ωγ, τοῖς δυσὶ βασιλεῦσιν τῶν Αμορραίων, οἳ ἦσαν πέραν[17] τοῦ Ιορδάνου, καὶ
τῇ γῇ αὐτῶν, καθότι[18] ἐξωλέθρευσεν[19] αὐτούς. **5** καὶ παρέδωκεν αὐτοὺς κύριος
ὑμῖν, καὶ ποιήσετε αὐτοῖς καθότι[20] ἐνετειλάμην[21] ὑμῖν. **6** ἀνδρίζου[22] καὶ ἴσχυε,[23] μὴ
φοβοῦ μηδὲ δειλία[24] μηδὲ πτοηθῇς[25] ἀπὸ προσώπου αὐτῶν, ὅτι κύριος ὁ θεός σου
ὁ προπορευόμενος[26] μεθ᾽ ὑμῶν ἐν ὑμῖν οὐ μή σε ἀνῇ[27] οὔτε μή σε ἐγκαταλίπῃ.[28]

7 Καὶ ἐκάλεσεν Μωυσῆς Ἰησοῦν καὶ εἶπεν αὐτῷ ἔναντι[29] παντὸς Ισραηλ Ἀνδρίζου[30]
καὶ ἴσχυε·[31] σὺ γὰρ εἰσελεύσῃ πρὸ προσώπου τοῦ λαοῦ τούτου εἰς τὴν γῆν, ἣν
ὤμοσεν[32] κύριος τοῖς πατράσιν ἡμῶν δοῦναι αὐτοῖς, καὶ σὺ κατακληρονομήσεις[33]

1 εἰσακούω, *pres act inf*, listen, obey
2 ἔχω, *pres mid inf*, hold fast, cling to
3 μακρότης, lengthy duration, long time
4 ὄμνυμι, *aor act ind 3s*, swear an oath
5 συντελέω, *aor act ind 3s*, finish
6 ἑκατόν, one hundred
7 εἴκοσι, twenty
8 εἰσπορεύομαι, *pres mid inf*, go in
9 ἐκπορεύομαι, *pres mid inf*, go out
10 διαβαίνω, *fut mid ind 2s*, cross over
11 προπορεύομαι, *pres mid ptc nom s m*, go before
12 ἐξολεθρεύω, *fut act ind 3s*, utterly destroy
13 κατακληρονομέω, *fut act ind 2s*, dispossess
14 προπορεύομαι, *pres mid ptc nom s m*, go before
15 καθά, as
16 καθά, as
17 πέραν, beyond
18 καθότι, just as
19 ἐξολεθρεύω, *aor act ind 3s*, utterly destroy
20 καθότι, just as
21 ἐντέλλομαι, *aor mid ind 1s*, command
22 ἀνδρίζομαι, *pres mid impv 2s*, be courageous
23 ἰσχύω, *pres act impv 2s*, be strong
24 δειλιάω, *pres act impv 2s*, be frightened
25 πτοέω, *aor pas sub 2s*, terrify
26 προπορεύομαι, *pres mid ptc nom s m*, advance
27 ἀνίημι, *aor act sub 3s*, forsake, abandon
28 ἐγκαταλείπω, *aor act sub 3s*, desert, leave behind
29 ἔναντι, before
30 ἀνδρίζομαι, *pres mid impv 2s*, be courageous
31 ἰσχύω, *pres act impv 2s*, be strong
32 ὄμνυμι, *aor act ind 3s*, swear an oath
33 κατακληρονομέω, *fut act ind 2s*, acquire possession

αὐτὴν αὐτοῖς· **8** καὶ κύριος ὁ συμπορευόμενος[1] μετὰ σοῦ οὐκ ἀνήσει[2] σε οὐδὲ μὴ
ἐγκαταλίπῃ[3] σε· μὴ φοβοῦ μηδὲ δειλία.[4]

Reading of the Law

9 Καὶ ἔγραψεν Μωυσῆς τὰ ῥήματα τοῦ νόμου τούτου εἰς βιβλίον καὶ ἔδωκεν τοῖς
ἱερεῦσιν τοῖς υἱοῖς Λευι τοῖς αἴρουσιν τὴν κιβωτὸν[5] τῆς διαθήκης κυρίου καὶ τοῖς
πρεσβυτέροις τῶν υἱῶν Ισραηλ. **10** καὶ ἐνετείλατο[6] αὐτοῖς Μωυσῆς ἐν τῇ ἡμέρᾳ
ἐκείνῃ λέγων Μετὰ ἑπτὰ ἔτη ἐν καιρῷ ἐνιαυτοῦ[7] ἀφέσεως[8] ἐν ἑορτῇ[9] σκηνοπηγίας[10]
11 ἐν τῷ συμπορεύεσθαι[11] πάντα Ισραηλ ὀφθῆναι ἐνώπιον κυρίου τοῦ θεοῦ σου ἐν τῷ
τόπῳ, ᾧ ἂν ἐκλέξηται[12] κύριος, ἀναγνώσεσθε[13] τὸν νόμον τοῦτον ἐναντίον[14] παντὸς
Ισραηλ εἰς τὰ ὦτα αὐτῶν· **12** ἐκκλησιάσας[15] τὸν λαόν, τοὺς ἄνδρας καὶ τὰς γυναῖκας
καὶ τὰ ἔκγονα[16] καὶ τὸν προσήλυτον[17] τὸν ἐν ταῖς πόλεσιν ὑμῶν, ἵνα ἀκούσωσιν
καὶ ἵνα μάθωσιν[18] φοβεῖσθαι κύριον τὸν θεὸν ὑμῶν, καὶ ἀκούσονται ποιεῖν πάντας
τοὺς λόγους τοῦ νόμου τούτου· **13** καὶ οἱ υἱοὶ αὐτῶν, οἳ οὐκ οἴδασιν, ἀκούσονται καὶ
μαθήσονται[19] φοβεῖσθαι κύριον τὸν θεὸν ὑμῶν πάσας τὰς ἡμέρας, ὅσας αὐτοὶ ζῶσιν
ἐπὶ τῆς γῆς, εἰς ἣν ὑμεῖς διαβαίνετε[20] τὸν Ιορδάνην ἐκεῖ κληρονομῆσαι[21] αὐτήν.

Joshua Commissioned to Lead Israel

14 Καὶ εἶπεν κύριος πρὸς Μωυσῆν Ἰδοὺ ἠγγίκασιν αἱ ἡμέραι τοῦ θανάτου σου·
κάλεσον Ἰησοῦν καὶ στῆτε παρὰ τὰς θύρας τῆς σκηνῆς[22] τοῦ μαρτυρίου,[23] καὶ
ἐντελοῦμαι[24] αὐτῷ. καὶ ἐπορεύθη Μωυσῆς καὶ Ἰησοῦς εἰς τὴν σκηνὴν τοῦ μαρτυρίου
καὶ ἔστησαν παρὰ τὰς θύρας τῆς σκηνῆς τοῦ μαρτυρίου. **15** καὶ κατέβη κύριος ἐν
νεφέλῃ[25] καὶ ἔστη παρὰ τὰς θύρας τῆς σκηνῆς[26] τοῦ μαρτυρίου,[27] καὶ ἔστη ὁ στῦλος[28]
τῆς νεφέλης παρὰ τὰς θύρας τῆς σκηνῆς.

16 καὶ εἶπεν κύριος πρὸς Μωυσῆν Ἰδοὺ σὺ κοιμᾷ[29] μετὰ τῶν πατέρων σου, καὶ
ἀναστὰς ὁ λαὸς οὗτος ἐκπορνεύσει[30] ὀπίσω θεῶν ἀλλοτρίων[31] τῆς γῆς, εἰς ἣν

1 συμπορεύομαι, *pres mid ptc nom s m*, advance
2 ἀνίημι, *fut act ind 3s*, forsake, abandon
3 ἐγκαταλείπω, *aor act sub 3s*, desert, leave behind
4 δειλιάω, *pres act impv 2s*, be frightened
5 κιβωτός, chest, ark (of the covenant)
6 ἐντέλλομαι, *aor mid ind 3s*, command
7 ἐνιαυτός, year
8 ἄφεσις, release
9 ἑορτή, feast
10 σκηνοπηγία, tent-making
11 συμπορεύομαι, *pres mid inf*, come together
12 ἐκλέγω, *aor mid sub 3s*, choose, select
13 ἀναγινώσκω, *fut mid ind 2p*, read
14 ἐναντίον, before
15 ἐκκλησιάζω, *aor act ptc nom s m*, assemble, convene
16 ἔκγονος, offspring
17 προσήλυτος, immigrant, guest
18 μανθάνω, *aor act sub 3p*, learn
19 μανθάνω, *fut mid ind 3p*, learn
20 διαβαίνω, *pres act ind 2p*, cross over
21 κληρονομέω, *aor act inf*, inherit, acquire
22 σκηνή, tent
23 μαρτύριον, witness
24 ἐντέλλομαι, *fut mid ind 1s*, command
25 νεφέλη, cloud
26 σκηνή, tent
27 μαρτύριον, witness
28 στῦλος, pillar
29 κοιμάω, *fut mid ind 2s*, sleep with
30 ἐκπορνεύω, *fut act ind 3s*, fornicate
31 ἀλλότριος, foreign, strange

οὗτος εἰσπορεύεται[1] ἐκεῖ εἰς αὐτήν, καὶ ἐγκαταλείψουσίν[2] με καὶ διασκεδάσουσιν[3]
τὴν διαθήκην μου, ἣν διεθέμην[4] αὐτοῖς. **17** καὶ ὀργισθήσομαι[5] θυμῷ[6] εἰς αὐτοὺς ἐν τῇ
ἡμέρᾳ ἐκείνῃ καὶ καταλείψω[7] αὐτοὺς καὶ ἀποστρέψω[8] τὸ πρόσωπόν μου ἀπ᾽ αὐτῶν,
καὶ ἔσται κατάβρωμα,[9] καὶ εὑρήσουσιν αὐτὸν κακὰ πολλὰ καὶ θλίψεις,[10] καὶ ἐρεῖ ἐν
τῇ ἡμέρᾳ ἐκείνῃ Διότι[11] οὐκ ἔστιν κύριος ὁ θεός μου ἐν ἐμοί, εὕροσάν με τὰ κακὰ
ταῦτα. **18** ἐγὼ δὲ ἀποστροφῇ[12] ἀποστρέψω[13] τὸ πρόσωπόν μου ἀπ᾽ αὐτῶν ἐν τῇ ἡμέρᾳ
ἐκείνῃ διὰ πάσας τὰς κακίας,[14] ἃς ἐποίησαν, ὅτι ἐπέστρεψαν ἐπὶ θεοὺς ἀλλοτρίους.[15]

19 καὶ νῦν γράψατε τὰ ῥήματα τῆς ᾠδῆς[16] ταύτης καὶ διδάξετε αὐτὴν τοὺς υἱοὺς
Ισραηλ καὶ ἐμβαλεῖτε[17] αὐτὴν εἰς τὸ στόμα αὐτῶν, ἵνα γένηταί μοι ἡ ᾠδὴ αὕτη
εἰς μαρτύριον[18] ἐν υἱοῖς Ισραηλ. **20** εἰσάξω[19] γὰρ αὐτοὺς εἰς τὴν γῆν τὴν ἀγαθήν,
ἣν ὤμοσα[20] τοῖς πατράσιν αὐτῶν δοῦναι αὐτοῖς, γῆν ῥέουσαν[21] γάλα[22] καὶ μέλι,[23]
καὶ φάγονται καὶ ἐμπλησθέντες[24] κορήσουσιν·[25] καὶ ἐπιστραφήσονται ἐπὶ θεοὺς
ἀλλοτρίους[26] καὶ λατρεύσουσιν[27] αὐτοῖς καὶ παροξυνοῦσίν[28] με καὶ διασκεδάσουσιν[29]
τὴν διαθήκην μου. **21** καὶ ἀντικαταστήσεται[30] ἡ ᾠδὴ[31] αὕτη κατὰ πρόσωπον μαρ-
τυροῦσα,[32] οὐ γὰρ μὴ ἐπιλησθῇ[33] ἀπὸ στόματος αὐτῶν καὶ ἀπὸ στόματος τοῦ σπέρ-
ματος αὐτῶν· ἐγὼ γὰρ οἶδα τὴν πονηρίαν[34] αὐτῶν, ὅσα ποιοῦσιν ὧδε[35] σήμερον πρὸ
τοῦ εἰσαγαγεῖν[36] με αὐτοὺς εἰς τὴν γῆν τὴν ἀγαθήν, ἣν ὤμοσα[37] τοῖς πατράσιν αὐτῶν.
22 καὶ ἔγραψεν Μωυσῆς τὴν ᾠδὴν[38] ταύτην ἐν ἐκείνῃ τῇ ἡμέρᾳ καὶ ἐδίδαξεν αὐτὴν
τοὺς υἱοὺς Ισραηλ. **23** καὶ ἐνετείλατο[39] Μωυσῆς Ἰησοῖ καὶ εἶπεν αὐτῷ Ἀνδρίζου[40] καὶ
ἴσχυε·[41] σὺ γὰρ εἰσάξεις[42] τοὺς υἱοὺς Ισραηλ εἰς τὴν γῆν, ἣν ὤμοσεν[43] κύριος αὐτοῖς,
καὶ αὐτὸς ἔσται μετὰ σοῦ.

1 εἰσπορεύομαι, *pres mid ind 3s*, enter
2 ἐγκαταλείπω, *fut act ind 3p*, forsake
3 διασκεδάζω, *fut act ind 3p*, break
4 διατίθημι, *aor mid ind 1s*, arrange, establish
5 ὀργίζω, *fut pas ind 1s*, make angry
6 θυμός, wrath
7 καταλείπω, *fut act ind 1s*, abandon, leave behind
8 ἀποστρέφω, *fut act ind 1s*, turn away
9 κατάβρωμα, prey
10 θλῖψις, affliction
11 διότι, because
12 ἀποστροφή, turning away
13 ἀποστρέφω, *fut act ind 1s*, turn away
14 κακία, evil, wickedness
15 ἀλλότριος, foreign, strange
16 ᾠδή, song
17 ἐμβάλλω, *fut act ind 2p*, place in
18 μαρτύριον, testimony
19 εἰσάγω, *fut act ind 1s*, bring into
20 ὄμνυμι, *aor act ind 1s*, swear an oath
21 ῥέω, *pres act ptc acc s f*, flow
22 γάλα, milk
23 μέλι, honey
24 ἐμπίμπλημι, *aor pas ptc nom p m*, fill
25 κορέω, *fut act ind 3p*, satisfy oneself
26 ἀλλότριος, foreign, strange
27 λατρεύω, *fut act ind 3p*, serve
28 παροξύνω, *fut act ind 3p*, provoke
29 διασκεδάζω, *fut act ind 3p*, break
30 ἀντικαθίστημι, *fut mid ind 3s*, oppose, confront
31 ᾠδή, song
32 μαρτυρέω, *pres act ptc nom s f*, bear witness
33 ἐπιλανθάνω, *aor pas sub 3s*, forget
34 πονηρία, evil, iniquity
35 ὧδε, here
36 εἰσάγω, *aor act inf*, bring into
37 ὄμνυμι, *aor act ind 1s*, swear an oath
38 ᾠδή, song
39 ἐντέλλομαι, *aor mid ind 3s*, command
40 ἀνδρίζομαι, *pres mid impv 2s*, be courageous
41 ἰσχύω, *pres act impv 2s*, be strong
42 εἰσάγω, *fut act ind 2s*, lead into
43 ὄμνυμι, *aor act ind 3s*, swear an oath

24 Ἡνίκα[1] δὲ συνετέλεσεν[2] Μωυσῆς γράφων πάντας τοὺς λόγους τοῦ νόμου τούτου
εἰς βιβλίον ἕως εἰς τέλος, **25** καὶ ἐνετείλατο[3] τοῖς Λευίταις τοῖς αἴρουσιν τὴν κιβωτὸν[4]
τῆς διαθήκης κυρίου λέγων **26** Λαβόντες τὸ βιβλίον τοῦ νόμου τούτου θήσετε αὐτὸ
ἐκ πλαγίων[5] τῆς κιβωτοῦ[6] τῆς διαθήκης κυρίου τοῦ θεοῦ ὑμῶν, καὶ ἔσται ἐκεῖ ἐν σοὶ
εἰς μαρτύριον.[7] **27** ὅτι ἐγὼ ἐπίσταμαι[8] τὸν ἐρεθισμόν[9] σου καὶ τὸν τράχηλόν[10] σου
τὸν σκληρόν·[11] ἔτι γὰρ ἐμοῦ ζῶντος μεθ' ὑμῶν σήμερον παραπικραίνοντες[12] ἦτε τὰ
πρὸς τὸν θεόν, πῶς οὐχὶ καὶ ἔσχατον τοῦ θανάτου μου; **28** ἐκκλησιάσατε[13] πρός
με τοὺς φυλάρχους[14] ὑμῶν καὶ τοὺς πρεσβυτέρους ὑμῶν καὶ τοὺς κριτὰς[15] ὑμῶν
καὶ τοὺς γραμματοεισαγωγεῖς[16] ὑμῶν, ἵνα λαλήσω εἰς τὰ ὦτα αὐτῶν πάντας τοὺς
λόγους τούτους καὶ διαμαρτύρωμαι[17] αὐτοῖς τόν τε οὐρανὸν καὶ τὴν γῆν· **29** οἶδα
γὰρ ὅτι ἔσχατον τῆς τελευτῆς[18] μου ἀνομίᾳ[19] ἀνομήσετε[20] καὶ ἐκκλινεῖτε[21] ἐκ τῆς
ὁδοῦ, ἧς ἐνετειλάμην[22] ὑμῖν, καὶ συναντήσεται[23] ὑμῖν τὰ κακὰ ἔσχατον τῶν ἡμερῶν,
ὅτι ποιήσετε τὸ πονηρὸν ἐναντίον[24] κυρίου παροργίσαι[25] αὐτὸν ἐν τοῖς ἔργοις τῶν
χειρῶν ὑμῶν.

Song of Moses

30 Καὶ ἐλάλησεν Μωυσῆς εἰς τὰ ὦτα[26] πάσης ἐκκλησίας Ισραηλ τὰ ῥήματα τῆς
ᾠδῆς[27] ταύτης ἕως εἰς τέλος

32 Πρόσεχε,[28] οὐρανέ, καὶ λαλήσω,
καὶ ἀκουέτω γῆ ῥήματα ἐκ στόματός μου.
2 προσδοκάσθω[29] ὡς ὑετὸς[30] τὸ ἀπόφθεγμά[31] μου,
καὶ καταβήτω ὡς δρόσος[32] τὰ ῥήματά μου,
ὡσεὶ[33] ὄμβρος[34] ἐπ' ἄγρωστιν[35]
καὶ ὡσεὶ νιφετὸς[36] ἐπὶ χόρτον.[37]

1 ἡνίκα, when
2 συντελέω, *aor act ind 3s*, finish
3 ἐντέλλομαι, *aor mid ind 3s*, command
4 κιβωτός, chest, ark (of the covenant)
5 πλάγιος, beside
6 κιβωτός, chest, ark (of the covenant)
7 μαρτύριον, testimony
8 ἐπίσταμαι, *pres mid ind 1s*, know
9 ἐρεθισμός, rebelliousness
10 τράχηλος, neck
11 σκληρός, stiff
12 παραπικραίνω, *pres act ptc nom p m*, irritate, provoke
13 ἐκκλησιάζω, *aor act impv 2p*, assemble, convene
14 φύλαρχος, chief of a tribe
15 κριτής, judge
16 γραμματοεισαγωγεύς, instructor, recorder
17 διαμαρτύρομαι, *pres mid sub 1s*, call to witness
18 τελευτή, death
19 ἀνομία, lawlessness
20 ἀνομέω, *fut act ind 2p*, act lawlessly
21 ἐκκλίνω, *fut act ind 2p*, fall away
22 ἐντέλλομαι, *aor mid ind 1s*, command
23 συναντάω, *fut mid ind 3s*, come upon, rise to meet
24 ἐναντίον, before
25 παροργίζω, *aor act inf*, provoke to anger
26 οὖς, ear
27 ᾠδή, song
28 προσέχω, *pres act impv 2s*, give heed, pay attention
29 προσδοκάω, *pres mid impv 3s*, wait upon
30 ὑετός, rain
31 ἀπόφθεγμα, utterance, saying
32 δρόσος, dew
33 ὡσεί, as, like
34 ὄμβρος, rainstorm
35 ἄγρωστις, meadow grass
36 νιφετός, snowfall
37 χόρτος, grass

3 ὅτι ὄνομα κυρίου ἐκάλεσα·
δότε μεγαλωσύνην[1] τῷ θεῷ ἡμῶν.

4 θεός, ἀληθινὰ[2] τὰ ἔργα αὐτοῦ,
καὶ πᾶσαι αἱ ὁδοὶ αὐτοῦ κρίσεις·
θεὸς πιστός,[3] καὶ οὐκ ἔστιν ἀδικία,[4]
δίκαιος καὶ ὅσιος[5] κύριος.
5 ἡμάρτοσαν οὐκ αὐτῷ τέκνα μωμητά,[6]
γενεὰ σκολιὰ[7] καὶ διεστραμμένη.[8]
6 ταῦτα κυρίῳ ἀνταποδίδοτε[9] οὕτω,
λαὸς μωρὸς[10] καὶ οὐχὶ σοφός;[11]
οὐκ αὐτὸς οὗτός σου πατὴρ ἐκτήσατό[12] σε
καὶ ἐποίησέν σε καὶ ἔκτισέν[13] σε;
7 μνήσθητε[14] ἡμέρας αἰῶνος,
σύνετε[15] ἔτη γενεᾶς γενεῶν·
ἐπερώτησον[16] τὸν πατέρα σου, καὶ ἀναγγελεῖ[17] σοι,
τοὺς πρεσβυτέρους σου, καὶ ἐροῦσίν σοι.
8 ὅτε διεμέριζεν[18] ὁ ὕψιστος[19] ἔθνη,
ὡς διέσπειρεν[20] υἱοὺς Αδαμ,
ἔστησεν ὅρια[21] ἐθνῶν
κατὰ ἀριθμὸν[22] ἀγγέλων θεοῦ,
9 καὶ ἐγενήθη μερὶς[23] κυρίου λαὸς αὐτοῦ Ιακωβ,
σχοίνισμα[24] κληρονομίας[25] αὐτοῦ Ισραηλ.

10 αὐτάρκησεν[26] αὐτὸν ἐν γῇ ἐρήμῳ,
ἐν δίψει[27] καύματος[28] ἐν ἀνύδρῳ·[29]
ἐκύκλωσεν[30] αὐτὸν καὶ ἐπαίδευσεν[31] αὐτὸν
καὶ διεφύλαξεν[32] αὐτὸν ὡς κόραν[33] ὀφθαλμοῦ

1 μεγαλωσύνη, majesty, greatness
2 ἀληθινός, truthful
3 πιστός, faithful, trustworthy
4 ἀδικία, injustice, wrongdoing
5 ὅσιος, holy
6 μωμητός, blemished
7 σκολιός, crooked
8 διαστρέφω, *perf pas ptc nom s f*, corrupt, pervert
9 ἀνταποδίδωμι, *pres act ind 2p*, repay
10 μωρός, foolish
11 σοφός, wise
12 κτάομαι, *aor mid ind 3s*, acquire
13 κτίζω, *aor act ind 3s*, create
14 μιμνῄσκομαι, *aor pas impv 2p*, remember
15 συνίημι, *aor act impv 2p*, understand
16 ἐπερωτάω, *aor act impv 2s*, inquire of
17 ἀναγγέλλω, *fut act ind 3s*, inform
18 διαμερίζω, *impf act ind 3s*, divide, distribute
19 ὕψιστος, *sup*, Most High
20 διασπείρω, *aor act ind 3s*, scatter
21 ὅριον, border, boundary
22 ἀριθμός, number
23 μερίς, part, portion
24 σχοίνισμα, measured portion
25 κληρονομία, inheritance
26 αὐταρκέω, *aor act ind 3s*, supply with necessities
27 δίψος, thirst
28 καῦμα, heat
29 ἄνυδρος, waterless, dry
30 κυκλόω, *aor act ind 3s*, encircle
31 παιδεύω, *aor act ind 3s*, train, instruct
32 διαφυλάσσω, *aor act ind 3s*, guard
33 κόρη, pupil (of the eye)

11 ὡς ἀετὸς[1] σκεπάσαι[2] νοσσιὰν[3] αὐτοῦ
καὶ ἐπὶ τοῖς νεοσσοῖς[4] αὐτοῦ ἐπεπόθησεν,[5]
διεὶς[6] τὰς πτέρυγας[7] αὐτοῦ ἐδέξατο[8] αὐτοὺς
καὶ ἀνέλαβεν[9] αὐτοὺς ἐπὶ τῶν μεταφρένων[10] αὐτοῦ.
12 κύριος μόνος ἦγεν αὐτούς,
καὶ οὐκ ἦν μετ᾽ αὐτῶν θεὸς ἀλλότριος.[11]
13 ἀνεβίβασεν[12] αὐτοὺς ἐπὶ τὴν ἰσχὺν[13] τῆς γῆς,
ἐψώμισεν[14] αὐτοὺς γενήματα[15] ἀγρῶν·
ἐθήλασαν[16] μέλι[17] ἐκ πέτρας[18]
καὶ ἔλαιον[19] ἐκ στερεᾶς[20] πέτρας,
14 βούτυρον[21] βοῶν[22] καὶ γάλα[23] προβάτων
μετὰ στέατος[24] ἀρνῶν καὶ κριῶν,[25]
υἱῶν ταύρων[26] καὶ τράγων[27]
μετὰ στέατος νεφρῶν[28] πυροῦ,[29]
καὶ αἷμα σταφυλῆς[30] ἔπιον οἶνον.
15 καὶ ἔφαγεν Ιακωβ καὶ ἐνεπλήσθη,[31]
καὶ ἀπελάκτισεν[32] ὁ ἠγαπημένος,
ἐλιπάνθη,[33] ἐπαχύνθη,[34] ἐπλατύνθη·[35]
καὶ ἐγκατέλιπεν[36] θεὸν τὸν ποιήσαντα αὐτὸν
καὶ ἀπέστη[37] ἀπὸ θεοῦ σωτῆρος[38] αὐτοῦ.
16 παρώξυνάν[39] με ἐπ᾽ ἀλλοτρίοις,[40]
ἐν βδελύγμασιν[41] αὐτῶν ἐξεπίκρανάν[42] με·

1 ἀετός, eagle
2 σκεπάζω, *aor act opt 3s*, shelter, cover
3 νοσσιά, brood, nest
4 νεοσσός, nestling, young bird
5 ἐπιποθέω, *aor act ind 3s*, have great affection for
6 διΐημι, *aor act ptc nom s m*, spread
7 πτέρυξ, wing
8 δέχομαι, *aor mid ind 3s*, receive
9 ἀναλαμβάνω, *aor act ind 3s*, take up
10 μετάφρενον, back
11 ἀλλότριος, foreign, strange
12 ἀναβιβάζω, *aor act ind 3s*, bring up, guide up
13 ἰσχύς, strength, might
14 ψωμίζω, *aor act ind 3s*, feed with morsels
15 γένημα, produce, yield
16 θηλάζω, *aor act ind 3p*, nurse, suckle
17 μέλι, honey
18 πέτρα, rock
19 ἔλαιον, oil
20 στερεός, solid, strong
21 βούτυρον, butter
22 βοῦς, cow
23 γάλα, milk
24 στέαρ, fat
25 κριός, ram
26 ταῦρος, bull, ox
27 τράγος, goat
28 νεφρός, kidney
29 πυρός, wheat
30 σταφυλή, grapes
31 ἐμπίμπλημι, *aor pas ind 3s*, fill
32 ἀπολακτίζω, *aor act ind 3s*, kick
33 λιπαίνω, *aor pas ind 3s*, make fat
34 παχύνω, *aor pas ind 3s*, make heavy, make stupid
35 πλατύνω, *aor pas ind 3s*, enlarge
36 ἐγκαταλείπω, *aor act ind 3s*, forsake, abandon
37 ἀφίστημι, *aor act ind 3s*, depart from
38 σωτήρ, savior, deliverer
39 παροξύνω, *aor act ind 3p*, provoke
40 ἀλλότριος, foreign, strange
41 βδέλυγμα, abomination
42 ἐκπικραίνω, *aor act ind 3p*, embitter

17 ἔθυσαν[1] δαιμονίοις[2] καὶ οὐ θεῷ,
θεοῖς, οἷς οὐκ ᾔδεισαν·[3]
καινοὶ[4] πρόσφατοι[5] ἥκασιν,[6]
οὓς οὐκ ᾔδεισαν οἱ πατέρες αὐτῶν.
18 θεὸν τὸν γεννήσαντά σε ἐγκατέλιπες[7]
καὶ ἐπελάθου[8] θεοῦ τοῦ τρέφοντός[9] σε.

19 καὶ εἶδεν κύριος καὶ ἐζήλωσεν[10]
καὶ παρωξύνθη[11] δι᾽ ὀργὴν υἱῶν αὐτοῦ καὶ θυγατέρων[12]
20 καὶ εἶπεν Ἀποστρέψω[13] τὸ πρόσωπόν μου ἀπ᾽ αὐτῶν
καὶ δείξω τί ἔσται αὐτοῖς ἐπ᾽ ἐσχάτων·
ὅτι γενεὰ ἐξεστραμμένη[14] ἐστίν,
υἱοί, οἷς οὐκ ἔστιν πίστις ἐν αὐτοῖς.
21 αὐτοὶ παρεζήλωσάν[15] με ἐπ᾽ οὐ θεῷ,
παρώργισάν[16] με ἐν τοῖς εἰδώλοις[17] αὐτῶν·
κἀγὼ[18] παραζηλώσω[19] αὐτοὺς ἐπ᾽ οὐκ ἔθνει,
ἐπ᾽ ἔθνει ἀσυνέτῳ[20] παροργιῶ[21] αὐτούς.
22 ὅτι πῦρ ἐκκέκαυται[22] ἐκ τοῦ θυμοῦ[23] μου,
καυθήσεται[24] ἕως ᾅδου[25] κάτω,[26]
καταφάγεται[27] γῆν καὶ τὰ γενήματα[28] αὐτῆς,
φλέξει[29] θεμέλια[30] ὀρέων.
23 συνάξω εἰς αὐτοὺς κακὰ
καὶ τὰ βέλη[31] μου συντελέσω[32] εἰς αὐτούς.
24 τηκόμενοι[33] λιμῷ[34]
καὶ βρώσει[35] ὀρνέων[36]
καὶ ὀπισθότονος[37] ἀνίατος·[38]

1 θύω, *aor act ind 3p*, sacrifice
2 δαιμόνιον, demon
3 οἶδα, *plpf act ind 3p*, know
4 καινός, new
5 πρόσφατος, recent
6 ἥκω, *perf act ind 3p*, come
7 ἐγκαταλείπω, *aor act ind 2s*, forsake, abandon
8 ἐπιλανθάνω, *aor mid ind 2s*, forget
9 τρέφω, *pres act ptc gen s m*, nourish
10 ζηλόω, *aor act ind 3s*, be jealous
11 παροξύνω, *aor pas ind 3s*, provoke
12 θυγάτηρ, daughter
13 ἀποστρέφω, *fut act ind 1s*, turn away
14 ἐκστρέφω, *perf pas ptc nom s f*, pervert
15 παραζηλόω, *aor act ind 3p*, make jealous
16 παροργίζω, *aor act ind 3p*, provoke to anger
17 εἴδωλον, idol
18 κἀγώ, and I, *cr.* καὶ ἐγώ
19 παραζηλόω, *fut act ind 1s*, make jealous
20 ἀσύνετος, without understanding
21 παροργίζω, *fut act ind 1s*, provoke to anger
22 ἐκκαίω, *perf pas ind 3s*, burn up
23 θυμός, wrath
24 καίω, *fut pas ind 3s*, burn
25 ᾅδης, Hades, underworld
26 κάτω, below
27 κατεσθίω, *fut mid ind 3s*, devour
28 γένημα, produce, yield
29 φλέγω, *fut act ind 3s*, set on fire
30 θεμέλιον, foundation
31 βέλος, arrow
32 συντελέω, *fut act ind 1s*, spend, finish
33 τήκω, *pres pas ptc nom p m*, waste, melt
34 λιμός, famine, hunger
35 βρῶσις, food
36 ὄρνεον, bird
37 ὀπισθότονος, disease whereby the body stiffens
38 ἀνίατος, incurable

ὀδόντας[1] θηρίων ἀποστελῶ εἰς αὐτοὺς
μετὰ θυμοῦ[2] συρόντων[3] ἐπὶ γῆς.
25 ἔξωθεν[4] ἀτεκνώσει[5] αὐτοὺς μάχαιρα[6]
καὶ ἐκ τῶν ταμιείων[7] φόβος·
νεανίσκος[8] σὺν παρθένῳ,[9]
θηλάζων[10] μετὰ καθεστηκότος[11] πρεσβύτου.[12]
26 εἶπα Διασπερῶ[13] αὐτούς,
παύσω[14] δὴ[15] ἐξ ἀνθρώπων τὸ μνημόσυνον[16] αὐτῶν,
27 εἰ μὴ δι᾽ ὀργὴν ἐχθρῶν,
ἵνα μὴ μακροχρονίσωσιν,[17]
καὶ ἵνα μὴ συνεπιθῶνται[18] οἱ ὑπεναντίοι,[19]
μὴ εἴπωσιν Ἡ χεὶρ ἡμῶν ἡ ὑψηλὴ[20]
καὶ οὐχὶ κύριος ἐποίησεν ταῦτα πάντα.

28 ὅτι ἔθνος ἀπολωλεκὸς βουλήν[21] ἐστιν,
καὶ οὐκ ἔστιν ἐν αὐτοῖς ἐπιστήμη.[22]
29 οὐκ ἐφρόνησαν[23] συνιέναι[24] ταῦτα·
καταδεξάσθωσαν[25] εἰς τὸν ἐπιόντα[26] χρόνον.
30 πῶς διώξεται εἷς χιλίους[27]
καὶ δύο μετακινήσουσιν[28] μυριάδας,[29]
εἰ μὴ ὁ θεὸς ἀπέδοτο αὐτοὺς
καὶ κύριος παρέδωκεν αὐτούς;
31 ὅτι οὐκ ἔστιν ὡς ὁ θεὸς ἡμῶν οἱ θεοὶ αὐτῶν·
οἱ δὲ ἐχθροὶ ἡμῶν ἀνόητοι.[30]
32 ἐκ γὰρ ἀμπέλου[31] Σοδομων ἡ ἄμπελος αὐτῶν,
καὶ ἡ κληματὶς[32] αὐτῶν ἐκ Γομορρας·

1 ὀδούς, tooth
2 θυμός, wrath
3 σύρω, *pres act ptc gen p m*, drag, crawl
4 ἔξωθεν, outside
5 ἀτεκνόω, *fut act ind 3s*, bereave, make barren
6 μάχαιρα, sword
7 ταμιεῖον, inner room
8 νεανίσκος, young man
9 παρθένος, young woman
10 θηλάζω, *pres act ptc nom s m*, nurse, suckle
11 καθίστημι, *perf act ptc gen s m*, set, appoint
12 πρεσβύτης, old (person)
13 διασπείρω, *fut act ind 1s*, scatter
14 παύω, *fut act ind 1s*, cause to cease
15 δή, at that point, indeed
16 μνημόσυνον, remembrance
17 μακροχρονίζω, *aor act sub 3p*, last a long time
18 συνεπιτίθημι, *aor mid sub 3p*, collaborate
19 ὑπεναντίος, opponent, adversary
20 ὑψηλός, high, upraised
21 βουλή, counsel
22 ἐπιστήμη, understanding
23 φρονέω, *aor act ind 3p*, think, know
24 συνίημι, *pres act inf*, understand
25 καταδέχομαι, *aor mid impv 3p*, accept
26 ἔπειμι, *pres act ptc acc s m*, follow, come after
27 χίλιοι, thousand
28 μετακινέω, *fut act ind 3p*, remove, move away
29 μυριάς, ten thousand, myriad
30 ἀνόητος, without understanding
31 ἄμπελος, vine
32 κληματίς, vine branch

ἡ σταφυλὴ[1] αὐτῶν σταφυλὴ χολῆς,[2]
βότρυς[3] πικρίας[4] αὐτοῖς·
33 θυμὸς[5] δρακόντων[6] ὁ οἶνος αὐτῶν
καὶ θυμὸς ἀσπίδων[7] ἀνίατος.[8]

34 οὐκ ἰδοὺ ταῦτα συνῆκται[9] παρ᾽ ἐμοὶ
καὶ ἐσφράγισται[10] ἐν τοῖς θησαυροῖς[11] μου;
35 ἐν ἡμέρᾳ ἐκδικήσεως[12] ἀνταποδώσω,[13]
ἐν καιρῷ, ὅταν σφαλῇ[14] ὁ ποὺς αὐτῶν·
ὅτι ἐγγὺς[15] ἡμέρα ἀπωλείας[16] αὐτῶν,
καὶ πάρεστιν[17] ἕτοιμα[18] ὑμῖν.

36 ὅτι κρινεῖ κύριος τὸν λαὸν αὐτοῦ
καὶ ἐπὶ τοῖς δούλοις αὐτοῦ παρακληθήσεται·[19]
εἶδεν γὰρ παραλελυμένους[20] αὐτοὺς
καὶ ἐκλελοιπότας[21] ἐν ἐπαγωγῇ[22] καὶ παρειμένους.[23]
37 καὶ εἶπεν κύριος Ποῦ εἰσιν οἱ θεοὶ αὐτῶν,
ἐφ᾽ οἷς ἐπεποίθεισαν[24] ἐπ᾽ αὐτοῖς,
38 ὧν τὸ στέαρ[25] τῶν θυσιῶν[26] αὐτῶν ἠσθίετε
καὶ ἐπίνετε τὸν οἶνον τῶν σπονδῶν[27] αὐτῶν;
ἀναστήτωσαν καὶ βοηθησάτωσαν[28] ὑμῖν
καὶ γενηθήτωσαν ὑμῖν σκεπασταί.[29]

39 ἴδετε ἴδετε ὅτι ἐγώ εἰμι,
καὶ οὐκ ἔστιν θεὸς πλὴν ἐμοῦ·
ἐγὼ ἀποκτενῶ καὶ ζῆν ποιήσω,
πατάξω[30] κἀγὼ[31] ἰάσομαι,[32]
καὶ οὐκ ἔστιν ὃς ἐξελεῖται[33] ἐκ τῶν χειρῶν μου.

1 σταφυλή, bunch of grapes
2 χολή, gall, bile
3 βότρυς, cluster
4 πικρία, bitterness
5 θυμός, wrath
6 δράκων, dragon, serpent
7 ἀσπίς, asp
8 ἀνίατος, incurable
9 συνάγω, *perf pas ind 3s*, gather
10 σφραγίζω, *perf pas ind 3s*, seal
11 θησαυρός, treasury
12 ἐκδίκησις, vengeance
13 ἀνταποδίδωμι, *fut act ind 1s*, repay
14 σφάλλω, *aor pas sub 3s*, slip, stumble
15 ἐγγύς, near
16 ἀπώλεια, destruction
17 πάρειμι, *pres act ind 3s*, be present
18 ἕτοιμος, prepared, ready
19 παρακαλέω, *fut pas ind 3s*, comfort
20 παραλύω, *perf pas ptc acc p m*, disable, weaken
21 ἐκλείπω, *perf act ptc acc p m*, fail, faint
22 ἐπαγωγή, invasion, distress?
23 παρίημι, *perf pas ptc acc p m*, weaken, enfeeble
24 πείθω, *plpf act ind 3p*, trust
25 στέαρ, fat portion
26 θυσία, sacrifice
27 σπονδή, drink offering
28 βοηθέω, *aor act impv 3p*, help, aide
29 σκεπαστής, protector, defender
30 πατάσσω, *fut act ind 1s*, strike
31 κἀγώ, and I, *cr.* καὶ ἐγώ
32 ἰάομαι, *fut mid ind 1s*, heal, restore
33 ἐξαιρέω, *fut mid ind 3s*, deliver, take away

40 ὅτι ἀρῶ εἰς τὸν οὐρανὸν τὴν χεῖρά μου
καὶ ὀμοῦμαι[1] τῇ δεξιᾷ μου
καὶ ἐρῶ Ζῶ ἐγὼ εἰς τὸν αἰῶνα,
41 ὅτι παροξυνῶ[2] ὡς ἀστραπὴν[3] τὴν μάχαιράν[4] μου,
καὶ ἀνθέξεται[5] κρίματος[6] ἡ χείρ μου,
καὶ ἀνταποδώσω[7] δίκην[8] τοῖς ἐχθροῖς
καὶ τοῖς μισοῦσίν με ἀνταποδώσω·
42 μεθύσω[9] τὰ βέλη[10] μου ἀφ᾽ αἵματος,
καὶ ἡ μάχαιρά[11] μου καταφάγεται[12] κρέα,[13]
ἀφ᾽ αἵματος τραυματιῶν[14] καὶ αἰχμαλωσίας,[15]
ἀπὸ κεφαλῆς ἀρχόντων ἐχθρῶν.

43 εὐφράνθητε,[16] οὐρανοί, ἅμα[17] αὐτῷ,
καὶ προσκυνησάτωσαν αὐτῷ πάντες υἱοὶ θεοῦ·
εὐφράνθητε, ἔθνη, μετὰ τοῦ λαοῦ αὐτοῦ,
καὶ ἐνισχυσάτωσαν[18] αὐτῷ πάντες ἄγγελοι θεοῦ·
ὅτι τὸ αἷμα τῶν υἱῶν αὐτοῦ ἐκδικᾶται,[19]
καὶ ἐκδικήσει[20] καὶ ἀνταποδώσει[21] δίκην[22] τοῖς ἐχθροῖς
καὶ τοῖς μισοῦσιν ἀνταποδώσει,[23]
καὶ ἐκκαθαριεῖ[24] κύριος τὴν γῆν τοῦ λαοῦ αὐτοῦ.

44 Καὶ ἔγραψεν Μωυσῆς τὴν ᾠδὴν[25] ταύτην ἐν ἐκείνῃ τῇ ἡμέρᾳ καὶ ἐδίδαξεν
αὐτὴν τοὺς υἱοὺς Ισραηλ. καὶ εἰσῆλθεν Μωυσῆς καὶ ἐλάλησεν πάντας τοὺς λόγους
τοῦ νόμου τούτου εἰς τὰ ὦτα τοῦ λαοῦ, αὐτὸς καὶ Ἰησοῦς ὁ τοῦ Ναυη. **45** καὶ
συνετέλεσεν[26] Μωυσῆς λαλῶν παντὶ Ισραηλ **46** καὶ εἶπεν πρὸς αὐτούς Προσέχετε[27]
τῇ καρδίᾳ ἐπὶ πάντας τοὺς λόγους τούτους, οὓς ἐγὼ διαμαρτύρομαι[28] ὑμῖν σήμερον,
ἃ ἐντελεῖσθε[29] τοῖς υἱοῖς ὑμῶν φυλάσσειν καὶ ποιεῖν πάντας τοὺς λόγους τοῦ νόμου

1 ὄμνυμι, *fut mid ind 1s*, swear an oath
2 παροξύνω, *fut act ind 1s*, sharpen
3 ἀστραπή, lightning
4 μάχαιρα, sword
5 ἀντέχω, *fut mid ind 3s*, hold fast
6 κρίμα, judgment
7 ἀνταποδίδωμι, *fut act ind 1s*, render in return, repay
8 δίκη, justice, vengeance
9 μεθύσκω, *fut act ind 1s*, make drunk
10 βέλος, arrow
11 μάχαιρα, sword
12 κατεσθίω, *fut mid ind 3s*, devour
13 κρέας, flesh
14 τραυματίας, wounded person, casualty
15 αἰχμαλωσία, captive
16 εὐφραίνω, *aor pas impv 2p*, rejoice, be glad
17 ἅμα, together
18 ἐνισχύω, *aor act impv 3p*, prevail
19 ἐκδικάζω, *fut mid ind 3s*, avenge
20 ἐκδικέω, *fut act ind 3s*, avenge, vindicate
21 ἀνταποδίδωμι, *fut act ind 3s*, render in return, repay
22 δίκη, justice, vengeance
23 ἀνταποδίδωμι, *fut act ind 3s*, render in return, repay
24 ἐκκαθαρίζω, *fut act ind 3s*, purge
25 ᾠδή, song
26 συντελέω, *aor act ind 3s*, finish
27 προσέχω, *pres act impv 2p*, pay attention, give heed
28 διαμαρτύρομαι, *pres mid ind 1s*, testify, bear witness
29 ἐντέλλομαι, *fut mid ind 2p*, command

τούτου· **47** ὅτι οὐχὶ λόγος κενὸς[1] οὗτος ὑμῖν, ὅτι αὕτη ἡ ζωὴ ὑμῶν, καὶ ἕνεκεν[2] τοῦ
λόγου τούτου μακροημερεύσετε[3] ἐπὶ τῆς γῆς, εἰς ἣν ὑμεῖς διαβαίνετε[4] τὸν Ιορδάνην
ἐκεῖ κληρονομῆσαι[5] αὐτήν.

48 Καὶ ἐλάλησεν κύριος πρὸς Μωυσῆν ἐν τῇ ἡμέρᾳ ταύτῃ λέγων **49** Ἀνάβηθι εἰς τὸ
ὄρος τὸ Αβαριν τοῦτο, ὄρος Ναβαυ, ὅ ἐστιν ἐν γῇ Μωαβ κατὰ πρόσωπον Ιεριχω,
καὶ ἰδὲ τὴν γῆν Χανααν, ἣν ἐγὼ δίδωμι τοῖς υἱοῖς Ισραηλ εἰς κατάσχεσιν,[6] **50** καὶ
τελεύτα[7] ἐν τῷ ὄρει, εἰς ὃ ἀναβαίνεις ἐκεῖ, καὶ προστέθητι[8] πρὸς τὸν λαόν σου,
ὃν τρόπον[9] ἀπέθανεν Ααρων ὁ ἀδελφός σου ἐν Ωρ τῷ ὄρει καὶ προσετέθη[10] πρὸς
τὸν λαὸν αὐτοῦ, **51** διότι[11] ἠπειθήσατε[12] τῷ ῥήματί μου ἐν τοῖς υἱοῖς Ισραηλ ἐπὶ τοῦ
ὕδατος ἀντιλογίας[13] Καδης ἐν τῇ ἐρήμῳ Σιν, διότι οὐχ ἡγιάσατέ[14] με ἐν τοῖς υἱοῖς
Ισραηλ· **52** ὅτι ἀπέναντι[15] ὄψῃ τὴν γῆν καὶ ἐκεῖ οὐκ εἰσελεύσῃ.

Moses's Final Blessing on Israel

33 Καὶ αὕτη ἡ εὐλογία,[16] ἣν εὐλόγησεν Μωυσῆς ἄνθρωπος τοῦ θεοῦ τοὺς υἱοὺς
Ισραηλ πρὸ τῆς τελευτῆς[17] αὐτοῦ· **2** καὶ εἶπεν

Κύριος ἐκ Σινα ἥκει[18]
  καὶ ἐπέφανεν[19] ἐκ Σηιρ ἡμῖν
  καὶ κατέσπευσεν[20] ἐξ ὄρους Φαραν
σὺν μυριάσιν[21] Καδης,
  ἐκ δεξιῶν αὐτοῦ ἄγγελοι μετ᾽ αὐτοῦ.
3 καὶ ἐφείσατο[22] τοῦ λαοῦ αὐτοῦ,
  καὶ πάντες οἱ ἡγιασμένοι[23] ὑπὸ τὰς χεῖράς σου·
καὶ οὗτοι ὑπὸ σέ εἰσιν,
  καὶ ἐδέξατο[24] ἀπὸ τῶν λόγων αὐτοῦ
4 νόμον, ὃν ἐνετείλατο[25] ἡμῖν Μωυσῆς,
  κληρονομίαν[26] συναγωγαῖς Ιακωβ.
5 καὶ ἔσται ἐν τῷ ἠγαπημένῳ ἄρχων
  συναχθέντων[27] ἀρχόντων λαῶν
  ἅμα[28] φυλαῖς Ισραηλ.

1 κενός, empty, vain
2 ἕνεκα, because, on account of
3 μακροημερεύω, *fut act ind 2p*, live long
4 διαβαίνω, *pres act ind 2p*, cross over
5 κληρονομέω, *aor act inf*, inherit, acquire
6 κατάσχεσις, possession
7 τελευτάω, *pres act impv 2s*, die
8 προστίθημι, *aor pas impv 2s*, add to
9 ὃν τρόπον, in like manner that
10 προστίθημι, *aor pas ind 3s*, add to
11 διότι, because
12 ἀπειθέω, *aor act ind 2p*, disobey
13 ἀντιλογία, dispute, argument
14 ἁγιάζω, *aor act ind 2p*, sanctify, hallow
15 ἀπέναντι, opposite, from a distance
16 εὐλογία, blessing
17 τελευτή, death
18 ἥκω, *pres act ind 3s*, come
19 ἐπιφαίνω, *aor act ind 3s*, appear, make manifest
20 κατασπεύδω, *aor act ind 3s*, hasten
21 μυριάς, ten thousand, myriad
22 φείδομαι, *aor mid ind 3s*, spare
23 ἁγιάζω, *perf pas ptc nom p m*, sanctify, consecrate
24 δέχομαι, *aor mid ind 3s*, accept, receive
25 ἐντέλλομαι, *aor mid ind 3s*, command
26 κληρονομία, inheritance
27 συνάγω, *aor pas ptc gen p m*, gather
28 ἅμα, together with, at the same time

6 Ζήτω Ρουβην καὶ μὴ ἀποθανέτω
καὶ ἔστω πολὺς ἐν ἀριθμῷ.[1]

7 Καὶ αὕτη Ιουδα

Εἰσάκουσον,[2] κύριε, φωνῆς Ιουδα,
καὶ εἰς τὸν λαὸν αὐτοῦ εἰσέλθοισαν·[3]
αἱ χεῖρες αὐτοῦ διακρινοῦσιν[4] αὐτῷ,
καὶ βοηθὸς[5] ἐκ τῶν ἐχθρῶν αὐτοῦ ἔσῃ.

8 Καὶ τῷ Λευι εἶπεν

Δότε Λευι δήλους[6] αὐτοῦ
καὶ ἀλήθειαν[7] αὐτοῦ τῷ ἀνδρὶ τῷ ὁσίῳ,[8]
ὃν ἐπείρασαν[9] αὐτὸν ἐν πείρᾳ,[10]
ἐλοιδόρησαν[11] αὐτὸν ἐπὶ ὕδατος ἀντιλογίας·[12]
9 ὁ λέγων τῷ πατρὶ καὶ τῇ μητρί
Οὐχ ἑόρακά σε,
καὶ τοὺς ἀδελφοὺς αὐτοῦ οὐκ ἐπέγνω
καὶ τοὺς υἱοὺς αὐτοῦ ἀπέγνω·[13]
ἐφύλαξεν τὰ λόγιά[14] σου
καὶ τὴν διαθήκην σου διετήρησεν.[15]
10 δηλώσουσιν[16] τὰ δικαιώματά[17] σου τῷ Ιακωβ
καὶ τὸν νόμον σου τῷ Ισραηλ·
ἐπιθήσουσιν θυμίαμα[18] ἐν ὀργῇ σου
διὰ παντὸς ἐπὶ τὸ θυσιαστήριόν[19] σου.
11 εὐλόγησον, κύριε, τὴν ἰσχὺν[20] αὐτοῦ
καὶ τὰ ἔργα τῶν χειρῶν αὐτοῦ δέξαι·[21]
κάταξον[22] ὀσφὺν[23] ἐχθρῶν ἐπανεστηκότων[24] αὐτῷ,
καὶ οἱ μισοῦντες αὐτὸν μὴ ἀναστήτωσαν.

1 ἀριθμός, number
2 εἰσακούω, *aor act impv 2s*, listen
3 εἰσέρχομαι, *aor act opt 3p*, enter
4 διακρίνω, *fut act ind 3p*, decide, determine
5 βοηθός, helper
6 δῆλος, disclosure, (Urim)
7 ἀλήθεια, truth, (Thummim)
8 ὅσιος, holy, devout
9 πειράζω, *aor act ind 3p*, test
10 πεῖρα, testing, trial
11 λοιδορέω, *aor act ind 3p*, revile
12 ἀντιλογία, dispute, argument
13 ἀπογινώσκω, *aor act ind 3s*, despair, give up
14 λόγιον, oracle, teaching
15 διατηρέω, *aor act ind 3s*, maintain, preserve
16 δηλόω, *fut act ind 3p*, show, disclose
17 δικαίωμα, ordinance, decree
18 θυμίαμα, incense
19 θυσιαστήριον, altar
20 ἰσχύς, strength, might
21 δέχομαι, *aor mid impv 2s*, receive, accept
22 κατάγνυμι, *aor act impv 2s*, shatter
23 ὀσφύς, loins
24 ἐπανίστημι, *perf act ptc gen p m*, rise against

12 Καὶ τῷ Βενιαμιν εἶπεν

Ἠγαπημένος ὑπὸ κυρίου κατασκηνώσει[1] πεποιθώς,[2]
καὶ ὁ θεὸς σκιάζει[3] ἐπ᾽ αὐτῷ πάσας τὰς ἡμέρας,
καὶ ἀνὰ μέσον[4] τῶν ὤμων[5] αὐτοῦ κατέπαυσεν.[6]

13 Καὶ τῷ Ιωσηφ εἶπεν

Ἀπ᾽ εὐλογίας[7] κυρίου ἡ γῆ αὐτοῦ
ἀπὸ ὡρῶν[8] οὐρανοῦ καὶ δρόσου[9]
καὶ ἀπὸ ἀβύσσων[10] πηγῶν[11] κάτωθεν[12]
14 καὶ καθ᾽ ὥραν[13] γενημάτων[14] ἡλίου τροπῶν[15]
καὶ ἀπὸ συνόδων[16] μηνῶν[17]
15 καὶ ἀπὸ κορυφῆς[18] ὀρέων ἀρχῆς
καὶ ἀπὸ κορυφῆς βουνῶν[19] ἀενάων[20]
16 καὶ καθ᾽ ὥραν[21] γῆς πληρώσεως.[22]
καὶ τὰ δεκτὰ[23] τῷ ὀφθέντι ἐν τῷ βάτῳ[24]
ἔλθοισαν[25] ἐπὶ κεφαλὴν Ιωσηφ,
καὶ ἐπὶ κορυφῆς[26] δοξασθεὶς ἐν ἀδελφοῖς.
17 πρωτότοκος[27] ταύρου[28] τὸ κάλλος[29] αὐτοῦ,
κέρατα[30] μονοκέρωτος[31] τὰ κέρατα αὐτοῦ·
ἐν αὐτοῖς ἔθνη κερατιεῖ[32]
ἅμα[33] ἕως ἐπ᾽ ἄκρου[34] γῆς.
αὗται μυριάδες[35] Εφραιμ,
καὶ αὗται χιλιάδες[36] Μανασση.

1 κατασκηνόω, *fut act ind 3s*, encamp, dwell
2 πείθω, *perf act ptc nom s m*, believe, have confidence
3 σκιάζω, *pres act ind 3s*, overshadow
4 ἀνὰ μέσον, between
5 ὦμος, shoulder
6 καταπαύω, *aor act ind 3s*, cause to rest
7 εὐλογία, blessing
8 ὥρα, season
9 δρόσος, dew
10 ἄβυσσος, deep
11 πηγή, spring
12 κάτωθεν, below
13 ὥρα, season
14 γένημα, produce, yield
15 τροπή, way, circuit
16 σύνοδος, meeting, joining
17 μήν, month
18 κορυφή, summit, peak
19 βουνός, hill
20 ἀέναος, everlasting
21 ὥρα, season
22 πλήρωσις, completion, fullness
23 δεκτός, acceptable
24 βάτος, bramble, bush
25 ἔρχομαι, *aor act opt 3p*, come
26 κορυφή, summit, peak
27 πρωτότοκος, firstborn
28 ταῦρος, bull
29 κάλλος, beauty
30 κέρας, horn
31 μονόκερως, unicorn, one-horned animal
32 κερατίζω, *fut act ind 3s*, gore
33 ἅμα, at once
34 ἄκρος, end, extremity
35 μυριάς, ten thousand, myriad
36 χιλιάς, thousand

18 Καὶ τῷ Ζαβουλων εἶπεν

Εὐφράνθητι,[1] Ζαβουλων, ἐν ἐξοδίᾳ[2] σου
καί, Ισσαχαρ, ἐν τοῖς σκηνώμασιν[3] αὐτοῦ.
19 ἔθνη ἐξολεθρεύσουσιν,[4]
καὶ ἐπικαλέσεσθε[5] ἐκεῖ
καὶ θύσετε[6] θυσίαν[7] δικαιοσύνης,
ὅτι πλοῦτος[8] θαλάσσης θηλάσει[9] σε
καὶ ἐμπόρια[10] παράλιον[11] κατοικούντων.

20 Καὶ τῷ Γαδ εἶπεν

Εὐλογημένος ἐμπλατύνων[12] Γαδ·
ὡς λέων[13] ἀνεπαύσατο[14]
συντρίψας[15] βραχίονα[16] καὶ ἄρχοντα.
21 καὶ εἶδεν ἀπαρχὴν[17] αὐτοῦ,
ὅτι ἐκεῖ ἐμερίσθη[18] γῆ ἀρχόντων
συνηγμένων ἅμα[19] ἀρχηγοῖς[20] λαῶν·
δικαιοσύνην κύριος ἐποίησεν
καὶ κρίσιν αὐτοῦ μετὰ Ισραηλ.

22 Καὶ τῷ Δαν εἶπεν

Δαν σκύμνος[21] λέοντος[22]
καὶ ἐκπηδήσεται[23] ἐκ τοῦ Βασαν.

23 Καὶ τῷ Νεφθαλι εἶπεν

Νεφθαλι πλησμονὴ[24] δεκτῶν[25]
καὶ ἐμπλησθήτω[26] εὐλογίαν[27] παρὰ κυρίου
θάλασσαν καὶ λίβα[28] κληρονομήσει.[29]

1 εὐφραίνω, *aor pas impv 2s*, rejoice
2 ἐξοδία, going out
3 σκήνωμα, tent, soldiers' quarter
4 ἐξολεθρεύω, *fut act ind 3p*, utterly destroy
5 ἐπικαλέω, *fut mid ind 2p*, call upon
6 θύω, *fut act ind 2p*, sacrifice
7 θυσία, sacrifice
8 πλοῦτος, wealth
9 θηλάζω, *fut act ind 3s*, nurse, suckle
10 ἐμπόριον, trade, market
11 παράλιος, by the sea, coastal
12 ἐμπλατύνω, *pres act ptc nom s m*, enlarge
13 λέων, lion
14 ἀναπαύω, *aor mid ind 3s*, give rest
15 συντρίβω, *aor act ptc nom s m*, crush, break
16 βραχίων, arm
17 ἀπαρχή, firstfruit
18 μερίζω, *aor pas ind 3s*, apportion, distribute
19 ἅμα, together with
20 ἀρχηγός, chief, ruler
21 σκύμνος, cub, whelp
22 λέων, lion
23 ἐκπηδάω, *fut mid ind 3s*, leap forth
24 πλησμονή, fullness, abundance
25 δεκτός, acceptable
26 ἐμπίμπλημι, *aor pas impv 3s*, fill
27 εὐλογία, blessing
28 λίψ, southwest
29 κληρονομέω, *fut act ind 3s*, inherit

24 Καὶ τῷ Ασηρ εἶπεν

Εὐλογητὸς[1] ἀπὸ τέκνων Ασηρ
καὶ ἔσται δεκτὸς[2] τοῖς ἀδελφοῖς αὐτοῦ.
βάψει[3] ἐν ἐλαίῳ[4] τὸν πόδα αὐτοῦ·
25 σίδηρος[5] καὶ χαλκὸς[6] τὸ ὑπόδημα[7] αὐτοῦ ἔσται,
καὶ ὡς αἱ ἡμέραι σου ἡ ἰσχύς[8] σου.
26 Οὐκ ἔστιν ὥσπερ ὁ θεὸς τοῦ ἠγαπημένου·
ὁ ἐπιβαίνων[9] ἐπὶ τὸν οὐρανὸν βοηθός[10] σου
καὶ ὁ μεγαλοπρεπὴς[11] τοῦ στερεώματος.[12]
27 καὶ σκέπασις[13] θεοῦ ἀρχῆς
καὶ ὑπὸ ἰσχὺν[14] βραχιόνων[15] ἀενάων[16]
καὶ ἐκβαλεῖ[17] ἀπὸ προσώπου σου ἐχθρὸν
λέγων Ἀπόλοιο.[18]
28 καὶ κατασκηνώσει[19] Ισραηλ πεποιθὼς
μόνος ἐπὶ γῆς Ιακωβ
ἐπὶ σίτῳ[20] καὶ οἴνῳ,
καὶ ὁ οὐρανὸς αὐτῷ συννεφὴς[21] δρόσῳ.[22]
29 μακάριος[23] σύ, Ισραηλ· τίς ὅμοιός[24] σοι
λαὸς σῳζόμενος ὑπὸ κυρίου;
ὑπερασπιεῖ[25] ὁ βοηθός[26] σου,
καὶ ἡ μάχαιρα[27] καύχημά[28] σου·
καὶ ψεύσονταί[29] σε οἱ ἐχθροί σου,
καὶ σὺ ἐπὶ τὸν τράχηλον[30] αὐτῶν ἐπιβήσῃ.[31]

1 εὐλογητός, blessed
2 δεκτός, acceptable
3 βάπτω, *fut act ind 3s*, dip
4 ἔλαιον, oil
5 σίδηρος, iron
6 χαλκός, bronze
7 ὑπόδημα, sandal
8 ἰσχύς, strength, might
9 ἐπιβαίνω, *pres act ptc nom s m*, mount on
10 βοηθός, helper
11 μεγαλοπρεπής, magnificent
12 στερέωμα, firmament, sky
13 σκέπασις, shelter, protection
14 ἰσχύς, strength, might
15 βραχίων, arm
16 ἀέναος, everlasting
17 ἐκβάλλω, *fut act ind 3s*, cast out
18 ἀπόλλυμι, *aor mid opt 2s*, perish
19 κατασκηνόω, *fut act ind 3s*, encamp, dwell
20 σῖτος, grain
21 συννεφής, cloudy
22 δρόσος, dew
23 μακάριος, happy, blessed
24 ὅμοιος, like
25 ὑπερασπίζω, *fut act ind 3s*, shield, defend
26 βοηθός, helper
27 μάχαιρα, sword
28 καύχημα, boast
29 ψεύδομαι, *fut mid ind 3p*, speak falsely
30 τράχηλος, neck
31 ἐπιβαίνω, *fut mid ind 2s*, tread upon

Death of Moses

34 Καὶ ἀνέβη Μωυσῆς ἀπὸ Αραβωθ Μωαβ ἐπὶ τὸ ὄρος Ναβαυ ἐπὶ κορυφὴν[1]
Φασγα, ἥ ἐστιν ἐπὶ προσώπου Ιεριχω, καὶ ἔδειξεν αὐτῷ κύριος πᾶσαν τὴν
γῆν Γαλααδ ἕως Δαν **2** καὶ πᾶσαν τὴν γῆν Νεφθαλι καὶ πᾶσαν τὴν γῆν Εφραιμ καὶ
Μανασση καὶ πᾶσαν τὴν γῆν Ιουδα ἕως τῆς θαλάσσης τῆς ἐσχάτης **3** καὶ τὴν ἔρημον
καὶ τὰ περίχωρα[2] Ιεριχω, πόλιν φοινίκων,[3] ἕως Σηγωρ. **4** καὶ εἶπεν κύριος πρὸς
Μωυσῆν Αὕτη ἡ γῆ, ἣν ὤμοσα[4] Αβρααμ καὶ Ισαακ καὶ Ιακωβ λέγων Τῷ σπέρματι
ὑμῶν δώσω αὐτήν· καὶ ἔδειξα αὐτὴν τοῖς ὀφθαλμοῖς σου, καὶ ἐκεῖ οὐκ εἰσελεύσῃ.
5 καὶ ἐτελεύτησεν[5] Μωυσῆς οἰκέτης[6] κυρίου ἐν γῇ Μωαβ διὰ ῥήματος κυρίου. **6** καὶ
ἔθαψαν[7] αὐτὸν ἐν Γαι ἐν γῇ Μωαβ ἐγγὺς[8] οἴκου Φογωρ· καὶ οὐκ οἶδεν οὐδεὶς τὴν
ταφὴν[9] αὐτοῦ ἕως τῆς ἡμέρας ταύτης. **7** Μωυσῆς δὲ ἦν ἑκατὸν[10] καὶ εἴκοσι[11] ἐτῶν
ἐν τῷ τελευτᾶν[12] αὐτόν· οὐκ ἠμαυρώθησαν[13] οἱ ὀφθαλμοὶ αὐτοῦ, οὐδὲ ἐφθάρησαν[14]
τὰ χελύνια[15] αὐτοῦ. **8** καὶ ἔκλαυσαν οἱ υἱοὶ Ισραηλ τὸν Μωυσῆν ἐν Αραβωθ Μωαβ
ἐπὶ τοῦ Ιορδάνου κατὰ Ιεριχω τριάκοντα[16] ἡμέρας· καὶ συνετελέσθησαν[17] αἱ ἡμέραι
πένθους[18] κλαυθμοῦ[19] Μωυσῆ.

9 καὶ Ἰησοῦς υἱὸς Ναυη ἐνεπλήσθη[20] πνεύματος συνέσεως,[21] ἐπέθηκεν γὰρ Μωυσῆς
τὰς χεῖρας αὐτοῦ ἐπ᾽ αὐτόν· καὶ εἰσήκουσαν[22] αὐτοῦ οἱ υἱοὶ Ισραηλ καὶ ἐποίησαν
καθότι[23] ἐνετείλατο[24] κύριος τῷ Μωυσῇ. **10** καὶ οὐκ ἀνέστη ἔτι προφήτης ἐν Ισραηλ
ὡς Μωυσῆς, ὃν ἔγνω κύριος αὐτὸν πρόσωπον κατὰ πρόσωπον, **11** ἐν πᾶσι τοῖς
σημείοις καὶ τέρασιν,[25] ὃν ἀπέστειλεν αὐτὸν κύριος ποιῆσαι αὐτὰ ἐν γῇ Αἰγύπτῳ
Φαραω καὶ τοῖς θεράπουσιν[26] αὐτοῦ καὶ πάσῃ τῇ γῇ αὐτοῦ, **12** τὰ θαυμάσια[27] τὰ
μεγάλα καὶ τὴν χεῖρα τὴν κραταιάν,[28] ἃ ἐποίησεν Μωυσῆς ἔναντι[29] παντὸς Ισραηλ.

1 κορυφή, summit, peak
2 περίχωρος, surrounding land
3 φοῖνιξ, date palm tree
4 ὄμνυμι, *aor act ind 1s*, swear an oath
5 τελευτάω, *aor act ind 3s*, die
6 οἰκέτης, servant
7 θάπτω, *aor act ind 3p*, bury
8 ἐγγύς, near
9 ταφή, burial place
10 ἑκατόν, hundred
11 εἴκοσι, twenty
12 τελευτάω, *pres act inf*, die
13 ἀμαυρόω, *aor pas ind 3p*, impair, make dim
14 φθείρω, *aor pas ind 3p*, ruin
15 χελύνιον, jaw, strength
16 τριάκοντα, thirty
17 συντελέω, *aor pas ind 3p*, complete, finish
18 πένθος, mourning
19 κλαυθμός, weeping
20 ἐμπίμπλημι, *aor pas ind 3s*, fill
21 σύνεσις, understanding
22 εἰσακούω, *aor act ind 3p*, listen
23 καθότι, just as
24 ἐντέλλομαι, *aor mid ind 3s*, command
25 τέρας, wonder
26 θεράπων, attendant
27 θαυμάσιος, wonder, miracle
28 κραταιός, strong
29 ἔναντι, before

ΙΗΣΟΥΣ
Joshua

God Commissions Joshua

1 Καὶ ἐγένετο μετὰ τὴν τελευτὴν[1] Μωυσῆ εἶπεν κύριος τῷ Ἰησοῖ υἱῷ Ναυη τῷ
ὑπουργῷ[2] Μωυσῆ λέγων **2** Μωυσῆς ὁ θεράπων[3] μου τετελεύτηκεν·[4] νῦν οὖν
ἀναστὰς διάβηθι[5] τὸν Ιορδάνην, σὺ καὶ πᾶς ὁ λαὸς οὗτος, εἰς τὴν γῆν, ἣν ἐγὼ
δίδωμι αὐτοῖς. **3** πᾶς ὁ τόπος, ἐφ᾽ ὃν ἂν ἐπιβῆτε[6] τῷ ἴχνει[7] τῶν ποδῶν ὑμῶν, ὑμῖν
δώσω αὐτόν, ὃν τρόπον[8] εἴρηκα τῷ Μωυσῇ, **4** τὴν ἔρημον καὶ τὸν Ἀντιλίβανον
ἕως τοῦ ποταμοῦ[9] τοῦ μεγάλου, ποταμοῦ Εὐφράτου, καὶ ἕως τῆς θαλάσσης τῆς
ἐσχάτης ἀφ᾽ ἡλίου δυσμῶν[10] ἔσται τὰ ὅρια[11] ὑμῶν. **5** οὐκ ἀντιστήσεται[12] ἄνθρωπος
κατενώπιον[13] ὑμῶν πάσας τὰς ἡμέρας τῆς ζωῆς σου, καὶ ὥσπερ ἤμην μετὰ Μωυσῆ,
οὕτως ἔσομαι καὶ μετὰ σοῦ καὶ οὐκ ἐγκαταλείψω[14] σε οὐδὲ ὑπερόψομαί[15] σε.
6 ἴσχυε[16] καὶ ἀνδρίζου·[17] σὺ γὰρ ἀποδιαστελεῖς[18] τῷ λαῷ τούτῳ τὴν γῆν, ἣν ὤμοσα[19]
τοῖς πατράσιν ὑμῶν δοῦναι αὐτοῖς. **7** ἴσχυε[20] οὖν καὶ ἀνδρίζου[21] φυλάσσεσθαι καὶ
ποιεῖν καθότι[22] ἐνετείλατό[23] σοι Μωυσῆς ὁ παῖς[24] μου, καὶ οὐκ ἐκκλινεῖς[25] ἀπ᾽ αὐτῶν
εἰς δεξιὰ οὐδὲ εἰς ἀριστερά,[26] ἵνα συνῇς[27] ἐν πᾶσιν, οἷς ἐὰν πράσσῃς.[28] **8** καὶ οὐκ
ἀποστήσεται[29] ἡ βίβλος[30] τοῦ νόμου τούτου ἐκ τοῦ στόματός σου, καὶ μελετήσεις[31]
ἐν αὐτῷ ἡμέρας καὶ νυκτός, ἵνα συνῇς[32] ποιεῖν πάντα τὰ γεγραμμένα· τότε

1 τελευτή, death
2 ὑπουργός, helper, assistant
3 θεράπων, servant
4 τελευτάω, *perf act ind 3s*, die
5 διαβαίνω, *aor act impv 2s*, cross over
6 ἐπιβαίνω, *aor act sub 2p*, tread, walk upon
7 ἴχνος, sole
8 ὃν τρόπον, in the manner that
9 ποταμός, river
10 δυσμή, setting
11 ὅριον, boundary, territory
12 ἀνθίστημι, *fut mid ind 3s*, stand against
13 κατενώπιον, before, against
14 ἐγκαταλείπω, *fut act ind 1s*, forsake, leave behind
15 ὑπεροράω, *fut mid ind 1s*, neglect, disregard
16 ἰσχύω, *pres act impv 2s*, be strong
17 ἀνδρίζομαι, *pres mid impv 2s*, strengthen oneself, be courageous
18 ἀποδιαστέλλω, *fut act ind 2s*, divide
19 ὄμνυμι, *aor act ind 1s*, swear an oath
20 ἰσχύω, *pres act impv 2s*, be strong
21 ἀνδρίζομαι, *pres mid impv 2s*, strengthen oneself, be courageous
22 καθότι, as
23 ἐντέλλομαι, *aor mid ind 3s*, command
24 παῖς, servant
25 ἐκκλίνω, *fut act ind 2s*, turn away
26 ἀριστερός, left
27 συνίημι, *aor act sub 2s*, understand
28 πράσσω, *pres act sub 2s*, do, perform
29 ἀφίστημι, *fut mid ind 3s*, depart from
30 βίβλος, book
31 μελετάω, *fut act ind 2s*, meditate
32 συνίημι, *aor act sub 2s*, understand

εὐοδωθήσῃ[1] καὶ εὐοδώσεις[2] τὰς ὁδούς σου καὶ τότε συνήσεις.[3] **9** ἰδοὺ ἐντέταλμαί[4]
σοι· ἴσχυε[5] καὶ ἀνδρίζου,[6] μὴ δειλιάσῃς[7] μηδὲ φοβηθῇς, ὅτι μετὰ σοῦ κύριος ὁ θεός
σου εἰς πάντα, οὗ[8] ἐὰν πορεύῃ.

Joshua Assumes Command

10 Καὶ ἐνετείλατο[9] Ἰησοῦς τοῖς γραμματεῦσιν[10] τοῦ λαοῦ λέγων **11** Εἰσέλθατε κατὰ
μέσον τῆς παρεμβολῆς[11] τοῦ λαοῦ καὶ ἐντείλασθε[12] τῷ λαῷ λέγοντες Ἑτοιμάζεσθε
ἐπισιτισμόν,[13] ὅτι ἔτι τρεῖς ἡμέραι καὶ ὑμεῖς διαβαίνετε[14] τὸν Ιορδάνην τοῦτον
εἰσελθόντες κατασχεῖν[15] τὴν γῆν, ἣν κύριος ὁ θεὸς τῶν πατέρων ὑμῶν δίδωσιν
ὑμῖν. **12** καὶ τῷ Ρουβην καὶ τῷ Γαδ καὶ τῷ ἡμίσει[16] φυλῆς Μανασση εἶπεν Ἰησοῦς
13 Μνήσθητε[17] τὸ ῥῆμα κυρίου, ὃ ἐνετείλατο[18] ὑμῖν Μωυσῆς ὁ παῖς[19] κυρίου λέγων
Κύριος ὁ θεὸς ὑμῶν κατέπαυσεν[20] ὑμᾶς καὶ ἔδωκεν ὑμῖν τὴν γῆν ταύτην. **14** αἱ
γυναῖκες ὑμῶν καὶ τὰ παιδία ὑμῶν καὶ τὰ κτήνη[21] ὑμῶν κατοικείτωσαν ἐν τῇ γῇ, ᾗ
ἔδωκεν ὑμῖν· ὑμεῖς δὲ διαβήσεσθε[22] εὔζωνοι[23] πρότεροι[24] τῶν ἀδελφῶν ὑμῶν, πᾶς ὁ
ἰσχύων,[25] καὶ συμμαχήσετε[26] αὐτοῖς, **15** ἕως ἂν καταπαύσῃ[27] κύριος ὁ θεὸς ὑμῶν τοὺς
ἀδελφοὺς ὑμῶν ὥσπερ καὶ ὑμᾶς καὶ κληρονομήσωσιν[28] καὶ οὗτοι τὴν γῆν, ἣν κύριος
ὁ θεὸς ἡμῶν δίδωσιν αὐτοῖς· καὶ ἀπελεύσεσθε ἕκαστος εἰς τὴν κληρονομίαν[29] αὐτοῦ,
ἣν δέδωκεν ὑμῖν Μωυσῆς εἰς τὸ πέραν[30] τοῦ Ιορδάνου ἀπ᾽ ἀνατολῶν[31] ἡλίου.

16 καὶ ἀποκριθέντες τῷ Ἰησοῖ εἶπαν Πάντα, ὅσα ἂν ἐντείλῃ[32] ἡμῖν, ποιήσομεν καὶ εἰς
πάντα τόπον, οὗ[33] ἐὰν ἀποστείλῃς ἡμᾶς, πορευσόμεθα· **17** κατὰ πάντα, ὅσα ἠκούσαμεν
Μωυσῆ, ἀκουσόμεθα σοῦ, πλὴν ἔστω κύριος ὁ θεὸς ἡμῶν μετὰ σοῦ, ὃν τρόπον[34] ἦν
μετὰ Μωυσῆ. **18** ὁ δὲ ἄνθρωπος, ὃς ἐὰν ἀπειθήσῃ[35] σοι καὶ ὅστις μὴ ἀκούσῃ τῶν
ῥημάτων σου καθότι[36] ἂν αὐτῷ ἐντείλῃ,[37] ἀποθανέτω. ἀλλὰ ἴσχυε[38] καὶ ἀνδρίζου.[39]

1 εὐοδόω, *fut pas ind 2s*, prosper
2 εὐοδόω, *fut act ind 2s*, make prosperous
3 συνίημι, *fut act ind 2s*, understand
4 ἐντέλλομαι, *perf mid ind 1s*, command
5 ἰσχύω, *pres act impv 2s*, be strong
6 ἀνδρίζομαι, *pres mid impv 2s*, strengthen oneself, be courageous
7 δειλιάω, *aor act sub 2s*, fear, be afraid
8 οὗ, where
9 ἐντέλλομαι, *aor mid ind 3s*, command
10 γραμματεύς, scribe
11 παρεμβολή, camp
12 ἐντέλλομαι, *aor mid impv 2p*, command, order
13 ἐπισιτισμός, provisions
14 διαβαίνω, *pres act ind 2p*, cross over
15 κατέχω, *aor act inf*, take hold, possess
16 ἥμισυς, half
17 μιμνήσκομαι, *aor pas impv 2p*, remember
18 ἐντέλλομαι, *aor mid ind 3s*, command
19 παῖς, servant
20 καταπαύω, *aor act ind 3s*, give rest
21 κτῆνος, animal, (*p*) herd
22 διαβαίνω, *fut mid ind 2p*, cross over
23 εὔζωνος, well-equipped
24 πρότερος, before
25 ἰσχύω, *pres act ptc nom s m*, be strong
26 συμμαχέω, *fut act ind 2p*, fight with
27 καταπαύω, *aor act sub 3s*, give rest
28 κληρονομέω, *aor act sub 3p*, inherit
29 κληρονομία, inheritance
30 πέραν, beyond
31 ἀνατολή, rising
32 ἐντέλλομαι, *aor mid sub 2s*, command
33 οὗ, where
34 ὃν τρόπον, in the manner that
35 ἀπειθέω, *aor act sub 3s*, disobey
36 καθότι, as
37 ἐντέλλομαι, *aor mid sub 2s*, command, order
38 ἰσχύω, *pres act impv 2s*, be strong
39 ἀνδρίζομαι, *pres mid impv 2s*, strengthen oneself, be courageous

Rahab Assists the Spies

2 Καὶ ἀπέστειλεν Ἰησοῦς υἱὸς Ναυη ἐκ Σαττιν δύο νεανίσκους[1] κατασκοπεῦσαι[2]
λέγων Ἀνάβητε καὶ ἴδετε τὴν γῆν καὶ τὴν Ιεριχω. καὶ πορευθέντες εἰσήλθοσαν οἱ
δύο νεανίσκοι εἰς Ιεριχω καὶ εἰσήλθοσαν εἰς οἰκίαν γυναικὸς πόρνης,[3] ᾗ ὄνομα Ρααβ,
καὶ κατέλυσαν[4] ἐκεῖ. **2** καὶ ἀπηγγέλη τῷ βασιλεῖ Ιεριχω λέγοντες Εἰσπεπόρευνται[5]
ὧδε[6] ἄνδρες τῶν υἱῶν Ισραηλ κατασκοπεῦσαι[7] τὴν γῆν. **3** καὶ ἀπέστειλεν ὁ βασιλεὺς
Ιεριχω καὶ εἶπεν πρὸς Ρααβ λέγων Ἐξάγαγε[8] τοὺς ἄνδρας τοὺς εἰσπεπορευμένους[9]
εἰς τὴν οἰκίαν σου τὴν νύκτα· κατασκοπεῦσαι[10] γὰρ τὴν γῆν ἥκασιν.[11] **4** καὶ λαβοῦσα
ἡ γυνὴ τοὺς ἄνδρας ἔκρυψεν[12] αὐτοὺς καὶ εἶπεν αὐτοῖς λέγουσα Εἰσεληλύθασιν
πρός με οἱ ἄνδρες· **5** ὡς δὲ ἡ πύλη[13] ἐκλείετο[14] ἐν τῷ σκότει, καὶ οἱ ἄνδρες ἐξῆλθον·
οὐκ ἐπίσταμαι[15] ποῦ πεπόρευνται· καταδιώξατε[16] ὀπίσω αὐτῶν, εἰ καταλήμψεσθε[17]
αὐτούς. **6** αὐτὴ δὲ ἀνεβίβασεν[18] αὐτοὺς ἐπὶ τὸ δῶμα[19] καὶ ἔκρυψεν[20] αὐτοὺς ἐν τῇ
λινοκαλάμῃ[21] τῇ ἐστοιβασμένῃ[22] αὐτῇ ἐπὶ τοῦ δώματος.[23] **7** καὶ οἱ ἄνδρες κατεδίωξαν[24]
ὀπίσω αὐτῶν ὁδὸν τὴν ἐπὶ τοῦ Ιορδάνου ἐπὶ τὰς διαβάσεις,[25] καὶ ἡ πύλη[26] ἐκλείσθη.[27]

καὶ ἐγένετο ὡς ἐξήλθοσαν οἱ διώκοντες ὀπίσω αὐτῶν **8** καὶ αὐτοὶ δὲ πρὶν[28] ἢ κοι-
μηθῆναι[29] αὐτούς, καὶ αὐτὴ ἀνέβη ἐπὶ τὸ δῶμα[30] πρὸς αὐτοὺς **9** καὶ εἶπεν πρὸς αὐτούς
Ἐπίσταμαι[31] ὅτι δέδωκεν ὑμῖν κύριος τὴν γῆν, ἐπιπέπτωκεν[32] γὰρ ὁ φόβος ὑμῶν ἐφ᾽
ἡμᾶς· **10** ἀκηκόαμεν γὰρ ὅτι κατεξήρανεν[33] κύριος ὁ θεὸς τὴν ἐρυθρὰν[34] θάλασσαν
ἀπὸ προσώπου ὑμῶν, ὅτε ἐξεπορεύεσθε ἐκ γῆς Αἰγύπτου, καὶ ὅσα ἐποίησεν τοῖς
δυσὶ βασιλεῦσιν τῶν Αμορραίων, οἳ ἦσαν πέραν[35] τοῦ Ιορδάνου, τῷ Σηων καὶ Ωγ,
οὓς ἐξωλεθρεύσατε[36] αὐτούς· **11** καὶ ἀκούσαντες ἡμεῖς ἐξέστημεν[37] τῇ καρδίᾳ ἡμῶν,
καὶ οὐκ ἔστη ἔτι πνεῦμα ἐν οὐδενὶ ἡμῶν ἀπὸ προσώπου ὑμῶν, ὅτι κύριος ὁ θεὸς
ὑμῶν θεὸς ἐν οὐρανῷ ἄνω[38] καὶ ἐπὶ τῆς γῆς κάτω.[39] **12** καὶ νῦν ὀμόσατέ[40] μοι κύριον
τὸν θεόν, ὅτι ποιῶ ὑμῖν ἔλεος[41] καὶ ποιήσετε καὶ ὑμεῖς ἔλεος ἐν τῷ οἴκῳ τοῦ πατρός

1 νεανίσκος, young man
2 κατασκοπεύω, *aor act inf*, spy, inspect
3 πόρνη, prostitute, harlot
4 καταλύω, *aor act ind 3p*, lodge
5 εἰσπορεύομαι, *perf mid ind 3p*, enter
6 ὧδε, here
7 κατασκοπεύω, *aor act inf*, spy, inspect
8 ἐξάγω, *aor act impv 2s*, bring out
9 εἰσπορεύομαι, *perf mid ptc acc p m*, enter
10 κατασκοπεύω, *aor act inf*, spy, inspect
11 ἥκω, *perf act ind 3p*, come
12 κρύπτω, *aor act ind 3s*, hide, conceal
13 πύλη, gate
14 κλείω, *impf pas ind 3s*, shut
15 ἐπίσταμαι, *pres mid ind 1s*, know
16 καταδιώκω, *aor act impv 2p*, pursue
17 καταλαμβάνω, *fut mid ind 2p*, overtake
18 ἀναβιβάζω, *aor act ind 3s*, take up
19 δῶμα, roof
20 κρύπτω, *aor act ind 3s*, hide, conceal
21 λινοκαλάμη, straw
22 στοιβάζω, *perf pas ptc dat s f*, pile up
23 δῶμα, roof
24 καταδιώκω, *aor act ind 3p*, pursue
25 διάβασις, passage
26 πύλη, gate
27 κλείω, *aor pas ind 3s*, shut
28 πρίν, formerly, before
29 κοιμάομαι, *aor pas inf*, sleep, lie down
30 δῶμα, roof
31 ἐπίσταμαι, *pres mid ind 1s*, know
32 ἐπιπίπτω, *perf act ind 3s*, fall upon
33 καταξηραίνω, *aor act ind 3s*, dry up
34 ἐρυθρός, red
35 πέραν, beyond
36 ἐξολεθρεύω, *aor act ind 2p*, utterly destroy
37 ἐξίστημι, *aor act ind 1p*, be astonished
38 ἄνω, above
39 κάτω, below
40 ὄμνυμι, *aor act impv 2p*, swear an oath
41 ἔλεος, mercy

μου **13** καὶ ζωγρήσετε[1] τὸν οἶκον τοῦ πατρός μου καὶ τὴν μητέρα μου καὶ τοὺς
ἀδελφούς μου καὶ πάντα τὸν οἶκόν μου καὶ πάντα, ὅσα ἐστὶν αὐτοῖς, καὶ ἐξελεῖσθε[2]
τὴν ψυχήν μου ἐκ θανάτου. **14** καὶ εἶπαν αὐτῇ οἱ ἄνδρες Ἡ ψυχὴ ἡμῶν ἀνθ᾽[3] ὑμῶν
εἰς θάνατον. καὶ αὐτὴ εἶπεν Ὡς ἂν παραδῷ κύριος ὑμῖν τὴν πόλιν, ποιήσετε εἰς ἐμὲ
ἔλεος[4] καὶ ἀλήθειαν.

Promise to Rahab

15 καὶ κατεχάλασεν[5] αὐτοὺς διὰ τῆς θυρίδος[6] **16** καὶ εἶπεν αὐτοῖς Εἰς τὴν ὀρεινὴν[7]
ἀπέλθετε, μὴ συναντήσωσιν[8] ὑμῖν οἱ καταδιώκοντες,[9] καὶ κρυβήσεσθε[10] ἐκεῖ τρεῖς
ἡμέρας, ἕως ἂν ἀποστρέψωσιν[11] οἱ καταδιώκοντες[12] ὀπίσω ὑμῶν, καὶ μετὰ ταῦτα
ἀπελεύσεσθε εἰς τὴν ὁδὸν ὑμῶν. **17** καὶ εἶπαν οἱ ἄνδρες πρὸς αὐτήν Ἀθῷοί[13] ἐσμεν
τῷ ὅρκῳ[14] σου τούτῳ· **18** ἰδοὺ ἡμεῖς εἰσπορευόμεθα[15] εἰς μέρος τῆς πόλεως, καὶ
θήσεις τὸ σημεῖον, τὸ σπαρτίον[16] τὸ κόκκινον[17] τοῦτο ἐκδήσεις[18] εἰς τὴν θυρίδα,[19]
δι᾽ ἧς κατεβίβασας[20] ἡμᾶς δι᾽ αὐτῆς, τὸν δὲ πατέρα σου καὶ τὴν μητέρα σου καὶ
τοὺς ἀδελφούς σου καὶ πάντα τὸν οἶκον τοῦ πατρός σου συνάξεις πρὸς σεαυτὴν
εἰς τὴν οἰκίαν σου. **19** καὶ ἔσται πᾶς, ὃς ἂν ἐξέλθῃ τὴν θύραν τῆς οἰκίας σου ἔξω,
ἔνοχος[21] ἑαυτῷ ἔσται, ἡμεῖς δὲ ἀθῷοι[22] τῷ ὅρκῳ[23] σου τούτῳ· καὶ ὅσοι ἐὰν γένωνται
μετὰ σοῦ ἐν τῇ οἰκίᾳ σου, ἡμεῖς ἔνοχοι[24] ἐσόμεθα. **20** ἐὰν δέ τις ἡμᾶς ἀδικήσῃ[25] ἢ καὶ
ἀποκαλύψῃ[26] τοὺς λόγους ἡμῶν τούτους, ἐσόμεθα ἀθῷοι[27] τῷ ὅρκῳ[28] σου τούτῳ.
21 καὶ εἶπεν αὐτοῖς Κατὰ τὸ ῥῆμα ὑμῶν οὕτως ἔστω· καὶ ἐξαπέστειλεν[29] αὐτούς.

22 καὶ ἐπορεύθησαν καὶ ἦλθοσαν εἰς τὴν ὀρεινὴν[30] καὶ κατέμειναν[31] ἐκεῖ τρεῖς
ἡμέρας· καὶ ἐξεζήτησαν[32] οἱ καταδιώκοντες[33] πάσας τὰς ὁδοὺς καὶ οὐχ εὕροσαν.
23 καὶ ὑπέστρεψαν[34] οἱ δύο νεανίσκοι[35] καὶ κατέβησαν ἐκ τοῦ ὄρους καὶ διέβησαν[36]

1 ζωγρέω, *fut act ind 2p*, preserve alive
2 ἐξαιρέω, *fut mid ind 2p*, deliver
3 ἀντί, in place of
4 ἔλεος, mercy
5 καταχαλάω, *aor act ind 3s*, let down, lower
6 θυρίς, window
7 ὀρεινός, mountainous, hilly (region)
8 συναντάω, *aor act sub 3p*, meet, come upon
9 καταδιώκω, *pres act ptc nom p m*, pursue
10 κρύπτω, *fut pas ind 2p*, hide
11 ἀποστρέφω, *aor act sub 3p*, turn back
12 καταδιώκω, *pres act ptc nom p m*, pursue
13 ἀθῷος, free
14 ὅρκος, oath
15 εἰσπορεύομαι, *pres mid ind 1p*, enter
16 σπαρτίον, cord
17 κόκκινος, scarlet
18 ἐκδέω, *fut act ind 2s*, hang from
19 θυρίς, window
20 καταβιβάζω, *aor act ind 2s*, let down
21 ἔνοχος, liable
22 ἀθῷος, free
23 ὅρκος, oath
24 ἔνοχος, at risk, liable
25 ἀδικέω, *aor act sub 3s*, do wrong, act unjustly
26 ἀποκαλύπτω, *aor act sub 3s*, disclose
27 ἀθῷος, free
28 ὅρκος, oath
29 ἐξαποστέλλω, *aor act ind 3s*, send away
30 ὀρεινός, mountainous, hilly (region)
31 καταμένω, *aor act ind 3p*, remain
32 ἐκζητέω, *aor act ind 3p*, seek, search
33 καταδιώκω, *pres act ptc nom p m*, pursue
34 ὑποστρέφω, *aor act ind 3p*, return
35 νεανίσκος, young man
36 διαβαίνω, *aor act ind 3p*, cross over

πρὸς Ἰησοῦν υἱὸν Ναυη καὶ διηγήσαντο[1] αὐτῷ πάντα τὰ συμβεβηκότα[2] αὐτοῖς.
24 καὶ εἶπαν πρὸς Ἰησοῦν ὅτι Παρέδωκεν κύριος πᾶσαν τὴν γῆν ἐν χειρὶ ἡμῶν, καὶ
κατέπτηκεν[3] πᾶς ὁ κατοικῶν τὴν γῆν ἐκείνην ἀφ᾽ ἡμῶν.

Israel Crosses the Jordan

3 Καὶ ὤρθρισεν[4] Ἰησοῦς τὸ πρωί,[5] καὶ ἀπῆραν[6] ἐκ Σαττιν καὶ ἤλθοσαν ἕως τοῦ
Ιορδάνου καὶ κατέλυσαν[7] ἐκεῖ πρὸ τοῦ διαβῆναι.[8] **2** καὶ ἐγένετο μετὰ τρεῖς
ἡμέρας διῆλθον οἱ γραμματεῖς[9] διὰ τῆς παρεμβολῆς[10] **3** καὶ ἐνετείλαντο[11] τῷ λαῷ
λέγοντες Ὅταν ἴδητε τὴν κιβωτὸν[12] τῆς διαθήκης κυρίου τοῦ θεοῦ ἡμῶν καὶ τοὺς
ἱερεῖς ἡμῶν καὶ τοὺς Λευίτας αἴροντας αὐτήν, ἀπαρεῖτε[13] ἀπὸ τῶν τόπων ὑμῶν
καὶ πορεύεσθε ὀπίσω αὐτῆς· **4** ἀλλὰ μακρὰν[14] ἔστω ἀνὰ μέσον[15] ὑμῶν καὶ ἐκείνης
ὅσον δισχιλίους[16] πήχεις·[17] στήσεσθε, μὴ προσεγγίσητε[18] αὐτῇ, ἵν᾽ ἐπίστησθε[19] τὴν
ὁδόν, ἣν πορεύεσθε αὐτήν· οὐ γὰρ πεπόρευσθε τὴν ὁδὸν ἀπ᾽ ἐχθὲς[20] καὶ τρίτης
ἡμέρας. **5** καὶ εἶπεν Ἰησοῦς τῷ λαῷ Ἁγνίσασθε[21] εἰς αὔριον,[22] ὅτι αὔριον ποιήσει ἐν
ὑμῖν κύριος θαυμαστά.[23] **6** καὶ εἶπεν Ἰησοῦς τοῖς ἱερεῦσιν Ἄρατε τὴν κιβωτὸν[24] τῆς
διαθήκης κυρίου καὶ προπορεύεσθε[25] τοῦ λαοῦ. καὶ ἦραν οἱ ἱερεῖς τὴν κιβωτὸν[26] τῆς
διαθήκης κυρίου καὶ ἐπορεύοντο ἔμπροσθεν τοῦ λαοῦ.

7 καὶ εἶπεν κύριος πρὸς Ἰησοῦν Ἐν τῇ ἡμέρᾳ ταύτῃ ἄρχομαι ὑψῶσαί[27] σε κατε-
νώπιον[28] πάντων υἱῶν Ισραηλ, ἵνα γνῶσιν, καθότι[29] ἤμην μετὰ Μωυσῆ, οὕτως
ἔσομαι καὶ μετὰ σοῦ. **8** καὶ νῦν ἔντειλαι[30] τοῖς ἱερεῦσιν τοῖς αἴρουσιν τὴν κιβωτὸν[31]
τῆς διαθήκης λέγων Ὡς ἂν εἰσέλθητε ἐπὶ μέρους τοῦ ὕδατος τοῦ Ιορδάνου, καὶ ἐν
τῷ Ιορδάνῃ στήσεσθε. **9** καὶ εἶπεν Ἰησοῦς τοῖς υἱοῖς Ισραηλ Προσαγάγετε[32] ὧδε[33]
καὶ ἀκούσατε τὸ ῥῆμα κυρίου τοῦ θεοῦ ἡμῶν. **10** ἐν τούτῳ γνώσεσθε ὅτι θεὸς ζῶν
ἐν ὑμῖν καὶ ὀλεθρεύων[34] ὀλεθρεύσει[35] ἀπὸ προσώπου ἡμῶν τὸν Χαναναῖον καὶ τὸν
Χετταῖον καὶ τὸν Φερεζαῖον καὶ τὸν Ευαῖον καὶ τὸν Αμορραῖον καὶ τὸν Γεργεσαῖον

1 διηγέομαι, *aor mid ind 3p*, describe in detail
2 συμβαίνω, *perf act ptc acc p n*, happen
3 καταπτήσσω, *perf act ind 3s*, tremble
4 ὀρθρίζω, *aor act ind 3s*, rise up early
5 πρωί, (in the) morning
6 ἀπαίρω, *aor act ind 3p*, depart
7 καταλύω, *aor act ind 3p*, lodge
8 διαβαίνω, *aor act inf*, cross over
9 γραμματεύς, scribe
10 παρεμβολή, camp
11 ἐντέλλομαι, *aor mid ind 3p*, command, order
12 κιβωτός, chest, ark (of the covenant)
13 ἀπαίρω, *fut act ind 2p*, depart
14 μακρός, distance
15 ἀνὰ μέσον, between
16 δισχίλιοι, two thousand
17 πῆχυς, cubit
18 προσεγγίζω, *aor act sub 2p*, approach
19 ἐπίσταμαι, *pres mid sub 2p*, know
20 ἐχθές, yesterday
21 ἁγνίζω, *aor mid impv 2p*, sanctify, consecrate
22 αὔριον, tomorrow
23 θαυμαστός, wonderful, marvelous
24 κιβωτός, chest, ark (of the covenant)
25 προπορεύομαι, *pres mid impv 2p*, go before
26 κιβωτός, chest, ark (of the covenant)
27 ὑψόω, *aor act inf*, raise up, exalt
28 κατενώπιον, before
29 καθότι, just as
30 ἐντέλλομαι, *aor mid impv 2s*, command
31 κιβωτός, chest, ark (of the covenant)
32 προσάγω, *aor act impv 2p*, bring to
33 ὧδε, here
34 ὀλεθρεύω, *pres act ptc nom s m*, destroy
35 ὀλεθρεύω, *fut act ind 3s*, destroy

καὶ τὸν Ιεβουσαῖον· **11** ἰδοὺ ἡ κιβωτὸς[1] διαθήκης κυρίου πάσης τῆς γῆς διαβαίνει[2]
τὸν Ιορδάνην. **12** προχειρίσασθε[3] ὑμῖν δώδεκα[4] ἄνδρας ἀπὸ τῶν υἱῶν Ισραηλ,
ἕνα ἀφ᾽ ἑκάστης φυλῆς. **13** καὶ ἔσται ὡς ἂν καταπαύσωσιν[5] οἱ πόδες τῶν ἱερέων
τῶν αἰρόντων τὴν κιβωτὸν[6] τῆς διαθήκης κυρίου πάσης τῆς γῆς ἐν τῷ ὕδατι τοῦ
Ιορδάνου, τὸ ὕδωρ τοῦ Ιορδάνου ἐκλείψει,[7] τὸ δὲ ὕδωρ τὸ καταβαῖνον στήσεται.

14 καὶ ἀπῆρεν[8] ὁ λαὸς ἐκ τῶν σκηνωμάτων[9] αὐτῶν διαβῆναι[10] τὸν Ιορδάνην, οἱ δὲ
ἱερεῖς ἤροσαν[11] τὴν κιβωτὸν[12] τῆς διαθήκης κυρίου πρότεροι[13] τοῦ λαοῦ. **15** ὡς δὲ
εἰσεπορεύοντο[14] οἱ ἱερεῖς οἱ αἴροντες τὴν κιβωτὸν[15] τῆς διαθήκης ἐπὶ τὸν Ιορδάνην
καὶ οἱ πόδες τῶν ἱερέων τῶν αἰρόντων τὴν κιβωτὸν τῆς διαθήκης κυρίου ἐβάφησαν[16]
εἰς μέρος τοῦ ὕδατος τοῦ Ιορδάνου — ὁ δὲ Ιορδάνης ἐπλήρου καθ᾽ ὅλην τὴν κρηπῖδα[17]
αὐτοῦ ὡσεὶ[18] ἡμέραι θερισμοῦ[19] πυρῶν[20] — **16** καὶ ἔστη τὰ ὕδατα τὰ καταβαίνοντα
ἄνωθεν,[21] ἔστη πῆγμα[22] ἓν ἀφεστηκὸς[23] μακρὰν[24] σφόδρα[25] σφοδρῶς[26] ἕως μέρους
Καριαθιαριμ, τὸ δὲ καταβαῖνον κατέβη εἰς τὴν θάλασσαν Αραβα, θάλασσαν ἁλός,[27]
ἕως εἰς τὸ τέλος ἐξέλιπεν·[28] καὶ ὁ λαὸς εἱστήκει[29] ἀπέναντι[30] Ιεριχω. **17** καὶ ἔστησαν
οἱ ἱερεῖς οἱ αἴροντες τὴν κιβωτὸν[31] τῆς διαθήκης κυρίου ἐπὶ ξηρᾶς[32] ἐν μέσῳ τοῦ
Ιορδάνου· καὶ πάντες οἱ υἱοὶ Ισραηλ διέβαινον[33] διὰ ξηρᾶς, ἕως συνετέλεσεν[34] πᾶς
ὁ λαὸς διαβαίνων[35] τὸν Ιορδάνην.

Memorial Stones from the Jordan River

4 Καὶ ἐπεὶ[36] συνετέλεσεν[37] πᾶς ὁ λαὸς διαβαίνων[38] τὸν Ιορδάνην, καὶ εἶπεν
κύριος τῷ Ἰησοῖ λέγων **2** Παραλαβὼν[39] ἄνδρας ἀπὸ τοῦ λαοῦ, ἕνα ἀφ᾽
ἑκάστης φυλῆς, **3** σύνταξον[40] αὐτοῖς λέγων Ἀνέλεσθε[41] ἐκ μέσου τοῦ Ιορδάνου

1 κιβωτός, chest, ark (of the covenant)
2 διαβαίνω, *pres act ind 3s*, cross over
3 προχειρίζομαι, *aor mid impv 2p*, select
4 δώδεκα, twelve
5 καταπαύω, *aor act sub 3p*, stop, cease
6 κιβωτός, chest, ark (of the covenant)
7 ἐκλείπω, *fut act ind 3s*, cease
8 ἀπαίρω, *aor act ind 3s*, depart
9 σκήνωμα, tent, dwelling
10 διαβαίνω, *aor act inf*, cross over
11 αἴρω, *impf act ind 3p*, carry
12 κιβωτός, chest, ark (of the covenant)
13 πρότερος, before, in front
14 εἰσπορεύομαι, *impf mid ind 3p*, enter
15 κιβωτός, chest, ark (of the covenant)
16 βάπτω, *aor pas ind 3p*, immerse, dip
17 κρηπίς, riverbank
18 ὡσεί, as if
19 θερισμός, harvest
20 πυρός, wheat
21 ἄνωθεν, from above
22 πῆγμα, solid mass
23 ἀφίστημι, *perf act ptc nom s n*, draw away
24 μακράν, far from
25 σφόδρα, very
26 σφοδρῶς, very much
27 ἅλς, salt
28 ἐκλείπω, *aor act ind 3s*, cease
29 ἵστημι, *plpf act ind 3s*, stand
30 ἀπέναντι, opposite
31 κιβωτός, chest, ark (of the covenant)
32 ξηρός, dry land
33 διαβαίνω, *impf act ind 3p*, cross over
34 συντελέω, *aor act ind 3s*, finish
35 διαβαίνω, *pres act ptc nom s m*, cross over
36 ἐπεί, when
37 συντελέω, *aor act ind 3s*, finish
38 διαβαίνω, *pres act ptc nom s m*, cross over
39 παραλαμβάνω, *aor act ptc nom s m*, take along
40 συντάσσω, *aor act impv 2s*, order, instruct
41 ἀναιρέω, *aor mid impv 2p*, take up

ἑτοίμους[1] δώδεκα[2] λίθους καὶ τούτους διακομίσαντες[3] ἅμα[4] ὑμῖν αὐτοῖς θέτε
αὐτοὺς ἐν τῇ στρατοπεδείᾳ[5] ὑμῶν, οὗ[6] ἐὰν παρεμβάλητε[7] ἐκεῖ τὴν νύκτα. **4** καὶ
ἀνακαλεσάμενος[8] Ἰησοῦς δώδεκα[9] ἄνδρας τῶν ἐνδόξων[10] ἀπὸ τῶν υἱῶν Ισραηλ, ἕνα
ἀφ᾽ ἑκάστης φυλῆς, **5** εἶπεν αὐτοῖς Προσαγάγετε[11] ἔμπροσθέν μου πρὸ προσώπου
κυρίου εἰς μέσον τοῦ Ιορδάνου, καὶ ἀνελόμενος[12] ἐκεῖθεν[13] ἕκαστος λίθον ἀράτω
ἐπὶ τῶν ὤμων[14] αὐτοῦ κατὰ τὸν ἀριθμὸν[15] τῶν δώδεκα[16] φυλῶν τοῦ Ισραηλ, **6** ἵνα
ὑπάρχωσιν ὑμῖν οὗτοι εἰς σημεῖον κείμενον[17] διὰ παντός, ἵνα ὅταν ἐρωτᾷ[18] σε ὁ υἱός
σου αὔριον[19] λέγων Τί εἰσιν οἱ λίθοι οὗτοι ὑμῖν; **7** καὶ σὺ δηλώσεις[20] τῷ υἱῷ σου
λέγων Ὅτι ἐξέλιπεν[21] ὁ Ιορδάνης ποταμὸς[22] ἀπὸ προσώπου κιβωτοῦ[23] διαθήκης
κυρίου πάσης τῆς γῆς, ὡς διέβαινεν[24] αὐτόν· καὶ ἔσονται οἱ λίθοι οὗτοι ὑμῖν μνη-
μόσυνον[25] τοῖς υἱοῖς Ισραηλ ἕως τοῦ αἰῶνος.

8 καὶ ἐποίησαν οὕτως οἱ υἱοὶ Ισραηλ, καθότι[26] ἐνετείλατο[27] κύριος τῷ Ἰησοῖ, καὶ
λαβόντες δώδεκα[28] λίθους ἐκ μέσου τοῦ Ιορδάνου, καθάπερ[29] συνέταξεν[30] κύριος
τῷ Ἰησοῖ ἐν τῇ συντελείᾳ[31] τῆς διαβάσεως[32] τῶν υἱῶν Ισραηλ, καὶ διεκόμισαν[33] ἅμα[34]
ἑαυτοῖς εἰς τὴν παρεμβολὴν[35] καὶ ἀπέθηκαν[36] ἐκεῖ. **9** ἔστησεν δὲ Ἰησοῦς καὶ ἄλλους
δώδεκα[37] λίθους ἐν αὐτῷ τῷ Ιορδάνῃ ἐν τῷ γενομένῳ τόπῳ ὑπὸ τοὺς πόδας τῶν
ἱερέων τῶν αἰρόντων τὴν κιβωτὸν[38] τῆς διαθήκης κυρίου, καί εἰσιν ἐκεῖ ἕως τῆς
σήμερον ἡμέρας.

10 εἱστήκεισαν[39] δὲ οἱ ἱερεῖς οἱ αἴροντες τὴν κιβωτὸν[40] τῆς διαθήκης ἐν τῷ Ιορδάνῃ,
ἕως οὗ συνετέλεσεν[41] Ἰησοῦς πάντα, ἃ ἐνετείλατο[42] κύριος ἀναγγεῖλαι[43] τῷ λαῷ,
καὶ ἔσπευσεν[44] ὁ λαὸς καὶ διέβησαν.[45] **11** καὶ ἐγένετο ὡς συνετέλεσεν[46] πᾶς ὁ λαὸς

1 ἕτοιμος, available, ready
2 δώδεκα, twelve
3 διακομίζω, *aor act ptc nom p m*, carry over
4 ἅμα, together
5 στρατοπεδεία, camp
6 οὗ, where
7 παρεμβάλλω, *aor act sub 2p*, encamp
8 ἀνακαλέω, *aor mid ptc nom s m*, call up
9 δώδεκα, twelve
10 ἔνδοξος, of high repute
11 προσάγω, *aor act impv 2p*, bring to
12 ἀναιρέω, *aor mid ptc nom s m*, take up
13 ἐκεῖθεν, from there
14 ὦμος, shoulder
15 ἀριθμός, number
16 δώδεκα, twelve
17 κεῖμαι, *pres pas ptc acc s n*, place
18 ἐρωτάω, *pres act sub 3s*, ask
19 αὔριον, at a future time
20 δηλόω, *fut act ind 2s*, explain
21 ἐκλείπω, *aor act ind 3s*, cease, fail
22 ποταμός, river
23 κιβωτός, chest, ark (of the covenant)
24 διαβαίνω, *impf act ind 3s*, cross over
25 μνημόσυνον, memorial, reminder
26 καθότι, as
27 ἐντέλλομαι, *aor mid ind 3s*, command
28 δώδεκα, twelve
29 καθάπερ, just as
30 συντάσσω, *aor act ind 3s*, order, instruct
31 συντέλεια, completion
32 διάβασις, crossing over
33 διακομίζω, *aor act ind 3p*, carry over
34 ἅμα, together, at the same time
35 παρεμβολή, camp
36 ἀποτίθημι, *aor act ind 3p*, put
37 δώδεκα, twelve
38 κιβωτός, chest, ark (of the covenant)
39 ἵστημι, *plpf act ind 3p*, stand
40 κιβωτός, chest, ark (of the covenant)
41 συντελέω, *aor act ind 3s*, finish
42 ἐντέλλομαι, *aor mid ind 3s*, command
43 ἀναγγέλλω, *aor act inf*, report
44 σπεύδω, *aor act ind 3s*, hasten
45 διαβαίνω, *aor act ind 3p*, cross over
46 συντελέω, *aor act ind 3s*, finish

διαβῆναι,[1] καὶ διέβη[2] ἡ κιβωτὸς[3] τῆς διαθήκης κυρίου, καὶ οἱ λίθοι ἔμπροσθεν αὐτῶν.
12 καὶ διέβησαν[4] οἱ υἱοὶ Ρουβην καὶ οἱ υἱοὶ Γαδ καὶ οἱ ἡμίσεις[5] φυλῆς Μανασση
διεσκευασμένοι[6] ἔμπροσθεν τῶν υἱῶν Ισραηλ, καθάπερ[7] ἐνετείλατο[8] αὐτοῖς
Μωυσῆς. **13** τετρακισμύριοι[9] εὔζωνοι[10] εἰς μάχην[11] διέβησαν[12] ἐναντίον[13] κυρίου εἰς
πόλεμον πρὸς τὴν Ιεριχω πόλιν. **14** ἐν ἐκείνῃ τῇ ἡμέρᾳ ηὔξησεν[14] κύριος τὸν Ἰησοῦν
ἐναντίον[15] παντὸς τοῦ γένους[16] Ισραηλ, καὶ ἐφοβοῦντο αὐτὸν ὥσπερ Μωυσῆν, ὅσον
χρόνον ἔζη.

15 Καὶ εἶπεν κύριος τῷ Ἰησοῖ λέγων **16** Ἔντειλαι[17] τοῖς ἱερεῦσιν τοῖς αἴρουσιν τὴν
κιβωτὸν[18] τῆς διαθήκης τοῦ μαρτυρίου[19] κυρίου ἐκβῆναι[20] ἐκ τοῦ Ιορδάνου. **17** καὶ
ἐνετείλατο[21] Ἰησοῦς τοῖς ἱερεῦσιν λέγων Ἔκβητε[22] ἐκ τοῦ Ιορδάνου. **18** καὶ ἐγένετο
ὡς ἐξέβησαν[23] οἱ ἱερεῖς οἱ αἴροντες τὴν κιβωτὸν[24] τῆς διαθήκης κυρίου ἐκ τοῦ
Ιορδάνου καὶ ἔθηκαν τοὺς πόδας ἐπὶ τῆς γῆς, ὥρμησεν[25] τὸ ὕδωρ τοῦ Ιορδάνου κατὰ
χώραν[26] καὶ ἐπορεύετο καθὰ[27] ἐχθὲς[28] καὶ τρίτην ἡμέραν δι᾽ ὅλης τῆς κρηπῖδος.[29]

19 καὶ ὁ λαὸς ἀνέβη ἐκ τοῦ Ιορδάνου δεκάτῃ[30] τοῦ μηνὸς[31] τοῦ πρώτου· καὶ
κατεστρατοπέδευσαν[32] οἱ υἱοὶ Ισραηλ ἐν Γαλγαλοις κατὰ μέρος τὸ πρὸς ἡλίου
ἀνατολὰς[33] ἀπὸ τῆς Ιεριχω. **20** καὶ τοὺς δώδεκα[34] λίθους τούτους, οὓς ἔλαβεν ἐκ
τοῦ Ιορδάνου, ἔστησεν Ἰησοῦς ἐν Γαλγαλοις **21** λέγων Ὅταν ἐρωτῶσιν[35] ὑμᾶς οἱ
υἱοὶ ὑμῶν λέγοντες Τί εἰσιν οἱ λίθοι οὗτοι; **22** ἀναγγείλατε[36] τοῖς υἱοῖς ὑμῶν ὅτι Ἐπὶ
ξηρᾶς[37] διέβη[38] Ισραηλ τὸν Ιορδάνην **23** ἀποξηράναντος[39] κυρίου τοῦ θεοῦ ἡμῶν
τὸ ὕδωρ τοῦ Ιορδάνου ἐκ τοῦ ἔμπροσθεν αὐτῶν μέχρι[40] οὗ διέβησαν,[41] καθάπερ[42]
ἐποίησεν κύριος ὁ θεὸς ἡμῶν τὴν ἐρυθρὰν[43] θάλασσαν, ἣν ἀπεξήρανεν[44] κύριος ὁ
θεὸς ἡμῶν ἔμπροσθεν ἡμῶν ἕως παρήλθομεν,[45] **24** ὅπως γνῶσιν πάντα τὰ ἔθνη τῆς

1 διαβαίνω, *aor act inf*, cross over
2 διαβαίνω, *aor act ind 3s*, cross over
3 κιβωτός, chest, ark (of the covenant)
4 διαβαίνω, *aor act ind 3p*, cross over
5 ἥμισυς, half
6 διασκευάζω, *perf pas ptc nom p m*, equip
7 καθάπερ, just as
8 ἐντέλλομαι, *aor mid ind 3s*, command
9 τετρακισμύριοι, forty thousand
10 εὔζωνος, well-equipped
11 μάχη, battle, combat
12 διαβαίνω, *aor act ind 3p*, cross over
13 ἐναντίον, before
14 αὐξάνω, *aor act ind 3s*, increase
15 ἐναντίον, before
16 γένος, descendant, people
17 ἐντέλλομαι, *aor mid impv 2s*, command
18 κιβωτός, chest, ark (of the covenant)
19 μαρτύριον, witness
20 ἐκβαίνω, *aor act inf*, step out, go out
21 ἐντέλλομαι, *aor mid ind 3s*, command
22 ἐκβαίνω, *aor act impv 2p*, step out
23 ἐκβαίνω, *aor act ind 3p*, step out
24 κιβωτός, chest, ark (of the covenant)
25 ὁρμάω, *aor act ind 3s*, rush forward
26 χώρα, place
27 καθά, just as
28 ἐχθές, yesterday
29 κρηπίς, riverbank
30 δέκατος, tenth
31 μήν, month
32 καταστρατοπεδεύω, *aor act ind 3p*, encamp
33 ἀνατολή, rising
34 δώδεκα, twelve
35 ἐρωτάω, *pres act sub 3p*, ask
36 ἀναγγέλλω, *aor act impv 2p*, tell, recount
37 ξηρός, dry land
38 διαβαίνω, *aor act ind 3s*, cross over
39 ἀποξηραίνω, *aor act ptc gen s m*, dry up
40 μέχρι, until
41 διαβαίνω, *aor act ind 3p*, cross over
42 καθάπερ, just as
43 ἐρυθρός, red
44 ἀποξηραίνω, *aor act ind 3s*, dry up
45 παρέρχομαι, *aor act ind 1p*, pass over

γῆς ὅτι ἡ δύναμις τοῦ κυρίου ἰσχυρά[1] ἐστιν, καὶ ἵνα ὑμεῖς σέβησθε[2] κύριον τὸν θεὸν
ὑμῶν ἐν παντὶ χρόνῳ.

New Generation of Israelites Is Circumcised

5 Καὶ ἐγένετο ὡς ἤκουσαν οἱ βασιλεῖς τῶν Αμορραίων, οἳ ἦσαν πέραν[3] τοῦ
Ιορδάνου, καὶ οἱ βασιλεῖς τῆς Φοινίκης οἱ παρὰ τὴν θάλασσαν ὅτι ἀπεξήρανεν[4]
κύριος ὁ θεὸς τὸν Ιορδάνην ποταμὸν[5] ἐκ τῶν ἔμπροσθεν τῶν υἱῶν Ισραηλ ἐν τῷ
διαβαίνειν[6] αὐτούς, καὶ ἐτάκησαν[7] αὐτῶν αἱ διάνοιαι[8] καὶ κατεπλάγησαν,[9] καὶ οὐκ
ἦν ἐν αὐτοῖς φρόνησις[10] οὐδεμία ἀπὸ προσώπου τῶν υἱῶν Ισραηλ.

2 Ὑπὸ δὲ τοῦτον τὸν καιρὸν εἶπεν κύριος τῷ Ἰησοῖ Ποίησον σεαυτῷ μαχαίρας[11]
πετρίνας[12] ἐκ πέτρας[13] ἀκροτόμου[14] καὶ καθίσας περίτεμε[15] τοὺς υἱοὺς Ισραηλ. **3** καὶ
ἐποίησεν Ἰησοῦς μαχαίρας[16] πετρίνας[17] ἀκροτόμους[18] καὶ περιέτεμεν[19] τοὺς υἱοὺς
Ισραηλ ἐπὶ τοῦ καλουμένου τόπου Βουνὸς τῶν ἀκροβυστιῶν.[20] **4** ὃν δὲ τρόπον[21]
περιεκάθαρεν[22] Ἰησοῦς τοὺς υἱοὺς Ισραηλ, ὅσοι ποτὲ[23] ἐγένοντο ἐν τῇ ὁδῷ καὶ
ὅσοι ποτὲ ἀπερίτμητοι[24] ἦσαν τῶν ἐξεληλυθότων ἐξ Αἰγύπτου, **5** πάντας τούτους
περιέτεμεν[25] Ἰησοῦς· **6** τεσσαράκοντα[26] γὰρ καὶ δύο ἔτη ἀνέστραπται[27] Ισραηλ ἐν τῇ
ἐρήμῳ τῇ Μαδβαρίτιδι, διὸ[28] ἀπερίτμητοι[29] ἦσαν οἱ πλεῖστοι[30] αὐτῶν τῶν μαχίμων[31]
τῶν ἐξεληλυθότων ἐκ γῆς Αἰγύπτου οἱ ἀπειθήσαντες[32] τῶν ἐντολῶν τοῦ θεοῦ, οἷς
καὶ διώρισεν[33] μὴ ἰδεῖν αὐτοὺς τὴν γῆν, ἣν ὤμοσεν[34] κύριος τοῖς πατράσιν αὐτῶν
δοῦναι ἡμῖν, γῆν ῥέουσαν[35] γάλα[36] καὶ μέλι.[37] **7** ἀντὶ[38] δὲ τούτων ἀντικατέστησεν[39]
τοὺς υἱοὺς αὐτῶν, οὓς Ἰησοῦς περιέτεμεν[40] διὰ τὸ αὐτοὺς γεγενῆσθαι κατὰ τὴν
ὁδὸν ἀπεριτμήτους.[41] **8** περιτμηθέντες[42] δὲ ἡσυχίαν[43] εἶχον αὐτόθι[44] καθήμενοι ἐν τῇ

1 ἰσχυρός, strong, powerful
2 σέβομαι, *pres mid sub 2p*, worship, revere
3 πέραν, beyond
4 ἀποξηραίνω, *aor act ind 3s*, dry up
5 ποταμός, river
6 διαβαίνω, *pres act inf*, cross over
7 τήκω, *aor pas ind 3p*, melt, dissolve
8 διάνοια, mind, understanding
9 καταπλήσσω, *aor pas ind 3p*, terrify
10 φρόνησις, intelligence
11 μάχαιρα, knife
12 πέτρινος, of stone
13 πέτρα, rock
14 ἀκρότομος, sharp
15 περιτέμνω, *aor act impv 2s*, circumcise
16 μάχαιρα, knife
17 πέτρινος, of stone
18 ἀκρότομος, sharp
19 περιτέμνω, *aor act ind 3s*, circumcise
20 ἀκροβυστία, foreskin
21 ὃν τρόπον, in the manner that
22 περικαθαίρω, *aor act ind 3s*, purify
23 πότε, as
24 ἀπερίτμητος, uncircumcised
25 περιτέμνω, *aor act ind 3s*, circumcise
26 τεσσαράκοντα, forty
27 ἀναστρέφω, *perf mid ind 3s*, dwell, wander
28 διό, therefore, on which account
29 ἀπερίτμητος, uncircumcised
30 πλεῖστος, *sup of* πολύς, most, the majority
31 μάχιμος, fighting men
32 ἀπειθέω, *aor act ptc nom p m*, disobey
33 διορίζω, *aor act ind 3s*, determine
34 ὄμνυμι, *aor act ind 3s*, swear an oath
35 ῥέω, *pres act ptc acc s f*, flow
36 γάλα, milk
37 μέλι, honey
38 ἀντί, in place of
39 ἀντικαθίστημι, *aor act ind 3s*, raise up instead
40 περιτέμνω, *aor act ind 3s*, circumcise
41 ἀπερίτμητος, uncircumcised
42 περιτέμνω, *aor pas ptc nom p m*, circumcise
43 ἡσυχία, quiet
44 αὐτόθι, there

παρεμβολῇ,[1] ἕως ὑγιάσθησαν.[2] **9** καὶ εἶπεν κύριος τῷ Ἰησοῖ υἱῷ Ναυη Ἐν τῇ σήμερον ἡμέρᾳ ἀφεῖλον[3] τὸν ὀνειδισμὸν[4] Αἰγύπτου ἀφ᾽ ὑμῶν. καὶ ἐκάλεσεν τὸ ὄνομα τοῦ τόπου ἐκείνου Γαλγαλα.

10 Καὶ ἐποίησαν οἱ υἱοὶ Ισραηλ τὸ πασχα[5] τῇ τεσσαρεσκαιδεκάτῃ[6] ἡμέρᾳ τοῦ μηνὸς[7]
ἀπὸ ἑσπέρας[8] ἐπὶ δυσμῶν[9] Ιεριχω ἐν τῷ πέραν[10] τοῦ Ιορδάνου ἐν τῷ πεδίῳ[11] **11** καὶ
ἐφάγοσαν ἀπὸ τοῦ σίτου[12] τῆς γῆς ἄζυμα[13] καὶ νέα.[14] ἐν ταύτῃ τῇ ἡμέρᾳ **12** ἐξέλιπεν[15]
τὸ μαννα[16] μετὰ τὸ βεβρωκέναι[17] αὐτοὺς ἐκ τοῦ σίτου[18] τῆς γῆς, καὶ οὐκέτι ὑπῆρχεν τοῖς υἱοῖς Ισραηλ μαννα· ἐκαρπίσαντο[19] δὲ τὴν χώραν[20] τῶν Φοινίκων ἐν τῷ ἐνιαυτῷ[21] ἐκείνῳ.

The Commander of the Lord

13 Καὶ ἐγένετο ὡς ἦν Ἰησοῦς ἐν Ιεριχω, καὶ ἀναβλέψας[22] τοῖς ὀφθαλμοῖς εἶδεν ἄνθρωπον ἑστηκότα ἐναντίον[23] αὐτοῦ, καὶ ἡ ῥομφαία[24] ἐσπασμένη[25] ἐν τῇ χειρὶ αὐτοῦ. καὶ προσελθὼν Ἰησοῦς εἶπεν αὐτῷ Ἡμέτερος[26] εἶ ἢ τῶν ὑπεναντίων;[27] **14** ὁ δὲ
εἶπεν αὐτῷ Ἐγὼ ἀρχιστράτηγος[28] δυνάμεως κυρίου νυνὶ[29] παραγέγονα. καὶ Ἰησοῦς ἔπεσεν ἐπὶ πρόσωπον ἐπὶ τὴν γῆν καὶ εἶπεν αὐτῷ Δέσποτα,[30] τί προστάσσεις[31]
τῷ σῷ[32] οἰκέτῃ;[33] **15** καὶ λέγει ὁ ἀρχιστράτηγος[34] κυρίου πρὸς Ἰησοῦν Λῦσαι[35] τὸ
ὑπόδημα[36] ἐκ τῶν ποδῶν σου· ὁ γὰρ τόπος, ἐφ᾽ ᾧ σὺ ἕστηκας, ἅγιός ἐστιν.

Conquest of Jericho

6 Καὶ Ιεριχω συγκεκλεισμένη[37] καὶ ὠχυρωμένη,[38] καὶ οὐθεὶς[39] ἐξεπορεύετο ἐξ αὐτῆς οὐδὲ εἰσεπορεύετο.[40] **2** καὶ εἶπεν κύριος πρὸς Ἰησοῦν Ἰδοὺ ἐγὼ παραδίδωμι
ὑποχείριόν[41] σου τὴν Ιεριχω καὶ τὸν βασιλέα αὐτῆς τὸν ἐν αὐτῇ δυνατοὺς ὄντας

1 παρεμβολή, camp
2 ὑγιάζω, *aor pas ind 3p*, heal
3 ἀφαιρέω, *aor act ind 1s*, remove
4 ὀνειδισμός, reproach
5 πασχα, Passover, *translit.*
6 τεσσαρεσκαιδέκατος, fourteenth
7 μήν, month
8 ἑσπέρα, evening
9 δυσμή, sunset
10 πέραν, beyond
11 πεδίον, level place, field, plain
12 σῖτος, grain
13 ἄζυμος, unleavened
14 νέος, fresh
15 ἐκλείπω, *aor act ind 3s*, leave behind
16 μάννα, manna, *translit.*
17 βιβρώσκω, *perf act inf*, eat
18 σῖτος, grain
19 καρπίζομαι, *aor mid ind 3p*, enjoy the fruits
20 χώρα, territory, land
21 ἐνιαυτός, year
22 ἀναβλέπω, *aor act ptc nom s m*, look up
23 ἐναντίον, before
24 ῥομφαία, sword
25 σπάω, *perf pas ptc nom s f*, draw
26 ἡμέτερος, our
27 ὑπεναντίος, enemy
28 ἀρχιστράτηγος, commander, chief captain
29 νυνί, now
30 δεσπότης, master
31 προστάσσω, *pres act ind 2s*, command
32 σός, your
33 οἰκέτης, servant
34 ἀρχιστράτηγος, commander, chief captain
35 λύω, *aor act inf*, loosen
36 ὑπόδημα, sandal
37 συγκλείω, *perf pas ptc nom s f*, shut in, close up
38 ὀχυρόω, *perf pas ptc nom s f*, secure, lock
39 οὐθείς, nobody
40 εἰσπορεύομαι, *impf mid ind 3s*, enter
41 ὑποχείριος, in one's hands

ἐν ἰσχύι·[1] **3** σὺ δὲ περίστησον[2] αὐτῇ τοὺς μαχίμους[3] κύκλῳ,[4] **5** καὶ ἔσται ὡς ἂν
σαλπίσητε[5] τῇ σάλπιγγι,[6] ἀνακραγέτω[7] πᾶς ὁ λαὸς ἅμα,[8] καὶ ἀνακραγόντων[9] αὐτῶν
πεσεῖται αὐτόματα[10] τὰ τείχη[11] τῆς πόλεως, καὶ εἰσελεύσεται πᾶς ὁ λαὸς ὁρμήσας[12]
ἕκαστος κατὰ πρόσωπον εἰς τὴν πόλιν. **6** καὶ εἰσῆλθεν Ἰησοῦς ὁ τοῦ Ναυη πρὸς τοὺς
ἱερεῖς **7** καὶ εἶπεν αὐτοῖς λέγων Παραγγείλατε[13] τῷ λαῷ περιελθεῖν[14] καὶ κυκλῶσαι[15]
τὴν πόλιν, καὶ οἱ μάχιμοι[16] παραπορευέσθωσαν[17] ἐνωπλισμένοι[18] ἐναντίον[19] κυρίου·

8 καὶ ἑπτὰ ἱερεῖς ἔχοντες ἑπτὰ σάλπιγγας[20] ἱερὰς[21] παρελθέτωσαν[22] ὡσαύτως[23]
ἐναντίον[24] τοῦ κυρίου καὶ σημαινέτωσαν[25] εὐτόνως,[26] καὶ ἡ κιβωτὸς[27] τῆς διαθήκης
κυρίου ἐπακολουθείτω·[28] **9** οἱ δὲ μάχιμοι[29] ἔμπροσθεν παραπορευέσθωσαν[30] καὶ οἱ
ἱερεῖς οἱ οὐραγοῦντες[31] ὀπίσω τῆς κιβωτοῦ[32] τῆς διαθήκης κυρίου πορευόμενοι καὶ
σαλπίζοντες.[33] **10** τῷ δὲ λαῷ ἐνετείλατο[34] Ἰησοῦς λέγων Μὴ βοᾶτε,[35] μηδὲ ἀκουσάτω
μηθεὶς[36] ὑμῶν τὴν φωνήν, ἕως ἂν ἡμέραν αὐτὸς διαγγείλῃ[37] ἀναβοῆσαι,[38] καὶ τότε
ἀναβοήσετε.[39] **11** καὶ περιελθοῦσα[40] ἡ κιβωτὸς[41] τῆς διαθήκης τοῦ θεοῦ τὴν πόλιν
εὐθέως[42] ἀπῆλθεν εἰς τὴν παρεμβολὴν[43] καὶ ἐκοιμήθη[44] ἐκεῖ. **12** καὶ τῇ ἡμέρᾳ τῇ
δευτέρᾳ ἀνέστη Ἰησοῦς τὸ πρωί,[45] καὶ ἦραν οἱ ἱερεῖς τὴν κιβωτὸν[46] τῆς διαθήκης
κυρίου, **13** καὶ οἱ ἑπτὰ ἱερεῖς οἱ φέροντες τὰς σάλπιγγας[47] τὰς ἑπτὰ προεπορεύοντο[48]
ἐναντίον[49] κυρίου, καὶ μετὰ ταῦτα εἰσεπορεύοντο[50] οἱ μάχιμοι[51] καὶ ὁ λοιπὸς

1 ἰσχύς, strength, might
2 περιΐστημι, *aor act impv 2s*, place around
3 μάχιμος, fighting men
4 κύκλῳ, round about
5 σαλπίζω, *aor act sub 2p*, sound the trumpet
6 σάλπιγξ, trumpet
7 ἀνακράζω, *aor act impv 3s*, cry out, shout
8 ἅμα, together, at the same time
9 ἀνακράζω, *aor act ptc gen p m*, cry out, shout
10 αὐτόματος, on its own
11 τεῖχος, city wall
12 ὁρμάω, *aor act ptc nom s m*, rush forward
13 παραγγέλλω, *aor act impv 2p*, order, charge
14 περιέρχομαι, *aor act inf*, go around
15 κυκλόω, *aor act inf*, encircle, surround
16 μάχιμος, fighting men
17 παραπορεύομαι, *pres mid impv 3p*, pass by
18 ἐνοπλίζω, *perf mid ptc nom p m*, arm oneself
19 ἐναντίον, before
20 σάλπιγξ, trumpet
21 ἱερός, sacred
22 παρέρχομαι, *aor act impv 3p*, pass by
23 ὡσαύτως, in the manner that
24 ἐναντίον, before
25 σημαίνω, *pres act impv 3p*, signal
26 εὐτόνως, loudly
27 κιβωτός, chest, ark (of the covenant)
28 ἐπακολουθέω, *pres act impv 3s*, follow
29 μάχιμος, fighting men
30 παραπορεύομαι, *pres mid impv 3p*, pass by
31 οὐραγέω, *pres act ptc nom p m*, bring up the rear
32 κιβωτός, chest, ark (of the covenant)
33 σαλπίζω, *pres act ptc nom p m*, sound the trumpet
34 ἐντέλλομαι, *aor mid ind 3s*, command
35 βοάω, *pres act impv 2p*, cry out
36 μηθείς, no one, anyone
37 διαγγέλλω, *aor act sub 3s*, give notice
38 ἀναβοάω, *aor act inf*, shout aloud
39 ἀναβοάω, *fut act ind 2p*, shout aloud
40 περιέρχομαι, *aor act ptc nom s f*, go around
41 κιβωτός, chest, ark (of the covenant)
42 εὐθέως, immediately
43 παρεμβολή, camp
44 κοιμάομαι, *aor pas ind 3s*, remain, lodge
45 πρωί, (in the) morning
46 κιβωτός, chest, ark (of the covenant)
47 σάλπιγξ, trumpet
48 προπορεύομαι, *impf mid ind 3p*, go before
49 ἐναντίον, before
50 εἰσπορεύομαι, *impf mid ind 3p*, enter
51 μάχιμος, fighting men

ὄχλος[1] ὄπισθε[2] τῆς κιβωτοῦ[3] τῆς διαθήκης κυρίου· καὶ οἱ ἱερεῖς ἐσάλπισαν[4] ταῖς
σάλπιγξι,[5] καὶ ὁ λοιπὸς ὄχλος[6] ἅπας περιεκύκλωσε[7] τὴν πόλιν ἐγγύθεν[8] **14** καὶ ἀπ-
ῆλθεν πάλιν[9] εἰς τὴν παρεμβολήν.[10] οὕτως ἐποίει ἐπὶ ἓξ[11] ἡμέρας.

15 καὶ τῇ ἡμέρᾳ τῇ ἑβδόμῃ[12] ἀνέστησαν ὄρθρου[13] καὶ περιήλθοσαν[14] τὴν πόλιν ἑξά-
κις·[15] **16** καὶ τῇ περιόδῳ[16] τῇ ἑβδόμῃ[17] ἐσάλπισαν[18] οἱ ἱερεῖς, καὶ εἶπεν Ἰησοῦς τοῖς
υἱοῖς Ισραηλ Κεκράξατε· παρέδωκεν γὰρ κύριος ὑμῖν τὴν πόλιν. **17** καὶ ἔσται ἡ πόλις
ἀνάθεμα,[19] αὐτὴ καὶ πάντα, ὅσα ἐστὶν ἐν αὐτῇ, κυρίῳ σαβαωθ·[20] πλὴν Ρααβ τὴν πόρ-
νην[21] περιποιήσασθε,[22] αὐτὴν καὶ ὅσα ἐστὶν ἐν τῷ οἴκῳ αὐτῆς. **18** ἀλλὰ ὑμεῖς φυλά-
ξασθε σφόδρα[23] ἀπὸ τοῦ ἀναθέματος,[24] μήποτε[25] ἐνθυμηθέντες[26] ὑμεῖς αὐτοὶ λάβητε
ἀπὸ τοῦ ἀναθέματος[27] καὶ ποιήσητε τὴν παρεμβολὴν[28] τῶν υἱῶν Ισραηλ ἀνάθεμα[29]
καὶ ἐκτρίψητε[30] ἡμᾶς· **19** καὶ πᾶν ἀργύριον[31] ἢ χρυσίον[32] ἢ χαλκὸς[33] ἢ σίδηρος[34] ἅγιον
ἔσται τῷ κυρίῳ, εἰς θησαυρὸν[35] κυρίου εἰσενεχθήσεται.[36] **20** καὶ ἐσάλπισαν[37] ταῖς
σάλπιγξιν[38] οἱ ἱερεῖς· ὡς δὲ ἤκουσεν ὁ λαὸς τὴν φωνὴν τῶν σαλπίγγων,[39] ἠλάλαξεν πᾶς
ὁ λαὸς ἅμα[40] ἀλαλαγμῷ[41] μεγάλῳ καὶ ἰσχυρῷ.[42] καὶ ἔπεσεν ἅπαν[43] τὸ τεῖχος[44] κύκλῳ,[45]
καὶ ἀνέβη πᾶς ὁ λαὸς εἰς τὴν πόλιν. **21** καὶ ἀνεθεμάτισεν[46] αὐτὴν Ἰησοῦς καὶ ὅσα ἦν
ἐν τῇ πόλει ἀπὸ ἀνδρὸς καὶ ἕως γυναικός, ἀπὸ νεανίσκου[47] καὶ ἕως πρεσβύτου[48] καὶ
ἕως μόσχου[49] καὶ ὑποζυγίου,[50] ἐν στόματι ῥομφαίας.[51]

1 ὄχλος, crowd
2 ὄπισθε(ν), behind
3 κιβωτός, chest, ark (of the covenant)
4 σαλπίζω, *aor act ind 3p*, sound the trumpet
5 σάλπιγξ, trumpet
6 ὄχλος, crowd
7 περικυκλόω, *aor act ind 3s*, encircle
8 ἐγγύθεν, close, nearby
9 πάλιν, again
10 παρεμβολή, camp
11 ἕξ, six
12 ἕβδομος, seventh
13 ὄρθρος, early morning
14 περιέρχομαι, *aor act ind 3p*, go around
15 ἑξάκις, six times
16 περίοδος, circuit
17 ἕβδομος, seventh
18 σαλπίζω, *aor act ind 3p*, sound the trumpet
19 ἀνάθεμα, devoted to destruction, cursed
20 σαβαωθ, of hosts, *translit.*
21 πόρνη, prostitute, harlot
22 περιποιέω, *aor mid impv 2p*, preserve alive
23 σφόδρα, very
24 ἀνάθεμα, devoted to destruction, cursed
25 μήποτε, lest
26 ἐνθυμέομαι, *aor pas ptc nom p m*, covet, desire
27 ἀνάθεμα, devoted to destruction, cursed
28 παρεμβολή, camp
29 ἀνάθεμα, devoted to destruction, cursed
30 ἐκτρίβω, *aor act sub 2p*, destroy
31 ἀργύριον, silver
32 χρυσίον, gold
33 χαλκός, bronze
34 σίδηρος, iron
35 θησαυρός, treasury
36 εἰσφέρω, *fut pas ind 3s*, bring in
37 σαλπίζω, *aor act ind 3p*, sound the trumpet
38 σάλπιγξ, trumpet
39 σάλπιγξ, trumpet
40 ἅμα, together, at the same time
41 ἀλαλαγμός, shout
42 ἰσχυρός, strong
43 ἅπας, whole
44 τεῖχος, city wall
45 κύκλῳ, round about
46 ἀναθεματίζω, *aor act ind 3s*, devote to destruction, curse
47 νεανίσκος, young man
48 πρεσβύτης, elder
49 μόσχος, calf, young bull
50 ὑποζύγιον, beast of burden
51 ῥομφαία, sword

22 καὶ τοῖς δυσὶν νεανίσκοις[1] τοῖς κατασκοπεύσασιν[2] εἶπεν Ἰησοῦς Εἰσέλθατε
εἰς τὴν οἰκίαν τῆς γυναικὸς καὶ ἐξαγάγετε[3] αὐτὴν ἐκεῖθεν[4] καὶ ὅσα ἐστὶν αὐτῇ.
23 καὶ εἰσῆλθον οἱ δύο νεανίσκοι[5] οἱ κατασκοπεύσαντες[6] τὴν πόλιν εἰς τὴν οἰκίαν
τῆς γυναικὸς καὶ ἐξηγάγοσαν[7] Ραaβ τὴν πόρνην[8] καὶ τὸν πατέρα αὐτῆς καὶ τὴν
μητέρα αὐτῆς καὶ τοὺς ἀδελφοὺς αὐτῆς καὶ πάντα, ὅσα ἦν αὐτῇ, καὶ πᾶσαν τὴν
συγγένειαν[9] αὐτῆς καὶ κατέστησαν[10] αὐτὴν ἔξω τῆς παρεμβολῆς[11] Ισραηλ. **24** καὶ
ἡ πόλις ἐνεπρήσθη[12] ἐμπυρισμῷ[13] σὺν πᾶσιν τοῖς ἐν αὐτῇ, πλὴν ἀργυρίου[14] καὶ
χρυσίου[15] καὶ χαλκοῦ[16] καὶ σιδήρου[17] ἔδωκαν εἰς θησαυρὸν[18] κυρίου εἰσενεχθῆναι.[19]
25 καὶ Ρααβ τὴν πόρνην[20] καὶ πάντα τὸν οἶκον τὸν πατρικὸν[21] αὐτῆς ἐζώγρησεν[22]
Ἰησοῦς, καὶ κατῴκησεν ἐν τῷ Ισραηλ ἕως τῆς σήμερον ἡμέρας, διότι[23] ἔκρυψεν[24]
τοὺς κατασκοπεύσαντας,[25] οὓς ἀπέστειλεν Ἰησοῦς κατασκοπεῦσαι[26] τὴν Ιεριχω.

26 καὶ ὥρκισεν[27] Ἰησοῦς ἐν τῇ ἡμέρᾳ ἐκείνῃ ἐναντίον[28] κυρίου λέγων

Ἐπικατάρατος[29] ὁ ἄνθρωπος,
  ὃς οἰκοδομήσει τὴν πόλιν ἐκείνην·
ἐν τῷ πρωτοτόκῳ[30] αὐτοῦ θεμελιώσει[31] αὐτὴν
  καὶ ἐν τῷ ἐλαχίστῳ[32] αὐτοῦ ἐπιστήσει[33] τὰς πύλας[34] αὐτῆς.

καὶ οὕτως ἐποίησεν Οζαν ὁ ἐκ Βαιθηλ· ἐν τῷ Αβιρων τῷ πρωτοτόκῳ[35] ἐθεμελίωσεν[36]
αὐτὴν καὶ ἐν τῷ ἐλαχίστῳ[37] διασωθέντι[38] ἐπέστησεν[39] τὰς πύλας[40] αὐτῆς.

27 Καὶ ἦν κύριος μετὰ Ἰησοῦ, καὶ ἦν τὸ ὄνομα αὐτοῦ κατὰ πᾶσαν τὴν γῆν.

1 νεανίσκος, young man
2 κατασκοπεύω, *aor act ptc dat p m*, spy, inspect
3 ἐξάγω, *aor act impv 2p*, bring out
4 ἐκεῖθεν, from there
5 νεανίσκος, young man
6 κατασκοπεύω, *aor act ptc nom p m*, spy, inspect
7 ἐξάγω, *aor act ind 3p*, bring out
8 πόρνη, prostitute, harlot
9 συγγένεια, kindred, family
10 καθίστημι, *aor act ind 3p*, set, place
11 παρεμβολή, camp
12 ἐμπίμπρημι, *aor pas ind 3s*, burn
13 ἐμπυρισμός, burning
14 ἀργύριον, silver
15 χρυσίον, gold
16 χαλκοῦς, bronze
17 σίδηρος, iron
18 θησαυρός, treasury
19 εἰσφέρω, *aor pas inf*, bring in
20 πόρνη, prostitute, harlot
21 πατρικός, paternal
22 ζωγρέω, *aor act ind 3s*, preserve alive
23 διότι, because
24 κρύπτω, *aor act ind 3s*, hide, conceal
25 κατασκοπεύω, *aor act ptc acc p m*, spy, inspect
26 κατασκοπεύω, *aor act inf*, spy, inspect
27 ὁρκίζω, *aor act ind 3s*, swear
28 ἐναντίον, before
29 ἐπικατάρατος, cursed
30 πρωτότοκος, firstborn
31 θεμελιόω, *fut act ind 3s*, found, establish
32 ἐλάχιστος, *sup of* μικρός, *from* ἐλαχύς, smallest, youngest
33 ἐφίστημι, *fut act ind 3s*, set, place
34 πύλη, gate
35 πρωτότοκος, firstborn
36 θεμελιόω, *aor act ind 3s*, found, establish
37 ἐλάχιστος, *sup of* μικρός, *from* ἐλαχύς, smallest, youngest
38 διασῴζω, *aor pas ptc dat s m*, preserve, escape
39 ἐφίστημι, *aor act ind 3s*, set, place
40 πύλη, gate

Israel Defeated at Ai

7 Καὶ ἐπλημμέλησαν[1] οἱ υἱοὶ Ισραηλ πλημμέλειαν[2] μεγάλην καὶ ἐνοσφίσαντο[3] ἀπὸ τοῦ ἀναθέματος·[4] καὶ ἔλαβεν Αχαρ υἱὸς Χαρμι υἱοῦ Ζαμβρι υἱοῦ Ζαρα ἐκ τῆς φυλῆς Ιουδα ἀπὸ τοῦ ἀναθέματος· καὶ ἐθυμώθη[5] ὀργῇ κύριος τοῖς υἱοῖς Ισραηλ. **2** καὶ ἀπέστειλεν Ἰησοῦς ἄνδρας εἰς Γαι, ἥ ἐστιν κατὰ Βαιθηλ, λέγων Κατασκέψασθε[6] τὴν Γαι· καὶ ἀνέβησαν οἱ ἄνδρες καὶ κατεσκέψαντο[7] τὴν Γαι. **3** καὶ ἀνέστρεψαν[8] πρὸς Ἰησοῦν καὶ εἶπαν πρὸς αὐτόν Μὴ ἀναβήτω πᾶς ὁ λαός, ἀλλ᾿ ὡς δισχίλιοι[9] ἢ τρισχίλιοι[10] ἄνδρες ἀναβήτωσαν καὶ ἐκπολιορκησάτωσαν[11] τὴν πόλιν· μὴ ἀναγάγῃς[12] ἐκεῖ τὸν λαὸν πάντα, ὀλίγοι[13] γάρ εἰσιν. **4** καὶ ἀνέβησαν ὡσεὶ[14] τρισχίλιοι[15] ἄνδρες καὶ ἔφυγον[16] ἀπὸ προσώπου τῶν ἀνδρῶν Γαι. **5** καὶ ἀπέκτειναν ἀπ᾿ αὐτῶν ἄνδρες Γαι εἰς τριάκοντα[17] καὶ ἓξ[18] ἄνδρας καὶ κατεδίωξαν[19] αὐτοὺς ἀπὸ τῆς πύλης[20] καὶ συνέτριψαν[21] αὐτοὺς ἐπὶ τοῦ καταφεροῦς·[22] καὶ ἐπτοήθη[23] ἡ καρδία τοῦ λαοῦ καὶ ἐγένετο ὥσπερ ὕδωρ.

6 καὶ διέρρηξεν[24] Ἰησοῦς τὰ ἱμάτια αὐτοῦ, καὶ ἔπεσεν Ἰησοῦς ἐπὶ τὴν γῆν ἐπὶ πρόσωπον ἐναντίον[25] κυρίου ἕως ἑσπέρας,[26] αὐτὸς καὶ οἱ πρεσβύτεροι Ισραηλ, καὶ ἐπεβάλοντο[27] χοῦν[28] ἐπὶ τὰς κεφαλὰς αὐτῶν. **7** καὶ εἶπεν Ἰησοῦς Δέομαι,[29] κύριε, ἵνα τί διεβίβασεν[30] ὁ παῖς[31] σου τὸν λαὸν τοῦτον τὸν Ιορδάνην παραδοῦναι αὐτὸν τῷ Αμορραίῳ ἀπολέσαι ἡμᾶς; καὶ εἰ κατεμείναμεν[32] καὶ κατῳκίσθημεν[33] παρὰ τὸν Ιορδάνην. **8** καὶ τί ἐρῶ, ἐπεὶ[34] μετέβαλεν[35] Ισραηλ αὐχένα[36] ἀπέναντι[37] τοῦ ἐχθροῦ αὐτοῦ; **9** καὶ ἀκούσας ὁ Χαναναῖος καὶ πάντες οἱ κατοικοῦντες τὴν γῆν περικυκλώσουσιν[38] ἡμᾶς καὶ ἐκτρίψουσιν[39] ἡμᾶς ἀπὸ τῆς γῆς· καὶ τί ποιήσεις τὸ ὄνομά σου τὸ μέγα;

1 πλημμελέω, *aor act ind 3p*, trespass, commit offense
2 πλημμέλεια, offense, error
3 νοσφίζομαι, *aor mid ind 3p*, steal
4 ἀνάθεμα, devoted to destruction, cursed
5 θυμόω, *aor pas ind 3s*, be angry
6 κατασκέπτομαι, *aor mid impv 2p*, spy out, inspect
7 κατασκέπτομαι, *aor mid ind 3p*, spy out, inspect
8 ἀναστρέφω, *aor act ind 3p*, return
9 δισχίλιοι, two thousand
10 τρισχίλιοι, three thousand
11 ἐκπολιορκέω, *aor act impv 3p*, take a city by siege
12 ἀνάγω, *aor act sub 2s*, lead up
13 ὀλίγος, few
14 ὡσεί, about
15 τρισχίλιοι, three thousand
16 φεύγω, *aor act ind 3p*, flee
17 τριάκοντα, thirty
18 ἕξ, six
19 καταδιώκω, *aor act ind 3p*, pursue
20 πύλη, gate
21 συντρίβω, *aor act ind 3p*, crush, shatter
22 καταφερής, steep ground, downhill (slope)
23 πτοέω, *aor pas ind 3s*, terrify, tremble
24 διαρρήγνυμι, *aor act ind 3s*, tear
25 ἐναντίον, before
26 ἑσπέρα, evening
27 ἐπιβάλλω, *aor mid ind 3p*, cast upon
28 χοῦς, dust
29 δέομαι, *pres mid ind 1s*, pray, beseech
30 διαβιβάζω, *aor act ind 3s*, carry over
31 παῖς, servant
32 καταμένω, *aor act ind 1p*, remain
33 κατοικίζω, *aor pas ind 1p*, settle
34 ἐπεί, when, since
35 μεταβάλλω, *aor act ind 3s*, turn
36 αὐχήν, neck
37 ἀπέναντι, before
38 περικυκλόω, *fut act ind 3p*, encircle
39 ἐκτρίβω, *fut act ind 3p*, destroy

Achan's Sin

10 καὶ εἶπεν κύριος πρὸς Ἰησοῦν Ἀνάστηθι· ἵνα τί τοῦτο σὺ πέπτωκας ἐπὶ πρόσωπόν
σου; **11** ἡμάρτηκεν ὁ λαὸς καὶ παρέβη[1] τὴν διαθήκην, ἣν διεθέμην[2] πρὸς αὐτούς, καὶ
κλέψαντες[3] ἀπὸ τοῦ ἀναθέματος[4] ἐνέβαλον[5] εἰς τὰ σκεύη[6] αὐτῶν. **12** οὐ μὴ δύνωνται οἱ
υἱοὶ Ισραηλ ὑποστῆναι[7] κατὰ πρόσωπον τῶν ἐχθρῶν αὐτῶν· αὐχένα[8] ἐπιστρέψουσιν
ἔναντι[9] τῶν ἐχθρῶν αὐτῶν, ὅτι ἐγενήθησαν ἀνάθεμα·[10] οὐ προσθήσω[11] ἔτι εἶναι
μεθ' ὑμῶν, ἐὰν μὴ ἐξάρητε[12] τὸ ἀνάθεμα[13] ἐξ ὑμῶν αὐτῶν. **13** ἀναστὰς ἁγίασον[14]
τὸν λαὸν καὶ εἰπὸν ἁγιασθῆναι[15] εἰς αὔριον·[16] τάδε[17] λέγει κύριος ὁ θεὸς Ισραηλ Τὸ
ἀνάθεμα[18] ἐν ὑμῖν ἐστιν, οὐ δυνήσεσθε ἀντιστῆναι[19] ἀπέναντι[20] τῶν ἐχθρῶν ὑμῶν,
ἕως ἂν ἐξάρητε[21] τὸ ἀνάθεμα[22] ἐξ ὑμῶν. **14** καὶ συναχθήσεσθε[23] πάντες τὸ πρωὶ[24]
κατὰ φυλάς, καὶ ἔσται ἡ φυλή, ἣν ἂν δείξῃ κύριος, προσάξετε[25] κατὰ δήμους·[26] καὶ
τὸν δῆμον, ὃν ἐὰν δείξῃ κύριος, προσάξετε κατ' οἶκον· καὶ τὸν οἶκον, ὃν ἐὰν δείξῃ
κύριος, προσάξετε κατ' ἄνδρα· **15** καὶ ὃς ἂν ἐνδειχθῇ,[27] κατακαυθήσεται[28] ἐν πυρὶ καὶ
πάντα, ὅσα ἐστὶν αὐτῷ, ὅτι παρέβη[29] τὴν διαθήκην κυρίου καὶ ἐποίησεν ἀνόμημα[30]
ἐν Ισραηλ.

16 καὶ ὤρθρισεν[31] Ἰησοῦς καὶ προσήγαγεν[32] τὸν λαὸν κατὰ φυλάς, καὶ ἐνεδείχθη[33]
ἡ φυλὴ Ιουδα· **17** καὶ προσήχθη[34] κατὰ δήμους,[35] καὶ ἐνεδείχθη[36] δῆμος ὁ Ζαραϊ·
καὶ προσήχθη[37] κατὰ ἄνδρα, **18** καὶ ἐνεδείχθη[38] Αχαρ υἱὸς Ζαμβρι υἱοῦ Ζαρα.
19 καὶ εἶπεν Ἰησοῦς τῷ Αχαρ Δὸς δόξαν σήμερον τῷ κυρίῳ θεῷ Ισραηλ καὶ δὸς
τὴν ἐξομολόγησιν[39] καὶ ἀνάγγειλόν[40] μοι τί ἐποίησας, καὶ μὴ κρύψῃς[41] ἀπ' ἐμοῦ.
20 καὶ ἀπεκρίθη Αχαρ τῷ Ἰησοῖ καὶ εἶπεν Ἀληθῶς[42] ἥμαρτον ἐναντίον[43] κυρίου

1 παραβαίνω, *aor act ind 3s*, break, deviate from
2 διατίθημι, *aor mid ind 1s*, arrange
3 κλέπτω, *aor act ptc nom p m*, steal
4 ἀνάθεμα, devoted to destruction, accursed
5 ἐμβάλλω, *aor act ind 3p*, put into
6 σκεῦος, thing, belonging
7 ὑφίστημι, *aor act inf*, withstand, resist
8 αὐχήν, neck
9 ἔναντι, before
10 ἀνάθεμα, devoted to destruction, cursed
11 προστίθημι, *fut act ind 1s*, continue, add
12 ἐξαίρω, *aor act sub 2p*, remove
13 ἀνάθεμα, devoted to destruction, cursed
14 ἁγιάζω, *aor act impv 2s*, sanctify, consecrate
15 ἁγιάζω, *aor pas inf*, sanctify, consecrate
16 αὔριον, tomorrow
17 ὅδε, this
18 ἀνάθεμα, devoted to destruction, cursed
19 ἀνθίστημι, *aor act inf*, stand against
20 ἀπέναντι, against
21 ἐξαίρω, *aor act sub 2p*, remove
22 ἀνάθεμα, devoted to destruction, cursed
23 συνάγω, *fut pas ind 2p*, gather together
24 πρωί, (in the) morning
25 προσάγω, *fut act ind 2p*, bring to
26 δῆμος, district, division
27 ἐνδείκνυμι, *aor pas sub 3s*, show forth
28 κατακαίω, *fut pas ind 3s*, burn up
29 παραβαίνω, *aor act ind 3s*, break, deviate from
30 ἀνόμημα, iniquity, wickedness
31 ὀρθρίζω, *aor act ind 3s*, rise early
32 προσάγω, *aor act ind 3s*, bring to
33 ἐνδείκνυμι, *aor pas ind 3s*, show forth
34 προσάγω, *aor pas ind 3s*, bring to
35 δῆμος, district, division
36 ἐνδείκνυμι, *aor pas ind 3s*, show forth
37 προσάγω, *aor pas ind 3s*, bring to
38 ἐνδείκνυμι, *aor pas ind 3s*, show forth
39 ἐξομολόγησις, thanksgiving, praise
40 ἀναγγέλλω, *aor act impv 2s*, report, declare
41 κρύπτω, *aor act sub 2s*, hide, conceal
42 ἀληθῶς, truly
43 ἐναντίον, before

θεοῦ Ισραηλ· οὕτως καὶ οὕτως ἐποίησα· **21** εἶδον ἐν τῇ προνομῇ[1] ψιλὴν[2] ποικίλην[3] καλὴν καὶ διακόσια[4] δίδραχμα[5] ἀργυρίου[6] καὶ γλῶσσαν μίαν χρυσῆν[7] πεντήκοντα[8] διδράχμων καὶ ἐνθυμηθεὶς[9] αὐτῶν ἔλαβον, καὶ ἰδοὺ αὐτὰ ἐγκέκρυπται[10] ἐν τῇ γῇ ἐν τῇ σκηνῇ[11] μου, καὶ τὸ ἀργύριον[12] κέκρυπται[13] ὑποκάτω[14] αὐτῶν.

22 καὶ ἀπέστειλεν Ἰησοῦς ἀγγέλους, καὶ ἔδραμον[15] εἰς τὴν σκηνὴν[16] εἰς τὴν παρεμβολήν·[17] καὶ ταῦτα ἦν ἐγκεκρυμμένα[18] εἰς τὴν σκηνήν, καὶ τὸ ἀργύριον[19] ὑποκάτω[20] αὐτῶν. **23** καὶ ἐξήνεγκαν[21] αὐτὰ ἐκ τῆς σκηνῆς[22] καὶ ἤνεγκαν[23] πρὸς Ἰησοῦν καὶ τοὺς πρεσβυτέρους Ισραηλ, καὶ ἔθηκαν αὐτὰ ἔναντι[24] κυρίου. **24** καὶ ἔλαβεν Ἰησοῦς τὸν Αχαρ υἱὸν Ζαρα καὶ ἀνήγαγεν[25] αὐτὸν εἰς φάραγγα[26] Αχωρ καὶ τοὺς υἱοὺς αὐτοῦ καὶ τὰς θυγατέρας[27] αὐτοῦ καὶ τοὺς μόσχους[28] αὐτοῦ καὶ τὰ ὑποζύγια[29] αὐτοῦ καὶ πάντα τὰ πρόβατα αὐτοῦ καὶ τὴν σκηνὴν[30] αὐτοῦ καὶ πάντα τὰ ὑπάρχοντα αὐτοῦ, καὶ πᾶς ὁ λαὸς μετ' αὐτοῦ· καὶ ἀνήγαγεν[31] αὐτοὺς εἰς Εμεκαχωρ. **25** καὶ εἶπεν Ἰησοῦς τῷ Αχαρ Τί ὠλέθρευσας[32] ἡμᾶς; ἐξολεθρεύσαι[33] σε κύριος καθὰ[34] καὶ σήμερον. καὶ ἐλιθοβόλησαν[35] αὐτὸν λίθοις πᾶς Ισραηλ. **26** καὶ ἐπέστησαν[36] αὐτῷ σωρὸν[37] λίθων μέγαν. καὶ ἐπαύσατο[38] κύριος τοῦ θυμοῦ[39] τῆς ὀργῆς. διὰ τοῦτο ἐπωνόμασεν[40] αὐτὸ Εμεκαχωρ ἕως τῆς ἡμέρας ταύτης.

Conquest of Ai

8 Καὶ εἶπεν κύριος πρὸς Ἰησοῦν Μὴ φοβηθῇς μηδὲ δειλιάσῃς·[41] λαβὲ μετὰ σοῦ τοὺς ἄνδρας πάντας τοὺς πολεμιστὰς[42] καὶ ἀναστὰς ἀνάβηθι εἰς Γαι· ἰδοὺ δέδωκα εἰς τὰς χεῖράς σου τὸν βασιλέα Γαι καὶ τὴν γῆν αὐτοῦ. **2** καὶ ποιήσεις τὴν Γαι ὃν τρόπον[43] ἐποίησας τὴν Ιεριχω καὶ τὸν βασιλέα αὐτῆς, καὶ τὴν προνομὴν[44]

1 προνομή, plunder, booty
2 ψιλός, carpet
3 ποικίλος, multicolored
4 διακόσιοι, two hundred
5 δίδραχμον, two-drachma coin
6 ἀργύριον, silver
7 χρυσοῦς, golden
8 πεντήκοντα, fifty
9 ἐνθυμέομαι, *aor pas ptc nom s m*, covet, desire
10 ἐγκρύπτω, *perf pas ind 3s*, hide, conceal
11 σκηνή, tent
12 ἀργύριον, silver
13 κρύπτω, *perf pas ind 3s*, hide
14 ὑποκάτω, underneath
15 τρέχω, *aor act ind 3p*, run
16 σκηνή, tent
17 παρεμβολή, camp
18 ἐγκρύπτω, *perf pas ptc nom p n*, hide, conceal
19 ἀργύριον, silver
20 ὑποκάτω, underneath
21 ἐκφέρω, *aor act ind 3p*, carry out
22 σκηνή, tent
23 φέρω, *aor act ind 3p*, bring
24 ἔναντι, before
25 ἀνάγω, *aor act ind 3s*, lead up
26 φάραγξ, ravine
27 θυγάτηρ, daughter
28 μόσχος, calf, young bull
29 ὑποζύγιον, beast of burden
30 σκηνή, tent
31 ἀνάγω, *aor act ind 3s*, lead up
32 ὀλεθρεύω, *aor act ind 2s*, destroy
33 ἐξολεθρεύω, *aor act opt 3s*, utterly destroy
34 καθά, just as
35 λιθοβολέω, *aor act ind 3p*, stone
36 ἐφίστημι, *aor act ind 3p*, place over
37 σωρός, heap, pile
38 παύω, *aor mid ind 3s*, cease, quiet
39 θυμός, anger, wrath
40 ἐπονομάζω, *aor act ind 3s*, name, call
41 δειλιάω, *aor act sub 2s*, be afraid
42 πολεμιστής, warrior
43 ὃν τρόπον, in the manner that
44 προνομή, plunder, booty

τῶν κτηνῶν[1] προνομεύσεις[2] σεαυτῷ. κατάστησον[3] δὲ σεαυτῷ ἔνεδρα[4] τῇ πόλει εἰς τὰ ὀπίσω.

3 καὶ ἀνέστη Ἰησοῦς καὶ πᾶς ὁ λαὸς ὁ πολεμιστὴς[5] ὥστε ἀναβῆναι εἰς Γαι. ἐπέλεξεν[6] δὲ Ἰησοῦς τριάκοντα[7] χιλιάδας[8] ἀνδρῶν δυνατοὺς ἐν ἰσχύι[9] καὶ ἀπέστειλεν αὐτοὺς νυκτός. **4** καὶ ἐνετείλατο[10] αὐτοῖς λέγων Ὑμεῖς ἐνεδρεύσατε[11] ὀπίσω τῆς πόλεως· μὴ μακρὰν[12] γίνεσθε ἀπὸ τῆς πόλεως καὶ ἔσεσθε πάντες ἕτοιμοι.[13] **5** καὶ ἐγὼ καὶ πάντες οἱ μετ᾽ ἐμοῦ προσάξομεν[14] πρὸς τὴν πόλιν, καὶ ἔσται ὡς ἂν ἐξέλθωσιν οἱ κατοικοῦντες Γαι εἰς συνάντησιν[15] ἡμῖν καθάπερ[16] καὶ πρώην,[17] καὶ φευξόμεθα[18] ἀπὸ προσώπου αὐτῶν. **6** καὶ ὡς ἂν ἐξέλθωσιν ὀπίσω ἡμῶν, ἀποσπάσομεν[19] αὐτοὺς ἀπὸ τῆς πόλεως· καὶ ἐροῦσιν Φεύγουσιν[20] οὗτοι ἀπὸ προσώπου ἡμῶν ὃν τρόπον[21] καὶ ἔμπροσθεν. **7** ὑμεῖς δὲ ἐξαναστήσεσθε[22] ἐκ τῆς ἐνέδρας[23] καὶ πορεύσεσθε εἰς τὴν πόλιν. **8** κατὰ τὸ ῥῆμα τοῦτο ποιήσετε· ἰδοὺ ἐντέταλμαι[24] ὑμῖν. **9** καὶ ἀπέστειλεν αὐτοὺς Ἰησοῦς, καὶ ἐπορεύθησαν εἰς τὴν ἐνέδραν[25] καὶ ἐνεκάθισαν[26] ἀνὰ μέσον[27] Βαιθηλ καὶ ἀνὰ μέσον Γαι ἀπὸ θαλάσσης τῆς Γαι.

10 καὶ ὀρθρίσας[28] Ἰησοῦς τὸ πρωὶ[29] ἐπεσκέψατο[30] τὸν λαόν· καὶ ἀνέβησαν αὐτὸς καὶ οἱ πρεσβύτεροι κατὰ πρόσωπον τοῦ λαοῦ ἐπὶ Γαι. **11** καὶ πᾶς ὁ λαὸς ὁ πολεμιστὴς[31] μετ᾽ αὐτοῦ ἀνέβησαν καὶ πορευόμενοι ἦλθον ἐξ ἐναντίας[32] τῆς πόλεως ἀπ᾽ ἀνατολῶν,[33] **12** καὶ τὰ ἔνεδρα[34] τῆς πόλεως ἀπὸ θαλάσσης. **14** καὶ ἐγένετο ὡς εἶδεν βασιλεὺς Γαι, ἔσπευσεν[35] καὶ ἐξῆλθεν εἰς συνάντησιν[36] αὐτοῖς ἐπ᾽ εὐθείας[37] εἰς τὸν πόλεμον, αὐτὸς καὶ πᾶς ὁ λαὸς ὁ μετ᾽ αὐτοῦ, καὶ αὐτὸς οὐκ ᾔδει[38] ὅτι ἔνεδρα[39] αὐτῷ ἐστιν ὀπίσω τῆς πόλεως. **15** καὶ εἶδεν καὶ ἀνεχώρησεν[40] Ἰησοῦς καὶ Ισραηλ ἀπὸ προσώπου αὐτῶν. **16** καὶ κατεδίωξαν[41] ὀπίσω τῶν υἱῶν Ισραηλ καὶ αὐτοὶ ἀπέστησαν[42] ἀπὸ τῆς πόλεως·

1 κτῆνος, animal, (*p*) herd
2 προνομεύω, *fut act ind 2s*, plunder, capture
3 καθίστημι, *aor act impv 2s*, set
4 ἔνεδρον, ambush
5 πολεμιστής, warrior
6 ἐπιλέγω, *aor act ind 3s*, select
7 τριάκοντα, thirty
8 χιλιάς, thousand
9 ἰσχύς, strength, might
10 ἐντέλλομαι, *aor mid ind 3s*, command
11 ἐνεδρεύω, *aor act impv 2p*, lie in ambush
12 μακρός, distant
13 ἕτοιμος, ready
14 προσάγω, *fut act ind 1p*, bring upon
15 συνάντησις, meeting
16 καθάπερ, just as
17 πρώην, previously, before
18 φεύγω, *fut mid ind 1p*, flee
19 ἀποσπάω, *fut act ind 1p*, draw away
20 φεύγω, *pres act ind 3p*, flee
21 ὃν τρόπον, in the manner that
22 ἐξανίστημι, *fut mid ind 2p*, arise, emerge
23 ἐνέδρα, ambush
24 ἐντέλλομαι, *perf id ind 1s*, command
25 ἐνέδρα, ambush
26 ἐγκαθίζω, *aor act ind 3p*, lie in wait
27 ἀνὰ μέσον, between
28 ὀρθρίζω, *aor act ptc nom s m*, rise early
29 πρωί, (in the) morning
30 ἐπισκέπτομαι, *aor mid ind 3s*, visit, attend to
31 πολεμιστής, warrior
32 ἐναντίος, opposite, facing
33 ἀνατολή, east
34 ἔνεδρον, ambush
35 σπεύδω, *aor act ind 3s*, hasten
36 συνάντησις, meeting
37 εὐθύς, immediate
38 οἶδα, *plpf act ind 3s*, know
39 ἔνεδρον, ambush
40 ἀναχωρέω, *aor act ind 3s*, withdraw
41 καταδιώκω, *aor act ind 3p*, pursue
42 ἀφίστημι, *aor act ind 3p*, depart from

17 οὐ κατελείφθη[1] οὐθεὶς[2] ἐν τῇ Γαι, ὃς οὐ κατεδίωξεν[3] ὀπίσω Ισραηλ· καὶ κατέλιπον[4]
τὴν πόλιν ἀνεῳγμένην[5] καὶ κατεδίωξαν[6] ὀπίσω Ισραηλ.

18 καὶ εἶπεν κύριος πρὸς Ἰησοῦν Ἔκτεινον[7] τὴν χεῖρά σου ἐν τῷ γαίσῳ[8] τῷ ἐν τῇ χειρί
σου ἐπὶ τὴν πόλιν — εἰς γὰρ τὰς χεῖράς σου παραδέδωκα αὐτήν — καὶ τὰ ἔνεδρα[9]
ἐξαναστήσονται[10] ἐν τάχει[11] ἐκ τοῦ τόπου αὐτῶν. καὶ ἐξέτεινεν[12] Ἰησοῦς τὴν χεῖρα
αὐτοῦ, τὸν γαῖσον,[13] ἐπὶ τὴν πόλιν, **19** καὶ τὰ ἔνεδρα[14] ἐξανέστησαν[15] ἐν τάχει[16] ἐκ τοῦ
τόπου αὐτῶν καὶ ἐξήλθοσαν, ὅτε ἐξέτεινεν[17] τὴν χεῖρα, καὶ ἤλθοσαν ἐπὶ τὴν πόλιν
καὶ κατελάβοντο[18] αὐτὴν καὶ σπεύσαντες[19] ἐνέπρησαν[20] τὴν πόλιν ἐν πυρί. **20** καὶ
περιβλέψαντες[21] οἱ κάτοικοι[22] Γαι εἰς τὰ ὀπίσω αὐτῶν καὶ ἐθεώρουν[23] καπνὸν[24]
ἀναβαίνοντα ἐκ τῆς πόλεως εἰς τὸν οὐρανόν· καὶ οὐκέτι εἶχον ποῦ φύγωσιν[25] ὧδε[26]
ἢ ὧδε.[27] **21** καὶ Ἰησοῦς καὶ πᾶς Ισραηλ εἶδον ὅτι ἔλαβον τὰ ἔνεδρα[28] τὴν πόλιν καὶ
ὅτι ἀνέβη ὁ καπνὸς[29] τῆς πόλεως εἰς τὸν οὐρανόν, καὶ μεταβαλόμενοι[30] ἐπάταξαν[31]
τοὺς ἄνδρας τῆς Γαι. **22** καὶ οὗτοι ἐξήλθοσαν ἐκ τῆς πόλεως εἰς συνάντησιν[32] καὶ
ἐγενήθησαν ἀνὰ μέσον[33] τῆς παρεμβολῆς,[34] οὗτοι ἐντεῦθεν[35] καὶ οὗτοι ἐντεῦθεν·[36]
καὶ ἐπάταξαν[37] ἕως τοῦ μὴ καταλειφθῆναι[38] αὐτῶν σεσωσμένον καὶ διαπεφευγότα.[39]
23 καὶ τὸν βασιλέα τῆς Γαι συνέλαβον[40] ζῶντα καὶ προσήγαγον[41] αὐτὸν πρὸς Ἰησοῦν.

24 καὶ ὡς ἐπαύσαντο[42] οἱ υἱοὶ Ισραηλ ἀποκτέννοντες πάντας τοὺς ἐν τῇ Γαι τοὺς
ἐν τοῖς πεδίοις[43] καὶ ἐν τῷ ὄρει ἐπὶ τῆς καταβάσεως,[44] οὗ[45] κατεδίωξαν[46] αὐτοὺς ἀπ᾽
αὐτῆς εἰς τέλος, καὶ ἀπέστρεψεν[47] Ἰησοῦς εἰς Γαι καὶ ἐπάταξεν[48] αὐτὴν ἐν στόματι

1 καταλείπω, *aor pas ind 3s*, leave behind
2 οὐθείς, nobody
3 καταδιώκω, *aor act ind 3s*, pursue
4 καταλείπω, *aor act ind 3p*, leave behind
5 ἀνοίγω, *perf pas ptc acc s f*, open
6 καταδιώκω, *aor act ind 3p*, pursue
7 ἐκτείνω, *aor act impv 2s*, stretch forth
8 γαῖσος, spear
9 ἔνεδρον, ambush
10 ἐξανίστημι, *fut mid ind 3p*, arise, emerge
11 τάχος, quickly
12 ἐκτείνω, *aor act ind 3s*, stretch forth
13 γαῖσος, spear
14 ἔνεδρον, ambush
15 ἐξανίστημι, *aor act ind 3p*, arise, emerge
16 τάχος, quickly
17 ἐκτείνω, *aor act ind 3s*, stretch forth
18 καταλαμβάνω, *aor mid ind 3p*, overtake, capture
19 σπεύδω, *aor act ptc nom p m*, hasten
20 ἐμπίμπρημι, *aor act ind 3p*, set on fire
21 περιβλέπω, *aor act ptc nom p m*, look around
22 κάτοικος, inhabitant
23 θεωρέω, *impf act ind 3p*, behold
24 καπνός, smoke
25 φεύγω, *aor act sub 3p*, flee
26 ὧδε, here
27 ὧδε, there
28 ἔνεδρον, ambush
29 καπνός, smoke
30 μεταβάλλω, *aor mid ptc nom p m*, turn to
31 πατάσσω, *aor act ind 3p*, strike
32 συνάντησις, meeting
33 ἀνὰ μέσον, between
34 παρεμβολή, camp
35 ἐντεῦθεν, on this side
36 ἐντεῦθεν, on that side
37 πατάσσω, *aor act ind 3p*, strike
38 καταλείπω, *aor pas inf*, leave behind
39 διαφεύγω, *perf act ptc acc s m*, escape safely
40 συλλαμβάνω, *aor act ind 3p*, capture
41 προσάγω, *aor act ind 3p*, bring to
42 παύω, *aor mid ind 3p*, cease, finish
43 πεδίον, plain, field
44 κατάβασις, descent
45 οὗ, where
46 καταδιώκω, *aor act ind 3p*, pursue
47 ἀποστρέφω, *aor act ind 3s*, return
48 πατάσσω, *aor act ind 3s*, strike

ῥομφαίας.[1] **25** καὶ ἐγενήθησαν οἱ πεσόντες ἐν τῇ ἡμέρᾳ ἐκείνῃ ἀπὸ ἀνδρὸς καὶ ἕως γυναικὸς δώδεκα[2] χιλιάδες,[3] πάντας τοὺς κατοικοῦντας Γαι, **27** πλὴν τῶν κτηνῶν[4] καὶ τῶν σκύλων[5] τῶν ἐν τῇ πόλει, πάντα ἃ ἐπρονόμευσαν[6] οἱ υἱοὶ Ισραηλ κατὰ πρόσταγμα[7] κυρίου, ὃν τρόπον[8] συνέταξεν[9] κύριος τῷ Ἰησοῖ. **28** καὶ ἐνεπύρισεν[10] Ἰησοῦς τὴν πόλιν ἐν πυρί· χῶμα[11] ἀοίκητον[12] εἰς τὸν αἰῶνα ἔθηκεν αὐτὴν ἕως τῆς ἡμέρας ταύτης. **29** καὶ τὸν βασιλέα τῆς Γαι ἐκρέμασεν[13] ἐπὶ ξύλου[14] διδύμου,[15] καὶ ἦν ἐπὶ τοῦ ξύλου[16] ἕως ἑσπέρας·[17] καὶ ἐπιδύνοντος[18] τοῦ ἡλίου συνέταξεν[19] Ἰησοῦς καὶ καθείλοσαν[20] αὐτοῦ τὸ σῶμα ἀπὸ τοῦ ξύλου[21] καὶ ἔρριψαν[22] αὐτὸν εἰς τὸν βόθρον[23] καὶ ἐπέστησαν[24] αὐτῷ σωρὸν[25] λίθων ἕως τῆς ἡμέρας ταύτης.

9 Ὡς δ᾽ ἤκουσαν οἱ βασιλεῖς τῶν Αμορραίων οἱ ἐν τῷ πέραν[26] τοῦ Ιορδάνου, οἱ ἐν τῇ ὀρεινῇ[27] καὶ οἱ ἐν τῇ πεδινῇ[28] καὶ οἱ ἐν πάσῃ τῇ παραλίᾳ[29] τῆς θαλάσσης τῆς μεγάλης καὶ οἱ πρὸς τῷ Ἀντιλιβάνῳ, καὶ οἱ Χετταῖοι καὶ οἱ Χαναναῖοι καὶ οἱ Φερεζαῖοι καὶ οἱ Ευαῖοι καὶ οἱ Αμορραῖοι καὶ οἱ Γεργεσαῖοι καὶ οἱ Ιεβουσαῖοι, **2** συνήλθοσαν[30] ἐπὶ τὸ αὐτὸ ἐκπολεμῆσαι[31] Ἰησοῦν καὶ Ισραηλ ἅμα[32] πάντες.

Joshua Renews the Covenant

2a Τότε ᾠκοδόμησεν Ἰησοῦς θυσιαστήριον[33] κυρίῳ τῷ θεῷ Ισραηλ ἐν ὄρει Γαιβαλ, **2b** καθότι[34] ἐνετείλατο[35] Μωυσῆς ὁ θεράπων[36] κυρίου τοῖς υἱοῖς Ισραηλ, καθὰ[37] γέγραπται ἐν τῷ νόμῳ Μωυσῆ, θυσιαστήριον[38] λίθων ὁλοκλήρων,[39] ἐφ᾽ οὓς οὐκ ἐπεβλήθη[40] σίδηρος,[41] καὶ ἀνεβίβασεν[42] ἐκεῖ ὁλοκαυτώματα[43] κυρίῳ καὶ θυσίαν[44] σωτηρίου.[45] **2c** καὶ ἔγραψεν Ἰησοῦς ἐπὶ τῶν λίθων τὸ δευτερονόμιον,[46] νόμον

1 ῥομφαία, sword
2 δώδεκα, twelve
3 χιλιάς, thousand
4 κτῆνος, animal, (*p*) herd
5 σκῦλον, spoil, booty
6 προνομεύω, *aor act ind 3p*, plunder, capture
7 πρόσταγμα, ordinance
8 ὃν τρόπον, in the manner that
9 συντάσσω, *aor act ind 3s*, order, instruct
10 ἐμπυρίζω, *aor act ind 3s*, set on fire
11 χῶμα, heap, mound
12 ἀοίκητος, uninhabitable
13 κρεμάννυμι, *aor act ind 3s*, hang (to death)
14 ξύλον, tree
15 δίδυμος, forked, double
16 ξύλον, tree
17 ἑσπέρα, evening
18 ἐπιδύνω, *pres act ptc gen s m*, set
19 συντάσσω, *aor act ind 3s*, order, instruct
20 καθαιρέω, *aor act ind 3p*, remove, take down
21 ξύλον, tree
22 ῥίπτω, *aor act ind 3p*, cast, throw
23 βόθρος, pit
24 ἐφίστημι, *aor act ind 3p*, set over
25 σωρός, pile
26 πέραν, beyond
27 ὀρεινός, mountainous, hilly (region)
28 πεδινός, plain
29 παραλία, seashore
30 συνέρχομαι, *aor act ind 3p*, go together
31 ἐκπολεμέω, *aor act inf*, wage war
32 ἅμα, together
33 θυσιαστήριον, altar
34 καθότι, as
35 ἐντέλλομαι, *aor mid ind 3s*, command
36 θεράπων, servant
37 καθά, just as
38 θυσιαστήριον, altar
39 ὁλόκληρος, unhewn
40 ἐπιβάλλω, *aor pas ind 3s*, lay upon
41 σίδηρος, iron tool
42 ἀναβιβάζω, *aor act ind 3s*, bring up
43 ὁλοκαύτωμα, whole burnt offering
44 θυσία, sacrifice
45 σωτήριον, deliverance, peace
46 δευτερονόμιον, second law

Μωυσῆ, ὃν ἔγραψεν ἐνώπιον υἱῶν Ισραηλ. **2d** καὶ πᾶς Ισραηλ καὶ οἱ πρεσβύτεροι
αὐτῶν καὶ οἱ δικασταὶ[1] καὶ οἱ γραμματεῖς[2] αὐτῶν παρεπορεύοντο[3] ἔνθεν[4] καὶ
ἔνθεν[5] τῆς κιβωτοῦ[6] ἀπέναντι,[7] καὶ οἱ ἱερεῖς καὶ οἱ Λευῖται ἦραν τὴν κιβωτὸν τῆς
διαθήκης κυρίου, καὶ ὁ προσήλυτος[8] καὶ ὁ αὐτόχθων,[9] οἳ ἦσαν ἥμισυ[10] πλησίον[11]
ὄρους Γαριζιν, καὶ οἳ ἦσαν ἥμισυ πλησίον ὄρους Γαιβαλ, καθότι[12] ἐνετείλατο[13]
Μωυσῆς ὁ θεράπων[14] κυρίου εὐλογῆσαι τὸν λαὸν ἐν πρώτοις. **2e** καὶ μετὰ ταῦτα
οὕτως ἀνέγνω[15] Ἰησοῦς πάντα τὰ ῥήματα τοῦ νόμου τούτου, τὰς εὐλογίας[16] καὶ τὰς
κατάρας,[17] κατὰ πάντα τὰ γεγραμμένα ἐν τῷ νόμῳ Μωυσῆ· **2f** οὐκ ἦν ῥῆμα ἀπὸ
πάντων, ὧν ἐνετείλατο[18] Μωυσῆς τῷ Ἰησοῖ, ὃ οὐκ ἀνέγνω[19] Ἰησοῦς εἰς τὰ ὦτα πάσης
ἐκκλησίας υἱῶν Ισραηλ, τοῖς ἀνδράσιν καὶ ταῖς γυναιξὶν καὶ τοῖς παιδίοις καὶ τοῖς
προσηλύτοις[20] τοῖς προσπορευομένοις[21] τῷ Ισραηλ.

Deception of the Gibeonites

3 Καὶ οἱ κατοικοῦντες Γαβαων ἤκουσαν πάντα, ὅσα ἐποίησεν κύριος τῇ Ιεριχω καὶ
τῇ Γαι. **4** καὶ ἐποίησαν καί γε αὐτοὶ μετὰ πανουργίας[22] καὶ ἐλθόντες ἐπεσιτίσαντο[23]
καὶ ἡτοιμάσαντο[24] καὶ λαβόντες σάκκους[25] παλαιοὺς[26] ἐπὶ τῶν ὄνων[27] αὐτῶν καὶ
ἀσκοὺς[28] οἴνου παλαιοὺς[29] καὶ κατερρωγότας[30] ἀποδεδεμένους,[31] **5** καὶ τὰ κοῖλα[32] τῶν
ὑποδημάτων[33] αὐτῶν καὶ τὰ σανδάλια[34] αὐτῶν παλαιὰ[35] καὶ καταπεπελματωμένα[36]
ἐν τοῖς ποσὶν αὐτῶν, καὶ τὰ ἱμάτια αὐτῶν πεπαλαιωμένα[37] ἐπάνω[38] αὐτῶν, καὶ ὁ
ἄρτος αὐτῶν τοῦ ἐπισιτισμοῦ[39] ξηρὸς[40] καὶ εὐρωτιῶν[41] καὶ βεβρωμένος.[42] **6** καὶ
ἤλθοσαν πρὸς Ἰησοῦν εἰς τὴν παρεμβολὴν[43] Ισραηλ εἰς Γαλγαλα καὶ εἶπαν πρὸς

1 δικαστής, judge
2 γραμματεύς, scribe
3 παραπορεύομαι, *impf mid ind 3p*, pass by
4 ἔνθεν, on this side
5 ἔνθεν, on that side
6 κιβωτός, chest, ark (of the covenant)
7 ἀπέναντι, opposite
8 προσήλυτος, immigrant, guest
9 αὐτόχθων, indigenous, native
10 ἥμισυς, half
11 πλησίον, near
12 καθότι, as
13 ἐντέλλομαι, *aor mid ind 3s*, command
14 θεράπων, servant
15 ἀναγινώσκω, *aor act ind 3s*, read aloud
16 εὐλογία, blessing
17 κατάρα, curse
18 ἐντέλλομαι, *aor mid ind 3s*, command
19 ἀναγινώσκω, *aor act ind 3s*, read aloud
20 προσήλυτος, immigrant, guest
21 προσπορεύομαι, *pres mid ptc dat p m*, come near, go to
22 πανουργία, craftiness, deceptiveness
23 ἐπισιτίζομαι, *aor mid ind 3p*, provision
24 ἑτοιμάζω, *aor mid ind 3p*, prepare
25 σάκκος, sackcloth, *Heb. LW*
26 παλαιός, old
27 ὄνος, donkey
28 ἀσκός, leather bag
29 παλαιός, old
30 καταρρήγνυμι, *perf act ptc acc p m*, tear
31 ἀποδέω, *perf pas ptc acc p m*, patch
32 κοῖλος, hollow
33 ὑπόδημα, shoe
34 σανδάλιον, sandal
35 παλαιός, old
36 καταπελματόομαι, *perf pas ptc nom p n*, cobble
37 παλαιόω, *perf pas ptc nom p n*, wear out, make old
38 ἐπάνω, upon
39 ἐπισιτισμός, provision, stock
40 ξηρός, dry
41 εὐρωτιάω, *pres act ptc nom s m*, be moldy
42 βιβρώσκω, *perf pas ptc nom s m*, eat
43 παρεμβολή, camp

Ἰησοῦν καὶ Ισραηλ Ἐκ γῆς μακρόθεν[1] ἥκαμεν,[2] καὶ νῦν διάθεσθε[3] ἡμῖν διαθήκην.
7 καὶ εἶπαν οἱ υἱοὶ Ισραηλ πρὸς τὸν Χορραῖον Ὅρα μὴ ἐν ἐμοὶ κατοικεῖς, καὶ πῶς
σοι διαθῶμαι[4] διαθήκην;

8 καὶ εἶπαν πρὸς Ἰησοῦν Οἰκέται[5] σού ἐσμεν. καὶ εἶπεν πρὸς αὐτοὺς Ἰησοῦς Πόθεν[6]
ἐστὲ καὶ πόθεν[7] παραγεγόνατε; 9 καὶ εἶπαν Ἐκ γῆς μακρόθεν[8] σφόδρα[9] ἥκασιν[10] οἱ
παῖδές[11] σου ἐν ὀνόματι κυρίου τοῦ θεοῦ σου· ἀκηκόαμεν γὰρ τὸ ὄνομα αὐτοῦ καὶ
ὅσα ἐποίησεν ἐν Αἰγύπτῳ 10 καὶ ὅσα ἐποίησεν τοῖς βασιλεῦσιν τῶν Αμορραίων,
οἳ ἦσαν πέραν[12] τοῦ Ιορδάνου, τῷ Σηων βασιλεῖ Εσεβων καὶ τῷ Ωγ βασιλεῖ τῆς
Βασαν, ὃς κατῴκει ἐν Ασταρωθ καὶ ἐν Εδραϊν. 11 καὶ ἀκούσαντες εἶπαν πρὸς ἡμᾶς
οἱ πρεσβύτεροι ἡμῶν καὶ πάντες οἱ κατοικοῦντες τὴν γῆν ἡμῶν λέγοντες Λάβετε
ἑαυτοῖς ἐπισιτισμὸν[13] εἰς τὴν ὁδὸν καὶ πορεύθητε εἰς συνάντησιν[14] αὐτῶν καὶ ἐρεῖτε
πρὸς αὐτούς Οἰκέται[15] σού ἐσμεν, καὶ νῦν διάθεσθε[16] ἡμῖν διαθήκην. 12 οὗτοι οἱ
ἄρτοι, θερμοὺς[17] ἐφωδιάσθημεν[18] αὐτοὺς ἐν τῇ ἡμέρᾳ, ᾗ ἐξήλθομεν παραγενέσθαι
πρὸς ὑμᾶς, νῦν δὲ ἐξηράνθησαν[19] καὶ γεγόνασιν βεβρωμένοι·[20] 13 καὶ οὗτοι οἱ
ἀσκοὶ[21] τοῦ οἴνου, οὓς ἐπλήσαμεν[22] καινούς,[23] καὶ οὗτοι ἐρρώγασιν·[24] καὶ τὰ ἱμάτια
ἡμῶν καὶ τὰ ὑποδήματα[25] ἡμῶν πεπαλαίωται[26] ἀπὸ τῆς πολλῆς ὁδοῦ σφόδρα.[27]
14 καὶ ἔλαβον οἱ ἄρχοντες τοῦ ἐπισιτισμοῦ[28] αὐτῶν καὶ κύριον οὐκ ἐπηρώτησαν.[29]
15 καὶ ἐποίησεν Ἰησοῦς πρὸς αὐτοὺς εἰρήνην καὶ διέθετο[30] πρὸς αὐτοὺς διαθήκην
τοῦ διασῶσαι[31] αὐτούς, καὶ ὤμοσαν[32] αὐτοῖς οἱ ἄρχοντες τῆς συναγωγῆς.

16 καὶ ἐγένετο μετὰ τρεῖς ἡμέρας μετὰ τὸ διαθέσθαι[33] πρὸς αὐτοὺς διαθήκην ἤκουσαν
ὅτι ἐγγύθεν[34] αὐτῶν εἰσιν, καὶ ὅτι ἐν αὐτοῖς κατοικοῦσιν. 17 καὶ ἀπῆραν[35] οἱ υἱοὶ Ισραηλ
καὶ ἦλθον εἰς τὰς πόλεις αὐτῶν· αἱ δὲ πόλεις αὐτῶν Γαβαων καὶ Κεφιρα καὶ Βηρωθ
καὶ πόλις Ιαριν. 18 καὶ οὐκ ἐμαχέσαντο[36] αὐτοῖς οἱ υἱοὶ Ισραηλ, ὅτι ὤμοσαν[37] αὐτοῖς

1 μακρόθεν, distant
2 ἥκω, *perf act ind 1p*, come
3 διατίθημι, *aor mid impv 2p*, arrange, grant
4 διατίθημι, *aor mid sub 1s*, arrange, grant
5 οἰκέτης, servant
6 πόθεν, from where
7 πόθεν, from where
8 μακρόθεν, distant
9 σφόδρα, very
10 ἥκω, *perf act ind 3p*, come
11 παῖς, servant
12 πέραν, beyond
13 ἐπισιτισμός, provision, stock
14 συνάντησις, meeting
15 οἰκέτης, servant
16 διατίθημι, *aor mid impv 2p*, arrange, grant
17 θερμός, warm
18 ἐφοδιάζω, *aor pas ind 1p*, furnish for a journey
19 ξηραίνω, *aor pas ind 3p*, dry
20 βιβρώσκω, *perf pas ptc nom p m*, eat
21 ἀσκός, leather bag
22 πίμπλημι, *aor act ind 1p*, fill
23 καινός, new
24 ῥήγνυμι, *perf act ind 3p*, burst
25 ὑπόδημα, shoe
26 παλαιόω, *perf pas ind 3s*, wear out, make old
27 σφόδρα, very
28 ἐπισιτισμός, provision, stock
29 ἐπερωτάω, *aor act ind 3p*, inquire, consult
30 διατίθημι, *aor mid ind 3s*, arrange, grant
31 διασῴζω, *aor act inf*, preserve, keep safe
32 ὄμνυμι, *aor act ind 3p*, swear an oath
33 διατίθημι, *aor mid inf*, arrange, grant
34 ἐγγύθεν, from nearby
35 ἀπαίρω, *aor act ind 3p*, depart
36 μάχομαι, *aor mid ind 3p*, fight
37 ὄμνυμι, *aor act ind 3p*, swear an oath

πάντες οἱ ἄρχοντες κύριον τὸν θεὸν Ισραηλ· καὶ διεγόγγυσαν[1] πᾶσα ἡ συναγωγὴ ἐπὶ τοῖς ἄρχουσιν. **19** καὶ εἶπαν οἱ ἄρχοντες πάσῃ τῇ συναγωγῇ Ἡμεῖς ὠμόσαμεν[2] αὐτοῖς κύριον τὸν θεὸν Ισραηλ καὶ νῦν οὐ δυνησόμεθα ἅψασθαι αὐτῶν· **20** τοῦτο ποιήσομεν, ζωγρῆσαι[3] αὐτούς, καὶ περιποιησόμεθα[4] αὐτούς, καὶ οὐκ ἔσται καθ᾽ ἡμῶν ὀργὴ διὰ τὸν ὅρκον,[5] ὃν ὠμόσαμεν[6] αὐτοῖς· **21** ζήσονται καὶ ἔσονται ξυλοκόποι[7] καὶ ὑδροφόροι[8] πάσῃ τῇ συναγωγῇ, καθάπερ[9] εἶπαν αὐτοῖς οἱ ἄρχοντες.

22 καὶ συνεκάλεσεν[10] αὐτοὺς Ἰησοῦς καὶ εἶπεν αὐτοῖς Διὰ τί παρελογίσασθέ[11] με λέγοντες Μακρὰν[12] ἀπὸ σοῦ ἐσμεν σφόδρα;[13] ὑμεῖς δὲ ἐγχώριοί[14] ἐστε τῶν κατοικούντων ἐν ἡμῖν· **23** καὶ νῦν ἐπικατάρατοί[15] ἐστε, οὐ μὴ ἐκλίπῃ[16] ἐξ ὑμῶν δοῦλος οὐδὲ ξυλοκόπος[17] ἐμοὶ καὶ τῷ θεῷ μου. **24** καὶ ἀπεκρίθησαν τῷ Ἰησοῖ λέγοντες Ἀνηγγέλη[18] ἡμῖν ὅσα συνέταξεν[19] κύριος ὁ θεός σου Μωυσῇ τῷ παιδὶ[20] αὐτοῦ, δοῦναι ὑμῖν τὴν γῆν ταύτην καὶ ἐξολεθρεῦσαι[21] ἡμᾶς καὶ πάντας τοὺς κατοικοῦντας ἐπ᾽ αὐτῆς ἀπὸ προσώπου ὑμῶν, καὶ ἐφοβήθημεν σφόδρα[22] περὶ τῶν ψυχῶν ἡμῶν ἀπὸ προσώπου ὑμῶν καὶ ἐποιήσαμεν τὸ πρᾶγμα[23] τοῦτο. **25** καὶ νῦν ἰδοὺ ἡμεῖς ὑποχείριοι[24] ὑμῖν· ὡς ἀρέσκει[25] ὑμῖν καὶ ὡς δοκεῖ[26] ὑμῖν, ποιήσατε ἡμῖν. **26** καὶ ἐποίησαν αὐτοῖς οὕτως· καὶ ἐξείλατο[27] αὐτοὺς Ἰησοῦς ἐν τῇ ἡμέρᾳ ἐκείνῃ ἐκ χειρῶν υἱῶν Ισραηλ, καὶ οὐκ ἀνεῖλον[28] αὐτούς.

27 καὶ κατέστησεν[29] αὐτοὺς Ἰησοῦς ἐν τῇ ἡμέρᾳ ἐκείνῃ ξυλοκόπους[30] καὶ ὑδροφόρους[31] πάσῃ τῇ συναγωγῇ καὶ τῷ θυσιαστηρίῳ[32] τοῦ θεοῦ· διὰ τοῦτο ἐγένοντο οἱ κατοικοῦντες Γαβαων ξυλοκόποι καὶ ὑδροφόροι τοῦ θυσιαστηρίου τοῦ θεοῦ ἕως τῆς σήμερον ἡμέρας καὶ εἰς τὸν τόπον, ὃν ἐὰν ἐκλέξηται[33] κύριος.

Sun Stands Still at Gibeon

10 Ὡς δὲ ἤκουσεν Αδωνιβεζεκ βασιλεὺς Ιερουσαλημ ὅτι ἔλαβεν Ἰησοῦς τὴν Γαι καὶ ἐξωλέθρευσεν[34] αὐτήν — ὃν τρόπον[35] ἐποίησαν τὴν Ιεριχω καὶ τὸν βασιλέα

1 διαγογγύζω, *aor act ind 3p*, grumble against
2 ὄμνυμι, *aor act ind 1p*, swear an oath
3 ζωγρέω, *aor act inf*, take alive
4 περιποιέω, *fut mid ind 1p*, preserve
5 ὅρκος, oath
6 ὄμνυμι, *aor act ind 1p*, swear an oath
7 ξυλοκόπος, wood-cutter
8 ὑδροφόρος, water-carrier
9 καθάπερ, just as
10 συγκαλέω, *aor act ind 3s*, call together
11 παραλογίζομαι, *aor mid ind 2p*, deceive
12 μακρός, distant
13 σφόδρα, very
14 ἐγχώριος, inhabitant
15 ἐπικατάρατος, accursed
16 ἐκλείπω, *aor act sub 3s*, lack, cease
17 ξυλοκόπος, wood-cutter
18 ἀναγγέλλω, *aor pas ind 3s*, tell
19 συντάσσω, *aor act ind 3s*, order, instruct
20 παῖς, servant
21 ἐξολεθρεύω, *aor act inf*, utterly destroy
22 σφόδρα, very
23 πρᾶγμα, thing, deed
24 ὑποχείριος, in one's hands
25 ἀρέσκω, *pres act ind 3s*, please
26 δοκέω, *pres act ind 3s*, think, seem
27 ἐξαιρέω, *aor mid ind 3s*, deliver, rescue
28 ἀναιρέω, *aor act ind 3p*, destroy
29 καθίστημι, *aor act ind 3s*, appoint
30 ξυλοκόπος, wood-cutter
31 ὑδροφόρος, water-carrier
32 θυσιαστήριον, altar
33 ἐκλέγω, *aor mid sub 3s*, choose
34 ἐξολεθρεύω, *aor act ind 3s*, utterly destroy
35 ὃν τρόπον, in the manner that

αὐτῆς, οὕτως ἐποίησαν τὴν Γαι καὶ τὸν βασιλέα αὐτῆς — καὶ ὅτι αὐτομόλησαν[1] οἱ κατοικοῦντες Γαβαων πρὸς Ἰησοῦν καὶ πρὸς Ισραηλ, **2** καὶ ἐφοβήθησαν ἐν αὐτοῖς σφόδρα·[2] ᾔδει[3] γὰρ ὅτι μεγάλη πόλις Γαβαων ὡσεὶ[4] μία τῶν μητροπόλεων[5] καὶ πάντες οἱ ἄνδρες αὐτῆς ἰσχυροί.[6] **3** καὶ ἀπέστειλεν Αδωνιβεζεκ βασιλεὺς Ιερουσαλημ πρὸς Αιλαμ βασιλέα Χεβρων καὶ πρὸς Φιδων βασιλέα Ιεριμουθ καὶ πρὸς Ιεφθα βασιλέα Λαχις καὶ πρὸς Δαβιρ βασιλέα Οδολλαμ λέγων **4** Δεῦτε[7] ἀνάβητε πρός με καὶ βοηθήσατέ[8] μοι, καὶ ἐκπολεμήσωμεν[9] Γαβαων· αὐτομόλησαν[10] γὰρ πρὸς Ἰησοῦν καὶ πρὸς τοὺς υἱοὺς Ισραηλ. **5** καὶ ἀνέβησαν οἱ πέντε βασιλεῖς τῶν Ιεβουσαίων, βασιλεὺς Ιερουσαλημ καὶ βασιλεὺς Χεβρων καὶ βασιλεὺς Ιεριμουθ καὶ βασιλεὺς Λαχις καὶ βασιλεὺς Οδολλαμ, αὐτοὶ καὶ πᾶς ὁ λαὸς αὐτῶν, καὶ περιεκάθισαν[11] τὴν Γαβαων καὶ ἐξεπολιόρκουν[12] αὐτήν.

6 καὶ ἀπέστειλαν οἱ κατοικοῦντες Γαβαων πρὸς Ἰησοῦν εἰς τὴν παρεμβολὴν[13] Ισραηλ εἰς Γαλγαλα λέγοντες Μὴ ἐκλύσῃς[14] τὰς χεῖράς σου ἀπὸ τῶν παίδων[15] σου· ἀνάβηθι πρὸς ἡμᾶς τὸ τάχος[16] καὶ ἐξελοῦ[17] ἡμᾶς καὶ βοήθησον[18] ἡμῖν· ὅτι συνηγμένοι εἰσὶν ἐφ᾽ ἡμᾶς πάντες οἱ βασιλεῖς τῶν Αμορραίων οἱ κατοικοῦντες τὴν ὀρεινήν.[19] **7** καὶ ἀνέβη Ἰησοῦς ἐκ Γαλγαλων, αὐτὸς καὶ πᾶς ὁ λαὸς ὁ πολεμιστὴς[20] μετ᾽ αὐτοῦ, πᾶς δυνατὸς ἐν ἰσχύι.[21] **8** καὶ εἶπεν κύριος πρὸς Ἰησοῦν Μὴ φοβηθῇς αὐτούς· εἰς γὰρ τὰς χεῖράς σου παραδέδωκα αὐτούς, οὐχ ὑπολειφθήσεται[22] ἐξ αὐτῶν οὐθεὶς[23] ἐνώπιον ὑμῶν. **9** καὶ ἐπιπαρεγένετο[24] ἐπ᾽ αὐτοὺς Ἰησοῦς ἄφνω,[25] ὅλην τὴν νύκτα εἰσεπορεύθη[26] ἐκ Γαλγαλων. **10** καὶ ἐξέστησεν[27] αὐτοὺς κύριος ἀπὸ προσώπου τῶν υἱῶν Ισραηλ, καὶ συνέτριψεν[28] αὐτοὺς κύριος σύντριψιν[29] μεγάλην ἐν Γαβαων, καὶ κατεδίωξαν[30] αὐτοὺς ὁδὸν ἀναβάσεως[31] Ωρωνιν καὶ κατέκοπτον[32] αὐτοὺς ἕως Αζηκα καὶ ἕως Μακηδα. **11** ἐν τῷ δὲ φεύγειν[33] αὐτοὺς ἀπὸ προσώπου τῶν υἱῶν Ισραηλ ἐπὶ τῆς καταβάσεως[34] Ωρωνιν καὶ κύριος ἐπέρριψεν[35] αὐτοῖς λίθους χαλάζης[36] ἐκ τοῦ

1 αὐτομολέω, *aor act ind 3p*, desert, change sides
2 σφόδρα, greatly
3 οἶδα, *plpf act ind 3s*, know
4 ὡσεί, like
5 μητρόπολις, capital city, metropolis
6 ἰσχυρός, strong, powerful
7 δεῦτε, come!
8 βοηθέω, *aor act impv 2p*, aid, assist
9 ἐκπολεμέω, *aor act sub 1p*, wage war
10 αὐτομολέω, *aor act ind 3p*, desert, change sides
11 περικαθίζω, *aor act ind 3p*, besiege
12 ἐκπολιορκέω, *impf act ind 3p*, take a city by siege
13 παρεμβολή, camp
14 ἐκλύω, *aor act sub 2s*, give up, relax
15 παῖς, servant
16 τάχος, quickly
17 ἐξαιρέω, *aor mid impv 2s*, rescue, deliver
18 βοηθέω, *aor act impv 2s*, aid, assist
19 ὀρεινός, mountainous, hilly (region)
20 πολεμιστής, warrior
21 ἰσχύς, strength, might
22 ὑπολείπω, *fut pas ind 3s*, leave behind
23 οὐθείς, no one
24 ἐπιπαραγίνομαι, *aor mid ind 3s*, come upon
25 ἄφνω, suddenly
26 εἰσπορεύομαι, *aor pas ind 3s*, enter
27 ἐξίστημι, *aor act ind 3s*, confound
28 συντρίβω, *aor act ind 3s*, shatter, crush
29 σύντριψις, destruction
30 καταδιώκω, *aor act ind 3p*, pursue
31 ἀνάβασις, going up, ascent
32 κατακόπτω, *impf act ind 3p*, cut off
33 φεύγω, *pres act inf*, flee
34 κατάβασις, descent
35 ἐπιρρίπτω, *aor act ind 3s*, cast down
36 χάλαζα, hail

οὐρανοῦ ἕως Αζηκα, καὶ ἐγένοντο πλείους[1] οἱ ἀποθανόντες διὰ τοὺς λίθους τῆς
χαλάζης[2] ἢ οὓς ἀπέκτειναν οἱ υἱοὶ Ισραηλ μαχαίρᾳ[3] ἐν τῷ πολέμῳ.

12 Τότε ἐλάλησεν Ἰησοῦς πρὸς κύριον, ᾗ ἡμέρᾳ παρέδωκεν ὁ θεὸς τὸν Αμορραῖον
ὑποχείριον[4] Ισραηλ, ἡνίκα[5] συνέτριψεν[6] αὐτοὺς ἐν Γαβαων καὶ συνετρίβησαν[7] ἀπὸ
προσώπου υἱῶν Ισραηλ, καὶ εἶπεν Ἰησοῦς

Στήτω ὁ ἥλιος κατὰ Γαβαων
καὶ ἡ σελήνη[8] κατὰ φάραγγα[9] Αιλων.
13 καὶ ἔστη ὁ ἥλιος καὶ ἡ σελήνη[10] ἐν στάσει,[11]
ἕως ἠμύνατο[12] ὁ θεὸς τοὺς ἐχθροὺς αὐτῶν.

καὶ ἔστη ὁ ἥλιος κατὰ μέσον τοῦ οὐρανοῦ, οὐ προεπορεύετο[13] εἰς δυσμὰς[14] εἰς
τέλος ἡμέρας μιᾶς. **14** καὶ οὐκ ἐγένετο ἡμέρα τοιαύτη[15] οὐδὲ τὸ πρότερον[16] οὐδὲ τὸ
ἔσχατον ὥστε ἐπακοῦσαι[17] θεὸν ἀνθρώπου, ὅτι κύριος συνεπολέμησεν[18] τῷ Ισραηλ.

Kings Executed at Makkeda

16 Καὶ ἔφυγον[19] οἱ πέντε βασιλεῖς οὗτοι καὶ κατεκρύβησαν[20] εἰς τὸ σπήλαιον[21]
τὸ ἐν Μακηδα. **17** καὶ ἀπηγγέλη τῷ Ἰησοῦ λέγοντες Εὕρηνται οἱ πέντε βασιλεῖς
κεκρυμμένοι[22] ἐν τῷ σπηλαίῳ[23] τῷ ἐν Μακηδα. **18** καὶ εἶπεν Ἰησοῦς Κυλίσατε[24]
λίθους ἐπὶ τὸ στόμα τοῦ σπηλαίου[25] καὶ καταστήσατε[26] ἄνδρας φυλάσσειν ἐπ᾽
αὐτούς, **19** ὑμεῖς δὲ μὴ ἑστήκατε καταδιώκοντες[27] ὀπίσω τῶν ἐχθρῶν ὑμῶν καὶ
καταλάβετε[28] τὴν οὐραγίαν[29] αὐτῶν καὶ μὴ ἀφῆτε εἰσελθεῖν εἰς τὰς πόλεις αὐτῶν·
παρέδωκεν γὰρ αὐτοὺς κύριος ὁ θεὸς ἡμῶν εἰς τὰς χεῖρας ἡμῶν. **20** καὶ ἐγένετο
ὡς κατέπαυσεν[30] Ἰησοῦς καὶ πᾶς υἱὸς Ισραηλ κόπτοντες[31] αὐτοὺς κοπὴν[32] μεγάλην
σφόδρα[33] ἕως εἰς τέλος καὶ οἱ διασῳζόμενοι[34] διεσώθησαν[35] εἰς τὰς πόλεις τὰς

1 πλείων/πλεῖον, *comp of* πολύς, more numerous
2 χάλαζα, hail
3 μάχαιρα, sword
4 ὑποχείριος, in one's hands
5 ἡνίκα, when
6 συντρίβω, *aor act ind 3s*, shatter, crush
7 συντρίβω, *aor pas ind 3p*, shatter, crush
8 σελήνη, moon
9 φάραγξ, ravine
10 σελήνη, moon
11 στάσις, position, place
12 ἀμύνομαι, *aor mid ind 3s*, defend against, ward off
13 προπορεύομαι, *impf mid ind 3s*, advance
14 δυσμή, setting
15 τοιοῦτος, such as this
16 πρότερος, before
17 ἐπακούω, *aor act inf*, listen
18 συμπολεμέω, *aor act ind 3s*, fight alongside
19 φεύγω, *aor act ind 3p*, flee
20 κατακρύπτω, *aor pas ind 3p*, hide
21 σπήλαιον, cave
22 κρύπτω, *perf pas ptc nom p m*, hide
23 σπήλαιον, cave
24 κυλίω, *aor act impv 2p*, roll
25 σπήλαιον, cave
26 καθίστημι, *aor act impv 2p*, set, place
27 καταδιώκω, *pres act ptc nom p m*, pursue
28 καταλαμβάνω, *aor act impv 2p*, overtake, lay hold of
29 οὐραγία, rear guard
30 καταπαύω, *aor act ind 3s*, cease
31 κόπτω, *pres act ptc nom p m*, smite
32 κοπή, slaughter
33 σφόδρα, very
34 διασῴζω, *pres pas ptc nom p m*, preserve alive
35 διασῴζω, *aor pas ind 3p*, preserve alive

ὀχυράς,[1] **21** καὶ ἀπεστράφη[2] πᾶς ὁ λαὸς πρὸς Ἰησοῦν εἰς Μακηδα ὑγιεῖς,[3] καὶ οὐκ ἔγρυξεν[4] οὐθεὶς[5] τῶν υἱῶν Ισραηλ τῇ γλώσσῃ αὐτοῦ.

22 καὶ εἶπεν Ἰησοῦς Ἀνοίξατε τὸ σπήλαιον[6] καὶ ἐξαγάγετε[7] τοὺς πέντε βασιλεῖς τούτους ἐκ τοῦ σπηλαίου.[8] **23** καὶ ἐξηγάγοσαν[9] τοὺς πέντε βασιλεῖς ἐκ τοῦ σπηλαίου,[10] τὸν βασιλέα Ιερουσαλημ καὶ τὸν βασιλέα Χεβρων καὶ τὸν βασιλέα Ιεριμουθ καὶ τὸν βασιλέα Λαχις καὶ τὸν βασιλέα Οδολλαμ. **24** καὶ ἐπεὶ[11] ἐξήγαγον[12] αὐτοὺς πρὸς Ἰησοῦν, καὶ συνεκάλεσεν[13] Ἰησοῦς πάντα Ισραηλ καὶ τοὺς ἐναρχομένους[14] τοῦ πολέμου τοὺς συμπορευομένους[15] αὐτῷ λέγων αὐτοῖς Προπορεύεσθε[16] καὶ ἐπίθετε τοὺς πόδας ὑμῶν ἐπὶ τοὺς τραχήλους[17] αὐτῶν. καὶ προσελθόντες ἐπέθηκαν τοὺς πόδας αὐτῶν ἐπὶ τοὺς τραχήλους αὐτῶν. **25** καὶ εἶπεν πρὸς αὐτοὺς Ἰησοῦς Μὴ φοβηθῆτε αὐτοὺς μηδὲ δειλιάσητε·[18] ἀνδρίζεσθε[19] καὶ ἰσχύετε,[20] ὅτι οὕτως ποιήσει κύριος πᾶσι τοῖς ἐχθροῖς ὑμῶν, οὓς ὑμεῖς καταπολεμεῖτε[21] αὐτούς. **26** καὶ ἀπέκτεινεν αὐτοὺς Ἰησοῦς καὶ ἐκρέμασεν[22] αὐτοὺς ἐπὶ πέντε ξύλων,[23] καὶ ἦσαν κρεμάμενοι[24] ἐπὶ τῶν ξύλων ἕως ἑσπέρας.[25] **27** καὶ ἐγενήθη πρὸς ἡλίου δυσμὰς[26] ἐνετείλατο[27] Ἰησοῦς καὶ καθεῖλον[28] αὐτοὺς ἀπὸ τῶν ξύλων[29] καὶ ἔρριψαν[30] αὐτοὺς εἰς τὸ σπήλαιον,[31] εἰς ὃ κατεφύγοσαν[32] ἐκεῖ, καὶ ἐπεκύλισαν[33] λίθους ἐπὶ τὸ σπήλαιον[34] ἕως τῆς σήμερον ἡμέρας.

28 Καὶ τὴν Μακηδα ἐλάβοσαν ἐν τῇ ἡμέρᾳ ἐκείνῃ καὶ ἐφόνευσαν[35] αὐτὴν ἐν στόματι ξίφους[36] καὶ ἐξωλέθρευσαν[37] πᾶν ἐμπνέον[38] ἐν αὐτῇ, καὶ οὐ κατελείφθη[39] ἐν αὐτῇ οὐδεὶς διασεσῳσμένος[40] καὶ διαπεφευγώς·[41] καὶ ἐποίησαν τῷ βασιλεῖ Μακηδα ὃν τρόπον[42] ἐποίησαν τῷ βασιλεῖ Ιεριχω.

1 ὀχυρός, fortified
2 ἀποστρέφω, *aor pas ind 3s*, return, turn back
3 ὑγιής, whole, healthy
4 γρύζω, *aor act ind 3s*, murmur
5 οὐθείς, no one
6 σπήλαιον, cave
7 ἐξάγω, *aor act impv 2p*, bring out
8 σπήλαιον, cave
9 ἐξάγω, *aor act ind 3p*, bring out
10 σπήλαιον, cave
11 ἐπεί, when
12 ἐξάγω, *aor act ind 3p*, bring out
13 συγκαλέω, *aor act ind 3s*, call together
14 ἐνάρχομαι, *pres mid ptc acc p m*, begin
15 συμπορεύομαι, *pres mid ptc acc p m*, come together
16 προπορεύομαι, *pres mid impv 2p*, advance
17 τράχηλος, neck
18 δειλιάω, *aor act sub 2p*, be afraid
19 ἀνδρίζομαι, *pres mid impv 2p*, strengthen oneself, be courageous
20 ἰσχύω, *pres act impv 2p*, be strong
21 καταπολεμέω, *pres act ind 2p*, fight against
22 κρεμάζω, *aor act ind 3s*, hang (to death)
23 ξύλον, tree
24 κρεμάννυμι, *pres pas ptc nom p m*, hang (to death)
25 ἑσπέρα, evening
26 δυσμή, setting
27 ἐντέλλομαι, *aor mid ind 3s*, command
28 καθαιρέω, *aor act ind 3p*, take down
29 ξύλον, tree
30 ῥίπτω, *aor act ind 3p*, cast
31 σπήλαιον, cave
32 καταφεύγω, *aor act ind 3p*, flee
33 ἐπικυλίω, *aor act ind 3p*, roll down
34 σπήλαιον, cave
35 φονεύω, *aor act ind 3p*, kill
36 ξίφος, sword
37 ἐξολεθρεύω, *aor act ind 3p*, utterly destroy
38 ἐμπνέω, *pres act ptc acc s n*, breathe
39 καταλείπω, *aor pas ind 3s*, leave behind
40 διασῴζω, *perf pas ptc nom s m*, preserve alive
41 διαφεύγω, *perf act ptc nom s m*, escape
42 ὃν τρόπον, in the manner that

Conquest of Southern Canaan

29 Καὶ ἀπῆλθεν Ἰησοῦς καὶ πᾶς Ισραηλ μετ᾽ αὐτοῦ ἐκ Μακηδα εἰς Λεβνα καὶ ἐπολι-
όρκει[1] Λεβνα. **30** καὶ παρέδωκεν αὐτὴν κύριος εἰς χεῖρας Ισραηλ, καὶ ἔλαβον αὐτὴν
καὶ τὸν βασιλέα αὐτῆς καὶ ἐφόνευσαν[2] αὐτὴν ἐν στόματι ξίφους[3] καὶ πᾶν ἐμπνέον[4]
ἐν αὐτῇ, καὶ οὐ κατελείφθη[5] ἐν αὐτῇ οὐδὲ εἷς διασεσῳσμένος[6] καὶ διαπεφευγώς·[7] καὶ
ἐποίησαν τῷ βασιλεῖ αὐτῆς ὃν τρόπον[8] ἐποίησαν τῷ βασιλεῖ Ιεριχω.

31 Καὶ ἀπῆλθεν Ἰησοῦς καὶ πᾶς Ισραηλ μετ᾽ αὐτοῦ ἐκ Λεβνα εἰς Λαχις καὶ περι-
εκάθισεν[9] αὐτὴν καὶ ἐπολιόρκει[10] αὐτήν. **32** καὶ παρέδωκεν κύριος τὴν Λαχις εἰς τὰς
χεῖρας Ισραηλ, καὶ ἔλαβεν αὐτὴν ἐν τῇ ἡμέρᾳ τῇ δευτέρᾳ καὶ ἐφόνευσαν[11] αὐτὴν ἐν
στόματι ξίφους[12] καὶ ἐξωλέθρευσαν[13] αὐτήν, ὃν τρόπον[14] ἐποίησαν τὴν Λεβνα. —
33 τότε ἀνέβη Αιλαμ βασιλεὺς Γαζερ βοηθήσων[15] τῇ Λαχις, καὶ ἐπάταξεν[16] αὐτὸν
Ἰησοῦς ἐν στόματι ξίφους[17] καὶ τὸν λαὸν αὐτοῦ ἕως τοῦ μὴ καταλειφθῆναι[18] αὐτῶν
σεσῳσμένον καὶ διαπεφευγότα.[19]

34 Καὶ ἀπῆλθεν Ἰησοῦς καὶ πᾶς Ισραηλ μετ᾽ αὐτοῦ ἐκ Λαχις εἰς Οδολλαμ καὶ περι-
εκάθισεν[20] αὐτὴν καὶ ἐπολιόρκησεν[21] αὐτήν. **35** καὶ παρέδωκεν αὐτὴν κύριος ἐν χειρὶ
Ισραηλ, καὶ ἔλαβεν αὐτὴν ἐν τῇ ἡμέρᾳ ἐκείνῃ καὶ ἐφόνευσεν[22] αὐτὴν ἐν στόματι
ξίφους,[23] καὶ πᾶν ἐμπνέον[24] ἐν αὐτῇ ἐφόνευσαν,[25] ὃν τρόπον[26] ἐποίησαν τῇ Λαχις.

36 Καὶ ἀπῆλθεν Ἰησοῦς καὶ πᾶς Ισραηλ μετ᾽ αὐτοῦ εἰς Χεβρων καὶ περιεκάθισεν[27]
αὐτήν. **37** καὶ ἐπάταξεν[28] αὐτὴν ἐν στόματι ξίφους[29] καὶ πᾶν ἐμπνέον,[30] ὅσα ἦν ἐν
αὐτῇ, οὐκ ἦν διασεσῳσμένος·[31] ὃν τρόπον[32] ἐποίησαν τὴν Οδολλαμ, ἐξωλέθρευσαν[33]
αὐτὴν καὶ ὅσα ἦν ἐν αὐτῇ.

38 Καὶ ἀπέστρεψεν[34] Ἰησοῦς καὶ πᾶς Ισραηλ εἰς Δαβιρ καὶ περικαθίσαντες[35] αὐτὴν
39 ἔλαβον αὐτὴν καὶ τὸν βασιλέα αὐτῆς καὶ τὰς κώμας[36] αὐτῆς καὶ ἐπάταξαν[37]

1 πολιορκέω, *impf act ind 3s*, besiege
2 φονεύω, *aor act ind 3p*, kill
3 ξίφος, sword
4 ἐμπνέω, *pres act ptc acc s n*, breathe
5 καταλείπω, *aor pas ind 3s*, leave behind
6 διασῴζω, *perf pas ptc nom s m*, preserve alive
7 διαφεύγω, *perf act ptc nom s m*, escape
8 ὃν τρόπον, in the manner that
9 περικαθίζω, *aor act ind 3s*, camp around
10 πολιορκέω, *impf act ind 3s*, besiege
11 φονεύω, *aor act ind 3p*, kill
12 ξίφος, sword
13 ἐξολεθρεύω, *aor act ind 3p*, utterly destroy
14 ὃν τρόπον, in the manner that
15 βοηθέω, *fut act ptc nom s m*, aid, assist
16 πατάσσω, *aor act ind 3s*, strike
17 ξίφος, sword
18 καταλείπω, *aor pas inf*, leave behind
19 διαφεύγω, *perf act ptc acc s m*, escape
20 περικαθίζω, *aor act ind 3s*, camp around
21 πολιορκέω, *aor act ind 3s*, besiege
22 φονεύω, *aor act ind 3s*, kill
23 ξίφος, sword
24 ἐμπνέω, *pres act ptc acc s n*, breathe
25 φονεύω, *aor act ind 3p*, kill
26 ὃν τρόπον, in the manner that
27 περικαθίζω, *aor act ind 3s*, camp around
28 πατάσσω, *aor act ind 3s*, strike
29 ξίφος, sword
30 ἐμπνέω, *pres act ptc acc s n*, breathe
31 διασῴζω, *perf pas ptc nom s m*, preserve alive
32 ὃν τρόπον, in the manner that
33 ἐξολεθρεύω, *aor act ind 3p*, utterly destroy
34 ἀποστρέφω, *aor act ind 3s*, return
35 περικαθίζω, *aor act ptc nom p m*, camp around
36 κώμη, village
37 πατάσσω, *aor act ind 3p*, strike

αὐτὴν ἐν στόματι ξίφους[1] καὶ ἐξωλέθρευσαν[2] αὐτὴν καὶ πᾶν ἐμπνέον[3] ἐν αὐτῇ καὶ
οὐ κατέλιπον[4] αὐτῇ οὐδένα διασεσῳσμένον·[5] ὃν τρόπον[6] ἐποίησαν τὴν Χεβρων καὶ
τῷ βασιλεῖ αὐτῆς, οὕτως ἐποίησαν τῇ Δαβιρ καὶ τῷ βασιλεῖ αὐτῆς.

40 Καὶ ἐπάταξεν[7] Ἰησοῦς πᾶσαν τὴν γῆν τῆς ὀρεινῆς[8] καὶ τὴν Ναγεβ καὶ τὴν πεδινὴν[9]
καὶ τὴν Ασηδωθ καὶ τοὺς βασιλεῖς αὐτῆς, οὐ κατέλιπον[10] αὐτῶν σεσῳσμένον· καὶ
πᾶν ἐμπνέον[11] ζωῆς ἐξωλέθρευσεν,[12] ὃν τρόπον[13] ἐνετείλατο[14] κύριος ὁ θεὸς Ισραηλ.
41 ἀπὸ Καδης Βαρνη ἕως Γάζης, πᾶσαν τὴν Γοσομ ἕως τῆς Γαβαων, **42** καὶ πάντας
τοὺς βασιλεῖς αὐτῶν καὶ τὴν γῆν αὐτῶν ἐπάταξεν[15] Ἰησοῦς εἰς ἅπαξ,[16] ὅτι κύριος ὁ
θεὸς Ισραηλ συνεπολέμει[17] τῷ Ισραηλ.

Conquest of Northern Canaan

11 Ὡς δὲ ἤκουσεν Ιαβιν βασιλεὺς Ασωρ, ἀπέστειλεν πρὸς Ιωβαβ βασιλέα Μαρ-
ρων καὶ πρὸς βασιλέα Συμοων καὶ πρὸς βασιλέα Αζιφ **2** καὶ πρὸς τοὺς βασιλεῖς
τοὺς κατὰ Σιδῶνα τὴν μεγάλην, εἰς τὴν ὀρεινὴν[18] καὶ εἰς τὴν Ραβα ἀπέναντι[19]
Κενερωθ καὶ εἰς τὸ πεδίον[20] καὶ εἰς Ναφεδδωρ **3** καὶ εἰς τοὺς παραλίους[21] Χαναναίους
ἀπὸ ἀνατολῶν[22] καὶ εἰς τοὺς παραλίους Αμορραίους καὶ Ευαίους καὶ Ιεβουσαίους
καὶ Φερεζαίους τοὺς ἐν τῷ ὄρει καὶ τοὺς Χετταίους τοὺς ὑπὸ τὴν Αερμων εἰς γῆν
Μασσηφα. **4** καὶ ἐξῆλθον αὐτοὶ καὶ οἱ βασιλεῖς αὐτῶν μετ᾽ αὐτῶν ὥσπερ ἡ ἄμμος[23]
τῆς θαλάσσης τῷ πλήθει καὶ ἵπποι[24] καὶ ἅρματα[25] πολλὰ σφόδρα.[26] **5** καὶ συνῆλθον[27]
πάντες οἱ βασιλεῖς οὗτοι καὶ παρεγένοντο ἐπὶ τὸ αὐτὸ καὶ παρενέβαλον[28] ἐπὶ τοῦ
ὕδατος Μαρρων πολεμῆσαι[29] τὸν Ισραηλ.

6 καὶ εἶπεν κύριος πρὸς Ἰησοῦν Μὴ φοβηθῇς ἀπὸ προσώπου αὐτῶν, ὅτι αὔριον[30]
ταύτην τὴν ὥραν[31] ἐγὼ παραδίδωμι τετροπωμένους[32] αὐτοὺς ἐναντίον[33] τοῦ Ισραηλ·
τοὺς ἵππους[34] αὐτῶν νευροκοπήσεις[35] καὶ τὰ ἅρματα[36] αὐτῶν κατακαύσεις[37] ἐν πυρί.

1 ξίφος, sword
2 ἐξολεθρεύω, *aor act ind 3p*, utterly destroy
3 ἐμπνέω, *pres act ptc acc s n*, breathe
4 καταλείπω, *aor act ind 3p*, leave behind
5 διασῴζω, *perf pas ptc acc s m*, preserve alive
6 ὃν τρόπον, in the manner that
7 πατάσσω, *aor act ind 3s*, strike
8 ὀρεινός, mountainous, hilly
9 πεδινός, plain, flat land
10 καταλείπω, *aor act ind 3p*, leave behind
11 ἐμπνέω, *pres act ptc acc s n*, breathe
12 ἐξολεθρεύω, *aor act ind 3s*, utterly destroy
13 ὃν τρόπον, in the manner that
14 ἐντέλλομαι, *aor mid ind 3s*, command
15 πατάσσω, *aor act ind 3s*, strike
16 ἅπαξ, once for all
17 συμπολεμέω, *impf act ind 3s*, fight alongside
18 ὀρεινός, mountainous, hilly (region)
19 ἀπέναντι, opposite
20 πεδίον, plain
21 παράλιος, coastal
22 ἀνατολή, east
23 ἄμμος, sand
24 ἵππος, horse
25 ἅρμα, chariot
26 σφόδρα, very
27 συνέρχομαι, *aor act ind 3p*, go together
28 παρεμβάλλω, *aor act ind 3p*, pitch camp
29 πολεμέω, *aor act inf*, fight, wage war
30 αὔριον, tomorrow
31 ὥρα, hour, time
32 τροπόω, *perf pas ptc acc p m*, put to flight
33 ἐναντίον, before
34 ἵππος, horse
35 νευροκοπέω, *fut act ind 2s*, hamstring
36 ἅρμα, chariot
37 κατακαίω, *fut act ind 2s*, burn up

7 καὶ ἦλθεν Ἰησοῦς καὶ πᾶς ὁ λαὸς ὁ πολεμιστὴς[1] ἐπ᾽ αὐτοὺς ἐπὶ τὸ ὕδωρ Μαρρων
ἐξάπινα[2] καὶ ἐπέπεσαν[3] ἐπ᾽ αὐτοὺς ἐν τῇ ὀρεινῇ.[4] **8** καὶ παρέδωκεν αὐτοὺς κύριος
ὑποχειρίους[5] Ισραηλ, καὶ κόπτοντες[6] αὐτοὺς κατεδίωκον[7] ἕως Σιδῶνος τῆς μεγάλης
καὶ ἕως Μασερων καὶ ἕως τῶν πεδίων[8] Μασσωχ κατ᾽ ἀνατολὰς[9] καὶ κατέκοψαν[10]
αὐτοὺς ἕως τοῦ μὴ καταλειφθῆναι[11] αὐτῶν διασεσῳσμένον.[12] **9** καὶ ἐποίησεν αὐτοῖς
Ἰησοῦς ὃν τρόπον[13] ἐνετείλατο[14] αὐτῷ κύριος· τοὺς ἵππους[15] αὐτῶν ἐνευροκόπησεν[16]
καὶ τὰ ἅρματα[17] αὐτῶν ἐνέπρησεν[18] ἐν πυρί.

10 Καὶ ἀπεστράφη[19] Ἰησοῦς ἐν τῷ καιρῷ ἐκείνῳ καὶ κατελάβετο[20] Ασωρ καὶ τὸν
βασιλέα αὐτῆς· ἦν δὲ Ασωρ τὸ πρότερον[21] ἄρχουσα πασῶν τῶν βασιλειῶν τούτων.
11 καὶ ἀπέκτειναν πᾶν ἐμπνέον[22] ἐν αὐτῇ ἐν ξίφει[23] καὶ ἐξωλέθρευσαν[24] πάντας, καὶ
οὐ κατελείφθη[25] ἐν αὐτῇ ἐμπνέον·[26] καὶ τὴν Ασωρ ἐνέπρησαν[27] ἐν πυρί. **12** καὶ πάσας
τὰς πόλεις τῶν βασιλέων καὶ τοὺς βασιλεῖς αὐτῶν ἔλαβεν Ἰησοῦς καὶ ἀνεῖλεν[28]
αὐτοὺς ἐν στόματι ξίφους,[29] καὶ ἐξωλέθρευσαν[30] αὐτούς, ὃν τρόπον[31] συνέταξεν[32]
Μωυσῆς ὁ παῖς[33] κυρίου. **13** ἀλλὰ πάσας τὰς πόλεις τὰς κεχωματισμένας[34] οὐκ
ἐνέπρησεν[35] Ισραηλ, πλὴν Ασωρ μόνην ἐνέπρησεν Ἰησοῦς. **14** καὶ πάντα τὰ σκῦλα[36]
αὐτῆς ἐπρονόμευσαν[37] ἑαυτοῖς οἱ υἱοὶ Ισραηλ, αὐτοὺς δὲ πάντας ἐξωλέθρευσαν[38] ἐν
στόματι ξίφους,[39] ἕως ἀπώλεσεν αὐτούς, οὐ κατέλιπον[40] ἐξ αὐτῶν οὐδὲ ἓν ἐμπνέον.[41]
15 ὃν τρόπον[42] συνέταξεν[43] κύριος τῷ Μωυσῇ τῷ παιδὶ[44] αὐτοῦ, καὶ Μωυσῆς

1 πολεμιστής, warrior
2 ἐξάπινα, suddenly
3 ἐπιπίπτω, *aor act ind 3p*, fall upon, attack
4 ὀρεινός, mountainous, hilly (region)
5 ὑποχείριος, in one's hands
6 κόπτω, *pres act ptc nom p m*, smite, cut down
7 καταδιώκω, *impf act ind 3p*, pursue
8 πεδίον, plain
9 ἀνατολή, east
10 κατακόπτω, *aor act ind 3p*, cut down, slay
11 καταλείπω, *aor pas inf*, leave behind
12 διασῴζω, *perf pas ptc acc s m*, preserve alive
13 ὃν τρόπον, in the manner that
14 ἐντέλλομαι, *aor mid ind 3s*, command
15 ἵππος, horse
16 νευροκοπέω, *aor act ind 3s*, hamstring
17 ἅρμα, chariot
18 ἐμπίμπρημι, *aor act ind 3s*, burn
19 ἀποστρέφω, *aor pas ind 3s*, turn back
20 καταλαμβάνω, *aor mid ind 3s*, overtake
21 πρότερος, earlier, previously
22 ἐμπνέω, *pres act ptc acc s n*, breathe
23 ξίφος, sword
24 ἐξολεθρεύω, *aor act ind 3p*, utterly destroy
25 καταλείπω, *aor pas ind 3s*, leave behind
26 ἐμπνέω, *pres act ptc acc s n*, breathe
27 ἐμπίμπρημι, *aor act ind 3p*, burn
28 ἀναιρέω, *aor act ind 3s*, kill, slay
29 ξίφος, sword
30 ἐξολεθρεύω, *aor act ind 3p*, utterly destroy
31 ὃν τρόπον, in the manner that
32 συντάσσω, *aor act ind 3s*, order, instruct
33 παῖς, servant
34 χωματίζω, *perf pas ptc acc p f*, embank, fortify with earth
35 ἐμπίμπρημι, *aor act ind 3s*, burn
36 σκῦλον, spoils
37 προνομεύω, *aor act ind 3p*, plunder
38 ἐξολεθρεύω, *aor act ind 3p*, utterly destroy
39 ξίφος, sword
40 καταλείπω, *aor act ind 3p*, leave behind
41 ἐμπνέω, *pres act ptc acc s n*, breathe
42 ὃν τρόπον, in the manner that
43 συντάσσω, *aor act ind 3s*, order, instruct
44 παῖς, servant

ὡσαύτως[1] ἐνετείλατο[2] τῷ Ἰησοῖ, καὶ οὕτως ἐποίησεν Ἰησοῦς, οὐ παρέβη[3] οὐδὲν ἀπὸ πάντων, ὧν συνέταξεν[4] αὐτῷ Μωυσῆς.

16 Καὶ ἔλαβεν Ἰησοῦς πᾶσαν τὴν γῆν τὴν ὀρεινὴν[5] καὶ πᾶσαν τὴν Ναγεβ καὶ πᾶσαν τὴν γῆν Γοσομ καὶ τὴν πεδινὴν[6] καὶ τὴν πρὸς δυσμαῖς[7] καὶ τὸ ὄρος Ισραηλ καὶ τὰ ταπεινά,[8] **17** τὰ πρὸς τῷ ὄρει ἀπὸ ὄρους Αχελ καὶ ὃ προσαναβαίνει[9] εἰς Σηιρ καὶ ἕως Βααλγαδ καὶ τὰ πεδία[10] τοῦ Λιβάνου ὑπὸ τὸ ὄρος τὸ Αερμων καὶ πάντας τοὺς βασιλεῖς αὐτῶν ἔλαβεν καὶ ἀνεῖλεν[11] αὐτοὺς καὶ ἀπέκτεινεν. **18** καὶ πλείους[12] ἡμέρας ἐποίησεν Ἰησοῦς πρὸς τοὺς βασιλεῖς τούτους τὸν πόλεμον, **19** καὶ οὐκ ἦν πόλις, ἣν οὐκ ἔλαβεν Ισραηλ, πάντα ἐλάβοσαν ἐν πολέμῳ. **20** ὅτι διὰ κυρίου ἐγένετο κατισχῦσαι[13] αὐτῶν τὴν καρδίαν συναντᾶν[14] εἰς πόλεμον πρὸς Ισραηλ, ἵνα ἐξολεθρευθῶσιν,[15] ὅπως μὴ δοθῇ αὐτοῖς ἔλεος,[16] ἀλλ᾽ ἵνα ἐξολεθρευθῶσιν,[17] ὃν τρόπον[18] εἶπεν κύριος πρὸς Μωυσῆν.

21 Καὶ ἦλθεν Ἰησοῦς ἐν τῷ καιρῷ ἐκείνῳ καὶ ἐξωλέθρευσεν[19] τοὺς Ενακιμ ἐκ τῆς ὀρεινῆς,[20] ἐκ Χεβρων καὶ ἐκ Δαβιρ καὶ ἐξ Αναβωθ καὶ ἐκ παντὸς γένους[21] Ισραηλ καὶ ἐκ παντὸς ὄρους Ιουδα σὺν ταῖς πόλεσιν αὐτῶν, καὶ ἐξωλέθρευσεν[22] αὐτοὺς Ἰησοῦς. **22** οὐ κατελείφθη[23] τῶν Ενακιμ ἀπὸ τῶν υἱῶν Ισραηλ, ἀλλὰ πλὴν ἐν Γάζῃ καὶ ἐν Γεθ καὶ ἐν Ασεδωθ κατελείφθη. **23** καὶ ἔλαβεν Ἰησοῦς πᾶσαν τὴν γῆν, καθότι[24] ἐνετείλατο[25] κύριος τῷ Μωυσῇ, καὶ ἔδωκεν αὐτοὺς Ἰησοῦς ἐν κληρονομίᾳ[26] Ισραηλ ἐν μερισμῷ[27] κατὰ φυλὰς αὐτῶν. καὶ ἡ γῆ κατέπαυσεν[28] πολεμουμένη.[29]

Kings Defeated by Moses and Joshua

12 Καὶ οὗτοι οἱ βασιλεῖς τῆς γῆς, οὓς ἀνεῖλον[30] οἱ υἱοὶ Ισραηλ καὶ κατεκληρονόμησαν[31] τὴν γῆν αὐτῶν πέραν[32] τοῦ Ιορδάνου ἀφ᾽ ἡλίου ἀνατολῶν[33] ἀπὸ φάραγγος[34] Αρνων ἕως τοῦ ὄρους Αερμων καὶ πᾶσαν τὴν γῆν Αραβα ἀπ᾽

1 ὡσαύτως, just as
2 ἐντέλλομαι, *aor mid ind 3s*, command
3 παραβαίνω, *aor act ind 3s*, deviate from
4 συντάσσω, *aor act ind 3s*, order, instruct
5 ὀρεινός, mountainous, hilly
6 πεδινός, plain
7 δυσμή, west
8 ταπεινός, low (region)
9 προσαναβαίνω, *pres act ind 3s*, ascend
10 πεδίον, plain
11 ἀναιρέω, *aor act ind 3s*, kill, slay
12 πλείων/πλεῖον, *comp of* πολύς, more, more numerous
13 κατισχύω, *aor act inf*, strengthen
14 συναντάω, *pres act inf*, fall upon, meet
15 ἐξολεθρεύω, *aor pas sub 3p*, utterly destroy
16 ἔλεος, mercy
17 ἐξολεθρεύω, *aor pas sub 3p*, utterly destroy
18 ὃν τρόπον, in the manner that
19 ἐξολεθρεύω, *aor act ind 3s*, utterly destroy
20 ὀρεινός, mountainous, hilly (region)
21 γένος, race, nation
22 ἐξολεθρεύω, *aor act ind 3s*, utterly destroy
23 καταλείπω, *aor pas ind 3s*, leave behind
24 καθότι, as
25 ἐντέλλομαι, *aor mid ind 3s*, command
26 κληρονομία, inheritance
27 μερισμός, division, allotment
28 καταπαύω, *aor act ind 3s*, cease, rest
29 πολεμέω, *pres pas ptc nom s f*, fight, make war
30 ἀναιρέω, *aor act ind 3p*, kill, slay
31 κατακληρονομέω, *aor act ind 3p*, take possession
32 πέραν, beyond
33 ἀνατολή, rising
34 φάραγξ, ravine

ἀνατολῶν·[1] **2** Σηων τὸν βασιλέα τῶν Αμορραίων, ὃς κατῴκει ἐν Εσεβων κυριεύων[2] ἀπὸ Αροηρ, ἥ ἐστιν ἐν τῇ φάραγγι,[3] κατὰ μέρος τῆς φάραγγος καὶ τὸ ἥμισυ[4] τῆς Γαλααδ ἕως Ιαβοκ, ὅρια[5] υἱῶν Αμμων, **3** καὶ Αραβα ἕως τῆς θαλάσσης Χενερεθ κατ᾽ ἀνατολὰς[6] καὶ ἕως τῆς θαλάσσης Αραβα, θάλασσαν τῶν ἁλῶν ἀπὸ ἀνατολῶν, ὁδὸν τὴν κατὰ Ασιμωθ, ἀπὸ Θαιμαν τὴν ὑπὸ Ασηδωθ Φασγα· **4** καὶ Ωγ βασιλεὺς Βασαν ὑπελείφθη[7] ἐκ τῶν γιγάντων[8] ὁ κατοικῶν ἐν Ασταρωθ καὶ ἐν Εδραϊν **5** ἄρχων ἀπὸ ὄρους Αερμων καὶ ἀπὸ Σελχα καὶ πᾶσαν τὴν Βασαν ἕως ὁρίων[9] Γεσουρι καὶ τὴν Μαχατι καὶ τὸ ἥμισυ[10] Γαλααδ, ὁρίων Σηων βασιλέως Εσεβων. **6** Μωυσῆς ὁ παῖς[11] κυρίου καὶ οἱ υἱοὶ Ισραηλ ἐπάταξαν[12] αὐτούς, καὶ ἔδωκεν αὐτὴν Μωυσῆς ἐν κληρονομίᾳ[13] Ρουβην καὶ Γαδ καὶ τῷ ἡμίσει[14] φυλῆς Μανασση.

7 Καὶ οὗτοι οἱ βασιλεῖς τῶν Αμορραίων, οὓς ἀνεῖλεν[15] Ἰησοῦς καὶ οἱ υἱοὶ Ισραηλ ἐν τῷ πέραν[16] τοῦ Ιορδάνου παρὰ θάλασσαν Βααλγαδ ἐν τῷ πεδίῳ[17] τοῦ Λιβάνου καὶ ἕως τοῦ ὄρους Χελχα ἀναβαινόντων εἰς Σηιρ, καὶ ἔδωκεν αὐτὴν Ἰησοῦς ταῖς φυλαῖς Ισραηλ κληρονομεῖν[18] κατὰ κλῆρον[19] αὐτῶν, **8** ἐν τῷ ὄρει καὶ ἐν τῷ πεδίῳ[20] καὶ ἐν Αραβα καὶ ἐν Ασηδωθ καὶ ἐν τῇ ἐρήμῳ καὶ ἐν Ναγεβ, τὸν Χετταῖον καὶ τὸν Αμορραῖον καὶ τὸν Χαναναῖον καὶ τὸν Φερεζαῖον καὶ τὸν Ευαῖον καὶ τὸν Ιεβουσαῖον· **9** τὸν βασιλέα Ιεριχω καὶ τὸν βασιλέα τῆς Γαι, ἥ ἐστιν πλησίον[21] Βαιθηλ, **10** βασιλέα Ιερουσαλημ, βασιλέα Χεβρων, **11** βασιλέα Ιεριμουθ, βασιλέα Λαχις, **12** βασιλέα Αιλαμ, βασιλέα Γαζερ, **13** βασιλέα Δαβιρ, βασιλέα Γαδερ, **14** βασιλέα Ερμαθ, βασιλέα Αραθ, **15** βασιλέα Λεβνα, βασιλέα Οδολλαμ, **16** βασιλέα Μακηδα, **17** βασιλέα Ταφουγ, βασιλέα Οφερ, **18** βασιλέα Αφεκ τῆς Σαρων, **19** βασιλέα Ασωρ, **20** βασιλέα Συμοων, βασιλέα Μαρρων, βασιλέα Αζιφ, **21** βασιλέα Καδης, βασιλέα Ταναχ, **22** βασιλέα Μαγεδων, βασιλέα Ιεκοναμ τοῦ Χερμελ, **23** βασιλέα Δωρ τοῦ Ναφεδδωρ, βασιλέα Γωιμ τῆς Γαλιλαίας, **24** βασιλέα Θαρσα· πάντες οὗτοι βασιλεῖς εἴκοσι[22] ἐννέα.[23]

Land Yet to Be Conquered

13 Καὶ Ἰησοῦς πρεσβύτερος προβεβηκὼς[24] τῶν ἡμερῶν. καὶ εἶπεν κύριος πρὸς Ἰησοῦν Σὺ προβέβηκας[25] τῶν ἡμερῶν, καὶ ἡ γῆ ὑπολέλειπται[26] πολλὴ εἰς κληρονομίαν.[27] **2** καὶ αὕτη ἡ γῆ ἡ καταλελειμμένη·[28] ὅρια[29] Φυλιστιιμ, ὁ Γεσιρι καὶ

1 ἀνατολή, east
2 κυριεύω, *pres act ptc nom s m*, rule over
3 φάραγξ, ravine
4 ἥμισυς, half
5 ὅριον, boundary, border
6 ἀνατολή, east
7 ὑπολείπω, *aor pas ind 3s*, leave
8 γίγας, giant, mighty one
9 ὅριον, boundary, border
10 ἥμισυς, half
11 παῖς, servant
12 πατάσσω, *aor act ind 3p*, strike, smite
13 κληρονομία, inheritance
14 ἥμισυς, half
15 ἀναιρέω, *aor act ind 3s*, kill, slay
16 πέραν, beyond
17 πεδίον, plain
18 κληρονομέω, *pres act inf*, inherit, acquire
19 κλῆρος, share, portion
20 πεδίον, plain
21 πλησίον, adjacent, neighboring
22 εἴκοσι, twenty
23 ἐννέα, nine
24 προβαίνω, *perf act ptc nom s m*, advance
25 προβαίνω, *perf act ind 2s*, advance
26 ὑπολείπω, *perf pas ind 3s*, leave
27 κληρονομία, inheritance
28 καταλείπω, *perf pas ptc nom s f*, leave behind
29 ὅριον, boundary, border

ὁ Χαναναῖος· **3** ἀπὸ τῆς ἀοικήτου[1] τῆς κατὰ πρόσωπον Αἰγύπτου ἕως τῶν ὁρίων[2]
Ακκαρων ἐξ εὐωνύμων[3] τῶν Χαναναίων προσλογίζεται[4] ταῖς πέντε σατραπείαις[5]
τῶν Φυλιστιιμ, τῷ Γαζαίῳ καὶ τῷ Ἀζωτίῳ καὶ τῷ Ἀσκαλωνίτῃ καὶ τῷ Γεθθαίῳ καὶ τῷ
Ακκαρωνίτῃ· καὶ τῷ Ευαίῳ **4** ἐκ Θαιμαν καὶ πάσῃ γῇ Χανααν ἐναντίον[6] Γάζης, καὶ
οἱ Σιδώνιοι ἕως Αφεκ ἕως τῶν ὁρίων[7] τῶν Αμορραίων, **5** καὶ πᾶσαν τὴν γῆν Γαβλι
Φυλιστιιμ καὶ πάντα τὸν Λίβανον ἀπὸ ἀνατολῶν[8] ἡλίου ἀπὸ Γαλγαλ ὑπὸ τὸ ὄρος τὸ
Αερμων ἕως τῆς εἰσόδου[9] Εμαθ· **6** πᾶς ὁ κατοικῶν τὴν ὀρεινὴν[10] ἀπὸ τοῦ Λιβάνου
ἕως τῆς Μασερεφωθμαιμ, πάντας τοὺς Σιδωνίους, ἐγὼ αὐτοὺς ἐξολεθρεύσω[11] ἀπὸ
προσώπου Ισραηλ· ἀλλὰ διάδος[12] αὐτὴν ἐν κλήρῳ[13] τῷ Ισραηλ, ὃν τρόπον[14] σοι
ἐνετειλάμην.[15] **7** καὶ νῦν μέρισον[16] τὴν γῆν ταύτην ἐν κληρονομίᾳ[17] ταῖς ἐννέα[18]
φυλαῖς καὶ τῷ ἡμίσει[19] φυλῆς Μανασση· ἀπὸ τοῦ Ιορδάνου ἕως τῆς θαλάσσης τῆς
μεγάλης κατὰ δυσμὰς[20] ἡλίου δώσεις αὐτήν, ἡ θάλασσα ἡ μεγάλη ὁριεῖ.[21]

Inheritance East of the Jordan

8 ταῖς δὲ δύο φυλαῖς καὶ τῷ ἡμίσει[22] φυλῆς Μανασση, τῷ Ρουβην καὶ τῷ Γαδ, ἔδωκεν
Μωυσῆς ἐν τῷ πέραν[23] τοῦ Ιορδάνου κατ᾽ἀνατολὰς[24] ἡλίου· δέδωκεν αὐτὴν Μωυσῆς
ὁ παῖς[25] κυρίου **9** ἀπὸ Αροηρ, ἥ ἐστιν ἐπὶ τοῦ χείλους[26] χειμάρρου[27] Αρνων, καὶ τὴν
πόλιν τὴν ἐν μέσῳ τῆς φάραγγος[28] καὶ πᾶσαν τὴν Μισωρ ἀπὸ Μαιδαβα ἕως Δαιβαν,
10 πάσας τὰς πόλεις Σηων βασιλέως Αμορραίων, ὃς ἐβασίλευσεν[29] ἐν Εσεβων, ἕως
τῶν ὁρίων[30] υἱῶν Αμμων **11** καὶ τὴν Γαλααδῖτιδα καὶ τὰ ὅρια[31] Γεσιρι καὶ τοῦ Μαχατι,
πᾶν ὄρος Αερμων καὶ πᾶσαν τὴν Βασανῖτιν ἕως Σελχα, **12** πᾶσαν τὴν βασιλείαν Ωγ
ἐν τῇ Βασανίτιδι, ὃς ἐβασίλευσεν[32] ἐν Ασταρωθ καὶ ἐν Εδραϊν· οὗτος κατελείφθη[33]
ἀπὸ τῶν γιγάντων,[34] καὶ ἐπάταξεν[35] αὐτὸν Μωυσῆς καὶ ἐξωλέθρευσεν.[36] **13** καὶ
οὐκ ἐξωλέθρευσαν[37] οἱ υἱοὶ Ισραηλ τὸν Γεσιρι καὶ τὸν Μαχατι καὶ τὸν Χαναναῖον,
καὶ κατῴκει βασιλεὺς Γεσιρι καὶ ὁ Μαχατι ἐν τοῖς υἱοῖς Ισραηλ ἕως τῆς σήμερον

1 ἀοίκητος, uninhabitable
2 ὅριον, boundary, border
3 εὐώνυμος, to the left
4 προσλογίζομαι, *pres mid ind 3s*, reckon
5 σατραπεία, satrapy
6 ἐναντίον, before
7 ὅριον, boundary, border
8 ἀνατολή, rising
9 εἴσοδος, entrance
10 ὀρεινός, mountainous, hilly (region)
11 ἐξολεθρεύω, *fut act ind 1s*, utterly destroy
12 διαδίδωμι, *aor act impv 2s*, hand over, distribute
13 κλῆρος, share, portion
14 ὃν τρόπον, in the manner that
15 ἐντέλλομαι, *aor mid ind 1s*, command
16 μερίζω, *aor act impv 2s*, divide
17 κληρονομία, inheritance
18 ἐννέα, nine
19 ἥμισυς, half
20 δυσμή, setting
21 ὁρίζω, *fut act ind 3s*, act as boundary
22 ἥμισυς, half
23 πέραν, beyond
24 ἀνατολή, rising
25 παῖς, servant
26 χεῖλος, edge
27 χείμαρρος, brook, wadi
28 φάραγξ, ravine
29 βασιλεύω, *aor act ind 3s*, rule as king
30 ὅριον, boundary, border
31 ὅριον, boundary, border
32 βασιλεύω, *aor act ind 3s*, rule as king
33 καταλείπω, *aor pas ind 3s*, leave behind
34 γίγας, giant, mighty one
35 πατάσσω, *aor act ind 3s*, strike
36 ἐξολεθρεύω, *aor act ind 3s*, utterly destroy
37 ἐξολεθρεύω, *aor act ind 3p*, utterly destroy

ἡμέρας. **14** πλὴν τῆς φυλῆς Λευι οὐκ ἐδόθη κληρονομία·[1] κύριος ὁ θεὸς Ισραηλ, οὗτος αὐτῶν κληρονομία,[2] καθὰ[3] εἶπεν αὐτοῖς κύριος. καὶ οὗτος ὁ καταμερισμός,[4] ὃν κατεμέρισεν[5] Μωυσῆς τοῖς υἱοῖς Ισραηλ ἐν Αραβωθ Μωαβ ἐν τῷ πέραν[6] τοῦ Ιορδάνου κατὰ Ιεριχω.

15 Καὶ ἔδωκεν Μωυσῆς τῇ φυλῇ Ρουβην κατὰ δήμους[7] αὐτῶν. **16** καὶ ἐγενήθη αὐτῶν τὰ ὅρια[8] ἀπὸ Αροηρ, ἥ ἐστιν κατὰ πρόσωπον φάραγγος[9] Αρνων, καὶ ἡ πόλις ἡ ἐν τῇ φάραγγι Αρνων καὶ πᾶσαν τὴν Μισωρ **17** ἕως Εσεβων καὶ πάσας τὰς πόλεις τὰς οὔσας ἐν τῇ Μισωρ καὶ Δαιβων καὶ Βαμωθβααλ καὶ οἴκου Βεελμων **18** καὶ Ιασσα καὶ Κεδημωθ καὶ Μεφααθ **19** καὶ Καριαθαιμ καὶ Σεβαμα καὶ Σεραδα καὶ Σιωρ ἐν τῷ ὄρει Εμακ **20** καὶ Βαιθφογωρ καὶ Ασηδωθ Φασγα καὶ Βαιθασιμωθ **21** καὶ πάσας τὰς πόλεις τοῦ Μισωρ καὶ πᾶσαν τὴν βασιλείαν τοῦ Σηων βασιλέως τῶν Αμορραίων, ὃν ἐπάταξεν[10] Μωυσῆς αὐτὸν καὶ τοὺς ἡγουμένους[11] Μαδιαμ καὶ τὸν Ευι καὶ τὸν Ροκομ καὶ τὸν Σουρ καὶ τὸν Ουρ καὶ τὸν Ροβε ἄρχοντας παρὰ Σηων καὶ τοὺς κατοικοῦντας τὴν γῆν. **22** καὶ τὸν Βαλααμ τὸν τοῦ Βεωρ τὸν μάντιν[12] ἀπέκτειναν ἐν τῇ ῥοπῇ.[13] **23** ἐγένετο δὲ τὰ ὅρια[14] Ρουβην· Ιορδάνης ὅριον. αὕτη ἡ κληρονομία[15] υἱῶν Ρουβην κατὰ δήμους[16] αὐτῶν, αἱ πόλεις αὐτῶν καὶ αἱ ἐπαύλεις[17] αὐτῶν.

24 Ἔδωκεν δὲ Μωυσῆς τοῖς υἱοῖς Γαδ κατὰ δήμους[18] αὐτῶν. **25** καὶ ἐγένετο τὰ ὅρια[19] αὐτῶν Ιαζηρ, πᾶσαι αἱ πόλεις Γαλααδ καὶ τὸ ἥμισυ[20] γῆς υἱῶν Αμμων ἕως Αροηρ, ἥ ἐστιν κατὰ πρόσωπον Ραββα, **26** καὶ ἀπὸ Εσεβων ἕως Ραμωθ κατὰ τὴν Μασσηφα καὶ Βοτανιν καὶ Μααναιν ἕως τῶν ὁρίων[21] Δαβιρ **27** καὶ ἐν Εμεκ Βαιθαραμ καὶ Βαιθαναβρα καὶ Σοκχωθα καὶ Σαφαν καὶ τὴν λοιπὴν βασιλείαν Σηων βασιλέως Εσεβων, καὶ ὁ Ιορδάνης ὁριεῖ[22] ἕως μέρους τῆς θαλάσσης Χενερεθ πέραν[23] τοῦ Ιορδάνου ἀπ᾽ ἀνατολῶν.[24] **28** αὕτη ἡ κληρονομία[25] υἱῶν Γαδ κατὰ δήμους[26] αὐτῶν, αἱ πόλεις αὐτῶν καὶ αἱ ἐπαύλεις[27] αὐτῶν.

29 Καὶ ἔδωκεν Μωυσῆς τῷ ἡμίσει[28] φυλῆς Μανασση κατὰ δήμους[29] αὐτῶν. **30** καὶ ἐγένετο τὰ ὅρια[30] αὐτῶν ἀπὸ Μααναιμ καὶ πᾶσα βασιλεία Βασανι καὶ πᾶσα βασιλεία Ωγ βασιλέως Βασαν καὶ πάσας τὰς κώμας[31] Ιαϊρ, αἵ εἰσιν ἐν τῇ Βασανίτιδι,

1 κληρονομία, inheritance
2 κληρονομία, inheritance
3 καθά, as
4 καταμερισμός, division (into parts)
5 καταμερίζω, *aor act ind 3s*, divide
6 πέραν, beyond
7 δῆμος, district, division
8 ὅριον, boundary, border
9 φάραγξ, ravine
10 πατάσσω, *aor act ind 3s*, strike
11 ἡγέομαι, *pres mid ptc acc p m*, lead, rule
12 μάντις, diviner, soothsayer
13 ῥοπή, decisive moment
14 ὅριον, boundary, border
15 κληρονομία, inheritance
16 δῆμος, district, division
17 ἔπαυλις, farm, homestead
18 δῆμος, district, division
19 ὅριον, boundary, border
20 ἥμισυς, half
21 ὅριον, boundary, border
22 ὁρίζω, *fut act ind 3s*, divide
23 πέραν, beyond
24 ἀνατολή, east
25 κληρονομία, inheritance
26 δῆμος, district, division
27 ἔπαυλις, farm, homestead
28 ἥμισυς, half
29 δῆμος, district, division
30 ὅριον, boundary, border
31 κώμη, village

ἑξήκοντα[1] πόλεις, **31** καὶ τὸ ἥμισυ[2] τῆς Γαλααδ καὶ ἐν Ασταρωθ καὶ ἐν Εδραϊν, πόλεις
βασιλείας Ωγ ἐν Βασανίτιδι, καὶ ἐδόθησαν τοῖς υἱοῖς Μαχιρ υἱοῦ Μανασση καὶ τοῖς
ἡμίσεσιν[3] υἱοῖς Μαχιρ υἱοῦ Μανασση κατὰ δήμους[4] αὐτῶν.

32 Οὗτοι οὓς κατεκληρονόμησεν[5] Μωυσῆς πέραν[6] τοῦ Ιορδάνου ἐν Αραβωθ Μωαβ
ἐν τῷ πέραν τοῦ Ιορδάνου κατὰ Ιεριχω ἀπὸ ἀνατολῶν.[7]

Inheritance West of the Jordan

14 Καὶ οὗτοι οἱ κατακληρονομήσαντες[8] υἱῶν Ισραηλ ἐν τῇ γῇ Χανααν, οἷς
κατεκληρονόμησεν[9] αὐτοῖς Ελεαζαρ ὁ ἱερεὺς καὶ Ἰησοῦς ὁ τοῦ Ναυη καὶ οἱ
ἄρχοντες πατριῶν[10] φυλῶν τῶν υἱῶν Ισραηλ. **2** κατὰ κλήρους[11] ἐκληρονόμησαν,[12]
ὃν τρόπον[13] ἐνετείλατο[14] κύριος ἐν χειρὶ Ἰησοῦ ταῖς ἐννέα[15] φυλαῖς καὶ τῷ ἡμίσει[16]
φυλῆς, **3** ἀπὸ τοῦ πέραν[17] τοῦ Ιορδάνου, καὶ τοῖς Λευίταις οὐκ ἔδωκεν κλῆρον[18] ἐν
αὐτοῖς· **4** ὅτι ἦσαν οἱ υἱοὶ Ιωσηφ δύο φυλαί, Μανασση καὶ Εφραιμ, καὶ οὐκ ἐδόθη
μερὶς[19] ἐν τῇ γῇ τοῖς Λευίταις, ἀλλ᾽ ἢ πόλεις κατοικεῖν καὶ τὰ ἀφωρισμένα[20] αὐτῶν
τοῖς κτήνεσιν[21] καὶ τὰ κτήνη αὐτῶν. **5** ὃν τρόπον[22] ἐνετείλατο[23] κύριος τῷ Μωυσῇ,
οὕτως ἐποίησαν οἱ υἱοὶ Ισραηλ καὶ ἐμέρισαν[24] τὴν γῆν.

Caleb's Request

6 Καὶ προσήλθοσαν οἱ υἱοὶ Ιουδα πρὸς Ἰησοῦν ἐν Γαλγαλ, καὶ εἶπεν πρὸς αὐτὸν
Χαλεβ ὁ τοῦ Ιεφοννη ὁ Κενεζαῖος Σὺ ἐπίστῃ[25] τὸ ῥῆμα, ὃ ἐλάλησεν κύριος πρὸς
Μωυσῆν ἄνθρωπον τοῦ θεοῦ περὶ ἐμοῦ καὶ σοῦ ἐν Καδης Βαρνη· **7** τεσσαράκοντα[26]
γὰρ ἐτῶν ἤμην, ὅτε ἀπέστειλέν με Μωυσῆς ὁ παῖς[27] τοῦ θεοῦ ἐκ Καδης Βαρνη
κατασκοπεῦσαι[28] τὴν γῆν, καὶ ἀπεκρίθην αὐτῷ λόγον κατὰ τὸν νοῦν[29] αὐτοῦ, **8** οἱ
δὲ ἀδελφοί μου οἱ ἀναβάντες μετ᾽ ἐμοῦ μετέστησαν[30] τὴν καρδίαν τοῦ λαοῦ, ἐγὼ
δὲ προσετέθην[31] ἐπακολουθῆσαι[32] κυρίῳ τῷ θεῷ μου, **9** καὶ ὤμοσεν[33] Μωυσῆς ἐν

1 ἑξήκοντα, sixty
2 ἥμισυς, half
3 ἥμισυς, half
4 δῆμος, district, division
5 κατακληρονομέω, *aor act ind 3s*, cause to inherit
6 πέραν, beyond
7 ἀνατολή, east
8 κατακληρονομέω, *aor act ptc nom p m*, become heir
9 κατακληρονομέω, *aor act ind 3s*, cause to inherit
10 πάτριος, paternal
11 κλῆρος, share, portion
12 κληρονομέω, *aor act ind 3p*, inherit
13 ὃν τρόπον, in the manner that
14 ἐντέλλομαι, *aor mid ind 3s*, command
15 ἐννέα, nine
16 ἥμισυς, half
17 πέραν, beyond
18 κλῆρος, share, portion
19 μερίς, part, portion
20 ἀφορίζω, *perf pas ptc nom p n*, separate
21 κτῆνος, animal, (*p*) herd
22 ὃν τρόπον, in the manner that
23 ἐντέλλομαι, *aor mid ind 3s*, command
24 μερίζω, *aor act ind 3p*, divide, distribute
25 ἐπίσταμαι, *pres mid ind 2s*, know
26 τεσσαράκοντα, forty
27 παῖς, servant
28 κατασκοπεύω, *aor act inf*, spy, inspect
29 νοῦς, mind
30 μεθίστημι, *aor act ind 3p*, change
31 προστίθημι, *aor pas ind 1s*, add to, continue
32 ἐπακολουθέω, *aor act inf*, follow
33 ὄμνυμι, *aor act ind 3s*, swear an oath

ἐκείνῃ τῇ ἡμέρᾳ λέγων Ἡ γῆ, ἐφ᾽ ἣν ἐπέβης,[1] σοὶ ἔσται ἐν κλήρῳ[2] καὶ τοῖς τέκνοις
σου εἰς τὸν αἰῶνα, ὅτι προσετέθης[3] ἐπακολουθῆσαι[4] ὀπίσω κυρίου τοῦ θεοῦ ἡμῶν.
10 καὶ νῦν διέθρεψέν[5] με κύριος, ὃν τρόπον[6] εἶπεν, τοῦτο τεσσαρακοστὸν[7] καὶ
πέμπτον[8] ἔτος ἀφ᾽ οὗ ἐλάλησεν κύριος τὸ ῥῆμα τοῦτο πρὸς Μωυσῆν καὶ ἐπορεύθη
Ισραηλ ἐν τῇ ἐρήμῳ. καὶ νῦν ἰδοὺ ἐγὼ σήμερον ὀγδοήκοντα[9] καὶ πέντε ἐτῶν· **11** ἔτι
εἰμὶ σήμερον ἰσχύων[10] ὡσεὶ[11] ὅτε ἀπέστειλέν με Μωυσῆς, ὡσαύτως[12] ἰσχύω[13] νῦν
ἐξελθεῖν καὶ εἰσελθεῖν εἰς τὸν πόλεμον. **12** καὶ νῦν αἰτοῦμαί[14] σε τὸ ὄρος τοῦτο,
καθὰ[15] εἶπεν κύριος τῇ ἡμέρᾳ ἐκείνῃ· ὅτι σὺ ἀκήκοας τὸ ῥῆμα τοῦτο τῇ ἡμέρᾳ
ἐκείνῃ. νυνὶ[16] δὲ οἱ Ενακιμ ἐκεῖ εἰσιν, πόλεις ὀχυραὶ[17] καὶ μεγάλαι· ἐὰν οὖν κύριος
μετ᾽ ἐμοῦ ᾖ, ἐξολεθρεύσω[18] αὐτούς, ὃν τρόπον[19] εἶπέν μοι κύριος.

13 καὶ εὐλόγησεν αὐτὸν Ἰησοῦς καὶ ἔδωκεν τὴν Χεβρων τῷ Χαλεβ υἱῷ Ιεφοννη
υἱοῦ Κενεζ ἐν κλήρῳ.[20] **14** διὰ τοῦτο ἐγενήθη ἡ Χεβρων τῷ Χαλεβ τῷ τοῦ Ιεφοννη
τοῦ Κενεζαίου ἐν κλήρῳ[21] ἕως τῆς ἡμέρας ταύτης διὰ τὸ αὐτὸν ἐπακολουθῆσαι[22] τῷ
προστάγματι[23] κυρίου θεοῦ Ισραηλ. **15** τὸ δὲ ὄνομα τῆς Χεβρων ἦν τὸ πρότερον[24]
πόλις Αρβοκ· μητρόπολις[25] τῶν Ενακιμ αὕτη. καὶ ἡ γῆ ἐκόπασεν[26] τοῦ πολέμου.

Allotted Territory for Judah

15 Καὶ ἐγένετο τὰ ὅρια[27] φυλῆς Ιουδα κατὰ δήμους[28] αὐτῶν ἀπὸ τῶν ὁρίων[29] τῆς
Ιδουμαίας ἀπὸ τῆς ἐρήμου Σιν ἕως Καδης πρὸς λίβα.[30] **2** καὶ ἐγενήθη αὐτῶν
τὰ ὅρια[31] ἀπὸ λιβὸς[32] ἕως μέρους τῆς θαλάσσης τῆς ἁλυκῆς[33] ἀπὸ τῆς λοφιᾶς[34] τῆς
φερούσης ἐπὶ λίβα **3** καὶ διαπορεύεται[35] ἀπέναντι[36] τῆς προσαναβάσεως[37] Ακρα-
βιν καὶ ἐκπεριπορεύεται[38] Σεννα καὶ ἀναβαίνει ἀπὸ λιβὸς[39] ἐπὶ Καδης Βαρνη καὶ
ἐκπορεύεται Ασωρων καὶ προσαναβαίνει[40] εἰς Αδδαρα καὶ περιπορεύεται[41] τὴν

1 ἐπιβαίνω, *aor act ind 2s*, tread, set foot upon
2 κλῆρος, share, portion
3 προστίθημι, *aor pas ind 2s*, add to, continue
4 ἐπακολουθέω, *aor act inf*, follow
5 διατρέφω, *aor act ind 3s*, sustain
6 ὃν τρόπον, in the manner that
7 τεσσαρακοστός, fortieth
8 πέμπτος, fifth
9 ὀγδοήκοντα, eighty
10 ἰσχύω, *pres act ptc nom s m*, strengthen
11 ὡσεί, as, like
12 ὡσαύτως, just as
13 ἰσχύω, *pres act ind 1s*, strengthen
14 αἰτέω, *pres mid ind 1s*, ask for
15 καθά, as
16 νυνί, now
17 ὀχυρός, strong, fortified
18 ἐξολεθρεύω, *fut act ind 1s*, utterly destroy
19 ὃν τρόπον, in the manner that
20 κλῆρος, share, portion
21 κλῆρος, share, portion
22 ἐπακολουθέω, *aor act inf*, follow
23 πρόσταγμα, ordinance
24 πρότερος, former, previous
25 μητρόπολις, capital city, metropolis
26 κοπάζω, *aor act ind 3s*, cease
27 ὅριον, boundary, border
28 δῆμος, district, division
29 ὅριον, boundary, border
30 λίψ, southwest
31 ὅριον, boundary, border
32 λίψ, southwest
33 ἁλυκός, salt
34 λοφιά, ridge
35 διαπορεύομαι, *pres mid ind 3s*, go through
36 ἀπέναντι, before
37 προσανάβασις, ascent
38 ἐκπεριπορεύομαι, *pres mid ind 3s*, go out, go around
39 λίψ, southwest
40 προσαναβαίνω, *pres act ind 3s*, ascend
41 περιπορεύομαι, *pres mid ind 3s*, go around

κατὰ δυσμὰς[1] Καδης **4** καὶ πορεύεται ἐπὶ Ασεμωνα καὶ διεκβαλεῖ[2] ἕως φάραγγος[3]
Αἰγύπτου, καὶ ἔσται αὐτοῦ ἡ διέξοδος[4] τῶν ὁρίων[5] ἐπὶ τὴν θάλασσαν· τοῦτό ἐστιν
αὐτῶν ὅρια ἀπὸ λιβός. **5** καὶ τὰ ὅρια[6] ἀπὸ ἀνατολῶν·[7] πᾶσα ἡ θάλασσα ἡ ἁλυκὴ[8] ἕως
τοῦ Ιορδάνου. καὶ τὰ ὅρι αὐτῶν ἀπὸ βορρᾶ καὶ ἀπὸ τῆς λοφιᾶς[9] τῆς θαλάσσης καὶ ἀπὸ
τοῦ μέρους τοῦ Ιορδάνου· **6** ἐπιβαίνει[10] τὰ ὅρια[11] ἐπὶ Βαιθαγλα καὶ παραπορεύεται[12]
ἀπὸ βορρᾶ[13] ἐπὶ Βαιθαραβα, καὶ προσαναβαίνει[14] τὰ ὅρια[15] ἐπὶ λίθον Βαιων υἱοῦ
Ρουβην, **7** καὶ προσαναβαίνει[16] τὰ ὅρια[17] ἐπὶ τὸ τέταρτον[18] τῆς φάραγγος[19] Αχωρ
καὶ καταβαίνει ἐπὶ Γαλγαλ, ἥ ἐστιν ἀπέναντι[20] τῆς προσβάσεως[21] Αδδαμιν, ἥ ἐστιν
κατὰ λίβα[22] τῇ φάραγγι,[23] καὶ διεκβαλεῖ[24] ἐπὶ τὸ ὕδωρ πηγῆς[25] ἡλίου, καὶ ἔσται
αὐτοῦ ἡ διέξοδος[26] πηγὴ Ρωγηλ, **8** καὶ ἀναβαίνει τὰ ὅρια[27] εἰς φάραγγα[28] Ονομ ἐπὶ
νώτου[29] Ιεβους ἀπὸ λιβός[30] (αὕτη ἐστὶν Ιερουσαλημ), καὶ διεκβάλλει[31] τὰ ὅρια[32]
ἐπὶ κορυφὴν[33] ὄρους, ἥ ἐστιν κατὰ πρόσωπον φάραγγος[34] Ονομ πρὸς θαλάσσης, ἥ
ἐστιν ἐκ μέρους γῆς Ραφαϊν ἐπὶ βορρᾶ,[35] **9** καὶ διεκβάλλει[36] τὸ ὅριον[37] ἀπὸ κορυφῆς[38]
τοῦ ὄρους ἐπὶ πηγὴν[39] ὕδατος Ναφθω καὶ διεκβάλλει εἰς τὸ ὄρος Εφρων, καὶ ἐξάξει[40]
τὸ ὅριον εἰς Βααλ (αὕτη ἐστὶν πόλις Ιαριμ), **10** καὶ περιελεύσεται[41] ὅριον[42] ἀπὸ Βααλ
ἐπὶ θάλασσαν καὶ παρελεύσεται[43] εἰς ὄρος Ασσαρες ἐπὶ νώτου,[44] πόλιν Ιαριμ ἀπὸ
βορρᾶ[45] (αὕτη ἐστὶν Χασλων) καὶ καταβήσεται ἐπὶ Πόλιν ἡλίου καὶ παρελεύσεται
ἐπὶ λίβα,[46] **11** καὶ διεκβαλεῖ[47] τὸ ὅριον[48] κατὰ νώτου[49] Ακκαρων ἐπὶ βορρᾶν,[50] καὶ

1 δυσμή, west
2 διεκβάλλω, *fut act ind 3s*, proceed, pass through
3 φάραγξ, ravine
4 διέξοδος, termination, passage (into another territory)
5 ὅριον, boundary, border
6 ὅριον, boundary, border
7 ἀνατολή, east
8 ἁλυκός, salt
9 λοφιά, ridge
10 ἐπιβαίνω, *pres act ind 3s*, continue
11 ὅριον, boundary, border
12 παραπορεύομαι, *pres mid ind 3s*, pass by
13 βορρᾶς, north
14 προσαναβαίνω, *pres act ind 3s*, ascend
15 ὅριον, boundary, border
16 προσαναβαίνω, *pres act ind 3s*, ascend
17 ὅριον, boundary, border
18 τέταρτος, fourth
19 φάραγξ, ravine
20 ἀπέναντι, before
21 πρόσβασις, approach, ascent
22 λίψ, southwest
23 φάραγξ, ravine
24 διεκβάλλω, *fut act ind 3s*, proceed, pass through
25 πηγή, spring
26 διέξοδος, termination, passage (into another territory)
27 ὅριον, boundary, border
28 φάραγξ, ravine
29 νῶτον, back, rear part
30 λίψ, southwest
31 διεκβάλλω, *pres act ind 3s*, proceed, pass through
32 ὅριον, boundary, border
33 κορυφή, summit
34 φάραγξ, ravine
35 βορρᾶς, north
36 διεκβάλλω, *pres act ind 3s*, proceed, pass through
37 ὅριον, boundary, border
38 κορυφή, summit
39 πηγή, spring
40 ἐξάγω, *fut act ind 3s*, bring out
41 περιέρχομαι, *fut mid ind 3s*, go around
42 ὅριον, boundary, border
43 παρέρχομαι, *fut mid ind 3s*, pass by
44 νῶτον, back, rear part
45 βορρᾶς, north
46 λίψ, southwest
47 διεκβάλλω, *fut act ind 3s*, proceed, pass through
48 ὅριον, boundary, border
49 νῶτον, back, rear part
50 βορρᾶς, north

διεκβαλεῖ[1] τὰ ὅρια εἰς Σακχαρωνα καὶ παρελεύσεται[2] ὄρος τῆς Βαλα καὶ διεκβαλεῖ ἐπὶ Ιαβνηλ, καὶ ἔσται ἡ διέξοδος[3] τῶν ὁρίων ἐπὶ θάλασσαν. **12** καὶ τὰ ὅρια[4] αὐτῶν ἀπὸ θαλάσσης· ἡ θάλασσα ἡ μεγάλη ὁριεῖ.[5] ταῦτα τὰ ὅρια[6] υἱῶν Ιουδα κύκλῳ[7] κατὰ δήμους[8] αὐτῶν.

13 καὶ τῷ Χαλεβ υἱῷ Ιεφοννη ἔδωκεν μερίδα[9] ἐν μέσῳ υἱῶν Ιουδα διὰ προστάγματος[10] τοῦ θεοῦ, καὶ ἔδωκεν αὐτῷ Ἰησοῦς τὴν πόλιν Αρβοκ μητρόπολιν[11] Ενακ (αὕτη ἐστὶν Χεβρων). **14** καὶ ἐξωλέθρευσεν[12] ἐκεῖθεν[13] Χαλεβ υἱὸς Ιεφοννη τοὺς τρεῖς υἱοὺς Ενακ, τὸν Σουσι καὶ τὸν Θολμι καὶ τὸν Αχιμα. **15** καὶ ἀνέβη ἐκεῖθεν[14] Χαλεβ ἐπὶ τοὺς κατοικοῦντας Δαβιρ· τὸ δὲ ὄνομα Δαβιρ ἦν τὸ πρότερον[15] Πόλις γραμμάτων.[16] **16** καὶ εἶπεν Χαλεβ Ὃς ἐὰν λάβῃ καὶ ἐκκόψῃ[17] τὴν Πόλιν τῶν γραμμάτων[18] καὶ κυριεύσῃ[19] αὐτῆς, δώσω αὐτῷ τὴν Αχσαν θυγατέρα[20] μου εἰς γυναῖκα. **17** καὶ ἔλαβεν αὐτὴν Γοθονιηλ υἱὸς Κενεζ ἀδελφὸς Χαλεβ ὁ νεώτερος,[21] καὶ ἔδωκεν αὐτῷ τὴν Αχσαν θυγατέρα[22] αὐτοῦ αὐτῷ γυναῖκα. **18** καὶ ἐγένετο ἐν τῷ εἰσπορεύεσθαι[23] αὐτὴν καὶ συνεβουλεύσατο[24] αὐτῷ λέγουσα Αἰτήσομαι[25] τὸν πατέρα μου ἀγρόν· καὶ ἐβόησεν[26] ἐκ τοῦ ὄνου.[27] καὶ εἶπεν αὐτῇ Χαλεβ Τί ἐστίν σοι; **19** καὶ εἶπεν αὐτῷ Δός μοι εὐλογίαν,[28] ὅτι εἰς γῆν Ναγεβ δέδωκάς με· δός μοι τὴν Γολαθμαιν. καὶ ἔδωκεν αὐτῇ Χαλεβ τὴν Γολαθμαιν τὴν ἄνω[29] καὶ τὴν Γολαθμαιν τὴν κάτω.[30]

20 αὕτη ἡ κληρονομία[31] φυλῆς υἱῶν Ιουδα. **21** Ἐγενήθησαν δὲ αἱ πόλεις αὐτῶν· πόλις πρώτη φυλῆς υἱῶν Ιουδα ἐφ᾽ ὁρίων[32] Εδωμ ἐπὶ τῆς ἐρήμου

1 διεκβάλλω, *fut act ind 3s*, proceed, pass through
2 παρέρχομαι, *fut mid ind 3s*, pass by
3 διέξοδος, termination, passage (into another territory)
4 ὅριον, boundary, border
5 ὁρίζω, *fut act ind 3s*, act as boundary
6 ὅριον, boundary, border
7 κύκλῳ, round about
8 δῆμος, district, division
9 μερίς, part, allotment
10 πρόσταγμα, ordinance
11 μητρόπολις, capital city, metropolis
12 ἐξολεθρεύω, *aor act ind 3s*, utterly destroy
13 ἐκεῖθεν, from there
14 ἐκεῖθεν, from there
15 πρότερος, former, previous
16 γράμμα, letter
17 ἐκκόπτω, *aor act sub 3s*, cut down
18 γράμμα, letter
19 κυριεύω, *aor act sub 3s*, rule over
20 θυγάτηρ, daughter
21 νέος, *comp*, younger
22 θυγάτηρ, daughter
23 εἰσπορεύομαι, *pres mid inf*, enter
24 συμβουλεύω, *aor mid ind 3s*, counsel
25 αἰτέω, *fut mid ind 1s*, ask for
26 βοάω, *aor act ind 3s*, cry out
27 ὄνος, donkey
28 εὐλογία, blessing, gift
29 ἄνω, upper, above
30 κάτω, lower, below
31 κληρονομία, inheritance
32 ὅριον, boundary, border

The edition of Rahlfs-Hanhart used in this Reader is based upon the Alexandrinus (A) and Vaticanus (B) codices for the book of Joshua. These witnesses to the Greek version differ significantly in the list of toponyms in 15:21b–62. For these sections, the page or paragraph with the A or B texts is respectively marked.

Καιβαισελεηλ καὶ Αρα καὶ Ασωρ **22** καὶ Ικαμ καὶ Ρεγμα καὶ Αρουηλ **23** καὶ Καδης B
καὶ Ασοριωναιν **24** καὶ Μαιναμ καὶ Βαλμαιναν καὶ αἱ κῶμαι αὐτῶν **25** καὶ αἱ πόλεις
Ασερων (αὕτη Ασωρ) **26** καὶ Σην καὶ Σαλμαα καὶ Μωλαδα **27** καὶ Σερι καὶ Βαιφαλαδ
28 καὶ Χολασεωλα καὶ Βηρσαβεε καὶ αἱ κῶμαι[1] αὐτῶν καὶ αἱ ἐπαύλεις[2] αὐτῶν,
29 Βαλα καὶ Βακωκ καὶ Ασομ **30** καὶ Ελβωυδαδ καὶ Βαιθηλ καὶ Ερμα **31** καὶ Σεκελακ
καὶ Μαχαριμ καὶ Σεθεννακ **32** καὶ Λαβως καὶ Σαλη καὶ Ερωμωθ, πόλεις κθʹ[3] καὶ αἱ
κῶμαι[4] αὐτῶν. **33** Ἐν τῇ πεδινῇ·[5] Ασταωλ καὶ Ραα καὶ Ασσα **34** καὶ Ραμεν καὶ Τανω
καὶ Ιλουθωθ καὶ Μαιανι **35** καὶ Ιερμουθ καὶ Οδολλαμ καὶ Μεμβρα καὶ Σαωχω καὶ
Αζηκα **36** καὶ Σακαριμ καὶ Γαδηρα καὶ αἱ ἐπαύλεις[6] αὐτῆς, πόλεις δέκα[7] τέσσαρες καὶ
αἱ κῶμαι[8] αὐτῶν· **37** Σεννα καὶ Αδασαν καὶ Μαγαδαγαδ **38** καὶ Δαλαλ καὶ Μασφα
καὶ Ιακαρεηλ **39** καὶ Λαχης καὶ Βασηδωθ καὶ Ιδεαδαλεα **40** καὶ Χαβρα καὶ Μαχες
καὶ Μααχως **41** καὶ Γεδδωρ καὶ Βαγαδιηλ καὶ Νωμαν καὶ Μακηδαν, πόλεις δεκαὲξ[9]
καὶ αἱ κῶμαι[10] αὐτῶν· **42** Λεμνα καὶ Ιθακ **43** καὶ Ανωχ καὶ Ιανα καὶ Νασιβ **44** καὶ
Κεϊλαμ καὶ Ακιεζι καὶ Κεζιβ καὶ Βαθησαρ καὶ Αιλων, πόλεις δέκα[11] καὶ αἱ κῶμαι[12]
αὐτῶν· **45** Ακκαρων καὶ αἱ κῶμαι[13] αὐτῆς καὶ αἱ ἐπαύλεις[14] αὐτῶν· **46** ἀπὸ Ακκαρων
Γεμνα καὶ πᾶσαι, ὅσαι εἰσὶν πλησίον[15] Ασηδωθ, καὶ αἱ κῶμαι[16] αὐτῶν· **47** Ασιεδωθ
καὶ αἱ κῶμαι[17] αὐτῆς καὶ αἱ ἐπαύλεις[18] αὐτῆς· Γάζα καὶ αἱ κῶμαι αὐτῆς καὶ αἱ ἐπαύλεις
αὐτῆς ἕως τοῦ χειμάρρου[19] Αἰγύπτου· καὶ ἡ θάλασσα ἡ μεγάλη διορίζει.[20] **48** Καὶ ἐν
τῇ ὀρεινῇ·[21] Σαμιρ καὶ Ιεθερ καὶ Σωχα **49** καὶ Ρεννα καὶ Πόλις γραμμάτων[22] (αὕτη
Δαβιρ) **50** καὶ Ανων καὶ Εσκαιμαν καὶ Αισαμ **51** καὶ Γοσομ καὶ Χαλου καὶ Χαννα,
πόλεις ἕνδεκα[23] καὶ αἱ κῶμαι[24] αὐτῶν· **52** Αιρεμ καὶ Ρεμνα καὶ Σομα **53** καὶ Ιεμαϊν
καὶ Βαιθαχου καὶ Φακουα **54** καὶ Ευμα καὶ πόλις Αρβοκ (αὕτη ἐστὶν Χεβρων) καὶ
Σωρθ, πόλεις ἐννέα[24] καὶ αἱ ἐπαύλεις[26] αὐτῶν· **55** Μαωρ καὶ Χερμελ καὶ Οζιβ καὶ
Ιταν **56** καὶ Ιαριηλ καὶ Ιαρικαμ καὶ Ζακαναϊμ **57** καὶ Γαβαα καὶ Θαμναθα, πόλεις
ἐννέα[27] καὶ αἱ κῶμαι[28] αὐτῶν· **58** Αλουα καὶ Βαιθσουρ καὶ Γεδδων **59** καὶ Μαγαρωθ
καὶ Βαιθαναμ καὶ Θεκουμ, πόλεις ἓξ[29] καὶ αἱ κῶμαι[30] αὐτῶν· **60** Καριαθβααλ (αὕτη
ἡ πόλις Ιαριμ) καὶ Σωθηβα, πόλεις δύο καὶ αἱ ἐπαύλεις[31] αὐτῶν· **61** καὶ Βαδδαργις
καὶ Θαραβααμ καὶ Αινων καὶ Αιχιοζα **62** καὶ Ναφλαζων καὶ αἱ πόλεις Σαδωμ καὶ
Ανκαδης, πόλεις ἑπτὰ καὶ αἱ κῶμαι[32] αὐτῶν.

1 κώμη, village
2 ἔπαυλις, farm, homestead
3 κθʹ, twenty-nine
4 κώμη, village
5 πεδινός, plain
6 ἔπαυλις, farm, homestead
7 δέκα, ten
8 κώμη, village
9 δεκαέξ, sixteen
10 κώμη, village
11 δέκα, ten
12 κώμη, village
13 κώμη, village
14 ἔπαυλις, farm, homestead
15 πλησίον, near, adjacent
16 κώμη, village
17 κώμη, village
18 ἔπαυλις, farm, homestead
19 χείμαρρος, brook
20 διορίζω, *pres act ind 3s*, draw a boundary, limit
21 ὀρεινός, mountainous, hilly
22 γράμμα, letter
23 ἕνδεκα, eleven
24 κώμη, village
25 ἐννέα, nine
26 ἔπαυλις, farm, homestead
27 ἐννέα, nine
28 κώμη, village
29 ἕξ, six
30 κώμη, village
31 ἔπαυλις, farm, homestead
32 κώμη, village

A Καβσεηλ καὶ Εδραι καὶ Ιαγουρ **22** καὶ Κινα καὶ Διμωνα καὶ Αδαδα **23** καὶ Κεδες
καὶ Ιθναζιφ **24** καὶ Τελεμ καὶ Βαλωθ **25** καὶ πόλις Ασερων (αὕτη Ασωρ), **26** Αμαμ
καὶ Σαμαα καὶ Μωλαδα **27** καὶ Ασεργαδδα καὶ Βαιθφαλεθ **28** καὶ Ασαρσουλα καὶ
Βηρσαβεε καὶ αἱ κῶμαι[1] αὐτῶν καὶ αἱ ἐπαύλεις[2] αὐτῶν, **29** Βααλα καὶ Αυιμ καὶ Ασεμ
30 καὶ Ελθωδαδ καὶ Χασιλ καὶ Ερμα **31** καὶ Σικελεγ καὶ Μεδεβηνα καὶ Σανσαννα
32 καὶ Λαβωθ καὶ Σελεϊμ καὶ Ρεμμων, πόλεις εἴκοσι[3] καὶ ἐννέα[4] καὶ αἱ κῶμαι[5] αὐτῶν.
33 Ἐν τῇ πεδινῇ·[6] Εσθαολ καὶ Σαραα καὶ Ασνα **34** καὶ Ραμεν καὶ Ζανω καὶ Αδιαθαϊμ
καὶ Ηναϊμ **35** καὶ Ιεριμουθ καὶ Οδολλαμ καὶ Νεμρα καὶ Σωχω καὶ Αζηκα **36** καὶ
Σαργαριμ καὶ Γαδηρα καὶ αἱ ἐπαύλεις[7] αὐτῆς, πόλεις δέκα[8] τέσσαρες καὶ αἱ κῶμαι[9]
αὐτῶν· **37** Σενναν καὶ Αδασα καὶ Μαγδαλγαδ **38** καὶ Δαλααν καὶ Μασφα καὶ
Ιεχθαηλ **39** καὶ Λαχις καὶ Βαζκαθ καὶ Αγλων **40** καὶ Χαββα καὶ Λαμας καὶ Χαθλως
41 καὶ Γαδηρωθ καὶ Βηθδαγων καὶ Νωμα καὶ Μακηδα, πόλεις δεκαὲξ[10] καὶ αἱ κῶμαι[11]
αὐτῶν· **42** Λεβνα καὶ Αθερ **43** καὶ Ιεφθα καὶ Ασεννα καὶ Νεσιβ **44** καὶ Κεϊλα καὶ
Αχζιβ καὶ Μαρησα καὶ Εδωμ, πόλεις ἐννέα[12] καὶ αἱ κῶμαι[13] αὐτῶν· Ακκαρων καὶ αἱ
κῶμαι[14] αὐτῆς καὶ αἱ ἐπαύλεις[15] αὐτῆς· **46** καὶ ἀπὸ Ακκαρων Ιεμναι καὶ πᾶσαι, ὅσαι
εἰσὶν πλησίον[16] Ασδωδ, καὶ αἱ κῶμαι[17] **47** αὐτῆς καὶ αἱ ἐπαύλεις[18] αὐτῆς· Γάζα καὶ αἱ
κῶμαι[19] αὐτῆς καὶ αἱ ἐπαύλεις[20] αὐτῆς ἕως τοῦ χειμάρρου[21] Αἰγύπτου· καὶ ἡ θάλασσα
ἡ μεγάλη διορίζει.[22] **48** Καὶ ἐν τῇ ὀρεινῇ·[23] Σαφιρ καὶ Ιεθερ καὶ Σωχω **49** καὶ Ρεννα
πόλις γραμμάτων[24] (αὕτη ἐστὶν Δαβιρ) **50** καὶ Ανωβ καὶ Εσθεμω καὶ Ανιμ **51** καὶ
Γοσομ καὶ Χιλουων καὶ Γηλων, πόλεις δέκα[25] καὶ αἱ κῶμαι[26] αὐτῶν· **52** Ερεβ καὶ Εσαν
καὶ Ρουμα **53** καὶ Ιανουμ καὶ Βαιθθαπφουε καὶ Αφακα **54** καὶ Χαμματα καὶ πόλις
Αρβο (αὕτη ἐστὶν Χεβρων) καὶ Σιωρ, πόλεις ἐννέα[27] καὶ αἱ κῶμαι[28] αὐτῶν· **55** Μαων
καὶ Χερμελ καὶ Ζιφ καὶ Ιεττα **56** καὶ Ιεζραελ καὶ Ιεκδααμ καὶ Ζανωακιμ **57** καὶ Γαβαα
καὶ Θαμνα, πόλεις ἐννέα[29] καὶ αἱ κῶμαι[30] αὐτῶν· **58** Αλουλ καὶ Βαιθσουρ καὶ Γεδωρ
59 καὶ Μαρωθ καὶ Βαιθανωθ καὶ Ελθεκεν, πόλεις ἓξ[31] καὶ αἱ κῶμαι[32] αὐτῶν· **59a** Θεκω
καὶ Εφραθα (αὕτη ἐστὶν Βηθλεεμ) καὶ Φαγωρ καὶ Αιταμ καὶ Κουλον καὶ Ταταμι καὶ

1 κώμη, village
2 ἔπαυλις, farm, homestead
3 εἴκοσι, twenty
4 ἐννέα, nine
5 κώμη, village
6 πεδινός, plain
7 ἔπαυλις, farm, homestead
8 δέκα, ten
9 κώμη, village
10 δεκαέξ, sixteen
11 κώμη, village
12 ἐννέα, nine
13 κώμη, village
14 κώμη, village
15 ἔπαυλις, farm, homestead
16 πλησίον, near
17 κώμη, village
18 ἔπαυλις, farm, homestead
19 κώμη, village
20 ἔπαυλις, farm, homestead
21 χείμαρρος, brook
22 διορίζω, *pres act ind 3s*, draw a boundary, limit
23 ὀρεινή, mountainous, hilly
24 γράμμα, letter
25 δέκα, ten
26 κώμη, village
27 ἐννέα, nine
28 κώμη, village
29 ἐννέα, nine
30 κώμη, village
31 ἕξ, six
32 κώμη, village

Σωρης καὶ Καρεμ καὶ Γαλλιμ καὶ Βαιθηρ καὶ Μανοχω, πόλεις ἕνδεκα[1] καὶ αἱ κῶμαι[2] A
αὐτῶν· **60** Καριαθβααλ (αὕτη πόλις Ιαριμ) καὶ Αρεββα, πόλεις δύο καὶ αἱ κῶμαι[3]
αὐτῶν καὶ αἱ ἐπαύλεις[4] αὐτῶν· **61** Βαδδαργις καὶ Βηθαραβα καὶ Μαδων καὶ Σοχοχα
62 καὶ Νεβσαν καὶ αἱ πόλεις ἁλῶν[5] καὶ Ηνγαδδι, πόλεις ἑπτὰ καὶ αἱ κῶμαι[6] αὐτῶν.

63 Καὶ ὁ Ιεβουσαῖος κατῴκει ἐν Ιερουσαλημ, καὶ οὐκ ἠδυνάσθησαν οἱ υἱοὶ Ιουδα B
ἀπολέσαι αὐτούς· καὶ κατῴκησαν οἱ Ιεβουσαῖοι ἐν Ιερουσαλημ ἕως τῆς ἡμέρας
ἐκείνης.

Allotted Territory for Ephraim

16 Καὶ ἐγένετο τὰ ὅρια[7] υἱῶν Ιωσηφ ἀπὸ τοῦ Ιορδάνου τοῦ κατὰ Ιεριχω ἀπ᾽
ἀνατολῶν[8] καὶ ἀναβήσεται ἀπὸ Ιεριχω εἰς τὴν ὀρεινὴν[9] τὴν ἔρημον εἰς Βαιθηλ
Λουζα **2** καὶ ἐξελεύσεται εἰς Βαιθηλ καὶ παρελεύσεται[10] ἐπὶ τὰ ὅρια[11] τοῦ Χαταρωθι
3 καὶ διελεύσεται ἐπὶ τὴν θάλασσαν ἐπὶ τὰ ὅρια[12] Απταλιμ ἕως τῶν ὁρίων Βαιθωρων
τὴν κάτω, καὶ ἔσται ἡ διέξοδος[13] αὐτῶν ἐπὶ τὴν θάλασσαν.

4 Καὶ ἐκληρονόμησαν[14] οἱ υἱοὶ Ιωσηφ, Εφραιμ καὶ Μανασση· **5** καὶ ἐγενήθη ὅρια[15]
υἱῶν Εφραιμ κατὰ δήμους[16] αὐτῶν· καὶ ἐγενήθη τὰ ὅρια τῆς κληρονομίας[17] αὐτῶν ἀπὸ
ἀνατολῶν[18] Αταρωθ καὶ Εροκ ἕως Βαιθωρων τὴν ἄνω[19] καὶ Γαζαρα, **6** καὶ διελεύσεται
τὰ ὅρια[20] ἐπὶ τὴν θάλασσαν εἰς Ικασμων ἀπὸ βορρᾶ[21] Θερμα, περιελεύσεται[22] ἐπὶ
ἀνατολὰς[23] εἰς Θηνασα καὶ Σελλησα καὶ παρελεύσεται[24] ἀπ᾽ ἀνατολῶν εἰς Ιανωκα
7 καὶ εἰς Μαχω καὶ Αταρωθ καὶ αἱ κῶμαι[25] αὐτῶν καὶ ἐλεύσεται ἐπὶ Ιεριχω καὶ δι-
εκβαλεῖ[26] ἐπὶ τὸν Ιορδάνην, **8** καὶ ἀπὸ Ταφου πορεύσεται τὰ ὅρια[27] ἐπὶ θάλασσαν ἐπὶ
Χελκανα, καὶ ἔσται ἡ διέξοδος[28] αὐτῶν ἐπὶ θάλασσαν· αὕτη ἡ κληρονομία[29] φυλῆς
Εφραιμ κατὰ δήμους[30] αὐτῶν. **9** καὶ αἱ πόλεις αἱ ἀφορισθεῖσαι[31] τοῖς υἱοῖς Εφραιμ
ἀνὰ μέσον[32] τῆς κληρονομίας[33] υἱῶν Μανασση, πᾶσαι αἱ πόλεις καὶ αἱ κῶμαι[34] αὐτῶν.
10 καὶ οὐκ ἀπώλεσεν Εφραιμ τὸν Χαναναῖον τὸν κατοικοῦντα ἐν Γαζερ, καὶ κατῴκει

1 ἕνδεκα, eleven
2 κώμη, village
3 κώμη, village
4 ἔπαυλις, farm, homestead
5 ἅλς, salt
6 κώμη, village
7 ὅριον, boundary, border
8 ἀνατολή, east
9 ὀρεινός, mountainous, hilly (region)
10 παρέρχομαι, *fut mid ind 3s*, pass by
11 ὅριον, boundary, border
12 ὅριον, boundary, border
13 διέξοδος, termination, passage (into another territory)
14 κληρονομέω, *aor act ind 3p*, inherit
15 ὅριον, boundary, border
16 δῆμος, district, division
17 κληρονομία, inheritance
18 ἀνατολή, east
19 ἄνω, above, upper
20 ὅριον, boundary, border
21 βορρᾶς, north
22 περιέρχομαι, *fut mid ind 3s*, go around
23 ἀνατολή, east
24 παρέρχομαι, *fut mid ind 3s*, pass by
25 κώμη, village
26 διεκβάλλω, *fut act ind 3s*, proceed, pass through
27 ὅριον, boundary, border
28 διέξοδος, termination, passage (into another territory)
29 κληρονομία, inheritance
30 δῆμος, district, division
31 ἀφορίζω, *aor pas ptc nom p f*, separate
32 ἀνὰ μέσον, between
33 κληρονομία, inheritance
34 κώμη, village

ὁ Χαναναῖος ἐν τῷ Εφραιμ ἕως τῆς ἡμέρας ταύτης, ἕως ἀνέβη Φαραω βασιλεὺς Αἰγύπτου καὶ ἔλαβεν αὐτὴν καὶ ἐνέπρησεν[1] αὐτὴν ἐν πυρί, καὶ τοὺς Χαναναίους καὶ τοὺς Φερεζαίους καὶ τοὺς κατοικοῦντας ἐν Γαζερ ἐξεκέντησαν,[2] καὶ ἔδωκεν αὐτὴν Φαραω ἐν φερνῇ[3] τῇ θυγατρὶ[4] αὐτοῦ.

Allotted Territory for Manasseh

17 Καὶ ἐγένετο τὰ ὅρια[5] φυλῆς υἱῶν Μανασση, ὅτι οὗτος πρωτότοκος[6] τῷ Ιωσηφ· τῷ Μαχιρ πρωτοτόκῳ Μανασση πατρὶ Γαλααδ (ἀνὴρ γὰρ πολεμιστὴς[7] ἦν) ἐν τῇ Γαλααδίτιδι καὶ ἐν τῇ Βασανίτιδι. **2** καὶ ἐγενήθη τοῖς υἱοῖς Μανασση τοῖς λοιποῖς κατὰ δήμους[8] αὐτῶν, τοῖς υἱοῖς Ιεζερ καὶ τοῖς υἱοῖς Κελεζ καὶ τοῖς υἱοῖς Ιεζιηλ καὶ τοῖς υἱοῖς Συχεμ καὶ τοῖς υἱοῖς Συμαριμ καὶ τοῖς υἱοῖς Οφερ· οὗτοι οἱ ἄρσενες[9] κατὰ δήμους[10] αὐτῶν. **3** καὶ τῷ Σαλπααδ υἱῷ Οφερ, οὐκ ἦσαν αὐτῷ υἱοὶ ἀλλ᾽ ἢ θυγατέρες,[11] καὶ ταῦτα τὰ ὀνόματα τῶν θυγατέρων Σαλπααδ· Μααλα καὶ Νουα καὶ Εγλα καὶ Μελχα καὶ Θερσα. **4** καὶ ἔστησαν ἐναντίον[12] Ελεαζαρ τοῦ ἱερέως καὶ ἐναντίον Ἰησοῦ καὶ ἐναντίον τῶν ἀρχόντων λέγουσαι Ὁ θεὸς ἐνετείλατο[13] διὰ χειρὸς Μωυσῆ δοῦναι ἡμῖν κληρονομίαν[14] ἐν μέσῳ τῶν ἀδελφῶν ἡμῶν. καὶ ἐδόθη αὐταῖς διὰ προστάγματος[15] κυρίου κλῆρος[16] ἐν τοῖς ἀδελφοῖς τοῦ πατρὸς αὐτῶν. **5** καὶ ἔπεσεν ὁ σχοινισμὸς[17] αὐτῶν ἀπὸ Ανασσα καὶ πεδίον[18] Λαβεκ ἐκ τῆς Γαλααδ, ἥ ἐστιν πέραν[19] τοῦ Ιορδάνου· **6** ὅτι θυγατέρες[20] υἱῶν Μανασση ἐκληρονόμησαν[21] κλῆρον[22] ἐν μέσῳ τῶν ἀδελφῶν αὐτῶν· ἡ δὲ γῆ Γαλααδ ἐγενήθη τοῖς υἱοῖς Μανασση τοῖς καταλελειμμένοις.[23]

7 Καὶ ἐγενήθη ὅρια[24] υἱῶν Μανασση Δηλαναθ, ἥ ἐστιν κατὰ πρόσωπον υἱῶν Αναθ, καὶ πορεύεται ἐπὶ τὰ ὅρια ἐπὶ Ιαμιν καὶ Ιασσιβ ἐπὶ πηγὴν[25] Θαφθωθ· **8** τῷ Μανασση ἔσται, καὶ Θαφεθ ἐπὶ τῶν ὁρίων[26] Μανασση τοῖς υἱοῖς Εφραιμ. **9** καὶ καταβήσεται τὰ ὅρια[27] ἐπὶ φάραγγα[28] Καρανα ἐπὶ λίβα[29] κατὰ φάραγγα Ιαριηλ, τερέμινθος[30] τῷ Εφραιμ ἀνὰ μέσον[31] πόλεως Μανασση· καὶ ὅρια Μανασση ἐπὶ τὸν βορρᾶν[32] εἰς τὸν χειμάρρουν,[33] καὶ ἔσται αὐτοῦ ἡ διέξοδος[34] θάλασσα. **10** ἀπὸ λιβὸς[35] τῷ Εφραιμ, καὶ

1 ἐμπίμπρημι, *aor act ind 3s*, burn
2 ἐκκεντέω, *aor act ind 3p*, massacre
3 φερνή, bridal price, dowry
4 θυγάτηρ, daughter
5 ὅριον, boundary, border
6 πρωτότοκος, firstborn
7 πολεμιστής, warrior
8 δῆμος, district, division
9 ἄρσην, male
10 δῆμος, district, division
11 θυγάτηρ, daughter
12 ἐναντίον, before
13 ἐντέλλομαι, *aor mid ind 3s*, command
14 κληρονομία, inheritance
15 πρόσταγμα, ordinance
16 κλῆρος, share, portion
17 σχοινισμός, measurement (of land)
18 πεδίον, field, plain
19 πέραν, beyond
20 θυγάτηρ, daughter
21 κληρονομέω, *aor act ind 3p*, inherit
22 κλῆρος, share, portion
23 καταλείπω, *perf pas ptc dat p m*, leave behind
24 ὅριον, boundary, border
25 πηγή, spring
26 ὅριον, boundary, border
27 ὅριον, boundary, border
28 φάραγξ, ravine
29 λίψ, southwest
30 τερέμινθος, terebinth tree
31 ἀνὰ μέσον, between
32 βορρᾶς, north
33 χείμαρρος, brook
34 διέξοδος, termination, passage (into another territory)
35 λίψ, southwest

ἐπὶ βορρᾶν[1] Μανασση, καὶ ἔσται ἡ θάλασσα ὅρια[2] αὐτοῖς· καὶ ἐπὶ Ασηρ συνάψουσιν[3] ἐπὶ βορρᾶν[4] καὶ τῷ Ισσαχαρ ἀπ᾽ ἀνατολῶν.[5] **11** καὶ ἔσται Μανασση ἐν Ισσαχαρ καὶ ἐν Ασηρ Βαιθσαν καὶ αἱ κῶμαι[6] αὐτῶν καὶ τοὺς κατοικοῦντας Δωρ καὶ τὰς κώμας αὐτῆς καὶ τοὺς κατοικοῦντας Μαγεδδω καὶ τὰς κώμας αὐτῆς καὶ τὸ τρίτον τῆς Ναφετα καὶ τὰς κώμας αὐτῆς. **12** καὶ οὐκ ἠδυνάσθησαν οἱ υἱοὶ Μανασση ἐξολεθρεῦσαι[7] τὰς πόλεις ταύτας, καὶ ἤρχετο ὁ Χαναναῖος κατοικεῖν ἐν τῇ γῇ ταύτῃ· **13** καὶ ἐγενήθη καὶ ἐπεὶ[8] κατίσχυσαν[9] οἱ υἱοὶ Ισραηλ, καὶ ἐποίησαν τοὺς Χαναναίους ὑπηκόους,[10] ἐξολεθρεῦσαι[11] δὲ αὐτοὺς οὐκ ἐξωλέθρευσαν.[12]

14 Ἀντεῖπαν[13] δὲ οἱ υἱοὶ Ιωσηφ τῷ Ἰησοῦ λέγοντες Διὰ τί ἐκληρονόμησας[14] ἡμᾶς κλῆρον[15] ἕνα καὶ σχοίνισμα[16] ἕν; ἐγὼ δὲ λαὸς πολύς εἰμι, καὶ ὁ θεὸς εὐλόγησέν με. **15** καὶ εἶπεν αὐτοῖς Ἰησοῦς Εἰ λαὸς πολὺς εἶ, ἀνάβηθι εἰς τὸν δρυμὸν[17] καὶ ἐκκάθαρον[18] σεαυτῷ, εἰ στενοχωρεῖ[19] σε τὸ ὄρος τὸ Εφραιμ. **16** καὶ εἶπαν Οὐκ ἀρκέσει[20] ἡμῖν τὸ ὄρος τὸ Εφραιμ, καὶ ἵππος[21] ἐπίλεκτος[22] καὶ σίδηρος[23] τῷ Χαναναίῳ τῷ κατοικοῦντι ἐν αὐτῷ ἐν Βαιθσαν καὶ ἐν ταῖς κώμαις[24] αὐτῆς ἐν τῇ κοιλάδι[25] Ιεζραελ. **17** καὶ εἶπεν Ἰησοῦς τοῖς υἱοῖς Ιωσηφ Εἰ λαὸς πολὺς εἶ καὶ ἰσχὺν[26] μεγάλην ἔχεις, οὐκ ἔσται σοι κλῆρος[27] εἷς· **18** ὁ γὰρ δρυμὸς[28] ἔσται σοι, ὅτι δρυμός ἐστιν καὶ ἐκκαθαριεῖς[29] αὐτὸν καὶ ἔσται σοι· καὶ ὅταν ἐξολεθρεύσῃς[30] τὸν Χαναναῖον, ὅτι ἵππος[31] ἐπίλεκτός[32] ἐστιν αὐτῷ, σὺ γὰρ ὑπερισχύεις[33] αὐτοῦ.

Allotment of the Remaining Territory

18 Καὶ ἐξεκκλησιάσθη[34] πᾶσα συναγωγὴ υἱῶν Ισραηλ εἰς Σηλω καὶ ἔπηξαν[35] ἐκεῖ τὴν σκηνὴν[36] τοῦ μαρτυρίου,[37] καὶ ἡ γῆ ἐκρατήθη[38] ὑπ᾽ αὐτῶν. **2** καὶ

1 βορρᾶς, north
2 ὅριον, boundary, border
3 συνάπτω, *fut act ind 3p*, join together, border on
4 βορρᾶς, north
5 ἀνατολή, east
6 κώμη, village
7 ἐξολεθρεύω, *aor act inf*, utterly destroy
8 ἐπεί, when
9 κατισχύω, *aor act ind 3p*, strengthen
10 ὑπήκοος, subject
11 ἐξολεθρεύω, *aor act inf*, utterly destroy
12 ἐξολεθρεύω, *aor act ind 3p*, utterly destroy
13 ἀντιλέγω, *aor act ind 3p*, dispute
14 κληρονομέω, *aor act ind 2s*, cause to inherit
15 κλῆρος, share, portion
16 σχοίνισμα, allotment
17 δρυμός, woods, thicket
18 ἐκκαθαρίζω, *aor act impv 2s*, clear away
19 στενοχωρέω, *pres act ind 3s*, be too small, be cramped
20 ἀρκέω, *fut act ind 3s*, suffice
21 ἵππος, horse, cavalry
22 ἐπίλεκτος, choice
23 σίδηρος, iron
24 κώμη, village
25 κοιλάς, valley
26 ἰσχύς, strength, might
27 κλῆρος, share, portion
28 δρυμός, woods, thicket
29 ἐκκαθαρίζω, *fut act ind 2s*, clear away
30 ἐξολεθρεύω, *aor act sub 2s*, utterly destroy
31 ἵππος, horse, cavalry
32 ἐπίλεκτος, choice
33 ὑπερισχύω, *pres act ind 2s*, prevail, overpower
34 ἐξεκκλησιάζω, *aor pas ind 3s*, assemble
35 πήγνυμι, *aor act ind 3p*, pitch
36 σκηνή, tent
37 μαρτύριον, witness
38 κρατέω, *aor pas ind 3s*, subdue

κατελείφθησαν[1] οἱ υἱοὶ Ισραηλ, οἳ οὐκ ἐκληρονόμησαν,[2] ἑπτὰ φυλαί. **3** καὶ εἶπεν
Ἰησοῦς τοῖς υἱοῖς Ισραηλ Ἕως τίνος ἐκλυθήσεσθε[3] κληρονομῆσαι[4] τὴν γῆν, ἣν ἔδω-
κεν κύριος ὁ θεὸς ἡμῶν; **4** δότε ἐξ ὑμῶν τρεῖς ἄνδρας ἐκ φυλῆς, καὶ ἀναστάντες
διελθέτωσαν τὴν γῆν καὶ διαγραψάτωσαν[5] αὐτὴν ἐναντίον[6] μου, καθὰ[7] δεήσει[8]
διελεῖν[9] αὐτήν. (καὶ ἤλθοσαν πρὸς αὐτόν, **5** καὶ διεῖλεν[10] αὐτοῖς ἑπτὰ μερίδας.[11])
Ιουδας στήσεται αὐτοῖς ὅριον[12] ἀπὸ λιβός,[13] καὶ οἱ υἱοὶ Ιωσηφ στήσονται αὐτοῖς ἀπὸ
βορρᾶ.[14] **6** ὑμεῖς δὲ μερίσατε[15] τὴν γῆν ἑπτὰ μερίδας[16] καὶ ἐνέγκατε πρός με ὧδε,[17]
καὶ ἐξοίσω[18] ὑμῖν κλῆρον[19] ἔναντι[20] κυρίου τοῦ θεοῦ ἡμῶν. **7** οὐ γάρ ἐστιν μερὶς[21]
τοῖς υἱοῖς Λευι ἐν ὑμῖν, ἱερατεία[22] γὰρ κυρίου μερὶς αὐτοῦ· καὶ Γαδ καὶ Ρουβην καὶ τὸ
ἥμισυ[23] φυλῆς Μανασση ἐλάβοσαν τὴν κληρονομίαν[24] αὐτῶν πέραν[25] τοῦ Ιορδάνου
ἐπ᾽ ἀνατολάς,[26] ἣν ἔδωκεν αὐτοῖς Μωυσῆς ὁ παῖς[27] κυρίου.

8 καὶ ἀναστάντες οἱ ἄνδρες ἐπορεύθησαν, καὶ ἐνετείλατο[28] Ἰησοῦς τοῖς ἀνδράσιν
τοῖς πορευομένοις χωροβατῆσαι[29] τὴν γῆν λέγων Πορεύεσθε καὶ χωροβατήσατε[30]
τὴν γῆν καὶ παραγενήθητε πρός με, καὶ ὧδε[31] ἐξοίσω[32] ὑμῖν κλῆρον[33] ἔναντι[34] κυρίου
ἐν Σηλω. **9** καὶ ἐπορεύθησαν καὶ ἐχωροβάτησαν[35] τὴν γῆν καὶ εἴδοσαν αὐτὴν καὶ
ἔγραψαν αὐτὴν κατὰ πόλεις αὐτῆς ἑπτὰ μερίδας[36] εἰς βιβλίον[37] καὶ ἤνεγκαν πρὸς
Ἰησοῦν. **10** καὶ ἐνέβαλεν[38] αὐτοῖς Ἰησοῦς κλῆρον[39] ἐν Σηλω ἔναντι[40] κυρίου.

Allotted Territory for Benjamin

11 Καὶ ἐξῆλθεν ὁ κλῆρος[41] φυλῆς Βενιαμιν πρῶτος κατὰ δήμους[42] αὐτῶν, καὶ ἐξῆλθεν
ὅρια[43] τοῦ κλήρου αὐτῶν ἀνὰ μέσον[44] Ιουδα καὶ ἀνὰ μέσον τῶν υἱῶν Ιωσηφ. **12** καὶ

1 καταλείπω, *aor pas ind 3p*, leave behind
2 κληρονομέω, *aor act ind 3p*, inherit
3 ἐκλύω, *fut pas ind 2p*, weaken, faint, fail
4 κληρονομέω, *aor act inf*, acquire as inheritance
5 διαγράφω, *aor act impv 3p*, delineate, map
6 ἐναντίον, before
7 καθά, as
8 δεῖ, *fut act ind 3s*, be necessary
9 διαιρέω, *aor act inf*, divide
10 διαιρέω, *aor act ind 3s*, divide
11 μερίς, portion, part
12 ὅριον, boundary, border
13 λίψ, southwest
14 βορρᾶς, north
15 μερίζω, *aor act impv 2p*, distribute, allot
16 μερίς, portion, part
17 ὧδε, here
18 ἐκφέρω, *fut act ind 1s*, cast
19 κλῆρος, lot
20 ἔναντι, before
21 μερίς, portion, part
22 ἱερατεία, priesthood
23 ἥμισυς, half
24 κληρονομία, inheritance
25 πέραν, beyond
26 ἀνατολή, east
27 παῖς, servant
28 ἐντέλλομαι, *aor mid ind 3s*, command
29 χωροβατέω, *aor act inf*, explore, survey
30 χωροβατέω, *aor act impv 2p*, explore, survey
31 ὧδε, here
32 ἐκφέρω, *fut act ind 1s*, cast
33 κλῆρος, lot
34 ἔναντι, before
35 χωροβατέω, *aor act ind 3p*, explore, survey
36 μερίς, portion, part
37 βιβλίον, book
38 ἐμβάλλω, *aor act ind 3s*, cast
39 κλῆρος, lot
40 ἔναντι, before
41 κλῆρος, lot
42 δῆμος, district, division
43 ὅριον, boundary, border
44 ἀνὰ μέσον, between

ἐγενήθη αὐτῶν τὰ ὅρια[1] ἀπὸ βορρᾶ[2] ἀπὸ τοῦ Ιορδάνου, προσαναβήσεται[3] τὰ ὅρια
κατὰ νώτου[4] Ιεριχω ἀπὸ βορρᾶ καὶ ἀναβήσεται ἐπὶ τὸ ὄρος ἐπὶ τὴν θάλασσαν, καὶ
ἔσται αὐτοῦ ἡ διέξοδος[5] ἡ Μαδβαρῖτις Βαιθων, **13** καὶ διελεύσεται ἐκεῖθεν[6] τὰ ὅρια[7]
Λουζα ἐπὶ νώτου[8] Λουζα ἀπὸ λιβός[9] (αὕτη ἐστὶν Βαιθηλ), καὶ καταβήσεται τὰ ὅρια
Μααταρωθορεχ ἐπὶ τὴν ὀρεινήν,[10] ἥ ἐστιν πρὸς λίβα Βαιθωρων ἡ κάτω,[11] **14** καὶ
διελεύσεται τὰ ὅρια[12] καὶ περιελεύσεται[13] ἐπὶ τὸ μέρος τὸ βλέπον παρὰ θάλασσαν
ἀπὸ λιβὸς[14] ἀπὸ τοῦ ὄρους ἐπὶ πρόσωπον Βαιθωρων λίβα, καὶ ἔσται αὐτοῦ ἡ δι-
έξοδος[15] εἰς Καριαθβααλ (αὕτη ἐστὶν Καριαθιαριν πόλις υἱῶν Ιουδα); τοῦτό ἐστιν
τὸ μέρος τὸ πρὸς θάλασσαν. **15** καὶ μέρος τὸ πρὸς λίβα[16] ἀπὸ μέρους Καριαθβααλ,
καὶ διελεύσεται ὅρια[17] εἰς Γασιν ἐπὶ πηγὴν[18] ὕδατος Ναφθω, **16** καὶ καταβήσεται τὰ
ὅρια[19] ἐπὶ μέρους τοῦ ὄρους, ὅ ἐστιν κατὰ πρόσωπον νάπης[20] Ονναμ, ὅ ἐστιν ἐκ
μέρους Εμεκραφαϊν ἀπὸ βορρᾶ,[21] καὶ καταβήσεται Γαιεννα ἐπὶ νώτου[22] Ιεβουσαι
ἀπὸ λιβὸς[23] καὶ καταβήσεται ἐπὶ πηγὴν[24] Ρωγηλ **17** καὶ διελεύσεται ἐπὶ πηγὴν[25] Βαι-
θσαμυς καὶ παρελεύσεται[26] ἐπὶ Γαλιλωθ, ἥ ἐστιν ἀπέναντι[27] πρὸς ἀνάβασιν[28] Αιθα-
μιν, καὶ καταβήσεται ἐπὶ λίθον Βαιων υἱῶν Ρουβην **18** καὶ διελεύσεται κατὰ νώτου[29]
Βαιθαραβα ἀπὸ βορρᾶ[30] καὶ καταβήσεται **19** ἐπὶ τὰ ὅρια[31] ἐπὶ νώτου[32] Βαιθαγλα ἀπὸ
βορρᾶ,[33] καὶ ἔσται ἡ διέξοδος[34] τῶν ὁρίων ἐπὶ λοφιὰν[35] τῆς θαλάσσης τῶν ἁλῶν[36] ἐπὶ
βορρᾶν εἰς μέρος τοῦ Ιορδάνου ἀπὸ λιβός·[37] ταῦτα τὰ ὅριά ἐστιν ἀπὸ λιβός.[38] **20** καὶ
ὁ Ιορδάνης ὁριεῖ[39] ἀπὸ μέρους ἀνατολῶν.[40] αὕτη ἡ κληρονομία[41] υἱῶν Βενιαμιν, τὰ
ὅρια[42] αὐτῆς κύκλῳ[43] κατὰ δήμους.[44]

21 καὶ ἐγενήθησαν αἱ πόλεις τῶν υἱῶν Βενιαμιν κατὰ δήμους[45] αὐτῶν Ιεριχω καὶ

1 ὅριον, boundary, border
2 βορρᾶς, north
3 προσαναβαίνω, *fut mid ind 3s*, ascend
4 νῶτον, back, rear part
5 διέξοδος, termination, passage (into another territory)
6 ἐκεῖθεν, from there
7 ὅριον, boundary, border
8 νῶτον, back, rear part
9 λίψ, southwest
10 ὀρεινός, mountainous, hilly (region)
11 κάτω, lower
12 ὅριον, boundary, border
13 περιέρχομαι, *fut mid ind 3s*, go around
14 λίψ, southwest
15 διέξοδος, termination, passage (into another territory)
16 λίψ, southwest
17 ὅριον, boundary, border
18 πηγή, spring
19 ὅριον, boundary, border
20 νάπη, vale, glen
21 βορρᾶς, north
22 νῶτον, back, rear part
23 λίψ, southwest
24 πηγή, spring
25 πηγή, spring
26 παρέρχομαι, *fut mid ind 3s*, pass by
27 ἀπέναντι, opposite
28 ἀνάβασις, ascent
29 νῶτον, back, rear part
30 βορρᾶς, north
31 ὅριον, boundary, border
32 νῶτον, back, rear part
33 βορρᾶς, north
34 διέξοδος, termination, passage (into another territory)
35 λοφιά, ridge
36 ἅλς, salt
37 λίψ, southwest
38 λίψ, southwest
39 ὁρίζω, *fut act ind 3s*, act as boundary
40 ἀνατολή, east
41 κληρονομία, inheritance
42 ὅριον, boundary, border
43 κύκλῳ, round about
44 δῆμος, district, division
45 δῆμος, district, division

The edition of Rahlfs-Hanhart used in this Reader is based upon the Alexandrinus (A) and Vaticanus (B) codices for the book of Joshua. These witnesses to the Greek version differ significantly in the list of toponyms in 18:21b–19:45. For these sections, the B text is given on the left-hand page, and the A text on the right.

Βαιθεγλιω καὶ Αμεκασις **22** καὶ Βαιθαβαρα καὶ Σαρα καὶ Βησανα **23** καὶ Αιιν καὶ B
Φαρα καὶ Εφραθα **24** καὶ Καραφα καὶ Κεφιρα καὶ Μονι καὶ Γαβαα, πόλεις δέκα[1]
δύο καὶ αἱ κῶμαι[2] αὐτῶν· **25** Γαβαων καὶ Ραμα καὶ Βεηρωθα **26** καὶ Μασσημα καὶ
Μιρων καὶ Αμωκη **27** καὶ Φιρα καὶ Καφαν καὶ Νακαν καὶ Σεληκαν καὶ Θαρεηλα
28 καὶ Ιεβους (αὕτη ἐστὶν Ιερουσαλημ) καὶ πόλεις καὶ Γαβαωθιαριμ, πόλεις τρεῖς καὶ
δέκα[3] καὶ αἱ κῶμαι[4] αὐτῶν. αὕτη ἡ κληρονομία[5] υἱῶν Βενιαμιν κατὰ δήμους[6] αὐτῶν.

Allotted Territory for Simeon

19 Καὶ ἐξῆλθεν ὁ δεύτερος κλῆρος[7] τῶν υἱῶν Συμεων, καὶ ἐγενήθη ἡ κληρονο-
μία[8] αὐτῶν ἀνὰ μέσον[9] κλήρων[10] υἱῶν Ιουδα. **2** καὶ ἐγενήθη ὁ κλῆρος[11] αὐτῶν
Βηρσαβεε καὶ Σαμαα καὶ Κωλαδαμ **3** καὶ Αρσωλα καὶ Βωλα καὶ Ασομ **4** καὶ Ελθουλα
καὶ Βουλα καὶ Ερμα **5** καὶ Σικελακ καὶ Βαιθμαχερεβ καὶ Σαρσουσιν **6** καὶ Βαθαρωθ
καὶ οἱ ἀγροὶ αὐτῶν, πόλεις δέκα[12] τρεῖς καὶ αἱ κῶμαι[13] αὐτῶν· **7** Ερεμμων καὶ Θαλχα
καὶ Εθερ καὶ Ασαν, πόλεις τέσσαρες καὶ αἱ κῶμαι[14] αὐτῶν **8** κύκλῳ[15] τῶν πόλεων
αὐτῶν ἕως Βαρεκ πορευομένων Βαμεθ κατὰ λίβα.[16] αὕτη ἡ κληρονομία[17] φυλῆς υἱῶν
Συμεων κατὰ δήμους[18] αὐτῶν. **9** ἀπὸ τοῦ κλήρου[19] Ιουδα ἡ κληρονομία[20] φυλῆς υἱῶν
Συμεων, ὅτι ἐγενήθη ἡ μερὶς[21] υἱῶν Ιουδα μείζων[22] τῆς αὐτῶν· καὶ ἐκληρονόμησαν[23]
οἱ υἱοὶ Συμεων ἐν μέσῳ τοῦ κλήρου αὐτῶν.

Allotted Territory for Zebulun

10 Καὶ ἐξῆλθεν ὁ κλῆρος[24] ὁ τρίτος τῷ Ζαβουλων κατὰ δήμους[25] αὐτῶν. ἔσται
τὰ ὅρια[26] τῆς κληρονομίας[27] αὐτῶν Εσεδεκ **11** Γωλα· ὅρια[28] αὐτῶν ἡ θάλασσα καὶ
Μαραγελλα καὶ συνάψει[29] ἐπὶ Βαιθαραβα εἰς τὴν φάραγγα,[30] ἥ ἐστιν κατὰ πρόσωπον
Ιεκμαν, **12** καὶ ἀνέστρεψεν[31] ἀπὸ Σεδδουκ ἐξ ἐναντίας[32] ἀπ᾽ ἀνατολῶν[33] Βαιθσαμυς
ἐπὶ τὰ ὅρια[34] Χασελωθαιθ καὶ διελεύσεται ἐπὶ Δαβιρωθ καὶ προσαναβήσεται[35] ἐπὶ

1 δέκα, ten
2 κώμη, village
3 δέκα, ten
4 κώμη, village
5 κληρονομία, inheritance
6 δῆμος, district, division
7 κλῆρος, lot
8 κληρονομία, inheritance
9 ἀνὰ μέσον, between
10 κλῆρος, share, portion
11 κλῆρος, share, portion
12 δέκα, ten
13 κώμη, village
14 κώμη, village
15 κύκλῳ, around
16 λίψ, southwest
17 κληρονομία, inheritance
18 δῆμος, district, division
19 κλῆρος, share, portion
20 κληρονομία, inheritance
21 μερίς, portion, part
22 μείζων, *comp of* μέγας, greater
23 κληρονομέω, *aor act ind 3p*, inherit
24 κλῆρος, lot
25 δῆμος, district, division
26 ὅριον, boundary, border
27 κληρονομία, inheritance
28 ὅριον, boundary, border
29 συνάπτω, *fut act ind 3s*, join together, border on
30 φάραγξ, ravine
31 ἀναστρέφω, *aor act ind 3s*, return
32 ἐναντίος, opposite
33 ἀνατολή, east
34 ὅριον, boundary, border
35 προσαναβαίνω, *fut mid ind 3s*, ascend

A Βηθαγλα καὶ Αμεκκασις **22** καὶ Βαιθαραβα καὶ Σεμριμ καὶ Βηθηλ **23** καὶ Αυιμ καὶ
Αφαρ καὶ Αφρα **24** καὶ Αικαρεν καὶ Καφηραμμιν καὶ Γαβαα, πόλεις δώδεκα[1] καὶ
αἱ κῶμαι[2] αὐτῶν· **25** Γαβαων καὶ Ραμα καὶ Βηρωθ **26** καὶ Μασφα καὶ Χεφιρα καὶ
Αμωσα **27** καὶ Ρεκεμ καὶ Ιερφαηλ καὶ Θαραλα **28** καὶ Σηλαλεφ καὶ Ιεβους (αὕτη
ἐστὶν Ιερουσαλημ) καὶ Γαβααθ καὶ πόλις Ιαριμ, πόλεις δέκα[3] τρεῖς καὶ αἱ κῶμαι[4]
αὐτῶν. αὕτη ἡ κληρονομία[5] υἱῶν Βενιαμιν κατὰ δήμους[6] αὐτῶν.

Allotted Territory for Simeon

19 Καὶ ἐξῆλθεν ὁ κλῆρος[7] ὁ δεύτερος τῷ Συμεων, καὶ ἐγενήθη ἡ κληρονομία[8]
αὐτῶν ἀνὰ μέσον[9] κλήρου[10] υἱῶν Ιουδα. **2** καὶ ἐγενήθη ὁ κλῆρος[11] αὐτῶν
Βηρσαβεε καὶ Σαβεε καὶ Μωλαδα **3** καὶ Ασερσουαλ καὶ Βαθουλ καὶ Βωλα καὶ Ασομ
4 καὶ Ελθουλαδ καὶ Ερμα **5** καὶ Σεκελα καὶ Βαιθαμμαρχαβωθ καὶ Ασερσουσιμ **6** καὶ
Βαιθλαβαθ καὶ οἱ ἀγροὶ αὐτῶν, πόλεις δέκα[12] τρεῖς καὶ αἱ κῶμαι[13] αὐτῶν· **7** Αιν καὶ
Ρεμμων καὶ Εθερ καὶ Ασαν, πόλεις τέσσαρες καὶ αἱ κῶμαι[14] αὐτῶν **8** αἱ περικύκλῳ[15]
τῶν πόλεων τούτων ἕως Βααλεθβηρραμωθ πορευομένων Ιαμεθ κατὰ λίβα.[16] αὕτη ἡ
κληρονομία[17] φυλῆς υἱῶν Συμεων κατὰ δήμους[18] αὐτῶν. **9** ἀπὸ τοῦ κλήρου[19] Ιουδα
ἡ κληρονομία[20] φυλῆς υἱῶν Συμεων, ὅτι ἐγενήθη μερὶς[21] υἱῶν Ιουδα μείζων[22] τῆς
αὐτῶν· καὶ ἐκληρονόμησαν[23] οἱ υἱοὶ Συμεων ἐν μέσῳ τοῦ κλήρου αὐτῶν.

Allotted Territory for Zebulun

10 Καὶ ἐξῆλθεν ὁ κλῆρος[24] ὁ τρίτος τῷ Ζαβουλων κατὰ δήμους[25] αὐτῶν. καὶ ἔσται
τὰ ὅρια[26] τῆς κληρονομίας[27] αὐτῶν ἕως Σαριδ· **11** τὰ ὅρια[28] αὐτῶν ἡ θάλασσα καὶ
Μαραλα καὶ συνάψει[29] ἐπὶ Δαβασθαι εἰς τὴν φάραγγα,[30] ἥ ἐστιν κατὰ πρόσωπον
Ιεκναμ, **12** καὶ ἀναστρέψει[31] ἀπὸ Σαριδ ἐξ ἐναντίας[32] ἀπὸ ἀνατολῶν[33] Σαμς ἐπὶ τὰ
ὅρια[34] Χασαλωθ Θαβωρ καὶ διελεύσεται ἐπὶ Δαβραθ καὶ προσαναβήσεται[35] ἐπὶ

1 δώδεκα, twelve
2 κώμη, village
3 δέκα, ten
4 κώμη, village
5 κληρονομία, inheritance
6 δῆμος, district, division
7 κλῆρος, lot
8 κληρονομία, inheritance
9 ἀνὰ μέσον, among
10 κλῆρος, share, portion
11 κλῆρος, share, portion
12 δέκα, ten
13 κώμη, village
14 κώμη, village
15 περικύκλῳ, around
16 λίψ, southwest
17 κληρονομία, inheritance
18 δῆμος, district, division
19 κλῆρος, share, portion
20 κληρονομία, inheritance
21 μερίς, portion, part
22 μείζων, *comp of* μέγας, greater
23 κληρονομέω, *aor act ind 3p*, inherit
24 κλῆρος, lot
25 δῆμος, district, division
26 ὅριον, boundary, border
27 κληρονομία, inheritance
28 ὅριον, boundary, border
29 συνάπτω, *fut act ind 3s*, join together, border on
30 φάραγξ, ravine
31 ἀναστρέφω, *fut act ind 3s*, turn back
32 ἐναντίος, opposite
33 ἀνατολή, east
34 ὅριον, boundary, border
35 προσαναβαίνω, *fut mid ind 3s*, ascend

B

Φαγγαι **13** καὶ ἐκεῖθεν[1] περιελεύσεται ἐξ ἐναντίας[2] ἐπ᾽ ἀνατολὰς[3] ἐπὶ Γεβερε ἐπὶ πόλιν Κατασεμ καὶ διελεύσεται ἐπὶ Ρεμμωνα Αμαθαρ Αοζα **14** καὶ περιελεύσεται[4] ὅρια[5] ἐπὶ βορρᾶν[6] ἐπὶ Αμωθ, καὶ ἔσται ἡ διέξοδος[7] αὐτῶν ἐπὶ Γαιφαηλ **15** καὶ Καταναθ καὶ Ναβααλ καὶ Συμοων καὶ Ιεριχω καὶ Βαιθμαν. **16** αὕτη ἡ κληρονομία[8] φυλῆς υἱῶν Ζαβουλων κατὰ δήμους[9] αὐτῶν, πόλεις καὶ αἱ κῶμαι[10] αὐτῶν.

Allotted Territory for Issachar

17 Καὶ τῷ Ισσαχαρ ἐξῆλθεν ὁ κλῆρος[11] ὁ τέταρτος.[12] **18** καὶ ἐγενήθη τὰ ὅρια[13] αὐτῶν Ιαζηλ καὶ Χασαλωθ καὶ Σουναν **19** καὶ Αγιν καὶ Σιωνα καὶ Ρεηρωθ καὶ Αναχερεθ **20** καὶ Δαβιρων καὶ Κισων καὶ Ρεβες **21** καὶ Ρεμμας καὶ Ιεων καὶ Τομμαν καὶ Αιμαρεκ καὶ Βηρσαφης, **22** καὶ συνάψει[14] τὰ ὅρια[15] ἐπὶ Γαιθβωρ καὶ ἐπὶ Σαλιμ κατὰ θάλασσαν καὶ Βαιθσαμυς, καὶ ἔσται αὐτοῦ ἡ διέξοδος[16] τῶν ὁρίων ὁ Ιορδάνης. **23** αὕτη ἡ κληρονομία[17] φυλῆς υἱῶν Ισσαχαρ κατὰ δήμους[18] αὐτῶν, αἱ πόλεις καὶ αἱ κῶμαι[19] αὐτῶν.

Allotted Territory for Asher

24 Καὶ ἐξῆλθεν ὁ κλῆρος[20] ὁ πέμπτος[21] Ασηρ. **25** καὶ ἐγενήθη τὰ ὅρια[22] αὐτῶν ἐξ Ελεκεθ καὶ Αλεφ καὶ Βαιθοκ καὶ Κεαφ **26** καὶ Ελιμελεκ καὶ Αμιηλ καὶ Μαασα καὶ συνάψει[23] τῷ Καρμήλῳ κατὰ θάλασσαν καὶ τῷ Σιων καὶ Λαβαναθ **27** καὶ ἐπιστρέψει ἀπ᾽ ἀνατολῶν[24] ἡλίου καὶ Βαιθεγενεθ καὶ συνάψει[25] τῷ Ζαβουλων καὶ ἐκ Γαι καὶ Φθαιηλ κατὰ βορρᾶν,[26] καὶ εἰσελεύσεται ὅρια[27] Σαφθαιβαιθμε καὶ Ιναηλ καὶ διελεύσεται εἰς Χωβα μασομελ **28** καὶ Ελβων καὶ Ρααβ καὶ Εμεμαων καὶ Κανθαν ἕως Σιδῶνος τῆς μεγάλης, **29** καὶ ἀναστρέψει[28] τὰ ὅρια[29] εἰς Ραμα καὶ ἕως πηγῆς[30] Μασφασσατ καὶ τῶν Τυρίων, καὶ ἀναστρέψει[31] τὰ ὅρια ἐπὶ Ιασιφ, καὶ ἔσται ἡ διέξοδος[32] αὐτοῦ

1 ἐκεῖθεν, from there
2 ἐναντίος, opposite
3 ἀνατολή, east
4 περιέρχομαι, *fut mid ind 3s*, go around
5 ὅριον, boundary, border
6 βορρᾶς, north
7 διέξοδος, termination, passage (into another territory)
8 κληρονομία, inheritance
9 δῆμος, district, division
10 κώμη, village
11 κλῆρος, lot
12 τέταρτος, fourth
13 ὅριον, boundary, border
14 συνάπτω, *fut act ind 3s*, join together, border on
15 ὅριον, boundary, border
16 διέξοδος, termination, passage (into another territory)
17 κληρονομία, inheritance
18 δῆμος, district, division
19 κώμη, village
20 κλῆρος, lot
21 πέμπτος, fifth
22 ὅριον, boundary, border
23 συνάπτω, *fut act ind 3s*, join together, border on
24 ἀνατολή, rising
25 συνάπτω, *fut act ind 3s*, join together, border on
26 βορρᾶς, north
27 ὅριον, boundary, border
28 ἀναστρέφω, *fut act ind 3s*, return
29 ὅριον, boundary, border
30 πηγή, spring
31 ἀναστρέφω, *fut act ind 3s*, return
32 διέξοδος, termination, passage (into another territory)

A Ιαφαγαι **13** καὶ ἐκεῖθεν[1] περιελεύσεται[2] ἐξ ἐναντίας[3] ἐπ' ἀνατολὰς[4] ἐπὶ Γεθθα ἐπὶ
πόλιν Κασιμ καὶ διελεύσεται ἐπὶ Ρεμμων Αμμαθαριμ Αννουα **14** καὶ περιελεύσεται[5]
ἐπὶ τὰ ὅρια[6] βορρᾶ[7] ἐπὶ Ενναθωθ, καὶ ἔσται ἡ διέξοδος[8] αὐτῶν ἐπὶ Γαιεφθαηλ **15** καὶ
Κατταθ καὶ Νααλωλ καὶ Σεμρων καὶ Ιαδηλα καὶ Βαιθλεεμ. **16** αὕτη ἡ κληρονομία[9]
τῆς φυλῆς υἱῶν Ζαβουλων κατὰ δήμους[10] αὐτῶν, αἱ πόλεις αὗται καὶ αἱ κῶμαι[11] αὐτῶν.

Allotted Territory for Issachar

17 Καὶ τῷ Ισσαχαρ ἐξῆλθεν ὁ κλῆρος[12] ὁ τέταρτος.[13] **18** καὶ ἐγενήθη τὰ ὅρια[14] αὐτῶν
Ιεζραελ καὶ Αχασελωθ καὶ Σουναμ **19** καὶ Αφεραϊμ καὶ Σιαν καὶ Ρεναθ καὶ Αναρεθ
20 καὶ Ραββωθ καὶ Κεσιων καὶ Αεμε **21** καὶ Ραμαθ καὶ Ηνγαννιμ καὶ Ηναδδα καὶ
Βαιθφασης, **22** καὶ συνάψει[15] τὰ ὅρια[16] ἐπὶ Θαβωθ καὶ ἐπὶ Σασιμα κατὰ θάλασσαν
καὶ Βαιθσμας, καὶ ἔσται ἡ διέξοδος[17] τῶν ὁρίων αὐτῶν ὁ Ιορδάνης. **23** αὕτη ἡ
κληρονομία[18] φυλῆς υἱῶν Ισσαχαρ κατὰ δήμους[19] αὐτῶν, αἱ πόλεις καὶ αἱ ἐπαύλεις[20]
αὐτῶν.

Allotted Territory for Asher

24 Καὶ ἐξῆλθεν ὁ κλῆρος[21] ὁ πέμπτος[22] Ασηρ κατὰ δήμους[23] αὐτῶν. **25** καὶ ἐγενήθη
τὰ ὅρια[24] αὐτῶν Χελκαθ καὶ Οολι καὶ Βατνε καὶ Αχσαφ **26** καὶ Αμαδ καὶ Μασαλ
καὶ συνάψει[25] τῷ Καρμήλῳ κατὰ θάλασσαν καὶ τῷ Σιωρ καὶ Λαβαναθ **27** καὶ ἐπι-
στρέψει ἀπ' ἀνατολῶν[26] ἡλίου Βηθδαγων καὶ συνάψει[27] τῷ Ζαβουλων καὶ ἐν Γαι
Ιεφθαηλ κατὰ βορρᾶν,[28] καὶ εἰσελεύσεται τὰ ὅρια[29] Σαφθαβηθαεμεκ καὶ πορεύσεται
τὸ μεθόριον[30] Ανιηλ καὶ διελεύσεται εἰς Χαβωλ ἀπὸ ἀριστερῶν[31] **28** καὶ Αχραν
καὶ Ροωβ καὶ Αμων καὶ Κανα ἕως Σιδῶνος τῆς μεγάλης, **29** καὶ ἀναστρέψει[32] τὰ
ὅρια[33] εἰς Ραμα καὶ ἕως πόλεως ὀχυρώματος[34] τῶν Τυρίων, καὶ ἀναστρέψει[35] τὰ

1 ἐκεῖθεν, from there
2 περιέρχομαι, *fut mid ind 3s*, go around
3 ἐναντίος, opposite
4 ἀνατολή, east
5 περιέρχομαι, *fut mid ind 3s*, go around
6 ὅριον, boundary, border
7 βορρᾶς, north
8 διέξοδος, termination, passage (into another territory)
9 κληρονομία, inheritance
10 δῆμος, district, division
11 κώμη, village
12 κλῆρος, lot
13 τέταρτος, fourth
14 ὅριον, boundary, border
15 συνάπτω, *fut act ind 3s*, join together, border on
16 ὅριον, boundary, border
17 διέξοδος, termination, passage (into another territory)
18 κληρονομία, inheritance
19 δῆμος, district, division
20 ἔπαυλις, farm, homestead
21 κλῆρος, lot
22 πέμπτος, fifth
23 δῆμος, district, division
24 ὅριον, boundary, border
25 συνάπτω, *fut act ind 3s*, join together, border on
26 ἀνατολή, rising
27 συνάπτω, *fut act ind 3s*, join together, border on
28 βορρᾶς, north
29 ὅριον, boundary, border
30 μεθόριον, border
31 ἀριστερός, left
32 ἀναστρέφω, *fut act ind 3s*, return
33 ὅριον, boundary, border
34 ὀχύρωμα, fortress, stronghold
35 ἀναστρέφω, *fut act ind 3s*, turn back

ἡ θάλασσα καὶ ἀπὸ Λεβ καὶ Εχοζοβ **30** καὶ Αρχωβ καὶ Αφεκ καὶ Ρααυ. **31** αὕτη ἡ B
κληρονομία[1] φυλῆς υἱῶν Ασηρ κατὰ δήμους[2] αὐτῶν, πόλεις καὶ αἱ κῶμαι[3] αὐτῶν.

Allotted Territory for Naphtali

32 Καὶ τῷ Νεφθαλι ἐξῆλθεν ὁ κλῆρος[4] ὁ ἕκτος.[5] **33** καὶ ἐγενήθη τὰ ὅρια[6] αὐτῶν
Μοολαμ καὶ Μωλα καὶ Βεσεμιιν καὶ Αρμε καὶ Ναβωκ καὶ Ιεφθαμαι ἕως Δωδαμ, καὶ
ἐγενήθησαν αἱ διέξοδοι[7] αὐτοῦ ὁ Ιορδάνης· **34** καὶ ἐπιστρέψει[8] τὰ ὅρια[9] ἐπὶ θάλασ-
σαν Εναθ Θαβωρ καὶ διελεύσεται ἐκεῖθεν[10] Ιακανα καὶ συνάψει[11] τῷ Ζαβουλων
ἀπὸ νότου[12] καὶ Ασηρ συνάψει κατὰ θάλασσαν, καὶ ὁ Ιορδάνης ἀπ᾽ ἀνατολῶν[13]
ἡλίου. **35** καὶ αἱ πόλεις τειχήρεις[14] τῶν Τυρίων Τύρος καὶ Ωμαθα, Δακεθ καὶ Κενερεθ
36 καὶ Αρμαιθ καὶ Αραηλ καὶ Ασωρ **37** καὶ Καδες καὶ Ασσαρι καὶ πηγὴ[15] Ασορ **38** καὶ
Κερωε καὶ Μεγαλα, Αριμ καὶ Βαιθθαμε καὶ Θεσσαμυς. **39** αὕτη ἡ κληρονομία[16]
φυλῆς υἱῶν Νεφθαλι.

Allotted Territory for Dan

40 Καὶ τῷ Δαν ἐξῆλθεν ὁ κλῆρος[17] ὁ ἕβδομος.[18] **41** καὶ ἐγενήθη τὰ ὅρια[19] αὐτῶν
Σαραθ καὶ Ασα, πόλεις Σαμμαυς **42** καὶ Σαλαβιν καὶ Αμμων καὶ Σιλαθα **43** καὶ
Αιλων καὶ Θαμναθα καὶ Ακκαρων **44** καὶ Αλκαθα καὶ Βεγεθων καὶ Γεβεελαν **45** καὶ
Αζωρ καὶ Βαναιβακατ καὶ Γεθρεμμων,

1 κληρονομία, inheritance
2 δῆμος, district, division
3 κώμη, village
4 κλῆρος, lot
5 ἕκτος, sixth
6 ὅριον, boundary, border
7 διέξοδος, termination, passage (into another territory)
8 ἐπιστρέφω, *fut act ind 3s*, turn
9 ὅριον, boundary, border
10 ἐκεῖθεν, from there
11 συνάπτω, *fut act ind 3s*, join together, border on
12 νότος, south
13 ἀνατολή, rising
14 τειχήρης, fortified
15 πηγή, spring
16 κληρονομία, inheritance
17 κλῆρος, lot
18 ἕβδομος, seventh
19 ὅριον, boundary, border

A ὅρια[1] ἐπὶ Ωσα, καὶ ἔσται ἡ διέξοδος[2] αὐτοῦ ἡ θάλασσα καὶ ἀπὸ τοῦ σχοινίσματος[3]
Αχζιφ **30** καὶ Αμμα καὶ Αφεκ καὶ Ραωβ, πόλεις εἴκοσι[4] δύο. **31** αὕτη ἡ κληρονομία[5]
φυλῆς υἱῶν Ασηρ κατὰ δήμους[6] αὐτῶν, πόλεις αὐτῶν καὶ αἱ κῶμαι[7] αὐτῶν.

Allotted Territory for Naphtali

32 Καὶ τῷ Νεφθαλι ἐξῆλθεν ὁ κλῆρος[8] ὁ ἕκτος.[9] **33** καὶ ἐγένετο τὰ ὅρια[10] αὐτῶν
Μεελεφ καὶ Μαηλων καὶ Βεσενανιμ καὶ Αρμαι καὶ Νακεβ καὶ Ιαβνηλ ἕως Λακου,
καὶ ἐγενήθησαν αἱ διέξοδοι[11] αὐτοῦ ὁ Ιορδάνης· **34** καὶ ἐπιστρέψει τὰ ὅρια[12] ἐπὶ
θάλασσαν Αζανωθ Θαβωρ καὶ διελεύσεται ἐκεῖθεν[13] εἰς Ικωκ καὶ συνάψει[14] τῷ
Ζαβουλων ἀπὸ νότου[15] καὶ τῷ Ασηρ συνάψει κατὰ θάλασσαν, καὶ ὁ Ιορδάνης ἀπ'
ἀνατολῶν[16] ἡλίου. **35** καὶ πόλεις τειχήρεις[17] τῶν Τυρίων Τύρος καὶ Αμαθ καὶ Ρεκκαθ
καὶ Χενερεθ **36** καὶ Αδαμι καὶ Ραμα καὶ Ασωρ **37** καὶ Κεδες καὶ Εδραϊ καὶ πηγὴ[18]
Ασορ **38** καὶ Ιαριων καὶ Μαγδαλιηλ, Ωραμ καὶ Βαιθαναθ καὶ Θασμους, πόλεις
δέκα[19] ἐννέα.[20] **39** αὕτη ἡ κληρονομία[21] φυλῆς υἱῶν Νεφθαλι.

Allotted Territory for Dan

40 Καὶ τῷ Δαν ἐξῆλθεν ὁ κλῆρος[22] ὁ ἕβδομος.[23] **41** καὶ ἐγενήθη τὰ ὅρια[24] αὐτῶν
Σαραα καὶ Εσθαολ καὶ πόλις Σαμες **42** καὶ Σαλαβιν καὶ Ιααλων καὶ Ιεθλα **43** καὶ
Αιλων καὶ Θαμνα καὶ Ακκαρων **44** καὶ Ελθεκω καὶ Γαβαθων καὶ Βααλων **45** καὶ
Ιουθ καὶ Βανηβαρακ καὶ Γεθρεμμων,

1 ὅριον, boundary, border
2 διέξοδος, termination, passage (into another territory)
3 σχοίνισμα, allotment
4 εἴκοσι, twenty
5 κληρονομία, inheritance
6 δῆμος, district, division
7 κώμη, village
8 κλῆρος, lot
9 ἕκτος, sixth
10 ὅριον, boundary, border
11 διέξοδος, termination, passage (into another territory)
12 ὅριον, boundary, border
13 ἐκεῖθεν, from there
14 συνάπτω, *fut act ind 3s*, join together, border on
15 νότος, south
16 ἀνατολή, rising
17 τειχήρης, fortified
18 πηγή, spring
19 δέκα, ten
20 ἐννέα, nine
21 κληρονομία, inheritance
22 κλῆρος, lot
23 ἕβδομος, seventh
24 ὅριον, boundary, border

46 καὶ ἀπὸ θαλάσσης Ιερακων ὅριον[1] πλησίον[2] Ιόππης. **47** αὕτη ἡ κληρονομία[3]
φυλῆς υἱῶν Δαν κατὰ δήμους[4] αὐτῶν, αἱ πόλεις αὐτῶν καὶ αἱ κῶμαι[5] αὐτῶν. **47a** καὶ
οὐκ ἐξέθλιψαν[6] οἱ υἱοὶ Δαν τὸν Αμορραῖον τὸν θλίβοντα[7] αὐτοὺς ἐν τῷ ὄρει· καὶ
οὐκ εἴων[8] αὐτοὺς οἱ Αμορραῖοι καταβῆναι εἰς τὴν κοιλάδα[9] καὶ ἔθλιψαν[10] ἀπ᾽ αὐτῶν
τὸ ὅριον[11] τῆς μερίδος[12] αὐτῶν. **48** καὶ ἐπορεύθησαν οἱ υἱοὶ Ιουδα καὶ ἐπολέμησαν[13]
τὴν Λαχις καὶ κατελάβοντο[14] αὐτὴν καὶ ἐπάταξαν[15] αὐτὴν ἐν στόματι μαχαίρας[16] καὶ
κατῴκησαν αὐτὴν καὶ ἐκάλεσαν τὸ
ὄνομα αὐτῆς Λασενδακ. **48a** καὶ ὁ Αμορραῖος ὑπέμεινεν[17] τοῦ κατοικεῖν ἐν Ελωμ
καὶ ἐν Σαλαμιν· καὶ ἐβαρύνθη[18] ἡ χεὶρ τοῦ Εφραιμ ἐπ᾽ αὐτούς, καὶ ἐγένοντο αὐτοῖς
εἰς φόρον.[19]

Allotted Territory for Joshua

49 Καὶ ἐπορεύθησαν ἐμβατεῦσαι[20] τὴν γῆν κατὰ τὸ ὅριον[21] αὐτῶν. καὶ ἔδωκαν οἱ
υἱοὶ Ισραηλ κλῆρον[22] Ἰησοῖ τῷ υἱῷ Ναυη ἐν αὐτοῖς **50** διὰ προστάγματος[23] τοῦ θεοῦ·
καὶ ἔδωκαν αὐτῷ τὴν πόλιν, ἣν ᾐτήσατο,[24] Θαμνασαραχ, ἥ ἐστιν ἐν τῷ ὄρει Εφραιμ·
καὶ ᾠκοδόμησεν τὴν πόλιν καὶ κατῴκει ἐν αὐτῇ.

51 Αὗται αἱ διαιρέσεις,[25] ἃς κατεκληρονόμησεν[26] Ελεαζαρ ὁ ἱερεὺς καὶ Ἰησοῦς ὁ τοῦ
Ναυη καὶ οἱ ἄρχοντες τῶν πατριῶν[27] ἐν ταῖς φυλαῖς Ισραηλ κατὰ κλήρους[28] ἐν Σηλω
ἐναντίον[29] κυρίου παρὰ τὰς θύρας τῆς σκηνῆς[30] τοῦ μαρτυρίου·[31] καὶ ἐπορεύθησαν
ἐμβατεῦσαι[32] τὴν γῆν.

Cities of Refuge

20 Καὶ ἐλάλησεν κύριος τῷ Ἰησοῖ λέγων **2** Λάλησον τοῖς υἱοῖς Ισραηλ λέγων
Δότε τὰς πόλεις τῶν φυγαδευτηρίων,[33] ἃς εἶπα πρὸς ὑμᾶς διὰ Μωυσῆ,

1 ὅριον, boundary, border
2 πλησίον, adjacent
3 κληρονομία, inheritance
4 δῆμος, district, division
5 κώμη, village
6 ἐκθλίβω, *aor act ind 3p*, force out
7 θλίβω, *pres act ptc acc s m*, afflict
8 ἐάω, *impf act ind 3p*, permit
9 κοιλάς, valley
10 θλίβω, *aor act ind 3p*, afflict
11 ὅριον, boundary, border
12 μερίς, portion, part
13 πολεμέω, *aor act ind 3p*, fight, wage war
14 καταλαμβάνω, *aor mid ind 3p*, overtake
15 πατάσσω, *aor act ind 3p*, strike
16 μάχαιρα, sword
17 ὑπομένω, *aor act ind 3s*, remain
18 βαρύνω, *aor pas ind 3s*, make heavy
19 φόρος, tribute, levy
20 ἐμβατεύω, *aor act inf*, come into possession
21 ὅριον, boundary, border
22 κλῆρος, share, portion
23 πρόσταγμα, ordinance
24 αἰτέω, *aor mid ind 3s*, ask for
25 διαίρεσις, distribution
26 κατακληρονομέω, *aor act ind 3s*, give as inheritance
27 πατριά, paternal lineage, house
28 κλῆρος, share, portion
29 ἐναντίον, before
30 σκηνή, tent
31 μαρτύριον, witness
32 ἐμβατεύω, *aor act inf*, come into possession
33 φυγαδευτήριον, refuge

3 φυγαδευτήριον[1] τῷ φονευτῇ[2] τῷ πατάξαντι[3] ψυχὴν ἀκουσίως,[4] καὶ ἔσονται ὑμῖν
αἱ πόλεις φυγαδευτήριον, καὶ οὐκ ἀποθανεῖται ὁ φονευτὴς ὑπὸ τοῦ ἀγχιστεύοντος[5]
τὸ αἷμα, ἕως ἂν καταστῇ[6] ἐναντίον[7] τῆς συναγωγῆς εἰς κρίσιν. **7** καὶ διέστειλεν[8]
τὴν Καδης ἐν τῇ Γαλιλαίᾳ ἐν τῷ ὄρει τῷ Νεφθαλι καὶ Συχεμ ἐν τῷ ὄρει τῷ Εφραιμ
καὶ τὴν πόλιν Αρβοκ (αὕτη ἐστὶν Χεβρων) ἐν τῷ ὄρει τῷ Ιουδα. **8** καὶ ἐν τῷ πέραν[9]
τοῦ Ιορδάνου ἔδωκεν Βοσορ ἐν τῇ ἐρήμῳ ἐν τῷ πεδίῳ[10] ἀπὸ τῆς φυλῆς Ρουβην
καὶ Αρημωθ ἐν τῇ Γαλααδ ἐκ τῆς φυλῆς Γαδ καὶ τὴν Γαυλων ἐν τῇ Βασανίτιδι ἐκ
τῆς φυλῆς Μανασση. **9** αὗται αἱ πόλεις αἱ ἐπίκλητοι[11] τοῖς υἱοῖς Ισραηλ καὶ τῷ
προσηλύτῳ[12] τῷ προσκειμένῳ[13] ἐν αὐτοῖς καταφυγεῖν[14] ἐκεῖ παντὶ παίοντι[15] ψυχὴν
ἀκουσίως,[16] ἵνα μὴ ἀποθάνῃ ἐν χειρὶ τοῦ ἀγχιστεύοντος[17] τὸ αἷμα, ἕως ἂν καταστῇ[18]
ἔναντι[19] τῆς συναγωγῆς εἰς κρίσιν.

Allotted Cities for the Levites

21 Καὶ προσήλθοσαν οἱ ἀρχιπατριῶται[20] τῶν υἱῶν Λευι πρὸς Ελεαζαρ τὸν ἱερέα
καὶ πρὸς Ἰησοῦν τὸν τοῦ Ναυη καὶ πρὸς τοὺς ἀρχιφύλους[21] πατριῶν[22] ἐκ τῶν
φυλῶν Ισραηλ **2** καὶ εἶπον πρὸς αὐτοὺς ἐν Σηλω ἐν γῇ Χανααν λέγοντες Ἐνετεί-
λατο[23] κύριος ἐν χειρὶ Μωυσῆ δοῦναι ἡμῖν πόλεις κατοικεῖν καὶ τὰ περισπόρια[24] τοῖς
κτήνεσιν[25] ἡμῶν. **3** καὶ ἔδωκαν οἱ υἱοὶ Ισραηλ τοῖς Λευίταις ἐν τῷ κατακληρονομεῖν[26]
διὰ προστάγματος[27] κυρίου τὰς πόλεις καὶ τὰ περισπόρια[28] αὐτῶν. **4** καὶ ἐξῆλθεν ὁ
κλῆρος[29] τῷ δήμῳ Κααθ, καὶ ἐγένετο τοῖς υἱοῖς Ααρων τοῖς ἱερεῦσιν τοῖς Λευίταις
ἀπὸ φυλῆς Ιουδα καὶ ἀπὸ φυλῆς Συμεων καὶ ἀπὸ φυλῆς Βενιαμιν κληρωτὶ[30] πόλεις
δέκα[31] τρεῖς **5** καὶ τοῖς υἱοῖς Κααθ τοῖς καταλελειμμένοις[32] ἐκ τῆς φυλῆς Εφραιμ καὶ
ἐκ τῆς φυλῆς Δαν καὶ ἀπὸ τοῦ ἡμίσους[33] φυλῆς Μανασση κληρωτὶ[34] πόλεις δέκα·[35]
6 καὶ τοῖς υἱοῖς Γεδσων ἀπὸ τῆς φυλῆς Ισσαχαρ καὶ ἀπὸ τῆς φυλῆς Ασηρ καὶ ἀπὸ τῆς

1 φυγαδευτήριον, refuge
2 φονευτής, killer, slayer
3 πατάσσω, *aor act ptc dat s m*, slay
4 ἀκουσίως, involuntarily
5 ἀγχιστεύω, *pres act ptc gen s m*, be a kinsman
6 καθίστημι, *aor act sub 3s*, stand
7 ἐναντίον, before
8 διαστέλλω, *aor act ind 3s*, separate
9 πέραν, beyond
10 πεδίον, plain
11 ἐπίκλητος, appointed, designated
12 προσήλυτος, immigrant, guest
13 πρόσκειμαι, *pres pas ptc dat s m*, be involved, joined
14 καταφεύγω, *aor act inf*, flee for refuge
15 παίω, *pres act ptc dat s m*, strike
16 ἀκουσίως, involuntarily
17 ἀγχιστεύω, *pres act ptc gen s m*, be a kinsman
18 καθίστημι, *aor act sub 3s*, stand
19 ἔναντι, before
20 ἀρχιπατριώτης, head of a family
21 ἀρχίφυλος, head of a tribe
22 πάτριος, paternal
23 ἐντέλλομαι, *aor mid ind 3s*, command
24 περισπόριον, nearby countryside
25 κτῆνος, animal, (*p*) herd
26 κατακληρονομέω, *pres act inf*, give as inheritance
27 πρόσταγμα, ordinance
28 περισπόριον, nearby countryside
29 κλῆρος, share, portion
30 κληρωτί, by lot
31 δέκα, ten
32 καταλείπω, *perf pas ptc dat p m*, leave behind
33 ἥμισυς, half
34 κληρωτί, by lot
35 δέκα, ten

φυλῆς Νεφθαλι καὶ ἀπὸ τοῦ ἡμίσους[1] φυλῆς Μανασση ἐν τῷ Βασαν πόλεις δέκα[2]
τρεῖς· **7** καὶ τοῖς υἱοῖς Μεραρι κατὰ δήμους[3] αὐτῶν ἀπὸ φυλῆς Ρουβην καὶ ἀπὸ φυλῆς
Γαδ καὶ ἀπὸ φυλῆς Ζαβουλων κληρωτὶ[4] πόλεις δώδεκα.[5]

8 Καὶ ἔδωκαν οἱ υἱοὶ Ισραηλ τοῖς Λευίταις τὰς πόλεις καὶ τὰ περισπόρια[6] αὐτῶν,
ὃν τρόπον[7] ἐνετείλατο[8] κύριος τῷ Μωυσῇ, κληρωτί.[9] **9** καὶ ἔδωκεν ἡ φυλὴ υἱῶν
Ιουδα καὶ ἡ φυλὴ υἱῶν Συμεων καὶ ἀπὸ τῆς φυλῆς υἱῶν Βενιαμιν τὰς πόλεις, καὶ
ἐπεκλήθησαν[10] **10** τοῖς υἱοῖς Ααρων ἀπὸ τοῦ δήμου[11] τοῦ Κααθ τῶν υἱῶν Λευι, ὅτι
τούτοις ἐγενήθη ὁ κλῆρος.[12] **11** καὶ ἔδωκεν αὐτοῖς τὴν Καριαθαρβοκ μητρόπολιν[13]
τῶν Ενακ (αὕτη ἐστὶν Χεβρων) ἐν τῷ ὄρει Ιουδα· τὰ δὲ περισπόρια[14] κύκλῳ[15]
αὐτῆς **12** καὶ τοὺς ἀγροὺς τῆς πόλεως καὶ τὰς κώμας[16] αὐτῆς ἔδωκεν Ἰησοῦς τοῖς
υἱοῖς Χαλεβ υἱοῦ Ιεφοννη ἐν κατασχέσει·[17] **13** καὶ τοῖς υἱοῖς Ααρων τὴν πόλιν
φυγαδευτήριον[18] τῷ φονεύσαντι[19] τὴν Χεβρων καὶ τὰ ἀφωρισμένα[20] τὰ σὺν αὐτῇ καὶ
τὴν Λεμνα καὶ τὰ ἀφωρισμένα τὰ πρὸς αὐτῇ **14** καὶ τὴν Αιλωμ καὶ τὰ ἀφωρισμένα[21]
αὐτῇ καὶ τὴν Τεμα καὶ τὰ ἀφωρισμένα αὐτῇ **15** καὶ τὴν Γελλα καὶ τὰ ἀφωρισμένα[22]
αὐτῇ καὶ τὴν Δαβιρ καὶ τὰ ἀφωρισμένα αὐτῇ **16** καὶ Ασα καὶ τὰ ἀφωρισμένα[23] αὐτῇ
καὶ Τανυ καὶ τὰ ἀφωρισμένα αὐτῇ καὶ Βαιθσαμυς καὶ τὰ ἀφωρισμένα[24] αὐτῇ, πόλεις
ἐννέα[25] παρὰ τῶν δύο φυλῶν τούτων. **17** καὶ παρὰ τῆς φυλῆς Βενιαμιν τὴν Γαβαων
καὶ τὰ ἀφωρισμένα[26] αὐτῇ καὶ Γαθεθ καὶ τὰ ἀφωρισμένα αὐτῇ **18** καὶ Αναθωθ καὶ
τὰ ἀφωρισμένα[27] αὐτῇ καὶ Γαμαλα καὶ τὰ ἀφωρισμένα αὐτῇ, πόλεις τέσσαρες.
19 πᾶσαι αἱ πόλεις υἱῶν Ααρων τῶν ἱερέων δέκα[28] τρεῖς.

20 Καὶ τοῖς δήμοις[29] υἱοῖς Κααθ τοῖς Λευίταις τοῖς καταλελειμμένοις[30] ἀπὸ τῶν
υἱῶν Κααθ καὶ ἐγενήθη πόλις τῶν ὁρίων[31] αὐτῶν ἀπὸ φυλῆς Εφραιμ, **21** καὶ ἔδωκαν
αὐτοῖς τὴν πόλιν τοῦ φυγαδευτηρίου[32] τὴν τοῦ φονεύσαντος[33] τὴν Συχεμ καὶ τὰ

1 ἥμισυς, half
2 δέκα, ten
3 δῆμος, district, division
4 κληρωτί, by lot
5 δώδεκα, twelve
6 περισπόριον, nearby countryside
7 ὃν τρόπον, in the manner that
8 ἐντέλλομαι, *aor mid ind 3s*, command
9 κληρωτί, by lot
10 ἐπικαλέω, *aor pas ind 3p*, name, call upon
11 δῆμος, district, division
12 κλῆρος, share, portion
13 μητρόπολις, capital city, metropolis
14 περισπόριον, nearby countryside
15 κύκλῳ, around
16 κώμη, village
17 κατάσχεσις, possession
18 φυγαδευτήριον, refuge
19 φονεύω, *aor act ptc dat s m*, kill
20 ἀφορίζω, *perf pas ptc acc p n*, set apart, distinguish
21 ἀφορίζω, *perf pas ptc acc p n*, set apart, distinguish
22 ἀφορίζω, *perf pas ptc acc p n*, set apart, distinguish
23 ἀφορίζω, *perf pas ptc acc p n*, set apart, distinguish
24 ἀφορίζω, *perf pas ptc acc p n*, set apart, distinguish
25 ἐννέα, nine
26 ἀφορίζω, *perf pas ptc acc p n*, set apart, distinguish
27 ἀφορίζω, *perf pas ptc acc p n*, set apart, distinguish
28 δέκα, ten
29 δῆμος, district, division
30 καταλείπω, *perf pas ptc dat p m*, leave behind
31 ὅριον, boundary, border
32 φυγαδευτήριον, refuge
33 φονεύω, *aor act ptc gen s m*, kill

ἀφωρισμένα[1] αὐτῇ καὶ Γαζαρα καὶ τὰ πρὸς αὐτὴν καὶ τὰ ἀφωρισμένα αὐτῇ **22** καὶ τὴν Καβσαϊμ καὶ τὰ ἀφωρισμένα[2] τὰ πρὸς αὐτῇ καὶ τὴν ἄνω[3] Βαιθωρων καὶ τὰ ἀφωρισμένα αὐτῇ, πόλεις τέσσαρες. **23** καὶ ἐκ τῆς φυλῆς Δαν τὴν Ελκωθαιμ καὶ τὰ ἀφωρισμένα[4] αὐτῇ καὶ τὴν Γεθεδαν καὶ τὰ ἀφωρισμένα αὐτῇ **24** καὶ Αιλων καὶ τὰ ἀφωρισμένα[5] αὐτῇ καὶ Γεθερεμμων καὶ τὰ ἀφωρισμένα αὐτῇ, πόλεις τέσσαρες. **25** καὶ ἀπὸ τοῦ ἡμίσους[6] φυλῆς Μανασση τὴν Ταναχ καὶ τὰ ἀφωρισμένα[7] αὐτῇ καὶ τὴν Ιεβαθα καὶ τὰ ἀφωρισμένα αὐτῇ, πόλεις δύο. **26** πᾶσαι πόλεις δέκα[8] καὶ τὰ ἀφωρισμένα[9] τὰ πρὸς αὐταῖς τοῖς δήμοις[10] υἱῶν Κααθ τοῖς ὑπολελειμμένοις.[11]

27 Καὶ τοῖς υἱοῖς Γεδσων τοῖς Λευίταις ἐκ τοῦ ἡμίσους[12] φυλῆς Μανασση τὰς πόλεις τὰς ἀφωρισμένας[13] τοῖς φονεύσασι,[14] τὴν Γαυλων ἐν τῇ Βασανίτιδι καὶ τὰ ἀφωρισμένα[15] αὐτῇ καὶ τὴν Βοσοραν καὶ τὰ ἀφωρισμένα αὐτῇ, πόλεις δύο **28** καὶ ἐκ τῆς φυλῆς Ισσαχαρ τὴν Κισων καὶ τὰ ἀφωρισμένα[16] αὐτῇ καὶ Δεββα καὶ τὰ ἀφωρισμένα αὐτῇ **29** καὶ τὴν Ρεμμαθ καὶ τὰ ἀφωρισμένα[17] αὐτῇ καὶ Πηγὴν γραμμάτων[18] καὶ τὰ ἀφωρισμένα αὐτῇ, πόλεις τέσσαρες. **30** καὶ ἐκ τῆς φυλῆς Ασηρ τὴν Βασελλαν καὶ τὰ ἀφωρισμένα[19] αὐτῇ καὶ Δαββων καὶ τὰ ἀφωρισμένα αὐτῇ **31** καὶ Χελκατ καὶ τὰ ἀφωρισμένα[20] αὐτῇ καὶ Ρααβ καὶ τὰ ἀφωρισμένα αὐτῇ, πόλεις τέσσαρες. **32** καὶ ἐκ τῆς φυλῆς Νεφθαλι τὴν πόλιν τὴν ἀφωρισμένην[21] τῷ φονεύσαντι[22] τὴν Καδες ἐν τῇ Γαλιλαίᾳ καὶ τὰ ἀφωρισμένα[23] αὐτῇ καὶ τὴν Εμμαθ καὶ τὰ ἀφωρισμένα αὐτῇ καὶ Θεμμων καὶ τὰ ἀφωρισμένα αὐτῇ, πόλεις τρεῖς. **33** πᾶσαι αἱ πόλεις τοῦ Γεδσων κατὰ δήμους[24] αὐτῶν πόλεις δέκα[25] τρεῖς.

34 Καὶ τῷ δήμῳ[26] υἱῶν Μεραρι τοῖς Λευίταις τοῖς λοιποῖς ἐκ τῆς φυλῆς υἱῶν Ζαβουλων τὴν Μααν καὶ τὰ περισπόρια[27] αὐτῆς καὶ τὴν Καδης καὶ τὰ περισπόρια αὐτῆς **35** καὶ Δεμνα καὶ τὰ περισπόρια[28] αὐτῆς καὶ Σελλα καὶ τὰ περισπόρια αὐτῆς, πόλεις

1 ἀφορίζω, *perf pas ptc acc p n*, set apart, distinguish
2 ἀφορίζω, *perf pas ptc acc p n*, set apart, distinguish
3 ἄνω, upper, above
4 ἀφορίζω, *perf pas ptc acc p n*, set apart, distinguish
5 ἀφορίζω, *perf pas ptc acc p n*, set apart, distinguish
6 ἥμισυς, half
7 ἀφορίζω, *perf pas ptc acc p n*, set apart, distinguish
8 δέκα, ten
9 ἀφορίζω, *perf pas ptc acc p n*, set apart, distinguish
10 δῆμος, district, division
11 ὑπολείπω, *perf pas ptc dat p m*, leave behind
12 ἥμισυς, half
13 ἀφορίζω, *perf pas ptc acc p f*, set apart, distinguish
14 φονεύω, *aor act ptc dat p m*, kill
15 ἀφορίζω, *perf pas ptc acc p n*, set apart, distinguish
16 ἀφορίζω, *perf pas ptc acc p n*, set apart, distinguish
17 ἀφορίζω, *perf pas ptc acc p n*, set apart, distinguish
18 γράμμα, letter
19 ἀφορίζω, *perf pas ptc acc p n*, set apart, distinguish
20 ἀφορίζω, *perf pas ptc acc p n*, set apart, distinguish
21 ἀφορίζω, *perf pas ptc acc s f*, set apart, distinguish
22 φονεύω, *aor act ptc dat s m*, kill
23 ἀφορίζω, *perf pas ptc acc p n*, set apart, distinguish
24 δῆμος, district, division
25 δέκα, ten
26 δῆμος, boundary, district
27 περισπόριον, nearby countryside
28 περισπόριον, nearby countryside

τέσσαρες. **36** καὶ πέραν[1] τοῦ Ιορδάνου τοῦ κατὰ Ιεριχω ἐκ τῆς φυλῆς Ρουβην τὴν πόλιν τὸ φυγαδευτήριον[2] τοῦ φονεύσαντος[3] τὴν Βοσορ ἐν τῇ ἐρήμῳ τῇ Μισωρ καὶ τὰ περισπόρια[4] αὐτῆς καὶ τὴν Ιαζηρ καὶ τὰ περισπόρια αὐτῆς **37** καὶ τὴν Δεκμων καὶ τὰ περισπόρια[5] αὐτῆς καὶ τὴν Μαφα καὶ τὰ περισπόρια αὐτῆς, πόλεις τέσσαρες. **38** καὶ ἀπὸ τῆς φυλῆς Γαδ τὴν πόλιν τὸ φυγαδευτήριον[6] τοῦ φονεύσαντος[7] τὴν Ραμωθ ἐν τῇ Γαλααδ καὶ τὰ περισπόρια[8] αὐτῆς καὶ τὴν Καμιν καὶ τὰ περισπόρια αὐτῆς **39** καὶ τὴν Εσεβων καὶ τὰ περισπόρια[9] αὐτῆς καὶ τὴν Ιαζηρ καὶ τὰ περισπόρια αὐτῆς· αἱ πᾶσαι πόλεις τέσσαρες. **40** πᾶσαι πόλεις τοῖς υἱοῖς Μεραρι κατὰ δήμους[10] αὐτῶν τῶν καταλελειμμένων[11] ἀπὸ τῆς φυλῆς Λευι· καὶ ἐγενήθη τὰ ὅρια[12] πόλεις δέκα[13] δύο.

41 Πᾶσαι αἱ πόλεις τῶν Λευιτῶν ἐν μέσῳ κατασχέσεως[14] υἱῶν Ισραηλ τεσσαράκοντα[15] ὀκτὼ[16] πόλεις καὶ τὰ περισπόρια[17] αὐτῶν **42** κύκλῳ[18] τῶν πόλεων τούτων, πόλις καὶ τὰ περισπόρια[19] κύκλῳ[20] τῆς πόλεως πάσαις ταῖς πόλεσιν ταύταις.

42a Καὶ συνετέλεσεν[21] Ἰησοῦς διαμερίσας[22] τὴν γῆν ἐν τοῖς ὁρίοις[23] αὐτῶν. **42b** καὶ ἔδωκαν οἱ υἱοὶ Ισραηλ μερίδα[24] τῷ Ἰησοῖ κατὰ πρόσταγμα[25] κυρίου· ἔδωκαν αὐτῷ τὴν πόλιν, ἣν ᾐτήσατο·[26] τὴν Θαμνασαραχ ἔδωκαν αὐτῷ ἐν τῷ ὄρει Εφραιμ. **42c** καὶ ᾠκοδόμησεν Ἰησοῦς τὴν πόλιν καὶ ᾤκησεν[27] ἐν αὐτῇ. **42d** καὶ ἔλαβεν Ἰησοῦς τὰς μαχαίρας[28] τὰς πετρίνας,[29] ἐν αἷς περιέτεμεν[30] τοὺς υἱοὺς Ισραηλ τοὺς γενομένους ἐν τῇ ὁδῷ ἐν τῇ ἐρήμῳ, καὶ ἔθηκεν αὐτὰς ἐν Θαμνασαραχ.

43 Καὶ ἔδωκεν κύριος τῷ Ισραηλ πᾶσαν τὴν γῆν, ἣν ὤμοσεν[31] δοῦναι τοῖς πατράσιν αὐτῶν, καὶ κατεκληρονόμησαν[32] αὐτὴν καὶ κατῴκησαν ἐν αὐτῇ. **44** καὶ κατέπαυσεν[33] αὐτοὺς κύριος κυκλόθεν,[34] καθότι[35] ὤμοσεν[36] τοῖς πατράσιν αὐτῶν· οὐκ ἀνέστη οὐθεὶς[37] κατενώπιον[38] αὐτῶν ἀπὸ πάντων τῶν ἐχθρῶν αὐτῶν· πάντας τοὺς ἐχθροὺς

1 πέραν, beyond
2 φυγαδευτήριον, refuge
3 φονεύω, *aor act ptc gen s m*, kill
4 περισπόριον, nearby countryside
5 περισπόριον, nearby countryside
6 φυγαδευτήριον, refuge
7 φονεύω, *aor act ptc gen s m*, kill
8 περισπόριον, nearby countryside
9 περισπόριον, nearby countryside
10 δῆμος, district, division
11 καταλείπω, *perf pas ptc gen p m*, leave behind
12 ὅριον, boundary, border
13 δέκα, ten
14 κατάσχεσις, possession
15 τεσσαράκοντα, forty
16 ὀκτώ, eight
17 περισπόριον, nearby countryside
18 κύκλῳ, around
19 περισπόριον, nearby countryside
20 κύκλῳ, around
21 συντελέω, *aor act ind 3s*, finish
22 διαμερίζω, *aor act ptc nom s m*, distribute
23 ὅριον, boundary, border
24 μερίς, portion, part
25 πρόσταγμα, ordinance
26 αἰτέω, *aor mid ind 3s*, ask for
27 οἰκέω, *aor act ind 3s*, dwell
28 μάχαιρα, knife
29 πέτρινος, of stone
30 περιτέμνω, *aor act ind 3s*, circumcise
31 ὄμνυμι, *aor act ind 3s*, swear
32 κατακληρονομέω, *aor act ind 3p*, give as inheritance
33 καταπαύω, *aor act ind 3s*, give rest
34 κυκλόθεν, from all around
35 καθότι, just as
36 ὄμνυμι, *aor act ind 3s*, swear
37 οὐθείς, nobody
38 κατενώπιον, against

αὐτῶν παρέδωκεν κύριος εἰς τὰς χεῖρας αὐτῶν. **45** οὐ διέπεσεν[1] ἀπὸ πάντων τῶν
ῥημάτων τῶν καλῶν, ὧν ἐλάλησεν κύριος τοῖς υἱοῖς Ισραηλ· πάντα παρεγένετο.

Eastern Tribes Return from Beyond the Jordan

22 Τότε συνεκάλεσεν[2] Ἰησοῦς τοὺς υἱοὺς Ρουβην καὶ τοὺς υἱοὺς Γαδ καὶ τὸ
ἥμισυ[3] φυλῆς Μανασση **2** καὶ εἶπεν αὐτοῖς Ὑμεῖς ἀκηκόατε πάντα, ὅσα
ἐνετείλατο[4] ὑμῖν Μωυσῆς ὁ παῖς[5] κυρίου, καὶ ἐπηκούσατε[6] τῆς φωνῆς μου κατὰ
πάντα, ὅσα ἐνετειλάμην[7] ὑμῖν. **3** οὐκ ἐγκαταλελοίπατε[8] τοὺς ἀδελφοὺς ὑμῶν ταύτας
τὰς ἡμέρας καὶ πλείους[9] ἕως τῆς σήμερον ἡμέρας· ἐφυλάξασθε τὴν ἐντολὴν κυρίου
τοῦ θεοῦ ὑμῶν. **4** νῦν δὲ κατέπαυσεν[10] κύριος ὁ θεὸς ἡμῶν τοὺς ἀδελφοὺς ἡμῶν,
ὃν τρόπον[11] εἶπεν αὐτοῖς· νῦν οὖν ἀποστραφέντες[12] ἀπέλθατε εἰς τοὺς οἴκους ὑμῶν
καὶ εἰς τὴν γῆν τῆς κατασχέσεως[13] ὑμῶν, ἣν ἔδωκεν ὑμῖν Μωυσῆς ἐν τῷ πέραν[14]
τοῦ Ιορδάνου. **5** ἀλλὰ φυλάξασθε ποιεῖν σφόδρα[15] τὰς ἐντολὰς καὶ τὸν νόμον,
ὃν ἐνετείλατο[16] ἡμῖν ποιεῖν Μωυσῆς ὁ παῖς[17] κυρίου, ἀγαπᾶν κύριον τὸν θεὸν
ὑμῶν, πορεύεσθαι πάσαις ταῖς ὁδοῖς αὐτοῦ, φυλάξασθαι τὰς ἐντολὰς αὐτοῦ καὶ
προσκεῖσθαι[18] αὐτῷ καὶ λατρεύειν[19] αὐτῷ ἐξ ὅλης τῆς διανοίας[20] ὑμῶν καὶ ἐξ ὅλης
τῆς ψυχῆς ὑμῶν. **6** καὶ ηὐλόγησεν αὐτοὺς Ἰησοῦς καὶ ἐξαπέστειλεν[21] αὐτούς, καὶ
ἐπορεύθησαν εἰς τοὺς οἴκους αὐτῶν.

7 καὶ τῷ ἡμίσει[22] φυλῆς Μανασση ἔδωκεν Μωυσῆς ἐν τῇ Βασανίτιδι, καὶ τῷ
ἡμίσει ἔδωκεν Ἰησοῦς μετὰ τῶν ἀδελφῶν αὐτοῦ ἐν τῷ πέραν[23] τοῦ Ιορδάνου
παρὰ θάλασσαν. καὶ ἡνίκα[24] ἐξαπέστειλεν[25] αὐτοὺς Ἰησοῦς εἰς τοὺς οἴκους αὐτῶν
καὶ εὐλόγησεν αὐτούς, **8** καὶ ἐν χρήμασιν[26] πολλοῖς ἀπήλθοσαν εἰς τοὺς οἴκους
αὐτῶν, καὶ κτήνη[27] πολλὰ σφόδρα[28] καὶ ἀργύριον[29] καὶ χρυσίον[30] καὶ σίδηρον[31] καὶ
ἱματισμὸν[32] πολύν, καὶ διείλαντο[33] τὴν προνομὴν[34] τῶν ἐχθρῶν μετὰ τῶν ἀδελφῶν
αὐτῶν. **9** Καὶ ἐπορεύθησαν οἱ υἱοὶ Ρουβην καὶ οἱ υἱοὶ Γαδ καὶ τὸ ἥμισυ[35] φυλῆς υἱῶν

1 διαπίπτω, *aor act ind 3s*, fail
2 συγκαλέω, *aor act ind 3s*, call together
3 ἥμισυς, half
4 ἐντέλλομαι, *aor mid ind 3s*, command
5 παῖς, servant
6 ἐπακούω, *aor act ind 2p*, listen
7 ἐντέλλομαι, *aor mid ind 1s*, command
8 ἐγκαταλείπω, *perf act ind 2p*, desert, forsake
9 πλείων/πλεῖον, *comp of* πολύς, more
10 καταπαύω, *aor act ind 3s*, give rest
11 ὃν τρόπον, in the manner that
12 ἀποστρέφω, *aor pas ptc nom p m*, turn back
13 κατάσχεσις, possession
14 πέραν, beyond
15 σφόδρα, very much
16 ἐντέλλομαι, *aor mid ind 3s*, command
17 παῖς, servant
18 πρόσκειμαι, *pres mid inf*, be bound to
19 λατρεύω, *pres act inf*, serve
20 διάνοια, mind
21 ἐξαποστέλλω, *aor act ind 3s*, send forth
22 ἥμισυς, half
23 πέραν, beyond
24 ἡνίκα, when
25 ἐξαποστέλλω, *aor act ind 3s*, send forth
26 χρῆμα, wealth
27 κτῆνος, animal, (*p*) herd
28 σφόδρα, very
29 ἀργύριον, silver
30 χρυσίον, gold
31 σίδηρος, iron
32 ἱματισμός, clothing, apparel
33 διαιρέω, *aor mid ind 3p*, divide
34 προνομή, plunder, booty
35 ἥμισυς, half

Μανασση ἀπὸ τῶν υἱῶν Ισραηλ ἐκ Σηλω ἐν γῇ Χανααν ἀπελθεῖν εἰς γῆν Γαλααδ
εἰς γῆν κατασχέσεως[1] αὐτῶν, ἣν ἐκληρονόμησαν[2] αὐτὴν διὰ προστάγματος[3] κυρίου
ἐν χειρὶ Μωυσῆ.

Offensive Altar of the Eastern Tribes

10 καὶ ἦλθον εἰς Γαλγαλα τοῦ Ιορδάνου, ἥ ἐστιν ἐν γῇ Χανααν, καὶ ᾠκοδόμησαν
οἱ υἱοὶ Γαδ καὶ οἱ υἱοὶ Ρουβην καὶ τὸ ἥμισυ[4] φυλῆς Μανασση ἐκεῖ βωμὸν[5] ἐπὶ
τοῦ Ιορδάνου, βωμὸν μέγαν τοῦ ἰδεῖν. **11** καὶ ἤκουσαν οἱ υἱοὶ Ισραηλ λεγόντων
Ἰδοὺ ᾠκοδόμησαν οἱ υἱοὶ Γαδ καὶ οἱ υἱοὶ Ρουβην καὶ τὸ ἥμισυ[6] φυλῆς Μανασση
βωμὸν[7] ἐφ᾽ ὁρίων[8] γῆς Χανααν ἐπὶ τοῦ Γαλααδ τοῦ Ιορδάνου ἐν τῷ πέραν[9] υἱῶν
Ισραηλ. **12** καὶ συνηθροίσθησαν[10] πάντες οἱ υἱοὶ Ισραηλ εἰς Σηλω ὥστε ἀναβάντες
ἐκπολεμῆσαι[11] αὐτούς.

13 καὶ ἀπέστειλαν οἱ υἱοὶ Ισραηλ πρὸς τοὺς υἱοὺς Ρουβην καὶ πρὸς τοὺς υἱοὺς Γαδ
καὶ πρὸς τὸ ἥμισυ[12] φυλῆς Μανασση εἰς γῆν Γαλααδ τόν τε Φινεες υἱὸν Ελεαζαρ
υἱοῦ Ααρων τοῦ ἀρχιερέως[13] **14** καὶ δέκα[14] τῶν ἀρχόντων μετ᾽ αὐτοῦ, ἄρχων εἷς
ἀπὸ οἴκου πατριᾶς[15] ἀπὸ πασῶν φυλῶν Ισραηλ· ἄρχοντες οἴκων πατριῶν εἰσιν,
χιλίαρχοι[16] Ισραηλ. **15** καὶ παρεγένοντο πρὸς τοὺς υἱοὺς Γαδ καὶ πρὸς τοὺς υἱοὺς
Ρουβην καὶ πρὸς τοὺς ἡμίσεις[17] φυλῆς Μανασση εἰς γῆν Γαλααδ καὶ ἐλάλησαν
πρὸς αὐτοὺς λέγοντες **16** Τάδε[18] λέγει πᾶσα ἡ συναγωγὴ κυρίου Τίς ἡ πλημμέλεια[19]
αὕτη, ἣν ἐπλημμελήσατε[20] ἐναντίον[21] τοῦ θεοῦ Ισραηλ, ἀποστραφῆναι[22] σήμερον
ἀπὸ κυρίου οἰκοδομήσαντες ὑμῖν ἑαυτοῖς βωμὸν[23] ἀποστάτας[24] ὑμᾶς γενέσθαι ἀπὸ
κυρίου; **17** μὴ μικρὸν ἡμῖν τὸ ἁμάρτημα[25] Φογωρ; ὅτι οὐκ ἐκαθαρίσθημεν ἀπ᾽ αὐτοῦ
ἕως τῆς ἡμέρας ταύτης, καὶ ἐγενήθη πληγὴ[26] ἐν τῇ συναγωγῇ κυρίου. **18** καὶ ὑμεῖς
ἀποστραφήσεσθε[27] σήμερον ἀπὸ κυρίου; καὶ ἔσται ἐὰν ἀποστῆτε[28] σήμερον ἀπὸ
κυρίου, καὶ αὔριον[29] ἐπὶ πάντα Ισραηλ ἔσται ἡ ὀργή. **19** καὶ νῦν εἰ μικρὰ ὑμῖν ἡ
γῆ τῆς κατασχέσεως[30] ὑμῶν, διάβητε[31] εἰς τὴν γῆν τῆς κατασχέσεως κυρίου, οὗ[32]

1 κατάσχεσις, possession
2 κληρονομέω, *aor act ind 3p*, inherit
3 πρόσταγμα, ordinance
4 ἥμισυς, half
5 βωμός, (illegitimate) altar
6 ἥμισυς, half
7 βωμός, (illegitimate) altar
8 ὅριον, boundary, border
9 πέραν, beyond
10 συναθροίζω, *aor pas ind 3p*, gather
11 ἐκπολεμέω, *aor act inf*, make war against
12 ἥμισυς, half
13 ἀρχιερεύς, high priest
14 δέκα, ten
15 πατριά, paternal lineage, house
16 χιλίαρχος, captain over a thousand men
17 ἥμισυς, half
18 ὅδε, this
19 πλημμέλεια, offense, error
20 πλημμελέω, *aor act ind 2p*, trespass, commit offense
21 ἐναντίον, before
22 ἀποστρέφω, *aor pas inf*, turn away
23 βωμός, (illegitimate) altar
24 ἀποστάτης, apostate, rebel
25 ἁμάρτημα, sin, offense
26 πληγή, plague
27 ἀποστρέφω, *fut pas ind 2p*, turn away
28 ἀφίστημι, *aor act sub 2p*, rebel, fall away
29 αὔριον, tomorrow
30 κατάσχεσις, possession
31 διαβαίνω, *aor act impv 2p*, cross over
32 οὗ, where

κατασκηνοῖ[1] ἐκεῖ ἡ σκηνὴ[2] κυρίου, καὶ κατακληρονομήσατε[3] ἐν ἡμῖν· καὶ μὴ ἀπο-
στάται[4] ἀπὸ θεοῦ γενήθητε καὶ μὴ ἀπόστητε[5] ἀπὸ κυρίου διὰ τὸ οἰκοδομῆσαι ὑμᾶς
βωμὸν[6] ἔξω τοῦ θυσιαστηρίου[7] κυρίου τοῦ θεοῦ ἡμῶν. **20** οὐκ ἰδοὺ Αχαρ ὁ τοῦ
Ζαρα πλημμελείᾳ[8] ἐπλημμέλησεν[9] ἀπὸ τοῦ ἀναθέματος[10] καὶ ἐπὶ πᾶσαν συναγωγὴν
Ισραηλ ἐγενήθη ὀργή; καὶ οὗτος εἷς μόνος ἦν· μὴ μόνος οὗτος ἀπέθανεν τῇ ἑαυτοῦ
ἁμαρτίᾳ;

21 Καὶ ἀπεκρίθησαν οἱ υἱοὶ Ρουβην καὶ οἱ υἱοὶ Γαδ καὶ τὸ ἥμισυ[11] φυλῆς Μανασση
καὶ ἐλάλησαν τοῖς χιλιάρχοις[12] Ισραηλ λέγοντες **22** Ὁ θεὸς θεός ἐστιν κύριος, καὶ
ὁ θεὸς θεὸς κύριος αὐτὸς οἶδεν, καὶ Ισραηλ αὐτὸς γνώσεται· εἰ ἐν ἀποστασίᾳ[13]
ἐπλημμελήσαμεν[14] ἔναντι[15] τοῦ κυρίου, μὴ ῥύσαιτο[16] ἡμᾶς ἐν ταύτῃ· **23** καὶ εἰ ᾠκο-
δομήσαμεν αὐτοῖς βωμὸν[17] ὥστε ἀποστῆναι[18] ἀπὸ κυρίου τοῦ θεοῦ ἡμῶν ὥστε ἀνα-
βιβάσαι[19] ἐπ᾽ αὐτὸν θυσίαν[20] ὁλοκαυτωμάτων[21] ἢ ὥστε ποιῆσαι ἐπ᾽ αὐτοῦ θυσίαν
σωτηρίου,[22] κύριος ἐκζητήσει.[23] **24** ἀλλ᾽ ἕνεκεν[24] εὐλαβείας[25] ῥήματος ἐποιήσαμεν
τοῦτο λέγοντες Ἵνα μὴ εἴπωσιν αὔριον[26] τὰ τέκνα ὑμῶν τοῖς τέκνοις ἡμῶν Τί ὑμῖν
κυρίῳ τῷ θεῷ Ισραηλ; **25** καὶ ὅρια[27] ἔθηκεν κύριος ἀνὰ μέσον[28] ἡμῶν καὶ ὑμῶν
τὸν Ιορδάνην, καὶ οὐκ ἔστιν ὑμῖν μερὶς[29] κυρίου. καὶ ἀπαλλοτριώσουσιν[30] οἱ υἱοὶ
ὑμῶν τοὺς υἱοὺς ἡμῶν, ἵνα μὴ σέβωνται[31] κύριον. **26** καὶ εἴπαμεν ποιῆσαι οὕτως τοῦ
οἰκοδομῆσαι τὸν βωμὸν[32] τοῦτον οὐχ ἕνεκεν[33] καρπωμάτων[34] οὐδὲ ἕνεκεν[35] θυσιῶν,[36]
27 ἀλλ᾽ ἵνα ᾖ τοῦτο μαρτύριον[37] ἀνὰ μέσον[38] ἡμῶν καὶ ὑμῶν καὶ ἀνὰ μέσον τῶν
γενεῶν ἡμῶν μεθ᾽ ἡμᾶς τοῦ λατρεύειν[39] λατρείαν[40] κυρίῳ ἐναντίον[41] αὐτοῦ ἐν τοῖς
καρπώμασιν[42] ἡμῶν καὶ ἐν ταῖς θυσίαις[43] ἡμῶν καὶ ἐν ταῖς θυσίαις τῶν σωτηρίων[44]

1 κατασκηνόω, *pres act ind 3s*, dwell, settle
2 σκηνή, tent
3 κατακληρονομέω, *aor act impv 2p*, acquire as inheritance
4 ἀποστάτης, apostate, rebel
5 ἀφίστημι, *aor act sub 2p*, rebel, fall away
6 βωμός, (illegitimate) altar
7 θυσιαστήριον, altar
8 πλημμέλεια, offense, error
9 πλημμελέω, *aor act ind 3s*, trespass, commit offense
10 ἀνάθεμα, devoted to destruction, cursed
11 ἥμισυς, half
12 χιλίαρχος, captain over a thousand men
13 ἀποστασία, apostasy, rebellion
14 πλημμελέω, *aor act ind 1p*, trespass, commit offense
15 ἔναντι, before
16 ῥύομαι, *aor mid opt 3s*, rescue, deliver
17 βωμός, (illegitimate) altar
18 ἀφίστημι, *aor act inf*, rebel, fall away
19 ἀναβιβάζω, *aor act inf*, offer up
20 θυσία, sacrifice
21 ὁλοκαύτωμα, whole burnt offering
22 σωτήριον, deliverance, peace
23 ἐκζητέω, *fut act ind 3s*, seek out
24 ἕνεκα, due to, on account of
25 εὐλάβεια, reverence, caution
26 αὔριον, at a future time
27 ὅριον, boundary, border
28 ἀνὰ μέσον, between
29 μερίς, portion, part
30 ἀπαλλοτριόω, *fut act ind 3p*, estrange
31 σέβομαι, *pres mid sub 3p*, worship
32 βωμός, (illegitimate) altar
33 ἕνεκα, for the purpose of
34 κάρπωμα, burnt offering
35 ἕνεκα, for the purpose of
36 θυσία, sacrifice
37 μαρτύριον, witness
38 ἀνὰ μέσον, between
39 λατρεύω, *pres act inf*, serve
40 λατρεία, service
41 ἐναντίον, before
42 κάρπωμα, burnt offering
43 θυσία, sacrifice
44 σωτήριον, deliverance, peace

ἡμῶν· καὶ οὐκ ἐροῦσιν τὰ τέκνα ὑμῶν τοῖς τέκνοις ἡμῶν αὔριον[1] Οὐκ ἔστιν ὑμῖν μερὶς[2] κυρίου. **28** καὶ εἴπαμεν Ἐὰν γένηταί ποτε[3] καὶ λαλήσωσιν πρὸς ἡμᾶς καὶ ταῖς γενεαῖς ἡμῶν αὔριον,[4] καὶ ἐροῦσιν Ἴδετε ὁμοίωμα[5] τοῦ θυσιαστηρίου[6] κυρίου, ὃ ἐποίησαν οἱ πατέρες ἡμῶν οὐχ ἕνεκεν[7] καρπωμάτων[8] οὐδὲ ἕνεκεν θυσιῶν,[9] ἀλλὰ μαρτύριόν[10] ἐστιν ἀνὰ μέσον[11] ὑμῶν καὶ ἀνὰ μέσον ἡμῶν καὶ ἀνὰ μέσον τῶν υἱῶν ἡμῶν. **29** μὴ γένοιτο[12] οὖν ἡμᾶς ἀποστραφῆναι[13] ἀπὸ κυρίου ἐν ταῖς σήμερον ἡμέραις ἀποστῆναι[14] ἀπὸ κυρίου ὥστε οἰκοδομῆσαι ἡμᾶς θυσιαστήριον[15] τοῖς καρπώμασιν[16] καὶ ταῖς θυσίαις[17] σαλαμιν[18] καὶ τῇ θυσίᾳ τοῦ σωτηρίου[19] πλὴν τοῦ θυσιαστηρίου κυρίου, ὅ ἐστιν ἐναντίον[20] τῆς σκηνῆς[21] αὐτοῦ.

30 Καὶ ἀκούσας Φινεες ὁ ἱερεὺς καὶ πάντες οἱ ἄρχοντες τῆς συναγωγῆς Ισραηλ, οἳ ἦσαν μετ᾽ αὐτοῦ, τοὺς λόγους, οὓς ἐλάλησαν οἱ υἱοὶ Ρουβην καὶ οἱ υἱοὶ Γαδ καὶ τὸ ἥμισυ[22] φυλῆς Μανασση, καὶ ἤρεσεν[23] αὐτοῖς. **31** καὶ εἶπεν Φινεες ὁ ἱερεὺς τοῖς υἱοῖς Ρουβην καὶ τοῖς υἱοῖς Γαδ καὶ τῷ ἡμίσει[24] φυλῆς Μανασση Σήμερον ἐγνώκαμεν ὅτι μεθ᾽ ἡμῶν κύριος, διότι[25] οὐκ ἐπλημμελήσατε[26] ἐναντίον[27] κυρίου πλημμέλειαν[28] καὶ ὅτι ἐρρύσασθε[29] τοὺς υἱοὺς Ισραηλ ἐκ χειρὸς κυρίου. **32** καὶ ἀπέστρεψεν[30] Φινεες ὁ ἱερεὺς καὶ οἱ ἄρχοντες ἀπὸ τῶν υἱῶν Ρουβην καὶ ἀπὸ τῶν υἱῶν Γαδ καὶ ἀπὸ τοῦ ἡμίσους[31] φυλῆς Μανασση ἐκ γῆς Γαλααδ εἰς γῆν Χανααν πρὸς τοὺς υἱοὺς Ισραηλ καὶ ἀπεκρίθησαν αὐτοῖς τοὺς λόγους, **33** καὶ ἤρεσεν[32] τοῖς υἱοῖς Ισραηλ. καὶ ἐλάλησαν πρὸς τοὺς υἱοὺς Ισραηλ, καὶ εὐλόγησαν τὸν θεὸν υἱῶν Ισραηλ καὶ εἶπαν μηκέτι[33] ἀναβῆναι πρὸς αὐτοὺς εἰς πόλεμον ἐξολεθρεῦσαι[34] τὴν γῆν τῶν υἱῶν Ρουβην καὶ τῶν υἱῶν Γαδ καὶ τοῦ ἡμίσους[35] φυλῆς Μανασση. καὶ κατῴκησαν ἐπ᾽ αὐτῆς. **34** καὶ ἐπωνόμασεν[36] Ἰησοῦς τὸν βωμὸν[37] τῶν Ρουβην καὶ τῶν Γαδ καὶ τοῦ ἡμίσους[38] φυλῆς Μανασση καὶ εἶπεν ὅτι Μαρτύριόν[39] ἐστιν ἀνὰ μέσον[40] αὐτῶν ὅτι κύριος ὁ θεὸς αὐτῶν ἐστιν.

1 αὔριον, at a future time
2 μερίς, portion, part
3 πότε, ever
4 αὔριον, at a future time
5 ὁμοίωμα, likeness
6 θυσιαστήριον, altar
7 ἕνεκα, for the purpose of
8 κάρπωμα, burnt offering
9 θυσία, sacrifice
10 μαρτύριον, witness
11 ἀνὰ μέσον, between
12 γίνομαι, *aor mid opt 3s*, happen, be
13 ἀποστρέφω, *aor pas inf*, turn away
14 ἀφίστημι, *aor act inf*, rebel, fall away
15 θυσιαστήριον, altar
16 κάρπωμα, burnt offering
17 θυσία, sacrifice
18 σαλαμιν, peace, *translit.*
19 σωτήριον, deliverance, peace
20 ἐναντίον, before
21 σκηνή, tent
22 ἥμισυς, half
23 ἀρέσκω, *aor act ind 3s*, please
24 ἥμισυς, half
25 διότι, because
26 πλημμελέω, *aor act ind 2p*, trespass, commit offense
27 ἐναντίον, before
28 πλημμέλεια, offense, error
29 ῥύομαι, *aor mid ind 2p*, rescue, deliver
30 ἀποστρέφω, *aor act ind 3s*, return
31 ἥμισυς, half
32 ἀρέσκω, *aor act ind 3s*, please
33 μηκέτι, no more
34 ἐξολεθρεύω, *aor act inf*, utterly destroy
35 ἥμισυς, half
36 ἐπονομάζω, *aor act ind 3s*, name
37 βωμός, (illegitimate) altar
38 ἥμισυς, half
39 μαρτύριον, witness
40 ἀνὰ μέσον, between

Joshua's Farewell Address to Israel

23 Καὶ ἐγένετο μεθ' ἡμέρας πλείους[1] μετὰ τὸ καταπαῦσαι[2] κύριον τὸν Ισραηλ
ἀπὸ πάντων τῶν ἐχθρῶν αὐτῶν κυκλόθεν,[3] καὶ Ἰησοῦς πρεσβύτερος προ-
βεβηκὼς[4] ταῖς ἡμέραις, **2** καὶ συνεκάλεσεν[5] Ἰησοῦς πάντας τοὺς υἱοὺς Ισραηλ καὶ
τὴν γερουσίαν[6] αὐτῶν καὶ τοὺς ἄρχοντας αὐτῶν καὶ τοὺς γραμματεῖς[7] αὐτῶν καὶ
τοὺς δικαστὰς[8] αὐτῶν καὶ εἶπεν πρὸς αὐτούς Ἐγὼ γεγήρακα[9] καὶ προβέβηκα[10] ταῖς
ἡμέραις. **3** ὑμεῖς δὲ ἑωράκατε ὅσα ἐποίησεν κύριος ὁ θεὸς ὑμῶν πᾶσιν τοῖς ἔθνεσιν
τούτοις ἀπὸ προσώπου ὑμῶν, ὅτι κύριος ὁ θεὸς ὑμῶν ὁ ἐκπολεμήσας[11] ὑμῖν. **4** ἴδετε
ὅτι ἐπέρριφα[12] ὑμῖν τὰ ἔθνη τὰ καταλελειμμένα[13] ὑμῖν ταῦτα ἐν τοῖς κλήροις[14] εἰς
τὰς φυλὰς ὑμῶν· ἀπὸ τοῦ Ιορδάνου πάντα τὰ ἔθνη, ἃ ἐξωλέθρευσα,[15] καὶ ἀπὸ τῆς
θαλάσσης τῆς μεγάλης ὁριεῖ[16] ἐπὶ δυσμὰς[17] ἡλίου. **5** κύριος δὲ ὁ θεὸς ὑμῶν, οὗτος
ἐξολεθρεύσει[18] αὐτοὺς ἀπὸ προσώπου ὑμῶν, ἕως ἂν ἀπόλωνται, καὶ ἀποστελεῖ
αὐτοῖς τὰ θηρία τὰ ἄγρια,[19] ἕως ἂν ἐξολεθρεύσῃ[20] αὐτοὺς καὶ τοὺς βασιλεῖς αὐτῶν
ἀπὸ προσώπου ὑμῶν, καὶ κατακληρονομήσατε[21] τὴν γῆν αὐτῶν, καθὰ[22] ἐλάλησεν
κύριος ὁ θεὸς ὑμῶν ὑμῖν.

6 κατισχύσατε[23] οὖν σφόδρα[24] φυλάσσειν καὶ ποιεῖν πάντα τὰ γεγραμμένα ἐν τῷ
βιβλίῳ τοῦ νόμου Μωυσῆ, ἵνα μὴ ἐκκλίνητε[25] εἰς δεξιὰν ἢ εὐώνυμα,[26] **7** ὅπως μὴ
εἰσέλθητε εἰς τὰ ἔθνη τὰ καταλελειμμένα[27] ταῦτα, καὶ τὰ ὀνόματα τῶν θεῶν αὐτῶν
οὐκ ὀνομασθήσεται[28] ἐν ὑμῖν, οὐδὲ μὴ προσκυνήσητε αὐτοῖς οὐδὲ μὴ λατρεύσητε[29]
αὐτοῖς, **8** ἀλλὰ κυρίῳ τῷ θεῷ ὑμῶν προσκολληθήσεσθε,[30] καθάπερ[31] ἐποιήσατε ἕως
τῆς ἡμέρας ταύτης. **9** καὶ ἐξωλέθρευσεν[32] αὐτοὺς κύριος ἀπὸ προσώπου ὑμῶν, ἔθνη
μεγάλα καὶ ἰσχυρά,[33] καὶ ὑμῖν οὐθεὶς[34] ἀντέστη[35] κατενώπιον[36] ὑμῶν ἕως τῆς ἡμέρας

1 πλείων/πλεῖον, *comp of* πολύς, more
2 καταπαύω, *aor act inf*, give rest
3 κυκλόθεν, from all around
4 προβαίνω, *perf act ptc nom s m*, advance
5 συγκαλέω, *aor act ind 3s*, call together
6 γερουσία, council of elders
7 γραμματεύς, scribe
8 δικαστής, judge
9 γηράσκω, *perf act ind 1s*, grow old
10 προβαίνω, *perf act ind 1s*, advance
11 ἐκπολεμέω, *aor act ptc nom s m*, go to war
12 ἐπιρρίπτω, *aor act ind 1s*, cast upon
13 καταλείπω, *perf pas ptc acc p n*, leave behind
14 κλῆρος, share, portion
15 ἐξολεθρεύω, *aor act ind 1s*, utterly destroy
16 ὁρίζω, *fut act ind 3s*, act as boundary
17 δυσμή, setting
18 ἐξολεθρεύω, *fut act ind 3s*, utterly destroy
19 ἄγριος, wild
20 ἐξολεθρεύω, *aor act sub 3s*, utterly destroy
21 κατακληρονομέω, *aor act impv 2p*, take possession
22 καθά, as
23 κατισχύω, *aor act impv 2p*, prevail, be strong
24 σφόδρα, very
25 ἐκκλίνω, *pres act sub 2p*, turn away
26 εὐώνυμος, left
27 καταλείπω, *perf pas ptc acc p n*, leave behind
28 ὀνομάζω, *fut pas ind 3s*, name, call
29 λατρεύω, *aor act sub 2p*, serve
30 προσκολλάω, *fut pas ind 2p*, cleave to
31 καθάπερ, just as
32 ἐξολεθρεύω, *aor act ind 3s*, utterly destroy
33 ἰσχυρός, strong, mighty
34 οὐθείς, no one
35 ἀνθίστημι, *aor act ind 3s*, stand against
36 κατενώπιον, against

ταύτης· **10** εἷς ὑμῶν ἐδίωξεν χιλίους,[1] ὅτι κύριος ὁ θεὸς ὑμῶν ἐξεπολέμει[2] ὑμῖν, καθάπερ[3] εἶπεν ὑμῖν. **11** καὶ φυλάξασθε σφόδρα[4] τοῦ ἀγαπᾶν κύριον τὸν θεὸν ὑμῶν. **12** ἐὰν γὰρ ἀποστραφῆτε[5] καὶ προσθῆσθε[6] τοῖς ὑπολειφθεῖσιν[7] ἔθνεσιν τούτοις τοῖς μεθ' ὑμῶν καὶ ἐπιγαμίας[8] ποιήσητε πρὸς αὐτοὺς καὶ συγκαταμιγῆτε[9] αὐτοῖς καὶ αὐτοὶ ὑμῖν, **13** γινώσκετε ὅτι οὐ μὴ προσθῇ[10] κύριος τοῦ ἐξολεθρεῦσαι[11] τὰ ἔθνη ταῦτα ἀπὸ προσώπου ὑμῶν, καὶ ἔσονται ὑμῖν εἰς παγίδας[12] καὶ εἰς σκάνδαλα[13] καὶ εἰς ἥλους[14] ἐν ταῖς πτέρναις[15] ὑμῶν καὶ εἰς βολίδας[16] ἐν τοῖς ὀφθαλμοῖς ὑμῶν, ἕως ἂν ἀπόλησθε ἀπὸ τῆς γῆς τῆς ἀγαθῆς ταύτης, ἣν ἔδωκεν ὑμῖν κύριος ὁ θεὸς ὑμῶν.

14 ἐγὼ δὲ ἀποτρέχω[17] τὴν ὁδὸν καθὰ[18] καὶ πάντες οἱ ἐπὶ τῆς γῆς, καὶ γνώσεσθε τῇ καρδίᾳ ὑμῶν καὶ τῇ ψυχῇ ὑμῶν διότι[19] οὐ διέπεσεν[20] εἷς λόγος ἀπὸ πάντων τῶν λόγων, ὧν εἶπεν κύριος ὁ θεὸς ὑμῶν, πρὸς πάντα τὰ ἀνήκοντα[21] ὑμῖν, οὐ διεφώνησεν[22] ἐξ αὐτῶν. **15** καὶ ἔσται ὃν τρόπον[23] ἥκει[24] ἐφ᾽ ὑμᾶς πάντα τὰ ῥήματα τὰ καλά, ἃ ἐλάλησεν κύριος πρὸς ὑμᾶς, οὕτως ἐπάξει[25] κύριος ὁ θεὸς ἐφ᾽ ὑμᾶς πάντα τὰ ῥήματα τὰ πονηρά, ἕως ἂν ἐξολεθρεύσῃ[26] ὑμᾶς ἀπὸ τῆς γῆς τῆς ἀγαθῆς ταύτης, ἧς ἔδωκεν κύριος ὑμῖν, **16** ἐν τῷ παραβῆναι[27] ὑμᾶς τὴν διαθήκην κυρίου τοῦ θεοῦ ὑμῶν, ἣν ἐνετείλατο[28] ὑμῖν, καὶ πορευθέντες λατρεύσητε[29] θεοῖς ἑτέροις καὶ προσκυνήσητε αὐτοῖς.

Covenant Renewal

24 Καὶ συνήγαγεν Ἰησοῦς πάσας φυλὰς Ισραηλ εἰς Σηλω καὶ συνεκάλεσεν[30] τοὺς πρεσβυτέρους αὐτῶν καὶ τοὺς γραμματεῖς[31] αὐτῶν καὶ τοὺς δικαστὰς[32] αὐτῶν καὶ ἔστησεν αὐτοὺς ἀπέναντι[33] τοῦ θεοῦ. **2** καὶ εἶπεν Ἰησοῦς πρὸς πάντα τὸν λαόν Τάδε[34] λέγει κύριος ὁ θεὸς Ισραηλ Πέραν[35] τοῦ ποταμοῦ[36] κατῴκησαν οἱ πατέρες ὑμῶν τὸ ἀπ᾽ ἀρχῆς, Θαρα ὁ πατὴρ Αβρααμ καὶ ὁ πατὴρ Ναχωρ, καὶ ἐλάτρευσαν[37] θεοῖς ἑτέροις. **3** καὶ ἔλαβον τὸν πατέρα ὑμῶν τὸν Αβρααμ ἐκ τοῦ

1 χίλιοι, thousand
2 ἐκπολεμέω, *impf act ind 3s*, go to war
3 καθάπερ, just as
4 σφόδρα, very much
5 ἀποστρέφω, *aor pas sub 2p*, turn away
6 προστίθημι, *aor mid sub 2p*, join
7 ὑπολείπω, *aor pas ptc dat p n*, leave behind
8 ἐπιγαμία, intermarriage
9 συγκαταμίγνυμι, *aor pas sub 2p*, become mingled with
10 προστίθημι, *aor act sub 3s*, continue
11 ἐξολεθρεύω, *aor act inf*, utterly destroy
12 παγίς, trap, snare
13 σκάνδαλον, cause of stumbling
14 ἧλος, nail
15 πτέρνα, heel, hoof
16 βολίς, arrow, dart
17 ἀποτρέχω, *pres act ind 1s*, go, depart
18 καθά, as
19 διότι, because
20 διαπίπτω, *aor act ind 3s*, fail, go wrong
21 ἀνήκω, *pres act ptc acc p n*, pertain to
22 διαφωνέω, *aor act ind 3s*, fail
23 ὃν τρόπον, in the manner that
24 ἥκω, *pres act ind 3s*, come
25 ἐπάγω, *fut act ind 3s*, bring upon
26 ἐξολεθρεύω, *aor act sub 3s*, utterly destroy
27 παραβαίνω, *aor act inf*, transgress, break
28 ἐντέλλομαι, *aor mid ind 3s*, command
29 λατρεύω, *aor act sub 2p*, serve
30 συγκαλέω, *aor act ind 3s*, call together
31 γραμματεύς, scribe
32 δικαστής, judge
33 ἀπέναντι, before
34 ὅδε, this
35 πέραν, beyond
36 ποταμός, river
37 λατρεύω, *aor act ind 3p*, serve

πέραν[1] τοῦ ποταμοῦ[2] καὶ ὡδήγησα[3] αὐτὸν ἐν πάσῃ τῇ γῇ καὶ ἐπλήθυνα[4] αὐτοῦ
σπέρμα καὶ ἔδωκα αὐτῷ τὸν Ισαακ **4** καὶ τῷ Ισαακ τὸν Ιακωβ καὶ τὸν Ησαυ· καὶ
ἔδωκα τῷ Ησαυ τὸ ὄρος τὸ Σηιρ κληρονομῆσαι[5] αὐτῷ, καὶ Ιακωβ καὶ οἱ υἱοὶ αὐτοῦ
κατέβησαν εἰς Αἴγυπτον καὶ ἐγένοντο ἐκεῖ εἰς ἔθνος μέγα καὶ πολὺ καὶ κραταιόν.[6]
5 καὶ ἐκάκωσαν[7] αὐτοὺς οἱ Αἰγύπτιοι, καὶ ἐπάταξεν[8] κύριος τὴν Αἴγυπτον ἐν οἷς
ἐποίησεν αὐτοῖς, καὶ μετὰ ταῦτα ἐξήγαγεν[9] ὑμᾶς **6** ἐξ Αἰγύπτου, καὶ εἰσήλθατε εἰς τὴν
θάλασσαν τὴν ἐρυθράν.[10] καὶ κατεδίωξαν[11] οἱ Αἰγύπτιοι ὀπίσω τῶν πατέρων ὑμῶν
ἐν ἅρμασιν[12] καὶ ἐν ἵπποις[13] εἰς τὴν θάλασσαν τὴν ἐρυθράν, **7** καὶ ἀνεβοήσαμεν[14]
πρὸς κύριον, καὶ ἔδωκεν νεφέλην[15] καὶ γνόφον[16] ἀνὰ μέσον[17] ἡμῶν καὶ ἀνὰ μέσον
τῶν Αἰγυπτίων καὶ ἐπήγαγεν[18] ἐπ᾽ αὐτοὺς τὴν θάλασσαν, καὶ ἐκάλυψεν[19] αὐτούς,
καὶ εἴδοσαν οἱ ὀφθαλμοὶ ὑμῶν ὅσα ἐποίησεν κύριος ἐν γῇ Αἰγύπτῳ. καὶ ἦτε ἐν τῇ
ἐρήμῳ ἡμέρας πλείους.[20]

8 καὶ ἤγαγεν ὑμᾶς εἰς γῆν Αμορραίων τῶν κατοικούντων πέραν[21] τοῦ Ιορδάνου,
καὶ παρετάξαντο[22] ὑμῖν, καὶ παρέδωκεν αὐτοὺς κύριος εἰς τὰς χεῖρας ὑμῶν, καὶ
κατεκληρονομήσατε[23] τὴν γῆν αὐτῶν καὶ ἐξωλεθρεύσατε[24] αὐτοὺς ἀπὸ προσώπου
ὑμῶν. **9** καὶ ἀνέστη Βαλακ ὁ τοῦ Σεπφωρ βασιλεὺς Μωαβ καὶ παρετάξατο[25] τῷ
Ισραηλ καὶ ἀποστείλας ἐκάλεσεν τὸν Βαλααμ ἀράσασθαι[26] ὑμῖν· **10** καὶ οὐκ ἠθέλησεν
κύριος ὁ θεός σου ἀπολέσαι σε, καὶ εὐλογίαν[27] εὐλόγησεν ὑμᾶς, καὶ ἐξείλατο[28]
ὑμᾶς ἐκ χειρῶν αὐτῶν καὶ παρέδωκεν αὐτούς. **11** καὶ διέβητε[29] τὸν Ιορδάνην καὶ
παρεγενήθητε εἰς Ιεριχω· καὶ ἐπολέμησαν[30] πρὸς ὑμᾶς οἱ κατοικοῦντες Ιεριχω, ὁ
Αμορραῖος καὶ ὁ Χαναναῖος καὶ ὁ Φερεζαῖος καὶ ὁ Ευαῖος καὶ ὁ Ιεβουσαῖος καὶ
ὁ Χετταῖος καὶ ὁ Γεργεσαῖος, καὶ παρέδωκεν αὐτοὺς κύριος εἰς τὰς χεῖρας ὑμῶν.
12 καὶ ἐξαπέστειλεν[31] προτέραν[32] ὑμῶν τὴν σφηκιάν,[33] καὶ ἐξέβαλεν αὐτοὺς ἀπὸ
προσώπου ὑμῶν, δώδεκα βασιλεῖς τῶν Αμορραίων, οὐκ ἐν τῇ ῥομφαίᾳ[34] σου οὐδὲ
ἐν τῷ τόξῳ[35] σου. **13** καὶ ἔδωκεν ὑμῖν γῆν, ἐφ᾽ ἣν οὐκ ἐκοπιάσατε[36] ἐπ᾽ αὐτῆς, καὶ

1 πέραν, beyond
2 ποταμός, river
3 ὁδηγέω, *aor act ind 1s*, lead
4 πληθύνω, *aor act ind 1s*, multiply
5 κληρονομέω, *aor act inf*, inherit
6 κραταιός, strong
7 κακόω, *aor act ind 3p*, mistreat, afflict
8 πατάσσω, *aor act ind 3s*, strike
9 ἐξάγω, *aor act ind 3s*, bring out
10 ἐρυθρός, red
11 καταδιώκω, *aor act ind 3p*, pursue
12 ἅρμα, chariot
13 ἵππος, horse, cavalry
14 ἀναβοάω, *aor act ind 1p*, cry out
15 νεφέλη, cloud
16 γνόφος, darkness
17 ἀνὰ μέσον, between
18 ἐπάγω, *aor act ind 3s*, bring upon
19 καλύπτω, *aor act ind 3s*, cover
20 πλείων/πλεῖον, *comp of* πολύς, numerous
21 πέραν, beyond
22 παρατάσσω, *aor mid ind 3p*, battle, fight
23 κατακληρονομέω, *aor act ind 2p*, take possession
24 ἐξολεθρεύω, *aor act ind 2p*, utterly destroy
25 παρατάσσω, *aor mid ind 3s*, battle, fight
26 ἀράομαι, *aor mid inf*, curse
27 εὐλογία, blessing
28 ἐξαιρέω, *aor mid ind 3s*, rescue
29 διαβαίνω, *aor act ind 2p*, cross over
30 πολεμέω, *aor act ind 3p*, fight, wage war
31 ἐξαποστέλλω, *aor act ind 3s*, send forth
32 πρότερος, before
33 σφηκιά, hornet
34 ῥομφαία, sword
35 τόξον, bow
36 κοπιάω, *aor act ind 2p*, toil, labor

πόλεις, ἃς οὐκ ᾠκοδομήσατε, καὶ κατῳκίσθητε[1] ἐν αὐταῖς· καὶ ἀμπελῶνας[2] καὶ
ἐλαιῶνας,[3] οὓς οὐκ ἐφυτεύσατε,[4] ὑμεῖς ἔδεσθε.[5] **14** καὶ νῦν φοβήθητε κύριον καὶ
λατρεύσατε[6] αὐτῷ ἐν εὐθύτητι[7] καὶ ἐν δικαιοσύνῃ καὶ περιέλεσθε[8] τοὺς θεοὺς τοὺς
ἀλλοτρίους,[9] οἷς ἐλάτρευσαν[10] οἱ πατέρες ὑμῶν ἐν τῷ πέραν[11] τοῦ ποταμοῦ καὶ
ἐν Αἰγύπτῳ, καὶ λατρεύετε[12] κυρίῳ. **15** εἰ δὲ μὴ ἀρέσκει[13] ὑμῖν λατρεύειν[14] κυρίῳ,
ἕλεσθε[15] ὑμῖν ἑαυτοῖς σήμερον, τίνι λατρεύσητε,[16] εἴτε[17] τοῖς θεοῖς τῶν πατέρων
ὑμῶν τοῖς ἐν τῷ πέραν[18] τοῦ ποταμοῦ,[19] εἴτε[20] τοῖς θεοῖς τῶν Αμορραίων, ἐν οἷς
ὑμεῖς κατοικεῖτε ἐπὶ τῆς γῆς αὐτῶν· ἐγὼ δὲ καὶ ἡ οἰκία μου λατρεύσομεν[21] κυρίῳ,
ὅτι ἅγιός ἐστιν.

16 Καὶ ἀποκριθεὶς ὁ λαὸς εἶπεν Μὴ γένοιτο[22] ἡμῖν καταλιπεῖν[23] κύριον ὥστε
λατρεύειν[24] θεοῖς ἑτέροις. **17** κύριος ὁ θεὸς ἡμῶν, αὐτὸς θεός ἐστιν· αὐτὸς ἀνήγαγεν[25]
ἡμᾶς καὶ τοὺς πατέρας ἡμῶν ἐξ Αἰγύπτου καὶ διεφύλαξεν[26] ἡμᾶς ἐν πάσῃ τῇ ὁδῷ, ᾗ
ἐπορεύθημεν ἐν αὐτῇ, καὶ ἐν πᾶσιν τοῖς ἔθνεσιν, οὓς παρήλθομεν[27] δι᾽ αὐτῶν· **18** καὶ
ἐξέβαλεν κύριος τὸν Αμορραῖον καὶ πάντα τὰ ἔθνη τὰ κατοικοῦντα τὴν γῆν ἀπὸ
προσώπου ἡμῶν. ἀλλὰ καὶ ἡμεῖς λατρεύσομεν[28] κυρίῳ· οὗτος γὰρ θεὸς ἡμῶν ἐστιν.
19 καὶ εἶπεν Ἰησοῦς πρὸς τὸν λαόν Οὐ μὴ δύνησθε λατρεύειν[29] κυρίῳ, ὅτι θεὸς ἅγιός
ἐστιν, καὶ ζηλώσας[30] οὗτος οὐκ ἀνήσει[31] ὑμῶν τὰ ἁμαρτήματα[32] καὶ τὰ ἀνομήματα[33]
ὑμῶν· **20** ἡνίκα[34] ἐὰν ἐγκαταλίπητε[35] κύριον καὶ λατρεύσητε[36] θεοῖς ἑτέροις, καὶ
ἐπελθὼν[37] κακώσει[38] ὑμᾶς καὶ ἐξαναλώσει[39] ὑμᾶς ἀνθ᾽[40] ὧν εὖ[41] ἐποίησεν ὑμᾶς.
21 καὶ εἶπεν ὁ λαὸς πρὸς Ἰησοῦν Οὐχί, ἀλλὰ κυρίῳ λατρεύσομεν.[42] **22** καὶ εἶπεν
Ἰησοῦς πρὸς τὸν λαόν Μάρτυρες[43] ὑμεῖς καθ᾽ ὑμῶν, ὅτι ὑμεῖς ἐξελέξασθε[44] κύριον
λατρεύειν[45] αὐτῷ· **23** καὶ νῦν περιέλεσθε[46] τοὺς θεοὺς τοὺς ἀλλοτρίους[47] τοὺς ἐν

1 κατοικίζω, *aor pas ind 2p*, settle
2 ἀμπελών, vineyard
3 ἐλαιών, olive grove
4 φυτεύω, *aor act ind 2p*, plant
5 ἐσθίω, *fut mid ind 2p*, eat
6 λατρεύω, *aor act impv 2p*, serve
7 εὐθύτης, uprightness
8 περιαιρέω, *aor mid impv 2p*, remove
9 ἀλλότριος, foreign, strange
10 λατρεύω, *aor act ind 3p*, serve
11 πέραν, beyond
12 λατρεύω, *pres act impv 2p*, serve
13 ἀρέσκω, *pres act ind 3s*, please
14 λατρεύω, *pres act inf*, serve
15 αἱρέω, *aor mid impv 2p*, choose
16 λατρεύω, *aor act sub 2p*, serve
17 εἴτε, whether
18 πέραν, beyond
19 ποταμός, river
20 εἴτε, or
21 λατρεύω, *fut act ind 1p*, serve
22 γίνομαι, *aor mid opt 3s*, be, happen
23 καταλείπω, *aor act inf*, leave
24 λατρεύω, *pres act inf*, serve
25 ἀνάγω, *aor act ind 3s*, bring up
26 διαφυλάσσω, *aor act ind 3s*, protect
27 παρέρχομαι, *aor act ind 1p*, pass by
28 λατρεύω, *fut act ind 1p*, serve
29 λατρεύω, *pres act inf*, serve
30 ζηλόω, *aor act ptc nom s m*, be jealous
31 ἀνίημι, *fut act ind 3s*, forgive
32 ἁμάρτημα, sin
33 ἀνόμημα, iniquity, wickedness
34 ἡνίκα, when
35 ἐγκαταλείπω, *aor act sub 2p*, forsake
36 λατρεύω, *aor act sub 2p*, serve
37 ἐπέρχομαι, *aor act ptc nom s m*, come upon
38 κακόω, *fut act ind 3s*, harm
39 ἐξαναλίσκω, *fut act ind 3s*, consume
40 ἀντί, instead of
41 εὖ, good
42 λατρεύω, *fut act ind 1p*, serve
43 μάρτυς, witness
44 ἐκλέγω, *aor mid ind 2p*, choose
45 λατρεύω, *pres act inf*, serve
46 περιαιρέω, *aor mid impv 2p*, remove
47 ἀλλότριος, foreign, strange

ὑμῖν καὶ εὐθύνατε[1] τὴν καρδίαν ὑμῶν πρὸς κύριον θεὸν Ισραηλ. **24** καὶ εἶπεν ὁ λαὸς πρὸς Ἰησοῦν Κυρίῳ λατρεύσομεν[2] καὶ τῆς φωνῆς αὐτοῦ ἀκουσόμεθα.

25 Καὶ διέθετο[3] Ἰησοῦς διαθήκην πρὸς τὸν λαὸν ἐν τῇ ἡμέρᾳ ἐκείνῃ καὶ ἔδωκεν αὐτῷ νόμον καὶ κρίσιν ἐν Σηλω ἐνώπιον τῆς σκηνῆς[4] τοῦ θεοῦ Ισραηλ. **26** καὶ ἔγραψεν τὰ ῥήματα ταῦτα εἰς βιβλίον, νόμον τοῦ θεοῦ· καὶ ἔλαβεν λίθον μέγαν καὶ ἔστησεν αὐτὸν Ἰησοῦς ὑπὸ τὴν τερέμινθον[5] ἀπέναντι[6] κυρίου. **27** καὶ εἶπεν Ἰησοῦς πρὸς τὸν λαόν Ἰδοὺ ὁ λίθος οὗτος ἔσται ἐν ὑμῖν εἰς μαρτύριον,[7] ὅτι αὐτὸς ἀκήκοεν πάντα τὰ λεχθέντα[8] αὐτῷ ὑπὸ κυρίου, ὅ τι ἐλάλησεν πρὸς ἡμᾶς σήμερον· καὶ ἔσται οὗτος ἐν ὑμῖν εἰς μαρτύριον[9] ἐπ᾽ ἐσχάτων τῶν ἡμερῶν, ἡνίκα[10] ἐὰν ψεύσησθε[11] κυρίῳ τῷ θεῷ μου. **28** καὶ ἀπέστειλεν Ἰησοῦς τὸν λαόν, καὶ ἐπορεύθησαν ἕκαστος εἰς τὸν τόπον αὐτοῦ. **29** καὶ ἐλάτρευσεν[12] Ισραηλ τῷ κυρίῳ πάσας τὰς ἡμέρας Ἰησοῦ καὶ πάσας τὰς ἡμέρας τῶν πρεσβυτέρων, ὅσοι ἐφείλκυσαν[13] τὸν χρόνον μετὰ Ἰησοῦ καὶ ὅσοι εἴδοσαν πάντα τὰ ἔργα κυρίου, ὅσα ἐποίησεν τῷ Ισραηλ.

Joshua's Death and Burial

30 Καὶ ἐγένετο μετ᾽ ἐκεῖνα καὶ ἀπέθανεν Ἰησοῦς υἱὸς Ναυη δοῦλος κυρίου ἑκατὸν[14] δέκα[15] ἐτῶν. **31** καὶ ἔθαψαν[16] αὐτὸν πρὸς τοῖς ὁρίοις[17] τοῦ κλήρου[18] αὐτοῦ ἐν Θαμναθασαχαρα ἐν τῷ ὄρει τῷ Εφραιμ ἀπὸ βορρᾶ[19] τοῦ ὄρους Γαας· **31a** ἐκεῖ ἔθηκαν μετ᾽ αὐτοῦ εἰς τὸ μνῆμα,[20] εἰς ὃ ἔθαψαν[21] αὐτὸν ἐκεῖ, τὰς μαχαίρας[22] τὰς πετρίνας,[23] ἐν αἷς περιέτεμεν[24] τοὺς υἱοὺς Ισραηλ ἐν Γαλγαλοις, ὅτε ἐξήγαγεν[25] αὐτοὺς ἐξ Αἰγύπτου, καθὰ[26] συνέταξεν[27] αὐτοῖς κύριος, καὶ ἐκεῖ εἰσιν ἕως τῆς σήμερον ἡμέρας.— **32** καὶ τὰ ὀστᾶ[28] Ιωσηφ ἀνήγαγον[29] οἱ υἱοὶ Ισραηλ ἐξ Αἰγύπτου καὶ κατώρυξαν[30] ἐν Σικιμοις ἐν τῇ μερίδι[31] τοῦ ἀγροῦ, οὗ ἐκτήσατο[32] Ιακωβ παρὰ τῶν Αμορραίων τῶν κατοικούντων ἐν Σικιμοις ἀμνάδων[33] ἑκατὸν[34] καὶ ἔδωκεν αὐτὴν Ιωσηφ ἐν μερίδι.[35]

1 εὐθύνω, *aor act impv 2p*, straighten, direct
2 λατρεύω, *fut act ind 1p*, serve
3 διατίθημι, *aor mid ind 3s*, arrange, establish
4 σκηνή, tent
5 τερέμινθος, terebinth tree
6 ἀπέναντι, before
7 μαρτύριον, witness
8 λέγω, *aor pas ptc acc p n*, speak
9 μαρτύριον, witness
10 ἡνίκα, when
11 ψεύδομαι, *aor mid sub 2p*, deal falsely
12 λατρεύω, *aor act ind 3s*, serve
13 ἐφέλκω, *aor act ind 3p*, draw on
14 ἑκατόν, hundred
15 δέκα, ten
16 θάπτω, *aor act ind 3p*, bury
17 ὅριον, boundary, border
18 κλῆρος, share, portion
19 βορρᾶς, north
20 μνῆμα, tomb
21 θάπτω, *aor act ind 3p*, bury
22 μάχαιρα, knife
23 πέτρινος, of stone
24 περιτέμνω, *aor act ind 3s*, circumcise
25 ἐξάγω, *aor act ind 3s*, bring out
26 καθά, as
27 συντάσσω, *aor act ind 3s*, order, instruct
28 ὀστέον, bone
29 ἀνάγω, *aor act ind 3p*, bring up
30 κατορύσσω, *aor act ind 3p*, bury
31 μερίς, portion, part
32 κτάομαι, *aor mid ind 3s*, acquire
33 ἀμνάς, lamb
34 ἑκατόν, hundred
35 μερίς, portion, part

33 Καὶ ἐγένετο μετὰ ταῦτα καὶ Ελεαζαρ υἱὸς Ααρων ὁ ἀρχιερεὺς[1] ἐτελεύτησεν[2] καὶ
ἐτάφη[3] ἐν Γαβααθ Φινεες τοῦ υἱοῦ αὐτοῦ, ἣν ἔδωκεν αὐτῷ ἐν τῷ ὄρει τῷ Εφραιμ. **33a**
ἐν ἐκείνῃ τῇ ἡμέρᾳ λαβόντες οἱ υἱοὶ Ισραηλ τὴν κιβωτὸν[4] τοῦ θεοῦ περιεφέροσαν[5]
ἐν ἑαυτοῖς, καὶ Φινεες ἱεράτευσεν[6] ἀντὶ[7] Ελεαζαρ τοῦ πατρὸς αὐτοῦ, ἕως ἀπέθανεν
καὶ κατωρύγη[8] ἐν Γαβααθ τῇ ἑαυτοῦ. **33b** οἱ δὲ υἱοὶ Ισραηλ ἀπήλθοσαν ἕκαστος
εἰς τὸν τόπον αὐτῶν καὶ εἰς τὴν ἑαυτῶν πόλιν. καὶ ἐσέβοντο[9] οἱ υἱοὶ Ισραηλ
τὴν Ἀστάρτην καὶ Ασταρωθ καὶ τοὺς θεοὺς τῶν ἐθνῶν τῶν κύκλῳ[10] αὐτῶν· καὶ
παρέδωκεν αὐτοὺς κύριος εἰς χεῖρας Εγλωμ τῷ βασιλεῖ Μωαβ, καὶ ἐκυρίευσεν[11]
αὐτῶν ἔτη δέκα[12] ὀκτώ.[13]

1 ἀρχιερεύς, high priest
2 τελευτάω, *aor act ind 3s*, die
3 θάπτω, *aor pas ind 3s*, bury
4 κιβωτός, chest, ark (of the covenant)
5 περιφέρω, *impf act ind 3p*, carry around
6 ἱερατεύω, *aor act ind 3s*, serve as priest
7 ἀντί, in place of
8 κατορύσσω, *aor pas ind 3s*, bury
9 σέβομαι, *impf mid ind 3p*, worship
10 κύκλῳ, round about
11 κυριεύω, *aor act ind 3s*, rule over
12 δέκα, ten
13 ὀκτώ, eight

The edition of Rahlfs-Hanhart used in this Reader is based upon the Alexandrinus (A) and Vaticanus (B) codices for the book of Judges. Although deriving from a single original translation, these witnesses to the Greek version broadly represent two divergent traditions in the book's textual history. The A text is given on the left-hand page, and the B text on the right.

A

ΚΡΙΤΑΙ
Judges

Jerusalem Captured

1 Καὶ ἐγένετο μετὰ τὴν τελευτὴν[1] Ἰησοῦ καὶ ἐπηρώτων[2] οἱ υἱοὶ Ισραηλ ἐν κυρίῳ
λέγοντες Τίς ἀναβήσεται ἡμῖν πρὸς τὸν Χαναναῖον ἀφηγούμενος[3] τοῦ πολεμῆσαι
ἐν αὐτῷ; **2** καὶ εἶπεν κύριος Ιουδας ἀναβήσεται, ἰδοὺ δέδωκα τὴν γῆν ἐν χειρὶ αὐτοῦ.
3 καὶ εἶπεν Ιουδας πρὸς Συμεων τὸν ἀδελφὸν αὐτοῦ Ἀνάβηθι μετ᾽ ἐμοῦ ἐν τῷ κλήρῳ[4]
μου, καὶ πολεμήσωμεν ἐν τῷ Χαναναίῳ, καὶ πορεύσομαι καί γε ἐγὼ μετὰ σοῦ ἐν τῷ
κλήρῳ σου. καὶ ἐπορεύθη μετ᾽ αὐτοῦ Συμεων. **4** καὶ ἀνέβη Ιουδας, καὶ ἔδωκεν κύριος
τὸν Χαναναῖον καὶ τὸν Φερεζαῖον ἐν χειρὶ αὐτοῦ, καὶ ἐπάταξεν[5] αὐτοὺς ἐν Βεζεκ,
δέκα[6] χιλιάδας[7] ἀνδρῶν, **5** καὶ εὗρον τὸν Αδωνιβεζεκ ἐν Βεζεκ καὶ ἐπολέμησαν ἐν
αὐτῷ καὶ ἐπάταξαν[8] τὸν Χαναναῖον καὶ τὸν Φερεζαῖον. **6** καὶ ἔφυγεν[9] Αδωνιβεζεκ,
καὶ κατεδίωξαν[10] ὀπίσω αὐτοῦ καὶ ἔλαβον αὐτὸν καὶ ἀπέκοψαν[11] τὰ ἄκρα[12] τῶν
χειρῶν αὐτοῦ καὶ τῶν ποδῶν αὐτοῦ. **7** καὶ εἶπεν Αδωνιβεζεκ Ἑβδομήκοντα[13] βασι-
λεῖς τὰ ἄκρα[14] τῶν χειρῶν αὐτῶν καὶ τῶν ποδῶν αὐτῶν ἀποκεκομμένοι[15] ἦσαν
συλλέγοντες[16] τὰ ὑποκάτω[17] τῆς τραπέζης[18] μου· καθὼς οὖν ἐποίησα, οὕτως ἀντα-
πέδωκέν[19] μοι ὁ θεός. καὶ ἤγαγον αὐτὸν εἰς Ιερουσαλημ, καὶ ἀπέθανεν ἐκεῖ.

1 τελευτή, death
2 ἐπερωτάω, *impf act ind 3p*, consult, inquire
3 ἀφηγέομαι, *pres mid ptc nom s m*, be leader, go first
4 κλῆρος, share, portion
5 πατάσσω, *aor act ind 3s*, strike, slay
6 δέκα, ten
7 χιλιάς, thousand
8 πατάσσω, *aor act ind 3p*, strike, slay
9 φεύγω, *aor act ind 3s*, flee, escape
10 καταδιώκω, *aor act ind 3p*, pursue closely, chase after
11 ἀποκόπτω, *aor act ind 3p*, cut off, hew
12 ἄκρος, end, tip
13 ἑβδομήκοντα, seventy
14 ἄκρος, end, tip
15 ἀποκόπτω, *perf pas ptc nom p m*, cut off, hew
16 συλλέγω, *pres act ptc nom p m*, collect, gather
17 ὑποκάτω, below, under
18 τράπεζα, table
19 ἀνταποδίδωμι, *aor act ind 3s*, repay, render in turn

B

ΚΡΙΤΑΙ
Judges

Jerusalem Captured

1 Καὶ ἐγένετο μετὰ τὴν τελευτὴν[1] Ἰησοῦ καὶ ἐπηρώτων[2] οἱ υἱοὶ Ισραηλ διὰ τοῦ
κυρίου λέγοντες Τίς ἀναβήσεται ἡμῖν πρὸς τοὺς Χαναναίους ἀφηγούμενος[3] τοῦ
πολεμῆσαι πρὸς αὐτούς; **2** καὶ εἶπεν κύριος Ιουδας ἀναβήσεται, ἰδοὺ δέδωκα τὴν γῆν
ἐν τῇ χειρὶ αὐτοῦ. **3** καὶ εἶπεν Ιουδας τῷ Συμεων ἀδελφῷ αὐτοῦ Ἀνάβηθι μετ᾽ ἐμοῦ ἐν
τῷ κλήρῳ[4] μου, καὶ παραταξώμεθα[5] πρὸς τοὺς Χαναναίους, καὶ πορεύσομαι κἀγὼ[6]
μετὰ σοῦ ἐν τῷ κλήρῳ[7] σου. καὶ ἐπορεύθη μετ᾽ αὐτοῦ Συμεων. **4** καὶ ἀνέβη Ιουδας,
καὶ παρέδωκεν κύριος τὸν Χαναναῖον καὶ τὸν Φερεζαῖον εἰς τὰς χεῖρας αὐτῶν,
καὶ ἔκοψαν[8] αὐτοὺς ἐν Βεζεκ εἰς δέκα[9] χιλιάδας[10] ἀνδρῶν **5** καὶ κατέλαβον[11] τὸν
Αδωνιβεζεκ ἐν τῇ Βεζεκ καὶ παρετάξαντο[12] πρὸς αὐτὸν καὶ ἔκοψαν[13] τὸν Χαναναῖον
καὶ τὸν Φερεζαῖον. **6** καὶ ἔφυγεν[14] Αδωνιβεζεκ, καὶ κατέδραμον[15] ὀπίσω αὐτοῦ καὶ
κατελάβοσαν[16] αὐτὸν καὶ ἀπέκοψαν[17] τὰ ἄκρα[18] τῶν χειρῶν αὐτοῦ καὶ τὰ ἄκρα
τῶν ποδῶν αὐτοῦ. **7** καὶ εἶπεν Αδωνιβεζεκ Ἑβδομήκοντα[19] βασιλεῖς τὰ ἄκρα[20] τῶν
χειρῶν αὐτῶν καὶ τὰ ἄκρα τῶν ποδῶν αὐτῶν ἀποκεκομμένοι[21] ἦσαν συλλέγοντες[22]
τὰ ὑποκάτω[23] τῆς τραπέζης[24] μου· καθὼς οὖν ἐποίησα, οὕτως ἀνταπέδωκέν[25] μοι ὁ
θεός. καὶ ἄγουσιν αὐτὸν εἰς Ιερουσαλημ, καὶ ἀπέθανεν ἐκεῖ.

1 τελευτή, death
2 ἐπερωτάω, *impf act ind 3p*, consult, inquire
3 ἀφηγέομαι, *pres mid ptc nom s m*, be leader, go first
4 κλῆρος, share, portion
5 παρατάσσω, *aor mid sub 1p*, fight, battle
6 κἀγώ, and I, *cr.* καὶ ἐγώ
7 κλῆρος, share, portion
8 κόπτω, *aor act ind 3p*, strike, slaughter
9 δέκα, ten
10 χιλιάς, thousand
11 καταλαμβάνω, *aor act ind 3p*, catch up with, overtake
12 παρατάσσω, *aor mid ind 3p*, fight, battle
13 κόπτω, *aor act ind 3p*, strike, slaughter
14 φεύγω, *aor act ind 3s*, flee, escape
15 κατατρέχω, *aor act ind 3p*, pursue, run down
16 καταλαμβάνω, *aor act ind 3p*, lay hold of, capture
17 ἀποκόπτω, *aor act ind 3p*, cut off, hew
18 ἄκρος, end, tip
19 ἑβδομήκοντα, seventy
20 ἄκρος, end, tip
21 ἀποκόπτω, *perf pas ptc nom p m*, cut off, hew
22 συλλέγω, *pres act ptc nom p m*, collect, gather
23 ὑποκάτω, below, under
24 τράπεζα, table
25 ἀνταποδίδωμι, *aor act ind 3s*, repay, render in turn

8 Καὶ ἐπολέμησαν οἱ υἱοὶ Ιουδα ἐν Ιερουσαλημ καὶ κατελάβοντο[1] αὐτὴν καὶ
ἐπάταξαν[2] αὐτὴν ἐν στόματι ῥομφαίας[3] καὶ τὴν πόλιν ἐνέπρησαν[4] ἐν πυρί. **9** καὶ
μετὰ ταῦτα κατέβησαν οἱ υἱοὶ Ιουδα πολεμῆσαι ἐν τῷ Χαναναίῳ τῷ κατοικοῦντι
τὴν ὀρεινὴν[5] καὶ τὸν νότον[6] καὶ τὴν πεδινήν.[7] **10** καὶ ἐπορεύθη Ιουδας πρὸς τὸν
Χαναναῖον τὸν κατοικοῦντα ἐν Χεβρων, καὶ ἐξῆλθεν Χεβρων ἐξ ἐναντίας·[8] τὸ δὲ
ὄνομα Χεβρων ἦν ἔμπροσθεν Καριαθαρβοκσεφερ. καὶ ἐπάταξεν[9] τὸν Σεσι καὶ τὸν
Αχιμαν καὶ τὸν Θολμι, γεννήματα[10] τοῦ Ενακ.

Other Cities Captured

11 καὶ ἐπορεύθησαν ἐκεῖθεν[11] πρὸς τοὺς κατοικοῦντας Δαβιρ· καὶ τὸ ὄνομα Δαβιρ
ἦν ἔμπροσθεν Πόλις γραμμάτων.[12] **12** καὶ εἶπεν Χαλεβ Ὃς ἂν πατάξῃ[13] τὴν Πόλιν
τῶν γραμμάτων[14] καὶ προκαταλάβηται[15] αὐτήν, δώσω αὐτῷ τὴν Ασχαν θυγατέρα[16]
μου εἰς γυναῖκα. **13** καὶ προκατελάβετο[17] αὐτὴν Γοθονιηλ υἱὸς Κενεζ ἀδελφὸς Χαλεβ
ὁ νεώτερος,[18] καὶ ἔδωκεν αὐτῷ τὴν Ασχαν θυγατέρα[19] αὐτοῦ εἰς γυναῖκα. **14** καὶ
ἐγένετο ἐν τῷ εἰσπορεύεσθαι[20] αὐτὴν καὶ ἐπέσεισεν[21] αὐτὴν αἰτῆσαι[22] παρὰ τοῦ
πατρὸς αὐτῆς τὸν ἀγρόν, καὶ ἐγόγγυζεν[23] ἐπάνω[24] τοῦ ὑποζυγίου[25] καὶ ἔκραξεν ἀπὸ
τοῦ ὑποζυγίου Εἰς γῆν νότου[26] ἐκδέδοσαί[27] με. καὶ εἶπεν αὐτῇ Χαλεβ Τί ἐστίν σοι;
15 καὶ εἶπεν αὐτῷ Ασχα Δός μοι εὐλογίαν,[28] ὅτι εἰς γῆν νότου[29] ἐκδέδοσαί[30] με, καὶ
δώσεις μοι λύτρωσιν[31] ὕδατος. καὶ ἔδωκεν αὐτῇ Χαλεβ κατὰ τὴν καρδίαν αὐτῆς τὴν
λύτρωσιν μετεώρων[32] καὶ τὴν λύτρωσιν ταπεινῶν.[33]

16 Καὶ οἱ υἱοὶ Ιωβαβ τοῦ Κιναίου πενθεροῦ[34] Μωυσῆ ἀνέβησαν ἐκ τῆς πόλεως
τῶν φοινίκων[35] πρὸς τοὺς υἱοὺς Ιουδα εἰς τὴν ἔρημον τὴν οὖσαν ἐν τῷ νότῳ[36]
ἐπὶ καταβάσεως[37] Αραδ, καὶ ἐπορεύθη καὶ κατῴκησεν μετὰ τοῦ λαοῦ. — **17** καὶ

1 καταλαμβάνω, *aor mid ind 3p*, lay hold of, take possession
2 πατάσσω, *aor act ind 3p*, strike, slay
3 ῥομφαία, sword
4 ἐμπίμπρημι, *aor act ind 3p*, set on fire, kindle
5 ὀρεινή, hilly, mountainous
6 νότος, south
7 πεδινός, low, flat
8 ἐναντίος, opposite
9 πατάσσω, *aor act ind 3s*, strike, slay
10 γέννημα, offspring
11 ἐκεῖθεν, from there
12 γράμμα, letter, (*p*) writings
13 πατάσσω, *aor act sub 3s*, strike, slay
14 γράμμα, letter, (*p*) writings
15 προκαταλαμβάνω, *aor mid sub 3s*, overtake, capture first
16 θυγάτηρ, daughter
17 προκαταλαμβάνω, *aor mid ind 3s*, overtake, capture first
18 νέος, *comp*, younger
19 θυγάτηρ, daughter
20 εἰσπορεύομαι, *pres mid inf*, go into, enter
21 ἐπισείω, *aor act ind 3s*, urge, incite
22 αἰτέω, *aor act inf*, claim, ask for
23 γογγύζω, *impf act ind 3s*, grumble, mutter
24 ἐπάνω, atop, upon
25 ὑποζύγιον, mule, donkey
26 νότος, south
27 δίδωμι, *perf mid ind 2s*, give, grant
28 εὐλογία, blessing
29 νότος, south
30 δίδωμι, *perf mid ind 2s*, give, grant
31 λύτρωσις, releasing, liberation
32 μετέωρος, high
33 ταπεινός, lower
34 πενθερός, father-in-law
35 φοῖνιξ, date palm
36 νότος, south
37 κατάβασις, descent

B **8** Καὶ ἐπολέμουν οἱ υἱοὶ Ιουδα τὴν Ιερουσαλημ καὶ κατελάβοντο[1] αὐτὴν καὶ ἐπάταξαν[2] αὐτὴν ἐν στόματι ῥομφαίας[3] καὶ τὴν πόλιν ἐνέπρησαν[4] ἐν πυρί. **9** καὶ μετὰ ταῦτα κατέβησαν οἱ υἱοὶ Ιουδα τοῦ πολεμῆσαι πρὸς τὸν Χαναναῖον τὸν κατοικοῦντα τὴν ὀρεινὴν[5] καὶ τὸν νότον[6] καὶ τὴν πεδινήν.[7] **10** καὶ ἐπορεύθη Ιουδας πρὸς τὸν Χαναναῖον τὸν κατοικοῦντα ἐν Χεβρων, καὶ ἐξῆλθεν Χεβρων ἐξ ἐναντίας·[8] καὶ τὸ ὄνομα ἦν Χεβρων τὸ πρότερον[9] Καριαθαρβοξεφερ. καὶ ἐπάταξαν[10] τὸν Σεσσι καὶ Αχιναан καὶ Θολμιν, γεννήματα[11] τοῦ Ενακ.

Other Cities Captured

11 καὶ ἀνέβησαν ἐκεῖθεν[12] πρὸς τοὺς κατοικοῦντας Δαβιρ· τὸ δὲ ὄνομα τῆς Δαβιρ ἦν ἔμπροσθεν Καριαθσωφαρ, πόλις γραμμάτων.[13] **12** καὶ εἶπεν Χαλεβ Ὃς ἐὰν πατάξῃ[14] τὴν πόλιν τῶν γραμμάτων[15] καὶ προκαταλάβηται[16] αὐτήν, δώσω αὐτῷ τὴν Ασχα θυγατέρα[17] μου εἰς γυναῖκα. **13** καὶ προκατελάβετο[18] αὐτὴν Γοθονιηλ υἱὸς Κενεζ ἀδελφοῦ Χαλεβ ὁ νεώτερος,[19] καὶ ἔδωκεν αὐτῷ Χαλεβ τὴν Ασχα θυγατέρα[20] αὐτοῦ εἰς γυναῖκα. **14** καὶ ἐγένετο ἐν τῇ εἰσόδῳ[21] αὐτῆς καὶ ἐπέσεισεν[22] αὐτὴν Γοθονιηλ τοῦ αἰτῆσαι[23] παρὰ τοῦ πατρὸς αὐτῆς ἀγρόν, καὶ ἐγόγγυζεν[24] καὶ ἔκραξεν ἀπὸ τοῦ ὑποζυγίου[25] Εἰς γῆν νότου[26] ἐκδέδοσαί[27] με. καὶ εἶπεν αὐτῇ Χαλεβ Τί ἐστίν σοι; **15** καὶ εἶπεν αὐτῷ Ασχα Δός δή[28] μοι εὐλογίαν,[29] ὅτι εἰς γῆν νότου[30] ἐκδέδοσαί[31] με, καὶ δώσεις μοι λύτρωσιν[32] ὕδατος. καὶ ἔδωκεν αὐτῇ Χαλεβ κατὰ τὴν καρδίαν αὐτῆς λύτρωσιν μετεώρων[33] καὶ λύτρωσιν ταπεινῶν.[34]

16 Καὶ οἱ υἱοὶ Ιοθορ τοῦ Κιναιου τοῦ γαμβροῦ[35] Μωυσέως ἀνέβησαν ἐκ πόλεως τῶν φοινίκων[36] μετὰ τῶν υἱῶν Ιουδα εἰς τὴν ἔρημον τὴν οὖσαν ἐν τῷ νότῳ[37] Ιουδα, ἥ ἐστιν ἐπὶ καταβάσεως[38] Αραδ, καὶ κατῴκησαν μετὰ τοῦ λαοῦ. — **17** καὶ

1 καταλαμβάνω, *aor mid ind 3p*, lay hold of, take possession
2 πατάσσω, *aor act ind 3p*, strike, slay
3 ῥομφαία, sword
4 ἐμπίμπρημι, *aor act ind 3p*, set on fire, kindle
5 ὀρεινή, hilly, mountainous
6 νότος, south
7 πεδινός, low, flat
8 ἐναντίος, opposite
9 πρότερος, before, earlier
10 πατάσσω, *aor act ind 3p*, strike, slay
11 γέννημα, offspring
12 ἐκεῖθεν, from there
13 γράμμα, letter, (*p*) writings
14 πατάσσω, *aor act sub 3s*, strike, slay
15 γράμμα, letter, (*p*) writings
16 προκαταλαμβάνω, *aor mid sub 3s*, overtake, capture first
17 θυγάτηρ, daughter
18 προκαταλαμβάνω, *aor mid ind 3s*, overtake, capture first
19 νέος, *comp*, younger
20 θυγάτηρ, daughter
21 εἴσοδος, entering, entrance
22 ἐπισείω, *aor act ind 3s*, urge, incite
23 αἰτέω, *aor act inf*, claim, ask for
24 γογγύζω, *impf act ind 3s*, grumble, mutter
25 ὑποζύγιον, mule, donkey
26 νότος, south
27 δίδωμι, *perf mid ind 2s*, give, grant
28 δή, now, then
29 εὐλογία, blessing
30 νότος, south
31 δίδωμι, *perf mid ind 2s*, give, grant
32 λύτρωσις, releasing, liberation
33 μετέωρος, high
34 ταπεινός, lower
35 γαμβρός, father-in-law
36 φοῖνιξ, date palm
37 νότος, south
38 κατάβασις, descent

ἐπορεύθη Ιουδας μετὰ Συμεων τοῦ ἀδελφοῦ αὐτοῦ καὶ ἐπάταξαν[1] τὸν Χαναναῖον A
τὸν κατοικοῦντα Σεφεθ καὶ ἀνεθεμάτισαν[2] αὐτὴν καὶ ἐξωλέθρευσαν[3] αὐτὴν καὶ
ἐκάλεσαν τὸ ὄνομα τῆς πόλεως Ἐξολέθρευσις. **18** καὶ οὐκ ἐκληρονόμησεν[4] Ιουδας
τὴν Γάζαν καὶ τὸ ὅριον[5] αὐτῆς καὶ τὴν Ἀσκαλῶνα καὶ τὸ ὅριον αὐτῆς καὶ τὴν Ακ-
καρων καὶ τὸ ὅριον αὐτῆς καὶ τὴν Ἄζωτον καὶ τὰ περισπόρια[6] αὐτῆς. **19** καὶ ἦν
κύριος μετὰ Ιουδα, καὶ ἐκληρονόμησεν[7] τὸ ὄρος· ὅτι οὐκ ἐδύνατο κληρονομῆσαι[8]
τοὺς κατοικοῦντας τὴν κοιλάδα,[9] ὅτι Ρηχαβ διεστείλατο[10] αὐτήν. **20** καὶ ἔδωκεν τῷ
Χαλεβ τὴν Χεβρων, καθὰ[11] ἐλάλησεν Μωυσῆς· καὶ ἐκληρονόμησεν[12] ἐκεῖθεν[13] τὰς
τρεῖς πόλεις καὶ ἐξῆρεν[14] ἐκεῖθεν[15] τοὺς τρεῖς υἱοὺς Ενακ. **21** καὶ τὸν Ιεβουσαῖον
τὸν κατοικοῦντα ἐν Ιερουσαλημ οὐκ ἐξῆραν[16] οἱ υἱοὶ Βενιαμιν, καὶ κατῴκησεν ὁ
Ιεβουσαῖος μετὰ τῶν υἱῶν Βενιαμιν ἕως τῆς ἡμέρας ταύτης.

22 Καὶ ἀνέβησαν οἱ υἱοὶ Ιωσηφ καί γε αὐτοὶ εἰς Βαιθηλ καὶ Ιουδας μετ᾽ αὐτῶν. **23** καὶ
παρενέβαλον[17] οἶκος Ισραηλ κατὰ Βαιθηλ· τὸ δὲ ὄνομα τῆς πόλεως ἦν ἔμπροσθεν
Λουζα. **24** καὶ εἶδον οἱ φυλάσσοντες ἄνδρα ἐκπορευόμενον ἐκ τῆς πόλεως καὶ
ἔλαβαν αὐτὸν καὶ εἶπον αὐτῷ Δεῖξον ἡμῖν τὴν εἴσοδον[18] τῆς πόλεως, καὶ ποιήσομεν
μετὰ σοῦ ἔλεος.[19] **25** καὶ ἔδειξεν αὐτοῖς τὴν εἴσοδον[20] τῆς πόλεως, καὶ ἐπάταξαν[21]
τὴν πόλιν ἐν στόματι ῥομφαίας,[22] τὸν δὲ ἄνδρα καὶ τὴν συγγένειαν[23] αὐτοῦ ἐξα-
πέστειλαν.[24] **26** καὶ ἀπῆλθεν ὁ ἀνὴρ εἰς γῆν Χεττιμ καὶ ᾠκοδόμησεν ἐκεῖ πόλιν καὶ
ἐκάλεσεν τὸ ὄνομα αὐτῆς Λουζα· τοῦτο ὄνομα αὐτῆς ἕως τῆς ἡμέρας ταύτης.

Cities Not Captured

27 Καὶ οὐκ ἐκληρονόμησεν[25] Μανασσης τὴν Βαιθσαν, ἥ ἐστιν Σκυθῶν πόλις, οὐδὲ
τὰς θυγατέρας[26] αὐτῆς οὐδὲ τὰ περισπόρια[27] αὐτῆς οὐδὲ τὴν Εκθαναδ καὶ τὰς
θυγατέρας αὐτῆς οὐδὲ τοὺς κατοικοῦντας Δωρ καὶ τὰς θυγατέρας αὐτῆς καὶ τοὺς
κατοικοῦντας Βαλααμ καὶ τὰς θυγατέρας αὐτῆς καὶ τοὺς κατοικοῦντας Μαγεδων
καὶ τὰς θυγατέρας αὐτῆς οὐδὲ τοὺς κατοικοῦντας Ιεβλααμ οὐδὲ τὰς θυγατέρας

1 πατάσσω, *aor act ind 3p*, strike, slay
2 ἀναθεματίζω, *aor act ind 3p*, curse, devote to destruction
3 ἐξολεθρεύω, *aor act ind 3p*, utterly destroy
4 κληρονομέω, *aor act ind 3s*, acquire, obtain
5 ὅριον, region, territory
6 περισπόριον, surrounding country
7 κληρονομέω, *aor act ind 3s*, acquire, obtain
8 κληρονομέω, *aor act inf*, acquire, obtain
9 κοιλάς, valley
10 διαστέλλω, *aor mid ind 3s*, be in command
11 καθά, just as
12 κληρονομέω, *aor act ind 3s*, acquire, obtain
13 ἐκεῖθεν, from there
14 ἐξαίρω, *aor act ind 3s*, remove, drive away
15 ἐκεῖθεν, from there
16 ἐξαίρω, *aor act ind 3p*, remove, drive away
17 παρεμβάλλω, *aor act ind 3p*, encamp
18 εἴσοδος, entrance, way in
19 ἔλεος, mercy
20 εἴσοδος, entrance, way in
21 πατάσσω, *aor act ind 3p*, strike, slay
22 ῥομφαία, sword
23 συγγένεια, kindred, family
24 ἐξαποστέλλω, *aor act ind 3p*, send away, send out
25 κληρονομέω, *aor act ind 3s*, acquire, obtain
26 θυγάτηρ, daughter
27 περισπόριον, surrounding country

B ἐπορεύθη Ιουδας μετὰ Συμεων τοῦ ἀδελφοῦ αὐτοῦ καὶ ἔκοψεν[1] τὸν Χαναναῖον
τὸν κατοικοῦντα Σεφεκ· καὶ ἐξωλέθρευσαν[2] αὐτούς, καὶ ἐκάλεσεν τὸ ὄνομα τῆς
πόλεως Ἀνάθεμα.[3] **18** καὶ οὐκ ἐκληρονόμησεν[4] Ιουδας τὴν Γάζαν οὐδὲ τὰ ὅρια[5]
αὐτῆς οὐδὲ τὴν Ἀσκαλῶνα οὐδὲ τὰ ὅρια αὐτῆς οὐδὲ τὴν Ακκαρων οὐδὲ τὰ ὅρια
αὐτῆς οὐδὲ τὴν Ἄζωτον οὐδὲ τὰ περισπόρια[6] αὐτῆς. **19** καὶ ἦν κύριος μετὰ Ιουδα, καὶ
ἐκληρονόμησεν[7] τὸ ὄρος· ὅτι οὐκ ἠδυνάσθησαν ἐξολεθρεῦσαι[8] τοὺς κατοικοῦντας
τὴν κοιλάδα, ὅτι Ρηχαβ διεστείλατο[9] αὐτοῖς. **20** καὶ ἔδωκαν τῷ Χαλεβ τὴν Χεβρων,
καθὼς ἐλάλησεν Μωυσῆς, καὶ ἐκληρονόμησεν[10] ἐκεῖθεν[11] τὰς τρεῖς πόλεις τῶν υἱῶν
Ενακ. **21** καὶ τὸν Ιεβουσαῖον τὸν κατοικοῦντα ἐν Ιερουσαλημ οὐκ ἐκληρονόμησαν[12]
οἱ υἱοὶ Βενιαμιν, καὶ κατῴκησεν ὁ Ιεβουσαῖος μετὰ τῶν υἱῶν Βενιαμιν ἐν Ιερουσαλημ
ἕως τῆς ἡμέρας ταύτης.

22 Καὶ ἀνέβησαν οἱ υἱοὶ Ιωσηφ καί γε αὐτοὶ εἰς Βαιθηλ, καὶ κύριος ἦν μετ᾽ αὐτῶν.
23 καὶ παρενέβαλον[13] καὶ κατεσκέψαντο[14] Βαιθηλ· τὸ δὲ ὄνομα τῆς πόλεως αὐτῶν
ἦν ἔμπροσθεν Λουζα. **24** καὶ εἶδον οἱ φυλάσσοντες, καὶ ἰδοὺ ἀνὴρ ἐξεπορεύετο ἐκ
τῆς πόλεως· καὶ ἔλαβον αὐτὸν καὶ εἶπον αὐτῷ Δεῖξον ἡμῖν τῆς πόλεως τὴν εἴσοδον,[15]
καὶ ποιήσομεν μετὰ σοῦ ἔλεος.[16] **25** καὶ ἔδειξεν αὐτοῖς τὴν εἴσοδον[17] τῆς πόλεως, καὶ
ἐπάταξαν[18] τὴν πόλιν ἐν στόματι ῥομφαίας,[19] τὸν δὲ ἄνδρα καὶ τὴν συγγένειαν[20] αὐτοῦ
ἐξαπέστειλαν.[21] **26** καὶ ἐπορεύθη ὁ ἀνὴρ εἰς γῆν Χεττιιν καὶ ᾠκοδόμησεν ἐκεῖ πόλιν
καὶ ἐκάλεσεν τὸ ὄνομα αὐτῆς Λουζα· τοῦτο τὸ ὄνομα αὐτῆς ἕως τῆς ἡμέρας ταύτης.

Cities Not Captured

27 Καὶ οὐκ ἐξῆρεν[22] Μανασση τὴν Βαιθσαν, ἥ ἐστιν Σκυθῶν πόλις, οὐδὲ τὰς θυγα-
τέρας[23] αὐτῆς οὐδὲ τὰ περίοικα[24] αὐτῆς οὐδὲ τὴν Θανακ οὐδὲ τὰς θυγατέρας αὐτῆς
οὐδὲ τοὺς κατοικοῦντας Δωρ οὐδὲ τὰς θυγατέρας αὐτῆς οὐδὲ τὸν κατοικοῦντα
Βαλακ οὐδὲ τὰ περίοικα αὐτῆς οὐδὲ τὰς θυγατέρας αὐτῆς οὐδὲ τοὺς κατοικοῦντας
Μαγεδω οὐδὲ τὰ περίοικα αὐτῆς οὐδὲ τὰς θυγατέρας αὐτῆς οὐδὲ τοὺς κατοικοῦντας
Ιεβλααμ οὐδὲ τὰ περίοικα αὐτῆς οὐδὲ τὰς θυγατέρας αὐτῆς· καὶ ἤρξατο ὁ Χαναναῖος

1 κόπτω, *aor act ind 3s*, strike, slaughter
2 ἐξολεθρεύω, *aor act ind 3p*, utterly destroy
3 ἀνάθεμα, accursed, devoted to destruction
4 κληρονομέω, *aor act ind 3s*, acquire, obtain
5 ὅριον, region, territory
6 περισπόριον, surrounding country
7 κληρονομέω, *aor act ind 3s*, acquire, obtain
8 ἐξολεθρεύω, *aor act inf*, utterly destroy
9 διαστέλλω, *aor mid ind 3s*, be in command
10 κληρονομέω, *aor act ind 3s*, acquire, obtain
11 ἐκεῖθεν, from there
12 κληρονομέω, *aor act ind 3p*, dispossess
13 παρεμβάλλω, *aor act ind 3p*, encamp
14 κατασκέπτομαι, *aor mid ind 3p*, survey, spy
15 εἴσοδος, entrance, way in
16 ἔλεος, mercy
17 εἴσοδος, entrance, way in
18 πατάσσω, *aor act ind 3p*, strike, slay
19 ῥομφαία, sword
20 συγγένεια, kindred, family
21 ἐξαποστέλλω, *aor act ind 3p*, send away, send out
22 ἐξαίρω, *aor act ind 3s*, remove, drive away
23 θυγάτηρ, daughter
24 περίοικος, nearby country

αὐτῆς· καὶ ἤρξατο ὁ Χαναναῖος κατοικεῖν ἐν τῇ γῇ ταύτῃ. **28** καὶ ἐγένετο ὅτε A
ἐνίσχυσεν[1] Ισραηλ, καὶ ἔθετο τὸν Χαναναῖον εἰς φόρον[2] καὶ ἐξαίρων[3] οὐκ ἐξῆρεν[4]
αὐτόν.

29 Καὶ Εφραιμ οὐκ ἐξῆρεν[5] τὸν Χαναναῖον τὸν κατοικοῦντα ἐν Γαζερ· καὶ κατῴκει
ὁ Χαναναῖος ἐν μέσῳ αὐτοῦ ἐν Γαζερ καὶ ἐγένετο εἰς φόρον.[6]

30 Καὶ Ζαβουλων οὐκ ἐξῆρεν[7] τοὺς κατοικοῦντας Κεδρων καὶ τοὺς κατοικοῦντας
Εναααλα· καὶ κατῴκησεν ὁ Χαναναῖος ἐν μέσῳ αὐτοῦ καὶ ἐγένετο εἰς φόρον.[8]

31 Καὶ Ασηρ οὐκ ἐξῆρεν[9] τοὺς κατοικοῦντας Ακχω, καὶ ἐγένετο αὐτῷ εἰς φόρον,[10]
καὶ τοὺς κατοικοῦντας Δωρ καὶ τοὺς κατοικοῦντας Σιδῶνα καὶ τοὺς κατοικοῦντας
Ααλαφ καὶ τὸν Αχαζιβ καὶ τὴν Χελβα καὶ τὴν Αφεκ καὶ τὴν Ροωβ. **32** καὶ κατῴκησεν
Ασηρ ἐν μέσῳ τοῦ Χαναναίου τοῦ κατοικοῦντος τὴν γῆν, ὅτι οὐκ ἐδυνάσθη ἐξᾶραι[11]
αὐτόν.

33 Καὶ Νεφθαλι οὐκ ἐξῆρεν[12] τοὺς κατοικοῦντας Βαιθσαμυς οὐδὲ τοὺς κατοικοῦντας
Βαιθενεθ, καὶ κατῴκησεν Ισραηλ ἐν μέσῳ τοῦ Χαναναίου τοῦ κατοικοῦντος τὴν
γῆν· οἱ δὲ κατοικοῦντες Βαιθσαμυς καὶ τὴν Βαιθενεθ ἐγενήθησαν αὐτοῖς εἰς φόρον.[13]
34 Καὶ ἐξέθλιψεν[14] ὁ Αμορραῖος τοὺς υἱοὺς Δαν εἰς τὸ ὄρος, ὅτι οὐκ ἀφῆκεν αὐτὸν
καταβῆναι εἰς τὴν κοιλάδα.[15] **35** καὶ ἤρξατο ὁ Αμορραῖος κατοικεῖν ἐν τῷ ὄρει τοῦ
Μυρσινῶνος, οὗ αἱ ἄρκοι[16] καὶ αἱ ἀλώπεκες·[17] καὶ ἐβαρύνθη[18] ἡ χεὶρ οἴκου Ιωσηφ
ἐπὶ τὸν Αμορραῖον, καὶ ἐγένετο εἰς φόρον.[19] **36** καὶ τὸ ὅριον[20] τοῦ Αμορραίου ὁ
Ιδουμαῖος ἐπάνω[21] Ακραβιν ἐπὶ τῆς Πέτρας καὶ ἐπάνω.

Israel Is Rebuked

2 Καὶ ἀνέβη ἄγγελος κυρίου ἀπὸ Γαλγαλ ἐπὶ τὸν Κλαυθμῶνα καὶ ἐπὶ Βαιθηλ
καὶ ἐπὶ τὸν οἶκον Ισραηλ καὶ εἶπεν πρὸς αὐτούς Κύριος κύριος ἀνεβίβασεν[22]

1 ἐνισχύω, *aor act ind 3s*, become strong
2 φόρος, tribute
3 ἐξαίρω, *pres act ptc nom s m*, remove, drive away
4 ἐξαίρω, *aor act ind 3s*, remove, drive away
5 ἐξαίρω, *aor act ind 3s*, remove, drive away
6 φόρος, tribute
7 ἐξαίρω, *aor act ind 3s*, remove, drive away
8 φόρος, tribute
9 ἐξαίρω, *aor act ind 3s*, remove, drive away
10 φόρος, tribute
11 ἐξαίρω, *aor act inf*, remove, drive away
12 ἐξαίρω, *aor act ind 3s*, remove, drive away
13 φόρος, tribute
14 ἐκθλίβω, *aor act ind 3s*, press, force
15 κοιλάς, valley
16 ἄρκος, bear
17 ἀλώπηξ, fox
18 βαρύνω, *aor pas ind 3s*, make heavy, harden
19 φόρος, tribute
20 ὅριον, region, territory
21 ἐπάνω, above
22 ἀναβιβάζω, *aor act ind 3s*, bring up

B κατοικεῖν ἐν τῇ γῇ ταύτῃ. **28** καὶ ἐγένετο ὅτε ἐνίσχυσεν[1] Ισραηλ, καὶ ἐποίησεν τὸν
Χαναναῖον εἰς φόρον[2] καὶ ἐξαίρων[3] οὐκ ἐξῆρεν[4] αὐτόν.

29 Καὶ Εφραιμ οὐκ ἐξῆρεν[5] τὸν Χαναναῖον τὸν κατοικοῦντα ἐν Γαζερ· καὶ κατῴκησεν
ὁ Χαναναῖος ἐν μέσῳ αὐτοῦ ἐν Γαζερ καὶ ἐγένετο εἰς φόρον.[6]

30 Καὶ Ζαβουλων οὐκ ἐξῆρεν[7] τοὺς κατοικοῦντας Κεδρων οὐδὲ τοὺς κατοικοῦντας
Δωμανα· καὶ κατῴκησεν ὁ Χαναναῖος ἐν μέσῳ αὐτῶν καὶ ἐγένετο αὐτῷ εἰς φόρον.[8]

31 Καὶ Ασηρ οὐκ ἐξῆρεν[9] τοὺς κατοικοῦντας Ακχω, καὶ ἐγένετο αὐτῷ εἰς φόρον,[10]
καὶ τοὺς κατοικοῦντας Δωρ καὶ τοὺς κατοικοῦντας Σιδῶνα καὶ τοὺς κατοικοῦντας
Αλαφ καὶ τὸν Ασχαζι καὶ τὸν Χελβα καὶ τὸν Ναϊ καὶ τὸν Ερεω. **32** καὶ κατῴκησεν ὁ
Ασηρ ἐν μέσῳ τοῦ Χαναναίου τοῦ κατοικοῦντος τὴν γῆν, ὅτι οὐκ ἠδυνήθη ἐξᾶραι[11]
αὐτόν.

33 Καὶ Νεφθαλι οὐκ ἐξῆρεν[12] τοὺς κατοικοῦντας Βαιθσαμυς καὶ τοὺς κατοικοῦντας
Βαιθαναθ, καὶ κατῴκησεν Νεφθαλι ἐν μέσῳ τοῦ Χαναναίου τοῦ κατοικοῦντος τὴν
γῆν· οἱ δὲ κατοικοῦντες Βαιθσαμυς καὶ τὴν Βαιθενεθ ἐγένοντο αὐτοῖς εἰς φόρον.[13]

34 Καὶ ἐξέθλιψεν[14] ὁ Αμορραῖος τοὺς υἱοὺς Δαν εἰς τὸ ὄρος, ὅτι οὐκ ἀφῆκαν αὐτὸν
καταβῆναι εἰς τὴν κοιλάδα. **35** καὶ ἤρξατο ὁ Αμορραῖος κατοικεῖν ἐν τῷ ὄρει τῷ
ὀστρακώδει,[15] ἐν ᾧ αἱ ἄρκοι[16] καὶ ἐν ᾧ αἱ ἀλώπεκες,[17] ἐν τῷ Μυρσινῶνι καὶ ἐν
Θαλαβιν· καὶ ἐβαρύνθη[18] χεὶρ οἴκου Ιωσηφ ἐπὶ τὸν Αμορραῖον, καὶ ἐγενήθη αὐτοῖς
εἰς φόρον.[19] **36** καὶ τὸ ὅριον[20] τοῦ Αμορραίου ἀπὸ τῆς ἀναβάσεως[21] Ακραβιν ἀπὸ
τῆς Πέτρας καὶ ἐπάνω.[22]

Israel Is Rebuked

2 Καὶ ἀνέβη ἄγγελος κυρίου ἀπὸ Γαλγαλ ἐπὶ τὸν Κλαυθμῶνα καὶ ἐπὶ Βαιθηλ καὶ ἐπὶ
τὸν οἶκον Ισραηλ καὶ εἶπεν πρὸς αὐτούς Τάδε[23] λέγει κύριος Ἀνεβίβασα[24] ὑμᾶς

1 ἐνισχύω, *aor act ind 3s*, become strong
2 φόρος, tribute
3 ἐξαίρω, *pres act ptc nom s m*, remove, drive away
4 ἐξαίρω, *aor act ind 3s*, remove, drive away
5 ἐξαίρω, *aor act ind 3s*, remove, drive away
6 φόρος, tribute
7 ἐξαίρω, *aor act ind 3s*, remove, drive away
8 φόρος, tribute
9 ἐξαίρω, *aor act ind 3s*, remove, drive away
10 φόρος, tribute
11 ἐξαίρω, *aor act inf*, remove, drive away
12 ἐξαίρω, *aor act ind 3s*, remove, drive away
13 φόρος, tribute
14 ἐκθλίβω, *aor act ind 3s*, press, force
15 ὀστρακώδης, full of potsherds
16 ἄρκος, bear
17 ἀλώπηξ, fox
18 βαρύνω, *aor pas ind 3s*, make heavy, harden
19 φόρος, tribute
20 ὅριον, region, territory
21 ἀνάβασις, ascent
22 ἐπάνω, above
23 ὅδε, this
24 ἀναβιβάζω, *aor act ind 1s*, bring up

A

ὑμᾶς ἐξ Αἰγύπτου καὶ εἰσήγαγεν[1] ὑμᾶς εἰς τὴν γῆν, ἣν ὤμοσεν[2] τοῖς πατράσιν ὑμῶν
τοῦ δοῦναι ὑμῖν, καὶ εἶπεν ὑμῖν Οὐ διασκεδάσω[3] τὴν διαθήκην μου τὴν μεθ' ὑμῶν
εἰς τὸν αἰῶνα· **2** καὶ ὑμεῖς οὐ διαθήσεσθε[4] διαθήκην τοῖς ἐγκαθημένοις[5] εἰς τὴν
γῆν ταύτην οὐδὲ τοῖς θεοῖς αὐτῶν οὐ μὴ προσκυνήσητε, ἀλλὰ τὰ γλυπτὰ[6] αὐτῶν
συντρίψετε[7] καὶ τὰ θυσιαστήρια[8] αὐτῶν κατασκάψετε.[9] καὶ οὐκ εἰσηκούσατε[10] τῆς
φωνῆς μου, ὅτε ταῦτα ἐποιήσατε. **3** καὶ ἐγὼ εἶπα Οὐ προσθήσω[11] τοῦ μετοικίσαι[12]
τὸν λαόν, ὃν εἶπα τοῦ ἐξολεθρεῦσαι[13] αὐτοὺς ἐκ προσώπου ὑμῶν, καὶ ἔσονται ὑμῖν
εἰς συνοχάς,[14] καὶ οἱ θεοὶ αὐτῶν ἔσονται ὑμῖν εἰς σκάνδαλον.[15] **4** καὶ ἐγένετο ὡς
ἐλάλησεν ὁ ἄγγελος κυρίου τοὺς λόγους τούτους πρὸς πάντα Ισραηλ, καὶ ἐπῆρεν[16]
ὁ λαὸς τὴν φωνὴν αὐτῶν καὶ ἔκλαυσαν. **5** διὰ τοῦτο ἐκλήθη τὸ ὄνομα τοῦ τόπου
ἐκείνου Κλαυθμών· καὶ ἔθυσαν[17] ἐκεῖ τῷ κυρίῳ.

Death of Joshua

6 Καὶ ἐξαπέστειλεν[18] Ἰησοῦς τὸν λαόν, καὶ ἀπῆλθαν οἱ υἱοὶ Ισραηλ ἕκαστος εἰς
τὸν οἶκον αὐτοῦ καὶ εἰς τὴν κληρονομίαν[19] αὐτοῦ τοῦ κατακληρονομῆσαι[20] τὴν
γῆν. **7** καὶ ἐδούλευσεν[21] ὁ λαὸς τῷ κυρίῳ πάσας τὰς ἡμέρας Ἰησοῦ καὶ πάσας τὰς
ἡμέρας τῶν πρεσβυτέρων, ὅσοι ἐμακροημέρευσαν[22] μετὰ Ἰησοῦν, ὅσοι ἔγνωσαν πᾶν
τὸ ἔργον κυρίου τὸ μέγα, ὃ ἐποίησεν τῷ Ισραηλ. **8** καὶ ἐτελεύτησεν[23] Ἰησοῦς υἱὸς
Ναυη δοῦλος κυρίου υἱὸς ἑκατὸν[24] δέκα[25] ἐτῶν. **9** καὶ ἔθαψαν[26] αὐτὸν ἐν ὁρίῳ[27] τῆς
κληρονομίας[28] αὐτοῦ ἐν Θαμναθαρες ἐν ὄρει Εφραιμ ἀπὸ βορρᾶ[29] τοῦ ὄρους Γαας.
10 καὶ πᾶσα ἡ γενεὰ ἐκείνη προσετέθησαν[30] πρὸς τοὺς πατέρας αὐτῶν, καὶ ἀνέστη
γενεὰ ἑτέρα μετ' αὐτούς, ὅσοι οὐκ ἔγνωσαν τὸν κύριον καὶ τὸ ἔργον, ὃ ἐποίησεν
τῷ Ισραηλ.

1 εἰσάγω, *aor act ind 3s*, bring in, lead in
2 ὄμνυμι, *aor act ind 3s*, swear an oath
3 διασκεδάζω, *fut act ind 1s*, reject, break
4 διατίθημι, *fut mid ind 2p*, grant, arrange
5 ἐγκάθημαι, *pres mid ptc dat p m*, reside in
6 γλυπτός, graven, carved
7 συντρίβω, *fut act ind 2p*, break, annihilate
8 θυσιαστήριον, altar
9 κατασκάπτω, *fut act ind 2p*, destroy, raze
10 εἰσακούω, *aor act ind 2p*, listen
11 προστίθημι, *fut act ind 1s*, continue
12 μετοικίζω, *aor act inf*, remove, drive out
13 ἐξολεθρεύω, *aor act inf*, utterly destroy
14 συνοχή, distress, dismay
15 σκάνδαλον, trap, snare
16 ἐπαίρω, *aor act ind 3s*, raise, lift up
17 θύω, *aor act ind 3p*, sacrifice, offer
18 ἐξαποστέλλω, *aor act ind 3s*, send forth, dismiss
19 κληρονομία, inheritance, property
20 κατακληρονομέω, *aor act inf*, take possession
21 δουλεύω, *aor act ind 3s*, serve
22 μακροημερεύω, *aor act ind 3p*, live long
23 τελευτάω, *aor act ind 3s*, die
24 ἑκατόν, one hundred
25 δέκα, ten
26 θάπτω, *aor act ind 3p*, bury
27 ὅριον, territory, region
28 κληρονομία, inheritance, property
29 βορρᾶς, north
30 προστίθημι, *aor pas ind 3p*, join with, add to

B ἐξ Αἰγύπτου καὶ εἰσήγαγον[1] ὑμᾶς εἰς τὴν γῆν, ἣν ὤμοσα[2] τοῖς πατράσιν ὑμῶν, καὶ εἶπα Οὐ διασκεδάσω[3] τὴν διαθήκην μου τὴν μεθ᾽ ὑμῶν εἰς τὸν αἰῶνα· **2** καὶ ὑμεῖς οὐ διαθήσεσθε[4] διαθήκην τοῖς ἐγκαθημένοις[5] εἰς τὴν γῆν ταύτην οὐδὲ τοῖς θεοῖς αὐτῶν προσκυνήσετε, ἀλλὰ τὰ γλυπτὰ[6] αὐτῶν συντρίψετε[7] καὶ τὰ θυσιαστήρια[8] αὐτῶν καθελεῖτε.[9] καὶ οὐκ εἰσηκούσατε[10] τῆς φωνῆς μου, ὅτι ταῦτα ἐποιήσατε. **3** κἀγὼ[11] εἶπον Οὐ μὴ ἐξαρῶ[12] αὐτοὺς ἐκ προσώπου ὑμῶν, καὶ ἔσονται ὑμῖν εἰς συνοχάς,[13] καὶ οἱ θεοὶ αὐτῶν ἔσονται ὑμῖν εἰς σκάνδαλον.[14] **4** καὶ ἐγένετο ὡς ἐλάλησεν ὁ ἄγγελος κυρίου τοὺς λόγους τούτους πρὸς πάντας υἱοὺς Ισραηλ, καὶ ἐπῆραν[15] ὁ λαὸς τὴν φωνὴν αὐτῶν καὶ ἔκλαυσαν. **5** καὶ ἐπωνόμασαν[16] τὸ ὄνομα τοῦ τόπου ἐκείνου Κλαυθμῶνες· καὶ ἐθυσίασαν[17] ἐκεῖ τῷ κυρίῳ.

Death of Joshua

6 Καὶ ἐξαπέστειλεν[18] Ἰησοῦς τὸν λαόν, καὶ ἦλθεν ἀνὴρ εἰς τὴν κληρονομίαν[19] αὐτοῦ κατακληρονομῆσαι[20] τὴν γῆν. **7** καὶ ἐδούλευσεν[21] ὁ λαὸς τῷ κυρίῳ πάσας τὰς ἡμέρας Ἰησοῦ καὶ πάσας τὰς ἡμέρας τῶν πρεσβυτέρων, ὅσοι ἐμακροημέρευσαν[22] μετὰ Ἰησοῦ, ὅσοι ἔγνωσαν πᾶν τὸ ἔργον κυρίου τὸ μέγα, ὃ ἐποίησεν ἐν τῷ Ισραηλ. **8** καὶ ἐτελεύτησεν[23] Ἰησοῦς υἱὸς Ναυη δοῦλος κυρίου υἱὸς ἑκατὸν[24] δέκα[25] ἐτῶν. **9** καὶ ἔθαψαν[26] αὐτὸν ἐν ὁρίῳ[27] τῆς κληρονομίας[28] αὐτοῦ ἐν Θαμναθαρες ἐν ὄρει Εφραιμ ἀπὸ βορρᾶ[29] τοῦ ὄρους Γαας. **10** καί γε πᾶσα ἡ γενεὰ ἐκείνη προσετέθησαν[30] πρὸς τοὺς πατέρας αὐτῶν, καὶ ἀνέστη γενεὰ ἑτέρα μετ᾽ αὐτούς, οἳ οὐκ ἔγνωσαν τὸν κύριον καί γε τὸ ἔργον, ὃ ἐποίησεν ἐν τῷ Ισραηλ.

1 εἰσάγω, *aor act ind 1s*, bring in, lead in
2 ὄμνυμι, *aor act ind 1s*, swear an oath
3 διασκεδάζω, *fut act ind 1s*, reject, break
4 διατίθημι, *fut mid ind 2p*, grant, arrange
5 ἐγκάθημαι, *pres mid ptc dat p m*, reside in
6 γλυπτός, graven, carved
7 συντρίβω, *fut act ind 2p*, break, annihilate
8 θυσιαστήριον, altar
9 καθαιρέω, *fut act ind 2p*, take down, pull down
10 εἰσακούω, *aor act ind 2p*, listen to
11 κἀγώ, and I, *cr.* καὶ ἐγώ
12 ἐξαίρω, *fut act ind 1s*, remove, drive out
13 συνοχή, distress, dismay
14 σκάνδαλον, trap, snare
15 ἐπαίρω, *aor act ind 3p*, raise, lift up
16 ἐπονομάζω, *aor act ind 3p*, name
17 θυσιάζω, *aor act ind 3p*, sacrifice, offer
18 ἐξαποστέλλω, *aor act ind 3s*, send forth, dismiss
19 κληρονομία, inheritance, property
20 κατακληρονομέω, *aor act inf*, take possession
21 δουλεύω, *aor act ind 3s*, serve
22 μακροημερεύω, *aor act ind 3p*, live long
23 τελευτάω, *aor act ind 3s*, die
24 ἑκατόν, one hundred
25 δέκα, ten
26 θάπτω, *aor act ind 3p*, bury
27 ὅριον, territory, region
28 κληρονομία, inheritance, property
29 βορρᾶς, north
30 προστίθημι, *aor pas ind 3p*, join with, add to

Israel Serves False Gods

11 Καὶ ἐποίησαν οἱ υἱοὶ Ισραηλ τὸ πονηρὸν ἐναντίον[1] κυρίου καὶ ἐλάτρευον[2] τοῖς
Βααλιμ. **12** καὶ ἐγκατέλιπον[3] τὸν κύριον θεὸν τῶν πατέρων αὐτῶν τὸν ἐξαγαγόντα[4]
αὐτοὺς ἐκ γῆς Αἰγύπτου καὶ ἐπορεύθησαν ὀπίσω θεῶν ἑτέρων ἀπὸ τῶν θεῶν τῶν
λαῶν τῶν περικύκλῳ[5] αὐτῶν καὶ προσεκύνησαν αὐτοῖς καὶ παρώργισαν[6] τὸν κύριον
13 καὶ ἐγκατέλιπον[7] τὸν κύριον καὶ ἐλάτρευσαν[8] τῇ Βααλ καὶ ταῖς Ἀστάρταις. **14** καὶ
ὠργίσθη[9] θυμῷ[10] κύριος τῷ Ισραηλ καὶ παρέδωκεν αὐτοὺς ἐν χειρὶ προνομευόντων,[11]
καὶ ἐπρονόμευσαν[12] αὐτούς· καὶ ἀπέδοτο αὐτοὺς ἐν χειρὶ τῶν ἐχθρῶν αὐτῶν κυκλό-
θεν,[13] καὶ οὐκ ἠδυνάσθησαν ἀντιστῆναι[14] κατὰ πρόσωπον τῶν ἐχθρῶν αὐτῶν. **15** ἐν
πᾶσιν, οἷς ἐπόρνευον,[15] καὶ χεὶρ κυρίου ἦν αὐτοῖς εἰς κακά, καθὼς ἐλάλησεν κύριος
καὶ καθὼς ὤμοσεν[16] κύριος, καὶ ἐξέθλιψεν[17] αὐτοὺς σφόδρα.[18]

16 καὶ ἤγειρεν[19] αὐτοῖς κύριος κριτὰς[20] καὶ ἔσωσεν αὐτοὺς ἐκ χειρὸς τῶν προ-
νομευόντων[21] αὐτούς. **17** καί γε τῶν κριτῶν[22] αὐτῶν οὐκ ἐπήκουσαν,[23] ὅτι ἐξε-
πόρνευσαν[24] ὀπίσω θεῶν ἑτέρων καὶ προσεκύνησαν αὐτοῖς καὶ παρώργισαν[25] τὸν
κύριον· καὶ ἐξέκλιναν[26] ταχὺ[27] ἐκ τῆς ὁδοῦ, ἧς ἐπορεύθησαν οἱ πατέρες αὐτῶν τοῦ
εἰσακούειν[28] ἐντολὰς κυρίου, οὐκ ἐποίησαν οὕτως. **18** καὶ ὅτι ἤγειρεν[29] αὐτοῖς κύριος
κριτάς,[30] καὶ ἦν κύριος μετὰ τοῦ κριτοῦ καὶ ἔσωσεν αὐτοὺς ἐκ χειρὸς τῶν ἐχθρῶν
αὐτῶν πάσας τὰς ἡμέρας τοῦ κριτοῦ, ὅτι παρεκλήθη κύριος ἀπὸ τοῦ στεναγμοῦ[31]
αὐτῶν ἀπὸ προσώπου τῶν πολιορκούντων[32] αὐτοὺς καὶ κακούντων[33] αὐτούς. **19** καὶ
ἐγένετο ὡς ἀπέθνῃσκεν ὁ κριτής,[34] καὶ ἀπέστρεψαν[35] καὶ πάλιν[36] διέφθειραν[37]
ὑπὲρ τοὺς πατέρας αὐτῶν πορευθῆναι ὀπίσω θεῶν ἑτέρων λατρεύειν[38] αὐτοῖς καὶ

1 ἐναντίον, before
2 λατρεύω, *impf act ind 3p*, serve, worship
3 ἐγκαταλείπω, *aor act ind 3p*, desert, forsake
4 ἐξάγω, *aor act ptc acc s m*, lead out, bring out
5 περικύκλῳ, around
6 παροργίζω, *aor act ind 3p*, provoke to anger
7 ἐγκαταλείπω, *aor act ind 3p*, desert, forsake
8 λατρεύω, *aor act ind 3p*, serve, worship
9 ὀργίζω, *aor pas ind 3s*, make angry
10 θυμός, wrath, fury
11 προνομεύω, *pres act ptc gen p m*, plunder
12 προνομεύω, *aor act ind 3p*, plunder
13 κυκλόθεν, all around
14 ἀνθίστημι, *aor act inf*, resist, oppose
15 πορνεύω, *impf act ind 3p*, fornicate
16 ὄμνυμι, *aor act ind 3s*, swear an oath
17 ἐκθλίβω, *aor act ind 3s*, press, afflict
18 σφόδρα, exceedingly
19 ἐγείρω, *aor act ind 3s*, raise up, establish
20 κριτής, judge, leader
21 προνομεύω, *pres act ptc gen p m*, plunder
22 κριτής, judge, leader
23 ἐπακούω, *aor act ind 3p*, listen to
24 ἐκπορνεύω, *aor act ind 3p*, commit fornication
25 παροργίζω, *aor act ind 3p*, provoke to anger
26 ἐκκλίνω, *aor act ind 3p*, turn away, pervert
27 ταχύς, quickly
28 εἰσακούω, *pres act inf*, listen to
29 ἐγείρω, *aor act ind 3s*, raise up, establish
30 κριτής, judge, leader
31 στεναγμός, sighing, groaning
32 πολιορκέω, *pres act ptc gen p m*, harass, besiege
33 κακόω, *pres act ptc gen p m*, hurt, do evil to
34 κριτής, judge, leader
35 ἀποστρέφω, *aor act ind 3p*, turn back, revert
36 πάλιν, again, once more
37 διαφθείρω, *aor act ind 3p*, spoil, ruin
38 λατρεύω, *pres act inf*, serve, worship

B

Israel Serves False Gods

11 Καὶ ἐποίησαν οἱ υἱοὶ Ισραηλ τὸ πονηρὸν ἐνώπιον κυρίου καὶ ἐλάτρευσαν[1] τοῖς
Βααλιμ. **12** καὶ ἐγκατέλιπον[2] τὸν κύριον τὸν θεὸν τῶν πατέρων αὐτῶν τὸν ἐξαγα-
γόντα[3] αὐτοὺς ἐκ γῆς Αἰγύπτου καὶ ἐπορεύθησαν ὀπίσω θεῶν ἑτέρων ἀπὸ τῶν θεῶν
τῶν ἐθνῶν τῶν περικύκλῳ[4] αὐτῶν καὶ προσεκύνησαν αὐτοῖς καὶ παρώργισαν[5] τὸν
κύριον **13** καὶ ἐγκατέλιπον[6] αὐτὸν καὶ ἐλάτρευσαν[7] τῷ Βααλ καὶ ταῖς Ἀστάρταις.
14 καὶ ὠργίσθη[8] θυμῷ[9] κύριος ἐν τῷ Ισραηλ καὶ παρέδωκεν αὐτοὺς εἰς χεῖρας προ-
νομευόντων,[10] καὶ κατεπρονόμευσαν[11] αὐτούς· καὶ ἀπέδοτο αὐτοὺς ἐν χερσὶ τῶν
ἐχθρῶν αὐτῶν κυκλόθεν,[12] καὶ οὐκ ἠδυνήθησαν ἔτι ἀντιστῆναι[13] κατὰ πρόσωπον
τῶν ἐχθρῶν αὐτῶν. **15** ἐν πᾶσιν, οἷς ἐξεπορεύοντο, καὶ χεὶρ κυρίου ἦν ἐπ᾽ αὐτοὺς εἰς
κακά, καθὼς ἐλάλησεν κύριος καὶ καθὼς ὤμοσεν[14] κύριος αὐτοῖς, καὶ ἐξέθλιψεν[15]
αὐτοὺς σφόδρα.[16]

16 καὶ ἤγειρεν[17] κύριος κριτάς,[18] καὶ ἔσωσεν αὐτοὺς κύριος ἐκ χειρὸς τῶν προνο-
μευόντων[19] αὐτούς. **17** καί γε τῶν κριτῶν[20] οὐχ ὑπήκουσαν,[21] ὅτι ἐξεπόρνευσαν[22]
ὀπίσω θεῶν ἑτέρων καὶ προσεκύνησαν αὐτοῖς· καὶ ἐξέκλιναν[23] ταχὺ[24] ἐκ τῆς
ὁδοῦ, ἧς ἐπορεύθησαν οἱ πατέρες αὐτῶν τοῦ εἰσακούειν[25] τῶν λόγων κυρίου, οὐκ
ἐποίησαν οὕτως. **18** καὶ ὅτι ἤγειρεν[26] κύριος κριτὰς[27] αὐτοῖς, καὶ ἦν κύριος μετὰ
τοῦ κριτοῦ καὶ ἔσωσεν αὐτοὺς ἐκ χειρὸς ἐχθρῶν αὐτῶν πάσας τὰς ἡμέρας τοῦ
κριτοῦ, ὅτι παρεκλήθη κύριος ἀπὸ τοῦ στεναγμοῦ[28] αὐτῶν ἀπὸ προσώπου τῶν
πολιορκούντων[29] αὐτοὺς καὶ ἐκθλιβόντων[30] αὐτούς. **19** καὶ ἐγένετο ὡς ἀπέθνησκεν
ὁ κριτής,[31] καὶ ἀπέστρεψαν[32] καὶ πάλιν[33] διέφθειραν[34] ὑπὲρ τοὺς πατέρας αὐτῶν
πορεύεσθαι ὀπίσω θεῶν ἑτέρων λατρεύειν[35] αὐτοῖς καὶ προσκυνεῖν αὐτοῖς· οὐκ

1 λατρεύω, *aor act ind 3p*, serve, worship
2 ἐγκαταλείπω, *aor act ind 1s*, desert, forsake
3 ἐξάγω, *aor act ptc acc s m*, lead out, bring out
4 περικύκλῳ, around
5 παροργίζω, *aor act ind 3p*, provoke to anger
6 ἐγκαταλείπω, *aor act ind 3p*, desert, forsake
7 λατρεύω, *aor act ind 3p*, serve, worship
8 ὀργίζω, *aor pas ind 3s*, make angry
9 θυμός, wrath, fury
10 προνομεύω, *pres act ptc gen p m*, plunder
11 καταπρονομεύω, *aor act ind 3p*, carry off as plunder
12 κυκλόθεν, all around
13 ἀνθίστημι, *aor act inf*, resist, oppose
14 ὄμνυμι, *aor act ind 3s*, swear an oath
15 ἐκθλίβω, *aor act ind 3s*, press, afflict
16 σφόδρα, exceedingly
17 ἐγείρω, *aor act ind 3s*, raise up, establish
18 κριτής, judge, leader
19 προνομεύω, *pres act ptc gen p m*, plunder
20 κριτής, judge, leader
21 ὑπακούω, *aor act ind 3p*, listen, obey
22 ἐκπορνεύω, *aor act ind 3p*, fornicate
23 ἐκκλίνω, *aor act ind 3p*, turn away, pervert
24 ταχύς, quickly
25 εἰσακούω, *pres act inf*, listen to
26 ἐγείρω, *aor act ind 3s*, raise up, establish
27 κριτής, judge, leader
28 στεναγμός, sighing, groaning
29 πολιορκέω, *pres act ptc gen p m*, harass, besiege
30 ἐκθλίβω, *pres act ptc gen p m*, press, afflict
31 κριτής, judge, leader
32 ἀποστρέφω, *aor act ind 3p*, turn back, revert
33 πάλιν, again, once more
34 διαφθείρω, *aor act ind 3p*, spoil, ruin
35 λατρεύω, *pres act inf*, serve, worship

προσκυνεῖν αὐτοῖς· οὐκ ἀπέρριψαν[1] τὰ ἐπιτηδεύματα[2] αὐτῶν καὶ οὐκ ἀπέστησαν[3] A
ἀπὸ τῆς ὁδοῦ αὐτῶν τῆς σκληρᾶς.[4] **20** καὶ ὠργίσθη[5] θυμῷ[6] κύριος ἐν τῷ Ισραηλ καὶ
εἶπεν Ἀνθ᾽ ὧν[7] ὅσα ἐγκατέλιπαν[8] τὸ ἔθνος τοῦτο τὴν διαθήκην μου, ἣν ἐνετειλάμην[9]
τοῖς πατράσιν αὐτῶν, καὶ οὐχ ὑπήκουσαν[10] τῆς φωνῆς μου, **21** καὶ ἐγὼ οὐ προσθήσω[11]
τοῦ ἐξᾶραι[12] ἄνδρα ἐκ προσώπου αὐτῶν ἀπὸ τῶν ἐθνῶν, ὧν κατέλιπεν[13] Ἰησοῦς καὶ
ἀφῆκεν, **22** τοῦ πειράσαι[14] ἐν αὐτοῖς τὸν Ισραηλ εἰ φυλάσσονται τὴν ὁδὸν κυρίου
πορεύεσθαι ἐν αὐτῇ, ὃν τρόπον[15] ἐφυλάξαντο οἱ πατέρες αὐτῶν, ἢ οὔ. **23** καὶ ἀφῆκεν
κύριος τὰ ἔθνη ταῦτα τοῦ μὴ ἐξᾶραι[16] αὐτὰ τὸ τάχος[17] καὶ οὐ παρέδωκεν αὐτὰ ἐν
χειρὶ Ἰησοῦ.

Nations Remaining after Conquest

3 Καὶ ταῦτα τὰ ἔθνη ἀφῆκεν Ἰησοῦς ὥστε πειράσαι[18] ἐν αὐτοῖς τὸν Ισραηλ, πάντας
τοὺς μὴ ἐγνωκότας πάντας τοὺς πολέμους Χανααν, **2** πλὴν διὰ τὰς γενεὰς τῶν
υἱῶν Ισραηλ τοῦ διδάξαι αὐτοὺς πόλεμον, πλὴν οἱ ἔμπροσθεν αὐτῶν οὐκ ἔγνωσαν
αὐτά· **3** τὰς πέντε σατραπείας[19] τῶν ἀλλοφύλων[20] καὶ πάντα τὸν Χαναναῖον καὶ
τὸν Σιδώνιον καὶ τὸν Ευαῖον τὸν κατοικοῦντα τὸν Λίβανον ἀπὸ τοῦ ὄρους τοῦ
Βαλαερμων ἕως Λοβωημαθ. **4** καὶ ἐγένετο ὥστε πειράσαι[21] ἐν αὐτοῖς τὸν Ισραηλ
γνῶναι εἰ ἀκούσονται τὰς ἐντολὰς κυρίου, ἃς ἐνετείλατο[22] τοῖς πατράσιν αὐτῶν
ἐν χειρὶ Μωυσῆ. **5** καὶ οἱ υἱοὶ Ισραηλ κατῴκησαν ἐν μέσῳ τοῦ Χαναναίου καὶ τοῦ
Χετταίου καὶ τοῦ Αμορραίου καὶ τοῦ Φερεζαίου καὶ τοῦ Ευαίου καὶ τοῦ Ιεβουσαίου
6 καὶ ἔλαβον τὰς θυγατέρας[23] αὐτῶν ἑαυτοῖς εἰς γυναῖκας καὶ τὰς θυγατέρας αὐτῶν
ἔδωκαν τοῖς υἱοῖς αὐτῶν καὶ ἐλάτρευσαν[24] τοῖς θεοῖς αὐτῶν.

7 Καὶ ἐποίησαν οἱ υἱοὶ Ισραηλ τὸ πονηρὸν ἔναντι[25] κυρίου καὶ ἐπελάθοντο[26] κυρίου
θεοῦ αὐτῶν καὶ ἐλάτρευσαν[27] ταῖς Βααλιμ καὶ τοῖς ἄλσεσιν.[28] **8** καὶ ὠργίσθη[29] θυμῷ[30]

1 ἀπορρίπτω, *aor act ind 3p*, put away, reject
2 ἐπιτήδευμα, habit, practice
3 ἀφίστημι, *aor act ind 3p*, draw away from
4 σκληρός, stubborn, stiff
5 ὀργίζω, *aor pas ind 3s*, make angry
6 θυμός, wrath, fury
7 ἀνθ᾽ ὧν, since
8 ἐγκαταλείπω, *aor act ind 3p*, desert, forsake
9 ἐντέλλομαι, *aor mid ind 1s*, command, order
10 ὑπακούω, *aor act ind 3p*, listen to, obey
11 προστίθημι, *fut act ind 1s*, continue
12 ἐξαίρω, *aor act inf*, remove, drive away
13 καταλείπω, *aor act ind 3s*, leave behind
14 πειράζω, *aor act inf*, test, try
15 ὃν τρόπον, in the manner that
16 ἐξαίρω, *aor act inf*, remove, drive away
17 τάχος, quickly, swiftly
18 πειράζω, *aor act inf*, try, put to the test
19 σατραπεία, province (of a satrap)
20 ἀλλόφυλος, foreign, (Philistine)
21 πειράζω, *aor act inf*, try, put to the test
22 ἐντέλλομαι, *aor mid ind 3s*, command, order
23 θυγάτηρ, daughter
24 λατρεύω, *aor act ind 3p*, serve, worship
25 ἔναντι, before
26 ἐπιλανθάνομαι, *aor mid ind 3p*, neglect, forget
27 λατρεύω, *aor act ind 3p*, serve, worship
28 ἄλσος, (sacred) grove
29 ὀργίζω, *aor pas ind 3s*, make angry
30 θυμός, rage, fury

B ἀπέρριψαν[1] τὰ ἐπιτηδεύματα[2] αὐτῶν καὶ τὰς ὁδοὺς αὐτῶν τὰς σκληράς.[3] **20** καὶ
ὠργίσθη[4] θυμῷ[5] κύριος ἐν τῷ Ισραηλ καὶ εἶπεν Ἀνθ᾽ ὧν[6] ὅσα ἐγκατέλιπον[7] τὸ ἔθνος
τοῦτο τὴν διαθήκην μου, ἣν ἐνετειλάμην[8] τοῖς πατράσιν αὐτῶν, καὶ οὐκ εἰσήκουσαν[9]
τῆς φωνῆς μου, **21** καί γε ἐγὼ οὐ προσθήσω[10] τοῦ ἐξᾶραι[11] ἄνδρα ἐκ προσώπου
αὐτῶν ἀπὸ τῶν ἐθνῶν, ὧν κατέλιπεν[12] Ἰησοῦς υἱὸς Ναυη ἐν τῇ γῇ καὶ ἀφῆκεν, **22** τοῦ
πειράσαι[13] ἐν αὐτοῖς τὸν Ισραηλ εἰ φυλάσσονται τὴν ὁδὸν κυρίου πορεύεσθαι ἐν
αὐτῇ, ὃν τρόπον[14] ἐφύλαξαν οἱ πατέρες αὐτῶν, ἢ οὔ. **23** καὶ ἀφῆκεν κύριος τὰ ἔθνη
ταῦτα τοῦ μὴ ἐξᾶραι[15] αὐτὰ τὸ τάχος[16] καὶ οὐ παρέδωκεν αὐτὰ ἐν χειρὶ Ἰησοῦ.

Nations Remaining after Conquest

3 Καὶ ταῦτα τὰ ἔθνη, ἃ ἀφῆκεν κύριος αὐτὰ ὥστε πειράσαι[17] ἐν αὐτοῖς τὸν Ισραηλ,
πάντας τοὺς μὴ ἐγνωκότας τοὺς πολέμους Χανααν, **2** πλὴν διὰ τὰς γενεὰς
υἱῶν Ισραηλ τοῦ διδάξαι αὐτοὺς πόλεμον, πλὴν οἱ ἔμπροσθεν αὐτῶν οὐκ ἔγνωσαν
αὐτά· **3** τὰς πέντε σατραπείας[18] τῶν ἀλλοφύλων[19] καὶ πάντα τὸν Χαναναῖον καὶ
τὸν Σιδώνιον καὶ τὸν Ευαῖον τὸν κατοικοῦντα τὸν Λίβανον ἀπὸ τοῦ ὄρους τοῦ
Αερμων ἕως Λαβωεμαθ. **4** καὶ ἐγένετο ὥστε πειράσαι[20] ἐν αὐτοῖς τὸν Ισραηλ γνῶναι
εἰ ἀκούσονται τὰς ἐντολὰς κυρίου, ἃς ἐνετείλατο[21] τοῖς πατράσιν αὐτῶν ἐν χειρὶ
Μωυσῆ. **5** καὶ οἱ υἱοὶ Ισραηλ κατῴκησαν ἐν μέσῳ τοῦ Χαναναίου καὶ τοῦ Χετταίου
καὶ τοῦ Αμορραίου καὶ τοῦ Φερεζαίου καὶ τοῦ Ευαίου καὶ τοῦ Ιεβουσαίου **6** καὶ
ἔλαβον τὰς θυγατέρας[22] αὐτῶν ἑαυτοῖς εἰς γυναῖκας καὶ τὰς θυγατέρας αὐτῶν
ἔδωκαν τοῖς υἱοῖς αὐτῶν καὶ ἐλάτρευσαν[23] τοῖς θεοῖς αὐτῶν.

7 Καὶ ἐποίησαν οἱ υἱοὶ Ισραηλ τὸ πονηρὸν ἐναντίον[24] κυρίου καὶ ἐπελάθοντο[25]
κυρίου τοῦ θεοῦ αὐτῶν καὶ ἐλάτρευσαν[26] τοῖς Βααλιμ καὶ τοῖς ἄλσεσιν.[27] **8** καὶ
ὠργίσθη[28] θυμῷ[29] κύριος ἐν τῷ Ισραηλ καὶ ἀπέδοτο αὐτοὺς ἐν χειρὶ Χουσαρσαθαιμ

1 ἀπορρίπτω, *aor act ind 3p*, put away, reject
2 ἐπιτήδευμα, habit, practice
3 σκληρός, stubborn, stiff
4 ὀργίζω, *aor pas ind 3s*, make angry
5 θυμός, wrath, fury
6 ἀνθ᾽ ὧν, since
7 ἐγκαταλείπω, *aor act ind 3p*, desert, forsake
8 ἐντέλλομαι, *aor mid ind 1s*, command, order
9 εἰσακούω, *aor act ind 3p*, listen to
10 προστίθημι, *fut act ind 1s*, continue
11 ἐξαίρω, *aor act inf*, remove, drive away
12 καταλείπω, *aor act ind 3s*, leave behind
13 πειράζω, *aor act inf*, test, try
14 ὃν τρόπον, in the manner that
15 ἐξαίρω, *aor act inf*, remove, drive away
16 τάχος, quickly, swiftly
17 πειράζω, *aor act inf*, try, put to the test
18 σατραπεία, province (of a satrap)
19 ἀλλόφυλος, foreign, (Philistine)
20 πειράζω, *aor act inf*, try, put to the test
21 ἐντέλλομαι, *aor mid ind 3s*, command, order
22 θυγάτηρ, daughter
23 λατρεύω, *aor act ind 3p*, serve, worship
24 ἐναντίον, before
25 ἐπιλανθάνομαι, *aor mid ind 3p*, neglect, forget
26 λατρεύω, *aor act ind 3p*, serve, worship
27 ἄλσος, (sacred) grove
28 ὀργίζω, *aor pas ind 3s*, make angry
29 θυμός, rage, fury

A

κύριος ἐν τῷ Ισραηλ καὶ ἀπέδοτο αὐτοὺς εἰς χεῖρας Χουσαρσαθωμ βασιλέως Συρίας ποταμῶν,[1] καὶ ἐδούλευσαν[2] αὐτῷ ὀκτὼ[3] ἔτη.

Othniel Delivers Israel

9 καὶ ἐκέκραξαν οἱ υἱοὶ Ισραηλ πρὸς κύριον· καὶ ἤγειρεν[4] κύριος σωτῆρα[5] τῷ Ισραηλ,
καὶ ἔσωσεν αὐτούς, τὸν Γοθονιηλ υἱὸν Κενεζ ἀδελφὸν Χαλεβ τὸν νεώτερον[6] αὐτοῦ,
καὶ εἰσήκουσεν[7] αὐτοῦ. **10** καὶ ἐγένετο ἐπ᾽ αὐτὸν πνεῦμα κυρίου, καὶ ἔκρινεν τὸν
Ισραηλ καὶ ἐξῆλθεν ἐπὶ τὸν πόλεμον· καὶ παρέδωκεν κύριος ἐν χειρὶ αὐτοῦ τὸν
Χουσαρσαθωμ βασιλέα Συρίας, καὶ ἐκραταιώθη[8] ἡ χεὶρ αὐτοῦ ἐπὶ τὸν Χουσαρσαθωμ.
11 καὶ ἡσύχασεν[9] ἡ γῆ ἔτη πεντήκοντα·[10] καὶ ἀπέθανεν Γοθονιηλ υἱὸς Κενεζ.

12 Καὶ προσέθεντο[11] οἱ υἱοὶ Ισραηλ ποιῆσαι τὸ πονηρὸν ἔναντι[12] κυρίου. καὶ
ἐνίσχυσεν[13] κύριος τὸν Εγλωμ βασιλέα Μωαβ ἐπὶ τὸν Ισραηλ διὰ τὸ πεποιηκέναι
αὐτοὺς τὸ πονηρὸν ἔναντι[14] κυρίου. **13** καὶ προσήγαγεν[15] πρὸς αὐτὸν πάντας
τοὺς υἱοὺς Αμμων καὶ Αμαληκ καὶ ἐπορεύθη καὶ ἐπάταξεν[16] τὸν Ισραηλ καὶ ἐκλη-
ρονόμησεν[17] τὴν πόλιν τῶν φοινίκων.[18] **14** καὶ ἐδούλευσαν[19] οἱ υἱοὶ Ισραηλ τῷ Εγλωμ
βασιλεῖ Μωαβ ἔτη δέκα[20] ὀκτώ.[21]

Ehud Delivers Israel

15 καὶ ἐκέκραξαν οἱ υἱοὶ Ισραηλ πρὸς κύριον· καὶ ἤγειρεν[22] αὐτοῖς κύριος σωτῆρα[23]
τὸν Αωδ υἱὸν Γηρα υἱοῦ τοῦ Ιεμενι, ἄνδρα ἀμφοτεροδέξιον.[24] καὶ ἀπέστειλαν οἱ
υἱοὶ Ισραηλ δῶρα[25] ἐν χειρὶ αὐτοῦ τῷ Εγλωμ βασιλεῖ Μωαβ. **16** καὶ ἐποίησεν ἑαυτῷ
Αωδ μάχαιραν[26] δίστομον,[27] σπιθαμῆς[28] τὸ μῆκος,[29] καὶ περιεζώσατο[30] αὐτὴν ὑπὸ τὸν

1 ποταμός, river
2 δουλεύω, *aor act ind 3p*, serve
3 ὀκτώ, eight
4 ἐγείρω, *aor act ind 3s*, raise up
5 σωτήρ, deliverer, savior
6 νέος, *comp*, younger
7 εἰσακούω, *aor act ind 3s*, listen to, obey
8 κραταιόω, *aor pas ind 3s*, strengthen
9 ἡσυχάζω, *aor act ind 3s*, rest, be still
10 πεντήκοντα, fifty
11 προστίθημι, *aor mid ind 3p*, continue
12 ἔναντι, before
13 ἐνισχύω, *aor act ind 3s*, strengthen
14 ἔναντι, before
15 προσάγω, *aor act ind 3s*, bring to
16 πατάσσω, *aor act ind 3s*, strike, slay
17 κληρονομέω, *aor act ind 3s*, obtain, take possession
18 φοῖνιξ, date palm
19 δουλεύω, *aor act ind 3p*, serve
20 δέκα, ten
21 ὀκτώ, eight
22 ἐγείρω, *aor act ind 3s*, raise up
23 σωτήρ, deliverer, savior
24 ἀμφοτεροδέξιος, ambidextrous
25 δῶρον, gift, present
26 μάχαιρα, sword, dagger
27 δίστομος, two-edged
28 σπιθαμή, span, (handbreadth)
29 μῆκος, length
30 περιζώννυμι, *aor mid ind 3s*, gird

B βασιλέως Συρίας ποταμῶν.[1] καὶ ἐδούλευσαν[2] οἱ υἱοὶ Ισραηλ τῷ Χουσαρσαθαιμ ἔτη
ὀκτώ.[3]

Othniel Delivers Israel

9 καὶ ἐκέκραξαν οἱ υἱοὶ Ισραηλ πρὸς κύριον· καὶ ἤγειρεν[4] κύριος σωτῆρα[5] τῷ
Ισραηλ, καὶ ἔσωσεν αὐτούς, τὸν Γοθονιηλ υἱὸν Κενεζ ἀδελφοῦ Χαλεβ τὸν νεώτερον[6]
ὑπὲρ αὐτόν, **10** καὶ ἐγένετο ἐπ' αὐτὸν πνεῦμα κυρίου, καὶ ἔκρινεν τὸν Ισραηλ καὶ
ἐξῆλθεν εἰς πόλεμον πρὸς Χουσαρσαθαιμ· καὶ παρέδωκεν κύριος ἐν χειρὶ αὐτοῦ τὸν
Χουσαρσαθαιμ βασιλέα Συρίας ποταμῶν,[7] καὶ ἐκραταιώθη[8] ἡ χεὶρ αὐτοῦ ἐπὶ τὸν
Χουσαρσαθαιμ. **11** καὶ ἡσύχασεν[9] ἡ γῆ τεσσαράκοντα[10] ἔτη· καὶ ἀπέθανεν Γοθονιηλ
υἱὸς Κενεζ.

12 Καὶ προσέθεντο[11] οἱ υἱοὶ Ισραηλ ποιῆσαι τὸ πονηρὸν ἐνώπιον κυρίου. καὶ
ἐνίσχυσεν[12] κύριος τὸν Εγλωμ βασιλέα Μωαβ ἐπὶ τὸν Ισραηλ διὰ τὸ πεποιη-
κέναι αὐτοὺς τὸ πονηρὸν ἔναντι[13] κυρίου. **13** καὶ συνήγαγεν πρὸς ἑαυτὸν πάντας
τοὺς υἱοὺς Αμμων καὶ Αμαληκ καὶ ἐπορεύθη καὶ ἐπάταξεν[14] τὸν Ισραηλ καὶ
ἐκληρονόμησεν[15] τὴν πόλιν τῶν φοινίκων.[16] **14** καὶ ἐδούλευσαν[17] οἱ υἱοὶ Ισραηλ
τῷ Εγλωμ βασιλεῖ Μωαβ ἔτη δέκα[18] ὀκτώ.[19]

Ehud Delivers Israel

15 καὶ ἐκέκραξαν οἱ υἱοὶ Ισραηλ πρὸς κύριον· καὶ ἤγειρεν[20] αὐτοῖς σωτῆρα[21] τὸν
Αωδ υἱὸν Γηρα υἱὸν τοῦ Ιεμενι, ἄνδρα ἀμφοτεροδέξιον.[22] καὶ ἐξαπέστειλαν[23] οἱ υἱοὶ
Ισραηλ δῶρα[24] ἐν χειρὶ αὐτοῦ τῷ Εγλωμ βασιλεῖ Μωαβ. **16** καὶ ἐποίησεν ἑαυτῷ Αωδ
μάχαιραν[25] δίστομον,[26] σπιθαμῆς[27] τὸ μῆκος[28] αὐτῆς, καὶ περιεζώσατο[29] αὐτὴν ὑπὸ

1 ποταμός, river
2 δουλεύω, *aor act ind 3p*, serve
3 ὀκτώ, eight
4 ἐγείρω, *aor act ind 3s*, raise up
5 σωτήρ, deliverer, savior
6 νέος, *comp*, younger
7 ποταμός, river
8 κραταιόω, *aor pas ind 3s*, strengthen
9 ἡσυχάζω, *aor act ind 3s*, rest, be still
10 τεσσαράκοντα, forty
11 προστίθημι, *aor mid ind 3p*, continue
12 ἐνισχύω, *aor act ind 3s*, strengthen
13 ἔναντι, before
14 πατάσσω, *aor act ind 3s*, strike, slay
15 κληρονομέω, *aor act ind 3s*, obtain, take possession
16 φοῖνιξ, date palm
17 δουλεύω, *aor act ind 3p*, serve
18 δέκα, ten
19 ὀκτώ, eight
20 ἐγείρω, *aor act ind 3s*, raise up
21 σωτήρ, deliverer, savior
22 ἀμφοτεροδέξιος, ambidextrous
23 ἐξαποστέλλω, *aor act ind 3p*, send forth, dispatch
24 δῶρον, gift, present
25 μάχαιρα, sword, dagger
26 δίστομος, two-edged
27 σπιθαμή, span, (handbreadth)
28 μῆκος, length
29 περιζώννυμι, *aor mid ind 3s*, gird

μανδύαν[1] ἐπὶ τὸν μηρὸν[2] τὸν δεξιὸν αὐτοῦ. **17** καὶ προσήνεγκεν τὰ δῶρα[3] τῷ Εγλωμ A
βασιλεῖ Μωαβ· καὶ Εγλωμ ἀνὴρ ἀστεῖος[4] σφόδρα.[5] **18** καὶ ἐγένετο ὡς συνετέλεσεν[6]
Αωδ προσφέρων τὰ δῶρα,[7] καὶ ἐξαπέστειλεν[8] τοὺς αἴροντας τὰ δῶρα. **19** καὶ
Εγλωμ ἀνέστρεψεν[9] ἀπὸ τῶν γλυπτῶν[10] μετὰ τῆς Γαλγαλ, καὶ εἶπεν Αωδ Λόγος
μοι κρύφιος[11] πρὸς σέ, βασιλεῦ. καὶ εἶπεν Εγλωμ πᾶσιν Ἐκ μέσου· καὶ ἐξῆλθον ἀπ'
αὐτοῦ πάντες οἱ παραστήκοντες[12] αὐτῷ. **20** καὶ Αωδ εἰσῆλθεν πρὸς αὐτόν, καὶ αὐτὸς
ἐκάθητο ἐν τῷ ὑπερῴῳ[13] τῷ θερινῷ[14] αὐτοῦ μονώτατος.[15] καὶ εἶπεν Αωδ Λόγος θεοῦ
μοι πρὸς σέ, βασιλεῦ· καὶ ἐξανέστη[16] ἀπὸ τοῦ θρόνου Εγλωμ ἐγγὺς[17] αὐτοῦ. **21** καὶ
ἐγένετο ἅμα[18] τοῦ ἀναστῆναι ἐξέτεινεν[19] Αωδ τὴν χεῖρα τὴν ἀριστερὰν[20] αὐτοῦ καὶ
ἔλαβεν τὴν μάχαιραν[21] ἀπὸ τοῦ μηροῦ[22] τοῦ δεξιοῦ αὐτοῦ καὶ ἐνέπηξεν[23] αὐτὴν εἰς
τὴν κοιλίαν[24] Εγλωμ **22** καὶ ἐπεισήνεγκεν[25] καί γε τὴν λαβὴν[26] ὀπίσω τῆς φλογός,[27]
καὶ ἀπέκλεισεν[28] τὸ στέαρ[29] κατὰ τῆς φλογός, ὅτι οὐκ ἐξέσπασεν[30] τὴν μάχαιραν[31]
ἐκ τῆς κοιλίας[32] αὐτοῦ. **23** καὶ ἐξῆλθεν Αωδ εἰς τὴν προστάδα[33] καὶ ἀπέκλεισεν[34]
τὰς θύρας τοῦ ὑπερῴου[35] ἐπ' αὐτὸν καὶ ἐσφήνωσεν·[36]

24 καὶ αὐτὸς ἐξῆλθεν. καὶ οἱ παῖδες[37] αὐτοῦ εἰσῆλθον καὶ εἶδον καὶ ἰδοὺ αἱ θύραι
τοῦ ὑπερῴου[38] ἀποκεκλεισμέναι,[39] καὶ εἶπαν Μήποτε[40] πρὸς δίφρους[41] κάθηται ἐν

1 μανδύας, wool cloak, *Heb. LW*
2 μηρός, thigh
3 δῶρον, gift, present
4 ἀστεῖος, handsome, well formed
5 σφόδρα, very
6 συντελέω, *aor act ind 3s*, finish, complete
7 δῶρον, gift, present
8 ἐξαποστέλλω, *aor act ind 3s*, send away, dismiss
9 ἀναστρέφω, *aor act ind 3s*, turn back, return
10 γλυπτός, graven, carved
11 κρύφιος, secret
12 παρίστημι, *perf act ptc nom p m*, stand near, attend to
13 ὑπερῷον, upstairs room, roof chamber
14 θερινός, of summer
15 μόνος, *sup*, most alone
16 ἐξανίστημι, *aor act ind 3s*, rise up, stand
17 ἐγγύς, near
18 ἅμα, at once
19 ἐκτείνω, *aor act ind 3s*, stretch forth
20 ἀριστερός, left
21 μάχαιρα, sword, dagger
22 μηρός, thigh
23 ἐμπήγνυμι, *aor act ind 3s*, plunge in, stick in
24 κοιλία, belly, stomach
25 ἐπεισφέρω, *aor act ind 3s*, bring in additionally
26 λαβή, hilt, handle
27 φλόξ, flash (of polished metal)
28 ἀποκλείω, *aor act ind 3s*, close in upon, shut in
29 στέαρ, fat
30 ἐκσπάω, *aor act ind 3s*, draw out, remove
31 μάχαιρα, sword, dagger
32 κοιλία, belly, stomach
33 προστάς, porch, portico
34 ἀποκλείω, *aor act ind 3s*, shut, close
35 ὑπερῷον, upstairs room, roof chamber
36 σφηνόω, *aor act ind 3s*, lock
37 παῖς, servant
38 ὑπερῷον, upstairs room, roof chamber
39 ἀποκλείω, *perf pas ptc nom p f*, shut, close
40 μήποτε, probably, perhaps
41 δίφρος, stool, seat

B τὸν μανδύαν[1] ἐπὶ τὸν μηρὸν[2] τὸν δεξιὸν αὐτοῦ. **17** καὶ ἐπορεύθη καὶ προσήνεγκεν τὰ
δῶρα[3] τῷ Εγλωμ βασιλεῖ Μωαβ· καὶ Εγλωμ ἀνὴρ ἀστεῖος[4] σφόδρα.[5] **18** καὶ ἐγένετο
ἡνίκα[6] συνετέλεσεν[7] Αωδ προσφέρων τὰ δῶρα,[8] καὶ ἐξαπέστειλεν[9] τοὺς φέροντας
τὰ δῶρα· **19** καὶ αὐτὸς ὑπέστρεψεν[10] ἀπὸ τῶν γλυπτῶν[11] τῶν μετὰ τῆς Γαλγαλ. καὶ
εἶπεν Αωδ Λόγος μοι κρύφιος[12] πρὸς σέ, βασιλεῦ. καὶ εἶπεν Εγλωμ πρὸς αὐτόν
Σιώπα·[13] καὶ ἐξαπέστειλεν[14] ἀφ' ἑαυτοῦ πάντας τοὺς ἐφεστῶτας[15] ἐπ' αὐτόν. **20** καὶ
Αωδ εἰσῆλθεν πρὸς αὐτόν, καὶ αὐτὸς ἐκάθητο ἐν τῷ ὑπερῴῳ[16] τῷ θερινῷ[17] τῷ
ἑαυτοῦ μονώτατος.[18] καὶ εἶπεν Αωδ Λόγος θεοῦ μοι πρὸς σέ, βασιλεῦ· καὶ ἐξανέστη[19]
ἀπὸ τοῦ θρόνου Εγλωμ ἐγγὺς[20] αὐτοῦ. **21** καὶ ἐγένετο ἅμα[21] τῷ ἀναστῆναι αὐτὸν
καὶ ἐξέτεινεν[22] Αωδ τὴν χεῖρα τὴν ἀριστερὰν[23] αὐτοῦ καὶ ἔλαβεν τὴν μάχαιραν[24]
ἐπάνωθεν[25] τοῦ μηροῦ[26] αὐτοῦ τοῦ δεξιοῦ καὶ ἐνέπηξεν[27] αὐτὴν ἐν τῇ κοιλίᾳ[28] αὐτοῦ
22 καὶ ἐπεισήνεγκεν[29] καί γε τὴν λαβὴν[30] ὀπίσω τῆς φλογός,[31] καὶ ἀπέκλεισεν[32]
τὸ στέαρ[33] κατὰ τῆς φλογός, ὅτι οὐκ ἐξέσπασεν[34] τὴν μάχαιραν[35] ἐκ τῆς κοιλίας[36]
αὐτοῦ. καὶ ἐξῆλθεν Αωδ τὴν προστάδα[37] **23** καὶ ἐξῆλθεν τοὺς διατεταγμένους[38] καὶ
ἀπέκλεισεν[39] τὰς θύρας τοῦ ὑπερῴου[40] κατ' αὐτοῦ καὶ ἐσφήνωσεν·[41]

24 καὶ αὐτὸς ἐξῆλθεν. καὶ οἱ παῖδες[42] αὐτοῦ εἰσῆλθον καὶ εἶδον καὶ ἰδοὺ αἱ θύραι
τοῦ ὑπερῴου[43] ἐσφηνωμέναι,[44] καὶ εἶπαν Μήποτε[45] ἀποκενοῖ[46] τοὺς πόδας αὐτοῦ

1 μανδύας, wool cloak, *Heb. LW*
2 μηρός, thigh
3 δῶρον, gift, present
4 ἀστεῖος, handsome, well formed
5 σφόδρα, very
6 ἡνίκα, when
7 συντελέω, *aor act ind 3s*, finish, complete
8 δῶρον, gift, present
9 ἐξαποστέλλω, *aor act ind 3s*, send away, dismiss
10 ὑποστρέφω, *aor act ind 3s*, return, turn back
11 γλυπτός, graven, carved
12 κρύφιος, secret
13 σιωπάω, *pres act impv 2s*, be silent
14 ἐξαποστέλλω, *aor act ind 3s*, send away, dismiss
15 ἐφίστημι, *perf act ptc acc p m*, stand near, attend to
16 ὑπερῷον, upstairs room, roof chamber
17 θερινός, summer
18 μόνος, *sup*, most alone
19 ἐξανίστημι, *aor act ind 3s*, rise up, stand
20 ἐγγύς, near
21 ἅμα, at once
22 ἐκτείνω, *aor act ind 3s*, stretch forth
23 ἀριστερός, left
24 μάχαιρα, sword, dagger
25 ἐπάνωθεν, from on top
26 μηρός, thigh
27 ἐμπήγνυμι, *aor act ind 3s*, plunge in, stick in
28 κοιλία, belly, stomach
29 ἐπεισφέρω, *aor act ind 3s*, bring in additionally
30 λαβή, hilt, handle
31 φλόξ, flash (of polished metal)
32 ἀποκλείω, *aor act ind 3s*, close in upon, shut in
33 στέαρ, fat
34 ἐκσπάω, *aor act ind 3s*, draw out, remove
35 μάχαιρα, sword, dagger
36 κοιλία, belly, stomach
37 προστάς, porch, portico
38 διατάσσω, *perf pas ptc acc p m*, appoint
39 ἀποκλείω, *aor act ind 3s*, shut, close
40 ὑπερῷον, upstairs room, roof chamber
41 σφηνόω, *aor act ind 3s*, lock
42 παῖς, servant
43 ὑπερῷον, upstairs room, roof chamber
44 σφηνόω, *perf pas ptc nom p f*, lock
45 μήποτε, probably, perhaps
46 ἀποκενόω, *pres act opt 3s*, empty

τῇ ἀποχωρήσει[1] τοῦ κοιτῶνος;[2] **25** καὶ προσέμειναν[3] αἰσχυνόμενοι,[4] καὶ ἰδοὺ οὐκ ἦν A
ὁ ἀνοίγων τὰς θύρας τοῦ ὑπερῴου·[5] καὶ ἔλαβον τὴν κλεῖδα[6] καὶ ἤνοιξαν, καὶ ἰδοὺ ὁ
κύριος αὐτῶν πεπτωκὼς ἐπὶ τὴν γῆν τεθνηκώς.[7]

26 καὶ Αωδ διεσώθη,[8] ἕως ἐθορυβοῦντο,[9] καὶ οὐκ ἦν ὁ προσνοῶν[10] αὐτῷ· καὶ αὐτὸς
παρῆλθεν[11] τὰ γλυπτὰ[12] καὶ διεσώθη[13] εἰς Σεῖρωθα. **27** καὶ ἐγένετο ἡνίκα[14] ἦλθεν,
καὶ ἐσάλπισεν[15] κερατίνῃ[16] ἐν ὄρει Εφραιμ· καὶ κατέβησαν σὺν αὐτῷ οἱ υἱοὶ Ισραηλ,
καὶ αὐτὸς ἔμπροσθεν αὐτῶν. **28** καὶ εἶπεν πρὸς αὐτούς Καταβαίνετε ὀπίσω μου,
ὅτι παρέδωκεν κύριος ὁ θεὸς τοὺς ἐχθροὺς ὑμῶν τὴν Μωαβ ἐν χειρὶ ὑμῶν. καὶ
κατέβησαν ὀπίσω αὐτοῦ καὶ προκατελάβοντο[17] τὰς διαβάσεις[18] τοῦ Ιορδάνου τῆς
Μωαβ καὶ οὐκ ἀφῆκαν ἄνδρα διαβῆναι.[19] **29** καὶ ἐπάταξαν[20] τὴν Μωαβ ἐν τῷ καιρῷ
ἐκείνῳ ὡσεὶ[21] δέκα[22] χιλιάδας[23] ἀνδρῶν, πάντας τοὺς μαχητὰς[24] τοὺς ἐν αὐτοῖς καὶ
πάντα ἄνδρα δυνάμεως, καὶ οὐ διεσώθη[25] ἀνήρ. **30** καὶ ἐνετράπη[26] Μωαβ ἐν τῇ
ἡμέρᾳ ἐκείνῃ ὑπὸ τὴν χεῖρα Ισραηλ, καὶ ἡσύχασεν[27] ἡ γῆ ὀγδοήκοντα[28] ἔτη, καὶ
ἔκρινεν αὐτοὺς Αωδ ἕως οὗ ἀπέθανεν.

Shamgar Delivers Israel

31 Καὶ μετὰ τοῦτον ἀνέστη Σαμεγαρ υἱὸς Αναθ καὶ ἐπάταξεν[29] τοὺς ἀλλοφύλους[30]
εἰς ἑξακοσίους[31] ἄνδρας ἐκτὸς[32] μόσχων[33] τῶν βοῶν·[34] καὶ ἔσωσεν αὐτὸς τὸν Ισραηλ.

Deborah Delivers Israel

4 Καὶ προσέθεντο[35] οἱ υἱοὶ Ισραηλ ποιῆσαι τὸ πονηρὸν ἔναντι[36] κυρίου. **2** καὶ
ἀπέδοτο αὐτοὺς κύριος ἐν χειρὶ Ιαβιν βασιλέως Χαναаν, ὃς ἐβασίλευσεν[37] ἐν

1 ἀποχώρησις, retreat, privy?
2 κοιτών, bedroom
3 προσμένω, *aor act ind 3p*, wait
4 αἰσχύνω, *pres pas ptc nom p m*, put to shame
5 ὑπερῷον, upstairs room, roof chamber
6 κλείς, key
7 θνῄσκω, *perf act ptc nom s m*, die
8 διασῴζω, *aor pas ind 3s*, preserve, save
9 θορυβέω, *impf pas ind 3p*, confuse
10 προσνοέω, *pres act ptc nom s m*, notice, pay attention to
11 παρέρχομαι, *aor act ind 3s*, pass by
12 γλυπτός, graven, carved
13 διασῴζω, *aor pas ind 3s*, preserve, save
14 ἡνίκα, at the time when
15 σαλπίζω, *aor act ind 3s*, sound (a horn)
16 κερατίνη, horn
17 προκαταλαμβάνω, *aor mid ind 3p*, overtake first, occupy before
18 διάβασις, crossing place
19 διαβαίνω, *aor act inf*, pass over, cross
20 πατάσσω, *aor act ind 3p*, strike, slay
21 ὡσεί, about
22 δέκα, ten
23 χιλιάς, thousand
24 μαχητής, fighter, warrior
25 διασῴζω, *aor pas ind 3s*, preserve, save
26 ἐντρέπω, *aor pas ind 3s*, put to shame
27 ἡσυχάζω, *aor act ind 3s*, rest, be still
28 ὀγδοήκοντα, eighty
29 πατάσσω, *aor act ind 3s*, strike, slay
30 ἀλλόφυλος, foreign, (Philistine)
31 ἑξακόσιοι, six hundred
32 ἐκτός, beside
33 μόσχος, calf
34 βοῦς, cow, (*p*) cattle
35 προστίθημι, *aor mid ind 3p*, continue
36 ἔναντι, before
37 βασιλεύω, *aor act ind 3s*, rule, reign

B ἐν τῷ ταμιείῳ[1] τῷ θερινῷ;[2] 25 καὶ ὑπέμειναν,[3] ἕως ᾐσχύνοντο,[4] καὶ ἰδοὺ οὐκ ἔστιν
ὁ ἀνοίγων τὰς θύρας τοῦ ὑπερῴου·[5] καὶ ἔλαβον τὴν κλεῖδα[6] καὶ ἤνοιξαν, καὶ ἰδοὺ ὁ
κύριος αὐτῶν πεπτωκὼς ἐπὶ τὴν γῆν τεθνηκώς.[7]

26 καὶ Αωδ διεσώθη,[8] ἕως ἐθορυβοῦντο,[9] καὶ οὐκ ἦν ὁ προσνοῶν[10] αὐτῷ· καὶ αὐτὸς
παρῆλθεν[11] τὰ γλυπτὰ[12] καὶ διεσώθη[13] εἰς Σετιρωθα. **27** καὶ ἐγένετο ἡνίκα[14] ἦλθεν
Αωδ εἰς γῆν Ισραηλ, καὶ ἐσάλπισεν[15] ἐν κερατίνῃ[16] ἐν τῷ ὄρει Εφραιμ· καὶ κατέβησαν
σὺν αὐτῷ οἱ υἱοὶ Ισραηλ ἀπὸ τοῦ ὄρους, καὶ αὐτὸς ἔμπροσθεν αὐτῶν. **28** καὶ εἶπεν
πρὸς αὐτούς Κατάβητε ὀπίσω μου, ὅτι παρέδωκεν κύριος ὁ θεὸς τοὺς ἐχθροὺς
ἡμῶν τὴν Μωαβ ἐν χειρὶ ἡμῶν. καὶ κατέβησαν ὀπίσω αὐτοῦ καὶ προκατελάβοντο[17]
τὰς διαβάσεις[18] τοῦ Ιορδάνου τῆς Μωαβ, καὶ οὐκ ἀφῆκεν ἄνδρα διαβῆναι.[19] **29** καὶ
ἐπάταξαν[20] τὴν Μωαβ ἐν τῇ ἡμέρᾳ ἐκείνῃ ὡσεὶ[21] δέκα[22] χιλιάδας[23] ἀνδρῶν, πᾶν
λιπαρὸν[24] καὶ πάντα ἄνδρα δυνάμεως, καὶ οὐ διεσώθη[25] ἀνήρ. **30** καὶ ἐνετράπη[26]
Μωαβ ἐν τῇ ἡμέρᾳ ἐκείνῃ ὑπὸ χεῖρα Ισραηλ, καὶ ἡσύχασεν[27] ἡ γῆ ὀγδοήκοντα[28]
ἔτη, καὶ ἔκρινεν αὐτοὺς Αωδ ἕως οὗ ἀπέθανεν.

Shamgar Delivers Israel

31 Καὶ μετ᾽ αὐτὸν ἀνέστη Σαμεγαρ υἱὸς Διναχ καὶ ἐπάταξεν[29] τοὺς ἀλλοφύλους[30]
εἰς ἑξακοσίους[31] ἄνδρας ἐν τῷ ἀροτρόποδι[32] τῶν βοῶν·[33] καὶ ἔσωσεν καί γε αὐτὸς
τὸν Ισραηλ.

Deborah Delivers Israel

4 Καὶ προσέθεντο[34] οἱ υἱοὶ Ισραηλ ποιῆσαι τὸ πονηρὸν ἐνώπιον κυρίου· καὶ
Αωδ ἀπέθανεν. **2** καὶ ἀπέδοτο αὐτοὺς κύριος ἐν χειρὶ Ιαβιν βασιλέως Χανααν,
ὃς ἐβασίλευσεν[35] ἐν Ασωρ· καὶ ὁ ἄρχων τῆς δυνάμεως αὐτοῦ Σισαρα, καὶ αὐτὸς

1 ταμιεῖον, inner room, chamber
2 θερινός, of summer
3 ὑπομένω, *aor act ind 3p*, tarry, wait
4 αἰσχύνω, *impf pas ind 3p*, put to shame
5 ὑπερῷον, upstairs room, roof chamber
6 κλείς, key
7 θνῄσκω, *perf act ptc nom s m*, die
8 διασῴζω, *aor pas ind 3s*, preserve, save
9 θορυβέω, *impf mid ind 3p*, confuse
10 προσνοέω, *pres act ptc nom s m*, notice, pay attention to
11 παρέρχομαι, *aor act ind 3s*, pass by
12 γλυπτός, graven, carved
13 διασῴζω, *aor pas ind 3s*, preserve, save
14 ἡνίκα, when
15 σαλπίζω, *aor act ind 3s*, sound (a horn)
16 κερατίνη, horn
17 προκαταλαμβάνω, *aor mid ind 3p*, overtake first, occupy before
18 διάβασις, crossing place
19 διαβαίνω, *aor act inf*, pass over, cross
20 πατάσσω, *aor act ind 3p*, strike, slay
21 ὡσεί, about
22 δέκα, ten
23 χιλιάς, thousand
24 λιπαρός, polished, robust
25 διασῴζω, *aor pas ind 3s*, preserve, save
26 ἐντρέπω, *aor pas ind 3s*, put to shame
27 ἡσυχάζω, *aor act ind 3s*, rest, be still
28 ὀγδοήκοντα, eighty
29 πατάσσω, *aor act ind 3s*, strike, slay
30 ἀλλόφυλος, foreign, (Philistine)
31 ἑξακόσιοι, six hundred
32 ἀροτρόπους, plowshare
33 βοῦς, cow, (*p*) cattle
34 προστίθημι, *aor mid ind 3p*, continue
35 βασιλεύω, *aor act ind 3s*, rule, reign

Ασωρ· καὶ ὁ ἄρχων τῆς δυνάμεως αὐτοῦ Σισαρα, καὶ αὐτὸς κατῴκει ἐν Αρισωθ τῶν A
ἐθνῶν. **3** καὶ ἐκέκραξαν οἱ υἱοὶ Ισραηλ πρὸς κύριον, ὅτι ἐννακόσια[1] ἅρματα[2] σιδηρᾶ[3]
ἦν αὐτῷ, καὶ αὐτὸς ἔθλιψεν[4] τὸν Ισραηλ κατὰ κράτος[5] εἴκοσι[6] ἔτη.

4 Καὶ Δεββωρα γυνὴ προφῆτις[7] γυνὴ Λαφιδωθ, αὐτὴ ἔκρινεν τὸν Ισραηλ ἐν τῷ καιρῷ
ἐκείνῳ. **5** καὶ αὐτὴ ἐκάθητο ὑπὸ φοίνικα[8] Δεββωρα ἀνὰ μέσον[9] Ραμα καὶ ἀνὰ μέσον
Βαιθηλ ἐν ὄρει Εφραιμ, καὶ ἀνέβαινον πρὸς αὐτὴν οἱ υἱοὶ Ισραηλ ἐκεῖ τοῦ κρίνεσθαι.
6 καὶ ἀπέστειλεν Δεββωρα καὶ ἐκάλεσεν τὸν Βαρακ υἱὸν Αβινεεμ ἐκ Κεδες Νεφθαλι
καὶ εἶπεν πρὸς αὐτόν Οὐχὶ σοὶ ἐνετείλατο[10] κύριος ὁ θεὸς Ισραηλ καὶ ἀπελεύσῃ
εἰς ὄρος Θαβωρ καὶ λήμψῃ μετὰ σεαυτοῦ δέκα[11] χιλιάδας[12] ἀνδρῶν ἀπὸ τῶν υἱῶν
Νεφθαλι καὶ ἀπὸ τῶν υἱῶν Ζαβουλων; **7** καὶ ἀπάξω[13] πρὸς σὲ εἰς τὸν χειμάρρουν[14]
Κισων τὸν Σισαρα ἄρχοντα τῆς δυνάμεως Ιαβιν καὶ τὰ ἅρματα[15] αὐτοῦ καὶ τὸ πλῆθος
αὐτοῦ καὶ παραδώσω αὐτὸν ἐν τῇ χειρί σου. **8** καὶ εἶπεν πρὸς αὐτὴν Βαρακ Ἐὰν
πορευθῇς μετ᾿ ἐμοῦ, πορεύσομαι, καὶ ἐὰν μὴ πορευθῇς μετ᾿ ἐμοῦ, οὐ πορεύσομαι· ὅτι
οὐκ οἶδα τὴν ἡμέραν, ἐν ᾗ εὐοδοῖ[16] κύριος τὸν ἄγγελον μετ᾿ ἐμοῦ. **9** καὶ εἶπεν πρὸς
αὐτὸν Δεββωρα Πορευομένη πορεύσομαι μετὰ σοῦ· πλὴν γίνωσκε ὅτι οὐκ ἔσται
τὸ προτέρημά[17] σου εἰς τὴν ὁδόν, ἣν σὺ πορεύῃ, ὅτι ἐν χειρὶ γυναικὸς ἀποδώσεται
κύριος τὸν Σισαρα. καὶ ἀνέστη Δεββωρα καὶ ἐπορεύθη μετὰ τοῦ Βαρακ εἰς Κεδες.
10 καὶ παρήγγειλεν[18] Βαρακ τῷ Ζαβουλων καὶ τῷ Νεφθαλι εἰς Κεδες, καὶ ἀνέβησαν
κατὰ πόδας αὐτοῦ δέκα[19] χιλιάδες[20] ἀνδρῶν· καὶ Δεββωρα ἀνέβη μετ᾿ αὐτοῦ.

11 καὶ οἱ πλησίον[21] τοῦ Κιναίου ἐχωρίσθησαν[22] ἀπὸ τῶν υἱῶν Ιωβαβ γαμβροῦ[23]
Μωυσῆ, καὶ ἔπηξεν[24] τὴν σκηνὴν[25] αὐτοῦ πρὸς δρῦν[26] ἀναπαυομένων,[27] ἥ ἐστιν
ἐχόμενα Κεδες.

12 Καὶ ἀνήγγειλαν[28] τῷ Σισαρα ὅτι ἀνέβη Βαρακ υἱὸς Αβινεεμ ἐπ᾿ ὄρος Θαβωρ.
13 καὶ ἐκάλεσεν Σισαρα πάντα τὰ ἅρματα[29] αὐτοῦ (ὅτι ἐννακόσια[30] ἅρματα σι-
δηρᾶ[31] ἦν αὐτῷ) καὶ πάντα τὸν λαὸν τὸν μετ᾿ αὐτοῦ ἀπὸ Αρισωθ τῶν ἐθνῶν εἰς
τὸν χειμάρρουν[32] Κισων. **14** καὶ εἶπεν Δεββωρα πρὸς Βαρακ Ἀνάστηθι, ὅτι αὕτη ἡ

1 ἐννακόσιοι, nine hundred
2 ἅρμα, chariot
3 σιδηροῦς, iron
4 θλίβω, *aor act ind 3s*, afflict, oppress
5 κράτος, might, strength
6 εἴκοσι, twenty
7 προφῆτις, prophetess
8 φοῖνιξ, date palm
9 ἀνὰ μέσον, between
10 ἐντέλλομαι, *aor mid ind 3s*, command, order
11 δέκα, ten
12 χιλιάς, thousand
13 ἀπάγω, *fut act ind 1s*, lead away, carry off
14 χείμαρρος, brook
15 ἅρμα, chariot
16 εὐοδόω, *pres act ind 3s*, prosper, succeed
17 προτέρημα, advantage, victory
18 παραγγέλλω, *aor act ind 3s*, direct, summon
19 δέκα, ten
20 χιλιάς, thousand
21 πλησίον, neighbor, companion
22 χωρίζω, *aor pas ind 3p*, separate
23 γαμβρός, relative by marriage
24 πήγνυμι, *aor act ind 3s*, pitch, set up
25 σκηνή, tent
26 δρῦς, oak
27 ἀναπαύω, *pres mid ptc gen p m*, rest
28 ἀναγγέλλω, *aor act ind 3p*, report, declare
29 ἅρμα, chariot
30 ἐννακόσιοι, nine hundred
31 σιδηροῦς, iron
32 χείμαρρος, brook

B κατῴκει ἐν Αρισωθ τῶν ἐθνῶν. **3** καὶ ἐκέκραξαν οἱ υἱοὶ Ισραηλ πρὸς κύριον, ὅτι
ἐννακόσια[1] ἅρματα[2] σιδηρᾶ[3] ἦν αὐτῷ, καὶ αὐτὸς ἔθλιψεν[4] τὸν Ισραηλ κατὰ κράτος[5]
εἴκοσι[6] ἔτη.

4 Καὶ Δεββωρα γυνὴ προφῆτις[7] γυνὴ Λαφιδωθ, αὐτὴ ἔκρινεν τὸν Ισραηλ ἐν τῷ
καιρῷ ἐκείνῳ. **5** καὶ αὐτὴ ἐκάθητο ὑπὸ φοίνικα[8] Δεββωρα ἀνὰ μέσον[9] τῆς Ραμα καὶ
ἀνὰ μέσον τῆς Βαιθηλ ἐν τῷ ὄρει Εφραιμ, καὶ ἀνέβαινον πρὸς αὐτὴν οἱ υἱοὶ Ισραηλ
εἰς κρίσιν. **6** καὶ ἀπέστειλεν Δεββωρα καὶ ἐκάλεσεν τὸν Βαρακ υἱὸν Αβινεεμ ἐκ
Καδης Νεφθαλι καὶ εἶπεν πρὸς αὐτόν Οὐχὶ ἐνετείλατο[10] κύριος ὁ θεὸς Ισραηλ σοὶ
καὶ ἀπελεύσῃ εἰς ὄρος Θαβωρ καὶ λήμψῃ μετὰ σεαυτοῦ δέκα[11] χιλιάδας[12] ἀνδρῶν
ἐκ τῶν υἱῶν Νεφθαλι καὶ ἐκ τῶν υἱῶν Ζαβουλων; **7** καὶ ἐπάξω[13] πρὸς σὲ εἰς τὸν
χειμάρρουν[14] Κισων τὸν Σισαρα ἄρχοντα τῆς δυνάμεως Ιαβιν καὶ τὰ ἅρματα[15]
αὐτοῦ καὶ τὸ πλῆθος αὐτοῦ καὶ παραδώσω αὐτὸν εἰς τὰς χεῖράς σου. **8** καὶ εἶπεν
πρὸς αὐτὴν Βαρακ Ἐὰν πορευθῇς μετ᾽ ἐμοῦ, πορεύσομαι, καὶ ἐὰν μὴ πορευθῇς,
οὐ πορεύσομαι· ὅτι οὐκ οἶδα τὴν ἡμέραν, ἐν ᾗ εὐοδοῖ[16] τὸν ἄγγελον κύριος μετ᾽
ἐμοῦ. **9** καὶ εἶπεν Πορευομένη πορεύσομαι μετὰ σοῦ· πλὴν γίνωσκε ὅτι οὐκ ἔσται
τὸ προτέρημά[17] σου ἐπὶ τὴν ὁδόν, ἣν σὺ πορεύῃ, ὅτι ἐν χειρὶ γυναικὸς ἀποδώσεται
κύριος τὸν Σισαρα. καὶ ἀνέστη Δεββωρα καὶ ἐπορεύθη μετὰ Βαρακ ἐκ Καδης. **10** καὶ
ἐβόησεν[18] Βαρακ τὸν Ζαβουλων καὶ τὸν Νεφθαλι ἐκ Καδης, καὶ ἀνέβησαν κατὰ
πόδας αὐτοῦ δέκα[19] χιλιάδες[20] ἀνδρῶν· καὶ ἀνέβη μετ᾽ αὐτοῦ Δεββωρα.

11 καὶ Χαβερ ὁ Κιναῖος ἐχωρίσθη[21] ἀπὸ Καινα ἀπὸ τῶν υἱῶν Ιωβαβ γαμβροῦ[22]
Μωυσῆ καὶ ἔπηξεν[23] τὴν σκηνὴν[24] αὐτοῦ ἕως δρυὸς[25] πλεονεκτούντων,[26] ἥ ἐστιν
ἐχόμενα Κεδες.

12 Καὶ ἀνηγγέλη[27] Σισαρα ὅτι ἀνέβη Βαρακ υἱὸς Αβινεεμ εἰς ὄρος Θαβωρ. **13** καὶ
ἐκάλεσεν Σισαρα πάντα τὰ ἅρματα[28] αὐτοῦ, ἐννακόσια[29] ἅρματα σιδηρᾶ,[30] καὶ πάντα
τὸν λαὸν τὸν μετ᾽ αὐτοῦ ἀπὸ Αρισωθ τῶν ἐθνῶν εἰς τὸν χειμάρρουν[31] Κισων. **14** καὶ

1 ἐννακόσιοι, nine hundred
2 ἅρμα, chariot
3 σιδηροῦς, iron
4 θλίβω, *aor act ind 3s*, afflict, oppress
5 κράτος, might, strength
6 εἴκοσι, twenty
7 προφῆτις, prophetess
8 φοῖνιξ, date palm
9 ἀνὰ μέσον, between
10 ἐντέλλομαι, *aor mid ind 3s*, command, order
11 δέκα, ten
12 χιλιάς, thousand
13 ἐπάγω, *fut act ind 1s*, bring
14 χείμαρρος, brook
15 ἅρμα, chariot
16 εὔοδος, *pres act ind 1s*, prosper, succeed
17 προτέρημα, advantage, victory
18 βοάω, *aor act ind 3s*, cry out
19 δέκα, ten
20 χιλιάς, thousand
21 χωρίζω, *aor pas ind 3s*, separate
22 γαμβρός, father-in-law
23 πήγνυμι, *aor act ind 3s*, pitch, set up
24 σκηνή, tent
25 δρῦς, oak
26 πλεονεκτέω, *pres act ptc gen p m*, take advantage, cheat
27 ἀναγγέλλω, *aor pas ind 3s*, report, tell
28 ἅρμα, chariot
29 ἐννακόσιοι, nine hundred
30 σιδηροῦς, iron
31 χείμαρρος, brook

ἡμέρα, ἐν ᾗ παρέδωκεν κύριος τὸν Σισαρα ἐν χειρί σου· οὐκ ἰδοὺ κύριος ἐλεύσεται ἔμπροσθέν σου; καὶ κατέβη Βαρακ ἀπὸ τοῦ ὄρους Θαβωρ καὶ δέκα[1] χιλιάδες[2] ἀνδρῶν ὀπίσω αὐτοῦ. **15** καὶ ἐξέστησεν[3] κύριος τὸν Σισαρα καὶ πάντα τὰ ἅρματα[4] αὐτοῦ καὶ πᾶσαν τὴν παρεμβολὴν[5] αὐτοῦ ἐν στόματι ῥομφαίας[6] ἐνώπιον Βαρακ· καὶ κατέβη Σισαρα ἀπὸ τοῦ ἅρματος[7] αὐτοῦ καὶ ἔφυγεν[8] τοῖς ποσὶν αὐτοῦ. **16** καὶ Βαρακ διώκων ὀπίσω τῶν ἁρμάτων[9] καὶ ὀπίσω τῆς παρεμβολῆς[10] ἕως δρυμοῦ[11] τῶν ἐθνῶν· καὶ ἔπεσεν πᾶσα ἡ παρεμβολὴ Σισαρα ἐν στόματι ῥομφαίας,[12] οὐ κατελείφθη[13] ἕως ἑνός. A

17 καὶ Σισαρα ἀνεχώρησεν[14] τοῖς ποσὶν αὐτοῦ εἰς σκηνὴν[15] Ιαηλ γυναικὸς Χαβερ τοῦ Κιναίου, ὅτι εἰρήνη ἀνὰ μέσον[16] Ιαβιν βασιλέως Ασωρ καὶ ἀνὰ μέσον οἴκου Χαβερ τοῦ Κιναίου. **18** καὶ ἐξῆλθεν Ιαηλ εἰς ἀπάντησιν[17] Σισαρα καὶ εἶπεν πρὸς αὐτόν Ἔκνευσον,[18] κύριέ μου, ἔκνευσον πρός με, μὴ φοβοῦ· καὶ ἐξένευσεν[19] πρὸς αὐτὴν εἰς τὴν σκηνήν,[20] καὶ συνεκάλυψεν[21] αὐτὸν ἐν τῇ δέρρει[22] αὐτῆς. **19** καὶ εἶπεν Σισαρα πρὸς αὐτήν Πότισόν[23] με δὴ[24] μικρὸν ὕδωρ, ὅτι ἐδίψησα·[25] καὶ ἤνοιξεν τὸν ἀσκὸν[26] τοῦ γάλακτος[27] καὶ ἐπότισεν[28] αὐτὸν καὶ συνεκάλυψεν[29] τὸ πρόσωπον αὐτοῦ. **20** καὶ εἶπεν πρὸς αὐτήν Στῆθι ἐν τῇ θύρᾳ τῆς σκηνῆς,[30] καὶ ἔσται ἐάν τις ἔλθη πρὸς σὲ καὶ ἐρωτήσῃ[31] σε καὶ εἴπῃ σοι Ἔστιν ἐνταῦθα[32] ἀνήρ; καὶ ἐρεῖς Οὐκ ἔστιν· καὶ συνεκάλυψεν[33] αὐτὸν ἐν τῇ δέρρει[34] αὐτῆς. **21** καὶ ἔλαβεν Ιαηλ γυνὴ Χαβερ τὸν πάσσαλον[35] τῆς σκηνῆς[36] καὶ ἔθηκεν τὴν σφῦραν[37] ἐν τῇ χειρὶ αὐτῆς καὶ εἰσῆλθεν πρὸς αὐτὸν ἡσυχῇ[38] καὶ ἐνέκρουσεν[39] τὸν πάσσαλον[40] ἐν τῇ γνάθῳ[41] αὐτοῦ

1 δέκα, ten
2 χιλιάς, thousand
3 ἐξίστημι, *aor act ind 3s*, confound, confuse
4 ἅρμα, chariot
5 παρεμβολή, camp
6 ῥομφαία, sword
7 ἅρμα, chariot
8 φεύγω, *aor act ind 3s*, flee
9 ἅρμα, chariot
10 παρεμβολή, camp
11 δρυμός, forest, thicket
12 ῥομφαία, sword
13 καταλείπω, *aor pas ind 3s*, leave behind
14 ἀναχωρέω, *aor act ind 3s*, flee, retreat
15 σκηνή, tent
16 ἀνὰ μέσον, between
17 ἀπάντησις, meeting
18 ἐκνεύω, *aor act impv 2s*, turn aside
19 ἐκνεύω, *aor act ind 3s*, turn aside
20 σκηνή, tent
21 συγκαλύπτω, *aor act ind 3s*, cover, conceal
22 δέρρις, animal hide cloak
23 ποτίζω, *aor act impv 2s*, give drink
24 δή, now, then
25 διψάω, *aor act ind 1s*, be thirsty
26 ἀσκός, animal hide bag
27 γάλα, milk
28 ποτίζω, *aor act ind 3s*, give drink
29 συγκαλύπτω, *aor act ind 3s*, cover, conceal
30 σκηνή, tent
31 ἐρωτάω, *aor act sub 3s*, ask
32 ἐνταῦθα, here, inside
33 συγκαλύπτω, *aor act ind 3s*, cover, conceal
34 δέρρις, animal hide cloak
35 πάσσαλος, peg
36 σκηνή, tent
37 σφῦρα, hammer
38 ἡσυχῇ, quietly
39 ἐγκρούω, *aor act ind 3s*, drive, hammer in
40 πάσσαλος, peg
41 γνάθος, jaw

B εἶπεν Δεββωρα πρὸς Βαρακ Ἀνάστηθι, ὅτι αὕτη ἡ ἡμέρα, ἐν ᾗ παρέδωκεν κύριος τὸν
Σισαρα ἐν τῇ χειρί σου, ὅτι κύριος ἐξελεύσεται ἔμπροσθέν σου. καὶ κατέβη Βαρακ
ἀπὸ τοῦ ὄρους Θαβωρ καὶ δέκα[1] χιλιάδες[2] ἀνδρῶν ὀπίσω αὐτοῦ. **15** καὶ ἐξέστησεν[3]
κύριος τὸν Σισαρα καὶ πάντα τὰ ἅρματα[4] αὐτοῦ καὶ πᾶσαν τὴν παρεμβολὴν[5] αὐτοῦ
ἐν στόματι ῥομφαίας[6] ἐνώπιον Βαρακ· καὶ κατέβη Σισαρα ἐπάνωθεν[7] τοῦ ἅρματος[8]
αὐτοῦ καὶ ἔφυγεν[9] τοῖς ποσὶν αὐτοῦ. **16** καὶ Βαρακ διώκων ὀπίσω τῶν ἁρμάτων[10]
καὶ ὀπίσω τῆς παρεμβολῆς[11] ἕως Αρισωθ τῶν ἐθνῶν· καὶ ἔπεσεν πᾶσα παρεμβολὴ
Σισαρα ἐν στόματι ῥομφαίας,[12] οὐ κατελείφθη[13] ἕως ἑνός.

17 καὶ Σισαρα ἔφυγεν[14] τοῖς ποσὶν αὐτοῦ εἰς σκηνὴν[15] Ιαηλ γυναικὸς Χαβερ ἑταίρου[16]
τοῦ Κιναίου, ὅτι εἰρήνη ἦν ἀνὰ μέσον[17] Ιαβιν βασιλέως Ασωρ καὶ ἀνὰ μέσον οἴκου
Χαβερ τοῦ Κιναίου. **18** καὶ ἐξῆλθεν Ιαηλ εἰς συνάντησιν[18] Σισαρα καὶ εἶπεν αὐτῷ
Ἔκκλινον,[19] κύριέ μου, ἔκκλινον πρός με, μὴ φοβοῦ· καὶ ἐξέκλινεν[20] πρὸς αὐτὴν
εἰς τὴν σκηνήν,[21] καὶ περιέβαλεν[22] αὐτὸν ἐπιβολαίῳ.[23] **19** καὶ εἶπεν Σισαρα πρὸς
αὐτήν Πότισόν[24] με δὴ[25] μικρὸν ὕδωρ, ὅτι ἐδίψησα·[26] καὶ ἤνοιξεν τὸν ἀσκὸν[27] τοῦ
γάλακτος[28] καὶ ἐπότισεν[29] αὐτὸν καὶ περιέβαλεν[30] αὐτόν. **20** καὶ εἶπεν πρὸς αὐτὴν
Σισαρα Στῆθι δὴ[31] ἐπὶ τὴν θύραν τῆς σκηνῆς,[32] καὶ ἔσται ἐὰν ἀνὴρ ἔλθῃ πρὸς σὲ καὶ
ἐρωτήσῃ[33] σε καὶ εἴπῃ Εἰ ἔστιν ὧδε[34] ἀνήρ; καὶ ἐρεῖς Οὐκ ἔστιν. **21** καὶ ἔλαβεν Ιαηλ
γυνὴ Χαβερ τὸν πάσσαλον[35] τῆς σκηνῆς[36] καὶ ἔθηκεν τὴν σφῦραν[37] ἐν τῇ χειρὶ αὐτῆς
καὶ εἰσῆλθεν πρὸς αὐτὸν ἐν κρυφῇ[38] καὶ ἔπηξεν[39] τὸν πάσσαλον ἐν τῷ κροτάφῳ[40]

1 δέκα, ten
2 χιλιάς, thousand
3 ἐξίστημι, *aor act ind 3s*, confound, confuse
4 ἅρμα, chariot
5 παρεμβολή, camp
6 ῥομφαία, sword
7 ἐπάνωθεν, from on top
8 ἅρμα, chariot
9 φεύγω, *aor act ind 3s*, flee
10 ἅρμα, chariot
11 παρεμβολή, camp
12 ῥομφαία, sword
13 καταλείπω, *aor pas ind 3s*, leave behind
14 φεύγω, *aor act ind 3s*, flee, retreat
15 σκηνή, tent
16 ἑταῖρος, companion, compatriot
17 ἀνὰ μέσον, between
18 συνάντησις, meeting
19 ἐκκλίνω, *aor act impv 2s*, turn aside
20 ἐκκλίνω, *aor act ind 3s*, turn aside
21 σκηνή, tent
22 περιβάλλω, *aor act ind 3s*, put around, cover over
23 ἐπιβόλαιον, covering, garment
24 ποτίζω, *aor act impv 2s*, give drink
25 δή, now, then
26 διψάω, *aor act ind 1s*, be thirsty
27 ἀσκός, animal hide bag
28 γάλα, milk
29 ποτίζω, *aor act ind 3s*, give drink
30 περιβάλλω, *aor act ind 3s*, wrap up, cover over
31 δή, now, then
32 σκηνή, tent
33 ἐρωτάω, *aor act sub 3s*, ask
34 ὧδε, here
35 πάσσαλος, peg
36 σκηνή, tent
37 σφῦρα, hammer
38 κρυφῇ, secretly
39 πήγνυμι, *aor act ind 3s*, make firm, fix
40 κρόταφος, temple (of the head)

καὶ διήλασεν[1] ἐν τῇ γῇ, καὶ αὐτὸς ἀπεσκάρισεν[2] ἀνὰ μέσον[3] τῶν γονάτων[4] αὐτῆς καὶ A
ἐξέψυξεν[5] καὶ ἀπέθανεν. **22** καὶ ἰδοὺ Βαρακ διώκων τὸν Σισαρα, καὶ ἐξῆλθεν Ιαηλ
εἰς ἀπαντὴν[6] αὐτοῦ καὶ εἶπεν αὐτῷ Δεῦρο[7] καὶ δείξω σοι τὸν ἄνδρα, ὃν σὺ ζητεῖς.
καὶ εἰσῆλθεν πρὸς αὐτήν, καὶ ἰδοὺ Σισαρα πεπτωκὼς νεκρός,[8] καὶ ὁ πάσσαλος[9] ἐν
τῇ γνάθῳ[10] αὐτοῦ.

23 καὶ ἐταπείνωσεν[11] κύριος ὁ θεὸς τὸν Ιαβιν βασιλέα Χανααν ἐν τῇ ἡμέρᾳ ἐκείνῃ
ἐνώπιον υἱῶν Ισραηλ. **24** καὶ ἐπορεύθη χεὶρ τῶν υἱῶν Ισραηλ πορευομένη καὶ
σκληρυνομένη[12] ἐπὶ Ιαβιν βασιλέα Χανααν, ἕως ἐξωλέθρευσαν[13] αὐτόν.

Song of Deborah

5 Καὶ ᾖσεν[14] Δεββωρα καὶ Βαρακ υἱὸς Αβινεεμ ἐν τῇ ἡμέρᾳ ἐκείνῃ καὶ εἶπεν

2 Ἐν τῷ ἄρξασθαι ἀρχηγοὺς[15] ἐν Ισραηλ,
ἐν προαιρέσει[16] λαοῦ
εὐλογεῖτε τὸν κύριον.

3 ἀκούσατε, βασιλεῖς, ἐνωτίζεσθε,[17] σατράπαι[18] δυνατοί·
ἐγὼ τῷ κυρίῳ ᾄσομαι,[19]
ψαλῶ[20] τῷ θεῷ Ισραηλ.

4 κύριε, ἐν τῇ ἐξόδῳ[21] σου ἐκ Σηιρ,
ἐν τῷ ἀπαίρειν[22] σε ἐξ ἀγροῦ Εδωμ
γῆ ἐσείσθη,[23] καὶ ὁ οὐρανὸς ἐξεστάθη,[24]
καὶ αἱ νεφέλαι[25] ἔσταξαν[26] ὕδωρ·
5 ὄρη ἐσαλεύθησαν[27] ἀπὸ προσώπου κυρίου,
τοῦτο Σινα ἀπὸ προσώπου κυρίου θεοῦ Ισραηλ.

1 διελαύνω, *aor act ind 3s*, go through, penetrate
2 ἀποσκαρίζω, *aor act ind 3s*, struggle, convulse
3 ἀνὰ μέσον, between
4 γόνυ, knee
5 ἐκψύχω, *aor act ind 3s*, expire, breathe one's last
6 ἀπαντή, meeting
7 δεῦρο, come!
8 νεκρός, dead
9 πάσσαλος, peg
10 γνάθος, jaw
11 ταπεινόω, *aor act ind 3s*, bring low, humble
12 σκληρύνω, *pres pas ptc nom s f*, harden, stiffen
13 ἐξολεθρεύω, *aor act ind 3p*, utterly destroy
14 ᾄδω, *aor act ind 3s*, sing
15 ἀρχηγός, ruler, leader
16 προαίρεσις, choice, inclination
17 ἐνωτίζομαι, *pres mid impv 2p*, give ear, hearken
18 σατράπης, governor, satrap
19 ᾄδω, *fut mid ind 1s*, sing
20 ψάλλω, *fut act ind 1s*, play music with an instrument
21 ἔξοδος, departure, exit
22 ἀπαίρω, *pres act inf*, march away, depart
23 σείω, *aor pas ind 3s*, shake, quake
24 ἐξίστημι, *aor pas ind 3s*, amaze, astonish
25 νεφέλη, cloud
26 στάζω, *aor act ind 3p*, pour down, drop
27 σαλεύω, *aor pas ind 3p*, shake, shatter

B αὐτοῦ, καὶ διεξῆλθεν[1] ἐν τῇ γῇ· καὶ αὐτὸς ἐξεστὼς[2] ἐσκοτώθη[3] καὶ ἀπέθανεν. **22** καὶ
ἰδοὺ Βαρακ διώκων τὸν Σισαρα, καὶ ἐξῆλθεν Ιαηλ εἰς συνάντησιν[4] αὐτῷ καὶ εἶπεν
αὐτῷ Δεῦρο[5] καὶ δείξω σοι τὸν ἄνδρα, ὃν σὺ ζητεῖς. καὶ εἰσῆλθεν πρὸς αὐτήν, καὶ
ἰδοὺ Σισαρα ῥεριμμένος[6] νεκρός,[7] καὶ ὁ πάσσαλος[8] ἐν τῷ κροτάφῳ[9] αὐτοῦ.

23 καὶ ἐτρόπωσεν[10] ὁ θεὸς ἐν τῇ ἡμέρᾳ ἐκείνῃ τὸν Ιαβιν βασιλέα Χαναὰν ἔμπρο-
σθεν τῶν υἱῶν Ισραηλ. **24** καὶ ἐπορεύετο χεὶρ τῶν υἱῶν Ισραηλ πορευομένη καὶ
σκληρυνομένη[11] ἐπὶ Ιαβιν βασιλέα Χαναaν, ἕως οὗ ἐξωλέθρευσαν[12] τὸν Ιαβιν βασι-
λέα Χαναaν.

Song of Deborah

5 Καὶ ᾖσαν[13] Δεββωρα καὶ Βαρακ υἱὸς Αβινεεμ ἐν τῇ ἡμέρᾳ ἐκείνῃ λέγοντες

2 Ἀπεκαλύφθη[14] ἀποκάλυμμα[15] ἐν Ισραηλ·
ἐν τῷ ἑκουσιασθῆναι[16] λαὸν
εὐλογεῖτε κύριον.

3 ἀκούσατε, βασιλεῖς, καὶ ἐνωτίσασθε,[17] σατράπαι·[18]
ἐγώ εἰμι τῷ κυρίῳ, ἐγώ εἰμι ᾄσομαι,[19]
ψαλῶ[20] τῷ κυρίῳ τῷ θεῷ Ισραηλ.

4 κύριε, ἐν τῇ ἐξόδῳ[21] σου ἐν Σηιρ,
ἐν τῷ ἀπαίρειν[22] σε ἐξ ἀγροῦ Εδωμ
γῆ ἐσείσθη,[23] καὶ ὁ οὐρανὸς ἔσταξεν[24] δρόσους,[25]
καὶ αἱ νεφέλαι[26] ἔσταξαν[27] ὕδωρ·
5 ὄρη ἐσαλεύθησαν[28] ἀπὸ προσώπου κυρίου Ελωι,
τοῦτο Σινα ἀπὸ προσώπου κυρίου θεοῦ Ισραηλ.

1 διεξέρχομαι, *aor act ind 3s*, pass through, pierce
2 ἐξίστημι, *perf act ptc nom s m*, confuse
3 σκοτόω, *aor pas ind 3s*, make dizzy, stupefy
4 συνάντησις, meeting
5 δεῦρο, come!
6 ῥίπτω, *perf pas ptc nom s m*, cast, throw
7 νεκρός, dead
8 πάσσαλος, peg
9 κρόταφος, temple (of the head)
10 τροπόω, *aor act ind 3s*, put to flight
11 σκληρύνω, *pres pas ptc nom s f*, harden, stiffen
12 ἐξολεθρεύω, *aor act ind 3p*, utterly destroy
13 ᾄδω, *aor act ind 3p*, sing
14 ἀποκαλύπτω, *aor pas ind 3s*, disclose, reveal
15 ἀποκάλυμμα, uncovering, unveiling
16 ἑκουσιάζομαι, *aor pas inf*, be willing, volunteer
17 ἐνωτίζομαι, *aor mid impv 2p*, give ear, hearken
18 σατράπης, governor, satrap
19 ᾄδω, *fut mid ind 1s*, sing
20 ψάλλω, *fut act ind 1s*, play music with an instrument
21 ἔξοδος, departure, exit
22 ἀπαίρω, *pres act inf*, march away, depart
23 σείω, *aor pas ind 3s*, shake, quake
24 στάζω, *aor act ind 3s*, pour down, drop
25 δρόσος, dew
26 νεφέλη, cloud
27 στάζω, *aor act ind 3p*, pour down, drop
28 σαλεύω, *aor pas ind 3p*, shake, shatter

A

6 ἐν ἡμέραις Σαμεγαρ υἱοῦ Αναθ, ἐν ἡμέραις Ιαηλ
ἐξέλιπον[1] βασιλεῖς καὶ ἐπορεύθησαν τρίβους,[2]
ἐπορεύθησαν ὁδοὺς διεστραμμένας.[3]
7 ἐξέλιπεν[4] φραζων[5] ἐν τῷ Ισραηλ, ἐξέλιπεν,[6]
ἕως οὗ ἐξανέστη[7] Δεββωρα,
ὅτι ἀνέστη μήτηρ ἐν τῷ Ισραηλ.
8 ᾑρέτισαν[8] θεοὺς καινοὺς[9]
ὡς ἄρτον κρίθινον·[10]
σκέπην[11] ἐὰν ἴδω σιρομαστῶν[12]
ἐν τεσσαράκοντα[13] χιλιάσιν.[14]

9 ἡ καρδία μου ἐπὶ τὰ διατεταγμένα[15] τῷ Ισραηλ·
οἱ δυνάσται[16] τοῦ λαοῦ, εὐλογεῖτε τὸν κύριον.
10 ἐπιβεβηκότες[17] ἐπὶ ὑποζυγίων,[18]
καθήμενοι ἐπὶ λαμπηνῶν,[19]

11 φθέγξασθε[20] φωνὴν ἀνακρουομένων[21]
ἀνὰ μέσον[22] εὐφραινομένων·[23]
ἐκεῖ δώσουσιν δικαιοσύνην κυρίῳ.
δίκαιοι ἐνίσχυσαν[24] ἐν τῷ Ισραηλ·
τότε κατέβη εἰς τὰς πόλεις αὐτοῦ ὁ λαὸς κυρίου.

12 ἐξεγείρου[25] ἐξεγείρου, Δεββωρα,
ἐξέγειρον[26] μυριάδας[27] μετὰ λαοῦ,
ἐξεγείρου ἐξεγείρου, λάλει μετ᾽ ᾠδῆς·[28]

1 ἐκλείπω, *aor act ind 3p*, be gone, desert
2 τρίβος, path, track
3 διαστρέφω, *perf pas ptc acc p f*, make crooked, twist
4 ἐκλείπω, *aor act ind 3s*, be gone, be lacking
5 φραζων, spokesman?, villagers?, *translit.*
6 ἐκλείπω, *aor act ind 3s*, be gone, be lacking
7 ἐξανίστημι, *aor act ind 3s*, rise up, stand up
8 αἱρετίζω, *aor act ind 3p*, choose, select
9 καινός, new
10 κρίθινος, made of barley
11 σκέπη, shelter, covering
12 σιρομάστης, barbed lance
13 τεσσαράκοντα, forty
14 χιλιάς, thousand
15 διατάσσω, *perf pas ptc acc p n*, assign, arrange
16 δυνάστης, ruler, mighty one
17 ἐπιβαίνω, *perf act ptc nom p m*, mount on
18 ὑποζύγιον, mule, donkey
19 λαμπήνη, covered chariot
20 φθέγγομαι, *aor mid impv 2p*, utter
21 ἀνακρούομαι, *pres mid ptc gen p m*, strike up (music)
22 ἀνὰ μέσον, between
23 εὐφραίνω, *pres pas ptc gen p n*, make glad, rejoice
24 ἐνισχύω, *aor act ind 3p*, be strong, prevail
25 ἐξεγείρω, *pres mid impv 2s*, rise, awaken
26 ἐξεγείρω, *aor act impv 2s*, rise, awaken
27 μυριάς, ten thousand
28 ᾠδή, song

B

6 ἐν ἡμέραις Σαμεγαρ υἱοῦ Αναθ, ἐν ἡμέραις Ιαηλ
ἐξέλιπον[1] ὁδοὺς καὶ ἐπορεύθησαν ἀτραπούς,[2]
ἐπορεύθησαν ὁδοὺς διεστραμμένας·[3]
7 ἐξέλιπον[4] δυνατοὶ ἐν Ισραηλ, ἐξέλιπον,
ἕως οὗ ἀναστῇ Δεββωρα,
ἕως οὗ ἀναστῇ μήτηρ ἐν Ισραηλ.
8 ἐξελέξαντο[5] θεοὺς καινούς·[6]
τότε ἐπολέμησαν πόλεις ἀρχόντων·
θυρεὸς[7] ἐὰν ὀφθῇ καὶ λόγχη[8]
ἐν τεσσαράκοντα[9] χιλιάσιν[10] ἐν Ισραηλ.

9 ἡ καρδία μου εἰς τὰ διατεταγμένα[11] τῷ Ισραηλ·
οἱ ἑκουσιαζόμενοι[12] ἐν λαῷ, εὐλογεῖτε κύριον.
10 ἐπιβεβηκότες[13] ἐπὶ ὄνου[14] θηλείας[15] μεσημβρίας,[16]
καθήμενοι ἐπὶ κριτηρίου[17]
καὶ πορευόμενοι ἐπὶ ὁδοὺς συνέδρων[18] ἐφ᾽ ὁδῷ,
11 διηγεῖσθε[19] ἀπὸ φωνῆς ἀνακρουομένων[20]
ἀνὰ μέσον[21] ὑδρευομένων·[22]
ἐκεῖ δώσουσιν δικαιοσύνας κυρίῳ,
δικαιοσύνας αὔξησον[23] ἐν Ισραηλ.
τότε κατέβη εἰς τὰς πόλεις λαὸς κυρίου.

12 ἐξεγείρου[24] ἐξεγείρου, Δεββωρα,
ἐξεγείρου ἐξεγείρου, λάλησον ᾠδήν·[25]

1 ἐκλείπω, *aor act ind 3p*, be gone, desert
2 ἀτραπός, byway, path
3 διαστρέφω, *perf pas ptc acc p f*, make crooked, twist
4 ἐκλείπω, *aor act ind 3p*, be gone, be lacking
5 ἐκλέγω, *aor mid ind 3p*, select, choose
6 καινός, new
7 θυρεός, oblong shield
8 λόγχη, spear, lance
9 τεσσαράκοντα, forty
10 χιλιάς, thousand
11 διατάσσω, *perf pas ptc acc p n*, assign, arrange
12 ἑκουσιάζομαι, *pres mid ptc nom p m*, be willing, volunteer
13 ἐπιβαίνω, *perf act ptc nom p m*, mount on
14 ὄνος, donkey
15 θῆλυς, female
16 μεσημβρία, noon
17 κριτήριον, judgment seat
18 συνδράω, *impf act ind 3p*, do together
19 διηγέομαι, *pres mid impv 2p*, describe, tell
20 ἀνακρούομαι, *pres mid ptc gen p m*, strike up (music)
21 ἀνὰ μέσον, among
22 ὑδρεύομαι, *pres pas ptc gen p m*, draw water
23 αὐξάνω, *aor act impv 2s*, increase
24 ἐξεγείρω, *pres mid impv 2s*, rise, awaken
25 ᾠδή, song

A

ἐνισχύων[1] ἐξανίστασο, Βαρακ,
καὶ ἐνίσχυσον,[2] Δεββωρα, τὸν Βαρακ·
αἰχμαλώτιζε[3] αἰχμαλωσίαν[4] σου, υἱὸς Αβινεεμ.

13 πότε[5] ἐμεγαλύνθη[6] ἡ ἰσχὺς[7] αὐτοῦ;
κύριε, ταπείνωσόν[8] μοι τοὺς ἰσχυροτέρους[9] μου.

14 λαὸς Εφραιμ ἐτιμωρήσατο[10] αὐτοὺς
ἐν κοιλάδι[11] ἀδελφοῦ σου Βενιαμιν ἐν λαοῖς σου.
ἐξ ἐμοῦ Μαχιρ κατέβησαν ἐξερευνῶντες,[12]
καὶ ἐκ Ζαβουλων κύριος ἐπολέμει μοι ἐν δυνατοῖς
ἐκεῖθεν[13] ἐν σκήπτρῳ[14] ἐνισχύοντος[15] ἡγήσεως.[16]

15 ἐν Ισσαχαρ μετὰ Δεββωρας
ἐξαπέστειλεν[17] πεζοὺς[18] αὐτοῦ εἰς τὴν κοιλάδα.[19]
ἵνα τί σὺ κατοικεῖς ἐν μέσῳ χειλέων;[20]
ἐξέτεινεν[21] ἐν τοῖς ποσὶν αὐτοῦ.
ἐν διαιρέσεσιν[22] Ρουβην
μεγάλοι ἀκριβασμοὶ[23] καρδίας.
16 ἵνα τί μοι κάθησαι ἀνὰ μέσον[24] τῶν μοσφαθαιμ[25]
τοῦ εἰσακούειν[26] συρισμοὺς[27] ἐξεγειρόντων;[28]
τοῦ διελθεῖν εἰς τὰ τοῦ Ρουβην
μεγάλοι ἐξιχνιασμοὶ[29] καρδίας.

17 Γαλααδ ἐν τῷ πέραν[30] τοῦ Ιορδάνου κατεσκήνωσεν·[31]
καὶ Δαν ἵνα τί παροικεῖ[32] πλοίοις;[33]

1 ἐνισχύω, *pres act ptc nom s m*, be strong, prevail
2 ἐνισχύω, *aor act impv 2s*, be strong, prevail
3 αἰχμαλωτίζω, *pres act impv 2s*, take prisoner
4 αἰχμαλωσία, captive, prisoner of war
5 πότε, when
6 μεγαλύνω, *aor pas ind 3s*, increase
7 ἰσχύς, power, strength
8 ταπεινόω, *aor act impv 2s*, bring low, humble
9 ἰσχυρός, *comp*, stronger, mightier
10 τιμωρέω, *aor mid ind 3s*, take vengeance, punish
11 κοιλάς, valley
12 ἐξερευνάω, *pres act ptc nom p m*, search out, investigate
13 ἐκεῖθεν, from there
14 σκῆπτρον, staff, scepter
15 ἐνισχύω, *pres act ptc gen s m*, be strong, prevail
16 ἥγησις, command
17 ἐξαποστέλλω, *aor act ind 3s*, send forth
18 πεζός, by land, (infantry)
19 κοιλάς, valley
20 χεῖλος, shore, bank
21 ἐκτείνω, *aor act ind 3s*, stretch out
22 διαίρεσις, division
23 ἀκριβασμός, careful investigation
24 ἀνὰ μέσον, between, among
25 μοσφαθαιμ, saddlebags?, *translit.*
26 εἰσακούω, *pres act inf*, listen to
27 συρισμός, bleating, hissing, whistling
28 ἐξεγείρω, *pres act ptc gen p m*, stir up, raise up
29 ἐξιχνιασμός, tracking, searching
30 πέραν, beyond, far side
31 κατασκηνόω, *aor act ind 3s*, live, settle
32 παροικέω, *pres act ind 2s*, dwell beside, inhabit
33 πλοῖον, ship

B

ἀνάστα, Βαρακ,
καὶ αἰχμαλώτισον[1] αἰχμαλωσίαν[2] σου, υἱὸς Αβινεεμ.

13 τότε κατέβη κατάλειμμα[3] τοῖς ἰσχυροῖς,[4]
λαὸς κυρίου κατέβη αὐτῷ ἐν τοῖς κραταιοῖς.[5]

14 ἐξ ἐμοῦ Εφραιμ ἐξερρίζωσεν[6] αὐτοὺς ἐν τῷ Αμαληκ·
ὀπίσω σου Βενιαμιν ἐν τοῖς λαοῖς σου.
ἐν ἐμοὶ Μαχιρ κατέβησαν ἐξερευνῶντες[7]
καὶ ἀπὸ Ζαβουλων ἕλκοντες[8] ἐν ῥάβδῳ[9] διηγήσεως[10] γραμματέως.[11]

15 καὶ ἀρχηγοὶ[12] ἐν Ισσαχαρ μετὰ Δεββωρας καὶ Βαρακ,
οὕτως Βαρακ ἐν κοιλάσιν ἀπέστειλεν ἐν ποσὶν αὐτοῦ.
εἰς τὰς μερίδας[13] Ρουβην
μεγάλοι ἐξικνούμενοι[14] καρδίαν.

16 εἰς τί ἐκάθισαν ἀνὰ μέσον[15] τῆς διγομίας[16]
τοῦ ἀκοῦσαι συρισμοῦ[17] ἀγγέλων;
εἰς διαιρέσεις[18] Ρουβην
μεγάλοι ἐξετασμοὶ[19] καρδίας.

17 Γαλααδ ἐν τῷ πέραν[20] τοῦ Ιορδάνου ἐσκήνωσεν·[21]
καὶ Δαν εἰς τί παροικεῖ[22] πλοίοις;[23]

1 αἰχμαλωτίζω, *aor act impv 2s*, take prisoner
2 αἰχμαλωσία, captive, prisoner of war
3 κατάλειμμα, remnant
4 ἰσχυρός, powerful, strong
5 κραταιός, mighty
6 ἐκριζόω, *aor act ind 3s*, root out, uproot
7 ἐξερευνάω, *pres act ptc nom p m*, search out, investigate
8 ἕλκω, *pres act ptc nom p m*, inscribe, draw
9 ῥάβδος, pen
10 διήγησις, account, record
11 γραμματεύς, scribe
12 ἀρχηγός, chief, ruler
13 μερίς, part, portion
14 ἐξικνέομαι, *pres mid ptc nom p m*, reach
15 ἀνὰ μέσον, among
16 διγομία, double load
17 συρισμός, bleating, hissing, whistling
18 διαίρεσις, division
19 ἐξετασμός, examination
20 πέραν, beyond, far side
21 σκηνόω, *aor act ind 3s*, dwell, pitch a tent
22 παροικέω, *pres act ind 2s*, dwell beside, inhabit
23 πλοῖον, ship

Ασηρ παρῴκησεν[1] παρ᾽ αἰγιαλὸν[2] θαλασσῶν
καὶ ἐπὶ τὰς διακοπὰς[3] αὐτοῦ κατεσκήνωσεν.[4]

18 Ζαβουλων λαὸς ὀνειδίσας[5] ψυχὴν αὐτοῦ εἰς θάνατον
καὶ Νεφθαλιμ ἐπὶ ὕψη[6] ἀγροῦ.

19 ἦλθον βασιλεῖς καὶ παρετάξαντο.[7]
τότε ἐπολέμησαν βασιλεῖς Χαναναν
ἐν Θενναχ ἐπὶ ὕδατος Μαγεδδω·
πλεονεξίαν[8] ἀργυρίου[9] οὐκ ἔλαβον.

20 ἐκ τοῦ οὐρανοῦ ἐπολέμησαν ἀστέρες,[10]
ἐκ τῆς τάξεως[11] αὐτῶν ἐπολέμησαν μετὰ Σισαρα.

21 χειμάρρους[12] Κισων ἐξέβαλεν αὐτούς,
χειμάρρους καδημιμ,[13] χειμάρρους Κισων·
καταπατήσει[14] αὐτοὺς ψυχή μου δυνατή.

22 τότε ἀπεκόπησαν[15] πτέρναι[16] ἵππου,[17]
αμαδαρωθ[18] δυνατῶν αὐτοῦ.

23 καταράσασθε[19] Μαρωζ, εἶπεν ὁ ἄγγελος κυρίου,
καταράσει[20] καταράσασθε τοὺς ἐνοίκους[21] αὐτῆς,
ὅτι οὐκ ἤλθοσαν εἰς τὴν βοήθειαν[22] κυρίου·
βοηθὸς[23] ἡμῶν κύριος ἐν μαχηταῖς[24] δυνατός.

24 εὐλογηθείη[25] ἐκ γυναικῶν Ιαηλ
γυνὴ Χαβερ τοῦ Κιναίου,
ἐκ γυναικῶν ἐν σκηνῇ[26] εὐλογηθείη.

25 ὕδωρ ᾔτησεν[27] αὐτήν, καὶ γάλα[28] ἔδωκεν αὐτῷ,
ἐν λακάνῃ[29] ἰσχυρῶν[30] προσήγγισεν[31] βούτυρον.[32]

1 παροικέω, *aor act ind 3s*, dwell beside, inhabit
2 αἰγιαλός, seashore, beach
3 διακοπή, channel, port
4 κατασκηνόω, *aor act ind 3s*, live, settle
5 ὀνειδίζω, *aor act ptc nom s m*, reproach, revile
6 ὕψος, summit, height
7 παρατάσσω, *aor mid ind 3p*, align for battle
8 πλεονεξία, exploitation, gain
9 ἀργύριον, silver, money
10 ἀστήρ, star
11 τάξις, appointed place, fixed order
12 χείμαρρος, brook
13 καδημιμ, ancient, *translit.*
14 καταπατέω, *fut act ind 3s*, destroy, tread upon
15 ἀποκόπτω, *aor act ind 3p*, hew, cut off
16 πτέρνα, hoof, footstep
17 ἵππος, horse
18 αμαδαρωθ, from galloping, *translit.*
19 καταράομαι, *aor mid impv 2p*, curse
20 κατάρασις, cursing
21 ἔνοικος, inhabitant
22 βοήθεια, help
23 βοηθός, help, helper
24 μαχητής, fighter, warrior
25 εὐλογέω, *aor pas opt 3s*, bless, praise
26 σκηνή, tent
27 αἰτέω, *aor act ind 3s*, ask for, request
28 γάλα, milk
29 λακάνη, dish, pot
30 ἰσχυρός, strong, powerful
31 προσεγγίζω, *aor act ind 3s*, bring near
32 βούτυρον, butter

B

Ασηρ ἐκάθισεν παραλίαν[1] θαλασσῶν
καὶ ἐπὶ διεξόδοις[2] αὐτοῦ σκηνώσει.[3]

18 Ζαβουλων λαὸς ὠνείδισεν[4] ψυχὴν αὐτοῦ εἰς θάνατον
καὶ Νεφθαλι ἐπὶ ὕψη[5] ἀγροῦ.

19 ἦλθον αὐτῶν βασιλεῖς, παρετάξαντο,[6]
τότε ἐπολέμησαν βασιλεῖς Χανααν
ἐν Θανααχ ἐπὶ ὕδατι Μεγεδδω·
δῶρον[7] ἀργυρίου[8] οὐκ ἔλαβον.
20 ἐξ οὐρανοῦ παρετάξαντο[9] οἱ ἀστέρες,[10]
ἐκ τρίβων[11] αὐτῶν παρετάξαντο μετὰ Σισαρα.
21 χειμάρρους[12] Κισων ἐξέσυρεν[13] αὐτούς,
χειμάρρους ἀρχαίων,[14] χειμάρρους Κισων·
καταπατήσει[15] αὐτὸν ψυχή μου δυνατή.
22 τότε ἐνεποδίσθησαν[16] πτέρναι[17] ἵππου,[18]
σπουδῇ[19] ἔσπευσαν[20] ἰσχυροὶ[21] αὐτοῦ.

23 καταρᾶσθε[22] Μηρωζ, εἶπεν ἄγγελος κυρίου, καταρᾶσθε,
ἐπικατάρατος[23] πᾶς ὁ κατοικῶν αὐτήν,
ὅτι οὐκ ἤλθοσαν εἰς βοήθειαν[24] κυρίου,
εἰς βοήθειαν ἐν δυνατοῖς.

24 εὐλογηθείη[25] ἐν γυναιξὶν Ιαηλ
γυνὴ Χαβερ τοῦ Κιναίου,
ἀπὸ γυναικῶν ἐν σκηναῖς[26] εὐλογηθείη.
25 ὕδωρ ᾔτησεν,[27] γάλα[28] ἔδωκεν,
ἐν λεκάνῃ[29] ὑπερεχόντων[30] προσήνεγκεν βούτυρον.[31]

1 παράλιος, seashore
2 διέξοδος, outlet
3 σκηνόω, *fut act ind 3s*, dwell, pitch a tent
4 ὀνειδίζω, *aor act ind 3s*, reproach, revile
5 ὕψος, summit, height
6 παρατάσσω, *aor mid ind 3p*, align for battle
7 δῶρον, gift
8 ἀργύριον, silver, money
9 παρατάσσω, *aor mid ind 3p*, align for battle, fight
10 ἀστήρ, star
11 τρίβος, path, course
12 χείμαρρος, brook
13 ἐκσύρω, *aor act ind 3s*, sweep away
14 ἀρχαῖος, ancient
15 καταπατέω, *fut act ind 3s*, trample, destroy
16 ἐμποδίζω, *aor pas ind 3p*, hinder
17 πτέρνα, hoof, footstep
18 ἵππος, horse
19 σπουδή, haste, zeal
20 σπεύδω, *aor act ind 3p*, hurry, hasten
21 ἰσχυρός, mighty, strong
22 καταράομαι, *pres mid impv 2p*, curse
23 ἐπικατάρατος, accursed
24 βοήθεια, help, aid
25 εὐλογέω, *aor pas opt 3s*, bless, praise
26 σκηνή, tent
27 αἰτέω, *aor act ind 3s*, ask for, request
28 γάλα, milk
29 λεκάνη, dish, pot
30 ὑπερέχω, *pres act ptc gen p m*, excel, rise above
31 βούτυρον, butter

A

26 τὴν χεῖρα αὐτῆς τὴν ἀριστερὰν[1] εἰς πάσσαλον[2] ἐξέτεινεν,[3]
τὴν δεξιὰν αὐτῆς εἰς ἀποτομὰς[4] κατακόπων[5]
καὶ ἀπέτεμεν[6] Σισαρα, ἀπέτριψεν[7] τὴν κεφαλὴν αὐτοῦ
καὶ συνέθλασεν[8] καὶ διήλασεν[9] τὴν γνάθον[10] αὐτοῦ.
27 ἀνὰ μέσον[11] τῶν ποδῶν αὐτῆς συγκάμψας[12] ἔπεσεν,
ἐκοιμήθη[13] μεταξὺ[14] ποδῶν αὐτῆς·
ἐν ᾧ ἔκαμψεν,[15] ἐκεῖ ἔπεσεν ταλαίπωρος.[16]

28 διὰ τῆς θυρίδος[17] διέκυπτεν[18] ἡ μήτηρ Σισαρα
διὰ τῆς δικτυωτῆς[19] ἐπιβλέπουσα[20] ἐπὶ τοὺς μεταστρέφοντας[21] μετὰ Σισαρα
Διὰ τί ᾐσχάτισεν[22] τὸ ἅρμα[23] αὐτοῦ παραγενέσθαι;
διὰ τί ἐχρόνισαν[24] ἴχνη[25] ἁρμάτων[26] αὐτοῦ;
29 σοφαὶ[27] ἀρχουσῶν αὐτῆς ἀνταπεκρίναντο[28] πρὸς αὐτήν,
καὶ αὐτὴ ἀπεκρίνατο ἐν ῥήμασιν αὐτῆς
30 Οὐχὶ εὑρήσουσιν αὐτὸν διαμερίζοντα[29] σκῦλα;[30]
φιλιάζων[31] φίλοις[32] εἰς κεφαλὴν δυνατοῦ·
σκῦλα[33] βαμμάτων[34] Σισαρα,
σκῦλα βαμμάτων ποικιλίας,[35]
βαφὴ[36] ποικίλων[37] περὶ τράχηλον[38] αὐτοῦ σκῦλον.

1 ἀριστερός, left
2 πάσσαλος, peg
3 ἐκτείνω, *aor act ind 3s*, stretch out
4 ἀποτομή, (instrument for?) cutting off
5 κατάκοπος, weary
6 ἀποτέμνω, *aor act ind 3s*, cut off
7 ἀποτρίβω, *aor act ind 3s*, scalp
8 συνθλάω, *aor act ind 3s*, dash, crush
9 διελαύνω, *aor act ind 3s*, thrust through
10 γνάθος, jaw
11 ἀνὰ μέσον, between
12 συγκάμπτω, *aor act ptc nom s m*, bend over
13 κοιμάω, *aor pas ind 3s*, lie down
14 μεταξύ, in the middle of
15 κάμπτω, *aor act ind 3s*, bend
16 ταλαίπωρος, suffering, miserable, wretched
17 θυρίς, window
18 διακύπτω, *impf act ind 3s*, bend to see, look out
19 δικτυωτός, latticed, trellised
20 ἐπιβλέπω, *pres act ptc nom s f*, gaze, look attentively
21 μεταστρέφω, *pres act ptc acc p m*, turn back
22 ἐσχατίζω, *aor act ind 3s*, come late, be last
23 ἅρμα, chariot
24 χρονίζω, *aor act ind 3p*, take a long time, delay
25 ἴχνος, route, track
26 ἅρμα, chariot
27 σοφός, clever, learned
28 ἀνταποκρίνομαι, *aor mid ind 3p*, answer back
29 διαμερίζω, *pres act ptc acc s m*, distribute, divide
30 σκῦλον, spoil, booty
31 φιλιάζω, *pres act ptc nom s m*, act friendly toward
32 φίλος, friend, associate
33 σκῦλον, spoil, booty
34 βάμμα, dyed garment, dye
35 ποικιλία, of varied color, embroidered
36 βαφή, dip, dye
37 ποικίλος, multicolored, manifold
38 τράχηλος, neck

B

26 χεῖρα αὐτῆς ἀριστερὰν[1] εἰς πάσσαλον[2] ἐξέτεινεν[3]
καὶ δεξιὰν αὐτῆς εἰς σφῦραν[4] κοπιώντων[5]
καὶ ἐσφυροκόπησεν[6] Σισαρα, διήλωσεν[7] κεφαλὴν αὐτοῦ
καὶ ἐπάταξεν,[8] διήλωσεν κρόταφον[9] αὐτοῦ.
27 ἀνὰ μέσον[10] τῶν ποδῶν αὐτῆς κατεκυλίσθη,[11]
ἔπεσεν καὶ ἐκοιμήθη·[12]
ἀνὰ μέσον τῶν ποδῶν αὐτῆς κατακλιθεὶς[13] ἔπεσεν·
καθὼς κατεκλίθη,[14] ἐκεῖ ἔπεσεν ἐξοδευθείς.[15]
28 διὰ τῆς θυρίδος[16] παρέκυψεν[17] μήτηρ Σισαρα ἐκτὸς[18] τοῦ τοξικοῦ,[19]
διότι[20] ᾐσχύνθη[21] ἅρμα[22] αὐτοῦ,
διότι ἐχρόνισαν[23] πόδες ἁρμάτων αὐτοῦ.

29 αἱ σοφαὶ[24] ἄρχουσαι αὐτῆς ἀπεκρίθησαν πρὸς αὐτήν,
καὶ αὐτὴ ἀπέστρεψεν[25] λόγους αὐτῆς ἑαυτῇ
30 Οὐχ εὑρήσουσιν αὐτὸν διαμερίζοντα[26] σκῦλα;[27]
οἰκτίρμων[28] οἰκτιρήσει[29] εἰς κεφαλὴν ἀνδρός·
σκῦλα βαμμάτων[30] τῷ Σισαρα,
σκῦλα βαμμάτων ποικιλίας,[31]
βάμματα ποικιλτῶν[32] αὐτά, τῷ τραχήλῳ[33] αὐτοῦ σκῦλα.

1 ἀριστερός, left
2 πάσσαλος, peg
3 ἐκτείνω, *aor act ind 3s*, stretch out
4 σφῦρα, hammer
5 κοπιάω, *pres act ptc gen p m*, toil, labor
6 σφυροκοπέω, *aor act ind 3s*, beat with a hammer
7 διηλόω, *aor act ind 3s*, drive a nail through
8 πατάσσω, *aor act ind 3s*, strike, slay
9 κρόταφος, temple (of the head)
10 ἀνὰ μέσον, between
11 κατακυλίω, *aor pas ind 3s*, throw off, roll down
12 κοιμάω, *aor pas ind 3s*, lie down
13 κατακλίνω, *aor pas ptc nom s m*, recline
14 κατακλίνω, *aor pas ind 3s*, recline
15 ἐξοδεύω, *aor pas ptc nom s m*, depart (from life)
16 θυρίς, window
17 παρακύπτω, *aor act ind 3s*, look through
18 ἐκτός, beyond
19 τοξικός, (peephole for a bow)
20 διότι, because
21 αἰσχύνω, *aor pas ind 3s*, dishonor, shame
22 ἅρμα, chariot
23 χρονίζω, *aor act ind 3p*, take a long time, delay
24 σοφός, clever, learned
25 ἀποστρέφω, *aor act ind 3s*, return
26 διαμερίζω, *pres act ptc acc s m*, distribute, divide
27 σκῦλον, spoil, plunder
28 οἰκτίρμων, merciful
29 οἰκτίρω, *fut act ind 3s*, have mercy
30 βάμμα, dyed garment, dye
31 ποικιλία, of varied color, embroidered
32 ποικιλτής, of varied color, embroidered
33 τράχηλος, neck

31 οὕτως ἀπόλοιντο[1] πάντες οἱ ἐχθροί σου, κύριε· A
καὶ οἱ ἀγαπῶντες αὐτὸν καθὼς ἡ ἀνατολὴ[2] τοῦ ἡλίου ἐν δυναστείαις[3]
αὐτοῦ.

Καὶ ἡσύχασεν[4] ἡ γῆ τεσσαράκοντα[5] ἔτη.

Midian Oppresses Israel

6 Καὶ ἐποίησαν οἱ υἱοὶ Ισραηλ τὸ πονηρὸν ἔναντι[6] κυρίου, καὶ παρέδωκεν αὐτοὺς
κύριος ἐν χειρὶ Μαδιαμ ἔτη ἑπτά. **2** καὶ κατίσχυσεν[7] χεὶρ Μαδιαμ ἐπὶ Ισραηλ· καὶ
ἐποίησαν ἑαυτοῖς οἱ υἱοὶ Ισραηλ ἀπὸ προσώπου Μαδιαμ μάνδρας[8] ἐν τοῖς ὄρεσιν
καὶ τοῖς σπηλαίοις[9] καὶ τοῖς ὀχυρώμασιν.[10] **3** καὶ ἐγένετο ὅταν ἔσπειρεν[11] ἀνὴρ
Ισραηλ, καὶ ἀνέβαινεν Μαδιαμ καὶ Αμαληκ καὶ οἱ υἱοὶ ἀνατολῶν[12] καὶ ἀνέβαινον
ἐπ᾿ αὐτόν· **4** καὶ παρενέβαλλον[13] ἐπ᾿ αὐτοὺς καὶ διέφθειραν[14] τὰ ἐκφόρια[15] τῆς γῆς
ἕως τοῦ ἐλθεῖν εἰς Γάζαν καὶ οὐχ ὑπελείποντο[16] ὑπόστασιν[17] ζωῆς ἐν Ισραηλ καὶ
ποίμνιον[18] καὶ μόσχον[19] καὶ ὄνον·[20] **5** ὅτι αὐτοὶ καὶ τὰ κτήνην[21] αὐτῶν ἀνέβαινον καὶ
τὰς σκηνὰς[22] αὐτῶν παρέφερον[23] καὶ παρεγίνοντο ὡς ἀκρὶς[24] εἰς πλῆθος, καὶ αὐτοῖς
καὶ ταῖς καμήλοις[25] αὐτῶν οὐκ ἦν ἀριθμός,[26] καὶ παρεγίνοντο ἐν τῇ γῇ Ισραηλ τοῦ
διαφθείρειν[27] αὐτήν. **6** καὶ ἐπτώχευσεν[28] Ισραηλ σφόδρα[29] ἀπὸ προσώπου Μαδιαμ,
καὶ ἐκέκραξαν οἱ υἱοὶ Ισραηλ πρὸς κύριον.

7 καὶ ἐγένετο ἐπεὶ[30] ἐκέκραξαν οἱ υἱοὶ Ισραηλ πρὸς κύριον διὰ Μαδιαμ, **8** καὶ ἐξα-
πέστειλεν[31] κύριος ἄνδρα προφήτην πρὸς τοὺς υἱοὺς Ισραηλ, καὶ εἶπεν αὐτοῖς
Τάδε[32] λέγει κύριος ὁ θεὸς Ισραηλ Ἐγώ εἰμι ὁ ἀναβιβάσας[33] ὑμᾶς ἐξ Αἰγύπτου καὶ
ἐξήγαγον[34] ὑμᾶς ἐξ οἴκου δουλείας[35] **9** καὶ ἐξειλάμην[36] ὑμᾶς ἐκ χειρὸς Αἰγύπτου
καὶ ἐκ χειρὸς πάντων τῶν θλιβόντων[37] ὑμᾶς καὶ ἐξέβαλον αὐτοὺς ἐκ προσώπου
ὑμῶν καὶ ἔδωκα ὑμῖν τὴν γῆν αὐτῶν **10** καὶ εἶπα ὑμῖν Ἐγὼ κύριος ὁ θεὸς ὑμῶν, οὐ

1 ἀπόλλυμι, *aor mid opt 3p*, perish
2 ἀνατολή, rising
3 δυναστεία, power, domination
4 ἡσυχάζω, *aor act ind 3s*, rest, be still
5 τεσσαράκοντα, forty
6 ἔναντι, before
7 κατισχύω, *aor act ind 3s*, overpower, prevail
8 μάνδρα, enclosed space, shelter
9 σπήλαιον, cave
10 ὀχύρωμα, fortress
11 σπείρω, *aor act ind 3s*, sow
12 ἀνατολή, east
13 παρεμβάλλω, *impf act ind 3p*, encamp
14 διαφθείρω, *aor act ind 3p*, ruin, utterly destroy
15 ἐκφόριον, produce of the ground
16 ὑπολείπω, *impf mid ind 3p*, leave behind
17 ὑπόστασις, support, recourse, protection
18 ποίμνιον, flock
19 μόσχος, calf
20 ὄνος, donkey
21 κτῆνος, animal, (*p*) herd
22 σκηνή, tent
23 παραφέρω, *impf act ind 3p*, bring
24 ἀκρίς, locust
25 κάμηλος, camel
26 ἀριθμός, number, amount
27 διαφθείρω, *pres act inf*, utterly destroy
28 πτωχεύω, *aor act ind 3s*, become poor
29 σφόδρα, exceedingly
30 ἐπεί, when
31 ἐξαποστέλλω, *aor act ind 3s*, send forth
32 ὅδε, this
33 ἀναβιβάζω, *aor act ptc nom s m*, bring up
34 ἐξάγω, *aor act ind 1s*, lead out, bring out
35 δουλεία, bondage, slavery
36 ἐξαιρέω, *aor mid ind 1s*, remove, set free
37 θλίβω, *pres act ptc gen p m*, afflict, oppress

B **31** οὕτως ἀπόλοιντο[1] πάντες οἱ ἐχθροί σου, κύριε·
καὶ οἱ ἀγαπῶντες αὐτὸν ὡς ἔξοδος[2] ἡλίου ἐν δυνάμει αὐτοῦ.

Καὶ ἡσύχασεν[3] ἡ γῆ τεσσαράκοντα[4] ἔτη.

Midian Oppresses Israel

6 Καὶ ἐποίησαν οἱ υἱοὶ Ισραηλ τὸ πονηρὸν ἐνώπιον κυρίου, καὶ ἔδωκεν αὐτοὺς
κύριος ἐν χειρὶ Μαδιαμ ἑπτὰ ἔτη. **2** καὶ ἴσχυσεν[5] χεὶρ Μαδιαμ ἐπὶ Ισραηλ· καὶ
ἐποίησαν ἑαυτοῖς οἱ υἱοὶ Ισραηλ ἀπὸ προσώπου Μαδιαμ τὰς τρυμαλιὰς[6] τὰς ἐν
τοῖς ὄρεσιν καὶ τὰ σπήλαια[7] καὶ τὰ κρεμαστά.[8] **3** καὶ ἐγένετο ἐὰν ἔσπειραν[9] οἱ υἱοὶ
Ισραηλ, καὶ ἀνέβαιναν Μαδιαμ καὶ Αμαληκ, καὶ οἱ υἱοὶ ἀνατολῶν[10] συνανέβαινον[11]
αὐτοῖς· **4** καὶ παρενέβαλον[12] εἰς αὐτοὺς καὶ κατέφθειραν[13] τοὺς καρποὺς αὐτῶν ἕως
ἐλθεῖν εἰς Γάζαν καὶ οὐ κατέλιπον[14] ὑπόστασιν[15] ζωῆς ἐν τῇ γῇ Ισραηλ οὐδὲ ἐν
τοῖς ποιμνίοις[16] ταῦρον[17] καὶ ὄνον·[18] **5** ὅτι αὐτοὶ καὶ αἱ κτήσεις[19] αὐτῶν ἀνέβαινον,
καὶ αἱ σκηναὶ[20] αὐτῶν παρεγίνοντο καθὼς ἀκρὶς[21] εἰς πλῆθος, καὶ αὐτοῖς καὶ τοῖς
καμήλοις[22] αὐτῶν οὐκ ἦν ἀριθμός,[23] καὶ ἤρχοντο εἰς τὴν γῆν Ισραηλ καὶ διέφθειρον[24]
αὐτήν. **6** καὶ ἐπτώχευσεν[25] Ισραηλ σφόδρα[26] ἀπὸ προσώπου Μαδιαμ, καὶ ἐβόησαν[27]
οἱ υἱοὶ Ισραηλ πρὸς κύριον **7** ἀπὸ προσώπου Μαδιαμ.

8 καὶ ἐξαπέστειλεν[28] κύριος ἄνδρα προφήτην πρὸς τοὺς υἱοὺς Ισραηλ, καὶ εἶπεν
αὐτοῖς Τάδε[29] λέγει κύριος ὁ θεὸς Ισραηλ Ἐγώ εἰμι ὃς ἀνήγαγον[30] ὑμᾶς ἐκ γῆς
Αἰγύπτου καὶ ἐξήγαγον[31] ὑμᾶς ἐξ οἴκου δουλείας[32] ὑμῶν **9** καὶ ἐρρυσάμην[33] ὑμᾶς ἐκ
χειρὸς Αἰγύπτου καὶ ἐκ χειρὸς πάντων τῶν θλιβόντων[34] ὑμᾶς καὶ ἐξέβαλον αὐτοὺς
ἐκ προσώπου ὑμῶν καὶ ἔδωκα ὑμῖν τὴν γῆν αὐτῶν **10** καὶ εἶπα ὑμῖν Ἐγὼ κύριος ὁ

1 ἀπόλλυμι, *aor mid opt 3p*, perish
2 ἔξοδος, going out, way out
3 ἡσυχάζω, *aor act ind 3s*, rest, be still
4 τεσσαράκοντα, forty
5 ἰσχύω, *aor act ind 3s*, be strong, prevail
6 τρυμαλιά, hole
7 σπήλαιον, cave
8 κρεμαστός, fortress
9 σπείρω, *aor act ind 3p*, sow
10 ἀνατολή, east
11 συναναβαίνω, *impf act ind 3p*, go up together
12 παρεμβάλλω, *aor act ind 3p*, encamp
13 καταφθείρω, *aor act ind 3p*, destroy, ruin
14 καταλείπω, *aor act ind 3p*, leave behind
15 ὑπόστασις, support, recourse, protection
16 ποίμνιον, flock
17 ταῦρος, bull, ox
18 ὄνος, donkey
19 κτῆσις, possession, property
20 σκηνή, tent
21 ἀκρίς, locust
22 κάμηλος, camel
23 ἀριθμός, number, amount
24 διαφθείρω, *impf act ind 3p*, utterly destroy
25 πτωχεύω, *aor act ind 3s*, become poor
26 σφόδρα, exceedingly
27 βοάω, *aor act ind 3p*, cry out
28 ἐξαποστέλλω, *aor act ind 3s*, send forth
29 ὅδε, this
30 ἀνάγω, *aor act ind 1s*, bring up, lead up
31 ἐξάγω, *aor act ind 1s*, lead out, bring out
32 δουλεία, bondage, slavery
33 ῥύομαι, *aor mid ind 1s*, save, deliver
34 θλίβω, *pres act ptc gen p m*, afflict, oppress

φοβηθήσεσθε τοὺς θεοὺς τοῦ Αμορραίου, ἐν οἷς ὑμεῖς ἐνοικεῖτε[1] ἐν τῇ γῇ αὐτῶν· καὶ οὐκ εἰσηκούσατε[2] τῆς φωνῆς μου. A

Gideon Is Called

11 Καὶ ἦλθεν ἄγγελος κυρίου καὶ ἐκάθισεν ὑπὸ τὴν δρῦν[3] τὴν οὖσαν ἐν Εφραθα τὴν
τοῦ Ιωας πατρὸς Αβιεζρι, καὶ Γεδεων ὁ υἱὸς αὐτοῦ ἐρράβδιζεν[4] πυροὺς[5] ἐν ληνῷ[6]
τοῦ ἐκφυγεῖν[7] ἐκ προσώπου Μαδιαμ. **12** καὶ ὤφθη αὐτῷ ἄγγελος κυρίου καὶ εἶπεν
πρὸς αὐτόν Κύριος μετὰ σοῦ, δυνατὸς τῇ ἰσχύι.[8] **13** καὶ εἶπεν πρὸς αὐτὸν Γεδεων
Ἐν ἐμοί, κύριε, καὶ εἰ ἔστιν κύριος μεθ᾽ ἡμῶν, ἵνα τί εὗρεν ἡμᾶς πάντα τὰ κακὰ
ταῦτα; καὶ ποῦ ἐστιν πάντα τὰ θαυμάσια[9] αὐτοῦ, ὅσα διηγήσαντο[10] ἡμῖν οἱ πατέρες
ἡμῶν λέγοντες Οὐχὶ ἐξ Αἰγύπτου ἀνήγαγεν[11] ἡμᾶς κύριος; καὶ νῦν ἀπώσατο[12] ἡμᾶς
καὶ παρέδωκεν ἡμᾶς ἐν χειρὶ Μαδιαμ. **14** καὶ ἐπέβλεψεν[13] πρὸς αὐτὸν ὁ ἄγγελος
κυρίου καὶ εἶπεν αὐτῷ Πορεύου ἐν τῇ ἰσχύι[14] σου καὶ σώσεις τὸν Ισραηλ, καὶ ἰδοὺ
ἐξαπέστειλά[15] σε. **15** καὶ εἶπεν πρὸς αὐτὸν Γεδεων Ἐν ἐμοί, κύριε, ἐν τίνι σώσω τὸν
Ισραηλ; ἰδοὺ ἡ χιλιάς[16] μου ταπεινοτέρα[17] ἐν Μανασση, καὶ ἐγώ εἰμι μικρὸς ἐν τῷ
οἴκῳ τοῦ πατρός μου. **16** καὶ εἶπεν πρὸς αὐτὸν ὁ ἄγγελος κυρίου Κύριος ἔσται μετὰ
σοῦ, καὶ πατάξεις[18] τὴν Μαδιαμ ὡσεὶ[19] ἄνδρα ἕνα. **17** καὶ εἶπεν πρὸς αὐτὸν Γεδεων
Καὶ εἰ εὗρον χάριν ἐν ὀφθαλμοῖς σου, καὶ ποιήσεις μοι σημεῖον ὅτι σὺ λαλεῖς μετ᾽
ἐμοῦ· **18** μὴ κινηθῇς[20] ἐντεῦθεν[21] ἕως τοῦ ἐλθεῖν με πρὸς σέ, καὶ οἴσω τὴν θυσίαν[22]
μου καὶ θήσω ἐνώπιόν σου. καὶ εἶπεν Ἐγώ εἰμι καθήσομαι ἕως τοῦ ἐπιστρέψαι σε.

19 καὶ Γεδεων εἰσῆλθεν καὶ ἐποίησεν ἔριφον[23] αἰγῶν[24] καὶ οιφι[25] ἀλεύρου[26] ἄζυμα[27]
καὶ τὰ κρέα[28] ἐπέθηκεν ἐπὶ τὸ κανοῦν[29] καὶ τὸν ζωμὸν[30] ἐνέχεεν[31] εἰς χύτραν[32] καὶ
ἐξήνεγκεν[33] πρὸς αὐτὸν ὑπὸ τὴν δρῦν[34] καὶ προσεκύνησεν. **20** καὶ εἶπεν πρὸς αὐτὸν

1 ἐνοικέω, *pres act ind 2p*, inhabit
2 εἰσακούω, *aor act ind 2p*, listen to
3 δρῦς, oak
4 ῥαβδίζω, *impf act ind 3s*, thresh, beat
5 πυρός, wheat
6 ληνός, winepress
7 ἐκφεύγω, *aor act inf*, escape from
8 ἰσχύς, might, power
9 θαυμάσιος, wonderful
10 διηγέομαι, *aor mid ind 3p*, describe
11 ἀνάγω, *aor act ind 3s*, lead up, bring up
12 ἀπωθέω, *aor mid ind 3s*, reject, push aside
13 ἐπιβλέπω, *aor act ind 3s*, look upon, gaze
14 ἰσχύς, power, might
15 ἐξαποστέλλω, *aor act ind 1s*, send forth
16 χίλιοι, thousand
17 ταπεινός, *comp*, lower
18 πατάσσω, *fut act ind 2s*, strike, slay
19 ὡσεί, as, like
20 κινέω, *aor pas sub 2s*, move
21 ἐντεῦθεν, from here
22 θυσία, sacrifice
23 ἔριφος, kid
24 αἴξ, goat
25 οιφι, ephah, *translit.*
26 ἄλευρον, wheat flour
27 ἄζυμος, unleavened
28 κρέας, meat
29 κανοῦν, reed basket
30 ζωμός, soup, broth
31 ἐγχέω, *aor act ind 3s*, pour in
32 χύτρα, earthen pot
33 ἐκφέρω, *aor act ind 3s*, carry off
34 δρῦς, oak

B θεὸς ὑμῶν, οὐ φοβηθήσεσθε τοὺς θεοὺς τοῦ Αμορραίου, ἐν οἷς ὑμεῖς καθήσεσθε ἐν
τῇ γῇ αὐτῶν· καὶ οὐκ εἰσηκούσατε[1] τῆς φωνῆς μου.

Gideon Is Called

11 Καὶ ἦλθεν ἄγγελος κυρίου καὶ ἐκάθισεν ὑπὸ τὴν τερέμινθον[2] τὴν ἐν Εφραθα
τὴν Ιωας πατρὸς τοῦ Εσδρι, καὶ Γεδεων υἱὸς αὐτοῦ ῥαβδίζων[3] σῖτον[4] ἐν ληνῷ[5] εἰς
ἐκφυγεῖν[6] ἀπὸ προσώπου τοῦ Μαδιαμ. **12** καὶ ὤφθη αὐτῷ ὁ ἄγγελος κυρίου καὶ
εἶπεν πρὸς αὐτόν Κύριος μετὰ σοῦ, ἰσχυρὸς[7] τῶν δυνάμεων. **13** καὶ εἶπεν πρὸς αὐτὸν
Γεδεων Ἐν ἐμοί, κύριέ μου, καὶ εἰ ἔστιν κύριος μεθ᾽ ἡμῶν, εἰς τί εὗρεν ἡμᾶς τὰ κακὰ
ταῦτα; καὶ ποῦ ἐστιν πάντα τὰ θαυμάσια[8] αὐτοῦ, ἃ διηγήσαντο[9] ἡμῖν οἱ πατέρες
ἡμῶν λέγοντες Μὴ οὐχὶ ἐξ Αἰγύπτου ἀνήγαγεν[10] ἡμᾶς κύριος; καὶ νῦν ἐξέρριψεν[11]
ἡμᾶς καὶ ἔδωκεν ἡμᾶς ἐν χειρὶ Μαδιαμ. **14** καὶ ἐπέστρεψεν πρὸς αὐτὸν ὁ ἄγγελος
κυρίου καὶ εἶπεν Πορεύου ἐν ἰσχύι[12] σου ταύτῃ καὶ σώσεις τὸν Ισραηλ ἐκ χειρὸς
Μαδιαμ· ἰδοὺ ἐξαπέστειλά[13] σε. **15** καὶ εἶπεν πρὸς αὐτὸν Γεδεων Ἐν ἐμοί, κύριέ μου,
ἐν τίνι σώσω τὸν Ισραηλ; ἰδοὺ ἡ χιλιάς[14] μου ἠσθένησεν[15] ἐν Μανασση, καὶ ἐγώ
εἰμι ὁ μικρότερος[16] ἐν οἴκῳ πατρός μου. **16** καὶ εἶπεν πρὸς αὐτὸν ὁ ἄγγελος κυρίου
Κύριος ἔσται μετὰ σοῦ, καὶ πατάξεις[17] τὴν Μαδιαμ ὡσεὶ[18] ἄνδρα ἕνα. **17** καὶ εἶπεν
πρὸς αὐτὸν Γεδεων Εἰ δὲ εὗρον ἔλεος[19] ἐν ὀφθαλμοῖς σου καὶ ποιήσεις μοι σήμερον
πᾶν, ὅ τι ἐλάλησας μετ᾽ ἐμοῦ, **18** μὴ χωρισθῇς[20] ἐντεῦθεν[21] ἕως τοῦ ἐλθεῖν με πρὸς
σέ, καὶ ἐξοίσω[22] τὴν θυσίαν[23] καὶ θήσω ἐνώπιόν σου. καὶ εἶπεν Ἐγώ εἰμι καθίομαι
ἕως τοῦ ἐπιστρέψαι σε.

19 καὶ Γεδεων εἰσῆλθεν καὶ ἐποίησεν ἔριφον[24] αἰγῶν[25] καὶ οιφι[26] ἀλεύρου[27] ἄζυμα[28]
καὶ τὰ κρέα[29] ἔθηκεν ἐν τῷ κοφίνῳ[30] καὶ τὸν ζωμὸν[31] ἔβαλεν[32] ἐν τῇ χύτρᾳ[33] καὶ
ἐξήνεγκεν[34] αὐτὰ πρὸς αὐτὸν ὑπὸ τὴν τερέμινθον[35] καὶ προσήγγισεν.[36] **20** καὶ

1 εἰσακούω, *aor act ind 2p*, listen to
2 τερέμινθος, terebinth tree
3 ῥαβδίζω, *pres act ptc nom s m*, thresh, beat
4 σῖτος, grain
5 ληνός, winepress
6 ἐκφεύγω, *aor act inf*, escape from
7 ἰσχυρός, mighty, powerful
8 θαυμάσιος, wonderful
9 διηγέομαι, *aor mid ind 3p*, describe
10 ἀνάγω, *aor act ind 3s*, lead up, bring up
11 ἐκρίπτω, *aor act ind 3s*, cast out, drive away
12 ἰσχύς, power, might
13 ἐξαποστέλλω, *aor act ind 1s*, send forth
14 χίλιοι, thousand
15 ἀσθενέω, *aor act ind 3s*, be feeble, be weak
16 μικρός, *comp*, smaller, little
17 πατάσσω, *fut act ind 2s*, strike, slay
18 ὡσεί, as, like
19 ἔλεος, compassion, mercy
20 χωρίζω, *aor pas sub 2s*, depart, leave
21 ἐντεῦθεν, from here
22 ἐκφέρω, *fut act ind 1s*, bring forth, carry out
23 θυσία, sacrifice
24 ἔριφος, kid
25 αἴξ, goat
26 οιφι, ephah, *translit.*
27 ἄλευρον, wheat flour
28 ἄζυμος, unleavened
29 κρέας, meat
30 κόφινος, basket
31 ζωμός, soup, broth
32 βάλλω, *aor act ind 3s*, put
33 χύτρα, earthen pot
34 ἐκφέρω, *aor act ind 3s*, carry off
35 τερέμινθος, terebinth tree
36 προσεγγίζω, *aor act ind 3s*, draw near, approach

ὁ ἄγγελος κυρίου Λαβὲ τὰ κρέα[1] καὶ τοὺς ἄρτους τοὺς ἀζύμους[2] καὶ θὲς πρὸς τὴν A
πέτραν[3] ἐκείνην καὶ τὸν ζωμὸν[4] ἔκχεον·[5] καὶ ἐποίησεν οὕτως. **21** καὶ ἐξέτεινεν[6] ὁ
ἄγγελος κυρίου τὸ ἄκρον[7] τῆς ῥάβδου[8] τῆς ἐν τῇ χειρὶ αὐτοῦ καὶ ἥψατο τῶν κρεῶν[9]
καὶ τῶν ἀζύμων,[10] καὶ ἀνήφθη[11] πῦρ ἐκ τῆς πέτρας[12] καὶ κατέφαγεν[13] τὰ κρέα[14] καὶ
τοὺς ἀζύμους·[15] καὶ ὁ ἄγγελος κυρίου ἀπῆλθεν ἐξ ὀφθαλμῶν αὐτοῦ. **22** καὶ εἶδεν
Γεδεων ὅτι ἄγγελος κυρίου ἐστίν, καὶ εἶπεν Γεδεων Ἆ[16] ἆ, κύριε κύριε, ὅτι εἶδον
τὸν ἄγγελον κυρίου πρόσωπον πρὸς πρόσωπον. **23** καὶ εἶπεν αὐτῷ κύριος Εἰρήνη
σοι, μὴ φοβοῦ μὴ ἀποθάνῃς. **24** καὶ ᾠκοδόμησεν ἐκεῖ Γεδεων θυσιαστήριον[17] τῷ
κυρίῳ καὶ ἐκάλεσεν αὐτὸ Εἰρήνη κυρίου ἕως τῆς ἡμέρας ταύτης ἔτι αὐτοῦ ὄντος ἐν
Εφραθα πατρὸς τοῦ Εζρι.

25 Καὶ ἐγενήθη τῇ νυκτὶ ἐκείνῃ καὶ εἶπεν αὐτῷ κύριος Λαβὲ τὸν μόσχον[18] τὸν
σιτευτὸν[19] τοῦ πατρός σου, μόσχον[20] τὸν ἑπταετῆ,[21] καὶ καθελεῖς[22] τὸ θυσιαστήριον[23]
τοῦ Βααλ, ὅ ἐστιν τοῦ πατρός σου, καὶ τὸ ἄλσος[24] τὸ ἐπ᾽ αὐτῷ ἐκκόψεις·[25] **26** καὶ
οἰκοδομήσεις θυσιαστήριον[26] κυρίῳ τῷ θεῷ σου τῷ ὀφθέντι σοι ἐπὶ τῆς κορυφῆς[27]
τοῦ ὄρους Μαωζ τούτου ἐν τῇ παρατάξει[28] καὶ λήμψῃ τὸν μόσχον[29] καὶ ἀνοίσεις[30]
ὁλοκαύτωμα[31] ἐν τοῖς ξύλοις[32] τοῦ ἄλσους,[33] οὗ ἐκκόψεις.[34] **27** καὶ ἔλαβεν Γεδεων
τρεῖς καὶ δέκα[35] ἄνδρας ἀπὸ τῶν δούλων αὐτοῦ καὶ ἐποίησεν καθὰ[36] ἐλάλησεν πρὸς
αὐτὸν κύριος· καὶ ἐγένετο ὡς ἐφοβήθη τὸν οἶκον τοῦ πατρὸς αὐτοῦ καὶ τοὺς ἄνδρας
τῆς πόλεως μὴ ποιῆσαι ἡμέρας, καὶ ἐποίησεν νυκτός.

Destruction of the Altar of Baal

28 καὶ ὤρθρισαν[37] οἱ ἄνδρες τῆς πόλεως τὸ πρωί,[38] καὶ ἰδοὺ κατεσκαμμένον[39] τὸ
θυσιαστήριον[40] τοῦ Βααλ, καὶ τὸ ἄλσος[41] τὸ ἐπ᾽ αὐτῷ ἐκκεκομμένον,[42] καὶ ὁ μόσχος[43]

1 κρέας, meat
2 ἄζυμος, unleavened
3 πέτρα, rock
4 ζωμός, soup, broth
5 ἐκχέω, *aor act impv 2s*, pour out
6 ἐκτείνω, *impf act ind 3s*, stretch out
7 ἄκρος, top, tip
8 ῥάβδος, staff, rod
9 κρέας, meat
10 ἄζυμος, unleavened
11 ἀνάπτω, *aor pas ind 3s*, kindle, light on fire
12 πέτρα, rock
13 κατεσθίω, *aor act ind 3s*, consume
14 κρέας, meat
15 ἄζυμος, unleavened
16 ἆ, ah!, alas!
17 θυσιαστήριον, altar
18 μόσχος, calf
19 σιτευτός, fattened
20 μόσχος, calf
21 ἑπταετής, seven years (old)
22 καθαιρέω, *fut act ind 2s*, break down, destroy
23 θυσιαστήριον, altar
24 ἄλσος, grove
25 ἐκκόπτω, *fut act ind 2s*, cut down
26 θυσιαστήριον, altar
27 κορυφή, summit, top
28 παράταξις, order, arrangement
29 μόσχος, calf
30 ἀναφέρω, *fut act ind 2s*, offer
31 ὁλοκαύτωμα, whole burnt offering
32 ξύλον, wood, timber
33 ἄλσος, grove
34 ἐκκόπτω, *fut act ind 2s*, cut down
35 δέκα, ten
36 καθά, just as
37 ὀρθρίζω, *aor act ind 3p*, rise early
38 πρωί, (in the) morning
39 κατασκάπτω, *perf pas ptc nom s n*, break down, raze
40 θυσιαστήριον, altar
41 ἄλσος, grove
42 ἐκκόπτω, *perf pas ptc nom s n*, cut down
43 μόσχος, calf

B εἶπεν πρὸς αὐτὸν ὁ ἄγγελος τοῦ θεοῦ Λαβὲ τὰ κρέα[1] καὶ τὰ ἄζυμα[2] καὶ θὲς πρὸς
τὴν πέτραν[3] ἐκείνην καὶ τὸν ζωμὸν[4] ἐχόμενα ἔκχεε·[5] καὶ ἐποίησεν οὕτως. **21** καὶ
ἐξέτεινεν[6] ὁ ἄγγελος κυρίου τὸ ἄκρον[7] τῆς ῥάβδου[8] τῆς ἐν χειρὶ αὐτοῦ καὶ ἥψατο
τῶν κρεῶν[9] καὶ τῶν ἀζύμων,[10] καὶ ἀνέβη πῦρ ἐκ τῆς πέτρας[11] καὶ κατέφαγεν[12] τὰ
κρέα καὶ τοὺς ἀζύμους· καὶ ὁ ἄγγελος κυρίου ἐπορεύθη ἀπὸ ὀφθαλμῶν αὐτοῦ.
22 καὶ εἶδεν Γεδεων ὅτι ἄγγελος κυρίου οὗτός ἐστιν, καὶ εἶπεν Γεδεων Ἆ[13] ἆ, κύριέ
μου κύριε, ὅτι εἶδον ἄγγελον κυρίου πρόσωπον πρὸς πρόσωπον. **23** καὶ εἶπεν αὐτῷ
κύριος Εἰρήνη σοι, μὴ φοβοῦ, οὐ μὴ ἀποθάνῃς. **24** καὶ ᾠκοδόμησεν ἐκεῖ Γεδεων
θυσιαστήριον[14] τῷ κυρίῳ καὶ ἐπεκάλεσεν[15] αὐτῷ Εἰρήνη κυρίου ἕως τῆς ἡμέρας
ταύτης ἔτι αὐτοῦ ὄντος ἐν Εφραθα πατρὸς τοῦ Εσδρι.

25 Καὶ ἐγένετο ἐν τῇ νυκτὶ ἐκείνῃ καὶ εἶπεν αὐτῷ κύριος Λαβὲ τὸν μόσχον[16] τὸν
ταῦρον,[17] ὅς ἐστιν τῷ πατρί σου, καὶ μόσχον δεύτερον ἑπταετῆ[18] καὶ καθελεῖς[19]
τὸ θυσιαστήριον[20] τοῦ Βααλ, ὅ ἐστιν τῷ πατρί σου, καὶ τὸ ἄλσος[21] τὸ ἐπ᾽ αὐτὸ
ὀλεθρεύσεις·[22] **26** καὶ οἰκοδομήσεις θυσιαστήριον[23] κυρίῳ τῷ θεῷ σου ἐπὶ κορυφὴν[24]
τοῦ Μαουεκ τούτου ἐν τῇ παρατάξει[25] καὶ λήμψῃ τὸν μόσχον[26] τὸν δεύτερον καὶ
ἀνοίσεις[27] ὁλοκαύτωμα[28] ἐν τοῖς ξύλοις[29] τοῦ ἄλσους,[30] οὗ ἐξολεθρεύσεις.[31] **27** καὶ
ἔλαβεν Γεδεων δέκα[32] ἄνδρας ἀπὸ τῶν δούλων ἑαυτοῦ καὶ ἐποίησεν ὃν τρόπον[33]
ἐλάλησεν πρὸς αὐτὸν κύριος· καὶ ἐγενήθη ὡς ἐφοβήθη τὸν οἶκον τοῦ πατρὸς αὐτοῦ
καὶ τοὺς ἄνδρας τῆς πόλεως τοῦ ποιῆσαι ἡμέρας, καὶ ἐποίησεν νυκτός.

Destruction of the Altar of Baal

28 καὶ ὤρθρισαν[34] οἱ ἄνδρες τῆς πόλεως τὸ πρωί,[35] καὶ ἰδοὺ καθῄρητο[36] τὸ θυ-
σιαστήριον[37] τοῦ Βααλ, καὶ τὸ ἄλσος[38] τὸ ἐπ᾽ αὐτῷ ὠλέθρευτο·[39] καὶ εἶδαν τὸν

1 κρέας, meat
2 ἄζυμος, unleavened (bread)
3 πέτρα, rock
4 ζωμός, soup, broth
5 ἐκχέω, *pres act impv 2s*, pour out
6 ἐκτείνω, *aor act ind 3s*, stretch out
7 ἄκρος, top, tip
8 ῥάβδος, staff, rod
9 κρέας, meat
10 ἄζυμος, unleavened
11 πέτρα, rock
12 κατεσθίω, *aor act ind 3s*, consume
13 ἆ, ah!, alas!
14 θυσιαστήριον, altar
15 ἐπικαλέω, *aor act ind 3s*, name, call
16 μόσχος, calf
17 ταῦρος, bull, ox
18 ἑπταετής, seven years (old)
19 καθαιρέω, *fut act ind 2s*, break down, destroy
20 θυσιαστήριον, altar
21 ἄλσος, grove
22 ὀλεθρεύω, *fut act ind 2s*, destroy
23 θυσιαστήριον, altar
24 κορυφή, summit, top
25 παράταξις, order, arrangement
26 μόσχος, calf
27 ἀναφέρω, *fut act ind 2s*, offer
28 ὁλοκαύτωμα, whole burnt offering
29 ξύλον, wood, timber
30 ἄλσος, grove
31 ἐξολεθρεύω, *fut act ind 2s*, utterly destroy
32 δέκα, ten
33 ὃν τρόπον, in the manner that
34 ὀρθρίζω, *aor act ind 3p*, rise early
35 πρωί, (in the) morning
36 καθαιρέω, *impf pas ind 3s*, break down, pull down
37 θυσιαστήριον, altar
38 ἄλσος, grove
39 ὀλεθρεύω, *impf pas ind 3s*, destroy

ὁ σιτευτὸς[1] ἀνηνεγμένος[2] εἰς ὁλοκαύτωμα[3] ἐπὶ τὸ θυσιαστήριον[4] τὸ ᾠκοδομημένον. A
29 καὶ εἶπεν ἀνὴρ πρὸς τὸν πλησίον[5] αὐτοῦ Τίς ἐποίησεν τὸ πρᾶγμα[6] τοῦτο; καὶ
ἀνήταζον[7] καὶ ἐξεζήτουν[8] καὶ εἶπαν Γεδεων ὁ υἱὸς Ιωας ἐποίησεν τὸ πρᾶγμα τοῦτο.
30 καὶ εἶπαν οἱ ἄνδρες τῆς πόλεως πρὸς Ιωας Ἐξάγαγε[9] τὸν υἱόν σου καὶ ἀποθα-
νέτω, ὅτι κατέσκαψεν[10] τὸ θυσιαστήριον[11] τοῦ Βααλ καὶ ὅτι ἔκοψεν[12] τὸ ἄλσος[13]
τὸ ἐπ᾽ αὐτῷ. **31** καὶ εἶπεν Ιωας πρὸς τοὺς ἄνδρας τοὺς ἑσταμένους ἐπ᾽ αὐτόν Μὴ
ὑμεῖς νῦν δικάζεσθε[14] περὶ τοῦ Βααλ; ἢ ὑμεῖς σῴζετε αὐτόν; ὃς ἀντεδίκησεν[15] αὐτόν,
ἀποθανεῖται ἕως πρωί·[16] εἰ ἔστιν θεός, αὐτὸς ἐκδικήσει[17] αὐτόν, ὅτι κατέσκαψεν[18] τὸ
θυσιαστήριον[19] αὐτοῦ. **32** καὶ ἐκάλεσεν αὐτὸ ἐν τῇ ἡμέρᾳ ἐκείνῃ Δικαστήριον τοῦ
Βααλ, ὅτι κατέσκαψεν[20] τὸ θυσιαστήριον[21] αὐτοῦ.

33 Καὶ πᾶσα Μαδιαμ καὶ Αμαληκ καὶ υἱοὶ ἀνατολῶν[22] συνήχθησαν ἐπὶ τὸ αὐτὸ καὶ
διέβησαν[23] καὶ παρενέβαλον[24] ἐν τῇ κοιλάδι[25] Ιεζραελ. **34** καὶ πνεῦμα θεοῦ ἐνέ-
δυσεν[26] τὸν Γεδεων, καὶ ἐσάλπισεν[27] ἐν κερατίνῃ,[28] καὶ ἐβόησεν[29] Αβιεζερ ὀπίσω
αὐτοῦ. **35** καὶ ἀγγέλους ἐξαπέστειλεν[30] ἐν παντὶ Μανασση καὶ ἐβόησεν[31] καὶ αὐτὸς
ὀπίσω αὐτοῦ· καὶ ἐξαπέστειλεν ἀγγέλους ἐν Ασηρ καὶ ἐν Ζαβουλων καὶ ἐν Νεφθαλι,
καὶ ἀνέβησαν εἰς συνάντησιν[32] αὐτοῦ.

Gideon's Fleece

36 καὶ εἶπεν Γεδεων πρὸς τὸν θεόν Εἰ σῴζεις ἐν τῇ χειρί μου τὸν Ισραηλ, ὃν τρόπον[33]
ἐλάλησας, **37** ἰδοὺ ἐγὼ ἀπερείδομαι[34] τὸν πόκον[35] τῶν ἐρίων[36] ἐν τῷ ἅλωνι,[37] καὶ
ἐὰν δρόσος[38] γένηται ἐπὶ τὸν πόκον[39] μόνον καὶ ἐπὶ πᾶσαν τὴν γῆν ξηρασία,[40] καὶ
γνώσομαι ὅτι σῴζεις ἐν τῇ χειρί μου τὸν Ισραηλ, ὃν τρόπον[41] ἐλάλησας. **38** καὶ

1 σιτευτός, fattened
2 ἀναφέρω, *perf pas ptc nom s m*, offer
3 ὁλοκαύτωμα, whole burnt offering
4 θυσιαστήριον, altar
5 πλησίον, neighbor, fellow
6 πρᾶγμα, thing, deed
7 ἀνετάζω, *impf act ind 3p*, inquire
8 ἐκζητέω, *impf act ind 3p*, seek out
9 ἐξάγω, *aor act impv 2s*, lead out, bring out
10 κατασκάπτω, *aor act ind 3s*, break down, raze
11 θυσιαστήριον, altar
12 κόπτω, *aor act ind 3s*, cut down
13 ἄλσος, grove
14 δικάζω, *pres mid ind 2p*, pass judgment, condemn
15 ἀντιδικέω, *aor act ind 3s*, legally dispute for
16 πρωί, morning
17 ἐκδικέω, *fut act ind 3s*, do justice to
18 κατασκάπτω, *aor act ind 3s*, break down, raze
19 θυσιαστήριον, altar
20 κατασκάπτω, *aor act ind 3s*, break down, raze
21 θυσιαστήριον, altar
22 ἀνατολή, east
23 διαβαίνω, *aor act ind 3p*, cross over
24 παρεμβάλλω, *aor act ind 3p*, encamp
25 κοιλάς, valley
26 ἐνδύω, *aor act ind 3s*, put on
27 σαλπίζω, *aor act ind 3s*, sound, blow
28 κερατίνη, horn
29 βοάω, *aor act ind 3s*, cry out
30 ἐξαποστέλλω, *aor act ind 3s*, send forth
31 βοάω, *aor act ind 3s*, cry out
32 συνάντησις, meeting
33 ὃν τρόπον, in the manner that
34 ἀπερείδομαι, *pres mid ind 1s*, put upon
35 πόκος, fleece
36 ἔριον, wool
37 ἅλων, threshing floor
38 δρόσος, dew
39 πόκος, fleece
40 ξηρασία, dryness
41 ὃν τρόπον, in the manner that

B μόσχον[1] τὸν δεύτερον, ὃν ἀνήνεγκεν[2] ἐπὶ τὸ θυσιαστήριον[3] τὸ ᾠκοδομημένον. **29** καὶ εἶπεν ἀνὴρ πρὸς τὸν πλησίον[4] αὐτοῦ Τίς ἐποίησεν τὸ ῥῆμα τοῦτο; καὶ ἐπεζήτησαν[5] καὶ ἠρεύνησαν[6] καὶ ἔγνωσαν ὅτι Γεδεων υἱὸς Ιωας ἐποίησεν τὸ ῥῆμα τοῦτο. **30** καὶ εἶπον οἱ ἄνδρες τῆς πόλεως πρὸς Ιωας Ἐξένεγκε[7] τὸν υἱόν σου καὶ ἀποθανέτω, ὅτι καθεῖλεν[8] τὸ θυσιαστήριον[9] τοῦ Βααλ καὶ ὅτι ὠλέθρευσεν[10] τὸ ἄλσος[11] τὸ ἐπ' αὐτῷ. **31** καὶ εἶπεν Ιωας τοῖς ἀνδράσιν πᾶσιν, οἳ ἐπανέστησαν[12] αὐτῷ Μὴ ὑμεῖς νῦν δικάζεσθε[13] ὑπὲρ τοῦ Βααλ; ἢ ὑμεῖς σώσετε αὐτόν; ὃς ἐὰν δικάσηται[14] αὐτῷ, θανατωθήτω[15] ἕως πρωί·[16] εἰ θεός ἐστιν, δικαζέσθω[17] αὐτῷ, ὅτι καθεῖλεν[18] τὸ θυσιαστήριον[19] αὐτοῦ. **32** καὶ ἐκάλεσεν αὐτὸ ἐν τῇ ἡμέρᾳ ἐκείνῃ Ιαρβααλ λέγων Δικασάσθω[20] ἐν αὐτῷ ὁ Βααλ, ὅτι καθῃρέθη[21] τὸ θυσιαστήριον[22] αὐτοῦ.

33 Καὶ πᾶσα Μαδιαμ καὶ Αμαληκ καὶ υἱοὶ ἀνατολῶν[23] συνήχθησαν ἐπὶ τὸ αὐτὸ καὶ παρενέβαλον[24] ἐν κοιλάδι Εζερεελ. **34** καὶ πνεῦμα κυρίου ἐνεδυνάμωσεν[25] τὸν Γεδεων, καὶ ἐσάλπισεν[26] ἐν κερατίνῃ,[27] καὶ ἐφοβήθη Αβιεζερ ὀπίσω αὐτοῦ. **35** καὶ ἀγγέλους ἀπέστειλεν εἰς πάντα Μανασση καὶ ἐν Ασηρ καὶ ἐν Ζαβουλων καὶ Νεφθαλι καὶ ἀνέβη εἰς συνάντησιν[28] αὐτῶν.

Gideon's Fleece

36 καὶ εἶπεν Γεδεων πρὸς τὸν θεόν Εἰ σὺ σῴζεις ἐν χειρί μου τὸν Ισραηλ, καθὼς ἐλάλησας, **37** ἰδοὺ ἐγὼ τίθημι τὸν πόκον[29] τοῦ ἐρίου[30] ἐν τῇ ἅλωνι·[31] ἐὰν δρόσος[32] γένηται ἐπὶ τὸν πόκον μόνον καὶ ἐπὶ πᾶσαν τὴν γῆν ξηρασία,[33] γνώσομαι ὅτι σώσεις ἐν χειρί μου τὸν Ισραηλ, καθὼς ἐλάλησας. **38** καὶ ἐγένετο οὕτως· καὶ ὤρθρισεν[34] τῇ

1 μόσχος, calf
2 ἀναφέρω, *aor act ind 3s*, offer
3 θυσιαστήριον, altar
4 πλησίον, neighbor, fellow
5 ἐπιζητέω, *aor act ind 3p*, seek after, inquire
6 ἐρευνάω, *aor act ind 3p*, search
7 ἐκφέρω, *aor act impv 2s*, bring forth
8 καθαιρέω, *aor act ind 3s*, break down, pull down
9 θυσιαστήριον, altar
10 ὀλεθρεύω, *aor act ind 3s*, destroy
11 ἄλσος, grove
12 ἐπανίστημι, *aor act ind 3p*, rise up against
13 δικάζω, *pres mid ind 2p*, pass judgment, condemn
14 δικάζω, *aor mid sub 3s*, pass judgment, condemn
15 θανατόω, *aor pas impv 3s*, put to death
16 πρωί, morning
17 δικάζω, *pres mid impv 3s*, pass judgment, condemn
18 καθαιρέω, *aor act ind 3s*, break down, pull down
19 θυσιαστήριον, altar
20 δικάζω, *aor mid impv 3s*, plead (a case)
21 καθαιρέω, *aor pas ind 3s*, break down, pull down
22 θυσιαστήριον, altar
23 ἀνατολή, east
24 παρεμβάλλω, *aor act ind 3p*, encamp
25 ἐνδυναμόω, *aor act ind 3s*, strengthen, empower
26 σαλπίζω, *aor act ind 3s*, sound, blow
27 κερατίνη, horn
28 συνάντησις, meeting
29 πόκος, fleece
30 ἔριον, wool
31 ἅλων, threshing floor
32 δρόσος, dew
33 ξηρασία, dryness
34 ὀρθρίζω, *aor act ind 3s*, rise early

ἐγένετο οὕτως· καὶ ὤρθρισεν[1] Γεδεων τῇ ἐπαύριον[2] καὶ ἀπεπίασεν[3] τὸν πόκον,[4] καὶ A
ἀπερρύη[5] ἡ δρόσος[6] ἐκ τοῦ πόκου,[7] πλήρης[8] λεκάνη[9] ὕδατος. **39** καὶ εἶπεν Γεδεων
πρὸς τὸν θεόν Μὴ ὀργισθήτω[10] ὁ θυμός[11] σου ἐν ἐμοί, καὶ λαλήσω ἔτι ἅπαξ·[12] καὶ
πειράσω[13] ἔτι ἅπαξ ἐν τῷ πόκῳ,[14] καὶ γενηθήτω ξηρασία[15] ἐπὶ τὸν πόκον μόνον, ἐπὶ δὲ
πᾶσαν τὴν γῆν γενηθήτω δρόσος.[16] **40** καὶ ἐποίησεν ὁ θεὸς οὕτως ἐν τῇ νυκτὶ ἐκείνῃ,
καὶ ἐγένετο ξηρασία[17] ἐπὶ τὸν πόκον[18] μόνον, ἐπὶ δὲ πᾶσαν τὴν γῆν ἐγένετο δρόσος.[19]

Gideon's Chosen Men

7 Καὶ ὤρθρισεν[20] Ιεροβααλ (αὐτός ἐστιν Γεδεων) καὶ πᾶς ὁ λαὸς ὁ μετ᾽ αὐτοῦ καὶ
παρενέβαλεν[21] ἐπὶ τὴν γῆν Αρωεδ, καὶ παρεμβολὴ[22] Μαδιαμ καὶ Αμαληκ ἦν
αὐτῷ ἀπὸ βορρᾶ[23] ἀπὸ τοῦ βουνοῦ[24] τοῦ Αβωρ ἐν τῇ κοιλάδι.[25]

2 καὶ εἶπεν κύριος πρὸς Γεδεων Πολὺς ὁ λαὸς ὁ μετὰ σοῦ ὥστε μὴ παραδοῦναί με
τὴν Μαδιαμ ἐν χειρὶ αὐτῶν, μήποτε[26] καυχήσηται[27] Ισραηλ ἐπ᾽ ἐμὲ λέγων Ἡ χείρ μου
ἔσωσέν με. **3** καὶ εἶπεν κύριος πρὸς αὐτόν Λάλησον δὴ[28] εἰς τὰ ὦτα τοῦ λαοῦ λέγων
Τίς δειλὸς[29] καὶ φοβούμενος; ἀποστραφήτω.[30] καὶ ἐξώρμησαν[31] ἀπὸ τοῦ ὄρους τοῦ
Γαλααδ καὶ ἀπεστράφησαν[32] ἀπὸ τοῦ λαοῦ εἴκοσι[33] καὶ δύο χιλιάδες,[34] καὶ δέκα[35]
χιλιάδες ὑπελείφθησαν.[36]

4 καὶ εἶπεν κύριος πρὸς Γεδεων Ἔτι ὁ λαὸς πολύς· κατάγαγε[37] αὐτοὺς εἰς τὸ ὕδωρ,
καὶ δοκιμῶ[38] αὐτούς σοι ἐκεῖ· καὶ ἔσται ὃν ἐὰν εἴπω πρὸς σέ Οὗτος πορεύσεται μετὰ
σοῦ, αὐτὸς πορεύσεται μετὰ σοῦ· καὶ ὃν ἐὰν εἴπω σοι ὅτι οὐ πορεύσεται μετὰ σοῦ,
αὐτὸς οὐ πορεύσεται μετὰ σοῦ. **5** καὶ κατεβίβασεν[39] τὸν λαὸν εἰς τὸ ὕδωρ· καὶ εἶπεν
κύριος πρὸς Γεδεων Πᾶς, ὃς ἂν λάψῃ[40] τῇ γλώσσῃ αὐτοῦ ἐκ τοῦ ὕδατος, ὡς ἐὰν
λάψῃ ὁ κύων,[41] στήσεις αὐτὸν κατὰ μόνας, καὶ πᾶς, ὃς ἂν κάμψῃ[42] ἐπὶ τὰ γόνατα[43]

1 ὀρθρίζω, *aor act ind 3s*, rise early
2 ἐπαύριον, on the next day
3 ἀποπιάζω, *aor act ind 3s*, squeeze tight
4 πόκος, fleece
5 ἀπορρέω, *aor pas ind 3s*, flow from
6 δρόσος, dew
7 πόκος, fleece
8 πλήρης, full
9 λεκάνη, dish, pan
10 ὀργίζω, *aor pas impv 3s*, make angry
11 θυμός, temper, anger
12 ἅπαξ, once
13 πειράζω, *fut act ind 1s*, test
14 πόκος, fleece
15 ξηρασία, dryness
16 δρόσος, dew
17 ξηρασία, dryness
18 πόκος, fleece
19 δρόσος, dew
20 ὀρθρίζω, *aor act ind 3s*, rise early
21 παρεμβάλλω, *aor act ind 3s*, encamp
22 παρεμβολή, camp
23 βορρᾶς, north
24 βουνός, hill
25 κοιλάς, valley
26 μήποτε, lest
27 καυχάομαι, *aor mid sub 3s*, boast
28 δή, now, then
29 δειλός, fearful, cowardly
30 ἀποστρέφω, *aor pas impv 3s*, turn back
31 ἐξορμάω, *aor act ind 3p*, set out
32 ἀποστρέφω, *aor pas ind 3p*, turn back
33 εἴκοσι, twenty
34 χιλιάς, thousand
35 δέκα, ten
36 ὑπολείπω, *aor pas ind 3p*, leave behind
37 κατάγω, *aor act impv 2s*, lead down
38 δοκιμάζω, *fut act ind 1s*, put to a test, prove
39 καταβιβάζω, *aor act ind 3s*, bring down
40 λάπτω, *aor act sub 3s*, drink eagerly, lap
41 κύων, dog
42 κάμπτω, *aor act sub 3s*, bend down
43 γόνυ, knee

B ἐπαύριον[1] καὶ ἐξεπίασεν[2] τὸν πόκον,[3] καὶ ἔσταξεν[4] δρόσος[5] ἀπὸ τοῦ πόκου, πλήρης[6] λεκάνη[7] ὕδατος. **39** καὶ εἶπεν Γεδεων πρὸς τὸν θεόν Μὴ δὴ[8] ὀργισθήτω[9] ὁ θυμός[10] σου ἐν ἐμοί, καὶ λαλήσω ἔτι ἅπαξ·[11] πειράσω[12] δὲ καί γε ἔτι ἅπαξ ἐν τῷ πόκῳ,[13] καὶ γενέσθω ἡ ξηρασία[14] ἐπὶ τὸν πόκον μόνον, καὶ ἐπὶ πᾶσαν τὴν γῆν γενηθήτω δρόσος.[15] **40** καὶ ἐποίησεν οὕτως ὁ θεὸς ἐν τῇ νυκτὶ ἐκείνῃ, καὶ ἐγένετο ξηρασία[16] ἐπὶ τὸν πόκον[17] μόνον, καὶ ἐπὶ πᾶσαν τὴν γῆν ἐγενήθη δρόσος.[18]

Gideon's Chosen Men

7 Καὶ ὤρθρισεν[19] Ιαρβαλ (αὐτός ἐστιν Γεδεων) καὶ πᾶς ὁ λαὸς μετ᾽ αὐτοῦ καὶ παρενέβαλον[20] ἐπὶ πηγὴν[21] Αραδ, καὶ παρεμβολὴ[22] Μαδιαμ ἦν αὐτῷ ἀπὸ βορρᾶ[23] ἀπὸ Γαβααθ Αμωρα ἐν κοιλάδι.[24]

2 καὶ εἶπεν κύριος πρὸς Γεδεων Πολὺς ὁ λαὸς ὁ μετὰ σοῦ ὥστε μὴ παραδοῦναί με τὴν Μαδιαμ ἐν χειρὶ αὐτῶν, μήποτε[25] καυχήσηται[26] Ισραηλ ἐπ᾽ ἐμὲ λέγων Ἡ χείρ μου ἔσωσέν με· **3** καὶ νῦν λάλησον δὴ[27] ἐν ὠσὶν τοῦ λαοῦ λέγων Τίς ὁ φοβούμενος καὶ δειλός;[28] ἐπιστρεφέτω καὶ ἐκχωρείτω[29] ἀπὸ ὄρους Γαλααδ καὶ ἐπέστρεψεν ἀπὸ τοῦ λαοῦ εἴκοσι[30] καὶ δύο χιλιάδες,[31] καὶ δέκα[32] χιλιάδες ὑπελείφθησαν.[33]

4 καὶ εἶπεν κύριος πρὸς Γεδεων Ἔτι ὁ λαὸς πολύς· κατένεγκον[34] αὐτοὺς πρὸς τὸ ὕδωρ, καὶ ἐκκαθαρῶ[35] σοι αὐτὸν ἐκεῖ· καὶ ἔσται ὃν ἐὰν εἴπω πρὸς σέ Οὗτος πορεύσεται σὺν σοί, αὐτὸς πορεύσεται σὺν σοί· καὶ πᾶν, ὃν ἐὰν εἴπω πρὸς σέ Οὗτος οὐ πορεύσεται μετὰ σοῦ, αὐτὸς οὐ πορεύσεται μετὰ σοῦ. **5** καὶ κατήνεγκεν[36] τὸν λαὸν πρὸς τὸ ὕδωρ· καὶ εἶπεν κύριος πρὸς Γεδεων Πᾶς, ὃς ἂν λάψῃ[37] τῇ γλώσσῃ αὐτοῦ ἀπὸ τοῦ ὕδατος ὡς ἐὰν λάψῃ ὁ κύων,[38] στήσεις αὐτὸν κατὰ μόνας, καὶ πᾶς, ὃς ἐὰν

1 ἐπαύριον, on the next day
2 ἐκπιάζω, *aor act ind 3s*, squeeze out
3 πόκος, fleece
4 στάζω, *aor act ind 3s*, drop, stream
5 δρόσος, dew
6 πλήρης, full
7 λεκάνη, dish, pan
8 δή, now, then
9 ὀργίζω, *aor pas impv 3s*, make angry
10 θυμός, temper, anger
11 ἅπαξ, once
12 πειράζω, *fut act ind 1s*, test
13 πόκος, fleece
14 ξηρασία, dryness
15 δρόσος, dew
16 ξηρασία, dryness
17 πόκος, fleece
18 δρόσος, dew
19 ὀρθρίζω, *aor act ind 3s*, rise early
20 παρεμβάλλω, *aor act ind 3p*, encamp
21 πηγή, spring
22 παρεμβολή, camp
23 βορρᾶς, north
24 κοιλάς, valley
25 μήποτε, lest
26 καυχάομαι, *aor mid sub 3s*, boast
27 δή, now, then
28 δειλός, fearful, cowardly
29 ἐκχωρέω, *pres act impv 3s*, depart, leave
30 εἴκοσι, twenty
31 χιλιάς, thousand
32 δέκα, ten
33 ὑπολείπω, *aor pas ind 3p*, leave behind
34 καταφέρω, *aor act impv 2s*, bring down
35 ἐκκαθαίρω, *fut act ind 1s*, purge, sift
36 καταφέρω, *aor act ind 3s*, bring down
37 λάπτω, *aor act sub 3s*, drink eagerly, lap
38 κύων, dog

αὐτοῦ τοῦ πιεῖν, μεταστήσεις[1] αὐτὸν καθ᾽ αὐτόν. **6** καὶ ἐγένετο πᾶς ὁ ἀριθμὸς[2] τῶν A
λαψάντων[3] ἐν τῇ γλώσσῃ αὐτῶν τριακόσιοι[4] ἄνδρες, καὶ πᾶς ὁ ἐπίλοιπος[5] τοῦ λαοῦ
ἔκαμψαν[6] ἐπὶ τὰ γόνατα[7] αὐτῶν τοῦ πιεῖν ὕδωρ. **7** καὶ εἶπεν κύριος πρὸς Γεδεων Ἐν
τοῖς τριακοσίοις[8] ἀνδράσιν τοῖς λάψασιν[9] σώσω ὑμᾶς καὶ παραδώσω τὴν Μαδιαμ ἐν
χειρί σου, καὶ πᾶς ὁ λαὸς ἀποτρεχέτω[10] ἀνὴρ εἰς τὸν τόπον αὐτοῦ. **8** καὶ ἔλαβον τὸν
ἐπισιτισμὸν[11] τοῦ λαοῦ ἐν τῇ χειρὶ αὐτῶν καὶ τὰς κερατίνας[12] αὐτῶν, καὶ πάντα ἄνδρα
Ισραηλ ἐξαπέστειλεν[13] ἄνδρα εἰς τὸ σκήνωμα[14] αὐτοῦ, τῶν δὲ τριακοσίων[15] ἀνδρῶν
ἐκράτησεν. ἡ δὲ παρεμβολὴ[16] Μαδιαμ ἦν ὑποκάτωθεν[17] αὐτοῦ ἐν τῇ κοιλάδι.[18]

9 Καὶ ἐγενήθη ἐν τῇ νυκτὶ ἐκείνῃ καὶ εἶπεν πρὸς αὐτὸν κύριος Ἀνάστα κατάβηθι
τὸ τάχος[19] ἐντεῦθεν[20] εἰς τὴν παρεμβολήν,[21] ὅτι παρέδωκα αὐτὴν ἐν τῇ χειρί σου·
10 εἰ δὲ φοβῇ σὺ καταβῆναι, κατάβηθι σὺ καὶ Φαρα τὸ παιδάριόν[22] σου εἰς τὴν
παρεμβολὴν[23] **11** καὶ ἀκούσῃ, τί λαλοῦσιν· καὶ μετὰ ταῦτα ἰσχύσουσιν[24] αἱ χεῖρές σου,
καὶ καταβήσῃ ἐν τῇ παρεμβολῇ.[25] καὶ κατέβη αὐτὸς καὶ Φαρα τὸ παιδάριον[26] αὐτοῦ
εἰς μέρος τῶν πεντήκοντα[27] τῶν ἐν τῇ παρεμβολῇ. **12** καὶ Μαδιαμ καὶ Αμαληκ καὶ
πάντες οἱ υἱοὶ ἀνατολῶν[28] παρεμβεβλήκεισαν[29] ἐν τῇ κοιλάδι[30] ὡς ἀκρὶς[31] εἰς πλῆθος,
καὶ ταῖς καμήλοις[32] αὐτῶν οὐκ ἦν ἀριθμός,[33] ἀλλ᾽ ἦσαν ὥσπερ ἡ ἄμμος[34] ἡ ἐπὶ τὸ
χεῖλος[35] τῆς θαλάσσης εἰς πλῆθος. **13** καὶ εἰσῆλθεν Γεδεων, καὶ ἰδοὺ ἀνὴρ ἐξηγεῖτο[36]
τῷ πλησίον[37] αὐτοῦ τὸ ἐνύπνιον καὶ εἶπεν Ἰδοὺ τὸ ἐνύπνιον, ὃ ἠνυπνιάσθην,[38] καὶ
ἰδοὺ μαγὶς[39] ἄρτου κριθίνου[40] κυλιομένη[41] ἐν τῇ παρεμβολῇ[42] Μαδιαμ καὶ ἦλθεν ἕως
τῆς σκηνῆς[43] Μαδιαμ καὶ ἐπάταξεν[44] αὐτὴν καὶ κατέστρεψεν[45] αὐτήν, καὶ ἔπεσεν ἡ

1 μεθίστημι, *fut act ind 2s*, remove, take aside
2 ἀριθμός, number, amount
3 λάπτω, *aor act ptc gen p m*, drink eagerly, lap
4 τριακόσιοι, three hundred
5 ἐπίλοιπος, remaining
6 κάμπτω, *aor act ind 3p*, bend down
7 γόνυ, knee
8 τριακόσιοι, three hundred
9 λάπτω, *aor act ptc dat p m*, drink eagerly, lap
10 ἀποτρέχω, *pres act impv 3s*, go free, depart
11 ἐπισιτισμός, provisions
12 κερατίνη, horn
13 ἐξαποστέλλω, *aor act ind 3s*, send away
14 σκήνωμα, dwelling
15 τριακόσιοι, three hundred
16 παρεμβολή, camp
17 ὑποκάτωθεν, below
18 κοιλάς, valley
19 τάχος, quickly
20 ἐντεῦθεν, from here
21 παρεμβολή, camp
22 παιδάριον, young servant
23 παρεμβολή, camp
24 ἰσχύω, *fut act ind 3p*, be strong
25 παρεμβολή, camp
26 παιδάριον, young servant
27 πεντήκοντα, fifty
28 ἀνατολή, east
29 παρεμβάλλω, *plpf act ind 3p*, encamp
30 κοιλάς, valley
31 ἀκρίς, locust
32 κάμηλος, camel
33 ἀριθμός, number, amount
34 ἄμμος, sand
35 χεῖλος, shore, edge
36 ἐξηγέομαι, *impf mid ind 3s*, explain, tell
37 πλησίον, fellow, friend
38 ἐνυπνιάζομαι, *aor pas ind 1s*, dream
39 μαγίς, cake
40 κρίθινος, of barley
41 κυλίω, *pres pas ptc nom s f*, roll
42 παρεμβολή, camp
43 σκηνή, tent
44 πατάσσω, *aor act ind 3s*, strike, slay
45 καταστρέφω, *aor act ind 3s*, overturn, ruin

B κλίνῃ[1] ἐπὶ τὰ γόνατα[2] αὐτοῦ πιεῖν. **6** καὶ ἐγένετο ὁ ἀριθμὸς[3] τῶν λαψάντων[4] ἐν χειρὶ
αὐτῶν πρὸς τὸ στόμα αὐτῶν τριακόσιοι[5] ἄνδρες, καὶ πᾶν τὸ κατάλοιπον[6] τοῦ λαοῦ
ἔκλιναν[7] ἐπὶ τὰ γόνατα[8] αὐτῶν πιεῖν ὕδωρ. **7** καὶ εἶπεν κύριος πρὸς Γεδεων Ἐν τοῖς
τριακοσίοις[9] ἀνδράσιν τοῖς λάψασιν[10] σώσω ὑμᾶς καὶ δώσω τὴν Μαδιαμ ἐν χειρί σου,
καὶ πᾶς ὁ λαὸς πορεύσονται ἀνὴρ εἰς τὸν τόπον αὐτοῦ. **8** καὶ ἔλαβον τὸν ἐπισιτισμὸν[11]
τοῦ λαοῦ ἐν χειρὶ αὐτῶν καὶ τὰς κερατίνας[12] αὐτῶν, καὶ τὸν πάντα ἄνδρα Ισραηλ
ἐξαπέστειλεν[13] ἄνδρα εἰς σκηνὴν[14] αὐτοῦ καὶ τοὺς τριακοσίους[15] ἄνδρας κατίσχυσεν.[16]
καὶ ἡ παρεμβολὴ[17] Μαδιαμ ἦσαν αὐτοῦ ὑποκάτω[18] ἐν τῇ κοιλάδι.

9 Καὶ ἐγενήθη ἐν τῇ νυκτὶ ἐκείνῃ καὶ εἶπεν πρὸς αὐτὸν κύριος Ἀναστὰς κατάβηθι ἐν
τῇ παρεμβολῇ,[19] ὅτι παρέδωκα αὐτὴν ἐν τῇ χειρί σου· **10** καὶ εἰ φοβῇ σὺ καταβῆναι,
κατάβηθι σὺ καὶ Φαρα τὸ παιδάριόν[20] σου εἰς τὴν παρεμβολὴν[21] **11** καὶ ἀκούσῃ,
τί λαλήσουσιν· καὶ μετὰ τοῦτο ἰσχύσουσιν[22] αἱ χεῖρές σου, καὶ καταβήσῃ ἐν τῇ
παρεμβολῇ.[23] καὶ κατέβη αὐτὸς καὶ Φαρα τὸ παιδάριον[24] αὐτοῦ πρὸς ἀρχὴν τῶν
πεντήκοντα,[25] οἳ ἦσαν ἐν τῇ παρεμβολῇ. **12** καὶ Μαδιαμ καὶ Αμαληκ καὶ πάντες υἱοὶ
ἀνατολῶν[26] βεβλημένοι[27] ἐν τῇ κοιλάδι ὡσεὶ[28] ἀκρὶς[29] εἰς πλῆθος, καὶ ταῖς καμήλοις[30]
αὐτῶν οὐκ ἦν ἀριθμός,[31] ἀλλὰ ἦσαν ὡς ἡ ἄμμος[32] ἡ ἐπὶ χείλους[33] τῆς θαλάσσης
εἰς πλῆθος. **13** καὶ ἦλθεν Γεδεων, καὶ ἰδοὺ ἀνὴρ ἐξηγούμενος[34] τῷ πλησίον[35] αὐτοῦ
ἐνύπνιον καὶ εἶπεν Ἐνύπνιον ἰδοὺ ἐνυπνιασάμην,[36] καὶ ἰδοὺ μαγὶς[37] ἄρτου κριθίνου[38]
στρεφομένη[39] ἐν τῇ παρεμβολῇ[40] Μαδιαμ καὶ ἦλθεν ἕως τῆς σκηνῆς[41] καὶ ἐπάταξεν[42]
αὐτήν, καὶ ἔπεσεν, καὶ ἀνέστρεψεν[43] αὐτὴν ἄνω,[44] καὶ ἔπεσεν ἡ σκηνή. **14** καὶ

1 κλίνω, *aor act sub 3s*, bow, bend
2 γόνυ, knee
3 ἀριθμός, number, amount
4 λάπτω, *aor act ptc gen p m*, drink eagerly, lap
5 τριακόσιοι, three hundred
6 κατάλοιπος, remaining
7 κλίνω, *aor act ind 3p*, bow, bend
8 γόνυ, knee
9 τριακόσιοι, three hundred
10 λάπτω, *aor act ptc dat p m*, drink eagerly, lap
11 ἐπισιτισμός, provisions
12 κερατίνη, horn
13 ἐξαποστέλλω, *aor act ind 3s*, send away
14 σκηνή, tent
15 τριακόσιοι, three hundred
16 κατισχύω, *aor act ind 3s*, impel, encourage
17 παρεμβολή, camp
18 ὑποκάτω, below
19 παρεμβολή, camp
20 παιδάριον, young servant
21 παρεμβολή, camp
22 ἰσχύω, *fut act ind 3p*, be strong
23 παρεμβολή, camp
24 παιδάριον, young servant
25 πεντήκοντα, fifty
26 ἀνατολή, east
27 βάλλω, *perf pas ptc nom p m*, put, cast
28 ὡσεί, like
29 ἀκρίς, locust
30 κάμηλος, camel
31 ἀριθμός, number, amount
32 ἄμμος, sand
33 χεῖλος, shore, edge
34 ἐξηγέομαι, *pres mid ptc nom s m*, explain, tell
35 πλησίον, fellow, friend
36 ἐνυπνιάζομαι, *aor mid ind 1s*, dream
37 μαγίς, cake
38 κρίθινος, of barley
39 στρέφω, *pres mid ptc nom s f*, turn, roll
40 παρεμβολή, camp
41 σκηνή, tent
42 πατάσσω, *aor act ind 3s*, strike, slay
43 ἀναστρέφω, *aor act ind 3s*, upset, overturn
44 ἄνω, upward

σκηνή. **14** καὶ ἀπεκρίθη ὁ πλησίον[1] αὐτοῦ καὶ εἶπεν Οὐκ ἔστιν αὕτη ἀλλ᾽ ἢ ῥομφαία[2] A
Γεδεων υἱοῦ Ιωας ἀνδρὸς Ισραηλ· παρέδωκεν κύριος ἐν χειρὶ αὐτοῦ τὴν Μαδιαμ
καὶ πᾶσαν τὴν παρεμβολήν.[3]

15 καὶ ἐγένετο ὡς ἤκουσεν Γεδεων τὴν διήγησιν[4] τοῦ ἐνυπνίου καὶ τὴν σύγκρισιν[5]
αὐτοῦ, καὶ προσεκύνησεν κύριον καὶ ἐπέστρεψεν εἰς τὴν παρεμβολὴν[6] Ισραηλ καὶ
εἶπεν Ἀνάστητε, ὅτι παρέδωκεν κύριος ἐν χερσὶν ὑμῶν τὴν παρεμβολὴν Μαδιαμ.
16 καὶ διεῖλεν[7] τοὺς τριακοσίους[8] ἄνδρας τρεῖς ἀρχὰς καὶ ἔδωκεν κερατίνας[9] ἐν
χειρὶ πάντων καὶ ὑδρίας[10] κενὰς[11] καὶ λαμπάδας[12] ἐν μέσῳ τῶν ὑδριῶν **17** καὶ εἶπεν
πρὸς αὐτούς Ἀπ᾽ ἐμοῦ ὄψεσθε καὶ οὕτως ποιήσετε· καὶ ἰδοὺ ἐγὼ εἰσπορεύομαι[13] ἐν
μέσῳ τῆς παρεμβολῆς,[14] καὶ ἔσται ὡς ἐὰν ποιήσω, οὕτως ποιήσετε· **18** καὶ σαλπιῶ[15]
τῇ κερατίνῃ[16] ἐγὼ καὶ πάντες οἱ μετ᾽ ἐμοῦ, καὶ σαλπιεῖτε[17] ταῖς κερατίναις καὶ ὑμεῖς
κύκλῳ[18] τῆς παρεμβολῆς[19] καὶ ἐρεῖτε Τῷ κυρίῳ καὶ τῷ Γεδεων.

Midian Is Confounded

19 καὶ εἰσῆλθεν Γεδεων καὶ ἑκατὸν[20] ἄνδρες μετ᾽ αὐτοῦ ἐν μέρει τῆς παρεμβολῆς[21]
ἀρχομένης τῆς φυλακῆς τῆς μεσούσης·[22] πλὴν ἐγέρσει[23] ἤγειρεν[24] τοὺς φυλάσ-
σοντας, καὶ ἐσάλπισαν[25] ταῖς κερατίναις[26] καὶ ἐξετίναξαν[27] τὰς ὑδρίας[28] τὰς ἐν ταῖς
χερσὶν αὐτῶν. **20** καὶ ἐσάλπισαν[29] αἱ τρεῖς ἀρχαὶ ἐν ταῖς κερατίναις[30] καὶ συνέτριψαν[31]
τὰς ὑδρίας[32] καὶ ἐλάβοντο ἐν τῇ χειρὶ τῇ ἀριστερᾷ[33] αὐτῶν τῶν λαμπάδων,[34] καὶ ἐν
τῇ χειρὶ τῇ δεξιᾷ αὐτῶν αἱ κερατίναι τοῦ σαλπίζειν,[35] καὶ ἀνέκραξαν[36] Ῥομφαία[37] τῷ
κυρίῳ καὶ τῷ Γεδεων. **21** καὶ ἔστησαν ἕκαστος καθ᾽ ἑαυτὸν κύκλῳ[38] τῆς παρεμβολῆς,[39]
καὶ ἔδραμον[40] πᾶσα ἡ παρεμβολὴ[41] καὶ ἐσήμαναν[42] καὶ ἔφυγον.[43] **22** καὶ ἐσάλπισαν[44]

1 πλησίον, fellow, friend
2 ῥομφαία, sword
3 παρεμβολή, camp
4 διήγησις, tale, account
5 σύγκρισις, interpretation
6 παρεμβολή, camp
7 διαιρέω, *aor act ind 3s*, divide, separate
8 τριακόσιοι, three hundred
9 κερατίνη, horn
10 ὑδρία, jar
11 κενός, empty
12 λαμπάς, torch, lamp
13 εἰσπορεύομαι, *pres mid ind 1s*, go into
14 παρεμβολή, camp
15 σαλπίζω, *fut act ind 1s*, sound, blow
16 κερατίνη, horn
17 σαλπίζω, *fut act ind 2p*, sound, blow
18 κύκλῳ, around
19 παρεμβολή, camp
20 ἑκατόν, one hundred
21 παρεμβολή, camp
22 μεσόω, *pres act ptc gen s f*, be in the middle (of a time)
23 ἔγερσις, awakening
24 ἐγείρω, *aor act ind 3s*, awake, stir up
25 σαλπίζω, *aor act ind 3p*, sound, blow
26 κερατίνη, horn
27 ἐκτινάσσω, *aor act ind 3p*, scatter, expel
28 ὑδρία, jar
29 σαλπίζω, *aor act ind 3p*, sound, blow
30 κερατίνη, horn
31 συντρίβω, *aor act ind 3p*, break, shatter
32 ὑδρία, jar
33 ἀριστερός, left
34 λαμπάς, torch, lamp
35 σαλπίζω, *pres act inf*, sound, blow
36 ἀνακράζω, *aor act ind 3p*, cry out
37 ῥομφαία, sword
38 κύκλῳ, around
39 παρεμβολή, camp
40 τρέχω, *aor act ind 3p*, run
41 παρεμβολή, camp
42 σημαίνω, *aor act ind 3p*, make signals, sound an alarm
43 φεύγω, *aor act ind 3p*, flee
44 σαλπίζω, *aor act ind 3p*, sound, blow

B ἀπεκρίθη ὁ πλησίον[1] αὐτοῦ καὶ εἶπεν Οὐκ ἔστιν αὕτη εἰ μὴ ῥομφαία[2] Γεδεων υἱοῦ Ιωας ἀνδρὸς Ισραηλ· παρέδωκεν ὁ θεὸς ἐν χειρὶ αὐτοῦ τὴν Μαδιαμ καὶ πᾶσαν τὴν παρεμβολήν.[3]

15 καὶ ἐγένετο ὡς ἤκουσεν Γεδεων τὴν ἐξήγησιν[4] τοῦ ἐνυπνίου καὶ τὴν σύγκρισιν[5] αὐτοῦ, καὶ προσεκύνησεν κυρίῳ καὶ ὑπέστρεψεν[6] εἰς τὴν παρεμβολὴν[7] Ισραηλ καὶ εἶπεν Ἀνάστητε, ὅτι παρέδωκεν κύριος ἐν χειρὶ ἡμῶν τὴν παρεμβολὴν Μαδιαμ.
16 καὶ διεῖλεν[8] τοὺς τριακοσίους[9] ἄνδρας εἰς τρεῖς ἀρχὰς καὶ ἔδωκεν κερατίνας[10] ἐν
χειρὶ πάντων καὶ ὑδρίας[11] κενὰς[12] καὶ λαμπάδας[13] ἐν ταῖς ὑδρίαις **17** καὶ εἶπεν πρὸς
αὐτούς Ἀπ᾽ ἐμοῦ ὄψεσθε καὶ οὕτως ποιήσετε· καὶ ἰδοὺ ἐγὼ εἰσπορεύομαι[14] ἐν ἀρχῇ
τῆς παρεμβολῆς,[15] καὶ ἔσται καθὼς ἂν ποιήσω, οὕτως ποιήσετε· **18** καὶ σαλπιῶ[16] ἐν
τῇ κερατίνῃ[17] ἐγώ, καὶ πάντες μετ᾽ ἐμοῦ σαλπιεῖτε[18] ἐν ταῖς κερατίναις κύκλῳ[19] ὅλης τῆς παρεμβολῆς[20] καὶ ἐρεῖτε Τῷ κυρίῳ καὶ τῷ Γεδεων.

Midian Is Confounded

19 καὶ εἰσῆλθεν Γεδεων καὶ οἱ ἑκατὸν[21] ἄνδρες οἱ μετ᾽ αὐτοῦ ἐν ἀρχῇ τῆς παρεμβολῆς[22] ἐν ἀρχῇ τῆς φυλακῆς μέσης καὶ ἐγείροντες[23] ἤγειραν[24] τοὺς φυλάσσοντας καὶ ἐσάλπισαν[25] ἐν ταῖς κερατίναις[26] καὶ ἐξετίναξαν[27] τὰς ὑδρίας[28] τὰς ἐν ταῖς χερσὶν
αὐτῶν. **20** καὶ ἐσάλπισαν[29] αἱ τρεῖς ἀρχαὶ ἐν ταῖς κερατίναις[30] καὶ συνέτριψαν[31] τὰς ὑδρίας[32] καὶ ἐκράτησαν ἐν χερσὶν ἀριστεραῖς[33] αὐτῶν τὰς λαμπάδας[34] καὶ ἐν χερσὶν δεξιαῖς αὐτῶν τὰς κερατίνας τοῦ σαλπίζειν[35] καὶ ἀνέκραξαν[36] Ῥομφαία[37] τῷ
κυρίῳ καὶ τῷ Γεδεων. **21** καὶ ἔστησαν ἀνὴρ ἐφ᾽ ἑαυτῷ κύκλῳ[38] τῆς παρεμβολῆς,[39]
καὶ ἔδραμεν[40] πᾶσα ἡ παρεμβολὴ καὶ ἐσήμαναν[41] καὶ ἔφυγαν.[42] **22** καὶ ἐσάλπισαν[43]

1 πλησίον, fellow, friend
2 ῥομφαία, sword
3 παρεμβολή, camp
4 ἐξήγησις, description, narrative
5 σύγκρισις, interpretation
6 ὑποστρέφω, *aor act ind 3s*, return, turn back
7 παρεμβολή, camp
8 διαιρέω, *aor act ind 3s*, divide, separate
9 τριακόσιοι, three hundred
10 κερατίνη, horn
11 ὑδρία, jar
12 κενός, empty
13 λαμπάς, torch, lamp
14 εἰσπορεύομαι, *pres mid ind 1s*, go into
15 παρεμβολή, camp
16 σαλπίζω, *fut act ind 1s*, sound, blow
17 κερατίνη, horn
18 σαλπίζω, *fut act ind 2p*, sound, blow
19 κύκλῳ, around
20 παρεμβολή, camp
21 ἑκατόν, one hundred
22 παρεμβολή, camp
23 ἐγείρω, *pres act ptc nom p m*, awake, stir up
24 ἐγείρω, *aor act ind 3p*, awake, stir up
25 σαλπίζω, *aor act ind 3p*, sound, blow
26 κερατίνη, horn
27 ἐκτινάσσω, *aor act ind 3p*, scatter, expel
28 ὑδρία, jar
29 σαλπίζω, *aor act ind 3p*, sound, blow
30 κερατίνη, horn
31 συντρίβω, *aor act ind 3p*, break, shatter
32 ὑδρία, jar
33 ἀριστερός, left
34 λαμπάς, torch, lamp
35 σαλπίζω, *pres act inf*, sound, blow
36 ἀνακράζω, *aor act ind 3p*, cry out
37 ῥομφαία, sword
38 κύκλῳ, around
39 παρεμβολή, camp
40 τρέχω, *aor act ind 3s*, run
41 σημαίνω, *aor act ind 3p*, make signals, sound an alarm
42 φεύγω, *aor act ind 3p*, flee
43 σαλπίζω, *aor act ind 3p*, sound, blow

αἱ τριακόσιαι[1] κερατίναι,[2] καὶ ἔθετο κύριος μάχαιραν[3] ἀνδρὸς ἐν τῷ πλησίον[4] αὐτοῦ
καὶ ἐν ὅλῃ τῇ παρεμβολῇ,[5] καὶ ἔφυγεν[6] ἡ παρεμβολὴ ἕως τῆς Βαιθασεττα καὶ συνη-
γμένη ἕως χείλους[7] Αβελμεουλα καὶ ἐπὶ Ταβαθ. **23** καὶ ἐβόησεν[8] ἀνὴρ Ισραηλ ἐκ
Νεφθαλιμ καὶ ἐξ Ασηρ καὶ ἐκ παντὸς Μανασση καὶ κατεδίωξαν[9] ὀπίσω Μαδιαμ.

24 Καὶ ἀγγέλους ἐξαπέστειλεν[10] Γεδεων ἐν παντὶ ὁρίῳ[11] Εφραιμ λέγων Κατάβητε
εἰς συνάντησιν[12] Μαδιαμ καὶ καταλάβετε[13] ἑαυτοῖς τὸ ὕδωρ ἕως Βαιθβηρα καὶ τὸν
Ιορδάνην· καὶ ἐβόησεν[14] πᾶς ἀνὴρ Εφραιμ καὶ προκατελάβοντο[15] τὸ ὕδωρ ἕως
Βαιθβηρα καὶ τὸν Ιορδάνην. **25** καὶ συνέλαβον[16] τοὺς δύο ἄρχοντας Μαδιαμ, τὸν
Ωρηβ καὶ τὸν Ζηβ, καὶ ἀπέκτειναν τὸν Ωρηβ ἐν Σουριν καὶ τὸν Ζηβ ἀπέκτειναν ἐν
Ιακεφζηβ καὶ κατεδίωξαν[17] Μαδιαμ· καὶ τὴν κεφαλὴν Ωρηβ καὶ Ζηβ ἤνεγκαν πρὸς
Γεδεων ἐκ τοῦ πέραν[18] τοῦ Ιορδάνου.

Gideon Defeats Zebah and Zalmunna

8 καὶ εἶπεν πρὸς αὐτὸν ἀνὴρ Εφραιμ Τί τὸ ῥῆμα τοῦτο ἐποίησας ἡμῖν τοῦ μὴ
καλέσαι ἡμᾶς, ὅτε ἐξεπορεύου πολεμῆσαι ἐν τῇ Μαδιαμ; καὶ ἐκρίνοντο μετ'
αὐτοῦ κραταιῶς.[19] **2** καὶ εἶπεν πρὸς αὐτούς Τί ἐποίησα νῦν καθὼς ὑμεῖς; οὐχὶ
κρείττω[20] ἐπιφυλλίδες[21] Εφραιμ ἢ τρυγητὸς[22] Αβιεζερ; **3** ἐν χειρὶ ὑμῶν παρέδωκεν
κύριος τοὺς ἄρχοντας Μαδιαμ, τὸν Ωρηβ καὶ τὸν Ζηβ· καὶ τί ἠδυνάσθην ποιῆσαι
καθὼς ὑμεῖς; καὶ κατέπαυσαν.[23] τότε ἀνῆκε[24] τὸ πνεῦμα αὐτῶν ἀπ' αὐτοῦ ἐν τῷ
λαλῆσαι αὐτὸν τὸν λόγον τοῦτον.

4 Καὶ ἦλθεν Γεδεων ἐπὶ τὸν Ιορδάνην, καὶ διέβη[25] αὐτὸς καὶ οἱ τριακόσιοι[26] ἄνδρες
μετ' αὐτοῦ ὀλιγοψυχοῦντες[27] καὶ πεινῶντες.[28] **5** καὶ εἶπεν τοῖς ἀνδράσιν Σοκχωθ
Δότε δὴ[29] ἄρτους τῷ λαῷ τῷ μετ' ἐμοῦ, ὅτι πεινῶσιν,[30] ἐγὼ δὲ διώκω ὀπίσω Ζεβεε
καὶ Σαλμανα βασιλέων Μαδιαμ. **6** καὶ εἶπαν οἱ ἄρχοντες Σοκχωθ Μὴ χεὶρ Ζεβεε
καὶ Σαλμανα νῦν ἐν τῇ χειρί σου, ὅτι δώσομεν τῇ στρατιᾷ[31] σου ἄρτους; **7** καὶ

1 τριακόσιοι, three hundred
2 κερατίνη, horn
3 μάχαιρα, sword
4 πλησίον, fellow, friend
5 παρεμβολή, camp
6 φεύγω, *aor act ind 3s*, flee
7 χεῖλος, edge, border
8 βοάω, *aor act ind 3s*, cry out
9 καταδιώκω, *aor act ind 3p*, pursue closely
10 ἐξαποστέλλω, *aor act ind 3s*, send out
11 ὅριον, region, territory
12 συνάντησις, meeting
13 καταλαμβάνω, *aor act impv 2p*, overtake, lay hold of
14 βοάω, *aor act ind 3s*, cry out
15 προκαταλαμβάνω, *aor mid ind 3p*, seize before
16 συλλαμβάνω, *aor act ind 3p*, take, apprehend
17 καταδιώκω, *aor act ind 3p*, pursue closely
18 πέραν, other side
19 κραταιῶς, severely, mightily
20 κρείττων (σσ), *comp of* ἀγαθός, better
21 ἐπιφυλλίς, gleaning
22 τρυγητός, harvest, vintage
23 καταπαύω, *aor act ind 3p*, stop, come to an end
24 ἀνίημι, *aor act ind 3s*, leave, give up
25 διαβαίνω, *aor act ind 3s*, cross over
26 τριακόσιοι, three hundred
27 ὀλιγοψυχέω, *pres act ptc nom p m*, be fainthearted
28 πεινάω, *pres act ptc nom p m*, be hungry
29 δή, now, then
30 πεινάω, *pres act ind 3p*, be hungry
31 στρατιά, army

B ἐν ταῖς τριακοσίαις[1] κερατίναις,[2] καὶ ἔθηκεν κύριος τὴν ῥομφαίαν[3] ἀνδρὸς ἐν τῷ πλησίον[4] αὐτοῦ ἐν πάσῃ τῇ παρεμβολῇ,[5] καὶ ἔφυγεν[6] ἡ παρεμβολὴ ἕως Βηθσεεδτα Γαραγαθα ἕως χείλους[7] Αβωμεουλα ἐπὶ Ταβαθ. **23** καὶ ἐβόησαν[8] ἀνὴρ Ισραηλ ἀπὸ Νεφθαλι καὶ ἀπὸ Ασηρ καὶ ἀπὸ παντὸς Μανασση καὶ ἐδίωξαν ὀπίσω Μαδιαμ.

24 Καὶ ἀγγέλους ἀπέστειλεν Γεδεων ἐν παντὶ ὄρει Εφραιμ λέγων Κατάβητε εἰς συνάντησιν[9] Μαδιαμ καὶ καταλάβετε[10] ἑαυτοῖς τὸ ὕδωρ ἕως Βαιθηρα καὶ τὸν Ιορδάνην· καὶ ἐβόησεν[11] πᾶς ἀνὴρ Εφραιμ καὶ προκατελάβοντο[12] τὸ ὕδωρ ἕως Βαιθηρα καὶ τὸν Ιορδάνην. **25** καὶ συνέλαβον[13] τοὺς ἄρχοντας Μαδιαμ καὶ τὸν Ωρηβ καὶ τὸν Ζηβ καὶ ἀπέκτειναν τὸν Ωρηβ ἐν Σουρ καὶ τὸν Ζηβ ἀπέκτειναν ἐν Ιακεφζηφ καὶ κατεδίωξαν[14] Μαδιαμ· καὶ τὴν κεφαλὴν Ωρηβ καὶ Ζηβ ἤνεγκαν πρὸς Γεδεων ἀπὸ πέραν[15] τοῦ Ιορδάνου.

Gideon Defeats Zebah and Zalmunna

8 καὶ εἶπαν πρὸς Γεδεων ἀνὴρ Εφραιμ Τί τὸ ῥῆμα τοῦτο ἐποίησας ἡμῖν τοῦ μὴ καλέσαι ἡμᾶς, ὅτε ἐπορεύθης παρατάξασθαι[16] ἐν Μαδιαμ; καὶ διελέξαντο[17] πρὸς αὐτὸν ἰσχυρῶς.[18] **2** καὶ εἶπεν πρὸς αὐτούς Τί ἐποίησα νῦν καθὼς ὑμεῖς; ἢ οὐχὶ κρεῖσσον[19] ἐπιφυλλὶς[20] Εφραιμ ἢ τρυγητὸς[21] Αβιεζερ; **3** ἐν χειρὶ ὑμῶν παρέδωκεν κύριος τοὺς ἄρχοντας Μαδιαμ, τὸν Ωρηβ καὶ τὸν Ζηβ· καὶ τί ἠδυνήθην ποιῆσαι ὡς ὑμεῖς; τότε ἀνέθη[22] τὸ πνεῦμα αὐτῶν ἀπ᾽ αὐτοῦ ἐν τῷ λαλῆσαι αὐτὸν τὸν λόγον τοῦτον.

4 Καὶ ἦλθεν Γεδεων ἐπὶ τὸν Ιορδάνην, καὶ διέβη[23] αὐτὸς καὶ οἱ τριακόσιοι[24] ἄνδρες οἱ μετ᾽ αὐτοῦ πεινῶντες[25] καὶ διώκοντες. **5** καὶ εἶπεν τοῖς ἀνδράσιν Σοκχωθ Δότε δὴ[26] ἄρτους εἰς τροφὴν[27] τῷ λαῷ τούτῳ τῷ ἐν ποσίν μου, ὅτι ἐκλείπουσιν,[28] καὶ ἰδοὺ ἐγώ εἰμι διώκων ὀπίσω τοῦ Ζεβεε καὶ Σελμανα βασιλέων Μαδιαμ. **6** καὶ εἶπον οἱ ἄρχοντες Σοκχωθ Μὴ χεὶρ Ζεβεε καὶ Σελμανα νῦν ἐν χειρί σου; οὐ δώσομεν τῇ δυνάμει σου ἄρτους. **7** καὶ εἶπεν Γεδεων Διὰ τοῦτο ἐν τῷ δοῦναι κύριον τὸν Ζεβεε

1 τριακόσιοι, three hundred
2 κερατίνη, horn
3 ῥομφαία, sword
4 πλησίον, fellow, friend
5 παρεμβολή, camp
6 φεύγω, *aor act ind 3s*, flee
7 χεῖλος, edge, border
8 βοάω, *aor act ind 3p*, cry out
9 συνάντησις, meeting
10 καταλαμβάνω, *aor act impv 2p*, overtake, lay hold of
11 βοάω, *aor act ind 3s*, cry out
12 προκαταλαμβάνω, *aor mid ind 3p*, seize before
13 συλλαμβάνω, *aor act ind 3p*, take, apprehend
14 καταδιώκω, *aor act ind 3p*, pursue closely
15 πέραν, other side
16 παρατάσσω, *aor mid inf*, fight in battle
17 διαλέγομαι, *aor mid ind 3p*, dispute, contend
18 ἰσχυρῶς, vehemently, vigorously
19 κρείσσων (ττ), *comp of* ἀγαθός, better
20 ἐπιφυλλίς, gleaning
21 τρυγητός, harvest, vintage
22 ἀνίημι, *aor pas ind 3s*, leave, give up
23 διαβαίνω, *aor act ind 3s*, cross over
24 τριακόσιοι, three hundred
25 πεινάω, *pres act ptc nom p m*, be hungry
26 δή, now, then
27 τροφή, food
28 ἐκλείπω, *pres act ind 3p*, faint, fail

A

εἶπεν Γεδεων Οὐχ οὕτως· ἐν τῷ δοῦναι κύριον τὸν Ζεβεε καὶ Σαλμανα ἐν τῇ χειρί μου καὶ καταξανῶ[1] τὰς σάρκας ὑμῶν ἐν ταῖς ἀκάνθαις[2] τῆς ἐρήμου καὶ ἐν ταῖς βαρκοννιμ.[3] **8** καὶ ἀνέβη ἐκεῖθεν[4] εἰς Φανουηλ καὶ ἐλάλησεν πρὸς αὐτοὺς κατὰ ταῦτα, καὶ ἀπεκρίθησαν αὐτῷ οἱ ἄνδρες Φανουηλ ὃν τρόπον[5] ἀπεκρίθησαν αὐτῷ οἱ ἄνδρες Σοκχωθ. **9** καὶ εἶπεν τοῖς ἀνδράσιν Φανουηλ λέγων Ἐν τῷ ἐπιστρέφειν με μετ' εἰρήνης κατασκάψω[6] τὸν πύργον[7] τοῦτον.

10 καὶ Ζεβεε καὶ Σαλμανα ἐν Καρκαρ, καὶ ἡ παρεμβολὴ[8] αὐτῶν μετ' αὐτῶν ὡσεὶ[9] πεντεκαίδεκα[10] χιλιάδες,[11] οἱ καταλειφθέντες[12] ἐν πάσῃ παρεμβολῇ υἱῶν ἀνατολῶν,[13] καὶ οἱ πεπτωκότες[14] ἦσαν ἑκατὸν[15] καὶ εἴκοσι[16] χιλιάδες ἀνδρῶν ἐσπασμένων[17] ῥομφαίαν.[18] **11** καὶ ἀνέβη Γεδεων ὁδὸν κατοικούντων ἐν σκηναῖς[19] ἀνατολῶν[20] τῆς Ναβεθ ἐξ ἐναντίας[21] Ζεβεε· καὶ ἐπάταξεν[22] τὴν παρεμβολήν,[23] ἡ δὲ παρεμβολὴ ἦν πεποιθυῖα.[24] **12** καὶ ἔφυγεν[25] Ζεβεε καὶ Σαλμανα, καὶ ἐδίωξεν ὀπίσω αὐτῶν καὶ ἐκράτησεν τοὺς δύο βασιλεῖς Μαδιαμ, τὸν Ζεβεε καὶ τὸν Σαλμανα, καὶ πᾶσαν τὴν παρεμβολὴν[26] αὐτῶν ἐξέτριψεν.[27]

13 καὶ ἀνέστρεψεν[28] Γεδεων υἱὸς Ιωας ἐκ τοῦ πολέμου ἀπὸ ἀναβάσεως[29] Αρες. **14** καὶ συνέλαβον[30] παιδάριον[31] ἐκ τῶν ἀνδρῶν Σοκχωθ, καὶ ἐπηρώτησεν[32] αὐτόν, καὶ ἀπεγράψατο[33] πρὸς αὐτοὺς τοὺς ἄρχοντας Σοκχωθ καὶ τοὺς πρεσβυτέρους αὐτῆς, ἑβδομήκοντα[34] ἑπτὰ ἄνδρας. **15** καὶ παρεγένετο Γεδεων πρὸς τοὺς ἄρχοντας Σοκχωθ καὶ εἶπεν αὐτοῖς Ἰδοὺ Ζεβεε καὶ Σαλμανα, δι' οὓς ὠνειδίσατέ[35] με λέγοντες Μὴ χεὶρ Ζεβεε καὶ Σαλμανα νῦν ἐν τῇ χειρί σου, ὅτι δώσομεν τοῖς ἀνδράσιν σου τοῖς ἐκλελυμένοις[36] ἄρτους; **16** καὶ ἔλαβεν τοὺς ἄρχοντας καὶ τοὺς πρεσβυτέρους τῆς πόλεως καὶ κατέξανεν[37] αὐτοὺς ἐν ταῖς ἀκάνθαις[38] τῆς ἐρήμου καὶ ταῖς βαρακηνιμ[39]

1 καταξαίνω, *fut act ind 1s*, shred, tear in pieces
2 ἄκανθα, thorny plant
3 βαρκοννιμ, sharp thorns, *translit.*
4 ἐκεῖθεν, from there
5 ὃν τρόπον, in the manner that
6 κατασκάπτω, *fut act ind 1s*, destroy, raze
7 πύργος, tower
8 παρεμβολή, company, encampment
9 ὡσεί, about
10 πεντεκαίδεκα, fifteen
11 χιλιάς, thousand
12 καταλείπω, *aor pas ptc nom p m*, leave behind
13 ἀνατολή, east
14 πίπτω, *perf act ptc nom p m*, fall (in battle)
15 ἑκατόν, one hundred
16 εἴκοσι, twenty
17 σπάω, *perf mid ptc gen p m*, draw
18 ῥομφαία, sword
19 σκηνή, tent
20 ἀνατολή, east
21 ἐναντίος, opposite
22 πατάσσω, *aor act ind 3s*, strike
23 παρεμβολή, camp
24 πείθω, *perf act ptc nom s f*, mislead, set at ease
25 φεύγω, *aor act ind 3s*, flee
26 παρεμβολή, camp
27 ἐκτρίβω, *aor act ind 3s*, destroy
28 ἀναστρέφω, *aor act ind 3s*, return
29 ἀνάβασις, ascent
30 συλλαμβάνω, *aor act ind 3p*, capture, arrest
31 παιδάριον, young man, servant
32 ἐπερωτάω, *aor act ind 3s*, ask
33 ἀπογράφω, *aor mid ind 3s*, inform against, give in a list
34 ἑβδομήκοντα, seventy
35 ὀνειδίζω, *aor act ind 2p*, revile, mock
36 ἐκλύω, *perf pas ptc dat p m*, weaken, be weary
37 καταξαίνω, *aor act ind 3s*, shred, tear in pieces
38 ἄκανθα, thorny plant
39 βαρακηνιμ, sharp thorns, *translit.*

B καὶ Σελμανα ἐν χειρί μου, καὶ ἐγὼ ἀλοήσω[1] τὰς σάρκας ὑμῶν ἐν ταῖς ἀκάνθαις[2]
τῆς ἐρήμου καὶ ἐν ταῖς αβαρκηνιν.[3] **8** καὶ ἀνέβη ἐκεῖθεν[4] εἰς Φανουηλ καὶ ἐλάλησεν
πρὸς αὐτοὺς ὡσαύτως,[5] καὶ ἀπεκρίθησαν αὐτῷ οἱ ἄνδρες Φανουηλ ὃν τρόπον[6]
ἀπεκρίθησαν ἄνδρες Σοκχωθ. **9** καὶ εἶπεν Γεδεων πρὸς ἄνδρας Φανουηλ Ἐν ἐπι-
στροφῇ[7] μου μετ᾽ εἰρήνης τὸν πύργον[8] τοῦτον κατασκάψω.[9]

10 καὶ Ζεβεε καὶ Σελμανα ἐν Καρκαρ, καὶ ἡ παρεμβολὴ[10] αὐτῶν μετ᾽ αὐτῶν ὡσεὶ[11]
δέκα[12] πέντε χιλιάδες,[13] πάντες οἱ καταλελειμμένοι[14] ἀπὸ πάσης παρεμβολῆς[15]
ἀλλοφύλων,[16] καὶ οἱ πεπτωκότες ἑκατὸν[17] εἴκοσι[18] χιλιάδες[19] ἀνδρῶν σπωμένων[20]
ῥομφαίαν.[21] **11** καὶ ἀνέβη Γεδεων ὁδὸν τῶν σκηνούντων[22] ἐν σκηναῖς[23] ἀπὸ ἀνα-
τολῶν[24] τῆς Ναβαι καὶ Ιεγεβαλ· καὶ ἐπάταξεν[25] τὴν παρεμβολήν,[26] καὶ ἡ παρεμβολὴ
ἦν πεποιθυῖα.[27] **12** καὶ ἔφυγον[28] Ζεβεε καὶ Σελμανα, καὶ ἐδίωξεν ὀπίσω αὐτῶν καὶ
ἐκράτησεν τοὺς δύο βασιλεῖς Μαδιαμ, τὸν Ζεβεε καὶ τὸν Σελμανα, καὶ πᾶσαν τὴν
παρεμβολὴν[29] ἐξέστησεν.[30]

13 καὶ ἐπέστρεψεν Γεδεων υἱὸς Ιωας ἀπὸ τῆς παρατάξεως[31] ἀπὸ ἐπάνωθεν[32] τῆς
παρατάξεως Αρες. **14** καὶ συνέλαβεν[33] παιδάριον[34] ἀπὸ τῶν ἀνδρῶν Σοκχωθ καὶ
ἐπηρώτησεν[35] αὐτόν, καὶ ἔγραψεν πρὸς αὐτὸν τὰ ὀνόματα τῶν ἀρχόντων Σοκχωθ
καὶ τῶν πρεσβυτέρων αὐτῶν, ἑβδομήκοντα[36] καὶ ἑπτὰ ἄνδρας. **15** καὶ παρεγένετο
Γεδεων πρὸς τοὺς ἄρχοντας Σοκχωθ καὶ εἶπεν Ἰδοὺ Ζεβεε καὶ Σελμανα, ἐν οἷς
ὠνειδίσατέ[37] με λέγοντες Μὴ χεὶρ Ζεβεε καὶ Σελμανα νῦν ἐν χειρί σου, ὅτι δώσομεν
τοῖς ἀνδράσιν τοῖς ἐκλείπουσιν[38] ἄρτους; **16** καὶ ἔλαβεν τοὺς πρεσβυτέρους τῆς
πόλεως ἐν ταῖς ἀκάνθαις[39] τῆς ἐρήμου καὶ ταῖς βαρακηνιμ[40] καὶ ἠλόησεν[41] ἐν αὐτοῖς

1 ἀλοάω, *fut act ind 1s*, thresh, tear
2 ἄκανθα, thorny plant
3 αβαρκηνιν, thorn bushes, *translit.*
4 ἐκεῖθεν, from there
5 ὡσαύτως, in the same way, likewise
6 ὃν τρόπον, in the manner that
7 ἐπιστροφή, turning, return
8 πύργος, tower
9 κατασκάπτω, *fut act ind 1s*, destroy, raze
10 παρεμβολή, camp
11 ὡσεί, about
12 δέκα, ten
13 χιλιάς, thousand
14 καταλείπω, *perf pas ptc nom p m*, leave behind
15 παρεμβολή, camp
16 ἀλλόφυλος, foreign, (Philistine)
17 ἑκατόν, one hundred
18 εἴκοσι, twenty
19 χιλιάς, thousand
20 σπάω, *pres mid ptc gen p m*, draw
21 ῥομφαία, sword
22 σκηνόω, *pres act ptc gen p m*, dwell, live
23 σκηνή, tent
24 ἀνατολή, east
25 πατάσσω, *aor act ind 3s*, strike
26 παρεμβολή, camp
27 πείθω, *perf act ptc nom s f*, mislead, set at ease
28 φεύγω, *aor act ind 3p*, flee
29 παρεμβολή, camp
30 ἐξίστημι, *aor act ind 3s*, confound
31 παράταξις, battle
32 ἐπάνωθεν, from above
33 συλλαμβάνω, *aor act ind 3s*, capture, arrest
34 παιδάριον, young man, servant
35 ἐπερωτάω, *aor act ind 3s*, ask
36 ἑβδομήκοντα, seventy
37 ὀνειδίζω, *aor act ind 2p*, revile, mock
38 ἐκλείπω, *pres act ind 3p*, faint, fail
39 ἄκανθα, thorny plant
40 βαρακηνιμ, sharp thorns, *translit.*
41 ἀλοάω, *aor act ind 3s*, thresh, tear

A

καὶ κατέξανεν ἐν αὐτοῖς ἄνδρας Σοκχωθ. **17** καὶ τὸν πύργον[1] Φανουηλ κατέσκαψεν[2]
καὶ ἀπέκτεινεν τοὺς ἄνδρας τῆς πόλεως.

18 καὶ εἶπεν πρὸς Ζεβεε καὶ Σαλμανα Ποῦ οἱ ἄνδρες, οὓς ἀπεκτείνατε ἐν Θαβωρ; καὶ
εἶπαν Ὡσεὶ[3] σύ, ὅμοιος[4] σοί, ὅμοιος αὐτῶν, ὡς εἶδος[5] μορφὴ[6] υἱῶν βασιλέων. **19** καὶ
εἶπεν Γεδεων Ἀδελφοί μου καὶ υἱοὶ τῆς μητρός μού εἰσιν. καὶ ὤμοσεν[7] αὐτοῖς Ζῇ
κύριος, εἰ ἐζωογονήσατε[8] αὐτούς, οὐκ ἂν ἀπέκτεινα ὑμᾶς. **20** καὶ εἶπεν τῷ Ιεθερ τῷ
πρωτοτόκῳ[9] αὐτοῦ Ἀναστὰς ἀπόκτεινον αὐτούς· καὶ οὐκ ἔσπασεν[10] τὸ παιδάριον[11]
αὐτοῦ τὴν μάχαιραν[12] αὐτοῦ, ὅτι ἐφοβήθη, ὅτι ἦν νεώτερος.[13] **21** καὶ εἶπεν Ζεβεε
καὶ Σαλμανα Ἀνάστα δὴ[14] σὺ καὶ ἀπάντησον[15] ἡμῖν, ὅτι ὡς ἀνὴρ ἡ δύναμις αὐτοῦ.
καὶ ἀνέστη Γεδεων καὶ ἀνεῖλεν[16] τὸν Ζεβεε καὶ τὸν Σαλμανα καὶ ἔλαβεν τοὺς
μηνίσκους[17] τοὺς ἐν τοῖς τραχήλοις[18] τῶν καμήλων[19] αὐτῶν.

Gideon's Idolatry

22 Καὶ εἶπεν ἀνὴρ Ισραηλ πρὸς Γεδεων Ἄρχε ἐν ἡμῖν σὺ καὶ οἱ υἱοί σου, ὅτι σέσωκας
ἡμᾶς ἐκ χειρὸς Μαδιαμ. **23** καὶ εἶπεν πρὸς αὐτοὺς Γεδεων Οὐκ ἄρξω ἐγὼ ὑμῶν, καὶ
οὐκ ἄρξει ὁ υἱός μου ὑμῶν· κύριος ἄρξει ὑμῶν. **24** καὶ εἶπεν πρὸς αὐτοὺς Γεδεων
Αἰτήσομαι[20] παρ᾽ ὑμῶν αἴτησιν[21] καὶ δότε μοι ἀνὴρ ἐνώτιον[22] τῶν σκύλων[23] αὐτοῦ·
ὅτι ἐνώτια[24] χρυσᾶ[25] πολλὰ ἦν αὐτοῖς, ὅτι Ισμαηλῖται ἦσαν. **25** καὶ εἶπαν Διδόντες
δώσομεν· καὶ ἀνέπτυξεν[26] τὸ ἱμάτιον αὐτοῦ, καὶ ἔρριψεν[27] ἐκεῖ ἀνὴρ ἐνώτιον[28]
χρυσοῦν[29] τῶν σκύλων[30] αὐτοῦ. **26** καὶ ἐγενήθη ὁ σταθμὸς[31] τῶν ἐνωτίων[32] τῶν
χρυσῶν,[33] ὧν ᾐτήσατο,[34] σίκλοι[35] χίλιοι[36] καὶ ἑπτακόσιοι[37] χρυσοῦ[38] πλὴν τῶν
σιρώνων[39] καὶ τῶν ὁρμίσκων[40] ενφωθ[41] καὶ τῶν περιβολαίων[42] τῶν πορφυρῶν[43]
τῶν ἐπὶ τοῖς βασιλεῦσιν Μαδιαμ καὶ πλὴν τῶν κλοιῶν[44] τῶν χρυσῶν[45] τῶν ἐν τοῖς

1 πύργος, tower
2 κατασκάπτω, *aor act ind 3s*, destroy, raze
3 ὡσεί, as, like
4 ὅμοιος, similar to, like
5 εἶδος, shape, appearance
6 μορφή, form
7 ὄμνυμι, *aor act ind 3s*, swear an oath
8 ζωογονέω, *aor act ind 2p*, preserve alive
9 πρωτότοκος, firstborn
10 σπάω, *aor act ind 3s*, draw
11 παιδάριον, young man
12 μάχαιρα, sword, dagger
13 νέος, *comp*, younger
14 δή, now, then
15 ἀπαντάω, *aor act impv 2s*, meet
16 ἀναιρέω, *aor act ind 3s*, kill, destroy
17 μηνίσκος, crescent-shaped pendant
18 τράχηλος, neck
19 κάμηλος, camel
20 αἰτέω, *fut mid ind 1s*, request, demand
21 αἴτησις, request, demand
22 ἐνώτιον, earring
23 σκῦλον, spoils, plunder
24 ἐνώτιον, earring
25 χρυσοῦς, gold
26 ἀναπτύσσω, *aor act ind 3s*, unroll, spread out
27 ῥίπτω, *aor act ind 3s*, cast down
28 ἐνώτιον, earring
29 χρυσοῦς, gold
30 σκῦλον, spoils, plunder
31 σταθμός, measure, weight
32 ἐνώτιον, earring
33 χρυσοῦς, gold
34 αἰτέω, *aor mid ind 3s*, ask, demand
35 σίκλος, shekel, *Heb. LW*
36 χίλιοι, thousand
37 ἑπτακόσιοι, seven hundred
38 χρυσός, gold
39 σιρώνων, jewel crescents, *translit.*
40 ὁρμίσκος, small necklace
41 ενφωθ, pendants?, *translit.*
42 περιβόλαιον, cloak
43 πορφυροῦς, purple
44 κλοιός, band, collar
45 χρυσοῦς, gold

B τοὺς ἄνδρας τῆς πόλεως. **17** καὶ τὸν πύργον[1] Φανουηλ κατέστρεψεν[2] καὶ ἀπέκτεινεν
τοὺς ἄνδρας τῆς πόλεως.

18 καὶ εἶπεν πρὸς Ζεβεε καὶ Σελμανα Ποῦ οἱ ἄνδρες, οὓς ἀπεκτείνατε ἐν Θαβωρ;
καὶ εἶπαν Ὡς σύ, ὥς αὐτοὶ εἰς ὁμοίωμα[3] υἱοῦ βασιλέως. **19** καὶ εἶπεν Γεδεων Ἀδελφοί
μου καὶ υἱοὶ τῆς μητρός μου ἦσαν· ζῇ κύριος, εἰ ἐζωογονήκειτε[4] αὐτούς, οὐκ ἂν
ἀπέκτεινα ὑμᾶς. **20** καὶ εἶπεν Ιεθερ τῷ πρωτοτόκῳ[5] αὐτοῦ Ἀναστὰς ἀπόκτεινον
αὐτούς· καὶ οὐκ ἔσπασεν[6] τὸ παιδάριον[7] τὴν ῥομφαίαν[8] αὐτοῦ, ὅτι ἐφοβήθη, ὅτι ἔτι
νεώτερος[9] ἦν. **21** καὶ εἶπεν Ζεβεε καὶ Σελμανα Ἀνάστα σὺ καὶ συνάντησον[10] ἡμῖν,
ὅτι ὡς ἀνδρὸς ἡ δύναμίς σου. καὶ ἀνέστη Γεδεων καὶ ἀπέκτεινεν τὸν Ζεβεε καὶ
τὸν Σελμανα καὶ ἔλαβεν τοὺς μηνίσκους[11] τοὺς ἐν τοῖς τραχήλοις[12] τῶν καμήλων[13]
αὐτῶν.

Gideon's Idolatry

22 Καὶ εἶπον ἀνὴρ Ισραηλ πρὸς Γεδεων Κύριε, ἄρξον ἡμῶν καὶ σὺ καὶ ὁ υἱός σου, ὅτι
σὺ ἔσωσας ἡμᾶς ἐκ χειρὸς Μαδιαμ. **23** καὶ εἶπεν πρὸς αὐτοὺς Γεδεων Οὐκ ἄρξω ἐγώ,
καὶ οὐκ ἄρξει ὁ υἱός μου ἐν ὑμῖν· κύριος ἄρξει ὑμῶν. **24** καὶ εἶπεν Γεδεων πρὸς αὐτούς
Αἰτήσομαι[14] παρ᾽ ὑμῶν αἴτημα[15] καὶ δότε μοι ἀνὴρ ἐνώτιον[16] ἐκ σκύλων[17] αὐτοῦ· ὅτι
ἐνώτια χρυσᾶ[18] αὐτοῖς, ὅτι Ισμαηλῖται ἦσαν. **25** καὶ εἶπαν Διδόντες δώσομεν· καὶ
ἀνέπτυξεν[19] τὸ ἱμάτιον αὐτοῦ, καὶ ἔβαλεν[20] ἐκεῖ ἀνὴρ ἐνώτιον[21] σκύλων[22] αὐτοῦ.
26 καὶ ἐγένετο ὁ σταθμὸς[23] τῶν ἐνωτίων[24] τῶν χρυσῶν,[25] ὧν ᾔτησεν,[26] χίλιοι[27] καὶ
πεντακόσιοι[28] χρυσοῖ πάρεξ[29] τῶν μηνίσκων[30] καὶ τῶν στραγγαλίδων[31] καὶ τῶν
ἱματίων καὶ πορφυρίδων[32] τῶν ἐπὶ βασιλεῦσι Μαδιαμ καὶ ἐκτὸς[33] τῶν περιθεμάτων,[34]

1 πύργος, tower
2 καταστρέφω, *aor act ind 3s*, ruin, destroy
3 ὁμοίωμα, appearance
4 ζωογονέω, *plpf act ind 3s*, preserve alive
5 πρωτότοκος, firstborn
6 σπάω, *aor act ind 3s*, draw
7 παιδάριον, young man
8 ῥομφαία, sword
9 νέος, *comp*, younger
10 συναντάω, *aor act impv 2s*, meet
11 μηνίσκος, crescent-shaped pendant
12 τράχηλος, neck
13 κάμηλος, camel
14 αἰτέω, *fut mid ind 1s*, request, demand
15 αἴτημα, request, demand
16 ἐνώτιον, earring
17 σκῦλον, spoils, plunder
18 χρυσοῦς, gold
19 ἀναπτύσσω, *aor act ind 3s*, unroll, spread out
20 βάλλω, *aor act ind 3s*, put
21 ἐνώτιον, earring
22 σκῦλον, spoils, plunder
23 σταθμός, measure, weight
24 ἐνώτιον, earring
25 χρυσοῦς, gold
26 αἰτέω, *aor act ind 3s*, ask, demand
27 χίλιοι, one thousand
28 πεντακόσιοι, five hundred
29 πάρεξ, besides, in addition to
30 μηνίσκος, crescent-shaped pendant
31 στραγγαλίς, chain
32 πορφυρίς, purple garment
33 ἐκτός, except, besides
34 περίθεμα, band, wrapping

τραχήλοις[1] τῶν καμήλων[2] αὐτῶν. **27** καὶ ἐποίησεν αὐτὸ Γεδεων εἰς εφουδ[3] καὶ A ἔστησεν αὐτὸ ἐν πόλει αὐτοῦ ἐν Εφραθα· καὶ ἐξεπόρνευσεν[4] πᾶς Ισραηλ ὀπίσω αὐτοῦ ἐκεῖ, καὶ ἐγένετο τῷ Γεδεων καὶ τῷ οἴκῳ αὐτοῦ εἰς σκάνδαλον.[5]

Peace in the Land

28 καὶ ἐνετράπη[6] Μαδιαμ ἐνώπιον υἱῶν Ισραηλ καὶ οὐ προσέθεντο[7] ἆραι κεφαλὴν αὐτῶν. καὶ ἡσύχασεν[8] ἡ γῆ ἔτη τεσσαράκοντα[9] ἐν ἡμέραις Γεδεων.

29 καὶ ἐπορεύθη Ιεροβααλ υἱὸς Ιωας καὶ κατῴκησεν ἐν τῷ οἴκῳ αὐτοῦ. **30** καὶ τῷ Γεδεων ἦσαν ἑβδομήκοντα[10] υἱοὶ ἐκπορευόμενοι ἐκ μηρῶν[11] αὐτοῦ, ὅτι γυναῖκες πολλαὶ ἦσαν αὐτῷ. **31** καὶ ἡ παλλακὴ[12] αὐτοῦ ἡ ἐν Σικιμοις ἔτεκεν[13] αὐτῷ καί γε αὐτὴ υἱόν, καὶ ἐπέθηκεν τὸ ὄνομα αὐτοῦ Αβιμελεχ. **32** καὶ ἀπέθανεν Γεδεων υἱὸς Ιωας ἐν πολιᾷ[14] ἀγαθῇ καὶ ἐτάφη[15] ἐν τῷ τάφῳ[16] Ιωας τοῦ πατρὸς αὐτοῦ ἐν Εφραθα πατρὸς Αβιεζρι.

33 Καὶ ἐγενήθη ὡς ἀπέθανεν Γεδεων, καὶ ἀπεστράφησαν[17] οἱ υἱοὶ Ισραηλ καὶ ἐξεπόρνευσαν[18] ὀπίσω τῶν Βααλιμ καὶ ἔθεντο αὐτοῖς τὸν Βααλβεριθ εἰς διαθήκην τοῦ εἶναι αὐτοῖς αὐτὸν εἰς θεόν. **34** καὶ οὐκ ἐμνήσθησαν[19] οἱ υἱοὶ Ισραηλ κυρίου τοῦ θεοῦ αὐτῶν τοῦ ῥυσαμένου[20] αὐτοὺς ἐκ χειρὸς πάντων τῶν ἐχθρῶν αὐτῶν κυκλόθεν.[21] **35** καὶ οὐκ ἐποίησαν ἔλεος[22] μετὰ τοῦ οἴκου Ιεροβααλ Γεδεων κατὰ πᾶσαν τὴν ἀγαθωσύνην,[23] ἣν ἐποίησεν μετὰ Ισραηλ.

Abimelech's Conspiracy

9 Καὶ ἐπορεύθη Αβιμελεχ υἱὸς Ιεροβααλ εἰς Σικιμα πρὸς τοὺς ἀδελφοὺς τῆς μητρὸς αὐτοῦ καὶ ἐλάλησεν πρὸς αὐτοὺς καὶ πρὸς πᾶσαν τὴν συγγένειαν[24] τοῦ οἴκου τῆς μητρὸς αὐτοῦ λέγων **2** Λαλήσατε δὴ[25] ἐν ὠσὶν τῶν ἀνδρῶν Σικιμων Ποῖον[26] βέλτιόν[27] ἐστιν, τὸ ἄρχειν ὑμῶν ἑβδομήκοντα[28] ἄνδρας, πάντας υἱοὺς Ιεροβααλ, ἢ κυριεύειν[29] ὑμῶν ἄνδρα ἕνα; καὶ μνήσθητε[30] ὅτι σὰρξ ὑμῶν καὶ ὀστοῦν[31] ὑμῶν ἐγώ εἰμι. **3** καὶ ἐλάλησαν περὶ αὐτοῦ οἱ ἀδελφοὶ τῆς μητρὸς αὐτοῦ ἐν τοῖς ὠσὶν πάντων

1 τράχηλος, neck
2 κάμηλος, camel
3 εφουδ, ephod, *translit.*
4 ἐκπορνεύω, *aor act ind 3s*, fornicate
5 σκάνδαλον, snare, obstacle
6 ἐντρέπω, *aor pas ind 3s*, feel shame
7 προστίθημι, *aor mid ind 3p*, continue
8 ἡσυχάζω, *aor act ind 3s*, be at rest
9 τεσσαράκοντα, forty
10 ἑβδομήκοντα, seventy
11 μηρός, thigh
12 παλλακή, concubine, mistress
13 τίκτω, *aor act ind 3s*, bear, give birth to
14 πολιά, old age, grayness of hair
15 θάπτω, *aor pas ind 3s*, to bury
16 τάφος, grave, tomb
17 ἀποστρέφω, *aor pas ind 3p*, turn away, depart
18 ἐκπορνεύω, *aor act ind 3p*, fornicate
19 μιμνήσκομαι, *aor pas ind 3p*, remember
20 ῥύομαι, *aor mid ptc gen s m*, rescue, deliver
21 κυκλόθεν, all around
22 ἔλεος, mercy, compassion
23 ἀγαθωσύνη, goodness, kindness
24 συγγένεια, family, kindred
25 δή, already, now
26 ποῖος, which one
27 βελτίων, *comp of* ἀγαθός, better
28 ἑβδομήκοντα, seventy
29 κυριεύω, *pres act inf*, control, rule
30 μιμνήσκομαι, *aor pas impv 2p*, remember
31 ὀστέον, bone

B ἃ ἦν ἐν τοῖς τραχήλοις[1] τῶν καμήλων[2] αὐτῶν. **27** καὶ ἐποίησεν αὐτὸ Γεδεων εἰς
εφωθ[3] καὶ ἔστησεν αὐτὸ ἐν πόλει αὐτοῦ Εφραθα· καὶ ἐξεπόρνευσεν[4] πᾶς Ισραηλ
ὀπίσω αὐτοῦ ἐκεῖ, καὶ ἐγένετο τῷ Γεδεων καὶ τῷ οἴκῳ αὐτοῦ εἰς σκῶλον.[5]

Peace in the Land

28 καὶ συνεστάλη[6] Μαδιαμ ἐνώπιον υἱῶν Ισραηλ καὶ οὐ προσέθηκαν[7] ἆραι κεφαλὴν
αὐτῶν. καὶ ἡσύχασεν[8] ἡ γῆ τεσσαράκοντα[9] ἔτη ἐν ἡμέραις Γεδεων.

29 καὶ ἐπορεύθη Ιεροβααλ υἱὸς Ιωας καὶ ἐκάθισεν ἐν οἴκῳ αὐτοῦ. **30** καὶ τῷ Γεδεων
ἦσαν ἑβδομήκοντα[10] υἱοὶ ἐκπεπορευμένοι ἐκ μηρῶν[11] αὐτοῦ, ὅτι γυναῖκες πολλαὶ
ἦσαν αὐτῷ. **31** καὶ παλλακὴ[12] αὐτοῦ ἦν ἐν Συχεμ· καὶ ἔτεκεν[13] αὐτῷ καί γε αὐτὴ υἱόν,
καὶ ἔθηκεν τὸ ὄνομα αὐτοῦ Αβιμελεχ. **32** καὶ ἀπέθανεν Γεδεων υἱὸς Ιωας ἐν πόλει
αὐτοῦ καὶ ἐτάφη[14] ἐν τῷ τάφῳ[15] Ιωας τοῦ πατρὸς αὐτοῦ ἐν Εφραθα Αβιεσδρι.

33 Καὶ ἐγένετο καθὼς ἀπέθανεν Γεδεων, καὶ ἐπέστρεψαν οἱ υἱοὶ Ισραηλ καὶ ἐξεπόρ-
νευσαν[16] ὀπίσω τῶν Βααλιμ καὶ ἔθηκαν ἑαυτοῖς τῷ Βααλ διαθήκην τοῦ εἶναι αὐτοῖς
αὐτὸν εἰς θεόν. **34** καὶ οὐκ ἐμνήσθησαν[17] οἱ υἱοὶ Ισραηλ κυρίου τοῦ θεοῦ τοῦ ῥυσα-
μένου[18] αὐτοὺς ἐκ χειρὸς πάντων τῶν θλιβόντων[19] αὐτοὺς κυκλόθεν.[20] **35** καὶ οὐκ
ἐποίησαν ἔλεος[21] μετὰ τοῦ οἴκου Ιεροβααλ (αὐτός ἐστιν Γεδεων) κατὰ πάντα τὰ
ἀγαθά, ἃ ἐποίησεν μετὰ Ισραηλ.

Abimelech's Conspiracy

9 Καὶ ἐπορεύθη Αβιμελεχ υἱὸς Ιεροβααλ εἰς Συχεμ πρὸς ἀδελφοὺς μητρὸς
αὐτοῦ καὶ ἐλάλησεν πρὸς αὐτοὺς καὶ πρὸς πᾶσαν συγγένειαν[22] οἴκου πατρὸς
μητρὸς αὐτοῦ λέγων **2** Λαλήσατε δὴ[23] ἐν τοῖς ὠσὶν πάντων τῶν ἀνδρῶν Συχεμ Τί
τὸ ἀγαθὸν ὑμῖν, κυριεῦσαι[24] ὑμῶν ἑβδομήκοντα[25] ἄνδρας, πάντας υἱοὺς Ιεροβααλ,
ἢ κυριεύειν[26] ὑμῶν ἄνδρα ἕνα; καὶ μνήσθητε[27] ὅτι ὀστοῦν[28] ὑμῶν καὶ σὰρξ ὑμῶν
εἰμι. **3** καὶ ἐλάλησαν περὶ αὐτοῦ οἱ ἀδελφοὶ τῆς μητρὸς αὐτοῦ ἐν τοῖς ὠσὶν πάντων

1 τράχηλος, neck
2 κάμηλος, camel
3 εφωθ, ephod, *translit.*
4 ἐκπορνεύω, *aor act ind 3s*, fornicate
5 σκῶλον, thorn, obstacle
6 συστέλλω, *aor pas ind 3s*, humble, subdue
7 προστίθημι, *aor act ind 3p*, continue
8 ἡσυχάζω, *aor act ind 3s*, be still, rest
9 τεσσαράκοντα, forty
10 ἑβδομήκοντα, seventy
11 μηρός, thigh
12 παλλακή, concubine, mistress
13 τίκτω, *aor act ind 3s*, bear, give birth to
14 θάπτω, *aor pas ind 3s*, bury
15 τάφος, tomb
16 ἐκπορνεύω, *aor act ind 3p*, fornicate
17 μιμνῄσκομαι, *aor act ind 3p*, remember
18 ῥύομαι, *aor mid ptc gen s m*, rescue, deliver
19 θλίβω, *pres act ptc gen p m*, afflict, oppress
20 κυκλόθεν, all around
21 ἔλεος, mercy, compassion
22 συγγένεια, family, kindred
23 δή, already, now
24 κυριεύω, *aor act inf*, control, rule
25 ἑβδομήκοντα, seventy
26 κυριεύω, *pres act inf*, control, rule
27 μιμνῄσκομαι, *aor pas impv 2p*, remember
28 ὀστέον, bone

τῶν ἀνδρῶν Σικιμων πάντας τοὺς λόγους τούτους, καὶ ἔκλινεν[1] καρδία αὐτῶν A
ὀπίσω Αβιμελεχ, ὅτι εἶπαν Ἀδελφὸς ἡμῶν ἐστιν. **4** καὶ ἔδωκαν αὐτῷ ἑβδομήκοντα[2]
ἀργυρίου[3] ἐκ τοῦ οἴκου Βααλ διαθήκης, καὶ ἐμισθώσατο[4] ἐν αὐτοῖς Αβιμελεχ ἄν-
δρας κενοὺς[5] καὶ θαμβουμένους,[6] καὶ ἐπορεύθησαν ὀπίσω αὐτοῦ. **5** καὶ εἰσῆλθεν
εἰς τὸν οἶκον τοῦ πατρὸς αὐτοῦ εἰς Εφραθα καὶ ἀπέκτεινεν τοὺς ἀδελφοὺς αὐτοῦ
υἱοὺς Ιεροβααλ ἑβδομήκοντα[7] ἄνδρας ἐπὶ λίθον ἕνα· καὶ ἀπελείφθη[8] Ιωαθαμ υἱὸς
Ιεροβααλ ὁ νεώτερος,[9] ὅτι ἐκρύβη.[10] **6** Καὶ συνήχθησαν πάντες οἱ ἄνδρες Σικιμων
καὶ πᾶς ὁ οἶκος Μααλλων καὶ ἐπορεύθησαν καὶ ἐβασίλευσαν[11] τὸν Αβιμελεχ εἰς
βασιλέα πρὸς τῇ βαλάνῳ[12] τῆς στάσεως[13] ἐν Σικιμοις.

Parable of the Trees

7 καὶ ἀνήγγειλαν[14] τῷ Ιωαθαμ, καὶ ἐπορεύθη καὶ ἔστη ἐπὶ τῆς κορυφῆς[15] τοῦ ὄρους
Γαριζιν καὶ ἐπῆρεν[16] τὴν φωνὴν αὐτοῦ καὶ ἐκάλεσεν καὶ εἶπεν αὐτοῖς Ἀκούσατέ μου,
ἄνδρες Σικιμων, καὶ ἀκούσαι[17] ὑμῶν ὁ θεός. **8** πορευόμενα ἐπορεύθησαν τὰ ξύλα[18]
τοῦ χρῖσαι[19] ἑαυτοῖς βασιλέα καὶ εἶπον τῇ ἐλαίᾳ[20] Βασίλευσον[21] ἐφ' ἡμῶν. **9** καὶ
εἶπεν αὐτοῖς ἡ ἐλαία[22] Ἀφεῖσα[23] τὴν πιότητά[24] μου, ἣν ἐν ἐμοὶ ἐδόξασεν ὁ θεὸς καὶ
ἄνθρωποι, πορευθῶ ἄρχειν τῶν ξύλων;[25] **10** καὶ εἶπαν τὰ ξύλα[26] τῇ συκῇ[27] Δεῦρο[28]
βασίλευσον[29] ἐφ' ἡμῶν. **11** καὶ εἶπεν αὐτοῖς ἡ συκῆ[30] Ἀφεῖσα[31] τὴν γλυκύτητά[32] μου
καὶ τὸ γένημά[33] μου τὸ ἀγαθὸν πορευθῶ ἄρχειν ξύλων;[34] **12** καὶ εἶπαν τὰ ξύλα[35] τῇ
ἀμπέλῳ[36] Δεῦρο[37] βασίλευσον[38] ἐφ' ἡμῶν. **13** καὶ εἶπεν αὐτοῖς ἡ ἄμπελος[39] Ἀφεῖσα[40]
τὸν οἶνόν μου, τὴν εὐφροσύνην[41] τὴν παρὰ τοῦ θεοῦ τῶν ἀνθρώπων, πορευθῶ

1 κλίνω, *impf act ind 3s*, incline toward, turn to
2 ἑβδομήκοντα, seventy
3 ἀργύριον, (piece of) silver, coin
4 μισθόω, *aor mid ind 3s*, hire
5 κενός, worthless, vain
6 θαμβέω, *pres pas ptc acc p m*, terrify
7 ἑβδομήκοντα, seventy
8 ἀπολείπω, *aor pas ind 3s*, leave behind
9 νέος, *comp*, younger
10 κρύπτω, *aor pas ind 3s*, hide
11 βασιλεύω, *aor act ind 3p*, appoint as king
12 βάλανος, oak, acorn-bearing tree
13 στάσις, uprising, standing, discord
14 ἀναγγέλλω, *aor act ind 3p*, report, tell
15 κορυφή, top, summit
16 ἐπαίρω, *aor act ind 3s*, raise, lift up
17 ἀκούω, *aor act opt 3s*, hear, listen to
18 ξύλον, tree
19 χρίω, *aor act inf*, anoint
20 ἐλαία, olive tree
21 βασιλεύω, *aor act impv 2s*, reign as king
22 ἐλαία, olive tree
23 ἀφίημι, *aor act ptc nom s f*, let go, give up, leave
24 πιότης, abundance, fatness
25 ξύλον, tree
26 ξύλον, tree
27 συκῆ, fig tree
28 δεῦρο, come!
29 βασιλεύω, *aor act impv 2s*, reign as king
30 συκῆ, fig tree
31 ἀφίημι, *aor act ptc nom s f*, let go, give up, leave
32 γλυκύτης, sweetness
33 γένημα, yield
34 ξύλον, tree
35 ξύλον, tree
36 ἄμπελος, vine
37 δεῦρο, come!
38 βασιλεύω, *aor act impv 2s*, reign as king
39 ἄμπελος, vine
40 ἀφίημι, *aor act ptc nom s f*, let go, give up, leave
41 εὐφροσύνη, gladness, joy

B τῶν ἀνδρῶν Συχεμ πάντας τοὺς λόγους τούτους, καὶ ἔκλινεν[1] ἡ καρδία αὐτῶν
ὀπίσω Αβιμελεχ, ὅτι εἶπαν Ἀδελφὸς ἡμῶν ἐστιν. **4** καὶ ἔδωκαν αὐτῷ ἑβδομήκοντα[2]
ἀργυρίου[3] ἐξ οἴκου Βααλβεριθ, καὶ ἐμισθώσατο[4] ἑαυτῷ Αβιμελεχ ἄνδρας κενοὺς[5]
καὶ δειλούς,[6] καὶ ἐπορεύθησαν ὀπίσω αὐτοῦ. **5** καὶ εἰσῆλθεν εἰς τὸν οἶκον τοῦ
πατρὸς αὐτοῦ εἰς Εφραθα καὶ ἀπέκτεινεν τοὺς ἀδελφοὺς αὐτοῦ υἱοὺς Ιεροβααλ
ἑβδομήκοντα[7] ἄνδρας ἐπὶ λίθον ἕνα· καὶ κατελείφθη[8] Ιωαθαν υἱὸς Ιεροβααλ ὁ
νεώτερος,[9] ὅτι ἐκρύβη.[10] **6** Καὶ συνήχθησαν πάντες ἄνδρες Σικιμων καὶ πᾶς οἶκος
Βηθμααλων καὶ ἐπορεύθησαν καὶ ἐβασίλευσαν[11] τὸν Αβιμελεχ πρὸς τῇ βαλάνῳ τῇ
εὑρετῇ[12] τῆς στάσεως[13] τῆς ἐν Σικιμοις.

Parable of the Trees

7 καὶ ἀνηγγέλη[14] τῷ Ιωαθαν, καὶ ἐπορεύθη καὶ ἔστη ἐπὶ κορυφὴν[15] ὄρους Γαριζιν καὶ
ἐπῆρεν[16] τὴν φωνὴν αὐτοῦ καὶ ἔκλαυσεν καὶ εἶπεν αὐτοῖς Ἀκούσατέ μου, ἄνδρες
Σικιμων, καὶ ἀκούσεται ὑμῶν ὁ θεός. **8** πορευόμενα ἐπορεύθη τὰ ξύλα[17] τοῦ χρῖσαι[18]
ἐφ᾽ ἑαυτὰ βασιλέα καὶ εἶπον τῇ ἐλαίᾳ[19] Βασίλευσον[20] ἐφ᾽ ἡμῶν. **9** καὶ εἶπεν αὐτοῖς
ἡ ἐλαία[21] Μὴ ἀπολείψασα[22] τὴν πιότητά[23] μου, ἐν ᾗ δοξάσουσι τὸν θεὸν ἄνδρες,
πορεύσομαι κινεῖσθαι[24] ἐπὶ τῶν ξύλων;[25] **10** καὶ εἶπον τὰ ξύλα[26] τῇ συκῇ[27] Δεῦρο[28]
βασίλευσον[29] ἐφ᾽ ἡμῶν. **11** καὶ εἶπεν αὐτοῖς ἡ συκῆ[30] Μὴ ἀπολείψασα[31] ἐγὼ τὴν
γλυκύτητά[32] μου καὶ τὰ γενήματά[33] μου τὰ ἀγαθὰ πορεύσομαι κινεῖσθαι[34] ἐπὶ τῶν
ξύλων; **12** καὶ εἶπαν τὰ ξύλα[35] πρὸς τὴν ἄμπελον[36] Δεῦρο[37] σὺ βασίλευσον[38] ἐφ᾽ ἡμῶν.
13 καὶ εἶπεν αὐτοῖς ἡ ἄμπελος[39] Μὴ ἀπολείψασα[40] τὸν οἶνόν μου τὸν εὐφραίνοντα[41]
θεὸν καὶ ἀνθρώπους πορεύσομαι κινεῖσθαι[42] ἐπὶ τῶν ξύλων;[43] **14** καὶ εἶπαν πάντα τὰ

1 κλίνω, *aor act ind 3s*, incline toward, turn to
2 ἑβδομήκοντα, seventy
3 ἀργύριον, (piece of) silver, coin
4 μισθόω, *aor mid ind 3s*, hire
5 κενός, worthless, vain
6 δειλός, wretched, cowardly
7 ἑβδομήκοντα, seventy
8 καταλείπω, *aor pas ind 3s*, leave behind
9 νέος, *comp*, younger
10 κρύπτω, *aor pas ind 3s*, hide
11 βασιλεύω, *aor act ind 3p*, appoint as king
12 εὑρετός, found, situated at
13 στάσις, uprising, standing, discord
14 ἀναγγέλλω, *aor pas ind 3s*, report, tell
15 κορυφή, top, summit
16 ἐπαίρω, *aor act ind 3s*, raise, lift up
17 ξύλον, tree
18 χρίω, *aor act inf*, anoint
19 ἐλαία, olive tree
20 βασιλεύω, *aor act impv 2s*, reign as king
21 ἐλαία, olive tree
22 ἀπολείπω, *aor act ptc nom s f*, abandon, leave behind
23 πιότης, abundance, fatness
24 κινέω, *pres pas inf*, move, remove
25 ξύλον, tree
26 ξύλον, tree
27 συκῆ, fig tree
28 δεῦρο, come!
29 βασιλεύω, *aor act impv 2s*, reign as king
30 συκῆ, fig tree
31 ἀπολείπω, *aor act ptc nom s f*, let go, give up, leave
32 γλυκύτης, sweetness
33 γένημα, yield
34 κινέω, *pres pas inf*, move, remove
35 ξύλον, tree
36 ἄμπελος, vine
37 δεῦρο, come!
38 βασιλεύω, *aor act impv 2s*, reign as king
39 ἄμπελος, vine
40 ἀπολείπω, *aor act ptc nom s f*, let go, give up, leave
41 εὐφραίνω, *pres act ptc acc s m*, be glad, rejoice
42 κινέω, *pres pas inf*, move, remove
43 ξύλον, tree

ἄρχειν ξύλων;[1] **14** καὶ εἶπαν τὰ ξύλα[2] πρὸς τὴν ῥάμνον[3] Δεῦρο[4] σὺ βασίλευσον[5] A
ἐφ᾽ ἡμῶν. **15** καὶ εἶπεν ἡ ῥάμνος[6] πρὸς τὰ ξύλα[7] Εἰ ἐν ἀληθείᾳ ὑμεῖς χρίετέ[8] με εἰς
βασιλέα ἐφ᾽ ὑμῶν, δεῦτε[9] πεποίθατε ἐν τῇ σκέπῃ[10] μου· καὶ εἰ μή, ἐξέλθοι[11] πῦρ ἐκ
τῆς ῥάμνου[12] καὶ καταφάγοι[13] τὰς κέδρους[14] τοῦ Λιβάνου.

16 καὶ νῦν εἰ ἐν ἀληθείᾳ καὶ ἐν τελειότητι[15] ἐποιήσατε καὶ ἐβασιλεύσατε[16] τὸν
Αβιμελεχ, καὶ εἰ καλῶς[17] ἐποιήσατε μετὰ Ιεροβααλ καὶ μετὰ τοῦ οἴκου αὐτοῦ, καὶ
εἰ κατὰ τὸ ἀνταπόδομα[18] τῆς χειρὸς αὐτοῦ ἐποιήσατε αὐτῷ, **17** ὡς ἐπολέμησεν ὁ
πατήρ μου ὑπὲρ ὑμῶν καὶ ἔρριψεν[19] τὴν ψυχὴν αὐτοῦ ἐξ ἐναντίας[20] καὶ ἐξείλατο[21]
ὑμᾶς ἐκ χειρὸς Μαδιαμ, — **18** καὶ ὑμεῖς ἐπανέστητε[22] ἐπὶ τὸν οἶκον τοῦ πατρός
μου σήμερον καὶ ἀπεκτείνατε τοὺς υἱοὺς αὐτοῦ ἑβδομήκοντα[23] ἄνδρας ἐπὶ λίθον
ἕνα καὶ ἐβασιλεύσατε[24] τὸν Αβιμελεχ υἱὸν τῆς παιδίσκης[25] αὐτοῦ ἐπὶ τοὺς ἄνδρας
Σικιμων, ὅτι ἀδελφὸς ὑμῶν ἐστιν, — **19** καὶ εἰ ἐν ἀληθείᾳ καὶ τελειότητι[26] ἐποιήσατε
μετὰ Ιεροβααλ καὶ τοῦ οἴκου αὐτοῦ τῇ ἡμέρᾳ ταύτῃ, εὐλογηθείητε[27] ὑμεῖς καὶ εὐ-
φρανθείητε[28] ἐν Αβιμελεχ, καὶ εὐφρανθείη[29] καὶ αὐτὸς ἐν ὑμῖν. **20** καὶ εἰ μή, ἐξέλθοι[30]
πῦρ ἐξ Αβιμελεχ καὶ καταφάγοι[31] τοὺς ἄνδρας Σικιμων καὶ τὸν οἶκον Μααλλων, καὶ
εἰ μή, ἐξέλθοι[32] πῦρ ἀπὸ ἀνδρῶν Σικιμων καὶ ἐκ τοῦ οἴκου Μααλλων καὶ καταφάγοι[33]
τὸν Αβιμελεχ. — **21** καὶ ἀπέδρα[34] Ιωαθαμ καὶ ἐπορεύθη ἐν ὁδῷ καὶ ἔφυγεν[35] εἰς Ραρα
καὶ κατῴκησεν ἐκεῖ ἀπὸ προσώπου Αβιμελεχ τοῦ ἀδελφοῦ αὐτοῦ.

Abimelech's Downfall

22 Καὶ ἦρξεν Αβιμελεχ ἐπὶ Ισραηλ τρία ἔτη. **23** καὶ ἐξαπέστειλεν[36] ὁ θεὸς πνεῦμα
πονηρὸν ἀνὰ μέσον[37] Αβιμελεχ καὶ ἀνὰ μέσον τῶν ἀνδρῶν Σικιμων, καὶ ἠθέτησαν[38]

1 ξύλον, tree
2 ξύλον, tree
3 ῥάμνος, bramble, thorny shrub
4 δεῦρο, come!
5 βασιλεύω, *aor act impv 2s*, reign as king
6 ῥάμνος, bramble, thorny shrub
7 ξύλον, tree
8 χρίω, *pres act ind 2p*, anoint
9 δεῦτε, come
10 σκέπη, protection, shelter
11 ἐξέρχομαι, *aor act opt 3s*, go forth from
12 ῥάμνος, bramble, thorny shrub
13 κατεσθίω, *aor act opt 3s*, consume, devour
14 κέδρος, cedar
15 τελειότης, completeness
16 βασιλεύω, *aor act ind 2p*, appoint as king
17 καλῶς, well
18 ἀνταπόδομα, recompense, reward
19 ῥίπτω, *aor act ind 3s*, cast away, lay down
20 ἐναντίος, contrary, opposite
21 ἐξαιρέω, *aor mid ind 3s*, deliver, rescue
22 ἐπανίστημι, *aor act ind 2p*, rise up against
23 ἑβδομήκοντα, seventy
24 βασιλεύω, *aor act ind 2p*, appoint as king
25 παιδίσκη, female slave, servant
26 τελειότης, completeness
27 εὐλογέω, *aor pas opt 2p*, bless
28 εὐφραίνω, *aor pas opt 2p*, be glad, rejoice
29 εὐφραίνω, *aor pas opt 3s*, be glad, rejoice
30 ἐξέρχομαι, *aor act opt 3s*, go forth from
31 κατεσθίω, *aor act opt 3s*, consume, devour
32 ἐξέρχομαι, *aor act opt 3s*, go forth from
33 κατεσθίω, *aor act opt 3s*, consume, devour
34 ἀποδιδράσκω, *aor act ind 3s*, flee from, run away
35 φεύγω, *aor act ind 3s*, flee
36 ἐξαποστέλλω, *aor act ind 3s*, send forth
37 ἀνὰ μέσον, between
38 ἀθετέω, *aor act ind 3p*, reject, break faith with

B ξύλα[1] τῇ ῥάμνῳ[2] Δεῦρο[3] σὺ βασίλευσον[4] ἐφ' ἡμῶν. **15** καὶ εἶπεν ἡ ῥάμνος[5] πρὸς τὰ ξύλα[6] Εἰ ἐν ἀληθείᾳ χρίετέ[7] με ὑμεῖς τοῦ βασιλεύειν[8] ἐφ' ὑμᾶς, δεῦτε[9] ὑπόστητε[10] ἐν τῇ σκιᾷ[11] μου· καὶ εἰ μή, ἐξέλθῃ πῦρ ἀπ' ἐμοῦ καὶ καταφάγῃ[12] τὰς κέδρους[13] τοῦ Λιβάνου.

16 καὶ νῦν εἰ ἐν ἀληθείᾳ καὶ τελειότητι[14] ἐποιήσατε καὶ ἐβασιλεύσατε[15] τὸν Αβιμελεχ, καὶ εἰ ἀγαθωσύνην[16] ἐποιήσατε μετὰ Ιεροβααλ καὶ μετὰ τοῦ οἴκου αὐτοῦ, καὶ εἰ ὡς ἀνταπόδοσις[17] χειρὸς αὐτοῦ ἐποιήσατε αὐτῷ, **17** ὡς παρετάξατο[18] ὁ πατήρ μου ὑπὲρ ὑμῶν καὶ ἐξέρριψεν[19] τὴν ψυχὴν αὐτοῦ ἐξ ἐναντίας[20] καὶ ἐρρύσατο[21] ὑμᾶς ἐκ χειρὸς Μαδιαμ, **18** καὶ ὑμεῖς ἐπανέστητε[22] ἐπὶ τὸν οἶκον τοῦ πατρός μου σήμερον καὶ ἀπεκτείνατε τοὺς υἱοὺς αὐτοῦ ἑβδομήκοντα[23] ἄνδρας ἐπὶ λίθον ἕνα καὶ ἐβασιλεύσατε[24] τὸν Αβιμελεχ υἱὸν παιδίσκης[25] αὐτοῦ ἐπὶ τοὺς ἄνδρας Σικιμων, ὅτι ἀδελφὸς ὑμῶν ἐστιν, — **19** καὶ εἰ ἐν ἀληθείᾳ καὶ τελειότητι[26] ἐποιήσατε μετὰ Ιεροβααλ καὶ μετὰ τοῦ οἴκου αὐτοῦ ἐν τῇ ἡμέρᾳ ταύτῃ, εὐφρανθείητε[27] ἐν Αβιμελεχ, καὶ εὐφρανθείη[28] καί γε αὐτὸς ἐφ' ὑμῖν. **20** εἰ δὲ οὔ, ἐξέλθοι[29] πῦρ ἀπὸ Αβιμελεχ καὶ φάγοι[30] τοὺς ἄνδρας Σικιμων καὶ τὸν οἶκον Βηθμααλλων, καὶ ἐξέλθοι[31] πῦρ ἀπὸ ἀνδρῶν Σικιμων καὶ ἐκ τοῦ οἴκου Βηθμααλλων καὶ καταφάγοι[32] τὸν Αβιμελεχ. — **21** καὶ ἔφυγεν[33] Ιωαθαν καὶ ἀπέδρα[34] καὶ ἐπορεύθη ἕως Βαιηρ καὶ ᾤκησεν[35] ἐκεῖ ἀπὸ προσώπου Αβιμελεχ ἀδελφοῦ αὐτοῦ.

Abimelech's Downfall

22 Καὶ ἦρξεν Αβιμελεχ ἐπὶ Ισραηλ τρία ἔτη. **23** καὶ ἐξαπέστειλεν[36] ὁ θεὸς πνεῦμα πονηρὸν ἀνὰ μέσον[37] Αβιμελεχ καὶ ἀνὰ μέσον τῶν ἀνδρῶν Σικιμων, καὶ ἠθέτησαν[38]

1 ξύλον, tree
2 ῥάμνος, bramble, thorny shrub
3 δεῦρο, come!
4 βασιλεύω, *aor act impv 2s*, reign as king
5 ῥάμνος, bramble, thorny shrub
6 ξύλον, tree
7 χρίω, *pres act ind 2p*, anoint
8 βασιλεύω, *pres act inf*, reign as king
9 δεῦτε, come!
10 ὑφίστημι, *aor act impv 2p*, stand under
11 σκιά, shade, shadow
12 κατεσθίω, *aor act sub 3s*, consume, devour
13 κέδρος, cedar
14 τελειότης, completeness
15 βασιλεύω, *aor act ind 2p*, appoint as king
16 ἀγαθωσύνη, goodness, generosity
17 ἀνταπόδοσις, recompense, reward
18 παρατάσσω, *aor mid ind 3s*, battle, fight
19 ἐκρίπτω, *aor act ind 3s*, cast away, lay down
20 ἐναντίος, contrary, opposite
21 ῥύομαι, *aor mid ind 3s*, save, rescue
22 ἐπανίστημι, *aor act ind 2p*, rise up against
23 ἑβδομήκοντα, seventy
24 βασιλεύω, *aor act ind 2p*, appoint as king
25 παιδίσκη, female slave, servant
26 τελειότης, completeness
27 εὐφραίνω, *aor pas opt 2p*, be glad, rejoice
28 εὐφραίνω, *aor pas opt 3s*, be glad, rejoice
29 ἐξέρχομαι, *aor act opt 3s*, go forth from
30 ἐσθίω, *aor act opt 3s*, consume, devour
31 ἐξέρχομαι, *aor act opt 3s*, go forth from
32 κατεσθίω, *aor act opt 3s*, consume, devour
33 φεύγω, *aor act ind 3s*, flee
34 ἀποδιδράσκω, *aor act ind 3s*, flee from, run away
35 οἰκέω, *aor act ind 3s*, live, dwell
36 ἐξαποστέλλω, *aor act ind 3s*, send forth
37 ἀνὰ μέσον, between
38 ἀθετέω, *aor act ind 3p*, reject, break faith with

οἱ ἄνδρες Σικιμων ἐν τῷ οἴκῳ Αβιμελεχ, **24** τοῦ ἐπαγαγεῖν[1] τὴν ἀδικίαν[2] τῶν ἑβδο- A
μήκοντα[3] υἱῶν Ιεροβααλ καὶ τὸ αἷμα αὐτῶν ἐπιθεῖναι ἐπὶ Αβιμελεχ τὸν ἀδελφὸν
αὐτῶν τὸν ἀποκτείναντα αὐτοὺς καὶ ἐπὶ τοὺς ἄνδρας Σικιμων τοὺς κατισχύσαντας[4]
τὰς χεῖρας αὐτοῦ ὥστε ἀποκτεῖναι τοὺς ἀδελφοὺς αὐτοῦ. **25** καὶ ἔθεντο αὐτῷ οἱ
ἄνδρες Σικιμων ἔνεδρα[5] ἐπὶ τὰς κεφαλὰς τῶν ὀρέων καὶ ἀνήρπαζον[6] πάντας τοὺς
διαπορευομένους[7] ἐπ᾽ αὐτοὺς ἐν τῇ ὁδῷ· καὶ ἀπηγγέλη τῷ Αβιμελεχ.

26 καὶ ἦλθεν Γααλ υἱὸς Αβεδ καὶ οἱ ἀδελφοὶ αὐτοῦ εἰς Σικιμα, καὶ ἐπεποίθησαν[8] ἐν
αὐτῷ οἱ ἄνδρες Σικιμων. **27** καὶ ἦλθον εἰς ἀγρὸν καὶ ἐτρύγησαν[9] τοὺς ἀμπελῶνας[10]
αὐτῶν καὶ κατεπάτουν[11] καὶ ἐποίησαν χοροὺς[12] καὶ εἰσῆλθον εἰς οἶκον θεοῦ αὐτῶν
καὶ ἔφαγον καὶ ἔπιον καὶ κατηρῶντο[13] τὸν Αβιμελεχ. **28** καὶ εἶπεν Γααλ υἱὸς Αβεδ Τί
ἐστιν Αβιμελεχ, καὶ τίς ἐστιν ὁ υἱὸς Συχεμ, ὅτι δουλεύσομεν[14] αὐτῷ; οὐχ οὗτος υἱὸς
Ιεροβααλ, καὶ Ζεβουλ ἐπίσκοπος[15] αὐτοῦ δοῦλος αὐτοῦ σὺν τοῖς ἀνδράσιν Εμμωρ
πατρὸς Συχεμ; καὶ τί ὅτι δουλεύσομεν αὐτῷ ἡμεῖς; **29** καὶ τίς δῴη[16] τὸν λαὸν τοῦτον
ἐν χειρί μου; καὶ μεταστήσω[17] τὸν Αβιμελεχ καὶ ἐρῶ τῷ Αβιμελεχ Πλήθυνον[18] τὴν
δύναμίν σου καὶ ἔξελθε.

30 καὶ ἤκουσεν Ζεβουλ ὁ ἄρχων τῆς πόλεως τοὺς λόγους Γααλ υἱοῦ Αβεδ καὶ
ἐθυμώθη[19] ὀργῇ. **31** καὶ ἀπέστειλεν ἀγγέλους πρὸς Αβιμελεχ μετὰ δώρων[20] λέγων
Ἰδοὺ Γααλ υἱὸς Αβεδ καὶ οἱ ἀδελφοὶ αὐτοῦ παραγεγόνασιν εἰς Σικιμα, καὶ οἵδε[21]
πολιορκοῦσιν[22] τὴν πόλιν ἐπὶ σέ· **32** καὶ νῦν ἀνάστηθι νυκτὸς σὺ καὶ ὁ λαὸς ὁ μετὰ
σοῦ καὶ ἐνέδρευσον[23] ἐν τῷ ἀγρῷ, **33** καὶ ἔσται τὸ πρωὶ[24] ἅμα[25] τῷ ἀνατεῖλαι[26] τὸν
ἥλιον καὶ ὀρθρίσεις[27] καὶ ἐκτενεῖς[28] ἐπὶ τὴν πόλιν, καὶ ἰδοὺ αὐτὸς καὶ ὁ λαὸς ὁ μετ᾽
αὐτοῦ ἐκπορεύονται πρὸς σέ, καὶ ποιήσεις αὐτῷ καθάπερ[29] ἐὰν εὕρῃ ἡ χείρ σου.

34 καὶ ἀνέστη Αβιμελεχ καὶ πᾶς ὁ λαὸς ὁ μετ᾽ αὐτοῦ νυκτὸς καὶ ἐνήδρευσαν[30] ἐπὶ
Σικιμα τέσσαρας ἀρχάς. **35** καὶ ἐγένετο πρωὶ[31] καὶ ἐξῆλθεν Γααλ υἱὸς Αβεδ καὶ ἔστη

1 ἐπάγω, *aor act inf*, bring upon, lay on
2 ἀδικία, injustice, wrongdoing
3 ἑβδομήκοντα, seventy
4 κατισχύω, *aor act ptc acc p m*, fortify, overpower
5 ἔνεδρον, ambush
6 ἀναρπάζω, *impf act ind 3p*, snatch up, rob
7 διαπορεύομαι, *pres mid ptc acc p m*, pass through
8 πείθω, *plpf act ind 3p*, depend on, trust in
9 τρυγάω, *aor act ind 3p*, reap
10 ἀμπελών, vineyard
11 καταπατέω, *impf act ind 3p*, press, trample
12 χορός, (kind of) dance
13 καταράομαι, *impf mid ind 3p*, curse, revile
14 δουλεύω, *fut act ind 1p*, serve
15 ἐπίσκοπος, guardian, overseer
16 δίδωμι, *aor act opt 3s*, give
17 μεθίστημι, *fut act ind 1s*, remove, banish
18 πληθύνω, *aor act impv 2s*, enlarge, increase
19 θυμόω, *aor pas ind 3s*, make angry
20 δῶρον, gift, bribe
21 ὅδε, this (here)
22 πολιορκέω, *pres act ind 3p*, besiege, harass
23 ἐνεδρεύω, *aor act impv 2s*, lie in wait, set an ambush
24 πρωί, (in the) morning
25 ἅμα, at once
26 ἀνατέλλω, *aor act inf*, rise
27 ὀρθρίζω, *fut act ind 2s*, rise early
28 ἐκτείνω, *fut act ind 2s*, deploy, spread out
29 καθάπερ, just as
30 ἐνεδρεύω, *aor act ind 3p*, lie in wait, set an ambush
31 πρωί, (in the) morning

B ἄνδρες Σικιμων ἐν τῷ οἴκῳ Αβιμελεχ, **24** τοῦ ἐπαγαγεῖν[1] τὴν ἀδικίαν[2] τῶν ἑβδομήκοντα[3] υἱῶν Ιεροβααλ καὶ τὰ αἵματα αὐτῶν τοῦ θεῖναι ἐπὶ Αβιμελεχ τὸν ἀδελφὸν αὐτῶν, ὃς ἀπέκτεινεν αὐτούς, καὶ ἐπὶ ἄνδρας Σικιμων, ὅτι ἐνίσχυσαν[4] τὰς χεῖρας αὐτοῦ ἀποκτεῖναι τοὺς ἀδελφοὺς αὐτοῦ. **25** καὶ ἔθηκαν αὐτῷ οἱ ἄνδρες Σικιμων ἐνεδρεύοντας[5] ἐπὶ τὰς κεφαλὰς τῶν ὀρέων καὶ διήρπαζον[6] πάντα, ὃς παρεπορεύετο[7] ἐπ᾽ αὐτοὺς ἐν τῇ ὁδῷ· καὶ ἀπηγγέλη τῷ βασιλεῖ Αβιμελεχ.

26 καὶ ἦλθεν Γααλ υἱὸς Ιωβηλ καὶ οἱ ἀδελφοὶ αὐτοῦ καὶ παρῆλθον[8] ἐν Σικιμοις, καὶ ἤλπισαν ἐν αὐτῷ οἱ ἄνδρες Σικιμων. **27** καὶ ἐξῆλθον εἰς ἀγρὸν καὶ ἐτρύγησαν[9] τοὺς ἀμπελῶνας[10] αὐτῶν καὶ ἐπάτησαν[11] καὶ ἐποίησαν ελλουλιμ[12] καὶ εἰσήνεγκαν[13] εἰς οἶκον θεοῦ αὐτῶν καὶ ἔφαγον καὶ ἔπιον καὶ κατηράσαντο[14] τὸν Αβιμελεχ. **28** καὶ εἶπεν Γααλ υἱὸς Ιωβηλ Τίς ἐστιν Αβιμελεχ καὶ τίς ἐστιν υἱὸς Συχεμ, ὅτι δουλεύσομεν[15] αὐτῷ; οὐχ υἱὸς Ιεροβααλ, καὶ Ζεβουλ ἐπίσκοπος[16] αὐτοῦ δοῦλος αὐτοῦ σὺν τοῖς ἀνδράσιν Εμμωρ πατρὸς Συχεμ; καὶ τί ὅτι δουλεύσομεν αὐτῷ ἡμεῖς; **29** καὶ τίς δῴη[17] τὸν λαὸν τοῦτον ἐν χειρί μου; καὶ μεταστήσω[18] τὸν Αβιμελεχ καὶ ἐρῶ πρὸς αὐτόν Πλήθυνον[19] τὴν δύναμίν σου καὶ ἔξελθε.

30 καὶ ἤκουσεν Ζεβουλ ἄρχων τῆς πόλεως τοὺς λόγους Γααλ υἱοῦ Ιωβηλ καὶ ὠργίσθη[20] θυμῷ[21] αὐτός. **31** καὶ ἀπέστειλεν ἀγγέλους πρὸς Αβιμελεχ ἐν κρυφῇ[22] λέγων Ἰδοὺ Γααλ υἱὸς Ιωβηλ καὶ οἱ ἀδελφοὶ αὐτοῦ ἔρχονται εἰς Συχεμ, καὶ ἰδοὺ αὐτοὶ περικάθηνται[23] τὴν πόλιν ἐπὶ σέ· **32** καὶ νῦν ἀναστὰς νυκτὸς σὺ καὶ ὁ λαὸς ὁ μετὰ σοῦ καὶ ἐνέδρευσον[24] ἐν τῷ ἀγρῷ, **33** καὶ ἔσται τὸ πρωὶ[25] ἅμα[26] τῷ ἀνατεῖλαι[27] τὸν ἥλιον ὀρθριεῖς[28] καὶ ἐκτενεῖς[29] ἐπὶ τὴν πόλιν, καὶ ἰδοὺ αὐτὸς καὶ ὁ λαὸς ὁ μετ᾽ αὐτοῦ ἐκπορεύονται πρὸς σέ, καὶ ποιήσεις αὐτῷ ὅσα ἂν εὕρῃ ἡ χείρ σου.

34 καὶ ἀνέστη Αβιμελεχ καὶ πᾶς ὁ λαὸς μετ᾽ αὐτοῦ νυκτὸς καὶ ἐνήδρευσαν[30] ἐπὶ Συχεμ τέτρασιν ἀρχαῖς. **35** καὶ ἐξῆλθεν Γααλ υἱὸς Ιωβηλ καὶ ἔστη πρὸς τῇ θύρᾳ τῆς

1 ἐπάγω, *aor act inf*, bring upon, lay on
2 ἀδικία, injustice, wrongdoing
3 ἑβδομήκοντα, seventy
4 ἐνισχύω, *aor act ind 3p*, strengthen
5 ἐνεδρεύω, *pres act ptc acc p m*, lie in wait, set an ambush
6 διαρπάζω, *impf act ind 3p*, plunder
7 παραπορεύομαι, *impf mid ind 3s*, pass by
8 παρέρχομαι, *aor act ind 3p*, pass over, arrive
9 τρυγάω, *aor act ind 3p*, reap
10 ἀμπελών, vineyard
11 πατέω, *aor act ind 3p*, tread, trample
12 ελλουλιμ, festival exultation, *translit.*
13 εἰσφέρω, *aor act ind 3p*, gather in, bring in
14 καταράομαι, *aor mid ind 3p*, curse, revile
15 δουλεύω, *fut act ind 1p*, serve
16 ἐπίσκοπος, guardian, overseer
17 δίδωμι, *aor act opt 3s*, give
18 μεθίστημι, *fut act ind 1s*, remove, banish
19 πληθύνω, *aor act impv 2s*, enlarge, increase
20 ὀργίζω, *aor pas ind 3s*, make angry
21 θυμός, wrath, fury
22 κρυφῇ, secretly
23 περικάθημαι, *pres mid ind 3p*, besiege
24 ἐνεδρεύω, *aor act impv 2s*, lie in wait, set an ambush
25 πρωί, (in the) morning
26 ἅμα, at once
27 ἀνατέλλω, *aor act inf*, rise
28 ὀρθρίζω, *fut act ind 2s*, rise early
29 ἐκτείνω, *fut act ind 2s*, deploy, spread out
30 ἐνεδρεύω, *aor act ind 3p*, lie in wait, set an ambush

A

πρὸς τῇ θύρᾳ τῆς πύλης[1] τῆς πόλεως, καὶ ἀνέστη Αβιμελεχ καὶ ὁ λαὸς ὁ μετ᾽ αὐτοῦ
ἐκ τῶν ἐνέδρων.[2] **36** καὶ εἶδεν Γααλ υἱὸς Αβεδ τὸν λαὸν καὶ εἶπεν πρὸς Ζεβουλ Ἰδοὺ
λαὸς καταβαίνων ἀπὸ τῶν κορυφῶν[3] τῶν ὀρέων. καὶ εἶπεν πρὸς αὐτὸν Ζεβουλ Τὴν
σκιὰν[4] τῶν ὀρέων σὺ ὁρᾷς ὡς ἄνδρας. **37** καὶ προσέθετο[5] ἔτι Γααλ τοῦ λαλῆσαι
καὶ εἶπεν Ἰδοὺ λαὸς καταβαίνων κατὰ θάλασσαν ἀπὸ τοῦ ἐχόμενα τοῦ ὀμφαλοῦ[6]
τῆς γῆς, καὶ ἀρχὴ μία παραγίνεται ἀπὸ ὁδοῦ δρυὸς[7] ἀποβλεπόντων.[8] **38** καὶ εἶπεν
πρὸς αὐτὸν Ζεβουλ Ποῦ ἐστιν νῦν τὸ στόμα σου τὸ λέγον Τίς ἐστιν Αβιμελεχ, ὅτι
δουλεύσομεν[9] αὐτῷ; οὐκ ἰδοὺ οὗτός ἐστιν ὁ λαός, ὃν ἐξουδένωσας;[10] ἔξελθε νῦν
καὶ πολέμει πρὸς αὐτόν. **39** καὶ ἐξῆλθεν Γααλ ἀπὸ προσώπου τῶν ἀνδρῶν Σικιμων
καὶ ἐπολέμησεν ἐν Αβιμελεχ. **40** καὶ κατεδίωξεν[11] αὐτὸν Αβιμελεχ, καὶ ἔφυγεν[12] ἀπὸ
προσώπου αὐτοῦ· καὶ ἔπεσον τραυματίαι[13] πολλοὶ ἕως θυρῶν τῆς πόλεως. **41** καὶ
ἐκάθισεν Αβιμελεχ ἐν Αριμα· καὶ ἐξέβαλεν Ζεβουλ τὸν Γααλ καὶ τοὺς ἀδελφοὺς
αὐτοῦ τοῦ μὴ οἰκεῖν[14] ἐν Σικιμοις.

42 καὶ ἐγενήθη τῇ ἐπαύριον[15] καὶ ἐξῆλθεν ὁ λαὸς εἰς τὸ πεδίον,[16] καὶ ἀπηγγέλη
τῷ Αβιμελεχ. **43** καὶ παρέλαβεν[17] τὸν λαὸν καὶ διεῖλεν[18] αὐτὸν τρεῖς ἀρχὰς καὶ
ἐνήδρευσεν[19] ἐν αὐτῷ· καὶ εἶδεν καὶ ἰδοὺ λαὸς ἐξῆλθεν ἐκ τῆς πόλεως, καὶ ἐπανέστη[20]
αὐτοῖς καὶ ἐπάταξεν[21] αὐτούς. **44** καὶ Αβιμελεχ καὶ αἱ ἀρχαὶ αἱ μετ᾽ αὐτοῦ ἐξετάθησαν[22]
καὶ ἔστησαν παρὰ τὴν πύλην[23] τῆς πόλεως, καὶ αἱ δύο ἀρχαὶ ἐξεχύθησαν[24] ἐπὶ πάντας
τοὺς ἐν τῷ ἀγρῷ, καὶ ἐπάταξεν[25] αὐτούς. **45** καὶ Αβιμελεχ ἐπολέμει ἐν τῇ πόλει ὅλην
τὴν ἡμέραν ἐκείνην, καὶ κατελάβοντο[26] τὴν πόλιν, καὶ τὸν λαὸν τὸν ἐν αὐτῇ ἀνεῖλεν[27]
καὶ τὴν πόλιν καθεῖλεν[28] καὶ ἔσπειρεν[29] αὐτὴν ἅλας.[30]

46 καὶ ἤκουσαν πάντες οἱ ἄνδρες πύργου[31] Σικιμων καὶ εἰσῆλθον εἰς τὸ ὀχύρωμα[32]
οἴκου τοῦ Βααλ διαθήκης. **47** καὶ ἀπηγγέλη τῷ Αβιμελεχ ὅτι συνήχθησαν πάντες
οἱ ἄνδρες τοῦ πύργου[33] Σικιμων. **48** καὶ ἀνέβη Αβιμελεχ εἰς ὄρος Σελμων, αὐτὸς
καὶ πᾶς ὁ λαὸς ὁ μετ᾽ αὐτοῦ, καὶ ἔλαβεν Αβιμελεχ ἀξίνην[34] ἐν τῇ χειρὶ αὐτοῦ καὶ

1 πύλη, gate
2 ἔνεδρον, ambush
3 κορυφή, summit, top
4 σκιά, shadow
5 προστίθημι, *aor mid ind 3s*, continue
6 ὀμφαλός, middle, center
7 δρῦς, oak
8 ἀποβλέπω, *pres act ptc gen p m*, watch
9 δουλεύω, *fut act ind 1p*, serve
10 ἐξουδενόω, *aor act ind 2s*, disdain, scorn
11 καταδιώκω, *aor act ind 3s*, pursue closely, follow after
12 φεύγω, *aor act ind 3s*, flee
13 τραυματίας, casualty
14 οἰκέω, *pres act inf*, live, dwell
15 ἐπαύριον, next day
16 πεδίον, field, plain
17 παραλαμβάνω, *aor act ind 3s*, take with
18 διαιρέω, *aor act ind 3s*, divide
19 ἐνεδρεύω, *aor act ind 3s*, lie in wait, set an ambush
20 ἐπανίστημι, *aor act ind 3s*, rise up against
21 πατάσσω, *aor act ind 3s*, strike, slay
22 ἐκτείνω, *aor pas ind 3p*, deploy, spread out
23 πύλη, gate
24 ἐκχέω, *aor pas ind 3p*, pour out
25 πατάσσω, *aor act ind 3s*, strike, slay
26 καταλαμβάνω, *aor mid ind 3p*, overtake, capture
27 ἀναιρέω, *aor act ind 3s*, destroy, kill
28 καθαιρέω, *aor act ind 3s*, break down
29 σπείρω, *aor act ind 3s*, sow
30 ἅλς, salt
31 πύργος, tower
32 ὀχύρωμα, fortress
33 πύργος, tower
34 ἀξίνη, axe

B πύλης[1] τῆς πόλεως, καὶ ἀνέστη Αβιμελεχ καὶ ὁ λαὸς ὁ μετ᾽ αὐτοῦ ἀπὸ τοῦ ἐνέδρου.[2] **36** καὶ εἶδεν Γααλ υἱὸς Ιωβηλ τὸν λαὸν καὶ εἶπεν πρὸς Ζεβουλ Ἰδοὺ λαὸς καταβαίνει ἀπὸ κεφαλῶν τῶν ὀρέων. καὶ εἶπεν πρὸς αὐτὸν Ζεβουλ Τὴν σκιὰν[3] τῶν ὀρέων σὺ βλέπεις ὡς ἄνδρας. **37** καὶ προσέθετο[4] ἔτι Γααλ τοῦ λαλῆσαι καὶ εἶπεν Ἰδοὺ λαὸς καταβαίνων κατὰ θάλασσαν ἀπὸ τοῦ ἐχόμενα ὀμφαλοῦ[5] τῆς γῆς, καὶ ἀρχὴ ἑτέρα ἔρχεται διὰ ὁδοῦ Ηλωνμαωνενιμ. **38** καὶ εἶπεν πρὸς αὐτὸν Ζεβουλ Καὶ ποῦ ἐστιν τὸ στόμα σου, ὡς ἐλάλησας Τίς ἐστιν Αβιμελεχ, ὅτι δουλεύσομεν[6] αὐτῷ; μὴ οὐχὶ οὗτος ὁ λαός, ὃν ἐξουδένωσας;[7] ἔξελθε δὴ[8] νῦν καὶ παράταξαι[9] αὐτῷ. **39** καὶ ἐξῆλθεν Γααλ ἐνώπιον ἀνδρῶν Συχεμ καὶ παρετάξατο[10] πρὸς Αβιμελεχ. **40** καὶ ἐδίωξεν αὐτὸν Αβιμελεχ, καὶ ἔφυγεν[11] ἀπὸ προσώπου αὐτοῦ· καὶ ἔπεσαν τραυματίαι[12] πολλοὶ ἕως τῆς θύρας τῆς πύλης.[13] **41** καὶ εἰσῆλθεν Αβιμελεχ ἐν Αρημα· καὶ ἐξέβαλεν Ζεβουλ τὸν Γααλ καὶ τοὺς ἀδελφοὺς αὐτοῦ μὴ οἰκεῖν[14] ἐν Συχεμ.

42 καὶ ἐγένετο τῇ ἐπαύριον[15] καὶ ἐξῆλθεν ὁ λαὸς εἰς τὸν ἀγρόν, καὶ ἀνήγγειλεν[16] τῷ Αβιμελεχ. **43** καὶ ἔλαβεν τὸν λαὸν καὶ διεῖλεν[17] αὐτοὺς εἰς τρεῖς ἀρχὰς καὶ ἐνήδρευσεν[18] ἐν ἀγρῷ· καὶ εἶδεν καὶ ἰδοὺ ὁ λαὸς ἐξῆλθεν ἐκ τῆς πόλεως, καὶ ἀνέστη ἐπ᾽ αὐτοὺς καὶ ἐπάταξεν[19] αὐτούς. **44** καὶ Αβιμελεχ καὶ οἱ ἀρχηγοὶ[20] οἱ μετ᾽ αὐτοῦ ἐξέτειναν[21] καὶ ἔστησαν παρὰ τὴν θύραν τῆς πύλης[22] τῆς πόλεως, καὶ αἱ δύο ἀρχαὶ ἐξέτειναν[23] ἐπὶ πάντας τοὺς ἐν τῷ ἀγρῷ καὶ ἐπάταξαν[24] αὐτούς. **45** καὶ Αβιμελεχ παρετάσσετο[25] ἐν τῇ πόλει ὅλην τὴν ἡμέραν ἐκείνην καὶ κατελάβετο[26] τὴν πόλιν καὶ τὸν λαὸν τὸν ἐν αὐτῇ ἀπέκτεινεν καὶ καθεῖλεν[27] τὴν πόλιν καὶ ἔσπειρεν[28] εἰς ἅλας.[29]

46 καὶ ἤκουσαν πάντες οἱ ἄνδρες πύργων[30] Συχεμ καὶ ἦλθον εἰς συνέλευσιν[31] Βαιθηλβεριθ. **47** καὶ ἀνηγγέλη[32] τῷ Αβιμελεχ ὅτι συνήχθησαν πάντες οἱ ἄνδρες πύργων[33] Συχεμ. **48** καὶ ἀνέβη Αβιμελεχ εἰς ὄρος Ερμων καὶ πᾶς ὁ λαὸς ὁ μετ᾽ αὐτοῦ, καὶ ἔλαβεν Αβιμελεχ τὰς ἀξίνας[34] ἐν τῇ χειρὶ αὐτοῦ καὶ ἔκοψεν[35] κλάδον[36]

1 πύλη, gate
2 ἔνεδρον, ambush
3 σκιά, shadow
4 προστίθημι, *aor mid ind 3s*, continue
5 ὀμφαλός, middle, center
6 δουλεύω, *fut act ind 1p*, serve
7 ἐξουδενόω, *aor act ind 2s*, disdain, scorn
8 δή, then, already
9 παρατάσσω, *aor mid impv 2s*, battle, fight
10 παρατάσσω, *aor mid ind 3s*, battle, fight
11 φεύγω, *aor act ind 3s*, flee
12 τραυματίας, casualty
13 πύλη, gate
14 οἰκέω, *pres act inf*, live, dwell
15 ἐπαύριον, next day
16 ἀναγγέλλω, *aor act ind 3s*, report, tell
17 διαιρέω, *aor act ind 3s*, divide
18 ἐνεδρεύω, *aor act ind 3s*, lie in wait, set an ambush
19 πατάσσω, *aor act ind 3s*, strike, slay
20 ἀρχηγός, leader
21 ἐκτείνω, *aor act ind 3p*, deploy, spread out
22 πύλη, gate
23 ἐκτείνω, *aor act ind 3p*, deploy, spread out
24 πατάσσω, *aor act ind 3p*, strike, slay
25 παρατάσσω, *impf mid ind 3s*, battle, fight
26 καταλαμβάνω, *aor mid ind 3s*, overtake, capture
27 καθαιρέω, *aor act ind 3s*, break down
28 σπείρω, *aor act ind 3s*, sow
29 ἅλς, salt
30 πύργος, tower
31 συνέλευσις, gathering, (stronghold)
32 ἀναγγέλλω, *aor pas ind 3s*, report, tell
33 πύργος, tower
34 ἀξίνη, axe
35 κόπτω, *aor act ind 3s*, cut down
36 κλάδος, branch

ἔκοψεν[1] φορτίον[2] ξύλων[3] καὶ ἔλαβεν αὐτὸ καὶ ἐπέθηκεν ἐπὶ τοὺς ὤμους[4] αὐτοῦ καὶ A
εἶπεν πρὸς τὸν λαὸν τὸν μετ᾽ αὐτοῦ Τί εἴδετέ με ποιοῦντα, ταχέως[5] ποιήσατε ὡς καὶ
ἐγώ. **49** καὶ ἔκοψαν[6] καὶ αὐτοὶ ἕκαστος φορτίον[7] καὶ ἦραν καὶ ἐπορεύθησαν ὀπίσω
Αβιμελεχ καὶ ἐπέθηκαν ἐπὶ τὸ ὀχύρωμα[8] καὶ ἐνέπρησαν[9] ἐπ᾽ αὐτοὺς τὸ ὀχύρωμα[10]
ἐν πυρί, καὶ ἀπέθανον πάντες οἱ ἄνδρες πύργου[11] Σικιμων ὡσεὶ[12] χίλιοι[13] ἄνδρες
καὶ γυναῖκες.

50 Καὶ ἐπορεύθη Αβιμελεχ εἰς Θεβες καὶ περιεκάθισεν[14] ἐπ᾽ αὐτὴν καὶ προκατ-
ελάβετο[15] αὐτήν. **51** καὶ πύργος[16] ἦν ὀχυρὸς[17] ἐν μέσῳ τῆς πόλεως, καὶ ἔφυγον[18]
ἐκεῖ πάντες οἱ ἄνδρες καὶ αἱ γυναῖκες καὶ πάντες οἱ ἡγούμενοι[19] τῆς πόλεως καὶ
ἀπέκλεισαν[20] ἐφ᾽ ἑαυτοὺς καὶ ἀνέβησαν ἐπὶ τὸ δῶμα[21] τοῦ πύργου. **52** καὶ ἦλθεν
Αβιμελεχ ἕως τοῦ πύργου,[22] καὶ ἐξεπολέμησαν[23] αὐτόν· καὶ ἤγγισεν Αβιμελεχ ἕως
τῆς θύρας τοῦ πύργου ἐμπρῆσαι[24] αὐτὸν ἐν πυρί. **53** καὶ ἔρριψεν[25] γυνὴ μία κλάσμα[26]
μύλου[27] ἐπὶ τὴν κεφαλὴν Αβιμελεχ καὶ συνέθλασεν[28] τὸ κρανίον[29] αὐτοῦ. **54** καὶ
ἐβόησεν[30] τὸ τάχος[31] πρὸς τὸ παιδάριον[32] τὸν αἴροντα τὰ σκεύη[33] αὐτοῦ καὶ εἶπεν
αὐτῷ Σπάσαι[34] τὴν μάχαιράν[35] σου καὶ θανάτωσόν[36] με, μήποτε[37] εἴπωσιν Γυνὴ
ἀπέκτεινεν αὐτόν. καὶ ἐξεκέντησεν[38] αὐτὸν τὸ παιδάριον[39] αὐτοῦ, καὶ ἀπέθανεν
Αβιμελεχ. **55** καὶ εἶδεν ἀνὴρ Ισραηλ ὅτι ἀπέθανεν Αβιμελεχ, καὶ ἀπῆλθον ἀνὴρ εἰς
τὸν τόπον αὐτοῦ. **56** καὶ ἀπέστρεψεν[40] ὁ θεὸς τὴν κακίαν[41] Αβιμελεχ, ἣν ἐποίησεν
τῷ πατρὶ αὐτοῦ ἀποκτεῖναι τοὺς ἑβδομήκοντα[42] ἀδελφοὺς αὐτοῦ. **57** καὶ πᾶσαν
κακίαν[43] ἀνδρῶν Σικιμων ἐπέστρεψεν ὁ θεὸς εἰς τὴν κεφαλὴν αὐτῶν, καὶ ἐπῆλθεν[44]
ἐπ᾽ αὐτοὺς ἡ κατάρα[45] Ιωαθαμ τοῦ υἱοῦ Ιεροβααλ.

1 κόπτω, *aor act ind 3s*, cut down
2 φορτίον, load
3 ξύλον, timber
4 ὦμος, shoulder
5 ταχέως, quickly
6 κόπτω, *aor act ind 3p*, cut down
7 φορτίον, load
8 ὀχύρωμα, fortress
9 ἐμπίμπρημι, *aor act ind 3p*, set on fire
10 ὀχύρωμα, fortress
11 πύργος, tower
12 ὡσεί, about
13 χίλιοι, one thousand
14 περικαθίζω, *aor act ind 3s*, encamp around, besiege
15 προκαταλαμβάνω, *aor mid ind 3s*, overtake before, capture first
16 πύργος, tower
17 ὀχυρός, fortified
18 φεύγω, *aor act ind 3p*, flee
19 ἡγέομαι, *pres mid ptc nom p m*, rule
20 ἀποκλείω, *aor act ind 3p*, close, shut up
21 δῶμα, roof
22 πύργος, tower
23 ἐκπολεμέω, *aor act ind 3p*, go to war with
24 ἐμπίμπρημι, *aor act inf*, set on fire
25 ῥίπτω, *aor act ind 3s*, cast, throw
26 κλάσμα, piece, chunk
27 μύλος, millstone
28 συνθλάω, *aor act ind 3s*, crush
29 κρανίον, skull
30 βοάω, *aor act ind 3s*, cry out
31 τάχος, hastily, immediately
32 παιδάριον, servant
33 σκεῦος, equipment
34 σπάω, *aor mid impv 2s*, draw
35 μάχαιρα, sword
36 θανατόω, *aor act impv 2s*, kill, put to death
37 μήποτε, lest
38 ἐκκεντέω, *aor act ind 3s*, pierce, stab
39 παιδάριον, servant
40 ἀποστρέφω, *aor act ind 3s*, avert, turn back
41 κακία, depravity, wickedness
42 ἑβδομήκοντα, seventy
43 κακία, depravity, wickedness
44 ἐπέρχομαι, *aor act ind 3s*, come upon, befall
45 κατάρα, curse

B ξύλου[1] καὶ ἦρεν καὶ ἔθηκεν ἐπ᾽ ὤμων[2] αὐτοῦ καὶ εἶπεν τῷ λαῷ τῷ μετ᾽ αὐτοῦ Ὃ
εἴδετέ με ποιοῦντα, ταχέως[3] ποιήσατε ὡς ἐγώ. **49** καὶ ἔκοψαν[4] καί γε ἀνὴρ κλάδον[5]
πᾶς ἀνὴρ καὶ ἐπορεύθησαν ὀπίσω Αβιμελεχ καὶ ἐπέθηκαν ἐπὶ τὴν συνέλευσιν[6] καὶ
ἐνεπύρισαν[7] ἐπ᾽ αὐτοὺς τὴν συνέλευσιν[8] ἐν πυρί, καὶ ἀπέθανον καί γε πάντες οἱ
ἄνδρες πύργου[9] Σικιμων ὡς χίλιοι[10] ἄνδρες καὶ γυναῖκες.

50 Καὶ ἐπορεύθη Αβιμελεχ ἐκ Βαιθηλβεριθ καὶ παρενέβαλεν[11] ἐν Θηβης καὶ κατ-
έλαβεν[12] αὐτήν. **51** καὶ πύργος[13] ἰσχυρὸς[14] ἦν ἐν μέσῳ τῆς πόλεως, καὶ ἔφυγον[15]
ἐκεῖ πάντες οἱ ἄνδρες καὶ αἱ γυναῖκες τῆς πόλεως καὶ ἔκλεισαν[16] ἔξωθεν[17] αὐτῶν
καὶ ἀνέβησαν ἐπὶ τὸ δῶμα[18] τοῦ πύργου. **52** καὶ ἦλθεν Αβιμελεχ ἕως τοῦ πύργου,[19]
καὶ παρετάξαντο[20] αὐτῷ· καὶ ἤγγισεν Αβιμελεχ ἕως τῆς θύρας τοῦ πύργου τοῦ
ἐμπρῆσαι[21] αὐτὸν ἐν πυρί. **53** καὶ ἔρριψεν[22] γυνὴ μία κλάσμα[23] ἐπιμυλίου[24] ἐπὶ κε-
φαλὴν Αβιμελεχ καὶ ἔκλασεν[25] τὸ κρανίον[26] αὐτοῦ. **54** καὶ ἐβόησεν[27] ταχὺ[28] πρὸς
τὸ παιδάριον[29] τὸ αἶρον τὰ σκεύη[30] αὐτοῦ καὶ εἶπεν αὐτῷ Σπάσον[31] τὴν ῥομφαίαν[32]
μου καὶ θανάτωσόν[33] με, μήποτε[34] εἴπωσιν Γυνὴ ἀπέκτεινεν αὐτόν. καὶ ἐξεκέντησεν[35]
αὐτὸν τὸ παιδάριον[36] αὐτοῦ, καὶ ἀπέθανεν. **55** καὶ εἶδεν ἀνὴρ Ισραηλ ὅτι ἀπέθανεν
Αβιμελεχ, καὶ ἐπορεύθησαν ἀνὴρ εἰς τὸν τόπον αὐτοῦ. **56** καὶ ἐπέστρεψεν ὁ θεὸς τὴν
πονηρίαν[37] Αβιμελεχ, ἣν ἐποίησεν τῷ πατρὶ αὐτοῦ ἀποκτεῖναι τοὺς ἑβδομήκοντα[38]
ἀδελφοὺς αὐτοῦ. **57** καὶ τὴν πᾶσαν πονηρίαν[39] ἀνδρῶν Συχεμ ἐπέστρεψεν ὁ θεὸς
εἰς κεφαλὴν αὐτῶν, καὶ ἐπῆλθεν[40] ἐπ᾽ αὐτοὺς ἡ κατάρα[41] Ιωαθαν υἱοῦ Ιεροβααλ.

1 ξύλον, tree
2 ὦμος, shoulder
3 ταχέως, quickly
4 κόπτω, *aor act ind 3p*, cut down
5 κλάδος, branch
6 συνέλευσις, gathering, (stronghold)
7 ἐμπυρίζω, *aor act ind 3p*, set on fire
8 συνέλευσις, gathering, (stronghold)
9 πύργος, tower
10 χίλιοι, one thousand
11 παρεμβάλλω, *aor act ind 3s*, encamp
12 καταλαμβάνω, *aor act ind 3s*, overtake, capture
13 πύργος, tower
14 ἰσχυρός, strong
15 φεύγω, *aor act ind 3p*, flee
16 κλείω, *aor act ind 3p*, close, shut
17 ἔξωθεν, from outside
18 δῶμα, roof
19 πύργος, tower
20 παρατάσσω, *aor mid ind 3p*, battle, fight
21 ἐμπίμπρημι, *aor act inf*, set on fire
22 ῥίπτω, *aor act ind 3s*, cast, throw
23 κλάσμα, piece, chunk
24 ἐπιμύλιον, upper millstone
25 κλάω, *aor act ind 3s*, break
26 κρανίον, skull
27 βοάω, *aor act ind 3s*, cry out
28 ταχύς, hastily, immediately
29 παιδάριον, servant
30 σκεῦος, equipment
31 σπάω, *aor act impv 2s*, draw
32 ῥομφαία, sword
33 θανατόω, *aor act impv 2s*, kill, put to death
34 μήποτε, lest
35 ἐκκεντέω, *aor act ind 3s*, pierce, stab
36 παιδάριον, servant
37 πονηρία, wickedness, evil
38 ἑβδομήκοντα, seventy
39 πονηρία, wickedness, evil
40 ἐπέρχομαι, *aor act ind 3s*, come upon, befall
41 κατάρα, curse

A

Tola and Jair

10 Καὶ ἀνέστη μετὰ Αβιμελεχ τοῦ σῶσαι τὸν Ισραηλ Θωλα υἱὸς Φουα υἱὸς
πατραδέλφου[1] αὐτοῦ ἀνὴρ Ισσαχαρ, καὶ αὐτὸς κατῴκει ἐν Σαμαρείᾳ ἐν ὄρει
Εφραιμ. **2** καὶ ἔκρινεν τὸν Ισραηλ εἴκοσι[2] καὶ τρία ἔτη καὶ ἀπέθανεν καὶ ἐτάφη[3] ἐν
Σαμαρείᾳ.

3 Καὶ ἀνέστη μετ᾽ αὐτὸν Ιαϊρ ὁ Γαλααδίτης καὶ ἔκρινεν τὸν Ισραηλ εἴκοσι[4] καὶ δύο
ἔτη. **4** καὶ ἐγένοντο αὐτῷ τριάκοντα[5] καὶ δύο υἱοὶ ἐπιβεβηκότες[6] ἐπὶ τριάκοντα καὶ
δύο πώλους·[7] καὶ τριάκοντα καὶ δύο πόλεις αὐτοῖς, καὶ ἐκάλεσεν αὐτὰς Ἐπαύλεις[8]
Ιαϊρ ἕως τῆς ἡμέρας ταύτης, αἵ εἰσιν ἐν τῇ γῇ Γαλααδ. **5** καὶ ἀπέθανεν Ιαϊρ καὶ
ἐτάφη[9] ἐν Ραμμω.

Ammonite Oppression

6 Καὶ προσέθεντο[10] οἱ υἱοὶ Ισραηλ ποιῆσαι τὸ πονηρὸν ἔναντι[11] κυρίου καὶ ἐλά-
τρευσαν[12] ταῖς Βααλιμ καὶ ταῖς Ασταρωθ καὶ τοῖς θεοῖς Σιδῶνος καὶ τοῖς θεοῖς Μωαβ
καὶ τοῖς θεοῖς υἱῶν Αμμων καὶ τοῖς θεοῖς τῶν ἀλλοφύλων[13] καὶ ἐγκατέλιπον[14] τὸν
κύριον καὶ οὐκ ἐδούλευσαν[15] αὐτῷ. **7** καὶ ἐθυμώθη[16] ὀργῇ κύριος ἐν τῷ Ισραηλ καὶ
ἀπέδοτο αὐτοὺς ἐν χειρὶ ἀλλοφύλων[17] καὶ ἐν χειρὶ υἱῶν Αμμων. **8** καὶ ἐσάθρωσαν[18]
καὶ ἔθλασαν[19] τοὺς υἱοὺς Ισραηλ ἐν τῷ ἐνιαυτῷ[20] ἐκείνῳ ὀκτωκαίδεκα[21] ἔτη, πάντας
τοὺς υἱοὺς Ισραηλ ἐν τῷ πέραν[22] τοῦ Ιορδάνου ἐν τῇ γῇ τοῦ Αμορραίου ἐν τῇ
Γαλααδίτιδι. **9** καὶ διέβησαν[23] οἱ υἱοὶ Αμμων τὸν Ιορδάνην ἐκπολεμῆσαι[24] καὶ ἐν τῷ
Ιουδα καὶ Βενιαμιν καὶ ἐν τῷ οἴκῳ Εφραιμ, καὶ ἐθλίβησαν[25] οἱ υἱοὶ Ισραηλ σφόδρα.[26]

10 καὶ ἐκέκραξαν οἱ υἱοὶ Ισραηλ πρὸς κύριον λέγοντες Ἡμάρτομέν σοι, ὅτι ἐγκατ-
ελίπομεν[27] τὸν θεὸν ἡμῶν καὶ ἐλατρεύσαμεν[28] ταῖς Βααλιμ. **11** καὶ εἶπεν κύριος πρὸς
τοὺς υἱοὺς Ισραηλ Οὐχὶ οἱ Αἰγύπτιοι καὶ οἱ Αμορραῖοι καὶ οἱ υἱοὶ Αμμων καὶ Μωαβ
καὶ οἱ ἀλλόφυλοι[29] **12** καὶ Σιδώνιοι καὶ Μαδιαμ καὶ Αμαληκ ἐξέθλιψαν[30] ὑμᾶς; καὶ
ἐκεκράξατε πρός με, καὶ ἔσωσα ὑμᾶς ἐκ χειρὸς αὐτῶν. **13** καὶ ὑμεῖς ἐγκατελίπετέ[31]
με καὶ ἐλατρεύσατε[32] θεοῖς ἑτέροις· διὰ τοῦτο οὐ προσθήσω[33] τοῦ σῶσαι ὑμᾶς.

1 πατράδελφος, father's brother, uncle
2 εἴκοσι, twenty
3 θάπτω, *aor pas ind 3s*, bury
4 εἴκοσι, twenty
5 τριάκοντα, thirty
6 ἐπιβαίνω, *perf act ptc nom p m*, mount on, ride
7 πῶλος, colt of a horse, foal of a donkey
8 ἔπαυλις, residence, homestead
9 θάπτω, *aor pas ind 3s*, bury
10 προστίθημι, *aor mid ind 3p*, continue
11 ἔναντι, before
12 λατρεύω, *aor act ind 3p*, serve, worship
13 ἀλλόφυλος, foreign, (Philistine)
14 ἐγκαταλείπω, *aor act ind 3p*, forsake
15 δουλεύω, *aor act ind 3p*, serve
16 θυμόω, *aor pas ind 3s*, make angry
17 ἀλλόφυλος, foreign, (Philistine)
18 σαθρόω, *aor act ind 3p*, weaken
19 θλάω, *aor act ind 3p*, oppress, bruise
20 ἐνιαυτός, year
21 ὀκτωκαίδεκα, eighteen
22 πέραν, far side
23 διαβαίνω, *aor act ind 3p*, cross over
24 ἐκπολεμέω, *aor act inf*, wage war against
25 θλίβω, *aor pas ind 3p*, afflict, press
26 σφόδρα, exceedingly
27 ἐγκαταλείπω, *aor act ind 1p*, forsake
28 λατρεύω, *aor act ind 1p*, serve, worship
29 ἀλλόφυλος, foreign, (Philistine)
30 ἐκθλίβω, *aor act ind 3p*, oppress, afflict
31 ἐγκαταλείπω, *aor act ind 2p*, forsake
32 λατρεύω, *aor act ind 2p*, serve, worship
33 προστίθημι, *fut act ind 1s*, continue

B

Tola and Jair

10 Καὶ ἀνέστη μετὰ Αβιμελεχ τοῦ σῶσαι τὸν Ισραηλ Θωλα υἱὸς Φουα υἱὸς πατραδέλφου[1] αὐτοῦ ἀνὴρ Ισσαχαρ, καὶ αὐτὸς ᾤκει[2] ἐν Σαμιρ ἐν ὄρει Εφραιμ. **2** καὶ ἔκρινεν τὸν Ισραηλ εἴκοσι[3] τρία ἔτη καὶ ἀπέθανεν καὶ ἐτάφη[4] ἐν Σαμιρ.

3 Καὶ ἀνέστη μετ᾽ αὐτὸν Ιαϊρ ὁ Γαλααδ καὶ ἔκρινεν τὸν Ισραηλ εἴκοσι[5] δύο ἔτη. **4** καὶ ἦσαν αὐτῷ τριάκοντα[6] καὶ δύο υἱοὶ ἐπιβαίνοντες[7] ἐπὶ τριάκοντα δύο πώλους·[8] καὶ τριάκοντα δύο πόλεις αὐτοῖς, καὶ ἐκάλουν αὐτὰς Ἐπαύλεις[9] Ιαϊρ ἕως τῆς ἡμέρας ταύτης ἐν γῇ Γαλααδ. **5** καὶ ἀπέθανεν Ιαϊρ καὶ ἐτάφη[10] ἐν Ραμνων.

Ammonite Oppression

6 Καὶ προσέθεντο[11] οἱ υἱοὶ Ισραηλ ποιῆσαι τὸ πονηρὸν ἐνώπιον κυρίου καὶ ἐδούλευσαν[12] τοῖς Βααλιμ καὶ ταῖς Ασταρωθ καὶ τοῖς θεοῖς Αραδ καὶ τοῖς θεοῖς Σιδῶνος καὶ τοῖς θεοῖς Μωαβ καὶ τοῖς θεοῖς υἱῶν Αμμων καὶ τοῖς θεοῖς Φυλιστιιμ καὶ ἐγκατέλιπον[13] τὸν κύριον καὶ οὐκ ἐδούλευσαν[14] αὐτῷ. **7** καὶ ὠργίσθη[15] θυμῷ[16] κύριος ἐν Ισραηλ καὶ ἀπέδοτο αὐτοὺς ἐν χειρὶ Φυλιστιιμ καὶ ἐν χειρὶ υἱῶν Αμμων. **8** καὶ ἔθλιψαν[17] καὶ ἔθλασαν[18] τοὺς υἱοὺς Ισραηλ ἐν τῷ καιρῷ ἐκείνῳ δέκα[19] ὀκτὼ[20] ἔτη, τοὺς πάντας υἱοὺς Ισραηλ τοὺς ἐν τῷ πέραν[21] τοῦ Ιορδάνου ἐν γῇ τοῦ Αμορρι τοῦ ἐν Γαλααδ. **9** καὶ διέβησαν[22] οἱ υἱοὶ Αμμων τὸν Ιορδάνην παρατάξασθαι[23] πρὸς Ιουδαν καὶ Βενιαμιν καὶ πρὸς Εφραιμ, καὶ ἐθλίβη[24] Ισραηλ σφόδρα.[25]

10 καὶ ἐβόησαν[26] οἱ υἱοὶ Ισραηλ πρὸς κύριον λέγοντες Ἡμάρτομέν σοι, ὅτι ἐγκατελίπομεν[27] τὸν θεὸν καὶ ἐδουλεύσαμεν[28] τῷ Βααλιμ. **11** καὶ εἶπεν κύριος πρὸς τοὺς υἱοὺς Ισραηλ Μὴ οὐχὶ ἐξ Αἰγύπτου καὶ ἀπὸ τοῦ Αμορραίου καὶ ἀπὸ υἱῶν Αμμων καὶ ἀπὸ Φυλιστιιμ **12** καὶ Σιδωνίων καὶ Αμαληκ καὶ Μαδιαμ, οἳ ἔθλιψαν[29] ὑμᾶς, καὶ ἐβοήσατε[30] πρός με, καὶ ἔσωσα ὑμᾶς ἐκ χειρὸς αὐτῶν; **13** καὶ ὑμεῖς ἐγκατελίπετέ[31] με καὶ ἐδουλεύσατε[32] θεοῖς ἑτέροις· διὰ τοῦτο οὐ προσθήσω[33] τοῦ σῶσαι ὑμᾶς.

1 πατράδελφος, father's brother, uncle
2 οἰκέω, *impf act ind 3s*, live, dwell
3 εἴκοσι, twenty
4 θάπτω, *aor pas ind 3s*, bury
5 εἴκοσι, twenty
6 τριάκοντα, thirty
7 ἐπιβαίνω, *pres act ptc nom p m*, mount on, ride
8 πῶλος, colt of a horse, foal of a donkey
9 ἔπαυλις, residence, homestead
10 θάπτω, *aor pas ind 3s*, bury
11 προστίθημι, *aor mid ind 3p*, continue
12 δουλεύω, *aor act ind 3p*, serve
13 ἐγκαταλείπω, *aor act ind 3p*, forsake
14 δουλεύω, *aor act ind 3p*, serve
15 ὀργίζω, *aor pas ind 3s*, make angry
16 θυμός, wrath, fury
17 θλίβω, *aor act ind 3p*, afflict, press
18 θλάω, *aor act ind 3p*, oppress, bruise
19 δέκα, ten
20 ὀκτώ, eight
21 πέραν, far side
22 διαβαίνω, *aor act ind 3p*, cross over
23 παρατάσσω, *aor mid inf*, battle, fight
24 θλίβω, *aor pas ind 3s*, afflict, press
25 σφόδρα, exceedingly
26 βοάω, *aor act ind 3p*, cry out
27 ἐγκαταλείπω, *aor act ind 1p*, forsake
28 δουλεύω, *aor act ind 1p*, serve
29 θλίβω, *aor act ind 3p*, afflict, press
30 βοάω, *aor act ind 2p*, cry out
31 ἐγκαταλείπω, *aor act ind 2p*, forsake
32 δουλεύω, *aor act ind 2p*, serve
33 προστίθημι, *fut act ind 1s*, continue

A

14 βαδίζετε[1] καὶ βοᾶτε[2] πρὸς τοὺς θεούς, οὓς ἐξελέξασθε[3] ἑαυτοῖς, καὶ αὐτοὶ σωσάτωσαν ὑμᾶς ἐν καιρῷ θλίψεως ὑμῶν. **15** καὶ εἶπαν οἱ υἱοὶ Ισραηλ πρὸς κύριον Ἡμάρτομεν, ποίησον σὺ ἡμῖν κατὰ πάντα, ὅσα ἂν ἀρέσκῃ[4] ἐνώπιόν σου, πλήν, κύριε, ἐξελοῦ[5] ἡμᾶς ἐν τῇ ἡμέρᾳ ταύτῃ. **16** καὶ μετέστησαν[6] τοὺς θεοὺς τοὺς ἀλλοτρίους[7] ἐκ μέσου αὐτῶν καὶ ἐλάτρευσαν[8] τῷ κυρίῳ· καὶ οὐκ εὐηρέστησεν[9] ἐν τῷ λαῷ, καὶ ὠλιγοψύχησεν[10] ἐν τῷ κόπῳ[11] Ισραηλ.

17 Καὶ ἀνέβησαν οἱ υἱοὶ Αμμων καὶ παρενέβαλον[12] ἐν Γαλααδ, καὶ ἐξῆλθον οἱ υἱοὶ Ισραηλ καὶ παρενέβαλον ἐν τῇ Μασσηφα. **18** καὶ εἶπον οἱ ἄρχοντες τοῦ λαοῦ Γαλααδ ἀνὴρ πρὸς τὸν πλησίον[13] αὐτοῦ Τίς ἀνήρ, ὃς ἄρξεται πολεμῆσαι ἐν τοῖς υἱοῖς Αμμων; καὶ ἔσται εἰς κεφαλὴν πᾶσιν τοῖς κατοικοῦσιν Γαλααδ.

Jephthah the Gileadite

11 Καὶ Ιεφθαε ὁ Γαλααδίτης δυνατὸς ἐν ἰσχύι·[14] καὶ αὐτὸς ἦν υἱὸς γυναικὸς πόρνης,[15] καὶ ἔτεκεν[16] τῷ Γαλααδ τὸν Ιεφθαε. **2** καὶ ἔτεκεν[17] ἡ γυνὴ Γαλααδ αὐτῷ υἱούς· καὶ ἡδρύνθησαν[18] οἱ υἱοὶ τῆς γυναικὸς καὶ ἐξέβαλον τὸν Ιεφθαε καὶ εἶπον αὐτῷ Οὐ κληρονομήσεις[19] ἐν τῷ οἴκῳ τοῦ πατρὸς ἡμῶν, ὅτι γυναικὸς υἱὸς ἑταίρας[20] εἶ σύ. **3** καὶ ἀπέδρα[21] Ιεφθαε ἐκ προσώπου τῶν ἀδελφῶν αὐτοῦ καὶ κατῴκησεν ἐν γῇ Τωβ, καὶ συνελέγοντο[22] πρὸς τὸν Ιεφθαε ἄνδρες λιτοὶ[23] καὶ συνεξεπορεύοντο[24] μετ᾽ αὐτοῦ.

4 Καὶ ἐγένετο μεθ᾽ ἡμέρας καὶ ἐπολέμησαν οἱ υἱοὶ Αμμων μετὰ Ισραηλ. **5** καὶ ἐγενήθη ἡνίκα[25] ἐπολέμουν οἱ υἱοὶ Αμμων μετὰ Ισραηλ, καὶ ἐπορεύθησαν οἱ πρεσβύτεροι Γαλααδ παραλαβεῖν[26] τὸν Ιεφθαε ἐν γῇ Τωβ **6** καὶ εἶπαν πρὸς Ιεφθαε Δεῦρο[27] καὶ ἔσῃ ἡμῖν εἰς ἡγούμενον,[28] καὶ πολεμήσωμεν ἐν τοῖς υἱοῖς Αμμων. **7** καὶ εἶπεν Ιεφθαε τοῖς πρεσβυτέροις Γαλααδ Οὐχ ὑμεῖς ἐμισήσατέ με καὶ ἐξεβάλετέ με ἐκ τοῦ οἴκου τοῦ πατρός μου καὶ ἐξαπεστείλατέ[29] με ἀφ᾽ ὑμῶν; καὶ τί ὅτι ἤλθατε πρός με,

1 βαδίζω, *pres act impv 2p*, go
2 βοάω, *pres act impv 2p*, cry out
3 ἐκλέγω, *aor mid ind 2p*, choose, select
4 ἀρέσκω, *pres act sub 3s*, please
5 ἐξαιρέω, *aor mid impv 2s*, deliver, rescue
6 μεθίστημι, *aor act ind 3p*, turn away from, banish
7 ἀλλότριος, foreign, (Philistine)
8 λατρεύω, *aor act ind 3p*, serve, worship
9 εὐαρεστέω, *aor act ind 3s*, please, satisfy
10 ὀλιγοψυχέω, *aor act ind 3s*, be disheartened
11 κόπος, trouble, suffering
12 παρεμβάλλω, *aor act ind 3p*, encamp
13 πλησίον, companion, neighbor
14 ἰσχύς, power, status, might
15 πόρνη, prostitute
16 τίκτω, *aor act ind 3s*, give birth to
17 τίκτω, *aor act ind 3s*, give birth to
18 ἁδρύνω, *aor pas ind 3p*, mature, grow fully
19 κληρονομέω, *fut act ind 2s*, be heir, inherit
20 ἑταίρα, prostitute
21 ἀποδιδράσκω, *aor act ind 3s*, run away from
22 συλλέγω, *impf mid ind 3p*, gather, collect
23 λιτός, trivial, paltry
24 συνεκπορεύομαι, *impf mid ind 3p*, accompany
25 ἡνίκα, when
26 παραλαμβάνω, *aor act inf*, take along, receive
27 δεῦρο, come!
28 ἡγέομαι, *pres mid ptc acc s m*, be the head, lead
29 ἐξαποστέλλω, *aor act ind 2p*, send away, dismiss

B **14** πορεύεσθε καὶ βοήσατε[1] πρὸς τοὺς θεούς, οὓς ἐξελέξασθε[2] ἑαυτοῖς, καὶ αὐτοὶ σωσάτωσαν ὑμᾶς ἐν καιρῷ θλίψεως ὑμῶν. **15** καὶ εἶπαν οἱ υἱοὶ Ισραηλ πρὸς κύριον Ἡμάρτομεν, ποίησον σὺ ἡμῖν κατὰ πᾶν τὸ ἀγαθὸν ἐν ὀφθαλμοῖς σου, πλὴν ἐξελοῦ[3] ἡμᾶς ἐν τῇ ἡμέρᾳ ταύτῃ. **16** καὶ ἐξέκλιναν[4] τοὺς θεοὺς τοὺς ἀλλοτρίους[5] ἐκ μέσου αὐτῶν καὶ ἐδούλευσαν[6] τῷ κυρίῳ μόνῳ, καὶ ὠλιγώθη[7] ἡ ψυχὴ αὐτοῦ ἐν κόπῳ[8] Ισραηλ.

17 Καὶ ἀνέβησαν οἱ υἱοὶ Αμμων καὶ παρενέβαλον[9] ἐν Γαλααδ, καὶ συνήχθησαν οἱ υἱοὶ Ισραηλ καὶ παρενέβαλον ἐν τῇ σκοπιᾷ.[10] **18** καὶ εἶπον ὁ λαὸς οἱ ἄρχοντες Γαλααδ ἀνὴρ πρὸς τὸν πλησίον[11] αὐτοῦ Τίς ὁ ἀνήρ, ὅστις ἂν ἄρξηται παρατάξασθαι[12] πρὸς υἱοὺς Αμμων; καὶ ἔσται εἰς ἄρχοντα πᾶσιν τοῖς κατοικοῦσιν Γαλααδ.

Jephthah the Gileadite

11 Καὶ Ιεφθαε ὁ Γαλααδίτης ἐπηρμένος[13] δυνάμει· καὶ αὐτὸς υἱὸς γυναικὸς πόρνης,[14] ἣ ἐγέννησεν τῷ Γαλααδ τὸν Ιεφθαε. **2** καὶ ἔτεκεν[15] ἡ γυνὴ Γαλααδ αὐτῷ υἱούς· καὶ ἡδρύνθησαν[16] οἱ υἱοὶ τῆς γυναικὸς καὶ ἐξέβαλον τὸν Ιεφθαε καὶ εἶπαν αὐτῷ Οὐ κληρονομήσεις[17] ἐν τῷ οἴκῳ τοῦ πατρὸς ἡμῶν, ὅτι υἱὸς γυναικὸς ἑταίρας[18] σύ. **3** καὶ ἔφυγεν[19] Ιεφθαε ἀπὸ προσώπου ἀδελφῶν αὐτοῦ καὶ ᾤκησεν[20] ἐν γῇ Τωβ, καὶ συνεστράφησαν[21] πρὸς Ιεφθαε ἄνδρες κενοὶ[22] καὶ ἐξῆλθον μετ᾽ αὐτοῦ.

5 Καὶ ἐγένετο ἡνίκα[23] παρετάξαντο[24] οἱ υἱοὶ Αμμων μετὰ Ισραηλ, καὶ ἐπορεύθησαν οἱ πρεσβύτεροι Γαλααδ λαβεῖν τὸν Ιεφθαε ἀπὸ τῆς γῆς Τωβ **6** καὶ εἶπαν τῷ Ιεφθαε Δεῦρο[25] καὶ ἔσῃ ἡμῖν εἰς ἀρχηγόν,[26] καὶ παραταξώμεθα[27] πρὸς υἱοὺς Αμμων. **7** καὶ εἶπεν Ιεφθαε τοῖς πρεσβυτέροις Γαλααδ Οὐχὶ ὑμεῖς ἐμισήσατέ με καὶ ἐξεβάλετέ με ἐκ τοῦ οἴκου τοῦ πατρός μου καὶ ἐξαπεστείλατέ[28] με ἀφ᾽ ὑμῶν; καὶ διὰ τί ἤλθατε

1 βοάω, *aor act impv 2p*, cry out
2 ἐκλέγω, *aor mid ind 2p*, choose, select
3 ἐξαιρέω, *aor mid impv 2s*, deliver, rescue
4 ἐκκλίνω, *aor act ind 3p*, turn away from, banish
5 ἀλλότριος, foreign, (Philistine)
6 δουλεύω, *aor act ind 3p*, serve
7 ὀλιγόω, *aor pas ind 3s*, reduce, diminish, (grieve)
8 κόπος, trouble, suffering
9 παρεμβάλλω, *aor act ind 3p*, encamp
10 σκοπιά, hilltop, lookout
11 πλησίον, companion, neighbor
12 παρατάσσω, *aor mid inf*, battle, fight
13 ἐπαίρω, *perf pas ptc nom s m*, exalt, elevate
14 πόρνη, prostitute
15 τίκτω, *aor act ind 3s*, give birth to
16 ἁδρύνω, *aor pas ind 3p*, mature, grow fully
17 κληρονομέω, *fut act ind 2s*, be heir, inherit
18 ἑταίρα, prostitute
19 φεύγω, *aor act ind 3s*, flee
20 οἰκέω, *aor act ind 3s*, live, dwell
21 συστρέφω, *aor pas ind 3p*, gather up, bring together
22 κενός, pretentious, worthless, vain
23 ἡνίκα, when
24 παρατάσσω, *aor mid ind 3p*, battle, fight
25 δεῦρο, come!
26 ἀρχηγός, leader, chief
27 παρατάσσω, *aor mid sub 1p*, battle, fight
28 ἐξαποστέλλω, *aor act ind 2p*, send away, dismiss

A

ἡνίκα[1] ἐθλίβητε;[2] **8** καὶ εἶπαν οἱ πρεσβύτεροι Γαλααδ πρὸς Ιεφθαε Οὐχ οὕτως· νῦν ἤλθομεν πρὸς σέ, καὶ συμπορεύσῃ[3] ἡμῖν, καὶ πολεμήσομεν ἐν τοῖς υἱοῖς Αμμων· καὶ ἔσῃ ἡμῖν εἰς κεφαλήν, πᾶσιν τοῖς κατοικοῦσιν Γαλααδ. **9** καὶ εἶπεν Ιεφθαε πρὸς τοὺς πρεσβυτέρους Γαλααδ Εἰ ἐπιστρέφετέ με ὑμεῖς πολεμῆσαι ἐν τοῖς υἱοῖς Αμμων καὶ παραδῷ κύριος αὐτοὺς ἐνώπιον ἐμοῦ, ἐγὼ ὑμῖν ἔσομαι εἰς κεφαλήν. **10** καὶ εἶπαν οἱ πρεσβύτεροι Γαλααδ πρὸς Ιεφθαε Κύριος ἔσται ὁ ἀκούων ἀνὰ μέσον[4] ἡμῶν, εἰ μὴ κατὰ τὸ ῥῆμά σου οὕτως ποιήσομεν. **11** καὶ ἐπορεύθη Ιεφθαε μετὰ τῶν πρεσβυτέρων Γαλααδ, καὶ κατέστησαν[5] αὐτὸν ἐπ' αὐτῶν εἰς κεφαλὴν εἰς ἡγούμενον.[6] καὶ ἐλάλησεν Ιεφθαε πάντας τοὺς λόγους αὐτοῦ ἐνώπιον κυρίου ἐν Μασσηφα.

12 Καὶ ἀπέστειλεν Ιεφθαε ἀγγέλους πρὸς βασιλέα υἱῶν Αμμων λέγων Τί ἐμοὶ καὶ σοί, ὅτι ἥκεις[7] πρός με σὺ πολεμῆσαί με ἐν τῇ γῇ μου; **13** καὶ εἶπεν βασιλεὺς υἱῶν Αμμων πρὸς τοὺς ἀγγέλους Ιεφθαε Διότι[8] ἔλαβεν Ισραηλ τὴν γῆν μου ἐν τῇ ἀναβάσει[9] αὐτοῦ ἐξ Αἰγύπτου ἀπὸ Αρνων ἕως Ιαβοκ καὶ ἕως τοῦ Ιορδάνου· καὶ νῦν ἐπίστρεψον αὐτὰς μετ' εἰρήνης. **14** καὶ ἀπέστρεψαν[10] οἱ ἄγγελοι πρὸς Ιεφθαε. καὶ ἀπέστειλεν Ιεφθαε ἀγγέλους πρὸς τὸν βασιλέα υἱῶν Αμμων **15** λέγων Τάδε[11] λέγει Ιεφθαε Οὐκ ἔλαβεν Ισραηλ τὴν γῆν Μωαβ καὶ τὴν γῆν υἱῶν Αμμων **16** ἐν τῇ ἀναβάσει[12] αὐτῶν ἐξ Αἰγύπτου, ἀλλ' ἐπορεύθη Ισραηλ ἐν τῇ ἐρήμῳ ἕως θαλάσσης ἐρυθρᾶς[13] καὶ ἦλθεν ἕως Καδης. **17** καὶ ἐξαπέστειλεν[14] Ισραηλ ἀγγέλους πρὸς βασιλέα Εδωμ λέγων Παρελεύσομαι[15] διὰ τῆς γῆς σου· καὶ οὐκ ἤκουσεν βασιλεὺς Εδωμ. καί γε πρὸς βασιλέα Μωαβ ἀπέστειλεν, καὶ οὐκ ἠθέλησεν. καὶ ἐκάθισεν Ισραηλ ἐν Καδης. **18** καὶ διῆλθεν ἐν τῇ ἐρήμῳ καὶ ἐκύκλωσεν[16] τὴν γῆν Εδωμ καὶ τὴν γῆν Μωαβ καὶ παρεγένετο κατ' ἀνατολὰς[17] ἡλίου τῆς γῆς Μωαβ καὶ παρενέβαλον[18] ἐν τῷ πέραν[19] Αρνων καὶ οὐκ εἰσῆλθον εἰς τὸ ὅριον[20] Μωαβ, ὅτι Αρνων ἦν ὅριον Μωαβ.

19 καὶ ἀπέστειλεν Ισραηλ ἀγγέλους πρὸς Σηων βασιλέα Εσεβων τὸν Αμορραῖον, καὶ εἶπεν αὐτῷ Ισραηλ Παρελεύσομαι[21] διὰ τῆς γῆς σου ἕως τοῦ τόπου μου. **20** καὶ οὐκ ἠθέλησεν Σηων διελθεῖν τὸν Ισραηλ διὰ τῶν ὁρίων[22] αὐτοῦ· καὶ συνήγαγεν Σηων πάντα τὸν λαὸν αὐτοῦ καὶ παρενέβαλεν[23] εἰς Ιασσα καὶ ἐπολέμησεν μετὰ Ισραηλ. **21** καὶ παρέδωκεν κύριος ὁ θεὸς Ισραηλ τὸν Σηων καὶ πάντα τὸν λαὸν αὐτοῦ ἐν

1 ἡνίκα, when
2 θλίβω, *aor pas ind 2p*, afflict, oppress
3 συμπορεύομαι, *fut mid ind 2s*, go along with
4 ἀνὰ μέσον, between
5 καθίστημι, *aor act ind 3p*, appoint, put in charge
6 ἡγέομαι, *pres mid ptc acc s m*, be the head, lead
7 ἥκω, *pres act ind 2s*, be present, have come
8 διότι, because, since
9 ἀνάβασις, journey up
10 ἀποστρέφω, *aor act ind 3p*, return
11 ὅδε, this is what
12 ἀνάβασις, journey up
13 ἐρυθρός, red
14 ἐξαποστέλλω, *aor act ind 3s*, send forth
15 παρέρχομαι, *fut mid ind 1s*, pass through, pass by
16 κυκλόω, *aor act ind 3s*, circle around
17 ἀνατολή, rising
18 παρεμβάλλω, *aor act ind 3p*, encamp
19 πέραν, far side
20 ὅριον, boundary, territory
21 παρέρχομαι, *fut mid ind 1s*, pass through, pass by
22 ὅριον, boundary, territory
23 παρεμβάλλω, *aor act ind 3s*, encamp

B πρός με νῦν, ἡνίκα[1] χρῄζετε;[2] **8** καὶ εἶπαν οἱ πρεσβύτεροι Γαλααδ πρὸς Ιεφθαε Διὰ
τοῦτο νῦν ἐπεστρέψαμεν πρὸς σέ, καὶ πορεύσῃ μεθ' ἡμῶν καὶ παρατάξῃ[3] πρὸς
υἱοὺς Αμμων· καὶ ἔσῃ ἡμῖν εἰς ἄρχοντα, πᾶσιν τοῖς οἰκοῦσιν[4] Γαλααδ. **9** καὶ εἶπεν
Ιεφθαε πρὸς τοὺς πρεσβυτέρους Γαλααδ Εἰ ἐπιστρέφετέ με ὑμεῖς παρατάξασθαι[5]
ἐν υἱοῖς Αμμων καὶ παραδῷ κύριος αὐτοὺς ἐνώπιον ἐμοῦ, καὶ ἐγὼ ἔσομαι ὑμῖν εἰς
ἄρχοντα. **10** καὶ εἶπαν οἱ πρεσβύτεροι Γαλααδ πρὸς Ιεφθαε Κύριος ἔστω ἀκούων
ἀνὰ μέσον[6] ἡμῶν, εἰ μὴ κατὰ τὸ ῥῆμά σου οὕτως ποιήσομεν. **11** καὶ ἐπορεύθη Ιεφθαε
μετὰ τῶν πρεσβυτέρων Γαλααδ, καὶ ἔθηκαν αὐτὸν ὁ λαὸς ἐπ' αὐτοὺς εἰς κεφαλὴν
καὶ εἰς ἀρχηγόν.[7] καὶ ἐλάλησεν Ιεφθαε τοὺς λόγους αὐτοῦ πάντας ἐνώπιον κυρίου
ἐν Μασσηφα.

12 Καὶ ἀπέστειλεν Ιεφθαε ἀγγέλους πρὸς βασιλέα υἱῶν Αμμων λέγων Τί ἐμοὶ καὶ
σοί, ὅτι ἦλθες πρός με τοῦ παρατάξασθαι[8] ἐν τῇ γῇ μου; **13** καὶ εἶπεν βασιλεὺς
υἱῶν Αμμων πρὸς τοὺς ἀγγέλους Ιεφθαε Ὅτι ἔλαβεν Ισραηλ τὴν γῆν μου ἐν τῷ
ἀναβαίνειν αὐτὸν ἐξ Αἰγύπτου ἀπὸ Αρνων καὶ ἕως Ιαβοκ καὶ ἕως τοῦ Ιορδάνου· καὶ
νῦν ἐπίστρεψον αὐτὰς ἐν εἰρήνῃ, καὶ πορεύσομαι. **14** καὶ προσέθηκεν[9] ἔτι Ιεφθαε
καὶ ἀπέστειλεν ἀγγέλους πρὸς βασιλέα υἱῶν Αμμων **15** καὶ εἶπεν αὐτῷ Οὕτω λέγει
Ιεφθαε Οὐκ ἔλαβεν Ισραηλ τὴν γῆν Μωαβ καὶ τὴν γῆν υἱῶν Αμμων. **16** ὅτι ἐν τῷ
ἀναβαίνειν αὐτοὺς ἐξ Αἰγύπτου ἐπορεύθη Ισραηλ ἐν τῇ ἐρήμῳ ἕως θαλάσσης Σιφ
καὶ ἦλθεν εἰς Καδης. **17** καὶ ἀπέστειλεν Ισραηλ ἀγγέλους πρὸς βασιλέα Εδωμ λέγων
Παρελεύσομαι[10] δὴ[11] ἐν τῇ γῇ σου· καὶ οὐκ ἤκουσεν βασιλεὺς Εδωμ. καὶ πρὸς
βασιλέα Μωαβ ἀπέστειλεν, καὶ οὐκ εὐδόκησεν.[12] καὶ ἐκάθισεν Ισραηλ ἐν Καδης.
18 καὶ ἐπορεύθη ἐν τῇ ἐρήμῳ καὶ ἐκύκλωσεν[13] τὴν γῆν Εδωμ καὶ τὴν γῆν Μωαβ καὶ
ἦλθεν ἀπὸ ἀνατολῶν[14] ἡλίου τῇ γῇ Μωαβ καὶ παρενέβαλον[15] ἐν πέραν[16] Αρνων καὶ
οὐκ εἰσῆλθεν ἐν ὁρίοις[17] Μωαβ, ὅτι Αρνων ὅριον Μωαβ.

19 καὶ ἀπέστειλεν Ισραηλ ἀγγέλους πρὸς Σηων βασιλέα τοῦ Αμορραίου βασιλέα
Εσεβων, καὶ εἶπεν αὐτῷ Ισραηλ Παρέλθωμεν[18] δὴ[19] ἐν τῇ γῇ σου ἕως τοῦ τόπου
ἡμῶν. **20** καὶ οὐκ ἐνεπίστευσεν[20] Σηων τῷ Ισραηλ παρελθεῖν[21] ἐν ὁρίῳ[22] αὐτοῦ· καὶ
συνῆξεν Σηων τὸν πάντα λαὸν αὐτοῦ, καὶ παρενέβαλον[23] εἰς Ιασα, καὶ παρετάξατο[24]

1 ἡνίκα, when
2 χρῄζω, *pres act ind 2p*, have need
3 παρατάσσω, *fut mid ind 2s*, battle, fight
4 οἰκέω, *pres act ptc dat p m*, live, dwell
5 παρατάσσω, *aor mid inf*, battle, fight
6 ἀνὰ μέσον, between
7 ἀρχηγός, leader, chief
8 παρατάσσω, *aor mid inf*, battle, fight
9 προστίθημι, *aor act ind 3s*, continue, persist
10 παρέρχομαι, *fut mid ind 1s*, pass through, pass by
11 δή, now, then
12 εὐδοκέω, *aor act ind 3s*, consent, approve
13 κυκλόω, *aor act ind 3s*, circle around
14 ἀνατολή, rising
15 παρεμβάλλω, *aor act ind 3p*, encamp
16 πέραν, far side
17 ὅριον, boundary, territory
18 παρέρχομαι, *aor act sub 1p*, pass through, pass by
19 δή, now
20 ἐμπιστεύω, *aor act ind 3s*, trust in
21 παρέρχομαι, *aor act inf*, pass through, pass by
22 ὅριον, boundary, territory
23 παρεμβάλλω, *aor act ind 3p*, encamp
24 παρατάσσω, *aor mid ind 3s*, strike

χειρὶ Ισραηλ, καὶ ἐπάταξεν[1] αὐτούς· καὶ ἐκληρονόμησεν[2] Ισραηλ πᾶσαν τὴν γῆν τοῦ
Αμορραίου τοῦ κατοικοῦντος ἐν τῇ γῇ. **22** καὶ ἐκληρονόμησεν[3] πᾶν τὸ ὅριον[4] τοῦ
Αμορραίου ἀπὸ Αρνων καὶ ἕως τοῦ Ιαβοκ καὶ ἀπὸ τῆς ἐρήμου καὶ ἕως τοῦ Ιορδάνου.
23 καὶ νῦν κύριος ὁ θεὸς Ισραηλ ἐξῆρεν[5] τὸν Αμορραῖον ἐκ προσώπου τοῦ λαοῦ
αὐτοῦ Ισραηλ, καὶ σὺ κληρονομήσεις[6] αὐτὸν ἐπὶ σοῦ; **24** οὐχὶ ὅσα κατεκληρονόμησέν[7]
σοι Χαμως ὁ θεός σου, αὐτὰ κληρονομήσεις;[8] καὶ πάντα, ὅσα κατεκληρονόμησεν[9]
κύριος ὁ θεὸς ἡμῶν ἀπὸ προσώπου ἡμῶν, αὐτὰ κληρονομήσομεν.[10] **25** καὶ νῦν μὴ
κρείσσων[11] εἶ σὺ τοῦ Βαλακ υἱοῦ Σεπφωρ βασιλέως Μωαβ; μὴ μάχῃ[12] ἐμαχέσατο[13]
μετὰ Ισραηλ ἢ πολεμῶν ἐπολέμησεν αὐτοῖς; **26** ἐν τῷ οἴκῳ Ισραηλ ἐν Εσεβων καὶ
ἐν ταῖς θυγατράσιν[14] αὐτῆς καὶ ἐν Ιαζηρ καὶ ἐν ταῖς θυγατράσιν αὐτῆς καὶ ἐν πάσαις
ταῖς πόλεσιν ταῖς παρὰ τὸν Ιορδάνην τριακόσια[15] ἔτη τί ὅτι οὐκ ἐρρύσαντο[16] αὐτοὺς
ἐν τῷ καιρῷ ἐκείνῳ; **27** καὶ ἐγὼ οὐχ ἥμαρτόν σοι, καὶ σὺ ποιεῖς μετ᾽ ἐμοῦ πονηρίαν[17]
τοῦ πολεμῆσαι ἐν ἐμοί· κρίναι[18] κύριος ὁ κρίνων σήμερον ἀνὰ μέσον[19] υἱῶν Ισραηλ
καὶ ἀνὰ μέσον υἱῶν Αμμων. **28** καὶ οὐκ εἰσήκουσεν[20] βασιλεὺς υἱῶν Αμμων καὶ οὐκ
εἰσήκουσεν τῶν λόγων Ιεφθαε, ὧν ἀπέστειλεν πρὸς αὐτόν.

Jephthah's Vow

29 Καὶ ἐγενήθη ἐπὶ Ιεφθαε πνεῦμα κυρίου, καὶ διέβη[21] τὴν γῆν Γαλααδ καὶ τὸν
Μανασση καὶ διέβη τὴν σκοπιὰν[22] Γαλααδ καὶ ἀπὸ σκοπιᾶς Γαλααδ εἰς τὸ πέραν[23]
υἱῶν Αμμων. **30** καὶ ηὔξατο[24] Ιεφθαε εὐχὴν[25] τῷ κυρίῳ καὶ εἶπεν Ἐὰν παραδώσει[26]
παραδῷς μοι τοὺς υἱοὺς Αμμων ἐν χειρί μου, **31** καὶ ἔσται ὃς ἂν ἐξέλθῃ ἐκ τῶν θυρῶν
τοῦ οἴκου μου εἰς ἀπάντησίν[27] μου ἐν τῷ ἐπιστρέψαι με ἐν εἰρήνῃ ἀπὸ τῶν υἱῶν
Αμμων, καὶ ἔσται τῷ κυρίῳ, καὶ ἀνοίσω[28] αὐτὸν ὁλοκαύτωμα.[29] **32** καὶ διέβη[30] Ιεφθαε
πρὸς τοὺς υἱοὺς Αμμων τοῦ πολεμῆσαι πρὸς αὐτούς, καὶ παρέδωκεν αὐτοὺς κύριος

1 πατάσσω, *aor act ind 3s*, strike
2 κληρονομέω, *aor act ind 3s*, acquire, inherit
3 κληρονομέω, *aor act ind 3s*, acquire, inherit
4 ὅριον, territory, region
5 ἐξαίρω, *aor act ind 3s*, drive away, remove
6 κληρονομέω, *fut act ind 2s*, acquire, inherit
7 κατακληρονομέω, *aor act ind 3s*, assign an inheritance
8 κληρονομέω, *fut act ind 2s*, acquire, inherit
9 κατακληρονομέω, *aor act ind 3s*, assign an inheritance
10 κληρονομέω, *fut act ind 1p*, acquire, inherit
11 κρείσσων (ττ), *comp of* ἀγαθός, better
12 μάχη, battle, combat
13 μάχομαι, *aor mid ind 3s*, fight
14 θυγάτηρ, (village), daughter
15 τριακόσιοι, three hundred
16 ῥύομαι, *aor mid ind 3p*, deliver, preserve
17 πονηρία, wickedness, evil
18 κρίνω, *aor act opt 3s*, judge, decide
19 ἀνὰ μέσον, between
20 εἰσακούω, *aor act ind 3s*, listen
21 διαβαίνω, *aor act ind 3s*, cross through
22 σκοπιά, hilltop, lookout
23 πέραν, far side
24 εὔχομαι, *aor mid ind 3s*, vow
25 εὐχή, vow
26 παράδωσις, surrender, capitulation
27 ἀπάντησις, meeting
28 ἀναφέρω, *fut act ind 1s*, offer
29 ὁλοκαύτωμα, whole burnt offering
30 διαβαίνω, *aor act ind 3s*, cross over

B πρὸς Ισραηλ. **21** καὶ παρέδωκεν κύριος ὁ θεὸς Ισραηλ τὸν Σηων καὶ πάντα τὸν
λαὸν αὐτοῦ ἐν χειρὶ Ισραηλ, καὶ ἐπάταξεν[1] αὐτόν· καὶ ἐκληρονόμησεν[2] Ισραηλ
τὴν πᾶσαν γῆν τοῦ Αμορραίου τοῦ κατοικοῦντος τὴν γῆν ἐκείνην **22** ἀπὸ Αρνων
καὶ ἕως τοῦ Ιαβοκ καὶ ἀπὸ τῆς ἐρήμου ἕως τοῦ Ιορδάνου. **23** καὶ νῦν κύριος ὁ
θεὸς Ισραηλ ἐξῆρεν[3] τὸν Αμορραῖον ἀπὸ προσώπου λαοῦ αὐτοῦ Ισραηλ, καὶ σὺ
κληρονομήσεις[4] αὐτόν; **24** οὐχὶ ἃ ἐὰν κληρονομήσει[5] σε Χαμως ὁ θεός σου, αὐτὰ
κληρονομήσεις;[6] καὶ τοὺς πάντας, οὓς ἐξῆρεν[7] κύριος ὁ θεὸς ἡμῶν ἀπὸ προσώπου
ἡμῶν, αὐτοὺς κληρονομήσομεν.[8] **25** καὶ νῦν μὴ ἐν ἀγαθῷ ἀγαθώτερος[9] σὺ ὑπὲρ
Βαλακ υἱὸν Σεπφωρ βασιλέα Μωαβ; μὴ μαχόμενος[10] ἐμαχέσατο[11] μετὰ Ισραηλ
ἢ πολεμῶν ἐπολέμησεν αὐτόν; **26** ἐν τῷ οἰκῆσαι[12] ἐν Εσεβων καὶ ἐν τοῖς ὁρίοις[13]
αὐτῆς καὶ ἐν γῇ Αροηρ καὶ ἐν τοῖς ὁρίοις αὐτῆς καὶ ἐν πάσαις ταῖς πόλεσιν ταῖς
παρὰ τὸν Ιορδάνην τριακόσια[14] ἔτη καὶ διὰ τί οὐκ ἐρρύσω[15] αὐτοὺς ἐν τῷ καιρῷ
ἐκείνῳ; **27** καὶ νῦν ἐγώ εἰμι οὐχ ἥμαρτόν σοι, καὶ σὺ ποιεῖς μετ᾽ ἐμοῦ πονηρίαν[16] τοῦ
παρατάξασθαι[17] ἐν ἐμοί· κρίναι[18] κύριος κρίνων σήμερον ἀνὰ μέσον[19] υἱῶν Ισραηλ
καὶ ἀνὰ μέσον υἱῶν Αμμων. **28** καὶ οὐκ ἤκουσεν βασιλεὺς υἱῶν Αμμων τῶν λόγων
Ιεφθαε, ὧν ἀπέστειλεν πρὸς αὐτόν.

Jephthah's Vow

29 Καὶ ἐγένετο ἐπὶ Ιεφθαε πνεῦμα κυρίου, καὶ παρῆλθεν[20] τὸν Γαλααδ καὶ τὸν
Μανασση καὶ παρῆλθεν τὴν σκοπιὰν[21] Γαλααδ εἰς τὸ πέραν[22] υἱῶν Αμμων. **30** καὶ
ηὔξατο[23] Ιεφθαε εὐχὴν[24] τῷ κυρίῳ καὶ εἶπεν Ἐὰν διδοὺς δῷς τοὺς υἱοὺς Αμμων ἐν τῇ
χειρί μου, **31** καὶ ἔσται ὁ ἐκπορευόμενος, ὃς ἐὰν ἐξέλθῃ ἀπὸ τῆς θύρας τοῦ οἴκου μου
εἰς συνάντησίν[25] μου ἐν τῷ ἐπιστρέφειν με ἐν εἰρήνῃ ἀπὸ υἱῶν Αμμων, καὶ ἔσται τῷ
κυρίῳ ἀνοίσω[26] αὐτὸν ὁλοκαύτωμα.[27] **32** καὶ παρῆλθεν[28] Ιεφθαε πρὸς υἱοὺς Αμμων
παρατάξασθαι[29] πρὸς αὐτούς, καὶ παρέδωκεν αὐτοὺς κύριος ἐν χειρὶ αὐτοῦ. **33** καὶ

1 πατάσσω, *aor act ind 3s*, strike
2 κληρονομέω, *aor act ind 3s*, acquire, inherit
3 ἐξαίρω, *aor act ind 3s*, drive away, remove
4 κληρονομέω, *fut act ind 2s*, acquire, inherit
5 κληρονομέω, *fut act ind 3s*, acquire, inherit
6 κληρονομέω, *fut act ind 2s*, acquire, inherit
7 ἐξαίρω, *aor act ind 3s*, drive away, remove
8 κληρονομέω, *fut act ind 1p*, acquire, inherit
9 ἀγαθός, *comp*, better
10 μάχομαι, *pres mid ptc nom s m*, fight
11 μάχομαι, *aor mid ind 3s*, fight
12 οἰκέω, *aor act inf*, inhabit, dwell
13 ὅριον, territory, boundary
14 τριακόσιοι, three hundred
15 ῥύομαι, *aor mid ind 2s*, deliver, preserve
16 πονηρία, wickedness, evil
17 παρατάσσω, *aor mid inf*, battle, fight
18 κρίνω, *aor act opt 3s*, judge, decide
19 ἀνὰ μέσον, between
20 παρέρχομαι, *aor act ind 3s*, pass through, go by
21 σκοπιά, hilltop, lookout
22 πέραν, far side
23 εὔχομαι, *aor mid ind 3s*, vow
24 εὐχή, vow
25 συνάντησις, meeting
26 ἀναφέρω, *fut act ind 1s*, offer
27 ὁλοκαύτωμα, whole burnt offering
28 παρέρχομαι, *aor act ind 3s*, pass through, go by
29 παρατάσσω, *aor mid inf*, battle, fight

ἐν χειρὶ αὐτοῦ. **33** καὶ ἐπάταξεν[1] αὐτοὺς ἀπὸ Αροηρ καὶ ἕως τοῦ ἐλθεῖν εἰς Σεμωιθ A εἴκοσι[2] πόλεις ἕως Αβελ ἀμπελώνων[3] πληγὴν[4] μεγάλην σφόδρα,[5] καὶ ἐνετράπησαν[6] οἱ υἱοὶ Αμμων ἀπὸ προσώπου υἱῶν Ισραηλ.

34 Καὶ ἦλθεν Ιεφθαε εἰς Μασσηφα εἰς τὸν οἶκον αὐτοῦ, καὶ ἰδοὺ ἡ θυγάτηρ[7] αὐτοῦ ἐξεπορεύετο εἰς ἀπάντησιν[8] αὐτοῦ ἐν τυμπάνοις[9] καὶ χοροῖς·[10] καὶ αὕτη μονογενὴς[11] αὐτῷ ἀγαπητή,[12] καὶ οὐκ ἔστιν αὐτῷ πλὴν αὐτῆς υἱὸς ἢ θυγάτηρ. **35** καὶ ἐγενήθη ἡνίκα[13] εἶδεν αὐτήν, καὶ διέρρηξεν[14] τὰ ἱμάτια αὐτοῦ καὶ εἶπεν Οἴμμοι,[15] θύγατέρ[16] μου, ἐμπεποδοστάτηκάς[17] με, εἰς σκῶλον[18] ἐγένου ἐν ὀφθαλμοῖς μου, ἐγὼ δὲ ἤνοιξα τὸ στόμα μου περὶ σοῦ πρὸς κύριον καὶ οὐ δυνήσομαι ἀποστρέψαι.[19] **36** καὶ εἶπεν πρὸς αὐτόν Πάτερ μου, εἰ ἐν ἐμοὶ ἤνοιξας τὸ στόμα σου πρὸς κύριον, ποίει μοι ὃν τρόπον[20] ἐξῆλθεν ἐκ τοῦ στόματός σου, ἀνθ᾿ ὧν[21] ἐποίησέν σοι κύριος ἐκδικήσεις[22] ἐκ τῶν ἐχθρῶν σου ἐκ τῶν υἱῶν Αμμων. **37** καὶ εἶπεν πρὸς τὸν πατέρα αὐτῆς Καὶ ποίησόν μοι τὸ ῥῆμα τοῦτο· ἔασόν[23] με δύο μῆνας,[24] καὶ πορεύσομαι καὶ καταβήσομαι ἐπὶ τὰ ὄρη καὶ κλαύσομαι ἐπὶ τὰ παρθένιά[25] μου, καὶ ἐγὼ καὶ αἱ συνεταιρίδες[26] μου. **38** καὶ εἶπεν Πορεύου· καὶ ἐξαπέστειλεν[27] αὐτὴν δύο μῆνας.[28] καὶ ἐπορεύθη, αὐτὴ καὶ αἱ συνεταιρίδες[29] αὐτῆς, καὶ ἔκλαυσεν ἐπὶ τὰ παρθένια[30] αὐτῆς ἐπὶ τὰ ὄρη. **39** καὶ ἐγένετο μετὰ τέλος δύο μηνῶν[31] καὶ ἀνέκαμψεν[32] πρὸς τὸν πατέρα αὐτῆς, καὶ ἐπετέλεσεν[33] Ιεφθαε τὴν εὐχὴν[34] αὐτοῦ, ἣν ηὔξατο·[35] καὶ αὐτὴ οὐκ ἔγνω ἄνδρα. καὶ ἐγενήθη εἰς πρόσταγμα[36] ἐν Ισραηλ· **40** ἐξ ἡμερῶν εἰς ἡμέρας συνεπορεύοντο[37] αἱ θυγατέρες[38] Ισραηλ θρηνεῖν[39] τὴν θυγατέρα Ιεφθαε τοῦ Γαλααδίτου τέσσαρας ἡμέρας ἐν τῷ ἐνιαυτῷ.[40]

1 πατάσσω, *aor act ind 3s*, strike, slay
2 εἴκοσι, twenty
3 ἀμπελών, vineyard
4 πληγή, blow
5 σφόδρα, exceedingly
6 ἐντρέπω, *aor pas ind 3p*, put to shame
7 θυγάτηρ, daughter
8 ἀπάντησις, meeting
9 τύμπανον, drum
10 χορός, dance
11 μονογενής, only child
12 ἀγαπητός, beloved
13 ἡνίκα, when
14 διαρρήγνυμι, *aor act ind 3s*, tear
15 οἴμμοι, woe is me!, ah me!
16 θυγάτηρ, daughter
17 ἐμποδοστατέω, *perf act ind 2s*, be in the way
18 σκῶλον, thorn
19 ἀποστρέφω, *aor act inf*, turn back
20 ὃν τρόπον, in the manner that
21 ἀνθ᾿ ὧν, since, because
22 ἐκδικέω, *fut act ind 2s*, avenge, punish
23 ἐάω, *aor act impv 2s*, permit, allow
24 μήν, month
25 παρθένια, virginity
26 συνεταιρίς, companion
27 ἐξαποστέλλω, *aor act ind 3s*, send away, dismiss
28 μήν, month
29 συνεταιρίς, companion
30 παρθένια, virginity
31 μήν, month
32 ἀνακάμπτω, *aor act ind 3s*, return
33 ἐπιτελέω, *aor act ind 3s*, complete, finish
34 εὐχή, vow
35 εὔχομαι, *aor mid ind 3s*, vow
36 πρόσταγμα, ordinance
37 συμπορεύομαι, *impf mid ind 3p*, go together, come together
38 θυγάτηρ, daughter
39 θρηνέω, *pres act inf*, mourn, bewail
40 ἐνιαυτός, year

B ἐπάταξεν[1] αὐτοὺς ἀπὸ Αροηρ ἕως ἐλθεῖν ἄχρις[2] Αρνων ἐν ἀριθμῷ[3] εἴκοσι[4] πόλεις
καὶ ἕως Εβελχαρμιν πληγὴν[5] μεγάλην σφόδρα,[6] καὶ συνεστάλησαν[7] οἱ υἱοὶ Αμμων
ἀπὸ προσώπου υἱῶν Ισραηλ.

34 Καὶ ἦλθεν Ιεφθαε εἰς Μασσηφα εἰς τὸν οἶκον αὐτοῦ, καὶ ἰδοὺ ἡ θυγάτηρ[8] αὐτοῦ
ἐξεπορεύετο εἰς ὑπάντησιν[9] ἐν τυμπάνοις[10] καὶ χοροῖς·[11] καὶ ἦν αὕτη μονογενής,[12]
οὐκ ἦν αὐτῷ ἕτερος υἱὸς ἢ θυγάτηρ. **35** καὶ ἐγένετο ὡς εἶδεν αὐτὴν αὐτός, διέρρηξεν[13]
τὰ ἱμάτια αὐτοῦ καὶ εἶπεν Ἆ[14] ἆ, θυγάτηρ[15] μου, ταραχῇ[16] ἐτάραξάς[17] με, καὶ σὺ ἦς
ἐν τῷ ταράχῳ[18] μου, καὶ ἐγώ εἰμι ἤνοιξα κατὰ σοῦ τὸ στόμα μου πρὸς κύριον καὶ
οὐ δυνήσομαι ἐπιστρέψαι. **36** ἡ δὲ εἶπεν πρὸς αὐτόν Πάτερ, ἤνοιξας τὸ στόμα σου
πρὸς κύριον· ποίησόν μοι ὃν τρόπον[19] ἐξῆλθεν ἐκ στόματός σου, ἐν τῷ ποιῆσαί
σοι κύριον ἐκδίκησιν[20] ἀπὸ τῶν ἐχθρῶν σου ἀπὸ υἱῶν Αμμων. **37** καὶ ἥδε[21] εἶπεν
πρὸς τὸν πατέρα αὐτῆς Ποιησάτω δὴ[22] ὁ πατήρ μου τὸν λόγον τοῦτον· ἔασόν[23]
με δύο μῆνας,[24] καὶ πορεύσομαι καὶ καταβήσομαι ἐπὶ τὰ ὄρη καὶ κλαύσομαι ἐπὶ
τὰ παρθένιά[25] μου, ἐγώ εἰμι καὶ αἱ συνεταιρίδες[26] μου. **38** καὶ εἶπεν Πορεύου· καὶ
ἀπέστειλεν αὐτὴν δύο μῆνας.[27] καὶ ἐπορεύθη, αὐτὴ καὶ αἱ συνεταιρίδες[28] αὐτῆς,
καὶ ἔκλαυσεν ἐπὶ τὰ παρθένια[29] αὐτῆς ἐπὶ τὰ ὄρη. **39** καὶ ἐγένετο ἐν τέλει τῶν δύο
μηνῶν[30] καὶ ἐπέστρεψεν πρὸς τὸν πατέρα αὐτῆς, καὶ ἐποίησεν ἐν αὐτῇ τὴν εὐχὴν[31]
αὐτοῦ, ἣν ηὔξατο·[32] καὶ αὐτὴ οὐκ ἔγνω ἄνδρα. καὶ ἐγένετο εἰς πρόσταγμα[33] ἐν
Ισραηλ· **40** ἀπὸ ἡμερῶν εἰς ἡμέρας ἐπορεύοντο θυγατέρες[34] Ισραηλ θρηνεῖν[35] τὴν
θυγατέρα Ιεφθαε Γαλααδ ἐπὶ τέσσαρας ἡμέρας ἐν τῷ ἐνιαυτῷ.[36]

1 πατάσσω, *aor act ind 3s*, strike, slay
2 ἄχρις, as far as
3 ἀριθμός, number
4 εἴκοσι, twenty
5 πληγή, blow
6 σφόδρα, exceedingly
7 συστέλλω, *aor pas ind 3p*, humiliate, subdue
8 θυγάτηρ, daughter
9 ὑπάντησις, meeting
10 τύμπανον, drum
11 χορός, dance
12 μονογενής, only child
13 διαρρήγνυμι, *aor act ind 3s*, tear
14 ἆ, ah!, alas!
15 θυγάτηρ, daughter
16 ταραχή, trouble, vexation
17 ταράσσω, *aor act ind 2s*, trouble, vex
18 τάραχος, disturbance, perplexity, tumult
19 ὃν τρόπον, in the manner that
20 ἐκδίκησις, vengeance, punishment
21 ὅδε, this
22 δή, now, indeed
23 ἐάω, *aor act impv 2s*, permit, allow
24 μήν, month
25 παρθένια, virginity
26 συνεταιρίς, companion
27 μήν, month
28 συνεταιρίς, companion
29 παρθένια, virginity
30 μήν, month
31 εὐχή, vow
32 εὔχομαι, *aor mid ind 3s*, vow
33 πρόσταγμα, ordinance
34 θυγάτηρ, daughter
35 θρηνέω, *pres act inf*, mourn, bewail
36 ἐνιαυτός, year

Conflict with Ephraim

A

12 Καὶ συνήχθησαν οἱ υἱοὶ Εφραιμ καὶ ἦλθον εἰς Σεφινα καὶ εἶπον πρὸς Ιεφθαε Τί ὅτι ἐπορεύθης πολεμεῖν ἐν τοῖς υἱοῖς Αμμων καὶ ἡμᾶς οὐ κέκληκας πορευθῆναι μετὰ σοῦ; τὸν οἶκόν σου ἐμπρήσομεν[1] ἐν πυρί. **2** καὶ εἶπεν πρὸς αὐτοὺς Ιεφθαε Ἀνὴρ ἀντιδικῶν[2] ἤμην ἐγὼ καὶ ὁ λαός μου, καὶ οἱ υἱοὶ Αμμων ἐταπείνουν[3] με σφόδρα·[4] καὶ ἐβόησα[5] πρὸς ὑμᾶς, καὶ οὐκ ἐσώσατέ με ἐκ χειρὸς αὐτῶν. **3** καὶ εἶδον ὅτι οὐκ ἦν ὁ σῴζων, καὶ ἐθέμην τὴν ψυχήν μου ἐν τῇ χειρί μου καὶ διέβην[6] πρὸς τοὺς υἱοὺς Αμμων, καὶ παρέδωκεν αὐτοὺς κύριος ἐν χειρί μου· καὶ ἵνα τί ἀνέβητε πρός με τῇ ἡμέρᾳ ταύτῃ τοῦ πολεμεῖν ἐν ἐμοί; **4** καὶ συνήθροισεν[7] Ιεφθαε πάντας τοὺς ἄνδρας Γαλααδ καὶ ἐπολέμει τὸν Εφραιμ, καὶ ἐπάταξαν[8] ἄνδρες Γαλααδ τὸν Εφραιμ, ὅτι εἶπαν Οἱ διασεσῳσμένοι[9] τοῦ Εφραιμ ὑμεῖς, Γαλααδ ἐν μέσῳ Εφραιμ καὶ ἐν μέσῳ Μανασση. **5** καὶ προκατελάβοντο[10] ἄνδρες Γαλααδ τὰς διαβάσεις[11] τοῦ Ιορδάνου τοῦ Εφραιμ, καὶ ἐγενήθη ὅτι εἶπαν οἱ διασεσῳσμένοι[12] τοῦ Εφραιμ Διαβῶμεν,[13] καὶ εἶπαν αὐτοῖς οἱ ἄνδρες Γαλααδ Μὴ ὑμεῖς ἐκ τοῦ Εφραιμ; καὶ εἶπαν Οὔκ ἐσμεν. **6** καὶ εἶπαν αὐτοῖς Εἴπατε δὴ[14] Σύνθημα·[15] καὶ οὐ κατηύθυναν[16] τοῦ λαλῆσαι οὕτως. καὶ ἐπελάβοντο[17] αὐτῶν καὶ ἔσφαξαν[18] αὐτοὺς ἐπὶ τὰς διαβάσεις[19] τοῦ Ιορδάνου, καὶ ἔπεσαν ἐξ Εφραιμ ἐν τῷ καιρῷ ἐκείνῳ δύο τεσσαράκοντα[20] χιλιάδες.[21]

7 Καὶ ἔκρινεν Ιεφθαε τὸν Ισραηλ ἓξ[22] ἔτη. καὶ ἀπέθανεν Ιεφθαε ὁ Γαλααδίτης καὶ ἐτάφη[23] ἐν τῇ πόλει αὐτοῦ Γαλααδ.

Ibzan, Elon, and Abdon

8 Καὶ ἔκρινεν μετ᾽ αὐτὸν τὸν Ισραηλ Εσεβων ἐκ Βαιθλεεμ. **9** καὶ ἐγένοντο αὐτῷ τριάκοντα[24] υἱοὶ καὶ τριάκοντα θυγατέρες[25] ἐξαπεσταλμέναι[26] ἔξω, καὶ τριάκοντα

1 ἐμπίμπρημι, *fut act ind 1p*, set on fire
2 ἀντιδικέω, *pres act ptc nom s m*, dispute
3 ταπεινόω, *impf act ind 3p*, bring down, humble
4 σφόδρα, greatly, exceedingly
5 βοάω, *aor act ind 1s*, cry out
6 διαβαίνω, *aor act ind 1s*, cross over
7 συναθροίζω, *aor act ind 3s*, gather
8 πατάσσω, *aor act ind 3p*, strike, slay
9 διασῴζω, *perf pas ptc nom p m*, bring safely, preserve
10 προκαταλαμβάνω, *aor mid ind 3p*, seize first, capture quickly
11 διάβασις, crossing place, ford
12 διασῴζω, *perf pas ptc nom p m*, bring safely, preserve
13 διαβαίνω, *aor act sub 1p*, pass over, cross over
14 δή, now, then
15 σύνθημα, token, sign, password
16 κατευθύνω, *aor act ind 3p*, succeed, keep straight
17 ἐπιλαμβάνω, *aor mid ind 3p*, take hold of
18 σφάζω, *aor act ind 3p*, slay, kill
19 διάβασις, crossing place, ford
20 τεσσαράκοντα, forty
21 χιλιάς, thousand
22 ἕξ, six
23 θάπτω, *aor pas ind 3s*, bury
24 τριάκοντα, thirty
25 θυγάτηρ, daughter
26 ἐξαποστέλλω, *perf pas ptc nom p f*, send away

B

Conflict with Ephraim

12 Καὶ ἐβόησεν[1] ἀνὴρ Εφραιμ καὶ παρῆλθαν[2] εἰς βορρᾶν[3] καὶ εἶπαν πρὸς Ιεφθαε Διὰ τί παρῆλθες[4] παρατάξασθαι[5] ἐν υἱοῖς Αμμων καὶ ἡμᾶς οὐ κέκληκας πορευθῆναι μετὰ σοῦ; τὸν οἶκόν σου ἐμπρήσομεν[6] ἐπὶ σὲ ἐν πυρί. **2** καὶ εἶπεν Ιεφθαε πρὸς αὐτούς Ἀνὴρ μαχητὴς[7] ἤμην ἐγὼ καὶ ὁ λαός μου καὶ οἱ υἱοὶ Αμμων σφόδρα·[8] καὶ ἐβόησα[9] ὑμᾶς, καὶ οὐκ ἐσώσατέ με ἐκ χειρὸς αὐτῶν. **3** καὶ εἶδον ὅτι οὐκ εἶ σωτήρ,[10] καὶ ἔθηκα τὴν ψυχήν μου ἐν χειρί μου καὶ παρῆλθον[11] πρὸς υἱοὺς Αμμων, καὶ ἔδωκεν αὐτοὺς κύριος ἐν χειρί μου· καὶ εἰς τί ἀνέβητε ἐπ᾽ ἐμὲ ἐν τῇ ἡμέρᾳ ταύτῃ παρατάξασθαι[12] ἐν ἐμοί; **4** καὶ συνέστρεψεν[13] Ιεφθαε τοὺς πάντας ἄνδρας Γαλααδ καὶ παρετάξατο[14] τῷ Εφραιμ, καὶ ἐπάταξαν[15] ἄνδρες Γαλααδ τὸν Εφραιμ, ὅτι εἶπαν Οἱ διασῳζόμενοι[16] τοῦ Εφραιμ ὑμεῖς, Γαλααδ ἐν μέσῳ τοῦ Εφραιμ καὶ ἐν μέσῳ τοῦ Μανασση. **5** καὶ προκατελάβετο[17] Γαλααδ τὰς διαβάσεις[18] τοῦ Ιορδάνου τοῦ Εφραιμ, καὶ εἶπαν αὐτοῖς οἱ διασῳζόμενοι[19] Εφραιμ Διαβῶμεν,[20] καὶ εἶπαν αὐτοῖς οἱ ἄνδρες Γαλααδ Μὴ Εφραθίτης εἶ; καὶ εἶπεν Οὔ. **6** καὶ εἶπαν αὐτῷ Εἰπὸν δὴ[21] Στάχυς·[22] καὶ οὐ κατεύθυνεν[23] τοῦ λαλῆσαι οὕτως. καὶ ἐπελάβοντο[24] αὐτοῦ καὶ ἔθυσαν[25] αὐτὸν πρὸς τὰς διαβάσεις[26] τοῦ Ιορδάνου, καὶ ἔπεσαν ἐν τῷ καιρῷ ἐκείνῳ ἀπὸ Εφραιμ τεσσαράκοντα[27] δύο χιλιάδες.[28]

7 Καὶ ἔκρινεν Ιεφθαε τὸν Ισραηλ ἑξήκοντα[29] ἔτη. καὶ ἀπέθανεν Ιεφθαε ὁ Γαλααδίτης καὶ ἐτάφη[30] ἐν πόλει αὐτοῦ ἐν Γαλααδ.

Ibzan, Elon, and Abdon

8 Καὶ ἔκρινεν μετ᾽ αὐτὸν τὸν Ισραηλ Αβαισαν ἀπὸ Βαιθλεεμ. **9** καὶ ἦσαν αὐτῷ τριάκοντα[31] υἱοὶ καὶ τριάκοντα θυγατέρες,[32] ἃς ἐξαπέστειλεν[33] ἔξω, καὶ τριάκοντα

1 βοάω, *aor act ind 3s*, cry out
2 παρέρχομαι, *aor act ind 3p*, pass through
3 βορρᾶς, north
4 παρέρχομαι, *aor act ind 2s*, pass through
5 παρατάσσω, *aor mid inf*, battle, fight
6 ἐμπίμπρημι, *fut act ind 1p*, set on fire
7 μαχητής, fighter, warrior
8 σφόδρα, greatly, exceedingly
9 βοάω, *aor act ind 1s*, cry out
10 σωτήρ, savior, deliverer
11 παρέρχομαι, *aor act ind 1s*, pass through
12 παρατάσσω, *aor mid inf*, battle, fight
13 συστρέφω, *aor act ind 3s*, gather, bring together
14 παρατάσσω, *aor mid ind 3s*, battle, fight
15 πατάσσω, *aor act ind 3p*, strike, slay
16 διασῴζω, *pres pas ptc nom p m*, bring safely, preserve
17 προκαταλαμβάνω, *aor mid ind 3s*, seize first, capture quickly
18 διάβασις, crossing place, ford
19 διασῴζω, *pres pas ptc nom p m*, bring safely, preserve
20 διαβαίνω, *aor act sub 1p*, pass over, cross over
21 δή, now, then
22 στάχυς, head (of grain)
23 κατευθύνω, *aor act ind 3s*, succeed, keep straight
24 ἐπιλαμβάνω, *aor mid ind 3p*, take hold of
25 θύω, *aor act ind 3p*, slaughter, slay
26 διάβασις, crossing place, ford
27 τεσσαράκοντα, forty
28 χιλιάς, thousand
29 ἑξήκοντα, sixty
30 θάπτω, *aor pas ind 3s*, bury
31 τριάκοντα, thirty
32 θυγάτηρ, daughter
33 ἐξαποστέλλω, *aor act ind 3s*, send away

γυναῖκας εἰσήγαγεν[1] τοῖς υἱοῖς αὐτοῦ ἔξωθεν.[2] καὶ ἔκρινεν τὸν Ισραηλ ἑπτὰ ἔτη. A
10 καὶ ἀπέθανεν Εσεβων καὶ ἐτάφη[3] ἐν Βηθλεεμ.

11 Καὶ ἔκρινεν μετ᾽ αὐτὸν τὸν Ισραηλ Αιλων ὁ Ζαβουλωνίτης. καὶ ἔκρινεν τὸν Ισραηλ δέκα[4] ἔτη. **12** καὶ ἀπέθανεν Αιλων ὁ Ζαβουλωνίτης ἐν Αιλιμ, καὶ ἔθαψαν[5] αὐτὸν ἐν γῇ Ζαβουλων.

13 Καὶ ἔκρινεν μετ᾽ αὐτὸν τὸν Ισραηλ Λαβδων υἱὸς Σελλημ ὁ Φρααθωνίτης. **14** καὶ ἐγένοντο αὐτῷ τεσσαράκοντα[6] υἱοὶ καὶ τριάκοντα[7] υἱοὶ τῶν υἱῶν αὐτοῦ ἐπιβεβηκότες[8] ἐπὶ ἑβδομήκοντα[9] πώλους.[10] καὶ ἔκρινεν τὸν Ισραηλ ὀκτὼ[11] ἔτη. **15** καὶ ἀπέθανεν Λαβδων υἱὸς Σελλημ ὁ Φρααθωνίτης καὶ ἐτάφη[12] ἐν Φρααθων ἐν γῇ Εφραιμ ἐν ὄρει Λανακ.

Samson's Birth

13 Καὶ προσέθεντο[13] οἱ υἱοὶ Ισραηλ ποιῆσαι τὸ πονηρὸν ἐναντίον[14] κυρίου, καὶ παρέδωκεν αὐτοὺς κύριος ἐν χειρὶ ἀλλοφύλων[15] τεσσαράκοντα[16] ἔτη.

2 Καὶ ἐγένετο ἀνὴρ ἐκ Σαραα ἐκ τῆς φυλῆς τοῦ Δαν, καὶ ὄνομα αὐτῷ Μανωε, καὶ ἡ γυνὴ αὐτοῦ στεῖρα[17] καὶ οὐκ ἔτικτεν.[18] **3** καὶ ὤφθη ἄγγελος κυρίου πρὸς τὴν γυναῖκα καὶ εἶπεν πρὸς αὐτήν Ἰδοὺ δὴ[19] σὺ στεῖρα[20] καὶ οὐ τέτοκας·[21] καὶ ἐν γαστρὶ[22] ἕξεις καὶ τέξῃ[23] υἱόν. **4** καὶ νῦν φύλαξαι καὶ μὴ πίῃς οἶνον καὶ σικερα[24] καὶ μὴ φάγῃς πᾶν ἀκάθαρτον· **5** ὅτι ἰδοὺ σὺ ἐν γαστρὶ[25] ἕξεις καὶ τέξῃ[26] υἱόν, καὶ οὐκ ἀναβήσεται σίδηρος[27] ἐπὶ τὴν κεφαλὴν αὐτοῦ, ὅτι ἡγιασμένον[28] ναζιραῖον[29] ἔσται τῷ θεῷ τὸ παιδάριον[30] ἐκ τῆς γαστρός,[31] καὶ αὐτὸς ἄρξεται σῴζειν τὸν Ισραηλ ἐκ χειρὸς ἀλλοφύλων.[32] **6** καὶ ἦλθεν ἡ γυνὴ καὶ εἶπεν τῷ ἀνδρὶ αὐτῆς λέγουσα ὅτι Ἄνθρωπος τοῦ θεοῦ ἦλθεν πρός με, καὶ ἡ ὅρασις[33] αὐτοῦ ὡς ὅρασις ἀγγέλου τοῦ θεοῦ ἐπιφανὴς[34] σφόδρα·[35] καὶ ἠρώτων,[36] πόθεν[37] ἐστίν, καὶ τὸ ὄνομα αὐτοῦ οὐκ

1 εἰσάγω, *aor act ind 3s*, bring in
2 ἔξωθεν, from outside
3 θάπτω, *aor pas ind 3s*, bury
4 δέκα, ten
5 θάπτω, *aor act ind 3p*, bury
6 τεσσαράκοντα, forty
7 τριάκοντα, thirty
8 ἐπιβαίνω, *perf act ptc nom p m*, mount upon, ride on
9 ἑβδομήκοντα, seventy
10 πῶλος, colt of a horse, foal of a donkey
11 ὀκτώ, eight
12 θάπτω, *aor pas ind 3s*, bury
13 προστίθημι, *aor mid ind 3p*, continue
14 ἐναντίον, before
15 ἀλλόφυλος, foreign, (Philistine)
16 τεσσαράκοντα, forty
17 στεῖρα, barren
18 τίκτω, *impf act ind 3s*, bear a child
19 δή, now
20 στεῖρα, barren
21 τίκτω, *perf act ind 2s*, bear a child
22 γαστήρ, womb
23 τίκτω, *fut mid ind 2s*, give birth
24 σικερα, fermented drink, *translit.*
25 γαστήρ, womb
26 τίκτω, *fut mid ind 2s*, give birth
27 σίδηρος, iron blade, razor
28 ἁγιάζω, *perf pas ptc nom s n*, consecrate, sanctify
29 ναζιραῖος, Nazirite, *Heb. LW*
30 παιδάριον, little boy
31 γαστήρ, womb
32 ἀλλόφυλος, foreign, (Philistine)
33 ὅρασις, appearance
34 ἐπιφανής, distinguished, remarkable
35 σφόδρα, exceedingly
36 ἐρωτάω, *impf act ind 1s*, ask
37 πόθεν, from where

B θυγατέρας εἰσήνεγκεν[1] τοῖς υἱοῖς αὐτοῦ ἔξωθεν.[2] καὶ ἔκρινεν τὸν Ισραηλ ἑπτὰ ἔτη.
10 καὶ ἀπέθανεν Αβαισαν καὶ ἐτάφη[3] ἐν Βαιθλεεμ.

11 Καὶ ἔκρινεν μετ᾽ αὐτὸν τὸν Ισραηλ Αιλωμ ὁ Ζαβουλωνίτης δέκα[4] ἔτη. **12** καὶ
ἀπέθανεν Αιλωμ ὁ Ζαβουλωνίτης καὶ ἐτάφη[5] ἐν Αιλωμ ἐν γῇ Ζαβουλων.

13 Καὶ ἔκρινεν μετ᾽ αὐτὸν τὸν Ισραηλ Αβδων υἱὸς Ελληλ ὁ Φαραθωνίτης. **14** καὶ ἦσαν
αὐτῷ τεσσαράκοντα[6] υἱοὶ καὶ τριάκοντα[7] υἱῶν υἱοὶ ἐπιβαίνοντες[8] ἐπὶ ἑβδομήκοντα[9]
πώλους.[10] καὶ ἔκρινεν τὸν Ισραηλ ὀκτὼ[11] ἔτη. **15** καὶ ἀπέθανεν Αβδων υἱὸς Ελληλ ὁ
Φαραθωνίτης καὶ ἐτάφη[12] ἐν Φαραθωμ ἐν γῇ Εφραιμ ἐν ὄρει τοῦ Αμαληκ.

Samson's Birth

13 Καὶ προσέθηκαν[13] οἱ υἱοὶ Ισραηλ ποιῆσαι τὸ πονηρὸν ἐνώπιον κυρίου, καὶ
παρέδωκεν αὐτοὺς κύριος ἐν χειρὶ Φυλιστιιμ τεσσαράκοντα[14] ἔτη.

2 Καὶ ἦν ἀνὴρ εἷς ἀπὸ Σαραα ἀπὸ δήμου[15] συγγενείας[16] τοῦ Δανι, καὶ ὄνομα αὐτῷ
Μανωε, καὶ γυνὴ αὐτῷ στεῖρα[17] καὶ οὐκ ἔτεκεν.[18] **3** καὶ ὤφθη ἄγγελος κυρίου πρὸς
τὴν γυναῖκα καὶ εἶπεν πρὸς αὐτήν Ἰδοὺ σὺ στεῖρα[19] καὶ οὐ τέτοκας·[20] καὶ συλ-
λήμψῃ[21] υἱόν. **4** καὶ νῦν φύλαξαι δὴ[22] καὶ μὴ πίῃς οἶνον καὶ μέθυσμα[23] καὶ μὴ φάγῃς
πᾶν ἀκάθαρτον· **5** ὅτι ἰδοὺ σὺ ἐν γαστρὶ[24] ἔχεις καὶ τέξῃ[25] υἱόν, καὶ σίδηρος[26] οὐκ
ἀναβήσεται ἐπὶ τὴν κεφαλὴν αὐτοῦ, ὅτι ναζιρ[27] θεοῦ ἔσται τὸ παιδάριον[28] ἀπὸ
τῆς κοιλίας,[29] καὶ αὐτὸς ἄρξεται τοῦ σῶσαι τὸν Ισραηλ ἐκ χειρὸς Φυλιστιιμ. **6** καὶ
εἰσῆλθεν ἡ γυνὴ καὶ εἶπεν τῷ ἀνδρὶ αὐτῆς λέγουσα Ἄνθρωπος θεοῦ ἦλθεν πρός με,
καὶ εἶδος[30] αὐτοῦ ὡς εἶδος ἀγγέλου θεοῦ φοβερὸν[31] σφόδρα·[32] καὶ οὐκ ἠρώτησα[33]
αὐτόν, πόθεν[34] ἐστίν, καὶ τὸ ὄνομα αὐτοῦ οὐκ ἀπήγγειλέν μοι. **7** καὶ εἶπέν μοι Ἰδοὺ

1 εἰσφέρω, *aor act ind 3s*, bring in
2 ἔξωθεν, from outside
3 θάπτω, *aor pas ind 3s*, bury
4 δέκα, ten
5 θάπτω, *aor pas ind 3s*, bury
6 τεσσαράκοντα, forty
7 τριάκοντα, thirty
8 ἐπιβαίνω, *pres act ptc nom p m*, mount upon, ride on
9 ἑβδομήκοντα, seventy
10 πῶλος, colt of a horse, foal of a donkey
11 ὀκτώ, eight
12 θάπτω, *aor pas ind 3s*, bury
13 προστίθημι, *aor act ind 3p*, continue
14 τεσσαράκοντα, forty
15 δῆμος, district, multitude
16 συγγένεια, kinfolk, family
17 στεῖρα, barren
18 τίκτω, *aor act ind 3s*, bear a child
19 στεῖρα, barren
20 τίκτω, *perf act ind 2s*, bear a child
21 συλλαμβάνω, *fut mid ind 2s*, conceive
22 δή, now, then
23 μέθυσμα, intoxicating drink
24 γαστήρ, womb
25 τίκτω, *fut mid ind 2s*, give birth
26 σίδηρος, iron blade, razor
27 ναζιρ, Nazirite, *Heb. LW*
28 παιδάριον, little boy
29 κοιλία, womb
30 εἶδος, appearance, form
31 φοβερός, fearful, terrible
32 σφόδρα, exceedingly
33 ἐρωτάω, *aor act ind 1s*, ask
34 πόθεν, from where

A

ἀπήγγειλέν μοι. **7** καὶ εἶπέν μοι Ἰδοὺ σὺ ἐν γαστρὶ[1] ἕξεις καὶ τέξῃ[2] υἱόν· καὶ νῦν μὴ πίῃς οἶνον καὶ σικερα[3] καὶ μὴ φάγῃς πᾶσαν ἀκαθαρσίαν,[4] ὅτι ναζιραῖον[5] θεοῦ ἔσται τὸ παιδάριον[6] ἀπὸ τῆς γαστρὸς ἕως ἡμέρας θανάτου αὐτοῦ.

8 καὶ ἐδεήθη[7] Μανωε τοῦ κυρίου καὶ εἶπεν Ἐν ἐμοί, κύριε, ἄνθρωπος τοῦ θεοῦ, ὃν ἀπέστειλας πρὸς ἡμᾶς, ἐλθέτω δὴ[8] πρὸς ἡμᾶς καὶ φωτισάτω[9] ἡμᾶς τί ποιήσωμεν τῷ παιδαρίῳ[10] τῷ τικτομένῳ.[11] **9** καὶ ἐπήκουσεν[12] ὁ θεὸς τῆς φωνῆς Μανωε, καὶ παρεγένετο ὁ ἄγγελος τοῦ θεοῦ ἔτι πρὸς τὴν γυναῖκα αὐτῆς καθημένης ἐν τῷ ἀγρῷ, καὶ Μανωε ὁ ἀνὴρ αὐτῆς οὐκ ἦν μετ᾽ αὐτῆς. **10** καὶ ἐτάχυνεν[13] ἡ γυνὴ καὶ ἐξέδραμεν[14] καὶ ἀπήγγειλεν τῷ ἀνδρὶ αὐτῆς καὶ εἶπεν πρὸς αὐτόν Ἰδοὺ ὦπταί[15] μοι ὁ ἀνὴρ ὁ ἐλθὼν πρός με τῇ ἡμέρᾳ ἐκείνῃ. **11** καὶ ἀνέστη Μανωε καὶ ἐπορεύθη ὀπίσω τῆς γυναικὸς αὐτοῦ πρὸς τὸν ἄνδρα καὶ εἶπεν αὐτῷ Εἰ σὺ εἶ ὁ ἀνὴρ ὁ λαλήσας πρὸς τὴν γυναῖκα; καὶ εἶπεν ὁ ἄγγελος Ἐγώ. **12** καὶ εἶπεν Μανωε Νῦν δὴ[16] ἐλθόντος τοῦ ῥήματός σου τί ἔσται τὸ κρίμα[17] τοῦ παιδαρίου[18] καὶ τὰ ἔργα αὐτοῦ; **13** καὶ εἶπεν ὁ ἄγγελος κυρίου πρὸς Μανωε Ἀπὸ πάντων, ὧν εἶπα πρὸς τὴν γυναῖκα, φυλαξάσθω· **14** ἀπὸ πάντων, ὅσα ἐκπορεύεται ἐξ ἀμπέλου,[19] οὐ φάγεται καὶ οἶνον καὶ σικερα[20] μὴ πιέτω καὶ πᾶν ἀκάθαρτον μὴ φαγέτω· πάντα, ὅσα ἐνετειλάμην[21] αὐτῇ, φυλαξάσθω.

15 καὶ εἶπεν Μανωε πρὸς τὸν ἄγγελον κυρίου Βιασώμεθα[22] δή[23] σε καὶ ποιήσομεν ἐνώπιόν σου ἔριφον[24] αἰγῶν.[25] **16** καὶ εἶπεν ὁ ἄγγελος κυρίου πρὸς Μανωε Ἐὰν βιάσῃ[26] με, οὐ φάγομαι τῶν ἄρτων σου, καὶ ἐὰν ποιήσῃς ὁλοκαύτωμα,[27] κυρίῳ ἀνοίσεις[28] αὐτό· ὅτι οὐκ ἔγνω Μανωε ὅτι ἄγγελος κυρίου ἐστίν. **17** καὶ εἶπεν Μανωε πρὸς τὸν ἄγγελον κυρίου Τί ὄνομά σοι, ἵνα, ὅταν ἔλθῃ τὸ ῥῆμά σου, δοξάσωμέν σε; **18** καὶ εἶπεν αὐτῷ ὁ ἄγγελος κυρίου Ἵνα τί τοῦτο ἐρωτᾷς[29] τὸ ὄνομά μου; καὶ αὐτό ἐστιν θαυμαστόν.[30] **19** καὶ ἔλαβεν Μανωε τὸν ἔριφον[31] τῶν αἰγῶν[32] καὶ τὴν θυσίαν[33] καὶ ἀνήνεγκεν[34] ἐπὶ τὴν πέτραν[35] τῷ κυρίῳ, τῷ θαυμαστὰ[36] ποιοῦντι κυρίῳ·

1 γαστήρ, womb
2 τίκτω, *fut mid ind 2s*, give birth
3 σικερα, fermented drink, *translit.*
4 ἀκαθαρσία, impurity
5 ναζιραῖος, Nazirite, *Heb. LW*
6 παιδάριον, little boy
7 δέομαι, *aor pas ind 3s*, beg, beseech
8 δή, now
9 φωτίζω, *aor act impv 3s*, enlighten, instruct
10 παιδάριον, little boy
11 τίκτω, *pres pas ptc dat s n*, give birth
12 ἐπακούω, *aor act ind 3s*, listen to, hear
13 ταχύνω, *aor act ind 3s*, hasten
14 ἐκτρέχω, *aor act ind 3s*, run off
15 ὁράω, *perf pas ind 3s*, see
16 δή, then
17 κρίμα, decision, resolution
18 παιδάριον, little boy
19 ἄμπελος, vine, vineyard
20 σικερα, fermented drink, *translit.*
21 ἐντέλλομαι, *aor mid ind 1s*, command, order
22 βιάζομαι, *aor mid sub 1p*, urge, constrain
23 δή, now, then
24 ἔριφος, kid
25 αἴξ, goat
26 βιάζομαι, *aor mid sub 3s*, urge, constrain
27 ὁλοκαύτωμα, whole burnt offering
28 ἀναφέρω, *fut act ind 2s*, offer up
29 ἐρωτάω, *pres act ind 2s*, ask
30 θαυμαστός, marvelous, astonishing
31 ἔριφος, kid
32 αἴξ, goat
33 θυσία, sacrifice
34 ἀναφέρω, *aor act ind 3s*, offer up
35 πέτρα, rock
36 θαυμαστός, marvelous, astonishing

B σὺ ἐν γαστρὶ[1] ἔχεις καὶ τέξῃ[2] υἱόν· καὶ νῦν μὴ πίῃς οἶνον καὶ μέθυσμα[3] καὶ μὴ φάγῃς πᾶν ἀκάθαρτον, ὅτι ἅγιον θεοῦ ἔσται τὸ παιδάριον[4] ἀπὸ γαστρὸς[5] ἕως ἡμέρας θανάτου αὐτοῦ.

8 καὶ προσηύξατο Μανωε πρὸς κύριον καὶ εἶπεν Ἐν ἐμοί, κύριε Αδωναιε,[6] τὸν ἄνθρωπον τοῦ θεοῦ, ὃν ἀπέστειλας, ἐλθέτω δὴ[7] ἔτι πρὸς ἡμᾶς καὶ συμβιβασάτω[8] ἡμᾶς τί ποιήσωμεν τῷ παιδίῳ τῷ τικτομένῳ.[9] **9** καὶ εἰσήκουσεν[10] ὁ θεὸς τῆς φωνῆς Μανωε, καὶ ἦλθεν ὁ ἄγγελος τοῦ θεοῦ ἔτι πρὸς τὴν γυναῖκα, καὶ αὕτη ἐκάθητο ἐν ἀγρῷ, καὶ Μανωε ὁ ἀνὴρ αὐτῆς οὐκ ἦν μετ᾽ αὐτῆς. **10** καὶ ἐτάχυνεν[11] ἡ γυνὴ καὶ ἔδραμεν[12] καὶ ἀνήγγειλεν[13] τῷ ἀνδρὶ αὐτῆς καὶ εἶπεν πρὸς αὐτόν Ἰδοὺ ὦπται πρός με ὁ ἀνήρ, ὃς ἦλθεν ἐν ἡμέρᾳ πρός με. **11** καὶ ἀνέστη καὶ ἐπορεύθη Μανωε ὀπίσω τῆς γυναικὸς αὐτοῦ καὶ ἦλθεν πρὸς τὸν ἄνδρα καὶ εἶπεν αὐτῷ Εἰ σὺ εἶ ὁ ἀνὴρ ὁ λαλήσας πρὸς τὴν γυναῖκα; καὶ εἶπεν ὁ ἄγγελος Ἐγώ. **12** καὶ εἶπεν Μανωε Νῦν ἐλεύσεται ὁ λόγος σου· τίς ἔσται κρίσις τοῦ παιδίου καὶ τὰ ποιήματα[14] αὐτοῦ; **13** καὶ εἶπεν ὁ ἄγγελος κυρίου πρὸς Μανωε Ἀπὸ πάντων, ὧν εἴρηκα πρὸς τὴν γυναῖκα, φυλάξεται· **14** ἀπὸ παντός, ὃ ἐκπορεύεται ἐξ ἀμπέλου[15] τοῦ οἴνου, οὐ φάγεται καὶ οἶνον καὶ σικερα[16] μέθυσμα[17] μὴ πιέτω καὶ πᾶν ἀκάθαρτον μὴ φαγέτω· πάντα, ὅσα ἐνετειλάμην[18] αὐτῇ, φυλάξεται.

15 καὶ εἶπεν Μανωε πρὸς τὸν ἄγγελον κυρίου Κατάσχωμεν[19] ὧδέ[20] σε καὶ ποιήσωμεν ἐνώπιόν σου ἔριφον[21] αἰγῶν.[22] **16** καὶ εἶπεν ὁ ἄγγελος κυρίου πρὸς Μανωε Ἐὰν κατάσχῃς[23] με, οὐ φάγομαι ἀπὸ τῶν ἄρτων σου, καὶ ἐὰν ποιήσῃς ὁλοκαύτωμα,[24] τῷ κυρίῳ ἀνοίσεις[25] αὐτό· ὅτι οὐκ ἔγνω Μανωε ὅτι ἄγγελος κυρίου αὐτός. **17** καὶ εἶπεν Μανωε πρὸς τὸν ἄγγελον κυρίου Τί τὸ ὄνομά σοι; ὅτι ἔλθοι[26] τὸ ῥῆμά σου, καὶ δοξάσομέν σε. **18** καὶ εἶπεν αὐτῷ ὁ ἄγγελος κυρίου Εἰς τί τοῦτο ἐρωτᾷς[27] τὸ ὄνομά μου; καὶ αὐτό ἐστιν θαυμαστόν.[28] **19** καὶ ἔλαβεν Μανωε τὸν ἔριφον[29] τῶν αἰγῶν[30] καὶ τὴν θυσίαν[31] καὶ ἀνήνεγκεν[32] ἐπὶ τὴν πέτραν[33] τῷ κυρίῳ· καὶ διεχώρισεν[34]

1 γαστήρ, womb
2 τίκτω, *fut mid ind 2s*, give birth
3 μέθυσμα, intoxicating drink
4 παιδάριον, little boy
5 γαστήρ, womb
6 Αδωναιε, Lord, *translit.*
7 δή, now, then
8 συμβιβάζω, *aor act impv 3s*, teach, advise
9 τίκτω, *pres pas ptc dat s n*, give birth
10 εἰσακούω, *aor act ind 3s*, listen to
11 ταχύνω, *aor act ind 3s*, hasten
12 τρέχω, *aor act ind 3s*, run
13 ἀναγγέλλω, *aor act ind 3s*, report, tell
14 ποίημα, work
15 ἄμπελος, vine, vineyard
16 σικερα, fermented drink, *translit.*
17 μέθυσμα, intoxicating drink
18 ἐντέλλομαι, *aor mid ind 1s*, command, order
19 κατέχω, *aor act sub 1p*, withhold, hold back
20 ὧδε, here
21 ἔριφος, kid
22 αἴξ, goat
23 κατέχω, *aor act sub 2s*, withhold, hold back
24 ὁλοκαύτωμα, whole burnt offering
25 ἀναφέρω, *fut act ind 2s*, offer up
26 ἔρχομαι, *aor act opt 3s*, come about
27 ἐρωτάω, *pres act ind 2s*, ask
28 θαυμαστός, marvelous, astonishing
29 ἔριφος, kid
30 αἴξ, goat
31 θυσία, sacrifice
32 ἀναφέρω, *aor act ind 3s*, offer up
33 πέτρα, rock
34 διαχωρίζω, *aor act ind 3s*, distinguish, separate

καὶ Μανωε καὶ ἡ γυνὴ αὐτοῦ ἐθεώρουν.[1] **20** καὶ ἐγένετο ἐν τῷ ἀναβῆναι τὴν φλόγα[2] A
ἐπάνωθεν[3] τοῦ θυσιαστηρίου[4] εἰς τὸν οὐρανὸν καὶ ἀνέβη ὁ ἄγγελος κυρίου ἐν τῇ
φλογί, καὶ Μανωε καὶ ἡ γυνὴ αὐτοῦ ἐθεώρουν[5] καὶ ἔπεσον ἐπὶ πρόσωπον αὐτῶν
ἐπὶ τὴν γῆν.

21 καὶ οὐ προσέθηκεν[6] ἔτι ὁ ἄγγελος κυρίου ὀφθῆναι πρὸς Μανωε καὶ πρὸς τὴν
γυναῖκα αὐτοῦ· τότε ἔγνω Μανωε ὅτι ἄγγελος κυρίου ἐστίν. **22** καὶ εἶπεν Μανωε
πρὸς τὴν γυναῖκα αὐτοῦ Θανάτῳ ἀποθανούμεθα, ὅτι θεὸν ἑωράκαμεν. **23** καὶ
εἶπεν αὐτῷ ἡ γυνὴ αὐτοῦ Εἰ ἐβούλετο κύριος θανατῶσαι[7] ἡμᾶς, οὐκ ἂν ἐδέξατο[8]
ἐκ τῶν χειρῶν ἡμῶν ὁλοκαύτωμα[9] καὶ θυσίαν[10] καὶ οὐκ ἂν ἐφώτισεν[11] ἡμᾶς πάντα
ταῦτα καὶ οὐκ ἂν ἀκουστὰ[12] ἐποίησεν ἡμῖν ταῦτα. **24** Καὶ ἔτεκεν[13] ἡ γυνὴ υἱὸν καὶ
ἐκάλεσεν τὸ ὄνομα αὐτοῦ Σαμψων· καὶ ηὐλόγησεν αὐτὸν κύριος, καὶ ηὐξήθη[14] τὸ
παιδάριον.[15] **25** καὶ ἤρξατο πνεῦμα κυρίου συμπορεύεσθαι[16] αὐτῷ ἐν παρεμβολῇ[17]
Δαν ἀνὰ μέσον[18] Σαραα καὶ ἀνὰ μέσον Εσθαολ.

Samson's Marriage

14 Καὶ κατέβη Σαμψων εἰς Θαμναθα καὶ εἶδεν γυναῖκα ἐν Θαμναθα ἐκ τῶν
θυγατέρων[19] τῶν ἀλλοφύλων[20] καὶ ἤρεσεν[21] ἐνώπιον αὐτοῦ. **2** καὶ ἀνέβη
καὶ ἀπήγγειλεν τῷ πατρὶ αὐτοῦ καὶ τῇ μητρὶ αὐτοῦ καὶ εἶπεν Γυναῖκα ἑώρακα ἐν
Θαμναθα ἀπὸ τῶν θυγατέρων[22] τῶν ἀλλοφύλων,[23] καὶ νῦν λάβετέ μοι αὐτὴν εἰς
γυναῖκα. **3** καὶ εἶπεν αὐτῷ ὁ πατὴρ αὐτοῦ καὶ ἡ μήτηρ αὐτοῦ Μὴ οὐκ ἔστιν ἀπὸ
τῶν θυγατέρων[24] τῶν ἀδελφῶν σου καὶ ἐν παντὶ τῷ λαῷ μου γυνή, ὅτι σὺ πορεύῃ
λαβεῖν γυναῖκα ἐκ τῶν ἀλλοφύλων[25] τῶν ἀπεριτμήτων;[26] καὶ εἶπεν Σαμψων πρὸς
τὸν πατέρα αὐτοῦ Ταύτην λαβέ μοι, ὅτι ἤρεσεν[27] ἐν ὀφθαλμοῖς μου.

4 καὶ ὁ πατὴρ αὐτοῦ καὶ ἡ μήτηρ αὐτοῦ οὐκ ἔγνωσαν ὅτι παρὰ κυρίου ἐστίν,
ὅτι ἀνταπόδομα[28] αὐτὸς ἐκζητεῖ[29] ἐκ τῶν ἀλλοφύλων·[30] καὶ ἐν τῷ καιρῷ ἐκείνῳ
ἀλλόφυλοι ἐκυρίευον[31] τῶν υἱῶν Ισραηλ.

1 θεωρέω, *impf act ind 3p*, observe, watch
2 φλόξ, flame
3 ἐπάνωθεν, on top
4 θυσιαστήριον, altar
5 θεωρέω, *impf act ind 3p*, observe, watch
6 προστίθημι, *aor act ind 3s*, continue
7 θανατόω, *aor act inf*, kill, destroy
8 δέχομαι, *aor mid ind 3s*, receive, accept
9 ὁλοκαύτωμα, whole burnt offering
10 θυσία, sacrifice
11 φωτίζω, *aor act ind 3s*, illuminate, clarify
12 ἀκουστός, heard, audible
13 τίκτω, *aor act ind 3s*, give birth
14 αὐξάνω, *aor pas ind 3s*, grow
15 παιδάριον, little boy
16 συμπορεύομαι, *pres mid inf*, go with, accompany
17 παρεμβολή, camp
18 ἀνὰ μέσον, between
19 θυγάτηρ, daughter
20 ἀλλόφυλος, foreign, (Philistine)
21 ἀρέσκω, *aor act ind 3s*, win favor, please
22 θυγάτηρ, daughter
23 ἀλλόφυλος, foreign, (Philistine)
24 θυγάτηρ, daughter
25 ἀλλόφυλος, foreign, (Philistine)
26 ἀπερίτμητος, uncircumcised
27 ἀρέσκω, *aor act ind 3s*, win favor, please
28 ἀνταπόδομα, recompense, repayment
29 ἐκζητέω, *pres act ind 3s*, seek out, search for
30 ἀλλόφυλος, foreign, (Philistine)
31 κυριεύω, *impf act ind 3p*, control, rule

B ποιῆσαι, καὶ Μανωε καὶ ἡ γυνὴ αὐτοῦ βλέποντες. **20** καὶ ἐγένετο ἐν τῷ ἀναβῆναι
τὴν φλόγα[1] ἐπάνω τοῦ θυσιαστηρίου[2] ἕως τοῦ οὐρανοῦ καὶ ἀνέβη ὁ ἄγγελος κυρίου
ἐν τῇ φλογὶ τοῦ θυσιαστηρίου, καὶ Μανωε καὶ ἡ γυνὴ αὐτοῦ βλέποντες καὶ ἔπεσαν
ἐπὶ πρόσωπον αὐτῶν ἐπὶ τὴν γῆν.

21 καὶ οὐ προσέθηκεν[3] ἔτι ὁ ἄγγελος κυρίου ὀφθῆναι πρὸς Μανωε καὶ πρὸς τὴν
γυναῖκα αὐτοῦ· τότε ἔγνω Μανωε ὅτι ἄγγελος κυρίου οὗτος. **22** καὶ εἶπεν Μανωε
πρὸς τὴν γυναῖκα αὐτοῦ Θανάτῳ ἀποθανούμεθα, ὅτι θεὸν εἴδομεν. **23** καὶ εἶπεν
αὐτῷ ἡ γυνὴ αὐτοῦ Εἰ ἤθελεν ὁ κύριος θανατῶσαι[4] ἡμᾶς, οὐκ ἂν ἔλαβεν ἐκ χειρὸς
ἡμῶν ὁλοκαύτωμα[5] καὶ θυσίαν[6] καὶ οὐκ ἂν ἔδειξεν ἡμῖν ταῦτα πάντα καὶ καθὼς
καιρὸς οὐκ ἂν ἠκούτισεν[7] ἡμᾶς ταῦτα. **24** Καὶ ἔτεκεν[8] ἡ γυνὴ υἱὸν καὶ ἐκάλεσεν τὸ
ὄνομα αὐτοῦ Σαμψων· καὶ ηδρύνθη[9] τὸ παιδάριον,[10] καὶ εὐλόγησεν αὐτὸ κύριος.
25 καὶ ἤρξατο πνεῦμα κυρίου συνεκπορεύεσθαι[11] αὐτῷ ἐν παρεμβολῇ[12] Δαν καὶ ἀνὰ
μέσον[13] Σαραα καὶ ἀνὰ μέσον Εσθαολ.

Samson's Marriage

14 Καὶ κατέβη Σαμψων εἰς Θαμναθα καὶ εἶδεν γυναῖκα εἰς Θαμναθα ἀπὸ τῶν
θυγατέρων[14] τῶν ἀλλοφύλων.[15] **2** καὶ ἀνέβη καὶ ἀπήγγειλεν τῷ πατρὶ αὐτοῦ
καὶ τῇ μητρὶ αὐτοῦ καὶ εἶπεν Γυναῖκα ἑόρακα ἐν Θαμναθα ἀπὸ τῶν θυγατέρων[16]
Φυλιστιμ, καὶ νῦν λάβετε αὐτὴν ἐμοὶ εἰς γυναῖκα. **3** καὶ εἶπεν αὐτῷ ὁ πατὴρ αὐτοῦ
καὶ ἡ μήτηρ αὐτοῦ Μὴ οὐκ εἰσιν θυγατέρες[17] τῶν ἀδελφῶν σου καὶ ἐκ παντὸς
τοῦ λαοῦ μου γυνή, ὅτι σὺ πορεύῃ λαβεῖν γυναῖκα ἀπὸ τῶν ἀλλοφύλων[18] τῶν
ἀπεριτμήτων;[19] καὶ εἶπεν Σαμψων πρὸς τὸν πατέρα αὐτοῦ Ταύτην λαβέ μοι, ὅτι
αὕτη εὐθεῖα[20] ἐν ὀφθαλμοῖς μου.

4 καὶ ὁ πατὴρ αὐτοῦ καὶ ἡ μήτηρ αὐτοῦ οὐκ ἔγνωσαν ὅτι παρὰ κυρίου ἐστίν, ὅτι
ἐκδίκησιν[21] αὐτὸς ζητεῖ ἐκ τῶν ἀλλοφύλων·[22] καὶ ἐν τῷ καιρῷ ἐκείνῳ οἱ ἀλλόφυλοι
κυριεύοντες[23] ἐν Ισραηλ.

1 φλόξ, flame
2 θυσιαστήριον, altar
3 προστίθημι, *aor act ind 3s*, continue
4 θανατόω, *aor act inf*, kill, destroy
5 ὁλοκαύτωμα, whole burnt offering
6 θυσία, sacrifice
7 ἀκουτίζω, *aor act ind 3s*, cause to hear
8 τίκτω, *aor act ind 3s*, give birth
9 ἁδρύνω, *aor pas ind 3s*, grow, cause to mature
10 παιδάριον, little boy
11 συνεκπορεύομαι, *pres mid inf*, go with, accompany
12 παρεμβολή, camp
13 ἀνὰ μέσον, between
14 θυγάτηρ, daughter
15 ἀλλόφυλος, foreign, (Philistine)
16 θυγάτηρ, daughter
17 θυγάτηρ, daughter
18 ἀλλόφυλος, foreign, (Philistine)
19 ἀπερίτμητος, uncircumcised
20 εὐθύς, proper, right
21 ἐκδίκησις, vengeance
22 ἀλλόφυλος, foreign, (Philistine)
23 κυριεύω, *pres act ptc nom p m*, control, rule

A

5 καὶ κατέβη Σαμψων καὶ ὁ πατὴρ αὐτοῦ καὶ ἡ μήτηρ αὐτοῦ εἰς Θαμναθα. καὶ
ἐξέκλινεν[1] εἰς ἀμπελῶνα[2] Θαμναθα, καὶ ἰδοὺ σκύμνος[3] λεόντων[4] ὠρυόμενος[5] εἰς
ἀπάντησιν[6] αὐτοῦ· **6** καὶ κατηύθυνεν[7] ἐπ' αὐτὸν πνεῦμα κυρίου, καὶ διέσπασεν[8]
αὐτόν, ὡσεὶ[9] διασπάσαι[10] ἔριφον[11] αἰγῶν,[12] καὶ οὐδὲν ἦν ἐν τῇ χειρὶ αὐτοῦ. καὶ
οὐκ ἀπήγγειλεν τῷ πατρὶ αὐτοῦ οὐδὲ τῇ μητρὶ ἃ ἐποίησεν. **7** καὶ κατέβησαν καὶ
ἐλάλησαν τῇ γυναικί, καὶ ἤρεσεν[13] ἐνώπιον Σαμψων.

8 καὶ ἐπέστρεψεν μεθ' ἡμέρας λαβεῖν αὐτὴν καὶ ἐξέκλινεν[14] ἰδεῖν τὸ πτῶμα[15] τοῦ
λέοντος,[16] καὶ ἰδοὺ συστροφὴ[17] μελισσῶν[18] ἐν τῷ στόματι τοῦ λέοντος καὶ μέλι[19] ἦν.
9 καὶ ἐξεῖλεν[20] αὐτὸ εἰς τὸ στόμα αὐτοῦ καὶ ἐπορεύθη πορευόμενος καὶ ἔσθων·[21] καὶ
ἐπορεύθη πρὸς τὸν πατέρα αὐτοῦ καὶ πρὸς τὴν μητέρα αὐτοῦ καὶ ἔδωκεν αὐτοῖς,
καὶ ἔφαγον· καὶ οὐκ ἀπήγγειλεν αὐτοῖς ὅτι ἐκ τῆς ἕξεως[22] τοῦ λέοντος[23] ἐξεῖλεν[24]
τὸ μέλι.[25]

10 καὶ κατέβη ὁ πατὴρ αὐτοῦ πρὸς τὴν γυναῖκα· καὶ ἐποίησεν ἐκεῖ Σαμψων πότον[26]
ἡμέρας ἑπτά, ὅτι οὕτως ἐποίουν οἱ νεανίσκοι.[27] **11** καὶ ἐγένετο ἐν τῷ φοβεῖσθαι
αὐτοὺς αὐτὸν προσκατέστησαν[28] αὐτῷ ἑταίρους[29] τριάκοντα,[30] καὶ ἦσαν μετ' αὐτοῦ.
12 καὶ εἶπεν αὐτοῖς Σαμψων Προβαλῶ[31] ὑμῖν πρόβλημα,[32] καὶ ἐὰν ἀπαγγείλητέ μοι
τὸ πρόβλημα ἐν ταῖς ἑπτὰ ἡμέραις τοῦ πότου,[33] δώσω ὑμῖν τριάκοντα[34] σινδόνας[35]
καὶ τριάκοντα στολάς·[36] **13** καὶ ἐὰν μὴ δυνασθῆτε ἀπαγγεῖλαί μοι, καὶ δώσετε
ὑμεῖς ἐμοὶ τριάκοντα[37] σινδόνας[38] καὶ τριάκοντα στολὰς[39] ἱματίων. καὶ εἶπαν αὐτῷ
Προβαλοῦ[40] τὸ πρόβλημά[41] σου, καὶ ἀκουσόμεθα αὐτοῦ. **14** καὶ εἶπεν αὐτοῖς

1 ἐκκλίνω, *aor act ind 3s*, turn aside
2 ἀμπελών, vineyard
3 σκύμνος, cub
4 λέων, lion
5 ὠρύομαι, *pres mid ptc nom s m*, roar
6 ἀπάντησις, meeting
7 κατευθύνω, *aor act ind 3s*, guide, lead toward
8 διασπάω, *aor act ind 3s*, tear apart
9 ὡσεί, as
10 διασπάω, *aor act inf*, tear apart
11 ἔριφος, kid
12 αἴξ, goat
13 ἀρέσκω, *aor act ind 3s*, win favor, please
14 ἐκκλίνω, *aor act ind 3s*, turn aside
15 πτῶμα, carcass
16 λέων, lion
17 συστροφή, swarm
18 μέλισσα, bee
19 μέλι, honey
20 ἐξαιρέω, *aor act ind 3s*, remove, take out
21 ἔσθω, *pres act ptc nom s m*, eat
22 ἕξις, state, condition
23 λέων, lion
24 ἐξαιρέω, *aor act ind 3s*, remove, take out
25 μέλι, honey
26 πότος, drinking party
27 νεανίσκος, young man
28 προσκαθίστημι, *aor act ind 3p*, appoint to, supply with
29 ἑταῖρος, companion, friend
30 τριάκοντα, thirty
31 προβάλλω, *fut act ind 1s*, put forth, advance
32 πρόβλημα, riddle, puzzle
33 πότος, drinking party
34 τριάκοντα, thirty
35 σινδών, fine linen, *Heb. LW*
36 στολή, garment
37 τριάκοντα, thirty
38 σινδών, fine linen, *Heb. LW*
39 στολή, garment
40 προβάλλω, *aor mid impv 2s*, put forth, advance
41 πρόβλημα, riddle, puzzle

B **5** καὶ κατέβη Σαμψων καὶ ὁ πατὴρ αὐτοῦ καὶ ἡ μήτηρ αὐτοῦ εἰς Θαμναθα. καὶ ἦλθεν ἕως τοῦ ἀμπελῶνος[1] Θαμναθα, καὶ ἰδοὺ σκύμνος[2] λέοντος[3] ὠρυόμενος[4] εἰς συνάντησιν[5] αὐτοῦ· **6** καὶ ἥλατο[6] ἐπ᾽ αὐτὸν πνεῦμα κυρίου, καὶ συνέτριψεν[7] αὐτόν, ὡσεὶ[8] συντρίψει[9] ἔριφον,[10] καὶ οὐδὲν ἦν ἐν ταῖς χερσὶν αὐτοῦ. καὶ οὐκ ἀπήγγειλεν τῷ πατρὶ αὐτοῦ καὶ τῇ μητρὶ αὐτοῦ ὃ ἐποίησεν. **7** καὶ κατέβησαν καὶ ἐλάλησαν τῇ γυναικί, καὶ ηὐθύνθη[11] ἐν ὀφθαλμοῖς Σαμψων.

8 καὶ ὑπέστρεψεν[12] μεθ᾽ ἡμέρας λαβεῖν αὐτὴν καὶ ἐξέκλινεν[13] ἰδεῖν τὸ πτῶμα[14] τοῦ λέοντος,[15] καὶ ἰδοὺ συναγωγὴ μελισσῶν[16] ἐν τῷ στόματι τοῦ λέοντος καὶ μέλι.[17] **9** καὶ ἐξεῖλεν[18] αὐτὸ εἰς χεῖρας αὐτοῦ καὶ ἐπορεύετο πορευόμενος καὶ ἐσθίων· καὶ ἐπορεύθη πρὸς τὸν πατέρα αὐτοῦ καὶ τὴν μητέρα αὐτοῦ καὶ ἔδωκεν αὐτοῖς, καὶ ἔφαγον· καὶ οὐκ ἀπήγγειλεν αὐτοῖς ὅτι ἀπὸ τοῦ στόματος τοῦ λέοντος[19] ἐξεῖλεν[20] τὸ μέλι.[21] **10** καὶ κατέβη ὁ πατὴρ αὐτοῦ πρὸς τὴν γυναῖκα· καὶ ἐποίησεν ἐκεῖ Σαμψων πότον[22] ἑπτὰ ἡμέρας, ὅτι οὕτως ποιοῦσιν οἱ νεανίσκοι.[23] **11** καὶ ἐγένετο ὅτε εἶδον αὐτόν, καὶ ἔλαβον τριάκοντα[24] κλητούς,[25] καὶ ἦσαν μετ᾽ αὐτοῦ. **12** καὶ εἶπεν αὐτοῖς Σαμψων Πρόβλημα[26] ὑμῖν προβάλλομαι·[27] ἐὰν ἀπαγγέλλοντες ἀπαγγείλητε αὐτὸ ἐν ταῖς ἑπτὰ ἡμέραις τοῦ πότου[28] καὶ εὕρητε, δώσω ὑμῖν τριάκοντα[29] σινδόνας[30] καὶ τριάκοντα στολὰς[31] ἱματίων· **13** καὶ ἐὰν μὴ δύνησθε ἀπαγγεῖλαί μοι, δώσετε ὑμεῖς ἐμοὶ τριάκοντα[32] ὀθόνια[33] καὶ τριάκοντα ἀλλασσομένας[34] στολὰς[35] ἱματίων. καὶ εἶπαν αὐτῷ Προβαλοῦ[36] τὸ πρόβλημα,[37] καὶ ἀκουσόμεθα αὐτό. **14** καὶ εἶπεν αὐτοῖς

1 ἀμπελών, vineyard
2 σκύμνος, cub
3 λέων, lion
4 ὠρύομαι, *pres mid ptc nom s m*, roar
5 συνάντησις, meeting
6 ἅλλομαι, *aor mid ind 3s*, spring, leap
7 συντρίβω, *aor act ind 3s*, annihilate, crush
8 ὡσεί, as, like
9 συντρίβω, *fut act ind 3s*, annihilate, crush
10 ἔριφος, kid (goat)
11 εὐθύνω, *aor pas ind 3s*, be fitting, be right
12 ὑποστρέφω, *aor act ind 3s*, return
13 ἐκκλίνω, *aor act ind 3s*, turn aside
14 πτῶμα, carcass
15 λέων, lion
16 μέλισσα, bee
17 μέλι, honey
18 ἐξαιρέω, *aor act ind 3s*, remove, take out
19 λέων, lion
20 ἐξαιρέω, *aor act ind 3s*, remove, take out
21 μέλι, honey
22 πότος, drinking party
23 νεανίσκος, young man
24 τριάκοντα, thirty
25 κλητός, invited, chosen
26 πρόβλημα, riddle, puzzle
27 προβάλλω, *pres mid ind 1s*, put forth, advance
28 πότος, drinking party
29 τριάκοντα, thirty
30 σινδών, fine linen, *Heb. LW*
31 στολή, garment
32 τριάκοντα, thirty
33 ὀθόνιον, linen cloth
34 ἀλλάσσω, *pres mid ptc acc p f*, change
35 στολή, garment
36 προβάλλω, *aor mid impv 2s*, put forth, advance
37 πρόβλημα, riddle, puzzle

Ἐκ τοῦ ἔσθοντος[1] ἐξῆλθεν βρῶσις,[2]
καὶ ἐξ ἰσχυροῦ[3] ἐξῆλθεν γλυκύ.[4]

καὶ οὐκ ἠδυνάσθησαν ἀπαγγεῖλαι τὸ πρόβλημα[5] ἐπὶ τρεῖς ἡμέρας.

15 καὶ ἐγένετο ἐν τῇ ἡμέρᾳ τῇ τετάρτῃ[6] καὶ εἶπαν τῇ γυναικὶ Σαμψων Ἀπάτησον[7] δὴ[8]
τὸν ἄνδρα σου καὶ ἀπαγγειλάτω σοι τὸ πρόβλημα,[9] μήποτε[10] ἐμπυρίσωμέν[11] σε καὶ
τὸν οἶκον τοῦ πατρός σου ἐν πυρί· ἦ πτωχεῦσαι[12] ἐκαλέσατε ἡμᾶς; **16** καὶ ἔκλαυσεν
ἡ γυνὴ Σαμψων ἐπ᾽ αὐτὸν καὶ εἶπεν αὐτῷ Μεμίσηκάς με καὶ οὐκ ἠγάπηκάς με, ὅτι
τὸ πρόβλημα,[13] ὃ προεβάλου[14] τοῖς υἱοῖς τοῦ λαοῦ μου, κἀμοὶ[15] οὐκ ἀπήγγειλας
αὐτό. καὶ εἶπεν αὐτῇ Σαμψων Ἰδοὺ τῷ πατρί μου καὶ τῇ μητρί μου οὐκ ἀπήγγειλα
αὐτό, καὶ σοὶ ἀπαγγελῶ; **17** καὶ ἔκλαυσεν ἐπ᾽ αὐτὸν ἐπὶ τὰς ἑπτὰ ἡμέρας, ἐν αἷς ἦν
ἐν αὐταῖς ὁ πότος·[16] καὶ ἐγένετο ἐν τῇ ἡμέρᾳ τῇ ἑβδόμῃ[17] καὶ ἀπήγγειλεν αὐτῇ,
ὅτι παρηνώχλησεν[18] αὐτόν· καὶ αὐτὴ ἀπήγγειλεν τοῖς υἱοῖς τοῦ λαοῦ αὐτῆς. **18** καὶ
εἶπαν αὐτῷ οἱ ἄνδρες τῆς πόλεως ἐν τῇ ἡμέρᾳ τῇ ἑβδόμῃ[19] πρὶν[20] δῦναι[21] τὸν ἥλιον

Τί γλυκύτερον[22] μέλιτος,[23]
καὶ τί ἰσχυρότερον[24] λέοντος;[25]

καὶ εἶπεν αὐτοῖς Σαμψων

Εἰ μὴ κατεδαμάσατέ[26] μου τὴν δάμαλιν,[27]
οὐκ ἂν εὕρετε τὸ πρόβλημά[28] μου.

19 καὶ κατεύθυνεν[29] ἐπ᾽ αὐτὸν πνεῦμα κυρίου, καὶ κατέβη εἰς Ἀσκαλῶνα καὶ ἔπαι-
σεν[30] ἐκεῖθεν[31] τριάκοντα[32] ἄνδρας καὶ ἔλαβεν τὰς στολὰς[33] αὐτῶν καὶ ἔδωκεν τοῖς
ἀπαγγείλασιν τὸ πρόβλημα.[34] καὶ ἐθυμώθη[35] ὀργῇ Σαμψων καὶ ἀνέβη εἰς τὸν οἶκον
τοῦ πατρὸς αὐτοῦ. **20** καὶ συνῴκησεν[36] ἡ γυνὴ Σαμψων τῷ νυμφαγωγῷ[37] αὐτοῦ, ὃς
ἦν ἑταῖρος[38] αὐτοῦ.

1 ἔσθω, *pres act ptc gen s m*, eat
2 βρῶσις, food
3 ἰσχυρός, powerful, mighty
4 γλυκύς, sweet, pleasant
5 πρόβλημα, riddle, puzzle
6 τέταρτος, fourth
7 ἀπατάω, *aor act impv 2s*, mislead, deceive
8 δή, now, already
9 πρόβλημα, riddle, puzzle
10 μήποτε, lest
11 ἐμπυρίζω, *aor act sub 1p*, set on fire
12 πτωχεύω, *aor act inf*, become poor
13 πρόβλημα, riddle, puzzle
14 προβάλλω, *aor mid ind 2s*, put forth, advance
15 κἀμοί, to me also, and to me, *cr.* καὶ ἐμοί
16 πότος, drinking party
17 ἕβδομος, seventh
18 παρενοχλέω, *aor act ind 3s*, annoy, trouble
19 ἕβδομος, seventh
20 πρίν, before
21 δύω, *aor act inf*, set, sink
22 γλυκύς, *comp*, sweeter, more pleasant
23 μέλι, honey
24 ἰσχυρός, *comp*, stronger, mightier
25 λέων, lion
26 καταδαμάζω, *aor act ind 2p*, subdue
27 δάμαλις, young cow, heifer
28 πρόβλημα, riddle, puzzle
29 κατευθύνω, *aor act ind 3s*, guide, lead toward
30 παίω, *aor act ind 3s*, strike, smite
31 ἐκεῖθεν, from there
32 τριάκοντα, thirty
33 στολή, garment
34 πρόβλημα, riddle, puzzle
35 θυμόω, *aor pas ind 3s*, make angry
36 συνοικέω, *aor act ind 3s*, live with
37 νυμφαγωγός, trusted friend, best man
38 ἑταῖρος, companion, friend

B

Τί βρωτὸν[1] ἐξῆλθεν ἐκ βιβρώσκοντος[2]
καὶ ἀπὸ ἰσχυροῦ[3] γλυκύ;[4]

καὶ οὐκ ἠδύναντο ἀπαγγεῖλαι τὸ πρόβλημα[5] ἐπὶ τρεῖς ἡμέρας.

15 καὶ ἐγένετο ἐν τῇ ἡμέρᾳ τῇ τετάρτῃ[6] καὶ εἶπαν τῇ γυναικὶ Σαμψων Ἀπάτησον[7] δὴ[8]
τὸν ἄνδρα σου καὶ ἀπαγγειλάτω σοι τὸ πρόβλημα,[9] μήποτε[10] κατακαύσωμέν[11] σε καὶ
τὸν οἶκον τοῦ πατρός σου ἐν πυρί· ἦ ἐκβιάσαι[12] ἡμᾶς κεκλήκατε; **16** καὶ ἔκλαυσεν ἡ
γυνὴ Σαμψων πρὸς αὐτὸν καὶ εἶπεν Πλὴν μεμίσηκάς με καὶ οὐκ ἠγάπησάς με, ὅτι τὸ
πρόβλημα,[13] ὃ προεβάλου[14] τοῖς υἱοῖς τοῦ λαοῦ μου, οὐκ ἀπήγγειλάς μοι. καὶ εἶπεν
αὐτῇ Σαμψων Εἰ τῷ πατρί μου καὶ τῇ μητρί μου οὐκ ἀπήγγελκα, σοὶ ἀπαγγείλω,
17 καὶ ἔκλαυσεν πρὸς αὐτὸν ἐπὶ τὰς ἑπτὰ ἡμέρας, ἃς ἦν αὐτοῖς ὁ πότος·[15] καὶ ἐγένετο
ἐν τῇ ἡμέρᾳ τῇ ἑβδόμῃ[16] καὶ ἀπήγγειλεν αὐτῇ, ὅτι παρενώχλησεν[17] αὐτῷ· καὶ αὐτὴ
ἀπήγγειλεν τοῖς υἱοῖς τοῦ λαοῦ αὐτῆς. **18** καὶ εἶπαν αὐτῷ οἱ ἄνδρες τῆς πόλεως ἐν
τῇ ἡμέρᾳ τῇ ἑβδόμῃ[18] πρὸ τοῦ ἀνατεῖλαι[19] τὸν ἥλιον

Τί γλυκύτερον[20] μέλιτος,[21]
καὶ τί ἰσχυρότερον[22] λέοντος;[23]

καὶ εἶπεν αὐτοῖς Σαμψων

Εἰ μὴ ἠροτριάσατε[24] ἐν τῇ δαμάλει[25] μου,
οὐκ ἂν ἔγνωτε τὸ πρόβλημά[26] μου.

19 καὶ ἥλατο[27] ἐπ᾽ αὐτὸν πνεῦμα κυρίου, καὶ κατέβη εἰς Ἀσκαλῶνα καὶ ἐπάταξεν[28]
ἐξ αὐτῶν τριάκοντα[29] ἄνδρας καὶ ἔλαβεν τὰ ἱμάτια αὐτῶν καὶ ἔδωκεν τὰς στολὰς[30]
τοῖς ἀπαγγείλασιν τὸ πρόβλημα.[31] καὶ ὠργίσθη[32] θυμῷ[33] Σαμψων καὶ ἀνέβη εἰς τὸν
οἶκον τοῦ πατρὸς αὐτοῦ. **20** καὶ ἐγένετο ἡ γυνὴ Σαμψων ἑνὶ τῶν φίλων[34] αὐτοῦ,
ὧν ἐφιλίασεν.[35]

1 βρωτόν, meat, food
2 βιβρώσκω, *pres act ptc gen s m*, eat
3 ἰσχυρός, powerful, mighty
4 γλυκύς, sweet, pleasant
5 πρόβλημα, riddle, puzzle
6 τέταρτος, fourth
7 ἀπατάω, *aor act impv 2s*, mislead, deceive
8 δή, now, already
9 πρόβλημα, riddle, puzzle
10 μήποτε, lest
11 κατακαίω, *aor act sub 1p*, burn completely, destroy
12 ἐκβιάζω, *aor act inf*, do violence to
13 πρόβλημα, riddle, puzzle
14 προβάλλω, *aor mid ind 2s*, put forth, advance
15 πότος, drinking party
16 ἕβδομος, seventh
17 παρενοχλέω, *aor act ind 3s*, annoy, trouble
18 ἕβδομος, seventh
19 ἀνατέλλω, *aor act inf*, rise
20 γλυκύς, *comp*, sweeter, more pleasant
21 μέλι, honey
22 ἰσχυρός, *comp*, stronger, mightier
23 λέων, lion
24 ἀροτριάω, *aor act ind 2p*, plow
25 δάμαλις, young cow, heifer
26 πρόβλημα, riddle, puzzle
27 ἅλλομαι, *aor mid ind 3s*, spring, leap
28 πατάσσω, *aor act ind 3s*, strike, slay
29 τριάκοντα, thirty
30 στολή, garment
31 πρόβλημα, riddle, puzzle
32 ὀργίζω, *aor pas ind 3s*, make angry
33 θυμός, wrath, fury
34 φίλος, friend
35 φιλιάζω, *aor act ind 3s*, be friends with

A

Samson Conquers the Philistines

15 Καὶ ἐγένετο μεθ' ἡμέρας ἐν ἡμέραις θερισμοῦ[1] πυρῶν[2] καὶ ἐπεσκέψατο[3] Σαμ-
ψων τὴν γυναῖκα αὐτοῦ φέρων ἔριφον[4] αἰγῶν[5] καὶ εἶπεν Εἰσελεύσομαι πρὸς
τὴν γυναῖκά μου εἰς τὸν κοιτῶνα·[6] καὶ οὐκ ἀφῆκεν αὐτὸν ὁ πατὴρ αὐτῆς εἰσελθεῖν
πρὸς αὐτήν. **2** καὶ εἶπεν ὁ πατὴρ αὐτῆς Εἴπας εἶπα ὅτι μισῶν ἐμίσησας αὐτήν, καὶ
ἔδωκα αὐτὴν τῷ συνεταίρῳ[7] σου· οὐκ ἰδοὺ ἡ ἀδελφὴ αὐτῆς ἡ νεωτέρα[8] κρείσσων[9]
αὐτῆς ἐστιν; ἔστω δή[10] σοι ἀντὶ[11] αὐτῆς. **3** καὶ εἶπεν αὐτῷ Σαμψων Ἀθῷός[12] εἰμι τὸ
ἅπαξ[13] ἀπὸ τῶν ἀλλοφύλων,[14] ὅτι ἐγὼ ποιῶ μεθ' ὑμῶν κακά. **4** καὶ ἐπορεύθη Σαμψων
καὶ συνέλαβεν[15] τριακοσίας[16] ἀλώπεκας[17] καὶ ἔλαβεν λαμπάδας[18] καὶ συνέδησεν[19]
κέρκον[20] πρὸς κέρκον καὶ ἔθηκεν λαμπάδα[21] μίαν ἀνὰ μέσον[22] τῶν δύο κέρκων ἐν
τῷ μέσῳ· **5** καὶ ἐξῆψεν[23] πῦρ ἐν ταῖς λαμπάσιν[24] καὶ ἐξαπέστειλεν[25] εἰς τὰ δράγματα[26]
τῶν ἀλλοφύλων[27] καὶ ἐνεπύρισεν[28] τοὺς στάχυας[29] καὶ τὰ προτεθερισμένα[30] ἀπὸ
στοιβῆς[31] καὶ ἕως ἑστῶτος[32] καὶ ἕως ἀμπελῶνος[33] καὶ ἐλαίας.[34] **6** καὶ εἶπαν οἱ ἀλλό-
φυλοι[35] Τίς ἐποίησεν ταῦτα; καὶ εἶπαν Σαμψων ὁ γαμβρὸς[36] τοῦ Θαμναθαίου, ὅτι
ἔλαβεν τὴν γυναῖκα αὐτοῦ καὶ ἔδωκεν αὐτὴν τῷ συνεταίρῳ[37] αὐτοῦ· καὶ ἀνέβησαν
οἱ ἀλλόφυλοι[38] καὶ ἐνεπύρισαν[39] τὴν οἰκίαν τοῦ πατρὸς αὐτῆς καὶ αὐτὴν καὶ
τὸν πατέρα αὐτῆς ἐν πυρί. **7** καὶ εἶπεν αὐτοῖς Σαμψων Ἐὰν ποιήσητε οὕτως, οὐκ
εὐδοκήσω,[40] ἀλλὰ τὴν ἐκδίκησίν[41] μου ἐξ ἑνὸς καὶ ἑκάστου ὑμῶν ποιήσομαι. **8** καὶ
ἐπάταξεν[42] αὐτοὺς ἐπὶ μηρὸν[43] πληγὴν[44] μεγάλην· καὶ κατέβη καὶ κατῴκει παρὰ τῷ
χειμάρρῳ[45] ἐν τῷ σπηλαίῳ[46] Ηταμ.

1 θερισμός, harvest
2 πυρός, wheat
3 ἐπισκέπτομαι, *aor mid ind 3s*, visit
4 ἔριφος, kid
5 αἴξ, goat
6 κοιτών, bedroom
7 συνέταιρος, companion
8 νέος, *comp*, younger
9 κρείσσων (ττ), *comp of* ἀγαθός, better
10 δή, now
11 ἀντί, in place of
12 ἀθῷος, innocent
13 ἅπαξ, once
14 ἀλλόφυλος, foreign, (Philistine)
15 συλλαμβάνω, *aor act ind 3s*, capture, catch
16 τριακόσιοι, three hundred
17 ἀλώπηξ, fox
18 λαμπάς, torch
19 συνδέω, *aor act ind 3s*, bind, fasten
20 κέρκος, tail
21 λαμπάς, torch
22 ἀνὰ μέσον, between
23 ἐξάπτω, *aor act ind 3s*, set on fire, light
24 λαμπάς, torch
25 ἐξαποστέλλω, *aor act ind 3s*, send out
26 δράγμα, bunch, bundle
27 ἀλλόφυλος, foreign, (Philistine)
28 ἐμπυρίζω, *aor act ind 3s*, set on fire
29 στάχυς, head (of grain)
30 προθερίζω, *perf pas ptc acc p n*, harvest before
31 στοιβή, sheaf
32 ἵστημι, *perf act ptc gen s n*, set, stand
33 ἀμπελών, vineyard
34 ἐλαία, olive tree
35 ἀλλόφυλος, foreign, (Philistine)
36 γαμβρός, son-in-law
37 συνέταιρος, companion
38 ἀλλόφυλος, foreign, (Philistine)
39 ἐμπυρίζω, *aor act ind 3p*, set on fire
40 εὐδοκέω, *fut act ind 1s*, approve, be pleased
41 ἐκδίκησις, vengeance
42 πατάσσω, *aor act ind 3s*, strike, slay
43 μηρός, thigh
44 πληγή, blow, wound
45 χείμαρρος, brook
46 σπήλαιον, cave

B

Samson Conquers the Philistines

15 Καὶ ἐγένετο μεθ' ἡμέρας ἐν ἡμέραις θερισμοῦ[1] πυρῶν[2] καὶ ἐπεσκέψατο[3] Σαμ-
ψων τὴν γυναῖκα αὐτοῦ ἐν ἐρίφῳ[4] αἰγῶν[5] καὶ εἶπεν Εἰσελεύσομαι πρὸς τὴν
γυναῖκά μου εἰς τὸ ταμιεῖον·[6] καὶ οὐκ ἔδωκεν αὐτὸν ὁ πατὴρ αὐτῆς εἰσελθεῖν. **2** καὶ
εἶπεν ὁ πατὴρ αὐτῆς Λέγων εἶπα ὅτι μισῶν ἐμίσησας αὐτήν, καὶ ἔδωκα αὐτὴν ἑνὶ
τῶν ἐκ τῶν φίλων[7] σου· μὴ οὐχὶ ἡ ἀδελφὴ αὐτῆς ἡ νεωτέρα[8] αὐτῆς ἀγαθωτέρα[9]
ὑπὲρ αὐτήν; ἔστω δή[10] σοι ἀντὶ[11] αὐτῆς. **3** καὶ εἶπεν αὐτοῖς Σαμψων Ἠθῴωμαι[12] καὶ
τὸ ἅπαξ[13] ἀπὸ ἀλλοφύλων,[14] ὅτι ποιῶ ἐγὼ μετ' αὐτῶν πονηρίαν.[15] **4** καὶ ἐπορεύθη
Σαμψων καὶ συνέλαβεν[16] τριακοσίας[17] ἀλώπεκας[18] καὶ ἔλαβεν λαμπάδας[19] καὶ ἐπέ-
στρεψεν κέρκον[20] πρὸς κέρκον καὶ ἔθηκεν λαμπάδα[21] μίαν ἀνὰ μέσον[22] τῶν δύο
κέρκων καὶ ἔδησεν·[23] **5** καὶ ἐξέκαυσεν[24] πῦρ ἐν ταῖς λαμπάσιν[25] καὶ ἐξαπέστειλεν[26]
ἐν τοῖς στάχυσιν[27] τῶν ἀλλοφύλων,[28] καὶ ἐκάησαν[29] ἀπὸ ἅλωνος[30] καὶ ἕως σταχύων
ὀρθῶν[31] καὶ ἕως ἀμπελῶνος[32] καὶ ἐλαίας.[33] **6** καὶ εἶπαν οἱ ἀλλόφυλοι[34] Τίς ἐποίησεν
ταῦτα; καὶ εἶπαν Σαμψων ὁ νυμφίος[35] τοῦ Θαμνι, ὅτι ἔλαβεν τὴν γυναῖκα αὐτοῦ
καὶ ἔδωκεν αὐτὴν τῷ ἐκ τῶν φίλων[36] αὐτοῦ· καὶ ἀνέβησαν οἱ ἀλλόφυλοι καὶ ἐν-
έπρησαν[37] αὐτὴν καὶ τὸν πατέρα αὐτῆς ἐν πυρί. **7** καὶ εἶπεν αὐτοῖς Σαμψων Ἐὰν
ποιήσητε οὕτως ταύτην, ὅτι εἰ μὴν[38] ἐκδικήσω[39] ἐν ὑμῖν καὶ ἔσχατον κοπάσω.[40] **8** καὶ
ἐπάταξεν[41] αὐτοὺς κνήμην[42] ἐπὶ μηρὸν[43] πληγὴν[44] μεγάλην· καὶ κατέβη καὶ ἐκάθισεν
ἐν τρυμαλιᾷ[45] τῆς πέτρας[46] Ηταμ.

1 θερισμός, harvest
2 πυρός, wheat
3 ἐπισκέπτομαι, *aor mid ind 3s*, visit
4 ἔριφος, kid
5 αἴξ, goat
6 ταμίειον, inner room
7 φίλος, friend
8 νέος, *comp*, younger
9 ἀγαθός, *comp*, better
10 δή, now
11 ἀντί, in place of
12 ἀθῳόω, *perf pas ind 1s*, be guiltless
13 ἅπαξ, once
14 ἀλλόφυλος, foreign, (Philistine)
15 πονηρία, evil, wickedness
16 συλλαμβάνω, *aor act ind 3s*, capture, catch
17 τριακόσιοι, three hundred
18 ἀλώπηξ, fox
19 λαμπάς, torch
20 κέρκος, tail
21 λαμπάς, torch
22 ἀνὰ μέσον, between
23 δέω, *aor act ind 3s*, bind, tie
24 ἐκκαίω, *aor act ind 3s*, kindle, light
25 λαμπάς, torch
26 ἐξαποστέλλω, *aor act ind 3s*, send out
27 στάχυς, head (of grain), grain (of wheat)
28 ἀλλόφυλος, foreign, (Philistine)
29 καίω, *aor pas ind 3p*, burn
30 ἅλων, threshing floor
31 ὀρθός, standing, upright
32 ἀμπελών, vineyard
33 ἐλαία, olive tree
34 ἀλλόφυλος, foreign, (Philistine)
35 νυμφίος, son-in-law
36 φίλος, friend
37 ἐμπίμπρημι, *aor act ind 3p*, burn, set on fire
38 εἰ μήν, truly, surely
39 ἐκδικέω, *fut act ind 1s*, avenge
40 κοπάζω, *fut act ind 1s*, cease, stop
41 πατάσσω, *aor act ind 3s*, strike, slay
42 κνήμη, leg, shin
43 μηρός, thigh
44 πληγή, blow, wound
45 τρυμαλιά, hole
46 πέτρα, rock

A

9 Καὶ ἀνέβησαν οἱ ἀλλόφυλοι[1] καὶ παρενεβάλοσαν[2] ἐπὶ τὸν Ιουδαν καὶ ἐξερρίφησαν[3] ἐν Λεχι. **10** καὶ εἶπαν αὐτοῖς πᾶς ἀνὴρ Ιουδα Ἵνα τί ἀνέβητε ἐφ᾽ ἡμᾶς; καὶ εἶπαν οἱ ἀλλόφυλοι[4] Δῆσαι[5] τὸν Σαμψων καὶ ποιῆσαι αὐτῷ ὃν τρόπον[6] ἐποίησεν ἡμῖν. **11** καὶ κατέβησαν τρεῖς χιλιάδες[7] ἀνδρῶν ἐξ Ιουδα ἐπὶ τὴν ὀπὴν[8] τῆς πέτρας[9] Ηταμ καὶ εἶπαν πρὸς Σαμψων Οὐκ οἶδας ὅτι ἄρχουσιν ἡμῶν οἱ ἀλλόφυλοι,[10] καὶ ἵνα τί ταῦτα ἐποίησας ἡμῖν; καὶ εἶπεν αὐτοῖς Σαμψων Καθὼς ἐποίησαν ἡμῖν, οὕτως ἐποίησα αὐτοῖς. **12** καὶ εἶπαν αὐτῷ Τοῦ δῆσαί[11] σε κατέβημεν καὶ παραδοῦναί σε εἰς χεῖρας ἀλλοφύλων.[12] καὶ εἶπεν αὐτοῖς Σαμψων Ὀμόσατέ[13] μοι μὴ ἀποκτεῖναί με ὑμεῖς καὶ παράδοτέ με αὐτοῖς, μήποτε[14] ἀπαντήσητε[15] ὑμεῖς ἐν ἐμοί. **13** καὶ ὤμοσαν[16] αὐτῷ λέγοντες Οὐχί, ἀλλὰ δεσμῷ[17] δήσομέν[18] σε καὶ παραδώσομέν σε εἰς χεῖρας αὐτῶν, θανάτῳ δὲ οὐ θανατώσομέν[19] σε· καὶ ἔδησαν[20] αὐτὸν δύο καλωδίοις[21] καινοῖς[22] καὶ ἀνήγαγον[23] αὐτὸν ἐκ τῆς πέτρας.[24]

14 καὶ αὐτὸς ἦλθεν ἕως Σιαγόνος· καὶ οἱ ἀλλόφυλοι[25] ἠλάλαξαν[26] εἰς ἀπάντησιν[27] αὐτοῦ καὶ ἔδραμον[28] εἰς συνάντησιν[29] αὐτοῦ· καὶ κατηύθυνεν[30] ἐπ᾽ αὐτὸν πνεῦμα κυρίου, καὶ ἐγένοντο τὰ καλώδια[31] τὰ ἐν τοῖς βραχίοσιν[32] αὐτοῦ ὡσεὶ[33] στιππύον,[34] ἡνίκα[35] ἂν ὀσφρανθῇ[36] πυρός, καὶ διελύθησαν[37] οἱ δεσμοὶ[38] ἀπὸ τῶν βραχιόνων[39] αὐτοῦ. **15** καὶ εὗρεν σιαγόνα[40] ὄνου[41] ἐρριμμένην[42] ἐν τῇ ὁδῷ καὶ ἐξέτεινεν[43] τὴν χεῖρα αὐτοῦ καὶ ἔλαβεν αὐτὴν καὶ ἐπάταξεν[44] ἐν αὐτῇ χιλίους[45] ἄνδρας. **16** καὶ εἶπεν Σαμψων

1 ἀλλόφυλος, foreign, (Philistine)
2 παρεμβάλλω, *aor act ind 3p*, encamp, draw up in battle order
3 ἐκρίπτω, *aor pas ind 3p*, spread out
4 ἀλλόφυλος, foreign, (Philistine)
5 δέω, *aor act inf*, bind
6 ὃν τρόπον, in the manner that
7 χιλιάς, thousand
8 ὀπή, cleft
9 πέτρα, rock
10 ἀλλόφυλος, foreign, (Philistine)
11 δέω, *aor act inf*, bind
12 ἀλλόφυλος, foreign, (Philistine)
13 ὄμνυμι, *aor act impv 2p*, swear an oath
14 μήποτε, lest
15 ἀπαντάω, *aor act sub 2p*, meet (with hostility)
16 ὄμνυμι, *aor act ind 3p*, swear an oath
17 δεσμός, band, chain
18 δέω, *fut act ind 1p*, bind
19 θανατόω, *fut act ind 1p*, kill, slay
20 δέω, *aor act ind 3p*, bind
21 καλώδιον, *dim of* κάλος, (small) cord
22 καινός, new
23 ἀνάγω, *aor act ind 3p*, bring up
24 πέτρα, rock
25 ἀλλόφυλος, foreign, (Philistine)
26 ἀλαλάζω, *aor act ind 3p*, shout out
27 ἀπάντησις, meeting
28 τρέχω, *aor act ind 3p*, run, rush
29 συνάντησις, meeting
30 κατευθύνω, *aor act ind 3s*, guide, lead toward
31 καλώδιον, *dim of* κάλος, (small) cord
32 βραχίων, arm
33 ὡσεί, like
34 στιππύον, fiber (of flax or hemp)
35 ἡνίκα, when
36 ὀσφραίνομαι, *aor pas sub 3s*, smell, catch the scent of
37 διαλύω, *aor pas ind 3p*, break, snap
38 δεσμός, band, chain
39 βραχίων, arm
40 σιαγών, jawbone
41 ὄνος, donkey
42 ῥίπτω, *perf pas ptc acc s f*, cast aside
43 ἐκτείνω, *aor act ind 3s*, reach out, stretch out
44 πατάσσω, *aor act ind 3s*, strike, slay
45 χίλιοι, one thousand

B **9** Καὶ ἀνέβησαν οἱ ἀλλόφυλοι[1] καὶ παρενέβαλον[2] ἐν Ιουδα καὶ ἐξερρίφησαν[3] ἐν
Λευι. **10** καὶ εἶπαν ἀνὴρ Ιουδα Εἰς τί ἀνέβητε ἐφ᾽ ἡμᾶς; καὶ εἶπον οἱ ἀλλόφυλοι[4]
Δῆσαι[5] τὸν Σαμψων ἀνέβημεν καὶ ποιῆσαι αὐτῷ ὃν τρόπον[6] ἐποίησεν ἡμῖν. **11** καὶ
κατέβησαν τρισχίλιοι[7] ἄνδρες ἀπὸ Ιουδα εἰς τρυμαλιὰν[8] πέτρας[9] Ηταμ καὶ εἶπαν τῷ
Σαμψων Οὐκ οἶδας ὅτι κυριεύουσιν[10] οἱ ἀλλόφυλοι[11] ἡμῶν, καὶ τί τοῦτο ἐποίησας
ἡμῖν; καὶ εἶπεν αὐτοῖς Σαμψων Ὃν τρόπον[12] ἐποίησάν μοι, οὕτως ἐποίησα αὐτοῖς.
12 καὶ εἶπαν αὐτῷ Δῆσαί[13] σε κατέβημεν τοῦ δοῦναί σε ἐν χειρὶ ἀλλοφύλων.[14] καὶ
εἶπεν αὐτοῖς Σαμψων Ὀμόσατέ[15] μοι μήποτε[16] συναντήσητε[17] ἐν ἐμοὶ ὑμεῖς. **13** καὶ
εἶπον αὐτῷ λέγοντες Οὐχί, ὅτι ἀλλ᾽ ἢ δεσμῷ[18] δήσομέν[19] σε καὶ παραδώσομέν
σε ἐν χειρὶ αὐτῶν καὶ θανάτῳ οὐ θανατώσομέν[20] σε· καὶ ἔδησαν[21] αὐτὸν ἐν δυσὶ
καλωδίοις[22] καινοῖς[23] καὶ ἀνήνεγκαν[24] αὐτὸν ἀπὸ τῆς πέτρας[25] ἐκείνης.

14 καὶ ἦλθον ἕως Σιαγόνος· καὶ οἱ ἀλλόφυλοι[26] ἠλάλαξαν[27] καὶ ἔδραμον[28] εἰς συνάν-
τησιν[29] αὐτοῦ· καὶ ἥλατο[30] ἐπ᾽ αὐτὸν πνεῦμα κυρίου, καὶ ἐγενήθη τὰ καλώδια[31]
τὰ ἐπὶ βραχίοσιν[32] αὐτοῦ ὡσεὶ[33] στιππύον,[34] ὃ ἐξεκαύθη[35] ἐν πυρί, καὶ ἐτάκησαν[36]
δεσμοὶ[37] αὐτοῦ ἀπὸ χειρῶν αὐτοῦ. **15** καὶ εὗρεν σιαγόνα[38] ὄνου[39] ἐκρεριμμένην[40]
καὶ ἐξέτεινεν[41] τὴν χεῖρα αὐτοῦ καὶ ἔλαβεν αὐτὴν καὶ ἐπάταξεν[42] ἐν αὐτῇ χιλίους[43]
ἄνδρας. **16** καὶ εἶπεν Σαμψων

1 ἀλλόφυλος, foreign, (Philistine)
2 παρεμβάλλω, *aor act ind 3p*, encamp, draw up in battle order
3 ἐκρίπτω, *aor pas ind 3p*, spread out
4 ἀλλόφυλος, foreign, (Philistine)
5 δέω, *aor act inf*, bind
6 ὃν τρόπον, in the manner that
7 τρισχίλιοι, three thousand
8 τρυμαλιά, hole
9 πέτρα, rock
10 κυριεύω, *pres act ind 3p*, rule
11 ἀλλόφυλος, foreign, (Philistine)
12 ὃν τρόπον, in the manner that
13 δέω, *aor act inf*, bind
14 ἀλλόφυλος, foreign, (Philistine)
15 ὄμνυμι, *aor act impv 2p*, swear an oath
16 μήποτε, lest
17 συναντάω, *aor act sub 2p*, meet (with hostility)
18 δεσμός, band, chain
19 δέω, *fut act ind 1p*, bind
20 θανατόω, *fut act ind 1p*, kill, slay
21 δέω, *aor act ind 3p*, bind
22 καλώδιον, *dim of* κάλος, (small) cord
23 καινός, new
24 ἀναφέρω, *aor act ind 3p*, bring up
25 πέτρα, rock
26 ἀλλόφυλος, foreign, (Philistine)
27 ἀλαλάζω, *aor act ind 3p*, shout out
28 τρέχω, *aor act ind 3p*, run, rush
29 συνάντησις, meeting
30 ἅλλομαι, *aor mid ind 3s*, spring, leap
31 καλώδιον, *dim of* κάλος, (small) cord
32 βραχίων, arm
33 ὡσεί, as
34 στιππύον, fiber (of flax or hemp)
35 ἐκκαίω, *aor pas ind 3s*, kindle, light
36 τήκω, *aor pas ind 3p*, waste away
37 δεσμός, band, chain
38 σιαγών, jawbone
39 ὄνος, donkey
40 ἐκρίπτω, *perf pas ptc acc s f*, stretch out
41 ἐκτείνω, *aor act ind 3s*, reach out, stretch out
42 πατάσσω, *aor act ind 3s*, strike, slay
43 χίλιοι, one thousand

Ἐν σιαγόνι[1] ὄνου[2] ἐξαλείφων[3] ἐξήλειψα[4] αὐτούς, A
ὅτι ἐν σιαγόνι ὄνου ἐπάταξα[5] χιλίους[6] ἄνδρας.

17 καὶ ἐγένετο ἡνίκα[7] συνετέλεσεν[8] λαλῶν, καὶ ἔρριψεν[9] τὴν σιαγόνα[10] ἀπὸ τῆς
χειρὸς αὐτοῦ· καὶ ἐκάλεσεν τὸν τόπον ἐκεῖνον Ἀναίρεσις[11] σιαγόνος.

18 καὶ ἐδίψησεν[12] σφόδρα·[13] καὶ ἐβόησεν[14] πρὸς κύριον καὶ εἶπεν Σὺ ἔδωκας ἐν χειρὶ
τοῦ δούλου σου τὴν σωτηρίαν τὴν μεγάλην ταύτην, καὶ νῦν ἀποθανοῦμαι ἐν δίψει[15]
καὶ ἐμπεσοῦμαι[16] ἐν χειρὶ τῶν ἀπεριτμήτων.[17] **19** καὶ ἤνοιξεν ὁ θεὸς τὸ τραῦμα[18] τῆς
σιαγόνος,[19] καὶ ἐξῆλθεν ἐξ αὐτοῦ ὕδατα, καὶ ἔπιεν, καὶ ἐπέστρεψεν τὸ πνεῦμα αὐτοῦ
ἐν αὐτῷ, καὶ ἀνέψυξεν.[20] διὰ τοῦτο ἐκλήθη τὸ ὄνομα αὐτῆς Πηγὴ[21] ἐπίκλητος[22]
σιαγόνος ἕως τῆς ἡμέρας ταύτης.

20 καὶ ἔκρινεν τὸν Ισραηλ ἐν ἡμέραις ἀλλοφύλων[23] ἔτη εἴκοσι.[24]

Samson and Delilah

16 Καὶ ἐπορεύθη Σαμψων ἐκεῖθεν[25] εἰς Γάζαν· καὶ εἶδεν ἐκεῖ γυναῖκα πόρνην[26]
καὶ εἰσῆλθεν πρὸς αὐτήν. **2** καὶ ἀπηγγέλη τοῖς Γαζαίοις λέγοντες Ἥκει[27]
Σαμψων ἐνταῦθα.[28] καὶ ἐκύκλωσαν[29] καὶ ἐνήδρευσαν[30] αὐτὸν ὅλην τὴν νύκτα ἐπὶ τῆς
πύλης[31] τῆς πόλεως καὶ ἐκώφευσαν[32] ὅλην τὴν νύκτα λέγοντες Ἕως φωτὸς πρωὶ[33]
μείνωμεν καὶ ἀποκτείνωμεν αὐτόν. **3** καὶ ἐκοιμήθη[34] Σαμψων ἕως τοῦ μεσονυκτίου·[35]
καὶ ἀνέστη περὶ τὸ μεσονύκτιον καὶ ἐπελάβετο[36] τῶν θυρῶν τῆς πύλης[37] τῆς πόλεως

1 σιαγών, jawbone
2 ὄνος, donkey
3 ἐξαλείφω, *pres act ptc nom s m*, wipe out, destroy
4 ἐξαλείφω, *aor act ind 1s*, wipe out, destroy
5 πατάσσω, *aor act ind 1s*, strike, slay
6 χίλιοι, one thousand
7 ἡνίκα, when
8 συντελέω, *aor act ind 3s*, finish
9 ῥίπτω, *aor act ind 3s*, throw aside, cast away
10 σιαγών, jawbone
11 ἀναίρεσις, killing, massacre
12 διψάω, *aor act ind 3s*, be thirsty
13 σφόδρα, very
14 βοάω, *aor act ind 3s*, cry out
15 δίψος, thirst
16 ἐμπίπτω, *fut mid ind 1s*, fall into
17 ἀπερίτμητος, uncircumcised
18 τραῦμα, wound
19 σιαγών, jawbone
20 ἀναψύχω, *aor act ind 3s*, recover, revive
21 πηγή, spring
22 ἐπίκλητος, appointed, designated
23 ἀλλόφυλος, foreign, (Philistine)
24 εἴκοσι, twenty
25 ἐκεῖθεν, from there
26 πόρνη, prostitute
27 ἥκω, *pres act ind 3s*, have come
28 ἐνταῦθα, here
29 κυκλόω, *aor act ind 3p*, surround
30 ἐνεδρεύω, *aor act ind 3p*, lie in wait, set an ambush
31 πύλη, gate
32 κωφεύω, *aor act ind 3p*, keep quiet
33 πρωί, morning
34 κοιμάω, *aor pas ind 3s*, sleep
35 μεσονύκτιον, midnight
36 ἐπιλαμβάνω, *aor mid ind 3s*, take hold of
37 πύλη, gate

B Ἐν σιαγόνι[1] ὄνου[2] ἐξαλείφων[3] ἐξήλειψα[4] αὐτούς,
ὅτι ἐν τῇ σιαγόνι τοῦ ὄνου ἐπάταξα[5] χιλίους[6] ἄνδρας.

17 καὶ ἐγένετο ὡς ἐπαύσατο[7] λαλῶν, καὶ ἔρριψεν[8] τὴν σιαγόνα[9] ἐκ τῆς χειρὸς αὐτοῦ·
καὶ ἐκάλεσεν τὸν τόπον ἐκεῖνον Ἀναίρεσις[10] σιαγόνος.

18 καὶ ἐδίψησεν[11] σφόδρα·[12] καὶ ἔκλαυσεν πρὸς κύριον καὶ εἶπεν Σὺ εὐδόκησας[13]
ἐν χειρὶ δούλου σου τὴν σωτηρίαν τὴν μεγάλην ταύτην, καὶ νῦν ἀποθανοῦμαι τῷ
δίψει[14] καὶ ἐμπεσοῦμαι[15] ἐν χειρὶ τῶν ἀπεριτμήτων.[16] **19** καὶ ἔρρηξεν[17] ὁ θεὸς τὸν
λάκκον[18] τὸν ἐν τῇ σιαγόνι,[19] καὶ ἐξῆλθεν ἐξ αὐτοῦ ὕδωρ, καὶ ἔπιεν, καὶ ἐπέστρεψεν
τὸ πνεῦμα αὐτοῦ, καὶ ἔζησεν. διὰ τοῦτο ἐκλήθη τὸ ὄνομα αὐτῆς Πηγὴ[20] τοῦ ἐπι-
καλουμένου,[21] ἥ ἐστιν ἐν Σιαγόνι,[22] ἕως τῆς ἡμέρας ταύτης.

20 καὶ ἔκρινεν τὸν Ισραηλ ἐν ἡμέραις ἀλλοφύλων[23] εἴκοσι ἔτη.

Samson and Delilah

16 Καὶ ἐπορεύθη Σαμψων εἰς Γάζαν· καὶ εἶδεν ἐκεῖ γυναῖκα πόρνην[24] καὶ εἰσῆλθεν
πρὸς αὐτήν. **2** καὶ ἀνηγγέλη[25] τοῖς Γαζαίοις λέγοντες Ἥκει[26] Σαμψων ὧδε.[27]
καὶ ἐκύκλωσαν[28] καὶ ἐνήδρευσαν[29] ἐπ᾽ αὐτὸν ὅλην τὴν νύκτα ἐν τῇ πύλῃ[30] τῆς πό-
λεως καὶ ἐκώφευσαν[31] ὅλην τὴν νύκτα λέγοντες Ἕως διαφαύσῃ[32] ὁ ὄρθρος,[33] καὶ
φονεύσωμεν[34] αὐτόν. **3** καὶ ἐκοιμήθη[35] Σαμψων ἕως μεσονυκτίου·[36] καὶ ἀνέστη ἐν
ἡμίσει[37] τῆς νυκτὸς καὶ ἐπελάβετο[38] τῶν θυρῶν τῆς πύλης[39] τῆς πόλεως σὺν τοῖς δυσὶ

1 σιαγών, jawbone
2 ὄνος, donkey
3 ἐξαλείφω, *pres act ptc nom s m*, wipe out, destroy
4 ἐξαλείφω, *aor act ind 1s*, wipe out, destroy
5 πατάσσω, *aor act ind 1s*, strike, slay
6 χίλιοι, one thousand
7 παύω, *aor mid ind 3s*, cease, stop
8 ῥίπτω, *aor act ind 3s*, throw aside, cast away
9 σιαγών, jawbone
10 ἀναίρεσις, killing, massacre
11 διψάω, *aor act ind 3s*, be thirsty
12 σφόδρα, very
13 εὐδοκέω, *aor act ind 2s*, approve, be pleased
14 δίψος, thirst
15 ἐμπίπτω, *fut mid ind 1s*, fall into
16 ἀπερίτμητος, uncircumcised
17 ῥήγνυμι, *aor act ind 3s*, break, burst
18 λάκκος, pit, cistern
19 σιαγών, jawbone
20 πηγή, spring
21 ἐπικαλέω, *pres mid ptc gen s m*, appoint, designate
22 σιαγών, jawbone
23 ἀλλόφυλος, foreign, (Philistine)
24 πόρνη, prostitute
25 ἀναγγέλλω, *aor pas ind 3s*, report
26 ἥκω, *pres act ind 3s*, have come
27 ὧδε, here
28 κυκλόω, *aor act ind 3p*, surround
29 ἐνεδρεύω, *aor act ind 3p*, lie in wait, set an ambush
30 πύλη, gate
31 κωφεύω, *aor act ind 3p*, keep quiet
32 διαφαύσκω, *aor act sub 3s*, dawn
33 ὄρθρος, early morning, daybreak
34 φονεύω, *aor act sub 1p*, kill
35 κοιμάω, *aor pas ind 3s*, sleep
36 μεσονύκτιον, midnight
37 ἥμισυς, middle
38 ἐπιλαμβάνω, *aor mid ind 3s*, take hold of
39 πύλη, gate

καὶ τῶν δύο σταθμῶν[1] καὶ ἀνεβάστασεν[2] αὐτὰς σὺν τῷ μοχλῷ[3] καὶ ἐπέθηκεν ἐπὶ τῷ A
ὤμῳ[4] αὐτοῦ καὶ ἀνήνεγκεν[5] αὐτὰ ἐπὶ τὴν κορυφὴν[6] τοῦ ὄρους, ὅ ἐστιν ἐπὶ πρόσωπον
Χεβρων, καὶ ἔθηκεν αὐτὰ ἐκεῖ.

4 Καὶ ἐγένετο μετὰ ταῦτα καὶ ἠγάπησεν γυναῖκα ἐπὶ τοῦ χειμάρρου[7] Σωρηχ, καὶ
ὄνομα αὐτῇ Δαλιλα. **5** καὶ ἀνέβησαν πρὸς αὐτὴν οἱ σατράπαι[8] τῶν ἀλλοφύλων[9]
καὶ εἶπαν αὐτῇ Ἀπάτησον[10] αὐτὸν καὶ ἰδὲ ἐν τίνι ἡ ἰσχὺς[11] αὐτοῦ ἐστιν ἡ μεγάλη
καὶ ἐν τίνι δυνησόμεθα πρὸς αὐτὸν καὶ δήσομεν[12] αὐτὸν ὥστε ταπεινῶσαι[13] αὐτόν,
καὶ ἡμεῖς δώσομέν σοι ἀνὴρ χιλίους[14] καὶ ἑκατὸν[15] ἀργυρίου.[16] **6** καὶ εἶπεν Δαλιλα
πρὸς Σαμψων Ἀνάγγειλόν[17] μοι ἐν τίνι ἡ ἰσχύς[18] σου ἡ μεγάλη καὶ ἐν τίνι δεθήσῃ[19]
τοῦ ταπεινωθῆναί[20] σε.

7 καὶ εἶπεν πρὸς αὐτὴν Σαμψων Ἐὰν δήσωσίν[21] με ἐν ἑπτὰ νευραῖς[22] ὑγραῖς[23] μὴ
ἠρημωμέναις,[24] καὶ ἀσθενήσω[25] καὶ ἔσομαι ὡς εἷς τῶν ἀνθρώπων. **8** καὶ ἀνήνεγκαν[26]
αὐτῇ οἱ σατράπαι[27] τῶν ἀλλοφύλων[28] ἑπτὰ νευρὰς[29] ὑγρὰς[30] μὴ ἠρημωμένας,[31] καὶ
ἔδησεν[32] αὐτὸν ἐν αὐταῖς· **9** καὶ τὸ ἔνεδρον[33] αὐτοῦ ἐκάθητο ἐν τῷ ταμιείῳ·[34] καὶ
εἶπεν πρὸς αὐτόν Ἀλλόφυλοι[35] ἐπὶ σέ, Σαμψων· καὶ διέρρηξεν[36] τὰς νευράς,[37] ὃν
τρόπον[38] διασπᾶται[39] κλῶσμα[40] τοῦ ἀποτινάγματος[41] ἐν τῷ ὀσφρανθῆναι[42] πυρός·
καὶ οὐκ ἐγνώσθη ἡ ἰσχὺς[43] αὐτοῦ.

10 καὶ εἶπεν Δαλιλα πρὸς Σαμψων Ἰδοὺ παρελογίσω[44] με καὶ ἐλάλησας πρός με
ψευδῆ·[45] νῦν οὖν ἀνάγγειλον[46] δή[47] μοι ἐν τίνι δεθήσῃ.[48] **11** καὶ εἶπεν πρὸς αὐτήν

1 σταθμός, post
2 ἀναβαστάζω, *aor act ind 3s*, lift up, pull up
3 μοχλός, bar, bolt
4 ὦμος, shoulder
5 ἀναφέρω, *aor act ind 3s*, bring up, carry up
6 κορυφή, top, summit
7 χείμαρρος, brook
8 σατράπης, governor, satrap
9 ἀλλόφυλος, foreign, (Philistine)
10 ἀπατάω, *aor act impv 2s*, deceive, trick
11 ἰσχύς, power, strength
12 δέω, *fut act ind 1p*, bind
13 ταπεινόω, *aor act inf*, bring down, humble
14 χίλιοι, one thousand
15 ἑκατόν, one hundred
16 ἀργύριον, silver (coin)
17 ἀναγγέλλω, *aor act impv 2s*, teach, disclose
18 ἰσχύς, power, strength
19 δέω, *fut pas ind 2s*, bind
20 ταπεινόω, *aor pas inf*, bring down, humble
21 δέω, *aor act sub 3p*, bind
22 νευρά, cord
23 ὑγρός, moist, green
24 ἐρημόω, *perf pas ptc dat p f*, make dry
25 ἀσθενέω, *fut act ind 1s*, become weak
26 ἀναφέρω, *aor act ind 3p*, report back, bring back
27 σατράπης, governor, satrap
28 ἀλλόφυλος, foreign, (Philistine)
29 νευρά, cord
30 ὑγρός, moist
31 ἐρημόω, *perf pas ptc acc p f*, make dry
32 δέω, *aor act ind 3s*, bind
33 ἔνεδρον, ambush
34 ταμιεῖον, storeroom, inner room
35 ἀλλόφυλος, foreign, (Philistine)
36 διαρρήγνυμι, *aor act ind 3s*, break, snap
37 νευρά, cord
38 ὃν τρόπον, in the manner that
39 διασπάω, *pres pas ind 3s*, tear apart
40 κλῶσμα, thread
41 ἀποτίναγμα, cord
42 ὀσφραίνομαι, *aor pas inf*, smell, catch the scent of
43 ἰσχύς, power, strength
44 παραλογίζομαι, *aor mid ind 2s*, deceive
45 ψευδής, lie, falsehood
46 ἀναγγέλλω, *aor act impv 2s*, teach, disclose
47 δή, then, already
48 δέω, *fut pas ind 2s*, bind

B σταθμοῖς[1] καὶ ἀνεβάστασεν[2] αὐτὰς σὺν τῷ μοχλῷ[3] καὶ ἔθηκεν ἐπ᾽ ὤμων[4] αὐτοῦ καὶ
ἀνέβη ἐπὶ τὴν κορυφὴν[5] τοῦ ὄρους τοῦ ἐπὶ προσώπου Χεβρων καὶ ἔθηκεν αὐτὰ ἐκεῖ.

4 Καὶ ἐγένετο μετὰ τοῦτο καὶ ἠγάπησεν γυναῖκα ἐν Αλσωρηχ, καὶ ὄνομα αὐτῇ
Δαλιδα. **5** καὶ ἀνέβησαν πρὸς αὐτὴν οἱ ἄρχοντες τῶν ἀλλοφύλων[6] καὶ εἶπαν αὐτῇ
Ἀπάτησον[7] αὐτὸν καὶ ἰδὲ ἐν τίνι ἡ ἰσχὺς[8] αὐτοῦ ἡ μεγάλη καὶ ἐν τίνι δυνησόμεθα
αὐτῷ καὶ δήσομεν[9] αὐτὸν τοῦ ταπεινῶσαι[10] αὐτόν, καὶ ἡμεῖς δώσομέν σοι ἀνὴρ
χιλίους[11] καὶ ἑκατὸν[12] ἀργυρίου.[13] **6** καὶ εἶπεν Δαλιδα πρὸς Σαμψων Ἀπάγγειλον
δή[14] μοι ἐν τίνι ἡ ἰσχύς[15] σου ἡ μεγάλη καὶ ἐν τίνι δεθήσῃ[16] τοῦ ταπεινωθῆναί[17] σε.

7 καὶ εἶπεν πρὸς αὐτὴν Σαμψων Ἐὰν δήσωσίν[18] με ἐν ἑπτὰ νευρέαις[19] ὑγραῖς[20]
μὴ διεφθαρμέναις,[21] καὶ ἀσθενήσω[22] καὶ ἔσομαι ὡς εἷς τῶν ἀνθρώπων. **8** καὶ
ἀνήνεγκαν[23] αὐτῇ οἱ ἄρχοντες τῶν ἀλλοφύλων[24] ἑπτὰ νευρὰς[25] ὑγρὰς[26] μὴ διε-
φθαρμένας,[27] καὶ ἔδησεν[28] αὐτὸν ἐν αὐταῖς· **9** καὶ τὸ ἔνεδρον[29] αὐτῇ ἐκάθητο ἐν
τῷ ταμιείῳ·[30] καὶ εἶπεν αὐτῷ Ἀλλόφυλοι[31] ἐπὶ σέ, Σαμψων· καὶ διέσπασεν[32] τὰς
νευρέας,[33] ὡς εἴ τις ἀποσπάσοι[34] στρέμμα[35] στιππύου[36] ἐν τῷ ὀσφρανθῆναι[37] αὐτὸ
πυρός· καὶ οὐκ ἐγνώσθη ἡ ἰσχὺς[38] αὐτοῦ.

10 καὶ εἶπεν Δαλιδα πρὸς Σαμψων Ἰδοὺ ἐπλάνησάς με καὶ ἐλάλησας πρός με
ψευδῆ·[39] νῦν οὖν ἀνάγγειλόν[40] μοι ἐν τίνι δεθήσῃ.[41] **11** καὶ εἶπεν πρὸς αὐτήν Ἐὰν

1 σταθμός, post
2 ἀναβαστάζω, *aor act ind 3s*, lift up, pull up
3 μοχλός, bar, bolt
4 ὦμος, shoulder
5 κορυφή, top, summit
6 ἀλλόφυλος, foreign, (Philistine)
7 ἀπατάω, *aor act impv 2s*, deceive, trick
8 ἰσχύς, power, strength
9 δέω, *fut act ind 1p*, bind
10 ταπεινόω, *aor act inf*, bring down, humble
11 χίλιοι, one thousand
12 ἑκατόν, one hundred
13 ἀργύριον, silver (coin)
14 δή, now, then
15 ἰσχύς, power, strength
16 δέω, *fut pas ind 2s*, bind
17 ταπεινόω, *aor pas inf*, bring down, humble
18 δέω, *aor act sub 3p*, bind
19 νευρέα, cord
20 ὑγρός, moist, green
21 διαφθείρω, *perf pas ptc dat p f*, make dry
22 ἀσθενέω, *fut act ind 1s*, become weak
23 ἀναφέρω, *aor act ind 3p*, report back, bring back
24 ἀλλόφυλος, foreign, (Philistine)
25 νευρά, cord
26 ὑγρός, moist, green
27 διαφθείρω, *perf pas ptc acc p f*, make dry
28 δέω, *aor act ind 3s*, bind
29 ἔνεδρον, ambush
30 ταμιεῖον, storeroom, inner room
31 ἀλλόφυλος, foreign, (Philistine)
32 διασπάω, *aor act ind 3s*, tear apart, break apart
33 νευρέα, cord
34 ἀποσπάω, *fut act opt 3s*, draw away, detach
35 στρέμμα, thread
36 στιππύον, fiber (of flax or hemp)
37 ὀσφραίνομαι, *aor pas inf*, smell, catch the scent of
38 ἰσχύς, power, strength
39 ψευδής, lie, falsehood
40 ἀναγγέλλω, *aor act impv 2s*, teach, disclose
41 δέω, *fut pas ind 2s*, bind

Ἐὰν δεσμῷ[1] δήσωσίν[2] με ἐν ἑπτὰ καλωδίοις[3] καινοῖς,[4] ἐν οἷς οὐκ ἐγενήθη ἔργον, καὶ A
ἀσθενήσω[5] καὶ ἔσομαι ὡς εἷς τῶν ἀνθρώπων. **12** καὶ ἔλαβεν αὐτῷ Δαλιλα καλώδια[6]
καινὰ[7] καὶ ἔδησεν[8] αὐτὸν ἐν αὐτοῖς καὶ εἶπεν πρὸς αὐτόν Οἱ ἀλλόφυλοι[9] ἐπὶ σέ,
Σαμψων· καὶ τὸ ἔνεδρον[10] ἐκάθητο ἐν τῷ ταμιείῳ·[11] καὶ διέσπασεν[12] αὐτὰ ἀπὸ τῶν
βραχιόνων[13] αὐτοῦ ὡς ῥάμμα.[14]

13 καὶ εἶπεν Δαλιλα πρὸς Σαμψων Ἕως νῦν παρελογίσω[15] με καὶ ἐλάλησας πρός με
ψευδῆ·[16] ἀνάγγειλον[17] δή[18] μοι ἐν τίνι δεθήσῃ.[19] καὶ εἶπεν πρὸς αὐτήν Ἐὰν ὑφάνῃς[20]
τὰς ἑπτὰ σειρὰς[21] τῆς κεφαλῆς μου μετὰ τοῦ διάσματος[22] καὶ ἐγκρούσῃς[23] ἐν τῷ
πασσάλῳ[24] εἰς τὸν τοῖχον,[25] καὶ ἔσομαι ἀσθενὴς[26] ὡς εἷς τῶν ἀνθρώπων. **14** καὶ
ἐκοίμισεν[27] αὐτὸν Δαλιλα καὶ ἐδιάσατο[28] τοὺς ἑπτὰ βοστρύχους[29] τῆς κεφαλῆς
αὐτοῦ μετὰ τῆς ἐκτάσεως[30] καὶ κατέκρουσεν[31] ἐν τοῖς πασσάλοις[32] εἰς τὸν τοῖχον[33]
καὶ εἶπεν πρὸς αὐτόν Οἱ ἀλλόφυλοι[34] ἐπὶ σέ, Σαμψων· καὶ ἐξηγέρθη[35] ἐκ τοῦ ὕπνου[36]
αὐτοῦ καὶ ἐξέσπασεν[37] τοὺς πασσάλους[38] σὺν τῷ ὑφάσματι[39] ἐκ τοῦ τοίχου[40] καὶ τὸ
δίασμα,[41] καὶ οὐκ ἐγνώσθη ἡ ἰσχὺς[42] αὐτοῦ.

15 καὶ εἶπεν πρὸς αὐτὸν Δαλιλα Πῶς ἐρεῖς Ἠγάπηκά σε, καὶ ἡ καρδία σου οὐκ
ἔστιν μετ᾽ ἐμοῦ; τοῦτο τρίτον παρελογίσω[43] με καὶ οὐκ ἀπήγγειλάς μοι ἐν τίνι ἡ
ἰσχύς[44] σου ἡ μεγάλη. **16** καὶ ἐγένετο ὅτε κατειργάσατο[45] αὐτὸν τοῖς λόγοις αὐτῆς
ὅλην τὴν νύκτα καὶ παρηνώχλησεν[46] αὐτόν, καὶ ὠλιγοψύχησεν[47] ἕως εἰς θάνατον·

1 δεσμός, band, chain
2 δέω, *aor act sub 3p*, bind
3 καλώδιον, *dim of* κάλος, (small) cord
4 καινός, new
5 ἀσθενέω, *fut act ind 1s*, become weak
6 καλώδιον, *dim of* κάλος, (small) cord
7 καινός, new
8 δέω, *aor act ind 3s*, tie, bind
9 ἀλλόφυλος, foreign, (Philistine)
10 ἔνεδρον, ambush
11 ταμιεῖον, storeroom, inner room
12 διασπάω, *aor act ind 3s*, tear apart, break apart
13 βραχίων, arm
14 ῥάμμα, string, thread
15 παραλογίζομαι, *aor mid ind 2s*, deceive
16 ψευδής, lie, falsehood
17 ἀναγγέλλω, *aor act impv 2s*, teach, disclose
18 δή, now, then
19 δέω, *fut pas ind 2s*, bind
20 ὑφαίνω, *aor act sub 2s*, weave
21 σειρά, braid, lock
22 δίασμα, warp
23 ἐγκρούω, *aor act sub 2s*, knock in, hammer in
24 πάσσαλος, peg, pin
25 τοῖχος, wall
26 ἀσθενής, weak, helpless
27 κοιμίζω, *aor act ind 3s*, make rest, put to sleep
28 διάζομαι, *aor mid ind 3s*, set the warp in the loom
29 βόστρυχος, lock, braid
30 ἔκτασις, extension
31 κατακρούω, *aor act ind 3s*, fasten, nail
32 πάσσαλος, peg, pin
33 τοῖχος, wall
34 ἀλλόφυλος, foreign, (Philistine)
35 ἐξεγείρω, *aor pas ind 3s*, wake up, rise up
36 ὕπνος, sleep
37 ἐκσπάω, *aor act ind 3s*, pull off, remove
38 πάσσαλος, peg, pin
39 ὕφασμα, woven cloth
40 τοῖχος, wall
41 δίασμα, warp
42 ἰσχύς, power, strength
43 παραλογίζομαι, *aor mid ind 2s*, deceive
44 ἰσχύς, power, strength
45 κατεργάζομαι, *aor mid ind 3s*, overpower, prevail upon
46 παρενοχλέω, *aor act ind 3s*, annoy, nag
47 ὀλιγοψυχέω, *aor act ind 3s*, become discouraged

B δεσμεύοντες[1] δήσωσίν[2] με ἐν καλωδίοις[3] καινοῖς,[4] οἷς οὐκ ἐγένετο ἐν αὐτοῖς ἔργον,
καὶ ἀσθενήσω[5] καὶ ἔσομαι ὡς εἷς τῶν ἀνθρώπων. **12** καὶ ἔλαβεν Δαλιδα καλώδια[6]
καινὰ[7] καὶ ἔδησεν[8] αὐτὸν ἐν αὐτοῖς· καὶ τὰ ἔνεδρα[9] ἐξῆλθεν ἐκ τοῦ ταμιείου·[10] καὶ
εἶπεν Ἀλλόφυλοι[11] ἐπὶ σέ, Σαμψων· καὶ διέσπασεν[12] αὐτὰ ἀπὸ βραχιόνων[13] αὐτοῦ
ὡς σπαρτίον.[14]

13 καὶ εἶπεν Δαλιδα πρὸς Σαμψων Ἰδοὺ ἐπλάνησάς με καὶ ἐλάλησας πρὸς ἐμὲ
ψευδῆ·[15] ἀπάγγειλον δή[16] μοι ἐν τίνι δεθήσῃ.[17] καὶ εἶπεν πρὸς αὐτήν Ἐὰν ὑφάνῃς[18]
τὰς ἑπτὰ σειρὰς[19] τῆς κεφαλῆς μου σὺν τῷ διάσματι[20] καὶ ἐγκρούσῃς[21] τῷ πασσάλῳ[22]
εἰς τὸν τοῖχον,[23] καὶ ἔσομαι ὡς εἷς τῶν ἀνθρώπων ἀσθενής.[24] **14** καὶ ἐγένετο ἐν τῷ
κοιμᾶσθαι[25] αὐτὸν καὶ ἔλαβεν Δαλιδα τὰς ἑπτὰ σειρὰς[26] τῆς κεφαλῆς αὐτοῦ καὶ
ὕφανεν[27] ἐν τῷ διάσματι[28] καὶ ἔπηξεν[29] τῷ πασσάλῳ[30] εἰς τὸν τοῖχον[31] καὶ εἶπεν
Ἀλλόφυλοι[32] ἐπὶ σέ, Σαμψων· καὶ ἐξυπνίσθη[33] ἐκ τοῦ ὕπνου[34] αὐτοῦ καὶ ἐξῆρεν[35]
τὸν πάσσαλον[36] τοῦ ὑφάσματος[37] ἐκ τοῦ τοίχου.[38]

15 καὶ εἶπεν Δαλιδα πρὸς Σαμψων Πῶς λέγεις Ἠγάπηκά σε, καὶ οὐκ ἔστιν ἡ καρ-
δία σου μετ' ἐμοῦ; τοῦτο τρίτον ἐπλάνησάς με καὶ οὐκ ἀπήγγειλάς μοι ἐν τίνι ἡ
ἰσχύς[39] σου ἡ μεγάλη. **16** καὶ ἐγένετο ὅτε ἐξέθλιψεν[40] αὐτὸν ἐν λόγοις αὐτῆς πάσας
τὰς ἡμέρας καὶ ἐστενοχώρησεν[41] αὐτόν, καὶ ὠλιγοψύχησεν[42] ἕως τοῦ ἀποθανεῖν·

1 δεσμεύω, *pres act ptc nom p m*, bind
2 δέω, *aor act sub 3p*, bind
3 καλώδιον, *dim of* κάλος, (small) cord
4 καινός, new
5 ἀσθενέω, *fut act ind 1s*, become weak
6 καλώδιον, *dim of* κάλος, (small) cord
7 καινός, new
8 δέω, *aor act ind 3s*, bind
9 ἔνεδρον, ambush
10 ταμιεῖον, storeroom, inner rom
11 ἀλλόφυλος, foreign, (Philistine)
12 διασπάω, *aor act ind 3s*, tear apart, break apart
13 βραχίων, arm
14 σπαρτίον, string
15 ψευδής, lie, falsehood
16 δή, now, then
17 δέω, *fut pas ind 2s*, bind
18 ὑφαίνω, *aor act sub 2s*, weave
19 σειρά, braid, lock
20 δίασμα, warp
21 ἐγκρούω, *aor act sub 2s*, knock in, hammer in
22 πάσσαλος, peg, pin
23 τοῖχος, wall
24 ἀσθενής, weak, helpless
25 κοιμάω, *pres mid inf*, make rest, put to sleep
26 σειρά, braid, lock
27 ὑφαίνω, *aor act ind 3s*, weave
28 δίασμα, warp
29 πήγνυμι, *aor act ind 3s*, fix, fasten
30 πάσσαλος, peg, pin
31 τοῖχος, wall
32 ἀλλόφυλος, foreign, (Philistine)
33 ἐξυπνίζω, *aor pas ind 3s*, wake up, rouse
34 ὕπνος, sleep
35 ἐξαίρω, *aor act ind 3s*, remove
36 πάσσαλος, peg, pin
37 ὕφασμα, web
38 τοῖχος, wall
39 ἰσχύς, power, strength
40 ἐκθλίβω, *aor act ind 3s*, press, force
41 στενοχωρέω, *aor act ind 3s*, distress, cramp
42 ὀλιγοψυχέω, *aor act ind 3s*, become discouraged

17 καὶ ἀπήγγειλεν αὐτῇ πάντα τὰ ἀπὸ καρδίας αὐτοῦ καὶ εἶπεν αὐτῇ Ξυρὸν[1] οὐκ
ἀναβήσεται ἐπὶ τὴν κεφαλήν μου, ὅτι ναζιραῖος[2] θεοῦ ἐγώ εἰμι ἐκ κοιλίας[3] μητρός
μου, καὶ ἐὰν ξυρήσωμαι,[4] ἀποστήσεται[5] ἀπ᾽ ἐμοῦ ἡ ἰσχύς[6] μου, καὶ ἀσθενήσω[7] καὶ
ἔσομαι κατὰ πάντας τοὺς ἀνθρώπους.

18 καὶ εἶδεν Δαλιλα ὅτι ἀνήγγειλεν[8] αὐτῇ πάντα τὰ ἀπὸ καρδίας αὐτοῦ, καὶ ἀπέστει-
λεν καὶ ἐκάλεσεν πάντας τοὺς σατράπας[9] τῶν ἀλλοφύλων[10] λέγουσα Ἀνάβητε τὸ
ἅπαξ,[11] ὅτι ἀνήγγειλέν μοι πᾶσαν τὴν καρδίαν αὐτοῦ· καὶ ἀνέβησαν πρὸς αὐτὴν
πᾶσαι αἱ σατραπίαι[12] τῶν ἀλλοφύλων καὶ ἤνεγκαν τὸ ἀργύριον[13] ἐν ταῖς χερσὶν
αὐτῶν. **19** καὶ ἐκοίμισεν[14] αὐτὸν ἀνὰ μέσον[15] τῶν γονάτων[16] αὐτῆς· καὶ ἐκάλεσεν
τὸν κουρέα,[17] καὶ ἐξύρησεν[18] τοὺς ἑπτὰ βοστρύχους[19] τῆς κεφαλῆς αὐτοῦ· καὶ ἤρ-
ξατο ταπεινοῦσθαι,[20] καὶ ἀπέστη[21] ἡ ἰσχὺς[22] αὐτοῦ ἀπ᾽ αὐτοῦ. **20** καὶ εἶπεν αὐτῷ
Δαλιλα Οἱ ἀλλόφυλοι[23] ἐπὶ σέ, Σαμψων. καὶ ἐξηγέρθη[24] ἐκ τοῦ ὕπνου[25] αὐτοῦ καὶ
εἶπεν Ἐξελεύσομαι καὶ ποιήσω καθὼς ἀεὶ[26] καὶ ἀποτινάξομαι·[27] καὶ αὐτὸς οὐκ
ἔγνω ὅτι κύριος ἀπέστη[28] ἀπ᾽ αὐτοῦ. **21** καὶ ἐπελάβοντο[29] αὐτοῦ οἱ ἀλλόφυλοι[30] καὶ
ἐξώρυξαν[31] τοὺς ὀφθαλμοὺς αὐτοῦ· καὶ κατήγαγον[32] αὐτὸν εἰς Γάζαν καὶ ἔδησαν[33]
αὐτὸν ἐν πέδαις[34] χαλκαῖς,[35] καὶ ἦν ἀλήθων[36] ἐν οἴκῳ τῆς φυλακῆς. **22** Καὶ ἤρξατο
ἡ θρὶξ[37] τῆς κεφαλῆς αὐτοῦ ἀνατεῖλαι,[38] ἡνίκα[39] ἐξυρήθη.[40]

Death of Samson

23 καὶ οἱ σατράπαι[41] τῶν ἀλλοφύλων[42] συνήχθησαν τοῦ θῦσαι[43] θυσίαν[44] μεγάλην
Δαγων τῷ θεῷ αὐτῶν καὶ τοῦ εὐφρανθῆναι[45] καὶ εἶπαν Παρέδωκεν ὁ θεὸς ἡμῶν

1 ξυρόν, razor
2 ναζιραῖος, Nazirite, *Heb. LW*
3 κοιλία, womb
4 ξυρέω, *aor mid sub 1s*, shave
5 ἀφίστημι, *fut mid ind 3s*, withdraw, depart
6 ἰσχύς, power, strength
7 ἀσθενέω, *fut act ind 1s*, become weak
8 ἀναγγέλλω, *aor act ind 3s*, confess, reveal
9 σατράπης, governor, satrap
10 ἀλλόφυλος, foreign, (Philistine)
11 ἅπαξ, once for all
12 σατραπία, province of a governor or satrap
13 ἀργύριον, money, silver
14 κοιμίζω, *aor act ind 3s*, put to sleep
15 ἀνὰ μέσον, between
16 γόνυ, knee
17 κουρεύς, barber
18 ξυρέω, *aor act ind 3s*, shave
19 βόστρυχος, lock, braid
20 ταπεινόω, *pres pas inf*, bring down, humble
21 ἀφίστημι, *aor act ind 3s*, withdraw, depart
22 ἰσχύς, power, strength
23 ἀλλόφυλος, foreign, (Philistine)
24 ἐξεγείρω, *aor pas ind 3s*, wake up, rise up
25 ὕπνος, sleep
26 ἀεί, always
27 ἀποτινάσσω, *fut mid ind 1s*, shake free
28 ἀφίστημι, *aor act ind 3s*, withdraw, depart
29 ἐπιλαμβάνω, *aor mid ind 3p*, take hold of
30 ἀλλόφυλος, foreign, (Philistine)
31 ἐξορύσσω, *aor act ind 3p*, gouge out, dig out
32 κατάγω, *aor act ind 3p*, lead down
33 δέω, *aor act ind 3p*, bind
34 πέδη, shackle, chain
35 χαλκοῦς, copper, bronze
36 ἀλήθω, *pres act ptc nom s m*, grind (with a mill)
37 θρίξ, hair
38 ἀνατέλλω, *aor act inf*, appear, grow out
39 ἡνίκα, as soon as
40 ξυρέω, *aor pas ind 3s*, shave
41 σατράπης, governor, satrap
42 ἀλλόφυλος, foreign, (Philistine)
43 θύω, *aor act inf*, offer, sacrifice
44 θυσία, offering, sacrifice
45 εὐφραίνω, *aor pas inf*, make glad, rejoice

B **17** καὶ ἀνήγγειλεν[1] αὐτῇ τὴν πᾶσαν καρδίαν αὐτοῦ καὶ εἶπεν αὐτῇ Σίδηρος[2] οὐκ ἀνέβη ἐπὶ τὴν κεφαλήν μου, ὅτι ἅγιος θεοῦ ἐγώ εἰμι ἀπὸ κοιλίας[3] μητρός μου· ἐὰν οὖν ξυρήσωμαι,[4] ἀποστήσεται[5] ἀπ᾽ ἐμοῦ ἡ ἰσχύς[6] μου, καὶ ἀσθενήσω[7] καὶ ἔσομαι ὡς πάντες οἱ ἄνθρωποι.

18 καὶ εἶδεν Δαλιδα ὅτι ἀπήγγειλεν αὐτῇ πᾶσαν τὴν καρδίαν αὐτοῦ, καὶ ἀπέστειλεν καὶ ἐκάλεσεν τοὺς ἄρχοντας τῶν ἀλλοφύλων[8] λέγουσα Ἀνάβητε ἔτι τὸ ἅπαξ[9] τοῦτο, ὅτι ἀπήγγειλέν μοι τὴν πᾶσαν καρδίαν αὐτοῦ· καὶ ἀνέβησαν πρὸς αὐτὴν οἱ ἄρχοντες τῶν ἀλλοφύλων[10] καὶ ἀνήνεγκαν[11] τὸ ἀργύριον[12] ἐν χερσὶν αὐτῶν. **19** καὶ ἐκοίμισεν[13] Δαλιδα τὸν Σαμψων ἐπὶ τὰ γόνατα[14] αὐτῆς· καὶ ἐκάλεσεν ἄνδρα, καὶ ἐξύρησεν[15] τὰς ἑπτὰ σειρὰς[16] τῆς κεφαλῆς αὐτοῦ· καὶ ἤρξατο ταπεινῶσαι[17] αὐτόν, καὶ ἀπέστη[18] ἡ ἰσχὺς[19] αὐτοῦ ἀπ᾽ αὐτοῦ. **20** καὶ εἶπεν Δαλιδα Ἀλλόφυλοι[20] ἐπὶ σέ, Σαμψων. καὶ ἐξυπνίσθη[21] ἐκ τοῦ ὕπνου[22] αὐτοῦ καὶ εἶπεν Ἐξελεύσομαι ὡς ἅπαξ[23] καὶ ἅπαξ καὶ ἐκτιναχθήσομαι·[24] καὶ αὐτὸς οὐκ ἔγνω ὅτι ἀπέστη[25] ὁ κύριος ἀπάνωθεν[26] αὐτοῦ. **21** καὶ ἐκράτησαν αὐτὸν οἱ ἀλλόφυλοι[27] καὶ ἐξέκοψαν[28] τοὺς ὀφθαλμοὺς αὐτοῦ· καὶ κατήνεγκαν[29] αὐτὸν εἰς Γάζαν καὶ ἐπέδησαν[30] αὐτὸν ἐν πέδαις[31] χαλκείαις,[32] καὶ ἦν ἀλήθων[33] ἐν οἴκῳ τοῦ δεσμωτηρίου.[34] **22** Καὶ ἤρξατο θρὶξ[35] τῆς κεφαλῆς αὐτοῦ βλαστάνειν,[36] καθὼς ἐξυρήσατο.[37]

Death of Samson

23 καὶ οἱ ἄρχοντες τῶν ἀλλοφύλων[38] συνήχθησαν θῦσαι[39] θυσίασμα[40] μέγα τῷ Δαγων θεῷ αὐτῶν καὶ εὐφρανθῆναι[41] καὶ εἶπαν Ἔδωκεν ὁ θεὸς ἐν χειρὶ ἡμῶν τὸν

1 ἀναγγέλλω, *aor act ind 3s*, recount
2 σίδηρος, iron blade, razor
3 κοιλία, womb
4 ξυρέω, *aor mid sub 1s*, shave
5 ἀφίστημι, *fut mid ind 3s*, withdraw, depart
6 ἰσχύς, power, strength
7 ἀσθενέω, *fut act ind 1s*, become weak
8 ἀλλόφυλος, foreign, (Philistine)
9 ἅπαξ, once for all
10 ἀλλόφυλος, foreign, (Philistine)
11 ἀναφέρω, *aor act ind 3p*, bring up, offer
12 ἀργύριον, money, silver
13 κοιμίζω, *aor act ind 3s*, put to sleep
14 γόνυ, knee
15 ξυρέω, *aor act ind 3s*, shave
16 σειρά, lock, braid
17 ταπεινόω, *aor act inf*, bring down, humble
18 ἀφίστημι, *aor act ind 3s*, withdraw, depart
19 ἰσχύς, power, strength
20 ἀλλόφυλος, foreign, (Philistine)
21 ἐξυπνίζω, *aor pas ind 3s*, wake up, rouse
22 ὕπνος, sleep
23 ἅπαξ, once
24 ἐκτινάσσω, *fut pas ind 1s*, shake off
25 ἀφίστημι, *aor act ind 3s*, withdraw, depart
26 ἀπάνωθεν, from upon
27 ἀλλόφυλος, foreign, (Philistine)
28 ἐκκόπτω, *aor act ind 3p*, cut out
29 καταφέρω, *aor act ind 3p*, bring down
30 ἐπιδέω, *aor act ind 3p*, bind on, fasten upon
31 πέδη, shackle, chain
32 χάλκειος, copper, bronze
33 ἀλήθω, *pres act ptc nom s m*, grind (with a mill)
34 δεσμωτήριον, jail, prison
35 θρίξ, hair
36 βλαστάνω, *pres act inf*, grow
37 ξυρέω, *aor mid ind 3s*, shave
38 ἀλλόφυλος, foreign, (Philistine)
39 θύω, *aor act inf*, sacrifice
40 θυσίασμα, offering, sacrifice
41 εὐφραίνω, *aor pas inf*, make glad, rejoice

ἐν χειρὶ ἡμῶν Σαμψων τὸν ἐχθρὸν ἡμῶν. **24** καὶ εἶδεν αὐτὸν ὁ λαὸς καὶ ᾔνεσαν[1] A
τοὺς θεοὺς αὐτῶν καὶ εἶπαν Παρέδωκεν ὁ θεὸς ἡμῶν τὸν ἐχθρὸν ἡμῶν ἐν χειρὶ
ἡμῶν καὶ τὸν ἐξερημοῦντα[2] τὴν γῆν ἡμῶν, ὅστις ἐπλήθυνεν[3] τοὺς τραυματίας[4]
ἡμῶν. **25** καὶ ἐγένετο ὅτε ἠγαθύνθη[5] ἡ καρδία αὐτῶν, καὶ εἶπαν Καλέσατε τὸν
Σαμψων ἐξ οἴκου φυλακῆς, καὶ παιξάτω[6] ἐνώπιον ἡμῶν. καὶ ἐκάλεσαν τὸν Σαμψων
ἐξ οἴκου τῆς φυλακῆς καὶ ἐνέπαιζον[7] αὐτῷ καὶ ἔστησαν αὐτὸν ἀνὰ μέσον[8] τῶν
δύο στύλων.[9] **26** καὶ εἶπεν Σαμψων πρὸς τὸ παιδάριον[10] τὸν χειραγωγοῦντα[11]
αὐτόν Ἐπανάπαυσόν[12] με δὴ[13] καὶ ποίησον ψηλαφῆσαί[14] με ἐπὶ τοὺς στύλους,[15] ἐφ᾽
ὧν ὁ οἶκος ἐπεστήρικται[16] ἐπ᾽ αὐτῶν, καὶ ἐπιστηρίσομαι[17] ἐπ᾽ αὐτούς· ὁ δὲ παῖς[18]
ἐποίησεν οὕτως. **27** ὁ δὲ οἶκος ἦν πλήρης[19] ἀνδρῶν καὶ γυναικῶν, καὶ ἐκεῖ πάντες
οἱ σατράπαι[20] τῶν ἀλλοφύλων,[21] καὶ ἐπὶ τοῦ δώματος[22] ὡσεὶ[23] τρισχίλιοι[24] ἄνδρες
καὶ γυναῖκες ἐμβλέποντες[25] ἐμπαιζόμενον[26] τὸν Σαμψων.

28 καὶ ἐβόησεν[27] Σαμψων πρὸς κύριον καὶ εἶπεν Κύριε κύριε, μνήσθητί[28] μου καὶ
ἐνίσχυσόν[29] με δὴ[30] πλὴν ἔτι τὸ ἅπαξ[31] τοῦτο, καὶ ἐκδικήσω[32] ἐκδίκησιν[33] μίαν ἀντὶ[34]
τῶν δύο ὀφθαλμῶν μου ἐκ τῶν ἀλλοφύλων.[35] **29** καὶ περιέλαβεν[36] Σαμψων τοὺς δύο
στύλους[37] τοὺς μέσους, ἐφ᾽ ὧν ὁ οἶκος ἐπεστήρικτο[38] ἐπ᾽ αὐτῶν, καὶ ἐπεστηρίσατο ἐπ᾽
αὐτοῖς, ἕνα ἐν τῇ δεξιᾷ αὐτοῦ καὶ ἕνα ἐν τῇ ἀριστερᾷ[39] αὐτοῦ. **30** καὶ εἶπεν Σαμψων
Ἀποθανέτω ἡ ψυχή μου μετὰ τῶν ἀλλοφύλων·[40] καὶ ἔκλινεν[41] ἐν ἰσχύι,[42] καὶ ἔπεσεν
ὁ οἶκος ἐπὶ τοὺς σατράπας[43] καὶ ἐπὶ πάντα τὸν λαὸν τὸν ἐν αὐτῷ· καὶ ἐγένοντο οἱ

1 αἰνέω, *aor act ind 3p*, praise, glorify
2 ἐξερημόω, *pres act ptc acc s m*, devastate
3 πληθύνω, *aor act ind 3s*, increase, multiply
4 τραυματίας, casualty, victim
5 ἀγαθύνω, *aor pas ind 3s*, cheer, make merry
6 παίζω, *aor act impv 3s*, dance and sing
7 ἐμπαίζω, *impf act ind 3p*, mock, make sport of
8 ἀνὰ μέσον, between
9 στῦλος, pillar, column
10 παιδάριον, young man, servant
11 χειραγωγέω, *pres act ptc acc s m*, lead by the hand
12 ἐπαναπαύομαι, *aor act impv 2s*, support, give rest
13 δή, now, then
14 ψηλαφάω, *aor act inf*, feel, touch
15 στῦλος, pillar, column
16 ἐπιστηρίζω, *perf pas ind 3s*, support
17 ἐπιστηρίζω, *fut mid ind 1s*, rest upon
18 παῖς, boy, servant
19 πλήρης, full
20 σατράπης, governor, satrap
21 ἀλλόφυλος, foreign, (Philistine)
22 δῶμα, roof, housetop
23 ὡσεί, about
24 τρισχίλιοι, three thousand
25 ἐμβλέπω, *pres act ptc nom p m*, look on, watch
26 ἐμπαίζω, *pres pas ptc acc s m*, mock, abuse
27 βοάω, *aor act ind 3s*, cry out
28 μιμνήσκομαι, *aor pas impv 2s*, remember
29 ἐνισχύω, *aor act impv 2s*, strengthen
30 δή, now
31 ἅπαξ, once
32 ἐκδικέω, *fut act ind 1s*, avenge
33 ἐκδίκησις, vengeance
34 ἀντί, in exchange for
35 ἀλλόφυλος, foreign, (Philistine)
36 περιλαμβάνω, *aor act ind 3s*, take hold around
37 στῦλος, pillar, column
38 ἐπιστηρίζω, *plpf pas ind 3s*, support
39 ἀριστερός, left
40 ἀλλόφυλος, foreign, (Philistine)
41 κλίνω, *aor act ind 3s*, lean toward, bend into
42 ἰσχύς, power, strength
43 σατράπης, governor, satrap

B Σαμψων τὸν ἐχθρὸν ἡμῶν. **24** καὶ εἶδαν αὐτὸν ὁ λαὸς καὶ ὕμνησαν[1] τὸν θεὸν αὐτῶν
ὅτι Παρέδωκεν ὁ θεὸς ἡμῶν τὸν ἐχθρὸν ἡμῶν ἐν χειρὶ ἡμῶν τὸν ἐρημοῦντα[2] τὴν
γῆν ἡμῶν καὶ ὃς ἐπλήθυνεν[3] τοὺς τραυματίας[4] ἡμῶν. **25** καὶ ὅτε ἠγαθύνθη[5] ἡ καρδία
αὐτῶν, καὶ εἶπαν Καλέσατε τὸν Σαμψων ἐξ οἴκου φυλακῆς, καὶ παιξάτω[6] ἐνώπιον
ἡμῶν. καὶ ἐκάλεσαν τὸν Σαμψων ἀπὸ οἴκου δεσμωτηρίου,[7] καὶ ἔπαιζεν[8] ἐνώπιον
αὐτῶν, καὶ ἐρράπιζον[9] αὐτὸν καὶ ἔστησαν αὐτὸν ἀνὰ μέσον[10] τῶν κιόνων.[11] **26** καὶ
εἶπεν Σαμψων πρὸς τὸν νεανίαν[12] τὸν κρατοῦντα τὴν χεῖρα αὐτοῦ Ἄφες με καὶ ψη-
λαφήσω[13] τοὺς κίονας,[14] ἐφ᾽ οἷς ὁ οἶκος στήκει[15] ἐπ᾽ αὐτούς, καὶ ἐπιστηριχθήσομαι[16]
ἐπ᾽ αὐτούς. **27** καὶ ὁ οἶκος πλήρης[17] τῶν ἀνδρῶν καὶ τῶν γυναικῶν, καὶ ἐκεῖ πάντες οἱ
ἄρχοντες τῶν ἀλλοφύλων,[18] καὶ ἐπὶ τὸ δῶμα[19] ὡς ἑπτακόσιοι[20] ἄνδρες καὶ γυναῖκες
οἱ θεωροῦντες[21] ἐν παιγνίαις[22] Σαμψων.

28 καὶ ἔκλαυσεν Σαμψων πρὸς κύριον καὶ εἶπεν Αδωναιε[23] κύριε, μνήσθητι[24] δή[25] μου
νῦν καὶ ἐνίσχυσόν[26] με ἔτι τὸ ἅπαξ[27] τοῦτο, θεέ, καὶ ἀνταποδώσω[28] ἀνταπόδοσιν[29]
μίαν περὶ τῶν δύο ὀφθαλμῶν μου τοῖς ἀλλοφύλοις.[30] **29** καὶ περιέλαβεν[31] Σαμψων
τοὺς δύο κίονας[32] τοῦ οἴκου, ἐφ᾽ οὓς ὁ οἶκος εἱστήκει,[33] καὶ ἐπεστηρίχθη[34] ἐπ᾽
αὐτοὺς καὶ ἐκράτησεν ἕνα τῇ δεξιᾷ αὐτοῦ καὶ ἕνα τῇ ἀριστερᾷ[35] αὐτοῦ. **30** καὶ εἶπεν
Σαμψων Ἀποθανέτω ψυχή μου μετὰ ἀλλοφύλων·[36] καὶ ἐβάσταξεν[37] ἐν ἰσχύι,[38] καὶ

1 ὑμνέω, *aor act ind 3p*, sing praise of
2 ἐρημόω, *pres act ptc acc s m*, devastate
3 πληθύνω, *aor act ind 3s*, increase, multiply
4 τραυματίας, casualty, victim
5 ἀγαθύνω, *aor pas ind 3s*, cheer, make merry
6 παίζω, *aor act impv 3s*, dance and sing
7 δεσμωτήριον, jail, prison
8 παίζω, *impf act ind 3s*, dance and sing
9 ῥαπίζω, *impf act ind 3p*, slap, strike
10 ἀνὰ μέσον, between
11 κίων, pillar
12 νεανίας, young man, servant
13 ψηλαφάω, *aor act sub 1s*, feel, touch
14 κίων, pillar
15 στήκω, *pres act ind 3s*, stand
16 ἐπιστηρίζω, *fut pas ind 1s*, support
17 πλήρης, full
18 ἀλλόφυλος, foreign, (Philistine)
19 δῶμα, roof, housetop
20 ἑπτακόσιοι, seven hundred
21 θεωρέω, *pres act ptc nom p m*, view, watch
22 παιγνία, amusement, entertainment
23 Αδωναιε, Lord, *translit.*
24 μιμνῄσκομαι, *aor pas impv 2s*, remember
25 δή, now
26 ἐνισχύω, *aor act impv 2s*, strengthen
27 ἅπαξ, once
28 ἀνταποδίδωμι, *fut act ind 1s*, repay, reward
29 ἀνταπόδοσις, recompense, retribution
30 ἀλλόφυλος, foreign, (Philistine)
31 περιλαμβάνω, *aor act ind 3s*, take hold around
32 κίων, pillar
33 ἵστημι, *plpf act ind 3s*, stand
34 ἐπιστηρίζω, *aor pas ind 3s*, support
35 ἀριστερός, left
36 ἀλλόφυλος, foreign, (Philistine)
37 βαστάζω, *aor act ind 3s*, pick up, bear
38 ἰσχύς, power, strength

A

τεθνηκότες,[1] οὓς ἐθανάτωσεν[2] Σαμψων ἐν τῷ θανάτῳ αὐτοῦ, πλείους[3] ὑπὲρ οὓς ἐθανάτωσεν ἐν τῇ ζωῇ αὐτοῦ. **31** καὶ κατέβησαν οἱ ἀδελφοὶ αὐτοῦ καὶ πᾶς ὁ οἶκος τοῦ πατρὸς αὐτοῦ καὶ ἔλαβον αὐτὸν καὶ ἀνέβησαν καὶ ἔθαψαν[4] αὐτὸν ἀνὰ μέσον[5] Σαραα καὶ ἀνὰ μέσον Εσθαολ ἐν τῷ τάφῳ[6] Μανωε τοῦ πατρὸς αὐτοῦ. καὶ αὐτὸς ἔκρινεν τὸν Ισραηλ εἴκοσι[7] ἔτη.

Micah and the Levite

17 Καὶ ἐγένετο ἀνὴρ ἐξ ὄρους Εφραιμ, καὶ ὄνομα αὐτῷ Μιχα. **2** καὶ εἶπεν τῇ μητρὶ
αὐτοῦ Χιλίους[8] καὶ ἑκατὸν[9] ἀργυρίου[10] τοὺς λημφθέντας σοι καὶ ἐξώρκισας[11]
καὶ εἶπας ἐν τοῖς ὠσίν μου, ἰδοὺ τὸ ἀργύριον[12] παρ᾽ ἐμοί, ἐγὼ ἔλαβον αὐτό. καὶ εἶπεν
ἡ μήτηρ αὐτοῦ Εὐλογημένος ὁ υἱός μου τῷ κυρίῳ. **3** καὶ ἀπέδωκεν τοὺς χιλίους[13] καὶ
ἑκατὸν[14] τοῦ ἀργυρίου[15] τῇ μητρὶ αὐτοῦ, καὶ εἶπεν ἡ μήτηρ αὐτοῦ Ἁγιασμῷ[16] ἡγίασα[17]
τὸ ἀργύριον[18] τῷ κυρίῳ ἐκ τῆς χειρός μου κατὰ μόνας τοῦ ποιῆσαι γλυπτὸν[19] καὶ
χωνευτόν,[20] καὶ νῦν ἐπιστρέψω αὐτά σοι καὶ ἀποδώσω σοι αὐτό. **4** καὶ ἀπέδωκεν τὸ
ἀργύριον[21] τῇ μητρὶ αὐτοῦ· καὶ ἔλαβεν ἡ μήτηρ αὐτοῦ διακοσίους[22] τοῦ ἀργυρίου[23]
καὶ ἔδωκεν αὐτὸ τῷ χωνευτῇ,[24] καὶ ἐποίησεν αὐτὸ γλυπτὸν[25] καὶ χωνευτόν,[26] καὶ
ἐγένετο ἐν τῷ οἴκῳ Μιχα. **5** καὶ ὁ ἀνὴρ Μιχα, αὐτῷ οἶκος θεοῦ· καὶ ἐποίησεν εφουδ[27]
καὶ θεραφιν[28] καὶ ἐνέπλησεν[29] τὴν χεῖρα ἑνὸς τῶν υἱῶν αὐτοῦ, καὶ ἐγενήθη αὐτῷ εἰς
ἱερέα. — **6** ἐν ταῖς ἡμέραις ἐκείναις οὐκ ἦν βασιλεὺς ἐν Ισραηλ· ἀνὴρ τὸ ἀγαθὸν ἐν
ὀφθαλμοῖς αὐτοῦ ἐποίει.

7 Καὶ ἐγένετο παιδάριον[30] ἐκ Βηθλεεμ δήμου[31] Ιουδα ἐκ τῆς συγγενείας[32] Ιουδα,
καὶ αὐτὸς Λευίτης, καὶ αὐτὸς παρῴκει[33] ἐκεῖ. **8** καὶ ἐπορεύθη ὁ ἀνὴρ ἐκ τῆς πόλεως
Ιουδα ἐκ Βηθλεεμ παροικεῖν[34] οὗ ἐὰν εὕρῃ, καὶ ἐγενήθη εἰς ὄρος Εφραιμ ἕως οἴκου
Μιχα τοῦ ποιῆσαι τὴν ὁδὸν αὐτοῦ. **9** καὶ εἶπεν αὐτῷ Μιχα Πόθεν[35] ἔρχῃ; καὶ εἶπεν
πρὸς αὐτόν Λευίτης ἐγώ εἰμι ἐκ Βηθλεεμ Ιουδα, καὶ ἐγὼ πορεύομαι παροικεῖν[36] οὗ

1 θνῄσκω, *perf act ptc nom p m*, die
2 θανατόω, *aor act ind 3s*, kill
3 πλείων/πλεῖον, *comp of* πολύς, more
4 θάπτω, *aor act ind 3p*, bury
5 ἀνὰ μέσον, between
6 τάφος, grave, tomb
7 εἴκοσι, twenty
8 χίλιοι, one thousand
9 ἑκατόν, one hundred
10 ἀργύριον, silver (coin)
11 ἐξορκίζω, *aor act ind 2s*, utter an oath, adjure
12 ἀργύριον, money, silver
13 χίλιοι, one thousand
14 ἑκατόν, one hundred
15 ἀργύριον, silver (coin)
16 ἁγιασμός, consecration
17 ἁγιάζω, *aor act ind 1s*, consecrate
18 ἀργύριον, silver, money
19 γλυπτός, carved
20 χωνευτός, cast
21 ἀργύριον, money, silver
22 διακόσιοι, two hundred
23 ἀργύριον, silver (coin)
24 χωνευτής, caster (of metal)
25 γλυπτός, carved
26 χωνευτός, cast
27 εφουδ, ephod, *translit.*
28 θεραφιν, idols, *translit.*
29 ἐμπίμπλημι, *aor act ind 3s*, fill up
30 παιδάριον, young man
31 δῆμος, district, people
32 συγγένεια, family, kinfolk
33 παροικέω, *impf act ind 3s*, live as a foreigner
34 παροικέω, *pres act inf*, live as a foreigner
35 πόθεν, from where
36 παροικέω, *pres act inf*, live as a foreigner

B ἔπεσεν ὁ οἶκος ἐπὶ τοὺς ἄρχοντας καὶ ἐπὶ πάντα τὸν λαὸν τὸν ἐν αὐτῷ· καὶ ἦσαν
οἱ τεθνηκότες,[1] οὓς ἐθανάτωσεν[2] Σαμψων ἐν τῷ θανάτῳ αὐτοῦ, πλείους[3] ἢ οὓς
ἐθανάτωσεν ἐν τῇ ζωῇ αὐτοῦ. **31** καὶ κατέβησαν οἱ ἀδελφοὶ αὐτοῦ καὶ ὁ οἶκος τοῦ
πατρὸς αὐτοῦ καὶ ἔλαβον αὐτὸν καὶ ἀνέβησαν καὶ ἔθαψαν[4] αὐτὸν ἀνὰ μέσον[5] Σαραα
καὶ ἀνὰ μέσον Εσθαολ ἐν τῷ τάφῳ[6] Μανωε τοῦ πατρὸς αὐτοῦ. καὶ αὐτὸς ἔκρινεν
τὸν Ισραηλ εἴκοσι[7] ἔτη.

Micah and the Levite

17 Καὶ ἐγένετο ἀνὴρ ἀπὸ ὄρους Εφραιμ, καὶ ὄνομα αὐτῷ Μιχαιας. **2** καὶ εἶπεν τῇ
μητρὶ αὐτοῦ Οἱ χίλιοι[8] καὶ ἑκατόν,[9] οὓς ἔλαβες ἀργυρίου[10] σεαυτῇ καί με ἠράσω[11]
καὶ προσεῖπας[12] ἐν ὠσί μου, ἰδοὺ τὸ ἀργύριον[13] παρ᾽ ἐμοί, ἐγὼ ἔλαβον αὐτό. καὶ εἶπεν
ἡ μήτηρ αὐτοῦ Εὐλογητὸς[14] ὁ υἱός μου τῷ κυρίῳ. **3** καὶ ἀπέδωκεν τοὺς χιλίους[15]
καὶ ἑκατὸν[16] τοῦ ἀργυρίου[17] τῇ μητρὶ αὐτοῦ· καὶ εἶπεν ἡ μήτηρ αὐτοῦ Ἁγιάζουσα[18]
ἡγίακα[19] τὸ ἀργύριον[20] τῷ κυρίῳ ἐκ χειρός μου τῷ υἱῷ μου τοῦ ποιῆσαι γλυπτὸν[21] καὶ
χωνευτόν,[22] καὶ νῦν ἀποδώσω σοι αὐτό. **4** καὶ ἀπέδωκεν τὸ ἀργύριον[23] τῇ μητρὶ αὐτοῦ·
καὶ ἔλαβεν ἡ μήτηρ αὐτοῦ διακοσίους[24] ἀργυρίου[25] καὶ ἔδωκεν αὐτὸ ἀργυροκόπῳ,[26]
καὶ ἐποίησεν αὐτὸ γλυπτὸν[27] καὶ χωνευτόν·[28] καὶ ἐγενήθη ἐν οἴκῳ Μιχαια. **5** καὶ ὁ
οἶκος Μιχαια, αὐτῷ οἶκος θεοῦ· καὶ ἐποίησεν εφωδ[29] καὶ θαραφιν[30] καὶ ἐπλήρωσεν
τὴν χεῖρα ἀπὸ ἑνὸς υἱῶν αὐτοῦ, καὶ ἐγένετο αὐτῷ εἰς ἱερέα. — **6** ἐν δὲ ταῖς ἡμέραις
ἐκείναις οὐκ ἦν βασιλεὺς ἐν Ισραηλ· ἀνὴρ τὸ εὐθὲς[31] ἐν ὀφθαλμοῖς αὐτοῦ ἐποίει.

7 Καὶ ἐγενήθη νεανίας[32] ἐκ Βηθλεεμ δήμου[33] Ιουδα, καὶ αὐτὸς Λευίτης, καὶ οὗτος
παρῴκει[34] ἐκεῖ. **8** καὶ ἐπορεύθη ὁ ἀνὴρ ἀπὸ Βηθλεεμ τῆς πόλεως Ιουδα παροικῆσαι[35]
ἐν ᾧ ἐὰν εὕρῃ τόπῳ, καὶ ἦλθεν ἕως ὄρους Εφραιμ καὶ ἕως οἴκου Μιχαια τοῦ ποιῆσαι
ὁδὸν αὐτοῦ. **9** καὶ εἶπεν αὐτῷ Μιχαιας Πόθεν[36] ἔρχῃ; καὶ εἶπεν πρὸς αὐτόν Λευίτης
εἰμὶ ἀπὸ Βαιθλεεμ Ιουδα, καὶ ἐγὼ πορεύομαι παροικῆσαι[37] ἐν ᾧ ἐὰν εὕρω τόπῳ.

1 θνῄσκω, *perf act ptc nom p m*, die
2 θανατόω, *aor act ind 3s*, kill, slay
3 πλείων/πλεῖον, *comp of* πολύς, more
4 θάπτω, *aor act ind 3p*, bury
5 ἀνὰ μέσον, between
6 τάφος, grave, tomb
7 εἴκοσι, twenty
8 χίλιοι, one thousand
9 ἑκατόν, one hundred
10 ἀργύριον, silver (coin)
11 ἀράομαι, *aor mid ind 2s*, curse
12 προσλέγω, *aor act ind 2s*, speak, say in addition
13 ἀργύριον, money, silver
14 εὐλογητός, blessed
15 χίλιοι, one thousand
16 ἑκατόν, one hundred
17 ἀργύριον, silver (coin)
18 ἁγιάζω, *pres act ptc nom s f*, consecrate
19 ἁγιάζω, *perf act ind 1s*, consecrate
20 ἀργύριον, silver, money
21 γλυπτός, carved
22 χωνευτός, cast
23 ἀργύριον, money, silver
24 διακόσιοι, two hundred
25 ἀργύριον, silver (coin)
26 ἀργυροκόπος, silversmith
27 γλυπτός, carved
28 χωνευτός, cast
29 εφωδ, ephod, *translit.*
30 θαραφιν, idols, *translit.*
31 εὐθής, right, proper
32 νεανίας, young man
33 δῆμος, district, people
34 παροικέω, *impf act ind 3s*, live as a foreigner
35 παροικέω, *aor act inf*, live as a foreigner
36 πόθεν, from where
37 παροικέω, *aor act inf*, live as a foreigner

ἐὰν εὕρω. **10** καὶ εἶπεν αὐτῷ Μιχα Κάθου μετ᾽ ἐμοῦ καὶ γενοῦ μοι εἰς πατέρα καὶ εἰς ἱερέα, καὶ ἐγὼ δώσω σοι δέκα[1] ἀργυρίου[2] εἰς ἡμέρας καὶ ζεῦγος[3] ἱματίων καὶ τὰ πρὸς τὸ ζῆν σου. καὶ ἐπορεύθη ὁ Λευίτης **11** καὶ ἤρξατο παροικεῖν[4] παρὰ τῷ ἀνδρί, καὶ ἐγενήθη αὐτῷ τὸ παιδάριον[5] ὡς εἷς τῶν υἱῶν αὐτοῦ. **12** καὶ ἐνέπλησεν[6] Μιχα τὴν χεῖρα τοῦ Λευίτου, καὶ ἐγενήθη αὐτῷ τὸ παιδάριον[7] εἰς ἱερέα καὶ ἦν ἐν τῷ οἴκῳ Μιχα. **13** καὶ εἶπεν Μιχα Νῦν ἔγνων ὅτι ἠγαθοποίησέν[8] με κύριος, ὅτι ἐγενήθη μοι ὁ Λευίτης εἰς ἱερέα.

Danite Migration

18 Ἐν ταῖς ἡμέραις ἐκείναις οὐκ ἦν βασιλεὺς ἐν Ισραηλ. καὶ ἐν ταῖς ἡμέραις ἐκείναις ἐζήτει ἡ φυλὴ τοῦ Δαν ἑαυτῇ κληρονομίαν[9] τοῦ κατοικεῖν, ὅτι οὐκ ἔπεσεν αὐτῇ ἕως τῶν ἡμερῶν ἐκείνων ἐν μέσῳ φυλῶν Ισραηλ κληρονομία. **2** καὶ ἐξαπέστειλαν[10] οἱ υἱοὶ Δαν ἐκ τῶν συγγενειῶν[11] αὐτῶν πέντε ἄνδρας ἀπὸ μέρους αὐτῶν υἱοὺς δυνάμεως ἐκ Σαραα καὶ Εσθαολ τοῦ κατασκέψασθαι[12] τὴν γῆν καὶ ἐξιχνιάσαι[13] αὐτὴν καὶ εἶπαν πρὸς αὐτούς Πορεύεσθε καὶ ἐξερευνήσατε[14] τὴν γῆν. καὶ παρεγένοντο εἰς ὄρος Εφραιμ ἕως οἴκου Μιχα καὶ κατέπαυσαν[15] ἐκεῖ. **3** αὐτῶν ὄντων παρὰ τῷ οἴκῳ Μιχα καὶ αὐτοὶ ἐπέγνωσαν[16] τὴν φωνὴν τοῦ παιδαρίου τοῦ νεωτέρου[17] τοῦ Λευίτου καὶ ἐξέκλιναν[18] ἐκεῖ καὶ εἶπαν αὐτῷ Τίς ἤγαγέν σε ὧδε,[19] καὶ τί ποιεῖς ἐνταῦθα,[20] καὶ τί σοί ἐστιν ὧδε; **4** καὶ εἶπεν πρὸς αὐτούς Οὕτως καὶ οὕτως ἐποίησέν μοι Μιχα καὶ ἐμισθώσατό[21] με, καὶ ἐγενήθην αὐτῷ εἰς ἱερέα. **5** καὶ εἶπαν αὐτῷ Ἐπερώτησον[22] δὴ[23] ἐν τῷ θεῷ, καὶ γνωσόμεθα εἰ κατευοδοῖ[24] ἡ ὁδὸς ἡμῶν, ἣν ἡμεῖς πορευόμεθα ἐπ᾽ αὐτήν. **6** καὶ εἶπεν αὐτοῖς ὁ ἱερεύς Πορεύεσθε εἰς εἰρήνην· ἐνώπιον κυρίου ἡ ὁδὸς ὑμῶν, καθ᾽ ἣν ὑμεῖς πορεύεσθε ἐν αὐτῇ.

7 καὶ ἐπορεύθησαν οἱ πέντε ἄνδρες καὶ παρεγένοντο εἰς Λαισα· καὶ εἶδον τὸν λαὸν τὸν κατοικοῦντα ἐν αὐτῇ καθήμενον ἐν ἐλπίδι κατὰ τὴν σύγκρισιν[25] τῶν Σιδωνίων, ἡσυχάζοντας[26] ἐν ἐλπίδι καὶ μὴ δυναμένους λαλῆσαι ῥῆμα, ὅτι μακράν[27] εἰσιν ἀπὸ Σιδῶνος, καὶ λόγος οὐκ ἦν αὐτοῖς μετὰ Συρίας. **8** καὶ παρεγένοντο οἱ πέντε ἄνδρες πρὸς τοὺς ἀδελφοὺς αὐτῶν εἰς Σαραα καὶ Εσθαολ, καὶ ἔλεγον αὐτοῖς οἱ

1 δέκα, ten
2 ἀργύριον, silver (coin)
3 ζεῦγος, pair, couple
4 παροικέω, *pres act inf*, live as a foreigner
5 παιδάριον, young man
6 ἐμπίμπλημι, *aor act ind 3s*, fill up
7 παιδάριον, young man
8 ἀγαθοποιέω, *aor act ind 3s*, benefit, do good to
9 κληρονομία, inheritance
10 ἐξαποστέλλω, *aor act ind 3p*, send forth
11 συγγένεια, kindred, family
12 κατασκέπτομαι, *aor mid inf*, survey, spy
13 ἐξιχνιάζω, *aor act inf*, explore
14 ἐξερευνάω, *aor act impv 2p*, examine, investigate
15 καταπαύω, *aor act ind 3p*, rest, stop
16 ἐπιγινώσκω, *aor act ind 3p*, recognize
17 νέος, *comp*, younger
18 ἐκκλίνω, *aor act ind 3p*, turn aside
19 ὧδε, here
20 ἐνταῦθα, here
21 μισθόω, *aor mid ind 3s*, hire
22 ἐπερωτάω, *aor act impv 2s*, ask, inquire
23 δή, now, then
24 κατευοδόω, *pres act ind 3s*, prosper, give success
25 σύγκρισις, ruling, decision
26 ἡσυχάζω, *pres act ptc acc p m*, live peacefully, be orderly
27 μακρός, remote, distant

B **10** καὶ εἶπεν αὐτῷ Μιχαιας Κάθου μετ᾽ ἐμοῦ καὶ γίνου μοι εἰς πατέρα καὶ εἰς ἱερέα,
καὶ ἐγὼ δώσω σοι δέκα[1] ἀργυρίου[2] εἰς ἡμέραν καὶ στολὴν[3] ἱματίων καὶ τὰ πρὸς ζωήν
σου. καὶ ἐπορεύθη ὁ Λευίτης **11** καὶ ἤρξατο παροικεῖν[4] παρὰ τῷ ἀνδρί, καὶ ἐγενήθη
ὁ νεανίας[5] παρ᾽ αὐτῷ ὡς εἷς ἀπὸ υἱῶν αὐτοῦ. **12** καὶ ἐπλήρωσεν Μιχαιας τὴν χεῖρα
τοῦ Λευίτου, καὶ ἐγένετο αὐτῷ εἰς ἱερέα καὶ ἐγένετο ἐν οἴκῳ Μιχαια. **13** καὶ εἶπεν
Μιχαιας Νῦν ἔγνων ὅτι ἀγαθυνεῖ[6] κύριος ἐμοί, ὅτι ἐγένετό μοι ὁ Λευίτης εἰς ἱερέα.

Danite Migration

18 Ἐν ταῖς ἡμέραις ἐκείναις οὐκ ἦν βασιλεὺς ἐν Ισραηλ. καὶ ἐν ταῖς ἡμέραις
ἐκείναις ἡ φυλὴ Δαν ἐζήτει αὐτῇ κληρονομίαν[7] κατοικῆσαι, ὅτι οὐκ ἐνέπεσεν[8]
αὐτῇ ἕως τῆς ἡμέρας ἐκείνης ἐν μέσῳ φυλῶν Ισραηλ κληρονομία. **2** καὶ ἀπέστειλαν
οἱ υἱοὶ Δαν ἀπὸ δήμων[9] αὐτῶν πέντε ἄνδρας υἱοὺς δυνάμεως ἀπὸ Σαραα καὶ ἀπὸ
Εσθαολ τοῦ κατασκέψασθαι[10] τὴν γῆν καὶ ἐξιχνιάσαι[11] αὐτὴν καὶ εἶπαν πρὸς αὐτούς
Πορεύεσθε καὶ ἐξιχνιάσατε[12] τὴν γῆν. καὶ ἦλθον ἕως ὄρους Εφραιμ ἕως οἴκου Μιχαια
καὶ ηὐλίσθησαν[13] ἐκεῖ. **3** αὐτοὶ ἐν οἴκῳ Μιχαια καὶ αὐτοὶ ἐπέγνωσαν τὴν φωνὴν τοῦ
νεανίσκου[14] τοῦ Λευίτου καὶ ἐξέκλιναν[15] ἐκεῖ καὶ εἶπαν αὐτῷ Τίς ἤνεγκέν σε ὧδε,[16]
καὶ τί σὺ ποιεῖς ἐν τῷ τόπῳ τούτῳ, καὶ τί σοι ὧδε; **4** καὶ εἶπεν πρὸς αὐτούς Οὕτως
καὶ οὕτως ἐποίησέν μοι Μιχαιας καὶ ἐμισθώσατό[17] με, καὶ ἐγενόμην αὐτῷ εἰς ἱερέα.
5 καὶ εἶπαν αὐτῷ Ἐρώτησον[18] δὴ[19] ἐν τῷ θεῷ, καὶ γνωσόμεθα εἰ εὐοδωθήσεται[20] ἡ
ὁδὸς ἡμῶν, ἐν ᾗ ἡμεῖς πορευόμεθα ἐν αὐτῇ. **6** καὶ εἶπεν αὐτοῖς ὁ ἱερεύς Πορεύεσθε
ἐν εἰρήνῃ· ἐνώπιον κυρίου ἡ ὁδὸς ὑμῶν, ἐν ᾗ πορεύεσθε ἐν αὐτῇ.

7 καὶ ἐπορεύθησαν οἱ πέντε ἄνδρες καὶ ἦλθον εἰς Λαισα· καὶ εἶδαν τὸν λαὸν τὸν ἐν
μέσῳ αὐτῆς καθήμενον ἐπ᾽ ἐλπίδι, ὡς κρίσις Σιδωνίων ἡσυχάζουσα,[21] καὶ οὐκ ἔστιν
διατρέπων[22] ἢ καταισχύνων[23] λόγον ἐν τῇ γῇ, κληρονόμος[24] ἐκπιέζων[25] θησαυροῦ,[26]
καὶ μακράν[27] εἰσιν Σιδωνίων καὶ λόγον οὐκ ἔχουσιν πρὸς ἄνθρωπον. **8** καὶ ἦλθον
οἱ πέντε ἄνδρες πρὸς τοὺς ἀδελφοὺς αὐτῶν εἰς Σαραα καὶ Εσθαολ καὶ εἶπον τοῖς

1 δέκα, ten
2 ἀργύριον, silver (coin)
3 στολή, garment
4 παροικέω, *pres act inf*, live as a foreigner
5 νεανίας, young man
6 ἀγαθύνω, *fut act ind 3s*, do good to
7 κληρονομία, inheritance
8 ἐμπίπτω, *aor act ind 3s*, fall into (one's possession)
9 δῆμος, district, multitude
10 κατασκέπτομαι, *aor mid inf*, survey, spy
11 ἐξιχνιάζω, *aor act inf*, explore
12 ἐξιχνιάζω, *aor act impv 2p*, explore
13 αὐλίζομαι, *aor pas ind 3p*, lodge
14 νεανίσκος, young man
15 ἐκκλίνω, *aor act ind 3p*, turn aside
16 ὧδε, here
17 μισθόω, *aor mid ind 3s*, hire
18 ἐρωτάω, *aor act impv 2s*, ask, inquire
19 δή, now, then
20 εὐοδόω, *fut pas ind 3s*, lead successfully
21 ἡσυχάζω, *pres act ptc nom s f*, keep quiet
22 διατρέπω, *pres act ptc nom s m*, deter from one's purpose, confound
23 καταισχύνω, *pres act ptc nom s m*, dishonor, put to shame
24 κληρονόμος, inheritor, heir
25 ἐκπιέζω, *pres act ptc nom s m*, force out, press out
26 θησαυρός, treasury, storehouse
27 μακρός, far away, distant

ἀδελφοὶ αὐτῶν Τί ὑμεῖς κάθησθε; **9** καὶ εἶπαν Ἀνάστητε καὶ ἀναβῶμεν ἐπ᾽ αὐτούς· A
ὅτι εἰσήλθαμεν καὶ ἐνεπεριεπατήσαμεν[1] ἐν τῇ γῇ ἕως Λαισα καὶ εἴδομεν τὸν λαὸν
τὸν κατοικοῦντα ἐν αὐτῇ ἐν ἐλπίδι κατὰ τὸ σύγκριμα[2] τῶν Σιδωνίων, καὶ μακρὰν[3]
ἀπέχοντες[4] ἐκ Σιδῶνος, καὶ λόγος οὐκ ἦν αὐτοῖς μετὰ Συρίας· ἀλλὰ ἀνάστητε καὶ
ἀναβῶμεν ἐπ᾽ αὐτούς, ὅτι εὑρήκαμεν τὴν γῆν καὶ ἰδοὺ ἀγαθὴ σφόδρα.[5] καὶ ὑμεῖς
σιωπᾶτε;[6] μὴ ὀκνήσητε[7] τοῦ πορευθῆναι τοῦ ἐλθεῖν καὶ κατακληρονομῆσαι[8] τὴν
γῆν. **10** ἡνίκα[9] ἂν εἰσέλθητε, ἥξετε[10] πρὸς λαὸν πεποιθότα, καὶ ἡ γῆ εὐρύχωρος,[11]
ὅτι παρέδωκεν αὐτὴν ὁ θεὸς ἐν χειρὶ ὑμῶν, τόπος, οὗ οὐκ ἔστιν ἐκεῖ ὑστέρημα[12]
παντὸς ῥήματος, ὅσα ἐν τῇ γῇ.

11 Καὶ ἀπῆραν[13] ἐκ συγγενείας[14] τοῦ Δαν ἐκ Σαραα καὶ Εσθαολ ἑξακόσιοι[15] ἄνδρες
περιεζωσμένοι[16] σκεύη[17] πολεμικά.[18] **12** καὶ ἀνέβησαν καὶ παρενεβάλοσαν[19] ἐν Καρι-
αθιαριμ ἐν Ιουδα· διὰ τοῦτο ἐκλήθη τῷ τόπῳ ἐκείνῳ Παρεμβολὴ[20] Δαν ἕως τῆς
ἡμέρας ταύτης, ἰδοὺ κατόπισθεν[21] Καριαθιαριμ. **13** παρῆλθαν[22] ἐκεῖθεν[23] καὶ ἦλθαν
ἕως τοῦ ὄρους Εφραιμ καὶ ἦλθον ἕως οἴκου Μιχα.

14 καὶ ἀπεκρίθησαν οἱ πέντε ἄνδρες οἱ πορευόμενοι κατασκέψασθαι[24] τὴν γῆν
καὶ εἶπαν πρὸς τοὺς ἀδελφοὺς αὐτῶν Εἰ οἴδατε ὅτι ἐν τοῖς οἴκοις τούτοις εφουδ[25]
καὶ θεραφιν[26] καὶ γλυπτὸν[27] καὶ χωνευτόν;[28] καὶ νῦν γνῶτε τί ποιήσετε. **15** καὶ
ἐξέκλιναν[29] ἐκεῖ καὶ εἰσήλθοσαν εἰς τὸν οἶκον τοῦ παιδαρίου[30] τοῦ Λευίτου εἰς τὸν
οἶκον Μιχα καὶ ἠσπάσαντο[31] αὐτόν. **16** καὶ οἱ ἑξακόσιοι[32] ἄνδρες περιεζωσμένοι[33]
σκεύη[34] πολεμικὰ[35] ἐστηλωμένοι[36] παρὰ τὴν θύραν τοῦ πυλῶνος,[37] οἱ ἐκ τῶν
υἱῶν Δαν. **17** καὶ ἀνέβησαν οἱ πέντε ἄνδρες οἱ πορευόμενοι κατασκέψασθαι[38] τὴν

1 ἐμπεριπατέω, *aor act ind 1p*, walk about
2 σύγκριμα, ruling, decision
3 μακρός, remote, distant
4 ἀπέχω, *pres act ptc nom p m*, be far off
5 σφόδρα, exceedingly
6 σιωπάω, *pres act ind 2p*, be silent, say nothing
7 ὀκνέω, *aor act sub 2p*, hesitate, delay
8 κατακληρονομέω, *aor act inf*, seize possession
9 ἡνίκα, when
10 ἥκω, *fut act ind 2p*, come
11 εὐρύχωρος, spacious
12 ὑστέρημα, deficiency, lack
13 ἀπαίρω, *aor act ind 3p*, depart
14 συγγένεια, kindred, family
15 ἑξακόσιοι, six hundred
16 περιζώννυμι, *perf mid ptc nom p m*, gird with, strap on
17 σκεῦος, equipment
18 πολεμικός, of war
19 παρεμβάλλω, *aor act ind 3p*, encamp
20 παρεμβολή, camp
21 κατόπισθεν, beyond
22 παρέρχομαι, *aor act ind 3p*, pass on, go away
23 ἐκεῖθεν, from there
24 κατασκέπτομαι, *aor mid inf*, survey, spy
25 εφουδ, ephod, *translit.*
26 θεραφιν, idols, *translit.*
27 γλυπτός, carved
28 χωνευτός, cast
29 ἐκκλίνω, *aor act ind 3p*, turn aside
30 παιδάριον, young man, servant
31 ἀσπάζομαι, *aor mid ind 3p*, greet
32 ἑξακόσιοι, six hundred
33 περιζώννυμι, *perf mid ptc nom p m*, gird with, strap on
34 σκεῦος, equipment
35 πολεμικός, of war
36 στηλόω, *perf mid ptc nom p m*, stand firm
37 πυλών, entrance, gateway
38 κατασκέπτομαι, *aor mid inf*, survey, spy

B ἀδελφοῖς αὐτῶν Τί ὑμεῖς κάθησθε; **9** καὶ εἶπαν Ἀνάστητε καὶ ἀναβῶμεν ἐπ' αὐτούς,
ὅτι εἴδομεν τὴν γῆν καὶ ἰδοὺ ἀγαθὴ σφόδρα·[1] καὶ ὑμεῖς ἡσυχάζετε;[2] μὴ ὀκνήσητε[3]
τοῦ πορευθῆναι καὶ εἰσελθεῖν τοῦ κληρονομῆσαι[4] τὴν γῆν. **10** καὶ ἡνίκα[5] ἂν ἔλθητε,
εἰσελεύσεσθε πρὸς λαὸν ἐπ' ἐλπίδι, καὶ ἡ γῆ πλατεῖα,[6] ὅτι ἔδωκεν αὐτὴν ὁ θεὸς ἐν
χειρὶ ὑμῶν, τόπος, ὅπου[7] οὐκ ἔστιν ἐκεῖ ὑστέρημα[8] παντὸς ῥήματος τῶν ἐν τῇ γῇ.

11 Καὶ ἀπῆραν[9] ἐκεῖθεν[10] ἀπὸ δήμων[11] τοῦ Δαν ἀπὸ Σαραα καὶ ἀπὸ Εσθαολ ἑξακό-
σιοι[12] ἄνδρες ἐζωσμένοι[13] σκεύη[14] παρατάξεως.[15] **12** καὶ ἀνέβησαν καὶ παρενέβαλον[16]
ἐν Καριαθιαριμ ἐν Ιουδα· διὰ τοῦτο ἐκλήθη ἐν ἐκείνῳ τῷ τόπῳ Παρεμβολὴ[17] Δαν
ἕως τῆς ἡμέρας ταύτης, ἰδοὺ ὀπίσω Καριαθιαριμ. **13** καὶ παρῆλθον[18] ἐκεῖθεν[19] ὄρος
Εφραιμ καὶ ἦλθον ἕως οἴκου Μιχαια.

14 καὶ ἀπεκρίθησαν οἱ πέντε ἄνδρες οἱ πεπορευμένοι κατασκέψασθαι[20] τὴν γῆν
Λαισα καὶ εἶπαν πρὸς τοὺς ἀδελφοὺς αὐτῶν Ἔγνωτε ὅτι ἔστιν ἐν τῷ οἴκῳ τούτῳ
εφωδ[21] καὶ θεραφιν[22] καὶ γλυπτὸν[23] καὶ χωνευτόν;[24] καὶ νῦν γνῶτε ὅ τι ποιήσετε.
15 καὶ ἐξέκλιναν[25] ἐκεῖ καὶ εἰσῆλθον εἰς τὸν οἶκον τοῦ νεανίσκου[26] τοῦ Λευίτου,
οἶκον Μιχαια, καὶ ἠρώτησαν[27] αὐτὸν εἰς εἰρήνην. **16** καὶ οἱ ἑξακόσιοι[28] ἄνδρες οἱ
ἀνεζωσμένοι[29] τὰ σκεύη[30] τῆς παρατάξεως[31] αὐτῶν ἑστῶτες παρὰ θύρας τῆς πύλης,[32]
οἱ ἐκ τῶν υἱῶν Δαν. **17** καὶ ἀνέβησαν οἱ πέντε ἄνδρες οἱ πορευθέντες κατασκέψασθαι[33]

1 σφόδρα, exceedingly
2 ἡσυχάζω, *pres act impv 2p*, keep quiet
3 ὀκνέω, *aor act sub 2p*, hesitate, delay
4 κληρονομέω, *aor act inf*, inherit, acquire possession of
5 ἡνίκα, when
6 πλατύς, spacious, wide
7 ὅπου, where
8 ὑστέρημα, deficiency, lack
9 ἀπαίρω, *aor act ind 3p*, depart
10 ἐκεῖθεν, from there
11 δῆμος, district, multitude
12 ἑξακόσιοι, six hundred
13 ζώννυμι, *perf mid ptc nom p m*, gird
14 σκεῦος, equipment
15 παράταξις, battle
16 παρεμβάλλω, *aor act ind 3p*, encamp
17 παρεμβολή, camp
18 παρέρχομαι, *aor act ind 3p*, pass on, go away
19 ἐκεῖθεν, from there
20 κατασκέπτομαι, *aor mid inf*, survey, spy
21 εφωδ, ephod, *translit.*
22 θεραφιν, idols, *translit.*
23 γλυπτός, carved
24 χωνευτός, cast
25 ἐκκλίνω, *aor act ind 3p*, turn aside
26 νεανίσκος, young man
27 ἐρωτάω, *aor act ind 3p*, ask, inquire
28 ἑξακόσιοι, six hundred
29 ἀναζώννυμι, *perf mid ptc nom p m*, gird
30 σκεῦος, equipment
31 παράταξις, battle
32 πύλη, gate
33 κατασκέπτομαι, *aor mid inf*, survey, spy

γῆν· ἐπελθόντες[1] ἐκεῖ ἔλαβον τὸ γλυπτὸν[2] καὶ τὸ εφουδ[3] καὶ τὸ θεραφιν[4] καὶ τὸ
χωνευτόν,[5] καὶ ὁ ἱερεὺς ἐστηλωμένος[6] παρὰ τῇ θύρᾳ τοῦ πυλῶνος[7] καὶ οἱ ἑξακόσιοι[8]
ἄνδρες οἱ περιεζωσμένοι[9] σκεύη[10] πολεμικά.[11] **18** καὶ οὗτοι εἰσῆλθον εἰς οἶκον Μιχα
καὶ ἔλαβον τὸ γλυπτὸν[12] καὶ τὸ εφουδ[13] καὶ τὸ θεραφιν[14] καὶ τὸ χωνευτόν.[15] καὶ εἶπεν
πρὸς αὐτοὺς ὁ ἱερεύς Τί ὑμεῖς ποιεῖτε; **19** καὶ εἶπαν πρὸς αὐτόν Κώφευσον,[16] ἐπίθες
τὴν χεῖρά σου ἐπὶ τὸ στόμα σου καὶ ἐλθὲ μεθ' ἡμῶν, καὶ ἔσῃ ἡμῖν εἰς πατέρα καὶ
εἰς ἱερέα· μὴ βέλτιον[17] εἶναί σε ἱερέα οἴκου ἀνδρὸς ἑνὸς ἢ γίνεσθαί σε ἱερέα φυλῆς
καὶ συγγενείας[18] ἐν Ισραηλ; **20** καὶ ἠγαθύνθη[19] ἡ καρδία τοῦ ἱερέως, καὶ ἔλαβεν τὸ
εφουδ[20] καὶ τὸ θεραφιν[21] καὶ τὸ γλυπτὸν[22] καὶ τὸ χωνευτὸν[23] καὶ εἰσῆλθεν ἐν μέσῳ
τοῦ λαοῦ.

21 καὶ ἐπέστρεψαν καὶ ἀπῆλθαν· καὶ ἔταξαν[24] τὴν πανοικίαν[25] καὶ τὴν κτῆσιν[26] αὐτοῦ
τὴν ἔνδοξον[27] ἔμπροσθεν αὐτῶν. **22** αὐτῶν δὲ μεμακρυγκότων[28] ἀπὸ τοῦ οἴκου Μιχα
καὶ ἰδοὺ Μιχα καὶ οἱ ἄνδρες οἱ σὺν τῷ οἴκῳ μετὰ Μιχα ἔκραζον κατοπίσω[29] υἱῶν
Δαν. **23** καὶ ἐπέστρεψαν οἱ υἱοὶ Δαν τὰ πρόσωπα αὐτῶν καὶ εἶπαν πρὸς Μιχα Τί
ἐστίν σοι, ὅτι ἔκραξας; **24** καὶ εἶπεν Μιχα Ὅτι τὸ γλυπτόν[30] μου, ὃ ἐποίησα ἐμαυτῷ,[31]
ἐλάβετε καὶ τὸν ἱερέα καὶ ἀπήλθατε· καὶ τί ἐμοὶ ἔτι; καὶ τί τοῦτο λέγετέ μοι Τί τοῦτο
κράζεις; **25** καὶ εἶπον πρὸς αὐτὸν οἱ υἱοὶ Δαν Μὴ ἀκουσθήτω δὴ[32] ἡ φωνή σου μεθ'
ἡμῶν, μήποτε[33] ἀπαντήσωσιν[34] ὑμῖν ἄνδρες κατώδυνοι[35] ψυχῇ, καὶ προσθήσεις[36]
τὴν ψυχήν σου καὶ τὴν ψυχὴν τοῦ οἴκου σου. **26** καὶ ἐπορεύθησαν οἱ υἱοὶ Δαν εἰς
τὴν ὁδὸν αὐτῶν· καὶ εἶδεν Μιχα ὅτι ἰσχυρότεροί[37] εἰσιν αὐτοῦ, καὶ ἐξένευσεν[38] καὶ
ἀνέστρεψεν[39] εἰς τὸν οἶκον αὐτοῦ.

1 ἐπέρχομαι, *aor act ptc nom p m*, come upon
2 γλυπτός, carved
3 εφουδ, ephod, *translit.*
4 θεραφιν, idols, *translit.*
5 χωνευτός, cast
6 στηλόω, *perf mid ptc nom s m*, stand firm
7 πυλών, entrance, gateway
8 ἑξακόσιοι, six hundred
9 περιζώννυμι, *perf mid ptc nom p m*, gird with, strap on
10 σκεῦος, equipment
11 πολεμικός, of war
12 γλυπτός, carved
13 εφουδ, ephod, *translit.*
14 θεραφιν, idols, *translit.*
15 χωνευτός, cast
16 κωφεύω, *aor act impv 2s*, be silent
17 βελτίων, *comp of* ἀγαθός, better
18 συγγένεια, kinsfolk, family
19 ἀγαθύνω, *aor pas ind 3s*, rejoice, be glad
20 εφουδ, ephod, *translit.*
21 θεραφιν, idols, *translit.*
22 γλυπτός, carved
23 χωνευτός, cast
24 τάσσω, *aor act ind 3p*, put in place, order
25 πανοικία, whole household
26 κτῆσις, property
27 ἔνδοξος, notable, distinguished
28 μακρύνω, *perf act ptc gen p m*, travel far
29 κατοπίσω, after
30 γλυπτός, carved
31 ἐμαυτοῦ, myself
32 δή, now, then
33 μήποτε, lest
34 ἀπαντάω, *aor act sub 3p*, meet (with hostility)
35 κατώδυνος, grieved
36 προστίθημι, *fut act ind 2s*, put with, add to
37 ἰσχυρός, *comp*, stronger, mightier
38 ἐκνεύω, *aor act ind 3s*, turn aside
39 ἀναστρέφω, *aor act ind 3s*, return

B τὴν γῆν **18** καὶ εἰσῆλθον ἐκεῖ εἰς οἶκον Μιχαια, καὶ ὁ ἱερεὺς ἑστώς· καὶ ἔλαβον τὸ γλυπτὸν[1] καὶ τὸ εφωδ[2] καὶ τὸ θεραφιν[3] καὶ τὸ χωνευτόν.[4] καὶ εἶπεν πρὸς αὐτοὺς ὁ ἱερεύς Τί ὑμεῖς ποιεῖτε; **19** καὶ εἶπαν αὐτῷ Κώφευσον,[5] ἐπίθες τὴν χεῖρά σου ἐπὶ τὸ στόμα σου καὶ δεῦρο[6] μεθ' ἡμῶν καὶ γενοῦ ἡμῖν εἰς πατέρα καὶ εἰς ἱερέα· μὴ ἀγαθὸν εἶναί σε ἱερέα οἴκου ἀνδρὸς ἑνὸς ἢ γενέσθαι σε ἱερέα φυλῆς καὶ οἴκου εἰς δῆμον[7] Ισραηλ; **20** καὶ ἠγαθύνθη[8] ἡ καρδία τοῦ ἱερέως, καὶ ἔλαβεν τὸ εφωδ[9] καὶ τὸ θεραφιν[10] καὶ τὸ γλυπτὸν[11] καὶ τὸ χωνευτὸν[12] καὶ ἦλθεν ἐν μέσῳ τοῦ λαοῦ.

21 καὶ ἐπέστρεψαν καὶ ἀπῆλθαν· καὶ ἔθηκαν τὰ τέκνα καὶ τὴν κτῆσιν[13] καὶ τὸ βάρος[14] ἔμπροσθεν αὐτῶν. **22** αὐτοὶ ἐμάκρυναν[15] ἀπὸ οἴκου Μιχαια καὶ ἰδοὺ Μιχαιας καὶ οἱ ἄνδρες οἱ ἐν ταῖς οἰκίαις ταῖς μετὰ οἴκου Μιχαια ἐβόησαν[16] καὶ κατελάβοντο[17] τοὺς υἱοὺς Δαν. **23** καὶ ἐπέστρεψαν τὸ πρόσωπον αὐτῶν υἱοὶ Δαν καὶ εἶπαν τῷ Μιχαια Τί ἐστίν σοι, ὅτι ἐβόησας;[18] **24** καὶ εἶπεν Μιχαιας Ὅτι τὸ γλυπτόν[19] μου, ὃ ἐποίησα, ἐλάβετε καὶ τὸν ἱερέα καὶ ἐπορεύθητε· καὶ τί ἐμοὶ ἔτι; καὶ τί τοῦτο λέγετε πρός με Τί κράζεις; **25** καὶ εἶπον πρὸς αὐτὸν οἱ υἱοὶ Δαν Μὴ ἀκουσθήτω δή[20] φωνή σου μεθ' ἡμῶν, μήποτε[21] συναντήσωσιν[22] ἐν ἡμῖν ἄνδρες πικροὶ[23] ψυχῇ καὶ προσθήσουσιν[24] ψυχὴν καὶ τὴν ψυχὴν τοῦ οἴκου σου. **26** καὶ ἐπορεύθησαν οἱ υἱοὶ Δαν εἰς ὁδὸν αὐτῶν· καὶ εἶδεν Μιχαιας ὅτι δυνατώτεροί[25] εἰσιν ὑπὲρ αὐτόν, καὶ ἐπέστρεψεν εἰς τὸν οἶκον αὐτοῦ.

1 γλυπτός, carved
2 εφωδ, ephod, *translit.*
3 θεραφιν, idols, *translit.*
4 χωνευτός, cast
5 κωφεύω, *aor act impv 2s*, keep quiet, be silent
6 δεῦρο, come!
7 δῆμος, district, multitude
8 ἀγαθύνω, *aor pas ind 3s*, rejoice, be glad
9 εφωδ, ephod, *translit.*
10 θεραφιν, idols, *translit.*
11 γλυπτός, carved
12 χωνευτός, cast
13 κτῆσις, property
14 βάρος, load, cargo
15 μακρύνω, *aor act ind 3p*, travel far
16 βοάω, *aor act ind 3p*, cry out
17 καταλαμβάνω, *aor mid ind 3p*, overtake
18 βοάω, *aor act ind 2s*, cry out
19 γλυπτός, carved
20 δή, now, then
21 μήποτε, lest
22 συναντάω, *aor act sub 3p*, meet (with hostility)
23 πικρός, embittered, angry
24 προστίθημι, *fut act ind 3p*, put with, add to
25 δυνατός, *comp*, more powerful, mightier

A

Danite Settlement in Laish

27 Καὶ αὐτοὶ ἔλαβον ὅσα ἐποίησεν Μιχα, καὶ τὸν ἱερέα, ὅς ἦν αὐτῷ, καὶ ἦλθον
ἕως Λαισα ἐπὶ λαὸν ἡσυχάζοντα[1] καὶ πεποιθότα καὶ ἐπάταξαν[2] αὐτοὺς ἐν στόματι
ῥομφαίας[3] καὶ τὴν πόλιν ἐνέπρησαν·[4] **28** καὶ οὐκ ἔστιν ἐξαιρούμενος,[5] ὅτι μακράν[6]
ἐστιν ἀπὸ Σιδωνίων, καὶ λόγος οὐκ ἔστιν αὐτοῖς μετὰ ἀνθρώπων, καὶ αὐτὴ ἐν κοι-
λάδι,[7] ἥ ἐστιν τοῦ οἴκου Ροωβ. καὶ ᾠκοδόμησαν τὴν πόλιν καὶ κατῴκησαν ἐν αὐτῇ
29 καὶ ἐκάλεσαν τὸ ὄνομα τῆς πόλεως Δαν κατὰ τὸ ὄνομα τοῦ πατρὸς αὐτῶν, ὃς
ἐγενήθη τῷ Ισραηλ· καὶ ἦν Λαις ὄνομα τῇ πόλει τὸ πρότερον.[8] **30** καὶ ἀνέστησαν
ἑαυτοῖς οἱ υἱοὶ τοῦ Δαν τὸ γλυπτὸν[9] Μιχα· καὶ Ιωναθαν υἱὸς Γηρσωμ υἱοῦ Μωυσῆ,
αὐτὸς καὶ οἱ υἱοὶ αὐτοῦ ἦσαν ἱερεῖς τῇ φυλῇ Δαν ἕως τῆς ἡμέρας τῆς μετοικεσίας[10]
τῆς γῆς. **31** καὶ ἔταξαν[11] ἑαυτοῖς τὸ γλυπτὸν[12] Μιχα, ὃ ἐποίησεν, πάσας τὰς ἡμέρας,
ὅσας ἦν ὁ οἶκος τοῦ θεοῦ ἐν Σηλω.

The Levite and the Concubine

19 Καὶ ἐγένετο ἐν ταῖς ἡμέραις ἐκείναις καὶ βασιλεὺς οὐκ ἦν ἐν Ισραηλ. καὶ
ἐγένετο ἀνὴρ Λευίτης παροικῶν[13] ἐν μηροῖς[14] ὄρους Εφραιμ, καὶ ἔλαβεν ὁ
ἀνὴρ ἑαυτῷ γυναῖκα παλλακὴν[15] ἐκ Βηθλεεμ Ιουδα. **2** καὶ ὠργίσθη[16] αὐτῷ ἡ παλ-
λακὴ[17] αὐτοῦ καὶ ἀπῆλθεν ἀπ᾽ αὐτοῦ εἰς τὸν οἶκον τοῦ πατρὸς αὐτῆς εἰς Βηθλεεμ
Ιουδα καὶ ἐγένετο ἐκεῖ ἡμέρας τετράμηνον.[18] **3** καὶ ἀνέστη ὁ ἀνὴρ αὐτῆς καὶ ἐπο-
ρεύθη κατόπισθεν[19] αὐτῆς τοῦ λαλῆσαι ἐπὶ τὴν καρδίαν αὐτῆς τοῦ διαλλάξαι[20] αὐτὴν
ἑαυτῷ καὶ ἀπαγαγεῖν[21] αὐτὴν πάλιν[22] πρὸς αὐτόν, καὶ τὸ παιδάριον[23] αὐτοῦ μετ᾽ αὐτοῦ
καὶ ζεῦγος[24] ὑποζυγίων·[25] καὶ ἐπορεύθη ἕως οἴκου τοῦ πατρὸς αὐτῆς, καὶ εἶδεν αὐτὸν
ὁ πατὴρ τῆς νεάνιδος[26] καὶ παρῆν[27] εἰς ἀπάντησιν[28] αὐτοῦ. **4** καὶ εἰσήγαγεν[29] αὐτὸν
ὁ γαμβρὸς[30] αὐτοῦ ὁ πατὴρ τῆς νεάνιδος[31] καὶ ἐκάθισεν μετ᾽ αὐτοῦ ἡμέρας τρεῖς,
καὶ ἔφαγον καὶ ἔπιον καὶ ὕπνωσαν[32] ἐκεῖ. **5** καὶ ἐγενήθη τῇ ἡμέρᾳ τῇ τετάρτῃ[33] καὶ

1 ἡσυχάζω, *pres act ptc acc s m*, be quiet, be peaceful
2 πατάσσω, *aor act ind 3p*, strike, slay
3 ῥομφαία, sword
4 ἐμπίμπρημι, *aor act ind 3p*, burn, set on fire
5 ἐξαιρέω, *pres mid ptc nom s m*, rescue, deliver
6 μακρός, distant, remote
7 κοιλάς, valley
8 πρότερος, earlier, before
9 γλυπτός, carved
10 μετοικεσία, deportation
11 τάσσω, *aor act ind 3p*, set up, put in place
12 γλυπτός, carved
13 παροικέω, *pres act ptc nom s m*, live as a foreigner
14 μηρός, flank
15 παλλακή, concubine
16 ὀργίζω, *aor pas ind 3s*, make angry
17 παλλακή, concubine
18 τετράμηνος, four months
19 κατόπισθεν, after
20 διαλλάσσω, *aor act inf*, reconcile
21 ἀπάγω, *aor act inf*, bring back
22 πάλιν, again, once more
23 παιδάριον, servant
24 ζεῦγος, pair, team
25 ὑποζύγιον, donkey, mule
26 νεᾶνις, young woman, girl
27 πάρειμι, *impf act ind 3s*, be present, have arrived
28 ἀπάντησις, meeting
29 εἰσάγω, *aor act ind 3s*, bring in
30 γαμβρός, father-in-law
31 νεᾶνις, young woman, girl
32 ὑπνόω, *aor act ind 3p*, sleep
33 τέταρτος, fourth

B

Danite Settlement in Laish

27 Καὶ οἱ υἱοὶ Δαν ἔλαβον ὃ ἐποίησεν Μιχαιας, καὶ τὸν ἱερέα, ὅς ἦν αὐτῷ, καὶ ἦλθον
ἐπὶ Λαισα ἐπὶ λαὸν ἡσυχάζοντα[1] καὶ πεποιθότα ἐπ' ἐλπίδι καὶ ἐπάταξαν[2] αὐτοὺς ἐν
στόματι ῥομφαίας[3] καὶ τὴν πόλιν ἐνέπρησαν[4] ἐν πυρί· **28** καὶ οὐκ ἦν ὁ ῥυόμενος,[5]
ὅτι μακράν[6] ἐστιν ἀπὸ Σιδωνίων, καὶ λόγος οὐκ ἔστιν αὐτοῖς μετὰ ἀνθρώπου, καὶ
αὐτὴ ἐν τῇ κοιλάδι[7] τοῦ οἴκου Ρααβ. καὶ ᾠκοδόμησαν τὴν πόλιν καὶ κατεσκήνωσαν[8]
ἐν αὐτῇ **29** καὶ ἐκάλεσαν τὸ ὄνομα τῆς πόλεως Δαν ἐν ὀνόματι Δαν πατρὸς αὐτῶν,
ὃς ἐτέχθη[9] τῷ Ισραηλ· καὶ Ουλαμαις τὸ ὄνομα τῆς πόλεως τὸ πρότερον.[10] **30** καὶ
ἔστησαν ἑαυτοῖς οἱ υἱοὶ Δαν τὸ γλυπτόν·[11] καὶ Ιωναθαμ υἱὸς Γηρσομ υἱὸς Μανασση,
αὐτὸς καὶ οἱ υἱοὶ αὐτοῦ ἦσαν ἱερεῖς τῇ φυλῇ Δαν ἕως ἡμέρας ἀποικίας[12] τῆς γῆς.
31 καὶ ἔθηκαν αὐτοῖς τὸ γλυπτόν,[13] ὃ ἐποίησεν Μιχαιας, πάσας τὰς ἡμέρας, ἃς ἦν ὁ
οἶκος τοῦ θεοῦ ἐν Σηλωμ.

The Levite and the Concubine

19 Καὶ ἐγένετο ἐν ταῖς ἡμέραις ἐκείναις καὶ οὐκ ἦν βασιλεὺς ἐν Ισραηλ. καὶ
ἐγένετο ἀνὴρ Λευίτης παροικῶν[14] ἐν μηροῖς[15] ὄρους Εφραιμ καὶ ἔλαβεν αὐτῷ
γυναῖκα παλλακὴν[16] ἀπὸ Βηθλεεμ Ιουδα. **2** καὶ ἐπορεύθη ἀπ' αὐτοῦ ἡ παλλακὴ[17]
αὐτοῦ καὶ ἀπῆλθεν παρ' αὐτοῦ εἰς οἶκον πατρὸς αὐτῆς εἰς Βηθλεεμ Ιουδα καὶ ἦν ἐκεῖ
ἡμέρας τεσσάρων μηνῶν.[18] **3** καὶ ἀνέστη ὁ ἀνὴρ αὐτῆς καὶ ἐπορεύθη ὀπίσω αὐτῆς
τοῦ λαλῆσαι ἐπὶ καρδίαν αὐτῆς τοῦ ἐπιστρέψαι αὐτὴν αὐτῷ, καὶ νεανίας[19] αὐτοῦ
μετ' αὐτοῦ καὶ ζεῦγος[20] ὄνων·[21] καὶ ἥδε[22] εἰσήνεγκεν[23] αὐτὸν εἰς οἶκον πατρὸς αὐτῆς,
καὶ εἶδεν αὐτὸν ὁ πατὴρ τῆς νεάνιδος[24] καὶ ηὐφράνθη[25] εἰς συνάντησιν[26] αὐτοῦ.
4 καὶ κατέσχεν[27] αὐτὸν ὁ γαμβρὸς[28] αὐτοῦ ὁ πατὴρ τῆς νεάνιδος[29] καὶ ἐκάθισεν μετ'
αὐτοῦ ἐπὶ τρεῖς ἡμέρας, καὶ ἔφαγον καὶ ἔπιον καὶ ηὐλίσθησαν[30] ἐκεῖ. **5** καὶ ἐγένετο

1 ἡσυχάζω, *pres act ptc acc s m*, be quiet, be peaceful
2 πατάσσω, *aor act ind 3p*, strike, slay
3 ῥομφαία, sword
4 ἐμπίμπρημι, *aor act ind 3p*, burn, set on fire
5 ῥύομαι, *pres mid ptc nom s m*, rescue, deliver
6 μακρός, distant, remote
7 κοιλάς, valley
8 κατασκηνόω, *aor act ind 3p*, occupy, dwell
9 τίκτω, *aor pas ind 3s*, bear
10 πρότερος, earlier, before
11 γλυπτός, carved
12 ἀποικία, migration, exile
13 γλυπτός, carved
14 παροικέω, *pres act ptc nom s m*, live as a foreigner
15 μηρός, flank
16 παλλακή, concubine
17 παλλακή, concubine
18 μήν, month
19 νεανίας, young man, servant
20 ζεῦγος, pair, team
21 ὄνος, donkey, mule
22 ὅδε, this
23 εἰσφέρω, *aor act ind 3s*, bring in
24 νεᾶνις, young woman, girl
25 εὐφραίνω, *aor pas ind 3s*, rejoice, be glad
26 συνάντησις, meeting
27 κατέχω, *aor act ind 3s*, hold back, detain
28 γαμβρός, father-in-law
29 νεᾶνις, young woman, girl
30 αὐλίζομαι, *aor pas ind 3p*, lodge, spend the night

ὤρθρισαν[1] τὸ πρωί,[2] καὶ ἀνέστη τοῦ ἀπελθεῖν· καὶ εἶπεν ὁ πατὴρ τῆς νεάνιδος[3] πρὸς
τὸν γαμβρὸν[4] αὐτοῦ Στήρισον[5] τὴν καρδίαν σου κλάσματι[6] ἄρτου, καὶ μετὰ τοῦτο
πορεύεσθε. **6** καὶ ἐκάθισαν καὶ ἔφαγον ἀμφότεροι[7] ἐπὶ τὸ αὐτὸ καὶ ἔπιον· καὶ εἶπεν
ὁ πατὴρ τῆς νεάνιδος[8] πρὸς τὸν ἄνδρα Ἀρξάμενος αὐλίσθητι,[9] καὶ ἀγαθυνθήτω[10]
ἡ καρδία σου. **7** καὶ ἀνέστη ὁ ἀνὴρ ἀπελθεῖν· καὶ ἐβιάσατο[11] αὐτὸν ὁ γαμβρὸς[12]
αὐτοῦ, καὶ πάλιν[13] ηὐλίσθη[14] ἐκεῖ. **8** καὶ ὤρθρισεν[15] τὸ πρωὶ[16] τῇ ἡμέρᾳ τῇ πέμπτῃ[17]
τοῦ ἀπελθεῖν· καὶ εἶπεν ὁ πατὴρ τῆς νεάνιδος[18] Στήρισον[19] τὴν καρδίαν σου ἄρτῳ
καὶ στρατεύθητι,[20] ἕως κλίνῃ[21] ἡ ἡμέρα· καὶ ἔφαγον καὶ ἔπιον ἀμφότεροι.[22] **9** καὶ
ἀνέστη ὁ ἀνὴρ τοῦ ἀπελθεῖν, αὐτὸς καὶ ἡ παλλακὴ[23] αὐτοῦ καὶ τὸ παιδάριον[24] αὐτοῦ·
καὶ εἶπεν αὐτῷ ὁ γαμβρὸς[25] αὐτοῦ ὁ πατὴρ τῆς νεάνιδος[26] Ἰδοὺ δὴ[27] εἰς ἑσπέραν[28]
κέκλικεν[29] ἡ ἡμέρα· κατάλυσον[30] ὧδε[31] ἔτι σήμερον, καὶ ἀγαθυνθήτω[32] ἡ καρδία
σου, καὶ ὀρθριεῖτε[33] αὔριον[34] εἰς τὴν ὁδὸν ὑμῶν, καὶ ἀπελεύσῃ εἰς τὸ σκήνωμά[35] σου.

10 καὶ οὐκ ἠθέλησεν ὁ ἀνὴρ αὐλισθῆναι[36] καὶ ἀνέστη καὶ ἀπῆλθεν, καὶ παρεγένοντο
ἕως κατέναντι[37] Ιεβους (αὕτη ἐστὶν Ιερουσαλημ), καὶ μετ᾽ αὐτοῦ ζεῦγος[38] ὑποζυγίων[39]
ἐπισεσαγμένων,[40] καὶ ἡ παλλακὴ[41] αὐτοῦ μετ᾽ αὐτοῦ. **11** ἔτι αὐτῶν ὄντων κατὰ Ιεβους
καὶ ἡ ἡμέρα κεκλικυῖα[42] σφόδρα·[43] καὶ εἶπεν τὸ παιδάριον[44] πρὸς τὸν κύριον αὐτοῦ
Δεῦρο[45] δὴ[46] καὶ ἐκκλίνωμεν[47] εἰς τὴν πόλιν τοῦ Ιεβουσαίου ταύτην καὶ αὐλισθῶμεν[48]

1 ὀρθρίζω, *aor act ind 3p*, rise up early
2 πρωί, (in the) morning
3 νεᾶνις, young woman, girl
4 γαμβρός, son-in-law
5 στηρίζω, *aor act impv 2s*, strengthen, fortify
6 κλάσμα, piece, bit
7 ἀμφότεροι, both
8 νεᾶνις, young woman, girl
9 αὐλίζομαι, *aor pas impv 2s*, lodge, spend the night
10 ἀγαθύνω, *aor pas impv 3s*, rejoice, be merry
11 βιάζομαι, *aor mid ind 3s*, urge, insist
12 γαμβρός, father-in-law
13 πάλιν, again
14 αὐλίζομαι, *aor pas ind 3s*, lodge, spend the night
15 ὀρθρίζω, *aor act ind 3s*, rise up early
16 πρωί, (in the) morning
17 πέμπτος, fifth
18 νεᾶνις, young woman, girl
19 στηρίζω, *aor act impv 2s*, strengthen, fortify
20 στρατεύω, *aor pas impv 2s*, be on duty, campaign
21 κλίνω, *aor act sub 3s*, decline, be spent
22 ἀμφότεροι, both
23 παλλακή, concubine
24 παιδάριον, servant
25 γαμβρός, father-in-law
26 νεᾶνις, young woman
27 δή, indeed, now
28 ἑσπέρα, evening
29 κλίνω, *perf act ind 3s*, decline, be spent
30 καταλύω, *aor act impv 2s*, lodge, put down, unroll
31 ὧδε, here
32 ἀγαθύνω, *aor pas impv 3s*, rejoice, be merry
33 ὀρθρίζω, *fut act ind 2p*, rise up early
34 αὔριον, tomorrow
35 σκήνωμα, habitation, dwelling
36 αὐλίζομαι, *aor pas inf*, lodge, spend the night
37 κατέναντι, opposite
38 ζεῦγος, pair, team
39 ὑποζύγιον, donkey, mule
40 ἐπισάσσω, *perf pas ptc gen p n*, saddle
41 παλλακή, concubine
42 κλίνω, *perf act ptc nom s f*, decline, be spent
43 σφόδρα, very
44 παιδάριον, servant
45 δεῦρο, come!
46 δή, now
47 ἐκκλίνω, *pres act sub 1p*, turn aside, visit
48 αὐλίζομαι, *aor pas sub 1p*, lodge, spend the night

B τῇ ἡμέρᾳ τῇ τετάρτῃ[1] καὶ ὤρθρισαν[2] τὸ πρωί,[3] καὶ ἀνέστη τοῦ πορευθῆναι· καὶ εἶπεν
ὁ πατὴρ τῆς νεάνιδος[4] πρὸς τὸν νυμφίον[5] αὐτοῦ Στήρισόν[6] σου τὴν καρδίαν ψωμῷ[7]
ἄρτου, καὶ μετὰ τοῦτο πορεύσεσθε. **6** καὶ ἐκάθισεν, καὶ ἔφαγον οἱ δύο ἐπὶ τὸ αὐτὸ
καὶ ἔπιον· καὶ εἶπεν ὁ πατὴρ τῆς νεάνιδος[8] πρὸς τὸν ἄνδρα Ἄγε δὴ[9] αὐλίσθητι,[10] καὶ
ἀγαθυνθήσεται[11] ἡ καρδία σου. **7** καὶ ἀνέστη ὁ ἀνὴρ τοῦ πορεύεσθαι· καὶ ἐβιάσατο[12]
αὐτὸν ὁ γαμβρὸς[13] αὐτοῦ, καὶ ἐκάθισεν καὶ ηὐλίσθη[14] ἐκεῖ. **8** καὶ ὤρθρισεν[15] τὸ πρωὶ[16]
τῇ ἡμέρᾳ τῇ πέμπτῃ[17] τοῦ πορευθῆναι· καὶ εἶπεν ὁ πατὴρ τῆς νεάνιδος[18] Στήρισον[19] δὴ[20]
τὴν καρδίαν σου καὶ στράτευσον[21] ἕως κλῖναι[22] τὴν ἡμέραν· καὶ ἔφαγον οἱ δύο. **9** καὶ
ἀνέστη ὁ ἀνὴρ τοῦ πορευθῆναι, αὐτὸς καὶ ἡ παλλακὴ[23] αὐτοῦ καὶ ὁ νεανίας[24] αὐτοῦ·
καὶ εἶπεν αὐτῷ ὁ γαμβρὸς[25] αὐτοῦ ὁ πατὴρ τῆς νεάνιδος[26] Ἰδοὺ δὴ[27] ἠσθένησεν[28] ἡ
ἡμέρα εἰς τὴν ἑσπέραν·[29] αὐλίσθητι[30] ὧδε,[31] καὶ ἀγαθυνθήσεται[32] ἡ καρδία σου, καὶ
ὀρθριεῖτε[33] αὔριον[34] εἰς ὁδὸν ὑμῶν, καὶ πορεύσῃ εἰς τὸ σκήνωμά[35] σου.

10 καὶ οὐκ εὐδόκησεν[36] ὁ ἀνὴρ αὐλισθῆναι[37] καὶ ἀνέστη καὶ ἀπῆλθεν καὶ ἦλθεν
ἕως ἀπέναντι[38] Ιεβους (αὕτη ἐστὶν Ιερουσαλημ), καὶ μετ᾽ αὐτοῦ ζεῦγος[39] ὄνων[40]
ἐπισεσαγμένων,[41] καὶ ἡ παλλακὴ[42] αὐτοῦ μετ᾽ αὐτοῦ. **11** καὶ ἦλθοσαν ἕως Ιεβους, καὶ
ἡ ἡμέρα προβεβήκει[43] σφόδρα·[44] καὶ εἶπεν ὁ νεανίας[45] πρὸς τὸν κύριον αὐτοῦ Δεῦρο[46]
δὴ[47] καὶ ἐκκλίνωμεν[48] εἰς πόλιν τοῦ Ιεβουσι ταύτην καὶ αὐλισθῶμεν[49] ἐν αὐτῇ.

1 τέταρτος, fourth
2 ὀρθρίζω, *aor act ind 3p*, rise up early
3 πρωί, (in the) morning
4 νεᾶνις, young woman, girl
5 νυμφίος, son-in-law
6 στηρίζω, *aor act impv 2s*, strengthen, fortify
7 ψωμός, morsel, bit
8 νεᾶνις, young woman, girl
9 δή, indeed, now
10 αὐλίζομαι, *aor pas impv 2s*, lodge, spend the night
11 ἀγαθύνω, *fut pas ind 3s*, rejoice, be merry
12 βιάζομαι, *aor mid ind 3s*, urge, insist
13 γαμβρός, father-in-law
14 αὐλίζομαι, *aor pas ind 3s*, lodge, spend the night
15 ὀρθρίζω, *aor act ind 3s*, rise up early
16 πρωί, (in the) morning
17 πέμπτος, fifth
18 νεᾶνις, young woman, girl
19 στηρίζω, *aor act impv 2s*, strengthen, fortify
20 δή, now, then
21 στρατεύω, *aor act impv 2s*, be on duty, campaign
22 κλίνω, *aor act inf*, decline, be spent
23 παλλακή, concubine
24 νεανίας, young man, servant
25 γαμβρός, father-in-law
26 νεᾶνις, young woman
27 δή, indeed, now
28 ἀσθενέω, *aor act ind 3s*, decline, fall
29 ἑσπέρα, evening
30 αὐλίζομαι, *aor pas impv 2s*, lodge, spend the night
31 ὧδε, here
32 ἀγαθύνω, *fut pas ind 3s*, rejoice, be merry
33 ὀρθρίζω, *fut act ind 2p*, rise up early
34 αὔριον, tomorrow
35 σκήνωμα, habitation, dwelling
36 εὐδοκέω, *aor act ind 3s*, agree, consent
37 αὐλίζομαι, *aor pas inf*, lodge, spend the night
38 ἀπέναντι, opposite
39 ζεῦγος, pair, team
40 ὄνος, donkey, mule
41 ἐπισάσσω, *perf pas ptc gen p n*, saddle
42 παλλακή, concubine
43 προβαίνω, *plpf act ind 3s*, advance
44 σφόδρα, very
45 νεανίας, young man, servant
46 δεῦρο, come!
47 δή, now
48 ἐκκλίνω, *pres act sub 1p*, turn aside, visit
49 αὐλίζομαι, *aor pas sub 1p*, lodge, spend the night

ἐν αὐτῇ. **12** καὶ εἶπεν ὁ κύριος αὐτοῦ πρὸς αὐτόν Οὐ μὴ ἐκκλίνω[1] εἰς πόλιν ἀλλοτρίου,[2] A
ἣ οὐκ ἔστιν ἐκ τῶν υἱῶν Ισραηλ, καὶ παρελευσόμεθα[3] ἕως Γαβαα. **13** καὶ εἶπεν τῷ
παιδαρίῳ[4] αὐτοῦ Δεῦρο[5] καὶ εἰσέλθωμεν εἰς ἕνα τῶν τόπων καὶ αὐλισθῶμεν[6] ἐν
Γαβαα ἢ ἐν Ραμα. **14** καὶ παρῆλθον[7] καὶ ἀπῆλθον· ἔδυ[8] γὰρ ὁ ἥλιος ἐχόμενα τῆς
Γαβαα, ἥ ἐστιν τοῦ Βενιαμιν. **15** καὶ ἐξέκλιναν[9] ἐκεῖ τοῦ εἰσελθεῖν καταλῦσαι[10] ἐν
Γαβαα· καὶ εἰσῆλθον καὶ ἐκάθισαν ἐν τῇ πλατείᾳ[11] τῆς πόλεως, καὶ οὐκ ἔστιν ἀνὴρ ὁ
συνάγων αὐτοὺς εἰς τὸν οἶκον καταλῦσαι.

16 καὶ ἰδοὺ ἀνὴρ πρεσβύτης[12] εἰσῆλθεν ἀπὸ τῶν ἔργων αὐτοῦ ἐκ τοῦ ἀγροῦ ἑσπέ-
ρας·[13] καὶ ὁ ἀνὴρ ἐξ ὄρους Εφραιμ, καὶ αὐτὸς παρῴκει[14] ἐν Γαβαα, καὶ οἱ ἄνδρες
τοῦ τόπου υἱοὶ Βενιαμιν. **17** καὶ ἀναβλέψας[15] τοῖς ὀφθαλμοῖς εἶδεν τὸν ἄνδρα τὸν
ὁδοιπόρον[16] ἐν τῇ πλατείᾳ[17] τῆς πόλεως· καὶ εἶπεν ὁ ἀνὴρ ὁ πρεσβύτης[18] Ποῦ πορεύῃ
καὶ πόθεν[19] ἔρχῃ; **18** καὶ εἶπεν πρὸς αὐτόν Διαβαίνομεν[20] ἡμεῖς ἐκ Βηθλεεμ τῆς Ιουδα
ἕως μηρῶν[21] ὄρους τοῦ Εφραιμ· ἐγὼ δὲ ἐκεῖθέν[22] εἰμι καὶ ἐπορεύθην ἕως Βηθλεεμ
Ιουδα, καὶ εἰς τὸν οἶκόν μου ἐγὼ ἀποτρέχω,[23] καὶ οὐκ ἔστιν ἀνὴρ συνάγων με εἰς τὴν
οἰκίαν· **19** καί γε ἄχυρα[24] καὶ χορτάσματα[25] ὑπάρχει τοῖς ὄνοις[26] ἡμῶν, καί γε ἄρτος
καὶ οἶνος ὑπάρχει μοι καὶ τῇ δούλῃ[27] σου καὶ τῷ παιδαρίῳ[28] τοῖς δούλοις σου, οὐκ
ἔστιν ὑστέρημα[29] παντὸς πράγματος.[30] **20** καὶ εἶπεν ὁ ἀνὴρ ὁ πρεσβύτης[31] Εἰρήνη
σοι, πλὴν πᾶν τὸ ὑστέρημά[32] σου ἐπ᾽ ἐμέ· πλὴν ἐν τῇ πλατείᾳ[33] μὴ καταλύσῃς.[34]
21 καὶ εἰσήγαγεν[35] αὐτὸν εἰς τὴν οἰκίαν αὐτοῦ καὶ παρέβαλεν[36] τοῖς ὑποζυγίοις[37]
αὐτοῦ, καὶ ἐνίψαντο[38] τοὺς πόδας αὐτῶν καὶ ἔφαγον καὶ ἔπιον.

1 ἐκκλίνω, *pres act ind 1s*, turn aside, visit
2 ἀλλότριος, foreign
3 παρέρχομαι, *fut mid ind 1p*, pass on, pass by
4 παιδάριον, servant
5 δεῦρο, come!
6 αὐλίζομαι, *aor pas sub 1p*, lodge, spend the night
7 παρέρχομαι, *aor act ind 3p*, pass on, pass by
8 δύω, *aor act ind 3s*, sink, set
9 ἐκκλίνω, *aor act ind 3p*, turn aside
10 καταλύω, *aor act inf*, lodge, put down, unroll
11 πλατύς, wide (area), broad (street)
12 πρεσβύτης, old man
13 ἑσπέρα, (in the) evening
14 παροικέω, *impf act ind 3s*, live as a foreigner
15 ἀναβλέπω, *aor act ptc nom s m*, look up
16 ὁδοιπόρος, traveler
17 πλατύς, wide (area), broad (street)
18 πρεσβύτης, old man
19 πόθεν, from where
20 διαβαίνω, *pres act ind 1p*, cross through, pass on
21 μηρός, flank
22 ἐκεῖθεν, from there
23 ἀποτρέχω, *pres act ind 1s*, depart
24 ἄχυρον, straw
25 χόρτασμα, fodder
26 ὄνος, donkey
27 δούλη, female servant, bondwoman
28 παιδάριον, servant
29 ὑστέρημα, lack, something needed
30 πρᾶγμα, thing
31 πρεσβύτης, old man
32 ὑστέρημα, lack, something needed
33 πλατύς, wide (area), broad (street)
34 καταλύω, *aor act sub 2s*, lodge, put down, unroll
35 εἰσάγω, *aor act ind 3s*, bring in
36 παραβάλλω, *aor act ind 3s*, throw (food) to
37 ὑποζύγιον, mule, donkey
38 νίπτω, *aor mid ind 3p*, wash

B **12** καὶ εἶπεν πρὸς αὐτὸν ὁ κύριος αὐτοῦ Οὐκ ἐκκλινοῦμεν[1] εἰς πόλιν ἀλλοτρίαν,[2] ἐν ᾗ οὐκ ἔστιν ἀπὸ υἱῶν Ισραηλ ὧδε,[3] καὶ παρελευσόμεθα[4] ἕως Γαβαα. **13** καὶ εἶπεν τῷ νεανίᾳ[5] αὐτοῦ Δεῦρο[6] καὶ ἐγγίσωμεν ἑνὶ τῶν τόπων καὶ αὐλισθησόμεθα[7] ἐν Γαβαα ἢ ἐν Ραμα. **14** καὶ παρῆλθον[8] καὶ ἐπορεύθησαν, καὶ ἔδυ[9] ὁ ἥλιος αὐτοῖς ἐχόμενα τῆς Γαβαα, ἥ ἐστιν τῷ Βενιαμιν. **15** καὶ ἐξέκλιναν[10] ἐκεῖ τοῦ εἰσελθεῖν αὐλισθῆναι[11] ἐν Γαβαα· καὶ εἰσῆλθον καὶ ἐκάθισαν ἐν τῇ πλατείᾳ[12] τῆς πόλεως, καὶ οὐκ ἦν ἀνὴρ συνάγων αὐτοὺς εἰς οἰκίαν αὐλισθῆναι.[13]

16 καὶ ἰδοὺ ἀνὴρ πρεσβύτης[14] ἤρχετο ἐξ ἔργων αὐτοῦ ἐξ ἀγροῦ ἐν ἑσπέρᾳ·[15] καὶ ὁ ἀνὴρ ἦν ἐξ ὄρους Εφραιμ, καὶ αὐτὸς παρῴκει[16] ἐν Γαβαα, καὶ οἱ ἄνδρες τοῦ τόπου υἱοὶ Βενιαμιν. **17** καὶ ἦρεν τοὺς ὀφθαλμοὺς αὐτοῦ καὶ εἶδεν τὸν ὁδοιπόρον[17] ἄνδρα ἐν τῇ πλατείᾳ[18] τῆς πόλεως· καὶ εἶπεν ὁ ἀνὴρ ὁ πρεσβύτης[19] Ποῦ πορεύῃ καὶ πόθεν[20] ἔρχῃ; **18** καὶ εἶπεν πρὸς αὐτόν Παραπορευόμεθα[21] ἡμεῖς ἀπὸ Βηθλεεμ Ιουδα ἕως μηρῶν[22] ὄρους Εφραιμ· ἐκεῖθεν[23] ἐγώ εἰμι καὶ ἐπορεύθην ἕως Βηθλεεμ Ιουδα, καὶ εἰς τὸν οἶκόν μου ἐγὼ πορεύομαι, καὶ οὐκ ἔστιν ἀνὴρ συνάγων με εἰς τὴν οἰκίαν· **19** καί γε ἄχυρα[24] καὶ χορτάσματά[25] ἐστιν τοῖς ὄνοις[26] ἡμῶν, καὶ ἄρτοι καὶ οἶνός ἐστιν ἐμοὶ καὶ τῇ παιδίσκῃ[27] καὶ τῷ νεανίσκῳ[28] μετὰ τῶν παιδίων σου, οὐκ ἔστιν ὑστέρημα[29] παντὸς πράγματος.[30] **20** καὶ εἶπεν ὁ ἀνὴρ ὁ πρεσβύτης[31] Εἰρήνη σοι, πλὴν πᾶν ὑστέρημά[32] σου ἐπ᾽ ἐμέ· πλὴν ἐν τῇ πλατείᾳ[33] οὐ μὴ αὐλισθήσῃ.[34] **21** καὶ εἰσήνεγκεν[35] αὐτὸν εἰς τὸν οἶκον αὐτοῦ καὶ τόπον ἐποίησεν τοῖς ὄνοις,[36] καὶ αὐτοὶ ἐνίψαντο[37] τοὺς πόδας αὐτῶν καὶ ἔφαγον καὶ ἔπιον.

1 ἐκκλίνω, *fut act ind 1p*, turn aside, visit
2 ἀλλότριος, foreign
3 ὧδε, here
4 παρέρχομαι, *fut mid ind 1p*, pass on, pass by
5 νεανίας, young man, servant
6 δεῦρο, come!
7 αὐλίζομαι, *fut pas ind 1p*, lodge, spend the night
8 παρέρχομαι, *aor act ind 3p*, pass on, pass by
9 δύω, *aor act ind 3s*, sink, set
10 ἐκκλίνω, *aor act ind 3p*, turn aside
11 αὐλίζομαι, *aor pas inf*, lodge, spend the night
12 πλατύς, wide (area), broad (street)
13 αὐλίζομαι, *aor pas inf*, lodge, spend the night
14 πρεσβύτης, old man
15 ἑσπέρα, evening
16 παροικέω, *impf act ind 3s*, live as a foreigner
17 ὁδοιπόρος, traveler
18 πλατύς, wide (area), broad (street)
19 πρεσβύτης, old man
20 πόθεν, from where
21 παραπορεύομαι, *pres mid ind 1p*, pass through, pass by
22 μηρός, flank
23 ἐκεῖθεν, from there
24 ἄχυρον, straw
25 χόρτασμα, fodder
26 ὄνος, donkey
27 παιδίσκη, young woman
28 νεανίσκος, young man, servant
29 ὑστέρημα, lack, something needed
30 πρᾶγμα, thing
31 πρεσβύτης, old man
32 ὑστέρημα, lack, something needed
33 πλατύς, wide (area), broad (street)
34 αὐλίζομαι, *fut pas ind 2s*, lodge, spend the night
35 εἰσφέρω, *aor act ind 3s*, carry in, bring in
36 ὄνος, donkey
37 νίπτω, *aor mid ind 3p*, wash

Gibeah's Crime

22 αὐτῶν δὲ ἀγαθυνθέντων[1] τῇ καρδίᾳ αὐτῶν καὶ ἰδοὺ οἱ ἄνδρες τῆς πόλεως υἱοὶ
παρανόμων[2] περιεκύκλωσαν[3] τὴν οἰκίαν καὶ ἔκρουσαν[4] τὴν θύραν καὶ εἶπαν πρὸς
τὸν ἄνδρα τὸν κύριον τῆς οἰκίας τὸν πρεσβύτην[5] λέγοντες Ἐξάγαγε[6] τὸν ἄνδρα
τὸν εἰσελθόντα εἰς τὴν οἰκίαν σου, ἵνα γνῶμεν αὐτόν. **23** καὶ ἐξῆλθεν πρὸς αὐτοὺς
ὁ ἀνὴρ ὁ κύριος τῆς οἰκίας καὶ εἶπεν πρὸς αὐτούς Μηδαμῶς,[7] ἀδελφοί, μὴ πονηρεύ-
σησθε[8] δή·[9] μετὰ τὸ εἰσεληλυθέναι τὸν ἄνδρα τοῦτον εἰς τὴν οἰκίαν μου μὴ ποιήσητε
τὴν ἀφροσύνην[10] ταύτην· **24** ἰδοὺ ἡ θυγάτηρ[11] μου ἡ παρθένος[12] καὶ ἡ παλλακὴ[13]
αὐτοῦ, ἐξάξω[14] δὴ αὐτάς, καὶ ταπεινώσατε[15] αὐτὰς καὶ ποιήσατε αὐταῖς τὸ ἀγαθὸν
ἐν ὀφθαλμοῖς ὑμῶν· καὶ τῷ ἀνδρὶ τούτῳ μὴ ποιήσητε τὸ ῥῆμα τῆς ἀφροσύνης[16]
ταύτης. **25** καὶ οὐκ ἠθέλησαν οἱ ἄνδρες ἀκοῦσαι αὐτοῦ. καὶ ἐπελάβετο[17] ὁ ἀνὴρ τῆς
παλλακῆς[18] αὐτοῦ καὶ ἐξήγαγεν[19] αὐτὴν πρὸς αὐτοὺς ἔξω, καὶ ἔγνωσαν αὐτὴν καὶ
ἐνέπαιξαν[20] αὐτῇ ὅλην τὴν νύκτα ἕως τὸ πρωί·[21] καὶ ἐξαπέστειλαν[22] αὐτὴν ἅμα[23]
τῷ ἀναβαίνειν τὸν ὄρθρον.[24] **26** καὶ ἦλθεν ἡ γυνὴ τὸ πρὸς πρωὶ[25] καὶ ἔπεσεν παρὰ
τὴν θύραν τοῦ πυλῶνος[26] τοῦ οἴκου τοῦ ἀνδρός, οὗ ἦν ὁ κύριος αὐτῆς ἐκεῖ, ἕως οὗ
διέφαυσεν.[27]

27 καὶ ἀνέστη ὁ κύριος αὐτῆς τὸ πρωὶ[28] καὶ ἤνοιξεν τὰς θύρας τοῦ οἴκου καὶ ἐξῆλθεν
τοῦ ἀπελθεῖν τὴν ὁδὸν αὐτοῦ, καὶ ἰδοὺ ἡ γυνὴ ἡ παλλακὴ[29] αὐτοῦ πεπτωκυῖα[30] παρὰ
τὴν θύραν, καὶ αἱ χεῖρες αὐτῆς ἐπὶ τὸ πρόθυρον.[31] **28** καὶ εἶπεν πρὸς αὐτήν Ἀνάστηθι
καὶ ἀπέλθωμεν· καὶ οὐκ ἀπεκρίθη αὐτῷ, ἀλλὰ τεθνήκει.[32] καὶ ἀνέλαβεν[33] αὐτὴν ἐπὶ τὸ
ὑποζύγιον[34] καὶ ἀνέστη ὁ ἀνὴρ καὶ ἀπῆλθεν εἰς τὸν τόπον αὐτοῦ. **29** καὶ εἰσῆλθεν εἰς
τὸν οἶκον αὐτοῦ καὶ ἔλαβεν τὴν μάχαιραν[35] καὶ ἐπελάβετο[36] τῆς παλλακῆς[37] αὐτοῦ καὶ

1 ἀγαθύνω, *aor pas ptc gen p m*, rejoice, be merry
2 παράνομος, lawless, wicked
3 περικυκλόω, *aor act ind 3p*, encircle, surround
4 κρούω, *aor act ind 3p*, knock
5 πρεσβύτης, old man
6 ἐξάγω, *aor act impv 2s*, bring out
7 μηδαμῶς, by no means, certainly not
8 πονηρεύομαι, *aor mid sub 2p*, act wickedly
9 δή, now
10 ἀφροσύνη, folly, senseless act
11 θυγάτηρ, daughter
12 παρθένος, virgin
13 παλλακή, concubine
14 ἐξάγω, *fut act ind 1s*, bring out
15 ταπεινόω, *aor act impv 2p*, humiliate
16 ἀφροσύνη, folly, senseless act
17 ἐπιλαμβάνω, *aor mid ind 3s*, take hold of
18 παλλακή, concubine
19 ἐξάγω, *aor act ind 3s*, lead out
20 ἐμπαίζω, *aor act ind 3p*, abuse
21 πρωί, (in the) morning
22 ἐξαποστέλλω, *aor act ind 3p*, dismiss, release
23 ἅμα, as soon as, at the time of
24 ὄρθρος, (at) dawn, (in the) early morning
25 πρωί, (in the) morning
26 πυλών, entrance, gateway
27 διαφαύσκω, *aor act ind 3s*, begin to dawn
28 πρωί, (in the) morning
29 παλλακή, concubine
30 πίπτω, *perf act ptc nom s f*, fall, collapse
31 πρόθυρον, doorway
32 θνῄσκω, *plpf act ind 3s*, die
33 ἀναλαμβάνω, *aor act ind 3s*, lift up, take up
34 ὑποζύγιον, mule, donkey
35 μάχαιρα, knife, dagger
36 ἐπιλαμβάνω, *aor mid ind 3s*, take hold of
37 παλλακή, concubine

B

Gibeah's Crime

22 αὐτοὶ δ᾽ ἀγαθύνοντες[1] καρδίαν αὐτῶν καὶ ἰδοὺ ἄνδρες τῆς πόλεως υἱοὶ παρανό-
μων[2] ἐκύκλωσαν[3] τὴν οἰκίαν κρούοντες[4] ἐπὶ τὴν θύραν καὶ εἶπον πρὸς τὸν ἄνδρα
τὸν κύριον τοῦ οἴκου τὸν πρεσβύτην[5] λέγοντες Ἐξένεγκε[6] τὸν ἄνδρα, ὃς εἰσῆλθεν
εἰς τὴν οἰκίαν σου, ἵνα γνῶμεν αὐτόν. **23** καὶ ἐξῆλθεν πρὸς αὐτοὺς ὁ ἀνὴρ ὁ κύριος
τοῦ οἴκου καὶ εἶπεν Μή, ἀδελφοί, μὴ κακοποιήσητε[7] δή·[8] μετὰ τὸ εἰσελθεῖν τὸν
ἄνδρα τοῦτον εἰς τὴν οἰκίαν μου μὴ ποιήσητε τὴν ἀφροσύνην[9] ταύτην· **24** ἰδὲ ἡ
θυγάτηρ[10] μου ἡ παρθένος[11] καὶ ἡ παλλακὴ[12] αὐτοῦ, ἐξάξω[13] αὐτάς, καὶ ταπεινώ-
σατε[14] αὐτὰς καὶ ποιήσατε αὐταῖς τὸ ἀγαθὸν ἐν ὀφθαλμοῖς ὑμῶν· καὶ τῷ ἀνδρὶ
τούτῳ οὐ ποιήσετε τὸ ῥῆμα τῆς ἀφροσύνης[15] ταύτης. **25** καὶ οὐκ εὐδόκησαν[16] οἱ
ἄνδρες τοῦ εἰσακοῦσαι[17] αὐτοῦ. καὶ ἐπελάβετο[18] ὁ ἀνὴρ τῆς παλλακῆς[19] αὐτοῦ καὶ
ἐξήγαγεν[20] αὐτὴν πρὸς αὐτοὺς ἔξω, καὶ ἔγνωσαν αὐτὴν καὶ ἐνέπαιζον[21] ἐν αὐτῇ ὅλην
τὴν νύκτα ἕως πρωί·[22] καὶ ἐξαπέστειλαν[23] αὐτήν, ὡς ἀνέβη τὸ πρωί.[24] **26** καὶ ἦλθεν
ἡ γυνὴ πρὸς τὸν ὄρθρον[25] καὶ ἔπεσεν παρὰ τὴν θύραν τοῦ οἴκου, οὗ ἦν αὐτῆς ἐκεῖ
ὁ ἀνήρ, ἕως τοῦ διαφῶσαι.[26]

27 καὶ ἀνέστη ὁ ἀνὴρ αὐτῆς τὸ πρωὶ[27] καὶ ἤνοιξεν τὰς θύρας τοῦ οἴκου καὶ ἐξῆλθεν
τοῦ πορευθῆναι τὴν ὁδὸν αὐτοῦ, καὶ ἰδοὺ ἡ γυνὴ ἡ παλλακὴ[28] αὐτοῦ πεπτωκυῖα
παρὰ τὰς θύρας τοῦ οἴκου, καὶ αἱ χεῖρες αὐτῆς ἐπὶ τὸ πρόθυρον.[29] **28** καὶ εἶπεν πρὸς
αὐτήν Ἀνάστα καὶ ἀπέλθωμεν· καὶ οὐκ ἀπεκρίθη, ὅτι ἦν νεκρά.[30] καὶ ἔλαβεν αὐτὴν
ἐπὶ τὸν ὄνον[31] καὶ ἐπορεύθη εἰς τὸν τόπον αὐτοῦ. **29** καὶ ἔλαβεν τὴν ῥομφαίαν[32]
καὶ ἐκράτησεν τὴν παλλακὴν[33] αὐτοῦ καὶ ἐμέλισεν[34] αὐτὴν εἰς δώδεκα[35] μέλη[36]

1 ἀγαθύνω, *pres act ptc nom p m*, rejoice, be merry
2 παράνομος, lawless, wicked
3 κυκλόω, *aor act ind 3p*, encircle, surround
4 κρούω, *pres act ptc nom p m*, knock
5 πρεσβύτης, old man
6 ἐκφέρω, *aor act impv 2s*, carry out, bring forth
7 κακοποιέω, *aor act sub 2p*, do evil, do harm
8 δή, indeed, now
9 ἀφροσύνη, folly, foolishness
10 θυγάτηρ, daughter
11 παρθένος, virgin
12 παλλακή, concubine
13 ἐξάγω, *fut act ind 1s*, bring out
14 ταπεινόω, *aor act impv 2p*, humiliate
15 ἀφροσύνη, folly, foolishness
16 εὐδοκέω, *aor act ind 3p*, consent, agree
17 εἰσακούω, *aor act inf*, listen, hear
18 ἐπιλαμβάνω, *aor mid ind 3s*, take hold of
19 παλλακή, concubine
20 ἐξάγω, *aor act ind 3s*, lead out
21 ἐμπαίζω, *impf act ind 3p*, abuse
22 πρωί, morning
23 ἐξαποστέλλω, *aor act ind 3p*, dismiss, release
24 πρωί, (in the) morning
25 ὄρθρος, dawn, early morning
26 διαφώσκω, *aor act inf*, begin to dawn
27 πρωί, (in the) morning
28 παλλακή, concubine
29 πρόθυρον, doorway
30 νεκρός, dead
31 ὄνος, donkey
32 ῥομφαία, sword
33 παλλακή, concubine
34 μελίζω, *aor act ind 3s*, dismember, cut in pieces
35 δώδεκα, twelve
36 μέλος, part

ἐμέλισεν[1] αὐτὴν κατὰ τὰ ὀστᾶ[2] αὐτῆς εἰς δώδεκα[3] μερίδας[4] καὶ ἐξαπέστειλεν[5] αὐτὰς A
εἰς πάσας τὰς φυλὰς Ισραηλ. **30** καὶ ἐγένετο πᾶς ὁ ὁρῶν ἔλεγεν Οὔτε ἐγενήθη οὔτε ὤφθη οὕτως ἀπὸ τῆς ἡμέρας ἀναβάσεως[6] υἱῶν Ισραηλ ἐξ Αἰγύπτου ἕως τῆς ἡμέρας ταύτης. καὶ ἐνετείλατο[7] τοῖς ἀνδράσιν, οἷς ἐξαπέστειλεν,[8] λέγων Τάδε[9] ἐρεῖτε πρὸς πάντα ἄνδρα Ισραηλ Εἰ γέγονεν κατὰ τὸ ῥῆμα τοῦτο ἀπὸ τῆς ἡμέρας ἀναβάσεως[10] υἱῶν Ισραηλ ἐξ Αἰγύπτου ἕως τῆς ἡμέρας ταύτης; θέσθε δὴ[11] ἑαυτοῖς βουλὴν[12] περὶ αὐτῆς καὶ λαλήσατε.

War with the Tribe of Benjamin

20 Καὶ ἐξῆλθον πάντες οἱ υἱοὶ Ισραηλ, καὶ ἐξεκκλησιάσθη[13] πᾶσα ἡ συναγωγὴ ὡς ἀνὴρ εἷς ἀπὸ Δαν καὶ ἕως Βηρσαβεε καὶ γῆ Γαλααδ πρὸς κύριον εἰς Μασσηφα. **2** καὶ ἔστη τὸ κλίμα[14] παντὸς τοῦ λαοῦ, πᾶσαι αἱ φυλαὶ Ισραηλ, ἐν τῇ ἐκκλησίᾳ τοῦ λαοῦ τοῦ θεοῦ, τετρακόσιαι[15] χιλιάδες[16] ἀνδρῶν πεζῶν[17] σπωμένων[18] ῥομφαίαν.[19] **3** καὶ ἤκουσαν οἱ υἱοὶ Βενιαμιν ὅτι ἀνέβησαν οἱ υἱοὶ Ισραηλ πρὸς κύριον εἰς Μασσηφα. καὶ εἶπαν οἱ υἱοὶ Ισραηλ Λαλήσατε ποῦ ἐγένετο ἡ κακία[20] αὕτη. **4** καὶ ἀπεκρίθη ὁ ἀνὴρ ὁ Λευίτης ὁ ἀνὴρ τῆς γυναικὸς τῆς πεφονευμένης[21] καὶ εἶπεν Εἰς Γαβαα τῆς Βενιαμιν ἦλθον ἐγὼ καὶ ἡ παλλακή[22] μου καταλῦσαι.[23] **5** καὶ ἀνέστησαν ἐπ᾽ ἐμὲ οἱ ἄνδρες οἱ παρὰ τῆς Γαβαα καὶ περιεκύκλωσαν[24] ἐπ᾽ ἐμὲ τὴν οἰκίαν νυκτὸς καὶ ἐμὲ ἠθέλησαν ἀποκτεῖναι καὶ τὴν παλλακήν[25] μου ἐταπείνωσαν[26] καὶ ἐνέπαιξαν[27] αὐτῇ καὶ ἀπέθανεν. **6** καὶ ἐπελαβόμην[28] τῆς παλλακῆς[29] μου καὶ ἐμέλισα[30] αὐτὴν καὶ ἐξαπέστειλα[31] ἐν παντὶ ὁρίῳ[32] κληρονομίας[33] Ισραηλ, ὅτι ἐποίησαν ἀφροσύνην[34] ἐν τῷ Ισραηλ. **7** ἰδοὺ πάντες ὑμεῖς, οἱ υἱοὶ Ισραηλ, δότε ἑαυτοῖς λόγον καὶ βουλήν.[35]

8 καὶ ἀνέστη πᾶς ὁ λαὸς ὡς ἀνὴρ εἷς λέγων Οὐκ εἰσελευσόμεθα ἀνὴρ εἰς τὸ σκήνωμα[36] αὐτοῦ καὶ οὐκ ἐκκλινοῦμεν[37] ἀνὴρ εἰς τὸν οἶκον αὐτοῦ. **9** καὶ νῦν τοῦτο τὸ

1 μελίζω, *aor act ind 3s*, dismember, cut in pieces
2 ὀστέον, bone
3 δώδεκα, twelve
4 μερίς, portion, part
5 ἐξαποστέλλω, *aor act ind 3s*, send forth
6 ἀνάβασις, coming up, ascent
7 ἐντέλλομαι, *aor mid ind 3s*, command, order
8 ἐξαποστέλλω, *aor act ind 3s*, send forth
9 ὅδε, this
10 ἀνάβασις, coming up, ascent
11 δή, now, then
12 βουλή, counsel
13 ἐξεκλησιάζω, *aor pas ind 3s*, convene
14 κλίμα, region
15 τετρακόσιοι, four hundred
16 χιλιάς, thousand
17 πεζός, on foot
18 σπάω, *pres mid ptc gen p m*, draw
19 ῥομφαία, sword
20 κακία, depravity, wickedness
21 φονεύω, *perf mid ptc gen s f*, kill
22 παλλακή, concubine
23 καταλύω, *aor act inf*, lodge, put down, unroll
24 περικυκλόω, *aor act ind 3p*, encircle, surround
25 παλλακή, concubine
26 ταπεινόω, *aor act ind 3p*, humble
27 ἐμπαίζω, *aor act ind 3p*, abuse
28 ἐπιλαμβάνω, *aor mid ind 1s*, take hold of
29 παλλακή, concubine
30 μελίζω, *aor act ind 1s*, dismember, cut in pieces
31 ἐξαποστέλλω, *aor act ind 1s*, send forth
32 ὅριον, territory, region
33 κληρονομία, inheritance, property
34 ἀφροσύνη, folly, senseless act
35 βουλή, counsel
36 σκήνωμα, tent
37 ἐκκλίνω, *fut act ind 1p*, turn aside

B καὶ ἀπέστειλεν αὐτὰ ἐν παντὶ ὁρίῳ[1] Ισραηλ. **30** καὶ ἐγένετο πᾶς ὁ βλέπων ἔλεγεν
Οὐκ ἐγένετο καὶ οὐχ ἑόραται ὡς αὕτη ἀπὸ ἡμέρας ἀναβάσεως[2] υἱῶν Ισραηλ ἐκ
γῆς Αἰγύπτου καὶ ἕως τῆς ἡμέρας ταύτης· θέσθε ὑμῖν αὐτοὶ ἐπ᾽ αὐτὴν βουλὴν[3] καὶ
λαλήσατε.

War with the Tribe of Benjamin

20 Καὶ ἐξῆλθον πάντες οἱ υἱοὶ Ισραηλ, καὶ ἐξεκκλησιάσθη[4] ἡ συναγωγὴ ὡς
ἀνὴρ εἷς ἀπὸ Δαν καὶ ἕως Βηρσαβεε καὶ γῆ τοῦ Γαλααδ πρὸς κύριον εἰς
Μασσηφα. **2** καὶ ἐστάθησαν κατὰ πρόσωπον κυρίου πᾶσαι αἱ φυλαὶ τοῦ Ισραηλ
ἐν ἐκκλησίᾳ τοῦ λαοῦ τοῦ θεοῦ, τετρακόσιαι[5] χιλιάδες[6] ἀνδρῶν πεζῶν,[7] ἕλκοντες[8]
ῥομφαίαν.[9] **3** καὶ ἤκουσαν οἱ υἱοὶ Βενιαμιν ὅτι ἀνέβησαν οἱ υἱοὶ Ισραηλ εἰς Μασ-
σηφα. καὶ ἐλθόντες εἶπαν οἱ υἱοὶ Ισραηλ Λαλήσατε ποῦ ἐγένετο ἡ πονηρία[10] αὕτη.
4 καὶ ἀπεκρίθη ὁ ἀνὴρ ὁ Λευίτης ὁ ἀνὴρ τῆς γυναικὸς τῆς φονευθείσης[11] καὶ εἶπεν
Εἰς Γαβαα τῆς Βενιαμιν ἦλθον ἐγὼ καὶ ἡ παλλακή[12] μου τοῦ αὐλισθῆναι.[13] **5** καὶ
ἀνέστησαν ἐπ᾽ ἐμὲ οἱ ἄνδρες τῆς Γαβαα καὶ ἐκύκλωσαν[14] ἐπ᾽ ἐμὲ ἐπὶ τὴν οἰκίαν
νυκτός· ἐμὲ ἠθέλησαν φονεῦσαι[15] καὶ τὴν παλλακήν[16] μου ἐταπείνωσαν[17] καὶ ἀπέ-
θανεν. **6** καὶ ἐκράτησα τὴν παλλακήν[18] μου καὶ ἐμέλισα[19] αὐτὴν καὶ ἀπέστειλα ἐν
παντὶ ὁρίῳ[20] κληρονομίας[21] υἱῶν Ισραηλ, ὅτι ἐποίησαν ζεμα[22] καὶ ἀπόπτωμα[23] ἐν
Ισραηλ. **7** ἰδοὺ πάντες ὑμεῖς, υἱοὶ Ισραηλ, δότε ἑαυτοῖς λόγον καὶ βουλὴν[24] ἐκεῖ.

8 καὶ ἀνέστη πᾶς ὁ λαὸς ὡς ἀνὴρ εἷς λέγοντες Οὐκ ἀπελευσόμεθα ἀνὴρ εἰς σκή-
νωμα[25] αὐτοῦ καὶ οὐκ ἐπιστρέψομεν ἀνὴρ εἰς οἶκον αὐτοῦ. **9** καὶ νῦν τοῦτο τὸ ῥῆμα,

1 ὅριον, territory, region
2 ἀνάβασις, coming up, ascent
3 βουλή, counsel
4 ἐξεκλησιάζω, *aor pas ind 3s*, convene
5 τετρακόσιοι, four hundred
6 χιλιάς, thousand
7 πεζός, on foot
8 ἕλκω, *pres act ptc nom p m*, draw
9 ῥομφαία, sword
10 πονηρία, wickedness, evil
11 φονεύω, *aor pas ptc nom s f*, kill
12 παλλακή, concubine
13 αὐλίζομαι, *aor pas inf*, lodge, spend the night
14 κυκλόω, *aor act ind 3p*, surround
15 φονεύω, *aor act inf*, kill
16 παλλακή, concubine
17 ταπεινόω, *aor act ind 3p*, humble
18 παλλακή, concubine
19 μελίζω, *aor act ind 1s*, dismember, cut in pieces
20 ὅριον, territory, region
21 κληρονομία, inheritance, property
22 ζεμα, lewdness, *translit.*
23 ἀπόπτωμα, error
24 βουλή, counsel
25 σκήνωμα, tent

ῥῆμα, ὃ ποιήσομεν τῇ Γαβαα· ἀναβησόμεθα ἐπ' αὐτὴν ἐν κλήρῳ[1] **10** καὶ λημψόμεθα **A**
δέκα[2] ἄνδρας τοῖς ἑκατὸν[3] καὶ ἑκατὸν τοῖς χιλίοις[4] καὶ χιλίους τοῖς μυρίοις[5] λαβεῖν
ἐπισιτισμὸν[6] τῷ λαῷ τοῖς εἰσπορευομένοις[7] ἐπιτελέσαι[8] τῇ Γαβαα τοῦ Βενιαμιν κατὰ
πᾶσαν τὴν ἀφροσύνην,[9] ἣν ἐποίησαν ἐν Ισραηλ. **11** καὶ συνήχθη πᾶς ἀνὴρ Ισραηλ
ἐκ τῶν πόλεων ὡς ἀνὴρ εἷς ἐρχόμενοι.

12 Καὶ ἐξαπέστειλαν[10] αἱ φυλαὶ Ισραηλ ἄνδρας ἐν πάσῃ φυλῇ Βενιαμιν λέγοντες Τίς
ἡ κακία[11] αὕτη ἡ γενομένη ἐν ὑμῖν; **13** καὶ νῦν δότε τοὺς ἄνδρας τοὺς ἀσεβεῖς[12] τοὺς
ἐν Γαβαα τοὺς υἱοὺς Βελιαλ, καὶ θανατώσομεν[13] αὐτοὺς καὶ ἐξαροῦμεν[14] κακίαν[15] ἐξ
Ισραηλ. καὶ οὐκ ἠθέλησαν οἱ υἱοὶ Βενιαμιν εἰσακοῦσαι[16] τῆς φωνῆς τῶν ἀδελφῶν
αὐτῶν τῶν υἱῶν Ισραηλ. **14** καὶ συνήχθησαν οἱ υἱοὶ Βενιαμιν ἐκ τῶν πόλεων αὐτῶν
εἰς Γαβαα ἐξελθεῖν τοῦ πολεμῆσαι μετὰ υἱῶν Ισραηλ. **15** καὶ ἐπεσκέπησαν[17] οἱ υἱοὶ
Βενιαμιν ἐν τῇ ἡμέρᾳ ἐκείνῃ ἐκ τῶν πόλεων εἴκοσι[18] καὶ πέντε χιλιάδες[19] ἀνδρῶν
σπωμένων[20] ῥομφαίαν[21] χωρὶς[22] τῶν κατοικούντων τὴν Γαβαα· οὗτοι ἐπεσκέπησαν
ἑπτακόσιοι[23] ἄνδρες νεανίσκοι[24] ἐκλεκτοὶ[25] **16** ἀμφοτεροδέξιοι·[26] πάντες οὗτοι σφεν-
δονῆται[27] βάλλοντες[28] λίθους πρὸς τὴν τρίχα[29] καὶ οὐ διαμαρτάνοντες.[30] **17** καὶ πᾶς
ἀνὴρ Ισραηλ ἐπεσκέπησαν[31] χωρὶς[32] τῶν υἱῶν Βενιαμιν τετρακόσιαι[33] χιλιάδες[34]
ἀνδρῶν σπωμένων[35] ῥομφαίαν·[36] πάντες οὗτοι ἄνδρες πολεμισταί.[37]

18 καὶ ἀνέστησαν καὶ ἀνέβησαν εἰς Βαιθηλ καὶ ἐπηρώτησαν[38] ἐν τῷ θεῷ καὶ εἶπαν
οἱ υἱοὶ Ισραηλ Τίς ἀναβήσεται ἡμῖν ἀφηγούμενος[39] πολεμῆσαι μετὰ Βενιαμιν; καὶ
εἶπεν κύριος Ιουδας ἀναβήσεται ἀφηγούμενος.

1 κλῆρος, lot
2 δέκα, ten
3 ἑκατόν, one hundred
4 χίλιοι, one thousand
5 μύριοι, ten thousand
6 ἐπισιτισμός, provisions
7 εἰσπορεύομαι, *pres mid ptc dat p m*, go into, enter
8 ἐπιτελέω, *aor act inf*, bring to an end, pay in full
9 ἀφροσύνη, folly, senseless act
10 ἐξαποστέλλω, *aor act ind 3p*, send forth
11 κακία, depravity, wickedness
12 ἀσεβής, wicked, ungodly
13 θανατόω, *fut act ind 1p*, kill, destroy
14 ἐξαίρω, *fut act ind 1p*, remove
15 κακία, depravity, wickedness
16 εἰσακούω, *aor act inf*, listen to, hear
17 ἐπισκέπτομαι, *aor pas ind 3p*, inspect, number
18 εἴκοσι, twenty
19 χιλιάς, thousand
20 σπάω, *pres mid ptc gen p m*, draw
21 ῥομφαία, sword
22 χωρίς, beside
23 ἑπτακόσιοι, seven hundred
24 νεανίσκος, young man
25 ἐκλεκτός, chosen, excellent
26 ἀμφοτεροδέξιος, ambidextrous
27 σφενδονήτης, one who slings
28 βάλλω, *pres act ptc nom p m*, throw
29 θρίξ, hair
30 διαμαρτάνω, *pres act ptc nom p m*, miss
31 ἐπισκέπτομαι, *aor pas ind 3p*, inspect, number
32 χωρίς, beside
33 τετρακόσιοι, four hundred
34 χιλιάς, thousand
35 σπάω, *pres mid ptc gen p m*, draw
36 ῥομφαία, sword
37 πολεμιστής, warrior
38 ἐπερωτάω, *aor act ind 3p*, ask, inquire
39 ἀφηγέομαι, *pres mid ptc nom s m*, be leader, go first

B ὃ ποιηθήσεται τῇ Γαβαα· ἀναβησόμεθα ἐπ᾽ αὐτὴν ἐν κλήρῳ,[1] **10** πλὴν λημψόμεθα
δέκα[2] ἄνδρας τοῖς ἑκατὸν[3] εἰς πάσας φυλὰς Ισραηλ καὶ ἑκατὸν τοῖς χιλίοις[4] καὶ
χιλίους τοῖς μυρίοις[5] λαβεῖν ἐπισιτισμὸν[6] τοῦ ποιῆσαι ἐλθεῖν αὐτοὺς εἰς Γαβαα Βενι-
αμιν ποιῆσαι αὐτῇ κατὰ πᾶν τὸ ἀπόπτωμα,[7] ὃ ἐποίησεν ἐν Ισραηλ. **11** καὶ συνήχθη
πᾶς ἀνὴρ Ισραηλ εἰς τὴν πόλιν ὡς ἀνὴρ εἷς.

12 Καὶ ἀπέστειλαν αἱ φυλαὶ Ισραηλ ἄνδρας ἐν πάσῃ φυλῇ Βενιαμιν λέγοντες Τίς ἡ
πονηρία[8] αὕτη ἡ γενομένη ἐν ὑμῖν; **13** καὶ νῦν δότε τοὺς ἄνδρας υἱοὺς παρανόμων[9]
τοὺς ἐν Γαβαα, καὶ θανατώσομεν[10] αὐτοὺς καὶ ἐκκαθαριοῦμεν[11] πονηρίαν[12] ἀπὸ
Ισραηλ. καὶ οὐκ εὐδόκησαν[13] οἱ υἱοὶ Βενιαμιν ἀκοῦσαι τῆς φωνῆς τῶν ἀδελφῶν
αὐτῶν υἱῶν Ισραηλ. **14** καὶ συνήχθησαν οἱ υἱοὶ Βενιαμιν ἀπὸ τῶν πόλεων αὐτῶν
εἰς Γαβαα ἐξελθεῖν εἰς παράταξιν[14] πρὸς υἱοὺς Ισραηλ. **15** καὶ ἐπεσκέπησαν[15] οἱ υἱοὶ
Βενιαμιν ἐν τῇ ἡμέρᾳ ἐκείνῃ ἀπὸ τῶν πόλεων εἴκοσι[16] τρεῖς χιλιάδες,[17] ἀνὴρ ἕλκων[18]
ῥομφαίαν,[19] ἐκτὸς[20] τῶν οἰκούντων[21] τὴν Γαβαα, οἳ ἐπεσκέπησαν ἑπτακόσιοι[22] ἄν-
δρες ἐκλεκτοὶ **16** ἐκ παντὸς λαοῦ ἀμφοτεροδέξιοι·[23] πάντες οὗτοι σφενδονῆται[24] ἐν
λίθοις πρὸς τρίχα[25] καὶ οὐκ ἐξαμαρτάνοντες.[26] **17** καὶ ἀνὴρ Ισραηλ ἐπεσκέπησαν[27]
ἐκτὸς[28] τοῦ Βενιαμιν τετρακόσιαι[29] χιλιάδες[30] ἀνδρῶν ἑλκόντων[31] ῥομφαίαν·[32] πάν-
τες οὗτοι ἄνδρες παρατάξεως.[33]

18 καὶ ἀνέστησαν καὶ ἀνέβησαν εἰς Βαιθηλ καὶ ἠρώτησαν[34] ἐν τῷ θεῷ καὶ εἶπαν οἱ
υἱοὶ Ισραηλ Τίς ἀναβήσεται ἡμῖν ἐν ἀρχῇ εἰς παράταξιν[35] πρὸς υἱοὺς Βενιαμιν; καὶ
εἶπεν κύριος Ιουδας ἐν ἀρχῇ ἀναβήσεται ἀφηγούμενος.[36]

1 κλῆρος, lot
2 δέκα, ten
3 ἑκατόν, one hundred
4 χίλιοι, one thousand
5 μύριοι, ten thousand
6 ἐπισιτισμός, provisions
7 ἀπόπτωμα, error
8 πονηρία, wickedness, vice
9 παράνομος, lawless, wicked
10 θανατόω, *fut act ind 1p*, kill, destroy
11 ἐκκαθαρίζω, *fut act ind 1p*, clear away, purge
12 πονηρία, wickedness, evil
13 εὐδοκέω, *aor act ind 3p*, consent, agree
14 παράταξις, battle
15 ἐπισκέπτομαι, *aor pas ind 3p*, inspect, number
16 εἴκοσι, twenty
17 χιλιάς, thousand
18 ἕλκω, *pres act ptc nom s m*, draw
19 ῥομφαία, sword
20 ἐκτός, beyond, aside from
21 οἰκέω, *pres act ptc gen p m*, live, dwell
22 ἑπτακόσιοι, seven hundred
23 ἀμφοτεροδέξιος, ambidextrous
24 σφενδονήτης, one who slings
25 θρίξ, hair
26 ἐξαμαρτάνω, *pres act ptc nom p m*, err, miss a mark
27 ἐπισκέπτομαι, *aor pas ind 3p*, inspect, number
28 ἐκτός, beyond, aside from
29 τετρακόσιοι, four hundred
30 χιλιάς, thousand
31 ἕλκω, *pres act ptc gen p m*, draw
32 ῥομφαία, sword
33 παράταξις, battle
34 ἐρωτάω, *aor act ind 3p*, ask, inquire
35 παράταξις, battle
36 ἀφηγέομαι, *pres mid ptc nom s m*, be leader, go first

19 καὶ ἀνέστησαν οἱ υἱοὶ Ισραηλ καὶ παρενέβαλον[1] ἐπὶ τὴν Γαβαα. **20** καὶ ἐξῆλθεν πᾶς A
ἀνὴρ Ισραηλ εἰς πόλεμον μετὰ Βενιαμιν, καὶ παρετάξαντο[2] μετ᾽ αὐτῶν εἰς πόλεμον
ἀνὴρ Ισραηλ πρὸς τὴν Γαβαα. **21** καὶ ἐξῆλθον οἱ υἱοὶ Βενιαμιν ἐκ τῆς πόλεως καὶ
διέφθειραν[3] ἐν Ισραηλ ἐν τῇ ἡμέρᾳ ἐκείνῃ δύο καὶ εἴκοσι[4] χιλιάδας[5] ἀνδρῶν ἐπὶ τὴν
γῆν. **22** καὶ ἐνίσχυσεν[6] ἀνὴρ Ισραηλ καὶ προσέθεντο[7] παρατάξασθαι[8] πόλεμον ἐν τῷ
τόπῳ, ᾧ παρετάξαντο[9] ἐκεῖ ἐν τῇ ἡμέρᾳ τῇ πρώτῃ. **23** καὶ ἀνέβησαν οἱ υἱοὶ Ισραηλ
καὶ ἔκλαυσαν ἐνώπιον κυρίου ἕως ἑσπέρας[10] καὶ ἐπηρώτησαν[11] ἐν κυρίῳ λέγοντες
Εἰ προσθῶ[12] προσεγγίσαι[13] εἰς πόλεμον μετὰ Βενιαμιν τοῦ ἀδελφοῦ μου; καὶ εἶπεν
κύριος Ἀνάβητε πρὸς αὐτόν.

24 Καὶ προσήλθοσαν οἱ υἱοὶ Ισραηλ πρὸς Βενιαμιν ἐν τῇ ἡμέρᾳ τῇ δευτέρᾳ. **25** καὶ
ἐξῆλθεν Βενιαμιν εἰς ἀπάντησιν[14] αὐτῶν ἐκ τῆς Γαβαα ἐν τῇ ἡμέρᾳ τῇ δευτέρᾳ καὶ
διέφθειρεν[15] ἐκ τοῦ λαοῦ ὀκτωκαίδεκα[16] χιλιάδας[17] ἀνδρῶν ἐπὶ τὴν γῆν· πάντες
οὗτοι ἐσπασμένοι[18] ῥομφαίαν.[19] **26** καὶ ἀνέβησαν πάντες οἱ υἱοὶ Ισραηλ καὶ πᾶς ὁ
λαὸς καὶ ἤλθοσαν εἰς Βαιθηλ καὶ ἔκλαυσαν ἔναντι[20] κυρίου καὶ ἐνήστευσαν[21] ἐν τῇ
ἡμέρᾳ ἐκείνῃ καὶ ἀνήνεγκαν[22] ὁλοκαυτώματα[23] σωτηρίου[24] ἔναντι[25] κυρίου, **27** καὶ
ἐπηρώτησαν[26] οἱ υἱοὶ Ισραηλ ἐν κυρίῳ· καὶ ἐκεῖ ἡ κιβωτὸς[27] διαθήκης κυρίου ἐν ταῖς
ἡμέραις ἐκείναις, **28** καὶ Φινεες υἱὸς Ελεαζαρ υἱοῦ Ααρων παρεστηκὼς[28] ἐνώπιον
αὐτῆς ἐν ταῖς ἡμέραις ἐκείναις λέγων Εἰ προσθῶ[29] ἔτι ἐξελθεῖν εἰς πόλεμον μετὰ
υἱῶν Βενιαμιν τοῦ ἀδελφοῦ μου ἢ κοπάσω;[30] καὶ εἶπεν κύριος Ἀνάβητε, ὅτι αὔριον[31]
παραδώσω αὐτὸν ἐν χειρί σου.

29 Καὶ ἔθηκαν οἱ υἱοὶ Ισραηλ ἔνεδρα[32] ἐν τῇ Γαβαα κύκλῳ.[33] **30** καὶ ἔταξεν[34] Ισραηλ
πρὸς τὸν Βενιαμιν ἐν τῇ ἡμέρᾳ τῇ τρίτῃ καὶ παρετάξαντο[35] πρὸς Γαβαα καθὼς
ἅπαξ[36] καὶ ἅπαξ. **31** καὶ ἐξῆλθον οἱ υἱοὶ Βενιαμιν εἰς ἀπάντησιν[37] τοῦ λαοῦ καὶ

1 παρεμβάλλω, *aor act ind 3p*, encamp
2 παρατάσσω, *aor mid ind 3p*, align in formation
3 διαφθείρω, *aor act ind 3p*, utterly destroy
4 εἴκοσι, twenty
5 χιλιάς, thousand
6 ἐνισχύω, *aor act ind 3s*, prevail, strengthen
7 προστίθημι, *aor mid ind 3p*, continue
8 παρατάσσω, *aor mid inf*, fight, align in formation
9 παρατάσσω, *aor mid ind 3p*, align in formation
10 ἑσπέρα, evening
11 ἐπερωτάω, *aor act ind 3p*, ask, inquire
12 προστίθημι, *aor act sub 1s*, continue
13 προσεγγίζω, *aor act inf*, approach
14 ἀπάντησις, meeting
15 διαφθείρω, *aor act ind 3s*, utterly destroy
16 ὀκτωκαίδεκα, eighteen
17 χιλιάς, thousand
18 σπάω, *perf mid ptc nom p m*, draw
19 ῥομφαία, sword
20 ἔναντι, before
21 νηστεύω, *aor act ind 3p*, fast
22 ἀναφέρω, *aor act ind 3p*, offer
23 ὁλοκαύτωμα, whole burnt offering
24 σωτήριον, deliverance
25 ἔναντι, before
26 ἐπερωτάω, *aor act ind 3p*, ask, inquire
27 κιβωτός, chest, ark
28 παρίστημι, *perf act ptc nom s m*, preside over, attend to
29 προστίθημι, *aor act sub 1s*, continue
30 κοπάζω, *aor act sub 1s*, cease, stop
31 αὔριον, tomorrow
32 ἔνεδρον, ambush
33 κύκλῳ, around
34 τάσσω, *aor act ind 3s*, set in position
35 παρατάσσω, *aor mid ind 3p*, fight
36 ἅπαξ, once
37 ἀπάντησις, meeting

B **19** καὶ ἀνέστησαν οἱ υἱοὶ Ισραηλ τὸ πρωὶ[1] καὶ παρενέβαλον[2] ἐπὶ Γαβαα. **20** καὶ ἐξῆλθον πᾶς ἀνὴρ Ισραηλ εἰς παράταξιν[3] πρὸς Βενιαμιν καὶ συνῆψαν[4] αὐτοῖς ἐπὶ Γαβαα. **21** καὶ ἐξῆλθον οἱ υἱοὶ Βενιαμιν ἀπὸ τῆς Γαβαα καὶ διέφθειραν[5] ἐν Ισραηλ ἐν τῇ ἡμέρᾳ ἐκείνῃ δύο καὶ εἴκοσι[6] χιλιάδας[7] ἀνδρῶν ἐπὶ τὴν γῆν. **22** καὶ ἐνίσχυσαν[8] ἀνὴρ Ισραηλ καὶ προσέθηκαν[9] συνάψαι[10] παράταξιν[11] ἐν τῷ τόπῳ, ὅπου[12] συνῆψαν[13] ἐν τῇ ἡμέρᾳ τῇ πρώτῃ. **23** καὶ ἀνέβησαν οἱ υἱοὶ Ισραηλ καὶ ἔκλαυσαν ἐνώπιον κυρίου ἕως ἑσπέρας[14] καὶ ἠρώτησαν[15] ἐν κυρίῳ λέγοντες Εἰ προσθῶμεν[16] ἐγγίσαι εἰς παράταξιν[17] πρὸς υἱοὺς Βενιαμιν ἀδελφοὺς ἡμῶν; καὶ εἶπεν κύριος Ἀνάβητε πρὸς αὐτούς.

24 Καὶ προσῆλθον οἱ υἱοὶ Ισραηλ πρὸς υἱοὺς Βενιαμιν ἐν τῇ ἡμέρᾳ τῇ δευτέρᾳ. **25** καὶ ἐξῆλθον οἱ υἱοὶ Βενιαμιν εἰς συνάντησιν[18] αὐτοῖς ἀπὸ τῆς Γαβαα ἐν τῇ ἡμέρᾳ τῇ δευτέρᾳ καὶ διέφθειραν[19] ἀπὸ υἱῶν Ισραηλ ἔτι ὀκτωκαίδεκα[20] χιλιάδας[21] ἀνδρῶν ἐπὶ τὴν γῆν· πάντες οὗτοι ἕλκοντες[22] ῥομφαίαν.[23] **26** καὶ ἀνέβησαν πάντες οἱ υἱοὶ Ισραηλ καὶ πᾶς ὁ λαὸς καὶ ἦλθον εἰς Βαιθηλ καὶ ἔκλαυσαν καὶ ἐκάθισαν ἐκεῖ ἐνώπιον κυρίου καὶ ἐνήστευσαν[24] ἐν τῇ ἡμέρᾳ ἐκείνῃ ἕως ἑσπέρας καὶ ἀνήνεγκαν[25] ὁλοκαυτώσεις[26] καὶ τελείας[27] ἐνώπιον κυρίου· **27** ὅτι ἐκεῖ κιβωτὸς[28] διαθήκης κυρίου τοῦ θεοῦ, **28** καὶ Φινεες υἱὸς Ελεαζαρ υἱοῦ Ααρων παρεστηκὼς[29] ἐνώπιον αὐτῆς ἐν ταῖς ἡμέραις ἐκείναις. καὶ ἐπηρώτησαν[30] οἱ υἱοὶ Ισραηλ ἐν κυρίῳ λέγοντες Εἰ προσθῶμεν[31] ἔτι ἐξελθεῖν εἰς παράταξιν[32] πρὸς υἱοὺς Βενιαμιν ἀδελφοὺς ἡμῶν ἢ ἐπίσχωμεν;[33] καὶ εἶπεν κύριος Ἀνάβητε, ὅτι αὔριον[34] δώσω αὐτοὺς εἰς τὰς χεῖρας ὑμῶν.

29 Καὶ ἔθηκαν οἱ υἱοὶ Ισραηλ ἔνεδρα[35] τῇ Γαβαα κύκλῳ.[36] **30** καὶ ἀνέβησαν οἱ υἱοὶ Ισραηλ πρὸς υἱοὺς Βενιαμιν ἐν τῇ ἡμέρᾳ τῇ τρίτῃ καὶ συνῆψαν[37] πρὸς τὴν Γαβαα ὡς ἅπαξ[38] καὶ ἅπαξ. **31** καὶ ἐξῆλθον οἱ υἱοὶ Βενιαμιν εἰς συνάντησιν[39] τοῦ λαοῦ καὶ

1 πρωί, (in the) morning
2 παρεμβάλλω, *aor act ind 3p*, encamp
3 παράταξις, battle
4 συνάπτω, *aor act ind 3p*, join together
5 διαφθείρω, *aor act ind 3p*, utterly destroy
6 εἴκοσι, twenty
7 χιλιάς, thousand
8 ἐνισχύω, *aor act ind 3p*, prevail, strengthen
9 προστίθημι, *aor act ind 3p*, continue
10 συνάπτω, *aor act inf*, join together
11 παράταξις, battle
12 ὅπου, where
13 συνάπτω, *aor act ind 3p*, join together
14 ἑσπέρα, evening
15 ἐρωτάω, *aor act ind 3p*, ask, inquire
16 προστίθημι, *aor act sub 1p*, continue
17 παράταξις, battle
18 συνάντησις, meeting
19 διαφθείρω, *aor act ind 3p*, utterly destroy
20 ὀκτωκαίδεκα, eighteen
21 χιλιάς, thousand
22 ἕλκω, *pres act ptc nom p m*, draw
23 ῥομφαία, sword
24 νηστεύω, *aor act ind 3p*, fast
25 ἀναφέρω, *aor act ind 3p*, offer
26 ὁλοκαύτωσις, whole burnt offering
27 τέλειος, perfect, complete
28 κιβωτός, chest, ark
29 παρίστημι, *perf act ptc nom s m*, preside over, attend to
30 ἐπερωτάω, *aor act ind 3p*, ask, inquire
31 προστίθημι, *aor act sub 1p*, continue
32 παράταξις, battle
33 ἐπέχω, *aor act sub 1p*, refrain, hold back
34 αὔριον, tomorrow
35 ἔνεδρον, ambush
36 κύκλῳ, around
37 συνάπτω, *aor act ind 3p*, join together
38 ἅπαξ, once
39 συνάντησις, meeting

ἐξειλκύσθησαν[1] ἐκ τῆς πόλεως καὶ ἤρξαντο τύπτειν[2] ἐκ τοῦ λαοῦ καθὼς ἅπαξ[3] A
καὶ ἅπαξ ἐν ταῖς ὁδοῖς, ἥ ἐστιν μία ἀναβαίνουσα εἰς Βαιθηλ καὶ μία ἀναβαίνουσα
εἰς Γαβαα ἐν τῷ ἀγρῷ, ὡσεὶ[4] τριάκοντα[5] ἄνδρας ἐν τῷ Ισραηλ. **32** καὶ εἶπαν οἱ υἱοὶ
Βενιαμιν Προσκόπτουσιν[6] ἐνώπιον ἡμῶν καθὼς ἔμπροσθεν. καὶ οἱ υἱοὶ Ισραηλ
εἶπαν Φύγωμεν[7] καὶ ἐκσπάσωμεν[8] αὐτοὺς ἐκ τῆς πόλεως εἰς τὰς ὁδούς. **33** καὶ
πᾶς ἀνὴρ Ισραηλ ἀνέστη ἐκ τοῦ τόπου αὐτοῦ καὶ παρετάξαντο[9] ἐν Βααλθαμαρ,
καὶ τὸ ἔνεδρον[10] Ισραηλ ἐπάλαιεν[11] ἐκ τοῦ τόπου αὐτοῦ ἀπὸ δυσμῶν[12] τῆς Γαβαα.
34 καὶ παρεγένοντο ἐξ ἐναντίας[13] τῆς Γαβαα δέκα[14] χιλιάδες[15] ἀνδρῶν ἐκλεκτῶν[16]
ἐκ παντὸς Ισραηλ, καὶ ὁ πόλεμος ἐβαρύνθη·[17] καὶ αὐτοὶ οὐκ ἔγνωσαν ὅτι ἀφῆπται[18]
αὐτῶν ἡ κακία.[19] **35** καὶ ἐτρόπωσεν[20] κύριος τὸν Βενιαμιν κατὰ πρόσωπον Ισραηλ,
καὶ διέφθειραν[21] οἱ υἱοὶ Ισραηλ ἐν τῷ Βενιαμιν ἐν τῇ ἡμέρᾳ ἐκείνῃ εἴκοσι[22] καὶ πέντε
χιλιάδας[23] καὶ ἑκατὸν[24] ἄνδρας· πάντες οὗτοι σπώμενοι[25] ῥομφαίαν.[26] **36** καὶ εἶδεν
Βενιαμιν ὅτι τετρόπωται·[27]

καὶ ἔδωκεν ἀνὴρ Ισραηλ τῷ Βενιαμιν τόπον, ὅτι ἤλπισαν ἐπὶ τὸ ἔνεδρον,[28] ὃ ἔταξαν[29]
πρὸς τὴν Γαβαα. **37** καὶ τὸ ἔνεδρον[30] ὥρμησεν[31] καὶ ἐξεχύθησαν[32] πρὸς τὴν Γαβαα, καὶ
ἐπορεύθη τὸ ἔνεδρον καὶ ἐπάταξαν[33] ὅλην τὴν πόλιν ἐν στόματι ῥομφαίας.[34] **38** καὶ
ἡ συνταγὴ[35] ἦν ἀνδρὶ Ισραηλ πρὸς τὸ ἔνεδρον[36] τοῦ ἀνενέγκαι[37] αὐτοὺς πυρσὸν[38]
τοῦ καπνοῦ[39] τῆς πόλεως. **39** καὶ ἀνέστρεψαν[40] ἀνὴρ Ισραηλ ἐν τῷ πολέμῳ, καὶ
Βενιαμιν ἦρκται[41] τοῦ τύπτειν[42] τραυματίας[43] ἐν τῷ ἀνδρὶ Ισραηλ ὡσεὶ[44] τριάκοντα[45]

1 ἐξέλκω, *aor pas ind 3p*, drag out, draw away
2 τύπτω, *pres act inf*, strike, beat
3 ἅπαξ, once
4 ὡσεί, about
5 τριάκοντα, thirty
6 προσκόπτω, *pres act ind 3p*, stumble
7 φεύγω, *aor act sub 1p*, flee
8 ἐκσπάω, *aor act sub 1p*, draw out, remove
9 παρατάσσω, *aor mid ind 3p*, align for battle
10 ἔνεδρον, ambush
11 παλαίω, *impf act ind 3s*, wrestle, struggle
12 δυσμή, west
13 ἐναντίος, opposite
14 δέκα, ten
15 χιλιάς, thousand
16 ἐκλεκτός, chosen, excellent
17 βαρύνω, *aor pas ind 3s*, be heavy, be intense
18 ἀφάπτω, *perf pas ind 3s*, fasten upon, touch
19 κακία, evil
20 τροπόω, *aor act ind 3s*, put to flight, rout
21 διαφθείρω, *aor act ind 3p*, utterly destroy
22 εἴκοσι, twenty
23 χιλιάς, thousand
24 ἑκατόν, one hundred
25 σπάω, *pres mid ptc nom p m*, draw
26 ῥομφαία, sword
27 τροπόω, *perf pas ind 3s*, put to flight
28 ἔνεδρον, ambush
29 τάσσω, *aor act ind 3p*, set in position
30 ἔνεδρον, ambush
31 ὁρμάω, *aor act ind 3s*, rush, hasten
32 ἐκχέω, *aor pas ind 3p*, pour out, gush forth
33 πατάσσω, *aor act ind 3p*, strike, slay
34 ῥομφαία, sword
35 συνταγή, order, command
36 ἔνεδρον, ambush
37 ἀναφέρω, *aor act inf*, raise up, produce
38 πυρσός, beacon, signal
39 καπνός, smoke
40 ἀναστρέφω, *aor act ind 3p*, return, turn back
41 ἄρχομαι, *perf mid ind 3s*, begin
42 τύπτω, *pres act inf*, strike, slay
43 τραυματίας, wounded person
44 ὡσεί, about
45 τριάκοντα, thirty

B ἐξεκενώθησαν[1] τῆς πόλεως καὶ ἤρξαντο πατάσσειν[2] ἀπὸ τοῦ λαοῦ τραυματίας[3] ὡς
ἅπαξ[4] καὶ ἅπαξ ἐν ταῖς ὁδοῖς, ἥ ἐστιν μία ἀναβαίνουσα εἰς Βαιθηλ καὶ μία εἰς Γαβαα
ἐν ἀγρῷ, ὡς τριάκοντα[5] ἄνδρας ἐν Ισραηλ. **32** καὶ εἶπαν οἱ υἱοὶ Βενιαμιν Πίπτουσιν
ἐνώπιον ἡμῶν ὡς τὸ πρῶτον. καὶ οἱ υἱοὶ Ισραηλ εἶπον Φύγωμεν[6] καὶ ἐκκενώσω-
μεν[7] αὐτοὺς ἀπὸ τῆς πόλεως εἰς τὰς ὁδούς· καὶ ἐποίησαν οὕτως. **33** καὶ πᾶς ἀνὴρ
ἀνέστη ἐκ τοῦ τόπου αὐτοῦ καὶ συνῆψαν[8] ἐν Βααλθαμαρ, καὶ τὸ ἔνεδρον[9] Ισραηλ
ἐπήρχετο[10] ἐκ τοῦ τόπου αὐτοῦ ἀπὸ Μααραγαβε. **34** καὶ ἦλθον ἐξ ἐναντίας[11] Γαβαα
δέκα[12] χιλιάδες[13] ἀνδρῶν ἐκλεκτῶν[14] ἐκ παντὸς Ισραηλ καὶ παράταξις[15] βαρεῖα·[16]
καὶ αὐτοὶ οὐκ ἔγνωσαν ὅτι φθάνει[17] ἐπ' αὐτοὺς ἡ κακία.[18] **35** καὶ ἐπάταξεν[19] κύριος
τὸν Βενιαμιν ἐνώπιον υἱῶν Ισραηλ, καὶ διέφθειραν[20] οἱ υἱοὶ Ισραηλ ἐκ τοῦ Βενιαμιν
ἐν τῇ ἡμέρᾳ ἐκείνῃ εἴκοσι[21] καὶ πέντε χιλιάδας[22] καὶ ἑκατὸν[23] ἄνδρας· πάντες οὗτοι
εἷλκον[24] ῥομφαίαν.[25] **36** καὶ εἶδον οἱ υἱοὶ Βενιαμιν ὅτι ἐπλήγησαν·[26]

καὶ ἔδωκεν ἀνὴρ Ισραηλ τόπον τῷ Βενιαμιν, ὅτι ἤλπισαν πρὸς τὸ ἔνεδρον,[27] ὃ ἔθη-
καν ἐπὶ τὴν Γαβαα. **37** καὶ ἐν τῷ αὐτοὺς ὑποχωρῆσαι[28] καὶ τὸ ἔνεδρον[29] ἐκινήθη[30]
καὶ ἐξέτειναν[31] ἐπὶ τὴν Γαβαα, καὶ ἐξεχύθη[32] τὸ ἔνεδρον καὶ ἐπάταξαν[33] τὴν πόλιν
ἐν στόματι ῥομφαίας.[34] **38** καὶ σημεῖον ἦν τοῖς υἱοῖς Ισραηλ μετὰ τοῦ ἐνέδρου[35] τῆς
μάχης[36] ἀνενέγκαι[37] αὐτοὺς σύσσημον[38] καπνοῦ[39] ἀπὸ τῆς πόλεως. **39** καὶ εἶδον
οἱ υἱοὶ Ισραηλ ὅτι προκατελάβετο[40] τὸ ἔνεδρον[41] τὴν Γαβαα, καὶ ἔστησαν ἐν τῇ
παρατάξει,[42] καὶ Βενιαμιν ἤρξατο πατάσσειν[43] τραυματίας[44] ἐν ἀνδράσιν Ισραηλ ὡς

1 ἐκκενόω, *aor pas ind 3p*, drag out, draw away
2 πατάσσω, *pres act inf*, strike, smite
3 τραυματίας, wounded person, casualty
4 ἅπαξ, once
5 τριάκοντα, thirty
6 φεύγω, *aor act sub 1p*, flee
7 ἐκκενόω, *aor act sub 1p*, empty out, clear out
8 συνάπτω, *aor act ind 3p*, join together
9 ἔνεδρον, ambush
10 ἐπέρχομαι, *impf mid ind 3s*, come forward
11 ἐναντίος, opposite
12 δέκα, ten
13 χιλιάς, thousand
14 ἐκλεκτός, chosen, excellent
15 παράταξις, battle
16 βαρύς, heavy, intense
17 φθάνω, *pres act ind 3s*, arrive, come about
18 κακία, evil
19 πατάσσω, *aor act ind 3s*, strike, defeat
20 διαφθείρω, *aor act ind 3p*, utterly destroy
21 εἴκοσι, twenty
22 χιλιάς, thousand
23 ἑκατόν, one hundred
24 ἕλκω, *impf act ind 3p*, draw
25 ῥομφαία, sword
26 πλήσσω, *aor pas ind 3p*, strike
27 ἔνεδρον, ambush
28 ὑποχωρέω, *aor act inf*, retreat, withdraw
29 ἔνεδρον, ambush
30 κινέω, *aor pas ind 3s*, mobilize, move
31 ἐκτείνω, *aor act ind 3p*, spread out
32 ἐκχέω, *aor pas ind 3s*, pour out
33 πατάσσω, *aor act ind 3p*, strike, slay
34 ῥομφαία, sword
35 ἔνεδρον, ambush
36 μάχη, combat, battle
37 ἀναφέρω, *aor act inf*, raise up
38 σύσσημον, beacon, signal
39 καπνός, smoke
40 προκαταλαμβάνω, *aor mid ind 3s*, overtake
41 ἔνεδρον, ambush
42 παράταξις, line of battle
43 πατάσσω, *pres act inf*, strike, slay
44 τραυματίας, wounded person

ἄνδρας, ὅτι εἶπαν Πλὴν τροπούμενος[1] τροποῦται[2] ἐναντίον[3] ἡμῶν καθὼς ὁ πόλεμος A
ὁ ἔμπροσθεν. **40** καὶ ὁ πυρσὸς[4] ἤρξατο ἀναβαίνειν ἐκ τῆς πόλεως στῦλος[5] καπνοῦ·[6]
καὶ ἐπέβλεψεν[7] Βενιαμιν ὀπίσω αὐτοῦ, καὶ ἰδοὺ ἀνέβη συντέλεια[8] τῆς πόλεως εἰς τὸν
οὐρανόν. **41** καὶ ἀνὴρ Ισραηλ ἀπέστρεψεν,[9] καὶ ἔσπευσεν[10] ἀνὴρ Βενιαμιν καὶ εἶδεν
ὅτι ἧπται[11] αὐτοῦ ἡ κακία.[12] **42** καὶ ἔκλιναν[13] ἐνώπιον ἀνδρὸς Ισραηλ εἰς τὴν ὁδὸν
τῆς ἐρήμου, καὶ ὁ πόλεμος κατέφθασεν[14] αὐτόν, καὶ οἱ ἀπὸ τῶν πόλεων διέφθειραν[15]
αὐτὸν ἐν μέσῳ αὐτῶν. **43** καὶ ἔκοψαν[16] τὸν Βενιαμιν καταπαῦσαι[17] αὐτὸν κατά-
παυσιν[18] καὶ κατεπάτησαν αὐτὸν ἕως ἐξ ἐναντίας[19] τῆς Γαβαα ἀπὸ ἀνατολῶν[20] ἡλίου.
44 καὶ ἔπεσαν ἐκ τοῦ Βενιαμιν ὀκτωκαίδεκα[21] χιλιάδες[22] ἀνδρῶν· σὺν πᾶσιν τούτοις
ἄνδρες δυνατοί. **45** καὶ ἐξέκλιναν[23] καὶ ἔφυγον[24] εἰς τὴν ἔρημον πρὸς τὴν πέτραν[25]
τὴν Ρεμμων, καὶ ἐκαλαμήσαντο[26] ἐν ταῖς ὁδοῖς πέντε χιλιάδας[27] ἀνδρῶν· καὶ
προσεκολλήθησαν[28] ὀπίσω αὐτοῦ ἕως Γαδααμ καὶ ἐπάταξαν[29] ἐξ αὐτῶν δισχιλίους[30]
ἄνδρας. **46** καὶ ἐγένοντο πάντες οἱ πεπτωκότες ἐν τῷ Βενιαμιν εἴκοσι[31] καὶ πέντε
χιλιάδες[32] ἀνδρῶν σπωμένων[33] ῥομφαίαν[34] ἐν τῇ ἡμέρᾳ ἐκείνῃ· σὺν πᾶσι τούτοις
ἄνδρες δυνατοί. **47** καὶ ἐξέκλιναν[35] καὶ ἔφυγον[36] εἰς τὴν ἔρημον πρὸς τὴν πέτραν τὴν
Ρεμμων ἑξακόσιοι[37] ἄνδρες καὶ ἐκάθισαν ἐν τῇ πέτρᾳ[38] Ρεμμων τετράμηνον.[39] **48** καὶ
ἀνὴρ Ισραηλ ἀπέκλεισεν[40] τοὺς υἱοὺς Βενιαμιν καὶ ἐπάταξαν[41] αὐτοὺς ἐν στόματι
ῥομφαίας[42] ἀπὸ πόλεως ἑξῆς[43] ἕως κτήνους[44] ἕως παντὸς τοῦ εὑρεθέντος εἰς πάσας
τὰς πόλεις· καὶ τὰς πόλεις τὰς εὑρεθείσας[45] ἐξαπέστειλαν[46] ἐν πυρί.

1 τροπόω, *pres mid ptc nom s m*, put to flight
2 τροπόω, *pres pas ind 3s*, put to flight
3 ἐναντίον, before
4 πυρσός, beacon, signal
5 στῦλος, pillar
6 καπνός, smoke
7 ἐπιβλέπω, *aor act ind 3s*, look at, look on
8 συντέλεια, conclusion, destruction
9 ἀποστρέφω, *aor act ind 3s*, turn aside, return
10 σπεύδω, *aor act ind 3s*, hurry, make haste
11 ἅπτομαι, *perf pas ind 3s*, touch
12 κακία, evil
13 κλίνω, *aor act ind 3p*, give way, turn to
14 καταφθάνω, *aor act ind 3s*, overtake
15 διαφθείρω, *aor act ind 3p*, utterly destroy
16 κόπτω, *aor act ind 3p*, slaughter, strike down
17 καταπαύω, *aor act inf*, stop
18 κατάπαυσις, putting down, stopping
19 ἐναντίος, opposite
20 ἀνατολή, rising
21 ὀκτωκαίδεκα, eighteen
22 χιλιάς, thousand
23 ἐκκλίνω, *aor act ind 3p*, turn aside
24 φεύγω, *aor act ind 3p*, flee
25 πέτρα, rock
26 καλαμάομαι, *aor mid ind 3p*, gather
27 χιλιάς, thousand
28 προσκολλάω, *aor pas ind 3p*, be joined to
29 πατάσσω, *aor act ind 3p*, strike, slay
30 δισχίλιοι, two thousand
31 εἴκοσι, twenty
32 χιλιάς, thousand
33 σπάω, *pres mid ptc gen p m*, draw
34 ῥομφαία, sword
35 ἐκκλίνω, *aor act ind 3p*, turn aside
36 φεύγω, *aor act ind 3p*, flee
37 ἑξακόσιοι, six hundred
38 πέτρα, rock
39 τετράμηνος, four months
40 ἀποκλείω, *aor act ind 3s*, intercept
41 πατάσσω, *aor act ind 3p*, strike, slay
42 ῥομφαία, sword
43 ἑξῆς, one after another
44 κτῆνος, animal, (*p*) herd
45 εὑρίσκω, *aor pas ptc acc p f*, find
46 ἐξαποστέλλω, *aor act ind 3p*, dispatch

B τριάκοντα[1] ἄνδρας, ὅτι εἶπαν Πάλιν[2] πτώσει[3] πίπτουσιν ἐνώπιον ἡμῶν ὡς ἡ παράταξις[4] ἡ πρώτη. **40** καὶ τὸ σύσσημον[5] ἀνέβη ἐπὶ πλεῖον[6] ἐπὶ τῆς πόλεως ὡς στῦλος[7] καπνοῦ·[8] καὶ ἐπέβλεψεν[9] Βενιαμιν ὀπίσω αὐτοῦ, καὶ ἰδοὺ ἀνέβη ἡ συντέλεια[10] τῆς πόλεως ἕως οὐρανοῦ. **41** καὶ ἀνὴρ Ισραηλ ἐπέστρεψεν, καὶ ἔσπευσαν[11] ἄνδρες Βενιαμιν, ὅτι εἶδον ὅτι συνήντησεν[12] ἐπ᾽ αὐτοὺς ἡ πονηρία.[13] **42** καὶ ἐπέβλεψαν[14] ἐνώπιον υἱῶν Ισραηλ εἰς ὁδὸν τῆς ἐρήμου καὶ ἔφυγον,[15] καὶ ἡ παράταξις[16] ἔφθασεν[17] ἐπ᾽ αὐτούς, καὶ οἱ ἀπὸ τῶν πόλεων διέφθειρον[18] αὐτοὺς ἐν μέσῳ αὐτῶν. **43** καὶ κατέκοπτον[19] τὸν Βενιαμιν καὶ ἐδίωξαν αὐτὸν ἀπὸ Νουα κατὰ πόδα αὐτοῦ ἕως ἀπέναντι[20] Γαβαα πρὸς ἀνατολὰς[21] ἡλίου. **44** καὶ ἔπεσαν ἀπὸ Βενιαμιν δέκα[22] ὀκτὼ[23] χιλιάδες[24] ἀνδρῶν· οἱ πάντες οὗτοι ἄνδρες δυνάμεως. **45** καὶ ἐπέβλεψαν[25] οἱ λοιποὶ καὶ ἔφευγον[26] εἰς τὴν ἔρημον πρὸς τὴν πέτραν[27] τοῦ Ρεμμων, καὶ ἐκαλαμήσαντο[28] ἐξ αὐτῶν οἱ υἱοὶ Ισραηλ πεντακισχιλίους[29] ἄνδρας· καὶ κατέβησαν ὀπίσω αὐτῶν οἱ υἱοὶ Ισραηλ ἕως Γεδαν καὶ ἐπάταξαν[30] ἐξ αὐτῶν δισχιλίους[31] ἄνδρας. **46** καὶ ἐγένοντο πάντες οἱ πίπτοντες ἀπὸ Βενιαμιν εἴκοσι[32] πέντε χιλιάδες[33] ἀνδρῶν ἑλκόντων[34] ῥομφαίαν[35] ἐν τῇ ἡμέρᾳ ἐκείνῃ· οἱ πάντες οὗτοι ἄνδρες δυνάμεως. **47** καὶ ἐπέβλεψαν[36] οἱ λοιποὶ καὶ ἔφυγον[37] εἰς τὴν ἔρημον πρὸς τὴν πέτραν[38] τοῦ Ρεμμων, ἑξακόσιοι[39] ἄνδρες, καὶ ἐκάθισαν ἐν πέτρᾳ[40] Ρεμμων τέσσαρας μῆνας.[41] **48** καὶ οἱ υἱοὶ Ισραηλ ἐπέστρεψαν πρὸς υἱοὺς Βενιαμιν καὶ ἐπάταξαν[42] αὐτοὺς ἐν στόματι ῥομφαίας[43] ἀπὸ πόλεως Μεθλα καὶ ἕως κτήνους[44] καὶ ἕως παντὸς τοῦ εὑρισκομένου εἰς πάσας τὰς πόλεις· καὶ τὰς πόλεις τὰς εὑρεθείσας ἐνέπρησαν[45] ἐν πυρί.

1 τριάκοντα, thirty
2 πάλιν, again, once more
3 πτῶσις, falling, calamity
4 παράταξις, battle
5 σύσσημον, beacon, signal
6 πλείων/πλεῖον, *comp of* πολύς, even more
7 στῦλος, pillar
8 καπνός, smoke
9 ἐπιβλέπω, *aor act ind 3s*, look at, look on
10 συντέλεια, conclusion, destruction
11 σπεύδω, *aor act ind 3p*, hurry, make haste
12 συναντάω, *aor act ind 3s*, meet
13 πονηρία, wickedness, evil
14 ἐπιβλέπω, *aor act ind 3p*, look at, look on
15 φεύγω, *aor act ind 3p*, flee
16 παράταξις, battle
17 φθάνω, *aor act ind 3s*, arrive, come about
18 διαφθείρω, *impf act ind 3p*, utterly destroy
19 κατακόπτω, *impf act ind 3p*, cut off
20 ἀπέναντι, before, opposite
21 ἀνατολή, rising
22 δέκα, ten
23 ὀκτώ, eight
24 χιλιάς, thousand
25 ἐπιβλέπω, *aor act ind 3p*, look at, look on
26 φεύγω, *impf act ind 3p*, flee
27 πέτρα, rock
28 καλαμάομαι, *aor mid ind 3p*, gather up
29 πεντακισχίλιοι, five thousand
30 πατάσσω, *aor act ind 3p*, strike, slay
31 δισχίλιοι, two thousand
32 εἴκοσι, twenty
33 χιλιάς, thousand
34 ἕλκω, *pres act ptc gen p m*, draw
35 ῥομφαία, sword
36 ἐπιβλέπω, *aor act ind 3p*, look at, look on
37 φεύγω, *aor act ind 3p*, flee
38 πέτρα, rock
39 ἑξακόσιοι, six hundred
40 πέτρα, rock
41 μήν, month
42 πατάσσω, *aor act ind 3p*, strike, slay
43 ῥομφαία, sword
44 κτῆνος, animal, (*p*) herd
45 ἐμπίμπρημι, *aor act ind 3p*, burn

Benjamin Obtains Wives

A

21 Καὶ ἀνὴρ Ισραηλ ὤμοσεν[1] ἐν Μασσηφα λέγων Ἀνὴρ ἐξ ἡμῶν οὐ δώσει τὴν
θυγατέρα[2] αὐτοῦ τῷ Βενιαμιν εἰς γυναῖκα. 2 καὶ παρεγένοντο πᾶς ὁ λαὸς
εἰς Μασσηφα καὶ Βαιθηλ καὶ ἐκάθισαν ἐκεῖ ἕως ἑσπέρας[3] ἐνώπιον τοῦ θεοῦ καὶ
ἐπῆραν[4] τὴν φωνὴν αὐτῶν καὶ ἔκλαυσαν κλαυθμὸν[5] μέγαν 3 καὶ εἶπαν Ἵνα τί, κύριε
ὁ θεὸς Ισραηλ, ἐγενήθη αὕτη ἐν τῷ Ισραηλ, τοῦ ἐπισκεπῆναι[6] σήμερον ἐν τῷ Ισραηλ
φυλὴν μίαν; 4 καὶ ἐγένετο ἐν τῇ ἐπαύριον[7] καὶ ὤρθρισεν[8] ὁ λαὸς καὶ ᾠκοδόμησαν
ἐκεῖ θυσιαστήριον[9] καὶ ἀνήνεγκαν[10] ὁλοκαυτώματα[11] σωτηρίου.[12] 5 καὶ εἶπαν οἱ υἱοὶ
Ισραηλ Τίς ὁ μὴ ἀναβὰς ἐν τῇ ἐκκλησίᾳ ἐκ πασῶν φυλῶν Ισραηλ πρὸς κύριον; ὅτι
ὅρκος[13] μέγας ἦν τῷ μὴ ἀναβάντι πρὸς κύριον εἰς Μασσηφα λέγοντες Θανάτῳ
ἀποθανεῖται. 6 καὶ παρεκλήθησαν οἱ υἱοὶ Ισραηλ περὶ Βενιαμιν τοῦ ἀδελφοῦ αὐτῶν
καὶ εἶπαν Ἀφῄρηται[14] σήμερον φυλὴ μία ἐξ Ισραηλ· 7 τί ποιήσωμεν αὐτοῖς τοῖς ὑπο-
λειφθεῖσιν[15] εἰς γυναῖκας; καὶ ἡμεῖς ὠμόσαμεν[16] ἐν κυρίῳ τοῦ μὴ δοῦναι αὐτοῖς ἀπὸ
τῶν θυγατέρων[17] ἡμῶν εἰς γυναῖκας.

8 καὶ εἶπαν Τίς μία τῶν φυλῶν Ισραηλ, ἥτις οὐκ ἀνέβη πρὸς κύριον εἰς Μασσηφα; καὶ
ἰδοὺ οὐκ ἦλθεν ἀνὴρ εἰς τὴν παρεμβολὴν[18] ἀπὸ Ιαβις Γαλααδ εἰς τὴν ἐκκλησίαν. 9 καὶ
ἐπεσκέπη[19] ὁ λαός, καὶ ἰδοὺ οὐκ ἔστιν ἐκεῖ ἀνὴρ ἀπὸ τῶν κατοικούντων Ιαβις Γαλααδ.
10 καὶ ἀπέστειλαν ἐκεῖ ἡ συναγωγὴ δώδεκα[20] χιλιάδας[21] ἀνδρῶν ἀπὸ τῶν υἱῶν τῆς
δυνάμεως καὶ ἐνετείλαντο[22] αὐτοῖς λέγοντες Πορεύθητε καὶ πατάξατε[23] πάντας τοὺς
κατοικοῦντας Ιαβις Γαλααδ ἐν στόματι ῥομφαίας[24] καὶ τὰς γυναῖκας καὶ τὸν λαόν.
11 καὶ οὗτος ὁ λόγος, ὃν ποιήσετε· πᾶν ἀρσενικὸν[25] καὶ πᾶσαν γυναῖκα γινώσκουσαν
κοίτην[26] ἄρσενος[27] ἀναθεματιεῖτε.[28] 12 καὶ εὗρον ἀπὸ τῶν κατοικούντων Ιαβις Γαλααδ

1 ὄμνυμι, *aor act ind 3s*, swear an oath
2 θυγάτηρ, daughter
3 ἑσπέρα, evening
4 ἐπαίρω, *aor act ind 3p*, raise, lift up
5 κλαυθμός, weeping, wailing
6 ἐπισκέπτομαι, *aor pas inf*, inspect, attend to
7 ἐπαύριον, next day
8 ὀρθρίζω, *aor act ind 3s*, rise up early
9 θυσιαστήριον, altar
10 ἀναφέρω, *aor act ind 3p*, offer
11 ὁλοκαύτωμα, whole burnt offering
12 σωτήριον, deliverance
13 ὅρκος, oath
14 ἀφαιρέω, *perf pas ind 3s*, remove, cut off
15 ὑπολείπω, *aor pas ptc dat p m*, leave remaining
16 ὄμνυμι, *aor act ind 1p*, swear an oath
17 θυγάτηρ, daughter
18 παρεμβολή, camp
19 ἐπισκέπτομαι, *aor pas ind 3s*, inspect, examine
20 δώδεκα, twelve
21 χιλιάς, thousand
22 ἐντέλλομαι, *aor mid ind 3p*, command, order
23 πατάσσω, *aor act impv 2p*, strike, slay
24 ῥομφαία, sword
25 ἀρσενικός, male
26 κοίτη, sexual intercourse
27 ἄρσην, male
28 ἀναθεματίζω, *fut act ind 2p*, put under a curse

B

Benjamin Obtains Wives

21 Καὶ οἱ υἱοὶ Ισραηλ ὤμοσαν[1] ἐν Μασσηφα λέγοντες Ἀνὴρ ἐξ ἡμῶν οὐ δώσει
θυγατέρα[2] αὐτοῦ τῷ Βενιαμιν εἰς γυναῖκα. **2** καὶ ἦλθεν ὁ λαὸς εἰς Βαιθηλ καὶ
ἐκάθισαν ἐκεῖ ἕως ἑσπέρας[3] ἐνώπιον τοῦ θεοῦ καὶ ἦραν φωνὴν αὐτῶν καὶ ἔκλαυσαν
κλαυθμὸν[4] μέγαν **3** καὶ εἶπαν Εἰς τί, κύριε θεὲ Ισραηλ, ἐγενήθη αὕτη, τοῦ ἐπισκεπῆ-
ναι[5] σήμερον ἀπὸ Ισραηλ φυλὴν μίαν; **4** καὶ ἐγένετο τῇ ἐπαύριον[6] καὶ ὤρθρισεν[7]
ὁ λαὸς καὶ ᾠκοδόμησαν ἐκεῖ θυσιαστήριον[8] καὶ ἀνήνεγκαν[9] ὁλοκαυτώσεις[10] καὶ
τελείας.[11] **5** καὶ εἶπον οἱ υἱοὶ Ισραηλ Τίς οὐκ ἀνέβη ἐν τῇ ἐκκλησίᾳ ἀπὸ πασῶν φυλῶν
Ισραηλ πρὸς κύριον; ὅτι ὁ ὅρκος[12] μέγας ἦν τοῖς οὐκ ἀναβεβηκόσιν πρὸς κύριον εἰς
Μασσηφα λέγοντες Θανάτῳ θανατωθήσεται.[13] **6** καὶ παρεκλήθησαν οἱ υἱοὶ Ισραηλ
πρὸς Βενιαμιν ἀδελφὸν αὐτῶν καὶ εἶπαν Ἐξεκόπη[14] σήμερον φυλὴ μία ἀπὸ Ισραηλ·
7 τί ποιήσωμεν αὐτοῖς τοῖς περισσοῖς[15] τοῖς ὑπολειφθεῖσιν[16] εἰς γυναῖκας; καὶ ἡμεῖς
ὠμόσαμεν[17] ἐν κυρίῳ τοῦ μὴ δοῦναι αὐτοῖς ἀπὸ τῶν θυγατέρων[18] ἡμῶν εἰς γυναῖκας.

8 καὶ εἶπαν Τίς εἷς ἀπὸ φυλῶν Ισραηλ, ὃς οὐκ ἀνέβη πρὸς κύριον εἰς Μασσηφα; καὶ
ἰδοὺ οὐκ ἦλθεν ἀνὴρ εἰς τὴν παρεμβολὴν[19] ἀπὸ Ιαβις Γαλααδ εἰς τὴν ἐκκλησίαν.
9 καὶ ἐπεσκέπη[20] ὁ λαός, καὶ οὐκ ἦν ἐκεῖ ἀνὴρ ἀπὸ οἰκούντων[21] Ιαβις Γαλααδ. **10** καὶ
ἀπέστειλεν ἐκεῖ ἡ συναγωγὴ δώδεκα[22] χιλιάδας[23] ἀνδρῶν ἀπὸ υἱῶν τῆς δυνάμεως
καὶ ἐνετείλαντο[24] αὐτοῖς λέγοντες Πορεύεσθε καὶ πατάξατε[25] τοὺς οἰκοῦντας[26]
Ιαβις Γαλααδ ἐν στόματι ῥομφαίας.[27] **11** καὶ τοῦτο ποιήσετε· πᾶν ἄρσεν[28] καὶ
πᾶσαν γυναῖκα εἰδυῖαν κοίτην[29] ἄρσενος[30] ἀναθεματιεῖτε,[31] τὰς δὲ παρθένους[32]
περιποιήσεσθε.[33] καὶ ἐποίησαν οὕτως. **12** καὶ εὗρον ἀπὸ οἰκούντων[34] Ιαβις Γαλααδ

1 ὄμνυμι, *aor act ind 3p*, swear an oath
2 θυγάτηρ, daughter
3 ἑσπέρα, evening
4 κλαυθμός, weeping, wailing
5 ἐπισκέπτομαι, *aor pas inf*, inspect, attend to
6 ἐπαύριον, next day
7 ὀρθρίζω, *aor act ind 3s*, rise up early
8 θυσιαστήριον, altar
9 ἀναφέρω, *aor act ind 3p*, offer
10 ὁλοκαύτωσις, whole burnt offering
11 τέλειος, perfect, complete
12 ὅρκος, oath
13 θανατόω, *fut pas ind 3s*, destroy, kill
14 ἐκκόπτω, *aor pas ind 3s*, cut off, cut out
15 περισσός, remaining
16 ὑπολείπω, *aor pas ptc dat p m*, leave remaining
17 ὄμνυμι, *aor act ind 1p*, swear an oath
18 θυγάτηρ, daughter
19 παρεμβολή, camp
20 ἐπισκέπτομαι, *aor pas ind 3s*, inspect, examine
21 οἰκέω, *pres act ptc gen p m*, live, dwell
22 δώδεκα, twelve
23 χιλιάς, thousand
24 ἐντέλλομαι, *aor mid ind 3p*, command, order
25 πατάσσω, *aor act impv 2p*, strike, slay
26 οἰκέω, *pres act ptc acc p m*, live, dwell
27 ῥομφαία, sword
28 ἄρσην, male
29 κοίτη, sexual intercourse
30 ἄρσην, male
31 ἀναθεματίζω, *fut act ind 2p*, put under a curse
32 παρθένος, virgin
33 περιποιέω, *fut mid ind 2p*, keep (alive), preserve
34 οἰκέω, *pres act ptc gen p m*, live, dwell

τετρακοσίας[1] νεάνιδας[2] παρθένους,[3] αἳ οὐκ ἔγνωσαν ἄνδρα εἰς κοίτην[4] ἄρσενος,[5] καὶ A
ἦγον αὐτὰς εἰς τὴν παρεμβολὴν[6] εἰς Σηλω, ἥ ἐστιν ἐν γῇ Χαναан.

13 καὶ ἀπέστειλεν πᾶσα ἡ συναγωγὴ καὶ ἐλάλησαν πρὸς Βενιαμιν τὸν ἐν τῇ πέτρᾳ[7] Ρεμμων καὶ ἐκάλεσαν αὐτοὺς εἰς εἰρήνην. **14** καὶ ἀπέστρεψεν[8] Βενιαμιν πρὸς τοὺς υἱοὺς Ισραηλ ἐν τῷ καιρῷ ἐκείνῳ, καὶ ἔδωκαν αὐτοῖς τὰς γυναῖκας, αἵτινες ἦσαν ἐκ τῶν γυναικῶν Ιαβις Γαλααδ· καὶ ἤρεσεν[9] αὐτοῖς οὕτως. **15** Καὶ ὁ λαὸς παρεκλήθη τῷ Βενιαμιν, ὅτι ἐποίησεν κύριος διακοπὴν[10] ἐν ταῖς φυλαῖς Ισραηλ.

16 καὶ εἶπαν οἱ πρεσβύτεροι τῆς συναγωγῆς Τί ποιήσωμεν τοῖς ἐπιλοίποις[11] εἰς γυναῖκας; ὅτι ἠφάνισται[12] ἐκ τοῦ Βενιαμιν γυνή. **17** καὶ εἶπαν Κληρονομία[13] διασεσῳσμένη[14] τῷ Βενιαμιν, καὶ οὐ μὴ ἐξαλειφθῇ[15] φυλὴ ἐξ Ισραηλ· **18** καὶ ἡμεῖς οὐ δυνησόμεθα δοῦναι αὐτοῖς γυναῖκας ἀπὸ τῶν θυγατέρων[16] ἡμῶν, ὅτι ὠμόσαμεν[17] οἱ υἱοὶ Ισραηλ λέγοντες Ἐπικατάρατος[18] ὁ διδοὺς γυναῖκα τῷ Βενιαμιν. **19** καὶ εἶπαν Ἑορτὴ[19] τῷ κυρίῳ ἐν Σηλω ἀφ᾽ ἡμερῶν εἰς ἡμέρας, ἥ ἐστιν ἀπὸ βορρᾶ[20] τῆς Βαιθηλ κατ᾽ ἀνατολὰς[21] ἡλίου ἐν τῇ ὁδῷ τῇ ἀναβαινούσῃ ἐκ Βαιθηλ εἰς Σικιμα καὶ ἀπὸ νότου[22] τοῦ Λιβάνου τῆς Λεβωνα. **20** καὶ ἐνετείλαντο[23] τοῖς υἱοῖς Βενιαμιν λέγοντες Διέλθατε καὶ ἐνεδρεύσατε[24] ἐν τοῖς ἀμπελῶσιν·[25] **21** καὶ ὄψεσθε καὶ ἰδοὺ ὡς ἂν ἐξέλθωσιν αἱ θυγατέρες[26] τῶν κατοικούντων Σηλω ἐν Σηλω χορεῦσαι[27] ἐν χοροῖς,[28] καὶ ἐξελεύσεσθε ἀπὸ τῶν ἀμπελώνων[29] καὶ ἁρπάσετε[30] ἀνὴρ ἑαυτῷ γυναῖκα ἀπὸ τῶν θυγατέρων[31] Σηλω καὶ ἀπελεύσεσθε εἰς γῆν Βενιαμιν. **22** καὶ ἔσται ὅταν ἔλθωσιν οἱ πατέρες αὐτῶν ἢ οἱ ἀδελφοὶ αὐτῶν κρίνεσθαι πρὸς ὑμᾶς, καὶ ἐροῦμεν πρὸς αὐτούς Ἐλεήσατε[32] αὐτούς, ὅτι οὐκ ἔλαβον ἀνὴρ γυναῖκα αὐτοῦ ἐν τῷ πολέμῳ· οὐ γὰρ ὑμεῖς δεδώκατε αὐτοῖς· κατὰ τὸν καιρὸν ἐπλημμελήσατε.[33] **23** καὶ ἐποίησαν οὕτως οἱ υἱοὶ

1 τετρακόσιοι, four hundred
2 νεᾶνις, young woman, girl
3 παρθένος, virgin
4 κοίτη, sexual intercourse
5 ἄρσην, male
6 παρεμβολή, camp
7 πέτρα, rock
8 ἀποστρέφω, *aor act ind 3s*, turn back, return
9 ἀρέσκω, *aor act ind 3s*, appease, satisfy
10 διακοπή, rupture, breach
11 ἐπίλοιπος, remaining
12 ἀφανίζω, *perf pas ind 3s*, destroy, cause to disappear
13 κληρονομία, inheritance
14 διασῴζω, *perf pas ptc nom s f*, maintain, preserve
15 ἐξαλείφω, *aor pas sub 3s*, wipe out, destroy
16 θυγάτηρ, daughter
17 ὄμνυμι, *aor act ind 1p*, swear an oath
18 ἐπικατάρατος, cursed
19 ἑορτή, feast
20 βορρᾶς, north
21 ἀνατολή, rising
22 νότος, south
23 ἐντέλλομαι, *aor mid ind 3p*, command, order
24 ἐνεδρεύω, *aor act impv 2p*, set an ambush, lie in wait
25 ἀμπελών, vineyard
26 θυγάτηρ, daughter
27 χορεύω, *aor act inf*, dance
28 χορός, dance
29 ἀμπελών, vineyard
30 ἁρπάζω, *fut act ind 2p*, seize, carry off
31 θυγάτηρ, daughter
32 ἐλεέω, *aor act impv 2p*, have mercy
33 πλημμελέω, *aor act ind 2p*, commit sin, offend

B τετρακοσίας[1] νεάνιδας[2] παρθένους,[3] αἵτινες οὐκ ἔγνωσαν ἄνδρα εἰς κοίτην[4] ἄρσενος,[5] καὶ ἤνεγκαν αὐτὰς εἰς τὴν παρεμβολὴν[6] εἰς Σηλων τὴν ἐν γῇ Χανααν.

13 καὶ ἀπέστειλεν πᾶσα ἡ συναγωγὴ καὶ ἐλάλησαν πρὸς τοὺς υἱοὺς Βενιαμιν ἐν τῇ πέτρᾳ[7] Ρεμμων καὶ ἐκάλεσαν αὐτοὺς εἰς εἰρήνην. **14** καὶ ἐπέστρεψεν Βενιαμιν πρὸς τοὺς υἱοὺς Ισραηλ ἐν τῷ καιρῷ ἐκείνῳ, καὶ ἔδωκαν αὐτοῖς οἱ υἱοὶ Ισραηλ τὰς γυναῖκας, ἃς ἐζωοποίησαν[8] ἀπὸ τῶν θυγατέρων[9] Ιαβις Γαλααδ· καὶ ἤρεσεν[10] αὐτοῖς οὕτως. **15** Καὶ ὁ λαὸς παρεκλήθη ἐπὶ τῷ Βενιαμιν, ὅτι ἐποίησεν κύριος διακοπὴν[11] ἐν ταῖς φυλαῖς Ισραηλ.

16 καὶ εἶπον οἱ πρεσβύτεροι τῆς συναγωγῆς Τί ποιήσωμεν τοῖς περισσοῖς[12] εἰς γυναῖκας; ὅτι ἠφανίσθη[13] ἀπὸ Βενιαμιν γυνή. **17** καὶ εἶπαν Κληρονομία[14] διασῳζομένων[15] τῷ Βενιαμιν, καὶ οὐκ ἐξαλειφθήσεται[16] φυλὴ ἀπὸ Ισραηλ· **18** ὅτι ἡμεῖς οὐ δυνησόμεθα δοῦναι αὐτοῖς γυναῖκας ἀπὸ τῶν θυγατέρων[17] ἡμῶν, ὅτι ὠμόσαμεν[18] ἐν υἱοῖς Ισραηλ λέγοντες Ἐπικατάρατος[19] ὁ διδοὺς γυναῖκα τῷ Βενιαμιν. **19** καὶ εἶπαν Ἰδοὺ δὴ[20] ἑορτὴ[21] κυρίου ἐν Σηλων ἀφ᾽ ἡμερῶν εἰς ἡμέρας, ἥ ἐστιν ἀπὸ βορρᾶ[22] τῆς Βαιθηλ κατ᾽ ἀνατολὰς[23] ἡλίου ἐπὶ τῆς ὁδοῦ τῆς ἀναβαινούσης ἀπὸ Βαιθηλ εἰς Συχεμ καὶ ἀπὸ νότου[24] τῆς Λεβωνα. **20** καὶ ἐνετείλαντο[25] τοῖς υἱοῖς Βενιαμιν λέγοντες Πορεύεσθε ἐνεδρεύσατε[26] ἐν τοῖς ἀμπελῶσιν·[27] **21** καὶ ὄψεσθε καὶ ἰδοὺ ἐὰν ἐξέλθωσιν αἱ θυγατέρες[28] τῶν οἰκούντων[29] Σηλων χορεύειν[30] ἐν τοῖς χοροῖς,[31] καὶ ἐξελεύσεσθε ἐκ τῶν ἀμπελώνων[32] καὶ ἁρπάσατε[33] ἑαυτοῖς ἀνὴρ γυναῖκα ἀπὸ τῶν θυγατέρων[34] Σηλων καὶ πορεύεσθε εἰς γῆν Βενιαμιν. **22** καὶ ἔσται ὅταν ἔλθωσιν οἱ πατέρες αὐτῶν ἢ οἱ ἀδελφοὶ αὐτῶν κρίνεσθαι πρὸς ὑμᾶς, καὶ ἐροῦμεν αὐτοῖς Ἔλεος[35] ποιήσατε ἡμῖν αὐτάς, ὅτι οὐκ ἐλάβομεν ἀνὴρ γυναῖκα αὐτοῦ ἐν τῇ παρατάξει,[36] ὅτι οὐχ ὑμεῖς ἐδώκατε αὐτοῖς· ὡς καιρὸς πλημμελήσατε.[37] **23** καὶ ἐποίησαν οὕτως

1 τετρακόσιοι, four hundred
2 νεᾶνις, young woman, girl
3 παρθένος, virgin
4 κοίτη, sexual intercourse
5 ἄρσην, male
6 παρεμβολή, camp
7 πέτρα, rock
8 ζωοποιέω, *aor act ind 3p*, preserve alive
9 θυγάτηρ, daughter
10 ἀρέσκω, *aor act ind 3s*, appease, satisfy
11 διακοπή, rupture, breach
12 περισσός, remaining
13 ἀφανίζω, *aor pas ind 3s*, destroy, cause to disappear
14 κληρονομία, inheritance
15 διασῴζω, *pres pas ptc gen p n*, maintain, preserve
16 ἐξαλείφω, *fut pas ind 3s*, wipe out, destroy
17 θυγάτηρ, daughter
18 ὄμνυμι, *aor act ind 1p*, swear an oath
19 ἐπικατάρατος, cursed
20 δή, now, then
21 ἑορτή, feast
22 βορρᾶς, north
23 ἀνατολή, rising
24 νότος, south
25 ἐντέλλομαι, *aor mid ind 3p*, command, order
26 ἐνεδρεύω, *aor act impv 2p*, set an ambush, lie in wait
27 ἀμπελών, vineyard
28 θυγάτηρ, daughter
29 οἰκέω, *pres act ptc gen p m*, live, dwell
30 χορεύω, *pres act inf*, dance
31 χορός, dance
32 ἀμπελών, vineyard
33 ἁρπάζω, *aor act impv 2p*, seize, carry off
34 θυγάτηρ, daughter
35 ἔλεος, mercy
36 παράταξις, battle
37 πλημμελέω, *aor act impv 2p*, commit sin, offend

Βενιαμιν καὶ ἔλαβον γυναῖκας κατὰ τὸν ἀριθμὸν[1] αὐτῶν ἀπὸ τῶν χορευουσῶν,[2] ἃς διήρπασαν·[3] καὶ ἀπῆλθον καὶ ἀπέστρεψαν[4] ἐπὶ τὴν κληρονομίαν[5] αὐτῶν καὶ ᾠκοδόμησαν ἑαυτοῖς πόλεις καὶ κατῴκησαν ἐν αὐταῖς. **24** καὶ περιεπάτησαν[6] ἐκεῖθεν[7] οἱ υἱοὶ Ισραηλ ἐν τῷ καιρῷ ἐκείνῳ, ἀνὴρ εἰς τὴν φυλὴν αὐτοῦ καὶ εἰς τὴν συγγένειαν[8] αὐτοῦ, καὶ ἀπῆλθον ἐκεῖθεν,[9] ἀνὴρ εἰς τὴν κληρονομίαν[10] αὐτοῦ.

25 ἐν ταῖς ἡμέραις ἐκείναις οὐκ ἦν βασιλεὺς ἐν Ισραηλ· ἀνὴρ ἕκαστος τὸ εὐθὲς[11] ἐν ὀφθαλμοῖς αὐτοῦ ἐποίει.

1 ἀριθμός, number
2 χορεύω, *pres act ptc gen p f*, dance
3 διαρπάζω, *aor act ind 3p*, plunder
4 ἀποστρέφω, *aor act ind 3p*, turn back, return
5 κληρονομία, inheritance, property
6 περιπατέω, *aor act ind 3p*, traverse, walk about
7 ἐκεῖθεν, from there
8 συγγένεια, kindred, family
9 ἐκεῖθεν, from there
10 κληρονομία, inheritance, property
11 εὐθής, right, fitting

B οἱ υἱοὶ Βενιαμιν καὶ ἔλαβον γυναῖκας εἰς ἀριθμὸν[1] αὐτῶν ἀπὸ τῶν χορευουσῶν,[2]
ὧν ἥρπασαν·[3] καὶ ἐπορεύθησαν καὶ ὑπέστρεψαν[4] εἰς τὴν κληρονομίαν[5] αὐτῶν καὶ
ᾠκοδόμησαν τὰς πόλεις καὶ ἐκάθισαν ἐν αὐταῖς. **24** καὶ περιεπάτησαν[6] ἐκεῖθεν[7] οἱ
υἱοὶ Ισραηλ ἐν τῷ καιρῷ ἐκείνῳ, ἀνὴρ εἰς φυλὴν αὐτοῦ καὶ εἰς συγγένειαν[8] αὐτοῦ,
καὶ ἐξῆλθον ἐκεῖθεν,[9] ἀνὴρ εἰς κληρονομίαν[10] αὐτοῦ.

25 ἐν δὲ ταῖς ἡμέραις ἐκείναις οὐκ ἦν βασιλεὺς ἐν Ισραηλ· ἀνὴρ τὸ εὐθὲς[11] ἐνώπιον
αὐτοῦ ἐποίει.

1 ἀριθμός, number
2 χορεύω, *pres act ptc gen p f*, dance
3 ἁρπάζω, *aor act ind 3p*, snatch, seize
4 ὑποστρέφω, *aor act ind 3p*, return
5 κληρονομία, inheritance, property
6 περιπατέω, *aor act ind 3p*, traverse, walk about
7 ἐκεῖθεν, from there
8 συγγένεια, kindred, family
9 ἐκεῖθεν, from there
10 κληρονομία, inheritance, property
11 εὐθής, right, fitting

ΡΟΥΘ
Ruth

Naomi Is Widowed

1 Καὶ ἐγένετο ἐν τῷ κρίνειν τοὺς κριτὰς[1] καὶ ἐγένετο λιμὸς[2] ἐν τῇ γῇ, καὶ ἐπορεύθη ἀνὴρ ἀπὸ Βαιθλεεμ τῆς Ιουδα τοῦ παροικῆσαι[3] ἐν ἀγρῷ Μωαβ, αὐτὸς καὶ ἡ γυνὴ αὐτοῦ καὶ οἱ υἱοὶ αὐτοῦ. **2** καὶ ὄνομα τῷ ἀνδρὶ Αβιμελεχ, καὶ ὄνομα τῇ γυναικὶ αὐτοῦ Νωεμιν, καὶ ὄνομα τοῖς δυσὶν υἱοῖς αὐτοῦ Μααλων καὶ Χελαιων, Εφραθαῖοι ἐκ Βαιθλεεμ τῆς Ιουδα· καὶ ἤλθοσαν εἰς ἀγρὸν Μωαβ καὶ ἦσαν ἐκεῖ. **3** καὶ ἀπέθανεν Αβιμελεχ ὁ ἀνὴρ τῆς Νωεμιν, καὶ κατελείφθη[4] αὐτὴ καὶ οἱ δύο υἱοὶ αὐτῆς. **4** καὶ ἐλάβοσαν ἑαυτοῖς γυναῖκας Μωαβίτιδας, ὄνομα τῇ μιᾷ Ορφα, καὶ ὄνομα τῇ δευτέρᾳ Ρουθ· καὶ κατῴκησαν ἐκεῖ ὡς δέκα[5] ἔτη. **5** καὶ ἀπέθανον καί γε ἀμφότεροι,[6] Μααλων καὶ Χελαιων, καὶ κατελείφθη[7] ἡ γυνὴ ἀπὸ τοῦ ἀνδρὸς αὐτῆς καὶ ἀπὸ τῶν δύο υἱῶν αὐτῆς.

Ruth's Loyalty to Naomi

6 καὶ ἀνέστη αὐτὴ καὶ αἱ δύο νύμφαι[8] αὐτῆς καὶ ἀπέστρεψαν[9] ἐξ ἀγροῦ Μωαβ, ὅτι ἤκουσαν ἐν ἀγρῷ Μωαβ ὅτι ἐπέσκεπται[10] κύριος τὸν λαὸν αὐτοῦ δοῦναι αὐτοῖς ἄρτους. **7** καὶ ἐξῆλθεν ἐκ τοῦ τόπου, οὗ ἦν ἐκεῖ, καὶ αἱ δύο νύμφαι[11] αὐτῆς μετ' αὐτῆς· καὶ ἐπορεύοντο ἐν τῇ ὁδῷ τοῦ ἐπιστρέψαι εἰς τὴν γῆν Ιουδα. **8** καὶ εἶπεν Νωεμιν ταῖς νύμφαις[12] αὐτῆς Πορεύεσθε δὴ[13] ἀποστράφητε[14] ἑκάστη εἰς οἶκον μητρὸς αὐτῆς· ποιήσαι[15] κύριος μεθ' ὑμῶν ἔλεος,[16] καθὼς ἐποιήσατε μετὰ τῶν τεθνηκότων[17] καὶ μετ' ἐμοῦ· **9** δῴη[18] κύριος ὑμῖν καὶ εὕροιτε[19] ἀνάπαυσιν[20] ἑκάστη ἐν οἴκῳ ἀνδρὸς αὐτῆς. καὶ κατεφίλησεν[21] αὐτάς, καὶ ἐπῆραν[22] τὴν φωνὴν αὐτῶν καὶ ἔκλαυσαν. **10** καὶ εἶπαν αὐτῇ Μετὰ σοῦ ἐπιστρέφομεν εἰς τὸν λαόν σου. **11** καὶ εἶπεν Νωεμιν

1 κριτής, judge
2 λιμός, famine
3 παροικέω, *aor act inf*, live as a foreigner
4 καταλείπω, *aor pas ind 3s*, leave behind
5 δέκα, ten
6 ἀμφότεροι, both
7 καταλείπω, *aor pas ind 3s*, leave behind
8 νύμφη, daughter-in-law
9 ἀποστρέφω, *aor act ind 3p*, depart from
10 ἐπισκέπτομαι, *perf mid ind 3s*, visit
11 νύμφη, daughter-in-law
12 νύμφη, daughter-in-law
13 δή, now
14 ἀποστρέφω, *aor pas impv 2p*, return
15 ποιέω, *aor act opt 3s*, do
16 ἔλεος, mercy
17 θνῄσκω, *perf act ptc gen p m*, die
18 δίδωμι, *aor act opt 3s*, give
19 εὑρίσκω, *aor act opt 2p*, find
20 ἀνάπαυσις, rest
21 καταφιλέω, *aor act ind 3s*, kiss
22 ἐπαίρω, *aor act ind 3p*, lift, raise

Ἐπιστράφητε δή,[1] θυγατέρες[2] μου· καὶ ἵνα τί πορεύεσθε μετ᾽ ἐμοῦ; μὴ ἔτι μοι υἱοὶ ἐν τῇ κοιλίᾳ[3] μου καὶ ἔσονται ὑμῖν εἰς ἄνδρας; **12** ἐπιστράφητε δή,[4] θυγατέρες[5] μου, διότι[6] γεγήρακα[7] τοῦ μὴ εἶναι ἀνδρί· ὅτι εἶπα ὅτι ἔστιν μοι ὑπόστασις[8] τοῦ γενηθῆναί με ἀνδρὶ καὶ τέξομαι[9] υἱούς, **13** μὴ αὐτοὺς προσδέξεσθε[10] ἕως οὗ ἁδρυνθῶσιν;[11] ἢ αὐτοῖς κατασχεθήσεσθε[12] τοῦ μὴ γενέσθαι ἀνδρί; μὴ δή,[13] θυγατέρες[14] μου, ὅτι ἐπικράνθη[15] μοι ὑπὲρ ὑμᾶς ὅτι ἐξῆλθεν ἐν ἐμοὶ χεὶρ κυρίου. **14** καὶ ἐπῆραν[16] τὴν φωνὴν αὐτῶν καὶ ἔκλαυσαν ἔτι· καὶ κατεφίλησεν[17] Ορφα τὴν πενθερὰν[18] αὐτῆς καὶ ἐπέστρεψεν εἰς τὸν λαὸν αὐτῆς, Ρουθ δὲ ἠκολούθησεν[19] αὐτῇ.

15 καὶ εἶπεν Νωεμιν πρὸς Ρουθ Ἰδοὺ ἀνέστρεψεν[20] ἡ σύννυμφός[21] σου πρὸς λαὸν αὐτῆς καὶ πρὸς τοὺς θεοὺς αὐτῆς· ἐπιστράφητι δὴ[22] καὶ σὺ ὀπίσω τῆς συννύμφου σου. **16** εἶπεν δὲ Ρουθ

Μὴ ἀπαντῆσαι[23] ἐμοὶ τοῦ καταλιπεῖν[24] σε
  ἢ ἀποστρέψαι[25] ὄπισθέν[26] σου·
ὅτι σὺ ὅπου[27] ἐὰν πορευθῇς, πορεύσομαι,
  καὶ οὗ ἐὰν αὐλισθῇς,[28] αὐλισθήσομαι·[29]
ὁ λαός σου λαός μου,
  καὶ ὁ θεός σου θεός μου·
17 καὶ οὗ ἐὰν ἀποθάνῃς, ἀποθανοῦμαι
  κἀκεῖ[30] ταφήσομαι·[31]
τάδε[32] ποιήσαι[33] μοι κύριος
  καὶ τάδε[34] προσθείη,[35]
  ὅτι θάνατος διαστελεῖ[36] ἀνὰ μέσον[37] ἐμοῦ καὶ σοῦ.

1 δή, now
2 θυγάτηρ, daughter
3 κοιλία, womb
4 δή, now
5 θυγάτηρ, daughter
6 διότι, because
7 γηράσκω, *perf act ind 1s*, grow old
8 ὑπόστασις, expectation, confidence
9 τίκτω, *fut mid ind 1s*, give birth
10 προσδέχομαι, *fut mid ind 2p*, wait for
11 ἁδρύνω, *aor pas sub 3p*, come to maturity
12 κατέχω, *fut pas ind 2p*, refrain
13 δή, then, indeed
14 θυγάτηρ, daughter
15 πικραίνω, *aor pas ind 3s*, make bitter
16 ἐπαίρω, *aor act ind 3p*, raise
17 καταφιλέω, *aor act ind 3s*, kiss
18 πενθερά, mother-in-law
19 ἀκολουθέω, *aor act ind 3s*, follow, go after
20 ἀναστρέφω, *aor act ind 3s*, turn back, return
21 σύννυμφος, sister-in-law
22 δή, now
23 ἀπαντάω, *aor mid impv 2s*, oppose
24 καταλείπω, *aor act inf*, leave behind
25 ἀποστρέφω, *aor act inf*, turn back, return
26 ὄπισθε(ν), from behind
27 ὅπου, wherever
28 αὐλίζω, *aor pas sub 2s*, lodge
29 αὐλίζω, *fut pas ind 1s*, lodge
30 κἀκεῖ, and there, *cr.* καὶ ἐκεῖ
31 θάπτω, *fut pas ind 1s*, bury
32 ὅδε, this
33 ποιέω, *aor act opt 3s*, do
34 ὅδε, this
35 προστίθημι, *aor act opt 3s*, add
36 διαστέλλω, *fut act ind 3s*, separate
37 ἀνὰ μέσον, between

18 ἰδοῦσα δὲ Νωεμιν ὅτι κραταιοῦται[1] αὐτὴ τοῦ πορεύεσθαι μετ' αὐτῆς, ἐκόπασεν[2]
τοῦ λαλῆσαι πρὸς αὐτὴν ἔτι.

Naomi and Ruth Return

19 ἐπορεύθησαν δὲ ἀμφότεραι[3] ἕως τοῦ παραγενέσθαι αὐτὰς εἰς Βαιθλεεμ. καὶ
ἤχησεν[4] πᾶσα ἡ πόλις ἐπ' αὐταῖς καὶ εἶπον Αὕτη ἐστὶν Νωεμιν; **20** καὶ εἶπεν πρὸς
αὐτάς

Μὴ δή[5] καλεῖτέ με Νωεμιν,
  καλέσατέ με Πικράν,
  ὅτι ἐπικράνθη[6] ἐν ἐμοὶ ὁ ἱκανὸς[7] σφόδρα·[8]
21 ἐγὼ πλήρης[9] ἐπορεύθην,
  καὶ κενὴν[10] ἀπέστρεψέν[11] με ὁ κύριος·
καὶ ἵνα τί καλεῖτέ με Νωεμιν;
  καὶ κύριος ἐταπείνωσέν[12] με,
  καὶ ὁ ἱκανὸς[13] ἐκάκωσέν[14] με.

22 καὶ ἐπέστρεψεν Νωεμιν καὶ Ρουθ ἡ Μωαβῖτις ἡ νύμφη[15] αὐτῆς ἐπιστρέφουσα ἐξ
ἀγροῦ Μωαβ· αὐταὶ δὲ παρεγενήθησαν εἰς Βαιθλεεμ ἐν ἀρχῇ θερισμοῦ[16] κριθῶν.[17]

Ruth Gleans in the Field of Boaz

2 Καὶ τῇ Νωεμιν ἀνὴρ γνώριμος[18] τῷ ἀνδρὶ αὐτῆς· ὁ δὲ ἀνὴρ δυνατὸς ἰσχύι[19] ἐκ
τῆς συγγενείας[20] Αβιμελεχ, καὶ ὄνομα αὐτῷ Βοος. **2** καὶ εἶπεν Ρουθ ἡ Μωαβῖτις
πρὸς Νωεμιν Πορευθῶ δή[21] εἰς ἀγρὸν καὶ συνάξω ἐν τοῖς στάχυσιν[22] κατόπισθεν[23]
οὗ ἐὰν εὕρω χάριν[24] ἐν ὀφθαλμοῖς αὐτοῦ. εἶπεν δὲ αὐτῇ Πορεύου, θύγατερ.[25] **3** καὶ
ἐπορεύθη καὶ συνέλεξεν[26] ἐν τῷ ἀγρῷ κατόπισθεν[27] τῶν θεριζόντων·[28] καὶ περι-
έπεσεν[29] περιπτώματι[30] τῇ μερίδι[31] τοῦ ἀγροῦ Βοος τοῦ ἐκ συγγενείας[32] Αβιμελεχ.

1 κραταιόω, *pres pas ind 3s*, determine
2 κοπάζω, *aor act ind 3s*, cease
3 ἀμφότεροι, both
4 ἠχέω, *aor act ind 3s*, ring with noise
5 δή, now
6 πικραίνω, *aor pas ind 3s*, make bitter
7 ἱκανός, sufficient
8 σφόδρα, greatly
9 πλήρης, full
10 κενός, empty
11 ἀποστρέφω, *aor act ind 3s*, bring back, cause to return
12 ταπεινόω, *aor act ind 3s*, bring low, humble
13 ἱκανός, sufficient
14 κακόω, *aor act ind 3s*, maltreat
15 νύμφη, daughter-in-law
16 θερισμός, harvest
17 κριθή, barley
18 γνώριμος, known, acquainted
19 ἰσχύς, strength
20 συγγένεια, kinfolk, family
21 δή, now
22 στάχυς, sheaf of grain
23 κατόπισθεν, behind
24 χάρις, favor
25 θυγάτηρ, daughter
26 συλλέγω, *aor act ind 3s*, glean
27 κατόπισθεν, behind
28 θερίζω, *pres act ptc gen p m*, reap
29 περιπίπτω, *aor act ind 3s*, happen upon
30 περίπτωμα, chance incident, accident
31 μερίς, part, portion
32 συγγένεια, kinfolk, family

4 καὶ ἰδοὺ Βοος ἦλθεν ἐκ Βαιθλεεμ καὶ εἶπεν τοῖς θερίζουσιν[1] Κύριος μεθ' ὑμῶν· καὶ
εἶπον αὐτῷ Εὐλογήσαι[2] σε κύριος. **5** καὶ εἶπεν Βοος τῷ παιδαρίῳ[3] αὐτοῦ τῷ ἐφεστῶτι[4]
ἐπὶ τοὺς θερίζοντας[5] Τίνος ἡ νεᾶνις[6] αὕτη; **6** καὶ ἀπεκρίθη τὸ παιδάριον[7] τὸ ἐφεστὸς[8]
ἐπὶ τοὺς θερίζοντας[9] καὶ εἶπεν Ἡ παῖς[10] ἡ Μωαβῖτίς ἐστιν ἡ ἀποστραφεῖσα[11] μετὰ
Νωεμιν ἐξ ἀγροῦ Μωαβ **7** καὶ εἶπεν Συλλέξω[12] δὴ[13] καὶ συνάξω ἐν τοῖς δράγμασιν[14]
ὄπισθεν[15] τῶν θεριζόντων·[16] καὶ ἦλθεν καὶ ἔστη ἀπὸ πρωίθεν[17] καὶ ἕως ἑσπέρας,[18]
οὐ κατέπαυσεν[19] ἐν τῷ ἀγρῷ μικρόν.

8 καὶ εἶπεν Βοος πρὸς Ρουθ Οὐκ ἤκουσας, θύγατερ;[20] μὴ πορευθῇς ἐν ἀγρῷ συλ-
λέξαι[21] ἑτέρῳ, καὶ σὺ οὐ πορεύσῃ ἐντεῦθεν·[22] ὧδε[23] κολλήθητι[24] μετὰ τῶν κορασίων[25]
μου· **9** οἱ ὀφθαλμοί σου εἰς τὸν ἀγρόν, οὗ ἐὰν θερίζωσιν,[26] καὶ πορεύσῃ κατόπισθεν[27]
αὐτῶν· ἰδοὺ ἐνετειλάμην[28] τοῖς παιδαρίοις[29] τοῦ μὴ ἅψασθαί[30] σου· καὶ ὅ τι διψήσεις,[31]
καὶ πορευθήσῃ εἰς τὰ σκεύη[32] καὶ πίεσαι ὅθεν[33] ἂν ὑδρεύωνται[34] τὰ παιδάρια.[35] **10** καὶ
ἔπεσεν ἐπὶ πρόσωπον αὐτῆς καὶ προσεκύνησεν ἐπὶ τὴν γῆν καὶ εἶπεν πρὸς αὐτόν
Τί ὅτι εὗρον χάριν ἐν ὀφθαλμοῖς σου τοῦ ἐπιγνῶναί με; καὶ ἐγώ εἰμι ξένη.[36] **11** καὶ
ἀπεκρίθη Βοος καὶ εἶπεν αὐτῇ Ἀπαγγελίᾳ[37] ἀπηγγέλη μοι ὅσα πεποίηκας μετὰ τῆς
πενθερᾶς[38] σου μετὰ τὸ ἀποθανεῖν τὸν ἄνδρα σου καὶ πῶς κατέλιπες[39] τὸν πατέρα
σου καὶ τὴν μητέρα σου καὶ τὴν γῆν γενέσεώς[40] σου καὶ ἐπορεύθης πρὸς λαὸν ὃν οὐκ
ᾔδεις[41] ἐχθὲς[42] καὶ τρίτης· **12** ἀποτείσαι[43] κύριος τὴν ἐργασίαν[44] σου, καὶ γένοιτο[45] ὁ
μισθός[46] σου πλήρης[47] παρὰ κυρίου θεοῦ Ισραηλ, πρὸς ὃν ἦλθες πεποιθέναι[48] ὑπὸ
τὰς πτέρυγας[49] αὐτοῦ. **13** ἡ δὲ εἶπεν Εὕροιμι[50] χάριν ἐν ὀφθαλμοῖς σου, κύριε, ὅτι

1 θερίζω, *pres act ptc dat p m*, reap
2 εὐλογέω, *aor act opt 3s*, bless
3 παιδάριον, servant
4 ἐφίστημι, *perf act ptc dat s n*, set over, be in charge of
5 θερίζω, *pres act ptc acc p m*, reap
6 νεᾶνις, maiden, young woman
7 παιδάριον, servant
8 ἐφίστημι, *perf act ptc nom s n*, set over, be in charge of
9 θερίζω, *pres act ptc acc p m*, reap
10 παῖς, girl
11 ἀποστρέφω, *aor pas ptc nom s f*, return
12 συλλέγω, *fut act ind 1s*, glean
13 δή, now
14 δράγμα, sheaf
15 ὄπισθε(ν), behind
16 θερίζω, *pres act ptc gen p m*, reap
17 πρωΐθεν, morning
18 ἑσπέρα, evening
19 καταπαύω, *aor act ind 3s*, rest, cease
20 θυγάτηρ, daughter
21 συλλέγω, *aor act inf*, glean
22 ἐντεῦθεν, from here
23 ὧδε, here
24 κολλάω, *aor pas impv 2s*, stay close to
25 κοράσιον, maid, girl
26 θερίζω, *pres act sub 3p*, reap
27 κατόπισθεν, behind
28 ἐντέλλομαι, *aor mid ind 1s*, command
29 παιδάριον, servant, young man
30 ἅπτομαι, *aor mid inf*, touch
31 διψάω, *fut act ind 2s*, thirst
32 σκεῦος, vessel
33 ὅθεν, from which
34 ὑδρεύομαι, *pres mid sub 3p*, draw water
35 παιδάριον, servant, young man
36 ξένος, foreign
37 ἀπαγγελία, report
38 πενθερά, mother-in-law
39 καταλείπω, *aor act ind 2s*, leave behind
40 γένεσις, native family
41 οἶδα, *plpf act ind 2s*, know
42 ἐχθές, yesterday
43 ἀποτίνω, *aor act opt 3s*, repay
44 ἐργασία, deed, work
45 γίνομαι, *aor mid opt 3s*, be
46 μισθός, reward, recompense
47 πλήρης, full
48 πείθω, *perf act inf*, trust, have confidence
49 πτέρυξ, wing
50 εὑρίσκω, *aor act opt 1s*, find

παρεκάλεσάς με καὶ ὅτι ἐλάλησας ἐπὶ καρδίαν τῆς δούλης[1] σου, καὶ ἰδοὺ ἐγὼ ἔσομαι ὡς μία τῶν παιδισκῶν[2] σου.

14 καὶ εἶπεν αὐτῇ Βοος Ἤδη[3] ὥρα[4] τοῦ φαγεῖν πρόσελθε ὧδε[5] καὶ φάγεσαι τῶν ἄρτων καὶ βάψεις[6] τὸν ψωμόν[7] σου ἐν τῷ ὄξει.[8] καὶ ἐκάθισεν Ρουθ ἐκ πλαγίων[9] τῶν θεριζόντων,[10] καὶ ἐβούνισεν[11] αὐτῇ Βοος ἄλφιτον,[12] καὶ ἔφαγεν καὶ ἐνεπλήσθη[13] καὶ κατέλιπεν.[14] **15** καὶ ἀνέστη τοῦ συλλέγειν,[15] καὶ ἐνετείλατο[16] Βοος τοῖς παιδαρίοις[17] αὐτοῦ λέγων Καί γε ἀνὰ μέσον[18] τῶν δραγμάτων[19] συλλεγέτω,[20] καὶ μὴ καταισχύνητε[21] αὐτήν· **16** καὶ βαστάζοντες[22] βαστάξατε[23] αὐτῇ καί γε παραβάλλοντες[24] παραβαλεῖτε[25] αὐτῇ ἐκ τῶν βεβουνισμένων,[26] καὶ ἄφετε καὶ συλλέξει,[27] καὶ οὐκ ἐπιτιμήσετε[28] αὐτῇ. **17** καὶ συνέλεξεν[29] ἐν τῷ ἀγρῷ ἕως ἑσπέρας·[30] καὶ ἐρράβδισεν[31] ἃ συνέλεξεν,[32] καὶ ἐγενήθη ὡς οιφι[33] κριθῶν.[34] **18** καὶ ἦρεν καὶ εἰσῆλθεν εἰς τὴν πόλιν, καὶ εἶδεν ἡ πενθερὰ[35] αὐτῆς ἃ συνέλεξεν,[36] καὶ ἐξενέγκασα[37] Ρουθ ἔδωκεν αὐτῇ ἃ κατέλιπεν[38] ἐξ ὧν ἐνεπλήσθη.[39] **19** καὶ εἶπεν αὐτῇ ἡ πενθερὰ[40] αὐτῆς Ποῦ συνέλεξας[41] σήμερον καὶ ποῦ ἐποίησας; εἴη[42] ὁ ἐπιγνούς σε εὐλογημένος. καὶ ἀπήγγειλεν Ρουθ τῇ πενθερᾷ[43] αὐτῆς ποῦ ἐποίησεν, καὶ εἶπεν Τὸ ὄνομα τοῦ ἀνδρός, μεθ' οὗ ἐποίησα σήμερον, Βοος. **20** καὶ εἶπεν Νωεμιν τῇ νύμφῃ[44] αὐτῆς Εὐλογητός[45] ἐστιν τῷ κυρίῳ, ὅτι οὐκ ἐγκατέλιπεν[46] τὸ ἔλεος[47] αὐτοῦ μετὰ τῶν

1 δούλη, servant
2 παιδίσκη, maidservant
3 ἤδη, already
4 ὥρα, time
5 ὧδε, here
6 βάπτω, *fut act ind 2s*, dip
7 ψωμός, morsel, bit
8 ὄξος, vinegar
9 πλάγιος, by the side
10 θερίζω, *pres act ptc gen p m*, reap
11 βουνίζω, *aor act ind 3s*, pile up
12 ἄλφιτον, grain
13 ἐμπίμπλημι, *aor pas ind 3s*, be satisfied, be filled
14 καταλείπω, *aor act ind 3s*, have some left over
15 συλλέγω, *pres act inf*, glean
16 ἐντέλλομαι, *aor mid ind 3s*, command
17 παιδάριον, servant, young man
18 ἀνὰ μέσον, between, among
19 δράγμα, sheaf
20 συλλέγω, *pres act impv 3s*, glean
21 καταισχύνω, *pres act sub 2p*, dishonor, disgrace
22 βαστάζω, *pres act ptc nom p m*, carry
23 βαστάζω, *aor act impv 2p*, carry
24 παραβάλλω, *pres act ptc nom p m*, throw aside, let fall
25 παραβάλλω, *fut act ind 2p*, throw aside, let fall
26 βουνίζω, *perf pas ptc gen p n*, pile up
27 συλλέγω, *fut act ind 3s*, glean
28 ἐπιτιμάω, *fut act ind 2p*, rebuke
29 συλλέγω, *aor act ind 3s*, glean
30 ἑσπέρα, evening
31 ῥαβδίζω, *aor act ind 3s*, thresh
32 συλλέγω, *aor act ind 3s*, glean
33 οιφι, ephah, *translit.*
34 κριθή, barley
35 πενθερά, mother-in-law
36 συλλέγω, *aor act ind 3s*, glean
37 ἐκφέρω, *aor act ptc nom s f*, bring forth
38 καταλείπω, *aor act ind 3s*, have some left over
39 ἐμπίμπλημι, *aor pas ind 3s*, be satisfied, be filled
40 πενθερά, mother-in-law
41 συλλέγω, *aor act ind 2s*, glean
42 εἰμί, *pres act opt 3s*, be
43 πενθερά, mother-in-law
44 νύμφη, daughter-in-law
45 εὐλογητός, blessed
46 ἐγκαταλείπω, *aor act ind 3s*, forsake
47 ἔλεος, mercy

ζώντων καὶ μετὰ τῶν τεθνηκότων.[1] καὶ εἶπεν αὐτῇ Νωεμιν Ἐγγίζει ἡμῖν ὁ ἀνήρ, ἐκ
τῶν ἀγχιστευόντων[2] ἡμᾶς ἐστιν.

21 καὶ εἶπεν Ρουθ πρὸς τὴν πενθερὰν[3] αὐτῆς Καί γε ὅτι εἶπεν πρός με Μετὰ τῶν
παιδαρίων[4] μου προσκολλήθητι,[5] ἕως ἂν τελέσωσιν[6] ὅλον τὸν ἀμητόν,[7] ὅς ὑπάρχει
μοι. **22** καὶ εἶπεν Νωεμιν πρὸς Ρουθ τὴν νύμφην[8] αὐτῆς Ἀγαθόν, θύγατερ,[9] ὅτι
ἐπορεύθης μετὰ τῶν κορασίων[10] αὐτοῦ, καὶ οὐκ ἀπαντήσονταί[11] σοι ἐν ἀγρῷ
ἑτέρῳ. **23** καὶ προσεκολλήθη[12] Ρουθ τοῖς κορασίοις[13] Βοος συλλέγειν[14] ἕως οὗ
συνετέλεσεν[15] τὸν θερισμὸν[16] τῶν κριθῶν[17] καὶ τῶν πυρῶν.[18] καὶ ἐκάθισεν μετὰ
τῆς πενθερᾶς[19] αὐτῆς.

Boaz Agrees to Redeem Ruth

3 Εἶπεν δὲ αὐτῇ Νωεμιν ἡ πενθερὰ[20] αὐτῆς Θύγατερ,[21] οὐ μὴ ζητήσω σοι ἀνά-
παυσιν,[22] ἵνα εὖ[23] γένηταί σοι; **2** καὶ νῦν οὐχὶ Βοος γνώριμος[24] ἡμῶν, οὗ ἦς
μετὰ τῶν κορασίων[25] αὐτοῦ; ἰδοὺ αὐτὸς λικμᾷ[26] τὸν ἅλωνα[27] τῶν κριθῶν[28] ταύτῃ
τῇ νυκτί. **3** σὺ δὲ λούσῃ[29] καὶ ἀλείψῃ[30] καὶ περιθήσεις[31] τὸν ἱματισμόν[32] σου ἐπὶ
σεαυτῇ καὶ ἀναβήσῃ ἐπὶ τὸν ἅλω·[33] μὴ γνωρισθῇς[34] τῷ ἀνδρὶ ἕως οὗ συντελέσαι[35]
αὐτὸν πιεῖν καὶ φαγεῖν· **4** καὶ ἔσται ἐν τῷ κοιμηθῆναι[36] αὐτόν, καὶ γνώσῃ τὸν τόπον,
ὅπου[37] κοιμᾶται[38] ἐκεῖ, καὶ ἐλεύσῃ καὶ ἀποκαλύψεις[39] τὰ πρὸς ποδῶν αὐτοῦ καὶ
κοιμηθήσῃ,[40] καὶ αὐτὸς ἀπαγγελεῖ σοι ἃ ποιήσεις. **5** εἶπεν δὲ Ρουθ πρὸς αὐτήν
Πάντα, ὅσα ἐὰν εἴπῃς, ποιήσω.

1 θνῄσκω, *perf act ptc gen p m*, die
2 ἀγχιστεύω, *pres act ptc gen p m*, be next of kin
3 πενθερά, mother-in-law
4 παιδάριον, servant, young man
5 προσκολλάω, *aor pas impv 2s*, stay close to
6 τελέω, *aor act sub 3p*, finish
7 ἀμητός, harvest
8 νύμφη, daughter-in-law
9 θυγάτηρ, daughter
10 κοράσιον, maid, girl
11 ἀπαντάω, *fut mid ind 3p*, confront, meet
12 προσκολλάω, *aor pas ind 3s*, stay close to
13 κοράσιον, maid, girl
14 συλλέγω, *pres act inf*, glean
15 συντελέω, *aor act ind 3s*, complete
16 θερισμός, harvest
17 κριθή, barley
18 πυρός, wheat
19 πενθερά, mother-in-law
20 πενθερά, mother-in-law
21 θυγάτηρ, daughter
22 ἀνάπαυσις, rest, repose
23 εὖ, well
24 γνώριμος, known, acquainted
25 κοράσιον, maid, girl
26 λικμάω, *pres act ind 3s*, winnow
27 ἅλων, threshing floor
28 κριθή, barley
29 λούω, *fut mid ind 2s*, wash, bathe
30 ἀλείφω, *aor act sub 3s*, anoint (with oil)
31 περιτίθημι, *fut act ind 2s*, put on, clothe
32 ἱματισμός, clothing, apparel
33 ἅλων, threshing floor
34 γνωρίζω, *aor pas sub 2s*, recognize, know
35 συντελέω, *aor act inf*, finish
36 κοιμάω, *aor pas inf*, lie down
37 ὅπου, where
38 κοιμάω, *pres mid ind 3s*, lie down
39 ἀποκαλύπτω, *fut act ind 2s*, uncover
40 κοιμάω, *fut pas ind 2s*, lie down

6 καὶ κατέβη εἰς τὸν ἅλω[1] καὶ ἐποίησεν κατὰ πάντα, ὅσα ἐνετείλατο[2] αὐτῇ ἡ πενθερὰ[3] αὐτῆς. **7** καὶ ἔφαγεν Βοος, καὶ ἠγαθύνθη[4] ἡ καρδία αὐτοῦ, καὶ ἦλθεν κοιμηθῆναι[5] ἐν μερίδι[6] τῆς στοιβῆς·[7] ἡ δὲ ἦλθεν κρυφῇ[8] καὶ ἀπεκάλυψεν[9] τὰ πρὸς ποδῶν αὐτοῦ. **8** ἐγένετο δὲ ἐν τῷ μεσονυκτίῳ[10] καὶ ἐξέστη[11] ὁ ἀνὴρ καὶ ἐταράχθη,[12] καὶ ἰδοὺ γυνὴ κοιμᾶται[13] πρὸς ποδῶν αὐτοῦ. **9** εἶπεν δέ Τίς εἶ σύ; ἡ δὲ εἶπεν Ἐγώ εἰμι Ρουθ ἡ δούλη[14] σου, καὶ περιβαλεῖς[15] τὸ πτερύγιόν[16] σου ἐπὶ τὴν δούλην σου, ὅτι ἀγχιστεὺς[17] εἶ σύ. **10** καὶ εἶπεν Βοος Εὐλογημένη σὺ τῷ κυρίῳ θεῷ, θύγατερ,[18] ὅτι ἠγάθυνας[19] τὸ ἔλεός[20] σου τὸ ἔσχατον ὑπὲρ τὸ πρῶτον, τὸ μὴ πορευθῆναί σε ὀπίσω νεανιῶν,[21] εἴτοι[22] πτωχὸς[23] εἴτοι[24] πλούσιος.[25] **11** καὶ νῦν, θύγατερ,[26] μὴ φοβοῦ· πάντα, ὅσα ἐὰν εἴπῃς, ποιήσω σοι· οἶδεν γὰρ πᾶσα φυλὴ λαοῦ μου ὅτι γυνὴ δυνάμεως[27] εἶ σύ, **12** καὶ ὅτι ἀληθῶς ἀγχιστεὺς[28] ἐγώ εἰμι, καί γε ἔστιν ἀγχιστεὺς ἐγγίων[29] ὑπὲρ ἐμέ. **13** αὐλίσθητι[30] τὴν νύκτα, καὶ ἔσται τὸ πρωί,[31] ἐὰν ἀγχιστεύσῃ[32] σε, ἀγαθόν, ἀγχιστευέτω·[33] ἐὰν δὲ μὴ βούληται ἀγχιστεῦσαί[34] σε, ἀγχιστεύσω[35] σε ἐγώ, ζῇ κύριος· κοιμήθητι[36] ἕως πρωί.[37]

14 καὶ ἐκοιμήθη[38] πρὸς ποδῶν αὐτοῦ ἕως πρωί.[39] ἡ δὲ ἀνέστη πρὸ τοῦ ἐπιγνῶναι ἄνδρα τὸν πλησίον[40] αὐτοῦ· καὶ εἶπεν Βοος Μὴ γνωσθήτω ὅτι ἦλθεν γυνὴ εἰς τὸν ἅλωνα.[41] **15** καὶ εἶπεν αὐτῇ Φέρε τὸ περίζωμα[42] τὸ ἐπάνω[43] σου. καὶ ἐκράτησεν αὐτό, καὶ ἐμέτρησεν[44] ἓξ[45] κριθῶν[46] καὶ ἐπέθηκεν ἐπ᾽ αὐτήν· καὶ εἰσῆλθεν εἰς τὴν πόλιν.

1 ἅλων, threshing floor
2 ἐντέλλομαι, *aor mid ind 3s*, command, instruct
3 πενθερά, mother-in-law
4 ἀγαθύνω, *aor pas ind 3s*, make merry, cheer
5 κοιμάω, *aor pas inf*, lie down
6 μερίς, part
7 στοιβή, heap of grain
8 κρυφῇ, secretly
9 ἀποκαλύπτω, *aor act ind 3s*, uncover
10 μεσονύκτιον, midnight
11 ἐξίστημι, *aor act ind 3s*, be amazed, be startled
12 ταράσσω, *aor pas ind 3s*, trouble, disturb
13 κοιμάω, *pres mid ind 3s*, lie down
14 δούλη, servant
15 περιβάλλω, *fut act ind 2s*, cover over
16 πτερυγίον, wing
17 ἀγχιστεύς, kinsman, next-of-kin
18 θυγάτηρ, daughter
19 ἀγαθύνω, *aor act ind 2s*, do a good act
20 ἔλεος, mercy
21 νεανίας, young man
22 εἴτοι, whether
23 πτωχός, poor
24 εἴτοι, or
25 πλούσιος, rich
26 θυγάτηρ, daughter
27 δύναμις, strength
28 ἀγχιστεύς, kinsman, next-of-kin
29 ἐγγύς, *comp*, nearer
30 αὐλίζω, *aor pas impv 2s*, lodge
31 πρωί, (in the) morning
32 ἀγχιστεύω, *aor act sub 3s*, perform the duty of a kinsman
33 ἀγχιστεύω, *pres act impv 3s*, perform the duty of a kinsman
34 ἀγχιστεύω, *aor act inf*, perform the duty of a kinsman
35 ἀγχιστεύω, *fut act ind 1s*, perform the duty of a kinsman
36 κοιμάω, *aor pas impv 2s*, lie down
37 πρωί, morning
38 κοιμάω, *aor pas ind 3s*, lie down
39 πρωί, morning
40 πλησίον, neighbor
41 ἅλων, threshing floor
42 περίζωμα, skirt, apron
43 ἐπάνω, upon
44 μετρέω, *aor act ind 3s*, measure
45 ἕξ, six
46 κριθή, barley

16 καὶ Ρουθ εἰσῆλθεν πρὸς τὴν πενθερὰν[1] αὐτῆς· ἡ δὲ εἶπεν Τίς εἶ, θύγατερ·[2] καὶ
εἶπεν αὐτῇ πάντα, ὅσα ἐποίησεν αὐτῇ ὁ ἀνήρ. **17** καὶ εἶπεν αὐτῇ Τὰ ἓξ[3] τῶν κριθῶν[4]
ταῦτα ἔδωκέν μοι, ὅτι εἶπεν πρός με Μὴ εἰσέλθῃς κενὴ[5] πρὸς τὴν πενθεράν[6] σου.
18 ἡ δὲ εἶπεν Κάθου, θύγατερ,[7] ἕως τοῦ ἐπιγνῶναί σε πῶς οὐ πεσεῖται ῥῆμα· οὐ γὰρ
μὴ ἡσυχάσῃ[8] ὁ ἀνήρ, ἕως ἂν τελέσῃ[9] τὸ ῥῆμα σήμερον.

Boaz Redeems Ruth

4 Καὶ Βοος ἀνέβη ἐπὶ τὴν πύλην[10] καὶ ἐκάθισεν ἐκεῖ, καὶ ἰδοὺ ὁ ἀγχιστευτὴς[11]
παρεπορεύετο,[12] ὃν εἶπεν Βοος. καὶ εἶπεν πρὸς αὐτὸν Βοος Ἐκκλίνας[13] κάθισον
ὧδε,[14] κρύφιε·[15] καὶ ἐξέκλινεν[16] καὶ ἐκάθισεν. **2** καὶ ἔλαβεν Βοος δέκα[17] ἄνδρας ἀπὸ
τῶν πρεσβυτέρων τῆς πόλεως καὶ εἶπεν Καθίσατε ὧδε·[18] καὶ ἐκάθισαν. **3** καὶ εἶπεν
Βοος τῷ ἀγχιστεῖ[19] Τὴν μερίδα[20] τοῦ ἀγροῦ, ἥ ἐστιν τοῦ ἀδελφοῦ ἡμῶν τοῦ Αβιμελεχ,
ἣ δέδοται Νωεμιν τῇ ἐπιστρεφούσῃ ἐξ ἀγροῦ Μωαβ, **4** κἀγὼ[21] εἶπα Ἀποκαλύψω[22]
τὸ οὖς[23] σου λέγων Κτῆσαι[24] ἐναντίον[25] τῶν καθημένων καὶ ἐναντίον τῶν πρεσβυ-
τέρων τοῦ λαοῦ μου· εἰ ἀγχιστεύεις,[26] ἀγχίστευε·[27] εἰ δὲ μὴ ἀγχιστεύεις, ἀνάγγειλόν
μοι καὶ γνώσομαι· ὅτι οὐκ ἔστιν πάρεξ[28] σοῦ τοῦ ἀγχιστεῦσαι,[29] κἀγώ[30] εἰμι μετὰ σέ.
ὁ δὲ εἶπεν Ἐγώ εἰμι ἀγχιστεύσω.[31] **5** καὶ εἶπεν Βοος Ἐν ἡμέρᾳ τοῦ κτήσασθαί[32] σε τὸν
ἀγρὸν ἐκ χειρὸς Νωεμιν καὶ παρὰ Ρουθ τῆς Μωαβίτιδος γυναικὸς τοῦ τεθνηκότος,[33]
καὶ αὐτὴν κτήσασθαί[34] σε δεῖ[35] ὥστε ἀναστῆσαι τὸ ὄνομα τοῦ τεθνηκότος ἐπὶ
τῆς κληρονομίας[36] αὐτοῦ. **6** καὶ εἶπεν ὁ ἀγχιστεύς[37] Οὐ δυνήσομαι ἀγχιστεῦσαι[38]

1 πενθερά, mother-in-law
2 θυγάτηρ, daughter
3 ἕξ, six
4 κριθή, barley
5 κενός, empty-handed
6 πενθερά, mother-in-law
7 θυγάτηρ, daughter
8 ἡσυχάζω, *aor act sub 3s*, rest, keep quiet
9 τελέω, *aor act sub 3s*, settle, finish
10 πύλη, gate
11 ἀγχιστευτής, kinsman, next-of-kin
12 παραπορεύομαι, *impf mid ind 3s*, pass by
13 ἐκκλίνω, *aor act ptc nom s m*, turn aside
14 ὧδε, here
15 κρύφιος, my friend
16 ἐκκλίνω, *aor act ind 3s*, turn aside
17 δέκα, ten
18 ὧδε, here
19 ἀγχιστεύς, kinsman, next-of-kin
20 μερίς, part, portion
21 κἀγώ, and I, *cr.* καὶ ἐγώ
22 ἀποκαλύπτω, *fut act ind 1s*, uncover
23 οὖς, ear
24 κτάομαι, *aor mid impv 2s*, buy
25 ἐναντίον, before, in the presence of
26 ἀγχιστεύω, *pres act ind 2s*, perform the duty of a kinsman
27 ἀγχιστεύω, *pres act impv 2s*, perform the duty of a kinsman
28 πάρεξ, except
29 ἀγχιστεύω, *aor act inf*, perform the duty of a kinsman
30 κἀγώ, and I, *cr.* καὶ ἐγώ
31 ἀγχιστεύω, *fut act ind 1s*, perform the duty of a kinsman
32 κτάομαι, *aor mid inf*, acquire
33 θνῄσκω, *perf act ptc gen s m*, die
34 κτάομαι, *aor mid inf*, acquire
35 δεῖ, *pres act ind 3s*, be necessary
36 κληρονομία, inheritance
37 ἀγχιστεύς, kinsman, next-of-kin
38 ἀγχιστεύω, *aor act inf*, perform the duty of a kinsman

ἐμαυτῷ,[1] μήποτε[2] διαφθείρω[3] τὴν κληρονομίαν[4] μου· ἀγχίστευσον[5] σεαυτῷ τὴν ἀγχιστείαν[6] μου, ὅτι οὐ δυνήσομαι ἀγχιστεῦσαι.

7 καὶ τοῦτο τὸ δικαίωμα[7] ἔμπροσθεν[8] ἐν τῷ Ισραηλ ἐπὶ τὴν ἀγχιστείαν[9] καὶ ἐπὶ τὸ
ἀντάλλαγμα[10] τοῦ στῆσαι πᾶν λόγον, καὶ ὑπελύετο[11] ὁ ἀνὴρ τὸ ὑπόδημα[12] αὐτοῦ
καὶ ἐδίδου τῷ πλησίον[13] αὐτοῦ τῷ ἀγχιστεύοντι[14] τὴν ἀγχιστείαν[15] αὐτοῦ, καὶ τοῦτο
ἦν μαρτύριον[16] ἐν Ισραηλ. **8** καὶ εἶπεν ὁ ἀγχιστεὺς[17] τῷ Βοος Κτῆσαι[18] σεαυτῷ τὴν
ἀγχιστείαν[19] μου· καὶ ὑπελύσατο[20] τὸ ὑπόδημα[21] αὐτοῦ καὶ ἔδωκεν αὐτῷ. **9** καὶ
εἶπεν Βοος τοῖς πρεσβυτέροις καὶ παντὶ τῷ λαῷ Μάρτυρες[22] ὑμεῖς σήμερον ὅτι
κέκτημαι[23] πάντα τὰ τοῦ Αβιμελεχ καὶ πάντα, ὅσα ὑπάρχει τῷ Χελαιων καὶ τῷ
Μααλων, ἐκ χειρὸς Νωεμιν· **10** καί γε Ρουθ τὴν Μωαβῖτιν τὴν γυναῖκα Μααλων
κέκτημαι[24] ἐμαυτῷ[25] εἰς γυναῖκα τοῦ ἀναστῆσαι τὸ ὄνομα τοῦ τεθνηκότος[26] ἐπὶ
τῆς κληρονομίας[27] αὐτοῦ, καὶ οὐκ ἐξολεθρευθήσεται[28] τὸ ὄνομα τοῦ τεθνηκότος[29]
ἐκ τῶν ἀδελφῶν αὐτοῦ καὶ ἐκ τῆς φυλῆς λαοῦ αὐτοῦ· μάρτυρες[30] ὑμεῖς σήμερον.
11 καὶ εἴποσαν πᾶς ὁ λαὸς οἱ ἐν τῇ πύλῃ[31] Μάρτυρες.[32] καὶ οἱ πρεσβύτεροι εἴποσαν
Δῴη[33] κύριος τὴν γυναῖκά σου τὴν εἰσπορευομένην[34] εἰς τὸν οἶκόν σου ὡς Ραχηλ
καὶ ὡς Λειαν, αἳ ᾠκοδόμησαν ἀμφότεραι[35] τὸν οἶκον Ισραηλ καὶ ἐποίησαν δύναμιν
ἐν Εφραθα, καὶ ἔσται ὄνομα ἐν Βαιθλεεμ· **12** καὶ γένοιτο[36] ὁ οἶκός σου ὡς ὁ οἶκος
Φαρες, ὃν ἔτεκεν[37] Θαμαρ τῷ Ιουδα, ἐκ τοῦ σπέρματος, οὗ δώσει κύριός σοι ἐκ τῆς
παιδίσκης[38] ταύτης.

Ruth and Boaz Marry

13 καὶ ἔλαβεν Βοος τὴν Ρουθ, καὶ ἐγενήθη αὐτῷ εἰς γυναῖκα, καὶ εἰσῆλθεν πρὸς
αὐτήν, καὶ ἔδωκεν αὐτῇ κύριος κύησιν,[39] καὶ ἔτεκεν[40] υἱόν. **14** καὶ εἶπαν αἱ γυναῖκες

1 ἐμαυτοῦ, myself
2 μήποτε, lest
3 διαφθείρω, *pres act ind 1s*, ruin
4 κληρονομία, inheritance
5 ἀγχιστεύω, *aor act impv 2s*, perform the duty of a kinsman
6 ἀγχιστεία, duty of a kinsman
7 δικαίωμα, ordinance, statute
8 ἔμπροσθεν, former, prior
9 ἀγχιστεία, duty of a kinsman
10 ἀντάλλαγμα, thing given or taken in exchange
11 ὑπολύω, *impf mid ind 3s*, remove, untie
12 ὑπόδημα, sandal
13 πλησίον, neighbor
14 ἀγχιστεύω, *pres act ptc dat s m*, perform the duty of a kinsman
15 ἀγχιστεία, duty of a kinsman
16 μαρτύριον, witness
17 ἀγχιστεύς, kinsman, next-of-kin
18 κτάομαι, *aor mid impv 2s*, acquire
19 ἀγχιστεία, right of a kinsman
20 ὑπολύω, *aor mid ind 3s*, remove, untie
21 ὑπόδημα, sandal
22 μάρτυς, witness
23 κτάομαι, *perf mid ind 1s*, acquire
24 κτάομαι, *perf mid ind 1s*, acquire
25 ἐμαυτοῦ, myself
26 θνῄσκω, *perf act ptc gen s m*, die
27 κληρονομία, inheritance
28 ἐξολεθρεύω, *fut pas ind 3s*, utterly destroy
29 θνῄσκω, *perf act ptc gen s m*, die
30 μάρτυς, witness
31 πύλη, gate
32 μάρτυς, witness
33 δίδωμι, *aor act opt 3s*, give
34 εἰσπορεύομαι, *pres mid ptc acc s f*, enter
35 ἀμφότεροι, both
36 γίνομαι, *aor mid opt 3s*, be
37 τίκτω, *aor act ind 3s*, give birth
38 παιδίσκη, maidservant
39 κύησις, pregnancy, conception
40 τίκτω, *aor act ind 3s*, give birth

πρὸς Νωεμιν Εὐλογητὸς[1] κύριος, ὃς οὐ κατέλυσέ[2] σοι σήμερον τὸν ἀγχιστέα,[3] καὶ
καλέσαι[4] τὸ ὄνομά σου ἐν Ισραηλ, **15** καὶ ἔσται σοι εἰς ἐπιστρέφοντα ψυχὴν καὶ
τοῦ διαθρέψαι[5] τὴν πολιάν[6] σου, ὅτι ἡ νύμφη[7] σου ἡ ἀγαπήσασά σε ἔτεκεν[8] αὐτόν,
ἥ ἐστιν ἀγαθή σοι ὑπὲρ ἑπτὰ υἱούς. **16** καὶ ἔλαβεν Νωεμιν τὸ παιδίον καὶ ἔθηκεν
εἰς τὸν κόλπον[9] αὐτῆς καὶ ἐγενήθη αὐτῷ εἰς τιθηνόν.[10] **17** καὶ ἐκάλεσαν αὐτοῦ αἱ
γείτονες[11] ὄνομα λέγουσαι Ἐτέχθη[12] υἱὸς τῇ Νωεμιν· καὶ ἐκάλεσαν τὸ ὄνομα αὐτοῦ
Ωβηδ· οὗτος πατὴρ Ιεσσαι πατρὸς Δαυιδ.

The Line of David

18 Καὶ αὗται αἱ γενέσεις[13] Φαρες· Φαρες ἐγέννησεν τὸν Εσρων, **19** Εσρων δὲ ἐγέν-
νησεν τὸν Αρραν, καὶ Αρραν ἐγέννησεν τὸν Αμιναδαβ, **20** καὶ Αμιναδαβ ἐγέννησεν
τὸν Ναασσων, καὶ Ναασσων ἐγέννησεν τὸν Σαλμαν, **21** καὶ Σαλμαν ἐγέννησεν τὸν
Βοος, καὶ Βοος ἐγέννησεν τὸν Ωβηδ, **22** καὶ Ωβηδ ἐγέννησεν τὸν Ιεσσαι, καὶ Ιεσσαι
ἐγέννησεν τὸν Δαυιδ.

1 εὐλογητός, blessed
2 καταλύω, *aor act ind 3s*, bring to an end
3 ἀγχιστεύς, kinsman, next-of-kin
4 καλέω, *aor act opt 3s*, name, call
5 διατρέφω, *aor act inf*, sustain
6 πολιά, gray head, old age
7 νύμφη, daughter-in-law
8 τίκτω, *aor act ind 3s*, give birth
9 κόλπος, bosom
10 τιθηνός, nanny, nurse
11 γείτων, neighbor
12 τίκτω, *aor pas ind 3s*, give birth
13 γένεσις, generation

ΒΑΣΙΛΕΙΩΝ Α΄
1 Kingdoms (1 Samuel)

Elkanah's Wives

1 Ἄνθρωπος ἦν ἐξ Αρμαθαιμ Σιφα ἐξ ὄρους Εφραιμ, καὶ ὄνομα αὐτῷ Ελκανα υἱὸς
Ιερεμεηλ υἱοῦ Ηλιου υἱοῦ Θοκε ἐν Νασιβ Εφραιμ. **2** καὶ τούτῳ δύο γυναῖκες·
ὄνομα τῇ μιᾷ Αννα, καὶ ὄνομα τῇ δευτέρᾳ Φεννανα· καὶ ἦν τῇ Φεννανα παιδία,
καὶ τῇ Αννα οὐκ ἦν παιδίον.

3 καὶ ἀνέβαινεν ὁ ἄνθρωπος ἐξ ἡμερῶν εἰς ἡμέρας ἐκ πόλεως αὐτοῦ ἐξ Αρμαθαιμ
προσκυνεῖν καὶ θύειν[1] τῷ κυρίῳ θεῷ σαβαωθ[2] εἰς Σηλω· καὶ ἐκεῖ Ηλι καὶ οἱ δύο υἱοὶ
αὐτοῦ Οφνι καὶ Φινεες ἱερεῖς τοῦ κυρίου. **4** καὶ ἐγενήθη ἡμέρᾳ καὶ ἔθυσεν[3] Ελκανα
καὶ ἔδωκεν τῇ Φεννανα γυναικὶ αὐτοῦ καὶ τοῖς υἱοῖς αὐτῆς καὶ ταῖς θυγατράσιν[4]
αὐτῆς μερίδας·[5] **5** καὶ τῇ Αννα ἔδωκεν μερίδα[6] μίαν, ὅτι οὐκ ἦν αὐτῇ παιδίον· πλὴν
ὅτι τὴν Ανναν ἠγάπα Ελκανα ὑπὲρ ταύτην, καὶ κύριος ἀπέκλεισεν[7] τὰ περὶ τὴν
μήτραν[8] αὐτῆς· **6** ὅτι οὐκ ἔδωκεν αὐτῇ κύριος παιδίον κατὰ τὴν θλῖψιν αὐτῆς καὶ
κατὰ τὴν ἀθυμίαν[9] τῆς θλίψεως αὐτῆς, καὶ ἠθύμει[10] διὰ τοῦτο, ὅτι συνέκλεισεν[11]
κύριος τὰ περὶ τὴν μήτραν[12] αὐτῆς τοῦ μὴ δοῦναι αὐτῇ παιδίον. **7** οὕτως ἐποίει
ἐνιαυτὸν[13] κατ᾽ ἐνιαυτὸν ἐν τῷ ἀναβαίνειν αὐτὴν εἰς οἶκον κυρίου· καὶ ἠθύμει[14] καὶ
ἔκλαιεν καὶ οὐκ ἤσθιεν. **8** καὶ εἶπεν αὐτῇ Ελκανα ὁ ἀνὴρ αὐτῆς Αννα. καὶ εἶπεν αὐτῷ
Ἰδοὺ ἐγώ, κύριε. καὶ εἶπεν αὐτῇ Τί ἐστίν σοι, ὅτι κλαίεις; καὶ ἵνα τί οὐκ ἐσθίεις; καὶ
ἵνα τί τύπτει[15] σε ἡ καρδία σου; οὐκ ἀγαθὸς ἐγώ σοι ὑπὲρ δέκα[16] τέκνα;

9 καὶ ἀνέστη Αννα μετὰ τὸ φαγεῖν αὐτοὺς ἐν Σηλω καὶ κατέστη[17] ἐνώπιον κυρίου,
καὶ Ηλι ὁ ἱερεὺς ἐκάθητο ἐπὶ τοῦ δίφρου[18] ἐπὶ τῶν φλιῶν[19] ναοῦ κυρίου. **10** καὶ
αὐτὴ κατώδυνος[20] ψυχῇ καὶ προσηύξατο πρὸς κύριον καὶ κλαίουσα ἔκλαυσεν **11** καὶ

1 θύω, *pres act inf*, sacrifice
2 σαβαωθ, of hosts, *translit.*
3 θύω, *aor act ind 3s*, sacrifice
4 θυγάτηρ, daughter
5 μερίς, part, portion
6 μερίς, part, portion
7 ἀποκλείω, *aor act ind 3s*, shut up, close
8 μήτρα, womb
9 ἀθυμία, discouragement
10 ἀθυμέω, *impf act ind 3s*, lose heart, be discouraged
11 συγκλείω, *aor act ind 3s*, restrain
12 μήτρα, womb
13 ἐνιαυτός, year
14 ἀθυμέω, *impf act ind 3s*, lose heart, be discouraged
15 τύπτω, *pres act ind 3s*, strike, beat
16 δέκα, ten
17 καθίστημι, *aor act ind 3s*, set down, bring before
18 δίφρος, seat
19 φλιά, doorpost, lintel
20 κατώδυνος, grieved, in great pain

ηὔξατο[1] εὐχὴν[2] κυρίῳ λέγουσα Αδωναι κύριε ελωαι[3] σαβαωθ,[4] ἐὰν ἐπιβλέπων[5] ἐπι-
βλέψῃς[6] ἐπὶ τὴν ταπείνωσιν[7] τῆς δούλης[8] σου καὶ μνησθῇς[9] μου καὶ δῷς τῇ δούλῃ
σου σπέρμα ἀνδρῶν, καὶ δώσω αὐτὸν ἐνώπιόν σου δοτὸν[10] ἕως ἡμέρας θανάτου
αὐτοῦ, καὶ οἶνον καὶ μέθυσμα[11] οὐ πίεται, καὶ σίδηρος[12] οὐκ ἀναβήσεται ἐπὶ τὴν
κεφαλὴν αὐτοῦ.

12 καὶ ἐγενήθη ὅτε ἐπλήθυνεν[13] προσευχομένη ἐνώπιον κυρίου, καὶ Ηλι ὁ ἱερεὺς
ἐφύλαξεν τὸ στόμα αὐτῆς· **13** καὶ αὐτὴ ἐλάλει ἐν τῇ καρδίᾳ αὐτῆς, καὶ τὰ χείλη[14] αὐτῆς
ἐκινεῖτο,[15] καὶ φωνὴ αὐτῆς οὐκ ἠκούετο· καὶ ἐλογίσατο αὐτὴν Ηλι εἰς μεθύουσαν.[16]
14 καὶ εἶπεν αὐτῇ τὸ παιδάριον[17] Ηλι Ἕως πότε[18] μεθυσθήσῃ;[19] περιελοῦ[20] τὸν οἶνόν
σου καὶ πορεύου ἐκ προσώπου κυρίου. **15** καὶ ἀπεκρίθη Αννα καὶ εἶπεν Οὐχί, κύριε·
γυνή, ᾗ σκληρὰ[21] ἡμέρα, ἐγώ εἰμι καὶ οἶνον καὶ μέθυσμα[22] οὐ πέπωκα καὶ ἐκχέω[23]
τὴν ψυχήν μου ἐνώπιον κυρίου· **16** μὴ δῷς τὴν δούλην σου εἰς θυγατέρα[24] λοιμήν,[25]
ὅτι ἐκ πλήθους ἀδολεσχίας[26] μου ἐκτέτακα[27] ἕως νῦν. **17** καὶ ἀπεκρίθη Ηλι καὶ εἶπεν
αὐτῇ Πορεύου εἰς εἰρήνην· ὁ θεὸς Ισραηλ δῴη[28] σοι πᾶν αἴτημά[29] σου, ὃ ᾐτήσω[30]
παρ᾽ αὐτοῦ. **18** καὶ εἶπεν Εὗρεν ἡ δούλη[31] σου χάριν ἐν ὀφθαλμοῖς σου. καὶ ἐπορεύθη
ἡ γυνὴ εἰς τὴν ὁδὸν αὐτῆς καὶ εἰσῆλθεν εἰς τὸ κατάλυμα[32] αὐτῆς καὶ ἔφαγεν μετὰ
τοῦ ἀνδρὸς αὐτῆς καὶ ἔπιεν, καὶ τὸ πρόσωπον αὐτῆς οὐ συνέπεσεν[33] ἔτι.

Samuel Born to Hannah

19 καὶ ὀρθρίζουσιν[34] τὸ πρωὶ[35] καὶ προσκυνοῦσιν τῷ κυρίῳ καὶ πορεύονται τὴν ὁδὸν
αὐτῶν. καὶ εἰσῆλθεν Ελκανα εἰς τὸν οἶκον αὐτοῦ Αρμαθαιμ καὶ ἔγνω τὴν Ανναν
γυναῖκα αὐτοῦ, καὶ ἐμνήσθη[36] αὐτῆς κύριος, **20** καὶ συνέλαβεν.[37] καὶ ἐγενήθη τῷ

1 εὔχομαι, *aor mid ind 3s*, vow
2 εὐχή, vow
3 ελωαι, my God, *translit.*
4 σαβαωθ, of hosts, *translit.*
5 ἐπιβλέπω, *pres act ptc nom s m*, look upon
6 ἐπιβλέπω, *aor act sub 2s*, look upon
7 ταπείνωσις, humiliation, low estate
8 δούλη, bondwoman, servant
9 μιμνῄσκομαι, *aor pas sub 2s*, remember
10 δοτός, given, granted
11 μέθυσμα, intoxicating drink
12 σίδηρος, iron tool, razor
13 πληθύνω, *impf act ind 3s*, increase, (continue)
14 χεῖλος, lip
15 κινέω, *impf mid ind 3s*, move
16 μεθύω, *pres act ptc acc s f*, be drunk
17 παιδάριον, servant
18 πότε, when
19 μεθύω, *fut pas ind 2s*, be drunk
20 περιαιρέω, *aor mid impv 2s*, remove from, take away
21 σκληρός, tough, harsh
22 μέθυσμα, intoxicating drink
23 ἐκχέω, *pres act ind 1s*, pour out
24 θυγάτηρ, daughter
25 λοιμός, pestilent
26 ἀδολεσχία, complaint
27 ἐκτείνω, *perf act ind 1s*, extend
28 δίδωμι, *aor act opt 3s*, give
29 αἴτημα, request
30 αἰτέω, *aor mid ind 2s*, ask, request
31 δούλη, bondwoman, servant
32 κατάλυμα, lodging place, quarters
33 συμπίπτω, *aor act ind 3s*, collapse, fall in
34 ὀρθρίζω, *pres act ind 3p*, rise up early
35 πρωί, (in the) morning
36 μιμνῄσκομαι, *aor pas ind 3s*, remember
37 συλλαμβάνω, *aor act ind 3s*, conceive

καιρῷ τῶν ἡμερῶν καὶ ἔτεκεν[1] υἱόν· καὶ ἐκάλεσεν τὸ ὄνομα αὐτοῦ Σαμουηλ καὶ
εἶπεν Ὅτι παρὰ κυρίου θεοῦ σαβαωθ[2] ᾐτησάμην[3] αὐτόν.

21 Καὶ ἀνέβη ὁ ἄνθρωπος Ελκανα καὶ πᾶς ὁ οἶκος αὐτοῦ θῦσαι[4] ἐν Σηλωμ τὴν
θυσίαν[5] τῶν ἡμερῶν καὶ τὰς εὐχὰς[6] αὐτοῦ καὶ πάσας τὰς δεκάτας[7] τῆς γῆς αὐτοῦ·
22 καὶ Αννα οὐκ ἀνέβη μετ᾽ αὐτοῦ, ὅτι εἶπεν τῷ ἀνδρὶ αὐτῆς Ἕως τοῦ ἀναβῆναι
τὸ παιδάριον,[8] ἐὰν ἀπογαλακτίσω[9] αὐτό, καὶ ὀφθήσεται τῷ προσώπῳ κυρίου καὶ
καθήσεται ἐκεῖ ἕως αἰῶνος. **23** καὶ εἶπεν αὐτῇ Ελκανα ὁ ἀνὴρ αὐτῆς Ποίει τὸ ἀγαθὸν
ἐν ὀφθαλμοῖς σου· κάθου, ἕως ἂν ἀπογαλακτίσῃς[10] αὐτό· ἀλλὰ στῆσαι[11] κύριος
τὸ ἐξελθὸν ἐκ τοῦ στόματός σου. καὶ ἐκάθισεν ἡ γυνὴ καὶ ἐθήλασεν[12] τὸν υἱὸν
αὐτῆς, ἕως ἂν ἀπογαλακτίσῃ[13] αὐτόν. **24** καὶ ἀνέβη μετ᾽ αὐτοῦ εἰς Σηλωμ ἐν μόσχῳ[14]
τριετίζοντι[15] καὶ ἄρτοις καὶ οιφι[16] σεμιδάλεως[17] καὶ νεβελ[18] οἴνου καὶ εἰσῆλθεν
εἰς οἶκον κυρίου ἐν Σηλωμ, καὶ τὸ παιδάριον[19] μετ᾽ αὐτῶν. **25** καὶ προσήγαγον[20]
ἐνώπιον κυρίου, καὶ ἔσφαξεν[21] ὁ πατὴρ αὐτοῦ τὴν θυσίαν,[22] ἣν ἐποίει ἐξ ἡμερῶν εἰς
ἡμέρας τῷ κυρίῳ, καὶ προσήγαγεν[23] τὸ παιδάριον[24] καὶ ἔσφαξεν[25] τὸν μόσχον.[26] καὶ
προσήγαγεν Αννα ἡ μήτηρ τοῦ παιδαρίου πρὸς Ηλι **26** καὶ εἶπεν Ἐν ἐμοί, κύριε·
ζῇ ἡ ψυχή σου, ἐγὼ ἡ γυνὴ ἡ καταστᾶσα[27] ἐνώπιόν σου ἐν τῷ προσεύξασθαι πρὸς
κύριον· **27** ὑπὲρ τοῦ παιδαρίου[28] τούτου προσηυξάμην, καὶ ἔδωκέν μοι κύριος τὸ
αἴτημά[29] μου, ὃ ᾐτησάμην[30] παρ᾽ αὐτοῦ· **28** κἀγὼ[31] κιχρῶ[32] αὐτὸν τῷ κυρίῳ πάσας
τὰς ἡμέρας, ἃς ζῇ αὐτός, χρῆσιν[33] τῷ κυρίῳ.

Song of Hannah

2 Καὶ εἶπεν

Ἐστερεώθη[34] ἡ καρδία μου ἐν κυρίῳ,
ὑψώθη[35] κέρας[36] μου ἐν θεῷ μου·

1 τίκτω, *aor act ind 3s*, bear
2 σαβαωθ, of hosts, *translit.*
3 αἰτέω, *aor mid ind 1s*, ask
4 θύω, *aor act inf*, sacrifice
5 θυσία, sacrifice
6 εὐχή, vow
7 δέκατος, tenth part
8 παιδάριον, little boy
9 ἀπογαλακτίζω, *aor act sub 1s*, wean
10 ἀπογαλακτίζω, *aor act sub 2s*, wean
11 ἵστημι, *aor act opt 3s*, confirm, establish
12 θηλάζω, *aor act ind 3s*, nurse
13 ἀπογαλακτίζω, *aor act sub 3s*, wean
14 μόσχος, young bull
15 τριετίζω, *pres act ptc dat s m*, be three years old
16 οιφι, ephah, *translit.*
17 σεμίδαλις, fine wheat flour
18 νεβελ, wine jar, *translit.*
19 παιδάριον, child
20 προσάγω, *aor act ind 1s*, bring to
21 σφάζω, *aor act ind 3s*, slaughter
22 θυσία, offering
23 προσάγω, *aor act ind 3s*, bring to
24 παιδάριον, child
25 σφάζω, *aor act ind 3s*, slaughter
26 μόσχος, young bull
27 καθίστημι, *aor act ptc nom s f*, set down, bring before
28 παιδάριον, child
29 αἴτημα, request
30 αἰτέω, *aor mid ind 1s*, ask
31 κἀγώ, I also, *cr.* καὶ ἐγώ
32 κιχράω, *pres act ind 1s*, lend
33 χρῆσις, loan
34 στερεόω, *aor pas ind 3s*, make strong, make firm
35 ὑψόω, *aor pas ind 3s*, raise up, exalt
36 κέρας, horn

ἐπλατύνθη[1] ἐπὶ ἐχθροὺς τὸ στόμα μου,
εὐφράνθην[2] ἐν σωτηρίᾳ σου.
2 ὅτι οὐκ ἔστιν ἅγιος ὡς κύριος,
καὶ οὐκ ἔστιν δίκαιος ὡς ὁ θεὸς ἡμῶν·
οὐκ ἔστιν ἅγιος πλὴν σοῦ.

3 μὴ καυχᾶσθε[3] καὶ μὴ λαλεῖτε ὑψηλά,[4]
μὴ ἐξελθάτω μεγαλορρημοσύνη[5] ἐκ τοῦ στόματος ὑμῶν,
ὅτι θεὸς γνώσεων[6] κύριος
καὶ θεὸς ἑτοιμάζων ἐπιτηδεύματα[7] αὐτοῦ.
4 τόξον[8] δυνατῶν ἠσθένησεν,[9]
καὶ ἀσθενοῦντες[10] περιεζώσαντο[11] δύναμιν·
5 πλήρεις[12] ἄρτων ἠλαττώθησαν,[13]
καὶ οἱ πεινῶντες[14] παρῆκαν[15] γῆν·
ὅτι στεῖρα[16] ἔτεκεν[17] ἑπτά,
καὶ ἡ πολλὴ ἐν τέκνοις ἠσθένησεν.[18]

6 κύριος θανατοῖ[19] καὶ ζωογονεῖ,[20]
κατάγει[21] εἰς ᾅδου[22] καὶ ἀνάγει·[23]
7 κύριος πτωχίζει[24] καὶ πλουτίζει,[25]
ταπεινοῖ[26] καὶ ἀνυψοῖ.[27]
8 ἀνιστᾷ ἀπὸ γῆς πένητα[28]
καὶ ἀπὸ κοπρίας[29] ἐγείρει[30] πτωχὸν
καθίσαι μετὰ δυναστῶν[31] λαῶν
καὶ θρόνον δόξης κατακληρονομῶν[32] αὐτοῖς.

1 πλατύνω, *aor pas ind 3s*, open wide
2 εὐφραίνω, *aor pas ind 1s*, rejoice, be glad
3 καυχάομαι, *pres mid impv 2p*, boast
4 ὑψηλός, haughty, proud
5 μεγαλορρημοσύνη, boastful talking
6 γνῶσις, knowledge
7 ἐπιτήδευμα, pursuit, custom
8 τόξον, bow
9 ἀσθενέω, *aor act ind 3s*, be weak, lack strength
10 ἀσθενέω, *pres act ptc nom p m*, be weak, lack strength
11 περιζώννυμι, *aor mid ind 3p*, gird about, strap on
12 πλήρης, full of
13 ἐλαττόω, *aor pas ind 3p*, deprive, be worse off
14 πεινάω, *pres act ptc nom p m*, be hungry
15 παρίημι, *aor act ind 3p*, neglect, disregard
16 στεῖρα, barren
17 τίκτω, *aor act ind 3s*, bear, bring forth
18 ἀσθενέω, *aor act ind 3s*, be weak, lack strength
19 θανατόω, *pres act ind 3s*, destroy, kill
20 ζωογονέω, *pres act ind 3s*, preserve alive, make live
21 κατάγω, *pres act ind 3s*, lead down
22 ᾅδης, Hades, underworld
23 ἀνάγω, *pres act ind 3s*, raise up, bring up
24 πτωχίζω, *pres act ind 3s*, make poor
25 πλουτίζω, *pres act ind 3s*, enrich
26 ταπεινόω, *pres act ind 3s*, humble, abase
27 ἀνυψόω, *pres act ind 3s*, exalt, increase
28 πένης, poor
29 κοπρία, dung heap
30 ἐγείρω, *pres act ind 3s*, raise up
31 δυνάστης, lord, master
32 κατακληρονομέω, *pres act ptc nom s m*, give as inheritance

9 διδοὺς εὐχὴν[1] τῷ εὐχομένῳ[2]
καὶ εὐλόγησεν ἔτη δικαίου·
ὅτι οὐκ ἐν ἰσχύι[3] δυνατὸς ἀνήρ,
10 κύριος ἀσθενῆ[4] ποιήσει ἀντίδικον[5] αὐτοῦ,
κύριος ἅγιος.
μὴ καυχάσθω[6] ὁ φρόνιμος[7] ἐν τῇ φρονήσει[8] αὐτοῦ,
καὶ μὴ καυχάσθω ὁ δυνατὸς ἐν τῇ δυνάμει αὐτοῦ,
καὶ μὴ καυχάσθω ὁ πλούσιος[9] ἐν τῷ πλούτῳ[10] αὐτοῦ,
ἀλλ᾽ ἢ ἐν τούτῳ καυχάσθω ὁ καυχώμενος,[11]
συνίειν[12] καὶ γινώσκειν τὸν κύριον
καὶ ποιεῖν κρίμα[13] καὶ δικαιοσύνην ἐν μέσῳ τῆς γῆς.
κύριος ἀνέβη εἰς οὐρανοὺς καὶ ἐβρόντησεν,[14]
αὐτὸς κρινεῖ ἄκρα[15] γῆς
καὶ δίδωσιν ἰσχὺν[16] τοῖς βασιλεῦσιν ἡμῶν
καὶ ὑψώσει[17] κέρας[18] χριστοῦ αὐτοῦ.

11 Καὶ κατέλιπον[19] αὐτὸν ἐκεῖ ἐνώπιον κυρίου καὶ ἀπῆλθον εἰς Αρμαθαιμ, καὶ τὸ παιδάριον[20] ἦν λειτουργῶν[21] τῷ προσώπῳ κυρίου ἐνώπιον Ηλι τοῦ ἱερέως.

Sin of the Sons of Eli

12 Καὶ οἱ υἱοὶ Ηλι τοῦ ἱερέως υἱοὶ λοιμοὶ[22] οὐκ εἰδότες τὸν κύριον. **13** καὶ τὸ δικαί-
ωμα[23] τοῦ ἱερέως παρὰ τοῦ λαοῦ, παντὸς τοῦ θύοντος·[24] καὶ ἤρχετο τὸ παιδάριον[25]
τοῦ ἱερέως, ὡς ἂν ἡψήθη[26] τὸ κρέας,[27] καὶ κρεάγρα[28] τριόδους[29] ἐν τῇ χειρὶ αὐτοῦ,
14 καὶ ἐπάταξεν[30] αὐτὴν εἰς τὸν λέβητα[31] τὸν μέγαν ἢ εἰς τὸ χαλκίον[32] ἢ εἰς τὴν
κύθραν·[33] πᾶν, ὃ ἐὰν ἀνέβη ἐν τῇ κρεάγρᾳ,[34] ἐλάμβανεν ἑαυτῷ ὁ ἱερεύς· κατὰ
τάδε[35] ἐποίουν παντὶ Ισραηλ τοῖς ἐρχομένοις θῦσαι[36] κυρίῳ ἐν Σηλωμ. **15** καὶ πρὶν[37]

1 εὐχή, vow, prayer
2 εὔχομαι, *pres mid ptc dat s m*, pray, vow
3 ἰσχύς, strength, power
4 ἀσθενής, weak, helpless
5 ἀντίδικος, opponent, adversary
6 καυχάομαι, *pres mid impv 3s*, boast
7 φρόνιμος, wise, clever
8 φρόνησις, wisdom, intelligence
9 πλούσιος, rich
10 πλοῦτος, wealth, riches
11 καυχάομαι, *pres mid ptc nom s m*, boast
12 συνίημι, *pres act inf*, understand
13 κρίμα, judgment, decision
14 βροντάω, *aor act ind 3s*, thunder
15 ἄκρος, end, far point
16 ἰσχύς, power, strength
17 ὑψόω, *fut act ind 3s*, raise up, exalt
18 κέρας, horn
19 καταλείπω, *aor act ind 3p*, leave
20 παιδάριον, child
21 λειτουργέω, *pres act ptc nom s m*, minister
22 λοιμός, pestilent, troublesome
23 δικαίωμα, regulation, requirement
24 θύω, *pres act ptc gen s m*, sacrifice
25 παιδάριον, servant
26 ἕψω, *aor pas ind 3s*, boil
27 κρέας, meat
28 κρεάγρα, meat hook
29 τριόδους, three-pronged
30 πατάσσω, *aor act ind 3s*, drive, thrust
31 λέβης, kettle, cauldron
32 χαλκίον, copper vessel
33 κύθρα, earthen pot
34 κρεάγρα, meat hook
35 ὅδε, *this*
36 θύω, *aor act inf*, sacrifice
37 πρίν, before

θυμιαθῆναι[1] τὸ στέαρ[2] ἤρχετο τὸ παιδάριον[3] τοῦ ἱερέως καὶ ἔλεγεν τῷ ἀνδρὶ τῷ
θύοντι[4] Δὸς κρέας[5] ὀπτῆσαι[6] τῷ ἱερεῖ, καὶ οὐ μὴ λάβω παρὰ σοῦ ἑφθὸν[7] ἐκ τοῦ
λέβητος.[8] **16** καὶ ἔλεγεν ὁ ἀνὴρ ὁ θύων[9] Θυμιαθήτω[10] πρῶτον, ὡς καθήκει,[11] τὸ
στέαρ,[12] καὶ λαβὲ σεαυτῷ ἐκ πάντων, ὧν ἐπιθυμεῖ[13] ἡ ψυχή σου. καὶ εἶπεν Οὐχί, ὅτι
νῦν δώσεις, καὶ ἐὰν μή, λήμψομαι κραταιῶς.[14] **17** καὶ ἦν ἡ ἁμαρτία τῶν παιδαρίων[15]
ἐνώπιον κυρίου μεγάλη σφόδρα,[16] ὅτι ἠθέτουν[17] τὴν θυσίαν[18] κυρίου.

Samuel before the Lord at Shiloh

18 καὶ Σαμουηλ ἦν λειτουργῶν[19] ἐνώπιον κυρίου παιδάριον[20] περιεζωσμένον[21]
εφουδ[22] βαρ,[23] **19** καὶ διπλοΐδα[24] μικρὰν ἐποίησεν αὐτῷ ἡ μήτηρ αὐτοῦ καὶ ἀνέφερεν[25]
αὐτῷ ἐξ ἡμερῶν εἰς ἡμέρας ἐν τῷ ἀναβαίνειν αὐτὴν μετὰ τοῦ ἀνδρὸς αὐτῆς θῦσαι[26]
τὴν θυσίαν[27] τῶν ἡμερῶν. **20** καὶ εὐλόγησεν Ηλι τὸν Ελκανα καὶ τὴν γυναῖκα αὐτοῦ
λέγων Ἀποτείσαι[28] σοι κύριος σπέρμα ἐκ τῆς γυναικὸς ταύτης ἀντὶ[29] τοῦ χρέους,[30]
οὗ ἔχρησας[31] τῷ κυρίῳ. καὶ ἀπῆλθεν ὁ ἄνθρωπος εἰς τὸν τόπον αὐτοῦ,

21 καὶ ἐπεσκέψατο[32] κύριος τὴν Ανναν, καὶ ἔτεκεν[33] ἔτι τρεῖς υἱοὺς καὶ δύο θυγα-
τέρας.[34] καὶ ἐμεγαλύνθη[35] τὸ παιδάριον[36] Σαμουηλ ἐνώπιον κυρίου.

Prophecy against Eli's Sons

22 Καὶ Ηλι πρεσβύτης[37] σφόδρα·[38] καὶ ἤκουσεν ἃ ἐποίουν οἱ υἱοὶ αὐτοῦ τοῖς υἱοῖς
Ισραηλ, **23** καὶ εἶπεν αὐτοῖς Ἵνα τί ποιεῖτε κατὰ τὸ ῥῆμα τοῦτο, ὃ ἐγὼ ἀκούω ἐκ
στόματος παντὸς τοῦ λαοῦ κυρίου; **24** μή, τέκνα, ὅτι οὐκ ἀγαθὴ ἡ ἀκοή,[39] ἣν
ἐγὼ ἀκούω· μὴ ποιεῖτε οὕτως, ὅτι οὐκ ἀγαθαὶ αἱ ἀκοαί, ἃς ἐγὼ ἀκούω, τοῦ μὴ

1 θυμιάω, *aor pas inf*, burn
2 στέαρ, fat
3 παιδάριον, servant
4 θύω, *pres act ptc dat s m*, sacrifice
5 κρέας, meat
6 ὀπτάω, *aor act inf*, roast
7 ἑφθός, boiled
8 λέβης, kettle, cauldron
9 θύω, *pres act ptc nom s m*, sacrifice
10 θυμιάω, *aor pas impv 3s*, burn
11 καθήκω, *pres act ind 3s*, be due, be fitting
12 στέαρ, fat
13 ἐπιθυμέω, *pres act ind 3s*, desire
14 κραταιῶς, by force, severely
15 παιδάριον, young man
16 σφόδρα, exceedingly
17 ἀθετέω, *impf act ind 3p*, deny, render ineffectual
18 θυσία, sacrifice
19 λειτουργέω, *pres act ptc nom s m*, minister
20 παιδάριον, young man
21 περιζώννυμι, *perf mid ptc nom s n*, gird, wear
22 εφουδ, ephod, *translit.*
23 βαρ, piece of cloth, *translit.*
24 διπλοΐς, double cloak
25 ἀναφέρω, *impf act ind 3s*, bring up
26 θύω, *aor act inf*, offer, sacrifice
27 θυσία, sacrifice
28 ἀποτείνω, *aor act opt 3s*, extend, prolong
29 ἀντί, in return for
30 χρέος, obligation, matter, useful thing
31 χράω, *aor act ind 2s*, proclaim, deal with
32 ἐπισκέπτομαι, *aor mid ind 3s*, visit, care for
33 τίκτω, *aor act ind 3s*, bear
34 θυγάτηρ, daughter
35 μεγαλύνω, *aor pas ind 3s*, grow
36 παιδάριον, child
37 πρεσβύτης, old
38 σφόδρα, exceedingly
39 ἀκοή, news, report

δουλεύειν[1] λαὸν θεῷ. **25** ἐὰν ἁμαρτάνων ἁμάρτῃ ἀνὴρ εἰς ἄνδρα, καὶ προσεύξονται
ὑπὲρ αὐτοῦ πρὸς κύριον· καὶ ἐὰν τῷ κυρίῳ ἁμάρτῃ, τίς προσεύξεται ὑπὲρ αὐτοῦ;
καὶ οὐκ ἤκουον τῆς φωνῆς τοῦ πατρὸς αὐτῶν, ὅτι βουλόμενος ἐβούλετο κύριος
διαφθεῖραι[2] αὐτούς.

26 καὶ τὸ παιδάριον[3] Σαμουηλ ἐπορεύετο καὶ ἐμεγαλύνετο[4] καὶ ἀγαθὸν καὶ μετὰ
κυρίου καὶ μετὰ ἀνθρώπων.

27 καὶ ἦλθεν ἄνθρωπος θεοῦ πρὸς Ηλι καὶ εἶπεν Τάδε[5] λέγει κύριος Ἀποκαλυφθεὶς[6]
ἀπεκαλύφθην[7] πρὸς οἶκον πατρός σου ὄντων αὐτῶν ἐν γῇ Αἰγύπτῳ δούλων τῷ οἴκῳ
Φαραω **28** καὶ ἐξελεξάμην[8] τὸν οἶκον τοῦ πατρός σου ἐκ πάντων τῶν σκήπτρων[9]
Ισραηλ ἐμοὶ ἱερατεύειν[10] καὶ ἀναβαίνειν ἐπὶ θυσιαστήριόν[11] μου καὶ θυμιᾶν[12]
θυμίαμα[13] καὶ αἴρειν εφουδ[14] καὶ ἔδωκα τῷ οἴκῳ τοῦ πατρός σου τὰ πάντα τοῦ
πυρὸς υἱῶν Ισραηλ εἰς βρῶσιν·[15] **29** καὶ ἵνα τί ἐπέβλεψας[16] ἐπὶ τὸ θυμίαμά[17] μου
καὶ εἰς τὴν θυσίαν[18] μου ἀναιδεῖ[19] ὀφθαλμῷ καὶ ἐδόξασας τοὺς υἱούς σου ὑπὲρ ἐμὲ
ἐνευλογεῖσθαι[20] ἀπαρχῆς[21] πάσης θυσίας[22] Ισραηλ ἔμπροσθέν μου; **30** διὰ τοῦτο
τάδε[23] εἶπεν κύριος ὁ θεὸς Ισραηλ Εἶπα Ὁ οἶκός σου καὶ ὁ οἶκος τοῦ πατρός σου
διελεύσεται ἐνώπιόν μου ἕως αἰῶνος· καὶ νῦν φησιν[24] κύριος Μηδαμῶς[25] ἐμοί, ὅτι
ἀλλ᾽ ἢ τοὺς δοξάζοντάς με δοξάσω, καὶ ὁ ἐξουθενῶν[26] με ἀτιμωθήσεται.[27] **31** ἰδοὺ
ἡμέραι ἔρχονται καὶ ἐξολεθρεύσω[28] τὸ σπέρμα σου καὶ τὸ σπέρμα οἴκου πατρός
σου, **32** καὶ οὐκ ἔσται σου πρεσβύτης[29] ἐν οἴκῳ μου πάσας τὰς ἡμέρας· **33** καὶ ἄνδρα
οὐκ ἐξολεθρεύσω[30] σοι ἀπὸ τοῦ θυσιαστηρίου[31] μου ἐκλιπεῖν[32] τοὺς ὀφθαλμοὺς
αὐτοῦ καὶ καταρρεῖν[33] τὴν ψυχὴν αὐτοῦ, καὶ πᾶς περισσεύων[34] οἴκου σου πεσοῦνται
ἐν ῥομφαίᾳ[35] ἀνδρῶν. **34** καὶ τοῦτό σοι τὸ σημεῖον, ὃ ἥξει[36] ἐπὶ τοὺς δύο υἱούς
σου τούτους Οφνι καὶ Φινεες· ἐν ἡμέρᾳ μιᾷ ἀποθανοῦνται ἀμφότεροι.[37] **35** καὶ
ἀναστήσω ἐμαυτῷ[38] ἱερέα πιστόν,[39] ὃς πάντα τὰ ἐν τῇ καρδίᾳ μου καὶ τὰ ἐν τῇ ψυχῇ

1 δουλεύω, *pres act inf*, serve
2 διαφθείρω, *aor act inf*, utterly destroy
3 παιδάριον, child
4 μεγαλύνω, *impf pas ind 3s*, grow
5 ὅδε, this (here)
6 ἀποκαλύπτω, *aor pas ptc nom s m*, reveal
7 ἀποκαλύπτω, *aor pas ind 1s*, reveal
8 ἐκλέγω, *aor mid ind 1s*, choose
9 σκῆπτρον, staff, scepter
10 ἱερατεύω, *pres act inf*, minister as priest
11 θυσιαστήριον, altar
12 θυμιάω, *pres act inf*, burn
13 θυμίαμα, incense
14 εφουδ, ephod, *translit.*
15 βρῶσις, food
16 ἐπιβλέπω, *aor act ind 2s*, look upon
17 θυμίαμα, incense
18 θυσία, sacrifice
19 ἀναιδής, shameless, reckless
20 ἐνευλογέω, *pres mid inf*, benefit oneself
21 ἀπαρχή, first portion
22 θυσία, sacrifice
23 ὅδε, this (here)
24 φημί, *pres act ind 3s*, say, declare
25 μηδαμῶς, by no means, certainly not
26 ἐξουθενέω, *pres act ptc nom s m*, disdain, scorn
27 ἀτιμόω, *fut pas ind 3s*, dishonor
28 ἐξολεθρεύω, *fut act ind 1s*, utterly destroy
29 πρεσβύτης, old
30 ἐξολεθρεύω, *fut act ind 1s*, utterly destroy
31 θυσιαστήριον, altar
32 ἐκλείπω, *aor act inf*, give out, fail
33 καταρρέω, *pres act inf*, fall in ruins
34 περισσεύω, *pres act ptc nom s m*, be left over, remain
35 ῥομφαία, sword
36 ἥκω, *fut act ind 3s*, have come
37 ἀμφότεροι, both
38 ἐμαυτοῦ, myself
39 πιστός, faithful, trustworthy

μου ποιήσει· καὶ οἰκοδομήσω αὐτῷ οἶκον πιστόν,[1] καὶ διελεύσεται ἐνώπιον χριστοῦ
μου πάσας τὰς ἡμέρας. **36** καὶ ἔσται ὁ περισσεύων[2] ἐν οἴκῳ σου ἥξει[3] προσκυνεῖν
αὐτῷ ὀβολοῦ[4] ἀργυρίου[5] λέγων Παράρριψόν[6] με ἐπὶ μίαν τῶν ἱερατειῶν[7] σου φαγεῖν
ἄρτον.

God Calls Samuel

3 Καὶ τὸ παιδάριον[8] Σαμουηλ ἦν λειτουργῶν[9] τῷ κυρίῳ ἐνώπιον Ηλι τοῦ ἱε-
ρέως· καὶ ῥῆμα κυρίου ἦν τίμιον[10] ἐν ταῖς ἡμέραις ἐκείναις, οὐκ ἦν ὅρασις[11]
διαστέλλουσα.[12]

2 καὶ ἐγένετο ἐν τῇ ἡμέρᾳ ἐκείνῃ καὶ Ηλι ἐκάθευδεν[13] ἐν τῷ τόπῳ αὐτοῦ, καὶ οἱ
ὀφθαλμοὶ αὐτοῦ ἤρξαντο βαρύνεσθαι,[14] καὶ οὐκ ἠδύνατο βλέπειν, **3** καὶ ὁ λύχνος[15]
τοῦ θεοῦ πρὶν[16] ἐπισκευασθῆναι,[17] καὶ Σαμουηλ ἐκάθευδεν[18] ἐν τῷ ναῷ, οὗ ἡ κιβω-
τὸς[19] τοῦ θεοῦ, **4** καὶ ἐκάλεσεν κύριος Σαμουηλ Σαμουηλ· καὶ εἶπεν Ἰδοὺ ἐγώ. **5** καὶ
ἔδραμεν[20] πρὸς Ηλι καὶ εἶπεν Ἰδοὺ ἐγώ, ὅτι κέκληκάς με· καὶ εἶπεν Οὐ κέκληκά
σε, ἀνάστρεφε[21] κάθευδε.[22] καὶ ἀνέστρεψεν[23] καὶ ἐκάθευδεν.[24] **6** καὶ προσέθετο[25]
κύριος καὶ ἐκάλεσεν Σαμουηλ Σαμουηλ· καὶ ἐπορεύθη πρὸς Ηλι τὸ δεύτερον καὶ
εἶπεν Ἰδοὺ ἐγώ, ὅτι κέκληκάς με· καὶ εἶπεν Οὐ κέκληκά σε, ἀνάστρεφε[26] κάθευδε·[27]
7 καὶ Σαμουηλ πρὶν[28] ἢ γνῶναι θεὸν καὶ ἀποκαλυφθῆναι[29] αὐτῷ ῥῆμα κυρίου. **8** καὶ
προσέθετο[30] κύριος καλέσαι Σαμουηλ ἐν τρίτῳ· καὶ ἀνέστη καὶ ἐπορεύθη πρὸς Ηλι
καὶ εἶπεν Ἰδοὺ ἐγώ, ὅτι κέκληκάς με. καὶ ἐσοφίσατο[31] Ηλι ὅτι κύριος κέκληκεν τὸ
παιδάριον,[32] **9** καὶ εἶπεν Ἀνάστρεφε[33] κάθευδε,[34] τέκνον, καὶ ἔσται ἐὰν καλέσῃ σε, καὶ

1 πιστός, dependable, lasting
2 περισσεύω, *pres act ptc nom s m*, be left over, remain
3 ἥκω, *fut act ind 3s*, have come
4 ὀβολός, obol (one-fifth of a drachma)
5 ἀργύριον, silver
6 παραρριπτέω, *aor act impv 2s*, throw down
7 ἱερατεία, priesthood, priestly office
8 παιδάριον, young man
9 λειτουργέω, *pres act ptc nom s m*, minister
10 τίμιος, rare, scarce
11 ὅρασις, vision
12 διαστέλλω, *pres act ptc nom s f*, distinguish, define
13 καθεύδω, *impf act ind 3s*, sleep
14 βαρύνω, *pres mid inf*, wear out, be disabled
15 λύχνος, lamp
16 πρίν, before
17 ἐπισκευάζω, *aor pas inf*, prepare, make ready
18 καθεύδω, *impf act ind 3s*, sleep
19 κιβωτός, chest, ark (of the covenant)
20 τρέχω, *aor act ind 3s*, run
21 ἀναστρέφω, *pres act impv 2s*, return, turn back
22 καθεύδω, *pres act impv 2s*, lie down (to sleep)
23 ἀναστρέφω, *aor act ind 3s*, return, turn back
24 καθεύδω, *aor act ind 3s*, lie down (to sleep)
25 προστίθημι, *aor mid ind 3s*, continue, carry on
26 ἀναστρέφω, *pres act impv 2s*, return, turn back
27 καθεύδω, *pres act impv 2s*, lie down (to sleep)
28 πρίν, before
29 ἀποκαλύπτω, *aor pas inf*, reveal, disclose
30 προστίθημι, *aor mid ind 3s*, continue
31 σοφίζω, *aor mid ind 3s*, become aware, perceive
32 παιδάριον, young man
33 ἀναστρέφω, *pres act impv 2s*, return
34 καθεύδω, *pres act impv 2s*, lie down (to sleep)

ἐρεῖς Λάλει, κύριε, ὅτι ἀκούει ὁ δοῦλός σου. καὶ ἐπορεύθη Σαμουηλ καὶ ἐκοιμήθη[1] ἐν τῷ τόπῳ αὐτοῦ.

10 καὶ ἦλθεν κύριος καὶ κατέστη[2] καὶ ἐκάλεσεν αὐτὸν ὡς ἅπαξ[3] καὶ ἅπαξ, καὶ εἶπεν
Σαμουηλ Λάλει, ὅτι ἀκούει ὁ δοῦλός σου. **11** καὶ εἶπεν κύριος πρὸς Σαμουηλ Ἰδοὺ
ἐγὼ ποιῶ τὰ ῥήματά μου ἐν Ισραηλ ὥστε παντὸς ἀκούοντος αὐτὰ ἠχήσει[4] ἀμφό-
τερα[5] τὰ ὦτα αὐτοῦ. **12** ἐν τῇ ἡμέρᾳ ἐκείνῃ ἐπεγερῶ[6] ἐπὶ Ηλι πάντα, ὅσα ἐλάλησα
εἰς τὸν οἶκον αὐτοῦ, ἄρξομαι καὶ ἐπιτελέσω.[7] **13** καὶ ἀνήγγελκα[8] αὐτῷ ὅτι ἐκδικῶ[9]
ἐγὼ τὸν οἶκον αὐτοῦ ἕως αἰῶνος ἐν ἀδικίαις[10] υἱῶν αὐτοῦ, ὅτι κακολογοῦντες[11] θεὸν
υἱοὶ αὐτοῦ, καὶ οὐκ ἐνουθέτει[12] αὐτοὺς καὶ οὐδ᾽ οὕτως. **14** ὤμοσα[13] τῷ οἴκῳ Ηλι
Εἰ ἐξιλασθήσεται[14] ἀδικία[15] οἴκου Ηλι ἐν θυμιάματι[16] καὶ ἐν θυσίαις[17] ἕως αἰῶνος.

15 καὶ κοιμᾶται[18] Σαμουηλ ἕως πρωὶ[19] καὶ ὤρθρισεν[20] τὸ πρωὶ καὶ ἤνοιξεν τὰς θύρας
οἴκου κυρίου· καὶ Σαμουηλ ἐφοβήθη ἀπαγγεῖλαι τὴν ὅρασιν[21] τῷ Ηλι. **16** καὶ εἶπεν
Ηλι πρὸς Σαμουηλ Σαμουηλ τέκνον· καὶ εἶπεν Ἰδοὺ ἐγώ. **17** καὶ εἶπεν Τί τὸ ῥῆμα
τὸ λαληθὲν πρὸς σέ; μὴ δὴ[22] κρύψῃς[23] ἀπ᾽ ἐμοῦ· τάδε[24] ποιήσαι[25] σοι ὁ θεὸς καὶ τάδε
προσθείη,[26] ἐὰν κρύψῃς[27] ἀπ᾽ ἐμοῦ ῥῆμα ἐκ πάντων τῶν λόγων τῶν λαληθέντων
σοι ἐν τοῖς ὠσίν σου. **18** καὶ ἀπήγγειλεν Σαμουηλ πάντας τοὺς λόγους καὶ οὐκ
ἔκρυψεν[28] ἀπ᾽ αὐτοῦ, καὶ εἶπεν Ηλι Κύριος αὐτός· τὸ ἀγαθὸν ἐνώπιον αὐτοῦ ποιήσει.

19 Καὶ ἐμεγαλύνθη[29] Σαμουηλ, καὶ ἦν κύριος μετ᾽ αὐτοῦ, καὶ οὐκ ἔπεσεν ἀπὸ πάν-
των τῶν λόγων αὐτοῦ ἐπὶ τὴν γῆν. **20** καὶ ἔγνωσαν πᾶς Ισραηλ ἀπὸ Δαν καὶ ἕως
Βηρσαβεε ὅτι πιστὸς[30] Σαμουηλ εἰς προφήτην τῷ κυρίῳ. **21** καὶ προσέθετο[31] κύριος
δηλωθῆναι[32] ἐν Σηλωμ, ὅτι ἀπεκαλύφθη[33] κύριος πρὸς Σαμουηλ· καὶ ἐπιστεύθη[34]

1 κοιμάω, *aor pas ind 3s*, go to bed, fall asleep
2 καθίστημι, *aor act ind 3s*, station, place, stand
3 ἅπαξ, once
4 ἠχέω, *fut act ind 3s*, resound, ring
5 ἀμφότεροι, both
6 ἐπεγείρω, *fut act ind 1s*, raise up, stir up
7 ἐπιτελέω, *fut act ind 1s*, bring to an end, complete
8 ἀναγγέλλω, *perf act ind 1s*, report, announce
9 ἐκδικέω, *pres act ind 1s*, exact vengeance, punish
10 ἀδικία, wrongdoing, offense
11 κακολογέω, *pres act ptc nom p m*, revile, speak evil of
12 νουθετέω, *impf act ind 3s*, warn, admonish
13 ὄμνυμι, *aor act ind 1s*, swear an oath
14 ἐξιλάσκομαι, *fut pas ind 3s*, propitiate, make atonement
15 ἀδικία, wrongdoing, offense
16 θυμίαμα, incense
17 θυσία, sacrifice
18 κοιμάω, *pres mid ind 3s*, go to bed, fall asleep
19 πρωΐ, (in the) morning
20 ὀρθρίζω, *aor act ind 3s*, rise up
21 ὅρασις, vision
22 δή, now
23 κρύπτω, *aor act sub 2s*, hide, conceal
24 ὅδε, this
25 ποιέω, *aor act opt 3s*, do, bring about
26 προστίθημι, *aor act opt 3s*, increase, add to
27 κρύπτω, *aor act sub 2s*, hide, conceal
28 κρύπτω, *aor act ind 3s*, hide, conceal
29 μεγαλύνω, *aor pas ind 3s*, grow
30 πιστός, faithful
31 προστίθημι, *aor mid ind 3s*, continue
32 δηλόω, *aor pas inf*, make manifest, appear
33 ἀποκαλύπτω, *aor pas ind 3s*, disclose, reveal
34 πιστεύω, *aor pas ind 3s*, acknowledge, believe

Σαμουηλ προφήτης γενέσθαι τῷ κυρίῳ εἰς πάντα Ισραηλ ἀπ᾽ ἄκρων[1] τῆς γῆς καὶ
ἕως ἄκρων. καὶ Ηλι πρεσβύτης[2] σφόδρα,[3] καὶ οἱ υἱοὶ αὐτοῦ πορευόμενοι ἐπορεύοντο
καὶ πονηρὰ ἡ ὁδὸς αὐτῶν ἐνώπιον κυρίου.

Philistines Capture the Ark

4 Καὶ ἐγενήθη ἐν ταῖς ἡμέραις ἐκείναις καὶ συναθροίζονται[4] ἀλλόφυλοι[5] εἰς πό-
λεμον ἐπὶ Ισραηλ· καὶ ἐξῆλθεν Ισραηλ εἰς ἀπάντησιν[6] αὐτοῖς εἰς πόλεμον καὶ
παρεμβάλλουσιν[7] ἐπὶ Αβενεζερ, καὶ οἱ ἀλλόφυλοι παρεμβάλλουσιν ἐν Αφεκ. **2** καὶ
παρατάσσονται[8] οἱ ἀλλόφυλοι εἰς πόλεμον ἐπὶ Ισραηλ· καὶ ἔκλινεν[9] ὁ πόλεμος, καὶ
ἔπταισεν[10] ἀνὴρ Ισραηλ ἐνώπιον ἀλλοφύλων,[11] καὶ ἐπλήγησαν[12] ἐν τῇ παρατάξει[13]
ἐν ἀγρῷ τέσσαρες χιλιάδες[14] ἀνδρῶν. **3** καὶ ἦλθεν ὁ λαὸς εἰς τὴν παρεμβολήν,[15] καὶ
εἶπαν οἱ πρεσβύτεροι Ισραηλ Κατὰ τί ἔπταισεν[16] ἡμᾶς κύριος σήμερον ἐνώπιον
ἀλλοφύλων;[17] λάβωμεν τὴν κιβωτὸν[18] τοῦ θεοῦ ἡμῶν ἐκ Σηλωμ, καὶ ἐξελθέτω ἐν
μέσῳ ἡμῶν καὶ σώσει ἡμᾶς ἐκ χειρὸς ἐχθρῶν ἡμῶν. **4** καὶ ἀπέστειλεν ὁ λαὸς εἰς
Σηλωμ, καὶ αἴρουσιν ἐκεῖθεν[19] τὴν κιβωτὸν[20] κυρίου καθημένου χερουβιμ·[21] καὶ
ἀμφότεροι[22] οἱ υἱοὶ Ηλι μετὰ τῆς κιβωτοῦ, Οφνι καὶ Φινεες.

5 καὶ ἐγενήθη ὡς ἦλθεν κιβωτὸς[23] κυρίου εἰς τὴν παρεμβολήν,[24] καὶ ἀνέκραξεν[25]
πᾶς Ισραηλ φωνῇ μεγάλῃ, καὶ ἤχησεν[26] ἡ γῆ. **6** καὶ ἤκουσαν οἱ ἀλλόφυλοι[27] τῆς
κραυγῆς,[28] καὶ εἶπον οἱ ἀλλόφυλοι[29] Τίς ἡ κραυγὴ ἡ μεγάλη αὕτη ἐν παρεμβολῇ[30]
τῶν Εβραίων; καὶ ἔγνωσαν ὅτι κιβωτὸς[31] κυρίου ἥκει[32] εἰς τὴν παρεμβολήν. **7** καὶ
ἐφοβήθησαν οἱ ἀλλόφυλοι[33] καὶ εἶπον Οὗτοι οἱ θεοὶ ἥκασιν[34] πρὸς αὐτοὺς εἰς τὴν
παρεμβολήν·[35] οὐαὶ ἡμῖν· ἐξελοῦ[36] ἡμᾶς, κύριε, σήμερον, ὅτι οὐ γέγονεν τοιαύτη[37]
ἐχθὲς[38] καὶ τρίτην. **8** οὐαὶ ἡμῖν· τίς ἐξελεῖται[39] ἡμᾶς ἐκ χειρὸς τῶν θεῶν τῶν στερεῶν[40]

1 ἄκρος, end, extremity
2 πρεσβύτης, old
3 σφόδρα, exceedingly
4 συναθροίζω, *pres mid ind 3p*, gather
5 ἀλλόφυλος, foreign, (Philistine)
6 ἀπάντησις, meeting
7 παρεμβάλλω, *pres act ind 3p*, encamp
8 παρατάσσω, *pres mid ind 3p*, align, draw in order
9 κλίνω, *aor act ind 3s*, turn, decline
10 πταίω, *aor act ind 3s*, fall
11 ἀλλόφυλος, foreign, (Philistine)
12 πλήσσω, *aor pas ind 3p*, strike, wound
13 παράταξις, battle line
14 χιλιάς, thousand
15 παρεμβολή, camp
16 πταίω, *aor act ind 3s*, fall
17 ἀλλόφυλος, foreign, (Philistine)
18 κιβωτός, chest, ark (of the covenant)
19 ἐκεῖθεν, from there
20 κιβωτός, chest, ark (of the covenant)
21 χερουβιμ, cherubim, *translit.*
22 ἀμφότεροι, both
23 κιβωτός, chest, ark (of the covenant)
24 παρεμβολή, camp
25 ἀνακράζω, *aor act ind 3s*, cry out
26 ἠχέω, *aor act ind 3s*, resound, ring out
27 ἀλλόφυλος, foreign, (Philistine)
28 κραυγή, outcry, shouting
29 ἀλλόφυλος, foreign, (Philistine)
30 παρεμβολή, camp
31 κιβωτός, chest, ark (of the covenant)
32 ἥκω, *pres act ind 3s*, have come
33 ἀλλόφυλος, foreign, (Philistine)
34 ἥκω, *perf act ind 3p*, have come
35 παρεμβολή, camp
36 ἐξαιρέω, *aor mid impv 2s*, deliver, rescue
37 τοιοῦτος, like this
38 ἐχθές, yesterday
39 ἐξαιρέω, *fut mid ind 3s*, deliver, rescue
40 στερεός, strong, steadfast

τούτων; οὗτοι οἱ θεοὶ οἱ πατάξαντες[1] τὴν Αἴγυπτον ἐν πάσῃ πληγῇ[2] καὶ ἐν τῇ ἐρήμῳ.
9 κραταιοῦσθε[3] καὶ γίνεσθε εἰς ἄνδρας, ἀλλόφυλοι,[4] μήποτε[5] δουλεύσητε[6] τοῖς
Εβραίοις, καθὼς ἐδούλευσαν[7] ἡμῖν, καὶ ἔσεσθε εἰς ἄνδρας καὶ πολεμήσατε αὐτούς.

10 καὶ ἐπολέμησαν αὐτούς· καὶ πταίει[8] ἀνὴρ Ισραηλ, καὶ ἔφυγεν[9] ἕκαστος εἰς
σκήνωμα[10] αὐτοῦ· καὶ ἐγένετο πληγὴ[11] μεγάλη σφόδρα,[12] καὶ ἔπεσαν ἐξ Ισραηλ
τριάκοντα[13] χιλιάδες[14] ταγμάτων.[15] **11** καὶ κιβωτὸς[16] θεοῦ ἐλήμφθη, καὶ ἀμφότεροι[17]
υἱοὶ Ηλι ἀπέθανον, Οφνι καὶ Φινεες.

Death of Eli

12 Καὶ ἔδραμεν[18] ἀνὴρ Ιεμιναῖος ἐκ τῆς παρατάξεως[19] καὶ ἦλθεν εἰς Σηλωμ ἐν τῇ
ἡμέρᾳ ἐκείνῃ, καὶ τὰ ἱμάτια αὐτοῦ διερρηγότα,[20] καὶ γῆ ἐπὶ τῆς κεφαλῆς αὐτοῦ. **13** καὶ
ἦλθεν, καὶ ἰδοὺ Ηλι ἐκάθητο ἐπὶ τοῦ δίφρου[21] παρὰ τὴν πύλην[22] σκοπεύων[23] τὴν ὁδόν,
ὅτι ἦν ἡ καρδία αὐτοῦ ἐξεστηκυῖα[24] περὶ τῆς κιβωτοῦ[25] τοῦ θεοῦ· καὶ ὁ ἄνθρωπος
εἰσῆλθεν εἰς τὴν πόλιν ἀπαγγεῖλαι, καὶ ἀνεβόησεν[26] ἡ πόλις. **14** καὶ ἤκουσεν Ηλι
τὴν φωνὴν τῆς βοῆς[27] καὶ εἶπεν Τίς ἡ βοὴ τῆς φωνῆς ταύτης; καὶ ὁ ἄνθρωπος
σπεύσας[28] εἰσῆλθεν καὶ ἀπήγγειλεν τῷ Ηλι. **15** καὶ Ηλι υἱὸς ἐνενήκοντα[29] ἐτῶν, καὶ
οἱ ὀφθαλμοὶ αὐτοῦ ἐπανέστησαν,[30] καὶ οὐκ ἔβλεπεν· καὶ εἶπεν Ηλι τοῖς ἀνδράσιν
τοῖς περιεστηκόσιν[31] αὐτῷ Τίς ἡ φωνὴ τοῦ ἤχους[32] τούτου; **16** καὶ ὁ ἀνὴρ σπεύσας[33]
προσῆλθεν πρὸς Ηλι καὶ εἶπεν αὐτῷ Ἐγώ εἰμι ὁ ἥκων[34] ἐκ τῆς παρεμβολῆς,[35] κἀγὼ[36]
πέφευγα[37] ἐκ τῆς παρατάξεως[38] σήμερον. καὶ εἶπεν Τί τὸ γεγονὸς ῥῆμα, τέκνον;
17 καὶ ἀπεκρίθη τὸ παιδάριον[39] καὶ εἶπεν Πέφευγεν[40] ἀνὴρ Ισραηλ ἐκ προσώπου

1 πατάσσω, *aor act ptc nom p m*, strike, slay
2 πληγή, plague
3 κραταιόω, *pres mid impv 2p*, strengthen
4 ἀλλόφυλος, foreign, (Philistine)
5 μήποτε, lest
6 δουλεύω, *aor act sub 2p*, be a slave, serve
7 δουλεύω, *aor act ind 3p*, be a slave, serve
8 πταίω, *pres act ind 3s*, fall
9 φεύγω, *aor act ind 3s*, flee
10 σκήνωμα, tent, habitation
11 πληγή, calamity, stroke of misfortune
12 σφόδρα, exceedingly
13 τριάκοντα, thirty
14 χιλιάς, thousand
15 τάγμα, division, rank
16 κιβωτός, chest, ark (of the covenant)
17 ἀμφότεροι, both
18 τρέχω, *aor act ind 3s*, run
19 παράταξις, battle line
20 διαρρήγνυμι, *perf act ptc nom p n*, tear
21 δίφρος, seat, stool
22 πύλη, gate, entrance
23 σκοπεύω, *pres act ptc nom s m*, watch
24 ἐξίστημι, *perf act ptc nom s f*, astonish
25 κιβωτός, chest, ark (of the covenant)
26 ἀναβοάω, *aor act ind 3s*, cry out
27 βοή, cry
28 σπεύδω, *aor act ptc nom s m*, hasten
29 ἐνενήκοντα, ninety
30 ἐπανίστημι, *aor act ind 3p*, give up, let loose
31 περιΐστημι, *perf act ptc dat p m*, stand around
32 ἦχος, sound
33 σπεύδω, *aor act ptc nom s m*, hasten
34 ἥκω, *pres act ptc nom s m*, have come
35 παρεμβολή, camp
36 κἀγώ, I also, *cr.* καὶ ἐγώ
37 φεύγω, *perf act ind 1s*, flee
38 παράταξις, battle line
39 παιδάριον, servant, young man
40 φεύγω, *perf act ind 3s*, flee

ἀλλοφύλων,[1] καὶ ἐγένετο πληγὴ[2] μεγάλη ἐν τῷ λαῷ, καὶ ἀμφότεροι[3] οἱ υἱοί σου τεθνήκασιν,[4] καὶ ἡ κιβωτὸς[5] τοῦ θεοῦ ἐλήμφθη. **18** καὶ ἐγένετο ὡς ἐμνήσθη[6] τῆς κιβωτοῦ[7] τοῦ θεοῦ, καὶ ἔπεσεν ἀπὸ τοῦ δίφρου[8] ὀπισθίως[9] ἐχόμενος τῆς πύλης,[10] καὶ συνετρίβη[11] ὁ νῶτος[12] αὐτοῦ καὶ ἀπέθανεν, ὅτι πρεσβύτης[13] ὁ ἄνθρωπος καὶ βαρύς·[14] καὶ αὐτὸς ἔκρινεν τὸν Ισραηλ εἴκοσι[15] ἔτη.

19 Καὶ νύμφη[16] αὐτοῦ γυνὴ Φινεες συνειληφυῖα[17] τοῦ τεκεῖν·[18] καὶ ἤκουσεν τὴν ἀγγελίαν[19] ὅτι ἐλήμφθη ἡ κιβωτὸς[20] τοῦ θεοῦ καὶ ὅτι τέθνηκεν[21] ὁ πενθερὸς[22] αὐτῆς καὶ ὁ ἀνὴρ αὐτῆς, καὶ ὤκλασεν[23] καὶ ἔτεκεν,[24] ὅτι ἐπεστράφησαν ἐπ' αὐτὴν ὠδῖνες[25] αὐτῆς. **20** καὶ ἐν τῷ καιρῷ αὐτῆς ἀποθνῄσκει, καὶ εἶπον αὐτῇ αἱ γυναῖκες αἱ παρεστηκυῖαι[26] αὐτῇ Μὴ φοβοῦ, ὅτι υἱὸν τέτοκας·[27] καὶ οὐκ ἀπεκρίθη, καὶ οὐκ ἐνόησεν[28] ἡ καρδία αὐτῆς. **21** καὶ ἐκάλεσεν τὸ παιδάριον[29] Οὐαὶ βαρχαβωθ ὑπὲρ τῆς κιβωτοῦ[30] τοῦ θεοῦ καὶ ὑπὲρ τοῦ πενθεροῦ[31] αὐτῆς καὶ ὑπὲρ τοῦ ἀνδρὸς αὐτῆς. **22** καὶ εἶπαν Ἀπῴκισται[32] δόξα Ισραηλ ἐν τῷ λημφθῆναι τὴν κιβωτὸν[33] κυρίου.

God Angered over the Ark

5 Καὶ ἀλλόφυλοι[34] ἔλαβον τὴν κιβωτὸν[35] τοῦ θεοῦ καὶ εἰσήνεγκαν[36] αὐτὴν ἐξ Αβεννεζερ εἰς Ἄζωτον. **2** καὶ ἔλαβον ἀλλόφυλοι[37] τὴν κιβωτὸν[38] κυρίου καὶ εἰσήνεγκαν[39] αὐτὴν εἰς οἶκον Δαγων καὶ παρέστησαν[40] αὐτὴν παρὰ Δαγων. **3** καὶ ὤρθρισαν[41] οἱ Ἀζώτιοι καὶ εἰσῆλθον εἰς οἶκον Δαγων καὶ εἶδον καὶ ἰδοὺ Δαγων πεπτωκὼς ἐπὶ πρόσωπον αὐτοῦ ἐνώπιον κιβωτοῦ[42] τοῦ θεοῦ· καὶ ἤγειραν[43] τὸν Δαγων καὶ κατέστησαν[44] εἰς τὸν τόπον αὐτοῦ. καὶ ἐβαρύνθη[45] χεὶρ κυρίου ἐπὶ τοὺς

1 ἀλλόφυλος, foreign, (Philistine)
2 πληγή, blow, slaughter
3 ἀμφότεροι, both
4 θνῄσκω, *perf act ind 3p*, die
5 κιβωτός, chest, ark (of the covenant)
6 μιμνῄσκομαι, *aor pas ind 3s*, remember
7 κιβωτός, chest, ark (of the covenant)
8 δίφρος, seat, stool
9 ὀπισθίως, backward
10 πύλη, gate, entrance
11 συντρίβω, *aor pas ind 3s*, break, shatter
12 νῶτος, back
13 πρεσβύτης, old
14 βαρύς, heavy
15 εἴκοσι, twenty
16 νύμφη, daughter-in-law
17 συλλαμβάνω, *perf act ptc nom s f*, conceive
18 τίκτω, *aor act inf*, give birth
19 ἀγγελία, news, report
20 κιβωτός, chest, ark (of the covenant)
21 θνῄσκω, *perf act ind 3s*, die
22 πενθερός, father-in-law
23 ὀκλάζω, *aor act ind 3s*, crouch down
24 τίκτω, *aor act ind 3s*, give birth
25 ὠδίν, labor pain
26 παρίστημι, *perf act ptc nom p f*, be present with
27 τίκτω, *perf act ind 2s*, bear
28 νοέω, *aor act ind 3s*, understand, take note
29 παιδάριον, child
30 κιβωτός, chest, ark (of the covenant)
31 πενθερός, father-in-law
32 ἀποικίζω, *pres pas ind 3s*, go away
33 κιβωτός, chest, ark (of the covenant)
34 ἀλλόφυλος, foreign, (Philistine)
35 κιβωτός, chest, ark (of the covenant)
36 εἰσφέρω, *aor act ind 3p*, bring in
37 ἀλλόφυλος, foreign, (Philistine)
38 κιβωτός, chest, ark (of the covenant)
39 εἰσφέρω, *aor act ind 3p*, bring in
40 παρίστημι, *aor act ind 3p*, place, set by
41 ὀρθρίζω, *aor act ind 3p*, rise early
42 κιβωτός, chest, ark (of the covenant)
43 ἐγείρω, *aor act ind 3p*, set up, raise up
44 καθίστημι, *aor act ind 3p*, set in order
45 βαρύνω, *aor pas ind 3s*, make heavy

Ἀζωτίους καὶ ἐβασάνισεν[1] αὐτοὺς καὶ ἐπάταξεν[2] αὐτοὺς εἰς τὰς ἕδρας[3] αὐτῶν, τὴν Ἄζωτον καὶ τὰ ὅρια[4] αὐτῆς.

4 καὶ ἐγένετο ὅτε ὤρθρισαν[5] τὸ πρωί,[6] καὶ ἰδοὺ Δαγων πεπτωκὼς ἐπὶ πρόσωπον αὐτοῦ ἐνώπιον κιβωτοῦ[7] διαθήκης κυρίου, καὶ ἡ κεφαλὴ Δαγων καὶ ἀμφότερα[8] τὰ ἴχνη[9] χειρῶν αὐτοῦ ἀφῃρημένα[10] ἐπὶ τὰ ἐμπρόσθια[11] αμαφεθ[12] ἕκαστον, καὶ ἀμφότεροι[13] οἱ καρποὶ τῶν χειρῶν αὐτοῦ πεπτωκότες ἐπὶ τὸ πρόθυρον,[14] πλὴν ἡ ῥάχις[15] Δαγων ὑπελείφθη.[16] **5** διὰ τοῦτο οὐκ ἐπιβαίνουσιν[17] οἱ ἱερεῖς Δαγων καὶ πᾶς ὁ εἰσπορευόμενος[18] εἰς οἶκον Δαγων ἐπὶ βαθμὸν[19] οἴκου Δαγων ἐν Ἀζώτῳ ἕως τῆς ἡμέρας ταύτης, ὅτι ὑπερβαίνοντες[20] ὑπερβαίνουσιν.[21]

6 καὶ ἐβαρύνθη[22] χεὶρ κυρίου ἐπὶ Ἄζωτον, καὶ ἐπήγαγεν[23] αὐτοῖς καὶ ἐξέζεσεν[24] αὐτοῖς εἰς τὰς ναῦς,[25] καὶ μέσον τῆς χώρας[26] αὐτῆς ἀνεφύησαν[27] μύες,[28] καὶ ἐγένετο σύγχυσις[29] θανάτου μεγάλη ἐν τῇ πόλει. **7** καὶ εἶδον οἱ ἄνδρες Ἀζώτου ὅτι οὕτως, καὶ λέγουσιν ὅτι Οὐ καθήσεται κιβωτὸς[30] τοῦ θεοῦ Ισραηλ μεθ' ἡμῶν, ὅτι σκληρὰ[31] χεὶρ αὐτοῦ ἐφ' ἡμᾶς καὶ ἐπὶ Δαγων θεὸν ἡμῶν. **8** καὶ ἀποστέλλουσιν καὶ συνάγουσιν τοὺς σατράπας[32] τῶν ἀλλοφύλων[33] πρὸς αὐτοὺς καὶ λέγουσιν Τί ποιήσωμεν κιβωτῷ[34] θεοῦ Ισραηλ; καὶ λέγουσιν οἱ Γεθθαῖοι Μετελθέτω[35] κιβωτὸς[36] τοῦ θεοῦ πρὸς ἡμᾶς· καὶ μετῆλθεν[37] κιβωτὸς τοῦ θεοῦ εἰς Γεθθα. **9** καὶ ἐγενήθη μετὰ τὸ μετελθεῖν[38] αὐτὴν καὶ γίνεται χεὶρ κυρίου ἐν τῇ πόλει, τάραχος[39] μέγας σφόδρα,[40] καὶ ἐπάταξεν[41] τοὺς ἄνδρας τῆς πόλεως ἀπὸ μικροῦ ἕως μεγάλου καὶ ἐπάταξεν αὐτοὺς εἰς τὰς ἕδρας[42] αὐτῶν, καὶ ἐποίησαν ἑαυτοῖς οἱ Γεθθαῖοι ἕδρας. **10** καὶ ἐξαποστέλλουσιν[43]

1 βασανίζω, *aor act ind 3s*, torment, harass
2 πατάσσω, *aor act ind 3s*, strike, slay
3 ἕδρα, abode, buttocks?
4 ὅριον, region, territory
5 ὀρθρίζω, *aor act ind 3p*, rise early
6 πρωί, (in the) morning
7 κιβωτός, chest, ark (of the covenant)
8 ἀμφότεροι, both
9 ἴχνος, palm, sole
10 ἀφαιρέω, *perf pas ptc nom p n*, cut off, remove
11 ἐμπρόσθιος, front
12 αμαφεθ, threshold, *translit.*
13 ἀμφότεροι, both
14 πρόθυρον, doorway
15 ῥάχις, middle part
16 ὑπολείπω, *aor pas ind 3s*, leave behind
17 ἐπιβαίνω, *pres act ind 3p*, enter into
18 εἰσπορεύομαι, *pres mid ptc nom s m*, go into
19 βαθμός, threshold
20 ὑπερβαίνω, *pres act ptc nom p m*, step over, cross, trespass
21 ὑπερβαίνω, *pres act ind 3p*, step over, cross, trespass
22 βαρύνω, *aor pas ind 3s*, make heavy
23 ἐπάγω, *aor act ind 3s*, bring upon
24 ἐκζέω, *aor act ind 3s*, break out
25 ναῦς, ship
26 χώρα, territory, country
27 ἀναφύω, *aor pas ind 3p*, spring up, arise
28 μῦς, mouse
29 σύγχυσις, confusion, uproar
30 κιβωτός, chest, ark (of the covenant)
31 σκληρός, severe, rough
32 σατράπης, governor, satrap
33 ἀλλόφυλος, foreign, (Philistine)
34 κιβωτός, chest, ark (of the covenant)
35 μετέρχομαι, *aor pas impv 3s*, come among, go over
36 κιβωτός, chest, ark (of the covenant)
37 μετέρχομαι, *aor act ind 3s*, come among, go over
38 μετέρχομαι, *aor act inf*, come among, go over
39 τάραχος, commotion, disturbance
40 σφόδρα, exceedingly
41 πατάσσω, *aor act ind 3s*, strike, slay
42 ἕδρα, abode, buttocks?
43 ἐξαποστέλλω, *pres act ind 3p*, sent away, dismiss

τὴν κιβωτὸν[1] τοῦ θεοῦ εἰς Ἀσκαλῶνα, καὶ ἐγενήθη ὡς εἰσῆλθεν κιβωτὸς θεοῦ εἰς Ἀσκαλῶνα, καὶ ἐβόησαν[2] οἱ Ἀσκαλωνῖται λέγοντες Τί ἀπεστρέψατε[3] πρὸς ἡμᾶς τὴν κιβωτὸν τοῦ θεοῦ Ισραηλ θανατῶσαι[4] ἡμᾶς καὶ τὸν λαὸν ἡμῶν; **11** καὶ ἐξαποστέλλουσιν[5] καὶ συνάγουσιν τοὺς σατράπας[6] τῶν ἀλλοφύλων[7] καὶ εἶπον Ἐξαποστείλατε[8] τὴν κιβωτὸν[9] τοῦ θεοῦ Ισραηλ, καὶ καθισάτω εἰς τὸν τόπον αὐτῆς καὶ οὐ μὴ θανατώσῃ[10] ἡμᾶς καὶ τὸν λαὸν ἡμῶν· ὅτι ἐγενήθη σύγχυσις[11] θανάτου ἐν ὅλῃ τῇ πόλει βαρεῖα[12] σφόδρα,[13] ὡς εἰσῆλθεν κιβωτὸς θεοῦ Ισραηλ ἐκεῖ, **12** καὶ οἱ ζῶντες καὶ οὐκ ἀποθανόντες ἐπλήγησαν[14] εἰς τὰς ἕδρας,[15] καὶ ἀνέβη ἡ κραυγὴ[16] τῆς πόλεως εἰς τὸν οὐρανόν.

Philistines Return the Ark

6 Καὶ ἦν ἡ κιβωτὸς[17] ἐν ἀγρῷ τῶν ἀλλοφύλων[18] ἑπτὰ μῆνας,[19] καὶ ἐξέζεσεν[20] ἡ γῆ αὐτῶν μύας.[21] **2** καὶ καλοῦσιν ἀλλόφυλοι[22] τοὺς ἱερεῖς καὶ τοὺς μάντεις[23] καὶ τοὺς ἐπαοιδοὺς[24] αὐτῶν λέγοντες Τί ποιήσωμεν τῇ κιβωτῷ[25] κυρίου; γνωρίσατε[26] ἡμῖν ἐν τίνι ἀποστελοῦμεν αὐτὴν εἰς τὸν τόπον αὐτῆς. **3** καὶ εἶπαν Εἰ ἐξαποστέλλετε[27] ὑμεῖς τὴν κιβωτὸν[28] διαθήκης κυρίου θεοῦ Ισραηλ, μὴ δὴ[29] ἐξαποστείλητε[30] αὐτὴν κενήν,[31] ἀλλὰ ἀποδιδόντες ἀπόδοτε αὐτῇ τῆς βασάνου,[32] καὶ τότε ἰαθήσεσθε,[33] καὶ ἐξιλασθήσεται[34] ὑμῖν, μὴ οὐκ ἀποστῇ[35] ἡ χεὶρ αὐτοῦ ἀφ᾽ ὑμῶν. **4** καὶ λέγουσιν Τί τὸ τῆς βασάνου[36] ἀποδώσομεν αὐτῇ; καὶ εἶπαν Κατ᾽ ἀριθμὸν[37] τῶν σατραπῶν[38] τῶν ἀλλοφύλων[39] πέντε ἕδρας[40] χρυσᾶς,[41] ὅτι πταῖσμα[42] ἓν ὑμῖν καὶ τοῖς ἄρχουσιν ὑμῶν καὶ τῷ λαῷ, **5** καὶ μῦς[43] χρυσοῦς[44] ὁμοίωμα[45] τῶν μυῶν[46]

1 κιβωτός, chest, ark (of the covenant)
2 βοάω, *aor act ind 3p*, cry out
3 ἀποστρέφω, *aor act ind 2p*, bring back
4 θανατόω, *aor act inf*, destroy, kill
5 ἐξαποστέλλω, *pres act ind 3p*, send away
6 σατράπης, governor, satrap
7 ἀλλόφυλος, foreign, (Philistine)
8 ἐξαποστέλλω, *aor act impv 2p*, send away
9 κιβωτός, chest, ark (of the covenant)
10 θανατόω, *aor act sub 3s*, destroy, kill
11 σύγχυσις, confusion, uproar
12 βαρύς, severe
13 σφόδρα, exceedingly
14 πλήσσω, *aor pas ind 3p*, strike
15 ἕδρα, abode, buttocks?
16 κραυγή, outcry, shouting
17 κιβωτός, chest, ark (of the covenant)
18 ἀλλόφυλος, foreign, (Philistine)
19 μήν, month
20 ἐκζέω, *aor act ind 3s*, break out
21 μῦς, mouse
22 ἀλλόφυλος, foreign, (Philistine)
23 μάντις, seer, diviner
24 ἐπαοιδός, enchanter, charmer
25 κιβωτός, chest, ark (of the covenant)
26 γνωρίζω, *aor act impv 2p*, make known, declare
27 ἐξαποστέλλω, *impf act ind 2p*, send away
28 κιβωτός, chest, ark
29 δή, now, then
30 ἐξαποστέλλω, *aor act sub 2p*, send away
31 κενός, empty, without result
32 βάσανος, plague, misfortune
33 ἰάομαι, *fut pas ind 2p*, heal, restore
34 ἐξιλάσκομαι, *fut pas ind 3s*, propitiate, make atonement
35 ἀφίστημι, *aor act sub 3s*, remove, withdrawal
36 βάσανος, plague, misfortune
37 ἀριθμός, number, amount
38 σατράπης, governor, satrap
39 ἀλλόφυλος, foreign, (Philistine)
40 ἕδρα, seat, buttocks?
41 χρυσοῦς, gold
42 πταῖσμα, fault, offense
43 μῦς, mouse
44 χρυσοῦς, gold
45 ὁμοίωμα, likeness, image
46 μῦς, mouse

ὑμῶν τῶν διαφθειρόντων[1] τὴν γῆν· καὶ δώσετε τῷ κυρίῳ δόξαν, ὅπως κουφίσῃ[2]
τὴν χεῖρα αὐτοῦ ἀφ᾽ ὑμῶν καὶ ἀπὸ τῶν θεῶν ὑμῶν καὶ ἀπὸ τῆς γῆς ὑμῶν. **6** καὶ ἵνα
τί βαρύνετε[3] τὰς καρδίας ὑμῶν, ὡς ἐβάρυνεν[4] Αἴγυπτος καὶ Φαραω τὴν καρδίαν
αὐτῶν; οὐχὶ ὅτε ἐνέπαιξεν[5] αὐτοῖς, ἐξαπέστειλαν[6] αὐτούς, καὶ ἀπῆλθον; **7** καὶ
νῦν λάβετε καὶ ποιήσατε ἅμαξαν[7] καινὴν[8] καὶ δύο βόας[9] πρωτοτοκούσας[10] ἄνευ[11]
τῶν τέκνων καὶ ζεύξατε[12] τὰς βόας[13] ἐν τῇ ἁμάξῃ[14] καὶ ἀπαγάγετε[15] τὰ τέκνα ἀπὸ
ὄπισθεν[16] αὐτῶν εἰς οἶκον· **8** καὶ λήμψεσθε τὴν κιβωτὸν[17] καὶ θήσετε αὐτὴν ἐπὶ τὴν
ἅμαξαν[18] καὶ τὰ σκεύη[19] τὰ χρυσᾶ[20] ἀποδώσετε αὐτῇ τῆς βασάνου[21] καὶ θήσετε ἐν
θέματι[22] βερσεχθαν[23] ἐκ μέρους αὐτῆς καὶ ἐξαποστελεῖτε[24] αὐτὴν καὶ ἀπελάσατε[25]
αὐτήν, καὶ ἀπελεύσεται· **9** καὶ ὄψεσθε, εἰ εἰς ὁδὸν ὁρίων[26] αὐτῆς πορεύσεται κατὰ
Βαιθσαμυς, αὐτὸς πεποίηκεν ἡμῖν τὴν κακίαν[27] ταύτην τὴν μεγάλην, καὶ ἐὰν μή, καὶ
γνωσόμεθα ὅτι οὐ χεὶρ αὐτοῦ ἧπται ἡμῶν, ἀλλὰ σύμπτωμα[28] τοῦτο γέγονεν ἡμῖν.

10 καὶ ἐποίησαν οἱ ἀλλόφυλοι[29] οὕτως καὶ ἔλαβον δύο βόας[30] πρωτοτοκούσας[31] καὶ
ἔζευξαν[32] αὐτὰς ἐν τῇ ἁμάξῃ[33] καὶ τὰ τέκνα αὐτῶν ἀπεκώλυσαν[34] εἰς οἶκον **11** καὶ
ἔθεντο τὴν κιβωτὸν[35] ἐπὶ τὴν ἅμαξαν[36] καὶ τὸ θέμα[37] εργαβ[38] καὶ τοὺς μῦς[39] τοὺς
χρυσοῦς.[40] **12** καὶ κατεύθυναν[41] αἱ βόες[42] ἐν τῇ ὁδῷ εἰς ὁδὸν Βαιθσαμυς, ἐν τρίβῳ[43]
ἑνὶ ἐπορεύοντο καὶ ἐκοπίων[44] καὶ οὐ μεθίσταντο[45] δεξιὰ οὐδὲ ἀριστερά·[46] καὶ οἱ
σατράπαι[47] τῶν ἀλλοφύλων[48] ἐπορεύοντο ὀπίσω αὐτῆς ἕως ὁρίων[49] Βαιθσαμυς.

1 διαφθείρω, *pres act ptc gen p m*, utterly destroy
2 κουφίζω, *aor act sub 3s*, lift, lighten
3 βαρύνω, *pres act ind 2p*, make heavy
4 βαρύνω, *aor act ind 3s*, make heavy
5 ἐμπαίζω, *aor act ind 3s*, mock, make sport of
6 ἐξαποστέλλω, *aor act ind 3p*, send away
7 ἅμαξα, wagon, cart
8 καινός, new
9 βοῦς, cow, (*p*) cattle
10 πρωτοτοκέω, *pres act ptc acc p f*, calve for the first time
11 ἄνευ, without, apart from
12 ζεύγνυμι, *aor act impv 2p*, join, hitch
13 βοῦς, cow, (*p*) cattle
14 ἅμαξα, wagon, cart
15 ἀπάγω, *aor act impv 2p*, carry away
16 ὄπισθε(ν), behind
17 κιβωτός, chest, ark (of the covenant)
18 ἅμαξα, wagon, cart
19 σκεῦος, thing, item
20 χρυσοῦς, gold
21 βάσανος, plague, misfortune
22 θέμα, pile, deposit
23 βερσεχθαν, in a sack?, *translit.*
24 ἐξαποστέλλω, *fut act ind 2p*, send away
25 ἀπελαύνω, *aor act impv 2p*, drive away, expel
26 ὅριον, territory, region
27 κακία, evil, wickedness
28 σύμπτωμα, chance occurrence, mishap
29 ἀλλόφυλος, foreign, (Philistine)
30 βοῦς, cow, (*p*) cattle
31 πρωτοτοκέω, *pres act ptc acc p f*, calve for the first time
32 ζεύγνυμι, *aor act ind 3p*, join, hitch
33 ἅμαξα, wagon, cart
34 ἀποκωλύω, *aor act ind 3p*, keep off, restrain
35 κιβωτός, chest, ark (of the covenant)
36 ἅμαξα, wagon, cart
37 θέμα, deposit, pile
38 εργαβ, saddleback?, coffer?, *translit.*
39 μῦς, mouse
40 χρυσοῦς, gold
41 κατευθύνω, *aor act ind 3p*, keep straight
42 βοῦς, cow, (*p*) cattle
43 τρίβος, path
44 κοπιάω, *impf act ind 3p*, toil, work hard
45 μεθίστημι, *impf mid ind 3p*, turn aside
46 ἀριστερός, left
47 σατράπης, governor, satrap
48 ἀλλόφυλος, foreign, (Philistine)
49 ὅριον, region, territory

13 καὶ οἱ ἐν Βαιθσαμυς ἐθέριζον[1] θερισμὸν[2] πυρῶν[3] ἐν κοιλάδι·[4] καὶ ἦραν ὀφθαλμοὺς
αὐτῶν καὶ εἶδον κιβωτὸν[5] κυρίου καὶ ηὐφράνθησαν[6] εἰς ἀπάντησιν[7] αὐτῆς. **14** καὶ
ἡ ἅμαξα[8] εἰσῆλθεν εἰς ἀγρὸν Ωσηε τὸν ἐν Βαιθσαμυς, καὶ ἔστησαν ἐκεῖ παρ᾽ αὐτῇ
λίθον μέγαν καὶ σχίζουσιν[9] τὰ ξύλα[10] τῆς ἁμάξης[11] καὶ τὰς βόας[12] ἀνήνεγκαν[13] εἰς
ὁλοκαύτωσιν[14] τῷ κυρίῳ. **15** καὶ οἱ Λευῖται ἀνήνεγκαν[15] τὴν κιβωτὸν[16] τοῦ κυρίου
καὶ τὸ θέμα[17] εργαβ[18] μετ᾽ αὐτῆς καὶ τὰ ἐπ᾽ αὐτῆς σκεύη[19] τὰ χρυσᾶ[20] καὶ ἔθεντο ἐπὶ
τοῦ λίθου τοῦ μεγάλου, καὶ οἱ ἄνδρες Βαιθσαμυς ἀνήνεγκαν[21] ὁλοκαυτώσεις[22] καὶ
θυσίας[23] ἐν τῇ ἡμέρᾳ ἐκείνῃ τῷ κυρίῳ. **16** καὶ οἱ πέντε σατράπαι[24] τῶν ἀλλοφύλων[25]
ἑώρων καὶ ἀνέστρεψαν[26] εἰς Ἀσκαλῶνα τῇ ἡμέρᾳ ἐκείνῃ.

17 καὶ αὗται αἱ ἕδραι[27] αἱ χρυσαῖ,[28] ἃς ἀπέδωκαν οἱ ἀλλόφυλοι[29] τῆς βασάνου[30] τῷ
κυρίῳ· τῆς Ἀζώτου μίαν, τῆς Γάζης μίαν, τῆς Ἀσκαλῶνος μίαν, τῆς Γεθ μίαν, τῆς
Ακκαρων μίαν. **18** καὶ μῦς[31] οἱ χρυσοῖ[32] κατ᾽ ἀριθμὸν[33] πασῶν πόλεων τῶν ἀλλο-
φύλων[34] τῶν πέντε σατραπῶν[35] ἐκ πόλεως ἐστερεωμένης[36] καὶ ἕως κώμης[37] τοῦ
Φερεζαίου καὶ ἕως λίθου τοῦ μεγάλου, οὗ[38] ἐπέθηκαν ἐπ᾽ αὐτοῦ τὴν κιβωτὸν[39]
διαθήκης κυρίου, τοῦ ἐν ἀγρῷ Ωσηε τοῦ Βαιθσαμυσίτου.

19 Καὶ οὐκ ἠσμένισαν[40] οἱ υἱοὶ Ιεχονιου ἐν τοῖς ἀνδράσιν Βαιθσαμυς, ὅτι εἶδαν
κιβωτὸν[41] κυρίου· καὶ ἐπάταξεν[42] ἐν αὐτοῖς ἑβδομήκοντα[43] ἄνδρας καὶ πεντήκοντα[44]
χιλιάδας[45] ἀνδρῶν. καὶ ἐπένθησεν[46] ὁ λαός, ὅτι ἐπάταξεν κύριος ἐν τῷ λαῷ πληγὴν[47]
μεγάλην σφόδρα.[48] **20** καὶ εἶπαν οἱ ἄνδρες οἱ ἐκ Βαιθσαμυς Τίς δυνήσεται διελθεῖν
ἐνώπιον κυρίου τοῦ ἁγίου τούτου; καὶ πρὸς τίνα ἀναβήσεται κιβωτὸς[49] κυρίου

1 θερίζω, *impf act ind 3p*, reap
2 θερισμός, harvest, crop
3 πυρός, wheat
4 κοιλάς, valley
5 κιβωτός, chest, ark
6 εὐφραίνω, *aor pas ind 3p*, rejoice, be glad
7 ἀπάντησις, meeting
8 ἅμαξα, wagon, cart
9 σχίζω, *pres act ind 3p*, split, cut up
10 ξύλον, wood
11 ἅμαξα, wagon, cart
12 βοῦς, cow, (*p*) cattle
13 ἀναφέρω, *aor act ind 3p*, offer up
14 ὁλοκαύτωσις, whole burnt offering
15 ἀναφέρω, *aor act ind 3p*, bring up
16 κιβωτός, chest, ark
17 θέμα, deposit, pile
18 εργαβ, coffer?, *translit.*
19 σκεῦος, thing, item
20 χρυσοῦς, gold
21 ἀναφέρω, *aor act ind 3p*, offer up
22 ὁλοκαύτωσις, whole burnt offering
23 θυσία, sacrifice
24 σατράπης, governor, satrap
25 ἀλλόφυλος, foreign, (Philistine)
26 ἀναστρέφω, *aor act ind 3p*, return
27 ἕδρα, seat, buttocks?
28 χρυσοῦς, gold
29 ἀλλόφυλος, foreign, (Philistine)
30 βάσανος, plague, misfortune
31 μῦς, mouse
32 χρυσοῦς, gold
33 ἀριθμός, number, amount
34 ἀλλόφυλος, foreign, (Philistine)
35 σατράπης, governor, satrap
36 στερεόω, *perf pas ptc gen s f*, fortify, strengthen
37 κώμη, village
38 οὗ, where
39 κιβωτός, chest, ark
40 ἀσμενίζω, *aor act ind 3p*, be happy, be pleased
41 κιβωτός, chest, ark
42 πατάσσω, *aor act ind 3s*, strike, slay
43 ἑβδομήκοντα, seventy
44 πεντήκοντα, fifty
45 χιλιάς, thousand
46 πενθέω, *aor act ind 3s*, mourn
47 πληγή, plague
48 σφόδρα, exceedingly
49 κιβωτός, chest, ark

ἀφ᾽ ἡμῶν; **21** καὶ ἀποστέλλουσιν ἀγγέλους πρὸς τοὺς κατοικοῦντας Καριαθιαριμ λέγοντες Ἀπεστρόφασιν[1] ἀλλόφυλοι[2] τὴν κιβωτὸν[3] κυρίου· κατάβητε καὶ ἀναγάγετε[4] αὐτὴν πρὸς ἑαυτούς.

Ark Returned to Kiriath-jearim

7 καὶ ἔρχονται οἱ ἄνδρες Καριαθιαριμ καὶ ἀνάγουσιν[5] τὴν κιβωτὸν[6] διαθήκης κυρίου καὶ εἰσάγουσιν[7] αὐτὴν εἰς οἶκον Αμιναδαβ τὸν ἐν τῷ βουνῷ·[8] καὶ τὸν Ελεαζαρ υἱὸν αὐτοῦ ἡγίασαν[9] φυλάσσειν τὴν κιβωτὸν[10] διαθήκης κυρίου.

2 Καὶ ἐγενήθη ἀφ᾽ ἧς ἡμέρας ἦν ἡ κιβωτὸς[11] ἐν Καριαθιαριμ, ἐπλήθυναν[12] αἱ ἡμέραι καὶ ἐγένοντο εἴκοσι[13] ἔτη, καὶ ἐπέβλεψεν[14] πᾶς οἶκος Ισραηλ ὀπίσω κυρίου.

3 καὶ εἶπεν Σαμουηλ πρὸς πάντα οἶκον Ισραηλ λέγων Εἰ ἐν ὅλῃ καρδίᾳ ὑμῶν ὑμεῖς ἐπιστρέφετε πρὸς κύριον, περιέλετε[15] τοὺς θεοὺς τοὺς ἀλλοτρίους[16] ἐκ μέσου ὑμῶν καὶ τὰ ἄλση[17] καὶ ἑτοιμάσατε τὰς καρδίας ὑμῶν πρὸς κύριον καὶ δουλεύσατε[18] αὐτῷ μόνῳ, καὶ ἐξελεῖται[19] ὑμᾶς ἐκ χειρὸς ἀλλοφύλων.[20] **4** καὶ περιεῖλον[21] οἱ υἱοὶ Ισραηλ τὰς Βααλιμ καὶ τὰ ἄλση[22] Ασταρωθ καὶ ἐδούλευσαν[23] κυρίῳ μόνῳ.

5 καὶ εἶπεν Σαμουηλ Ἀθροίσατε[24] πάντα Ισραηλ εἰς Μασσηφαθ, καὶ προσεύξομαι περὶ ὑμῶν πρὸς κύριον. **6** καὶ συνήχθησαν εἰς Μασσηφαθ καὶ ὑδρεύονται[25] ὕδωρ καὶ ἐξέχεαν[26] ἐνώπιον κυρίου ἐπὶ τὴν γῆν καὶ ἐνήστευσαν[27] ἐν τῇ ἡμέρᾳ ἐκείνῃ καὶ εἶπαν Ἡμαρτήκαμεν ἐνώπιον κυρίου· καὶ ἐδίκαζεν[28] Σαμουηλ τοὺς υἱοὺς Ισραηλ εἰς Μασσηφαθ.

7 καὶ ἤκουσαν οἱ ἀλλόφυλοι[29] ὅτι συνηθροίσθησαν[30] πάντες οἱ υἱοὶ Ισραηλ εἰς Μασσηφαθ, καὶ ἀνέβησαν σατράπαι[31] ἀλλοφύλων[32] ἐπὶ Ισραηλ· καὶ ἀκούουσιν οἱ υἱοὶ Ισραηλ καὶ ἐφοβήθησαν ἀπὸ προσώπου ἀλλοφύλων. **8** καὶ εἶπαν οἱ υἱοὶ Ισραηλ

1 ἀποστρέφω, *aor act ind 3p*, put back, return
2 ἀλλόφυλος, foreign, (Philistine)
3 κιβωτός, chest, ark
4 ἀνάγω, *aor act impv 2p*, bring up
5 ἀνάγω, *pres act ind 3p*, bring up
6 κιβωτός, chest, ark
7 εἰσάγω, *pres act ind 3p*, bring in
8 βουνός, hill
9 ἁγιάζω, *aor act ind 3p*, consecrate
10 κιβωτός, chest, ark
11 κιβωτός, chest, ark (of the covenant)
12 πληθύνω, *aor act ind 3p*, multiply
13 εἴκοσι, twenty
14 ἐπιβλέπω, *aor act ind 3s*, have regard for, gaze upon
15 περιαιρέω, *aor act impv 2p*, remove, take away
16 ἀλλότριος, foreign
17 ἄλσος, sacred grove
18 δουλεύω, *aor act impv 2p*, serve
19 ἐξαιρέω, *fut mid ind 3s*, deliver, rescue
20 ἀλλόφυλος, foreign, (Philistine)
21 περιαιρέω, *aor act ind 3p*, remove, take away
22 ἄλσος, sacred grove
23 δουλεύω, *aor act ind 3p*, serve
24 ἀθροίζω, *aor act impv 2p*, gather together
25 ὑδρεύομαι, *pres mid ind 3p*, draw water
26 ἐκχέω, *aor act ind 3p*, pour out
27 νηστεύω, *aor act ind 3p*, fast (from food)
28 δικάζω, *impf act ind 3s*, judge
29 ἀλλόφυλος, foreign, (Philistine)
30 συναθροίζω, *aor pas ind 3p*, gather together
31 σατράπης, governor, satrap
32 ἀλλόφυλος, foreign, (Philistine)

πρὸς Σαμουηλ Μὴ παρασιωπήσῃς[1] ἀφ᾽ ἡμῶν τοῦ μὴ βοᾶν[2] πρὸς κύριον θεόν σου, καὶ σώσει ἡμᾶς ἐκ χειρὸς ἀλλοφύλων.[3] **9** καὶ ἔλαβεν Σαμουηλ ἄρνα[4] γαλαθηνὸν[5] ἕνα καὶ ἀνήνεγκεν[6] αὐτὸν ὁλοκαύτωσιν[7] σὺν παντὶ τῷ λαῷ τῷ κυρίῳ, καὶ ἐβόησεν[8] Σαμουηλ πρὸς κύριον περὶ Ισραηλ, καὶ ἐπήκουσεν[9] αὐτοῦ κύριος. **10** καὶ ἦν Σαμουηλ ἀναφέρων[10] τὴν ὁλοκαύτωσιν,[11] καὶ ἀλλόφυλοι[12] προσῆγον[13] εἰς πόλεμον ἐπὶ Ισραηλ. καὶ ἐβρόντησεν[14] κύριος ἐν φωνῇ μεγάλῃ ἐν τῇ ἡμέρᾳ ἐκείνῃ ἐπὶ τοὺς ἀλλοφύλους,[15] καὶ συνεχύθησαν[16] καὶ ἔπταισαν[17] ἐνώπιον Ισραηλ. **11** καὶ ἐξῆλθαν ἄνδρες Ισραηλ ἐκ Μασσηφαθ καὶ κατεδίωξαν[18] τοὺς ἀλλοφύλους[19] καὶ ἐπάταξαν[20] αὐτοὺς ἕως ὑποκάτω[21] τοῦ Βαιθχορ.

12 καὶ ἔλαβεν Σαμουηλ λίθον ἕνα καὶ ἔστησεν αὐτὸν ἀνὰ μέσον[22] Μασσηφαθ καὶ ἀνὰ μέσον τῆς παλαιᾶς[23] καὶ ἐκάλεσεν τὸ ὄνομα αὐτοῦ Αβενεζερ, Λίθος τοῦ βοηθοῦ,[24] καὶ εἶπεν Ἕως ἐνταῦθα[25] ἐβοήθησεν[26] ἡμῖν κύριος. **13** καὶ ἐταπείνωσεν[27] κύριος τοὺς ἀλλοφύλους,[28] καὶ οὐ προσέθεντο[29] ἔτι προσελθεῖν εἰς ὅριον[30] Ισραηλ· καὶ ἐγενήθη χεὶρ κυρίου ἐπὶ τοὺς ἀλλοφύλους[31] πάσας τὰς ἡμέρας τοῦ Σαμουηλ. **14** καὶ ἀπεδόθησαν αἱ πόλεις, ἃς ἔλαβον οἱ ἀλλόφυλοι[32] παρὰ τῶν υἱῶν Ισραηλ, καὶ ἀπέδωκαν αὐτὰς τῷ Ισραηλ ἀπὸ Ἀσκαλῶνος ἕως Αζοβ, καὶ τὸ ὅριον[33] Ισραηλ ἀφείλαντο[34] ἐκ χειρὸς ἀλλοφύλων.[35] καὶ ἦν εἰρήνη ἀνὰ μέσον[36] Ισραηλ καὶ ἀνὰ μέσον τοῦ Αμορραίου.

Samuel's Ministry

15 καὶ ἐδίκαζεν[37] Σαμουηλ τὸν Ισραηλ πάσας τὰς ἡμέρας τῆς ζωῆς αὐτοῦ· **16** καὶ ἐπορεύετο κατ᾽ ἐνιαυτὸν[38] ἐνιαυτὸν καὶ ἐκύκλου[39] Βαιθηλ καὶ τὴν Γαλγαλα καὶ τὴν

1 παρασιωπάω, *aor act sub 2s*, keep silent, turn a blind eye
2 βοάω, *pres act inf*, cry out
3 ἀλλόφυλος, foreign, (Philistine)
4 ἀρήν, lamb
5 γαλαθηνός, tender, young
6 ἀναφέρω, *aor act ind 3s*, offer up
7 ὁλοκαύτωσις, whole burnt offering
8 βοάω, *aor act ind 3s*, cry out
9 ἐπακούω, *aor act ind 3s*, hear
10 ἀναφέρω, *pres act ptc nom s m*, offer up
11 ὁλοκαύτωσις, whole burnt offering
12 ἀλλόφυλος, foreign, (Philistine)
13 προσάγω, *impf act ind 3p*, approach, come near
14 βροντάω, *aor act ind 3s*, thunder
15 ἀλλόφυλος, foreign, (Philistine)
16 συγχέω, *aor pas ind 3p*, confuse, dismay
17 πταίω, *aor act ind 3p*, fall, be defeated
18 καταδιώκω, *aor act ind 3p*, pursue closely
19 ἀλλόφυλος, foreign, (Philistine)
20 πατάσσω, *aor act ind 3p*, strike, slay
21 ὑποκάτω, below
22 ἀνὰ μέσον, between
23 παλαιός, ancient (place)
24 βοηθός, helper, help
25 ἐνταῦθα, up to here
26 βοηθέω, *aor act ind 3s*, help
27 ταπεινόω, *aor act ind 3s*, bring low, humble
28 ἀλλόφυλος, foreign, (Philistine)
29 προστίθημι, *aor mid ind 3p*, continue
30 ὅριον, territory, boundary
31 ἀλλόφυλος, foreign, (Philistine)
32 ἀλλόφυλος, foreign, (Philistine)
33 ὅριον, territory, region
34 ἀφαιρέω, *aor mid ind 3p*, take away, deprive
35 ἀλλόφυλος, foreign, (Philistine)
36 ἀνὰ μέσον, between
37 δικάζω, *impf act ind 3s*, judge
38 ἐνιαυτός, year
39 κυκλόω, *impf act ind 3s*, go around

Μασσηφαθ καὶ ἐδίκαζεν[1] τὸν Ισραηλ ἐν πᾶσι τοῖς ἡγιασμένοις[2] τούτοις, **17** ἡ δὲ
ἀποστροφὴ[3] αὐτοῦ εἰς Αρμαθαιμ, ὅτι ἐκεῖ ἦν ὁ οἶκος αὐτοῦ, καὶ ἐδίκαζεν[4] ἐκεῖ τὸν
Ισραηλ καὶ ᾠκοδόμησεν ἐκεῖ θυσιαστήριον[5] τῷ κυρίῳ.

Israel Demands a King

8 Καὶ ἐγένετο ὡς ἐγήρασεν[6] Σαμουηλ, καὶ κατέστησεν[7] τοὺς υἱοὺς αὐτοῦ δικα-
στὰς[8] τῷ Ισραηλ. **2** καὶ ταῦτα τὰ ὀνόματα τῶν υἱῶν αὐτοῦ· πρωτότοκος[9] Ιωηλ,
καὶ ὄνομα τοῦ δευτέρου Αβια, δικασταὶ[10] ἐν Βηρσαβεε. **3** καὶ οὐκ ἐπορεύθησαν οἱ
υἱοὶ αὐτοῦ ἐν ὁδῷ αὐτοῦ καὶ ἐξέκλιναν[11] ὀπίσω τῆς συντελείας[12] καὶ ἐλάμβανον
δῶρα[13] καὶ ἐξέκλινον[14] δικαιώματα.[15]

4 καὶ συναθροίζονται[16] ἄνδρες Ισραηλ καὶ παραγίνονται εἰς Αρμαθαιμ πρὸς Σα-
μουηλ **5** καὶ εἶπαν αὐτῷ Ἰδοὺ σὺ γεγήρακας,[17] καὶ οἱ υἱοί σου οὐ πορεύονται ἐν
τῇ ὁδῷ σου· καὶ νῦν κατάστησον[18] ἐφ᾽ ἡμᾶς βασιλέα δικάζειν[19] ἡμᾶς καθὰ[20] καὶ
τὰ λοιπὰ ἔθνη. **6** καὶ ἦν πονηρὸν τὸ ῥῆμα ἐν ὀφθαλμοῖς Σαμουηλ, ὡς εἶπαν Δὸς
ἡμῖν βασιλέα δικάζειν[21] ἡμᾶς· καὶ προσηύξατο Σαμουηλ πρὸς κύριον. **7** καὶ εἶπεν
κύριος πρὸς Σαμουηλ Ἄκουε τῆς φωνῆς τοῦ λαοῦ καθὰ[22] ἂν λαλήσωσίν σοι· ὅτι
οὐ σὲ ἐξουθενήκασιν,[23] ἀλλ᾽ ἢ ἐμὲ ἐξουδενώκασιν[24] τοῦ μὴ βασιλεύειν[25] ἐπ᾽ αὐτῶν.
8 κατὰ πάντα τὰ ποιήματα,[26] ἃ ἐποίησάν μοι ἀφ᾽ ἧς ἡμέρας ἀνήγαγον[27] αὐτοὺς
ἐξ Αἰγύπτου ἕως τῆς ἡμέρας ταύτης καὶ ἐγκατέλιπόν[28] με καὶ ἐδούλευον[29] θεοῖς
ἑτέροις, οὕτως αὐτοὶ ποιοῦσιν καὶ σοί. **9** καὶ νῦν ἄκουε τῆς φωνῆς αὐτῶν· πλὴν ὅτι
διαμαρτυρόμενος[30] διαμαρτύρῃ[31] αὐτοῖς καὶ ἀπαγγελεῖς αὐτοῖς τὸ δικαίωμα[32] τοῦ
βασιλέως, ὃς βασιλεύσει[33] ἐπ᾽ αὐτούς.

1 δικάζω, *impf act ind 3s*, judge
2 ἁγιάζω, *perf pas ptc dat p m*, sanctify, consecrate
3 ἀποστροφή, return
4 δικάζω, *impf act ind 3s*, judge
5 θυσιαστήριον, altar
6 γηράσκω, *aor act ind 3s*, grow old, age
7 καθίστημι, *aor act ind 3s*, appoint, set over
8 δικαστής, judge
9 πρωτότοκος, firstborn
10 δικαστής, judge
11 ἐκκλίνω, *aor act ind 3p*, turn aside, deviate
12 συντέλεια, compulsory provision, unjust gain
13 δῶρον, gift, bribe
14 ἐκκλίνω, *impf act ind 3p*, pervert, avoid
15 δικαίωμα, justice, legal plea
16 συναθροίζω, *pres mid ind 3p*, gather
17 γηράσκω, *perf act ind 2s*, grow old, age
18 καθίστημι, *aor act impv 2s*, appoint, set over
19 δικάζω, *pres act inf*, judge
20 καθά, just as
21 δικάζω, *pres act inf*, judge
22 καθά, as
23 ἐξουθενέω, *perf act ind 3p*, despise, reject
24 ἐξουδενόω, *perf act ind 3p*, disdain, scorn
25 βασιλεύω, *pres act inf*, reign as king
26 ποίημα, deed
27 ἀνάγω, *aor act ind 1s*, bring up
28 ἐγκαταλείπω, *aor act ind 3p*, forsake
29 δουλεύω, *impf act ind 3p*, serve
30 διαμαρτύρομαι, *pres mid ptc nom s m*, testify solemnly
31 διαμαρτύρομαι, *pres mid sub 2s*, testify solemnly
32 δικαίωμα, decree, regulation
33 βασιλεύω, *fut act ind 3s*, reign as king

Warnings for a King

10 καὶ εἶπεν Σαμουηλ πᾶν τὸ ῥῆμα κυρίου πρὸς τὸν λαὸν τοὺς αἰτοῦντας[1] παρ'
αὐτοῦ βασιλέα **11** καὶ εἶπεν Τοῦτο ἔσται τὸ δικαίωμα[2] τοῦ βασιλέως, ὃς βασιλεύσει[3]
ἐφ' ὑμᾶς· τοὺς υἱοὺς ὑμῶν λήμψεται καὶ θήσεται αὐτοὺς ἐν ἅρμασιν[4] αὐτοῦ καὶ
ἱππεῦσιν[5] αὐτοῦ καὶ προτρέχοντας[6] τῶν ἁρμάτων[7] αὐτοῦ **12** καὶ θέσθαι αὐτοὺς
ἑαυτῷ χιλιάρχους[8] καὶ ἑκατοντάρχους[9] καὶ θερίζειν[10] θερισμὸν[11] αὐτοῦ καὶ τρυγᾶν[12]
τρυγητὸν[13] αὐτοῦ καὶ ποιεῖν σκεύη[14] πολεμικὰ[15] αὐτοῦ καὶ σκεύη[16] ἁρμάτων[17] αὐτοῦ·
13 καὶ τὰς θυγατέρας[18] ὑμῶν λήμψεται εἰς μυρεψοὺς[19] καὶ εἰς μαγειρίσσας[20] καὶ
εἰς πεσσούσας·[21] **14** καὶ τοὺς ἀγροὺς ὑμῶν καὶ τοὺς ἀμπελῶνας[22] ὑμῶν καὶ τοὺς
ἐλαιῶνας[23] ὑμῶν τοὺς ἀγαθοὺς λήμψεται καὶ δώσει τοῖς δούλοις αὐτοῦ· **15** καὶ
τὰ σπέρματα ὑμῶν καὶ τοὺς ἀμπελῶνας[24] ὑμῶν ἀποδεκατώσει[25] καὶ δώσει τοῖς
εὐνούχοις[26] αὐτοῦ καὶ τοῖς δούλοις αὐτοῦ· **16** καὶ τοὺς δούλους ὑμῶν καὶ τὰς δού-
λας[27] ὑμῶν καὶ τὰ βουκόλια[28] ὑμῶν τὰ ἀγαθὰ καὶ τοὺς ὄνους[29] ὑμῶν λήμψεται καὶ
ἀποδεκατώσει[30] εἰς τὰ ἔργα αὐτοῦ **17** καὶ τὰ ποίμνια[31] ὑμῶν ἀποδεκατώσει·[32] καὶ
ὑμεῖς ἔσεσθε αὐτῷ δοῦλοι. **18** καὶ βοήσεσθε[33] ἐν τῇ ἡμέρᾳ ἐκείνῃ ἐκ προσώπου
βασιλέως ὑμῶν, οὗ ἐξελέξασθε[34] ἑαυτοῖς, καὶ οὐκ ἐπακούσεται[35] κύριος ὑμῶν ἐν
ταῖς ἡμέραις ἐκείναις, ὅτι ὑμεῖς ἐξελέξασθε[36] ἑαυτοῖς βασιλέα.

Israel Receives a King

19 καὶ οὐκ ἠβούλετο[37] ὁ λαὸς ἀκοῦσαι τοῦ Σαμουηλ καὶ εἶπαν αὐτῷ Οὐχί, ἀλλ'
ἢ βασιλεὺς ἔσται ἐφ' ἡμᾶς, **20** καὶ ἐσόμεθα καὶ ἡμεῖς κατὰ πάντα τὰ ἔθνη, καὶ
δικάσει[38] ἡμᾶς βασιλεὺς ἡμῶν καὶ ἐξελεύσεται ἔμπροσθεν ἡμῶν καὶ πολεμήσει
τὸν πόλεμον ἡμῶν. **21** καὶ ἤκουσεν Σαμουηλ πάντας τοὺς λόγους τοῦ λαοῦ καὶ

1 αἰτέω, *pres act ptc acc p m*, demand, ask for
2 δικαίωμα, decree, regulation
3 βασιλεύω, *fut act ind 3s*, reign as king
4 ἅρμα, chariot
5 ἱππεύς, horse
6 προτρέχω, *pres act ptc acc p m*, run before
7 ἅρμα, chariot
8 χιλίαρχος, captain over a thousand men
9 ἑκατόνταρχος, centurion, leader of a hundred
10 θερίζω, *pres act inf*, reap
11 θερισμός, harvest, crop
12 τρυγάω, *pres act inf*, gather in
13 τρυγητός, vintage, fruit harvest
14 σκεῦος, equipment
15 πολεμικός, of war
16 σκεῦος, equipment
17 ἅρμα, chariot
18 θυγάτηρ, daughter
19 μυρεψός, perfumer, apothecary
20 μαγείρισσα, cook
21 πέσσω, *pres act ptc acc p f*, bake
22 ἀμπελών, vineyard
23 ἐλαιών, olive grove
24 ἀμπελών, vineyard
25 ἀποδεκατόω, *fut act ind 3s*, take a tenth of
26 εὐνοῦχος, eunuch
27 δούλη, bondwoman, servant
28 βουκόλιον, herd
29 ὄνος, donkey
30 ἀποδεκατόω, *fut act ind 3s*, take a tenth of
31 ποίμνιον, flock
32 ἀποδεκατόω, *fut act ind 3s*, take a tenth of
33 βοάω, *fut mid ind 2p*, cry out
34 ἐκλέγω, *aor mid ind 2p*, choose, select
35 ἐπακούω, *fut mid ind 3s*, hear, listen to
36 ἐκλέγω, *aor mid ind 2p*, choose, select
37 ἀβουλέω, *impf act ind 3s*, be unwilling
38 δικάζω, *fut act ind 3s*, judge

ἐλάλησεν αὐτοὺς εἰς τὰ ὦτα κυρίου. **22** καὶ εἶπεν κύριος πρὸς Σαμουηλ Ἄκουε τῆς φωνῆς αὐτῶν καὶ βασίλευσον[1] αὐτοῖς βασιλέα. καὶ εἶπεν Σαμουηλ πρὸς ἄνδρας Ισραηλ Ἀποτρεχέτω[2] ἕκαστος εἰς τὴν πόλιν αὐτοῦ.

Saul Chosen as King

9 Καὶ ἦν ἀνὴρ ἐξ υἱῶν Βενιαμιν, καὶ ὄνομα αὐτῷ Κις υἱὸς Αβιηλ υἱοῦ Σαρεδ υἱοῦ Βαχιρ υἱοῦ Αφεκ υἱοῦ ἀνδρὸς Ιεμιναίου, ἀνὴρ δυνατός. **2** καὶ τούτῳ υἱός, καὶ ὄνομα αὐτῷ Σαουλ, εὐμεγέθης,[3] ἀνὴρ ἀγαθός, καὶ οὐκ ἦν ἐν υἱοῖς Ισραηλ ἀγαθὸς ὑπὲρ αὐτόν, ὑπὲρ ὠμίαν[4] καὶ ἐπάνω[5] ὑψηλὸς[6] ὑπὲρ πᾶσαν τὴν γῆν.

3 καὶ ἀπώλοντο αἱ ὄνοι[7] Κις πατρὸς Σαουλ, καὶ εἶπεν Κις πρὸς Σαουλ τὸν υἱὸν αὐτοῦ Λαβὲ μετὰ σεαυτοῦ ἓν τῶν παιδαρίων[8] καὶ ἀνάστητε καὶ πορεύθητε καὶ ζητήσατε τὰς ὄνους. **4** καὶ διῆλθον δι᾽ ὄρους Εφραιμ καὶ διῆλθον διὰ τῆς γῆς Σελχα καὶ οὐχ εὗρον· καὶ διῆλθον διὰ τῆς γῆς Εασακεμ, καὶ οὐκ ἦν· καὶ διῆλθον διὰ τῆς γῆς Ιακιμ καὶ οὐχ εὗρον.

5 αὐτῶν ἐλθόντων εἰς τὴν Σιφ καὶ Σαουλ εἶπεν τῷ παιδαρίῳ[9] αὐτοῦ τῷ μετ᾽ αὐτοῦ Δεῦρο[10] καὶ ἀναστρέψωμεν,[11] μὴ ἀνεὶς[12] ὁ πατήρ μου τὰς ὄνους[13] φροντίζῃ[14] περὶ ἡμῶν. **6** καὶ εἶπεν αὐτῷ τὸ παιδάριον[15] Ἰδοὺ δὴ[16] ἄνθρωπος τοῦ θεοῦ ἐν τῇ πόλει ταύτῃ, καὶ ὁ ἄνθρωπος ἔνδοξος,[17] πᾶν, ὃ ἐὰν λαλήσῃ, παραγινόμενον παρέσται·[18] καὶ νῦν πορευθῶμεν, ὅπως ἀπαγγείλῃ ἡμῖν τὴν ὁδὸν ἡμῶν, ἐφ᾽ ἣν ἐπορεύθημεν ἐπ᾽ αὐτήν. **7** καὶ εἶπεν Σαουλ τῷ παιδαρίῳ[19] αὐτοῦ τῷ μετ᾽ αὐτοῦ Καὶ ἰδοὺ πορευσόμεθα, καὶ τί οἴσομεν[20] τῷ ἀνθρώπῳ τοῦ θεοῦ; ὅτι οἱ ἄρτοι ἐκλελοίπασιν[21] ἐκ τῶν ἀγγείων[22] ἡμῶν, καὶ πλεῖον[23] οὐκ ἔστιν μεθ᾽ ἡμῶν εἰσενεγκεῖν[24] τῷ ἀνθρώπῳ τοῦ θεοῦ τὸ ὑπάρχον ἡμῖν. **8** καὶ προσέθετο[25] τὸ παιδάριον[26] ἀποκριθῆναι τῷ Σαουλ καὶ εἶπεν Ἰδοὺ εὕρηται ἐν τῇ χειρί μου τέταρτον[27] σίκλου[28] ἀργυρίου,[29] καὶ δώσεις τῷ ἀνθρώπῳ τοῦ θεοῦ, καὶ ἀπαγγελεῖ ἡμῖν τὴν ὁδὸν ἡμῶν. **9** καὶ ἔμπροσθεν ἐν Ισραηλ τάδε[30]

1 βασιλεύω, *aor act impv 2s*, reign as king
2 ἀποτρέχω, *pres act impv 3s*, hurry away, depart
3 εὐμεγέθης, tall
4 ὠμία, shoulder
5 ἐπάνω, above, upward
6 ὑψηλός, high
7 ὄνος, donkey
8 παιδάριον, young man, servant
9 παιδάριον, young man, servant
10 δεῦρο, come!
11 ἀναστρέφω, *aor act sub 1p*, turn back, return
12 ἀνίημι, *aor act ptc nom s m*, abandon, desert
13 ὄνος, donkey
14 φροντίζω, *pres act sub 3s*, be concerned about
15 παιδάριον, young man, servant
16 δή, now, then
17 ἔνδοξος, of high repute, honored
18 πάρειμι, *fut mid ind 3s*, be present, come about
19 παιδάριον, young man, servant
20 φέρω, *fut act ind 1p*, bring, bear
21 ἐκλείπω, *perf act ind 3p*, fail, cease, be lacking
22 ἀγγεῖον, container
23 πλείων/πλεῖον, *comp of* πολύς, more
24 εἰσφέρω, *aor act inf*, bring in
25 προστίθημι, *aor mid ind 3s*, continue
26 παιδάριον, young man, servant
27 τέταρτος, fourth
28 σίκλος, shekel, *Heb. LW*
29 ἀργύριον, money, silver
30 ὅδε, this (here)

ἔλεγεν ἕκαστος ἐν τῷ πορεύεσθαι ἐπερωτᾶν[1] τὸν θεόν Δεῦρο[2] πορευθῶμεν πρὸς
τὸν βλέποντα· ὅτι τὸν προφήτην ἐκάλει ὁ λαὸς ἔμπροσθεν Ὁ βλέπων. **10** καὶ εἶπεν
Σαουλ πρὸς τὸ παιδάριον[3] αὐτοῦ Ἀγαθὸν τὸ ῥῆμα, δεῦρο[4] καὶ πορευθῶμεν. καὶ
ἐπορεύθησαν εἰς τὴν πόλιν, οὗ[5] ἦν ἐκεῖ ὁ ἄνθρωπος τοῦ θεοῦ.

11 αὐτῶν ἀναβαινόντων τὴν ἀνάβασιν[6] τῆς πόλεως καὶ αὐτοὶ εὑρίσκουσιν τὰ κο-
ράσια[7] ἐξεληλυθότα ὑδρεύσασθαι[8] ὕδωρ καὶ λέγουσιν αὐταῖς Εἰ ἔστιν ἐνταῦθα[9]
ὁ βλέπων; **12** καὶ ἀπεκρίθη τὰ κοράσια[10] αὐτοῖς καὶ λέγουσιν αὐτοῖς Ἔστιν, ἰδοὺ
κατὰ πρόσωπον ὑμῶν· νῦν διὰ τὴν ἡμέραν ἥκει[11] εἰς τὴν πόλιν, ὅτι θυσία[12] σήμερον
τῷ λαῷ ἐν Βαμα· **13** ὡς ἂν εἰσέλθητε τὴν πόλιν, οὕτως εὑρήσετε αὐτὸν ἐν τῇ πόλει
πρὶν[13] ἀναβῆναι αὐτὸν εἰς Βαμα τοῦ φαγεῖν, ὅτι οὐ μὴ φάγῃ ὁ λαὸς ἕως τοῦ εἰσελθεῖν
αὐτόν, ὅτι οὗτος εὐλογεῖ τὴν θυσίαν,[14] καὶ μετὰ ταῦτα ἐσθίουσιν οἱ ξένοι·[15] καὶ νῦν
ἀνάβητε, ὅτι διὰ τὴν ἡμέραν εὑρήσετε αὐτόν. **14** καὶ ἀναβαίνουσιν τὴν πόλιν. αὐτῶν
εἰσπορευομένων[16] εἰς μέσον τῆς πόλεως καὶ ἰδοὺ Σαμουηλ ἐξῆλθεν εἰς ἀπάντησιν[17]
αὐτῶν τοῦ ἀναβῆναι εἰς Βαμα.

God's Choice of a King

15 καὶ κύριος ἀπεκάλυψεν[18] τὸ ὠτίον[19] Σαμουηλ ἡμέρᾳ μιᾷ ἔμπροσθεν τοῦ ἐλθεῖν
πρὸς αὐτὸν Σαουλ λέγων **16** Ὡς ὁ καιρὸς αὔριον[20] ἀποστελῶ πρὸς σὲ ἄνδρα ἐκ γῆς
Βενιαμιν, καὶ χρίσεις[21] αὐτὸν εἰς ἄρχοντα ἐπὶ τὸν λαόν μου Ισραηλ, καὶ σώσει τὸν
λαόν μου ἐκ χειρὸς ἀλλοφύλων·[22] ὅτι ἐπέβλεψα[23] ἐπὶ τὴν ταπείνωσιν[24] τοῦ λαοῦ
μου, ὅτι ἦλθεν βοὴ[25] αὐτῶν πρός με. **17** καὶ Σαμουηλ εἶδεν τὸν Σαουλ· καὶ κύριος
ἀπεκρίθη αὐτῷ Ἰδοὺ ὁ ἄνθρωπος, ὃν εἶπά σοι Οὗτος ἄρξει ἐν τῷ λαῷ μου. **18** καὶ
προσήγαγεν[26] Σαουλ πρὸς Σαμουηλ εἰς μέσον τῆς πόλεως καὶ εἶπεν Ἀπάγγειλον
δή[27] ποῖος[28] ὁ οἶκος τοῦ βλέποντος. **19** καὶ ἀπεκρίθη Σαμουηλ τῷ Σαουλ καὶ εἶπεν
Ἐγώ εἰμι αὐτός· ἀνάβηθι ἔμπροσθέν μου εἰς Βαμα καὶ φάγε μετ᾽ ἐμοῦ σήμερον, καὶ
ἐξαποστελῶ[29] σε πρωὶ[30] καὶ πάντα τὰ ἐν τῇ καρδίᾳ σου ἀπαγγελῶ σοι· **20** καὶ περὶ

1 ἐπερωτάω, *pres act inf*, consult, inquire
2 δεῦρο, come!
3 παιδάριον, young man, servant
4 δεῦρο, come!
5 οὗ, where
6 ἀνάβασις, ascent, path
7 κοράσιον, *dim of* κόρη, girl
8 ὑδρεύομαι, *aor mid inf*, draw water
9 ἐνταῦθα, here
10 κοράσιον, *dim of* κόρη, girl
11 ἥκω, *pres act ind 3s*, have come
12 θυσία, sacrifice
13 πρίν, before
14 θυσία, sacrifice
15 ξένος, foreign, (guest)
16 εἰσπορεύομαι, *pres mid ptc gen p m*, go into, enter in
17 ἀπάντησις, meeting
18 ἀποκαλύπτω, *aor act ind 3s*, disclose, make known, uncover
19 ὠτίον, *dim of* οὖς, ear
20 αὔριον, tomorrow
21 χρίω, *fut act ind 2s*, anoint
22 ἀλλόφυλος, foreign, (Philistine)
23 ἐπιβλέπω, *aor act ind 1s*, look upon with concern
24 ταπείνωσις, humiliation
25 βοή, cry
26 προσάγω, *aor act ind 3s*, come near, approach
27 δή, now, then
28 ποῖος, which
29 ἐξαποστέλλω, *fut act ind 1s*, send away, dismiss
30 πρωί, (in the) morning

τῶν ὄνων[1] σου τῶν ἀπολωλυιῶν[2] σήμερον τριταίων[3] μὴ θῇς τὴν καρδίαν σου αὐταῖς,
ὅτι εὕρηνται· καὶ τίνι τὰ ὡραῖα[4] τοῦ Ισραηλ; οὐ σοὶ καὶ τῷ οἴκῳ τοῦ πατρός σου;
21 καὶ ἀπεκρίθη Σαουλ καὶ εἶπεν Οὐχὶ ἀνδρὸς υἱὸς Ιεμιναίου ἐγώ εἰμι τοῦ μικροῦ
σκήπτρου[5] φυλῆς Ισραηλ καὶ τῆς φυλῆς τῆς ἐλαχίστης[6] ἐξ ὅλου σκήπτρου Βενιαμιν;
καὶ ἵνα τί ἐλάλησας πρὸς ἐμὲ κατὰ τὸ ῥῆμα τοῦτο;

22 καὶ ἔλαβεν Σαμουηλ τὸν Σαουλ καὶ τὸ παιδάριον[7] αὐτοῦ καὶ εἰσήγαγεν[8] αὐτοὺς
εἰς τὸ κατάλυμα[9] καὶ ἔθετο αὐτοῖς τόπον ἐν πρώτοις τῶν κεκλημένων[10] ὡσεὶ[11]
ἑβδομήκοντα[12] ἀνδρῶν. **23** καὶ εἶπεν Σαμουηλ τῷ μαγείρῳ[13] Δός μοι τὴν μερίδα,[14]
ἣν ἔδωκά σοι, ἣν εἶπά σοι θεῖναι αὐτὴν παρὰ σοί. **24** καὶ ὕψωσεν[15] ὁ μάγειρος[16] τὴν
κωλέαν[17] καὶ παρέθηκεν[18] αὐτὴν ἐνώπιον Σαουλ· καὶ εἶπεν Σαμουηλ τῷ Σαουλ Ἰδοὺ
ὑπόλειμμα,[19] παράθες[20] αὐτὸ ἐνώπιόν σου καὶ φάγε, ὅτι εἰς μαρτύριον[21] τέθειταί σοι
παρὰ τοὺς ἄλλους· ἀπόκνιζε.[22] καὶ ἔφαγεν Σαουλ μετὰ Σαμουηλ ἐν τῇ ἡμέρᾳ ἐκείνῃ.

25 καὶ κατέβη ἐκ τῆς Βαμα ἐν τῇ πόλει· καὶ διέστρωσαν[23] τῷ Σαουλ ἐπὶ τῷ δώματι,[24]
26 καὶ ἐκοιμήθη.[25] καὶ ἐγένετο ὡς ἀνέβαινεν ὁ ὄρθρος,[26] καὶ ἐκάλεσεν Σαμουηλ τὸν
Σαουλ ἐπὶ τῷ δώματι[27] λέγων Ἀνάστα, καὶ ἐξαποστελῶ[28] σε· καὶ ἀνέστη Σαουλ, καὶ
ἐξῆλθεν αὐτὸς καὶ Σαμουηλ ἕως ἔξω.

Samuel Anoints Saul

27 αὐτῶν καταβαινόντων εἰς μέρος τῆς πόλεως καὶ Σαμουηλ εἶπεν τῷ Σαουλ Εἰπὸν
τῷ νεανίσκῳ[29] καὶ διελθέτω ἔμπροσθεν ἡμῶν, καὶ σὺ στῆθι ὡς σήμερον καὶ ἄκουσον
ῥῆμα θεοῦ.

10 καὶ ἔλαβεν Σαμουηλ τὸν φακὸν[30] τοῦ ἐλαίου[31] καὶ ἐπέχεεν[32] ἐπὶ τὴν κεφαλὴν
αὐτοῦ καὶ ἐφίλησεν[33] αὐτὸν καὶ εἶπεν αὐτῷ Οὐχὶ κέχρικέν[34] σε κύριος εἰς

1 ὄνος, donkey
2 ἀπολλύω, *perf act ptc gen p f*, be lost
3 τριταῖος, three days ago
4 ὡραῖος, pleasant, beautiful
5 σκῆπτρον, scepter
6 ἐλάχιστος, *sup of* μικρός, *from* ἐλαχύς, smallest, least
7 παιδάριον, young man, servant
8 εἰσάγω, *aor act ind 3s*, bring in
9 κατάλυμα, lodging, habitation
10 καλέω, *perf pas ptc gen p n*, call, summon
11 ὡσεί, about
12 ἑβδομήκοντα, seventy
13 μάγειρος, cook, butcher
14 μερίς, part, piece
15 ὑψόω, *aor act ind 3s*, raise up, lift high
16 μάγειρος, cook, butcher
17 κωλέα, thigh
18 παρατίθημι, *aor act ind 3s*, place before, set in front
19 ὑπόλειμμα, remainder
20 παρατίθημι, *aor act impv 2s*, place before, set in front
21 μαρτύριον, testimony, proof
22 ἀποκνίζω, *pres act impv 2s*, nip off, tear off
23 διαστρώννυμι, *aor act ind 3p*, prepare, spread
24 δῶμα, roof, housetop
25 κοιμάω, *aor pas ind 3s*, go to bed, sleep
26 ὄρθρος, dawn
27 δῶμα, roof, housetop
28 ἐξαποστέλλω, *fut act ind 1s*, send forth, dismiss
29 νεανίσκος, servant, young man
30 φακός, bottle, flask
31 ἔλαιον, (olive) oil
32 ἐπιχέω, *aor act ind 3s*, pour out
33 φιλέω, *aor act ind 3s*, kiss
34 χρίω, *perf act ind 3s*, anoint

ἄρχοντα ἐπὶ τὸν λαὸν αὐτοῦ, ἐπὶ Ισραηλ; καὶ σὺ ἄρξεις ἐν λαῷ κυρίου, καὶ σὺ σώσεις
αὐτὸν ἐκ χειρὸς ἐχθρῶν αὐτοῦ κυκλόθεν.[1] καὶ τοῦτό σοι τὸ σημεῖον ὅτι ἔχρισέν[2] σε
κύριος ἐπὶ κληρονομίαν[3] αὐτοῦ εἰς ἄρχοντα· **2** ὡς ἂν ἀπέλθῃς σήμερον ἀπ᾽ ἐμοῦ, καὶ
εὑρήσεις δύο ἄνδρας πρὸς τοῖς τάφοις[4] Ραχηλ ἐν τῷ ὁρίῳ[5] Βενιαμιν ἁλλομένους[6]
μεγάλα, καὶ ἐροῦσίν σοι Εὕρηνται αἱ ὄνοι,[7] ἃς ἐπορεύθητε ζητεῖν, καὶ ἰδοὺ ὁ πατήρ
σου ἀποτετίνακται[8] τὸ ῥῆμα τῶν ὄνων[9] καὶ ἐδαψιλεύσατο[10] δι᾽ ὑμᾶς λέγων Τί ποι-
ήσω ὑπὲρ τοῦ υἱοῦ μου; **3** καὶ ἀπελεύσει ἐκεῖθεν[11] καὶ ἐπέκεινα[12] ἥξεις[13] ἕως τῆς
δρυὸς[14] Θαβωρ καὶ εὑρήσεις ἐκεῖ τρεῖς ἄνδρας ἀναβαίνοντας πρὸς τὸν θεὸν εἰς
Βαιθηλ, ἕνα αἴροντα τρία αἰγίδια[15] καὶ ἕνα αἴροντα τρία ἀγγεῖα[16] ἄρτων καὶ ἕνα
αἴροντα ἀσκὸν[17] οἴνου· **4** καὶ ἐρωτήσουσίν[18] σε τὰ εἰς εἰρήνην καὶ δώσουσίν σοι
δύο ἀπαρχὰς[19] ἄρτων, καὶ λήμψῃ ἐκ τῆς χειρὸς αὐτῶν. **5** καὶ μετὰ ταῦτα εἰσελεύσῃ
εἰς τὸν βουνὸν[20] τοῦ θεοῦ, οὗ[21] ἐστιν ἐκεῖ τὸ ἀνάστημα[22] τῶν ἀλλοφύλων,[23] ἐκεῖ
Νασιβ ὁ ἀλλόφυλος· καὶ ἔσται ὡς ἂν εἰσέλθητε ἐκεῖ εἰς τὴν πόλιν, καὶ ἀπαντήσεις[24]
χορῷ[25] προφητῶν καταβαινόντων ἐκ τῆς Βαμα, καὶ ἔμπροσθεν αὐτῶν νάβλα[26] καὶ
τύμπανον[27] καὶ αὐλὸς[28] καὶ κινύρα,[29] καὶ αὐτοὶ προφητεύοντες·[30] **6** καὶ ἐφαλεῖται[31]
ἐπὶ σὲ πνεῦμα κυρίου, καὶ προφητεύσεις[32] μετ᾽ αὐτῶν καὶ στραφήσῃ[33] εἰς ἄνδρα
ἄλλον. **7** καὶ ἔσται ὅταν ἥξει[34] τὰ σημεῖα ταῦτα ἐπὶ σέ, ποίει πάντα, ὅσα ἐὰν εὕρῃ
ἡ χείρ σου, ὅτι θεὸς μετὰ σοῦ. **8** καὶ καταβήσῃ ἔμπροσθεν τῆς Γαλγαλα, καὶ ἰδοὺ
καταβαίνω πρὸς σὲ ἀνενεγκεῖν[35] ὁλοκαύτωσιν[36] καὶ θυσίας[37] εἰρηνικάς·[38] ἑπτὰ ἡμέ-
ρας διαλείψεις[39] ἕως τοῦ ἐλθεῖν με πρὸς σέ, καὶ γνωρίσω[40] σοι ἃ ποιήσεις.

1 κυκλόθεν, all around
2 χρίω, *aor act ind 3s*, anoint
3 κληρονομία, inheritance
4 τάφος, grave, tomb
5 ὅριον, territory, region
6 ἅλλομαι, *pres mid ptc acc p n*, leap, jump
7 ὄνος, donkey
8 ἀποτινάσσω, *perf mid ind 3s*, dismiss, shake off
9 ὄνος, donkey
10 δαψιλεύομαι, *aor mid ind 3s*, be anxious
11 ἐκεῖθεν, from there
12 ἐπέκεινα, beyond
13 ἥκω, *fut act ind 2s*, have come
14 δρῦς, oak
15 αἰγίδιον, young goat
16 ἀγγεῖον, container
17 ἀσκός, leather bottle
18 ἐρωτάω, *fut act ind 3p*, ask
19 ἀπαρχή, first portion
20 βουνός, hill
21 οὗ, where
22 ἀνάστημα, encampment
23 ἀλλόφυλος, foreign, (Philistine)
24 ἀπαντάω, *fut act ind 2s*, meet, encounter
25 χορός, band
26 νάβλα, harp, *Heb. LW*
27 τύμπανον, drum
28 αὐλός, pipe, flute
29 κινύρα, stringed instrument, *Heb. LW*
30 προφητεύω, *pres act ptc nom p m*, prophesy
31 ἐφάλλομαι, *fut act ind 3s*, leap upon, spring upon
32 προφητεύω, *fut act ind 2s*, prophesy
33 στρέφω, *fut pas ind 2s*, change into, turn into
34 ἥκω, *fut act ind 3s*, have come
35 ἀναφέρω, *aor act inf*, offer up
36 ὁλοκαύτωσις, whole burnt offering
37 θυσία, sacrifice
38 εἰρηνικός, of peace
39 διαλείπω, *fut act ind 2s*, stop, intermit
40 γνωρίζω, *fut act ind 1s*, make known, reveal

Saul Prophesies

9 καὶ ἐγενήθη ὥστε ἐπιστραφῆναι τῷ ὤμῳ[1] αὐτοῦ ἀπελθεῖν ἀπὸ Σαμουηλ, μετέστρε-
ψεν[2] αὐτῷ ὁ θεὸς καρδίαν ἄλλην· καὶ ἦλθεν πάντα τὰ σημεῖα ἐν τῇ ἡμέρᾳ ἐκείνῃ.
10 καὶ ἔρχεται ἐκεῖθεν[3] εἰς τὸν βουνόν,[4] καὶ ἰδοὺ χορὸς[5] προφητῶν ἐξ ἐναντίας
αὐτοῦ· καὶ ἥλατο[6] ἐπ' αὐτὸν πνεῦμα θεοῦ, καὶ ἐπροφήτευσεν[7] ἐν μέσῳ αὐτῶν. **11** καὶ
ἐγενήθησαν πάντες οἱ εἰδότες αὐτὸν ἐχθὲς[8] καὶ τρίτην καὶ εἶδον καὶ ἰδοὺ αὐτὸς ἐν
μέσῳ τῶν προφητῶν, καὶ εἶπεν ὁ λαὸς ἕκαστος πρὸς τὸν πλησίον[9] αὐτοῦ Τί τοῦτο τὸ
γεγονὸς τῷ υἱῷ Κις; ἢ καὶ Σαουλ ἐν προφήταις; **12** καὶ ἀπεκρίθη τις αὐτῶν καὶ εἶπεν
Καὶ τίς πατὴρ αὐτοῦ; διὰ τοῦτο ἐγενήθη εἰς παραβολήν[10] Ἦ καὶ Σαουλ ἐν προφήταις;
13 καὶ συνετέλεσεν[11] προφητεύων[12] καὶ ἔρχεται εἰς τὸν βουνόν.[13]

14 καὶ εἶπεν ὁ οἰκεῖος[14] αὐτοῦ πρὸς αὐτὸν καὶ πρὸς τὸ παιδάριον[15] αὐτοῦ Ποῦ
ἐπορεύθητε; καὶ εἶπαν Ζητεῖν τὰς ὄνους·[16] καὶ εἴδαμεν ὅτι οὐκ εἰσίν, καὶ εἰσήλθομεν
πρὸς Σαμουηλ. **15** καὶ εἶπεν ὁ οἰκεῖος[17] πρὸς Σαουλ Ἀπάγγειλον δή[18] μοι τί εἶπέν σοι
Σαμουηλ. **16** καὶ εἶπεν Σαουλ πρὸς τὸν οἰκεῖον[19] αὐτοῦ Ἀπήγγειλεν ἀπαγγέλλων μοι
ὅτι εὕρηνται αἱ ὄνοι·[20] τὸ δὲ ῥῆμα τῆς βασιλείας οὐκ ἀπήγγειλεν αὐτῷ.

Saul Publicly Proclaimed King

17 Καὶ παρήγγειλεν[21] Σαμουηλ παντὶ τῷ λαῷ πρὸς κύριον εἰς Μασσηφα **18** καὶ
εἶπεν πρὸς υἱοὺς Ισραηλ Τάδε[22] εἶπεν κύριος ὁ θεὸς Ισραηλ λέγων Ἐγὼ ἀνήγαγον[23]
τοὺς υἱοὺς Ισραηλ ἐξ Αἰγύπτου καὶ ἐξειλάμην[24] ὑμᾶς ἐκ χειρὸς Φαραω βασιλέως
Αἰγύπτου καὶ ἐκ πασῶν τῶν βασιλειῶν τῶν θλιβουσῶν[25] ὑμᾶς· **19** καὶ ὑμεῖς σήμερον
ἐξουθενήκατε[26] τὸν θεόν, ὃς αὐτός ἐστιν ὑμῶν σωτὴρ[27] ἐκ πάντων τῶν κακῶν ὑμῶν
καὶ θλίψεων ὑμῶν, καὶ εἴπατε Οὐχί, ἀλλ' ἢ ὅτι βασιλέα στήσεις ἐφ' ἡμῶν· καὶ νῦν
κατάστητε[28] ἐνώπιον κυρίου κατὰ τὰ σκῆπτρα[29] ὑμῶν καὶ κατὰ τὰς φυλὰς ὑμῶν.

20 καὶ προσήγαγεν[30] Σαμουηλ πάντα τὰ σκῆπτρα[31] Ισραηλ, καὶ κατακληροῦται[32]
σκῆπτρον Βενιαμιν· **21** καὶ προσάγει[33] σκῆπτρον[34] Βενιαμιν εἰς φυλάς, καὶ κατακλη-

1 ὦμος, shoulder
2 μεταστρέφω, *aor act ind 3s*, cause a change, alter
3 ἐκεῖθεν, from there
4 βουνός, hill
5 χορός, band
6 ἅλλομαι, *aor mid ind 3s*, leap, jump
7 προφητεύω, *aor act ind 3s*, prophesy
8 ἐχθές, yesterday
9 πλησίον, companion, neighbor
10 παραβολή, proverb, byword
11 συντελέω, *aor act ind 3s*, finish
12 προφητεύω, *pres act ptc nom s m*, prophesy
13 βουνός, hill
14 οἰκεῖος, household member, kinsman
15 παιδάριον, servant
16 ὄνος, donkey
17 οἰκεῖος, household member, kinsman
18 δή, now, then
19 οἰκεῖος, household member, kinsman
20 ὄνος, donkey
21 παραγγέλλω, *aor act ind 3s*, direct
22 ὅδε, this (here)
23 ἀνάγω, *aor act ind 1s*, bring up
24 ἐξαιρέω, *aor mid ind 1s*, deliver, rescue
25 θλίβω, *pres act ptc gen p f*, oppress, afflict
26 ἐξουθενέω, *perf act ind 2p*, disdain, reject
27 σωτήρ, deliverer, savior
28 καθίστημι, *aor act impv 2p*, place, station
29 σκῆπτρον, tribe
30 προσάγω, *aor act ind 3s*, bring
31 σκῆπτρον, tribe
32 κατακληρόω, *pres pas ind 3s*, take by lot
33 προσάγω, *pres act ind 3s*, bring
34 σκῆπτρον, tribe

ροῦται[1] φυλὴ Ματταρι· καὶ προσάγουσιν[2] τὴν φυλὴν Ματταρι εἰς ἄνδρας, καὶ κατα-
κληροῦται Σαουλ υἱὸς Κις. καὶ ἐζήτει αὐτόν, καὶ οὐχ εὑρίσκετο. **22** καὶ ἐπηρώτησεν[3]
Σαμουηλ ἔτι ἐν κυρίῳ Εἰ ἔρχεται ὁ ἀνὴρ ἐνταῦθα;[4] καὶ εἶπεν κύριος Ἰδοὺ αὐτὸς
κέκρυπται[5] ἐν τοῖς σκεύεσιν.[6] **23** καὶ ἔδραμεν[7] καὶ λαμβάνει αὐτὸν ἐκεῖθεν[8] καὶ
κατέστησεν[9] ἐν μέσῳ τοῦ λαοῦ, καὶ ὑψώθη[10] ὑπὲρ πάντα τὸν λαὸν ὑπὲρ ὠμίαν[11] καὶ
ἐπάνω.[12] **24** καὶ εἶπεν Σαμουηλ πρὸς πάντα τὸν λαόν Εἰ ἑοράκατε ὃν ἐκλέλεκται[13]
ἑαυτῷ κύριος, ὅτι οὐκ ἔστιν αὐτῷ ὅμοιος[14] ἐν πᾶσιν ὑμῖν; καὶ ἔγνωσαν πᾶς ὁ λαὸς
καὶ εἶπαν Ζήτω ὁ βασιλεύς.

25 καὶ εἶπεν Σαμουηλ πρὸς τὸν λαὸν τὸ δικαίωμα[15] τοῦ βασιλέως καὶ ἔγραψεν ἐν
βιβλίῳ καὶ ἔθηκεν ἐνώπιον κυρίου. καὶ ἐξαπέστειλεν[16] Σαμουηλ πάντα τὸν λαόν, καὶ
ἀπῆλθεν ἕκαστος εἰς τὸν τόπον αὐτοῦ. **26** καὶ Σαουλ ἀπῆλθεν εἰς τὸν οἶκον αὐτοῦ
εἰς Γαβαα· καὶ ἐπορεύθησαν υἱοὶ δυνάμεων, ὧν ἥψατο κύριος καρδίας αὐτῶν, μετὰ
Σαουλ. **27** καὶ υἱοὶ λοιμοὶ[17] εἶπαν Τί σώσει ἡμᾶς οὗτος; καὶ ἠτίμασαν[18] αὐτὸν καὶ
οὐκ ἤνεγκαν αὐτῷ δῶρα.[19]

Saul Conquers the Ammonites

11 Καὶ ἐγενήθη ὡς μετὰ μῆνα[20] καὶ ἀνέβη Ναας ὁ Αμμανίτης καὶ παρεμβάλλει[21]
ἐπὶ Ιαβις Γαλααδ. καὶ εἶπον πάντες οἱ ἄνδρες Ιαβις πρὸς Ναας τὸν Αμμανίτην
Διάθου[22] ἡμῖν διαθήκην, καὶ δουλεύσομέν[23] σοι. **2** καὶ εἶπεν πρὸς αὐτοὺς Ναας ὁ
Αμμανίτης Ἐν ταύτῃ διαθήσομαι[24] ὑμῖν διαθήκην, ἐν τῷ ἐξορύξαι[25] ὑμῶν πάντα
ὀφθαλμὸν δεξιόν, καὶ θήσομαι ὄνειδος[26] ἐπὶ Ισραηλ. **3** καὶ λέγουσιν αὐτῷ οἱ ἄνδρες
Ιαβις Ἄνες[27] ἡμῖν ἑπτὰ ἡμέρας, καὶ ἀποστελοῦμεν ἀγγέλους εἰς πᾶν ὅριον[28] Ισραηλ·
ἐὰν μὴ ᾖ ὁ σῴζων ἡμᾶς, ἐξελευσόμεθα πρὸς ὑμᾶς. **4** καὶ ἔρχονται οἱ ἄγγελοι εἰς
Γαβαα πρὸς Σαουλ καὶ λαλοῦσιν τοὺς λόγους εἰς τὰ ὦτα τοῦ λαοῦ, καὶ ἦραν πᾶς ὁ
λαὸς τὴν φωνὴν αὐτῶν καὶ ἔκλαυσαν.

1 κατακληρόω, *pres pas ind 3s*, take by lot
2 προσάγω, *pres act ind 3p*, bring
3 ἐπερωτάω, *aor act ind 3s*, inquire, ask
4 ἐνταῦθα, here
5 κρύπτω, *perf pas ind 3s*, hide
6 σκεῦος, vessel, goods, equipment
7 τρέχω, *aor act ind 3s*, run quickly
8 ἐκεῖθεν, from there
9 καθίστημι, *aor act ind 3s*, set, place
10 ὑψόω, *aor pas ind 3s*, elevate, lift up
11 ὠμία, shoulder
12 ἐπάνω, above
13 ἐκλέγω, *perf mid ind 3s*, choose, select
14 ὅμοιος, equal to, similar to
15 δικαίωμα, decree, regulation
16 ἐξαποστέλλω, *aor act ind 3s*, send away, dismiss
17 λοιμός, pestilent, troublesome
18 ἀτιμάζω, *aor act ind 3p*, esteem lightly, deem unworthy
19 δῶρον, gift, tribute
20 μήν, month
21 παρεμβάλλω, *pres act ind 3s*, encamp
22 διατίθημι, *aor mid impv 2s*, arrange, make
23 δουλεύω, *fut act ind 1p*, serve
24 διατίθημι, *fut mid ind 1s*, arrange, make
25 ἐξορύσσω, *aor act inf*, tear out
26 ὄνειδος, disgrace, reproach
27 ἀνίημι, *aor act impv 2s*, allow, permit
28 ὅριον, territory, region

5 καὶ ἰδοὺ Σαουλ ἤρχετο μετὰ τὸ πρωὶ[1] ἐξ ἀγροῦ, καὶ εἶπεν Σαουλ Τί ὅτι κλαίει ὁ λαός; καὶ διηγοῦνται[2] αὐτῷ τὰ ῥήματα τῶν υἱῶν Ιαβις. **6** καὶ ἐφήλατο[3] πνεῦμα κυρίου ἐπὶ Σαουλ, ὡς ἤκουσεν τὰ ῥήματα ταῦτα, καὶ ἐθυμώθη[4] ἐπ᾽ αὐτοὺς ὀργὴ αὐτοῦ σφόδρα.[5]
7 καὶ ἔλαβεν δύο βόας[6] καὶ ἐμέλισεν[7] αὐτὰς καὶ ἀπέστειλεν εἰς πᾶν ὅριον[8] Ισραηλ ἐν χειρὶ ἀγγέλων λέγων Ὃς οὐκ ἔστιν ἐκπορευόμενος ὀπίσω Σαουλ καὶ ὀπίσω Σαμουηλ, κατὰ τάδε[9] ποιήσουσιν τοῖς βουσὶν[10] αὐτοῦ. καὶ ἐπῆλθεν[11] ἔκστασις[12] κυρίου ἐπὶ τὸν λαὸν Ισραηλ, καὶ ἐβόησαν[13] ὡς ἀνὴρ εἷς. **8** καὶ ἐπισκέπτεται[14] αὐτοὺς Αβιεζεκ ἐν Βαμα, πᾶν ἄνδρα Ισραηλ ἑξακοσίας[15] χιλιάδας[16] καὶ ἄνδρας Ιουδα ἑβδομήκοντα[17] χιλιάδας.[18] **9** καὶ εἶπεν τοῖς ἀγγέλοις τοῖς ἐρχομένοις Τάδε[19] ἐρεῖτε τοῖς ἀνδράσιν Ιαβις Αὔριον[20] ὑμῖν ἡ σωτηρία διαθερμάναντος[21] τοῦ ἡλίου. καὶ ἦλθον οἱ ἄγγελοι εἰς τὴν πόλιν καὶ ἀπαγγέλλουσιν τοῖς ἀνδράσιν Ιαβις, καὶ εὐφράνθησαν.[22] **10** καὶ εἶπαν οἱ ἄνδρες Ιαβις πρὸς Ναας τὸν Αμμανίτην Αὔριον[23] ἐξελευσόμεθα πρὸς ὑμᾶς, καὶ ποιήσετε ἡμῖν τὸ ἀγαθὸν ἐνώπιον ὑμῶν. **11** καὶ ἐγενήθη μετὰ τὴν αὔριον[24] καὶ ἔθετο Σαουλ τὸν λαὸν εἰς τρεῖς ἀρχάς, καὶ εἰσπορεύονται[25] μέσον τῆς παρεμβολῆς[26] ἐν φυλακῇ τῇ πρωινῇ[27] καὶ ἔτυπτον[28] τοὺς υἱοὺς Αμμων, ἕως διεθερμάνθη[29] ἡ ἡμέρα, καὶ ἐγενήθησαν οἱ ὑπολελειμμένοι[30] διεσπάρησαν,[31] καὶ οὐχ ὑπελείφθησαν[32] ἐν αὐτοῖς δύο κατὰ τὸ αὐτό.

12 καὶ εἶπεν ὁ λαὸς πρὸς Σαμουηλ Τίς ὁ εἴπας ὅτι Σαουλ οὐ βασιλεύσει[33] ἡμῶν; παράδος τοὺς ἄνδρας, καὶ θανατώσομεν[34] αὐτούς. **13** καὶ εἶπεν Σαουλ Οὐκ ἀποθανεῖται οὐδεὶς ἐν τῇ ἡμέρᾳ ταύτῃ, ὅτι σήμερον κύριος ἐποίησεν σωτηρίαν ἐν Ισραηλ.

14 Καὶ εἶπεν Σαμουηλ πρὸς τὸν λαὸν λέγων Πορευθῶμεν εἰς Γαλγαλα καὶ ἐγκαινίσωμεν[35] ἐκεῖ τὴν βασιλείαν. **15** καὶ ἐπορεύθη πᾶς ὁ λαὸς εἰς Γαλγαλα, καὶ

1 πρωί, (in the) morning
2 διηγέομαι, *pres mid ind 3p*, describe, relate fully
3 ἐφάλλομαι, *aor mid ind 3s*, leap upon, spring upon
4 θυμόω, *aor pas ind 3s*, make angry
5 σφόδρα, exceedingly
6 βοῦς, cow, (*p*) cattle
7 μελίζω, *aor act ind 3s*, cut in pieces
8 ὅριον, territory, region
9 ὅδε, this (here)
10 βοῦς, cow, (*p*) cattle
11 ἐπέρχομαι, *aor act ind 3s*, come upon, come against
12 ἔκστασις, dismay, terror
13 βοάω, *aor act ind 3p*, cry out
14 ἐπισκέπτομαι, *pres mid ind 3s*, inspect, oversee
15 ἑξακόσιοι, six hundred
16 χιλιάς, thousand
17 ἑβδομήκοντα, seventy
18 χιλιάς, thousand
19 ὅδε, this (here)
20 αὔριον, tomorrow
21 διαθερμαίνω, *aor act ptc gen s m*, warm up
22 εὐφραίνω, *aor pas ind 3p*, rejoice, be glad
23 αὔριον, tomorrow
24 αὔριον, the following day
25 εἰσπορεύομαι, *pres mid ind 3p*, go into
26 παρεμβολή, camp
27 πρωϊνός, early morning
28 τύπτω, *impf act ind 3p*, strike
29 διαθερμαίνω, *aor pas ind 3s*, warm up
30 ὑπολείπω, *perf pas ptc nom p m*, leave behind
31 διασπείρω, *aor pas ind 3p*, scatter
32 ὑπολείπω, *aor pas ind 3p*, leave behind
33 βασιλεύω, *fut act ind 3s*, reign as king
34 θανατόω, *fut act ind 1p*, kill, destroy
35 ἐγκαινίζω, *aor act sub 1p*, restore, inaugurate

ἔχρισεν[1] Σαμουηλ ἐκεῖ τὸν Σαουλ εἰς βασιλέα ἐνώπιον κυρίου ἐν Γαλγαλοις καὶ ἔθυσεν[2] ἐκεῖ θυσίας[3] καὶ εἰρηνικὰς[4] ἐνώπιον κυρίου· καὶ εὐφράνθη[5] Σαμουηλ καὶ πᾶς Ισραηλ ὥστε λίαν.[6]

Samuel's Farewell

12 Καὶ εἶπεν Σαμουηλ πρὸς πάντα ἄνδρα Ισραηλ Ἰδοὺ ἤκουσα φωνῆς ὑμῶν
εἰς πάντα, ὅσα εἴπατέ μοι, καὶ ἐβασίλευσα[7] ἐφ' ὑμᾶς βασιλέα. **2** καὶ νῦν
ἰδοὺ ὁ βασιλεὺς διαπορεύεται[8] ἐνώπιον ὑμῶν, κἀγὼ[9] γεγήρακα[10] καὶ καθήσομαι,
καὶ οἱ υἱοί μου ἰδοὺ ἐν ὑμῖν· κἀγὼ ἰδοὺ διελήλυθα ἐνώπιον ὑμῶν ἐκ νεότητός[11]
μου καὶ ἕως τῆς ἡμέρας ταύτης. **3** ἰδοὺ ἐγώ, ἀποκρίθητε κατ' ἐμοῦ ἐνώπιον κυρίου
καὶ ἐνώπιον χριστοῦ αὐτοῦ· μόσχον[12] τίνος εἴληφα ἢ ὄνον[13] τίνος εἴληφα ἢ τίνα
κατεδυνάστευσα[14] ὑμῶν ἢ τίνα ἐξεπίεσα[15] ἢ ἐκ χειρὸς τίνος εἴληφα ἐξίλασμα[16] καὶ
ὑπόδημα;[17] ἀποκρίθητε κατ' ἐμοῦ, καὶ ἀποδώσω ὑμῖν. **4** καὶ εἶπαν πρὸς Σαμουηλ
Οὐκ ἠδίκησας[18] ἡμᾶς καὶ οὐ κατεδυνάστευσας[19] καὶ οὐκ ἔθλασας[20] ἡμᾶς καὶ οὐκ
εἴληφας[21] ἐκ χειρὸς οὐδενὸς οὐδέν. **5** καὶ εἶπεν Σαμουηλ πρὸς τὸν λαόν Μάρτυς[22]
κύριος ἐν ὑμῖν καὶ μάρτυς χριστὸς αὐτοῦ σήμερον ἐν ταύτῃ τῇ ἡμέρᾳ ὅτι οὐχ
εὑρήκατε ἐν χειρί μου οὐθέν·[23] καὶ εἶπαν Μάρτυς.

6 καὶ εἶπεν Σαμουηλ πρὸς τὸν λαὸν λέγων Μάρτυς[24] κύριος ὁ ποιήσας τὸν Μωυ-
σῆν καὶ τὸν Ααρων, ὁ ἀναγαγὼν[25] τοὺς πατέρας ἡμῶν ἐξ Αἰγύπτου. **7** καὶ νῦν
κατάστητε,[26] καὶ δικάσω[27] ὑμᾶς ἐνώπιον κυρίου καὶ ἀπαγγελῶ ὑμῖν τὴν πᾶσαν
δικαιοσύνην κυρίου, ἃ ἐποίησεν ἐν ὑμῖν καὶ ἐν τοῖς πατράσιν ὑμῶν· **8** ὡς εἰσῆλθεν
Ιακωβ καὶ οἱ υἱοὶ αὐτοῦ εἰς Αἴγυπτον, καὶ ἐταπείνωσεν[28] αὐτοὺς Αἴγυπτος, καὶ
ἐβόησαν[29] οἱ πατέρες ἡμῶν πρὸς κύριον, καὶ ἀπέστειλεν κύριος τὸν Μωυσῆν καὶ
τὸν Ααρων καὶ ἐξήγαγεν[30] τοὺς πατέρας ἡμῶν ἐξ Αἰγύπτου καὶ κατῴκισεν[31] αὐτοὺς
ἐν τῷ τόπῳ τούτῳ. **9** καὶ ἐπελάθοντο[32] κυρίου τοῦ θεοῦ αὐτῶν, καὶ ἀπέδοτο αὐτοὺς

1 χρίω, *aor act ind 3s*, anoint
2 θύω, *aor act ind 3s*, sacrifice
3 θυσία, sacrifice
4 εἰρηνικός, of peace, (peace offering)
5 εὐφραίνω, *aor pas ind 3s*, rejoice, be glad
6 λίαν, greatly, very much
7 βασιλεύω, *aor act ind 1s*, reign as king
8 διαπορεύομαι, *pres mid ind 3s*, pass through
9 κἀγώ, and I, *cr.* καὶ ἐγώ
10 γηράσκω, *perf act ind 1s*, grow old, age
11 νεότης, youth
12 μόσχος, calf
13 ὄνος, donkey
14 καταδυναστεύω, *aor act ind 1s*, oppress
15 ἐκπιέζω, *aor act ind 1s*, thrust out
16 ἐξίλασμα, bribe
17 ὑπόδημα, sandal
18 ἀδικέω, *aor act ind 2s*, act unjustly, do wrong
19 καταδυναστεύω, *aor act ind 2s*, oppress
20 θλάω, *aor act ind 2s*, break
21 λαμβάνω, *perf act ind 2s*, take
22 μάρτυς, witness
23 οὐθείς, nothing
24 μάρτυς, witness
25 ἀνάγω, *aor act ptc nom s m*, bring up
26 καθίστημι, *aor act impv 2p*, station, steady, stand
27 δικάζω, *fut act ind 1s*, judge
28 ταπεινόω, *aor act ind 3s*, humble, humiliate
29 βοάω, *aor act ind 3p*, cry out
30 ἐξάγω, *aor act ind 3s*, lead out
31 κατοικίζω, *aor act ind 3s*, cause to dwell, settle
32 ἐπιλανθάνομαι, *aor mid ind 3p*, neglect, forget

εἰς χεῖρας Σισαρα ἀρχιστρατήγου[1] Ιαβιν βασιλέως Ασωρ καὶ εἰς χεῖρας ἀλλοφύλων[2] καὶ εἰς χεῖρας βασιλέως Μωαβ, καὶ ἐπολέμησαν ἐν αὐτοῖς. **10** καὶ ἐβόησαν[3] πρὸς κύριον καὶ ἔλεγον Ἡμάρτομεν, ὅτι ἐγκατελίπομεν[4] τὸν κύριον καὶ ἐδουλεύσαμεν[5] τοῖς Βααλιμ καὶ τοῖς ἄλσεσιν·[6] καὶ νῦν ἐξελοῦ[7] ἡμᾶς ἐκ χειρὸς ἐχθρῶν ἡμῶν, καὶ δουλεύσομέν[8] σοι. **11** καὶ ἀπέστειλεν κύριος τὸν Ιεροβααλ καὶ τὸν Βαρακ καὶ τὸν Ιεφθαε καὶ τὸν Σαμουηλ καὶ ἐξείλατο[9] ὑμᾶς ἐκ χειρὸς ἐχθρῶν ὑμῶν τῶν κυκλόθεν,[10] καὶ κατῳκεῖτε πεποιθότες.

Saul Confirmed as King

12 καὶ εἴδετε ὅτι Ναας βασιλεὺς υἱῶν Αμμων ἦλθεν ἐφ᾽ ὑμᾶς, καὶ εἴπατε Οὐχί, ἀλλ᾽ ἢ ὅτι βασιλεὺς βασιλεύσει[11] ἐφ᾽ ἡμῶν· καὶ κύριος ὁ θεὸς ἡμῶν βασιλεὺς ἡμῶν. **13** καὶ νῦν ἰδοὺ ὁ βασιλεύς, ὃν ἐξελέξασθε,[12] καὶ ἰδοὺ δέδωκεν κύριος ἐφ᾽ ὑμᾶς βασιλέα. **14** ἐὰν φοβηθῆτε τὸν κύριον καὶ δουλεύσητε[13] αὐτῷ καὶ ἀκούσητε τῆς φωνῆς αὐτοῦ καὶ μὴ ἐρίσητε[14] τῷ στόματι κυρίου καὶ ἦτε καὶ ὑμεῖς καὶ ὁ βασιλεὺς ὁ βασιλεύων[15] ἐφ᾽ ὑμῶν ὀπίσω κυρίου πορευόμενοι· **15** ἐὰν δὲ μὴ ἀκούσητε τῆς φωνῆς κυρίου καὶ ἐρίσητε[16] τῷ στόματι κυρίου, καὶ ἔσται χεὶρ κυρίου ἐπὶ ὑμᾶς καὶ ἐπὶ τὸν βασιλέα ὑμῶν. **16** καὶ νῦν κατάστητε[17] καὶ ἴδετε τὸ ῥῆμα τὸ μέγα τοῦτο, ὃ ὁ κύριος ποιήσει ἐν ὀφθαλμοῖς ὑμῶν. **17** οὐχὶ θερισμὸς[18] πυρῶν[19] σήμερον; ἐπικαλέσομαι[20] κύριον, καὶ δώσει φωνὰς καὶ ὑετόν,[21] καὶ γνῶτε καὶ ἴδετε ὅτι ἡ κακία[22] ὑμῶν μεγάλη, ἣν ἐποιήσατε ἐνώπιον κυρίου αἰτήσαντες[23] ἑαυτοῖς βασιλέα. **18** καὶ ἐπεκαλέσατο[24] Σαμουηλ τὸν κύριον, καὶ ἔδωκεν κύριος φωνὰς καὶ ὑετὸν[25] ἐν τῇ ἡμέρᾳ ἐκείνῃ· καὶ ἐφοβήθησαν πᾶς ὁ λαὸς τὸν κύριον σφόδρα[26] καὶ τὸν Σαμουηλ.

19 καὶ εἶπαν πᾶς ὁ λαὸς πρὸς Σαμουηλ Πρόσευξαι ὑπὲρ τῶν δούλων σου πρὸς κύριον θεόν σου, καὶ οὐ μὴ ἀποθάνωμεν, ὅτι προστεθείκαμεν[27] πρὸς πάσας τὰς ἁμαρτίας ἡμῶν κακίαν[28] αἰτήσαντες[29] ἑαυτοῖς βασιλέα. **20** καὶ εἶπεν Σαμουηλ πρὸς τὸν λαόν Μὴ φοβεῖσθε· ὑμεῖς πεποιήκατε τὴν πᾶσαν κακίαν[30] ταύτην, πλὴν μὴ

1 ἀρχιστράτηγος, commander
2 ἀλλόφυλος, foreign, (Philistine)
3 βοάω, *aor act ind 3p*, cry out
4 ἐγκαταλείπω, *aor act ind 1p*, abandon, forsake
5 δουλεύω, *aor act ind 1p*, serve
6 ἄλσος, sacred grove
7 ἐξαιρέω, *aor mid impv 2s*, rescue, deliver
8 δουλεύω, *fut act ind 1p*, serve
9 ἐξαιρέω, *aor mid ind 3s*, rescue, deliver
10 κυκλόθεν, all around
11 βασιλεύω, *fut act ind 3s*, reign as king
12 ἐκλέγω, *aor mid ind 2p*, choose, select
13 δουλεύω, *aor act sub 2p*, serve
14 ἐρίζω, *aor act sub 2p*, dispute, challenge
15 βασιλεύω, *pres act ptc nom s m*, reign as king
16 ἐρίζω, *aor act sub 2p*, dispute, challenge
17 καθίστημι, *aor act impv 2p*, station, steady, stand
18 θερισμός, harvest
19 πυρός, wheat
20 ἐπικαλέω, *fut mid ind 1s*, call upon
21 ὑετός, rain
22 κακία, evil, wickedness
23 αἰτέω, *aor act ptc nom p m*, ask for, demand
24 ἐπικαλέω, *aor mid ind 3s*, call upon
25 ὑετός, rain
26 σφόδρα, exceedingly
27 προστίθημι, *perf act ind 1p*, increase, add to
28 κακία, evil, wickedness
29 αἰτέω, *aor act ptc nom p m*, ask for, demand
30 κακία, evil, wickedness

ἐκκλίνητε[1] ἀπὸ ὄπισθεν[2] κυρίου καὶ δουλεύσατε[3] τῷ κυρίῳ ἐν ὅλῃ καρδίᾳ ὑμῶν
21 καὶ μὴ παραβῆτε[4] ὀπίσω τῶν μηθὲν[5] ὄντων, οἳ οὐ περανοῦσιν[6] οὐθὲν[7] καὶ οἳ οὐκ
ἐξελοῦνται,[8] ὅτι οὐθέν[9] εἰσιν. **22** ὅτι οὐκ ἀπώσεται[10] κύριος τὸν λαὸν αὐτοῦ διὰ τὸ
ὄνομα αὐτοῦ τὸ μέγα, ὅτι ἐπιεικέως[11] κύριος προσελάβετο[12] ὑμᾶς αὐτῷ εἰς λαόν.
23 καὶ ἐμοὶ μηδαμῶς[13] τοῦ ἁμαρτεῖν τῷ κυρίῳ ἀνιέναι[14] τοῦ προσεύχεσθαι περὶ ὑμῶν,
καὶ δουλεύσω[15] τῷ κυρίῳ καὶ δείξω ὑμῖν τὴν ὁδὸν τὴν ἀγαθὴν καὶ τὴν εὐθεῖαν·[16]
24 πλὴν φοβεῖσθε τὸν κύριον καὶ δουλεύσατε[17] αὐτῷ ἐν ἀληθείᾳ καὶ ἐν ὅλῃ καρδίᾳ
ὑμῶν, ὅτι εἴδετε ἃ ἐμεγάλυνεν[18] μεθ' ὑμῶν, **25** καὶ ἐὰν κακίᾳ[19] κακοποιήσητε,[20] καὶ
ὑμεῖς καὶ ὁ βασιλεὺς ὑμῶν προστεθήσεσθε.[21]

Israel Fights with the Philistines

13 Καὶ ἐκλέγεται[22] Σαουλ ἑαυτῷ τρεῖς χιλιάδας[23] ἀνδρῶν ἐκ τῶν ἀνδρῶν Ισραηλ, καὶ ἦσαν μετὰ Σαουλ δισχίλιοι[24] ἐν Μαχεμας καὶ ἐν τῷ ὄρει Βαιθηλ, χίλιοι ἦσαν μετὰ Ιωναθαν ἐν Γαβεε τοῦ Βενιαμιν, καὶ τὸ κατάλοιπον[25] τοῦ λαοῦ ἐξαπέστειλεν[26] ἕκαστον εἰς τὸ σκήνωμα[27] αὐτοῦ. **3** καὶ ἐπάταξεν[28] Ιωναθαν τὸν
Νασιβ τὸν ἀλλόφυλον[29] τὸν ἐν τῷ βουνῷ·[30] καὶ ἀκούουσιν οἱ ἀλλόφυλοι. καὶ Σαουλ
σάλπιγγι[31] σαλπίζει[32] εἰς πᾶσαν τὴν γῆν λέγων Ἠθετήκασιν[33] οἱ δοῦλοι. **4** καὶ πᾶς
Ισραηλ ἤκουσεν λεγόντων Πέπαικεν[34] Σαουλ τὸν Νασιβ τὸν ἀλλόφυλον,[35] καὶ
ᾐσχύνθησαν[36] Ισραηλ ἐν τοῖς ἀλλοφύλοις. καὶ ἀνεβόησαν[37] ὁ λαὸς ὀπίσω Σαουλ
ἐν Γαλγαλοις.

1 ἐκκλίνω, *pres act sub 2p*, turn aside
2 ὄπισθε(ν), behind
3 δουλεύω, *aor act impv 2p*, serve
4 παραβαίνω, *aor act sub 2p*, deviate, go aside
5 μηθείς, nothing
6 περαίνω, *fut act ind 3p*, achieve, accomplish
7 οὐθείς, nothing
8 ἐξαιρέω, *fut mid ind 3p*, rescue, deliver
9 οὐθείς, nothing
10 ἀπωθέω, *fut mid ind 3s*, reject, thrust away
11 ἐπιεικέως, gentle, kind
12 προσλαμβάνω, *aor mid ind 3s*, receive, accept
13 μηδαμῶς, by no means
14 ἀνίημι, *pres act inf*, give up, cease from
15 δουλεύω, *fut act ind 1s*, serve
16 εὐθύς, straight, proper, right
17 δουλεύω, *aor act impv 2p*, serve
18 μεγαλύνω, *impf act ind 3s*, make great, magnify
19 κακία, evil, wickedness
20 κακοποιέω, *aor act sub 2p*, do wrong
21 προστίθημι, *fut pas ind 2p*, add to, join
22 ἐκλέγω, *pres mid ind 3s*, choose, select
23 χιλιάς, thousand
24 δισχίλιοι, two thousand
25 κατάλοιπος, rest, remainder
26 ἐξαποστέλλω, *aor act ind 3s*, send away, dismiss
27 σκήνωμα, tent, dwelling
28 πατάσσω, *aor act ind 3s*, strike, slay
29 ἀλλόφυλος, foreign, (Philistine)
30 βουνός, hill
31 σάλπιγξ, trumpet
32 σαλπίζω, *pres act ind 3s*, trumpet, sound (a horn)
33 ἀθετέω, *perf act ind 3p*, not recognize, reject
34 παίω, *perf act ind 3s*, strike, wound
35 ἀλλόφυλος, foreign, (Philistine)
36 αἰσχύνω, *aor pas ind 3p*, dishonor, put to shame
37 ἀναβοάω, *aor act ind 3p*, cry out

5 καὶ οἱ ἀλλόφυλοι[1] συνάγονται εἰς πόλεμον ἐπὶ Ισραηλ, καὶ ἀναβαίνουσιν ἐπὶ Ισραηλ τριάκοντα[2] χιλιάδες[3] ἁρμάτων[4] καὶ ἓξ[5] χιλιάδες[6] ἱππέων[7] καὶ λαὸς ὡς ἡ ἄμμος[8] ἡ παρὰ τὴν θάλασσαν τῷ πλήθει· καὶ ἀναβαίνουσιν καὶ παρεμβάλλουσιν[9] ἐν Μαχεμας ἐξ ἐναντίας[10] Βαιθων κατὰ νότου.[11] **6** καὶ ἀνὴρ Ισραηλ εἶδεν ὅτι στενῶς[12] αὐτῷ μὴ προσάγειν[13] αὐτόν, καὶ ἐκρύβη[14] ὁ λαὸς ἐν τοῖς σπηλαίοις[15] καὶ ἐν ταῖς μάνδραις[16] καὶ ἐν ταῖς πέτραις[17] καὶ ἐν τοῖς βόθροις[18] καὶ ἐν τοῖς λάκκοις,[19] **7** καὶ οἱ διαβαίνοντες[20] διέβησαν[21] τὸν Ιορδάνην εἰς γῆν Γαδ καὶ Γαλααδ. καὶ Σαουλ ἔτι ἦν ἐν Γαλγαλοις, καὶ πᾶς ὁ λαὸς ἐξέστη[22] ὀπίσω αὐτοῦ.

Saul's Illegitimate Sacrifice

8 καὶ διέλιπεν[23] ἑπτὰ ἡμέρας τῷ μαρτυρίῳ,[24] ὡς εἶπεν Σαμουηλ, καὶ οὐ παρεγένετο Σαμουηλ εἰς Γαλγαλα, καὶ διεσπάρη[25] ὁ λαὸς αὐτοῦ ἀπ' αὐτοῦ. **9** καὶ εἶπεν Σαουλ Προσαγάγετε,[26] ὅπως ποιήσω ὁλοκαύτωσιν[27] καὶ εἰρηνικάς·[28] καὶ ἀνήνεγκεν[29] τὴν ὁλοκαύτωσιν. **10** καὶ ἐγένετο ὡς συνετέλεσεν[30] ἀναφέρων[31] τὴν ὁλοκαύτωσιν,[32] καὶ Σαμουηλ παραγίνεται· καὶ ἐξῆλθεν Σαουλ εἰς ἀπάντησιν[33] αὐτῷ εὐλογῆσαι αὐτόν. **11** καὶ εἶπεν Σαμουηλ Τί πεποίηκας; καὶ εἶπεν Σαουλ Ὅτι εἶδον ὡς διεσπάρη[34] ὁ λαὸς ἀπ' ἐμοῦ καὶ σὺ οὐ παρεγένου, ὡς διετάξω,[35] ἐν τῷ μαρτυρίῳ[36] τῶν ἡμερῶν καὶ οἱ ἀλλόφυλοι[37] συνήχθησαν εἰς Μαχεμας, **12** καὶ εἶπα Νῦν καταβήσονται οἱ ἀλλόφυλοι[38] πρός με εἰς Γαλγαλα καὶ τοῦ προσώπου τοῦ κυρίου οὐκ ἐδεήθην·[39] καὶ ἐνεκρατευσάμην[40] καὶ ἀνήνεγκα[41] τὴν ὁλοκαύτωσιν.[42] **13** καὶ εἶπεν Σαμουηλ πρὸς

1 ἀλλόφυλος, foreign, (Philistine)
2 τριάκοντα, thirty
3 χιλιάς, thousand
4 ἅρμα, chariot
5 ἕξ, six
6 χιλιάς, thousand
7 ἱππεύς, horseman, cavalryman
8 ἄμμος, sand
9 παρεμβάλλω, *pres act ind 3p*, encamp
10 ἐναντίος, opposite
11 νότος, south
12 στενῶς, difficult, narrow
13 προσάγω, *pres act inf*, move forward, move on
14 κρύπτω, *aor pas ind 3s*, hide
15 σπήλαιον, cave
16 μάνδρα, sheepfold, den
17 πέτρα, rock, hollow
18 βόθρος, pit, trench
19 λάκκος, well, cistern
20 διαβαίνω, *pres act ptc nom p m*, cross over
21 διαβαίνω, *aor act ind 3p*, cross over
22 ἐξίστημι, *aor act ind 3s*, be astounded
23 διαλείπω, *aor act ind 3s*, cease, wait
24 μαρτύριον, testimony
25 διασπείρω, *aor pas ind 3s*, scatter, spread out
26 προσάγω, *aor act impv 2p*, bring near
27 ὁλοκαύτωσις, whole burnt offering
28 εἰρηνικός, of peace, (peace offering)
29 ἀναφέρω, *aor act ind 3s*, offer up
30 συντελέω, *aor act ind 3s*, finish, complete
31 ἀναφέρω, *pres act ptc nom s m*, offer up
32 ὁλοκαύτωσις, whole burnt offering
33 ἀπάντησις, meeting
34 διασπείρω, *aor pas ind 3s*, scatter, disperse
35 διατάσσω, *aor mid ind 2s*, order, appoint
36 μαρτύριον, testimony
37 ἀλλόφυλος, foreign, (Philistine)
38 ἀλλόφυλος, foreign, (Philistine)
39 δέομαι, *aor pas ind 1s*, seek, ask for
40 ἐγκρατεύομαι, *aor mid ind 1s*, master oneself, act with resolve
41 ἀναφέρω, *aor act ind 1s*, offer up
42 ὁλοκαύτωσις, whole burnt offering

Σαουλ Μεματαίωταί[1] σοι, ὅτι οὐκ ἐφύλαξας τὴν ἐντολήν μου, ἣν ἐνετείλατό[2] σοι
κύριος. ὡς νῦν ἡτοίμασεν κύριος τὴν βασιλείαν σου ἕως αἰῶνος ἐπὶ Ισραηλ· **14** καὶ
νῦν ἡ βασιλεία σου οὐ στήσεται, καὶ ζητήσει κύριος ἑαυτῷ ἄνθρωπον κατὰ τὴν
καρδίαν αὐτοῦ, καὶ ἐντελεῖται[3] κύριος αὐτῷ εἰς ἄρχοντα ἐπὶ τὸν λαὸν αὐτοῦ, ὅτι
οὐκ ἐφύλαξας ὅσα ἐνετείλατό[4] σοι κύριος. **15** καὶ ἀνέστη Σαμουηλ καὶ ἀπῆλθεν ἐκ
Γαλγαλων εἰς ὁδὸν αὐτοῦ. — καὶ τὸ κατάλειμμα[5] τοῦ λαοῦ ἀνέβη ὀπίσω Σαουλ εἰς
ἀπάντησιν[6] ὀπίσω τοῦ λαοῦ τοῦ πολεμιστοῦ.[7]

Battle Preparations

αὐτῶν παραγενομένων ἐκ Γαλγαλων εἰς Γαβαα Βενιαμιν καὶ ἐπεσκέψατο[8] Σαουλ
τὸν λαὸν τὸν εὑρεθέντα μετ᾽ αὐτοῦ ὡς ἑξακοσίους[9] ἄνδρας. **16** καὶ Σαουλ καὶ Ιωνα-
θαν υἱὸς αὐτοῦ καὶ ὁ λαὸς οἱ εὑρεθέντες μετ᾽ αὐτῶν ἐκάθισαν ἐν Γαβεε Βενιαμιν
καὶ ἔκλαιον, καὶ οἱ ἀλλόφυλοι[10] παρεμβεβλήκεισαν[11] εἰς Μαχεμας. **17** καὶ ἐξῆλθεν
διαφθείρων[12] ἐξ ἀγροῦ ἀλλοφύλων[13] τρισὶν ἀρχαῖς· ἡ ἀρχὴ ἡ μία ἐπιβλέπουσα[14] ὁδὸν
Γοφερα ἐπὶ γῆν Σωγαλ, **18** καὶ ἡ μία ἀρχὴ ἐπιβλέπουσα[15] ὁδὸν Βαιθωρων, καὶ ἡ ἀρχὴ
ἡ μία ἐπιβλέπουσα ὁδὸν Γαβεε τὴν εἰσκύπτουσαν[16] ἐπὶ Γαι τὴν Σαβιν.

19 καὶ τέκτων[17] σιδήρου[18] οὐχ εὑρίσκετο ἐν πάσῃ γῇ Ισραηλ, ὅτι εἶπον οἱ ἀλλόφυλοι[19]
Μὴ ποιήσωσιν οἱ Εβραῖοι ῥομφαίαν[20] καὶ δόρυ.[21] **20** καὶ κατέβαινον πᾶς Ισραηλ εἰς
γῆν ἀλλοφύλων[22] χαλκεύειν[23] ἕκαστος τὸ θέριστρον[24] αὐτοῦ καὶ τὸ σκεῦος[25] αὐτοῦ
καὶ ἕκαστος τὴν ἀξίνην[26] αὐτοῦ καὶ τὸ δρέπανον[27] αὐτοῦ. **21** καὶ ἦν ὁ τρυγητὸς[28]
ἕτοιμος[29] τοῦ θερίζειν·[30] τὰ δὲ σκεύη[31] ἦν τρεῖς σίκλοι[32] εἰς τὸν ὀδόντα,[33] καὶ τῇ
ἀξίνῃ[34] καὶ τῷ δρεπάνῳ[35] ὑπόστασις[36] ἦν ἡ αὐτή. **22** καὶ ἐγενήθη ἐν ταῖς ἡμέραις τοῦ

1 ματαιόω, *perf pas ind 3s*, bring to nothing, act foolishly
2 ἐντέλλομαι, *aor mid ind 3s*, command, order
3 ἐντέλλομαι, *fut mid ind 3s*, command, order
4 ἐντέλλομαι, *aor mid ind 3s*, command, order
5 κατάλειμμα, remnant
6 ἀπάντησις, meeting
7 πολεμιστής, warrior
8 ἐπισκέπτομαι, *aor mid ind 3s*, inspect, examine
9 ἑξακόσιοι, six hundred
10 ἀλλόφυλος, foreign, (Philistine)
11 παρεμβάλλω, *plpf act ind 3p*, encamp
12 διαφθείρω, *pres act ptc nom s m*, utterly destroy
13 ἀλλόφυλος, foreign, (Philistine)
14 ἐπιβλέπω, *pres act ptc nom s f*, regard, look attentively
15 ἐπιβλέπω, *pres act ptc nom s f*, regard, look attentively
16 εἰσκύπτω, *pres act ptc acc s f*, overlook
17 τέκτων, workman, smith
18 σίδηρος, iron
19 ἀλλόφυλος, foreign, (Philistine)
20 ῥομφαία, sword
21 δόρυ, spear
22 ἀλλόφυλος, foreign, (Philistine)
23 χαλκεύω, *pres act inf*, forge
24 θέριστρον, hook, reaping tool
25 σκεῦος, equipment
26 ἀξίνη, axe
27 δρέπανον, sickle, pruning knife
28 τρύγητος, harvest, crop
29 ἕτοιμος, ready, ripe
30 θερίζω, *pres act inf*, reap, harvest
31 σκεῦος, equipment, tool
32 σίκλος, shekel, *Heb. LW*
33 ὀδούς, prong, tooth (of a tool)
34 ἀξίνη, axe
35 δρέπανον, sickle, pruning knife
36 ὑπόστασις, plan, undertaking, expectation

πολέμου Μαχεμας καὶ οὐχ εὑρέθη ῥομφαία[1] καὶ δόρυ[2] ἐν χειρὶ παντὸς τοῦ λαοῦ τοῦ
μετὰ Σαουλ καὶ μετὰ Ιωναθαν, καὶ εὑρέθη τῷ Σαουλ καὶ τῷ Ιωναθαν υἱῷ αὐτοῦ.

23 καὶ ἐξῆλθεν ἐξ ὑποστάσεως[3] τῶν ἀλλοφύλων[4] τὴν ἐν τῷ πέραν[5] Μαχεμας.

Israel Routs the Philistines

14 Καὶ γίνεται ἡμέρα καὶ εἶπεν Ιωναθαν υἱὸς Σαουλ τῷ παιδαρίῳ[6] τῷ αἴροντι
τὰ σκεύη[7] αὐτοῦ Δεῦρο[8] καὶ διαβῶμεν[9] εἰς μεσσαβ[10] τῶν ἀλλοφύλων[11] τὴν
ἐν τῷ πέραν[12] ἐκείνῳ· καὶ τῷ πατρὶ αὐτοῦ οὐκ ἀπήγγειλεν. **2** καὶ Σαουλ ἐκάθητο
ἐπ᾽ ἄκρου[13] τοῦ βουνοῦ[14] ὑπὸ τὴν ῥόαν[15] τὴν ἐν Μαγδων, καὶ ἦσαν μετ᾽ αὐτοῦ ὡς
ἑξακόσιοι[16] ἄνδρες· **3** καὶ Αχια υἱὸς Αχιτωβ ἀδελφοῦ Ιωχαβηδ υἱοῦ Φινεες υἱοῦ Ηλι
ἱερεὺς τοῦ θεοῦ ἐν Σηλωμ αἴρων εφουδ.[17] καὶ ὁ λαὸς οὐκ ᾔδει[18] ὅτι πεπόρευται
Ιωναθαν. **4** καὶ ἀνὰ μέσον[19] τῆς διαβάσεως,[20] οὗ[21] ἐζήτει Ιωναθαν διαβῆναι[22] εἰς τὴν
ὑπόστασιν[23] τῶν ἀλλοφύλων,[24] καὶ ἀκρωτήριον[25] πέτρας[26] ἔνθεν[27] καὶ ἀκρωτήριον
πέτρας[28] ἔνθεν,[29] ὄνομα τῷ ἑνὶ Βαζες καὶ ὄνομα τῷ ἄλλῳ Σεννα· **5** ἡ ὁδὸς ἡ μία ἀπὸ
βορρᾶ[30] ἐρχομένῳ Μαχμας καὶ ἡ ὁδὸς ἡ ἄλλη ἀπὸ νότου[31] ἐρχομένῳ Γαβεε.

6 καὶ εἶπεν Ιωναθαν πρὸς τὸ παιδάριον[32] τὸ αἶρον τὰ σκεύη[33] αὐτοῦ Δεῦρο[34] δια-
βῶμεν[35] εἰς μεσσαβ[36] τῶν ἀπεριτμήτων[37] τούτων, εἴ τι ποιήσαι[38] ἡμῖν κύριος· ὅτι οὐκ
ἔστιν τῷ κυρίῳ συνεχόμενον[39] σῴζειν ἐν πολλοῖς ἢ ἐν ὀλίγοις.[40] **7** καὶ εἶπεν αὐτῷ
ὁ αἴρων τὰ σκεύη[41] αὐτοῦ Ποίει πᾶν, ὃ ἐὰν ἡ καρδία σου ἐκκλίνῃ·[42] ἰδοὺ ἐγὼ μετὰ
σοῦ, ὡς ἡ καρδία σοῦ καρδία μοῦ. **8** καὶ εἶπεν Ιωναθαν Ἰδοὺ ἡμεῖς διαβαίνομεν[43]
πρὸς τοὺς ἄνδρας καὶ κατακυλισθησόμεθα[44] πρὸς αὐτούς· **9** ἐὰν τάδε[45] εἴπωσιν

1 ῥομφαία, sword
2 δόρυ, spear
3 ὑπόστασις, support, resistance
4 ἀλλόφυλος, foreign, (Philistine)
5 πέραν, far side
6 παιδάριον, young man, servant
7 σκεῦος, equipment
8 δεῦρο, come!
9 διαβαίνω, *aor act sub 1p*, cross over
10 μεσσαβ, outpost, *translit.*
11 ἀλλόφυλος, foreign, (Philistine)
12 πέραν, other side
13 ἄκρος, top, height
14 βουνός, hill
15 ῥόα, pomegranate tree
16 ἑξακόσιοι, six hundred
17 εφουδ, ephod, *translit.*
18 οἶδα, *plpf act ind 3s*, know
19 ἀνὰ μέσον, between
20 διάβασις, crossing, pass
21 οὗ, where
22 διαβαίνω, *aor act inf*, cross over
23 ὑπόστασις, support, resistance
24 ἀλλόφυλος, foreign, (Philistine)
25 ἀκρωτήριον, mountain peak, promontory
26 πέτρα, rock
27 ἔνθεν, on one side
28 πέτρα, rock
29 ἔνθεν, on the other side
30 βορρᾶς, north
31 νότος, south
32 παιδάριον, young man, servant
33 σκεῦος, equipment
34 δεῦρο, come!
35 διαβαίνω, *aor act sub 1p*, cross over
36 μεσσαβ, outpost, *translit.*
37 ἀπερίτμητος, uncircumcised
38 ποιέω, *aor act opt 3s*, do
39 συνέχω, *pres mid ptc nom s n*, stop, hinder
40 ὀλίγος, few
41 σκεῦος, equipment
42 ἐκκλίνω, *pres act sub 3s*, incline toward
43 διαβαίνω, *pres act ind 1p*, cross over
44 κατακυλίω, *fut pas ind 1p*, come down upon, roll down
45 ὅδε, this

πρὸς ἡμᾶς Ἀπόστητε[1] ἐκεῖ ἕως ἂν ἀπαγγείλωμεν ὑμῖν, καὶ στησόμεθα ἐφ᾽ ἑαυτοῖς
καὶ οὐ μὴ ἀναβῶμεν ἐπ᾽ αὐτούς· **10** καὶ ἐὰν τάδε[2] εἴπωσιν πρὸς ἡμᾶς Ἀνάβητε πρὸς
ἡμᾶς, καὶ ἀναβησόμεθα, ὅτι παραδέδωκεν αὐτοὺς κύριος εἰς τὰς χεῖρας ἡμῶν·
τοῦτο ἡμῖν τὸ σημεῖον. **11** καὶ εἰσῆλθον ἀμφότεροι[3] εἰς μεσσαβ[4] τῶν ἀλλοφύλων·[5]
καὶ λέγουσιν οἱ ἀλλόφυλοι Ἰδοὺ οἱ Εβραῖοι ἐκπορεύονται ἐκ τῶν τρωγλῶν[6] αὐτῶν,
οὗ[7] ἐκρύβησαν[8] ἐκεῖ. **12** καὶ ἀπεκρίθησαν οἱ ἄνδρες μεσσαβ[9] πρὸς Ιωναθαν καὶ πρὸς
τὸν αἴροντα τὰ σκεύη[10] αὐτοῦ καὶ λέγουσιν Ἀνάβητε πρὸς ἡμᾶς, καὶ γνωριοῦμεν[11]
ὑμῖν ῥῆμα. καὶ εἶπεν Ιωναθαν πρὸς τὸν αἴροντα τὰ σκεύη[12] αὐτοῦ Ἀνάβηθι ὀπίσω
μου, ὅτι παρέδωκεν αὐτοὺς κύριος εἰς χεῖρας Ισραηλ. **13** καὶ ἀνέβη Ιωναθαν ἐπὶ τὰς
χεῖρας αὐτοῦ καὶ ἐπὶ τοὺς πόδας αὐτοῦ καὶ ὁ αἴρων τὰ σκεύη[13] αὐτοῦ μετ᾽ αὐτοῦ·
καὶ ἐπέβλεψαν[14] κατὰ πρόσωπον Ιωναθαν, καὶ ἐπάταξεν[15] αὐτούς, καὶ ὁ αἴρων
τὰ σκεύη[16] αὐτοῦ ἐπεδίδου[17] ὀπίσω αὐτοῦ. **14** καὶ ἐγενήθη ἡ πληγὴ[18] ἡ πρώτη, ἣν
ἐπάταξεν[19] Ιωναθαν καὶ ὁ αἴρων τὰ σκεύη[20] αὐτοῦ, ὡς εἴκοσι[21] ἄνδρες ἐν βολίσι[22]
καὶ ἐν πετροβόλοις[23] καὶ ἐν κόχλαξιν[24] τοῦ πεδίου.[25] **15** καὶ ἐγενήθη ἔκστασις[26] ἐν
τῇ παρεμβολῇ[27] καὶ ἐν ἀγρῷ, καὶ πᾶς ὁ λαὸς οἱ ἐν μεσσαβ[28] καὶ οἱ διαφθείροντες[29]
ἐξέστησαν,[30] καὶ αὐτοὶ οὐκ ἤθελον ποιεῖν· καὶ ἐθάμβησεν[31] ἡ γῆ, καὶ ἐγενήθη ἔκστα-
σις παρὰ κυρίου.

16 καὶ εἶδον οἱ σκοποὶ[32] τοῦ Σαουλ ἐν Γαβεε Βενιαμιν καὶ ἰδοὺ ἡ παρεμβολὴ[33]
τεταραγμένη[34] ἔνθεν[35] καὶ ἔνθεν.[36] **17** καὶ εἶπεν Σαουλ τῷ λαῷ τῷ μετ᾽ αὐτοῦ
Ἐπισκέψασθε[37] δὴ[38] καὶ ἴδετε τίς πεπόρευται ἐξ ὑμῶν· καὶ ἐπεσκέψαντο,[39] καὶ
ἰδοὺ οὐχ εὑρίσκετο Ιωναθαν καὶ ὁ αἴρων τὰ σκεύη[40] αὐτοῦ. **18** καὶ εἶπεν Σαουλ

1 ἀφίστημι, *aor act impv 2p*, distance oneself, keep away
2 ὅδε, this
3 ἀμφότεροι, both
4 μεσσαβ, outpost, *translit.*
5 ἀλλόφυλος, foreign, (Philistine)
6 τρώγλη, hole, cave
7 οὗ, where
8 κρύπτω, *aor pas ind 3p*, hide
9 μεσσαβ, outpost, *translit.*
10 σκεῦος, equipment
11 γνωρίζω, *fut act ind 1p*, point out, make known
12 σκεῦος, equipment
13 σκεῦος, equipment
14 ἐπιβλέπω, *aor act ind 3p*, look upon, gaze closely
15 πατάσσω, *aor act ind 3s*, strike, slay
16 σκεῦος, equipment
17 ἐπιδίδωμι, *impf act ind 3s*, supply, deliver
18 πληγή, blow, slaughter
19 πατάσσω, *aor act ind 3s*, inflict, strike
20 σκεῦος, equipment
21 εἴκοσι, twenty
22 βολίς, arrow, javelin
23 πετροβόλος, throwing stone, war engine
24 κόχλαξ, rock, pebble
25 πεδίον, field
26 ἔκστασις, terror, dismay
27 παρεμβολή, camp
28 μεσσαβ, outpost, *translit.*
29 διαφθείρω, *pres act ptc nom p m*, utterly destroy
30 ἐξίστημι, *aor act ind 3p*, be out of one's senses, be astounded
31 θαμβέω, *aor act ind 3s*, be alarmed
32 σκοπός, lookout, watchman
33 παρεμβολή, camp
34 ταράσσω, *perf pas ptc nom s f*, unsettle, confuse
35 ἔνθεν, on one side
36 ἔνθεν, on the other side
37 ἐπισκέπτομαι, *aor mid impv 2p*, examine, inspect
38 δή, now, then
39 ἐπισκέπτομαι, *aor mid ind 3p*, examine, inspect
40 σκεῦος, equipment

τῷ Αχια Προσάγαγε[1] τὸ εφουδ·[2] ὅτι αὐτὸς ἦρεν τὸ εφουδ ἐν τῇ ἡμέρᾳ ἐκείνῃ ἐνώπιον Ισραηλ. **19** καὶ ἐγενήθη ὡς ἐλάλει Σαουλ πρὸς τὸν ἱερέα, καὶ ὁ ἦχος[3] ἐν τῇ παρεμβολῇ[4] τῶν ἀλλοφύλων[5] ἐπορεύετο πορευόμενος καὶ ἐπλήθυνεν·[6] καὶ εἶπεν Σαουλ πρὸς τὸν ἱερέα Συνάγαγε τὰς χεῖράς σου. **20** καὶ ἀνεβόησεν[7] Σαουλ καὶ πᾶς ὁ λαὸς ὁ μετ᾽ αὐτοῦ καὶ ἔρχονται ἕως τοῦ πολέμου, καὶ ἰδοὺ ἐγένετο ῥομφαία[8] ἀνδρὸς ἐπὶ τὸν πλησίον[9] αὐτοῦ, σύγχυσις[10] μεγάλη σφόδρα.[11] **21** καὶ οἱ δοῦλοι οἱ ὄντες ἐχθὲς[12] καὶ τρίτην ἡμέραν μετὰ τῶν ἀλλοφύλων[13] οἱ ἀναβάντες εἰς τὴν παρεμβολὴν[14] ἐπεστράφησαν καὶ αὐτοὶ εἶναι μετὰ Ισραηλ τῶν μετὰ Σαουλ καὶ Ιωναθαν. **22** καὶ πᾶς Ισραηλ οἱ κρυπτόμενοι[15] ἐν τῷ ὄρει Εφραιμ καὶ ἤκουσαν ὅτι πεφεύγασιν[16] οἱ ἀλλόφυλοι,[17] καὶ συνάπτουσιν[18] καὶ αὐτοὶ ὀπίσω αὐτῶν εἰς πόλεμον. **23** καὶ ἔσωσεν κύριος ἐν τῇ ἡμέρᾳ ἐκείνῃ τὸν Ισραηλ.

Καὶ ὁ πόλεμος διῆλθεν τὴν Βαιθων, καὶ πᾶς ὁ λαὸς ἦν μετὰ Σαουλ ὡς δέκα[19] χιλιάδες[20] ἀνδρῶν· καὶ ἦν ὁ πόλεμος διεσπαρμένος[21] εἰς ὅλην τὴν πόλιν ἐν τῷ ὄρει Εφραιμ.

Saul's Foolish Oath

24 καὶ Σαουλ ἠγνόησεν[22] ἄγνοιαν[23] μεγάλην ἐν τῇ ἡμέρᾳ ἐκείνῃ καὶ ἀρᾶται[24] τῷ λαῷ λέγων Ἐπικατάρατος[25] ὁ ἄνθρωπος, ὃς φάγεται ἄρτον ἕως ἑσπέρας,[26] καὶ ἐκδικήσω[27] τὸν ἐχθρόν μου· καὶ οὐκ ἐγεύσατο[28] πᾶς ὁ λαὸς ἄρτου. **25** καὶ πᾶσα ἡ γῆ ἠρίστα.[29] καὶ ιααρ[30] δρυμὸς[31] ἦν μελισσῶνος[32] κατὰ πρόσωπον τοῦ ἀγροῦ, **26** καὶ εἰσῆλθεν ὁ λαὸς εἰς τὸν μελισσῶνα,[33] καὶ ἰδοὺ ἐπορεύετο λαλῶν, καὶ ἰδοὺ οὐκ ἦν ἐπιστρέφων τὴν χεῖρα αὐτοῦ εἰς τὸ στόμα αὐτοῦ, ὅτι ἐφοβήθη ὁ λαὸς τὸν ὅρκον[34] κυρίου. **27** καὶ Ιωναθαν οὐκ ἀκηκόει[35] ἐν τῷ ὁρκίζειν[36] τὸν πατέρα αὐτοῦ τὸν λαόν·

1 προσάγω, *aor act impv 2s*, bring
2 εφουδ, ephod, *translit.*
3 ἦχος, noise, sound
4 παρεμβολή, camp
5 ἀλλόφυλος, foreign, (Philistine)
6 πληθύνω, *aor act ind 3s*, multiply, increase
7 ἀναβοάω, *aor act ind 3s*, cry out
8 ῥομφαία, sword
9 πλησίον, neighbor, companion
10 σύγχυσις, confusion, tumult
11 σφόδρα, exceedingly
12 ἐχθές, yesterday
13 ἀλλόφυλος, foreign, (Philistine)
14 παρεμβολή, camp
15 κρύπτω, *pres mid ptc nom p m*, hide
16 φεύγω, *perf act ind 3p*, flee
17 ἀλλόφυλος, foreign, (Philistine)
18 συνάπτω, *pres act ind 3p*, join together
19 δέκα, ten
20 χιλιάς, thousand
21 διασπείρω, *perf pas ptc nom s m*, spread
22 ἀγνοέω, *aor act ind 3s*, not know, be ignorant
23 ἄγνοια, ignorance
24 ἀράομαι, *pres mid ind 3s*, curse
25 ἐπικατάρατος, cursed
26 ἑσπέρα, evening
27 ἐκδικέω, *fut act ind 1s*, avenge
28 γεύω, *aor mid ind 3s*, taste, eat
29 ἀριστάω, *perf act ind 3s*, eat lunch
30 ιααρ, woods, Iaar?, *translit.*
31 δρυμός, thicket, copse
32 μελισσών, beehive
33 μελισσών, beehive
34 ὅρκος, oath
35 ἀκούω, *plpf act ind 3s*, hear
36 ὁρκίζω, *pres act inf*, cause to swear, adjure

καὶ ἐξέτεινεν[1] τὸ ἄκρον[2] τοῦ σκήπτρου[3] αὐτοῦ τοῦ ἐν τῇ χειρὶ αὐτοῦ καὶ ἔβαψεν[4] αὐτὸ
εἰς τὸ κηρίον[5] τοῦ μέλιτος[6] καὶ ἐπέστρεψεν τὴν χεῖρα αὐτοῦ εἰς τὸ στόμα αὐτοῦ, καὶ
ἀνέβλεψαν[7] οἱ ὀφθαλμοὶ αὐτοῦ. **28** καὶ ἀπεκρίθη εἷς ἐκ τοῦ λαοῦ καὶ εἶπεν Ὁρκίσας[8]
ὥρκισεν[9] ὁ πατήρ σου τὸν λαὸν λέγων Ἐπικατάρατος[10] ὁ ἄνθρωπος, ὃς φάγεται
ἄρτον σήμερον, καὶ ἐξελύθη[11] ὁ λαός. **29** καὶ ἔγνω Ιωναθαν καὶ εἶπεν Ἀπήλλαχεν[12]
ὁ πατήρ μου τὴν γῆν· ἰδὲ δὴ[13] ὅτι εἶδον οἱ ὀφθαλμοί μου, ὅτι ἐγευσάμην[14] βραχὺ[15]
τοῦ μέλιτος[16] τούτου· **30** ἀλλ᾽ ὅτι εἰ ἔφαγεν ἔσθων[17] ὁ λαὸς σήμερον τῶν σκύλων[18]
τῶν ἐχθρῶν αὐτῶν, ὧν εὗρεν, ὅτι νῦν ἂν μείζων[19] ἦν ἡ πληγὴ[20] ἐν τοῖς ἀλλοφύλοις.[21]

31 καὶ ἐπάταξεν[22] ἐν τῇ ἡμέρᾳ ἐκείνῃ ἐκ τῶν ἀλλοφύλων[23] ἐν Μαχεμας, καὶ ἐκο-
πίασεν[24] ὁ λαὸς σφόδρα.[25] **32** καὶ ἐκλίθη[26] ὁ λαὸς εἰς τὰ σκῦλα,[27] καὶ ἔλαβεν ὁ λαὸς
ποίμνια[28] καὶ βουκόλια[29] καὶ τέκνα βοῶν[30] καὶ ἔσφαξεν[31] ἐπὶ τὴν γῆν, καὶ ἤσθιεν
ὁ λαὸς σὺν τῷ αἵματι. **33** καὶ ἀπηγγέλη τῷ Σαουλ λέγοντες Ἡμάρτηκεν ὁ λαὸς
τῷ κυρίῳ φαγὼν σὺν τῷ αἵματι. καὶ εἶπεν Σαουλ ἐν Γεθθεμ Κυλίσατέ[32] μοι λίθον
ἐνταῦθα[33] μέγαν. **34** καὶ εἶπεν Σαουλ Διασπάρητε[34] ἐν τῷ λαῷ καὶ εἴπατε αὐτοῖς
προσαγαγεῖν[35] ἐνταῦθα[36] ἕκαστος τὸν μόσχον[37] αὐτοῦ καὶ ἕκαστος τὸ πρόβατον
αὐτοῦ, καὶ σφαζέτω[38] ἐπὶ τούτου, καὶ οὐ μὴ ἁμάρτητε τῷ κυρίῳ τοῦ ἐσθίειν σὺν
τῷ αἵματι· καὶ προσῆγεν[39] πᾶς ὁ λαὸς ἕκαστος τὸ ἐν τῇ χειρὶ αὐτοῦ καὶ ἔσφαζον[40]
ἐκεῖ. **35** καὶ ᾠκοδόμησεν ἐκεῖ Σαουλ θυσιαστήριον[41] τῷ κυρίῳ· τοῦτο ἤρξατο Σαουλ
οἰκοδομῆσαι θυσιαστήριον τῷ κυρίῳ.

1 ἐκτείνω, *aor act ind 3s*, stretch out
2 ἄκρος, end, tip
3 σκῆπτρον, staff, stick
4 βάπτω, *aor act ind 3s*, dip
5 κηρίον, (wax) comb
6 μέλι, honey
7 ἀναβλέπω, *aor act ind 3p*, recover sight
8 ὁρκίζω, *aor act ptc nom s m*, cause to swear, adjure
9 ὁρκίζω, *aor act ind 3s*, cause to swear, adjure
10 ἐπικατάρατος, cursed
11 ἐκλύω, *aor pas ind 3s*, grow tired, be weary
12 ἀπαλλάσσω, *perf act ind 3s*, destroy, bring to an end
13 δή, now, then
14 γεύω, *aor mid ind 1s*, taste
15 βραχύς, little, small (amount)
16 μέλι, honey
17 ἔσθω, *pres act ptc nom s m*, eat
18 σκῦλον, spoils, plunder
19 μείζων, *comp of* μέγας, greater
20 πληγή, blow, slaughter
21 ἀλλόφυλος, foreign, (Philistine)
22 πατάσσω, *aor act ind 3s*, strike, slay
23 ἀλλόφυλος, foreign, (Philistine)
24 κοπιάω, *aor act ind 3s*, grow tired, be weary
25 σφόδρα, exceedingly
26 κλίνω, *aor pas ind 3s*, pour forth
27 σκῦλον, spoils, plunder
28 ποίμνιον, flock
29 βουκόλιον, herd
30 βοῦς, cow, (*p*) cattle
31 σφάζω, *aor act ind 3s*, slaughter
32 κυλίω, *aor act impv 2p*, roll
33 ἐνταῦθα, here
34 διασπείρω, *aor act impv 2p*, spread out
35 προσάγω, *aor act inf*, bring forward
36 ἐνταῦθα, here
37 μόσχος, calf (for sacrifice)
38 σφάζω, *pres act impv 3s*, slaughter
39 προσάγω, *impf act ind 3s*, bring forward
40 σφάζω, *impf act ind 3p*, slaughter
41 θυσιαστήριον, altar

Jonathan in Danger

36 Καὶ εἶπεν Σαουλ Καταβῶμεν ὀπίσω τῶν ἀλλοφύλων[1] τὴν νύκτα καὶ διαρπάσωμεν[2] ἐν αὐτοῖς, ἕως διαφαύσῃ[3] ἡ ἡμέρα, καὶ μὴ ὑπολίπωμεν[4] ἐν αὐτοῖς ἄνδρα. καὶ εἶπαν Πᾶν τὸ ἀγαθὸν ἐνώπιόν σου ποίει. καὶ εἶπεν ὁ ἱερεύς Προσέλθωμεν ἐνταῦθα[5] πρὸς τὸν θεόν. **37** καὶ ἐπηρώτησεν[6] Σαουλ τὸν θεόν Εἰ καταβῶ ὀπίσω τῶν ἀλλοφύλων;[7] εἰ παραδώσεις αὐτοὺς εἰς χεῖρας Ισραηλ; καὶ οὐκ ἀπεκρίθη αὐτῷ ἐν τῇ ἡμέρᾳ ἐκείνῃ. **38** καὶ εἶπεν Σαουλ Προσαγάγετε[8] ἐνταῦθα[9] πάσας τὰς γωνίας[10] τοῦ Ισραηλ καὶ γνῶτε καὶ ἴδετε ἐν τίνι γέγονεν ἡ ἁμαρτία αὕτη σήμερον· **39** ὅτι ζῇ κύριος ὁ σώσας τὸν Ισραηλ, ὅτι ἐὰν ἀποκριθῇ κατὰ Ιωναθαν τοῦ υἱοῦ μου, θανάτῳ ἀποθανεῖται. καὶ οὐκ ἦν ὁ ἀποκρινόμενος ἐκ παντὸς τοῦ λαοῦ. **40** καὶ εἶπεν παντὶ Ισραηλ Ὑμεῖς ἔσεσθε εἰς δουλείαν,[11] καὶ ἐγὼ καὶ Ιωναθαν ὁ υἱός μου ἐσόμεθα εἰς δουλείαν. καὶ εἶπεν ὁ λαὸς πρὸς Σαουλ Τὸ ἀγαθὸν ἐνώπιόν σου ποίει. **41** καὶ εἶπεν Σαουλ Κύριε ὁ θεὸς Ισραηλ, τί ὅτι οὐκ ἀπεκρίθης τῷ δούλῳ σου σήμερον; εἰ ἐν ἐμοὶ ἢ ἐν Ιωναθαν τῷ υἱῷ μου ἡ ἀδικία,[12] κύριε ὁ θεὸς Ισραηλ, δὸς δήλους·[13] καὶ ἐὰν τάδε[14] εἴπῃς Ἐν τῷ λαῷ σου Ισραηλ, δὸς δὴ[15] ὁσιότητα.[16] καὶ κληροῦται[17] Ιωναθαν καὶ Σαουλ, καὶ ὁ λαὸς ἐξῆλθεν. **42** καὶ εἶπεν Σαουλ Βάλετε[18] ἀνὰ μέσον[19] ἐμοῦ καὶ ἀνὰ μέσον Ιωναθαν τοῦ υἱοῦ μου· ὃν ἂν κατακληρώσηται[20] κύριος, ἀποθανέτω. καὶ εἶπεν ὁ λαὸς πρὸς Σαουλ Οὐκ ἔστιν τὸ ῥῆμα τοῦτο. καὶ κατεκράτησεν[21] Σαουλ τοῦ λαοῦ, καὶ βάλλουσιν[22] ἀνὰ μέσον αὐτοῦ καὶ ἀνὰ μέσον Ιωναθαν τοῦ υἱοῦ αὐτοῦ, καὶ κατακληροῦται[23] Ιωναθαν.

43 καὶ εἶπεν Σαουλ πρὸς Ιωναθαν Ἀπάγγειλόν μοι τί πεποίηκας. καὶ ἀπήγγειλεν αὐτῷ Ιωναθαν καὶ εἶπεν Γευσάμενος[24] ἐγευσάμην[25] ἐν ἄκρῳ[26] τῷ σκήπτρῳ[27] τῷ ἐν τῇ χειρί μου βραχὺ[28] μέλι·[29] ἰδοὺ ἐγὼ ἀποθνῄσκω. **44** καὶ εἶπεν αὐτῷ Σαουλ Τάδε[30] ποιήσαι[31] μοι ὁ θεὸς καὶ τάδε προσθείη,[32] ὅτι θανάτῳ ἀποθανῇ σήμερον. **45** καὶ

1 ἀλλόφυλος, foreign, (Philistine)
2 διαρπάζω, *aor act sub 1p*, plunder, take spoils
3 διαφαύσκω, *aor act sub 3s*, dawn
4 ὑπολείπω, *aor act sub 1p*, leave behind, spare
5 ἐνταῦθα, here
6 ἐπερωτάω, *aor act ind 3s*, consult, inquire of
7 ἀλλόφυλος, foreign, (Philistine)
8 προσάγω, *aor act impv 2p*, approach, come near
9 ἐνταῦθα, here
10 γωνία, corner, (leader)
11 δουλεία, slavery, bondage
12 ἀδικία, unrighteousness, wickedness
13 δῆλος, visible, clear, (Urim)
14 ὅδε, this (here)
15 δή, now, then
16 ὁσιότης, holiness
17 κληρόω, *pres pas ind 3s*, appoint by lot
18 βάλλω, *aor act impv 2p*, cast (lots)
19 ἀνὰ μέσον, between
20 κατακληρόω, *aor mid sub 3s*, appoint by lot
21 κατακρατέω, *aor act ind 3s*, prevail against
22 βάλλω, *pres act ind 3p*, cast (lots)
23 κατακληρόω, *pres pas ind 3s*, select by lot, choose
24 γεύω, *aor mid ptc nom s m*, taste
25 γεύω, *aor mid ind 1s*, taste
26 ἄκρος, end, tip
27 σκῆπτρον, staff, stick
28 βραχύς, little, small (amount)
29 μέλι, honey
30 ὅδε, this
31 ποιέω, *aor act opt 3s*, do
32 προστίθημι, *aor act opt 3s*, increase, add to

εἶπεν ὁ λαὸς πρὸς Σαουλ Εἰ σήμερον θανατωθήσεται[1] ὁ ποιήσας τὴν σωτηρίαν τὴν
μεγάλην ταύτην ἐν Ισραηλ; ζῇ κύριος, εἰ πεσεῖται τῆς τριχὸς[2] τῆς κεφαλῆς αὐτοῦ
ἐπὶ τὴν γῆν· ὅτι ὁ λαὸς τοῦ θεοῦ ἐποίησεν τὴν ἡμέραν ταύτην. καὶ προσηύξατο ὁ
λαὸς περὶ Ιωναθαν ἐν τῇ ἡμέρᾳ ἐκείνῃ, καὶ οὐκ ἀπέθανεν. — **46** καὶ ἀνέβη Σαουλ
ἀπὸ ὄπισθεν[3] τῶν ἀλλοφύλων,[4] καὶ οἱ ἀλλόφυλοι ἀπῆλθον εἰς τὸν τόπον αὐτῶν.

Unrelenting War

47 Καὶ Σαουλ κατακληροῦται[5] ἔργον ἐπὶ Ισραηλ. καὶ ἐπολέμει κύκλῳ[6] πάντας τοὺς
ἐχθροὺς αὐτοῦ, εἰς τὸν Μωαβ καὶ εἰς τοὺς υἱοὺς Αμμων καὶ εἰς τοὺς υἱοὺς Εδωμ καὶ
εἰς τὸν Βαιθεωρ καὶ εἰς βασιλέα Σουβα καὶ εἰς τοὺς ἀλλοφύλους·[7] οὗ[8] ἂν ἐστράφη,[9]
ἐσῴζετο. **48** καὶ ἐποίησεν δύναμιν καὶ ἐπάταξεν[10] τὸν Αμαληκ καὶ ἐξείλατο[11] τὸν
Ισραηλ ἐκ χειρὸς τῶν καταπατούντων[12] αὐτόν.

49 καὶ ἦσαν υἱοὶ Σαουλ Ιωναθαν καὶ Ιεσσιου καὶ Μελχισα· καὶ ὀνόματα τῶν
δύο θυγατέρων[13] αὐτοῦ, ὄνομα τῇ πρωτοτόκῳ[14] Μεροβ, καὶ ὄνομα τῇ δευτέρᾳ
Μελχολ· **50** καὶ ὄνομα τῇ γυναικὶ αὐτοῦ Αχινοομ θυγάτηρ[15] Αχιμαας. καὶ ὄνομα τῷ
ἀρχιστρατήγῳ[16] Αβεννηρ υἱὸς Νηρ υἱοῦ οἰκείου[17] Σαουλ· **51** καὶ Κις πατὴρ Σαουλ
καὶ Νηρ πατὴρ Αβεννηρ υἱὸς Ιαμιν υἱοῦ Αβιηλ.

52 καὶ ἦν ὁ πόλεμος κραταιὸς[18] ἐπὶ τοὺς ἀλλοφύλους[19] πάσας τὰς ἡμέρας Σαουλ, καὶ
ἰδὼν Σαουλ πάντα ἄνδρα δυνατὸν καὶ πάντα ἄνδρα υἱὸν δυνάμεως καὶ συνήγαγεν
αὐτοὺς πρὸς αὐτόν.

Saul Disobediently Defeats the Amalekites

15 Καὶ εἶπεν Σαμουηλ πρὸς Σαουλ Ἐμὲ ἀπέστειλεν κύριος χρῖσαί[20] σε εἰς βασιλέα
ἐπὶ Ισραηλ, καὶ νῦν ἄκουε τῆς φωνῆς κυρίου· **2** τάδε[21] εἶπεν κύριος σαβαωθ[22]
Νῦν ἐκδικήσω[23] ἃ ἐποίησεν Αμαληκ τῷ Ισραηλ, ὡς ἀπήντησεν[24] αὐτῷ ἐν τῇ ὁδῷ
ἀναβαίνοντος αὐτοῦ ἐξ Αἰγύπτου· **3** καὶ νῦν πορεύου καὶ πατάξεις[25] τὸν Αμαληκ καὶ
Ιεριμ καὶ πάντα τὰ αὐτοῦ καὶ οὐ περιποιήσῃ[26] ἐξ αὐτοῦ καὶ ἐξολεθρεύσεις[27] αὐτὸν

1 θανατόω, *fut pas ind 3s*, kill
2 θρίξ, hair
3 ὄπισθε(ν), behind, after
4 ἀλλόφυλος, foreign, (Philistine)
5 κατακληρόω, *pres mid ind 3s*, receive by lot
6 κύκλῳ, all around
7 ἀλλόφυλος, foreign, (Philistine)
8 οὗ, where
9 στρέφω, *aor pas ind 3s*, turn
10 πατάσσω, *aor act ind 3s*, strike, slay
11 ἐξαιρέω, *aor mid ind 3s*, deliver, set free
12 καταπατέω, *pres act ptc gen p m*, trample upon, oppress
13 θυγάτηρ, daughter
14 πρωτότοκος, firstborn
15 θυγάτηρ, daughter
16 ἀρχιστράτηγος, commander, chief captain
17 οἰκεῖος, near kin, of the same family
18 κραταιός, severe, vehement
19 ἀλλόφυλος, foreign, (Philistine)
20 χρίω, *aor act inf*, anoint
21 ὅδε, this
22 σαβαωθ, of hosts, *translit.*
23 ἐκδικέω, *fut act ind 1s*, avenge, punish
24 ἀπαντάω, *aor act ind 3s*, meet, encounter
25 πατάσσω, *fut act ind 2s*, strike, slay
26 περιποιέω, *fut mid ind 2s*, preserve alive
27 ἐξολεθρεύω, *fut act ind 2s*, utterly destroy

καὶ ἀναθεματιεῖς[1] αὐτὸν καὶ πάντα τὰ αὐτοῦ καὶ οὐ φείσῃ[2] ἀπ᾽ αὐτοῦ καὶ ἀποκτενεῖς
ἀπὸ ἀνδρὸς καὶ ἕως γυναικὸς καὶ ἀπὸ νηπίου[3] ἕως θηλάζοντος[4] καὶ ἀπὸ μόσχου[5]
ἕως προβάτου καὶ ἀπὸ καμήλου[6] ἕως ὄνου.[7]

4 καὶ παρήγγειλεν[8] Σαουλ τῷ λαῷ καὶ ἐπισκέπτεται[9] αὐτοὺς ἐν Γαλγαλοις τετρα-
κοσίας[10] χιλιάδας[11] ταγμάτων[12] καὶ τὸν Ιουδαν τριάκοντα[13] χιλιάδας ταγμάτων. **5** καὶ
ἦλθεν Σαουλ ἕως τῶν πόλεων Αμαληκ καὶ ἐνήδρευσεν[14] ἐν τῷ χειμάρρῳ.[15] **6** καὶ
εἶπεν Σαουλ πρὸς τὸν Κιναῖον Ἄπελθε καὶ ἔκκλινον[16] ἐκ μέσου τοῦ Αμαληκίτου,
μὴ προσθῶ[17] σε μετ᾽ αὐτοῦ, καὶ σὺ ἐποίησας ἔλεος[18] μετὰ τῶν υἱῶν Ισραηλ ἐν τῷ
ἀναβαίνειν αὐτοὺς ἐξ Αἰγύπτου· καὶ ἐξέκλινεν[19] ὁ Κιναῖος ἐκ μέσου Αμαληκ. **7** καὶ
ἐπάταξεν[20] Σαουλ τὸν Αμαληκ ἀπὸ Ευιλατ ἕως Σουρ ἐπὶ προσώπου Αἰγύπτου. **8** καὶ
συνέλαβεν[21] τὸν Αγαγ βασιλέα Αμαληκ ζῶντα καὶ πάντα τὸν λαὸν Ιεριμ ἀπέκτεινεν
ἐν στόματι ῥομφαίας.[22] **9** καὶ περιεποιήσατο[23] Σαουλ καὶ πᾶς ὁ λαὸς τὸν Αγαγ ζῶντα
καὶ τὰ ἀγαθὰ τῶν ποιμνίων[24] καὶ τῶν βουκολίων[25] καὶ τῶν ἐδεσμάτων[26] καὶ τῶν
ἀμπελώνων[27] καὶ πάντων τῶν ἀγαθῶν καὶ οὐκ ἐβούλετο αὐτὰ ἐξολεθρεῦσαι·[28] καὶ
πᾶν ἔργον ἠτιμωμένον[29] καὶ ἐξουδενωμένον[30] ἐξωλέθρευσαν.[31]

Saul Rejected as King

10 Καὶ ἐγενήθη ῥῆμα κυρίου πρὸς Σαμουηλ λέγων **11** Παρακέκλημαι ὅτι ἐβασί-
λευσα[32] τὸν Σαουλ εἰς βασιλέα, ὅτι ἀπέστρεψεν[33] ἀπὸ ὄπισθέν[34] μου καὶ τοὺς λόγους
μου οὐκ ἐτήρησεν.[35] καὶ ἠθύμησεν[36] Σαμουηλ καὶ ἐβόησεν[37] πρὸς κύριον ὅλην τὴν

1 ἀναθεματίζω, *fut act ind 2s*, curse, devote to destruction
2 φείδομαι, *fut mid ind 2s*, spare
3 νήπιος, infant, child
4 θηλάζω, *pres act ptc gen s m*, nurse
5 μόσχος, calf
6 κάμηλος, camel
7 ὄνος, donkey
8 παραγγέλλω, *aor act ind 3s*, instruct, direct
9 ἐπισκέπτομαι, *pres mid ind 3s*, inspect, examine
10 τετρακόσιοι, four hundred
11 χιλιάς, thousand
12 τάγμα, division, troop
13 τριάκοντα, thirty
14 ἐνεδρεύω, *aor act ind 3s*, lie in wait for
15 χείμαρρος, brook
16 ἐκκλίνω, *aor act impv 2s*, turn aside
17 προστίθημι, *aor act sub 1s*, add
18 ἔλεος, mercy, pity
19 ἐκκλίνω, *aor act ind 3s*, turn aside, depart from
20 πατάσσω, *aor act ind 3s*, strike, slay
21 συλλαμβάνω, *aor act ind 3s*, catch, take hold of
22 ῥομφαία, sword
23 περιποιέω, *aor mid ind 3s*, preserve alive
24 ποίμνιον, flock
25 βουκόλιον, herd
26 ἔδεσμα, delicacies, select food
27 ἀμπελών, vineyard
28 ἐξολεθρεύω, *aor act inf*, utterly destroy
29 ἀτιμόω, *perf pas ptc acc s n*, disgrace, shame
30 ἐξουδενόω, *pres pas ptc acc s n*, disdain, treat with scorn
31 ἐξολεθρεύω, *aor act ind 3p*, utterly destroy
32 βασιλεύω, *aor act ind 1s*, reign as king
33 ἀποστρέφω, *aor act ind 3s*, turn away, turn back
34 ὄπισθε(ν), behind, following
35 τηρέω, *aor act ind 3s*, keep
36 ἀθυμέω, *aor act ind 3s*, be discouraged
37 βοάω, *aor act ind 3s*, cry out

νύκτα. **12** καὶ ὤρθρισεν[1] Σαμουηλ καὶ ἐπορεύθη εἰς ἀπάντησιν[2] Ισραηλ πρωί.[3] καὶ ἀπηγγέλη τῷ Σαμουηλ λέγοντες Ἥκει[4] Σαουλ εἰς Κάρμηλον καὶ ἀνέστακεν αὐτῷ χεῖρα καὶ ἐπέστρεψεν τὸ ἅρμα.[5] καὶ κατέβη εἰς Γαλγαλα πρὸς Σαουλ, καὶ ἰδοὺ αὐτὸς ἀνέφερεν[6] ὁλοκαύτωσιν[7] τῷ κυρίῳ τὰ πρῶτα τῶν σκύλων,[8] ὧν ἤνεγκεν ἐξ Αμαληκ.
13 καὶ παρεγένετο Σαμουηλ πρὸς Σαουλ, καὶ εἶπεν αὐτῷ Σαουλ Εὐλογητὸς[9] σὺ τῷ κυρίῳ· ἔστησα πάντα, ὅσα ἐλάλησεν κύριος. **14** καὶ εἶπεν Σαμουηλ Καὶ τίς ἡ φωνὴ τοῦ ποιμνίου[10] τούτου ἐν τοῖς ὠσίν μου καὶ φωνὴ τῶν βοῶν,[11] ὧν ἐγὼ ἀκούω; **15** καὶ εἶπεν Σαουλ Ἐξ Αμαληκ ἤνεγκα αὐτά, ἃ περιεποιήσατο[12] ὁ λαός, τὰ κράτιστα[13] τοῦ ποιμνίου[14] καὶ τῶν βοῶν,[15] ὅπως τυθῇ[16] τῷ κυρίῳ θεῷ σου, καὶ τὰ λοιπὰ ἐξωλέθρευσα.[17] **16** καὶ εἶπεν Σαμουηλ πρὸς Σαουλ Ἄνες[18] καὶ ἀπαγγελῶ σοι ἃ ἐλάλησεν κύριος πρός με τὴν νύκτα· καὶ εἶπεν αὐτῷ Λάλησον.

17 καὶ εἶπεν Σαμουηλ πρὸς Σαουλ Οὐχὶ μικρὸς σὺ εἶ ἐνώπιον αὐτοῦ ἡγούμενος[19] σκήπτρου[20] φυλῆς Ισραηλ; καὶ ἔχρισέν[21] σε κύριος εἰς βασιλέα ἐπὶ Ισραηλ. **18** καὶ ἀπέστειλέν σε κύριος ἐν ὁδῷ καὶ εἶπέν σοι Πορεύθητι καὶ ἐξολέθρευσον[22] τοὺς ἁμαρτάνοντας εἰς ἐμέ, τὸν Αμαληκ, καὶ πολεμήσεις αὐτούς, ἕως συντελέσῃς[23] αὐτούς. **19** καὶ ἵνα τί οὐκ ἤκουσας τῆς φωνῆς κυρίου, ἀλλ᾽ ὥρμησας[24] τοῦ θέσθαι ἐπὶ τὰ σκῦλα[25] καὶ ἐποίησας τὸ πονηρὸν ἐνώπιον κυρίου;

20 καὶ εἶπεν Σαουλ πρὸς Σαμουηλ Διὰ τὸ ἀκοῦσαί με τῆς φωνῆς τοῦ λαοῦ· καὶ ἐπορεύθην ἐν τῇ ὁδῷ, ᾗ ἀπέστειλέν με κύριος, καὶ ἤγαγον τὸν Αγαγ βασιλέα Αμαληκ καὶ τὸν Αμαληκ ἐξωλέθρευσα·[26] **21** καὶ ἔλαβεν ὁ λαὸς τῶν σκύλων[27] ποίμνια[28] καὶ βουκόλια,[29] τὰ πρῶτα τοῦ ἐξολεθρεύματος,[30] θῦσαι[31] ἐνώπιον κυρίου θεοῦ ἡμῶν ἐν Γαλγαλοις. **22** καὶ εἶπεν Σαμουηλ

Εἰ θελητὸν[32] τῷ κυρίῳ ὁλοκαυτώματα[33] καὶ θυσίαι[34]
ὡς τὸ ἀκοῦσαι φωνῆς κυρίου;

1 ὀρθρίζω, *aor act ind 3s*, rise early
2 ἀπάντησις, meeting
3 πρωί, (in the) morning
4 ἥκω, *pres act ind 3s*, have come
5 ἅρμα, chariot
6 ἀναφέρω, *impf act ind 3s*, offer up
7 ὁλοκαύτωσις, whole burnt offering
8 σκῦλον, spoils, plunder
9 εὐλογητός, blessed
10 ποίμνιον, flock
11 βοῦς, ox, (*p*) oxen
12 περιποιέω, *aor mid ind 3s*, preserve alive
13 κράτιστος, *sup of* ἀγαθός, best, most excellent
14 ποίμνιον, flock
15 βοῦς, ox, (*p*) oxen
16 θύω, *aor pas sub 3s*, offer, sacrifice
17 ἐξολεθρεύω, *aor act ind 1s*, utterly destroy
18 ἀνίημι, *aor act impv 2s*, cease, stop
19 ἡγέομαι, *pres mid ptc nom s m*, lead
20 σκῆπτρον, (tribe), scepter
21 χρίω, *aor act ind 3s*, anoint
22 ἐξολεθρεύω, *aor act impv 2s*, utterly destroy
23 συντελέω, *aor act sub 2s*, consume, bring to an end
24 ὁρμάω, *aor act ind 2s*, hasten, rush
25 σκῦλον, spoils, plunder
26 ἐξολεθρεύω, *aor act ind 1s*, utterly destroy
27 σκῦλον, spoils, plunder
28 ποίμνιον, flock
29 βουκόλιον, herd
30 ἐξολέθρευμα, utterly destroyed
31 θύω, *aor act inf*, offer, sacrifice
32 θελητός, desired
33 ὁλοκαύτωμα, whole burnt offering
34 θυσία, sacrifice

ἰδοὺ ἀκοὴ[1] ὑπὲρ θυσίαν ἀγαθὴ
καὶ ἡ ἐπακρόασις[2] ὑπὲρ στέαρ[3] κριῶν·[4]
23 ὅτι ἁμαρτία οἰώνισμά[5] ἐστιν,
ὀδύνην[6] καὶ πόνους[7] θεραφιν[8] ἐπάγουσιν·[9]
ὅτι ἐξουδένωσας[10] τὸ ῥῆμα κυρίου,
καὶ ἐξουδενώσει[11] σε κύριος μὴ εἶναι βασιλέα ἐπὶ Ισραηλ.

24 καὶ εἶπεν Σαουλ πρὸς Σαμουηλ Ἡμάρτηκα ὅτι παρέβην[12] τὸν λόγον κυρίου καὶ
τὸ ῥῆμά σου, ὅτι ἐφοβήθην τὸν λαὸν καὶ ἤκουσα τῆς φωνῆς αὐτῶν· **25** καὶ νῦν
ἆρον δὴ[13] τὸ ἁμάρτημά[14] μου καὶ ἀνάστρεψον[15] μετ᾽ ἐμοῦ, καὶ προσκυνήσω κυρίῳ
τῷ θεῷ σου. **26** καὶ εἶπεν Σαμουηλ πρὸς Σαουλ Οὐκ ἀναστρέφω[16] μετὰ σοῦ, ὅτι
ἐξουδένωσας[17] τὸ ῥῆμα κυρίου, καὶ ἐξουδενώσει[18] σε κύριος τοῦ μὴ εἶναι βασιλέα
ἐπὶ τὸν Ισραηλ. **27** καὶ ἀπέστρεψεν[19] Σαμουηλ τὸ πρόσωπον αὐτοῦ τοῦ ἀπελθεῖν.
καὶ ἐκράτησεν Σαουλ τοῦ πτερυγίου[20] τῆς διπλοΐδος[21] αὐτοῦ καὶ διέρρηξεν[22] αὐτό·
28 καὶ εἶπεν πρὸς αὐτὸν Σαμουηλ Διέρρηξεν[23] κύριος τὴν βασιλείαν Ισραηλ ἐκ
χειρός σου σήμερον καὶ δώσει αὐτὴν τῷ πλησίον[24] σου τῷ ἀγαθῷ ὑπὲρ σέ· **29** καὶ
διαιρεθήσεται[25] Ισραηλ εἰς δύο, καὶ οὐκ ἀποστρέψει[26] οὐδὲ μετανοήσει,[27] ὅτι
οὐχ ὡς ἄνθρωπός ἐστιν τοῦ μετανοῆσαι[28] αὐτός. **30** καὶ εἶπεν Σαουλ Ἡμάρτηκα,
ἀλλὰ δόξασόν με δὴ[29] ἐνώπιον πρεσβυτέρων Ισραηλ καὶ ἐνώπιον λαοῦ μου καὶ
ἀνάστρεψον[30] μετ᾽ ἐμοῦ, καὶ προσκυνήσω τῷ κυρίῳ θεῷ σου. **31** καὶ ἀνέστρεψεν[31]
Σαμουηλ ὀπίσω Σαουλ, καὶ προσεκύνησεν τῷ κυρίῳ.

32 καὶ εἶπεν Σαμουηλ Προσαγάγετέ[32] μοι τὸν Αγαγ βασιλέα Αμαληκ. καὶ προσῆλθεν
πρὸς αὐτὸν Αγαγ τρέμων,[33] καὶ εἶπεν Αγαγ Εἰ οὕτως πικρὸς[34] ὁ θάνατος; **33** καὶ

1 ἀκοή, hearing
2 ἐπακρόασις, obedience
3 στέαρ, fat
4 κριός, ram
5 οἰώνισμα, omen from birds
6 ὀδύνη, grief, pain
7 πόνος, toil, affliction
8 θεραφιν, teraphim, idols, *translit.*
9 ἐπάγω, *pres act ind 3p*, bring upon
10 ἐξουδενόω, *aor act ind 2s*, disdain, despise
11 ἐξουδενόω, *fut act ind 3s*, disdain, despise
12 παραβαίνω, *aor act ind 1s*, go aside, transgress
13 δή, now, then
14 ἁμάρτημα, offense, sin
15 ἀναστρέφω, *aor act impv 2s*, turn back, return
16 ἀναστρέφω, *pres act ind 1s*, turn back, return
17 ἐξουδενόω, *aor act ind 2s*, disdain, despise
18 ἐξουδενόω, *fut act ind 3s*, disdain, despise
19 ἀποστρέφω, *aor act ind 3s*, turn away
20 πτερυγίον, end, edge
21 διπλοΐς, double cloak
22 διαρρήγνυμι, *aor act ind 3s*, tear
23 διαρρήγνυμι, *aor act ind 3s*, tear
24 πλησίον, neighbor
25 διαιρέω, *fut pas ind 3s*, divide, separate
26 ἀποστρέφω, *fut act ind 3s*, turn back
27 μετανοέω, *fut act ind 3s*, change one's mind, repent
28 μετανοέω, *aor act inf*, change one's mind, repent
29 δή, now, then
30 ἀναστρέφω, *aor act impv 2s*, return, turn back
31 ἀναστρέφω, *aor act ind 3s*, return, turn back
32 προσάγω, *aor act impv 2p*, bring to
33 τρέμω, *pres act ptc nom s m*, tremble, shake
34 πικρός, bitter

εἶπεν Σαμουηλ πρὸς Αγαγ Καθότι[1] ἠτέκνωσεν[2] γυναῖκας ἡ ῥομφαία[3] σου, οὕτως ἀτεκνωθήσεται[4] ἐκ γυναικῶν ἡ μήτηρ σου. καὶ ἔσφαξεν[5] Σαμουηλ τὸν Αγαγ ἐνώπιον κυρίου ἐν Γαλγαλ.

34 καὶ ἀπῆλθεν Σαμουηλ εἰς Αρμαθαιμ, καὶ Σαουλ ἀνέβη εἰς τὸν οἶκον αὐτοῦ εἰς Γαβαα. **35** καὶ οὐ προσέθετο[6] Σαμουηλ ἔτι ἰδεῖν τὸν Σαουλ ἕως ἡμέρας θανάτου αὐτοῦ, ὅτι ἐπένθει[7] Σαμουηλ ἐπὶ Σαουλ· καὶ κύριος μετεμελήθη[8] ὅτι ἐβασίλευσεν[9] τὸν Σαουλ ἐπὶ Ισραηλ.

David Anointed as King

16 Καὶ εἶπεν κύριος πρὸς Σαμουηλ Ἕως πότε[10] σὺ πενθεῖς[11] ἐπὶ Σαουλ, κἀγὼ[12] ἐξουδένωκα[13] αὐτὸν μὴ βασιλεύειν[14] ἐπὶ Ισραηλ; πλῆσον[15] τὸ κέρας[16] σου ἐλαίου,[17] καὶ δεῦρο[18] ἀποστείλω σε πρὸς Ιεσσαι ἕως εἰς Βηθλεεμ, ὅτι ἑόρακα ἐν τοῖς υἱοῖς αὐτοῦ ἐμοὶ βασιλεύειν.[19] **2** καὶ εἶπεν Σαμουηλ Πῶς πορευθῶ; καὶ ἀκούσεται Σαουλ καὶ ἀποκτενεῖ με. καὶ εἶπεν κύριος Δάμαλιν[20] βοῶν[21] λαβὲ ἐν τῇ χειρί σου καὶ ἐρεῖς Θῦσαι[22] τῷ κυρίῳ ἥκω·[23] **3** καὶ καλέσεις τὸν Ιεσσαι εἰς τὴν θυσίαν,[24] καὶ γνωριῶ[25] σοι ἃ ποιήσεις, καὶ χρίσεις[26] ὃν ἐὰν εἴπω πρὸς σέ. **4** καὶ ἐποίησεν Σαμουηλ πάντα, ἃ ἐλάλησεν αὐτῷ κύριος, καὶ ἦλθεν εἰς Βηθλεεμ. καὶ ἐξέστησαν[27] οἱ πρεσβύτεροι τῆς πόλεως τῇ ἀπαντήσει[28] αὐτοῦ καὶ εἶπαν Εἰρήνη ἡ εἴσοδός[29] σου, ὁ βλέπων; **5** καὶ εἶπεν Εἰρήνη· θῦσαι[30] τῷ κυρίῳ ἥκω,[31] ἁγιάσθητε[32] καὶ εὐφράνθητε[33] μετ᾽ ἐμοῦ σήμερον. καὶ ἡγίασεν[34] τὸν Ιεσσαι καὶ τοὺς υἱοὺς αὐτοῦ καὶ ἐκάλεσεν αὐτοὺς εἰς τὴν θυσίαν.[35]

6 καὶ ἐγενήθη ἐν τῷ αὐτοὺς εἰσιέναι[36] καὶ εἶδεν τὸν Ελιαβ καὶ εἶπεν Ἀλλὰ καὶ ἐνώπιον κυρίου χριστὸς αὐτοῦ. **7** καὶ εἶπεν κύριος πρὸς Σαμουηλ Μὴ ἐπιβλέψῃς[37]

1 καθότι, as
2 ἀτεκνόω, *aor act ind 3s*, make childless
3 ῥομφαία, sword
4 ἀτεκνόω, *fut pas ind 3s*, make childless
5 σφάζω, *aor act ind 3s*, slay
6 προστίθημι, *aor mid ind 3s*, continue
7 πενθέω, *impf act ind 3s*, mourn
8 μεταμελέω, *aor pas ind 3s*, regret, be very sorry
9 βασιλεύω, *aor act ind 3s*, reign as king
10 πότε, how long
11 πενθέω, *pres act ind 2s*, mourn
12 κἀγώ, and I, *cr.* καὶ ἐγώ
13 ἐξουδενόω, *perf act ind 1s*, despise, reject
14 βασιλεύω, *pres act inf*, reign as king
15 πίμπλημι, *aor act impv 2s*, fill
16 κέρας, horn
17 ἔλαιον, oil
18 δεῦρο, come!
19 βασιλεύω, *pres act inf*, reign as king
20 δάμαλις, young cow
21 βοῦς, cow, (*p*) cattle
22 θύω, *aor act inf*, offer, sacrifice
23 ἥκω, *pres act ind 1s*, have come
24 θυσία, sacrifice
25 γνωρίζω, *fut act ind 1s*, make known
26 χρίω, *fut act ind 2s*, anoint
27 ἐξίστημι, *aor act ind 3p*, be amazed, be astounded
28 ἀπάντησις, meeting
29 εἴσοδος, entrance
30 θύω, *aor act inf*, sacrifice
31 ἥκω, *pres act ind 1s*, have come
32 ἁγιάζω, *aor pas impv 2p*, sanctify, consecrate
33 εὐφραίνω, *aor pas impv 2p*, rejoice, be glad
34 ἁγιάζω, *aor act ind 3s*, sanctify, consecrate
35 θυσία, sacrifice
36 εἴσειμι, *pres act inf*, go in, enter
37 ἐπιβλέπω, *aor act sub 2s*, look on

ἐπὶ τὴν ὄψιν[1] αὐτοῦ μηδὲ εἰς τὴν ἕξιν[2] μεγέθους[3] αὐτοῦ, ὅτι ἐξουδένωκα[4] αὐτόν· ὅτι οὐχ ὡς ἐμβλέψεται[5] ἄνθρωπος, ὄψεται ὁ θεός, ὅτι ἄνθρωπος ὄψεται εἰς πρόσωπον, ὁ δὲ θεὸς ὄψεται εἰς καρδίαν.
8 καὶ ἐκάλεσεν Ιεσσαι τὸν Αμιναδαβ, καὶ παρῆλθεν[6] κατὰ πρόσωπον Σαμουηλ· καὶ εἶπεν Οὐδὲ τοῦτον ἐξελέξατο[7] κύριος.
9 καὶ παρήγαγεν[8] Ιεσσαι τὸν Σαμα· καὶ εἶπεν Καὶ ἐν τούτῳ οὐκ ἐξελέξατο[9] κύριος.
10 καὶ παρήγαγεν[10] Ιεσσαι τοὺς ἑπτὰ υἱοὺς αὐτοῦ ἐνώπιον Σαμουηλ· καὶ εἶπεν Σαμουηλ Οὐκ ἐξελέξατο[11] κύριος ἐν τούτοις.
11 καὶ εἶπεν Σαμουηλ πρὸς Ιεσσαι Ἐκλελοίπασιν[12] τὰ παιδάρια;[13] καὶ εἶπεν Ἔτι ὁ μικρὸς ἰδοὺ ποιμαίνει[14] ἐν τῷ ποιμνίῳ.[15] καὶ εἶπεν Σαμουηλ πρὸς Ιεσσαι Ἀπόστειλον καὶ λαβὲ αὐτόν, ὅτι οὐ μὴ κατακλιθῶμεν[16] ἕως τοῦ ἐλθεῖν αὐτόν.
12 καὶ ἀπέστειλεν καὶ εἰσήγαγεν[17] αὐτόν· καὶ οὗτος πυρράκης[18] μετὰ κάλλους ὀφθαλμῶν καὶ ἀγαθὸς ὁράσει[19] κυρίῳ· καὶ εἶπεν κύριος πρὸς Σαμουηλ Ἀνάστα καὶ χρῖσον[20] τὸν Δαυιδ, ὅτι οὗτος ἀγαθός ἐστιν.
13 καὶ ἔλαβεν Σαμουηλ τὸ κέρας[21] τοῦ ἐλαίου[22] καὶ ἔχρισεν[23] αὐτὸν ἐν μέσῳ τῶν ἀδελφῶν αὐτοῦ, καὶ ἐφήλατο[24] πνεῦμα κυρίου ἐπὶ Δαυιδ ἀπὸ τῆς ἡμέρας ἐκείνης καὶ ἐπάνω.[25] καὶ ἀνέστη Σαμουηλ καὶ ἀπῆλθεν εἰς Αρμαθαιμ.

David Plays for Saul

14 Καὶ πνεῦμα κυρίου ἀπέστη[26] ἀπὸ Σαουλ, καὶ ἔπνιγεν[27] αὐτὸν πνεῦμα πονηρὸν παρὰ κυρίου.
15 καὶ εἶπαν οἱ παῖδες[28] Σαουλ πρὸς αὐτὸν Ἰδοὺ δὴ[29] πνεῦμα κυρίου πονηρὸν πνίγει[30] σε·
16 εἰπάτωσαν δὴ[31] οἱ δοῦλοί σου ἐνώπιόν σου καὶ ζητησάτωσαν τῷ κυρίῳ ἡμῶν ἄνδρα εἰδότα ψάλλειν[32] ἐν κινύρᾳ,[33] καὶ ἔσται ἐν τῷ εἶναι πνεῦμα πονηρὸν ἐπὶ σοὶ καὶ ψαλεῖ[34] ἐν τῇ κινύρᾳ αὐτοῦ, καὶ ἀγαθόν σοι ἔσται, καὶ ἀναπαύσει[35] σε.
17 καὶ

1 ὄψις, appearance
2 ἕξις, maturity, state
3 μέγεθος, size
4 ἐξουδενόω, *perf act ind 1s*, despise, reject
5 ἐμβλέπω, *fut mid ind 3s*, look on
6 παρέρχομαι, *aor act ind 3s*, pass before
7 ἐκλέγω, *aor mid ind 3s*, choose, select
8 παράγω, *aor act ind 3s*, bring in, introduce
9 ἐκλέγω, *aor mid ind 3s*, choose, select
10 παράγω, *aor act ind 3s*, bring in, introduce
11 ἐκλέγω, *aor mid ind 3s*, choose, select
12 ἐκλείπω, *perf act ind 3p*, come to an end, be gone
13 παιδάριον, young man
14 ποιμαίνω, *pres act ind 3s*, shepherd, tend
15 ποίμνιον, flock
16 κατακλίνω, *aor pas sub 1p*, recline, sit down
17 εἰσάγω, *aor act ind 3s*, bring in, introduce
18 πυρράκης, red person, ruddy person
19 ὅρασις, appearance
20 χρίω, *aor act impv 2s*, anoint
21 κέρας, horn
22 ἔλαιον, oil
23 χρίω, *aor act ind 3s*, anoint
24 ἐφάλλομαι, *aor mid ind 3s*, leap upon, spring upon
25 ἐπάνω, further, on
26 ἀφίστημι, *aor act ind 3s*, withdraw, distance oneself
27 πνίγω, *impf act ind 3s*, strangle, choke
28 παῖς, servant
29 δή, now, then
30 πνίγω, *pres act ind 3s*, strangle, choke
31 δή, now
32 ψάλλω, *pres act inf*, play music, sing (with an instrument)
33 κινύρα, lyre, stringed instrument, *translit.*
34 ψάλλω, *fut act ind 3s*, play music, sing (with an instrument)
35 ἀναπαύω, *fut act ind 3s*, revive, refresh

εἶπεν Σαουλ πρὸς τοὺς παῖδας[1] αὐτοῦ Ἴδετε δή[2] μοι ἄνδρα ὀρθῶς[3] ψάλλοντα[4] καὶ εἰσαγάγετε[5] αὐτὸν πρὸς ἐμέ. **18** καὶ ἀπεκρίθη εἷς τῶν παιδαρίων[6] αὐτοῦ καὶ εἶπεν Ἰδοὺ ἑόρακα υἱὸν τῷ Ιεσσαι Βηθλεεμίτην καὶ αὐτὸν εἰδότα ψαλμόν,[7] καὶ ὁ ἀνὴρ συνετός,[8] καὶ ὁ ἀνὴρ πολεμιστὴς[9] καὶ σοφὸς[10] λόγῳ καὶ ἀνὴρ ἀγαθὸς τῷ εἴδει,[11] καὶ κύριος μετ᾽ αὐτοῦ. **19** καὶ ἀπέστειλεν Σαουλ ἀγγέλους πρὸς Ιεσσαι λέγων Ἀπόστειλον πρός με τὸν υἱόν σου Δαυιδ τὸν ἐν τῷ ποιμνίῳ[12] σου. **20** καὶ ἔλαβεν Ιεσσαι γομορ[13] ἄρτων καὶ ἀσκὸν[14] οἴνου καὶ ἔριφον[15] αἰγῶν[16] ἕνα καὶ ἐξαπέστειλεν[17] ἐν χειρὶ Δαυιδ τοῦ υἱοῦ αὐτοῦ πρὸς Σαουλ. **21** καὶ εἰσῆλθεν Δαυιδ πρὸς Σαουλ καὶ παρειστήκει[18] ἐνώπιον αὐτοῦ· καὶ ἠγάπησεν αὐτὸν σφόδρα,[19] καὶ ἐγενήθη αὐτῷ αἴρων τὰ σκεύη[20] αὐτοῦ. **22** καὶ ἀπέστειλεν Σαουλ πρὸς Ιεσσαι λέγων Παριστάσθω[21] δὴ[22] Δαυιδ ἐνώπιον ἐμοῦ, ὅτι εὗρεν χάριν ἐν ὀφθαλμοῖς μου. **23** καὶ ἐγενήθη ἐν τῷ εἶναι πνεῦμα πονηρὸν ἐπὶ Σαουλ καὶ ἐλάμβανεν Δαυιδ τὴν κινύραν[23] καὶ ἔψαλλεν[24] ἐν τῇ χειρὶ αὐτοῦ, καὶ ἀνέψυχεν[25] Σαουλ, καὶ ἀγαθὸν αὐτῷ, καὶ ἀφίστατο[26] ἀπ᾽ αὐτοῦ τὸ πνεῦμα τὸ πονηρόν.

David and Goliath

17 Καὶ συνάγουσιν ἀλλόφυλοι[27] τὰς παρεμβολὰς[28] αὐτῶν εἰς πόλεμον καὶ συνάγονται εἰς Σοκχωθ τῆς Ιουδαίας καὶ παρεμβάλλουσιν[29] ἀνὰ μέσον[30] Σοκχωθ καὶ ἀνὰ μέσον Αζηκα ἐν Εφερμεμ. **2** καὶ Σαουλ καὶ οἱ ἄνδρες Ισραηλ συνάγονται καὶ παρεμβάλλουσιν[31] ἐν τῇ κοιλάδι·[32] αὐτοὶ παρατάσσονται[33] εἰς πόλεμον ἐξ ἐναντίας[34] ἀλλοφύλων.[35] **3** καὶ ἀλλόφυλοι[36] ἵστανται ἐπὶ τοῦ ὄρους ἐνταῦθα,[37] καὶ Ισραηλ ἵσταται ἐπὶ τοῦ ὄρους ἐνταῦθα,[38] καὶ ὁ αὐλὼν[39] ἀνὰ μέσον[40] αὐτῶν. **4** καὶ

1 παῖς, servant
2 δή, now
3 ὀρθῶς, rightly, well
4 ψάλλω, *pres act ptc acc s m*, play music, sing (with an instrument)
5 εἰσάγω, *aor act impv 2p*, bring in
6 παιδάριον, young man, servant
7 ψαλμός, tune, song (on a harp)
8 συνετός, clever, intelligent
9 πολεμιστής, warrior
10 σοφός, prudent, learned
11 εἶδος, appearance, form
12 ποίμνιον, flock
13 γομορ, homer, *translit.*
14 ἀσκός, leather bottle
15 ἔριφος, kid
16 αἴξ, goat
17 ἐξαποστέλλω, *aor act ind 3s*, send forth
18 παρίστημι, *plpf act ind 3s*, stand before, be present
19 σφόδρα, very much
20 σκεῦος, equipment
21 παρίστημι, *pres mid impv 3s*, stand before, be present
22 δή, now, then
23 κινύρα, stringed instrument, *translit.*
24 ψάλλω, *impf act ind 3s*, play music, sing (with an instrument)
25 ἀναψύχω, *impf act ind 3s*, refresh, revive
26 ἀφίστημι, *impf mid ind 3s*, withdraw, depart
27 ἀλλόφυλος, foreign, (Philistine)
28 παρεμβολή, camp
29 παρεμβάλλω, *pres act ind 3p*, encamp
30 ἀνὰ μέσον, between
31 παρεμβάλλω, *pres act ind 3p*, encamp
32 κοιλάς, valley
33 παρατάσσω, *pres mid ind 3p*, set in battle formation
34 ἐναντίος, opposite
35 ἀλλόφυλος, foreign, (Philistine)
36 ἀλλόφυλος, foreign, (Philistine)
37 ἐνταῦθα, on the one side
38 ἐνταῦθα, on the other side
39 αὐλών, valley
40 ἀνὰ μέσον, between

ἐξῆλθεν ἀνὴρ δυνατὸς ἐκ τῆς παρατάξεως[1] τῶν ἀλλοφύλων,[2] Γολιαθ ὄνομα αὐτῷ
ἐκ Γεθ, ὕψος[3] αὐτοῦ τεσσάρων πήχεων[4] καὶ σπιθαμῆς·[5] **5** καὶ περικεφαλαία[6] ἐπὶ τῆς
κεφαλῆς αὐτοῦ, καὶ θώρακα[7] ἁλυσιδωτὸν[8] αὐτὸς ἐνδεδυκώς,[9] καὶ ὁ σταθμὸς[10] τοῦ
θώρακος[11] αὐτοῦ πέντε χιλιάδες[12] σίκλων[13] χαλκοῦ[14] καὶ σιδήρου·[15] **6** καὶ κνημῖδες[16]
χαλκαῖ[17] ἐπάνω[18] τῶν σκελῶν[19] αὐτοῦ, καὶ ἀσπὶς[20] χαλκῆ[21] ἀνὰ μέσον[22] τῶν ὤμων[23]
αὐτοῦ· **7** καὶ ὁ κοντὸς[24] τοῦ δόρατος[25] αὐτοῦ ὡσεὶ[26] μέσακλον[27] ὑφαινόντων,[28] καὶ
ἡ λόγχη[29] αὐτοῦ ἑξακοσίων[30] σίκλων[31] σιδήρου·[32] καὶ ὁ αἴρων τὰ ὅπλα[33] αὐτοῦ
προεπορεύετο[34] αὐτοῦ. **8** καὶ ἔστη καὶ ἀνεβόησεν[35] εἰς τὴν παράταξιν[36] Ισραηλ
καὶ εἶπεν αὐτοῖς Τί ἐκπορεύεσθε παρατάξασθαι[37] πολέμῳ ἐξ ἐναντίας[38] ἡμῶν; οὐκ
ἐγώ εἰμι ἀλλόφυλος[39] καὶ ὑμεῖς Εβραῖοι τοῦ Σαουλ; ἐκλέξασθε[40] ἑαυτοῖς ἄνδρα
καὶ καταβήτω πρός με, **9** καὶ ἐὰν δυνηθῇ πρὸς ἐμὲ πολεμῆσαι καὶ ἐὰν πατάξῃ[41]
με, καὶ ἐσόμεθα ὑμῖν εἰς δούλους, ἐὰν δὲ ἐγὼ δυνηθῶ καὶ πατάξω[42] αὐτόν, ἔσεσθε
ἡμῖν εἰς δούλους καὶ δουλεύσετε[43] ἡμῖν. **10** καὶ εἶπεν ὁ ἀλλόφυλος[44] Ἰδοὺ ἐγὼ ὠνεί-
δισα[45] τὴν παράταξιν[46] Ισραηλ σήμερον ἐν τῇ ἡμέρᾳ ταύτῃ· δότε μοι ἄνδρα, καὶ
μονομαχήσομεν[47] ἀμφότεροι.[48] **11** καὶ ἤκουσεν Σαουλ καὶ πᾶς Ισραηλ τὰ ῥήματα
τοῦ ἀλλοφύλου[49] ταῦτα καὶ ἐξέστησαν[50] καὶ ἐφοβήθησαν σφόδρα.[51]

1 παράταξις, battle line
2 ἀλλόφυλος, foreign, (Philistine)
3 ὕψος, height
4 πῆχυς, cubit
5 σπιθαμή, span
6 περικεφαλαία, helmet
7 θώραξ, breastplate
8 ἁλυσιδωτός, wrought in chain
9 ἐνδύω, *perf act ptc nom s m*, put on, clothe in
10 σταθμός, weight
11 θώραξ, breastplate
12 χιλιάς, thousand
13 σίκλος, shekel, *Heb. LW*
14 χαλκοῦς, bronze
15 σίδηρος, iron
16 κνημίς, greave, legging
17 χαλκοῦς, bronze
18 ἐπάνω, on the upper part
19 σκέλος, leg
20 ἀσπίς, shield
21 χαλκοῦς, bronze
22 ἀνὰ μέσον, between
23 ὦμος, shoulder
24 κοντός, shaft
25 δόρυ, spear
26 ὡσεί, like
27 μέσακλον, beam
28 ὑφαίνω, *pres act ptc gen p m*, weave
29 λόγχη, spearhead
30 ἑξακόσιοι, six hundred
31 σίκλος, shekel, *Heb. LW*
32 σίδηρος, iron
33 ὅπλον, armor, weapon
34 προπορεύομαι, *impf mid ind 3s*, go before
35 ἀναβοάω, *aor act ind 3s*, shout aloud
36 παράταξις, battle line
37 παρατάσσω, *aor mid inf*, set in battle formation
38 ἐναντίος, opposite
39 ἀλλόφυλος, foreign, (Philistine)
40 ἐκλέγω, *aor mid impv 2p*, choose, select
41 πατάσσω, *aor act sub 3s*, strike, slay
42 πατάσσω, *aor act sub 1s*, strike, slay
43 δουλεύω, *fut act ind 2p*, be a slave, serve
44 ἀλλόφυλος, foreign, (Philistine)
45 ὀνειδίζω, *aor act ind 1s*, revile, taunt
46 παράταξις, battle line
47 μονομαχέω, *fut act ind 1p*, engage in single combat
48 ἀμφότεροι, both
49 ἀλλόφυλος, foreign, (Philistine)
50 ἐξίστημι, *aor act ind 3p*, be dismayed, be out of one's senses
51 σφόδρα, exceedingly

David Defeats Goliath

32 Καὶ εἶπεν Δαυιδ πρὸς Σαουλ Μὴ δὴ[1] συμπεσέτω[2] ἡ καρδία τοῦ κυρίου μου ἐπ᾽
αὐτόν· ὁ δοῦλός σου πορεύσεται καὶ πολεμήσει μετὰ τοῦ ἀλλοφύλου[3] τούτου. **33** καὶ
εἶπεν Σαουλ πρὸς Δαυιδ Οὐ μὴ δυνήσῃ πορευθῆναι πρὸς τὸν ἀλλόφυλον[4] τοῦ
πολεμεῖν μετ᾽ αὐτοῦ, ὅτι παιδάριον[5] εἶ σύ, καὶ αὐτὸς ἀνὴρ πολεμιστὴς[6] ἐκ νεότητος[7]
αὐτοῦ. **34** καὶ εἶπεν Δαυιδ πρὸς Σαουλ Ποιμαίνων[8] ἦν ὁ δοῦλός σου τῷ πατρὶ αὐτοῦ
ἐν τῷ ποιμνίῳ,[9] καὶ ὅταν ἤρχετο ὁ λέων[10] καὶ ἡ ἄρκος[11] καὶ ἐλάμβανεν πρόβατον ἐκ
τῆς ἀγέλης,[12] **35** καὶ ἐξεπορευόμην ὀπίσω αὐτοῦ καὶ ἐπάταξα[13] αὐτὸν καὶ ἐξέσπασα[14]
ἐκ τοῦ στόματος αὐτοῦ, καὶ εἰ ἐπανίστατο[15] ἐπ᾽ ἐμέ, καὶ ἐκράτησα τοῦ φάρυγγος[16]
αὐτοῦ καὶ ἐπάταξα[17] καὶ ἐθανάτωσα[18] αὐτόν· **36** καὶ τὴν ἄρκον[19] ἔτυπτεν[20] ὁ δοῦλός
σου καὶ τὸν λέοντα,[21] καὶ ἔσται ὁ ἀλλόφυλος[22] ὁ ἀπερίτμητος[23] ὡς ἓν τούτων· οὐχὶ
πορεύσομαι καὶ πατάξω[24] αὐτὸν καὶ ἀφελῶ[25] σήμερον ὄνειδος[26] ἐξ Ισραηλ; διότι[27]
τίς ὁ ἀπερίτμητος[28] οὗτος, ὃς ὠνείδισεν[29] παράταξιν[30] θεοῦ ζῶντος; **37** κύριος, ὃς
ἐξείλατό[31] με ἐκ χειρὸς τοῦ λέοντος[32] καὶ ἐκ χειρὸς τῆς ἄρκου,[33] αὐτὸς ἐξελεῖταί[34] με
ἐκ χειρὸς τοῦ ἀλλοφύλου[35] τοῦ ἀπεριτμήτου[36] τούτου. καὶ εἶπεν Σαουλ πρὸς Δαυιδ
Πορεύου, καὶ ἔσται κύριος μετὰ σοῦ.

38 καὶ ἐνέδυσεν[37] Σαουλ τὸν Δαυιδ μανδύαν[38] καὶ περικεφαλαίαν[39] χαλκῆν[40] περὶ
τὴν κεφαλὴν αὐτοῦ **39** καὶ ἔζωσεν[41] τὸν Δαυιδ τὴν ῥομφαίαν[42] αὐτοῦ ἐπάνω[43]
τοῦ μανδύου[44] αὐτοῦ. καὶ ἐκοπίασεν[45] περιπατήσας[46] ἅπαξ[47] καὶ δίς·[48] καὶ εἶπεν

1 δή, now, then
2 συμπίπτω, *aor act impv 3s*, fall in, collapse
3 ἀλλόφυλος, foreign, (Philistine)
4 ἀλλόφυλος, foreign, (Philistine)
5 παιδάριον, young man
6 πολεμιστής, warrior
7 νεότης, youth
8 ποιμαίνω, *pres act ptc nom s m*, shepherd, tend
9 ποίμνιον, flock
10 λέων, lion
11 ἄρκος, bear
12 ἀγέλη, herd, flock
13 πατάσσω, *aor act ind 1s*, strike, slay
14 ἐκσπάω, *aor act ind 1s*, draw out, remove
15 ἐπανίστημι, *impf mid ind 3s*, rise against
16 φάρυγξ, throat
17 πατάσσω, *aor act ind 1s*, strike
18 θανατόω, *aor act ind 1s*, kill, slay
19 ἄρκος, bear
20 τύπτω, *impf act ind 3s*, strike, wound
21 λέων, lion
22 ἀλλόφυλος, foreign, (Philistine)
23 ἀπερίτμητος, uncircumcised
24 πατάσσω, *fut act ind 1s*, strike, slay
25 ἀφαιρέω, *fut act ind 1s*, remove
26 ὄνειδος, disgrace, reproach
27 διότι, for
28 ἀπερίτμητος, uncircumcised
29 ὀνειδίζω, *aor act ind 3s*, reproach, revile
30 παράταξις, ranks, battle line
31 ἐξαιρέω, *aor mid ind 3s*, deliver, rescue
32 λέων, lion
33 ἄρκος, bear
34 ἐξαιρέω, *fut mid ind 3s*, deliver, rescue
35 ἀλλόφυλος, foreign, (Philistine)
36 ἀπερίτμητος, uncircumcised
37 ἐνδύω, *aor act ind 3s*, put on, clothe
38 μανδύας, wool cloak, *Heb. LW*
39 περικεφαλαία, helmet
40 χαλκοῦς, bronze
41 ζωννύω, *aor act ind 3s*, strap on, gird
42 ῥομφαία, sword
43 ἐπάνω, over
44 μανδύας, wool cloak, *Heb. LW*
45 κοπιάω, *aor act ind 3s*, grow tired
46 περιπατέω, *aor act ptc nom s m*, walk
47 ἅπαξ, once
48 δίς, twice

Δαυιδ πρὸς Σαουλ Οὐ μὴ δύνωμαι πορευθῆναι ἐν τούτοις, ὅτι οὐ πεπείραμαι.[1] καὶ ἀφαιροῦσιν[2] αὐτὰ ἀπ᾽ αὐτοῦ. **40** καὶ ἔλαβεν τὴν βακτηρίαν[3] αὐτοῦ ἐν τῇ χειρὶ αὐτοῦ καὶ ἐξελέξατο[4] ἑαυτῷ πέντε λίθους λείους[5] ἐκ τοῦ χειμάρρου[6] καὶ ἔθετο αὐτοὺς ἐν τῷ καδίῳ[7] τῷ ποιμενικῷ[8] τῷ ὄντι αὐτῷ εἰς συλλογὴν[9] καὶ σφενδόνην[10] αὐτοῦ ἐν τῇ χειρὶ αὐτοῦ καὶ προσῆλθεν πρὸς τὸν ἄνδρα τὸν ἀλλόφυλον.[11]

42 καὶ εἶδεν Γολιαδ τὸν Δαυιδ καὶ ἠτίμασεν[12] αὐτόν, ὅτι αὐτὸς ἦν παιδάριον[13] καὶ αὐτὸς πυρράκης[14] μετὰ κάλλους ὀφθαλμῶν. **43** καὶ εἶπεν ὁ ἀλλόφυλος[15] πρὸς Δαυιδ Ὡσεὶ[16] κύων[17] ἐγώ εἰμι, ὅτι σὺ ἔρχῃ ἐπ᾽ ἐμὲ ἐν ῥάβδῳ[18] καὶ λίθοις; καὶ εἶπεν Δαυιδ Οὐχί, ἀλλ᾽ ἢ χείρω[19] κυνός.[20] καὶ κατηράσατο[21] ὁ ἀλλόφυλος[22] τὸν Δαυιδ ἐν τοῖς θεοῖς αὐτοῦ. **44** καὶ εἶπεν ὁ ἀλλόφυλος[23] πρὸς Δαυιδ Δεῦρο[24] πρός με, καὶ δώσω τὰς σάρκας σου τοῖς πετεινοῖς[25] τοῦ οὐρανοῦ καὶ τοῖς κτήνεσιν[26] τῆς γῆς. **45** καὶ εἶπεν Δαυιδ πρὸς τὸν ἀλλόφυλον[27] Σὺ ἔρχῃ πρός με ἐν ῥομφαίᾳ[28] καὶ ἐν δόρατι[29] καὶ ἐν ἀσπίδι,[30] κἀγὼ[31] πορεύομαι πρὸς σὲ ἐν ὀνόματι κυρίου σαβαωθ[32] θεοῦ παρατάξεως[33] Ισραηλ, ἣν ὠνείδισας[34] σήμερον· **46** καὶ ἀποκλείσει[35] σε κύριος σήμερον εἰς τὴν χεῖρά μου, καὶ ἀποκτενῶ σε καὶ ἀφελῶ[36] τὴν κεφαλήν σου ἀπὸ σοῦ καὶ δώσω τὰ κῶλά[37] σου καὶ τὰ κῶλα παρεμβολῆς[38] ἀλλοφύλων[39] ἐν ταύτῃ τῇ ἡμέρᾳ τοῖς πετεινοῖς[40] τοῦ οὐρανοῦ καὶ τοῖς θηρίοις τῆς γῆς, καὶ γνώσεται πᾶσα ἡ γῆ ὅτι ἔστιν θεὸς ἐν Ισραηλ· **47** καὶ γνώσεται πᾶσα ἡ ἐκκλησία αὕτη ὅτι οὐκ ἐν ῥομφαίᾳ[41] καὶ δόρατι[42] σῴζει κύριος, ὅτι τοῦ κυρίου ὁ πόλεμος, καὶ παραδώσει κύριος ὑμᾶς εἰς χεῖρας ἡμῶν.

1 πειράω, *perf mid ind 1s*, be practiced, be experienced
2 ἀφαιρέω, *pres act ind 3p*, remove
3 βακτηρία, staff, rod
4 ἐκλέγω, *aor mid ind 3s*, choose, select
5 λεῖος, smooth
6 χείμαρρος, brook
7 κάδιον, *dim of* κάδος, bag, pouch
8 ποιμενικός, of a shepherd
9 συλλογή, gathering, collecting
10 σφενδόνη, sling
11 ἀλλόφυλος, foreign, (Philistine)
12 ἀτιμάζω, *aor act ind 3s*, insult, treat as unworthy
13 παιδάριον, young man
14 πυρράκης, red person, ruddy person
15 ἀλλόφυλος, foreign, (Philistine)
16 ὡσεί, like
17 κύων, dog
18 ῥάβδος, rod, staff
19 χείρων, *comp of* κακός, worse
20 κύων, dog
21 καταράομαι, *aor mid ind 3s*, curse
22 ἀλλόφυλος, foreign, (Philistine)
23 ἀλλόφυλος, foreign, (Philistine)
24 δεῦρο, come!
25 πετεινός, bird
26 κτῆνος, animal, beast
27 ἀλλόφυλος, foreign, (Philistine)
28 ῥομφαία, sword
29 δόρυ, spear
30 ἀσπίς, shield
31 κἀγώ, and I, *cr.* καὶ ἐγώ
32 σαβαωθ, of hosts, *translit.*
33 παράταξις, ranks, battle line
34 ὀνειδίζω, *aor act ind 2s*, reproach, revile
35 ἀποκλείω, *fut act ind 3s*, shut up, close
36 ἀφαιρέω, *fut act ind 1s*, remove
37 κῶλον, limb
38 παρεμβολή, camp
39 ἀλλόφυλος, foreign, (Philistine)
40 πετεινός, bird
41 ῥομφαία, sword
42 δόρυ, spear

48 καὶ ἀνέστη ὁ ἀλλόφυλος[1] καὶ ἐπορεύθη εἰς συνάντησιν[2] Δαυιδ. **49** καὶ ἐξέ-
τεινεν[3] Δαυιδ τὴν χεῖρα αὐτοῦ εἰς τὸ κάδιον[4] καὶ ἔλαβεν ἐκεῖθεν[5] λίθον ἕνα καὶ
ἐσφενδόνησεν[6] καὶ ἐπάταξεν[7] τὸν ἀλλόφυλον[8] ἐπὶ τὸ μέτωπον[9] αὐτοῦ, καὶ διέδυ[10]
ὁ λίθος διὰ τῆς περικεφαλαίας[11] εἰς τὸ μέτωπον αὐτοῦ, καὶ ἔπεσεν ἐπὶ πρόσωπον
αὐτοῦ ἐπὶ τὴν γῆν.

51 καὶ ἔδραμεν[12] Δαυιδ καὶ ἐπέστη[13] ἐπ᾽ αὐτὸν καὶ ἔλαβεν τὴν ῥομφαίαν[14] αὐτοῦ καὶ
ἐθανάτωσεν[15] αὐτὸν καὶ ἀφεῖλεν[16] τὴν κεφαλὴν αὐτοῦ.

καὶ εἶδον οἱ ἀλλόφυλοι[17] ὅτι τέθνηκεν[18] ὁ δυνατὸς αὐτῶν, καὶ ἔφυγον.[19] **52** καὶ ἀνί-
στανται ἄνδρες Ισραηλ καὶ Ιουδα καὶ ἠλάλαξαν[20] καὶ κατεδίωξαν[21] ὀπίσω αὐτῶν
ἕως εἰσόδου[22] Γεθ καὶ ἕως τῆς πύλης[23] Ἀσκαλῶνος, καὶ ἔπεσαν τραυματίαι[24] τῶν
ἀλλοφύλων[25] ἐν τῇ ὁδῷ τῶν πυλῶν[26] καὶ ἕως Γεθ καὶ ἕως Ακκαρων. **53** καὶ ἀνέ-
στρεψαν[27] ἄνδρες Ισραηλ ἐκκλίνοντες[28] ὀπίσω τῶν ἀλλοφύλων[29] καὶ κατεπάτουν[30]
τὰς παρεμβολὰς[31] αὐτῶν. **54** καὶ ἔλαβεν Δαυιδ τὴν κεφαλὴν τοῦ ἀλλοφύλου[32] καὶ
ἤνεγκεν αὐτὴν εἰς Ιερουσαλημ καὶ τὰ σκεύη[33] αὐτοῦ ἔθηκεν ἐν τῷ σκηνώματι[34] αὐτοῦ.

Jonathan and David's Covenant

18 Καὶ ἐξῆλθον αἱ χορεύουσαι[35] εἰς συνάντησιν[36] Δαυιδ ἐκ πασῶν πόλεων
Ισραηλ ἐν τυμπάνοις[37] καὶ ἐν χαρμοσύνῃ[38] καὶ ἐν κυμβάλοις,[39] **7** καὶ ἐξῆρχον[40]
αἱ γυναῖκες καὶ ἔλεγον

Ἐπάταξεν[41] Σαουλ ἐν χιλιάσιν[42] αὐτοῦ
καὶ Δαυιδ ἐν μυριάσιν[43] αὐτοῦ.

1 ἀλλόφυλος, foreign, (Philistine)
2 συνάντησις, meeting
3 ἐκτείνω, *aor act ind 3s*, stretch out, deploy
4 κάδιον, *dim of* κάδος, bag, pouch
5 ἐκεῖθεν, from there
6 σφενδονάω, *aor act ind 3s*, sling, throw
7 πατάσσω, *aor act ind 3s*, strike
8 ἀλλόφυλος, foreign, (Philistine)
9 μέτωπον, forehead
10 διαδύομαι, *aor act ind 3s*, penetrate
11 περικεφαλαία, helmet
12 τρέχω, *aor act ind 3s*, run
13 ἐφίστημι, *aor act ind 3s*, stand over
14 ῥομφαία, sword
15 θανατόω, *aor act ind 3s*, kill
16 ἀφαιρέω, *aor act ind 3s*, remove
17 ἀλλόφυλος, foreign, (Philistine)
18 θνῄσκω, *perf act ind 3s*, die
19 φεύγω, *aor act ind 3p*, flee
20 ἀλαλάζω, *aor act ind 3p*, cry, shout aloud
21 καταδιώκω, *aor act ind 3p*, pursue closely
22 εἴσοδος, entrance
23 πύλη, gate
24 τραυματίας, wounded person, casualty
25 ἀλλόφυλος, foreign, (Philistine)
26 πυλών, gate
27 ἀναστρέφω, *aor act ind 3p*, turn back, return
28 ἐκκλίνω, *pres act ptc nom p m*, turn aside
29 ἀλλόφυλος, foreign, (Philistine)
30 καταπατέω, *impf act ind 3p*, destroy, trample
31 παρεμβολή, camp
32 ἀλλόφυλος, foreign, (Philistine)
33 σκεῦος, equipment
34 σκήνωμα, tent, dwelling
35 χορεύω, *pres act ptc nom p f*, dance
36 συνάντησις, meeting
37 τύμπανον, drum
38 χαρμοσύνη, joyfulness, delight
39 κύμβαλον, cymbal
40 ἐξάρχω, *impf act ind 3p*, begin
41 πατάσσω, *aor act ind 3s*, strike down, slay
42 χιλιάς, thousand
43 μυριάς, ten thousand

8 καὶ πονηρὸν ἐφάνη[1] τὸ ῥῆμα ἐν ὀφθαλμοῖς Σαουλ περὶ τοῦ λόγου τούτου, καὶ
εἶπεν Τῷ Δαυιδ ἔδωκαν τὰς μυριάδας[2] καὶ ἐμοὶ ἔδωκαν τὰς χιλιάδας.[3] **9** καὶ ἦν Σαουλ
ὑποβλεπόμενος[4] τὸν Δαυιδ ἀπὸ τῆς ἡμέρας ἐκείνης καὶ ἐπέκεινα.[5]

Saul Attempts to Kill David

12 καὶ ἐφοβήθη Σαουλ ἀπὸ προσώπου Δαυιδ **13** καὶ ἀπέστησεν[6] αὐτὸν ἀπ᾽ αὐτοῦ
καὶ κατέστησεν[7] αὐτὸν ἑαυτῷ χιλίαρχον,[8] καὶ ἐξεπορεύετο καὶ εἰσεπορεύετο[9]
ἔμπροσθεν τοῦ λαοῦ. **14** καὶ ἦν Δαυιδ ἐν πάσαις ταῖς ὁδοῖς αὐτοῦ συνίων,[10] καὶ
κύριος μετ᾽ αὐτοῦ. **15** καὶ εἶδεν Σαουλ ὡς αὐτὸς συνίει[11] σφόδρα,[12] καὶ εὐλαβεῖτο[13]
ἀπὸ προσώπου αὐτοῦ. **16** καὶ πᾶς Ισραηλ καὶ Ιουδας ἠγάπα τὸν Δαυιδ, ὅτι αὐτὸς
ἐξεπορεύετο καὶ εἰσεπορεύετο[14] πρὸ προσώπου τοῦ λαοῦ.

David Marries Michal

20 Καὶ ἠγάπησεν Μελχολ ἡ θυγάτηρ[15] Σαουλ τὸν Δαυιδ, καὶ ἀπηγγέλη Σαουλ, καὶ
ηὐθύνθη[16] ἐν ὀφθαλμοῖς αὐτοῦ. **21** καὶ εἶπεν Σαουλ Δώσω αὐτὴν αὐτῷ, καὶ ἔσται αὐτῷ
εἰς σκάνδαλον.[17] καὶ ἦν ἐπὶ Σαουλ χεὶρ ἀλλοφύλων·[18] **22** καὶ ἐνετείλατο[19] Σαουλ τοῖς
παισὶν[20] αὐτοῦ λέγων Λαλήσατε ὑμεῖς λάθρᾳ[21] τῷ Δαυιδ λέγοντες Ἰδοὺ ὁ βασιλεὺς
θέλει ἐν σοί, καὶ πάντες οἱ παῖδες[22] αὐτοῦ ἀγαπῶσίν σε, καὶ σὺ ἐπιγάμβρευσον[23] τῷ
βασιλεῖ. **23** καὶ ἐλάλησαν οἱ παῖδες[24] Σαουλ εἰς τὰ ὦτα Δαυιδ τὰ ῥήματα ταῦτα, καὶ
εἶπεν Δαυιδ Εἰ κοῦφον[25] ἐν ὀφθαλμοῖς ὑμῶν ἐπιγαμβρεῦσαι[26] βασιλεῖ; κἀγὼ[27] ἀνὴρ
ταπεινὸς[28] καὶ οὐχὶ ἔνδοξος.[29] **24** καὶ ἀπήγγειλαν οἱ παῖδες[30] Σαουλ αὐτῷ κατὰ τὰ
ῥήματα ταῦτα, ἃ ἐλάλησεν Δαυιδ. **25** καὶ εἶπεν Σαουλ Τάδε[31] ἐρεῖτε τῷ Δαυιδ Οὐ
βούλεται ὁ βασιλεὺς ἐν δόματι[32] ἀλλ᾽ ἢ ἐν ἑκατὸν[33] ἀκροβυστίαις[34] ἀλλοφύλων[35]

1 φαίνω, *aor pas ind 3s*, appear
2 μυριάς, ten thousand
3 χιλιάς, thousand
4 ὑποβλέπω, *pres mid ptc nom s m*, look at angrily
5 ἐπέκεινα, henceforth, from then on
6 ἀφίστημι, *aor act ind 3s*, remove
7 καθίστημι, *aor act ind 3s*, set over, appoint
8 χιλίαρχος, captain over a thousand men
9 εἰσπορεύομαι, *impf mid ind 3s*, go in
10 συνίημι, *pres act ptc nom s m*, understand, have insight
11 συνίημι, *pres act ind 3s*, understand, have insight
12 σφόδρα, exceedingly
13 εὐλαβέομαι, *pres mid ind 3s*, be afraid, be anxious
14 εἰσπορεύομαι, *impf mid ind 3s*, go in
15 θυγάτηρ, daughter
16 εὐθύνω, *aor pas ind 3s*, be right
17 σκάνδαλον, snare, trap
18 ἀλλόφυλος, foreign, (Philistine)
19 ἐντέλλομαι, *aor mid ind 3s*, command, order
20 παῖς, servant
21 λάθρᾳ, secretly
22 παῖς, servant
23 ἐπιγαμβρεύω, *aor act impv 2s*, become son-in-law
24 παῖς, servant
25 κοῦφος, light, insignificant
26 ἐπιγαμβρεύω, *aor act inf*, become son-in-law
27 κἀγώ, and I, *cr.* καὶ ἐγώ
28 ταπεινός, humble, lowly
29 ἔνδοξος, distinguished, reputed
30 παῖς, servant
31 ὅδε, this
32 δόμα, gift
33 ἑκατόν, one hundred
34 ἀκροβυστία, foreskin
35 ἀλλόφυλος, foreign, (Philistine)

ἐκδικῆσαι[1] εἰς ἐχθροὺς τοῦ βασιλέως· καὶ Σαουλ ἐλογίσατο αὐτὸν ἐμβαλεῖν[2] εἰς
χεῖρας τῶν ἀλλοφύλων.[3] **26** καὶ ἀπαγγέλλουσιν οἱ παῖδες[4] Σαουλ τῷ Δαυιδ τὰ
ῥήματα ταῦτα, καὶ εὐθύνθη[5] ὁ λόγος ἐν ὀφθαλμοῖς Δαυιδ ἐπιγαμβρεῦσαι[6] τῷ βασι-
λεῖ. **27** καὶ ἀνέστη Δαυιδ καὶ ἐπορεύθη αὐτὸς καὶ οἱ ἄνδρες αὐτοῦ καὶ ἐπάταξεν[7]
ἐν τοῖς ἀλλοφύλοις[8] ἑκατὸν[9] ἄνδρας καὶ ἀνήνεγκεν[10] τὰς ἀκροβυστίας[11] αὐτῶν τῷ
βασιλεῖ καὶ ἐπιγαμβρεύεται[12] τῷ βασιλεῖ, καὶ δίδωσιν αὐτῷ τὴν Μελχολ θυγατέρα[13]
αὐτοῦ αὐτῷ εἰς γυναῖκα. **28** καὶ εἶδεν Σαουλ ὅτι κύριος μετὰ Δαυιδ καὶ πᾶς Ισραηλ
ἠγάπα αὐτόν, **29** καὶ προσέθετο[14] εὐλαβεῖσθαι[15] ἀπὸ Δαυιδ ἔτι.

Jonathan Protects David

19 Καὶ ἐλάλησεν Σαουλ πρὸς Ιωναθαν τὸν υἱὸν αὐτοῦ καὶ πρὸς πάντας τοὺς
παῖδας[16] αὐτοῦ θανατῶσαι[17] τὸν Δαυιδ. καὶ Ιωναθαν υἱὸς Σαουλ ᾑρεῖτο[18]
τὸν Δαυιδ σφόδρα,[19] **2** καὶ ἀπήγγειλεν Ιωναθαν τῷ Δαυιδ λέγων Σαουλ ζητεῖ
θανατῶσαί[20] σε· φύλαξαι οὖν αὔριον[21] πρωὶ[22] καὶ κρύβηθι[23] καὶ κάθισον κρυβῇ,[24]
3 καὶ ἐγὼ ἐξελεύσομαι καὶ στήσομαι ἐχόμενος τοῦ πατρός μου ἐν ἀγρῷ, οὗ[25] ἐὰν
ᾖς ἐκεῖ, καὶ ἐγὼ λαλήσω περὶ σοῦ πρὸς τὸν πατέρα μου καὶ ὄψομαι ὅ τι ἐὰν ᾖ,
καὶ ἀπαγγελῶ σοι. **4** καὶ ἐλάλησεν Ιωναθαν περὶ Δαυιδ ἀγαθὰ πρὸς Σαουλ τὸν
πατέρα αὐτοῦ καὶ εἶπεν πρὸς αὐτόν Μὴ ἁμαρτησάτω ὁ βασιλεὺς εἰς τὸν δοῦλόν
σου Δαυιδ, ὅτι οὐχ ἡμάρτηκεν εἰς σέ, καὶ τὰ ποιήματα[26] αὐτοῦ ἀγαθὰ σφόδρα,[27]
5 καὶ ἔθετο τὴν ψυχὴν αὐτοῦ ἐν τῇ χειρὶ αὐτοῦ καὶ ἐπάταξεν[28] τὸν ἀλλόφυλον,[29]
καὶ ἐποίησεν κύριος σωτηρίαν μεγάλην, καὶ πᾶς Ισραηλ εἶδον καὶ ἐχάρησαν·[30] καὶ
ἵνα τί ἁμαρτάνεις εἰς αἷμα ἀθῷον[31] θανατῶσαι[32] τὸν Δαυιδ δωρεάν;[33] **6** καὶ ἤκουσεν
Σαουλ τῆς φωνῆς Ιωναθαν, καὶ ὤμοσεν[34] Σαουλ λέγων Ζῇ κύριος, εἰ ἀποθανεῖται.
7 καὶ ἐκάλεσεν Ιωναθαν τὸν Δαυιδ καὶ ἀπήγγειλεν αὐτῷ πάντα τὰ ῥήματα ταῦτα,

1 ἐκδικέω, *aor act inf*, avenge
2 ἐμβάλλω, *aor act inf*, cast into
3 ἀλλόφυλος, foreign, (Philistine)
4 παῖς, servant
5 εὐθύνω, *aor pas ind 3s*, be right
6 ἐπιγαμβρεύω, *aor act inf*, become son-in-law
7 πατάσσω, *aor act ind 3s*, strike, slay
8 ἀλλόφυλος, foreign, (Philistine)
9 ἑκατόν, one hundred
10 ἀναφέρω, *aor act ind 3s*, bring, pay
11 ἀκροβυστία, foreskin
12 ἐπιγαμβρεύω, *pres mid ind 3s*, become son-in-law
13 θυγάτηρ, daughter
14 προστίθημι, *aor mid ind 3s*, continue
15 εὐλαβέομαι, *pres mid inf*, be afraid, be anxious
16 παῖς, servant
17 θανατόω, *aor act inf*, kill
18 αἱρέω, *impf mid ind 3s*, prefer, be fond of
19 σφόδρα, very much
20 θανατόω, *aor act inf*, kill
21 αὔριον, tomorrow
22 πρωί, (in the) morning
23 κρύπτω, *aor pas impv 2s*, hide
24 κρυβῇ, secretly
25 οὗ, where
26 ποίημα, work, deed
27 σφόδρα, exceedingly
28 πατάσσω, *aor act ind 3s*, strike, slay
29 ἀλλόφυλος, foreign, (Philistine)
30 χαίρω, *aor pas ind 3p*, rejoice, be glad
31 ἀθῷος, innocent
32 θανατόω, *aor act inf*, kill
33 δωρεάν, freely, without reason
34 ὄμνυμι, *aor act ind 3s*, swear an oath

καὶ εἰσήγαγεν[1] Ιωναθαν τὸν Δαυιδ πρὸς Σαουλ, καὶ ἦν ἐνώπιον αὐτοῦ ὡσεὶ[2] ἐχθὲς[3] καὶ τρίτην ἡμέραν.

Michal Helps David

8 καὶ προσέθετο[4] ὁ πόλεμος γενέσθαι πρὸς Σαουλ, καὶ κατίσχυσεν[5] Δαυιδ καὶ ἐπολέμησεν τοὺς ἀλλοφύλους[6] καὶ ἐπάταξεν[7] ἐν αὐτοῖς πληγὴν[8] μεγάλην σφόδρα,[9] καὶ ἔφυγον[10] ἐκ προσώπου αὐτοῦ. **9** Καὶ ἐγένετο πνεῦμα θεοῦ πονηρὸν ἐπὶ Σαουλ, καὶ αὐτὸς ἐν οἴκῳ καθεύδων,[11] καὶ δόρυ[12] ἐν τῇ χειρὶ αὐτοῦ, καὶ Δαυιδ ἔψαλλεν[13] ἐν ταῖς χερσὶν αὐτοῦ· **10** καὶ ἐζήτει Σαουλ πατάξαι[14] τὸ δόρυ[15] εἰς Δαυιδ, καὶ ἀπέστη[16] Δαυιδ ἐκ προσώπου Σαουλ, καὶ ἐπάταξεν[17] τὸ δόρυ εἰς τὸν τοῖχον,[18] καὶ Δαυιδ ἀνεχώρησεν[19] καὶ διεσώθη.[20]

11 καὶ ἐγενήθη ἐν τῇ νυκτὶ ἐκείνῃ καὶ ἀπέστειλεν Σαουλ ἀγγέλους εἰς οἶκον Δαυιδ φυλάξαι αὐτὸν τοῦ θανατῶσαι[21] αὐτὸν πρωί.[22] καὶ ἀπήγγειλεν τῷ Δαυιδ Μελχολ ἡ γυνὴ αὐτοῦ λέγουσα Ἐὰν μὴ σὺ σώσῃς τὴν ψυχὴν σαυτοῦ τὴν νύκτα ταύτην, αὔριον[23] θανατωθήσῃ.[24] **12** καὶ κατάγει[25] ἡ Μελχολ τὸν Δαυιδ διὰ τῆς θυρίδος,[26] καὶ ἀπῆλθεν καὶ ἔφυγεν[27] καὶ σῴζεται. **13** καὶ ἔλαβεν ἡ Μελχολ τὰ κενοτάφια[28] καὶ ἔθετο ἐπὶ τὴν κλίνην[29] καὶ ἧπαρ[30] τῶν αἰγῶν[31] ἔθετο πρὸς κεφαλῆς αὐτοῦ καὶ ἐκάλυψεν[32] αὐτὰ ἱματίῳ. **14** καὶ ἀπέστειλεν Σαουλ ἀγγέλους λαβεῖν τὸν Δαυιδ, καὶ λέγουσιν ἐνοχλεῖσθαι[33] αὐτόν. **15** καὶ ἀποστέλλει ἐπὶ τὸν Δαυιδ λέγων Ἀγάγετε αὐτὸν ἐπὶ τῆς κλίνης[34] πρός με τοῦ θανατῶσαι[35] αὐτόν. **16** καὶ ἔρχονται οἱ ἄγγελοι, καὶ ἰδοὺ τὰ κενοτάφια[36] ἐπὶ τῆς κλίνης,[37] καὶ ἧπαρ[38] τῶν αἰγῶν[39] πρὸς κεφαλῆς αὐτοῦ. **17** καὶ εἶπεν Σαουλ τῇ Μελχολ Ἵνα τί οὕτως παρελογίσω[40] με καὶ ἐξαπέστειλας[41] τὸν

1 εἰσάγω, *aor act ind 3s*, bring in
2 ὡσεί, like, as
3 ἐχθές, yesterday
4 προστίθημι, *aor mid ind 3s*, continue
5 κατισχύω, *aor act ind 3s*, prevail over
6 ἀλλόφυλος, foreign, (Philistine)
7 πατάσσω, *aor act ind 3s*, strike
8 πληγή, blow, stroke
9 σφόδρα, exceedingly
10 φεύγω, *aor act ind 3p*, flee
11 καθεύδω, *pres act ptc nom s m*, sleep
12 δόρυ, spear
13 ψάλλω, *impf act ind 3s*, play music, sing (with an instrument)
14 πατάσσω, *aor act inf*, inflict, strike
15 δόρυ, spear
16 ἀφίστημι, *aor act ind 3s*, withdraw, keep away
17 πατάσσω, *aor act ind 3s*, strike
18 τοῖχος, wall
19 ἀναχωρέω, *aor act ind 3s*, flee, depart
20 διασῴζω, *aor pas ind 3s*, preserve, save
21 θανατόω, *aor act inf*, kill, slay
22 πρωί, (in the) morning
23 αὔριον, tomorrow
24 θανατόω, *fut pas ind 2s*, kill, slay
25 κατάγω, *pres act ind 3s*, bring down
26 θυρίς, window
27 φεύγω, *aor act ind 3s*, flee
28 κενοτάφιον, sarcophagus, household god?
29 κλίνη, couch, bed
30 ἧπαρ, liver
31 αἴξ, goat
32 καλύπτω, *aor act ind 3s*, cover
33 ἐνοχλέω, *pres pas inf*, be troubled, be unwell
34 κλίνη, couch, bed
35 θανατόω, *aor act inf*, kill, slay
36 κενοτάφιον, sarcophagus, household god?
37 κλίνη, couch, bed
38 ἧπαρ, liver
39 αἴξ, goat
40 παραλογίζομαι, *aor mid ind 2s*, deceive
41 ἐξαποστέλλω, *aor act ind 2s*, send away

ἐχθρόν μου καὶ διεσώθη;[1] καὶ εἶπεν Μελχολ τῷ Σαουλ Αὐτὸς εἶπεν Ἐξαπόστειλόν[2] με· εἰ δὲ μή, θανατώσω[3] σε.

David Joins Samuel

18 Καὶ Δαυιδ ἔφυγεν[4] καὶ διεσώθη[5] καὶ παραγίνεται πρὸς Σαμουηλ εἰς Αρμαθαιμ
καὶ ἀπαγγέλλει αὐτῷ πάντα, ὅσα ἐποίησεν αὐτῷ Σαουλ, καὶ ἐπορεύθη Δαυιδ καὶ
Σαμουηλ καὶ ἐκάθισαν ἐν Ναυαθ ἐν Ραμα. **19** καὶ ἀπηγγέλη τῷ Σαουλ λέγοντες Ἰδοὺ
Δαυιδ ἐν Ναυαθ ἐν Ραμα. **20** καὶ ἀπέστειλεν Σαουλ ἀγγέλους λαβεῖν τὸν Δαυιδ, καὶ
εἶδαν τὴν ἐκκλησίαν τῶν προφητῶν, καὶ Σαμουηλ εἱστήκει[6] καθεστηκὼς[7] ἐπ᾽ αὐτῶν,
καὶ ἐγενήθη ἐπὶ τοὺς ἀγγέλους τοῦ Σαουλ πνεῦμα θεοῦ, καὶ προφητεύουσιν.[8] **21** καὶ
ἀπηγγέλη τῷ Σαουλ, καὶ ἀπέστειλεν ἀγγέλους ἑτέρους, καὶ ἐπροφήτευσαν[9] καὶ
αὐτοί. καὶ προσέθετο[10] Σαουλ ἀποστεῖλαι ἀγγέλους τρίτους, καὶ ἐπροφήτευσαν[11]
καὶ αὐτοί. **22** καὶ ἐθυμώθη[12] ὀργῇ Σαουλ καὶ ἐπορεύθη καὶ αὐτὸς εἰς Αρμαθαιμ καὶ
ἔρχεται ἕως τοῦ φρέατος[13] τοῦ ἅλω[14] τοῦ ἐν τῷ Σεφι καὶ ἠρώτησεν[15] καὶ εἶπεν Ποῦ
Σαμουηλ καὶ Δαυιδ; καὶ εἶπαν Ἰδοὺ ἐν Ναυαθ ἐν Ραμα. **23** καὶ ἐπορεύθη ἐκεῖθεν[16] εἰς
Ναυαθ ἐν Ραμα, καὶ ἐγενήθη καὶ ἐπ᾽ αὐτῷ πνεῦμα θεοῦ, καὶ ἐπορεύετο προφητεύων[17]
ἕως τοῦ ἐλθεῖν αὐτὸν εἰς Ναυαθ ἐν Ραμα. **24** καὶ ἐξεδύσατο[18] τὰ ἱμάτια αὐτοῦ καὶ
ἐπροφήτευσεν[19] ἐνώπιον αὐτῶν καὶ ἔπεσεν γυμνὸς[20] ὅλην τὴν ἡμέραν ἐκείνην καὶ
ὅλην τὴν νύκτα· διὰ τοῦτο ἔλεγον Εἰ καὶ Σαουλ ἐν προφήταις;

Covenant between Jonathan and David

20 Καὶ ἀπέδρα[21] Δαυιδ ἐκ Ναυαθ ἐν Ραμα καὶ ἔρχεται ἐνώπιον Ιωναθαν καὶ
εἶπεν Τί πεποίηκα καὶ τί τὸ ἀδίκημά[22] μου καὶ τί ἡμάρτηκα ἐνώπιον τοῦ
πατρός σου ὅτι ἐπιζητεῖ[23] τὴν ψυχήν μου; **2** καὶ εἶπεν αὐτῷ Ιωναθαν Μηδαμῶς[24]
σοι, οὐ μὴ ἀποθάνῃς· ἰδοὺ οὐ μὴ ποιήσῃ ὁ πατήρ μου ῥῆμα μέγα ἢ μικρὸν καὶ οὐκ
ἀποκαλύψει[25] τὸ ὠτίον[26] μου· καὶ τί ὅτι κρύψει[27] ὁ πατήρ μου τὸ ῥῆμα τοῦτο; οὐκ
ἔστιν τοῦτο. **3** καὶ ἀπεκρίθη Δαυιδ τῷ Ιωναθαν καὶ εἶπεν Γινώσκων οἶδεν ὁ πατήρ

1 διασῴζω, *aor pas ind 3s*, preserve, keep safe
2 ἐξαποστέλλω, *aor act impv 2s*, send forth, send away
3 θανατόω, *fut act ind 1s*, kill, slay
4 φεύγω, *aor act ind 3s*, flee
5 διασῴζω, *aor pas ind 3s*, preserve, keep safe
6 ἵστημι, *plpf act ind 3s*, appoint
7 καθίστημι, *perf act ptc nom s m*, set over, appoint
8 προφητεύω, *pres act ind 3p*, prophesy
9 προφητεύω, *aor act ind 3p*, prophesy
10 προστίθημι, *aor mid ind 3s*, continue
11 προφητεύω, *aor act ind 3p*, prophesy
12 θυμόω, *aor pas ind 3s*, make angry, provoke
13 φρέαρ, well
14 ἅλως, threshing floor
15 ἐρωτάω, *aor act ind 3s*, ask, inquire
16 ἐκεῖθεν, from there
17 προφητεύω, *pres act ptc nom s m*, prophesy
18 ἐκδύω, *aor mid ind 3s*, take off, strip
19 προφητεύω, *aor act ind 3s*, prophesy
20 γυμνός, naked, bare
21 ἀποδιδράσκω, *aor act ind 3s*, run away
22 ἀδίκημα, trespass, wrongdoing
23 ἐπιζητέω, *pres act ind 3s*, seek after
24 μηδαμῶς, by no means
25 ἀποκαλύπτω, *fut act ind 3s*, uncover, open
26 ὠτίον, *dim of* οὖς, ear
27 κρύπτω, *fut act ind 3s*, hide, keep secret

σου ὅτι εὕρηκα χάριν ἐν ὀφθαλμοῖς σου, καὶ εἶπεν Μὴ γνώτω τοῦτο Ιωναθαν, μὴ οὐ βούληται· ἀλλὰ ζῇ κύριος καὶ ζῇ ἡ ψυχή σου, ὅτι, καθὼς εἶπον, ἐμπέπλησται[1] ἀνὰ μέσον[2] μου καὶ τοῦ θανάτου. **4** καὶ εἶπεν Ιωναθαν πρὸς Δαυιδ Τί ἐπιθυμεῖ[3] ἡ ψυχή σου καὶ τί ποιήσω σοι; **5** καὶ εἶπεν Δαυιδ πρὸς Ιωναθαν Ἰδοὺ δὴ[4] νεομηνία[5] αὔριον,[6] καὶ ἐγὼ καθίσας οὐ καθήσομαι μετὰ τοῦ βασιλέως φαγεῖν, καὶ ἐξαποστελεῖς[7] με, καὶ κρυβήσομαι[8] ἐν τῷ πεδίῳ[9] ἕως δείλης.[10] **6** ἐὰν ἐπισκεπτόμενος[11] ἐπισκέψηταί[12] με ὁ πατήρ σου, καὶ ἐρεῖς Παραιτούμενος[13] παρῃτήσατο[14] ἀπ᾽ ἐμοῦ Δαυιδ δραμεῖν[15] ἕως εἰς Βηθλεεμ τὴν πόλιν αὐτοῦ, ὅτι θυσία[16] τῶν ἡμερῶν ἐκεῖ ὅλῃ τῇ φυλῇ. **7** ἐὰν τάδε[17] εἴπῃ Ἀγαθῶς,[18] εἰρήνη τῷ δούλῳ σου· καὶ ἐὰν σκληρῶς[19] ἀποκριθῇ σοι, γνῶθι ὅτι συντετέλεσται[20] ἡ κακία[21] παρ᾽ αὐτοῦ. **8** καὶ ποιήσεις ἔλεος[22] μετὰ τοῦ δούλου σου, ὅτι εἰσήγαγες[23] εἰς διαθήκην κυρίου τὸν δοῦλόν σου μετὰ σεαυτοῦ· καὶ εἰ ἔστιν ἀδικία[24] ἐν τῷ δούλῳ σου, θανάτωσόν[25] με σύ· καὶ ἕως τοῦ πατρός σου ἵνα τί οὕτως εἰσάγεις[26] με; **9** καὶ εἶπεν Ιωναθαν Μηδαμῶς[27] σοι, ὅτι ἐὰν γινώσκων γνῶ ὅτι συντετέλεσται[28] ἡ κακία[29] παρὰ τοῦ πατρός μου τοῦ ἐλθεῖν ἐπὶ σέ· καὶ ἐὰν μή, εἰς τὰς πόλεις σου ἐγὼ ἀπαγγελῶ σοι. **10** καὶ εἶπεν Δαυιδ πρὸς Ιωναθαν Τίς ἀπαγγελεῖ μοι, ἐὰν ἀποκριθῇ ὁ πατήρ σου σκληρῶς;[30] **11** καὶ εἶπεν Ιωναθαν πρὸς Δαυιδ Πορεύου καὶ μένε[31] εἰς ἀγρόν. καὶ ἐκπορεύονται ἀμφότεροι[32] εἰς ἀγρόν.

12 καὶ εἶπεν Ιωναθαν πρὸς Δαυιδ Κύριος ὁ θεὸς Ισραηλ οἶδεν ὅτι ἀνακρινῶ[33] τὸν πατέρα μου ὡς ἂν ὁ καιρὸς τρισσῶς,[34] καὶ ἰδοὺ ἀγαθὸν ᾖ περὶ Δαυιδ, καὶ οὐ μὴ ἀποστείλω πρὸς σὲ εἰς ἀγρόν· **13** τάδε[35] ποιήσαι[36] ὁ θεὸς τῷ Ιωναθαν καὶ τάδε προσθείη,[37] ὅτι ἀνοίσω[38] τὰ κακὰ ἐπὶ σὲ καὶ ἀποκαλύψω[39] τὸ ὠτίον[40] σου καὶ

1 ἐμπίμπλημι, *perf pas ind 3s*, satisfy, fill
2 ἀνὰ μέσον, between
3 ἐπιθυμέω, *pres act ind 3s*, desire
4 δή, now
5 νεομηνία, new moon, first of the month
6 αὔριον, tomorrow
7 ἐξαποστέλλω, *fut act ind 2s*, send out, send away
8 κρύπτω, *fut pas ind 1s*, hide
9 πεδίον, plain, field
10 δείλη, late afternoon, evening
11 ἐπισκέπτομαι, *pres mid ptc nom s m*, inspect, pay attention to
12 ἐπισκέπτομαι, *aor mid sub 3s*, inspect, pay attention to
13 παραιτέομαι, *pres mid ptc nom s m*, request, ask for
14 παραιτέομαι, *aor mid ind 3s*, request, ask for
15 τρέχω, *aor act inf*, run
16 θυσία, sacrifice
17 ὅδε, this
18 ἀγαθῶς, good
19 σκληρῶς, roughly, harshly
20 συντελέω, *perf pas ind 3s*, carry out, accomplish
21 κακία, malice, evil
22 ἔλεος, mercy, compassion
23 εἰσάγω, *aor act ind 2s*, bring in
24 ἀδικία, wrongdoing, iniquity
25 θανατόω, *aor act impv 2s*, kill, slay
26 εἰσάγω, *pres act ind 2s*, bring in
27 μηδαμῶς, by no means
28 συντελέω, *perf pas ind 3s*, carry out, accomplish
29 κακία, malice, evil
30 σκληρῶς, roughly, harshly
31 μένω, *pres act impv 2s*, stay, wait
32 ἀμφότεροι, both
33 ἀνακρίνω, *fut act ind 1s*, question, examine
34 τρισσῶς, three times
35 ὅδε, this
36 ποιέω, *aor mid impv 2s*, do
37 προστίθημι, *aor act opt 3s*, increase, add to
38 ἀναφέρω, *fut act ind 1s*, hand over, deliver
39 ἀποκαλύπτω, *fut act ind 1s*, uncover, open
40 ὠτίον, *dim of* οὖς, ear

ἐξαποστελῶ[1] σε, καὶ ἀπελεύσῃ εἰς εἰρήνην· καὶ ἔσται κύριος μετὰ σοῦ, καθὼς ἦν
μετὰ τοῦ πατρός μου. **14** καὶ μὲν ἔτι μου ζῶντος καὶ ποιήσεις ἔλεος[2] μετ᾽ ἐμοῦ,
καὶ ἐὰν θανάτῳ ἀποθάνω, **15** οὐκ ἐξαρεῖς[3] ἔλεός[4] σου ἀπὸ τοῦ οἴκου μου ἕως τοῦ
αἰῶνος· καὶ εἰ μὴ ἐν τῷ ἐξαίρειν[5] κύριον τοὺς ἐχθροὺς Δαυιδ ἕκαστον ἀπὸ προσώπου
τῆς γῆς **16** ἐξαρθῆναι[6] τὸ ὄνομα τοῦ Ιωναθαν ἀπὸ τοῦ οἴκου Δαυιδ, καὶ ἐκζητήσαι[7]
κύριος ἐχθροὺς τοῦ Δαυιδ. **17** καὶ προσέθετο[8] ἔτι Ιωναθαν ὀμόσαι[9] τῷ Δαυιδ, ὅτι
ἠγάπησεν ψυχὴν ἀγαπῶντος αὐτόν.

18 καὶ εἶπεν Ιωναθαν Αὔριον[10] νουμηνία,[11] καὶ ἐπισκεπήσῃ,[12] ὅτι ἐπισκεπήσεται[13]
καθέδρα[14] σου. **19** καὶ τρισσεύσεις[15] καὶ ἐπισκέψῃ[16] καὶ ἥξεις[17] εἰς τὸν τόπον σου, οὗ
ἐκρύβης[18] ἐν τῇ ἡμέρᾳ τῇ ἐργασίμῃ,[19] καὶ καθήσῃ παρὰ τὸ εργαβ[20] ἐκεῖνο. **20** καὶ ἐγὼ
τρισσεύσω[21] ταῖς σχίζαις[22] ἀκοντίζων[23] ἐκπέμπων[24] εἰς τὴν αματταρι·[25] **21** καὶ ἰδοὺ
ἀποστελῶ τὸ παιδάριον[26] λέγων Δεῦρο[27] εὑρέ μοι τὴν σχίζαν·[28] ἐὰν εἴπω λέγων τῷ
παιδαρίῳ[29] Ὧδε[30] ἡ σχίζα ἀπὸ σοῦ καὶ ὧδε, λαβὲ αὐτήν, παραγίνου, ὅτι εἰρήνη σοι
καὶ οὐκ ἔστιν λόγος, ζῇ κύριος· **22** ἐὰν τάδε[31] εἴπω τῷ νεανίσκῳ[32] Ὧδε[33] ἡ σχίζα[34]
ἀπὸ σοῦ καὶ ἐπέκεινα,[35] πορεύου, ὅτι ἐξαπέσταλκέν[36] σε κύριος. **23** καὶ τὸ ῥῆμα, ὃ
ἐλαλήσαμεν ἐγὼ καὶ σύ, ἰδοὺ κύριος μάρτυς[37] ἀνὰ μέσον[38] ἐμοῦ καὶ σοῦ ἕως αἰῶνος.

24 Καὶ κρύπτεται[39] Δαυιδ ἐν ἀγρῷ, καὶ παραγίνεται ὁ μήν,[40] καὶ ἔρχεται ὁ βασιλεὺς
ἐπὶ τὴν τράπεζαν[41] τοῦ φαγεῖν. **25** καὶ ἐκάθισεν ὁ βασιλεὺς ἐπὶ τὴν καθέδραν[42] αὐτοῦ

1 ἐξαποστέλλω, *fut act ind 1s*, send out, send away
2 ἔλεος, mercy, compassion
3 ἐξαίρω, *fut act ind 2s*, remove
4 ἔλεος, mercy, compassion
5 ἐξαίρω, *pres act inf*, remove
6 ἐξαίρω, *aor pas inf*, remove
7 ἐκζητέω, *aor act opt 3s*, seek out, search for
8 προστίθημι, *aor mid ind 3s*, continue, do again
9 ὄμνυμι, *aor act inf*, swear an oath
10 αὔριον, tomorrow
11 νουμηνία, new moon, first of the month
12 ἐπισκέπτομαι, *fut pas ind 2s*, inspect, pay attention to
13 ἐπισκέπτομαι, *fut pas ind 3s*, inspect, pay attention to
14 καθέδρα, seat
15 τρισσεύω, *fut act ind 2s*, do three times
16 ἐπισκέπτομαι, *aor act sub 3s*, inspect, pay attention to
17 ἥκω, *fut act ind 2s*, have come, be present
18 κρύπτω, *aor pas ind 2s*, hide
19 ἐργάσιμος, of work
20 εργαβ, coffer?, *translit.*
21 τρισσεύω, *fut act ind 1s*, do three times
22 σχίζα, arrow
23 ἀκοντίζω, *pres act ptc nom s m*, cast, shoot
24 ἐκπέμπω, *pres act ptc nom s m*, send forth, send out
25 αματταρι, mark, target, *translit.*
26 παιδάριον, servant
27 δεῦρο, go!
28 σχίζα, arrow
29 παιδάριον, servant
30 ὧδε, here
31 ὅδε, this
32 νεανίσκος, servant
33 ὧδε, here
34 σχίζα, arrow
35 ἐπέκεινα, farther on
36 ἐξαποστέλλω, *perf act ind 3s*, send out, send away
37 μάρτυς, witness
38 ἀνὰ μέσον, between
39 κρύπτω, *pres pas ind 3s*, hide
40 μήν, month
41 τράπεζα, table
42 καθέδρα, seat, chair

ὡς ἅπαξ[1] καὶ ἅπαξ, ἐπὶ τῆς καθέδρας[2] παρὰ τοῖχον,[3] καὶ προέφθασεν[4] τὸν Ιωναθαν,
καὶ ἐκάθισεν Αβεννηρ ἐκ πλαγίων[5] Σαουλ, καὶ ἐπεσκέπη[6] ὁ τόπος Δαυιδ.

26 καὶ οὐκ ἐλάλησεν Σαουλ οὐδὲν ἐν τῇ ἡμέρᾳ ἐκείνῃ, ὅτι εἶπεν Σύμπτωμα[7] φαί-
νεται[8] μὴ καθαρὸς[9] εἶναι, ὅτι οὐ κεκαθάρισται. **27** καὶ ἐγενήθη τῇ ἐπαύριον[10] τοῦ
μηνὸς[11] τῇ ἡμέρᾳ τῇ δευτέρᾳ καὶ ἐπεσκέπη[12] ὁ τόπος τοῦ Δαυιδ, καὶ εἶπεν Σαουλ
πρὸς Ιωναθαν τὸν υἱὸν αὐτοῦ Τί ὅτι οὐ παραγέγονεν ὁ υἱὸς Ιεσσαι καὶ ἐχθὲς[13]
καὶ σήμερον ἐπὶ τὴν τράπεζαν;[14] **28** καὶ ἀπεκρίθη Ιωναθαν τῷ Σαουλ καὶ εἶπεν
αὐτῷ Παρῄτηται[15] Δαυιδ παρ᾽ ἐμοῦ ἕως εἰς Βηθλεεμ τὴν πόλιν αὐτοῦ πορευθῆναι
29 καὶ εἶπεν Ἐξαπόστειλον[16] δή[17] με, ὅτι θυσία[18] τῆς φυλῆς ἡμῖν ἐν τῇ πόλει, καὶ
ἐνετείλαντο[19] πρός με οἱ ἀδελφοί μου, καὶ νῦν εἰ εὕρηκα χάριν ἐν ὀφθαλμοῖς σου,
διασωθήσομαι[20] δὴ καὶ ὄψομαι τοὺς ἀδελφούς μου· διὰ τοῦτο οὐ παραγέγονεν ἐπὶ
τὴν τράπεζαν[21] τοῦ βασιλέως.

Saul Angry at Jonathan

30 καὶ ἐθυμώθη[22] ὀργῇ Σαουλ ἐπὶ Ιωναθαν σφόδρα[23] καὶ εἶπεν αὐτῷ Υἱὲ κορασίων[24]
αὐτομολούντων,[25] οὐ γὰρ οἶδα ὅτι μέτοχος[26] εἶ σὺ τῷ υἱῷ Ιεσσαι εἰς αἰσχύνην[27] σου
καὶ εἰς αἰσχύνην ἀποκαλύψεως[28] μητρός σου; **31** ὅτι πάσας τὰς ἡμέρας, ἃς ὁ υἱὸς
Ιεσσαι ζῇ ἐπὶ τῆς γῆς, οὐχ ἑτοιμασθήσεται ἡ βασιλεία σου· νῦν οὖν ἀποστείλας
λαβὲ τὸν νεανίαν,[29] ὅτι υἱὸς θανάτου οὗτος. **32** καὶ ἀπεκρίθη Ιωναθαν τῷ Σαουλ
Ἵνα τί ἀποθνῄσκει; τί πεποίηκεν; **33** καὶ ἐπῆρεν[30] Σαουλ τὸ δόρυ[31] ἐπὶ Ιωναθαν τοῦ
θανατῶσαι[32] αὐτόν. καὶ ἔγνω Ιωναθαν ὅτι συντετέλεσται[33] ἡ κακία[34] αὕτη παρὰ
τοῦ πατρὸς αὐτοῦ θανατῶσαι[35] τὸν Δαυιδ, **34** καὶ ἀνεπήδησεν[36] Ιωναθαν ἀπὸ τῆς

1 ἅπαξ, once
2 καθέδρα, seat, chair
3 τοῖχος, wall
4 προφθάνω, *aor act ind 3s*, come before, precede
5 πλάγιος, on the side
6 ἐπισκέπτομαι, *aor pas ind 3s*, inspect, pay attention to
7 σύμπτωμα, chance, mishap
8 φαίνω, *pres pas ind 3s*, appear
9 καθαρός, clean
10 ἐπαύριον, on the next day
11 μήν, month
12 ἐπισκέπτομαι, *aor pas ind 3s*, inspect, pay attention to
13 ἐχθές, yesterday
14 τράπεζα, table
15 παραιτέομαι, *perf mid ind 3s*, ask for, request
16 ἐξαποστέλλω, *aor act impv 2s*, sent out, send away
17 δή, now, then
18 θυσία, sacrifice
19 ἐντέλλομαι, *aor mid ind 3p*, command, order
20 διασῴζω, *fut pas ind 1s*, proceed safely
21 τράπεζα, table
22 θυμόω, *aor pas ind 3s*, make angry, provoke
23 σφόδρα, exceedingly
24 κοράσιον, *dim of* κόρη, girl
25 αὐτομολέω, *pres act ptc gen p n*, desert, change sides
26 μέτοχος, companion, accomplice
27 αἰσχύνη, disgrace, shame
28 ἀποκάλυψις, uncovering
29 νεανίας, young man
30 ἐπαίρω, *aor act ind 3s*, raise, lift up
31 δόρυ, spear
32 θανατόω, *aor act inf*, kill, slay
33 συντελέω, *perf pas ind 3s*, carry out, bring to completion
34 κακία, malice, evil
35 θανατόω, *aor act inf*, kill, slay
36 ἀναπηδάω, *aor act ind 3s*, leap up, spring up

τραπέζης[1] ἐν ὀργῇ θυμοῦ[2] καὶ οὐκ ἔφαγεν ἐν τῇ δευτέρᾳ τοῦ μηνὸς[3] ἄρτον, ὅτι
ἐθραύσθη[4] ἐπὶ τὸν Δαυιδ, ὅτι συνετέλεσεν[5] ἐπ᾽ αὐτὸν ὁ πατὴρ αὐτοῦ.

35 Καὶ ἐγενήθη πρωὶ[6] καὶ ἐξῆλθεν Ιωναθαν εἰς ἀγρόν, καθὼς ἐτάξατο[7] εἰς τὸ μαρ-
τύριον[8] Δαυιδ, καὶ παιδάριον[9] μικρὸν μετ᾽ αὐτοῦ. **36** καὶ εἶπεν τῷ παιδαρίῳ[10] Δράμε,[11]
εὑρέ μοι τὰς σχίζας,[12] ἐν αἷς ἐγὼ ἀκοντίζω·[13] καὶ τὸ παιδάριον[14] ἔδραμε,[15] καὶ αὐτὸς
ἠκόντιζε[16] τῇ σχίζῃ[17] καὶ παρήγαγεν[18] αὐτήν. **37** καὶ ἦλθεν τὸ παιδάριον[19] ἕως τοῦ
τόπου τῆς σχίζης, οὗ ἠκόντιζεν[20] Ιωναθαν, καὶ ἀνεβόησεν[21] Ιωναθαν ὀπίσω τοῦ
νεανίου[22] καὶ εἶπεν Ἐκεῖ ἡ σχίζα ἀπὸ σοῦ καὶ ἐπέκεινα·[23] **38** καὶ ἀνεβόησεν[24] Ιωναθαν
ὀπίσω τοῦ παιδαρίου[25] αὐτοῦ λέγων Ταχύνας[26] σπεῦσον[27] καὶ μὴ στῇς· καὶ ἀνέλεξεν[28]
τὸ παιδάριον[29] Ιωναθαν τὰς σχίζας[30] πρὸς τὸν κύριον αὐτοῦ. **39** καὶ τὸ παιδάριον[31]
οὐκ ἔγνω οὐθέν,[32] πάρεξ[33] Ιωναθαν καὶ Δαυιδ ἔγνωσαν τὸ ῥῆμα. **40** καὶ Ιωναθαν
ἔδωκεν τὰ σκεύη[34] αὐτοῦ ἐπὶ τὸ παιδάριον[35] αὐτοῦ καὶ εἶπεν τῷ παιδαρίῳ αὐτοῦ
Πορεύου εἴσελθε εἰς τὴν πόλιν. **41** καὶ ὡς εἰσῆλθεν τὸ παιδάριον,[36] καὶ Δαυιδ ἀνέστη
ἀπὸ τοῦ εργαβ[37] καὶ ἔπεσεν ἐπὶ πρόσωπον αὐτοῦ καὶ προσεκύνησεν αὐτῷ τρίς, καὶ
κατεφίλησεν[38] ἕκαστος τὸν πλησίον[39] αὐτοῦ, καὶ ἔκλαυσεν ἕκαστος τῷ πλησίον
αὐτοῦ ἕως συντελείας[40] μεγάλης. **42** καὶ εἶπεν Ιωναθαν Πορεύου εἰς εἰρήνην, καὶ
ὡς ὀμωμόκαμεν[41] ἡμεῖς ἀμφότεροι[42] ἐν ὀνόματι κυρίου λέγοντες Κύριος ἔσται μάρ-
τυς[43] ἀνὰ μέσον[44] ἐμοῦ καὶ σοῦ καὶ ἀνὰ μέσον τοῦ σπέρματός μου καὶ ἀνὰ μέσον
τοῦ σπέρματός σου ἕως αἰῶνος. **42b** καὶ ἀνέστη Δαυιδ καὶ ἀπῆλθεν, καὶ Ιωναθαν
εἰσῆλθεν εἰς τὴν πόλιν.

1 τράπεζα, table
2 θυμός, wrath, rage, fury
3 μήν, month
4 θραύω, *aor pas ind 3s*, be grieved, be downtrodden
5 συντελέω, *aor act ind 3s*, carry out, bring to completion
6 πρωί, morning
7 τάσσω, *aor mid ind 3s*, arrange, appoint
8 μαρτύριον, proof
9 παιδάριον, servant
10 παιδάριον, servant
11 τρέχω, *aor act impv 2s*, run
12 σχίζα, arrow
13 ἀκοντίζω, *pres act ind 1s*, throw, cast
14 παιδάριον, servant
15 τρέχω, *aor act ind 3s*, run
16 ἀκοντίζω, *impf act ind 3s*, throw, cast
17 σχίζα, arrow
18 παράγω, *aor act ind 3s*, pass beyond
19 παιδάριον, servant
20 ἀκοντίζω, *impf act ind 3s*, throw, cast
21 ἀναβοάω, *aor act ind 3s*, cry out
22 νεανίας, young man, servant
23 ἐπέκεινα, farther on
24 ἀναβοάω, *aor act ind 3s*, cry out
25 παιδάριον, servant
26 ταχύνω, *aor act ptc nom s m*, hurry
27 σπεύδω, *aor act impv 2s*, be hasty
28 ἀναλέγω, *aor act ind 3s*, pick up, gather up
29 παιδάριον, servant
30 σχίζα, arrow
31 παιδάριον, servant
32 οὐθείς, nothing
33 πάρεξ, only
34 σκεῦος, equipment
35 παιδάριον, servant
36 παιδάριον, servant
37 εργαβ, saddleback?, coffer?, *translit.*
38 καταφιλέω, *aor act ind 3s*, kiss, embrace
39 πλησίον, companion, fellow
40 συντέλεια, completion
41 ὄμνυμι, *perf act ind 1p*, swear
42 ἀμφότεροι, both
43 μάρτυς, witness
44 ἀνὰ μέσον, between

David Takes the Holy Bread

21 Καὶ ἔρχεται Δαυιδ εἰς Νομβα πρὸς Αβιμελεχ τὸν ἱερέα. καὶ ἐξέστη[1] Αβιμελεχ τῇ ἀπαντήσει[2] αὐτοῦ καὶ εἶπεν αὐτῷ Τί ὅτι σὺ μόνος καὶ οὐθεὶς[3] μετὰ σοῦ; **3** καὶ εἶπεν Δαυιδ τῷ ἱερεῖ Ὁ βασιλεὺς ἐντέταλταί[4] μοι ῥῆμα σήμερον καὶ εἶπέν μοι Μηδεὶς[5] γνώτω τὸ ῥῆμα, περὶ οὗ ἐγὼ ἀποστέλλω σε καὶ ὑπὲρ οὗ ἐντέταλμαί[6] σοι· καὶ τοῖς παιδαρίοις[7] διαμεμαρτύρημαι[8] ἐν τῷ τόπῳ τῷ λεγομένῳ Θεοῦ πίστις, Φελλανι Αλεμωνι·[9] **4** καὶ νῦν εἰ εἰσὶν ὑπὸ τὴν χεῖρά σου πέντε ἄρτοι, δὸς εἰς χεῖρά μου τὸ εὑρεθέν. **5** καὶ ἀπεκρίθη ὁ ἱερεὺς τῷ Δαυιδ καὶ εἶπεν Οὐκ εἰσὶν ἄρτοι βέβηλοι[10] ὑπὸ τὴν χεῖρά μου, ὅτι ἀλλ᾽ ἢ ἄρτοι ἅγιοι εἰσίν· εἰ πεφυλαγμένα τὰ παιδάριά[11] ἐστιν ἀπὸ γυναικός, καὶ φάγεται. **6** καὶ ἀπεκρίθη Δαυιδ τῷ ἱερεῖ καὶ εἶπεν αὐτῷ Ἀλλὰ ἀπὸ γυναικὸς ἀπεσχήμεθα[12] ἐχθὲς[13] καὶ τρίτην ἡμέραν· ἐν τῷ ἐξελθεῖν με εἰς ὁδὸν γέγονε πάντα τὰ παιδάρια[14] ἡγνισμένα,[15] καὶ αὐτὴ ἡ ὁδὸς βέβηλος,[16] διότι[17] ἁγιασθήσεται[18] σήμερον διὰ τὰ σκεύη[19] μου. **7** καὶ ἔδωκεν αὐτῷ Αβιμελεχ ὁ ἱερεὺς τοὺς ἄρτους τῆς προθέσεως,[20] ὅτι οὐκ ἦν ἐκεῖ ἄρτος ὅτι ἀλλ᾽ ἢ ἄρτοι τοῦ προσώπου οἱ ἀφῃρημένοι[21] ἐκ προσώπου κυρίου παρατεθῆναι[22] ἄρτον θερμὸν[23] ᾗ ἡμέρᾳ ἔλαβεν αὐτούς.

8 καὶ ἐκεῖ ἦν ἓν τῶν παιδαρίων[24] τοῦ Σαουλ ἐν τῇ ἡμέρᾳ ἐκείνῃ συνεχόμενος[25] νεεσσαραν[26] ἐνώπιον κυρίου, καὶ ὄνομα αὐτῷ Δωηκ ὁ Σύρος νέμων[27] τὰς ἡμιόνους[28] Σαουλ.

9 καὶ εἶπεν Δαυιδ πρὸς Αβιμελεχ Ἰδὲ εἰ ἔστιν ἐνταῦθα[29] ὑπὸ τὴν χεῖρά σου δόρυ[30] ἢ ῥομφαία,[31] ὅτι τὴν ῥομφαίαν μου καὶ τὰ σκεύη[32] οὐκ εἴληφα ἐν τῇ χειρί μου, ὅτι ἦν τὸ ῥῆμα τοῦ βασιλέως κατὰ σπουδήν.[33] **10** καὶ εἶπεν ὁ ἱερεύς Ἰδοὺ ἡ ῥομφαία[34] Γολιαθ

1 ἐξίστημι, *aor act ind 3s*, be astonished
2 ἀπάντησις, meeting
3 οὐθείς, no one
4 ἐντέλλομαι, *perf mid ind 3s*, command, order
5 μηδείς, no one
6 ἐντέλλομαι, *perf mid ind 1s*, command, order
7 παιδάριον, young man, servant
8 διαμαρτυρέω, *perf mid ind 1s*, testify, charge
9 Φελλανι Αλεμωνι, a certain place?, *translit.*
10 βέβηλος, common, worldly
11 παιδάριον, young man, servant
12 ἀπέχω, *perf mid ind 1p*, keep away, be distant
13 ἐχθές, yesterday
14 παιδάριον, young man, servant
15 ἁγνίζω, *perf mid ptc nom p n*, cleanse, purify
16 βέβηλος, common, worldly
17 διότι, therefore
18 ἁγιάζω, *fut pas ind 3s*, consecrate, sanctify
19 σκεῦος, implements, equipment
20 πρόθεσις, presentation, setting forth
21 ἀφαιρέω, *perf pas ptc nom p m*, take away, remove
22 παρατίθημι, *aor pas inf*, put before, set out
23 θερμός, hot
24 παιδάριον, young man, servant
25 συνέχω, *pres pas ptc nom s m*, occupy, hold up, detain
26 νεεσσαραν, detained, *translit.*
27 νέμω, *pres act ptc nom s m*, tend
28 ἡμίονος, mule
29 ἐνταῦθα, here
30 δόρυ, spear
31 ῥομφαία, sword
32 σκεῦος, implement, equipment
33 σπουδή, haste, eagerness
34 ῥομφαία, sword

τοῦ ἀλλοφύλου,[1] ὃν ἐπάταξας[2] ἐν τῇ κοιλάδι Ηλα, καὶ αὐτὴ ἐνειλημένη[3] ἐν ἱματίῳ· εἰ ταύτην λήμψῃ σεαυτῷ, λαβέ, ὅτι οὐκ ἔστιν ἑτέρα πάρεξ[4] ταύτης ἐνταῦθα.[5] καὶ εἶπεν Δαυιδ Ἰδοὺ οὐκ ἔστιν ὥσπερ αὐτή, δός μοι αὐτήν. **11** καὶ ἔδωκεν αὐτὴν αὐτῷ·

David Flees to Gath

καὶ ἀνέστη Δαυιδ καὶ ἔφυγεν[6] ἐν τῇ ἡμέρᾳ ἐκείνῃ ἐκ προσώπου Σαουλ. Καὶ ἦλθεν Δαυιδ πρὸς Αγχους βασιλέα Γεθ. **12** καὶ εἶπαν οἱ παῖδες[7] Αγχους πρὸς αὐτόν Οὐχὶ οὗτος Δαυιδ ὁ βασιλεὺς τῆς γῆς; οὐχὶ τούτῳ ἐξῆρχον[8] αἱ χορεύουσαι[9] λέγουσαι

Ἐπάταξεν[10] Σαουλ ἐν χιλιάσιν[11] αὐτοῦ
καὶ Δαυιδ ἐν μυριάσιν[12] αὐτοῦ;

13 καὶ ἔθετο Δαυιδ τὰ ῥήματα ἐν τῇ καρδίᾳ αὐτοῦ καὶ ἐφοβήθη σφόδρα[13] ἀπὸ προσώπου Αγχους βασιλέως Γεθ. **14** καὶ ἠλλοίωσεν[14] τὸ πρόσωπον αὐτοῦ ἐνώπιον αὐτοῦ καὶ προσεποιήσατο[15] ἐν τῇ ἡμέρᾳ ἐκείνῃ καὶ ἐτυμπάνιζεν[16] ἐπὶ ταῖς θύραις τῆς πόλεως καὶ παρεφέρετο[17] ἐν ταῖς χερσὶν αὐτοῦ καὶ ἔπιπτεν ἐπὶ τὰς θύρας τῆς πύλης,[18] καὶ τὰ σίελα[19] αὐτοῦ κατέρρει[20] ἐπὶ τὸν πώγωνα[21] αὐτοῦ. **15** καὶ εἶπεν Αγχους πρὸς τοὺς παῖδας[22] αὐτοῦ Ἰδοὺ ἴδετε ἄνδρα ἐπίλημπτον·[23] ἵνα τί εἰσηγάγετε[24] αὐτὸν πρός με; **16** ἢ ἐλαττοῦμαι[25] ἐπιλήμπτων[26] ἐγώ, ὅτι εἰσαγειόχατε[27] αὐτὸν ἐπιλημπτεύεσθαι[28] πρός με; οὗτος οὐκ εἰσελεύσεται εἰς οἰκίαν.

Priests Slain at Nob

22 Καὶ ἀπῆλθεν ἐκεῖθεν[29] Δαυιδ καὶ διεσώθη[30] καὶ ἔρχεται εἰς τὸ σπήλαιον[31] τὸ Οδολλαμ. καὶ ἀκούουσιν οἱ ἀδελφοὶ αὐτοῦ καὶ ὁ οἶκος τοῦ πατρὸς αὐτοῦ καὶ καταβαίνουσιν πρὸς αὐτὸν ἐκεῖ. **2** καὶ συνήγοντο πρὸς αὐτὸν πᾶς ἐν ἀνάγκῃ[32]

1 ἀλλόφυλος, foreign, (Philistine)
2 πατάσσω, *aor act ind 2s*, slay
3 ἐνειλέω, *perf pas ptc nom s f*, wrap in
4 πάρεξ, except, beside
5 ἐνταῦθα, here
6 φεύγω, *aor act ind 3s*, flee
7 παῖς, servant
8 ἐξάρχω, *impf act ind 3p*, begin, lead
9 χορεύω, *pres act ptc nom p f*, dance
10 πατάσσω, *aor act ind 3s*, strike, slay
11 χιλιάς, thousand
12 μυριάς, ten thousand
13 σφόδρα, very much
14 ἀλλοιόω, *aor act ind 3s*, disguise, change
15 προσποιέω, *aor mid ind 3s*, pretend, put on an act
16 τυμπανίζω, *impf act ind 3s*, beat a drum
17 παραφέρω, *impf mid ind 3s*, move madly, distort
18 πύλη, gate
19 σίελον, spittle
20 καταρρέω, *impf act ind 3s*, drip down, flow down
21 πώγων, beard
22 παῖς, servant
23 ἐπίλημπτος, suffering from epilepsy
24 εἰσάγω, *aor act ind 2p*, bring in
25 ἐλαττόω, *pres mid ind 1s*, be in need of, lack
26 ἐπίλημπτος, suffering from epilepsy
27 εἰσάγω, *perf act ind 2p*, bring in
28 ἐπιλημπτεύομαι, *pres mid inf*, have an epileptic fit
29 ἐκεῖθεν, from there
30 διασῴζω, *aor pas ind 3s*, come safely through, escape
31 σπήλαιον, cave
32 ἀνάγκη, distress, trouble

καὶ πᾶς ὑπόχρεως[1] καὶ πᾶς κατώδυνος[2] ψυχῇ, καὶ ἦν ἐπ᾽ αὐτῶν ἡγούμενος·[3] καὶ ἦσαν μετ᾽ αὐτοῦ ὡς τετρακόσιοι[4] ἄνδρες.

3 καὶ ἀπῆλθεν Δαυιδ ἐκεῖθεν[5] εἰς Μασσηφα τῆς Μωαβ καὶ εἶπεν πρὸς βασιλέα Μωαβ Γινέσθωσαν δὴ[6] ὁ πατήρ μου καὶ ἡ μήτηρ μου παρὰ σοί, ἕως ὅτου γνῶ τί ποιήσει μοι ὁ θεός. **4** καὶ παρεκάλεσεν τὸ πρόσωπον τοῦ βασιλέως Μωαβ, καὶ κατῴκουν μετ᾽ αὐτοῦ πάσας τὰς ἡμέρας ὄντος τοῦ Δαυιδ ἐν τῇ περιοχῇ.[7] **5** καὶ εἶπεν Γαδ ὁ προφήτης πρὸς Δαυιδ Μὴ κάθου ἐν τῇ περιοχῇ,[8] πορεύου καὶ ἥξεις[9] εἰς γῆν Ιουδα. καὶ ἐπορεύθη Δαυιδ καὶ ἦλθεν καὶ ἐκάθισεν ἐν πόλει Σαριχ.

6 Καὶ ἤκουσεν Σαουλ ὅτι ἔγνωσται Δαυιδ καὶ οἱ ἄνδρες οἱ μετ᾽ αὐτοῦ· καὶ Σαουλ ἐκάθητο ἐν τῷ βουνῷ[10] ὑπὸ τὴν ἄρουραν[11] τὴν ἐν Ραμα, καὶ τὸ δόρυ[12] ἐν τῇ χειρὶ αὐτοῦ, καὶ πάντες οἱ παῖδες[13] αὐτοῦ παρειστήκεισαν[14] αὐτῷ. **7** καὶ εἶπεν Σαουλ πρὸς τοὺς παῖδας[15] αὐτοῦ τοὺς παρεστηκότας[16] αὐτῷ καὶ εἶπεν αὐτοῖς Ἀκούσατε δή,[17] υἱοὶ Βενιαμιν· εἰ ἀληθῶς[18] πᾶσιν ὑμῖν δώσει ὁ υἱὸς Ιεσσαι ἀγροὺς καὶ ἀμπελῶνας[19] καὶ πάντας ὑμᾶς τάξει[20] ἑκατοντάρχους[21] καὶ χιλιάρχους;[22] **8** ὅτι σύγκεισθε[23] πάντες ὑμεῖς ἐπ᾽ ἐμέ, καὶ οὐκ ἔστιν ὁ ἀποκαλύπτων[24] τὸ ὠτίον[25] μου ἐν τῷ διαθέσθαι[26] τὸν υἱόν μου διαθήκην μετὰ τοῦ υἱοῦ Ιεσσαι, καὶ οὐκ ἔστιν πονῶν[27] περὶ ἐμοῦ ἐξ ὑμῶν καὶ ἀποκαλύπτων τὸ ὠτίον μου ὅτι ἐπήγειρεν[28] ὁ υἱός μου τὸν δοῦλόν μου ἐπ᾽ ἐμὲ εἰς ἐχθρὸν ὡς ἡ ἡμέρα αὕτη. **9** καὶ ἀποκρίνεται Δωηκ ὁ Σύρος ὁ καθεστηκὼς[29] ἐπὶ τὰς ἡμιόνους[30] Σαουλ καὶ εἶπεν Ἑόρακα τὸν υἱὸν Ιεσσαι παραγινόμενον εἰς Νομβα πρὸς Αβιμελεχ υἱὸν Αχιτωβ τὸν ἱερέα, **10** καὶ ἠρώτα[31] αὐτῷ διὰ τοῦ θεοῦ καὶ ἐπισιτισμὸν[32] ἔδωκεν αὐτῷ καὶ τὴν ῥομφαίαν[33] Γολιαδ τοῦ ἀλλοφύλου[34] ἔδωκεν αὐτῷ.

11 καὶ ἀπέστειλεν ὁ βασιλεὺς καλέσαι τὸν Αβιμελεχ υἱὸν Αχιτωβ καὶ πάντας τοὺς υἱοὺς τοῦ πατρὸς αὐτοῦ τοὺς ἱερεῖς τοὺς ἐν Νομβα, καὶ παρεγένοντο πάντες πρὸς

1 ὑπόχρεως, indebted
2 κατώδυνος, grieved
3 ἡγέομαι, *pres mid ptc nom s m*, lead
4 τετρακόσιοι, four hundred
5 ἐκεῖθεν, from there
6 δή, now, then
7 περιοχή, boundary, fortification
8 περιοχή, boundary, fortification
9 ἥκω, *fut act ind 2s*, be present
10 βουνός, hill
11 ἄρουρα, land, field
12 δόρυ, spear
13 παῖς, servant
14 παρίστημι, *plpf act ind 3p*, be present with, stand near
15 παῖς, servant
16 παρίστημι, *perf act ptc acc p m*, be present with, stand near
17 δή, now, then
18 ἀληθῶς, truly, actually
19 ἀμπελών, vineyard
20 τάσσω, *fut act ind 3s*, appoint
21 ἑκατόνταρχος, leader of a hundred, centurion
22 χιλίαρχος, captain over a thousand
23 σύγκειμαι, *pres pas ind 2p*, be agreed, be contrived
24 ἀποκαλύπτω, *pres act ptc nom s m*, uncover, reveal
25 ὠτίον, *dim of* οὖς, ear
26 διατίθημι, *aor mid inf*, arrange, make
27 πονέω, *pres act ptc nom s m*, be distressed, be pained
28 ἐπεγείρω, *impf act ind 3s*, stir up, provoke
29 καθίστημι, *perf act ptc nom s m*, appoint over, set in charge
30 ἡμίονος, mule
31 ἐρωτάω, *impf act ind 3s*, ask
32 ἐπισιτισμός, provisions
33 ῥομφαία, sword
34 ἀλλόφυλος, foreign, (Philistine)

τὸν βασιλέα. **12** καὶ εἶπεν Σαουλ Ἄκουε δή,[1] υἱὲ Αχιτωβ. καὶ εἶπεν Ἰδοὺ ἐγώ· λάλει, κύριε. **13** καὶ εἶπεν αὐτῷ Σαουλ Ἵνα τί συνέθου [2]κατ᾽ ἐμοῦ σὺ καὶ ὁ υἱὸς Ιεσσαι δοῦναί σε αὐτῷ ἄρτον καὶ ῥομφαίαν[3] καὶ ἐρωτᾶν[4] αὐτῷ διὰ τοῦ θεοῦ θέσθαι αὐτὸν ἐπ᾽ ἐμὲ εἰς ἐχθρὸν ὡς ἡ ἡμέρα αὕτη;

14 καὶ ἀπεκρίθη τῷ βασιλεῖ καὶ εἶπεν Καὶ τίς ἐν πᾶσιν τοῖς δούλοις σου ὡς Δαυιδ πιστὸς[5] καὶ γαμβρὸς[6] τοῦ βασιλέως καὶ ἄρχων παντὸς παραγγέλματός[7] σου καὶ ἔνδοξος[8] ἐν τῷ οἴκῳ σου; **15** ἢ σήμερον ἦργμαι[9] ἐρωτᾶν[10] αὐτῷ διὰ τοῦ θεοῦ; μηδαμῶς.[11] μὴ δότω ὁ βασιλεὺς κατὰ τοῦ δούλου αὐτοῦ λόγον καὶ ἐφ᾽ ὅλον τὸν οἶκον τοῦ πατρός μου, ὅτι οὐκ ᾔδει[12] ὁ δοῦλος ὁ σὸς[13] ἐν πᾶσιν τούτοις ῥῆμα μικρὸν ἢ μέγα. **16** καὶ εἶπεν ὁ βασιλεὺς Σαουλ Θανάτῳ ἀποθανῇ, Αβιμελεχ, σὺ καὶ πᾶς ὁ οἶκος τοῦ πατρός σου. **17** καὶ εἶπεν ὁ βασιλεὺς τοῖς παρατρέχουσιν[14] τοῖς ἐφεστηκόσιν[15] ἐπ᾽ αὐτόν Προσαγάγετε[16] καὶ θανατοῦτε[17] τοὺς ἱερεῖς τοῦ κυρίου, ὅτι ἡ χεὶρ αὐτῶν μετὰ Δαυιδ, καὶ ὅτι ἔγνωσαν ὅτι φεύγει[18] αὐτός, καὶ οὐκ ἀπεκάλυψαν[19] τὸ ὠτίον[20] μου. καὶ οὐκ ἐβουλήθησαν οἱ παῖδες[21] τοῦ βασιλέως ἐπενεγκεῖν[22] τὰς χεῖρας αὐτῶν ἀπαντῆσαι[23] εἰς τοὺς ἱερεῖς κυρίου. **18** καὶ εἶπεν ὁ βασιλεὺς τῷ Δωηκ Ἐπιστρέφου σὺ καὶ ἀπάντα[24] εἰς τοὺς ἱερεῖς. καὶ ἐπεστράφη Δωηκ ὁ Σύρος καὶ ἐθανάτωσεν[25] τοὺς ἱερεῖς κυρίου ἐν τῇ ἡμέρᾳ ἐκείνῃ, τριακοσίους[26] καὶ πέντε ἄνδρας, πάντας αἴροντας εφουδ.[27] **19** καὶ τὴν Νομβα τὴν πόλιν τῶν ἱερέων ἐπάταξεν[28] ἐν στόματι ῥομφαίας[29] ἀπὸ ἀνδρὸς ἕως γυναικός, ἀπὸ νηπίου[30] ἕως θηλάζοντος[31] καὶ μόσχου[32] καὶ ὄνου[33] καὶ προβάτου.

20 καὶ διασῴζεται[34] υἱὸς εἷς τῷ Αβιμελεχ υἱῷ Αχιτωβ, καὶ ὄνομα αὐτῷ Αβιαθαρ, καὶ ἔφυγεν[35] ὀπίσω Δαυιδ. **21** καὶ ἀπήγγειλεν Αβιαθαρ τῷ Δαυιδ ὅτι ἐθανάτωσεν[36] Σαουλ πάντας τοὺς ἱερεῖς τοῦ κυρίου. **22** καὶ εἶπεν Δαυιδ τῷ Αβιαθαρ Ἤιδειν[37] ἐν

1 δή, now
2 συντίθημι, *aor mid ind 2s*, devise, agree
3 ῥομφαία, sword
4 ἐρωτάω, *pres act inf*, ask
5 πιστός, faithful, trustworthy
6 γαμβρός, son-in-law
7 παράγγελμα, command, order
8 ἔνδοξος, honorable, reputable
9 ἄρχομαι, *perf mid ind 1s*, begin
10 ἐρωτάω, *pres act inf*, ask
11 μηδαμῶς, by no means
12 οἶδα, *plpf act ind 3s*, know
13 σός, your
14 παρατρέχω, *pres act ptc dat p m*, run by
15 ἐφίστημι, *perf act ptc dat p m*, stand near
16 προσάγω, *aor act impv 2p*, approach
17 θανατόω, *pres act impv 2p*, kill
18 φεύγω, *pres act ind 3s*, flee
19 ἀποκαλύπτω, *aor act ind 3p*, uncover, reveal
20 ὠτίον, *dim of* οὖς, ear
21 παῖς, servant
22 ἐπιφέρω, *aor act inf*, lay upon, put
23 ἀπαντάω, *aor act inf*, meet (with hostility)
24 ἀπαντάω, *pres act impv 2s*, meet (with hostility)
25 θανατόω, *aor act ind 3s*, kill, slay
26 τριακόσιοι, three hundred
27 εφουδ, ephod, *translit.*
28 πατάσσω, *aor act ind 3s*, strike, slay
29 ῥομφαία, sword
30 νήπιος, infant, child
31 θηλάζω, *pres act ptc gen s m*, nurse
32 μόσχος, calf
33 ὄνος, donkey
34 διασῴζω, *pres pas ind 3s*, come safely through, escape
35 φεύγω, *aor act ind 3s*, flee
36 θανατόω, *aor act ind 3s*, kill, slay
37 οἶδα, *plpf act ind 1s*, know

τῇ ἡμέρᾳ ἐκείνῃ ὅτι Δωηκ ὁ Σύρος ὅτι ἀπαγγέλλων ἀπαγγελεῖ τῷ Σαουλ· ἐγώ εἰμι αἴτιος[1] τῶν ψυχῶν οἴκου τοῦ πατρός σου· **23** κάθου μετ' ἐμοῦ, μὴ φοβοῦ, ὅτι οὗ[2] ἐὰν ζητῶ τῇ ψυχῇ μου τόπον, ζητήσω καὶ τῇ ψυχῇ σου, ὅτι πεφύλαξαι σὺ παρ' ἐμοί.

David Saves Keilah

23 Καὶ ἀπηγγέλη τῷ Δαυιδ λέγοντες Ἰδοὺ οἱ ἀλλόφυλοι[3] πολεμοῦσιν ἐν τῇ Κεϊλα, καὶ αὐτοὶ διαρπάζουσιν,[4] καταπατοῦσιν[5] τοὺς ἅλω.[6] **2** καὶ ἐπηρώτησεν[7] Δαυιδ διὰ τοῦ κυρίου λέγων Εἰ πορευθῶ καὶ πατάξω[8] τοὺς ἀλλοφύλους[9] τούτους; καὶ εἶπεν κύριος Πορεύου καὶ πατάξεις[10] ἐν τοῖς ἀλλοφύλοις τούτοις καὶ σώσεις τὴν Κεϊλα. **3** καὶ εἶπαν οἱ ἄνδρες τοῦ Δαυιδ πρὸς αὐτόν Ἰδοὺ ἡμεῖς ἐνταῦθα[11] ἐν τῇ Ιουδαίᾳ φοβούμεθα, καὶ πῶς ἔσται ἐὰν πορευθῶμεν εἰς Κεϊλα; εἰς τὰ σκῦλα[12] τῶν ἀλλοφύλων[13] εἰσπορευσόμεθα.[14] **4** καὶ προσέθετο[15] Δαυιδ ἐρωτῆσαι[16] ἔτι διὰ τοῦ κυρίου, καὶ ἀπεκρίθη αὐτῷ κύριος καὶ εἶπεν πρὸς αὐτόν Ἀνάστηθι καὶ κατάβηθι εἰς Κεϊλα, ὅτι ἐγὼ παραδίδωμι τοὺς ἀλλοφύλους[17] εἰς χεῖράς σου. **5** καὶ ἐπορεύθη Δαυιδ καὶ οἱ ἄνδρες οἱ μετ' αὐτοῦ εἰς Κεϊλα καὶ ἐπολέμησεν ἐν τοῖς ἀλλοφύλοις,[18] καὶ ἔφυγον[19] ἐκ προσώπου αὐτοῦ, καὶ ἀπήγαγεν[20] τὰ κτήνη[21] αὐτῶν καὶ ἐπάταξεν[22] ἐν αὐτοῖς πληγὴν[23] μεγάλην, καὶ ἔσωσεν Δαυιδ τοὺς κατοικοῦντας Κεϊλα.

6 Καὶ ἐγένετο ἐν τῷ φυγεῖν[24] Αβιαθαρ υἱὸν Αβιμελεχ πρὸς Δαυιδ καὶ αὐτὸς μετὰ Δαυιδ εἰς Κεϊλα κατέβη ἔχων εφουδ[25] ἐν τῇ χειρὶ αὐτοῦ. **7** καὶ ἀπηγγέλη τῷ Σαουλ ὅτι ἥκει[26] Δαυιδ εἰς Κεϊλα, καὶ εἶπεν Σαουλ Πέπρακεν[27] αὐτὸν ὁ θεὸς εἰς χεῖράς μου, ὅτι ἀποκέκλεισται[28] εἰσελθὼν εἰς πόλιν θυρῶν καὶ μοχλῶν.[29] **8** καὶ παρήγγειλεν[30] Σαουλ παντὶ τῷ λαῷ εἰς πόλεμον καταβαίνειν εἰς Κεϊλα συνέχειν[31] τὸν Δαυιδ καὶ τοὺς ἄνδρας αὐτοῦ. **9** καὶ ἔγνω Δαυιδ ὅτι οὐ παρασιωπᾷ[32] Σαουλ περὶ αὐτοῦ τὴν κακίαν,[33] καὶ εἶπεν Δαυιδ πρὸς Αβιαθαρ τὸν ἱερέα Προσάγαγε[34] τὸ εφουδ[35] κυρίου. **10** καὶ εἶπεν Δαυιδ Κύριε ὁ θεὸς Ισραηλ, ἀκούων ἀκήκοεν ὁ δοῦλός σου ὅτι ζητεῖ

1 αἴτιος, culpable, responsible
2 οὗ, where
3 ἀλλόφυλος, foreign, (Philistine)
4 διαρπάζω, *pres act ind 3p*, plunder
5 καταπατέω, *pres act ind 3p*, trample, destroy
6 ἅλων, threshed grain
7 ἐπερωτάω, *aor act ind 3s*, ask, inquire
8 πατάσσω, *aor act sub 1s*, strike
9 ἀλλόφυλος, foreign, (Philistine)
10 πατάσσω, *fut act ind 2s*, strike, slay
11 ἐνταῦθα, here
12 σκῦλον, spoils, plunder
13 ἀλλόφυλος, foreign, (Philistine)
14 εἰσπορεύομαι, *fut mid ind 1p*, go into
15 προστίθημι, *aor mid ind 3s*, continue
16 ἐρωτάω, *aor act inf*, ask, inquire
17 ἀλλόφυλος, foreign, (Philistine)
18 ἀλλόφυλος, foreign, (Philistine)
19 φεύγω, *aor act ind 3p*, flee
20 ἀπάγω, *aor act ind 3s*, take away, carry off
21 κτῆνος, animal, (*p*) herd
22 πατάσσω, *aor act ind 3s*, strike, slay
23 πληγή, blow, slaughter
24 φεύγω, *aor act inf*, flee
25 εφουδ, ephod, *translit.*
26 ἥκω, *pres act ind 3s*, have come
27 πιπράσκω, *perf act ind 3s*, sell
28 ἀποκλείω, *perf pas ind 3s*, shut, close off
29 μοχλός, bar, bolt (of a door)
30 παραγγέλλω, *aor act ind 3s*, order, instruct
31 συνέχω, *pres act inf*, attack
32 παρασιωπάω, *pres act ind 3s*, omit mention of
33 κακία, wickedness, evil
34 προσάγω, *aor act impv 2s*, bring near
35 εφουδ, ephod, *translit.*

Σαουλ ἐλθεῖν ἐπὶ Κεϊλα διαφθεῖραι[1] τὴν πόλιν δι᾽ ἐμέ. **11** εἰ ἀποκλεισθήσεται;[2] καὶ
νῦν εἰ καταβήσεται Σαουλ, καθὼς ἤκουσεν ὁ δοῦλός σου; κύριε ὁ θεὸς Ισραηλ,
ἀπάγγειλον τῷ δούλῳ σου. καὶ εἶπεν κύριος Ἀποκλεισθήσεται. **13** καὶ ἀνέστη Δαυιδ
καὶ οἱ ἄνδρες οἱ μετ᾽ αὐτοῦ ὡς τετρακόσιοι[3] καὶ ἐξῆλθον ἐκ Κεϊλα καὶ ἐπορεύοντο
οὗ[4] ἐὰν ἐπορεύθησαν· καὶ τῷ Σαουλ ἀπηγγέλη ὅτι διασέσωται[5] Δαυιδ ἐκ Κεϊλα, καὶ
ἀνῆκεν[6] τοῦ ἐξελθεῖν.

David Escapes from Saul

14 Καὶ ἐκάθισεν Δαυιδ ἐν τῇ ἐρήμῳ ἐν Μασερεμ ἐν τοῖς στενοῖς[7] καὶ ἐκάθητο ἐν
τῇ ἐρήμῳ ἐν τῷ ὄρει Ζιφ ἐν τῇ γῇ τῇ αὐχμώδει·[8] καὶ ἐζήτει αὐτὸν Σαουλ πάσας τὰς
ἡμέρας, καὶ οὐ παρέδωκεν αὐτὸν κύριος εἰς τὰς χεῖρας αὐτοῦ. **15** καὶ εἶδεν Δαυιδ
ὅτι ἐξέρχεται Σαουλ τοῦ ζητεῖν τὸν Δαυιδ· καὶ Δαυιδ ἐν τῷ ὄρει τῷ αὐχμώδει[9] ἐν τῇ
Καινῇ Ζιφ. **16** καὶ ἀνέστη Ιωναθαν υἱὸς Σαουλ καὶ ἐπορεύθη πρὸς Δαυιδ εἰς Καινὴν
καὶ ἐκραταίωσεν[10] τὰς χεῖρας αὐτοῦ ἐν κυρίῳ. **17** καὶ εἶπεν πρὸς αὐτόν Μὴ φοβοῦ,
ὅτι οὐ μὴ εὕρῃ σε ἡ χεὶρ Σαουλ τοῦ πατρός μου, καὶ σὺ βασιλεύσεις[11] ἐπὶ Ισραηλ, καὶ
ἐγὼ ἔσομαί σοι εἰς δεύτερον· καὶ Σαουλ ὁ πατήρ μου οἶδεν οὕτως. **18** καὶ διέθεντο[12]
ἀμφότεροι[13] διαθήκην ἐνώπιον κυρίου. καὶ ἐκάθητο Δαυιδ ἐν Καινῇ, καὶ Ιωναθαν
ἀπῆλθεν εἰς οἶκον αὐτοῦ.

19 Καὶ ἀνέβησαν οἱ Ζιφαῖοι ἐκ τῆς αὐχμώδους[14] πρὸς Σαουλ ἐπὶ τὸν βουνὸν[15] λέ-
γοντες Οὐκ ἰδοὺ Δαυιδ κέκρυπται[16] παρ᾽ ἡμῖν ἐν Μεσσαρα ἐν τοῖς στενοῖς[17] ἐν τῇ
Καινῇ ἐν τῷ βουνῷ[18] τοῦ Εχελα τοῦ ἐκ δεξιῶν τοῦ Ιεσσαιμουν; **20** καὶ νῦν πᾶν τὸ
πρὸς ψυχὴν τοῦ βασιλέως εἰς κατάβασιν[19] καταβαινέτω πρὸς ἡμᾶς· κεκλείκασιν[20]
αὐτὸν εἰς τὰς χεῖρας τοῦ βασιλέως. **21** καὶ εἶπεν αὐτοῖς Σαουλ Εὐλογημένοι ὑμεῖς
τῷ κυρίῳ, ὅτι ἐπονέσατε[21] περὶ ἐμοῦ· **22** πορεύθητε δὴ[22] καὶ ἑτοιμάσατε ἔτι καὶ
γνῶτε τὸν τόπον αὐτοῦ, οὗ[23] ἔσται ὁ πους αὐτοῦ, ἐν τάχει[24] ἐκεῖ οὗ εἴπατε, μήποτε[25]
πανουργεύσηται·[26] **23** καὶ ἴδετε καὶ γνῶτε, καὶ πορευσόμεθα μεθ᾽ ὑμῶν, καὶ ἔσται
εἰ ἔστιν ἐπὶ τῆς γῆς, καὶ ἐξερευνήσω[27] αὐτὸν ἐν πάσαις χιλιάσιν[28] Ιουδα. **24** καὶ

1 διαφθείρω, *aor act inf*, utterly destroy
2 ἀποκλείω, *fut pas ind 3s*, shut, close off
3 τετρακόσιοι, four hundred
4 οὗ, where
5 διασῴζω, *perf pas ind 3s*, come safely through, escape
6 ἀνίημι, *aor act ind 3s*, give up, cease from
7 στενός, strait, narrow (place)
8 αὐχμώδης, arid
9 αὐχμώδης, arid
10 κραταιόω, *aor act ind 3s*, strengthen
11 βασιλεύω, *fut act ind 2s*, reign as king
12 διατίθημι, *aor mid ind 3p*, arrange, grant
13 ἀμφότεροι, both
14 αὐχμώδης, arid (region)
15 βουνός, hill
16 κρύπτω, *perf pas ind 3s*, hide, conceal
17 στενός, strait, narrow (place)
18 βουνός, hill
19 κατάβασις, descent
20 κλείω, *perf act ind 3p*, shut up, close
21 πονέω, *aor act ind 2p*, be distressed, be pained
22 δή, now, then
23 οὗ, where
24 τάχος, speed, haste
25 μήποτε, lest
26 πανουργεύομαι, *aor mid sub 3s*, be cunning
27 ἐξερευνάω, *fut act ind 1s*, search out
28 χιλιάς, thousand

ἀνέστησαν οἱ Ζιφαῖοι καὶ ἐπορεύθησαν ἔμπροσθεν Σαουλ· καὶ Δαυιδ καὶ οἱ ἄνδρες αὐτοῦ ἐν τῇ ἐρήμῳ τῇ Μααν καθ' ἑσπέραν[1] ἐκ δεξιῶν τοῦ Ιεσσαιμουν.

25 καὶ ἐπορεύθη Σαουλ καὶ οἱ ἄνδρες αὐτοῦ ζητεῖν αὐτόν· καὶ ἀπήγγειλαν τῷ Δαυιδ, καὶ κατέβη εἰς τὴν πέτραν[2] τὴν ἐν τῇ ἐρήμῳ Μααν· καὶ ἤκουσεν Σαουλ καὶ κατεδίωξεν[3] ὀπίσω Δαυιδ εἰς τὴν ἔρημον Μααν.
26 καὶ πορεύονται Σαουλ καὶ οἱ ἄνδρες αὐτοῦ ἐκ μέρους τοῦ ὄρους τούτου, καὶ ἦν Δαυιδ καὶ οἱ ἄνδρες αὐτοῦ ἐκ μέρους τοῦ ὄρους τούτου· καὶ ἦν Δαυιδ σκεπαζόμενος[4] πορεύεσθαι ἀπὸ προσώπου Σαουλ, καὶ Σαουλ καὶ οἱ ἄνδρες αὐτοῦ παρενέβαλον[5] ἐπὶ Δαυιδ καὶ τοὺς ἄνδρας αὐτοῦ συλλαβεῖν[6] αὐτούς.
27 καὶ ἄγγελος πρὸς Σαουλ ἦλθεν λέγων Σπεῦδε[7] καὶ δεῦρο,[8] ὅτι ἐπέθεντο οἱ ἀλλόφυλοι[9] ἐπὶ τὴν γῆν.
28 καὶ ἀνέστρεψεν[10] Σαουλ μὴ καταδιώκειν[11] ὀπίσω Δαυιδ καὶ ἐπορεύθη εἰς συνάντησιν[12] τῶν ἀλλοφύλων·[13] διὰ τοῦτο ἐπεκλήθη[14] ὁ τόπος ἐκεῖνος Πέτρα[15] ἡ μερισθεῖσα.[16]

David Spares Saul

24 Καὶ ἀνέβη Δαυιδ ἐκεῖθεν[17] καὶ ἐκάθισεν ἐν τοῖς στενοῖς[18] Εγγαδδι.
2 καὶ ἐγενήθη ὡς ἀνέστρεψεν[19] Σαουλ ἀπὸ ὄπισθεν[20] τῶν ἀλλοφύλων,[21] καὶ ἀπηγγέλη αὐτῷ λεγόντων ὅτι Δαυιδ ἐν τῇ ἐρήμῳ Εγγαδδι.
3 καὶ ἔλαβεν μεθ' ἑαυτοῦ τρεῖς χιλιάδας[22] ἀνδρῶν ἐκλεκτοὺς[23] ἐκ παντὸς Ισραηλ καὶ ἐπορεύθη ζητεῖν τὸν Δαυιδ καὶ τοὺς ἄνδρας αὐτοῦ ἐπὶ πρόσωπον Σαδαιεμ.
4 καὶ ἦλθεν εἰς τὰς ἀγέλας[24] τῶν ποιμνίων[25] τὰς ἐπὶ τῆς ὁδοῦ, καὶ ἦν ἐκεῖ σπήλαιον,[26] καὶ Σαουλ εἰσῆλθεν παρασκευάσασθαι·[27] καὶ Δαυιδ καὶ οἱ ἄνδρες αὐτοῦ ἐσώτερον[28] τοῦ σπηλαίου[29] ἐκάθηντο.
5 καὶ εἶπον οἱ ἄνδρες Δαυιδ πρὸς αὐτόν Ἰδοὺ ἡ ἡμέρα αὕτη, ἣν εἶπεν κύριος πρὸς σὲ παραδοῦναι τὸν ἐχθρόν σου εἰς τὰς χεῖράς σου καὶ ποιήσεις αὐτῷ ὡς ἀγαθὸν ἐν ὀφθαλμοῖς σου. καὶ ἀνέστη Δαυιδ καὶ ἀφεῖλεν[30] τὸ πτερύγιον[31] τῆς διπλοΐδος[32] τῆς Σαουλ λαθραίως.[33]
6 καὶ ἐγενήθη μετὰ ταῦτα καὶ ἐπάταξεν[34] καρδία Δαυιδ

1 ἑσπέρα, evening
2 πέτρα, rock
3 καταδιώκω, *aor act ind 3s*, pursue closely
4 σκεπάζω, *pres mid ptc nom s m*, cover, shelter
5 παρεμβάλλω, *aor act ind 3p*, encamp
6 συλλαμβάνω, *aor act inf*, apprehend, catch
7 σπεύδω, *pres act impv 2s*, hasten
8 δεῦρο, come!
9 ἀλλόφυλος, foreign, (Philistine)
10 ἀναστρέφω, *aor act ind 3s*, return, turn back
11 καταδιώκω, *pres act inf*, pursue closely
12 συνάντησις, meeting
13 ἀλλόφυλος, foreign, (Philistine)
14 ἐπικαλέω, *aor pas ind 3s*, call, name
15 πέτρα, rock
16 μερίζω, *aor pas ptc nom s f*, divide
17 ἐκεῖθεν, from there
18 στενός, strait, narrow (place)
19 ἀναστρέφω, *aor act ind 3s*, turn back, return
20 ὄπισθε(ν), behind
21 ἀλλόφυλος, foreign, (Philistine)
22 χιλιάς, thousand
23 ἐκλεκτός, chosen, select
24 ἀγέλη, herd
25 ποίμνιον, flock
26 σπήλαιον, cave
27 παρασκευάζω, *aor mid inf*, prepare
28 ἔσω, *comp*, inner
29 σπήλαιον, cave
30 ἀφαιρέω, *aor act ind 3s*, cut off, remove
31 πτερυγίον, end, edge
32 διπλοΐς, double cloak
33 λαθραίως, secretly
34 πατάσσω, *aor act ind 3s*, strike

αὐτόν, ὅτι ἀφεῖλεν[1] τὸ πτερύγιον[2] τῆς διπλοΐδος[3] αὐτοῦ, **7** καὶ εἶπεν Δαυιδ πρὸς
τοὺς ἄνδρας αὐτοῦ Μηδαμῶς[4] μοι παρὰ κυρίου, εἰ ποιήσω τὸ ῥῆμα τοῦτο τῷ κυρίῳ
μου τῷ χριστῷ κυρίου ἐπενέγκαι[5] χεῖρά μου ἐπ᾽ αὐτόν, ὅτι χριστὸς κυρίου ἐστὶν
οὗτος· **8** καὶ ἔπεισεν Δαυιδ τοὺς ἄνδρας αὐτοῦ ἐν λόγοις καὶ οὐκ ἔδωκεν αὐτοῖς
ἀναστάντας θανατῶσαι[6] τὸν Σαουλ. καὶ ἀνέστη Σαουλ καὶ κατέβη εἰς τὴν ὁδόν.

9 καὶ ἀνέστη Δαυιδ ὀπίσω αὐτοῦ ἐκ τοῦ σπηλαίου,[7] καὶ ἐβόησεν[8] Δαυιδ ὀπίσω Σαουλ
λέγων Κύριε βασιλεῦ· καὶ ἐπέβλεψεν[9] Σαουλ εἰς τὰ ὀπίσω αὐτοῦ, καὶ ἔκυψεν[10] Δαυιδ
ἐπὶ πρόσωπον αὐτοῦ ἐπὶ τὴν γῆν καὶ προσεκύνησεν αὐτῷ. **10** καὶ εἶπεν Δαυιδ πρὸς
Σαουλ Ἵνα τί ἀκούεις τῶν λόγων τοῦ λαοῦ λεγόντων Ἰδοὺ Δαυιδ ζητεῖ τὴν ψυχήν
σου; **11** ἰδοὺ ἐν τῇ ἡμέρᾳ ταύτῃ ἑοράκασιν οἱ ὀφθαλμοί σου ὡς παρέδωκέν σε κύριος
σήμερον εἰς χεῖρά μου ἐν τῷ σπηλαίῳ,[11] καὶ οὐκ ἠβουλήθην[12] ἀποκτεῖναί σε καὶ
ἐφεισάμην[13] σου καὶ εἶπα Οὐκ ἐποίσω[14] χεῖρά μου ἐπὶ κύριόν μου, ὅτι χριστὸς κυρίου
οὗτός ἐστιν. **12** καὶ ἰδοὺ τὸ πτερύγιον[15] τῆς διπλοΐδος[16] σου ἐν τῇ χειρί μου· ἐγὼ
ἀφῄρηκα[17] τὸ πτερύγιον καὶ οὐκ ἀπέκταγκά[18] σε. καὶ γνῶθι καὶ ἰδὲ σήμερον ὅτι οὐκ
ἔστιν κακία[19] ἐν τῇ χειρί μου οὐδὲ ἀσέβεια[20] καὶ ἀθέτησις,[21] καὶ οὐχ ἡμάρτηκα εἰς
σέ· καὶ σὺ δεσμεύεις[22] τὴν ψυχήν μου λαβεῖν αὐτήν. **13** δικάσαι[23] κύριος ἀνὰ μέσον[24]
ἐμοῦ καὶ σοῦ, καὶ ἐκδικήσαι[25] με κύριος ἐκ σοῦ· καὶ ἡ χείρ μου οὐκ ἔσται ἐπὶ σοί,
14 καθὼς λέγεται ἡ παραβολὴ[26] ἡ ἀρχαία[27] Ἐξ ἀνόμων[28] ἐξελεύσεται πλημμέλεια·[29]
καὶ ἡ χείρ μου οὐκ ἔσται ἐπὶ σέ. **15** καὶ νῦν ὀπίσω τίνος σὺ ἐκπορεύῃ, βασιλεῦ Ισραηλ;
ὀπίσω τίνος καταδιώκεις[30] σύ; ὀπίσω κυνὸς[31] τεθνηκότος[32] καὶ ὀπίσω ψύλλου[33] ἑνός.
16 γένοιτο[34] κύριος εἰς κριτὴν[35] καὶ δικαστὴν[36] ἀνὰ μέσον[37] ἐμοῦ καὶ ἀνὰ μέσον σοῦ·
ἴδοι[38] κύριος καὶ κρίναι[39] τὴν κρίσιν μου καὶ δικάσαι[40] μοι ἐκ χειρός σου.

1 ἀφαιρέω, *aor act ind 3s*, cut off, remove
2 πτερυγίον, end, edge
3 διπλοΐς, double cloak
4 μηδαμῶς, by no means
5 ἐπιφέρω, *aor act inf*, bring against, inflict
6 θανατόω, *aor act inf*, kill, slay
7 σπήλαιον, cave
8 βοάω, *aor act ind 3s*, cry out
9 ἐπιβλέπω, *aor act ind 3s*, gaze, look
10 κύπτω, *aor act ind 3s*, bow down
11 σπήλαιον, cave
12 ἀβουλέω, *aor pas ind 1s*, be unwilling
13 φείδομαι, *aor mid ind 1s*, spare
14 ἐπιφέρω, *fut act ind 1s*, bring against, inflict
15 πτερυγίον, end, edge
16 διπλοΐς, double cloak
17 ἀφαιρέω, *perf act ind 1s*, cut off, remove
18 ἀποκτείνω, *perf act ind 1s*, kill
19 κακία, malice, wickedness
20 ἀσέβεια, ungodliness, injustice
21 ἀθέτησις, transgression, breach of faith
22 δεσμεύω, *pres act ind 2s*, bind up, trap
23 δικάζω, *aor act opt 3s*, judge
24 ἀνὰ μέσον, between
25 ἐκδικέω, *aor act opt 3s*, avenge
26 παραβολή, maxim, proverb
27 ἀρχαῖος, old, ancient
28 ἄνομος, wicked, lawless
29 πλημμέλεια, sin, trespass
30 καταδιώκω, *pres act ind 2s*, pursue closely
31 κύων, dog
32 θνήσκω, *perf act ptc gen s m*, die
33 ψύλλος, flea
34 γίνομαι, *aor mid opt 3s*, be
35 κριτής, judge
36 δικαστής, juror
37 ἀνὰ μέσον, between
38 ὁράω, *aor act opt 3s*, see
39 κρίνω, *aor act opt 3s*, decide
40 δικάζω, *aor act inf*, provide justice

17 καὶ ἐγένετο ὡς συνετέλεσεν[1] Δαυιδ τὰ ῥήματα ταῦτα λαλῶν πρὸς Σαουλ,
καὶ εἶπεν Σαουλ Ἡ φωνή σου αὕτη, τέκνον Δαυιδ; καὶ ἦρεν τὴν φωνὴν αὐτοῦ
Σαουλ καὶ ἔκλαυσεν. **18** καὶ εἶπεν Σαουλ πρὸς Δαυιδ Δίκαιος σὺ ὑπὲρ ἐμέ, ὅτι σὺ
ἀνταπέδωκάς[2] μοι ἀγαθά, ἐγὼ δὲ ἀνταπέδωκά[3] σοι κακά. **19** καὶ σὺ ἀπήγγειλάς
μοι σήμερον ἃ ἐποίησάς μοι ἀγαθά, ὡς ἀπέκλεισέν[4] με κύριος σήμερον εἰς χεῖράς
σου καὶ οὐκ ἀπέκτεινάς με· **20** καὶ ὅτι εἰ εὕροιτό[5] τις τὸν ἐχθρὸν αὐτοῦ ἐν θλίψει
καὶ ἐκπέμψαι[6] αὐτὸν ἐν ὁδῷ ἀγαθῇ, καὶ κύριος ἀνταποτείσει[7] αὐτῷ ἀγαθά, καθὼς
πεποίηκας σήμερον. **21** καὶ νῦν ἰδοὺ ἐγὼ γινώσκω ὅτι βασιλεύων[8] βασιλεύσεις[9] καὶ
στήσεται ἐν χερσίν σου βασιλεία Ισραηλ. **22** καὶ νῦν ὅμοσόν[10] μοι ἐν κυρίῳ ὅτι οὐκ
ἐξολεθρεύσεις[11] τὸ σπέρμα μου ὀπίσω μου καὶ οὐκ ἀφανιεῖς[12] τὸ ὄνομά μου ἐκ τοῦ
οἴκου τοῦ πατρός μου. **23** καὶ ὤμοσεν[13] Δαυιδ τῷ Σαουλ. καὶ ἀπῆλθεν Σαουλ εἰς τὸν
τόπον αὐτοῦ, καὶ Δαυιδ καὶ οἱ ἄνδρες αὐτοῦ ἀνέβησαν εἰς τὴν Μεσσαρα στενήν.[14]

Samuel Dies

25 Καὶ ἀπέθανεν Σαμουηλ, καὶ συναθροίζονται[15] πᾶς Ισραηλ καὶ κόπτονται[16]
αὐτὸν καὶ θάπτουσιν[17] αὐτὸν ἐν οἴκῳ αὐτοῦ ἐν Αρμαθαιμ. καὶ ἀνέστη Δαυιδ
καὶ κατέβη εἰς τὴν ἔρημον Μααν.

Nabal and Abigail

2 καὶ ἦν ἄνθρωπος ἐν τῇ Μααν, καὶ τὰ ποίμνια[18] αὐτοῦ ἐν τῷ Καρμήλῳ· καὶ ὁ
ἄνθρωπος μέγας σφόδρα,[19] καὶ τούτῳ ποίμνια τρισχίλια[20] καὶ αἶγες[21] χίλιαι·[22]
καὶ ἐγενήθη ἐν τῷ κείρειν[23] τὸ ποίμνιον αὐτοῦ ἐν τῷ Καρμήλῳ. **3** καὶ ὄνομα τῷ
ἀνθρώπῳ Ναβαλ, καὶ ὄνομα τῇ γυναικὶ αὐτοῦ Αβιγαια· καὶ ἡ γυνὴ αὐτοῦ ἀγαθὴ
συνέσει[24] καὶ καλὴ τῷ εἴδει[25] σφόδρα,[26] καὶ ὁ ἄνθρωπος σκληρὸς[27] καὶ πονηρὸς ἐν
ἐπιτηδεύμασιν,[28] καὶ ὁ ἄνθρωπος κυνικός.[29] **4** καὶ ἤκουσεν Δαυιδ ἐν τῇ ἐρήμῳ ὅτι
κείρει[30] Ναβαλ ὁ Καρμήλιος τὸ ποίμνιον[31] αὐτοῦ, **5** καὶ Δαυιδ ἀπέστειλεν δέκα[32]

1 συντελέω, *aor act ind 3s*, finish
2 ἀνταποδίδωμι, *aor act ind 2s*, repay, reward
3 ἀνταποδίδωμι, *aor act ind 1s*, repay, reward
4 ἀποκλείω, *aor act ind 3s*, shut, close off
5 εὑρίσκω, *aor mid opt 3s*, find
6 ἐκπέμπω, *aor act opt 3s*, send forth
7 ἀνταποτίνω, *fut act ind 3s*, repay to
8 βασιλεύω, *pres act ptc nom s m*, reign as king
9 βασιλεύω, *fut act ind 2s*, reign as king
10 ὄμνυμι, *aor act impv 2s*, swear an oath
11 ἐξολεθρεύω, *fut act ind 2s*, utterly destroy
12 ἀφανίζω, *fut act ind 2s*, obliterate, cause to disappear
13 ὄμνυμι, *aor act ind 3s*, swear an oath
14 στενός, strait, narrow (place)
15 συναθροίζω, *pres mid ind 3p*, gather
16 κόπτω, *pres mid ind 3p*, mourn
17 θάπτω, *pres act ind 3p*, bury
18 ποίμνιον, flock
19 σφόδρα, exceedingly
20 τρισχίλιοι, three hundred
21 αἴξ, goat
22 χίλιοι, one thousand
23 κείρω, *pres act inf*, shear
24 σύνεσις, understanding, intelligence
25 εἶδος, appearance, form
26 σφόδρα, exceedingly
27 σκληρός, severe, harsh, rough
28 ἐπιτήδευμα, way (of living)
29 κυνικός, doglike, churlish
30 κείρω, *pres act ind 3s*, shear
31 ποίμνιον, flock
32 δέκα, ten

παιδάρια[1] καὶ εἶπεν τοῖς παιδαρίοις Ἀνάβητε εἰς Κάρμηλον καὶ ἀπέλθατε πρὸς
Ναβαλ καὶ ἐρωτήσατε[2] αὐτὸν ἐπὶ τῷ ὀνόματί μου εἰς εἰρήνην **6** καὶ ἐρεῖτε τάδε[3]
Εἰς ὥρας·[4] καὶ σὺ ὑγιαίνων,[5] καὶ ὁ οἶκός σου καὶ πάντα τὰ σὰ[6] ὑγιαίνοντα.[7] **7** καὶ
νῦν ἰδοὺ ἀκήκοα ὅτι κείρουσίν[8] σοι· νῦν οἱ ποιμένες[9] σου, οἳ ἦσαν μεθ᾽ ἡμῶν ἐν
τῇ ἐρήμῳ, καὶ οὐκ ἀπεκωλύσαμεν[10] αὐτοὺς καὶ οὐκ ἐνετειλάμεθα[11] αὐτοῖς οὐθὲν[12]
πάσας τὰς ἡμέρας ὄντων αὐτῶν ἐν Καρμήλῳ· **8** ἐρώτησον[13] τὰ παιδάριά[14] σου, καὶ
ἀπαγγελοῦσίν σοι. καὶ εὑρέτωσαν τὰ παιδάρια χάριν ἐν ὀφθαλμοῖς σου, ὅτι ἐφ᾽
ἡμέραν ἀγαθὴν ἥκομεν·[15] δὸς δὴ[16] ὃ ἐὰν εὕρῃ ἡ χείρ σου τῷ υἱῷ σου τῷ Δαυιδ.

9 καὶ ἔρχονται τὰ παιδάρια[17] καὶ λαλοῦσιν τοὺς λόγους τούτους πρὸς Ναβαλ κατὰ
πάντα τὰ ῥήματα ταῦτα ἐν τῷ ὀνόματι Δαυιδ. καὶ ἀνεπήδησεν[18] **10** καὶ ἀπεκρίθη
Ναβαλ τοῖς παισὶν[19] Δαυιδ καὶ εἶπεν Τίς ὁ Δαυιδ καὶ τίς ὁ υἱὸς Ιεσσαι; σήμερον
πεπληθυμμένοι[20] εἰσὶν οἱ δοῦλοι ἀναχωροῦντες[21] ἕκαστος ἐκ προσώπου τοῦ κυρίου
αὐτοῦ. **11** καὶ λήμψομαι τοὺς ἄρτους μου καὶ τὸν οἶνόν μου καὶ τὰ θύματά[22] μου,
ἃ τέθυκα[23] τοῖς κείρουσίν[24] μου, τὰ πρόβατα, καὶ δώσω αὐτὰ ἀνδράσιν, οἷς οὐκ
οἶδα πόθεν[25] εἰσίν; **12** καὶ ἀπεστράφησαν[26] τὰ παιδάρια[27] Δαυιδ εἰς ὁδὸν αὐτῶν καὶ
ἀνέστρεψαν[28] καὶ ἦλθον καὶ ἀνήγγειλαν[29] τῷ Δαυιδ κατὰ τὰ ῥήματα ταῦτα. **13** καὶ
εἶπεν Δαυιδ τοῖς ἀνδράσιν αὐτοῦ Ζώσασθε[30] ἕκαστος τὴν ῥομφαίαν[31] αὐτοῦ· καὶ
ἀνέβησαν ὀπίσω Δαυιδ ὡς τετρακόσιοι[32] ἄνδρες, καὶ οἱ διακόσιοι ἐκάθισαν μετὰ
τῶν σκευῶν.[33]

14 καὶ τῇ Αβιγαια γυναικὶ Ναβαλ ἀπήγγειλεν ἓν τῶν παιδαρίων[34] λέγων Ἰδοὺ Δαυιδ
ἀπέστειλεν ἀγγέλους ἐκ τῆς ἐρήμου εὐλογῆσαι τὸν κύριον ἡμῶν, καὶ ἐξέκλινεν[35]
ἀπ᾽ αὐτῶν. **15** καὶ οἱ ἄνδρες ἀγαθοὶ ἡμῖν σφόδρα·[36] οὐκ ἀπεκώλυσαν[37] ἡμᾶς οὐδὲ

1 παιδάριον, young man
2 ἐρωτάω, *aor act impv 2p*, ask
3 ὅδε, this
4 ὥρα, time, season
5 ὑγιαίνω, *pres act ptc nom s m*, be well, be in good health
6 σός, your
7 ὑγιαίνω, *pres act ptc nom p n*, be well, be in good health
8 κείρω, *pres act ind 3p*, shear
9 ποιμήν, flock
10 ἀποκωλύω, *aor act ind 1p*, hinder, prevent
11 ἐντέλλομαι, *aor mid ind 1p*, command, order
12 οὐθείς, nothing
13 ἐρωτάω, *aor act impv 2s*, ask
14 παιδάριον, young man
15 ἥκω, *pres act ind 1p*, have come
16 δή, now, then
17 παιδάριον, young man
18 ἀναπηδάω, *aor act ind 3s*, spring up, leap up
19 παῖς, servant
20 πληθύνω, *perf pas ptc nom p m*, multiply, increase
21 ἀναχωρέω, *pres act ptc nom p m*, withdraw, depart
22 θῦμα, sacrifice
23 θύω, *perf act ind 1s*, sacrifice, slay
24 κείρω, *pres act ptc dat p m*, shear
25 πόθεν, from where
26 ἀποστρέφω, *aor pas ind 3p*, turn back
27 παιδάριον, young man
28 ἀναστρέφω, *aor act ind 3p*, return
29 ἀναγγέλλω, *aor act ind 3p*, report, announce
30 ζώννυμι, *aor mid impv 2p*, strap on, gird
31 ῥομφαία, sword
32 τετρακόσιοι, four hundred
33 σκεῦος, equipment
34 παιδάριον, servant
35 ἐκκλίνω, *aor act ind 3s*, turn aside
36 σφόδρα, exceedingly
37 ἀποκωλύω, *aor act ind 3p*, hinder, prevent

ἐνετείλαντο[1] ἡμῖν πάσας τὰς ἡμέρας, ἃς ἦμεν παρ᾽ αὐτοῖς· καὶ ἐν τῷ εἶναι ἡμᾶς ἐν
ἀγρῷ **16** ὡς τεῖχος[2] ἦσαν περὶ ἡμᾶς καὶ τὴν νύκτα καὶ τὴν ἡμέραν πάσας τὰς ἡμέρας,
ἃς ἤμεθα παρ᾽ αὐτοῖς ποιμαίνοντες[3] τὸ ποίμνιον.[4] **17** καὶ νῦν γνῶθι καὶ ἰδὲ τί σὺ
ποιήσεις, ὅτι συντετέλεσται[5] ἡ κακία[6] εἰς τὸν κύριον ἡμῶν καὶ εἰς τὸν οἶκον αὐτοῦ·
καὶ οὗτος υἱὸς λοιμός,[7] καὶ οὐκ ἔστιν λαλῆσαι πρὸς αὐτόν.

Abigail Intercedes for David

18 καὶ ἔσπευσεν[8] Αβιγαια καὶ ἔλαβεν διακοσίους[9] ἄρτους καὶ δύο ἀγγεῖα[10] οἴνου καὶ
πέντε πρόβατα πεποιημένα καὶ πέντε οιφι[11] ἀλφίτου[12] καὶ γομορ[13] ἓν σταφίδος[14]
καὶ διακοσίας[15] παλάθας[16] καὶ ἔθετο ἐπὶ τοὺς ὄνους[17] **19** καὶ εἶπεν τοῖς παιδαρίοις[18]
αὐτῆς Προπορεύεσθε[19] ἔμπροσθέν μου, καὶ ἰδοὺ ἐγὼ ὀπίσω ὑμῶν παραγίνομαι.
καὶ τῷ ἀνδρὶ αὐτῆς οὐκ ἀπήγγειλεν. **20** καὶ ἐγενήθη αὐτῆς ἐπιβεβηκυίης[20] ἐπὶ τὴν
ὄνον[21] καὶ καταβαινούσης ἐν σκέπῃ[22] τοῦ ὄρους καὶ ἰδοὺ Δαυιδ καὶ οἱ ἄνδρες αὐτοῦ
κατέβαινον εἰς συνάντησιν[23] αὐτῆς, καὶ ἀπήντησεν[24] αὐτοῖς. **21** καὶ Δαυιδ εἶπεν
Ἴσως[25] εἰς ἄδικον[26] πεφύλακα πάντα τὰ αὐτοῦ ἐν τῇ ἐρήμῳ καὶ οὐκ ἐνετειλάμεθα[27]
λαβεῖν ἐκ πάντων τῶν αὐτοῦ οὐθέν,[28] καὶ ἀνταπέδωκέν[29] μοι πονηρὰ ἀντὶ[30] ἀγαθῶν·
22 τάδε[31] ποιήσαι[32] ὁ θεὸς τῷ Δαυιδ καὶ τάδε προσθείη,[33] εἰ ὑπολείψομαι[34] ἐκ πάντων
τῶν τοῦ Ναβαλ ἕως πρωὶ[35] οὐροῦντα[36] πρὸς τοῖχον.[37]

23 καὶ εἶδεν Αβιγαια τὸν Δαυιδ καὶ ἔσπευσεν[38] καὶ κατεπήδησεν[39] ἀπὸ τῆς ὄνου[40]
καὶ ἔπεσεν ἐνώπιον Δαυιδ ἐπὶ πρόσωπον αὐτῆς καὶ προσεκύνησεν αὐτῷ ἐπὶ τὴν

1 ἐντέλλομαι, *aor mid ind 3p*, order, command
2 τεῖχος, wall
3 ποιμαίνω, *pres act ptc nom p m*, tend
4 ποίμνιον, flock
5 συντελέω, *perf pas ind 3s*, carry out, accomplish
6 κακία, wickedness, evil
7 λοιμός, pestilent, troublesome
8 σπεύδω, *aor act ind 3s*, hasten
9 διακόσιοι, two hundred
10 ἀγγεῖον, flask, vessel
11 οιφι, ephah, *translit.*
12 ἄλφιτον, meal, grain
13 γομορ, homer, *translit.*
14 σταφίς, raisin
15 διακόσιοι, two hundred
16 παλάθη, preserved fruit cake
17 ὄνος, donkey
18 παιδάριον, servant
19 προπορεύομαι, *pres mid impv 2p*, go before, go ahead
20 ἐπιβαίνω, *perf act ptc gen s f*, mount upon
21 ὄνος, donkey
22 σκέπη, shade, shelter
23 συνάντησις, meeting
24 ἀπαντάω, *aor act ind 3s*, meet
25 ἴσως, perhaps
26 ἄδικος, without reason, wrong
27 ἐντέλλομαι, *aor mid ind 1p*, command, order
28 οὐθείς, nothing
29 ἀνταποδίδωμι, *aor act ind 3s*, give back, return
30 ἀντί, in return for
31 ὅδε, this
32 ποιέω, *aor act opt 3s*, do
33 προστίθημι, *aor act opt 3s*, add to, increase, continue
34 ὑπολείπω, *fut mid ind 1s*, leave behind, leave remaining
35 πρωί, morning
36 οὐρέω, *pres act ptc acc s m*, urinate
37 τοῖχος, wall
38 σπεύδω, *aor act ind 3s*, hasten
39 καταπηδάω, *aor act ind 3s*, leap down, dismount
40 ὄνος, donkey

γῆν **24** ἐπὶ τοὺς πόδας αὐτοῦ καὶ εἶπεν Ἐν ἐμοί, κύριέ μου, ἡ ἀδικία·[1] λαλησάτω δὴ[2]
ἡ δούλη[3] σου εἰς τὰ ὦτά σου, καὶ ἄκουσον τῆς δούλης σου λόγον. **25** μὴ δὴ[4] θέσθω
ὁ κύριός μου καρδίαν αὐτοῦ ἐπὶ τὸν ἄνθρωπον τὸν λοιμὸν[5] τοῦτον, ὅτι κατὰ τὸ
ὄνομα αὐτοῦ οὕτως ἐστίν· Ναβαλ ὄνομα αὐτῷ, καὶ ἀφροσύνη[6] μετ' αὐτοῦ· καὶ ἐγὼ
ἡ δούλη[7] σου οὐκ εἶδον τὰ παιδάριά[8] σου, ἃ ἀπέστειλας.

26 καὶ νῦν, κύριε, ζῇ κύριος καὶ ζῇ ἡ ψυχή σου, καθὼς ἐκώλυσέν[9] σε κύριος τοῦ μὴ
ἐλθεῖν εἰς αἷμα ἀθῷον[10] καὶ σῴζειν τὴν χεῖρά σού σοι, καὶ νῦν γένοιντο[11] ὡς Ναβαλ
οἱ ἐχθροί σου καὶ οἱ ζητοῦντες τῷ κυρίῳ μου κακά. **27** καὶ νῦν λαβὲ τὴν εὐλογίαν[12]
ταύτην, ἣν ἐνήνοχεν ἡ δούλη[13] σου τῷ κυρίῳ μου, καὶ δώσεις τοῖς παιδαρίοις[14] τοῖς
παρεστηκόσιν[15] τῷ κυρίῳ μου. **28** ἆρον δὴ[16] τὸ ἀνόμημα[17] τῆς δούλης[18] σου, ὅτι
ποιῶν ποιήσει κύριος τῷ κυρίῳ μου οἶκον πιστόν,[19] ὅτι πόλεμον κυρίου ὁ κύριός
μου πολεμεῖ, καὶ κακία[20] οὐχ εὑρεθήσεται ἐν σοὶ πώποτε.[21] **29** καὶ ἀναστήσεται
ἄνθρωπος καταδιώκων[22] σε καὶ ζητῶν τὴν ψυχήν σου, καὶ ἔσται ἡ ψυχὴ κυρίου
μου ἐνδεδεμένη[23] ἐν δεσμῷ[24] τῆς ζωῆς παρὰ κυρίῳ τῷ θεῷ, καὶ ψυχὴν ἐχθρῶν σου
σφενδονήσεις[25] ἐν μέσῳ τῆς σφενδόνης.[26] **30** καὶ ἔσται ὅτι ποιήσει κύριος τῷ κυρίῳ
μου πάντα, ὅσα ἐλάλησεν ἀγαθὰ ἐπὶ σέ, καὶ ἐντελεῖταί[27] σοι κύριος εἰς ἡγούμενον[28]
ἐπὶ Ισραηλ, **31** καὶ οὐκ ἔσται σοι τοῦτο βδελυγμὸς[29] καὶ σκάνδαλον[30] τῷ κυρίῳ μου,
ἐκχέαι[31] αἷμα ἀθῷον[32] δωρεὰν[33] καὶ σῶσαι χεῖρα κυρίου μου αὐτῷ. καὶ ἀγαθώσει[34]
κύριος τῷ κυρίῳ μου, καὶ μνησθήσῃ[35] τῆς δούλης[36] σου ἀγαθῶσαι[37] αὐτῇ.

32 καὶ εἶπεν Δαυιδ τῇ Αβιγαια Εὐλογητὸς[38] κύριος ὁ θεὸς Ισραηλ, ὃς ἀπέστειλέν
σε σήμερον ἐν ταύτῃ εἰς ἀπάντησίν[39] μου, **33** καὶ εὐλογητὸς[40] ὁ τρόπος[41] σου, καὶ

1 ἀδικία, wrongdoing, injustice
2 δή, now, then
3 δούλη, bondwoman, slave
4 δή, now, then
5 λοιμός, pestilent, troublesome
6 ἀφροσύνη, foolishness
7 δούλη, bondwoman, slave
8 παιδάριον, servant
9 κωλύω, *aor act ind 3s*, hinder, prevent
10 ἀθῷος, innocent
11 γίνομαι, *aor mid opt 3p*, be
12 εὐλογία, token, gift
13 δούλη, bondwoman, slave
14 παιδάριον, servant
15 παρίστημι, *perf act ptc dat p n*, stand by, be present
16 δή, now, then
17 ἀνόμημα, transgression
18 δούλη, bondwoman, slave
19 πιστός, dependable, trustworthy
20 κακία, evil, wickedness
21 πώποτε, ever, at any time
22 καταδιώκω, *pres act ptc nom s m*, pursue closely
23 ἐνδέω, *perf pas ptc nom s f*, bind with
24 δεσμός, bond, chains
25 σφενδονάω, *fut act ind 2s*, throw, sling
26 σφενδόνη, stone
27 ἐντέλλομαι, *fut mid ind 3s*, command, order
28 ἡγέομαι, *pres mid ptc acc s m*, be the head, lead
29 βδελυγμός, abomination
30 σκάνδαλον, trap, offense
31 ἐκχέω, *aor act inf*, pour out
32 ἀθῷος, innocent
33 δωρεάν, undeservedly, without cause
34 ἀγαθόω, *fut act ind 3s*, benefit, do good
35 μιμνῄσκομαι, *fut pas ind 2s*, remember
36 δούλη, bondwoman, servant
37 ἀγαθόω, *aor act inf*, benefit, do good
38 εὐλογητός, blessed
39 ἀπάντησις, meeting
40 εὐλογητός, blessed
41 τρόπος, manner, way

εὐλογημένη σὺ ἡ ἀποκωλύσασά[1] με σήμερον ἐν ταύτῃ μὴ ἐλθεῖν εἰς αἵματα καὶ σῶσαι χεῖρά μου ἐμοί. **34** πλὴν ὅτι ζῇ κύριος ὁ θεὸς Ισραηλ, ὃς ἀπεκώλυσέν[2] με σήμερον τοῦ κακοποιῆσαί[3] σε, ὅτι εἰ μὴ ἔσπευσας[4] καὶ παρεγένου εἰς ἀπάντησίν[5] μοι, τότε εἶπα Εἰ ὑπολειφθήσεται[6] τῷ Ναβαλ ἕως φωτὸς τοῦ πρωὶ[7] οὐρῶν[8] πρὸς τοῖχον.[9] **35** καὶ ἔλαβεν Δαυιδ ἐκ χειρὸς αὐτῆς πάντα, ἃ ἔφερεν αὐτῷ, καὶ εἶπεν αὐτῇ Ἀνάβηθι εἰς εἰρήνην εἰς οἶκόν σου· βλέπε ἤκουσα τῆς φωνῆς σου καὶ ᾑρέτισα[10] τὸ πρόσωπόν σου.

36 καὶ παρεγενήθη Αβιγαια πρὸς Ναβαλ, καὶ ἰδοὺ αὐτῷ πότος[11] ἐν οἴκῳ αὐτοῦ ὡς πότος βασιλέως, καὶ ἡ καρδία Ναβαλ ἀγαθὴ ἐπ' αὐτόν, καὶ αὐτὸς μεθύων[12] ἕως σφόδρα·[13] καὶ οὐκ ἀπήγγειλεν αὐτῷ ῥῆμα μικρὸν ἢ μέγα ἕως φωτὸς τοῦ πρωί.[14]
37 καὶ ἐγένετο πρωί,[15] ὡς ἐξένηψεν[16] ἀπὸ τοῦ οἴνου Ναβαλ, ἀπήγγειλεν αὐτῷ ἡ γυνὴ αὐτοῦ τὰ ῥήματα ταῦτα, καὶ ἐναπέθανεν[17] ἡ καρδία αὐτοῦ ἐν αὐτῷ, καὶ αὐτὸς γίνεται ὡς λίθος. **38** καὶ ἐγένετο ὡσεὶ[18] δέκα[19] ἡμέραι καὶ ἐπάταξεν[20] κύριος τὸν Ναβαλ, καὶ ἀπέθανεν.

David and Abigail Marry

39 καὶ ἤκουσεν Δαυιδ καὶ εἶπεν Εὐλογητὸς[21] κύριος, ὃς ἔκρινεν τὴν κρίσιν τοῦ ὀνειδισμοῦ[22] μου ἐκ χειρὸς Ναβαλ καὶ τὸν δοῦλον αὐτοῦ περιεποιήσατο[23] ἐκ χειρὸς κακῶν, καὶ τὴν κακίαν[24] Ναβαλ ἀπέστρεψεν[25] κύριος εἰς κεφαλὴν αὐτοῦ. καὶ ἀπέστειλεν Δαυιδ καὶ ἐλάλησεν περὶ Αβιγαιας λαβεῖν αὐτὴν ἑαυτῷ εἰς γυναῖκα.
40 καὶ ἦλθον οἱ παῖδες[26] Δαυιδ πρὸς Αβιγαιαν εἰς Κάρμηλον καὶ ἐλάλησαν αὐτῇ λέγοντες Δαυιδ ἀπέστειλεν ἡμᾶς πρὸς σὲ λαβεῖν σε αὐτῷ εἰς γυναῖκα. **41** καὶ ἀνέστη καὶ προσεκύνησεν ἐπὶ τὴν γῆν ἐπὶ πρόσωπον καὶ εἶπεν Ἰδοὺ ἡ δούλη[27] σου εἰς παιδίσκην[28] νίψαι[29] πόδας τῶν παίδων[30] σου. **42** καὶ ἀνέστη Αβιγαια καὶ ἐπέβη[31] ἐπὶ

1 ἀποκωλύω, *aor act ptc nom s f*, hinder, prevent
2 ἀποκωλύω, *aor act ind 3s*, hinder, prevent
3 κακοποιέω, *aor act inf*, hurt, do evil to
4 σπεύδω, *aor act ind 2s*, hasten
5 ἀπάντησις, meeting
6 ὑπολείπω, *fut pas ind 3s*, leave behind, leave remaining
7 πρωί, morning
8 οὐρέω, *pres act ptc nom s m*, urinate
9 τοῖχος, wall
10 αἱρετίζω, *aor act ind 1s*, choose
11 πότος, celebration, drinking party
12 μεθύω, *pres act ptc nom s m*, be drunk, be intoxicated
13 σφόδρα, exceedingly
14 πρωί, morning
15 πρωί, (in the) morning
16 ἐκνήφω, *aor act ind 3s*, come to one's senses, sober up
17 ἐναποθνῄσκω, *aor act ind 3s*, die in
18 ὡσεί, about
19 δέκα, ten
20 πατάσσω, *aor act ind 3s*, strike
21 εὐλογητός, blessed
22 ὀνειδισμός, reproach, disgrace
23 περιποιέω, *aor mid ind 3s*, keep from
24 κακία, evil, wickedness
25 ἀποστρέφω, *aor act ind 3s*, return, put back
26 παῖς, servant
27 δούλη, bondwoman, servant
28 παιδίσκη, female slave, maid
29 νίπτω, *aor act inf*, wash
30 παῖς, servant
31 ἐπιβαίνω, *aor act ind 3s*, mount on

τὴν ὄνον,[1] καὶ πέντε κοράσια[2] ἠκολούθουν[3] αὐτῇ, καὶ ἐπορεύθη ὀπίσω τῶν παίδων[4] Δαυιδ καὶ γίνεται αὐτῷ εἰς γυναῖκα.

43 καὶ τὴν Αχιναам ἔλαβεν Δαυιδ ἐξ Ιεζραελ, καὶ ἀμφότεραι[5] ἦσαν αὐτῷ γυναῖκες. **44** καὶ Σαουλ ἔδωκεν Μελχολ τὴν θυγατέρα[6] αὐτοῦ τὴν γυναῖκα Δαυιδ τῷ Φαλτι υἱῷ Λαις τῷ ἐκ Ρομμα.

David Spares Saul Again

26 Καὶ ἔρχονται οἱ Ζιφαῖοι ἐκ τῆς αὐχμώδους[7] πρὸς τὸν Σαουλ εἰς τὸν βουνὸν[8] λέγοντες Ἰδοὺ Δαυιδ σκεπάζεται[9] μεθ' ἡμῶν ἐν τῷ βουνῷ[10] τοῦ Εχελα τοῦ κατὰ πρόσωπον τοῦ Ιεσσαιμουν. **2** καὶ ἀνέστη Σαουλ καὶ κατέβη εἰς τὴν ἔρημον Ζιφ καὶ μετ' αὐτοῦ τρεῖς χιλιάδες[11] ἀνδρῶν ἐκλεκτοὶ[12] ἐξ Ισραηλ ζητεῖν τὸν Δαυιδ ἐν τῇ ἐρήμῳ Ζιφ. **3** καὶ παρενέβαλεν[13] Σαουλ ἐν τῷ βουνῷ[14] τοῦ Εχελα ἐπὶ προσώπου τοῦ Ιεσσαιμουν ἐπὶ τῆς ὁδοῦ, καὶ Δαυιδ ἐκάθισεν ἐν τῇ ἐρήμῳ. καὶ εἶδεν Δαυιδ ὅτι ἥκει[15] Σαουλ ὀπίσω αὐτοῦ εἰς τὴν ἔρημον, **4** καὶ ἀπέστειλεν Δαυιδ κατασκόπους[16] καὶ ἔγνω ὅτι ἥκει[17] Σαουλ ἕτοιμος[18] ἐκ Κεϊλα. **5** καὶ ἀνέστη Δαυιδ λάθρᾳ[19] καὶ εἰσπορεύεται[20] εἰς τὸν τόπον, οὗ[21] ἐκάθευδεν[22] ἐκεῖ Σαουλ, καὶ ἐκεῖ Αβεννηρ υἱὸς Νηρ ἀρχιστράτηγος[23] αὐτοῦ, καὶ Σαουλ ἐκάθευδεν ἐν λαμπήνῃ,[24] καὶ ὁ λαὸς παρεμβεβληκὼς[25] κύκλῳ[26] αὐτοῦ.

6 καὶ ἀπεκρίθη Δαυιδ καὶ εἶπεν πρὸς Αχιμελεχ τὸν Χετταῖον καὶ πρὸς Αβεσσα υἱὸν Σαρουιας ἀδελφὸν Ιωαβ λέγων Τίς εἰσελεύσεται μετ' ἐμοῦ πρὸς Σαουλ εἰς τὴν παρεμβολήν;[27] καὶ εἶπεν Αβεσσα Ἐγὼ εἰσελεύσομαι μετὰ σοῦ. **7** καὶ εἰσπορεύεται[28] Δαυιδ καὶ Αβεσσα εἰς τὸν λαὸν τὴν νύκτα, καὶ ἰδοὺ Σαουλ καθεύδων[29] ὕπνῳ[30] ἐν λαμπήνῃ,[31] καὶ τὸ δόρυ[32] ἐμπεπηγὸς[33] εἰς τὴν γῆν πρὸς κεφαλῆς αὐτοῦ, καὶ Αβεννηρ καὶ ὁ λαὸς αὐτοῦ ἐκάθευδεν[34] κύκλῳ[35] αὐτοῦ. **8** καὶ εἶπεν Αβεσσα πρὸς Δαυιδ

1 ὄνος, donkey
2 κοράσιον, *dim of* κόρη, girl, slave
3 ἀκολουθέω, *impf act ind 3p*, accompany, follow after
4 παῖς, servant
5 ἀμφότεροι, both
6 θυγάτηρ, daughter
7 αὐχμώδης, arid
8 βουνός, hill
9 σκεπάζω, *pres pas ind 3s*, hide, shelter
10 βουνός, hill
11 χιλιάς, thousand
12 ἐκλεκτός, chosen, select
13 παρεμβάλλω, *aor act ind 3s*, encamp
14 βουνός, hill
15 ἥκω, *pres act ind 3s*, have come
16 κατάσκοπος, spy
17 ἥκω, *pres act ind 3s*, have come
18 ἕτοιμος, prepared
19 λάθρᾳ, secretly
20 εἰσπορεύομαι, *pres mid ind 3s*, go in
21 οὗ, where
22 καθεύδω, *impf act ind 3s*, lie down, sleep
23 ἀρχιστράτηγος, chief captain
24 λαμπήνη, covered chariot
25 παρεμβάλλω, *perf act ptc nom s m*, encamp
26 κύκλῳ, all around
27 παρεμβολή, camp
28 εἰσπορεύομαι, *pres mid ind 3s*, go in
29 καθεύδω, *pres act ptc nom s m*, lie down
30 ὕπνος, sleep
31 λαμπήνη, covered chariot
32 δόρυ, spear
33 ἐμπήγνυμι, *perf act ptc nom s n*, plant in, stick in
34 καθεύδω, *impf act ind 3s*, lie down, sleep
35 κύκλῳ, all around

Ἀπέκλεισεν[1] σήμερον κύριος τὸν ἐχθρόν σου εἰς τὰς χεῖράς σου, καὶ νῦν πατάξω[2]
αὐτὸν τῷ δόρατι[3] εἰς τὴν γῆν ἅπαξ[4] καὶ οὐ δευτερώσω[5] αὐτῷ. **9** καὶ εἶπεν Δαυιδ πρὸς
Αβεσσα Μὴ ταπεινώσῃς[6] αὐτόν, ὅτι τίς ἐποίσει[7] χεῖρα αὐτοῦ ἐπὶ χριστὸν κυρίου καὶ
ἀθῳωθήσεται;[8] **10** καὶ εἶπεν Δαυιδ Ζῇ κύριος, ἐὰν μὴ κύριος παίσῃ[9] αὐτόν, ἢ ἡ ἡμέρα
αὐτοῦ ἔλθῃ καὶ ἀποθάνῃ, ἢ εἰς πόλεμον καταβῇ καὶ προστεθῇ·[10] **11** μηδαμῶς[11] μοι
παρὰ κυρίου ἐπενεγκεῖν[12] χεῖρά μου ἐπὶ χριστὸν κυρίου· καὶ νῦν λαβὲ δὴ[13] τὸ δόρυ[14]
ἀπὸ πρὸς κεφαλῆς αὐτοῦ καὶ τὸν φακὸν[15] τοῦ ὕδατος, καὶ ἀπέλθωμεν καθ' ἑαυτούς.
12 καὶ ἔλαβεν Δαυιδ τὸ δόρυ[16] καὶ τὸν φακὸν τοῦ ὕδατος ἀπὸ πρὸς κεφαλῆς αὐτοῦ,
καὶ ἀπῆλθον καθ' ἑαυτούς· καὶ οὐκ ἦν ὁ βλέπων καὶ οὐκ ἦν ὁ γινώσκων καὶ οὐκ ἦν
ὁ ἐξεγειρόμενος,[17] πάντες ὑπνοῦντες,[18] ὅτι θάμβος[19] κυρίου ἐπέπεσεν[20] ἐπ' αὐτούς.

13 καὶ διέβη[21] Δαυιδ εἰς τὸ πέραν[22] καὶ ἔστη ἐπὶ τὴν κορυφὴν[23] τοῦ ὄρους μακρόθεν,[24]
καὶ πολλὴ ἡ ὁδὸς ἀνὰ μέσον[25] αὐτῶν. **14** καὶ προσεκαλέσατο[26] Δαυιδ τὸν λαὸν καὶ τῷ
Αβεννηρ ἐλάλησεν λέγων Οὐκ ἀποκριθήσει, Αβεννηρ; καὶ ἀπεκρίθη Αβεννηρ καὶ
εἶπεν Τίς εἶ σὺ ὁ καλῶν με; **15** καὶ εἶπεν Δαυιδ πρὸς Αβεννηρ Οὐκ ἀνὴρ σύ; καὶ τίς
ὡς σὺ ἐν Ισραηλ; καὶ διὰ τί οὐ φυλάσσεις τὸν κύριόν σου τὸν βασιλέα; ὅτι εἰσῆλθεν
εἷς ἐκ τοῦ λαοῦ διαφθεῖραι[27] τὸν βασιλέα κύριόν σου. **16** καὶ οὐκ ἀγαθὸν τὸ ῥῆμα
τοῦτο, ὃ πεποίηκας· ζῇ κύριος, ὅτι υἱοὶ θανατώσεως[28] ὑμεῖς οἱ φυλάσσοντες τὸν
βασιλέα κύριον ὑμῶν τὸν χριστὸν κυρίου. καὶ νῦν ἰδὲ δή·[29] τὸ δόρυ[30] τοῦ βασιλέως
καὶ ὁ φακὸς[31] τοῦ ὕδατος ποῦ ἐστιν τὰ πρὸς κεφαλῆς αὐτοῦ;

17 καὶ ἐπέγνω Σαουλ τὴν φωνὴν τοῦ Δαυιδ καὶ εἶπεν Ἡ φωνή σου αὕτη, τέκνον
Δαυιδ; καὶ εἶπεν Δαυιδ Δοῦλός σου, κύριε βασιλεῦ. **18** καὶ εἶπεν Ἵνα τί τοῦτο
καταδιώκει[32] ὁ κύριός μου ὀπίσω τοῦ δούλου αὐτοῦ; ὅτι τί ἡμάρτηκα καὶ τί εὑρέθη
ἐν ἐμοὶ ἀδίκημα;[33] **19** καὶ νῦν ἀκουσάτω δὴ[34] ὁ κύριός μου ὁ βασιλεὺς τὸ ῥῆμα

1 ἀποκλείω, *aor act ind 3s*, shut, close off
2 πατάσσω, *fut act ind 1s*, strike, thrust
3 δόρυ, spear
4 ἅπαξ, once
5 δευτερόω, *fut act ind 1s*, do again, do twice
6 ταπεινόω, *aor act sub 2s*, bring down, humble
7 ἐπιφέρω, *fut act ind 3s*, bring against, inflict
8 ἀθῳόω, *fut pas ind 3s*, hold guiltless
9 παίζω, *aor act sub 3s*, strike
10 προστίθημι, *aor pas sub 3s*, add to (one's fathers)
11 μηδαμῶς, by no means
12 ἐπιφέρω, *aor act inf*, bring against, inflict
13 δή, now, then
14 δόρυ, spear
15 φακός, pitcher, jar
16 δόρυ, spear
17 ἐξεγείρω, *pres mid ptc nom s m*, wake up, stir up
18 ὑπνόω, *pres act ptc nom p m*, sleep
19 θάμβος, stupor
20 ἐπιπίπτω, *aor act ind 3s*, fall upon
21 διαβαίνω, *aor act ind 3s*, cross over
22 πέραν, other side
23 κορυφή, top, summit
24 μακρόθεν, at a distance, far off
25 ἀνὰ μέσον, between
26 προσκαλέω, *aor mid ind 3s*, summon, call on
27 διαφθείρω, *aor act inf*, utterly destroy
28 θανάτωσις, slaughter, putting to death
29 δή, now, then
30 δόρυ, spear
31 φακός, pitcher, jar
32 καταδιώκω, *pres act ind 3s*, pursue closely
33 ἀδίκημα, wrong, error
34 δή, now, then

τοῦ δούλου αὐτοῦ· εἰ ὁ θεὸς ἐπισείει[1] σε ἐπ' ἐμέ, ὀσφρανθείη[2] θυσίας[3] σου· καὶ εἰ υἱοὶ ἀνθρώπων, ἐπικατάρατοι[4] οὗτοι ἐνώπιον κυρίου, ὅτι ἐξέβαλόν με σήμερον μὴ ἐστηρίσθαι[5] ἐν κληρονομίᾳ[6] κυρίου λέγοντες Πορεύου δούλευε[7] θεοῖς ἑτέροις. **20** καὶ νῦν μὴ πέσοι[8] τὸ αἷμά μου ἐπὶ τὴν γῆν ἐξ ἐναντίας[9] προσώπου κυρίου, ὅτι ἐξελήλυθεν ὁ βασιλεὺς Ισραηλ ζητεῖν τὴν ψυχήν μου, καθὼς καταδιώκει[10] ὁ νυκτικόραξ[11] ἐν τοῖς ὄρεσιν.

21 καὶ εἶπεν Σαουλ Ἡμάρτηκα· ἐπίστρεφε, τέκνον Δαυιδ, ὅτι οὐ κακοποιήσω[12] σε ἀνθ' ὧν[13] ἔντιμος[14] ψυχή μου ἐν ὀφθαλμοῖς σου ἐν τῇ σήμερον· μεματαίωμαι[15] καὶ ἠγνόηκα[16] πολλὰ σφόδρα.[17] **22** καὶ ἀπεκρίθη Δαυιδ καὶ εἶπεν Ἰδοὺ τὸ δόρυ[18] τοῦ βασιλέως· διελθέτω εἷς τῶν παιδαρίων[19] καὶ λαβέτω αὐτό. **23** καὶ κύριος ἐπιστρέψει ἑκάστῳ τὰς δικαιοσύνας αὐτοῦ καὶ τὴν πίστιν αὐτοῦ, ὡς παρέδωκέν σε κύριος σήμερον εἰς χεῖράς μου καὶ οὐκ ἠθέλησα ἐπενεγκεῖν[20] χεῖρά μου ἐπὶ χριστὸν κυρίου· **24** καὶ ἰδοὺ καθὼς ἐμεγαλύνθη[21] ἡ ψυχή σου σήμερον ἐν ταύτῃ ἐν ὀφθαλμοῖς μου, οὕτως μεγαλυνθείη[22] ἡ ψυχή μου ἐνώπιον κυρίου καὶ σκεπάσαι[23] με καὶ ἐξελεῖταί[24] με ἐκ πάσης θλίψεως. **25** καὶ εἶπεν Σαουλ πρὸς Δαυιδ Εὐλογημένος σύ, τέκνον, καὶ ποιῶν ποιήσεις καὶ δυνάμενος δυνήσει. καὶ ἀπῆλθεν Δαυιδ εἰς τὴν ὁδὸν αὐτοῦ, καὶ Σαουλ ἀνέστρεψεν[25] εἰς τὸν τόπον αὐτοῦ.

David Serves Achish

27 Καὶ εἶπεν Δαυιδ ἐν τῇ καρδίᾳ αὐτοῦ λέγων Νῦν προστεθήσομαι[26] ἐν ἡμέρᾳ μιᾷ εἰς χεῖρας Σαουλ, καὶ οὐκ ἔστιν μοι ἀγαθόν, ἐὰν μὴ σωθῶ εἰς γῆν ἀλλοφύλων[27] καὶ ἀνῇ[28] Σαουλ τοῦ ζητεῖν με εἰς πᾶν ὅριον[29] Ισραηλ, καὶ σωθήσομαι ἐκ χειρὸς αὐτοῦ. **2** καὶ ἀνέστη Δαυιδ καὶ οἱ τετρακόσιοι[30] ἄνδρες μετ' αὐτοῦ καὶ ἐπορεύθη πρὸς Αγχους υἱὸν Αμμαχ βασιλέα Γεθ. **3** καὶ ἐκάθισεν Δαυιδ μετὰ Αγχους ἐν Γεθ, αὐτὸς καὶ οἱ ἄνδρες αὐτοῦ, ἕκαστος καὶ ὁ οἶκος αὐτοῦ, καὶ

1 ἐπισείω, *pres act ind 3s*, stir up
2 ὀσφραίνομαι, *aor pas opt 3s*, smell, catch scent of
3 θυσία, sacrifice
4 ἐπικατάρατος, cursed
5 στηρίζω, *perf mid inf*, strengthen, establish
6 κληρονομία, inheritance
7 δουλεύω, *pres act impv 2s*, serve
8 πίπτω, *aor act opt 3s*, fall
9 ἐναντίος, before
10 καταδιώκω, *pres act ind 3s*, pursue closely
11 νυκτικόραξ, horned owl
12 κακοποιέω, *fut act ind 1s*, do evil, do wrong
13 ἀνθ' ὧν, for, since
14 ἔντιμος, precious, highly valued
15 ματαιόω, *perf pas ind 1s*, be foolish, become futile
16 ἀγνοέω, *perf act ind 1s*, do wrong, sin unintentionally
17 σφόδρα, exceedingly
18 δόρυ, spear
19 παιδάριον, young man, servant
20 ἐπιφέρω, *aor act inf*, bring against, inflict
21 μεγαλύνω, *aor pas ind 3s*, exalt, extol
22 μεγαλύνω, *aor pas opt 3s*, exalt, extol
23 σκεπάζω, *aor act opt 3s*, shelter, protect
24 ἐξαιρέω, *fut mid ind 3s*, deliver, rescue
25 ἀναστρέφω, *aor act ind 3s*, return
26 προστίθημι, *fut pas ind 1s*, put into
27 ἀλλόφυλος, foreign, (Philistine)
28 ἀνίημι, *aor act sub 3s*, give up, cease
29 ὅριον, territory, region
30 τετρακόσιοι, four hundred

Δαυιδ καὶ ἀμφότεραι[1] αἱ γυναῖκες αὐτοῦ Αχιναам ἡ Ιεζραηλῖτις καὶ Αβιγαια ἡ γυνὴ Ναβαλ τοῦ Καρμηλίου. **4** καὶ ἀνηγγέλη[2] τῷ Σαουλ ὅτι πέφευγεν[3] Δαυιδ εἰς Γεθ, καὶ οὐ προσέθετο[4] ἔτι ζητεῖν αὐτόν. **5** καὶ εἶπεν Δαυιδ πρὸς Αγχους Εἰ δὴ[5] εὕρηκεν ὁ δοῦλός σου χάριν ἐν ὀφθαλμοῖς σου, δότωσαν δή μοι τόπον ἐν μιᾷ τῶν πόλεων τῶν κατ' ἀγρὸν καὶ καθήσομαι ἐκεῖ· καὶ ἵνα τί κάθηται ὁ δοῦλός σου ἐν πόλει βασιλευομένῃ[6] μετὰ σοῦ;

6 καὶ ἔδωκεν αὐτῷ ἐν τῇ ἡμέρᾳ ἐκείνῃ τὴν Σεκελακ· διὰ τοῦτο ἐγενήθη Σεκελακ τῷ βασιλεῖ τῆς Ιουδαίας ἕως τῆς ἡμέρας ταύτης. **7** καὶ ἐγενήθη ὁ ἀριθμὸς[7] τῶν ἡμερῶν, ὧν ἐκάθισεν Δαυιδ ἐν ἀγρῷ τῶν ἀλλοφύλων,[8] τέσσαρας μῆνας.[9]

8 καὶ ἀνέβαινεν Δαυιδ καὶ οἱ ἄνδρες αὐτοῦ καὶ ἐπετίθεντο ἐπὶ πάντα τὸν Γεσιρι καὶ ἐπὶ τὸν Αμαληκίτην· καὶ ἰδοὺ ἡ γῆ κατῳκεῖτο ἀπὸ ἀνηκόντων[10] ἡ ἀπὸ Γελαμψουρ τετειχισμένων[11] καὶ ἕως γῆς Αἰγύπτου. **9** καὶ ἔτυπτε[12] τὴν γῆν καὶ οὐκ ἐζωογόνει[13] ἄνδρα καὶ γυναῖκα καὶ ἐλάμβανεν ποίμνια[14] καὶ βουκόλια[15] καὶ ὄνους[16] καὶ καμήλους[17] καὶ ἱματισμόν,[18] καὶ ἀνέστρεψαν[19] καὶ ἤρχοντο πρὸς Αγχους. **10** καὶ εἶπεν Αγχους πρὸς Δαυιδ Ἐπὶ τίνα ἐπέθεσθε σήμερον; καὶ εἶπεν Δαυιδ πρὸς Αγχους Κατὰ νότον[20] τῆς Ιουδαίας καὶ κατὰ νότον Ιεσμεγα καὶ κατὰ νότον τοῦ Κενεζι. **11** καὶ ἄνδρα καὶ γυναῖκα οὐκ ἐζωογόνησεν[21] τοῦ εἰσαγαγεῖν[22] εἰς Γεθ λέγων Μὴ ἀναγγείλωσιν[23] εἰς Γεθ καθ' ἡμῶν λέγοντες Τάδε[24] Δαυιδ ποιεῖ. καὶ τόδε[25] τὸ δικαίωμα[26] αὐτοῦ πάσας τὰς ἡμέρας, ἃς ἐκάθητο Δαυιδ ἐν ἀγρῷ τῶν ἀλλοφύλων.[27] **12** καὶ ἐπιστεύθη[28] Δαυιδ ἐν τῷ Αγχους σφόδρα[29] λέγων Ἤισχυνται[30] αἰσχυνόμενος[31] ἐν τῷ λαῷ αὐτοῦ ἐν Ισραηλ καὶ ἔσται μοι δοῦλος εἰς τὸν αἰῶνα.

28 Καὶ ἐγενήθη ἐν ταῖς ἡμέραις ἐκείναις καὶ συναθροίζονται[32] ἀλλόφυλοι[33] ἐν ταῖς παρεμβολαῖς[34] αὐτῶν ἐξελθεῖν πολεμεῖν μετὰ Ισραηλ, καὶ εἶπεν Αγχους

1 ἀμφότεροι, both
2 ἀναγγέλλω, *aor pas ind 3s*, report, tell
3 φεύγω, *perf act ind 3s*, flee
4 προστίθημι, *aor mid ind 3s*, continue
5 δή, now, then
6 βασιλεύω, *pres pas ptc dat s f*, appoint king
7 ἀριθμός, number
8 ἀλλόφυλος, foreign, (Philistine)
9 μήν, month
10 ἀνήκω, *pres act ptc gen p m*, be suitable
11 τειχίζω, *perf pas ptc gen p f*, fortify, wall in
12 τύπτω, *impf act ind 3s*, strike
13 ζωογονέω, *impf act ind 3s*, preserve alive
14 ποίμνιον, flock
15 βουκόλιον, herd
16 ὄνος, donkey
17 κάμηλος, camel
18 ἱματισμός, clothing
19 ἀναστρέφω, *aor act ind 3p*, return
20 νότος, south
21 ζωογονέω, *aor act ind 3s*, preserve alive
22 εἰσάγω, *aor act inf*, bring to
23 ἀναγγέλλω, *aor act sub 3p*, report, announce
24 ὅδε, this
25 ὅδε, this
26 δικαίωμα, custom, judgment
27 ἀλλόφυλος, foreign, (Philistine)
28 πιστεύω, *aor pas ind 3s*, trust, place faith in
29 σφόδρα, very much
30 αἰσχύνω, *perf pas ind 3s*, put to shame, dishonor
31 αἰσχύνω, *pres pas ptc nom s m*, put to shame, dishonor
32 συναθροίζω, *pres mid ind 3p*, gather
33 ἀλλόφυλος, foreign, (Philistine)
34 παρεμβολή, camp

πρὸς Δαυιδ Γινώσκων γνώσει ὅτι μετ᾽ ἐμοῦ ἐξελεύσει εἰς πόλεμον σὺ καὶ οἱ ἄνδρες
σου. **2** καὶ εἶπεν Δαυιδ πρὸς Αγχους Οὕτω νῦν γνώσει ἃ ποιήσει ὁ δοῦλός σου· καὶ
εἶπεν Αγχους πρὸς Δαυιδ Οὕτως ἀρχισωματοφύλακα[1] θήσομαί σε πάσας τὰς ἡμέρας.

Saul and the Medium

3 Καὶ Σαμουηλ ἀπέθανεν, καὶ ἐκόψαντο[2] αὐτὸν πᾶς Ισραηλ καὶ θάπτουσιν[3]
αὐτὸν ἐν Αρμαθαιμ ἐν πόλει αὐτοῦ. καὶ Σαουλ περιεῖλεν[4] τοὺς ἐγγαστριμύθους[5]
καὶ τοὺς γνώστας[6] ἀπὸ τῆς γῆς. **4** καὶ συναθροίζονται[7] οἱ ἀλλόφυλοι[8] καὶ ἔρ-
χονται καὶ παρεμβάλλουσιν[9] εἰς Σωμαν, καὶ συναθροίζει[10] Σαουλ πάντα ἄνδρα
Ισραηλ καὶ παρεμβάλλουσιν[11] εἰς Γελβουε. **5** καὶ εἶδεν Σαουλ τὴν παρεμβολὴν[12]
τῶν ἀλλοφύλων[13] καὶ ἐφοβήθη, καὶ ἐξέστη[14] ἡ καρδία αὐτοῦ σφόδρα.[15] **6** καὶ
ἐπηρώτησεν[16] Σαουλ διὰ κυρίου, καὶ οὐκ ἀπεκρίθη αὐτῷ κύριος ἐν τοῖς ἐνυπνίοις
καὶ ἐν τοῖς δήλοις[17] καὶ ἐν τοῖς προφήταις. **7** καὶ εἶπεν Σαουλ τοῖς παισὶν[18] αὐτοῦ
Ζητήσατέ μοι γυναῖκα ἐγγαστρίμυθον,[19] καὶ πορεύσομαι πρὸς αὐτὴν καὶ ζητήσω ἐν
αὐτῇ· καὶ εἶπαν οἱ παῖδες[20] αὐτοῦ πρὸς αὐτόν Ἰδοὺ γυνὴ ἐγγαστρίμυθος ἐν Αενδωρ.

8 καὶ συνεκαλύψατο[21] Σαουλ καὶ περιεβάλετο[22] ἱμάτια ἕτερα καὶ πορεύεται αὐτὸς
καὶ δύο ἄνδρες μετ᾽ αὐτοῦ καὶ ἔρχονται πρὸς τὴν γυναῖκα νυκτὸς καὶ εἶπεν αὐτῇ
Μάντευσαι[23] δή[24] μοι ἐν τῷ ἐγγαστριμύθῳ[25] καὶ ἀνάγαγέ[26] μοι ὃν ἐὰν εἴπω σοι. **9** καὶ
εἶπεν ἡ γυνὴ πρὸς αὐτόν Ἰδοὺ δὴ[27] σὺ οἶδας ὅσα ἐποίησεν Σαουλ, ὡς ἐξωλέθρευσεν[28]
τοὺς ἐγγαστριμύθους[29] καὶ τοὺς γνώστας[30] ἀπὸ τῆς γῆς· καὶ ἵνα τί σὺ παγιδεύεις[31]
τὴν ψυχήν μου θανατῶσαι[32] αὐτήν; **10** καὶ ὤμοσεν[33] αὐτῇ Σαουλ λέγων Ζῇ κύριος,
εἰ ἀπαντήσεταί[34] σοι ἀδικία[35] ἐν τῷ λόγῳ τούτῳ. **11** καὶ εἶπεν ἡ γυνή Τίνα ἀναγάγω[36]

1 ἀρχισωματοφύλαξ, chief bodyguard
2 κόπτω, *aor mid ind 3p*, mourn
3 θάπτω, *pres act ind 3p*, bury
4 περιαιρέω, *aor act ind 3s*, remove from
5 ἐγγαστρίμυθος, one who delivers oracles by ventriloquism
6 γνώστης, diviner, fortune teller
7 συναθροίζω, *pres mid ind 3p*, gather
8 ἀλλόφυλος, foreign, (Philistine)
9 παρεμβάλλω, *pres act ind 3p*, encamp
10 συναθροίζω, *pres act ind 3s*, gather
11 παρεμβάλλω, *pres act ind 3p*, encamp
12 παρεμβολή, camp
13 ἀλλόφυλος, foreign, (Philistine)
14 ἐξίστημι, *aor act ind 3s*, drive out of one's senses, confound
15 σφόδρα, exceedingly
16 ἐπερωτάω, *aor act ind 3s*, consult, inquire
17 δῆλος, visible, clear, (Urim)
18 παῖς, servant
19 ἐγγαστρίμυθος, one who delivers oracles by ventriloquism
20 παῖς, servant
21 συγκαλύπτω, *aor mid ind 3s*, disguise
22 περιβάλλω, *aor mid ind 3s*, put on, clothe
23 μαντεύομαι, *aor mid impv 2s*, tell fortunes, predict
24 δή, now, then
25 ἐγγαστρίμυθος, one who delivers oracles by ventriloquism
26 ἀνάγω, *aor act impv 2s*, bring up
27 δή, now, then
28 ἐξολεθρεύω, *aor act ind 3s*, utterly destroy
29 ἐγγαστρίμυθος, one who delivers oracles by ventriloquism
30 γνώστης, diviner, fortune teller
31 παγιδεύω, *pres act ind 2s*, set a snare, entrap
32 θανατόω, *aor act inf*, destroy, put to death
33 ὄμνυμι, *aor act ind 3s*, swear an oath
34 ἀπαντάω, *fut mid ind 3s*, meet
35 ἀδικία, injustice, wickedness
36 ἀνάγω, *aor act sub 1s*, bring up

σοι; καὶ εἶπεν Τὸν Σαμουηλ ἀνάγαγέ[1] μοι. **12** καὶ εἶδεν ἡ γυνὴ τὸν Σαμουηλ καὶ ἀνεβόησεν[2] φωνῇ μεγάλῃ· καὶ εἶπεν ἡ γυνὴ πρὸς Σαουλ Ἵνα τί παρελογίσω[3] με; καὶ σὺ εἶ Σαουλ. **13** καὶ εἶπεν αὐτῇ ὁ βασιλεύς Μὴ φοβοῦ, εἰπὸν τίνα ἑόρακας. καὶ εἶπεν αὐτῷ Θεοὺς ἑόρακα ἀναβαίνοντας ἐκ τῆς γῆς. **14** καὶ εἶπεν αὐτῇ Τί ἔγνως; καὶ εἶπεν αὐτῷ Ἄνδρα ὄρθιον[4] ἀναβαίνοντα ἐκ τῆς γῆς, καὶ οὗτος διπλοΐδα[5] ἀναβεβλημένος.[6] καὶ ἔγνω Σαουλ ὅτι Σαμουηλ οὗτος, καὶ ἔκυψεν[7] ἐπὶ πρόσωπον αὐτοῦ ἐπὶ τὴν γῆν καὶ προσεκύνησεν αὐτῷ.

15 καὶ εἶπεν Σαμουηλ Ἵνα τί παρηνώχλησάς[8] μοι ἀναβῆναί με; καὶ εἶπεν Σαουλ Θλίβομαι[9] σφόδρα,[10] καὶ οἱ ἀλλόφυλοι[11] πολεμοῦσιν ἐν ἐμοί, καὶ ὁ θεὸς ἀφέστηκεν[12] ἀπ᾽ ἐμοῦ καὶ οὐκ ἐπακήκοέν[13] μοι ἔτι καὶ ἐν χειρὶ τῶν προφητῶν καὶ ἐν τοῖς ἐνυπνίοις· καὶ νῦν κέκληκά σε γνωρίσαι[14] μοι τί ποιήσω. **16** καὶ εἶπεν Σαμουηλ Ἵνα τί ἐπερωτᾷς[15] με; καὶ κύριος ἀφέστηκεν[16] ἀπὸ σοῦ καὶ γέγονεν μετὰ τοῦ πλησίον[17] σου· **17** καὶ πεποίηκεν κύριός σοι καθὼς ἐλάλησεν ἐν χειρί μου, καὶ διαρρήξει[18] κύριος τὴν βασιλείαν σου ἐκ χειρός σου καὶ δώσει αὐτὴν τῷ πλησίον[19] σου τῷ Δαυιδ. **18** διότι[20] οὐκ ἤκουσας φωνῆς κυρίου καὶ οὐκ ἐποίησας θυμὸν[21] ὀργῆς αὐτοῦ ἐν Αμαληκ, διὰ τοῦτο τὸ ῥῆμα ἐποίησεν κύριός σοι τῇ ἡμέρᾳ ταύτῃ. **19** καὶ παραδώσει κύριος τὸν Ισραηλ μετὰ σοῦ εἰς χεῖρας ἀλλοφύλων,[22] καὶ αὔριον[23] σὺ καὶ οἱ υἱοί σου μετὰ σοῦ πεσοῦνται, καὶ τὴν παρεμβολὴν[24] Ισραηλ δώσει κύριος εἰς χεῖρας ἀλλοφύλων.

20 καὶ ἔσπευσεν[25] Σαουλ καὶ ἔπεσεν ἑστηκὼς ἐπὶ τὴν γῆν καὶ ἐφοβήθη σφόδρα[26] ἀπὸ τῶν λόγων Σαμουηλ· καὶ ἰσχὺς[27] ἐν αὐτῷ οὐκ ἦν ἔτι, οὐ γὰρ ἔφαγεν ἄρτον ὅλην τὴν ἡμέραν καὶ ὅλην τὴν νύκτα ἐκείνην. **21** καὶ εἰσῆλθεν ἡ γυνὴ πρὸς Σαουλ καὶ εἶδεν ὅτι ἔσπευσεν[28] σφόδρα,[29] καὶ εἶπεν πρὸς αὐτόν Ἰδοὺ δὴ[30] ἤκουσεν ἡ δούλη[31] σου τῆς φωνῆς σου καὶ ἐθέμην τὴν ψυχήν μου ἐν τῇ χειρί μου καὶ ἤκουσα τοὺς λόγους, οὓς ἐλάλησάς μοι· **22** καὶ νῦν ἄκουσον δὴ[32] φωνῆς τῆς δούλης[33] σου, καὶ παραθήσω[34]

1 ἀνάγω, *aor act impv 2s*, bring up
2 ἀναβοάω, *aor act ind 3s*, cry out
3 παραλογίζομαι, *aor mid ind 2s*, deceive
4 ὄρθιος, upright, (old?)
5 διπλοΐς, double cloak
6 ἀναβάλλω, *perf mid ptc nom s m*, put on
7 κύπτω, *aor act ind 3s*, bow, bend down
8 παρενοχλέω, *aor act ind 2s*, trouble, bother
9 θλίβω, *pres pas ind 1s*, afflict, distress
10 σφόδρα, exceedingly
11 ἀλλόφυλος, foreign, (Philistine)
12 ἀφίστημι, *perf act ind 3s*, withdraw, depart
13 ἐπακούω, *perf act ind 3s*, hear, listen to
14 γνωρίζω, *aor act inf*, make known, tell
15 ἐπερωτάω, *pres act ind 2s*, ask, inquire
16 ἀφίστημι, *perf act ind 3s*, withdraw, depart
17 πλησίον, neighbor, companion
18 διαρρήγνυμι, *fut act ind 3s*, tear
19 πλησίον, neighbor, companion
20 διότι, because
21 θυμός, fury, anger
22 ἀλλόφυλος, foreign, (Philistine)
23 αὔριον, tomorrow
24 παρεμβολή, camp
25 σπεύδω, *aor act ind 3s*, hasten
26 σφόδρα, exceedingly
27 ἰσχύς, strength
28 σπεύδω, *aor act ind 3s*, hasten
29 σφόδρα, exceedingly
30 δή, now, then
31 δούλη, bondwoman, slave
32 δή, now, then
33 δούλη, bondwoman, slave
34 παρατίθημι, *fut act ind 1s*, serve, set before

ἐνώπιόν σου ψωμὸν[1] ἄρτου, καὶ φάγε, καὶ ἔσται ἐν σοὶ ἰσχύς,[2] ὅτι πορεύσῃ ἐν ὁδῷ.
23 καὶ οὐκ ἐβουλήθη φαγεῖν· καὶ παρεβιάζοντο[3] αὐτὸν οἱ παῖδες[4] αὐτοῦ καὶ ἡ γυνή,
καὶ ἤκουσεν τῆς φωνῆς αὐτῶν καὶ ἀνέστη ἀπὸ τῆς γῆς καὶ ἐκάθισεν ἐπὶ τὸν δίφρον.[5]
24 καὶ τῇ γυναικὶ ἦν δάμαλις[6] νομὰς[7] ἐν τῇ οἰκίᾳ, καὶ ἔσπευσεν[8] καὶ ἔθυσεν[9] αὐτὴν
καὶ ἔλαβεν ἄλευρα[10] καὶ ἐφύρασεν[11] καὶ ἔπεψεν[12] ἄζυμα[13] 25 καὶ προσήγαγεν[14]
ἐνώπιον Σαουλ καὶ ἐνώπιον τῶν παίδων[15] αὐτοῦ, καὶ ἔφαγον. καὶ ἀνέστησαν καὶ
ἀπῆλθον τὴν νύκτα ἐκείνην.

David Rejected by the Philistines

29 Καὶ συναθροίζουσιν[16] ἀλλόφυλοι[17] πάσας τὰς παρεμβολὰς[18] αὐτῶν εἰς
Αφεκ, καὶ Ισραηλ παρενέβαλεν[19] ἐν Αενδωρ τῇ ἐν Ιεζραελ. 2 καὶ σατράπαι[20]
ἀλλοφύλων[21] παρεπορεύοντο[22] εἰς ἑκατοντάδας[23] καὶ χιλιάδας,[24] καὶ Δαυιδ καὶ οἱ
ἄνδρες αὐτοῦ παρεπορεύοντο ἐπ᾽ ἐσχάτων μετὰ Αγχους. 3 καὶ εἶπον οἱ σατράπαι[25]
τῶν ἀλλοφύλων[26] Τίνες οἱ διαπορευόμενοι[27] οὗτοι; καὶ εἶπεν Αγχους πρὸς τοὺς
στρατηγοὺς[28] τῶν ἀλλοφύλων[29] Οὐχ οὗτος Δαυιδ ὁ δοῦλος Σαουλ βασιλέως Ισραηλ;
γέγονεν μεθ᾽ ἡμῶν ἡμέρας τοῦτο δεύτερον ἔτος, καὶ οὐχ εὕρηκα ἐν αὐτῷ οὐθὲν[30]
ἀφ᾽ ἧς ἡμέρας ἐνέπεσεν[31] πρός με καὶ ἕως τῆς ἡμέρας ταύτης. 4 καὶ ἐλυπήθησαν[32]
ἐπ᾽ αὐτῷ οἱ στρατηγοὶ[33] τῶν ἀλλοφύλων[34] καὶ λέγουσιν αὐτῷ Ἀπόστρεψον[35] τὸν
ἄνδρα εἰς τὸν τόπον αὐτοῦ, οὗ[36] κατέστησας[37] αὐτὸν ἐκεῖ, καὶ μὴ ἐρχέσθω μεθ᾽
ἡμῶν εἰς τὸν πόλεμον καὶ μὴ γινέσθω ἐπίβουλος[38] τῆς παρεμβολῆς·[39] καὶ ἐν τίνι
διαλλαγήσεται[40] οὗτος τῷ κυρίῳ αὐτοῦ; οὐχὶ ἐν ταῖς κεφαλαῖς τῶν ἀνδρῶν ἐκείνων;
5 οὐχ οὗτος Δαυιδ, ᾧ ἐξῆρχον[41] ἐν χοροῖς[42] λέγοντες

1 ψωμός, piece, bit
2 ἰσχύς, strength
3 παραβιάζομαι, *impf mid ind 3p*, urge, press
4 παῖς, servant
5 δίφρος, seat, stool
6 δάμαλις, heifer
7 νομάς, grazing, roaming
8 σπεύδω, *aor act ind 3s*, hasten
9 θύω, *aor act ind 3s*, slay, sacrifice
10 ἄλευρον, meal (of grain)
11 φυράω, *aor act ind 3s*, knead
12 πέσσω, *aor act ind 3s*, bake
13 ἄζυμος, unleavened
14 προσάγω, *aor act ind 3s*, bring out
15 παῖς, servant
16 συναθροίζω, *pres act ind 3p*, gather
17 ἀλλόφυλος, foreign, (Philistine)
18 παρεμβολή, camp
19 παρεμβάλλω, *aor act ind 3s*, encamp
20 σατράπης, governor, satrap
21 ἀλλόφυλος, foreign, (Philistine)
22 παραπορεύομαι, *impf mid ind 3p*, pass by
23 ἑκατοντάς, hundred
24 χιλιάς, thousand
25 σατράπης, governor, satrap
26 ἀλλόφυλος, foreign, (Philistine)
27 διαπορεύομαι, *pres mid ptc nom p m*, pass through
28 στρατηγός, commander, general
29 ἀλλόφυλος, foreign, (Philistine)
30 οὐθείς, nothing
31 ἐμπίπτω, *aor act ind 3s*, fall in
32 λυπέω, *aor pas ind 3p*, irritate, distress
33 στρατηγός, commander, general
34 ἀλλόφυλος, foreign, (Philistine)
35 ἀποστρέφω, *aor act impv 2s*, turn back
36 οὗ, where
37 καθίστημι, *aor act ind 2s*, place, set down
38 ἐπίβουλος, scheming, plotting
39 παρεμβολή, camp
40 διαλλάσσω, *fut pas ind 3s*, reconcile
41 ἐξάρχω, *impf act ind 3p*, lead
42 χορός, dance

Ἐπάταξεν[1] Σαουλ ἐν χιλιάσιν[2] αὐτοῦ
καὶ Δαυιδ ἐν μυριάσιν[3] αὐτοῦ;

6 καὶ ἐκάλεσεν Αγχους τὸν Δαυιδ καὶ εἶπεν αὐτῷ Ζῇ κύριος ὅτι εὐθὴς[4] σὺ καὶ
ἀγαθὸς ἐν ὀφθαλμοῖς μου, καὶ ἡ ἔξοδός[5] σου καὶ ἡ εἴσοδός[6] σου μετ᾽ ἐμοῦ ἐν τῇ
παρεμβολῇ,[7] καὶ ὅτι οὐχ εὕρηκα κατὰ σοῦ κακίαν[8] ἀφ᾽ ἧς ἡμέρας ἥκεις[9] πρός με
ἕως τῆς σήμερον ἡμέρας· καὶ ἐν ὀφθαλμοῖς τῶν σατραπῶν[10] οὐκ ἀγαθὸς σύ· **7** καὶ
νῦν ἀνάστρεφε[11] καὶ πορεύου εἰς εἰρήνην, καὶ οὐ μὴ ποιήσεις κακίαν[12] ἐν ὀφθαλμοῖς
τῶν σατραπῶν[13] τῶν ἀλλοφύλων.[14] **8** καὶ εἶπεν Δαυιδ πρὸς Αγχους Τί πεποίηκά σοι
καὶ τί εὗρες ἐν τῷ δούλῳ σου ἀφ᾽ ἧς ἡμέρας ἤμην ἐνώπιόν σου καὶ ἕως τῆς ἡμέρας
ταύτης, ὅτι οὐ μὴ ἔλθω πολεμῆσαι τοὺς ἐχθροὺς τοῦ κυρίου μου τοῦ βασιλέως;
9 καὶ ἀπεκρίθη Αγχους πρὸς Δαυιδ Οἶδα ὅτι ἀγαθὸς σὺ ἐν ὀφθαλμοῖς μου, ἀλλ᾽ οἱ
σατράπαι[15] τῶν ἀλλοφύλων[16] λέγουσιν Οὐχ ἥξει[17] μεθ᾽ ἡμῶν εἰς πόλεμον. **10** καὶ νῦν
ὄρθρισον[18] τὸ πρωί,[19] σὺ καὶ οἱ παῖδες[20] τοῦ κυρίου σου οἱ ἥκοντες[21] μετὰ σοῦ, καὶ
πορεύεσθε εἰς τὸν τόπον, οὗ[22] κατέστησα[23] ὑμᾶς ἐκεῖ, καὶ λόγον λοιμὸν[24] μὴ θῇς ἐν
καρδίᾳ σου, ὅτι ἀγαθὸς σὺ ἐνώπιόν μου· καὶ ὀρθρίσατε[25] ἐν τῇ ὁδῷ, καὶ φωτισάτω[26]
ὑμῖν, καὶ πορεύθητε. **11** καὶ ὤρθρισεν[27] Δαυιδ αὐτὸς καὶ οἱ ἄνδρες αὐτοῦ ἀπελθεῖν
καὶ φυλάσσειν τὴν γῆν τῶν ἀλλοφύλων,[28] καὶ οἱ ἀλλόφυλοι ἀνέβησαν πολεμεῖν ἐπὶ
Ισραηλ.

David Avenges Ziklag

30 Καὶ ἐγενήθη εἰσελθόντος Δαυιδ καὶ τῶν ἀνδρῶν αὐτοῦ εἰς Σεκελακ τῇ
ἡμέρᾳ τῇ τρίτῃ, καὶ Αμαληκ ἐπέθετο ἐπὶ τὸν νότον[29] καὶ ἐπὶ Σεκελακ καὶ
ἐπάταξεν[30] τὴν Σεκελακ καὶ ἐνεπύρισεν[31] αὐτὴν ἐν πυρί· **2** καὶ τὰς γυναῖκας καὶ
πάντα τὰ ἐν αὐτῇ ἀπὸ μικροῦ ἕως μεγάλου οὐκ ἐθανάτωσαν[32] ἄνδρα καὶ γυναῖκα,
ἀλλ᾽ ᾐχμαλώτευσαν[33] καὶ ἀπῆλθον εἰς τὴν ὁδὸν αὐτῶν. **3** καὶ ἦλθεν Δαυιδ καὶ οἱ

1 πατάσσω, *aor act ind 3s*, strike, slay
2 χιλιάς, thousand
3 μυριάς, ten thousand
4 εὐθής, right
5 ἔξοδος, going out
6 εἴσοδος, coming in
7 παρεμβολή, camp
8 κακία, evil, wickedness
9 ἥκω, *pres act ind 2s*, have come
10 σατράπης, governor, satrap
11 ἀναστρέφω, *pres act impv 2s*, return, go back
12 κακία, evil, wickedness
13 σατράπης, governor, satrap
14 ἀλλόφυλος, foreign, (Philistine)
15 σατράπης, governor, satrap
16 ἀλλόφυλος, foreign, (Philistine)
17 ἥκω, *fut act ind 3s*, have come
18 ὀρθρίζω, *aor act impv 2s*, rise up early
19 πρωί, (in the) morning
20 παῖς, servant
21 ἥκω, *pres act ptc nom p m*, have come
22 οὗ, where
23 καθίστημι, *aor act ind 1s*, appoint
24 λοιμός, pestilent, troublesome
25 ὀρθρίζω, *aor act impv 2p*, rise up early
26 φωτίζω, *aor act impv 3s*, give light
27 ὀρθρίζω, *aor act ind 3s*, rise up early
28 ἀλλόφυλος, foreign, (Philistine)
29 νότος, south
30 πατάσσω, *aor act ind 3s*, strike
31 ἐμπυρίζω, *aor act ind 3s*, set on fire, burn
32 θανατόω, *aor act ind 3p*, slay, kill
33 αἰχμαλωτεύω, *aor act ind 3p*, capture, take captive

ἄνδρες αὐτοῦ εἰς τὴν πόλιν, καὶ ἰδοὺ ἐμπεπύρισται[1] ἐν πυρί, αἱ δὲ γυναῖκες αὐτῶν
καὶ οἱ υἱοὶ αὐτῶν καὶ αἱ θυγατέρες[2] αὐτῶν ᾐχμαλωτευμένοι.[3] **4** καὶ ἦρεν Δαυιδ
καὶ οἱ ἄνδρες αὐτοῦ τὴν φωνὴν αὐτῶν καὶ ἔκλαυσαν, ἕως ὅτου οὐκ ἦν ἐν αὐτοῖς
ἰσχὺς[4] ἔτι κλαίειν. **5** καὶ ἀμφότεραι[5] αἱ γυναῖκες Δαυιδ ᾐχμαλωτεύθησαν,[6] Αχινοομ
ἡ Ιεζραηλῖτις καὶ Αβιγαια ἡ γυνὴ Ναβαλ τοῦ Καρμηλίου. **6** καὶ ἐθλίβη[7] Δαυιδ σφό-
δρα,[8] ὅτι εἶπεν ὁ λαὸς λιθοβολῆσαι[9] αὐτόν, ὅτι κατώδυνος[10] ψυχὴ παντὸς τοῦ λαοῦ,
ἑκάστου ἐπὶ τοὺς υἱοὺς αὐτοῦ καὶ ἐπὶ τὰς θυγατέρας[11] αὐτοῦ· καὶ ἐκραταιώθη[12]
Δαυιδ ἐν κυρίῳ θεῷ αὐτοῦ.

7 καὶ εἶπεν Δαυιδ πρὸς Αβιαθαρ τὸν ἱερέα υἱὸν Αχιμελεχ Προσάγαγε[13] τὸ εφουδ.[14]
8 καὶ ἐπηρώτησεν[15] Δαυιδ διὰ τοῦ κυρίου λέγων Εἰ καταδιώξω[16] ὀπίσω τοῦ γεδδουρ[17]
τούτου; εἰ καταλήμψομαι[18] αὐτούς; καὶ εἶπεν αὐτῷ Καταδίωκε,[19] ὅτι καταλαμβάνων[20]
καταλήμψῃ[21] καὶ ἐξαιρούμενος[22] ἐξελῇ.[23] **9** καὶ ἐπορεύθη Δαυιδ, αὐτὸς καὶ οἱ ἑξα-
κόσιοι[24] ἄνδρες μετ' αὐτοῦ, καὶ ἔρχονται ἕως τοῦ χειμάρρου[25] Βοσορ, καὶ οἱ περισσοὶ[26]
ἔστησαν. **10** καὶ κατεδίωξεν[27] ἐν τετρακοσίοις[28] ἀνδράσιν, ὑπέστησαν[29] δὲ διακόσιοι[30]
ἄνδρες, οἵτινες ἐκάθισαν πέραν[31] τοῦ χειμάρρου[32] τοῦ Βοσορ.

11 καὶ εὑρίσκουσιν ἄνδρα Αἰγύπτιον ἐν ἀγρῷ καὶ λαμβάνουσιν αὐτὸν καὶ ἄγουσιν
αὐτὸν πρὸς Δαυιδ ἐν ἀγρῷ· καὶ διδόασιν αὐτῷ ἄρτον, καὶ ἔφαγεν, καὶ ἐπότισαν[33]
αὐτὸν ὕδωρ· **12** καὶ διδόασιν αὐτῷ κλάσμα[34] παλάθης,[35] καὶ ἔφαγεν, καὶ κατέστη[36]
τὸ πνεῦμα αὐτοῦ ἐν αὐτῷ, ὅτι οὐ βεβρώκει[37] ἄρτον καὶ οὐ πεπώκει[38] ὕδωρ τρεῖς
ἡμέρας καὶ τρεῖς νύκτας. **13** καὶ εἶπεν αὐτῷ Δαυιδ Τίνος σὺ εἶ καὶ πόθεν[39] εἶ; καὶ εἶπεν

1 ἐμπυρίζω, *perf pas ind 3s*, set on fire, burn
2 θυγάτηρ, daughter
3 αἰχμαλωτεύω, *perf pas ptc nom p m*, capture, take captive
4 ἰσχύς, strength, ability
5 ἀμφότεροι, both
6 αἰχμαλωτεύω, *aor pas ind 3p*, capture, take captive
7 θλίβω, *aor pas ind 3s*, distress, afflict
8 σφόδρα, exceedingly
9 λιθοβολέω, *aor act inf*, stone
10 κατώδυνος, in great pain
11 θυγάτηρ, daughter
12 κραταιόω, *aor pas ind 3s*, strengthen
13 προσάγω, *aor act impv 2s*, bring in
14 εφουδ, ephod, *translit.*
15 ἐπερωτάω, *aor act ind 3s*, ask, consult
16 καταδιώκω, *aor act sub 1s*, pursue closely
17 γεδδουρ, band, troop, *translit.*
18 καταλαμβάνω, *fut mid ind 1s*, apprehend, overtake
19 καταδιώκω, *pres act impv 2s*, pursue closely
20 καταλαμβάνω, *pres act ptc nom s m*, apprehend, overtake
21 καταλαμβάνω, *fut mid ind 2s*, apprehend, overtake
22 ἐξαιρέω, *pres mid ptc nom s m*, rescue, deliver
23 ἐξαιρέω, *fut mid ind 2s*, rescue, deliver
24 ἑξακόσιοι, six hundred
25 χείμαρρος, brook
26 περισσός, remaining
27 καταδιώκω, *aor act ind 3s*, pursue closely
28 τετρακόσιοι, four hundred
29 ὑφίστημι, *aor act ind 3p*, remain, stay
30 διακόσιοι, two hundred
31 πέραν, on the far side
32 χείμαρρος, brook
33 ποτίζω, *aor act ind 3p*, give drink to
34 κλάσμα, piece, chunk
35 παλάθη, dried fruit cake
36 καθίστημι, *aor act ind 3s*, restore, fortify
37 βιβρώσκω, *plpf act ind 3s*, eat
38 πίνω, *plpf act ind 3s*, drink
39 πόθεν, from where

τὸ παιδάριον[1] τὸ Αἰγύπτιον Ἐγώ εἰμι δοῦλος ἀνδρὸς Αμαληκίτου, καὶ κατέλιπέν[2] με ὁ κύριός μου, ὅτι ἠνωχλήθην[3] ἐγὼ σήμερον τριταῖος.[4] **14** καὶ ἡμεῖς ἐπεθέμεθα ἐπὶ νότον[5] τοῦ Χολθι καὶ ἐπὶ τὰ τῆς Ιουδαίας μέρη καὶ ἐπὶ νότον Χελουβ καὶ τὴν Σεκελακ ἐνεπυρίσαμεν[6] ἐν πυρί. **15** καὶ εἶπεν πρὸς αὐτὸν Δαυιδ Εἰ κατάξεις[7] με ἐπὶ τὸ γεδδουρ[8] τοῦτο; καὶ εἶπεν Ὄμοσον[9] δή[10] μοι κατὰ τοῦ θεοῦ μὴ θανατώσειν[11] με καὶ μὴ παραδοῦναί με εἰς χεῖρας τοῦ κυρίου μου, καὶ κατάξω[12] σε ἐπὶ τὸ γεδδουρ[13] τοῦτο.

16 καὶ κατήγαγεν[14] αὐτὸν ἐκεῖ, καὶ ἰδοὺ οὗτοι διακεχυμένοι[15] ἐπὶ πρόσωπον πάσης τῆς γῆς ἐσθίοντες καὶ πίνοντες καὶ ἑορτάζοντες[16] ἐν πᾶσι τοῖς σκύλοις[17] τοῖς μεγάλοις, οἷς ἔλαβον ἐκ γῆς ἀλλοφύλων[18] καὶ ἐκ γῆς Ιουδα. **17** καὶ ἦλθεν ἐπ' αὐτοὺς Δαυιδ καὶ ἐπάταξεν[19] αὐτοὺς ἀπὸ ἑωσφόρου[20] ἕως δείλης[21] καὶ τῇ ἐπαύριον,[22] καὶ οὐκ ἐσώθη ἐξ αὐτῶν ἀνὴρ ὅτι ἀλλ' ἢ τετρακόσια[23] παιδάρια,[24] ἃ ἦν ἐπιβεβηκότα[25] ἐπὶ τὰς καμήλους[26] καὶ ἔφυγον.[27] **18** καὶ ἀφείλατο[28] Δαυιδ πάντα, ἃ ἔλαβον οἱ Αμαληκῖται, καὶ ἀμφοτέρας[29] τὰς γυναῖκας αὐτοῦ ἐξείλατο.[30] **19** καὶ οὐ διεφώνησεν[31] αὐτοῖς ἀπὸ μικροῦ ἕως μεγάλου καὶ ἀπὸ τῶν σκύλων[32] καὶ ἕως υἱῶν καὶ θυγατέρων[33] καὶ ἕως πάντων, ὧν ἔλαβον αὐτῶν· τὰ πάντα ἐπέστρεψεν Δαυιδ. **20** καὶ ἔλαβεν Δαυιδ πάντα τὰ ποίμνια[34] καὶ τὰ βουκόλια[35] καὶ ἀπήγαγεν[36] ἔμπροσθεν τῶν σκύλων,[37] καὶ τοῖς σκύλοις ἐκείνοις ἐλέγετο Ταῦτα τὰ σκῦλα Δαυιδ.

1 παιδάριον, young man
2 καταλείπω, *aor act ind 3s*, leave behind
3 ἐνοχλέω, *aor pas ind 1s*, be unwell, become sick
4 τριταῖος, three days ago
5 νότος, south
6 ἐμπυρίζω, *aor act ind 3s*, set on fire, burn
7 κατάγω, *fut act ind 2s*, bring down, take down
8 γεδδουρ, band, troop, *translit.*
9 ὄμνυμι, *aor act impv 2s*, swear an oath
10 δή, now, then
11 θανατόω, *fut act inf*, slay, kill
12 κατάγω, *fut act ind 1s*, bring down, take down
13 γεδδουρ, band, troop, *translit.*
14 κατάγω, *aor act ind 3s*, bring down, take down
15 διαχέω, *perf pas ptc nom p m*, spread, scatter
16 ἑορτάζω, *pres act ptc nom p m*, celebrate, have a feast
17 σκῦλον, spoils, plunder
18 ἀλλόφυλος, foreign, (Philistine)
19 πατάσσω, *aor act ind 3s*, strike, slay
20 ἑωσφόρος, morning
21 δείλη, evening
22 ἐπαύριον, on the next day
23 τετρακόσιοι, four hundred
24 παιδάριον, young man
25 ἐπιβαίνω, *perf act ptc nom p n*, mount upon
26 κάμηλος, camel
27 φεύγω, *aor act ind 3p*, flee
28 ἀφαιρέω, *aor mid ind 3s*, extract, retrieve
29 ἀμφότεροι, both
30 ἐξαιρέω, *aor mid ind 3s*, rescue, set free
31 διαφωνέω, *aor act ind 3s*, be lost, be amiss
32 σκῦλον, spoils, plunder
33 θυγάτηρ, daughter
34 ποίμνιον, flock
35 βουκόλιον, herd
36 ἀπάγω, *aor act ind 3s*, lead away, carry off
37 σκῦλον, spoils, plunder

Dividing the Plunder

21 καὶ παραγίνεται Δαυιδ πρὸς τοὺς διακοσίους[1] ἄνδρας τοὺς ἐκλυθέντας[2] τοῦ πο-
ρεύεσθαι ὀπίσω Δαυιδ καὶ ἐκάθισεν αὐτοὺς ἐν τῷ χειμάρρῳ[3] τῷ Βοσορ, καὶ ἐξῆλθον
εἰς ἀπάντησιν[4] Δαυιδ καὶ εἰς ἀπάντησιν τοῦ λαοῦ τοῦ μετ᾽ αὐτοῦ, καὶ προσήγαγεν[5]
Δαυιδ ἕως τοῦ λαοῦ, καὶ ἠρώτησαν[6] αὐτὸν τὰ εἰς εἰρήνην. **22** καὶ ἀπεκρίθη πᾶς
ἀνὴρ λοιμὸς[7] καὶ πονηρὸς τῶν ἀνδρῶν τῶν πολεμιστῶν[8] τῶν πορευθέντων μετὰ
Δαυιδ καὶ εἶπαν Ὅτι οὐ κατεδίωξαν[9] μεθ᾽ ἡμῶν, οὐ δώσομεν αὐτοῖς ἐκ τῶν σκύλων,[10]
ὧν ἐξειλάμεθα,[11] ὅτι ἀλλ᾽ ἢ ἕκαστος τὴν γυναῖκα αὐτοῦ καὶ τὰ τέκνα αὐτοῦ ἀπα-
γέσθωσαν[12] καὶ ἀποστρεφέτωσαν[13]. **23** καὶ εἶπεν Δαυιδ Οὐ ποιήσετε οὕτως μετὰ
τὸ παραδοῦναι τὸν κύριον ἡμῖν καὶ φυλάξαι ἡμᾶς καὶ παρέδωκεν κύριος τὸν
γεδδουρ[14] τὸν ἐπερχόμενον[15] ἐφ᾽ ἡμᾶς εἰς χεῖρας ἡμῶν. **24** καὶ τίς ὑπακούσεται[16]
ὑμῶν τῶν λόγων τούτων; ὅτι οὐχ ἧττον[17] ὑμῶν εἰσιν· διότι[18] κατὰ τὴν μερίδα[19] τοῦ
καταβαίνοντος εἰς πόλεμον οὕτως ἔσται ἡ μερὶς τοῦ καθημένου ἐπὶ τὰ σκεύη·[20]
κατὰ τὸ αὐτὸ μεριοῦνται.[21] **25** καὶ ἐγενήθη ἀπὸ τῆς ἡμέρας ἐκείνης καὶ ἐπάνω[22] καὶ
ἐγένετο εἰς πρόσταγμα[23] καὶ εἰς δικαίωμα[24] τῷ Ισραηλ ἕως τῆς σήμερον.

26 Καὶ ἦλθεν Δαυιδ εἰς Σεκελακ καὶ ἀπέστειλεν τοῖς πρεσβυτέροις Ιουδα τῶν
σκύλων[25] καὶ τοῖς πλησίον[26] αὐτοῦ λέγων Ἰδοὺ ἀπὸ τῶν σκύλων τῶν ἐχθρῶν κυρίου·
27 τοῖς ἐν Βαιθσουρ καὶ τοῖς ἐν Ραμα νότου[27] καὶ τοῖς ἐν Ιεθθορ **28** καὶ τοῖς ἐν
Αροηρ καὶ τοῖς Αμμαδι καὶ τοῖς ἐν Σαφι καὶ τοῖς ἐν Εσθιε **28a** καὶ τοῖς ἐν Γεθ καὶ
τοῖς ἐν Κιναν καὶ τοῖς ἐν Σαφεκ καὶ τοῖς ἐν Θιμαθ **29** καὶ τοῖς ἐν Καρμήλῳ καὶ τοῖς
ἐν ταῖς πόλεσιν τοῦ Ιεραμηλι καὶ τοῖς ἐν ταῖς πόλεσιν τοῦ Κενεζι **30** καὶ τοῖς ἐν
Ιεριμουθ καὶ τοῖς ἐν Βηρσαβεε καὶ τοῖς ἐν Νοο **31** καὶ τοῖς ἐν Χεβρων καὶ εἰς πάντας
τοὺς τόπους, οὓς διῆλθεν Δαυιδ ἐκεῖ, αὐτὸς καὶ οἱ ἄνδρες αὐτοῦ.

1 διακόσιοι, two hundred
2 ἐκλύω, *aor pas ptc acc p m*, be weary, become faint
3 χείμαρρος, brook
4 ἀπάντησις, meeting
5 προσάγω, *aor act ind 3s*, approach, come before
6 ἐρωτάω, *aor act ind 3p*, ask, inquire
7 λοιμός, pestilent, troublesome
8 πολεμιστής, warrior
9 καταδιώκω, *aor act ind 3p*, pursue closely, chase
10 σκῦλον, spoils, plunder
11 ἐξαιρέω, *aor mid ind 1p*, remove, take away
12 ἀπάγω, *pres mid impv 3p*, lead away
13 ἀποστρέφω, *pres act impv 3p*, turn back, depart
14 γεδδουρ, band, troop, *translit.*
15 ἐπέρχομαι, *pres mid ptc acc s m*, come upon, attack
16 ὑπακούω, *fut mid ind 3s*, listen
17 ἥττων (σσ), *comp of* κακός, lesser, inferior
18 διότι, because
19 μερίς, portion, share
20 σκεῦος, outfit, baggage
21 μερίζω, *fut mid ind 3p*, apportion, distribute
22 ἐπάνω, onward
23 πρόσταγμα, ordinance, command
24 δικαίωμα, decree, regulation
25 σκῦλον, spoils, plunder
26 πλησίον, neighbor, compatriot
27 νότος, south

Saul and His Sons Die

31 Καὶ οἱ ἀλλόφυλοι[1] ἐπολέμουν ἐπὶ Ισραηλ, καὶ ἔφυγον[2] οἱ ἄνδρες Ισραηλ ἐκ
προσώπου τῶν ἀλλοφύλων, καὶ πίπτουσιν τραυματίαι[3] ἐν τῷ ὄρει τῷ Γελβουε.
2 καὶ συνάπτουσιν[4] ἀλλόφυλοι[5] τῷ Σαουλ καὶ τοῖς υἱοῖς αὐτοῦ, καὶ τύπτουσιν[6]
ἀλλόφυλοι[7] τὸν Ιωναθαν καὶ τὸν Αμιναδαβ καὶ τὸν Μελχισα υἱοὺς Σαουλ. **3** καὶ
βαρύνεται[8] ὁ πόλεμος ἐπὶ Σαουλ, καὶ εὑρίσκουσιν αὐτὸν οἱ ἀκοντισταί,[9] ἄνδρες
τοξόται,[10] καὶ ἐτραυματίσθη[11] εἰς τὰ ὑποχόνδρια.[12] **4** καὶ εἶπεν Σαουλ πρὸς τὸν
αἴροντα τὰ σκεύη[13] αὐτοῦ Σπάσαι[14] τὴν ῥομφαίαν[15] σου καὶ ἀποκέντησόν[16] με ἐν
αὐτῇ, μὴ ἔλθωσιν οἱ ἀπερίτμητοι[17] οὗτοι καὶ ἀποκεντήσωσίν[18] με καὶ ἐμπαίξωσίν[19]
μοι. καὶ οὐκ ἐβούλετο ὁ αἴρων τὰ σκεύη[20] αὐτοῦ, ὅτι ἐφοβήθη σφόδρα·[21] καὶ ἔλαβεν
Σαουλ τὴν ῥομφαίαν[22] καὶ ἐπέπεσεν[23] ἐπ' αὐτήν. **5** καὶ εἶδεν ὁ αἴρων τὰ σκεύη[24]
αὐτοῦ ὅτι τέθνηκεν[25] Σαουλ, καὶ ἐπέπεσεν[26] καὶ αὐτὸς ἐπὶ τὴν ῥομφ αίαν[27] αὐτοῦ
καὶ ἀπέθανεν μετ' αὐτοῦ. **6** καὶ ἀπέθανεν Σαουλ καὶ οἱ τρεῖς υἱοὶ αὐτοῦ καὶ ὁ αἴρων
τὰ σκεύη[28] αὐτοῦ ἐν τῇ ἡμέρᾳ ἐκείνῃ κατὰ τὸ αὐτό.

7 καὶ εἶδον οἱ ἄνδρες Ισραηλ οἱ ἐν τῷ πέραν[29] τῆς κοιλάδος[30] καὶ οἱ ἐν τῷ πέραν[31]
τοῦ Ιορδάνου ὅτι ἔφυγον[32] οἱ ἄνδρες Ισραηλ καὶ ὅτι τέθνηκεν[33] Σαουλ καὶ οἱ υἱοὶ
αὐτοῦ, καὶ καταλείπουσιν[34] τὰς πόλεις αὐτῶν καὶ φεύγουσιν·[35] καὶ ἔρχονται οἱ ἀλλό-
φυλοι[36] καὶ κατοικοῦσιν ἐν αὐταῖς.

8 καὶ ἐγενήθη τῇ ἐπαύριον[37] καὶ ἔρχονται οἱ ἀλλόφυλοι[38] ἐκδιδύσκειν[39] τοὺς νε-
κροὺς[40] καὶ εὑρίσκουσιν τὸν Σαουλ καὶ τοὺς τρεῖς υἱοὺς αὐτοῦ πεπτωκότας ἐπὶ τὰ
ὄρη Γελβουε. **9** καὶ ἀποστρέφουσιν[41] αὐτὸν καὶ ἐξέδυσαν[42] τὰ σκεύη[43] αὐτοῦ καὶ

1 ἀλλόφυλος, foreign, (Philistine)
2 φεύγω, *aor act ind 3p*, flee
3 τραυματίας, wounded person, casualty
4 συνάπτω, *pres act ind 3p*, join in battle
5 ἀλλόφυλος, foreign, (Philistine)
6 τύπτω, *pres act ind 3p*, strike
7 ἀλλόφυλος, foreign, (Philistine)
8 βαρύνω, *pres mid ind 3s*, press against
9 ἀκοντιστής, javelin thrower
10 τοξότης, archer
11 τραυματίζω, *aor pas ind 3s*, wound
12 ὑποχόνδριον, belly, region under the ribs
13 σκεῦος, equipment
14 σπάω, *aor mid impv 2s*, draw
15 ῥομφαία, sword
16 ἀποκεντέω, *aor act impv 2s*, pierce through
17 ἀπερίτμητος, uncircumcised
18 ἀποκεντέω, *aor act sub 3p*, pierce through
19 ἐμπαίζω, *aor act sub 3p*, make sport of, mock
20 σκεῦος, equipment
21 σφόδρα, exceedingly
22 ῥομφαία, sword
23 ἐπιπίπτω, *aor act ind 3s*, fall upon
24 σκεῦος, equipment
25 θνῄσκω, *perf act ind 3s*, die
26 ἐπιπίπτω, *aor act ind 3s*, fell upon
27 ῥομφαία, sword
28 σκεῦος, equipment
29 πέραν, other side
30 κοιλάς, valley
31 πέραν, other side
32 φεύγω, *aor act ind 3p*, flee
33 θνῄσκω, *perf act ind 3s*, die
34 καταλείπω, *pres act ind 3p*, leave behind, abandon
35 φεύγω, *pres act ind 3p*, flee
36 ἀλλόφυλος, foreign, (Philistine)
37 ἐπαύριον, the next day
38 ἀλλόφυλος, foreign, (Philistine)
39 ἐκδιδύσκω, *pres act inf*, strip
40 νεκρός, dead
41 ἀποστρέφω, *pres act ind 3p*, bring back
42 ἐκδύω, *aor act ind 3p*, take off
43 σκεῦος, equipment

ἀποστέλλουσιν αὐτὰ εἰς γῆν ἀλλοφύλων[1] κύκλῳ[2] εὐαγγελίζοντες[3] τοῖς εἰδώλοις[4]
αὐτῶν καὶ τῷ λαῷ αὐτῶν· **10** καὶ ἀνέθηκαν[5] τὰ σκεύη[6] αὐτοῦ εἰς τὸ Ἀσταρτεῖον καὶ
τὸ σῶμα αὐτοῦ κατέπηξαν[7] ἐν τῷ τείχει[8] Βαιθσαν. **11** καὶ ἀκούουσιν οἱ κατοικοῦντες
Ιαβις τῆς Γαλααδίτιδος ἃ ἐποίησαν οἱ ἀλλόφυλοι[9] τῷ Σαουλ. **12** καὶ ἀνέστησαν
πᾶς ἀνὴρ δυνάμεως καὶ ἐπορεύθησαν ὅλην τὴν νύκτα καὶ ἔλαβον τὸ σῶμα Σαουλ
καὶ τὸ σῶμα Ιωναθαν τοῦ υἱοῦ αὐτοῦ ἀπὸ τείχους[10] Βαιθσαν καὶ φέρουσιν αὐτοὺς
εἰς Ιαβις καὶ κατακαίουσιν[11] αὐτοὺς ἐκεῖ. **13** καὶ λαμβάνουσιν τὰ ὀστᾶ[12] αὐτῶν καὶ
θάπτουσιν[13] ὑπὸ τὴν ἄρουραν[14] τὴν Ιαβις καὶ νηστεύουσιν[15] ἑπτὰ ἡμέρας.

1 ἀλλόφυλος, foreign, (Philistine)
2 κύκλῳ, all around
3 εὐαγγελίζω, *pres act ptc nom p m*, proclaim good news
4 εἴδωλον, image
5 ἀνατίθημι, *aor act ind 3p*, set up, dedicate
6 σκεῦος, equipment
7 καταπήγνυμι, *aor act ind 3p*, fix, fasten
8 τεῖχος, wall
9 ἀλλόφυλος, foreign, (Philistine)
10 τεῖχος, wall
11 κατακαίω, *pres act ind 3p*, burn up
12 ὀστέον, bone
13 θάπτω, *pres act ind 3p*, bury
14 ἄρουρα, field, land
15 νηστεύω, *pres act ind 3p*, fast

ΒΑΣΙΛΕΙΩΝ Β′
2 Kingdoms (2 Samuel)

David Learns of Saul's Death

1 Καὶ ἐγένετο μετὰ τὸ ἀποθανεῖν Σαουλ καὶ Δαυιδ ἀνέστρεψεν[1] τύπτων[2] τὸν
Αμαληκ, καὶ ἐκάθισεν Δαυιδ ἐν Σεκελακ ἡμέρας δύο. **2** καὶ ἐγενήθη τῇ ἡμέρᾳ
τῇ τρίτῃ καὶ ἰδοὺ ἀνὴρ ἦλθεν ἐκ τῆς παρεμβολῆς[3] ἐκ τοῦ λαοῦ Σαουλ, καὶ τὰ ἱμάτια
αὐτοῦ διερρωγότα,[4] καὶ γῆ ἐπὶ τῆς κεφαλῆς αὐτοῦ, καὶ ἐγένετο ἐν τῷ εἰσελθεῖν
αὐτὸν πρὸς Δαυιδ καὶ ἔπεσεν ἐπὶ τὴν γῆν καὶ προσεκύνησεν αὐτῷ. **3** καὶ εἶπεν
αὐτῷ Δαυιδ Πόθεν[5] σὺ παραγίνῃ; καὶ εἶπεν πρὸς αὐτόν Ἐκ τῆς παρεμβολῆς[6]
Ισραηλ ἐγὼ διασέσῳσμαι.[7] **4** καὶ εἶπεν αὐτῷ Δαυιδ Τίς ὁ λόγος οὗτος; ἀπάγγειλόν
μοι. καὶ εἶπεν ὅτι Ἔφυγεν[8] ὁ λαὸς ἐκ τοῦ πολέμου, καὶ πεπτώκασι πολλοὶ ἐκ τοῦ
λαοῦ καὶ ἀπέθανον· καὶ ἀπέθανεν καὶ Σαουλ, καὶ Ιωναθαν ὁ υἱὸς αὐτοῦ ἀπέθανεν.
5 καὶ εἶπεν Δαυιδ τῷ παιδαρίῳ[9] τῷ ἀπαγγέλλοντι αὐτῷ Πῶς οἶδας ὅτι τέθνηκεν[10]
Σαουλ καὶ Ιωναθαν ὁ υἱὸς αὐτοῦ; **6** καὶ εἶπεν τὸ παιδάριον[11] τὸ ἀπαγγέλλον αὐτῷ
Περιπτώματι[12] περιέπεσον[13] ἐν τῷ ὄρει τῷ Γελβουε, καὶ ἰδοὺ Σαουλ ἐπεστήρικτο[14]
ἐπὶ τὸ δόρυ[15] αὐτοῦ, καὶ ἰδοὺ τὰ ἅρματα[16] καὶ οἱ ἱππάρχαι[17] συνῆψαν[18] αὐτῷ. **7** καὶ
ἐπέβλεψεν[19] ἐπὶ τὰ ὀπίσω αὐτοῦ καὶ εἶδέν με καὶ ἐκάλεσέν με, καὶ εἶπα Ἰδοὺ ἐγώ.
8 καὶ εἶπέν μοι Τίς εἶ σύ; καὶ εἶπα Αμαληκίτης ἐγώ εἰμι. **9** καὶ εἶπεν πρός με Στῆθι
δή[20] ἐπάνω[21] μου καὶ θανάτωσόν[22] με, ὅτι κατέσχεν[23] με σκότος δεινόν,[24] ὅτι πᾶσα
ἡ ψυχή μου ἐν ἐμοί. **10** καὶ ἐπέστην[25] ἐπ᾽ αὐτὸν καὶ ἐθανάτωσα[26] αὐτόν, ὅτι ᾔδειν[27]
ὅτι οὐ ζήσεται μετὰ τὸ πεσεῖν αὐτόν· καὶ ἔλαβον τὸ βασίλειον[28] τὸ ἐπὶ τὴν κεφαλὴν

1 ἀναστρέφω, *aor act ind 3s*, return
2 τύπτω, *pres act ptc nom s m*, strike
3 παρεμβολή, camp
4 διαρρήγνυμι, *perf act ptc nom p n*, tear, rip
5 πόθεν, from where
6 παρεμβολή, camp
7 διασῴζω, *perf pas ind 1s*, come safely, escape
8 φεύγω, *aor act ind 3s*, flee
9 παιδάριον, young man, servant
10 θνήσκω, *perf act ind 3s*, die
11 παιδάριον, young man, servant
12 περίπτωμα, by chance, by accident
13 περιπίπτω, *aor act ind 1s*, become involved in something, happen to be
14 ἐπιστηρίζω, *plpf pas ind 3s*, lean on, support
15 δόρυ, spear
16 ἅρμα, chariot
17 ἱππάρχης, commander of cavalry
18 συνάπτω, *aor act ind 3p*, join (in attack)
19 ἐπιβλέπω, *aor act ind 3s*, look carefully
20 δή, now, then
21 ἐπάνω, above, over
22 θανατόω, *aor act impv 2s*, slay, kill
23 κατέχω, *aor act ind 3s*, confine, lay claim to
24 δεινός, awful, terrible
25 ἐφίστημι, *aor act ind 1s*, stand over
26 θανατόω, *aor act ind 1s*, slay, kill
27 οἶδα, *plpf act ind 1s*, know
28 βασίλειον, crown

αὐτοῦ καὶ τὸν χλιδῶνα[1] τὸν ἐπὶ τοῦ βραχίονος[2] αὐτοῦ καὶ ἐνήνοχα αὐτὰ τῷ κυρίῳ
μου ὧδε.[3]

11 καὶ ἐκράτησεν Δαυιδ τῶν ἱματίων αὐτοῦ καὶ διέρρηξεν[4] αὐτά, καὶ πάντες οἱ ἄν-
δρες οἱ μετ᾽ αὐτοῦ διέρρηξαν[5] τὰ ἱμάτια αὐτῶν. **12** καὶ ἐκόψαντο[6] καὶ ἔκλαυσαν καὶ
ἐνήστευσαν[7] ἕως δείλης[8] ἐπὶ Σαουλ καὶ ἐπὶ Ιωναθαν τὸν υἱὸν αὐτοῦ καὶ ἐπὶ τὸν λαὸν
Ιουδα καὶ ἐπὶ τὸν οἶκον Ισραηλ, ὅτι ἐπλήγησαν[9] ἐν ῥομφαίᾳ.[10] **13** καὶ εἶπεν Δαυιδ τῷ
παιδαρίῳ[11] τῷ ἀπαγγέλλοντι αὐτῷ Πόθεν[12] εἶ σύ; καὶ εἶπεν Υἱὸς ἀνδρὸς παροίκου[13]
Αμαληκίτου ἐγώ εἰμι. **14** καὶ εἶπεν αὐτῷ Δαυιδ Πῶς οὐκ ἐφοβήθης ἐπενεγκεῖν[14] χεῖρά
σου διαφθεῖραι[15] τὸν χριστὸν κυρίου; **15** καὶ ἐκάλεσεν Δαυιδ ἓν τῶν παιδαρίων[16]
αὐτοῦ καὶ εἶπεν Προσελθὼν ἀπάντησον[17] αὐτῷ· καὶ ἐπάταξεν[18] αὐτόν, καὶ ἀπέθανεν.
16 καὶ εἶπεν Δαυιδ πρὸς αὐτόν Τὸ αἷμά σου ἐπὶ τὴν κεφαλήν σου, ὅτι τὸ στόμα σου
ἀπεκρίθη κατὰ σοῦ λέγων ὅτι Ἐγὼ ἐθανάτωσα[19] τὸν χριστὸν κυρίου.

David's Lament

17 Καὶ ἐθρήνησεν[20] Δαυιδ τὸν θρῆνον[21] τοῦτον ἐπὶ Σαουλ καὶ ἐπὶ Ιωναθαν τὸν υἱὸν
αὐτοῦ **18** καὶ εἶπεν τοῦ διδάξαι τοὺς υἱοὺς Ιουδα — ἰδοὺ γέγραπται ἐπὶ βιβλίου τοῦ
εὐθοῦς[22] —

19 Στήλωσον,[23] Ισραηλ, ὑπὲρ τῶν τεθνηκότων[24] ἐπὶ τὰ ὕψη[25] σου τραυματιῶν·[26]
    πῶς ἔπεσαν δυνατοί.
20 μὴ ἀναγγείλητε[27] ἐν Γεθ
    καὶ μὴ εὐαγγελίσησθε[28] ἐν ταῖς ἐξόδοις[29] Ἀσκαλῶνος,
μήποτε[30] εὐφρανθῶσιν[31] θυγατέρες[32] ἀλλοφύλων,[33]
    μήποτε[34] ἀγαλλιάσωνται[35] θυγατέρες τῶν ἀπεριτμήτων.[36]

1 χλιδών, bracelet
2 βραχίων, arm
3 ὧδε, here
4 διαρρήγνυμι, *aor act ind 3s*, tear, rip
5 διαρρήγνυμι, *aor act ind 3p*, tear, rip
6 κόπτω, *aor mid ind 3p*, strike, beat
7 νηστεύω, *aor act ind 3p*, fast, abstain from food
8 δείλη, evening
9 πλήσσω, *aor pas ind 3p*, pierce, strike
10 ῥομφαία, sword
11 παιδάριον, young man, servant
12 πόθεν, from where
13 πάροικος, foreigner, immigrant
14 ἐπιφέρω, *aor act inf*, inflict, bring upon
15 διαφθείρω, *aor act inf*, utterly destroy
16 παιδάριον, young man, servant
17 ἀπαντάω, *aor act impv 2s*, meet (with hostility)
18 πατάσσω, *aor act ind 3s*, strike, slay
19 θανατόω, *aor act ind 1s*, slay, kill
20 θρηνέω, *aor act ind 3s*, mourn, lament
21 θρῆνος, lamentation, dirge
22 εὐθής, upright
23 στηλόω, *aor act impv 2s*, set up, erect
24 θνῄσκω, *perf act ptc gen p m*, die
25 ὕψος, height, summit
26 τραυματίας, wounded person, casualty
27 ἀναγγέλλω, *aor act sub 2p*, declare, report
28 εὐαγγελίζομαι, *aor mid sub 2p*, proclaim good news
29 ἔξοδος, way out, street
30 μήποτε, lest
31 εὐφραίνω, *aor pas sub 3p*, be glad, rejoice
32 θυγάτηρ, daughter
33 ἀλλόφυλος, foreign, (Philistine)
34 μήποτε, lest
35 ἀγαλλιάομαι, *aor mid sub 3p*, rejoice
36 ἀπερίτμητος, uncircumcised

21 ὄρη τὰ ἐν Γελβουε,
μὴ καταβῇ δρόσος[1]
καὶ μὴ ὑετὸς[2] ἐφ᾽ ὑμᾶς
καὶ ἀγροὶ ἀπαρχῶν,[3]
ὅτι ἐκεῖ προσωχθίσθη[4] θυρεὸς[5] δυνατῶν,
θυρεὸς[6] Σαουλ οὐκ ἐχρίσθη[7] ἐν ἐλαίῳ.[8]

22 ἀφ᾽ αἵματος τραυματιῶν,[9] ἀπὸ στέατος[10] δυνατῶν
τόξον[11] Ιωναθαν οὐκ ἀπεστράφη[12] κενὸν[13] εἰς τὰ ὀπίσω,
καὶ ῥομφαία[14] Σαουλ οὐκ ἀνέκαμψεν[15] κενή.[16]

23 Σαουλ καὶ Ιωναθαν, οἱ ἠγαπημένοι καὶ ὡραῖοι,[17] οὐ διακεχωρισμένοι,[18]
εὐπρεπεῖς[19] ἐν τῇ ζωῇ αὐτῶν
καὶ ἐν τῷ θανάτῳ αὐτῶν οὐ διεχωρίσθησαν,[20]
ὑπὲρ ἀετοὺς[21] κοῦφοι[22]
καὶ ὑπὲρ λέοντας[23] ἐκραταιώθησαν.[24]

24 θυγατέρες[25] Ισραηλ, ἐπὶ Σαουλ κλαύσατε
τὸν ἐνδιδύσκοντα[26] ὑμᾶς κόκκινα[27] μετὰ κόσμου[28] ὑμῶν,
τὸν ἀναφέροντα[29] κόσμον[30] χρυσοῦν[31] ἐπὶ τὰ ἐνδύματα[32] ὑμῶν.

25 πῶς ἔπεσαν δυνατοὶ ἐν μέσῳ τοῦ πολέμου·
Ιωναθαν ἐπὶ τὰ ὕψη[33] σου τραυματίας.[34]
26 ἀλγῶ[35] ἐπὶ σοί, ἄδελφέ μου Ιωναθαν·
ὡραιώθης[36] μοι σφόδρα,[37]
ἐθαυμαστώθη[38] ἡ ἀγάπησίς[39] σου ἐμοὶ ὑπὲρ ἀγάπησιν γυναικῶν.

1 δρόσος, dew
2 ὑετός, rain
3 ἀπαρχή, first portion, firstfruits
4 προσοχθίζω, *aor pas ind 3s*, provoke, offend
5 θυρεός, oblong shield
6 θυρεός, oblong shield
7 χρίω, *aor pas ind 3s*, anoint
8 ἔλαιον, oil
9 τραυματίας, wounded person, casualty
10 στέαρ, fat
11 τόξον, bow
12 ἀποστρέφω, *aor pas ind 3s*, return
13 κενός, without result, empty
14 ῥομφαία, sword
15 ἀνακάμπτω, *aor act ind 3s*, turn back
16 κενός, without result, empty
17 ὡραῖος, beautiful
18 διαχωρίζω, *perf pas ptc nom p m*, separate
19 εὐπρεπής, comely, well-suited
20 διαχωρίζω, *aor pas ind 3p*, separate
21 ἀετός, eagle
22 κοῦφος, swift
23 λέων, lion
24 κραταιόω, *aor pas ind 3p*, be strong
25 θυγάτηρ, daughter
26 ἐνδιδύσκω, *pres act ptc acc s m*, clothe
27 κόκκινος, red, scarlet
28 κόσμος, adornment
29 ἀναφέρω, *pres act ptc acc s m*, offer, take
30 κόσμος, ornament
31 χρυσοῦς, gold
32 ἔνδυμα, clothing, garment
33 ὕψος, height, summit
34 τραυματίας, wounded person, casualty
35 ἀλγέω, *pres act ind 1s*, feel pain, suffer
36 ὡραιόομαι, *aor pas ind 2s*, be attractive
37 σφόδρα, exceedingly
38 θαυμαστόω, *aor pas ind 3s*, be wonderful, be admirable
39 ἀγάπησις, affection, love

27 πῶς ἔπεσαν δυνατοὶ
καὶ ἀπώλοντο σκεύη[1] πολεμικά.[2]

David Anointed King over Judah

2 Καὶ ἐγένετο μετὰ ταῦτα καὶ ἐπηρώτησεν[3] Δαυιδ ἐν κυρίῳ λέγων Εἰ ἀναβῶ
εἰς μίαν τῶν πόλεων Ιουδα; καὶ εἶπεν κύριος πρὸς αὐτόν Ἀνάβηθι. καὶ εἶπεν
Δαυιδ Ποῦ ἀναβῶ; καὶ εἶπεν Εἰς Χεβρων. **2** καὶ ἀνέβη ἐκεῖ Δαυιδ εἰς Χεβρων καὶ
ἀμφότεραι[4] αἱ γυναῖκες αὐτοῦ, Αχινοομ ἡ Ιεζραηλῖτις καὶ Αβιγαια ἡ γυνὴ Ναβαλ τοῦ
Καρμηλίου, **3** καὶ οἱ ἄνδρες οἱ μετ᾽ αὐτοῦ, ἕκαστος καὶ ὁ οἶκος αὐτοῦ, καὶ κατῴκουν
ἐν ταῖς πόλεσιν Χεβρων. **4** καὶ ἔρχονται ἄνδρες τῆς Ιουδαίας καὶ χρίουσιν[5] τὸν
Δαυιδ ἐκεῖ τοῦ βασιλεύειν[6] ἐπὶ τὸν οἶκον Ιουδα.

Καὶ ἀπήγγειλαν τῷ Δαυιδ λέγοντες ὅτι Οἱ ἄνδρες Ιαβις τῆς Γαλααδίτιδος ἔθαψαν[7]
τὸν Σαουλ. **5** καὶ ἀπέστειλεν Δαυιδ ἀγγέλους πρὸς τοὺς ἡγουμένους[8] Ιαβις τῆς
Γαλααδίτιδος καὶ εἶπεν πρὸς αὐτούς Εὐλογημένοι ὑμεῖς τῷ κυρίῳ, ὅτι πεποιήκατε
τὸ ἔλεος[9] τοῦτο ἐπὶ τὸν κύριον ὑμῶν ἐπὶ Σαουλ τὸν χριστὸν κυρίου καὶ ἐθάψατε[10]
αὐτὸν καὶ Ιωναθαν τὸν υἱὸν αὐτοῦ· **6** καὶ νῦν ποιήσαι[11] κύριος μεθ᾽ ὑμῶν ἔλεος[12]
καὶ ἀλήθειαν, καί γε ἐγὼ ποιήσω μεθ᾽ ὑμῶν τὰ ἀγαθὰ ταῦτα, ὅτι ἐποιήσατε τὸ ῥῆμα
τοῦτο· **7** καὶ νῦν κραταιούσθωσαν[13] αἱ χεῖρες ὑμῶν καὶ γίνεσθε εἰς υἱοὺς δυνατούς,
ὅτι τέθνηκεν[14] ὁ κύριος ὑμῶν Σαουλ, καί γε ἐμὲ κέχρικεν[15] ὁ οἶκος Ιουδα ἐφ᾽ ἑαυ-
τοὺς εἰς βασιλέα.

Ish-bosheth Anointed King over Israel

8 Καὶ Αβεννηρ υἱὸς Νηρ ἀρχιστράτηγος[16] τοῦ Σαουλ ἔλαβεν τὸν Ιεβοσθε υἱὸν
Σαουλ καὶ ἀνεβίβασεν[17] αὐτὸν ἐκ τῆς παρεμβολῆς[18] εἰς Μαναεμ **9** καὶ ἐβασίλευσεν[19]
αὐτὸν ἐπὶ τὴν Γαλααδῖτιν καὶ ἐπὶ τὸν Θασιρι καὶ ἐπὶ τὸν Ιεζραελ καὶ ἐπὶ τὸν Εφραιμ
καὶ ἐπὶ τὸν Βενιαμιν καὶ ἐπὶ πάντα Ισραηλ. **10** τεσσαράκοντα[20] ἐτῶν Ιεβοσθε υἱὸς
Σαουλ, ὅτε ἐβασίλευσεν[21] ἐπὶ τὸν Ισραηλ, καὶ δύο ἔτη ἐβασίλευσεν πλὴν τοῦ οἴκου
Ιουδα, οἳ ἦσαν ὀπίσω Δαυιδ· **11** καὶ ἐγένοντο αἱ ἡμέραι, ἃς Δαυιδ ἐβασίλευσεν[22] ἐν
Χεβρων ἐπὶ τὸν οἶκον Ιουδα, ἑπτὰ ἔτη καὶ ἓξ[23] μῆνας.[24]

1 σκεῦος, equipment
2 πολεμικός, of war
3 ἐπερωτάω, *aor act ind 3s*, consult, ask
4 ἀμφότεροι, both
5 χρίω, *pres act ind 3p*, anoint
6 βασιλεύω, *pres act inf*, reign as king
7 θάπτω, *aor act ind 3p*, bury
8 ἡγέομαι, *pres mid ptc acc p m*, lead
9 ἔλεος, mercy
10 θάπτω, *aor act ind 2p*, bury
11 ποιέω, *aor act opt 3s*, bring about, do
12 ἔλεος, mercy
13 κραταιόω, *pres pas impv 3p*, strengthen, make strong
14 θνῄσκω, *perf act ind 3s*, die
15 χρίω, *perf act ind 3s*, anoint
16 ἀρχιστράτηγος, chief captain
17 ἀναβιβάζω, *aor act ind 3s*, bring up
18 παρεμβολή, camp
19 βασιλεύω, *aor act ind 3s*, reign as king
20 τεσσαράκοντα, forty
21 βασιλεύω, *aor act ind 3s*, reign as king
22 βασιλεύω, *aor act ind 3s*, reign as king
23 ἕξ, six
24 μήν, month

Civil War at Gibeon

12 Καὶ ἐξῆλθεν Αβεννηρ υἱὸς Νηρ καὶ οἱ παῖδες[1] Ιεβοσθε υἱοῦ Σαουλ ἐκ Μαναεμ εἰς
Γαβαων· **13** καὶ Ιωαβ υἱὸς Σαρουιας καὶ οἱ παῖδες[2] Δαυιδ ἐξήλθοσαν ἐκ Χεβρων καὶ
συναντῶσιν[3] αὐτοῖς ἐπὶ τὴν κρήνην[4] τὴν Γαβαων ἐπὶ τὸ αὐτό, καὶ ἐκάθισαν οὗτοι ἐπὶ
τὴν κρήνην τὴν Γαβαων ἐντεῦθεν[5] καὶ οὗτοι ἐπὶ τὴν κρήνην ἐντεῦθεν.[6] **14** καὶ εἶπεν
Αβεννερ πρὸς Ιωαβ Ἀναστήτωσαν δὴ[7] τὰ παιδάρια[8] καὶ παιξάτωσαν[9] ἐνώπιον ἡμῶν·
καὶ εἶπεν Ιωαβ Ἀναστήτωσαν. **15** καὶ ἀνέστησαν καὶ παρῆλθον[10] ἐν ἀριθμῷ[11] τῶν
παίδων[12] Βενιαμιν δώδεκα[13] τῶν Ιεβοσθε υἱοῦ Σαουλ καὶ δώδεκα ἐκ τῶν παίδων[14]
Δαυιδ. **16** καὶ ἐκράτησαν ἕκαστος τῇ χειρὶ τὴν κεφαλὴν τοῦ πλησίον[15] αὐτοῦ, καὶ
μάχαιρα[16] αὐτοῦ εἰς πλευρὰν[17] τοῦ πλησίον αὐτοῦ, καὶ πίπτουσιν κατὰ τὸ αὐτό· καὶ
ἐκλήθη τὸ ὄνομα τοῦ τόπου ἐκείνου Μερὶς τῶν ἐπιβούλων,[18] ἥ ἐστιν ἐν Γαβαων.
17 καὶ ἐγένετο ὁ πόλεμος σκληρὸς[19] ὥστε λίαν[20] ἐν τῇ ἡμέρᾳ ἐκείνῃ, καὶ ἔπταισεν[21]
Αβεννηρ καὶ ἄνδρες Ισραηλ ἐνώπιον παίδων[22] Δαυιδ.

18 καὶ ἐγένοντο ἐκεῖ τρεῖς υἱοὶ Σαρουιας, Ιωαβ καὶ Αβεσσα καὶ Ασαηλ, καὶ Ασαηλ
κοῦφος[23] τοῖς ποσὶν αὐτοῦ ὡσεὶ[24] μία δορκὰς[25] ἐν ἀγρῷ. **19** καὶ κατεδίωξεν[26] Ασαηλ
ὀπίσω Αβεννηρ καὶ οὐκ ἐξέκλινεν[27] τοῦ πορεύεσθαι εἰς δεξιὰ οὐδὲ εἰς ἀριστερὰ[28]
κατόπισθεν[29] Αβεννηρ. **20** καὶ ἐπέβλεψεν[30] Αβεννηρ εἰς τὰ ὀπίσω αὐτοῦ καὶ εἶπεν
Εἰ σὺ εἶ αὐτὸς Ασαηλ; καὶ εἶπεν Ἐγώ εἰμι. **21** καὶ εἶπεν αὐτῷ Αβεννηρ Ἔκκλινον[31]
σὺ εἰς τὰ δεξιὰ ἢ εἰς τὰ ἀριστερὰ[32] καὶ κάτασχε[33] σαυτῷ ἓν τῶν παιδαρίων[34] καὶ
λαβὲ σεαυτῷ τὴν πανοπλίαν[35] αὐτοῦ· καὶ οὐκ ἠθέλησεν Ασαηλ ἐκκλῖναι[36] ἐκ τῶν
ὄπισθεν[37] αὐτοῦ. **22** καὶ προσέθετο[38] ἔτι Αβεννηρ λέγων τῷ Ασαηλ Ἀπόστηθι[39] ἀπ'

1 παῖς, servant
2 παῖς, servant
3 συναντάω, *pres act ind 3p*, meet
4 κρήνη, well, fount
5 ἐντεῦθεν, on one side
6 ἐντεῦθεν, on another side
7 δή, now, then
8 παιδάριον, young man, servant
9 παίζω, *aor act impv 3p*, play, sport, contest
10 παρέρχομαι, *aor act ind 3p*, pass by
11 ἀριθμός, number
12 παῖς, servant
13 δώδεκα, twelve
14 παῖς, servant
15 πλησίον, companion, (opponent)
16 μάχαιρα, sword
17 πλευρά, rib, side
18 ἐπιβουλή, plot, treachery
19 σκληρός, harsh, severe
20 λίαν, extremely
21 πταίω, *aor act ind 3s*, fall, make a blunder
22 παῖς, servant
23 κοῦφος, swift
24 ὡσεί, like
25 δορκάς, deer, gazelle
26 καταδιώκω, *aor act ind 3s*, pursue closely
27 ἐκκλίνω, *aor act ind 3s*, turn aside
28 ἀριστερός, left
29 κατόπισθεν, after, behind
30 ἐπιβλέπω, *aor act ind 3s*, look carefully
31 ἐκκλίνω, *aor act impv 2s*, turn aside
32 ἀριστερός, left
33 κατέχω, *aor act impv 2s*, take, lay hold of
34 παιδάριον, young man, servant
35 πανοπλία, armor
36 ἐκκλίνω, *aor act inf*, turn aside
37 ὄπισθε(ν), behind, following
38 προστίθημι, *aor mid ind 3s*, add, continue
39 ἀφίστημι, *aor act impv 3s*, depart, withdraw

ἐμοῦ, ἵνα μὴ πατάξω[1] σε εἰς τὴν γῆν· καὶ πῶς ἀρῶ τὸ πρόσωπόν μου πρὸς Ιωαβ;
καὶ ποῦ ἐστιν ταῦτα; ἐπίστρεφε πρὸς Ιωαβ τὸν ἀδελφόν σου. **23** καὶ οὐκ ἐβούλετο
τοῦ ἀποστῆναι.[2] καὶ τύπτει[3] αὐτὸν Αβεννηρ ἐν τῷ ὀπίσω τοῦ δόρατος[4] ἐπὶ τὴν
ψόαν,[5] καὶ διεξῆλθεν[6] τὸ δόρυ[7] ἐκ τῶν ὀπίσω αὐτοῦ, καὶ πίπτει ἐκεῖ καὶ ἀποθνῄσκει
ὑποκάτω[8] αὐτοῦ. καὶ ἐγένετο πᾶς ὁ ἐρχόμενος ἕως τοῦ τόπου, οὗ ἔπεσεν ἐκεῖ Ασαηλ
καὶ ἀπέθανεν, καὶ ὑφίστατο.[9]

24 καὶ κατεδίωξεν[10] Ιωαβ καὶ Αβεσσα ὀπίσω Αβεννηρ· καὶ ὁ ἥλιος ἔδυνεν,[11] καὶ
αὐτοὶ εἰσῆλθον ἕως τοῦ βουνοῦ[12] Αμμαν, ὅ ἐστιν ἐπὶ προσώπου Γαι ὁδὸν ἔρημον
Γαβαων. **25** καὶ συναθροίζονται[13] υἱοὶ Βενιαμιν οἱ ὀπίσω Αβεννηρ καὶ ἐγενήθησαν
εἰς συνάντησιν[14] μίαν καὶ ἔστησαν ἐπὶ κεφαλὴν βουνοῦ[15] ἑνός. **26** καὶ ἐκάλεσεν
Αβεννηρ Ιωαβ καὶ εἶπεν Μὴ εἰς νῖκος[16] καταφάγεται[17] ἡ ῥομφαία;[18] ἢ οὐκ οἶδας ὅτι
πικρὰ[19] ἔσται εἰς τὰ ἔσχατα; καὶ ἕως πότε οὐ μὴ εἴπῃς τῷ λαῷ ἀναστρέφειν[20] ἀπὸ
ὄπισθεν[21] τῶν ἀδελφῶν ἡμῶν; **27** καὶ εἶπεν Ιωαβ Ζῇ κύριος ὅτι εἰ μὴ ἐλάλησας, διότι[22]
τότε ἐκ πρωίθεν[23] ἀνέβη ὁ λαὸς ἕκαστος κατόπισθεν[24] τοῦ ἀδελφοῦ αὐτοῦ. **28** καὶ
ἐσάλπισεν[25] Ιωαβ τῇ σάλπιγγι,[26] καὶ ἀπέστησαν[27] πᾶς ὁ λαὸς καὶ οὐ κατεδίωξαν[28]
ὀπίσω τοῦ Ισραηλ καὶ οὐ προσέθεντο[29] ἔτι τοῦ πολεμεῖν.

29 καὶ Αβεννηρ καὶ οἱ ἄνδρες αὐτοῦ ἀπῆλθον εἰς δυσμὰς[30] ὅλην τὴν νύκτα ἐκείνην
καὶ διέβαιναν[31] τὸν Ιορδάνην καὶ ἐπορεύθησαν ὅλην τὴν παρατείνουσαν[32] καὶ ἔρ-
χονται εἰς τὴν παρεμβολήν.[33] **30** καὶ Ιωαβ ἀνέστρεψεν[34] ὄπισθεν[35] ἀπὸ τοῦ Αβεν-
νηρ καὶ συνήθροισεν[36] πάντα τὸν λαόν, καὶ ἐπεσκέπησαν[37] τῶν παίδων[38] Δαυιδ
ἐννεακαίδεκα[39] ἄνδρες καὶ Ασαηλ. **31** καὶ οἱ παῖδες[40] Δαυιδ ἐπάταξαν[41] τῶν υἱῶν

1 πατάσσω, *aor act sub 1s*, strike
2 ἀφίστημι, *aor act inf*, depart, withdraw
3 τύπτω, *pres act ind 3s*, strike
4 δόρυ, spear
5 ψόα, muscles of the pelvis
6 διεξέρχομαι, *aor act ind 3s*, pass through, pierce
7 δόρυ, spear
8 ὑποκάτω, under, below
9 ὑφίστημι, *impf mid ind 3s*, stand still
10 καταδιώκω, *aor act ind 3s*, pursue closely
11 δύω, *aor act ind 3s*, sink, set
12 βουνός, hill
13 συναθροίζω, *pres mid ind 3p*, gather together
14 συνάντησις, meeting
15 βουνός, hill
16 νῖκος, victory
17 κατεσθίω, *fut mid ind 3s*, consume, devour
18 ῥομφαία, sword
19 πικρός, bitter
20 ἀναστρέφω, *pres act inf*, turn back
21 ὄπισθε(ν), after, following
22 διότι, therefore
23 πρωΐθεν, from the morning
24 κατόπισθεν, after, behind
25 σαλπίζω, *aor act ind 3s*, sound, blow
26 σάλπιγξ, trumpet
27 ἀφίστημι, *aor act ind 3p*, depart
28 καταδιώκω, *aor act ind 3p*, pursue closely
29 προστίθημι, *aor mid ind 3p*, continue
30 δυσμή, west, toward sunset
31 διαβαίνω, *impf act ind 3p*, pass over, cross
32 παρατείνω, *pres act ptc acc s f*, prolong (time), lengthen (time)
33 παρεμβολή, camp
34 ἀναστρέφω, *aor act ind 3s*, return
35 ὄπισθε(ν), behind, following
36 συναθροίζω, *aor act ind 3s*, gather
37 ἐπισκέπτομαι, *aor pas ind 3p*, examine, inspect
38 παῖς, servant
39 ἐννεακαίδεκα, nineteen
40 παῖς, servant
41 πατάσσω, *aor act ind 3p*, strike

Βενιαμιν τῶν ἀνδρῶν Αβεννηρ τριακοσίους[1] ἑξήκοντα[2] ἄνδρας παρ᾽ αὐτοῦ. **32** καὶ
αἴρουσιν τὸν Ασαηλ καὶ θάπτουσιν[3] αὐτὸν ἐν τῷ τάφῳ[4] τοῦ πατρὸς αὐτοῦ ἐν
Βαιθλεεμ. καὶ ἐπορεύθη Ιωαβ καὶ οἱ ἄνδρες οἱ μετ᾽ αὐτοῦ ὅλην τὴν νύκτα, καὶ
διέφαυσεν[5] αὐτοῖς ἐν Χεβρων.

David's House Grows

3 Καὶ ἐγένετο ὁ πόλεμος ἐπὶ πολὺ ἀνὰ μέσον[6] τοῦ οἴκου Σαουλ καὶ ἀνὰ μέσον τοῦ
οἴκου Δαυιδ· καὶ ὁ οἶκος Δαυιδ ἐπορεύετο καὶ ἐκραταιοῦτο,[7] καὶ ὁ οἶκος Σαουλ
ἐπορεύετο καὶ ἠσθένει.[8]

2 Καὶ ἐτέχθησαν[9] τῷ Δαυιδ υἱοὶ ἐν Χεβρων, καὶ ἦν ὁ πρωτότοκος[10] αὐτοῦ Αμνων
τῆς Αχινοομ τῆς Ιεζραηλίτιδος, **3** καὶ ὁ δεύτερος αὐτοῦ Δαλουια τῆς Αβιγαιας τῆς
Καρμηλίας, καὶ ὁ τρίτος Αβεσσαλωμ υἱὸς Μααχα θυγατρὸς[11] Θολμι βασιλέως Γεσιρ,
4 καὶ ὁ τέταρτος[12] Ορνια υἱὸς Φεγγιθ, καὶ ὁ πέμπτος[13] Σαβατια τῆς Αβιταλ, **5** καὶ ὁ
ἕκτος[14] Ιεθεραμ τῆς Αιγλα γυναικὸς Δαυιδ· οὗτοι ἐτέχθησαν[15] τῷ Δαυιδ ἐν Χεβρων.

Abner Allies with David

6 Καὶ ἐγένετο ἐν τῷ εἶναι τὸν πόλεμον ἀνὰ μέσον[16] τοῦ οἴκου Σαουλ καὶ ἀνὰ
μέσον τοῦ οἴκου Δαυιδ καὶ Αβεννηρ ἦν κρατῶν τοῦ οἴκου Σαουλ. **7** καὶ τῷ Σαουλ
παλλακὴ[17] Ρεσφα θυγάτηρ[18] Ιαλ· καὶ εἶπεν Μεμφιβοσθε υἱὸς Σαουλ πρὸς Αβεννηρ
Τί ὅτι εἰσῆλθες πρὸς τὴν παλλακὴν τοῦ πατρός μου; **8** καὶ ἐθυμώθη[19] σφόδρα[20]
Αβεννηρ περὶ τοῦ λόγου Μεμφιβοσθε, καὶ εἶπεν Αβεννηρ πρὸς αὐτόν Μὴ κεφαλὴ
κυνὸς[21] ἐγώ εἰμι; ἐποίησα ἔλεος[22] σήμερον μετὰ τοῦ οἴκου Σαουλ τοῦ πατρός σου
καὶ περὶ ἀδελφῶν καὶ γνωρίμων[23] καὶ οὐκ ηὐτομόλησα[24] εἰς τὸν οἶκον Δαυιδ· καὶ
ἐπιζητεῖς[25] ἐπ᾽ ἐμὲ ὑπὲρ ἀδικίας[26] γυναικὸς σήμερον; **9** τάδε[27] ποιήσαι[28] ὁ θεὸς τῷ
Αβεννηρ καὶ τάδε προσθείη[29] αὐτῷ, ὅτι καθὼς ὤμοσεν[30] κύριος τῷ Δαυιδ, ὅτι οὕτως
ποιήσω αὐτῷ ἐν τῇ ἡμέρᾳ ταύτῃ **10** περιελεῖν[31] τὴν βασιλείαν ἀπὸ τοῦ οἴκου Σαουλ
καὶ τοῦ ἀναστῆσαι τὸν θρόνον Δαυιδ ἐπὶ Ισραηλ καὶ ἐπὶ τὸν Ιουδαν ἀπὸ Δαν ἕως

1 τριακόσιοι, three hundred
2 ἑξήκοντα, sixty
3 θάπτω, *pres act ind 3p*, bury
4 τάφος, grave, tomb
5 διαφαύσκω, *aor act ind 3s*, dawn
6 ἀνὰ μέσον, between
7 κραταιόω, *impf pas ind 3s*, strengthen
8 ἀσθενέω, *impf act ind 3s*, become weak
9 τίκτω, *aor pas ind 3p*, bear
10 πρωτότοκος, firstborn
11 θυγάτηρ, daughter
12 τέταρτος, fourth
13 πέμπτος, fifth
14 ἕκτος, sixth
15 τίκτω, *aor pas ind 3p*, bear
16 ἀνὰ μέσον, between
17 παλλακή, concubine
18 θυγάτηρ, daughter
19 θυμόω, *aor pas ind 3s*, be angry
20 σφόδρα, exceedingly
21 κύων, dog
22 ἔλεος, compassion, kindness
23 γνώριμος, acquainted
24 αὐτομολέω, *aor act ind 1s*, desert, change allegiance
25 ἐπιζητέω, *pres act ind 2s*, dispute, search for
26 ἀδικία, wrongdoing, injustice
27 ὅδε, this
28 ποιέω, *aor act opt 3s*, do
29 προστίθημι, *aor act opt 3s*, increase, add to
30 ὄμνυμι, *aor act ind 3s*, swear an oath
31 περιαιρέω, *aor act inf*, remove, take away

Βηρσαβεε. **11** καὶ οὐκ ἠδυνάσθη ἔτι Μεμφιβοσθε ἀποκριθῆναι τῷ Αβεννηρ ῥῆμα ἀπὸ τοῦ φοβεῖσθαι αὐτόν.

12 Καὶ ἀπέστειλεν Αβεννηρ ἀγγέλους πρὸς Δαυιδ εἰς Θαιλαμ, οὗ ἦν παραχρῆμα,[1] λέγων Διάθου[2] διαθήκην σου μετ᾽ ἐμοῦ, καὶ ἰδοὺ ἡ χείρ μου μετὰ σοῦ τοῦ ἐπιστρέψαι πρὸς σὲ πάντα τὸν οἶκον Ισραηλ. **13** καὶ εἶπεν Δαυιδ Ἐγὼ καλῶς[3] διαθήσομαι[4] πρὸς σὲ διαθήκην, πλὴν λόγον ἕνα ἐγὼ αἰτοῦμαι[5] παρὰ σοῦ λέγων Οὐκ ὄψει τὸ πρόσωπόν μου, ἐὰν μὴ ἀγάγῃς τὴν Μελχολ θυγατέρα[6] Σαουλ παραγινομένου σου ἰδεῖν τὸ πρόσωπόν μου. **14** καὶ ἐξαπέστειλεν[7] Δαυιδ πρὸς Μεμφιβοσθε υἱὸν Σαουλ ἀγγέλους λέγων Ἀπόδος μοι τὴν γυναῖκά μου τὴν Μελχολ, ἣν ἔλαβον ἐν ἑκατὸν[8] ἀκροβυστίαις[9] ἀλλοφύλων.[10] **15** καὶ ἀπέστειλεν Μεμφιβοσθε καὶ ἔλαβεν αὐτὴν παρὰ τοῦ ἀνδρὸς αὐτῆς, παρὰ Φαλτιηλ υἱοῦ Σελλης. **16** καὶ ἐπορεύετο ὁ ἀνὴρ αὐτῆς μετ᾽ αὐτῆς κλαίων ὀπίσω αὐτῆς ἕως Βαρακιμ· καὶ εἶπεν πρὸς αὐτὸν Αβεννηρ Πορεύου ἀνάστρεφε·[11] καὶ ἀνέστρεψεν.[12]

17 καὶ εἶπεν Αβεννηρ πρὸς τοὺς πρεσβυτέρους Ισραηλ λέγων Ἐχθὲς[13] καὶ τρίτην ἐζητεῖτε τὸν Δαυιδ βασιλεύειν[14] ἐφ᾽ ὑμῶν· **18** καὶ νῦν ποιήσατε, ὅτι κύριος ἐλάλησεν περὶ Δαυιδ λέγων Ἐν χειρὶ τοῦ δούλου μου Δαυιδ σώσω τὸν Ισραηλ ἐκ χειρὸς ἀλλοφύλων[15] καὶ ἐκ χειρὸς πάντων τῶν ἐχθρῶν αὐτῶν. **19** καὶ ἐλάλησεν Αβεννηρ ἐν τοῖς ὠσὶν Βενιαμιν. καὶ ἐπορεύθη Αβεννηρ τοῦ λαλῆσαι εἰς τὰ ὦτα τοῦ Δαυιδ εἰς Χεβρων πάντα, ὅσα ἤρεσεν[16] ἐν ὀφθαλμοῖς Ισραηλ καὶ ἐν ὀφθαλμοῖς παντὸς οἴκου Βενιαμιν.

20 Καὶ ἦλθεν Αβεννηρ πρὸς Δαυιδ εἰς Χεβρων καὶ μετ᾽ αὐτοῦ εἴκοσι[17] ἄνδρες. καὶ ἐποίησεν Δαυιδ τῷ Αβεννηρ καὶ τοῖς ἀνδράσιν τοῖς μετ᾽ αὐτοῦ πότον.[18] **21** καὶ εἶπεν Αβεννηρ πρὸς Δαυιδ Ἀναστήσομαι δὴ[19] καὶ πορεύσομαι καὶ συναθροίσω[20] πρὸς κύριόν μου τὸν βασιλέα πάντα Ισραηλ καὶ διαθήσομαι[21] μετὰ σοῦ διαθήκην, καὶ βασιλεύσεις[22] ἐπὶ πᾶσιν, οἷς ἐπιθυμεῖ[23] ἡ ψυχή σου. καὶ ἀπέστειλεν Δαυιδ τὸν Αβεννηρ, καὶ ἐπορεύθη ἐν εἰρήνῃ.

22 καὶ ἰδοὺ οἱ παῖδες[24] Δαυιδ καὶ Ιωαβ παρεγίνοντο ἐκ τῆς ἐξοδίας[25] καὶ σκῦλα[26] πολλὰ ἔφερον μετ᾽ αὐτῶν· καὶ Αβεννηρ οὐκ ἦν μετὰ Δαυιδ εἰς Χεβρων, ὅτι

1 παραχρῆμα, immediately
2 διατίθημι, *aor mid impv 2s*, grant, arrange
3 καλῶς, fine, very well
4 διατίθημι, *fut mid ind 1s*, grant, arrange
5 αἰτέω, *pres mid ind 1s*, demand, ask
6 θυγάτηρ, daughter
7 ἐξαποστέλλω, *aor act ind 3s*, dispatch, send out
8 ἑκατόν, one hundred
9 ἀκροβυστία, foreskin
10 ἀλλόφυλος, foreign, (Philistine)
11 ἀναστρέφω, *pres act impv 2s*, return
12 ἀναστρέφω, *aor act ind 3s*, return
13 ἐχθές, yesterday
14 βασιλεύω, *pres act inf*, reign as king
15 ἀλλόφυλος, foreign, (Philistine)
16 ἀρέσκω, *aor act ind 3s*, please, satisfy
17 εἴκοσι, twenty
18 πότος, party, festival
19 δή, now, then
20 συναθροίζω, *fut act ind 1s*, gather
21 διατίθημι, *fut mid ind 1s*, grant, arrange
22 βασιλεύω, *fut act ind 2s*, reign as king
23 ἐπιθυμέω, *pres act ind 3s*, long for, desire
24 παῖς, servant
25 ἐξοδία, excursion, expedition
26 σκῦλον, spoils, plunder

ἀπεστάλκει[1] αὐτὸν καὶ ἀπεληλύθει[2] ἐν εἰρήνῃ. **23** καὶ Ιωαβ καὶ πᾶσα ἡ στρατιὰ[3] αὐτοῦ ἤχθησαν, καὶ ἀπηγγέλη τῷ Ιωαβ λέγοντες Ἥκει[4] Αβεννηρ υἱὸς Νηρ πρὸς Δαυιδ, καὶ ἀπέσταλκεν αὐτὸν καὶ ἀπῆλθεν ἐν εἰρήνῃ. **24** καὶ εἰσῆλθεν Ιωαβ πρὸς τὸν βασιλέα καὶ εἶπεν Τί τοῦτο ἐποίησας; ἰδοὺ ἦλθεν Αβεννηρ πρὸς σέ, καὶ ἵνα τί ἐξαπέσταλκας[5] αὐτὸν καὶ ἀπελήλυθεν ἐν εἰρήνῃ; **25** ἢ οὐκ οἶδας τὴν κακίαν[6] Αβεννηρ υἱοῦ Νηρ, ὅτι ἀπατῆσαί[7] σε παρεγένετο καὶ γνῶναι τὴν ἔξοδόν[8] σου καὶ τὴν εἴσοδόν[9] σου καὶ γνῶναι ἅπαντα,[10] ὅσα σὺ ποιεῖς;

Joab Murders Abner

26 καὶ ἀνέστρεψεν[11] Ιωαβ ἀπὸ τοῦ Δαυιδ καὶ ἀπέστειλεν ἀγγέλους ὀπίσω Αβεννηρ, καὶ ἐπιστρέφουσιν αὐτὸν ἀπὸ τοῦ φρέατος[12] τοῦ Σεϊραμ· καὶ Δαυιδ οὐκ ᾔδει.[13] **27** καὶ ἐπέστρεψεν Αβεννηρ εἰς Χεβρων, καὶ ἐξέκλινεν[14] αὐτὸν Ιωαβ ἐκ πλαγίων[15] τῆς πύλης[16] λαλῆσαι πρὸς αὐτὸν ἐνεδρεύων[17] καὶ ἐπάταξεν[18] αὐτὸν ἐκεῖ ἐπὶ τὴν ψόαν,[19] καὶ ἀπέθανεν ἐν τῷ αἵματι Ασαηλ τοῦ ἀδελφοῦ Ιωαβ.

28 Καὶ ἤκουσεν Δαυιδ μετὰ ταῦτα καὶ εἶπεν Ἀθῷός[20] εἰμι ἐγὼ καὶ ἡ βασιλεία μου ἀπὸ κυρίου ἕως αἰῶνος ἀπὸ τῶν αἱμάτων Αβεννηρ υἱοῦ Νηρ· **29** καταντησάτωσαν[21] ἐπὶ κεφαλὴν Ιωαβ καὶ ἐπὶ πάντα τὸν οἶκον τοῦ πατρὸς αὐτοῦ, καὶ μὴ ἐκλίποι[22] ἐκ τοῦ οἴκου Ιωαβ γονορρυὴς[23] καὶ λεπρὸς[24] καὶ κρατῶν σκυτάλης[25] καὶ πίπτων ἐν ῥομφαίᾳ[26] καὶ ἐλασσούμενος[27] ἄρτοις. **30** Ιωαβ δὲ καὶ Αβεσσα ὁ ἀδελφὸς αὐτοῦ διεπαρετηροῦντο[28] τὸν Αβεννηρ ἀνθ᾽ ὧν[29] ἐθανάτωσεν[30] τὸν Ασαηλ τὸν ἀδελφὸν αὐτῶν ἐν Γαβαων ἐν τῷ πολέμῳ.

1 ἀποστέλλω, *plpf act ind 3s*, dismiss, send away
2 ἀπέρχομαι, *plpf act ind 3s*, depart, go away
3 στρατιά, army, company
4 ἥκω, *pres act ind 3s*, have come
5 ἐξαποστέλλω, *perf act ind 2s*, dismiss, send away
6 κακία, wickedness, evil
7 ἀπατάω, *aor act inf*, deceive, mislead
8 ἔξοδος, going out
9 εἴσοδος, coming in
10 ἅπας, all
11 ἀναστρέφω, *aor act ind 3s*, return, turn back
12 φρέαρ, well, cistern
13 οἶδα, *plpf act ind 3s*, know
14 ἐκκλίνω, *aor act ind 3s*, turn aside
15 πλάγιος, on the side
16 πύλη, gate, entrance
17 ἐνεδρεύω, *pres act ptc nom s m*, lie in wait
18 πατάσσω, *aor act ind 3s*, strike
19 ψόα, belly, muscles of the loins
20 ἀθῷος, innocent
21 καταντάω, *aor act impv 3p*, come down on
22 ἐκλείπω, *aor act opt 3s*, be without
23 γονορρυής, suffering from discharge
24 λεπρός, leprous
25 σκυτάλη, staff, crutch
26 ῥομφαία, sword
27 ἐλαττόω, *pres mid ptc nom s m*, be reduced
28 διαπαρατηρέω, *impf mid ind 3p*, lie in wait continually
29 ἀνθ᾽ ὧν, because, for
30 θανατόω, *aor act ind 3s*, kill, slay

David Mourns Abner

31 καὶ εἶπεν Δαυιδ πρὸς Ιωαβ καὶ πρὸς πάντα τὸν λαὸν τὸν μετ᾽ αὐτοῦ Διαρρήξατε[1]
τὰ ἱμάτια ὑμῶν καὶ περιζώσασθε[2] σάκκους[3] καὶ κόπτεσθε[4] ἔμπροσθεν Αβεννηρ· καὶ
ὁ βασιλεὺς Δαυιδ ἐπορεύετο ὀπίσω τῆς κλίνης.[5] **32** καὶ θάπτουσιν[6] τὸν Αβεννηρ
εἰς Χεβρων· καὶ ἦρεν ὁ βασιλεὺς τὴν φωνὴν αὐτοῦ καὶ ἔκλαυσεν ἐπὶ τοῦ τάφου[7]
αὐτοῦ, καὶ ἔκλαυσεν πᾶς ὁ λαὸς ἐπὶ Αβεννηρ. **33** καὶ ἐθρήνησεν[8] ὁ βασιλεὺς ἐπὶ
Αβεννηρ καὶ εἶπεν

Εἰ κατὰ τὸν θάνατον Ναβαλ ἀποθανεῖται Αβεννηρ;

34 αἱ χεῖρές σου οὐκ ἐδέθησαν,[9]
οἱ πόδες σου οὐκ ἐν πέδαις·[10]
οὐ προσήγαγεν[11] ὡς Ναβαλ,
ἐνώπιον υἱῶν ἀδικίας[12] ἔπεσας.

καὶ συνήχθη πᾶς ὁ λαὸς τοῦ κλαῦσαι αὐτόν. **35** καὶ ἦλθεν πᾶς ὁ λαὸς περιδειπνῆσαι[13]
τὸν Δαυιδ ἄρτοις ἔτι οὔσης ἡμέρας, καὶ ὤμοσεν[14] Δαυιδ λέγων Τάδε[15] ποιήσαι[16] μοι
ὁ θεὸς καὶ τάδε προσθείη,[17] ὅτι ἐὰν μὴ δύῃ[18] ὁ ἥλιος, οὐ μὴ γεύσωμαι[19] ἄρτου ἢ
ἀπὸ παντός τινος. **36** καὶ ἔγνω πᾶς ὁ λαός, καὶ ἤρεσεν[20] ἐνώπιον αὐτῶν πάντα,
ὅσα ἐποίησεν ὁ βασιλεὺς ἐνώπιον τοῦ λαοῦ. **37** καὶ ἔγνω πᾶς ὁ λαὸς καὶ πᾶς
Ισραηλ ἐν τῇ ἡμέρᾳ ἐκείνῃ ὅτι οὐκ ἐγένετο παρὰ τοῦ βασιλέως θανατῶσαι[21] τὸν
Αβεννηρ υἱὸν Νηρ. **38** καὶ εἶπεν ὁ βασιλεὺς πρὸς τοὺς παῖδας[22] αὐτοῦ Οὐκ οἴδατε
ὅτι ἡγούμενος[23] μέγας πέπτωκεν ἐν τῇ ἡμέρᾳ ταύτῃ ἐν τῷ Ισραηλ; **39** καὶ ὅτι ἐγώ
εἰμι σήμερον συγγενὴς[24] καὶ καθεσταμένος[25] ὑπὸ βασιλέως, οἱ δὲ ἄνδρες οὗτοι υἱοὶ
Σαρουιας σκληρότεροί[26] μού εἰσιν· ἀνταποδῷ[27] κύριος τῷ ποιοῦντι πονηρὰ κατὰ
τὴν κακίαν[28] αὐτοῦ.

1 διαρρήγνυμι, *aor act impv 2p*, tear, rip
2 περιζώννυμι, *aor mid impv 2p*, put on, gird about
3 σάκκος, sackcloth, *Heb. LW*
4 κόπτω, *pres mid impv 2p*, strike, beat
5 κλίνη, bier
6 θάπτω, *pres act ind 3p*, bury
7 τάφος, grave, tomb
8 θρηνέω, *aor act ind 3s*, lament, mourn
9 δέω, *aor pas ind 3p*, tie, bind
10 πέδη, shackle
11 προσάγω, *aor act ind 3s*, bring
12 ἀδικία, injustice, unrighteousness
13 περιδειπνέω, *aor act inf*, cause to eat a memorial meal
14 ὄμνυμι, *aor act ind 3s*, swear an oath
15 ὅδε, this
16 ποιέω, *aor act opt 3s*, do
17 προστίθημι, *aor act opt 3s*, increase, add to
18 δύω, *pres act sub 3s*, sink, go down
19 γεύω, *aor mid sub 1s*, taste
20 ἀρέσκω, *aor act ind 3s*, please, satisfy
21 θανατόω, *aor act inf*, slay, kill
22 παῖς, servant
23 ἡγέομαι, *pres mid ptc nom s m*, lead
24 συγγενής, related, kindred
25 καθίστημι, *perf pas ptc nom s m*, appoint, put in charge
26 σκληρός, *comp*, harder, more difficult
27 ἀνταποδίδωμι, *aor act sub 1s*, repay
28 κακία, wickedness, evil

Ish-bosheth Murdered

4 Καὶ ἤκουσεν Μεμφιβοσθε υἱὸς Σαουλ ὅτι τέθνηκεν[1] Αβεννηρ ἐν Χεβρων, καὶ ἐξελύθησαν[2] αἱ χεῖρες αὐτοῦ, καὶ πάντες οἱ ἄνδρες Ισραηλ παρείθησαν.[3] **2** καὶ δύο ἄνδρες ἡγούμενοι[4] συστρεμμάτων[5] τῷ Μεμφιβοσθε υἱῷ Σαουλ, ὄνομα τῷ ἑνὶ Βαανα καὶ ὄνομα τῷ δευτέρῳ Ρηχαβ, υἱοὶ Ρεμμων τοῦ Βηρωθαίου ἐκ τῶν υἱῶν Βενιαμιν· ὅτι Βηρωθ ἐλογίζετο τοῖς υἱοῖς Βενιαμιν, **3** καὶ ἀπέδρασαν[6] οἱ Βηρωθαῖοι εἰς Γεθθαιμ καὶ ἦσαν ἐκεῖ παροικοῦντες[7] ἕως τῆς ἡμέρας ταύτης.

4 καὶ τῷ Ιωναθαν υἱῷ Σαουλ υἱὸς πεπληγὼς[8] τοὺς πόδας· υἱὸς ἐτῶν πέντε οὗτος ἐν τῷ ἐλθεῖν τὴν ἀγγελίαν[9] Σαουλ καὶ Ιωναθαν τοῦ υἱοῦ αὐτοῦ ἐξ Ιεζραελ, καὶ ἦρεν αὐτὸν ἡ τιθηνὸς[10] αὐτοῦ καὶ ἔφυγεν,[11] καὶ ἐγένετο ἐν τῷ σπεύδειν[12] αὐτὴν καὶ ἀναχωρεῖν[13] καὶ ἔπεσεν καὶ ἐχωλάνθη,[14] καὶ ὄνομα αὐτῷ Μεμφιβοσθε.

5 καὶ ἐπορεύθησαν υἱοὶ Ρεμμων τοῦ Βηρωθαίου Ρεκχα καὶ Βαανα καὶ εἰσῆλθον ἐν τῷ καύματι[15] τῆς ἡμέρας εἰς οἶκον Μεμφιβοσθε, καὶ αὐτὸς ἐκάθευδεν[16] ἐν τῇ κοίτῃ[17] τῆς μεσημβρίας,[18] **6** καὶ ἰδοὺ ἡ θυρωρὸς[19] τοῦ οἴκου ἐκάθαιρεν[20] πυροὺς[21] καὶ ἐνύσταξεν[22] καὶ ἐκάθευδεν,[23] καὶ Ρεκχα καὶ Βαανα οἱ ἀδελφοὶ διέλαθον[24] **7** καὶ εἰσῆλθον εἰς τὸν οἶκον, καὶ Μεμφιβοσθε ἐκάθευδεν[25] ἐπὶ τῆς κλίνης[26] αὐτοῦ ἐν τῷ κοιτῶνι[27] αὐτοῦ, καὶ τύπτουσιν[28] αὐτὸν καὶ θανατοῦσιν[29] καὶ ἀφαιροῦσιν[30] τὴν κεφαλὴν αὐτοῦ καὶ ἔλαβον τὴν κεφαλὴν αὐτοῦ καὶ ἀπῆλθον ὁδὸν τὴν κατὰ δυσμὰς[31] ὅλην τὴν νύκτα. **8** καὶ ἤνεγκαν τὴν κεφαλὴν Μεμφιβοσθε τῷ Δαυιδ εἰς Χεβρων καὶ εἶπαν πρὸς τὸν βασιλέα Ἰδοὺ ἡ κεφαλὴ Μεμφιβοσθε υἱοῦ Σαουλ τοῦ ἐχθροῦ σου, ὃς ἐζήτει τὴν ψυχήν σου, καὶ ἔδωκεν κύριος τῷ κυρίῳ βασιλεῖ ἐκδίκησιν[32] τῶν ἐχθρῶν αὐτοῦ ὡς ἡ ἡμέρα αὕτη, ἐκ Σαουλ τοῦ ἐχθροῦ σου καὶ ἐκ τοῦ σπέρματος αὐτοῦ. **9** καὶ ἀπεκρίθη Δαυιδ τῷ Ρεκχα καὶ τῷ Βαανα ἀδελφῷ αὐτοῦ υἱοῖς Ρεμμων τοῦ Βηρωθαίου καὶ εἶπεν αὐτοῖς Ζῇ κύριος, ὃς ἐλυτρώσατο[33] τὴν ψυχήν μου ἐκ πάσης θλίψεως, **10** ὅτι ὁ ἀπαγγείλας μοι ὅτι τέθνηκεν[34] Σαουλ — καὶ αὐτὸς ἦν ὡς

1 θνῄσκω, *perf act ind 3s*, die
2 ἐκλύω, *aor pas ind 3p*, lose heart, lose courage
3 παρίημι, *aor pas ind 3p*, weaken, give up
4 ἡγέομαι, *pres mid ptc nom p m*, lead
5 σύστρεμμα, band, company
6 ἀποδιδράσκω, *aor act ind 3p*, run away
7 παροικέω, *pres act ptc nom p m*, live as a stranger
8 πλήσσω, *perf act ptc nom s m*, strike, wound
9 ἀγγελία, message, news
10 τιθηνός, nurse
11 φεύγω, *aor act ind 3s*, flee
12 σπεύδω, *pres act inf*, hasten, hurry
13 ἀναχωρέω, *pres act inf*, depart, withdraw
14 χωλαίνω, *aor pas ind 3s*, make lame
15 καῦμα, heat
16 καθεύδω, *impf act ind 3s*, sleep
17 κοίτη, bed
18 μεσημβρία, midday
19 θυρωρός, doorkeeper
20 καθαίρω, *impf act ind 3s*, prune, clean up
21 πυρός, wheat
22 νυστάζω, *aor act ind 3s*, doze, slumber
23 καθεύδω, *impf act ind 3s*, sleep
24 διαλανθάνω, *aor act ind 3p*, escape notice
25 καθεύδω, *impf act ind 3s*, sleep
26 κλίνη, couch, bed
27 κοιτών, bedroom
28 τύπτω, *pres act ind 3p*, strike
29 θανατόω, *pres act ind 3p*, kill, slay
30 ἀφαιρέω, *pres act ind 3p*, remove
31 δυσμή, western
32 ἐκδίκησις, vengeance
33 λυτρόω, *aor mid ind 3s*, redeem, deliver
34 θνῄσκω, *perf act ind 3s*, die

εὐαγγελιζόμενος[1] ἐνώπιόν μου — καὶ κατέσχον[2] αὐτὸν καὶ ἀπέκτεινα ἐν Σεκελακ,
ᾧ ἔδει[3] με δοῦναι εὐαγγέλια·[4] **11** καὶ νῦν ἄνδρες πονηροὶ ἀπεκτάγκασιν ἄνδρα
δίκαιον ἐν τῷ οἴκῳ αὐτοῦ ἐπὶ τῆς κοίτης[5] αὐτοῦ· καὶ νῦν ἐκζητήσω[6] τὸ αἷμα αὐτοῦ
ἐκ χειρὸς ὑμῶν καὶ ἐξολεθρεύσω[7] ὑμᾶς ἐκ τῆς γῆς. **12** καὶ ἐνετείλατο[8] Δαυιδ τοῖς
παιδαρίοις[9] αὐτοῦ καὶ ἀποκτέννουσιν αὐτοὺς καὶ κολοβοῦσιν[10] τὰς χεῖρας αὐτῶν
καὶ τοὺς πόδας αὐτῶν καὶ ἐκρέμασαν[11] αὐτοὺς ἐπὶ τῆς κρήνης[12] ἐν Χεβρων· καὶ τὴν
κεφαλὴν Μεμφιβοσθε ἔθαψαν[13] ἐν τῷ τάφῳ[14] Αβεννηρ υἱοῦ Νηρ.

David Anointed King over Israel

5 Καὶ παραγίνονται πᾶσαι αἱ φυλαὶ Ισραηλ πρὸς Δαυιδ εἰς Χεβρων καὶ εἶπαν αὐτῷ
Ἰδοὺ ὀστᾶ[15] σου καὶ σάρκες σου ἡμεῖς· **2** καὶ ἐχθὲς[16] καὶ τρίτην ὄντος Σαουλ
βασιλέως ἐφ᾽ ἡμῖν σὺ ἦσθα ὁ ἐξάγων[17] καὶ εἰσάγων[18] τὸν Ισραηλ, καὶ εἶπεν κύριος
πρὸς σέ Σὺ ποιμανεῖς[19] τὸν λαόν μου τὸν Ισραηλ, καὶ σὺ ἔσει εἰς ἡγούμενον[20] ἐπὶ τὸν
Ισραηλ. **3** καὶ ἔρχονται πάντες οἱ πρεσβύτεροι Ισραηλ πρὸς τὸν βασιλέα εἰς Χεβρων,
καὶ διέθετο[21] αὐτοῖς ὁ βασιλεὺς Δαυιδ διαθήκην ἐν Χεβρων ἐνώπιον κυρίου, καὶ
χρίουσιν[22] τὸν Δαυιδ εἰς βασιλέα ἐπὶ πάντα Ισραηλ. — **4** υἱὸς τριάκοντα[23] ἐτῶν
Δαυιδ ἐν τῷ βασιλεῦσαι[24] αὐτὸν καὶ τεσσαράκοντα[25] ἔτη ἐβασίλευσεν,[26] **5** ἑπτὰ ἔτη
καὶ ἓξ[27] μῆνας[28] ἐβασίλευσεν[29] ἐν Χεβρων ἐπὶ τὸν Ιουδαν καὶ τριάκοντα[30] τρία ἔτη
ἐβασίλευσεν ἐπὶ πάντα Ισραηλ καὶ Ιουδαν ἐν Ιερουσαλημ.

Jerusalem Made Capital

6 Καὶ ἀπῆλθεν Δαυιδ καὶ οἱ ἄνδρες αὐτοῦ εἰς Ιερουσαλημ πρὸς τὸν Ιεβουσαῖον
τὸν κατοικοῦντα τὴν γῆν. καὶ ἐρρέθη τῷ Δαυιδ Οὐκ εἰσελεύσει ὧδε,[31] ὅτι ἀντέστη-
σαν[32] οἱ τυφλοὶ[33] καὶ οἱ χωλοί,[34] λέγοντες ὅτι Οὐκ εἰσελεύσεται Δαυιδ ὧδε. **7** καὶ

1 εὐαγγελίζομαι, *pres mid ptc nom s m*, proclaim good news
2 κατέχω, *aor act ind 1s*, restrain, seize
3 δεῖ, *impf act ind 3s*, ought to, be necessary
4 εὐαγγέλιον, good news
5 κοίτη, bed
6 ἐκζητέω, *fut act ind 1s*, seek out, require
7 ἐξολεθρεύω, *fut act ind 1s*, utterly destroy
8 ἐντέλλομαι, *aor mid ind 3s*, command, order
9 παιδάριον, young man, servant
10 κολοβόω, *pres act ind 3p*, cut off
11 κρεμάννυμι, *aor act ind 3p*, hang
12 κρήνη, fountain, spring
13 θάπτω, *aor act ind 3p*, bury
14 τάφος, grave, tomb
15 ὀστέον, bone
16 ἐχθές, yesterday
17 ἐξάγω, *pres act ptc nom s m*, lead out, bring out
18 εἰσάγω, *pres act ptc nom s m*, lead in, bring in
19 ποιμαίνω, *fut act ind 2s*, shepherd
20 ἡγέομαι, *pres mid ptc acc s m*, be leader
21 διατίθημι, *aor mid ind 3s*, grant, arrange
22 χρίω, *pres act ind 3p*, anoint
23 τριάκοντα, thirty
24 βασιλεύω, *aor act inf*, reign as king
25 τεσσαράκοντα, forty
26 βασιλεύω, *aor act ind 3s*, reign as king
27 ἕξ, six
28 μήν, month
29 βασιλεύω, *aor act ind 3s*, reign as king
30 τριάκοντα, thirty
31 ὧδε, here
32 ἀνθίστημι, *aor act ind 3p*, oppose, resist
33 τυφλός, blind
34 χωλός, lame

κατελάβετο[1] Δαυιδ τὴν περιοχὴν[2] Σιων (αὕτη ἡ πόλις τοῦ Δαυιδ). **8** καὶ εἶπεν Δαυιδ
τῇ ἡμέρᾳ ἐκείνῃ Πᾶς τύπτων[3] Ιεβουσαῖον ἁπτέσθω ἐν παραξιφίδι[4] καὶ τοὺς χωλοὺς[5]
καὶ τοὺς τυφλοὺς[6] καὶ τοὺς μισοῦντας τὴν ψυχὴν Δαυιδ· διὰ τοῦτο ἐροῦσιν Τυφλοὶ
καὶ χωλοὶ οὐκ εἰσελεύσονται εἰς οἶκον κυρίου. **9** καὶ ἐκάθισεν Δαυιδ ἐν τῇ περιοχῇ,[7]
καὶ ἐκλήθη αὕτη ἡ πόλις Δαυιδ· καὶ ᾠκοδόμησεν τὴν πόλιν κύκλῳ[8] ἀπὸ τῆς ἄκρας[9]
καὶ τὸν οἶκον αὐτοῦ. **10** καὶ ἐπορεύετο Δαυιδ πορευόμενος καὶ μεγαλυνόμενος,[10]
καὶ κύριος παντοκράτωρ[11] μετ᾽ αὐτοῦ.

11 καὶ ἀπέστειλεν Χιραμ βασιλεὺς Τύρου ἀγγέλους πρὸς Δαυιδ καὶ ξύλα[12] κέδρινα[13]
καὶ τέκτονας[14] ξύλων καὶ τέκτονας λίθων, καὶ ᾠκοδόμησαν οἶκον τῷ Δαυιδ. **12** καὶ
ἔγνω Δαυιδ ὅτι ἡτοίμασεν αὐτὸν κύριος εἰς βασιλέα ἐπὶ Ισραηλ, καὶ ὅτι ἐπήρθη[15] ἡ
βασιλεία αὐτοῦ διὰ τὸν λαὸν αὐτοῦ Ισραηλ.

13 καὶ ἔλαβεν Δαυιδ ἔτι γυναῖκας καὶ παλλακὰς[16] ἐξ Ιερουσαλημ μετὰ τὸ ἐλθεῖν
αὐτὸν ἐκ Χεβρων, καὶ ἐγένοντο τῷ Δαυιδ ἔτι υἱοὶ καὶ θυγατέρες.[17] **14** καὶ ταῦτα τὰ
ὀνόματα τῶν γεννηθέντων αὐτῷ ἐν Ιερουσαλημ· Σαμμους καὶ Σωβαβ καὶ Ναθαν
καὶ Σαλωμων **15** καὶ Εβεαρ καὶ Ελισους καὶ Ναφεκ καὶ Ιεφιες **16** καὶ Ελισαμα καὶ
Ελιδαε καὶ Ελιφαλαθ, **16a** Σαμαε, Ιεσσιβαθ, Ναθαν, Γαλαμααν, Ιεβααρ, Θεησους,
Ελφαλατ, Ναγεδ, Ναφεκ, Ιαναθα, Λεασαμυς, Βααλιμαθ, Ελιφαλαθ.

Philistines Defeated

17 Καὶ ἤκουσαν ἀλλόφυλοι[18] ὅτι κέχρισται[19] Δαυιδ βασιλεὺς ἐπὶ Ισραηλ, καὶ ἀνέ-
βησαν πάντες οἱ ἀλλόφυλοι ζητεῖν τὸν Δαυιδ· καὶ ἤκουσεν Δαυιδ καὶ κατέβη
εἰς τὴν περιοχήν.[20] **18** καὶ οἱ ἀλλόφυλοι[21] παραγίνονται καὶ συνέπεσαν[22] εἰς
τὴν κοιλάδα[23] τῶν τιτάνων.[24] **19** καὶ ἠρώτησεν[25] Δαυιδ διὰ κυρίου λέγων Εἰ
ἀναβῶ πρὸς τοὺς ἀλλοφύλους[26] καὶ παραδώσεις αὐτοὺς εἰς τὰς χεῖράς μου;
καὶ εἶπεν κύριος πρὸς Δαυιδ Ἀνάβαινε, ὅτι παραδιδοὺς παραδώσω τοὺς ἀλλο-
φύλους εἰς τὰς χεῖράς σου. **20** καὶ ἦλθεν Δαυιδ ἐκ τῶν ἐπάνω[27] διακοπῶν[28] καὶ

1 καταλαμβάνω, *aor mid ind 3s*, seize, capture
2 περιοχή, fortified enclosure
3 τύπτω, *pres act ptc nom s m*, strike
4 παραξιφίς, dagger
5 χωλός, lame
6 τυφλός, blind
7 περιοχή, fortified enclosure
8 κύκλῳ, all around
9 ἄκρος, citadel, tower
10 μεγαλύνω, *pres pas ptc nom s m*, make large, make great
11 παντοκράτωρ, ruler of all, almighty
12 ξύλον, wood
13 κέδρινος, cedar
14 τέκτων, craftsman
15 ἐπαίρω, *aor pas ind 3s*, raise, magnify
16 παλλακή, concubine
17 θυγάτηρ, daughter
18 ἀλλόφυλος, foreign, (Philistine)
19 χρίω, *perf pas ind 3s*, anoint
20 περιοχή, fortified enclosure
21 ἀλλόφυλος, foreign, (Philistine)
22 συμπίπτω, *aor act ind 3p*, fall together, converge
23 κοιλάς, valley
24 τιτάν, titan, giant
25 ἐρωτάω, *aor act ind 3s*, inquire, ask of
26 ἀλλόφυλος, foreign, (Philistine)
27 ἐπάνω, above, upper
28 διακοπή, narrow channel

ἔκοψεν[1] τοὺς ἀλλοφύλους[2] ἐκεῖ, καὶ εἶπεν Δαυιδ Διέκοψεν[3] κύριος τοὺς ἐχθρούς μου τοὺς ἀλλοφύλους ἐνώπιον ἐμοῦ ὡς διακόπτεται[4] ὕδατα· διὰ τοῦτο ἐκλήθη τὸ ὄνομα τοῦ τόπου ἐκείνου Ἐπάνω[5] διακοπῶν.[6] **21** καὶ καταλιμπάνουσιν[7] ἐκεῖ τοὺς θεοὺς αὐτῶν, καὶ ἐλάβοσαν αὐτοὺς Δαυιδ καὶ οἱ ἄνδρες οἱ μετ᾽ αὐτοῦ.

22 καὶ προσέθεντο[8] ἔτι ἀλλόφυλοι[9] τοῦ ἀναβῆναι καὶ συνέπεσαν[10] ἐν τῇ κοιλάδι[11] τῶν τιτάνων.[12] **23** καὶ ἐπηρώτησεν[13] Δαυιδ διὰ κυρίου, καὶ εἶπεν κύριος Οὐκ ἀναβήσει εἰς συνάντησιν[14] αὐτῶν, ἀποστρέφου[15] ἀπ᾽ αὐτῶν καὶ παρέσει[16] αὐτοῖς πλησίον[17] τοῦ κλαυθμῶνος·[18] **24** καὶ ἔσται ἐν τῷ ἀκοῦσαί σε τὴν φωνὴν τοῦ συγκλεισμοῦ[19] τοῦ ἄλσους[20] τοῦ κλαυθμῶνος, τότε καταβήσει πρὸς αὐτούς, ὅτι τότε ἐξελεύσεται κύριος ἔμπροσθέν σου κόπτειν[21] ἐν τῷ πολέμῳ τῶν ἀλλοφύλων.[22] **25** καὶ ἐποίησεν Δαυιδ καθὼς ἐνετείλατο[23] αὐτῷ κύριος, καὶ ἐπάταξεν[24] τοὺς ἀλλοφύλους[25] ἀπὸ Γαβαων ἕως τῆς γῆς Γαζηρα.

Trouble Moving the Ark

6 Καὶ συνήγαγεν ἔτι Δαυιδ πάντα νεανίαν[26] ἐξ Ισραηλ ὡς ἑβδομήκοντα[27] χιλιάδας.[28] **2** καὶ ἀνέστη καὶ ἐπορεύθη Δαυιδ καὶ πᾶς ὁ λαὸς ὁ μετ᾽ αὐτοῦ ἀπὸ τῶν ἀρχόντων Ιουδα ἐν ἀναβάσει[29] τοῦ ἀναγαγεῖν[30] ἐκεῖθεν[31] τὴν κιβωτὸν[32] τοῦ θεοῦ, ἐφ᾽ ἣν ἐπεκλήθη[33] τὸ ὄνομα κυρίου τῶν δυνάμεων καθημένου ἐπὶ τῶν χερουβιν[34] ἐπ᾽ αὐτῆς. **3** καὶ ἐπεβίβασεν[35] τὴν κιβωτὸν[36] κυρίου ἐφ᾽ ἅμαξαν[37] καινὴν[38] καὶ ἦρεν αὐτὴν ἐξ οἴκου Αμιναδαβ τοῦ ἐν τῷ βουνῷ·[39] καὶ Οζα καὶ οἱ ἀδελφοὶ αὐτοῦ υἱοὶ

1 κόπτω, *aor act ind 3s*, strike
2 ἀλλόφυλος, foreign, (Philistine)
3 διακόπτω, *aor act ind 3s*, break through, destroy
4 διακόπτω, *pres pas ind 3s*, divide, cut through
5 ἐπάνω, above, upper
6 διακοπή, narrow channel
7 καταλιμπάνω, *pres act ind 3p*, forsake, abandon
8 προστίθημι, *aor mid ind 3p*, continue
9 ἀλλόφυλος, foreign, (Philistine)
10 συμπίπτω, *aor act ind 3p*, fall together, converge
11 κοιλάς, valley
12 τιτάν, titan, giant
13 ἐπερωτάω, *aor act ind 3s*, consult, ask of
14 συνάντησις, meeting
15 ἀποστρέφω, *pres mid impv 2s*, turn back, return
16 πάρειμι, *fut mid ind 2s*, be present
17 πλησίον, near, adjacent
18 κλαυθμών, place of weeping
19 συγκλεισμός, closing up (of a line of battle)
20 ἄλσος, grove
21 κόπτω, *pres act inf*, strike, cut down
22 ἀλλόφυλος, foreign, (Philistine)
23 ἐντέλλομαι, *aor mid ind 3s*, command, order
24 πατάσσω, *aor act ind 3s*, strike
25 ἀλλόφυλος, foreign, (Philistine)
26 νεανίας, young man
27 ἑβδομήκοντα, seventy
28 χιλιάς, thousand
29 ἀνάβασις, ascent
30 ἀνάγω, *aor act inf*, bring up
31 ἐκεῖθεν, from there
32 κιβωτός, chest, ark (of the covenant)
33 ἐπικαλέω, *aor pas ind 3s*, call upon
34 χερουβιν, cherubim, *translit.*
35 ἐπιβιβάζω, *aor act ind 3s*, put on, load
36 κιβωτός, chest, ark
37 ἅμαξα, wagon
38 καινός, new
39 βουνός, hill

Αμιναδαβ ἦγον τὴν ἅμαξαν **4** σὺν τῇ κιβωτῷ,[1] καὶ οἱ ἀδελφοὶ αὐτοῦ ἐπορεύοντο
ἔμπροσθεν τῆς κιβωτοῦ.

Uzzah and the Ark

5 καὶ Δαυιδ καὶ οἱ υἱοὶ Ισραηλ παίζοντες[2] ἐνώπιον κυρίου ἐν ὀργάνοις[3] ἡρμοσμέ-
νοις[4] ἐν ἰσχύι[5] καὶ ἐν ᾠδαῖς[6] καὶ ἐν κινύραις[7] καὶ ἐν νάβλαις[8] καὶ ἐν τυμπάνοις[9] καὶ
ἐν κυμβάλοις[10] καὶ ἐν αὐλοῖς.[11] **6** καὶ παραγίνονται ἕως ἅλω[12] Νωδαβ, καὶ ἐξέτεινεν[13]
Οζα τὴν χεῖρα αὐτοῦ ἐπὶ τὴν κιβωτὸν[14] τοῦ θεοῦ κατασχεῖν[15] αὐτὴν καὶ ἐκράτησεν
αὐτήν, ὅτι περιέσπασεν[16] αὐτὴν ὁ μόσχος,[17] τοῦ κατασχεῖν αὐτήν. **7** καὶ ἐθυμώθη[18]
κύριος τῷ Οζα, καὶ ἔπαισεν[19] αὐτὸν ἐκεῖ ὁ θεός, καὶ ἀπέθανεν ἐκεῖ παρὰ τὴν κιβω-
τὸν[20] τοῦ κυρίου ἐνώπιον τοῦ θεοῦ. **8** καὶ ἠθύμησεν[21] Δαυιδ ὑπὲρ οὗ διέκοψεν[22]
κύριος διακοπὴν[23] ἐν τῷ Οζα· καὶ ἐκλήθη ὁ τόπος ἐκεῖνος Διακοπὴ[24] Οζα ἕως τῆς
ἡμέρας ταύτης. **9** καὶ ἐφοβήθη Δαυιδ τὸν κύριον ἐν τῇ ἡμέρᾳ ἐκείνῃ λέγων Πῶς
εἰσελεύσεται πρός με ἡ κιβωτὸς[25] κυρίου; **10** καὶ οὐκ ἐβούλετο Δαυιδ τοῦ ἐκκλῖναι[26]
πρὸς αὐτὸν τὴν κιβωτὸν διαθήκης κυρίου εἰς τὴν πόλιν Δαυιδ, καὶ ἀπέκλινεν[27]
αὐτὴν Δαυιδ εἰς οἶκον Αβεδδαρα τοῦ Γεθθαίου. **11** καὶ ἐκάθισεν ἡ κιβωτὸς[28] τοῦ
κυρίου εἰς οἶκον Αβεδδαρα τοῦ Γεθθαίου μῆνας[29] τρεῖς· καὶ εὐλόγησεν κύριος ὅλον
τὸν οἶκον Αβεδδαρα καὶ πάντα τὰ αὐτοῦ.

Ark Moved to Jerusalem

12 Καὶ ἀπηγγέλη τῷ βασιλεῖ Δαυιδ λέγοντες Ηὐλόγησεν κύριος τὸν οἶκον Αβεδ-
δαρα καὶ πάντα τὰ αὐτοῦ ἕνεκεν[30] τῆς κιβωτοῦ[31] τοῦ θεοῦ. καὶ ἐπορεύθη Δαυιδ καὶ
ἀνήγαγεν[32] τὴν κιβωτὸν τοῦ κυρίου ἐκ τοῦ οἴκου Αβεδδαρα εἰς τὴν πόλιν Δαυιδ
ἐν εὐφροσύνῃ.[33] **13** καὶ ἦσαν μετ᾽ αὐτῶν αἴροντες τὴν κιβωτὸν[34] ἑπτὰ χοροὶ[35] καὶ

1 κιβωτός, chest, ark (of the covenant)
2 παίζω, *pres act ptc nom p m*, make merry, play
3 ὄργανον, instrument
4 ἁρμόζω, *perf pas ptc dat p m*, tune
5 ἰσχύς, might, vigor
6 ᾠδή, song, ode
7 κινύρα, stringed instrument, *Heb. LW*
8 νάβλα, harp, *Heb. LW*
9 τύμπανον, drum
10 κύμβαλον, cymbal
11 αὐλός, pipe, flute
12 ἅλων, threshing floor
13 ἐκτείνω, *aor act ind 3s*, reach out
14 κιβωτός, chest, ark
15 κατέχω, *aor act inf*, hold back, restrain
16 περισπάω, *aor act ind 3s*, pull away, disturb
17 μόσχος, calf
18 θυμόω, *aor pas ind 3s*, be angry
19 παίω, *aor act ind 3s*, strike
20 κιβωτός, chest, ark
21 ἀθυμέω, *aor act ind 3s*, lose heart
22 διακόπτω, *aor act ind 3s*, break open, destroy
23 διακοπή, breach, rupture, quarrel
24 διακοπή, breach, rupture, quarrel
25 κιβωτός, chest, ark
26 ἐκκλίνω, *aor act inf*, dislocate, turn aside
27 ἀποκλίνω, *impf act ind 3s*, turn aside
28 κιβωτός, chest, ark
29 μήν, month
30 ἕνεκα, on account of, because
31 κιβωτός, chest, ark
32 ἀνάγω, *aor act ind 3s*, bring up
33 εὐφροσύνη, joy, gladness
34 κιβωτός, chest, ark (of the covenant)
35 χορός, band (of dancers)

θῦμα[1] μόσχος[2] καὶ ἄρνα.[3] **14** καὶ Δαυιδ ἀνεκρούετο[4] ἐν ὀργάνοις[5] ἡρμοσμένοις[6] ἐνώπιον κυρίου, καὶ ὁ Δαυιδ ἐνδεδυκὼς[7] στολὴν[8] ἔξαλλον.[9] **15** καὶ Δαυιδ καὶ πᾶς ὁ οἶκος Ισραηλ ἀνήγαγον[10] τὴν κιβωτὸν[11] κυρίου μετὰ κραυγῆς[12] καὶ μετὰ φωνῆς σάλπιγγος.[13]

David and Michal

16 καὶ ἐγένετο τῆς κιβωτοῦ[14] παραγινομένης ἕως πόλεως Δαυιδ καὶ Μελχολ ἡ θυγάτηρ[15] Σαουλ διέκυπτεν[16] διὰ τῆς θυρίδος[17] καὶ εἶδεν τὸν βασιλέα Δαυιδ ὀρχούμενον[18] καὶ ἀνακρουόμενον[19] ἐνώπιον κυρίου καὶ ἐξουδένωσεν[20] αὐτὸν ἐν τῇ καρδίᾳ αὐτῆς. **17** καὶ φέρουσιν τὴν κιβωτὸν[21] τοῦ κυρίου καὶ ἀνέθηκαν[22] αὐτὴν εἰς τὸν τόπον αὐτῆς εἰς μέσον τῆς σκηνῆς,[23] ἧς ἔπηξεν[24] αὐτῇ Δαυιδ· καὶ ἀνήνεγκεν[25] Δαυιδ ὁλοκαυτώματα[26] ἐνώπιον κυρίου καὶ εἰρηνικάς.[27] **18** καὶ συνετέλεσεν[28] Δαυιδ συναναφέρων[29] τὰς ὁλοκαυτώσεις[30] καὶ τὰς εἰρηνικὰς[31] καὶ εὐλόγησεν τὸν λαὸν ἐν ὀνόματι κυρίου τῶν δυνάμεων. **19** καὶ διεμέρισεν[32] παντὶ τῷ λαῷ εἰς πᾶσαν τὴν δύναμιν τοῦ Ισραηλ ἀπὸ Δαν ἕως Βηρσαβεε ἀπὸ ἀνδρὸς ἕως γυναικὸς ἑκάστῳ κολλυρίδα[33] ἄρτου καὶ ἐσχαρίτην[34] καὶ λάγανον[35] ἀπὸ τηγάνου·[36] καὶ ἀπῆλθεν πᾶς ὁ λαὸς ἕκαστος εἰς τὸν οἶκον αὐτοῦ.

20 καὶ ἐπέστρεψεν Δαυιδ εὐλογῆσαι τὸν οἶκον αὐτοῦ, καὶ ἐξῆλθεν Μελχολ ἡ θυγάτηρ[37] Σαουλ εἰς ἀπάντησιν[38] Δαυιδ καὶ εὐλόγησεν αὐτὸν καὶ εἶπεν Τί δεδόξασται σήμερον ὁ βασιλεὺς Ισραηλ, ὃς ἀπεκαλύφθη[39] σήμερον ἐν ὀφθαλμοῖς

1 θῦμα, sacrifice
2 μόσχος, calf
3 ἀρήν, lamb
4 ἀνακρούομαι, *impf mid ind 3s*, strike up (a tune)
5 ὄργανον, instrument
6 ἁρμόζω, *perf pas ptc dat p n*, play a tune
7 ἐνδύω, *perf act ptc nom s m*, clothe in
8 στολή, garment, clothing
9 ἔξαλλος, extraordinary, special
10 ἀνάγω, *aor act ind 3p*, bring up
11 κιβωτός, chest, ark
12 κραυγή, clamor, shouting
13 σάλπιγξ, trumpet
14 κιβωτός, chest, ark (of the covenant)
15 θυγάτηρ, daughter
16 διακύπτω, *impf act ind 3s*, peer, peek
17 θυρίς, window
18 ὀρχέομαι, *pres mid ptc acc s m*, dance
19 ἀνακρούομαι, *pres mid ptc acc s m*, strike up (a tune)
20 ἐξουδενόω, *aor act ind 3s*, disdain, scorn
21 κιβωτός, chest, ark
22 ἀνατίθημι, *aor act ind 3p*, set up, lay up
23 σκηνή, tent
24 πήγνυμι, *aor act ind 3s*, pitch, construct
25 ἀναφέρω, *aor act ind 3s*, offer
26 ὁλοκαύτωμα, whole burnt offering
27 εἰρηνικός, of peace, (peace offering)
28 συντελέω, *aor act ind 3s*, finish, complete
29 συναναφέρω, *pres act ptc nom s m*, offer up
30 ὁλοκαύτωσις, whole burnt offering
31 εἰρηνικός, of peace, (peace offering)
32 διαμερίζω, *aor act ind 3s*, distribute
33 κολλυρίς, cake
34 ἐσχαρίτης, bread baked over fire
35 λάγανον, cake
36 τήγανον, frying pan
37 θυγάτηρ, daughter
38 ἀπάντησις, meeting
39 ἀποκαλύπτω, *aor pas ind 3s*, make known, reveal

παιδισκῶν[1] τῶν δούλων ἑαυτοῦ, καθὼς ἀποκαλύπτεται[2] ἀποκαλυφθεὶς[3] εἷς τῶν ὀρχουμένων.[4] **21** καὶ εἶπεν Δαυιδ πρὸς Μελχολ Ἐνώπιον κυρίου ὀρχήσομαι·[5] εὐλογητὸς[6] κύριος, ὃς ἐξελέξατό[7] με ὑπὲρ τὸν πατέρα σου καὶ ὑπὲρ πάντα τὸν οἶκον αὐτοῦ τοῦ καταστῆσαί[8] με εἰς ἡγούμενον[9] ἐπὶ τὸν λαὸν αὐτοῦ ἐπὶ τὸν Ισραηλ· καὶ παίξομαι[10] καὶ ὀρχήσομαι[11] ἐνώπιον κυρίου **22** καὶ ἀποκαλυφθήσομαι[12] ἔτι οὕτως καὶ ἔσομαι ἀχρεῖος[13] ἐν ὀφθαλμοῖς σου καὶ μετὰ τῶν παιδισκῶν,[14] ὧν εἶπάς με δοξασθῆναι. **23** καὶ τῇ Μελχολ θυγατρὶ[15] Σαουλ οὐκ ἐγένετο παιδίον ἕως τῆς ἡμέρας τοῦ ἀποθανεῖν αὐτήν.

God's Plan for a Temple

7 Καὶ ἐγένετο ὅτε ἐκάθισεν ὁ βασιλεὺς ἐν τῷ οἴκῳ αὐτοῦ καὶ κύριος κατεκληρονόμησεν[16] αὐτὸν κύκλῳ[17] ἀπὸ πάντων τῶν ἐχθρῶν αὐτοῦ τῶν κύκλῳ, **2** καὶ εἶπεν ὁ βασιλεὺς πρὸς Ναθαν τὸν προφήτην Ἰδοὺ δὴ[18] ἐγὼ κατοικῶ ἐν οἴκῳ κεδρίνῳ,[19] καὶ ἡ κιβωτὸς[20] τοῦ θεοῦ κάθηται ἐν μέσῳ τῆς σκηνῆς.[21] **3** καὶ εἶπεν Ναθαν πρὸς τὸν βασιλέα Πάντα, ὅσα ἂν ἐν τῇ καρδίᾳ σου, βάδιζε[22] καὶ ποίει, ὅτι κύριος μετὰ σοῦ.

4 καὶ ἐγένετο τῇ νυκτὶ ἐκείνῃ καὶ ἐγένετο ῥῆμα κυρίου πρὸς Ναθαν λέγων **5** Πορεύου καὶ εἰπὸν πρὸς τὸν δοῦλόν μου Δαυιδ Τάδε[23] λέγει κύριος Οὐ σὺ οἰκοδομήσεις μοι οἶκον τοῦ κατοικῆσαί με· **6** ὅτι οὐ κατῴκηκα ἐν οἴκῳ ἀφ᾽ ἧς ἡμέρας ἀνήγαγον[24] ἐξ Αἰγύπτου τοὺς υἱοὺς Ισραηλ ἕως τῆς ἡμέρας ταύτης καὶ ἤμην ἐμπεριπατῶν[25] ἐν καταλύματι[26] καὶ ἐν σκηνῇ.[27] **7** ἐν πᾶσιν, οἷς διῆλθον ἐν παντὶ Ισραηλ, εἰ λαλῶν ἐλάλησα πρὸς μίαν φυλὴν τοῦ Ισραηλ, ᾧ ἐνετειλάμην[28] ποιμαίνειν[29] τὸν λαόν μου Ισραηλ, λέγων Τί ὅτι οὐκ ᾠκοδομήκατέ μοι οἶκον κέδρινον;[30]

1 παιδίσκη, female servant
2 ἀποκαλύπτω, *pres pas ind 3s*, uncover, disrobe
3 ἀποκαλύπτω, *aor pas ptc nom s m*, uncover, disrobe
4 ὀρχέομαι, *pres mid ptc gen p m*, dance
5 ὀρχέομαι, *fut mid ind 1s*, dance
6 εὐλογητός, blessed
7 ἐκλέγω, *aor mid ind 3s*, elect, choose
8 καθίστημι, *aor act inf*, appoint
9 ἡγέομαι, *pres mid ptc acc s m*, lead
10 παίζω, *fut mid ind 1s*, make merry, play
11 ὀρχέομαι, *fut mid ind 1s*, dance
12 ἀποκαλύπτω, *fut pas ind 1s*, uncover, reveal
13 ἀχρεῖος, unworthy, vile
14 παιδίσκη, female servant
15 θυγάτηρ, daughter
16 κατακληρονομέω, *aor act ind 3s*, give an inheritance
17 κύκλῳ, all around
18 δή, indeed, now
19 κέδρινος, cedar
20 κιβωτός, chest, ark
21 σκηνή, tent
22 βαδίζω, *pres act impv 2s*, go
23 ὅδε, this
24 ἀνάγω, *aor act ind 1s*, bring up
25 ἐμπεριπατέω, *pres act ptc nom s m*, move around, walk about
26 κατάλυμα, lodging, habitation
27 σκηνή, tent
28 ἐντέλλομαι, *aor mid ind 1s*, command, order
29 ποιμαίνω, *pres act inf*, tend, shepherd
30 κέδρινος, cedar

God's Covenant with David

8 καὶ νῦν τάδε[1] ἐρεῖς τῷ δούλῳ μου Δαυιδ Τάδε λέγει κύριος παντοκράτωρ[2] Ἔλαβόν σε ἐκ τῆς μάνδρας[3] τῶν προβάτων τοῦ εἶναί σε εἰς ἡγούμενον[4] ἐπὶ τὸν λαόν μου ἐπὶ τὸν Ισραηλ **9** καὶ ἤμην μετὰ σοῦ ἐν πᾶσιν, οἷς ἐπορεύου, καὶ ἐξωλέθρευσα[5] πάντας τοὺς ἐχθρούς σου ἀπὸ προσώπου σου καὶ ἐποίησά σε ὀνομαστὸν[6] κατὰ τὸ ὄνομα τῶν μεγάλων τῶν ἐπὶ τῆς γῆς. **10** καὶ θήσομαι τόπον τῷ λαῷ μου τῷ Ισραηλ καὶ καταφυτεύσω[7] αὐτόν, καὶ κατασκηνώσει[8] καθ᾽ ἑαυτὸν καὶ οὐ μεριμνήσει[9] οὐκέτι, καὶ οὐ προσθήσει[10] υἱὸς ἀδικίας[11] τοῦ ταπεινῶσαι[12] αὐτὸν καθὼς ἀπ᾽ ἀρχῆς **11** ἀπὸ τῶν ἡμερῶν, ὧν ἔταξα[13] κριτὰς[14] ἐπὶ τὸν λαόν μου Ισραηλ, καὶ ἀναπαύσω[15] σε ἀπὸ πάντων τῶν ἐχθρῶν σου, καὶ ἀπαγγελεῖ σοι κύριος ὅτι οἶκον οἰκοδομήσεις αὐτῷ. **12** καὶ ἔσται ἐὰν πληρωθῶσιν αἱ ἡμέραι σου καὶ κοιμηθήσῃ[16] μετὰ τῶν πατέρων σου, καὶ ἀναστήσω τὸ σπέρμα σου μετὰ σέ, ὃς ἔσται ἐκ τῆς κοιλίας[17] σου, καὶ ἑτοιμάσω τὴν βασιλείαν αὐτοῦ· **13** αὐτὸς οἰκοδομήσει μοι οἶκον τῷ ὀνόματί μου, καὶ ἀνορθώσω[18] τὸν θρόνον αὐτοῦ ἕως εἰς τὸν αἰῶνα. **14** ἐγὼ ἔσομαι αὐτῷ εἰς πατέρα, καὶ αὐτὸς ἔσται μοι εἰς υἱόν· καὶ ἐὰν ἔλθῃ ἡ ἀδικία[19] αὐτοῦ, καὶ ἐλέγξω[20] αὐτὸν ἐν ῥάβδῳ[21] ἀνδρῶν καὶ ἐν ἁφαῖς[22] υἱῶν ἀνθρώπων· **15** τὸ δὲ ἔλεός[23] μου οὐκ ἀποστήσω[24] ἀπ᾽ αὐτοῦ, καθὼς ἀπέστησα[25] ἀφ᾽ ὧν ἀπέστησα ἐκ προσώπου μου. **16** καὶ πιστωθήσεται[26] ὁ οἶκος αὐτοῦ καὶ ἡ βασιλεία αὐτοῦ ἕως αἰῶνος ἐνώπιον ἐμοῦ, καὶ ὁ θρόνος αὐτοῦ ἔσται ἀνωρθωμένος[27] εἰς τὸν αἰῶνα. **17** κατὰ πάντας τοὺς λόγους τούτους καὶ κατὰ πᾶσαν τὴν ὅρασιν[28] ταύτην, οὕτως ἐλάλησεν Ναθαν πρὸς Δαυιδ.

David's Prayer

18 καὶ εἰσῆλθεν ὁ βασιλεὺς Δαυιδ καὶ ἐκάθισεν ἐνώπιον κυρίου καὶ εἶπεν Τίς εἰμι ἐγώ, κύριέ μου κύριε, καὶ τίς ὁ οἶκός μου, ὅτι ἠγάπηκάς με ἕως τούτων; **19** καὶ

1 ὅδε, this
2 παντοκράτωρ, ruler of all, almighty
3 μάνδρα, fold, enclosure
4 ἡγέομαι, *pres mid ptc acc s m*, lead
5 ἐξολεθρεύω, *aor act ind 1s*, utterly destroy
6 ὀνομαστός, famous, renowned
7 καταφυτεύω, *fut act ind 1s*, plant
8 κατασκηνόω, *fut act ind 3s*, settle, live
9 μεριμνάω, *fut act ind 3s*, be anxious, be concerned
10 προστίθημι, *fut act ind 3s*, continue
11 ἀδικία, injustice, unrighteousness
12 ταπεινόω, *aor act inf*, bring down, humble
13 τάσσω, *aor act ind 1s*, appoint, arrange
14 κριτής, judge
15 ἀναπαύω, *fut act ind 1s*, give rest, grant relief
16 κοιμάω, *fut pas ind 2s*, fall asleep, lie (in death)
17 κοιλία, womb (belly)
18 ἀνορθόω, *fut act ind 1s*, restore, set right
19 ἀδικία, injustice, unrighteousness
20 ἐλέγχω, *fut act ind 1s*, reprove, discipline
21 ῥάβδος, rod
22 ἁφή, stroke, stripe
23 ἔλεος, mercy, compassion
24 ἀφίστημι, *fut act ind 1s*, remove, withdraw
25 ἀφίστημι, *aor act ind 1s*, remove, withdraw
26 πιστόω, *fut pas ind 3s*, guarantee, secure, establish
27 ἀνορθόω, *perf pas ptc nom s m*, rebuild, strengthen, set right
28 ὅρασις, vision

κατεσμικρύνθη[1] μικρὸν ἐνώπιόν σου, κύριέ μου κύριε, καὶ ἐλάλησας ὑπὲρ τοῦ οἴκου
τοῦ δούλου σου εἰς μακράν·[2] οὗτος δὲ ὁ νόμος τοῦ ἀνθρώπου, κύριέ μου κύριε.
20 καὶ τί προσθήσει[3] Δαυιδ ἔτι τοῦ λαλῆσαι πρὸς σέ; καὶ νῦν σὺ οἶδας τὸν δοῦλόν
σου, κύριέ μου κύριε. **21** διὰ τὸν λόγον σου πεποίηκας καὶ κατὰ τὴν καρδίαν σου
ἐποίησας πᾶσαν τὴν μεγαλωσύνην[4] ταύτην γνωρίσαι[5] τῷ δούλῳ σου **22** ἕνεκεν[6]
τοῦ μεγαλῦναί[7] σε, κύριέ μου κύριε, ὅτι οὐκ ἔστιν ὡς σὺ καὶ οὐκ ἔστιν θεὸς πλὴν
σοῦ ἐν πᾶσιν, οἷς ἠκούσαμεν ἐν τοῖς ὠσὶν ἡμῶν. **23** καὶ τίς ὡς ὁ λαός σου Ισραηλ
ἔθνος ἄλλο ἐν τῇ γῇ; ὡς ὡδήγησεν[8] αὐτὸν ὁ θεὸς τοῦ λυτρώσασθαι[9] αὐτῷ λαὸν
τοῦ θέσθαι σε ὄνομα τοῦ ποιῆσαι μεγαλωσύνην[10] καὶ ἐπιφάνειαν[11] τοῦ ἐκβαλεῖν
σε ἐκ προσώπου τοῦ λαοῦ σου, οὓ ἐλυτρώσω[12] σεαυτῷ ἐξ Αἰγύπτου, ἔθνη καὶ σκη-
νώματα.[13] **24** καὶ ἡτοίμασας σεαυτῷ τὸν λαόν σου Ισραηλ λαὸν ἕως αἰῶνος, καὶ σύ,
κύριε, ἐγένου αὐτοῖς εἰς θεόν.

25 καὶ νῦν, κύριέ μου κύριε, τὸ ῥῆμα, ὃ ἐλάλησας περὶ τοῦ δούλου σου καὶ τοῦ οἴκου
αὐτοῦ, πίστωσον[14] ἕως αἰῶνος, κύριε παντοκράτωρ[15] θεὲ τοῦ Ισραηλ· καὶ νῦν καθὼς
ἐλάλησας, **26** μεγαλυνθείη[16] τὸ ὄνομά σου ἕως αἰῶνος. **27** κύριε παντοκράτωρ[17]
θεὸς Ισραηλ, ἀπεκάλυψας[18] τὸ ὠτίον[19] τοῦ δούλου σου λέγων Οἶκον οἰκοδομήσω
σοι· διὰ τοῦτο εὗρεν ὁ δοῦλός σου τὴν καρδίαν ἑαυτοῦ τοῦ προσεύξασθαι πρὸς σὲ
τὴν προσευχὴν ταύτην. **28** καὶ νῦν, κύριέ μου κύριε, σὺ εἶ ὁ θεός, καὶ οἱ λόγοι σου
ἔσονται ἀληθινοί,[20] καὶ ἐλάλησας ὑπὲρ τοῦ δούλου σου τὰ ἀγαθὰ ταῦτα· **29** καὶ νῦν
ἄρξαι καὶ εὐλόγησον τὸν οἶκον τοῦ δούλου σου τοῦ εἶναι εἰς τὸν αἰῶνα ἐνώπιόν σου,
ὅτι σὺ εἶ, κύριέ μου κύριε, ἐλάλησας, καὶ ἀπὸ τῆς εὐλογίας[21] σου εὐλογηθήσεται ὁ
οἶκος τοῦ δούλου σου εἰς τὸν αἰῶνα.

Victories of David

8 Καὶ ἐγένετο μετὰ ταῦτα καὶ ἐπάταξεν[22] Δαυιδ τοὺς ἀλλοφύλους[23] καὶ ἐτροπώ-
σατο[24] αὐτούς· καὶ ἔλαβεν Δαυιδ τὴν ἀφωρισμένην[25] ἐκ χειρὸς τῶν ἀλλοφύλων.

1 κατασμικρύνομαι, *aor pas ind 3s*, be small
2 μακράν, remote (time)
3 προστίθημι, *fut act ind 3s*, continue, add to
4 μεγαλωσύνη, preeminence, greatness
5 γνωρίζω, *aor act inf*, make known, reveal
6 ἕνεκα, for the sake of, in order that
7 μεγαλύνω, *aor act inf*, extol, magnify
8 ὁδηγέω, *aor act ind 3s*, lead, guide
9 λυτρόω, *aor mid inf*, redeem, deliver
10 μεγαλωσύνη, greatness, majesty
11 ἐπιφάνεια, manifestation (of power), (sudden) appearance
12 λυτρόω, *aor mid ind 2s*, redeem, deliver
13 σκήνωμα, habitation, dwelling
14 πιστόω, *aor act impv 2s*, guarantee, secure, establish
15 παντοκράτωρ, ruler of all, almighty
16 μεγαλύνω, *aor pas opt 3s*, extol, magnify
17 παντοκράτωρ, ruler of all, almighty
18 ἀποκαλύπτω, *aor act ind 2s*, uncover, reveal
19 ὠτίον, *dim of* οὖς, ear
20 ἀληθινός, true, trustworthy
21 εὐλογία, blessing
22 πατάσσω, *aor act ind 3s*, strike, defeat
23 ἀλλόφυλος, foreign, (Philistine)
24 τροπόω, *aor mid ind 3s*, put to flight
25 ἀφορίζω, *perf pas ptc acc s f*, separate, set apart

2 καὶ ἐπάταξεν[1] Δαυιδ τὴν Μωαβ καὶ διεμέτρησεν[2] αὐτοὺς ἐν σχοινίοις[3] κοιμίσας[4]
αὐτοὺς ἐπὶ τὴν γῆν, καὶ ἐγένετο τὰ δύο σχοινίσματα[5] τοῦ θανατῶσαι, καὶ τὰ δύο
σχοινίσματα ἐζώγρησεν,[6] καὶ ἐγένετο Μωαβ τῷ Δαυιδ εἰς δούλους φέροντας ξένια.[7]

3 καὶ ἐπάταξεν[8] Δαυιδ τὸν Αδρααζαρ υἱὸν Ρααβ βασιλέα Σουβα πορευομένου αὐτοῦ
ἐπιστῆσαι[9] τὴν χεῖρα αὐτοῦ ἐπὶ τὸν ποταμὸν[10] Εὐφράτην. **4** καὶ προκατελάβετο[11]
Δαυιδ τῶν αὐτοῦ χίλια[12] ἅρματα[13] καὶ ἑπτὰ χιλιάδας[14] ἱππέων[15] καὶ εἴκοσι[16] χιλιάδας
ἀνδρῶν πεζῶν,[17] καὶ παρέλυσεν[18] Δαυιδ πάντα τὰ ἅρματα[19] καὶ ὑπελίπετο[20] ἐξ αὐτῶν
ἑκατὸν[21] ἅρματα. **5** καὶ παραγίνεται Συρία Δαμασκοῦ βοηθῆσαι[22] τῷ Αδρααζαρ
βασιλεῖ Σουβα, καὶ ἐπάταξεν[23] Δαυιδ ἐν τῷ Σύρῳ εἴκοσι[24] δύο χιλιάδας[25] ἀνδρῶν.
6 καὶ ἔθετο Δαυιδ φρουρὰν[26] ἐν Συρίᾳ τῇ κατὰ Δαμασκόν, καὶ ἐγένετο ὁ Σύρος τῷ
Δαυιδ εἰς δούλους φέροντας ξένια.[27] καὶ ἔσωσεν κύριος τὸν Δαυιδ ἐν πᾶσιν, οἷς
ἐπορεύετο. — **7** καὶ ἔλαβεν Δαυιδ τοὺς χλιδῶνας[28] τοὺς χρυσοῦς,[29] οἳ ἦσαν ἐπὶ τῶν
παίδων[30] τῶν Αδρααζαρ βασιλέως Σουβα, καὶ ἤνεγκεν αὐτὰ εἰς Ιερουσαλημ· καὶ
ἔλαβεν αὐτὰ Σουσακιμ βασιλεὺς Αἰγύπτου ἐν τῷ ἀναβῆναι αὐτὸν εἰς Ιερουσαλημ
ἐν ἡμέραις Ροβοαμ υἱοῦ Σολομῶντος. **8** καὶ ἐκ τῆς Μασβακ ἐκ τῶν ἐκλεκτῶν[31]
πόλεων τοῦ Αδρααζαρ ἔλαβεν ὁ βασιλεὺς Δαυιδ χαλκὸν[32] πολὺν σφόδρα·[33] ἐν
αὐτῷ ἐποίησεν Σαλωμων τὴν θάλασσαν τὴν χαλκῆν καὶ τοὺς στύλους[34] καὶ τοὺς
λουτῆρας[35] καὶ πάντα τὰ σκεύη.[36]

9 καὶ ἤκουσεν Θοου ὁ βασιλεὺς Ημαθ ὅτι ἐπάταξεν[37] Δαυιδ πᾶσαν τὴν δύναμιν
Αδρααζαρ, **10** καὶ ἀπέστειλεν Θοου Ιεδδουραν τὸν υἱὸν αὐτοῦ πρὸς βασιλέα Δαυιδ
ἐρωτῆσαι[38] αὐτὸν τὰ εἰς εἰρήνην καὶ εὐλογῆσαι αὐτὸν ὑπὲρ οὗ ἐπολέμησεν τὸν
Αδρααζαρ καὶ ἐπάταξεν[39] αὐτόν, ὅτι ἀντικείμενος[40] ἦν τῷ Αδρααζαρ, καὶ ἐν ταῖς

1 πατάσσω, *aor act ind 3s*, strike, defeat
2 διαμετρέω, *aor act ind 3s*, measure
3 σχοινίον, measuring line, cord
4 κοιμίζω, *aor act ptc nom s m*, rest
5 σχοίνισμα, allotment, land measured out
6 ζωγρέω, *aor act ind 3s*, spare
7 ξένιον, (gift) of friendship, (tribute)
8 πατάσσω, *aor act ind 3s*, strike, defeat
9 ἐφίστημι, *aor act inf*, establish, set in charge
10 ποταμός, river
11 προκαταλαμβάνω, *aor mid ind 3s*, take first
12 χίλιοι, one thousand
13 ἅρμα, chariot
14 χιλιάς, thousand
15 ἱππεύς, horseman
16 εἴκοσι, twenty
17 πεζός, foot soldier
18 παραλύω, *aor act ind 3s*, disable, paralyze
19 ἅρμα, chariot
20 ὑπολείπω, *aor mid ind 3s*, spare, leave remaining
21 ἑκατόν, one hundred
22 βοηθέω, *aor act inf*, help, aid
23 πατάσσω, *aor act ind 3s*, strike
24 εἴκοσι, twenty
25 χιλιάς, thousand
26 φρουρά, garrison, watch
27 ξένιον, (gift) of friendship, (tribute)
28 χλιδών, bracelet, anklet
29 χρυσοῦς, gold
30 παῖς, servant
31 ἐκλεκτός, select, chosen
32 χαλκός, bronze
33 σφόδρα, exceedingly
34 στῦλος, pillar
35 λουτήρ, basin
36 σκεῦος, furniture, fittings, equipment
37 πατάσσω, *aor act ind 3s*, strike, defeat
38 ἐρωτάω, *aor act inf*, ask
39 πατάσσω, *aor act ind 3s*, strike, defeat
40 ἀντίκειμαι, *pres mid ptc nom s m*, oppose

χερσὶν αὐτοῦ ἦσαν σκεύη[1] ἀργυρᾶ[2] καὶ σκεύη χρυσᾶ[3] καὶ σκεύη χαλκᾶ.[4] **11** καὶ ταῦτα
ἡγίασεν[5] ὁ βασιλεὺς Δαυιδ τῷ κυρίῳ μετὰ τοῦ ἀργυρίου[6] καὶ μετὰ τοῦ χρυσίου,[7] οὗ
ἡγίασεν ἐκ πασῶν τῶν πόλεων, ὧν κατεδυνάστευσεν,[8] **12** ἐκ τῆς Ιδουμαίας καὶ ἐκ
τῆς Μωαβ καὶ ἐκ τῶν υἱῶν Αμμων καὶ ἐκ τῶν ἀλλοφύλων[9] καὶ ἐξ Αμαληκ καὶ ἐκ
τῶν σκύλων[10] Αδρααζαρ υἱοῦ Ρααβ βασιλέως Σουβα.

13 καὶ ἐποίησεν Δαυιδ ὄνομα· καὶ ἐν τῷ ἀνακάμπτειν[11] αὐτὸν ἐπάταξεν[12] τὴν Ιδου-
μαίαν ἐν Γαιμελε εἰς ὀκτωκαίδεκα[13] χιλιάδας.[14] **14** καὶ ἔθετο ἐν τῇ Ιδουμαίᾳ φρουράν,[15]
ἐν πάσῃ τῇ Ιδουμαίᾳ, καὶ ἐγένοντο πάντες οἱ Ιδουμαῖοι δοῦλοι τῷ βασιλεῖ. καὶ
ἔσωσεν κύριος τὸν Δαυιδ ἐν πᾶσιν, οἷς ἐπορεύετο.

David's Officials

15 Καὶ ἐβασίλευσεν[16] Δαυιδ ἐπὶ Ισραηλ, καὶ ἦν Δαυιδ ποιῶν κρίμα[17] καὶ δικαιοσύνην
ἐπὶ πάντα τὸν λαὸν αὐτοῦ. **16** καὶ Ιωαβ υἱὸς Σαρουιας ἐπὶ τῆς στρατιᾶς,[18] καὶ Ιωσαφατ
υἱὸς Αχια ἐπὶ τῶν ὑπομνημάτων,[19] **17** καὶ Σαδδουκ υἱὸς Αχιτωβ καὶ Αχιμελεχ υἱὸς
Αβιαθαρ ἱερεῖς, καὶ Ασα ὁ γραμματεύς,[20] **18** καὶ Βαναιας υἱὸς Ιωδαε σύμβουλος,[21]
καὶ ὁ χελεθθι καὶ ὁ φελεττι· καὶ υἱοὶ Δαυιδ αὐλάρχαι[22] ἦσαν.

David Shows Kindness to Mephibosheth

9 Καὶ εἶπεν Δαυιδ Εἰ ἔστιν ἔτι ὑπολελειμμένος[23] τῷ οἴκῳ Σαουλ καὶ ποιήσω μετ᾽
αὐτοῦ ἔλεος[24] ἕνεκεν[25] Ιωναθαν; **2** καὶ ἐκ τοῦ οἴκου Σαουλ παῖς[26] ἦν καὶ ὄνομα
αὐτῷ Σιβα, καὶ καλοῦσιν αὐτὸν πρὸς Δαυιδ. καὶ εἶπεν πρὸς αὐτὸν ὁ βασιλεύς Εἰ σὺ
εἶ Σιβα; καὶ εἶπεν Ἐγὼ δοῦλος σός.[27] **3** καὶ εἶπεν ὁ βασιλεύς Εἰ ὑπολέλειπται[28] ἐκ τοῦ
οἴκου Σαουλ ἔτι ἀνὴρ καὶ ποιήσω μετ᾽ αὐτοῦ ἔλεος[29] θεοῦ; καὶ εἶπεν Σιβα πρὸς τὸν
βασιλέα Ἔτι ἔστιν υἱὸς τῷ Ιωναθαν πεπληγὼς[30] τοὺς πόδας. **4** καὶ εἶπεν ὁ βασιλεύς
Ποῦ οὗτος; καὶ εἶπεν Σιβα πρὸς τὸν βασιλέα Ἰδοὺ ἐν οἴκῳ Μαχιρ υἱοῦ Αμιηλ ἐκ τῆς
Λαδαβαρ. **5** καὶ ἀπέστειλεν ὁ βασιλεὺς Δαυιδ καὶ ἔλαβεν αὐτὸν ἐκ τοῦ οἴκου Μαχιρ
υἱοῦ Αμιηλ ἐκ τῆς Λαδαβαρ. **6** καὶ παραγίνεται Μεμφιβοσθε υἱὸς Ιωναθαν υἱοῦ

1 σκεῦος, vessel, object
2 ἀργυροῦς, silver
3 χρυσοῦς, gold
4 χαλκοῦς, bronze
5 ἁγιάζω, *aor act ind 3s*, consecrate, dedicate
6 ἀργύριον, silver
7 χρυσίον, gold
8 καταδυναστεύω, *aor act ind 3s*, conquer, control
9 ἀλλόφυλος, foreign, (Philistine)
10 σκῦλον, plunder, spoils
11 ἀνακάμπτω, *pres act inf*, return
12 πατάσσω, *aor act ind 3s*, strike, defeat
13 ὀκτωκαίδεκα, eighteen
14 χιλιάς, thousand
15 φρουρά, garrison, watch
16 βασιλεύω, *aor act ind 3s*, reign as king
17 κρίμα, judgment, ruling
18 στρατιά, army, company
19 ὑπόμνημα, record
20 γραμματεύς, scribe
21 σύμβουλος, adviser, counselor
22 αὐλάρχης, chief of the court
23 ὑπολείπω, *perf pas ptc nom s m*, leave behind
24 ἔλεος, mercy, compassion
25 ἕνεκα, for the sake of
26 παῖς, servant
27 σός, your
28 ὑπολείπω, *perf pas ind 3s*, leave behind
29 ἔλεος, mercy, compassion
30 πλήσσω, *perf act ptc nom s m*, wound, strike

Σαουλ πρὸς τὸν βασιλέα Δαυιδ καὶ ἔπεσεν ἐπὶ πρόσωπον αὐτοῦ καὶ προσεκύνησεν
αὐτῷ. καὶ εἶπεν αὐτῷ Δαυιδ Μεμφιβοσθε· καὶ εἶπεν Ἰδοὺ ὁ δοῦλός σου. **7** καὶ εἶπεν
αὐτῷ Δαυιδ Μὴ φοβοῦ, ὅτι ποιῶν ποιήσω μετὰ σοῦ ἔλεος[1] διὰ Ιωναθαν τὸν πατέρα
σου καὶ ἀποκαταστήσω[2] σοι πάντα ἀγρὸν Σαουλ πατρὸς τοῦ πατρός σου, καὶ σὺ
φάγῃ ἄρτον ἐπὶ τῆς τραπέζης[3] μου διὰ παντός. **8** καὶ προσεκύνησεν Μεμφιβοσθε
καὶ εἶπεν Τίς εἰμι ὁ δοῦλός σου, ὅτι ἐπέβλεψας[4] ἐπὶ τὸν κύνα[5] τὸν τεθνηκότα[6] τὸν
ὅμοιον[7] ἐμοί;

9 καὶ ἐκάλεσεν ὁ βασιλεὺς Σιβα τὸ παιδάριον[8] Σαουλ καὶ εἶπεν πρὸς αὐτόν Πάντα,
ὅσα ἐστὶν τῷ Σαουλ καὶ ὅλῳ τῷ οἴκῳ αὐτοῦ, δέδωκα τῷ υἱῷ τοῦ κυρίου σου· **10** καὶ
ἐργᾷ αὐτῷ τὴν γῆν, σὺ καὶ οἱ υἱοί σου καὶ οἱ δοῦλοί σου, καὶ εἰσοίσεις[9] τῷ υἱῷ
τοῦ κυρίου σου ἄρτους, καὶ ἔδεται αὐτούς· καὶ Μεμφιβοσθε υἱὸς τοῦ κυρίου σου
φάγεται διὰ παντὸς ἄρτον ἐπὶ τῆς τραπέζης[10] μου. (καὶ τῷ Σιβα ἦσαν πεντεκαίδεκα[11]
υἱοὶ καὶ εἴκοσι[12] δοῦλοι.) **11** καὶ εἶπεν Σιβα πρὸς τὸν βασιλέα Κατὰ πάντα, ὅσα
ἐντέταλται[13] ὁ κύριός μου ὁ βασιλεὺς τῷ δούλῳ αὐτοῦ, οὕτως ποιήσει ὁ δοῦλός
σου. καὶ Μεμφιβοσθε ἤσθιεν ἐπὶ τῆς τραπέζης[14] Δαυιδ καθὼς εἷς τῶν υἱῶν τοῦ
βασιλέως. **12** καὶ τῷ Μεμφιβοσθε υἱὸς μικρὸς καὶ ὄνομα αὐτῷ Μιχα. καὶ πᾶσα ἡ
κατοίκησις[15] τοῦ οἴκου Σιβα δοῦλοι τοῦ Μεμφιβοσθε. **13** καὶ Μεμφιβοσθε κατῴκει
ἐν Ιερουσαλημ, ὅτι ἐπὶ τῆς τραπέζης[16] τοῦ βασιλέως διὰ παντὸς ἤσθιεν· καὶ αὐτὸς
ἦν χωλὸς[17] ἀμφοτέροις[18] τοῖς ποσὶν αὐτοῦ.

David Defeats the Ammonites and Arameans

10 Καὶ ἐγένετο μετὰ ταῦτα καὶ ἀπέθανεν βασιλεὺς υἱῶν Αμμων, καὶ ἐβασίλευσεν[19]
Αννων υἱὸς αὐτοῦ ἀντ᾽[20] αὐτοῦ. **2** καὶ εἶπεν Δαυιδ Ποιήσω ἔλεος[21] μετὰ Αννων
υἱοῦ Ναας, ὃν τρόπον[22] ἐποίησεν ὁ πατὴρ αὐτοῦ μετ᾽ ἐμοῦ ἔλεοςκαὶ ἀπέστειλεν
Δαυιδ παρακαλέσαι αὐτὸν ἐν χειρὶ τῶν δούλων αὐτοῦ περὶ τοῦ πατρὸς αὐτοῦ. καὶ
παρεγένοντο οἱ παῖδες[23] Δαυιδ εἰς τὴν γῆν υἱῶν Αμμων. **3** καὶ εἶπον οἱ ἄρχοντες υἱῶν
Αμμων πρὸς Αννων τὸν κύριον αὐτῶν Μὴ παρὰ τὸ δοξάζειν Δαυιδ τὸν πατέρα σου
ἐνώπιόν σου, ὅτι ἀπέστειλέν σοι παρακαλοῦντας; ἀλλ᾽ οὐχὶ ὅπως ἐρευνήσωσιν[24]
τὴν πόλιν καὶ κατασκοπήσωσιν[25] αὐτὴν καὶ τοῦ κατασκέψασθαι[26] αὐτὴν ἀπέστειλεν

1 ἔλεος, mercy, compassion
2 ἀποκαθίστημι, *fut act ind 1s*, restore
3 τράπεζα, table
4 ἐπιβλέπω, *aor act ind 2s*, look upon
5 κύων, dog
6 θνῄσκω, *perf act ptc acc s m*, die
7 ὅμοιος, similar to, like
8 παιδάριον, servant
9 εἰσφέρω, *fut act ind 2s*, carry in, bring in
10 τράπεζα, table
11 πεντεκαίδεκα, fifteen
12 εἴκοσι, twenty
13 ἐντέλλομαι, *perf mid ind 3s*, command, order
14 τράπεζα, table
15 κατοίκησις, household
16 τράπεζα, table
17 χωλός, lame
18 ἀμφότεροι, both
19 βασιλεύω, *aor act ind 3s*, reign as king
20 ἀντί, in place of
21 ἔλεος, pity, mercy
22 ὃν τρόπον, in the manner that
23 παῖς, servant
24 ἐρευνάω, *aor act sub 3p*, search, examine
25 κατασκοπέω, *aor act sub 3p*, spy out
26 κατασκέπτομαι, *aor mid inf*, survey, inspect

Δαυιδ τοὺς παῖδας[1] αὐτοῦ πρὸς σέ; **4** καὶ ἔλαβεν Αννων τοὺς παῖδας[2] Δαυιδ καὶ
ἐξύρησεν[3] τοὺς πώγωνας[4] αὐτῶν καὶ ἀπέκοψεν[5] τοὺς μανδύας[6] αὐτῶν ἐν τῷ ἡμίσει[7]
ἕως τῶν ἰσχίων[8] αὐτῶν καὶ ἐξαπέστειλεν[9] αὐτούς. **5** καὶ ἀνήγγειλαν[10] τῷ Δαυιδ ὑπὲρ
τῶν ἀνδρῶν, καὶ ἀπέστειλεν εἰς ἀπαντὴν[11] αὐτῶν, ὅτι ἦσαν οἱ ἄνδρες ἠτιμασμένοι[12]
σφόδρα·[13] καὶ εἶπεν ὁ βασιλεύς Καθίσατε ἐν Ιεριχω ἕως τοῦ ἀνατεῖλαι[14] τοὺς πώ-
γωνας[15] ὑμῶν, καὶ ἐπιστραφήσεσθε.

6 καὶ εἶδαν οἱ υἱοὶ Αμμων ὅτι κατῃσχύνθησαν[16] ὁ λαὸς Δαυιδ, καὶ ἀπέστειλαν οἱ
υἱοὶ Αμμων καὶ ἐμισθώσαντο[17] τὴν Συρίαν Βαιθροωβ, εἴκοσι[18] χιλιάδας[19] πεζῶν,[20] καὶ
τὸν βασιλέα Μααχα, χιλίους[21] ἄνδρας, καὶ Ιστωβ, δώδεκα[22] χιλιάδας ἀνδρῶν. **7** καὶ
ἤκουσεν Δαυιδ καὶ ἀπέστειλεν τὸν Ιωαβ καὶ πᾶσαν τὴν δύναμιν, τοὺς δυνατούς.
8 καὶ ἐξῆλθαν οἱ υἱοὶ Αμμων καὶ παρετάξαντο[23] πόλεμον παρὰ τῇ θύρᾳ τῆς πύλης,[24]
καὶ Συρία Σουβα καὶ Ροωβ καὶ Ιστωβ καὶ Μααχα μόνοι ἐν ἀγρῷ.

9 καὶ εἶδεν Ιωαβ ὅτι ἐγενήθη πρὸς αὐτὸν ἀντιπρόσωπον[25] τοῦ πολέμου, ἐκ τοῦ
κατὰ πρόσωπον ἐξ ἐναντίας[26] καὶ ἐκ τοῦ ὄπισθεν,[27] καὶ ἐπέλεξεν[28] ἐκ πάντων τῶν
νεανίσκων[29] Ισραηλ, καὶ παρετάξαντο[30] ἐξ ἐναντίας[31] Συρίας. **10** καὶ τὸ κατάλοιπον[32]
τοῦ λαοῦ ἔδωκεν ἐν χειρὶ Αβεσσα τοῦ ἀδελφοῦ αὐτοῦ, καὶ παρετάξαντο[33] ἐξ ἐναν-
τίας[34] υἱῶν Αμμων. **11** καὶ εἶπεν Ἐὰν κραταιωθῇ[35] Συρία ὑπὲρ ἐμέ, καὶ ἔσεσθέ μοι εἰς
σωτηρίαν, καὶ ἐὰν υἱοὶ Αμμων κραταιωθῶσιν[36] ὑπὲρ σέ, καὶ ἐσόμεθα τοῦ σῶσαί σε·
12 ἀνδρίζου[37] καὶ κραταιωθῶμεν[38] ὑπὲρ τοῦ λαοῦ ἡμῶν καὶ περὶ τῶν πόλεων τοῦ
θεοῦ ἡμῶν, καὶ κύριος ποιήσει τὸ ἀγαθὸν ἐν ὀφθαλμοῖς αὐτοῦ. **13** καὶ προσῆλθεν
Ιωαβ καὶ ὁ λαὸς αὐτοῦ μετ᾽ αὐτοῦ εἰς πόλεμον πρὸς Συρίαν, καὶ ἔφυγαν[39] ἀπὸ

1 παῖς, servant
2 παῖς, servant
3 ξυρέω, *aor act ind 3s*, shave
4 πώγων, beard
5 ἀποκόπτω, *aor act ind 3s*, cut off
6 μανδύας, wool cloak, *Heb. LW*
7 ἥμισυς, half
8 ἰσχίον, hip
9 ἐξαποστέλλω, *aor act ind 3s*, send away, dismiss
10 ἀναγγέλλω, *aor act ind 3p*, report, announce
11 ἀπαντή, meeting
12 ἀτιμάζω, *perf pas ptc nom p m*, dishonor, put to shame
13 σφόδρα, exceedingly
14 ἀνατέλλω, *aor act inf*, grow
15 πώγων, beard
16 καταισχύνω, *aor pas ind 3p*, disgrace, shame
17 μισθόω, *aor mid ind 3p*, hire
18 εἴκοσι, twenty
19 χιλιάς, thousand
20 πεζός, foot soldier
21 χίλιοι, one thousand
22 δώδεκα, twelve
23 παρατάσσω, *aor mid ind 3p*, align, prepare
24 πύλη, gate, entrance
25 ἀντιπρόσωπος, front line
26 ἐναντίος, opposite, across, in front
27 ὄπισθε(ν), behind
28 ἐπιλέγω, *aor act ind 3s*, select, pick out
29 νεανίσκος, young man
30 παρατάσσω, *aor mid ind 3p*, align (for battle)
31 ἐναντίος, opposite, facing
32 κατάλοιπος, rest, remainder
33 παρατάσσω, *aor mid ind 3p*, align (for battle)
34 ἐναντίος, opposite, facing
35 κραταιόω, *aor pas sub 3s*, prevail
36 κραταιόω, *aor pas sub 3p*, prevail
37 ἀνδρίζομαι, *pres mid impv 2s*, be courageous
38 κραταιόω, *aor pas sub 1p*, strengthen, be strong
39 φεύγω, *aor act ind 3p*, flee

προσώπου αὐτοῦ. **14** καὶ οἱ υἱοὶ Αμμων εἶδαν ὅτι ἔφυγεν[1] Συρία, καὶ ἔφυγαν[2] ἀπὸ προσώπου Αβεσσα καὶ εἰσῆλθαν εἰς τὴν πόλιν. καὶ ἀνέστρεψεν[3] Ιωαβ ἀπὸ τῶν υἱῶν Αμμων καὶ παρεγένοντο εἰς Ιερουσαλημ.

15 καὶ εἶδεν Συρία ὅτι ἔπταισεν[4] ἔμπροσθεν Ισραηλ, καὶ συνήχθησαν ἐπὶ τὸ αὐτό.
16 καὶ ἀπέστειλεν Αδρααζαρ καὶ συνήγαγεν τὴν Συρίαν τὴν ἐκ τοῦ πέραν[5] τοῦ ποταμοῦ[6] Χαλαμακ, καὶ παρεγένοντο Αιλαμ, καὶ Σωβακ ἄρχων τῆς δυνάμεως Αδρααζαρ ἔμπροσθεν αὐτῶν. **17** καὶ ἀνηγγέλη[7] τῷ Δαυιδ, καὶ συνήγαγεν τὸν πάντα Ισραηλ καὶ διέβη[8] τὸν Ιορδάνην καὶ παρεγένοντο εἰς Αιλαμ· καὶ παρετάξατο[9] Συρία ἀπέναντι[10] Δαυιδ καὶ ἐπολέμησαν μετ᾽ αὐτοῦ. **18** καὶ ἔφυγεν[11] Συρία ἀπὸ προσώπου Ισραηλ, καὶ ἀνεῖλεν[12] Δαυιδ ἐκ τῆς Συρίας ἑπτακόσια[13] ἅρματα[14] καὶ τεσσαράκοντα[15] χιλιάδας[16] ἱππέων·[17] καὶ τὸν Σωβακ τὸν ἄρχοντα τῆς δυνάμεως αὐτοῦ ἐπάταξεν,[18] καὶ ἀπέθανεν ἐκεῖ. **19** καὶ εἶδαν πάντες οἱ βασιλεῖς οἱ δοῦλοι Αδρααζαρ ὅτι ἔπταισαν[19] ἔμπροσθεν Ισραηλ, καὶ ηὐτομόλησαν[20] μετὰ Ισραηλ καὶ ἐδούλευσαν[21] αὐτοῖς. καὶ ἐφοβήθη Συρία τοῦ σῶσαι ἔτι τοὺς υἱοὺς Αμμων.

David and Bathsheba

11 Καὶ ἐγένετο ἐπιστρέψαντος τοῦ ἐνιαυτοῦ[22] εἰς τὸν καιρὸν τῆς ἐξοδίας[23] τῶν βασιλέων καὶ ἀπέστειλεν Δαυιδ τὸν Ιωαβ καὶ τοὺς παῖδας[24] αὐτοῦ μετ᾽ αὐτοῦ καὶ τὸν πάντα Ισραηλ, καὶ διέφθειραν[25] τοὺς υἱοὺς Αμμων καὶ διεκάθισαν[26] ἐπὶ Ραββαθ· καὶ Δαυιδ ἐκάθισεν ἐν Ιερουσαλημ.

2 Καὶ ἐγένετο πρὸς ἑσπέραν[27] καὶ ἀνέστη Δαυιδ ἀπὸ τῆς κοίτης[28] αὐτοῦ καὶ περιεπάτει[29] ἐπὶ τοῦ δώματος[30] τοῦ οἴκου τοῦ βασιλέως καὶ εἶδεν γυναῖκα λουομένην[31] ἀπὸ τοῦ δώματος, καὶ ἡ γυνὴ καλὴ τῷ εἴδει[32] σφόδρα.[33] **3** καὶ ἀπέστειλεν Δαυιδ καὶ ἐζήτησεν τὴν γυναῖκα, καὶ εἶπεν Οὐχὶ αὕτη Βηρσαβεε θυγάτηρ[34] Ελιαβ γυνὴ Ουριου

1 φεύγω, *aor act ind 3s*, flee
2 φεύγω, *aor act ind 3p*, flee
3 ἀναστρέφω, *aor act ind 3s*, return
4 πταίω, *aor act ind 3s*, fall, be lost (in defeat)
5 πέραν, other side
6 ποταμός, river
7 ἀναγγέλλω, *aor pas ind 3s*, report, announce
8 διαβαίνω, *aor act ind 3s*, cross, pass over
9 παρατάσσω, *aor mid ind 3s*, align (for battle)
10 ἀπέναντι, contrary to, against
11 φεύγω, *aor act ind 3s*, flee
12 ἀναιρέω, *aor act ind 3s*, destroy
13 ἑπτακόσιοι, seven hundred
14 ἅρμα, chariot
15 τεσσαράκοντα, forty
16 χιλιάς, thousand
17 ἱππεύς, horseman, cavalry
18 πατάσσω, *aor act ind 3s*, slay, defeat
19 πταίω, *aor act ind 3p*, fall, be lost (in defeat)
20 αὐτομολέω, *aor act ind 3p*, change allegiance
21 δουλεύω, *aor act ind 3p*, serve
22 ἐνιαυτός, year
23 ἐξοδία, marching out, departure
24 παῖς, servant
25 διαφθείρω, *aor act ind 3p*, utterly destroy
26 διακαθίζω, *aor act ind 3p*, besiege
27 ἑσπέρα, evening
28 κοίτη, bed
29 περιπατέω, *impf act ind 3s*, walk around
30 δῶμα, roof
31 λούω, *pres mid ptc acc s f*, wash, bathe
32 εἶδος, form, appearance
33 σφόδρα, exceedingly
34 θυγάτηρ, daughter

τοῦ Χετταίου; **4** καὶ ἀπέστειλεν Δαυιδ ἀγγέλους καὶ ἔλαβεν αὐτήν, καὶ εἰσῆλθεν πρὸς αὐτόν, καὶ ἐκοιμήθη[1] μετ᾽ αὐτῆς, καὶ αὐτὴ ἁγιαζομένη[2] ἀπὸ ἀκαθαρσίας[3] αὐτῆς καὶ ἀπέστρεψεν[4] εἰς τὸν οἶκον αὐτῆς. **5** καὶ ἐν γαστρὶ[5] ἔλαβεν ἡ γυνή· καὶ ἀποστείλασα ἀπήγγειλεν τῷ Δαυιδ καὶ εἶπεν Ἐγώ εἰμι ἐν γαστρὶ ἔχω.

6 καὶ ἀπέστειλεν Δαυιδ πρὸς Ιωαβ λέγων Ἀπόστειλον πρός με τὸν Ουριαν τὸν Χετταῖον· καὶ ἀπέστειλεν Ιωαβ τὸν Ουριαν πρὸς Δαυιδ. **7** καὶ παραγίνεται Ουριας καὶ εἰσῆλθεν πρὸς αὐτόν, καὶ ἐπηρώτησεν[6] Δαυιδ εἰς εἰρήνην Ιωαβ καὶ εἰς εἰρήνην τοῦ λαοῦ καὶ εἰς εἰρήνην τοῦ πολέμου. **8** καὶ εἶπεν Δαυιδ τῷ Ουρια Κατάβηθι εἰς τὸν οἶκόν σου καὶ νίψαι[7] τοὺς πόδας σου· καὶ ἐξῆλθεν Ουριας ἐξ οἴκου τοῦ βασιλέως, καὶ ἐξῆλθεν ὀπίσω αὐτοῦ ἄρσις[8] τοῦ βασιλέως. **9** καὶ ἐκοιμήθη[9] Ουριας παρὰ τῇ θύρᾳ τοῦ βασιλέως μετὰ τῶν δούλων τοῦ κυρίου αὐτοῦ καὶ οὐ κατέβη εἰς τὸν οἶκον αὐτοῦ. **10** καὶ ἀνήγγειλαν[10] τῷ Δαυιδ λέγοντες ὅτι Οὐ κατέβη Ουριας εἰς τὸν οἶκον αὐτοῦ. καὶ εἶπεν Δαυιδ πρὸς Ουριαν Οὐχὶ ἐξ ὁδοῦ σὺ ἔρχῃ; τί ὅτι οὐ κατέβης εἰς τὸν οἶκόν σου; **11** καὶ εἶπεν Ουριας πρὸς Δαυιδ Ἡ κιβωτὸς[11] καὶ Ισραηλ καὶ Ιουδας κατοικοῦσιν ἐν σκηναῖς,[12] καὶ ὁ κύριός μου Ιωαβ καὶ οἱ δοῦλοι τοῦ κυρίου μου ἐπὶ πρόσωπον τοῦ ἀγροῦ παρεμβάλλουσιν·[13] καὶ ἐγὼ εἰσελεύσομαι εἰς τὸν οἶκόν μου φαγεῖν καὶ πιεῖν καὶ κοιμηθῆναι[14] μετὰ τῆς γυναικός μου; πῶς; ζῇ ἡ ψυχή σου, εἰ ποιήσω τὸ ῥῆμα τοῦτο. **12** καὶ εἶπεν Δαυιδ πρὸς Ουριαν Κάθισον ἐνταῦθα[15] καί γε σήμερον, καὶ αὔριον[16] ἐξαποστελῶ[17] σε· καὶ ἐκάθισεν Ουριας ἐν Ιερουσαλημ ἐν τῇ ἡμέρᾳ ἐκείνῃ καὶ τῇ ἐπαύριον.[18] **13** καὶ ἐκάλεσεν αὐτὸν Δαυιδ, καὶ ἔφαγεν ἐνώπιον αὐτοῦ καὶ ἔπιεν, καὶ ἐμέθυσεν[19] αὐτόν· καὶ ἐξῆλθεν ἑσπέρας[20] τοῦ κοιμηθῆναι[21] ἐπὶ τῆς κοίτης[22] αὐτοῦ μετὰ τῶν δούλων τοῦ κυρίου αὐτοῦ, καὶ εἰς τὸν οἶκον αὐτοῦ οὐ κατέβη.

David Has Uriah Murdered

14 καὶ ἐγένετο πρωὶ[23] καὶ ἔγραψεν Δαυιδ βιβλίον πρὸς Ιωαβ καὶ ἀπέστειλεν ἐν χειρὶ Ουριου. **15** καὶ ἔγραψεν ἐν τῷ βιβλίῳ λέγων Εἰσάγαγε[24] τὸν Ουριαν ἐξ ἐναντίας[25] τοῦ πολέμου τοῦ κραταιοῦ,[26] καὶ ἀποστραφήσεσθε[27] ἀπὸ ὄπισθεν[28] αὐτοῦ, καὶ πλη-

1 κοιμάω, *aor pas ind 3s*, sleep, lie with
2 ἁγιάζω, *pres pas ptc nom s f*, purify
3 ἀκαθαρσία, impurity
4 ἀποστρέφω, *aor act ind 3s*, return
5 γαστήρ, womb
6 ἐπερωτάω, *aor act ind 3s*, inquire, ask
7 νίπτω, *aor act inf*, wash
8 ἄρσις, portion, (gift?)
9 κοιμάω, *aor pas ind 3s*, sleep
10 ἀναγγέλλω, *aor act ind 3p*, report, announce
11 κιβωτός, chest, ark (of the covenant)
12 σκηνή, tent
13 παρεμβάλλω, *pres act ind 3p*, encamp
14 κοιμάω, *aor pas inf*, sleep, lie with
15 ἐνταῦθα, here
16 αὔριον, tomorrow
17 ἐξαποστέλλω, *fut act ind 1s*, send out, dismiss
18 ἐπαύριον, next day
19 μεθύσκω, *aor act ind 3s*, make drunk
20 ἑσπέρα, evening
21 κοιμάω, *aor pas inf*, sleep
22 κοίτη, bed
23 πρωί, morning
24 εἰσάγω, *aor act impv 2s*, lead in
25 ἐναντίος, opposite, facing
26 κραταιός, severe, fierce
27 ἀποστρέφω, *fut pas ind 2p*, turn back, turn away
28 ὄπισθε(ν), behind, following

γήσεται[1] καὶ ἀποθανεῖται. **16** καὶ ἐγενήθη ἐν τῷ φυλάσσειν Ιωαβ ἐπὶ τὴν πόλιν καὶ
ἔθηκεν τὸν Ουριαν εἰς τὸν τόπον, οὗ ᾔδει[2] ὅτι ἄνδρες δυνάμεως ἐκεῖ. **17** καὶ ἐξῆλθον
οἱ ἄνδρες τῆς πόλεως καὶ ἐπολέμουν μετὰ Ιωαβ, καὶ ἔπεσαν ἐκ τοῦ λαοῦ ἐκ τῶν
δούλων Δαυιδ, καὶ ἀπέθανεν καί γε Ουριας ὁ Χετταῖος. **18** καὶ ἀπέστειλεν Ιωαβ
καὶ ἀπήγγειλεν τῷ βασιλεῖ πάντας τοὺς λόγους τοῦ πολέμου **19** καὶ ἐνετείλατο[3] τῷ
ἀγγέλῳ λέγων Ἐν τῷ συντελέσαι[4] σε πάντας τοὺς λόγους τοῦ πολέμου λαλῆσαι
πρὸς τὸν βασιλέα **20** καὶ ἔσται ἐὰν ἀναβῇ ὁ θυμὸς[5] τοῦ βασιλέως καὶ εἴπῃ σοι Τί
ὅτι ἠγγίσατε πρὸς τὴν πόλιν πολεμῆσαι; οὐκ ᾔδειτε[6] ὅτι τοξεύσουσιν[7] ἀπάνωθεν[8]
τοῦ τείχους;[9] **21** τίς ἐπάταξεν[10] τὸν Αβιμελεχ υἱὸν Ιεροβααλ; οὐχὶ γυνὴ ἔρριψεν[11] ἐπ᾽
αὐτὸν κλάσμα[12] μύλου[13] ἐπάνωθεν[14] τοῦ τείχους[15] καὶ ἀπέθανεν ἐν Θαμασι; ἵνα τί
προσηγάγετε[16] πρὸς τὸ τεῖχος;[17] καὶ ἐρεῖς Καί γε Ουριας ὁ δοῦλός σου ὁ Χετταῖος
ἀπέθανεν.

22 καὶ ἐπορεύθη ὁ ἄγγελος Ιωαβ πρὸς τὸν βασιλέα εἰς Ιερουσαλημ καὶ παρεγένετο
καὶ ἀπήγγειλεν τῷ Δαυιδ πάντα, ὅσα ἀπήγγειλεν αὐτῷ Ιωαβ, πάντα τὰ ῥήματα
τοῦ πολέμου. καὶ ἐθυμώθη[18] Δαυιδ πρὸς Ιωαβ καὶ εἶπεν πρὸς τὸν ἄγγελον Ἵνα τί
προσηγάγετε[19] πρὸς τὴν πόλιν τοῦ πολεμῆσαι; οὐκ ᾔδειτε[20] ὅτι πληγήσεσθε[21] ἀπὸ
τοῦ τείχους;[22] τίς ἐπάταξεν[23] τὸν Αβιμελεχ υἱὸν Ιεροβααλ; οὐχὶ γυνὴ ἔρριψεν[24] ἐπ᾽
αὐτὸν κλάσμα[25] μύλου[26] ἀπὸ τοῦ τείχους[27] καὶ ἀπέθανεν ἐν Θαμασι; ἵνα τί προσ-
ηγάγετε[28] πρὸς τὸ τεῖχος;

23 καὶ εἶπεν ὁ ἄγγελος πρὸς Δαυιδ Ὅτι ἐκραταίωσαν[29] ἐφ᾽ ἡμᾶς οἱ ἄνδρες καὶ
ἐξῆλθαν ἐφ᾽ ἡμᾶς εἰς τὸν ἀγρόν, καὶ ἐγενήθημεν ἐπ᾽ αὐτοὺς ἕως τῆς θύρας τῆς
πύλης,[30] **24** καὶ ἐτόξευσαν[31] οἱ τοξεύοντες[32] πρὸς τοὺς παῖδάς[33] σου ἀπάνωθεν[34] τοῦ
τείχους,[35] καὶ ἀπέθαναν τῶν παίδων τοῦ βασιλέως, καί γε ὁ δοῦλός σου Ουριας ὁ

1 πλήσσω, *fut pas ind 3s*, strike, wound
2 οἶδα, *plpf act ind 3s*, know
3 ἐντέλλομαι, *aor mid ind 3s*, command, order
4 συντελέω, *aor act inf*, finish
5 θυμός, anger, fury
6 οἶδα, *plpf act ind 2p*, know
7 τοξεύω, *fut act ind 3p*, shoot (with a bow)
8 ἀπάνωθεν, from the top
9 τεῖχος, city wall
10 πατάσσω, *aor act ind 3s*, strike, slay
11 ῥίπτω, *aor act ind 3s*, throw, cast
12 κλάσμα, piece, chunk
13 μύλος, millstone
14 ἐπάνωθεν, from the top
15 τεῖχος, city wall
16 προσάγω, *aor act ind 2p*, approach, go near
17 τεῖχος, city wall
18 θυμόω, *aor pas ind 3s*, be angry
19 προσάγω, *aor act ind 2p*, approach, go near
20 οἶδα, *plpf act ind 2p*, know
21 πλήσσω, *fut pas ind 2p*, strike, wound
22 τεῖχος, city wall
23 πατάσσω, *aor act ind 3s*, strike, slay
24 ῥίπτω, *aor act ind 3s*, throw, cast
25 κλάσμα, piece, chunk
26 μύλος, millstone
27 τεῖχος, city wall
28 προσάγω, *aor act ind 2p*, approach, go near
29 κραταιόω, *aor act ind 3p*, prevail, overpower
30 πύλη, gate, entrance
31 τοξεύω, *aor act ind 3p*, shoot (with a bow)
32 τοξεύω, *pres act ptc nom p m*, shoot (with a bow)
33 παῖς, servant
34 ἀπάνωθεν, from the top
35 τεῖχος, city wall

Χετταῖος ἀπέθανεν. **25** καὶ εἶπεν Δαυιδ πρὸς τὸν ἄγγελον Τάδε[1] ἐρεῖς πρὸς Ιωαβ Μὴ πονηρὸν ἔστω ἐν ὀφθαλμοῖς σου τὸ ῥῆμα τοῦτο, ὅτι ποτὲ[2] μὲν οὕτως καὶ ποτὲ[3] οὕτως φάγεται ἡ μάχαιρα·[4] κραταίωσον[5] τὸν πόλεμόν σου πρὸς τὴν πόλιν καὶ κατάσπασον[6] αὐτὴν καὶ κραταίωσον αὐτόν.

26 καὶ ἤκουσεν ἡ γυνὴ Ουριου ὅτι ἀπέθανεν Ουριας ὁ ἀνὴρ αὐτῆς, καὶ ἐκόψατο[7] τὸν ἄνδρα αὐτῆς. **27** καὶ διῆλθεν τὸ πένθος,[8] καὶ ἀπέστειλεν Δαυιδ καὶ συνήγαγεν αὐτὴν εἰς τὸν οἶκον αὐτοῦ, καὶ ἐγενήθη αὐτῷ εἰς γυναῖκα καὶ ἔτεκεν[9] αὐτῷ υἱόν. Καὶ πονηρὸν ἐφάνη[10] τὸ ῥῆμα, ὃ ἐποίησεν Δαυιδ, ἐν ὀφθαλμοῖς κυρίου.

Nathan Rebukes David

12 καὶ ἀπέστειλεν κύριος τὸν Ναθαν τὸν προφήτην πρὸς Δαυιδ, καὶ εἰσῆλθεν πρὸς αὐτὸν καὶ εἶπεν αὐτῷ Δύο ἦσαν ἄνδρες ἐν πόλει μιᾷ, εἷς πλούσιος[11] καὶ εἷς πένης·[12] **2** καὶ τῷ πλουσίῳ[13] ἦν ποίμνια[14] καὶ βουκόλια[15] πολλὰ σφόδρα,[16] **3** καὶ τῷ πένητι[17] οὐδὲν ἀλλ᾽ ἢ ἀμνὰς[18] μία μικρά, ἣν ἐκτήσατο[19] καὶ περιεποιήσατο[20] καὶ ἐξέθρεψεν[21] αὐτήν, καὶ ἡδρύνθη[22] μετ᾽ αὐτοῦ καὶ μετὰ τῶν υἱῶν αὐτοῦ ἐπὶ τὸ αὐτό, ἐκ τοῦ ἄρτου αὐτοῦ ἤσθιεν καὶ ἐκ τοῦ ποτηρίου[23] αὐτοῦ ἔπινεν καὶ ἐν τῷ κόλπῳ[24] αὐτοῦ ἐκάθευδεν[25] καὶ ἦν αὐτῷ ὡς θυγάτηρ·[26] **4** καὶ ἦλθεν πάροδος[27] τῷ ἀνδρὶ τῷ πλουσίῳ,[28] καὶ ἐφείσατο[29] λαβεῖν ἐκ τῶν ποιμνίων[30] αὐτοῦ καὶ ἐκ τῶν βουκολίων[31] αὐτοῦ τοῦ ποιῆσαι τῷ ξένῳ[32] ὁδοιπόρῳ[33] ἐλθόντι πρὸς αὐτὸν καὶ ἔλαβεν τὴν ἀμνάδα[34] τοῦ πένητος[35] καὶ ἐποίησεν αὐτὴν τῷ ἀνδρὶ τῷ ἐλθόντι πρὸς αὐτόν. **5** καὶ ἐθυμώθη[36] ὀργῇ Δαυιδ σφόδρα[37] τῷ ἀνδρί, καὶ εἶπεν Δαυιδ πρὸς Ναθαν

1 ὅδε, this
2 πότε, at one time, now
3 πότε, at another time, then
4 μάχαιρα, sword
5 κραταιόω, *aor act impv 2s*, strengthen
6 κατασπάω, *aor act impv 2s*, destroy, pull down
7 κόπτω, *aor mid ind 3s*, (mourn), beat
8 πένθος, grief, mourning
9 τίκτω, *aor act ind 3s*, bear, bring forth
10 φαίνω, *aor pas ind 3s*, appear
11 πλούσιος, rich
12 πένης, poor
13 πλούσιος, rich
14 ποίμνιον, flock
15 βουκόλιον, herd
16 σφόδρα, very
17 πένης, poor
18 ἀμνάς, lamb
19 κτάομαι, *aor mid ind 3s*, buy, obtain
20 περιποιέω, *aor mid ind 3s*, acquire for oneself
21 ἐκτρέφω, *aor act ind 3s*, bring up, rear, nourish
22 ἁδρύνω, *aor pas ind 3s*, come to maturity, grow up
23 ποτήριον, cup
24 κόλπος, arms, bosom
25 καθεύδω, *impf act ind 3s*, sleep
26 θυγάτηρ, daughter
27 πάροδος, passage, (traveler)
28 πλούσιος, rich
29 φείδομαι, *aor mid ind 3s*, refrain, abstain
30 ποίμνιον, flock
31 βουκόλιον, herd
32 ξένος, guest, stranger
33 ὁδοιπόρος, traveler
34 ἀμνάς, lamb
35 πένης, poor
36 θυμόω, *aor pas ind 3s*, be angry
37 σφόδρα, exceedingly

Ζῇ κύριος, ὅτι υἱὸς θανάτου ὁ ἀνὴρ ὁ ποιήσας τοῦτο **6** καὶ τὴν ἀμνάδα[1] ἀποτείσει[2] ἑπταπλασίονα[3] ἀνθ᾽ ὧν[4] ὅτι ἐποίησεν τὸ ῥῆμα τοῦτο καὶ περὶ οὗ οὐκ ἐφείσατο.[5]

7 καὶ εἶπεν Ναθαν πρὸς Δαυιδ Σὺ εἶ ὁ ἀνὴρ ὁ ποιήσας τοῦτο· τάδε[6] λέγει κύριος ὁ θεὸς Ισραηλ Ἐγώ εἰμι ἔχρισά[7] σε εἰς βασιλέα ἐπὶ Ισραηλ, καὶ ἐγώ εἰμι ἐρρυσάμην[8] σε ἐκ χειρὸς Σαουλ **8** καὶ ἔδωκά σοι τὸν οἶκον τοῦ κυρίου σου καὶ τὰς γυναῖκας τοῦ κυρίου σου ἐν τῷ κόλπῳ[9] σου καὶ ἔδωκά σοι τὸν οἶκον Ισραηλ καὶ Ιουδα· καὶ εἰ μικρόν ἐστιν, προσθήσω[10] σοι κατὰ ταῦτα. **9** τί ὅτι ἐφαύλισας[11] τὸν λόγον κυρίου τοῦ ποιῆσαι τὸ πονηρὸν ἐν ὀφθαλμοῖς αὐτοῦ; τὸν Ουριαν τὸν Χετταῖον ἐπάταξας[12] ἐν ῥομφαίᾳ[13] καὶ τὴν γυναῖκα αὐτοῦ ἔλαβες σεαυτῷ εἰς γυναῖκα καὶ αὐτὸν ἀπέκτεινας ἐν ῥομφαίᾳ υἱῶν Αμμων. **10** καὶ νῦν οὐκ ἀποστήσεται[14] ῥομφαία[15] ἐκ τοῦ οἴκου σου ἕως αἰῶνος ἀνθ᾽ ὧν[16] ὅτι ἐξουδένωσάς[17] με καὶ ἔλαβες τὴν γυναῖκα τοῦ Ουριου τοῦ Χετταίου τοῦ εἶναί σοι εἰς γυναῖκα. **11** τάδε[18] λέγει κύριος Ἰδοὺ ἐγὼ ἐξεγείρω[19] ἐπὶ σὲ κακὰ ἐκ τοῦ οἴκου σου καὶ λήμψομαι τὰς γυναῖκάς σου κατ᾽ ὀφθαλμούς σου καὶ δώσω τῷ πλησίον[20] σου, καὶ κοιμηθήσεται[21] μετὰ τῶν γυναικῶν σου ἐναντίον τοῦ ἡλίου τούτου· **12** ὅτι σὺ ἐποίησας κρυβῇ,[22] κἀγὼ[23] ποιήσω τὸ ῥῆμα τοῦτο ἐναντίον[24] παντὸς Ισραηλ καὶ ἀπέναντι[25] τούτου τοῦ ἡλίου. **13** καὶ εἶπεν Δαυιδ τῷ Ναθαν Ἡμάρτηκα τῷ κυρίῳ. καὶ εἶπεν Ναθαν πρὸς Δαυιδ Καὶ κύριος παρεβίβασεν[26] τὸ ἁμάρτημά[27] σου, οὐ μὴ ἀποθάνῃς· **14** πλὴν ὅτι παροξύνων[28] παρώξυνας[29] τοὺς ἐχθροὺς κυρίου ἐν τῷ ῥήματι τούτῳ, καί γε ὁ υἱός σου ὁ τεχθείς[30] σοι θανάτῳ ἀποθανεῖται. **15** καὶ ἀπῆλθεν Ναθαν εἰς τὸν οἶκον αὐτοῦ.

Death of David's Child

Καὶ ἔθραυσεν[31] κύριος τὸ παιδίον, ὃ ἔτεκεν[32] ἡ γυνὴ Ουριου τῷ Δαυιδ, καὶ ἠρρώστησεν.[33] **16** καὶ ἐζήτησεν Δαυιδ τὸν θεὸν περὶ τοῦ παιδαρίου,[34] καὶ ἐνήστευσεν[35]

1 ἀμνάς, lamb
2 ἀποτίνω, *fut act ind 3s*, repay, compensate
3 ἑπταπλασίων, sevenfold
4 ἀνθ᾽ ὧν, on account of, since
5 φείδομαι, *aor mid ind 3s*, refrain, spare
6 ὅδε, this
7 χρίω, *aor act ind 1s*, anoint
8 ῥύομαι, *aor mid ind 1s*, rescue, deliver
9 κόλπος, arms, bosom
10 προστίθημι, *fut act ind 1s*, add to, provide
11 φαυλίζω, *aor act ind 2s*, despise, consider cheap
12 πατάσσω, *aor act ind 2s*, strike, slay
13 ῥομφαία, sword
14 ἀφίστημι, *fut mid ind 3s*, depart
15 ῥομφαία, sword
16 ἀνθ᾽ ὧν, on account of, since
17 ἐξουδενόω, *aor act ind 2s*, disdain, scorn
18 ὅδε, this
19 ἐξεγείρω, *pres act ind 1s*, raise up, stir up
20 πλησίον, neighbor
21 κοιμάω, *fut pas ind 3s*, sleep, lie with
22 κρυβῇ, secretly
23 κἀγώ, and I, but I, *cr.* καὶ ἐγώ
24 ἐναντίον, in the presence of
25 ἀπέναντι, before
26 παραβιβάζω, *aor act ind 3s*, remove, set aside
27 ἁμάρτημα, offense, sin
28 παροξύνω, *pres act ptc nom s m*, provoke, urge on
29 παροξύνω, *aor act ind 2s*, provoke, urge on
30 τίκτω, *aor pas ptc nom s m*, bear, give birth
31 θραύω, *aor act ind 3s*, weaken
32 τίκτω, *aor act ind 3s*, bear, give birth
33 ἀρρωστέω, *aor act ind 3s*, be unwell, be sick
34 παιδάριον, child
35 νηστεύω, *aor act ind 3s*, fast, abstain from food

Δαυιδ νηστείαν[1] καὶ εἰσῆλθεν καὶ ηὐλίσθη[2] ἐν σάκκῳ[3] ἐπὶ τῆς γῆς. **17** καὶ ἀνέστησαν
ἐπ᾽ αὐτὸν οἱ πρεσβύτεροι τοῦ οἴκου αὐτοῦ τοῦ ἐγεῖραι[4] αὐτὸν ἀπὸ τῆς γῆς, καὶ οὐκ
ἠθέλησεν καὶ οὐ συνέφαγεν[5] αὐτοῖς ἄρτον. **18** καὶ ἐγένετο ἐν τῇ ἡμέρᾳ τῇ ἑβδόμῃ[6]
καὶ ἀπέθανε τὸ παιδάριον·[7] καὶ ἐφοβήθησαν οἱ δοῦλοι Δαυιδ ἀναγγεῖλαι[8] αὐτῷ ὅτι
τέθνηκεν[9] τὸ παιδάριον,[10] ὅτι εἶπαν Ἰδοὺ ἐν τῷ ἔτι τὸ παιδάριον ζῆν ἐλαλήσαμεν
πρὸς αὐτόν, καὶ οὐκ εἰσήκουσεν[11] τῆς φωνῆς ἡμῶν· καὶ πῶς εἴπωμεν πρὸς αὐτὸν ὅτι
τέθνηκεν[12] τὸ παιδάριον;[13] καὶ ποιήσει κακά. **19** καὶ συνῆκεν[14] Δαυιδ ὅτι οἱ παῖδες[15]
αὐτοῦ ψιθυρίζουσιν,[16] καὶ ἐνόησεν[17] Δαυιδ ὅτι τέθνηκεν[18] τὸ παιδάριον·[19] καὶ εἶπεν
Δαυιδ πρὸς τοὺς παῖδας αὐτοῦ Εἰ τέθνηκεν τὸ παιδάριον; καὶ εἶπαν Τέθνηκεν.

20 καὶ ἀνέστη Δαυιδ ἐκ τῆς γῆς καὶ ἐλούσατο[20] καὶ ἠλείψατο[21] καὶ ἤλλαξεν[22] τὰ
ἱμάτια αὐτοῦ καὶ εἰσῆλθεν εἰς τὸν οἶκον τοῦ θεοῦ καὶ προσεκύνησεν αὐτῷ· καὶ
εἰσῆλθεν εἰς τὸν οἶκον αὐτοῦ καὶ ᾔτησεν[23] ἄρτον φαγεῖν, καὶ παρέθηκαν[24] αὐτῷ
ἄρτον, καὶ ἔφαγεν.

21 καὶ εἶπαν οἱ παῖδες[25] αὐτοῦ πρὸς αὐτόν Τί τὸ ῥῆμα τοῦτο, ὃ ἐποίησας; ἕνεκα[26]
τοῦ παιδαρίου[27] ἔτι ζῶντος ἐνήστευες[28] καὶ ἔκλαιες καὶ ἠγρύπνεις,[29] καὶ ἡνίκα[30]
ἀπέθανεν τὸ παιδάριον,[31] ἀνέστης καὶ ἔφαγες ἄρτον καὶ πέπωκας.[32] **22** καὶ εἶπεν
Δαυιδ Ἐν τῷ τὸ παιδάριον[33] ἔτι ζῆν ἐνήστευσα[34] καὶ ἔκλαυσα, ὅτι εἶπα Τίς οἶδεν εἰ
ἐλεήσει[35] με κύριος καὶ ζήσεται τὸ παιδάριον;[36] **23** καὶ νῦν τέθνηκεν·[37] ἵνα τί τοῦτο
ἐγὼ νηστεύω;[38] μὴ δυνήσομαι ἐπιστρέψαι αὐτὸ ἔτι; ἐγὼ πορεύσομαι πρὸς αὐτόν,
καὶ αὐτὸς οὐκ ἀναστρέψει[39] πρός με.

1 νηστεία, fast (from food)
2 αὐλίζομαι, *aor pas ind 3s*, spend the night
3 σάκκος, sackcloth, *Heb. LW*
4 ἐγείρω, *aor act inf*, raise up, stir up
5 συνεσθίω, *aor act ind 3s*, eat together with
6 ἕβδομος, seventh
7 παιδάριον, child
8 ἀναγγέλλω, *aor act inf*, report, tell
9 θνῄσκω, *perf act ind 3s*, die
10 παιδάριον, child
11 εἰσακούω, *aor act ind 3s*, listen
12 θνῄσκω, *perf act ind 3s*, die
13 παιδάριον, child
14 συνίημι, *aor act ind 3s*, perceive, notice
15 παῖς, servant
16 ψιθυρίζω, *pres act ind 3p*, whisper
17 νοέω, *aor act ind 3s*, understand, realize
18 θνῄσκω, *perf act ind 3s*, die
19 παιδάριον, child
20 λούω, *aor mid ind 3s*, wash
21 ἀλείφω, *aor mid ind 3s*, anoint
22 ἀλλάσσω, *aor act ind 3s*, change
23 αἰτέω, *aor act ind 3s*, ask for
24 παρατίθημι, *aor act ind 3p*, set before, serve
25 παῖς, servant
26 ἕνεκα, for the sake of
27 παιδάριον, child
28 νηστεύω, *impf act ind 2s*, fast, abstain from food
29 ἀγρυπνέω, *impf act ind 2s*, keep watch, lie awake
30 ἡνίκα, at the time when
31 παιδάριον, child
32 πίνω, *perf act ind 2s*, drink
33 παιδάριον, child
34 νηστεύω, *aor act ind 1s*, fast, abstain from food
35 ἐλεέω, *fut act ind 3s*, have pity on, show mercy to
36 παιδάριον, child
37 θνῄσκω, *perf act ind 3s*, die
38 νηστεύω, *pres act ind 1s*, fast, abstain from food
39 ἀναστρέφω, *fut act ind 3s*, return

Solomon Born

24 καὶ παρεκάλεσεν Δαυιδ Βηρσαβεε τὴν γυναῖκα αὐτοῦ καὶ εἰσῆλθεν πρὸς αὐτὴν
καὶ ἐκοιμήθη[1] μετ᾽ αὐτῆς, καὶ συνέλαβεν[2] καὶ ἔτεκεν[3] υἱόν, καὶ ἐκάλεσεν τὸ ὄνομα
αὐτοῦ Σαλωμων, καὶ κύριος ἠγάπησεν αὐτόν. **25** καὶ ἀπέστειλεν ἐν χειρὶ Ναθαν τοῦ
προφήτου, καὶ ἐκάλεσεν τὸ ὄνομα αὐτοῦ Ιδεδι ἕνεκεν[4] κυρίου.

Ammonites Defeated

26 Καὶ ἐπολέμησεν Ιωαβ ἐν Ραββαθ υἱῶν Αμμων καὶ κατέλαβεν[5] τὴν πόλιν τῆς
βασιλείας. **27** καὶ ἀπέστειλεν Ιωαβ ἀγγέλους πρὸς Δαυιδ καὶ εἶπεν Ἐπολέμησα ἐν
Ραββαθ καὶ κατελαβόμην[6] τὴν πόλιν τῶν ὑδάτων· **28** καὶ νῦν συνάγαγε τὸ κατά-
λοιπον[7] τοῦ λαοῦ καὶ παρέμβαλε[8] ἐπὶ τὴν πόλιν καὶ προκαταλαβοῦ[9] αὐτήν, ἵνα
μὴ προκαταλάβωμαι[10] ἐγὼ τὴν πόλιν καὶ κληθῇ τὸ ὄνομά μου ἐπ᾽ αὐτήν. **29** καὶ
συνήγαγεν Δαυιδ πάντα τὸν λαὸν καὶ ἐπορεύθη εἰς Ραββαθ καὶ ἐπολέμησεν ἐν αὐτῇ
καὶ κατελάβετο[11] αὐτήν. **30** καὶ ἔλαβεν τὸν στέφανον[12] Μελχολ τοῦ βασιλέως αὐτῶν
ἀπὸ τῆς κεφαλῆς αὐτοῦ, καὶ ὁ σταθμὸς[13] αὐτοῦ τάλαντον[14] χρυσίου[15] καὶ λίθου
τιμίου,[16] καὶ ἦν ἐπὶ τῆς κεφαλῆς Δαυιδ· καὶ σκῦλα[17] τῆς πόλεως ἐξήνεγκεν[18] πολλὰ
σφόδρα.[19] **31** καὶ τὸν λαὸν τὸν ὄντα ἐν αὐτῇ ἐξήγαγεν[20] καὶ ἔθηκεν ἐν τῷ πρίονι[21]
καὶ ἐν τοῖς τριβόλοις[22] τοῖς σιδηροῖς[23] καὶ διήγαγεν[24] αὐτοὺς διὰ τοῦ πλινθείου·[25]
καὶ οὕτως ἐποίησεν πάσαις ταῖς πόλεσιν υἱῶν Αμμων. καὶ ἐπέστρεψεν Δαυιδ καὶ
πᾶς ὁ λαὸς εἰς Ιερουσαλημ.

Amnon and Tamar

13 Καὶ ἐγενήθη μετὰ ταῦτα καὶ τῷ Αβεσσαλωμ υἱῷ Δαυιδ ἀδελφὴ καλὴ τῷ
εἴδει[26] σφόδρα,[27] καὶ ὄνομα αὐτῇ Θημαρ, καὶ ἠγάπησεν αὐτὴν Αμνων υἱὸς
Δαυιδ. **2** καὶ ἐθλίβετο[28] Αμνων ὥστε ἀρρωστεῖν[29] διὰ Θημαρ τὴν ἀδελφὴν αὐτοῦ,

1 κοιμάω, *aor pas ind 3s*, sleep, lie with
2 συλλαμβάνω, *aor act ind 3s*, conceive
3 τίκτω, *aor act ind 3s*, bear, give birth to
4 ἕνεκα, for the sake of, on account of
5 καταλαμβάνω, *aor act ind 3s*, capture, seize
6 καταλαμβάνω, *aor mid ind 1s*, capture, seize
7 κατάλοιπος, rest, remainder
8 παρεμβάλλω, *aor act impv 2s*, pitch camp
9 προκαταλαμβάνω, *aor mid impv 2s*, take first, seize in advance
10 προκαταλαμβάνω, *aor mid sub 1s*, take first, seize in advance
11 καταλαμβάνω, *aor mid ind 3s*, capture, seize
12 στέφανος, crown
13 σταθμός, weight
14 τάλαντον, talent
15 χρυσίον, gold
16 τίμιος, precious, costly
17 σκῦλον, plunder, spoils
18 ἐκφέρω, *aor act ind 3s*, carry off, bring out
19 σφόδρα, very
20 ἐξάγω, *aor act ind 3s*, bring out
21 πρίων, saw
22 τρίβολος, threshing machine
23 σιδηροῦς, iron
24 διάγω, *aor act ind 3s*, draw through
25 πλινθεῖον, brick factory
26 εἶδος, form, appearance
27 σφόδρα, exceedingly
28 θλίβω, *impf pas ind 3s*, afflict, perturb
29 ἀρρωστέω, *pres act inf*, be unwell, be ill

ὅτι παρθένος[1] ἦν αὐτή, καὶ ὑπέρογκον[2] ἐν ὀφθαλμοῖς Αμνων τοῦ ποιῆσαί τι αὐτῇ.
3 καὶ ἦν τῷ Αμνων ἑταῖρος,[3] καὶ ὄνομα αὐτῷ Ιωναδαβ υἱὸς Σαμαα τοῦ ἀδελφοῦ
Δαυιδ· καὶ Ιωναδαβ ἀνὴρ σοφὸς[4] σφόδρα.[5] **4** καὶ εἶπεν αὐτῷ Τί σοι ὅτι σὺ οὕτως
ἀσθενής,[6] υἱὲ τοῦ βασιλέως, τὸ πρωὶ[7] πρωί; οὐκ ἀπαγγελεῖς μοι; καὶ εἶπεν αὐτῷ
Αμνων Θημαρ τὴν ἀδελφὴν Αβεσσαλωμ τοῦ ἀδελφοῦ μου ἐγὼ ἀγαπῶ. **5** καὶ εἶπεν
αὐτῷ Ιωναδαβ Κοιμήθητι[8] ἐπὶ τῆς κοίτης[9] σου καὶ μαλακίσθητι,[10] καὶ εἰσελεύσεται
ὁ πατήρ σου τοῦ ἰδεῖν σε, καὶ ἐρεῖς πρὸς αὐτόν Ἐλθέτω δὴ[11] Θημαρ ἡ ἀδελφή μου
καὶ ψωμισάτω[12] με καὶ ποιησάτω κατ᾽ ὀφθαλμούς μου βρῶμα,[13] ὅπως ἴδω καὶ φάγω
ἐκ τῶν χειρῶν αὐτῆς. **6** καὶ ἐκοιμήθη[14] Αμνων καὶ ἠρρώστησεν,[15] καὶ εἰσῆλθεν ὁ
βασιλεὺς ἰδεῖν αὐτόν, καὶ εἶπεν Αμνων πρὸς τὸν βασιλέα Ἐλθέτω δὴ[16] Θημαρ ἡ
ἀδελφή μου πρός με καὶ κολλυρισάτω[17] ἐν ὀφθαλμοῖς μου δύο κολλυρίδας,[18] καὶ
φάγομαι ἐκ τῆς χειρὸς αὐτῆς.

7 καὶ ἀπέστειλεν Δαυιδ πρὸς Θημαρ εἰς τὸν οἶκον λέγων Πορεύθητι δὴ[19] εἰς τὸν
οἶκον Αμνων τοῦ ἀδελφοῦ σου καὶ ποίησον αὐτῷ βρῶμα.[20] **8** καὶ ἐπορεύθη Θημαρ εἰς
τὸν οἶκον Αμνων ἀδελφοῦ αὐτῆς, καὶ αὐτὸς κοιμώμενος.[21] καὶ ἔλαβεν τὸ σταῖς[22] καὶ
ἐφύρασεν[23] καὶ ἐκολλύρισεν[24] κατ᾽ ὀφθαλμοὺς αὐτοῦ καὶ ἥψησεν[25] τὰς κολλυρίδας·[26]
9 καὶ ἔλαβεν τὸ τήγανον[27] καὶ κατεκένωσεν[28] ἐνώπιον αὐτοῦ, καὶ οὐκ ἠθέλησεν
φαγεῖν. καὶ εἶπεν Αμνων Ἐξαγάγετε[29] πάντα ἄνδρα ἐπάνωθέν[30] μου· καὶ ἐξήγαγον[31]
πάντα ἄνδρα ἀπὸ ἐπάνωθεν αὐτοῦ. **10** καὶ εἶπεν Αμνων πρὸς Θημαρ Εἰσένεγκε[32]
τὸ βρῶμα[33] εἰς τὸ ταμιεῖον,[34] καὶ φάγομαι ἐκ τῆς χειρός σου. καὶ ἔλαβεν Θημαρ
τὰς κολλυρίδας,[35] ἃς ἐποίησεν, καὶ εἰσήνεγκεν[36] τῷ Αμνων ἀδελφῷ αὐτῆς εἰς τὸν
κοιτῶνα[37] **11** καὶ προσήγαγεν[38] αὐτῷ τοῦ φαγεῖν, καὶ ἐπελάβετο[39] αὐτῆς καὶ εἶπεν

1 παρθένος, virgin
2 ὑπέρογκος, immoderate, pompous, difficult
3 ἑταῖρος, friend, companion
4 σοφός, clever, cunning
5 σφόδρα, exceedingly
6 ἀσθενής, worn, feeble
7 πρωί, (in the) morning
8 κοιμάω, *aor pas impv 2s*, lie down
9 κοίτη, bed
10 μαλακίζομαι, *aor pas impv 2s*, be sick, (act) sick
11 δή, now, then
12 ψωμίζω, *aor act impv 3s*, feed
13 βρῶμα, food
14 κοιμάω, *aor pas ind 3s*, lie down
15 ἀρρωστέω, *aor act ind 3s*, be unwell, (pretend to) be sick
16 δή, now, then
17 κολλυρίζω, *aor act impv 3s*, bake
18 κολλυρίς, cake
19 δή, now, then
20 βρῶμα, food
21 κοιμάω, *pres mid ptc nom s m*, lie down
22 σταῖς, dough
23 φυράω, *aor act ind 3s*, knead
24 κολλυρίζω, *aor act ind 3s*, bake
25 ἕψω, *aor act ind 3s*, boil
26 κολλυρίς, cake
27 τήγανον, frying pan
28 κατακενόω, *aor act ind 3s*, empty
29 ἐξάγω, *aor act impv 2p*, send out, lead out
30 ἐπάνωθεν, above, on top
31 ἐξάγω, *aor act ind 3p*, send out, lead out
32 εἰσφέρω, *aor act impv 2s*, bring in
33 βρῶμα, food
34 ταμίειον, inner room, chamber
35 κολλυρίς, cake
36 εἰσφέρω, *aor act ind 3s*, bring in
37 κοιτών, bedroom
38 προσάγω, *aor act ind 3s*, bring to
39 ἐπιλαμβάνω, *aor mid ind 3s*, take hold of, lay hold on

αὐτῇ Δεῦρο[1] κοιμήθητι[2] μετ᾽ ἐμοῦ, ἀδελφή μου. **12** καὶ εἶπεν αὐτῷ Μή, ἄδελφέ μου, μὴ
ταπεινώσῃς[3] με, διότι[4] οὐ ποιηθήσεται οὕτως ἐν Ισραηλ· μὴ ποιήσῃς τὴν ἀφροσύνην[5]
ταύτην· **13** καὶ ἐγὼ ποῦ ἀποίσω[6] τὸ ὄνειδός[7] μου; καὶ σὺ ἔσῃ[8] ὡς εἷς τῶν ἀφρόνων[9]
ἐν Ισραηλ· καὶ νῦν λάλησον δὴ[10] πρὸς τὸν βασιλέα, ὅτι οὐ μὴ κωλύσῃ[11] με ἀπὸ σοῦ.
14 καὶ οὐκ ἠθέλησεν Αμνων τοῦ ἀκοῦσαι τῆς φωνῆς αὐτῆς καὶ ἐκραταίωσεν[12] ὑπὲρ
αὐτὴν καὶ ἐταπείνωσεν[13] αὐτὴν καὶ ἐκοιμήθη[14] μετ᾽ αὐτῆς.

15 καὶ ἐμίσησεν αὐτὴν Αμνων μῖσος[15] μέγα σφόδρα,[16] ὅτι μέγα τὸ μῖσος, ὃ ἐμίσησεν
αὐτήν, ὑπὲρ τὴν ἀγάπην, ἣν ἠγάπησεν αὐτήν. καὶ εἶπεν αὐτῇ Αμνων Ἀνάστηθι καὶ
πορεύου. **16** καὶ εἶπεν αὐτῷ Θημαρ Μή, ἄδελφε, ὅτι μεγάλη ἡ κακία[17] ἡ ἐσχάτη ὑπὲρ
τὴν πρώτην, ἣν ἐποίησας μετ᾽ ἐμοῦ, τοῦ ἐξαποστεῖλαί[18] με. καὶ οὐκ ἠθέλησεν Αμνων
ἀκοῦσαι τῆς φωνῆς αὐτῆς. **17** καὶ ἐκάλεσεν τὸ παιδάριον[19] αὐτοῦ τὸν προεστηκότα[20]
τοῦ οἴκου αὐτοῦ καὶ εἶπεν αὐτῷ Ἐξαποστείλατε[21] δὴ[22] ταύτην ἀπ᾽ ἐμοῦ ἔξω καὶ
ἀπόκλεισον[23] τὴν θύραν ὀπίσω αὐτῆς. **18** καὶ ἐπ᾽ αὐτῆς ἦν χιτὼν[24] καρπωτός,[25] ὅτι
οὕτως ἐνεδιδύσκοντο[26] αἱ θυγατέρες[27] τοῦ βασιλέως αἱ παρθένοι[28] τοὺς ἐπενδύτας[29]
αὐτῶν· καὶ ἐξήγαγεν[30] αὐτὴν ὁ λειτουργὸς[31] αὐτοῦ ἔξω καὶ ἀπέκλεισεν[32] τὴν θύραν
ὀπίσω αὐτῆς· **19** καὶ ἔλαβεν Θημαρ σποδὸν[33] καὶ ἐπέθηκεν ἐπὶ τὴν κεφαλὴν αὐτῆς
καὶ τὸν χιτῶνα[34] τὸν καρπωτὸν[35] τὸν ἐπ᾽ αὐτῆς διέρρηξεν[36] καὶ ἐπέθηκεν τὰς χεῖρας
αὐτῆς ἐπὶ τὴν κεφαλὴν αὐτῆς καὶ ἐπορεύθη πορευομένη καὶ κράζουσα.

20 καὶ εἶπεν πρὸς αὐτὴν Αβεσσαλωμ ὁ ἀδελφὸς αὐτῆς Μὴ Αμνων ὁ ἀδελφός σου
ἐγένετο μετὰ σοῦ; καὶ νῦν, ἀδελφή μου, κώφευσον,[37] ὅτι ἀδελφός σού ἐστιν· μὴ θῇς
τὴν καρδίαν σου τοῦ λαλῆσαι εἰς τὸ ῥῆμα τοῦτο. καὶ ἐκάθισεν Θημαρ χηρεύουσα[38]

1 δεῦρο, come!
2 κοιμάω, *aor pas impv 2s*, sleep, lie with
3 ταπεινόω, *aor act sub 2s*, bring low, humiliate
4 διότι, because
5 ἀφροσύνη, folly, foolishness
6 ἀποφέρω, *fut act ind 1s*, take away, bear away
7 ὄνειδος, disgrace, reproach
8 εἰμί, *fut mid ind 2s*, be
9 ἄφρων, foolish, senseless
10 δή, now, then
11 κωλύω, *aor act sub 3s*, withhold
12 κραταιόω, *aor act ind 3s*, prevail, be strong
13 ταπεινόω, *aor act ind 3s*, bring low, humiliate
14 κοιμάω, *aor pas ind 3s*, sleep, lie with
15 μῖσος, hatred
16 σφόδρα, exceedingly
17 κακία, depravity, wrongdoing
18 ἐξαποστέλλω, *aor act inf*, send away, dismiss
19 παιδάριον, servant
20 προΐστημι, *perf act ptc acc s m*, set over, be the head
21 ἐξαποστέλλω, *aor act impv 2p*, send away, dismiss
22 δή, now, then
23 ἀποκλείω, *aor act impv 2s*, shut, close
24 χιτών, tunic
25 καρπωτός, down to the wrist
26 ἐνδιδύσκω, *impf mid ind 3p*, put on, clothe
27 θυγάτηρ, daughter
28 παρθένος, virgin
29 ἐπενδύτης, robe, garment
30 ἐξάγω, *aor act ind 3s*, lead out, bring out
31 λειτουργός, servant, attendant
32 ἀποκλείω, *aor act ind 3s*, shut, close
33 σποδός, ashes
34 χιτών, tunic
35 καρπωτός, down to the wrist
36 διαρρήγνυμι, *aor act ind 3s*, tear, rip
37 κωφεύω, *aor act impv 2s*, keep quiet, be silent
38 χηρεύω, *pres act ptc nom s f*, be widowed

ἐν οἴκῳ Αβεσσαλωμ τοῦ ἀδελφοῦ αὐτῆς. **21** καὶ ἤκουσεν ὁ βασιλεὺς Δαυιδ πάντας
τοὺς λόγους τούτους καὶ ἐθυμώθη[1] σφόδρα·[2] καὶ οὐκ ἐλύπησεν[3] τὸ πνεῦμα Αμνων
τοῦ υἱοῦ αὐτοῦ, ὅτι ἠγάπα αὐτόν, ὅτι πρωτότοκος[4] αὐτοῦ ἦν. **22** καὶ οὐκ ἐλάλησεν
Αβεσσαλωμ μετὰ Αμνων ἀπὸ πονηροῦ ἕως ἀγαθοῦ, ὅτι ἐμίσει Αβεσσαλωμ τὸν
Αμνων ἐπὶ λόγου οὗ ἐταπείνωσεν[5] Θημαρ τὴν ἀδελφὴν αὐτοῦ.

Absalom Avenges His Sister Tamar

23 Καὶ ἐγένετο εἰς διετηρίδα[6] ἡμερῶν καὶ ἦσαν κείροντες[7] τῷ Αβεσσαλωμ ἐν
Βελασωρ τῇ ἐχόμενα Εφραιμ, καὶ ἐκάλεσεν Αβεσσαλωμ πάντας τοὺς υἱοὺς τοῦ
βασιλέως. **24** καὶ ἦλθεν Αβεσσαλωμ πρὸς τὸν βασιλέα καὶ εἶπεν Ἰδοὺ δὴ[8] κείρουσιν[9]
τῷ δούλῳ σου, πορευθήτω δὴ ὁ βασιλεὺς καὶ οἱ παῖδες[10] αὐτοῦ μετὰ τοῦ δούλου
σου. **25** καὶ εἶπεν ὁ βασιλεὺς πρὸς Αβεσσαλωμ Μὴ δή,[11] υἱέ μου, μὴ πορευθῶμεν
πάντες ἡμεῖς, καὶ οὐ μὴ καταβαρυνθῶμεν[12] ἐπὶ σέ. καὶ ἐβιάσατο[13] αὐτόν, καὶ οὐκ
ἠθέλησεν τοῦ πορευθῆναι καὶ εὐλόγησεν αὐτόν. **26** καὶ εἶπεν Αβεσσαλωμ Καὶ εἰ μή,
πορευθήτω δὴ[14] μεθ᾽ ἡμῶν Αμνων ὁ ἀδελφός μου. καὶ εἶπεν αὐτῷ ὁ βασιλεύς Ἵνα τί
πορευθῇ μετὰ σοῦ; **27** καὶ ἐβιάσατο[15] αὐτὸν Αβεσσαλωμ, καὶ ἀπέστειλεν μετ᾽ αὐτοῦ
τὸν Αμνων καὶ πάντας τοὺς υἱοὺς τοῦ βασιλέως. καὶ ἐποίησεν Αβεσσαλωμ πότον[16]
κατὰ τὸν πότον τοῦ βασιλέως.

28 καὶ ἐνετείλατο[17] Αβεσσαλωμ τοῖς παιδαρίοις[18] αὐτοῦ λέγων Ἴδετε ὡς ἂν ἀγα-
θυνθῇ[19] ἡ καρδία Αμνων ἐν τῷ οἴνῳ καὶ εἴπω πρὸς ὑμᾶς Πατάξατε[20] τὸν Αμνων,
καὶ θανατώσατε[21] αὐτόν· μὴ φοβηθῆτε, ὅτι οὐχὶ ἐγώ εἰμι ἐντέλλομαι[22] ὑμῖν; ἀνδρί-
ζεσθε[23] καὶ γίνεσθε εἰς υἱοὺς δυνάμεως. **29** καὶ ἐποίησαν τὰ παιδάρια[24] Αβεσσαλωμ
τῷ Αμνων καθὰ[25] ἐνετείλατο[26] αὐτοῖς Αβεσσαλωμ. καὶ ἀνέστησαν πάντες οἱ υἱοὶ τοῦ
βασιλέως καὶ ἐπεκάθισαν[27] ἀνὴρ ἐπὶ τὴν ἡμίονον[28] αὐτοῦ καὶ ἔφυγαν.[29]

1 θυμόω, *aor pas ind 3s*, be angry
2 σφόδρα, exceedingly
3 λυπέω, *aor act ind 3s*, offend, insult
4 πρωτότοκος, firstborn
5 ταπεινόω, *aor act ind 3s*, bring low, humiliate
6 διετηρίς, space of two years
7 κείρω, *pres act ptc nom p m*, shear (sheep)
8 δή, now, then
9 κείρω, *pres act ind 3p*, shear (sheep)
10 παῖς, servant
11 δή, surely, indeed
12 καταβαρύνω, *aor pas sub 1p*, burden, impinge upon
13 βιάζομαι, *aor mid ind 3s*, urge, press
14 δή, now, then
15 βιάζομαι, *aor mid ind 3s*, urge, press
16 πότος, feast, drinking party
17 ἐντέλλομαι, *aor mid ind 3s*, command, order
18 παιδάριον, servant
19 ἀγαθύνω, *aor pas sub 3s*, cheer
20 πατάσσω, *aor act impv 2p*, strike, slay
21 θανατόω, *aor act impv 2p*, kill
22 ἐντέλλομαι, *pres mid ind 1s*, command, order
23 ἀνδρίζομαι, *pres mid impv 2p*, be courageous
24 παιδάριον, servant
25 καθά, just as
26 ἐντέλλομαι, *aor mid ind 3s*, command, order
27 ἐπικαθίζω, *aor act ind 3p*, sit upon, mount
28 ἡμίονος, mule
29 φεύγω, *aor act ind 3p*, flee

30 καὶ ἐγένετο αὐτῶν ὄντων ἐν τῇ ὁδῷ καὶ ἡ ἀκοὴ[1] ἦλθεν πρὸς Δαυιδ λέγων Ἐπάταξεν[2] Αβεσσαλωμ πάντας τοὺς υἱοὺς τοῦ βασιλέως, καὶ οὐ κατελείφθη[3] ἐξ αὐτῶν οὐδὲ εἷς. **31** καὶ ἀνέστη ὁ βασιλεὺς καὶ διέρρηξεν[4] τὰ ἱμάτια αὐτοῦ καὶ ἐκοιμήθη[5] ἐπὶ τὴν γῆν, καὶ πάντες οἱ παῖδες[6] αὐτοῦ οἱ περιεστῶτες[7] αὐτῷ διέρρηξαν[8] τὰ ἱμάτια αὐτῶν. **32** καὶ ἀπεκρίθη Ιωναδαβ υἱὸς Σαμαα ἀδελφοῦ Δαυιδ καὶ εἶπεν Μὴ εἰπάτω ὁ κύριός μου ὁ βασιλεὺς ὅτι πάντα τὰ παιδάρια[9] τοὺς υἱοὺς τοῦ βασιλέως ἐθανάτωσεν,[10] ὅτι Αμνων μονώτατος[11] ἀπέθανεν· ὅτι ἐπὶ στόματος Αβεσσαλωμ ἦν κείμενος[12] ἀπὸ τῆς ἡμέρας, ἧς ἐταπείνωσεν[13] Θημαρ τὴν ἀδελφὴν αὐτοῦ· **33** καὶ νῦν μὴ θέσθω ὁ κύριός μου ὁ βασιλεὺς ἐπὶ τὴν καρδίαν αὐτοῦ ῥῆμα λέγων Πάντες οἱ υἱοὶ τοῦ βασιλέως ἀπέθαναν, ὅτι ἀλλ᾽ ἢ Αμνων μονώτατος[14] ἀπέθανεν.

Absalom Flees

34 καὶ ἀπέδρα[15] Αβεσσαλωμ. καὶ ἦρεν τὸ παιδάριον[16] ὁ σκοπὸς[17] τοὺς ὀφθαλμοὺς αὐτοῦ καὶ εἶδεν καὶ ἰδοὺ λαὸς πολὺς πορευόμενος ἐν τῇ ὁδῷ ὄπισθεν[18] αὐτοῦ ἐκ πλευρᾶς[19] τοῦ ὄρους ἐν τῇ καταβάσει·[20] καὶ παρεγένετο ὁ σκοπὸς[21] καὶ ἀπήγγειλεν τῷ βασιλεῖ καὶ εἶπεν Ἄνδρας ἑώρακα ἐκ τῆς ὁδοῦ τῆς Ωρωνην ἐκ μέρους τοῦ ὄρους. **35** καὶ εἶπεν Ιωναδαβ πρὸς τὸν βασιλέα Ἰδοὺ οἱ υἱοὶ τοῦ βασιλέως πάρεισιν·[22] κατὰ τὸν λόγον τοῦ δούλου σου, οὕτως ἐγένετο. **36** καὶ ἐγένετο ἡνίκα[23] συνετέλεσεν[24] λαλῶν, καὶ ἰδοὺ οἱ υἱοὶ τοῦ βασιλέως ἦλθαν καὶ ἐπῆραν[25] τὴν φωνὴν αὐτῶν καὶ ἔκλαυσαν, καί γε ὁ βασιλεὺς καὶ πάντες οἱ παῖδες[26] αὐτοῦ ἔκλαυσαν κλαυθμὸν[27] μέγαν σφόδρα.[28]

37 καὶ Αβεσσαλωμ ἔφυγεν[29] καὶ ἐπορεύθη πρὸς Θολμαι υἱὸν Εμιουδ βασιλέα Γεδσουρ εἰς γῆν Μαχαδ. καὶ ἐπένθησεν[30] ὁ βασιλεὺς Δαυιδ ἐπὶ τὸν υἱὸν αὐτοῦ πάσας τὰς ἡμέρας. **38** Καὶ Αβεσσαλωμ ἀπέδρα[31] καὶ ἐπορεύθη εἰς Γεδσουρ καὶ

1 ἀκοή, report, news
2 πατάσσω, *aor act ind 3s*, strike
3 καταλείπω, *aor pas ind 3s*, leave behind
4 διαρρήγνυμι, *aor act ind 3s*, tear, rip
5 κοιμάω, *aor pas ind 3s*, lie down
6 παῖς, servant
7 περιΐστημι, *perf act ptc nom p m*, stand around
8 διαρρήγνυμι, *aor act ind 3p*, tear, rip
9 παιδάριον, servant
10 θανατόω, *aor act ind 3s*, kill, slay
11 μόνος, *sup*, only, alone
12 κεῖμαι, *pres pas ptc nom s m*, be appointed, be destined
13 ταπεινόω, *aor act ind 3s*, bring low, humble
14 μόνος, *sup*, only, alone
15 ἀποδιδράσκω, *aor act ind 3s*, run away, escape
16 παιδάριον, servant
17 σκοπός, watchman, lookout
18 ὄπισθε(ν), behind
19 πλευρά, side
20 κατάβασις, descent, slope
21 σκοπός, watchman, lookout
22 πάρειμι, *pres act ind 3p*, be present
23 ἡνίκα, when
24 συντελέω, *aor act ind 3s*, finish, complete
25 ἐπαίρω, *aor act ind 3p*, lift up
26 παῖς, servant
27 κλαυθμός, wailing, weeping
28 σφόδρα, exceedingly
29 φεύγω, *aor act ind 3s*, flee
30 πενθέω, *aor act ind 3s*, mourn
31 ἀποδιδράσκω, *aor act ind 3s*, run away, escape

ἦν ἐκεῖ ἔτη τρία. **39** καὶ ἐκόπασεν[1] τὸ πνεῦμα τοῦ βασιλέως τοῦ ἐξελθεῖν ὀπίσω Αβεσσαλωμ, ὅτι παρεκλήθη ἐπὶ Αμνων ὅτι ἀπέθανεν.

Absalom Returns to Jerusalem

14 καὶ ἔγνω Ιωαβ υἱὸς Σαρουιας ὅτι ἡ καρδία τοῦ βασιλέως ἐπὶ Αβεσσαλωμ. **2** καὶ ἀπέστειλεν Ιωαβ εἰς Θεκωε καὶ ἔλαβεν ἐκεῖθεν[2] γυναῖκα σοφὴν[3] καὶ εἶπεν πρὸς αὐτήν Πένθησον[4] δὴ[5] καὶ ἔνδυσαι[6] ἱμάτια πενθικὰ[7] καὶ μὴ ἀλείψῃ[8] ἔλαιον[9] καὶ ἔσῃ ὡς γυνὴ πενθοῦσα[10] ἐπὶ τεθνηκότι[11] τοῦτο ἡμέρας πολλὰς **3** καὶ ἐλεύσῃ πρὸς τὸν βασιλέα καὶ λαλήσεις πρὸς αὐτὸν κατὰ τὸ ῥῆμα τοῦτο· καὶ ἔθηκεν Ιωαβ τοὺς λόγους ἐν τῷ στόματι αὐτῆς.

4 καὶ εἰσῆλθεν ἡ γυνὴ ἡ Θεκωῖτις πρὸς τὸν βασιλέα καὶ ἔπεσεν ἐπὶ πρόσωπον αὐτῆς εἰς τὴν γῆν καὶ προσεκύνησεν αὐτῷ καὶ εἶπεν Σῶσον, βασιλεῦ, σῶσον. **5** καὶ εἶπεν πρὸς αὐτὴν ὁ βασιλεύς Τί ἐστίν σοι; ἡ δὲ εἶπεν Καὶ μάλα γυνὴ χήρα[12] ἐγώ εἰμι, καὶ ἀπέθανεν ὁ ἀνήρ μου. **6** καί γε τῇ δούλῃ[13] σου δύο υἱοί, καὶ ἐμαχέσαντο[14] ἀμφότεροι[15] ἐν τῷ ἀγρῷ, καὶ οὐκ ἦν ὁ ἐξαιρούμενος[16] ἀνὰ μέσον[17] αὐτῶν, καὶ ἔπαισεν[18] ὁ εἷς τὸν ἀδελφὸν αὐτοῦ καὶ ἐθανάτωσεν[19] αὐτόν. **7** καὶ ἰδοὺ ἐπανέστη[20] ὅλη ἡ πατριὰ[21] πρὸς τὴν δούλην[22] σου καὶ εἶπαν Δὸς τὸν παίσαντα[23] τὸν ἀδελφὸν αὐτοῦ καὶ θανατώσομεν[24] αὐτὸν ἀντὶ[25] τῆς ψυχῆς τοῦ ἀδελφοῦ αὐτοῦ, οὗ ἀπέκτεινεν, καὶ ἐξαροῦμεν[26] καί γε τὸν κληρονόμον[27] ὑμῶν· καὶ σβέσουσιν[28] τὸν ἄνθρακά[29] μου τὸν καταλειφθέντα[30] ὥστε μὴ θέσθαι τῷ ἀνδρί μου κατάλειμμα[31] καὶ ὄνομα ἐπὶ προσώπου τῆς γῆς.

8 καὶ εἶπεν ὁ βασιλεύς Ὑγιαίνουσα[32] βάδιζε[33] εἰς τὸν οἶκόν σου, κἀγὼ[34] ἐντελοῦμαι[35] περὶ σοῦ. **9** καὶ εἶπεν ἡ γυνὴ ἡ Θεκωῖτις πρὸς τὸν βασιλέα Ἐπ᾽ ἐμέ, κύριέ μου βασιλεῦ, ἡ ἀνομία[36] καὶ ἐπὶ τὸν οἶκον τοῦ πατρός μου, καὶ ὁ βασιλεὺς καὶ ὁ θρόνος αὐτοῦ

1 κοπάζω, *aor act ind 3s*, cease, stop
2 ἐκεῖθεν, from there
3 σοφός, wise, clever, cunning
4 πενθέω, *aor act impv 2s*, mourn
5 δή, now
6 ἐνδύω, *aor mid impv 2s*, put on, clothe
7 πενθικός, of mourning
8 ἀλείφω, *aor act sub 3s*, anoint
9 ἔλαιον, oil
10 πενθέω, *pres act ptc nom s f*, mourn
11 θνήσκω, *perf act ptc dat s m*, die
12 χήρα, widow
13 δούλη, bondwoman, servant
14 μάχομαι, *aor mid ind 3p*, fight
15 ἀμφότεροι, both
16 ἐξαιρέω, *pres mid ptc nom s m*, intervene, deliver
17 ἀνὰ μέσον, between
18 παίω, *aor act ind 3s*, strike, wound
19 θανατόω, *aor act ind 3s*, kill
20 ἐπανίστημι, *aor act ind 3s*, rise up against
21 πατριά, paternal lineage, house
22 δούλη, bondwoman, servant
23 παίω, *aor act ptc acc s m*, strike, wound
24 θανατόω, *fut act ind 1p*, put to death
25 ἀντί, in place of, in return for
26 ἐξαίρω, *fut act ind 1p*, remove, take away
27 κληρονόμος, heir
28 σβέννυμι, *fut act ind 3p*, extinguish
29 ἄνθραξ, coal, ember
30 καταλείπω, *aor pas ptc acc s m*, leave behind
31 κατάλειμμα, remnant
32 ὑγιαίνω, *pres act ptc nom s f*, be in good health
33 βαδίζω, *pres act impv 2s*, go
34 κἀγώ, and I, *cr.* καὶ ἐγώ
35 ἐντέλλομαι, *fut mid ind 1s*, command, order
36 ἀνομία, wickedness, lawlessness

ἀθῷος.[1] **10** καὶ εἶπεν ὁ βασιλεύς Τίς ὁ λαλῶν πρὸς σέ; καὶ ἄξεις αὐτὸν πρὸς ἐμέ,
καὶ οὐ προσθήσει[2] ἔτι ἅψασθαι αὐτοῦ. **11** καὶ εἶπεν Μνημονευσάτω[3] δὴ[4] ὁ βασιλεὺς
τὸν κύριον θεὸν αὐτοῦ πληθυνθῆναι[5] ἀγχιστέα[6] τοῦ αἵματος τοῦ διαφθεῖραι[7] καὶ
οὐ μὴ ἐξάρωσιν[8] τὸν υἱόν μου· καὶ εἶπεν Ζῇ κύριος, εἰ πεσεῖται ἀπὸ τῆς τριχὸς[9] τοῦ
υἱοῦ σου ἐπὶ τὴν γῆν.

12 καὶ εἶπεν ἡ γυνή Λαλησάτω δὴ[10] ἡ δούλη[11] σου πρὸς τὸν κύριόν μου τὸν βασιλέα
ῥῆμα· καὶ εἶπεν Λάλησον. **13** καὶ εἶπεν ἡ γυνή Ἵνα τί ἐλογίσω τοιοῦτο[12] ἐπὶ λαὸν θεοῦ;
ἢ ἐκ στόματος τοῦ βασιλέως ὁ λόγος οὗτος ὡς πλημμέλεια[13] τοῦ μὴ ἐπιστρέψαι τὸν
βασιλέα τὸν ἐξωσμένον[14] αὐτοῦ. **14** ὅτι θανάτῳ ἀποθανούμεθα, καὶ ὥσπερ τὸ ὕδωρ
τὸ καταφερόμενον[15] ἐπὶ τῆς γῆς, ὃ οὐ συναχθήσεται· καὶ λήμψεται ὁ θεὸς ψυχήν, καὶ
λογιζόμενος τοῦ ἐξῶσαι[16] ἀπ᾽ αὐτοῦ ἐξωσμένον.[17] **15** καὶ νῦν ὃ ἦλθον λαλῆσαι πρὸς
τὸν βασιλέα τὸν κύριόν μου τὸ ῥῆμα τοῦτο, ὅτι ὄψεταί με ὁ λαός, καὶ ἐρεῖ ἡ δούλη[18]
σου Λαλησάτω δὴ[19] πρὸς τὸν βασιλέα, εἴ πως ποιήσει ὁ βασιλεὺς τὸ ῥῆμα τῆς
δούλης αὐτοῦ· **16** ὅτι ἀκούσει ὁ βασιλεὺς ῥύσασθαι[20] τὴν δούλην[21] αὐτοῦ ἐκ χειρὸς
τοῦ ἀνδρὸς τοῦ ζητοῦντος ἐξᾶραί[22] με καὶ τὸν υἱόν μου ἀπὸ κληρονομίας[23] θεοῦ.
17 καὶ εἶπεν ἡ γυνή Εἴη[24] δὴ[25] ὁ λόγος τοῦ κυρίου μου τοῦ βασιλέως εἰς θυσίαν,[26] ὅτι
καθὼς ἄγγελος θεοῦ οὕτως ὁ κύριός μου ὁ βασιλεὺς τοῦ ἀκούειν τὸ ἀγαθὸν καὶ τὸ
πονηρόν, καὶ κύριος ὁ θεός σου ἔσται μετὰ σοῦ.

18 καὶ ἀπεκρίθη ὁ βασιλεὺς καὶ εἶπεν πρὸς τὴν γυναῖκα Μὴ δὴ[27] κρύψῃς[28] ἀπ᾽
ἐμοῦ ῥῆμα, ὃ ἐγὼ ἐπερωτῶ[29] σε. καὶ εἶπεν ἡ γυνή Λαλησάτω δὴ ὁ κύριός μου ὁ
βασιλεύς. **19** καὶ εἶπεν ὁ βασιλεύς Μὴ ἡ χεὶρ Ιωαβ ἐν παντὶ τούτῳ μετὰ σοῦ; καὶ
εἶπεν ἡ γυνὴ τῷ βασιλεῖ Ζῇ ἡ ψυχή σου, κύριέ μου βασιλεῦ, εἰ ἔστιν εἰς τὰ δεξιὰ ἢ
εἰς τὰ ἀριστερὰ[30] ἐκ πάντων, ὧν ἐλάλησεν ὁ κύριός μου ὁ βασιλεύς, ὅτι ὁ δοῦλός
σου Ιωαβ αὐτὸς ἐνετείλατό[31] μοι καὶ αὐτὸς ἔθετο ἐν τῷ στόματι τῆς δούλης[32] σου

1 ἀθῷος, guiltless, innocent
2 προστίθημι, *fut act ind 3s*, continue
3 μνημονεύω, *aor act impv 3s*, remember
4 δή, now, then
5 πληθύνω, *aor pas inf*, prevail, succeed
6 ἀγχιστεύς, close kinsman
7 διαφθείρω, *aor act inf*, utterly destroy
8 ἐξαίρω, *aor act sub 3p*, remove
9 θρίξ, hair
10 δή, now
11 δούλη, bondwoman, servant
12 τοιοῦτος, such, like
13 πλημμέλεια, transgression, trespass
14 ἐξωθέω, *aor mid ptc acc s m*, banish, drive out
15 καταφέρω, *pres pas ptc nom s n*, fall down, tumble down
16 ἐξωθέω, *aor act inf*, banish, drive out
17 ἐξωθέω, *aor mid ptc acc s m*, banish, drive out
18 δούλη, bondwoman, servant
19 δή, now
20 ῥύομαι, *aor mid inf*, deliver, rescue
21 δούλη, bondwoman, servant
22 ἐξαίρω, *aor act inf*, remove
23 κληρονομία, inheritance
24 εἰμί, *pres act opt 3s*, be
25 δή, indeed, now
26 θυσία, sacrifice, offering
27 δή, now
28 κρύπτω, *aor act sub 2s*, conceal, keep secret
29 ἐπερωτάω, *pres act ind 1s*, ask, request
30 ἀριστερός, left
31 ἐντέλλομαι, *aor mid ind 3s*, command, order
32 δούλη, bondwoman, servant

πάντας τοὺς λόγους τούτους· **20** ἕνεκεν[1] τοῦ περιελθεῖν[2] τὸ πρόσωπον τοῦ ῥήματος τούτου ἐποίησεν ὁ δοῦλός σου Ιωαβ τὸν λόγον τοῦτον, καὶ ὁ κύριός μου σοφὸς[3] καθὼς σοφία ἀγγέλου τοῦ θεοῦ τοῦ γνῶναι πάντα τὰ ἐν τῇ γῇ.

Absalom Recalled

21 καὶ εἶπεν ὁ βασιλεὺς πρὸς Ιωαβ Ἰδοὺ δὴ[4] ἐποίησά σοι κατὰ τὸν λόγον σου τοῦτον· πορεύου ἐπίστρεψον τὸ παιδάριον[5] τὸν Αβεσσαλωμ. **22** καὶ ἔπεσεν Ιωαβ ἐπὶ πρόσωπον αὐτοῦ ἐπὶ τὴν γῆν καὶ προσεκύνησεν καὶ εὐλόγησεν τὸν βασιλέα, καὶ εἶπεν Ιωαβ Σήμερον ἔγνω ὁ δοῦλός σου ὅτι εὗρον χάριν ἐν ὀφθαλμοῖς σου, κύριέ μου βασιλεῦ, ὅτι ἐποίησεν ὁ κύριός μου ὁ βασιλεὺς τὸν λόγον τοῦ δούλου αὐτοῦ. **23** καὶ ἀνέστη Ιωαβ καὶ ἐπορεύθη εἰς Γεδσουρ καὶ ἤγαγεν τὸν Αβεσσαλωμ εἰς Ιερουσαλημ. **24** καὶ εἶπεν ὁ βασιλεύς Ἀποστραφήτω[6] εἰς τὸν οἶκον αὐτοῦ καὶ τὸ πρόσωπόν μου μὴ βλεπέτω. καὶ ἀπέστρεψεν[7] Αβεσσαλωμ εἰς τὸν οἶκον αὐτοῦ καὶ τὸ πρόσωπον τοῦ βασιλέως οὐκ εἶδεν.

David Forgives Absalom

25 καὶ ὡς Αβεσσαλωμ οὐκ ἦν ἀνὴρ ἐν παντὶ Ισραηλ αἰνετὸς[8] σφόδρα,[9] ἀπὸ ἴχνους[10] ποδὸς αὐτοῦ καὶ ἕως κορυφῆς[11] αὐτοῦ οὐκ ἦν ἐν αὐτῷ μῶμος.[12] **26** καὶ ἐν τῷ κείρεσθαι[13] αὐτὸν τὴν κεφαλὴν αὐτοῦ — καὶ ἐγένετο ἀπ᾽ ἀρχῆς ἡμερῶν εἰς ἡμέρας, ὡς ἂν ἐκείρετο,[14] ὅτι κατεβαρύνετο[15] ἐπ᾽ αὐτόν — καὶ κειρόμενος[16] αὐτὴν ἔστησεν τὴν τρίχα[17] τῆς κεφαλῆς αὐτοῦ διακοσίους[18] σίκλους[19] ἐν τῷ σίκλῳ τῷ βασιλικῷ.[20] **27** καὶ ἐτέχθησαν[21] τῷ Αβεσσαλωμ τρεῖς υἱοὶ καὶ θυγάτηρ[22] μία, καὶ ὄνομα αὐτῇ Θημαρ· αὕτη ἦν γυνὴ καλὴ σφόδρα[23] καὶ γίνεται γυνὴ τῷ Ροβοαμ υἱῷ Σαλωμων καὶ τίκτει[24] αὐτῷ τὸν Αβια.

28 Καὶ ἐκάθισεν Αβεσσαλωμ ἐν Ιερουσαλημ δύο ἔτη ἡμερῶν καὶ τὸ πρόσωπον τοῦ βασιλέως οὐκ εἶδεν. **29** καὶ ἀπέστειλεν Αβεσσαλωμ πρὸς Ιωαβ τοῦ ἀποστεῖλαι αὐτὸν πρὸς τὸν βασιλέα, καὶ οὐκ ἠθέλησεν ἐλθεῖν πρὸς αὐτόν· καὶ ἀπέστειλεν ἐκ δευτέρου πρὸς αὐτόν, καὶ οὐκ ἠθέλησεν παραγενέσθαι. **30** καὶ εἶπεν Αβεσσαλωμ

1 ἕνεκα, in order that
2 περιέρχομαι, *aor act inf*, go around, cheat, avoid
3 σοφός, wise
4 δή, now, then
5 παιδάριον, young man
6 ἀποστρέφω, *aor pas impv 3s*, return, turn back
7 ἀποστρέφω, *aor act ind 3s*, return, turn back
8 αἰνετός, praiseworthy
9 σφόδρα, exceedingly
10 ἴχνος, sole
11 κορυφή, top, crown
12 μῶμος, defect
13 κείρω, *pres mid inf*, cut short, shear (hair)
14 κείρω, *impf mid ind 3s*, cut short, shear (hair)
15 καταβαρύνω, *impf mid ind 3s*, weigh down, burden
16 κείρω, *pres mid ptc nom s m*, cut short, shear (hair)
17 θρίξ, hair
18 διακόσιοι, two hundred
19 σίκλος, shekel, *Heb. LW*
20 βασιλικός, of a king, royal
21 τίκτω, *aor pas ind 3p*, bear
22 θυγάτηρ, daughter
23 σφόδρα, exceedingly
24 τίκτω, *pres act ind 3s*, bear

πρὸς τοὺς παῖδας[1] αὐτοῦ Ἴδετε ἡ μερὶς[2] ἐν ἀγρῷ τοῦ Ιωαβ ἐχόμενά μου, καὶ αὐτῷ κριθαὶ[3] ἐκεῖ, πορεύεσθε καὶ ἐμπρήσατε[4] αὐτὴν ἐν πυρί· καὶ ἐνέπρησαν[5] αὐτὰς οἱ παῖδες[6] Αβεσσαλωμ. καὶ παραγίνονται οἱ δοῦλοι Ιωαβ πρὸς αὐτὸν διερρηχότες[7] τὰ ἱμάτια αὐτῶν καὶ εἶπαν Ἐνεπύρισαν[8] οἱ δοῦλοι Αβεσσαλωμ τὴν μερίδα[9] ἐν πυρί. **31** καὶ ἀνέστη Ιωαβ καὶ ἦλθεν πρὸς Αβεσσαλωμ εἰς τὸν οἶκον καὶ εἶπεν πρὸς αὐτόν Ἵνα τί οἱ παῖδές[10] σου ἐνεπύρισαν[11] τὴν μερίδα[12] τὴν ἐμὴν ἐν πυρί; **32** καὶ εἶπεν Αβεσσαλωμ πρὸς Ιωαβ Ἰδοὺ ἀπέστειλα πρὸς σὲ λέγων Ἧκε[13] ὧδε[14] καὶ ἀποστελῶ σε πρὸς τὸν βασιλέα λέγων Ἵνα τί ἦλθον ἐκ Γεδσουρ; ἀγαθόν μοι ἦν τοῦ ἔτι εἶναί με ἐκεῖ· καὶ νῦν ἰδοὺ τὸ πρόσωπον τοῦ βασιλέως οὐκ εἶδον· εἰ δέ ἐστιν ἐν ἐμοὶ ἀδικία,[15] καὶ θανάτωσόν[16] με. **33** καὶ εἰσῆλθεν Ιωαβ πρὸς τὸν βασιλέα καὶ ἀπήγγειλεν αὐτῷ, καὶ ἐκάλεσεν τὸν Αβεσσαλωμ, καὶ εἰσῆλθεν πρὸς τὸν βασιλέα καὶ προσεκύνησεν αὐτῷ καὶ ἔπεσεν ἐπὶ πρόσωπον αὐτοῦ ἐπὶ τὴν γῆν κατὰ πρόσωπον τοῦ βασιλέως, καὶ κατεφίλησεν[17] ὁ βασιλεὺς τὸν Αβεσσαλωμ.

Absalom's Conspiracy

15 Καὶ ἐγένετο μετὰ ταῦτα καὶ ἐποίησεν ἑαυτῷ Αβεσσαλωμ ἅρματα[18] καὶ ἵππους[19] καὶ πεντήκοντα[20] ἄνδρας παρατρέχειν[21] ἔμπροσθεν αὐτοῦ. **2** καὶ ὤρθρισεν[22] Αβεσσαλωμ καὶ ἔστη ἀνὰ[23] χεῖρα τῆς ὁδοῦ τῆς πύλης,[24] καὶ ἐγένετο πᾶς ἀνήρ, ᾧ ἐγένετο κρίσις, ἦλθεν πρὸς τὸν βασιλέα εἰς κρίσιν, καὶ ἐβόησεν[25] πρὸς αὐτὸν Αβεσσαλωμ καὶ ἔλεγεν αὐτῷ Ἐκ ποίας[26] πόλεως σὺ εἶ; καὶ εἶπεν ὁ ἀνήρ Ἐκ μιᾶς φυλῶν Ισραηλ ὁ δοῦλός σου. **3** καὶ εἶπεν πρὸς αὐτὸν Αβεσσαλωμ Ἰδοὺ οἱ λόγοι σου ἀγαθοὶ καὶ εὔκολοι,[27] καὶ ἀκούων οὐκ ἔστιν σοι παρὰ τοῦ βασιλέως· **4** καὶ εἶπεν Αβεσσαλωμ Τίς με καταστήσει[28] κριτὴν[29] ἐν τῇ γῇ, καὶ ἐπ' ἐμὲ ἐλεύσεται πᾶς ἀνήρ, ᾧ ἐὰν ᾖ ἀντιλογία[30] καὶ κρίσις, καὶ δικαιώσω[31] αὐτόν; **5** καὶ ἐγένετο ἐν τῷ ἐγγίζειν ἄνδρα τοῦ προσκυνῆσαι αὐτῷ καὶ ἐξέτεινεν[32] τὴν χεῖρα αὐτοῦ καὶ ἐπελαμβάνετο[33]

1 παῖς, servant
2 μερίς, lot, share
3 κριθή, barley
4 ἐμπίμπρημι, *aor act impv 2p*, burn
5 ἐμπίμπρημι, *aor act ind 3p*, set on fire, burn
6 παῖς, servant
7 διαρρήγνυμι, *perf act ptc nom p m*, tear, rip
8 ἐμπυρίζω, *aor act ind 3p*, burn
9 μερίς, lot, share
10 παῖς, servant
11 ἐμπυρίζω, *aor act ind 3p*, burn
12 μερίς, lot, share
13 ἥκω, *pres act impv 2s*, have come
14 ὧδε, here
15 ἀδικία, injustice, wrongdoing
16 θανατόω, *aor act impv 2s*, put to death, kill
17 καταφιλέω, *aor act ind 3s*, kiss
18 ἅρμα, chariot
19 ἵππος, horse
20 πεντήκοντα, fifty
21 παρατρέχω, *pres act inf*, precede, run before
22 ὀρθρίζω, *aor act ind 3s*, rise up early
23 ἀνά, by
24 πύλη, gate, entrance
25 βοάω, *aor act ind 3s*, cry out
26 ποῖος, what, which
27 εὔκολος, easy
28 καθίστημι, *fut act ind 3s*, appoint, put in charge
29 κριτής, judge
30 ἀντιλογία, dispute, argument
31 δικαιόω, *fut act ind 1s*, judge, adjudicate
32 ἐκτείνω, *aor act ind 3s*, stretch out
33 ἐπιλαμβάνω, *impf mid ind 3s*, take hold of

αὐτοῦ καὶ κατεφίλησεν[1] αὐτόν. **6** καὶ ἐποίησεν Αβεσσαλωμ κατὰ τὸ ῥῆμα τοῦτο παντὶ Ισραηλ τοῖς παραγινομένοις εἰς κρίσιν πρὸς τὸν βασιλέα, καὶ ἰδιοποιεῖτο[2] Αβεσσαλωμ τὴν καρδίαν ἀνδρῶν Ισραηλ.

7 Καὶ ἐγένετο ἀπὸ τέλους τεσσαράκοντα[3] ἐτῶν καὶ εἶπεν Αβεσσαλωμ πρὸς τὸν
πατέρα αὐτοῦ Πορεύσομαι δὴ[4] καὶ ἀποτείσω[5] τὰς εὐχάς[6] μου, ἃς ηὐξάμην[7] τῷ κυρίῳ,
ἐν Χεβρων· **8** ὅτι εὐχὴν[8] ηὔξατο[9] ὁ δοῦλός σου ἐν τῷ οἰκεῖν[10] με ἐν Γεδσουρ ἐν Συρίᾳ
λέγων Ἐὰν ἐπιστρέφων ἐπιστρέψῃ με κύριος εἰς Ιερουσαλημ, καὶ λατρεύσω[11] τῷ
κυρίῳ. **9** καὶ εἶπεν αὐτῷ ὁ βασιλεύς Βάδιζε[12] εἰς εἰρήνην· καὶ ἀναστὰς ἐπορεύθη εἰς
Χεβρων. **10** καὶ ἀπέστειλεν Αβεσσαλωμ κατασκόπους[13] ἐν πάσαις φυλαῖς Ισραηλ
λέγων Ἐν τῷ ἀκοῦσαι ὑμᾶς τὴν φωνὴν τῆς κερατίνης[14] καὶ ἐρεῖτε Βεβασίλευκεν[15]
βασιλεὺς Αβεσσαλωμ ἐν Χεβρων. **11** καὶ μετὰ Αβεσσαλωμ ἐπορεύθησαν διακόσιοι[16]
ἄνδρες ἐξ Ιερουσαλημ κλητοί[17] καὶ πορευόμενοι τῇ ἁπλότητι[18] αὐτῶν καὶ οὐκ
ἔγνωσαν πᾶν ῥῆμα. **12** καὶ ἀπέστειλεν Αβεσσαλωμ καὶ ἐκάλεσεν τὸν Αχιτοφελ τὸν
Γελμωναῖον τὸν σύμβουλον[19] Δαυιδ ἐκ τῆς πόλεως αὐτοῦ ἐκ Γωλα ἐν τῷ θυσιάζειν[20]
αὐτόν. καὶ ἐγένετο σύστρεμμα[21] ἰσχυρόν,[22] καὶ ὁ λαὸς πορευόμενος καὶ πολὺς μετὰ
Αβεσσαλωμ.

David Flees from Jerusalem

13 Καὶ παρεγένετο ὁ ἀπαγγέλλων πρὸς Δαυιδ λέγων Ἐγενήθη ἡ καρδία ἀνδρῶν
Ισραηλ ὀπίσω Αβεσσαλωμ. **14** καὶ εἶπεν Δαυιδ πᾶσιν τοῖς παισὶν[23] αὐτοῦ τοῖς μετ᾽
αὐτοῦ τοῖς ἐν Ιερουσαλημ Ἀνάστητε καὶ φύγωμεν,[24] ὅτι οὐκ ἔστιν ἡμῖν σωτηρία ἀπὸ
προσώπου Αβεσσαλωμ· ταχύνατε[25] τοῦ πορευθῆναι, ἵνα μὴ ταχύνῃ[26] καὶ καταλάβῃ[27]
ἡμᾶς καὶ ἐξώσῃ[28] ἐφ᾽ ἡμᾶς τὴν κακίαν[29] καὶ πατάξῃ[30] τὴν πόλιν στόματι μαχαίρης.[31]
15 καὶ εἶπον οἱ παῖδες[32] τοῦ βασιλέως πρὸς τὸν βασιλέα Κατὰ πάντα, ὅσα αἱρεῖται[33]
ὁ κύριος ἡμῶν ὁ βασιλεύς, ἰδοὺ οἱ παῖδές σου. **16** καὶ ἐξῆλθεν ὁ βασιλεὺς καὶ πᾶς

1 καταφιλέω, *aor act ind 3s*, kiss
2 ἰδιοποιέω, *impf mid ind 3s*, win over, appropriate
3 τεσσαράκοντα, forty
4 δή, now, then
5 ἀποτίνω, *fut act ind 1s*, repay
6 εὐχή, vow
7 εὔχομαι, *aor mid ind 1s*, vow
8 εὐχή, vow
9 εὔχομαι, *aor mid ind 3s*, vow
10 οἰκέω, *pres act inf*, live, dwell
11 λατρεύω, *fut act ind 1s*, serve
12 βαδίζω, *pres act impv 2s*, go
13 κατάσκοπος, spy
14 κερατίνη, horn
15 βασιλεύω, *perf act ind 3s*, reign as king
16 διακόσιοι, two hundred
17 κλητός, summoned, invited
18 ἁπλότης, sincerity, uprightness
19 σύμβουλος, adviser, counselor
20 θυσιάζω, *pres act inf*, sacrifice
21 σύστρεμμα, band, company, conspiracy
22 ἰσχυρός, strong
23 παῖς, servant
24 φεύγω, *aor act sub 1p*, flee
25 ταχύνω, *aor act impv 2p*, hasten, hurry
26 ταχύνω, *pres act sub 3s*, hasten, hurry
27 καταλαμβάνω, *aor act sub 3s*, overtake, apprehend
28 ἐξωθέω, *aor act sub 3s*, force out, drive forth
29 κακία, evil, wickedness
30 πατάσσω, *aor act sub 3s*, strike
31 μάχαιρα, sword
32 παῖς, servant
33 αἱρέω, *pres mid ind 3s*, choose, select

ὁ οἶκος αὐτοῦ τοῖς ποσὶν αὐτῶν· καὶ ἀφῆκεν ὁ βασιλεὺς δέκα[1] γυναῖκας τῶν παλλακῶν[2] αὐτοῦ φυλάσσειν τὸν οἶκον. **17** καὶ ἐξῆλθεν ὁ βασιλεὺς καὶ πάντες οἱ παῖδες[3] αὐτοῦ πεζῇ[4] καὶ ἔστησαν ἐν οἴκῳ τῷ μακράν.[5]

18 καὶ πάντες οἱ παῖδες[6] αὐτοῦ ἀνὰ[7] χεῖρα αὐτοῦ παρῆγον[8] καὶ πᾶς ὁ χεττι καὶ πᾶς ὁ φελετθι καὶ ἔστησαν ἐπὶ τῆς ἐλαίας[9] ἐν τῇ ἐρήμῳ· καὶ πᾶς ὁ λαὸς παρεπορεύετο[10] ἐχόμενος αὐτοῦ καὶ πάντες οἱ περὶ αὐτὸν καὶ πάντες οἱ ἁδροὶ[11] καὶ πάντες οἱ μαχηταί,[12] ἑξακόσιοι[13] ἄνδρες, καὶ παρῆσαν[14] ἐπὶ χεῖρα αὐτοῦ· καὶ πᾶς ὁ χερεθθι καὶ πᾶς ὁ φελεθθι καὶ πάντες οἱ Γεθθαῖοι, ἑξακόσιοι[15] ἄνδρες οἱ ἐλθόντες τοῖς ποσὶν αὐτῶν ἐκ Γεθ, πορευόμενοι ἐπὶ πρόσωπον τοῦ βασιλέως. **19** καὶ εἶπεν ὁ βασιλεὺς πρὸς Εθθι τὸν Γεθθαῖον Ἵνα τί πορεύῃ καὶ σὺ μεθ᾽ ἡμῶν; ἐπίστρεφε καὶ οἴκει[16] μετὰ τοῦ βασιλέως, ὅτι ξένος[17] εἶ σὺ καὶ ὅτι μετῴκηκας[18] σὺ ἐκ τοῦ τόπου σου. **20** εἰ ἐχθὲς[19] παραγέγονας, καὶ σήμερον κινήσω[20] σε μεθ᾽ ἡμῶν καί γε μεταναστήσεις[21] τὸν τόπον σου; ἐχθὲς[22] ἡ ἐξέλευσίς[23] σου, καὶ σήμερον μετακινήσω[24] σε μεθ᾽ ἡμῶν τοῦ πορευθῆναι; καὶ ἐγὼ πορεύσομαι οὗ ἂν ἐγὼ πορευθῶ. ἐπιστρέφου καὶ ἐπίστρεψον τοὺς ἀδελφούς σου μετὰ σοῦ, καὶ κύριος ποιήσει μετὰ σοῦ ἔλεος[25] καὶ ἀλήθειαν. **21** καὶ ἀπεκρίθη Εθθι τῷ βασιλεῖ καὶ εἶπεν Ζῇ κύριος καὶ ζῇ ὁ κύριός μου ὁ βασιλεύς, ὅτι εἰς τὸν τόπον, οὗ ἐὰν ᾖ ὁ κύριός μου, καὶ ἐὰν εἰς θάνατον καὶ ἐὰν εἰς ζωήν, ὅτι ἐκεῖ ἔσται ὁ δοῦλός σου. **22** καὶ εἶπεν ὁ βασιλεὺς πρὸς Εθθι Δεῦρο[26] καὶ διάβαινε[27] μετ᾽ ἐμοῦ· καὶ παρῆλθεν[28] Εθθι ὁ Γεθθαῖος καὶ πάντες οἱ παῖδες[29] αὐτοῦ καὶ πᾶς ὁ ὄχλος[30] ὁ μετ᾽ αὐτοῦ. **23** καὶ πᾶσα ἡ γῆ ἔκλαιεν φωνῇ μεγάλῃ. καὶ πᾶς ὁ λαὸς παρεπορεύοντο[31] ἐν τῷ χειμάρρῳ[32] Κεδρων, καὶ ὁ βασιλεὺς διέβη[33] τὸν χειμάρρουν Κεδρων· καὶ πᾶς ὁ λαὸς καὶ ὁ βασιλεὺς παρεπορεύοντο[34] ἐπὶ πρόσωπον ὁδοῦ τὴν ἔρημον.

24 καὶ ἰδοὺ καί γε Σαδωκ καὶ πάντες οἱ Λευῖται μετ᾽ αὐτοῦ αἴροντες τὴν κιβωτὸν[35] διαθήκης κυρίου ἀπὸ Βαιθαρ καὶ ἔστησαν τὴν κιβωτὸν τοῦ θεοῦ, καὶ ἀνέβη Αβιαθαρ,

1 δέκα, ten
2 παλλακή, concubine
3 παῖς, servant
4 πεζός, on foot, by land
5 μακράν, far, distant
6 παῖς, servant
7 ἀνά, by
8 παράγω, *impf act ind 3p*, pass by
9 ἐλαία, olive tree
10 παραπορεύομαι, *impf mid ind 3s*, pass by
11 ἁδρός, strong, powerful, well-known
12 μαχητής, fighter, warrior
13 ἑξακόσιοι, six hundred
14 πάρειμι, *impf act ind 3p*, be present
15 ἑξακόσιοι, six hundred
16 οἰκέω, *pres act impv 2s*, live, dwell
17 ξένος, strange, foreign
18 μετοικέω, *perf act ind 2s*, change dwelling place
19 ἐχθές, yesterday
20 κινέω, *fut act ind 1s*, move, remove
21 μετανίστημι, *fut act ind 2s*, migrate
22 ἐχθές, yesterday
23 ἐξέλευσις, going out
24 μετακινέω, *fut act ind 1s*, move away, remove
25 ἔλεος, mercy, compassion
26 δεῦρο, come!
27 διαβαίνω, *pres act impv 2s*, cross over
28 παρέρχομαι, *aor act ind 3s*, pass by, pass over
29 παῖς, servant
30 ὄχλος, multitude, host
31 παραπορεύομαι, *impf mid ind 3p*, pass by
32 χείμαρρος, brook
33 διαβαίνω, *aor act ind 3s*, cross over
34 παραπορεύομαι, *impf mid ind 3p*, pass by
35 κιβωτός, chest, ark

ἕως ἐπαύσατο[1] πᾶς ὁ λαὸς παρελθεῖν[2] ἐκ τῆς πόλεως. **25** καὶ εἶπεν ὁ βασιλεὺς τῷ Σαδωκ Ἀπόστρεψον[3] τὴν κιβωτὸν[4] τοῦ θεοῦ εἰς τὴν πόλιν· ἐὰν εὕρω χάριν ἐν ὀφθαλμοῖς κυρίου, καὶ ἐπιστρέψει με καὶ δείξει μοι αὐτὴν καὶ τὴν εὐπρέπειαν[5] αὐτῆς· **26** καὶ ἐὰν εἴπῃ οὕτως Οὐκ ἠθέληκα ἐν σοί, ἰδοὺ ἐγώ εἰμι, ποιείτω μοι κατὰ τὸ ἀγαθὸν ἐν ὀφθαλμοῖς αὐτοῦ. **27** καὶ εἶπεν ὁ βασιλεὺς τῷ Σαδωκ τῷ ἱερεῖ Ἴδετε σὺ ἐπιστρέφεις εἰς τὴν πόλιν ἐν εἰρήνῃ, καὶ Αχιμαας ὁ υἱός σου καὶ Ιωναθαν ὁ υἱὸς Αβιαθαρ οἱ δύο υἱοὶ ὑμῶν μεθ᾽ ὑμῶν· **28** ἴδετε ἐγώ εἰμι στρατεύομαι[6] ἐν αραβωθ τῆς ἐρήμου ἕως τοῦ ἐλθεῖν ῥῆμα παρ᾽ ὑμῶν τοῦ ἀπαγγεῖλαί μοι. **29** καὶ ἀπέστρεψεν[7] Σαδωκ καὶ Αβιαθαρ τὴν κιβωτὸν[8] εἰς Ιερουσαλημ καὶ ἐκάθισεν ἐκεῖ.

30 καὶ Δαυιδ ἀνέβαινεν ἐν τῇ ἀναβάσει[9] τῶν ἐλαιῶν[10] ἀναβαίνων καὶ κλαίων καὶ τὴν κεφαλὴν ἐπικεκαλυμμένος[11] καὶ αὐτὸς ἐπορεύετο ἀνυπόδετος,[12] καὶ πᾶς ὁ λαὸς ὁ μετ᾽ αὐτοῦ ἐπεκάλυψεν[13] ἀνὴρ τὴν κεφαλὴν αὐτοῦ καὶ ἀνέβαινον ἀναβαίνοντες καὶ κλαίοντες. — **31** καὶ ἀνηγγέλη[14] Δαυιδ λέγοντες Καὶ Αχιτοφελ ἐν τοῖς συστρεφομένοις[15] μετὰ Αβεσσαλωμ· καὶ εἶπεν Δαυιδ Διασκέδασον[16] δή[17] τὴν βουλὴν[18] Αχιτοφελ, κύριε ὁ θεός μου.

Hushai Spies for David

32 καὶ ἦν Δαυιδ ἐρχόμενος ἕως τοῦ Ροως, οὗ προσεκύνησεν ἐκεῖ τῷ θεῷ, καὶ ἰδοὺ εἰς ἀπαντὴν[19] αὐτῷ Χουσι ὁ Αρχι ἑταῖρος[20] Δαυιδ διερρηχὼς[21] τὸν χιτῶνα[22] αὐτοῦ καὶ γῆ ἐπὶ τῆς κεφαλῆς αὐτοῦ. **33** καὶ εἶπεν αὐτῷ Δαυιδ Ἐὰν μὲν διαβῇς[23] μετ᾽ ἐμοῦ, καὶ ἔσῃ ἐπ᾽ ἐμὲ εἰς βάσταγμα·[24] **34** καὶ ἐὰν εἰς τὴν πόλιν ἐπιστρέψῃς, καὶ ἐρεῖς τῷ Αβεσσαλωμ Διεληλύθασιν οἱ ἀδελφοί σου, καὶ ὁ βασιλεὺς κατόπισθέν[25] μου διελήλυθεν ὁ πατήρ σου, καὶ νῦν παῖς[26] σού εἰμι, βασιλεῦ, ἔασόν[27] με ζῆσαι, παῖς[28] τοῦ πατρός σου ἤμην τότε καὶ ἀρτίως,[29] καὶ νῦν ἐγὼ δοῦλος σός·[30] καὶ διασκεδάσεις[31] μοι τὴν βουλὴν[32]

1 παύω, *aor mid ind 3s*, finish, stop
2 παρέρχομαι, *aor act inf*, pass from, pass away
3 ἀποστρέφω, *aor act impv 2s*, return
4 κιβωτός, chest, ark
5 εὐπρέπεια, beauty
6 στρατεύω, *pres mid ind 1s*, serve as soldier
7 ἀποστρέφω, *aor act ind 3s*, return, put back
8 κιβωτός, chest, ark (of the covenant)
9 ἀνάβασις, ascent
10 ἔλαιον, olive tree
11 ἐπικαλύπτω, *perf pas ptc nom s m*, cover
12 ἀνυπόδετος, barefoot
13 ἐπικαλύπτω, *aor act ind 3s*, cover
14 ἀναγγέλλω, *aor pas ind 3s*, report, tell
15 συστρέφω, *pres pas ptc dat p m*, rally, conspire
16 διασκεδάζω, *aor act impv 2s*, scatter, (reject)
17 δή, now, then
18 βουλή, counsel, advice
19 ἀπαντή, meeting
20 ἑταῖρος, companion, friend
21 διαρρήγνυμι, *perf act ptc nom s m*, tear, rip
22 χιτών, tunic
23 διαβαίνω, *aor act sub 2s*, cross over
24 βάσταγμα, burden
25 κατόπισθεν, behind, after
26 παῖς, servant
27 ἐάω, *aor act impv 2s*, allow, permit
28 παῖς, servant
29 ἀρτίως, recently
30 σός, of you, yours
31 διασκεδάζω, *fut act ind 2s*, scatter, (reject)
32 βουλή, counsel, advice

Αχιτοφελ. **35** καὶ ἰδοὺ μετὰ σοῦ ἐκεῖ Σαδωκ καὶ Αβιαθαρ οἱ ἱερεῖς, καὶ ἔσται πᾶν ῥῆμα, ὃ ἐὰν ἀκούσῃς ἐξ οἴκου τοῦ βασιλέως, καὶ ἀναγγελεῖς[1] τῷ Σαδωκ καὶ τῷ Αβιαθαρ τοῖς ἱερεῦσιν· **36** ἰδοὺ ἐκεῖ μετ' αὐτῶν δύο υἱοὶ αὐτῶν, Αχιμαας υἱὸς τῷ Σαδωκ καὶ Ιωναθαν υἱὸς τῷ Αβιαθαρ, καὶ ἀποστελεῖτε ἐν χειρὶ αὐτῶν πρός με πᾶν ῥῆμα, ὃ ἐὰν ἀκούσητε. **37** καὶ εἰσῆλθεν Χουσι ὁ ἑταῖρος[2] Δαυιδ εἰς τὴν πόλιν, καὶ Αβεσσαλωμ εἰσεπορεύετο[3] εἰς Ιερουσαλημ.

David and Ziba

16 καὶ Δαυιδ παρῆλθεν[4] βραχύ[5] τι ἀπὸ τῆς Ροως, καὶ ἰδοὺ Σιβα τὸ παιδάριον[6] Μεμφιβοσθε εἰς ἀπαντὴν[7] αὐτοῦ καὶ ζεῦγος[8] ὄνων[9] ἐπισεσαγμένων,[10] καὶ ἐπ' αὐτοῖς διακόσιοι[11] ἄρτοι καὶ ἑκατὸν[12] σταφίδες[13] καὶ ἑκατὸν φοίνικες[14] καὶ νεβελ[15] οἴνου. **2** καὶ εἶπεν ὁ βασιλεὺς πρὸς Σιβα Τί ταῦτά σοι; καὶ εἶπεν Σιβα Τὰ ὑποζύγια[16] τῇ οἰκίᾳ τοῦ βασιλέως τοῦ ἐπικαθῆσθαι,[17] καὶ οἱ ἄρτοι καὶ οἱ φοίνικες[18] εἰς βρῶσιν[19] τοῖς παιδαρίοις,[20] καὶ ὁ οἶνος πιεῖν τοῖς ἐκλελυμένοις[21] ἐν τῇ ἐρήμῳ. **3** καὶ εἶπεν ὁ βασιλεύς Καὶ ποῦ ὁ υἱὸς τοῦ κυρίου σου; καὶ εἶπεν Σιβα πρὸς τὸν βασιλέα Ἰδοὺ κάθηται ἐν Ιερουσαλημ, ὅτι εἶπεν Σήμερον ἐπιστρέψουσίν μοι ὁ οἶκος Ισραηλ τὴν βασιλείαν τοῦ πατρός μου. **4** καὶ εἶπεν ὁ βασιλεὺς τῷ Σιβα Ἰδοὺ σοὶ πάντα, ὅσα ἐστὶν τῷ Μεμφιβοσθε. καὶ εἶπεν Σιβα προσκυνήσας Εὕροιμι[22] χάριν ἐν ὀφθαλμοῖς σου, κύριέ μου βασιλεῦ.

David Cursed by Shimei

5 καὶ ἦλθεν ὁ βασιλεὺς Δαυιδ ἕως Βαουριμ· καὶ ἰδοὺ ἐκεῖθεν[23] ἀνὴρ ἐξεπορεύετο ἐκ συγγενείας[24] οἴκου Σαουλ, καὶ ὄνομα αὐτῷ Σεμεϊ υἱὸς Γηρα· ἐξῆλθεν ἐκπορευόμενος καὶ καταρώμενος[25] **6** καὶ λιθάζων[26] ἐν λίθοις τὸν Δαυιδ καὶ πάντας τοὺς παῖδας[27] τοῦ βασιλέως Δαυιδ, καὶ πᾶς ὁ λαὸς ἦν καὶ πάντες οἱ δυνατοὶ ἐκ δεξιῶν καὶ ἐξ εὐωνύμων[28] τοῦ βασιλέως. **7** καὶ οὕτως ἔλεγεν Σεμεϊ ἐν τῷ καταρᾶσθαι[29] αὐτόν Ἔξελθε ἔξελθε, ἀνὴρ αἱμάτων καὶ ἀνὴρ ὁ παράνομος·[30] **8** ἐπέστρεψεν ἐπὶ σὲ κύριος

1 ἀναγγέλλω, *fut act ind 2s*, report, tell
2 ἑταῖρος, companion, friend
3 εἰσπορεύομαι, *impf mid ind 3s*, go in, enter
4 παρέρχομαι, *aor act ind 3s*, pass by
5 βραχύς, little
6 παιδάριον, young man, servant
7 ἀπαντή, meeting
8 ζεῦγος, team, pair
9 ὄνος, donkey
10 ἐπισάσσω, *perf pas ptc gen p m*, load, saddle
11 διακόσιοι, two hundred
12 ἑκατόν, one hundred
13 σταφίς, raisin
14 φοῖνιξ, date
15 νεβελ, vessel, wineskin, *translit.*
16 ὑποζύγιον, donkey, beast of burden
17 ἐπικάθημαι, *pres pas inf*, sit upon
18 φοῖνιξ, date
19 βρῶσις, food
20 παιδάριον, young man, servant
21 ἐκλύω, *perf pas ptc dat p m*, grow weary, be faint
22 εὑρίσκω, *aor act opt 1s*, find
23 ἐκεῖθεν, from there
24 συγγένεια, kindred, family
25 καταράομαι, *pres mid ptc nom s m*, curse
26 λιθάζω, *pres act ptc nom s m*, stone
27 παῖς, servant
28 εὐώνυμος, left
29 καταράομαι, *pres mid inf*, curse
30 παράνομος, unlawful, wicked

πάντα τὰ αἵματα τοῦ οἴκου Σαουλ, ὅτι ἐβασίλευσας[1] ἀντ᾽[2] αὐτοῦ, καὶ ἔδωκεν κύριος
τὴν βασιλείαν ἐν χειρὶ Αβεσσαλωμ τοῦ υἱοῦ σου· καὶ ἰδοὺ σὺ ἐν τῇ κακίᾳ[3] σου, ὅτι
ἀνὴρ αἱμάτων σύ.

9 καὶ εἶπεν Αβεσσα υἱὸς Σαρουιας πρὸς τὸν βασιλέα Ἵνα τί καταρᾶται[4] ὁ κύων[5]
ὁ τεθνηκὼς[6] οὗτος τὸν κύριόν μου τὸν βασιλέα; διαβήσομαι[7] δὴ[8] καὶ ἀφελῶ[9] τὴν
κεφαλὴν αὐτοῦ. **10** καὶ εἶπεν ὁ βασιλεύς Τί ἐμοὶ καὶ ὑμῖν, υἱοὶ Σαρουιας; ἄφετε αὐτὸν
καὶ οὕτως καταράσθω,[10] ὅτι κύριος εἶπεν αὐτῷ καταρᾶσθαι[11] τὸν Δαυιδ, καὶ τίς
ἐρεῖ Ὡς τί ἐποίησας οὕτως; **11** καὶ εἶπεν Δαυιδ πρὸς Αβεσσα καὶ πρὸς πάντας τοὺς
παῖδας[12] αὐτοῦ Ἰδοὺ ὁ υἱός μου ὁ ἐξελθὼν ἐκ τῆς κοιλίας[13] μου ζητεῖ τὴν ψυχήν μου,
καὶ προσέτι[14] νῦν ὁ υἱὸς τοῦ Ιεμινι· ἄφετε αὐτὸν καταρᾶσθαι,[15] ὅτι εἶπεν αὐτῷ κύριος·
12 εἴ πως ἴδοι[16] κύριος ἐν τῇ ταπεινώσει[17] μου καὶ ἐπιστρέψει μοι ἀγαθὰ ἀντὶ[18] τῆς
κατάρας[19] αὐτοῦ τῇ ἡμέρᾳ ταύτῃ. **13** καὶ ἐπορεύθη Δαυιδ καὶ οἱ ἄνδρες αὐτοῦ ἐν τῇ
ὁδῷ, καὶ Σεμεϊ ἐπορεύετο ἐκ πλευρᾶς[20] τοῦ ὄρους ἐχόμενα αὐτοῦ πορευόμενος καὶ
καταρώμενος[21] καὶ λιθάζων[22] ἐν λίθοις ἐκ πλαγίων[23] αὐτοῦ καὶ τῷ χοΐ[24] πάσσων.[25]
14 καὶ ἦλθεν ὁ βασιλεὺς καὶ πᾶς ὁ λαὸς αὐτοῦ ἐκλελυμένοι[26] καὶ ἀνέψυξαν[27] ἐκεῖ.

Absalom Enters Jerusalem

15 Καὶ Αβεσσαλωμ καὶ πᾶς ἀνὴρ Ισραηλ εἰσῆλθον εἰς Ιερουσαλημ καὶ Αχιτοφελ μετ᾽
αὐτοῦ. **16** καὶ ἐγενήθη ἡνίκα[28] ἦλθεν Χουσι ὁ Αρχι ἑταῖρος[29] Δαυιδ πρὸς Αβεσσαλωμ,
καὶ εἶπεν Χουσι πρὸς Αβεσσαλωμ Ζήτω ὁ βασιλεύς. **17** καὶ εἶπεν Αβεσσαλωμ πρὸς
Χουσι Τοῦτο τὸ ἔλεός[30] σου μετὰ τοῦ ἑταίρου[31] σου; ἵνα τί οὐκ ἀπῆλθες μετὰ τοῦ
ἑταίρου σου; **18** καὶ εἶπεν Χουσι πρὸς Αβεσσαλωμ Οὐχί, ἀλλὰ κατόπισθεν[32] οὗ
ἐξελέξατο[33] κύριος καὶ ὁ λαὸς οὗτος καὶ πᾶς ἀνὴρ Ισραηλ, αὐτῷ ἔσομαι καὶ μετ᾽
αὐτοῦ καθήσομαι· **19** καὶ τὸ δεύτερον τίνι ἐγὼ δουλεύσω;[34] οὐχὶ ἐνώπιον τοῦ υἱοῦ
αὐτοῦ; καθάπερ[35] ἐδούλευσα[36] ἐνώπιον τοῦ πατρός σου, οὕτως ἔσομαι ἐνώπιόν σου.

1 βασιλεύω, *aor act ind 2s*, reign as king
2 ἀντί, in place of
3 κακία, wickedness, evil
4 καταράομαι, *pres mid ind 3s*, curse
5 κύων, dog
6 θνῄσκω, *perf act ptc nom s m*, die
7 διαβαίνω, *fut mid ind 1s*, pass over, go over
8 δή, indeed, now
9 ἀφαιρέω, *fut act ind 1s*, cut off, remove
10 καταράομαι, *pres mid impv 3s*, curse
11 καταράομαι, *pres mid inf*, curse
12 παῖς, servant
13 κοιλία, abdomen
14 προσέτι, more than that
15 καταράομαι, *pres mid inf*, curse
16 ὁράω, *aor act opt 3s*, look
17 ταπείνωσις, humiliation, low condition
18 ἀντί, in return for
19 κατάρα, curse
20 πλευρά, side
21 καταράομαι, *pres mid ptc nom s m*, curse
22 λιθάζω, *pres act ptc nom s m*, stone
23 πλάγιος, from the side
24 χοῦς, dust
25 πάσσω, *pres act ptc nom s m*, scatter
26 ἐκλύω, *perf pas ptc nom p m*, grow weary, be faint
27 ἀναψύχω, *aor act ind 3p*, revive, refresh
28 ἡνίκα, when
29 ἑταῖρος, companion, friend
30 ἔλεος, compassion, mercy
31 ἑταῖρος, companion, friend
32 κατόπισθεν, after, hereafter
33 ἐκλέγω, *aor mid ind 3s*, select, choose
34 δουλεύω, *fut act ind 1s*, serve
35 καθάπερ, just as
36 δουλεύω, *aor act ind 1s*, serve

20 καὶ εἶπεν Αβεσσαλωμ πρὸς Αχιτοφελ Φέρετε ἑαυτοῖς βουλὴν[1] τί ποιήσωμεν.
21 καὶ εἶπεν Αχιτοφελ πρὸς Αβεσσαλωμ Εἴσελθε πρὸς τὰς παλλακάς[2] τοῦ πατρός
σου, ἃς κατέλιπεν[3] φυλάσσειν τὸν οἶκον αὐτοῦ, καὶ ἀκούσεται πᾶς Ισραηλ ὅτι κατῄ-
σχυνας[4] τὸν πατέρα σου, καὶ ἐνισχύσουσιν[5] αἱ χεῖρες πάντων τῶν μετὰ σοῦ. **22** καὶ
ἔπηξαν[6] τὴν σκηνὴν[7] τῷ Αβεσσαλωμ ἐπὶ τὸ δῶμα,[8] καὶ εἰσῆλθεν Αβεσσαλωμ πρὸς
τὰς παλλακὰς[9] τοῦ πατρὸς αὐτοῦ κατ᾽ ὀφθαλμοὺς παντὸς Ισραηλ. **23** καὶ ἡ βουλὴ[10]
Αχιτοφελ, ἣν ἐβουλεύσατο[11] ἐν ταῖς ἡμέραις ταῖς πρώταις, ὃν τρόπον[12] ἐπερωτήσῃ[13]
ἐν λόγῳ τοῦ θεοῦ, οὕτως πᾶσα ἡ βουλὴ[14] τοῦ Αχιτοφελ καί γε τῷ Δαυιδ καί γε τῷ
Αβεσσαλωμ.

Ahithophel's Counsel

17 καὶ εἶπεν Αχιτοφελ πρὸς Αβεσσαλωμ Ἐπιλέξω[15] δὴ[16] ἐμαυτῷ[17] δώδεκα[18] χιλι-
άδας[19] ἀνδρῶν καὶ ἀναστήσομαι καὶ καταδιώξω[20] ὀπίσω Δαυιδ τὴν νύκτα·
2 καὶ ἐπελεύσομαι[21] ἐπ᾽ αὐτόν, καὶ αὐτὸς κοπιῶν[22] καὶ ἐκλελυμένος[23] χερσίν, καὶ
ἐκστήσω[24] αὐτόν, καὶ φεύξεται[25] πᾶς ὁ λαὸς ὁ μετ᾽ αὐτοῦ, καὶ πατάξω[26] τὸν βασιλέα
μονώτατον·[27] **3** καὶ ἐπιστρέψω πάντα τὸν λαὸν πρὸς σέ, ὃν τρόπον[28] ἐπιστρέφει ἡ
νύμφη[29] πρὸς τὸν ἄνδρα αὐτῆς· πλὴν ψυχὴν ἑνὸς ἀνδρὸς σὺ ζητεῖς, καὶ παντὶ τῷ
λαῷ ἔσται εἰρήνη. **4** καὶ εὐθὴς[30] ὁ λόγος ἐν ὀφθαλμοῖς Αβεσσαλωμ καὶ ἐν ὀφθαλμοῖς
πάντων τῶν πρεσβυτέρων Ισραηλ.

Hushai's Counsel

5 καὶ εἶπεν Αβεσσαλωμ Καλέσατε δὴ[31] καί γε τὸν Χουσι τὸν Αραχι, καὶ ἀκούσωμεν
τί ἐν τῷ στόματι αὐτοῦ καί γε αὐτοῦ. **6** καὶ εἰσῆλθεν Χουσι πρὸς Αβεσσαλωμ· καὶ
εἶπεν Αβεσσαλωμ πρὸς αὐτὸν λέγων Κατὰ τὸ ῥῆμα τοῦτο ἐλάλησεν Αχιτοφελ· εἰ
ποιήσομεν κατὰ τὸν λόγον αὐτοῦ; εἰ δὲ μή, σὺ λάλησον. **7** καὶ εἶπεν Χουσι πρὸς

1 βουλή, counsel, advice
2 παλλακή, concubine
3 καταλείπω, *aor act ind 3s*, leave behind
4 καταισχύνω, *aor act ind 2s*, dishonor, put to shame
5 ἐνισχύω, *fut act ind 3p*, strengthen
6 πήγνυμι, *aor act ind 3p*, put together, pitch
7 σκηνή, tent
8 δῶμα, roof
9 παλλακή, concubine
10 βουλή, counsel, advice
11 βουλεύω, *aor mid ind 3s*, counsel
12 ὃν τρόπον, in the manner that
13 ἐπερωτάω, *aor act sub 3s*, inquire, ask
14 βουλή, counsel, advice
15 ἐπιλέγω, *fut act ind 1s*, choose
16 δή, now
17 ἐμαυτοῦ, myself
18 δώδεκα, twelve
19 χιλιάς, thousand
20 καταδιώκω, *fut act ind 1s*, pursue closely
21 ἐπέρχομαι, *fut mid ind 1s*, come upon
22 κοπιάω, *pres act ptc nom s m*, be weary, become tired
23 ἐκλύω, *perf pas ptc nom s m*, be faint, be weak
24 ἐξίστημι, *fut act ind 1s*, confound, astonish
25 φεύγω, *fut mid ind 3s*, flee
26 πατάσσω, *fut act ind 1s*, strike
27 μόνος, *sup*, completely alone
28 ὃν τρόπον, in the manner that
29 νύμφη, bride
30 εὐθής, right
31 δή, indeed, now

Αβεσσαλωμ Οὐκ ἀγαθὴ αὕτη ἡ βουλή,[1] ἣν ἐβουλεύσατο[2] Αχιτοφελ τὸ ἅπαξ[3] τοῦτο.
8 καὶ εἶπεν Χουσι Σὺ οἶδας τὸν πατέρα σου καὶ τοὺς ἄνδρας αὐτοῦ ὅτι δυνατοί εἰσιν
σφόδρα[4] καὶ κατάπικροι[5] τῇ ψυχῇ αὐτῶν ὡς ἄρκος[6] ἠτεκνωμένη[7] ἐν ἀγρῷ καὶ ὡς ὗς[8]
τραχεῖα[9] ἐν τῷ πεδίῳ,[10] καὶ ὁ πατήρ σου ἀνὴρ πολεμιστὴς[11] καὶ οὐ μὴ καταλύσῃ[12]
τὸν λαόν· **9** ἰδοὺ γὰρ αὐτὸς νῦν κέκρυπται[13] ἐν ἑνὶ τῶν βουνῶν[14] ἢ ἐν ἑνὶ τῶν τόπων,
καὶ ἔσται ἐν τῷ ἐπιπεσεῖν[15] αὐτοῖς ἐν ἀρχῇ καὶ ἀκούσῃ ὁ ἀκούων καὶ εἴπῃ Ἐγενήθη
θραῦσις[16] ἐν τῷ λαῷ τῷ ὀπίσω Αβεσσαλωμ, **10** καί γε αὐτὸς υἱὸς δυνάμεως, οὗ
ἡ καρδία καθὼς ἡ καρδία τοῦ λέοντος,[17] τηκομένη[18] τακήσεται,[19] ὅτι οἶδεν πᾶς
Ισραηλ ὅτι δυνατὸς ὁ πατήρ σου καὶ υἱοὶ δυνάμεως οἱ μετ᾽ αὐτοῦ. **11** ὅτι οὕτως
συμβουλεύων[20] ἐγὼ συνεβούλευσα,[21] καὶ συναγόμενος συναχθήσεται ἐπὶ σὲ πᾶς
Ισραηλ ἀπὸ Δαν καὶ ἕως Βηρσαβεε ὡς ἡ ἄμμος[22] ἡ ἐπὶ τῆς θαλάσσης εἰς πλῆθος, καὶ
τὸ πρόσωπόν σου πορευόμενον ἐν μέσῳ αὐτῶν, **12** καὶ ἥξομεν[23] πρὸς αὐτὸν εἰς ἕνα
τῶν τόπων, οὗ ἐὰν εὕρωμεν αὐτὸν ἐκεῖ, καὶ παρεμβαλοῦμεν[24] ἐπ᾽ αὐτόν, ὡς πίπτει ἡ
δρόσος[25] ἐπὶ τὴν γῆν, καὶ οὐχ ὑπολειψόμεθα[26] ἐν αὐτῷ καὶ τοῖς ἀνδράσιν τοῖς μετ᾽
αὐτοῦ καί γε ἕνα· **13** καὶ ἐὰν εἰς πόλιν συναχθῇ, καὶ λήμψεται πᾶς Ισραηλ πρὸς τὴν
πόλιν ἐκείνην σχοινία[27] καὶ συροῦμεν[28] αὐτὴν ἕως εἰς τὸν χειμάρρουν,[29] ὅπως μὴ
καταλειφθῇ[30] ἐκεῖ μηδὲ λίθος. **14** καὶ εἶπεν Αβεσσαλωμ καὶ πᾶς ἀνὴρ Ισραηλ Ἀγαθὴ
ἡ βουλὴ[31] Χουσι τοῦ Αραχι ὑπὲρ τὴν βουλὴν Αχιτοφελ· καὶ κύριος ἐνετείλατο[32]
διασκεδάσαι[33] τὴν βουλὴν[34] Αχιτοφελ τὴν ἀγαθήν, ὅπως ἂν ἐπαγάγῃ[35] κύριος ἐπὶ
Αβεσσαλωμ τὰ κακὰ πάντα.

Hushai's Counsel Saves David

15 καὶ εἶπεν Χουσι ὁ τοῦ Αραχι πρὸς Σαδωκ καὶ Αβιαθαρ τοὺς ἱερεῖς Οὕτως καὶ
οὕτως συνεβούλευσεν[36] Αχιτοφελ τῷ Αβεσσαλωμ καὶ τοῖς πρεσβυτέροις Ισραηλ,

1 βουλή, counsel, advice
2 βουλεύω, *aor mid ind 3s*, counsel
3 ἅπαξ, one time
4 σφόδρα, exceedingly
5 κατάπικρος, very bitter
6 ἄρκος, bear
7 ἀτεκνόω, *perf pas ptc nom s f*, make childless
8 ὗς, sow
9 τραχύς, feral, wild
10 πεδίον, field, plain
11 πολεμιστής, warrior
12 καταλύω, *aor act sub 3s*, lodge, settle
13 κρύπτω, *perf pas ind 3s*, hide
14 βουνός, hill
15 ἐπιπίπτω, *aor act inf*, fall upon
16 θραῦσις, slaughter, destruction
17 λέων, lion
18 τήκω, *pres pas ptc nom s f*, melt
19 τήκω, *fut pas ind 3s*, melt
20 συμβουλεύω, *pres act ptc nom s m*, counsel, advise
21 συμβουλεύω, *aor act ind 1s*, counsel, advise
22 ἄμμος, sand
23 ἥκω, *fut act ind 1p*, be present, have come
24 παρεμβάλλω, *fut act ind 1p*, encamp
25 δρόσος, dew
26 ὑπολείπω, *fut mid ind 1p*, leave behind
27 σχοινίον, rope, cord
28 σύρω, *fut act ind 1p*, drag, draw
29 χείμαρρος, brook
30 καταλείπω, *aor pas sub 3s*, leave behind
31 βουλή, counsel, advice
32 ἐντέλλομαι, *aor mid ind 3s*, command, order
33 διασκεδάζω, *aor act inf*, scatter, (reject)
34 βουλή, counsel, advice
35 ἐπάγω, *aor act sub 3s*, bring upon, lay on
36 συμβουλεύω, *aor act ind 3s*, counsel, advise

καὶ οὕτως καὶ οὕτως συνεβούλευσα[1] ἐγώ· **16** καὶ νῦν ἀποστείλατε ταχὺ[2] καὶ ἀναγγείλατε[3] τῷ Δαυιδ λέγοντες Μὴ αὐλισθῇς[4] τὴν νύκτα ἐν αραβωθ[5] τῆς ἐρήμου καί γε διαβαίνων[6] σπεῦσον,[7] μήποτε[8] καταπίῃ[9] τὸν βασιλέα καὶ πάντα τὸν λαὸν τὸν μετ' αὐτοῦ. **17** καὶ Ιωναθαν καὶ Αχιμαας εἱστήκεισαν[10] ἐν τῇ πηγῇ[11] Ρωγηλ, καὶ ἐπορεύθη ἡ παιδίσκη[12] καὶ ἀνήγγειλεν[13] αὐτοῖς, καὶ αὐτοὶ πορεύονται καὶ ἀναγγέλλουσιν[14] τῷ βασιλεῖ Δαυιδ, ὅτι οὐκ ἐδύναντο ὀφθῆναι τοῦ εἰσελθεῖν εἰς τὴν πόλιν. **18** καὶ εἶδεν αὐτοὺς παιδάριον[15] καὶ ἀπήγγειλεν τῷ Αβεσσαλωμ, καὶ ἐπορεύθησαν οἱ δύο ταχέως[16] καὶ εἰσῆλθαν εἰς οἰκίαν ἀνδρὸς ἐν Βαουριμ, καὶ αὐτῷ λάκκος[17] ἐν τῇ αὐλῇ,[18] καὶ κατέβησαν ἐκεῖ. **19** καὶ ἔλαβεν ἡ γυνὴ καὶ διεπέτασεν[19] τὸ ἐπικάλυμμα[20] ἐπὶ πρόσωπον τοῦ λάκκου[21] καὶ ἔψυξεν[22] ἐπ' αὐτῷ αραφωθ,[23] καὶ οὐκ ἐγνώσθη ῥῆμα. **20** καὶ ἦλθαν οἱ παῖδες[24] Αβεσσαλωμ πρὸς τὴν γυναῖκα εἰς τὴν οἰκίαν καὶ εἶπαν Ποῦ Αχιμαας καὶ Ιωναθαν; καὶ εἶπεν αὐτοῖς ἡ γυνή Παρῆλθαν[25] μικρὸν τοῦ ὕδατος· καὶ ἐζήτησαν καὶ οὐχ εὗραν καὶ ἀνέστρεψαν[26] εἰς Ιερουσαλημ.

21 ἐγένετο δὲ μετὰ τὸ ἀπελθεῖν αὐτοὺς καὶ ἀνέβησαν ἐκ τοῦ λάκκου[27] καὶ ἐπορεύθησαν καὶ ἀνήγγειλαν[28] τῷ βασιλεῖ Δαυιδ καὶ εἶπαν πρὸς Δαυιδ Ἀνάστητε καὶ διάβητε[29] ταχέως[30] τὸ ὕδωρ, ὅτι οὕτως ἐβουλεύσατο[31] περὶ ὑμῶν Αχιτοφελ. **22** καὶ ἀνέστη Δαυιδ καὶ πᾶς ὁ λαὸς ὁ μετ' αὐτοῦ καὶ διέβησαν[32] τὸν Ιορδάνην ἕως τοῦ φωτὸς τοῦ πρωί,[33] ἕως ἑνὸς οὐκ ἔλαθεν[34] ὃς οὐ διῆλθεν τὸν Ιορδάνην.

23 καὶ Αχιτοφελ εἶδεν ὅτι οὐκ ἐγενήθη ἡ βουλὴ[35] αὐτοῦ, καὶ ἐπέσαξεν[36] τὴν ὄνον[37] αὐτοῦ καὶ ἀνέστη καὶ ἀπῆλθεν εἰς τὸν οἶκον αὐτοῦ εἰς τὴν πόλιν αὐτοῦ· καὶ ἐνετείλατο[38] τῷ οἴκῳ αὐτοῦ καὶ ἀπήγξατο[39] καὶ ἀπέθανεν καὶ ἐτάφη[40] ἐν τῷ τάφῳ[41] τοῦ πατρὸς αὐτοῦ.

1 συμβουλεύω, *aor act ind 1s*, counsel, advise
2 ταχύς, quickly, at once
3 ἀναγγέλλω, *aor act impv 2p*, report, tell
4 αὐλίζομαι, *aor pas sub 2s*, lodge
5 αραβωθ, desert plain, *translit.*
6 διαβαίνω, *pres act ptc nom s m*, cross over
7 σπεύδω, *aor act impv 2s*, hasten, hurry
8 μήποτε, lest
9 καταπίνω, *aor act sub 3s*, swallow
10 ἵστημι, *plpf act ind 3p*, stand still, stand firm
11 πηγή, spring
12 παιδίσκη, young woman, servant
13 ἀναγγέλλω, *aor act ind 3s*, report, tell
14 ἀναγγέλλω, *pres act ind 3p*, report, tell
15 παιδάριον, young man, servant
16 ταχέως, quickly, at once
17 λάκκος, cistern, well
18 αὐλή, courtyard
19 διαπετάννυμι, *aor act ind 3s*, spread out
20 ἐπικάλυμμα, cover
21 λάκκος, cistern, well
22 ψύχω, *aor act ind 3s*, dry, air out
23 αραφωθ, grains, *translit.*
24 παῖς, servant
25 παρέρχομαι, *aor act ind 3p*, go by, pass by
26 ἀναστρέφω, *aor act ind 3p*, return
27 λάκκος, cistern, well
28 ἀναγγέλλω, *aor act ind 3p*, report, tell
29 διαβαίνω, *aor act impv 2p*, cross over
30 ταχέως, quickly
31 βουλεύω, *aor mid ind 3s*, counsel
32 διαβαίνω, *aor act ind 3p*, cross over
33 πρωί, morning
34 λανθάνω, *aor act ind 3s*, escape notice
35 βουλή, counsel, advice
36 ἐπισάσσω, *aor act ind 3s*, load, saddle
37 ὄνος, donkey
38 ἐντέλλομαι, *aor mid ind 3s*, command, order
39 ἀπάγχομαι, *aor mid ind 3s*, hang oneself
40 θάπτω, *aor pas ind 3s*, bury
41 τάφος, grave, tomb

24 Καὶ Δαυιδ διῆλθεν εἰς Μαναϊμ, καὶ Αβεσσαλωμ διέβη[1] τὸν Ιορδάνην αὐτὸς
καὶ πᾶς ἀνὴρ Ισραηλ μετ᾽ αὐτοῦ. **25** καὶ τὸν Αμεσσαϊ κατέστησεν[2] Αβεσσαλωμ
ἀντὶ[3] Ιωαβ ἐπὶ τῆς δυνάμεως· καὶ Αμεσσαϊ υἱὸς ἀνδρὸς καὶ ὄνομα αὐτῷ Ιοθορ ὁ
Ισραηλίτης, οὗτος εἰσῆλθεν πρὸς Αβιγαιαν θυγατέρα[4] Ναας ἀδελφὴν Σαρουιας
μητρὸς Ιωαβ. **26** καὶ παρενέβαλεν[5] πᾶς Ισραηλ καὶ Αβεσσαλωμ εἰς τὴν γῆν Γαλααδ.
27 καὶ ἐγένετο ἡνίκα[6] ἦλθεν Δαυιδ εἰς Μαναϊμ, Ουεσβι υἱὸς Ναας ἐκ Ραββαθ υἱῶν
Αμμων καὶ Μαχιρ υἱὸς Αμιηλ ἐκ Λωδαβαρ καὶ Βερζελλι ὁ Γαλααδίτης ἐκ Ρωγελλιμ
28 ἤνεγκαν δέκα[7] κοίτας[8] καὶ ἀμφιτάπους[9] καὶ λέβητας[10] δέκα[11] καὶ σκεύη[12] κεράμου[13] καὶ πυροὺς[14] καὶ κριθὰς[15] καὶ ἄλευρον[16] καὶ ἄλφιτον[17] καὶ κύαμον[18] καὶ φακὸν[19]
29 καὶ μέλι[20] καὶ βούτυρον[21] καὶ πρόβατα καὶ σαφφωθ[22] βοῶν[23] καὶ προσήνεγκαν τῷ
Δαυιδ καὶ τῷ λαῷ τῷ μετ᾽ αὐτοῦ φαγεῖν, ὅτι εἶπαν Ὁ λαὸς πεινῶν[24] καὶ ἐκλελυμένος[25]
καὶ διψῶν[26] ἐν τῇ ἐρήμῳ.

Absalom Is Killed

18 Καὶ ἐπεσκέψατο[27] Δαυιδ τὸν λαὸν τὸν μετ᾽ αὐτοῦ καὶ κατέστησεν[28] ἐπ᾽
αὐτῶν χιλιάρχους[29] καὶ ἑκατοντάρχους,[30] **2** καὶ ἀπέστειλεν Δαυιδ τὸν λαόν,
τὸ τρίτον ἐν χειρὶ Ιωαβ καὶ τὸ τρίτον ἐν χειρὶ Αβεσσα υἱοῦ Σαρουιας ἀδελφοῦ
Ιωαβ καὶ τὸ τρίτον ἐν χειρὶ Εθθι τοῦ Γεθθαίου. καὶ εἶπεν Δαυιδ πρὸς τὸν λαόν
Ἐξελθὼν ἐξελεύσομαι καί γε ἐγὼ μεθ᾽ ὑμῶν. **3** καὶ εἶπαν Οὐκ ἐξελεύσῃ, ὅτι ἐὰν
φυγῇ[31] φύγωμεν,[32] οὐ θήσουσιν ἐφ᾽ ἡμᾶς καρδίαν, καὶ ἐὰν ἀποθάνωμεν τὸ ἥμισυ[33]
ἡμῶν, οὐ θήσουσιν ἐφ᾽ ἡμᾶς καρδίαν, ὅτι σὺ ὡς ἡμεῖς δέκα[34] χιλιάδες·[35] καὶ νῦν
ἀγαθὸν ὅτι ἔσῃ ἡμῖν ἐν τῇ πόλει βοήθεια[36] τοῦ βοηθεῖν.[37] **4** καὶ εἶπεν πρὸς αὐτοὺς
ὁ βασιλεύς Ὃ ἐὰν ἀρέσῃ[38] ἐν ὀφθαλμοῖς ὑμῶν, ποιήσω. καὶ ἔστη ὁ βασιλεὺς ἀνὰ[39]

1 διαβαίνω, *aor act ind 3s*, cross over
2 καθίστημι, *aor act ind 3s*, put in charge, set over
3 ἀντί, in place of
4 θυγάτηρ, daughter
5 παρεμβάλλω, *aor act ind 3s*, pitch camp
6 ἡνίκα, when
7 δέκα, ten
8 κοίτη, bed
9 ἀμφίταπος, double-sided rug, tapestry
10 λέβης, vase, cauldron
11 δέκα, ten
12 σκεῦος, vessel, thing
13 κέραμος, clay, earthenware
14 πυρός, wheat
15 κριθή, barley
16 ἄλευρον, meal, wheat flour
17 ἄλφιτον, grain, groats
18 κύαμος, bean
19 φακός, lentil
20 μέλι, honey
21 βούτυρον, butter, curds
22 σαφφωθ, curds, cheese, *translit.*
23 βοῦς, cow, (*p*) cattle
24 πεινάω, *pres act ptc nom s m*, be hungry
25 ἐκλύω, *perf pas ptc nom s m*, be faint
26 διψάω, *pres act ptc nom s m*, be thirsty
27 ἐπισκέπτομαι, *aor mid ind 3s*, inspect, examine
28 καθίστημι, *aor act ind 3s*, set over, appoint
29 χιλίαρχος, captain of a thousand
30 ἑκατόνταρχος, leader of a hundred, centurion
31 φυγή, flight
32 φεύγω, *aor act sub 1p*, flee
33 ἥμισυς, half
34 δέκα, ten
35 χιλιάς, thousand
36 βοήθεια, help, aid
37 βοηθέω, *pres act inf*, help, aid
38 ἀρέσκω, *aor act sub 3s*, please
39 ἀνά, by

χεῖρα τῆς πύλης,[1] καὶ πᾶς ὁ λαὸς ἐξεπορεύετο εἰς ἑκατοντάδας[2] καὶ εἰς χιλιάδας.[3]
5 καὶ ἐνετείλατο[4] ὁ βασιλεὺς τῷ Ιωαβ καὶ τῷ Αβεσσα καὶ τῷ Εθθι λέγων Φείσασθέ[5]
μοι τοῦ παιδαρίου[6] τοῦ Αβεσσαλωμ· καὶ πᾶς ὁ λαὸς ἤκουσεν ἐντελλομένου[7] τοῦ
βασιλέως πᾶσιν τοῖς ἄρχουσιν ὑπὲρ Αβεσσαλωμ.

6 καὶ ἐξῆλθεν πᾶς ὁ λαὸς εἰς τὸν δρυμὸν[8] ἐξ ἐναντίας[9] Ισραηλ, καὶ ἐγένετο ὁ πόλεμος
ἐν τῷ δρυμῷ Εφραιμ. **7** καὶ ἔπταισεν[10] ἐκεῖ ὁ λαὸς Ισραηλ ἐνώπιον τῶν παίδων[11]
Δαυιδ, καὶ ἐγένετο ἡ θραῦσις[12] μεγάλη ἐν τῇ ἡμέρᾳ ἐκείνῃ, εἴκοσι[13] χιλιάδες[14] ἀν-
δρῶν. **8** καὶ ἐγένετο ἐκεῖ ὁ πόλεμος διεσπαρμένος[15] ἐπὶ πρόσωπον πάσης τῆς γῆς,
καὶ ἐπλεόνασεν[16] ὁ δρυμὸς[17] τοῦ καταφαγεῖν[18] ἐκ τοῦ λαοῦ ὑπὲρ οὓς κατέφαγεν[19]
ἐν τῷ λαῷ ἡ μάχαιρα[20] ἐν τῇ ἡμέρᾳ ἐκείνῃ.

9 καὶ συνήντησεν[21] Αβεσσαλωμ ἐνώπιον τῶν παίδων[22] Δαυιδ, καὶ Αβεσσαλωμ ἐπι-
βεβηκὼς[23] ἐπὶ τοῦ ἡμιόνου[24] αὐτοῦ, καὶ εἰσῆλθεν ὁ ἡμίονος ὑπὸ τὸ δάσος[25] τῆς
δρυὸς[26] τῆς μεγάλης, καὶ ἐκρεμάσθη[27] ἡ κεφαλὴ αὐτοῦ ἐν τῇ δρυί,[28] καὶ ἐκρεμάσθη[29]
ἀνὰ μέσον[30] τοῦ οὐρανοῦ καὶ ἀνὰ μέσον τῆς γῆς, καὶ ὁ ἡμίονος[31] ὑποκάτω[32] αὐτοῦ
παρῆλθεν.[33] **10** καὶ εἶδεν ἀνὴρ εἷς καὶ ἀνήγγειλεν[34] Ιωαβ καὶ εἶπεν Ἰδοὺ ἑώρακα τὸν
Αβεσσαλωμ κρεμάμενον[35] ἐν τῇ δρυί.[36] **11** καὶ εἶπεν Ιωαβ τῷ ἀνδρὶ τῷ ἀπαγγέλλοντι
Καὶ ἰδοὺ ἑόρακας· τί ὅτι οὐκ ἐπάταξας[37] αὐτὸν εἰς τὴν γῆν; καὶ ἐγὼ ἂν δεδώκειν[38]
σοι δέκα[39] ἀργυρίου[40] καὶ παραζώνην[41] μίαν. **12** εἶπεν δὲ ὁ ἀνὴρ πρὸς Ιωαβ Καὶ ἐγώ
εἰμι ἵστημι ἐπὶ τὰς χεῖράς μου χιλίους[42] σίκλους[43] ἀργυρίου,[44] οὐ μὴ ἐπιβάλω[45] χεῖρά

1 πύλη, gate, entrance
2 ἑκατοντάς, hundred
3 χιλιάς, thousand
4 ἐντέλλομαι, *aor mid ind 3s*, command, order
5 φείδομαι, *aor mid impv 2p*, spare
6 παιδάριον, young man, servant
7 ἐντέλλομαι, *pres mid ptc gen s m*, command, order
8 δρυμός, thicket, wood
9 ἐναντίος, opposite
10 πταίω, *aor act ind 3s*, fall, be lost
11 παῖς, servant
12 θραῦσις, slaughter, destruction
13 εἴκοσι, twenty
14 χιλιάς, thousand
15 διασπείρω, *perf pas ptc nom s m*, scatter, spread out
16 πλεονάζω, *aor act ind 3s*, be more, increase
17 δρυμός, thicket, wood
18 κατεσθίω, *aor act inf*, consume, devour
19 κατεσθίω, *aor act ind 3s*, consume, devour
20 μάχαιρα, sword
21 συναντάω, *aor act ind 3s*, meet together
22 παῖς, servant
23 ἐπιβαίνω, *perf act ptc nom s m*, mount on
24 ἡμίονος, mule
25 δάσος, branch, bough
26 δρῦς, oak tree
27 κρεμάννυμι, *aor pas ind 3s*, hang up
28 δρῦς, oak tree
29 κρεμάννυμι, *aor pas ind 3s*, hang up
30 ἀνὰ μέσον, between
31 ἡμίονος, mule
32 ὑποκάτω, below, beneath
33 παρέρχομαι, *aor act ind 3s*, pass by
34 ἀναγγέλλω, *aor act ind 3s*, report, tell
35 κρεμάννυμι, *pres pas ptc acc s m*, hang up
36 δρῦς, oak tree
37 πατάσσω, *aor act ind 2s*, strike
38 δίδωμι, *plpf act ind 1s*, give
39 δέκα, ten
40 ἀργύριον, silver (coin)
41 παραζώνη, belt
42 χίλιοι, one thousand
43 σίκλος, shekel, *Heb. LW*
44 ἀργύριον, silver
45 ἐπιβάλλω, *aor act sub 1s*, put on, lay upon

μου ἐπὶ τὸν υἱὸν τοῦ βασιλέως, ὅτι ἐν τοῖς ὠσὶν ἡμῶν ἐνετείλατο[1] ὁ βασιλεὺς σοὶ
καὶ Αβεσσα καὶ τῷ Εθθι λέγων Φυλάξατέ μοι τὸ παιδάριον[2] τὸν Αβεσσαλωμ **13** μὴ
ποιῆσαι ἐν τῇ ψυχῇ αὐτοῦ ἄδικον·[3] καὶ πᾶς ὁ λόγος οὐ λήσεται[4] ἀπὸ τοῦ βασιλέως,
καὶ σὺ στήσῃ ἐξ ἐναντίας.[5] **14** καὶ εἶπεν Ιωαβ Τοῦτο ἐγὼ ἄρξομαι· οὐχ οὕτως μενῶ[6]
ἐνώπιόν σου. καὶ ἔλαβεν Ιωαβ τρία βέλη[7] ἐν τῇ χειρὶ αὐτοῦ καὶ ἐνέπηξεν[8] αὐτὰ ἐν τῇ
καρδίᾳ Αβεσσαλωμ. ἔτι αὐτοῦ ζῶντος ἐν τῇ καρδίᾳ τῆς δρυὸς[9] **15** καὶ ἐκύκλωσαν[10]
δέκα[11] παιδάρια[12] αἴροντα τὰ σκεύη[13] Ιωαβ καὶ ἐπάταξαν[14] τὸν Αβεσσαλωμ καὶ
ἐθανάτωσαν[15] αὐτόν.

16 καὶ ἐσάλπισεν[16] Ιωαβ ἐν κερατίνῃ,[17] καὶ ἀπέστρεψεν[18] ὁ λαὸς τοῦ μὴ διώκειν
ὀπίσω Ισραηλ, ὅτι ἐφείδετο[19] Ιωαβ τοῦ λαοῦ. **17** καὶ ἔλαβεν τὸν Αβεσσαλωμ καὶ
ἔρριψεν[20] αὐτὸν εἰς χάσμα[21] μέγα ἐν τῷ δρυμῷ[22] εἰς τὸν βόθυνον[23] τὸν μέγαν καὶ
ἐστήλωσεν[24] ἐπ᾽ αὐτὸν σωρὸν[25] λίθων μέγαν σφόδρα.[26] καὶ πᾶς Ισραηλ ἔφυγεν[27]
ἀνὴρ εἰς τὸ σκήνωμα[28] αὐτοῦ. **18** καὶ Αβεσσαλωμ ἔτι ζῶν καὶ ἔστησεν ἑαυτῷ τὴν
στήλην,[29] ἐν ᾗ ἐλήμφθη, καὶ ἐστήλωσεν[30] αὐτὴν λαβεῖν, τὴν στήλην[31] τὴν ἐν τῇ
κοιλάδι[32] τοῦ βασιλέως, ὅτι εἶπεν Οὐκ ἔστιν αὐτῷ υἱὸς ἕνεκεν[33] τοῦ ἀναμνῆσαι[34] τὸ
ὄνομα αὐτοῦ· καὶ ἐκάλεσεν τὴν στήλην Χεὶρ Αβεσσαλωμ ἕως τῆς ἡμέρας ταύτης.

David Hears the News

19 Καὶ Αχιμαας υἱὸς Σαδωκ εἶπεν Δράμω[35] δὴ[36] καὶ εὐαγγελιῶ[37] τῷ βασιλεῖ ὅτι
ἔκρινεν αὐτῷ κύριος ἐκ χειρὸς τῶν ἐχθρῶν αὐτοῦ. **20** καὶ εἶπεν αὐτῷ Ιωαβ Οὐκ ἀνὴρ
εὐαγγελίας[38] σὺ ἐν τῇ ἡμέρᾳ ταύτῃ καὶ εὐαγγελιῇ[39] ἐν ἡμέρᾳ ἄλλῃ, ἐν δὲ τῇ ἡμέρᾳ

1 ἐντέλλομαι, *aor mid ind 3s*, command, order
2 παιδάριον, young man
3 ἄδικος, unjust, undeservedly
4 λανθάνω, *fut mid ind 3s*, escape notice
5 ἐναντίος, opposing, facing
6 μένω, *fut act ind 1s*, stay, wait
7 βέλος, arrow, spear
8 ἐμπήγνυμι, *aor act ind 3s*, plant in, thrust in
9 δρῦς, oak tree
10 κυκλόω, *aor act ind 3p*, surround
11 δέκα, ten
12 παιδάριον, young man
13 σκεῦος, equipment
14 πατάσσω, *aor act ind 3p*, strike
15 θανατόω, *aor act ind 3p*, kill, slay
16 σαλπίζω, *aor act ind 3s*, blow, sound
17 κερατίνη, horn
18 ἀποστρέφω, *aor act ind 3s*, turn back, return
19 φείδομαι, *impf mid ind 3s*, spare
20 ῥίπτω, *aor act ind 3s*, throw, cast
21 χάσμα, chasm, gulf
22 δρυμός, thicket, wood
23 βόθυνος, hole, pit
24 στηλόω, *aor act ind 3s*, set up, erect
25 σωρός, heap, pile
26 σφόδρα, exceedingly
27 φεύγω, *aor act ind 3s*, flee
28 σκήνωμα, dwelling, tent
29 στήλη, stele, pillar
30 στηλόω, *aor act ind 3s*, set up, erect
31 στήλη, stele, pillar
32 κοιλάς, valley
33 ἕνεκα, for the sake of, on account of
34 ἀναμιμνῄσκω, *aor act inf*, remember
35 τρέχω, *aor act sub 1s*, run
36 δή, now, indeed
37 εὐαγγελίζομαι, *fut act ind 1s*, bring good news
38 εὐαγγελία, good news
39 εὐαγγελίζομαι, *fut mid ind 2s*, bring good news

ταύτῃ οὐκ εὐαγγελιῇ,[1] οὗ εἵνεκεν[2] ὁ υἱὸς τοῦ βασιλέως ἀπέθανεν.
21 καὶ εἶπεν Ιωαβ τῷ Χουσι Βαδίσας[3] ἀνάγγειλον[4] τῷ βασιλεῖ ὅσα εἶδες· καὶ προσεκύνησεν Χουσι τῷ Ιωαβ καὶ ἐξῆλθεν.
22 καὶ προσέθετο[5] ἔτι Αχιμαας υἱὸς Σαδωκ καὶ εἶπεν πρὸς Ιωαβ Καὶ ἔστω ὅτι δράμω[6] καί γε ἐγὼ ὀπίσω τοῦ Χουσι. καὶ εἶπεν Ιωαβ Ἵνα τί τοῦτο τρέχεις,[7] υἱέ μου; δεῦρο,[8] οὐκ ἔστιν σοι εὐαγγελία[9] εἰς ὠφέλειαν[10] πορευομένῳ.
23 καὶ εἶπεν Τί γὰρ ἐὰν δραμοῦμαι;[11] καὶ εἶπεν αὐτῷ Ιωαβ Δράμε.[12] καὶ ἔδραμεν[13] Αχιμαας ὁδὸν τὴν τοῦ Κεχαρ καὶ ὑπερέβη[14] τὸν Χουσι.

24 καὶ Δαυιδ ἐκάθητο ἀνὰ μέσον[15] τῶν δύο πυλῶν.[16] καὶ ἐπορεύθη ὁ σκοπὸς[17] εἰς τὸ δῶμα[18] τῆς πύλης[19] πρὸς τὸ τεῖχος[20] καὶ ἐπῆρεν[21] τοὺς ὀφθαλμοὺς αὐτοῦ καὶ εἶδεν καὶ ἰδοὺ ἀνὴρ τρέχων[22] μόνος ἐνώπιον αὐτοῦ,
25 καὶ ἀνεβόησεν[23] ὁ σκοπὸς[24] καὶ ἀπήγγειλεν τῷ βασιλεῖ. καὶ εἶπεν ὁ βασιλεύς Εἰ μόνος ἐστίν, εὐαγγελία[25] ἐν τῷ στόματι αὐτοῦ. καὶ ἐπορεύετο πορευόμενος καὶ ἐγγίζων.
26 καὶ εἶδεν ὁ σκοπὸς[26] ἄνδρα ἕτερον τρέχοντα,[27] καὶ ἐβόησεν[28] ὁ σκοπὸς[29] πρὸς τῇ πύλῃ[30] καὶ εἶπεν Ἰδοὺ ἀνὴρ ἕτερος τρέχων[31] μόνος. καὶ εἶπεν ὁ βασιλεύς Καί γε οὗτος εὐαγγελιζόμενος.[32]
27 καὶ εἶπεν ὁ σκοπός[33] Ἐγὼ ὁρῶ τὸν δρόμον[34] τοῦ πρώτου ὡς δρόμον[35] Αχιμαας υἱοῦ Σαδωκ. καὶ εἶπεν ὁ βασιλεύς Ἀνὴρ ἀγαθὸς οὗτος καί γε εἰς εὐαγγελίαν[36] ἀγαθὴν ἐλεύσεται.

28 καὶ ἐβόησεν[37] Αχιμαας καὶ εἶπεν πρὸς τὸν βασιλέα Εἰρήνη· καὶ προσεκύνησεν τῷ βασιλεῖ ἐπὶ πρόσωπον αὐτοῦ ἐπὶ τὴν γῆν· καὶ εἶπεν Εὐλογητὸς[38] κύριος ὁ θεός σου, ὃς ἀπέκλεισεν[39] τοὺς ἄνδρας τοὺς μισοῦντας τὴν χεῖρα αὐτῶν ἐν τῷ κυρίῳ μου τῷ βασιλεῖ.
29 καὶ εἶπεν ὁ βασιλεύς Εἰρήνη τῷ παιδαρίῳ[40] τῷ Αβεσσαλωμ; καὶ εἶπεν Αχιμαας Εἶδον τὸ πλῆθος τὸ μέγα τοῦ ἀποστεῖλαι τὸν δοῦλον τοῦ βασιλέως Ιωαβ

1 εὐαγγελίζομαι, *fut mid ind 2s*, bring good news
2 εἵνεκεν, since
3 βαδίζω, *aor act ptc nom s m*, go
4 ἀναγγέλλω, *aor act impv 2s*, report, tell
5 προστίθημι, *aor mid ind 3s*, continue
6 τρέχω, *aor act sub 1s*, run
7 τρέχω, *pres act ind 2s*, run
8 δεῦρο, come!
9 εὐαγγέλιον, good news
10 ὠφέλεια, profit, gain
11 τρέχω, *fut mid ind 1s*, run
12 τρέχω, *aor act impv 2s*, run
13 τρέχω, *aor act ind 3s*, run
14 ὑπερβαίνω, *aor act ind 3s*, pass, go beyond
15 ἀνὰ μέσον, between
16 πύλη, gate
17 σκοπός, lookout, watchman
18 δῶμα, roof
19 πύλη, gate
20 τεῖχος, wall
21 ἐπαίρω, *aor act ind 3s*, lift up
22 τρέχω, *pres act ptc nom s m*, run
23 ἀναβοάω, *aor act ind 3s*, shout out
24 σκοπός, lookout, watchman
25 εὐαγγελία, good news
26 σκοπός, lookout, watchman
27 τρέχω, *pres act ptc acc s m*, run
28 βοάω, *aor act ind 3s*, cry out, call
29 σκοπός, lookout, watchman
30 πύλη, gate
31 τρέχω, *pres act ptc nom s m*, run
32 εὐαγγελίζομαι, *pres mid ptc nom s m*, bring good news
33 σκοπός, lookout, watchman
34 δρόμος, running, course
35 δρόμος, running, course
36 εὐαγγελία, good news
37 βοάω, *aor act ind 3s*, cry out, call
38 εὐλογητός, blessed
39 ἀποκλείω, *aor act ind 3s*, shut out
40 παιδάριον, young man

καὶ τὸν δοῦλόν σου, καὶ οὐκ ἔγνων τί ἐκεῖ. **30** καὶ εἶπεν ὁ βασιλεύς Ἐπίστρεψον,
στηλώθητι[1] ὧδε·[2] καὶ ἐπεστράφη καὶ ἔστη.

David Mourns for Absalom

31 καὶ ἰδοὺ ὁ Χουσι παρεγένετο καὶ εἶπεν τῷ βασιλεῖ Εὐαγγελισθήτω[3] ὁ κύριός μου ὁ
βασιλεύς, ὅτι ἔκρινέν σοι κύριος σήμερον ἐκ χειρὸς πάντων τῶν ἐπεγειρομένων[4] ἐπὶ
σέ. **32** καὶ εἶπεν ὁ βασιλεὺς πρὸς τὸν Χουσι Εἰ εἰρήνη τῷ παιδαρίῳ[5] τῷ Αβεσσαλωμ;
καὶ εἶπεν ὁ Χουσι Γένοιντο[6] ὡς τὸ παιδάριον οἱ ἐχθροὶ τοῦ κυρίου μου τοῦ βασιλέως
καὶ πάντες, ὅσοι ἐπανέστησαν[7] ἐπ᾽ αὐτὸν εἰς κακά.

19 καὶ ἐταράχθη[8] ὁ βασιλεὺς καὶ ἀνέβη εἰς τὸ ὑπερῷον[9] τῆς πύλης[10] καὶ ἔκλαυ-
σεν· καὶ οὕτως εἶπεν ἐν τῷ πορεύεσθαι αὐτόν Υἱέ μου Αβεσσαλωμ, υἱέ μου υἱέ
μου Αβεσσαλωμ, τίς δῴη[11] τὸν θάνατόν μου ἀντὶ[12] σοῦ, ἐγὼ ἀντὶ σοῦ; Αβεσσαλωμ
υἱέ μου υἱέ μου.

Joab Rebukes David for His Grief

2 καὶ ἀνηγγέλη[13] τῷ Ιωαβ λέγοντες Ἰδοὺ ὁ βασιλεὺς κλαίει καὶ πενθεῖ[14] ἐπὶ Αβεσ-
σαλωμ. **3** καὶ ἐγένετο ἡ σωτηρία ἐν τῇ ἡμέρᾳ ἐκείνῃ εἰς πένθος[15] παντὶ τῷ λαῷ,
ὅτι ἤκουσεν ὁ λαὸς ἐν τῇ ἡμέρᾳ ἐκείνῃ λέγων ὅτι Λυπεῖται[16] ὁ βασιλεὺς ἐπὶ τῷ
υἱῷ αὐτοῦ· **4** καὶ διεκλέπτετο[17] ὁ λαὸς ἐν τῇ ἡμέρᾳ ἐκείνῃ τοῦ εἰσελθεῖν εἰς τὴν
πόλιν, καθὼς διακλέπτεται[18] ὁ λαὸς οἱ αἰσχυνόμενοι[19] ἐν τῷ αὐτοὺς φεύγειν[20]
ἐν τῷ πολέμῳ. **5** καὶ ὁ βασιλεὺς ἔκρυψεν[21] τὸ πρόσωπον αὐτοῦ, καὶ ἔκραξεν ὁ
βασιλεὺς φωνῇ μεγάλῃ λέγων Υἱέ μου Αβεσσαλωμ, Αβεσσαλωμ υἱέ μου. **6** καὶ
εἰσῆλθεν Ιωαβ πρὸς τὸν βασιλέα εἰς τὸν οἶκον καὶ εἶπεν Κατῄσχυνας[22] σήμερον τὸ
πρόσωπον πάντων τῶν δούλων σου τῶν ἐξαιρουμένων[23] σε σήμερον καὶ τὴν ψυχὴν
τῶν υἱῶν σου καὶ τῶν θυγατέρων[24] σου καὶ τὴν ψυχὴν τῶν γυναικῶν σου καὶ τῶν
παλλακῶν[25] σου **7** τοῦ ἀγαπᾶν τοὺς μισοῦντάς σε καὶ μισεῖν τοὺς ἀγαπῶντάς σε

1 στηλόω, *aor pas impv 2s*, stand up
2 ὧδε, here
3 εὐαγγελίζομαι, *aor pas impv 3s*, receive good news
4 ἐπεγείρω, *pres mid ptc gen p m*, rise up against
5 παιδάριον, young man
6 γίνομαι, *aor mid opt 3p*, be
7 ἐπανίστημι, *aor act ind 3p*, rise up against
8 ταράσσω, *aor pas ind 3s*, trouble, disturb
9 ὑπερῷον, upper part
10 πύλη, gate
11 δίδωμι, *aor act opt 3s*, give
12 ἀντί, in place of
13 ἀναγγέλλω, *aor pas ind 3s*, report, tell
14 πενθέω, *pres act ind 3s*, mourn
15 πένθος, mourning, grief
16 λυπέω, *pres pas ind 3s*, grieve
17 διακλέπτω, *impf mid ind 3s*, evade (duty), steal away
18 διακλέπτω, *pres mid ind 3s*, evade (duty), steal away
19 αἰσχύνω, *pres pas ptc nom p m*, dishonor, put to shame
20 φεύγω, *pres act inf*, flee
21 κρύπτω, *aor act ind 3s*, hide, cover
22 καταισχύνω, *aor act ind 2s*, dishonor, put to shame
23 ἐξαιρέω, *pres mid ptc gen p m*, deliver, rescue
24 θυγάτηρ, daughter
25 παλλακή, concubine

καὶ ἀνήγγειλας[1] σήμερον ὅτι οὔκ εἰσιν οἱ ἄρχοντές σου οὐδὲ παῖδες,[2] ὅτι ἔγνωκα σήμερον ὅτι εἰ Αβεσσαλωμ ἔζη, πάντες ἡμεῖς σήμερον νεκροί,[3] ὅτι τότε τὸ εὐθὲς[4] ἦν ἐν ὀφθαλμοῖς σου·

David Returns to Jerusalem as King

8 καὶ νῦν ἀναστὰς ἔξελθε καὶ λάλησον εἰς τὴν καρδίαν τῶν δούλων σου, ὅτι ἐν
κυρίῳ ὤμοσα[5] ὅτι εἰ μὴ ἐκπορεύσῃ σήμερον, εἰ αὐλισθήσεται[6] ἀνὴρ μετὰ σοῦ τὴν
νύκτα ταύτην· καὶ ἐπίγνωθι σεαυτῷ καὶ κακόν σοι τοῦτο ὑπὲρ πᾶν τὸ κακὸν τὸ
ἐπελθόν[7] σοι ἐκ νεότητός[8] σου ἕως τοῦ νῦν. **9** καὶ ἀνέστη ὁ βασιλεὺς καὶ ἐκάθισεν
ἐν τῇ πύλῃ,[9] καὶ πᾶς ὁ λαὸς ἀνήγγειλαν[10] λέγοντες Ἰδοὺ ὁ βασιλεὺς κάθηται ἐν τῇ
πύλῃ· καὶ εἰσῆλθεν πᾶς ὁ λαὸς κατὰ πρόσωπον τοῦ βασιλέως. Καὶ Ισραηλ ἔφυγεν[11]
ἀνὴρ εἰς τὰ σκηνώματα[12] αὐτοῦ.

10 καὶ ἦν πᾶς ὁ λαὸς κρινόμενος ἐν πάσαις φυλαῖς Ισραηλ λέγοντες Ὁ βασιλεὺς
Δαυιδ ἐρρύσατο[13] ἡμᾶς ἀπὸ πάντων τῶν ἐχθρῶν ἡμῶν, καὶ αὐτὸς ἐξείλατο[14] ἡμᾶς ἐκ
χειρὸς ἀλλοφύλων,[15] καὶ νῦν πέφευγεν[16] ἀπὸ τῆς γῆς καὶ ἀπὸ τῆς βασιλείας αὐτοῦ
ἀπὸ Αβεσσαλωμ· **11** καὶ Αβεσσαλωμ, ὃν ἐχρίσαμεν[17] ἐφ᾽ ἡμῶν, ἀπέθανεν ἐν τῷ
πολέμῳ, καὶ νῦν ἵνα τί ὑμεῖς κωφεύετε[18] τοῦ ἐπιστρέψαι τὸν βασιλέα; καὶ τὸ ῥῆμα
παντὸς Ισραηλ ἦλθεν πρὸς τὸν βασιλέα.

12 καὶ ὁ βασιλεὺς Δαυιδ ἀπέστειλεν πρὸς Σαδωκ καὶ πρὸς Αβιαθαρ τοὺς ἱερεῖς
λέγων Λαλήσατε πρὸς τοὺς πρεσβυτέρους Ιουδα λέγοντες Ἵνα τί γίνεσθε ἔσχατοι
τοῦ ἐπιστρέψαι τὸν βασιλέα εἰς τὸν οἶκον αὐτοῦ; καὶ λόγος παντὸς Ισραηλ ἦλθεν
πρὸς τὸν βασιλέα. **13** ἀδελφοί μου ὑμεῖς, ὀστᾶ[19] μου καὶ σάρκες μου ὑμεῖς, καὶ ἵνα τί
γίνεσθε ἔσχατοι τοῦ ἐπιστρέψαι τὸν βασιλέα εἰς τὸν οἶκον αὐτοῦ; **14** καὶ τῷ Αμεσσαϊ
ἐρεῖτε Οὐχὶ ὀστοῦν[20] μου καὶ σάρξ μου σύ; καὶ νῦν τάδε[21] ποιήσαι[22] μοι ὁ θεὸς
καὶ τάδε προσθείη,[23] εἰ μὴ ἄρχων δυνάμεως ἔσῃ ἐνώπιον ἐμοῦ πάσας τὰς ἡμέρας
ἀντὶ[24] Ιωαβ. **15** καὶ ἔκλινεν[25] τὴν καρδίαν παντὸς ἀνδρὸς Ιουδα ὡς ἀνδρὸς ἑνός,

1 ἀναγγέλλω, *aor act ind 2s*, announce, proclaim
2 παῖς, servant
3 νεκρός, dead
4 εὐθής, right
5 ὄμνυμι, *aor act ind 1s*, swear
6 αὐλίζομαι, *fut pas ind 3s*, lodge
7 ἐπέρχομαι, *aor act ptc acc s n*, come upon, come against
8 νεότης, youth
9 πύλη, gate
10 ἀναγγέλλω, *aor act ind 3p*, proclaim, announce
11 φεύγω, *aor act ind 3s*, take refuge in, flee
12 σκήνωμα, dwelling, tent
13 ῥύομαι, *aor mid ind 3s*, save, deliver
14 ἐξαιρέω, *aor mid ind 3s*, deliver, rescue
15 ἀλλόφυλος, foreign, (Philistine)
16 φεύγω, *perf act ind 3s*, flee
17 χρίω, *aor act ind 1p*, anoint
18 κωφεύω, *pres act ind 2p*, keep quiet
19 ὀστέον, bone
20 ὀστέον, bone
21 ὅδε, this
22 ποιέω, *aor act opt 3s*, do
23 προστίθημι, *aor act opt 3s*, add to, increase
24 ἀντί, in place of
25 κλίνω, *aor act ind 3s*, incline, turn toward

καὶ ἀπέστειλαν πρὸς τὸν βασιλέα λέγοντες Ἐπιστράφητι σὺ καὶ πάντες οἱ δοῦλοί
σου. **16** καὶ ἐπέστρεψεν ὁ βασιλεὺς καὶ ἦλθεν ἕως τοῦ Ιορδάνου, καὶ ἄνδρες Ιουδα
ἦλθαν εἰς Γαλγαλα τοῦ πορεύεσθαι εἰς ἀπαντὴν[1] τοῦ βασιλέως διαβιβάσαι[2] τὸν
βασιλέα τὸν Ιορδάνην.

David Has Mercy on His Enemies

17 καὶ ἐτάχυνεν[3] Σεμεϊ υἱὸς Γηρα υἱοῦ τοῦ Ιεμενι ἐκ Βαουριμ καὶ κατέβη μετὰ ἀν-
δρὸς Ιουδα εἰς ἀπαντὴν[4] τοῦ βασιλέως Δαυιδ **18** καὶ χίλιοι[5] ἄνδρες μετ᾽ αὐτοῦ ἐκ
τοῦ Βενιαμιν καὶ Σιβα τὸ παιδάριον[6] τοῦ οἴκου Σαουλ καὶ δέκα[7] πέντε υἱοὶ αὐτοῦ
μετ᾽ αὐτοῦ καὶ εἴκοσι[8] δοῦλοι αὐτοῦ μετ᾽ αὐτοῦ καὶ κατεύθυναν[9] τὸν Ιορδάνην ἔμ-
προσθεν τοῦ βασιλέως **19** καὶ ἐλειτούργησαν[10] τὴν λειτουργίαν[11] τοῦ διαβιβάσαι[12]
τὸν βασιλέα, καὶ διέβη[13] ἡ διάβασις[14] ἐξεγεῖραι[15] τὸν οἶκον τοῦ βασιλέως καὶ τοῦ
ποιῆσαι τὸ εὐθὲς[16] ἐν ὀφθαλμοῖς αὐτοῦ. καὶ Σεμεϊ υἱὸς Γηρα ἔπεσεν ἐπὶ πρόσωπον
αὐτοῦ ἐνώπιον τοῦ βασιλέως διαβαίνοντος[17] αὐτοῦ τὸν Ιορδάνην **20** καὶ εἶπεν
πρὸς τὸν βασιλέα Μὴ διαλογισάσθω[18] ὁ κύριός μου ἀνομίαν[19] καὶ μὴ μνησθῇς[20]
ὅσα ἠδίκησεν[21] ὁ παῖς[22] σου ἐν τῇ ἡμέρᾳ, ᾗ ὁ κύριός μου ὁ βασιλεὺς ἐξεπορεύετο
ἐξ Ιερουσαλημ, τοῦ θέσθαι τὸν βασιλέα εἰς τὴν καρδίαν αὐτοῦ, **21** ὅτι ἔγνω ὁ
δοῦλός σου ὅτι ἐγὼ ἥμαρτον, καὶ ἰδοὺ ἐγὼ ἦλθον σήμερον πρότερος[23] παντὸς
οἴκου Ιωσηφ τοῦ καταβῆναι εἰς ἀπαντὴν[24] τοῦ κυρίου μου τοῦ βασιλέως. **22** καὶ
ἀπεκρίθη Αβεσσα υἱὸς Σαρουιας καὶ εἶπεν Μὴ ἀντὶ[25] τούτου οὐ θανατωθήσεται[26]
Σεμεϊ, ὅτι κατηράσατο[27] τὸν χριστὸν κυρίου; **23** καὶ εἶπεν Δαυιδ Τί ἐμοὶ καὶ ὑμῖν,
υἱοὶ Σαρουιας, ὅτι γίνεσθέ μοι σήμερον εἰς ἐπίβουλον;[28] σήμερον οὐ θανατωθήσεταί
τις ἀνὴρ ἐξ Ισραηλ, ὅτι οὐκ οἶδα εἰ σήμερον βασιλεύω[29] ἐγὼ ἐπὶ τὸν Ισραηλ. **24** καὶ
εἶπεν ὁ βασιλεὺς πρὸς Σεμεϊ Οὐ μὴ ἀποθάνῃς· καὶ ὤμοσεν[30] αὐτῷ ὁ βασιλεύς.

25 καὶ Μεμφιβοσθε υἱὸς Ιωναθαν υἱοῦ Σαουλ κατέβη εἰς ἀπαντὴν[31] τοῦ βασιλέως·
καὶ οὐκ ἐθεράπευσεν[32] τοὺς πόδας αὐτοῦ οὐδὲ ὠνυχίσατο[33] οὐδὲ ἐποίησεν τὸν

1 ἀπαντή, meeting
2 διαβιβάζω, *aor act inf*, carry over, lead over
3 ταχύνω, *aor act ind 3s*, be quick, hurry
4 ἀπαντή, meeting
5 χίλιοι, one thousand
6 παιδάριον, young man, servant
7 δέκα, ten
8 εἴκοσι, twenty
9 κατευθύνω, *aor act ind 3p*, make straight toward
10 λειτουργέω, *aor act ind 3p*, minister, help
11 λειτουργία, service, ministry
12 διαβιβάζω, *aor act inf*, carry over, lead over
13 διαβαίνω, *aor act ind 3s*, cross over
14 διάβασις, crossing
15 ἐξεγείρω, *aor act inf*, raise up
16 εὐθής, right
17 διαβαίνω, *pres act ptc gen s m*, cross over
18 διαλογίζομαι, *aor mid impv 3s*, consider, ponder
19 ἀνομία, lawlessness, evil conduct
20 μιμνήσκομαι, *aor pas sub 2s*, remember
21 ἀδικέω, *aor act ind 3s*, do wrong
22 παῖς, servant
23 πρότερος, before
24 ἀπαντή, meeting
25 ἀντί, in place of, on behalf of
26 θανατόω, *fut pas ind 3s*, put to death, kill
27 καταράομαι, *aor mid ind 3s*, curse
28 ἐπίβουλος, plotting, treacherous
29 βασιλεύω, *pres act ind 1s*, reign as king
30 ὄμνυμι, *aor act ind 3s*, swear an oath
31 ἀπαντή, meeting
32 θεραπεύω, *aor act ind 3s*, tend to
33 ὀνυχίζω, *aor mid ind 3s*, trim (fingernails)

μύστακα[1] αὐτοῦ καὶ τὰ ἱμάτια αὐτοῦ οὐκ ἔπλυνεν[2] ἀπὸ τῆς ἡμέρας, ἧς ἀπῆλθεν
ὁ βασιλεύς, ἕως τῆς ἡμέρας, ἧς αὐτὸς παρεγένετο ἐν εἰρήνῃ. **26** καὶ ἐγένετο ὅτε
εἰσῆλθεν εἰς Ιερουσαλημ εἰς ἀπάντησιν[3] τοῦ βασιλέως, καὶ εἶπεν αὐτῷ ὁ βασιλεύς
Τί ὅτι οὐκ ἐπορεύθης μετ᾽ ἐμοῦ, Μεμφιβοσθε; **27** καὶ εἶπεν πρὸς αὐτὸν Μεμφιβοσθε
Κύριέ μου βασιλεῦ, ὁ δοῦλός μου παρελογίσατό[4] με, ὅτι εἶπεν ὁ παῖς[5] σου αὐτῷ
Ἐπίσαξόν[6] μοι τὴν ὄνον[7] καὶ ἐπιβῶ[8] ἐπ᾽ αὐτὴν καὶ πορεύσομαι μετὰ τοῦ βασιλέως,
ὅτι χωλὸς[9] ὁ δοῦλός σου· **28** καὶ μεθώδευσεν[10] ἐν τῷ δούλῳ σου πρὸς τὸν κύριόν
μου τὸν βασιλέα, καὶ ὁ κύριός μου ὁ βασιλεὺς ὡς ἄγγελος τοῦ θεοῦ, καὶ ποίησον
τὸ ἀγαθὸν ἐν ὀφθαλμοῖς σου· **29** ὅτι οὐκ ἦν πᾶς ὁ οἶκος τοῦ πατρός μου ἀλλ᾽ ἢ
ὅτι ἄνδρες θανάτου τῷ κυρίῳ μου τῷ βασιλεῖ, καὶ ἔθηκας τὸν δοῦλόν σου ἐν τοῖς
ἐσθίουσιν τὴν τράπεζάν[11] σου· καὶ τί ἐστίν μοι ἔτι δικαίωμα[12] καὶ τοῦ κεκραγέναι με
ἔτι πρὸς τὸν βασιλέα; **30** καὶ εἶπεν αὐτῷ ὁ βασιλεύς Ἵνα τί λαλεῖς ἔτι τοὺς λόγους
σου; εἶπον Σὺ καὶ Σιβα διελεῖσθε[13] τὸν ἀγρόν. **31** καὶ εἶπεν Μεμφιβοσθε πρὸς τὸν
βασιλέα Καί γε τὰ πάντα λαβέτω μετὰ τὸ παραγενέσθαι τὸν κύριόν μου τὸν βασιλέα
ἐν εἰρήνῃ εἰς τὸν οἶκον αὐτοῦ.

32 καὶ Βερζελλι ὁ Γαλααδίτης κατέβη ἐκ Ρωγελλιμ καὶ διέβη[14] μετὰ τοῦ βασιλέως
τὸν Ιορδάνην ἐκπέμψαι[15] αὐτὸν τὸν Ιορδάνην· **33** καὶ Βερζελλι ἀνὴρ πρεσβύτερος[16]
σφόδρα,[17] υἱὸς ὀγδοήκοντα[18] ἐτῶν, καὶ αὐτὸς διέθρεψεν[19] τὸν βασιλέα ἐν τῷ
οἰκεῖν[20] αὐτὸν ἐν Μαναϊμ, ὅτι ἀνὴρ μέγας ἐστὶν σφόδρα.[21] **34** καὶ εἶπεν ὁ βασιλεὺς
πρὸς Βερζελλι Σὺ διαβήσῃ[22] μετ᾽ ἐμοῦ, καὶ διαθρέψω[23] τὸ γῆράς[24] σου μετ᾽ ἐμοῦ ἐν
Ιερουσαλημ. **35** καὶ εἶπεν Βερζελλι πρὸς τὸν βασιλέα Πόσαι[25] ἡμέραι ἐτῶν ζωῆς μου,
ὅτι ἀναβήσομαι μετὰ τοῦ βασιλέως εἰς Ιερουσαλημ; **36** υἱὸς ὀγδοήκοντα[26] ἐτῶν ἐγώ
εἰμι σήμερον· μὴ γνώσομαι ἀνὰ μέσον[27] ἀγαθοῦ καὶ κακοῦ; ἢ γεύσεται[28] ὁ δοῦλός
σου ἔτι ὃ φάγομαι ἢ πίομαι; ἢ ἀκούσομαι ἔτι φωνὴν ᾀδόντων[29] καὶ ᾀδουσῶν;[30]
ἵνα τί ἔσται ἔτι ὁ δοῦλός σου εἰς φορτίον[31] ἐπὶ τὸν κύριόν μου τὸν βασιλέα; **37** ὡς
βραχὺ[32] διαβήσεται[33] ὁ δοῦλός σου τὸν Ιορδάνην μετὰ τοῦ βασιλέως· καὶ ἵνα τί

1 μύσταξ, moustache
2 πλύνω, *aor act ind 3s*, wash
3 ἀπάντησις, meeting
4 παραλογίζομαι, *aor mid ind 3s*, deceive
5 παῖς, servant
6 ἐπισάσσω, *aor act impv 2s*, load, saddle
7 ὄνος, donkey
8 ἐπιβαίνω, *aor act sub 1s*, mount upon
9 χωλός, lame
10 μεθοδεύω, *aor act ind 3s*, deceive, defraud
11 τράπεζα, table
12 δικαίωμα, right, justification
13 διαιρέω, *fut mid ind 2p*, divide
14 διαβαίνω, *aor act ind 3s*, cross over
15 ἐκπέμπω, *aor act inf*, send out
16 πρέσβυς, *comp*, older
17 σφόδρα, very much, exceedingly
18 ὀγδοήκοντα, eighty
19 διατρέφω, *aor act ind 3s*, support, sustain
20 οἰκέω, *pres act inf*, inhabit, dwell
21 σφόδρα, exceedingly
22 διαβαίνω, *fut mid ind 2s*, cross over
23 διατρέφω, *fut act ind 1s*, support, sustain
24 γῆρας, old age
25 πόσος, how many
26 ὀγδοήκοντα, eighty
27 ἀνὰ μέσον, between
28 γεύω, *fut mid ind 3s*, taste
29 ᾄδω, *pres act ptc gen p m*, sing
30 ᾄδω, *pres act ptc gen p f*, sing
31 φορτίον, burden
32 βραχύς, short (time), little (while)
33 διαβαίνω, *fut mid ind 3s*, cross over

ἀνταποδίδωσίν[1] μοι ὁ βασιλεὺς τὴν ἀνταπόδοσιν[2] ταύτην; **38** καθισάτω δὴ[3] ὁ δοῦ-
λός σου καὶ ἀποθανοῦμαι ἐν τῇ πόλει μου παρὰ τῷ τάφῳ[4] τοῦ πατρός μου καὶ τῆς
μητρός μου· καὶ ἰδοὺ ὁ δοῦλός σου Χαμααμ διαβήσεται[5] μετὰ τοῦ κυρίου μου τοῦ
βασιλέως, καὶ ποίησον αὐτῷ τὸ ἀγαθὸν ἐν ὀφθαλμοῖς σου. **39** καὶ εἶπεν ὁ βασιλεύς
Μετ᾽ ἐμοῦ διαβήτω[6] Χαμααμ, κἀγὼ[7] ποιήσω αὐτῷ τὸ ἀγαθὸν ἐν ὀφθαλμοῖς σου καὶ
πάντα, ὅσα ἐκλέξῃ[8] ἐπ᾽ ἐμοί, ποιήσω σοι. **40** καὶ διέβη[9] πᾶς ὁ λαὸς τὸν Ιορδάνην, καὶ
ὁ βασιλεὺς διέβη· καὶ κατεφίλησεν[10] ὁ βασιλεὺς τὸν Βερζελλι καὶ εὐλόγησεν αὐτόν,
καὶ ἐπέστρεψεν εἰς τὸν τόπον αὐτοῦ. **41** καὶ διέβη[11] ὁ βασιλεὺς εἰς Γαλγαλα, καὶ
Χαμααμ διέβη μετ᾽ αὐτοῦ, καὶ πᾶς ὁ λαὸς Ιουδα διαβαίνοντες[12] μετὰ τοῦ βασιλέως
καί γε τὸ ἥμισυ[13] τοῦ λαοῦ Ισραηλ.

42 καὶ ἰδοὺ πᾶς ἀνὴρ Ισραηλ παρεγένοντο πρὸς τὸν βασιλέα καὶ εἶπον πρὸς τὸν
βασιλέα Τί ὅτι ἔκλεψάν[14] σε οἱ ἀδελφοὶ ἡμῶν ἀνὴρ Ιουδα καὶ διεβίβασαν[15] τὸν
βασιλέα καὶ τὸν οἶκον αὐτοῦ τὸν Ιορδάνην καὶ πάντες ἄνδρες Δαυιδ μετ᾽ αὐτοῦ;
43 καὶ ἀπεκρίθη πᾶς ἀνὴρ Ιουδα πρὸς ἄνδρα Ισραηλ καὶ εἶπαν Διότι[16] ἐγγίζει πρός
με ὁ βασιλεύς· καὶ ἵνα τί οὕτως ἐθυμώθης[17] περὶ τοῦ λόγου τούτου; μὴ βρώσει[18]
ἐφάγαμεν ἐκ τοῦ βασιλέως, ἢ δόμα[19] ἔδωκεν ἢ ἄρσιν[20] ἦρεν ἡμῖν; **44** καὶ ἀπεκρίθη
ἀνὴρ Ισραηλ τῷ ἀνδρὶ Ιουδα καὶ εἶπεν Δέκα[21] χεῖρές μοι ἐν τῷ βασιλεῖ, καὶ πρωτό-
τοκος[22] ἐγὼ ἢ σύ, καί γε ἐν τῷ Δαυιδ εἰμὶ ὑπὲρ σέ· καὶ ἵνα τί τοῦτο ὕβρισάς[23] με
καὶ οὐκ ἐλογίσθη ὁ λόγος μου πρῶτός μοι τοῦ ἐπιστρέψαι τὸν βασιλέα ἐμοί; καὶ
ἐσκληρύνθη[24] ὁ λόγος ἀνδρὸς Ιουδα ὑπὲρ τὸν λόγον ἀνδρὸς Ισραηλ.

Rebellion of Sheba

20 Καὶ ἐκεῖ ἐπικαλούμενος[25] υἱὸς παράνομος[26] καὶ ὄνομα αὐτῷ Σαβεε υἱὸς
Βοχορι ἀνὴρ ὁ Ιεμενι καὶ ἐσάλπισεν[27] ἐν τῇ κερατίνῃ[28] καὶ εἶπεν

Οὐκ ἔστιν ἡμῖν μερὶς[29] ἐν Δαυιδ
  οὐδὲ κληρονομία[30] ἡμῖν ἐν τῷ υἱῷ Ιεσσαι·
ἀνὴρ εἰς τὰ σκηνώματά[31] σου, Ισραηλ.

1 ἀνταποδίδωμι, *pres act ind 3s*, repay
2 ἀνταπόδοσις, repayment, reward
3 δή, now, then
4 τάφος, grave, tomb
5 διαβαίνω, *fut mid ind 3s*, cross over
6 διαβαίνω, *aor act impv 3s*, cross over
7 κἀγώ, and I, *cr.* καὶ ἐγώ
8 ἐκλέγω, *fut mid ind 3s*, choose, select
9 διαβαίνω, *aor act ind 3s*, cross over
10 καταφιλέω, *aor act ind 3s*, kiss
11 διαβαίνω, *aor act ind 3s*, cross over
12 διαβαίνω, *pres act ptc nom p m*, cross over
13 ἥμισυς, half
14 κλέπτω, *aor act ind 3p*, steal, carry off
15 διαβιβάζω, *aor act ind 3p*, cross over
16 διότι, because
17 θυμόω, *aor pas ind 2s*, make angry, enrage
18 βρῶσις, food
19 δόμα, gift
20 ἄρσις, burden, portion
21 δέκα, ten
22 πρωτότοκος, firstborn
23 ὑβρίζω, *aor act ind 2s*, mistreat, insult
24 σκληρύνω, *aor pas ind 3s*, harden
25 ἐπικαλέω, *pres pas ptc nom s m*, call
26 παράνομος, lawless, wicked
27 σαλπίζω, *aor act ind 3s*, sound, blow
28 κερατίνη, horn
29 μερίς, part, portion
30 κληρονομία, inheritance
31 σκήνωμα, dwelling, tent

2 καὶ ἀνέβη πᾶς ἀνὴρ Ισραηλ ἀπὸ ὄπισθεν[1] Δαυιδ ὀπίσω Σαβεε υἱοῦ Βοχορι, καὶ
ἀνὴρ Ιουδα ἐκολλήθη[2] τῷ βασιλεῖ αὐτῶν ἀπὸ τοῦ Ιορδάνου καὶ ἕως Ιερουσαλημ.

3 καὶ εἰσῆλθεν Δαυιδ εἰς τὸν οἶκον αὐτοῦ εἰς Ιερουσαλημ, καὶ ἔλαβεν ὁ βασιλεὺς τὰς
δέκα[3] γυναῖκας τὰς παλλακὰς[4] αὐτοῦ, ἃς ἀφῆκεν φυλάσσειν τὸν οἶκον, καὶ ἔδωκεν
αὐτὰς ἐν οἴκῳ φυλακῆς καὶ διέθρεψεν[5] αὐτὰς καὶ πρὸς αὐτὰς οὐκ εἰσῆλθεν, καὶ ἦσαν
συνεχόμεναι[6] ἕως ἡμέρας θανάτου αὐτῶν, χῆραι[7] ζῶσαι.

4 καὶ εἶπεν ὁ βασιλεὺς πρὸς Αμεσσαϊ Βόησόν[8] μοι τὸν ἄνδρα Ιουδα τρεῖς ἡμέρας, σὺ
δὲ αὐτοῦ[9] στῆθι. **5** καὶ ἐπορεύθη Αμεσσαϊ τοῦ βοῆσαι[10] τὸν Ιουδαν καὶ ἐχρόνισεν[11]
ἀπὸ τοῦ καιροῦ, οὗ ἐτάξατο[12] αὐτῷ Δαυιδ. **6** καὶ εἶπεν Δαυιδ πρὸς Αβεσσα Νῦν
κακοποιήσει[13] ἡμᾶς Σαβεε υἱὸς Βοχορι ὑπὲρ Αβεσσαλωμ, καὶ νῦν σὺ λαβὲ μετὰ
σεαυτοῦ τοὺς παῖδας[14] τοῦ κυρίου σου καὶ καταδίωξον[15] ὀπίσω αὐτοῦ, μήποτε[16]
ἑαυτῷ εὕρῃ πόλεις ὀχυρὰς[17] καὶ σκιάσει[18] τοὺς ὀφθαλμοὺς ἡμῶν. **7** καὶ ἐξῆλθον
ὀπίσω αὐτοῦ οἱ ἄνδρες Ιωαβ καὶ ὁ χερεθθι καὶ ὁ φελεθθι καὶ πάντες οἱ δυνατοὶ
καὶ ἐξῆλθαν ἐξ Ιερουσαλημ διῶξαι ὀπίσω Σαβεε υἱοῦ Βοχορι. — **8** καὶ αὐτοὶ παρὰ
τῷ λίθῳ τῷ μεγάλῳ τῷ ἐν Γαβαων, καὶ Αμεσσαϊ εἰσῆλθεν ἔμπροσθεν αὐτῶν. καὶ
Ιωαβ περιεζωσμένος[19] μανδύαν[20] τὸ ἔνδυμα[21] αὐτοῦ καὶ ἐπ᾽ αὐτῷ περιεζωσμένος[22]
μάχαιραν[23] ἐζευγμένην[24] ἐπὶ τῆς ὀσφύος[25] αὐτοῦ ἐν κολεῷ[26] αὐτῆς, καὶ ἡ μάχαιρα
ἐξῆλθεν καὶ ἔπεσεν. **9** καὶ εἶπεν Ιωαβ τῷ Αμεσσαϊ Εἰ ὑγιαίνεις[27] σύ, ἀδελφέ; καὶ
ἐκράτησεν ἡ χεὶρ ἡ δεξιὰ Ιωαβ τοῦ πώγωνος[28] Αμεσσαϊ τοῦ καταφιλῆσαι[29] αὐτόν·
10 καὶ Αμεσσαϊ οὐκ ἐφυλάξατο τὴν μάχαιραν[30] τὴν ἐν τῇ χειρὶ Ιωαβ, καὶ ἔπαισεν[31]
αὐτὸν ἐν αὐτῇ Ιωαβ εἰς τὴν ψόαν,[32] καὶ ἐξεχύθη[33] ἡ κοιλία[34] αὐτοῦ εἰς τὴν γῆν, καὶ
οὐκ ἐδευτέρωσεν[35] αὐτῷ, καὶ ἀπέθανεν.

1 ὄπισθε(ν), behind
2 κολλάω, *aor pas ind 3s*, join, unite
3 δέκα, ten
4 παλλακή, concubine
5 διατρέφω, *aor act ind 3s*, sustain, support
6 συνέχω, *pres pas ptc nom p f*, confine, shut up
7 χήρα, widow
8 βοάω, *aor act impv 2s*, call
9 αὐτοῦ, here
10 βοάω, *aor act inf*, call
11 χρονίζω, *aor act ind 3s*, linger, delay
12 τάσσω, *aor mid ind 3s*, arrange, appoint
13 κακοποιέω, *fut act ind 3s*, do harm, injure
14 παῖς, servant
15 καταδιώκω, *aor act impv 2s*, follow closely
16 μήποτε, lest
17 ὀχυρός, fortified, strong
18 σκιάζω, *fut act ind 3s*, shelter from
19 περιζώννυμι, *perf pas ptc nom s m*, wear, gird
20 μανδύας, wool cloak, *Heb. LW*
21 ἔνδυμα, garment
22 περιζώννυμι, *perf pas ptc nom s m*, wear, gird
23 μάχαιρα, sword
24 ζεύγνυμι, *perf pas ptc acc s f*, fasten, attach
25 ὀσφύς, waist
26 κολεός, sheath, scabbard
27 ὑγιαίνω, *pres act ind 2s*, be well
28 πώγων, beard
29 καταφιλέω, *aor act inf*, kiss
30 μάχαιρα, sword
31 παίω, *aor act ind 3s*, strike, hit
32 ψόα, muscles of the loins
33 ἐκχέω, *aor pas ind 3s*, pour out
34 κοιλία, stomach
35 δευτερόω, *aor act ind 3s*, repeat, do twice

καὶ Ιωαβ καὶ Αβεσσα ὁ ἀδελφὸς αὐτοῦ ἐδίωξεν ὀπίσω Σαβεε υἱοῦ Βοχορι· **11** καὶ
ἀνὴρ ἔστη ἐπ᾽ αὐτὸν τῶν παιδαρίων[1] Ιωαβ καὶ εἶπεν Τίς ὁ βουλόμενος Ιωαβ καὶ
τίς τοῦ Δαυιδ, ὀπίσω Ιωαβ· **12** καὶ Αμεσσαϊ πεφυρμένος[2] ἐν τῷ αἵματι ἐν μέσῳ τῆς
τρίβου,[3] καὶ εἶδεν ὁ ἀνὴρ ὅτι εἱστήκει[4] πᾶς ὁ λαός, καὶ ἀπέστρεψεν[5] τὸν Αμεσσαϊ
ἐκ τῆς τρίβου[6] εἰς ἀγρὸν καὶ ἐπέρριψεν[7] ἐπ᾽ αὐτὸν ἱμάτιον, καθότι[8] εἶδεν πάντα τὸν
ἐρχόμενον ἐπ᾽ αὐτὸν ἑστηκότα·

Revolt Quashed

13 ἡνίκα[9] δὲ ἔφθασεν[10] ἐκ τῆς τρίβου,[11] παρῆλθεν[12] πᾶς ἀνὴρ Ισραηλ ὀπίσω Ιωαβ
τοῦ διῶξαι ὀπίσω Σαβεε υἱοῦ Βοχορι.

14 καὶ διῆλθεν ἐν πάσαις φυλαῖς Ισραηλ εἰς Αβελ καὶ εἰς Βαιθμαχα καὶ πάντες ἐν
Χαρρι, καὶ ἐξεκκλησιάσθησαν[13] καὶ ἦλθον κατόπισθεν[14] αὐτοῦ. **15** καὶ παρεγενή-
θησαν καὶ ἐπολιόρκουν[15] ἐπ᾽ αὐτὸν τὴν Αβελ καὶ τὴν Βαιθμαχα καὶ ἐξέχεαν[16] πρό-
σχωμα[17] πρὸς τὴν πόλιν, καὶ ἔστη ἐν τῷ προτειχίσματι,[18] καὶ πᾶς ὁ λαὸς ὁ μετὰ
Ιωαβ ἐνοοῦσαν[19] καταβαλεῖν[20] τὸ τεῖχος.[21] **16** καὶ ἐβόησεν[22] γυνὴ σοφὴ[23] ἐκ τοῦ
τείχους[24] καὶ εἶπεν Ἀκούσατε ἀκούσατε, εἴπατε δὴ[25] πρὸς Ιωαβ Ἔγγισον ἕως ὧδε,[26]
καὶ λαλήσω πρὸς αὐτόν. **17** καὶ προσήγγισεν[27] πρὸς αὐτήν, καὶ εἶπεν ἡ γυνή Εἰ σὺ
εἶ Ιωαβ; ὁ δὲ εἶπεν Ἐγώ. εἶπεν δὲ αὐτῷ Ἄκουσον τοὺς λόγους τῆς δούλης[28] σου.
καὶ εἶπεν Ιωαβ Ἀκούω ἐγώ εἰμι. **18** καὶ εἶπεν λέγουσα Λόγον ἐλάλησαν ἐν πρώτοις
λέγοντες Ἠρωτημένος[29] ἠρωτήθη[30] ἐν τῇ Αβελ καὶ ἐν Δαν εἰ ἐξέλιπον[31] ἃ ἔθεντο οἱ
πιστοὶ[32] τοῦ Ισραηλ, ἐρωτῶντες[33] ἐπερωτήσουσιν[34] ἐν Αβελ καὶ οὕτως εἰ ἐξέλιπον.[35]
19 ἐγώ εἰμι εἰρηνικὰ[36] τῶν στηριγμάτων[37] Ισραηλ, σὺ δὲ ζητεῖς θανατῶσαι[38] πόλιν

1 παιδάριον, servant
2 φύρω, *perf pas ptc nom s m*, drench, wet
3 τρίβος, path, route
4 ἵστημι, *plpf act ind 3s*, stop, stand still
5 ἀποστρέφω, *aor act ind 3s*, turn away, remove
6 τρίβος, path, route
7 ἐπιρρίπτω, *aor act ind 3s*, cast on, throw upon
8 καθότι, because
9 ἡνίκα, when
10 φθάνω, *aor act ind 3s*, go first, remove first
11 τρίβος, path, route
12 παρέρχομαι, *aor act ind 3s*, pass by
13 ἐξεκκλησιάζω, *aor pas ind 3p*, summon, convene
14 κατόπισθεν, after, behind
15 πολιορκέω, *impf act ind 3p*, lay siege
16 ἐκχέω, *aor act ind 3p*, spread out, throw down
17 πρόσχωμα, siege mound
18 προτείχισμα, outer fortification
19 νοέω, *impf act ind 3p*, intend
20 καταβάλλω, *aor act inf*, overthrow, tear down
21 τεῖχος, city wall
22 βοάω, *aor act ind 3s*, cry out, shout
23 σοφός, wise, prudent
24 τεῖχος, city wall
25 δή, now, then
26 ὧδε, here
27 προσεγγίζω, *aor act ind 3s*, draw near, approach
28 δούλη, servant
29 ἐρωτάω, *perf pas ptc nom s m*, inquire, ask
30 ἐρωτάω, *aor pas ind 3s*, inquire, ask
31 ἐκλείπω, *aor act ind 3p*, forsake, abandon
32 πιστός, faithful
33 ἐρωτάω, *pres act ptc nom p m*, inquire, ask
34 ἐπερωτάω, *fut act ind 3p*, inquire, ask
35 ἐκλείπω, *aor act ind 3p*, forsake, abandon
36 εἰρηνικός, peaceful
37 στήριγμα, support, foundation
38 θανατόω, *aor act inf*, kill

καὶ μητρόπολιν[1] ἐν Ισραηλ· ἵνα τί καταποντίζεις[2] κληρονομίαν[3] κυρίου; **20** καὶ ἀπεκρίθη Ιωαβ καὶ εἶπεν Ἵλεώς[4] μοι ἵλεώς μοι, εἰ καταποντιῶ[5] καὶ εἰ διαφθερῶ·[6] **21** οὐχ οὗτος ὁ λόγος, ὅτι ἀνὴρ ἐξ ὄρους Εφραιμ, Σαβεε υἱὸς Βοχορι ὄνομα αὐτοῦ, καὶ ἐπῆρεν[7] τὴν χεῖρα αὐτοῦ ἐπὶ τὸν βασιλέα Δαυιδ· δότε αὐτόν μοι μόνον, καὶ ἀπελεύσομαι ἀπάνωθεν[8] τῆς πόλεως. καὶ εἶπεν ἡ γυνὴ πρὸς Ιωαβ Ἰδοὺ ἡ κεφαλὴ αὐτοῦ ῥιφήσεται[9] πρὸς σὲ διὰ τοῦ τείχους.[10] **22** καὶ εἰσῆλθεν ἡ γυνὴ πρὸς πάντα τὸν λαὸν καὶ ἐλάλησεν πρὸς πᾶσαν τὴν πόλιν ἐν τῇ σοφίᾳ αὐτῆς· καὶ ἀφεῖλεν[11] τὴν κεφαλὴν Σαβεε υἱοῦ Βοχορι καὶ ἔβαλεν πρὸς Ιωαβ. καὶ ἐσάλπισεν[12] ἐν κερατίνῃ,[13] καὶ διεσπάρησαν[14] ἀπὸ τῆς πόλεως ἀνὴρ εἰς τὰ σκηνώματα[15] αὐτοῦ· καὶ Ιωαβ ἀπέστρεψεν[16] εἰς Ιερουσαλημ πρὸς τὸν βασιλέα.

23 Καὶ Ιωαβ πρὸς πάσῃ τῇ δυνάμει Ισραηλ, καὶ Βαναιας υἱὸς Ιωδαε ἐπὶ τοῦ χερεθθι καὶ ἐπὶ τοῦ φελεθθι, **24** καὶ Αδωνιραμ ἐπὶ τοῦ φόρου,[17] καὶ Ιωσαφατ υἱὸς Αχιλουθ ἀναμιμνῄσκων,[18] **25** καὶ Σουσα γραμματεύς,[19] καὶ Σαδωκ καὶ Αβιαθαρ ἱερεῖς, **26** καί γε Ιρας ὁ Ιαριν ἦν ἱερεὺς τοῦ Δαυιδ.

Revenge upon the Gibeonites

21 Καὶ ἐγένετο λιμὸς[20] ἐν ταῖς ἡμέραις Δαυιδ τρία ἔτη, ἐνιαυτὸς[21] ἐχόμενος ἐνιαυτοῦ, καὶ ἐζήτησεν Δαυιδ τὸ πρόσωπον τοῦ κυρίου. καὶ εἶπεν κύριος Ἐπὶ Σαουλ καὶ ἐπὶ τὸν οἶκον αὐτοῦ ἀδικία[22] διὰ τὸ αὐτὸν θανάτῳ αἱμάτων περὶ οὗ ἐθανάτωσεν[23] τοὺς Γαβαωνίτας. **2** καὶ ἐκάλεσεν ὁ βασιλεὺς Δαυιδ τοὺς Γαβαωνίτας καὶ εἶπεν πρὸς αὐτούς· καὶ οἱ Γαβαωνῖται οὐχ υἱοὶ Ισραηλ εἰσίν, ὅτι ἀλλ᾽ ἢ ἐκ τοῦ λείμματος[24] τοῦ Αμορραίου, καὶ οἱ υἱοὶ Ισραηλ ὤμοσαν[25] αὐτοῖς· καὶ ἐζήτησεν Σαουλ πατάξαι[26] αὐτοὺς ἐν τῷ ζηλῶσαι[27] αὐτὸν τοὺς υἱοὺς Ισραηλ καὶ Ιουδα. **3** καὶ εἶπεν Δαυιδ πρὸς τοὺς Γαβαωνίτας Τί ποιήσω ὑμῖν καὶ ἐν τίνι ἐξιλάσομαι[28] καὶ εὐλογήσετε τὴν κληρονομίαν[29] κυρίου; **4** καὶ εἶπαν αὐτῷ οἱ Γαβαωνῖται Οὐκ ἔστιν ἡμῖν ἀργύριον[30] καὶ χρυσίον[31] μετὰ Σαουλ καὶ μετὰ τοῦ οἴκου αὐτοῦ, καὶ οὐκ ἔστιν ἡμῖν ἀνὴρ

1 μητρόπολις, mother city, metropolis
2 καταποντίζω, *pres act ind 2s*, drown, plunge
3 κληρονομία, inheritance
4 ἵλεως, gracious, merciful
5 καταποντίζω, *fut act ind 1s*, drown, plunge
6 διαφθείρω, *fut act ind 1s*, utterly destroy
7 ἐπαίρω, *aor act ind 3s*, lift up
8 ἀπάνωθεν, from the top
9 ῥίπτω, *fut pas ind 3s*, throw, cast
10 τεῖχος, city wall
11 ἀφαιρέω, *aor act ind 3s*, remove
12 σαλπίζω, *aor act ind 3s*, sound, blow
13 κερατίνη, horn
14 διασπείρω, *aor pas ind 3p*, scatter, disperse
15 σκήνωμα, dwelling, tent
16 ἀποστρέφω, *aor act ind 3s*, return, turn back
17 φόρος, tribute
18 ἀναμιμνῄσκω, *pres act ptc nom s m*, record
19 γραμματεύς, scribe, secretary
20 λιμός, famine
21 ἐνιαυτός, year
22 ἀδικία, wickedness, wrongdoing
23 θανατόω, *aor act ind 3s*, put to death, slay
24 λεῖμμα, remnant
25 ὄμνυμι, *aor act ind 3p*, swear an oath
26 πατάσσω, *aor act inf*, strike
27 ζηλόω, *aor act inf*, be jealous of, envy
28 ἐξιλάσκομαι, *fut mid ind 1s*, propitiate, make atonement
29 κληρονομία, inheritance
30 ἀργύριον, silver
31 χρυσίον, gold

θανατῶσαι[1] ἐν Ισραηλ. καὶ εἶπεν Τί ὑμεῖς λέγετε καὶ ποιήσω ὑμῖν; **5** καὶ εἶπαν πρὸς
τὸν βασιλέα Ὁ ἀνὴρ συνετέλεσεν[2] ἐφ᾽ ἡμᾶς καὶ ἐδίωξεν ἡμᾶς, ὃς παρελογίσατο[3]
ἐξολεθρεῦσαι[4] ἡμᾶς· ἀφανίσωμεν[5] αὐτὸν τοῦ μὴ ἑστάναι αὐτὸν ἐν παντὶ ὁρίῳ[6] Ισ-
ραηλ· **6** δότω ἡμῖν ἑπτὰ ἄνδρας ἐκ τῶν υἱῶν αὐτοῦ, καὶ ἐξηλιάσωμεν[7] αὐτοὺς τῷ
κυρίῳ ἐν Γαβαων Σαουλ ἐκλεκτοὺς[8] κυρίου. καὶ εἶπεν ὁ βασιλεύς Ἐγὼ δώσω.

7 καὶ ἐφείσατο[9] ὁ βασιλεὺς ἐπὶ Μεμφιβοσθε υἱὸν Ιωναθαν υἱοῦ Σαουλ διὰ τὸν
ὅρκον[10] κυρίου τὸν ἀνὰ μέσον[11] αὐτῶν, ἀνὰ μέσον Δαυιδ καὶ ἀνὰ μέσον Ιωναθαν
υἱοῦ Σαουλ. **8** καὶ ἔλαβεν ὁ βασιλεὺς τοὺς δύο υἱοὺς Ρεσφα θυγατρὸς[12] Αια, οὓς
ἔτεκεν[13] τῷ Σαουλ, τὸν Ερμωνι καὶ τὸν Μεμφιβοσθε, καὶ τοὺς πέντε υἱοὺς Μιχολ
θυγατρὸς Σαουλ, οὓς ἔτεκεν τῷ Εσριηλ υἱῷ Βερζελλι τῷ Μοουλαθι, **9** καὶ ἔδωκεν
αὐτοὺς ἐν χειρὶ τῶν Γαβαωνιτῶν, καὶ ἐξηλίασαν[14] αὐτοὺς ἐν τῷ ὄρει ἔναντι[15] κυρίου,
καὶ ἔπεσαν οἱ ἑπτὰ αὐτοὶ ἐπὶ τὸ αὐτό· καὶ αὐτοὶ δὲ ἐθανατώθησαν[16] ἐν ἡμέραις
θερισμοῦ[17] ἐν πρώτοις ἐν ἀρχῇ θερισμοῦ κριθῶν.[18]

10 καὶ ἔλαβεν Ρεσφα θυγάτηρ[19] Αια τὸν σάκκον[20] καὶ ἔπηξεν[21] αὐτῇ πρὸς τὴν πέτραν[22]
ἐν ἀρχῇ θερισμοῦ[23] κριθῶν,[24] ἕως ἔσταξεν[25] ἐπ᾽ αὐτοὺς ὕδωρ ἐκ τοῦ οὐρανοῦ, καὶ οὐκ
ἔδωκεν τὰ πετεινὰ[26] τοῦ οὐρανοῦ καταπαῦσαι[27] ἐπ᾽ αὐτοὺς ἡμέρας καὶ τὰ θηρία τοῦ
ἀγροῦ νυκτός. — **11** καὶ ἀπηγγέλη τῷ Δαυιδ ὅσα ἐποίησεν Ρεσφα θυγάτηρ[28] Αια
παλλακὴ[29] Σαουλ, καὶ ἐξελύθησαν,[30] καὶ κατέλαβεν[31] αὐτοὺς Δαν υἱὸς Ιωα ἐκ τῶν
ἀπογόνων[32] τῶν γιγάντων,[33] **12** καὶ ἐπορεύθη Δαυιδ καὶ ἔλαβεν τὰ ὀστᾶ[34] Σαουλ καὶ
τὰ ὀστᾶ Ιωναθαν τοῦ υἱοῦ αὐτοῦ παρὰ τῶν ἀνδρῶν υἱῶν Ιαβις Γαλααδ, οἳ ἔκλεψαν
αὐτοὺς ἐκ τῆς πλατείας[35] Βαιθσαν, ὅτι ἔστησαν αὐτοὺς ἐκεῖ οἱ ἀλλόφυλοι[36] ἐν ἡμέρᾳ,
ᾗ ἐπάταξαν[37] οἱ ἀλλόφυλοι τὸν Σαουλ ἐν Γελβουε, **13** καὶ ἀνήνεγκεν[38] ἐκεῖθεν[39] τὰ

1 θανατόω, *aor act inf*, put to death, slay
2 συντελέω, *aor act ind 3s*, bring about an end, finish off
3 παραλογίζομαι, *aor mid ind 3s*, deceive
4 ἐξολεθρεύω, *aor act inf*, utterly destroy
5 ἀφανίζω, *aor act sub 1p*, get rid of, do away with
6 ὅριον, territory, boundary
7 ἐξηλιάζω, *aor act sub 1p*, hang out in the sun
8 ἐκλεκτός, select, chosen
9 φείδομαι, *aor mid ind 3s*, spare
10 ὅρκος, oath
11 ἀνὰ μέσον, between
12 θυγάτηρ, daughter
13 τίκτω, *aor act ind 3s*, bear
14 ἐξηλιάζω, *aor act ind 3p*, hang out in the sun
15 ἔναντι, before
16 θανατόω, *aor pas ind 3p*, put to death, slay
17 θερισμός, harvest
18 κριθή, barley
19 θυγάτηρ, daughter
20 σάκκος, sackcloth, *Heb. LW*
21 πήγνυμι, *aor act ind 3s*, situate, fix
22 πέτρα, rock
23 θερισμός, harvest
24 κριθή, barley
25 στάζω, *aor act ind 3s*, drip, trickle
26 πετεινός, bird
27 καταπαύω, *aor act inf*, rest
28 θυγάτηρ, daughter
29 παλλακή, concubine
30 ἐκλύω, *aor pas ind 3p*, grow weary, become faint
31 καταλαμβάνω, *aor act ind 3s*, lay hold of, capture
32 ἀπόγονος, offspring
33 γίγας, giant
34 ὀστέον, bone
35 πλατύς, wide (road), broad (street)
36 ἀλλόφυλος, foreign, (Philistine)
37 πατάσσω, *aor act ind 3p*, strike, defeat
38 ἀναφέρω, *aor act ind 3s*, bring up, carry up
39 ἐκεῖθεν, from there

ὀστᾶ[1] Σαουλ καὶ τὰ ὀστᾶ Ιωναθαν τοῦ υἱοῦ αὐτοῦ καὶ συνήγαγεν τὰ ὀστᾶ τῶν ἐξη-
λιασμένων.[2] **14** καὶ ἔθαψαν[3] τὰ ὀστᾶ[4] Σαουλ καὶ τὰ ὀστᾶ Ιωναθαν τοῦ υἱοῦ αὐτοῦ
καὶ τῶν ἡλιασθέντων[5] ἐν γῇ Βενιαμιν ἐν τῇ πλευρᾷ[6] ἐν τῷ τάφῳ[7] Κις τοῦ πατρὸς
αὐτοῦ καὶ ἐποίησαν πάντα, ὅσα ἐνετείλατο[8] ὁ βασιλεύς. — καὶ ἐπήκουσεν[9] ὁ θεὸς
τῇ γῇ μετὰ ταῦτα.

War with the Philistines

15 Καὶ ἐγενήθη ἔτι πόλεμος τοῖς ἀλλοφύλοις[10] μετὰ Ισραηλ. καὶ κατέβη Δαυιδ καὶ
οἱ παῖδες[11] αὐτοῦ μετ᾽ αὐτοῦ καὶ ἐπολέμησαν μετὰ τῶν ἀλλοφύλων,[12] καὶ ἐξελύθη[13]
Δαυιδ. **16** καὶ Ιεσβι, ὃς ἦν ἐν τοῖς ἐκγόνοις[14] τοῦ Ραφα καὶ ὁ σταθμὸς[15] τοῦ δόρατος[16]
αὐτοῦ τριακοσίων[17] σίκλων[18] ὁλκὴ[19] χαλκοῦ[20] καὶ αὐτὸς περιεζωσμένος[21] κορύνην,[22]
καὶ διενοεῖτο[23] πατάξαι[24] τὸν Δαυιδ. **17** καὶ ἐβοήθησεν[25] αὐτῷ Αβεσσα υἱὸς Σαρουιας
καὶ ἐπάταξεν[26] τὸν ἀλλόφυλον[27] καὶ ἐθανάτωσεν[28] αὐτόν. τότε ὤμοσαν[29] οἱ ἄνδρες
Δαυιδ λέγοντες Οὐκ ἐξελεύσῃ ἔτι μεθ᾽ ἡμῶν εἰς πόλεμον καὶ οὐ μὴ σβέσῃς[30] τὸν
λύχνον[31] Ισραηλ.

18 καὶ ἐγενήθη μετὰ ταῦτα ἔτι πόλεμος ἐν Γεθ μετὰ τῶν ἀλλοφύλων.[32] τότε ἐπά-
ταξεν[33] Σεβοχα ὁ Ασταтωθι τὸν Σεφ τὸν ἐν τοῖς ἐκγόνοις[34] τοῦ Ραφα. — **19** καὶ
ἐγένετο ὁ πόλεμος ἐν Γοβ μετὰ τῶν ἀλλοφύλων.[35] καὶ ἐπάταξεν[36] Ελεαναν υἱὸς
Αριωργιμ ὁ Βαιθλεεμίτης τὸν Γολιαθ τὸν Γεθθαῖον, καὶ τὸ ξύλον[37] τοῦ δόρατος[38]
αὐτοῦ ὡς ἀντίον[39] ὑφαινόντων.[40] — **20** καὶ ἐγένετο ἔτι πόλεμος ἐν Γεθ. καὶ ἦν ἀνὴρ

1 ὀστέον, bone
2 ἐξηλιάζω, *perf pas ptc gen p n*, hang out in the sun
3 θάπτω, *aor act ind 3p*, bury
4 ὀστέον, bone
5 ἡλιάζομαι, *aor pas ptc gen p m*, hang out in the sun
6 πλευρά, side
7 τάφος, grave, tomb
8 ἐντέλλομαι, *aor mid ind 3s*, command, order
9 ἐπακούω, *aor act ind 3s*, listen to, hear
10 ἀλλόφυλος, foreign, (Philistine)
11 παῖς, servant
12 ἀλλόφυλος, foreign, (Philistine)
13 ἐκλύω, *aor pas ind 3s*, grow weary, become faint
14 ἔκγονος, descendant
15 σταθμός, weight
16 δόρυ, spear
17 τριακόσιοι, three hundred
18 σίκλος, shekel, *Heb. LW*
19 ὁλκή, weight
20 χαλκοῦς, bronze
21 περιζώννυμι, *perf pas ptc nom s m*, gird with, fit with
22 κορύνη, club, mace
23 διανοέομαι, *impf mid ind 3s*, intend to, plan on
24 πατάσσω, *aor act inf*, strike, defeat
25 βοηθέω, *aor act ind 3s*, aid, help
26 πατάσσω, *aor act ind 3s*, strike, slay
27 ἀλλόφυλος, foreign, (Philistine)
28 θανατόω, *aor act ind 3s*, kill
29 ὄμνυμι, *aor act ind 3p*, swear an oath
30 σβέννυμι, *aor act sub 2s*, extinguish, snuff out
31 λύχνος, lamp
32 ἀλλόφυλος, foreign, (Philistine)
33 πατάσσω, *aor act ind 3s*, strike, defeat
34 ἔκγονος, descendant
35 ἀλλόφυλος, foreign, (Philistine)
36 πατάσσω, *aor act ind 3s*, strike, defeat
37 ξύλον, handle, shaft
38 δόρυ, spear
39 ἀντίον, beam
40 ὑφαίνω, *pres act ptc gen p m*, weave

μαδων, καὶ οἱ δάκτυλοι[1] τῶν χειρῶν αὐτοῦ καὶ οἱ δάκτυλοι[2] τῶν ποδῶν αὐτοῦ ἓξ[3] καὶ
ἕξ, εἴκοσι[4] τέσσαρες ἀριθμῷ,[5] καί γε αὐτὸς ἐτέχθη[6] τῷ Ραφα. **21** καὶ ὠνείδισεν[7] τὸν
Ισραηλ, καὶ ἐπάταξεν[8] αὐτὸν Ιωναθαν υἱὸς Σεμεϊ ἀδελφοῦ Δαυιδ. — **22** οἱ τέσσαρες
οὗτοι ἐτέχθησαν[9] ἀπόγονοι[10] τῶν γιγάντων[11] ἐν Γεθ τῷ Ραφα οἶκος, καὶ ἔπεσαν ἐν
χειρὶ Δαυιδ καὶ ἐν χειρὶ τῶν δούλων αὐτοῦ.

David's Song of Deliverance

22 Καὶ ἐλάλησεν Δαυιδ τῷ κυρίῳ τοὺς λόγους τῆς ᾠδῆς[12] ταύτης ἐν ᾗ ἡμέρᾳ
ἐξείλατο[13] αὐτὸν κύριος ἐκ χειρὸς πάντων τῶν ἐχθρῶν αὐτοῦ καὶ ἐκ χειρὸς
Σαουλ, **2** καὶ εἶπεν

Κύριε, πέτρα[14] μου καὶ ὀχύρωμά[15] μου καὶ ἐξαιρούμενός[16] με ἐμοί,
3 ὁ θεός μου φύλαξ[17] ἔσται μου, πεποιθὼς ἔσομαι ἐπ᾽ αὐτῷ,
ὑπερασπιστής[18] μου καὶ κέρας[19] σωτηρίας μου,
ἀντιλήμπτωρ[20] μου καὶ καταφυγή[21] μου σωτηρίας μου,
ἐξ ἀδίκου[22] σώσεις με.
4 αἰνετὸν[23] ἐπικαλέσομαι[24] κύριον
καὶ ἐκ τῶν ἐχθρῶν μου σωθήσομαι.

5 ὅτι περιέσχον[25] με συντριμμοὶ[26] θανάτου,
χείμαρροι[27] ἀνομίας[28] ἐθάμβησάν[29] με·
6 ὠδῖνες[30] θανάτου ἐκύκλωσάν[31] με,
προέφθασάν[32] με σκληρότητες[33] θανάτου.

7 ἐν τῷ θλίβεσθαί[34] με ἐπικαλέσομαι[35] κύριον
καὶ πρὸς τὸν θεόν μου βοήσομαι·[36]

1 δάκτυλος, finger
2 δάκτυλος, toe
3 ἕξ, six
4 εἴκοσι, twenty
5 ἀριθμός, number
6 τίκτω, *aor pas ind 3s*, bear (children)
7 ὀνειδίζω, *aor act ind 3s*, revile, mock
8 πατάσσω, *aor act ind 3s*, strike, defeat
9 τίκτω, *aor pas ind 3p*, bear (children)
10 ἀπόγονος, offspring
11 γίγας, giant
12 ᾠδή, song, ode
13 ἐξαιρέω, *aor mid ind 3s*, rescue, deliver
14 πέτρα, rock
15 ὀχύρωμα, fortress, stronghold
16 ἐξαιρέω, *pres mid ptc nom s m*, rescue, deliver
17 φύλαξ, guard, watchman
18 ὑπερασπιστής, protector, one who holds a shield over
19 κέρας, horn
20 ἀντιλήμπτωρ, helper, protector
21 καταφυγή, refuge
22 ἄδικος, unrighteous, unjust
23 αἰνετός, praiseworthy
24 ἐπικαλέω, *fut mid ind 1s*, call upon
25 περιέχω, *aor act ind 3p*, encompass, seize
26 συντριμμός, destruction, affliction
27 χείμαρρος, brook
28 ἀνομία, lawlessness, transgression
29 θαμβέω, *aor act ind 3p*, terrify, confound
30 ὠδίν, labor pain, pang
31 κυκλόω, *aor act ind 3p*, surround, encircle
32 προφθάνω, *aor act ind 3p*, anticipate, be ahead of, outrun
33 σκληρότης, harshness, stubbornness
34 θλίβω, *pres mid inf*, oppress, afflict
35 ἐπικαλέω, *fut mid ind 1s*, call upon
36 βοάω, *fut mid ind 1s*, cry out, call

καὶ ἐπακούσεται[1] ἐκ ναοῦ αὐτοῦ φωνῆς μου,
καὶ ἡ κραυγή[2] μου ἐν τοῖς ὠσὶν αὐτοῦ.

8 καὶ ἐταράχθη[3] καὶ ἐσείσθη[4] ἡ γῆ,
καὶ τὰ θεμέλια[5] τοῦ οὐρανοῦ συνεταράχθησαν[6]
καὶ ἐσπαράχθησαν,[7] ὅτι ἐθυμώθη[8] κύριος αὐτοῖς.
9 ἀνέβη καπνὸς[9] ἐν τῇ ὀργῇ αὐτοῦ,
καὶ πῦρ ἐκ στόματος αὐτοῦ κατέδεται,[10]
ἄνθρακες[11] ἐξεκαύθησαν[12] ἀπ᾽ αὐτοῦ.
10 καὶ ἔκλινεν[13] οὐρανοὺς καὶ κατέβη,
καὶ γνόφος[14] ὑποκάτω[15] τῶν ποδῶν αὐτοῦ.
11 καὶ ἐπεκάθισεν[16] ἐπὶ χερουβιν[17] καὶ ἐπετάσθη[18]
καὶ ὤφθη[19] ἐπὶ πτερύγων[20] ἀνέμου.[21]
12 καὶ ἔθετο σκότος ἀποκρυφὴν[22] αὐτοῦ κύκλῳ[23] αὐτοῦ,
ἡ σκηνὴ[24] αὐτοῦ σκότος ὑδάτων·
ἐπάχυνεν[25] ἐν νεφέλαις[26] ἀέρος.[27]
13 ἀπὸ τοῦ φέγγους[28] ἐναντίον[29] αὐτοῦ
ἐξεκαύθησαν[30] ἄνθρακες[31] πυρός.
14 ἐβρόντησεν[32] ἐξ οὐρανοῦ κύριος,
καὶ ὁ ὕψιστος[33] ἔδωκεν φωνὴν αὐτοῦ
15 καὶ ἀπέστειλεν βέλη[34] καὶ ἐσκόρπισεν[35] αὐτούς,
ἀστραπὴν[36] καὶ ἐξέστησεν[37] αὐτούς.

1 ἐπακούω, *fut mid ind 3s*, hear, listen to
2 κραυγή, outcry, shouting
3 ταράσσω, *aor pas ind 3s*, unsettle, disturb
4 σείω, *aor pas ind 3s*, quake, shake
5 θεμέλιον, foundation
6 συνταράσσω, *aor pas ind 3p*, disturb, throw into confusion
7 σπαράσσω, *aor pas ind 3p*, convulse, shake back and forth
8 θυμόω, *aor pas ind 3s*, make angry, provoke
9 καπνός, smoke
10 κατεσθίω, *fut mid ind 3s*, devour, consume
11 ἄνθραξ, coal
12 ἐκκαίω, *aor pas ind 3p*, kindle, flame up
13 κλίνω, *aor act ind 3s*, bend, cause to lean
14 γνόφος, darkness
15 ὑποκάτω, under, below
16 ἐπικαθίζω, *aor act ind 3s*, sit down upon
17 χερουβιν, cherubim, *translit.*
18 πετάννυμι, *aor pas ind 3s*, fly
19 ὁράω, *aor pas ind 3s*, see
20 πτέρυξ, wing
21 ἄνεμος, wind
22 ἀποκρυφή, hiding place
23 κύκλῳ, all around
24 σκηνή, tent
25 παχύνω, *aor act ind 3s*, make dense, thicken
26 νεφέλη, cloud
27 ἀήρ, air
28 φέγγος, splendor, light
29 ἐναντίον, before
30 ἐκκαίω, *aor pas ind 3p*, kindle, flame up
31 ἄνθραξ, coal
32 βροντάω, *aor act ind 3s*, thunder
33 ὕψιστος, *sup*, Most High
34 βέλος, arrow, dart
35 σκορπίζω, *aor act ind 3s*, scatter
36 ἀστραπή, lightning
37 ἐξίστημι, *aor act ind 3s*, frighten, confound

16 καὶ ὤφθησαν[1] ἀφέσεις[2] θαλάσσης,
καὶ ἀπεκαλύφθη[3] θεμέλια[4] τῆς οἰκουμένης[5]
ἐν τῇ ἐπιτιμήσει[6] κυρίου,
ἀπὸ πνοῆς[7] πνεύματος θυμοῦ[8] αὐτοῦ.

17 ἀπέστειλεν ἐξ ὕψους[9] καὶ ἔλαβέν με,
εἵλκυσέν[10] με ἐξ ὑδάτων πολλῶν·
18 ἐρρύσατό[11] με ἐξ ἐχθρῶν μου ἰσχύος,[12]
ἐκ τῶν μισούντων με, ὅτι ἐκραταιώθησαν[13] ὑπὲρ ἐμέ.
19 προέφθασάν[14] με ἐν ἡμέρᾳ θλίψεώς μου,
καὶ ἐγένετο κύριος ἐπιστήριγμά[15] μου
20 καὶ ἐξήγαγέν[16] με εἰς πλατυσμὸν[17]
καὶ ἐξείλατό[18] με, ὅτι εὐδόκησεν[19] ἐν ἐμοί.

21 καὶ ἀνταπέδωκέν[20] μοι κύριος κατὰ τὴν δικαιοσύνην μου,
κατὰ τὴν καθαριότητα[21] τῶν χειρῶν μου ἀνταπέδωκέν μοι,
22 ὅτι ἐφύλαξα ὁδοὺς κυρίου
καὶ οὐκ ἠσέβησα[22] ἀπὸ τοῦ θεοῦ μου,
23 ὅτι πάντα τὰ κρίματα[23] αὐτοῦ κατεναντίον[24] μου,
καὶ τὰ δικαιώματα[25] αὐτοῦ, οὐκ ἀπέστην[26] ἀπ᾽ αὐτῶν.
24 καὶ ἔσομαι ἄμωμος[27] αὐτῷ
καὶ προφυλάξομαι[28] ἀπὸ τῆς ἀνομίας[29] μου.
25 καὶ ἀποδώσει μοι κύριος κατὰ τὴν δικαιοσύνην μου
καὶ κατὰ τὴν καθαριότητα[30] τῶν χειρῶν μου ἐνώπιον τῶν ὀφθαλμῶν αὐτοῦ.

26 μετὰ ὁσίου[31] ὁσιωθήσῃ[32]
καὶ μετὰ ἀνδρὸς τελείου[33] τελειωθήσῃ[34]

1 ὁράω, *aor pas ind 3p*, see
2 ἄφεσις, release, (channel)
3 ἀποκαλύπτω, *aor pas ind 3s*, uncover, reveal
4 θεμέλιον, foundation
5 οἰκουμένη, inhabited world
6 ἐπιτίμησις, rebuke
7 πνοή, wind, breath
8 θυμός, wrath, rage
9 ὕψος, high place
10 ἕλκω, *aor act ind 3s*, draw, drag
11 ῥύομαι, *aor mid ind 3s*, rescue, save
12 ἰσχύς, strength, power
13 κραταιόω, *aor pas ind 3p*, be strong
14 προφθάνω, *aor act ind 3p*, anticipate, be ahead of, outrun
15 ἐπιστήριγμα, support
16 ἐξάγω, *aor act ind 3s*, lead out, bring out
17 πλατυσμός, broad place
18 ἐξαιρέω, *aor mid ind 3s*, rescue, deliver
19 εὐδοκέω, *aor act ind 3s*, be pleased with
20 ἀνταποδίδωμι, *aor act ind 3s*, repay, reward
21 καθαριότης, purity
22 ἀσεβέω, *aor act ind 1s*, be ungodly, act wickedly
23 κρίμα, judgment, decision
24 κατεναντίον, before
25 δικαίωμα, ordinance, decree
26 ἀφίστημι, *aor act ind 1s*, depart, withdraw
27 ἄμωμος, blameless
28 προφυλάσσω, *fut mid ind 1s*, protect, guard
29 ἀνομία, transgression, iniquity
30 καθαριότης, purity
31 ὅσιος, righteous, holy
32 ὁσιόω, *fut pas ind 2s*, be holy
33 τέλειος, perfect, unblemished
34 τελειόω, *fut pas ind 2s*, be perfect

27 καὶ μετὰ ἐκλεκτοῦ[1] ἐκλεκτὸς ἔσῃ
καὶ μετὰ στρεβλοῦ[2] στρεβλωθήσῃ.[3]
28 καὶ τὸν λαὸν τὸν πτωχὸν σώσεις
καὶ ὀφθαλμοὺς ἐπὶ μετεώρων[4] ταπεινώσεις.[5]
29 ὅτι σὺ ὁ λύχνος[6] μου, κύριε,
καὶ κύριος ἐκλάμψει[7] μοι τὸ σκότος μου.
30 ὅτι ἐν σοὶ δραμοῦμαι[8] μονόζωνος[9]
καὶ ἐν τῷ θεῷ μου ὑπερβήσομαι[10] τεῖχος.[11]
31 ὁ ἰσχυρός,[12] ἄμωμος[13] ἡ ὁδὸς αὐτοῦ,
τὸ ῥῆμα κυρίου κραταιόν,[14] πεπυρωμένον,[15]
ὑπερασπιστής[16] ἐστιν πᾶσιν τοῖς πεποιθόσιν ἐπ᾽ αὐτῷ.

32 τίς ἰσχυρὸς[17] πλὴν κυρίου;
καὶ τίς κτίστης[18] ἔσται πλὴν τοῦ θεοῦ ἡμῶν;
33 ὁ ἰσχυρὸς[19] ὁ κραταιῶν[20] με δυνάμει,
καὶ ἐξετίναξεν[21] ἄμωμον[22] τὴν ὁδόν μου·
34 τιθεὶς τοὺς πόδας μου ὡς ἐλάφων[23]
καὶ ἐπὶ τὰ ὕψη[24] ἱστῶν με·
35 διδάσκων χεῖράς μου εἰς πόλεμον
καὶ κατάξας[25] τόξον[26] χαλκοῦν[27] ἐν βραχίονί[28] μου.
36 καὶ ἔδωκάς μοι ὑπερασπισμὸν[29] σωτηρίας μου,
καὶ ἡ ὑπακοή[30] σου ἐπλήθυνέν[31] με

1 ἐκλεκτός, select, chosen
2 στρεβλός, crooked, perverse
3 στρεβλόω, *fut pas ind 2s*, be crooked, be perverse
4 μετέωρος, uplifted, arrogant
5 ταπεινόω, *fut act ind 2s*, bring low, humble
6 λύχνος, lamp
7 ἐκλάμπω, *fut act ind 3s*, shine forth
8 τρέχω, *fut mid ind 1s*, run
9 μονόζωνος, journeying alone, lightly armed
10 ὑπερβαίνω, *fut mid ind 1s*, leap over, jump over
11 τεῖχος, wall
12 ἰσχυρός, strong, mighty
13 ἄμωμος, blameless
14 κραταιός, strong, powerful
15 πυρόω, *perf pas ptc nom s n*, heat thoroughly, refine
16 ὑπερασπιστής, protector, one who holds a shield over
17 ἰσχυρός, strong, mighty
18 κτίστης, creator
19 ἰσχυρός, strong, mighty
20 κραταιός, strong, powerful
21 ἐκτινάσσω, *aor act ind 3s*, shake out (in cleaning)
22 ἄμωμος, blameless
23 ἔλαφος, deer
24 ὕψος, high place
25 κατάγνυμι, *aor act ptc nom s m*, break, shatter
26 τόξον, bow
27 χαλκοῦς, bronze
28 βραχίων, arm
29 ὑπερασπισμός, protector, one who holds a shield over
30 ὑπακοή, answer, reply
31 πληθύνω, *aor act ind 3s*, multiply, increase

37 εἰς πλατυσμὸν[1] εἰς τὰ διαβήματά[2] μου ὑποκάτω[3] μου,
καὶ οὐκ ἐσαλεύθησαν[4] τὰ σκέλη[5] μου.
38 διώξω ἐχθρούς μου καὶ ἀφανιῶ[6] αὐτοὺς
καὶ οὐκ ἀναστρέψω,[7] ἕως συντελέσω[8] αὐτούς·
39 καὶ θλάσω[9] αὐτούς, καὶ οὐκ ἀναστήσονται
καὶ πεσοῦνται ὑπὸ τοὺς πόδας μου.
40 καὶ ἐνισχύσεις[10] με δυνάμει εἰς πόλεμον,
κάμψεις[11] τοὺς ἐπανιστανομένους[12] μοι ὑποκάτω[13] μου·
41 καὶ τοὺς ἐχθρούς μου ἔδωκάς μοι νῶτον,[14]
τοὺς μισοῦντάς με, καὶ ἐθανάτωσας[15] αὐτούς.
42 βοήσονται,[16] καὶ οὐκ ἔστιν βοηθός,[17]
πρὸς κύριον, καὶ οὐχ ὑπήκουσεν[18] αὐτῶν.
43 καὶ ἐλέανα[19] αὐτοὺς ὡς χοῦν[20] γῆς,
ὡς πηλὸν[21] ἐξόδων[22] ἐλέπτυνα[23] αὐτούς.

44 καὶ ῥύσῃ[24] με ἐκ μάχης[25] λαῶν,
φυλάξεις με εἰς κεφαλὴν ἐθνῶν·
λαός, ὃν οὐκ ἔγνων, ἐδούλευσάν[26] μοι,
45 υἱοὶ ἀλλότριοι[27] ἐψεύσαντό[28] μοι,
εἰς ἀκοὴν[29] ὠτίου[30] ἤκουσάν μου·
46 υἱοὶ ἀλλότριοι[31] ἀπορριφήσονται[32]
καὶ σφαλοῦσιν[33] ἐκ τῶν συγκλεισμῶν[34] αὐτῶν.

47 ζῇ κύριος, καὶ εὐλογητὸς[35] ὁ φύλαξ[36] μου,
καὶ ὑψωθήσεται[37] ὁ θεός μου, ὁ φύλαξ τῆς σωτηρίας μου.

1 πλατυσμός, broad space
2 διάβημα, step
3 ὑποκάτω, below, under
4 σαλεύω, *aor pas ind 3p*, shake, totter
5 σκέλος, leg
6 ἀφανίζω, *fut act ind 1s*, destroy, ruin
7 ἀναστρέφω, *fut act ind 1s*, turn back
8 συντελέω, *fut act ind 1s*, bring to an end, finish
9 θλάω, *fut act ind 1s*, crush, bruise
10 ἐνισχύω, *fut act ind 2s*, strengthen, confirm
11 κάμπτω, *fut act ind 2s*, bow down, bend
12 ἐπανιστάνω, *pres mid ptc acc p m*, rise up against
13 ὑποκάτω, under, below
14 νῶτον, back, backside
15 θανατόω, *aor act ind 2s*, put to death
16 βοάω, *fut mid ind 3p*, cry out
17 βοηθός, helper, help
18 ὑπακούω, *aor act ind 3s*, listen to, hear
19 λεαίνω, *aor act ind 1s*, grind down, crush
20 χοῦς, dust
21 πηλός, mud, mire
22 ἔξοδος, street, pathway
23 λεπτύνω, *aor act ind 1s*, grind to powder
24 ῥύομαι, *fut mid ind 2s*, rescue, save
25 μάχη, battle
26 δουλεύω, *aor act ind 3p*, serve
27 ἀλλότριος, foreign, (Philistine)
28 ψεύδομαι, *aor mid ind 3p*, lie
29 ἀκοή, report, news
30 ὠτίον, *dim of* οὖς, ear
31 ἀλλότριος, foreign, (Philistine)
32 ἀπορρίπτω, *fut pas ind 3p*, throw away, cast off
33 σφάλλω, *fut act ind 3p*, stumble, fall
34 συγκλεισμός, confinement, hiding place
35 εὐλογητός, blessed
36 φύλαξ, watcher, guard
37 ὑψόω, *fut pas ind 3s*, exalt, lift high

48 ἰσχυρὸς[1] κύριος ὁ διδοὺς ἐκδικήσεις[2] ἐμοί,
παιδεύων[3] λαοὺς ὑποκάτω[4] μου
49 καὶ ἐξάγων[5] με ἐξ ἐχθρῶν μου,
καὶ ἐκ τῶν ἐπεγειρομένων[6] μοι ὑψώσεις[7] με,
ἐξ ἀνδρὸς ἀδικημάτων[8] ῥύσῃ[9] με.

50 διὰ τοῦτο ἐξομολογήσομαί[10] σοι, κύριε, ἐν τοῖς ἔθνεσιν
καὶ ἐν τῷ ὀνόματί σου ψαλῶ,[11]
51 μεγαλύνων[12] σωτηρίας βασιλέως αὐτοῦ
καὶ ποιῶν ἔλεος[13] τῷ χριστῷ αὐτοῦ,
τῷ Δαυιδ καὶ τῷ σπέρματι αὐτοῦ ἕως αἰῶνος.

David's Last Words

23 Καὶ οὗτοι οἱ λόγοι Δαυιδ οἱ ἔσχατοι

Πιστὸς[14] Δαυιδ υἱὸς Ιεσσαι,
καὶ πιστὸς ἀνήρ, ὃν ἀνέστησεν κύριος ἐπὶ χριστὸν θεοῦ Ιακωβ,
καὶ εὐπρεπεῖς[15] ψαλμοὶ[16] Ισραηλ.

2 πνεῦμα κυρίου ἐλάλησεν ἐν ἐμοί,
καὶ ὁ λόγος αὐτοῦ ἐπὶ γλώσσης μου·
3 λέγει ὁ θεὸς Ισραηλ,
ἐμοὶ ἐλάλησεν φύλαξ[17] Ισραηλ Παραβολὴν[18] εἰπόν
Ἐν ἀνθρώπῳ πῶς κραταιώσητε[19] φόβον θεοῦ;
4 καὶ ἐν θεῷ φωτὶ πρωίας[20] ἀνατείλαι[21] ἥλιος,
τὸ πρωὶ[22] οὐ παρῆλθεν[23] ἐκ φέγγους[24]
καὶ ὡς ἐξ ὑετοῦ[25] χλόης[26] ἀπὸ γῆς.

1 ἰσχυρός, strong, mighty
2 ἐκδίκησις, vengeance, vindication
3 παιδεύω, *pres act ptc nom s m*, discipline, chasten
4 ὑποκάτω, under, below
5 ἐξάγω, *pres act ptc nom s m*, lead out, bring out
6 ἐπεγείρω, *pres mid ptc gen p m*, raise up against
7 ὑψόω, *fut act ind 2s*, lift up, exalt
8 ἀδίκημα, trespass, wrongdoing
9 ῥύομαι, *fut mid ind 2s*, rescue, save
10 ἐξομολογέομαι, *fut mid ind 1s*, profess, acknowledge
11 ψάλλω, *aor act sub 1s*, sing, make music
12 μεγαλύνω, *pres act ptc nom s m*, magnify
13 ἔλεος, mercy
14 πιστός, faithful
15 εὐπρεπής, beautiful
16 ψαλμός, song of praise, psalm
17 φύλαξ, watcher, guard
18 παραβολή, proverb
19 κραταιόω, *aor act sub 2p*, strengthen
20 πρώϊος, of morning
21 ἀνατέλλω, *aor act opt 3s*, rise, dawn
22 πρωί, morning
23 παρέρχομαι, *aor act ind 3s*, pass by, pass away
24 φέγγος, light, splendor
25 ὑετός, rain
26 χλόη, tender grass

5 οὐ γὰρ οὕτως ὁ οἶκός μου μετὰ ἰσχυροῦ;[1]
διαθήκην γὰρ αἰώνιον ἔθετό μοι,
ἑτοίμην[2] ἐν παντὶ καιρῷ, πεφυλαγμένην,
ὅτι πᾶσα σωτηρία μου καὶ πᾶν θέλημα,[3]
ὅτι οὐ μὴ βλαστήσῃ[4] ὁ παράνομος.[5]
6 ὥσπερ ἄκανθα[6] ἐξωσμένη[7] πάντες αὐτοί,
ὅτι οὐ χειρὶ λημφθήσονται,
7 καὶ ἀνὴρ οὐ κοπιάσει[8] ἐν αὐτοῖς,
καὶ πλῆρες[9] σιδήρου[10] καὶ ξύλον[11] δόρατος,[12]
καὶ ἐν πυρὶ καύσει[13] καυθήσονται[14] αἰσχύνῃ[15] αὐτῶν.

David's Mighty Men

8 Ταῦτα τὰ ὀνόματα τῶν δυνατῶν Δαυιδ· Ιεβοσθε ὁ Χαναναῖος ἄρχων τοῦ τρίτου ἐστίν, Αδινων ὁ Ασωναῖος. οὗτος ἐσπάσατο[16] τὴν ῥομφαίαν[17] αὐτοῦ ἐπὶ ὀκτακοσίους[18] τραυματίας[19] εἰς ἅπαξ.[20]

9 καὶ μετ' αὐτὸν Ελεαζαρ υἱὸς πατραδέλφου[21] αὐτοῦ υἱὸς Σουσίτου ἐν τοῖς τρισὶν δυνατοῖς. οὗτος ἦν μετὰ Δαυιδ ἐν Σερραν, καὶ ἐν τῷ ὀνειδίσαι[22] αὐτὸν ἐν τοῖς
ἀλλοφύλοις[23] συνήχθησαν ἐκεῖ εἰς πόλεμον, καὶ ἀνέβησαν ἀνὴρ Ισραηλ· **10** αὐτὸς
ἀνέστη καὶ ἐπάταξεν[24] ἐν τοῖς ἀλλοφύλοις,[25] ἕως οὗ ἐκοπίασεν[26] ἡ χεὶρ αὐτοῦ καὶ προσεκολλήθη[27] ἡ χεὶρ αὐτοῦ πρὸς τὴν μάχαιραν,[28] καὶ ἐποίησεν κύριος σωτηρίαν μεγάλην ἐν τῇ ἡμέρᾳ ἐκείνῃ· καὶ ὁ λαὸς ἐκάθητο ὀπίσω αὐτοῦ πλὴν ἐκδιδύσκειν.[29]

11 καὶ μετ' αὐτὸν Σαμαια υἱὸς Ασα ὁ Αρουχαῖος. καὶ συνήχθησαν οἱ ἀλλόφυλοι[30] εἰς Θηρία, καὶ ἦν ἐκεῖ μερὶς[31] τοῦ ἀγροῦ πλήρης[32] φακοῦ,[33] καὶ ὁ λαὸς ἔφυγεν[34] ἐκ

1 ἰσχυρός, strong, powerful
2 ἕτοιμος, ready
3 θέλημα, will
4 βλαστάνω, *aor act sub 3s*, cause to grow, sprout
5 παράνομος, lawless, wicked
6 ἄκανθα, thorny plant
7 ἐξωθέω, *perf pas ptc nom s f*, thrust out
8 κοπιάω, *fut act ind 3s*, be tired, grow weary
9 πλήρης, full
10 σίδηρος, iron, (sword)
11 ξύλον, handle, shaft
12 δόρυ, spear
13 καίω, *fut act ind 3s*, burn
14 καίω, *fut pas ind 3p*, burn
15 αἰσχύνη, shame, dishonor
16 σπάω, *aor mid ind 3s*, draw
17 ῥομφαία, sword
18 ὀκτακόσιοι, eight hundred
19 τραυματίας, wounded person, casualty
20 ἅπαξ, once
21 πατράδελφος, father's brother, uncle
22 ὀνειδίζω, *aor act inf*, revile, reproach
23 ἀλλόφυλος, foreign, (Philistine)
24 πατάσσω, *aor act ind 3s*, strike
25 ἀλλόφυλος, foreign, (Philistine)
26 κοπιάω, *aor act ind 3s*, be tired, grow weary
27 προσκολλάω, *aor pas ind 3s*, stick to, cling to
28 μάχαιρα, sword
29 ἐκδιδύσκω, *pres act inf*, strip, plunder
30 ἀλλόφυλος, foreign, (Philistine)
31 μερίς, part, portion
32 πλήρης, full
33 φακός, lentil
34 φεύγω, *aor act ind 3s*, flee

προσώπου ἀλλοφύλων· **12** καὶ ἐστηλώθη[1] ἐν μέσῳ τῆς μερίδος[2] καὶ ἐξείλατο[3] αὐτὴν
καὶ ἐπάταξεν[4] τοὺς ἀλλοφύλους,[5] καὶ ἐποίησεν κύριος σωτηρίαν μεγάλην.

13 καὶ κατέβησαν τρεῖς ἀπὸ τῶν τριάκοντα[6] καὶ ἦλθον εἰς Κασων πρὸς Δαυιδ εἰς τὸ
σπήλαιον[7] Οδολλαμ, καὶ τάγμα[8] τῶν ἀλλοφύλων[9] παρενέβαλον[10] ἐν τῇ κοιλάδι[11]
Ραφαϊμ· **14** καὶ Δαυιδ τότε ἐν τῇ περιοχῇ,[12] καὶ τὸ ὑπόστημα[13] τῶν ἀλλοφύλων[14]
τότε ἐν Βαιθλεεμ. **15** καὶ ἐπεθύμησεν[15] Δαυιδ καὶ εἶπεν Τίς ποτιεῖ[16] με ὕδωρ ἐκ τοῦ
λάκκου[17] τοῦ ἐν Βαιθλεεμ τοῦ ἐν τῇ πύλῃ;[18] τὸ δὲ σύστημα[19] τῶν ἀλλοφύλων[20]
τότε ἐν Βαιθλεεμ. **16** καὶ διέρρηξαν[21] οἱ τρεῖς δυνατοὶ ἐν τῇ παρεμβολῇ[22] τῶν ἀλ-
λοφύλων[23] καὶ ὑδρεύσαντο[24] ὕδωρ ἐκ τοῦ λάκκου[25] τοῦ ἐν Βαιθλεεμ τοῦ ἐν τῇ
πύλῃ[26] καὶ ἔλαβαν καὶ παρεγένοντο πρὸς Δαυιδ, καὶ οὐκ ἠθέλησεν πιεῖν αὐτὸ καὶ
ἔσπεισεν[27] αὐτὸ τῷ κυρίῳ **17** καὶ εἶπεν Ἵλεώς[28] μοι, κύριε, τοῦ ποιῆσαι τοῦτο· εἰ αἷμα
τῶν ἀνδρῶν τῶν πορευθέντων ἐν ταῖς ψυχαῖς αὐτῶν πίομαι; καὶ οὐκ ἠθέλησεν πιεῖν
αὐτό. ταῦτα ἐποίησαν οἱ τρεῖς δυνατοί.

18 Καὶ Αβεσσα ἀδελφὸς Ιωαβ υἱὸς Σαρουιας, αὐτὸς ἄρχων ἐν τοῖς τρισίν. καὶ αὐτὸς
ἐξήγειρεν[29] τὸ δόρυ[30] αὐτοῦ ἐπὶ τριακοσίους[31] τραυματίας,[32] καὶ αὐτῷ ὄνομα ἐν τοῖς
τρισίν· **19** ἐκ τῶν τριῶν ἐκείνων ἔνδοξος,[33] καὶ ἐγένετο αὐτοῖς εἰς ἄρχοντα, καὶ ἕως
τῶν τριῶν οὐκ ἦλθεν.

20 καὶ Βαναιας υἱὸς Ιωδαε, ἀνὴρ αὐτὸς πολλοστὸς[34] ἔργοις ἀπὸ Καβεσεηλ. καὶ αὐτὸς
ἐπάταξεν[35] τοὺς δύο υἱοὺς αριηλ τοῦ Μωαβ· καὶ αὐτὸς κατέβη καὶ ἐπάταξε[36] τὸν
λέοντα[37] ἐν μέσῳ τοῦ λάκκου[38] ἐν τῇ ἡμέρᾳ τῆς χιόνος·[39] **21** αὐτὸς ἐπάταξεν[40] τὸν
ἄνδρα τὸν Αἰγύπτιον, ἄνδρα ὁρατόν,[41] ἐν δὲ τῇ χειρὶ τοῦ Αἰγυπτίου δόρυ[42] ὡς ξύλον[43]

1 στηλόω, *aor pas ind 3s*, set up a stele, erect a monument
2 μερίς, part, portion
3 ἐξαιρέω, *aor mid ind 3s*, deliver, (defend)
4 πατάσσω, *aor act ind 3s*, strike, defeat
5 ἀλλόφυλος, foreign, (Philistine)
6 τριάκοντα, thirty
7 σπήλαιον, cave
8 τάγμα, division, troop
9 ἀλλόφυλος, foreign, (Philistine)
10 παρεμβάλλω, *aor act ind 3p*, encamp
11 κοιλάς, valley
12 περιοχή, fortified enclosure
13 ὑπόστημα, multitude, garrison
14 ἀλλόφυλος, foreign, (Philistine)
15 ἐπιθυμέω, *aor act ind 3s*, desire, crave
16 ποτίζω, *fut act ind 3s*, give drink
17 λάκκος, well, cistern
18 πύλη, gate, entrance
19 σύστημα, band, company
20 ἀλλόφυλος, foreign, (Philistine)
21 διαρρήγνυμι, *aor act ind 3p*, break through
22 παρεμβολή, camp
23 ἀλλόφυλος, foreign, (Philistine)
24 ὑδρεύομαι, *aor mid ind 3p*, draw water
25 λάκκος, well, cistern
26 πύλη, gate, entrance
27 σπένδω, *aor act ind 3s*, pour out as an offering
28 ἵλεως, gracious, merciful
29 ἐξεγείρω, *aor act ind 3s*, raise up
30 δόρυ, spear
31 τριακόσιοι, three hundred
32 τραυματίας, wounded person, casualty
33 ἔνδοξος, honorable, of high repute
34 πολλοστός, great
35 πατάσσω, *aor act ind 3s*, strike, defeat
36 πατάσσω, *aor act ind 3s*, strike, defeat
37 λέων, lion
38 λάκκος, pit, den
39 χιών, snow
40 πατάσσω, *aor act ind 3s*, strike, defeat
41 ὁρατός, visible, (notable)
42 δόρυ, spear
43 ξύλον, (rail made of) wood

διαβάθρας,[1] καὶ κατέβη πρὸς αὐτὸν ἐν ῥάβδῳ[2] καὶ ἥρπασεν[3] τὸ δόρυ[4] ἐκ τῆς χειρὸς
τοῦ Αἰγυπτίου καὶ ἀπέκτεινεν αὐτὸν ἐν τῷ δόρατι αὐτοῦ. **22** ταῦτα ἐποίησεν Βαναιας
υἱὸς Ιωδαε, καὶ αὐτῷ ὄνομα ἐν τοῖς τρισὶν τοῖς δυνατοῖς· **23** ἐκ τῶν τριῶν ἔνδοξος,[5]
καὶ πρὸς τοὺς τρεῖς οὐκ ἦλθεν· καὶ ἔταξεν[6] αὐτὸν Δαυιδ εἰς τὰς ἀκοὰς[7] αὐτοῦ.

24 Καὶ ταῦτα τὰ ὀνόματα τῶν δυνατῶν Δαυιδ βασιλέως· Ασαηλ ἀδελφὸς Ιωαβ
(οὗτος ἐν τοῖς τριάκοντα[8]), Ελεαναν υἱὸς Δουδι πατραδέλφου[9] αὐτοῦ ἐν Βαιθλεεμ,
25 Σαμαι ὁ Αρουδαῖος, Ελικα ὁ Αρωδαῖος, **26** Ελλης ὁ Φελωθι, Ιρας υἱὸς Εκκας
ὁ Θεκωίτης, **27** Αβιεζερ ὁ Αναθωθίτης ἐκ τῶν υἱῶν τοῦ Ασωθίτου, **28** Σελμων ὁ
Αωίτης, Μοορε ὁ Νετωφαθίτης, **29** Ελα υἱὸς Βαανα ὁ Νετωφαθίτης, Εθθι υἱὸς Ριβα
ἐκ Γαβαεθ υἱὸς Βενιαμιν, **30** Βαναιας ὁ Φαραθωνίτης, Ουρι ἐκ Ναχαλιγαιας, **31** Αβιηλ
υἱὸς τοῦ Αραβωθίτου, Αζμωθ ὁ Βαρσαμίτης, **32** Ελιασου ὁ Σαλαβωνίτης, υἱοὶ Ιασαν,
Ιωναθαν, **33** Σαμμα ὁ Αρωδίτης, Αχιαν υἱὸς Σαραδ ὁ Αραουρίτης, **34** Αλιφαλεθ υἱὸς
τοῦ Ασβίτου υἱὸς τοῦ Μααχατι, Ελιαβ υἱὸς Αχιτοφελ τοῦ Γελωνίτου, **35** Ασαραι ὁ
Καρμήλιος, Φαραϊ ὁ Ερχι, **36** Ιγααλ υἱὸς Ναθαν ἀπὸ δυνάμεως, υἱὸς Γαδδι, **37** Ελιε
ὁ Αμμανίτης, Γελωραι ὁ Βηρωθαῖος αἴρων τὰ σκεύη[10] Ιωαβ υἱοῦ Σαρουιας, **38** Ιρας
ὁ Ιεθιραῖος, Γαρηβ ὁ Ιεθιραῖος, **39** Ουριας ὁ Χετταῖος, πάντες τριάκοντα[11] καὶ ἑπτά.

David Takes a Census of All Israel

24 Καὶ προσέθετο[12] ὀργὴ κυρίου ἐκκαῆναι[13] ἐν Ισραηλ, καὶ ἐπέσεισεν[14] τὸν
Δαυιδ ἐν αὐτοῖς λέγων Βάδιζε[15] ἀρίθμησον[16] τὸν Ισραηλ καὶ τὸν Ιουδα. **2** καὶ
εἶπεν ὁ βασιλεὺς πρὸς Ιωαβ ἄρχοντα τῆς ἰσχύος[17] τὸν μετ᾽ αὐτοῦ Δίελθε δὴ[18] πάσας
φυλὰς Ισραηλ ἀπὸ Δαν καὶ ἕως Βηρσαβεε καὶ ἐπίσκεψαι[19] τὸν λαόν, καὶ γνώσομαι
τὸν ἀριθμὸν[20] τοῦ λαοῦ. **3** καὶ εἶπεν Ιωαβ πρὸς τὸν βασιλέα Καὶ προσθείη[21] κύριος
ὁ θεός σου πρὸς τὸν λαὸν ὥσπερ αὐτοὺς καὶ ὥσπερ αὐτοὺς ἑκατονταπλασίονα,[22]
καὶ ὀφθαλμοὶ τοῦ κυρίου μου τοῦ βασιλέως ὁρῶντες· καὶ ὁ κύριός μου ὁ βασιλεὺς
ἵνα τί βούλεται ἐν τῷ λόγῳ τούτῳ; **4** καὶ ὑπερίσχυσεν[23] ὁ λόγος τοῦ βασιλέως πρὸς
Ιωαβ καὶ εἰς τοὺς ἄρχοντας τῆς δυνάμεως. καὶ ἐξῆλθεν Ιωαβ καὶ οἱ ἄρχοντες τῆς
ἰσχύος[24] ἐνώπιον τοῦ βασιλέως ἐπισκέψασθαι[25] τὸν λαὸν Ισραηλ. **5** καὶ διέβησαν[26]

1 διαβάθρα, ladder
2 ῥάβδος, staff
3 ἁρπάζω, *aor act ind 3s*, snatch away
4 δόρυ, spear
5 ἔνδοξος, honorable, of high repute
6 τάσσω, *aor act ind 3s*, appoint, put in place
7 ἀκοή, report, news
8 τριάκοντα, thirty
9 πατράδελφος, father's brother, uncle
10 σκεῦος, equipment
11 τριάκοντα, thirty
12 προστίθημι, *aor mid ind 3s*, continue, increase
13 ἐκκαίω, *aor pas inf*, kindle, inflame
14 ἐπισείω, *aor act ind 3s*, urge, stir up
15 βαδίζω, *pres act impv 2s*, go
16 ἀριθμέω, *aor act impv 2s*, count, number
17 ἰσχύς, power, (host)
18 δή, now, then
19 ἐπισκέπτομαι, *aor mid impv 2s*, inspect, conduct a census
20 ἀριθμός, number
21 προστίθημι, *aor act opt 3s*, add to, increase
22 ἑκατονταπλασίων, a hundredfold
23 ὑπερισχύω, *aor act ind 3s*, prevail, be stronger than
24 ἰσχύς, power, (host)
25 ἐπισκέπτομαι, *aor mid inf*, inspect, conduct a census
26 διαβαίνω, *aor act ind 3p*, cross over

τὸν Ιορδάνην καὶ παρενέβαλον[1] ἐν Αροηρ ἐκ δεξιῶν τῆς πόλεως τῆς ἐν μέσῳ τῆς
φάραγγος[2] Γαδ καὶ Ελιεζερ **6** καὶ ἦλθον εἰς τὴν Γαλααδ καὶ εἰς γῆν Θαβασων, ἥ
ἐστιν Αδασαι, καὶ παρεγένοντο εἰς Δανιδαν καὶ Ουδαν καὶ ἐκύκλωσαν[3] εἰς Σιδῶνα
7 καὶ ἦλθαν εἰς Μαψαρ Τύρου καὶ πάσας τὰς πόλεις τοῦ Ευαίου καὶ τοῦ Χαναναίου
καὶ ἦλθαν κατὰ νότον[4] Ιουδα εἰς Βηρσαβεε **8** καὶ περιώδευσαν[5] ἐν πάσῃ τῇ γῇ
καὶ παρεγένοντο ἀπὸ τέλους ἐννέα[6] μηνῶν[7] καὶ εἴκοσι[8] ἡμερῶν εἰς Ιερουσαλημ.
9 καὶ ἔδωκεν Ιωαβ τὸν ἀριθμὸν[9] τῆς ἐπισκέψεως[10] τοῦ λαοῦ πρὸς τὸν βασιλέα, καὶ
ἐγένετο Ισραηλ ὀκτακόσιαι[11] χιλιάδες[12] ἀνδρῶν δυνάμεως σπωμένων[13] ῥομφαίαν[14]
καὶ ἀνὴρ Ιουδα πεντακόσιαι[15] χιλιάδες[16] ἀνδρῶν μαχητῶν.[17]

The Lord Judges David

10 Καὶ ἐπάταξεν[18] καρδία Δαυιδ αὐτὸν μετὰ τὸ ἀριθμῆσαι[19] τὸν λαόν, καὶ εἶπεν
Δαυιδ πρὸς κύριον Ἥμαρτον σφόδρα[20] ὃ ἐποίησα· νῦν, κύριε, παραβίβασον[21] δὴ[22]
τὴν ἀνομίαν[23] τοῦ δούλου σου, ὅτι ἐμωράνθην[24] σφόδρα.[25] **11** καὶ ἀνέστη Δαυιδ τὸ
πρωί.[26] καὶ λόγος κυρίου ἐγένετο πρὸς Γαδ τὸν προφήτην τὸν ὁρῶντα Δαυιδ λέγων
12 Πορεύθητι καὶ λάλησον πρὸς Δαυιδ λέγων Τάδε[27] λέγει κύριος Τρία ἐγώ εἰμι αἴρω
ἐπὶ σέ, καὶ ἔκλεξαι[28] σεαυτῷ ἓν ἐξ αὐτῶν, καὶ ποιήσω σοι. **13** καὶ εἰσῆλθεν Γαδ πρὸς
Δαυιδ καὶ ἀνήγγειλεν[29] αὐτῷ καὶ εἶπεν αὐτῷ Ἔκλεξαι[30] σεαυτῷ γενέσθαι, εἰ ἔλθῃ σοι
τρία ἔτη λιμὸς[31] ἐν τῇ γῇ σου, ἢ τρεῖς μῆνας[32] φεύγειν[33] σε ἔμπροσθεν τῶν ἐχθρῶν
σου καὶ ἔσονται διώκοντές σε, ἢ γενέσθαι τρεῖς ἡμέρας θάνατον ἐν τῇ γῇ σου· νῦν
οὖν γνῶθι καὶ ἰδὲ τί ἀποκριθῶ τῷ ἀποστείλαντί με ῥῆμα. **14** καὶ εἶπεν Δαυιδ πρὸς
Γαδ Στενά[34] μοι πάντοθεν[35] σφόδρα[36] ἐστίν· ἐμπεσοῦμαι[37] δὴ[38] ἐν χειρὶ κυρίου, ὅτι

1 παρεμβάλλω, *aor act ind 3p*, encamp
2 φάραγξ, ravine, chasm
3 κυκλόω, *aor act ind 3p*, surround, encircle
4 νότος, south
5 περιοδεύω, *aor act ind 3p*, travel around
6 ἐννέα, nine
7 μήν, month
8 εἴκοσι, twenty
9 ἀριθμός, number
10 ἐπίσκεψις, numbering, census
11 ὀκτακόσιοι, eight hundred
12 χιλιάς, thousand
13 σπάω, *pres mid ptc gen p m*, draw
14 ῥομφαία, sword
15 πεντακόσιοι, five hundred
16 χιλιάς, thousand
17 μαχητής, fighter, warrior
18 πατάσσω, *aor act ind 3s*, strike
19 ἀριθμέω, *aor act inf*, number
20 σφόδρα, greatly
21 παραβιβάζω, *aor act impv 2s*, remove, put aside
22 δή, now, then
23 ἀνομία, transgression, lawlessness
24 μωραίνω, *aor pas ind 1s*, be foolish
25 σφόδρα, exceedingly
26 πρωί, (in the) morning
27 ὅδε, this
28 ἐκλέγω, *aor mid impv 2s*, select, choose
29 ἀναγγέλλω, *aor act ind 3s*, report, tell
30 ἐκλέγω, *aor mid impv 2s*, select, choose
31 λιμός, famine
32 μήν, month
33 φεύγω, *pres act inf*, flee
34 στενός, narrow, pressing
35 πάντοθεν, on all sides
36 σφόδρα, exceedingly
37 ἐμπίπτω, *fut mid ind 1s*, fall into
38 δή, now, then

πολλοὶ οἱ οἰκτιρμοὶ[1] αὐτοῦ σφόδρα, εἰς δὲ χεῖρας ἀνθρώπου οὐ μὴ ἐμπέσω·[2] καὶ ἐξελέξατο[3] ἑαυτῷ Δαυιδ τὸν θάνατον.

15 καὶ ἡμέραι θερισμοῦ[4] πυρῶν,[5] καὶ ἔδωκεν κύριος ἐν Ισραηλ θάνατον ἀπὸ πρωίθεν[6] ἕως ὥρας[7] ἀρίστου,[8] καὶ ἤρξατο ἡ θραῦσις[9] ἐν τῷ λαῷ, καὶ ἀπέθανεν ἐκ τοῦ λαοῦ ἀπὸ Δαν καὶ ἕως Βηρσαβεε ἑβδομήκοντα[10] χιλιάδες[11] ἀνδρῶν. **16** καὶ ἐξέτεινεν[12] ὁ ἄγγελος τοῦ θεοῦ τὴν χεῖρα αὐτοῦ εἰς Ιερουσαλημ τοῦ διαφθεῖραι[13] αὐτήν, καὶ παρεκλήθη κύριος ἐπὶ τῇ κακίᾳ[14] καὶ εἶπεν τῷ ἀγγέλῳ τῷ διαφθείροντι[15] ἐν τῷ λαῷ Πολὺ νῦν, ἄνες[16] τὴν χεῖρά σου· καὶ ὁ ἄγγελος κυρίου ἦν παρὰ τῷ ἅλῳ[17] Ορνα τοῦ Ιεβουσαίου. **17** καὶ εἶπεν Δαυιδ πρὸς κύριον ἐν τῷ ἰδεῖν αὐτὸν τὸν ἄγγελον τύπτοντα[18] ἐν τῷ λαῷ καὶ εἶπεν Ἰδοὺ ἐγώ εἰμι ἠδίκησα[19] καὶ ἐγώ εἰμι ὁ ποιμὴν[20] ἐκακοποίησα,[21] καὶ οὗτοι τὰ πρόβατα τί ἐποίησαν; γενέσθω δὴ[22] ἡ χείρ σου ἐν ἐμοὶ καὶ ἐν τῷ οἴκῳ τοῦ πατρός μου.

David Builds an Altar

18 καὶ ἦλθεν Γαδ πρὸς Δαυιδ ἐν τῇ ἡμέρᾳ ἐκείνῃ καὶ εἶπεν αὐτῷ Ἀνάβηθι καὶ στῆσον τῷ κυρίῳ θυσιαστήριον[23] ἐν τῷ ἅλωνι[24] Ορνα τοῦ Ιεβουσαίου. **19** καὶ ἀνέβη Δαυιδ κατὰ τὸν λόγον Γαδ, καθ᾽ ὃν τρόπον[25] ἐνετείλατο[26] αὐτῷ κύριος. **20** καὶ διέκυψεν[27] Ορνα καὶ εἶδεν τὸν βασιλέα καὶ τοὺς παῖδας[28] αὐτοῦ παραπορευομένους[29] ἐπάνω[30] αὐτοῦ, καὶ ἐξῆλθεν Ορνα καὶ προσεκύνησεν τῷ βασιλεῖ ἐπὶ πρόσωπον αὐτοῦ ἐπὶ τὴν γῆν. **21** καὶ εἶπεν Ορνα Τί ὅτι ἦλθεν ὁ κύριός μου ὁ βασιλεὺς πρὸς τὸν δοῦλον αὐτοῦ; καὶ εἶπεν Δαυιδ Κτήσασθαι[31] παρὰ σοῦ τὸν ἅλωνα[32] τοῦ οἰκοδομῆσαι θυσιαστήριον[33] τῷ κυρίῳ, καὶ συσχεθῇ[34] ἡ θραῦσις[35] ἐπάνω[36] τοῦ λαοῦ. **22** καὶ εἶπεν Ορνα πρὸς Δαυιδ Λαβέτω καὶ ἀνενεγκέτω[37] ὁ κύριός μου ὁ βασιλεὺς τῷ κυρίῳ τὸ ἀγαθὸν ἐν

1 οἰκτιρμός, mercy, compassion
2 ἐμπίπτω, *aor act sub 1s*, fall into
3 ἐκλέγω, *aor mid ind 3s*, select, choose
4 θερισμός, harvest
5 πυρός, wheat
6 πρωίθεν, (from) morning
7 ὥρα, hour, time
8 ἄριστον, midday meal, lunch
9 θραῦσις, slaughter, plague
10 ἑβδομήκοντα, seventy
11 χιλιάς, thousand
12 ἐκτείνω, *aor act ind 3s*, stretch out
13 διαφθείρω, *aor act inf*, utterly destroy
14 κακία, wickedness, evil
15 διαφθείρω, *pres act ptc dat s m*, utterly destroy
16 ἀνίημι, *aor act impv 2s*, lift up, loosen
17 ἅλως, threshing floor
18 τύπτω, *pres act ptc acc s m*, strike, smite
19 ἀδικέω, *aor act ind 1s*, do wrong
20 ποιμήν, shepherd
21 κακοποιέω, *aor act ind 1s*, do evil
22 δή, now, then
23 θυσιαστήριον, altar
24 ἅλων, threshing floor
25 καθ᾽ ὃν τρόπον, just as
26 ἐντέλλομαι, *aor mid ind 3s*, command, order
27 διακύπτω, *aor act ind 3s*, look out
28 παῖς, servant
29 παραπορεύομαι, *pres mid ptc acc p m*, pass by
30 ἐπάνω, over, upon
31 κτάομαι, *aor mid inf*, acquire, buy
32 ἅλων, threshing floor
33 θυσιαστήριον, altar
34 συνέχω, *aor pas sub 3s*, stop, abate
35 θραῦσις, slaughter, plague
36 ἐπάνω, upon
37 ἀναφέρω, *aor act impv 3s*, offer up

ὀφθαλμοῖς αὐτοῦ· ἰδοὺ οἱ βόες[1] εἰς ὁλοκαύτωμα,[2] καὶ οἱ τροχοὶ[3] καὶ τὰ σκεύη[4] τῶν βοῶν[5] εἰς ξύλα.[6] **23** τὰ πάντα ἔδωκεν Ορνα τῷ βασιλεῖ, καὶ εἶπεν Ορνα πρὸς τὸν βασιλέα Κύριος ὁ θεός σου εὐλογήσαι[7] σε. **24** καὶ εἶπεν ὁ βασιλεὺς πρὸς Ορνα Οὐχί, ὅτι ἀλλὰ κτώμενος[8] κτήσομαι[9] παρὰ σοῦ ἐν ἀλλάγματι[10] καὶ οὐκ ἀνοίσω[11] τῷ κυρίῳ θεῷ μου ὁλοκαύτωμα[12] δωρεάν·[13] καὶ ἐκτήσατο[14] Δαυιδ τὸν ἅλωνα[15] καὶ τοὺς βόας[16] ἐν ἀργυρίῳ[17] σίκλων[18] πεντήκοντα.[19] **25** καὶ ᾠκοδόμησεν ἐκεῖ Δαυιδ θυσιαστήριον[20] κυρίῳ καὶ ἀνήνεγκεν[21] ὁλοκαυτώσεις[22] καὶ εἰρηνικάς·[23] καὶ προσέθηκεν[24] Σαλωμων ἐπὶ τὸ θυσιαστήριον[25] ἐπ' ἐσχάτῳ, ὅτι μικρὸν ἦν ἐν πρώτοις. καὶ ἐπήκουσεν[26] κύριος τῇ γῇ, καὶ συνεσχέθη[27] ἡ θραῦσις[28] ἐπάνωθεν[29] Ισραηλ.

1 βοῦς, cow, (*p*) cattle
2 ὁλοκαύτωμα, whole burnt offering
3 τροχός, wheel
4 σκεῦος, equipment, (yoke)
5 βοῦς, cow, (*p*) cattle
6 ξύλον, wood
7 εὐλογέω, *aor act opt 3s*, bless
8 κτάομαι, *pres mid ptc nom s m*, acquire, buy
9 κτάομαι, *fut mid ind 1s*, acquire, buy
10 ἄλλαγμα, price
11 ἀναφέρω, *fut act ind 1s*, offer up
12 ὁλοκαύτωμα, whole burnt offering
13 δωρεάν, without cost, without payment
14 κτάομαι, *aor mid ind 3s*, acquire, buy
15 ἅλων, threshing floor
16 βοῦς, cow, (*p*) cattle
17 ἀργύριον, silver
18 σίκλος, shekel, *Heb. LW*
19 πεντήκοντα, fifty
20 θυσιαστήριον, altar
21 ἀναφέρω, *aor act ind 3s*, offer up
22 ὁλοκαύτωσις, whole burnt offering
23 εἰρηνικός, of peace, (peace offering)
24 προστίθημι, *aor act ind 3s*, add to
25 θυσιαστήριον, altar
26 ἐπακούω, *aor act ind 3s*, listen, hear
27 συνέχω, *aor pas ind 3s*, stop, abate
28 θραῦσις, slaughter, plague
29 ἐπάνωθεν, from upon

ΒΑΣΙΛΕΙΩΝ Γʹ
3 Kingdoms (1 Kings)

David in Old Age

1 Καὶ ὁ βασιλεὺς Δαυιδ πρεσβύτερος προβεβηκὼς[1] ἡμέραις, καὶ περιέβαλλον[2]
αὐτὸν ἱματίοις, καὶ οὐκ ἐθερμαίνετο.[3] **2** καὶ εἶπον οἱ παῖδες[4] αὐτοῦ Ζητησάτωσαν[5]
τῷ κυρίῳ ἡμῶν τῷ βασιλεῖ παρθένον[6] νεάνιδα,[7] καὶ παραστήσεται[8] τῷ βασιλεῖ καὶ
ἔσται αὐτὸν θάλπουσα[9] καὶ κοιμηθήσεται[10] μετ᾽ αὐτοῦ, καὶ θερμανθήσεται[11] ὁ κύριος
ἡμῶν ὁ βασιλεύς. **3** καὶ ἐζήτησαν[12] νεάνιδα[13] καλὴν ἐκ παντὸς ὁρίου[14] Ισραηλ καὶ
εὗρον τὴν Αβισακ τὴν Σωμανῖτιν καὶ ἤνεγκαν αὐτὴν πρὸς τὸν βασιλέα. **4** καὶ ἡ
νεᾶνις[15] καλὴ ἕως σφόδρα·[16] καὶ ἦν θάλπουσα[17] τὸν βασιλέα καὶ ἐλειτούργει[18] αὐτῷ,
καὶ ὁ βασιλεὺς οὐκ ἔγνω αὐτήν.

5 Καὶ Αδωνιας υἱὸς Αγγιθ ἐπῇρετο[19] λέγων Ἐγὼ βασιλεύσω·[20] καὶ ἐποίησεν ἑαυτῷ
ἅρματα[21] καὶ ἱππεῖς[22] καὶ πεντήκοντα[23] ἄνδρας παρατρέχειν[24] ἔμπροσθεν αὐτοῦ.
6 καὶ οὐκ ἀπεκώλυσεν[25] αὐτὸν ὁ πατὴρ αὐτοῦ οὐδέποτε[26] λέγων Διὰ τί σὺ ἐποίησας;
καί γε αὐτὸς ὡραῖος[27] τῇ ὄψει[28] σφόδρα,[29] καὶ αὐτὸν ἔτεκεν[30] ὀπίσω Αβεσσαλωμ.
7 καὶ ἐγένοντο οἱ λόγοι αὐτοῦ μετὰ Ιωαβ τοῦ υἱοῦ Σαρουιας καὶ μετὰ Αβιαθαρ τοῦ
ἱερέως, καὶ ἐβοήθουν[31] ὀπίσω Αδωνιου· **8** καὶ Σαδωκ ὁ ἱερεὺς καὶ Βαναιας υἱὸς
Ιωδαε καὶ Ναθαν ὁ προφήτης καὶ Σεμεϊ καὶ Ρηι καὶ οἱ δυνατοὶ τοῦ Δαυιδ οὐκ ἦσαν
ὀπίσω Αδωνιου. **9** καὶ ἐθυσίασεν[32] Αδωνιας πρόβατα καὶ μόσχους[33] καὶ ἄρνας[34] μετὰ

1 προβαίνω, *perf act ptc nom s m*, advance, progress
2 περιβάλλω, *impf act ind 3p*, clothe, put on
3 θερμαίνω, *impf pas ind 3s*, warm up
4 παῖς, servant
5 ζητέω, *aor act impv 3p*, seek after, search
6 παρθένος, virgin
7 νεᾶνις, young woman
8 παρίστημι, *fut mid ind 3s*, attend
9 θάλπω, *pres act ptc nom s f*, keep warm
10 κοιμάω, *fut pas ind 3s*, lie down, sleep
11 θερμαίνω, *fut pas ind 3s*, warm up
12 ζητέω, *aor act ind 3p*, seek after, search
13 νεᾶνις, young woman
14 ὅριον, territory, region
15 νεᾶνις, young woman
16 σφόδρα, very
17 θάλπω, *pres act ptc nom s f*, keep warm
18 λειτουργέω, *impf act ind 3s*, serve
19 ἐπαίρω, *impf mid ind 3s*, exalt, rise up
20 βασιλεύω, *fut act ind 1s*, reign as king
21 ἅρμα, chariot
22 ἱππεύς, horseman
23 πεντήκοντα, fifty
24 παρατρέχω, *pres act inf*, run
25 ἀποκωλύω, *aor act ind 3s*, prevent, hinder
26 οὐδέποτε, not ever
27 ὡραῖος, beautiful, good-looking
28 ὄψις, face, appearance
29 σφόδρα, very
30 τίκτω, *aor act ind 3s*, beget
31 βοηθέω, *impf act ind 3p*, aid, support
32 θυσιάζω, *aor act ind 3s*, sacrifice
33 μόσχος, calf
34 ἀρήν, lamb

λίθου τοῦ Ζωελεθ, ὃς ἦν ἐχόμενα τῆς πηγῆς[1] Ρωγηλ, καὶ ἐκάλεσεν πάντας τοὺς
ἀδελφοὺς αὐτοῦ καὶ πάντας τοὺς ἁδροὺς[2] Ιουδα, παῖδας[3] τοῦ βασιλέως· **10** καὶ τὸν
Ναθαν τὸν προφήτην καὶ Βαναιαν καὶ τοὺς δυνατοὺς καὶ τὸν Σαλωμων ἀδελφὸν
αὐτοῦ οὐκ ἐκάλεσεν.

Nathan and Bathsheba

11 Καὶ εἶπεν Ναθαν πρὸς Βηρσαβεε μητέρα Σαλωμων λέγων Οὐκ ἤκουσας ὅτι
ἐβασίλευσεν[4] Αδωνιας υἱὸς Αγγιθ; καὶ ὁ κύριος ἡμῶν Δαυιδ οὐκ ἔγνω. **12** καὶ νῦν
δεῦρο[5] συμβουλεύσω[6] σοι δὴ[7] συμβουλίαν,[8] καὶ ἐξελοῦ[9] τὴν ψυχήν σου καὶ τὴν
ψυχὴν τοῦ υἱοῦ σου Σαλωμων· **13** δεῦρο[10] εἴσελθε πρὸς τὸν βασιλέα Δαυιδ καὶ ἐρεῖς
πρὸς αὐτὸν λέγουσα Οὐχὶ σύ, κύριέ μου βασιλεῦ, ὤμοσας[11] τῇ δούλῃ[12] σου λέγων
ὅτι Σαλωμων ὁ υἱός σου βασιλεύσει[13] μετ᾽ ἐμὲ καὶ αὐτὸς καθιεῖται ἐπὶ τοῦ θρόνου
μου; καὶ τί ὅτι ἐβασίλευσεν[14] Αδωνιας; **14** καὶ ἰδοὺ ἔτι λαλούσης σου ἐκεῖ μετὰ τοῦ
βασιλέως καὶ ἐγὼ εἰσελεύσομαι ὀπίσω σου καὶ πληρώσω τοὺς λόγους σου.

15 καὶ εἰσῆλθεν Βηρσαβεε πρὸς τὸν βασιλέα εἰς τὸ ταμιεῖον,[15] καὶ ὁ βασιλεὺς
πρεσβύτης[16] σφόδρα,[17] καὶ Αβισακ ἡ Σωμανῖτις ἦν λειτουργοῦσα[18] τῷ βασιλεῖ. **16** καὶ
ἔκυψεν[19] Βηρσαβεε καὶ προσεκύνησεν τῷ βασιλεῖ. καὶ εἶπεν ὁ βασιλεύς Τί ἐστίν
σοι; **17** ἡ δὲ εἶπεν Κύριέ μου βασιλεῦ, σὺ ὤμοσας[20] ἐν κυρίῳ τῷ θεῷ σου τῇ δούλῃ[21]
σου λέγων ὅτι Σαλωμων ὁ υἱός σου βασιλεύσει[22] μετ᾽ ἐμὲ καὶ αὐτὸς καθήσεται ἐπὶ
τοῦ θρόνου μου. **18** καὶ νῦν ἰδοὺ Αδωνιας ἐβασίλευσεν,[23] καὶ σύ, κύριέ μου βασιλεῦ,
οὐκ ἔγνως· **19** καὶ ἐθυσίασεν[24] μόσχους[25] καὶ ἄρνας[26] καὶ πρόβατα εἰς πλῆθος καὶ
ἐκάλεσεν πάντας τοὺς υἱοὺς τοῦ βασιλέως καὶ Αβιαθαρ τὸν ἱερέα καὶ Ιωαβ τὸν
ἄρχοντα τῆς δυνάμεως, καὶ τὸν Σαλωμων τὸν δοῦλόν σου οὐκ ἐκάλεσεν. **20** καὶ
σύ, κύριέ μου βασιλεῦ, οἱ ὀφθαλμοὶ παντὸς Ισραηλ πρὸς σὲ ἀπαγγεῖλαι αὐτοῖς τίς
καθήσεται ἐπὶ τοῦ θρόνου τοῦ κυρίου μου τοῦ βασιλέως μετ᾽ αὐτόν. **21** καὶ ἔσται
ὡς ἂν κοιμηθῇ[27] ὁ κύριός μου ὁ βασιλεὺς μετὰ τῶν πατέρων αὐτοῦ, καὶ ἔσομαι ἐγὼ
καὶ ὁ υἱός μου Σαλωμων ἁμαρτωλοί.[28]

1 πηγή, spring
2 ἁδρός, powerful man, chief
3 παῖς, servant
4 βασιλεύω, *aor act ind 3s*, reign as king
5 δεῦρο, come!
6 συμβουλεύω, *fut act ind 1s*, give counsel, advise
7 δή, now, at this point
8 συμβουλία, counsel, advice
9 ἐξαιρέω, *aor mid impv 2s*, rescue, deliver
10 δεῦρο, come!
11 ὄμνυμι, *aor act ind 2s*, swear an oath
12 δούλη, bondwoman
13 βασιλεύω, *fut act ind 3s*, reign as king
14 βασιλεύω, *aor act ind 3s*, reign as king
15 ταμιεῖον, bedroom, chamber
16 πρεσβύτης, old
17 σφόδρα, very
18 λειτουργέω, *pres act ptc nom s f*, serve
19 κύπτω, *aor act ind 3s*, bend down
20 ὄμνυμι, *aor act ind 2s*, swear an oath
21 δούλη, bondwoman
22 βασιλεύω, *fut act ind 3s*, reign as king
23 βασιλεύω, *aor act ind 3s*, reign as king
24 θυσιάζω, *aor act ind 3s*, sacrifice
25 μόσχος, calf
26 ἀρήν, lamb
27 κοιμάω, *aor pas sub 3s*, sleep
28 ἁμαρτωλός, sinner

22 καὶ ἰδοὺ ἔτι αὐτῆς λαλούσης μετὰ τοῦ βασιλέως καὶ Ναθαν ὁ προφήτης ἦλθεν.
23 καὶ ἀνηγγέλη[1] τῷ βασιλεῖ Ἰδοὺ Ναθαν ὁ προφήτης· καὶ εἰσῆλθεν κατὰ πρόσω-
πον τοῦ βασιλέως καὶ προσεκύνησεν τῷ βασιλεῖ κατὰ πρόσωπον αὐτοῦ ἐπὶ τὴν γῆν.
24 καὶ εἶπεν Ναθαν Κύριέ μου βασιλεῦ, σὺ εἶπας Αδωνιας βασιλεύσει[2] ὀπίσω μου
καὶ αὐτὸς καθήσεται ἐπὶ τοῦ θρόνου μου· **25** ὅτι κατέβη σήμερον καὶ ἐθυσίασεν[3]
μόσχους[4] καὶ ἄρνας[5] καὶ πρόβατα εἰς πλῆθος καὶ ἐκάλεσεν πάντας τοὺς υἱοὺς
τοῦ βασιλέως καὶ τοὺς ἄρχοντας τῆς δυνάμεως καὶ Αβιαθαρ τὸν ἱερέα, καὶ ἰδού
εἰσιν ἐσθίοντες καὶ πίνοντες ἐνώπιον αὐτοῦ καὶ εἶπαν Ζήτω ὁ βασιλεὺς Αδωνιας.
26 καὶ ἐμὲ αὐτὸν τὸν δοῦλόν σου καὶ Σαδωκ τὸν ἱερέα καὶ Βαναιαν υἱὸν Ιωδαε καὶ
Σαλωμων τὸν δοῦλόν σου οὐκ ἐκάλεσεν. **27** εἰ διὰ τοῦ κυρίου μου τοῦ βασιλέως
γέγονεν τὸ ῥῆμα τοῦτο καὶ οὐκ ἐγνώρισας[6] τῷ δούλῳ σου τίς καθήσεται ἐπὶ τὸν
θρόνον τοῦ κυρίου μου τοῦ βασιλέως μετ᾽ αὐτόν;

Solomon Anointed King

28 καὶ ἀπεκρίθη Δαυιδ καὶ εἶπεν Καλέσατέ μοι τὴν Βηρσαβεε· καὶ εἰσῆλθεν ἐνώπιον
τοῦ βασιλέως καὶ ἔστη ἐνώπιον αὐτοῦ. **29** καὶ ὤμοσεν[7] ὁ βασιλεὺς καὶ εἶπεν Ζῇ
κύριος, ὃς ἐλυτρώσατο[8] τὴν ψυχήν μου ἐκ πάσης θλίψεως, **30** ὅτι καθὼς ὤμοσά[9]
σοι ἐν κυρίῳ τῷ θεῷ Ισραηλ λέγων ὅτι Σαλωμων ὁ υἱός σου βασιλεύσει[10] μετ᾽ ἐμὲ
καὶ αὐτὸς καθήσεται ἐπὶ τοῦ θρόνου μου ἀντ᾽[11] ἐμοῦ, ὅτι οὕτως ποιήσω τῇ ἡμέρᾳ
ταύτῃ. **31** καὶ ἔκυψεν[12] Βηρσαβεε ἐπὶ πρόσωπον ἐπὶ τὴν γῆν καὶ προσεκύνησεν τῷ
βασιλεῖ καὶ εἶπεν Ζήτω ὁ κύριός μου ὁ βασιλεὺς Δαυιδ εἰς τὸν αἰῶνα. **32** καὶ εἶπεν
ὁ βασιλεὺς Δαυιδ Καλέσατέ μοι Σαδωκ τὸν ἱερέα καὶ Ναθαν τὸν προφήτην καὶ
Βαναιαν υἱὸν Ιωδαε· καὶ εἰσῆλθον ἐνώπιον τοῦ βασιλέως. **33** καὶ εἶπεν ὁ βασιλεὺς
αὐτοῖς Λάβετε τοὺς δούλους τοῦ κυρίου ὑμῶν μεθ᾽ ὑμῶν καὶ ἐπιβιβάσατε[13] τὸν
υἱόν μου Σαλωμων ἐπὶ τὴν ἡμίονον[14] τὴν ἐμὴν καὶ καταγάγετε[15] αὐτὸν εἰς τὸν Γιων.

34 καὶ χρισάτω[16] αὐτὸν ἐκεῖ Σαδωκ ὁ ἱερεὺς καὶ Ναθαν ὁ προφήτης εἰς βασιλέα
ἐπὶ Ισραηλ, καὶ σαλπίσατε[17] κερατίνῃ[18] καὶ ἐρεῖτε Ζήτω ὁ βασιλεὺς Σαλωμων.
35 καὶ καθήσεται ἐπὶ τοῦ θρόνου μου καὶ αὐτὸς βασιλεύσει[19] ἀντ᾽[20] ἐμοῦ, καὶ ἐγὼ
ἐνετειλάμην[21] τοῦ εἶναι εἰς ἡγούμενον[22] ἐπὶ Ισραηλ καὶ Ιουδα. **36** καὶ ἀπεκρίθη

1 ἀναγγέλλω, *aor pas ind 3s*, report, announce
2 βασιλεύω, *fut act ind 3s*, reign as king
3 θυσιάζω, *aor act ind 3s*, sacrifice
4 μόσχος, calf
5 ἀρήν, lamb
6 γνωρίζω, *aor act ind 2s*, make known
7 ὄμνυμι, *aor act ind 3s*, swear an oath
8 λυτρόω, *aor mid ind 3s*, redeem, ransom
9 ὄμνυμι, *aor act ind 1s*, swear an oath
10 βασιλεύω, *fut act ind 3s*, reign as king
11 ἀντί, in place of
12 κύπτω, *aor act ind 3s*, bend down
13 ἐπιβιβάζω, *aor act impv 2p*, cause to mount upon
14 ἡμίονος, mule
15 κατάγω, *aor act impv 2p*, lead down, bring down
16 χρίω, *aor act impv 3s*, anoint
17 σαλπίζω, *aor act impv 2p*, sound, blow
18 κερατίνη, horn
19 βασιλεύω, *fut act ind 3s*, reign as king
20 ἀντί, in place of
21 ἐντέλλομαι, *aor mid ind 1s*, command, order
22 ἡγέομαι, *pres mid ptc acc s m*, rule, lead

Βαναιας υἱὸς Ιωδαε τῷ βασιλεῖ καὶ εἶπεν Γένοιτο·[1] οὕτως πιστώσαι[2] κύριος ὁ θεὸς
τοῦ κυρίου μου τοῦ βασιλέως· **37** καθὼς ἦν κύριος μετὰ τοῦ κυρίου μου τοῦ βασι-
λέως, οὕτως εἴη[3] μετὰ Σαλωμων καὶ μεγαλύναι[4] τὸν θρόνον αὐτοῦ ὑπὲρ τὸν θρόνον
τοῦ κυρίου μου τοῦ βασιλέως Δαυιδ. — **38** καὶ κατέβη Σαδωκ ὁ ἱερεὺς καὶ Ναθαν ὁ
προφήτης καὶ Βαναιας υἱὸς Ιωδαε καὶ ὁ χερεθθι[5] καὶ ὁ φελεθθι[6] καὶ ἐπεκάθισαν τὸν
Σαλωμων ἐπὶ τὴν ἡμίονον[7] τοῦ βασιλέως Δαυιδ καὶ ἀπήγαγον[8] αὐτὸν εἰς τὸν Γιων.
39 καὶ ἔλαβεν Σαδωκ ὁ ἱερεὺς τὸ κέρας[9] τοῦ ἐλαίου[10] ἐκ τῆς σκηνῆς[11] καὶ ἔχρισεν[12]
τὸν Σαλωμων καὶ ἐσάλπισεν[13] τῇ κερατίνῃ,[14] καὶ εἶπεν πᾶς ὁ λαός Ζήτω ὁ βασιλεὺς
Σαλωμων. **40** καὶ ἀνέβη πᾶς ὁ λαὸς ὀπίσω αὐτοῦ καὶ ἐχόρευον[15] ἐν χοροῖς[16] καὶ
εὐφραινόμενοι[17] εὐφροσύνην[18] μεγάλην, καὶ ἐρράγη[19] ἡ γῆ ἐν τῇ φωνῇ αὐτῶν.

41 Καὶ ἤκουσεν Αδωνιας καὶ πάντες οἱ κλητοὶ[20] αὐτοῦ, καὶ αὐτοὶ συνετέλεσαν[21]
φαγεῖν· καὶ ἤκουσεν Ιωαβ τὴν φωνὴν τῆς κερατίνης[22] καὶ εἶπεν Τίς ἡ φωνὴ τῆς
πόλεως ἠχούσης;[23] **42** ἔτι αὐτοῦ λαλοῦντος καὶ ἰδοὺ Ιωναθαν υἱὸς Αβιαθαρ τοῦ
ἱερέως ἦλθεν, καὶ εἶπεν Αδωνιας Εἴσελθε, ὅτι ἀνὴρ δυνάμεως εἶ σύ, καὶ ἀγαθὰ εὐαγ-
γέλισαι.[24] **43** καὶ ἀπεκρίθη Ιωναθαν καὶ εἶπεν Καὶ μάλα[25] ὁ κύριος ἡμῶν ὁ βασιλεὺς
Δαυιδ ἐβασίλευσεν[26] τὸν Σαλωμων· **44** καὶ ἀπέστειλεν ὁ βασιλεὺς μετ᾽ αὐτοῦ τὸν
Σαδωκ τὸν ἱερέα καὶ Ναθαν τὸν προφήτην καὶ Βαναιαν υἱὸν Ιωδαε καὶ τὸν χερεθθι[27]
καὶ τὸν φελεθθι,[28] καὶ ἐπεκάθισαν[29] αὐτὸν ἐπὶ τὴν ἡμίονον[30] τοῦ βασιλέως· **45** καὶ
ἔχρισαν[31] αὐτὸν Σαδωκ ὁ ἱερεὺς καὶ Ναθαν ὁ προφήτης εἰς βασιλέα ἐν τῷ Γιων,
καὶ ἀνέβησαν ἐκεῖθεν[32] εὐφραινόμενοι,[33] καὶ ἤχησεν[34] ἡ πόλις· αὕτη ἡ φωνή, ἣν
ἠκούσατε. **46** καὶ ἐκάθισεν Σαλωμων ἐπὶ θρόνον τῆς βασιλείας, **47** καὶ εἰσῆλθον
οἱ δοῦλοι τοῦ βασιλέως εὐλογῆσαι τὸν κύριον ἡμῶν τὸν βασιλέα Δαυιδ λέγοντες
Ἀγαθύναι[35] ὁ θεὸς τὸ ὄνομα Σαλωμων τοῦ υἱοῦ σου ὑπὲρ τὸ ὄνομά σου καὶ μεγα-
λύναι[36] τὸν θρόνον αὐτοῦ ὑπὲρ τὸν θρόνον σου· καὶ προσεκύνησεν ὁ βασιλεὺς ἐπὶ

1 γίνομαι, *aor mid opt 3s*, happen, be
2 πιστόω, *aor act opt 3s*, confirm, establish
3 εἰμί, *pres act opt 3s*, be
4 μεγαλύνω, *aor act opt 3s*, make great, magnify
5 χερεθθι, Cherethite, *translit.*
6 φελεθθι, Pelethite, *translit.*
7 ἡμίονος, mule
8 ἀπάγω, *aor act ind 3p*, lead away
9 κέρας, horn
10 ἔλαιον, oil
11 σκηνή, tent
12 χρίω, *aor act ind 3s*, anoint
13 σαλπίζω, *aor act ind 3s*, sound, blow
14 κερατίνη, horn
15 χορεύω, *impf act ind 3p*, dance
16 χορός, (choral) dance
17 εὐφραίνω, *pres pas ptc nom p m*, be glad, rejoice
18 εὐφροσύνη, joy, gladness
19 ῥήγνυμι, *aor pas ind 3s*, let loose, burst
20 κλητός, invited guest
21 συντελέω, *aor act ind 3p*, finish, cease
22 κερατίνη, horn
23 ἠχέω, *pres act ptc gen s f*, resound
24 εὐαγγελίζομαι, *aor mid ind 2s*, proclaim good news
25 μάλα, rather, however
26 βασιλεύω, *aor act ind 3s*, make king
27 χερεθθι, Cherethite, *translit.*
28 φελεθθι, Pelethite, *translit.*
29 ἐπικαθίζω, *aor act ind 3p*, set upon
30 ἡμίονος, mule
31 χρίω, *aor act ind 3p*, anoint
32 ἐκεῖθεν, from there
33 εὐφραίνω, *pres pas ptc nom p m*, be glad, rejoice
34 ἠχέω, *aor act ind 3s*, resound
35 ἀγαθύνω, *aor act opt 3s*, honor, magnify
36 μεγαλύνω, *aor act opt 3s*, make great

τὴν κοίτην[1] αὐτοῦ, **48** καί γε οὕτως εἶπεν ὁ βασιλεύς Εὐλογητὸς[2] κύριος ὁ θεὸς
Ισραηλ, ὃς ἔδωκεν σήμερον ἐκ τοῦ σπέρματός μου καθήμενον ἐπὶ τοῦ θρόνου μου,
καὶ οἱ ὀφθαλμοί μου βλέπουσιν.

49 Καὶ ἐξέστησαν[3] καὶ ἐξανέστησαν[4] πάντες οἱ κλητοὶ[5] τοῦ Αδωνιου καὶ ἀπῆλ-
θον ἀνὴρ εἰς τὴν ὁδὸν αὐτοῦ. **50** καὶ Αδωνιας ἐφοβήθη ἀπὸ προσώπου Σαλωμων
καὶ ἀνέστη καὶ ἀπῆλθεν καὶ ἐπελάβετο[6] τῶν κεράτων[7] τοῦ θυσιαστηρίου.[8] **51** καὶ
ἀνηγγέλη[9] τῷ Σαλωμων λέγοντες Ἰδοὺ Αδωνιας ἐφοβήθη τὸν βασιλέα Σαλωμων
καὶ κατέχει[10] τῶν κεράτων[11] τοῦ θυσιαστηρίου[12] λέγων Ὀμοσάτω[13] μοι σήμερον
ὁ βασιλεὺς Σαλωμων εἰ οὐ θανατώσει[14] τὸν δοῦλον αὐτοῦ ἐν ῥομφαίᾳ.[15] **52** καὶ
εἶπεν Σαλωμων Ἐὰν γένηται εἰς υἱὸν δυνάμεως, εἰ πεσεῖται τῶν τριχῶν[16] αὐτοῦ ἐπὶ
τὴν γῆν· καὶ ἐὰν κακία[17] εὑρεθῇ ἐν αὐτῷ, θανατωθήσεται.[18] **53** καὶ ἀπέστειλεν ὁ
βασιλεὺς Σαλωμων καὶ κατήνεγκεν[19] αὐτὸν ἀπάνωθεν[20] τοῦ θυσιαστηρίου·[21] καὶ
εἰσῆλθεν καὶ προσεκύνησεν τῷ βασιλεῖ Σαλωμων, καὶ εἶπεν αὐτῷ Σαλωμων Δεῦρο[22]
εἰς τὸν οἶκόν σου.

David's Charge to Solomon

2 Καὶ ἤγγισαν αἱ ἡμέραι Δαυιδ ἀποθανεῖν αὐτόν, καὶ ἐνετείλατο[23] τῷ Σαλωμων
υἱῷ αὐτοῦ λέγων **2** Ἐγώ εἰμι πορεύομαι ἐν ὁδῷ πάσης τῆς γῆς· καὶ ἰσχύσεις[24] καὶ
ἔσῃ εἰς ἄνδρα **3** καὶ φυλάξεις τὴν φυλακὴν κυρίου τοῦ θεοῦ σου τοῦ πορεύεσθαι ἐν
ταῖς ὁδοῖς αὐτοῦ φυλάσσειν τὰς ἐντολὰς αὐτοῦ καὶ τὰ δικαιώματα[25] καὶ τὰ κρίματα[26]
τὰ γεγραμμένα ἐν νόμῳ Μωυσέως, ἵνα συνίῃς[27] ἃ ποιήσεις κατὰ πάντα, ὅσα ἂν
ἐντείλωμαί[28] σοι, **4** ἵνα στήσῃ κύριος τὸν λόγον αὐτοῦ, ὃν ἐλάλησεν λέγων Ἐὰν
φυλάξωσιν οἱ υἱοί σου τὴν ὁδὸν αὐτῶν πορεύεσθαι ἐνώπιον ἐμοῦ ἐν ἀληθείᾳ ἐν
ὅλῃ καρδίᾳ αὐτῶν καὶ ἐν ὅλῃ ψυχῇ αὐτῶν, λέγων Οὐκ ἐξολεθρευθήσεταί[29] σοι ἀνὴρ
ἐπάνωθεν[30] θρόνου Ισραηλ.

1 κοίτη, bed
2 εὐλογητός, blessed
3 ἐξίστημι, *aor act ind 3p*, be amazed
4 ἐξανίστημι, *aor act ind 3p*, rise up
5 κλητός, invited guest
6 ἐπιλαμβάνω, *aor mid ind 3s*, take hold
7 κέρας, horn
8 θυσιαστήριον, altar
9 ἀναγγέλλω, *aor pas ind 3s*, report, announce
10 κατέχω, *pres act ind 3s*, grasp, hold fast
11 κέρας, horn
12 θυσιαστήριον, altar
13 ὄμνυμι, *aor act impv 3s*, swear an oath
14 θανατόω, *fut act ind 3s*, execute, kill
15 ῥομφαία, sword
16 θρίξ, hair
17 κακία, badness, wickedness
18 θανατόω, *fut pas ind 3s*, execute, put to death
19 καταφέρω, *aor act ind 3s*, bring down
20 ἀπάνωθεν, from upon
21 θυσιαστήριον, altar
22 δεῦρο, come!
23 ἐντέλλομαι, *aor mid ind 3s*, charge, command
24 ἰσχύω, *fut act ind 2s*, be strong
25 δικαίωμα, ordinance, decree
26 κρίμα, judgment
27 συνίημι, *pres act sub 2s*, understand
28 ἐντέλλομαι, *aor mid sub 1s*, charge, command
29 ἐξολεθρεύω, *fut pas ind 3s*, utterly destroy
30 ἐπάνωθεν, from upon

5 καί γε σὺ ἔγνως ὅσα ἐποίησέν μοι Ιωαβ υἱὸς Σαρουιας, ὅσα ἐποίησεν τοῖς δυσὶν[1]
ἄρχουσιν τῶν δυνάμεων Ισραηλ, τῷ Αβεννηρ υἱῷ Νηρ καὶ τῷ Αμεσσαϊ υἱῷ Ιεθερ,
καὶ ἀπέκτεινεν αὐτοὺς καὶ ἔταξεν[2] τὰ αἵματα πολέμου ἐν εἰρήνῃ καὶ ἔδωκεν αἷμα
ἀθῷον[3] ἐν τῇ ζώνῃ[4] αὐτοῦ τῇ ἐν τῇ ὀσφύι[5] αὐτοῦ καὶ ἐν τῷ ὑποδήματι[6] αὐτοῦ τῷ
ἐν τῷ ποδὶ αὐτοῦ· **6** καὶ ποιήσεις κατὰ τὴν σοφίαν σου καὶ οὐ κατάξεις[7] τὴν πολιὰν[8]
αὐτοῦ ἐν εἰρήνῃ εἰς ᾅδου.[9] **7** καὶ τοῖς υἱοῖς Βερζελλι τοῦ Γαλααδίτου ποιήσεις
ἔλεος,[10] καὶ ἔσονται ἐν τοῖς ἐσθίουσιν τὴν τράπεζάν[11] σου, ὅτι οὕτως ἤγγισάν μοι
ἐν τῷ με ἀποδιδράσκειν[12] ἀπὸ προσώπου Αβεσσαλωμ τοῦ ἀδελφοῦ σου. **8** καὶ ἰδοὺ
μετὰ σοῦ Σεμεϊ υἱὸς Γηρα υἱὸς τοῦ Ιεμενι ἐκ Βαουριμ, καὶ αὐτὸς κατηράσατό[13]
με κατάραν[14] ὀδυνηρὰν[15] τῇ ἡμέρᾳ, ᾗ ἐπορευόμην εἰς Παρεμβολάς, καὶ αὐτὸς
κατέβη εἰς ἀπαντήν[16] μου εἰς τὸν Ιορδάνην, καὶ ὤμοσα[17] αὐτῷ ἐν κυρίῳ λέγων Εἰ
θανατώσω[18] σε ἐν ῥομφαίᾳ·[19] **9** καὶ οὐ μὴ ἀθῳώσῃς[20] αὐτόν, ὅτι ἀνὴρ σοφὸς[21] εἶ σὺ
καὶ γνώσῃ ἃ ποιήσεις αὐτῷ, καὶ κατάξεις[22] τὴν πολιὰν[23] αὐτοῦ ἐν αἵματι εἰς ᾅδου.[24]
10 καὶ ἐκοιμήθη[25] Δαυιδ μετὰ τῶν πατέρων αὐτοῦ καὶ ἐτάφη[26] ἐν πόλει Δαυιδ. **11** καὶ
αἱ ἡμέραι, ἃς ἐβασίλευσεν[27] Δαυιδ ἐπὶ τὸν Ισραηλ, τεσσαράκοντα[28] ἔτη· ἐν Χεβρων
ἐβασίλευσεν[29] ἔτη ἑπτὰ καὶ ἐν Ιερουσαλημ τριάκοντα[30] τρία ἔτη.

Solomon Assumes the Throne

12 Καὶ Σαλωμων ἐκάθισεν ἐπὶ τοῦ θρόνου Δαυιδ τοῦ πατρὸς αὐτοῦ υἱὸς ἐτῶν
δώδεκα,[31] καὶ ἡτοιμάσθη ἡ βασιλεία αὐτοῦ σφόδρα.[32] **13** καὶ εἰσῆλθεν Αδωνιας υἱὸς
Αγγιθ πρὸς Βηρσαβεε μητέρα Σαλωμων καὶ προσεκύνησεν αὐτῇ. ἡ δὲ εἶπεν Εἰρήνη
ἡ εἴσοδός[33] σου; καὶ εἶπεν Εἰρήνη· **14** λόγος μοι πρὸς σέ. καὶ εἶπεν αὐτῷ Λάλησον.
15 καὶ εἶπεν αὐτῇ Σὺ οἶδας ὅτι ἐμοὶ ἦν ἡ βασιλεία καὶ ἐπ᾽ ἐμὲ ἔθετο πᾶς Ισραηλ τὸ
πρόσωπον αὐτοῦ εἰς βασιλέα, καὶ ἐστράφη[34] ἡ βασιλεία καὶ ἐγενήθη τῷ ἀδελφῷ μου,
ὅτι παρὰ κυρίου ἐγένετο αὐτῷ· **16** καὶ νῦν αἴτησιν[35] μίαν ἐγὼ αἰτοῦμαι[36] παρὰ σοῦ,

1 δύο, two
2 τάσσω, *aor act ind 3s*, appoint, arrange
3 ἀθῷος, guiltless
4 ζωνή, belt
5 ὀσφύς, waist, loins
6 ὑπόδημα, sandal
7 κατάγω, *fut act ind 2s*, lead down, bring down
8 πολιά, grayness of hair
9 ᾅδης, Hades, underworld
10 ἔλεος, compassion, mercy
11 τράπεζα, (food of one's) table
12 ἀποδιδράσκω, *pres act inf*, flee from
13 καταράομαι, *aor mid ind 3s*, curse
14 κατάρα, curse
15 ὀδυνηρός, woeful, distressing
16 ἀπαντή, meeting
17 ὄμνυμι, *aor act ind 1s*, swear an oath
18 θανατόω, *fut act ind 1s*, kill
19 ῥομφαία, sword
20 ἀθῳόω, *aor act sub 2s*, let go unpunished
21 σοφός, wise
22 κατάγω, *fut act ind 2s*, lead down, bring down
23 πολιά, grayness of hair
24 ᾅδης, Hades, underworld
25 κοιμάω, *aor pas ind 3s*, sleep
26 θάπτω, *aor pas ind 3s*, bury
27 βασιλεύω, *aor act ind 3s*, reign as king
28 τεσσαράκοντα, forty
29 βασιλεύω, *aor act ind 3s*, reign as king
30 τριάκοντα, thirty
31 δώδεκα, twelve
32 σφόδρα, very (well)
33 εἴσοδος, entering
34 στρέφω, *aor pas ind 3s*, turn
35 αἴτησις, request, demand
36 αἰτέω, *pres mid ind 1s*, ask for

μὴ ἀποστρέψῃς[1] τὸ πρόσωπόν σου. καὶ εἶπεν αὐτῷ Βηρσαβεε Λάλει. **17** καὶ εἶπεν αὐτῇ Εἰπὸν δὴ[2] πρὸς Σαλωμων τὸν βασιλέα — ὅτι οὐκ ἀποστρέψει[3] τὸ πρόσωπον αὐτοῦ ἀπὸ σοῦ — καὶ δώσει μοι τὴν Αβισακ τὴν Σωμανῖτιν εἰς γυναῖκα. **18** καὶ εἶπεν Βηρσαβεε Καλῶς·[4] ἐγὼ λαλήσω περὶ σοῦ τῷ βασιλεῖ.

19 καὶ εἰσῆλθεν Βηρσαβεε πρὸς τὸν βασιλέα Σαλωμων λαλῆσαι αὐτῷ περὶ Αδωνιου. καὶ ἐξανέστη[5] ὁ βασιλεὺς εἰς ἀπαντὴν[6] αὐτῇ καὶ κατεφίλησεν[7] αὐτὴν καὶ ἐκάθισεν ἐπὶ τοῦ θρόνου αὐτοῦ, καὶ ἐτέθη θρόνος τῇ μητρὶ τοῦ βασιλέως καὶ ἐκάθισεν ἐκ δεξιῶν αὐτοῦ. **20** καὶ εἶπεν αὐτῷ Αἴτησιν[8] μίαν μικρὰν ἐγὼ αἰτοῦμαι[9] παρὰ σοῦ, μὴ ἀποστρέψῃς[10] τὸ πρόσωπόν σου. καὶ εἶπεν αὐτῇ ὁ βασιλεύς Αἴτησαι,[11] μῆτερ ἐμή, ὅτι οὐκ ἀποστρέψω[12] σε. **21** καὶ εἶπεν Δοθήτω δὲ Αβισακ ἡ Σωμανῖτις τῷ Αδωνια τῷ ἀδελφῷ σου εἰς γυναῖκα. **22** καὶ ἀπεκρίθη Σαλωμων ὁ βασιλεὺς καὶ εἶπεν τῇ μητρὶ αὐτοῦ Καὶ ἵνα τί σὺ ᾔτησαι[13] τὴν Αβισακ τῷ Αδωνια; καὶ αἴτησαι[14] αὐτῷ τὴν βασιλείαν, ὅτι οὗτος ἀδελφός μου ὁ μέγας ὑπὲρ ἐμέ, καὶ αὐτῷ Αβιαθαρ ὁ ἱερεὺς καὶ αὐτῷ Ιωαβ ὁ υἱὸς Σαρουιας ὁ ἀρχιστράτηγος[15] ἑταῖρος.[16] **23** καὶ ὤμοσεν[17] ὁ βασιλεὺς Σαλωμων κατὰ τοῦ κυρίου λέγων Τάδε[18] ποιήσαι[19] μοι ὁ θεὸς καὶ τάδε προσθείη,[20] ὅτι κατὰ τῆς ψυχῆς αὐτοῦ ἐλάλησεν Αδωνιας τὸν λόγον τοῦτον· **24** καὶ νῦν ζῇ κύριος, ὃς ἡτοίμασέν με καὶ ἔθετό με ἐπὶ τὸν θρόνον Δαυιδ τοῦ πατρός μου καὶ αὐτὸς ἐποίησέν μοι οἶκον, καθὼς ἐλάλησεν κύριος, ὅτι σήμερον θανατωθήσεται[21] Αδωνιας. **25** καὶ ἐξαπέστειλεν[22] Σαλωμων ὁ βασιλεὺς ἐν χειρὶ Βαναιου υἱοῦ Ιωδαε καὶ ἀνεῖλεν[23] αὐτόν, καὶ ἀπέθανεν Αδωνιας ἐν τῇ ἡμέρᾳ ἐκείνῃ.

26 Καὶ τῷ Αβιαθαρ τῷ ἱερεῖ εἶπεν ὁ βασιλεύς Ἀπότρεχε[24] σὺ εἰς Αναθωθ εἰς ἀγρόν σου, ὅτι ἀνὴρ θανάτου εἶ σὺ ἐν τῇ ἡμέρᾳ ταύτῃ, καὶ οὐ θανατώσω[25] σε, ὅτι ἦρας[26] τὴν κιβωτὸν[27] τῆς διαθήκης κυρίου ἐνώπιον τοῦ πατρός μου, καὶ ὅτι ἐκακουχήθης[28] ἐν ἅπασιν,[29] οἷς ἐκακουχήθη[30] ὁ πατήρ μου. **27** καὶ ἐξέβαλεν Σαλωμων τὸν Αβιαθαρ τοῦ μὴ εἶναι ἱερέα τοῦ κυρίου, πληρωθῆναι τὸ ῥῆμα κυρίου, ὃ ἐλάλησεν ἐπὶ τὸν οἶκον Ηλι ἐν Σηλωμ.

1 ἀποστρέφω, *aor act sub 2s*, turn away, reject
2 δή, now
3 ἀποστρέφω, *fut act ind 3s*, turn away, reject
4 καλῶς, well
5 ἐξανίστημι, *aor act ind 3s*, rise up
6 ἀπαντή, meeting
7 καταφιλέω, *aor act ind 3s*, kiss
8 αἴτησις, request, demand
9 αἰτέω, *pres mid ind 1s*, ask for
10 ἀποστρέφω, *aor act sub 2s*, turn away, reject
11 αἰτέω, *aor mid impv 2s*, ask for
12 ἀποστρέφω, *fut act ind 1s*, turn away, reject
13 αἰτέω, *perf mid ind 2s*, ask for
14 αἰτέω, *aor mid impv 2s*, ask for
15 ἀρχιστράτηγος, chief captain
16 ἑταῖρος, comrade, friend
17 ὄμνυμι, *aor act ind 3s*, swear an oath
18 ὅδε, this
19 ποιέω, *aor act opt 3s 2s*, do
20 προστίθημι, *aor act opt 3s*, add to, increase
21 θανατόω, *fut pas ind 3s*, put to death
22 ἐξαποστέλλω, *aor act ind 3s*, send forth
23 ἀναιρέω, *aor act ind 3s*, kill, take away
24 ἀποτρέχω, *pres act impv 2s*, run off, depart
25 θανατόω, *fut act ind 1s*, kill, put to death
26 αἴρω, *aor act ind 2s*, lift, carry
27 κιβωτός, chest, ark
28 κακουχέω, *aor pas ind 2s*, afflict
29 ἅπας, trial, hardship
30 κακουχέω, *aor pas ind 3s*, afflict

Joab's Execution

28 καὶ ἡ ἀκοὴ[1] ἦλθεν ἕως Ιωαβ τοῦ υἱοῦ Σαρουιας (ὅτι Ιωαβ ἦν κεκλικὼς[2] ὀπίσω
Αδωνιου, καὶ ὀπίσω Σαλωμων οὐκ ἔκλινεν[3]), καὶ ἔφυγεν[4] Ιωαβ εἰς τὸ σκήνωμα[5]
τοῦ κυρίου καὶ κατέσχεν[6] τῶν κεράτων[7] τοῦ θυσιαστηρίου.[8] **29** καὶ ἀπηγγέλη[9]
τῷ Σαλωμων λέγοντες ὅτι Ἔφυγεν[10] Ιωαβ εἰς τὴν σκηνὴν[11] τοῦ κυρίου καὶ ἰδοὺ
κατέχει[12] τῶν κεράτων[13] τοῦ θυσιαστηρίου.[14] καὶ ἀπέστειλεν Σαλωμων πρὸς Ιωαβ
λέγων Τί γέγονέν σοι, ὅτι πέφευγας[15] εἰς τὸ θυσιαστήριον; καὶ εἶπεν Ιωαβ Ὅτι
ἐφοβήθην ἀπὸ προσώπου σου, καὶ ἔφυγον[16] πρὸς κύριον. καὶ ἀπέστειλεν Σαλωμων
ὁ βασιλεὺς τὸν Βαναιου υἱὸν Ιωδαε λέγων Πορεύου καὶ ἄνελε[17] αὐτὸν καὶ θάψον[18]
αὐτόν. **30** καὶ ἦλθεν Βαναιου υἱὸς Ιωδαε πρὸς Ιωαβ εἰς τὴν σκηνὴν[19] τοῦ κυρίου
καὶ εἶπεν αὐτῷ Τάδε[20] λέγει ὁ βασιλεύς Ἔξελθε. καὶ εἶπεν Ιωαβ Οὐκ ἐκπορεύομαι,
ὅτι ὧδε[21] ἀποθανοῦμαι. καὶ ἀπέστρεψεν[22] Βαναιας υἱὸς Ιωδαε καὶ εἶπεν τῷ βασιλεῖ
λέγων Τάδε λελάληκεν Ιωαβ καὶ τάδε ἀποκέκριταί μοι. **31** καὶ εἶπεν αὐτῷ ὁ βασιλεύς
Πορεύου καὶ ποίησον αὐτῷ καθὼς εἴρηκεν, καὶ ἄνελε[23] αὐτὸν καὶ θάψεις[24] αὐτὸν
καὶ ἐξαρεῖς[25] σήμερον τὸ αἷμα, ὃ δωρεὰν[26] ἐξέχεεν[27] Ιωαβ, ἀπ᾽ ἐμοῦ καὶ ἀπὸ τοῦ
οἴκου τοῦ πατρός μου· **32** καὶ ἀπέστρεψεν[28] κύριος τὸ αἷμα τῆς ἀδικίας[29] αὐτοῦ εἰς
κεφαλὴν αὐτοῦ, ὡς ἀπήντησεν[30] τοῖς δυσὶν ἀνθρώποις τοῖς δικαίοις καὶ ἀγαθοῖς
ὑπὲρ αὐτὸν καὶ ἀπέκτεινεν αὐτοὺς ἐν ῥομφαίᾳ,[31] καὶ ὁ πατήρ μου Δαυιδ οὐκ ἔγνω
τὸ αἷμα αὐτῶν, τὸν Αβεννηρ υἱὸν Νηρ ἀρχιστράτηγον[32] Ισραηλ καὶ τὸν Αμεσσα υἱὸν
Ιεθερ ἀρχιστράτηγον Ιουδα· **33** καὶ ἐπεστράφη[33] τὰ αἵματα αὐτῶν εἰς κεφαλὴν αὐτοῦ
καὶ εἰς κεφαλὴν τοῦ σπέρματος αὐτοῦ εἰς τὸν αἰῶνα, καὶ τῷ Δαυιδ καὶ τῷ σπέρματι
αὐτοῦ καὶ τῷ οἴκῳ αὐτοῦ καὶ τῷ θρόνῳ αὐτοῦ γένοιτο[34] εἰρήνη ἕως αἰῶνος παρὰ
κυρίου. **34** καὶ ἀπήντησεν[35] Βαναιου υἱὸς Ιωδαε τῷ Ιωαβ καὶ ἐθανάτωσεν[36] αὐτὸν
καὶ ἔθαψεν[37] αὐτὸν ἐν τῷ οἴκῳ αὐτοῦ ἐν τῇ ἐρήμῳ. — **35** καὶ ἔδωκεν ὁ βασιλεὺς τὸν

1 ἀκοή, report, news
2 κλίνω, *perf act ptc nom s m*, turn to, incline
3 κλίνω, *aor act ind 3s*, turn to, incline
4 φεύγω, *aor act ind 3s*, flee
5 σκήνωμα, tent, dwelling
6 κατέχω, *aor act ind 3s*, grasp, hold fast
7 κέρας, horn
8 θυσιαστήριον, altar
9 ἀπαγγέλλω, *aor pas ind 3s*, announce, report
10 φεύγω, *aor act ind 3s*, flee
11 σκηνή, tent
12 κατέχω, *pres act ind 3s*, grasp, hold fast
13 κέρας, horn
14 θυσιαστήριον, altar
15 φεύγω, *perf act ind 2s*, flee
16 φεύγω, *aor act ind 1s*, flee
17 ἀναιρέω, *aor act impv 2s*, kill
18 θάπτω, *aor act impv 2s*, bury
19 σκηνή, tent
20 ὅδε, this
21 ὧδε, here
22 ἀποστρέφω, *aor act ind 3s*, return
23 ἀναιρέω, *aor act impv 2s*, kill
24 θάπτω, *fut act ind 2s*, bury
25 ἐξαίρω, *fut act ind 2s*, remove
26 δωρεάν, for nothing, without purpose
27 ἐκχέω, *aor act ind 3s*, pour out
28 ἀποστρέφω, *aor act ind 3s*, cause to return
29 ἀδικία, wrongdoing, wickedness
30 ἀπαντάω, *aor act ind 3s*, meet, fall upon
31 ῥομφαία, sword
32 ἀρχιστράτηγος, chief captain
33 ἐπιστρέφω, *aor pas ind 3s*, return
34 γίνομαι, *aor mid opt 3s*, be
35 ἀπαντάω, *aor act ind 3s*, meet, fall upon
36 θανατόω, *aor act ind 3s*, kill
37 θάπτω, *aor act ind 3s*, bury

Βαναιου υἱὸν Ιωδαε ἀντ᾽[1] αὐτοῦ ἐπὶ τὴν στρατηγίαν·[2] καὶ ἡ βασιλεία κατωρθοῦτο[3] ἐν Ιερουσαλημ· καὶ τὸν Σαδωκ τὸν ἱερέα ἔδωκεν ὁ βασιλεὺς εἰς ἱερέα πρῶτον ἀντὶ Αβιαθαρ.

Solomon's Deeds

35a Καὶ ἔδωκεν κύριος φρόνησιν[4] τῷ Σαλωμων καὶ σοφίαν πολλὴν σφόδρα[5]
καὶ πλάτος[6] καρδίας ὡς ἡ ἄμμος[7] ἡ παρὰ τὴν θάλασσαν, **35b** καὶ ἐπληθύνθη[8] ἡ
φρόνησις[9] Σαλωμων σφόδρα[10] ὑπὲρ τὴν φρόνησιν[11] πάντων ἀρχαίων[12] υἱῶν καὶ
ὑπὲρ πάντας φρονίμους[13] Αἰγύπτου. **35c** καὶ ἔλαβεν τὴν θυγατέρα[14] Φαραω καὶ
εἰσήγαγεν[15] αὐτὴν εἰς τὴν πόλιν Δαυιδ ἕως συντελέσαι[16] αὐτὸν τὸν οἶκον αὐτοῦ
καὶ τὸν οἶκον κυρίου ἐν πρώτοις[17] καὶ τὸ τεῖχος[18] Ιερουσαλημ κυκλόθεν·[19] ἐν ἑπτὰ
ἔτεσιν ἐποίησεν καὶ συνετέλεσεν.[20] **35d** καὶ ἦν τῷ Σαλωμων ἑβδομήκοντα[21] χιλι-
άδες[22] αἴροντες[23] ἆρσιν[24] καὶ ὀγδοήκοντα[25] χιλιάδες[26] λατόμων[27] ἐν τῷ ὄρει. **35e** καὶ
ἐποίησεν Σαλωμων τὴν θάλασσαν καὶ τὰ ὑποστηρίγματα[28] καὶ τοὺς λουτῆρας[29]
τοὺς μεγάλους καὶ τοὺς στύλους[30] καὶ τὴν κρήνην[31] τῆς αὐλῆς[32] καὶ τὴν θάλασσαν
τὴν χαλκῆν.[33] **35f** καὶ ᾠκοδόμησεν τὴν ἄκραν[34] καὶ τὰς ἐπάλξεις[35] αὐτῆς καὶ διέκο-
ψεν[36] τὴν πόλιν Δαυιδ· οὕτως θυγάτηρ[37] Φαραω ἀνέβαινεν ἐκ τῆς πόλεως Δαυιδ
εἰς τὸν οἶκον αὐτῆς, ὃν ᾠκοδόμησεν αὐτῇ· τότε ᾠκοδόμησεν τὴν ἄκραν.[38] **35g** καὶ
Σαλωμων ἀνέφερεν[39] τρεῖς ἐν τῷ ἐνιαυτῷ[40] ὁλοκαυτώσεις[41] καὶ εἰρηνικὰς[42] ἐπὶ
τὸ θυσιαστήριον,[43] ὃ ᾠκοδόμησεν τῷ κυρίῳ, καὶ ἐθυμία[44] ἐνώπιον κυρίου. καὶ
συνετέλεσεν[45] τὸν οἶκον. **35h** καὶ οὗτοι οἱ ἄρχοντες οἱ καθεσταμένοι[46] ἐπὶ τὰ ἔργα

1 ἀντί, in place of
2 στρατηγία, military command
3 κατορθόω, *impf pas ind 3s*, set up, establish
4 φρόνησις, insight, intelligence
5 σφόδρα, exceedingly
6 πλάτος, breadth, width
7 ἄμμος, sand
8 πληθύνω, *aor pas ind 3s*, multiply
9 φρόνησις, insight, intelligence
10 σφόδρα, exceedingly
11 φρόνησις, insight, intelligence
12 ἀρχαῖος, ancient
13 φρόνιμος, prudent, wise
14 θυγάτηρ, daughter
15 εἰσάγω, *aor act ind 3s*, bring in
16 συντελέω, *aor act inf*, complete
17 πρῶτος, *sup of* πρό, first
18 τεῖχος, city wall
19 κυκλόθεν, round about
20 συντελέω, *aor act ind 3s*, complete
21 ἑβδομήκοντα, seventy
22 χιλιάς, thousand
23 αἴρω, *pres act ptc nom p m*, lift, carry
24 ἆρσις, load, burden
25 ὀγδοήκοντα, eighty
26 χιλιάς, thousand
27 λατόμος, stone cutter
28 ὑποστήριγμα, undergirding support
29 λουτήρ, washbasin
30 στῦλος, pillar, column
31 κρήνη, fountain
32 αὐλή, court
33 χαλκοῦς, bronze
34 ἄκρος, citadel
35 ἔπαλξις, bulwark
36 διακόπτω, *aor act ind 3s*, divide, cut through
37 θυγάτηρ, daughter
38 ἄκρος, citadel
39 ἀναφέρω, *impf act ind 3s*, offer up
40 ἐνιαυτός, year
41 ὁλοκαύτωσις, whole burnt offering
42 εἰρηνικός, peace (offering)
43 θυσιαστήριον, altar
44 θυμιάω, *impf act ind 3s*, burn incense
45 συντελέω, *aor act ind 3s*, complete
46 καθίστημι, *perf pas ptc nom p m*, appoint over

τοῦ Σαλωμων· τρεῖς χιλιάδες[1] καὶ ἑξακόσιοι[2] ἐπιστάται[3] τοῦ λαοῦ τῶν ποιούντων
τὰ ἔργα. **35i** καὶ ᾠκοδόμησεν τὴν Ασσουρ καὶ τὴν Μαγδω καὶ τὴν Γαζερ καὶ τὴν
Βαιθωρων τὴν ἐπάνω[4] καὶ τὰ Βααλαθ· **35k** πλὴν μετὰ τὸ οἰκοδομῆσαι αὐτὸν τὸν
οἶκον τοῦ κυρίου καὶ τὸ τεῖχος[5] Ιερουσαλημ κύκλῳ,[6] μετὰ ταῦτα ᾠκοδόμησεν τὰς
πόλεις ταύτας.

Shimei's Execution

35l Καὶ ἐν τῷ ἔτι Δαυιδ ζῆν ἐνετείλατο[7] τῷ Σαλωμων λέγων Ἰδοὺ μετὰ σοῦ Σεμεϊ υἱὸς
Γηρα υἱὸς σπέρματος τοῦ Ιεμινι ἐκ Χεβρων· **35m** οὗτος κατηράσατό[8] με κατάραν[9]
ὀδυνηρὰν[10] ἐν ᾗ ἡμέρᾳ ἐπορευόμην εἰς Παρεμβολάς, **35n** καὶ αὐτὸς κατέβαινεν
εἰς ἀπαντήν[11] μοι ἐπὶ τὸν Ιορδάνην, καὶ ὤμοσα[12] αὐτῷ κατὰ τοῦ κυρίου λέγων Εἰ
θανατωθήσεται[13] ἐν ῥομφαίᾳ·[14] **35o** καὶ νῦν μὴ ἀθῳώσῃς[15] αὐτόν, ὅτι ἀνὴρ φρόνιμος[16]
σὺ καὶ γνώσῃ ἃ ποιήσεις αὐτῷ, καὶ κατάξεις[17] τὴν πολιὰν[18] αὐτοῦ ἐν αἵματι εἰς ᾅδου.[19]
36 καὶ ἐκάλεσεν ὁ βασιλεὺς τὸν Σεμεϊ καὶ εἶπεν αὐτῷ Οἰκοδόμησον σεαυτῷ οἶκον
ἐν Ιερουσαλημ καὶ κάθου ἐκεῖ καὶ οὐκ ἐξελεύσῃ ἐκεῖθεν[20] οὐδαμοῦ·[21] **37** καὶ ἔσται
ἐν τῇ ἡμέρᾳ τῆς ἐξόδου[22] σου καὶ διαβήσῃ[23] τὸν χειμάρρουν[24] Κεδρων, γινώσκων
γνώσῃ ὅτι θανάτῳ ἀποθανῇ, τὸ αἷμά σου ἔσται ἐπὶ τὴν κεφαλήν σου. καὶ ὥρκισεν[25]
αὐτὸν ὁ βασιλεὺς ἐν τῇ ἡμέρᾳ ἐκείνῃ. **38** καὶ εἶπεν Σεμεϊ πρὸς τὸν βασιλέα Ἀγαθὸν
τὸ ῥῆμα, ὃ ἐλάλησας, κύριέ μου βασιλεῦ· οὕτω ποιήσει ὁ δοῦλός σου. καὶ ἐκάθισεν
Σεμεϊ ἐν Ιερουσαλημ τρία ἔτη. **39** καὶ ἐγενήθη μετὰ τρία ἔτη καὶ ἀπέδρασαν[26] δύο
δοῦλοι τοῦ Σεμεϊ πρὸς Αγχους υἱὸν Μααχα βασιλέα Γεθ, καὶ ἀπηγγέλη τῷ Σεμεϊ
λέγοντες Ἰδοὺ οἱ δοῦλοί σου ἐν Γεθ· **40** καὶ ἀνέστη Σεμεϊ καὶ ἐπέσαξε[27] τὴν ὄνον[28]
αὐτοῦ καὶ ἐπορεύθη εἰς Γεθ πρὸς Αγχους τοῦ ἐκζητῆσαι[29] τοὺς δούλους αὐτοῦ,
καὶ ἐπορεύθη Σεμεϊ καὶ ἤγαγεν τοὺς δούλους αὐτοῦ ἐκ Γεθ. **41** καὶ ἀπηγγέλη τῷ
Σαλωμων λέγοντες ὅτι Ἐπορεύθη Σεμεϊ ἐξ Ιερουσαλημ εἰς Γεθ καὶ ἀπέστρεψεν[30]
τοὺς δούλους αὐτοῦ. **42** καὶ ἀπέστειλεν ὁ βασιλεὺς καὶ ἐκάλεσεν τὸν Σεμεϊ καὶ εἶπεν
πρὸς αὐτόν Οὐχὶ ὥρκισά[31] σε κατὰ τοῦ κυρίου καὶ ἐπεμαρτυράμην[32] σοι λέγων Ἐν ᾗ

1 χιλιάς, thousand
2 ἑξακόσιοι, six hundred
3 ἐπιστάτης, superintendent, overseer
4 ἐπάνω, on the upper side
5 τεῖχος, city wall
6 κύκλῳ, round about
7 ἐντέλλομαι, *aor mid ind 3s*, charge, command
8 καταράομαι, *aor mid ind 3s*, curse
9 κατάρα, curse
10 ὀδυνηρός, woeful, distressing
11 ἀπαντή, meeting
12 ὄμνυμι, *aor act ind 1s*, swear an oath
13 θανατόω, *fut pas ind 3s*, put to death
14 ῥομφαία, sword
15 ἀθῳόω, *fut act ind 2s*, let go unpunished
16 φρόνιμος, prudent, wise
17 κατάγω, *fut act ind 2s*, take down
18 πολιά, grayness of hair
19 ᾅδης, Hades, underworld
20 ἐκεῖθεν, from there
21 οὐδαμοῦ, nowhere
22 ἔξοδος, going out, exit
23 διαβαίνω, *fut mid ind 2s*, cross over
24 χείμαρρος, brook
25 ὁρκίζω, *aor act ind 3s*, bind by oath
26 ἀποδιδράσκω, *aor act ind 3p*, flee from
27 ἐπισάσσω, *aor act ind 3s*, saddle
28 ὄνος, donkey
29 ἐκζητέω, *aor act inf*, seek out, search
30 ἀποστρέφω, *aor act ind 3s*, return
31 ὁρκίζω, *aor act ind 1s*, bind by oath
32 ἐπιμαρτύρομαι, *aor mid ind 1s*, bear witness

ἂν ἡμέρᾳ ἐξέλθῃς ἐξ Ιερουσαλημ καὶ πορευθῇς εἰς δεξιὰ ἢ εἰς ἀριστερά,[1] γινώσκων
γνώσῃ ὅτι θανάτῳ ἀποθανῇ; **43** καὶ τί ὅτι οὐκ ἐφύλαξας τὸν ὅρκον[2] κυρίου καὶ τὴν
ἐντολήν, ἣν ἐνετειλάμην[3] κατὰ σοῦ; **44** καὶ εἶπεν ὁ βασιλεὺς πρὸς Σεμεϊ Σὺ οἶδας
πᾶσαν τὴν κακίαν[4] σου, ἣν ἔγνω ἡ καρδία σου, ἃ ἐποίησας τῷ Δαυιδ τῷ πατρί μου,
καὶ ἀνταπέδωκεν[5] κύριος τὴν κακίαν[6] σου εἰς κεφαλήν σου· **45** καὶ ὁ βασιλεὺς
Σαλωμων ηὐλογημένος, καὶ ὁ θρόνος Δαυιδ ἔσται ἕτοιμος[7] ἐνώπιον κυρίου εἰς τὸν
αἰῶνα. **46** καὶ ἐνετείλατο[8] ὁ βασιλεὺς Σαλωμων τῷ Βαναια υἱῷ Ιωδαε, καὶ ἐξῆλθεν
καὶ ἀνεῖλεν[9] αὐτόν, καὶ ἀπέθανεν.

Solomon's Wisdom and Achievements

46a Καὶ ἦν ὁ βασιλεὺς Σαλωμων φρόνιμος[10] σφόδρα[11] καὶ σοφός,[12] καὶ Ιουδα καὶ
Ισραηλ πολλοὶ σφόδρα[13] ὡς ἡ ἄμμος[14] ἡ ἐπὶ τῆς θαλάσσης εἰς πλῆθος, ἐσθίοντες
καὶ πίνοντες καὶ χαίροντες·[15] **46b** καὶ Σαλωμων ἦν ἄρχων ἐν πάσαις ταῖς βασιλείαις,
καὶ ἦσαν προσφέροντες δῶρα[16] καὶ ἐδούλευον[17] τῷ Σαλωμων πάσας τὰς ἡμέρας τῆς
ζωῆς αὐτοῦ. **46c** καὶ Σαλωμων ἤρξατο διανοίγειν[18] τὰ δυναστεύματα[19] τοῦ Λιβάνου,
46d καὶ αὐτὸς ᾠκοδόμησεν τὴν Θερμαι ἐν τῇ ἐρήμῳ. **46e** καὶ τοῦτο τὸ ἄριστον[20]
τῷ Σαλωμων· τριάκοντα[21] κόροι[22] σεμιδάλεως[23] καὶ ἑξήκοντα[24] κόροι[25] ἀλεύρου[26]
κεκοπανισμένου,[27] δέκα[28] μόσχοι[29] ἐκλεκτοὶ[30] καὶ εἴκοσι[31] βόες[32] νομάδες[33] καὶ ἑκα-
τὸν[34] πρόβατα ἐκτὸς[35] ἐλάφων[36] καὶ δορκάδων[37] καὶ ὀρνίθων[38] ἐκλεκτῶν[39] νομά-
δων.[40] **46f** ὅτι ἦν ἄρχων ἐν παντὶ πέραν[41] τοῦ ποταμοῦ[42] ἀπὸ Ραφι ἕως Γάζης, ἐν
πᾶσιν τοῖς βασιλεῦσιν πέραν τοῦ ποταμοῦ· **46g** καὶ ἦν αὐτῷ εἰρήνη ἐκ πάντων τῶν

1 ἀριστερός, left
2 ὅρκος, oath
3 ἐντέλλομαι, *aor mid ind 1s*, command, order
4 κακία, wickedness
5 ἀνταποδίδωμι, *aor act ind 3s*, repay, recompense
6 κακία, wickedness
7 ἕτοιμος, prepared
8 ἐντέλλομαι, *aor mid ind 3s*, command, order
9 ἀναιρέω, *aor act ind 3s*, kill
10 φρόνιμος, prudent, wise
11 σφόδρα, very
12 σοφός, wise
13 σφόδρα, exceedingly
14 ἄμμος, sand
15 χαίρω, *pres act ptc nom p m*, rejoice
16 δῶρον, gift, tribute
17 δουλεύω, *impf act ind 3p*, serve
18 διανοίγω, *pres act inf*, lay open
19 δυνάστευμα, natural resources
20 ἄριστον, lunch, midday meal
21 τριάκοντα, thirty
22 κόρος, kor, *Heb. LW*
23 σεμίδαλις, fine flour
24 ἑξήκοντα, sixty
25 κόρος, kor, *Heb. LW*
26 ἄλευρον, grain flour
27 κοπανίζω, *perf pas ptc gen s n*, grind
28 δέκα, ten
29 μόσχος, calf
30 ἐκλεκτός, choice, select
31 εἴκοσι, twenty
32 βοῦς, cow, (*p*) cattle
33 νομάς, grazing, pasture-fed
34 ἑκατόν, hundred
35 ἐκτός, beyond, besides
36 ἔλαφος, deer
37 δορκάς, gazelle
38 ὄρνις, bird
39 ἐκλεκτός, choice, select
40 νομάς, roaming
41 πέραν, across, beyond
42 ποταμός, river

μερῶν[1] αὐτοῦ κυκλόθεν,[2] καὶ κατῴκει Ιουδα καὶ Ισραηλ πεποιθότες, ἕκαστος ὑπὸ
τὴν ἄμπελον[3] αὐτοῦ καὶ ὑπὸ τὴν συκῆν[4] αὐτοῦ, ἐσθίοντες καὶ πίνοντες, ἀπὸ Δαν
καὶ ἕως Βηρσαβεε πάσας τὰς ἡμέρας Σαλωμων.

Leaders under Solomon

46h καὶ οὗτοι οἱ ἄρχοντες τοῦ Σαλωμων· Αζαριον υἱὸς Σαδωκ τοῦ ἱερέως καὶ
Ορνιου υἱὸς Ναθαν ἄρχων τῶν ἐφεστηκότων[5] καὶ Εδραμ ἐπὶ τὸν οἶκον αὐτοῦ καὶ
Σουβα γραμματεὺς[6] καὶ Βασα υἱὸς Αχιθαλαμ ἀναμιμνῄσκων[7] καὶ Αβι υἱὸς Ιωαβ
ἀρχιστράτηγος[8] καὶ Αχιρε υἱὸς Εδραϊ ἐπὶ τὰς ἄρσεις[9] καὶ Βαναια υἱὸς Ιωδαε ἐπὶ
τῆς αὐλαρχίας[10] καὶ ἐπὶ τοῦ πλινθείου[11] καὶ Ζαχουρ υἱὸς Ναθαν ὁ σύμβουλος.[12] —
46i καὶ ἦσαν τῷ Σαλωμων τεσσαράκοντα[13] χιλιάδες[14] τοκάδες[15] ἵπποι[16] εἰς ἅρματα[17]
καὶ δώδεκα[18] χιλιάδες[19] ἱππέων.[20] **46k** καὶ ἦν ἄρχων ἐν πᾶσιν τοῖς βασιλεῦσιν ἀπὸ
τοῦ ποταμοῦ[21] καὶ ἕως γῆς ἀλλοφύλων[22] καὶ ἕως ὁρίων[23] Αἰγύπτου.

46l Σαλωμων υἱὸς Δαυιδ ἐβασίλευσεν[24] ἐπὶ Ισραηλ καὶ Ιουδα ἐν Ιερουσαλημ.

Solomon's Prayer and God's Answer

3 πλὴν ὁ λαὸς ἦσαν θυμιῶντες[25] ἐπὶ τοῖς ὑψηλοῖς,[26] ὅτι οὐκ ᾠκοδομήθη οἶκος τῷ
ὀνόματι κυρίου ἕως νῦν. **3** καὶ ἠγάπησεν Σαλωμων τὸν κύριον πορεύεσθαι ἐν
τοῖς προστάγμασιν[27] Δαυιδ τοῦ πατρὸς αὐτοῦ, πλὴν ἐν τοῖς ὑψηλοῖς[28] ἔθυεν[29] καὶ
ἐθυμία.[30] **4** καὶ ἀνέστη καὶ ἐπορεύθη εἰς Γαβαων θῦσαι[31] ἐκεῖ, ὅτι αὐτὴ ὑψηλοτάτη[32]
καὶ μεγάλη· χιλίαν[33] ὁλοκαύτωσιν[34] ἀνήνεγκεν[35] Σαλωμων ἐπὶ τὸ θυσιαστήριον[36]
ἐν Γαβαων. **5** καὶ ὤφθη κύριος τῷ Σαλωμων ἐν ὕπνῳ[37] τὴν νύκτα, καὶ εἶπεν κύριος
πρὸς Σαλωμων Αἴτησαί[38] τι αἴτημα[39] σαυτῷ.

1 μέρος, part, portion
2 κυκλόθεν, round about
3 ἄμπελος, vine
4 συκῆ, fig tree
5 ἐφίστημι, *perf act ptc gen p m*, put in charge, appoint
6 γραμματεύς, scribe
7 ἀναμιμνῄσκω, *pres act ptc nom s m*, record
8 ἀρχιστράτηγος, chief captain
9 ἄρσις, forced labor
10 αὐλαρχία, chief of the temple court
11 πλινθεῖον, brickworks
12 σύμβουλος, advisor
13 τεσσαράκοντα, forty
14 χιλιάς, thousand
15 τοκάς, breeding stock
16 ἵππος, horse
17 ἅρμα, chariot
18 δώδεκα, twelve
19 χιλιάς, thousand
20 ἱππεύς, horseman
21 ποταμός, river
22 ἀλλόφυλος, foreign, (Philistine)
23 ὅριον, border, boundary
24 βασιλεύω, *aor act ind 3s*, reign as king
25 θυμιάω, *pres act ptc nom p m*, burn incense
26 ὑψηλός, high place
27 πρόσταγμα, ordinance, precept
28 ὑψηλός, high place
29 θύω, *impf act ind 3s*, offer a sacrifice
30 θυμιάω, *impf act ind 3s*, burn incense
31 θύω, *aor act inf*, offer a sacrifice
32 ὑψηλός, *sup*, highest, loftiest
33 χίλιοι, thousand
34 ὁλοκαύτωσις, whole burnt offering
35 ἀναφέρω, *aor act ind 3s*, offer up
36 θυσιαστήριον, altar
37 ὕπνος, dream
38 αἰτέω, *aor mid impv 2s*, ask for
39 αἴτημα, request

6 καὶ εἶπεν Σαλωμων Σὺ ἐποίησας μετὰ τοῦ δούλου σου Δαυιδ τοῦ πατρός μου ἔλεος[1] μέγα, καθὼς διῆλθεν ἐνώπιόν σου ἐν ἀληθείᾳ καὶ ἐν δικαιοσύνῃ καὶ ἐν εὐθύτητι[2] καρδίας μετὰ σοῦ, καὶ ἐφύλαξας αὐτῷ τὸ ἔλεος τὸ μέγα τοῦτο δοῦναι τὸν υἱὸν αὐτοῦ ἐπὶ τοῦ θρόνου αὐτοῦ ὡς ἡ ἡμέρα αὕτη· **7** καὶ νῦν, κύριε ὁ θεός μου, σὺ ἔδωκας τὸν δοῦλόν σου ἀντὶ[3] Δαυιδ τοῦ πατρός μου, καὶ ἐγώ εἰμι παιδάριον[4] μικρὸν καὶ οὐκ οἶδα τὴν ἔξοδόν[5] μου καὶ τὴν εἴσοδόν[6] μου, **8** ὁ δὲ δοῦλός σου ἐν μέσῳ τοῦ λαοῦ σου, ὃν ἐξελέξω,[7] λαὸν πολύν, ὃς οὐκ ἀριθμηθήσεται,[8] **9** καὶ δώσεις τῷ δούλῳ σου καρδίαν ἀκούειν καὶ διακρίνειν[9] τὸν λαόν σου ἐν δικαιοσύνῃ τοῦ συνίειν[10] ἀνὰ μέσον[11] ἀγαθοῦ καὶ κακοῦ· ὅτι τίς δυνήσεται κρίνειν τὸν λαόν σου τὸν βαρὺν[12] τοῦτον;

10 καὶ ἤρεσεν[13] ἐνώπιον κυρίου ὅτι ᾐτήσατο[14] Σαλωμων τὸ ῥῆμα τοῦτο, **11** καὶ εἶπεν κύριος πρὸς αὐτόν Ἀνθ᾽ ὧν[15] ᾐτήσω[16] παρ᾽ ἐμοῦ τὸ ῥῆμα τοῦτο καὶ οὐκ ᾐτήσω σαυτῷ ἡμέρας πολλὰς καὶ οὐκ ᾐτήσω πλοῦτον[17] οὐδὲ ᾐτήσω ψυχὰς ἐχθρῶν σου, ἀλλ᾽ ᾐτήσω σαυτῷ σύνεσιν[18] τοῦ εἰσακούειν[19] κρίμα,[20] **12** ἰδοὺ πεποίηκα κατὰ τὸ ῥῆμά σου· ἰδοὺ δέδωκά σοι καρδίαν φρονίμην[21] καὶ σοφήν,[22] ὡς σὺ οὐ γέγονεν ἔμπροσθέν σου καὶ μετὰ σὲ οὐκ ἀναστήσεται ὅμοιός[23] σοι. **13** καὶ ἃ οὐκ ᾐτήσω,[24] δέδωκά σοι, καὶ πλοῦτον[25] καὶ δόξαν, ὡς οὐ γέγονεν ἀνὴρ ὅμοιός[26] σοι ἐν βασιλεῦσιν· **14** καὶ ἐὰν πορευθῇς ἐν τῇ ὁδῷ μου φυλάσσειν τὰς ἐντολάς μου καὶ τὰ προστάγματά[27] μου, ὡς ἐπορεύθη Δαυιδ ὁ πατήρ σου, καὶ πληθυνῶ[28] τὰς ἡμέρας σου. **15** καὶ ἐξυπνίσθη[29] Σαλωμων, καὶ ἰδοὺ ἐνύπνιον·[30] καὶ ἀνέστη καὶ παραγίνεται εἰς Ιερουσαλημ καὶ ἔστη κατὰ πρόσωπον τοῦ θυσιαστηρίου[31] τοῦ κατὰ πρόσωπον κιβωτοῦ[32] διαθήκης κυρίου ἐν Σιων καὶ ἀνήγαγεν[33] ὁλοκαυτώσεις[34] καὶ ἐποίησεν εἰρηνικὰς[35] καὶ ἐποίησεν πότον[36] μέγαν ἑαυτῷ καὶ πᾶσιν τοῖς παισὶν αὐτοῦ.

1 ἔλεος, mercy
2 εὐθύτης, uprightness
3 ἀντί, in the place of
4 παιδάριον, young man
5 ἔξοδος, exiting, going out
6 εἴσοδος, entering, coming in
7 ἐκλέγω, *aor mid ind 2s*, choose, elect
8 ἀριθμέω, *fut pas ind 3s*, number, count
9 διακρίνω, *pres act inf*, judge among
10 συνίημι, *pres act inf*, discern
11 ἀνὰ μέσον, between
12 βαρύς, heavy, burdensome
13 ἀρέσκω, *aor act ind 3s*, please, seem good
14 αἰτέω, *aor mid ind 3s*, ask for
15 ἀνθ᾽ ὧν, because
16 αἰτέω, *aor mid ind 2s*, ask for
17 πλοῦτος, wealth, riches
18 σύνεσις, intelligence, understanding
19 εἰσακούω, *pres act inf*, listen to
20 κρίμα, judgment, ruling
21 φρόνιμος, prudent
22 σοφός, wise
23 ὅμοιος, like, equal to
24 αἰτέω, *aor mid ind 2s*, ask for
25 πλοῦτος, wealth, riches
26 ὅμοιος, like, equal to
27 πρόσταγμα, ordinance, precept
28 πληθύνω, *fut act ind 1s*, multiply
29 ἐξυπνίζω, *aor pas ind 3s*, awaken
30 ἐνύπνιον, dream
31 θυσιαστήριον, altar
32 κιβωτός, chest, ark
33 ἀνάγω, *aor act ind 3s*, bring up
34 ὁλοκαύτωσις, whole burnt offering
35 εἰρηνικός, peace (offering)
36 πότος, feast, drinking party

Solomon Judges between Two Women

16 Τότε ὤφθησαν δύο γυναῖκες πόρναι[1] τῷ βασιλεῖ καὶ ἔστησαν ἐνώπιον αὐτοῦ.
17 καὶ εἶπεν ἡ γυνὴ ἡ μία Ἐν ἐμοί, κύριε· ἐγὼ καὶ ἡ γυνὴ αὕτη οἰκοῦμεν[2] ἐν οἴκῳ ἑνὶ
καὶ ἐτέκομεν[3] ἐν τῷ οἴκῳ. **18** καὶ ἐγενήθη ἐν τῇ ἡμέρᾳ τῇ τρίτῃ τεκούσης[4] μου καὶ
ἔτεκεν[5] καὶ ἡ γυνὴ αὕτη· καὶ ἡμεῖς κατὰ τὸ αὐτό, καὶ οὐκ ἔστιν οὐθεὶς[6] μεθ᾽ ἡμῶν
πάρεξ[7] ἀμφοτέρων[8] ἡμῶν ἐν τῷ οἴκῳ. **19** καὶ ἀπέθανεν ὁ υἱὸς τῆς γυναικὸς ταύτης
τὴν νύκτα, ὡς ἐπεκοιμήθη[9] ἐπ᾽ αὐτόν· **20** καὶ ἀνέστη μέσης τῆς νυκτὸς καὶ ἔλαβεν
τὸν υἱόν μου ἐκ τῶν ἀγκαλῶν[10] μου καὶ ἐκοίμισεν[11] αὐτὸν ἐν τῷ κόλπῳ[12] αὐτῆς καὶ
τὸν υἱὸν αὐτῆς τὸν τεθνηκότα[13] ἐκοίμισεν[14] ἐν τῷ κόλπῳ[15] μου. **21** καὶ ἀνέστην τὸ
πρωὶ[16] θηλάσαι[17] τὸν υἱόν μου, καὶ ἐκεῖνος ἦν τεθνηκώς·[18] καὶ ἰδοὺ κατενόησα[19]
αὐτὸν πρωί, καὶ ἰδοὺ οὐκ ἦν ὁ υἱός μου, ὃν ἔτεκον.[20] **22** καὶ εἶπεν ἡ γυνὴ ἡ ἑτέρα
Οὐχί, ἀλλὰ ὁ υἱός μου ὁ ζῶν, ὁ δὲ υἱός σου ὁ τεθνηκώς.[21] καὶ ἐλάλησαν ἐνώπιον
τοῦ βασιλέως.

23 καὶ εἶπεν ὁ βασιλεὺς αὐταῖς Σὺ λέγεις Οὗτος ὁ υἱός μου ὁ ζῶν, καὶ ὁ υἱὸς ταύτης
ὁ τεθνηκώς·[22] καὶ σὺ λέγεις Οὐχί, ἀλλὰ ὁ υἱός μου ὁ ζῶν, καὶ ὁ υἱός σου ὁ τεθνηκώς.
24 καὶ εἶπεν ὁ βασιλεύς Λάβετέ μοι μάχαιραν·[23] καὶ προσήνεγκαν[24] τὴν μάχαιραν
ἐνώπιον τοῦ βασιλέως. **25** καὶ εἶπεν ὁ βασιλεύς Διέλετε[25] τὸ παιδίον τὸ θηλάζον[26]
τὸ ζῶν εἰς δύο καὶ δότε τὸ ἥμισυ[27] αὐτοῦ ταύτῃ καὶ τὸ ἥμισυ αὐτοῦ ταύτῃ. **26** καὶ
ἀπεκρίθη ἡ γυνή, ἧς ἦν ὁ υἱὸς ὁ ζῶν, καὶ εἶπεν πρὸς τὸν βασιλέα, ὅτι ἐταράχθη[28]
ἡ μήτρα[29] αὐτῆς ἐπὶ τῷ υἱῷ αὐτῆς, καὶ εἶπεν Ἐν ἐμοί, κύριε, δότε αὐτῇ τὸ παιδίον
καὶ θανάτῳ μὴ θανατώσητε[30] αὐτόν· καὶ αὕτη εἶπεν Μήτε[31] ἐμοὶ μήτε[32] αὐτῇ ἔστω·
διέλετε.[33] **27** καὶ ἀπεκρίθη ὁ βασιλεὺς καὶ εἶπεν Δότε τὸ παιδίον τῇ εἰπούσῃ Δότε
αὐτῇ αὐτὸ καὶ θανάτῳ μὴ θανατώσητε[34] αὐτόν· αὐτὴ ἡ μήτηρ αὐτοῦ. **28** καὶ ἤκουσαν
πᾶς Ισραηλ τὸ κρίμα[35] τοῦτο, ὃ ἔκρινεν ὁ βασιλεύς, καὶ ἐφοβήθησαν ἀπὸ προσώπου
τοῦ βασιλέως, ὅτι εἶδον ὅτι φρόνησις[36] θεοῦ ἐν αὐτῷ τοῦ ποιεῖν δικαίωμα.[37]

1 πόρνη, prostitute
2 οἰκέω, *pres act ind 1p*, dwell, inhabit
3 τίκτω, *aor act ind 1p*, give birth
4 τίκτω, *aor act ptc gen s f*, give birth
5 τίκτω, *aor act ind 3s*, give birth
6 οὐθείς, no one
7 πάρεξ, besides, except
8 ἀμφότεροι, both
9 ἐπικοιμάω, *aor pas ind 3s*, lay upon, sleep upon
10 ἀγκάλη, enfolded arm(s)
11 κοιμίζω, *aor act ind 3s*, lay to sleep
12 κόλπος, bosom, breast
13 θνῄσκω, *perf act ptc acc s m*, die
14 κοιμίζω, *aor act ind 3s*, lay to sleep
15 κόλπος, bosom, breast
16 πρωί, (in the) morning
17 θηλάζω, *aor act inf*, suckle, nurse
18 θνῄσκω, *perf act ptc nom s m*, die
19 κατανοέω, *aor act ind 1s*, examine
20 τίκτω, *aor act ind 1s*, give birth
21 θνῄσκω, *perf act ptc nom s m*, die
22 θνῄσκω, *perf act ptc nom s m*, die
23 μάχαιρα, knife
24 προσφέρω, *aor act ind 3p*, bring to
25 διαιρέω, *aor act impv 2p*, divide
26 θηλάζω, *pres act ptc acc s n*, suckle, nurse
27 ἥμισυς, half
28 ταράσσω, *aor pas ind 3s*, trouble, stir up
29 μήτρα, womb
30 θανατόω, *aor act sub 2p*, put to death
31 μήτε, neither
32 μήτε, nor
33 διαιρέω, *aor act impv 2p*, divide
34 θανατόω, *aor act sub 2p*, put to death
35 κρίμα, judgment, decision
36 φρόνησις, insight, intelligence
37 δικαίωμα, (legal) ruling

Solomon's Official

4 Καὶ ἦν ὁ βασιλεὺς Σαλωμων βασιλεύων[1] ἐπὶ Ισραηλ. **2** καὶ οὗτοι οἱ ἄρχοντες, οἳ
ἦσαν αὐτοῦ· Αζαριου υἱὸς Σαδωκ **3** καὶ Ελιαρεφ καὶ Αχια υἱὸς Σαβα γραμματεῖς[2]
καὶ Ιωσαφατ υἱὸς Αχιλιδ ὑπομιμνῄσκων[3] **4** καὶ Σαδουχ καὶ Αβιαθαρ ἱερεῖς **5** καὶ
Ορνια υἱὸς Ναθαν ἐπὶ τῶν καθεσταμένων[4] καὶ Ζαβουθ υἱὸς Ναθαν ἑταῖρος[5] τοῦ
βασιλέως **6** καὶ Αχιηλ οἰκονόμος[6] καὶ Ελιαβ υἱὸς Σαφ ἐπὶ τῆς πατριᾶς[7] καὶ Αδωνιραμ
υἱὸς Εφρα ἐπὶ τῶν φόρων.[8]

7 Καὶ τῷ Σαλωμων δώδεκα[9] καθεσταμένοι[10] ἐπὶ πάντα Ισραηλ χορηγεῖν[11] τῷ βασι-
λεῖ καὶ τῷ οἴκῳ αὐτοῦ· μῆνα[12] ἐν τῷ ἐνιαυτῷ[13] ἐγίνετο ἐπὶ τὸν ἕνα χορηγεῖν.[14] **8** καὶ
ταῦτα τὰ ὀνόματα αὐτῶν· Βενωρ ἐν ὄρει Εφραιμ, εἷς· **9** υἱὸς Ρηχαβ ἐν Μαχεμας καὶ
Βηθαλαμιν καὶ Βαιθσαμυς καὶ Αιλων ἕως Βαιθαναν, εἷς· **10** υἱὸς Εσωθ Βηρβηθνεμα,
Λουσαμηνχα καὶ Ρησφαρα· **11** Χιναναδαβ καὶ Αναφαθι, ἀνὴρ Ταβληθ, θυγάτηρ[15]
Σαλωμων ἦν αὐτῷ εἰς γυναῖκα, εἷς· **12** Βακχα υἱὸς Αχιλιδ Θααναχ καὶ Μεκεδω καὶ
πᾶς ὁ οἶκος Σαν ὁ παρὰ Σεσαθαν ὑποκάτω[16] τοῦ Εσραε καὶ ἐκ Βαισαφουδ Εβελ-
μαωλα ἕως Μαεβερ Λουκαμ, εἷς· **13** υἱὸς Γαβερ ἐν Ρεμαθ Γαλααδ, τούτῳ σχοίνισμα[17]
Ερεγαβα, ἣ ἐν τῇ Βασαν, ἑξήκοντα[18] πόλεις μεγάλαι τειχήρεις[19] καὶ μοχλοὶ[20] χαλκοῖ,[21]
εἷς· **14** Αχιναδαβ υἱὸς Αχελ Μααναιν, εἷς· **15** Αχιμαας ἐν Νεφθαλι, καὶ οὗτος ἔλαβεν
τὴν Βασεμμαθ θυγατέρα[22] Σαλωμων εἰς γυναῖκα, εἷς· **16** Βαανα υἱὸς Χουσι ἐν τῇ
Μααλαθ, εἷς· **17** Σαμαα υἱὸς Ηλα ἐν τῷ Βενιαμιν· **18** Γαβερ υἱὸς Αδαι ἐν τῇ γῇ Γαδ,
γῇ Σηων βασιλέως τοῦ Εσεβων καὶ Ωγ βασιλέως τοῦ Βασαν· καὶ νασιφ[23] εἷς ἐν γῇ
Ιουδα· **19** Ιωσαφατ υἱὸς Φουασουδ ἐν Ισσαχαρ.

Solomon's Wealth and Wisdom

5 Καὶ ἐχορήγουν[24] οἱ καθεσταμένοι[25] οὕτως τῷ βασιλεῖ Σαλωμων καὶ πάντα
τὰ διαγγέλματα[26] ἐπὶ τὴν τράπεζαν[27] τοῦ βασιλέως, ἕκαστος μῆνα[28] αὐτοῦ,

1 βασιλεύω, *pres act ptc nom s m*, reign as king
2 γραμματεύς, scribe
3 ὑπομιμνῄσκομαι, *pres act ptc nom s m*, record
4 καθίστημι, *perf pas ptc gen p m*, appoint (as an official)
5 ἑταῖρος, friend, comrade
6 οἰκονόμος, treasurer, steward
7 πατριά, paternal lineage, house
8 φόρος, tribute, levy
9 δώδεκα, twelve
10 καθίστημι, *perf pas ptc nom p m*, appoint (as an official)
11 χορηγέω, *pres act inf*, supply, provide for
12 μήν, month
13 ἐνιαυτός, year
14 χορηγέω, *pres act inf*, supply, provide for
15 θυγάτηρ, daughter
16 ὑποκάτω, below, under
17 σχοίνισμα, land allotment
18 ἑξήκοντα, sixty
19 τειχήρης, fortified, walled
20 μοχλός, bar, bolt
21 χαλκοῦς, bronze
22 θυγάτηρ, daughter
23 νασιφ, deputy, *translit.*
24 χορηγέω, *impf act ind 3p*, supply, provide for
25 καθίστημι, *perf pas ptc nom p m*, appoint
26 διάγγελμα, provisioned, ordered
27 τράπεζα, dining table
28 μήν, month

οὐ παραλλάσσουσιν[1] λόγον· καὶ τὰς κριθὰς[2] καὶ τὸ ἄχυρον[3] τοῖς ἵπποις[4] καὶ τοῖς
ἅρμασιν[5] ᾖρον εἰς τὸν τόπον, οὗ[6] ἂν ᾖ ὁ βασιλεύς, ἕκαστος κατὰ τὴν σύνταξιν[7] αὐτοῦ.
2 καὶ ταῦτα τὰ δέοντα[8] τῷ Σαλωμων ἐν ἡμέρᾳ μιᾷ· τριάκοντα[9] κόροι[10] σεμιδάλεως[11]
καὶ ἑξήκοντα[12] κόροι[13] ἀλεύρου[14] κεκοπανισμένου[15] **3** καὶ δέκα[16] μόσχοι[17] ἐκλεκτοὶ[18]
καὶ εἴκοσι[19] βόες[20] νομάδες[21] καὶ ἑκατὸν[22] πρόβατα ἐκτὸς[23] ἐλάφων[24] καὶ δορκάδων[25]
καὶ ὀρνίθων[26] ἐκλεκτῶν,[27] σιτευτά.[28] **4** ὅτι ἦν ἄρχων πέραν[29] τοῦ ποταμοῦ,[30] καὶ ἦν
αὐτῷ εἰρήνη ἐκ πάντων τῶν μερῶν[31] κυκλόθεν.[32]

9 Καὶ ἔδωκεν κύριος φρόνησιν[33] τῷ Σαλωμων καὶ σοφίαν[34] πολλὴν σφόδρα[35] καὶ
χύμα[36] καρδίας ὡς ἡ ἄμμος[37] ἡ παρὰ τὴν θάλασσαν, **10** καὶ ἐπληθύνθη[38] Σαλωμων
σφόδρα[39] ὑπὲρ τὴν φρόνησιν[40] πάντων ἀρχαίων ἀνθρώπων καὶ ὑπὲρ πάντας φρο-
νίμους[41] Αἰγύπτου **11** καὶ ἐσοφίσατο[42] ὑπὲρ πάντας τοὺς ἀνθρώπους καὶ ἐσοφίσατο
ὑπὲρ Γαιθαν τὸν Εζραΐτην καὶ τὸν Αιμαν καὶ τὸν Χαλκαλ καὶ Δαρδα υἱοὺς Μαλ.
12 καὶ ἐλάλησεν Σαλωμων τρισχιλίας[43] παραβολάς,[44] καὶ ἦσαν ᾠδαὶ[45] αὐτοῦ πεντα-
κισχίλιαι.[46] **13** καὶ ἐλάλησεν περὶ τῶν ξύλων[47] ἀπὸ τῆς κέδρου[48] τῆς ἐν τῷ Λιβάνῳ
καὶ ἕως τῆς ὑσσώπου[49] τῆς ἐκπορευομένης διὰ τοῦ τοίχου[50] καὶ ἐλάλησεν περὶ τῶν
κτηνῶν[51] καὶ περὶ τῶν πετεινῶν[52] καὶ περὶ τῶν ἑρπετῶν[53] καὶ περὶ τῶν ἰχθύων.[54] **14** καὶ
παρεγίνοντο πάντες οἱ λαοὶ ἀκοῦσαι τῆς σοφίας Σαλωμων, καὶ ἐλάμβανεν δῶρα[55]
παρὰ πάντων τῶν βασιλέων τῆς γῆς, ὅσοι ἤκουον τῆς σοφίας αὐτοῦ.

1 παραλλάσσω, *pres act ind 3p*, change, alter
2 κριθή, barley
3 ἄχυρον, hay straw
4 ἵππος, horse
5 ἅρμα, chariot
6 οὗ, where
7 σύνταξις, assigned contribution
8 δεῖ, *pres act ptc nom p n*, be necessary
9 τριάκοντα, thirty
10 κόρος, kor, *Heb. LW*
11 σεμίδαλις, fine flour
12 ἑξήκοντα, sixty
13 κόρος, kor, *Heb. LW*
14 ἄλευρον, wheat flour
15 κοπανίζω, *perf pas ptc gen s n*, grind
16 δέκα, ten
17 μόσχος, calf
18 ἐκλεκτός, choice, select
19 εἴκοσι, twenty
20 βοῦς, cow, (*p*) cattle
21 νομάς, grazing, pasture-fed
22 ἑκατόν, hundred
23 ἐκτός, besides
24 ἔλαφος, deer
25 δορκάς, gazelle
26 ὄρνις, bird
27 ἐκλεκτός, choice, select
28 σιτευτός, fatted
29 πέραν, across, beyond
30 ποταμός, river
31 μέρος, part, portion
32 κυκλόθεν, all around
33 φρόνησις, insight, intelligence
34 σοφία, wisdom
35 σφόδρα, very much
36 χύμα, overflow
37 ἄμμος, sand
38 πληθύνω, *aor pas ind 3s*, multiply
39 σφόδρα, exceedingly
40 φρόνησις, insight, intelligence
41 φρόνιμος, prudent, wise
42 σοφίζω, *aor mid ind 3s*, display wisdom
43 τρισχίλιοι, three thousand
44 παραβολή, proverb
45 ᾠδή, song, ode
46 πεντακισχίλιοι, five thousand
47 ξύλον, tree
48 κέδρος, cedar
49 ὕσσωπος, hyssop, *Heb. LW*
50 τοῖχος, wall
51 κτῆνος, animal, (*p*) herd
52 πετεινός, bird
53 ἑρπετόν, creeping thing
54 ἰχθύς, fish
55 δῶρον, gift, tribute

14a Καὶ ἔλαβεν Σαλωμων τὴν θυγατέρα[1] Φαραω ἑαυτῷ εἰς γυναῖκα καὶ εἰσήγαγεν[2]
αὐτὴν εἰς τὴν πόλιν Δαυιδ ἕως συντελέσαι[3] αὐτὸν τὸν οἶκον κυρίου καὶ τὸν οἶκον
ἑαυτοῦ καὶ τὸ τεῖχος[4] Ιερουσαλημ. **14b** τότε ἀνέβη Φαραω βασιλεὺς Αἰγύπτου
καὶ προκατελάβετο[5] τὴν Γαζερ καὶ ἐνεπύρισεν[6] αὐτὴν καὶ τὸν Χανανίτην τὸν κατ-
οικοῦντα ἐν Μεργαβ, καὶ ἔδωκεν αὐτὰς Φαραω ἀποστολὰς[7] θυγατρὶ[8] αὐτοῦ γυναικὶ
Σαλωμων, καὶ Σαλωμων ᾠκοδόμησεν τὴν Γαζερ.

Preparing to Build the Temple

15 Καὶ ἀπέστειλεν Χιραμ βασιλεὺς Τύρου τοὺς παῖδας[9] αὐτοῦ χρῖσαι[10] τὸν Σαλωμων
ἀντὶ[11] Δαυιδ τοῦ πατρὸς αὐτοῦ, ὅτι ἀγαπῶν ἦν Χιραμ τὸν Δαυιδ πάσας τὰς ἡμέρας.
16 καὶ ἀπέστειλεν Σαλωμων πρὸς Χιραμ λέγων **17** Σὺ οἶδας Δαυιδ τὸν πατέρα μου
ὅτι οὐκ ἐδύνατο οἰκοδομῆσαι οἶκον τῷ ὀνόματι κυρίου θεοῦ μου ἀπὸ προσώπου
τῶν πολέμων τῶν κυκλωσάντων[12] αὐτὸν ἕως τοῦ δοῦναι κύριον αὐτοὺς ὑπὸ τὰ
ἴχνη[13] τῶν ποδῶν αὐτοῦ. **18** καὶ νῦν ἀνέπαυσε[14] κύριος ὁ θεός μου ἐμοὶ κυκλόθεν·[15]
οὐκ ἔστιν ἐπίβουλος[16] καὶ οὐκ ἔστιν ἀπάντημα[17] πονηρόν. **19** καὶ ἰδοὺ ἐγὼ λέγω
οἰκοδομῆσαι οἶκον τῷ ὀνόματι κυρίου θεοῦ μου, καθὼς ἐλάλησεν κύριος ὁ θεὸς
πρὸς Δαυιδ τὸν πατέρα μου λέγων Ὁ υἱός σου, ὃν δώσω ἀντὶ[18] σοῦ ἐπὶ τὸν θρόνον
σου, οὗτος οἰκοδομήσει τὸν οἶκον τῷ ὀνόματί μου. **20** καὶ νῦν ἔντειλαι[19] καὶ κοψά-
τωσάν[20] μοι ξύλα[21] ἐκ τοῦ Λιβάνου, καὶ ἰδοὺ οἱ δοῦλοί μου μετὰ τῶν δούλων σου·
καὶ τὸν μισθὸν[22] δουλείας[23] σου δώσω σοι κατὰ πάντα, ὅσα ἐὰν εἴπῃς, ὅτι σὺ οἶδας
ὅτι οὐκ ἔστιν ἡμῖν εἰδὼς[24] ξύλα[25] κόπτειν[26] καθὼς οἱ Σιδώνιοι.

21 καὶ ἐγενήθη καθὼς ἤκουσεν Χιραμ τῶν λόγων Σαλωμων, ἐχάρη[27] σφόδρα[28] καὶ
εἶπεν Εὐλογητὸς[29] ὁ θεὸς σήμερον, ὃς ἔδωκεν τῷ Δαυιδ υἱὸν φρόνιμον[30] ἐπὶ τὸν
λαὸν τὸν πολὺν τοῦτον. **22** καὶ ἀπέστειλεν πρὸς Σαλωμων λέγων Ἀκήκοα περὶ
πάντων, ὧν ἀπέσταλκας πρός με· ἐγὼ ποιήσω πᾶν θέλημά[31] σου, ξύλα[32] κέδρινα[33] καὶ

1 θυγάτηρ, daughter
2 εἰσάγω, *aor act ind 3s*, bring to
3 συντελέω, *aor act inf*, complete
4 τεῖχος, city wall
5 προκαταλαμβάνω, *aor mid ind 3s*, overtake
6 ἐμπυρίζω, *aor act ind 3s*, set on fire
7 ἀποστολή, parting gift
8 θυγάτηρ, daughter
9 παῖς, servant
10 χρίω, *aor act inf*, anoint
11 ἀντί, in place of
12 κυκλόω, *aor act ptc gen p m*, encompass, surround
13 ἴχνος, step, track
14 ἀναπαύω, *aor act ind 3s*, give rest
15 κυκλόθεν, all around
16 ἐπίβουλος, plotting against
17 ἀπάντημα, meeting, occurrence
18 ἀντί, in place of
19 ἐντέλλομαι, *aor mid impv 2s*, command
20 κόπτω, *aor act impv 3p*, fell, cut down
21 ξύλον, tree, timber
22 μισθός, wages
23 δουλεία, labor, toil
24 οἶδα, *perf act ptc nom s m*, know
25 ξύλον, tree, timber
26 κόπτω, *pres act inf*, fell, cut down
27 χαίρω, *aor pas ind 3s*, rejoice
28 σφόδρα, very much
29 εὐλογητός, blessed
30 φρόνιμος, prudent, wise
31 θέλημα, wish, desire
32 ξύλον, tree, timber
33 κέδρινος, of cedar

πεύκινα·[1] **23** οἱ δοῦλοί μου κατάξουσιν[2] αὐτὰ ἐκ τοῦ Λιβάνου εἰς τὴν θάλασσαν, ἐγὼ θήσομαι[3] αὐτὰ σχεδίας[4] ἕως τοῦ τόπου, οὗ[5] ἐὰν ἀποστείλῃς πρός με, καὶ ἐκτινάξω[6] αὐτὰ ἐκεῖ, καὶ σὺ ἀρεῖς· καὶ ποιήσεις τὸ θέλημά[7] μου τοῦ δοῦναι ἄρτους τῷ οἴκῳ μου. **24** καὶ ἦν Χιραμ διδοὺς τῷ Σαλωμων κέδρους[8] καὶ πᾶν θέλημα[9] αὐτοῦ. **25** καὶ Σαλωμων ἔδωκεν τῷ Χιραμ εἴκοσι[10] χιλιάδας[11] κόρους[12] πυροῦ[13] καὶ μαχιρ[14] τῷ οἴκῳ αὐτοῦ καὶ εἴκοσι[15] χιλιάδας[16] βεθ[17] ἐλαίου[18] κεκομμένου·[19] κατὰ τοῦτο ἐδίδου Σαλωμων τῷ Χιραμ κατ' ἐνιαυτόν.[20] **26** καὶ κύριος ἔδωκεν σοφίαν τῷ Σαλωμων, καθὼς ἐλάλησεν αὐτῷ· καὶ ἦν εἰρήνη ἀνὰ μέσον[21] Χιραμ καὶ ἀνὰ μέσον Σαλωμων, καὶ διέθεντο[22] διαθήκην ἀνὰ μέσον ἑαυτῶν.

27 καὶ ἀνήνεγκεν[23] ὁ βασιλεὺς φόρον[24] ἐκ παντὸς Ισραηλ, καὶ ἦν ὁ φόρος τριάκοντα[25] χιλιάδες[26] ἀνδρῶν. **28** καὶ ἀπέστειλεν αὐτοὺς εἰς τὸν Λίβανον, δέκα[27] χιλιάδες[28] ἐν τῷ μηνί,[29] ἀλλασσόμενοι,[30] μῆνα[31] ἦσαν ἐν τῷ Λιβάνῳ καὶ δύο μῆνας ἐν οἴκῳ αὐτῶν· καὶ Αδωνιραμ ἐπὶ τοῦ φόρου.[32] **29** καὶ ἦν τῷ Σαλωμων ἑβδομήκοντα[33] χιλιάδες[34] αἴροντες[35] ἄρσιν[36] καὶ ὀγδοήκοντα[37] χιλιάδες[38] λατόμων[39] ἐν τῷ ὄρει
30 χωρὶς[40] ἀρχόντων τῶν καθεσταμένων[41] ἐπὶ τῶν ἔργων τῶν Σαλωμων, τρεῖς χιλιάδες[42] καὶ ἑξακόσιοι[43] ἐπιστάται[44] οἱ ποιοῦντες τὰ ἔργα. **32** καὶ ἡτοίμασαν τοὺς λίθους καὶ τὰ ξύλα[45] τρία ἔτη.

1 πεύκινος, of pine
2 κατάγω, *fut act ind 3p*, bring down
3 τίθημι, *fut mid ind 1s*, construct
4 σχεδία, raft, float
5 οὗ, where
6 ἐκτινάσσω, *fut act ind 1s*, break up, scatter
7 θέλημα, wish, desire
8 κέδρος, cedar
9 θέλημα, wish, desire
10 εἴκοσι, twenty
11 χιλιάς, thousand
12 κόρος, kor, *Heb. LW*
13 πυρός, wheat
14 μαχιρ, (price?), *translit.*, (*read* food)
15 εἴκοσι, twenty
16 χιλιάς, thousand
17 βεθ, (liquid measure?), *translit.*
18 ἔλαιον, oil
19 κόπτω, *perf pas ptc gen s n*, press, beat
20 ἐνιαυτός, year
21 ἀνὰ μέσον, between
22 διατίθημι, *aor mid ind 3p*, arrange
23 ἀναφέρω, *aor act ind 3s*, raise up
24 φόρος, tribute
25 τριάκοντα, thirty
26 χιλιάς, thousand
27 δέκα, ten
28 χιλιάς, thousand
29 μήν, month
30 ἀλλάσσω, *pres mid ptc nom p m*, alternate
31 μήν, month
32 φόρος, tribute
33 ἑβδομήκοντα, seventy
34 χιλιάς, thousand
35 αἴρω, *pres act ptc nom p m*, lift, carry
36 ἄρσις, load, burden
37 ὀγδοήκοντα, eighty
38 χιλιάς, thousand
39 λατόμος, stone cutter
40 χωρίς, besides
41 καθίστημι, *perf pas ptc gen p m*, appoint over
42 χιλιάς, thousand
43 ἑξακόσιοι, six hundred
44 ἐπιστάτης, superintendent, overseer
45 ξύλον, wood

Building the Temple

6 Καὶ ἐγενήθη ἐν τῷ τεσσαρακοστῷ[1] καὶ τετρακοσιοστῷ[2] ἔτει τῆς ἐξόδου[3] υἱῶν
Ισραηλ ἐξ Αἰγύπτου, τῷ ἔτει τῷ τετάρτῳ[4] ἐν μηνὶ[5] τῷ δευτέρῳ βασιλεύοντος[6]
τοῦ βασιλέως Σαλωμων ἐπὶ Ισραηλ, **1a** καὶ ἐνετείλατο[7] ὁ βασιλεὺς καὶ αἴρουσιν
λίθους μεγάλους τιμίους[8] εἰς τὸν θεμέλιον[9] τοῦ οἴκου καὶ λίθους ἀπελεκήτους·[10]
1b καὶ ἐπελέκησαν[11] οἱ υἱοὶ Σαλωμων καὶ οἱ υἱοὶ Χιραμ καὶ ἔβαλαν[12] αὐτούς. **1c** ἐν τῷ
ἔτει τῷ τετάρτῳ[13] ἐθεμελίωσεν[14] τὸν οἶκον κυρίου ἐν μηνὶ[15] Νισω τῷ δευτέρῳ μηνί·
1d ἐν ἑνδεκάτῳ[16] ἐνιαυτῷ[17] ἐν μηνὶ[18] Βααλ (οὗτος ὁ μὴν ὁ ὄγδοος[19]) συνετελέσθη[20]
ὁ οἶκος εἰς πάντα λόγον αὐτοῦ καὶ εἰς πᾶσαν διάταξιν[21] αὐτοῦ. **2** καὶ ὁ οἶκος, ὃν
ᾠκοδόμησεν ὁ βασιλεὺς Σαλωμων τῷ κυρίῳ, τεσσαράκοντα[22] πήχεων[23] μῆκος[24]
αὐτοῦ καὶ εἴκοσι[25] ἐν πήχει πλάτος[26] αὐτοῦ καὶ πέντε καὶ εἴκοσι ἐν πήχει τὸ ὕψος[27]
αὐτοῦ. **3** καὶ τὸ αιλαμ[28] κατὰ πρόσωπον τοῦ ναοῦ, εἴκοσι[29] ἐν πήχει[30] μῆκος[31] αὐτοῦ
εἰς τὸ πλάτος[32] τοῦ οἴκου καὶ δέκα[33] ἐν πήχει τὸ πλάτος[34] αὐτοῦ κατὰ πρόσωπον τοῦ
οἴκου. καὶ ᾠκοδόμησεν τὸν οἶκον καὶ συνετέλεσεν[35] αὐτόν. **4** καὶ ἐποίησεν τῷ οἴκῳ
θυρίδας[36] παρακυπτομένας[37] κρυπτάς.[38] **5** καὶ ἔδωκεν ἐπὶ τὸν τοῖχον[39] τοῦ οἴκου
μέλαθρα[40] κυκλόθεν[41] τῷ ναῷ καὶ τῷ δαβιρ[42] καὶ ἐποίησεν πλευρὰς[43] κυκλόθεν.
6 ἡ πλευρὰ[44] ἡ ὑποκάτω[45] πέντε πήχεων[46] τὸ πλάτος[47] αὐτῆς, καὶ τὸ μέσον ἕξ,[48] καὶ

1 τεσσαρακοστός, fortieth
2 τετρακοσιοστός, four hundredth
3 ἔξοδος, going out, (exodus)
4 τέταρτος, fourth
5 μήν, month
6 βασιλεύω, *pres act ptc gen s m*, reign as king
7 ἐντέλλομαι, *aor mid ind 3s*, command
8 τίμιος, costly, precious
9 θεμέλιον, foundation
10 ἀπελέκητος, unhewn
11 πελεκάω, *aor act ind 3p*, hew (a stone)
12 βάλλω, *aor act ind 3p*, place, lay
13 τέταρτος, fourth
14 θεμελιόω, *aor act ind 3s*, lay a foundation
15 μήν, month
16 ἑνδέκατος, eleventh
17 ἐνιαυτός, year
18 μήν, month
19 ὄγδοος, eighth
20 συντελέω, *aor pas ind 3s*, complete, finish
21 διάταξις, planned arrangement
22 τεσσαράκοντα, forty
23 πῆχυς, cubit
24 μῆκος, length
25 εἴκοσι, twenty
26 πλάτος, width
27 ὕψος, height
28 αιλαμ, porch, *translit.*
29 εἴκοσι, twenty
30 πῆχυς, cubit
31 μῆκος, length
32 πλάτος, width
33 δέκα, ten
34 πλάτος, width
35 συντελέω, *aor act ind 3s*, complete, finish
36 θυρίς, window
37 παρακύπτω, *pres mid ptc acc p f*, incline inward
38 κρυπτός, hidden
39 τοῖχος, wall
40 μέλαθρον, structural beam
41 κυκλόθεν, round about
42 δαβιρ, temple shrine, *translit.*
43 πλευρά, side
44 πλευρά, side
45 ὑποκάτω, lower
46 πῆχυς, cubit
47 πλάτος, width
48 ἕξ, six

ἡ τρίτη ἑπτὰ[1] ἐν πήχει τὸ πλάτος αὐτῆς· ὅτι διάστημα[2] ἔδωκεν τῷ οἴκῳ κυκλόθεν[3] ἔξωθεν[4] τοῦ οἴκου, ὅπως μὴ ἐπιλαμβάνωνται[5] τῶν τοίχων[6] τοῦ οἴκου.

7 καὶ ὁ οἶκος ἐν τῷ οἰκοδομεῖσθαι αὐτὸν λίθοις ἀκροτόμοις[7] ἀργοῖς[8] ᾠκοδομήθη,
καὶ σφῦρα[9] καὶ πέλεκυς[10] καὶ πᾶν σκεῦος[11] σιδηροῦν[12] οὐκ ἠκούσθη[13] ἐν τῷ οἴκῳ
ἐν τῷ οἰκοδομεῖσθαι αὐτόν. **8** καὶ ὁ πυλὼν[14] τῆς πλευρᾶς[15] τῆς ὑποκάτωθεν[16] ὑπὸ
τὴν ὠμίαν[17] τοῦ οἴκου τὴν δεξιάν, καὶ ἑλικτὴ[18] ἀνάβασις[19] εἰς τὸ μέσον καὶ ἐκ τῆς
μέσης ἐπὶ τὰ τριώροφα.[20] **9** καὶ ᾠκοδόμησεν τὸν οἶκον καὶ συνετέλεσεν[21] αὐτόν· καὶ
ἐκοιλοστάθμησεν[22] τὸν οἶκον κέδροις.[23] **10** καὶ ᾠκοδόμησεν τοὺς ἐνδέσμους[24] δι᾽
ὅλου τοῦ οἴκου, πέντε ἐν πήχει[25] τὸ ὕψος[26] αὐτοῦ, καὶ συνέσχεν[27] τὸν ἔνδεσμον[28]
ἐν ξύλοις[29] κεδρίνοις.[30]

15 Καὶ ᾠκοδόμησεν τοὺς τοίχους[31] τοῦ οἴκου διὰ ξύλων[32] κεδρίνων[33] ἀπὸ τοῦ ἐδάφους[34]
τοῦ οἴκου καὶ ἕως τῶν δοκῶν[35] καὶ ἕως τῶν τοίχων· ἐκοιλοστάθμησεν[36] συνεχόμενα[37]
ξύλοις ἔσωθεν[38] καὶ περιέσχεν[39] τὸ ἔσω[40] τοῦ οἴκου ἐν πλευραῖς[41] πευκίναις.[42] **16** καὶ
ᾠκοδόμησεν τοὺς εἴκοσι[43] πήχεις[44] ἀπ᾽ ἄκρου[45] τοῦ οἴκου, τὸ πλευρὸν[46] τὸ ἓν ἀπὸ
τοῦ ἐδάφους[47] ἕως τῶν δοκῶν,[48] καὶ ἐποίησεν ἐκ τοῦ δαβιρ[49] εἰς τὸ ἅγιον τῶν ἁγίων.
17 καὶ τεσσαράκοντα[50] πηχῶν[51] ἦν ὁ ναὸς κατὰ πρόσωπον **19** τοῦ δαβιρ[52] ἐν μέσῳ
τοῦ οἴκου ἔσωθεν[53] δοῦναι ἐκεῖ τὴν κιβωτὸν[54] διαθήκης κυρίου. **20** εἴκοσι[55] πήχεις[56]

1 ἑπτά, seven
2 διάστημα, space, interval
3 κυκλόθεν, round about
4 ἔξωθεν, outside
5 ἐπιλαμβάνω, *pres mid sub 3p*, take hold of
6 τοῖχος, wall
7 ἀκρότομος, rough cut
8 ἀργός, unworked
9 σφῦρα, hammer
10 πέλεκυς, axe
11 σκεῦος, tool, instrument
12 σιδηροῦς, iron
13 ἀκούω, *aor pas ind 3s*, hear
14 πυλών, gate
15 πλευρά, side
16 ὑποκάτωθεν, lower
17 ὠμία, angle, corner
18 ἑλικτός, winding
19 ἀνάβασις, ascent, going up
20 τριώροφος, third story
21 συντελέω, *aor act ind 3s*, complete, finish
22 κοιλοσταθμέω, *aor act ind 3s*, construct the ceiling
23 κέδρος, cedar
24 ἔνδεσμος, (architectural) bonding
25 πῆχυς, cubit
26 ὕψος, height
27 συνέχω, *aor act ind 3s*, enclose
28 ἔνδεσμος, (architectural) bonding
29 ξύλον, wood
30 κέδρινος, of cedar
31 τοῖχος, wall
32 ξύλον, wood
33 κέδρινος, of cedar
34 ἔδαφος, floor
35 δοκός, ceiling beam
36 κοιλοσταθμέω, *aor act ind 3s*, construct the ceiling
37 συνέχω, *pres pas ptc acc p n*, enclose
38 ἔσωθεν, inside, within
39 περιέχω, *aor act ind 3s*, encompass, cover
40 ἔσω, inside
41 πλευρά, siding
42 πεύκινος, of pine
43 εἴκοσι, twenty
44 πῆχυς, cubit
45 ἄκρος, top
46 πλευρόν, side
47 ἔδαφος, floor
48 δοκός, ceiling beam
49 δαβιρ, temple shrine, *translit.*
50 τεσσαράκοντα, forty
51 πῆχυς, cubit
52 δαβιρ, temple shrine, *translit.*
53 ἔσωθεν, inside, within
54 κιβωτός, chest, ark
55 εἴκοσι, twenty
56 πῆχυς, cubit

μῆκος[1] καὶ εἴκοσι πήχεις πλάτος[2] καὶ εἴκοσι πήχεις τὸ ὕψος[3] αὐτοῦ, καὶ περιέσχεν[4]
αὐτὸν χρυσίῳ[5] συγκεκλεισμένῳ.[6] καὶ ἐποίησεν θυσιαστήριον[7] **21** κατὰ πρόσωπον τοῦ
δαβιρ[8] καὶ περιέσχεν[9] αὐτὸ χρυσίῳ.[10] **22** καὶ ὅλον τὸν οἶκον περιέσχεν[11] χρυσίῳ[12] ἕως
συντελείας[13] παντὸς τοῦ οἴκου.

23 Καὶ ἐποίησεν ἐν τῷ δαβιρ[14] δύο χερουβιν[15] δέκα[16] πήχεων[17] μέγεθος[18] ἐστα-
θμωμένον.[19] **24** καὶ πέντε πήχεων[20] πτερύγιον[21] τοῦ χερουβ[22] τοῦ ἑνός, καὶ πέντε
πήχεων πτερύγιον αὐτοῦ τὸ δεύτερον, ἐν πήχει δέκα[23] ἀπὸ μέρους πτερυγίου
αὐτοῦ εἰς μέρος πτερυγίου αὐτοῦ· **25** οὕτως τῷ χερουβ[24] τῷ δευτέρῳ, ἐν μέτρῳ[25]
ἑνὶ συντέλεια[26] μία ἀμφοτέροις.[27] **26** καὶ τὸ ὕψος[28] τοῦ χερουβ[29] τοῦ ἑνὸς δέκα[30]
ἐν πήχει,[31] καὶ οὕτως τὸ χερουβ τὸ δεύτερον. **27** καὶ ἀμφότερα[32] τὰ χερουβιν[33]
ἐν μέσῳ τοῦ οἴκου τοῦ ἐσωτάτου·[34] καὶ διεπέτασεν[35] τὰς πτέρυγας[36] αὐτῶν, καὶ
ἥπτετο[37] πτέρυξ μία τοῦ τοίχου,[38] καὶ πτέρυξ ἥπτετο[39] τοῦ τοίχου τοῦ δευτέρου,
καὶ αἱ πτέρυγες αὐτῶν αἱ ἐν μέσῳ τοῦ οἴκου ἥπτοντο[40] πτέρυξ πτέρυγος. **28** καὶ
περιέσχεν[41] τὰ χερουβιν[42] χρυσίῳ.[43] **29** καὶ πάντας τοὺς τοίχους[44] τοῦ οἴκου κύκλῳ[45]
ἐγκολαπτὰ[46] ἔγραψεν γραφίδι[47] χερουβιν,[48] καὶ φοίνικες[49] τῷ ἐσωτέρῳ[50] καὶ τῷ
ἐξωτέρῳ.[51] **30** καὶ τὸ ἔδαφος[52] τοῦ οἴκου περιέσχεν[53] χρυσίῳ,[54] τοῦ ἐσωτάτου[55] καὶ
τοῦ ἐξωτάτου.[56]

1 μῆκος, length
2 πλάτος, width
3 ὕψος, height
4 περιέχω, *aor act ind 3s*, encompass, cover
5 χρυσίον, gold
6 συγκλείω, *perf pas ptc dat s n*, overlay
7 θυσιαστήριον, altar
8 δαβιρ, temple shrine, *translit.*
9 περιέχω, *aor act ind 3s*, encompass, cover
10 χρυσίον, gold
11 περιέχω, *aor act ind 3s*, encompass, cover
12 χρυσίον, gold
13 συντέλεια, completion
14 δαβιρ, temple shrine, *translit.*
15 χερουβιν, cherubim, *translit.*
16 δέκα, ten
17 πῆχυς, cubit
18 μέγεθος, height
19 σταθμόω, *aor mid ptc acc s m*, measure
20 πῆχυς, cubit
21 πτερυγίον, wing
22 χερουβ, cherub, *translit.*
23 δέκα, ten
24 χερουβ, cherub, *translit.*
25 μέτρον, dimension
26 συντέλεια, completion
27 ἀμφότεροι, both
28 ὕψος, height
29 χερουβ, cherub, *translit.*
30 δέκα, ten
31 πῆχυς, cubit
32 ἀμφότεροι, both
33 χερουβιν, cherubim, *translit.*
34 ἔσω, *sup*, innermost
35 διαπετάννυμι, *aor act ind 3s*, open and spread out
36 πτέρυξ, wing
37 ἅπτομαι, *impf mid ind 3s*, touch, reach
38 τοῖχος, wall
39 ἅπτομαι, *impf mid ind 3s*, touch, reach
40 ἅπτομαι, *impf mid ind 3p*, touch, reach
41 περιέχω, *aor act ind 3s*, encompass, cover
42 χερουβιν, cherubim, *translit.*
43 χρυσίον, gold
44 τοῖχος, wall
45 κύκλῳ, round about
46 ἐγκολάπτω, *aor act ptc acc p n*, engrave
47 γραφίς, stylus for engraving
48 χερουβιν, cherubim, *translit.*
49 φοῖνιξ, date palm
50 ἔσω, *comp*, inner
51 ἔξω, *comp*, outer
52 ἔδαφος, floor
53 περιέχω, *aor act ind 3s*, encompass, cover
54 χρυσίον, gold
55 ἔσω, *sup*, innermost
56 ἔξω, *sup*, outermost

31 Καὶ τῷ θυρώματι[1] τοῦ δαβιρ[2] ἐποίησεν θύρας ξύλων[3] ἀρκευθίνων[4] καὶ φλιὰς[5]
πενταπλᾶς[6] **32** καὶ δύο θύρας ξύλων[7] πευκίνων[8] καὶ ἐγκολαπτὰ[9] ἐπ᾽ αὐτῶν ἐγκεκο-
λαμμένα[10] χερουβιν[11] καὶ φοίνικας[12] καὶ πέταλα[13] διαπεπετασμένα·[14] καὶ περιέσχεν[15]
χρυσίῳ,[16] καὶ κατέβαινεν ἐπὶ τὰ χερουβιν[17] καὶ ἐπὶ τοὺς φοίνικας[18] τὸ χρυσίον.[19]
33 καὶ οὕτως ἐποίησεν τῷ πυλῶνι[20] τοῦ ναοῦ, φλιαὶ[21] ξύλων[22] ἀρκευθίνων,[23] στοαὶ[24]
τετραπλῶς.[25] **34** καὶ ἐν ἀμφοτέραις[26] ταῖς θύραις ξύλα[27] πεύκινα·[28] δύο πτυχαὶ[29] ἡ
θύρα ἡ μία καὶ στροφεῖς[30] αὐτῶν, καὶ δύο πτυχαὶ ἡ θύρα ἡ δευτέρα, στρεφόμενα·[31]
35 ἐγκεκολαμμένα[32] χερουβιν[33] καὶ φοίνικες[34] καὶ διαπεπετασμένα[35] πέταλα[36] καὶ
περιεχόμενα[37] χρυσίῳ[38] καταγομένῳ[39] ἐπὶ τὴν ἐκτύπωσιν.[40] **36** καὶ ᾠκοδόμησεν τὴν
αὐλὴν[41] τὴν ἐσωτάτην,[42] τρεῖς στίχους[43] ἀπελεκήτων,[44] καὶ στίχος κατειργασμένης[45]
κέδρου[46] κυκλόθεν.[47] **36a** καὶ ᾠκοδόμησε καταπέτασμα[48] τῆς αὐλῆς[49] τοῦ αιλαμ[50]
τοῦ οἴκου τοῦ κατὰ πρόσωπον τοῦ ναοῦ.

Temple Furnishings

7 Καὶ ἀπέστειλεν ὁ βασιλεὺς Σαλωμων καὶ ἔλαβεν τὸν Χιραμ ἐκ Τύρου, **2** υἱὸν
γυναικὸς χήρας,[51] καὶ οὗτος ἀπὸ τῆς φυλῆς Νεφθαλι, καὶ ὁ πατὴρ αὐτοῦ
ἀνὴρ Τύριος, τέκτων[52] χαλκοῦ[53] καὶ πεπληρωμένος τῆς τέχνης[54] καὶ συνέσεως[55]

1 θύρωμα, doorway
2 δαβιρ, temple shrine, *translit.*
3 ξύλον, wood
4 ἀρκεύθινος, of juniper
5 φλιά, doorpost
6 πενταπλοῦς, five-sided
7 ξύλον, wood
8 πεύκινος, of pine
9 ἐγκολαπτός, carved
10 ἐγκολάπτω, *perf pas ptc acc p n*, carve upon
11 χερουβιν, cherubim, *translit.*
12 φοῖνιξ, date palm
13 πέταλον, leaf
14 διαπετάννυμι, *perf pas ptc acc p n*, open and spread out
15 περιέχω, *aor act ind 3s*, encompass, cover
16 χρυσίον, gold
17 χερουβιν, cherubim, *translit.*
18 φοῖνιξ, date palm
19 χρυσίον, gold
20 πυλών, gate
21 φλιά, doorpost
22 ξύλον, wood
23 ἀρκεύθινος, of juniper
24 στοά, portico, covered colonnade
25 τετραπλῶς, four-sided
26 ἀμφότεροι, both
27 ξύλον, wood
28 πεύκινος, of pine
29 πτυχή, panel (of a door)
30 στροφεύς, hinge
31 στρέφω, *pres pas ptc nom p n*, turn on a hinge
32 ἐγκολάπτω, *perf pas ptc nom p n*, carve
33 χερουβιν, cherubim, *translit.*
34 φοῖνιξ, date palm
35 διαπετάννυμι, *perf pas ptc nom p n*, open and spread out
36 πέταλον, leaf
37 περιέχω, *pres pas ptc nom p n*, encompass, cover
38 χρυσίον, gold
39 κατάγω, *pres pas ptc dat s n*, bring down
40 ἐκτύπωσις, figure carved in relief
41 αὐλή, court
42 ἔσω, *sup*, innermost
43 στίχος, row
44 ἀπελέκητος, unhewn (stone)
45 κατεργάζομαι, *perf pas ptc gen s f*, fashion
46 κέδρος, cedar
47 κυκλόθεν, round about
48 καταπέτασμα, veil
49 αὐλή, court
50 αιλαμ, porch, *translit.*
51 χήρα, widow
52 τέκτων, craftsman
53 χαλκοῦς, bronze
54 τέχνη, craftsmanship
55 σύνεσις, skill

καὶ ἐπιγνώσεως[1] τοῦ ποιεῖν πᾶν ἔργον ἐν χαλκῷ·[2] καὶ εἰσήχθη[3] πρὸς τὸν βασιλέα Σαλωμων καὶ ἐποίησεν πάντα τὰ ἔργα. **3** καὶ ἐχώνευσεν[4] τοὺς δύο στύλους[5] τῷ αιλαμ[6] τοῦ οἴκου, ὀκτωκαίδεκα[7] πήχεις[8] ὕψος[9] τοῦ στύλου,[10] καὶ περίμετρον[11] τέσσαρες καὶ δέκα[12] πήχεις ἐκύκλου[13] αὐτόν, καὶ τὸ πάχος[14] τοῦ στύλου τεσσάρων δακτύλων[15] τὰ κοιλώματα,[16] καὶ οὕτως ὁ στῦλος ὁ δεύτερος. **4** καὶ δύο ἐπιθέματα[17] ἐποίησεν δοῦναι ἐπὶ τὰς κεφαλὰς τῶν στύλων,[18] χωνευτὰ[19] χαλκᾶ·[20] πέντε πήχεις[21] τὸ ὕψος[22] τοῦ ἐπιθέματος[23] τοῦ ἑνός, καὶ πέντε πήχεις τὸ ὕψος[24] τοῦ ἐπιθέματος τοῦ δευτέρου. **5** καὶ ἐποίησεν δύο δίκτυα[25] περικαλύψαι[26] τὸ ἐπίθεμα[27] τῶν στύλων,[28] καὶ δίκτυον τῷ ἐπιθέματι τῷ ἑνί, καὶ δίκτυον τῷ ἐπιθέματι τῷ δευτέρῳ. **6** καὶ ἔργον κρεμαστόν,[29] δύο στίχοι[30] ῥοῶν[31] χαλκῶν[32] δεδικτυωμένοι,[33] ἔργον κρεμαστόν, στίχος ἐπὶ στίχον· καὶ οὕτως ἐποίησεν τῷ ἐπιθέματι[34] τῷ δευτέρῳ. **7** καὶ ἔστησεν τοὺς στύλους[35] τοῦ αιλαμ[36] τοῦ ναοῦ· καὶ ἔστησεν τὸν στῦλον τὸν ἕνα καὶ ἐπεκάλεσεν[37] τὸ ὄνομα αὐτοῦ Ιαχουμ· καὶ ἔστησεν τὸν στῦλον τὸν δεύτερον καὶ ἐπεκάλεσεν τὸ ὄνομα αὐτοῦ Βααζ. **8** καὶ ἐπὶ τῶν κεφαλῶν τῶν στύλων[38] ἔργον κρίνου[39] κατὰ τὸ αιλαμ[40] τεσσάρων πηχῶν.[41] **9** καὶ μέλαθρον[42] ἐπ᾽ ἀμφοτέρων[43] τῶν στύλων,[44] καὶ ἐπάνωθεν[45] τῶν πλευρῶν[46] ἐπίθεμα[47] τὸ μέλαθρον[48] τῷ πάχει.[49]

10 Καὶ ἐποίησεν τὴν θάλασσαν δέκα[50] ἐν πήχει[51] ἀπὸ τοῦ χείλους[52] αὐτῆς ἕως τοῦ χείλους αὐτῆς, στρογγύλον[53] κύκλῳ[54] τὸ αὐτό· πέντε ἐν πήχει τὸ ὕψος[55] αὐτῆς, καὶ

1 ἐπίγνωσις, knowledge
2 χαλκοῦς, bronze
3 εἰσάγω, *aor pas ind 3s*, bring in
4 χωνεύω, *aor act ind 3s*, cast
5 στῦλος, column
6 αιλαμ, porch, *translit.*
7 ὀκτωκαίδεκα, eighteen
8 πῆχυς, cubit
9 ὕψος, height
10 στῦλος, column
11 περίμετρον, circumference
12 δέκα, ten
13 κυκλόω, *impf act ind 3s*, encircle
14 πάχος, thickness
15 δάκτυλος, finger
16 κοίλωμα, hollow
17 ἐπίθεμα, capital
18 στῦλος, column
19 χωνευτός, formed by casting, cast
20 χαλκοῦς, bronze
21 πῆχυς, cubit
22 ὕψος, height
23 ἐπίθεμα, capital
24 ὕψος, height
25 δίκτυον, latticework
26 περικαλύπτω, *aor act inf*, cover over
27 ἐπίθεμα, capital
28 στῦλος, column
29 κρεμαστός, hanging, suspended
30 στίχος, row
31 ῥόα, pomegranate
32 χαλκοῦς, bronze
33 δικτυόομαι, *perf pas ptc nom p m*, form a network
34 ἐπίθεμα, capital
35 στῦλος, column
36 αιλαμ, porch, *translit.*
37 ἐπικαλέω, *aor act ind 3s*, call
38 στῦλος, column
39 κρίνον, cup, lily
40 αιλαμ, porch, *translit.*
41 πῆχυς, cubit
42 μέλαθρον, structural beam
43 ἀμφότεροι, both
44 στῦλος, column
45 ἐπάνωθεν, on top
46 πλευρόν, side
47 ἐπίθεμα, capital
48 μέλαθρον, structural beam
49 πάχος, thickness
50 δέκα, ten
51 πῆχυς, cubit
52 χεῖλος, rim
53 στρογγύλος, circular
54 κύκλῳ, round about
55 ὕψος, height

συνηγμένοι τρεῖς καὶ τριάκοντα[1] ἐν πήχει ἐκύκλουν[2] αὐτήν. **11** καὶ ὑποστηρίγματα[3]
ὑποκάτωθεν[4] τοῦ χείλους[5] αὐτῆς κυκλόθεν[6] ἐκύκλουν[7] αὐτήν, δέκα[8] ἐν πήχει[9] ἀνι-
στᾶν[10] τὴν θάλασσαν κυκλόθεν. **12** καὶ τὸ χεῖλος[11] αὐτῆς ὡς ἔργον χείλους ποτηρίου,[12]
βλαστὸς[13] κρίνου,[14] καὶ τὸ πάχος[15] αὐτοῦ παλαιστής.[16] **13** καὶ δώδεκα βόες[17] ὑποκάτω[18]
τῆς θαλάσσης, οἱ τρεῖς ἐπιβλέποντες[19] βορρᾶν[20] καὶ οἱ τρεῖς ἐπιβλέποντες θάλασσαν
καὶ οἱ τρεῖς ἐπιβλέποντες νότον[21] καὶ οἱ τρεῖς ἐπιβλέποντες ἀνατολήν,[22] καὶ πάντα τὰ
ὀπίσθια[23] εἰς τὸν οἶκον, καὶ ἡ θάλασσα ἐπ᾽ αὐτῶν ἐπάνωθεν.[24]

14 Καὶ ἐποίησεν δέκα[25] μεχωνωθ[26] χαλκᾶς·[27] πέντε πήχεις[28] μῆκος[29] τῆς μεχωνωθ[30]
τῆς μιᾶς, καὶ τέσσαρες πήχεις πλάτος[31] αὐτῆς, καὶ ἓξ ἐν πήχει ὕψος[32] αὐτῆς. **15** καὶ
τοῦτο τὸ ἔργον τῶν μεχωνωθ·[33] συγκλειστὸν[34] αὐτοῖς, καὶ σύγκλειστον ἀνὰ
μέσον[35] τῶν ἐξεχομένων.[36] **16** καὶ ἐπὶ τὰ συγκλείσματα[37] αὐτῶν ἀνὰ μέσον[38] τῶν
ἐξεχομένων[39] λέοντες[40] καὶ βόες[41] καὶ χερουβιν,[42] καὶ ἐπὶ τῶν ἐξεχομένων οὕτως·
καὶ ἐπάνωθεν[43] καὶ ὑποκάτωθεν[44] τῶν λεόντων καὶ τῶν βοῶν χῶραι,[45] ἔργον
καταβάσεως.[46] **17** καὶ τέσσαρες τροχοὶ[47] χαλκοῖ[48] τῇ μεχωνωθ[49] τῇ μιᾷ, καὶ τὰ
προσέχοντα[50] χαλκᾶ, καὶ τέσσαρα μέρη αὐτῶν, ὠμίαι[51] ὑποκάτω[52] τῶν λουτήρων.[53]
18 καὶ χεῖρες ἐν τοῖς τροχοῖς[54] ἐν τῇ μεχωνωθ,[55] καὶ τὸ ὕψος[56] τοῦ τροχοῦ[57] τοῦ

1 τριάκοντα, thirty
2 κυκλόω, *impf act ind 3p*, encircle
3 ὑποστήριγμα, undergirding support
4 ὑποκάτωθεν, beneath
5 χεῖλος, rim
6 κυκλόθεν, all around
7 κυκλόω, *impf act ind 3p*, encircle
8 δέκα, ten
9 πῆχυς, cubit
10 ἀνίστημι, *pres act inf*, rise
11 χεῖλος, rim
12 ποτήριον, cup
13 βλαστός, blossom
14 κρίνον, lily
15 πάχος, thickness
16 παλαιστής, palm's breadth
17 βοῦς, cow, (*p*) cattle
18 ὑποκάτω, below
19 ἐπιβλέπω, *pres act ptc nom p m*, look toward
20 βορρᾶς, north
21 νότος, south
22 ἀνατολή, east
23 ὀπίσθιος, hind parts, rump
24 ἐπάνωθεν, on top, from above
25 δέκα, ten
26 μεχωνωθ, stand, *translit.*
27 χαλκοῦς, bronze
28 πῆχυς, cubit
29 μῆκος, length
30 μεχωνωθ, stand, *translit.*
31 πλάτος, width
32 ὕψος, height
33 μεχωνωθ, stand, *translit.*
34 συγκλειστός, panel
35 ἀνὰ μέσον, between
36 ἐξέχω, *pres mid ptc gen p n*, project (from somewhere)
37 σύγκλεισμα, border, frame
38 ἀνὰ μέσον, between
39 ἐξέχω, *pres mid ptc gen p n*, project (from somewhere)
40 λέων, lion
41 βοῦς, cow, (*p*) cattle
42 χερουβιν, cherubim, *translit.*
43 ἐπάνωθεν, above
44 ὑποκάτωθεν, below
45 χώρα, place, space
46 κατάβασις, (hanging), descent
47 τροχός, wheel
48 χαλκοῦς, bronze
49 μεχωνωθ, stand, *translit.*
50 προσέχω, *pres act ptc nom p n*, attach
51 ὠμία, supporting piece
52 ὑποκάτω, beneath
53 λουτήρ, washing basin
54 τροχός, wheel
55 μεχωνωθ, stand, *translit.*
56 ὕψος, height
57 τροχός, wheel

ἑνὸς πήχεος[1] καὶ ἡμίσους.[2] **19** καὶ τὸ ἔργον τῶν τροχῶν[3] ἔργον τροχῶν ἅρματος·[4]
αἱ χεῖρες αὐτῶν καὶ οἱ νῶτοι[5] αὐτῶν καὶ ἡ πραγματεία[6] αὐτῶν, τὰ πάντα χωνευτά.[7]
20 αἱ τέσσαρες ὠμίαι[8] ἐπὶ τῶν τεσσάρων γωνιῶν[9] τῆς μεχωνωθ[10] τῆς μιᾶς, ἐκ τῆς
μεχωνωθ οἱ ὦμοι[11] αὐτῆς. **21** καὶ ἐπὶ τῆς κεφαλῆς τῆς μεχωνωθ[12] ἥμισυ[13] τοῦ πήχεος[14]
μέγεθος[15] στρογγύλον[16] κύκλῳ[17] ἐπὶ τῆς κεφαλῆς τῆς μεχωνωθ, καὶ ἀρχὴ χειρῶν
αὐτῆς καὶ τὰ συγκλείσματα[18] αὐτῆς, καὶ ἠνοίγετο ἐπὶ τὰς ἀρχὰς τῶν χειρῶν αὐτῆς.
22 καὶ τὰ συγκλείσματα[19] αὐτῆς χερουβιν[20] καὶ λέοντες[21] καὶ φοίνικες[22] ἑστῶτα,[23]
ἐχόμενον ἕκαστον κατὰ πρόσωπον αὐτοῦ ἔσω[24] καὶ τὰ κυκλόθεν.[25] **23** κατ᾽ αὐτὴν
ἐποίησεν πάσας τὰς δέκα[26] μεχωνωθ,[27] τάξιν[28] μίαν καὶ μέτρον[29] ἓν πάσαις. **24** καὶ
ἐποίησεν δέκα[30] χυτροκαύλους[31] χαλκοῦς,[32] τεσσαράκοντα[33] χοεῖς[34] χωροῦντα[35] τὸν
χυτρόκαυλον[36] τὸν ἕνα μετρήσει·[37] ὁ χυτρόκαυλος[38] ὁ εἷς ἐπὶ τῆς μεχωνωθ[39] τῆς μιᾶς
ταῖς δέκα μεχωνωθ. **25** καὶ ἔθετο τὰς δέκα[40] μεχωνωθ,[41] πέντε ἀπὸ τῆς ὠμίας[42] τοῦ
οἴκου ἐκ δεξιῶν καὶ πέντε ἀπὸ τῆς ὠμίας τοῦ οἴκου ἐξ ἀριστερῶν·[43] καὶ ἡ θάλασσα
ἀπὸ τῆς ὠμίας τοῦ οἴκου ἐκ δεξιῶν κατ᾽ ἀνατολὰς[44] ἀπὸ τοῦ κλίτους[45] τοῦ νότου.[46]

26 Καὶ ἐποίησεν Χιραμ τοὺς λέβητας[47] καὶ τὰς θερμάστρεις[48] καὶ τὰς φιάλας,[49] καὶ
συνετέλεσεν[50] Χιραμ ποιῶν πάντα τὰ ἔργα, ἃ ἐποίησεν τῷ βασιλεῖ Σαλωμων ἐν οἴκῳ
κυρίου, **27** στύλους[51] δύο καὶ τὰ στρεπτὰ[52] τῶν στύλων ἐπὶ τῶν κεφαλῶν τῶν στύλων

1 πῆχυς, cubit
2 ἥμισυς, half
3 τροχός, wheel
4 ἅρμα, chariot
5 νῶτος, back
6 πραγματεία, workmanship
7 χωνευτός, formed of cast metal
8 ὠμία, supporting piece
9 γωνία, corner
10 μεχωνωθ, stand, *translit.*
11 ὦμος, shoulder
12 μεχωνωθ, stand, *translit.*
13 ἥμισυς, half
14 πῆχυς, cubit
15 μεχωνωθ, stand, *translit.*
16 στρογγύλος, circle
17 κύκλῳ, round about
18 σύγκλεισμα, border, frame
19 σύγκλεισμα, border, frame
20 χερουβιν, cherubim, *translit.*
21 λέων, lion
22 φοῖνιξ, date palm
23 ἵστημι, *perf act ptc nom p n*, stand
24 ἔσω, inside, within
25 κυκλόθεν, all around
26 δέκα, ten
27 μεχωνωθ, stand, *translit.*
28 τάξις, class, order
29 μέτρον, dimension
30 δέκα, ten
31 χυτρόκαυλος, pot, basin
32 χαλκοῦς, bronze
33 τεσσαράκοντα, forty
34 χοεύς, liquid measure
35 χωρέω, *pres act ptc acc s m*, contain
36 χυτρόκαυλος, pot, basin
37 μέτρησις, measuring
38 χυτρόκαυλος, pot, basin
39 μεχωνωθ, stand, *translit.*
40 δέκα, ten
41 μεχωνωθ, stand, *translit.*
42 ὠμία, supporting piece
43 ἀριστερός, left
44 ἀνατολή, east
45 κλίτος, side
46 νότος, north
47 λέβης, kettle
48 θέρμαστρις, tong, pincer
49 φιάλη, shallow bowl
50 συντελέω, *aor act ind 3s*, finish
51 στῦλος, column
52 στρεπτός, molding

δύο καὶ τὰ δίκτυα[1] δύο τοῦ καλύπτειν[2] ἀμφότερα[3] τὰ στρεπτὰ[4] τῶν γλυφῶν[5] τὰ ὄντα
ἐπὶ τῶν στύλων, **28** τὰς ῥόας[6] τετρακοσίας[7] ἀμφοτέροις[8] τοῖς δικτύοις,[9] δύο στίχοι[10]
ῥοῶν[11] τῷ δικτύῳ τῷ ἑνὶ περικαλύπτειν[12] ἀμφότερα τὰ στρεπτὰ[13] ἐπ' ἀμφοτέροις
τοῖς στύλοις,[14] **29** καὶ τὰς μεχωνωθ[15] δέκα[16] καὶ τοὺς χυτροκαύλους[17] δέκα ἐπὶ
τῶν μεχωνωθ **30** καὶ τὴν θάλασσαν μίαν καὶ τοὺς βόας[18] δώδεκα[19] ὑποκάτω[20] τῆς
θαλάσσης **31** καὶ τοὺς λέβητας[21] καὶ τὰς θερμάστρεις[22] καὶ τὰς φιάλας[23] καὶ πάντα
τὰ σκεύη,[24] ἃ ἐποίησεν Χιραμ τῷ βασιλεῖ Σαλωμων τῷ οἴκῳ κυρίου· καὶ οἱ στῦλοι[25]
τεσσαράκοντα[26] καὶ ὀκτὼ[27] τοῦ οἴκου τοῦ βασιλέως καὶ τοῦ οἴκου κυρίου. πάντα
τὰ ἔργα τοῦ βασιλέως, ἃ ἐποίησεν Χιραμ, χαλκᾶ[28] ἄρδην·[29] **32** οὐκ ἦν σταθμὸς[30] τοῦ
χαλκοῦ,[31] οὗ ἐποίησεν πάντα τὰ ἔργα ταῦτα, ἐκ πλήθους[32] σφόδρα·[33] οὐκ ἦν τέρμα[34]
τῷ σταθμῷ[35] τοῦ χαλκοῦ. **33** ἐν τῷ περιοίκῳ[36] τοῦ Ιορδάνου ἐχώνευσεν[37] αὐτὰ ὁ
βασιλεὺς ἐν τῷ πάχει[38] τῆς γῆς ἀνὰ μέσον[39] Σοκχωθ καὶ ἀνὰ μέσον Σιρα.

34 Καὶ ἔδωκεν ὁ βασιλεὺς Σαλωμων τὰ σκεύη,[40] ἃ ἐποίησεν, ἐν οἴκῳ κυρίου, τὸ
θυσιαστήριον[41] τὸ χρυσοῦν[42] καὶ τὴν τράπεζαν,[43] ἐφ' ἧς οἱ ἄρτοι τῆς προσφορᾶς,[44]
χρυσῆν, **35** καὶ τὰς λυχνίας,[45] πέντε ἐκ δεξιῶν καὶ πέντε ἐξ ἀριστερῶν[46] κατὰ
πρόσωπον τοῦ δαβιρ,[47] χρυσᾶς[48] συγκλειομένας,[49] καὶ τὰ λαμπαδεῖα[50] καὶ τοὺς
λύχνους[51] καὶ τὰς ἐπαρυστρίδας[52] χρυσᾶς **36** καὶ τὰ πρόθυρα[53] καὶ οἱ ἧλοι[54] καὶ αἱ

1 δίκτυον, latticework
2 καλύπτω, *pres act inf*, cover
3 ἀμφότεροι, both
4 στρεπτός, molding
5 γλυφή, carving
6 ῥόα, pomegranate
7 τετρακόσιοι, four hundred
8 ἀμφότεροι, both
9 δίκτυον, latticework
10 στίχος, row
11 ῥόα, pomegranate
12 περικαλύπτω, *pres act inf*, cover over
13 στρεπτός, molding
14 στῦλος, column
15 μεχωνωθ, stand, *translit.*
16 δέκα, ten
17 χυτρόκαυλος, pot, basin
18 βοῦς, cow, (*p*) cattle
19 δώδεκα, twelve
20 ὑποκάτω, beneath
21 λέβης, kettle
22 θέρμαστρις, tong, pincer
23 φιάλη, shallow bowl
24 σκεῦος, vessel, equipment
25 στῦλος, column
26 τεσσαράκοντα, forty
27 ὀκτώ, eight
28 χαλκοῦς, bronze
29 ἄρδην, entirely
30 σταθμός, weight
31 χαλκοῦς, bronze
32 πλῆθος, quantity, multitude
33 σφόδρα, very much
34 τέρμα, limit
35 σταθμός, weight
36 περίοικος, surrounding country
37 χωνεύω, *aor act ind 3s*, cast
38 πάχος, wide (region)
39 ἀνὰ μέσον, between
40 σκεῦος, vessel, equipment
41 θυσιαστήριον, altar
42 χρυσοῦς, gold
43 τράπεζα, table
44 προσφορά, presentation
45 λυχνία, lampstand
46 ἀριστερός, left
47 δαβιρ, temple shrine, *translit.*
48 χρυσοῦς, gold
49 συγκλείω, *pres pas ptc acc p f*, overlay
50 λαμπάδιον, torch
51 λύχνος, lamp
52 ἐπαρυστρίς, vessel for pouring oil
53 πρόθυρον, doorway, portico
54 ἧλος, nail

φιάλαι[1] καὶ τὰ τρύβλια[2] καὶ αἱ θυίσκαι[3] χρυσαῖ,[4] συγκλειστά,[5] καὶ τὰ θυρώματα[6] τῶν θυρῶν τοῦ οἴκου τοῦ ἐσωτάτου,[7] ἁγίου τῶν ἁγίων, καὶ τὰς θύρας τοῦ οἴκου τοῦ ναοῦ χρυσᾶς. **37** καὶ ἀνεπληρώθη[8] πᾶν τὸ ἔργον, ὃ ἐποίησεν Σαλωμων οἴκου κυρίου, καὶ εἰσήνεγκεν[9] Σαλωμων τὰ ἅγια Δαυιδ τοῦ πατρὸς αὐτοῦ καὶ πάντα τὰ ἅγια Σαλωμων, τὸ ἀργύριον[10] καὶ τὸ χρυσίον[11] καὶ τὰ σκεύη,[12] ἔδωκεν εἰς τοὺς θησαυροὺς[13] οἴκου κυρίου.

Building Solomon's Palace

38 Καὶ τὸν οἶκον αὐτοῦ ᾠκοδόμησεν Σαλωμων τρισκαίδεκα[14] ἔτεσιν. **39** καὶ ᾠκοδόμησεν τὸν οἶκον δρυμῷ[15] τοῦ Λιβάνου· ἑκατὸν[16] πήχεις[17] μῆκος[18] αὐτοῦ, καὶ πεντήκοντα[19] πήχεις πλάτος[20] αὐτοῦ, καὶ τριάκοντα[21] πηχῶν ὕψος[22] αὐτοῦ· καὶ τριῶν στίχων[23] στύλων[24] κεδρίνων,[25] καὶ ὠμίαι[26] κέδριναι τοῖς στύλοις. **40** καὶ ἐφάτνωσεν[27] τὸν οἶκον ἄνωθεν[28] ἐπὶ τῶν πλευρῶν[29] τῶν στύλων,[30] καὶ ἀριθμὸς[31] τῶν στύλων τεσσαράκοντα[32] καὶ πέντε, δέκα[33] καὶ πέντε ὁ στίχος·[34] **41** καὶ μέλαθρα[35] τρία καὶ χώρα[36] ἐπὶ χώραν τρισσῶς·[37] **42** καὶ πάντα τὰ θυρώματα[38] καὶ αἱ χῶραι[39] τετράγωνοι[40] μεμελαθρωμέναι[41] καὶ ἀπὸ τοῦ θυρώματος ἐπὶ θύραν τρισσῶς.[42] **43** καὶ τὸ αιλαμ[43] τῶν στύλων[44] πεντήκοντα[45] πηχῶν[46] μῆκος[47] καὶ τριάκοντα[48] ἐν πλάτει,[49] ἐζυγωμένα,[50] αιλαμ ἐπὶ πρόσωπον αὐτῶν, καὶ στῦλοι[51] καὶ πάχος[52] ἐπὶ πρόσωπον

1 φιάλη, shallow bowl
2 τρύβλιον, cup
3 θυΐσκη, censer
4 χρυσοῦς, gold
5 συγκλειστός, overlaid
6 θύρωμα, panel
7 ἔσω, *sup*, innermost (place)
8 ἀναπληρόω, *aor pas ind 3s*, complete, finish
9 εἰσφέρω, *aor act ind 3s*, bring to
10 ἀργύριον, silver
11 χρυσίον, gold
12 σκεῦος, vessel, item
13 θησαυρός, treasury
14 τρισκαίδεκα, thirteen
15 δρυμός, forest
16 ἑκατόν, hundred
17 πῆχυς, cubit
18 μῆκος, length
19 πεντήκοντα, fifty
20 πλάτος, width
21 τριάκοντα, thirty
22 ὕψος, height
23 στίχος, row
24 στῦλος, beam, column
25 κέδρινος, cedar
26 ὠμία, supporting piece
27 φατνόω, *aor act ind 3s*, construct a roof
28 ἄνωθεν, above
29 πλευρόν, side
30 στῦλος, beam, column
31 ἀριθμός, number
32 τεσσαράκοντα, forty
33 δέκα, ten
34 στίχος, row
35 μέλαθρον, structural beam
36 χώρα, location, space
37 τρισσῶς, threefold, three times
38 θύρωμα, panel
39 χώρα, location, space
40 τετράγωνος, square
41 μελαθρόω, *perf pas ptc nom p f*, fasten by beams
42 τρισσῶς, threefold, three times
43 αιλαμ, porch, *translit.*
44 στῦλος, column
45 πεντήκοντα, fifty
46 πῆχυς, cubit
47 μῆκος, length
48 τριάκοντα, thirty
49 πλατύς, wide
50 ζυγόω, *perf pas ptc nom p n*, join together
51 στῦλος, column
52 πάχος, thickness

αὐτῆς τοῖς αιλαμμιν.[1] **44** καὶ τὸ αιλαμ[2] τῶν θρόνων,[3] οὗ[4] κρινεῖ ἐκεῖ, αιλαμ τοῦ
κριτηρίου.[5] **45** καὶ οἶκος αὐτῷ, ἐν ᾧ καθήσεται ἐκεῖ, αὐλὴ[6] μία ἐξελισσομένη[7] τούτοις
κατὰ τὸ ἔργον τοῦτο· καὶ οἶκον τῇ θυγατρὶ[8] Φαραω, ἣν ἔλαβεν Σαλωμων, κατὰ τὸ
αιλαμ[9] τοῦτο.

46 πάντα ταῦτα ἐκ λίθων τιμίων[10] κεκολαμμένα[11] ἐκ διαστήματος[12] ἔσωθεν[13] καὶ
ἐκ τοῦ θεμελίου[14] ἕως τῶν γεισῶν[15] καὶ ἔξωθεν[16] εἰς τὴν αὐλὴν[17] τὴν μεγάλην
47 τὴν τεθεμελιωμένην[18] ἐν τιμίοις[19] λίθοις μεγάλοις, λίθοις δεκαπήχεσιν[20] καὶ
τοῖς ὀκταπήχεσιν,[21] **48** καὶ ἐπάνωθεν[22] τιμίοις[23] κατὰ τὸ μέτρον[24] ἀπελεκήτων[25]
καὶ κέδροις.[26] **49** τῆς αὐλῆς[27] τῆς μεγάλης κύκλῳ[28] τρεῖς στίχοι[29] ἀπελεκήτων[30] καὶ
στίχος κεκολαμμένης[31] κέδρου.[32] **50** καὶ συνετέλεσεν[33] Σαλωμων ὅλον τὸν οἶκον
αὐτοῦ.

Bringing the Ark into the Temple

8 Καὶ ἐγένετο ἐν τῷ συντελέσαι[34] Σαλωμων τοῦ οἰκοδομῆσαι τὸν οἶκον κυρίου καὶ
τὸν οἶκον ἑαυτοῦ μετὰ εἴκοσι[35] ἔτη, τότε ἐξεκκλησίασεν[36] ὁ βασιλεὺς Σαλωμων
πάντας τοὺς πρεσβυτέρους Ισραηλ ἐν Σιων τοῦ ἀνενεγκεῖν[37] τὴν κιβωτὸν[38] διαθήκης
κυρίου ἐκ πόλεως Δαυιδ (αὕτη ἐστὶν Σιων) **2** ἐν μηνὶ[39] Αθανιν. **3** καὶ ἦραν οἱ ἱερεῖς
τὴν κιβωτὸν[40] **4** καὶ τὸ σκήνωμα[41] τοῦ μαρτυρίου[42] καὶ πάντα τὰ σκεύη[43] τὰ ἅγια
τὰ ἐν τῷ σκηνώματι τοῦ μαρτυρίου,[44] **5** καὶ ὁ βασιλεὺς καὶ πᾶς Ισραηλ ἔμπροσθεν

1 αιλαμμιν, porches, *translit.*
2 αιλαμ, porch, *translit.*
3 θρόνος, throne
4 οὗ, where
5 κριτήριον, judgment seat
6 αὐλή, court
7 ἐξελίσσω, *pres mid ptc nom s f*, extend to
8 θυγάτηρ, daughter
9 αιλαμ, porch, *translit.*
10 τίμιος, precious, costly
11 κολάπτω, *perf pas ptc nom p n*, carve, engrave
12 διάστημα, interval
13 ἔσωθεν, from within
14 θεμέλιον, foundation
15 γεῖσος, cornice, border
16 ἔξωθεν, from outside
17 αὐλή, court
18 θεμελιόω, *perf pas ptc acc s f*, lay as a foundation
19 τίμιος, precious, costly
20 δεκάπηχυς, ten cubits
21 ὀκτάπηχυς, eight cubits
22 ἐπάνωθεν, above, on top
23 τίμιος, precious, costly
24 μέτρον, measure, dimension
25 ἀπελέκητος, unhewn
26 κέδρος, cedar
27 αὐλή, court
28 κύκλῳ, round about
29 στίχος, row
30 ἀπελέκητος, unhewn
31 κολάπτω, *perf pas ptc gen s f*, carve, engrave
32 κέδρος, cedar
33 συντελέω, *aor act ind 3s*, finish
34 συντελέω, *aor act inf*, complete, finish
35 εἴκοσι, twenty
36 ἐξεκλησιάζω, *aor act ind 3s*, summon, assemble
37 ἀναφέρω, *aor act inf*, bring up
38 κιβωτός, chest, ark
39 μήν, month
40 κιβωτός, chest, ark (of the covenant)
41 σκήνωμα, tent
42 μαρτύριον, witness
43 σκεῦος, object, vessel
44 μαρτύριον, witness

τῆς κιβωτοῦ[1] θύοντες[2] πρόβατα καὶ βόας[3] ἀναρίθμητα.[4] **6** καὶ εἰσφέρουσιν[5] οἱ ἱερεῖς τὴν κιβωτὸν[6] εἰς τὸν τόπον αὐτῆς εἰς τὸ δαβιρ[7] τοῦ οἴκου εἰς τὰ ἅγια τῶν ἁγίων ὑπὸ τὰς πτέρυγας[8] τῶν χερουβιν·[9] **7** ὅτι τὰ χερουβιν[10] διαπεπετασμένα[11] ταῖς πτέρυξιν[12] ἐπὶ τὸν τόπον τῆς κιβωτοῦ,[13] καὶ περιεκάλυπτον[14] τὰ χερουβιν ἐπὶ τὴν κιβωτὸν καὶ ἐπὶ τὰ ἅγια αὐτῆς ἐπάνωθεν,[15] **8** καὶ ὑπερεῖχον[16] τὰ ἡγιασμένα,[17] καὶ ἐνεβλέποντο[18] αἱ κεφαλαὶ τῶν ἡγιασμένων[19] ἐκ τῶν ἁγίων εἰς πρόσωπον τοῦ δαβιρ[20] καὶ οὐκ ὠπτάνοντο[21] ἔξω. **9** οὐκ ἦν ἐν τῇ κιβωτῷ[22] πλὴν δύο πλάκες[23] λίθιναι,[24] πλάκες τῆς διαθήκης, ἃς ἔθηκεν ἐκεῖ Μωυσῆς ἐν Χωρηβ, ἃ διέθετο[25] κύριος μετὰ τῶν υἱῶν Ισραηλ ἐν τῷ ἐκπορεύεσθαι αὐτοὺς ἐκ γῆς Αἰγύπτου. **10** καὶ ἐγένετο ὡς ἐξῆλθον οἱ ἱερεῖς ἐκ τοῦ ἁγίου, καὶ ἡ νεφέλη[26] ἔπλησεν[27] τὸν οἶκον· **11** καὶ οὐκ ἠδύναντο οἱ ἱερεῖς στῆναι λειτουργεῖν[28] ἀπὸ προσώπου τῆς νεφέλης,[29] ὅτι ἔπλησεν[30] δόξα κυρίου τὸν οἶκον.

Solomon's Blessing

14 Καὶ ἀπέστρεψεν[31] ὁ βασιλεὺς τὸ πρόσωπον αὐτοῦ, καὶ εὐλόγησεν ὁ βασιλεὺς πάντα Ισραηλ, καὶ πᾶσα ἐκκλησία Ισραηλ εἱστήκει.[32] **15** καὶ εἶπεν Εὐλογητὸς[33] κύριος ὁ θεὸς Ισραηλ σήμερον, ὃς ἐλάλησεν ἐν τῷ στόματι αὐτοῦ περὶ Δαυιδ τοῦ πατρός μου καὶ ἐν ταῖς χερσὶν αὐτοῦ ἐπλήρωσεν λέγων **16** Ἀφ᾽ ἧς ἡμέρας ἐξήγαγον[34] τὸν λαόν μου τὸν Ισραηλ ἐξ Αἰγύπτου, οὐκ ἐξελεξάμην[35] ἐν πόλει ἐν ἑνὶ σκήπτρῳ[36] Ισραηλ τοῦ οἰκοδομῆσαι οἶκον τοῦ εἶναι τὸ ὄνομά μου ἐκεῖ· καὶ ἐξελεξάμην ἐν Ιερουσαλημ εἶναι τὸ ὄνομά μου ἐκεῖ καὶ ἐξελεξάμην τὸν Δαυιδ τοῦ εἶναι ἐπὶ τὸν λαόν μου τὸν Ισραηλ. **17** καὶ ἐγένετο ἐπὶ τῆς καρδίας Δαυιδ τοῦ πατρός μου οἰκοδομῆσαι οἶκον τῷ ὀνόματι κυρίου θεοῦ Ισραηλ. **18** καὶ εἶπεν κύριος πρὸς Δαυιδ τὸν πατέρα μου Ἀνθ᾽ ὧν[37] ἦλθεν ἐπὶ τὴν καρδίαν σου τοῦ οἰκοδομῆσαι οἶκον τῷ ὀνόματί μου, καλῶς[38]

1 κιβωτός, chest, ark (of the covenant)
2 θύω, *pres act ptc nom p m*, sacrifice
3 βοῦς, cow, (*p*) cattle
4 ἀναρίθμητος, countless
5 εἰσφέρω, *pres act ind 3p*, bring in
6 κιβωτός, chest, ark (of the covenant)
7 δαβιρ, temple shrine, *translit.*
8 πτέρυξ, wing
9 χερουβιν, cherubim, *translit.*
10 χερουβιν, cherubim, *translit.*
11 διαπετάννυμι, *perf mid ptc nom p n*, spread out
12 πτέρυξ, wing
13 κιβωτός, chest, ark (of the covenant)
14 περικαλύπτω, *impf act ind 3p*, cover over
15 ἐπάνωθεν, from above, over
16 ὑπερέχω, *impf act ind 3p*, rise above
17 ἁγιάζω, *perf pas ptc acc p n*, sanctify, consecrate
18 ἐμβλέπω, *impf pas ind 3p*, appear
19 ἁγιάζω, *perf pas ptc gen p n*, sanctify, consecrate
20 δαβιρ, temple shrine, *translit.*
21 ὀπτάνομαι, *impf pas ind 3p*, see
22 κιβωτός, chest, ark (of the covenant)
23 πλάξ, tablet
24 λίθινος, stone
25 διατίθημι, *aor mid ind 3s*, grant, arrange
26 νεφέλη, cloud
27 πίμπλημι, *aor act ind 3s*, fill
28 λειτουργέω, *pres act inf*, minister
29 νεφέλη, cloud
30 πίμπλημι, *aor act ind 3s*, fill
31 ἀποστρέφω, *aor act ind 3s*, turn away
32 ἵστημι, *plpf act ind 3s*, stand
33 εὐλογητός, blessed
34 ἐξάγω, *aor act ind 1s*, lead out
35 ἐκλέγω, *aor mid ind 1s*, choose, select
36 σκῆπτρον, scepter
37 ἀνθ᾽ ὧν, because, since
38 καλῶς, well

ἐποίησας ὅτι ἐγενήθη ἐπὶ τὴν καρδίαν σου· **19** πλὴν σὺ οὐκ οἰκοδομήσεις τὸν οἶκον,
ἀλλ᾽ ἢ ὁ υἱός σου ὁ ἐξελθὼν ἐκ τῶν πλευρῶν[1] σου, οὗτος οἰκοδομήσει τὸν οἶκον
τῷ ὀνόματί μου. **20** καὶ ἀνέστησεν κύριος τὸ ῥῆμα αὐτοῦ, ὃ ἐλάλησεν, καὶ ἀνέστην
ἀντὶ[2] Δαυιδ τοῦ πατρός μου καὶ ἐκάθισα ἐπὶ τοῦ θρόνου Ισραηλ, καθὼς ἐλάλησεν
κύριος, καὶ ᾠκοδόμησα τὸν οἶκον τῷ ὀνόματι κυρίου θεοῦ Ισραηλ. **21** καὶ ἐθέμην[3]
ἐκεῖ τόπον τῇ κιβωτῷ,[4] ἐν ᾗ ἐστιν ἐκεῖ διαθήκη κυρίου, ἣν διέθετο[5] κύριος μετὰ τῶν
πατέρων ἡμῶν ἐν τῷ ἐξαγαγεῖν[6] αὐτὸν αὐτοὺς ἐκ γῆς Αἰγύπτου.

Solomon's Prayer

22 Καὶ ἔστη Σαλωμων κατὰ πρόσωπον τοῦ θυσιαστηρίου[7] κυρίου ἐνώπιον πάσης
ἐκκλησίας Ισραηλ καὶ διεπέτασεν[8] τὰς χεῖρας αὐτοῦ εἰς τὸν οὐρανὸν **23** καὶ εἶπεν
Κύριε ὁ θεὸς Ισραηλ, οὐκ ἔστιν ὡς σὺ θεὸς ἐν τῷ οὐρανῷ ἄνω[9] καὶ ἐπὶ τῆς γῆς
κάτω[10] φυλάσσων διαθήκην καὶ ἔλεος[11] τῷ δούλῳ σου τῷ πορευομένῳ ἐνώπιόν
σου ἐν ὅλῃ τῇ καρδίᾳ αὐτοῦ, **24** ἃ ἐφύλαξας τῷ δούλῳ σου Δαυιδ τῷ πατρί μου
καὶ ἐλάλησας ἐν τῷ στόματί σου καὶ ἐν χερσίν σου ἐπλήρωσας ὡς ἡ ἡμέρα αὕτη.
25 καὶ νῦν, κύριε ὁ θεὸς Ισραηλ, φύλαξον τῷ δούλῳ σου τῷ Δαυιδ τῷ πατρί μου ἃ
ἐλάλησας αὐτῷ λέγων Οὐκ ἐξαρθήσεταί[12] σου ἀνὴρ ἐκ προσώπου μου καθήμενος
ἐπὶ θρόνου Ισραηλ, πλὴν ἐὰν φυλάξωνται τὰ τέκνα σου τὰς ὁδοὺς αὐτῶν τοῦ
πορεύεσθαι ἐνώπιον ἐμοῦ, καθὼς ἐπορεύθης ἐνώπιον ἐμοῦ. **26** καὶ νῦν, κύριε ὁ
θεὸς Ισραηλ, πιστωθήτω[13] δή[14] τὸ ῥῆμά σου τῷ Δαυιδ τῷ πατρί μου.

27 ὅτι εἰ ἀληθῶς[15] κατοικήσει ὁ θεὸς μετὰ ἀνθρώπων ἐπὶ τῆς γῆς; εἰ ὁ οὐρανὸς
καὶ ὁ οὐρανὸς τοῦ οὐρανοῦ οὐκ ἀρκέσουσίν[16] σοι, πλὴν καὶ ὁ οἶκος οὗτος, ὃν
ᾠκοδόμησα τῷ ὀνόματί σου; **28** καὶ ἐπιβλέψῃ[17] ἐπὶ τὴν δέησίν[18] μου, κύριε ὁ θεὸς
Ισραηλ, ἀκούειν τῆς τέρψεως,[19] ἧς ὁ δοῦλός σου προσεύχεται ἐνώπιόν σου πρὸς σὲ
σήμερον, **29** τοῦ εἶναι ὀφθαλμούς σου ἠνεῳγμένους[20] εἰς τὸν οἶκον τοῦτον ἡμέρας
καὶ νυκτός, εἰς τὸν τόπον, ὃν εἶπας Ἔσται τὸ ὄνομά μου ἐκεῖ, τοῦ εἰσακούειν[21]
τῆς προσευχῆς, ἧς προσεύχεται ὁ δοῦλός σου εἰς τὸν τόπον τοῦτον ἡμέρας καὶ
νυκτός. **30** καὶ εἰσακούσῃ[22] τῆς δεήσεως[23] τοῦ δούλου σου καὶ τοῦ λαοῦ σου
Ισραηλ, ἃ ἂν προσεύξωνται εἰς τὸν τόπον τοῦτον, καὶ σὺ εἰσακούσῃ[24] ἐν τῷ τόπῳ
τῆς κατοικήσεώς[25] σου ἐν οὐρανῷ καὶ ποιήσεις καὶ ἵλεως[26] ἔσῃ.

1 πλευρά, side (of the body)
2 ἀντί, in place of
3 τίθημι, *aor mid ind 1s*, set, place
4 κιβωτός, chest, ark (of the covenant)
5 διατίθημι, *aor mid ind 3s*, arrange
6 ἐξάγω, *aor act inf*, bring out
7 θυσιαστήριον, altar
8 διαπετάννυμι, *aor act ind 3s*, spread out
9 ἄνω, above
10 κάτω, below
11 ἔλεος, mercy
12 ἐξαίρω, *fut pas ind 3s*, remove from
13 πιστόω, *aor pas impv 3s*, confirm
14 δή, now
15 ἀληθῶς, truly, actually
16 ἀρκέω, *fut act ind 3p*, suffice
17 ἐπιβλέπω, *fut mid ind 2s*, look upon
18 δέησις, petition, prayer
19 τέρψις, delight, joy
20 ἀνοίγω, *perf pas ptc acc p m*, open
21 εἰσακούω, *pres act inf*, hear, listen
22 εἰσακούω, *fut mid ind 2s*, hear, listen
23 δέησις, petition, prayer
24 εἰσακούω, *fut mid ind 2s*, hear, listen
25 κατοίκησις, dwelling
26 ἵλεως, gracious, merciful

31 ὅσα ἂν ἁμάρτῃ ἕκαστος τῷ πλησίον[1] αὐτοῦ, καὶ ἐὰν λάβῃ ἐπʼ αὐτὸν ἀρὰν[2] τοῦ
ἀρᾶσθαι[3] αὐτόν, καὶ ἔλθῃ καὶ ἐξαγορεύσῃ[4] κατὰ πρόσωπον τοῦ θυσιαστηρίου[5] σου
ἐν τῷ οἴκῳ τούτῳ, **32** καὶ σὺ εἰσακούσει[6] ἐκ τοῦ οὐρανοῦ καὶ ποιήσεις καὶ κρινεῖς τὸν
λαόν σου Ισραηλ ἀνομηθῆναι[7] ἄνομον[8] δοῦναι τὴν ὁδὸν αὐτοῦ εἰς κεφαλὴν αὐτοῦ
καὶ τοῦ δικαιῶσαι[9] δίκαιον δοῦναι αὐτῷ κατὰ τὴν δικαιοσύνην αὐτοῦ.

33 ἐν τῷ πταῖσαι[10] τὸν λαόν σου Ισραηλ ἐνώπιον ἐχθρῶν, ὅτι ἁμαρτήσονταί σοι,
καὶ ἐπιστρέψουσιν καὶ ἐξομολογήσονται[11] τῷ ὀνόματί σου καὶ προσεύξονται καὶ
δεηθήσονται[12] ἐν τῷ οἴκῳ τούτῳ, **34** καὶ σὺ εἰσακούσῃ[13] ἐκ τοῦ οὐρανοῦ καὶ ἵλεως[14]
ἔσῃ ταῖς ἁμαρτίαις τοῦ λαοῦ σου Ισραηλ καὶ ἀποστρέψεις[15] αὐτοὺς εἰς τὴν γῆν, ἣν
ἔδωκας τοῖς πατράσιν αὐτῶν.

35 ἐν τῷ συσχεθῆναι[16] τὸν οὐρανὸν καὶ μὴ γενέσθαι ὑετόν,[17] ὅτι ἁμαρτήσονταί σοι,
καὶ προσεύξονται εἰς τὸν τόπον τοῦτον καὶ ἐξομολογήσονται[18] τῷ ὀνόματί σου
καὶ ἀπὸ τῶν ἁμαρτιῶν αὐτῶν ἀποστρέψουσιν,[19] ὅταν ταπεινώσῃς[20] αὐτούς, **36** καὶ
εἰσακούσῃ[21] ἐκ τοῦ οὐρανοῦ καὶ ἵλεως[22] ἔσῃ ταῖς ἁμαρτίαις τοῦ δούλου σου καὶ τοῦ
λαοῦ σου Ισραηλ· ὅτι δηλώσεις[23] αὐτοῖς τὴν ὁδὸν τὴν ἀγαθὴν πορεύεσθαι ἐν αὐτῇ
καὶ δώσεις ὑετὸν[24] ἐπὶ τὴν γῆν, ἣν ἔδωκας τῷ λαῷ σου ἐν κληρονομίᾳ.[25]

37 λιμὸς[26] ἐὰν γένηται, θάνατος ἐὰν γένηται, ὅτι ἔσται ἐμπυρισμός,[27] βροῦχος,[28]
ἐρυσίβη[29] ἐὰν γένηται, καὶ ἐὰν θλίψῃ[30] αὐτὸν ἐχθρὸς αὐτοῦ ἐν μιᾷ τῶν πόλεων αὐτοῦ,
πᾶν συνάντημα,[31] πᾶν πόνον,[32] **38** πᾶσαν προσευχήν, πᾶσαν δέησιν,[33] ἐὰν γένηται
παντὶ ἀνθρώπῳ, ὡς ἂν γνῶσιν ἕκαστος ἁφὴν[34] καρδίας αὐτοῦ καὶ διαπετάσῃ[35]
τὰς χεῖρας αὐτοῦ εἰς τὸν οἶκον τοῦτον, **39** καὶ σὺ εἰσακούσῃ[36] ἐκ τοῦ οὐρανοῦ ἐξ
ἑτοίμου[37] κατοικητηρίου[38] σου καὶ ἵλεως[39] ἔσῃ καὶ ποιήσεις καὶ δώσεις ἀνδρὶ κατὰ

1 πλησίον, neighbor
2 ἀρά, curse, oath
3 ἀράομαι, *pres mid inf*, curse
4 ἐξαγορεύω, *aor act sub 3s*, confess
5 θυσιαστήριον, altar
6 εἰσακούω, *fut act ind 3s*, hear, listen
7 ἀνομέω, *aor pas inf*, act lawlessly
8 ἄνομος, wicked, lawless
9 δικαιόω, *aor act inf*, pronounce righteous
10 πταίω, *aor act inf*, fall, stumble
11 ἐξομολογέομαι, *fut mid ind 3p*, confess
12 δέομαι, *fut pas ind 3p*, supplicate
13 εἰσακούω, *fut mid ind 2s*, hear, listen
14 ἵλεως, gracious, merciful
15 ἀποστρέφω, *fut act ind 2s*, bring back
16 συνέχω, *aor pas inf*, close up
17 ὑετός, rain
18 ἐξομολογέομαι, *fut mid ind 3p*, confess
19 ἀποστρέφω, *fut act ind 3p*, turn away
20 ταπεινόω, *aor act sub 2s*, bring low, humble
21 εἰσακούω, *fut mid ind 2s*, hear, listen
22 ἵλεως, gracious, merciful
23 δηλόω, *fut act ind 2s*, make known
24 ὑετός, rain
25 κληρονομία, inheritance
26 λιμός, famine
27 ἐμπυρισμός, blight
28 βροῦχος, locust
29 ἐρυσίβη, mildew
30 θλίβω, *aor act sub 3s*, afflict
31 συνάντημα, adversity
32 πόνος, hardship
33 δέησις, petition, prayer
34 ἁφή, wound, affliction
35 διαπετάννυμι, *aor act sub 3s*, spread out
36 εἰσακούω, *fut mid ind 2s*, hear, listen
37 ἕτοιμος, prepared
38 κατοικητήριον, dwelling place, abode
39 ἵλεως, gracious, merciful

τὰς ὁδοὺς αὐτοῦ, καθὼς ἂν γνῷς τὴν καρδίαν αὐτοῦ, ὅτι σὺ μονώτατος[1] οἶδας τὴν
καρδίαν πάντων υἱῶν ἀνθρώπων, **40** ὅπως φοβῶνταί σε πάσας τὰς ἡμέρας, ἃς αὐτοὶ
ζῶσιν ἐπὶ τῆς γῆς, ἧς ἔδωκας τοῖς πατράσιν ἡμῶν.

41 καὶ τῷ ἀλλοτρίῳ,[2] ὃς οὐκ ἔστιν ἀπὸ λαοῦ σου οὗτος, **42** καὶ ἥξουσιν[3] καὶ
προσεύξονται εἰς τὸν τόπον τοῦτον, **43** καὶ σὺ εἰσακούσῃ[4] ἐκ τοῦ οὐρανοῦ ἐξ
ἑτοίμου[5] κατοικητηρίου[6] σου καὶ ποιήσεις κατὰ πάντα, ὅσα ἂν ἐπικαλέσηταί[7] σε ὁ
ἀλλότριος,[8] ὅπως γνῶσιν πάντες οἱ λαοὶ τὸ ὄνομά σου καὶ φοβῶνταί σε καθὼς ὁ
λαός σου Ισραηλ καὶ γνῶσιν ὅτι τὸ ὄνομά σου ἐπικέκληται[9] ἐπὶ τὸν οἶκον τοῦτον,
ὃν ᾠκοδόμησα. — **44** ὅτι ἐξελεύσεται ὁ λαός σου εἰς πόλεμον ἐπὶ τοὺς ἐχθροὺς
αὐτοῦ ἐν ὁδῷ, ᾗ ἐπιστρέψεις αὐτούς, καὶ προσεύξονται ἐν ὀνόματι κυρίου ὁδὸν
τῆς πόλεως, ἧς ἐξελέξω[10] ἐν αὐτῇ, καὶ τοῦ οἴκου, οὗ ᾠκοδόμησα τῷ ὀνόματί σου,
45 καὶ εἰσακούσει[11] ἐκ τοῦ οὐρανοῦ τῆς δεήσεως[12] αὐτῶν καὶ τῆς προσευχῆς αὐτῶν
καὶ ποιήσεις τὸ δικαίωμα[13] αὐτοῖς.

46 ὅτι ἁμαρτήσονταί σοι — ὅτι οὐκ ἔστιν ἄνθρωπος, ὃς οὐχ ἁμαρτήσεται — καὶ
ἐπάξεις[14] ἐπ᾽ αὐτοὺς καὶ παραδώσεις[15] αὐτοὺς ἐνώπιον ἐχθρῶν καὶ αἰχμαλωτιοῦσιν[16]
αὐτοὺς οἱ αἰχμαλωτίζοντες[17] εἰς γῆν μακρὰν[18] καὶ ἐγγύς,[19] **47** καὶ ἐπιστρέψουσιν
καρδίας αὐτῶν ἐν τῇ γῇ, οὗ[20] μετήχθησαν[21] ἐκεῖ, καὶ ἐπιστρέψωσιν καὶ δεηθῶσίν[22]
σου ἐν γῇ μετοικίας[23] αὐτῶν λέγοντες Ἡμάρτομεν ἠνομήσαμεν[24] ἠδικήσαμεν,[25]
48 καὶ ἐπιστρέψωσιν πρὸς σὲ ἐν ὅλῃ καρδίᾳ αὐτῶν καὶ ἐν ὅλῃ ψυχῇ αὐτῶν ἐν τῇ γῇ
ἐχθρῶν αὐτῶν, οὗ μετήγαγες[26] αὐτούς, καὶ προσεύξονται πρὸς σὲ ὁδὸν γῆς αὐτῶν, ἧς
ἔδωκας τοῖς πατράσιν αὐτῶν, τῆς πόλεως, ἧς ἐξελέξω,[27] καὶ τοῦ οἴκου, οὗ ᾠκοδόμηκα
τῷ ὀνόματί σου, **49** καὶ εἰσακούσῃ[28] ἐκ τοῦ οὐρανοῦ ἐξ ἑτοίμου[29] κατοικητηρίου[30]
σου **50** καὶ ἵλεως[31] ἔσῃ ταῖς ἀδικίαις[32] αὐτῶν, αἷς ἥμαρτόν σοι, καὶ κατὰ πάντα τὰ
ἀθετήματα[33] αὐτῶν, ἃ ἠθέτησάν[34] σοι, καὶ δώσεις αὐτοὺς εἰς οἰκτιρμοὺς[35] ἐνώπιον

1 μόνος, *sup*, most alone
2 ἀλλότριος, foreign
3 ἥκω, *fut act ind 3p*, come
4 εἰσακούω, *fut mid ind 2s*, hear, listen
5 ἕτοιμος, prepared
6 κατοικητήριον, dwelling place, abode
7 ἐπικαλέω, *aor mid sub 3s*, call upon
8 ἀλλότριος, foreign
9 ἐπικαλέω, *perf pas ind 3s*, call upon
10 ἐκλέγω, *aor mid ind 2s*, choose, select
11 εἰσακούω, *fut act ind 3s*, hear, listen
12 δέησις, petition, prayer
13 δικαίωμα, righteous deed
14 ἐπάγω, *fut act ind 2s*, bring upon
15 παραδίδωμι, *fut act ind 2s*, give over
16 αἰχμαλωτίζω, *fut act ind 3p*, take captive
17 αἰχμαλωτίζω, *pres act ptc nom p m*, take captive
18 μακράν, far away
19 ἐγγύς, nearby
20 οὗ, where
21 μετάγω, *aor pas ind 3p*, carry away
22 δέομαι, *aor pas sub 3p*, supplicate
23 μετοικία, captivity
24 ἀνομέω, *aor act ind 1p*, act wickedly
25 ἀδικέω, *aor act ind 1p*, commit injustice
26 μετάγω, *aor act ind 2s*, carry away
27 ἐκλέγω, *aor mid ind 2s*, choose, select
28 εἰσακούω, *fut mid ind 2s*, hear, listen
29 ἕτοιμος, prepared
30 κατοικητήριον, dwelling place, abode
31 ἵλεως, gracious, merciful
32 ἀδικία, wrongdoing, injustice
33 ἀθέτημα, breach of faith
34 ἀθετέω, *aor act ind 3p*, break faith with
35 οἰκτιρμός, compassion

αἰχμαλωτευόντων[1] αὐτούς, καὶ οἰκτιρήσουσιν[2] αὐτούς· **51** ὅτι λαός σου καὶ κληρο-
νομία[3] σου, οὓς ἐξήγαγες[4] ἐκ γῆς Αἰγύπτου ἐκ μέσου χωνευτηρίου[5] σιδήρου.[6] **52** καὶ
ἔστωσαν οἱ ὀφθαλμοί σου καὶ τὰ ὦτά σου ἠνεῳγμένα[7] εἰς τὴν δέησιν[8] τοῦ δούλου
σου καὶ εἰς τὴν δέησιν τοῦ λαοῦ σου Ισραηλ εἰσακούειν[9] αὐτῶν ἐν πᾶσιν, οἷς ἂν ἐπι-
καλέσωνταί[10] σε, **53** ὅτι σὺ διέστειλας[11] αὐτοὺς σαυτῷ εἰς κληρονομίαν[12] ἐκ πάντων
τῶν λαῶν τῆς γῆς, καθὼς ἐλάλησας ἐν χειρὶ δούλου σου Μωυσῆ ἐν τῷ ἐξαγαγεῖν[13]
σε τοὺς πατέρας ἡμῶν ἐκ γῆς Αἰγύπτου, κύριε κύριε.

53a Τότε ἐλάλησεν Σαλωμων ὑπὲρ τοῦ οἴκου, ὡς συνετέλεσεν[14] τοῦ οἰκοδομῆσαι
αὐτόν

Ἥλιον ἐγνώρισεν[15] ἐν οὐρανῷ κύριος,
εἶπεν τοῦ κατοικεῖν ἐν γνόφῳ[16]
Οἰκοδόμησον οἶκόν μου, οἶκον ἐκπρεπῆ[17] σαυτῷ,
τοῦ κατοικεῖν ἐπὶ καινότητος.[18]

οὐκ ἰδοὺ αὕτη γέγραπται ἐν βιβλίῳ τῆς ᾠδῆς;[19]

Solomon's Benediction

54 Καὶ ἐγένετο ὡς συνετέλεσεν[20] Σαλωμων προσευχόμενος πρὸς κύριον ὅλην τὴν
προσευχὴν καὶ τὴν δέησιν[21] ταύτην, καὶ ἀνέστη ἀπὸ προσώπου τοῦ θυσιαστηρίου[22]
κυρίου ὀκλακὼς[23] ἐπὶ τὰ γόνατα[24] αὐτοῦ καὶ αἱ χεῖρες αὐτοῦ διαπεπετασμέναι[25] εἰς
τὸν οὐρανόν. **55** καὶ ἔστη καὶ εὐλόγησεν πᾶσαν ἐκκλησίαν Ισραηλ φωνῇ μεγάλῃ
λέγων **56** Εὐλογητὸς[26] κύριος σήμερον, ὃς ἔδωκεν κατάπαυσιν[27] τῷ λαῷ αὐτοῦ
Ισραηλ κατὰ πάντα, ὅσα ἐλάλησεν· οὐ διεφώνησεν[28] λόγος εἷς ἐν πᾶσιν τοῖς λόγοις
αὐτοῦ τοῖς ἀγαθοῖς, οἷς ἐλάλησεν ἐν χειρὶ Μωυσῆ δούλου αὐτοῦ. **57** γένοιτο[29] κύριος
ὁ θεὸς ἡμῶν μεθ᾽ ἡμῶν, καθὼς ἦν μετὰ τῶν πατέρων ἡμῶν· μὴ ἐγκαταλίποιτο[30] ἡμᾶς

1 αἰχμαλωτεύω, *pres act ptc gen p m*, take captive
2 οἰκτίρω, *fut act ind 3p*, have compassion on
3 κληρονομία, possession
4 ἐξάγω, *aor act ind 2s*, bring out
5 χωνευτήριον, smelting furnace
6 σίδηρος, iron
7 ἀνοίγω, *perf pas ptc nom p n*, open
8 δέησις, petition, prayer
9 εἰσακούω, *pres act inf*, hear, listen
10 ἐπικαλέω, *aor mid sub 3p*, call upon
11 διαστέλλω, *aor act ind 2s*, set aside
12 κληρονομία, possession
13 ἐξάγω, *aor act inf*, bring out
14 συντελέω, *aor act ind 3s*, finish
15 γνωρίζω, *aor act ind 3s*, make known
16 γνόφος, darkness
17 ἐκπρεπής, extraordinary
18 καινότης, newness
19 ᾠδή, ode, song
20 συντελέω, *aor act ind 3s*, finish
21 δέησις, petition, prayer
22 θυσιαστήριον, altar
23 ὀκλάζω, *perf act ptc nom s m*, crouch down
24 γόνυ, knee
25 διαπετάννυμι, *perf pas ptc nom p f*, spread out
26 εὐλογητός, blessed
27 κατάπαυσις, rest
28 διαφωνέω, *aor act ind 3s*, perish, fail
29 γίνομαι, *aor mid opt 3s*, be
30 ἐγκαταλείπω, *aor mid opt 3s*, leave behind

μηδὲ ἀποστρέψοιτο[1] ἡμᾶς **58** ἐπικλῖναι[2] καρδίας ἡμῶν πρὸς αὐτὸν τοῦ πορεύεσθαι
ἐν πάσαις ὁδοῖς αὐτοῦ καὶ φυλάσσειν πάσας τὰς ἐντολὰς αὐτοῦ καὶ προστάγματα[3]
αὐτοῦ, ἃ ἐνετείλατο[4] τοῖς πατράσιν ἡμῶν. **59** καὶ ἔστωσαν οἱ λόγοι οὗτοι, οὓς δε-
δέημαι[5] ἐνώπιον κυρίου θεοῦ ἡμῶν, ἐγγίζοντες πρὸς κύριον θεὸν ἡμῶν ἡμέρας
καὶ νυκτὸς τοῦ ποιεῖν τὸ δικαίωμα[6] τοῦ δούλου σου καὶ τὸ δικαίωμα λαοῦ σου
Ισραηλ ῥῆμα ἡμέρας ἐν ἡμέρᾳ αὐτοῦ, **60** ὅπως γνῶσιν πάντες οἱ λαοὶ τῆς γῆς ὅτι
κύριος ὁ θεός, αὐτὸς θεὸς καὶ οὐκ ἔστιν ἔτι. **61** καὶ ἔστωσαν αἱ καρδίαι ἡμῶν τέλειαι[7]
πρὸς κύριον θεὸν ἡμῶν καὶ ὁσίως[8] πορεύεσθαι ἐν τοῖς προστάγμασιν[9] αὐτοῦ καὶ
φυλάσσειν ἐντολὰς αὐτοῦ ὡς ἡ ἡμέρα αὕτη.

Solomon's Sacrifices

62 Καὶ ὁ βασιλεὺς καὶ πάντες οἱ υἱοὶ Ισραηλ ἔθυσαν[10] θυσίαν[11] ἐνώπιον κυρίου.
63 καὶ ἔθυσεν[12] ὁ βασιλεὺς Σαλωμων τὰς θυσίας[13] τῶν εἰρηνικῶν,[14] ἃς ἔθυσεν τῷ
κυρίῳ, βοῶν[15] δύο καὶ εἴκοσι[16] χιλιάδας[17] καὶ προβάτων ἑκατὸν[18] εἴκοσι χιλιάδας·
καὶ ἐνεκαίνισεν[19] τὸν οἶκον κυρίου ὁ βασιλεὺς καὶ πάντες οἱ υἱοὶ Ισραηλ. **64** τῇ
ἡμέρᾳ ἐκείνῃ ἡγίασεν[20] ὁ βασιλεὺς τὸ μέσον τῆς αὐλῆς[21] τὸ κατὰ πρόσωπον τοῦ
οἴκου κυρίου· ὅτι ἐποίησεν ἐκεῖ τὴν ὁλοκαύτωσιν[22] καὶ τὰς θυσίας[23] καὶ τὰ στέατα[24]
τῶν εἰρηνικῶν,[25] ὅτι τὸ θυσιαστήριον[26] τὸ χαλκοῦν[27] τὸ ἐνώπιον κυρίου μικρὸν
τοῦ μὴ δύνασθαι τὴν ὁλοκαύτωσιν καὶ τὰς θυσίας τῶν εἰρηνικῶν[28] ὑπενεγκεῖν.[29]
65 καὶ ἐποίησεν Σαλωμων τὴν ἑορτὴν[30] ἐν τῇ ἡμέρᾳ ἐκείνῃ καὶ πᾶς Ισραηλ μετ'
αὐτοῦ, ἐκκλησία μεγάλη ἀπὸ τῆς εἰσόδου[31] Ημαθ ἕως ποταμοῦ[32] Αἰγύπτου, ἐνώ-
πιον κυρίου θεοῦ ἡμῶν ἐν τῷ οἴκῳ, ᾧ ᾠκοδόμησεν, ἐσθίων καὶ πίνων καὶ εὐ-
φραινόμενος[33] ἐνώπιον κυρίου θεοῦ ἡμῶν ἑπτὰ ἡμέρας. **66** καὶ ἐν τῇ ἡμέρᾳ τῇ
ὀγδόῃ[34] ἐξαπέστειλεν[35] τὸν λαὸν καὶ εὐλόγησεν αὐτόν, καὶ ἀπῆλθον ἕκαστος εἰς

1 ἀποστρέφω, *fut mid opt 3s*, turn away
2 ἐπικλίνω, *aor act inf*, incline
3 πρόσταγμα, ordinance
4 ἐντέλλομαι, *aor mid ind 3s*, command
5 δέομαι, *perf mid ind 1s*, beseech, supplicate
6 δικαίωμα, ordinance, decree
7 τέλειος, blameless, complete
8 ὁσίως, in holiness
9 πρόσταγμα, ordinance
10 θύω, *aor act ind 3p*, sacrifice
11 θυσία, sacrifice
12 θύω, *aor act ind 3s*, sacrifice
13 θυσία, sacrifice
14 εἰρηνικός, peace (offering)
15 βοῦς, cow, (*p*) cattle
16 εἴκοσι, twenty
17 χιλιάς, thousand
18 ἑκατόν, hundred
19 ἐγκαινίζω, *aor act ind 3s*, inaugurate
20 ἁγιάζω, *aor act ind 3s*, sanctify, consecrate
21 αὐλή, court
22 ὁλοκαύτωσις, whole burnt offering
23 θυσία, sacrifice
24 στέαρ, fat portion
25 εἰρηνικός, peace (offering)
26 θυσιαστήριον, altar
27 χαλκοῦς, bronze
28 εἰρηνικός, peace (offering)
29 ὑποφέρω, *aor act inf*, endure
30 ἑορτή, feast
31 εἴσοδος, entrance
32 ποταμός, river
33 εὐφραίνω, *pres pas ptc nom s m*, be glad, rejoice
34 ὄγδοος, eighth
35 ἐξαποστέλλω, *aor act ind 3s*, send forth

τὰ σκηνώματα[1] αὐτοῦ χαίροντες[2] καὶ ἀγαθῇ καρδίᾳ ἐπὶ τοῖς ἀγαθοῖς, οἷς ἐποίησεν κύριος τῷ Δαυιδ δούλῳ αὐτοῦ καὶ τῷ Ισραηλ λαῷ αὐτοῦ.

The Lord Appears to Solomon

9 Καὶ ἐγενήθη ὡς συνετέλεσεν[3] Σαλωμων οἰκοδομεῖν τὸν οἶκον κυρίου καὶ τὸν
οἶκον τοῦ βασιλέως καὶ πᾶσαν τὴν πραγματείαν[4] Σαλωμων, ὅσα ἠθέλησεν
ποιῆσαι, **2** καὶ ὤφθη κύριος τῷ Σαλωμων δεύτερον, καθὼς ὤφθη ἐν Γαβαων, **3** καὶ
εἶπεν πρὸς αὐτὸν κύριος Ἤκουσα τῆς φωνῆς τῆς προσευχῆς σου καὶ τῆς δεήσεώς[5]
σου, ἧς ἐδεήθης[6] ἐνώπιον ἐμοῦ· πεποίηκά σοι κατὰ πᾶσαν τὴν προσευχήν σου,
ἡγίακα[7] τὸν οἶκον τοῦτον, ὃν ᾠκοδόμησας, τοῦ θέσθαι[8] τὸ ὄνομά μου ἐκεῖ εἰς τὸν
αἰῶνα, καὶ ἔσονται οἱ ὀφθαλμοί μου ἐκεῖ καὶ ἡ καρδία μου πάσας τὰς ἡμέρας. **4** καὶ
σὺ ἐὰν πορευθῇς ἐνώπιον ἐμοῦ, καθὼς ἐπορεύθη Δαυιδ ὁ πατήρ σου, ἐν ὁσιότητι[9]
καρδίας καὶ ἐν εὐθύτητι[10] καὶ τοῦ ποιεῖν κατὰ πάντα, ἃ ἐνετειλάμην[11] αὐτῷ, καὶ
τὰ προστάγματά[12] μου καὶ τὰς ἐντολάς μου φυλάξῃς, **5** καὶ ἀναστήσω τὸν θρόνον
τῆς βασιλείας σου ἐπὶ Ισραηλ εἰς τὸν αἰῶνα, καθὼς ἐλάλησα τῷ Δαυιδ πατρί σου
λέγων Οὐκ ἐξαρθήσεταί[13] σοι ἀνὴρ ἡγούμενος ἐν Ισραηλ. **6** ἐὰν δὲ ἀποστραφέντες[14]
ἀποστραφῆτε[15] ὑμεῖς καὶ τὰ τέκνα ὑμῶν ἀπ᾽ ἐμοῦ καὶ μὴ φυλάξητε τὰς ἐντολάς μου
καὶ τὰ προστάγματά[16] μου, ἃ ἔδωκεν Μωυσῆς ἐνώπιον ὑμῶν, καὶ πορευθῆτε καὶ
δουλεύσητε[17] θεοῖς ἑτέροις καὶ προσκυνήσητε αὐτοῖς, **7** καὶ ἐξαρῶ[18] τὸν Ισραηλ
ἀπὸ τῆς γῆς, ἧς ἔδωκα αὐτοῖς, καὶ τὸν οἶκον τοῦτον, ὃν ἡγίασα[19] τῷ ὀνόματί μου,
ἀπορρίψω[20] ἐκ προσώπου μου, καὶ ἔσται Ισραηλ εἰς ἀφανισμὸν[21] καὶ εἰς λάλημα[22]
εἰς πάντας τοὺς λαούς. **8** καὶ ὁ οἶκος οὗτος ὁ ὑψηλός,[23] πᾶς ὁ διαπορευόμενος[24] δι᾽
αὐτοῦ ἐκστήσεται[25] καὶ συριεῖ[26] καὶ ἐροῦσιν Ἕνεκα[27] τίνος ἐποίησεν κύριος οὕτως
τῇ γῇ ταύτῃ καὶ τῷ οἴκῳ τούτῳ; **9** καὶ ἐροῦσιν Ἀνθ᾽ ὧν[28] ἐγκατέλιπον[29] κύριον θεὸν
αὐτῶν, ὃς ἐξήγαγεν[30] τοὺς πατέρας αὐτῶν ἐξ Αἰγύπτου ἐξ οἴκου δουλείας,[31] καὶ

1 σκήνωμα, tent
2 χαίρω, *pres act ptc nom p m*, rejoice
3 συντελέω, *aor act ind 3s*, finish
4 πραγματεία, affair, work
5 δέησις, petition, prayer
6 δέομαι, *aor pas ind 2s*, supplicate
7 ἁγιάζω, *perf act ind 1s*, sanctify, consecrate
8 τίθημι, *aor mid inf*, place, set
9 ὁσιότης, piety, holiness
10 εὐθύτης, uprightness
11 ἐντέλλομαι, *aor mid ind 1s*, command
12 πρόσταγμα, ordinance
13 ἐξαίρω, *fut pas ind 3s*, remove from
14 ἀποστρέφω, *aor pas ptc nom p m*, turn away
15 ἀποστρέφω, *aor pas sub 2p*, turn away
16 πρόσταγμα, ordinance
17 δουλεύω, *aor act sub 2p*, serve
18 ἐξαίρω, *fut act ind 1s*, remove
19 ἁγιάζω, *aor act ind 1s*, sanctify, consecrate
20 ἀπορρίπτω, *fut act ind 1s*, cast away
21 ἀφανισμός, destruction, desolation
22 λάλημα, byword
23 ὑψηλός, high, upraised
24 διαπορεύομαι, *pres mid ptc nom s m*, pass by
25 ἐξίστημι, *fut mid ind 3s*, be amazed
26 συρίζω, *fut act ind 3s*, hiss
27 ἕνεκα, for what reason
28 ἀνθ᾽ ὧν, because
29 ἐγκαταλείπω, *aor act ind 3p*, forsake
30 ἐξάγω, *aor act ind 3s*, bring out
31 δουλεία, slavery

ἀντελάβοντο[1] θεῶν ἀλλοτρίων[2] καὶ προσεκύνησαν αὐτοῖς καὶ ἐδούλευσαν[3] αὐτοῖς, διὰ τοῦτο ἐπήγαγεν[4] κύριος ἐπ᾽ αὐτοὺς τὴν κακίαν[5] ταύτην.

Solomon's Other Activities

9a Τότε ἀνήγαγεν[6] Σαλωμων τὴν θυγατέρα[7] Φαραω ἐκ πόλεως Δαυιδ εἰς οἶκον αὐτοῦ, ὃν ᾠκοδόμησεν ἑαυτῷ ἐν ταῖς ἡμέραις ἐκείναις.

10 Εἴκοσι[8] ἔτη, ἐν οἷς ᾠκοδόμησεν Σαλωμων τοὺς δύο οἴκους, τὸν οἶκον κυρίου καὶ
τὸν οἶκον τοῦ βασιλέως, **11** Χιραμ βασιλεὺς Τύρου ἀντελάβετο[9] τοῦ Σαλωμων ἐν
ξύλοις[10] κεδρίνοις[11] καὶ ἐν ξύλοις πευκίνοις[12] καὶ ἐν χρυσίῳ[13] καὶ ἐν παντὶ θελήματι[14]
αὐτοῦ. τότε ἔδωκεν ὁ βασιλεὺς τῷ Χιραμ εἴκοσι[15] πόλεις ἐν τῇ γῇ τῇ Γαλιλαίᾳ. **12** καὶ
ἐξῆλθεν Χιραμ ἐκ Τύρου καὶ ἐπορεύθη εἰς τὴν Γαλιλαίαν τοῦ ἰδεῖν τὰς πόλεις, ἃς
ἔδωκεν αὐτῷ Σαλωμων, καὶ οὐκ ἤρεσαν[16] αὐτῷ· **13** καὶ εἶπεν Τί αἱ πόλεις αὗται, ἃς
ἔδωκάς μοι, ἀδελφέ; καὶ ἐκάλεσεν αὐτάς Ὅριον[17] ἕως τῆς ἡμέρας ταύτης. **14** καὶ
ἤνεγκεν Χιραμ τῷ Σαλωμων ἑκατὸν[18] καὶ εἴκοσι[19] τάλαντα[20] χρυσίου[21] **26** καὶ ναῦν[22]
ὑπὲρ οὗ ἐποίησεν ὁ βασιλεὺς Σαλωμων ἐν Γασιωνγαβερ τὴν οὖσαν ἐχομένην Αιλαθ
ἐπὶ τοῦ χείλους[23] τῆς ἐσχάτης θαλάσσης ἐν γῇ Εδωμ. **27** καὶ ἀπέστειλεν Χιραμ ἐν
τῇ νηὶ[24] τῶν παίδων[25] αὐτοῦ ἄνδρας ναυτικοὺς[26] ἐλαύνειν[27] εἰδότας θάλασσαν μετὰ
τῶν παίδων[28] Σαλωμων. **28** καὶ ἦλθον εἰς Σωφηρα καὶ ἔλαβον ἐκεῖθεν[29] χρυσίου[30]
ἑκατὸν[31] καὶ εἴκοσι[32] τάλαντα[33] καὶ ἤνεγκαν τῷ βασιλεῖ Σαλωμων.

Queen of Sheba Visits Solomon

10 Καὶ βασίλισσα[34] Σαβα ἤκουσεν τὸ ὄνομα Σαλωμων καὶ τὸ ὄνομα κυρίου καὶ
ἦλθεν πειράσαι[35] αὐτὸν ἐν αἰνίγμασιν·[36] **2** καὶ ἦλθεν εἰς Ιερουσαλημ ἐν δυνάμει

1 ἀντιλαμβάνομαι, *aor mid ind 3p*, take hold of
2 ἀλλότριος, foreign
3 δουλεύω, *aor act ind 3p*, serve
4 ἐπάγω, *aor act ind 3s*, bring upon
5 κακία, misfortune
6 ἀνάγω, *aor act ind 3s*, bring up
7 θυγάτηρ, daughter
8 εἴκοσι, twenty
9 ἀντιλαμβάνομαι, *aor mid ind 3s*, support with
10 ξύλον, wood
11 κέδρινος, of cedar
12 πεύκινος, of pine
13 χρυσίον, gold
14 θέλημα, wish, desire
15 εἴκοσι, twenty
16 ἀρέσκω, *aor act ind 3p*, please
17 ὅριον, boundary, border
18 ἑκατόν, hundred
19 εἴκοσι, twenty
20 τάλαντον, talent
21 χρυσίον, gold
22 ναῦς, ship
23 χεῖλος, lip, edge
24 ναῦς, ship
25 παῖς, servant
26 ναυτικός, seafaring
27 ἐλαύνω, *pres act inf*, row
28 παῖς, servant
29 ἐκεῖθεν, from there
30 χρυσίον, gold
31 ἑκατόν, hundred
32 εἴκοσι, twenty
33 τάλαντον, talent
34 βασίλισσα, queen
35 πειράζω, *aor act inf*, put to the test
36 αἴνιγμα, riddle

βαρεία[1] σφόδρα,[2] καὶ κάμηλοι[3] αἴρουσαι ἡδύσματα[4] καὶ χρυσὸν[5] πολὺν σφόδρα καὶ
λίθον τίμιον,[6] καὶ εἰσῆλθεν πρὸς Σαλωμων καὶ ἐλάλησεν αὐτῷ πάντα, ὅσα ἦν ἐν τῇ
καρδίᾳ αὐτῆς. **3** καὶ ἀπήγγειλεν αὐτῇ Σαλωμων πάντας τοὺς λόγους αὐτῆς· οὐκ ἦν
λόγος παρεωραμένος[7] παρὰ τοῦ βασιλέως, ὃν οὐκ ἀπήγγειλεν αὐτῇ. **4** καὶ εἶδεν
βασίλισσα[8] Σαβα πᾶσαν φρόνησιν[9] Σαλωμων καὶ τὸν οἶκον, ὃν ᾠκοδόμησεν, **5** καὶ τὰ
βρώματα[10] Σαλωμων καὶ τὴν καθέδραν[11] παίδων αὐτοῦ καὶ τὴν στάσιν[12] λειτουργῶν[13]
αὐτοῦ καὶ τὸν ἱματισμὸν αὐτοῦ καὶ τοὺς οἰνοχόους[14] αὐτοῦ καὶ τὴν ὁλοκαύτωσιν[15]
αὐτοῦ, ἣν ἀνέφερεν[16] ἐν οἴκῳ κυρίου, καὶ ἐξ ἑαυτῆς ἐγένετο.

6 καὶ εἶπεν πρὸς τὸν βασιλέα Σαλωμων Ἀληθινὸς[17] ὁ λόγος, ὃν ἤκουσα ἐν τῇ γῇ
μου περὶ τοῦ λόγου σου καὶ περὶ τῆς φρονήσεώς[18] σου, **7** καὶ οὐκ ἐπίστευσα[19] τοῖς
λαλοῦσίν μοι, ἕως ὅτου παρεγενόμην καὶ ἑωράκασιν οἱ ὀφθαλμοί μου, καὶ ἰδοὺ
οὐκ ἔστιν τὸ ἥμισυ[20] καθὼς ἀπήγγειλάν μοι, προστέθεικας[21] ἀγαθὰ πρὸς αὐτὰ ἐπὶ
πᾶσαν τὴν ἀκοήν,[22] ἣν ἤκουσα ἐν τῇ γῇ μου· **8** μακάριαι[23] αἱ γυναῖκές σου, μακάριοι
οἱ παῖδές[24] σου οὗτοι οἱ παρεστηκότες[25] ἐνώπιόν σου δι᾽ ὅλου οἱ ἀκούοντες πᾶσαν
τὴν φρόνησίν[26] σου· **9** γένοιτο[27] κύριος ὁ θεός σου εὐλογημένος, ὃς ἠθέλησεν
ἐν σοὶ δοῦναί σε ἐπὶ θρόνου Ισραηλ· διὰ τὸ ἀγαπᾶν κύριον τὸν Ισραηλ στῆσαι
εἰς τὸν αἰῶνα καὶ ἔθετό σε βασιλέα ἐπ᾽ αὐτοὺς τοῦ ποιεῖν κρίμα[28] ἐν δικαιοσύνῃ
καὶ ἐν κρίμασιν αὐτῶν. **10** καὶ ἔδωκεν τῷ Σαλωμων ἑκατὸν[29] εἴκοσι[30] τάλαντα[31]
χρυσίου[32] καὶ ἡδύσματα[33] πολλὰ σφόδρα[34] καὶ λίθον τίμιον·[35] οὐκ ἐληλύθει[36] κατὰ τὰ
ἡδύσματα[37] ἐκεῖνα ἔτι εἰς πλῆθος, ἃ ἔδωκεν βασίλισσα[38] Σαβα τῷ βασιλεῖ Σαλωμων.

(**11** καὶ ἡ ναῦς[39] Χιραμ ἡ αἴρουσα τὸ χρυσίον[40] ἐκ Σουφιρ ἤνεγκεν ξύλα[41] ἀπελέκητα[42]
πολλὰ σφόδρα[43] καὶ λίθον τίμιον·[44] **12** καὶ ἐποίησεν ὁ βασιλεὺς τὰ ξύλα[45] τὰ ἀπε-

1 βαρύς, powerful, great, large
2 σφόδρα, very
3 κάμηλος, camel
4 ἥδυσμα, spice
5 χρυσός, gold
6 τίμιος, precious
7 παροράω, *perf pas ptc nom s m*, disregard
8 βασίλισσα, queen
9 φρόνησις, insight, intelligence
10 βρῶμα, food
11 καθέδρα, sitting
12 στάσις, standing
13 λειτουργός, servant, attendant
14 οἰνοχόος, cupbearer
15 ὁλοκαύτωσις, whole burnt offering
16 ἀναφέρω, *impf act ind 3s*, offer
17 ἀληθινός, true
18 φρόνησις, insight, intelligence
19 πιστεύω, *aor act ind 1s*, believe
20 ἥμισυς, half
21 προστίθημι, *perf act ind 2s*, add to
22 ἀκοή, report
23 μακάριος, blessed
24 παῖς, servant
25 παρίστημι, *perf act ptc nom p m*, attend on, stand
26 φρόνησις, insight, intelligence
27 γίνομαι, *aor mid opt 3s*, be
28 κρίμα, judgment
29 ἑκατόν, hundred
30 εἴκοσι, twenty
31 τάλαντον, talent
32 χρυσίον, gold
33 ἥδυσμα, spice
34 σφόδρα, very much
35 τίμιος, precious
36 ἔρχομαι, *plpf act ind 3s*, come
37 ἥδυσμα, spice
38 βασίλισσα, queen
39 ναῦς, ship
40 χρυσίον, gold
41 ξύλον, wood
42 ἀπελέκητος, unhewn
43 σφόδρα, very much
44 τίμιος, precious
45 ξύλον, wood

λέκητα[1] ὑποστηρίγματα[2] τοῦ οἴκου κυρίου καὶ τοῦ οἴκου τοῦ βασιλέως καὶ νάβλας[3]
καὶ κινύρας[4] τοῖς ᾠδοῖς·[5] οὐκ ἐληλύθει[6] τοιαῦτα[7] ξύλα[8] ἀπελέκητα[9] ἐπὶ τῆς γῆς οὐδὲ
ὤφθησάν που ἕως τῆς ἡμέρας ταύτης.) **13** καὶ ὁ βασιλεὺς Σαλωμων ἔδωκεν τῇ βασι-
λίσσῃ[10] Σαβα πάντα, ὅσα ἠθέλησεν, ὅσα ᾐτήσατο,[11] ἐκτὸς[12] πάντων, ὧν δεδώκει[13]
αὐτῇ διὰ χειρὸς τοῦ βασιλέως Σαλωμων· καὶ ἀπεστράφη[14] καὶ ἦλθεν εἰς τὴν γῆν
αὐτῆς, αὐτὴ καὶ πάντες οἱ παῖδες αὐτῆς.

Solomon's Greatness

14 Καὶ ἦν ὁ σταθμὸς[15] τοῦ χρυσίου[16] τοῦ ἐληλυθότος τῷ Σαλωμων ἐν ἐνιαυτῷ[17]
ἑνὶ ἑξακόσια[18] καὶ ἑξήκοντα[19] ἓξ τάλαντα[20] χρυσίου[21] **15** χωρὶς[22] τῶν φόρων[23] τῶν
ὑποτεταγμένων[24] καὶ τῶν ἐμπόρων[25] καὶ πάντων τῶν βασιλέων τοῦ πέραν[26] καὶ τῶν
σατραπῶν[27] τῆς γῆς. **16** καὶ ἐποίησεν Σαλωμων τριακόσια[28] δόρατα[29] χρυσᾶ[30] ἐλατά[31]—
τριακόσιοι[32] χρυσοῖ[33] ἐπῆσαν[34] ἐπὶ τὸ δόρυ[35] τὸ ἕν — **17** καὶ τριακόσια[36] ὅπλα[37] χρυσᾶ[38]
ἐλατά[39]— τρεῖς μναῖ[40] χρυσίου[41] ἐνῆσαν[42] εἰς τὸ ὅπλον[43] τὸ ἕν — καὶ ἔδωκεν αὐτὰ εἰς
οἶκον δρυμοῦ[44] τοῦ Λιβάνου. **18** καὶ ἐποίησεν ὁ βασιλεὺς θρόνον ἐλεφάντινον[45]
μέγαν καὶ περιεχρύσωσεν[46] αὐτὸν χρυσίῳ[47] δοκίμῳ·[48] **19** ἓξ[49] ἀναβαθμοὶ[50] τῷ θρόνῳ,
καὶ προτομαὶ[51] μόσχων[52] τῷ θρόνῳ ἐκ τῶν ὀπίσω αὐτοῦ καὶ χεῖρες ἔνθεν[53] καὶ

1 ἀπελέκητος, unhewn
2 ὑποστήριγμα, undergirding support
3 νάβλα, harp, *Heb. LW*
4 κινύρα, stringed instrument, *Heb. LW*
5 ᾠδός, singer
6 ἔρχομαι, *plpf act ind 3s*, come
7 τοιοῦτος, such as this
8 ξύλον, wood
9 ἀπελέκητος, unhewn
10 βασίλισσα, queen
11 αἰτέω, *aor mid ind 3s*, ask for, request
12 ἐκτός, beyond
13 δίδωμι, *plpf act ind 3s*, give
14 ἀποστρέφω, *aor pas ind 3s*, turn away
15 σταθμός, weight
16 χρυσίον, gold
17 ἐνιαυτός, year
18 ἑξακόσιοι, six hundred
19 ἑξήκοντα, sixty
20 τάλαντον, talent
21 χρυσίον, gold
22 χωρίς, besides
23 φόρος, levy
24 ὑποτάσσω, *perf pas ptc gen p m*, make subject
25 ἔμπορος, merchant
26 πέραν, beyond
27 σατράπης, governor, satrap
28 τριακόσιοι, three hundred
29 δόρυ, (shaft of a) spear
30 χρυσοῦς, gold
31 ἐλατός, hammered
32 τριακόσιοι, three hundred
33 χρυσοῦς, gold
34 ἔπειμι, *impf act ind 3p*, set upon
35 δόρυ, (shaft of a) spear
36 τριακόσιοι, three hundred
37 ὅπλον, weapon, armor
38 χρυσοῦς, gold
39 ἐλατός, hammered
40 μνᾶ, mina (weight)
41 χρυσίον, gold
42 ἔνειμι, *impf act ind 3p*, set in, use in
43 ὅπλον, weapon, armor
44 δρυμός, forest
45 ἐλεφάντινος, of ivory
46 περιχρυσόω, *aor act ind 3s*, gild
47 χρυσίον, gold
48 δόκιμος, excellent, pure
49 ἕξ, six
50 ἀναβαθμός, stair step
51 προτομή, head set in relief
52 μόσχος, young bull
53 ἔνθεν, on this side

ἔνθεν[1] ἐπὶ τοῦ τόπου τῆς καθέδρας,[2] καὶ δύο λέοντες[3] ἑστηκότες παρὰ τὰς χεῖρας,
20 καὶ δώδεκα[4] λέοντες[5] ἑστῶτες ἐπὶ τῶν ἓξ[6] ἀναβαθμῶν[7] ἔνθεν[8] καὶ ἔνθεν·[9] οὐ γέ-
γονεν οὕτως πάσῃ βασιλείᾳ. **21** καὶ πάντα τὰ σκεύη[10] τοῦ πότου[11] Σαλωμων χρυσᾶ[12]
καὶ λουτῆρες[13] χρυσοῖ, πάντα τὰ σκεύη[14] οἴκου δρυμοῦ[15] τοῦ Λιβάνου χρυσίῳ[16] συγ-
κεκλεισμένα,[17] οὐκ ἦν ἀργύριον,[18] ὅτι οὐκ ἦν λογιζόμενον ἐν ταῖς ἡμέραις Σαλωμων·
22 ὅτι ναῦς[19] Θαρσις τῷ βασιλεῖ ἐν τῇ θαλάσσῃ μετὰ τῶν νηῶν[20] Χιραμ, μία διὰ
τριῶν ἐτῶν ἤρχετο τῷ βασιλεῖ ναῦς ἐκ Θαρσις χρυσίου[21] καὶ ἀργυρίου[22] καὶ λίθων
τορευτῶν[23] καὶ πελεκητῶν.[24]

22a Αὕτη ἦν ἡ πραγματεία[25] τῆς προνομῆς,[26] ἧς ἀνήνεγκεν[27] ὁ βασιλεὺς Σαλωμων
οἰκοδομῆσαι τὸν οἶκον κυρίου καὶ τὸν οἶκον τοῦ βασιλέως καὶ τὸ τεῖχος[28] Ιερου-
σαλημ καὶ τὴν ἄκραν[29] τοῦ περιφράξαι[30] τὸν φραγμὸν[31] τῆς πόλεως Δαυιδ καὶ
τὴν Ασσουρ καὶ τὴν Μαγδαν καὶ τὴν Γαζερ καὶ τὴν Βαιθωρων τὴν ἀνωτέρω[32]
καὶ τὴν Ιεθερμαθ καὶ πάσας τὰς πόλεις τῶν ἁρμάτων[33] καὶ πάσας τὰς πόλεις τῶν
ἱππέων[34] καὶ τὴν πραγματείαν[35] Σαλωμων, ἣν ἐπραγματεύσατο[36] οἰκοδομῆσαι ἐν
Ιερουσαλημ καὶ ἐν πάσῃ τῇ γῇ τοῦ μὴ κατάρξαι[37] αὐτοῦ. **22b** πάντα τὸν λαὸν τὸν
ὑπολελειμμένον[38] ἀπὸ τοῦ Χετταίου καὶ τοῦ Αμορραίου καὶ τοῦ Φερεζαίου καὶ
τοῦ Χαναναίου καὶ τοῦ Ευαίου καὶ τοῦ Ιεβουσαίου καὶ τοῦ Γεργεσαίου τῶν μὴ ἐκ
τῶν υἱῶν Ισραηλ ὄντων, τὰ τέκνα αὐτῶν τὰ ὑπολελειμμένα[39] μετ᾽ αὐτοὺς ἐν τῇ γῇ,
οὓς οὐκ ἐδύναντο οἱ υἱοὶ Ισραηλ ἐξολεθρεῦσαι[40] αὐτούς, καὶ ἀνήγαγεν[41] αὐτοὺς
Σαλωμων εἰς φόρον[42] ἕως τῆς ἡμέρας ταύτης. **22c** καὶ ἐκ τῶν υἱῶν Ισραηλ οὐκ

1 ἔνθεν, on that side
2 καθέδρα, seat
3 λέων, lion
4 δώδεκα, twelve
5 λέων, lion
6 ἕξ, six
7 ἀναβαθμός, stair step
8 ἔνθεν, on this side
9 ἔνθεν, on that side
10 σκεῦος, vessel
11 πότος, drinking
12 χρυσοῦς, gold
13 λουτήρ, washbasin
14 σκεῦος, vessel, object
15 δρυμός, forest
16 χρυσίον, gold
17 συγκλείω, *perf pas ptc nom p n*, overlay
18 ἀργύριον, silver
19 ναῦς, ship
20 ναῦς, ship
21 χρυσίον, gold
22 ἀργύριον, silver
23 τορευτός, carved
24 πελεκητός, hewn
25 πραγματεία, affair, work
26 προνομή, obtaining provisions
27 ἀναφέρω, *aor act ind 3s*, take upon
28 τεῖχος, wall
29 ἄκρα, citadel
30 περιφράσσω, *aor act inf*, fortify
31 φραγμός, barrier
32 ἄνω, *comp*, upper
33 ἅρμα, chariot
34 ἱππεύς, horseman
35 πραγματεία, affair, work
36 πραγματεύομαι, *aor mid ind 3s*, engage in
37 κατάρχω, *aor act inf*, govern
38 ὑπολείπω, *perf pas ptc acc s m*, leave behind
39 ὑπολείπω, *perf pas ptc acc p n*, leave behind
40 ἐξολεθρεύω, *aor act inf*, utterly destroy
41 ἀνάγω, *aor act ind 3s*, bring up
42 φόρος, tribute

ἔδωκε Σαλωμων εἰς πρᾶγμα,[1] ὅτι αὐτοὶ ἦσαν ἄνδρες οἱ πολεμισταὶ[2] καὶ παῖδες[3]
αὐτοῦ καὶ ἄρχοντες τῶν ἁρμάτων[4] αὐτοῦ καὶ ἱππεῖς[5] αὐτοῦ.

23 Καὶ ἐμεγαλύνθη[6] Σαλωμων ὑπὲρ πάντας τοὺς βασιλεῖς τῆς γῆς πλούτῳ[7] καὶ
φρονήσει.[8] **24** καὶ πάντες βασιλεῖς τῆς γῆς ἐζήτουν τὸ πρόσωπον Σαλωμων τοῦ
ἀκοῦσαι τῆς φρονήσεως[9] αὐτοῦ, ἧς ἔδωκεν κύριος ἐν τῇ καρδίᾳ αὐτοῦ. **25** καὶ αὐτοὶ
ἔφερον ἕκαστος τὰ δῶρα[10] αὐτοῦ, σκεύη[11] χρυσᾶ[12] καὶ ἱματισμόν, στακτὴν[13] καὶ
ἡδύσματα[14] καὶ ἵππους[15] καὶ ἡμιόνους,[16] τὸ κατ᾽ ἐνιαυτὸν[17] ἐνιαυτόν. **26** καὶ ἦσαν τῷ
Σαλωμων τέσσαρες χιλιάδες[18] θήλειαι[19] ἵπποι[20] εἰς ἅρματα[21] καὶ δώδεκα[22] χιλιάδες
ἱππέων,[23] καὶ ἔθετο αὐτὰς ἐν ταῖς πόλεσι τῶν ἁρμάτων καὶ μετὰ τοῦ βασιλέως ἐν
Ιερουσαλημ. **26a** καὶ ἦν ἡγούμενος[24] πάντων τῶν βασιλέων ἀπὸ τοῦ ποταμοῦ[25]
καὶ ἕως γῆς ἀλλοφύλων[26] καὶ ἕως ὁρίων[27] Αἰγύπτου. **27** καὶ ἔδωκεν ὁ βασιλεὺς τὸ
χρυσίον[28] καὶ τὸ ἀργύριον[29] ἐν Ιερουσαλημ ὡς λίθους, καὶ τὰς κέδρους[30] ἔδωκεν
ὡς συκαμίνους[31] τὰς ἐν τῇ πεδινῇ[32] εἰς πλῆθος. **28** καὶ ἡ ἔξοδος[33] τῶν ἵππων[34]
Σαλωμων ἐξ Αἰγύπτου καὶ ἐκ Θεκουε, ἔμποροι[35] τοῦ βασιλέως ἐλάμβανον ἐκ
Θεκουε ἐν ἀλλάγματι·[36] **29** καὶ ἀνέβαινεν ἡ ἔξοδος[37] ἐξ Αἰγύπτου, ἅρμα[38] ἀντὶ[39]
ἑκατὸν[40] ἀργυρίου[41] καὶ ἵππος[42] ἀντὶ[43] πεντήκοντα[44] ἀργυρίου· καὶ οὕτω πᾶσιν τοῖς
βασιλεῦσιν Χεττιιν καὶ βασιλεῦσιν Συρίας κατὰ θάλασσαν ἐξεπορεύοντο.

1 πρᾶγμα, thing
2 πολεμιστής, warrior
3 παῖς, servant
4 ἅρμα, chariot
5 ἱππεύς, horseman
6 μεγαλύνω, *aor pas ind 3s*, magnify
7 πλοῦτος, wealth
8 φρόνησις, insight, intelligence
9 φρόνησις, insight, intelligence
10 δῶρον, gift
11 σκεῦος, object, item
12 χρυσοῦς, gold
13 στακτή, oil of myrrh
14 ἥδυσμα, spice
15 ἵππος, horse
16 ἡμίονος, mule
17 ἐνιαυτός, year
18 χιλιάς, thousand
19 θῆλυς, female
20 ἵππος, horse
21 ἅρμα, chariot
22 δώδεκα, twelve
23 ἱππεύς, horse
24 ἡγέομαι, *pres mid ptc nom s m*, have dominion over
25 ποταμός, river
26 ἀλλόφυλος, foreign, (Philistine)
27 ὅριον, border
28 χρυσίον, gold
29 ἀργύριον, silver
30 κέδρος, cedar
31 συκάμινος, sycamore, *Heb. LW*
32 πεδινός, plain
33 ἔξοδος, going out
34 ἵππος, hose
35 ἔμπορος, merchant
36 ἄλλαγμα, exchange
37 ἔξοδος, going out
38 ἅρμα, chariot
39 ἀντί, in return for
40 ἑκατόν, hundred
41 ἀργύριον, (piece of) silver
42 ἵππος, horse
43 ἀντί, in return for
44 πεντήκοντα, fifty

Solomon's Heart Turns Away from the Lord

11 Καὶ ὁ βασιλεὺς Σαλωμων ἦν φιλογύναιος.[1] καὶ ἦσαν αὐτῷ ἄρχουσαι ἑπτακόσιαι[2] καὶ παλλακαὶ[3] τριακόσιαι.[4] καὶ ἔλαβεν γυναῖκας ἀλλοτρίας[5] καὶ τὴν θυγατέρα[6] Φαραω, Μωαβίτιδας, Αμμανίτιδας, Σύρας καὶ Ιδουμαίας, Χετταίας καὶ Αμορραίας, **2** ἐκ τῶν ἐθνῶν, ὧν ἀπεῖπεν[7] κύριος τοῖς υἱοῖς Ισραηλ Οὐκ εἰσελεύσεσθε εἰς αὐτούς, καὶ αὐτοὶ οὐκ εἰσελεύσονται εἰς ὑμᾶς, μὴ ἐκκλίνωσιν[8] τὰς καρδίας ὑμῶν ὀπίσω εἰδώλων[9] αὐτῶν, εἰς αὐτοὺς ἐκολλήθη[10] Σαλωμων τοῦ ἀγαπῆσαι. **4** καὶ ἐγενήθη ἐν καιρῷ γήρους[11] Σαλωμων καὶ οὐκ ἦν ἡ καρδία αὐτοῦ τελεία[12] μετὰ κυρίου θεοῦ αὐτοῦ καθὼς ἡ καρδία Δαυιδ τοῦ πατρὸς αὐτοῦ, καὶ ἐξέκλιναν[13] αἱ γυναῖκες αἱ ἀλλότριαι[14] τὴν καρδίαν αὐτοῦ ὀπίσω θεῶν αὐτῶν. **5** τότε ᾠκοδόμησεν Σαλωμων ὑψηλὸν[15] τῷ Χαμως εἰδώλῳ[16] Μωαβ καὶ τῷ βασιλεῖ αὐτῶν εἰδώλῳ υἱῶν Αμμων **6** καὶ τῇ Ἀστάρτῃ βδελύγματι[17] Σιδωνίων, **7** καὶ οὕτως ἐποίησεν πάσαις ταῖς γυναιξὶν αὐτοῦ ταῖς ἀλλοτρίαις,[18] ἐθυμίων[19] καὶ ἔθυον[20] τοῖς εἰδώλοις[21] αὐτῶν· **8** καὶ ἐποίησεν Σαλωμων τὸ πονηρὸν ἐνώπιον κυρίου, οὐκ ἐπορεύθη ὀπίσω κυρίου ὡς Δαυιδ ὁ πατὴρ αὐτοῦ.

9 καὶ ὠργίσθη[22] κύριος ἐπὶ Σαλωμων, ὅτι ἐξέκλινεν[23] καρδίαν αὐτοῦ ἀπὸ κυρίου θεοῦ Ισραηλ τοῦ ὀφθέντος αὐτῷ δὶς[24] **10** καὶ ἐντειλαμένου[25] αὐτῷ ὑπὲρ τοῦ λόγου τούτου τὸ παράπαν[26] μὴ πορευθῆναι ὀπίσω θεῶν ἑτέρων καὶ φυλάξασθαι ποιῆσαι ἃ ἐνετείλατο[27] αὐτῷ κύριος ὁ θεός, **11** καὶ εἶπεν κύριος πρὸς Σαλωμων Ἀνθ' ὧν[28] ἐγένετο ταῦτα μετὰ σοῦ καὶ οὐκ ἐφύλαξας τὰς ἐντολάς μου καὶ τὰ προστάγματά[29] μου, ἃ ἐνετειλάμην[30] σοι, διαρρήσσων[31] διαρρήξω[32] τὴν βασιλείαν σου ἐκ χειρός σου καὶ δώσω αὐτὴν τῷ δούλῳ σου. **12** πλὴν ἐν ταῖς ἡμέραις σου οὐ ποιήσω αὐτὰ διὰ Δαυιδ τὸν πατέρα σου· ἐκ χειρὸς υἱοῦ σου λήμψομαι αὐτήν. **13** πλὴν ὅλην τὴν βασιλείαν οὐ μὴ λάβω· σκῆπτρον[33] ἓν δώσω τῷ υἱῷ σου διὰ Δαυιδ τὸν δοῦλόν μου καὶ διὰ Ιερουσαλημ τὴν πόλιν ἣν ἐξελεξάμην.[34]

1 φιλογύναιος, lover of women
2 ἑπτακόσιοι, seven hundred
3 παλλακή, concubine
4 τριακόσιοι, three hundred
5 ἀλλότριος, foreign
6 θυγάτηρ, daughter
7 ἀπαγορεύω, *aor act ind 3s*, forbid
8 ἐκκλίνω, *pres act sub 3p*, turn aside
9 εἴδωλον, image, idol
10 κολλάω, *aor pas ind 3s*, cleave to
11 γῆρας, old age
12 τέλειος, complete, perfect
13 ἐκκλίνω, *aor act ind 3p*, turn aside
14 ἀλλότριος, foreign
15 ὑψηλός, high place
16 εἴδωλον, image, idol
17 βδέλυγμα, abomination
18 ἀλλότριος, foreign
19 θυμιάω, *impf act ind 3p*, burn incense
20 θύω, *impf act ind 3p*, sacrifice
21 εἴδωλον, image, idol
22 ὀργίζω, *aor pas ind 3s*, be angry
23 ἐκκλίνω, *impf act ind 3s*, turn aside
24 δίς, twice
25 ἐντέλλομαι, *aor mid ptc gen s m*, command
26 παράπαν, absolutely
27 ἐντέλλομαι, *aor mid ind 3s*, command
28 ἀνθ' ὧν, because
29 πρόσταγμα, ordinance
30 ἐντέλλομαι, *aor mid ind 1s*, command
31 διαρρήγνυμι, *pres act ptc nom s m*, tear
32 διαρρήγνυμι, *fut act ind 1s*, tear
33 σκῆπτρον, scepter
34 ἐκλέγω, *aor mid ind 1s*, choose, select

God Raises Up Enemies

14 Καὶ ἤγειρεν[1] κύριος σαταν[2] τῷ Σαλωμων τὸν Αδερ τὸν Ιδουμαῖον καὶ τὸν
Εσρωμ υἱὸν Ελιαδαε τὸν ἐν Ραεμμαθ Αδραζαρ βασιλέα Σουβα κύριον αὐτοῦ· καὶ
συνηθροίσθησαν[3] ἐπ᾽ αὐτὸν ἄνδρες, καὶ ἦν ἄρχων συστρέμματος[4] καὶ προκατελά-
βετο[5] τὴν Δαμασεκ· καὶ ἦσαν σαταν[6] τῷ Ισραηλ πάσας τὰς ἡμέρας Σαλωμων. καὶ
Αδερ ὁ Ιδουμαῖος ἐκ τοῦ σπέρματος τῆς βασιλείας ἐν Ιδουμαίᾳ· **15** καὶ ἐγένετο
ἐν τῷ ἐξολεθρεῦσαι[7] Δαυιδ τὸν Εδωμ ἐν τῷ πορευθῆναι Ιωαβ ἄρχοντα τῆς στρα-
τιᾶς[8] θάπτειν[9] τοὺς τραυματίας[10] ἔκοψαν[11] πᾶν ἀρσενικὸν[12] ἐν τῇ Ιδουμαίᾳ —
16 ὅτι ἓξ[13] μῆνας[14] ἐνεκάθητο[15] ἐκεῖ Ιωαβ καὶ πᾶς Ισραηλ ἐν τῇ Ιδουμαίᾳ, ἕως
ὅτου ἐξωλέθρευσεν[16] πᾶν ἀρσενικὸν[17] ἐκ τῆς Ιδουμαίας — **17** καὶ ἀπέδρα[18] Αδερ,
αὐτὸς καὶ πάντες ἄνδρες Ιδουμαῖοι τῶν παίδων[19] τοῦ πατρὸς αὐτοῦ μετ᾽ αὐτοῦ, καὶ
εἰσῆλθον εἰς Αἴγυπτον, καὶ Αδερ παιδάριον[20] μικρόν·[21] **18** καὶ ἀνίστανται ἄνδρες ἐκ
τῆς πόλεως Μαδιαμ καὶ ἔρχονται εἰς Φαραν καὶ λαμβάνουσιν ἄνδρας μετ᾽ αὐτῶν
καὶ ἔρχονται πρὸς Φαραω βασιλέα Αἰγύπτου, καὶ εἰσῆλθεν Αδερ πρὸς Φαραω, καὶ
ἔδωκεν αὐτῷ οἶκον καὶ ἄρτους διέταξεν[22] αὐτῷ. **19** καὶ εὗρεν Αδερ χάριν ἐναντίον[23]
Φαραω σφόδρα,[24] καὶ ἔδωκεν αὐτῷ γυναῖκα ἀδελφὴν τῆς γυναικὸς αὐτοῦ, ἀδελφὴν
Θεκεμινας τὴν μείζω·[25] **20** καὶ ἔτεκεν[26] αὐτῷ ἡ ἀδελφὴ Θεκεμινας τῷ Αδερ τὸν
Γανηβαθ υἱὸν αὐτῆς, καὶ ἐξέθρεψεν[27] αὐτὸν Θεκεμινα ἐν μέσῳ υἱῶν Φαραω, καὶ ἦν
Γανηβαθ ἐν μέσῳ υἱῶν Φαραω. **21** καὶ Αδερ ἤκουσεν ἐν Αἰγύπτῳ ὅτι κεκοίμηται[28]
Δαυιδ μετὰ τῶν πατέρων αὐτοῦ, καὶ ὅτι τέθνηκεν[29] Ιωαβ ὁ ἄρχων τῆς στρατιᾶς·[30] καὶ
εἶπεν Αδερ πρὸς Φαραω Ἐξαπόστειλόν[31] με καὶ ἀποστρέψω[32] εἰς τὴν γῆν μου. **22** καὶ
εἶπεν Φαραω τῷ Αδερ Τίνι σὺ ἐλαττονῇ[33] μετ᾽ ἐμοῦ; καὶ ἰδοὺ σὺ ζητεῖς ἀπελθεῖν
εἰς τὴν γῆν σου. καὶ εἶπεν αὐτῷ Αδερ Ὅτι ἐξαποστέλλων[34] ἐξαποστελεῖς[35] με. καὶ

1 ἐγείρω, *aor act ind 3s*, rouse, raise up, stir
2 σαταν, adversary, *translit.*
3 συναθροίζω, *aor pas ind 3p*, gather
4 σύστρεμμα, band, company
5 προκαταλαμβάνω, *aor mid ind 3s*, capture first
6 σαταν, adversary, *translit.*
7 ἐξολεθρεύω, *aor act inf*, utterly destroy
8 στρατιά, army
9 θάπτω, *pres act inf*, bury
10 τραυματίας, casualty
11 κόπτω, *aor act ind 3p*, strike, cut down
12 ἀρσενικός, male
13 ἕξ, six
14 μήν, month
15 ἐγκάθημαι, *impf mid ind 3s*, encamp
16 ἐξολεθρεύω, *aor act ind 3s*, utterly destroy
17 ἀρσενικός, male
18 ἀποδιδράσκω, *aor act ind 3s*, flee from
19 παῖς, servant
20 παιδάριον, young man
21 μικρός, small, young
22 διατάσσω, *aor act ind 3s*, arrange
23 ἐναντίον, before
24 σφόδρα, very much
25 μείζων, *comp of* μέγας, elder
26 τίκτω, *aor act ind 3s*, give birth
27 ἐκτρέφω, *aor act ind 3s*, rear from childhood
28 κοιμάω, *perf mid ind 3s*, sleep
29 θνῄσκω, *perf act ind 3s*, die
30 στρατιά, army
31 ἐξαποστέλλω, *aor act impv 2s*, send forth
32 ἀποστρέφω, *fut act ind 1s*, return
33 ἐλαττονέω, *pres mid sub 2s*, lack, be in want
34 ἐξαποστέλλω, *pres act ptc nom s m*, send forth
35 ἐξαποστέλλω, *fut act ind 2s*, send forth

ἀνέστρεψεν[1] Αδερ εἰς τὴν γῆν αὐτοῦ. **25** αὕτη ἡ κακία,[2] ἣν ἐποίησεν Αδερ· καὶ ἐβαρυθύμησεν[3] ἐν Ισραηλ καὶ ἐβασίλευσεν[4] ἐν γῇ Εδωμ.

26 Καὶ Ιεροβοαμ υἱὸς Ναβατ ὁ Εφραθι ἐκ τῆς Σαριρα υἱὸς γυναικὸς χήρας[5] δοῦλος
Σαλωμων, **27** καὶ τοῦτο τὸ πρᾶγμα[6] ὡς ἐπήρατο[7] χεῖρας ἐπὶ βασιλέα Σαλωμων· ᾠκοδόμησεν τὴν ἄκραν,[8] συνέκλεισεν[9] τὸν φραγμὸν[10] τῆς πόλεως Δαυιδ τοῦ πατρὸς
αὐτοῦ, **28** καὶ ὁ ἄνθρωπος Ιεροβοαμ ἰσχυρὸς[11] δυνάμει, καὶ εἶδεν Σαλωμων τὸ παιδάριον[12] ὅτι ἀνὴρ ἔργων ἐστίν, καὶ κατέστησεν[13] αὐτὸν ἐπὶ τὰς ἄρσεις[14] οἴκου
Ιωσηφ. **29** καὶ ἐγενήθη ἐν τῷ καιρῷ ἐκείνῳ καὶ Ιεροβοαμ ἐξῆλθεν ἐξ Ιερουσαλημ, καὶ εὗρεν αὐτὸν Αχιας ὁ Σηλωνίτης ὁ προφήτης ἐν τῇ ὁδῷ καὶ ἀπέστησεν[15] αὐτὸν ἐκ τῆς ὁδοῦ· καὶ ὁ Αχιας περιβεβλημένος[16] ἱματίῳ καινῷ,[17] καὶ ἀμφότεροι[18] ἐν τῷ
πεδίῳ.[19] **30** καὶ ἐπελάβετο[20] Αχια τοῦ ἱματίου αὐτοῦ τοῦ καινοῦ[21] τοῦ ἐπ᾽ αὐτῷ καὶ
διέρρηξεν[22] αὐτὸ δώδεκα[23] ῥήγματα[24] **31** καὶ εἶπεν τῷ Ιεροβοαμ Λαβὲ σεαυτῷ δέκα[25] ῥήγματα,[26] ὅτι τάδε[27] λέγει κύριος ὁ θεὸς Ισραηλ Ἰδοὺ ἐγὼ ῥήσσω[28] τὴν βασιλείαν
ἐκ χειρὸς Σαλωμων καὶ δώσω σοι δέκα[29] σκῆπτρα,[30] **32** καὶ δύο σκῆπτρα[31] ἔσονται
αὐτῷ διὰ τὸν δοῦλόν μου Δαυιδ καὶ διὰ Ιερουσαλημ τὴν πόλιν, ἣν ἐξελεξάμην[32] ἐν
αὐτῇ ἐκ πασῶν φυλῶν Ισραηλ, **33** ἀνθ᾽ ὧν[33] κατέλιπέν[34] με καὶ ἐποίησεν τῇ Ἀστάρτῃ βδελύγματι[35] Σιδωνίων καὶ τῷ Χαμως καὶ τοῖς εἰδώλοις[36] Μωαβ καὶ τῷ βασιλεῖ αὐτῶν προσοχθίσματι[37] υἱῶν Αμμων καὶ οὐκ ἐπορεύθη ἐν ταῖς ὁδοῖς μου τοῦ ποιῆσαι
τὸ εὐθὲς[38] ἐνώπιον ἐμοῦ ὡς Δαυιδ ὁ πατὴρ αὐτοῦ. **34** καὶ οὐ μὴ λάβω ὅλην τὴν
βασιλείαν ἐκ χειρὸς αὐτοῦ, διότι[39] ἀντιτασσόμενος[40] ἀντιτάξομαι[41] αὐτῷ πάσας τὰς ἡμέρας τῆς ζωῆς αὐτοῦ, διὰ Δαυιδ τὸν δοῦλόν μου, ὃν ἐξελεξάμην[42] αὐτόν. **35** καὶ
λήμψομαι τὴν βασιλείαν ἐκ χειρὸς τοῦ υἱοῦ αὐτοῦ καὶ δώσω σοι τὰ δέκα[43] σκῆπτρα,[44]

1 ἀναστρέφω, *aor act ind 3s*, return
2 κακία, evil deed
3 βαρυθυμέω, *aor act ind 3s*, be indignant
4 βασιλεύω, *aor act ind 3s*, reign as king
5 χήρα, widow
6 πρᾶγμα, deed, action
7 ἐπαίρω, *aor mid ind 3s*, lift up
8 ἄκρα, citadel
9 συγκλείω, *aor act ind 3s*, close in
10 φραγμός, barrier
11 ἰσχυρός, strong
12 παιδάριον, young man
13 καθίστημι, *aor act ind 3s*, appoint, set over
14 ἄρσις, forced labor
15 ἀφίστημι, *aor act ind 3s*, draw away from
16 περιβάλλω, *perf pas ptc nom s m*, clothe
17 καινός, new
18 ἀμφότεροι, both
19 πεδίον, field, plain
20 ἐπιλαμβάνω, *aor mid ind 3s*, lay hold of
21 καινός, new
22 διαρρήγνυμι, *aor act ind 3s*, tear
23 δώδεκα, twelve
24 ῥῆγμα, strip, piece
25 δέκα, ten
26 ῥῆγμα, strip, piece
27 ὅδε, this
28 ῥήγνυμι, *pres act ind 1s*, tear
29 δέκα, ten
30 σκῆπτρον, scepter
31 σκῆπτρον, scepter
32 ἐκλέγω, *aor mid ind 1s*, choose, select
33 ἀνθ᾽ ὧν, because
34 καταλείπω, *aor act ind 3s*, forsake
35 βδέλυγμα, abomination
36 εἴδωλον, image, idol
37 προσόχθισμα, provocation
38 εὐθής, right
39 διότι, because
40 ἀντιτάσσομαι, *pres mid ptc nom s m*, oppose
41 ἀντιτάσσομαι, *fut mid ind 1s*, oppose
42 ἐκλέγω, *aor mid ind 1s*, choose, select
43 δέκα, ten
44 σκῆπτρον, scepter

36 τῷ δὲ υἱῷ αὐτοῦ δώσω τὰ δύο σκῆπτρα,[1] ὅπως ᾖ θέσις[2] τῷ δούλῳ μου Δαυιδ πάσας τὰς ἡμέρας ἐνώπιον ἐμοῦ ἐν Ιερουσαλημ τῇ πόλει, ἣν ἐξελεξάμην[3] ἐμαυτῷ[4] τοῦ θέσθαι[5] ὄνομά μου ἐκεῖ. **37** καὶ σὲ λήμψομαι καὶ βασιλεύσεις[6] ἐν οἷς ἐπιθυμεῖ[7] ἡ ψυχή σου, καὶ σὺ ἔσῃ βασιλεὺς ἐπὶ τὸν Ισραηλ. **38** καὶ ἔσται ἐὰν φυλάξῃς πάντα, ὅσα ἂν ἐντείλωμαί[8] σοι, καὶ πορευθῇς ἐν ταῖς ὁδοῖς μου καὶ ποιήσῃς τὸ εὐθὲς[9] ἐνώπιον ἐμοῦ τοῦ φυλάξασθαι τὰς ἐντολάς μου καὶ τὰ προστάγματά[10] μου, καθὼς ἐποίησεν Δαυιδ ὁ δοῦλός μου, καὶ ἔσομαι μετὰ σοῦ καὶ οἰκοδομήσω σοι οἶκον πιστόν,[11] καθὼς ᾠκοδόμησα τῷ Δαυιδ. **40** καὶ ἐζήτησεν Σαλωμων θανατῶσαι[12] τὸν Ιεροβοαμ, καὶ ἀνέστη[13] καὶ ἀπέδρα[14] εἰς Αἴγυπτον πρὸς Σουσακιμ βασιλέα Αἰγύπτου καὶ ἦν ἐν Αἰγύπτῳ, ἕως οὗ ἀπέθανεν Σαλωμων.

Solomon's Death

41 Καὶ τὰ λοιπὰ τῶν ῥημάτων Σαλωμων καὶ πάντα, ὅσα ἐποίησεν, καὶ πᾶσαν τὴν φρόνησιν[15] αὐτοῦ, οὐκ ἰδοὺ ταῦτα γέγραπται ἐν βιβλίῳ ῥημάτων Σαλωμων; **42** καὶ αἱ ἡμέραι, ἃς ἐβασίλευσεν[16] Σαλωμων ἐν Ιερουσαλημ, τεσσαράκοντα[17] ἔτη. **43** καὶ ἐκοιμήθη[18] Σαλωμων μετὰ τῶν πατέρων αὐτοῦ, καὶ ἔθαψαν[19] αὐτὸν ἐν πόλει Δαυιδ τοῦ πατρὸς αὐτοῦ. καὶ ἐγενήθη ὡς ἤκουσεν Ιεροβοαμ υἱὸς Ναβατ — καὶ αὐτοῦ ἔτι ὄντος ἐν Αἰγύπτῳ, ὡς ἔφυγεν[20] ἐκ προσώπου Σαλωμων καὶ ἐκάθητο ἐν Αἰγύπτῳ — κατευθύνει[21] καὶ ἔρχεται εἰς τὴν πόλιν αὐτοῦ εἰς τὴν γῆν Σαριρα τὴν ἐν ὄρει Εφραιμ. καὶ ὁ βασιλεὺς Σαλωμων ἐκοιμήθη[22] μετὰ τῶν πατέρων αὐτοῦ, καὶ ἐβασίλευσεν[23] Ροβοαμ υἱὸς αὐτοῦ ἀντ᾽[24] αὐτοῦ.

Rehoboam's Foolish Decision

12 Καὶ πορεύεται βασιλεὺς Ροβοαμ εἰς Σικιμα, ὅτι εἰς Σικιμα ἔρχοντο πᾶς Ισραηλ βασιλεῦσαι[25] αὐτόν. **3** καὶ ἐλάλησεν ὁ λαὸς πρὸς τὸν βασιλέα Ροβοαμ λέγοντες **4** Ὁ πατήρ σου ἐβάρυνεν[26] τὸν κλοιὸν[27] ἡμῶν, καὶ σὺ νῦν κούφισον[28] ἀπὸ τῆς δουλείας τοῦ πατρός σου τῆς σκληρᾶς[29] καὶ ἀπὸ τοῦ κλοιοῦ[30] αὐτοῦ τοῦ βαρέος,[31]

1 σκῆπτρον, scepter
2 θέσις, place, setting
3 ἐκλέγω, *aor mid ind 1s*, choose, select
4 ἐμαυτοῦ, for myself
5 τίθημι, *aor mid inf*, set, place
6 βασιλεύω, *fut act ind 2s*, reign as king
7 ἐπιθυμέω, *pres act ind 3s*, desire
8 ἐντέλλομαι, *aor mid sub 1s*, command
9 εὐθής, right
10 πρόσταγμα, ordinance
11 πιστός, sure, dependable
12 θανατόω, *aor act inf*, kill
13 ἀνίστημι, *aor act ind 3s*, rise up
14 ἀποδιδράσκω, *aor act ind 3s*, flee
15 φρόνησις, insight, intelligence
16 βασιλεύω, *aor act ind 3s*, reign as king
17 τεσσαράκοντα, forty
18 κοιμάω, *aor pas ind 3s*, sleep
19 θάπτω, *aor act ind 3p*, bury
20 φεύγω, *aor act ind 3s*, flee
21 κατευθύνω, *pres act ind 3s*, go straight, directly
22 κοιμάω, *aor pas ind 3s*, sleep
23 βασιλεύω, *aor act ind 3s*, reign as king
24 ἀντί, in place of
25 βασιλεύω, *aor act inf*, appoint as king
26 βαρύνω, *aor act ind 3s*, make heavy, burden
27 κλοιός, yoke
28 κουφίζω, *aor act impv 2s*, make light
29 σκληρός, difficult (work)
30 κλοιός, yoke
31 βαρύς, heavy, burdensome

οὗ ἔδωκεν ἐφ᾽ ἡμᾶς, καὶ δουλεύσομέν[1] σοι. **5** καὶ εἶπεν πρὸς αὐτούς Ἀπέλθετε
ἕως ἡμερῶν τριῶν καὶ ἀναστρέψατε[2] πρός με· καὶ ἀπῆλθον. **6** καὶ παρήγγειλεν[3] ὁ
βασιλεὺς τοῖς πρεσβυτέροις, οἳ ἦσαν παρεστῶτες[4] ἐνώπιον Σαλωμων τοῦ πατρὸς
αὐτοῦ ἔτι ζῶντος αὐτοῦ, λέγων Πῶς ὑμεῖς βουλεύεσθε[5] καὶ ἀποκριθῶ τῷ λαῷ τούτῳ
λόγον; **7** καὶ ἐλάλησαν πρὸς αὐτὸν λέγοντες Εἰ ἐν τῇ ἡμέρᾳ ταύτῃ ἔσῃ δοῦλος τῷ
λαῷ τούτῳ καὶ δουλεύσῃς[6] αὐτοῖς καὶ λαλήσῃς αὐτοῖς λόγους ἀγαθούς, καὶ ἔσονταί
σοι δοῦλοι πάσας τὰς ἡμέρας. **8** καὶ ἐγκατέλιπεν[7] τὴν βουλὴν[8] τῶν πρεσβυτέρων, ἃ
συνεβουλεύσαντο[9] αὐτῷ, καὶ συνεβουλεύσατο[10] μετὰ τῶν παιδαρίων[11] τῶν ἐκτρα-
φέντων[12] μετ᾽ αὐτοῦ τῶν παρεστηκότων[13] πρὸ προσώπου αὐτοῦ **9** καὶ εἶπεν αὐτοῖς
Τί ὑμεῖς συμβουλεύετε,[14] καὶ τί ἀποκριθῶ[15] τῷ λαῷ τούτῳ τοῖς λαλήσασιν πρός με
λεγόντων Κούφισον[16] ἀπὸ τοῦ κλοιοῦ,[17] οὗ ἔδωκεν ὁ πατήρ σου ἐφ᾽ ἡμᾶς; **10** καὶ
ἐλάλησαν πρὸς αὐτὸν τὰ παιδάρια[18] τὰ ἐκτραφέντα[19] μετ᾽ αὐτοῦ οἱ παρεστηκότες[20]
πρὸ προσώπου αὐτοῦ λέγοντες Τάδε[21] λαλήσεις τῷ λαῷ τούτῳ τοῖς λαλήσασι πρὸς
σὲ λέγοντες Ὁ πατήρ σου ἐβάρυνεν[22] τὸν κλοιὸν[23] ἡμῶν καὶ σὺ νῦν κούφισον[24] ἀφ᾽
ἡμῶν, τάδε[25] λαλήσεις πρὸς αὐτούς Ἡ μικρότης[26] μου παχυτέρα[27] τῆς ὀσφύος[28]
τοῦ πατρός μου· **11** καὶ νῦν ὁ πατήρ μου ἐπεσάσσετο[29] ὑμᾶς κλοιῷ[30] βαρεῖ[31] κἀγὼ[32]
προσθήσω[33] ἐπὶ τὸν κλοιὸν ὑμῶν, ὁ πατήρ μου ἐπαίδευσεν[34] ὑμᾶς ἐν μάστιγξιν,[35]
ἐγὼ δὲ παιδεύσω[36] ὑμᾶς ἐν σκορπίοις.[37]

12 καὶ παρεγένοντο πᾶς Ισραηλ πρὸς τὸν βασιλέα Ροβοαμ ἐν τῇ ἡμέρᾳ τῇ τρίτῃ,
καθότι[38] ἐλάλησεν αὐτοῖς ὁ βασιλεὺς λέγων Ἀναστράφητε[39] πρός με τῇ ἡμέρᾳ
τῇ τρίτῃ. **13** καὶ ἀπεκρίθη ὁ βασιλεὺς πρὸς τὸν λαὸν σκληρά,[40] καὶ ἐγκατέλιπεν[41]

1 δουλεύω, *fut act ind 1p*, serve
2 ἀναστρέφω, *aor act impv 2p*, return
3 παραγγέλλω, *aor act ind 3s*, summon
4 παρίστημι, *perf act ptc nom p m*, attend on
5 βουλεύω, *pres mid ind 2p*, advise, counsel
6 δουλεύω, *aor act sub 2s*, serve
7 ἐγκαταλείπω, *aor act ind 3s*, forsake
8 βουλή, advice
9 συμβουλεύω, *aor mid ind 3p*, counsel
10 συμβουλεύω, *aor mid ind 3s*, take counsel
11 παιδάριον, young man
12 ἐκτρέφω, *aor pas ptc gen p n*, rear from childhood
13 παρίστημι, *perf act ptc gen p n*, attend on
14 συμβουλεύω, *pres act ind 2p*, give counsel
15 ἀποκρίνομαι, *aor pas sub 1s*, answer, reply
16 κουφίζω, *aor act impv 2s*, make light
17 κλοιός, yoke
18 παιδάριον, young man
19 ἐκτρέφω, *aor pas ptc nom p n*, rear from childhood
20 παρίστημι, *perf act ptc nom p m*, attend, stand before
21 ὅδε, this
22 βαρύνω, *aor act ind 3s*, make heavy, burden
23 κλοιός, yoke
24 κουφίζω, *aor act impv 2s*, make light
25 ὅδε, this
26 μικρότης, smallness
27 παχύς, *comp*, thicker
28 ὀσφύς, loins
29 ἐπισάσσω, *impf mid ind 3s*, pile on a load
30 κλοιός, yoke
31 βαρύς, heavy, burdensome
32 κἀγώ, and I, *cr.* καὶ ἐγώ
33 προστίθημι, *fut act ind 1s*, add to
34 παιδεύω, *aor act ind 3s*, correct, punish
35 μάστιξ, whip, lash
36 παιδεύω, *fut act ind 1s*, correct, punish
37 σκορπίος, scorpion
38 καθότι, just as
39 ἀναστρέφω, *aor act impv 2p*, return
40 σκληρά, harshly
41 ἐγκαταλείπω, *aor act ind 3s*, forsake

Ροβοαμ τὴν βουλὴν[1] τῶν πρεσβυτέρων, ἃ συνεβουλεύσαντο[2] αὐτῷ, **14** καὶ ἐλάλησεν πρὸς αὐτοὺς κατὰ τὴν βουλὴν[3] τῶν παιδαρίων[4] λέγων Ὁ πατήρ μου ἐβάρυνεν[5] τὸν κλοιὸν[6] ὑμῶν κἀγὼ[7] προσθήσω[8] ἐπὶ τὸν κλοιὸν ὑμῶν, ὁ πατήρ μου ἐπαίδευσεν[9] ὑμᾶς ἐν μάστιγξιν[10] κἀγὼ παιδεύσω[11] ὑμᾶς ἐν σκορπίοις.[12] **15** καὶ οὐκ ἤκουσεν ὁ βασιλεὺς τοῦ λαοῦ, ὅτι ἦν μεταστροφὴ[13] παρὰ κυρίου, ὅπως στήσῃ τὸ ῥῆμα αὐτοῦ, ὃ ἐλάλησεν ἐν χειρὶ Αχια τοῦ Σηλωνίτου περὶ Ιεροβοαμ υἱοῦ Ναβατ.

Division of the Kingdom

16 καὶ εἶδον πᾶς Ισραηλ ὅτι οὐκ ἤκουσεν ὁ βασιλεὺς αὐτῶν, καὶ ἀπεκρίθη ὁ λαὸς τῷ βασιλεῖ λέγων

> Τίς ἡμῖν μερὶς[14] ἐν Δαυιδ;
> καὶ οὐκ ἔστιν ἡμῖν κληρονομία[15] ἐν υἱῷ Ιεσσαι·
> ἀπότρεχε,[16] Ισραηλ, εἰς τὰ σκηνώματά[17] σου·
> νῦν βόσκε[18] τὸν οἶκόν σου, Δαυιδ.

καὶ ἀπῆλθεν Ισραηλ εἰς τὰ σκηνώματα[19] αὐτοῦ. **18** καὶ ἀπέστειλεν ὁ βασιλεὺς τὸν Αδωνιραμ τὸν ἐπὶ τοῦ φόρου,[20] καὶ ἐλιθοβόλησαν[21] αὐτὸν πᾶς Ισραηλ ἐν λίθοις καὶ ἀπέθανεν· καὶ ὁ βασιλεὺς Ροβοαμ ἔφθασεν[22] ἀναβῆναι τοῦ φυγεῖν[23] εἰς Ιερουσαλημ.
19 καὶ ἠθέτησεν[24] Ισραηλ εἰς τὸν οἶκον Δαυιδ ἕως τῆς ἡμέρας ταύτης.

20 καὶ ἐγένετο ὡς ἤκουσεν πᾶς Ισραηλ ὅτι ἀνέκαμψεν[25] Ιεροβοαμ ἐξ Αἰγύπτου, καὶ ἀπέστειλαν καὶ ἐκάλεσαν αὐτὸν εἰς τὴν συναγωγὴν καὶ ἐβασίλευσαν[26] αὐτὸν ἐπὶ Ισραηλ· καὶ οὐκ ἦν ὀπίσω οἴκου Δαυιδ πάρεξ[27] σκήπτρου[28] Ιουδα καὶ Βενιαμιν μόνοι.— **21** καὶ Ροβοαμ εἰσῆλθεν εἰς Ιερουσαλημ καὶ ἐξεκκλησίασεν[29] τὴν συναγωγὴν Ιουδα καὶ σκῆπτρον[30] Βενιαμιν, ἑκατὸν[31] καὶ εἴκοσι[32] χιλιάδες[33] νεανιῶν[34] ποιούντων πόλεμον, τοῦ πολεμεῖν πρὸς οἶκον Ισραηλ ἐπιστρέψαι τὴν βασιλείαν

1 βουλή, advice
2 συμβουλεύω, *aor mid ind 3p*, counsel
3 βουλή, advice
4 παιδάριον, young men
5 βαρύνω, *aor act ind 3s*, make heavy, burden
6 κλοιός, yoke
7 κἀγώ, and I, *cr.* καὶ ἐγώ
8 προστίθημι, *fut act ind 1s*, add to
9 παιδεύω, *aor act ind 3s*, correct, punish
10 μάστιξ, whip, lash
11 παιδεύω, *fut act ind 1s*, correct, punish
12 σκορπίος, scorpion
13 μεταστροφή, change of mind
14 μερίς, portion
15 κληρονομία, inheritance
16 ἀποτρέχω, *pres act impv 2s*, depart, run away
17 σκήνωμα, tent
18 βόσκω, *pres act impv 2s*, feed
19 σκήνωμα, tent
20 φόρος, levy
21 λιθοβολέω, *aor act ind 3p*, stone
22 φθάνω, *aor act ind 3s*, be the first to do something
23 φεύγω, *aor act inf*, flee
24 ἀθετέω, *aor act ind 3s*, reject, rebel
25 ἀνακάμπτω, *aor act ind 3s*, turn back
26 βασιλεύω, *aor act ind 3p*, reign as king
27 πάρεξ, only, beside
28 σκῆπτρον, scepter
29 ἐξεκκλησιάζω, *aor act ind 3s*, convene, summon
30 σκῆπτρον, scepter
31 ἑκατόν, hundred
32 εἴκοσι, twenty
33 χιλιάς, thousand
34 νεανίας, young man

Ροβοαμ υἱῷ Σαλωμων. **22** καὶ ἐγένετο λόγος κυρίου πρὸς Σαμαιαν ἄνθρωπον τοῦ
θεοῦ λέγων **23** Εἰπὸν τῷ Ροβοαμ υἱῷ Σαλωμων βασιλεῖ Ιουδα καὶ πρὸς πάντα οἶκον
Ιουδα καὶ Βενιαμιν καὶ τῷ καταλοίπῳ[1] τοῦ λαοῦ λέγων **24** Τάδε[2] λέγει κύριος Οὐκ
ἀναβήσεσθε οὐδὲ πολεμήσετε μετὰ τῶν ἀδελφῶν ὑμῶν υἱῶν Ισραηλ· ἀναστρεφέτω[3]
ἕκαστος εἰς τὸν οἶκον ἑαυτοῦ, ὅτι παρʼ ἐμοῦ γέγονεν τὸ ῥῆμα τοῦτο. καὶ ἤκουσαν
τοῦ λόγου κυρίου καὶ κατέπαυσαν[4] τοῦ πορευθῆναι κατὰ τὸ ῥῆμα κυρίου.

Evaluation of Solomon

24a Καὶ ὁ βασιλεὺς Σαλωμων κοιμᾶται[5] μετὰ τῶν πατέρων αὐτοῦ καὶ θάπτεται[6]
μετὰ τῶν πατέρων αὐτοῦ ἐν πόλει Δαυιδ. καὶ ἐβασίλευσεν[7] Ροβοαμ υἱὸς αὐτοῦ ἀντʼ
αὐτοῦ ἐν Ιερουσαλημ υἱὸς ὢν ἑκκαίδεκα[8] ἐτῶν ἐν τῷ βασιλεύειν[9] αὐτὸν καὶ δώδεκα[10]
ἔτη ἐβασίλευσεν[11] ἐν Ιερουσαλημ, καὶ ὄνομα τῆς μητρὸς αὐτοῦ Νααναν θυγάτηρ[12]
Αναν υἱοῦ Ναας βασιλέως υἱῶν Αμμων· καὶ ἐποίησεν τὸ πονηρὸν ἐνώπιον κυρίου
καὶ οὐκ ἐπορεύθη ἐν ὁδῷ Δαυιδ τοῦ πατρὸς αὐτοῦ.

Jeroboam's Background

24b καὶ ἦν ἄνθρωπος ἐξ ὄρους Εφραιμ δοῦλος τῷ Σαλωμων, καὶ ὄνομα αὐτῷ
Ιεροβοαμ, καὶ ὄνομα τῆς μητρὸς αὐτοῦ Σαριρα γυνὴ πόρνη·[13] καὶ ἔδωκεν αὐτὸν
Σαλωμων εἰς ἄρχοντα σκυτάλης[14] ἐπὶ τὰς ἄρσεις[15] οἴκου Ιωσηφ, καὶ ᾠκοδόμησεν
τῷ Σαλωμων τὴν Σαριρα τὴν ἐν ὄρει Εφραιμ, καὶ ἦσαν αὐτῷ ἅρματα[16] τριακόσια[17]
ἵππων·[18] οὗτος ᾠκοδόμησεν τὴν ἄκραν[19] ἐν ταῖς ἄρσεσιν[20] οἴκου Εφραιμ, οὗτος
συνέκλεισεν[21] τὴν πόλιν Δαυιδ καὶ ἦν ἐπαιρόμενος[22] ἐπὶ τὴν βασιλείαν. **24c** καὶ ἐζή-
τει Σαλωμων θανατῶσαι[23] αὐτόν, καὶ ἐφοβήθη καὶ ἀπέδρα[24] αὐτὸς πρὸς Σουσακιμ
βασιλέα Αἰγύπτου καὶ ἦν μετʼ αὐτοῦ, ἕως ἀπέθανεν Σαλωμων. **24d** καὶ ἤκουσεν
Ιεροβοαμ ἐν Αἰγύπτῳ ὅτι τέθνηκεν[25] Σαλωμων, καὶ ἐλάλησεν εἰς τὰ ὦτα Σουσακιμ
βασιλέως Αἰγύπτου λέγων Ἐξαπόστειλόν[26] με καὶ ἀπελεύσομαι ἐγὼ εἰς τὴν γῆν
μου· καὶ εἶπεν αὐτῷ Σουσακιμ Αἴτησαί[27] τι αἴτημα[28] καὶ δώσω σοι. **24e** καὶ Σουσακιμ
ἔδωκεν τῷ Ιεροβοαμ τὴν Ανω ἀδελφὴν Θεκεμινας τὴν πρεσβυτέραν[29] τῆς γυναικὸς

1 κατάλοιπος, remainder
2 ὅδε, this
3 ἀναστρέφω, *pres act impv 3s*, turn back, return
4 καταπαύω, *aor act ind 3p*, stop
5 κοιμάω, *pres mid ind 3s*, sleep
6 θάπτω, *pres pas ind 3s*, bury
7 βασιλεύω, *aor act ind 3s*, reign as king
8 ἑκκαίδεκα, sixteen
9 βασιλεύω, *pres act inf*, reign as king
10 δώδεκα, twelve
11 βασιλεύω, *aor act ind 3s*, reign as king
12 θυγάτηρ, daughter
13 πόρνη, prostitute
14 σκυτάλη, pole, staff
15 ἄρσις, forced labor
16 ἅρμα, chariot
17 τριακόσιοι, three hundred
18 ἵππος, horse
19 ἄκρος, citadel
20 ἄρσις, forced labor
21 συγκλείω, *aor act ind 3s*, enclose
22 ἐπαίρω, *pres mid ptc nom s m*, exalt
23 θανατόω, *aor act inf*, kill
24 ἀποδιδράσκω, *aor act ind 3s*, flee
25 θνῄσκω, *perf act ind 3s*, die
26 ἐξαποστέλλω, *aor act impv 2s*, send away
27 αἰτέω, *aor mid impv 2s*, ask for, request
28 αἴτημα, request
29 πρέσβυς, *comp*, older

αὐτοῦ αὐτῷ εἰς γυναῖκα αὕτη ἦν μεγάλη ἐν μέσῳ τῶν θυγατέρων[1] τοῦ βασιλέως καὶ ἔτεκεν[2] τῷ Ιεροβοαμ τὸν Αβια υἱὸν αὐτοῦ. **24f** καὶ εἶπεν Ιεροβοαμ πρὸς Σουσακιμ Ὄντως[3] ἐξαπόστειλόν[4] με καὶ ἀπελεύσομαι. καὶ ἐξῆλθεν Ιεροβοαμ ἐξ Αἰγύπτου καὶ ἦλθεν εἰς γῆν Σαριρα τὴν ἐν ὄρει Εφραιμ· καὶ συνάγεται ἐκεῖ πᾶν σκῆπτρον[5] Εφραιμ· καὶ ᾠκοδόμησεν Ιεροβοαμ ἐκεῖ χάρακα.[6]

24g Καὶ ἠρρώστησε[7] τὸ παιδάριον[8] αὐτοῦ ἀρρωστίαν[9] κραταιὰν[10] σφόδρα·[11] καὶ ἐπορεύθη Ιεροβοαμ ἐπερωτῆσαι[12] ὑπὲρ τοῦ παιδαρίου·[13] καὶ εἶπε πρὸς Ανω τὴν γυναῖκα αὐτοῦ Ἀνάστηθι καὶ πορεύου, ἐπερώτησον[14] τὸν θεὸν ὑπὲρ τοῦ παιδαρίου,[15] εἰ ζήσεται ἐκ τῆς ἀρρωστίας[16] αὐτοῦ. **24h** καὶ ἄνθρωπος ἦν ἐν Σηλω καὶ ὄνομα αὐτῷ Αχια, καὶ οὗτος ἦν υἱὸς ἑξήκοντα[17] ἐτῶν, καὶ ῥῆμα κυρίου μετ' αὐτοῦ. καὶ εἶπεν Ιεροβοαμ πρὸς τὴν γυναῖκα αὐτοῦ Ἀνάστηθι καὶ λαβὲ εἰς τὴν χεῖρά σου τῷ ἀνθρώπῳ τοῦ θεοῦ ἄρτους καὶ κολλύρια[18] τοῖς τέκνοις αὐτοῦ καὶ σταφυλὴν[19] καὶ στάμνον[20] μέλιτος.[21] **24i** καὶ ἀνέστη ἡ γυνὴ καὶ ἔλαβεν εἰς τὴν χεῖρα αὐτῆς ἄρτους καὶ δύο κολλύρια[22] καὶ σταφυλὴν[23] καὶ στάμνον[24] μέλιτος[25] τῷ Αχια· καὶ ὁ ἄνθρωπος πρεσβύτερος,[26] καὶ οἱ ὀφθαλμοὶ αὐτοῦ ἠμβλυώπουν[27] τοῦ βλέπειν. **24k** καὶ ἀνέστη ἐκ Σαριρα καὶ πορεύεται, καὶ ἐγένετο εἰσελθούσης αὐτῆς εἰς τὴν πόλιν πρὸς Αχια τὸν Σηλωνίτην καὶ εἶπεν Αχια τῷ παιδαρίῳ[28] αὐτοῦ Ἔξελθε δὴ[29] εἰς ἀπαντὴν[30] Ανω τῇ γυναικὶ Ιεροβοαμ καὶ ἐρεῖς αὐτῇ Εἴσελθε καὶ μὴ στῇς, ὅτι τάδε[31] λέγει κύριος Σκληρὰ[32] ἐγὼ ἐπαποστελῶ[33] ἐπὶ σέ. **24l** καὶ εἰσῆλθεν Ανω πρὸς τὸν ἄνθρωπον τοῦ θεοῦ, καὶ εἶπεν αὐτῇ Αχια Ἵνα τί μοι ἐνήνοχας[34] ἄρτους καὶ σταφυλὴν[35] καὶ κολλύρια[36] καὶ στάμνον[37] μέλιτος;[38] τάδε[39] λέγει κύριος Ἰδοὺ σὺ ἀπελεύσῃ ἀπ' ἐμοῦ, καὶ ἔσται εἰσελθούσης σου τὴν πύλην[40] εἰς Σαριρα καὶ τὰ κοράσιά[41] σου ἐξελεύσονταί σοι εἰς συνάντησιν[42] καὶ ἐροῦσίν σοι Τὸ παιδάριον[43] τέθνηκεν.[44] **24m** ὅτι

1 θυγάτηρ, daughter
2 τίκτω, *aor act ind 3s*, give birth
3 ὄντως, indeed
4 ἐξαποστέλλω, *aor act impv 2s*, send away
5 σκῆπτρον, scepter
6 χάραξ, bulwark
7 ἀρρωστέω, *aor act ind 3s*, be unwell
8 παιδάριον, young man
9 ἀρρωστία, sickness
10 κραταιός, severe
11 σφόδρα, exceedingly
12 ἐπερωτάω, *aor act inf*, inquire
13 παιδάριον, young man
14 ἐπερωτάω, *aor act impv 2s*, inquire
15 παιδάριον, young man
16 ἀρρωστία, sickness
17 ἑξήκοντα, sixty
18 κολλύριον, cake
19 σταφυλή, (bunch of) grapes
20 στάμνος, jar, pot
21 μέλι, honey
22 κολλύριον, cake
23 σταφυλή, (bunch of) grapes
24 στάμνος, jar, pot
25 μέλι, honey
26 πρέσβυς, *comp*, older
27 ἀμβλυωπέω, *impf act ind 3p*, become dim
28 παιδάριον, young man
29 δή, now
30 ἀπαντή, meeting
31 ὅδε, this
32 σκληρά, severely
33 ἐπαποστέλλω, *fut act ind 1s*, send upon
34 φέρω, *perf act ind 2s*, bring
35 σταφυλή, (bunch of) grapes
36 κολλύριον, cake
37 στάμνος, jar, pot
38 μέλι, honey
39 ὅδε, this
40 πύλη, gate
41 κοράσιον, servant girl
42 συνάντησις, meeting
43 παιδάριον, young man
44 θνῄσκω, *perf act ind 3s*, die

τάδε[1] λέγει κύριος Ἰδοὺ ἐγὼ ἐξολεθρεύσω[2] τοῦ Ιεροβοαμ οὐροῦντα[3] πρὸς τοῖχον,[4]
καὶ ἔσονται οἱ τεθνηκότες[5] τοῦ Ιεροβοαμ ἐν τῇ πόλει καταφάγονται[6] οἱ κύνες,[7]
καὶ τὸν τεθνηκότα[8] ἐν τῷ ἀγρῷ καταφάγεται[9] τὰ πετεινὰ[10] τοῦ οὐρανοῦ. καὶ τὸ
παιδάριον[11] κόψονται[12] Οὐαὶ κύριε, ὅτι εὑρέθη ἐν αὐτῷ ῥῆμα καλὸν περὶ τοῦ κυρίου.
24n καὶ ἀπῆλθεν ἡ γυνή, ὡς ἤκουσεν, καὶ ἐγένετο ὡς εἰσῆλθεν εἰς τὴν Σαριρα, καὶ
τὸ παιδάριον[13] ἀπέθανεν, καὶ ἐξῆλθεν ἡ κραυγὴ[14] εἰς ἀπαντήν.[15]

24o Καὶ ἐπορεύθη Ιεροβοαμ εἰς Σικιμα τὴν ἐν ὄρει Εφραιμ καὶ συνήθροισεν[16] ἐκεῖ τὰς
φυλὰς τοῦ Ισραηλ, καὶ ἀνέβη ἐκεῖ Ροβοαμ υἱὸς Σαλωμων. καὶ λόγος κυρίου ἐγένετο
πρὸς Σαμαιαν τὸν Ελαμι λέγων Λαβὲ σεαυτῷ ἱμάτιον καινὸν[17] τὸ οὐκ εἰσεληλυθὸς[18]
εἰς ὕδωρ καὶ ῥῆξον[19] αὐτὸ δώδεκα[20] ῥήγματα[21] καὶ δώσεις τῷ Ιεροβοαμ καὶ ἐρεῖς αὐτῷ
Τάδε[22] λέγει κύριος Λαβὲ σεαυτῷ δέκα[23] ῥήγματα[24] τοῦ περιβαλέσθαι[25] σε. καὶ ἔλαβεν
Ιεροβοαμ· καὶ εἶπεν Σαμαιας Τάδε[26] λέγει κύριος ἐπὶ τὰς δέκα[27] φυλὰς τοῦ Ισραηλ.

Conflict between Rehoboam and Jeroboam

24p Καὶ εἶπεν ὁ λαὸς πρὸς Ροβοαμ υἱὸν Σαλωμων Ὁ πατήρ σου ἐβάρυνεν[28] τὸν
κλοιὸν[29] αὐτοῦ ἐφ᾽ ἡμᾶς καὶ ἐβάρυνεν τὰ βρώματα[30] τῆς τραπέζης[31] αὐτοῦ· καὶ νῦν
εἰ κουφιεῖς[32] σὺ ἐφ᾽ ἡμᾶς, καὶ δουλεύσομέν[33] σοι. καὶ εἶπεν Ροβοαμ πρὸς τὸν λαόν
Ἔτι τριῶν ἡμερῶν καὶ ἀποκριθήσομαι ὑμῖν ῥῆμα. **24q** καὶ εἶπεν Ροβοαμ Εἰσαγάγετέ[34]
μοι τοὺς πρεσβυτέρους, καὶ συμβουλεύσομαι[35] μετ᾽ αὐτῶν τί ἀποκριθῶ τῷ λαῷ ῥῆμα
ἐν τῇ ἡμέρᾳ τῇ τρίτῃ. καὶ ἐλάλησεν Ροβοαμ εἰς τὰ ὦτα αὐτῶν καθὼς ἀπέστειλεν ὁ
λαὸς πρὸς αὐτόν, καὶ εἶπον οἱ πρεσβύτεροι τοῦ λαοῦ Οὕτως ἐλάλησεν πρὸς σὲ ὁ
λαός. **24r** καὶ διεσκέδασεν[36] Ροβοαμ τὴν βουλὴν[37] αὐτῶν, καὶ οὐκ ἤρεσεν[38] ἐνώπιον
αὐτοῦ· καὶ ἀπέστειλεν καὶ εἰσήγαγεν[39] τοὺς συντρόφους[40] αὐτοῦ καὶ ἐλάλησεν
αὐτοῖς τὰ αὐτά Καὶ ταῦτα ἀπέστειλεν πρός με λέγων ὁ λαός. καὶ εἶπαν οἱ σύντροφοι

1 ὅδε, this
2 ἐξολεθρεύω, *fut act ind 1s*, utterly destroy
3 οὐρέω, *pres act ptc acc s m*, urinate
4 τοῖχος, wall
5 θνῄσκω, *perf act ptc nom p m*, die
6 κατεσθίω, *fut mid ind 3p*, devour
7 κύων, dog
8 θνῄσκω, *perf act ptc acc s m*, die
9 κατεσθίω, *fut mid ind 3s*, devour
10 πετεινόν, bird
11 παιδάριον, young man
12 κόπτω, *fut mid ind 3p*, (mourn), beat
13 παιδάριον, young man
14 κραυγή, crying, wailing
15 ἀπαντή, meeting
16 συναθροίζω, *aor act ind 3s*, gather
17 καινός, new
18 εἰσέρχομαι, *perf act ptc nom s n*, enter
19 ῥήγνυμι, *aor act impv 2s*, tear
20 δώδεκα, twelve
21 ῥῆγμα, strip, piece
22 ὅδε, this
23 δέκα, ten
24 ῥῆγμα, strip, piece
25 περιβάλλω, *aor mid inf*, cover over, clothe
26 ὅδε, this
27 δέκα, ten
28 βαρύνω, *aor act ind 3s*, make heavy, burdensome
29 κλοιός, yoke
30 βρῶμα, food
31 τράπεζα, table
32 κουφίζω, *fut act ind 2s*, make light
33 δουλεύω, *fut act ind 1p*, serve
34 εἰσάγω, *aor act impv 2p*, bring in
35 συμβουλεύω, *fut mid ind 1s*, take counsel
36 διασκεδάζω, *aor act ind 3s*, reject
37 βουλή, advice
38 ἀρέσκω, *aor act ind 3s*, please
39 εἰσάγω, *aor act ind 3s*, bring in
40 σύντροφος, childhood friend

αὐτοῦ Οὕτως λαλήσεις πρὸς τὸν λαὸν λέγων Ἡ μικρότης[1] μου παχυτέρα[2] ὑπὲρ τὴν ὀσφὺν[3] τοῦ πατρός μου· ὁ πατήρ μου ἐμαστίγου[4] ὑμᾶς μάστιγξιν,[5] ἐγὼ δὲ κατάρξω[6] ὑμῶν ἐν σκορπίοις.[7] **24s** καὶ ἤρεσεν[8] τὸ ῥῆμα ἐνώπιον Ροβοαμ, καὶ ἀπεκρίθη τῷ λαῷ καθὼς συνεβούλευσαν[9] αὐτῷ οἱ σύντροφοι[10] αὐτοῦ τὰ παιδάρια.[11] **24t** καὶ εἶπεν πᾶς ὁ λαὸς ὡς ἀνὴρ εἷς, ἕκαστος τῷ πλησίον[12] αὐτοῦ, καὶ ἀνέκραξαν[13] ἅπαντες λέγοντες

Οὐ μερὶς[14] ἡμῖν ἐν Δαυιδ
  οὐδὲ κληρονομία[15] ἐν υἱῷ Ιεσσαι·
εἰς τὰ σκηνώματά[16] σου, Ισραηλ,
  ὅτι οὗτος ὁ ἄνθρωπος οὐκ εἰς ἄρχοντα οὐδὲ εἰς ἡγούμενον.[17]

24u καὶ διεσπάρη[18] πᾶς ὁ λαὸς ἐκ Σικιμων, καὶ ἀπῆλθεν ἕκαστος εἰς τὸ σκήνωμα[19] αὐτοῦ. καὶ κατεκράτησεν[20] Ροβοαμ καὶ ἀπῆλθεν καὶ ἀνέβη ἐπὶ τὸ ἅρμα[21] αὐτοῦ καὶ εἰσῆλθεν εἰς Ιερουσαλημ, καὶ πορεύονται ὀπίσω αὐτοῦ πᾶν σκῆπτρον[22] Ιουδα καὶ πᾶν σκῆπτρον Βενιαμιν. — **24x** καὶ ἐγένετο ἐνισταμένου[23] τοῦ ἐνιαυτοῦ[24] καὶ συνήθροισεν[25] Ροβοαμ πάντα ἄνδρα Ιουδα καὶ Βενιαμιν καὶ ἀνέβη τοῦ πολεμεῖν πρὸς Ιεροβοαμ εἰς Σικιμα. **24y** καὶ ἐγένετο ῥῆμα κυρίου πρὸς Σαμαιαν ἄνθρωπον τοῦ θεοῦ λέγων Εἰπὸν τῷ Ροβοαμ βασιλεῖ Ιουδα καὶ πρὸς πάντα οἶκον Ιουδα καὶ Βενιαμιν καὶ πρὸς τὸ κατάλειμμα[26] τοῦ λαοῦ λέγων Τάδε[27] λέγει κύριος Οὐκ ἀναβήσεσθε οὐδὲ πολεμήσετε πρὸς τοὺς ἀδελφοὺς ὑμῶν υἱοὺς Ισραηλ· ἀναστρέφετε[28] ἕκαστος εἰς τὸν οἶκον αὐτοῦ, ὅτι παρ᾽ ἐμοῦ γέγονεν τὸ ῥῆμα τοῦτο. **24z** καὶ ἤκουσαν τοῦ λόγου κυρίου καὶ ἀνέσχον[29] τοῦ πορευθῆναι, κατὰ τὸ ῥῆμα κυρίου.

Jeroboam's Idolatry

25 Καὶ ᾠκοδόμησεν Ιεροβοαμ τὴν Σικιμα τὴν ἐν ὄρει Εφραιμ καὶ κατῴκει ἐν αὐτῇ· καὶ ἐξῆλθεν ἐκεῖθεν[30] καὶ ᾠκοδόμησεν τὴν Φανουηλ. **26** καὶ εἶπεν Ιεροβοαμ ἐν τῇ καρδίᾳ αὐτοῦ Ἰδοὺ νῦν ἐπιστρέψει ἡ βασιλεία εἰς οἶκον Δαυιδ· **27** ἐὰν ἀναβῇ ὁ λαὸς οὗτος ἀναφέρειν[31] θυσίας[32] ἐν οἴκῳ κυρίου εἰς Ιερουσαλημ, καὶ ἐπιστραφήσεται

1 μικρότης, smallness
2 παχύς, *comp*, thicker
3 ὀσφύς, loins
4 μαστιγόω, *impf act ind 3s*, whip, chastise
5 μάστιξ, whip
6 κατάρχω, *fut act ind 1s*, govern
7 σκορπίος, scorpion
8 ἀρέσκω, *aor act ind 3s*, please
9 συμβουλεύω, *aor act ind 3p*, advise, give counsel
10 σύντροφος, childhood friend
11 παιδάριον, young man
12 πλησίον, neighbor
13 ἀνακράζω, *aor act ind 3p*, cry out
14 μερίς, portion
15 κληρονομία, inheritance
16 σκήνωμα, tent
17 ἡγέομαι, *pres mid ptc acc s m*, lead
18 διασπείρω, *aor pas ind 3s*, scatter
19 σκήνωμα, tent
20 κατακρατέω, *aor act ind 3s*, retain control
21 ἅρμα, chariot
22 σκῆπτρον, scepter
23 ἐνίστημι, *pres mid ptc gen s m*, begin
24 ἐνιαυτός, year
25 συναθροίζω, *aor act ind 3s*, gather
26 κατάλειμμα, remainder
27 ὅδε, this
28 ἀναστρέφω, *pres act ind 2p*, return
29 ἀνέχω, *aor act ind 3p*, refrain
30 ἐκεῖθεν, from there
31 ἀναφέρω, *pres act inf*, offer up
32 θυσία, sacrifice

καρδία τοῦ λαοῦ πρὸς κύριον καὶ κύριον αὐτῶν, πρὸς Ροβοαμ βασιλέα Ιουδα, καὶ
ἀποκτενοῦσίν με. **28** καὶ ἐβουλεύσατο[1] ὁ βασιλεὺς καὶ ἐπορεύθη καὶ ἐποίησεν
δύο δαμάλεις[2] χρυσᾶς[3] καὶ εἶπεν πρὸς τὸν λαόν Ἱκανούσθω[4] ὑμῖν ἀναβαίνειν εἰς
Ιερουσαλημ· ἰδοὺ θεοί σου, Ισραηλ, οἱ ἀναγαγόντες[5] σε ἐκ γῆς Αἰγύπτου. **29** καὶ
ἔθετο[6] τὴν μίαν ἐν Βαιθηλ καὶ τὴν μίαν ἔδωκεν ἐν Δαν. **30** καὶ ἐγένετο ὁ λόγος
οὗτος εἰς ἁμαρτίαν· καὶ ἐπορεύετο ὁ λαὸς πρὸ προσώπου τῆς μιᾶς ἕως Δαν. **31** καὶ
ἐποίησεν οἴκους ἐφ᾽ ὑψηλῶν[7] καὶ ἐποίησεν ἱερεῖς μέρος τι ἐκ τοῦ λαοῦ, οἳ οὐκ ἦσαν
ἐκ τῶν υἱῶν Λευι. **32** καὶ ἐποίησεν Ιεροβοαμ ἑορτὴν[8] ἐν τῷ μηνὶ[9] τῷ ὀγδόῳ[10] ἐν τῇ
πεντεκαιδεκάτῃ[11] ἡμέρᾳ τοῦ μηνὸς[12] κατὰ τὴν ἑορτὴν τὴν ἐν γῇ Ιουδα καὶ ἀνέβη ἐπὶ
τὸ θυσιαστήριον,[13] ὃ ἐποίησεν ἐν Βαιθηλ, τοῦ θύειν[14] ταῖς δαμάλεσιν,[15] αἷς ἐποίησεν,
καὶ παρέστησεν ἐν Βαιθηλ τοὺς ἱερεῖς τῶν ὑψηλῶν,[16] ὧν ἐποίησεν. **33** καὶ ἀνέβη ἐπὶ
τὸ θυσιαστήριον,[17] ὃ ἐποίησεν, τῇ πεντεκαιδεκάτῃ[18] ἡμέρᾳ ἐν τῷ μηνὶ[19] τῷ ὀγδόῳ[20]
ἐν τῇ ἑορτῇ,[21] ᾗ ἐπλάσατο[22] ἀπὸ καρδίας αὐτοῦ, καὶ ἐποίησεν ἑορτὴν[23] τοῖς υἱοῖς
Ισραηλ καὶ ἀνέβη ἐπὶ τὸ θυσιαστήριον[24] τοῦ ἐπιθῦσαι.[25]

A Man of God Warns Jeroboam

13 Καὶ ἰδοὺ ἄνθρωπος τοῦ θεοῦ ἐξ Ιουδα παρεγένετο ἐν λόγῳ κυρίου εἰς
Βαιθηλ, καὶ Ιεροβοαμ εἱστήκει[26] ἐπὶ τὸ θυσιαστήριον[27] τοῦ ἐπιθῦσαι.[28] **2** καὶ
ἐπεκάλεσεν πρὸς τὸ θυσιαστήριον[29] ἐν λόγῳ κυρίου καὶ εἶπεν Θυσιαστήριον[30]
θυσιαστήριον, τάδε[31] λέγει κύριος Ἰδοὺ υἱὸς τίκτεται[32] τῷ οἴκῳ Δαυιδ, Ιωσιας ὄνομα
αὐτῷ, καὶ θύσει[33] ἐπὶ σὲ τοὺς ἱερεῖς τῶν ὑψηλῶν[34] τοὺς ἐπιθύοντας[35] ἐπὶ σὲ καὶ
ὀστᾶ[36] ἀνθρώπων καύσει[37] ἐπὶ σέ. **3** καὶ ἔδωκεν ἐν τῇ ἡμέρᾳ ἐκείνῃ τέρας[38] λέγων
Τοῦτο τὸ ῥῆμα, ὃ ἐλάλησεν κύριος λέγων Ἰδοὺ τὸ θυσιαστήριον[39] ῥήγνυται,[40] καὶ

1 βουλεύω, *aor mid ind 3s*, take counsel
2 δάμαλις, calf
3 χρυσοῦς, gold
4 ἱκανόω, *pres pas impv 3s*, consider sufficient
5 ἀνάγω, *aor act ptc nom p m*, bring up
6 τίθημι, *aor mid ind 3s*, set, place
7 ὑψηλός, high place
8 ἑορτή, feast
9 μήν, month
10 ὄγδοος, eighth
11 πεντεκαιδέκατος, fifteenth
12 μήν, month
13 θυσιαστήριον, altar
14 θύω, *pres act inf*, sacrifice
15 δάμαλις, calf
16 ὑψηλός, high place
17 θυσιαστήριον, altar
18 πεντεκαιδέκατος, fifteenth
19 μήν, month
20 ὄγδοος, eighth
21 ἑορτή, feast
22 πλάσσω, *aor mid ind 3s*, form, mold
23 ἑορτή, feast
24 θυσιαστήριον, altar
25 ἐπιθύω, *aor act inf*, offer sacrifices
26 ἵστημι, *plpf act ind 3s*, stand
27 θυσιαστήριον, altar
28 ἐπιθύω, *aor act inf*, offer sacrifices
29 θυσιαστήριον, altar
30 θυσιαστήριον, altar
31 ὅδε, this
32 τίκτω, *pres pas ind 3s*, give birth
33 θύω, *fut act ind 3s*, sacrifice
34 ὑψηλός, high place
35 ἐπιθύω, *pres act ptc acc p m*, offer sacrifices
36 ὀστέον, bone
37 καίω, *fut act ind 3s*, burn
38 τέρας, sign
39 θυσιαστήριον, altar
40 ῥήγνυμι, *pres pas ind 3s*, break asunder

ἐκχυθήσεται[1] ἡ πιότης[2] ἡ ἐπ᾽ αὐτῷ. **4** καὶ ἐγένετο ὡς ἤκουσεν ὁ βασιλεὺς Ιεροβοαμ
τῶν λόγων τοῦ ἀνθρώπου τοῦ θεοῦ τοῦ ἐπικαλεσαμένου[3] ἐπὶ τὸ θυσιαστήριον[4] τὸ
ἐν Βαιθηλ, καὶ ἐξέτεινεν[5] ὁ βασιλεὺς τὴν χεῖρα αὐτοῦ ἀπὸ τοῦ θυσιαστηρίου[6] λέγων
Συλλάβετε[7] αὐτόν· καὶ ἰδοὺ ἐξηράνθη[8] ἡ χεὶρ αὐτοῦ, ἣν ἐξέτεινεν ἐπ᾽ αὐτόν, καὶ
οὐκ ἠδυνήθη ἐπιστρέψαι αὐτὴν πρὸς ἑαυτόν, **5** καὶ τὸ θυσιαστήριον[9] ἐρράγη,[10] καὶ
ἐξεχύθη[11] ἡ πιότης[12] ἀπὸ τοῦ θυσιαστηρίου κατὰ τὸ τέρας,[13] ὃ ἔδωκεν ὁ ἄνθρωπος
τοῦ θεοῦ ἐν λόγῳ κυρίου.

6 καὶ εἶπεν ὁ βασιλεὺς Ιεροβοαμ τῷ ἀνθρώπῳ τοῦ θεοῦ Δεήθητι[14] τοῦ προσώπου
κυρίου τοῦ θεοῦ σου, καὶ ἐπιστρεψάτω ἡ χείρ μου πρός με. καὶ ἐδεήθη[15] ὁ ἄνθρωπος
τοῦ θεοῦ τοῦ προσώπου κυρίου, καὶ ἐπέστρεψεν τὴν χεῖρα τοῦ βασιλέως πρὸς
αὐτόν, καὶ ἐγένετο καθὼς τὸ πρότερον.[16] **7** καὶ ἐλάλησεν ὁ βασιλεὺς πρὸς τὸν
ἄνθρωπον τοῦ θεοῦ Εἴσελθε μετ᾽ ἐμοῦ εἰς οἶκον καὶ ἀρίστησον,[17] καὶ δώσω σοι
δόμα.[18] **8** καὶ εἶπεν ὁ ἄνθρωπος τοῦ θεοῦ πρὸς τὸν βασιλέα Ἐάν μοι δῷς τὸ ἥμισυ[19]
τοῦ οἴκου σου, οὐκ εἰσελεύσομαι μετὰ σοῦ οὐδὲ μὴ φάγω ἄρτον οὐδὲ μὴ πίω ὕδωρ
ἐν τῷ τόπῳ τούτῳ. **9** ὅτι οὕτως ἐνετείλατό[20] μοι ἐν λόγῳ κύριος λέγων Μὴ φάγῃς
ἄρτον καὶ μὴ πίῃς ὕδωρ καὶ μὴ ἐπιστρέψῃς ἐν τῇ ὁδῷ, ᾗ ἐπορεύθης ἐν αὐτῇ. **10** καὶ
ἀπῆλθεν ἐν ὁδῷ ἄλλῃ καὶ οὐκ ἀνέστρεψεν[21] ἐν τῇ ὁδῷ, ᾗ ἦλθεν ἐν αὐτῇ εἰς Βαιθηλ.

Judgment on the Disobedient Prophet

11 Καὶ προφήτης εἷς πρεσβύτης[22] κατῴκει ἐν Βαιθηλ, καὶ ἔρχονται οἱ υἱοὶ αὐτοῦ
καὶ διηγήσαντο[23] αὐτῷ ἅπαντα[24] τὰ ἔργα, ἃ ἐποίησεν ὁ ἄνθρωπος τοῦ θεοῦ ἐν τῇ
ἡμέρᾳ ἐκείνῃ ἐν Βαιθηλ, καὶ τοὺς λόγους, οὓς ἐλάλησεν τῷ βασιλεῖ· καὶ ἐπέστρεψαν
τὸ πρόσωπον τοῦ πατρὸς αὐτῶν. **12** καὶ ἐλάλησεν πρὸς αὐτοὺς ὁ πατὴρ αὐτῶν
λέγων Ποίᾳ[25] ὁδῷ πεπόρευται; καὶ δεικνύουσιν αὐτῷ οἱ υἱοὶ αὐτοῦ τὴν ὁδόν, ἐν
ᾗ ἀνῆλθεν[26] ὁ ἄνθρωπος τοῦ θεοῦ ὁ ἐλθὼν ἐξ Ιουδα. **13** καὶ εἶπεν τοῖς υἱοῖς αὐτοῦ
Ἐπισάξατέ[27] μοι τὸν ὄνον·[28] καὶ ἐπέσαξαν[29] αὐτῷ τὸν ὄνον, καὶ ἐπέβη[30] ἐπ᾽ αὐτόν.
14 καὶ ἐπορεύθη κατόπισθεν[31] τοῦ ἀνθρώπου τοῦ θεοῦ καὶ εὗρεν αὐτὸν καθήμενον

1 ἐκχέω, *fut pas ind 3s*, pour out
2 πιότης, fattiness, (fat ashes)
3 ἐπικαλέω, *aor mid ptc gen s m*, call upon
4 θυσιαστήριον, altar
5 ἐκτείνω, *aor act ind 3s*, stretch forth
6 θυσιαστήριον, altar
7 συλλαμβάνω, *aor act impv 2p*, capture, arrest
8 ξηραίνω, *aor pas ind 3s*, dry up, wither
9 θυσιαστήριον, altar
10 ῥήγνυμι, *aor pas ind 3s*, break asunder
11 ἐκχέω, *aor pas ind 3s*, pour out
12 πιότης, fattiness, (fat ashes)
13 τέρας, wonder
14 δέομαι, *aor pas impv 2s*, beseech, entreat
15 δέομαι, *aor pas ind 3s*, beseech, entreat
16 πρότερος, before
17 ἀριστάω, *aor act impv 2s*, eat a meal
18 δόμα, gift
19 ἥμισυς, half
20 ἐντέλλομαι, *aor mid ind 3s*, command
21 ἀναστρέφω, *aor act ind 3s*, return
22 πρεσβύτης, old
23 διηγέομαι, *aor mid ind 3p*, describe in detail
24 ἅπας, all
25 ποῖος, what, which
26 ἀνέρχομαι, *aor act ind 3s*, depart
27 ἐπισάσσω, *aor act impv 2p*, saddle
28 ὄνος, donkey
29 ἐπισάσσω, *aor act ind 3p*, saddle
30 ἐπιβαίνω, *aor act ind 3s*, mount
31 κατόπισθεν, behind, after

ὑπὸ δρῦν[1] καὶ εἶπεν αὐτῷ Εἰ σὺ εἶ ὁ ἄνθρωπος τοῦ θεοῦ ὁ ἐληλυθὼς ἐξ Ιουδα; καὶ
εἶπεν αὐτῷ Ἐγώ. **15** καὶ εἶπεν αὐτῷ Δεῦρο[2] μετ᾽ ἐμοῦ καὶ φάγε ἄρτον. **16** καὶ εἶπεν
Οὐ μὴ δύνωμαι τοῦ ἐπιστρέψαι μετὰ σοῦ οὐδὲ μὴ φάγομαι ἄρτον οὐδὲ πίομαι ὕδωρ
ἐν τῷ τόπῳ τούτῳ· **17** ὅτι οὕτως ἐντέταλταί[3] μοι ἐν λόγῳ κύριος λέγων Μὴ φάγῃς
ἄρτον ἐκεῖ καὶ μὴ πίῃς ὕδωρ ἐκεῖ καὶ μὴ ἐπιστρέψῃς ἐν τῇ ὁδῷ, ᾗ ἐπορεύθης ἐν αὐτῇ.
18 καὶ εἶπεν πρὸς αὐτόν Κἀγὼ[4] προφήτης εἰμὶ καθὼς σύ, καὶ ἄγγελος λελάληκεν
πρός με ἐν ῥήματι κυρίου λέγων Ἐπίστρεψον αὐτὸν πρὸς σεαυτὸν εἰς τὸν οἶκόν σου,
καὶ φαγέτω ἄρτον καὶ πιέτω ὕδωρ· καὶ ἐψεύσατο[5] αὐτῷ. **19** καὶ ἐπέστρεψεν αὐτόν,
καὶ ἔφαγεν ἄρτον καὶ ἔπιεν ὕδωρ ἐν τῷ οἴκῳ αὐτοῦ.

20 καὶ ἐγένετο αὐτῶν καθημένων ἐπὶ τῆς τραπέζης[6] καὶ ἐγένετο λόγος κυρίου πρὸς
τὸν προφήτην τὸν ἐπιστρέψαντα αὐτὸν **21** καὶ εἶπεν πρὸς τὸν ἄνθρωπον τοῦ θεοῦ
τὸν ἥκοντα[7] ἐξ Ιουδα λέγων Τάδε[8] λέγει κύριος Ἀνθ᾽ ὧν[9] παρεπίκρανας[10] τὸ ῥῆμα
κυρίου καὶ οὐκ ἐφύλαξας τὴν ἐντολήν, ἣν ἐνετείλατό[11] σοι κύριος ὁ θεός σου, **22** καὶ
ἐπέστρεψας καὶ ἔφαγες ἄρτον καὶ ἔπιες ὕδωρ ἐν τῷ τόπῳ τούτῳ, ᾧ ἐλάλησεν πρὸς
σὲ λέγων Μὴ φάγῃς ἄρτον καὶ μὴ πίῃς ὕδωρ, οὐ μὴ εἰσέλθῃ τὸ σῶμά σου εἰς τὸν
τάφον[12] τῶν πατέρων σου. **23** καὶ ἐγένετο μετὰ τὸ φαγεῖν ἄρτον καὶ πιεῖν ὕδωρ
καὶ ἐπέσαξεν[13] αὐτῷ τὸν ὄνον,[14] καὶ ἐπέστρεψεν. **24** καὶ ἀπῆλθεν, καὶ εὗρεν αὐτὸν
λέων[15] ἐν τῇ ὁδῷ καὶ ἐθανάτωσεν[16] αὐτόν, καὶ ἦν τὸ σῶμα αὐτοῦ ἐρριμμένον[17] ἐν
τῇ ὁδῷ, καὶ ὁ ὄνος[18] εἱστήκει[19] παρ᾽ αὐτό, καὶ ὁ λέων εἱστήκει παρὰ τὸ σῶμα. **25** καὶ
ἰδοὺ ἄνδρες παραπορευόμενοι[20] καὶ εἶδον τὸ θνησιμαῖον[21] ἐρριμμένον[22] ἐν τῇ ὁδῷ,
καὶ ὁ λέων[23] εἱστήκει[24] ἐχόμενα τοῦ θνησιμαίου· καὶ εἰσῆλθον καὶ ἐλάλησαν ἐν τῇ
πόλει, οὗ ὁ προφήτης ὁ πρεσβύτης[25] κατῴκει ἐν αὐτῇ.

26 καὶ ἤκουσεν ὁ ἐπιστρέψας αὐτὸν ἐκ τῆς ὁδοῦ καὶ εἶπεν Ὁ ἄνθρωπος τοῦ θεοῦ
οὗτός ἐστιν, ὃς παρεπίκρανε[26] τὸ ῥῆμα κυρίου. **28** καὶ ἐπορεύθη καὶ εὗρεν τὸ σῶμα
αὐτοῦ ἐρριμμένον[27] ἐν τῇ ὁδῷ, καὶ ὁ ὄνος καὶ ὁ λέων[28] εἱστήκεισαν[29] παρὰ τὸ σῶμα,
καὶ οὐκ ἔφαγεν ὁ λέων τὸ σῶμα τοῦ ἀνθρώπου τοῦ θεοῦ καὶ οὐ συνέτριψεν[30] τὸν

1 δρῦς, oak tree
2 δεῦρο, come!
3 ἐντέλλομαι, *perf mid ind 3s*, command
4 κἀγώ, I also, *cr.* καὶ ἐγώ
5 ψεύδομαι, *aor mid ind 3s*, lie, speak falsely
6 τράπεζα, table
7 ἥκω, *pres act ptc acc s m*, have come
8 ὅδε, this
9 ἀνθ᾽ ὧν, because
10 παραπικραίνω, *aor act ind 2s*, provoke, embitter
11 ἐντέλλομαι, *aor mid ind 3s*, command
12 τάφος, grave, tomb
13 ἐπισάσσω, *aor act ind 3s*, saddle
14 ὄνος, donkey
15 λέων, lion
16 θανατόω, *aor act ind 3s*, kill
17 ῥίπτω, *perf pas ptc nom s n*, cast down
18 ὄνος, donkey
19 ἵστημι, *plpf act ind 3s*, stand
20 παραπορεύομαι, *pres mid ptc nom p m*, go by
21 θνησιμαῖος, carcass
22 ῥίπτω, *perf pas ptc acc s n*, cast down
23 λέων, lion
24 ἵστημι, *plpf act ind 3s*, stand
25 πρεσβύτης, old
26 παραπικραίνω, *aor act ind 3s*, provoke
27 ῥίπτω, *perf pas ptc acc s n*, cast down
28 λέων, lion
29 ἵστημι, *plpf act ind 3p*, stand
30 συντρίβω, *aor act ind 3s*, shatter, crush

ὄνον.[1] **29** καὶ ἦρεν ὁ προφήτης τὸ σῶμα τοῦ ἀνθρώπου τοῦ θεοῦ καὶ ἐπέθηκεν αὐτὸ
ἐπὶ τὸν ὄνον,[2] καὶ ἐπέστρεψεν αὐτὸν εἰς τὴν πόλιν ὁ προφήτης τοῦ θάψαι[3] αὐτὸν
30 ἐν τῷ τάφῳ[4] ἑαυτοῦ· καὶ ἐκόψαντο[5] αὐτόν Οὐαὶ ἀδελφέ. **31** καὶ ἐγένετο μετὰ τὸ
κόψασθαι[6] αὐτὸν καὶ εἶπεν τοῖς υἱοῖς αὐτοῦ λέγων Ἐὰν ἀποθάνω, θάψατέ[7] με ἐν τῷ
τάφῳ[8] τούτῳ, οὗ[9] ὁ ἄνθρωπος τοῦ θεοῦ τέθαπται[10] ἐν αὐτῷ· παρὰ τὰ ὀστᾶ[11] αὐτοῦ
θέτε[12] με, ἵνα σωθῶσι τὰ ὀστᾶ μου μετὰ τῶν ὀστῶν αὐτοῦ· **32** ὅτι γινόμενον ἔσται
τὸ ῥῆμα, ὃ ἐλάλησεν ἐν λόγῳ κυρίου ἐπὶ τοῦ θυσιαστηρίου[13] τοῦ ἐν Βαιθηλ καὶ ἐπὶ
τοὺς οἴκους τοὺς ὑψηλοὺς[14] τοὺς ἐν Σαμαρείᾳ.

33 Καὶ μετὰ τὸ ῥῆμα τοῦτο οὐκ ἐπέστρεψεν Ιεροβοαμ ἀπὸ τῆς κακίας[15] αὐτοῦ
καὶ ἐπέστρεψεν καὶ ἐποίησεν ἐκ μέρους τοῦ λαοῦ ἱερεῖς ὑψηλῶν·[16] ὁ βουλόμενος,
ἐπλήρου τὴν χεῖρα αὐτοῦ, καὶ ἐγίνετο ἱερεὺς εἰς τὰ ὑψηλά. **34** καὶ ἐγένετο τὸ ῥῆμα
τοῦτο εἰς ἁμαρτίαν τῷ οἴκῳ Ιεροβοαμ καὶ εἰς ὄλεθρον[17] καὶ εἰς ἀφανισμὸν[18] ἀπὸ
προσώπου τῆς γῆς.

Rehoboam's Reign in Judah

14 Καὶ Ροβοαμ υἱὸς Σαλωμων ἐβασίλευσεν[19] ἐπὶ Ιουδα· υἱὸς τεσσαράκοντα[20]
καὶ ἑνὸς ἐνιαυτῶν[21] Ροβοαμ ἐν τῷ βασιλεύειν[22] αὐτὸν καὶ δέκα[23] ἑπτὰ ἔτη
ἐβασίλευσεν ἐν Ιερουσαλημ τῇ πόλει, ἣν ἐξελέξατο[24] κύριος θέσθαι τὸ ὄνομα
αὐτοῦ ἐκεῖ ἐκ πασῶν φυλῶν τοῦ Ισραηλ· καὶ τὸ ὄνομα τῆς μητρὸς αὐτοῦ Νααμα ἡ
Αμμανῖτις. **22** καὶ ἐποίησεν Ροβοαμ τὸ πονηρὸν ἐνώπιον κυρίου καὶ παρεζήλωσεν[25]
αὐτὸν ἐν πᾶσιν, οἷς ἐποίησαν οἱ πατέρες αὐτοῦ, καὶ ἐν ταῖς ἁμαρτίαις αὐτῶν, αἷς
ἥμαρτον, **23** καὶ ᾠκοδόμησαν ἑαυτοῖς ὑψηλὰ[26] καὶ στήλας[27] καὶ ἄλση[28] ἐπὶ πάντα
βουνὸν[29] ὑψηλὸν[30] καὶ ὑποκάτω[31] παντὸς ξύλου[32] συσκίου·[33] **24** καὶ σύνδεσμος[34]
ἐγενήθη ἐν τῇ γῇ, καὶ ἐποίησαν ἀπὸ πάντων τῶν βδελυγμάτων[35] τῶν ἐθνῶν, ὧν
ἐξῆρεν[36] κύριος ἀπὸ προσώπου υἱῶν Ισραηλ.

1 ὄνος, donkey
2 ὄνος, donkey
3 θάπτω, *aor act inf*, bury
4 τάφος, grave, tomb
5 κόπτω, *aor mid ind 3p*, (mourn), beat
6 κόπτω, *aor mid inf*, (mourn), beat
7 θάπτω, *aor act impv 2p*, bury
8 τάφος, grave, tomb
9 οὗ, where
10 θάπτω, *perf pas ind 3s*, bury
11 ὀστέον, bone
12 τίθημι, *aor act impv 2p*, place
13 θυσιαστήριον, altar
14 ὑψηλός, high place
15 κακία, wickedness
16 ὑψηλός, high place
17 ὄλεθρος, utter destruction
18 ἀφανισμός, extermination
19 βασιλεύω, *aor act ind 3s*, reign as king
20 τεσσαράκοντα, forty
21 ἐνιαυτός, year
22 βασιλεύω, *pres act inf*, reign as king
23 δέκα, ten
24 ἐκλέγω, *aor mid ind 3s*, choose, select
25 παραζηλόω, *aor act ind 3s*, make jealous
26 ὑψηλός, high place
27 στήλη, (cultic) pillar
28 ἄλσος, (sacred) grove
29 βουνός, hill
30 ὑψηλός, high
31 ὑποκάτω, beneath
32 ξύλον, tree
33 σύσκιος, shady
34 σύνδεσμος, conspiracy, plot
35 βδέλυγμα, abomination
36 ἐξαίρω, *aor act ind 3s*, remove

25 καὶ ἐγένετο ἐν τῷ ἐνιαυτῷ[1] τῷ πέμπτῳ[2] βασιλεύοντος[3] Ροβοαμ ἀνέβη Σουσακιμ
βασιλεὺς Αἰγύπτου ἐπὶ Ιερουσαλημ **26** καὶ ἔλαβεν πάντας τοὺς θησαυροὺς[4] οἴκου
κυρίου καὶ τοὺς θησαυροὺς οἴκου τοῦ βασιλέως καὶ τὰ δόρατα[5] τὰ χρυσᾶ,[6] ἃ
ἔλαβεν Δαυιδ ἐκ χειρὸς τῶν παίδων[7] Αδρααζαρ βασιλέως Σουβα καὶ εἰσήνεγκεν[8]
αὐτὰ εἰς Ιερουσαλημ, τὰ πάντα ἔλαβεν, ὅπλα[9] τὰ χρυσᾶ. **27** καὶ ἐποίησεν Ροβοαμ
ὁ βασιλεὺς ὅπλα[10] χαλκᾶ[11] ἀντʼ[12] αὐτῶν. καὶ ἐπέθεντο ἐπʼ αὐτὸν οἱ ἡγούμενοι[13]
τῶν παρατρεχόντων[14] οἱ φυλάσσοντες τὸν πυλῶνα[15] οἴκου τοῦ βασιλέως. **28** καὶ
ἐγένετο ὅτε εἰσεπορεύετο[16] ὁ βασιλεὺς εἰς οἶκον κυρίου, καὶ ἦρον αὐτὰ οἱ παρα-
τρέχοντες[17] καὶ ἀπηρείδοντο[18] αὐτὰ εἰς τὸ θεε[19] τῶν παρατρεχόντων.[20]

29 καὶ τὰ λοιπὰ τῶν λόγων Ροβοαμ καὶ πάντα, ἃ ἐποίησεν, οὐκ ἰδοὺ ταῦτα γεγραμ-
μένα ἐν βιβλίῳ λόγων τῶν ἡμερῶν τοῖς βασιλεῦσιν Ιουδα; **30** καὶ πόλεμος ἦν ἀνὰ
μέσον[21] Ροβοαμ καὶ ἀνὰ μέσον Ιεροβοαμ πάσας τὰς ἡμέρας. **31** καὶ ἐκοιμήθη[22] Ρο-
βοαμ μετὰ τῶν πατέρων αὐτοῦ καὶ θάπτεται[23] μετὰ τῶν πατέρων αὐτοῦ ἐν πόλει
Δαυιδ, καὶ ἐβασίλευσεν[24] Αβιου υἱὸς αὐτοῦ ἀντʼ[25] αὐτοῦ.

Abijah's Reign in Judah

15 Καὶ ἐν τῷ ὀκτωκαιδεκάτῳ[26] ἔτει βασιλεύοντος[27] Ιεροβοαμ υἱοῦ Ναβατ βασι-
λεύει[28] Αβιου υἱὸς Ροβοαμ ἐπὶ Ιουδα **2** καὶ ἓξ[29] ἔτη ἐβασίλευσεν,[30] καὶ ὄνομα
τῆς μητρὸς αὐτοῦ Μααχα θυγάτηρ[31] Αβεσσαλωμ. **3** καὶ ἐπορεύθη ἐν ταῖς ἁμαρτίαις
τοῦ πατρὸς αὐτοῦ, αἷς ἐποίησεν ἐνώπιον αὐτοῦ, καὶ οὐκ ἦν ἡ καρδία αὐτοῦ τελεία[32]
μετὰ κυρίου θεοῦ αὐτοῦ ὡς ἡ καρδία Δαυιδ τοῦ πατρὸς αὐτοῦ. **4** ὅτι διὰ Δαυιδ
ἔδωκεν αὐτῷ κύριος κατάλειμμα,[33] ἵνα στήσῃ τέκνα αὐτοῦ μετʼ αὐτὸν καὶ στήσῃ
τὴν Ιερουσαλημ, **5** ὡς ἐποίησεν Δαυιδ τὸ εὐθὲς[34] ἐνώπιον κυρίου, οὐκ ἐξέκλινεν[35]
ἀπὸ πάντων, ὧν ἐνετείλατο[36] αὐτῷ, πάσας τὰς ἡμέρας τῆς ζωῆς αὐτοῦ. **7** καὶ τὰ

1 ἐνιαυτός, year
2 πέμπτος, fifth
3 βασιλεύω, *pres act ptc gen s m*, reign as king
4 θησαυρός, treasure
5 δόρυ, spear
6 χρυσοῦς, gold
7 παῖς, servant
8 εἰσφέρω, *aor act ind 3s*, bring in
9 ὅπλον, weapon
10 ὅπλον, weapon
11 χαλκοῦς, bronze
12 ἀντί, in place of
13 ἡγέομαι, *pres mid ptc nom p m*, lead
14 παρατρέχω, *pres act ptc gen p m*, run, accompany
15 πυλών, gate
16 εἰσπορεύομαι, *impf mid ind 3s*, enter
17 παρατρέχω, *pres act ptc nom p m*, run, accompany
18 ἀπερείδομαι, *impf mid ind 3p*, set upon
19 θεε, room, *translit.*
20 παρατρέχω, *pres act ptc gen p m*, run, accompany
21 ἀνὰ μέσον, between
22 κοιμάω, *aor pas ind 3s*, sleep
23 θάπτω, *pres pas ind 3s*, bury
24 βασιλεύω, *aor act ind 3s*, reign as king
25 ἀντί, in place of
26 ὀκτωκαιδέκατος, eighteenth
27 βασιλεύω, *pres act ptc gen s m*, reign as king
28 βασιλεύω, *pres act ind 3s*, reign as king
29 ἕξ, six
30 βασιλεύω, *aor act ind 3s*, reign as king
31 θυγάτηρ, daughter
32 τέλειος, complete, perfect
33 κατάλειμμα, remainder, remnant
34 εὐθής, right
35 ἐκκλίνω, *aor act ind 3s*, turn aside
36 ἐντέλλομαι, *aor mid ind 3s*, command

λοιπὰ τῶν λόγων Αβιου καὶ πάντα, ἃ ἐποίησεν, οὐκ ἰδοὺ ταῦτα γεγραμμένα ἐπὶ βιβλίῳ λόγων τῶν ἡμερῶν τοῖς βασιλεῦσιν Ιουδα; καὶ πόλεμος ἦν ἀνὰ μέσον[1] Αβιου καὶ ἀνὰ μέσον Ιεροβοαμ. **8** καὶ ἐκοιμήθη[2] Αβιου μετὰ τῶν πατέρων αὐτοῦ ἐν τῷ εἰκοστῷ[3] καὶ τετάρτῳ[4] ἔτει τοῦ Ιεροβοαμ καὶ θάπτεται[5] μετὰ τῶν πατέρων αὐτοῦ ἐν πόλει Δαυιδ, καὶ βασιλεύει[6] Ασα υἱὸς αὐτοῦ ἀντ᾽[7] αὐτοῦ.

Asa's Reign in Judah

9 Ἐν τῷ ἐνιαυτῷ[8] τῷ τετάρτῳ[9] καὶ εἰκοστῷ[10] τοῦ Ιεροβοαμ βασιλέως Ισραηλ βασιλεύει[11] Ασα ἐπὶ Ιουδαν **10** καὶ τεσσαράκοντα[12] καὶ ἓν ἔτος ἐβασίλευσεν[13] ἐν Ιερουσαλημ, καὶ ὄνομα τῆς μητρὸς αὐτοῦ Ανα θυγάτηρ[14] Αβεσσαλωμ. **11** καὶ ἐποίησεν Ασα τὸ εὐθὲς[15] ἐνώπιον κυρίου ὡς Δαυιδ ὁ πατὴρ αὐτοῦ. **12** καὶ ἀφεῖλεν[16] τὰς τελετὰς[17] ἀπὸ τῆς γῆς καὶ ἐξαπέστειλεν[18] πάντα τὰ ἐπιτηδεύματα,[19] ἃ ἐποίησαν οἱ πατέρες αὐτοῦ. **13** καὶ τὴν Ανα τὴν μητέρα αὐτοῦ μετέστησεν[20] τοῦ μὴ εἶναι ἡγουμένην,[21] καθὼς ἐποίησεν σύνοδον[22] ἐν τῷ ἄλσει[23] αὐτῆς, καὶ ἐξέκοψεν[24] Ασα τὰς καταδύσεις[25] αὐτῆς καὶ ἐνέπρησεν[26] πυρὶ ἐν τῷ χειμάρρῳ[27] Κεδρων. **14** τὰ δὲ ὑψηλὰ[28] οὐκ ἐξῆρεν·[29] πλὴν ἡ καρδία Ασα ἦν τελεία[30] μετὰ κυρίου πάσας τὰς ἡμέρας αὐτοῦ. **15** καὶ εἰσήνεγκεν[31] τοὺς κίονας[32] τοῦ πατρὸς αὐτοῦ καὶ τοὺς κίονας αὐτοῦ εἰσήνεγκεν εἰς τὸν οἶκον κυρίου, ἀργυροῦς[33] καὶ χρυσοῦς[34] καὶ σκεύη.[35]

16 καὶ πόλεμος ἦν ἀνὰ μέσον[36] Ασα καὶ ἀνὰ μέσον Βαασα βασιλέως Ισραηλ πάσας τὰς ἡμέρας. **17** καὶ ἀνέβη Βαασα βασιλεὺς Ισραηλ ἐπὶ Ιουδαν καὶ ᾠκοδόμησεν τὴν Ραμα τοῦ μὴ εἶναι ἐκπορευόμενον καὶ εἰσπορευόμενον[37] τῷ Ασα βασιλεῖ Ιουδα. **18** καὶ ἔλαβεν Ασα τὸ ἀργύριον[38] καὶ τὸ χρυσίον[39] τὸ εὑρεθὲν ἐν τοῖς θησαυροῖς[40] τοῦ οἴκου

1 ἀνὰ μέσον, between
2 κοιμάω, *aor pas ind 3s*, sleep
3 εἰκοστός, twentieth
4 τέταρτος, fourth
5 θάπτω, *pres pas ind 3s*, bury
6 βασιλεύω, *pres act ind 3s*, reign as king
7 ἀντί, in place of
8 ἐνιαυτός, year
9 τέταρτος, fourth
10 εἰκοστός, twentieth
11 βασιλεύω, *pres act ind 3s*, reign as king
12 τεσσαράκοντα, forty
13 βασιλεύω, *aor act ind 3s*, reign as king
14 θυγάτηρ, daughter
15 εὐθής, right
16 ἀφαιρέω, *aor act ind 3s*, remove
17 τελετή, (pagan) sanctuary
18 ἐξαποστέλλω, *aor act ind 3s*, cast out
19 ἐπιτήδευμα, pursuit, habit
20 μεθίστημι, *aor act ind 3s*, change, remove
21 ἡγέομαι, *pres mid ptc acc s f*, lead
22 σύνοδος, assembly, conspiracy
23 ἄλσος, (sacred) grove
24 ἐκκόπτω, *aor act ind 3s*, cut off
25 κατάδυσις, secret (cultic) place, hiding place
26 ἐμπίμπρημι, *aor act ind 3s*, burn
27 χείμαρρος, brook
28 ὑψηλός, high place
29 ἐξαίρω, *aor act ind 3s*, remove
30 τέλειος, complete, perfect
31 εἰσφέρω, *aor act ind 3s*, bring in
32 κίων, column, pillar
33 ἀργυροῦς, silver
34 χρυσοῦς, gold
35 σκεῦος, paraphernalia, furnishing
36 ἀνὰ μέσον, between
37 εἰσπορεύομαι, *pres mid ptc acc s m*, enter
38 ἀργύριον, silver
39 χρυσίον, gold
40 θησαυρός, treasury

τοῦ βασιλέως καὶ ἔδωκεν αὐτὰ εἰς χεῖρας παίδων[1] αὐτοῦ, καὶ ἐξαπέστειλεν[2] αὐτοὺς
ὁ βασιλεὺς Ασα πρὸς υἱὸν Αδερ υἱὸν Ταβερεμμαν υἱοῦ Αζιν βασιλέως Συρίας τοῦ
κατοικοῦντος ἐν Δαμασκῷ λέγων **19** Διάθου[3] διαθήκην ἀνὰ μέσον[4] ἐμοῦ καὶ ἀνὰ
μέσον σοῦ καὶ ἀνὰ μέσον τοῦ πατρός μου καὶ τοῦ πατρός σου· ἰδοὺ ἐξαπέσταλκά[5]
σοι δῶρα[6] ἀργύριον[7] καὶ χρυσίον,[8] δεῦρο[9] διασκέδασον[10] τὴν διαθήκην σου τὴν
πρὸς Βαασα βασιλέα Ισραηλ, καὶ ἀναβήσεται ἀπ᾽ ἐμοῦ. **20** καὶ ἤκουσεν υἱὸς Αδερ
τοῦ βασιλέως Ασα καὶ ἀπέστειλεν τοὺς ἄρχοντας τῶν δυνάμεων τῶν αὐτοῦ ταῖς
πόλεσιν τοῦ Ισραηλ καὶ ἐπάταξεν[11] τὴν Αιν καὶ τὴν Δαν καὶ τὴν Αβελμαα καὶ πᾶσαν
τὴν Χεζραθ ἕως πάσης τῆς γῆς Νεφθαλι. **21** καὶ ἐγένετο ὡς ἤκουσεν Βαασα, καὶ
διέλιπεν[12] τοῦ οἰκοδομεῖν τὴν Ραμα καὶ ἀνέστρεψεν[13] εἰς Θερσα. **22** καὶ ὁ βασιλεὺς
Ασα παρήγγειλεν[14] παντὶ Ιουδα εἰς Αινακιμ, καὶ αἴρουσιν τοὺς λίθους τῆς Ραμα καὶ
τὰ ξύλα[15] αὐτῆς, ἃ ᾠκοδόμησεν Βαασα, καὶ ᾠκοδόμησεν ἐν αὐτοῖς ὁ βασιλεὺς Ασα
πᾶν βουνὸν[16] Βενιαμιν καὶ τὴν σκοπιάν.[17]

Jehoshaphat Succeeds Asa

23 καὶ τὰ λοιπὰ τῶν λόγων Ασα καὶ πᾶσα ἡ δυναστεία[18] αὐτοῦ, ἣν ἐποίησεν, οὐκ ἰδοὺ
ταῦτα γεγραμμένα ἐστὶν ἐπὶ βιβλίῳ λόγων τῶν ἡμερῶν τοῖς βασιλεῦσιν Ιουδα; πλὴν
ἐν τῷ καιρῷ τοῦ γήρως[19] αὐτοῦ ἐπόνεσεν[20] τοὺς πόδας αὐτοῦ. **24** καὶ ἐκοιμήθη[21] Ασα
καὶ θάπτεται[22] μετὰ τῶν πατέρων αὐτοῦ ἐν πόλει Δαυιδ, καὶ βασιλεύει[23] Ιωσαφατ
υἱὸς αὐτοῦ ἀντ᾽[24] αὐτοῦ.

Nadab's Reign in Israel

25 Καὶ Ναδαβ υἱὸς Ιεροβοαμ βασιλεύει[25] ἐπὶ Ισραηλ ἐν ἔτει δευτέρῳ τοῦ Ασα βασι-
λέως Ιουδα καὶ ἐβασίλευσεν[26] ἐπὶ Ισραηλ ἔτη δύο. **26** καὶ ἐποίησεν τὸ πονηρὸν
ἐνώπιον κυρίου καὶ ἐπορεύθη ἐν ὁδῷ τοῦ πατρὸς αὐτοῦ καὶ ἐν ταῖς ἁμαρτίαις αὐτοῦ,
αἷς ἐξήμαρτεν[27] τὸν Ισραηλ. **27** καὶ περιεκάθισεν[28] αὐτὸν Βαασα υἱὸς Αχια ἐπὶ τὸν
οἶκον Βελααν καὶ ἐπάταξεν[29] αὐτὸν ἐν Γαβαθων τῇ τῶν ἀλλοφύλων,[30] καὶ Ναδαβ

1 παῖς, servant
2 ἐξαποστέλλω, *aor act ind 3s*, send forth
3 διατίθημι, *aor mid impv 2s*, grant, arrange
4 ἀνὰ μέσον, between
5 ἐξαποστέλλω, *perf act ind 1s*, send forth
6 δῶρον, gift
7 ἀργύριον, silver
8 χρυσίον, gold
9 δεῦρο, go!
10 διασκεδάζω, *aor act impv 2s*, do away with
11 πατάσσω, *aor act ind 3s*, strike, smite
12 διαλείπω, *aor act ind 3s*, intermit, cease
13 ἀναστρέφω, *aor act ind 3s*, return
14 παραγγέλλω, *aor act ind 3s*, summon
15 ξύλον, wood, timber
16 βουνός, hill
17 σκοπιά, lookout
18 δυναστεία, lordship, domination
19 γῆρας, old age
20 πονέω, *aor act ind 3s*, suffer pain
21 κοιμάω, *aor pas ind 3s*, sleep
22 θάπτω, *pres pas ind 3s*, bury
23 βασιλεύω, *pres act ind 3s*, reign as king
24 ἀντί, in place of
25 βασιλεύω, *pres act ind 3s*, reign as king
26 βασιλεύω, *aor act ind 3s*, reign as king
27 ἐξαμαρτάνω, *aor act ind 3s*, cause to sin
28 περικαθίζω, *aor act ind 3s*, besiege
29 πατάσσω, *aor act ind 3s*, strike, smite
30 ἀλλόφυλος, foreign, (Philistine)

καὶ πᾶς Ισραηλ περιεκάθητο[1] ἐπὶ Γαβαθων. **28** καὶ ἐθανάτωσεν[2] αὐτὸν Βαασα ἐν
ἔτει τρίτῳ τοῦ Ασα υἱοῦ Αβιου βασιλέως Ιουδα καὶ ἐβασίλευσεν.[3] **29** καὶ ἐγένετο ὡς
ἐβασίλευσεν,[4] καὶ ἐπάταξεν[5] τὸν οἶκον Ιεροβοαμ καὶ οὐχ ὑπελίπετο[6] πᾶσαν πνοὴν[7]
τοῦ Ιεροβοαμ ἕως τοῦ ἐξολεθρεῦσαι[8] αὐτὸν κατὰ τὸ ῥῆμα κυρίου, ὃ ἐλάλησεν
ἐν χειρὶ δούλου αὐτοῦ Αχια τοῦ Σηλωνίτου **30** περὶ τῶν ἁμαρτιῶν Ιεροβοαμ, ὡς
ἐξήμαρτεν[9] τὸν Ισραηλ, καὶ ἐν τῷ παροργισμῷ[10] αὐτοῦ, ᾧ παρώργισεν[11] τὸν κύριον
θεὸν τοῦ Ισραηλ. **31** καὶ τὰ λοιπὰ τῶν λόγων Ναδαβ καὶ πάντα, ἃ ἐποίησεν, οὐκ
ἰδοὺ ταῦτα γεγραμμένα ἐστὶν ἐν βιβλίῳ λόγων τῶν ἡμερῶν τοῖς βασιλεῦσιν Ισραηλ;

Baasha's Reign in Israel

33 Καὶ ἐν τῷ ἔτει τῷ τρίτῳ τοῦ Ασα βασιλέως Ιουδα βασιλεύει[12] Βαασα υἱὸς Αχια
ἐπὶ Ισραηλ ἐν Θερσα εἴκοσι[13] καὶ τέσσαρα ἔτη. **34** καὶ ἐποίησεν τὸ πονηρὸν ἐνώπιον
κυρίου καὶ ἐπορεύθη ἐν ὁδῷ Ιεροβοαμ υἱοῦ Ναβατ καὶ ἐν ταῖς ἁμαρτίαις αὐτοῦ, ὡς
ἐξήμαρτεν[14] τὸν Ισραηλ.

16 καὶ ἐγένετο λόγος κυρίου ἐν χειρὶ Ιου υἱοῦ Ανανι πρὸς Βαασα **2** Ἀνθ' ὧν[15]
ὕψωσά[16] σε ἀπὸ τῆς γῆς καὶ ἔδωκά σε ἡγούμενον[17] ἐπὶ τὸν λαόν μου Ισραηλ
καὶ ἐπορεύθης ἐν τῇ ὁδῷ Ιεροβοαμ καὶ ἐξήμαρτες[18] τὸν λαόν μου τὸν Ισραηλ τοῦ
παροργίσαι[19] με ἐν τοῖς ματαίοις[20] αὐτῶν, **3** ἰδοὺ ἐγὼ ἐξεγείρω[21] ὀπίσω Βαασα καὶ
ὄπισθεν[22] τοῦ οἴκου αὐτοῦ καὶ δώσω τὸν οἶκόν σου ὡς τὸν οἶκον Ιεροβοαμ υἱοῦ
Ναβατ· **4** τὸν τεθνηκότα[23] τοῦ Βαασα ἐν τῇ πόλει, καταφάγονται[24] αὐτὸν οἱ κύνες,[25]
καὶ τὸν τεθνηκότα αὐτοῦ ἐν τῷ πεδίῳ,[26] καταφάγονται αὐτὸν τὰ πετεινὰ[27] τοῦ
οὐρανοῦ.

5 καὶ τὰ λοιπὰ τῶν λόγων Βαασα καὶ πάντα, ἃ ἐποίησεν, καὶ αἱ δυναστεῖαι[28] αὐτοῦ,
οὐκ ἰδοὺ ταῦτα γεγραμμένα ἐν βιβλίῳ λόγων τῶν ἡμερῶν τῶν βασιλέων Ισραηλ;
6 καὶ ἐκοιμήθη[29] Βαασα μετὰ τῶν πατέρων αὐτοῦ καὶ θάπτεται[30] ἐν Θερσα, καὶ
βασιλεύει[31] Ηλα υἱὸς αὐτοῦ ἀντ'[32] αὐτοῦ ἐν τῷ εἰκοστῷ[33] ἔτει βασιλέως Ασα. **7** καὶ

1 περικάθημαι, *impf mid ind 3s*, besiege
2 θανατόω, *aor act ind 3s*, kill
3 βασιλεύω, *aor act ind 3s*, reign as king
4 βασιλεύω, *aor act ind 3s*, reign as king
5 πατάσσω, *aor act ind 3s*, strike, smite
6 ὑπολείπω, *aor mid ind 3s*, leave behind
7 πνοή, breath
8 ἐξολεθρεύω, *aor act inf*, utterly destroy
9 ἐξαμαρτάνω, *aor act ind 3s*, cause to sin
10 παροργισμός, anger
11 παροργίζω, *aor act ind 3s*, provoke to anger
12 βασιλεύω, *pres act ind 3s*, reign as king
13 εἴκοσι, twenty
14 ἐξαμαρτάνω, *aor act ind 3s*, cause to sin
15 ἀνθ' ὧν, because
16 ὑψόω, *aor act ind 1s*, exalt, lift up
17 ἡγέομαι, *pres mid ptc acc s m*, lead
18 ἐξαμαρτάνω, *aor act ind 2s*, cause to sin
19 παροργίζω, *aor act inf*, provoke to anger
20 μάταιος, vanity, futility
21 ἐξεγείρω, *pres act ind 1s*, raise up, stir up
22 ὄπισθε(ν), behind, after
23 θνήσκω, *perf act ptc acc s m*, die
24 κατεσθίω, *fut mid ind 3p*, devour
25 κύων, dog
26 πεδίον, plain, field
27 πετεινός, bird
28 δυναστεία, lordship, domination
29 κοιμάω, *aor pas ind 3s*, sleep
30 θάπτω, *pres pas ind 3s*, bury
31 βασιλεύω, *pres act ind 3s*, reign as king
32 ἀντί, in place of
33 εἰκοστός, twentieth

ἐν χειρὶ Ιου υἱοῦ Ανανι ἐλάλησεν κύριος ἐπὶ Βαασα καὶ ἐπὶ τὸν οἶκον αὐτοῦ πᾶσαν
τὴν κακίαν,[1] ἣν ἐποίησεν ἐνώπιον κυρίου τοῦ παροργίσαι[2] αὐτὸν ἐν τοῖς ἔργοις
τῶν χειρῶν αὐτοῦ, τοῦ εἶναι κατὰ τὸν οἶκον Ιεροβοαμ καὶ ὑπὲρ τοῦ πατάξαι[3] αὐτόν.

Elah's Reign in Israel

8 Καὶ Ηλα υἱὸς Βαασα ἐβασίλευσεν[4] ἐπὶ Ισραηλ δύο ἔτη ἐν Θερσα. **9** καὶ συν-
έστρεψεν[5] ἐπ᾽ αὐτὸν Ζαμβρι ὁ ἄρχων τῆς ἡμίσους[6] τῆς ἵππου,[7] καὶ αὐτὸς ἦν ἐν Θερσα
πίνων μεθύων[8] ἐν τῷ οἴκῳ Ωσα τοῦ οἰκονόμου[9] ἐν Θερσα· **10** καὶ εἰσῆλθεν Ζαμβρι
καὶ ἐπάταξεν[10] αὐτὸν καὶ ἐθανάτωσεν[11] αὐτὸν καὶ ἐβασίλευσεν[12] ἀντ᾽[13] αὐτοῦ. **11** καὶ
ἐγενήθη ἐν τῷ βασιλεῦσαι[14] αὐτὸν ἐν τῷ καθίσαι αὐτὸν ἐπὶ τοῦ θρόνου αὐτοῦ καὶ
ἐπάταξεν[15] ὅλον τὸν οἶκον Βαασα **12** κατὰ τὸ ῥῆμα, ὃ ἐλάλησεν κύριος ἐπὶ τὸν οἶκον
Βαασα πρὸς Ιου τὸν προφήτην **13** περὶ πασῶν τῶν ἁμαρτιῶν Βαασα καὶ Ηλα τοῦ
υἱοῦ αὐτοῦ, ὡς ἐξήμαρτεν[16] τὸν Ισραηλ τοῦ παροργίσαι[17] κύριον τὸν θεὸν Ισραηλ
ἐν τοῖς ματαίοις[18] αὐτῶν. **14** καὶ τὰ λοιπὰ τῶν λόγων Ηλα καὶ πάντα, ἃ ἐποίησεν,
οὐκ ἰδοὺ ταῦτα γεγραμμένα ἐν βιβλίῳ λόγων τῶν ἡμερῶν τῶν βασιλέων Ισραηλ;

Zimri's Reign in Israel

15 Καὶ Ζαμβρι ἐβασίλευσεν[19] ἑπτὰ ἡμέρας ἐν Θερσα. καὶ ἡ παρεμβολὴ[20] Ισραηλ
ἐπὶ Γαβαθων τὴν τῶν ἀλλοφύλων,[21] **16** καὶ ἤκουσεν ὁ λαὸς ἐν τῇ παρεμβολῇ[22]
λεγόντων Συνεστράφη[23] Ζαμβρι καὶ ἔπαισεν[24] τὸν βασιλέα· καὶ ἐβασίλευσαν[25] ἐν
Ισραηλ τὸν Αμβρι τὸν ἡγούμενον[26] τῆς στρατιᾶς[27] ἐπὶ Ισραηλ ἐν τῇ ἡμέρᾳ ἐκείνῃ
ἐν τῇ παρεμβολῇ.[28] **17** καὶ ἀνέβη Αμβρι καὶ πᾶς Ισραηλ μετ᾽ αὐτοῦ ἐκ Γαβαθων καὶ
περιεκάθισαν[29] ἐπὶ Θερσα. **18** καὶ ἐγενήθη ὡς εἶδεν Ζαμβρι ὅτι προκατείλημπται[30]
αὐτοῦ ἡ πόλις, καὶ εἰσπορεύεται[31] εἰς ἄντρον[32] τοῦ οἴκου τοῦ βασιλέως καὶ ἐνε-
πύρισεν[33] ἐπ᾽ αὐτὸν τὸν οἶκον τοῦ βασιλέως ἐν πυρὶ καὶ ἀπέθανεν **19** ὑπὲρ τῶν

1 κακία, wickedness
2 παροργίζω, *aor act inf*, provoke to anger
3 πατάσσω, *aor act inf*, strike, smite
4 βασιλεύω, *aor act ind 3s*, reign as king
5 συστρέφω, *aor act ind 3s*, conspire against
6 ἥμισυς, half
7 ἵππος, cavalry
8 μεθύω, *pres act ptc nom s m*, get drunk
9 οἰκονόμος, steward
10 πατάσσω, *aor act ind 3s*, strike, smite
11 θανατόω, *aor act ind 3s*, kill
12 βασιλεύω, *aor act ind 3s*, reign as king
13 ἀντί, in place of
14 βασιλεύω, *aor act inf*, reign as king
15 πατάσσω, *aor act ind 3s*, strike, smite
16 ἐξαμαρτάνω, *aor act ind 3s*, cause to sin
17 παροργίζω, *aor act inf*, provoke to anger
18 μάταιος, vanity, futility
19 βασιλεύω, *aor act ind 3s*, reign as king
20 παρεμβολή, encampment
21 ἀλλόφυλος, foreign, (Philistine)
22 παρεμβολή, encampment
23 συστρέφω, *aor pas ind 3s*, conspire against
24 παίω, *aor act ind 3s*, strike
25 βασιλεύω, *aor act ind 3p*, reign as king
26 ἡγέομαι, *pres mid ptc acc s m*, lead
27 στρατιά, army
28 παρεμβολή, encampment
29 περικαθίζω, *aor act ind 3p*, besiege
30 προκαταλαμβάνω, *perf pas ind 3s*, capture, overtake
31 εἰσπορεύομαι, *pres mid ind 3s*, enter
32 ἄντρον, fortified chamber
33 ἐμπυρίζω, *aor act ind 3s*, set on fire

ἁμαρτιῶν αὐτοῦ, ὧν ἐποίησεν τοῦ ποιῆσαι τὸ πονηρὸν ἐνώπιον κυρίου πορευθῆναι
ἐν ὁδῷ Ιεροβοαμ υἱοῦ Ναβατ καὶ ἐν ταῖς ἁμαρτίαις αὐτοῦ, ὡς ἐξήμαρτεν[1] τὸν
Ισραηλ. **20** καὶ τὰ λοιπὰ τῶν λόγων Ζαμβρι καὶ τὰς συνάψεις[2] αὐτοῦ, ἃς συνῆψεν,[3]
οὐκ ἰδοὺ ταῦτα γεγραμμένα ἐν βιβλίῳ λόγων τῶν ἡμερῶν τῶν βασιλέων Ισραηλ;

Omri's Reign in Israel

21 Τότε μερίζεται[4] ὁ λαὸς Ισραηλ· ἥμισυ[5] τοῦ λαοῦ γίνεται ὀπίσω Θαμνι υἱοῦ Γωναθ
τοῦ βασιλεῦσαι[6] αὐτόν, καὶ τὸ ἥμισυ[7] τοῦ λαοῦ γίνεται ὀπίσω Αμβρι. **22** ὁ λαὸς ὁ ὢν
ὀπίσω Αμβρι ὑπερεκράτησεν[8] τὸν λαὸν τὸν ὀπίσω Θαμνι υἱοῦ Γωναθ, καὶ ἀπέθανεν
Θαμνι καὶ Ιωραμ ὁ ἀδελφὸς αὐτοῦ ἐν τῷ καιρῷ ἐκείνῳ, καὶ ἐβασίλευσεν[9] Αμβρι
μετὰ Θαμνι. **23** ἐν τῷ ἔτει τῷ τριακοστῷ[10] καὶ πρώτῳ τοῦ βασιλέως Ασα βασιλεύει[11]
Αμβρι ἐπὶ Ισραηλ δώδεκα[12] ἔτη. ἐν Θερσα βασιλεύει ἓξ[13] ἔτη· **24** καὶ ἐκτήσατο[14]
Αμβρι τὸ ὄρος τὸ Σεμερων παρὰ Σεμηρ τοῦ κυρίου τοῦ ὄρους δύο ταλάντων[15]
ἀργυρίου[16] καὶ ᾠκοδόμησεν τὸ ὄρος καὶ ἐπεκάλεσεν[17] τὸ ὄνομα τοῦ ὄρους, οὗ
ᾠκοδόμεσεν, ἐπὶ τῷ ὀνόματι Σεμηρ τοῦ κυρίου τοῦ ὄρους Σαεμηρων.

25 καὶ ἐποίησεν Αμβρι τὸ πονηρὸν ἐνώπιον κυρίου καὶ ἐπονηρεύσατο[18] ὑπὲρ πάντας
τοὺς γενομένους ἔμπροσθεν αὐτοῦ· **26** καὶ ἐπορεύθη ἐν πάσῃ ὁδῷ Ιεροβοαμ υἱοῦ
Ναβατ καὶ ἐν ταῖς ἁμαρτίαις αὐτοῦ, αἷς ἐξήμαρτεν[19] τὸν Ισραηλ τοῦ παροργίσαι[20] τὸν
κύριον θεὸν Ισραηλ ἐν τοῖς ματαίοις[21] αὐτῶν. **27** καὶ τὰ λοιπὰ τῶν λόγων Αμβρι καὶ
πάντα, ἃ ἐποίησεν, καὶ ἡ δυναστεία[22] αὐτοῦ, οὐκ ἰδοὺ ταῦτα γεγραμμένα ἐν βιβλίῳ
λόγων τῶν ἡμερῶν τῶν βασιλέων Ισραηλ; **28** καὶ ἐκοιμήθη[23] Αμβρι μετὰ τῶν πατέρων
αὐτοῦ καὶ θάπτεται[24] ἐν Σαμαρείᾳ, καὶ βασιλεύει[25] Αχααβ υἱὸς αὐτοῦ ἀντ᾽[26] αὐτοῦ.

Jehoshaphat's Reign in Judah

28a Καὶ ἐν τῷ ἐνιαυτῷ[27] τῷ ἑνδεκάτῳ[28] τοῦ Αμβρι βασιλεύει[29] Ιωσαφατ υἱὸς Ασα ἐτῶν
τριάκοντα[30] καὶ πέντε ἐν τῇ βασιλείᾳ αὐτοῦ, καὶ εἴκοσι[31] πέντε ἔτη ἐβασίλευσεν[32]

1 ἐξαμαρτάνω, *aor act ind 3s*, cause to sin
2 σύναψις, alliance
3 συνάπτω, *aor act ind 3s*, join together
4 μερίζω, *pres pas ind 3s*, divide
5 ἥμισυς, half
6 βασιλεύω, *aor act inf*, reign as king
7 ἥμισυς, half
8 ὑπερκρατέω, *aor act ind 3s*, overpower
9 βασιλεύω, *aor act ind 3s*, reign as king
10 τριακοστός, thirtieth
11 βασιλεύω, *pres act ind 3s*, reign as king
12 δώδεκα, twelve
13 ἕξ, six
14 κτάομαι, *aor mid ind 3s*, acquire
15 τάλαντον, talent
16 ἀργύριον, silver
17 ἐπικαλέω, *aor act ind 3s*, call
18 πονηρεύομαι, *aor mid ind 3s*, act wickedly
19 ἐξαμαρτάνω, *aor act ind 3s*, cause to sin
20 παροργίζω, *aor act inf*, provoke to anger
21 μάταιος, vanity, futility
22 δυναστεία, lordship, domination
23 κοιμάω, *aor pas ind 3s*, sleep
24 θάπτω, *pres pas ind 3s*, bury
25 βασιλεύω, *pres act ind 3s*, reign as king
26 ἀντί, in place of
27 ἐνιαυτός, year
28 ἑνδέκατος, eleventh
29 βασιλεύω, *pres act ind 3s*, reign as king
30 τριάκοντα, thirty
31 εἴκοσι, twenty
32 βασιλεύω, *aor act ind 3s*, reign as king

ἐν Ιερουσαλημ, καὶ ὄνομα τῆς μητρὸς αὐτοῦ Γαζουβα θυγάτηρ[1] Σελεϊ. **28b** καὶ ἐπο-
ρεύθη ἐν τῇ ὁδῷ Ασα τοῦ πατρὸς αὐτοῦ καὶ οὐκ ἐξέκλινεν[2] ἀπ᾽ αὐτῆς τοῦ ποιεῖν τὸ
εὐθὲς[3] ἐνώπιον κυρίου· πλὴν τῶν ὑψηλῶν[4] οὐκ ἐξῆραν,[5] ἔθυον[6] ἐν τοῖς ὑψηλοῖς καὶ
ἐθυμίων.[7] **28c** καὶ ἃ συνέθετο[8] Ιωσαφατ, καὶ πᾶσα ἡ δυναστεία[9] αὐτοῦ, ἣν ἐποίησεν,
καὶ οὓς ἐπολέμησεν, οὐκ ἰδοὺ ταῦτα γεγραμμένα ἐν βιβλίῳ λόγων τῶν ἡμερῶν τῶν
βασιλέων Ιουδα; **28d** καὶ τὰ λοιπὰ τῶν συμπλοκῶν,[10] ἃς ἐπέθεντο[11] ἐν ταῖς ἡμέραις
Ασα τοῦ πατρὸς αὐτοῦ, ἐξῆρεν[12] ἀπὸ τῆς γῆς. **28e** καὶ βασιλεὺς οὐκ ἦν ἐν Συρίᾳ
νασιβ.[13] **28f** καὶ ὁ βασιλεὺς Ιωσαφατ ἐποίησεν ναῦν[14] εἰς Θαρσις πορεύεσθαι εἰς
Σωφιρ ἐπὶ τὸ χρυσίον·[15] καὶ οὐκ ἐπορεύθη, ὅτι συνετρίβη[16] ἡ ναῦς[17] ἐν Γασιωνγαβερ.
28g τότε εἶπεν ὁ βασιλεὺς Ισραηλ πρὸς Ιωσαφατ Ἐξαποστελῶ[18] τοὺς παῖδάς[19] σου
καὶ τὰ παιδάριά[20] μου ἐν τῇ νηί·[21] καὶ οὐκ ἐβούλετο Ιωσαφατ. **28h** καὶ ἐκοιμήθη[22]
Ιωσαφατ μετὰ τῶν πατέρων αὐτοῦ καὶ θάπτεται[23] μετὰ τῶν πατέρων αὐτοῦ ἐν πόλει
Δαυιδ, καὶ ἐβασίλευσεν[24] Ιωραμ υἱὸς αὐτοῦ ἀντ᾽[25] αὐτοῦ.

Ahab's Reign in Israel

29 Ἐν ἔτει δευτέρῳ τῷ Ιωσαφατ βασιλεύει[26] Αχααβ υἱὸς Αμβρι· ἐβασίλευσεν[27]
ἐπὶ Ισραηλ ἐν Σαμαρείᾳ εἴκοσι[28] καὶ δύο ἔτη. **30** καὶ ἐποίησεν Αχααβ τὸ πονηρὸν
ἐνώπιον κυρίου, ἐπονηρεύσατο[29] ὑπὲρ πάντας τοὺς ἔμπροσθεν αὐτοῦ· **31** καὶ οὐκ ἦν
αὐτῷ ἱκανὸν[30] τοῦ πορεύεσθαι ἐν ταῖς ἁμαρτίαις Ιεροβοαμ υἱοῦ Ναβατ, καὶ ἔλαβεν
γυναῖκα τὴν Ιεζαβελ θυγατέρα[31] Ιεθεβααλ βασιλέως Σιδωνίων καὶ ἐπορεύθη καὶ
ἐδούλευσεν[32] τῷ Βααλ καὶ προσεκύνησεν αὐτῷ. **32** καὶ ἔστησεν θυσιαστήριον[33] τῷ
Βααλ ἐν οἴκῳ τῶν προσοχθισμάτων[34] αὐτοῦ, ὃν ᾠκοδόμησεν ἐν Σαμαρείᾳ. **33** καὶ
ἐποίησεν Αχααβ ἄλσος,[35] καὶ προσέθηκεν[36] Αχααβ τοῦ ποιῆσαι παροργίσματα[37] τοῦ

1 θυγάτηρ, daughter
2 ἐκκλίνω, *aor act ind 3s*, turn aside
3 εὐθής, right
4 ὑψηλός, high place
5 ἐξαίρω, *aor act ind 3p*, remove
6 θύω, *impf act ind 3p*, sacrifice
7 θυμιάω, *impf act ind 3p*, burn incense
8 συντίθημι, *aor mid ind 3s*, undertake for oneself
9 δυναστεία, lordship, domination
10 συμπλοκή, engagement
11 ἐπιτίθημι, *aor mid ind 3p*, undertake
12 ἐξαίρω, *aor act ind 3s*, remove
13 νασιβ, deputy, official, *translit.*
14 ναῦς, ship
15 χρυσίον, gold
16 συντρίβω, *aor pas ind 3s*, break into pieces
17 ναῦς, ship
18 ἐξαποστέλλω, *fut act ind 1s*, send forth
19 παῖς, servant
20 παιδάριον, young man
21 ναῦς, ship
22 κοιμάω, *aor pas ind 3s*, sleep
23 θάπτω, *pres pas ind 3s*, bury
24 βασιλεύω, *aor act ind 3s*, reign as king
25 ἀντί, in place of
26 βασιλεύω, *pres act ind 3s*, reign as king
27 βασιλεύω, *aor act ind 3s*, reign as king
28 εἴκοσι, twenty
29 πονηρεύομαι, *aor mid ind 3s*, act wickedly
30 ἱκανός, sufficient, adequate
31 θυγάτηρ, daughter
32 δουλεύω, *aor act ind 3s*, serve
33 θυσιαστήριον, altar
34 προσόχθισμα, insult, annoyance
35 ἄλσος, (sacred) grove
36 προστίθημι, *aor act ind 3s*, add to
37 παρόργισμα, provocation to anger

παροργίσαι[1] τὴν ψυχὴν αὐτοῦ τοῦ ἐξολεθρευθῆναι·[2] ἐκακοποίησεν[3] ὑπὲρ πάντας τοὺς βασιλεῖς Ισραηλ τοὺς γενομένους ἔμπροσθεν αὐτοῦ. — **34** ἐν ταῖς ἡμέραις αὐτοῦ ᾠκοδόμησεν Αχιηλ ὁ Βαιθηλίτης τὴν Ιεριχω· ἐν τῷ Αβιρων τῷ πρωτοτόκῳ[4] αὐτοῦ ἐθεμελίωσεν[5] αὐτὴν καὶ τῷ Σεγουβ τῷ νεωτέρῳ[6] αὐτοῦ ἐπέστησεν[7] θύρας αὐτῆς κατὰ τὸ ῥῆμα κυρίου, ὃ ἐλάλησεν ἐν χειρὶ Ιησου υἱοῦ Ναυη.

Elijah, the Drought, and the Widow's Son

17 Καὶ εἶπεν Ηλιου ὁ προφήτης ὁ Θεσβίτης ἐκ Θεσβων τῆς Γαλααδ πρὸς Αχααβ
Ζῇ κύριος ὁ θεὸς τῶν δυνάμεων ὁ θεὸς Ισραηλ, ᾧ παρέστην[8] ἐνώπιον αὐτοῦ,
εἰ ἔσται τὰ ἔτη ταῦτα δρόσος[9] καὶ ὑετὸς[10] ὅτι εἰ μὴ διὰ στόματος λόγου μου. **2** καὶ
ἐγένετο ῥῆμα κυρίου πρὸς Ηλιου **3** Πορεύου ἐντεῦθεν[11] κατὰ ἀνατολὰς[12] καὶ κρύ-
βηθι[13] ἐν τῷ χειμάρρῳ[14] Χορραθ τοῦ ἐπὶ προσώπου τοῦ Ιορδάνου· **4** καὶ ἔσται ἐκ
τοῦ χειμάρρου[15] πίεσαι ὕδωρ, καὶ τοῖς κόραξιν[16] ἐντελοῦμαι[17] διατρέφειν[18] σε ἐκεῖ.
5 καὶ ἐποίησεν Ηλιου κατὰ τὸ ῥῆμα κυρίου καὶ ἐκάθισεν ἐν τῷ χειμάρρῳ[19] Χορραθ
ἐπὶ προσώπου τοῦ Ιορδάνου. **6** καὶ οἱ κόρακες[20] ἔφερον αὐτῷ ἄρτους τὸ πρωὶ[21] καὶ
κρέα[22] τὸ δείλης,[23] καὶ ἐκ τοῦ χειμάρρου[24] ἔπινεν ὕδωρ.

7 Καὶ ἐγένετο μετὰ ἡμέρας καὶ ἐξηράνθη[25] ὁ χειμάρρους,[26] ὅτι οὐκ ἐγένετο ὑετὸς[27] ἐπὶ
τῆς γῆς. **8** καὶ ἐγένετο ῥῆμα κυρίου πρὸς Ηλιου **9** Ἀνάστηθι καὶ πορεύου εἰς Σαρεπτα
τῆς Σιδωνίας· ἰδοὺ ἐντέταλμαι[28] ἐκεῖ γυναικὶ χήρᾳ[29] τοῦ διατρέφειν[30] σε. **10** καὶ ἀνέστη
καὶ ἐπορεύθη εἰς Σαρεπτα εἰς τὸν πυλῶνα[31] τῆς πόλεως, καὶ ἰδοὺ ἐκεῖ γυνὴ χήρα[32]
συνέλεγεν[33] ξύλα·[34] καὶ ἐβόησεν[35] ὀπίσω αὐτῆς Ηλιου καὶ εἶπεν αὐτῇ Λαβὲ δή[36] μοι
ὀλίγον[37] ὕδωρ εἰς ἄγγος[38] καὶ πίομαι. **11** καὶ ἐπορεύθη λαβεῖν, καὶ ἐβόησεν[39] ὀπίσω

1 παροργίζω, *aor act inf*, provoke to anger
2 ἐξολεθρεύω, *aor pas inf*, utterly destroy
3 κακοποιέω, *aor act ind 3s*, commit evil
4 πρωτότοκος, firstborn
5 θεμελιόω, *aor act ind 3s*, establish as foundation
6 νέος, *comp*, younger
7 ἐφίστημι, *aor act ind 3s*, set in place
8 παρίστημι, *aor act ind 1s*, be present, stand
9 δρόσος, dew
10 ὑετός, rain
11 ἐντεῦθεν, hence, from here
12 ἀνατολή, east
13 κρύπτω, *aor pas impv 2s*, hide
14 χείμαρρος, brook
15 χείμαρρος, brook
16 κόραξ, raven
17 ἐντέλλομαι, *fut mid ind 1s*, command
18 διατρέφω, *pres act inf*, sustain, feed
19 χείμαρρος, brook
20 κόραξ, raven
21 πρωί, (in the) morning
22 κρέας, meat
23 δείλη, evening
24 χείμαρρος, brook
25 ξηραίνω, *aor pas ind 3s*, dry up
26 χείμαρρος, brook
27 ὑετός, rain
28 ἐντέλλομαι, *perf mid ind 1s*, command
29 χήρα, widow
30 διατρέφω, *pres act inf*, sustain, feed
31 πυλών, gate
32 χήρα, widow
33 συλλέγω, *impf act ind 3s*, collect, gather
34 ξύλον, (fire)wood
35 βοάω, *aor act ind 3s*, call out
36 δή, now
37 ὀλίγος, a little
38 ἄγγος, container
39 βοάω, *aor act ind 3s*, call out

αὐτῆς Ηλιου καὶ εἶπεν Λῆμψη δή[1] μοι ψωμὸν[2] ἄρτου ἐν τῇ χειρί σου. **12** καὶ εἶπεν ἡ
γυνή Ζῇ κύριος ὁ θεός σου, εἰ ἔστιν μοι ἐγκρυφίας[3] ἀλλ' ἢ ὅσον δρὰξ[4] ἀλεύρου[5] ἐν
τῇ ὑδρίᾳ[6] καὶ ὀλίγον[7] ἔλαιον[8] ἐν τῷ καψάκῃ·[9] καὶ ἰδοὺ ἐγὼ συλλέγω[10] δύο ξυλάρια[11]
καὶ εἰσελεύσομαι καὶ ποιήσω αὐτὸ ἐμαυτῇ[12] καὶ τοῖς τέκνοις μου, καὶ φαγόμεθα
καὶ ἀποθανούμεθα. **13** καὶ εἶπεν πρὸς αὐτὴν Ηλιου Θάρσει,[13] εἴσελθε καὶ ποίησον
κατὰ τὸ ῥῆμά σου· ἀλλὰ ποίησον ἐμοὶ ἐκεῖθεν[14] ἐγκρυφίαν[15] μικρὸν ἐν πρώτοις καὶ
ἐξοίσεις[16] μοι, σαυτῇ δὲ καὶ τοῖς τέκνοις σου ποιήσεις ἐπ' ἐσχάτου· **14** ὅτι τάδε[17] λέγει
κύριος Ἡ ὑδρία[18] τοῦ ἀλεύρου[19] οὐκ ἐκλείψει[20] καὶ ὁ καψάκης[21] τοῦ ἐλαίου[22] οὐκ
ἐλαττονήσει[23] ἕως ἡμέρας τοῦ δοῦναι κύριον τὸν ὑετὸν[24] ἐπὶ τῆς γῆς. **15** καὶ ἐπορεύθη
ἡ γυνὴ καὶ ἐποίησεν· καὶ ἤσθιεν αὐτὴ καὶ αὐτὸς καὶ τὰ τέκνα αὐτῆς. **16** καὶ ἡ ὑδρία[25]
τοῦ ἀλεύρου[26] οὐκ ἐξέλιπεν[27] καὶ ὁ καψάκης[28] τοῦ ἐλαίου[29] οὐκ ἐλαττονώθη[30] κατὰ
τὸ ῥῆμα κυρίου, ὃ ἐλάλησεν ἐν χειρὶ Ηλιου.

17 Καὶ ἐγένετο μετὰ ταῦτα καὶ ἠρρώστησεν[31] ὁ υἱὸς τῆς γυναικὸς τῆς κυρίας[32] τοῦ
οἴκου, καὶ ἦν ἡ ἀρρωστία[33] αὐτοῦ κραταιὰ[34] σφόδρα,[35] ἕως οὗ οὐχ ὑπελείφθη[36] ἐν
αὐτῷ πνεῦμα. **18** καὶ εἶπεν πρὸς Ηλιου Τί ἐμοὶ καὶ σοί, ἄνθρωπε τοῦ θεοῦ; εἰσῆλθες
πρός με τοῦ ἀναμνῆσαι[37] τὰς ἀδικίας[38] μου καὶ θανατῶσαι[39] τὸν υἱόν μου. **19** καὶ
εἶπεν Ηλιου πρὸς τὴν γυναῖκα Δός μοι τὸν υἱόν σου. καὶ ἔλαβεν αὐτὸν ἐκ τοῦ
κόλπου[40] αὐτῆς καὶ ἀνήνεγκεν[41] αὐτὸν εἰς τὸ ὑπερῷον,[42] ἐν ᾧ αὐτὸς ἐκάθητο
ἐκεῖ, καὶ ἐκοίμισεν[43] αὐτὸν ἐπὶ τῆς κλίνης[44] αὐτοῦ. **20** καὶ ἀνεβόησεν[45] Ηλιου καὶ
εἶπεν Οἴμμοι,[46] κύριε ὁ μάρτυς[47] τῆς χήρας,[48] μεθ' ἧς ἐγὼ κατοικῶ μετ' αὐτῆς, σὺ

1 δή, now
2 ψωμός, morsel
3 ἐγκρυφίας, loaf baked in ashes
4 δράξ, handful
5 ἄλευρον, wheat meal
6 ὑδρία, jar
7 ὀλίγος, a little
8 ἔλαιον, oil
9 καψάκης, flask
10 συλλέγω, *pres act ind 1s*, collect, gather
11 ξυλάριον, small piece of wood
12 ἐμαυτοῦ, for myself
13 θαρσέω, *pres act impv 2s*, be courageous
14 ἐκεῖθεν, from that place
15 ἐγκρυφίας, loaf baked in ashes
16 ἐκφέρω, *fut act ind 2s*, carry out
17 ὅδε, this
18 ὑδρία, jar
19 ἄλευρον, wheat meal
20 ἐκλείπω, *fut act ind 3s*, fail, become empty
21 καψάκης, flask
22 ἔλαιον, oil
23 ἐλαττονέω, *fut act ind 3s*, lack, give less
24 ὑετός, rain
25 ὑδρία, jar
26 ἄλευρον, wheat meal
27 ἐκλείπω, *aor act ind 3s*, fail, become empty
28 καψάκης, flask
29 ἔλαιον, oil
30 ἐλαττονόω, *aor pas ind 3s*, lack, give less
31 ἀρρωστέω, *aor act ind 3s*, be sick
32 κυρία, lady (*f of* κύριος)
33 ἀρρωστία, sickness, disease
34 κραταιός, severe
35 σφόδρα, exceedingly
36 ὑπολείπω, *aor pas ind 3s*, remain
37 ἀναμιμνῄσκω, *aor act inf*, recall to memory
38 ἀδικία, wrongdoing
39 θανατόω, *aor act inf*, put to death
40 κόλπος, bosom, breast
41 ἀναφέρω, *aor act ind 3s*, bring up
42 ὑπερῷον, upstairs room
43 κοιμίζω, *aor act ind 3s*, lay to sleep
44 κλίνη, bed
45 ἀναβοάω, *aor act ind 3s*, shout out
46 οἴμμοι, woe!, alas!
47 μάρτυς, witness
48 χήρα, widow

κεκάκωκας[1] τοῦ θανατῶσαι[2] τὸν υἱὸν αὐτῆς. **21** καὶ ἐνεφύσησεν[3] τῷ παιδαρίῳ[4]
τρὶς καὶ ἐπεκαλέσατο[5] τὸν κύριον καὶ εἶπεν Κύριε ὁ θεός μου, ἐπιστραφήτω δὴ[6] ἡ
ψυχὴ τοῦ παιδαρίου[7] τούτου εἰς αὐτόν. **22** καὶ ἐγένετο οὕτως, καὶ ἀνεβόησεν[8] τὸ
παιδάριον.[9] **23** καὶ κατήγαγεν[10] αὐτὸν ἀπὸ τοῦ ὑπερῴου[11] εἰς τὸν οἶκον καὶ ἔδωκεν
αὐτὸν τῇ μητρὶ αὐτοῦ· καὶ εἶπεν Ηλιου Βλέπε, ζῇ ὁ υἱός σου. **24** καὶ εἶπεν ἡ γυνὴ
πρὸς Ηλιου Ἰδοὺ ἔγνωκα ὅτι ἄνθρωπος θεοῦ εἶ σὺ καὶ ῥῆμα κυρίου ἐν στόματί σου
ἀληθινόν.[12]

Elijah and Obadiah

18 Καὶ ἐγένετο μεθ᾽ ἡμέρας πολλὰς καὶ ῥῆμα κυρίου ἐγένετο πρὸς Ηλιου ἐν τῷ
ἐνιαυτῷ[13] τῷ τρίτῳ λέγων Πορεύθητι καὶ ὄφθητι τῷ Αχααβ, καὶ δώσω ὑετὸν[14]
ἐπὶ πρόσωπον τῆς γῆς. **2** καὶ ἐπορεύθη Ηλιου τοῦ ὀφθῆναι τῷ Αχααβ. — καὶ ἡ
λιμὸς[15] κραταιὰ[16] ἐν Σαμαρείᾳ. **3** καὶ ἐκάλεσεν Αχααβ τὸν Αβδιου τὸν οἰκονόμον·[17]
(καὶ Αβδιου ἦν φοβούμενος τὸν κύριον σφόδρα,[18] **4** καὶ ἐγένετο ἐν τῷ τύπτειν[19]
τὴν Ιεζαβελ τοὺς προφήτας κυρίου καὶ ἔλαβεν Αβδιου ἑκατὸν ἄνδρας προφήτας
καὶ ἔκρυψεν[20] αὐτοὺς κατὰ πεντήκοντα[21] ἐν σπηλαίῳ[22] καὶ διέτρεφεν[23] αὐτοὺς ἐν
ἄρτῳ καὶ ὕδατι·) **5** καὶ εἶπεν Αχααβ πρὸς Αβδιου Δεῦρο[24] καὶ διέλθωμεν[25] ἐπὶ τὴν
γῆν ἐπὶ πηγὰς[26] τῶν ὑδάτων καὶ ἐπὶ χειμάρρους,[27] ἐάν πως εὕρωμεν βοτάνην[28] καὶ
περιποιησώμεθα[29] ἵππους[30] καὶ ἡμιόνους,[31] καὶ οὐκ ἐξολοθρευθήσονται[32] ἀπὸ τῶν
κτηνῶν.[33] **6** καὶ ἐμέρισαν[34] ἑαυτοῖς τὴν ὁδὸν τοῦ διελθεῖν αὐτήν· Αχααβ ἐπορεύθη
ἐν ὁδῷ μιᾷ μόνος, καὶ Αβδιου ἐπορεύθη ἐν ὁδῷ ἄλλῃ μόνος.

7 καὶ ἦν Αβδιου ἐν τῇ ὁδῷ μόνος, καὶ ἦλθεν Ηλιου εἰς συνάντησιν[35] αὐτοῦ μόνος·
καὶ Αβδιου ἔσπευσεν[36] καὶ ἔπεσεν ἐπὶ πρόσωπον αὐτοῦ καὶ εἶπεν Εἰ σὺ εἶ αὐτός,
κύριέ μου Ηλιου; **8** καὶ εἶπεν Ηλιου αὐτῷ Ἐγώ· πορεύου λέγε τῷ κυρίῳ σου Ἰδοὺ
Ηλιου. **9** καὶ εἶπεν Αβδιου Τί ἡμάρτηκα, ὅτι δίδως τὸν δοῦλόν σου εἰς χεῖρα Αχααβ

1 κακόω, *perf act ind 2s*, afflict
2 θανατόω, *aor act inf*, put to death
3 ἐμφυσάω, *aor act ind 3s*, breathe upon
4 παιδάριον, child
5 ἐπικαλέω, *aor mid ind 3s*, call upon
6 δή, now
7 παιδάριον, child
8 ἀναβοάω, *aor act ind 3s*, shout out
9 παιδάριον, child
10 κατάγω, *aor act ind 3s*, bring down
11 ὑπερῷον, upstairs room
12 ἀληθινός, truthful
13 ἐνιαυτός, year
14 ὑετός, rain
15 λιμός, famine
16 κραταιός, severe
17 οἰκονόμος, manager, administrator
18 σφόδρα, very much
19 τύπτω, *pres act inf*, strike
20 κρύπτω, *aor act ind 3s*, conceal, hide
21 πεντήκοντα, fifty
22 σπήλαιον, cave
23 διατρέφω, *impf act ind 3s*, sustain, feed
24 δεῦρο, come!
25 διέρχομαι, *aor act sub 1p*, go through
26 πηγή, spring
27 χείμαρρος, brook
28 βοτάνη, herbage, plant
29 περιποιέω, *aor mid sub 1p*, preserve alive
30 ἵππος, horse
31 ἡμίονος, mule
32 ἐξολοθρεύω, *fut pas ind 3p*, utterly destroy
33 κτῆνος, animal, (*p*) herd
34 μερίζω, *aor act ind 3p*, assign a part to, divide
35 συνάντησις, meeting
36 σπεύδω, *aor act ind 3s*, make haste

τοῦ θανατῶσαί[1] με; **10** ζῇ κύριος ὁ θεός σου, εἰ ἔστιν ἔθνος ἢ βασιλεία, οὗ οὐκ ἀπέσταλκεν ὁ κύριός μου ζητεῖν σε, καὶ εἶπον Οὐκ ἔστιν· καὶ ἐνέπρησεν[2] τὴν βασιλείαν καὶ τὰς χώρας[3] αὐτῆς, ὅτι οὐχ εὕρηκέν σε. **11** καὶ νῦν σὺ λέγεις Πορεύου ἀνάγγελλε[4] τῷ κυρίῳ σου Ἰδοὺ Ηλιου· **12** καὶ ἔσται ἐὰν ἐγὼ ἀπέλθω ἀπὸ σοῦ, καὶ πνεῦμα κυρίου ἀρεῖ σε εἰς γῆν, ἣν οὐκ οἶδα, καὶ εἰσελεύσομαι ἀπαγγεῖλαι τῷ Αχααβ, καὶ ἀποκτενεῖ με· καὶ ὁ δοῦλός σού ἐστιν φοβούμενος τὸν κύριον ἐκ νεότητος[5] αὐτοῦ. **13** ἦ[6] οὐκ ἀπηγγέλη σοι τῷ κυρίῳ μου οἷα[7] πεποίηκα ἐν τῷ ἀποκτείνειν Ιεζαβελ τοὺς προφήτας κυρίου καὶ ἔκρυψα[8] ἀπὸ τῶν προφητῶν κυρίου ἑκατὸν[9] ἄνδρας ἀνὰ πεντήκοντα[10] ἐν σπηλαίῳ[11] καὶ ἔθρεψα[12] ἐν ἄρτοις καὶ ὕδατι; **14** καὶ νῦν σὺ λέγεις μοι Πορεύου λέγε τῷ κυρίῳ σου Ἰδοὺ Ηλιου· καὶ ἀποκτενεῖ με. **15** καὶ εἶπεν Ηλιου Ζῇ κύριος τῶν δυνάμεων, ᾧ παρέστην[13] ἐνώπιον αὐτοῦ, ὅτι σήμερον ὀφθήσομαι αὐτῷ. **16** καὶ ἐπορεύθη Αβδιου εἰς συναντὴν[14] τῷ Αχααβ καὶ ἀπήγγειλεν αὐτῷ· καὶ ἐξέδραμεν[15] Αχααβ καὶ ἐπορεύθη εἰς συνάντησιν[16] Ηλιου.

Elijah Confronts Ahab and His Prophets

17 Καὶ ἐγένετο ὡς εἶδεν Αχααβ τὸν Ηλιου, καὶ εἶπεν Αχααβ πρὸς Ηλιου Εἰ σὺ εἶ αὐτὸς ὁ διαστρέφων[17] τὸν Ισραηλ; **18** καὶ εἶπεν Ηλιου Οὐ διαστρέφω[18] τὸν Ισραηλ, ὅτι ἀλλ' ἢ σὺ καὶ ὁ οἶκος τοῦ πατρός σου ἐν τῷ καταλιμπάνειν[19] ὑμᾶς τὸν κύριον θεὸν ὑμῶν καὶ ἐπορεύθης ὀπίσω τῶν Βααλιμ· **19** καὶ νῦν ἀπόστειλον συνάθροισον[20] πρός με πάντα Ισραηλ εἰς ὄρος τὸ Καρμήλιον καὶ τοὺς προφήτας τῆς αἰσχύνης[21] τετρακοσίους[22] καὶ πεντήκοντα[23] καὶ τοὺς προφήτας τῶν ἀλσῶν[24] τετρακοσίους ἐσθίοντας τράπεζαν[25] Ιεζαβελ. **20** καὶ ἀπέστειλεν Αχααβ εἰς πάντα Ισραηλ καὶ ἐπισυνήγαγεν[26] πάντας τοὺς προφήτας εἰς ὄρος τὸ Καρμήλιον.

21 καὶ προσήγαγεν[27] Ηλιου πρὸς πάντας, καὶ εἶπεν αὐτοῖς Ηλιου Ἕως πότε[28] ὑμεῖς χωλανεῖτε[29] ἐπ' ἀμφοτέραις[30] ταῖς ἰγνύαις;[31] εἰ ἔστιν κύριος ὁ θεός, πορεύεσθε

1 θανατόω, *aor act inf*, kill
2 ἐμπίμπρημι, *aor act ind 3s*, set on fire, burn
3 χώρα, land, territory
4 ἀναγγέλλω, *pres act impv 2s*, declare
5 νεότης, youth
6 ἦ, truly, (is it so)
7 οἷος, such as
8 κρύπτω, *aor act ind 1s*, conceal, hide
9 ἑκατόν, hundred
10 πεντήκοντα, fifty
11 σπήλαιον, cave
12 τρέφω, *aor act ind 1s*, feed
13 παρίστημι, *aor act ind 1s*, be present, stand
14 συναντή, meeting
15 ἐκτρέχω, *aor act ind 3s*, run forth
16 συνάντησις, meeting
17 διαστρέφω, *pres act ptc nom s m*, mislead, pervert
18 διαστρέφω, *pres act ind 1s*, mislead, pervert
19 καταλιμπάνω, *pres act inf*, abandon, leave behind
20 συναθροίζω, *aor act impv 2s*, gather
21 αἰσχύνη, dishonor, shame
22 τετρακόσιοι, four hundred
23 πεντήκοντα, fifty
24 ἄλσος, (sacred) grove
25 τράπεζα, table
26 ἐπισυνάγω, *aor act ind 3s*, gather together
27 προσάγω, *aor act ind 3s*, draw near
28 πότε, when
29 χωλαίνω, *fut act ind 2p*, walk lamely
30 ἀμφότεροι, both
31 ἰγνύα, (hamstring)

ὀπίσω αὐτοῦ· εἰ δὲ ὁ Βααλ αὐτός, πορεύεσθε ὀπίσω αὐτοῦ. καὶ οὐκ ἀπεκρίθη ὁ
λαὸς λόγον. **22** καὶ εἶπεν Ηλιου πρὸς τὸν λαόν Ἐγὼ ὑπολέλειμμαι[1] προφήτης τοῦ
κυρίου μονώτατος,[2] καὶ οἱ προφῆται τοῦ Βααλ τετρακόσιοι[3] καὶ πεντήκοντα[4] ἄν-
δρες, καὶ οἱ προφῆται τοῦ ἄλσους[5] τετρακόσιοι· **23** δότωσαν[6] ἡμῖν δύο βόας,[7] καὶ
ἐκλεξάσθωσαν[8] ἑαυτοῖς τὸν ἕνα καὶ μελισάτωσαν[9] καὶ ἐπιθέτωσαν ἐπὶ τῶν ξύλων[10]
καὶ πῦρ μὴ ἐπιθέτωσαν, καὶ ἐγὼ ποιήσω τὸν βοῦν[11] τὸν ἄλλον καὶ πῦρ οὐ μὴ ἐπιθῶ·
24 καὶ βοᾶτε[12] ἐν ὀνόματι θεῶν ὑμῶν, καὶ ἐγὼ ἐπικαλέσομαι[13] ἐν ὀνόματι κυρίου τοῦ
θεοῦ μου, καὶ ἔσται ὁ θεός, ὃς ἐὰν ἐπακούσῃ[14] ἐν πυρί, οὗτος θεός, καὶ ἀπεκρίθησαν
πᾶς ὁ λαὸς καὶ εἶπον Καλὸν τὸ ῥῆμα, ὃ ἐλάλησας.

25 καὶ εἶπεν Ηλιου τοῖς προφήταις τῆς αἰσχύνης[15] Ἐκλέξασθε[16] ἑαυτοῖς τὸν μόσχον[17]
τὸν ἕνα καὶ ποιήσατε πρῶτοι, ὅτι πολλοὶ ὑμεῖς, καὶ ἐπικαλέσασθε[18] ἐν ὀνόματι θεοῦ
ὑμῶν καὶ πῦρ μὴ ἐπιθῆτε. **26** καὶ ἔλαβον τὸν μόσχον[19] καὶ ἐποίησαν καὶ ἐπεκαλοῦντο[20]
ἐν ὀνόματι τοῦ Βααλ ἐκ πρωίθεν[21] ἕως μεσημβρίας[22] καὶ εἶπον Ἐπάκουσον[23] ἡμῶν,
ὁ Βααλ, ἐπάκουσον ἡμῶν· καὶ οὐκ ἦν φωνὴ καὶ οὐκ ἦν ἀκρόασις·[24] καὶ διέτρεχον[25]
ἐπὶ τοῦ θυσιαστηρίου,[26] οὗ ἐποίησαν. **27** καὶ ἐγένετο μεσημβρίᾳ[27] καὶ ἐμυκτήρισεν[28]
αὐτοὺς Ηλιου ὁ Θεσβίτης καὶ εἶπεν Ἐπικαλεῖσθε[29] ἐν φωνῇ μεγάλῃ, ὅτι θεός ἐστιν, ὅτι
ἀδολεσχία[30] αὐτῷ ἐστιν, καὶ ἅμα[31] μήποτε[32] χρηματίζει[33] αὐτός, ἢ μήποτε καθεύδει[34]
αὐτός, καὶ ἐξαναστήσεται.[35] **28** καὶ ἐπεκαλοῦντο[36] ἐν φωνῇ μεγάλῃ καὶ κατετέμνοντο[37]
κατὰ τὸν ἐθισμὸν[38] αὐτῶν ἐν μαχαίραις[39] καὶ σειρομάσταις[40] ἕως ἐκχύσεως[41] αἵματος
ἐπ᾽ αὐτούς· **29** καὶ ἐπροφήτευον,[42] ἕως οὗ παρῆλθεν[43] τὸ δειλινόν.[44] καὶ ἐγένετο ὡς ὁ
καιρὸς τοῦ ἀναβῆναι τὴν θυσίαν[45] καὶ οὐκ ἦν φωνή, καὶ ἐλάλησεν Ηλιου ὁ Θεσβίτης

1 ὑπολείπω, *perf pas ind 1s*, leave behind
2 μόνος, *sup*, most alone, most deserted
3 τετρακόσιοι, four hundred
4 πεντήκοντα, fifty
5 ἄλσος, (sacred) grove
6 δίδωμι, *aor act impv 3p*, give
7 βοῦς, cow, (*p*) cattle
8 ἐκλέγω, *aor mid impv 3p*, choose, select
9 μελίζω, *aor act impv 3p*, cut into pieces
10 ξύλον, wood
11 βοῦς, cow, (*p*) cattle
12 βοάω, *pres act impv 2p*, cry out
13 ἐπικαλέω, *fut mid ind 1s*, call upon
14 ἐπακούω, *aor act sub 3s*, hear, listen
15 αἰσχύνη, dishonor, disgrace
16 ἐκλέγω, *aor mid impv 2p*, choose, select
17 μόσχος, young bull
18 ἐπικαλέω, *aor mid impv 2p*, call upon
19 μόσχος, young bull
20 ἐπικαλέω, *impf mid ind 3p*, call upon
21 πρωίθεν, from the morning
22 μεσημβρία, midday
23 ἐπακούω, *aor act impv 2s*, hear, listen
24 ἀκρόασις, hearing, listening
25 διατρέχω, *impf act ind 3p*, run across
26 θυσιαστήριον, altar
27 μεσημβρία, midday
28 μυκτηρίζω, *aor act ind 3s*, sneer at
29 ἐπικαλέω, *pres mid impv 2p*, call upon
30 ἀδολεσχία, idle talk
31 ἅμα, at the same time
32 μήποτε, perhaps
33 χρηματίζω, *pres act ind 3s*, be engaged in oracles
34 καθεύδω, *pres act ind 3s*, sleep
35 ἐξανίστημι, *fut mid ind 3s*, rise up
36 ἐπικαλέω, *impf mid ind 3p*, call upon
37 κατατέμνω, *impf mid ind 3p*, gash, cut
38 ἐθισμός, custom, habit
39 μάχαιρα, knife, dagger
40 σειρομάστης, barbed lance
41 ἔκχυσις, outflow
42 προφητεύω, *impf act ind 3p*, prophesy
43 παρέρχομαι, *aor act ind 3s*, pass by
44 δειλινός, (in the) evening
45 θυσία, sacrifice

πρὸς τοὺς προφήτας τῶν προσοχθισμάτων[1] λέγων Μετάστητε[2] ἀπὸ τοῦ νῦν, καὶ ἐγὼ ποιήσω τὸ ὁλοκαύτωμά[3] μου· καὶ μετέστησαν[4] καὶ ἀπῆλθον.

30 καὶ εἶπεν Ηλιου πρὸς τὸν λαόν Προσαγάγετε[5] πρός με· καὶ προσήγαγεν[6] πᾶς
ὁ λαὸς πρὸς αὐτόν. **31** καὶ ἔλαβεν Ηλιου δώδεκα[7] λίθους κατ᾽ ἀριθμὸν[8] φυλῶν
τοῦ Ισραηλ, ὡς ἐλάλησεν κύριος πρὸς αὐτὸν λέγων Ισραηλ ἔσται τὸ ὄνομά σου.
32 καὶ ᾠκοδόμησεν τοὺς λίθους ἐν ὀνόματι κυρίου καὶ ἰάσατο[9] τὸ θυσιαστήριον[10]
τὸ κατεσκαμμένον[11] καὶ ἐποίησεν θααλα[12] χωροῦσαν[13] δύο μετρητὰς[14] σπέρματος[15]
κυκλόθεν[16] τοῦ θυσιαστηρίου.[17] **33** καὶ ἐστοίβασεν[18] τὰς σχίδακας[19] ἐπὶ τὸ θυσιαστή-
ριον,[20] ὃ ἐποίησεν, καὶ ἐμέλισεν[21] τὸ ὁλοκαύτωμα[22] καὶ ἐπέθηκεν ἐπὶ τὰς σχίδακας[23]
καὶ ἐστοίβασεν[24] ἐπὶ τὸ θυσιαστήριον. **34** καὶ εἶπεν Λάβετέ μοι τέσσαρας ὑδρίας[25]
ὕδατος καὶ ἐπιχέετε[26] ἐπὶ τὸ ὁλοκαύτωμα[27] καὶ ἐπὶ τὰς σχίδακας·[28] καὶ ἐποίησαν
οὕτως. καὶ εἶπεν Δευτερώσατε·[29] καὶ ἐδευτέρωσαν.[30] καὶ εἶπεν Τρισσώσατε·[31] καὶ
ἐτρίσσευσαν.[32] **35** καὶ διεπορεύετο[33] τὸ ὕδωρ κύκλῳ[34] τοῦ θυσιαστηρίου,[35] καὶ τὴν
θααλα[36] ἔπλησαν[37] ὕδατος. **36** καὶ ἀνεβόησεν[38] Ηλιου εἰς τὸν οὐρανὸν καὶ εἶπεν
Κύριε ὁ θεὸς Αβρααμ καὶ Ισαακ καὶ Ισραηλ, ἐπάκουσόν[39] μου, κύριε, ἐπάκουσόν μου
σήμερον ἐν πυρί, καὶ γνώτωσαν πᾶς ὁ λαὸς οὗτος ὅτι σὺ εἶ κύριος ὁ θεὸς Ισραηλ
κἀγὼ[40] δοῦλός σου καὶ διὰ σὲ πεποίηκα τὰ ἔργα ταῦτα.

37 ἐπάκουσόν[41] μου, κύριε, ἐπάκουσόν μου ἐν πυρί, καὶ γνώτω ὁ λαὸς οὗτος ὅτι
σὺ εἶ κύριος ὁ θεὸς καὶ σὺ ἔστρεψας[42] τὴν καρδίαν τοῦ λαοῦ τούτου ὀπίσω. **38** καὶ
ἔπεσεν πῦρ παρὰ κυρίου ἐκ τοῦ οὐρανοῦ καὶ κατέφαγεν[43] τὸ ὁλοκαύτωμα[44] καὶ τὰς

1 προσόχθισμα, provocation
2 μεθίστημι, *aor act impv 2p*, stand aside
3 ὁλοκαύτωμα, whole burnt offering
4 μεθίστημι, *aor act ind 3p*, stand aside
5 προσάγω, *aor act impv 2p*, draw near
6 προσάγω, *aor act ind 3s*, draw near
7 δώδεκα, twelve
8 ἀριθμός, number
9 ἰάομαι, *aor mid ind 3s*, repair
10 θυσιαστήριον, altar
11 κατασκάπτω, *perf pas ptc acc s n*, raze to the ground
12 θααλα, trough, *translit.*
13 χωρέω, *pres act ptc acc s f*, contain
14 μετρητής, measure
15 σπέρμα, seed
16 κυκλόθεν, round about
17 θυσιαστήριον, altar
18 στοιβάζω, *aor act ind 3s*, heap up
19 σχίδαξ, firewood
20 θυσιαστήριον, altar
21 μελίζω, *aor act ind 3s*, cut in pieces
22 ὁλοκαύτωμα, whole burnt offering
23 σχίδαξ, firewood
24 στοιβάζω, *aor act ind 3s*, heap up
25 ὑδρία, pitcher
26 ἐπιχέω, *pres act ind 2p*, pour over
27 ὁλοκαύτωμα, whole burnt offering
28 σχίδαξ, firewood
29 δευτερόω, *aor act impv 2p*, do for a second time
30 δευτερόω, *aor act ind 3p*, do for a second time
31 τρισσόω, *aor act impv 2p*, do for a third time
32 τρισσεύω, *aor act ind 3p*, do for a third time
33 διαπορεύομαι, *impf mid ind 3s*, go through
34 κύκλῳ, around
35 θυσιαστήριον, altar
36 θααλα, trough, *translit.*
37 πίμπλημι, *aor act ind 3p*, fill
38 ἀναβοάω, *aor act ind 3s*, cry out
39 ἐπακούω, *aor act impv 2s*, hear, listen
40 κἀγώ, and I, *cr.* καὶ ἐγώ
41 ἐπακούω, *aor act impv 2s*, hear, listen
42 στρέφω, *aor act ind 2s*, change
43 κατεσθίω, *aor act ind 3s*, consume
44 ὁλοκαύτωμα, whole burnt offering

σχίδακας[1] καὶ τὸ ὕδωρ τὸ ἐν τῇ θααλα,[2] καὶ τοὺς λίθους καὶ τὸν χοῦν[3] ἐξέλειξεν[4] τὸ πῦρ. **39** καὶ ἔπεσεν πᾶς ὁ λαὸς ἐπὶ πρόσωπον αὐτῶν καὶ εἶπον Ἀληθῶς[5] κύριός ἐστιν ὁ θεός, αὐτὸς ὁ θεός. **40** καὶ εἶπεν Ηλιου πρὸς τὸν λαόν Συλλάβετε[6] τοὺς προφήτας τοῦ Βααλ, μηθεὶς[7] σωθήτω ἐξ αὐτῶν· καὶ συνέλαβον[8] αὐτούς, καὶ κατάγει[9] αὐτοὺς Ηλιου εἰς τὸν χειμάρρουν[10] Κισων καὶ ἔσφαξεν[11] αὐτοὺς ἐκεῖ.

41 Καὶ εἶπεν Ηλιου τῷ Αχααβ Ἀνάβηθι καὶ φάγε καὶ πίε, ὅτι φωνὴ τῶν ποδῶν τοῦ ὑετοῦ.[12] **42** καὶ ἀνέβη Αχααβ τοῦ φαγεῖν καὶ πιεῖν, καὶ Ηλιου ἀνέβη ἐπὶ τὸν Κάρμηλον καὶ ἔκυψεν[13] ἐπὶ τὴν γῆν καὶ ἔθηκεν τὸ πρόσωπον ἑαυτοῦ ἀνὰ μέσον[14] τῶν γονάτων[15] ἑαυτοῦ. **43** καὶ εἶπεν τῷ παιδαρίῳ[16] αὐτοῦ Ἀνάβηθι καὶ ἐπίβλεψον[17] ὁδὸν τῆς θαλάσσης. καὶ ἐπέβλεψεν[18] τὸ παιδάριον[19] καὶ εἶπεν Οὐκ ἔστιν οὐθέν.[20] καὶ εἶπεν Ηλιου Καὶ σὺ ἐπίστρεψον ἑπτάκι·[21] καὶ ἐπέστρεψεν τὸ παιδάριον[22] ἑπτάκι.[23] **44** καὶ ἐγένετο ἐν τῷ ἑβδόμῳ[24] καὶ ἰδοὺ νεφέλη[25] μικρὰ ὡς ἴχνος[26] ἀνδρὸς ἀνάγουσα[27] ὕδωρ· καὶ εἶπεν Ἀνάβηθι καὶ εἰπὸν τῷ Αχααβ Ζεῦξον[28] τὸ ἅρμα[29] σου καὶ κατάβηθι, μὴ καταλάβῃ[30] σε ὁ ὑετός.[31] **45** καὶ ἐγένετο ἕως ὧδε[32] καὶ ὧδε[33] καὶ ὁ οὐρανὸς συνεσκότασεν[34] νεφέλαις[35] καὶ πνεύματι, καὶ ἐγένετο ὑετὸς[36] μέγας· καὶ ἔκλαιεν καὶ ἐπορεύετο Αχααβ εἰς Ιεζραελ. **46** καὶ χεὶρ κυρίου ἐπὶ τὸν Ηλιου, καὶ συνέσφιγξεν[37] τὴν ὀσφὺν[38] αὐτοῦ καὶ ἔτρεχεν[39] ἔμπροσθεν Αχααβ ἕως Ιεζραελ.

Elijah Flees from Jezebel to Horeb

19 Καὶ ἀνήγγειλεν[40] Αχααβ τῇ Ιεζαβελ γυναικὶ αὐτοῦ πάντα, ἃ ἐποίησεν Ηλιου, καὶ ὡς ἀπέκτεινεν τοὺς προφήτας ἐν ῥομφαίᾳ.[41] **2** καὶ ἀπέστειλεν Ιεζαβελ

1 σχίδαξ, firewood
2 θααλα, trough, *translit.*
3 χοῦς, dust
4 ἐκλείχω, *aor act ind 3s*, lick up
5 ἀληθῶς, truly
6 συλλαμβάνω, *aor act impv 2p*, capture
7 μηθείς, not one
8 συλλαμβάνω, *aor act ind 3p*, capture
9 κατάγω, *pres act ind 3s*, lead down
10 χείμαρρος, brook
11 σφάζω, *aor act ind 3s*, slaughter
12 ὑετός, rain
13 κύπτω, *aor act ind 3s*, bend down
14 ἀνὰ μέσον, between
15 γόνυ, knee
16 παιδάριον, servant
17 ἐπιβλέπω, *aor act impv 2s*, look upon, observe
18 ἐπιβλέπω, *aor act ind 3s*, look upon, observe
19 παιδάριον, servant
20 οὐθείς, nothing
21 ἑπτάκις, seven times
22 παιδάριον, servant
23 ἑπτάκις, seven times
24 ἕβδομος, seventh
25 νεφέλη, cloud
26 ἴχνος, footprint
27 ἀνάγω, *pres act ptc nom s f*, bring up
28 ζεύγνυμι, *aor act impv 2s*, saddle, harness
29 ἅρμα, chariot
30 καταλαμβάνω, *aor act sub 3s*, lay hold of, overtake
31 ὑετός, rain
32 ὧδε, here
33 ὧδε, there
34 συσκοτάζω, *aor act ind 3s*, darken
35 νεφέλη, cloud
36 ὑετός, rain
37 συσφίγγω, *aor act ind 3s*, gird up
38 ὀσφύς, loins
39 τρέχω, *impf act ind 3s*, run
40 ἀναγγέλλω, *aor act ind 3s*, recount
41 ῥομφαία, sword

πρὸς Ηλιου καὶ εἶπεν Εἰ σὺ εἶ Ηλιου καὶ ἐγὼ Ιεζαβελ, τάδε[1] ποιήσαι[2] μοι ὁ θεὸς
καὶ τάδε προσθείη,[3] ὅτι ταύτην τὴν ὥραν[4] αὔριον[5] θήσομαι[6] τὴν ψυχήν σου καθὼς
ψυχὴν ἑνὸς ἐξ αὐτῶν. **3** καὶ ἐφοβήθη Ηλιου καὶ ἀνέστη καὶ ἀπῆλθεν κατὰ τὴν ψυχὴν
ἑαυτοῦ καὶ ἔρχεται εἰς Βηρσαβεε τὴν Ιουδα καὶ ἀφῆκεν τὸ παιδάριον[7] αὐτοῦ ἐκεῖ·
4 καὶ αὐτὸς ἐπορεύθη ἐν τῇ ἐρήμῳ ὁδὸν ἡμέρας καὶ ἦλθεν καὶ ἐκάθισεν ὑπὸ ραθμ[8]
ἕν καὶ ᾐτήσατο[9] τὴν ψυχὴν αὐτοῦ ἀποθανεῖν καὶ εἶπεν Ἱκανούσθω[10] νῦν, λαβὲ δὴ[11]
τὴν ψυχήν μου ἀπ᾽ ἐμοῦ, κύριε, ὅτι οὐ κρείσσων[12] ἐγώ εἰμι ὑπὲρ τοὺς πατέρας μου.
5 καὶ ἐκοιμήθη[13] καὶ ὕπνωσεν[14] ἐκεῖ ὑπὸ φυτόν,[15] καὶ ἰδού τις ἥψατο[16] αὐτοῦ καὶ
εἶπεν αὐτῷ Ἀνάστηθι καὶ φάγε. **6** καὶ ἐπέβλεψεν[17] Ηλιου, καὶ ἰδοὺ πρὸς κεφαλῆς
αὐτοῦ ἐγκρυφίας[18] ὀλυρίτης[19] καὶ καψάκης[20] ὕδατος· καὶ ἀνέστη καὶ ἔφαγεν καὶ
ἔπιεν. καὶ ἐπιστρέψας ἐκοιμήθη.[21] **7** καὶ ἐπέστρεψεν ὁ ἄγγελος κυρίου ἐκ δευτέρου
καὶ ἥψατο[22] αὐτοῦ καὶ εἶπεν αὐτῷ Ἀνάστα φάγε, ὅτι πολλὴ ἀπὸ σοῦ ἡ ὁδός. **8** καὶ
ἀνέστη καὶ ἔφαγεν καὶ ἔπιεν· καὶ ἐπορεύθη ἐν τῇ ἰσχύι[23] τῆς βρώσεως[24] ἐκείνης
τεσσαράκοντα[25] ἡμέρας καὶ τεσσαράκοντα νύκτας ἕως ὄρους Χωρηβ.

The Lord Appears to Elijah

9 καὶ εἰσῆλθεν ἐκεῖ εἰς τὸ σπήλαιον[26] καὶ κατέλυσεν[27] ἐκεῖ· καὶ ἰδοὺ ῥῆμα κυρίου
πρὸς αὐτὸν καὶ εἶπεν Τί σὺ ἐνταῦθα,[28] Ηλιου; **10** καὶ εἶπεν Ηλιου Ζηλῶν[29] ἐζήλωκα[30]
τῷ κυρίῳ παντοκράτορι,[31] ὅτι ἐγκατέλιπόν[32] σε οἱ υἱοὶ Ισραηλ· τὰ θυσιαστήριά[33] σου
κατέσκαψαν[34] καὶ τοὺς προφήτας σου ἀπέκτειναν ἐν ῥομφαίᾳ,[35] καὶ ὑπολέλειμμαι[36]
ἐγὼ μονώτατος,[37] καὶ ζητοῦσι τὴν ψυχήν μου λαβεῖν αὐτήν.

1 ὅδε, this
2 ποιέω, *aor act opt 2s*, do
3 προστίθημι, *aor act opt 3s*, add, continue
4 ὥρα, time, hour
5 αὔριον, tomorrow
6 τίθημι, *fut mid ind 1s*, set, make
7 παιδάριον, servant
8 ραθμ, broom tree, *translit.*
9 αἰτέω, *aor mid ind 3s*, demand, ask for
10 ἱκανόω, *pres pas impv 3s*, be sufficient
11 δή, now
12 κρείσσων (ττ), *comp of* ἀγαθός, better
13 κοιμάω, *aor pas ind 3s*, lie down to sleep
14 ὑπνόω, *aor act ind 3s*, sleep
15 φυτόν, plant
16 ἅπτομαι, *aor mid ind 3s*, grasp, take hold
17 ἐπιβλέπω, *aor act ind 3s*, look intently
18 ἐγκρυφίας, loaf baked in ashes
19 ὀλυρίτης, barley
20 καψάκης, jar
21 κοιμάω, *aor pas ind 3s*, lie down to sleep
22 ἅπτομαι, *aor mid ind 3s*, grasp, take hold
23 ἰσχύς, strength
24 βρῶσις, food
25 τεσσαράκοντα, forty
26 σπήλαιον, cave
27 καταλύω, *aor act ind 3s*, take up quarters
28 ἐνταῦθα, here
29 ζηλόω, *pres act ptc nom s m*, be zealous for
30 ζηλόω, *perf act ind 1s*, be zealous for
31 παντοκράτωρ, all-powerful, almighty
32 ἐγκαταλείπω, *aor act ind 3p*, forsake, desert
33 θυσιαστήριον, altar
34 κατασκάπτω, *aor act ind 3p*, raze to the ground
35 ῥομφαία, sword
36 ὑπολείπω, *perf pas ind 1s*, leave behind, spare
37 μόνος, *sup*, most alone

11 καὶ εἶπεν Ἐξελεύσῃ αὔριον[1] καὶ στήσῃ ἐνώπιον κυρίου ἐν τῷ ὄρει· ἰδοὺ παρ-
ελεύσεται[2] κύριος. καὶ πνεῦμα μέγα κραταιὸν[3] διαλῦον[4] ὄρη καὶ συντρῖβον[5] πέτρας[6]
ἐνώπιον κυρίου, οὐκ ἐν τῷ πνεύματι κύριος· καὶ μετὰ τὸ πνεῦμα συσσεισμός,[7] οὐκ
ἐν τῷ συσσεισμῷ κύριος· **12** καὶ μετὰ τὸν συσσεισμὸν[8] πῦρ, οὐκ ἐν τῷ πυρὶ κύριος·
καὶ μετὰ τὸ πῦρ φωνὴ αὔρας[9] λεπτῆς,[10] κακεῖ[11] κύριος. **13** καὶ ἐγένετο ὡς ἤκουσεν
Ηλιου, καὶ ἐπεκάλυψεν[12] τὸ πρόσωπον αὐτοῦ ἐν τῇ μηλωτῇ[13] ἑαυτοῦ καὶ ἐξῆλθεν
καὶ ἔστη ὑπὸ τὸ σπήλαιον·[14] καὶ ἰδοὺ πρὸς αὐτὸν φωνὴ καὶ εἶπεν Τί σὺ ἐνταῦθα,[15]
Ηλιου; **14** καὶ εἶπεν Ηλιου Ζηλῶν[16] ἐζήλωκα[17] τῷ κυρίῳ παντοκράτορι,[18] ὅτι ἐγκατέ-
λιπον[19] τὴν διαθήκην σου οἱ υἱοὶ Ισραηλ· τὰ θυσιαστήριά[20] σου καθεῖλαν[21] καὶ τοὺς
προφήτας σου ἀπέκτειναν ἐν ῥομφαίᾳ,[22] καὶ ὑπολέλειμμαι[23] ἐγὼ μονώτατος,[24] καὶ
ζητοῦσι τὴν ψυχήν μου λαβεῖν αὐτήν. **15** καὶ εἶπεν κύριος πρὸς αὐτόν Πορεύου ἀνά-
στρεφε[25] εἰς τὴν ὁδόν σου καὶ ἥξεις[26] εἰς τὴν ὁδὸν ἐρήμου Δαμασκοῦ καὶ χρίσεις[27]
τὸν Αζαηλ εἰς βασιλέα τῆς Συρίας· **16** καὶ τὸν Ιου υἱὸν Ναμεσσι χρίσεις[28] εἰς βασιλέα
ἐπὶ Ισραηλ· καὶ τὸν Ελισαιε υἱὸν Σαφατ ἀπὸ Αβελμαουλα χρίσεις εἰς προφήτην
ἀντὶ[29] σοῦ. **17** καὶ ἔσται τὸν σῳζόμενον ἐκ ῥομφαίας[30] Αζαηλ θανατώσει[31] Ιου,
καὶ τὸν σῳζόμενον ἐκ ῥομφαίας[32] Ιου θανατώσει Ελισαιε. **18** καὶ καταλείψεις[33] ἐν
Ισραηλ ἑπτὰ χιλιάδας[34] ἀνδρῶν, πάντα γόνατα,[35] ἃ οὐκ ὤκλασαν[36] γόνυ[37] τῷ Βααλ,
καὶ πᾶν στόμα, ὃ οὐ προσεκύνησεν αὐτῷ.

19 Καὶ ἀπῆλθεν ἐκεῖθεν[38] καὶ εὑρίσκει τὸν Ελισαιε υἱὸν Σαφατ, καὶ αὐτὸς ἠροτρία[39]
ἐν βουσίν[40] — δώδεκα[41] ζεύγη[42] βοῶν[43] ἐνώπιον αὐτοῦ, καὶ αὐτὸς ἐν τοῖς δώδεκα —

1 αὔριον, tomorrow
2 παρέρχομαι, *fut mid ind 3s*, pass by
3 κραταιός, strong
4 διαλύω, *pres act ptc nom s n*, break up, rend
5 συντρίβω, *pres act ptc nom s n*, crush, shatter
6 πέτρα, rock
7 συσσεισμός, commotion, tempest
8 συσσεισμός, commotion, tempest
9 αὔρα, breath, whisper, breeze
10 λεπτός, gentle, light
11 κακεῖ, and there, *cr.* καὶ ἐκεῖ
12 ἐπικαλύπτω, *aor act ind 3s*, cover up
13 μηλωτή, mantle made of goatskin
14 σπήλαιον, cave
15 ἐνταῦθα, here
16 ζηλόω, *pres act ptc nom s m*, be zealous for
17 ζηλόω, *perf act ind 1s*, be zealous for
18 παντοκράτωρ, all-powerful, almighty
19 ἐγκαταλείπω, *aor act ind 3p*, forsake, desert
20 θυσιαστήριον, altar
21 καθαιρέω, *aor act ind 3p*, break
22 ῥομφαία, sword
23 ὑπολείπω, *perf pas ind 1s*, leave behind, spare
24 μόνος, *sup*, most alone
25 ἀναστρέφω, *pres act impv 2s*, return
26 ἥκω, *fut act ind 2s*, come
27 χρίω, *fut act ind 2s*, anoint
28 χρίω, *fut act ind 2s*, anoint
29 ἀντί, in place of
30 ῥομφαία, sword
31 θανατόω, *fut act ind 3s*, kill
32 ῥομφαία, kill
33 καταλείπω, *fut act ind 2s*, leave behind
34 χιλιάς, thousand
35 γόνυ, knee
36 ὀκλάζω, *aor act ind 3p*, crouch down
37 γόνυ, knee
38 ἐκεῖθεν, from there
39 ἀροτριάω, *impf act ind 3s*, plow
40 βοῦς, cow, (*p*) cattle
41 δώδεκα, twelve
42 ζεῦγος, yoke
43 βοῦς, cow, (*p*) cattle

καὶ ἐπῆλθεν ἐπʼ αὐτὸν καὶ ἐπέρριψε[1] τὴν μηλωτὴν[2] αὐτοῦ ἐπʼ αὐτόν. **20** καὶ κατέλι-
πεν[3] Ελισαιε τὰς βόας[4] καὶ κατέδραμεν[5] ὀπίσω Ηλιου καὶ εἶπεν Καταφιλήσω[6] τὸν
πατέρα μου καὶ ἀκολουθήσω ὀπίσω σου· καὶ εἶπεν Ηλιου Ἀνάστρεφε,[7] ὅτι πεποίηκά
σοι. **21** καὶ ἀνέστρεψεν[8] ἐξόπισθεν[9] αὐτοῦ καὶ ἔλαβεν τὰ ζεύγη[10] τῶν βοῶν[11] καὶ
ἔθυσεν[12] καὶ ἥψησεν[13] αὐτὰ ἐν τοῖς σκεύεσι[14] τῶν βοῶν[15] καὶ ἔδωκεν τῷ λαῷ, καὶ
ἔφαγον· καὶ ἀνέστη καὶ ἐπορεύθη ὀπίσω Ηλιου καὶ ἐλειτούργει[16] αὐτῷ.

Naboth's Vineyard

20 Καὶ ἀμπελὼν[17] εἷς ἦν τῷ Ναβουθαι τῷ Ιεζραηλίτῃ παρὰ τῷ ἅλῳ[18] Αχααβ
βασιλέως Σαμαρείας. **2** καὶ ἐλάλησεν Αχααβ πρὸς Ναβουθαι λέγων Δός
μοι τὸν ἀμπελῶνά[19] σου καὶ ἔσται μοι εἰς κῆπον[20] λαχάνων,[21] ὅτι ἐγγίων[22] οὗτος
τῷ οἴκῳ μου, καὶ δώσω σοι ἀμπελῶνα ἄλλον ἀγαθὸν ὑπὲρ αὐτόν· εἰ δὲ ἀρέσκει[23]
ἐνώπιόν σου, δώσω σοι ἀργύριον[24] ἀντάλλαγμα[25] τοῦ ἀμπελῶνός σου τούτου, καὶ
ἔσται μοι εἰς κῆπον λαχάνων. **3** καὶ εἶπεν Ναβουθαι πρὸς Αχααβ Μή μοι γένοιτο[26]
παρὰ θεοῦ μου δοῦναι κληρονομίαν[27] πατέρων μου σοί. **4** καὶ ἐγένετο τὸ πνεῦμα
Αχααβ τεταραγμένον,[28] καὶ ἐκοιμήθη[29] ἐπὶ τῆς κλίνης[30] αὐτοῦ καὶ συνεκάλυψεν[31] τὸ
πρόσωπον αὐτοῦ καὶ οὐκ ἔφαγεν ἄρτον. **5** καὶ εἰσῆλθεν Ιεζαβελ ἡ γυνὴ αὐτοῦ πρὸς
αὐτὸν καὶ ἐλάλησεν πρὸς αὐτόν Τί τὸ πνεῦμά σου τεταραγμένον[32] καὶ οὐκ εἶ σὺ
ἐσθίων ἄρτον; **6** καὶ εἶπεν πρὸς αὐτήν Ὅτι ἐλάλησα πρὸς Ναβουθαι τὸν Ιεζραηλίτην
λέγων Δός μοι τὸν ἀμπελῶνά[33] σου ἀργυρίου·[34] εἰ δὲ βούλει, δώσω σοι ἀμπελῶνα
ἄλλον ἀντʼ[35] αὐτοῦ· καὶ εἶπεν Οὐ δώσω σοι κληρονομίαν[36] πατέρων μου. **7** καὶ
εἶπεν πρὸς αὐτὸν Ιεζαβελ ἡ γυνὴ αὐτοῦ Σὺ νῦν οὕτως ποιεῖς βασιλέα ἐπὶ Ισραηλ;
ἀνάστηθι φάγε ἄρτον καὶ σαυτοῦ γενοῦ· ἐγὼ δώσω σοι τὸν ἀμπελῶνα[37] Ναβουθαι
τοῦ Ιεζραηλίτου.

1 ἐπιρρίπτω, *aor act ind 3s*, cast upon
2 μηλωτή, cloak made of goatskin
3 καταλείπω, *aor act ind 3s*, abandon
4 βοῦς, cow, (*p*) cattle
5 κατατρέχω, *aor act ind 3s*, pursue, run after
6 καταφιλέω, *fut act ind 1s*, kiss, embrace
7 ἀναστρέφω, *pres act impv 2s*, turn back
8 ἀναστρέφω, *aor act ind 3s*, turn back
9 ἐξόπισθεν, behind
10 ζεῦγος, yoke
11 βοῦς, cow, (*p*) cattle
12 θύω, *aor act ind 3s*, slaughter
13 ἕψω, *aor act ind 3s*, boil
14 σκεῦος, equipment, object
15 βοῦς, cow, (*p*) cattle
16 λειτουργέω, *impf act ind 3s*, minister
17 ἄμπελος, vineyard
18 ἅλως, threshing floor
19 ἀμπελών, vineyard
20 κῆπος, garden
21 λάχανον, vegetable
22 ἐγγύς, *comp*, nearer
23 ἀρέσκω, *pres act ind 3s*, please, satisfy
24 ἀργύριον, money
25 ἀντάλλαγμα, that which is given in exchange
26 γίνομαι, *aor mid opt 3s*, be
27 κληρονομία, possession, inheritance
28 ταράσσω, *perf pas ptc nom s n*, trouble, vex
29 κοιμάω, *aor pas ind 3s*, lie down
30 κλίνη, bed
31 συγκαλύπτω, *aor act ind 3s*, cover
32 ταράσσω, *perf pas ptc nom s n*, trouble, vex
33 ἀμπελών, vineyard
34 ἀργύριον, silver
35 ἀντί, in return for, in place of
36 κληρονομία, possession, inheritance
37 ἀμπελών, vineyard

8 καὶ ἔγραψεν βιβλίον ἐπὶ τῷ ὀνόματι Αχααβ καὶ ἐσφραγίσατο[1] τῇ σφραγῖδι[2] αὐτοῦ
καὶ ἀπέστειλεν τὸ βιβλίον πρὸς τοὺς πρεσβυτέρους καὶ τοὺς ἐλευθέρους[3] τοὺς κατ-
οικοῦντας μετὰ Ναβουθαι. **9** καὶ ἐγέγραπτο[4] ἐν τοῖς βιβλίοις λέγων Νηστεύσατε[5]
νηστείαν[6] καὶ καθίσατε τὸν Ναβουθαι ἐν ἀρχῇ τοῦ λαοῦ· **10** καὶ ἐγκαθίσατε δύο
ἄνδρας υἱοὺς παρανόμων[7] ἐξ ἐναντίας[8] αὐτοῦ, καὶ καταμαρτυρησάτωσαν[9] αὐτοῦ
λέγοντες Ηὐλόγησεν θεὸν καὶ βασιλέα· καὶ ἐξαγαγέτωσαν[10] αὐτὸν καὶ λιθοβολη-
σάτωσαν[11] αὐτόν, καὶ ἀποθανέτω. **11** καὶ ἐποίησαν οἱ ἄνδρες τῆς πόλεως αὐτοῦ
οἱ πρεσβύτεροι καὶ οἱ ἐλεύθεροι[12] οἱ κατοικοῦντες ἐν τῇ πόλει αὐτοῦ καθὰ[13] ἀπέ-
στειλεν πρὸς αὐτοὺς Ιεζαβελ, καθὰ γέγραπται ἐν τοῖς βιβλίοις, οἷς ἀπέστειλεν πρὸς
αὐτούς. **12** ἐκάλεσαν νηστείαν[14] καὶ ἐκάθισαν τὸν Ναβουθαι ἐν ἀρχῇ τοῦ λαοῦ,
13 καὶ ἦλθον δύο ἄνδρες υἱοὶ παρανόμων[15] καὶ ἐκάθισαν ἐξ ἐναντίας[16] αὐτοῦ καὶ
κατεμαρτύρησαν[17] αὐτοῦ λέγοντες Ηὐλόγηκας[18] θεὸν καὶ βασιλέα· καὶ ἐξήγαγον[19]
αὐτὸν ἔξω τῆς πόλεως καὶ ἐλιθοβόλησαν[20] αὐτὸν λίθοις, καὶ ἀπέθανεν. **14** καὶ
ἀπέστειλαν πρὸς Ιεζαβελ λέγοντες Λελιθοβόληται[21] Ναβουθαι καὶ τέθνηκεν.[22]

15 καὶ ἐγένετο ὡς ἤκουσεν Ιεζαβελ, καὶ εἶπεν πρὸς Αχααβ Ἀνάστα κληρονόμει[23] τὸν
ἀμπελῶνα[24] Ναβουθαι τοῦ Ιεζραηλίτου, ὃς οὐκ ἔδωκέν σοι ἀργυρίου,[25] ὅτι οὐκ ἔστιν
Ναβουθαι ζῶν, ὅτι τέθνηκεν.[26] **16** καὶ ἐγένετο ὡς ἤκουσεν Αχααβ ὅτι τέθνηκεν[27]
Ναβουθαι ὁ Ιεζραηλίτης, καὶ διέρρηξεν[28] τὰ ἱμάτια ἑαυτοῦ καὶ περιεβάλετο[29] σάκ-
κον·[30] καὶ ἐγένετο μετὰ ταῦτα καὶ ἀνέστη καὶ κατέβη Αχααβ εἰς τὸν ἀμπελῶνα[31]
Ναβουθαι τοῦ Ιεζραηλίτου κληρονομῆσαι[32] αὐτόν.

17 Καὶ εἶπεν κύριος πρὸς Ηλιου τὸν Θεσβίτην λέγων **18** Ἀνάστηθι καὶ κατάβηθι
εἰς ἀπαντὴν[33] Αχααβ βασιλέως Ισραηλ τοῦ ἐν Σαμαρείᾳ· ἰδοὺ οὗτος ἐν ἀμπελῶνι[34]
Ναβουθαι, ὅτι καταβέβηκεν ἐκεῖ κληρονομῆσαι[35] αὐτόν. **19** καὶ λαλήσεις πρὸς αὐτὸν

1 σφραγίζω, *aor mid ind 3s*, authenticate with a seal
2 σφραγίς, seal
3 ἐλεύθερος, freedman
4 γράφω, *plpf pas ind 3s*, write
5 νηστεύω, *aor act impv 2p*, observe a fast
6 νηστεία, fast
7 παράνομος, lawless
8 ἐναντίος, opposite
9 καταμαρτυρέω, *aor act impv 3p*, witness against, testify against
10 ἐξάγω, *aor act impv 3p*, lead out
11 λιθοβολέω, *aor act impv 3p*, stone
12 ἐλεύθερος, freedman
13 καθά, just as
14 νηστεία, fast
15 παράνομος, lawless
16 ἐναντίος, opposite
17 καταμαρτυρέω, *aor act ind 3p*, witness against
18 εὐλογέω, *plpf act ind 2s*, bless
19 ἐξάγω, *aor act ind 3p*, lead out
20 λιθοβολέω, *aor act ind 3p*, stone
21 λιθοβολέω, *perf pas ind 3s*, stone
22 θνῄσκω, *perf act ind 3s*, die
23 κληρονομέω, *pres act impv 2s*, acquire possession
24 ἀμπελών, vineyard
25 ἀργύριον, money
26 θνῄσκω, *perf act ind 3s*, die
27 θνῄσκω, *perf act ind 3s*, die
28 διαρρήγνυμι, *aor act ind 3s*, tear, rend
29 περιβάλλω, *aor mid ind 3s*, put on, clothe
30 σάκκος, sackcloth, *Heb. LW*
31 ἀμπελών, vineyard
32 κληρονομέω, *aor act inf*, acquire possession
33 ἀπαντή, meeting
34 ἀμπελών, vineyard
35 κληρονομέω, *aor act inf*, acquire possession

λέγων Τάδε[1] λέγει κύριος Ὡς σὺ ἐφόνευσας[2] καὶ ἐκληρονόμησας,[3] διὰ τοῦτο τάδε[4] λέγει κύριος Ἐν παντὶ τόπῳ, ᾧ ἔλειξαν[5] αἱ ὕες[6] καὶ οἱ κύνες[7] τὸ αἷμα Ναβουθαι, ἐκεῖ λείξουσιν[8] οἱ κύνες τὸ αἷμά σου, καὶ αἱ πόρναι[9] λούσονται[10] ἐν τῷ αἵματί σου.

20 καὶ εἶπεν Αχααβ πρὸς Ηλιου Εἰ εὕρηκάς με, ὁ ἐχθρός μου; καὶ εἶπεν Εὕρηκα,
διότι[11] μάτην[12] πέπρασαι[13] ποιῆσαι τὸ πονηρὸν ἐνώπιον κυρίου παροργίσαι[14] αὐτόν.
21 τάδε[15] λέγει κύριος Ἰδοὺ ἐγὼ ἐπάγω[16] ἐπὶ σὲ κακὰ καὶ ἐκκαύσω[17] ὀπίσω σου
καὶ ἐξολεθρεύσω[18] τοῦ Αχααβ οὐροῦντα[19] πρὸς τοῖχον[20] καὶ συνεχόμενον[21] καὶ
ἐγκαταλελειμμένον[22] ἐν Ισραηλ· **22** καὶ δώσω τὸν οἶκόν σου ὡς τὸν οἶκον Ιεροβοαμ
υἱοῦ Ναβατ καὶ ὡς τὸν οἶκον Βαασα υἱοῦ Αχια περὶ τῶν παροργισμάτων,[23] ὧν
παρώργισας[24] καὶ ἐξήμαρτες[25] τὸν Ισραηλ. **23** καὶ τῇ Ιεζαβελ ἐλάλησεν κύριος λέγων
Οἱ κύνες[26] καταφάγονται[27] αὐτὴν ἐν τῷ προτειχίσματι[28] Ιεζραελ. **24** τὸν τεθνηκότα[29]
τοῦ Αχααβ ἐν τῇ πόλει φάγονται οἱ κύνες,[30] καὶ τὸν τεθνηκότα αὐτοῦ ἐν τῷ πεδίῳ[31]
φάγονται τὰ πετεινὰ[32] τοῦ οὐρανοῦ.

25 πλὴν ματαίως[33] Αχααβ ὡς ἐπράθη[34] ποιῆσαι τὸ πονηρὸν ἐνώπιον κυρίου, ὡς
μετέθηκεν[35] αὐτὸν Ιεζαβελ ἡ γυνὴ αὐτοῦ· **26** καὶ ἐβδελύχθη[36] σφόδρα[37] πορεύεσθαι
ὀπίσω τῶν βδελυγμάτων[38] κατὰ πάντα, ἃ ἐποίησεν ὁ Αμορραῖος, ὃν ἐξωλέθρευσεν[39]
κύριος ἀπὸ προσώπου υἱῶν Ισραηλ. **27** καὶ ὑπὲρ τοῦ λόγου, ὡς κατενύγη[40] Αχααβ
ἀπὸ προσώπου τοῦ κυρίου καὶ ἐπορεύετο κλαίων καὶ διέρρηξεν[41] τὸν χιτῶνα[42]

1 ὅδε, this
2 φονεύω, *aor act ind 2s*, murder
3 κληρονομέω, *aor act ind 2s*, acquire possession
4 ὅδε, this
5 λείχω, *aor act ind 3p*, lick up
6 ὗς, pig
7 κύων, dog
8 λείχω, *fut act ind 3p*, lick up
9 πόρνη, harlot, prostitute
10 λούω, *fut mid ind 3p*, wash, bathe
11 διότι, because
12 μάτην, in vain
13 πιπράσκω, *perf pas ind 2s*, sell
14 παροργίζω, *aor act inf*, provoke to anger
15 ὅδε, this
16 ἐπάγω, *pres act ind 1s*, bring upon
17 ἐκκαίω, *fut act ind 1s*, burn up
18 ἐξολεθρεύω, *fut act ind 1s*, utterly destroy
19 οὐρέω, *pres act ptc acc s m*, urinate
20 τοῖχος, wall
21 συνέχω, *pres pas ptc acc s m*, confine, enclose
22 ἐγκαταλείπω, *perf pas ptc acc s m*, leave behind
23 παρόργισμα, provocation to anger
24 παροργίζω, *aor act ind 2s*, provoke to anger
25 ἐξαμαρτάνω, *aor act ind 2s*, cause to sin
26 κύων, dog
27 κατεσθίω, *fut mid ind 3p*, devour
28 προτείχισμα, outer wall, fortification
29 θνῄσκω, *perf act ptc acc s m*, die
30 κύων, dog
31 πεδίον, field, plain
32 πετεινός, bird
33 ματαίως, rashly, foolishly
34 πιπράσκω, *aor pas ind 3s*, sell
35 μετατίθημι, *aor act ind 3s*, pervert
36 βδελύσσω, *aor pas ind 3s*, abhor, loathe
37 σφόδρα, exceedingly
38 βδέλυγμα, abomination
39 ἐξολεθρεύω, *aor act ind 3s*, utterly destroy
40 κατανύσσομαι, *aor pas ind 3s*, stun, pierce to the heart
41 διαρρήγνυμι, *aor act ind 3s*, tear, rend
42 χιτών, tunic

αὐτοῦ καὶ ἐζώσατο[1] σάκκον[2] ἐπὶ τὸ σῶμα αὐτοῦ καὶ ἐνήστευσεν[3] καὶ περιεβάλετο[4]
σάκκον[5] ἐν τῇ ἡμέρᾳ, ᾗ ἐπάταξεν[6] Ναβουθαι τὸν Ιεζραηλίτην, **28** καὶ ἐγένετο ῥῆμα
κυρίου ἐν χειρὶ δούλου αὐτοῦ Ηλιου περὶ Αχααβ, καὶ εἶπεν κύριος **29** Ἑώρακας
ὡς κατενύγη[7] Αχααβ ἀπὸ προσώπου μου; οὐκ ἐπάξω[8] τὴν κακίαν[9] ἐν ταῖς ἡμέραις
αὐτοῦ, ἀλλ' ἐν ταῖς ἡμέραις τοῦ υἱοῦ αὐτοῦ ἐπάξω[10] τὴν κακίαν.[11]

War between Israel and Syria

21 Καὶ συνήθροισεν[12] υἱὸς Αδερ πᾶσαν τὴν δύναμιν αὐτοῦ καὶ ἀνέβη καὶ περι-
εκάθισεν[13] ἐπὶ Σαμάρειαν καὶ τριάκοντα[14] καὶ δύο βασιλεῖς μετ' αὐτοῦ καὶ πᾶς
ἵππος[15] καὶ ἅρμα·[16] καὶ ἀνέβησαν καὶ περιεκάθισαν[17] ἐπὶ Σαμάρειαν καὶ ἐπολέμησαν
ἐπ' αὐτήν. **2** καὶ ἀπέστειλεν πρὸς Αχααβ βασιλέα Ισραηλ εἰς τὴν πόλιν **3** καὶ εἶπεν
πρὸς αὐτόν Τάδε[18] λέγει υἱὸς Αδερ Τὸ ἀργύριόν[19] σου καὶ τὸ χρυσίον[20] σου ἐμόν
ἐστιν, καὶ αἱ γυναῖκές σου καὶ τὰ τέκνα σου ἐμά ἐστιν. **4** καὶ ἀπεκρίθη ὁ βασιλεὺς
Ισραηλ καὶ εἶπεν Καθὼς ἐλάλησας, κύριε βασιλεῦ, σὸς[21] ἐγώ εἰμι καὶ πάντα τὰ ἐμά.
5 καὶ ἀνέστρεψαν[22] οἱ ἄγγελοι καὶ εἶπον Τάδε[23] λέγει υἱὸς Αδερ Ἐγὼ ἀπέσταλκα
πρὸς σὲ λέγων Τὸ ἀργύριόν[24] σου καὶ τὸ χρυσίον[25] σου καὶ τὰς γυναῖκάς σου καὶ τὰ
τέκνα σου δώσεις ἐμοί· **6** ὅτι ταύτην τὴν ὥραν[26] αὔριον[27] ἀποστελῶ τοὺς παῖδάς[28]
μου πρὸς σέ, καὶ ἐρευνήσουσιν[29] τὸν οἶκόν σου καὶ τοὺς οἴκους τῶν παίδων[30] σου
καὶ ἔσται τὰ ἐπιθυμήματα[31] ὀφθαλμῶν αὐτῶν, ἐφ' ἃ ἂν ἐπιβάλωσι[32] τὰς χεῖρας
αὐτῶν, καὶ λήμψονται.

7 καὶ ἐκάλεσεν ὁ βασιλεὺς Ισραηλ πάντας τοὺς πρεσβυτέρους καὶ εἶπεν Γνῶτε δὴ[33]
καὶ ἴδετε ὅτι κακίαν[34] οὗτος ζητεῖ, ὅτι ἀπέσταλκεν πρός με περὶ τῶν γυναικῶν μου
καὶ περὶ τῶν υἱῶν μου καὶ περὶ τῶν θυγατέρων[35] μου· τὸ ἀργύριόν[36] μου καὶ τὸ

1 ζωννύω, *aor mid ind 3s*, put on, gird oneself
2 σάκκος, sackcloth, *Heb. LW*
3 νηστεύω, *aor act ind 3s*, observe a fast
4 περιβάλλω, *aor mid ind 3s*, put on, clothe
5 σάκκος, sackcloth, *Heb. LW*
6 πατάσσω, *aor act ind 3s*, strike, smite
7 κατανύσσομαι, *aor pas ind 3s*, stun, pierce to the heart
8 ἐπάγω, *fut act ind 1s*, bring upon
9 κακία, misfortune
10 ἐπάγω, *fut act ind 1s*, bring upon
11 κακία, misfortune
12 συναθροίζω, *aor act ind 3s*, gather
13 περικαθίζω, *aor act ind 3s*, besiege
14 τριάκοντα, thirty
15 ἵππος, horse
16 ἅρμα, chariot
17 περικαθίζω, *aor act ind 3p*, besiege
18 ὅδε, this
19 ἀργύριον, silver
20 χρυσίον, gold
21 σός, your
22 ἀναστρέφω, *aor act ind 3p*, return
23 ὅδε, this
24 ἀργύριον, silver
25 χρυσίον, gold
26 ὥρα, time, hour
27 αὔριον, tomorrow
28 παῖς, servant
29 ἐρευνάω, *fut act ind 3p*, search
30 παῖς, servant
31 ἐπιθύμημα, desirable object
32 ἐπιβάλλω, *aor act sub 3p*, lay ahold
33 δή, now
34 κακία, badness, wickedness
35 θυγάτηρ, daughter
36 ἀργύριον, silver

χρυσίον[1] μου οὐκ ἀπεκώλυσα[2] ἀπ᾽ αὐτοῦ. **8** καὶ εἶπαν αὐτῷ οἱ πρεσβύτεροι καὶ πᾶς
ὁ λαός Μὴ ἀκούσῃς καὶ μὴ θελήσῃς. **9** καὶ εἶπεν τοῖς ἀγγέλοις υἱοῦ Αδερ Λέγετε τῷ
κυρίῳ ὑμῶν Πάντα, ὅσα ἀπέσταλκας πρὸς τὸν δοῦλόν σου ἐν πρώτοις, ποιήσω, τὸ
δὲ ῥῆμα τοῦτο οὐ δυνήσομαι ποιῆσαι. καὶ ἀπῆραν[3] οἱ ἄνδρες καὶ ἐπέστρεψαν αὐτῷ
λόγον. **10** καὶ ἀνταπέστειλεν[4] πρὸς αὐτὸν υἱὸς Αδερ λέγων Τάδε[5] ποιήσαι[6] μοι ὁ
θεὸς καὶ τάδε προσθείη,[7] εἰ ἐκποιήσει[8] ὁ χοῦς[9] Σαμαρείας ταῖς ἀλώπεξιν[10] παντὶ τῷ
λαῷ τοῖς πεζοῖς[11] μου. **11** καὶ ἀπεκρίθη ὁ βασιλεὺς Ισραηλ καὶ εἶπεν Ἱκανούσθω·[12]
μὴ καυχάσθω[13] ὁ κυρτὸς[14] ὡς ὁ ὀρθός.[15] **12** καὶ ἐγένετο ὅτε ἀπεκρίθη αὐτῷ τὸν
λόγον τοῦτον, πίνων ἦν αὐτὸς καὶ πάντες οἱ βασιλεῖς μετ᾽ αὐτοῦ ἐν σκηναῖς·[16] καὶ
εἶπεν τοῖς παισὶν αὐτοῦ Οἰκοδομήσατε χάρακα·[17] καὶ ἔθεντο χάρακα ἐπὶ τὴν πόλιν.

13 Καὶ ἰδοὺ προφήτης εἷς προσῆλθεν τῷ βασιλεῖ Ισραηλ καὶ εἶπεν Τάδε[18] λέγει
κύριος Εἰ ἑόρακας[19] πάντα τὸν ὄχλον[20] τὸν μέγαν τοῦτον; ἰδοὺ ἐγὼ δίδωμι αὐτὸν
σήμερον εἰς χεῖρας σάς,[21] καὶ γνώσῃ ὅτι ἐγὼ κύριος. **14** καὶ εἶπεν Αχααβ Ἐν τίνι;
καὶ εἶπεν Τάδε[22] λέγει κύριος Ἐν τοῖς παιδαρίοις[23] τῶν ἀρχόντων τῶν χωρῶν.[24] καὶ
εἶπεν Αχααβ Τίς συνάψει[25] τὸν πόλεμον; καὶ εἶπεν Σύ. **15** καὶ ἐπεσκέψατο[26] Αχααβ
τὰ παιδάρια[27] τῶν ἀρχόντων τῶν χωρῶν,[28] καὶ ἐγένοντο διακόσιοι[29] καὶ τριάκοντα·[30]
καὶ μετὰ ταῦτα ἐπεσκέψατο τὸν λαόν, πᾶν υἱὸν δυνάμεως, ἑξήκοντα[31] χιλιάδας.[32]

16 καὶ ἐξῆλθεν μεσημβρίας·[33] καὶ υἱὸς Αδερ πίνων μεθύων[34] ἐν Σοκχωθ, αὐτὸς καὶ
οἱ βασιλεῖς, τριάκοντα[35] καὶ δύο βασιλεῖς συμβοηθοὶ[36] μετ᾽ αὐτοῦ. **17** καὶ ἐξῆλθον
παιδάρια[37] ἀρχόντων τῶν χωρῶν[38] ἐν πρώτοις. καὶ ἀποστέλλουσιν καὶ ἀπαγγέλ-
λουσιν τῷ βασιλεῖ Συρίας λέγοντες Ἄνδρες ἐξεληλύθασιν ἐκ Σαμαρείας. **18** καὶ
εἶπεν αὐτοῖς Εἰ εἰς εἰρήνην οὗτοι ἐκπορεύονται, συλλάβετε[39] αὐτοὺς ζῶντας, καὶ
εἰ εἰς πόλεμον, ζῶντας συλλάβετε αὐτούς· **19** καὶ μὴ ἐξελθάτωσαν ἐκ τῆς πόλεως

1 χρυσίον, gold
2 ἀποκωλύω, *aor act ind 1s*, withhold
3 ἀπαίρω, *aor act ind 3p*, depart
4 ἀνταποστέλλω, *aor act ind 3s*, send back
5 ὅδε, this
6 ποιέω, *aor act opt 3s*, do
7 προστίθημι, *aor act opt 3s*, add, continue
8 ἐκποιέω, *fut act ind 3s*, be sufficient
9 χοῦς, dust
10 ἀλώπηξ, fox
11 πεζός, (infantry), on foot
12 ἱκανόω, *pres pas impv 3s*, suffice
13 καυχάομαι, *pres mid impv 3s*, boast
14 κυρτός, hunchbacked, bent over
15 ὀρθός, upright, standing
16 σκηνή, tent
17 χάραξ, palisade, bulwark
18 ὅδε, this
19 ὁράω, *perf act ind 2s*, see
20 ὄχλος, crowd, multitude
21 σός, your
22 ὅδε, this
23 παιδάριον, young man
24 χώρα, region, district
25 συνάπτω, *fut act ind 3s*, join together
26 ἐπισκέπτομαι, *aor mid ind 3s*, inspect, count
27 παιδάριον, young man
28 χώρα, region, district
29 διακόσιοι, two hundred
30 τριάκοντα, thirty
31 ἑξήκοντα, sixty
32 χιλιάς, thousand
33 μεσημβρία, midday
34 μεθύω, *pres act ptc nom s m*, be drunk
35 τριάκοντα, thirty
36 συμβοηθός, assisting, allying
37 παιδάριον, young man
38 χώρα, region, district
39 συλλαμβάνω, *aor act impv 2p*, capture, arrest

τὰ παιδάρια[1] ἀρχόντων τῶν χωρῶν.[2] καὶ ἡ δύναμις ὀπίσω αὐτῶν **20** ἐπάταξεν[3]
ἕκαστος τὸν παρ᾽ αὐτοῦ καὶ ἐδευτέρωσεν[4] ἕκαστος τὸν παρ᾽ αὐτοῦ, καὶ ἔφυγεν[5]
Συρία, καὶ κατεδίωξεν[6] αὐτοὺς Ισραηλ· καὶ σῴζεται υἱὸς Αδερ βασιλεὺς Συρίας ἐφ᾽
ἵππου[7] ἱππέως.[8] **21** καὶ ἐξῆλθεν βασιλεὺς Ισραηλ καὶ ἔλαβεν πάντας τοὺς ἵππους[9]
καὶ τὰ ἅρματα[10] καὶ ἐπάταξεν[11] πληγὴν[12] μεγάλην ἐν Συρίᾳ. **22** καὶ προσῆλθεν ὁ
προφήτης πρὸς βασιλέα Ισραηλ καὶ εἶπεν Κραταιοῦ[13] καὶ γνῶθι καὶ ἰδὲ τί ποιήσεις,
ὅτι ἐπιστρέφοντος τοῦ ἐνιαυτοῦ[14] υἱὸς Αδερ βασιλεὺς Συρίας ἀναβαίνει ἐπὶ σέ.

23 Καὶ οἱ παῖδες[15] βασιλέως Συρίας εἶπον Θεὸς ὀρέων θεὸς Ισραηλ καὶ οὐ θεὸς
κοιλάδων,[16] διὰ τοῦτο ἐκραταίωσεν[17] ὑπὲρ ἡμᾶς· ἐὰν δὲ πολεμήσωμεν αὐτοὺς
κατ᾽ εὐθύ,[18] εἰ μὴ κραταιώσομεν[19] ὑπὲρ αὐτούς. **24** καὶ τὸ ῥῆμα τοῦτο ποίησον·
ἀπόστησον[20] τοὺς βασιλεῖς ἕκαστον εἰς τὸν τόπον αὐτῶν καὶ θοῦ[21] ἀντ᾽[22] αὐτῶν
σατράπας,[23] **25** καὶ ἀλλάξομέν[24] σοι δύναμιν κατὰ τὴν δύναμιν τὴν πεσοῦσαν ἀπὸ
σοῦ καὶ ἵππον[25] κατὰ τὴν ἵππον καὶ ἅρματα[26] κατὰ τὰ ἅρματα καὶ πολεμήσομεν πρὸς
αὐτοὺς κατ᾽ εὐθὺ[27] καὶ κραταιώσομεν[28] ὑπὲρ αὐτούς. καὶ ἤκουσεν τῆς φωνῆς αὐτῶν
καὶ ἐποίησεν οὕτως.

26 καὶ ἐγένετο ἐπιστρέψαντος τοῦ ἐνιαυτοῦ[29] καὶ ἐπεσκέψατο[30] υἱὸς Αδερ τὴν Συρίαν
καὶ ἀνέβη εἰς Αφεκα εἰς πόλεμον ἐπὶ Ισραηλ. **27** καὶ οἱ υἱοὶ Ισραηλ ἐπεσκέπησαν[31]
καὶ παρεγένοντο[32] εἰς ἀπαντὴν[33] αὐτῶν, καὶ παρενέβαλεν[34] Ισραηλ ἐξ ἐναντίας[35]
αὐτῶν ὡσεὶ[36] δύο ποίμνια[37] αἰγῶν,[38] καὶ Συρία ἔπλησεν[39] τὴν γῆν. **28** καὶ προσῆλθεν
ὁ ἄνθρωπος τοῦ θεοῦ καὶ εἶπεν τῷ βασιλεῖ Ισραηλ Τάδε[40] λέγει κύριος Ἀνθ᾽ ὧν[41]
εἶπεν Συρία Θεὸς ὀρέων κύριος ὁ θεὸς Ισραηλ καὶ οὐ θεὸς κοιλάδων[42] αὐτός, καὶ
δώσω τὴν δύναμιν τὴν μεγάλην ταύτην εἰς χεῖρα σήν,[43] καὶ γνώσῃ ὅτι ἐγὼ κύριος.

1 παιδάριον, young man
2 χώρα, region, district
3 πατάσσω, *aor act ind 3s*, strike, smite
4 δευτερόω, *aor act ind 3s*, do for a second time
5 φεύγω, *aor act ind 3s*, flee
6 καταδιώκω, *aor act ind 3s*, pursue closely
7 ἵππος, horse
8 ἱππεύς, horseman
9 ἵππος, horse
10 ἅρμα, chariot
11 πατάσσω, *aor act ind 3s*, strike, smite
12 πληγή, stroke, wound, blow
13 κραταιόω, *pres mid impv 2s*, strengthen
14 ἐνιαυτός, year
15 παῖς, servant
16 κοιλάς, (deep) valley
17 κραταιόω, *aor act ind 3s*, prevail against
18 εὐθύς, straight
19 κραταιόω, *fut act ind 1p*, prevail against
20 ἀφίστημι, *aor act impv 2s*, cause to depart
21 τίθημι, *aor mid impv 2s*, appoint, set
22 ἀντί, in place of
23 σατράπης, governor, satrap
24 ἀλλάσσω, *fut act ind 1p*, exchange
25 ἵππος, horse
26 ἅρμα, chariot
27 εὐθύς, straight
28 κραταιόω, *fut act ind 1p*, prevail against
29 ἐνιαυτός, year
30 ἐπισκέπτομαι, *aor mid ind 3s*, visit, inspect
31 ἐπισκέπτομαι, *aor pas ind 3p*, visit, inspect
32 παραγίνομαι, *aor mid ind 3p*, arrive
33 ἀπαντή, meeting
34 παρεμβάλλω, *aor act ind 3s*, pitch camp
35 ἐναντίος, opposite
36 ὡσεί, as
37 ποίμνιον, flock
38 αἴξ, goat
39 πίμπλημι, *aor act ind 3s*, fill
40 ὅδε, this
41 ἀνθ᾽ ὧν, because
42 κοιλάς, (deep) valley
43 σός, your

29 καὶ παρεμβάλλουσιν[1] οὗτοι ἀπέναντι[2] τούτων ἑπτὰ ἡμέρας, καὶ ἐγένετο ἐν τῇ
ἡμέρᾳ τῇ ἑβδόμῃ[3] καὶ προσήγαγεν[4] ὁ πόλεμος, καὶ ἐπάταξεν[5] Ισραηλ τὴν Συρίαν
ἑκατὸν[6] χιλιάδας[7] πεζῶν[8] μιᾷ ἡμέρᾳ. **30** καὶ ἔφυγον[9] οἱ κατάλοιποι[10] εἰς Αφεκα
εἰς τὴν πόλιν, καὶ ἔπεσεν τὸ τεῖχος[11] ἐπὶ εἴκοσι[12] καὶ ἑπτὰ χιλιάδας[13] ἀνδρῶν τῶν
καταλοίπων.

καὶ υἱὸς Αδερ ἔφυγεν[14] καὶ εἰσῆλθεν εἰς τὸν οἶκον τοῦ κοιτῶνος[15] εἰς τὸ ταμιεῖον.[16]
31 καὶ εἶπεν τοῖς παισὶν[17] αὐτοῦ Οἶδα ὅτι βασιλεῖς Ισραηλ βασιλεῖς ἐλέους[18] εἰσίν·
ἐπιθώμεθα[19] δὴ[20] σάκκους[21] ἐπὶ τὰς ὀσφύας[22] ἡμῶν καὶ σχοινία[23] ἐπὶ τὰς κεφαλὰς
ἡμῶν καὶ ἐξέλθωμεν πρὸς βασιλέα Ισραηλ, εἴ πως ζωογονήσει[24] τὰς ψυχὰς ἡμῶν.
32 καὶ περιεζώσαντο[25] σάκκους[26] ἐπὶ τὰς ὀσφύας[27] αὐτῶν καὶ ἔθεσαν σχοινία[28] ἐπὶ τὰς
κεφαλὰς αὐτῶν καὶ εἶπον τῷ βασιλεῖ Ισραηλ Δοῦλός σου υἱὸς Αδερ λέγει Ζησάτω
δὴ[29] ἡ ψυχή μου. καὶ εἶπεν Εἰ ἔτι ζῇ; ἀδελφός μού ἐστιν. **33** καὶ οἱ ἄνδρες οἰωνίσαντο[30]
καὶ ἔσπευσαν[31] καὶ ἀνέλεξαν[32] τὸν λόγον ἐκ τοῦ στόματος αὐτοῦ καὶ εἶπον Ἀδελ-
φός σου υἱὸς Αδερ. καὶ εἶπεν Εἰσέλθατε καὶ λάβετε αὐτόν· καὶ ἐξῆλθεν πρὸς αὐτὸν
υἱὸς Αδερ, καὶ ἀναβιβάζουσιν[33] αὐτὸν πρὸς αὐτὸν ἐπὶ τὸ ἅρμα.[34] **34** καὶ εἶπεν πρὸς
αὐτόν Τὰς πόλεις, ἃς ἔλαβεν ὁ πατήρ μου παρὰ τοῦ πατρός σου, ἀποδώσω σοι, καὶ
ἐξόδους[35] θήσεις σαυτῷ ἐν Δαμασκῷ, καθὼς ἔθετο ὁ πατήρ μου ἐν Σαμαρείᾳ· καὶ ἐγὼ
ἐν διαθήκῃ ἐξαποστελῶ[36] σε. καὶ διέθετο[37] αὐτῷ διαθήκην καὶ ἐξαπέστειλεν[38] αὐτόν.

A Prophet Condemns Ahab

35 Καὶ ἄνθρωπος εἷς ἐκ τῶν υἱῶν τῶν προφητῶν εἶπεν πρὸς τὸν πλησίον[39] αὐτοῦ
ἐν λόγῳ κυρίου Πάταξον[40] δή[41] με· καὶ οὐκ ἠθέλησεν ὁ ἄνθρωπος πατάξαι[42] αὐτόν.

1 παρεμβάλλω, *pres act ind 3p*, encamp
2 ἀπέναντι, across from
3 ἕβδομος, seventh
4 προσάγω, *aor act ind 3s*, bring upon
5 πατάσσω, *aor act ind 3s*, strike, smite
6 ἑκατόν, hundred
7 χιλιάς, thousand
8 πεζός, (infantry), on foot
9 φεύγω, *aor act ind 3p*, flee
10 κατάλοιπος, remainder
11 τεῖχος, wall
12 εἴκοσι, twenty
13 χιλιάς, thousand
14 φεύγω, *aor act ind 3s*, flee
15 κοιτών, bedroom
16 ταμιεῖον, closet, inner chamber
17 παῖς, servant
18 ἔλεος, merciful
19 ἐπιτίθημι, *aor mid sub 1p*, place upon
20 δή, now
21 σάκκος, sackcloth, *Heb. LW*
22 ὀσφύς, waist, loins
23 σχοινίον, rope, cord
24 ζωογονέω, *fut act ind 3s*, preserve alive
25 περιζώννυμι, *aor mid ind 3p*, gird, tie around
26 σάκκος, sackcloth, *Heb. LW*
27 ὀσφύς, waist, loins
28 σχοινίον, rope, cord
29 δή, now, indeed
30 οἰωνίζομαι, *aor mid ind 3p*, learn from divination
31 σπεύδω, *aor act ind 3p*, hasten
32 ἀναλέγω, *aor act ind 3p*, seize upon
33 ἀναβιβάζω, *pres act ind 3p*, make to go up
34 ἅρμα, chariot
35 ἔξοδος, going out, outlet, exit
36 ἐξαποστέλλω, *fut act ind 1s*, send forth
37 διατίθημι, *aor mid ind 3s*, arrange
38 ἐξαποστέλλω, *aor act ind 3s*, send forth
39 πλησίον, companion
40 πατάσσω, *aor act impv 2s*, strike, slay
41 δή, now
42 πατάσσω, *aor act inf*, strike, slay

36 καὶ εἶπεν πρὸς αὐτόν Ἀνθ᾽ ὧν[1] οὐκ ἤκουσας τῆς φωνῆς κυρίου, ἰδοὺ σὺ ἀπο-
τρέχεις[2] ἀπ᾽ ἐμοῦ, καὶ πατάξει[3] σε λέων·[4] καὶ ἀπῆλθεν ἀπ᾽ αὐτοῦ, καὶ εὑρίσκει αὐτὸν
λέων καὶ ἐπάταξεν[5] αὐτόν. **37** καὶ εὑρίσκει ἄνθρωπον ἄλλον καὶ εἶπεν Πάταξόν[6] με
δή·[7] καὶ ἐπάταξεν[8] αὐτὸν ὁ ἄνθρωπος πατάξας[9] καὶ συνέτριψεν.[10] **38** καὶ ἐπορεύθη
ὁ προφήτης καὶ ἔστη τῷ βασιλεῖ Ισραηλ ἐπὶ τῆς ὁδοῦ καὶ κατεδήσατο[11] τελαμῶνι[12]
τοὺς ὀφθαλμοὺς αὐτοῦ. **39** καὶ ἐγένετο ὡς ὁ βασιλεὺς παρεπορεύετο,[13] καὶ οὗτος
ἐβόα[14] πρὸς τὸν βασιλέα καὶ εἶπεν Ὁ δοῦλός σου ἐξῆλθεν ἐπὶ τὴν στρατιὰν[15] τοῦ
πολέμου, καὶ ἰδοὺ ἀνὴρ εἰσήγαγεν[16] πρός με ἄνδρα καὶ εἶπεν πρός με Φύλαξον
τοῦτον τὸν ἄνδρα, ἐὰν δὲ ἐκπηδῶν[17] ἐκπηδήσῃ,[18] καὶ ἔσται ἡ ψυχή σου ἀντὶ[19] τῆς
ψυχῆς αὐτοῦ ἢ τάλαντον[20] ἀργυρίου[21] στήσεις· **40** καὶ ἐγενήθη περιεβλέψατο[22] ὁ
δοῦλός σου ὧδε[23] καὶ ὧδε,[24] καὶ οὗτος οὐκ ἦν. καὶ εἶπεν πρὸς αὐτὸν ὁ βασιλεὺς
Ισραηλ Ἰδοὺ καὶ τὰ ἔνεδρα,[25] παρ᾽ ἐμοὶ ἐφόνευσας.[26] **41** καὶ ἔσπευσεν[27] καὶ ἀφεῖλεν[28]
τὸν τελαμῶνα[29] ἀπὸ τῶν ὀφθαλμῶν αὐτοῦ, καὶ ἐπέγνω[30] αὐτὸν ὁ βασιλεὺς Ισραηλ
ὅτι ἐκ τῶν προφητῶν οὗτος. **42** καὶ εἶπεν πρὸς αὐτόν Τάδε[31] λέγει κύριος Διότι[32]
ἐξήνεγκας[33] σὺ ἄνδρα ὀλέθριον[34] ἐκ χειρός σου, καὶ ἔσται ἡ ψυχή σου ἀντὶ[35] τῆς
ψυχῆς αὐτοῦ καὶ ὁ λαός σου ἀντὶ τοῦ λαοῦ αὐτοῦ. **43** καὶ ἀπῆλθεν ὁ βασιλεὺς
Ισραηλ συγκεχυμένος[36] καὶ ἐκλελυμένος[37] καὶ ἔρχεται εἰς Σαμάρειαν.

Michaiah's Prophecy against Ahab

22 Καὶ ἐκάθισεν τρία ἔτη, καὶ οὐκ ἦν πόλεμος ἀνὰ μέσον[38] Συρίας καὶ ἀνὰ
μέσον Ισραηλ. **2** καὶ ἐγενήθη ἐν τῷ ἐνιαυτῷ[39] τῷ τρίτῳ καὶ κατέβη Ιωσαφατ
βασιλεὺς Ιουδα πρὸς βασιλέα Ισραηλ. **3** καὶ εἶπεν βασιλεὺς Ισραηλ πρὸς τοὺς

1 ἀνθ᾽ ὧν, because, since
2 ἀποτρέχω, *pres act ind 2s*, run away, depart
3 πατάσσω, *fut act ind 3s*, strike, slay
4 λέων, lion
5 πατάσσω, *aor act ind 3s*, strike, slay
6 πατάσσω, *aor act impv 2s*, strike, slay
7 δή, now
8 πατάσσω, *aor act ind 3s*, strike, slay
9 πατάσσω, *aor act ptc nom s m*, strike, slay
10 συντρίβω, *aor act ind 3s*, smash, crush, beat
11 καταδέω, *aor mid ind 3s*, bind up
12 τελαμών, bandage
13 παραπορεύομαι, *impf mid ind 3s*, pass by
14 βοάω, *impf act ind 3s*, cry out
15 στρατιά, army
16 εἰσάγω, *aor act ind 3s*, bring to
17 ἐκπηδάω, *pres act ptc nom s m*, escape
18 ἐκπηδάω, *aor act sub 3s*, escape
19 ἀντί, in return for
20 τάλαντον, talent
21 ἀργύριον, silver
22 περιβλέπω, *aor mid ind 3s*, look around
23 ὧδε, here
24 ὧδε, there
25 ἔνεδρον, ambush
26 φονεύω, *aor act ind 2s*, murder, kill
27 σπεύδω, *aor act ind 3s*, hasten
28 ἀφαιρέω, *aor act ind 3s*, remove
29 τελαμών, bandage
30 ἐπιγινώσκω, *aor act ind 3s*, discover, recognize
31 ὅδε, this
32 διότι, because
33 ἐκφέρω, *aor act ind 2s*, carry away
34 ὀλέθριος, doomed
35 ἀντί, in return for
36 συγχέω, *perf pas ptc nom s m*, confound, confuse
37 ἐκλύω, *perf pas ptc nom s m*, weaken, faint
38 ἀνὰ μέσον, between
39 ἐνιαυτός, year

παῖδας[1] αὐτοῦ Εἰ οἴδατε ὅτι ἡμῖν Ρεμμαθ Γαλααδ, καὶ ἡμεῖς σιωπῶμεν[2] λαβεῖν αὐτὴν ἐκ χειρὸς βασιλέως Συρίας; **4** καὶ εἶπεν βασιλεὺς Ισραηλ πρὸς Ιωσαφατ Ἀναβήσῃ μεθ᾽ ἡμῶν εἰς Ρεμμαθ Γαλααδ εἰς πόλεμον; καὶ εἶπεν Ιωσαφατ Καθὼς ἐγὼ οὕτως καὶ σύ, καθὼς ὁ λαός μου ὁ λαός σου, καθὼς οἱ ἵπποι[3] μου οἱ ἵπποι σου.

5 καὶ εἶπεν Ιωσαφατ βασιλεὺς Ιουδα πρὸς βασιλέα Ισραηλ Ἐπερωτήσατε[4] δὴ[5] σήμερον τὸν κύριον. **6** καὶ συνήθροισεν[6] ὁ βασιλεὺς Ισραηλ πάντας τοὺς προφήτας ὡς τετρακοσίους[7] ἄνδρας, καὶ εἶπεν αὐτοῖς ὁ βασιλεύς Εἰ πορευθῶ εἰς Ρεμμαθ Γαλααδ εἰς πόλεμον ἢ ἐπίσχω;[8] καὶ εἶπαν Ἀνάβαινε, καὶ διδοὺς δώσει κύριος εἰς χεῖρας τοῦ βασιλέως. **7** καὶ εἶπεν Ιωσαφατ πρὸς βασιλέα Ισραηλ Οὐκ ἔστιν ὧδε[9] προφήτης τοῦ κυρίου καὶ ἐπερωτήσομεν[10] τὸν κύριον δι᾽ αὐτοῦ; **8** καὶ εἶπεν ὁ βασιλεὺς Ισραηλ πρὸς Ιωσαφατ Ἔτι ἔστιν ἀνὴρ εἷς τοῦ ἐπερωτῆσαι[11] τὸν κύριον δι᾽ αὐτοῦ, καὶ ἐγὼ μεμίσηκα[12] αὐτόν, ὅτι οὐ λαλεῖ περὶ ἐμοῦ καλά, ἀλλ᾽ ἢ κακά, Μιχαιας υἱὸς Ιεμλα. καὶ εἶπεν Ιωσαφατ βασιλεὺς Ιουδα Μὴ λεγέτω ὁ βασιλεὺς οὕτως. **9** καὶ ἐκάλεσεν ὁ βασιλεὺς Ισραηλ εὐνοῦχον[13] ἕνα καὶ εἶπεν Τάχος[14] Μιχαιαν υἱὸν Ιεμλα. **10** καὶ ὁ βασιλεὺς Ισραηλ καὶ Ιωσαφατ βασιλεὺς Ιουδα ἐκάθηντο ἀνὴρ ἐπὶ τοῦ θρόνου αὐτοῦ ἔνοπλοι[15] ἐν ταῖς πύλαις[16] Σαμαρείας, καὶ πάντες οἱ προφῆται ἐπροφήτευον[17] ἐνώπιον αὐτῶν. **11** καὶ ἐποίησεν ἑαυτῷ Σεδεκιας υἱὸς Χανανα κέρατα[18] σιδηρᾶ[19] καὶ εἶπεν Τάδε[20] λέγει κύριος Ἐν τούτοις κερατιεῖς[21] τὴν Συρίαν, ἕως συντελεσθῇ.[22] **12** καὶ πάντες οἱ προφῆται ἐπροφήτευον[23] οὕτως λέγοντες Ἀνάβαινε εἰς Ρεμμαθ Γαλααδ, καὶ εὐοδώσει[24] καὶ δώσει κύριος εἰς χεῖράς σου καὶ τὸν βασιλέα Συρίας.

13 καὶ ὁ ἄγγελος ὁ πορευθεὶς καλέσαι τὸν Μιχαιαν ἐλάλησεν αὐτῷ λέγων Ἰδοὺ δὴ[25] λαλοῦσιν πάντες οἱ προφῆται ἐν στόματι ἑνὶ καλὰ περὶ τοῦ βασιλέως· γίνου δὴ καὶ σὺ εἰς λόγους σου κατὰ τοὺς λόγους ἑνὸς τούτων καὶ λάλησον καλά. **14** καὶ εἶπεν Μιχαιας Ζῇ κύριος ὅτι ἃ ἂν εἴπῃ κύριος πρός με, ταῦτα λαλήσω. **15** καὶ ἦλθεν πρὸς τὸν βασιλέα, καὶ εἶπεν αὐτῷ ὁ βασιλεύς Μιχαια, εἰ ἀναβῶ εἰς Ρεμμαθ Γαλααδ εἰς πόλεμον ἢ ἐπίσχω;[26] καὶ εἶπεν Ἀνάβαινε, καὶ εὐοδώσει[27] καὶ δώσει κύριος εἰς χεῖρα τοῦ βασιλέως. **16** καὶ εἶπεν αὐτῷ ὁ βασιλεύς Ποσάκις[28] ἐγὼ ὁρκίζω[29] σε ὅπως λαλήσῃς πρός με ἀλήθειαν ἐν ὀνόματι κυρίου; **17** καὶ εἶπεν Μιχαιας Οὐχ οὕτως·

1 παῖς, servant
2 σιωπάω, *pres act ind 1p*, be silent
3 ἵππος, horse
4 ἐπερωτάω, *aor act impv 2p*, ask, consult
5 δή, indeed, now
6 συναθροίζω, *aor act ind 3s*, gather
7 τετρακόσιοι, four hundred
8 ἐπέχω, *aor act sub 1s*, refrain, hold back
9 ὧδε, here
10 ἐπερωτάω, *fut act ind 1p*, ask, consult
11 ἐπερωτάω, *aor act inf*, ask, consult
12 μισέω, *perf act ind 1s*, abhor
13 εὐνοῦχος, eunuch
14 τάχος, quickly
15 ἔνοπλος, armed
16 πύλη, gate
17 προφητεύω, *impf act ind 3p*, prophesy
18 κέρας, horn
19 σιδηροῦς, iron
20 ὅδε, this
21 κερατίζω, *fut act ind 2s*, gore (with horns)
22 συντελέω, *aor pas sub 3s*, complete, finish
23 προφητεύω, *impf act ind 3p*, prophesy
24 εὐοδόω, *fut act ind 3s*, prosper, succeed
25 δή, now, indeed
26 ἐπέχω, *aor act sub 1s*, refrain, hold back
27 εὐοδόω, *fut act ind 3s*, prosper, succeed
28 ποσάκις, how often
29 ὁρκίζω, *pres act ind 1s*, cause to swear an oath

ἑώρακα πάντα τὸν Ισραηλ διεσπαρμένον[1] ἐν τοῖς ὄρεσιν ὡς ποίμνιον,[2] ᾧ οὐκ ἔστιν ποιμήν,[3] καὶ εἶπεν κύριος Οὐ κύριος τούτοις, ἀναστρεφέτω[4] ἕκαστος εἰς τὸν οἶκον αὐτοῦ ἐν εἰρήνῃ. **18** καὶ εἶπεν βασιλεὺς Ισραηλ πρὸς Ιωσαφατ βασιλέα Ιουδα Οὐκ εἶπα πρὸς σέ Οὐ προφητεύει[5] οὗτός μοι καλά, διότι[6] ἀλλ᾽ ἢ κακά;

19 καὶ εἶπεν Μιχαιας Οὐχ οὕτως, οὐκ ἐγώ, ἄκουε ῥῆμα κυρίου, οὐχ οὕτως· εἶδον τὸν κύριον θεὸν Ισραηλ καθήμενον ἐπὶ θρόνου αὐτοῦ, καὶ πᾶσα ἡ στρατιὰ[7] τοῦ οὐρανοῦ εἱστήκει[8] περὶ αὐτὸν ἐκ δεξιῶν αὐτοῦ καὶ ἐξ εὐωνύμων[9] αὐτοῦ. **20** καὶ εἶπεν κύριος Τίς ἀπατήσει[10] τὸν Αχααβ βασιλέα Ισραηλ καὶ ἀναβήσεται καὶ πεσεῖται ἐν Ρεμμαθ Γαλααδ; καὶ εἶπεν οὗτος οὕτως καὶ οὗτος οὕτως. **21** καὶ ἐξῆλθεν πνεῦμα καὶ ἔστη ἐνώπιον κυρίου καὶ εἶπεν Ἐγὼ ἀπατήσω[11] αὐτόν. καὶ εἶπεν πρὸς αὐτὸν κύριος Ἐν τίνι; **22** καὶ εἶπεν Ἐξελεύσομαι καὶ ἔσομαι πνεῦμα ψευδὲς[12] ἐν στόματι πάντων τῶν προφητῶν αὐτοῦ. καὶ εἶπεν Ἀπατήσεις[13] καί γε δυνήσει, ἔξελθε καὶ ποίησον οὕτως. **23** καὶ νῦν ἰδοὺ ἔδωκεν κύριος πνεῦμα ψευδὲς[14] ἐν στόματι πάντων τῶν προφητῶν σου τούτων, καὶ κύριος ἐλάλησεν ἐπὶ σὲ κακά.[15]

24 καὶ προσῆλθεν Σεδεκιου υἱὸς Χανανα καὶ ἐπάταξεν[16] τὸν Μιχαιαν ἐπὶ τὴν σιαγόνα[17] καὶ εἶπεν Ποῖον[18] πνεῦμα κυρίου τὸ λαλῆσαν ἐν σοί; **25** καὶ εἶπεν Μιχαιας Ἰδοὺ σὺ ὄψῃ ἐν τῇ ἡμέρᾳ ἐκείνῃ, ὅταν εἰσέλθῃς ταμιεῖον[19] τοῦ ταμιείου[20] τοῦ κρυβῆναι.[21] **26** καὶ εἶπεν ὁ βασιλεὺς Ισραηλ Λάβετε τὸν Μιχαιαν καὶ ἀποστρέψατε[22] αὐτὸν πρὸς Εμηρ τὸν ἄρχοντα τῆς πόλεως· καὶ τῷ Ιωας υἱῷ τοῦ βασιλέως **27** εἰπὸν θέσθαι τοῦτον ἐν φυλακῇ καὶ ἐσθίειν αὐτὸν ἄρτον θλίψεως καὶ ὕδωρ θλίψεως ἕως τοῦ ἐπιστρέψαι με ἐν εἰρήνῃ. **28** καὶ εἶπεν Μιχαιας Ἐὰν ἐπιστρέφων ἐπιστρέψῃς ἐν εἰρήνῃ, οὐκ ἐλάλησεν κύριος ἐν ἐμοί.

Defeat and Death of Ahab

29 Καὶ ἀνέβη βασιλεὺς Ισραηλ καὶ Ιωσαφατ βασιλεὺς Ιουδα μετ᾽ αὐτοῦ εἰς Ρεμμαθ Γαλααδ. **30** καὶ εἶπεν βασιλεὺς Ισραηλ πρὸς Ιωσαφατ βασιλέα Ιουδα Συγκαλύψομαι[23] καὶ εἰσελεύσομαι εἰς τὸν πόλεμον, καὶ σὺ ἔνδυσαι[24] τὸν ἱματισμόν[25] μου· καὶ συνεκαλύψατο[26] ὁ βασιλεὺς Ισραηλ καὶ εἰσῆλθεν εἰς τὸν πόλεμον. **31** καὶ βασιλεὺς

1 διασπείρω, *perf pas ptc acc s m*, scatter
2 ποίμνιον, flock
3 ποιμήν, shepherd
4 ἀναστρέφω, *pres act impv 3s*, return
5 προφητεύω, *pres act ind 3s*, prophesy
6 διότι, for
7 στρατιά, army, host
8 ἵστημι, *plpf act ind 3s*, stand
9 εὐώνυμος, left
10 ἀπατάω, *fut act ind 3s*, deceive
11 ἀπατάω, *fut act ind 1s*, deceive
12 ψευδής, false, lying
13 ἀπατάω, *fut act ind 2s*, deceive
14 ψευδής, false, lying
15 κακός, evil
16 πατάσσω, *aor act ind 3s*, strike, smite
17 σιαγών, jaw, cheek
18 ποῖος, which, what
19 ταμιεῖον, closet, inner chamber
20 ταμιεῖον, bedroom, chamber
21 κρύπτω, *aor pas inf*, hide
22 ἀποστρέφω, *aor act impv 2p*, return
23 συγκαλύπτω, *fut mid ind 1s*, disguise oneself
24 ἐνδύω, *aor mid impv 2s*, put on
25 ἱματισμός, clothing
26 συγκαλύπτω, *aor mid ind 3s*, disguise oneself

Συρίας ἐνετείλατο[1] τοῖς ἄρχουσι τῶν ἁρμάτων[2] αὐτοῦ τριάκοντα[3] καὶ δυσὶν λέγων
Μὴ πολεμεῖτε μικρὸν[4] καὶ μέγαν[5] ἀλλ᾽ ἢ τὸν βασιλέα Ισραηλ μονώτατον.[6] **32** καὶ
ἐγένετο ὡς εἶδον οἱ ἄρχοντες τῶν ἁρμάτων[7] τὸν Ιωσαφατ βασιλέα Ιουδα, καὶ αὐτοὶ
εἶπον Φαίνεται[8] βασιλεὺς Ισραηλ οὗτος· καὶ ἐκύκλωσαν[9] αὐτὸν πολεμῆσαι, καὶ
ἀνέκραξεν[10] Ιωσαφατ. **33** καὶ ἐγένετο ὡς εἶδον οἱ ἄρχοντες τῶν ἁρμάτων[11] ὅτι οὐκ
ἔστιν βασιλεὺς Ισραηλ οὗτος, καὶ ἀπέστρεψαν[12] ἀπ᾽ αὐτοῦ.

34 καὶ ἐνέτεινεν[13] εἶς τὸ τόξον[14] εὐστόχως[15] καὶ ἐπάταξεν[16] τὸν βασιλέα Ισραηλ
ἀνὰ μέσον[17] τοῦ πνεύμονος[18] καὶ ἀνὰ μέσον τοῦ θώρακος.[19] καὶ εἶπεν τῷ ἡνιόχῳ[20]
αὐτοῦ Ἐπίστρεψον τὰς χεῖράς σου καὶ ἐξάγαγέ[21] με ἐκ τοῦ πολέμου, ὅτι τέτρωμαι.[22]
35 καὶ ἐτροπώθη[23] ὁ πόλεμος ἐν τῇ ἡμέρᾳ ἐκείνῃ, καὶ ὁ βασιλεὺς ἦν ἑστηκὼς ἐπὶ
τοῦ ἅρματος[24] ἐξ ἐναντίας[25] Συρίας ἀπὸ πρωὶ[26] ἕως ἑσπέρας[27] καὶ ἀπέχυννε[28] τὸ
αἷμα ἐκ τῆς πληγῆς[29] εἰς τὸν κόλπον[30] τοῦ ἅρματος·[31] καὶ ἀπέθανεν ἑσπέρας,[32] καὶ
ἐξεπορεύετο τὸ αἷμα τῆς τροπῆς[33] ἕως τοῦ κόλπου τοῦ ἅρματος.[34] **36** καὶ ἔστη ὁ
στρατοκῆρυξ[35] δύνοντος[36] τοῦ ἡλίου λέγων Ἕκαστος εἰς τὴν ἑαυτοῦ πόλιν καὶ εἰς
τὴν ἑαυτοῦ γῆν, **37** ὅτι τέθνηκεν[37] ὁ βασιλεύς. καὶ ἦλθον εἰς Σαμάρειαν καὶ ἔθαψαν[38]
τὸν βασιλέα ἐν Σαμαρείᾳ. **38** καὶ ἀπένιψαν[39] τὸ ἅρμα[40] ἐπὶ τὴν κρήνην[41] Σαμαρείας,
καὶ ἐξέλειξαν[42] αἱ ὕες[43] καὶ οἱ κύνες[44] τὸ αἷμα, καὶ αἱ πόρναι[45] ἐλούσαντο[46] ἐν τῷ
αἵματι κατὰ τὸ ῥῆμα κυρίου, ὃ ἐλάλησεν. **39** καὶ τὰ λοιπὰ τῶν λόγων Αχααβ καὶ
πάντα, ἃ ἐποίησεν, καὶ οἶκον ἐλεφάντινον,[47] ὃν ᾠκοδόμησεν, καὶ πάσας τὰς πόλεις,
ἃς ἐποίησεν, οὐκ ἰδοὺ ταῦτα γέγραπται ἐν βιβλίῳ λόγων τῶν ἡμερῶν τῶν βασιλέων

1 ἐντέλλομαι, *aor mid ind 3s*, command
2 ἅρμα, chariot
3 τριάκοντα, thirty
4 μικρός, small (person)
5 μέγας, great (person)
6 μόνος, *sup*, most alone
7 ἅρμα, chariot
8 φαίνω, *pres mid ind 3s*, appear
9 κυκλόω, *aor act ind 3p*, encircle
10 ἀνακράζω, *aor act ind 3s*, cry out
11 ἅρμα, chariot
12 ἀποστρέφω, *aor act ind 3p*, turn back
13 ἐντείνω, *aor act ind 3s*, bend
14 τόξον, bow
15 εὐστόχως, with good aim
16 πατάσσω, *aor act ind 3s*, strike, hit
17 ἀνὰ μέσον, between
18 πνεύμων, lung
19 θώραξ, breastplate
20 ἡνίοχος, charioteer
21 ἐξάγω, *aor act impv 2s*, lead away
22 τιτρώσκω, *perf pas ind 1s*, wound, pierce
23 τροπόω, *aor pas ind 3s*, turn, (reach a turning point)
24 ἅρμα, chariot
25 ἐναντίος, before, facing
26 πρωί, morning
27 ἑσπέρα, evening
28 ἀποχέω, *aor act ind 3s*, shed
29 πληγή, blow, wound
30 κόλπος, cavity
31 ἅρμα, chariot
32 ἑσπέρα, (in the) evening
33 τροπή, rout
34 ἅρμα, chariot
35 στρατοκῆρυξ, herald of the army
36 δύω, *pres act ptc gen s m*, set, sink
37 θνήσκω, *perf act ind 3s*, die
38 θάπτω, *aor act ind 3p*, bury
39 ἀπονίπτω, *aor act ind 3p*, wash clean
40 ἅρμα, chariot
41 κρήνη, spring, fountain
42 ἐκλείχω, *aor act ind 3p*, lick up
43 ὗς, pig
44 κύων, dog
45 πόρνη, harlot, prostitute
46 λούω, *aor mid ind 3p*, wash
47 ἐλεφάντινος, ivory

Ισραηλ; **40** καὶ ἐκοιμήθη[1] Αχααβ μετὰ τῶν πατέρων αὐτοῦ, καὶ ἐβασίλευσεν[2] Οχοζιας υἱὸς αὐτοῦ ἀντ᾽[3] αὐτοῦ.

Jehoshaphat's Reign in Judah

41 Καὶ Ιωσαφατ υἱὸς Ασα ἐβασίλευσεν[4] ἐπὶ Ιουδα. ἔτει τετάρτῳ[5] τῷ Αχααβ βασιλέως Ισραηλ ἐβασίλευσεν.[6] **42** Ιωσαφατ υἱὸς τριάκοντα[7] καὶ πέντε ἐτῶν ἐν τῷ βασιλεύειν[8] αὐτὸν καὶ εἴκοσι[9] καὶ πέντε ἔτη ἐβασίλευσεν[10] ἐν Ιερουσαλημ, καὶ ὄνομα τῇ μητρὶ αὐτοῦ Αζουβα θυγάτηρ[11] Σελεϊ. **43** καὶ ἐπορεύθη ἐν πάσῃ ὁδῷ Ασα τοῦ πατρὸς αὐτοῦ· οὐκ ἐξέκλινεν[12] ἀπ᾽ αὐτῆς τοῦ ποιῆσαι τὸ εὐθὲς[13] ἐν ὀφθαλμοῖς κυρίου· **44** πλὴν τῶν ὑψηλῶν[14] οὐκ ἐξῆρεν,[15] ἔτι ὁ λαὸς ἐθυσίαζεν[16] καὶ ἐθυμίων[17] ἐν τοῖς ὑψηλοῖς.[18] **45** καὶ εἰρήνευσεν[19] Ιωσαφατ μετὰ βασιλέως Ισραηλ. **46** καὶ τὰ λοιπὰ τῶν λόγων Ιωσαφατ καὶ αἱ δυναστεῖαι[20] αὐτοῦ, ὅσα ἐποίησεν, οὐκ ἰδοὺ ταῦτα γεγραμμένα ἐν βιβλίῳ λόγων τῶν ἡμερῶν τῶν βασιλέων Ιουδα; **51** καὶ ἐκοιμήθη[21] Ιωσαφατ μετὰ τῶν πατέρων αὐτοῦ καὶ ἐτάφη[22] παρὰ τοῖς πατράσιν αὐτοῦ ἐν πόλει Δαυιδ τοῦ πατρὸς αὐτοῦ· καὶ ἐβασίλευσεν[23] Ιωραμ υἱὸς αὐτοῦ ἀντ᾽[24] αὐτοῦ.

Ahaziah's Reign in Israel

52 Καὶ Οχοζιας υἱὸς Αχααβ ἐβασίλευσεν[25] ἐπὶ Ισραηλ ἐν Σαμαρείᾳ ἐν ἔτει ἑπτακαιδεκάτῳ[26] Ιωσαφατ βασιλεῖ Ιουδα· καὶ ἐβασίλευσεν ἐν Ισραηλ ἔτη δύο. **53** καὶ ἐποίησεν τὸ πονηρὸν ἐναντίον[27] κυρίου καὶ ἐπορεύθη ἐν ὁδῷ Αχααβ τοῦ πατρὸς αὐτοῦ καὶ ἐν ὁδῷ Ιεζαβελ τῆς μητρὸς αὐτοῦ καὶ ἐν ταῖς ἁμαρτίαις οἴκου Ιεροβοαμ υἱοῦ Ναβατ, ὃς ἐξήμαρτεν[28] τὸν Ισραηλ. **54** καὶ ἐδούλευσεν[29] τοῖς Βααλιμ καὶ προσεκύνησεν αὐτοῖς καὶ παρώργισεν[30] τὸν κύριον θεὸν Ισραηλ κατὰ πάντα τὰ γενόμενα ἔμπροσθεν αὐτοῦ.

1 κοιμάω, *aor pas ind 3s*, sleep
2 βασιλεύω, *aor act ind 3s*, reign as king
3 ἀντί, in place of
4 βασιλεύω, *aor act ind 3s*, reign as king
5 τέταρτος, fourth
6 βασιλεύω, *aor act ind 3s*, become king
7 τριάκοντα, thirty
8 βασιλεύω, *pres act inf*, reign as king
9 εἴκοσι, twenty
10 βασιλεύω, *aor act ind 3s*, reign as king
11 θυγάτηρ, daughter
12 ἐκκλίνω, *aor act ind 3s*, turn aside
13 εὐθής, right
14 ὑψηλός, high place
15 ἐξαίρω, *aor act ind 3s*, remove
16 θυσιάζω, *impf act ind 3s*, sacrifice
17 θυμιάω, *impf act ind 3p*, burn incense
18 ὑψηλός, high place
19 εἰρηνεύω, *aor act ind 3s*, live in peace
20 δυναστεία, lordship, domination
21 κοιμάω, *aor pas ind 3s*, sleep
22 θάπτω, *aor pas ind 3s*, bury
23 βασιλεύω, *aor act ind 3s*, reign as king
24 ἀντί, in place of
25 βασιλεύω, *aor act ind 3s*, reign as king
26 ἑπτακαιδέκατος, seventeenth
27 ἐναντίον, before
28 ἐξαμαρτάνω, *aor act ind 3s*, cause to sin
29 δουλεύω, *aor act ind 3s*, serve
30 παροργίζω, *aor act ind 3s*, provoke to anger

ΒΑΣΙΛΕΙΩΝ Δʹ
4 Kingdoms (2 Kings)

Judgment on Ahaziah

1 Καὶ ἠθέτησεν[1] Μωαβ ἐν Ισραηλ μετὰ τὸ ἀποθανεῖν Αχααβ. **2** καὶ ἔπεσεν Οχοζιας
διὰ τοῦ δικτυωτοῦ[2] τοῦ ἐν τῷ ὑπερῴῳ[3] αὐτοῦ τῷ ἐν Σαμαρείᾳ καὶ ἠρρώστησεν.[4]
καὶ ἀπέστειλεν ἀγγέλους καὶ εἶπεν πρὸς αὐτούς Δεῦτε[5] καὶ ἐπιζητήσατε[6] ἐν τῇ Βααλ
μυῖαν[7] θεὸν Ακκαρων εἰ ζήσομαι ἐκ τῆς ἀρρωστίας[8] μου ταύτης· καὶ ἐπορεύθησαν
ἐπερωτῆσαι[9] δι᾽ αὐτοῦ. **3** καὶ ἄγγελος κυρίου ἐλάλησεν πρὸς Ηλιου τὸν Θεσβίτην
λέγων Ἀναστὰς δεῦρο[10] εἰς συνάντησιν[11] τῶν ἀγγέλων Οχοζιου βασιλέως Σαμα-
ρείας καὶ λαλήσεις πρὸς αὐτούς Εἰ παρὰ τὸ μὴ εἶναι θεὸν ἐν Ισραηλ ὑμεῖς πορεύεσθε
ἐπιζητῆσαι[12] ἐν τῇ Βααλ μυῖαν[13] θεὸν Ακκαρων; **4** καὶ οὐχ οὕτως· ὅτι τάδε[14] λέγει
κύριος Ἡ κλίνη,[15] ἐφ᾽ ἧς ἀνέβης ἐκεῖ, οὐ καταβήσῃ ἀπ᾽ αὐτῆς, ὅτι ἐκεῖ θανάτῳ ἀπο-
θανῇ. καὶ ἐπορεύθη Ηλιου καὶ εἶπεν πρὸς αὐτούς. **5** καὶ ἐπεστράφησαν οἱ ἄγγελοι
πρὸς αὐτόν, καὶ εἶπεν πρὸς αὐτούς Τί ὅτι ἐπεστρέψατε; **6** καὶ εἶπαν πρὸς αὐτόν
Ἀνὴρ ἀνέβη εἰς συνάντησιν[16] ἡμῶν καὶ εἶπεν πρὸς ἡμᾶς Δεῦτε[17] ἐπιστράφητε πρὸς
τὸν βασιλέα τὸν ἀποστείλαντα ὑμᾶς καὶ λαλήσατε πρὸς αὐτόν Τάδε[18] λέγει κύριος
Εἰ παρὰ τὸ μὴ εἶναι θεὸν ἐν Ισραηλ σὺ πορεύῃ ζητῆσαι ἐν τῇ Βααλ μυῖαν[19] θεὸν
Ακκαρων; οὐχ οὕτως· ἡ κλίνη,[20] ἐφ᾽ ἧς ἀνέβης ἐκεῖ, οὐ καταβήσῃ ἀπ᾽ αὐτῆς, ὅτι
θανάτῳ ἀποθανῇ. **7** καὶ ἐλάλησεν πρὸς αὐτοὺς λέγων Τίς ἡ κρίσις τοῦ ἀνδρὸς τοῦ
ἀναβάντος εἰς συνάντησιν[21] ὑμῖν καὶ λαλήσαντος πρὸς ὑμᾶς τοὺς λόγους τούτους;
8 καὶ εἶπον πρὸς αὐτόν Ἀνὴρ δασὺς[22] καὶ ζώνην[23] δερματίνην[24] περιεζωσμένος[25] τὴν
ὀσφὺν[26] αὐτοῦ. καὶ εἶπεν Ηλιου ὁ Θεσβίτης οὗτός ἐστιν.

1 ἀθετέω, *aor act ind 3s*, revolt against
2 δικτυωτός, latticed window
3 ὑπερῷον, upstairs room
4 ἀρρωστέω, *aor act ind 3s*, be infirm
5 δεῦτε, come!
6 ἐπιζητέω, *aor act impv 2p*, consult with
7 μυῖα, fly
8 ἀρρωστία, illness, infirmity
9 ἐπερωτάω, *aor act inf*, ask about
10 δεῦρο, come!
11 συνάντησις, meeting
12 ἐπιζητέω, *aor act inf*, consult with
13 μυῖα, fly
14 ὅδε, this
15 κλίνη, bed
16 συνάντησις, meeting
17 δεῦτε, come!
18 ὅδε, this
19 μυῖα, fly
20 κλίνη, bed
21 συνάντησις, meeting
22 δασύς, hairy
23 ζωνή, belt
24 δερμάτινος, leather
25 περιζώννυμι, *perf pas ptc nom s m*, wrap around
26 ὀσφύς, waist

9 καὶ ἀπέστειλεν πρὸς αὐτὸν ἡγούμενον[1] πεντηκόνταρχον[2] καὶ τοὺς πεντήκοντα[3]
αὐτοῦ, καὶ ἀνέβη καὶ ἦλθεν πρὸς αὐτόν, καὶ ἰδοὺ Ηλιου ἐκάθητο ἐπὶ τῆς κορυφῆς[4]
τοῦ ὄρους. καὶ ἐλάλησεν ὁ πεντηκόνταρχος πρὸς αὐτὸν καὶ εἶπεν Ἄνθρωπε τοῦ
θεοῦ, ὁ βασιλεὺς ἐκάλεσέν σε, κατάβηθι. **10** καὶ ἀπεκρίθη Ηλιου καὶ εἶπεν πρὸς τὸν
πεντηκόνταρχον[5] Καὶ εἰ ἄνθρωπος τοῦ θεοῦ ἐγώ, καταβήσεται πῦρ ἐκ τοῦ οὐρανοῦ
καὶ καταφάγεταί[6] σε καὶ τοὺς πεντήκοντά[7] σου· καὶ κατέβη πῦρ ἐκ τοῦ οὐρανοῦ καὶ
κατέφαγεν[8] αὐτὸν καὶ τοὺς πεντήκοντα αὐτοῦ. **11** καὶ προσέθετο[9] ὁ βασιλεὺς καὶ
ἀπέστειλεν πρὸς αὐτὸν ἄλλον πεντηκόνταρχον[10] καὶ τοὺς πεντήκοντα[11] αὐτοῦ, καὶ
ἀνέβη καὶ ἐλάλησεν ὁ πεντηκόνταρχος πρὸς αὐτὸν καὶ εἶπεν Ἄνθρωπε τοῦ θεοῦ,
τάδε[12] λέγει ὁ βασιλεύς Ταχέως[13] κατάβηθι. **12** καὶ ἀπεκρίθη Ηλιου καὶ ἐλάλησεν
πρὸς αὐτὸν καὶ εἶπεν Εἰ ἄνθρωπος τοῦ θεοῦ ἐγώ εἰμι, καταβήσεται πῦρ ἐκ τοῦ
οὐρανοῦ καὶ καταφάγεταί[14] σε καὶ τοὺς πεντήκοντά[15] σου· καὶ κατέβη πῦρ ἐκ τοῦ
οὐρανοῦ καὶ κατέφαγεν[16] αὐτὸν καὶ τοὺς πεντήκοντα αὐτοῦ.

13 καὶ προσέθετο[17] ὁ βασιλεὺς ἔτι ἀποστεῖλαι ἡγούμενον[18] πεντηκόνταρχον[19]
τρίτον καὶ τοὺς πεντήκοντα[20] αὐτοῦ, καὶ ἦλθεν πρὸς αὐτὸν ὁ πεντηκόνταρχος ὁ
τρίτος καὶ ἔκαμψεν[21] ἐπὶ τὰ γόνατα[22] αὐτοῦ κατέναντι[23] Ηλιου καὶ ἐδεήθη[24] αὐτοῦ
καὶ ἐλάλησεν πρὸς αὐτὸν καὶ εἶπεν Ἄνθρωπε τοῦ θεοῦ, ἐντιμωθήτω[25] δὴ[26] ἡ ψυχή
μου καὶ ἡ ψυχὴ τῶν δούλων σου τούτων τῶν πεντήκοντα ἐν ὀφθαλμοῖς σου·
14 ἰδοὺ κατέβη πῦρ ἐκ τοῦ οὐρανοῦ καὶ κατέφαγεν[27] τοὺς δύο πεντηκοντάρχους[28]
τοὺς πρώτους καὶ τοὺς πεντήκοντα[29] αὐτῶν, καὶ νῦν ἐντιμωθήτω[30] δὴ[31] ἡ ψυχὴ
τῶν δούλων σου ἐν ὀφθαλμοῖς σου. **15** καὶ ἐλάλησεν ἄγγελος κυρίου πρὸς Ηλιου
καὶ εἶπεν Κατάβηθι μετ' αὐτοῦ, μὴ φοβηθῇς ἀπὸ προσώπου αὐτῶν· καὶ ἀνέστη
Ηλιου καὶ κατέβη μετ' αὐτοῦ πρὸς τὸν βασιλέα. **16** καὶ ἐλάλησεν πρὸς αὐτὸν καὶ
εἶπεν Ηλιου Τάδε[32] λέγει κύριος Τί ὅτι ἀπέστειλας ἀγγέλους ζητῆσαι ἐν τῇ Βααλ

1 ἡγέομαι, *pres mid ptc acc s m*, lead
2 πεντηκόνταρχος, leader of a company of fifty
3 πεντήκοντα, fifty
4 κορυφή, summit
5 πεντηκόνταρχος, leader of a company of fifty
6 κατεσθίω, *fut mid ind 3s*, devour
7 πεντήκοντα, fifty
8 κατεσθίω, *aor act ind 3s*, devour
9 προστίθημι, *aor mid ind 3s*, add to, continue
10 πεντηκόνταρχος, leader of a company of fifty
11 πεντήκοντα, fifty
12 ὅδε, this
13 ταχέως, without delay
14 κατεσθίω, *fut mid ind 3s*, devour
15 πεντήκοντα, fifty
16 κατεσθίω, *aor act ind 3s*, devour
17 προστίθημι, *aor mid ind 3s*, add to, continue
18 ἡγέομαι, *pres mid ptc acc s m*, lead
19 πεντηκόνταρχος, leader of a company of fifty
20 πεντήκοντα, fifty
21 κάμπτω, *aor act ind 3s*, bend down
22 γόνυ, knee
23 κατέναντι, in the presence of, before
24 δέομαι, *aor pas ind 3s*, supplicate, beseech
25 ἐντιμόομαι, *aor pas impv 3s*, honor
26 δή, now, indeed
27 κατεσθίω, *aor act ind 3s*, devour
28 πεντηκόνταρχος, leader of a company of fifty
29 πεντήκοντα, fifty
30 ἐντιμόομαι, *aor pas impv 3s*, honor
31 δή, now, indeed
32 ὅδε, this

μυῖαν[1] θεὸν Ακκαρων; οὐχ οὕτως· ἡ κλίνη,[2] ἐφ᾽ ἧς ἀνέβης ἐκεῖ, οὐ καταβήσῃ ἀπ᾽ αὐτῆς, ὅτι θανάτῳ ἀποθανῇ. **17** καὶ ἀπέθανεν κατὰ τὸ ῥῆμα κυρίου, ὃ ἐλάλησεν Ηλιου. **18** καὶ τὰ λοιπὰ τῶν λόγων Οχοζιου, ὅσα ἐποίησεν, οὐκ ἰδοὺ ταῦτα γεγραμμένα ἐπὶ βιβλίου λόγων τῶν ἡμερῶν τοῖς βασιλεῦσιν Ισραηλ;

18a Καὶ Ιωραμ υἱὸς Αχααβ βασιλεύει[3] ἐπὶ Ισραηλ ἐν Σαμαρείᾳ ἔτη δέκα[4] δύο ἐν ἔτει ὀκτωκαιδεκάτῳ[5] Ιωσαφατ βασιλέως Ιουδα. **18b** καὶ ἐποίησεν τὸ πονηρὸν ἐνώπιον κυρίου, πλὴν οὐχ ὡς οἱ ἀδελφοὶ αὐτοῦ οὐδὲ ὡς ἡ μήτηρ αὐτοῦ· **18c** καὶ ἀπέστησεν[6] τὰς στήλας[7] τοῦ Βααλ, ἃς ἐποίησεν ὁ πατὴρ αὐτοῦ, καὶ συνέτριψεν[8] αὐτάς· πλὴν ἐν ταῖς ἁμαρτίαις οἴκου Ιεροβοαμ, ὃς ἐξήμαρτεν[9] τὸν Ισραηλ, ἐκολλήθη,[10] οὐκ ἀπέστη[11] ἀπ᾽ αὐτῶν. **18d** καὶ ἐθυμώθη[12] ὀργῇ κύριος εἰς τὸν οἶκον Αχααβ.

Elijah's Ascent to Heaven

2 Καὶ ἐγένετο ἐν τῷ ἀνάγειν[13] κύριον τὸν Ηλιου ἐν συσσεισμῷ[14] ὡς εἰς τὸν οὐρανὸν καὶ ἐπορεύθη Ηλιου καὶ Ελισαιε ἐκ Γαλγαλων. **2** καὶ εἶπεν Ηλιου πρὸς Ελισαιε Κάθου[15] δὴ[16] ἐνταῦθα,[17] ὅτι κύριος ἀπέσταλκέν με ἕως Βαιθηλ· καὶ εἶπεν Ελισαιε Ζῇ κύριος καὶ ζῇ ἡ ψυχή σου, εἰ καταλείψω[18] σε· καὶ ἦλθον εἰς Βαιθηλ. **3** καὶ ἦλθον οἱ υἱοὶ τῶν προφητῶν οἱ ἐν Βαιθηλ πρὸς Ελισαιε καὶ εἶπον πρὸς αὐτόν Εἰ ἔγνως ὅτι κύριος σήμερον λαμβάνει τὸν κύριόν σου ἐπάνωθεν[19] τῆς κεφαλῆς σου; καὶ εἶπεν Κἀγὼ[20] ἔγνωκα, σιωπᾶτε.[21] **4** καὶ εἶπεν Ηλιου πρὸς Ελισαιε Κάθου[22] δὴ[23] ἐνταῦθα,[24] ὅτι κύριος ἀπέσταλκέν με εἰς Ιεριχω· καὶ εἶπεν Ελισαιε Ζῇ κύριος καὶ ζῇ ἡ ψυχή σου, εἰ ἐγκαταλείψω[25] σε· καὶ ἦλθον εἰς Ιεριχω. **5** καὶ ἤγγισαν οἱ υἱοὶ τῶν προφητῶν οἱ ἐν Ιεριχω πρὸς Ελισαιε καὶ εἶπαν πρὸς αὐτόν Εἰ ἔγνως ὅτι σήμερον λαμβάνει κύριος τὸν κύριόν σου ἐπάνωθεν[26] τῆς κεφαλῆς σου; καὶ εἶπεν Καί γε ἐγὼ ἔγνων, σιωπᾶτε.[27]

6 καὶ εἶπεν αὐτῷ Ηλιου Κάθου[28] δὴ[29] ὧδε,[30] ὅτι κύριος ἀπέσταλκέν με ἕως τοῦ Ιορδάνου· καὶ εἶπεν Ελισαιε Ζῇ κύριος καὶ ζῇ ἡ ψυχή σου, εἰ ἐγκαταλείψω[31] σε·

1 μυῖα, fly
2 κλίνη, bed
3 βασιλεύω, *pres act ind 3s*, reign as king
4 δέκα, ten
5 ὀκτωκαιδέκατος, eighteenth
6 ἀφίστημι, *aor act ind 3s*, remove
7 στήλη, (cultic) pillar
8 συντρίβω, *aor act ind 3s*, crush, shatter
9 ἐξαμαρτάνω, *aor act ind 3s*, cause to sin
10 κολλάω, *aor pas ind 3s*, cleave to
11 ἀφίστημι, *aor act ind 3s*, turn away
12 θυμόω, *aor pas ind 3s*, become angry
13 ἀνάγω, *pres act inf*, bring up, take up
14 συσσεισμός, hurricane, whirlwind
15 κάθημαι, *pres mid impv 2s*, remain, stay
16 δή, now
17 ἐνταῦθα, here
18 καταλείπω, *fut act ind 1s*, leave behind
19 ἐπάνωθεν, from above
20 κἀγώ, I also, *cr.* καὶ ἐγώ
21 σιωπάω, *pres act impv 2p*, be silent
22 κάθημαι, *pres mid impv 2s*, remain, stay
23 δή, now
24 ἐνταῦθα, here
25 ἐγκαταλείπω, *fut act ind 1s*, abandon, forsake
26 ἐπάνωθεν, from above
27 σιωπάω, *pres act impv 2p*, be silent
28 κάθημαι, *pres mid impv 2s*, remain, stay
29 δή, now
30 ὧδε, here
31 ἐγκαταλείπω, *fut act ind 1s*, abandon, forsake

καὶ ἐπορεύθησαν ἀμφότεροι.[1] **7** καὶ πεντήκοντα[2] ἄνδρες υἱοὶ τῶν προφητῶν καὶ
ἔστησαν ἐξ ἐναντίας[3] μακρόθεν·[4] καὶ ἀμφότεροι[5] ἔστησαν ἐπὶ τοῦ Ιορδάνου. **8** καὶ
ἔλαβεν Ηλιου τὴν μηλωτὴν[6] αὐτοῦ καὶ εἵλησεν[7] καὶ ἐπάταξεν[8] τὸ ὕδωρ, καὶ διῃρέθη[9]
τὸ ὕδωρ ἔνθα[10] καὶ ἔνθα,[11] καὶ διέβησαν[12] ἀμφότεροι[13] ἐν ἐρήμῳ. **9** καὶ ἐγένετο
ἐν τῷ διαβῆναι[14] αὐτοὺς καὶ Ηλιου εἶπεν πρὸς Ελισαιε Αἴτησαι[15] τί ποιήσω σοι
πρὶν[16] ἢ ἀναλημφθῆναί[17] με ἀπὸ σοῦ· καὶ εἶπεν Ελισαιε Γενηθήτω δὴ[18] διπλᾶ[19] ἐν
πνεύματί σου ἐπ' ἐμέ. **10** καὶ εἶπεν Ηλιου Ἐσκλήρυνας[20] τοῦ αἰτήσασθαι·[21] ἐὰν ἴδῃς
με ἀναλαμβανόμενον[22] ἀπὸ σοῦ, καὶ ἔσται σοι οὕτως· καὶ ἐὰν μή, οὐ μὴ γένηται.
11 καὶ ἐγένετο αὐτῶν πορευομένων ἐπορεύοντο καὶ ἐλάλουν, καὶ ἰδοὺ ἅρμα[23] πυρὸς
καὶ ἵπποι[24] πυρὸς καὶ διέστειλαν[25] ἀνὰ μέσον[26] ἀμφοτέρων,[27] καὶ ἀνελήμφθη[28] Ηλιου
ἐν συσσεισμῷ[29] ὡς εἰς τὸν οὐρανόν. **12** καὶ Ελισαιε ἑώρα[30] καὶ ἐβόα[31] Πάτερ πάτερ,
ἅρμα[32] Ισραηλ καὶ ἱππεὺς[33] αὐτοῦ· καὶ οὐκ εἶδεν αὐτὸν ἔτι καὶ ἐπελάβετο[34] τῶν
ἱματίων αὐτοῦ καὶ διέρρηξεν[35] αὐτὰ εἰς δύο ῥήγματα.[36]

13 καὶ ὕψωσεν[37] τὴν μηλωτὴν[38] Ηλιου, ἣ ἔπεσεν ἐπάνωθεν[39] Ελισαιε, καὶ ἐπέστρεψεν
Ελισαιε καὶ ἔστη ἐπὶ τοῦ χείλους[40] τοῦ Ιορδάνου· **14** καὶ ἔλαβεν τὴν μηλωτὴν[41]
Ηλιου, ἣ ἔπεσεν ἐπάνωθεν[42] αὐτοῦ, καὶ ἐπάταξεν[43] τὸ ὕδωρ, καὶ οὐ διέστη·[44] καὶ
εἶπεν Ποῦ ὁ θεὸς Ηλιου αφφω;[45] καὶ ἐπάταξεν[46] τὰ ὕδατα, καὶ διερράγησαν[47] ἔνθα[48]
καὶ ἔνθα,[49] καὶ διέβη[50] Ελισαιε.

1 ἀμφότεροι, both
2 πεντήκοντα, fifty
3 ἐναντίος, opposite
4 μακρόθεν, at a distance
5 ἀμφότεροι, both
6 μηλωτή, cloak made of goatskin
7 εἰλέω, *aor act ind 3s*, wrap up
8 πατάσσω, *aor act ind 3s*, strike
9 διαιρέω, *aor pas ind 3s*, separate
10 ἔνθα, here, this side
11 ἔνθα, there, that side
12 διαβαίνω, *aor act ind 3p*, cross over
13 ἀμφότεροι, both
14 διαβαίνω, *aor act inf*, cross over
15 αἰτέω, *aor mid impv 2s*, ask for
16 πρίν, before
17 ἀναλαμβάνω, *aor pas inf*, take up
18 δή, now
19 διπλοῦς, double (portion)
20 σκληρύνω, *aor act ind 2s*, make heavy
21 αἰτέω, *aor mid inf*, ask for
22 ἀναλαμβάνω, *pres pas ptc acc s m*, take up
23 ἅρμα, chariot
24 ἵππος, horse
25 διαστέλλω, *aor act ind 3p*, divide
26 ἀνὰ μέσον, between
27 ἀμφότεροι, both
28 ἀναλαμβάνω, *aor pas ind 3s*, take up
29 συσσεισμός, hurricane, whirlwind
30 ὁράω, *impf act ind 3s*, look
31 βοάω, *impf act ind 3s*, cry out
32 ἅρμα, chariot
33 ἱππεύς, horseman
34 ἐπιλαμβάνω, *aor mid ind 3s*, lay hold of
35 διαρρήγνυμι, *aor act ind 3s*, tear
36 ῥῆγμα, torn piece, strip
37 ὑψόω, *aor act ind 3s*, lift high, raise up
38 μηλωτή, cloak made of goatskin
39 ἐπάνωθεν, upon
40 χεῖλος, shore, edge
41 μηλωτή, cloak made of goatskin
42 ἐπάνωθεν, upon
43 πατάσσω, *aor act ind 3s*, strike
44 διΐστημι, *aor act ind 3s*, separate
45 αφφω, he himself, *translit.*
46 πατάσσω, *aor act ind 3s*, strike
47 διαρρήγνυμι, *aor pas ind 3p*, rend
48 ἔνθα, here, this side
49 ἔνθα, there, that side
50 διαβαίνω, *aor act ind 3s*, cross over

Elisha Succeeds Elijah

15 καὶ εἶδον αὐτὸν οἱ υἱοὶ τῶν προφητῶν οἱ ἐν Ιεριχω ἐξ ἐναντίας[1] καὶ εἶπον Ἐπανα-
πέπαυται[2] τὸ πνεῦμα Ηλιου ἐπὶ Ελισαιε· καὶ ἦλθον εἰς συναντὴν[3] αὐτοῦ καὶ προσ-
εκύνησαν αὐτῷ ἐπὶ τὴν γῆν. **16** καὶ εἶπον πρὸς αὐτόν Ἰδοὺ δὴ[4] μετὰ τῶν παίδων[5]
σου πεντήκοντα[6] ἄνδρες υἱοὶ δυνάμεως· πορευθέντες δὴ ζητησάτωσαν[7] τὸν κύριόν
σου, μήποτε[8] ἦρεν[9] αὐτὸν πνεῦμα κυρίου καὶ ἔρριψεν[10] αὐτὸν ἐν τῷ Ιορδάνῃ ἢ
ἐφ᾽ ἓν τῶν ὀρέων ἢ ἐφ᾽ ἕνα τῶν βουνῶν.[11] καὶ εἶπεν Ελισαιε Οὐκ ἀποστελεῖτε.
17 καὶ παρεβιάσαντο[12] αὐτὸν ἕως ὅτου ᾐσχύνετο[13] καὶ εἶπεν Ἀποστείλατε. καὶ ἀπ-
έστειλαν πεντήκοντα[14] ἄνδρας, καὶ ἐζήτησαν τρεῖς ἡμέρας καὶ οὐχ εὗρον αὐτόν·
18 καὶ ἀνέστρεψαν[15] πρὸς αὐτόν, καὶ αὐτὸς ἐκάθητο ἐν Ιεριχω, καὶ εἶπεν Ελισαιε
Οὐκ εἶπον πρὸς ὑμᾶς Μὴ πορευθῆτε;

19 Καὶ εἶπον οἱ ἄνδρες τῆς πόλεως πρὸς Ελισαιε Ἰδοὺ ἡ κατοίκησις[16] τῆς πόλεως
ἀγαθή, καθὼς ὁ κύριος βλέπει, καὶ τὰ ὕδατα πονηρὰ καὶ ἡ γῆ ἀτεκνουμένη.[17] **20** καὶ
εἶπεν Ελισαιε Λάβετέ μοι ὑδρίσκην[18] καινὴν[19] καὶ θέτε ἐκεῖ ἅλα·[20] καὶ ἔλαβον πρὸς
αὐτόν. **21** καὶ ἐξῆλθεν Ελισαιε εἰς τὴν διέξοδον[21] τῶν ὑδάτων καὶ ἔρριψεν[22] ἐκεῖ
ἅλα[23] καὶ εἶπεν Τάδε[24] λέγει κύριος Ἴαμαι[25] τὰ ὕδατα ταῦτα, οὐκ ἔσται ἔτι ἐκεῖθεν[26]
θάνατος καὶ ἀτεκνουμένη.[27] **22** καὶ ἰάθησαν[28] τὰ ὕδατα ἕως τῆς ἡμέρας ταύτης κατὰ
τὸ ῥῆμα Ελισαιε, ὃ ἐλάλησεν.

23 καὶ ἀνέβη ἐκεῖθεν[29] εἰς Βαιθηλ· καὶ ἀναβαίνοντος αὐτοῦ ἐν τῇ ὁδῷ καὶ παιδάρια[30]
μικρὰ ἐξῆλθον ἐκ τῆς πόλεως καὶ κατέπαιζον[31] αὐτοῦ καὶ εἶπον αὐτῷ Ἀνάβαινε,
φαλακρέ,[32] ἀνάβαινε. **24** καὶ ἐξένευσεν[33] ὀπίσω αὐτῶν καὶ εἶδεν αὐτὰ καὶ κατη-
ράσατο[34] αὐτοῖς ἐν ὀνόματι κυρίου, καὶ ἰδοὺ ἐξῆλθον δύο ἄρκοι[35] ἐκ τοῦ δρυμοῦ[36]

1 ἐναντίος, opposite
2 ἐπαναπαύω, *perf mid ind 3s*, come to rest upon
3 συναντή, meeting
4 δή, indeed
5 παῖς, servant
6 πεντήκοντα, fifty
7 ζητέω, *aor act impv 3p*, inquire
8 μήποτε, lest
9 αἴρω, *aor act ind 3s*, carry away
10 ῥίπτω, *aor act ind 3s*, cast, throw
11 βουνός, hill
12 παραβιάζομαι, *aor mid ind 3p*, press, urge
13 αἰσχύνω, *impf pas ind 3s*, be ashamed
14 πεντήκοντα, fifty
15 ἀναστρέφω, *aor act ind 3p*, return
16 κατοίκησις, setting, location
17 ἀτεκνόω, *pres pas ptc nom s f*, be barren
18 ὑδρίσκη, small jar
19 καινός, new
20 ἅλς, salt
21 διέξοδος, outlet, spring
22 ῥίπτω, *aor act ind 3s*, throw, cast
23 ἅλς, salt
24 ὅδε, this
25 ἰάομαι, *perf mid ind 1s*, heal, restore
26 ἐκεῖθεν, from there
27 ἀτεκνόω, *pres pas ptc nom s f*, be barren
28 ἰάομαι, *aor pas ind 3p*, heal, restore
29 ἐκεῖθεν, from there
30 παιδάριον, young boy
31 καταπαίζω, *impf act ind 3p*, mock
32 φαλακρός, bald (head)
33 ἐκνεύω, *aor act ind 3s*, turn aside
34 καταράομαι, *aor mid ind 3s*, curse
35 ἄρκος, bear
36 δρυμός, thicket

καὶ ἀνέρρηξαν[1] ἐξ αὐτῶν τεσσαράκοντα[2] καὶ δύο παῖδας.[3] **25** καὶ ἐπορεύθη ἐκεῖθεν[4]
εἰς τὸ ὄρος τὸ Καρμήλιον καὶ ἐκεῖθεν ἐπέστρεψεν εἰς Σαμάρειαν.

Moab Revolts against Israel

3 Καὶ Ιωραμ υἱὸς Αχααβ ἐβασίλευσεν[5] ἐν Ισραηλ ἐν ἔτει ὀκτωκαιδεκάτῳ[6] Ιωσαφατ
βασιλεῖ Ιουδα καὶ ἐβασίλευσεν δώδεκα[7] ἔτη. **2** καὶ ἐποίησεν τὸ πονηρὸν ἐν
ὀφθαλμοῖς κυρίου, πλὴν οὐχ ὡς ὁ πατὴρ αὐτοῦ καὶ οὐχ ὡς ἡ μήτηρ αὐτοῦ, καὶ μετέ-
στησεν[8] τὰς στήλας[9] τοῦ Βααλ, ἃς ἐποίησεν ὁ πατὴρ αὐτοῦ· **3** πλὴν ἐν τῇ ἁμαρτίᾳ
Ιεροβοαμ υἱοῦ Ναβατ, ὃς ἐξήμαρτεν[10] τὸν Ισραηλ, ἐκολλήθη,[11] οὐκ ἀπέστη[12] ἀπ᾽
αὐτῆς.

4 Καὶ Μωσα βασιλεὺς Μωαβ ἦν νωκηδ[13] καὶ ἐπέστρεφεν τῷ βασιλεῖ Ισραηλ ἐν
τῇ ἐπαναστάσει[14] ἑκατὸν[15] χιλιάδας[16] ἀρνῶν[17] καὶ ἑκατὸν χιλιάδας κριῶν[18] ἐπὶ
πόκων.[19] **5** καὶ ἐγένετο μετὰ τὸ ἀποθανεῖν Αχααβ καὶ ἠθέτησεν[20] βασιλεὺς Μωαβ ἐν
βασιλεῖ Ισραηλ. **6** καὶ ἐξῆλθεν ὁ βασιλεὺς Ιωραμ ἐν τῇ ἡμέρᾳ ἐκείνῃ ἐκ Σαμαρείας
καὶ ἐπεσκέψατο[21] τὸν Ισραηλ· **7** καὶ ἐπορεύθη καὶ ἐξαπέστειλεν[22] πρὸς Ιωσαφατ
βασιλέα Ιουδα λέγων Βασιλεὺς Μωαβ ἠθέτησεν[23] ἐν ἐμοί· εἰ πορεύσῃ μετ᾽ ἐμοῦ εἰς
Μωαβ εἰς πόλεμον; καὶ εἶπεν Ἀναβήσομαι· ὅμοιός[24] μοι ὅμοιός σοι, ὡς ὁ λαός μου
ὁ λαός σου, ὡς οἱ ἵπποι[25] μου οἱ ἵπποι σου. **8** καὶ εἶπεν Ποίᾳ[26] ὁδῷ ἀναβῶ; καὶ εἶπεν
Ὁδὸν ἔρημον Εδωμ.

9 καὶ ἐπορεύθη ὁ βασιλεὺς Ισραηλ καὶ ὁ βασιλεὺς Ιουδα καὶ ὁ βασιλεὺς Εδωμ καὶ
ἐκύκλωσαν[27] ὁδὸν ἑπτὰ ἡμερῶν, καὶ οὐκ ἦν ὕδωρ τῇ παρεμβολῇ[28] καὶ τοῖς κτήνεσιν[29]
τοῖς ἐν τοῖς ποσὶν αὐτῶν. **10** καὶ εἶπεν ὁ βασιλεὺς Ισραηλ Ὦ[30] ὅτι κέκληκεν κύριος
τοὺς τρεῖς βασιλεῖς παρερχομένους[31] δοῦναι αὐτοὺς ἐν χειρὶ Μωαβ. **11** καὶ εἶπεν
Ιωσαφατ Οὐκ ἔστιν ὧδε[32] προφήτης τοῦ κυρίου καὶ ἐπιζητήσωμεν[33] τὸν κύριον
παρ᾽ αὐτοῦ; καὶ ἀπεκρίθη εἷς τῶν παίδων[34] βασιλέως Ισραηλ καὶ εἶπεν Ὧδε Ελισαιε

1 ἀναρρήγνυμι, *aor act ind 3p*, rip open
2 τεσσαράκοντα, forty
3 παῖς, boy
4 ἐκεῖθεν, from there
5 βασιλεύω, *aor act ind 3s*, reign as king
6 ὀκτωκαιδέκατος, eighteenth
7 δώδεκα, twelve
8 μεθίστημι, *aor act ind 3s*, remove
9 στήλη, (cultic) pillar
10 ἐξαμαρτάνω, *aor act ind 3s*, cause to sin
11 κολλάω, *aor pas ind 3s*, cleave to
12 ἀφίστημι, *aor act ind 3s*, depart from
13 νωκηδ, sheep breeder, *translit.*
14 ἐπανάστασις, rising up
15 ἑκατόν, hundred
16 χιλιάς, thousand
17 ἀρήν, lamb
18 κριός, ram
19 πόκος, wool fleece
20 ἀθετέω, *aor act ind 3s*, revolt against
21 ἐπισκέπτομαι, *aor mid ind 3s*, inspect, examine
22 ἐξαποστέλλω, *aor act ind 3s*, send forth
23 ἀθετέω, *aor act ind 3s*, revolt against
24 ὅμοιος, like, just as
25 ἵππος, horse
26 ποῖος, what, which
27 κυκλόω, *aor act ind 3p*, go around (in a circle)
28 παρεμβολή, camp
29 κτῆνος, animal, (*p*) herd
30 ὦ, Oh!, alas!
31 παρέρχομαι, *pres mid ptc acc p m*, pass by
32 ὧδε, here
33 ἐπιζητέω, *aor act sub 1p*, consult
34 παῖς, servant

υἱὸς Σαφατ, ὃς ἐπέχεεν[1] ὕδωρ ἐπὶ χεῖρας Ηλιου. **12** καὶ εἶπεν Ιωσαφατ Ἔστιν αὐτῷ
ῥῆμα κυρίου. καὶ κατέβη πρὸς αὐτὸν βασιλεὺς Ισραηλ καὶ Ιωσαφατ βασιλεὺς Ιουδα
καὶ βασιλεὺς Εδωμ.

13 καὶ εἶπεν Ελισαιε πρὸς βασιλέα Ισραηλ Τί ἐμοὶ καὶ σοί; δεῦρο[2] πρὸς τοὺς προ-
φήτας τοῦ πατρός σου. καὶ εἶπεν αὐτῷ ὁ βασιλεὺς Ισραηλ Μή, ὅτι κέκληκεν κύριος
τοὺς τρεῖς βασιλεῖς τοῦ παραδοῦναι αὐτοὺς εἰς χεῖρας Μωαβ. **14** καὶ εἶπεν Ελισαιε
Ζῇ κύριος τῶν δυνάμεων, ᾧ παρέστην[3] ἐνώπιον αὐτοῦ, ὅτι εἰ μὴ πρόσωπον Ιωσαφατ
βασιλέως Ιουδα ἐγὼ λαμβάνω, εἰ ἐπέβλεψα[4] πρὸς σὲ καὶ εἶδόν σε· **15** καὶ νυνὶ[5] δὲ
λαβέ μοι ψάλλοντα.[6] καὶ ἐγένετο ὡς ἔψαλλεν[7] ὁ ψάλλων,[8] καὶ ἐγένετο ἐπ᾽ αὐτὸν
χεὶρ κυρίου, **16** καὶ εἶπεν Τάδε[9] λέγει κύριος Ποιήσατε τὸν χειμάρρουν[10] τοῦτον
βοθύνους[11] βοθύνους· **17** ὅτι τάδε[12] λέγει κύριος Οὐκ ὄψεσθε πνεῦμα καὶ οὐκ ὄψε-
σθε ὑετόν,[13] καὶ ὁ χειμάρρους[14] οὗτος πλησθήσεται[15] ὕδατος, καὶ πίεσθε ὑμεῖς καὶ αἱ
κτήσεις[16] ὑμῶν καὶ τὰ κτήνη[17] ὑμῶν· **18** καὶ κούφη[18] αὕτη ἐν ὀφθαλμοῖς κυρίου, καὶ
παραδώσω τὴν Μωαβ ἐν χειρὶ ὑμῶν, **19** καὶ πατάξετε[19] πᾶσαν πόλιν ὀχυρὰν[20] καὶ
πᾶν ξύλον[21] ἀγαθὸν καταβαλεῖτε[22] καὶ πάσας πηγὰς[23] ὕδατος ἐμφράξετε[24] καὶ πᾶσαν
μερίδα[25] ἀγαθὴν ἀχρειώσετε[26] ἐν λίθοις. **20** καὶ ἐγένετο τὸ πρωὶ[27] ἀναβαινούσης τῆς
θυσίας[28] καὶ ἰδοὺ ὕδατα ἤρχοντο ἐξ ὁδοῦ Εδωμ, καὶ ἐπλήσθη[29] ἡ γῆ ὕδατος.

21 καὶ πᾶσα Μωαβ ἤκουσαν ὅτι ἀνέβησαν οἱ βασιλεῖς πολεμεῖν αὐτούς, καὶ ἀνε-
βόησαν[30] ἐκ παντὸς περιεζωσμένου[31] ζώνην[32] καὶ ἐπάνω[33] καὶ ἔστησαν ἐπὶ τοῦ
ὁρίου.[34] **22** καὶ ὤρθρισαν[35] τὸ πρωί,[36] καὶ ὁ ἥλιος ἀνέτειλεν[37] ἐπὶ τὰ ὕδατα· καὶ
εἶδεν Μωαβ ἐξ ἐναντίας[38] τὰ ὕδατα πυρρὰ[39] ὡσεὶ αἷμα **23** καὶ εἶπαν Αἷμα τοῦτο

1 ἐπιχέω, *aor act ind 3s*, pour over
2 δεῦρο, come!
3 παρίστημι, *aor act ind 1s*, be present, stand
4 ἐπιβλέπω, *aor act ind 1s*, look upon
5 νυνί, now
6 ψάλλω, *pres act ptc acc s m*, play a stringed instrument
7 ψάλλω, *impf act ind 3s*, play a stringed instrument
8 ψάλλω, *pres act ptc nom s m*, play a stringed instrument
9 ὅδε, this
10 χείμαρρος, brook
11 βόθυνος, trench
12 ὅδε, this
13 ὑετός, rain
14 χείμαρρος, brook
15 πίμπλημι, *fut pas ind 3s*, fill
16 κτῆσις, property, possession
17 κτῆνος, animal, (*p*) herd
18 κοῦφος, slight, easy
19 πατάσσω, *fut act ind 2p*, strike, slay
20 ὀχυρός, strong
21 ξύλον, tree
22 καταβάλλω, *fut act ind 2p*, cut down
23 πηγή, spring
24 ἐμφράσσω, *fut act ind 2p*, block, stop up
25 μερίς, part, portion
26 ἀχρειόω, *fut act ind 2p*, damage
27 πρωί, morning
28 θυσία, sacrifice
29 πίμπλημι, *aor pas ind 3s*, fill
30 ἀναβοάω, *aor act ind 3p*, shout aloud
31 περιζώννυμι, *perf mas ptc gen s m*, put on, gird
32 ζωνή, belt
33 ἐπάνω, above
34 ὅριον, boundary, border
35 ὀρθρίζω, *aor act ind 3p*, rise early
36 πρωί, (in the) morning
37 ἀνατέλλω, *aor act ind 3s*, rise
38 ἐναντίος, opposite
39 πυρρός, red

τῆς ῥομφαίας,[1] ἐμαχέσαντο[2] οἱ βασιλεῖς καὶ ἐπάταξαν[3] ἀνὴρ τὸν πλησίον[4] αὐτοῦ, καὶ νῦν ἐπὶ τὰ σκῦλα,[5] Μωαβ. **24** καὶ εἰσῆλθον εἰς τὴν παρεμβολὴν[6] Ισραηλ, καὶ Ισραηλ ἀνέστησαν καὶ ἐπάταξαν[7] τὴν Μωαβ, καὶ ἔφυγον[8] ἀπὸ προσώπου αὐτῶν. καὶ εἰσῆλθον εἰσπορευόμενοι[9] καὶ τύπτοντες[10] τὴν Μωαβ **25** καὶ τὰς πόλεις καθεῖλον[11] καὶ πᾶσαν μερίδα[12] ἀγαθὴν ἔρριψαν[13] ἀνὴρ τὸν λίθον καὶ ἐνέπλησαν[14] αὐτὴν καὶ πᾶσαν πηγὴν[15] ὕδατος ἐνέφραξαν[16] καὶ πᾶν ξύλον[17] ἀγαθὸν κατέβαλον[18] ἕως τοῦ καταλιπεῖν[19] τοὺς λίθους τοῦ τοίχου[20] καθῃρημένους,[21] καὶ ἐκύκλευσαν[22] οἱ σφενδονῆται[23] καὶ ἐπάταξαν[24] αὐτήν. **26** καὶ εἶδεν ὁ βασιλεὺς Μωαβ ὅτι ἐκραταίωσεν[25] ὑπὲρ αὐτὸν ὁ πόλεμος, καὶ ἔλαβεν μεθ' ἑαυτοῦ ἑπτακοσίους[26] ἄνδρας ἐσπασμένους[27] ῥομφαίαν[28] διακόψαι[29] πρὸς βασιλέα Εδωμ, καὶ οὐκ ἠδυνήθησαν. **27** καὶ ἔλαβεν τὸν υἱὸν αὐτοῦ τὸν πρωτότοκον,[30] ὃς ἐβασίλευσεν[31] ἀντ'[32] αὐτοῦ, καὶ ἀνήνεγκεν[33] αὐτὸν ὁλοκαύτωμα[34] ἐπὶ τοῦ τείχους·[35] καὶ ἐγένετο μετάμελος[36] μέγας ἐπὶ Ισραηλ, καὶ ἀπῆραν[37] ἀπ' αὐτοῦ καὶ ἐπέστρεψαν εἰς τὴν γῆν.

Elisha and the Widow's Oil

4 Καὶ γυνὴ μία ἀπὸ τῶν υἱῶν τῶν προφητῶν ἐβόα[38] πρὸς Ελισαιε λέγουσα Ὁ δοῦλός σου ὁ ἀνήρ μου ἀπέθανεν, καὶ σὺ ἔγνως ὅτι δοῦλος ἦν φοβούμενος τὸν κύριον· καὶ ὁ δανιστὴς[39] ἦλθεν λαβεῖν τοὺς δύο υἱούς μου ἑαυτῷ εἰς δούλους. **2** καὶ εἶπεν Ελισαιε Τί ποιήσω σοι; ἀνάγγειλόν[40] μοι τί ἐστίν σοι ἐν τῷ οἴκῳ. ἡ δὲ εἶπεν Οὐκ ἔστιν τῇ δούλῃ[41] σου οὐθὲν[42] ἐν τῷ οἴκῳ ὅτι ἀλλ' ἢ ὃ ἀλείψομαι[43] ἔλαιον.[44]

1 ῥομφαία, sword
2 μάχομαι, *aor mid ind 3p*, fight
3 πατάσσω, *aor act ind 3p*, strike, slay
4 πλησίον, nearby companion
5 σκῦλον, spoils, plunder
6 παρεμβολή, camp
7 πατάσσω, *aor act ind 3p*, strike, slay
8 φεύγω, *aor act ind 3p*, flee
9 εἰσπορεύομαι, *pres mid ptc nom p m*, enter
10 τύπτω, *pres act ptc nom p m*, beat
11 καθαιρέω, *aor act ind 3p*, destroy, tear down
12 μερίς, part, portion
13 ῥίπτω, *aor act ind 3p*, throw, cast
14 ἐμπίμπλημι, *aor act ind 3p*, fill
15 πηγή, spring
16 ἐμφράσσω, *aor act ind 3p*, block, stop up
17 ξύλον, tree
18 καταβάλλω, *aor act ind 3p*, cut down
19 καταλείπω, *aor act inf*, leave behind
20 τοῖχος, wall
21 καθαιρέω, *perf pas ptc acc p m*, destroy, tear down
22 κυκλεύω, *aor act ind 3p*, surround
23 σφενδονήτης, slinger
24 πατάσσω, *aor act ind 3p*, strike, slay
25 κραταιόω, *aor act ind 3s*, prevail against
26 ἑπτακόσιοι, seven hundred
27 σπάω, *perf mid ptc acc p m*, draw
28 ῥομφαία, sword
29 διακόπτω, *aor act inf*, cut through
30 πρωτότοκος, firstborn
31 βασιλεύω, *aor act ind 3s*, reign as king
32 ἀντί, in place of
33 ἀναφέρω, *aor act ind 3s*, offer up
34 ὁλοκαύτωμα, whole burnt offering
35 τεῖχος, city wall
36 μετάμελος, repentance, regret
37 ἀπαίρω, *aor act ind 3p*, depart
38 βοάω, *aor act ind 3s*, cry out
39 δανειστής, creditor
40 ἀναγγέλλω, *aor act impv 2s*, report, tell
41 δούλη, maidservant
42 οὐθείς, nothing
43 ἀλείφω, *fut mid ind 1s*, anoint
44 ἔλαιον, oil

3 καὶ εἶπεν πρὸς αὐτήν Δεῦρο[1] αἴτησον[2] σαυτῇ σκεύη[3] ἔξωθεν[4] παρὰ πάντων τῶν γειτόνων[5] σου, σκεύη κενά,[6] μὴ ὀλιγώσῃς,[7] **4** καὶ εἰσελεύσῃ καὶ ἀποκλείσεις[8] τὴν θύραν κατὰ σοῦ καὶ κατὰ τῶν υἱῶν σου καὶ ἀποχεεῖς[9] εἰς τὰ σκεύη[10] ταῦτα καὶ τὸ πληρωθὲν[11] ἀρεῖς. **5** καὶ ἀπῆλθεν παρ᾽ αὐτοῦ καὶ ἐποίησεν οὕτως καὶ ἀπέκλεισεν[12] τὴν θύραν κατ᾽ αὐτῆς καὶ κατὰ τῶν υἱῶν αὐτῆς· αὐτοὶ προσήγγιζον[13] πρὸς αὐτήν, καὶ αὐτὴ ἐπέχεεν,[14] **6** ἕως ἐπλήσθησαν[15] τὰ σκεύη.[16] καὶ εἶπεν πρὸς τοὺς υἱοὺς αὐτῆς Ἐγγίσατε ἔτι πρός με σκεῦος· καὶ εἶπον αὐτῇ Οὐκ ἔστιν ἔτι σκεῦος· καὶ ἔστη τὸ ἔλαιον.[17] **7** καὶ ἦλθεν καὶ ἀπήγγειλεν τῷ ἀνθρώπῳ τοῦ θεοῦ, καὶ εἶπεν Ελισαιε Δεῦρο[18] καὶ ἀπόδου[19] τὸ ἔλαιον[20] καὶ ἀποτείσεις[21] τοὺς τόκους[22] σου, καὶ σὺ καὶ οἱ υἱοί σου ζήσεσθε ἐν τῷ ἐπιλοίπῳ[23] ἐλαίῳ.[24]

Restoration of the Shunammite Woman's Son

8 Καὶ ἐγένετο ἡμέρα καὶ διέβη[25] Ελισαιε εἰς Σουμαν, καὶ ἐκεῖ γυνὴ μεγάλη καὶ ἐκράτησεν αὐτὸν φαγεῖν ἄρτον. καὶ ἐγένετο ἀφ᾽ ἱκανοῦ[26] τοῦ εἰσπορεύεσθαι[27] αὐτὸν ἐξέκλινεν[28] τοῦ ἐκεῖ φαγεῖν. **9** καὶ εἶπεν ἡ γυνὴ πρὸς τὸν ἄνδρα αὐτῆς Ἰδοὺ δὴ[29] ἔγνων ὅτι ἄνθρωπος τοῦ θεοῦ ἅγιος οὗτος διαπορεύεται[30] ἐφ᾽ ἡμᾶς διὰ παντός· **10** ποιήσωμεν δὴ[31] αὐτῷ ὑπερῷον[32] τόπον μικρὸν καὶ θῶμεν[33] αὐτῷ ἐκεῖ κλίνην[34] καὶ τράπεζαν[35] καὶ δίφρον[36] καὶ λυχνίαν,[37] καὶ ἔσται ἐν τῷ εἰσπορεύεσθαι[38] πρὸς ἡμᾶς καὶ ἐκκλινεῖ[39] ἐκεῖ. **11** καὶ ἐγένετο ἡμέρα καὶ εἰσῆλθεν ἐκεῖ καὶ ἐξέκλινεν[40] εἰς τὸ ὑπερῷον[41] καὶ ἐκοιμήθη[42] ἐκεῖ. **12** καὶ εἶπεν πρὸς Γιεζι τὸ παιδάριον[43] αὐτοῦ Κάλεσόν μοι τὴν Σωμανῖτιν ταύτην· καὶ ἐκάλεσεν αὐτήν, καὶ ἔστη ἐνώπιον αὐτοῦ. **13** καὶ εἶπεν

1 δεῦρο, come!
2 αἰτέω, *aor act impv 2s*, ask for, beg for
3 σκεῦος, vessel
4 ἔξωθεν, from without
5 γείτων, neighbor
6 κενός, empty
7 ὀλιγόω, *aor act sub 2s*, (hold back), make few
8 ἀποκλείω, *fut act ind 2s*, shut upon
9 ἀποχέω, *fut act ind 2s*, pour out
10 σκεῦος, vessel
11 πληρόω, *aor pas ptc acc s n*, fill
12 ἀποκλείω, *aor act ind 3s*, shut upon
13 προσεγγίζω, *impf act ind 3p*, draw near, bring near
14 ἐπιχέω, *impf act ind 3s*, pour out
15 πίμπλημι, *aor pas ind 3p*, fill
16 σκεῦος, vessel
17 ἔλαιον, oil
18 δεῦρο, come!
19 ἀποδίδωμι, *aor mid impv 2s*, sell
20 ἔλαιον, oil
21 ἀποτίνω, *fut act ind 2s*, repay
22 τόκος, interest (on a debt)
23 ἐπίλοιπος, remaining, left over
24 ἔλαιον, oil
25 διαβαίνω, *aor act ind 3s*, cross over
26 ἱκανός, sufficient
27 εἰσπορεύομαι, *pres mid inf*, enter
28 ἐκκλίνω, *aor act ind 3s*, turn aside
29 δή, now
30 διαπορεύομαι, *pres mid ind 3s*, go through
31 δή, now
32 ὑπερῷον, upstairs room
33 τίθημι, *aor act sub 1p*, set, place
34 κλίνη, bed
35 τράπεζα, table
36 δίφρος, seat, stool
37 λυχνία, lamp
38 εἰσπορεύομαι, *pres mid inf*, enter
39 ἐκκλίνω, *fut act ind 3s*, turn aside
40 ἐκκλίνω, *aor act ind 3s*, turn aside
41 ὑπερῷον, upstairs room
42 κοιμάω, *aor pas ind 3s*, sleep
43 παιδάριον, young boy

αὐτῷ Εἰπὸν δὴ[1] πρὸς αὐτήν Ἰδοὺ ἐξέστησας[2] ἡμῖν πᾶσαν τὴν ἔκστασιν[3] ταύτην· τί
δεῖ[4] ποιῆσαί σοι; εἰ ἔστιν λόγος σοι πρὸς τὸν βασιλέα ἢ πρὸς τὸν ἄρχοντα τῆς
δυνάμεως; ἡ δὲ εἶπεν Ἐν μέσῳ τοῦ λαοῦ μου ἐγώ εἰμι οἰκῶ.[5] **14** καὶ εἶπεν Τί δεῖ[6]
ποιῆσαι αὐτῇ; καὶ εἶπεν Γιεζι τὸ παιδάριον[7] αὐτοῦ Καὶ μάλα υἱὸς οὐκ ἔστιν αὐτῇ, καὶ
ὁ ἀνὴρ αὐτῆς πρεσβύτης.[8] **15** καὶ ἐκάλεσεν αὐτήν, καὶ ἔστη παρὰ τὴν θύραν. **16** καὶ
εἶπεν Ελισαιε πρὸς αὐτήν Εἰς τὸν καιρὸν τοῦτον ὡς ἡ ὥρα[9] ζῶσα σὺ περιειληφυῖα[10]
υἱόν· ἡ δὲ εἶπεν Μή, κύριέ μου, μὴ διαψεύσῃ[11] τὴν δούλην[12] σου. **17** καὶ ἐν γαστρὶ[13]
ἔλαβεν ἡ γυνὴ καὶ ἔτεκεν[14] υἱὸν εἰς τὸν καιρὸν τοῦτον ὡς ἡ ὥρα[15] ζῶσα, ὡς ἐλάλησεν
πρὸς αὐτὴν Ελισαιε.

18 καὶ ἡδρύνθη[16] τὸ παιδάριον·[17] καὶ ἐγένετο ἡνίκα[18] ἐξῆλθεν τὸ παιδάριον[19] πρὸς
τὸν πατέρα αὐτοῦ πρὸς τοὺς θερίζοντας,[20] **19** καὶ εἶπεν πρὸς τὸν πατέρα αὐτοῦ
Τὴν κεφαλήν μου, τὴν κεφαλήν μου· καὶ εἶπεν τῷ παιδαρίῳ[21] Ἆρον αὐτὸν πρὸς
τὴν μητέρα αὐτοῦ. **20** καὶ ἦρεν αὐτὸν πρὸς τὴν μητέρα αὐτοῦ, καὶ ἐκοιμήθη[22] ἐπὶ
τῶν γονάτων[23] αὐτῆς ἕως μεσημβρίας[24] καὶ ἀπέθανεν. **21** καὶ ἀνήνεγκεν[25] αὐτὸν καὶ
ἐκοίμισεν[26] αὐτὸν ἐπὶ τὴν κλίνην[27] τοῦ ἀνθρώπου τοῦ θεοῦ καὶ ἀπέκλεισεν[28] κατ᾽
αὐτοῦ καὶ ἐξῆλθεν. **22** καὶ ἐκάλεσεν τὸν ἄνδρα αὐτῆς καὶ εἶπεν Ἀπόστειλον δή[29]
μοι ἓν τῶν παιδαρίων[30] καὶ μίαν τῶν ὄνων,[31] καὶ δραμοῦμαι[32] ἕως τοῦ ἀνθρώπου
τοῦ θεοῦ καὶ ἐπιστρέψω. **23** καὶ εἶπεν Τί ὅτι σὺ πορεύῃ πρὸς αὐτὸν σήμερον; οὐ
νεομηνία[33] οὐδὲ σάββατον. ἡ δὲ εἶπεν Εἰρήνη. **24** καὶ ἐπέσαξεν[34] τὴν ὄνον[35] καὶ
εἶπεν πρὸς τὸ παιδάριον[36] αὐτῆς Ἄγε πορεύου, μὴ ἐπίσχῃς[37] μοι τοῦ ἐπιβῆναι,[38] ὅτι
ἐὰν εἴπω σοι· **25** δεῦρο[39] καὶ πορεύσῃ καὶ ἐλεύσῃ πρὸς τὸν ἄνθρωπον τοῦ θεοῦ εἰς
τὸ ὄρος τὸ Καρμήλιον.

1 δή, now
2 ἐξίστημι, *aor act ind 2s*, amaze, astonish
3 ἔκστασις, astonishment, amazing thing
4 δεῖ, *pres act ind 3s*, require, be necessary
5 οἰκέω, *pres act ind 1s*, live, dwell
6 δεῖ, *pres act ind 3s*, require, be necessary
7 παιδάριον, young boy
8 πρεσβύτης, old
9 ὥρα, time
10 περιλαμβάνω, *perf act ptc nom s f*, embrace
11 διαψεύδομαι, *aor mid sub 2s*, deceive
12 δούλη, maidservant
13 γαστήρ, womb
14 τίκτω, *aor act ind 3s*, give birth
15 ὥρα, time
16 ἁδρύνω, *aor pas ind 3s*, come to maturity
17 παιδάριον, young boy
18 ἡνίκα, at the time when
19 παιδάριον, young boy
20 θερίζω, *pres act ptc acc p m*, reap
21 παιδάριον, young boy
22 κοιμάω, *aor pas ind 3s*, fall asleep
23 γόνυ, knee
24 μεσημβρία, midday
25 ἀναφέρω, *aor act ind 3s*, bring up
26 κοιμίζω, *aor act ind 3s*, lay down
27 κλίνη, bed
28 ἀποκλείω, *aor act ind 3s*, shut in
29 δή, now
30 παιδάριον, young boy
31 ὄνος, donkey
32 τρέχω, *fut mid ind 1s*, run swiftly
33 νεομηνία, new moon
34 ἐπισάσσω, *aor act ind 3s*, saddle
35 ὄνος, donkey
36 παιδάριον, young boy
37 ἐπέχω, *aor act sub 2s*, refrain, hold back
38 ἐπιβαίνω, *aor act inf*, mount upon
39 δεῦρο, come!

καὶ ἐγένετο ὡς εἶδεν Ελισαιε ἐρχομένην αὐτήν, καὶ εἶπεν πρὸς Γιεζι τὸ παιδάριον[1]
αὐτοῦ Ἰδοὺ δὴ[2] ἡ Σωμανῖτις ἐκείνη· **26** νῦν δράμε[3] εἰς ἀπαντὴν[4] αὐτῆς καὶ ἐρεῖς Εἰ
εἰρήνη σοι; εἰ εἰρήνη τῷ ἀνδρί σου; εἰ εἰρήνη τῷ παιδαρίῳ;[5] ἡ δὲ εἶπεν Εἰρήνη. **27** καὶ
ἦλθεν πρὸς Ελισαιε εἰς τὸ ὄρος καὶ ἐπελάβετο[6] τῶν ποδῶν αὐτοῦ. καὶ ἤγγισεν Γιεζι
ἀπώσασθαι[7] αὐτήν, καὶ εἶπεν Ελισαιε Ἄφες αὐτήν, ὅτι ἡ ψυχὴ αὐτῆς κατώδυνος[8]
αὐτῇ, καὶ κύριος ἀπέκρυψεν[9] ἀπ᾿ ἐμοῦ καὶ οὐκ ἀνήγγειλέν[10] μοι. **28** ἡ δὲ εἶπεν Μὴ
ᾐτησάμην[11] υἱὸν παρὰ τοῦ κυρίου μου; οὐκ εἶπα Οὐ πλανήσεις μετ᾿ ἐμοῦ; **29** καὶ
εἶπεν Ελισαιε τῷ Γιεζι Ζῶσαι[12] τὴν ὀσφύν[13] σου καὶ λαβὲ τὴν βακτηρίαν[14] μου ἐν τῇ
χειρί σου καὶ δεῦρο·[15] ὅτι ἐὰν εὕρῃς ἄνδρα, οὐκ εὐλογήσεις αὐτόν, καὶ ἐὰν εὐλογήσῃ
σε ἀνήρ, οὐκ ἀποκριθήσῃ αὐτῷ· καὶ ἐπιθήσεις τὴν βακτηρίαν[16] μου ἐπὶ πρόσωπον
τοῦ παιδαρίου.[17] **30** καὶ εἶπεν ἡ μήτηρ τοῦ παιδαρίου[18] Ζῇ κύριος καὶ ζῇ ἡ ψυχή σου,
εἰ ἐγκαταλείψω[19] σε· καὶ ἀνέστη Ελισαιε καὶ ἐπορεύθη ὀπίσω αὐτῆς.

31 καὶ Γιεζι διῆλθεν ἔμπροσθεν αὐτῆς καὶ ἐπέθηκεν τὴν βακτηρίαν[20] ἐπὶ πρόσωπον
τοῦ παιδαρίου,[21] καὶ οὐκ ἦν φωνὴ καὶ οὐκ ἦν ἀκρόασις·[22] καὶ ἐπέστρεψεν εἰς ἀπαν-
τὴν[23] αὐτοῦ καὶ ἀπήγγειλεν αὐτῷ λέγων Οὐκ ἠγέρθη[24] τὸ παιδάριον. **32** καὶ εἰσῆλθεν
Ελισαιε εἰς τὸν οἶκον, καὶ ἰδοὺ τὸ παιδάριον[25] τεθνηκὸς[26] κεκοιμισμένον[27] ἐπὶ τὴν
κλίνην[28] αὐτοῦ. **33** καὶ εἰσῆλθεν Ελισαιε εἰς τὸν οἶκον καὶ ἀπέκλεισεν[29] τὴν θύραν
κατὰ τῶν δύο ἑαυτῶν καὶ προσηύξατο πρὸς κύριον· **34** καὶ ἀνέβη καὶ ἐκοιμήθη[30] ἐπὶ
τὸ παιδάριον[31] καὶ ἔθηκεν τὸ στόμα αὐτοῦ ἐπὶ τὸ στόμα αὐτοῦ καὶ τοὺς ὀφθαλμοὺς
αὐτοῦ ἐπὶ τοὺς ὀφθαλμοὺς αὐτοῦ καὶ τὰς χεῖρας αὐτοῦ ἐπὶ τὰς χεῖρας αὐτοῦ καὶ
διέκαμψεν[32] ἐπ᾿ αὐτόν, καὶ διεθερμάνθη[33] ἡ σὰρξ τοῦ παιδαρίου.[34] **35** καὶ ἐπέστρεψεν
καὶ ἐπορεύθη ἐν τῇ οἰκίᾳ ἔνθεν[35] καὶ ἔνθεν[36] καὶ ἀνέβη καὶ συνέκαμψεν[37] ἐπὶ τὸ
παιδάριον[38] ἕως ἑπτάκις,[39] καὶ ἤνοιξεν τὸ παιδάριον τοὺς ὀφθαλμοὺς αὐτοῦ.
36 καὶ ἐξεβόησεν[40] Ελισαιε πρὸς Γιεζι καὶ εἶπεν Κάλεσον τὴν Σωμανῖτιν ταύτην·

1 παιδάριον, young boy
2 δή, indeed
3 τρέχω, *aor act impv 2s*, run
4 ἀπαντή, meeting
5 παιδάριον, young boy
6 ἐπιλαμβάνω, *aor mid ind 3s*, lay hold of
7 ἀπωθέω, *aor mid inf*, thrust away, drive back
8 κατώδυνος, aggrieved
9 ἀποκρύπτω, *aor act ind 3s*, hide from
10 ἀναγγέλλω, *aor act ind 3s*, disclose
11 αἰτέω, *aor mid ind 1s*, ask for
12 ζωννύω, *aor mid impv 2s*, gird
13 ὀσφύς, loins
14 βακτηρία, staff
15 δεῦρο, come!
16 βακτηρία, staff
17 παιδάριον, young boy
18 παιδάριον, young boy
19 ἐγκαταλείπω, *fut act ind 1s*, forsake
20 βακτηρία, staff
21 παιδάριον, young boy
22 ἀκρόασις, hearing
23 ἀπαντή, meeting
24 ἐγείρω, *aor pas ind 3s*, rouse, awaken
25 παιδάριον, young boy
26 θνήσκω, *perf act ptc nom s n*, die
27 κοιμίζω, *perf pas ptc nom s n*, lay to rest
28 κλίνη, bed
29 ἀποκλείω, *aor act ind 3s*, shut upon
30 κοιμάω, *aor pas ind 3s*, lie down
31 παιδάριον, young boy
32 διακάμπτω, *aor act ind 3s*, bend over
33 διαθερμαίνω, *aor pas ind 3s*, warm up
34 παιδάριον, young boy
35 ἔνθεν, from here
36 ἔνθεν, to there
37 συγκάμπτω, *aor act ind 3s*, bend down upon
38 παιδάριον, young boy
39 ἑπτάκις, seven times
40 ἐκβοάω, *aor act ind 3s*, cry out

καὶ ἐκάλεσεν, καὶ εἰσῆλθεν πρὸς αὐτόν. καὶ εἶπεν Ελισαιε Λαβὲ τὸν υἱόν σου. **37** καὶ
εἰσῆλθεν ἡ γυνὴ καὶ ἔπεσεν ἐπὶ τοὺς πόδας αὐτοῦ καὶ προσεκύνησεν ἐπὶ τὴν γῆν
καὶ ἔλαβεν τὸν υἱὸν αὐτῆς καὶ ἐξῆλθεν.

38 Καὶ Ελισαιε ἐπέστρεψεν εἰς Γαλγαλα, καὶ ὁ λιμὸς[1] ἐν τῇ γῇ, καὶ οἱ υἱοὶ τῶν προ-
φητῶν ἐκάθηντο ἐνώπιον αὐτοῦ. καὶ εἶπεν Ελισαιε τῷ παιδαρίῳ[2] αὐτοῦ Ἐπίστησον[3]
τὸν λέβητα[4] τὸν μέγαν καὶ ἕψε[5] ἕψεμα[6] τοῖς υἱοῖς τῶν προφητῶν. **39** καὶ ἐξῆλθεν εἷς
εἰς τὸν ἀγρὸν[7] συλλέξαι[8] αριωθ[9] καὶ εὗρεν ἄμπελον[10] ἐν τῷ ἀγρῷ[11] καὶ συνέλεξεν[12]
ἀπ᾽ αὐτῆς τολύπην[13] ἀγρίαν[14] πλῆρες[15] τὸ ἱμάτιον αὐτοῦ καὶ ἐνέβαλεν[16] εἰς τὸν
λέβητα[17] τοῦ ἑψέματος,[18] ὅτι οὐκ ἔγνωσαν. **40** καὶ ἐνέχει[19] τοῖς ἀνδράσιν φαγεῖν,
καὶ ἐγένετο ἐν τῷ ἐσθίειν αὐτοὺς ἐκ τοῦ ἑψήματος[20] καὶ ἰδοὺ ἀνεβόησαν[21] καὶ εἶπον
Θάνατος ἐν τῷ λέβητι,[22] ἄνθρωπε τοῦ θεοῦ· καὶ οὐκ ἠδύναντο φαγεῖν. **41** καὶ εἶπεν
Λάβετε ἄλευρον[23] καὶ ἐμβάλετε[24] εἰς τὸν λέβητα·[25] καὶ εἶπεν Ελισαιε πρὸς Γιεζι τὸ
παιδάριον[26] Ἔγχει[27] τῷ λαῷ καὶ ἐσθιέτωσαν· καὶ οὐκ ἐγενήθη ἔτι ἐκεῖ ῥῆμα πονηρὸν
ἐν τῷ λέβητι.[28] — **42** καὶ ἀνὴρ διῆλθεν ἐκ Βαιθσαρισα καὶ ἤνεγκεν πρὸς τὸν ἄν-
θρωπον τοῦ θεοῦ πρωτογενημάτων[29] εἴκοσι[30] ἄρτους κριθίνους[31] καὶ παλάθας,[32]
καὶ εἶπεν Δότε τῷ λαῷ καὶ ἐσθιέτωσαν. **43** καὶ εἶπεν ὁ λειτουργὸς[33] αὐτοῦ Τί δῶ
τοῦτο ἐνώπιον ἑκατὸν[34] ἀνδρῶν; καὶ εἶπεν Δὸς τῷ λαῷ καὶ ἐσθιέτωσαν, ὅτι τάδε[35]
λέγει κύριος Φάγονται καὶ καταλείψουσιν.[36] **44** καὶ ἔφαγον καὶ κατέλιπον[37] κατὰ
τὸ ῥῆμα κυρίου.

Naaman Healed of Leprosy

5 Καὶ Ναιμαν ὁ ἄρχων τῆς δυνάμεως Συρίας ἦν ἀνὴρ μέγας ἐνώπιον τοῦ κυρίου
αὐτοῦ καὶ τεθαυμασμένος[38] προσώπῳ, ὅτι ἐν αὐτῷ ἔδωκεν κύριος σωτηρίαν

1 λιμός, famine
2 παιδάριον, young boy
3 ἐφίστημι, *aor act impv 2s*, set up
4 λέβης, kettle
5 ἕψω, *pres act impv 2s*, boil
6 ἕψεμα, boiled stew
7 ἀγρός, field, countryside
8 συλλέγω, *aor act inf*, collect, gather
9 αριωθ, herbs, *translit.*
10 ἄμπελος, vine
11 ἀγρός, field, countryside
12 συλλέγω, *aor act ind 3s*, collect, gather
13 τολύπη, gourd
14 ἄγριος, wild
15 πλήρης, full
16 ἐμβάλλω, *aor act ind 3s*, place into
17 λέβης, kettle
18 ἕψεμα, boiled stew
19 ἐγχέω, *impf act ind 3s*, pour out
20 ἕψεμα, boiled stew
21 ἀναβοάω, *aor act ind 3p*, cry out
22 λέβης, kettle
23 ἄλευρον, grain meal
24 ἐμβάλλω, *aor act impv 2p*, throw into
25 λέβης, kettle
26 παιδάριον, young boy
27 ἐγχέω, *pres act impv 2s*, pour out
28 λέβης, kettle
29 πρωτογένημα, firstfruit
30 εἴκοσι, twenty
31 κρίθινος, barley
32 παλάθη, cake of dried fruit
33 λειτουργός, servant
34 ἑκατόν, hundred
35 ὅδε, this
36 καταλείπω, *fut act ind 3p*, have some left over
37 καταλείπω, *aor act ind 3p*, have some left over
38 θαυμάζω, *perf pas ptc nom s m*, admire, honor

Συρίᾳ· καὶ ὁ ἀνὴρ ἦν δυνατὸς ἰσχύι,[1] λελεπρωμένος.[2] **2** καὶ Συρία ἐξῆλθον μονόζωνοι[3] καὶ ᾐχμαλώτευσαν[4] ἐκ γῆς Ισραηλ νεάνιδα[5] μικράν, καὶ ἦν ἐνώπιον τῆς γυναικὸς Ναιμαν. **3** ἡ δὲ εἶπεν τῇ κυρίᾳ[6] αὐτῆς Ὄφελον[7] ὁ κύριός μου ἐνώπιον τοῦ προφήτου τοῦ θεοῦ τοῦ ἐν Σαμαρείᾳ, τότε ἀποσυνάξει[8] αὐτὸν ἀπὸ τῆς λέπρας[9] αὐτοῦ. **4** καὶ εἰσῆλθεν καὶ ἀπήγγειλεν τῷ κυρίῳ ἑαυτῆς καὶ εἶπεν Οὕτως καὶ οὕτως ἐλάλησεν ἡ νεᾶνις[10] ἡ ἐκ γῆς Ισραηλ. **5** καὶ εἶπεν βασιλεὺς Συρίας πρὸς Ναιμαν Δεῦρο[11] εἴσελθε, καὶ ἐξαποστελῶ[12] βιβλίον πρὸς βασιλέα Ισραηλ· καὶ ἐπορεύθη καὶ ἔλαβεν ἐν τῇ χειρὶ αὐτοῦ δέκα[13] τάλαντα[14] ἀργυρίου[15] καὶ ἑξακισχιλίους[16] χρυσοῦς[17] καὶ δέκα[18] ἀλλασσομένας[19] στολάς.[20] **6** καὶ ἤνεγκεν τὸ βιβλίον πρὸς τὸν βασιλέα Ισραηλ λέγων Καὶ νῦν ὡς ἂν ἔλθῃ τὸ βιβλίον τοῦτο πρὸς σέ, ἰδοὺ ἀπέστειλα πρὸς σὲ Ναιμαν τὸν δοῦλόν μου, καὶ ἀποσυνάξεις[21] αὐτὸν ἀπὸ τῆς λέπρας[22] αὐτοῦ. **7** καὶ ἐγένετο ὡς ἀνέγνω[23] βασιλεὺς Ισραηλ τὸ βιβλίον, διέρρηξεν[24] τὰ ἱμάτια αὐτοῦ καὶ εἶπεν Μὴ θεὸς ἐγὼ τοῦ θανατῶσαι[25] καὶ ζωοποιῆσαι,[26] ὅτι οὗτος ἀποστέλλει πρός με ἀποσυνάξαι[27] ἄνδρα ἀπὸ τῆς λέπρας[28] αὐτοῦ; ὅτι πλὴν γνῶτε δὴ[29] καὶ ἴδετε ὅτι προφασίζεται[30] οὗτός με.

8 καὶ ἐγένετο ὡς ἤκουσεν Ελισαιε ὅτι διέρρηξεν[31] ὁ βασιλεὺς Ισραηλ τὰ ἱμάτια ἑαυτοῦ, καὶ ἀπέστειλεν πρὸς τὸν βασιλέα Ισραηλ λέγων Ἵνα τί διέρρηξας[32] τὰ ἱμάτιά σου; ἐλθέτω δὴ[33] πρός με Ναιμαν καὶ γνώτω ὅτι ἔστιν προφήτης ἐν Ισραηλ. **9** καὶ ἦλθεν Ναιμαν ἐν ἵππῳ[34] καὶ ἅρματι[35] καὶ ἔστη ἐπὶ θύρας οἴκου Ελισαιε. **10** καὶ ἀπέστειλεν Ελισαιε ἄγγελον πρὸς αὐτὸν λέγων Πορευθεὶς λοῦσαι[36] ἑπτάκις[37] ἐν τῷ Ιορδάνῃ, καὶ ἐπιστρέψει ἡ σάρξ σού σοι, καὶ καθαρισθήσῃ. **11** καὶ ἐθυμώθη[38] Ναιμαν καὶ ἀπῆλθεν καὶ εἶπεν Ἰδοὺ δὴ[39] ἔλεγον ὅτι ἐξελεύσεται πρός με καὶ στήσεται καὶ ἐπικαλέσεται[40] ἐν ὀνόματι θεοῦ αὐτοῦ καὶ ἐπιθήσει τὴν χεῖρα αὐτοῦ ἐπὶ τὸν τόπον

1 ἰσχύς, strength, might
2 λεπρόομαι, *perf pas ptc nom s m*, become leprous
3 μονόζωνος, lightly armed
4 αἰχμαλωτεύω, *aor act ind 3p*, take prisoner
5 νεᾶνις, young girl
6 κυρία, mistress (*f of* κύριος)
7 ὄφελον, ought, would that
8 ἀποσυνάγω, *fut act ind 3s*, cure
9 λέπρα, leprosy
10 νεᾶνις, young girl
11 δεῦρο, come!
12 ἐξαποστέλλω, *fut act ind 1s*, send forth
13 δέκα, ten
14 τάλαντον, talent
15 ἀργύριον, silver
16 ἑξακισχίλιοι, six thousand
17 χρυσοῦς, gold
18 δέκα, ten
19 ἀλλάσσω, *pres mid ptc acc p f*, change, exchange
20 στολή, garment, robe
21 ἀποσυνάγω, *fut act ind 2s*, cure
22 λέπρα, leprosy
23 ἀναγινώσκω, *aor act ind 3s*, read
24 διαρρήγνυμι, *aor act ind 3s*, tear, rend
25 θανατόω, *aor act inf*, put to death
26 ζωοποιέω, *aor act inf*, make alive
27 ἀποσυνάγω, *aor act inf*, cure
28 λέπρα, leprosy
29 δή, now
30 προφασίζομαι, *pres mid ind 3s*, seek a quarrel against, make pretense
31 διαρρήγνυμι, *aor act ind 3s*, tear, rend
32 διαρρήγνυμι, *aor act ind 2s*, tear, rend
33 δή, now
34 ἵππος, horse
35 ἅρμα, chariot
36 λούω, *aor act inf*, wash, bathe
37 ἑπτάκις, seven times
38 θυμόω, *aor pas ind 3s*, be angry
39 δή, now, then
40 ἐπικαλέω, *fut mid ind 3s*, call upon

καὶ ἀποσυνάξει[1] τὸ λεπρόν·[2] **12** οὐχὶ ἀγαθὸς Αβανα καὶ Φαρφαρ ποταμοὶ[3] Δαμασκοῦ
ὑπὲρ Ιορδάνην καὶ πάντα τὰ ὕδατα Ισραηλ; οὐχὶ πορευθεὶς λούσομαι[4] ἐν αὐτοῖς καὶ
καθαρισθήσομαι; καὶ ἐξέκλινεν[5] καὶ ἀπῆλθεν ἐν θυμῷ.[6] **13** καὶ ἤγγισαν οἱ παῖδες[7]
αὐτοῦ καὶ ἐλάλησαν πρὸς αὐτόν Μέγαν λόγον ἐλάλησεν ὁ προφήτης πρὸς σέ, οὐχὶ
ποιήσεις; καὶ ὅτι εἶπεν πρὸς σέ Λοῦσαι[8] καὶ καθαρίσθητι. **14** καὶ κατέβη Ναιμαν καὶ
ἐβαπτίσατο[9] ἐν τῷ Ιορδάνῃ ἑπτάκι[10] κατὰ τὸ ῥῆμα Ελισαιε, καὶ ἐπέστρεψεν ἡ σὰρξ
αὐτοῦ ὡς σὰρξ παιδαρίου[11] μικροῦ, καὶ ἐκαθαρίσθη.

15 καὶ ἐπέστρεψεν πρὸς Ελισαιε, αὐτὸς καὶ πᾶσα ἡ παρεμβολὴ[12] αὐτοῦ, καὶ ἦλθεν
καὶ ἔστη καὶ εἶπεν Ἰδοὺ δὴ[13] ἔγνωκα ὅτι οὐκ ἔστιν θεὸς ἐν πάσῃ τῇ γῇ ὅτι ἀλλ'
ἢ ἐν τῷ Ισραηλ· καὶ νῦν λαβὲ τὴν εὐλογίαν[14] παρὰ τοῦ δούλου σου. **16** καὶ εἶπεν
Ελισαιε Ζῇ κύριος, ᾧ παρέστην[15] ἐνώπιον αὐτοῦ, εἰ λήμψομαι· καὶ παρεβιάσατο[16]
αὐτὸν λαβεῖν, καὶ ἠπείθησεν.[17] **17** καὶ εἶπεν Ναιμαν Καὶ εἰ μή, δοθήτω δὴ[18] τῷ δούλῳ
σου γόμος[19] ζεύγους[20] ἡμιόνων,[21] καὶ σύ μοι δώσεις ἐκ τῆς γῆς τῆς πυρρᾶς,[22] ὅτι
οὐ ποιήσει ἔτι ὁ δοῦλός σου ὁλοκαύτωμα[23] καὶ θυσίασμα[24] θεοῖς ἑτέροις, ἀλλ' ἢ
τῷ κυρίῳ μόνῳ· **18** καὶ ἱλάσεται[25] κύριος τῷ δούλῳ σου ἐν τῷ εἰσπορεύεσθαι[26] τὸν
κύριόν μου εἰς οἶκον Ρεμμαν προσκυνῆσαι αὐτὸν καὶ ἐπαναπαύσεται[27] ἐπὶ τῆς χει-
ρός μου καὶ προσκυνήσω ἐν οἴκῳ Ρεμμαν ἐν τῷ προσκυνεῖν αὐτὸν ἐν οἴκῳ Ρεμμαν,
καὶ ἱλάσεται δὴ[28] κύριος τῷ δούλῳ σου ἐν τῷ λόγῳ τούτῳ. **19** καὶ εἶπεν Ελισαιε πρὸς
Ναιμαν Δεῦρο[29] εἰς εἰρήνην. καὶ ἀπῆλθεν ἀπ' αὐτοῦ εἰς δεβραθα[30] τῆς γῆς.

20 Καὶ εἶπεν Γιεζι τὸ παιδάριον[31] Ελισαιε Ἰδοὺ ἐφείσατο[32] ὁ κύριός μου τοῦ Ναιμαν
τοῦ Σύρου τούτου τοῦ μὴ λαβεῖν ἐκ χειρὸς αὐτοῦ ἃ ἐνήνοχεν·[33] ζῇ κύριος ὅτι εἰ μὴ
δραμοῦμαι[34] ὀπίσω αὐτοῦ καὶ λήμψομαι παρ' αὐτοῦ τι. **21** καὶ ἐδίωξε Γιεζι ὀπίσω τοῦ
Ναιμαν, καὶ εἶδεν αὐτὸν Ναιμαν τρέχοντα[35] ὀπίσω αὐτοῦ καὶ ἐπέστρεψεν ἀπὸ τοῦ
ἅρματος[36] εἰς ἀπαντὴν[37] αὐτοῦ. **22** καὶ εἶπεν Εἰρήνη· ὁ κύριός μου ἀπέστειλέν με

1 ἀποσυνάγω, *fut act ind 3s*, cure
2 λεπρός, leprosy
3 ποταμός, river
4 λούω, *fut mid ind 1s*, wash, bathe
5 ἐκκλίνω, *aor act ind 3s*, turn away
6 θυμός, anger, fury
7 παῖς, servant
8 λούω, *aor mid impv 2s*, wash
9 βαπτίζω, *aor mid ind 3s*, dip, plunge
10 ἑπτάκις, seven times
11 παιδάριον, young boy
12 παρεμβολή, company
13 δή, now, then
14 εὐλογία, blessing
15 παρίστημι, *aor act ind 1s*, be present, stand
16 παραβιάζομαι, *aor mid ind 3s*, urge, press
17 ἀπειθέω, *aor act ind 3s*, refuse to comply
18 δή, now, then
19 γόμος, load
20 ζεῦγος, pair
21 ἡμίονος, mule
22 πυρρός, red
23 ὁλοκαύτωμα, whole burnt offering
24 θυσίασμα, offering
25 ἱλάσκομαι, *fut mid ind 3s*, show mercy
26 εἰσπορεύομαι, *pres mid inf*, enter
27 ἐπαναπαύω, *fut mid ind 3s*, rest upon
28 δή, indeed
29 δεῦρο, come!
30 δεβραθα, short distance, *translit.*
31 παιδάριον, young boy
32 φείδομαι, *aor mid ind 3s*, spare
33 φέρω, *perf act ind 3s*, bring
34 τρέχω, *fut mid ind 1s*, run swiftly
35 τρέχω, *pres act ptc acc s m*, run swiftly
36 ἅρμα, chariot
37 ἀπαντή, meeting

λέγων Ἰδοὺ νῦν ἦλθον πρός με δύο παιδάρια[1] ἐξ ὄρους Εφραιμ ἀπὸ τῶν υἱῶν τῶν
προφητῶν· δὸς δὴ[2] αὐτοῖς τάλαντον[3] ἀργυρίου[4] καὶ δύο ἀλλασσομένας[5] στολάς.[6]
23 καὶ εἶπεν Ναιμαν Λαβὲ διτάλαντον[7] ἀργυρίου·[8] καὶ ἔλαβεν ἐν δυσὶ θυλάκοις[9]
καὶ δύο ἀλλασσομένας[10] στολὰς[11] καὶ ἔδωκεν ἐπὶ δύο παιδάρια[12] αὐτοῦ, καὶ ἦραν
ἔμπροσθεν αὐτοῦ. 24 καὶ ἦλθον εἰς τὸ σκοτεινόν,[13] καὶ ἔλαβεν ἐκ τῶν χειρῶν αὐτῶν
καὶ παρέθετο ἐν οἴκῳ καὶ ἐξαπέστειλεν[14] τοὺς ἄνδρας.

25 καὶ αὐτὸς εἰσῆλθεν καὶ παρειστήκει[15] πρὸς τὸν κύριον αὐτοῦ. καὶ εἶπεν πρὸς
αὐτὸν Ελισαιε Πόθεν,[16] Γιεζι; καὶ εἶπεν Γιεζι Οὐ πεπόρευται ὁ δοῦλός σου ἔνθα[17]
καὶ ἔνθα.[18] 26 καὶ εἶπεν πρὸς αὐτὸν Ελισαιε Οὐχὶ ἡ καρδία μου ἐπορεύθη μετὰ σοῦ,
ὅτε ἐπέστρεψεν ὁ ἀνὴρ ἀπὸ τοῦ ἅρματος[19] εἰς συναντήν[20] σοι; καὶ νῦν ἔλαβες τὸ
ἀργύριον[21] καὶ νῦν ἔλαβες τὰ ἱμάτια καὶ λήμψῃ ἐν αὐτῷ κήπους[22] καὶ ἐλαιῶνας[23] καὶ
ἀμπελῶνας[24] καὶ πρόβατα καὶ βόας[25] καὶ παῖδας[26] καὶ παιδίσκας·[27] 27 καὶ ἡ λέπρα[28]
Ναιμαν κολληθήσεται[29] ἐν σοὶ καὶ ἐν τῷ σπέρματί σου εἰς τὸν αἰῶνα. καὶ ἐξῆλθεν
ἐκ προσώπου αὐτοῦ λελεπρωμένος[30] ὡσεὶ[31] χιών.[32]

Recovery of the Axe Head

6 Καὶ εἶπον οἱ υἱοὶ τῶν προφητῶν πρὸς Ελισαιε Ἰδοὺ δὴ[33] ὁ τόπος, ἐν ᾧ ἡμεῖς
οἰκοῦμεν[34] ἐνώπιόν σου, στενὸς[35] ἀφ᾽ ἡμῶν· 2 πορευθῶμεν δὴ[36] ἕως τοῦ Ιορδά-
νου καὶ λάβωμεν ἐκεῖθεν[37] ἀνὴρ εἰς δοκὸν[38] μίαν καὶ ποιήσωμεν ἑαυτοῖς ἐκεῖ τοῦ
οἰκεῖν[39] ἐκεῖ. καὶ εἶπεν Δεῦτε.[40] 3 καὶ εἶπεν ὁ εἷς Ἐπιεικέως[41] δεῦρο[42] μετὰ τῶν δού-
λων σου· καὶ εἶπεν Ἐγὼ πορεύσομαι. 4 καὶ ἐπορεύθη μετ᾽ αὐτῶν, καὶ ἦλθον εἰς τὸν

1 παιδάριον, young man
2 δή, now
3 τάλαντον, talent
4 ἀργύριον, silver
5 ἀλλάσσω, *pres mid ptc acc p f*, change, exchange
6 στολή, garment, robe
7 διτάλαντον, two talents
8 ἀργύριον, silver
9 θύλακος, sack
10 ἀλλάσσω, *pres mid ptc acc p f*, change, exchange
11 στολή, garment, robe
12 παιδάριον, young man
13 σκοτεινός, dark place, secret place, (*read* to the hill?)
14 ἐξαποστέλλω, *aor act ind 3s*, send forth
15 παρίστημι, *plpf act ind 3s*, attend upon
16 πόθεν, from where
17 ἔνθα, here
18 ἔνθα, there
19 ἅρμα, chariot
20 συναντή, meeting
21 ἀργύριον, silver
22 κῆπος, garden
23 ἐλαιών, olive grove
24 ἀμπελών, vineyard
25 βοῦς, cow, (*p*) cattle
26 παῖς, servant
27 παιδίσκη, maidservant
28 λέπρα, leprosy
29 κολλάω, *fut pas ind 3s*, cling to
30 λεπρόομαι, *perf mid ptc nom s m*, become leprous
31 ὡσεί, as, like
32 χιών, snow
33 δή, now
34 οἰκέω, *pres act ind 1p*, live, dwell
35 στενός, constricting, narrow
36 δή, now
37 ἐκεῖθεν, from there
38 δοκός, beam
39 οἰκέω, *pres act inf*, live, dwell
40 δεῦτε, come!
41 ἐπιεικέως, kindly
42 δεῦρο, come!

Ιορδάνην καὶ ἔτεμνον[1] τὰ ξύλα.[2] **5** καὶ ἰδοὺ ὁ εἷς καταβάλλων[3] τὴν δοκόν,[4] καὶ τὸ σιδήριον[5] ἐξέπεσεν[6] εἰς τὸ ὕδωρ· καὶ ἐβόησεν[7] Ὦ,[8] κύριε, καὶ αὐτὸ κεχρημένον.[9] **6** καὶ εἶπεν ὁ ἄνθρωπος τοῦ θεοῦ Ποῦ ἔπεσεν; καὶ ἔδειξεν αὐτῷ τὸν τόπον. καὶ ἀπέκνισεν[10] ξύλον[11] καὶ ἔρριψεν[12] ἐκεῖ, καὶ ἐπεπόλασεν[13] τὸ σιδήριον.[14] **7** καὶ εἶπεν Ὕψωσον[15] σαυτῷ· καὶ ἐξέτεινεν[16] τὴν χεῖρα αὐτοῦ καὶ ἔλαβεν αὐτό.

Elisha Traps the Arameans

8 Καὶ βασιλεὺς Συρίας ἦν πολεμῶν ἐν Ισραηλ καὶ ἐβουλεύσατο[17] πρὸς τοὺς παῖδας[18] αὐτοῦ λέγων Εἰς τὸν τόπον τόνδε[19] τινὰ ελμωνι[20] παρεμβαλῶ.[21] **9** καὶ ἀπέστειλεν Ελισαιε πρὸς τὸν βασιλέα Ισραηλ λέγων Φύλαξαι μὴ παρελθεῖν[22] ἐν τῷ τόπῳ τούτῳ, ὅτι ἐκεῖ Συρία κέκρυπται.[23] **10** καὶ ἀπέστειλεν ὁ βασιλεὺς Ισραηλ εἰς τὸν τόπον, ὃν εἶπεν αὐτῷ Ελισαιε, καὶ ἐφυλάξατο ἐκεῖθεν[24] οὐ μίαν οὐδὲ δύο. **11** καὶ ἐξεκινήθη[25] ἡ ψυχὴ βασιλέως Συρίας περὶ τοῦ λόγου τούτου, καὶ ἐκάλεσεν τοὺς παῖδας[26] αὐτοῦ καὶ εἶπεν πρὸς αὐτούς Οὐκ ἀναγγελεῖτέ[27] μοι τίς προδίδωσίν[28] με βασιλεῖ Ισραηλ; **12** καὶ εἶπεν εἷς τῶν παίδων[29] αὐτοῦ Οὐχί, κύριέ μου βασιλεῦ, ὅτι Ελισαιε ὁ προφήτης ὁ ἐν Ισραηλ ἀναγγέλλει[30] τῷ βασιλεῖ Ισραηλ πάντας τοὺς λόγους, οὓς ἐὰν λαλήσῃς ἐν τῷ ταμιείῳ[31] τοῦ κοιτῶνός[32] σου. **13** καὶ εἶπεν Δεῦτε[33] ἴδετε ποῦ οὗτος, καὶ ἀποστείλας λήμψομαι αὐτόν· καὶ ἀνήγγειλαν[34] αὐτῷ λέγοντες Ἰδοὺ ἐν Δωθαϊμ. **14** καὶ ἀπέστειλεν ἐκεῖ ἵππον[35] καὶ ἅρμα[36] καὶ δύναμιν βαρεῖαν,[37] καὶ ἦλθον νυκτὸς καὶ περιεκύκλωσαν[38] τὴν πόλιν.

1 τέμνω, *impf act ind 3p*, cut down
2 ξύλον, tree, wood
3 καταβάλλω, *pres act ptc nom s m*, fell, cut down
4 δοκός, beam
5 σιδήριον, (axe head), iron tool
6 ἐκπίπτω, *aor act ind 3s*, fall off
7 βοάω, *aor act ind 3s*, cry out
8 ὦ, Oh!, alas!
9 χράω, *perf pas ptc nom s n*, be lacking, be lent
10 ἀποκνίζω, *aor act ind 3s*, snip off
11 ξύλον, stick, branch
12 ῥίπτω, *aor act ind 3s*, throw
13 ἐπιπολάζω, *aor act ind 3s*, float (on the surface)
14 σιδήριον, (axe head), iron tool
15 ὑψόω, *aor act impv 2s*, raise up, lift out
16 ἐκτείνω, *aor act ind 3s*, reach out
17 βουλεύω, *aor mid ind 3s*, take counsel with
18 παῖς, servant
19 ὅδε, this
20 ελμωνι, such and such, *translit.*
21 παρεμβάλλω, *fut act ind 1s*, pitch camp
22 παρέρχομαι, *aor act inf*, pass by
23 κρύπτω, *perf pas ind 3s*, hide
24 ἐκεῖθεν, from that place
25 ἐκκινέω, *aor pas ind 3s*, disturb
26 παῖς, servant
27 ἀναγγέλλω, *fut act ind 2p*, report, disclose
28 προδίδωμι, *pres act ind 3s*, betray
29 παῖς, servant
30 ἀναγγέλλω, *pres act ind 3s*, report, disclose
31 ταμιεῖον, inner chamber
32 κοιτών, bedroom
33 δεῦτε, come!
34 ἀναγγέλλω, *aor act ind 3p*, report
35 ἵππος, horse
36 ἅρμα, chariot
37 βαρύς, massive, heavy
38 περικυκλόω, *aor act ind 3p*, encircle, encompass

15 καὶ ὤρθρισεν[1] ὁ λειτουργὸς[2] Ελισαιε ἀναστῆναι καὶ ἐξῆλθεν, καὶ ἰδοὺ δύναμις
κυκλοῦσα[3] τὴν πόλιν καὶ ἵππος[4] καὶ ἅρμα,[5] καὶ εἶπεν τὸ παιδάριον[6] πρὸς αὐτόν
Ὦ,[7] κύριε, πῶς ποιήσωμεν; **16** καὶ εἶπεν Ελισαιε Μὴ φοβοῦ, ὅτι πλείους[8] οἱ μεθ᾽
ἡμῶν ὑπὲρ τοὺς μετ᾽ αὐτῶν. **17** καὶ προσεύξατο Ελισαιε καὶ εἶπεν Κύριε, διάνοιξον[9]
τοὺς ὀφθαλμοὺς τοῦ παιδαρίου[10] καὶ ἰδέτω· καὶ διήνοιξεν[11] κύριος τοὺς ὀφθαλμοὺς
αὐτοῦ, καὶ εἶδεν, καὶ ἰδοὺ τὸ ὄρος πλῆρες[12] ἵππων,[13] καὶ ἅρμα[14] πυρὸς περικύκλῳ[15]
Ελισαιε. **18** καὶ κατέβησαν πρὸς αὐτόν, καὶ προσηύξατο Ελισαιε πρὸς κύριον καὶ
εἶπεν Πάταξον[16] δὴ[17] τοῦτο τὸ ἔθνος ἀορασίᾳ·[18] καὶ ἐπάταξεν[19] αὐτοὺς ἀορασίᾳ
κατὰ τὸ ῥῆμα Ελισαιε. **19** καὶ εἶπεν πρὸς αὐτοὺς Ελισαιε Οὐχ αὕτη ἡ πόλις καὶ
αὕτη ἡ ὁδός· δεῦτε[20] ὀπίσω μου, καὶ ἀπάξω[21] ὑμᾶς πρὸς τὸν ἄνδρα, ὃν ζητεῖτε· καὶ
ἀπήγαγεν[22] αὐτοὺς εἰς Σαμάρειαν.

20 καὶ ἐγένετο ὡς εἰσῆλθον εἰς Σαμάρειαν, καὶ εἶπεν Ελισαιε Ἄνοιξον δή,[23] κύριε,
τοὺς ὀφθαλμοὺς αὐτῶν καὶ ἰδέτωσαν· καὶ διήνοιξεν[24] κύριος τοὺς ὀφθαλμοὺς
αὐτῶν, καὶ εἶδον, καὶ ἰδοὺ ἦσαν ἐν μέσῳ Σαμαρείας. **21** καὶ εἶπεν ὁ βασιλεὺς Ισραηλ,
ὡς εἶδεν αὐτούς Εἰ πατάξας[25] πατάξω,[26] πάτερ; **22** καὶ εἶπεν Οὐ πατάξεις,[27] εἰ μὴ οὓς
ᾐχμαλώτευσας[28] ἐν ῥομφαίᾳ[29] σου καὶ τόξῳ[30] σου, σὺ τύπτεις·[31] παράθες[32] ἄρτους
καὶ ὕδωρ ἐνώπιον αὐτῶν, καὶ φαγέτωσαν καὶ πιέτωσαν καὶ ἀπελθέτωσαν πρὸς
τὸν κύριον αὐτῶν. **23** καὶ παρέθηκεν[33] αὐτοῖς παράθεσιν[34] μεγάλην, καὶ ἔφαγον
καὶ ἔπιον· καὶ ἀπέστειλεν αὐτούς, καὶ ἀπῆλθον πρὸς τὸν κύριον αὐτῶν. καὶ οὐ
προσέθεντο[35] ἔτι μονόζωνοι[36] Συρίας τοῦ ἐλθεῖν εἰς γῆν Ισραηλ.

Siege of Samaria and Famine

24 Καὶ ἐγένετο μετὰ ταῦτα καὶ ἤθροισεν[37] υἱὸς Αδερ βασιλεὺς Συρίας πᾶσαν τὴν
παρεμβολὴν[38] αὐτοῦ καὶ ἀνέβη καὶ περιεκάθισεν[39] Σαμάρειαν. **25** καὶ ἐγένετο λιμὸς[40]

1 ὀρθρίζω, *aor act ind 3s*, rise early
2 λειτουργός, servant
3 κυκλόω, *pres act ptc nom s f*, surround
4 ἵππος, horse
5 ἅρμα, chariot
6 παιδάριον, young man
7 ὦ, O!, alas!
8 πλείων/πλεῖον, *comp of* πολύς, more numerous, greater
9 διανοίγω, *aor act impv 2s*, lay open
10 παιδάριον, young man
11 διανοίγω, *aor act ind 3s*, lay open
12 πλήρης, full
13 ἵππος, horse
14 ἅρμα, chariot
15 περικύκλῳ, round about
16 πατάσσω, *aor act impv 2s*, strike
17 δή, now
18 ἀορασία, blindness
19 πατάσσω, *aor act ind 3s*, strike
20 δεῦτε, come!
21 ἀπάγω, *fut act ind 1s*, lead away
22 ἀπάγω, *aor act ind 3s*, lead away
23 δή, now
24 διανοίγω, *aor act ind 3s*, lay open
25 πατάσσω, *aor act ptc nom s m*, strike
26 πατάσσω, *fut act ind 1s*, strike
27 πατάσσω, *fut act ind 2s*, strike
28 αἰχμαλωτεύω, *aor act ind 2s*, take captive
29 ῥομφαία, sword
30 τόξον, bow
31 τύπτω, *pres act ind 2s*, beat, strike
32 παρατίθημι, *aor act impv 2s*, set before
33 παρατίθημι, *aor act ind 3s*, set before
34 παράθεσις, provisions
35 προστίθημι, *aor mid ind 3p*, add to, continue
36 μονόζωνος, lightly armed
37 ἀθροίζω, *aor act ind 3s*, assemble together
38 παρεμβολή, camp, company
39 περικαθίζω, *aor act ind 3s*, besiege
40 λιμός, famine

μέγας ἐν Σαμαρείᾳ, καὶ ἰδοὺ περιεκάθηντο[1] ἐπ᾽ αὐτήν, ἕως οὗ ἐγενήθη κεφαλὴ ὄνου[2]
πεντήκοντα[3] σίκλων[4] ἀργυρίου[5] καὶ τέταρτον[6] τοῦ κάβου[7] κόπρου[8] περιστερῶν[9]
πέντε σίκλων[10] ἀργυρίου. **26** καὶ ἦν ὁ βασιλεὺς Ισραηλ διαπορευόμενος[11] ἐπὶ τοῦ
τείχους,[12] καὶ γυνὴ ἐβόησεν[13] πρὸς αὐτὸν λέγουσα Σῶσον, κύριε βασιλεῦ. **27** καὶ
εἶπεν αὐτῇ Μή σε σώσαι[14] κύριος, πόθεν[15] σώσω σε; μὴ ἀπὸ τῆς ἅλωνος[16] ἢ ἀπὸ
τῆς ληνοῦ;[17] **28** καὶ εἶπεν αὐτῇ ὁ βασιλεύς Τί ἐστίν σοι; καὶ εἶπεν Ἡ γυνὴ αὕτη
εἶπεν πρός με Δὸς τὸν υἱόν σου καὶ φαγόμεθα αὐτὸν σήμερον, καὶ τὸν υἱόν μου καὶ
φαγόμεθα αὐτὸν αὔριον·[18] **29** καὶ ἡψήσαμεν[19] τὸν υἱόν μου καὶ ἐφάγομεν αὐτόν,
καὶ εἶπον πρὸς αὐτὴν τῇ ἡμέρᾳ τῇ δευτέρᾳ Δὸς τὸν υἱόν σου καὶ φάγωμεν αὐτόν,
καὶ ἔκρυψεν[20] τὸν υἱὸν αὐτῆς. **30** καὶ ἐγένετο ὡς ἤκουσεν ὁ βασιλεὺς Ισραηλ τοὺς
λόγους τῆς γυναικός, διέρρηξεν[21] τὰ ἱμάτια αὐτοῦ, καὶ αὐτὸς διεπορεύετο[22] ἐπὶ τοῦ
τείχους,[23] καὶ εἶδεν ὁ λαὸς τὸν σάκκον[24] ἐπὶ τῆς σαρκὸς αὐτοῦ ἔσωθεν.[25] **31** καὶ εἶπεν
Τάδε[26] ποιήσαι[27] μοι ὁ θεὸς καὶ τάδε προσθείη,[28] εἰ στήσεται ἡ κεφαλὴ Ελισαιε ἐπ᾽
αὐτῷ σήμερον.

32 καὶ Ελισαιε ἐκάθητο ἐν τῷ οἴκῳ αὐτοῦ, καὶ οἱ πρεσβύτεροι ἐκάθηντο μετ᾽ αὐτοῦ.
καὶ ἀπέστειλεν ἄνδρα πρὸ προσώπου αὐτοῦ· πρὶν[29] ἐλθεῖν τὸν ἄγγελον πρὸς
αὐτὸν καὶ αὐτὸς εἶπεν πρὸς τοὺς πρεσβυτέρους Εἰ οἴδατε ὅτι ἀπέστειλεν ὁ υἱὸς
τοῦ φονευτοῦ[30] οὗτος ἀφελεῖν[31] τὴν κεφαλήν μου; ἴδετε ὡς ἂν ἔλθῃ ὁ ἄγγελος,
ἀποκλείσατε[32] τὴν θύραν καὶ παραθλίψατε[33] αὐτὸν ἐν τῇ θύρᾳ· οὐχὶ φωνὴ τῶν
ποδῶν τοῦ κυρίου αὐτοῦ κατόπισθεν[34] αὐτοῦ; **33** ἔτι αὐτοῦ λαλοῦντος μετ᾽ αὐτῶν
καὶ ἰδοὺ ἄγγελος κατέβη πρὸς αὐτὸν καὶ εἶπεν Ἰδοὺ αὕτη ἡ κακία[35] παρὰ κυρίου· τί
ὑπομείνω[36] τῷ κυρίῳ ἔτι;

1 περικάθημαι, *impf mid ind 3p*, besiege
2 ὄνος, donkey
3 πεντήκοντα, fifty
4 σίκλος, shekel, *Heb. LW*
5 ἀργύριον, silver
6 τέταρτος, fourth
7 κάβος, grain measure, *Heb. LW*
8 κόπρος, excrement, dung
9 περιστερά, pigeon, dove
10 σίκλος, shekel, *Heb. LW*
11 διαπορεύομαι, *pres mid ptc nom s m*, go across
12 τεῖχος, city wall
13 βοάω, *aor act ind 3s*, cry out
14 σῴζω, *aor act opt 3s*, save
15 πόθεν, how
16 ἅλων, threshing floor
17 ληνός, wine press
18 αὔριον, tomorrow
19 ἕψω, *aor act ind 1p*, boil
20 κρύπτω, *aor act ind 3s*, hide, conceal
21 διαρρήγνυμι, *aor act ind 3s*, tear, rend
22 διαπορεύομαι, *impf mid ind 3s*, go across
23 τεῖχος, city wall
24 σάκκος, sackcloth, *Heb. LW*
25 ἔσωθεν, underneath
26 ὅδε, this
27 ποιέω, *aor act opt 3s*, do
28 προστίθημι, *aor act opt 3s*, add to, increase
29 πρίν, before
30 φονευτής, murderer
31 ἀφαιρέω, *aor act inf*, remove
32 ἀποκλείω, *aor act impv 2p*, shut up
33 παραθλίβω, *aor act impv 2p*, detain
34 κατόπισθεν, behind
35 κακία, trouble, misfortune
36 ὑπομένω, *aor act sub 1s*, wait upon

7 καὶ εἶπεν Ελισαιε Ἄκουσον λόγον κυρίου Τάδε[1] λέγει κύριος Ὡς ἡ ὥρα[2] αὕτη
αὔριον[3] μέτρον[4] σεμιδάλεως[5] σίκλου[6] καὶ δίμετρον[7] κριθῶν[8] σίκλου ἐν ταῖς
πύλαις[9] Σαμαρείας. **2** καὶ ἀπεκρίθη ὁ τριστάτης,[10] ἐφ᾽ ὃν ὁ βασιλεὺς ἐπανεπαύετο[11]
ἐπὶ τὴν χεῖρα αὐτοῦ, τῷ Ελισαιε καὶ εἶπεν Ἰδοὺ ποιήσει κύριος καταρράκτας[12] ἐν
οὐρανῷ, μὴ ἔσται τὸ ῥῆμα τοῦτο; καὶ Ελισαιε εἶπεν Ἰδοὺ σὺ ὄψῃ τοῖς ὀφθαλμοῖς
σου καὶ ἐκεῖθεν[13] οὐ φάγῃ.

Four Lepers Report That the Siege Has Ended

3 καὶ τέσσαρες ἄνδρες ἦσαν λεπροὶ[14] παρὰ τὴν θύραν τῆς πόλεως, καὶ εἶπεν
ἀνὴρ πρὸς τὸν πλησίον[15] αὐτοῦ Τί ἡμεῖς καθήμεθα ὧδε,[16] ἕως ἀποθάνωμεν; **4** ἐὰν
εἴπωμεν Εἰσέλθωμεν εἰς τὴν πόλιν, καὶ ὁ λιμὸς[17] ἐν τῇ πόλει καὶ ἀποθανούμεθα
ἐκεῖ· καὶ ἐὰν καθίσωμεν ὧδε,[18] καὶ ἀποθανούμεθα. καὶ νῦν δεῦτε[19] καὶ ἐμπέσωμεν[20]
εἰς τὴν παρεμβολὴν[21] Συρίας· ἐὰν Ζωογονήσωσιν[22] ἡμᾶς, καὶ ζησόμεθα· καὶ ἐὰν
θανατώσωσιν[23] ἡμᾶς, καὶ ἀποθανούμεθα. **5** καὶ ἀνέστησαν ἐν τῷ σκότει εἰσελθεῖν εἰς
τὴν παρεμβολὴν[24] Συρίας καὶ ἦλθον εἰς μέρος[25] τῆς παρεμβολῆς Συρίας, καὶ ἰδοὺ οὐκ
ἔστιν ἀνὴρ ἐκεῖ. **6** καὶ κύριος ἀκουστὴν[26] ἐποίησεν τὴν παρεμβολὴν[27] Συρίας φωνὴν
ἅρματος[28] καὶ φωνὴν ἵππου[29] καὶ φωνὴν δυνάμεως μεγάλης, καὶ εἶπεν ἀνὴρ πρὸς τὸν
ἀδελφὸν αὐτοῦ Νῦν ἐμισθώσατο[30] ἐφ᾽ ἡμᾶς βασιλεὺς Ισραηλ τοὺς βασιλέας τῶν
Χετταίων καὶ τοὺς βασιλέας Αἰγύπτου τοῦ ἐλθεῖν ἐφ᾽ ἡμᾶς. **7** καὶ ἀνέστησαν καὶ
ἀπέδρασαν[31] ἐν τῷ σκότει καὶ ἐγκατέλιπαν[32] τὰς σκηνὰς[33] αὐτῶν καὶ τοὺς ἵππους[34]
αὐτῶν καὶ τοὺς ὄνους[35] αὐτῶν ἐν τῇ παρεμβολῇ[36] ὡς ἔστιν καὶ ἔφυγον[37] πρὸς τὴν
ψυχὴν ἑαυτῶν. **8** καὶ εἰσῆλθον οἱ λεπροὶ[38] οὗτοι ἕως μέρους[39] τῆς παρεμβολῆς[40] καὶ
εἰσῆλθον εἰς σκηνὴν[41] μίαν καὶ ἔφαγον καὶ ἔπιον καὶ ἦραν ἐκεῖθεν ἀργύριον[42] καὶ

1 ὅδε, this
2 ὥρα, time
3 αὔριον, tomorrow
4 μέτρον, measure
5 σεμίδαλις, fine wheat flour
6 σίκλος, shekel, *Heb. LW*
7 δίμετρον, double measure
8 κριθή, barley
9 πύλη, gate
10 τριστάτης, third-ranking officer
11 ἐπαναπαύομαι, *impf mid ind 3s*, rest upon
12 καταρράκτης, outpouring, waterfall
13 ἐκεῖθεν, from there
14 λεπρός, leprous, leper
15 πλησίον, companion
16 ὧδε, here
17 λιμός, famine
18 ὧδε, here
19 δεῦτε, come!
20 ἐμπίπτω, *aor act sub 1p*, fall upon, attack
21 παρεμβολή, camp
22 ζωογονέω, *aor act sub 3p*, preserve alive
23 θανατόω, *aor act sub 3p*, put to death
24 παρεμβολή, camp
25 μέρος, part
26 ἀκουστός, audible
27 παρεμβολή, camp
28 ἅρμα, chariot
29 ἵππος, horse
30 μισθόω, *aor mid ind 3s*, hire
31 ἀποδιδράσκω, *aor act ind 3p*, run away
32 ἐγκαταλείπω, *aor act ind 3p*, leave behind
33 σκηνή, tent
34 ἵππος, horse
35 ὄνος, donkey
36 παρεμβολή, camp
37 φεύγω, *aor act ind 3p*, flee
38 λεπρός, leper
39 μέρος, part
40 παρεμβολή, camp
41 σκηνή, tent
42 ἀργύριον, silver

χρυσίον[1] καὶ ἱματισμὸν καὶ ἐπορεύθησαν· καὶ ἐπέστρεψαν καὶ εἰσῆλθον εἰς σκηνὴν[2] ἄλλην καὶ ἔλαβον ἐκεῖθεν[3] καὶ ἐπορεύθησαν καὶ κατέκρυψαν.[4]

9 καὶ εἶπεν ἀνὴρ πρὸς τὸν πλησίον[5] αὐτοῦ Οὐχ οὕτως ἡμεῖς ποιοῦμεν· ἡ ἡμέρα
αὕτη ἡμέρα εὐαγγελίας[6] ἐστίν, καὶ ἡμεῖς σιωπῶμεν[7] καὶ μένομεν[8] ἕως φωτὸς τοῦ
πρωὶ[9] καὶ εὑρήσομεν ἀνομίαν·[10] καὶ νῦν δεῦρο[11] καὶ εἰσέλθωμεν καὶ ἀναγγείλωμεν[12]
εἰς τὸν οἶκον τοῦ βασιλέως. **10** καὶ εἰσῆλθον καὶ ἐβόησαν[13] πρὸς τὴν πύλην[14] τῆς
πόλεως καὶ ἀνήγγειλαν[15] αὐτοῖς λέγοντες Εἰσήλθομεν εἰς τὴν παρεμβολὴν[16] Συρίας,
καὶ ἰδοὺ οὐκ ἔστιν ἐκεῖ ἀνὴρ καὶ φωνὴ ἀνθρώπου, ὅτι εἰ μὴ ἵππος[17] δεδεμένος[18] καὶ
ὄνος[19] καὶ αἱ σκηναὶ[20] αὐτῶν ὡς εἰσίν. **11** καὶ ἐβόησαν[21] οἱ θυρωροὶ[22] καὶ ἀνήγγειλαν[23]
εἰς τὸν οἶκον τοῦ βασιλέως ἔσω.[24] **12** καὶ ἀνέστη ὁ βασιλεὺς νυκτὸς καὶ εἶπεν πρὸς
τοὺς παῖδας[25] αὐτοῦ Ἀναγγελῶ[26] δὴ[27] ὑμῖν ἃ ἐποίησεν ἡμῖν Συρία· ἔγνωσαν ὅτι
πεινῶμεν[28] ἡμεῖς, καὶ ἐξῆλθαν ἐκ τῆς παρεμβολῆς[29] καὶ ἐκρύβησαν[30] ἐν τῷ ἀγρῷ[31]
λέγοντες ὅτι Ἐξελεύσονται ἐκ τῆς πόλεως, καὶ συλλημψόμεθα[32] αὐτοὺς ζῶντας
καὶ εἰς τὴν πόλιν εἰσελευσόμεθα. **13** καὶ ἀπεκρίθη εἷς τῶν παίδων[33] αὐτοῦ καὶ εἶπεν
Λαβέτωσαν δὴ[34] πέντε τῶν ἵππων[35] τῶν ὑπολελειμμένων,[36] οἳ κατελείφθησαν[37] ὧδε,[38]
ἰδού εἰσιν πρὸς πᾶν τὸ πλῆθος Ισραηλ τὸ ἐκλεῖπον·[39] καὶ ἀποστελοῦμεν ἐκεῖ καὶ
ὀψόμεθα. **14** καὶ ἔλαβον δύο ἐπιβάτας[40] ἵππων,[41] καὶ ἀπέστειλεν ὁ βασιλεὺς Ισραηλ
ὀπίσω τοῦ βασιλέως Συρίας λέγων Δεῦτε[42] καὶ ἴδετε. **15** καὶ ἐπορεύθησαν ὀπίσω
αὐτῶν ἕως τοῦ Ιορδάνου, καὶ ἰδοὺ πᾶσα ἡ ὁδὸς πλήρης[43] ἱματίων καὶ σκευῶν,[44]

1 χρυσίον, gold
2 σκηνή, tent
3 ἐκεῖθεν, from there
4 κατακρύπτω, *aor act ind 3p*, hide
5 πλησίον, companion
6 εὐαγγελία, good news
7 σιωπάω, *pres act ind 1p*, keep silence
8 μένω, *pres act ind 1p*, wait, remain
9 πρωί, morning
10 ἀνομία, evil, iniquity
11 δεῦρο, come!
12 ἀναγγέλλω, *aor act sub 1p*, report, announce
13 βοάω, *aor act ind 3p*, cry out
14 πύλη, gate
15 ἀναγγέλλω, *aor act ind 3p*, report, announce
16 παρεμβολή, camp
17 ἵππος, horse
18 δέω, *perf pas ptc nom s m*, tie up
19 ὄνος, donkey
20 σκηνή, tent
21 βοάω, *aor act ind 3p*, cry out
22 θυρωρός, porter
23 ἀναγγέλλω, *aor act ind 3p*, report, announce
24 ἔσω, inside
25 παῖς, servant
26 ἀναγγέλλω, *fut act ind 1s*, report, announce
27 δή, now, then
28 πεινάω, *pres act ind 1p*, be hungry
29 παρεμβολή, camp
30 κρύπτω, *aor pas ind 3p*, hide
31 ἀγρός, field, countryside
32 συλλαμβάνω, *fut mid ind 1p*, capture
33 παῖς, servant
34 δή, now
35 ἵππος, horse
36 ὑπολείπω, *perf pas ptc gen p m*, leave behind
37 καταλείπω, *aor pas ind 3p*, leave
38 ὧδε, here
39 ἐκλείπω, *pres act ptc nom s n*, remain
40 ἐπιβάτης, rider, horseman
41 ἵππος, horse
42 δεῦτε, come!
43 πλήρης, full
44 σκεῦος, equipment

ὧν ἔρριψεν[1] Συρία ἐν τῷ θαμβεῖσθαι[2] αὐτούς· καὶ ἐπέστρεψαν οἱ ἄγγελοι καὶ ἀνήγγειλαν[3] τῷ βασιλεῖ.

16 καὶ ἐξῆλθεν ὁ λαὸς καὶ διήρπασεν[4] τὴν παρεμβολὴν[5] Συρίας, καὶ ἐγένετο μέτρον[6]
σεμιδάλεως[7] σίκλου[8] καὶ δίμετρον[9] κριθῶν[10] σίκλου κατὰ τὸ ῥῆμα κυρίου. **17** καὶ
ὁ βασιλεὺς κατέστησεν[11] τὸν τριστάτην,[12] ἐφ᾽ ὃν ὁ βασιλεὺς ἐπανεπαύετο[13] ἐπὶ τῇ χειρὶ αὐτοῦ, ἐπὶ τῆς πύλης,[14] καὶ συνεπάτησεν[15] αὐτὸν ὁ λαὸς ἐν τῇ πύλῃ, καὶ ἀπέθανεν, καθὰ[16] ἐλάλησεν ὁ ἄνθρωπος τοῦ θεοῦ, ὃς ἐλάλησεν ἐν τῷ καταβῆναι τὸν ἄγγελον πρὸς αὐτόν.

18 καὶ ἐγένετο καθὰ[17] ἐλάλησεν Ελισαιε πρὸς τὸν βασιλέα λέγων Δίμετρον[18] κρι-
θῆς[19] σίκλου[20] καὶ μέτρον[21] σεμιδάλεως[22] σίκλου καὶ ἔσται ὡς ἡ ὥρα[23] αὕτη αὔριον[24]
ἐν τῇ πύλῃ[25] Σαμαρείας· **19** καὶ ἀπεκρίθη ὁ τριστάτης[26] τῷ Ελισαιε καὶ εἶπεν Ἰδοὺ
κύριος ποιεῖ καταρράκτας[27] ἐν τῷ οὐρανῷ, μὴ ἔσται τὸ ῥῆμα τοῦτο; καὶ εἶπεν Ελι-
σαιε Ἰδοὺ ὄψῃ τοῖς ὀφθαλμοῖς σου καὶ ἐκεῖθεν[28] οὐ φάγῃ. **20** καὶ ἐγένετο οὕτως,
καὶ συνεπάτησεν[29] αὐτὸν ὁ λαὸς ἐν τῇ πύλῃ,[30] καὶ ἀπέθανεν.

Jehoram Returns the Shunammite's Land

8 Καὶ Ελισαιε ἐλάλησεν πρὸς τὴν γυναῖκα, ἧς ἐζωπύρησεν[31] τὸν υἱόν, λέγων Ἀνάστηθι καὶ δεῦρο[32] σὺ καὶ ὁ οἶκός σου καὶ παροίκει[33] οὗ[34] ἐὰν παροικήσῃς,[35] ὅτι κέκληκεν κύριος λιμὸν[36] ἐπὶ τὴν γῆν, καί γε ἦλθεν ἐπὶ τὴν γῆν ἑπτὰ ἔτη. **2** καὶ ἀνέστη
ἡ γυνὴ καὶ ἐποίησεν κατὰ τὸ ῥῆμα Ελισαιε καὶ ἐπορεύθη αὐτὴ καὶ ὁ οἶκος αὐτῆς καὶ παρῴκει[37] ἐν γῇ ἀλλοφύλων[38] ἑπτὰ ἔτη. **3** καὶ ἐγένετο μετὰ τὸ τέλος τῶν ἑπτὰ ἐτῶν
καὶ ἐπέστρεψεν ἡ γυνὴ ἐκ γῆς ἀλλοφύλων[39] εἰς τὴν πόλιν καὶ ἦλθεν βοῆσαι[40] πρὸς

1 ῥίπτω, *aor act ind 3s*, cast aside
2 θαμβέω, *pres mid inf*, alarm
3 ἀναγγέλλω, *aor act ind 3p*, report, announce
4 διαρπάζω, *aor act ind 3s*, plunder
5 παρεμβολή, camp
6 μέτρον, measure
7 σεμίδαλις, fine wheat flour
8 σίκλος, shekel, *Heb. LW*
9 δίμετρον, double measure
10 κριθή, barley
11 καθίστημι, *aor act ind 3s*, set over, appoint
12 τριστάτης, third-ranking officer
13 ἐπαναπαύομαι, *impf mid ind 3s*, rest upon
14 πύλη, gate
15 συμπατέω, *aor act ind 3s*, trample
16 καθά, just as
17 καθά, just as
18 δίμετρον, double measure
19 κριθή, barley
20 σίκλος, shekel, *Heb. LW*
21 μέτρον, measure
22 σεμίδαλις, fine wheat flour
23 ὥρα, time
24 αὔριον, tomorrow
25 πύλη, gate
26 τριστάτης, third-ranking officer
27 καταρράκτης, outpouring, waterfall
28 ἐκεῖθεν, from there
29 συμπατέω, *aor act ind 3s*, trample
30 πύλη, gate
31 ζωπυρέω, *aor act ind 3s*, restore to life
32 δεῦρο, come!
33 παροικέω, *pres act impv 2s*, live as an alien
34 οὗ, where
35 παροικέω, *aor act sub 2s*, live as an alien
36 λιμός, famine
37 παροικέω, *impf act ind 3s*, live as an alien
38 ἀλλόφυλος, foreign, (Philistine)
39 ἀλλόφυλος, foreign, (Philistine)
40 βοάω, *aor act inf*, cry out

τὸν βασιλέα περὶ τοῦ οἴκου ἑαυτῆς καὶ περὶ τῶν ἀγρῶν ἑαυτῆς. **4** καὶ ὁ βασιλεὺς
ἐλάλει πρὸς Γιεζι τὸ παιδάριον[1] Ελισαιε τοῦ ἀνθρώπου τοῦ θεοῦ λέγων Διήγησαι[2]
δή[3] μοι πάντα τὰ μεγάλα, ἃ ἐποίησεν Ελισαιε. **5** καὶ ἐγένετο αὐτοῦ ἐξηγουμένου[4]
τῷ βασιλεῖ ὡς ἐζωπύρησεν[5] υἱὸν τεθνηκότα, καὶ ἰδοὺ ἡ γυνή, ἧς ἐζωπύρησεν τὸν
υἱὸν αὐτῆς Ελισαιε, βοῶσα[6] πρὸς τὸν βασιλέα περὶ τοῦ οἴκου ἑαυτῆς καὶ περὶ τῶν
ἀγρῶν ἑαυτῆς· καὶ εἶπεν Γιεζι Κύριε βασιλεῦ, αὕτη ἡ γυνή, καὶ οὗτος ὁ υἱὸς αὐτῆς,
ὃν ἐζωπύρησεν Ελισαιε. **6** καὶ ἐπηρώτησεν[7] ὁ βασιλεὺς τὴν γυναῖκα, καὶ διηγήσατο[8]
αὐτῷ· καὶ ἔδωκεν αὐτῇ ὁ βασιλεὺς εὐνοῦχον[9] ἕνα λέγων Ἐπίστρεψον πάντα τὰ
αὐτῆς καὶ πάντα τὰ γενήματα[10] τοῦ ἀγροῦ αὐτῆς ἀπὸ τῆς ἡμέρας, ἧς κατέλιπεν[11]
τὴν γῆν, ἕως τοῦ νῦν.

Elisha and Hazael

7 Καὶ ἦλθεν Ελισαιε εἰς Δαμασκόν, καὶ υἱὸς Αδερ βασιλεὺς Συρίας ἠρρώστει,[12] καὶ
ἀνήγγειλαν[13] αὐτῷ λέγοντες Ἥκει[14] ὁ ἄνθρωπος τοῦ θεοῦ ἕως ὧδε.[15] **8** καὶ εἶπεν ὁ
βασιλεὺς πρὸς Αζαηλ Λαβὲ ἐν τῇ χειρί σου μαναα[16] καὶ δεῦρο[17] εἰς ἀπαντὴν[18] τῷ
ἀνθρώπῳ τοῦ θεοῦ καὶ ἐπιζήτησον[19] τὸν κύριον παρ᾽ αὐτοῦ λέγων Εἰ ζήσομαι ἐκ
τῆς ἀρρωστίας[20] μου ταύτης; **9** καὶ ἐπορεύθη Αζαηλ εἰς ἀπαντὴν[21] αὐτοῦ καὶ ἔλαβεν
μαναα[22] ἐν τῇ χειρὶ αὐτοῦ καὶ πάντα τὰ ἀγαθὰ Δαμασκοῦ, ἄρσιν[23] τεσσαράκοντα[24]
καμήλων,[25] καὶ ἦλθεν καὶ ἔστη ἐνώπιον αὐτοῦ καὶ εἶπεν πρὸς Ελισαιε Ὁ υἱός
σου υἱὸς Αδερ βασιλεὺς Συρίας ἀπέστειλέν με πρὸς σὲ λέγων Εἰ ζήσομαι ἐκ τῆς
ἀρρωστίας[26] μου ταύτης; **10** καὶ εἶπεν Ελισαιε Δεῦρο[27] εἰπὸν αὐτῷ Ζωῇ ζήσῃ· καὶ
ἔδειξέν μοι κύριος ὅτι θανάτῳ ἀποθανῇ.

11 καὶ παρέστη[28] τῷ προσώπῳ αὐτοῦ καὶ ἔθηκεν ἕως αἰσχύνης,[29] καὶ ἔκλαυσεν ὁ
ἄνθρωπος τοῦ θεοῦ. **12** καὶ εἶπεν Αζαηλ Τί ὅτι ὁ κύριός μου κλαίει; καὶ εἶπεν Ὅτι
οἶδα ὅσα ποιήσεις τοῖς υἱοῖς Ισραηλ κακά· τὰ ὀχυρώματα[30] αὐτῶν ἐξαποστελεῖς[31]

1 παιδάριον, young boy
2 διηγέομαι, *aor mid impv 2s*, describe
3 δή, now
4 ἐξηγέομαι, *pres mid ptc gen s m*, explain at length
5 ζωπυρέω, *aor act ind 3s*, restore to life
6 βοάω, *pres act ptc nom s f*, cry out
7 ἐπερωτάω, *aor act ind 3s*, inquire of
8 διηγέομαι, *aor mid ind 3s*, describe
9 εὐνοῦχος, eunuch
10 γένημα, produce, yield
11 καταλείπω, *aor act ind 3s*, leave behind
12 ἀρρωστέω, *impf act ind 3s*, be sick
13 ἀναγγέλλω, *aor act ind 3p*, report
14 ἥκω, *pres act ind 3s*, has come
15 ὧδε, here
16 μαναα, gift, offering, *translit.*
17 δεῦρο, come!
18 ἀπαντή, meeting
19 ἐπιζητέω, *aor act impv 2s*, consult, inquire
20 ἀρρωστία, disease
21 ἀπαντή, meeting
22 μαναα, gift, offering, *translit.*
23 ἄρσις, load
24 τεσσαράκοντα, forty
25 κάμηλος, camel
26 ἀρρωστία, disease
27 δεῦρο, come!
28 παρίστημι, *aor act ind 3s*, stand before
29 αἰσχύνη, shame, embarrassment
30 ὀχύρωμα, fortress
31 ἐξαποστέλλω, *fut act ind 2s*, dispatch, remove

ἐν πυρὶ καὶ τοὺς ἐκλεκτοὺς[1] αὐτῶν ἐν ῥομφαίᾳ[2] ἀποκτενεῖς καὶ τὰ νήπια[3] αὐτῶν
ἐνσείσεις[4] καὶ τὰς ἐν γαστρὶ[5] ἐχούσας αὐτῶν ἀναρρήξεις.[6] **13** καὶ εἶπεν Αζαηλ Τίς
ἐστιν ὁ δοῦλός σου, ὁ κύων[7] ὁ τεθνηκώς, ὅτι ποιήσει τὸ ῥῆμα τοῦτο; καὶ εἶπεν Ελι-
σαιε Ἔδειξέν μοι κύριός σε βασιλεύοντα[8] ἐπὶ Συρίαν. **14** καὶ ἀπῆλθεν ἀπὸ Ελισαιε
καὶ εἰσῆλθεν πρὸς τὸν κύριον αὐτοῦ, καὶ εἶπεν αὐτῷ Τί εἶπέν σοι Ελισαιε; καὶ
εἶπεν Εἶπέν μοι Ζωῇ ζήσῃ. **15** καὶ ἐγένετο τῇ ἐπαύριον[9] καὶ ἔλαβεν τὸ μαχμα[10] καὶ
ἔβαψεν[11] ἐν τῷ ὕδατι καὶ περιέβαλεν[12] ἐπὶ τὸ πρόσωπον αὐτοῦ, καὶ ἀπέθανεν, καὶ
ἐβασίλευσεν[13] Αζαηλ ἀντ᾽[14] αὐτοῦ.

Joram's Reign in Judah

16 Ἐν ἔτει πέμπτῳ[15] τῷ Ιωραμ υἱῷ Αχααβ βασιλεῖ Ισραηλ ἐβασίλευσεν[16] Ιωραμ υἱὸς
Ιωσαφατ βασιλεὺς Ιουδα. **17** υἱὸς τριάκοντα[17] καὶ δύο ἐτῶν ἦν ἐν τῷ βασιλεύειν[18]
αὐτὸν καὶ ὀκτὼ[19] ἔτη ἐβασίλευσεν[20] ἐν Ιερουσαλημ. **18** καὶ ἐπορεύθη ἐν ὁδῷ βασι-
λέων Ισραηλ, καθὼς ἐποίησεν οἶκος Αχααβ, ὅτι θυγάτηρ[21] Αχααβ ἦν αὐτῷ εἰς
γυναῖκα· καὶ ἐποίησεν τὸ πονηρὸν ἐνώπιον κυρίου. **19** καὶ οὐκ ἠθέλησεν κύριος
διαφθεῖραι[22] τὸν Ιουδαν διὰ Δαυιδ τὸν δοῦλον αὐτοῦ, καθὼς εἶπεν δοῦναι αὐτῷ
λύχνον[23] καὶ τοῖς υἱοῖς αὐτοῦ πάσας τὰς ἡμέρας. **20** ἐν ταῖς ἡμέραις αὐτοῦ ἠθέτησεν[24]
Εδωμ ὑποκάτωθεν[25] χειρὸς Ιουδα καὶ ἐβασίλευσαν[26] ἐφ᾽ ἑαυτοὺς βασιλέα. **21** καὶ
ἀνέβη Ιωραμ εἰς Σιωρ καὶ πάντα τὰ ἅρματα[27] μετ᾽ αὐτοῦ, καὶ ἐγένετο αὐτοῦ ἀνα-
στάντος καὶ ἐπάταξεν[28] τὸν Εδωμ τὸν κυκλώσαντα[29] ἐπ᾽ αὐτὸν καὶ τοὺς ἄρχοντας
τῶν ἁρμάτων,[30] καὶ ἔφυγεν[31] ὁ λαὸς εἰς τὰ σκηνώματα[32] αὐτῶν. **22** καὶ ἠθέτησεν[33]
Εδωμ ὑποκάτωθεν[34] χειρὸς Ιουδα ἕως τῆς ἡμέρας ταύτης. τότε ἠθέτησεν[35] Λοβενα
ἐν τῷ καιρῷ ἐκείνῳ. **23** καὶ τὰ λοιπὰ τῶν λόγων Ιωραμ καὶ πάντα, ὅσα ἐποίησεν, οὐκ
ἰδοὺ ταῦτα γέγραπται ἐπὶ βιβλίῳ λόγων τῶν ἡμερῶν τοῖς βασιλεῦσιν Ιουδα; **24** καὶ

1 ἐκλεκτός, chosen one
2 ῥομφαία, sword
3 νήπιος, infant
4 ἐνσείω, *fut act ind 2s*, dash, hurl down
5 γαστήρ, womb
6 ἀναρρήγνυμι, *fut act ind 2s*, rip open
7 κύων, dog
8 βασιλεύω, *pres act ptc acc s m*, reign as king
9 ἐπαύριον, next day
10 μαχμα, quilt, *translit.*
11 βάπτω, *aor act ind 3s*, dip
12 περιβάλλω, *aor act ind 3s*, cover over
13 βασιλεύω, *aor act ind 3s*, reign as king
14 ἀντί, in place of
15 πέμπτος, fifth
16 βασιλεύω, *aor act ind 3s*, reign as king
17 τριάκοντα, thirty
18 βασιλεύω, *pres act inf*, reign as king
19 ὀκτώ, eight
20 βασιλεύω, *aor act ind 3s*, reign as king
21 θυγάτηρ, daughter
22 διαφθείρω, *aor act inf*, ruin, destroy
23 λύχνος, lamp
24 ἀθετέω, *aor act ind 3s*, revolt against
25 ὑποκάτωθεν, from beneath
26 βασιλεύω, *aor act ind 3p*, reign as king
27 ἅρμα, chariot
28 πατάσσω, *aor act ind 3s*, strike, slay
29 κυκλόω, *aor act ptc acc s m*, encircle, surround
30 ἅρμα, chariot
31 φεύγω, *aor act ind 3s*, flee
32 σκήνωμα, tent
33 ἀθετέω, *aor act ind 3s*, revolt against
34 ὑποκάτωθεν, from beneath
35 ἀθετέω, *aor act ind 3s*, revolt against

ἐκοιμήθη[1] Ιωραμ μετὰ τῶν πατέρων αὐτοῦ καὶ ἐτάφη[2] μετὰ τῶν πατέρων αὐτοῦ ἐν πόλει Δαυιδ τοῦ πατρὸς αὐτοῦ· καὶ ἐβασίλευσεν[3] Οχοζιας υἱὸς αὐτοῦ ἀντ᾽[4] αὐτοῦ.

Ahaziah's Reign in Judah

25 Ἐν ἔτει δωδεκάτῳ[5] τῷ Ιωραμ υἱῷ Αχααβ βασιλεῖ Ισραηλ ἐβασίλευσεν[6] Οχοζιας
υἱὸς Ιωραμ. **26** υἱὸς εἴκοσι[7] καὶ δύο ἐτῶν Οχοζιας ἐν τῷ βασιλεύειν[8] αὐτὸν καὶ
ἐνιαυτὸν[9] ἕνα ἐβασίλευσεν[10] ἐν Ιερουσαλημ, καὶ ὄνομα τῆς μητρὸς αὐτοῦ Γοθολια
θυγάτηρ[11] Αμβρι βασιλέως Ισραηλ. **27** καὶ ἐπορεύθη ἐν ὁδῷ οἴκου Αχααβ καὶ ἐποί-
ησεν τὸ πονηρὸν ἐνώπιον κυρίου καθὼς ὁ οἶκος Αχααβ. **28** καὶ ἐπορεύθη μετὰ
Ιωραμ υἱοῦ Αχααβ εἰς πόλεμον μετὰ Αζαηλ βασιλέως ἀλλοφύλων[12] ἐν Ρεμμωθ
Γαλααδ, καὶ ἐπάταξαν[13] οἱ Σύροι τὸν Ιωραμ. **29** καὶ ἐπέστρεψεν ὁ βασιλεὺς Ιωραμ
τοῦ ἰατρευθῆναι[14] ἐν Ιεζραελ ἀπὸ τῶν πληγῶν,[15] ὧν ἐπάταξαν[16] αὐτὸν ἐν Ρεμμωθ ἐν τῷ πολεμεῖν αὐτὸν μετὰ Αζαηλ βασιλέως Συρίας· καὶ Οχοζιας υἱὸς Ιωραμ κατέβη τοῦ ἰδεῖν τὸν Ιωραμ υἱὸν Αχααβ ἐν Ιεζραελ, ὅτι ἠρρώστει[17] αὐτός.

Jehu's Reign in Israel

9 Καὶ Ελισαιε ὁ προφήτης ἐκάλεσεν ἕνα τῶν υἱῶν τῶν προφητῶν καὶ εἶπεν αὐτῷ
Ζῶσαι[18] τὴν ὀσφύν[19] σου καὶ λαβὲ τὸν φακὸν[20] τοῦ ἐλαίου[21] τούτου ἐν τῇ χειρί
σου καὶ δεῦρο[22] εἰς Ρεμμωθ Γαλααδ· **2** καὶ εἰσελεύσῃ ἐκεῖ καὶ ὄψῃ ἐκεῖ Ιου υἱὸν Ιω-
σαφατ υἱοῦ Ναμεσσι καὶ εἰσελεύσῃ καὶ ἀναστήσεις αὐτὸν ἐκ μέσου τῶν ἀδελφῶν
αὐτοῦ καὶ εἰσάξεις[23] αὐτὸν εἰς τὸ ταμιεῖον[24] ἐν τῷ ταμιείῳ· **3** καὶ λήμψῃ τὸν φακὸν[25]
τοῦ ἐλαίου[26] καὶ ἐπιχεεῖς[27] ἐπὶ τὴν κεφαλὴν αὐτοῦ καὶ εἰπόν Τάδε[28] λέγει κύριος Κέχρικά[29] σε εἰς βασιλέα ἐπὶ Ισραηλ· καὶ ἀνοίξεις τὴν θύραν καὶ φεύξῃ[30] καὶ οὐ μενεῖς.[31]

4 καὶ ἐπορεύθη τὸ παιδάριον[32] ὁ προφήτης εἰς Ρεμμωθ Γαλααδ **5** καὶ εἰσῆλθεν, καὶ
ἰδοὺ οἱ ἄρχοντες τῆς δυνάμεως ἐκάθηντο, καὶ εἶπεν Λόγος μοι πρὸς σέ, ὁ ἄρχων·
καὶ εἶπεν Ιου Πρὸς τίνα ἐκ πάντων ἡμῶν; καὶ εἶπεν Πρὸς σέ, ὁ ἄρχων. **6** καὶ ἀνέστη

1 κοιμάω, *aor pas ind 3s*, sleep
2 θάπτω, *aor pas ind 3s*, bury
3 βασιλεύω, *aor act ind 3s*, reign as king
4 ἀντί, in place of
5 δωδέκατος, twelfth
6 βασιλεύω, *aor act ind 3s*, reign as king
7 εἴκοσι, twenty
8 βασιλεύω, *pres act inf*, reign as king
9 ἐνιαυτός, year
10 βασιλεύω, *aor act ind 3s*, reign as king
11 θυγάτηρ, daughter
12 ἀλλόφυλος, foreign, (Philistine)
13 πατάσσω, *aor act ind 3p*, strike, slay
14 ἰατρεύω, *aor pas inf*, heal, recover
15 πληγή, blow, wound
16 πατάσσω, *aor act ind 3p*, strike, slay
17 ἀρρωστέω, *impf act ind 3s*, be sick
18 ζωννύω, *aor mid impv 2s*, gird
19 ὀσφύς, loins
20 φακός, bottle, container
21 ἔλαιον, oil
22 δεῦρο, come!
23 εἰσάγω, *fut act ind 2s*, lead into
24 ταμιεῖον, chamber
25 φακός, bottle, container
26 ἔλαιον, oil
27 ἐπιχέω, *fut act ind 2s*, pour over
28 ὅδε, this
29 χρίω, *perf act ind 1s*, anoint
30 φεύγω, *fut mid ind 2s*, flee
31 μένω, *fut act ind 2s*, tarry, remain
32 παιδάριον, young man

καὶ εἰσῆλθεν εἰς τὸν οἶκον, καὶ ἐπέχεεν[1] τὸ ἔλαιον[2] ἐπὶ τὴν κεφαλὴν αὐτοῦ καὶ εἶπεν αὐτῷ Τάδε[3] λέγει κύριος ὁ θεὸς Ισραηλ Κέχρικά[4] σε εἰς βασιλέα ἐπὶ λαὸν κυρίου ἐπὶ τὸν Ισραηλ, **7** καὶ ἐξολεθρεύσεις[5] τὸν οἶκον Αχααβ τοῦ κυρίου σου ἐκ προσώπου μου καὶ ἐκδικήσεις[6] τὰ αἵματα τῶν δούλων μου τῶν προφητῶν καὶ τὰ αἵματα πάντων τῶν δούλων κυρίου ἐκ χειρὸς Ιεζαβελ **8** καὶ ἐκ χειρὸς ὅλου τοῦ οἴκου Αχααβ καὶ ἐξολεθρεύσεις[7] τῷ οἴκῳ Αχααβ οὐροῦντα[8] πρὸς τοῖχον[9] καὶ συνεχόμενον[10] καὶ ἐγκαταλελειμμένον[11] ἐν Ισραηλ· **9** καὶ δώσω τὸν οἶκον Αχααβ ὡς τὸν οἶκον Ιεροβοαμ υἱοῦ Ναβατ καὶ ὡς τὸν οἶκον Βαασα υἱοῦ Αχια· **10** καὶ τὴν Ιεζαβελ καταφάγονται[12] οἱ κύνες[13] ἐν τῇ μερίδι[14] Ιεζραελ, καὶ οὐκ ἔστιν ὁ θάπτων.[15] καὶ ἤνοιξεν τὴν θύραν καὶ ἔφυγεν.[16]

11 καὶ Ιου ἐξῆλθεν πρὸς τοὺς παῖδας[17] τοῦ κυρίου αὐτοῦ, καὶ εἶπον αὐτῷ Εἰ εἰρήνη; τί ὅτι εἰσῆλθεν ὁ ἐπίλημπτος[18] οὗτος πρὸς σέ; καὶ εἶπεν αὐτοῖς Ὑμεῖς οἴδατε τὸν ἄνδρα καὶ τὴν ἀδολεσχίαν[19] αὐτοῦ. **12** καὶ εἶπον Ἄδικον.[20] ἀπάγγειλον δὴ[21] ἡμῖν. καὶ εἶπεν Ιου πρὸς αὐτούς Οὕτως καὶ οὕτως ἐλάλησεν πρός με λέγων Τάδε[22] λέγει κύριος Κέχρικά[23] σε εἰς βασιλέα ἐπὶ Ισραηλ. **13** καὶ ἀκούσαντες ἔσπευσαν[24] καὶ ἔλαβον ἕκαστος τὸ ἱμάτιον αὐτοῦ καὶ ἔθηκαν ὑποκάτω[25] αὐτοῦ ἐπὶ γαρεμ[26] τῶν ἀναβαθμῶν[27] καὶ ἐσάλπισαν[28] ἐν κερατίνῃ[29] καὶ εἶπον Ἐβασίλευσεν[30] Ιου.

Jehu Kills Joram and Ahaziah

14 καὶ συνεστράφη[31] Ιου υἱὸς Ιωσαφατ υἱοῦ Ναμεσσι πρὸς Ιωραμ — καὶ Ιωραμ αὐτὸς ἐφύλασσεν ἐν Ρεμμωθ Γαλααδ, αὐτὸς καὶ πᾶς Ισραηλ, ἀπὸ προσώπου Αζαηλ βασιλέως Συρίας, **15** καὶ ἀπέστρεψεν[32] Ιωραμ ὁ βασιλεὺς ἰατρευθῆναι[33] ἐν Ιεζραελ ἀπὸ τῶν πληγῶν,[34] ὧν ἔπαισαν[35] αὐτὸν οἱ Σύροι ἐν τῷ πολεμεῖν αὐτὸν μετὰ Αζαηλ βασιλέως Συρίας — καὶ εἶπεν Ιου Εἰ ἔστιν ἡ ψυχὴ ὑμῶν μετ᾽ ἐμοῦ, μὴ ἐξελθέτω ἐκ τῆς πόλεως διαπεφευγὼς[36] τοῦ πορευθῆναι καὶ ἀπαγγεῖλαι ἐν Ιεζραελ. **16** καὶ

1 ἐπιχέω, *aor act ind 3s*, pour over
2 ἔλαιον, oil
3 ὅδε, this
4 χρίω, *perf act ind 1s*, anoint
5 ἐξολεθρεύω, *fut act ind 2s*, utterly destroy
6 ἐκδικέω, *fut act ind 2s*, avenge
7 ἐξολεθρεύω, *fut act ind 2s*, utterly destroy
8 οὐρέω, *pres act ptc acc s m*, urinate
9 τοῖχος, wall
10 συνέχω, *pres pas ptc acc s m*, detain
11 ἐγκαταλείπω, *perf pas ptc acc s m*, leave behind
12 κατεσθίω, *fut mid ind 3p*, devour
13 κύων, dog
14 μερίς, portion
15 θάπτω, *pres act ptc nom s m*, bury
16 φεύγω, *aor act ind 3s*, flee
17 παῖς, servant
18 ἐπίλημπτος, epileptic
19 ἀδολεσχία, idle talk, prattle
20 ἄδικος, wrong
21 δή, now
22 ὅδε, this
23 χρίω, *perf act ind 1s*, anoint
24 σπεύδω, *aor act ind 3p*, hasten
25 ὑποκάτω, beneath
26 γαρεμ, bare, *translit.*
27 ἀναβαθμός, staircase
28 σαλπίζω, *aor act ind 3p*, blow, sound
29 κερατίνη, trumpet, horn
30 βασιλεύω, *aor act ind 3s*, reign as king
31 συστρέφω, *aor pas ind 3s*, conspire against
32 ἀποστρέφω, *aor act ind 3s*, return
33 ἰατρεύω, *aor pas inf*, heal, recover
34 πληγή, wound, blow
35 παίω, *aor act ind 3p*, strike
36 διαφεύγω, *perf act ptc nom s m*, get away, escape

ἵππευσεν[1] καὶ ἐπορεύθη Ιου καὶ κατέβη εἰς Ιεζραελ, ὅτι Ιωραμ βασιλεὺς Ισραηλ ἐθεραπεύετο[2] ἐν Ιεζραελ ἀπὸ τῶν τοξευμάτων,[3] ὧν κατετόξευσαν[4] αὐτὸν οἱ Αραμιν ἐν τῇ Ραμμαθ ἐν τῷ πολέμῳ μετὰ Αζαηλ βασιλέως Συρίας, ὅτι αὐτὸς δυνατὸς καὶ ἀνὴρ δυνάμεως, καὶ Οχοζιας βασιλεὺς Ιουδα κατέβη ἰδεῖν τὸν Ιωραμ.

17 καὶ ὁ σκοπὸς[5] ἀνέβη ἐπὶ τὸν πύργον[6] ἐν Ιεζραελ καὶ εἶδεν τὸν κονιορτὸν[7] Ιου
ἐν τῷ παραγίνεσθαι αὐτὸν καὶ εἶπεν Κονιορτὸν ἐγὼ βλέπω. καὶ εἶπεν Ιωραμ Λαβὲ
ἐπιβάτην[8] καὶ ἀπόστειλον ἔμπροσθεν αὐτῶν, καὶ εἰπάτω Εἰ εἰρήνη; **18** καὶ ἐπορεύθη
ἐπιβάτης[9] ἵππου[10] εἰς ἀπαντὴν[11] αὐτῶν καὶ εἶπεν Τάδε[12] λέγει ὁ βασιλεύς Εἰ εἰρήνη;
καὶ εἶπεν Ιου Τί σοι καὶ εἰρήνῃ; ἐπίστρεφε εἰς τὰ ὀπίσω μου. καὶ ἀπήγγειλεν ὁ
σκοπὸς[13] λέγων Ἦλθεν ὁ ἄγγελος ἕως αὐτῶν καὶ οὐκ ἀνέστρεψεν.[14] **19** καὶ ἀπέστει-
λεν ἐπιβάτην[15] ἵππου[16] δεύτερον, καὶ ἦλθεν πρὸς αὐτὸν καὶ εἶπεν Τάδε[17] λέγει ὁ
βασιλεύς Εἰ εἰρήνη; καὶ εἶπεν Ιου Τί σοι καὶ εἰρήνῃ; ἐπιστρέφου εἰς τὰ ὀπίσω μου.

20 καὶ ἀπήγγειλεν ὁ σκοπὸς[18] λέγων Ἦλθεν ἕως αὐτῶν καὶ οὐκ ἀνέστρεψεν·[19] καὶ ὁ
ἄγων ἦγεν τὸν Ιου υἱὸν Ναμεσσιου, ὅτι ἐν παραλλαγῇ[20] ἐγένετο. **21** καὶ εἶπεν Ιωραμ
Ζεῦξον·[21] καὶ ἔζευξεν[22] ἅρμα.[23] καὶ ἐξῆλθεν Ιωραμ βασιλεὺς Ισραηλ καὶ Οχοζιας
βασιλεὺς Ιουδα, ἀνὴρ ἐν τῷ ἅρματι αὐτοῦ, καὶ ἐξῆλθον εἰς ἀπαντὴν[24] Ιου καὶ εὗρον
αὐτὸν ἐν τῇ μερίδι[25] Ναβουθαι τοῦ Ιεζραηλίτου. **22** καὶ ἐγένετο ὡς εἶδεν Ιωραμ τὸν
Ιου, καὶ εἶπεν Εἰ εἰρήνη, Ιου; καὶ εἶπεν Ιου Τί εἰρήνη; ἔτι αἱ πορνεῖαι[26] Ιεζαβελ τῆς
μητρός σου καὶ τὰ φάρμακα[27] αὐτῆς τὰ πολλά. **23** καὶ ἐπέστρεψεν Ιωραμ τὰς χεῖρας
αὐτοῦ τοῦ φυγεῖν[28] καὶ εἶπεν πρὸς Οχοζιαν Δόλος,[29] Οχοζια. **24** καὶ ἔπλησεν[30] Ιου
τὴν χεῖρα αὐτοῦ ἐν τῷ τόξῳ[31] καὶ ἐπάταξεν[32] τὸν Ιωραμ ἀνὰ μέσον[33] τῶν βραχι-
όνων[34] αὐτοῦ, καὶ ἐξῆλθεν τὸ βέλος[35] διὰ τῆς καρδίας αὐτοῦ, καὶ ἔκαμψεν[36] ἐπὶ τὰ
γόνατα[37] αὐτοῦ. **25** καὶ εἶπεν Ιου πρὸς Βαδεκαρ τὸν τριστάτην[38] αὐτοῦ Ῥῖψον[39]

1 ἱππεύω, *aor act ind 3s*, ride a horse
2 θεραπεύω, *impf pas ind 3s*, treat medically
3 τόξευμα, arrow
4 κατατοξεύω, *aor act ind 3p*, shoot (an arrow)
5 σκοπός, watchman
6 πύργος, tower
7 κονιορτός, cloud of dust
8 ἐπιβάτης, rider
9 ἐπιβάτης, rider
10 ἵππος, horse
11 ἀπαντή, meeting
12 ὅδε, this
13 σκοπός, watchman
14 ἀναστρέφω, *aor act ind 3s*, return
15 ἐπιβάτης, rider
16 ἵππος, horse
17 ὅδε, this
18 σκοπός, watchman
19 ἀναστρέφω, *aor act ind 3s*, return
20 παραλλαγή, frenzy
21 ζεύγνυμι, *aor act impv 2s*, make ready
22 ζεύγνυμι, *aor act ind 3s*, make ready
23 ἅρμα, chariot
24 ἀπαντή, meeting
25 μερίς, (plot), portion
26 πορνεία, fornication
27 φάρμακον, sorcery, poison
28 φεύγω, *aor act inf*, flee
29 δόλος, deception, treachery
30 πίμπλημι, *aor act ind 3s*, fill
31 τόξον, bow
32 πατάσσω, *aor act ind 3s*, hit
33 ἀνὰ μέσον, between
34 βραχίων, arm
35 βέλος, arrow
36 κάμπτω, *aor act ind 3s*, bend over
37 γόνυ, knee
38 τριστάτης, third-ranking officer
39 ῥίπτω, *aor act impv 2s*, throw, cast

αὐτὸν ἐν τῇ μερίδι[1] ἀγροῦ Ναβουθαι τοῦ Ιεζραηλίτου· ὅτι μνημονεύω,[2] ἐγὼ καὶ σὺ ἐπιβεβηκότες[3] ἐπὶ ζεύγη[4] ὀπίσω Αχααβ τοῦ πατρὸς αὐτοῦ, καὶ κύριος ἔλαβεν ἐπ' αὐτὸν τὸ λῆμμα[5] τοῦτο λέγων
26 Εἰ μὴ μετὰ τῶν αἱμάτων Ναβουθαι καὶ τὰ αἵματα τῶν υἱῶν αὐτοῦ εἶδον ἐχθές,[6] φησὶν[7] κύριος, καὶ ἀνταποδώσω[8] αὐτῷ ἐν τῇ μερίδι[9] ταύτῃ, φησὶν[10] κύριος· καὶ νῦν ἄρας δὴ[11] ῥῖψον[12] αὐτὸν ἐν τῇ μερίδι[13] κατὰ τὸ ῥῆμα κυρίου.

27 καὶ Οχοζιας βασιλεὺς Ιουδα εἶδεν καὶ ἔφυγεν[14] ὁδὸν Βαιθαγγαν, καὶ ἐδίωξεν ὀπίσω αὐτοῦ Ιου καὶ εἶπεν Καί γε αὐτόν· καὶ ἐπάταξεν[15] αὐτὸν ἐν τῷ ἅρματι[16] ἐν τῷ ἀναβαίνειν Γαι, ἥ ἐστιν Ιεβλααμ, καὶ ἔφυγεν εἰς Μαγεδδων καὶ ἀπέθανεν ἐκεῖ.
28 καὶ ἐπεβίβασαν[17] αὐτὸν οἱ παῖδες[18] αὐτοῦ ἐπὶ τὸ ἅρμα[19] καὶ ἤγαγον αὐτὸν εἰς Ιερουσαλημ καὶ ἔθαψαν[20] αὐτὸν ἐν τῷ τάφῳ[21] αὐτοῦ ἐν πόλει Δαυιδ. —
29 καὶ ἐν ἔτει ἑνδεκάτῳ[22] Ιωραμ βασιλέως Ισραηλ ἐβασίλευσεν[23] Οχοζιας ἐπὶ Ιουδαν.

30 Καὶ ἦλθεν Ιου εἰς Ιεζραελ· καὶ Ιεζαβελ ἤκουσεν καὶ ἐστιμίσατο[24] τοὺς ὀφθαλμοὺς αὐτῆς καὶ ἠγάθυνεν[25] τὴν κεφαλὴν αὐτῆς καὶ διέκυψεν[26] διὰ τῆς θυρίδος.[27]
31 καὶ Ιου εἰσεπορεύετο[28] ἐν τῇ πόλει, καὶ εἶπεν Εἰ εἰρήνη, Ζαμβρι ὁ φονευτὴς[29] τοῦ κυρίου αὐτοῦ;
32 καὶ ἐπῆρεν[30] τὸ πρόσωπον αὐτοῦ εἰς τὴν θυρίδα[31] καὶ εἶδεν αὐτὴν καὶ εἶπεν Τίς εἶ σύ; κατάβηθι μετ' ἐμοῦ. καὶ κατέκυψαν[32] πρὸς αὐτὸν δύο εὐνοῦχοι·[33]
33 καὶ εἶπεν Κυλίσατε[34] αὐτήν· καὶ ἐκύλισαν[35] αὐτήν, καὶ ἐρραντίσθη[36] τοῦ αἵματος αὐτῆς πρὸς τὸν τοῖχον[37] καὶ πρὸς τοὺς ἵππους,[38] καὶ συνεπάτησαν[39] αὐτήν.
34 καὶ εἰσῆλθεν Ιου καὶ ἔφαγεν καὶ ἔπιεν καὶ εἶπεν Ἐπισκέψασθε[40] δὴ[41] τὴν κατηραμένην[42] ταύτην καὶ θάψατε[43] αὐτήν, ὅτι θυγάτηρ[44] βασιλέως ἐστίν.
35 καὶ ἐπορεύθησαν θάψαι[45]

1 μερίς, (plot), portion
2 μνημονεύω, *pres act ind 1s*, remember
3 ἐπιβαίνω, *perf act ptc nom p m*, mount on
4 ζεῦγος, team, pair
5 λῆμμα, issue, argument
6 ἐχθές, yesterday
7 φημί, *pres act ind 3s*, say
8 ἀνταποδίδωμι, *fut act ind 1s*, repay
9 μερίς, (plot), portion
10 φημί, *pres act ind 3s*, say
11 δή, then, indeed
12 ῥίπτω, *aor act impv 2s*, throw, cast
13 μερίς, portion
14 φεύγω, *aor act ind 3s*, flee
15 πατάσσω, *aor act ind 3s*, strike, slay
16 ἅρμα, chariot
17 ἐπιβιβάζω, *aor act ind 3p*, cause to mount
18 παῖς, servant
19 ἅρμα, chariot
20 θάπτω, *aor act ind 3p*, bury
21 τάφος, grave, tomb
22 ἑνδέκατος, eleventh
23 βασιλεύω, *aor act ind 3s*, reign as king
24 στιμίζομαι, *aor mid ind 3s*, paint black
25 ἀγαθύνω, *aor act ind 3s*, adorn
26 διακύπτω, *aor act ind 3s*, peer out
27 θυρίς, window
28 εἰσπορεύομαι, *impf mid ind 3s*, come in
29 φονευτής, murderer
30 ἐπαίρω, *aor act ind 3s*, lift up
31 θυρίς, window
32 κατακύπτω, *aor act ind 3p*, look down
33 εὐνοῦχος, eunuch
34 κυλίω, *aor act impv 2p*, throw down
35 κυλίω, *aor act ind 3p*, throw down
36 ῥαντίζω, *aor pas ind 3s*, splatter
37 τοῖχος, wall
38 ἵππος, horse
39 συμπατέω, *aor act ind 3p*, trample
40 ἐπισκέπτομαι, *aor mid impv 2p*, attend to
41 δή, now
42 καταράομαι, *perf pas ptc acc s f*, curse
43 θάπτω, *aor act impv 2p*, bury
44 θυγάτηρ, daughter
45 θάπτω, *aor act inf*, bury

αὐτὴν καὶ οὐχ εὗρον ἐν αὐτῇ ἄλλο τι ἢ τὸ κρανίον[1] καὶ οἱ πόδες καὶ τὰ ἴχνη[2] τῶν χειρῶν. **36** καὶ ἐπέστρεψαν καὶ ἀνήγγειλαν[3] αὐτῷ, καὶ εἶπεν Λόγος κυρίου, ὃν ἐλάλησεν ἐν χειρὶ δούλου αὐτοῦ Ηλιου τοῦ Θεσβίτου λέγων Ἐν τῇ μερίδι[4] Ιεζραελ καταφάγονται[5] οἱ κύνες[6] τὰς σάρκας Ιεζαβελ, **37** καὶ ἔσται τὸ θνησιμαῖον[7] Ιεζαβελ ὡς κοπρία[8] ἐπὶ προσώπου τοῦ ἀγροῦ ἐν τῇ μερίδι[9] Ιεζραελ ὥστε μὴ εἰπεῖν αὐτούς Ιεζαβελ.

Ahab's Family Killed

10 Καὶ τῷ Αχααβ ἑβδομήκοντα[10] υἱοὶ ἐν Σαμαρείᾳ. καὶ ἔγραψεν Ιου βιβλίον καὶ ἀπέστειλεν ἐν Σαμαρείᾳ πρὸς τοὺς ἄρχοντας Σαμαρείας καὶ πρὸς τοὺς πρεσβυτέρους καὶ πρὸς τοὺς τιθηνοὺς[11] υἱῶν Αχααβ λέγων **2** Καὶ νῦν ὡς ἐὰν ἔλθῃ τὸ βιβλίον τοῦτο πρὸς ὑμᾶς, μεθ᾽ ὑμῶν οἱ υἱοὶ τοῦ κυρίου ὑμῶν καὶ μεθ᾽ ὑμῶν τὸ ἅρμα[12] καὶ οἱ ἵπποι[13] καὶ πόλεις ὀχυραὶ[14] καὶ τὰ ὅπλα,[15] **3** καὶ ὄψεσθε τὸν ἀγαθὸν καὶ τὸν εὐθῆ[16] ἐν τοῖς υἱοῖς τοῦ κυρίου ὑμῶν καὶ καταστήσετε[17] αὐτὸν ἐπὶ τὸν θρόνον τοῦ πατρὸς αὐτοῦ καὶ πολεμεῖτε ὑπὲρ τοῦ οἴκου τοῦ κυρίου ὑμῶν. **4** καὶ ἐφοβήθησαν σφόδρα[18] καὶ εἶπον Ἰδοὺ οἱ δύο βασιλεῖς οὐκ ἔστησαν κατὰ πρόσωπον αὐτοῦ, καὶ πῶς στησόμεθα ἡμεῖς; **5** καὶ ἀπέστειλαν οἱ ἐπὶ τοῦ οἴκου καὶ οἱ ἐπὶ τῆς πόλεως καὶ οἱ πρεσβύτεροι καὶ οἱ τιθηνοὶ[19] πρὸς Ιου λέγοντες Παῖδές[20] σου ἡμεῖς, καὶ ὅσα ἐὰν εἴπῃς πρὸς ἡμᾶς, ποιήσομεν· οὐ βασιλεύσομεν[21] ἄνδρα, τὸ ἀγαθὸν ἐν ὀφθαλμοῖς σου ποιήσομεν.

6 καὶ ἔγραψεν πρὸς αὐτοὺς βιβλίον δεύτερον λέγων Εἰ ἐμοὶ ὑμεῖς καὶ τῆς φωνῆς μου ὑμεῖς εἰσακούετε,[22] λάβετε τὴν κεφαλὴν ἀνδρῶν τῶν υἱῶν τοῦ κυρίου ὑμῶν καὶ ἐνέγκατε[23] πρός με ὡς ἡ ὥρα[24] αὔριον[25] εἰς Ιεζραελ. καὶ οἱ υἱοὶ τοῦ βασιλέως ἦσαν ἑβδομήκοντα[26] ἄνδρες· οὗτοι ἁδροὶ τῆς πόλεως ἐξέτρεφον[27] αὐτούς. **7** καὶ ἐγένετο ὡς ἦλθεν τὸ βιβλίον πρὸς αὐτούς, καὶ ἔλαβον τοὺς υἱοὺς τοῦ βασιλέως καὶ ἔσφαξαν[28] αὐτούς, ἑβδομήκοντα[29] ἄνδρας, καὶ ἔθηκαν τὰς κεφαλὰς αὐτῶν ἐν καρτάλλοις[30] καὶ ἀπέστειλαν αὐτὰς πρὸς αὐτὸν εἰς Ιεζραελ.

1 κρανίον, skull
2 ἴχνος, palm
3 ἀναγγέλλω, *aor act ind 3p*, report
4 μερίς, (plot), portion
5 κατεσθίω, *fut mid ind 3p*, devour
6 κύων, dog
7 θνησιμαῖος, carcass
8 κόπριον, dirt, dung
9 μερίς, (plot), portion
10 ἑβδομήκοντα, seventy
11 τιθηνός, guardian
12 ἅρμα, chariot
13 ἵππος, horse
14 ὀχυρός, fortified
15 ὅπλον, armor, weaponry
16 εὐθής, upright
17 καθίστημι, *fut act ind 2p*, appoint, set upon
18 σφόδρα, very much
19 τιθηνός, guardian
20 παῖς, servant
21 βασιλεύω, *fut act ind 1p*, appoint as king
22 εἰσακούω, *pres act ind 2p*, listen
23 φέρω, *aor act impv 2p*, bear, carry
24 ὥρα, time
25 αὔριον, tomorrow
26 ἑβδομήκοντα, seventy
27 ἐκτρέφω, *impf act ind 3p*, bring up from childhood
28 σφάζω, *aor act ind 3p*, slaughter
29 ἑβδομήκοντα, seventy
30 κάρταλλος, basket

8 καὶ ἦλθεν ὁ ἄγγελος καὶ ἀπήγγειλεν λέγων Ἤνεγκαν[1] τὰς κεφαλὰς τῶν υἱῶν
τοῦ βασιλέως· καὶ εἶπεν Θέτε αὐτὰς βουνοὺς[2] δύο παρὰ τὴν θύραν τῆς πύλης[3] εἰς
πρωί.[4] **9** καὶ ἐγένετο πρωὶ[5] καὶ ἐξῆλθεν καὶ ἔστη ἐν τῷ πυλῶνι[6] τῆς πόλεως καὶ εἶπεν
πρὸς πάντα τὸν λαόν Δίκαιοι ὑμεῖς, ἰδοὺ ἐγώ εἰμι συνεστράφην[7] ἐπὶ τὸν κύριόν
μου καὶ ἀπέκτεινα αὐτόν· καὶ τίς ἐπάταξεν[8] πάντας τούτους; **10** ἴδετε αφφω[9] ὅτι οὐ
πεσεῖται ἀπὸ τοῦ ῥήματος κυρίου εἰς τὴν γῆν, οὗ[10] ἐλάλησεν κύριος ἐπὶ τὸν οἶκον
Αχααβ· καὶ κύριος ἐποίησεν ὅσα ἐλάλησεν ἐν χειρὶ δούλου αὐτοῦ Ηλιου. — **11** καὶ
ἐπάταξεν[11] Ιου πάντας τοὺς καταλειφθέντας[12] ἐν τῷ οἴκῳ Αχααβ ἐν Ιεζραελ καὶ
πάντας τοὺς ἁδροὺς[13] αὐτοῦ καὶ τοὺς γνωστοὺς[14] αὐτοῦ καὶ τοὺς ἱερεῖς αὐτοῦ ὥστε
μὴ καταλιπεῖν[15] αὐτοῦ κατάλειμμα.[16]

12 Καὶ ἀνέστη καὶ ἐπορεύθη εἰς Σαμάρειαν. αὐτὸς ἐν Βαιθακαδ τῶν ποιμένων[17] ἐν
τῇ ὁδῷ, **13** καὶ Ιου εὗρεν τοὺς ἀδελφοὺς Οχοζιου βασιλέως Ιουδα καὶ εἶπεν Τίνες
ὑμεῖς; καὶ εἶπον Οἱ ἀδελφοὶ Οχοζιου ἡμεῖς καὶ κατέβημεν εἰς εἰρήνην τῶν υἱῶν
τοῦ βασιλέως καὶ τῶν υἱῶν τῆς δυναστευούσης.[18] **14** καὶ εἶπεν Συλλάβετε[19] αὐτοὺς
ζῶντας· καὶ συνέλαβον[20] αὐτοὺς ζῶντας. καὶ ἔσφαξαν[21] αὐτοὺς εἰς Βαιθακαδ, τεσ-
σαράκοντα[22] καὶ δύο ἄνδρας, οὐ κατέλιπεν[23] ἄνδρα ἐξ αὐτῶν.

15 καὶ ἐπορεύθη ἐκεῖθεν[24] καὶ εὗρεν τὸν Ιωναδαβ υἱὸν Ρηχαβ ἐν τῇ ὁδῷ εἰς ἀπαντὴν[25]
αὐτοῦ, καὶ εὐλόγησεν αὐτόν. καὶ εἶπεν πρὸς αὐτὸν Ιου Εἰ ἔστιν καρδία σου μετὰ
καρδίας μου εὐθεῖα[26] καθὼς ἡ καρδία μου μετὰ τῆς καρδίας σου; καὶ εἶπεν Ιωναδαβ
Ἔστιν. καὶ εἶπεν Ιου Καὶ εἰ ἔστιν, δὸς τὴν χεῖρά σου. καὶ ἔδωκεν τὴν χεῖρα αὐτοῦ,
καὶ ἀνεβίβασεν[27] αὐτὸν πρὸς αὐτὸν ἐπὶ τὸ ἅρμα[28] **16** καὶ εἶπεν πρὸς αὐτόν Δεῦρο[29]
μετ᾽ ἐμοῦ καὶ ἰδὲ ἐν τῷ ζηλῶσαί[30] με τῷ κυρίῳ Σαβαωθ·[31] καὶ ἐπεκάθισεν[32] αὐτὸν ἐν
τῷ ἅρματι[33] αὐτοῦ. — **17** καὶ εἰσῆλθεν εἰς Σαμάρειαν καὶ ἐπάταξεν[34] πάντας τοὺς

1 φέρω, *aor act ind 3p*, bear, carry
2 βουνός, heap
3 πύλη, gate
4 πρωί, morning
5 πρωί, morning
6 πυλών, gate
7 συστρέφω, *aor pas ind 1s*, conspire against
8 πατάσσω, *aor act ind 3s*, strike, slay
9 αφφω, then, so, *translit.*
10 οὗ, where
11 πατάσσω, *aor act ind 3s*, strike, slay
12 καταλείπω, *aor pas ptc acc p m*, leave behind
13 ἁδρός, chief, prince
14 γνωστός, acquaintance, friend
15 καταλείπω, *aor act inf*, leave behind
16 κατάλειμμα, remainder
17 ποιμήν, shepherd
18 δυναστεύω, *pres act ptc gen s f*, hold authority
19 συλλαμβάνω, *aor act impv 2p*, arrest, seize
20 συλλαμβάνω, *aor act ind 3p*, arrest, seize
21 σφάζω, *aor act ind 3p*, slaughter
22 τεσσαράκοντα, forty
23 καταλείπω, *aor act ind 3s*, spare, leave behind
24 ἐκεῖθεν, from there
25 ἀπαντή, meeting
26 εὐθύς, right
27 ἀναβιβάζω, *aor act ind 3s*, cause to mount up
28 ἅρμα, chariot
29 δεῦρο, come!
30 ζηλόω, *aor act inf*, be zealous
31 σαβαωθ, of hosts, *translit.*
32 ἐπικαθίζω, *aor act ind 3s*, set upon
33 ἅρμα, chariot
34 πατάσσω, *aor act ind 3s*, strike, slay

καταλειφθέντας[1] τοῦ Αχααβ ἐν Σαμαρείᾳ ἕως τοῦ ἀφανίσαι[2] αὐτὸν κατὰ τὸ ῥῆμα κυρίου, ὃ ἐλάλησεν πρὸς Ηλιου.

Jehu Destroys the Worshipers of Baal

18 Καὶ συνήθροισεν[3] Ιου πάντα τὸν λαὸν καὶ εἶπεν πρὸς αὐτούς Αχααβ ἐδούλευσεν[4]
τῷ Βααλ ὀλίγα,[5] καί γε Ιου δουλεύσει[6] αὐτῷ πολλά· **19** καὶ νῦν, πάντες οἱ προφῆται
τοῦ Βααλ, πάντας τοὺς δούλους αὐτοῦ καὶ τοὺς ἱερεῖς αὐτοῦ καλέσατε πρός με,
ἀνὴρ μὴ ἐπισκεπήτω,[7] ὅτι θυσία[8] μεγάλη μοι τῷ Βααλ· πᾶς, ὃς ἐὰν ἐπισκεπῇ,[9] οὐ
ζήσεται. καὶ Ιου ἐποίησεν ἐν πτερνισμῷ,[10] ἵνα ἀπολέσῃ τοὺς δούλους τοῦ Βααλ.
20 καὶ εἶπεν Ιου Ἁγιάσατε[11] ἱερείαν[12] τῷ Βααλ· καὶ ἐκήρυξαν.[13] **21** καὶ ἀπέστειλεν
Ιου ἐν παντὶ Ισραηλ λέγων Καὶ νῦν πάντες οἱ δοῦλοι τοῦ Βααλ καὶ πάντες οἱ ἱερεῖς
αὐτοῦ καὶ πάντες οἱ προφῆται αὐτοῦ, μηδεὶς[14] ἀπολειπέσθω,[15] ὅτι θυσίαν[16] μεγάλην
ποιῶ· ὃς ἂν ἀπολειφθῇ,[17] οὐ ζήσεται. καὶ ἦλθον πάντες οἱ δοῦλοι τοῦ Βααλ καὶ
πάντες οἱ ἱερεῖς αὐτοῦ καὶ πάντες οἱ προφῆται αὐτοῦ· οὐ κατελείφθη[18] ἀνήρ, ὃς οὐ
παρεγένετο. καὶ εἰσῆλθον εἰς τὸν οἶκον τοῦ Βααλ, καὶ ἐπλήσθη[19] ὁ οἶκος τοῦ Βααλ
στόμα εἰς στόμα. **22** καὶ εἶπεν Ιου τῷ ἐπὶ τοῦ οἴκου μεσθααλ[20] Ἐξάγαγε[21] ἐνδύματα[22]
πᾶσι τοῖς δούλοις τοῦ Βααλ· καὶ ἐξήνεγκεν[23] αὐτοῖς ὁ στολιστής.[24]

23 καὶ εἰσῆλθεν Ιου καὶ Ιωναδαβ υἱὸς Ρηχαβ εἰς οἶκον τοῦ Βααλ καὶ εἶπεν τοῖς δούλοις
τοῦ Βααλ Ἐρευνήσατε[25] καὶ ἴδετε εἰ ἔστιν μεθ᾽ ὑμῶν τῶν δούλων κυρίου, ὅτι ἀλλ᾽
ἢ οἱ δοῦλοι τοῦ Βααλ μονώτατοι.[26] **24** καὶ εἰσῆλθεν τοῦ ποιῆσαι τὰ θύματα[27] καὶ τὰ
ὁλοκαυτώματα.[28] καὶ Ιου ἔταξεν[29] ἑαυτῷ ἔξω ὀγδοήκοντα[30] ἄνδρας καὶ εἶπεν Ἀνήρ,
ὃς ἐὰν διασωθῇ[31] ἀπὸ τῶν ἀνδρῶν, ὧν ἐγὼ ἀνάγω[32] ἐπὶ χεῖρας ὑμῶν, ἡ ψυχὴ αὐτοῦ
ἀντὶ[33] τῆς ψυχῆς αὐτοῦ. **25** καὶ ἐγένετο ὡς συνετέλεσεν[34] ποιῶν τὴν ὁλοκαύτωσιν,[35]

1 καταλείπω, *aor pas ptc acc p m*, leave behind
2 ἀφανίζω, *aor act inf*, eliminate, remove completely
3 συναθροίζω, *aor act ind 3s*, gather
4 δουλεύω, *aor act ind 3s*, serve
5 ὀλίγος, a little
6 δουλεύω, *fut act ind 3s*, serve
7 ἐπισκέπτομαι, *aor pas impv 3s*, inspect, examine
8 θυσία, sacrifice
9 ἐπισκέπτομαι, *aor pas sub 3s*, inspect, examine
10 πτερνισμός, deception
11 ἁγιάζω, *aor act impv 2p*, consecrate
12 ἱερεία, holy festival
13 κηρύσσω, *aor act ind 3p*, make a proclamation
14 μηδείς, no one
15 ἀπολείπω, *pres pas impv 3s*, depart, desert
16 θυσία, sacrifice
17 ἀπολείπω, *aor pas sub 3s*, depart, desert
18 καταλείπω, *aor pas ind 3s*, leave behind
19 πίμπλημι, *aor pas ind 3s*, fill
20 μεσθααλ, wardrobe?, *translit.*
21 ἐξάγω, *aor act impv 2s*, bring out
22 ἔνδυμα, garment, vestment
23 ἐκφέρω, *aor act ind 3s*, bring forth
24 στολιστής, overseer of sacred vestments
25 ἐρευνάω, *aor act impv 2p*, search
26 μόνος, *sup*, most alone
27 θῦμα, sacrificial offering
28 ὁλοκαύτωμα, whole burnt offering
29 τάσσω, *aor act ind 3s*, appoint
30 ὀγδοήκοντα, eighty
31 διασῴζω, *aor pas sub 3s*, preserve
32 ἀνάγω, *pres act ind 1s*, lead up
33 ἀντί, in place of
34 συντελέω, *aor act ind 3s*, finish
35 ὁλοκαύτωσις, whole burnt offering

καὶ εἶπεν Ιου τοῖς παρατρέχουσιν[1] καὶ τοῖς τριστάταις[2] Εἰσελθόντες πατάξατε[3]
αὐτούς, ἀνὴρ μὴ ἐξελθάτω ἐξ αὐτῶν· καὶ ἐπάταξαν[4] αὐτοὺς ἐν στόματι ῥομφαίας,[5]
καὶ ἔρριψαν[6] οἱ παρατρέχοντες[7] καὶ οἱ τριστάται[8] καὶ ἐπορεύθησαν ἕως πόλεως οἴκου
τοῦ Βααλ. **26** καὶ ἐξήνεγκαν[9] τὴν στήλην[10] τοῦ Βααλ καὶ ἐνέπρησαν[11] αὐτήν. **27** καὶ
κατέσπασαν[12] τὰς στήλας[13] τοῦ Βααλ καὶ καθεῖλον[14] τὸν οἶκον τοῦ Βααλ καὶ ἔταξαν[15]
αὐτὸν εἰς λυτρῶνας[16] ἕως τῆς ἡμέρας ταύτης.

28 Καὶ ἠφάνισεν[17] Ιου τὸν Βααλ ἐξ Ισραηλ· **29** πλὴν ἁμαρτιῶν Ιεροβοαμ υἱοῦ
Ναβατ, ὃς ἐξήμαρτεν[18] τὸν Ισραηλ, οὐκ ἀπέστη[19] Ιου ἀπὸ ὄπισθεν[20] αὐτῶν, αἱ δαμά-
λεις[21] αἱ χρυσαῖ[22] ἐν Βαιθηλ καὶ ἐν Δαν. **30** καὶ εἶπεν κύριος πρὸς Ιου Ἀνθʼ ὧν[23]
ὅσα ἠγάθυνας[24] ποιῆσαι τὸ εὐθὲς[25] ἐν ὀφθαλμοῖς μου καὶ πάντα, ὅσα ἐν τῇ καρδίᾳ
μου, ἐποίησας τῷ οἴκῳ Αχααβ, υἱοὶ τέταρτοι[26] καθήσονταί σοι ἐπὶ θρόνου Ισραηλ.
31 καὶ Ιου οὐκ ἐφύλαξεν πορεύεσθαι ἐν νόμῳ κυρίου θεοῦ Ισραηλ ἐν ὅλῃ καρδίᾳ
αὐτοῦ, οὐκ ἀπέστη[27] ἐπάνωθεν[28] ἁμαρτιῶν Ιεροβοαμ υἱοῦ Ναβατ, ὃς ἐξήμαρτεν[29]
τὸν Ισραηλ.

32 ἐν ταῖς ἡμέραις ἐκείναις ἤρξατο κύριος συγκόπτειν[30] ἐν τῷ Ισραηλ, καὶ ἐπάταξεν[31]
αὐτοὺς Αζαηλ ἐν παντὶ ὁρίῳ[32] Ισραηλ **33** ἀπὸ τοῦ Ιορδάνου κατʼ ἀνατολὰς[33] ἡλίου,
πᾶσαν τὴν γῆν Γαλααδ τοῦ Γαδδι καὶ τοῦ Ρουβην καὶ τοῦ Μανασση ἀπὸ Αροηρ, ἥ
ἐστιν ἐπὶ τοῦ χείλους[34] χειμάρρου[35] Αρνων, καὶ τὴν Γαλααδ καὶ τὴν Βασαν. **34** καὶ
τὰ λοιπὰ τῶν λόγων Ιου καὶ πάντα, ὅσα ἐποίησεν, καὶ πᾶσα ἡ δυναστεία[36] αὐτοῦ
καὶ τὰς συνάψεις,[37] ἃς συνῆψεν,[38] οὐχὶ ταῦτα γεγραμμένα ἐπὶ βιβλίῳ λόγων τῶν
ἡμερῶν τοῖς βασιλεῦσιν Ισραηλ; **35** καὶ ἐκοιμήθη[39] Ιου μετὰ τῶν πατέρων αὐτοῦ,

1 παρατρέχω, *pres act ptc dat p m*, run, (bodyguard)
2 τριστάτης, third-ranking officer
3 πατάσσω, *aor act impv 2p*, strike, slay
4 πατάσσω, *aor act ind 3p*, strike, slay
5 ῥομφαία, sword
6 ῥίπτω, *aor act ind 3p*, throw, cast
7 παρατρέχω, *pres act ptc nom p m*, run, (bodyguard)
8 τριστάτης, third-ranking officer
9 ἐκφέρω, *aor act ind 3p*, carry off
10 στήλη, (cultic) pillar
11 ἐμπίμπρημι, *aor act ind 3p*, set on fire
12 κατασπάω, *aor act ind 3p*, pull down
13 στήλη, (cultic) pillar
14 καθαιρέω, *aor act ind 3p*, destroy, tear down
15 τάσσω, *aor act ind 3p*, arrange
16 λυτρών, latrine, outhouse
17 ἀφανίζω, *aor act ind 3s*, blot out, destroy
18 ἐξαμαρτάνω, *aor act ind 3s*, cause to sin
19 ἀφίστημι, *aor act ind 3s*, depart from
20 ὄπισθε(ν), following
21 δάμαλις, heifer
22 χρυσοῦς, golden
23 ἀνθʼ ὧν, because
24 ἀγαθύνω, *aor act ind 2s*, do well
25 εὐθής, that which is right
26 τέταρτος, fourth
27 ἀφίστημι, *aor act ind 3s*, depart from
28 ἐπάνωθεν, from before
29 ἐξαμαρτάνω, *aor act ind 3s*, cause to sin
30 συγκόπτω, *pres act inf*, hew down, cut off
31 πατάσσω, *aor act ind 3s*, strike, slay
32 ὅριον, border, territory
33 ἀνατολή, rising
34 χεῖλος, edge, shore
35 χειμάρρος, brook
36 δυναστεία, exercise of power
37 σύναψις, alliance
38 συνάπτω, *aor act ind 3s*, join together
39 κοιμάω, *aor pas ind 3s*, sleep

καὶ ἔθαψαν[1] αὐτὸν ἐν Σαμαρείᾳ· καὶ ἐβασίλευσεν[2] Ιωαχας υἱὸς αὐτοῦ ἀντ᾽[3] αὐτοῦ.
36 καὶ αἱ ἡμέραι, ἃς ἐβασίλευσεν[4] Ιου ἐπὶ Ισραηλ, εἴκοσι[5] ὀκτὼ[6] ἔτη ἐν Σαμαρείᾳ.

Athaliah and Joash in Judah

11 Καὶ Γοθολια ἡ μήτηρ Οχοζιου εἶδεν ὅτι ἀπέθανον οἱ υἱοὶ αὐτῆς, καὶ ἀπώλεσεν
πᾶν τὸ σπέρμα τῆς βασιλείας. **2** καὶ ἔλαβεν Ιωσαβεε θυγάτηρ[7] τοῦ βασιλέως
Ιωραμ ἀδελφὴ Οχοζιου τὸν Ιωας υἱὸν ἀδελφοῦ αὐτῆς καὶ ἔκλεψεν[8] αὐτὸν ἐκ μέσου
τῶν υἱῶν τοῦ βασιλέως τῶν θανατουμένων,[9] αὐτὸν καὶ τὴν τροφὸν[10] αὐτοῦ, ἐν
τῷ ταμιείῳ[11] τῶν κλινῶν[12] καὶ ἔκρυψεν[13] αὐτὸν ἀπὸ προσώπου Γοθολιας, καὶ οὐκ
ἐθανατώθη.[14] **3** καὶ ἦν μετ᾽ αὐτῆς ἐν οἴκῳ κυρίου κρυβόμενος[15] ἓξ[16] ἔτη· καὶ Γοθολια
βασιλεύουσα[17] ἐπὶ τῆς γῆς.

4 καὶ ἐν τῷ ἔτει τῷ ἑβδόμῳ[18] ἀπέστειλεν Ιωδαε ὁ ἱερεὺς καὶ ἔλαβεν τοὺς ἑκατον-
τάρχους,[19] τὸν Χορρι καὶ τὸν Ρασιμ, καὶ ἀπήγαγεν[20] αὐτοὺς πρὸς αὐτὸν εἰς οἶκον
κυρίου καὶ διέθετο[21] αὐτοῖς διαθήκην κυρίου καὶ ὥρκισεν[22] αὐτοὺς ἐνώπιον κυ-
ρίου, καὶ ἔδειξεν αὐτοῖς Ιωδαε τὸν υἱὸν τοῦ βασιλέως **5** καὶ ἐνετείλατο[23] αὐτοῖς
λέγων Οὗτος ὁ λόγος, ὃν ποιήσετε· τὸ τρίτον ἐξ ὑμῶν εἰσελθέτω τὸ σάββατον καὶ
φυλάξετε φυλακὴν οἴκου τοῦ βασιλέως ἐν τῷ πυλῶνι[24] **6** καὶ τὸ τρίτον ἐν τῇ πύλῃ[25]
τῶν ὁδῶν καὶ τὸ τρίτον τῆς πύλης ὀπίσω τῶν παρατρεχόντων·[26] καὶ φυλάξετε τὴν
φυλακὴν[27] τοῦ οἴκου· **7** καὶ δύο χεῖρες ἐν ὑμῖν, πᾶς ὁ ἐκπορευόμενος τὸ σάββατον,
καὶ φυλάξουσιν τὴν φυλακὴν[28] οἴκου κυρίου πρὸς τὸν βασιλέα· **8** καὶ κυκλώσατε[29]
ἐπὶ τὸν βασιλέα κύκλῳ,[30] ἀνὴρ καὶ τὸ σκεῦος[31] αὐτοῦ ἐν χειρὶ αὐτοῦ, καὶ ὁ εἰσ-
πορευόμενος[32] εἰς τὰ σαδηρωθ[33] ἀποθανεῖται. καὶ ἐγένετο μετὰ τοῦ βασιλέως ἐν
τῷ ἐκπορεύεσθαι αὐτὸν καὶ ἐν τῷ εἰσπορεύεσθαι[34] αὐτόν.

1 θάπτω, *aor act ind 3p*, bury
2 βασιλεύω, *aor act ind 3s*, reign as king
3 ἀντί, in place of
4 βασιλεύω, *aor act ind 3s*, reign as king
5 εἴκοσι, twenty
6 ὀκτώ, eight
7 θυγάτηρ, daughter
8 κλέπτω, *aor act ind 3s*, kidnap, steal
9 θανατόω, *pres pas ptc gen p m*, put to death
10 τροφός, nurse
11 ταμιεῖον, inner chamber
12 κλίνη, bed
13 κρύπτω, *aor act ind 3s*, hide, conceal
14 θανατόω, *aor pas ind 3s*, put to death
15 κρύπτω, *aor pas ptc nom s m*, hide, conceal
16 ἕξ, six
17 βασιλεύω, *pres act ptc nom s f*, reign as queen
18 ἕβδομος, seventh
19 ἑκατόνταρχος, leader of a company of a hundred
20 ἀπάγω, *aor act ind 3s*, lead away
21 διατίθημι, *aor mid ind 3s*, grant, arrange
22 ὁρκίζω, *aor act ind 3s*, cause to swear an oath
23 ἐντέλλομαι, *aor mid ind 3s*, command, instruct
24 πυλών, gatehouse
25 πύλη, gate
26 παρατρέχω, *pres act ptc gen p m*, run, (bodyguard)
27 φυλακή, guard, watch
28 φυλακή, guard, watch
29 κυκλόω, *aor act impv 2p*, encircle
30 κύκλῳ, all around
31 σκεῦος, weapon
32 εἰσπορεύομαι, *pres mid ptc nom s m*, go in
33 σαδηρωθ, ranks (of soldiers)?, *translit.*
34 εἰσπορεύομαι, *pres mid inf*, go in

9 καὶ ἐποίησαν οἱ ἑκατόνταρχοι[1] πάντα, ὅσα ἐνετείλατο[2] Ιωδαε ὁ συνετός,[3] καὶ
ἔλαβεν ἀνὴρ τοὺς ἄνδρας αὐτοῦ τοὺς εἰσπορευομένους[4] τὸ σάββατον μετὰ τῶν
ἐκπορευομένων τὸ σάββατον καὶ εἰσῆλθεν πρὸς Ιωδαε τὸν ἱερέα. **10** καὶ ἔδωκεν
ὁ ἱερεὺς τοῖς ἑκατοντάρχαις[5] τοὺς σειρομάστας[6] καὶ τοὺς τρισσοὺς[7] τοῦ βασιλέως
Δαυιδ τοὺς ἐν οἴκῳ κυρίου. **11** καὶ ἔστησαν οἱ παρατρέχοντες,[8] ἀνὴρ καὶ τὸ σκεῦος[9]
αὐτοῦ ἐν τῇ χειρὶ αὐτοῦ, ἀπὸ τῆς ὠμίας[10] τοῦ οἴκου τῆς δεξιᾶς ἕως τῆς ὠμίας τοῦ
οἴκου τῆς εὐωνύμου[11] τοῦ θυσιαστηρίου[12] καὶ τοῦ οἴκου ἐπὶ τὸν βασιλέα κύκλῳ.[13]
12 καὶ ἐξαπέστειλεν[14] τὸν υἱὸν τοῦ βασιλέως καὶ ἔδωκεν ἐπ᾽ αὐτὸν τὸ νεζερ[15] καὶ τὸ
μαρτύριον[16] καὶ ἐβασίλευσεν[17] αὐτὸν καὶ ἔχρισεν[18] αὐτόν, καὶ ἐκρότησαν[19] τῇ χειρὶ
καὶ εἶπαν Ζήτω ὁ βασιλεύς.

13 καὶ ἤκουσεν Γοθολια τὴν φωνὴν τῶν τρεχόντων[20] τοῦ λαοῦ καὶ εἰσῆλθεν πρὸς
τὸν λαὸν εἰς οἶκον κυρίου. **14** καὶ εἶδεν καὶ ἰδοὺ ὁ βασιλεὺς εἱστήκει[21] ἐπὶ τοῦ
στύλου[22] κατὰ τὸ κρίμα,[23] καὶ οἱ ᾠδοὶ[24] καὶ αἱ σάλπιγγες[25] πρὸς τὸν βασιλέα, καὶ
πᾶς ὁ λαὸς τῆς γῆς χαίρων[26] καὶ σαλπίζων[27] ἐν σάλπιγξιν·[28] καὶ διέρρηξεν[29] Γοθολια
τὰ ἱμάτια ἑαυτῆς καὶ ἐβόησεν[30] Σύνδεσμος[31] σύνδεσμος. **15** καὶ ἐνετείλατο[32] Ιωδαε ὁ
ἱερεὺς τοῖς ἑκατοντάρχαις[33] τοῖς ἐπισκόποις[34] τῆς δυνάμεως καὶ εἶπεν πρὸς αὐτούς
Ἐξαγάγετε[35] αὐτὴν ἔσωθεν[36] τῶν σαδηρωθ,[37] καὶ ὁ εἰσπορευόμενος[38] ὀπίσω αὐτῆς
θανάτῳ θανατωθήσεται[39] ῥομφαίᾳ·[40] ὅτι εἶπεν ὁ ἱερεύς Καὶ μὴ ἀποθάνῃ ἐν οἴκῳ
κυρίου. **16** καὶ ἐπέθηκαν αὐτῇ χεῖρας, καὶ εἰσῆλθεν ὁδὸν εἰσόδου[41] τῶν ἵππων[42]
οἴκου τοῦ βασιλέως καὶ ἀπέθανεν ἐκεῖ.

1 ἑκατόνταρχος, leader of a company of a hundred
2 ἐντέλλομαι, *aor mid ind 3s*, command, instruct
3 συνετός, wise, prudent
4 εἰσπορεύομαι, *pres mid ptc acc p m*, go in
5 ἑκατοντάρχης, leader of a company of a hundred
6 σειρομάστης, barbed lance
7 τρισσός, thirds, (*read* shield)
8 παρατρέχω, *pres act ptc nom p m*, run, (bodyguard)
9 σκεῦος, weapon
10 ὠμία, corner
11 εὐώνυμος, left
12 θυσιαστήριον, altar
13 κύκλῳ, all around
14 ἐξαποστέλλω, *aor act ind 3s*, send forth
15 νεζερ, diadem, *translit.*
16 μαρτύριον, testimony
17 βασιλεύω, *aor act ind 3s*, appoint as king
18 χρίω, *aor act ind 3s*, anoint
19 κροτέω, *aor act ind 3p*, clap
20 τρέχω, *pres act ptc gen p m*, run
21 ἵστημι, *plpf act ind 3s*, stand
22 στῦλος, column
23 κρίμα, decision, judgment
24 ᾠδός, singer
25 σάλπιγξ, trumpeter
26 χαίρω, *pres act ptc nom s m*, rejoice
27 σαλπίζω, *pres act ptc nom s m*, blow, sound
28 σάλπιγξ, trumpet
29 διαρρήγνυμι, *aor act ind 3s*, tear, rend
30 βοάω, *aor act ind 3s*, cry out
31 σύνδεσμος, conspiracy
32 ἐντέλλομαι, *aor mid ind 3s*, command
33 ἑκατοντάρχης, leader of a company of a hundred
34 ἐπίσκοπος, overseer
35 ἐξάγω, *aor act impv 2p*, lead away
36 ἔσωθεν, from within
37 σαδηρωθ, ranks (of soldiers)?, *translit.*
38 εἰσπορεύομαι, *pres mid ptc nom s m*, go in
39 θανατόω, *fut pas ind 3s*, put to death
40 ῥομφαία, sword
41 εἴσοδος, entrance, place of entering
42 ἵππος, horse

17 καὶ διέθετο[1] Ιωδαε διαθήκην ἀνὰ μέσον[2] κυρίου καὶ ἀνὰ μέσον τοῦ βασιλέως καὶ ἀνὰ μέσον τοῦ λαοῦ τοῦ εἶναι εἰς λαὸν τῷ κυρίῳ, καὶ ἀνὰ μέσον τοῦ βασιλέως καὶ ἀνὰ μέσον τοῦ λαοῦ. **18** καὶ εἰσῆλθεν πᾶς ὁ λαὸς τῆς γῆς εἰς οἶκον τοῦ Βααλ καὶ κατέσπασαν[3] αὐτὸν καὶ τὰ θυσιαστήρια[4] αὐτοῦ καὶ τὰς εἰκόνας[5] αὐτοῦ συνέτριψαν[6] ἀγαθῶς[7] καὶ τὸν Ματθαν τὸν ἱερέα τοῦ Βααλ ἀπέκτειναν κατὰ πρόσωπον τῶν θυσιαστηρίων,[8] καὶ ἔθηκεν ὁ ἱερεὺς ἐπισκόπους[9] εἰς τὸν οἶκον κυρίου. **19** καὶ ἔλαβεν τοὺς ἑκατοντάρχους[10] καὶ τὸν Χορρι καὶ τὸν Ρασιμ καὶ πάντα τὸν λαὸν τῆς γῆς, καὶ κατήγαγον[11] τὸν βασιλέα ἐξ οἴκου κυρίου, καὶ εἰσῆλθεν ὁδὸν πύλης[12] τῶν παρατρεχόντων[13] οἴκου τοῦ βασιλέως, καὶ ἐκάθισαν αὐτὸν ἐπὶ τοῦ θρόνου τῶν βασιλέων.

20 καὶ ἐχάρη[14] πᾶς ὁ λαὸς τῆς γῆς, καὶ ἡ πόλις ἡσύχασεν·[15] καὶ τὴν Γοθολιαν ἐθανάτωσαν[16] ἐν ῥομφαίᾳ[17] ἐν οἴκῳ τοῦ βασιλέως.

Joash's Reign in Judah and Temple Repairs

12 Υἱὸς ἐτῶν ἑπτὰ Ιωας ἐν τῷ βασιλεύειν[18] αὐτόν. **2** ἐν ἔτει ἑβδόμῳ[19] τῷ Ιου ἐβασίλευσεν[20] Ιωας καὶ τεσσαράκοντα[21] ἔτη ἐβασίλευσεν[22] ἐν Ιερουσαλημ, καὶ ὄνομα τῆς μητρὸς αὐτοῦ Αβια ἐκ τῆς Βηρσαβεε. **3** καὶ ἐποίησεν Ιωας τὸ εὐθὲς[23] ἐνώπιον κυρίου πάσας τὰς ἡμέρας, ἃς ἐφώτισεν[24] αὐτὸν Ιωδαε ὁ ἱερεύς· **4** πλὴν τῶν ὑψηλῶν[25] οὐ μετεστάθησαν,[26] καὶ ἐκεῖ ἔτι ὁ λαὸς ἐθυσίαζεν[27] καὶ ἐθυμίων[28] ἐν τοῖς ὑψηλοῖς.[29]

5 Καὶ εἶπεν Ιωας πρὸς τοὺς ἱερεῖς Πᾶν τὸ ἀργύριον[30] τῶν ἁγίων τὸ εἰσοδιαζόμενον[31] ἐν τῷ οἴκῳ κυρίου, ἀργύριον συντιμήσεως,[32] ἀνὴρ ἀργύριον λαβὼν συντιμήσεως, πᾶν ἀργύριον, ὃ ἐὰν ἀναβῇ ἐπὶ καρδίαν ἀνδρὸς ἐνεγκεῖν ἐν οἴκῳ κυρίου, **6** λαβέτωσαν ἑαυτοῖς οἱ ἱερεῖς ἀνὴρ ἀπὸ τῆς πράσεώς[33] αὐτῶν, καὶ αὐτοὶ κρατήσουσιν τὸ βεδεκ[34]

1 διατίθημι, *aor mid ind 3s*, grant, arrange
2 ἀνὰ μέσον, between
3 κατασπάω, *aor act ind 3p*, pull down, destroy
4 θυσιαστήριον, altar
5 εἰκών, (idolatrous) image
6 συντρίβω, *aor act ind 3p*, crush, break in pieces
7 ἀγαθῶς, completely
8 θυσιαστήριον, altar
9 ἐπίσκοπος, overseer
10 ἑκατόνταρχος, leader of a company of a hundred
11 κατάγω, *aor act ind 3p*, lead down
12 πύλη, gate
13 παρατρέχω, *pres act ptc gen p m*, run, (bodyguard)
14 χαίρω, *aor pas ind 3s*, rejoice
15 ἡσυχάζω, *aor act ind 3s*, keep quiet
16 θανατόω, *aor act ind 3p*, put to death
17 ῥομφαία, sword
18 βασιλεύω, *pres act inf*, become king
19 ἕβδομος, seventh
20 βασιλεύω, *aor act ind 3s*, become king
21 τεσσαράκοντα, forty
22 βασιλεύω, *aor act ind 3s*, reign as king
23 εὐθής, that which is right
24 φωτίζω, *aor act ind 3s*, enlighten
25 ὑψηλός, high place
26 μεθίστημι, *aor pas ind 3p*, remove
27 θυσιάζω, *impf act ind 3s*, sacrifice
28 θυμιάω, *impf act ind 3p*, burn incense
29 ὑψηλός, high place
30 ἀργύριον, money
31 εἰσοδιάζω, *pres pas ptc acc s n*, come in (as revenue)
32 συντίμησις, valuation
33 πρᾶσις, transaction, sale
34 βεδεκ, damages, breaches, *translit.*

τοῦ οἴκου εἰς πάντα, οὗ[1] ἐὰν εὑρεθῇ ἐκεῖ βεδεκ. **7** καὶ ἐγενήθη ἐν τῷ εἰκοστῷ[2] καὶ
τρίτῳ ἔτει τῷ βασιλεῖ Ιωας οὐκ ἐκραταίωσαν[3] οἱ ἱερεῖς τὸ βεδεκ[4] τοῦ οἴκου. **8** καὶ
ἐκάλεσεν Ιωας ὁ βασιλεὺς Ιωδαε τὸν ἱερέα καὶ τοὺς ἱερεῖς καὶ εἶπεν πρὸς αὐτούς
Τί ὅτι οὐκ ἐκραταιοῦτε[5] τὸ βεδεκ[6] τοῦ οἴκου; καὶ νῦν μὴ λάβητε ἀργύριον[7] ἀπὸ τῶν
πράσεων[8] ὑμῶν, ὅτι εἰς τὸ βεδεκ τοῦ οἴκου δώσετε αὐτό. **9** καὶ συνεφώνησαν[9] οἱ
ἱερεῖς τοῦ μὴ λαβεῖν ἀργύριον[10] παρὰ τοῦ λαοῦ καὶ τοῦ μὴ ἐνισχῦσαι[11] τὸ βεδεκ[12]
τοῦ οἴκου.

10 καὶ ἔλαβεν Ιωδαε ὁ ἱερεὺς κιβωτὸν[13] μίαν καὶ ἔτρησεν[14] τρώγλην[15] ἐπὶ τῆς σανί-
δος[16] αὐτῆς καὶ ἔδωκεν αὐτὴν παρὰ ιαμιβιν[17] ἐν τῷ οἴκῳ ἀνδρὸς οἴκου κυρίου,
καὶ ἔδωκαν οἱ ἱερεῖς οἱ φυλάσσοντες τὸν σταθμὸν[18] πᾶν τὸ ἀργύριον[19] τὸ εὑρεθὲν
ἐν οἴκῳ κυρίου. **11** καὶ ἐγένετο ὡς εἶδον ὅτι πολὺ τὸ ἀργύριον[20] ἐν τῇ κιβωτῷ,[21]
καὶ ἀνέβη ὁ γραμματεὺς[22] τοῦ βασιλέως καὶ ὁ ἱερεὺς ὁ μέγας καὶ ἔσφιγξαν[23] καὶ
ἠρίθμησαν[24] τὸ ἀργύριον[25] τὸ εὑρεθὲν ἐν οἴκῳ κυρίου. **12** καὶ ἔδωκαν τὸ ἀργύριον[26]
τὸ ἑτοιμασθὲν ἐπὶ χεῖρας ποιούντων τὰ ἔργα τῶν ἐπισκόπων[27] οἴκου κυρίου, καὶ
ἐξέδοσαν[28] τοῖς τέκτοσιν[29] τῶν ξύλων[30] καὶ τοῖς οἰκοδόμοις[31] τοῖς ποιοῦσιν ἐν
οἴκῳ κυρίου **13** καὶ τοῖς τειχισταῖς[32] καὶ τοῖς λατόμοις[33] τῶν λίθων τοῦ κτήσασθαι[34]
ξύλα[35] καὶ λίθους λατομητοὺς[36] τοῦ κατασχεῖν[37] τὸ βεδεκ[38] οἴκου κυρίου εἰς πάντα,
ὅσα ἐξωδιάσθη[39] ἐπὶ τὸν οἶκον τοῦ κραταιῶσαι·[40] **14** πλὴν οὐ ποιηθήσεται οἴκῳ
κυρίου θύραι ἀργυραῖ,[41] ἧλοι,[42] φιάλαι[43] καὶ σάλπιγγες,[44] πᾶν σκεῦος[45] χρυσοῦν[46]
καὶ σκεῦος ἀργυροῦν,[47] ἐκ τοῦ ἀργυρίου τοῦ εἰσενεχθέντος[48] ἐν οἴκῳ κυρίου, **15** ὅτι

1 οὗ, where
2 εἰκοστός, twentieth
3 κραταιόω, *aor act ind 3p*, prevail against
4 βεδεκ, damages, breaches, *translit.*
5 κραταιόω, *impf act ind 2p*, strengthen, repair
6 βεδεκ, damages, breaches, *translit.*
7 ἀργύριον, money
8 πρᾶσις, transaction, sale
9 συμφωνέω, *aor act ind 3p*, consent
10 ἀργύριον, money
11 ἐνισχύω, *aor act inf*, strengthen, repair
12 βεδεκ, damages, breaches, *translit.*
13 κιβωτός, chest
14 τετραίνω, *aor act ind 3s*, bore
15 τρώγλη, hole
16 σανίς, lid
17 ιαμιβιν, altar at the right side?, *translit.*
18 σταθμός, station, quarters
19 ἀργύριον, money
20 ἀργύριον, money
21 κιβωτός, chest
22 γραμματεύς, scribe
23 σφίγγω, *aor act ind 3p*, tie in a bundle
24 ἀριθμέω, *aor act ind 3p*, count
25 ἀργύριον, money
26 ἀργύριον, money
27 ἐπίσκοπος, overseer
28 ἐκδίδωμι, *aor act ind 3p*, deliver over
29 τέκτων, worker, craftsman
30 ξύλον, wood
31 οἰκοδόμος, builder
32 τειχιστής, builder, mason
33 λατόμος, stone cutter
34 κτάομαι, *aor mid inf*, acquire
35 ξύλον, wood
36 λατομητός, hewn
37 κατέχω, *aor act inf*, withhold, restrain
38 βεδεκ, damages, breaches, *translit.*
39 ἐξοδιάζω, *aor pas ind 3s*, spend
40 κραταιόω, *aor act inf*, strengthen, repair
41 ἀργυροῦς, silver
42 ἧλος, nail
43 φιάλη, shallow bowl
44 σάλπιγξ, trumpet
45 σκεῦος, vessel, item
46 χρυσοῦς, gold
47 ἀργυροῦς, silver
48 εἰσφέρω, *aor pas ptc gen s n*, bring into

τοῖς ποιοῦσιν τὰ ἔργα δώσουσιν αὐτό, καὶ ἐκραταίωσαν[1] ἐν αὐτῷ τὸν οἶκον κυρίου. **16** καὶ οὐκ ἐξελογίζοντο[2] τοὺς ἄνδρας, οἷς ἐδίδουν τὸ ἀργύριον[3] ἐπὶ χεῖρας αὐτῶν δοῦναι τοῖς ποιοῦσιν τὰ ἔργα, ὅτι ἐν πίστει αὐτῶν ποιοῦσιν. **17** ἀργύριον[4] περὶ ἁμαρτίας καὶ ἀργύριον περὶ πλημμελείας,[5] ὅ τι εἰσηνέχθη[6] ἐν οἴκῳ κυρίου, τοῖς ἱερεῦσιν ἐγένετο.

18 Τότε ἀνέβη Αζαηλ βασιλεὺς Συρίας καὶ ἐπολέμησεν ἐπὶ Γεθ καὶ προκατελάβετο[7] αὐτήν. καὶ ἔταξεν[8] Αζαηλ τὸ πρόσωπον αὐτοῦ ἀναβῆναι ἐπὶ Ιερουσαλημ. **19** καὶ ἔλαβεν Ιωας βασιλεὺς Ιουδα πάντα τὰ ἅγια, ὅσα ἡγίασεν[9] Ιωσαφατ καὶ Ιωραμ καὶ Οχοζιας οἱ πατέρες αὐτοῦ καὶ βασιλεῖς Ιουδα, καὶ τὰ ἅγια αὐτοῦ καὶ πᾶν τὸ χρυσίον[10] τὸ εὑρεθὲν ἐν θησαυροῖς[11] οἴκου κυρίου καὶ οἴκου τοῦ βασιλέως καὶ ἀπέστειλεν τῷ Αζαηλ βασιλεῖ Συρίας, καὶ ἀνέβη ἀπὸ Ιερουσαλημ.

20 καὶ τὰ λοιπὰ τῶν λόγων Ιωας καὶ πάντα, ὅσα ἐποίησεν, οὐκ ἰδοὺ ταῦτα γεγραμμένα ἐπὶ βιβλίῳ λόγων τῶν ἡμερῶν τοῖς βασιλεῦσιν Ιουδα; **21** καὶ ἀνέστησαν οἱ δοῦλοι αὐτοῦ καὶ ἔδησαν[12] πάντα σύνδεσμον[13] καὶ ἐπάταξαν[14] τὸν Ιωας ἐν οἴκῳ Μαλλω τῷ ἐν Γααλλα. **22** καὶ Ιεζιχαρ υἱὸς Ιεμουαθ καὶ Ιεζεβουθ ὁ υἱὸς αὐτοῦ Σωμηρ οἱ δοῦλοι αὐτοῦ ἐπάταξαν[15] αὐτόν, καὶ ἀπέθανεν· καὶ ἔθαψαν[16] αὐτὸν μετὰ τῶν πατέρων αὐτοῦ ἐν πόλει Δαυιδ, καὶ ἐβασίλευσεν[17] Αμεσσιας υἱὸς αὐτοῦ ἀντ᾽[18] αὐτοῦ.

Jehoahaz's Reign in Israel

13 Ἐν ἔτει εἰκοστῷ[19] καὶ τρίτῳ ἔτει τῷ Ιωας υἱῷ Οχοζιου βασιλεῖ Ιουδα ἐβασίλευσεν[20] Ιωαχας υἱὸς Ιου ἐν Σαμαρείᾳ ἑπτακαίδεκα[21] ἔτη. **2** καὶ ἐποίησεν τὸ πονηρὸν ἐν ὀφθαλμοῖς κυρίου καὶ ἐπορεύθη ὀπίσω ἁμαρτιῶν Ιεροβοαμ υἱοῦ Ναβατ, ὃς ἐξήμαρτεν[22] τὸν Ισραηλ, οὐκ ἀπέστη[23] ἀπ᾽ αὐτῶν. **3** καὶ ὠργίσθη[24] θυμῷ[25] κύριος ἐν τῷ Ισραηλ καὶ ἔδωκεν αὐτοὺς ἐν χειρὶ Αζαηλ βασιλέως Συρίας καὶ ἐν χειρὶ υἱοῦ Αδερ υἱοῦ Αζαηλ πάσας τὰς ἡμέρας. **4** καὶ ἐδεήθη[26] Ιωαχας τοῦ προσώπου κυρίου, καὶ ἐπήκουσεν[27] αὐτοῦ κύριος, ὅτι εἶδεν τὴν θλῖψιν Ισραηλ, ὅτι ἔθλιψεν[28] αὐτοὺς βασιλεὺς Συρίας. **5** καὶ ἔδωκεν κύριος σωτηρίαν τῷ Ισραηλ, καὶ ἐξῆλθεν

1 κραταιόω, *aor act ind 3p*, strengthen
2 ἐκλογίζομαι, *impf mid ind 3p*, take into account
3 ἀργύριον, money
4 ἀργύριον, money
5 πλημμέλεια, trespass, error
6 εἰσφέρω, *aor pas ind 3s*, bring into
7 προκαταλαμβάνω, *aor mid ind 3s*, capture
8 τάσσω, *aor act ind 3s*, set, fix
9 ἁγιάζω, *aor act ind 3s*, consecrate, sanctify
10 χρυσίον, gold
11 θησαυρός, treasury
12 δέω, *aor act ind 3p*, bind
13 σύνδεσμος, (conspiracy), bond
14 πατάσσω, *aor act ind 3p*, strike, slay
15 πατάσσω, *aor act ind 3p*, strike, slay
16 θάπτω, *aor act ind 3p*, bury
17 βασιλεύω, *aor act ind 3s*, reign as king
18 ἀντί, in place of
19 εἰκοστός, twentieth
20 βασιλεύω, *aor act ind 3s*, reign as king
21 ἑπτακαίδεκα, seventeen
22 ἐξαμαρτάνω, *aor act ind 3s*, cause to sin
23 ἀφίστημι, *aor act ind 3s*, turn away
24 ὀργίζω, *aor pas ind 3s*, make angry
25 θυμός, anger, wrath
26 δέομαι, *aor pas ind 3s*, beseech
27 ἐπακούω, *aor act ind 3s*, hear, listen
28 θλίβω, *aor act ind 3s*, afflict

ὑποκάτωθεν[1] χειρὸς Συρίας, καὶ ἐκάθισαν οἱ υἱοὶ Ισραηλ ἐν τοῖς σκηνώμασιν[2] αὐτῶν
καθὼς ἐχθὲς[3] καὶ τρίτης· **6** πλὴν οὐκ ἀπέστησαν[4] ἀπὸ ἁμαρτιῶν οἴκου Ιεροβοαμ,
ὃς ἐξήμαρτεν[5] τὸν Ισραηλ, ἐν αὐταῖς ἐπορεύθησαν, καί γε τὸ ἄλσος[6] ἐστάθη ἐν
Σαμαρείᾳ. **7** ὅτι οὐχ ὑπελείφθη[7] τῷ Ιωαχας λαὸς ἀλλ᾽ ἢ πεντήκοντα[8] ἱππεῖς[9] καὶ
δέκα[10] ἅρματα[11] καὶ δέκα χιλιάδες[12] πεζῶν,[13] ὅτι ἀπώλεσεν αὐτοὺς βασιλεὺς Συρίας
καὶ ἔθεντο αὐτοὺς ὡς χοῦν[14] εἰς καταπάτησιν.[15] **8** καὶ τὰ λοιπὰ τῶν λόγων Ιωαχας
καὶ πάντα, ὅσα ἐποίησεν, καὶ αἱ δυναστεῖαι[16] αὐτοῦ, οὐχὶ ταῦτα γεγραμμένα ἐπὶ
βιβλίῳ λόγων τῶν ἡμερῶν τοῖς βασιλεῦσιν Ισραηλ; **9** καὶ ἐκοιμήθη[17] Ιωαχας μετὰ
τῶν πατέρων αὐτοῦ, καὶ ἔθαψαν[18] αὐτὸν μετὰ τῶν πατέρων αὐτοῦ ἐν Σαμαρείᾳ, καὶ
ἐβασίλευσεν[19] Ιωας υἱὸς αὐτοῦ ἀντ᾽[20] αὐτοῦ.

Jehoash's Reign in Israel

10 Ἐν ἔτει τριακοστῷ[21] καὶ ἑβδόμῳ[22] ἔτει τῷ Ιωας βασιλεῖ Ιουδα ἐβασίλευσεν[23] Ιωας
υἱὸς Ιωαχας ἐπὶ Ισραηλ ἐν Σαμαρείᾳ ἑκκαίδεκα[24] ἔτη. **11** καὶ ἐποίησεν τὸ πονηρὸν
ἐν ὀφθαλμοῖς κυρίου· οὐκ ἀπέστη[25] ἀπὸ πάσης ἁμαρτίας Ιεροβοαμ υἱοῦ Ναβατ,
ὃς ἐξήμαρτεν[26] τὸν Ισραηλ, ἐν αὐταῖς ἐπορεύθη. **12** καὶ τὰ λοιπὰ τῶν λόγων Ιωας
καὶ πάντα, ὅσα ἐποίησεν, καὶ αἱ δυναστεῖαι[27] αὐτοῦ, ἃς ἐποίησεν μετὰ Αμεσσιου
βασιλέως Ιουδα, οὐχὶ ταῦτα γεγραμμένα ἐπὶ βιβλίῳ λόγων τῶν ἡμερῶν τοῖς βασι-
λεῦσιν Ισραηλ; **13** καὶ ἐκοιμήθη[28] Ιωας μετὰ τῶν πατέρων αὐτοῦ, καὶ Ιεροβοαμ
ἐκάθισεν ἐπὶ τοῦ θρόνου αὐτοῦ ἐν Σαμαρείᾳ μετὰ τῶν υἱῶν Ισραηλ.

Elisha's Death

14 Καὶ Ελισαιε ἠρρώστησεν[29] τὴν ἀρρωστίαν[30] αὐτοῦ, δι᾽ ἣν ἀπέθανεν. καὶ κατέβη
πρὸς αὐτὸν Ιωας βασιλεὺς Ισραηλ καὶ ἔκλαυσεν ἐπὶ προσώπου αὐτοῦ καὶ εἶπεν
Πάτερ πάτερ, ἅρμα[31] Ισραηλ καὶ ἱππεὺς[32] αὐτοῦ. **15** καὶ εἶπεν αὐτῷ Ελισαιε Λαβὲ
τόξον[33] καὶ βέλη·[34] καὶ ἔλαβεν πρὸς αὐτὸν τόξον καὶ βέλη. **16** καὶ εἶπεν τῷ βασιλεῖ

1 ὑποκάτωθεν, from beneath
2 σκήνωμα, tent
3 ἐχθές, yesterday
4 ἀφίστημι, *aor act ind 3p*, turn away
5 ἐξαμαρτάνω, *aor act ind 3s*, cause to sin
6 ἄλσος, (sacred) grove
7 ὑπολείπω, *aor pas ind 3s*, leave behind
8 πεντήκοντα, fifty
9 ἱππεύς, horseman
10 δέκα, ten
11 ἅρμα, chariot
12 χιλιάς, thousand
13 πεζός, (foot soldier), on foot
14 χοῦς, dust
15 καταπάτησις, trampling
16 δυναστεία, exercise of power
17 κοιμάω, *aor pas ind 3s*, sleep
18 θάπτω, *aor act ind 3p*, bury
19 βασιλεύω, *aor act ind 3s*, reign as king
20 ἀντί, in place of
21 τριακοστός, thirtieth
22 ἕβδομος, seventh
23 βασιλεύω, *aor act ind 3s*, reign as king
24 ἑκκαίδεκα, sixteen
25 ἀφίστημι, *aor act ind 3s*, turn away
26 ἐξαμαρτάνω, *aor act ind 3s*, cause to sin
27 δυναστεία, exercise of power
28 κοιμάω, *aor pas ind 3s*, sleep
29 ἀρρωστέω, *aor act ind 3s*, become sick
30 ἀρρωστία, illness
31 ἅρμα, chariot
32 ἱππεύς, horseman
33 τόξον, bow
34 βέλος, arrow

Ἐπιβίβασον[1] τὴν χεῖρά σου ἐπὶ τὸ τόξον·[2] καὶ ἐπεβίβασεν[3] Ιωας τὴν χεῖρα αὐτοῦ
ἐπὶ τὸ τόξον,[4] καὶ ἐπέθηκεν Ελισαιε τὰς χεῖρας αὐτοῦ ἐπὶ τὰς χεῖρας τοῦ βασιλέως.
17 καὶ εἶπεν Ἄνοιξον τὴν θυρίδα[5] κατ' ἀνατολάς·[6] καὶ ἤνοιξεν. καὶ εἶπεν Ελισαιε
Τόξευσον·[7] καὶ ἐτόξευσεν.[8] καὶ εἶπεν Βέλος[9] σωτηρίας τῷ κυρίῳ καὶ βέλος σωτηρίας
ἐν Συρίᾳ, καὶ πατάξεις[10] τὴν Συρίαν ἐν Αφεκ ἕως συντελείας.[11] **18** καὶ εἶπεν αὐτῷ
Ελισαιε Λαβὲ τόξα·[12] καὶ ἔλαβεν. καὶ εἶπεν τῷ βασιλεῖ Ισραηλ Πάταξον[13] εἰς τὴν γῆν·
καὶ ἐπάταξεν[14] ὁ βασιλεὺς τρὶς[15] καὶ ἔστη. **19** καὶ ἐλυπήθη[16] ἐπ' αὐτῷ ὁ ἄνθρωπος
τοῦ θεοῦ καὶ εἶπεν Εἰ ἐπάταξας[17] πεντάκις[18] ἢ ἑξάκις,[19] τότε ἂν ἐπάταξας τὴν Συρίαν
ἕως συντελείας·[20] καὶ νῦν τρὶς[21] πατάξεις[22] τὴν Συρίαν. **20** καὶ ἀπέθανεν Ελισαιε, καὶ
ἔθαψαν[23] αὐτόν.

καὶ μονόζωνοι[24] Μωαβ ἦλθον ἐν τῇ γῇ ἐλθόντος τοῦ ἐνιαυτοῦ·[25] **21** καὶ ἐγένετο
αὐτῶν θαπτόντων[26] τὸν ἄνδρα καὶ ἰδοὺ εἶδον τὸν μονόζωνον[27] καὶ ἔρριψαν[28] τὸν
ἄνδρα ἐν τῷ τάφῳ[29] Ελισαιε, καὶ ἐπορεύθη καὶ ἥψατο τῶν ὀστέων[30] Ελισαιε καὶ
ἔζησεν καὶ ἀνέστη ἐπὶ τοὺς πόδας αὐτοῦ.

22 καὶ Αζαηλ ἐξέθλιψεν[31] τὸν Ισραηλ πάσας τὰς ἡμέρας Ιωαχας. **23** καὶ ἠλέησεν[32]
κύριος αὐτοὺς καὶ οἰκτίρησεν[33] αὐτοὺς καὶ ἐπέβλεψεν[34] πρὸς αὐτοὺς διὰ τὴν δια-
θήκην αὐτοῦ τὴν μετὰ Αβρααμ καὶ Ισαακ καὶ Ιακωβ, καὶ οὐκ ἠθέλησεν κύριος
διαφθεῖραι[35] αὐτοὺς καὶ οὐκ ἀπέρριψεν[36] αὐτοὺς ἀπὸ τοῦ προσώπου αὐτοῦ. **24** καὶ
ἀπέθανεν Αζαηλ βασιλεὺς Συρίας, καὶ ἐβασίλευσεν[37] υἱὸς Αδερ υἱὸς αὐτοῦ ἀντ'[38]
αὐτοῦ. **25** καὶ ἐπέστρεψεν Ιωας υἱὸς Ιωαχας καὶ ἔλαβεν τὰς πόλεις ἐκ χειρὸς υἱοῦ
Αδερ υἱοῦ Αζαηλ, ἃς ἔλαβεν ἐκ χειρὸς Ιωαχας τοῦ πατρὸς αὐτοῦ ἐν τῷ πολέμῳ·
τρὶς[39] ἐπάταξεν[40] αὐτὸν Ιωας καὶ ἐπέστρεψεν τὰς πόλεις Ισραηλ.

1 ἐπιβιβάζω, *aor act impv 2s*, place upon
2 τόξον, bow
3 ἐπιβιβάζω, *aor act ind 3s*, place upon
4 τόξον, bow
5 θυρίς, window
6 ἀνατολή, east
7 τοξεύω, *aor act impv 2s*, shoot (with bow and arrow)
8 τοξεύω, *aor act ind 3s*, shoot (with bow and arrow)
9 βέλος, arrow
10 πατάσσω, *fut act ind 2s*, strike, slay
11 συντέλεια, completion
12 τόξον, bow
13 πατάσσω, *aor act impv 2s*, strike, slay
14 πατάσσω, *aor act ind 3s*, strike, slay
15 τρίς, three times
16 λυπέω, *aor pas ind 3s*, grieve
17 πατάσσω, *aor act ind 2s*, strike, slay
18 πεντάκις, five times
19 ἑξάκις, six times
20 συντέλεια, completion
21 τρίς, three times
22 πατάσσω, *fut act ind 2s*, strike, slay
23 θάπτω, *aor act ind 3p*, bury
24 μονόζωνος, lightly armed men
25 ἐνιαυτός, year
26 θάπτω, *pres act ptc gen p m*, bury
27 μονόζωνος, lightly armed men
28 ῥίπτω, *aor act ind 3p*, throw, cast
29 τάφος, grave
30 ὀστέον, bone
31 ἐκθλίβω, *aor act ind 3s*, press upon, afflict
32 ἐλεέω, *aor act ind 3s*, show mercy to
33 οἰκτίρω, *aor act ind 3s*, have compassion upon
34 ἐπιβλέπω, *aor act ind 3s*, look intently upon
35 διαφθείρω, *aor act inf*, destroy, ruin
36 ἀπορρίπτω, *aor act ind 3s*, cast away
37 βασιλεύω, *aor act ind 3s*, reign as king
38 ἀντί, in place of
39 τρίς, three times
40 πατάσσω, *aor act ind 3s*, strike, slay

Amaziah's Reign in Judah

14 Ἐν ἔτει δευτέρῳ τῷ Ιωας υἱῷ Ιωαχας βασιλεῖ Ισραηλ καὶ ἐβασίλευσεν[1]
Αμεσσιας υἱὸς Ιωας βασιλεὺς Ιουδα. **2** υἱὸς εἴκοσι[2] καὶ πέντε ἐτῶν ἦν ἐν τῷ
βασιλεύειν[3] αὐτὸν καὶ εἴκοσι καὶ ἐννέα[4] ἔτη ἐβασίλευσεν[5] ἐν Ιερουσαλημ, καὶ ὄνομα
τῆς μητρὸς αὐτοῦ Ιωαδιν ἐξ Ιερουσαλημ. **3** καὶ ἐποίησεν τὸ εὐθὲς[6] ἐν ὀφθαλμοῖς
κυρίου, πλὴν οὐχ ὡς Δαυιδ ὁ πατὴρ αὐτοῦ· κατὰ πάντα, ὅσα ἐποίησεν Ιωας ὁ
πατὴρ αὐτοῦ, ἐποίησεν· **4** πλὴν τὰ ὑψηλὰ[7] οὐκ ἐξῆρεν,[8] ἔτι ὁ λαὸς ἐθυσίαζεν[9] καὶ
ἐθυμίων[10] ἐν τοῖς ὑψηλοῖς.[11] **5** καὶ ἐγένετο ὅτε κατίσχυσεν[12] ἡ βασιλεία ἐν χειρὶ
αὐτοῦ, καὶ ἐπάταξεν[13] τοὺς δούλους αὐτοῦ τοὺς πατάξαντας[14] τὸν πατέρα αὐτοῦ·
6 καὶ τοὺς υἱοὺς τῶν παταξάντων[15] οὐκ ἐθανάτωσεν,[16] καθὼς γέγραπται ἐν βιβλίῳ
νόμων Μωυσῆ, ὡς ἐνετείλατο[17] κύριος λέγων Οὐκ ἀποθανοῦνται πατέρες ὑπὲρ
υἱῶν, καὶ υἱοὶ οὐκ ἀποθανοῦνται ὑπὲρ πατέρων, ὅτι ἀλλ᾽ ἢ ἕκαστος ἐν ταῖς ἁμαρτίαις
αὐτοῦ ἀποθανεῖται. **7** αὐτὸς ἐπάταξεν[18] τὸν Εδωμ ἐν Γαιμελε δέκα[19] χιλιάδας[20] καὶ
συνέλαβε[21] τὴν Πέτραν[22] ἐν τῷ πολέμῳ καὶ ἐκάλεσεν τὸ ὄνομα αὐτῆς Καθοηλ ἕως
τῆς ἡμέρας ταύτης.

8 τότε ἀπέστειλεν Αμεσσιας ἀγγέλους πρὸς Ιωας υἱὸν Ιωαχας υἱοῦ Ιου βασιλέως
Ισραηλ λέγων Δεῦρο[23] ὀφθῶμεν προσώποις. **9** καὶ ἀπέστειλεν Ιωας βασιλεὺς Ισραηλ
πρὸς Αμεσσιαν βασιλέα Ιουδα λέγων Ὁ ακαν[24] ὁ ἐν τῷ Λιβάνῳ ἀπέστειλεν πρὸς τὴν
κέδρον[25] τὴν ἐν τῷ Λιβάνῳ λέγων Δὸς τὴν θυγατέρα[26] σου τῷ υἱῷ μου εἰς γυναῖκα·
καὶ διῆλθον τὰ θηρία τοῦ ἀγροῦ τὰ ἐν τῷ Λιβάνῳ καὶ συνεπάτησαν[27] τὸν ακανα.[28]
10 τύπτων[29] ἐπάταξας[30] τὴν Ιδουμαίαν, καὶ ἐπῆρέν[31] σε ἡ καρδία σου· ἐνδοξάσθητι[32]
καθήμενος ἐν τῷ οἴκῳ σου, καὶ ἵνα τί ἐρίζεις[33] ἐν κακίᾳ[34] σου; καὶ πεσῇ σὺ καὶ Ιουδας
μετὰ σοῦ. **11** καὶ οὐκ ἤκουσεν Αμεσσιας. καὶ ἀνέβη ὁ βασιλεὺς Ισραηλ, καὶ ὤφθησαν
προσώποις αὐτὸς καὶ Αμεσσιας βασιλεὺς Ιουδα ἐν Βαιθσαμυς τῇ τοῦ Ιουδα· **12** καὶ
ἔπταισεν[35] Ιουδας ἀπὸ προσώπου Ισραηλ, καὶ ἔφυγεν[36] ἀνὴρ εἰς τὸ σκήνωμα[37] αὐτοῦ·

1 βασιλεύω, *aor act ind 3s*, reign as king
2 εἴκοσι, twenty
3 βασιλεύω, *pres act inf*, reign as king
4 ἐννέα, nine
5 βασιλεύω, *aor act ind 3s*, reign as king
6 εὐθής, that which is right
7 ὑψηλός, high place
8 ἐξαίρω, *aor act ind 3s*, remove
9 θυσιάζω, *impf act ind 3s*, sacrifice
10 θυμιάω, *impf act ind 3p*, burn incense
11 ὑψηλός, high place
12 κατισχύω, *aor act ind 3s*, strengthen
13 πατάσσω, *aor act ind 3s*, strike, slay
14 πατάσσω, *aor act ptc acc p m*, strike, slay
15 πατάσσω, *aor act ptc gen p m*, strike, slay
16 θανατόω, *aor act ind 3s*, put to death
17 ἐντέλλομαι, *aor mid ind 3s*, command
18 πατάσσω, *aor act ind 3s*, strike, slay
19 δέκα, ten
20 χιλιάς, thousand
21 συλλαμβάνω, *aor act ind 3s*, capture, seize
22 πέτρα, rock
23 δεῦρο, come!
24 ακαν, thornbush, *translit.*
25 κέδρος, cedar tree
26 θυγάτηρ, daughter
27 συμπατέω, *aor act ind 3p*, trample
28 ακανα, thornbush, *translit.*
29 τύπτω, *pres act ptc nom s m*, beat
30 πατάσσω, *aor act ind 2s*, strike, slay
31 ἐπαίρω, *aor act ind 3s*, raise up
32 ἐνδοξάζω, *aor pas impv 2s*, glorify
33 ἐρίζω, *pres act ind 2s*, strive, quarrel
34 κακία, wickedness
35 πταίω, *aor act ind 3s*, fall, be defeated
36 φεύγω, *aor act ind 3s*, flee
37 σκήνωμα, tent, dwelling

13 καὶ τὸν Αμεσσιαν υἱὸν Ιωας υἱοῦ Οχοζιου βασιλέα Ιουδα συνέλαβεν[1] Ιωας υἱὸς
Ιωαχας βασιλεὺς Ισραηλ ἐν Βαιθσαμυς. καὶ ἦλθεν εἰς Ιερουσαλημ καὶ καθεῖλεν[2] ἐν τῷ
τείχει[3] Ιερουσαλημ ἐν τῇ πύλῃ[4] Εφραιμ ἕως πύλης τῆς γωνίας[5] τετρακοσίους[6] πήχεις·[7]
14 καὶ ἔλαβεν τὸ χρυσίον[8] καὶ τὸ ἀργύριον[9] καὶ πάντα τὰ σκεύη[10] τὰ εὑρεθέντα ἐν
οἴκῳ κυρίου καὶ ἐν θησαυροῖς[11] οἴκου τοῦ βασιλέως καὶ τοὺς υἱοὺς τῶν συμμίξεων[12]
καὶ ἀπέστρεψεν[13] εἰς Σαμάρειαν.

Jeroboam II Succeeds Jehoash in Israel

15 καὶ τὰ λοιπὰ τῶν λόγων Ιωας, ὅσα ἐποίησεν ἐν δυναστείᾳ[14] αὐτοῦ, ἃ ἐπολέμησεν
μετὰ Αμεσσιου βασιλέως Ιουδα, οὐχὶ ταῦτα γεγραμμένα ἐπὶ βιβλίῳ λόγων τῶν
ἡμερῶν τοῖς βασιλεῦσιν Ισραηλ; **16** καὶ ἐκοιμήθη[15] Ιωας μετὰ τῶν πατέρων αὐτοῦ
καὶ ἐτάφη[16] ἐν Σαμαρείᾳ μετὰ τῶν βασιλέων Ισραηλ, καὶ ἐβασίλευσεν[17] Ιεροβοαμ
υἱὸς αὐτοῦ ἀντ᾽[18] αὐτοῦ.

Azariah Succeeds Amaziah in Judah

17 καὶ ἔζησεν Αμεσσιας υἱὸς Ιωας βασιλεὺς Ιουδα μετὰ τὸ ἀποθανεῖν Ιωας υἱὸν
Ιωαχας βασιλέα Ισραηλ πεντεκαίδεκα[19] ἔτη. **18** καὶ τὰ λοιπὰ τῶν λόγων Αμεσσιου
καὶ πάντα, ἃ ἐποίησεν, οὐχὶ ταῦτα γεγραμμένα ἐπὶ βιβλίῳ λόγων τῶν ἡμερῶν τοῖς
βασιλεῦσιν Ιουδα; **19** καὶ συνεστράφησαν[20] ἐπ᾽ αὐτὸν σύστρεμμα[21] ἐν Ιερουσαλημ,
καὶ ἔφυγεν[22] εἰς Λαχις· καὶ ἀπέστειλαν ὀπίσω αὐτοῦ εἰς Λαχις καὶ ἐθανάτωσαν[23]
αὐτὸν ἐκεῖ. **20** καὶ ἦραν αὐτὸν ἐφ᾽ ἵππων,[24] καὶ ἐτάφη[25] ἐν Ιερουσαλημ μετὰ τῶν
πατέρων αὐτοῦ ἐν πόλει Δαυιδ. **21** καὶ ἔλαβεν πᾶς ὁ λαὸς Ιουδα τὸν Αζαριαν — καὶ
αὐτὸς υἱὸς ἑκκαίδεκα[26] ἐτῶν — καὶ ἐβασίλευσαν[27] αὐτὸν ἀντὶ[28] τοῦ πατρὸς αὐτοῦ
Αμεσσιου. **22** αὐτὸς ᾠκοδόμησεν τὴν Αιλωθ καὶ ἐπέστρεψεν αὐτὴν τῷ Ιουδα μετὰ
τὸ κοιμηθῆναι[29] τὸν βασιλέα μετὰ τῶν πατέρων αὐτοῦ.

1 συλλαμβάνω, *aor act ind 3s*, lay hold of, capture
2 καθαιρέω, *aor act ind 3s*, destroy, tear down
3 τεῖχος, city wall
4 πύλη, gate
5 γωνία, corner, angle
6 τετρακόσιοι, four hundred
7 πῆχυς, cubit
8 χρυσίον, gold
9 ἀργύριον, silver
10 σκεῦος, vessel, item
11 θησαυρός, treasury
12 σύμμιξις, mixed (marriage), commingling
13 ἀποστρέφω, *aor act ind 3s*, return
14 δυναστεία, exercise of power
15 κοιμάω, *aor pas ind 3s*, sleep
16 θάπτω, *aor pas ind 3s*, bury
17 βασιλεύω, *aor act ind 3s*, reign as king
18 ἀντί, in place of
19 πεντεκαίδεκα, fifteen
20 συστρέφω, *aor pas ind 3p*, conspire against
21 σύστρεμμα, conspiracy
22 φεύγω, *aor act ind 3s*, flee
23 θανατόω, *aor act ind 3p*, put to death
24 ἵππος, horse
25 θάπτω, *aor pas ind 3s*, bury
26 ἑκκαίδεκα, sixteen
27 βασιλεύω, *aor act ind 3p*, appoint as king
28 ἀντί, in place of
29 κοιμάω, *aor pas inf*, sleep

Jeroboam II's Reign in Israel

23 Ἐν ἔτει πεντεκαιδεκάτῳ[1] τοῦ Αμεσσιου υἱοῦ Ιωας βασιλέως Ιουδα ἐβασίλευσεν[2]
Ιεροβοαμ υἱὸς Ιωας ἐπὶ Ισραηλ ἐν Σαμαρείᾳ τεσσαράκοντα[3] καὶ ἓν ἔτος. **24** καὶ
ἐποίησεν τὸ πονηρὸν ἐνώπιον κυρίου· οὐκ ἀπέστη[4] ἀπὸ πασῶν ἁμαρτιῶν Ιεροβοαμ
υἱοῦ Ναβατ, ὃς ἐξήμαρτεν[5] τὸν Ισραηλ. **25** αὐτὸς ἀπέστησεν[6] τὸ ὅριον[7] Ισραηλ ἀπὸ
εἰσόδου[8] Αιμαθ ἕως τῆς θαλάσσης τῆς Αραβα κατὰ τὸ ῥῆμα κυρίου θεοῦ Ισραηλ, ὃ
ἐλάλησεν ἐν χειρὶ δούλου αὐτοῦ Ιωνα υἱοῦ Αμαθι τοῦ προφήτου τοῦ ἐκ Γεθχοβερ.
26 ὅτι εἶδεν κύριος τὴν ταπείνωσιν[9] Ισραηλ πικρὰν[10] σφόδρα[11] καὶ ὀλιγοστοὺς[12]
συνεχομένους[13] καὶ ἐσπανισμένους[14] καὶ ἐγκαταλελειμμένους,[15] καὶ οὐκ ἦν ὁ βο-
ηθῶν[16] τῷ Ισραηλ. **27** καὶ οὐκ ἐλάλησεν κύριος ἐξαλεῖψαι[17] τὸ σπέρμα Ισραηλ ὑπο-
κάτωθεν[18] τοῦ οὐρανοῦ καὶ ἔσωσεν αὐτοὺς διὰ χειρὸς Ιεροβοαμ υἱοῦ Ιωας. **28** καὶ τὰ
λοιπὰ τῶν λόγων Ιεροβοαμ καὶ πάντα, ὅσα ἐποίησεν, καὶ αἱ δυναστεῖαι[19] αὐτοῦ, ὅσα
ἐπολέμησεν καὶ ὅσα ἐπέστρεψεν τὴν Δαμασκὸν καὶ τὴν Αιμαθ τῷ Ιουδα ἐν Ισραηλ,
οὐχὶ ταῦτα γεγραμμένα ἐπὶ βιβλίῳ λόγων τῶν ἡμερῶν τοῖς βασιλεῦσιν Ισραηλ;
29 καὶ ἐκοιμήθη[20] Ιεροβοαμ μετὰ τῶν πατέρων αὐτοῦ μετὰ βασιλέων Ισραηλ, καὶ
ἐβασίλευσεν[21] Αζαριας υἱὸς Αμεσσιου ἀντὶ[22] τοῦ πατρὸς αὐτοῦ.

Azariah's Reign in Judah

15 Ἐν ἔτει εἰκοστῷ[23] καὶ ἑβδόμῳ[24] τῷ Ιεροβοαμ βασιλεῖ Ισραηλ ἐβασίλευσεν[25]
Αζαριας υἱὸς Αμεσσιου βασιλέως Ιουδα. **2** υἱὸς ἑκκαίδεκα[26] ἐτῶν ἦν ἐν τῷ
βασιλεύειν[27] αὐτὸν καὶ πεντήκοντα[28] καὶ δύο ἔτη ἐβασίλευσεν[29] ἐν Ιερουσαλημ,
καὶ ὄνομα τῇ μητρὶ αὐτοῦ Χαλια ἐξ Ιερουσαλημ. **3** καὶ ἐποίησεν τὸ εὐθὲς[30] ἐν
ὀφθαλμοῖς κυρίου κατὰ πάντα, ὅσα ἐποίησεν Αμεσσιας ὁ πατὴρ αὐτοῦ· **4** πλὴν
τῶν ὑψηλῶν[31] οὐκ ἐξῆρεν,[32] ἔτι ὁ λαὸς ἐθυσίαζεν[33] καὶ ἐθυμίων[34] ἐν τοῖς ὑψηλοῖς.[35]

1 πεντεκαιδέκατος, fifteenth
2 βασιλεύω, *aor act ind 3s*, become king
3 τεσσαράκοντα, forty
4 ἀφίστημι, *aor act ind 3s*, remove
5 ἐξαμαρτάνω, *aor act ind 3s*, cause to sin
6 ἀφίστημι, *aor act ind 3s*, remove
7 ὅριον, boundary, border
8 εἴσοδος, entrance, place of entering
9 ταπείνωσις, abasement, humiliation
10 πικρός, bitter
11 σφόδρα, very
12 ὀλίγος, *sup*, fewest, smallest
13 συνέχω, *pres pas ptc acc p m*, confine, constrict
14 σπανίζω, *perf pas ptc acc p m*, be in want
15 ἐγκαταλείπω, *perf pas ptc acc p m*, desert, forsake
16 βοηθέω, *pres act ptc nom s m*, help
17 ἐξαλείφω, *aor act inf*, destroy, wipe out
18 ὑποκάτωθεν, from beneath
19 δυναστεία, exercise of power
20 κοιμάω, *aor pas ind 3s*, sleep
21 βασιλεύω, *aor act ind 3s*, reign as king
22 ἀντί, in place of
23 εἰκοστός, twentieth
24 ἕβδομος, seventh
25 βασιλεύω, *aor act ind 3s*, become king
26 ἑκκαίδεκα, sixteen
27 βασιλεύω, *pres act inf*, become king
28 πεντήκοντα, fifty
29 βασιλεύω, *aor act ind 3s*, reign as king
30 εὐθής, that which is right
31 ὑψηλός, high place
32 ἐξαίρω, *aor act ind 3s*, remove
33 θυσιάζω, *impf act ind 3s*, sacrifice
34 θυμιάω, *impf act ind 3p*, burn incense
35 ὑψηλός, high place

5 καὶ ἥψατο κύριος τοῦ βασιλέως, καὶ ἦν λελεπρωμένος[1] ἕως ἡμέρας θανάτου αὐτοῦ καὶ ἐβασίλευσεν[2] ἐν οἴκῳ αφφουσωθ,[3] καὶ Ιωαθαμ υἱὸς τοῦ βασιλέως ἐπὶ τῷ οἴκῳ κρίνων τὸν λαὸν τῆς γῆς. **6** καὶ τὰ λοιπὰ τῶν λόγων Αζαριου καὶ πάντα, ὅσα ἐποίησεν, οὐκ ἰδοὺ ταῦτα γεγραμμένα ἐπὶ βιβλίου λόγων τῶν ἡμερῶν τοῖς βασιλεῦσιν Ιουδα; **7** καὶ ἐκοιμήθη[4] Αζαριας μετὰ τῶν πατέρων αὐτοῦ, καὶ ἔθαψαν[5] αὐτὸν μετὰ τῶν πατέρων αὐτοῦ ἐν πόλει Δαυιδ, καὶ ἐβασίλευσεν[6] Ιωαθαμ υἱὸς αὐτοῦ ἀντ᾽[7] αὐτοῦ.

Zechariah's Reign in Israel

8 Ἐν ἔτει τριακοστῷ[8] καὶ ὀγδόῳ[9] τῷ Αζαρια βασιλεῖ Ιουδα ἐβασίλευσεν[10] Ζαχαριας υἱὸς Ιεροβοαμ ἐπὶ Ισραηλ ἐν Σαμαρείᾳ ἑξάμηνον.[11] **9** καὶ ἐποίησεν τὸ πονηρὸν ἐν ὀφθαλμοῖς κυρίου, καθὰ[12] ἐποίησαν οἱ πατέρες αὐτοῦ· οὐκ ἀπέστη[13] ἀπὸ ἁμαρτιῶν Ιεροβοαμ υἱοῦ Ναβατ, ὃς ἐξήμαρτεν[14] τὸν Ισραηλ. **10** καὶ συνεστράφησαν[15] ἐπ᾽ αὐτὸν Σελλουμ υἱὸς Ιαβις καὶ Κεβλααμ καὶ ἐπάταξαν[16] αὐτὸν καὶ ἐθανάτωσαν[17] αὐτόν, καὶ Σελλουμ ἐβασίλευσεν[18] ἀντ᾽[19] αὐτοῦ. **11** καὶ τὰ λοιπὰ τῶν λόγων Ζαχαριου ἰδού ἐστιν γεγραμμένα ἐπὶ βιβλίῳ λόγων τῶν ἡμερῶν τοῖς βασιλεῦσιν Ισραηλ. **12** ὁ λόγος κυρίου, ὃν ἐλάλησεν πρὸς Ιου λέγων Υἱοὶ τέταρτοι[20] καθήσονταί σοι ἐπὶ θρόνου Ισραηλ· καὶ ἐγένετο οὕτως.

Shallum's Reign in Israel

13 Καὶ Σελλουμ υἱὸς Ιαβις ἐβασίλευσεν·[21] καὶ ἐν ἔτει τριακοστῷ[22] καὶ ἐνάτῳ[23] Αζαρια βασιλεῖ Ιουδα ἐβασίλευσεν[24] Σελλουμ μῆνα[25] ἡμερῶν ἐν Σαμαρείᾳ. **14** καὶ ἀνέβη Μαναημ υἱὸς Γαδδι ἐκ Θαρσιλα καὶ ἦλθεν εἰς Σαμάρειαν καὶ ἐπάταξεν[26] τὸν Σελλουμ υἱὸν Ιαβις ἐν Σαμαρείᾳ καὶ ἐθανάτωσεν[27] αὐτόν. **15** καὶ τὰ λοιπὰ τῶν λόγων Σελλουμ καὶ ἡ συστροφὴ[28] αὐτοῦ, ἣν συνεστράφη,[29] ἰδού εἰσιν γεγραμμένα ἐπὶ βιβλίῳ λόγων τῶν ἡμερῶν τοῖς βασιλεῦσιν Ισραηλ. **16** τότε ἐπάταξεν[30] Μαναημ

1 λεπρόομαι, *perf mid ptc nom s m*, become leprous
2 βασιλεύω, *aor act ind 3s*, reign as king
3 αφφουσωθ, exempt from duties, *translit.*
4 κοιμάω, *aor pas ind 3s*, sleep
5 θάπτω, *aor act ind 3p*, bury
6 βασιλεύω, *aor act ind 3s*, reign as king
7 ἀντί, in place of
8 τριακοστός, thirtieth
9 ὄγδοος, eighth
10 βασιλεύω, *aor act ind 3s*, become king
11 ἑξάμηνος, six months
12 καθά, just as
13 ἀφίστημι, *aor act ind 3s*, turn away
14 ἐξαμαρτάνω, *aor act ind 3s*, cause to sin
15 συστρέφω, *aor pas ind 3p*, conspire against
16 πατάσσω, *aor act ind 3p*, strike, slay
17 θανατόω, *aor act ind 3p*, put to death
18 βασιλεύω, *aor act ind 3s*, reign as king
19 ἀντί, in place of
20 τέταρτος, fourth
21 βασιλεύω, *aor act ind 3s*, become king
22 τριακοστός, thirtieth
23 ἔνατος, ninth
24 βασιλεύω, *aor act ind 3s*, reign as king
25 μήν, month
26 πατάσσω, *aor act ind 3s*, strike, slay
27 θανατόω, *aor act ind 3s*, put to death
28 συστροφή, conspiracy
29 συστρέφω, *aor pas ind 3s*, conspire
30 πατάσσω, *aor act ind 3s*, strike, slay

τὴν Θερσα καὶ πάντα τὰ ἐν αὐτῇ καὶ τὰ ὅρια[1] αὐτῆς ἀπὸ Θερσα, ὅτι οὐκ ἤνοιξαν
αὐτῷ· καὶ ἐπάταξεν αὐτὴν καὶ τὰς ἐν γαστρὶ[2] ἐχούσας ἀνέρρηξεν.[3]

Menahem's Reign in Israel

17 Ἐν ἔτει τριακοστῷ[4] καὶ ἐνάτῳ[5] Αζαρια βασιλεῖ Ιουδα καὶ ἐβασίλευσεν[6] Μαναημ
υἱὸς Γαδδι ἐπὶ Ισραηλ δέκα[7] ἔτη ἐν Σαμαρείᾳ. **18** καὶ ἐποίησεν τὸ πονηρὸν ἐν ὀφθαλ-
μοῖς κυρίου· οὐκ ἀπέστη[8] ἀπὸ πασῶν ἁμαρτιῶν Ιεροβοαμ υἱοῦ Ναβατ, ὃς ἐξήμαρτεν[9]
τὸν Ισραηλ. **19** ἐν ταῖς ἡμέραις αὐτοῦ ἀνέβη Φουλ βασιλεὺς Ἀσσυρίων ἐπὶ τὴν γῆν,
καὶ Μαναημ ἔδωκεν τῷ Φουλ χίλια[10] τάλαντα[11] ἀργυρίου[12] εἶναι τὴν χεῖρα αὐτοῦ
μετ᾽ αὐτοῦ. **20** καὶ ἐξήνεγκεν[13] Μαναημ τὸ ἀργύριον[14] ἐπὶ τὸν Ισραηλ, ἐπὶ πᾶν δυνα-
τὸν ἰσχύι,[15] δοῦναι τῷ βασιλεῖ τῶν Ἀσσυρίων, πεντήκοντα[16] σίκλους[17] τῷ ἀνδρὶ
τῷ ἑνί· καὶ ἀπέστρεψεν[18] βασιλεὺς Ἀσσυρίων καὶ οὐκ ἔστη ἐκεῖ ἐν τῇ γῇ. **21** καὶ τὰ
λοιπὰ τῶν λόγων Μαναημ καὶ πάντα, ὅσα ἐποίησεν, οὐκ ἰδοὺ ταῦτα γεγραμμένα
ἐπὶ βιβλίῳ λόγων τῶν ἡμερῶν τοῖς βασιλεῦσιν Ισραηλ; **22** καὶ ἐκοιμήθη[19] Μαναημ
μετὰ τῶν πατέρων αὐτοῦ, καὶ ἐβασίλευσεν[20] Φακεϊας υἱὸς αὐτοῦ ἀντ᾽[21] αὐτοῦ.

Pekahiah's Reign in Israel

23 Ἐν ἔτει πεντηκοστῷ[22] τοῦ Αζαριου βασιλέως Ιουδα ἐβασίλευσεν[23] Φακεϊας υἱὸς
Μαναημ ἐπὶ Ισραηλ ἐν Σαμαρείᾳ δύο ἔτη. **24** καὶ ἐποίησεν τὸ πονηρὸν ἐν ὀφθαλμοῖς
κυρίου· οὐκ ἀπέστη[24] ἀπὸ ἁμαρτιῶν Ιεροβοαμ υἱοῦ Ναβατ, ὃς ἐξήμαρτεν[25] τὸν
Ισραηλ. **25** καὶ συνεστράφη[26] ἐπ᾽ αὐτὸν Φακεε υἱὸς Ρομελιου ὁ τριστάτης[27] αὐτοῦ
καὶ ἐπάταξεν[28] αὐτὸν ἐν Σαμαρείᾳ ἐναντίον[29] οἴκου τοῦ βασιλέως μετὰ τοῦ Αργοβ
καὶ μετὰ τοῦ Αρια, καὶ μετ᾽ αὐτοῦ πεντήκοντα[30] ἄνδρες ἀπὸ τῶν τετρακοσίων·[31] καὶ
ἐθανάτωσεν[32] αὐτὸν καὶ ἐβασίλευσεν[33] ἀντ᾽[34] αὐτοῦ. **26** καὶ τὰ λοιπὰ τῶν λόγων
Φακεϊου καὶ πάντα, ὅσα ἐποίησεν, ἰδού εἰσιν γεγραμμένα ἐπὶ βιβλίῳ λόγων τῶν
ἡμερῶν τοῖς βασιλεῦσιν Ισραηλ.

1 ὅριον, boundary, border
2 γαστήρ, womb
3 ἀναρρήγνυμι, *aor act ind 3s*, rip open
4 τριακοστός, thirtieth
5 ἔνατος, ninth
6 βασιλεύω, *aor act ind 3s*, reign as king
7 δέκα, ten
8 ἀφίστημι, *aor act ind 3s*, turn away
9 ἐξαμαρτάνω, *aor act ind 3s*, cause to sin
10 χίλιοι, thousand
11 τάλαντον, talent
12 ἀργύριον, silver
13 ἐκφέρω, *aor act ind 3s*, carry away
14 ἀργύριον, silver
15 ἰσχύς, strength, might
16 πεντήκοντα, fifty
17 σίκλος, shekel, *Heb. LW*
18 ἀποστρέφω, *aor act ind 3s*, return
19 κοιμάω, *aor pas ind 3s*, sleep
20 βασιλεύω, *aor act ind 3s*, reign as king
21 ἀντί, in place of
22 πεντηκοστός, fiftieth
23 βασιλεύω, *aor act ind 3s*, reign as king
24 ἀφίστημι, *aor act ind 3s*, turn away
25 ἐξαμαρτάνω, *aor act ind 3s*, cause to sin
26 συστρέφω, *aor pas ind 3s*, conspire
27 τριστάτης, third-ranking officer
28 πατάσσω, *aor act ind 3s*, strike, slay
29 ἐναντίον, before, in front of
30 πεντήκοντα, fifty
31 τετρακόσιοι, four hundred
32 θανατόω, *aor act ind 3s*, put to death
33 βασιλεύω, *aor act ind 3s*, reign as king
34 ἀντί, in place of

Pekah's Reign in Israel

27 Ἐν ἔτει πεντηκοστῷ[1] καὶ δευτέρῳ τοῦ Αζαριου βασιλέως Ιουδα ἐβασίλευσεν[2]
Φακεε υἱὸς Ρομελιου ἐπὶ Ισραηλ ἐν Σαμαρείᾳ εἴκοσι[3] ἔτη. **28** καὶ ἐποίησεν τὸ πονη-
ρὸν ἐν ὀφθαλμοῖς κυρίου· οὐκ ἀπέστη[4] ἀπὸ πασῶν ἁμαρτιῶν Ιεροβοαμ υἱοῦ Ναβατ,
ὃς ἐξήμαρτεν[5] τὸν Ισραηλ. **29** ἐν ταῖς ἡμέραις Φακεε βασιλέως Ισραηλ ἦλθεν Θα-
γλαθφελλασαρ βασιλεὺς Ἀσσυρίων καὶ ἔλαβεν τὴν Αιν καὶ τὴν Αβελβαιθαμααχα
καὶ τὴν Ιανωχ καὶ τὴν Κενεζ καὶ τὴν Ασωρ καὶ τὴν Γαλααδ καὶ τὴν Γαλιλαίαν,
πᾶσαν γῆν Νεφθαλι, καὶ ἀπῴκισεν[6] αὐτοὺς εἰς Ἀσσυρίους. **30** καὶ συνέστρεψεν[7]
σύστρεμμα[8] Ωσηε υἱὸς Ηλα ἐπὶ Φακεε υἱὸν Ρομελιου καὶ ἐπάταξεν[9] αὐτὸν καὶ
ἐθανάτωσεν[10] αὐτὸν καὶ ἐβασίλευσεν[11] ἀντ᾽[12] αὐτοῦ ἐν ἔτει εἰκοστῷ[13] Ιωαθαμ υἱοῦ
Αζαριου. **31** καὶ τὰ λοιπὰ τῶν λόγων Φακεε καὶ πάντα, ὅσα ἐποίησεν, ἰδού ἐστιν
γεγραμμένα ἐπὶ βιβλίῳ λόγων τῶν ἡμερῶν τοῖς βασιλεῦσιν Ισραηλ.

Jotham's Reign in Judah

32 Ἐν ἔτει δευτέρῳ Φακεε υἱοῦ Ρομελιου βασιλέως Ισραηλ ἐβασίλευσεν[14] Ιωαθαμ
υἱὸς Αζαριου βασιλέως Ιουδα. **33** υἱὸς εἴκοσι[15] καὶ πέντε ἐτῶν ἦν ἐν τῷ βασιλεύειν[16]
αὐτὸν καὶ ἑκκαίδεκα[17] ἔτη ἐβασίλευσεν[18] ἐν Ιερουσαλημ, καὶ ὄνομα τῆς μητρὸς
αὐτοῦ Ιερουσα θυγάτηρ[19] Σαδωκ. **34** καὶ ἐποίησεν τὸ εὐθὲς[20] ἐν ὀφθαλμοῖς κυρίου
κατὰ πάντα, ὅσα ἐποίησεν Οζιας ὁ πατὴρ αὐτοῦ· **35** πλὴν τὰ ὑψηλὰ[21] οὐκ ἐξῆρεν,[22]
ἔτι ὁ λαὸς ἐθυσίαζεν[23] καὶ ἐθυμία[24] ἐν τοῖς ὑψηλοῖς.[25] αὐτὸς ᾠκοδόμησεν τὴν πύλην[26]
οἴκου κυρίου τὴν ἐπάνω.[27] **36** καὶ τὰ λοιπὰ τῶν λόγων Ιωαθαμ καὶ πάντα, ὅσα
ἐποίησεν, οὐχὶ ταῦτα γεγραμμένα ἐπὶ βιβλίῳ λόγων τῶν ἡμερῶν τοῖς βασιλεῦσιν
Ιουδα; **37** ἐν ταῖς ἡμέραις ἐκείναις ἤρξατο κύριος ἐξαποστέλλειν[28] ἐν Ιουδα τὸν
Ραασσων βασιλέα Συρίας καὶ τὸν Φακεε υἱὸν Ρομελιου. **38** καὶ ἐκοιμήθη[29] Ιωαθαμ
μετὰ τῶν πατέρων αὐτοῦ καὶ ἐτάφη[30] μετὰ τῶν πατέρων αὐτοῦ ἐν πόλει Δαυιδ τοῦ
πατρὸς αὐτοῦ, καὶ ἐβασίλευσεν[31] Αχαζ υἱὸς αὐτοῦ ἀντ᾽[32] αὐτοῦ.

1 πεντηκοστός, fiftieth
2 βασιλεύω, *aor act ind 3s*, reign as king
3 εἴκοσι, twenty
4 ἀφίστημι, *aor act ind 3s*, turn away
5 ἐξαμαρτάνω, *aor act ind 3s*, cause to sin
6 ἀποικίζω, *aor act ind 3s*, deport, carry into exile
7 συστρέφω, *aor act ind 3s*, assemble, form
8 σύστρεμμα, conspiracy
9 πατάσσω, *aor act ind 3s*, strike, slay
10 θανατόω, *aor act ind 3s*, put to death
11 βασιλεύω, *aor act ind 3s*, reign as king
12 ἀντί, in place of
13 εἰκοστός, twentieth
14 βασιλεύω, *aor act ind 3s*, become king
15 εἴκοσι, twenty
16 βασιλεύω, *pres act inf*, become king
17 ἑκκαίδεκα, sixteen
18 βασιλεύω, *aor act ind 3s*, reign as king
19 θυγάτηρ, daughter
20 εὐθής, that which is right
21 ὑψηλός, high place
22 ἐξαίρω, *aor act ind 3s*, lift up, remove
23 θυσιάζω, *impf act ind 3s*, sacrifice
24 θυμιάω, *impf act ind 3s*, burn incense
25 ὑψηλός, high place
26 πύλη, gate
27 ἐπάνω, above
28 ἐξαποστέλλω, *pres act inf*, send forth
29 κοιμάω, *aor pas ind 3s*, sleep
30 θάπτω, *aor pas ind 3s*, bury
31 βασιλεύω, *aor act ind 3s*, reign as king
32 ἀντί, in place of

Ahaz's Reign in Judah

16 Ἐν ἔτει ἑπτακαιδεκάτῳ[1] Φακεε υἱοῦ Ρομελιου ἐβασίλευσεν[2] Αχαζ υἱὸς Ιωα-
θαμ βασιλέως Ιουδα. **2** υἱὸς εἴκοσι[3] ἐτῶν ἦν Αχαζ ἐν τῷ βασιλεύειν[4] αὐτὸν
καὶ ἑκκαίδεκα[5] ἔτη ἐβασίλευσεν[6] ἐν Ιερουσαλημ. καὶ οὐκ ἐποίησεν τὸ εὐθὲς[7] ἐν
ὀφθαλμοῖς κυρίου θεοῦ αὐτοῦ πιστῶς[8] ὡς Δαυιδ ὁ πατὴρ αὐτοῦ **3** καὶ ἐπορεύθη
ἐν ὁδῷ Ιεροβοαμ υἱοῦ Ναβατ βασιλέως Ισραηλ καί γε τὸν υἱὸν αὐτοῦ διῆγεν[9] ἐν
πυρὶ κατὰ τὰ βδελύγματα[10] τῶν ἐθνῶν, ὧν ἐξῆρεν[11] κύριος ἀπὸ προσώπου τῶν υἱῶν
Ισραηλ, **4** καὶ ἐθυσίαζεν[12] καὶ ἐθυμία[13] ἐν τοῖς ὑψηλοῖς[14] καὶ ἐπὶ τῶν βουνῶν[15] καὶ
ὑποκάτω[16] παντὸς ξύλου[17] ἀλσώδους.[18]

5 τότε ἀνέβη Ραασσων βασιλεὺς Συρίας καὶ Φακεε υἱὸς Ρομελιου βασιλεὺς Ισραηλ
εἰς Ιερουσαλημ εἰς πόλεμον καὶ ἐπολιόρκουν[19] ἐπὶ Αχαζ καὶ οὐκ ἐδύναντο πολεμεῖν.
6 ἐν τῷ καιρῷ ἐκείνῳ ἐπέστρεψεν Ραασσων βασιλεὺς Συρίας τὴν Αιλαθ τῇ Συρίᾳ καὶ
ἐξέβαλεν τοὺς Ιουδαίους ἐξ Αιλαθ, καὶ Ιδουμαῖοι ἦλθον εἰς Αιλαθ καὶ κατῴκησαν
ἐκεῖ ἕως τῆς ἡμέρας ταύτης. **7** καὶ ἀπέστειλεν Αχαζ ἀγγέλους πρὸς Θαγλαθφελλασαρ
βασιλέα Ἀσσυρίων λέγων Δοῦλός σου καὶ υἱός σου ἐγώ, ἀνάβηθι καὶ σῶσόν με ἐκ
χειρὸς βασιλέως Συρίας καὶ ἐκ χειρὸς βασιλέως Ισραηλ τῶν ἐπανισταμένων[20] ἐπ'
ἐμέ. **8** καὶ ἔλαβεν Αχαζ τὸ ἀργύριον[21] καὶ τὸ χρυσίον[22] τὸ εὑρεθὲν ἐν θησαυροῖς[23]
οἴκου κυρίου καὶ οἴκου τοῦ βασιλέως καὶ ἀπέστειλεν τῷ βασιλεῖ δῶρα.[24] **9** καὶ
ἤκουσεν αὐτοῦ βασιλεὺς Ἀσσυρίων, καὶ ἀνέβη βασιλεὺς Ἀσσυρίων εἰς Δαμασκὸν
καὶ συνέλαβεν[25] αὐτὴν καὶ ἀπῴκισεν[26] αὐτὴν καὶ τὸν Ραασσων ἐθανάτωσεν.[27]

10 καὶ ἐπορεύθη βασιλεὺς Αχαζ εἰς ἀπαντὴν[28] τῷ Θαγλαθφελλασαρ βασιλεῖ Ἀσ-
συρίων εἰς Δαμασκόν. καὶ εἶδεν τὸ θυσιαστήριον[29] ἐν Δαμασκῷ, καὶ ἀπέστειλεν
ὁ βασιλεὺς Αχαζ πρὸς Ουριαν τὸν ἱερέα τὸ ὁμοίωμα[30] τοῦ θυσιαστηρίου καὶ τὸν
ῥυθμὸν[31] αὐτοῦ εἰς πᾶσαν ποίησιν αὐτοῦ· **11** καὶ ᾠκοδόμησεν Ουριας ὁ ἱερεὺς
τὸ θυσιαστήριον[32] κατὰ πάντα, ὅσα ἀπέστειλεν ὁ βασιλεὺς Αχαζ ἐκ Δαμασκοῦ.

1 ἑπτακαιδέκατος, seventeenth
2 βασιλεύω, *aor act ind 3s*, become king
3 εἴκοσι, twenty
4 βασιλεύω, *pres act inf*, become king
5 ἑκκαίδεκα, sixteen
6 βασιλεύω, *aor act ind 3s*, reign as king
7 εὐθής, that which is right
8 πιστῶς, faithfully
9 διάγω, *impf act ind 3s*, put through
10 βδέλυγμα, abomination
11 ἐξαίρω, *aor act ind 3s*, lift up, remove
12 θυσιάζω, *impf act ind 3s*, sacrifice
13 θυμιάω, *impf act ind 3s*, burn incense
14 ὑψηλός, high place
15 βουνός, hill
16 ὑποκάτω, beneath
17 ξύλον, tree
18 ἀλσώδης, shady
19 πολιορκέω, *impf act ind 3p*, besiege
20 ἐπανίστημι, *pres mid ptc gen p m*, rise against
21 ἀργύριον, silver
22 χρυσίον, gold
23 θησαυρός, treasury
24 δῶρον, gift
25 συλλαμβάνω, *aor act ind 3s*, capture
26 ἀποικίζω, *aor act ind 3s*, deport, send into exile
27 θανατόω, *aor act ind 3s*, put to death
28 ἀπαντή, meeting
29 θυσιαστήριον, altar
30 ὁμοίωμα, form, copy
31 ῥυθμός, shape, pattern
32 θυσιαστήριον, altar

12 καὶ εἶδεν ὁ βασιλεὺς τὸ θυσιαστήριον[1] καὶ ἀνέβη ἐπ᾽ αὐτὸ **13** καὶ ἐθυμίασεν[2] τὴν
ὁλοκαύτωσιν[3] αὐτοῦ καὶ τὴν θυσίαν[4] αὐτοῦ καὶ τὴν σπονδὴν[5] αὐτοῦ καὶ προσέχεεν[6]
τὸ αἷμα τῶν εἰρηνικῶν[7] τῶν αὐτοῦ ἐπὶ τὸ θυσιαστήριον.[8] **14** καὶ τὸ θυσιαστήριον[9] τὸ
χαλκοῦν[10] τὸ ἀπέναντι[11] κυρίου καὶ προσήγαγεν[12] ἀπὸ προσώπου τοῦ οἴκου κυρίου
ἀπὸ τοῦ ἀνὰ μέσον[13] τοῦ θυσιαστηρίου καὶ ἀπὸ τοῦ ἀνὰ μέσον τοῦ οἴκου κυρίου
καὶ ἔδωκεν αὐτὸ ἐπὶ μηρὸν[14] τοῦ θυσιαστηρίου κατὰ βορρᾶν.[15]

15 καὶ ἐνετείλατο[16] ὁ βασιλεὺς Αχαζ τῷ Ουρια τῷ ἱερεῖ λέγων Ἐπὶ τὸ θυσιαστήριον[17]
τὸ μέγα πρόσφερε[18] τὴν ὁλοκαύτωσιν[19] τὴν πρωινὴν[20] καὶ τὴν θυσίαν[21] τὴν
ἑσπερινὴν[22] καὶ τὴν ὁλοκαύτωσιν τοῦ βασιλέως καὶ τὴν θυσίαν[23] αὐτοῦ καὶ τὴν
ὁλοκαύτωσιν παντὸς τοῦ λαοῦ καὶ τὴν θυσίαν αὐτῶν καὶ τὴν σπονδὴν[24] αὐτῶν καὶ
πᾶν αἷμα ὁλοκαυτώσεως καὶ πᾶν αἷμα θυσίας ἐπ᾽ αὐτὸ προσχεεῖς·[25] καὶ τὸ θυσι-
αστήριον τὸ χαλκοῦν[26] ἔσται μοι εἰς τὸ πρωί.[27] **16** καὶ ἐποίησεν Ουριας ὁ ἱερεὺς
κατὰ πάντα, ὅσα ἐνετείλατο[28] αὐτῷ ὁ βασιλεὺς Αχαζ. **17** καὶ συνέκοψεν[29] ὁ βασιλεὺς
Αχαζ τὰ συγκλείσματα[30] τῶν μεχωνωθ[31] καὶ μετῆρεν[32] ἀπ᾽ αὐτῶν τὸν λουτῆρα[33]
καὶ τὴν θάλασσαν καθεῖλεν[34] ἀπὸ τῶν βοῶν[35] τῶν χαλκῶν[36] τῶν ὑποκάτω[37] αὐτῆς
καὶ ἔδωκεν αὐτὴν ἐπὶ βάσιν[38] λιθίνην.[39] **18** καὶ τὸν θεμέλιον[40] τῆς καθέδρας[41] ᾠκο-
δόμησεν ἐν οἴκῳ κυρίου καὶ τὴν εἴσοδον[42] τοῦ βασιλέως τὴν ἔξω ἐπέστρεψεν ἐν
οἴκῳ κυρίου ἀπὸ προσώπου βασιλέως Ἀσσυρίων.

19 καὶ τὰ λοιπὰ τῶν λόγων Αχαζ, ὅσα ἐποίησεν, οὐχὶ ταῦτα γεγραμμένα ἐπὶ βιβλίῳ
λόγων τῶν ἡμερῶν τοῖς βασιλεῦσιν Ιουδα; **20** καὶ ἐκοιμήθη[43] Αχαζ μετὰ τῶν πατέ-
ρων αὐτοῦ καὶ ἐτάφη[44] ἐν πόλει Δαυιδ, καὶ ἐβασίλευσεν[45] Εζεκιας υἱὸς αὐτοῦ ἀντ᾽[46]
αὐτοῦ.

1 θυσιαστήριον, altar
2 θυμιάω, *aor act ind 3s*, sacrifice
3 ὁλοκαύτωσις, whole burnt offering
4 θυσία, sacrifice
5 σπονδή, drink offering
6 προσχέω, *aor act ind 3s*, pour out
7 εἰρηνικός, peace (offering)
8 θυσιαστήριον, altar
9 θυσιαστήριον, altar
10 χαλκοῦς, bronze
11 ἀπέναντι, before
12 προσάγω, *aor act ind 3s*, bring forward
13 ἀνὰ μέσον, between
14 μηρός, side
15 βορρᾶς, north
16 ἐντέλλομαι, *aor mid ind 3s*, command
17 θυσιαστήριον, altar
18 προσφέρω, *pres act impv 2s*, offer up
19 ὁλοκαύτωσις, whole burnt offering
20 πρωϊνός, of the morning
21 θυσία, sacrifice
22 ἑσπερινός, of the evening
23 θυσία, sacrifice
24 σπονδή, drink offering
25 προσχέω, *fut act ind 2s*, pour out
26 χαλκοῦς, bronze
27 πρωί, morning
28 ἐντέλλομαι, *aor mid ind 3s*, command
29 συγκόπτω, *aor act ind 3s*, cut down
30 σύγκλεισμα, rim
31 μεχωνωθ, stand, *translit.*
32 μεταίρω, *aor act ind 3s*, remove
33 λουτήρ, washbasin
34 καθαιρέω, *aor act ind 3s*, pull down
35 βοῦς, cow, (*p*) cattle
36 χαλκοῦς, bronze
37 ὑποκάτω, underneath
38 βάσις, base
39 λίθινος, stone
40 θεμέλιον, foundation, base
41 καθέδρα, seat
42 εἴσοδος, entrance
43 κοιμάω, *aor pas ind 3s*, sleep
44 θάπτω, *aor pas ind 3s*, bury
45 βασιλεύω, *aor act ind 3s*, reign as king
46 ἀντί, in place of

Hoshea's Reign in Israel

17 Ἐν ἔτει δωδεκάτῳ[1] τῷ Αχαζ βασιλεῖ Ιουδα ἐβασίλευσεν[2] Ωσηε υἱὸς Ηλα ἐν
Σαμαρείᾳ ἐπὶ Ισραηλ ἐννέα[3] ἔτη. **2** καὶ ἐποίησεν τὸ πονηρὸν ἐν ὀφθαλμοῖς
κυρίου, πλὴν οὐχ ὡς οἱ βασιλεῖς Ισραηλ, οἳ ἦσαν ἔμπροσθεν αὐτοῦ. **3** ἐπ᾽ αὐτὸν
ἀνέβη Σαλαμανασαρ βασιλεὺς Ἀσσυρίων, καὶ ἐγενήθη αὐτῷ Ωσηε δοῦλος καὶ
ἐπέστρεψεν αὐτῷ μαναα.[4] **4** καὶ εὗρεν βασιλεὺς Ἀσσυρίων ἐν τῷ Ωσηε ἀδικίαν,[5]
ὅτι ἀπέστειλεν ἀγγέλους πρὸς Σηγωρ βασιλέα Αἰγύπτου καὶ οὐκ ἤνεγκεν μαναα[6]
τῷ βασιλεῖ Ἀσσυρίων ἐν τῷ ἐνιαυτῷ[7] ἐκείνῳ, καὶ ἐπολιόρκησεν[8] αὐτὸν ὁ βασιλεὺς
Ἀσσυρίων καὶ ἔδησεν[9] αὐτὸν ἐν οἴκῳ φυλακῆς. **5** καὶ ἀνέβη ὁ βασιλεὺς Ἀσσυρίων
ἐν πάσῃ τῇ γῇ καὶ ἀνέβη εἰς Σαμάρειαν καὶ ἐπολιόρκησεν[10] ἐπ᾽ αὐτὴν τρία ἔτη. **6** ἐν
ἔτει ἐνάτῳ[11] Ωσηε συνέλαβεν[12] βασιλεὺς Ἀσσυρίων τὴν Σαμάρειαν καὶ ἀπῴκισεν[13]
τὸν Ισραηλ εἰς Ἀσσυρίους καὶ κατῴκισεν[14] αὐτοὺς ἐν Αλαε καὶ ἐν Αβωρ, ποταμοῖς[15]
Γωζαν, καὶ Ορη Μήδων.

Israel Exiled Due to Sin

7 καὶ ἐγένετο ὅτι ἥμαρτον οἱ υἱοὶ Ισραηλ τῷ κυρίῳ θεῷ αὐτῶν τῷ ἀναγαγόντι[16]
αὐτοὺς ἐκ γῆς Αἰγύπτου ὑποκάτωθεν[17] χειρὸς Φαραω βασιλέως Αἰγύπτου καὶ
ἐφοβήθησαν θεοὺς ἑτέρους **8** καὶ ἐπορεύθησαν τοῖς δικαιώμασιν[18] τῶν ἐθνῶν,
ὧν ἐξῆρεν[19] κύριος ἀπὸ προσώπου υἱῶν Ισραηλ, καὶ οἱ βασιλεῖς Ισραηλ, ὅσοι
ἐποίησαν, **9** καὶ ὅσοι ἠμφιέσαντο[20] οἱ υἱοὶ Ισραηλ λόγους οὐχ οὕτως κατὰ κυρίου
θεοῦ αὐτῶν καὶ ᾠκοδόμησαν ἑαυτοῖς ὑψηλὰ[21] ἐν πάσαις ταῖς πόλεσιν αὐτῶν ἀπὸ
πύργου[22] φυλασσόντων ἕως πόλεως ὀχυρᾶς[23] **10** καὶ ἐστήλωσαν[24] ἑαυτοῖς στήλας[25]
καὶ ἄλση[26] ἐπὶ παντὶ βουνῷ[27] ὑψηλῷ[28] καὶ ὑποκάτω[29] παντὸς ξύλου[30] ἀλσώδους[31]
11 καὶ ἐθυμίασαν[32] ἐκεῖ ἐν πᾶσιν ὑψηλοῖς[33] καθὼς τὰ ἔθνη, ἃ ἀπῴκισεν[34] κύριος ἐκ

1 δωδέκατος, twelfth
2 βασιλεύω, *aor act ind 3s*, reign as king
3 ἐννέα, nine
4 μαναα, gift, *translit.*
5 ἀδικία, wrongdoing
6 μαναα, gift, *translit.*
7 ἐνιαυτός, year
8 πολιορκέω, *aor act ind 3s*, besiege
9 δέω, *aor act ind 3s*, imprison
10 πολιορκέω, *aor act ind 3s*, besiege
11 ἔνατος, ninth
12 συλλαμβάνω, *aor act ind 3s*, capture
13 ἀποικίζω, *aor act ind 3s*, carry into exile
14 κατοικίζω, *aor act ind 3s*, settle
15 ποταμός, river
16 ἀνάγω, *aor act ptc dat s m*, bring up
17 ὑποκάτωθεν, from beneath
18 δικαίωμα, statute, ordinance
19 ἐξαίρω, *aor act ind 3s*, lift up, remove
20 ἀμφιέννυμι, *aor mid ind 3p*, clothe oneself
21 ὑψηλός, high place
22 πύργος, tower
23 ὀχυρός, fortified
24 στηλόω, *aor act ind 3p*, erect
25 στήλη, (cultic) pillar
26 ἄλσος, (sacred) grove
27 βουνός, hill
28 ὑψηλός, high
29 ὑποκάτω, beneath
30 ξύλον, tree
31 ἀλσώδης, shady
32 θυμιάω, *aor act ind 3p*, sacrifice
33 ὑψηλός, high place
34 ἀποικίζω, *aor act ind 3s*, remove, carry away

προσώπου αὐτῶν, καὶ ἐποίησαν κοινωνοὺς[1] καὶ ἐχάραξαν[2] τοῦ παροργίσαι[3] τὸν
κύριον **12** καὶ ἐλάτρευσαν[4] τοῖς εἰδώλοις,[5] οἷς εἶπεν κύριος αὐτοῖς Οὐ ποιήσετε τὸ
ῥῆμα τοῦτο κυρίῳ. **13** καὶ διεμαρτύρατο[6] κύριος ἐν τῷ Ισραηλ καὶ ἐν τῷ Ιουδα ἐν
χειρὶ πάντων τῶν προφητῶν αὐτοῦ, παντὸς ὁρῶντος, λέγων Ἀποστράφητε[7] ἀπὸ
τῶν ὁδῶν ὑμῶν τῶν πονηρῶν καὶ φυλάξατε τὰς ἐντολάς μου καὶ τὰ δικαιώματά[8]
μου καὶ πάντα τὸν νόμον, ὃν ἐνετειλάμην[9] τοῖς πατράσιν ὑμῶν, ὅσα ἀπέστειλα
αὐτοῖς ἐν χειρὶ τῶν δούλων μου τῶν προφητῶν.

14 καὶ οὐκ ἤκουσαν καὶ ἐσκλήρυναν[10] τὸν νῶτον[11] αὐτῶν ὑπὲρ τὸν νῶτον τῶν
πατέρων αὐτῶν **15** καὶ τὰ μαρτύρια[12] αὐτοῦ, ὅσα διεμαρτύρατο[13] αὐτοῖς, οὐκ ἐφύ-
λαξαν καὶ ἐπορεύθησαν ὀπίσω τῶν ματαίων[14] καὶ ἐματαιώθησαν[15] καὶ ὀπίσω τῶν
ἐθνῶν τῶν περικύκλῳ[16] αὐτῶν, ὧν ἐνετείλατο[17] αὐτοῖς τοῦ μὴ ποιῆσαι κατὰ ταῦτα·
16 ἐγκατέλιπον[18] τὰς ἐντολὰς κυρίου θεοῦ αὐτῶν καὶ ἐποίησαν ἑαυτοῖς χώνευμα,[19]
δύο δαμάλεις,[20] καὶ ἐποίησαν ἄλση[21] καὶ προσεκύνησαν πάσῃ τῇ δυνάμει τοῦ οὐ-
ρανοῦ καὶ ἐλάτρευσαν[22] τῷ Βααλ **17** καὶ διῆγον[23] τοὺς υἱοὺς αὐτῶν καὶ τὰς θυγα-
τέρας[24] αὐτῶν ἐν πυρὶ καὶ ἐμαντεύοντο[25] μαντείας[26] καὶ οἰωνίζοντο[27] καὶ ἐπράθησαν[28]
τοῦ ποιῆσαι τὸ πονηρὸν ἐν ὀφθαλμοῖς κυρίου παροργίσαι[29] αὐτόν.

18 καὶ ἐθυμώθη[30] κύριος σφόδρα[31] ἐν τῷ Ισραηλ καὶ ἀπέστησεν[32] αὐτοὺς ἀπὸ τοῦ
προσώπου αὐτοῦ, καὶ οὐχ ὑπελείφθη[33] πλὴν φυλὴ Ιουδα μονωτάτη.[34] **19** καί γε Ιου-
δας οὐκ ἐφύλαξεν τὰς ἐντολὰς κυρίου τοῦ θεοῦ αὐτῶν καὶ ἐπορεύθησαν ἐν τοῖς
δικαιώμασιν[35] Ισραηλ, οἷς ἐποίησαν, **20** καὶ ἀπεώσαντο[36] τὸν κύριον ἐν παντὶ σπέρ-
ματι Ισραηλ, καὶ ἐσάλευσεν[37] αὐτοὺς καὶ ἔδωκεν αὐτοὺς ἐν χειρὶ διαρπαζόντων[38]

1 κοινωνός, accomplice
2 χαράσσω, *aor act ind 3p*, engrave
3 παροργίζω, *aor act inf*, provoke to anger
4 λατρεύω, *aor act ind 3p*, serve
5 εἴδωλον, image, idol
6 διαμαρτυρέω, *aor mid ind 3s*, testify against
7 ἀποστρέφω, *aor pas impv 2p*, turn back
8 δικαίωμα, statute, ordinance
9 ἐντέλλομαι, *aor mid ind 1s*, command
10 σκληρύνω, *aor act ind 3p*, harden, make resistant
11 νῶτος, back
12 μαρτύριον, testimony
13 διαμαρτυρέω, *aor mid ind 3s*, testify against
14 μάταιος, useless
15 ματαιόω, *aor pas ind 3p*, become useless
16 περικύκλῳ, around
17 ἐντέλλομαι, *aor mid ind 3s*, command
18 ἐγκαταλείπω, *aor act ind 3p*, forsake, abandon
19 χώνευμα, molten image
20 δάμαλις, young cow
21 ἄλσος, (sacred) grove
22 λατρεύω, *aor act ind 3p*, serve
23 διάγω, *impf act ind 3p*, pass through
24 θυγάτηρ, daughter
25 μαντεύομαι, *impf mid ind 3p*, tell fortunes
26 μαντεία, divination
27 οἰωνίζομαι, *impf mid ind 3p*, divine from birds
28 πιπράσκω, *aor pas ind 3p*, sell
29 παροργίζω, *aor act inf*, provoke to anger
30 θυμόω, *aor pas ind 3s*, be angry
31 σφόδρα, very
32 ἀφίστημι, *aor act ind 3s*, remove
33 ὑπολείπω, *aor pas ind 3s*, leave behind
34 μόνος, *sup*, fully alone
35 δικαίωμα, ordinance
36 ἀπωθέω, *aor mid ind 3p*, thrust away
37 σαλεύω, *aor act ind 3s*, shake, afflict
38 διαρπάζω, *pres act ptc gen p m*, plunder

αὐτούς, ἕως οὗ ἀπέρριψεν[1] αὐτοὺς ἀπὸ προσώπου αὐτοῦ. **21** ὅτι πλὴν Ισραηλ ἐπάνω-
θεν[2] οἴκου Δαυιδ καὶ ἐβασίλευσαν[3] τὸν Ιεροβοαμ υἱὸν Ναβατ, καὶ ἐξέωσεν[4] Ιεροβοαμ
τὸν Ισραηλ ἐξόπισθεν[5] κυρίου καὶ ἐξήμαρτεν[6] αὐτοὺς ἁμαρτίαν μεγάλην· **22** καὶ
ἐπορεύθησαν οἱ υἱοὶ Ισραηλ ἐν πάσῃ ἁμαρτίᾳ Ιεροβοαμ, ᾗ ἐποίησεν, οὐκ ἀπέστησαν[7]
ἀπ᾽ αὐτῆς, **23** ἕως οὗ μετέστησεν[8] κύριος τὸν Ισραηλ ἀπὸ προσώπου αὐτοῦ, καθὼς
ἐλάλησεν κύριος ἐν χειρὶ πάντων τῶν δούλων αὐτοῦ τῶν προφητῶν, καὶ ἀπῳκίσθη[9]
Ισραηλ ἐπάνωθεν[10] τῆς γῆς αὐτοῦ εἰς Ἀσσυρίους ἕως τῆς ἡμέρας ταύτης.

Samaria Resettled by Strangers

24 Καὶ ἤγαγεν βασιλεὺς Ἀσσυρίων ἐκ Βαβυλῶνος τὸν ἐκ Χουνθα καὶ ἀπὸ Αια καὶ
ἀπὸ Αιμαθ καὶ Σεπφαρουαιν, καὶ κατῳκίσθησαν[11] ἐν πόλεσιν Σαμαρείας ἀντὶ[12] τῶν
υἱῶν Ισραηλ καὶ ἐκληρονόμησαν[13] τὴν Σαμάρειαν καὶ κατῴκησαν ἐν ταῖς πόλεσιν
αὐτῆς. **25** καὶ ἐγένετο ἐν ἀρχῇ τῆς καθέδρας[14] αὐτῶν οὐκ ἐφοβήθησαν τὸν κύριον,
καὶ ἀπέστειλεν κύριος ἐν αὐτοῖς τοὺς λέοντας,[15] καὶ ἦσαν ἀποκτέννοντες[16] ἐν
αὐτοῖς. **26** καὶ εἶπον τῷ βασιλεῖ Ἀσσυρίων λέγοντες Τὰ ἔθνη, ἃ ἀπῴκισας[17] καὶ
ἀντεκάθισας[18] ἐν πόλεσιν Σαμαρείας, οὐκ ἔγνωσαν τὸ κρίμα[19] τοῦ θεοῦ τῆς γῆς, καὶ
ἀπέστειλεν εἰς αὐτοὺς τοὺς λέοντας,[20] καὶ ἰδού εἰσιν θανατοῦντες[21] αὐτούς, καθότι[22]
οὐκ οἴδασιν τὸ κρίμα τοῦ θεοῦ τῆς γῆς.

27 καὶ ἐνετείλατο[23] ὁ βασιλεὺς Ἀσσυρίων λέγων Ἀπάγετε[24] ἐκεῖθεν[25] καὶ πορευέ-
σθωσαν καὶ κατοικείτωσαν[26] ἐκεῖ καὶ φωτιοῦσιν[27] αὐτοὺς τὸ κρίμα[28] τοῦ θεοῦ τῆς
γῆς. **28** καὶ ἤγαγον ἕνα τῶν ἱερέων, ὧν ἀπῴκισαν[29] ἀπὸ Σαμαρείας, καὶ ἐκάθισεν ἐν
Βαιθηλ καὶ ἦν φωτίζων[30] αὐτοὺς πῶς φοβηθῶσιν τὸν κύριον. **29** καὶ ἦσαν ποιοῦν-
τες ἔθνη ἔθνη θεοὺς αὐτῶν καὶ ἔθηκαν ἐν οἴκῳ τῶν ὑψηλῶν,[31] ὧν ἐποίησαν οἱ
Σαμαρῖται, ἔθνη ἐν ταῖς πόλεσιν αὐτῶν, ἐν αἷς κατῴκουν ἐν αὐταῖς· **30** καὶ οἱ ἄνδρες

1 ἀπορρίπτω, *aor act ind 3s*, cast away, reject
2 ἐπάνωθεν, above
3 βασιλεύω, *aor act ind 3p*, reign as king
4 ἐξωθέω, *aor act ind 3s*, expel, drive away
5 ἐξόπισθεν, from behind
6 ἐξαμαρτάνω, *aor act ind 3s*, cause to sin
7 ἀφίστημι, *aor act ind 3p*, depart
8 μεθίστημι, *aor act ind 3s*, remove
9 ἀποικίζω, *aor pas ind 3s*, carry into exile
10 ἐπάνωθεν, from upon
11 κατοικίζω, *aor pas ind 3p*, settle
12 ἀντί, in place of
13 κληρονομέω, *aor act ind 3p*, acquire possession
14 καθέδρα, establishment, settling
15 λέων, lion
16 ἀποκτείνω, *pres act ptc nom p m*, kill
17 ἀποικίζω, *aor act ind 2s*, send into exile
18 ἀντικαθίζω, *aor act ind 2s*, replace, substitute
19 κρίμα, judgment
20 λέων, lion
21 θανατόω, *pres act ptc nom p m*, put to death
22 καθότι, since, as, because
23 ἐντέλλομαι, *aor mid ind 3s*, command
24 ἀπάγω, *pres act impv 2p*, lead away
25 ἐκεῖθεν, from there
26 κατοικέω, *pres act impv 3p*, cause to settle
27 φωτίζω, *fut act ind 3p*, clarify for, illuminate for
28 κρίμα, judgment
29 ἀποικίζω, *aor act ind 3p*, send into exile
30 φωτίζω, *pres act ptc nom s m*, clarify for, illuminate for
31 ὑψηλός, high place

Βαβυλῶνος ἐποίησαν τὴν Σοκχωθβαινιθ, καὶ οἱ ἄνδρες Χουθ ἐποίησαν τὴν Νηριγελ,
καὶ οἱ ἄνδρες Αιμαθ ἐποίησαν τὴν Ασιμαθ, **31** καὶ οἱ Ευαῖοι ἐποίησαν τὴν Εβλαζερ
καὶ τὴν Θαρθακ, καὶ οἱ Σεπφαρουαιν κατέκαιον[1] τοὺς υἱοὺς αὐτῶν ἐν πυρὶ τῷ
Αδραμελεχ καὶ Ανημελεχ θεοῖς Σεπφαρουαιν. **32** καὶ ἦσαν φοβούμενοι τὸν κύριον
καὶ κατῴκισαν[2] τὰ βδελύγματα[3] αὐτῶν ἐν τοῖς οἴκοις τῶν ὑψηλῶν,[4] ἃ ἐποίησαν ἐν
Σαμαρείᾳ, ἔθνος ἔθνος ἐν πόλει ἐν ᾗ κατῴκουν ἐν αὐτῇ· καὶ ἦσαν φοβούμενοι τὸν
κύριον καὶ ἐποίησαν ἑαυτοῖς ἱερεῖς τῶν ὑψηλῶν καὶ ἐποίησαν ἑαυτοῖς ἐν οἴκῳ τῶν
ὑψηλῶν. **33** τὸν κύριον ἐφοβοῦντο καὶ τοῖς θεοῖς αὐτῶν ἐλάτρευον[5] κατὰ τὸ κρίμα[6]
τῶν ἐθνῶν, ὅθεν[7] ἀπῴκισεν[8] αὐτοὺς ἐκεῖθεν.[9]

34 ἕως τῆς ἡμέρας ταύτης αὐτοὶ ἐποίουν κατὰ τὸ κρίμα[10] αὐτῶν· αὐτοὶ φοβοῦνται
καὶ αὐτοὶ ποιοῦσιν κατὰ τὰ δικαιώματα[11] αὐτῶν καὶ κατὰ τὴν κρίσιν αὐτῶν καὶ
κατὰ τὸν νόμον καὶ κατὰ τὴν ἐντολήν, ἣν ἐνετείλατο[12] κύριος τοῖς υἱοῖς Ιακωβ, οὗ[13]
ἔθηκεν τὸ ὄνομα αὐτοῦ Ισραηλ, **35** καὶ διέθετο[14] κύριος μετ᾽ αὐτῶν διαθήκην καὶ
ἐνετείλατο[15] αὐτοῖς λέγων Οὐ φοβηθήσεσθε θεοὺς ἑτέρους καὶ οὐ προσκυνήσετε
αὐτοῖς καὶ οὐ λατρεύσετε[16] αὐτοῖς καὶ οὐ θυσιάσετε[17] αὐτοῖς, **36** ὅτι ἀλλ᾽ ἢ τῷ
κυρίῳ, ὃς ἀνήγαγεν[18] ὑμᾶς ἐκ γῆς Αἰγύπτου ἐν ἰσχύι[19] μεγάλῃ καὶ ἐν βραχίονι[20]
ὑψηλῷ,[21] αὐτὸν φοβηθήσεσθε καὶ αὐτῷ προσκυνήσετε καὶ αὐτῷ θύσετε[22] **37** καὶ
τὰ δικαιώματα[23] καὶ τὰ κρίματα[24] καὶ τὸν νόμον καὶ τὰς ἐντολάς, ἃς ἔγραψεν ὑμῖν,
φυλάσσεσθε ποιεῖν πάσας τὰς ἡμέρας καὶ οὐ φοβηθήσεσθε θεοὺς ἑτέρους· **38** καὶ
τὴν διαθήκην, ἣν διέθετο[25] μεθ᾽ ὑμῶν, οὐκ ἐπιλήσεσθε[26] καὶ οὐ φοβηθήσεσθε θεοὺς
ἑτέρους, **39** ὅτι ἀλλ᾽ ἢ τὸν κύριον θεὸν ὑμῶν φοβηθήσεσθε, καὶ αὐτὸς ἐξελεῖται[27]
ὑμᾶς ἐκ πάντων τῶν ἐχθρῶν ὑμῶν· **40** καὶ οὐκ ἀκούσεσθε ἐπὶ τῷ κρίματι[28] αὐτῶν,
ὃ αὐτοὶ ποιοῦσιν.

41 καὶ ἦσαν τὰ ἔθνη ταῦτα φοβούμενοι τὸν κύριον καὶ τοῖς γλυπτοῖς[29] αὐτῶν ἦσαν
δουλεύοντες,[30] καί γε οἱ υἱοὶ καὶ οἱ υἱοὶ τῶν υἱῶν αὐτῶν καθὰ[31] ἐποίησαν οἱ πατέρες
αὐτῶν ποιοῦσιν ἕως τῆς ἡμέρας ταύτης.

1 κατακαίω, *impf act ind 3p*, burn up
2 κατοικίζω, *aor act ind 3p*, cause to dwell
3 βδέλυγμα, abomination
4 ὑψηλός, high place
5 λατρεύω, *impf act ind 3p*, serve
6 κρίμα, judgment
7 ὅθεν, where
8 ἀποικίζω, *aor act ind 3s*, send into exile
9 ἐκεῖθεν, there
10 κρίμα, judgment
11 δικαίωμα, custom, ordinance
12 ἐντέλλομαι, *aor mid ind 3s*, command
13 οὗ, where
14 διατίθημι, *aor mid ind 3s*, arrange
15 ἐντέλλομαι, *aor mid ind 3s*, command
16 λατρεύω, *fut act ind 2p*, serve
17 θυσιάζω, *fut act ind 2p*, sacrifice
18 ἀνάγω, *aor act ind 3s*, bring up
19 ἰσχύς, strength
20 βραχίων, arm
21 ὑψηλός, upraised
22 θύω, *fut act ind 2p*, sacrifice
23 δικαίωμα, ordinance
24 κρίμα, judgment
25 διατίθημι, *aor mid ind 3s*, arrange
26 ἐπιλανθάνομαι, *fut mid ind 2p*, forget
27 ἐξαιρέω, *fut mid ind 3s*, rescue, set free
28 κρίμα, judgment
29 γλυπτός, graven image
30 δουλεύω, *pres act ptc nom p m*, serve
31 καθά, just as

Hezekiah's Reign in Judah

18 Καὶ ἐγένετο ἐν ἔτει τρίτῳ τῷ Ωσηε υἱῷ Ηλα βασιλεῖ Ισραηλ ἐβασίλευσεν[1]
Εζεκιας υἱὸς Αχαζ βασιλέως Ιουδα. **2** υἱὸς εἴκοσι[2] καὶ πέντε ἐτῶν ἦν ἐν τῷ
βασιλεύειν[3] αὐτὸν καὶ εἴκοσι καὶ ἐννέα[4] ἔτη ἐβασίλευσεν[5] ἐν Ιερουσαλημ, καὶ ὄνομα
τῇ μητρὶ αὐτοῦ Αβου θυγάτηρ[6] Ζαχαριου. **3** καὶ ἐποίησεν τὸ εὐθὲς[7] ἐν ὀφθαλμοῖς
κυρίου κατὰ πάντα, ὅσα ἐποίησεν Δαυιδ ὁ πατὴρ αὐτοῦ. **4** αὐτὸς ἐξῆρεν[8] τὰ ὑψηλὰ[9]
καὶ συνέτριψεν[10] πάσας τὰς στήλας[11] καὶ ἐξωλέθρευσεν[12] τὰ ἄλση[13] καὶ τὸν ὄφιν[14]
τὸν χαλκοῦν,[15] ὃν ἐποίησεν Μωυσῆς, ὅτι ἕως τῶν ἡμερῶν ἐκείνων ἦσαν οἱ υἱοὶ
Ισραηλ θυμιῶντες[16] αὐτῷ, καὶ ἐκάλεσεν αὐτὸν Νεεσθαν. **5** ἐν κυρίῳ θεῷ Ισραηλ
ἤλπισεν, καὶ μετ᾽ αὐτὸν οὐκ ἐγενήθη ὅμοιος[17] αὐτῷ ἐν βασιλεῦσιν Ιουδα καὶ ἐν τοῖς
γενομένοις ἔμπροσθεν αὐτοῦ· **6** καὶ ἐκολλήθη[18] τῷ κυρίῳ, οὐκ ἀπέστη[19] ὄπισθεν[20]
αὐτοῦ καὶ ἐφύλαξεν τὰς ἐντολὰς αὐτοῦ, ὅσας ἐνετείλατο[21] Μωυσῇ· **7** καὶ ἦν κύριος
μετ᾽ αὐτοῦ, ἐν πᾶσιν, οἷς ἐποίει, συνῆκεν.[22] καὶ ἠθέτησεν[23] ἐν τῷ βασιλεῖ Ἀσσυρίων
καὶ οὐκ ἐδούλευσεν[24] αὐτῷ. **8** αὐτὸς ἐπάταξεν[25] τοὺς ἀλλοφύλους[26] ἕως Γάζης καὶ
ἕως ὁρίου[27] αὐτῆς ἀπὸ πύργου[28] φυλασσόντων καὶ ἕως πόλεως ὀχυρᾶς.[29]

9 Καὶ ἐγένετο ἐν τῷ ἔτει τῷ τετάρτῳ[30] βασιλεῖ Εζεκια (αὐτὸς ἐνιαυτὸς[31] ὁ ἕβδομος[32]
τῷ Ωσηε υἱῷ Ηλα βασιλεῖ Ισραηλ) ἀνέβη Σαλαμανασσαρ βασιλεὺς Ἀσσυρίων ἐπὶ
Σαμάρειαν καὶ ἐπολιόρκει[33] ἐπ᾽ αὐτήν· **10** καὶ κατελάβετο[34] αὐτὴν ἀπὸ τέλους τριῶν
ἐτῶν ἐν ἔτει ἕκτῳ[35] τῷ Εζεκια (αὐτὸς ἐνιαυτὸς[36] ἔνατος[37] τῷ Ωσηε βασιλεῖ Ισραηλ),
καὶ συνελήμφθη[38] Σαμάρεια. **11** καὶ ἀπῴκισεν[39] βασιλεὺς Ἀσσυρίων τὴν Σαμάρειαν
εἰς Ἀσσυρίους καὶ ἔθηκεν αὐτοὺς ἐν Αλαε καὶ ἐν Αβωρ ποταμῷ[40] Γωζαν καὶ Ορη
Μήδων, **12** ἀνθ᾽ ὧν[41] ὅτι οὐκ ἤκουσαν τῆς φωνῆς κυρίου θεοῦ αὐτῶν καὶ παρέβησαν[42]

1 βασιλεύω, *aor act ind 3s*, reign as king
2 εἴκοσι, twenty
3 βασιλεύω, *pres act inf*, reign as king
4 ἐννέα, nine
5 βασιλεύω, *aor act ind 3s*, reign as king
6 θυγάτηρ, daughter
7 εὐθής, that which is right
8 ἐξαίρω, *aor act ind 3s*, lift up, remove
9 ὑψηλός, high place
10 συντρίβω, *aor act ind 3s*, crush, shatter
11 στήλη, (cultic) pillar
12 ἐξολεθρεύω, *aor act ind 3s*, utterly destroy
13 ἄλσος, (sacred) grove
14 ὄφις, snake
15 χαλκοῦς, bronze
16 θυμιάω, *pres act ptc nom p m*, burn incense
17 ὅμοιος, equal, similar
18 κολλάω, *aor pas ind 3s*, cling to
19 ἀφίστημι, *aor act ind 3s*, turn away
20 ὄπισθε(ν), behind
21 ἐντέλλομαι, *aor mid ind 3s*, command
22 συνίημι, *aor act ind 3s*, have insight
23 ἀθετέω, *aor act ind 3s*, revolt against
24 δουλεύω, *aor act ind 3s*, serve
25 πατάσσω, *aor act ind 3s*, strike, slay
26 ἀλλόφυλος, foreign, (Philistine)
27 ὅριον, border, boundary
28 πύργος, tower
29 ὀχυρός, fortified
30 τέταρτος, fourth
31 ἐνιαυτός, year
32 ἕβδομος, seventh
33 πολιορκέω, *impf act ind 3s*, lay siege
34 καταλαμβάνω, *aor mid ind 3s*, capture
35 ἕκτος, sixth
36 ἐνιαυτός, year
37 ἔνατος, ninth
38 συλλαμβάνω, *aor pas ind 3s*, take captive
39 ἀποικίζω, *aor act ind 3s*, carry into exile
40 ποταμός, river
41 ἀνθ᾽ ὧν, because
42 παραβαίνω, *aor act ind 3p*, transgress

τὴν διαθήκην αὐτοῦ, πάντα ὅσα ἐνετείλατο[1] Μωυσῆς ὁ δοῦλος κυρίου, καὶ οὐκ ἤκουσαν καὶ οὐκ ἐποίησαν.

Assyria's Threat against Judah

13 Καὶ τῷ τεσσαρεσκαιδεκάτῳ[2] ἔτει βασιλεῖ Εζεκιου ἀνέβη Σενναχηριμ βασιλεὺς
Ἀσσυρίων ἐπὶ τὰς πόλεις Ιουδα τὰς ὀχυρὰς[3] καὶ συνέλαβεν[4] αὐτάς. **14** καὶ ἀπέστειλεν
Εζεκιας βασιλεὺς Ιουδα ἀγγέλους πρὸς βασιλέα Ἀσσυρίων εἰς Λαχις λέγων Ἡμάρτηκα, ἀποστράφητι[5] ἀπ᾽ ἐμοῦ· ὃ ἐὰν ἐπιθῇς ἐπ᾽ ἐμέ, βαστάσω.[6] καὶ ἐπέθηκεν ὁ βασιλεὺς Ἀσσυρίων ἐπὶ Εζεκιαν βασιλέα Ιουδα τριακόσια[7] τάλαντα[8] ἀργυρίου[9] καὶ
τριάκοντα[10] τάλαντα χρυσίου.[11] **15** καὶ ἔδωκεν Εζεκιας πᾶν τὸ ἀργύριον[12] τὸ εὑρεθὲν
ἐν οἴκῳ κυρίου καὶ ἐν θησαυροῖς[13] οἴκου τοῦ βασιλέως. **16** ἐν τῷ καιρῷ ἐκείνῳ
συνέκοψεν[14] Εζεκιας τὰς θύρας ναοῦ κυρίου καὶ τὰ ἐστηριγμένα,[15] ἃ ἐχρύσωσεν[16] Εζεκιας βασιλεὺς Ιουδα, καὶ ἔδωκεν αὐτὰ βασιλεῖ Ἀσσυρίων.

17 Καὶ ἀπέστειλεν βασιλεὺς Ἀσσυρίων τὸν Θαρθαν καὶ τὸν Ραφις καὶ τὸν Ραψακην ἐκ Λαχις πρὸς τὸν βασιλέα Εζεκιαν ἐν δυνάμει βαρείᾳ[17] ἐπὶ Ιερουσαλημ, καὶ ἀνέβησαν καὶ ἦλθον εἰς Ιερουσαλημ καὶ ἔστησαν ἐν τῷ ὑδραγωγῷ[18] τῆς κολυμβήθρας[19] τῆς
ἄνω,[20] ἥ ἐστιν ἐν τῇ ὁδῷ τοῦ ἀγροῦ τοῦ γναφέως.[21] **18** καὶ ἐβόησαν[22] πρὸς Εζεκιαν, καὶ ἐξῆλθον πρὸς αὐτὸν Ελιακιμ υἱὸς Χελκιου ὁ οἰκονόμος[23] καὶ Σομνας ὁ γραμματεὺς[24] καὶ Ιωας υἱὸς Ασαφ ὁ ἀναμιμνῄσκων.[25]

19 καὶ εἶπεν πρὸς αὐτοὺς Ραψακης Εἴπατε δὴ[26] πρὸς Εζεκιαν Τάδε[27] λέγει ὁ βασιλεὺς ὁ μέγας βασιλεὺς Ἀσσυρίων Τίς ἡ πεποίθησις[28] αὕτη, ἣν πέποιθας; **20** εἶπας
Πλὴν λόγοι χειλέων[29] βουλὴ[30] καὶ δύναμις εἰς πόλεμον. νῦν οὖν τίνι πεποιθὼς
ἠθέτησας[31] ἐν ἐμοί; **21** νῦν ἰδοὺ πέποιθας σαυτῷ ἐπὶ τὴν ῥάβδον[32] τὴν καλαμίνην[33] τὴν τεθλασμένην[34] ταύτην, ἐπ᾽ Αἴγυπτον· ὃς ἂν στηριχθῇ[35] ἀνὴρ ἐπ᾽ αὐτήν, καὶ

1 ἐντέλλομαι, *aor mid ind 3s*, command
2 τεσσαρεσκαιδέκατος, fourteenth
3 ὀχυρός, fortified
4 συλλαμβάνω, *aor act ind 3s*, capture
5 ἀποστρέφω, *aor pas impv 2s*, turn away
6 βαστάζω, *fut act ind 1s*, bear, (endure)
7 τριακόσιοι, three hundred
8 τάλαντον, talent
9 ἀργύριον, silver
10 τριάκοντα, thirty
11 χρυσίον, gold
12 ἀργύριον, silver
13 θησαυρός, treasury
14 συγκόπτω, *aor act ind 3s*, cut down
15 στηρίζω, *perf pas ptc acc p n*, support, (doorpost)
16 χρυσόω, *aor act ind 3s*, gild in gold
17 βαρύς, heavy
18 ὑδραγωγός, aqueduct, conduit
19 κολυμβήθρα, cistern, reservoir
20 ἄνω, above
21 γναφεύς, fuller, cloth-dresser
22 βοάω, *aor act ind 3p*, cry out
23 οἰκονόμος, steward
24 γραμματεύς, scribe
25 ἀναμιμνῄσκω, *pres act ptc nom s m*, record
26 δή, now
27 ὅδε, this
28 πεποίθησις, confidence
29 χεῖλος, lip
30 βουλή, counsel, advice
31 ἀθετέω, *aor act ind 2s*, revolt against
32 ῥάβδος, rod, staff
33 καλάμινος, reed
34 θλάω, *perf pas ptc acc s f*, break
35 στηρίζω, *aor pas sub 3s*, lean upon

εἰσελεύσεται εἰς τὴν χεῖρα αὐτοῦ καὶ τρήσει[1] αὐτήν· οὕτως Φαραω βασιλεὺς Αἰ-
γύπτου πᾶσιν τοῖς πεποιθόσιν ἐπ᾽ αὐτόν. **22** καὶ ὅτι εἶπας πρός με Ἐπὶ κύριον
θεὸν πεποίθαμεν· οὐχὶ αὐτὸς οὗτος, οὗ ἀπέστησεν[2] Εζεκιας τὰ ὑψηλὰ[3] αὐτοῦ
καὶ τὰ θυσιαστήρια[4] αὐτοῦ καὶ εἶπεν τῷ Ιουδα καὶ τῇ Ιερουσαλημ Ἐνώπιον τοῦ
θυσιαστηρίου τούτου προσκυνήσετε ἐν Ιερουσαλημ;

23 καὶ νῦν μίχθητε[5] δὴ[6] τῷ κυρίῳ μου βασιλεῖ Ἀσσυρίων, καὶ δώσω σοι δισχιλίους[7]
ἵππους,[8] εἰ δυνήσῃ δοῦναι σεαυτῷ ἐπιβάτας[9] ἐπ᾽ αὐτούς. **24** καὶ πῶς ἀποστρέψεις[10]
τὸ πρόσωπον τοπάρχου[11] ἑνὸς τῶν δούλων τοῦ κυρίου μου τῶν ἐλαχίστων;[12] καὶ
ἤλπισας σαυτῷ ἐπ᾽ Αἴγυπτον εἰς ἅρματα[13] καὶ ἱππεῖς.[14] **25** καὶ νῦν μὴ ἄνευ[15] κυρίου
ἀνέβημεν ἐπὶ τὸν τόπον τοῦτον τοῦ διαφθεῖραι[16] αὐτόν; κύριος εἶπεν πρός με Ἀνά-
βηθι ἐπὶ τὴν γῆν ταύτην καὶ διάφθειρον[17] αὐτήν.

26 καὶ εἶπεν Ελιακιμ υἱὸς Χελκιου καὶ Σομνας καὶ Ιωας πρὸς Ραψακην Λάλησον
δὴ[18] πρὸς τοὺς παῖδάς[19] σου Συριστί, ὅτι ἀκούομεν ἡμεῖς, καὶ οὐ λαλήσεις μεθ᾽ ἡμῶν
Ιουδαϊστί,[20] καὶ ἵνα τί λαλεῖς ἐν τοῖς ὠσὶν τοῦ λαοῦ τοῦ ἐπὶ τοῦ τείχους;[21] **27** καὶ
εἶπεν πρὸς αὐτοὺς Ραψακης Μὴ ἐπὶ τὸν κύριόν σου καὶ πρὸς σὲ ἀπέστειλέν με ὁ
κύριός μου λαλῆσαι τοὺς λόγους τούτους; οὐχὶ ἐπὶ τοὺς ἄνδρας τοὺς καθημένους
ἐπὶ τοῦ τείχους[22] τοῦ φαγεῖν τὴν κόπρον[23] αὐτῶν καὶ πιεῖν τὸ οὖρον[24] αὐτῶν μεθ᾽
ὑμῶν ἅμα;[25]

28 καὶ ἔστη Ραψακης καὶ ἐβόησεν[26] φωνῇ μεγάλῃ Ιουδαϊστὶ[27] καὶ ἐλάλησεν καὶ
εἶπεν Ἀκούσατε τοὺς λόγους τοῦ μεγάλου βασιλέως Ἀσσυρίων **29** Τάδε[28] λέγει ὁ
βασιλεύς Μὴ ἐπαιρέτω[29] ὑμᾶς Εζεκιας λόγοις, ὅτι οὐ μὴ δύνηται ὑμᾶς ἐξελέσθαι[30] ἐκ
χειρός μου. **30** καὶ μὴ ἐπελπιζέτω[31] ὑμᾶς Εζεκιας πρὸς κύριον λέγων Ἐξαιρούμενος[32]
ἐξελεῖται[33] ἡμᾶς κύριος, οὐ μὴ παραδοθῇ ἡ πόλις αὕτη ἐν χειρὶ βασιλέως Ἀσσυρίων.
31 μὴ ἀκούετε Εζεκιου, ὅτι τάδε[34] λέγει ὁ βασιλεὺς Ἀσσυρίων Ποιήσατε μετ᾽ ἐμοῦ

1 τετραίνω, *fut act ind 3s*, pierce
2 ἀφίστημι, *aor act ind 3s*, remove
3 ὑψηλός, high place
4 θυσιαστήριον, altar
5 μίγνυμι, *aor pas impv 2p*, come into contact, mix, join
6 δή, indeed
7 δισχίλιοι, two thousand
8 ἵππος, horse
9 ἐπιβάτης, rider
10 ἀποστρέφω, *fut act ind 2s*, turn away
11 τοπάρχης, regional governor, toparch
12 ἐλάχιστος, *sup of* μικρός, *from* ἐλαχύς, lowliest
13 ἅρμα, chariot
14 ἱππεύς, horseman
15 ἄνευ, without
16 διαφθείρω, *aor act inf*, ruin, destroy
17 διαφθείρω, *aor act impv 2s*, ruin, destroy
18 δή, now
19 παῖς, servant
20 Ιουδαϊστί, in the language of the Jews
21 τεῖχος, city wall
22 τεῖχος, city wall
23 κόπρος, excrement, dung
24 οὖρον, urine
25 ἅμα, together
26 βοάω, *aor act ind 3s*, cry out
27 Ιουδαϊστί, in the language of the Jews
28 ὅδε, this
29 ἐπαίρω, *pres act impv 3s*, rouse
30 ἐξαιρέω, *aor mid inf*, deliver, rescue
31 ἐπελπίζω, *pres act impv 3s*, place hope in
32 ἐξαιρέω, *pres mid ptc nom s m*, deliver, rescue
33 ἐξαιρέω, *fut mid ind 3s*, deliver, rescue
34 ὅδε, this

εὐλογίαν[1] καὶ ἐξέλθατε πρός με, καὶ πίεται ἀνὴρ τὴν ἄμπελον[2] αὐτοῦ καὶ ἀνὴρ τὴν
συκῆν[3] αὐτοῦ φάγεται καὶ πίεται ὕδωρ τοῦ λάκκου[4] αὐτοῦ, **32** ἕως ἔλθω καὶ λάβω
ὑμᾶς εἰς γῆν ὡς γῆ ὑμῶν, γῆ σίτου[5] καὶ οἴνου καὶ ἄρτου καὶ ἀμπελώνων,[6] γῆ ἐλαίας[7]
ἐλαίου[8] καὶ μέλιτος,[9] καὶ ζήσετε καὶ οὐ μὴ ἀποθάνητε. καὶ μὴ ἀκούετε Εζεκιου, ὅτι
ἀπατᾷ[10] ὑμᾶς λέγων Κύριος ῥύσεται[11] ἡμᾶς. **33** μὴ ῥυόμενοι[12] ἐρρύσαντο[13] οἱ θεοὶ
τῶν ἐθνῶν ἕκαστος τὴν ἑαυτοῦ χώραν[14] ἐκ χειρὸς βασιλέως Ἀσσυρίων; **34** ποῦ
ἐστιν ὁ θεὸς Αιμαθ καὶ Αρφαδ; ποῦ ἐστιν ὁ θεὸς Σεπφαρουαιν; καὶ ὅτι ἐξείλαντο[15]
Σαμάρειαν ἐκ χειρός μου; **35** τίς ἐν πᾶσιν τοῖς θεοῖς τῶν γαιῶν,[16] οἳ ἐξείλαντο[17] τὰς
γᾶς[18] αὐτῶν ἐκ χειρός μου, ὅτι ἐξελεῖται[19] κύριος τὴν Ιερουσαλημ ἐκ χειρός μου;
36 καὶ ἐκώφευσαν[20] καὶ οὐκ ἀπεκρίθησαν αὐτῷ λόγον, ὅτι ἐντολὴ τοῦ βασιλέως
λέγων Οὐκ ἀποκριθήσεσθε αὐτῷ.

37 Καὶ εἰσῆλθεν Ελιακιμ υἱὸς Χελκιου ὁ οἰκονόμος[21] καὶ Σομνας ὁ γραμματεὺς[22]
καὶ Ιωας υἱὸς Ασαφ ὁ ἀναμιμνῄσκων[23] πρὸς Εζεκιαν διερρηχότες[24] τὰ ἱμάτια καὶ
ἀνήγγειλαν[25] αὐτῷ τοὺς λόγους Ραψακου.

Isaiah Foretells Judah's Deliverance

19 καὶ ἐγένετο ὡς ἤκουσεν ὁ βασιλεὺς Εζεκιας, καὶ διέρρηξεν[26] τὰ ἱμάτια ἑαυτοῦ
καὶ περιεβάλετο[27] σάκκον[28] καὶ εἰσῆλθεν εἰς οἶκον κυρίου. **2** καὶ ἀπέστειλεν
Ελιακιμ τὸν οἰκονόμον[29] καὶ Σομναν τὸν γραμματέα[30] καὶ τοὺς πρεσβυτέρους
τῶν ἱερέων περιβεβλημένους[31] σάκκους[32] πρὸς Ησαιαν τὸν προφήτην υἱὸν Αμως,
3 καὶ εἶπον πρὸς αὐτόν Τάδε[33] λέγει Εζεκιας Ἡμέρα θλίψεως[34] καὶ ἐλεγμοῦ[35] καὶ
παροργισμοῦ[36] ἡ ἡμέρα αὕτη, ὅτι ἦλθον υἱοὶ ἕως ὠδίνων,[37] καὶ ἰσχὺς[38] οὐκ ἔστιν τῇ

1 εὐλογία, blessing
2 ἄμπελος, vine
3 συκῆ, fig tree
4 λάκκος, cistern
5 σῖτος, grain
6 ἀμπελών, vineyard
7 ἐλαία, oil
8 ἔλαιον, olive
9 μέλι, honey
10 ἀπατάω, *pres act ind 3s*, deceive, seduce
11 ῥύομαι, *fut mid ind 3s*, save, deliver
12 ῥύομαι, *pres mid ptc nom p m*, save, deliver
13 ῥύομαι, *aor mid ind 3p*, save, deliver
14 χώρα, land
15 ἐξαιρέω, *aor mid ind 3p*, deliver, rescue
16 γαῖα, earth
17 ἐξαιρέω, *aor mid ind 3p*, deliver, rescue
18 γῆ, land
19 ἐξαιρέω, *fut mid ind 3s*, deliver, rescue
20 κωφεύω, *aor act ind 3p*, keep quiet
21 οἰκονόμος, steward
22 γραμματεύς, scribe
23 ἀναμιμνῄσκω, *pres act ptc nom s m*, record
24 διαρρήγνυμι, *perf act ptc nom p m*, tear, rend
25 ἀναγγέλλω, *aor act ind 3p*, recount
26 διαρρήγνυμι, *aor act ind 3s*, tear, rend
27 περιβάλλω, *aor mid ind 3s*, cover with
28 σάκκος, sackcloth, *Heb. LW*
29 οἰκονόμος, steward
30 γραμματεύς, scribe
31 περιβάλλω, *perf mid ptc acc p m*, cover with
32 σάκκος, sackcloth, *Heb. LW*
33 ὅδε, this
34 θλῖψις, affliction
35 ἐλεγμός, reproof, rebuke
36 παροργισμός, provocation
37 ὠδίν, labor pain
38 ἰσχύς, strength, might

τικτούσῃ·[1] **4** εἴ πως εἰσακούσεται[2] κύριος ὁ θεός σου πάντας τοὺς λόγους Ραψακου, ὃν ἀπέστειλεν αὐτὸν βασιλεὺς Ἀσσυρίων ὁ κύριος αὐτοῦ ὀνειδίζειν[3] θεὸν ζῶντα καὶ βλασφημεῖν[4] ἐν λόγοις, οἷς ἤκουσεν κύριος ὁ θεός σου, καὶ λήμψῃ προσευχὴν περὶ τοῦ λείμματος[5] τοῦ εὑρισκομένου. **5** καὶ ἦλθον οἱ παῖδες[6] τοῦ βασιλέως Εζεκιου πρὸς Ησαιαν, **6** καὶ εἶπεν αὐτοῖς Ησαιας Τάδε[7] ἐρεῖτε πρὸς τὸν κύριον ὑμῶν Τάδε λέγει κύριος Μὴ φοβηθῇς ἀπὸ τῶν λόγων, ὧν ἤκουσας, ὧν ἐβλασφήμησαν[8] τὰ παιδάρια[9] βασιλέως Ἀσσυρίων· **7** ἰδοὺ ἐγὼ δίδωμι ἐν αὐτῷ πνεῦμα, καὶ ἀκούσεται ἀγγελίαν[10] καὶ ἀποστραφήσεται[11] εἰς τὴν γῆν αὐτοῦ, καὶ καταβαλῶ[12] αὐτὸν ἐν ῥομφαίᾳ[13] ἐν τῇ γῇ αὐτοῦ.

8 Καὶ ἐπέστρεψεν Ραψακης καὶ εὗρεν τὸν βασιλέα Ἀσσυρίων πολεμοῦντα ἐπὶ Λομνα, ὅτι ἤκουσεν ὅτι ἀπῆρεν[14] ἀπὸ Λαχις· **9** καὶ ἤκουσεν περὶ Θαρακα βασιλέως Αἰθιόπων λέγων Ἰδοὺ ἐξῆλθεν πολεμεῖν μετὰ σοῦ. καὶ ἐπέστρεψεν καὶ ἀπέστειλεν ἀγγέλους πρὸς Εζεκιαν λέγων **10** Μὴ ἐπαιρέτω[15] σε ὁ θεός σου, ἐφ᾽ ᾧ σὺ πέποιθας ἐπ᾽ αὐτῷ λέγων Οὐ μὴ παραδοθῇ Ιερουσαλημ εἰς χεῖρας βασιλέως Ἀσσυρίων. **11** ἰδοὺ σὺ ἤκουσας πάντα, ὅσα ἐποίησαν βασιλεῖς Ἀσσυρίων πάσαις ταῖς γαῖς τοῦ ἀναθεματίσαι[16] αὐτάς· καὶ σὺ ῥυσθήσῃ;[17] **12** μὴ ἐξείλαντο[18] αὐτοὺς οἱ θεοὶ τῶν ἐθνῶν, οὓς διέφθειραν[19] οἱ πατέρες μου, τήν τε Γωζαν καὶ τὴν Χαρραν καὶ Ραφες καὶ υἱοὺς Εδεμ τοὺς ἐν Θαεσθεν; **13** ποῦ ἐστιν ὁ βασιλεὺς Αιμαθ καὶ ὁ βασιλεὺς Αρφαδ; καὶ ποῦ ἐστιν Σεπφαρουαιν, Ανα καὶ Αυα;

Hezekiah's Prayer

14 καὶ ἔλαβεν Εζεκιας τὰ βιβλία ἐκ χειρὸς τῶν ἀγγέλων καὶ ἀνέγνω[20] αὐτά· καὶ ἀνέβη εἰς οἶκον κυρίου καὶ ἀνέπτυξεν[21] αὐτὰ Εζεκιας ἐναντίον[22] κυρίου **15** καὶ εἶπεν Κύριε ὁ θεὸς Ισραηλ ὁ καθήμενος ἐπὶ τῶν χερουβιν,[23] σὺ εἶ ὁ θεὸς μόνος ἐν πάσαις ταῖς βασιλείαις τῆς γῆς, σὺ ἐποίησας τὸν οὐρανὸν καὶ τὴν γῆν. **16** κλῖνον,[24] κύριε, τὸ οὖς σου καὶ ἄκουσον· ἄνοιξον, κύριε, τοὺς ὀφθαλμούς σου καὶ ἰδὲ καὶ ἄκουσον τοὺς λόγους Σενναχηριμ, οὓς ἀπέστειλεν ὀνειδίζειν[25] θεὸν ζῶντα. **17** ὅτι ἀληθείᾳ, κύριε, ἠρήμωσαν[26] βασιλεῖς Ἀσσυρίων τὰ ἔθνη **18** καὶ ἔδωκαν τοὺς θεοὺς αὐτῶν

1 τίκτω, *pres act ptc dat s f*, give birth
2 εἰσακούω, *fut mid ind 3s*, hear
3 ὀνειδίζω, *pres act inf*, reproach, revile
4 βλασφημέω, *pres act inf*, blaspheme
5 λεῖμμα, remnant
6 παῖς, servant
7 ὅδε, this
8 βλασφημέω, *aor act ind 3p*, blaspheme
9 παιδάριον, young man
10 ἀγγελία, report
11 ἀποστρέφω, *fut pas ind 3s*, return
12 καταβάλλω, *fut act ind 1s*, cut down
13 ῥομφαία, sword
14 ἀπαίρω, *aor act ind 3s*, depart
15 ἐπαίρω, *pres act impv 3s*, stir up
16 ἀναθεματίζω, *aor act inf*, curse, devote to destruction
17 ῥύομαι, *fut pas ind 2s*, save, deliver
18 ἐξαιρέω, *aor mid ind 3p*, deliver, rescue
19 διαφθείρω, *aor act ind 3p*, ruin, destroy
20 ἀναγινώσκω, *aor act ind 3s*, read
21 ἀναπτύσσω, *aor act ind 3s*, spread out
22 ἐναντίον, before
23 χερουβιν, cherubim, *translit.*
24 κλίνω, *aor act impv 2s*, incline toward, stoop
25 ὀνειδίζω, *pres act inf*, revile, provoke
26 ἐρημόω, *aor act ind 3p*, make desolate, lay waste

εἰς τὸ πῦρ, ὅτι οὐ θεοί εἰσιν, ἀλλ᾽ ἢ ἔργα χειρῶν ἀνθρώπων, ξύλα[1] καὶ λίθοι, καὶ ἀπώλεσαν αὐτούς. **19** καὶ νῦν, κύριε ὁ θεὸς ἡμῶν, σῶσον ἡμᾶς ἐκ χειρὸς αὐτοῦ, καὶ γνώσονται πᾶσαι αἱ βασιλεῖαι τῆς γῆς ὅτι σὺ κύριος ὁ θεὸς μόνος.

Isaiah Prophesies Sennacherib's Fall

20 Καὶ ἀπέστειλεν Ησαιας υἱὸς Αμως πρὸς Εζεκιαν λέγων Τάδε[2] λέγει κύριος ὁ θεὸς τῶν δυνάμεων ὁ θεὸς Ισραηλ Ἃ προσηύξω πρός με περὶ Σενναχηριμ βασιλέως Ἀσσυρίων, ἤκουσα. **21** οὗτος ὁ λόγος, ὃν ἐλάλησεν κύριος ἐπ᾽ αὐτόν

Ἐξουδένησέν[3] σε καὶ ἐμυκτήρισέν[4] σε παρθένος[5] θυγάτηρ[6] Σιων,
ἐπὶ σοὶ κεφαλὴν αὐτῆς ἐκίνησεν[7] θυγάτηρ Ιερουσαλημ.

22 τίνα ὠνείδισας[8] καὶ ἐβλασφήμησας;[9]
καὶ ἐπὶ τίνα ὕψωσας[10] φωνήν;
καὶ ἦρας εἰς ὕψος[11] τοὺς ὀφθαλμούς σου
εἰς τὸν ἅγιον τοῦ Ισραηλ.
23 ἐν χειρὶ ἀγγέλων σου ὠνείδισας[12] κύριον
καὶ εἶπας Ἐν τῷ πλήθει τῶν ἁρμάτων[13] μου
ἐγὼ ἀναβήσομαι εἰς ὕψος[14] ὀρέων,
μηροὺς[15] τοῦ Λιβάνου,
καὶ ἔκοψα[16] τὸ μέγεθος[17] τῆς κέδρου[18] αὐτοῦ,
τὰ ἐκλεκτὰ[19] κυπαρίσσων[20] αὐτοῦ,
καὶ ἦλθον εἰς μελον[21] τέλους αὐτοῦ,
δρυμοῦ[22] Καρμήλου αὐτοῦ.
24 ἐγὼ ἔψυξα[23]
καὶ ἔπιον ὕδατα ἀλλότρια[24]
καὶ ἐξηρήμωσα[25] τῷ ἴχνει[26] τοῦ ποδός μου
πάντας ποταμοὺς[27] περιοχῆς.[28]

1 ξύλον, wood
2 ὅδε, this
3 ἐξουδενέω, *aor act ind 3s*, disdain, scorn
4 μυκτηρίζω, *aor act ind 3s*, treat with contempt
5 παρθένος, virgin
6 θυγάτηρ, daughter
7 κινέω, *aor act ind 3s*, shake
8 ὀνειδίζω, *aor act ind 2s*, reproach, revile
9 βλασφημέω, *aor act ind 2s*, slander, blaspheme
10 ὑψόω, *aor act ind 2s*, lift up, raise
11 ὕψος, high place
12 ὀνειδίζω, *aor act ind 2s*, reproach, revile
13 ἅρμα, chariot
14 ὕψος, height
15 μηρός, thigh
16 κόπτω, *aor act ind 1s*, cut down
17 μέγεθος, greatness
18 κέδρος, cedar
19 ἐκλεκτός, choice, select
20 κυπάρισσος, cypress
21 μελον, retreat, *translit.*
22 δρυμός, forest
23 ψύχω, *aor act ind 1s*, cool off, grow cold
24 ἀλλότριος, strange, foreign
25 ἐξερημόω, *aor act ind 1s*, devastate
26 ἴχνος, sole
27 ποταμός, river
28 περιοχή, enclosing, containing

25 ἔπλασα[1] αὐτήν,
νῦν ἤγαγον αὐτήν,
καὶ ἐγενήθη εἰς ἐπάρσεις[2] ἀποικεσιῶν[3] μαχίμων,[4]
πόλεις ὀχυράς.[5]
26 καὶ οἱ ἐνοικοῦντες[6] ἐν αὐταῖς ἠσθένησαν[7] τῇ χειρί,
ἔπτηξαν[8] καὶ κατῃσχύνθησαν,[9]
ἐγένοντο χόρτος[10] ἀγροῦ
ἢ χλωρὰ[11] βοτάνη,[12]
χλόη[13] δωμάτων[14]
καὶ πάτημα[15] ἀπέναντι[16] ἑστηκότος.

27 καὶ τὴν καθέδραν[17] σου
καὶ τὴν ἔξοδόν[18] σου
καὶ τὴν εἴσοδόν[19] σου ἔγνων
καὶ τὸν θυμόν[20] σου ἐπ᾽ ἐμέ.
28 διὰ τὸ ὀργισθῆναί[21] σε ἐπ᾽ ἐμὲ
καὶ τὸ στρῆνός[22] σου ἀνέβη ἐν τοῖς ὠσίν μου
καὶ θήσω τὰ ἄγκιστρά[23] μου ἐν τοῖς μυκτῆρσίν[24] σου
καὶ χαλινὸν[25] ἐν τοῖς χείλεσίν[26] σου
καὶ ἀποστρέψω[27] σε ἐν τῇ ὁδῷ,
ᾗ ἦλθες ἐν αὐτῇ.

29 καὶ τοῦτό σοι τὸ σημεῖον· φάγῃ τοῦτον τὸν ἐνιαυτὸν[28] αὐτόματα[29] καὶ τῷ
ἔτει τῷ δευτέρῳ τὰ ἀνατέλλοντα·[30] καὶ ἔτι τρίτῳ σπορὰ[31] καὶ ἄμητος[32] καὶ φυ-
τεία[33] ἀμπελώνων,[34] καὶ φάγεσθε τὸν καρπὸν αὐτῶν. **30** καὶ προσθήσει[35] τὸ

1 πλάσσω, *aor act ind 1s*, mold
2 ἔπαρσις, pride, lifting up
3 ἀποικεσία, captivity, exile
4 μάχιμος, quarrelsome, warlike
5 ὀχυρός, fortified
6 ἐνοικέω, *pres act ptc nom p m*, dwell, inhabit
7 ἀσθενέω, *aor act ind 3p*, weaken
8 πτήσσω, *aor act ind 3p*, cower in fear
9 καταισχύνω, *aor pas ind 3p*, dishonor, shame
10 χόρτος, grass
11 χλωρός, green
12 βοτάνη, herbage
13 χλόη, tender growth
14 δῶμα, housetop
15 πάτημα, that which is trodden
16 ἀπέναντι, opposite
17 καθέδρα, seat, sitting
18 ἔξοδος, exit, going out
19 εἴσοδος, entrance, going in
20 θυμός, wrath, anger
21 ὀργίζω, *aor pas inf*, be angry
22 στρῆνος, insolence
23 ἄγκιστρον, hook
24 μυκτήρ, nostril
25 χαλινός, bit, bridle
26 χεῖλος, lip
27 ἀποστρέφω, *fut act ind 1s*, turn back
28 ἐνιαυτός, year
29 αὐτόματος, (plant that has not been sown)
30 ἀνατέλλω, *pres act ptc acc p n*, spring forth
31 σπορά, sowing
32 ἄμητος, harvest
33 φυτεία, planting
34 ἀμπελών, vineyard
35 προστίθημι, *fut act ind 3s*, add to, continue

διασεσῳσμένον[1] οἴκου Ιουδα τὸ ὑπολειφθὲν[2] ῥίζαν[3] κάτω[4] καὶ ποιήσει καρπὸν
ἄνω.[5] **31** ὅτι ἐξ Ιερουσαλημ ἐξελεύσεται κατάλειμμα[6] καὶ ἀνασῳζόμενος[7] ἐξ ὄρους
Σιων· ὁ ζῆλος[8] κυρίου τῶν δυνάμεων ποιήσει τοῦτο. **32** οὐχ οὕτως· τάδε[9] λέγει
κύριος πρὸς βασιλέα Ἀσσυρίων Οὐκ εἰσελεύσεται εἰς τὴν πόλιν ταύτην καὶ οὐ
τοξεύσει[10] ἐκεῖ βέλος,[11] καὶ οὐ προφθάσει[12] αὐτὴν θυρεός,[13] καὶ οὐ μὴ ἐκχέῃ[14] πρὸς
αὐτὴν πρόσχωμα·[15] **33** τῇ ὁδῷ, ᾗ ἦλθεν, ἐν αὐτῇ ἀποστραφήσεται[16] καὶ εἰς τὴν
πόλιν ταύτην οὐκ εἰσελεύσεται, λέγει κύριος. **34** καὶ ὑπερασπιῶ[17] ὑπὲρ τῆς πόλεως
ταύτης δι᾽ ἐμὲ καὶ διὰ Δαυιδ τὸν δοῦλόν μου.

35 Καὶ ἐγένετο ἕως νυκτὸς καὶ ἐξῆλθεν ἄγγελος κυρίου καὶ ἐπάταξεν[18] ἐν τῇ παρ-
εμβολῇ[19] τῶν Ἀσσυρίων ἑκατὸν[20] ὀγδοήκοντα[21] πέντε χιλιάδας·[22] καὶ ὤρθρισαν[23]
τὸ πρωί,[24] καὶ ἰδοὺ πάντες σώματα νεκρά.[25] **36** καὶ ἀπῆρεν[26] καὶ ἐπορεύθη καὶ ἀπ-
έστρεψεν[27] Σενναχηριμ βασιλεὺς Ἀσσυρίων καὶ ᾤκησεν[28] ἐν Νινευη. **37** καὶ ἐγένετο
αὐτοῦ προσκυνοῦντος ἐν οἴκῳ Νεσεραχ θεοῦ αὐτοῦ καὶ Αδραμελεχ καὶ Σαρασαρ
οἱ υἱοὶ αὐτοῦ ἐπάταξαν[29] αὐτὸν ἐν μαχαίρᾳ,[30] καὶ αὐτοὶ ἐσώθησαν εἰς γῆν Αραρατ·
καὶ ἐβασίλευσεν[31] Ασορδαν ὁ υἱὸς αὐτοῦ ἀντ᾽[32] αὐτοῦ.

Hezekiah's Illness and Recovery

20 Ἐν ταῖς ἡμέραις ἐκείναις ἠρρώστησεν[33] Εζεκιας εἰς θάνατον. καὶ εἰσῆλθεν
πρὸς αὐτὸν Ησαιας υἱὸς Αμως ὁ προφήτης καὶ εἶπεν πρὸς αὐτόν Τάδε[34] λέγει
κύριος Ἔντειλαι[35] τῷ οἴκῳ σου, ὅτι ἀποθνῄσκεις σὺ καὶ οὐ ζήσῃ. **2** καὶ ἀπέστρεψεν[36]
Εζεκιας τὸ πρόσωπον αὐτοῦ πρὸς τὸν τοῖχον[37] καὶ ηὔξατο[38] πρὸς κύριον λέγων **3** Ὦ[39]

1 διασῴζω, *perf pas ptc acc s n*, preserve alive
2 ὑπολείπω, *aor pas ptc nom s n*, leave behind
3 ῥίζα, root
4 κάτω, beneath, downward
5 ἄνω, above, upward
6 κατάλειμμα, remnant
7 ἀνασῴζω, *pres mid ptc nom s m*, rescue
8 ζῆλος, zeal, fervor
9 ὅδε, this
10 τοξεύω, *fut act ind 3s*, shoot
11 βέλος, arrow
12 προφθάνω, *fut act ind 3s*, prevent, come before
13 θυρεός, shield
14 ἐκχέω, *pres act sub 3s*, pour out
15 πρόσχωμα, mound
16 ἀποστρέφω, *fut pas ind 3s*, return
17 ὑπερασπίζω, *fut act ind 1s*, defend (with a shield)
18 πατάσσω, *aor act ind 3s*, strike, slay
19 παρεμβολή, encampment
20 ἑκατόν, hundred
21 ὀγδοήκοντα, eighty
22 χιλιάς, thousand
23 ὀρθρίζω, *aor act ind 3p*, rise early
24 πρωί, (in the) morning
25 νεκρός, dead
26 ἀπαίρω, *aor act ind 3s*, depart
27 ἀποστρέφω, *aor act ind 3s*, turn away
28 οἰκέω, *aor act ind 3s*, dwell
29 πατάσσω, *aor act ind 3p*, strike, slay
30 μάχαιρα, sword
31 βασιλεύω, *aor act ind 3s*, reign as king
32 ἀντί, in place of
33 ἀρρωστέω, *aor act ind 3s*, be sick
34 ὅδε, this
35 ἐντέλλομαι, *aor mid impv 2s*, instruct
36 ἀποστρέφω, *aor act ind 3s*, avert, turn away
37 τοῖχος, wall
38 εὔχομαι, *aor mid ind 3s*, pray
39 ὦ, O!, alas!

δή,[1] κύριε, μνήσθητι[2] δὴ ὅσα περιεπάτησα ἐνώπιόν σου ἐν ἀληθείᾳ καὶ ἐν καρδίᾳ
πλήρει[3] καὶ τὸ ἀγαθὸν ἐν ὀφθαλμοῖς σου ἐποίησα. καὶ ἔκλαυσεν Εζεκιας κλαυθμῷ[4]
μεγάλῳ. **4** καὶ ἦν Ησαιας ἐν τῇ αὐλῇ[5] τῇ μέσῃ, καὶ ῥῆμα κυρίου ἐγένετο πρὸς αὐτὸν
λέγων **5** Ἐπίστρεψον καὶ ἐρεῖς πρὸς Εζεκιαν τὸν ἡγούμενον τοῦ λαοῦ μου Τάδε[6]
λέγει κύριος ὁ θεὸς Δαυιδ τοῦ πατρός σου Ἤκουσα τῆς προσευχῆς σου, εἶδον τὰ
δάκρυά[7] σου· ἰδοὺ ἐγὼ ἰάσομαί[8] σε, τῇ ἡμέρᾳ τῇ τρίτῃ ἀναβήσῃ εἰς οἶκον κυρίου,
6 καὶ προσθήσω[9] ἐπὶ τὰς ἡμέρας σου πέντε καὶ δέκα[10] ἔτη καὶ ἐκ χειρὸς βασιλέως
Ἀσσυρίων σώσω σε καὶ τὴν πόλιν ταύτην καὶ ὑπερασπιῶ[11] ὑπὲρ τῆς πόλεως ταύτης
δι᾽ ἐμὲ καὶ διὰ Δαυιδ τὸν δοῦλόν μου. **7** καὶ εἶπεν Λαβέτωσαν παλάθην[12] σύκων[13]
καὶ ἐπιθέτωσαν ἐπὶ τὸ ἕλκος,[14] καὶ ὑγιάσει.[15]

8 καὶ εἶπεν Εζεκιας πρὸς Ησαιαν Τί τὸ σημεῖον ὅτι ἰάσεταί[16] με κύριος καὶ ἀναβή-
σομαι εἰς οἶκον κυρίου τῇ ἡμέρᾳ τῇ τρίτῃ; **9** καὶ εἶπεν Ησαιας Τοῦτο τὸ σημεῖον
παρὰ κυρίου ὅτι ποιήσει κύριος τὸν λόγον, ὃν ἐλάλησεν· πορεύσεται ἡ σκιὰ[17] δέκα[18]
βαθμούς,[19] ἐὰν ἐπιστρέφῃ δέκα βαθμούς. **10** καὶ εἶπεν Εζεκιας Κοῦφον[20] τὴν σκιὰν[21]
κλῖναι[22] δέκα[23] βαθμούς·[24] οὐχί, ἀλλ᾽ ἐπιστραφήτω ἡ σκιὰ δέκα βαθμοὺς εἰς τὰ ὀπίσω.
11 καὶ ἐβόησεν[25] Ησαιας ὁ προφήτης πρὸς κύριον, καὶ ἐπέστρεψεν ἡ σκιὰ[26] ἐν τοῖς
ἀναβαθμοῖς[27] εἰς τὰ ὀπίσω δέκα[28] βαθμούς.[29]

Envoys from Babylon and Hezekiah's Treasure

12 Ἐν τῷ καιρῷ ἐκείνῳ ἀπέστειλεν Μαρωδαχβαλαδαν υἱὸς Βαλαδαν βασιλεὺς
Βαβυλῶνος βιβλία καὶ μαναα[30] πρὸς Εζεκιαν, ὅτι ἤκουσεν ὅτι ἠρρώστησεν[31] Εζεκιας.
13 καὶ ἐχάρη[32] ἐπ᾽ αὐτοῖς Εζεκιας καὶ ἔδειξεν αὐτοῖς ὅλον τὸν οἶκον τοῦ νεχωθα,[33]
τὸ ἀργύριον[34] καὶ τὸ χρυσίον,[35] τὰ ἀρώματα[36] καὶ τὸ ἔλαιον[37] τὸ ἀγαθόν, καὶ τὸν
οἶκον τῶν σκευῶν[38] καὶ ὅσα ηὑρέθη ἐν τοῖς θησαυροῖς[39] αὐτοῦ· οὐκ ἦν λόγος, ὃν

1 δή, now
2 μιμνήσκομαι, *aor pas impv 2s*, remember
3 πλήρης, full
4 κλαυθμός, weeping, wailing
5 αὐλή, court
6 ὅδε, this
7 δάκρυον, tear
8 ἰάομαι, *fut mid ind 1s*, heal
9 προστίθημι, *fut act ind 1s*, add to
10 δέκα, ten
11 ὑπερασπίζω, *fut act ind 1s*, shield
12 παλάθη, cake
13 σῦκον, fig
14 ἕλκος, festering wound
15 ὑγιάζω, *fut act ind 3s*, restore to health
16 ἰάομαι, *fut mid ind 3s*, heal
17 σκιά, shadow
18 δέκα, ten
19 βαθμός, step (of a staircase)
20 κοῦφος, easy
21 σκιά, shadow
22 κλίνω, *aor act inf*, slant
23 δέκα, ten
24 βαθμός, step (of a staircase)
25 βοάω, *aor act ind 3s*, cry out
26 σκιά, shadow
27 ἀναβαθμός, flight of stairs
28 δέκα, ten
29 βαθμός, step (of a staircase)
30 μαναα, gift, *translit.*
31 ἀρρωστέω, *aor act ind 3s*, be sick
32 χαίρω, *aor pas ind 3s*, rejoice
33 νεχωθα, treasure?, *translit.*
34 ἀργύριον, silver
35 χρυσίον, gold
36 ἄρωμα, spice, perfume
37 ἔλαιον, oil
38 σκεῦος, vessel, furnishing
39 θησαυρός, treasury

οὐκ ἔδειξεν αὐτοῖς Εζεκιας ἐν τῷ οἴκῳ αὐτοῦ καὶ ἐν πάσῃ τῇ ἐξουσίᾳ[1] αὐτοῦ. **14** καὶ
εἰσῆλθεν Ησαιας ὁ προφήτης πρὸς τὸν βασιλέα Εζεκιαν καὶ εἶπεν πρὸς αὐτόν Τί
ἐλάλησαν οἱ ἄνδρες οὗτοι καὶ πόθεν[2] ἥκασιν[3] πρὸς σέ; καὶ εἶπεν Εζεκιας Ἐκ γῆς
πόρρωθεν[4] ἥκασιν πρός με, ἐκ Βαβυλῶνος. **15** καὶ εἶπεν Τί εἶδον ἐν τῷ οἴκῳ σου;
καὶ εἶπεν Πάντα, ὅσα ἐν τῷ οἴκῳ μου, εἶδον· οὐκ ἦν ἐν τῷ οἴκῳ μου ὃ οὐκ ἔδειξα
αὐτοῖς, ἀλλὰ καὶ τὰ ἐν τοῖς θησαυροῖς[5] μου.

16 καὶ εἶπεν Ησαιας πρὸς Εζεκιαν Ἄκουσον λόγον κυρίου **17** Ἰδοὺ ἡμέραι ἔρχονται
καὶ λημφθήσεται πάντα τὰ ἐν τῷ οἴκῳ σου καὶ ὅσα ἐθησαύρισαν[6] οἱ πατέρες σου ἕως
τῆς ἡμέρας ταύτης εἰς Βαβυλῶνα· καὶ οὐχ ὑπολειφθήσεται[7] ῥῆμα, ὃ εἶπεν κύριος·
18 καὶ οἱ υἱοί σου, οἳ ἐξελεύσονται ἐκ σοῦ, οὓς γεννήσεις, λήμψεται, καὶ ἔσονται
εὐνοῦχοι[8] ἐν τῷ οἴκῳ τοῦ βασιλέως Βαβυλῶνος. **19** καὶ εἶπεν Εζεκιας πρὸς Ησαιαν
Ἀγαθὸς ὁ λόγος κυρίου, ὃν ἐλάλησεν· ἔστω εἰρήνη ἐν ταῖς ἡμέραις μου.

20 Καὶ τὰ λοιπὰ τῶν λόγων Εζεκιου καὶ πᾶσα ἡ δυναστεία[9] αὐτοῦ καὶ ὅσα ἐποίησεν,
τὴν κρήνην[10] καὶ τὸν ὑδραγωγὸν[11] καὶ εἰσήνεγκεν[12] τὸ ὕδωρ εἰς τὴν πόλιν, οὐχὶ ταῦτα
γεγραμμένα ἐπὶ βιβλίῳ λόγων τῶν ἡμερῶν τοῖς βασιλεῦσιν Ιουδα; **21** καὶ ἐκοιμήθη[13]
Εζεκιας μετὰ τῶν πατέρων αὐτοῦ καὶ ἐτάφη[14] ἐν πόλει Δαυιδ, καὶ ἐβασίλευσεν[15]
Μανασσης υἱὸς αὐτοῦ ἀντ᾽[16] αὐτοῦ.

Manasseh's Reign in Judah

21 Υἱὸς δώδεκα[17] ἐτῶν Μανασσης ἐν τῷ βασιλεύειν[18] αὐτὸν καὶ πεντήκοντα[19]
καὶ πέντε ἔτη ἐβασίλευσεν[20] ἐν Ιερουσαλημ, καὶ ὄνομα τῇ μητρὶ αὐτοῦ
Οψιβα. **2** καὶ ἐποίησεν τὸ πονηρὸν ἐν ὀφθαλμοῖς κυρίου κατὰ τὰ βδελύγματα[21]
τῶν ἐθνῶν, ὧν ἐξῆρεν[22] κύριος ἀπὸ προσώπου τῶν υἱῶν Ισραηλ, **3** καὶ ἐπέστρεψεν
καὶ ᾠκοδόμησεν τὰ ὑψηλά,[23] ἃ κατέσπασεν[24] Εζεκιας ὁ πατὴρ αὐτοῦ, καὶ ἀνέστησεν
θυσιαστήριον[25] τῇ Βααλ καὶ ἐποίησεν ἄλση,[26] καθὼς ἐποίησεν Αχααβ βασιλεὺς
Ισραηλ, καὶ προσεκύνησεν πάσῃ τῇ δυνάμει τοῦ οὐρανοῦ καὶ ἐδούλευσεν[27] αὐτοῖς
4 καὶ ᾠκοδόμησεν θυσιαστήριον[28] ἐν οἴκῳ κυρίου, ὡς εἶπεν Ἐν Ιερουσαλημ θήσω
τὸ ὄνομά μου, **5** καὶ ᾠκοδόμησεν θυσιαστήριον[29] πάσῃ τῇ δυνάμει τοῦ οὐρανοῦ

1 ἐξουσία, (realm of) authority
2 πόθεν, from where
3 ἥκω, *perf act ind 3p*, come
4 πόρρωθεν, afar, at a distance
5 θησαυρός, treasury
6 θησαυρίζω, *aor act ind 3p*, store up treasure
7 ὑπολείπω, *fut pas ind 3s*, forsake
8 εὐνοῦχος, eunuch
9 δυναστεία, exercise of power
10 κρήνη, well
11 ὑδραγωγός, aqueduct, conduit
12 εἰσφέρω, *aor act ind 3s*, bring to
13 κοιμάω, *aor pas ind 3s*, sleep
14 θάπτω, *aor pas ind 3s*, bury
15 βασιλεύω, *aor act ind 3s*, reign as king
16 ἀντί, in place of
17 δώδεκα, twelve
18 βασιλεύω, *pres act inf*, become king
19 πεντήκοντα, fifty
20 βασιλεύω, *aor act ind 3s*, reign as king
21 βδέλυγμα, abomination
22 ἐξαίρω, *aor act ind 3s*, remove
23 ὑψηλός, high place
24 κατασπάω, *aor act ind 3s*, pull down
25 θυσιαστήριον, altar
26 ἄλσος, (sacred) grove
27 δουλεύω, *aor act ind 3s*, serve
28 θυσιαστήριον, altar
29 θυσιαστήριον, altar

ἐν ταῖς δυσὶν αὐλαῖς[1] οἴκου κυρίου **6** καὶ διῆγεν[2] τοὺς υἱοὺς αὐτοῦ ἐν πυρὶ καὶ
ἐκληδονίζετο[3] καὶ οἰωνίζετο[4] καὶ ἐποίησεν θελητὴν[5] καὶ γνώστας·[6] ἐπλήθυνεν[7] τοῦ
ποιεῖν τὸ πονηρὸν ἐν ὀφθαλμοῖς κυρίου παροργίσαι[8] αὐτόν.

7 καὶ ἔθηκεν τὸ γλυπτὸν[9] τοῦ ἄλσους[10] ἐν τῷ οἴκῳ, ᾧ εἶπεν κύριος πρὸς Δαυιδ καὶ
πρὸς Σαλωμων τὸν υἱὸν αὐτοῦ Ἐν τῷ οἴκῳ τούτῳ καὶ ἐν Ιερουσαλημ, ᾗ ἐξελεξάμην[11]
ἐκ πασῶν φυλῶν Ισραηλ, καὶ θήσω τὸ ὄνομά μου ἐκεῖ εἰς τὸν αἰῶνα **8** καὶ οὐ προ-
σθήσω[12] τοῦ σαλεῦσαι[13] τὸν πόδα Ισραηλ ἀπὸ τῆς γῆς, ἧς ἔδωκα τοῖς πατράσιν
αὐτῶν, οἵτινες φυλάξουσιν πάντα, ὅσα ἐνετειλάμην[14] κατὰ πᾶσαν τὴν ἐντολήν,
ἣν ἐνετείλατο[15] αὐτοῖς ὁ δοῦλός μου Μωυσῆς. **9** καὶ οὐκ ἤκουσαν, καὶ ἐπλάνησεν
αὐτοὺς Μανασσης τοῦ ποιῆσαι τὸ πονηρὸν ἐν ὀφθαλμοῖς κυρίου ὑπὲρ τὰ ἔθνη, ἃ
ἠφάνισεν[16] κύριος ἐκ προσώπου υἱῶν Ισραηλ.

10 καὶ ἐλάλησεν κύριος ἐν χειρὶ δούλων αὐτοῦ τῶν προφητῶν λέγων **11** Ἀνθ᾽ ὧν[17]
ὅσα ἐποίησεν Μανασσης ὁ βασιλεὺς Ιουδα τὰ βδελύγματα[18] ταῦτα τὰ πονηρὰ ἀπὸ
πάντων, ὧν ἐποίησεν ὁ Αμορραῖος ὁ ἔμπροσθεν, καὶ ἐξήμαρτεν[19] καί γε Ιουδα ἐν τοῖς
εἰδώλοις[20] αὐτῶν, **12** οὐχ οὕτως, τάδε[21] λέγει κύριος ὁ θεὸς Ισραηλ Ἰδοὺ ἐγὼ φέρω
κακὰ ἐπὶ Ιερουσαλημ καὶ ἐπὶ Ιουδα, ὥστε παντὸς ἀκούοντος ἠχήσει[22] ἀμφότερα[23] τὰ
ὦτα αὐτοῦ, **13** καὶ ἐκτενῶ[24] ἐπὶ Ιερουσαλημ τὸ μέτρον[25] Σαμαρείας καὶ τὸ στάθμιον[26]
οἴκου Αχααβ καὶ ἀπαλείψω[27] τὴν Ιερουσαλημ, καθὼς ἀπαλείφεται[28] ὁ ἀλάβαστρος[29]
ἀπαλειφόμενος[30] καὶ καταστρέφεται[31] ἐπὶ πρόσωπον αὐτοῦ, **14** καὶ ἀπώσομαι[32] τὸ
ὑπόλειμμα[33] τῆς κληρονομίας[34] μου καὶ παραδώσω αὐτοὺς εἰς χεῖρας ἐχθρῶν αὐτῶν,
καὶ ἔσονται εἰς διαρπαγὴν[35] καὶ εἰς προνομὴν[36] πᾶσιν τοῖς ἐχθροῖς αὐτῶν, **15** ἀνθ᾽
ὧν[37] ὅσα ἐποίησαν τὸ πονηρὸν ἐν ὀφθαλμοῖς μου καὶ ἦσαν παροργίζοντές[38] με ἀπὸ

1 αὐλή, court
2 διάγω, *impf act ind 3s*, cause to pass through
3 κληδονίζω, *impf mid ind 3s*, practice divination
4 οἰωνίζομαι, *impf mid ind 3s*, divine from birds
5 θελητής, one who wills, (*read* medium)
6 γνώστης, one who knows (the future), (wizard)
7 πληθύνω, *aor act ind 3s*, multiply
8 παροργίζω, *aor act inf*, provoke to anger
9 γλυπτός, graven image
10 ἄλσος, (sacred) grove
11 ἐκλέγω, *aor mid ind 1s*, choose, select
12 προστίθημι, *fut act ind 1s*, continue
13 σαλεύω, *aor act inf*, shake, disturb
14 ἐντέλλομαι, *aor mid ind 1s*, command
15 ἐντέλλομαι, *aor mid ind 3s*, command
16 ἀφανίζω, *aor act ind 3s*, destroy, blot out
17 ἀνθ᾽ ὧν, because
18 βδέλυγμα, abomination
19 ἐξαμαρτάνω, *aor act ind 3s*, cause to sin
20 εἴδωλον, idol
21 ὅδε, this
22 ἠχέω, *fut act ind 3s*, echo, tingle
23 ἀμφότεροι, both
24 ἐκτείνω, *fut act ind 1s*, stretch forth
25 μέτρον, measure
26 στάθμιον, plummet, weight
27 ἀπαλείφω, *fut act ind 1s*, wipe out
28 ἀπαλείφω, *pres pas ind 3s*, wipe out
29 ἀλάβαστρος, round vase
30 ἀπαλείφω, *pres pas ptc nom s m*, wipe out
31 καταστρέφω, *pres pas ind 3s*, overturn
32 ἀπωθέω, *fut mid ind 1s*, reject, thrust away
33 ὑπόλειμμα, remnant
34 κληρονομία, inheritance
35 διαρπαγή, spoil, plundering
36 προνομή, plunder
37 ἀνθ᾽ ὧν, because
38 παροργίζω, *pres act ptc nom p m*, provoke to anger

τῆς ἡμέρας, ἧς ἐξήγαγον[1] τοὺς πατέρας αὐτῶν ἐξ Αἰγύπτου, καὶ ἕως τῆς ἡμέρας ταύτης.

16 καί γε αἷμα ἀθῷον[2] ἐξέχεεν[3] Μανασσης πολὺ σφόδρα,[4] ἕως οὗ ἔπλησεν[5] τὴν Ιερουσαλημ στόμα εἰς στόμα, πλὴν τῶν ἁμαρτιῶν αὐτοῦ, ὧν ἐξήμαρτεν[6] τὸν Ιουδαν τοῦ ποιῆσαι τὸ πονηρὸν ἐν ὀφθαλμοῖς κυρίου. **17** καὶ τὰ λοιπὰ τῶν λόγων Μανασση καὶ πάντα, ὅσα ἐποίησεν, καὶ ἡ ἁμαρτία αὐτοῦ, ἣν ἥμαρτεν, οὐχὶ ταῦτα γεγραμμένα ἐπὶ βιβλίῳ λόγων τῶν ἡμερῶν τοῖς βασιλεῦσιν Ιουδα; **18** καὶ ἐκοιμήθη[7] Μανασσης μετὰ τῶν πατέρων αὐτοῦ καὶ ἐτάφη[8] ἐν τῷ κήπῳ[9] τοῦ οἴκου αὐτοῦ, ἐν κήπῳ Οζα, καὶ ἐβασίλευσεν[10] Αμων υἱὸς αὐτοῦ ἀντ᾽[11] αὐτοῦ.

Amon's Reign in Judah

19 Υἱὸς εἴκοσι[12] καὶ δύο ἐτῶν Αμων ἐν τῷ βασιλεύειν[13] αὐτὸν καὶ δύο ἔτη ἐβασίλευσεν[14] ἐν Ιερουσαλημ, καὶ ὄνομα τῇ μητρὶ αὐτοῦ Μεσολλαμ θυγάτηρ[15] Αρους ἐξ Ιετεβα. **20** καὶ ἐποίησεν τὸ πονηρὸν ἐν ὀφθαλμοῖς κυρίου, καθὼς ἐποίησεν Μανασσης ὁ πατὴρ αὐτοῦ, **21** καὶ ἐπορεύθη ἐν πάσῃ ὁδῷ, ᾗ ἐπορεύθη ὁ πατὴρ αὐτοῦ, καὶ ἐλάτρευσεν[16] τοῖς εἰδώλοις,[17] οἷς ἐλάτρευσεν[18] ὁ πατὴρ αὐτοῦ, καὶ προσεκύνησεν αὐτοῖς **22** καὶ ἐγκατέλιπεν[19] τὸν κύριον θεὸν τῶν πατέρων αὐτοῦ καὶ οὐκ ἐπορεύθη ἐν ὁδῷ κυρίου. **23** καὶ συνεστράφησαν[20] οἱ παῖδες[21] Αμων πρὸς αὐτὸν καὶ ἐθανάτωσαν[22] τὸν βασιλέα ἐν τῷ οἴκῳ αὐτοῦ. **24** καὶ ἐπάταξεν[23] πᾶς ὁ λαὸς τῆς γῆς πάντας τοὺς συστραφέντας[24] ἐπὶ τὸν βασιλέα Αμων, καὶ ἐβασίλευσεν[25] ὁ λαὸς τῆς γῆς τὸν Ιωσιαν υἱὸν αὐτοῦ ἀντ᾽[26] αὐτοῦ. **25** καὶ τὰ λοιπὰ τῶν λόγων Αμων, ὅσα ἐποίησεν, οὐκ ἰδοὺ ταῦτα γεγραμμένα ἐπὶ βιβλίῳ λόγων τῶν ἡμερῶν τοῖς βασιλεῦσιν Ιουδα; **26** καὶ ἔθαψαν[27] αὐτὸν ἐν τῷ τάφῳ[28] αὐτοῦ ἐν τῷ κήπῳ[29] Οζα, καὶ ἐβασίλευσεν[30] Ιωσιας υἱὸς αὐτοῦ ἀντ᾽[31] αὐτοῦ.

1 ἐξάγω, *aor act ind 1s*, bring out
2 ἀθῷος, guiltless
3 ἐκχέω, *aor act ind 3s*, pour out
4 σφόδρα, very
5 πίμπλημι, *aor act ind 3s*, fill
6 ἐξαμαρτάνω, *aor act ind 3s*, cause to sin
7 κοιμάω, *aor pas ind 3s*, sleep
8 θάπτω, *aor pas ind 3s*, bury
9 κῆπος, garden
10 βασιλεύω, *aor act ind 3s*, reign as king
11 ἀντί, in place of
12 εἴκοσι, twenty
13 βασιλεύω, *pres act inf*, reign as king
14 βασιλεύω, *aor act ind 3s*, reign as king
15 θυγάτηρ, daughter
16 λατρεύω, *aor act ind 3s*, serve
17 εἴδωλον, idol
18 λατρεύω, *aor act ind 3s*, serve
19 ἐγκαταλείπω, *aor act ind 3s*, forsake
20 συστρέφω, *aor pas ind 3p*, conspire against
21 παῖς, servant
22 θανατόω, *aor act ind 3p*, put to death
23 πατάσσω, *aor act ind 3s*, strike, slay
24 συστρέφω, *aor pas ptc acc p m*, conspire against
25 βασιλεύω, *aor act ind 3s*, appoint as king
26 ἀντί, in place of
27 θάπτω, *aor act ind 3p*, bury
28 τάφος, grave, tomb
29 κῆπος, garden
30 βασιλεύω, *aor act ind 3s*, reign as king
31 ἀντί, in place of

Josiah's Reign in Judah

22 Υἱὸς ὀκτὼ[1] ἐτῶν Ιωσιας ἐν τῷ βασιλεύειν[2] αὐτὸν καὶ τριάκοντα[3] καὶ ἓν ἔτος
ἐβασίλευσεν[4] ἐν Ιερουσαλημ, καὶ ὄνομα τῇ μητρὶ αὐτοῦ Ιεδιδα θυγάτηρ[5]
Εδεϊα ἐκ Βασουρωθ. **2** καὶ ἐποίησεν τὸ εὐθὲς[6] ἐν ὀφθαλμοῖς κυρίου καὶ ἐπορεύθη
ἐν πάσῃ ὁδῷ Δαυιδ τοῦ πατρὸς αὐτοῦ, οὐκ ἀπέστη[7] δεξιὰ ἢ ἀριστερά.[8]

3 Καὶ ἐγενήθη ἐν τῷ ὀκτωκαιδεκάτῳ[9] ἔτει τῷ βασιλεῖ Ιωσια ἐν τῷ μηνὶ[10] τῷ ὀγδόῳ[11]
ἀπέστειλεν ὁ βασιλεὺς τὸν Σαφφαν υἱὸν Εσελιου υἱοῦ Μεσολλαμ τὸν γραμματέα[12]
οἴκου κυρίου λέγων **4** Ἀνάβηθι πρὸς Χελκιαν τὸν ἱερέα τὸν μέγαν καὶ σφράγισον[13]
τὸ ἀργύριον[14] τὸ εἰσενεχθὲν[15] ἐν οἴκῳ κυρίου, ὃ συνήγαγον οἱ φυλάσσοντες τὸν
σταθμὸν[16] παρὰ τοῦ λαοῦ, **5** καὶ δότωσαν αὐτὸ ἐπὶ χεῖρα ποιούντων τὰ ἔργα τῶν
καθεσταμένων[17] ἐν οἴκῳ κυρίου. καὶ ἔδωκεν αὐτὸ τοῖς ποιοῦσιν τὰ ἔργα τοῖς ἐν οἴκῳ
κυρίου τοῦ κατισχῦσαι[18] τὸ βεδεκ[19] τοῦ οἴκου, **6** τοῖς τέκτοσιν[20] καὶ τοῖς οἰκοδόμοις[21]
καὶ τοῖς τειχισταῖς,[22] καὶ τοῦ κτήσασθαι[23] ξύλα[24] καὶ λίθους λατομητοὺς[25] τοῦ κρα-
ταιῶσαι[26] τὸ βεδεκ[27] τοῦ οἴκου· **7** πλὴν οὐκ ἐξελογίζοντο[28] αὐτοὺς τὸ ἀργύριον[29] τὸ
διδόμενον αὐτοῖς, ὅτι ἐν πίστει[30] αὐτοὶ ποιοῦσιν.

Discovery of the Lost Book of the Law

8 καὶ εἶπεν Χελκιας ὁ ἱερεὺς ὁ μέγας πρὸς Σαφφαν τὸν γραμματέα[31] Βιβλίον τοῦ
νόμου εὗρον ἐν οἴκῳ κυρίου· καὶ ἔδωκεν Χελκιας τὸ βιβλίον πρὸς Σαφφαν, καὶ
ἀνέγνω[32] αὐτό. **9** καὶ εἰσήνεγκεν[33] πρὸς τὸν βασιλέα Ιωσιαν καὶ ἐπέστρεψεν τῷ
βασιλεῖ ῥῆμα καὶ εἶπεν Ἐχώνευσαν[34] οἱ δοῦλοί σου τὸ ἀργύριον[35] τὸ εὑρεθὲν ἐν τῷ
οἴκῳ κυρίου καὶ ἔδωκαν αὐτὸ ἐπὶ χεῖρα ποιούντων τὰ ἔργα τῶν καθεσταμένων[36] ἐν

1 ὀκτώ, eight
2 βασιλεύω, *pres act inf*, become king
3 τριάκοντα, thirty
4 βασιλεύω, *aor act ind 3s*, reign as king
5 θυγάτηρ, daughter
6 εὐθής, that which is right
7 ἀφίστημι, *aor act ind 3s*, turn aside
8 ἀριστερός, left
9 ὀκτωκαιδέκατος, eighteenth
10 μήν, month
11 ὄγδοος, eighth
12 γραμματεύς, scribe
13 σφραγίζω, *aor act impv 2s*, seal
14 ἀργύριον, money
15 εἰσφέρω, *aor pas ptc acc s n*, bring in
16 σταθμός, station, quarters
17 καθίστημι, *perf pas ptc gen p m*, appoint, set in charge
18 κατισχύω, *aor act inf*, repair, strengthen
19 βεδεκ, breaches, *translit.*
20 τέκτων, worker, craftsman
21 οἰκοδόμος, builder
22 τειχιστής, wall builder, mason
23 κτάομαι, *aor mid inf*, acquire
24 ξύλον, wood
25 λατομητός, hewn
26 κραταιόω, *aor act inf*, repair, strengthen
27 βεδεκ, breaches, *translit.*
28 ἐκλογίζομαι, *impf mid ind 3p*, reckon upon
29 ἀργύριον, money
30 πίστις, faithfulness
31 γραμματεύς, scribe
32 ἀναγινώσκω, *aor act ind 3s*, read
33 εἰσφέρω, *aor act ind 3s*, bring to
34 χωνεύω, *aor act ind 3p*, cast
35 ἀργύριον, silver
36 καθίστημι, *perf pas ptc gen p m*, appoint, set in charge

οἴκῳ κυρίου. **10** καὶ εἶπεν Σαφφαν ὁ γραμματεὺς[1] πρὸς τὸν βασιλέα λέγων Βιβλίον ἔδωκέν μοι Χελκιας ὁ ἱερεύς· καὶ ἀνέγνω[2] αὐτὸ Σαφφαν ἐνώπιον τοῦ βασιλέως.

11 καὶ ἐγένετο ὡς ἤκουσεν ὁ βασιλεὺς τοὺς λόγους τοῦ βιβλίου τοῦ νόμου, καὶ διέρρηξεν[3] τὰ ἱμάτια ἑαυτοῦ. **12** καὶ ἐνετείλατο[4] ὁ βασιλεὺς τῷ Χελκια τῷ ἱερεῖ καὶ τῷ Αχικαμ υἱῷ Σαφφαν καὶ τῷ Αχοβωρ υἱῷ Μιχαιου καὶ τῷ Σαφφαν τῷ γραμματεῖ[5] καὶ τῷ Ασαια δούλῳ τοῦ βασιλέως λέγων **13** Δεῦτε[6] ἐκζητήσατε[7] τὸν κύριον περὶ ἐμοῦ καὶ περὶ παντὸς τοῦ λαοῦ καὶ περὶ παντὸς τοῦ Ιουδα περὶ τῶν λόγων τοῦ βιβλίου τοῦ εὑρεθέντος τούτου, ὅτι μεγάλη ἡ ὀργὴ κυρίου ἡ ἐκκεκαυμένη[8] ἐν ἡμῖν ὑπὲρ οὗ οὐκ ἤκουσαν οἱ πατέρες ἡμῶν τῶν λόγων τοῦ βιβλίου τούτου τοῦ ποιεῖν κατὰ πάντα τὰ γεγραμμένα καθ' ἡμῶν.

14 καὶ ἐπορεύθη Χελκιας ὁ ἱερεὺς καὶ Αχικαμ καὶ Αχοβωρ καὶ Σαφφαν καὶ Ασαιας πρὸς Ολδαν τὴν προφῆτιν[9] γυναῖκα Σελλημ υἱοῦ Θεκουε υἱοῦ Αραας τοῦ ἱματιοφύλακος,[10] καὶ αὐτὴ κατῴκει ἐν Ιερουσαλημ ἐν τῇ μασενα,[11] καὶ ἐλάλησαν πρὸς αὐτήν. **15** καὶ εἶπεν αὐτοῖς Τάδε[12] λέγει κύριος ὁ θεὸς Ισραηλ Εἴπατε τῷ ἀνδρὶ τῷ ἀποστείλαντι ὑμᾶς πρός με **16** Τάδε[13] λέγει κύριος Ἰδοὺ ἐγὼ ἐπάγω[14] κακὰ ἐπὶ τὸν τόπον τοῦτον καὶ ἐπὶ τοὺς ἐνοικοῦντας[15] αὐτόν, πάντας τοὺς λόγους τοῦ βιβλίου, οὓς ἀνέγνω[16] βασιλεὺς Ιουδα, **17** ἀνθ' ὧν[17] ἐγκατέλιπόν[18] με καὶ ἐθυμίων[19] θεοῖς ἑτέροις, ὅπως παροργίσωσίν[20] με ἐν τοῖς ἔργοις τῶν χειρῶν αὐτῶν, καὶ ἐκκαυθήσεται[21] ὁ θυμός[22] μου ἐν τῷ τόπῳ τούτῳ καὶ οὐ σβεσθήσεται.[23] **18** καὶ πρὸς βασιλέα Ιουδα τὸν ἀποστείλαντα ὑμᾶς ἐπιζητῆσαι[24] τὸν κύριον τάδε[25] ἐρεῖτε πρὸς αὐτόν Τάδε λέγει κύριος ὁ θεὸς Ισραηλ Οἱ λόγοι, οὓς ἤκουσας, **19** ἀνθ' ὧν[26] ὅτι ἡπαλύνθη[27] ἡ καρδία σου καὶ ἐνετράπης[28] ἀπὸ προσώπου κυρίου, ὡς ἤκουσας ὅσα ἐλάλησα ἐπὶ τὸν τόπον τοῦτον καὶ ἐπὶ τοὺς ἐνοικοῦντας[29] αὐτὸν τοῦ εἶναι εἰς ἀφανισμὸν[30] καὶ εἰς κατάραν,[31] καὶ διέρρηξας[32] τὰ ἱμάτιά σου καὶ ἔκλαυσας ἐνώπιον ἐμοῦ, καί γε ἐγὼ ἤκουσα, λέγει κύριος. **20** οὐχ οὕτως· ἰδοὺ ἐγὼ προστίθημί[33] σε πρὸς τοὺς πατέρας σου, καὶ συναχθήσῃ εἰς τὸν τάφον[34] σου ἐν εἰρήνῃ, καὶ οὐκ ὀφθήσεται ἐν

1 γραμματεύς, scribe
2 ἀναγινώσκω, *aor act ind 3s*, read
3 διαρρήγνυμι, *aor act ind 3s*, tear, rend
4 ἐντέλλομαι, *aor mid ind 3s*, command
5 γραμματεύς, scribe
6 δεῦτε, come!
7 ἐκζητέω, *aor act impv 2p*, seek out
8 ἐκκαίω, *perf mid ptc nom s f*, flare out, inflame
9 προφῆτις, prophetess
10 ἱματιοφύλαξ, keeper of garments
11 μασενα, second quarter, *translit.*
12 ὅδε, this
13 ὅδε, this
14 ἐπάγω, *pres act ind 1s*, bring upon
15 ἐνοικέω, *pres act ptc acc p m*, dwell
16 ἀναγινώσκω, *aor act ind 3s*, read
17 ἀνθ' ὧν, because
18 ἐγκαταλείπω, *aor act ind 3p*, forsake
19 θυμιάω, *impf act ind 3p*, burn incense
20 παροργίζω, *aor act sub 3p*, provoke to anger
21 ἐκκαίω, *fut pas ind 3s*, flare out, inflame
22 θυμός, wrath, anger
23 σβέννυμι, *fut pas ind 3s*, quench
24 ἐπιζητέω, *aor act inf*, consult, inquire
25 ὅδε, this
26 ἀνθ' ὧν, because
27 ἁπαλύνω, *aor pas ind 3s*, soften
28 ἐντρέπω, *aor pas ind 2s*, feel shame
29 ἐνοικέω, *pres act ptc acc p m*, dwell
30 ἀφανισμός, destruction
31 κατάρα, curse
32 διαρρήγνυμι, *aor act ind 2s*, tear, rend
33 προστίθημι, *pres act ind 1s*, add to
34 τάφος, grave

τοῖς ὀφθαλμοῖς σου ἐν πᾶσιν τοῖς κακοῖς, οἷς ἐγώ εἰμι ἐπάγω[1] ἐπὶ τὸν τόπον τοῦτον.
καὶ ἐπέστρεψαν τῷ βασιλεῖ τὸ ῥῆμα.

Josiah Renews the Covenant

23 Καὶ ἀπέστειλεν ὁ βασιλεὺς καὶ συνήγαγεν πρὸς ἑαυτὸν πάντας τοὺς πρεσβυ-
τέρους Ιουδα καὶ Ιερουσαλημ. **2** καὶ ἀνέβη ὁ βασιλεὺς εἰς οἶκον κυρίου καὶ
πᾶς ἀνὴρ Ιουδα καὶ πάντες οἱ κατοικοῦντες ἐν Ιερουσαλημ μετ᾽ αὐτοῦ καὶ οἱ ἱερεῖς
καὶ οἱ προφῆται καὶ πᾶς ὁ λαὸς ἀπὸ μικροῦ καὶ ἕως μεγάλου, καὶ ἀνέγνω[2] ἐν ὠσὶν
αὐτῶν πάντας τοὺς λόγους τοῦ βιβλίου τῆς διαθήκης τοῦ εὑρεθέντος ἐν οἴκῳ
κυρίου. **3** καὶ ἔστη ὁ βασιλεὺς πρὸς τὸν στῦλον[3] καὶ διέθετο[4] διαθήκην ἐνώπιον
κυρίου τοῦ πορεύεσθαι ὀπίσω κυρίου καὶ τοῦ φυλάσσειν τὰς ἐντολὰς αὐτοῦ καὶ τὰ
μαρτύρια[5] αὐτοῦ καὶ τὰ δικαιώματα[6] αὐτοῦ ἐν πάσῃ καρδίᾳ καὶ ἐν πάσῃ ψυχῇ τοῦ
ἀναστῆσαι τοὺς λόγους τῆς διαθήκης ταύτης, τὰ γεγραμμένα ἐπὶ τὸ βιβλίον τοῦτο·
καὶ ἔστη πᾶς ὁ λαὸς ἐν τῇ διαθήκῃ.

Josiah's Reforms

4 καὶ ἐνετείλατο[7] ὁ βασιλεὺς τῷ Χελκια τῷ ἱερεῖ τῷ μεγάλῳ καὶ τοῖς ἱερεῦσιν τῆς
δευτερώσεως[8] καὶ τοῖς φυλάσσουσιν τὸν σταθμὸν[9] τοῦ ἐξαγαγεῖν[10] ἐκ τοῦ ναοῦ
κυρίου πάντα τὰ σκεύη[11] τὰ πεποιημένα τῷ Βααλ καὶ τῷ ἄλσει[12] καὶ πάσῃ τῇ δυνά-
μει τοῦ οὐρανοῦ καὶ κατέκαυσεν[13] αὐτὰ ἔξω Ιερουσαλημ ἐν σαδημωθ[14] Κεδρων
καὶ ἔλαβεν τὸν χοῦν[15] αὐτῶν εἰς Βαιθηλ. **5** καὶ κατέπαυσεν[16] τοὺς χωμαριμ,[17] οὓς
ἔδωκαν βασιλεῖς Ιουδα καὶ ἐθυμίων[18] ἐν τοῖς ὑψηλοῖς[19] καὶ ἐν ταῖς πόλεσιν Ιουδα καὶ
τοῖς περικύκλῳ[20] Ιερουσαλημ, καὶ τοὺς θυμιῶντας[21] τῷ Βααλ καὶ τῷ ἡλίῳ[22] καὶ τῇ
σελήνῃ[23] καὶ τοῖς μαζουρωθ[24] καὶ πάσῃ τῇ δυνάμει τοῦ οὐρανοῦ. **6** καὶ ἐξήνεγκεν[25]
τὸ ἄλσος[26] ἐξ οἴκου κυρίου ἔξωθεν[27] Ιερουσαλημ εἰς τὸν χειμάρρουν[28] Κεδρων καὶ
κατέκαυσεν[29] αὐτὸν ἐν τῷ χειμάρρῳ Κεδρων καὶ ἐλέπτυνεν[30] εἰς χοῦν[31] καὶ ἔρριψεν[32]
τὸν χοῦν[33] αὐτοῦ εἰς τὸν τάφον[34] τῶν υἱῶν τοῦ λαοῦ.

1 ἐπάγω, *pres act ind 1s*, bring upon
2 ἀναγινώσκω, *aor act ind 3s*, read (aloud)
3 στῦλος, pillar
4 διατίθημι, *aor mid ind 3s*, arrange, establish
5 μαρτύριον, testimony
6 δικαίωμα, ordinance
7 ἐντέλλομαι, *aor mid ind 3s*, command
8 δευτέρωσις, second order
9 σταθμός, station, quarters
10 ἐξάγω, *aor act inf*, bring out
11 σκεῦος, vessel
12 ἄλσος, (sacred) grove
13 κατακαίω, *aor act ind 3s*, burn up
14 σαδημωθ, fields, *translit.*
15 χοῦς, ashes
16 καταπαύω, *aor act ind 3s*, stop
17 χωμαριμ, idolatrous priests, *translit.*
18 θυμιάω, *impf act ind 3p*, burn incense
19 ὑψηλός, high place
20 περικύκλῳ, round about
21 θυμιάω, *pres act ptc acc p m*, burn incense
22 ἥλιος, sun
23 σελήνη, moon
24 μαζουρωθ, constellation of stars, *translit.*
25 ἐκφέρω, *aor act ind 3s*, carry away
26 ἄλσος, (sacred) grove
27 ἔξωθεν, from outside
28 χείμαρρος, brook
29 κατακαίω, *aor act ind 3s*, burn up
30 λεπτύνω, *aor act ind 3s*, grind to powder
31 χοῦς, dust
32 ῥίπτω, *aor act ind 3s*, cast, throw
33 χοῦς, dust
34 τάφος, grave

7 καὶ καθεῖλεν[1] τὸν οἶκον τῶν καδησιμ[2] τῶν ἐν τῷ οἴκῳ κυρίου, οὗ[3] αἱ γυναῖκες
ὕφαινον[4] ἐκεῖ χεττιιν[5] τῷ ἄλσει.[6] **8** καὶ ἀνήγαγεν[7] πάντας τοὺς ἱερεῖς ἐκ πόλεων
Ιουδα καὶ ἐμίανεν[8] τὰ ὑψηλά,[9] οὗ[10] ἐθυμίασαν[11] ἐκεῖ οἱ ἱερεῖς, ἀπὸ Γαβαα καὶ ἕως
Βηρσαβεε. καὶ καθεῖλεν[12] τὸν οἶκον τῶν πυλῶν[13] τὸν παρὰ τὴν θύραν τῆς πύλης
Ιησου ἄρχοντος τῆς πόλεως, τῶν ἐξ ἀριστερῶν[14] ἀνδρὸς ἐν τῇ πύλῃ τῆς πόλεως.
9 πλὴν οὐκ ἀνέβησαν οἱ ἱερεῖς τῶν ὑψηλῶν[15] πρὸς τὸ θυσιαστήριον[16] κυρίου ἐν
Ιερουσαλημ, ὅτι εἰ μὴ ἔφαγον ἄζυμα[17] ἐν μέσῳ τῶν ἀδελφῶν αὐτῶν.

10 καὶ ἐμίανεν[18] τὸν Ταφεθ τὸν ἐν φάραγγι[19] υἱοῦ Εννομ τοῦ διάγειν[20] ἄνδρα τὸν
υἱὸν αὐτοῦ καὶ ἄνδρα τὴν θυγατέρα[21] αὐτοῦ τῷ Μολοχ ἐν πυρί. **11** καὶ κατέπαυσεν[22]
τοὺς ἵππους,[23] οὓς ἔδωκαν βασιλεῖς Ιουδα τῷ ἡλίῳ[24] ἐν τῇ εἰσόδῳ[25] οἴκου κυρίου εἰς
τὸ γαζοφυλάκιον[26] Ναθαν βασιλέως τοῦ εὐνούχου[27] ἐν φαρουριμ,[28] καὶ τὸ ἅρμα[29]
τοῦ ἡλίου[30] κατέκαυσεν[31] πυρί. **12** καὶ τὰ θυσιαστήρια[32] τὰ ἐπὶ τοῦ δώματος[33] τοῦ
ὑπερῴου[34] Αχαζ, ἃ ἐποίησαν βασιλεῖς Ιουδα, καὶ τὰ θυσιαστήρια, ἃ ἐποίησεν Μανασ-
σης ἐν ταῖς δυσὶν αὐλαῖς[35] οἴκου κυρίου, καὶ καθεῖλεν[36] ὁ βασιλεὺς καὶ κατέσπασεν[37]
ἐκεῖθεν[38] καὶ ἔρριψεν[39] τὸν χοῦν[40] αὐτῶν εἰς τὸν χειμάρρουν[41] Κεδρων. **13** καὶ τὸν
οἶκον τὸν ἐπὶ πρόσωπον Ιερουσαλημ τὸν ἐκ δεξιῶν τοῦ ὄρους τοῦ Μοσοαθ, ὃν
ᾠκοδόμησεν Σαλωμων βασιλεὺς Ισραηλ τῇ Ἀστάρτῃ προσοχθίσματι[42] Σιδωνίων
καὶ τῷ Χαμως προσοχθίσματι Μωαβ καὶ τῷ Μολχολ βδελύγματι[43] υἱῶν Αμμων,

1 καθαιρέω, *aor act ind 3s*, tear down
2 καδησιμ, male temple prostitutes, *translit.*
3 οὗ, where
4 ὑφαίνω, *impf act ind 3p*, weave
5 χεττιιν, linen garments, *translit.*, (*read* tent?)
6 ἄλσος, (sacred) grove
7 ἀνάγω, *aor act ind 3s*, bring up
8 μιαίνω, *aor act ind 3s*, defile
9 ὑψηλός, high place
10 οὗ, where
11 θυμιάω, *aor act ind 3p*, burn incense
12 καθαιρέω, *aor act ind 3s*, tear down
13 πύλη, gate
14 ἀριστερός, left
15 ὑψηλός, high place
16 θυσιαστήριον, altar
17 ἄζυμος, unleavened (bread)
18 μιαίνω, *aor act ind 3s*, defile
19 φάραγξ, ravine
20 διάγω, *pres act inf*, cause to pass through
21 θυγάτηρ, daughter
22 καταπαύω, *aor act ind 3s*, burn up
23 ἵππος, horse
24 ἥλιος, sun
25 εἴσοδος, entrance
26 γαζοφυλάκιον, treasury
27 εὐνοῦχος, eunuch
28 φαρουριμ, courts, *translit.*
29 ἅρμα, chariot
30 ἥλιος, sun
31 κατακαίω, *aor act ind 3s*, burn up
32 θυσιαστήριον, altar
33 δῶμα, roof
34 ὑπερῷον, upstairs room
35 αὐλή, court
36 καθαιρέω, *aor act ind 3s*, tear down
37 κατασπάω, *aor act ind 3s*, bring down
38 ἐκεῖθεν, from there
39 ῥίπτω, *aor act ind 3s*, cast, throw
40 χοῦς, dust
41 χείμαρρος, brook
42 προσόχθισμα, offense
43 βδέλυγμα, abomination

ἐμίανεν[1] ὁ βασιλεύς. **14** καὶ συνέτριψεν[2] τὰς στήλας[3] καὶ ἐξωλέθρευσεν[4] τὰ ἄλση[5]
καὶ ἔπλησεν[6] τοὺς τόπους αὐτῶν ὀστέων[7] ἀνθρώπων.

15 καί γε τὸ θυσιαστήριον[8] τὸ ἐν Βαιθηλ, τὸ ὑψηλόν,[9] ὃ ἐποίησεν Ιεροβοαμ υἱὸς
Ναβατ, ὃς ἐξήμαρτεν[10] τὸν Ισραηλ, καί γε τὸ θυσιαστήριον ἐκεῖνο καὶ τὸ ὑψηλὸν
κατέσπασεν[11] καὶ συνέτριψεν[12] τοὺς λίθους αὐτοῦ καὶ ἐλέπτυνεν[13] εἰς χοῦν[14] καὶ
κατέκαυσεν[15] τὸ ἄλσος.[16] **16** καὶ ἐξένευσεν[17] Ιωσιας καὶ εἶδεν τοὺς τάφους[18] τοὺς
ὄντας ἐκεῖ ἐν τῇ πόλει καὶ ἀπέστειλεν καὶ ἔλαβεν τὰ ὀστᾶ[19] ἐκ τῶν τάφων καὶ
κατέκαυσεν[20] ἐπὶ τὸ θυσιαστήριον[21] καὶ ἐμίανεν[22] αὐτὸ κατὰ τὸ ῥῆμα κυρίου, ὃ
ἐλάλησεν ὁ ἄνθρωπος τοῦ θεοῦ ἐν τῷ ἑστάναι[23] Ιεροβοαμ ἐν τῇ ἑορτῇ[24] ἐπὶ τὸ
θυσιαστήριον.[25] καὶ ἐπιστρέψας ἦρεν τοὺς ὀφθαλμοὺς αὐτοῦ ἐπὶ τὸν τάφον[26] τοῦ
ἀνθρώπου τοῦ θεοῦ τοῦ λαλήσαντος τοὺς λόγους τούτους **17** καὶ εἶπεν Τί τὸ σκό-
πελον[27] ἐκεῖνο, ὃ ἐγὼ ὁρῶ; καὶ εἶπον αὐτῷ οἱ ἄνδρες τῆς πόλεως Ὁ ἄνθρωπος τοῦ
θεοῦ ἐστιν ὁ ἐξεληλυθὼς[28] ἐξ Ιουδα καὶ ἐπικαλεσάμενος[29] τοὺς λόγους τούτους,
οὓς ἐπεκαλέσατο[30] ἐπὶ τὸ θυσιαστήριον[31] Βαιθηλ. **18** καὶ εἶπεν Ἄφετε αὐτό, ἀνὴρ
μὴ κινησάτω[32] τὰ ὀστᾶ[33] αὐτοῦ· καὶ ἐρρύσθησαν[34] τὰ ὀστᾶ αὐτοῦ μετὰ τῶν ὀστῶν
τοῦ προφήτου τοῦ ἥκοντος[35] ἐκ Σαμαρείας. — **19** καί γε εἰς πάντας τοὺς οἴκους
τῶν ὑψηλῶν[36] τοὺς ἐν ταῖς πόλεσιν Σαμαρείας, οὓς ἐποίησαν βασιλεῖς Ισραηλ
παροργίζειν[37] κύριον, ἀπέστησεν[38] Ιωσιας καὶ ἐποίησεν ἐν αὐτοῖς πάντα τὰ ἔργα,
ἃ ἐποίησεν ἐν Βαιθηλ. **20** καὶ ἐθυσίασεν[39] πάντας τοὺς ἱερεῖς τῶν ὑψηλῶν[40] τοὺς
ὄντας ἐκεῖ ἐπὶ τῶν θυσιαστηρίων[41] καὶ κατέκαυσεν[42] τὰ ὀστᾶ[43] τῶν ἀνθρώπων ἐπ᾽
αὐτά· καὶ ἐπεστράφη εἰς Ιερουσαλημ.

1 μιαίνω, *aor act ind 3s*, defile
2 συντρίβω, *aor act ind 3s*, break into pieces
3 στήλη, (cultic) pillar
4 ἐξολεθρεύω, *aor act ind 3s*, utterly destroy
5 ἄλσος, (sacred) grove
6 πίμπλημι, *aor act ind 3s*, fill
7 ὀστέον, bone
8 θυσιαστήριον, altar
9 ὑψηλός, high place
10 ἐξαμαρτάνω, *aor act ind 3s*, cause to sin
11 κατασπάω, *aor act ind 3s*, pull down
12 συντρίβω, *aor act ind 3s*, crush, break into pieces
13 λεπτύνω, *aor act ind 3s*, grind
14 χοῦς, dust
15 κατακαίω, *aor act ind 3s*, burn up
16 ἄλσος, (sacred) grove
17 ἐκνεύω, *aor act ind 3s*, turn aside
18 τάφος, grave
19 ὀστέον, bone
20 κατακαίω, *aor act ind 3s*, burn up
21 θυσιαστήριον, altar
22 μιαίνω, *aor act ind 3s*, defile
23 ἵστημι, *perf act inf*, stand
24 ἑορτή, feast
25 θυσιαστήριον, altar
26 τάφος, grave
27 σκόπελον, mound, promontory
28 ἐξέρχομαι, *perf act ptc nom s m*, come out
29 ἐπικαλέω, *aor mid ptc nom s m*, call upon
30 ἐπικαλέω, *aor mid ind 3s*, call upon
31 θυσιαστήριον, altar
32 κινέω, *aor act impv 3s*, remove
33 ὀστέον, bone
34 ῥύομαι, *aor pas ind 3p*, spare, preserve
35 ἥκω, *pres act ptc gen s m*, come
36 ὑψηλός, high place
37 παροργίζω, *pres act inf*, provoke to anger
38 ἀφίστημι, *aor act ind 3s*, remove
39 θυσιάζω, *aor act ind 3s*, sacrifice
40 ὑψηλός, high place
41 θυσιαστήριον, altar
42 κατακαίω, *aor act ind 3s*, burn up
43 ὀστέον, bone

21 Καὶ ἐνετείλατο[1] ὁ βασιλεὺς παντὶ τῷ λαῷ λέγων Ποιήσατε τὸ πασχα[2] τῷ κυρίῳ
θεῷ ἡμῶν, καθὼς γέγραπται ἐπὶ βιβλίου τῆς διαθήκης ταύτης· **22** ὅτι οὐκ ἐγενήθη
τὸ πασχα[3] τοῦτο ἀφ᾽ ἡμερῶν τῶν κριτῶν,[4] οἳ ἔκρινον τὸν Ισραηλ, καὶ πάσας τὰς
ἡμέρας βασιλέων Ισραηλ καὶ βασιλέων Ιουδα, **23** ὅτι ἀλλ᾽ ἢ τῷ ὀκτωκαιδεκάτῳ[5]
ἔτει τοῦ βασιλέως Ιωσια ἐγενήθη τὸ πασχα[6] τῷ κυρίῳ ἐν Ιερουσαλημ. **24** καί γε
τοὺς θελητὰς[7] καὶ τοὺς γνωριστὰς[8] καὶ τὰ θεραφιν[9] καὶ τὰ εἴδωλα[10] καὶ πάντα τὰ
προσοχθίσματα[11] τὰ γεγονότα ἐν γῇ Ιουδα καὶ ἐν Ιερουσαλημ ἐξῆρεν[12] ὁ βασιλεὺς
Ιωσιας, ἵνα στήσῃ τοὺς λόγους τοῦ νόμου τοὺς γεγραμμένους ἐπὶ τοῦ βιβλίου, οὗ
εὗρεν Χελκιας ὁ ἱερεὺς ἐν οἴκῳ κυρίου. **25** ὅμοιος[13] αὐτῷ οὐκ ἐγενήθη ἔμπροσθεν
αὐτοῦ βασιλεύς, ὃς ἐπέστρεψεν πρὸς κύριον ἐν ὅλῃ καρδίᾳ αὐτοῦ καὶ ἐν ὅλῃ ψυχῇ
αὐτοῦ καὶ ἐν ὅλῃ ἰσχύι[14] αὐτοῦ κατὰ πάντα τὸν νόμον Μωυσῆ, καὶ μετ᾽ αὐτὸν οὐκ
ἀνέστη ὅμοιος[15] αὐτῷ.

26 πλὴν οὐκ ἀπεστράφη[16] κύριος ἀπὸ θυμοῦ[17] ὀργῆς αὐτοῦ τοῦ μεγάλου, οὗ ἐθυ-
μώθη[18] ὀργὴ αὐτοῦ ἐν τῷ Ιουδα ἐπὶ τοὺς παροργισμούς,[19] οὓς παρώργισεν[20] αὐτὸν
Μανασσης. **27** καὶ εἶπεν κύριος Καί γε τὸν Ιουδαν ἀποστήσω[21] ἀπὸ τοῦ προσώ-
που μου, καθὼς ἀπέστησα[22] τὸν Ισραηλ, καὶ ἀπώσομαι[23] τὴν πόλιν ταύτην, ἣν
ἐξελεξάμην,[24] τὴν Ιερουσαλημ, καὶ τὸν οἶκον, οὗ εἶπον Ἔσται τὸ ὄνομά μου ἐκεῖ.
28 καὶ τὰ λοιπὰ τῶν λόγων Ιωσιου καὶ πάντα, ὅσα ἐποίησεν, οὐχὶ ταῦτα γεγραμμένα
ἐπὶ βιβλίῳ λόγων τῶν ἡμερῶν τοῖς βασιλεῦσιν Ιουδα; **29** ἐν δὲ ταῖς ἡμέραις αὐτοῦ
ἀνέβη Φαραω Νεχαω βασιλεὺς Αἰγύπτου ἐπὶ βασιλέα Ἀσσυρίων ἐπὶ ποταμὸν[25]
Εὐφράτην· καὶ ἐπορεύθη Ιωσιας εἰς ἀπαντὴν[26] αὐτοῦ, καὶ ἐθανάτωσεν[27] αὐτὸν
Νεχαω ἐν Μαγεδδω ἐν τῷ ἰδεῖν αὐτόν. **30** καὶ ἐπεβίβασαν[28] αὐτὸν οἱ παῖδες[29] αὐτοῦ
νεκρὸν[30] ἐκ Μαγεδδω καὶ ἤγαγον αὐτὸν εἰς Ιερουσαλημ καὶ ἔθαψαν[31] αὐτὸν ἐν τῷ
τάφῳ[32] αὐτοῦ ἐν πόλει Δαυιδ, καὶ ἔλαβεν ὁ λαὸς τῆς γῆς τὸν Ιωαχας υἱὸν Ιωσιου
καὶ ἔχρισαν[33] αὐτὸν καὶ ἐβασίλευσαν[34] αὐτὸν ἀντὶ[35] τοῦ πατρὸς αὐτοῦ.

1 ἐντέλλομαι, *aor mid ind 3s*, command
2 πασχα, Passover, *translit.*
3 πασχα, Passover, *translit.*
4 κριτής, judge
5 ὀκτακόσιοι, eighteenth
6 πασχα, Passover, *translit.*
7 θελητής, one who wills, (*read* medium)
8 γνωριστής, one who knows (the future)
9 θεραφιν, household gods, *translit.*
10 εἴδωλον, image, idol
11 προσόχθισμα, offense
12 ἐξαίρω, *aor act ind 3s*, remove
13 ὅμοιος, equal, similar
14 ἰσχύς, strength
15 ὅμοιος, equal, similar
16 ἀποστρέφω, *aor pas ind 3s*, turn back
17 θυμός, wrath
18 θυμόω, *aor pas ind 3s*, be angry
19 παροργισμός, provocation
20 παροργίζω, *aor act ind 3s*, provoke to anger
21 ἀφίστημι, *fut act ind 1s*, remove
22 ἀφίστημι, *aor act ind 1s*, remove
23 ἀπωθέω, *fut mid ind 1s*, reject, thrust away
24 ἐκλέγω, *aor mid ind 1s*, choose, select
25 ποταμός, river
26 ἀπαντή, meeting
27 θανατόω, *aor act ind 3s*, put to death
28 ἐπιβιβάζω, *aor act ind 3p*, bear, carry
29 παῖς, servant
30 νεκρός, dead
31 θάπτω, *aor act ind 3p*, bury
32 τάφος, grave, tomb
33 χρίω, *aor act ind 3p*, anoint
34 βασιλεύω, *aor act ind 3p*, appoint as king
35 ἀντί, in place of

Jehoahaz's Reign in Judah

31 Υἱὸς εἴκοσι[1] καὶ τριῶν ἐτῶν ἦν Ιωαχας ἐν τῷ βασιλεύειν[2] αὐτὸν καὶ τρίμηνον[3]
ἐβασίλευσεν[4] ἐν Ιερουσαλημ, καὶ ὄνομα τῇ μητρὶ αὐτοῦ Αμιταλ θυγάτηρ[5] Ιερεμιου
ἐκ Λεμνα. **32** καὶ ἐποίησεν τὸ πονηρὸν ἐν ὀφθαλμοῖς κυρίου κατὰ πάντα, ὅσα
ἐποίησαν οἱ πατέρες αὐτοῦ. **33** καὶ μετέστησεν[6] αὐτὸν Φαραω Νεχαω ἐν Δεβλαθα
ἐν γῇ Εμαθ τοῦ μὴ βασιλεύειν[7] ἐν Ιερουσαλημ καὶ ἔδωκεν ζημίαν[8] ἐπὶ τὴν γῆν
ἑκατὸν[9] τάλαντα[10] ἀργυρίου[11] καὶ ἑκατὸν τάλαντα χρυσίου.[12]

Jehoiakim's Reign in Judah

34 καὶ ἐβασίλευσεν[13] Φαραω Νεχαω ἐπ᾽ αὐτοὺς τὸν Ελιακιμ υἱὸν Ιωσιου βασιλέως
Ιουδα ἀντὶ[14] Ιωσιου τοῦ πατρὸς αὐτοῦ καὶ ἐπέστρεψεν τὸ ὄνομα αὐτοῦ Ιωακιμ·
καὶ τὸν Ιωαχας ἔλαβεν καὶ εἰσήνεγκεν[15] εἰς Αἴγυπτον, καὶ ἀπέθανεν ἐκεῖ. **35** καὶ τὸ
ἀργύριον[16] καὶ τὸ χρυσίον[17] ἔδωκεν Ιωακιμ τῷ Φαραω· πλὴν ἐτιμογράφησεν[18] τὴν
γῆν τοῦ δοῦναι τὸ ἀργύριον[19] ἐπὶ στόματος Φαραω, ἀνὴρ κατὰ τὴν συντίμησιν[20]
αὐτοῦ ἔδωκαν τὸ ἀργύριον καὶ τὸ χρυσίον[21] μετὰ τοῦ λαοῦ τῆς γῆς δοῦναι τῷ
Φαραω Νεχαω.

36 Υἱὸς εἴκοσι[22] καὶ πέντε ἐτῶν Ιωακιμ ἐν τῷ βασιλεύειν[23] αὐτὸν καὶ ἕνδεκα[24] ἔτη
ἐβασίλευσεν[25] ἐν Ιερουσαλημ, καὶ ὄνομα τῇ μητρὶ αὐτοῦ Ιελδαφ θυγάτηρ[26] Φεδεϊα
ἐκ Ρουμα. **37** καὶ ἐποίησεν τὸ πονηρὸν ἐν ὀφθαλμοῖς κυρίου κατὰ πάντα, ὅσα
ἐποίησαν οἱ πατέρες αὐτοῦ.

24 ἐν ταῖς ἡμέραις αὐτοῦ ἀνέβη Ναβουχοδονοσορ βασιλεὺς Βαβυλῶνος, καὶ
ἐγενήθη αὐτῷ Ιωακιμ δοῦλος τρία ἔτη· καὶ ἐπέστρεψεν καὶ ἠθέτησεν[27] ἐν
αὐτῷ. **2** καὶ ἀπέστειλεν αὐτῷ τοὺς μονοζώνους[28] τῶν Χαλδαίων καὶ τοὺς μονο-
ζώνους Συρίας καὶ τοὺς μονοζώνους Μωαβ καὶ τοὺς μονοζώνους υἱῶν Αμμων καὶ
ἐξαπέστειλεν[29] αὐτοὺς ἐν τῇ γῇ Ιουδα τοῦ κατισχῦσαι[30] κατὰ τὸν λόγον κυρίου,
ὃν ἐλάλησεν ἐν χειρὶ τῶν δούλων αὐτοῦ τῶν προφητῶν. **3** πλὴν ἐπὶ τὸν θυμὸν[31]

1 εἴκοσι, twenty
2 βασιλεύω, *pres act inf*, become king
3 τρίμηνος, three months
4 βασιλεύω, *aor act ind 3s*, reign as king
5 θυγάτηρ, daughter
6 μεθίστημι, *aor act ind 3s*, remove
7 βασιλεύω, *pres act inf*, reign as king
8 ζημία, penalty
9 ἑκατόν, hundred
10 τάλαντον, talent
11 ἀργύριον, silver
12 χρυσίον, gold
13 βασιλεύω, *aor act ind 3s*, appoint as king
14 ἀντί, in place of
15 εἰσφέρω, *aor act ind 3s*, bring to
16 ἀργύριον, silver
17 χρυσίον, gold
18 τιμογραφέω, *aor act ind 3s*, tax by assessment
19 ἀργύριον, silver
20 συντίμησις, valuation, estimate
21 χρυσίον, gold
22 εἴκοσι, twenty
23 βασιλεύω, *pres act inf*, begin to reign
24 ἕνδεκα, eleven
25 βασιλεύω, *aor act ind 3s*, reign as king
26 θυγάτηρ, daughter
27 ἀθετέω, *aor act ind 3s*, rebel against
28 μονόζωνος, lightly armed (soldier)
29 ἐξαποστέλλω, *aor act ind 3s*, send forth
30 κατισχύω, *aor act inf*, overpower, prevail
31 θυμός, wrath, anger

κυρίου ἦν ἐν τῷ Ιουδα ἀποστῆσαι[1] αὐτὸν ἀπὸ προσώπου αὐτοῦ ἐν ἁμαρτίαις Μανασση κατὰ πάντα, ὅσα ἐποίησεν· 4 καί γε αἷμα ἀθῷον[2] ἐξέχεεν[3] καὶ ἔπλησεν[4] τὴν Ιερουσαλημ αἵματος ἀθῴου· καὶ οὐκ ἠθέλησεν κύριος ἱλασθῆναι.[5] 5 καὶ τὰ λοιπὰ τῶν λόγων Ιωακιμ καὶ πάντα, ὅσα ἐποίησεν, οὐκ ἰδοὺ ταῦτα γεγραμμένα ἐπὶ βιβλίῳ λόγων τῶν ἡμερῶν τοῖς βασιλεῦσιν Ιουδα; 6 καὶ ἐκοιμήθη[6] Ιωακιμ μετὰ τῶν πατέρων αὐτοῦ, καὶ ἐβασίλευσεν[7] Ιωακιμ υἱὸς αὐτοῦ ἀντ᾽[8] αὐτοῦ. 7 καὶ οὐ προσέθετο[9] ἔτι βασιλεὺς Αἰγύπτου ἐξελθεῖν ἐκ τῆς γῆς αὐτοῦ, ὅτι ἔλαβεν βασιλεὺς Βαβυλῶνος ἀπὸ τοῦ χειμάρρου[10] Αἰγύπτου ἕως τοῦ ποταμοῦ[11] Εὐφράτου πάντα, ὅσα ἦν τοῦ βασιλέως Αἰγύπτου.

8 Υἱὸς ὀκτωκαίδεκα[12] ἐτῶν Ιωακιμ ἐν τῷ βασιλεύειν[13] αὐτὸν καὶ τρίμηνον[14] ἐβασίλευσεν[15] ἐν Ιερουσαλημ, καὶ ὄνομα τῇ μητρὶ αὐτοῦ Νεσθα θυγάτηρ[16] Ελλαναθαν ἐξ Ιερουσαλημ. **9** καὶ ἐποίησεν τὸ πονηρὸν ἐν ὀφθαλμοῖς κυρίου κατὰ πάντα, ὅσα ἐποίησεν ὁ πατὴρ αὐτοῦ.

Deportation to Babylon

10 ἐν τῷ καιρῷ ἐκείνῳ ἀνέβη Ναβουχοδονοσορ βασιλεὺς Βαβυλῶνος εἰς Ιερουσαλημ, καὶ ἦλθεν ἡ πόλις ἐν περιοχῇ.[17] **11** καὶ εἰσῆλθεν Ναβουχοδονοσορ βασιλεὺς Βαβυλῶνος εἰς τὴν πόλιν, καὶ οἱ παῖδες[18] αὐτοῦ ἐπολιόρκουν[19] ἐπ᾽ αὐτήν. **12** καὶ ἐξῆλθεν Ιωακιμ βασιλεὺς Ιουδα ἐπὶ βασιλέα Βαβυλῶνος, αὐτὸς καὶ οἱ παῖδες[20] αὐτοῦ καὶ ἡ μήτηρ αὐτοῦ καὶ οἱ ἄρχοντες αὐτοῦ καὶ οἱ εὐνοῦχοι[21] αὐτοῦ, καὶ ἔλαβεν αὐτὸν βασιλεὺς Βαβυλῶνος ἐν ἔτει ὀγδόῳ[22] τῆς βασιλείας αὐτοῦ. **13** καὶ ἐξήνεγκεν[23] ἐκεῖθεν[24] πάντας τοὺς θησαυροὺς[25] οἴκου κυρίου καὶ τοὺς θησαυροὺς οἴκου τοῦ βασιλέως καὶ συνέκοψεν[26] πάντα τὰ σκεύη[27] τὰ χρυσᾶ,[28] ἃ ἐποίησεν Σαλωμων βασιλεὺς Ισραηλ ἐν τῷ ναῷ κυρίου, κατὰ τὸ ῥῆμα κυρίου. **14** καὶ ἀπῴκισεν[29] τὴν Ιερουσαλημ καὶ πάντας τοὺς ἄρχοντας καὶ τοὺς δυνατοὺς ἰσχύι[30] αἰχμαλωσίας[31]

1 ἀφίστημι, *aor act inf*, remove
2 ἀθῷος, innocent
3 ἐκχέω, *aor act ind 3s*, pour out
4 πίμπλημι, *aor act ind 3s*, fill up
5 ἱλάσκομαι, *aor pas inf*, propitiate, atone
6 κοιμάω, *aor pas ind 3s*, sleep
7 βασιλεύω, *aor act ind 3s*, reign as king
8 ἀντί, in place of
9 προστίθημι, *aor mid ind 3s*, continue
10 χείμαρρος, brook
11 ποταμός, river
12 ὀκτωκαίδεκα, eighteen
13 βασιλεύω, *pres act inf*, begin to reign
14 τρίμηνος, three months
15 βασιλεύω, *aor act ind 3s*, reign as king
16 θυγάτηρ, daughter
17 περιοχή, siege, surrounding
18 παῖς, servant
19 πολιορκέω, *impf act ind 3p*, besiege
20 παῖς, servant
21 εὐνοῦχος, eunuch
22 ὄγδοος, eighth
23 ἐκφέρω, *aor act ind 3s*, carry away
24 ἐκεῖθεν, from there
25 θησαυρός, treasure
26 συγκόπτω, *aor act ind 3s*, cut in pieces
27 σκεῦος, vessel, object
28 χρυσοῦς, gold
29 ἀποικίζω, *aor act ind 3s*, deport, send into exile
30 ἰσχύς, power, (influence)
31 αἰχμαλωσία, group of captives

δέκα[1] χιλιάδας[2] αἰχμαλωτίσας[3] καὶ πᾶν τέκτονα[4] καὶ τὸν συγκλείοντα,[5] καὶ οὐχ
ὑπελείφθη[6] πλὴν οἱ πτωχοὶ τῆς γῆς.

15 καὶ ἀπῴκισεν[7] τὸν Ιωακιμ εἰς Βαβυλῶνα καὶ τὴν μητέρα τοῦ βασιλέως καὶ τὰς
γυναῖκας τοῦ βασιλέως καὶ τοὺς εὐνούχους[8] αὐτοῦ· καὶ τοὺς ἰσχυροὺς[9] τῆς γῆς
ἀπήγαγεν[10] ἀποικεσίαν[11] ἐξ Ιερουσαλημ εἰς Βαβυλῶνα **16** καὶ πάντας τοὺς ἄνδρας
τῆς δυνάμεως ἑπτακισχιλίους[12] καὶ τὸν τέκτονα[13] καὶ τὸν συγκλείοντα[14] χιλίους,[15]
πάντες δυνατοὶ ποιοῦντες πόλεμον, καὶ ἤγαγεν αὐτοὺς βασιλεὺς Βαβυλῶνος μετ-
οικεσίαν[16] εἰς Βαβυλῶνα. **17** καὶ ἐβασίλευσεν[17] βασιλεὺς Βαβυλῶνος τὸν Μαθθανιαν
υἱὸν αὐτοῦ ἀντ᾽[18] αὐτοῦ καὶ ἐπέθηκεν τὸ ὄνομα αὐτοῦ Σεδεκια.

Zedekiah's Reign in Judah

18 Υἱὸς εἴκοσι[19] καὶ ἑνὸς ἐνιαυτοῦ[20] Σεδεκιας ἐν τῷ βασιλεύειν[21] αὐτὸν καὶ ἕνδεκα[22]
ἔτη ἐβασίλευσεν[23] ἐν Ιερουσαλημ, καὶ ὄνομα τῇ μητρὶ αὐτοῦ Αμιταλ θυγάτηρ[24]
Ιερεμιου. **19** καὶ ἐποίησεν τὸ πονηρὸν ἐνώπιον κυρίου κατὰ πάντα, ὅσα ἐποίησεν
Ιωακιμ· **20** ὅτι ἐπὶ τὸν θυμὸν[25] κυρίου ἦν ἐπὶ Ιερουσαλημ καὶ ἐν τῷ Ιουδα, ἕως
ἀπέρριψεν[26] αὐτοὺς ἀπὸ προσώπου αὐτοῦ. καὶ ἠθέτησεν[27] Σεδεκιας ἐν τῷ βασιλεῖ
Βαβυλῶνος.

Nebuchadnezzar's Siege of Jerusalem

25 καὶ ἐγενήθη ἐν τῷ ἔτει τῷ ἐνάτῳ[28] τῆς βασιλείας αὐτοῦ ἐν τῷ μηνὶ[29] τῷ
δεκάτῳ[30] ἦλθεν Ναβουχοδονοσορ βασιλεὺς Βαβυλῶνος καὶ πᾶσα ἡ δύναμις
αὐτοῦ ἐπὶ Ιερουσαλημ καὶ παρενέβαλεν[31] ἐπ᾽ αὐτὴν καὶ ᾠκοδόμησεν ἐπ᾽ αὐτὴν
περίτειχος[32] κύκλῳ.[33] **2** καὶ ἦλθεν ἡ πόλις ἐν περιοχῇ[34] ἕως τοῦ ἑνδεκάτου[35] ἔτους

1 δέκα, ten
2 χιλιάς, thousand
3 αἰχμαλωτίζω, *aor act ptc nom s m*, take captive
4 τέκτων, craftsman
5 συγκλείω, *pres act ptc acc s m*, encircle, (one who gilds?)
6 ὑπολείπω, *aor pas ind 3s*, leave behind
7 ἀποικίζω, *aor act ind 3s*, send into exile
8 εὐνοῦχος, eunuch
9 ἰσχυρός, powerful
10 ἀπάγω, *aor act ind 3s*, lead away
11 ἀποικεσία, captivity, exile
12 ἑπτακισχίλιος, seven thousand
13 τέκτων, craftsman
14 συγκλείω, *pres act ptc acc s m*, encircle (one who gilds?)
15 χίλιοι, thousand
16 μετοικεσία, deportation
17 βασιλεύω, *aor act ind 3s*, appoint as king
18 ἀντί, in place of
19 εἴκοσι, twenty
20 ἐνιαυτός, year
21 βασιλεύω, *pres act inf*, begin to reign
22 ἕνδεκα, eleven
23 βασιλεύω, *aor act ind 3s*, reign as king
24 θυγάτηρ, daughter
25 θυμός, wrath, anger
26 ἀπορρίπτω, *aor act ind 3s*, cast away, drive off
27 ἀθετέω, *aor act ind 3s*, rebel against
28 ἔνατος, ninth
29 μήν, month
30 δέκατος, tenth
31 παρεμβάλλω, *aor act ind 3s*, encamp
32 περίτειχος, siege wall
33 κύκλῳ, round about
34 περιοχή, siege
35 ἑνδέκατος, eleventh

τοῦ βασιλέως Σεδεκιου· **3** ἐνάτη[1] τοῦ μηνὸς[2] καὶ ἐνίσχυσεν[3] ὁ λιμὸς[4] ἐν τῇ πόλει,
καὶ οὐκ ἦσαν ἄρτοι τῷ λαῷ τῆς γῆς. **4** καὶ ἐρράγη[5] ἡ πόλις, καὶ πάντες οἱ ἄνδρες τοῦ
πολέμου ἐξῆλθον νυκτὸς ὁδὸν πύλης[6] τῆς ἀνὰ μέσον[7] τῶν τειχέων,[8] αὕτη ἥ ἐστιν τοῦ
κήπου[9] τοῦ βασιλέως, καὶ οἱ Χαλδαῖοι ἐπὶ τὴν πόλιν κύκλῳ.[10] καὶ ἐπορεύθη ὁδὸν τὴν
Αραβα, **5** καὶ ἐδίωξεν ἡ δύναμις τῶν Χαλδαίων ὀπίσω τοῦ βασιλέως καὶ κατέλαβον[11]
αὐτὸν ἐν Αραβωθ Ιεριχω, καὶ πᾶσα ἡ δύναμις αὐτοῦ διεσπάρη[12] ἐπάνωθεν[13] αὐτοῦ.
6 καὶ συνέλαβον[14] τὸν βασιλέα καὶ ἤγαγον αὐτὸν πρὸς τὸν βασιλέα Βαβυλῶνος
εἰς Δεβλαθα, καὶ ἐλάλησεν μετ' αὐτοῦ κρίσιν· **7** καὶ τοὺς υἱοὺς Σεδεκιου ἔσφαξεν[15]
κατ' ὀφθαλμοὺς αὐτοῦ, καὶ τοὺς ὀφθαλμοὺς Σεδεκιου ἐξετύφλωσεν[16] καὶ ἔδησεν[17]
αὐτὸν ἐν πέδαις[18] καὶ ἤγαγεν αὐτὸν εἰς Βαβυλῶνα.

Destruction of Jerusalem

8 Καὶ ἐν τῷ μηνὶ[19] τῷ πέμπτῳ[20] ἑβδόμῃ[21] τοῦ μηνός (αὐτὸς ἐνιαυτὸς[22] ἐννεακαιδέκα-
τος[23] τῷ Ναβουχοδονοσορ βασιλεῖ Βαβυλῶνος) ἦλθεν Ναβουζαρδαν ὁ ἀρχιμάγει-
ρος[24] ἑστὼς ἐνώπιον βασιλέως Βαβυλῶνος εἰς Ιερουσαλημ. **9** καὶ ἐνέπρησεν[25] τὸν
οἶκον κυρίου καὶ τὸν οἶκον τοῦ βασιλέως καὶ πάντας τοὺς οἴκους Ιερουσαλημ, καὶ πᾶν
οἶκον ἐνέπρησεν **10** ὁ ἀρχιμάγειρος.[26] **11** καὶ τὸ περισσὸν[27] τοῦ λαοῦ τὸ καταλειφθὲν[28]
ἐν τῇ πόλει καὶ τοὺς ἐμπεπτωκότας,[29] οἳ ἐνέπεσον[30] πρὸς βασιλέα Βαβυλῶνος, καὶ
τὸ λοιπὸν τοῦ στηρίγματος[31] μετῆρεν[32] Ναβουζαρδαν ὁ ἀρχιμάγειρος.[33] **12** καὶ ἀπὸ
τῶν πτωχῶν[34] τῆς γῆς ὑπέλιπεν[35] ὁ ἀρχιμάγειρος[36] εἰς ἀμπελουργοὺς[37] καὶ εἰς γαβιν.[38]

13 καὶ τοὺς στύλους[39] τοὺς χαλκοῦς[40] τοὺς ἐν οἴκῳ κυρίου καὶ τὰς μεχωνωθ[41] καὶ
τὴν θάλασσαν τὴν χαλκῆν τὴν ἐν οἴκῳ κυρίου συνέτριψαν[42] οἱ Χαλδαῖοι καὶ ἦραν

1 ἔνατος, ninth
2 μήν, month
3 ἐνισχύω, *aor act ind 3s*, be strong, become severe
4 λιμός, famine
5 ῥήγνυμι, *aor pas ind 3s*, breach
6 πύλη, gate
7 ἀνὰ μέσον, between
8 τεῖχος, city wall
9 κῆπος, garden
10 κύκλῳ, round about
11 καταλαμβάνω, *aor act ind 3p*, overtake
12 διασπείρω, *aor pas ind 3s*, scatter
13 ἐπάνωθεν, from around
14 συλλαμβάνω, *aor act ind 3p*, capture, arrest
15 σφάζω, *aor act ind 3s*, slaughter
16 ἐκτυφλόω, *aor act ind 3s*, blind
17 δέω, *aor act ind 3s*, bind
18 πέδη, chain, shackle
19 μήν, month
20 πέμπτος, fifth
21 ἕβδομος, seventh
22 ἐνιαυτός, year
23 ἐννεακαιδέκατος, nineteenth
24 ἀρχιμάγειρος, chief of the royal guard
25 ἐμπίμπρημι, *aor act ind 3s*, set on fire
26 ἀρχιμάγειρος, chief of the royal guard
27 περισσός, remainder
28 καταλείπω, *aor pas ptc acc s n*, leave behind
29 ἐμπίπτω, *perf act ptc acc p m*, fall
30 ἐμπίπτω, *aor act ind 3p*, fall
31 στήριγμα, support
32 μεταίρω, *aor act ind 3s*, carry into exile
33 ἀρχιμάγειρος, chief of the royal guard
34 πτωχός, poor
35 ὑπολείπω, *aor act ind 3s*, leave behind
36 ἀρχιμάγειρος, chief of the royal guard
37 ἀμπελουργός, vinedresser
38 γαβιν, farmer, *translit.*
39 στῦλος, (cultic) pillar
40 χαλκοῦς, bronze
41 μεχωνωθ, stand, *translit.*
42 συντρίβω, *aor act ind 3p*, break into pieces

τὸν χαλκὸν αὐτῶν εἰς Βαβυλῶνα. **14** καὶ τοὺς λέβητας[1] καὶ τὰ ιαμιν[2] καὶ τὰς φιάλας[3]
καὶ τὰς θυίσκας[4] καὶ πάντα τὰ σκεύη[5] τὰ χαλκᾶ,[6] ἐν οἷς λειτουργοῦσιν[7] ἐν αὐτοῖς,
ἔλαβεν· **15** καὶ τὰ πυρεῖα[8] καὶ τὰς φιάλας[9] τὰς χρυσᾶς[10] καὶ τὰς ἀργυρᾶς[11] ἔλαβεν
ὁ ἀρχιμάγειρος,[12] **16** στύλους[13] δύο, ἡ θάλασσα ἡ μία καὶ τὰ μεχωνωθ,[14] ἃ ἐποίησεν
Σαλωμων τῷ οἴκῳ κυρίου· οὐκ ἦν σταθμὸς[15] τοῦ χαλκοῦ[16] πάντων τῶν σκευῶν.[17]
17 ὀκτωκαίδεκα[18] πήχεων[19] ὕψος[20] τοῦ στύλου[21] τοῦ ἑνός, καὶ τὸ χωθαρ[22] ἐπ' αὐτοῦ
τὸ χαλκοῦν,[23] καὶ τὸ ὕψος[24] τοῦ χωθαρ[25] τριῶν πήχεων,[26] σαβαχα[27] καὶ ῥοαὶ[28] ἐπὶ
τοῦ χωθαρ[29] κύκλῳ,[30] τὰ πάντα χαλκᾶ· καὶ κατὰ τὰ αὐτὰ τῷ στύλῳ τῷ δευτέρῳ ἐπὶ
τῷ σαβαχα.

18 καὶ ἔλαβεν ὁ ἀρχιμάγειρος[31] τὸν Σαραιαν ἱερέα τὸν πρῶτον καὶ τὸν Σοφονιαν
υἱὸν τῆς δευτερώσεως[32] καὶ τοὺς τρεῖς τοὺς φυλάσσοντας τὸν σταθμὸν[33] **19** καὶ
ἐκ τῆς πόλεως ἔλαβεν εὐνοῦχον[34] ἕνα, ὃς ἦν ἐπιστάτης[35] ἐπὶ τῶν ἀνδρῶν τῶν
πολεμιστῶν,[36] καὶ πέντε ἄνδρας τῶν ὁρώντων τὸ πρόσωπον τοῦ βασιλέως τοὺς
εὑρεθέντας ἐν τῇ πόλει καὶ τὸν γραμματέα[37] τοῦ ἄρχοντος τῆς δυνάμεως τὸν
ἐκτάσσοντα[38] τὸν λαὸν τῆς γῆς καὶ ἑξήκοντα[39] ἄνδρας τοῦ λαοῦ τῆς γῆς τοὺς
εὑρεθέντας ἐν τῇ πόλει· **20** καὶ ἔλαβεν αὐτοὺς Ναβουζαρδαν ὁ ἀρχιμάγειρος[40] καὶ
ἀπήγαγεν[41] αὐτοὺς πρὸς τὸν βασιλέα Βαβυλῶνος εἰς Δεβλαθα, **21** καὶ ἔπαισεν[42]
αὐτοὺς βασιλεὺς Βαβυλῶνος καὶ ἐθανάτωσεν[43] αὐτοὺς ἐν Δεβλαθα ἐν γῇ Αιμαθ.
καὶ ἀπῳκίσθη[44] Ιουδας ἐπάνωθεν[45] τῆς γῆς αὐτοῦ.

1 λέβης, kettle
2 ιαμιν, shovels, *translit.*
3 φιάλη, shallow bowl
4 θυίσκη, censer
5 σκεῦος, vessel, object
6 χαλκοῦς, bronze
7 λειτουργέω, *pres act ind 3p*, minister
8 πυρεῖον, fire pan
9 φιάλη, shallow bowl
10 χρυσοῦς, gold
11 ἀργυροῦς, silver
12 ἀρχιμάγειρος, chief of the royal guard
13 στῦλος, (cultic) pillar
14 μεχωνωθ, stand, *translit.*
15 σταθμός, weight
16 χαλκοῦς, bronze
17 σκεῦος, vessel
18 ὀκτωκαίδεκα, eighteen
19 πῆχυς, cubit
20 ὕψος, height
21 στῦλος, (cultic) pillar
22 χωθαρ, capital
23 χαλκοῦς, bronze
24 ὕψος, height
25 χωθαρ, capital
26 πῆχυς, cubit
27 σαβαχα, latticework, *translit.*
28 ῥόα, pomegranate
29 χωθαρ, capital
30 κύκλῳ, round about
31 ἀρχιμάγειρος, chief of the royal guard
32 δευτέρωσις, second rank
33 σταθμός, station, quarters
34 εὐνοῦχος, eunuch
35 ἐπιστάτης, overseer
36 πολεμιστής, warrior
37 γραμματεύς, scribe
38 ἐκτάσσω, *pres act ptc acc s m*, draw out battle lines
39 ἑξήκοντα, sixty
40 ἀρχιμάγειρος, chief of the royal guard
41 ἀπάγω, *aor act ind 3s*, bring up
42 παίω, *aor act ind 3s*, strike, wound
43 θανατόω, *aor act ind 3s*, put to death
44 ἀποικίζω, *aor pas ind 3s*, deport, send into exile
45 ἐπάνωθεν, from upon

Gedaliah Made Governor of Judah

22 Καὶ ὁ λαὸς ὁ καταλειφθεὶς[1] ἐν γῇ Ιουδα, οὓς κατέλιπεν[2] Ναβουχοδονοσορ βασι-
λεὺς Βαβυλῶνος, καὶ κατέστησεν[3] ἐπ᾽ αὐτῶν τὸν Γοδολιαν υἱὸν Αχικαμ υἱοῦ Σαφαν.
23 καὶ ἤκουσαν πάντες οἱ ἄρχοντες τῆς δυνάμεως, αὐτοὶ καὶ οἱ ἄνδρες αὐτῶν,
ὅτι κατέστησεν[4] βασιλεὺς Βαβυλῶνος τὸν Γοδολιαν, καὶ ἦλθον πρὸς Γοδολιαν εἰς
Μασσηφαθ, καὶ Ισμαηλ υἱὸς Ναθανιου καὶ Ιωαναν υἱὸς Καρηε καὶ Σαραιας υἱὸς
Θανεμαθ ὁ Νετωφαθίτης καὶ Ιεζονιας υἱὸς τοῦ Μαχαθι, αὐτοὶ καὶ οἱ ἄνδρες αὐτῶν.
24 καὶ ὤμοσεν[5] Γοδολιας αὐτοῖς καὶ τοῖς ἀνδράσιν αὐτῶν καὶ εἶπεν αὐτοῖς Μὴ
φοβεῖσθε πάροδον[6] τῶν Χαλδαίων· καθίσατε ἐν τῇ γῇ καὶ δουλεύσατε[7] τῷ βασιλεῖ
Βαβυλῶνος, καὶ καλῶς[8] ἔσται ὑμῖν.

25 καὶ ἐγενήθη ἐν τῷ ἑβδόμῳ[9] μηνὶ[10] ἦλθεν Ισμαηλ υἱὸς Ναθανιου υἱοῦ Ελισαμα
ἐκ τοῦ σπέρματος τῶν βασιλέων καὶ δέκα[11] ἄνδρες μετ᾽ αὐτοῦ· καὶ ἐπάταξεν[12] τὸν
Γοδολιαν, καὶ ἀπέθανεν, καὶ τοὺς Ιουδαίους καὶ τοὺς Χαλδαίους, οἳ ἦσαν μετ᾽
αὐτοῦ εἰς Μασσηφαθ. **26** καὶ ἀνέστη πᾶς ὁ λαὸς ἀπὸ μικροῦ καὶ ἕως μεγάλου καὶ οἱ
ἄρχοντες τῶν δυνάμεων καὶ εἰσῆλθον εἰς Αἴγυπτον, ὅτι ἐφοβήθησαν ἀπὸ προσώπου
τῶν Χαλδαίων.

Jehoiachin's Release

27 Καὶ ἐγενήθη ἐν τῷ τριακοστῷ[13] καὶ ἑβδόμῳ[14] ἔτει τῆς ἀποικεσίας[15] τοῦ Ιωακιμ
βασιλέως Ιουδα ἐν τῷ δωδεκάτῳ[16] μηνὶ[17] ἑβδόμῃ[18] καὶ εἰκάδι[19] τοῦ μηνὸς ὕψωσεν[20]
Ευιλμαρωδαχ βασιλεὺς Βαβυλῶνος ἐν τῷ ἐνιαυτῷ[21] τῆς βασιλείας αὐτοῦ τὴν
κεφαλὴν Ιωακιμ βασιλέως Ιουδα καὶ ἐξήγαγεν[22] αὐτὸν ἐξ οἴκου φυλακῆς αὐτοῦ
28 καὶ ἐλάλησεν μετ᾽ αὐτοῦ ἀγαθὰ καὶ ἔδωκεν τὸν θρόνον αὐτοῦ ἐπάνωθεν[23] τῶν
θρόνων τῶν βασιλέων τῶν μετ᾽ αὐτοῦ ἐν Βαβυλῶνι, **29** καὶ ἠλλοίωσεν[24] τὰ ἱμάτια
τῆς φυλακῆς αὐτοῦ καὶ ἤσθιεν ἄρτον διὰ παντὸς ἐνώπιον αὐτοῦ πάσας τὰς ἡμέρας
τῆς ζωῆς αὐτοῦ· **30** καὶ ἡ ἑστιατορία[25] αὐτοῦ ἑστιατορία διὰ παντὸς ἐδόθη αὐτῷ
ἐξ οἴκου τοῦ βασιλέως λόγον ἡμέρας ἐν τῇ ἡμέρᾳ αὐτοῦ πάσας τὰς ἡμέρας τῆς
ζωῆς αὐτοῦ.

1 καταλείπω, *aor pas ptc nom s m*, leave behind
2 καταλείπω, *aor act ind 3s*, leave behind
3 καθίστημι, *aor act ind 3s*, appoint
4 καθίστημι, *aor act ind 3s*, appoint
5 ὄμνυμι, *aor act ind 3s*, swear an oath
6 πάροδος, passing by, (*read* officials)
7 δουλεύω, *aor act impv 2p*, serve
8 καλῶς, well
9 ἕβδομος, seventh
10 μήν, month
11 δέκα, ten
12 πατάσσω, *aor act ind 3s*, strike, slay
13 τριακοστός, thirtieth
14 ἕβδομος, seventh
15 ἀποικεσία, captivity, exile
16 δωδέκατος, twelfth
17 μήν, month
18 ἕβδομος, seventh
19 εἰκάς, twentieth (day)
20 ὑψόω, *aor act ind 3s*, raise up, exalt
21 ἐνιαυτός, year
22 ἐξάγω, *aor act ind 3s*, bring out
23 ἐπάνωθεν, above
24 ἀλλοιόω, *aor act ind 3s*, change
25 ἑστιατορία, allowance of food

ΠΑΡΑΛΕΙΠΟΜΕΝΩΝ Α′
1 Chronicles

Genealogy from Adam to Abraham

1 Αδαμ, Σηθ, Ενως, **2** Καιναν, Μαλελεηλ, Ιαρεδ, **3** Ενωχ, Μαθουσαλα, Λαμεχ,
4 Νωε. υἱοὶ Νωε· Σημ, Χαμ, Ιαφεθ.

5 Υἱοὶ Ιαφεθ· Γαμερ, Μαγωγ, Μαδαι, Ιωυαν, Ελισα, Θοβελ, Μοσοχ καὶ Θιρας. **6** καὶ
υἱοὶ Γαμερ· Ασχαναζ καὶ Ριφαθ καὶ Θοργαμα. **7** καὶ υἱοὶ Ιωυαν· Ελισα καὶ Θαρσις,
Κίτιοι καὶ Ῥόδιοι.

8 Καὶ υἱοὶ Χαμ· Χους καὶ Μεστραιμ, Φουδ καὶ Χανααν. **9** καὶ υἱοὶ Χους· Σαβα καὶ
Ευιλατ καὶ Σαβαθα καὶ Ρεγμα καὶ Σεβεκαθα. καὶ υἱοὶ Ρεγμα· Σαβα καὶ Ουδαδαν.
10 καὶ Χους ἐγέννησεν τὸν Νεβρωδ· οὗτος ἤρξατο τοῦ εἶναι γίγας[1] κυνηγὸς[2] ἐπὶ
τῆς γῆς.

17 Υἱοὶ Σημ· Αιλαμ καὶ Ασσουρ καὶ Αρφαξαδ, **24** Σαλα, **25** Εβερ, Φαλεκ, Ραγαυ,
26 Σερουχ, Ναχωρ, Θαρα, **27** Αβρααμ.

Genealogy from Abraham to Jacob

28 Υἱοὶ δὲ Αβρααμ· Ισαακ καὶ Ισμαηλ. **29** αὗται δὲ αἱ γενέσεις[3] πρωτοτόκου[4] Ισ-
μαηλ· Ναβαιωθ καὶ Κηδαρ, Ναβδεηλ, Μαβσαν, **30** Μασμα, Ιδουμα, Μασση, Χοδ-
δαδ, Θαιμαν, **31** Ιεττουρ, Ναφες καὶ Κεδμα. οὗτοί εἰσιν υἱοὶ Ισμαηλ. — **32** καὶ υἱοὶ
Χεττουρας παλλακῆς[5] Αβρααμ· καὶ ἔτεκεν[6] αὐτῷ τὸν Ζεμβραν, Ιεξαν, Μαδαν, Μα-
διαμ, Σοβακ, Σωε. καὶ υἱοὶ Ιεξαν· Σαβα καὶ Δαιδαν. **33** καὶ υἱοὶ Μαδιαμ· Γαιφα καὶ
Οφερ καὶ Ενωχ καὶ Αβιδα καὶ Ελδαα. πάντες οὗτοι υἱοὶ Χεττουρας.

34 Καὶ ἐγέννησεν Αβρααμ τὸν Ισαακ. καὶ υἱοὶ Ισαακ· Ησαυ καὶ Ιακωβ.

35 Υἱοὶ Ησαυ· Ελιφας καὶ Ραγουηλ καὶ Ιεουλ καὶ Ιεγλομ καὶ Κορε. **36** υἱοὶ Ελιφας·
Θαιμαν καὶ Ωμαρ, Σωφαρ καὶ Γοωθαμ καὶ Κενεζ καὶ τῆς Θαμνα Αμαληκ. **37** καὶ υἱοὶ
Ραγουηλ· Ναχεθ, Ζαρε, Σομε καὶ Μοζε. — **38** υἱοὶ Σηιρ· Λωταν, Σωβαλ, Σεβεγων,
Ανα, Δησων, Ωσαρ, Δαισων. **39** καὶ υἱοὶ Λωταν· Χορρι καὶ Αιμαν καὶ Αιλαθ καὶ
Ναμνα. **40** υἱοὶ Σωβαλ· Γωλαμ, Μαναχαθ, Γαιβηλ, Σωβ καὶ Ωναμ. υἱοὶ δὲ Σεβεγων·
Αια καὶ Ανα. **41** υἱοὶ Ανα· Δαισων. υἱοὶ δὲ Δησων· Εμερων καὶ Εσεβαν καὶ Ιεθραν

1 γίγας, giant, mighty one
2 κυνηγός, hunter
3 γένεσις, generation, lineage
4 πρωτότοκος, firstborn
5 παλλακή, concubine
6 τίκτω, *aor act ind 3s*, bear, give birth

καὶ Χαρραν. **42** καὶ υἱοὶ Ωσαρ· Βαλααν καὶ Ζουκαν καὶ Ιωκαν. υἱοὶ Δαισων· Ως
καὶ Αρραν.

43 Καὶ οὗτοι οἱ βασιλεῖς αὐτῶν· Βαλακ υἱὸς Βεωρ, καὶ ὄνομα τῇ πόλει αὐτοῦ Δεν-
ναβα. **44** καὶ ἀπέθανεν Βαλακ, καὶ ἐβασίλευσεν[1] ἀντ᾽[2] αὐτοῦ Ιωβαβ υἱὸς Ζαρα ἐκ
Βοσορρας. **45** καὶ ἀπέθανεν Ιωβαβ, καὶ ἐβασίλευσεν[3] ἀντ᾽[4] αὐτοῦ Ασομ ἐκ τῆς
γῆς Θαιμανων. **46** καὶ ἀπέθανεν Ασομ, καὶ ἐβασίλευσεν[5] ἀντ᾽[6] αὐτοῦ Αδαδ υἱὸς
Βαραδ ὁ πατάξας[7] Μαδιαμ ἐν τῷ πεδίῳ[8] Μωαβ, καὶ ὄνομα τῇ πόλει αὐτοῦ Γεθθαιμ.
47 καὶ ἀπέθανεν Αδαδ, καὶ ἐβασίλευσεν[9] ἀντ᾽[10] αὐτοῦ Σαμαα ἐκ Μασεκκας. **48** καὶ
ἀπέθανεν Σαμαα, καὶ ἐβασίλευσεν[11] ἀντ᾽[12] αὐτοῦ Σαουλ ἐκ Ροωβωθ τῆς παρὰ ποτα-
μόν.[13] **49** καὶ ἀπέθανεν Σαουλ, καὶ ἐβασίλευσεν[14] ἀντ᾽[15] αὐτοῦ Βαλαεννων υἱὸς
Αχοβωρ. **50** καὶ ἀπέθανεν Βαλαεννων υἱὸς Αχοβωρ, καὶ ἐβασίλευσεν[16] ἀντ᾽[17] αὐτοῦ
Αδαδ υἱὸς Βαραδ, καὶ ὄνομα τῇ πόλει αὐτοῦ Φογωρ. **51** καὶ ἀπέθανεν Αδαδ. — καὶ
ἦσαν ἡγεμόνες[18] Εδωμ· ἡγεμὼν Θαμανα, ἡγεμὼν Γωλα, ἡγεμὼν Ιεθετ, **52** ἡγεμὼν[19]
Ελιβαμας, ἡγεμὼν Ηλας, ἡγεμὼν Φινων, **53** ἡγεμὼν[20] Κενεζ, ἡγεμὼν Θαιμαν, ἡγε-
μὼν Μαβσαρ, **54** ἡγεμὼν[21] Μεγεδιηλ, ἡγεμὼν Ηραμ. οὗτοι ἡγεμόνες Εδωμ.

Sons of Israel and Judah

2 Ταῦτα τὰ ὀνόματα τῶν υἱῶν Ισραηλ· Ρουβην, Συμεων, Λευι, Ιουδα, Ισσαχαρ,
Ζαβουλων, **2** Δαν, Ιωσηφ, Βενιαμιν, Νεφθαλι, Γαδ, Ασηρ.

3 Υἱοὶ Ιουδα· Ηρ, Αυναν, Σηλων, τρεῖς· ἐγεννήθησαν αὐτῷ ἐκ τῆς θυγατρὸς[22] Σαυας
τῆς Χαναανίτιδος. καὶ ἦν Ηρ ὁ πρωτότοκος[23] Ιουδα πονηρὸς ἐναντίον[24] κυρίου, καὶ
ἀπέκτεινεν αὐτόν. **4** καὶ Θαμαρ ἡ νύμφη[25] αὐτοῦ ἔτεκεν[26] αὐτῷ τὸν Φαρες καὶ τὸν
Ζαρα. πάντες υἱοὶ Ιουδα πέντε.

5 υἱοὶ Φαρες· Αρσων καὶ Ιεμουηλ. **6** καὶ υἱοὶ Ζαρα· Ζαμβρι καὶ Αιθαν καὶ Αιμαν καὶ
Χαλχαλ καὶ Δαρα, πάντες πέντε. **7** καὶ υἱοὶ Χαρμι· Αχαρ ὁ ἐμποδοστάτης[27] Ισραηλ,
ὃς ἠθέτησεν[28] εἰς τὸ ἀνάθεμα.[29] **8** καὶ υἱοὶ Αιθαν· Αζαρια.

1 βασιλεύω, *aor act ind 3s*, reign as king
2 ἀντί, in place of
3 βασιλεύω, *aor act ind 3s*, reign as king
4 ἀντί, in place of
5 βασιλεύω, *aor act ind 3s*, reign as king
6 ἀντί, in place of
7 πατάσσω, *aor act ptc nom s m*, strike, slay
8 πεδίον, plain
9 βασιλεύω, *aor act ind 3s*, reign as king
10 ἀντί, in place of
11 βασιλεύω, *aor act ind 3s*, reign as king
12 ἀντί, in place of
13 ποταμός, river
14 βασιλεύω, *aor act ind 3s*, reign as king
15 ἀντί, in place of
16 βασιλεύω, *aor act ind 3s*, reign as king
17 ἀντί, in place of
18 ἡγεμών, chief, leader
19 ἡγεμών, chief, leader
20 ἡγεμών, chief, leader
21 ἡγεμών, chief, leader
22 θυγάτηρ, daughter
23 πρωτότοκος, firstborn
24 ἐναντίον, before
25 νύμφη, daughter-in-law
26 τίκτω, *aor act ind 3s*, bear, give birth
27 ἐμποδοστάτης, one who blocks the way
28 ἀθετέω, *aor act ind 3s*, reject, nullify
29 ἀνάθεμα, accursed, devoted to destruction

Genealogy of David

9 καὶ υἱοὶ Εσερων, οἳ ἐτέχθησαν[1] αὐτῷ· ὁ Ιραμεηλ καὶ ὁ Ραμ καὶ ὁ Χαλεβ καὶ Αραμ.
10 καὶ Αραμ ἐγέννησεν τὸν Αμιναδαβ, καὶ Αμιναδαβ ἐγέννησεν τὸν Ναασσων
ἄρχοντα τοῦ οἴκου Ιουδα, **11** καὶ Ναασσων ἐγέννησεν τὸν Σαλμων, καὶ Σαλμων
ἐγέννησεν τὸν Βοος, **12** καὶ Βοος ἐγέννησεν τὸν Ωβηδ, καὶ Ωβηδ ἐγέννησεν τὸν
Ιεσσαι, **13** καὶ Ιεσσαι ἐγέννησεν τὸν πρωτότοκον[2] αὐτοῦ Ελιαβ· Αμιναδαβ ὁ δεύ-
τερος, Σαμαα ὁ τρίτος, **14** Ναθαναηλ ὁ τέταρτος,[3] Ραδδαι ὁ πέμπτος,[4] **15** Ασομ
ὁ ἕκτος,[5] Δαυιδ ὁ ἕβδομος.[6] **16** καὶ ἀδελφὴ αὐτῶν Σαρουια καὶ Αβιγαια. καὶ υἱοὶ
Σαρουια· Αβεσσα καὶ Ιωαβ καὶ Ασαηλ, τρεῖς. **17** καὶ Αβιγαια ἐγέννησεν τὸν Αμεσσα·
καὶ πατὴρ Αμεσσα Ιοθορ ὁ Ισμαηλίτης.

18 Καὶ Χαλεβ υἱὸς Εσερων ἐγέννησεν τὴν Γαζουβα γυναῖκα καὶ τὴν Ιεριωθ. καὶ
οὗτοι υἱοὶ αὐτῆς· Ιωασαρ καὶ Σωβαβ καὶ Ορνα. **19** καὶ ἀπέθανεν Γαζουβα, καὶ ἔλαβεν
ἑαυτῷ Χαλεβ τὴν Εφραθ, καὶ ἔτεκεν[7] αὐτῷ τὸν Ωρ· **20** καὶ Ωρ ἐγέννησεν τὸν Ουρι,
καὶ Ουρι ἐγέννησεν τὸν Βεσελεηλ.

21 καὶ μετὰ ταῦτα εἰσῆλθεν Εσερων πρὸς τὴν θυγατέρα[8] Μαχιρ πατρὸς Γαλααδ, καὶ
οὗτος ἔλαβεν αὐτήν, καὶ αὐτὸς ἑξήκοντα[9] ἦν ἐτῶν, καὶ ἔτεκεν[10] αὐτῷ τὸν Σεγουβ.
22 καὶ Σεγουβ ἐγέννησεν τὸν Ιαϊρ. καὶ ἦσαν αὐτῷ εἴκοσι[11] τρεῖς πόλεις ἐν τῇ
Γαλααδ· **23** καὶ ἔλαβεν Γεδσουρ καὶ Αραμ τὰς κώμας[12] Ιαϊρ ἐξ αὐτῶν, τὴν Καναθ
καὶ τὰς κώμας αὐτῆς, ἑξήκοντα[13] πόλεις· πᾶσαι αὗται υἱῶν Μαχιρ πατρὸς Γαλααδ.
24 καὶ μετὰ τὸ ἀποθανεῖν Εσερων ἦλθεν Χαλεβ εἰς Εφραθα. καὶ ἡ γυνὴ Εσερων
Αβια, καὶ ἔτεκεν[14] αὐτῷ τὸν Ασχωδ πατέρα Θεκωε.

25 καὶ ἦσαν υἱοὶ Ιερεμεηλ πρωτοτόκου[15] Εσερων· ὁ πρωτότοκος Ραμ, καὶ Βαανα
καὶ Αραν καὶ Ασομ ἀδελφὸς αὐτοῦ. **26** καὶ ἦν γυνὴ ἑτέρα τῷ Ιερεμεηλ, καὶ ὄνομα
αὐτῇ Αταρα· αὕτη ἐστὶν μήτηρ Οζομ. **27** καὶ ἦσαν υἱοὶ Ραμ πρωτοτόκου[16] Ιερεμεηλ·
Μαας καὶ Ιαμιν καὶ Ακορ. **28** καὶ ἦσαν υἱοὶ Οζομ· Σαμαι καὶ Ιαδαε. καὶ υἱοὶ Σαμαι·
Ναδαβ καὶ Αβισουρ. **29** καὶ ὄνομα τῆς γυναικὸς Αβισουρ Αβιχαιλ, καὶ ἔτεκεν[17]
αὐτῷ τὸν Αχαβαρ καὶ τὸν Μωλιδ. **30** υἱοὶ Ναδαβ· Σαλαδ καὶ Αφφαιμ. καὶ ἀπέθανεν
Σαλαδ οὐκ ἔχων τέκνα. **31** καὶ υἱοὶ Αφφαιμ· Ισεμιηλ. καὶ υἱοὶ Ισεμιηλ· Σωσαν. καὶ
υἱοὶ Σωσαν· Αχλαι. **32** καὶ υἱοὶ Ιαδαε· Αχισαμαι, Ιεθερ, Ιωναθαν· καὶ ἀπέθανεν Ιεθερ
οὐκ ἔχων τέκνα. **33** καὶ υἱοὶ Ιωναθαν· Φαλεθ καὶ Οζαζα. οὗτοι ἦσαν υἱοὶ Ιερεμεηλ.
34 καὶ οὐκ ἦσαν τῷ Σωσαν υἱοί, ἀλλ᾽ ἢ θυγατέρες·[18] καὶ τῷ Σωσαν παῖς[19] Αἰγύπτιος

1 τίκτω, *aor pas ind 3p*, bear, give birth
2 πρωτότοκος, firstborn
3 τέταρτος, fourth
4 πέμπτος, fifth
5 ἕκτος, sixth
6 ἕβδομος, seventh
7 τίκτω, *aor act ind 3s*, bear, give birth
8 θυγάτηρ, daughter
9 ἑξήκοντα, sixty
10 τίκτω, *aor act ind 3s*, bear, give birth
11 εἴκοσι, twenty
12 κώμη, village
13 ἑξήκοντα, sixty
14 τίκτω, *aor act ind 3s*, bear, give birth
15 πρωτότοκος, firstborn
16 πρωτότοκος, firstborn
17 τίκτω, *aor act ind 3s*, bear, give birth
18 θυγάτηρ, daughter
19 παῖς, servant

καὶ ὄνομα αὐτῷ Ιωχηλ, **35** καὶ ἔδωκεν Σωσαν τὴν θυγατέρα[1] αὐτοῦ τῷ Ιωχηλ παιδὶ[2]
αὐτοῦ εἰς γυναῖκα, καὶ ἔτεκεν[3] αὐτῷ τὸν Εθθι. **36** καὶ Εθθι ἐγέννησεν τὸν Ναθαν,
καὶ Ναθαν ἐγέννησεν τὸν Ζαβεδ, **37** καὶ Ζαβεδ ἐγέννησεν τὸν Αφαληλ, καὶ Αφαληλ
ἐγέννησεν τὸν Ωβηδ, **38** καὶ Ωβηδ ἐγέννησεν τὸν Ιηου, καὶ Ιηου ἐγέννησεν τὸν
Αζαριαν, **39** καὶ Αζαριας ἐγέννησεν τὸν Χελλης, καὶ Χελλης ἐγέννησεν τὸν Ελεασα,
40 καὶ Ελεασα ἐγέννησεν τὸν Σοσομαι, καὶ Σοσομαι ἐγέννησεν τὸν Σαλουμ, **41** καὶ
Σαλουμ ἐγέννησεν τὸν Ιεχεμιαν, καὶ Ιεχεμιας ἐγέννησεν τὸν Ελισαμα.

42 καὶ υἱοὶ Χαλεβ ἀδελφοῦ Ιερεμεηλ· Μαρισα ὁ πρωτότοκος[4] αὐτοῦ, οὗτος πατὴρ
Ζιφ· καὶ υἱοὶ Μαρισα πατρὸς Χεβρων. **43** καὶ υἱοὶ Χεβρων· Κορε καὶ Θαπους καὶ
Ρεκομ καὶ Σεμαα. **44** καὶ Σεμαα ἐγέννησεν τὸν Ραεμ πατέρα Ιερκααν, καὶ Ιερκααν
ἐγέννησεν τὸν Σαμαι· **45** καὶ υἱὸς αὐτοῦ Μαων, καὶ Μαων πατὴρ Βαιθσουρ. **46** καὶ
Γαιφα ἡ παλλακὴ[5] Χαλεβ ἐγέννησεν τὸν Αρραν καὶ τὸν Μωσα καὶ τὸν Γεζουε.
καὶ Αρραν ἐγέννησεν τὸν Γεζουε. **47** καὶ υἱοὶ Ιαδαι· Ραγεμ καὶ Ιωαθαμ καὶ Γηρσωμ
καὶ Φαλετ καὶ Γαιφα καὶ Σαγαφ. **48** καὶ ἡ παλλακὴ[6] Χαλεβ Μωχα ἐγέννησεν τὸν
Σαβερ καὶ τὸν Θαρχνα. **49** καὶ ἐγέννησεν Σαγαφ πατέρα Μαρμηνα καὶ τὸν Σαου
πατέρα Μαχαβηνα καὶ πατέρα Γαιβαα· καὶ θυγάτηρ[7] Χαλεβ Ασχα. **50** οὗτοι ἦσαν
υἱοὶ Χαλεβ.

υἱοὶ Ωρ πρωτοτόκου[8] Εφραθα· Σωβαλ πατὴρ Καριαθιαριμ, **51** Σαλωμων πατὴρ
Βαιθλαεμ, Αριμ πατὴρ Βαιθγεδωρ. **52** καὶ ἦσαν υἱοὶ τῷ Σωβαλ πατρὶ Καριαθιαριμ·
Αραα, Εσι, Αμμανιθ, **53** Εμοσφεως, πόλις Ιαϊρ, Αιθαλιμ καὶ Μιφιθιμ καὶ Ησαμαθιμ
καὶ Ημασαραϊμ· ἐκ τούτων ἐξήλθοσαν οἱ Σαραθαῖοι καὶ οἱ Εσθαωλαῖοι. **54** υἱοὶ
Σαλωμων· Βαιθλαεμ, Νετωφαθι, Αταρωθ οἴκου Ιωαβ καὶ ἥμισυ[9] τῆς Μαναθι, Ησα-
ρεϊ, **55** πατριαὶ[10] γραμματέων[11] κατοικοῦντες Ιαβες, Θαργαθιιμ, Σαμαθιιμ, Σωκαθιιμ·
οὗτοι οἱ Κιναῖοι οἱ ἐλθόντες ἐκ Μεσημα πατρὸς οἴκου Ρηχαβ.

Family of David

3 Καὶ οὗτοι ἦσαν υἱοὶ Δαυιδ οἱ τεχθέντες[12] αὐτῷ ἐν Χεβρων· ὁ πρωτότοκος[13] Αμνων
τῇ Αχινααμ τῇ Ιεζραηλίτιδι, ὁ δεύτερος Δανιηλ τῇ Αβιγαια τῇ Καρμηλίᾳ, **2** ὁ
τρίτος Αβεσσαλωμ υἱὸς Μωχα θυγατρὸς[14] Θολμαι βασιλέως Γεδσουρ, ὁ τέταρτος[15]
Αδωνια υἱὸς Αγγιθ, **3** ὁ πέμπτος[16] Σαφατια τῆς Αβιταλ, ὁ ἕκτος[17] Ιεθρααμ τῇ Αγλα
γυναικὶ αὐτοῦ. **4** ἓξ[18] ἐγεννήθησαν αὐτῷ ἐν Χεβρων, καὶ ἐβασίλευσεν[19] ἐκεῖ ἑπτὰ ἔτη

1 θυγάτηρ, daughter
2 παῖς, servant
3 τίκτω, *aor act ind 3s*, bear, give birth
4 πρωτότοκος, firstborn
5 παλλακή, concubine
6 παλλακή, concubine
7 θυγάτηρ, daughter
8 πρωτότοκος, firstborn
9 ἥμισυς, half
10 πατριά, paternal lineage, house
11 γραμματεύς, scribe
12 τίκτω, *aor pas ptc nom p m*, bear, give birth
13 πρωτότοκος, firstborn
14 θυγάτηρ, daughter
15 τέταρτος, fourth
16 πέμπτος, fifth
17 ἕκτος, sixth
18 ἕξ, six
19 βασιλεύω, *aor act ind 3s*, reign as king

καὶ ἑξάμηνον.[1] καὶ τριάκοντα[2] καὶ τρία ἔτη ἐβασίλευσεν[3] ἐν Ιερουσαλημ, **5** καὶ οὗτοι
ἐτέχθησαν[4] αὐτῷ ἐν Ιερουσαλημ· Σαμαα, Σωβαβ, Ναθαν καὶ Σαλωμων, τέσσαρες
τῇ Βηρσαβεε θυγατρὶ[5] Αμιηλ, **6** καὶ Ιβααρ καὶ Ελισαμα καὶ Ελιφαλετ **7** καὶ Ναγε καὶ
Ναφαγ καὶ Ιανουε **8** καὶ Ελισαμα καὶ Ελιαδα καὶ Ελιφαλετ, ἐννέα.[6] **9** πάντες υἱοὶ
Δαυιδ πλὴν τῶν υἱῶν τῶν παλλακῶν,[7] καὶ Θημαρ ἀδελφὴ αὐτῶν.

Descendants of Solomon

10 Υἱοὶ Σαλωμων· Ροβοαμ, Αβια υἱὸς αὐτοῦ, Ασα υἱὸς αὐτοῦ, Ιωσαφατ υἱὸς αὐτοῦ,
11 Ιωραμ υἱὸς αὐτοῦ, Οχοζια υἱὸς αὐτοῦ, Ιωας υἱὸς αὐτοῦ, **12** Αμασιας υἱὸς αὐτοῦ,
Αζαρια υἱὸς αὐτοῦ, Ιωαθαν υἱὸς αὐτοῦ, **13** Αχαζ υἱὸς αὐτοῦ, Εζεκιας υἱὸς αὐτοῦ,
Μανασσης υἱὸς αὐτοῦ, **14** Αμων υἱὸς αὐτοῦ, Ιωσια υἱὸς αὐτοῦ. **15** καὶ υἱοὶ Ιωσια·
πρωτότοκος[8] Ιωαναν, ὁ δεύτερος Ιωακιμ, ὁ τρίτος Σεδεκια, ὁ τέταρτος[9] Σαλουμ.
16 καὶ υἱοὶ Ιωακιμ· Ιεχονιας υἱὸς αὐτοῦ, Σεδεκιας υἱὸς αὐτοῦ. **17** καὶ υἱοὶ Ιεχονια-
ασιρ· Σαλαθιηλ υἱὸς αὐτοῦ, **18** Μελχιραμ καὶ Φαδαιας καὶ Σανεσαρ καὶ Ιεκεμια καὶ
Ωσαμω καὶ Δενεθι. **19** καὶ υἱοὶ Σαλαθιηλ· Ζοροβαβελ καὶ Σεμεϊ. καὶ υἱοὶ Ζοροβαβελ·
Μοσολλαμος καὶ Ανανια, καὶ Σαλωμιθ ἀδελφὴ αὐτῶν, **20** καὶ Ασουβε καὶ Οολ καὶ
Βαραχια καὶ Ασαδια καὶ Ασοβαεσδ, πέντε. **21** καὶ υἱοὶ Ανανια· Φαλλετια, καὶ Ισαια
υἱὸς αὐτοῦ, Ραφαια υἱὸς αὐτοῦ, Ορνα υἱὸς αὐτοῦ, Αβδια υἱὸς αὐτοῦ, Σεχενια υἱὸς
αὐτοῦ. **22** καὶ υἱὸς Σεχενια· Σαμαια. καὶ υἱοὶ Σαμαια· Χαττους καὶ Ιωηλ καὶ Μαρι
καὶ Νωαδια καὶ Σαφαθ, ἕξ.[10] **23** καὶ υἱοὶ Νωαδια· Ελιθεναν καὶ Εζεκια καὶ Εζρικαμ,
τρεῖς. **24** καὶ υἱοὶ Ελιθεναν· Οδουια καὶ Ελιασιβ καὶ Φαλαια καὶ Ακουν καὶ Ιωαναν
καὶ Δαλαια καὶ Ανανι, ἑπτά.

Descendants of Judah

4 Καὶ υἱοὶ Ιουδα· Φαρες, Αρσων καὶ Χαρμι καὶ Ωρ, Σουβαλ **2** καὶ Ραια υἱὸς
αὐτοῦ· καὶ Σουβαλ ἐγέννησεν τὸν Ιεθ, καὶ Ιεθ ἐγέννησεν τὸν Αχιμι καὶ τὸν
Λααδ· αὗται αἱ γενέσεις[11] τοῦ Σαραθι. **3** καὶ οὗτοι υἱοὶ Αιταμ· Ιεζραηλ καὶ Ραγμα
καὶ Ιαβας, καὶ ὄνομα ἀδελφῆς αὐτῶν Εσηλεββων. **4** καὶ Φανουηλ πατὴρ Γεδωρ, καὶ
Αζηρ πατὴρ Ωσαν. οὗτοι υἱοὶ Ωρ τοῦ πρωτοτόκου[12] Εφραθα πατρὸς Βαιθλαεμ. **5** καὶ
τῷ Σαουρ πατρὶ Θεκωε ἦσαν δύο γυναῖκες, Αωδα καὶ Θοαδα. **6** καὶ ἔτεκεν[13] αὐτῷ
Αωδα τὸν Ωχαζαμ καὶ τὸν Ηφαδ καὶ τὸν Θαιμαν καὶ τὸν Ασθηραν· πάντες οὗτοι
υἱοὶ Αωδας. **7** καὶ υἱοὶ Θοαδα· Σαρεθ καὶ Σααρ καὶ Εθναν. **8** καὶ Κως ἐγέννησεν
τὸν Ενωβ καὶ τὸν Σαβηβα. καὶ γεννήσεις ἀδελφοῦ Ρηχαβ υἱοῦ Ιαριμ. — **9** καὶ ἦν
Ιγαβης ἔνδοξος[14] ὑπὲρ τοὺς ἀδελφοὺς αὐτοῦ· καὶ ἡ μήτηρ ἐκάλεσεν τὸ ὄνομα αὐτοῦ

1 ἑξάμηνος, six month period
2 τριάκοντα, thirty
3 βασιλεύω, *aor act ind 3s*, reign as king
4 τίκτω, *aor pas ind 3p*, bear, give birth
5 θυγάτηρ, daughter
6 ἐννέα, nine
7 παλλακή, concubine
8 πρωτότοκος, firstborn
9 τέταρτος, fourth
10 ἕξ, six
11 γένεσις, generation, lineage
12 πρωτότοκος, firstborn
13 τίκτω, *aor act ind 3s*, bear, give birth
14 ἔνδοξος, honored, held in esteem

Ιγαβης λέγουσα Ἔτεκον[1] ὡς γαβης.[2] **10** καὶ ἐπεκαλέσατο[3] Ιγαβης τὸν θεὸν Ισραηλ
λέγων Ἐὰν εὐλογῶν εὐλογήσῃς με καὶ πληθύνῃς[4] τὰ ὅριά[5] μου καὶ ᾖ ἡ χείρ σου
μετ᾽ ἐμοῦ, καὶ ποιήσεις γνῶσιν[6] τοῦ μὴ ταπεινῶσαί[7] με. καὶ ἐπήγαγεν[8] ὁ θεὸς πάντα,
ὅσα ᾐτήσατο.[9]

11 καὶ Χαλεβ πατὴρ Ασχα ἐγέννησεν τὸν Μαχιρ· οὗτος πατὴρ Ασσαθων. **12** καὶ
Ασσαθων ἐγέννησεν τὸν Βαθρεφαν καὶ τὸν Φεσσηε καὶ τὸν Θανα πατέρα πόλεως
Ναας ἀδελφοῦ Εσελων τοῦ Κενεζι· οὗτοι ἄνδρες Ρηφα.

13 καὶ υἱοὶ Κενεζ· Γοθονιηλ καὶ Σαραια. καὶ υἱοὶ Γοθονιηλ· Αθαθ. **14** καὶ Μαναθι
ἐγέννησεν τὸν Γοφερα. καὶ Σαραια ἐγέννησεν τὸν Ιωαβ πατέρα Αγεαδδαϊρ, ὅτι
τέκτονες[10] ἦσαν. **15** καὶ υἱοὶ Χαλεβ υἱοῦ Ιεφοννη· Ηρα, Αλα καὶ Νοομ. καὶ υἱοὶ Αλα·
Κενεζ. **16** καὶ υἱὸς αὐτοῦ Γεσεηλ, Αμηαχι καὶ Ζαφα καὶ Ζαιρα καὶ Εσεραηλ. **17** καὶ
υἱοὶ Εσρι· Ιεθερ, Μωραδ καὶ Αφερ καὶ Ιαλων. καὶ ἐγέννησεν Ιεθερ τὸν Μαρων καὶ
τὸν Σεμαι καὶ τὸν Μαρεθ πατέρα Εσθεμων. **18** καὶ ἡ γυνὴ αὐτοῦ (αὕτη Αδια) ἔτεκεν[11]
τὸν Ιαρεδ πατέρα Γεδωρ καὶ τὸν Αβερ πατέρα Σωχων καὶ τὸν Ιεκθιηλ πατέρα Ζανω·
καὶ οὗτοι υἱοὶ Γελια θυγατρὸς[12] Φαραω, ἣν ἔλαβεν Μωρηδ. **19** καὶ υἱοὶ γυναικὸς τῆς
Ιδουιας ἀδελφῆς Ναχεμ. καὶ Δαλια πατὴρ Κεϊλα, καὶ Σεμειων πατὴρ Ιωμαν. καὶ υἱοὶ
Ναημ πατρὸς Κεϊλα· Αγαρμι καὶ Εσθεμωη Μαχαθι. **20** καὶ υἱοὶ Σεμιων· Αμνων καὶ
Ρανα, υἱὸς Αναν καὶ Θιλων. καὶ υἱοὶ Ισεϊ· Ζωαθ καὶ υἱοὶ Ζωαθ.

21 Υἱοὶ Σηλωμ υἱοῦ Ιουδα· Ηρ πατὴρ Ληχα καὶ Λααδα πατὴρ Μαρησα καὶ γενέσεις[13]
οἰκιῶν εφραθ αβακ[14] τῷ οἴκῳ Εσοβα **22** καὶ Ιωακιμ καὶ ἄνδρες Χωζηβα καὶ Ιωας καὶ
Σαραφ, οἳ κατῴκησαν ἐν Μωαβ· καὶ ἀπέστρεψεν[15] αὐτοὺς αβεδηριν[16] αθουκιιν.[17]
23 οὗτοι κεραμεῖς[18] οἱ κατοικοῦντες ἐν Ναταϊμ καὶ Γαδηρα· μετὰ τοῦ βασιλέως ἐν
τῇ βασιλείᾳ αὐτοῦ ἐνίσχυσαν[19] καὶ κατῴκησαν ἐκεῖ.

Descendants of Simeon

24 Υἱοὶ Συμεων· Ναμουηλ καὶ Ιαμιν, Ιαριβ, Ζαρε, Σαουλ· **25** Σαλεμ υἱὸς αὐτοῦ,
Μαβασαμ υἱὸς αὐτοῦ, Μασμα υἱὸς αὐτοῦ, **26** Αμουηλ υἱὸς αὐτοῦ, Σαβουδ υἱὸς
αὐτοῦ, Ζακχουρ υἱὸς αὐτοῦ, Σεμεϊ υἱὸς αὐτοῦ. **27** καὶ τῷ Σεμεϊ υἱοὶ ἑκκαίδεκα[20]
καὶ θυγατέρες[21] τρεῖς· καὶ τοῖς ἀδελφοῖς αὐτῶν οὐκ ἦσαν υἱοὶ πολλοί· καὶ πᾶσαι αἱ

1 τίκτω, *aor act ind 1s*, bear, give birth
2 γαβης, *translit.*? (*read* pain)
3 ἐπικαλέω, *aor mid ind 3s*, call upon
4 πληθύνω, *aor act sub 2s*, increase, enlarge
5 ὅριον, boundary, territory
6 γνῶσις, wisdom, knowledge
7 ταπεινόω, *aor act inf*, humble, bring down
8 ἐπάγω, *aor act ind 3s*, bring about, bring upon
9 αἰτέω, *aor mid ind 3s*, ask for, request
10 τέκτων, craftsman, artisan
11 τίκτω, *aor act ind 3s*, bear, give birth
12 θυγάτηρ, daughter
13 γένεσις, generation, lineage
14 εφραθ αβακ, linen worker?, *translit.*
15 ἀποστρέφω, *aor act ind 3s*, turn back, return
16 αβεδηριν, words?, *translit.*
17 αθουκιιν, ancient, old, *translit.*
18 κεραμεύς, potter
19 ἐνισχύω, *aor act ind 3p*, grow strong, prevail
20 ἑκκαίδεκα, sixteen
21 θυγάτηρ, daughter

πατριαὶ[1] αὐτῶν οὐκ ἐπλεόνασαν[2] ὡς υἱοὶ Ιουδα. **28** καὶ κατῴκησαν ἐν Βηρσαβεε
καὶ Σαμα καὶ Μωλαδα καὶ Εσηρσουαλ **29** καὶ ἐν Βαλαα καὶ Βοασομ καὶ Θουλαδ
30 καὶ Βαθουηλ καὶ Ερμα καὶ Σεκλαγ **31** καὶ Βαιθμαρχαβωθ καὶ ἥμισυ[3] Σωσιμ καὶ
οἶκον Βαρουμσεωριμ· αὗται πόλεις αὐτῶν ἕως βασιλέως Δαυιδ. **32** καὶ ἐπαύλεις[4]
αὐτῶν· Αιταμ καὶ Ηνρεμμων καὶ Θοκκαν καὶ Αισαν, πόλεις πέντε. **33** καὶ πᾶσαι αἱ
ἐπαύλεις[5] αὐτῶν κύκλῳ[6] τῶν πόλεων τούτων ἕως Βααλ· αὕτη ἡ κατάσχεσις[7] αὐτῶν
καὶ ὁ καταλοχισμὸς[8] αὐτῶν.

34 καὶ Μοσωβαβ καὶ Ιεμολοχ καὶ Ιωσια υἱὸς Αμασια **35** καὶ Ιωηλ (καὶ οὗτος υἱὸς
Ισαβια), υἱὸς Σαραια, υἱὸς Ασιηλ **36** καὶ Ελιωηναι καὶ Ιακαβα καὶ Ιασουια καὶ Ασαια
καὶ Εδιηλ καὶ Ισμαηλ καὶ Βαναια **37** καὶ Ζουζα υἱὸς Σεφεϊ υἱοῦ Αλλων υἱοῦ Ιεδια
υἱοῦ Σαμαρι υἱοῦ Σαμαιου. **38** οὗτοι οἱ διελθόντες ἐν ὀνόμασιν ἀρχόντων ἐν ταῖς
γενέσεσιν[9] αὐτῶν· καὶ ἐν οἴκοις πατριῶν[10] αὐτῶν ἐπληθύνθησαν[11] εἰς πλῆθος. **39** καὶ
ἐπορεύθησαν ἕως τοῦ ἐλθεῖν Γεραρα ἕως τῶν ἀνατολῶν[12] τῆς Γαι τοῦ ζητῆσαι νομὰς[13]
τοῖς κτήνεσιν[14] αὐτῶν· **40** καὶ εὗρον νομὰς[15] πίονας[16] καὶ ἀγαθάς, καὶ ἡ γῆ πλατεῖα[17]
ἐναντίον[18] αὐτῶν καὶ εἰρήνη καὶ ἡσυχία,[19] ὅτι ἐκ τῶν υἱῶν Χαμ τῶν κατοικούντων
ἐκεῖ ἔμπροσθεν. **41** καὶ ἦλθοσαν οὗτοι οἱ γεγραμμένοι ἐπ᾽ ὀνόματος ἐν ἡμέραις
Εζεκιου βασιλέως Ιουδα καὶ ἐπάταξαν[20] τοὺς οἴκους αὐτῶν καὶ τοὺς Μιναίους, οὓς
εὕροσαν ἐκεῖ, καὶ ἀνεθεμάτισαν[21] αὐτοὺς ἕως τῆς ἡμέρας ταύτης καὶ ᾤκησαν[22] ἀντ᾽[23]
αὐτῶν, ὅτι νομαὶ[24] τοῖς κτήνεσιν[25] αὐτῶν ἐκεῖ. **42** καὶ ἐξ αὐτῶν ἀπὸ τῶν υἱῶν Συμεων
ἐπορεύθησαν εἰς ὄρος Σηιρ ἄνδρες πεντακόσιοι,[26] καὶ Φαλεττια καὶ Νωαδια καὶ
Ραφαια καὶ Οζιηλ υἱοὶ Ιεσι ἄρχοντες αὐτῶν· **43** καὶ ἐπάταξαν[27] τοὺς καταλοίπους[28]
τοὺς καταλειφθέντας[29] τοῦ Αμαληκ καὶ κατῴκησαν ἐκεῖ ἕως τῆς ἡμέρας ταύτης.

Descendants of Reuben

5 Καὶ υἱοὶ Ρουβην πρωτοτόκου[30] Ισραηλ, ὅτι οὗτος ὁ πρωτότοκος, καὶ ἐν τῷ
ἀναβῆναι ἐπὶ τὴν κοίτην[31] τοῦ πατρὸς αὐτοῦ ἔδωκεν εὐλογίαν[32] αὐτοῦ τῷ υἱῷ

1 πατριά, paternal lineage, house
2 πλεονάζω, *aor act ind 3p*, become abundant, increase
3 ἥμισυς, half
4 ἔπαυλις, homestead, residence
5 ἔπαυλις, homestead, residence
6 κύκλῳ, around
7 κατάσχεσις, possession
8 καταλοχισμός, registration, enrollment
9 γένεσις, generation, lineage
10 πατριά, paternal lineage, house
11 πληθύνω, *aor pas ind 3p*, increase, enlarge
12 ἀνατολή, east
13 νομή, pasture
14 κτῆνος, animal, (*p*) herd
15 νομή, pasture
16 πίων, rich, fertile
17 πλατύς, broad, wide
18 ἐναντίον, before, in front of
19 ἡσυχία, rest, quiet
20 πατάσσω, *aor act ind 3p*, strike
21 ἀναθεματίζω, *aor act ind 3p*, curse, devote to destruction
22 οἰκέω, *aor act ind 3p*, swear
23 ἀντί, in place of
24 νομή, pasture
25 κτῆνος, animal, (*p*) herd
26 πεντακόσιοι, five hundred
27 πατάσσω, *aor act ind 3p*, strike, defeat
28 κατάλοιπος, remnant, remainder
29 καταλείπω, *aor pas ptc acc p m*, leave behind
30 πρωτότοκος, firstborn
31 κοίτη, bed
32 εὐλογία, blessing

αὐτοῦ Ιωσηφ υἱῷ Ισραηλ, καὶ οὐκ ἐγενεαλογήθη[1] εἰς πρωτοτόκια·[2] **2** ὅτι Ιουδας δυνατὸς ἰσχύι[3] καὶ ἐν τοῖς ἀδελφοῖς αὐτοῦ καὶ εἰς ἡγούμενον[4] ἐξ αὐτοῦ, καὶ ἡ εὐλογία[5] τοῦ Ιωσηφ. **3** υἱοὶ Ρουβην πρωτοτόκου[6] Ισραηλ· Ενωχ καὶ Φαλλους, Αρσων καὶ Χαρμι. **4** υἱοὶ Ιωηλ· Σεμεϊ καὶ Βαναια υἱὸς αὐτοῦ. καὶ υἱοὶ Γουγ υἱοῦ Σεμεϊ· **5** υἱὸς αὐτοῦ Μιχα, υἱὸς αὐτοῦ Ρηχα, υἱὸς αὐτοῦ Βααλ, **6** υἱὸς αὐτοῦ Βεηρα, ὃν μετῴκισεν[7] Θαγλαθφαλνασαρ βασιλεὺς Ασσουρ· οὗτος ἄρχων τῶν Ρουβην. **7** καὶ ἀδελφοὶ αὐτοῦ τῇ πατριᾷ[8] αὐτοῦ ἐν τοῖς καταλοχισμοῖς[9] αὐτῶν κατὰ γενέσεις[10] αὐτῶν· ὁ ἄρχων Ιωηλ καὶ Ζαχαρια **8** καὶ Βαλεκ υἱὸς Οζουζ υἱὸς Σαμα υἱὸς Ιωηλ· οὗτος κατῴκησεν ἐν Αροηρ καὶ ἐπὶ Ναβαυ καὶ Βεελμαων **9** καὶ πρὸς ἀνατολὰς[11] κατῴκησεν ἕως ἐρχομένων τῆς ἐρήμου ἀπὸ τοῦ ποταμοῦ[12] Εὐφράτου, ὅτι κτήνη[13] αὐτῶν πολλὰ ἐν γῇ Γαλααδ. **10** καὶ ἐν ἡμέραις Σαουλ ἐποίησαν πόλεμον πρὸς τοὺς παροίκους,[14] καὶ ἔπεσον ἐν χερσὶν αὐτῶν κατοικοῦντες ἐν σκηναῖς[15] ἕως πάντες κατ᾽ ἀνατολὰς[16] τῆς Γαλααδ.

Descendants of Gad

11 Υἱοὶ Γαδ κατέναντι[17] αὐτῶν κατῴκησαν ἐν τῇ Βασαν ἕως Σελχα. **12** Ιωηλ ὁ πρωτότοκος,[18] καὶ Σαφαμ ὁ δεύτερος, καὶ Ιανι ὁ γραμματεὺς[19] ἐν Βασαν. **13** καὶ οἱ ἀδελφοὶ αὐτῶν κατ᾽ οἴκους πατριῶν[20] αὐτῶν· Μιχαηλ, Μοσολλαμ καὶ Σεβεε καὶ Ιωρεε καὶ Ιαχαν καὶ Ζουε καὶ Ωβηδ, ἑπτά. **14** οὗτοι υἱοὶ Αβιχαιλ υἱοῦ Ουρι υἱοῦ Ιδαι υἱοῦ Γαλααδ υἱοῦ Μιχαηλ υἱοῦ Ισαι υἱοῦ Ιουρι υἱοῦ Ζαβουχαμ **15** υἱοῦ Αβδιηλ υἱοῦ Γουνι· ἄρχων οἴκου πατριῶν.[21] **16** κατῴκουν ἐν Γαλααδ, ἐν Βασαν καὶ ἐν ταῖς κώμαις[22] αὐτῶν καὶ πάντα τὰ περίχωρα[23] Σαρων ἕως ἐξόδου.[24] **17** πάντων ὁ καταλοχισμὸς[25] ἐν ἡμέραις Ιωαθαμ βασιλέως Ιουδα καὶ ἐν ἡμέραις Ιεροβοαμ βασιλέως Ισραηλ.

18 Υἱοὶ Ρουβην καὶ Γαδ καὶ ἥμισυ[26] φυλῆς Μανασση ἐξ υἱῶν δυνάμεως, ἄνδρες αἴροντες ἀσπίδας[27] καὶ μάχαιραν[28] καὶ τείνοντες[29] τόξον[30] καὶ δεδιδαγμένοι πόλεμον, τεσσαράκοντα[31] καὶ τέσσαρες χιλιάδες[32] καὶ ἑπτακόσιοι[33] καὶ ἑξήκοντα[34]

1 γενεαλογέω, *aor pas ind 3s*, trace lineage
2 πρωτοτόκια, firstborn
3 ἰσχύς, might, strength
4 ἡγέομαι, *pres mid ptc acc s m*, lead, be first
5 εὐλογία, blessing
6 πρωτότοκος, firstborn
7 μετοικίζω, *aor act ind 3s*, resettle, take into exile
8 πατριά, paternal lineage, house
9 καταλοχισμός, registration, enrollment
10 γένεσις, generation, lineage
11 ἀνατολή, east
12 ποταμός, river
13 κτῆνος, animal, (*p*) herd
14 πάροικος, resident alien, sojourner
15 σκηνή, tent
16 ἀνατολή, east
17 κατέναντι, in front, opposite
18 πρωτότοκος, firstborn
19 γραμματεύς, scribe
20 πατριά, paternal lineage, house
21 πατριά, paternal lineage, house
22 κώμη, village
23 περίχωρος, nearby region
24 ἔξοδος, departure (from a region), limit
25 καταλοχισμός, registration, enrollment
26 ἥμισυς, half
27 ἀσπίς, shield
28 μάχαιρα, sword
29 τείνω, *pres act ptc nom p m*, draw (a bow)
30 τόξον, bow
31 τεσσαράκοντα, forty
32 χιλιάς, thousand
33 ἑπτακόσιοι, seven hundred
34 ἑξήκοντα, sixty

ἐκπορευόμενοι εἰς παράταξιν.[1] **19** καὶ ἐποίουν πόλεμον μετὰ τῶν Αγαρηνῶν καὶ Ιτουραίων καὶ Ναφισαίων καὶ Ναδαβαίων **20** καὶ κατίσχυσαν[2] ἐπ᾽ αὐτῶν, καὶ ἐδόθησαν εἰς χεῖρας αὐτῶν οἱ Αγαραῖοι καὶ πάντα τὰ σκηνώματα[3] αὐτῶν, ὅτι πρὸς τὸν θεὸν ἐβόησαν[4] ἐν τῷ πολέμῳ, καὶ ἐπήκουσεν[5] αὐτοῖς, ὅτι ἤλπισαν ἐπ᾽ αὐτόν. **21** καὶ ᾐχμαλώτευσαν[6] τὴν ἀποσκευὴν[7] αὐτῶν, καμήλους[8] πεντακισχιλίας[9] καὶ προβάτων διακοσίας[10] πεντήκοντα[11] χιλιάδας,[12] ὄνους[13] δισχιλίους[14] καὶ ψυχὰς ἀνδρῶν ἑκατὸν[15] χιλιάδας·[16] **22** ὅτι τραυματίαι[17] πολλοὶ ἔπεσον, ὅτι παρὰ τοῦ θεοῦ ὁ πόλεμος. καὶ κατῴκησαν ἀντ᾽[18] αὐτῶν ἕως τῆς μετοικεσίας.[19]

Half-Tribe of Manasseh

23 Καὶ οἱ ἡμίσεις[20] φυλῆς Μανασση κατῴκησαν ἐν τῇ γῇ ἀπὸ Βασαν ἕως Βααλερμων καὶ Σανιρ καὶ ὄρος Αερμων· καὶ ἐν τῷ Λιβάνῳ αὐτοὶ ἐπλεονάσθησαν.[21] **24** καὶ οὗτοι ἀρχηγοὶ[22] οἴκου πατριῶν[23] αὐτῶν· Οφερ καὶ Ισεϊ καὶ Ελιηλ καὶ Εσδριηλ καὶ Ιερμια καὶ Ωδουια καὶ Ιεδιηλ, ἄνδρες ἰσχυροὶ[24] δυνάμει, ἄνδρες ὀνομαστοί,[25] ἄρχοντες τῶν οἴκων πατριῶν αὐτῶν.

25 Καὶ ἠθέτησαν[26] ἐν θεῷ πατέρων αὐτῶν καὶ ἐπόρνευσαν[27] ὀπίσω θεῶν λαῶν τῆς γῆς, οὓς ἐξῆρεν[28] ὁ θεὸς ἀπὸ προσώπου αὐτῶν. **26** καὶ ἐπήγειρεν[29] ὁ θεὸς Ισραηλ τὸ πνεῦμα Φαλωχ βασιλέως Ασσουρ καὶ τὸ πνεῦμα Θαγλαθφαλνασαρ βασιλέως Ασσουρ, καὶ μετῴκισεν[30] τὸν Ρουβην καὶ τὸν Γαδδι καὶ τὸ ἥμισυ[31] φυλῆς Μανασση καὶ ἤγαγεν αὐτοὺς εἰς Χαλαχ καὶ Χαβωρ καὶ ἐπὶ ποταμὸν[32] Γωζαν ἕως τῆς ἡμέρας ταύτης.

27 Υἱοὶ Λευι· Γεδσων, Κααθ καὶ Μεραρι. **28** καὶ υἱοὶ Κααθ· Αμβραμ καὶ Ισσααρ, Χεβρων καὶ Οζιηλ. **29** καὶ υἱοὶ Αμβραμ· Ααρων καὶ Μωυσῆς καὶ Μαριαμ. καὶ υἱοὶ Ααρων· Ναδαβ καὶ Αβιουδ, Ελεαζαρ καὶ Ιθαμαρ. **30** Ελεαζαρ ἐγέννησεν τὸν Φινεες, Φινεες ἐγέννησεν τὸν Αβισου, **31** Αβισου ἐγέννησεν τὸν Βωκαι, Βωκαι ἐγέννησεν

1 παράταξις, battle
2 κατισχύω, *aor act ind 3p*, overpower, prevail
3 σκήνωμα, tent, dwelling
4 βοάω, *aor act ind 3p*, cry out
5 ἐπακούω, *aor act ind 3s*, hear, listen
6 αἰχμαλωτεύω, *aor act ind 3p*, capture
7 ἀποσκευή, belonging, household
8 κάμηλος, camel
9 πεντακισχίλιοι, five thousand
10 διακόσιοι, two hundred
11 πεντήκοντα, fifty
12 χιλιάς, thousand
13 ὄνος, donkey
14 δισχίλιοι, two thousand
15 ἑκατόν, one hundred
16 χιλιάς, thousand
17 τραυματίας, casualty
18 ἀντί, in place of
19 μετοικεσία, deportation
20 ἥμισυς, half
21 πλεονάζω, *aor pas ind 3p*, become numerous, increase
22 ἀρχηγός, chief, ruler
23 πατριά, paternal lineage, house
24 ἰσχυρός, strong, powerful
25 ὀνομαστός, renowned, famous
26 ἀθετέω, *aor act ind 3p*, reject
27 πορνεύω, *aor act ind 3p*, fornicate
28 ἐξαίρω, *aor act ind 3s*, remove
29 ἐπεγείρω, *impf act ind 3s*, stir up
30 μετοικίζω, *aor act ind 3s*, resettle, take into exile
31 ἥμισυς, half
32 ποταμός, river

τὸν Οζι, **32** Οζι ἐγέννησε τὸν Ζαραια, Ζαραια ἐγέννησεν τὸν Μαριηλ, **33** καὶ Μαριηλ
ἐγέννησεν τὸν Αμαρια, καὶ Αμαρια ἐγέννησεν τὸν Αχιτωβ, **34** καὶ Αχιτωβ ἐγέννησεν
τὸν Σαδωκ, καὶ Σαδωκ ἐγέννησεν τὸν Αχιμαας, **35** καὶ Αχιμαας ἐγέννησεν τὸν
Αζαρια, καὶ Αζαριας ἐγέννησεν τὸν Ιωαναν, **36** καὶ Ιωανας ἐγέννησεν τὸν Αζαριαν·
οὗτος ἱεράτευσεν[1] ἐν τῷ οἴκῳ, ᾧ ᾠκοδόμησεν Σαλωμων ἐν Ιερουσαλημ. **37** καὶ
ἐγέννησεν Αζαρια τὸν Αμαρια, καὶ Αμαρια ἐγέννησεν τὸν Αχιτωβ, **38** καὶ Αχιτωβ
ἐγέννησεν τὸν Σαδωκ, καὶ Σαδωκ ἐγέννησεν τὸν Σαλωμ, **39** καὶ Σαλωμ ἐγέννησεν
τὸν Χελκιαν, καὶ Χελκιας ἐγέννησεν τὸν Αζαρια, **40** καὶ Αζαριας ἐγέννησεν τὸν
Σαραια, καὶ Σαραιας ἐγέννησεν τὸν Ιωσαδακ. **41** καὶ Ιωσαδακ ἐπορεύθη ἐν τῇ
μετοικίᾳ[2] μετὰ Ιουδα καὶ Ιερουσαλημ ἐν χειρὶ Ναβουχοδονοσορ.

Descendants of Levi

6 Υἱοὶ Λευι· Γεδσων, Καаθ καὶ Μεραρι. **2** καὶ ταῦτα τὰ ὀνόματα τῶν υἱῶν Γεδσων·
Λοβενι καὶ Σεμεϊ. **3** υἱοὶ Καаθ· Αμβραμ καὶ Ισσααρ, Χεβρων καὶ Οζιηλ. **4** υἱοὶ
Μεραρι· Μοολι καὶ Ομουσι. — καὶ αὗται αἱ πατριαὶ[3] τοῦ Λευι κατὰ πατριὰς αὐτῶν·
5 τῷ Γεδσων· τῷ Λοβενι υἱῷ αὐτοῦ Ιεεθ υἱὸς αὐτοῦ, Ζεμμα υἱὸς αὐτοῦ, **6** Ιωαχ
υἱὸς αὐτοῦ, Αδδι υἱὸς αὐτοῦ, Ζαρα υἱὸς αὐτοῦ, Ιεθρι υἱὸς αὐτοῦ. — **7** υἱοὶ Καаθ·
Αμιναδαβ υἱὸς αὐτοῦ, Κορε υἱὸς αὐτοῦ, Ασιρ υἱὸς αὐτοῦ, **8** Ελκανα υἱὸς αὐτοῦ, καὶ
Αβιασαφ υἱὸς αὐτοῦ, Ασιρ υἱὸς αὐτοῦ, **9** Θααθ υἱὸς αὐτοῦ, Ουριηλ υἱὸς αὐτοῦ, Οζια
υἱὸς αὐτοῦ, Σαουλ υἱὸς αὐτοῦ. **10** καὶ υἱοὶ Ελκανα· Αμασι καὶ Αχιμωθ, **11** Ελκανα
υἱὸς αὐτοῦ, Σουφι υἱὸς αὐτοῦ καὶ Νααθ υἱὸς αὐτοῦ, **12** Ελιαβ υἱὸς αὐτοῦ, Ιδαερ υἱὸς
αὐτοῦ, Ελκανα υἱὸς αὐτοῦ. **13** υἱοὶ Σαμουηλ· ὁ πρωτότοκος[4] Σανι καὶ Αβια. — **14** υἱοὶ
Μεραρι· Μοολι, Λοβενι υἱὸς αὐτοῦ, Σεμεϊ υἱὸς αὐτοῦ, Οζα υἱὸς αὐτοῦ, **15** Σομεα υἱὸς
αὐτοῦ, Αγγια υἱὸς αὐτοῦ, Ασαια υἱὸς αὐτοῦ.

David Appoints Musicians

16 Καὶ οὗτοι οὓς κατέστησεν[5] Δαυιδ ἐπὶ χεῖρας ᾀδόντων[6] ἐν οἴκῳ κυρίου ἐν τῇ
καταπαύσει[7] τῆς κιβωτοῦ,[8] **17** καὶ ἦσαν λειτουργοῦντες[9] ἐναντίον[10] τῆς σκηνῆς[11]
οἴκου μαρτυρίου[12] ἐν ὀργάνοις,[13] ἕως οὗ ᾠκοδόμησεν Σαλωμων τὸν οἶκον κυρίου ἐν
Ιερουσαλημ, καὶ ἔστησαν κατὰ τὴν κρίσιν αὐτῶν ἐπὶ τὰς λειτουργίας[14] αὐτῶν. **18** καὶ
οὗτοι οἱ ἑστηκότες καὶ οἱ υἱοὶ αὐτῶν ἐκ τῶν υἱῶν τοῦ Καаθ· Αιμαν ὁ ψαλτῳδὸς[15] υἱὸς
Ιωηλ υἱοῦ Σαμουηλ **19** υἱοῦ Ελκανα υἱοῦ Ηδαδ υἱοῦ Ελιηλ υἱοῦ Θιε **20** υἱοῦ Σουφ
υἱοῦ Ελκανα υἱοῦ Μεθ υἱοῦ Αμασιου **21** υἱοῦ Ελκανα υἱοῦ Ιωηλ υἱοῦ Αζαρια υἱοῦ
Σαφανια **22** υἱοῦ Θααθ υἱοῦ Ασιρ υἱοῦ Αβιασαφ υἱοῦ Κορε **23** υἱοῦ Ισσααρ υἱοῦ Καаθ

1 ἱερατεύω, *aor act ind 3s*, serve as priest
2 μετοικία, deportation, exile
3 πατριά, paternal lineage, house
4 πρωτότοκος, firstborn
5 καθίστημι, *aor act ind 3s*, appoint, put in charge
6 ᾄδω, *pres act ptc gen p m*, sing
7 κατάπαυσις, resting (place)
8 κιβωτός, chest, ark (of the covenant)
9 λειτουργέω, *pres act ptc nom p m*, minister, serve
10 ἐναντίον, before
11 σκηνή, tent
12 μαρτύριον, witness
13 ὄργανον, (musical) instrument
14 λειτουργία, ministry, religious service
15 ψαλτῳδός, psalm singer

υἱοῦ Λευι υἱοῦ Ισραηλ. — **24** καὶ ἀδελφὸς αὐτοῦ Ασαφ ὁ ἑστηκὼς ἐν δεξιᾷ αὐτοῦ·
Ασαφ υἱὸς Βαραχια υἱοῦ Σαμαα **25** υἱοῦ Μιχαηλ υἱοῦ Μαασια υἱοῦ Μελχια **26** υἱοῦ
Αθανι υἱοῦ Ζαραι υἱοῦ Αδια **27** υἱοῦ Αιθαν υἱοῦ Ζαμμα υἱοῦ Σεμεϊ **28** υἱοῦ Ηχα υἱοῦ
Γεδσων υἱοῦ Λευι. — **29** καὶ υἱοὶ Μεραρι ἀδελφοῦ αὐτῶν ἐξ ἀριστερῶν·[1] Αιθαν υἱὸς
Κισαι υἱοῦ Αβδι υἱοῦ Μαλωχ **30** υἱοῦ Ασεβι υἱοῦ Αμεσσια υἱοῦ Χελκιου **31** υἱοῦ
Αμασαι υἱοῦ Βανι υἱοῦ Σεμμηρ **32** υἱοῦ Μοολι υἱοῦ Μουσι υἱοῦ Μεραρι υἱοῦ Λευι.

33 Καὶ ἀδελφοὶ αὐτῶν κατ᾽ οἴκους πατριῶν[2] αὐτῶν οἱ Λευῖται δεδομένοι εἰς πᾶσαν
ἐργασίαν[3] λειτουργίας[4] σκηνῆς[5] οἴκου τοῦ θεοῦ. **34** καὶ Ααρων καὶ οἱ υἱοὶ αὐτοῦ
θυμιῶντες[6] ἐπὶ τὸ θυσιαστήριον[7] τῶν ὁλοκαυτωμάτων[8] καὶ ἐπὶ τὸ θυσιαστήριον τῶν
θυμιαμάτων[9] εἰς πᾶσαν ἐργασίαν[10] ἅγια τῶν ἁγίων καὶ ἐξιλάσκεσθαι[11] περὶ Ισραηλ
κατὰ πάντα, ὅσα ἐνετείλατο[12] Μωυσῆς παῖς[13] τοῦ θεοῦ. — **35** καὶ οὗτοι υἱοὶ Ααρων·
Ελεαζαρ υἱὸς αὐτοῦ. Φινεες υἱὸς αὐτοῦ, Αβισου υἱὸς αὐτοῦ, **36** Βωκαι υἱὸς αὐτοῦ,
Οζι υἱὸς αὐτοῦ, Ζαραια υἱὸς αὐτοῦ, **37** Μαριηλ υἱὸς αὐτοῦ, Αμαρια υἱὸς αὐτοῦ,
Αχιτωβ υἱὸς αὐτοῦ, **38** Σαδωκ υἱὸς αὐτοῦ, Αχιμαας υἱὸς αὐτοῦ.

Levite Settlements

39 Καὶ αὗται αἱ κατοικίαι[14] αὐτῶν ἐν ταῖς κώμαις[15] αὐτῶν ἐν τοῖς ὁρίοις[16] αὐτῶν·
τοῖς υἱοῖς Ααρων τῇ πατριᾷ[17] τοῦ Κααθι — ὅτι αὐτοῖς ἐγένετο ὁ κλῆρος[18] — **40** καὶ
ἔδωκαν αὐτοῖς τὴν Χεβρων ἐν γῇ Ιουδα καὶ τὰ περισπόρια[19] αὐτῆς κύκλῳ[20] αὐτῆς·
41 καὶ τὰ πεδία[21] τῆς πόλεως καὶ τὰς κώμας[22] αὐτῆς ἔδωκαν τῷ Χαλεβ υἱῷ Ιεφοννη.
42 καὶ τοῖς υἱοῖς Ααρων ἔδωκαν τὰς πόλεις τῶν φυγαδευτηρίων,[23] τὴν Χεβρων καὶ
τὴν Λοβνα καὶ τὰ περισπόρια[24] αὐτῆς καὶ τὴν Σελνα καὶ τὰ περισπόρια αὐτῆς καὶ
τὴν Εσθαμω καὶ τὰ περισπόρια αὐτῆς **43** καὶ τὴν Ιεθθαρ καὶ τὰ περισπόρια[25] αὐτῆς
καὶ τὴν Δαβιρ καὶ τὰ περισπόρια αὐτῆς **44** καὶ τὴν Ασαν καὶ τὰ περισπόρια[26] αὐτῆς
καὶ τὴν Ατταν καὶ τὰ περισπόρια αὐτῆς καὶ τὴν Βασαμυς καὶ τὰ περισπόρια αὐτῆς
45 καὶ ἐκ φυλῆς Βενιαμιν τὴν Γαβεε καὶ τὰ περισπόρια[27] αὐτῆς καὶ τὴν Γαλεμεθ καὶ
τὰ περισπόρια αὐτῆς καὶ τὴν Αγχωχ καὶ τὰ περισπόρια αὐτῆς· πᾶσαι αἱ πόλεις αὐτῶν
τρισκαίδεκα[28] πόλεις κατὰ πατριὰς[29] αὐτῶν.

1 ἀριστερός, left
2 πατριά, paternal lineage, house
3 ἐργασία, work
4 λειτουργία, ministry, religious service
5 σκηνή, tent
6 θυμιάω, *pres act ptc nom p m*, burn incense
7 θυσιαστήριον, altar
8 ὁλοκαύτωμα, whole burnt offering
9 θυμίαμα, incense
10 ἐργασία, work
11 ἐξιλάσκομαι, *pres mid inf*, propitiate, make atonement
12 ἐντέλλομαι, *aor mid ind 3s*, command, order
13 παῖς, servant
14 κατοικία, dwelling place
15 κώμη, village
16 ὅριον, boundary, territory
17 πατριά, paternal lineage, house
18 κλῆρος, lot
19 περισπόριον, surrounding land
20 κύκλῳ, around
21 πεδίον, field
22 κώμη, village
23 φυγαδευτήριον, place of refuge
24 περισπόριον, surrounding land
25 περισπόριον, surrounding land
26 περισπόριον, surrounding land
27 περισπόριον, surrounding land
28 τρισκαίδεκα, thirteen
29 πατριά, paternal lineage, house

46 Καὶ τοῖς υἱοῖς Κααθ τοῖς καταλοίποις[1] ἐκ τῶν πατριῶν[2] ἐκ τῆς φυλῆς ἐκ τοῦ
ἡμίσους[3] φυλῆς Μανασση κλήρῳ[4] πόλεις δέκα.[5] — **47** καὶ τοῖς υἱοῖς Γεδσων κατὰ
πατριὰς[6] αὐτῶν ἐκ φυλῆς Ισσαχαρ, ἐκ φυλῆς Ασηρ, ἐκ φυλῆς Νεφθαλι, ἐκ φυλῆς
Μανασση ἐν τῇ Βασαν πόλεις τρισκαίδεκα.[7] — **48** καὶ τοῖς υἱοῖς Μεραρι κατὰ
πατριὰς[8] αὐτῶν ἐκ φυλῆς Ρουβην, ἐκ φυλῆς Γαδ, ἐκ φυλῆς Ζαβουλων κλήρῳ[9] πόλεις
δέκα[10] δύο.

49 Καὶ ἔδωκαν οἱ υἱοὶ Ισραηλ τοῖς Λευίταις τὰς πόλεις καὶ τὰ περισπόρια[11] αὐτῶν·
50 καὶ ἔδωκαν ἐν κλήρῳ[12] ἐκ φυλῆς υἱῶν Ιουδα καὶ ἐκ φυλῆς υἱῶν Συμεων τὰς
πόλεις ταύτας, ἃς ἐκάλεσεν αὐτὰς ἐπ᾽ ὀνόματος. — **51** καὶ ἀπὸ τῶν πατριῶν[13] υἱῶν
Κααθ καὶ ἐγένοντο πόλεις τῶν ὁρίων[14] αὐτῶν ἐκ φυλῆς Εφραιμ. **52** καὶ ἔδωκαν
αὐτῷ τὰς πόλεις τῶν φυγαδευτηρίων,[15] τὴν Συχεμ καὶ τὰ περισπόρια[16] αὐτῆς ἐν
ὄρει Εφραιμ καὶ τὴν Γαζερ καὶ τὰ περισπόρια αὐτῆς **53** καὶ τὴν Ιεκμααμ καὶ τὰ
περισπόρια[17] αὐτῆς καὶ τὴν Βαιθωρων καὶ τὰ περισπόρια αὐτῆς **54** καὶ τὴν Εγλαμ
καὶ τὰ περισπόρια[18] αὐτῆς καὶ τὴν Γεθρεμμων καὶ τὰ περισπόρια αὐτῆς **55** καὶ ἀπὸ
τοῦ ἡμίσους[19] φυλῆς Μανασση τὴν Αναρ καὶ τὰ περισπόρια[20] αὐτῆς καὶ τὴν Ιεβλααμ
καὶ τὰ περισπόρια αὐτῆς κατὰ πατριὰν[21] τοῖς υἱοῖς Κααθ τοῖς καταλοίποις.[22]

56 τοῖς υἱοῖς Γεδσων ἀπὸ πατριῶν[23] ἡμίσους[24] φυλῆς Μανασση τὴν Γωλαν ἐκ τῆς
Βασαν καὶ τὰ περισπόρια[25] αὐτῆς καὶ τὴν Ασηρωθ καὶ τὰ περισπόρια αὐτῆς **57** καὶ
ἐκ φυλῆς Ισσαχαρ τὴν Κεδες καὶ τὰ περισπόρια[26] αὐτῆς καὶ τὴν Δεβερι καὶ τὰ
περισπόρια αὐτῆς **58** καὶ τὴν Δαβωρ καὶ τὰ περισπόρια[27] αὐτῆς καὶ τὴν Αναμ καὶ
τὰ περισπόρια αὐτῆς **59** καὶ ἐκ φυλῆς Ασηρ τὴν Μασαλ καὶ τὰ περισπόρια[28] αὐτῆς
καὶ τὴν Αβαραν καὶ τὰ περισπόρια αὐτῆς **60** καὶ τὴν Ικακ καὶ τὰ περισπόρια[29] αὐτῆς
καὶ τὴν Ροωβ καὶ τὰ περισπόρια αὐτῆς **61** καὶ ἀπὸ φυλῆς Νεφθαλι τὴν Κεδες ἐν τῇ
Γαλιλαίᾳ καὶ τὰ περισπόρια[30] αὐτῆς καὶ τὴν Χαμωθ καὶ τὰ περισπόρια αὐτῆς καὶ τὴν
Καριαθαιμ καὶ τὰ περισπόρια αὐτῆς.

62 τοῖς υἱοῖς Μεραρι τοῖς καταλοίποις[31] ἐκ φυλῆς Ζαβουλων τὴν Ρεμμων καὶ
τὰ περισπόρια[32] αὐτῆς καὶ τὴν Θαχχια καὶ τὰ περισπόρια αὐτῆς **63** καὶ ἐκ τοῦ

1 κατάλοιπος, remnant, remainder
2 πατριά, paternal lineage, house
3 ἥμισυς, half
4 κλῆρος, lot
5 δέκα, ten
6 πατριά, paternal lineage, house
7 τρισκαίδεκα, thirteen
8 πατριά, paternal lineage, house
9 κλῆρος, lot
10 δέκα, ten
11 περισπόριον, surrounding land
12 κλῆρος, lot
13 πατριά, paternal lineage, house
14 ὅριον, boundary, territory
15 φυγαδευτήριον, place of refuge
16 περισπόριον, surrounding land
17 περισπόριον, surrounding land
18 περισπόριον, surrounding land
19 ἥμισυς, half
20 περισπόριον, surrounding land
21 πατριά, paternal lineage, house
22 κατάλοιπος, remnant, remainder
23 πατριά, paternal lineage, house
24 ἥμισυς, half
25 περισπόριον, surrounding land
26 περισπόριον, surrounding land
27 περισπόριον, surrounding land
28 περισπόριον, surrounding land
29 περισπόριον, surrounding land
30 περισπόριον, surrounding land
31 κατάλοιπος, remnant, remainder
32 περισπόριον, surrounding land

πέραν[1] τοῦ Ιορδάνου Ιεριχω κατὰ δυσμὰς[2] τοῦ Ιορδάνου ἐκ φυλῆς Ρουβην τὴν
Βοσορ ἐν τῇ ἐρήμῳ καὶ τὰ περισπόρια[3] αὐτῆς καὶ τὴν Ιασα καὶ τὰ περισπόρια αὐτῆς
64 καὶ τὴν Καδημωθ καὶ τὰ περισπόρια[4] αὐτῆς καὶ τὴν Μωφααθ καὶ τὰ περισπόρια
αὐτῆς **65** καὶ ἐκ φυλῆς Γαδ τὴν Ραμωθ Γαλααδ καὶ τὰ περισπόρια[5] αὐτῆς καὶ τὴν
Μααναιμ καὶ τὰ περισπόρια αὐτῆς **66** καὶ τὴν Εσεβων καὶ τὰ περισπόρια[6] αὐτῆς
καὶ τὴν Ιαζηρ καὶ τὰ περισπόρια αὐτῆς.

Descendants of Issachar

7 Καὶ τοῖς υἱοῖς Ισσαχαρ· Θωλα καὶ Φουα καὶ Ιασουβ καὶ Σεμερων, τέσσαρες.
2 καὶ υἱοὶ Θωλα· Οζι καὶ Ραφαια καὶ Ιεριηλ καὶ Ιεμου καὶ Ιεβασαμ καὶ Σαμουηλ,
ἄρχοντες οἴκων πατριῶν[7] αὐτῶν τῷ Θωλα ἰσχυροὶ[8] δυνάμει κατὰ γενέσεις[9] αὐτῶν.
ὁ ἀριθμὸς[10] αὐτῶν ἐν ἡμέραις Δαυιδ εἴκοσι[11] καὶ δύο χιλιάδες[12] καὶ ἑξακόσιοι.[13]
3 καὶ υἱοὶ Οζι· Ιεζρια, καὶ υἱοὶ Ιεζρια· Μιχαηλ καὶ Οβδια καὶ Ιωηλ καὶ Ιεσια, πέντε,
ἄρχοντες πάντες. **4** καὶ ἐπ' αὐτῶν κατὰ γενέσεις[14] αὐτῶν κατ' οἴκους πατρικοὺς[15]
αὐτῶν ἰσχυροὶ[16] παρατάξασθαι[17] εἰς πόλεμον τριάκοντα[18] καὶ ἓξ[19] χιλιάδες,[20] ὅτι
ἐπλήθυναν[21] γυναῖκας καὶ υἱούς. **5** καὶ ἀδελφοὶ αὐτῶν εἰς πάσας πατριὰς[22] Ισσαχαρ
ἰσχυροὶ[23] δυνάμει ὀγδοήκοντα[24] καὶ ἑπτὰ χιλιάδες,[25] ὁ ἀριθμὸς[26] αὐτῶν τῶν πάντων.

Descendants of Benjamin

6 Βενιαμιν· Βαλε καὶ Βαχιρ καὶ Ιαδιηλ, τρεῖς. **7** καὶ υἱοὶ Βαλε· Ασεβων καὶ Οζι καὶ
Οζιηλ καὶ Ιεριμωθ καὶ Ουρι, πέντε, ἄρχοντες οἴκων πατρικῶν[27] ἰσχυροὶ[28] δυνάμει.
καὶ ὁ ἀριθμὸς[29] αὐτῶν εἴκοσι[30] καὶ δύο χιλιάδες[31] καὶ τριάκοντα[32] τέσσαρες. **8** καὶ
υἱοὶ Βαχιρ· Ζαμαριας καὶ Ιωας καὶ Ελιεζερ καὶ Ελιθεναν καὶ Αμαρια καὶ Ιεριμωθ
καὶ Αβιου καὶ Αναθωθ καὶ Γεμεεθ. πάντες οὗτοι υἱοὶ Βαχιρ. **9** καὶ ὁ ἀριθμὸς[33] αὐτῶν
κατὰ γενέσεις[34] αὐτῶν, ἄρχοντες οἴκων πατριῶν[35] αὐτῶν ἰσχυροὶ[36] δυνάμει, εἴκοσι[37]

1 πέραν, far side
2 δυσμή, west
3 περισπόριον, surrounding land
4 περισπόριον, surrounding land
5 περισπόριον, surrounding land
6 περισπόριον, surrounding land
7 πατριά, paternal lineage, house
8 ἰσχυρός, strong, powerful
9 γένεσις, generation, lineage
10 ἀριθμός, number
11 εἴκοσι, twenty
12 χιλιάς, thousand
13 ἑξακόσιοι, six hundred
14 γένεσις, generation, lineage
15 πατρικός, ancestral, paternal
16 ἰσχυρός, strong, powerful
17 παρατάσσω, *aor mid inf*, align in battle order
18 τριάκοντα, thirty
19 ἕξ, six
20 χιλιάς, thousand
21 πληθύνω, *aor act ind 3p*, increase, multiply
22 πατριά, paternal lineage, house
23 ἰσχυρός, strong, powerful
24 ὀγδοήκοντα, eighty
25 χιλιάς, thousand
26 ἀριθμός, number
27 πατρικός, ancestral, paternal
28 ἰσχυρός, strong, powerful
29 ἀριθμός, number
30 εἴκοσι, twenty
31 χιλιάς, thousand
32 τριάκοντα, thirty
33 ἀριθμός, number
34 γένεσις, generation, lineage
35 πατριά, paternal lineage, house
36 ἰσχυρός, strong, powerful
37 εἴκοσι, twenty

χιλιάδες[1] καὶ διακόσιοι.[2] **10** καὶ υἱοὶ Ιαδιηλ· Βαλααν. καὶ υἱοὶ Βαλααν· Ιαους καὶ Βενιαμιν καὶ Αωθ καὶ Χανανα καὶ Ζαιθαν καὶ Ραμεσσαι καὶ Αχισααρ. **11** πάντες οὗτοι υἱοὶ Ιαδιηλ ἄρχοντες τῶν πατριῶν[3] ἰσχυροὶ[4] δυνάμει ἑπτακαίδεκα[5] χιλιάδες[6] καὶ διακόσιοι[7] ἐκπορευόμενοι δυνάμει τοῦ πολεμεῖν. **12** καὶ Σαπφιν καὶ Απφιν καὶ υἱοὶ Ραωμ· υἱὸς αὐτοῦ Αερ.

Descendants of Naphtali

13 Υἱοὶ Νεφθαλι· Ιασιηλ καὶ Γωνι καὶ Ισσιηρ καὶ Σαλωμ, υἱοὶ Βαλαα.

Descendants of Manasseh

14 Υἱοὶ Μανασση· Ασεριηλ, ὃν ἔτεκεν[8] ἡ παλλακὴ[9] αὐτοῦ ἡ Σύρα· ἔτεκεν τὸν Μαχιρ πατέρα Γαλααδ. **15** καὶ Μαχιρ ἔλαβεν γυναῖκα τῷ Αμφιν καὶ Μαμφιν· καὶ ὄνομα ἀδελφῆς αὐτοῦ Μοωχα. καὶ ὄνομα τῷ δευτέρῳ Σαλπααδ, καὶ ἐγεννήθησαν τῷ Σαλπααδ θυγατέρες.[10] **16** καὶ ἔτεκεν[11] Μοωχα γυνὴ Μαχιρ υἱὸν καὶ ἐκάλεσεν τὸ ὄνομα αὐτοῦ Φαρες, καὶ ὄνομα ἀδελφοῦ αὐτοῦ Σορος· υἱὸς αὐτοῦ Ουλαμ. **17** καὶ υἱοὶ Ουλαμ· Βαδαν. οὗτοι υἱοὶ Γαλααδ υἱοῦ Μαχιρ υἱοῦ Μανασση. **18** καὶ ἀδελφὴ αὐτοῦ ἡ Μαλεχεθ ἔτεκεν[12] τὸν Ισαδεκ καὶ τὸν Αβιεζερ καὶ τὸν Μαελα. **19** καὶ ἦσαν υἱοὶ Σεμιρα· Ιααιμ καὶ Συχεμ καὶ Λακεϊ καὶ Ανιαμ.

Descendants of Ephraim

20 Καὶ υἱοὶ Εφραιμ· Σωθαλα, καὶ Βαραδ υἱὸς αὐτοῦ, καὶ Θααθ υἱὸς αὐτοῦ, Ελεαδα υἱὸς αὐτοῦ, Νομεε υἱὸς αὐτοῦ, **21** Ζαβεδ υἱὸς αὐτοῦ, Σωθελε υἱὸς αὐτοῦ καὶ Εζερ καὶ Ελεαδ. καὶ ἀπέκτειναν αὐτοὺς ἄνδρες Γεθ οἱ τεχθέντες[13] ἐν τῇ γῇ, ὅτι κατέβησαν λαβεῖν τὰ κτήνη[14] αὐτῶν. **22** καὶ ἐπένθησεν[15] Εφραιμ πατὴρ αὐτῶν ἡμέρας πολλάς, καὶ ἦλθον ἀδελφοὶ αὐτοῦ τοῦ παρακαλέσαι αὐτόν. **23** καὶ εἰσῆλθεν πρὸς τὴν γυναῖκα αὐτοῦ, καὶ ἔλαβεν ἐν γαστρὶ[16] καὶ ἔτεκεν[17] υἱόν, καὶ ἐκάλεσεν τὸ ὄνομα αὐτοῦ Βαραγα, ὅτι Ἐν κακοῖς ἐγένετο ἐν οἴκῳ μου. **24** καὶ ἐν ἐκείνοις τοῖς καταλοίποις[18] καὶ ᾠκοδόμησεν Βαιθωρων τὴν κάτω[19] καὶ τὴν ἄνω.[20] καὶ υἱοὶ Οζαν· Σεηρα **25** καὶ Ραφη υἱοὶ αὐτοῦ, Ρασεφ καὶ Θαλε υἱοὶ αὐτοῦ, Θαεν υἱὸς αὐτοῦ. **26** τῷ Λααδαν υἱῷ αὐτοῦ Αμιουδ υἱὸς αὐτοῦ, Ελισαμα υἱὸς αὐτοῦ, **27** Νουμ υἱὸς αὐτοῦ, Ιησουε υἱὸς αὐτοῦ.

1 χιλιάς, thousand
2 διακόσιοι, two hundred
3 πατριά, paternal lineage, house
4 ἰσχυρός, strong, powerful
5 ἑπτακαίδεκα, seventeen
6 χιλιάς, thousand
7 διακόσιοι, two hundred
8 τίκτω, *aor act ind 3s*, bear, give birth
9 παλλακή, concubine
10 θυγάτηρ, daughter
11 τίκτω, *aor act ind 3s*, bear, give birth
12 τίκτω, *aor act ind 3s*, bear, give birth
13 τίκτω, *aor pas ptc nom p m*, bear, give birth
14 κτῆνος, animal, (*p*) herd
15 πενθέω, *aor act ind 3s*, grieve, mourn
16 γαστήρ, womb
17 τίκτω, *aor act ind 3s*, bear, give birth
18 κατάλοιπος, remnant, remainder
19 κάτω, lower
20 ἄνω, upper

28 καὶ κατάσχεσις[1] αὐτῶν καὶ κατοικία[2] αὐτῶν· Βαιθηλ καὶ αἱ κῶμαι[3] αὐτῆς, κατ'
ἀνατολὰς[4] Νααραν, πρὸς δυσμαῖς[5] Γαζερ καὶ αἱ κῶμαι αὐτῆς· καὶ Συχεμ καὶ αἱ κῶμαι
αὐτῆς ἕως Γαιαν καὶ αἱ κῶμαι αὐτῆς. **29** καὶ ἕως ὁρίων[6] υἱῶν Μανασση· Βαιθσααν
καὶ αἱ κῶμαι[7] αὐτῆς, Θααναχ καὶ αἱ κῶμαι αὐτῆς καὶ Βαλαδ καὶ αἱ κῶμαι αὐτῆς,
Μαγεδδω καὶ αἱ κῶμαι αὐτῆς, Δωρ καὶ αἱ κῶμαι αὐτῆς. ἐν ταύταις κατῴκησαν οἱ
υἱοὶ Ιωσηφ υἱοῦ Ισραηλ.

Descendants of Asher

30 Υἱοὶ Ασηρ· Ιεμνα καὶ Ισουα καὶ Ισουι καὶ Βεριγα, καὶ Σορε ἀδελφὴ αὐτῶν. **31** καὶ
υἱοὶ Βεριγα· Χαβερ καὶ Μελχιηλ, οὗτος πατὴρ Βερζαιθ. **32** καὶ Χαβερ ἐγέννησεν
τὸν Ιαφαλητ καὶ τὸν Σαμηρ καὶ τὸν Χωθαμ καὶ τὴν Σωλα ἀδελφὴν αὐτῶν. **33** καὶ
υἱοὶ Ιαφαλητ· Φεσηχι, Βαμαηλ καὶ Ασιθ· οὗτοι υἱοὶ Ιαφαλητ. **34** καὶ υἱοὶ Σεμμηρ·
Αχιουραογα καὶ Οβα καὶ Αραμ **35** καὶ Βανηελαμ· ἀδελφοὶ αὐτοῦ Σωφα καὶ Ιμανα
καὶ Σελλης καὶ Αμαλ. **36** υἱοὶ Σωφα· Χουχι, Αρναφαρ καὶ Σουαλ καὶ Βαρι καὶ Ιμαρη,
37 Σοβαλ καὶ Ωδ καὶ Σεμμα καὶ Σαλισα καὶ Ιεθραν καὶ Βηρα. **38** καὶ υἱοὶ Ιεθερ·
Ιφινα καὶ Φασφα καὶ Αρα. **39** καὶ υἱοὶ Ωλα· Ορεχ, Ανιηλ καὶ Ρασια. **40** πάντες
οὗτοι υἱοὶ Ασηρ, πάντες ἄρχοντες πατριῶν[8] ἐκλεκτοὶ[9] ἰσχυροὶ[10] δυνάμει, ἄρχοντες
ἡγούμενοι·[11] ἀριθμὸς[12] αὐτῶν εἰς παράταξιν[13] τοῦ πολεμεῖν, ἀριθμὸς[14] αὐτῶν ἄνδρες
εἴκοσι[15] ἕξ[16] χιλιάδες.[17]

Descendants of Benjamin

8 Καὶ Βενιαμιν ἐγέννησεν τὸν Βαλε πρωτότοκον[18] αὐτοῦ καὶ Ασβηλ τὸν δεύτερον,
Ααρα τὸν τρίτον, **2** Νωα τὸν τέταρτον[19] καὶ Ραφη τὸν πέμπτον.[20] **3** καὶ ἦσαν
υἱοὶ τῷ Βαλε· Αδερ καὶ Γηρα καὶ Αβιουδ **4** καὶ Αβισουε καὶ Νοομα καὶ Αχια **5** καὶ
Γηρα καὶ Σωφαρφακ καὶ Ωιμ. — **6** οὗτοι υἱοὶ Αωδ· οὗτοί εἰσιν ἄρχοντες πατριῶν[21]
τοῖς κατοικοῦσιν Γαβεε, καὶ μετῴκισαν[22] αὐτοὺς εἰς Μαναχαθι· **7** καὶ Νοομα καὶ
Αχια καὶ Γηρα· οὗτος ιγλααμ[23] καὶ ἐγέννησεν τὸν Νаανα καὶ τὸν Αχιχωδ. **8** καὶ
Σααρημ ἐγέννησεν ἐν τῷ πεδίῳ[24] Μωαβ μετὰ τὸ ἀποστεῖλαι αὐτὸν Ωσιμ καὶ τὴν
Βααδα γυναῖκα αὐτοῦ. **9** καὶ ἐγέννησεν ἐκ τῆς Αδα γυναικὸς αὐτοῦ τὸν Ιωβαβ καὶ
τὸν Σεβια καὶ τὸν Μισα καὶ τὸν Μελχαμ **10** καὶ τὸν Ιαως καὶ τὸν Σαβια καὶ τὸν

1 κατάσχεσις, possession
2 κατοικία, habitation, dwelling place
3 κώμη, village
4 ἀνατολή, east
5 δυσμή, west
6 ὅριον, boundary, territory
7 κώμη, village
8 πατριά, paternal lineage, house
9 ἐκλεκτός, chosen, select
10 ἰσχυρός, strong, powerful
11 ἡγέομαι, *pres mid ptc nom p m*, lead, go first
12 ἀριθμός, number
13 παράταξις, battle line
14 ἀριθμός, number
15 εἴκοσι, twenty
16 ἕξ, six
17 χιλιάς, thousand
18 πρωτότοκος, firstborn
19 τέταρτος, fourth
20 πέμπτος, fifth
21 πατριά, paternal lineage, house
22 μετοικίζω, *aor act ind 3p*, resettle, take into exile
23 ιγλααμ, take into exile, *translit.*
24 πεδίον, plain

Μαρμα· οὗτοι ἄρχοντες πατριῶν.[1] **11** καὶ ἐκ τῆς Ωσιμ ἐγέννησεν τὸν Αβιτωβ καὶ τὸν
Αλφααλ. **12** καὶ υἱοὶ Αλφααλ· Ωβηδ, Μεσσααμ, Σεμμηρ· οὗτος ᾠκοδόμησεν τὴν
Ωνω καὶ τὴν Λοδ καὶ τὰς κώμας[2] αὐτῆς. — **13** καὶ Βεριγα καὶ Σαμα· οὗτοι ἄρχοντες
τῶν πατριῶν[3] τοῖς κατοικοῦσιν Αιλαμ, καὶ οὗτοι ἐξεδίωξαν[4] τοὺς κατοικοῦντας
Γεθ. **14** καὶ ἀδελφὸς αὐτοῦ Σωσηκ καὶ Ιαριμωθ **15** καὶ Ζαβαδια καὶ Ωρηρ καὶ Ωδηδ
16 καὶ Μιχαηλ καὶ Ιεσφα καὶ Ιωχα υἱοὶ Βαριγα. **17** καὶ Ζαβαδια καὶ Μοσολλαμ καὶ
Αζακι καὶ Αβαρ **18** καὶ Ισαμαρι καὶ Ιεζλια καὶ Ιωβαβ υἱοὶ Ελφααλ. **19** καὶ Ιακιμ καὶ
Ζεχρι καὶ Ζαβδι **20** καὶ Ελιωηναι καὶ Σαλθι καὶ Ελιηλι **21** καὶ Αδαια καὶ Βαραια καὶ
Σαμαραθ υἱοὶ Σαμαϊ. **22** καὶ Ισφαν καὶ Ωβηδ καὶ Ελεηλ **23** καὶ Αβαδων καὶ Ζεχρι
καὶ Αναν **24** καὶ Ανανια καὶ Αμβρι καὶ Αιλαμ καὶ Αναθωθια **25** καὶ Αθιν καὶ Ιεφερια
καὶ Φελιηλ υἱοὶ Σωσηκ. **26** καὶ Σαμσαρια καὶ Σααρια καὶ Ογοθολια **27** καὶ Ιαρασια
καὶ Ηλια καὶ Ζεχρι υἱοὶ Ιρααμ. **28** οὗτοι ἄρχοντες πατριῶν[5] κατὰ γενέσεις[6] αὐτῶν
ἄρχοντες· οὗτοι κατῴκησαν ἐν Ιερουσαλημ.

29 καὶ ἐν Γαβαων κατῴκησεν πατὴρ Γαβαων, καὶ ὄνομα γυναικὶ αὐτοῦ Μααχα.
30 καὶ υἱὸς αὐτῆς ὁ πρωτότοκος[7] Αβαδων, καὶ Σουρ καὶ Κις καὶ Βααλ καὶ Νηρ
καὶ Ναδαβ **31** καὶ Γεδουρ καὶ ἀδελφὸς αὐτοῦ καὶ Ζαχουρ καὶ Μακαλωθ· **32** καὶ
Μακαλωθ ἐγέννησεν τὸν Σεμαα. καὶ γὰρ οὗτοι κατέναντι[8] τῶν ἀδελφῶν αὐτῶν
κατῴκησαν ἐν Ιερουσαλημ μετὰ τῶν ἀδελφῶν αὐτῶν.

Genealogy of Saul

33 καὶ Νηρ ἐγέννησεν τὸν Κις, καὶ Κις ἐγέννησεν τὸν Σαουλ, καὶ Σαουλ ἐγέννησεν
τὸν Ιωναθαν καὶ τὸν Μελχισουε καὶ τὸν Αμιναδαβ καὶ τὸν Ασαβαλ. **34** καὶ υἱοὶ
Ιωναθαν· Μεριβααλ. καὶ Μεριβααλ ἐγέννησεν τὸν Μιχια. **35** καὶ υἱοὶ Μιχια· Φιθων
καὶ Μελχηλ καὶ Θερεε καὶ Αχαζ. **36** καὶ Αχαζ ἐγέννησεν τὸν Ιωιαδα, καὶ Ιωιαδα
ἐγέννησεν τὸν Γαλεμαθ καὶ τὸν Ασμωθ καὶ τὸν Ζαμβρι, καὶ Ζαμβρι ἐγέννησεν
τὸν Μαισα· **37** καὶ Μαισα ἐγέννησεν τὸν Βαανα· Ραφαια υἱὸς αὐτοῦ, Ελασα υἱὸς
αὐτοῦ, Εσηλ υἱὸς αὐτοῦ. **38** καὶ τῷ Εσηλ ἓξ[9] υἱοί, καὶ ταῦτα τὰ ὀνόματα αὐτῶν·
Εζρικαμ πρωτότοκος[10] αὐτοῦ, καὶ Ισμαηλ καὶ Σαραια καὶ Αβδια καὶ Αναν· πάντες
οὗτοι υἱοὶ Εσηλ. **39** καὶ υἱοὶ Ασηλ ἀδελφοῦ αὐτοῦ· Αιλαμ πρωτότοκος[11] αὐτοῦ,
καὶ Ιαις ὁ δεύτερος, Ελιφαλετ ὁ τρίτος. **40** καὶ ἦσαν υἱοὶ Αιλαμ ἰσχυροὶ[12] ἄνδρες
δυνάμει τείνοντες[13] τόξον[14] καὶ πληθύνοντες[15] υἱοὺς καὶ υἱοὺς τῶν υἱῶν, ἑκατὸν[16]
πεντήκοντα.[17] πάντες οὗτοι ἐξ υἱῶν Βενιαμιν.

1 πατριά, paternal lineage, house
2 κώμη, village
3 πατριά, paternal lineage, house
4 ἐκδιώκω, *aor act ind 3p*, drive out
5 πατριά, paternal lineage, house
6 γένεσις, generation, lineage
7 πρωτότοκος, firstborn
8 κατέναντι, opposite
9 ἕξ, six
10 πρωτότοκος, firstborn
11 πρωτότοκος, firstborn
12 ἰσχυρός, strong, powerful
13 τείνω, *pres act ptc nom p m*, draw (a bow)
14 τόξον, bow
15 πληθύνω, *pres act ptc nom p m*, increase, multiply
16 ἑκατόν, one hundred
17 πεντήκοντα, fifty

People of Jerusalem

9 Καὶ πᾶς Ισραηλ, ὁ συλλοχισμὸς[1] αὐτῶν, καὶ οὗτοι καταγεγραμμένοι[2] ἐν βιβλίῳ
τῶν βασιλέων Ισραηλ καὶ Ιουδα μετὰ τῶν ἀποικισθέντων[3] εἰς Βαβυλῶνα ἐν
ταῖς ἀνομίαις[4] αὐτῶν.

2 καὶ οἱ κατοικοῦντες πρότερον[5] ἐν ταῖς κατασχέσεσιν[6] αὐτῶν ἐν ταῖς πόλεσιν·
Ισραηλ, οἱ ἱερεῖς, οἱ Λευῖται καὶ οἱ δεδομένοι. **3** Καὶ ἐν Ιερουσαλημ κατῴκησαν
ἀπὸ τῶν υἱῶν Ιουδα καὶ ἀπὸ τῶν υἱῶν Βενιαμιν καὶ ἀπὸ τῶν υἱῶν Εφραιμ καὶ
Μανασση· **4** Γωθι υἱὸς Αμμιουδ υἱοῦ Αμρι υἱοῦ υἱῶν Φαρες υἱοῦ Ιουδα. **5** καὶ ἐκ
τῶν Σηλωνι· Ασαια πρωτότοκος[7] αὐτοῦ καὶ υἱοὶ αὐτοῦ. **6** ἐκ τῶν υἱῶν Ζαρα· Ιιηλ
καὶ ἀδελφοὶ αὐτῶν, ἑξακόσιοι[8] καὶ ἐνενήκοντα.[9] **7** καὶ ἐκ τῶν υἱῶν Βενιαμιν· Σαλω
υἱὸς Μοσολλαμ υἱοῦ Ωδουια υἱοῦ Σαναα **8** καὶ Ιβανaa υἱὸς Ιρααμ, καὶ οὗτοι υἱοὶ Οζι
υἱοῦ Μαχιρ· καὶ Μασσαλημ υἱὸς Σαφατια υἱοῦ Ραγουηλ υἱοῦ Βαναια **9** καὶ ἀδελφοὶ
αὐτῶν κατὰ γενέσεις[10] αὐτῶν, ἐννακόσιοι[11] πεντήκοντα[12] ἕξ,[13] πάντες οἱ ἄνδρες
ἄρχοντες πατριῶν[14] κατ᾽ οἴκους πατριῶν αὐτῶν.

Families of the Priests

10 Καὶ ἀπὸ τῶν ἱερέων· Ιωδαε καὶ Ιωαριμ καὶ Ιαχιν **11** καὶ Αζαρια υἱὸς Χελκια υἱοῦ
Μοσολλαμ υἱοῦ Σαδωκ υἱοῦ Μαραιωθ υἱοῦ Αχιτωβ ἡγούμενος[15] οἴκου τοῦ θεοῦ
12 καὶ Αδαια υἱὸς Ιρααμ υἱοῦ Πασχωρ υἱοῦ Μαλχια καὶ Μαασαια υἱὸς Αδιηλ υἱοῦ
Ιεδιου υἱοῦ Μοσολλαμ υἱοῦ Μασελμωθ υἱοῦ Εμμηρ **13** καὶ ἀδελφοὶ αὐτῶν ἄρχοντες
οἴκων πατριῶν[16] χίλιοι[17] ἑπτακόσιοι[18] ἑξήκοντα[19] ἰσχυροὶ[20] δυνάμει εἰς ἐργασίαν[21]
λειτουργίας[22] οἴκου τοῦ θεοῦ.

Families of the Levites

14 Καὶ ἐκ τῶν Λευιτῶν· Σαμαια υἱὸς Ασωβ υἱοῦ Εσρικαμ υἱοῦ Ασαβια ἐκ τῶν υἱῶν
Μεραρι **15** καὶ Βακβακαρ καὶ Αρης καὶ Γαλαλ καὶ Μανθανιας υἱὸς Μιχα υἱοῦ Ζεχρι
υἱοῦ Ασαφ **16** καὶ Αβδια υἱὸς Σαμια υἱοῦ Γαλαλ υἱοῦ Ιδιθων καὶ Βαραχια υἱὸς Οσσα
υἱοῦ Ηλκανα ὁ κατοικῶν ἐν ταῖς κώμαις[23] Νετωφατι.

1 συλλοχισμός, register, enrollment
2 καταγράφω, *perf pas ptc nom p m*, write down
3 ἀποικίζω, *aor pas ptc gen p m*, send into exile
4 ἀνομία, lawlessness, evil conduct
5 πρότερος, earlier, formerly
6 κατάσχεσις, possession
7 πρωτότοκος, firstborn
8 ἑξακόσιοι, six hundred
9 ἐνενήκοντα, ninety
10 γένεσις, generation, lineage
11 ἐννακόσιοι, nine hundred
12 πεντήκοντα, fifty
13 ἕξ, six
14 πατριά, paternal lineage, house
15 ἡγέομαι, *pres mid ptc nom s m*, lead
16 πατριά, paternal lineage, house
17 χίλιοι, one thousand
18 ἑπτακόσιοι, seven hundred
19 ἑξήκοντα, sixty
20 ἰσχυρός, strong, powerful
21 ἐργασία, work
22 λειτουργία, ministry, religious service
23 κώμη, village

17 οἱ πυλωροί·[1] Σαλωμ καὶ Ακουβ καὶ Ταλμαν καὶ Αιμαν καὶ ἀδελφοὶ αὐτῶν, Σαλωμ
ὁ ἄρχων· **18** καὶ ἕως ταύτης ἐν τῇ πύλῃ[2] τοῦ βασιλέως κατ᾽ ἀνατολάς·[3] αὗται αἱ
πύλαι τῶν παρεμβολῶν[4] υἱῶν Λευι. **19** καὶ Σαλωμ υἱὸς Κωρη υἱοῦ Αβιασαφ υἱοῦ
Κορε καὶ οἱ ἀδελφοὶ αὐτοῦ εἰς οἶκον πατρὸς αὐτοῦ, οἱ Κορῖται, ἐπὶ τῶν ἔργων
τῆς λειτουργίας[5] φυλάσσοντες τὰς φυλακὰς τῆς σκηνῆς,[6] καὶ πατέρες αὐτῶν ἐπὶ
τῆς παρεμβολῆς[7] κυρίου φυλάσσοντες τὴν εἴσοδον.[8] **20** καὶ Φινεες υἱὸς Ελεαζαρ
ἡγούμενος[9] ἦν ἐπ᾽ αὐτῶν ἔμπροσθεν, καὶ οὗτοι μετ᾽ αὐτοῦ. **21** Ζαχαριας υἱὸς Μασα-
λαμι πυλωρὸς[10] τῆς θύρας τῆς σκηνῆς[11] τοῦ μαρτυρίου.[12] **22** πάντες οἱ ἐκλεκτοὶ[13]
ταῖς πύλαις[14] ἐν ταῖς πύλαις διακόσιοι[15] καὶ δέκα[16] δύο· οὗτοι ἐν ταῖς αὐλαῖς[17] αὐτῶν,
ὁ καταλοχισμὸς[18] αὐτῶν· τούτους ἔστησεν Δαυιδ καὶ Σαμουηλ ὁ βλέπων τῇ πίστει
αὐτῶν. **23** καὶ οὗτοι καὶ οἱ υἱοὶ αὐτῶν ἐπὶ τῶν πυλῶν[19] ἐν οἴκῳ κυρίου, ἐν οἴκῳ τῆς
σκηνῆς,[20] τοῦ φυλάσσειν. **24** κατὰ τοὺς τέσσαρας ἀνέμους[21] ἦσαν αἱ πύλαι,[22] κατ᾽
ἀνατολάς,[23] θάλασσαν, βορρᾶν,[24] νότον.[25] **25** καὶ ἀδελφοὶ αὐτῶν ἐν ταῖς αὐλαῖς[26]
αὐτῶν τοῦ εἰσπορεύεσθαι[27] κατὰ ἑπτὰ ἡμέρας ἀπὸ καιροῦ εἰς καιρὸν μετὰ τούτων·
26 ὅτι ἐν πίστει εἰσὶν τέσσαρες δυνατοὶ τῶν πυλῶν.[28] — οἱ Λευῖται ἦσαν ἐπὶ τῶν
παστοφορίων[29] καὶ ἐπὶ τῶν θησαυρῶν[30] οἴκου τοῦ θεοῦ **27** καὶ περικύκλῳ[31] οἴκου
τοῦ θεοῦ παρεμβαλοῦσιν,[32] ὅτι ἐπ᾽ αὐτοὺς φυλακή, καὶ οὗτοι ἐπὶ τῶν κλειδῶν[33] τὸ
πρωὶ[34] πρωὶ ἀνοίγειν τὰς θύρας τοῦ ἱεροῦ.[35]

28 καὶ ἐξ αὐτῶν ἐπὶ τὰ σκεύη[36] τῆς λειτουργίας,[37] ὅτι ἐν ἀριθμῷ[38] εἰσοίσουσιν[39]
αὐτὰ καὶ ἐν ἀριθμῷ[40] ἐξοίσουσιν[41] αὐτά. **29** καὶ ἐξ αὐτῶν καθεσταμένοι[42] ἐπὶ τὰ
σκεύη[43] καὶ ἐπὶ πάντα τὰ σκεύη τὰ ἅγια καὶ ἐπὶ τῆς σεμιδάλεως,[44] τοῦ οἴνου, τοῦ

1 πυλωρός, gatekeeper
2 πύλη, gate
3 ἀνατολή, east
4 παρεμβολή, camp
5 λειτουργία, ministry, religious service
6 σκηνή, tent
7 παρεμβολή, camp
8 εἴσοδος, entrance
9 ἡγέομαι, *pres mid ptc nom s m*, lead
10 πυλωρός, gatekeeper
11 σκηνή, tent
12 μαρτύριον, witness
13 ἐκλεκτός, chosen, selected
14 πύλη, gate
15 διακόσιοι, two hundred
16 δέκα, ten
17 αὐλή, court
18 καταλοχισμός, registration, enrollment
19 πύλη, gate
20 σκηνή, tent
21 ἄνεμος, wind
22 πύλη, gate
23 ἀνατολή, east
24 βορρᾶς, north
25 νότος, south
26 αὐλή, court
27 εἰσπορεύομαι, *pres mid inf*, enter in
28 πύλη, gate
29 παστοφόριον, chamber
30 θησαυρός, treasury
31 περικύκλῳ, around
32 παρεμβάλλω, *fut act ind 3p*, pitch camp
33 κλείς, key
34 πρωί, (in the) morning
35 ἱερόν, temple
36 σκεῦος, item, utensil, equipment
37 λειτουργία, ministry, religious service
38 ἀριθμός, number
39 εἰσφέρω, *fut act ind 3p*, carry in, bring in
40 ἀριθμός, number
41 ἐκφέρω, *fut act ind 3p*, carry out, bring out
42 καθίστημι, *perf pas ptc nom p m*, appoint
43 σκεῦος, item, utensil, equipment
44 σεμίδαλις, fine wheat flour

ἐλαίου,[1] τοῦ λιβανωτοῦ[2] καὶ τῶν ἀρωμάτων.[3] **30** καὶ ἀπὸ τῶν υἱῶν τῶν ἱερέων ἦσαν
μυρεψοὶ[4] τοῦ μύρου[5] καὶ εἰς τὰ ἀρώματα.[6] **31** καὶ Ματταθιας ἐκ τῶν Λευιτῶν (οὗτος
ὁ πρωτότοκος[7] τῷ Σαλωμ τῷ Κορίτῃ) ἐν τῇ πίστει ἐπὶ τὰ ἔργα τῆς θυσίας[8] τοῦ
τηγάνου[9] τοῦ μεγάλου ἱερέως. **32** καὶ Βαναιας ὁ Καaθίτης ἐκ τῶν ἀδελφῶν αὐτῶν
ἐπὶ τῶν ἄρτων τῆς προθέσεως[10] τοῦ ἑτοιμάσαι σάββατον κατὰ σάββατον.

33 καὶ οὗτοι ψαλτῳδοὶ[11] ἄρχοντες τῶν πατριῶν[12] τῶν Λευιτῶν, διατεταγμέναι[13]
ἐφημερίαι,[14] ὅτι ἡμέρα καὶ νὺξ ἐπ᾽ αὐτοῖς ἐν τοῖς ἔργοις· **34** οὗτοι ἄρχοντες τῶν
πατριῶν[15] τῶν Λευιτῶν κατὰ γενέσεις[16] αὐτῶν ἄρχοντες· οὗτοι κατῴκησαν ἐν
Ιερουσαλημ.

Family of King Saul

35 Καὶ ἐν Γαβαων κατῴκησεν πατὴρ Γαβαων Ιιηλ, καὶ ὄνομα γυναικὸς αὐτοῦ Μοωχα·
36 καὶ υἱὸς αὐτοῦ ὁ πρωτότοκος[17] Αβαδων καὶ Σιρ καὶ Κις καὶ Βααλ καὶ Νηρ καὶ
Ναδαβ **37** καὶ Γεδουρ καὶ ἀδελφὸς καὶ Ζαχαρια καὶ Μακελλωθ. **38** καὶ Μακελλωθ
ἐγέννησεν τὸν Σαμαα. καὶ οὗτοι ἐν μέσῳ τῶν ἀδελφῶν αὐτῶν κατῴκησαν ἐν Ιερου-
σαλημ μετὰ τῶν ἀδελφῶν αὐτῶν.

39 Καὶ Νηρ ἐγέννησεν τὸν Κις, καὶ Κις ἐγέννησεν τὸν Σαουλ, καὶ Σαουλ ἐγέννησεν
τὸν Ιωναθαν καὶ τὸν Μελχισουε καὶ τὸν Αμιναδαβ καὶ τὸν Ισβααλ. **40** καὶ υἱὸς
Ιωναθαν Μαριβααλ, καὶ Μαριβααλ ἐγέννησεν τὸν Μιχα. **41** καὶ υἱοὶ Μιχα· Φαιθων
καὶ Μαλαχ καὶ Θαραχ. **42** καὶ Αχαζ ἐγέννησεν τὸν Ιαδα, καὶ Ιαδα ἐγέννησεν τὸν
Γαλεμεθ καὶ τὸν Γαζμωθ καὶ τὸν Ζαμβρι, καὶ Ζαμβρι ἐγέννησεν τὸν Μασα, **43** καὶ
Μασα ἐγέννησεν τὸν Βαανα, Ραφαια υἱὸς αὐτοῦ, Ελεασα υἱὸς αὐτοῦ, Εσηλ υἱὸς
αὐτοῦ. **44** καὶ τῷ Εσηλ ἓξ[18] υἱοί, καὶ ταῦτα τὰ ὀνόματα αὐτῶν· Εσδρικαμ πρωτό-
τοκος[19] αὐτοῦ, Ισμαηλ καὶ Σαρια καὶ Αβδια καὶ Αναν· οὗτοι υἱοὶ Εσηλ.

Death of Saul and His Sons

10 Καὶ ἀλλόφυλοι[20] ἐπολέμησαν πρὸς Ισραηλ, καὶ ἔφυγον[21] ἀπὸ προσώπου
ἀλλοφύλων, καὶ ἔπεσον τραυματίαι[22] ἐν ὄρει Γελβουε. **2** καὶ κατεδίωξαν[23]

1 ἔλαιον, oil
2 λιβανωτός, frankincense, *Heb. LW*
3 ἄρωμα, spice
4 μυρεψός, perfumer
5 μύρον, perfume, ointment
6 ἄρωμα, spice
7 πρωτότοκος, firstborn
8 θυσία, sacrifice
9 τήγανον, pan
10 πρόθεσις, presentation, setting forth
11 ψαλτῳδός, psalm singer
12 πατριά, paternal lineage, house
13 διατάσσω, *perf pas ptc nom p f*, assign, arrange
14 ἐφημερία, division, class
15 πατριά, paternal lineage, house
16 γένεσις, generation, lineage
17 πρωτότοκος, firstborn
18 ἕξ, six
19 πρωτότοκος, firstborn
20 ἀλλόφυλος, foreign, (Philistine)
21 φεύγω, *aor act ind 3p*, flee
22 τραυματίας, casualty
23 καταδιώκω, *aor act ind 3p*, pursue closely

ἀλλόφυλοι[1] ὀπίσω Σαουλ καὶ ὀπίσω υἱῶν αὐτοῦ, καὶ ἐπάταξαν[2] ἀλλόφυλοι τὸν Ιωναθαν καὶ τὸν Αμιναδαβ καὶ τὸν Μελχισουε υἱοὺς Σαουλ.
3 καὶ ἐβαρύνθη[3] ὁ πόλεμος ἐπὶ Σαουλ, καὶ εὗρον αὐτὸν οἱ τοξόται[4] ἐν τοῖς τόξοις[5] καὶ πόνοις,[6] καὶ ἐπόνεσεν[7] ἀπὸ τῶν τόξων.
4 καὶ εἶπεν Σαουλ τῷ αἴροντι τὰ σκεύη[8] αὐτοῦ Σπάσαι[9] τὴν ῥομφαίαν[10] σου καὶ ἐκκέντησόν[11] με ἐν αὐτῇ, μὴ ἔλθωσιν οἱ ἀπερίτμητοι[12] οὗτοι καὶ ἐμπαίξωσίν[13] μοι. καὶ οὐκ ἐβούλετο ὁ αἴρων τὰ σκεύη[14] αὐτοῦ, ὅτι ἐφοβεῖτο σφόδρα·[15] καὶ ἔλαβεν Σαουλ τὴν ῥομφαίαν καὶ ἐπέπεσεν[16] ἐπ᾽ αὐτήν.
5 καὶ εἶδεν ὁ αἴρων τὰ σκεύη[17] αὐτοῦ ὅτι ἀπέθανεν Σαουλ, καὶ ἔπεσεν καί γε αὐτὸς ἐπὶ τὴν ῥομφαίαν[18] αὐτοῦ καὶ ἀπέθανεν.
6 καὶ ἀπέθανεν Σαουλ καὶ τρεῖς υἱοὶ αὐτοῦ ἐν τῇ ἡμέρᾳ ἐκείνῃ, καὶ πᾶς ὁ οἶκος αὐτοῦ ἐπὶ τὸ αὐτὸ ἀπέθανεν.

7 καὶ εἶδεν πᾶς ἀνὴρ Ισραηλ ὁ ἐν τῷ αὐλῶνι[19] ὅτι ἔφυγεν[20] Ισραηλ καὶ ὅτι ἀπέθανεν Σαουλ καὶ οἱ υἱοὶ αὐτοῦ, καὶ κατέλιπον[21] τὰς πόλεις αὐτῶν καὶ ἔφυγον·[22] καὶ ἦλθον ἀλλόφυλοι[23] καὶ κατῴκησαν ἐν αὐταῖς.

8 καὶ ἐγένετο τῇ ἐχομένῃ καὶ ἦλθον ἀλλόφυλοι[24] τοῦ σκυλεύειν[25] τοὺς τραυματίας[26] καὶ εὗρον τὸν Σαουλ καὶ τοὺς υἱοὺς αὐτοῦ πεπτωκότας ἐν τῷ ὄρει Γελβουε.
9 καὶ ἐξέδυσαν[27] αὐτὸν καὶ ἔλαβον τὴν κεφαλὴν αὐτοῦ καὶ τὰ σκεύη[28] αὐτοῦ καὶ ἀπέστειλαν εἰς γῆν ἀλλοφύλων[29] κύκλῳ[30] τοῦ εὐαγγελίσασθαι[31] τοῖς εἰδώλοις[32] αὐτῶν καὶ τῷ λαῷ·
10 καὶ ἔθηκαν τὰ σκεύη[33] αὐτοῦ ἐν οἴκῳ θεοῦ αὐτῶν καὶ τὴν κεφαλὴν αὐτοῦ ἔθηκαν ἐν οἴκῳ Δαγων.

Tribute to Saul

11 καὶ ἤκουσαν πάντες οἱ κατοικοῦντες Γαλααδ ἅπαντα,[34] ἃ ἐποίησαν ἀλλόφυλοι[35] τῷ Σαουλ καὶ τῷ Ισραηλ.
12 καὶ ἠγέρθησαν[36] ἐκ Γαλααδ πᾶς ἀνὴρ δυνατὸς καὶ

1 ἀλλόφυλος, foreign, (Philistine)
2 πατάσσω, *aor act ind 3p*, strike
3 βαρύνω, *aor pas ind 3s*, be heavy
4 τοξότης, archer
5 τόξον, bow
6 πόνος, distress, pain
7 πονέω, *aor act ind 3s*, wound, afflict
8 σκεῦος, equipment
9 σπάω, *aor mid impv 2s*, draw
10 ῥομφαία, sword
11 ἐκκεντέω, *aor act impv 2s*, pierce, stab
12 ἀπερίτμητος, uncircumcised
13 ἐμπαίζω, *aor act sub 3p*, mock
14 σκεῦος, equipment
15 σφόδρα, very
16 ἐπιπίπτω, *aor act ind 3s*, fall upon
17 σκεῦος, equipment
18 ῥομφαία, sword
19 αὐλών, valley
20 φεύγω, *aor act ind 3s*, flee
21 καταλείπω, *aor act ind 3p*, abandon
22 φεύγω, *aor act ind 3p*, flee
23 ἀλλόφυλος, foreign, (Philistine)
24 ἀλλόφυλος, foreign, (Philistine)
25 σκυλεύω, *pres act inf*, plunder, strip (of weapons)
26 τραυματίας, casualty
27 ἐκδύω, *aor act ind 3p*, strip off
28 σκεῦος, equipment
29 ἀλλόφυλος, foreign, (Philistine)
30 κύκλῳ, surrounding
31 εὐαγγελίζομαι, *aor mid inf*, proclaim good news
32 εἴδωλον, idol, image
33 σκεῦος, equipment
34 ἅπας, all, everything
35 ἀλλόφυλος, foreign, (Philistine)
36 ἐγείρω, *aor pas ind 3p*, stir up, raise up

ἔλαβον τὸ σῶμα Σαουλ καὶ τὸ σῶμα τῶν υἱῶν αὐτοῦ καὶ ἤνεγκαν αὐτὰ εἰς Ιαβις
καὶ ἔθαψαν[1] τὰ ὀστᾶ[2] αὐτῶν ὑπὸ τὴν δρῦν[3] ἐν Ιαβις καὶ ἐνήστευσαν[4] ἑπτὰ ἡμέρας.

13 καὶ ἀπέθανεν Σαουλ ἐν ταῖς ἀνομίαις[5] αὐτοῦ, αἷς ἠνόμησεν[6] τῷ κυρίῳ, κατὰ τὸν
λόγον κυρίου, διότι[7] οὐκ ἐφύλαξεν· ὅτι ἐπηρώτησεν[8] Σαουλ ἐν τῷ ἐγγαστριμύθῳ[9]
τοῦ ζητῆσαι, καὶ ἀπεκρίνατο αὐτῷ Σαμουηλ ὁ προφήτης· **14** καὶ οὐκ ἐζήτησεν κύ-
ριον, καὶ ἀπέκτεινεν αὐτὸν καὶ ἐπέστρεψεν τὴν βασιλείαν τῷ Δαυιδ υἱῷ Ιεσσαι.

David Becomes King over All Israel

11 Καὶ ἦλθεν πᾶς Ισραηλ πρὸς Δαυιδ ἐν Χεβρων λέγοντες Ἰδοὺ ὀστᾶ[10] σου καὶ
σάρκες σου ἡμεῖς· **2** καὶ ἐχθὲς[11] καὶ τρίτην ὄντος Σαουλ βασιλέως σὺ ἦσθα ὁ
ἐξάγων[12] καὶ εἰσάγων[13] τὸν Ισραηλ, καὶ εἶπεν κύριος ὁ θεός σού σοι Σὺ ποιμανεῖς[14]
τὸν λαόν μου τὸν Ισραηλ, καὶ σὺ ἔσῃ εἰς ἡγούμενον[15] ἐπὶ Ισραηλ. **3** καὶ ἦλθον πάντες
πρεσβύτεροι Ισραηλ πρὸς τὸν βασιλέα εἰς Χεβρων, καὶ διέθετο[16] αὐτοῖς ὁ βασιλεὺς
Δαυιδ διαθήκην ἐν Χεβρων ἐναντίον[17] κυρίου, καὶ ἔχρισαν[18] τὸν Δαυιδ εἰς βασιλέα
ἐπὶ Ισραηλ κατὰ τὸν λόγον κυρίου διὰ χειρὸς Σαμουηλ.

Jerusalem Is Captured

4 Καὶ ἐπορεύθη ὁ βασιλεὺς καὶ ἄνδρες Ισραηλ εἰς Ιερουσαλημ (αὕτη Ιεβους), καὶ
ἐκεῖ οἱ Ιεβουσαῖοι οἱ κατοικοῦντες τὴν γῆν. **5** εἶπαν δὲ οἱ κατοικοῦντες Ιεβους τῷ
Δαυιδ Οὐκ εἰσελεύσῃ ὧδε.[19] καὶ προκατελάβετο[20] τὴν περιοχὴν[21] Σιων (αὕτη ἡ
πόλις Δαυιδ). **6** καὶ εἶπεν Δαυιδ Πᾶς τύπτων[22] Ιεβουσαῖον ἐν πρώτοις καὶ ἔσται εἰς
ἄρχοντα καὶ εἰς στρατηγόν·[23] καὶ ἀνέβη ἐπ᾽ αὐτὴν ἐν πρώτοις Ιωαβ υἱὸς Σαρουια
καὶ ἐγένετο εἰς ἄρχοντα. **7** καὶ ἐκάθισεν Δαυιδ ἐν τῇ περιοχῇ·[24] διὰ τοῦτο ἐκάλεσεν
αὐτὴν Πόλιν Δαυιδ· **8** καὶ ᾠκοδόμησεν τὴν πόλιν κύκλῳ·[25] καὶ ἐπολέμησεν καὶ
ἔλαβεν τὴν πόλιν. **9** καὶ ἐπορεύετο Δαυιδ πορευόμενος καὶ μεγαλυνόμενος,[26] καὶ
κύριος παντοκράτωρ[27] μετ᾽ αὐτοῦ.

1 θάπτω, *aor act ind 3p*, bury
2 ὀστέον, bone
3 δρῦς, oak
4 νηστεύω, *aor act ind 3p*, fast (from food)
5 ἀνομία, lawlessness, evil doing
6 ἀνομέω, *aor act ind 3s*, act lawlessly, do evil
7 διότι, because, since
8 ἐπερωτάω, *aor act ind 3s*, consult, inquire
9 ἐγγαστρίμυθος, one who delivers oracles by ventriloquism
10 ὀστέον, bone
11 ἐχθές, yesterday
12 ἐξάγω, *pres act ptc nom s m*, lead out
13 εἰσάγω, *pres act ptc nom s m*, bring in
14 ποιμαίνω, *fut act ind 2s*, tend, shepherd
15 ἡγέομαι, *pres mid ptc acc s m*, lead
16 διατίθημι, *aor mid ind 3s*, arrange, grant
17 ἐναντίον, before
18 χρίω, *aor act ind 3p*, anoint
19 ὧδε, here
20 προκαταλαμβάνω, *aor mid ind 3s*, capture, seize
21 περιοχή, fortified enclosure, stronghold
22 τύπτω, *pres act ptc nom s m*, strike
23 στρατηγός, commander
24 περιοχή, fortified enclosure, stronghold
25 κύκλῳ, around
26 μεγαλύνω, *pres pas ptc nom s m*, increase, make great
27 παντοκράτωρ, ruler of all, almighty

Deeds of David's Mighty Men

10 Καὶ οὗτοι οἱ ἄρχοντες τῶν δυνατῶν, οἳ ἦσαν τῷ Δαυιδ, οἱ κατισχύοντες[1] μετ'
αὐτοῦ ἐν τῇ βασιλείᾳ αὐτοῦ μετὰ παντὸς Ισραηλ τοῦ βασιλεῦσαι[2] αὐτὸν κατὰ τὸν
λόγον κυρίου ἐπὶ Ισραηλ· **11** καὶ οὗτος ὁ ἀριθμὸς[3] τῶν δυνατῶν τοῦ Δαυιδ· Ιεσεβααλ
υἱὸς Αχαμανι πρῶτος τῶν τριάκοντα,[4] οὗτος ἐσπάσατο[5] τὴν ῥομφαίαν[6] αὐτοῦ ἅπαξ[7]
ἐπὶ τριακοσίους[8] τραυματίας[9] ἐν καιρῷ ἑνί.

12 καὶ μετ' αὐτὸν Ελεαζαρ υἱὸς Δωδαι ὁ Αχωχι, οὗτος ἦν ἐν τοῖς τρισὶν δυνατοῖς.
13 οὗτος ἦν μετὰ Δαυιδ ἐν Φασοδομιν, καὶ οἱ ἀλλόφυλοι[10] συνήχθησαν ἐκεῖ εἰς
πόλεμον, καὶ ἦν μερὶς[11] τοῦ ἀγροῦ πλήρης[12] κριθῶν,[13] καὶ ὁ λαὸς ἔφυγεν[14] ἀπὸ
προσώπου ἀλλοφύλων·[15] **14** καὶ ἔστη ἐν μέσῳ τῆς μερίδος[16] καὶ ἔσωσεν αὐτὴν καὶ
ἐπάταξεν[17] τοὺς ἀλλοφύλους,[18] καὶ ἐποίησεν κύριος σωτηρίαν μεγάλην.

15 καὶ κατέβησαν τρεῖς ἐκ τῶν τριάκοντα[19] ἀρχόντων εἰς τὴν πέτραν[20] πρὸς Δαυιδ
εἰς τὸ σπήλαιον[21] Οδολλαμ, καὶ παρεμβολὴ[22] τῶν ἀλλοφύλων[23] παρεμβεβλήκει[24] ἐν
τῇ κοιλάδι[25] τῶν γιγάντων·[26] **16** καὶ Δαυιδ τότε ἐν τῇ περιοχῇ,[27] καὶ τὸ σύστεμα[28]
τῶν ἀλλοφύλων[29] τότε ἐν Βαιθλεεμ. **17** καὶ ἐπεθύμησεν[30] Δαυιδ καὶ εἶπεν Τίς ποτιεῖ[31]
με ὕδωρ ἐκ τοῦ λάκκου[32] Βαιθλεεμ τοῦ ἐν τῇ πύλῃ;[33] **18** καὶ διέρρηξαν[34] οἱ τρεῖς τὴν
παρεμβολὴν[35] τῶν ἀλλοφύλων[36] καὶ ὑδρεύσαντο[37] ὕδωρ ἐκ τοῦ λάκκου[38] τοῦ ἐν
Βαιθλεεμ, ὃς ἦν ἐν τῇ πύλῃ,[39] καὶ ἔλαβον καὶ ἦλθον πρὸς Δαυιδ, καὶ οὐκ ἠθέλησεν
Δαυιδ τοῦ πιεῖν αὐτὸ καὶ ἔσπεισεν[40] αὐτὸ τῷ κυρίῳ **19** καὶ εἶπεν Ἵλεώς[41] μοι ὁ θεὸς
τοῦ ποιῆσαι τὸ ῥῆμα τοῦτο· εἰ αἷμα ἀνδρῶν τούτων πίομαι ἐν ψυχαῖς αὐτῶν; ὅτι
ἐν ψυχαῖς αὐτῶν ἤνεγκαν αὐτό. καὶ οὐκ ἐβούλετο πιεῖν αὐτό. ταῦτα ἐποίησαν οἱ
τρεῖς δυνατοί.

1 κατισχύω, *pres act ptc nom p m*, win a victory, prevail
2 βασιλεύω, *aor act inf*, reign as king
3 ἀριθμός, number
4 τριάκοντα, thirty
5 σπάω, *aor mid ind 3s*, draw
6 ῥομφαία, sword
7 ἅπαξ, once
8 τριακόσιοι, three hundred
9 τραυματίας, casualty, victim
10 ἀλλόφυλος, foreign, (Philistine)
11 μερίς, part
12 πλήρης, full
13 κριθή, barley
14 φεύγω, *aor act ind 3s*, flee
15 ἀλλόφυλος, foreign, (Philistine)
16 μερίς, part
17 πατάσσω, *aor act ind 3s*, strike, defeat
18 ἀλλόφυλος, foreign, (Philistine)
19 τριάκοντα, thirty
20 πέτρα, rock
21 σπήλαιον, cave
22 παρεμβολή, camp
23 ἀλλόφυλος, foreign, (Philistine)
24 παρεμβάλλω, *plpf act ind 3s*, pitch camp
25 κοιλάς, valley
26 γίγας, giant, mighty one
27 περιοχή, fortified enclosure, stronghold
28 σύστεμα, company, band
29 ἀλλόφυλος, foreign, (Philistine)
30 ἐπιθυμέω, *aor act ind 3s*, desire
31 ποτίζω, *fut act ind 3s*, provide drink
32 λάκκος, well, cistern
33 πύλη, gate
34 διαρρήγνυμι, *aor act ind 3p*, break through
35 παρεμβολή, camp
36 ἀλλόφυλος, foreign, (Philistine)
37 ὑδρεύομαι, *aor mid ind 3p*, draw water
38 λάκκος, well, cistern
39 πύλη, gate
40 σπένδω, *aor act ind 3s*, pour out
41 ἵλεως, merciful, gracious

20 Καὶ Αβεσσα ἀδελφὸς Ιωαβ, οὗτος ἦν ἄρχων τῶν τριῶν, οὗτος ἐσπάσατο[1] τὴν ῥομφαίαν[2] αὐτοῦ ἐπὶ τριακοσίους[3] τραυματίας[4] ἐν καιρῷ ἑνί, καὶ οὗτος ἦν ὀνομαστὸς[5] ἐν τοῖς τρισίν, **21** ἀπὸ τῶν τριῶν ὑπὲρ τοὺς δύο ἔνδοξος,[6] καὶ ἦν αὐτοῖς εἰς ἄρχοντα καὶ ἕως τῶν τριῶν οὐκ ἤρχετο.

22 καὶ Βαναιας υἱὸς Ιωδαε υἱὸς ἀνδρὸς δυνατοῦ, πολλὰ ἔργα αὐτοῦ ὑπὲρ Καβασαηλ· οὗτος ἐπάταξεν[7] τοὺς δύο αριηλ Μωαβ· καὶ οὗτος κατέβη καὶ ἐπάταξεν τὸν λέοντα[8] ἐν τῷ λάκκῳ[9] ἐν ἡμέρᾳ χιόνος·[10] **23** καὶ οὗτος ἐπάταξεν[11] τὸν ἄνδρα τὸν Αἰγύπτιον, ἄνδρα ὁρατὸν[12] πεντάπηχυν,[13] καὶ ἐν χειρὶ τοῦ Αἰγυπτίου δόρυ[14] ὡς ἀντίον[15] ὑφαινόντων,[16] καὶ κατέβη ἐπ' αὐτὸν Βαναιας ἐν ῥάβδῳ[17] καὶ ἀφείλατο[18] ἐκ τῆς χειρὸς τοῦ Αἰγυπτίου τὸ δόρυ[19] καὶ ἀπέκτεινεν αὐτὸν ἐν τῷ δόρατι[20] αὐτοῦ. **24** ταῦτα ἐποίησεν Βαναιας υἱὸς Ιωδαε, καὶ τούτῳ ὄνομα ἐν τοῖς τρισὶν τοῖς δυνατοῖς· **25** ὑπὲρ τοὺς τριάκοντα[21] ἔνδοξος[22] οὗτος καὶ πρὸς τοὺς τρεῖς οὐκ ἤρχετο· καὶ κατέστησεν[23] αὐτὸν Δαυιδ ἐπὶ τὴν πατριὰν[24] αὐτοῦ.

26 Καὶ δυνατοὶ τῶν δυνάμεων· Ασαηλ ἀδελφὸς Ιωαβ, Ελεαναν υἱὸς Δωδω ἐκ Βαιθλαεμ, **27** Σαμμωθ ὁ Αδι, Χελλης ὁ Φελωνι, **28** Ωραι υἱὸς Εκκης ὁ Θεκωι, Αβιεζερ ὁ Αναθωθι, **29** Σοβοχαι ὁ Ασωθι, Ηλι ὁ Αχωι, **30** Μοοραι ὁ Νετωφαθι, Χολοδ υἱὸς Νοοζα ὁ Νετωφαθι, **31** Αιθι υἱὸς Ριβαι ἐκ βουνοῦ[25] Βενιαμιν, Βαναιας ὁ Φαραθωνι, **32** Ουρι ἐκ Ναχαλιγαας, Αβιηλ ὁ Γαραβεθθι, **33** Αζμωθ ὁ Βεερμι, Ελιαβα ὁ Σαλαβωνι, **34** Βενναιας, Οσομ ὁ Γεννουνι, Ιωναθαν υἱὸς Σωλα ὁ Αραρι, **35** Αχιμ υἱὸς Σαχαρ ὁ Αραρι, Ελφαλ υἱὸς Ουρ, **36** Οφαρ ὁ Μοχοραθι, Αχια ὁ Φελωνι, **37** Ησεραι ὁ Χαρμαλι, Νααραι υἱὸς Αζωβαι, **38** Ιωηλ ἀδελφὸς Ναθαν, Μεβααρ υἱὸς Αγαρι, **39** Σεληκ ὁ Αμμωνι, Ναχωρ ὁ Βερθι αἴρων σκεύη[26] Ιωαβ υἱοῦ Σαρουια, **40** Ιρα ὁ Ιεθηρι, Γαρηβ ὁ Ιεθηρι, **41** Ουριας ὁ Χεττι, Ζαβετ υἱὸς Αχλια, **42** Αδινα υἱὸς Σαιζα τοῦ Ρουβην ἄρχων καὶ ἐπ' αὐτῷ τριάκοντα,[27] **43** Αναν υἱὸς Μωχα καὶ Ιωσαφατ ὁ Βαιθανι, **44** Οζια ὁ Ασταρωθι, Σαμμα καὶ Ιιηλ υἱοὶ Χωθαν τοῦ Αραρι, **45** Ιεδιηλ υἱὸς Σαμερι καὶ Ιωαζαε ὁ ἀδελφὸς αὐτοῦ ὁ Ιεασι, **46** Ελιηλ ὁ Μιι καὶ Ιαριβι καὶ Ιωσια υἱὸς αὐτοῦ, Ελναμ καὶ Ιεθεμα ὁ Μωαβίτης, **47** Αλιηλ καὶ Ωβηδ καὶ Ιεσιηλ ὁ Μισαβια.

1 σπάω, *aor mid ind 3s*, draw
2 ῥομφαία, sword
3 τριακόσιοι, three hundred
4 τραυματίας, casualty
5 ὀνομαστός, famous, renowned
6 ἔνδοξος, honored, esteemed
7 πατάσσω, *aor act ind 3s*, strike, slay
8 λέων, lion
9 λάκκος, den, pit
10 χιών, snow
11 πατάσσω, *aor act ind 3s*, strike, slay
12 ὁρατός, visible
13 πεντάπηχυς, five cubits (high)
14 δόρυ, spear
15 ἀντίον, upper crossbeam of a loom
16 ὑφαίνω, *pres act ptc gen p m*, weave
17 ῥάβδος, rod, staff
18 ἀφαιρέω, *aor mid ind 3s*, snatch, remove
19 δόρυ, spear
20 δόρυ, spear
21 τριάκοντα, thirty
22 ἔνδοξος, honored, esteemed
23 καθίστημι, *aor act ind 3s*, appoint, set in charge
24 πατριά, paternal lineage, house
25 βουνός, hill
26 σκεῦος, equipment
27 τριάκοντα, thirty

David's Wilderness Followers

12 Καὶ οὗτοι οἱ ἐλθόντες πρὸς Δαυιδ εἰς Σωκλαγ, ἔτι συνεχομένου[1] ἀπὸ προ-
σώπου Σαουλ υἱοῦ Κις, καὶ οὗτοι ἐν τοῖς δυνατοῖς βοηθοῦντες[2] ἐν πολέμῳ
2 καὶ τόξῳ[3] ἐκ δεξιῶν καὶ ἐξ ἀριστερῶν[4] καὶ σφενδονῆται[5] ἐν λίθοις καὶ τόξοις·
ἐκ τῶν ἀδελφῶν Σαουλ ἐκ Βενιαμιν **3** ὁ ἄρχων Αχιεζερ καὶ Ιωας υἱὸς Ασμα τοῦ
Γεβωθίτου καὶ Ιωηλ καὶ Ιωφαλητ υἱοὶ Ασμωθ καὶ Βερχια καὶ Ιηουλ ὁ Αναθωθι **4** καὶ
Σαμαιας ὁ Γαβαωνίτης δυνατὸς ἐν τοῖς τριάκοντα[6] καὶ ἐπὶ τῶν τριάκοντα, **5** Ιερμιας
καὶ Ιεζιηλ καὶ Ιωαναν καὶ Ιωζαβαδ ὁ Γαδαραθι, **6** Ελιαζαι καὶ Ιαριμουθ καὶ Βααλια
καὶ Σαμαρια καὶ Σαφατια ὁ Χαραιφι, **7** Ηλκανα καὶ Ιησουνι καὶ Οζριηλ καὶ Ιωαζαρ
καὶ Ιεσβοαμ οἱ Κορῖται

8 καὶ Ελια καὶ Ζαβαδια υἱοὶ Ιρααμ υἱοὶ τοῦ γεδωρ. — **9** καὶ ἀπὸ τοῦ Γαδδι ἐχω-
ρίσθησαν[7] πρὸς Δαυιδ ἀπὸ τῆς ἐρήμου ἰσχυροὶ[8] δυνατοὶ ἄνδρες παρατάξεως[9] πολέμου
αἴροντες θυρεοὺς[10] καὶ δόρατα,[11] καὶ πρόσωπον λέοντος[12] πρόσωπα αὐτῶν, καὶ κοῦ-
φοι[13] ὡς δορκάδες[14] ἐπὶ τῶν ὀρέων τῷ τάχει·[15] **10** Αζερ ὁ ἄρχων, Αβδια ὁ δεύτερος,
Ελιαβ ὁ τρίτος, **11** Μασεμαννη ὁ τέταρτος,[16] Ιερμια ὁ πέμπτος,[17] **12** Εθθι ὁ ἕκτος,[18]
Ελιαβ ὁ ἕβδομος,[19] **13** Ιωαναν ὁ ὄγδοος,[20] Ελιαζερ ὁ ἔνατος,[21] **14** Ιερμια ὁ δέκατος,[22]
Μαχαβανναι ὁ ἑνδέκατος.[23] **15** οὗτοι ἐκ τῶν υἱῶν Γαδ ἄρχοντες τῆς στρατιᾶς,[24] εἷς τοῖς
ἑκατὸν[25] μικρὸς καὶ μέγας τοῖς χιλίοις.[26] **16** οὗτοι οἱ διαβάντες[27] τὸν Ιορδάνην ἐν τῷ
μηνὶ[28] τῷ πρώτῳ, καὶ οὗτος πεπληρωκὼς ἐπὶ πᾶσαν κρηπῖδα[29] αὐτοῦ, καὶ ἐξεδίωξαν[30]
πάντας τοὺς κατοικοῦντας αὐλῶνας[31] ἀπὸ ἀνατολῶν[32] ἕως δυσμῶν.[33]

17 καὶ ἦλθον ἀπὸ τῶν υἱῶν Βενιαμιν καὶ Ιουδα εἰς βοήθειαν[34] τοῦ Δαυιδ, **18** καὶ
Δαυιδ ἐξῆλθεν εἰς ἀπάντησιν[35] αὐτῶν καὶ εἶπεν αὐτοῖς Εἰ εἰς εἰρήνην ἥκατε[36] πρός
με, εἴη[37] μοι καρδία καθ᾽ ἑαυτὴν ἐφ᾽ ὑμᾶς· καὶ εἰ τοῦ παραδοῦναί με τοῖς ἐχθροῖς

1 συνέχω, *pres mid ptc gen s m*, hold back, restrain
2 βοηθέω, *pres act ptc nom p m*, help, aid
3 τόξον, bow
4 ἀριστερός, left
5 σφενδονήτης, one who slings
6 τριάκοντα, thirty
7 χωρίζω, *aor pas ind 3p*, separate, depart
8 ἰσχυρός, strong, powerful
9 παράταξις, battle line
10 θυρεός, oblong shield
11 δόρυ, spear
12 λέων, lion
13 κοῦφος, swift, nimble
14 δορκάς, deer, gazelle
15 τάχος, speed, haste
16 τέταρτος, fourth
17 πέμπτος, fifth
18 ἕκτος, sixth
19 ἕβδομος, seventh
20 ὄγδοος, eighth
21 ἔνατος, ninth
22 δέκατος, tenth
23 ἑνδέκατος, eleventh
24 στρατιά, army
25 ἑκατόν, one hundred
26 χίλιοι, one thousand
27 διαβαίνω, *aor act ptc nom p m*, cross
28 μήν, month
29 κρηπίς, (river)bank
30 ἐκδιώκω, *aor act ind 3p*, chase out
31 αὐλών, valley
32 ἀνατολή, east
33 δυσμή, west
34 βοήθεια, aid, assistance
35 ἀπάντησις, meeting
36 ἥκω, *perf act ind 2p*, come
37 εἰμί, *pres act opt 3s*, be

μου οὐκ ἐν ἀληθείᾳ χειρός, ἴδοι[1] ὁ θεὸς τῶν πατέρων ἡμῶν καὶ ἐλέγξαιτο.[2] **19** καὶ
πνεῦμα ἐνέδυσε[3] τὸν Αμασαι ἄρχοντα τῶν τριάκοντα,[4] καὶ εἶπεν

Πορεύου καὶ ὁ λαός σου,
  Δαυιδ υἱὸς Ιεσσαι·
εἰρήνη εἰρήνη σοι,
  καὶ εἰρήνη τοῖς βοηθοῖς[5] σου·
ὅτι ἐβοήθησέν[6] σοι ὁ θεός σου.

καὶ προσεδέξατο[7] αὐτοὺς Δαυιδ καὶ κατέστησεν[8] αὐτοὺς ἄρχοντας τῶν δυνάμεων.

20 καὶ ἀπὸ Μανασση προσεχώρησαν[9] πρὸς Δαυιδ ἐν τῷ ἐλθεῖν τοὺς ἀλλοφύλους[10]
ἐπὶ Σαουλ εἰς πόλεμον· καὶ οὐκ ἐβοήθησεν[11] αὐτοῖς, ὅτι ἐν βουλῇ[12] ἐγένετο παρὰ τῶν
στρατηγῶν[13] τῶν ἀλλοφύλων[14] λεγόντων Ἐν ταῖς κεφαλαῖς τῶν ἀνδρῶν ἐκείνων
ἐπιστρέψει πρὸς τὸν κύριον αὐτοῦ Σαουλ· **21** ἐν τῷ πορευθῆναι αὐτὸν εἰς Σωκλαγ
προσεχώρησαν[15] αὐτῷ ἀπὸ Μανασση Εδνα καὶ Ιωζαβαθ καὶ Ιωδιηλ καὶ Μιχαηλ καὶ
Ιωσαβεθ καὶ Ελιμουθ καὶ Σελαθι, ἀρχηγοὶ[16] χιλιάδων[17] εἰσιν τοῦ Μανασση. **22** καὶ
αὐτοὶ συνεμάχησαν[18] τῷ Δαυιδ ἐπὶ τὸν γεδδουρ,[19] ὅτι δυνατοὶ ἰσχύος[20] πάντες καὶ
ἦσαν ἡγούμενοι[21] ἐν τῇ στρατιᾷ[22] ἐν τῇ δυνάμει· **23** ὅτι ἡμέραν ἐξ ἡμέρας ἤρχοντο
πρὸς Δαυιδ εἰς δύναμιν μεγάλην ὡς δύναμις θεοῦ.

David's Army in Hebron

24 Καὶ ταῦτα τὰ ὀνόματα τῶν ἀρχόντων τῆς στρατιᾶς,[23] οἱ ἐλθόντες πρὸς Δαυιδ εἰς
Χεβρων τοῦ ἀποστρέψαι[24] τὴν βασιλείαν Σαουλ πρὸς αὐτὸν κατὰ τὸν λόγον κυρίου.
25 υἱοὶ Ιουδα θυρεοφόροι[25] καὶ δορατοφόροι[26] ἓξ[27] χιλιάδες[28] καὶ ὀκτακόσιοι[29]

1 ὁράω, *aor act opt 3s*, see
2 ἐλέγχω, *aor mid opt 3s*, reprove, convict, punish
3 ἐνδύω, *aor act ind 3s*, clothe
4 τριάκοντα, thirty
5 βοηθός, helper
6 βοηθέω, *aor act ind 3s*, help
7 προσδέχομαι, *aor mid ind 3s*, welcome, receive
8 καθίστημι, *aor act ind 3s*, appoint, set in charge
9 προσχωρέω, *aor act ind 3p*, side with, change allegiance
10 ἀλλόφυλος, foreign, (Philistine)
11 βοηθέω, *aor act ind 3s*, help
12 βουλή, council
13 στρατηγός, captain, commander
14 ἀλλόφυλος, foreign, (Philistine)
15 προσχωρέω, *aor act ind 3p*, side with, change allegiance
16 ἀρχηγός, chief, leader
17 χιλιάς, thousand
18 συμμαχέω, *aor act ind 3p*, fight with, assist
19 γεδδουρ, troop, band, *translit.*
20 ἰσχύς, power, strength
21 ἡγέομαι, *pres mid ptc nom p m*, lead
22 στρατιά, army
23 στρατιά, army
24 ἀποστρέφω, *aor act inf*, turn over, return
25 θυρεοφόρος, armed with the oblong shield
26 δορατοφόρος, spear bearer
27 ἕξ, six
28 χιλιάς, thousand
29 ὀκτακόσιοι, eight hundred

δυνατοὶ παρατάξεως.[1] **26** τῶν υἱῶν Συμεων δυνατοὶ ἰσχύος[2] εἰς παράταξιν[3] ἑπτὰ
χιλιάδες[4] καὶ ἑκατόν.[5] **27** τῶν υἱῶν Λευι τετρακισχίλιοι[6] ἑξακόσιοι·[7] **28** καὶ Ιωαδαε
ὁ ἡγούμενος[8] τῷ Ααρων καὶ μετ᾽ αὐτοῦ τρεῖς χιλιάδες[9] καὶ ἑπτακόσιοι·[10] **29** καὶ
Σαδωκ νέος[11] δυνατὸς ἰσχύι[12] καὶ τῆς πατρικῆς[13] οἰκίας αὐτοῦ ἄρχοντες εἴκοσι[14]
δύο. **30** καὶ ἐκ τῶν υἱῶν Βενιαμιν τῶν ἀδελφῶν Σαουλ τρεῖς χιλιάδες·[15] καὶ ἔτι τὸ
πλεῖστον[16] αὐτῶν ἀπεσκόπει[17] τὴν φυλακὴν οἴκου Σαουλ. **31** καὶ ἀπὸ υἱῶν Εφραιμ
εἴκοσι[18] χιλιάδες[19] καὶ ὀκτακόσιοι,[20] δυνατοὶ ἰσχύι,[21] ἄνδρες ὀνομαστοὶ[22] κατ᾽ οἴκους
πατριῶν[23] αὐτῶν. **32** καὶ ἀπὸ τοῦ ἡμίσους[24] φυλῆς Μανασση δέκα[25] ὀκτὼ[26] χιλιάδες,[27]
οἳ ὠνομάσθησαν[28] ἐν ὀνόματι τοῦ βασιλεῦσαι[29] τὸν Δαυιδ. **33** καὶ ἀπὸ τῶν υἱῶν
Ισσαχαρ γινώσκοντες σύνεσιν[30] εἰς τοὺς καιρούς, γινώσκοντες τί ποιήσαι[31] Ισραηλ
εἰς τὰς ἀρχὰς αὐτῶν, διακόσιοι,[32] καὶ πάντες ἀδελφοὶ αὐτῶν μετ᾽ αὐτῶν. **34** καὶ ἀπὸ
Ζαβουλων ἐκπορευόμενοι εἰς παράταξιν[33] πολέμου ἐν πᾶσιν σκεύεσιν[34] πολεμικοῖς[35]
πεντήκοντα[36] χιλιάδες[37] βοηθῆσαι[38] τῷ Δαυιδ οὐχ ἑτεροκλινῶς.[39] **35** καὶ ἀπὸ Νε-
φθαλι ἄρχοντες χίλιοι[40] καὶ μετ᾽ αὐτῶν ἐν θυρεοῖς[41] καὶ δόρασιν[42] τριάκοντα[43] ἑπτὰ
χιλιάδες.[44] **36** καὶ ἀπὸ τῶν Δανιτῶν παρατασσόμενοι[45] εἰς πόλεμον εἴκοσι[46] ὀκτὼ[47]
χιλιάδες[48] καὶ ὀκτακόσιοι.[49] **37** καὶ ἀπὸ τοῦ Ασηρ ἐκπορευόμενοι βοηθῆσαι[50] εἰς
πόλεμον τεσσαράκοντα[51] χιλιάδες.[52] **38** καὶ ἐκ πέραν[53] τοῦ Ιορδάνου ἀπὸ Ρουβην

1 παράταξις, battle
2 ἰσχύς, power, strength
3 παράταξις, battle
4 χιλιάς, thousand
5 ἑκατόν, one hundred
6 τετρακισχίλιοι, four thousand
7 ἑξακόσιοι, six hundred
8 ἡγέομαι, *pres mid ptc nom s m*, lead
9 χιλιάς, thousand
10 ἑπτακόσιοι, seven hundred
11 νέος, young
12 ἰσχύς, strength, might
13 πατρικός, ancestral, paternal
14 εἴκοσι, twenty
15 χιλιάς, thousand
16 πλεῖστος, *sup of* πολύς, most
17 ἀποσκοπέω, *impf act ind 3s*, keep watch
18 εἴκοσι, twenty
19 χιλιάς, thousand
20 ὀκτακόσιοι, eight hundred
21 ἰσχύς, strength, power
22 ὀνομαστός, famous, renowned
23 πάτριος, ancestral, paternal
24 ἥμισυς, half
25 δέκα, ten
26 ὀκτώ, eight
27 χιλιάς, thousand
28 ὀνομάζω, *aor pas ind 3p*, name
29 βασιλεύω, *aor act inf*, make king
30 σύνεσις, understanding, comprehension
31 ποιέω, *aor act opt 3s*, do
32 διακόσιοι, two hundred
33 παράταξις, battle line
34 σκεῦος, equipment
35 πολεμικός, of war, for war
36 πεντήκοντα, fifty
37 χιλιάς, thousand
38 βοηθέω, *aor act inf*, help
39 ἑτεροκλινῶς, inclined otherwise, wavering
40 χίλιοι, one thousand
41 θυρεός, oblong shield
42 δόρυ, spear
43 τριάκοντα, thirty
44 χιλιάς, thousand
45 παρατάσσω, *pres mid ptc nom p m*, draw up, align
46 εἴκοσι, twenty
47 ὀκτώ, eight
48 χιλιάς, thousand
49 ὀκτακόσιοι, eight hundred
50 βοηθέω, *aor act inf*, help
51 τεσσαράκοντα, forty
52 χιλιάς, thousand
53 πέραν, far side

καὶ Γαδδι καὶ ἀπὸ τοῦ ἡμίσους[1] φυλῆς Μανασση ἐν πᾶσιν σκεύεσιν[2] πολεμικοῖς[3]
ἑκατὸν[4] εἴκοσι[5] χιλιάδες.[6]

39 πάντες οὗτοι ἄνδρες πολεμισταὶ[7] παρατασσόμενοι[8] παράταξιν[9] ἐν ψυχῇ εἰρη-
νικῇ[10] καὶ ἦλθον εἰς Χεβρων τοῦ βασιλεῦσαι[11] τὸν Δαυιδ ἐπὶ πάντα Ισραηλ· καὶ ὁ
κατάλοιπος[12] Ισραηλ ψυχὴ μία τοῦ βασιλεῦσαι τὸν Δαυιδ. **40** καὶ ἦσαν ἐκεῖ ἡμέρας
τρεῖς ἐσθίοντες καὶ πίνοντες, ὅτι ἡτοίμασαν αὐτοῖς οἱ ἀδελφοὶ αὐτῶν. **41** καὶ οἱ
ὁμοροῦντες[13] αὐτοῖς ἕως Ισσαχαρ καὶ Ζαβουλων καὶ Νεφθαλι ἔφερον αὐτοῖς ἐπὶ
τῶν καμήλων[14] καὶ τῶν ὄνων[15] καὶ τῶν ἡμιόνων[16] καὶ ἐπὶ τῶν μόσχων[17] βρώματα,[18]
ἄλευρα,[19] παλάθας,[20] σταφίδας,[21] οἶνον καὶ ἔλαιον,[22] μόσχους καὶ πρόβατα εἰς πλῆ-
θος, ὅτι εὐφροσύνη[23] ἐν Ισραηλ.

David Brings the Ark to Jerusalem

13 Καὶ ἐβουλεύσατο[24] Δαυιδ μετὰ τῶν χιλιάρχων[25] καὶ τῶν ἑκατοντάρχων,[26]
παντὶ ἡγουμένῳ,[27] **2** καὶ εἶπεν Δαυιδ τῇ πάσῃ ἐκκλησίᾳ Ισραηλ Εἰ ἐφ᾽ ὑμῖν
ἀγαθὸν καὶ παρὰ κυρίου θεοῦ ἡμῶν εὐοδωθῇ,[28] ἀποστείλωμεν πρὸς τοὺς ἀδελ-
φοὺς ἡμῶν τοὺς ὑπολελειμμένους[29] ἐν πάσῃ γῇ Ισραηλ, καὶ μετ᾽ αὐτῶν οἱ ἱερεῖς
οἱ Λευῖται ἐν πόλεσιν κατασχέσεως[30] αὐτῶν, καὶ συναχθήσονται πρὸς ἡμᾶς, **3** καὶ
μετενέγκωμεν[31] τὴν κιβωτὸν[32] τοῦ θεοῦ ἡμῶν πρὸς ἡμᾶς· ὅτι οὐκ ἐζήτησαν αὐτὴν
ἀφ᾽ ἡμερῶν Σαουλ. **4** καὶ εἶπεν πᾶσα ἡ ἐκκλησία τοῦ ποιῆσαι οὕτως, ὅτι εὐθὴς[33] ὁ
λόγος ἐν ὀφθαλμοῖς παντὸς τοῦ λαοῦ.

5 καὶ ἐξεκκλησίασεν[34] Δαυιδ τὸν πάντα Ισραηλ ἀπὸ ὁρίων[35] Αἰγύπτου καὶ ἕως
εἰσόδου[36] Ημαθ τοῦ εἰσενέγκαι[37] τὴν κιβωτὸν[38] τοῦ θεοῦ ἐκ πόλεως Ιαριμ. **6** καὶ

1 ἥμισυς, half
2 σκεῦος, equipment
3 πολεμικός, of war, for war
4 ἑκατόν, one hundred
5 εἴκοσι, twenty
6 χιλιάς, thousand
7 πολεμιστής, warrior
8 παρατάσσω, *pres mid ptc nom p m*, align, array
9 παράταξις, battle line
10 εἰρηνικός, peaceable
11 βασιλεύω, *aor act inf*, make king
12 κατάλοιπος, remnant, remainder
13 ὁμορέω, *pres act ptc nom p m*, border on
14 κάμηλος, camel
15 ὄνος, donkey
16 ἡμίονος, mule
17 μόσχος, calf
18 βρῶμα, food, provisions
19 ἄλευρον, flour, meal
20 παλάθη, cake of dried fruit
21 σταφίς, dried grape, raisin
22 ἔλαιον, oil
23 εὐφροσύνη, gladness, joy
24 βουλεύω, *aor mid ind 3s*, consult, get counsel
25 χιλίαρχος, captain over a thousand
26 ἑκατόνταρχος, leader of a hundred, centurion
27 ἡγέομαι, *pres mid ptc dat s m*, lead
28 εὐοδόω, *aor pas sub 3s*, give success, prosper
29 ὑπολείπω, *perf pas ptc acc p m*, leave behind
30 κατάσχεσις, possession
31 μεταφέρω, *aor act sub 1p*, bring over
32 κιβωτός, chest, ark (of the covenant)
33 εὐθής, right, proper
34 ἐξεκκλησιάζω, *aor act ind 3s*, assemble, convene
35 ὅριον, border, territory
36 εἴσοδος, entrance
37 εἰσφέρω, *aor act inf*, bring in
38 κιβωτός, chest, ark (of the covenant)

ἀνήγαγεν[1] αὐτὴν Δαυιδ, καὶ πᾶς Ισραηλ ἀνέβη εἰς πόλιν Δαυιδ, ἣ ἦν τοῦ Ιουδα,
τοῦ ἀναγαγεῖν[2] ἐκεῖθεν[3] τὴν κιβωτὸν[4] τοῦ θεοῦ κυρίου καθημένου ἐπὶ χερουβιν,[5]
οὗ ἐπεκλήθη[6] ὄνομα αὐτοῦ. **7** καὶ ἐπέθηκαν τὴν κιβωτὸν[7] τοῦ θεοῦ ἐπὶ ἅμαξαν[8]
καινὴν[9] ἐξ οἴκου Αμιναδαβ, καὶ Οζα καὶ οἱ ἀδελφοὶ αὐτοῦ ἦγον τὴν ἅμαξαν. **8** καὶ
Δαυιδ καὶ πᾶς Ισραηλ παίζοντες[10] ἐναντίον[11] τοῦ θεοῦ ἐν πάσῃ δυνάμει καὶ ἐν
ψαλτῳδοῖς[12] καὶ ἐν κινύραις[13] καὶ ἐν νάβλαις,[14] ἐν τυμπάνοις[15] καὶ ἐν κυμβάλοις[16]
καὶ ἐν σάλπιγξιν.[17]

9 καὶ ἤλθοσαν ἕως τῆς ἅλωνος,[18] καὶ ἐξέτεινεν[19] Οζα τὴν χεῖρα αὐτοῦ τοῦ κατα-
σχεῖν[20] τὴν κιβωτόν,[21] ὅτι ἐξέκλινεν[22] αὐτὴν ὁ μόσχος.[23] **10** καὶ ἐθυμώθη[24] ὀργῇ
κύριος ἐπὶ Οζα καὶ ἐπάταξεν[25] αὐτὸν ἐκεῖ διὰ τὸ ἐκτεῖναι[26] τὴν χεῖρα αὐτοῦ ἐπὶ
τὴν κιβωτόν,[27] καὶ ἀπέθανεν ἐκεῖ ἀπέναντι[28] τοῦ θεοῦ. **11** καὶ ἠθύμησεν[29] Δαυιδ ὅτι
διέκοψεν[30] κύριος διακοπὴν[31] ἐν Οζα, καὶ ἐκάλεσεν τὸν τόπον ἐκεῖνον Διακοπὴ Οζα
ἕως τῆς ἡμέρας ταύτης. **12** καὶ ἐφοβήθη Δαυιδ τὸν θεὸν ἐν τῇ ἡμέρᾳ ἐκείνῃ λέγων
Πῶς εἰσοίσω[32] πρὸς ἐμαυτὸν[33] τὴν κιβωτὸν[34] τοῦ θεοῦ; **13** καὶ οὐκ ἀπέστρεψεν[35]
Δαυιδ τὴν κιβωτὸν[36] πρὸς ἑαυτὸν εἰς πόλιν Δαυιδ καὶ ἐξέκλινεν[37] αὐτὴν εἰς οἶκον
Αβεδδαρα τοῦ Γεθθαίου. **14** καὶ ἐκάθισεν ἡ κιβωτὸς[38] τοῦ θεοῦ ἐν οἴκῳ Αβεδδαρα
τρεῖς μῆνας·[39] καὶ εὐλόγησεν ὁ θεὸς Αβεδδαραμ καὶ πάντα τὰ αὐτοῦ.

1 ἀνάγω, *aor act ind 3s*, bring up
2 ἀνάγω, *aor act inf*, bring up
3 ἐκεῖθεν, from there
4 κιβωτός, chest, ark (of the covenant)
5 χερουβιν, cherubim, *translit.*
6 ἐπικαλέω, *aor pas ind 3s*, call
7 κιβωτός, chest, ark (of the covenant)
8 ἅμαξα, wagon
9 καινός, new
10 παίζω, *pres act ptc nom p m*, dance and sing
11 ἐναντίον, before
12 ψαλτῳδός, psalm singer
13 κινύρα, stringed instrument, *Heb. LW*
14 νάβλα, harp, *Heb. LW*
15 τύμπανον, tambourine, *Heb. LW*
16 κύμβαλον, cymbal
17 σάλπιγξ, trumpet
18 ἅλως, threshing floor
19 ἐκτείνω, *aor act ind 3s*, stretch out
20 κατέχω, *aor act inf*, hold back, hold fast
21 κιβωτός, chest, ark (of the covenant)
22 ἐκκλίνω, *aor act ind 3s*, turn aside, deviate
23 μόσχος, calf
24 θυμόω, *aor pas ind 3s*, make angry, provoke
25 πατάσσω, *aor act ind 3s*, strike, slay
26 ἐκτείνω, *aor act inf*, stretch out
27 κιβωτός, chest, ark (of the covenant)
28 ἀπέναντι, before
29 ἀθυμέω, *aor act ind 3s*, lose heart, be discouraged
30 διακόπτω, *aor act ind 3s*, break through, breach
31 διακοπή, breach, quarrel
32 εἰσφέρω, *fut act ind 1s*, bring in
33 ἐμαυτοῦ, myself
34 κιβωτός, chest, ark (of the covenant)
35 ἀποστρέφω, *aor act ind 3s*, return
36 κιβωτός, chest, ark (of the covenant)
37 ἐκκλίνω, *aor act ind 3s*, turn aside, reroute
38 κιβωτός, chest, ark (of the covenant)
39 μήν, month

David Secure in Jerusalem

14 Καὶ ἀπέστειλεν Χιραμ βασιλεὺς Τύρου ἀγγέλους πρὸς Δαυιδ καὶ ξύλα[1] κέ-
δρινα[2] καὶ οἰκοδόμους[3] τοίχων[4] καὶ τέκτονας[5] ξύλων[6] τοῦ οἰκοδομῆσαι αὐτῷ
οἶκον. **2** καὶ ἔγνω Δαυιδ ὅτι ἡτοίμησεν αὐτὸν κύριος ἐπὶ Ισραηλ, ὅτι ηὐξήθη[7] εἰς
ὕψος[8] ἡ βασιλεία αὐτοῦ διὰ τὸν λαὸν αὐτοῦ Ισραηλ.

3 Καὶ ἔλαβεν Δαυιδ ἔτι γυναῖκας ἐν Ιερουσαλημ, καὶ ἐτέχθησαν[9] Δαυιδ ἔτι υἱοὶ
καὶ θυγατέρες.[10] **4** καὶ ταῦτα τὰ ὀνόματα αὐτῶν τῶν τεχθέντων,[11] οἳ ἦσαν αὐτῷ
ἐν Ιερουσαλημ· Σαμαα, Ισοβααμ, Ναθαν, Σαλωμων **5** καὶ Ιβααρ καὶ Ελισαε καὶ
Ελιφαλετ **6** καὶ Ναγε καὶ Ναφαγ καὶ Ιανουου **7** καὶ Ελισαμαε καὶ Βαλεγδαε καὶ
Ελιφαλετ.

Philistines Defeated

8 Καὶ ἤκουσαν ἀλλόφυλοι[12] ὅτι ἐχρίσθη[13] Δαυιδ βασιλεὺς ἐπὶ πάντα Ισραηλ, καὶ
ἀνέβησαν πάντες οἱ ἀλλόφυλοι ζητῆσαι τὸν Δαυιδ. καὶ ἤκουσεν Δαυιδ καὶ ἐξῆλθεν
εἰς ἀπάντησιν[14] αὐτοῖς. **9** καὶ ἀλλόφυλοι[15] ἦλθον καὶ συνέπεσον[16] ἐν τῇ κοιλάδι[17]
τῶν γιγάντων.[18] **10** καὶ ἠρώτησεν[19] Δαυιδ διὰ τοῦ θεοῦ λέγων Εἰ ἀναβῶ ἐπὶ τοὺς
ἀλλοφύλους[20] καὶ δώσεις αὐτοὺς εἰς τὰς χεῖράς μου; καὶ εἶπεν αὐτῷ κύριος Ἀνάβηθι,
καὶ δώσω αὐτοὺς εἰς τὰς χεῖράς σου. **11** καὶ ἀνέβη εἰς Βααλφαρασιν καὶ ἐπάταξεν[21]
αὐτοὺς ἐκεῖ Δαυιδ· καὶ εἶπεν Δαυιδ Διέκοψεν[22] ὁ θεὸς τοὺς ἐχθρούς μου ἐν χειρί μου
ὡς διακοπὴν[23] ὕδατος· διὰ τοῦτο ἐκάλεσεν τὸ ὄνομα τοῦ τόπου ἐκείνου Διακοπὴ
φαρασιν.[24] **12** καὶ ἐγκατέλιπον[25] ἐκεῖ τοὺς θεοὺς αὐτῶν, καὶ εἶπεν Δαυιδ κατακαῦσαι[26]
αὐτοὺς ἐν πυρί.

13 καὶ προσέθεντο[27] ἔτι ἀλλόφυλοι[28] καὶ συνέπεσαν[29] ἔτι ἐν τῇ κοιλάδι[30] τῶν γιγάν-
των.[31] **14** καὶ ἠρώτησεν[32] Δαυιδ ἔτι ἐν θεῷ, καὶ εἶπεν αὐτῷ ὁ θεὸς Οὐ πορεύσῃ ὀπίσω

1 ξύλον, wood, tree
2 κέδρινος, cedar
3 οἰκοδόμος, builder, mason
4 τοῖχος, wall
5 τέκτων, craftsman, carpenter
6 ξύλον, wood, timber
7 αὐξάνω, *aor pas ind 3s*, increase
8 ὕψος, majesty, status
9 τίκτω, *aor pas ind 3p*, bear, give birth
10 θυγάτηρ, daughter
11 τίκτω, *aor pas ptc gen p m*, bear, give birth
12 ἀλλόφυλος, foreign, (Philistine)
13 χρίω, *aor pas ind 3s*, anoint
14 ἀπάντησις, meeting, confrontation
15 ἀλλόφυλος, foreign, (Philistine)
16 συμπίπτω, *aor act ind 3p*, meet together, fall in
17 κοιλάς, valley
18 γίγας, giant, mighty one
19 ἐρωτάω, *aor act ind 3s*, ask, inquire
20 ἀλλόφυλος, foreign, (Philistine)
21 πατάσσω, *aor act ind 3s*, strike, defeat
22 διακόπτω, *aor act ind 3s*, cut down
23 διακοπή, cutting, channel
24 φαρασιν, Perasim, *translit.*
25 ἐγκαταλείπω, *aor act ind 3p*, abandon, leave behind
26 κατακαίω, *aor act inf*, burn completely
27 προστίθημι, *aor mid ind 3p*, continue
28 ἀλλόφυλος, foreign, (Philistine)
29 συμπίπτω, *aor act ind 3p*, meet together, fall in
30 κοιλάς, valley
31 γίγας, giant, mighty one
32 ἐρωτάω, *aor act ind 3s*, ask, inquire

αὐτῶν, ἀποστρέφου[1] ἀπ' αὐτῶν καὶ παρέσῃ[2] αὐτοῖς πλησίον[3] τῶν ἀπίων·[4] **15** καὶ ἔσται ἐν τῷ ἀκοῦσαί σε τὴν φωνὴν τοῦ συσσεισμοῦ[5] τῶν ἄκρων[6] τῶν ἀπίων,[7] τότε ἐξελεύσῃ εἰς τὸν πόλεμον, ὅτι ἐξῆλθεν ὁ θεὸς ἔμπροσθέν σου τοῦ πατάξαι[8] τὴν παρεμβολὴν[9] τῶν ἀλλοφύλων.[10] **16** καὶ ἐποίησεν καθὼς ἐνετείλατο[11] αὐτῷ ὁ θεός, καὶ ἐπάταξεν[12] τὴν παρεμβολὴν[13] τῶν ἀλλοφύλων[14] ἀπὸ Γαβαων ἕως Γαζαρα. **17** καὶ ἐγένετο ὄνομα Δαυιδ ἐν πάσῃ τῇ γῇ, καὶ κύριος ἔδωκεν τὸν φόβον αὐτοῦ ἐπὶ πάντα τὰ ἔθνη.

Plans to Move the Ark

15 Καὶ ἐποίησεν αὐτῷ οἰκίας ἐν πόλει Δαυιδ· καὶ ἡτοίμασεν τὸν τόπον τῇ κιβωτῷ[15] τοῦ θεοῦ καὶ ἐποίησεν αὐτῇ σκηνήν.[16]

2 Τότε εἶπεν Δαυιδ Οὐκ ἔστιν ἆραι τὴν κιβωτὸν[17] τοῦ θεοῦ ἀλλ' ἢ τοὺς Λευίτας, ὅτι αὐτοὺς ἐξελέξατο[18] κύριος αἴρειν τὴν κιβωτὸν κυρίου καὶ λειτουργεῖν[19] αὐτῷ ἕως αἰῶνος. **3** καὶ ἐξεκκλησίασεν[20] Δαυιδ τὸν πάντα Ισραηλ εἰς Ιερουσαλημ τοῦ ἀνενέγκαι[21] τὴν κιβωτὸν[22] κυρίου εἰς τὸν τόπον, ὃν ἡτοίμασεν αὐτῇ. **4** καὶ συνήγαγεν Δαυιδ τοὺς υἱοὺς Ααρων καὶ τοὺς Λευίτας. **5** τῶν υἱῶν Κααθ· Ουριηλ ὁ ἄρχων καὶ οἱ ἀδελφοὶ αὐτοῦ, ἑκατὸν[23] εἴκοσι.[24] **6** τῶν υἱῶν Μεραρι· Ασαια ὁ ἄρχων καὶ οἱ ἀδελφοὶ αὐτοῦ, διακόσιοι[25] πεντήκοντα.[26] **7** τῶν υἱῶν Γηρσαμ· Ιωηλ ὁ ἄρχων καὶ οἱ ἀδελφοὶ αὐτοῦ, ἑκατὸν[27] πεντήκοντα.[28] **8** τῶν υἱῶν Ελισαφαν· Σαμαιας ὁ ἄρχων καὶ οἱ ἀδελφοὶ αὐτοῦ, διακόσιοι.[29] **9** τῶν υἱῶν Χεβρων· Ελιηλ ὁ ἄρχων καὶ οἱ ἀδελφοὶ αὐτοῦ, ὀγδοήκοντα.[30] **10** τῶν υἱῶν Οζιηλ· Αμιναδαβ ὁ ἄρχων καὶ οἱ ἀδελφοὶ αὐτοῦ, ἑκατὸν[31] δέκα[32] δύο.

11 καὶ ἐκάλεσεν Δαυιδ τὸν Σαδωκ καὶ Αβιαθαρ τοὺς ἱερεῖς καὶ τοὺς Λευίτας, τὸν Ουριηλ, Ασαια, Ιωηλ, Σαμαιαν, Ελιηλ, Αμιναδαβ, **12** καὶ εἶπεν αὐτοῖς Ὑμεῖς ἄρχοντες πατριῶν[33] τῶν Λευιτῶν, ἁγνίσθητε[34] ὑμεῖς καὶ οἱ ἀδελφοὶ ὑμῶν καὶ ἀνοίσετε[35] τὴν

1 ἀποστρέφω, *pres mid impv 2s*, turn away
2 πάρειμι, *fut mid ind 2s*, come to, arrive at
3 πλησίον, near
4 ἄπιος, pear tree
5 συσσεισμός, commotion
6 ἄκρος, top, height
7 ἄπιος, pear tree
8 πατάσσω, *aor act inf*, strike
9 παρεμβολή, camp
10 ἀλλόφυλος, foreign, (Philistine)
11 ἐντέλλομαι, *aor mid ind 3s*, command, order
12 πατάσσω, *aor act ind 3s*, strike
13 παρεμβολή, camp
14 ἀλλόφυλος, foreign, (Philistine)
15 κιβωτός, chest, ark (of the covenant)
16 σκηνή, tent
17 κιβωτός, chest, ark (of the covenant)
18 ἐκλέγω, *aor mid ind 3s*, choose, select
19 λειτουργέω, *pres act inf*, minister, serve
20 ἐξεκκλησιάζω, *aor act ind 3s*, summon, assemble
21 ἀναφέρω, *aor act inf*, bring up
22 κιβωτός, chest, ark (of the covenant)
23 ἑκατόν, one hundred
24 εἴκοσι, twenty
25 διακόσιοι, two hundred
26 πεντήκοντα, fifty
27 ἑκατόν, one hundred
28 πεντήκοντα, fifty
29 διακόσιοι, two hundred
30 ὀγδοήκοντα, eighty
31 ἑκατόν, one hundred
32 δέκα, ten
33 πατριά, paternal lineage, house
34 ἁγνίζω, *aor pas impv 2p*, consecrate, sanctify
35 ἀναφέρω, *fut act ind 2p*, bring up

κιβωτὸν[1] τοῦ θεοῦ Ισραηλ οὗ ἡτοίμασα αὐτῇ· **13** ὅτι οὐκ ἐν τῷ πρότερον[2] ὑμᾶς εἶναι διέκοψεν[3] ὁ θεὸς ἡμῶν ἐν ἡμῖν, ὅτι οὐκ ἐζητήσαμεν ἐν κρίματι.[4] **14** καὶ ἡγνίσθησαν[5] οἱ ἱερεῖς καὶ οἱ Λευῖται τοῦ ἀνενέγκαι[6] τὴν κιβωτὸν[7] θεοῦ Ισραηλ. **15** καὶ ἔλαβον οἱ υἱοὶ τῶν Λευιτῶν τὴν κιβωτὸν[8] τοῦ θεοῦ, ὡς ἐνετείλατο[9] Μωυσῆς ἐν λόγῳ θεοῦ κατὰ τὴν γραφήν,[10] ἐν ἀναφορεῦσιν[11] ἐπ᾽ αὐτούς.

16 καὶ εἶπεν Δαυιδ τοῖς ἄρχουσιν τῶν Λευιτῶν Στήσατε τοὺς ἀδελφοὺς αὐτῶν τοὺς ψαλτῳδοὺς[12] ἐν ὀργάνοις[13] ᾠδῶν,[14] νάβλαις[15] καὶ κινύραις[16] καὶ κυμβάλοις,[17] τοῦ φωνῆσαι[18] εἰς ὕψος[19] ἐν φωνῇ εὐφροσύνης.[20] **17** καὶ ἔστησαν οἱ Λευῖται τὸν Αιμαν υἱὸν Ιωηλ· ἐκ τῶν ἀδελφῶν αὐτοῦ Ασαφ υἱὸς Βαραχια, καὶ ἐκ τῶν υἱῶν Μεραρι ἀδελφῶν αὐτοῦ Αιθαν υἱὸς Κισαιου. **18** καὶ μετ᾽ αὐτῶν ἀδελφοὶ αὐτῶν οἱ δεύτεροι, Ζαχαριας καὶ Οζιηλ καὶ Σεμιραμωθ καὶ Ιιηλ καὶ Ωνι καὶ Ελιαβ καὶ Βαναια καὶ Μαασαια καὶ Ματταθια καὶ Ελιφαλια καὶ Μακενια καὶ Αβδεδομ καὶ Ιιηλ καὶ Οζιας, οἱ πυλωροί.[21] **19** καὶ οἱ ψαλτῳδοί·[22] Αιμαν, Ασαφ καὶ Αιθαν ἐν κυμβάλοις[23] χαλκοῖς[24] τοῦ ἀκουσθῆναι ποιῆσαι· **20** Ζαχαριας καὶ Οζιηλ, Σεμιραμωθ, Ιιηλ, Ωνι, Ελιαβ, Μασαιας, Βαναιας ἐν νάβλαις[25] ἐπὶ αλαιμωθ·[26] **21** καὶ Ματταθιας καὶ Ελιφαλιας καὶ Μακενιας καὶ Αβδεδομ καὶ Ιιηλ καὶ Οζιας ἐν κινύραις[27] αμασενιθ[28] τοῦ ἐνισχῦσαι.[29] **22** καὶ Χωνενια ἄρχων τῶν Λευιτῶν ἄρχων τῶν ᾠδῶν,[30] ὅτι συνετὸς[31] ἦν. **23** καὶ Βαραχια καὶ Ηλκανα πυλωροὶ[32] τῆς κιβωτοῦ.[33] **24** καὶ Σοβνια καὶ Ιωσαφατ καὶ Ναθαναηλ καὶ Αμασαι καὶ Ζαχαρια καὶ Βαναι καὶ Ελιεζερ οἱ ἱερεῖς σαλπίζοντες[34] ταῖς σάλπιγξιν[35] ἔμπροσθεν τῆς κιβωτοῦ[36] τοῦ θεοῦ. καὶ Αβδεδομ καὶ Ιια πυλωροὶ[37] τῆς κιβωτοῦ τοῦ θεοῦ.

1 κιβωτός, chest, ark (of the covenant)
2 πρότερος, earlier, before
3 διακόπτω, *aor act ind 3s*, break through, breach
4 κρίμα, decree, ruling
5 ἁγνίζω, *aor pas ind 3p*, consecrate, sanctify
6 ἀναφέρω, *aor act inf*, bring up
7 κιβωτός, chest, ark (of the covenant)
8 κιβωτός, chest, ark (of the covenant)
9 ἐντέλλομαι, *aor mid ind 3s*, command, order
10 γραφή, writing, scripture
11 ἀναφορεύς, carrying pole
12 ψαλτῳδός, psalm singer
13 ὄργανον, instrument
14 ᾠδή, song
15 νάβλα, harp, *Heb. LW*
16 κινύρα, stringed instrument, *Heb. LW*
17 κύμβαλον, cymbal
18 φωνέω, *aor act inf*, call, sound
19 ὕψος, height
20 εὐφροσύνη, gladness, joy
21 πυλωρός, gatekeeper
22 ψαλτῳδός, psalm singer
23 κύμβαλον, cymbal
24 χαλκοῦς, bronze
25 νάβλα, harp, *Heb. LW*
26 αλαιμωθ, alaimoth, (musical instruments?), *translit.*
27 κινύρα, stringed instrument, *Heb. LW*
28 αμασενιθ, sheminith (*musical term*?), *translit.*
29 ἐνισχύω, *aor act inf*, support
30 ᾠδή, song
31 συνετός, skilled, understanding, intelligent
32 πυλωρός, gatekeeper
33 κιβωτός, chest, ark (of the covenant)
34 σαλπίζω, *pres act ptc nom p m*, blow, sound
35 σάλπιγξ, trumpet
36 κιβωτός, chest, ark (of the covenant)
37 πυλωρός, gatekeeper

25 Καὶ ἦν Δαυιδ καὶ οἱ πρεσβύτεροι Ισραηλ καὶ οἱ χιλίαρχοι[1] οἱ πορευόμενοι τοῦ
ἀναγαγεῖν[2] τὴν κιβωτὸν[3] τῆς διαθήκης κυρίου ἐξ οἴκου Αβδεδομ ἐν εὐφροσύνῃ.[4]
26 καὶ ἐγένετο ἐν τῷ κατισχῦσαι[5] τὸν θεὸν τοὺς Λευίτας αἴροντας τὴν κιβωτὸν[6]
τῆς διαθήκης κυρίου καὶ ἔθυσαν[7] ἑπτὰ μόσχους[8] καὶ ἑπτὰ κριούς.[9] **27** καὶ Δαυιδ
περιεζωσμένος[10] ἐν στολῇ[11] βυσσίνῃ[12] καὶ πάντες οἱ Λευῖται αἴροντες τὴν κιβωτὸν[13]
διαθήκης κυρίου καὶ οἱ ψαλτῳδοὶ[14] καὶ Χωνενιας ὁ ἄρχων τῶν ᾠδῶν[15] τῶν ᾀδόν-
των,[16] καὶ ἐπὶ Δαυιδ στολὴ[17] βυσσίνη.[18] **28** καὶ πᾶς Ισραηλ ἀνάγοντες[19] τὴν κιβωτὸν[20]
διαθήκης κυρίου ἐν σημασίᾳ[21] καὶ ἐν φωνῇ σωφερ[22] καὶ ἐν σάλπιγξιν[23] καὶ ἐν κυμ-
βάλοις,[24] ἀναφωνοῦντες[25] νάβλαις[26] καὶ ἐν κινύραις.[27]

29 καὶ ἐγένετο κιβωτὸς[28] διαθήκης κυρίου καὶ ἦλθεν ἕως πόλεως Δαυιδ, καὶ Μελχολ
θυγάτηρ[29] Σαουλ παρέκυψεν[30] διὰ τῆς θυρίδος[31] καὶ εἶδεν τὸν βασιλέα Δαυιδ ὀρχού-
μενον[32] καὶ παίζοντα[33] καὶ ἐξουδένωσεν[34] αὐτὸν ἐν τῇ ψυχῇ αὐτῆς.

Setting Up the Ark in the Tent

16 Καὶ εἰσήνεγκαν[35] τὴν κιβωτὸν[36] τοῦ θεοῦ καὶ ἀπηρείσαντο[37] αὐτὴν ἐν μέσῳ
τῆς σκηνῆς,[38] ἧς ἔπηξεν[39] αὐτῇ Δαυιδ, καὶ προσήνεγκαν ὁλοκαυτώματα[40]
καὶ σωτηρίου[41] ἐναντίον[42] τοῦ θεοῦ. **2** καὶ συνετέλεσεν[43] Δαυιδ ἀναφέρων[44]

1 χιλίαρχος, captain over a thousand
2 ἀνάγω, *aor act inf*, bring up
3 κιβωτός, chest, ark
4 εὐφροσύνη, gladness, joy
5 κατισχύω, *aor act inf*, strengthen, encourage
6 κιβωτός, chest, ark
7 θύω, *aor act ind 3p*, offer, sacrifice
8 μόσχος, calf, young bull
9 κριός, ram
10 περιζώννυμι, *perf pas ptc nom s m*, gird
11 στολή, garment, clothing
12 βύσσινος, fine linen
13 κιβωτός, chest, ark
14 ψαλτῳδός, psalm singer
15 ᾠδή, song
16 ᾄδω, *pres act ptc gen p m*, sing
17 στολή, garment, clothing
18 βύσσινος, fine linen
19 ἀνάγω, *pres act ptc nom p m*, bring up
20 κιβωτός, chest, ark
21 σημασία, calling, shouting, signaling
22 σωφερ, ram's horn, *translit.*
23 σάλπιγξ, trumpet
24 κύμβαλον, cymbal
25 ἀναφωνέω, *pres act ptc nom p m*, play loudly
26 νάβλα, harp, *Heb. LW*
27 κινύρα, stringed instrument, *Heb. LW*
28 κιβωτός, chest, ark
29 θυγάτηρ, daughter
30 παρακύπτω, *aor act ind 3s*, look through, peer out
31 θυρίς, window
32 ὀρχέομαι, *pres mid ptc acc s m*, leap, bound
33 παίζω, *pres act ptc acc s m*, dance and sing
34 ἐξουδενόω, *aor act ind 3s*, despise, scorn
35 εἰσφέρω, *aor act ind 3p*, bring in
36 κιβωτός, chest, ark (of the covenant)
37 ἀπερείδομαι, *aor mid ind 3p*, place, deposit
38 σκηνή, tent
39 πήγνυμι, *aor act ind 3s*, pitch, set up
40 ὁλοκαύτωμα, whole burnt offering
41 σωτήριον, (sacrifice of) deliverance, peace
42 ἐναντίον, before
43 συντελέω, *aor act ind 3s*, finish, complete
44 ἀναφέρω, *pres act ptc nom s m*, offer up

ὁλοκαυτώματα[1] καὶ σωτηρίου[2] καὶ εὐλόγησεν τὸν λαὸν ἐν ὀνόματι κυρίου. **3** καὶ
διεμέρισεν[3] παντὶ ἀνδρὶ Ισραηλ ἀπὸ ἀνδρὸς καὶ ἕως γυναικὸς τῷ ἀνδρὶ ἄρτον ἕνα
ἀρτοκοπικὸν[4] καὶ ἀμορίτην.[5]

4 Καὶ ἔταξεν[6] κατὰ πρόσωπον τῆς κιβωτοῦ[7] διαθήκης κυρίου ἐκ τῶν Λευιτῶν λει-
τουργοῦντας[8] ἀναφωνοῦντας[9] καὶ ἐξομολογεῖσθαι[10] καὶ αἰνεῖν[11] κύριον τὸν θεὸν
Ισραηλ· **5** Ασαφ ὁ ἡγούμενος,[12] καὶ δευτερεύων[13] αὐτῷ Ζαχαριας, Ιιηλ, Σεμιραμωθ,
Ιιηλ, Ματταθιας, Ελιαβ καὶ Βαναιας καὶ Αβδεδομ καὶ Ιιηλ ἐν ὀργάνοις,[14] νάβλαις[15]
καὶ κινύραις,[16] καὶ Ασαφ ἐν κυμβάλοις[17] ἀναφωνῶν,[18] **6** καὶ Βαναιας καὶ Οζιηλ οἱ
ἱερεῖς ἐν ταῖς σάλπιγξιν[19] διὰ παντὸς ἐναντίον[20] τῆς κιβωτοῦ[21] τῆς διαθήκης τοῦ θεοῦ.

David's Psalm

7 Ἐν τῇ ἡμέρᾳ ἐκείνῃ τότε ἔταξεν[22] Δαυιδ ἐν ἀρχῇ τοῦ αἰνεῖν[23] τὸν κύριον ἐν χειρὶ
Ασαφ καὶ τῶν ἀδελφῶν αὐτοῦ

8 Ἐξομολογεῖσθε[24] τῷ κυρίῳ, ἐπικαλεῖσθε[25] αὐτὸν ἐν ὀνόματι αὐτοῦ,
γνωρίσατε[26] ἐν λαοῖς τὰ ἐπιτηδεύματα[27] αὐτοῦ·
9 ᾄσατε[28] αὐτῷ καὶ ὑμνήσατε[29] αὐτῷ,
διηγήσασθε[30] πᾶσιν τὰ θαυμάσια[31] αὐτοῦ, ἃ ἐποίησεν κύριος.
10 αἰνεῖτε[32] ἐν ὀνόματι ἁγίῳ αὐτοῦ,
εὐφρανθήσεται[33] καρδία ζητοῦσα τὴν εὐδοκίαν[34] αὐτοῦ·
11 ζητήσατε τὸν κύριον καὶ ἰσχύσατε,[35]
ζητήσατε τὸ πρόσωπον αὐτοῦ διὰ παντός.

1 ὁλοκαύτωμα, whole burnt offering
2 σωτήριον, (sacrifice of) deliverance, peace
3 διαμερίζω, *aor act ind 3s*, distribute
4 ἀρτοκοπικός, of a baker
5 ἀμορίτης, cake
6 τάσσω, *aor act ind 3s*, appoint
7 κιβωτός, chest, ark
8 λειτουργέω, *pres act ptc acc p m*, minister, serve
9 ἀναφωνέω, *pres act ptc acc p m*, call out, cry out
10 ἐξομολογέομαι, *pres mid inf*, acknowledge, profess
11 αἰνέω, *pres act inf*, praise
12 ἡγέομαι, *pres mid ptc nom s m*, lead, be first
13 δευτερεύω, *pres act ptc nom s m*, be second
14 ὄργανον, instrument
15 νάβλα, harp, *Heb. LW*
16 κινύρα, stringed instrument, *Heb. LW*
17 κύμβαλον, cymbal
18 ἀναφωνέω, *pres act ptc nom s m*, loudly sound
19 σάλπιγξ, trumpet
20 ἐναντίον, before
21 κιβωτός, chest, ark
22 τάσσω, *aor act ind 3s*, order, stipulate
23 αἰνέω, *pres act inf*, praise
24 ἐξομολογέομαι, *pres mid impv 2p*, acknowledge, profess
25 ἐπικαλέω, *pres mid impv 2p*, call upon
26 γνωρίζω, *aor act impv 2p*, make known, point out
27 ἐπιτήδευμα, pursuit, habit, design
28 ᾄδω, *aor act impv 2p*, sing
29 ὑμνέω, *aor act impv 2p*, praise, sing a hymn
30 διηγέομαι, *aor mid impv 2p*, describe, tell
31 θαυμάσιος, wonderful, marvelous
32 αἰνέω, *pres act impv 2p*, praise
33 εὐφραίνω, *fut pas ind 3s*, be glad, rejoice
34 εὐδοκία, pleasure, favor
35 ἰσχύω, *aor act impv 2p*, be strong

12 μνημονεύετε[1] τὰ θαυμάσια[2] αὐτοῦ, ἃ ἐποίησεν,
τέρατα[3] καὶ κρίματα[4] τοῦ στόματος αὐτοῦ,
13 σπέρμα Ισραηλ παῖδες[5] αὐτοῦ,
υἱοὶ Ιακωβ ἐκλεκτοὶ[6] αὐτοῦ.

14 αὐτὸς κύριος ὁ θεὸς ἡμῶν,
ἐν πάσῃ τῇ γῇ τὰ κρίματα[7] αὐτοῦ.
15 μνημονεύων[8] εἰς αἰῶνα διαθήκης αὐτοῦ,
λόγον αὐτοῦ, ὃν ἐνετείλατο[9] εἰς χιλίας[10] γενεάς,
16 ὃν διέθετο[11] τῷ Αβρααμ,
καὶ τὸν ὅρκον[12] αὐτοῦ τῷ Ισαακ·
17 ἔστησεν αὐτὸν τῷ Ιακωβ εἰς πρόσταγμα,[13]
τῷ Ισραηλ διαθήκην αἰώνιον
18 λέγων Σοὶ δώσω τὴν γῆν Χανααν
σχοίνισμα[14] κληρονομίας[15] ὑμῶν.

19 ἐν τῷ γενέσθαι αὐτοὺς ὀλιγοστοὺς[16] ἀριθμῷ[17]
ὡς ἐσμικρύνθησαν[18] καὶ παρῴκησαν[19] ἐν αὐτῇ.
20 καὶ ἐπορεύθησαν ἀπὸ ἔθνους εἰς ἔθνος
καὶ ἀπὸ βασιλείας εἰς λαὸν ἕτερον·
21 οὐκ ἀφῆκεν ἄνδρα τοῦ δυναστεῦσαι[20] αὐτοὺς
καὶ ἤλεγξεν[21] περὶ αὐτῶν βασιλεῖς
22 Μὴ ἅψησθε τῶν χριστῶν μου
καὶ ἐν τοῖς προφήταις μου μὴ πονηρεύεσθε.[22]

23 ᾄσατε[23] τῷ κυρίῳ, πᾶσα ἡ γῆ,
ἀναγγείλατε[24] ἐξ ἡμέρας εἰς ἡμέραν σωτηρίαν αὐτοῦ.
25 ὅτι μέγας κύριος καὶ αἰνετὸς[25] σφόδρα,[26]
φοβερός[27] ἐστιν ἐπὶ πάντας τοὺς θεούς·

1 μνημονεύω, *pres act impv 2p*, remember
2 θαυμάσιος, wonderful, marvelous
3 τέρας, sign, miracle
4 κρίμα, decision, judgment
5 παῖς, servant
6 ἐκλεκτός, chosen
7 κρίμα, decision, judgment
8 μνημονεύω, *pres act ptc nom s m*, remember
9 ἐντέλλομαι, *aor mid ind 3s*, command, order
10 χίλιοι, one thousand
11 διατίθημι, *aor mid ind 3s*, arrange, grant
12 ὅρκος, oath
13 πρόσταγμα, ordinance, command
14 σχοίνισμα, portion, allotment
15 κληρονομία, inheritance
16 ὀλίγος, *sup*, fewest
17 ἀριθμός, number
18 σμικρύνω, *aor pas ind 3p*, reduce, diminish
19 παροικέω, *aor act ind 3p*, dwell as foreigner
20 δυναστεύω, *aor act inf*, rule (over), oppress
21 ἐλέγχω, *aor act ind 3s*, reproach, convict
22 πονηρεύομαι, *pres mid ind 2p*, do wrong, act wickedly
23 ᾄδω, *aor act impv 2p*, sing
24 ἀναγγέλλω, *aor act impv 2p*, declare, tell
25 αἰνετός, praiseworthy
26 σφόδρα, exceedingly
27 φοβερός, fearful, terrible

26 ὅτι πάντες οἱ θεοὶ τῶν ἐθνῶν εἴδωλα,[1]
καὶ ὁ θεὸς ἡμῶν οὐρανὸν ἐποίησεν·
27 δόξα καὶ ἔπαινος[2] κατὰ πρόσωπον αὐτοῦ,
ἰσχὺς[3] καὶ καύχημα[4] ἐν τόπῳ αὐτοῦ.

28 δότε τῷ κυρίῳ, πατριαὶ[5] τῶν ἐθνῶν,
δότε τῷ κυρίῳ δόξαν καὶ ἰσχύν·[6]
29 δότε τῷ κυρίῳ δόξαν ὀνόματος αὐτοῦ,
λάβετε δῶρα[7] καὶ ἐνέγκατε κατὰ πρόσωπον αὐτοῦ
καὶ προσκυνήσατε τῷ κυρίῳ ἐν αὐλαῖς[8] ἁγίαις αὐτοῦ.
30 φοβηθήτω ἀπὸ προσώπου αὐτοῦ πᾶσα ἡ γῆ,
κατορθωθήτω[9] ἡ γῆ καὶ μὴ σαλευθήτω·[10]
31 εὐφρανθήτω[11] ὁ οὐρανός, καὶ ἀγαλλιάσθω[12] ἡ γῆ,
καὶ εἰπάτωσαν ἐν τοῖς ἔθνεσιν Κύριος βασιλεύων.[13]
32 βομβήσει[14] ἡ θάλασσα σὺν τῷ πληρώματι[15]
καὶ ξύλον[16] ἀγροῦ καὶ πάντα τὰ ἐν αὐτῷ·
33 τότε εὐφρανθήσεται[17] τὰ ξύλα[18] τοῦ δρυμοῦ[19] ἀπὸ προσώπου κυρίου,
ὅτι ἦλθεν κρῖναι τὴν γῆν.
34 ἐξομολογεῖσθε[20] τῷ κυρίῳ, ὅτι ἀγαθόν,
ὅτι εἰς τὸν αἰῶνα τὸ ἔλεος[21] αὐτοῦ.

35 καὶ εἴπατε

Σῶσον ἡμᾶς, ὁ θεὸς τῆς σωτηρίας ἡμῶν,
καὶ ἐξελοῦ[22] ἡμᾶς ἐκ τῶν ἐθνῶν
τοῦ αἰνεῖν[23] τὸ ὄνομα τὸ ἅγιόν σου
καὶ καυχᾶσθαι[24] ἐν ταῖς αἰνέσεσίν[25] σου.
36 εὐλογημένος κύριος ὁ θεὸς Ισραηλ ἀπὸ τοῦ αἰῶνος καὶ ἕως τοῦ αἰῶνος·
καὶ ἐρεῖ πᾶς ὁ λαός Αμην.[26]

καὶ ᾔνεσαν[27] τῷ κυρίῳ.

1 εἴδωλον, image, (idol)
2 ἔπαινος, praise, approval
3 ἰσχύς, power, strength
4 καύχημα, glory, pride
5 πατριά, paternal lineage, house
6 ἰσχύς, power, strength
7 δῶρον, gift
8 αὐλή, court
9 κατορθόω, *aor pas impv 3s*, set upright, keep straight
10 σαλεύω, *aor pas impv 3s*, shake, tremble
11 εὐφραίνω, *aor pas impv 3s*, be glad, rejoice
12 ἀγαλλιάομαι, *pres mid impv 3s*, exult, rejoice
13 βασιλεύω, *pres act ptc nom s m*, reign as king
14 βομβέω, *fut act ind 3s*, crash, make a booming noise
15 πλήρωμα, fullness
16 ξύλον, tree
17 εὐφραίνω, *fut pas ind 3s*, rejoice, be glad
18 ξύλον, tree
19 δρυμός, thicket, forest
20 ἐξομολογέομαι, *pres mid impv 2p*, acknowledge, confess
21 ἔλεος, mercy, compassion
22 ἐξαιρέω, *aor mid impv 2s*, remove, take out
23 αἰνέω, *pres act inf*, praise
24 καυχάομαι, *pres mid inf*, boast, take pride in
25 αἴνεσις, praise
26 αμην, amen
27 αἰνέω, *aor act ind 3p*, praise

Maintenance of Regular Worship

37 Καὶ κατέλιπον[1] ἐκεῖ ἔναντι[2] τῆς κιβωτοῦ[3] διαθήκης κυρίου τὸν Ασαφ καὶ τοὺς
ἀδελφοὺς αὐτοῦ τοῦ λειτουργεῖν[4] ἐναντίον[5] τῆς κιβωτοῦ διὰ παντὸς τὸ τῆς ἡμέρας
εἰς ἡμέραν· **38** καὶ Αβδεδομ καὶ οἱ ἀδελφοὶ αὐτοῦ, ἑξήκοντα[6] καὶ ὀκτώ,[7] καὶ Αβδεδομ
υἱὸς Ιδιθων καὶ Οσσα εἰς πυλωρούς.[8] **39** καὶ τὸν Σαδωκ τὸν ἱερέα καὶ τοὺς ἀδελφοὺς
αὐτοῦ τοὺς ἱερεῖς ἐναντίον[9] σκηνῆς[10] κυρίου ἐν Βαμα τῇ ἐν Γαβαων **40** τοῦ ἀνα-
φέρειν[11] ὁλοκαυτώματα[12] τῷ κυρίῳ ἐπὶ τοῦ θυσιαστηρίου[13] τῶν ὁλοκαυτωμάτων
διὰ παντὸς τὸ πρωὶ[14] καὶ τὸ ἑσπέρας[15] καὶ κατὰ πάντα τὰ γεγραμμένα ἐν νόμῳ
κυρίου, ὅσα ἐνετείλατο[16] ἐφ᾽ υἱοῖς Ισραηλ ἐν χειρὶ Μωυσῆ τοῦ θεράποντος[17] τοῦ
θεοῦ· **41** καὶ μετ᾽ αὐτοῦ Αιμαν καὶ Ιδιθων καὶ οἱ λοιποὶ ἐκλεγέντες[18] ἐπ᾽ ὀνόματος
τοῦ αἰνεῖν[19] τὸν κύριον, ὅτι εἰς τὸν αἰῶνα τὸ ἔλεος[20] αὐτοῦ, **42** καὶ μετ᾽ αὐτῶν σάλ-
πιγγες[21] καὶ κύμβαλα[22] τοῦ ἀναφωνεῖν[23] καὶ ὄργανα[24] τῶν ᾠδῶν[25] τοῦ θεοῦ, υἱοὶ
Ιδιθων εἰς τὴν πύλην.[26]

43 Καὶ ἐπορεύθη ἅπας[27] ὁ λαὸς ἕκαστος εἰς τὸν οἶκον αὐτοῦ, καὶ ἐπέστρεψεν Δαυιδ
τοῦ εὐλογῆσαι τὸν οἶκον αὐτοῦ.

God's Covenant with David

17 Καὶ ἐγένετο ὡς κατῴκησεν Δαυιδ ἐν οἴκῳ αὐτοῦ, καὶ εἶπεν Δαυιδ πρὸς Ναθαν
τὸν προφήτην Ἰδοὺ ἐγὼ κατοικῶ ἐν οἴκῳ κεδρίνῳ,[28] καὶ ἡ κιβωτὸς[29] διαθήκης
κυρίου ὑποκάτω[30] δέρρεων.[31] **2** καὶ εἶπεν Ναθαν πρὸς Δαυιδ Πᾶν τὸ ἐν τῇ ψυχῇ σου
ποίει, ὅτι ὁ θεὸς μετὰ σοῦ.

3 καὶ ἐγένετο ἐν τῇ νυκτὶ ἐκείνῃ καὶ ἐγένετο λόγος κυρίου πρὸς Ναθαν λέγων
4 Πορεύου καὶ εἰπὸν πρὸς Δαυιδ τὸν παῖδά[32] μου Οὕτως εἶπεν κύριος Οὐ σὺ οἰκο-
δομήσεις μοι οἶκον τοῦ κατοικῆσαί με ἐν αὐτῷ· **5** ὅτι οὐ κατῴκησα ἐν οἴκῳ ἀπὸ τῆς
ἡμέρας, ἧς ἀνήγαγον[33] τὸν Ισραηλ, ἕως τῆς ἡμέρας ταύτης καὶ ἤμην ἐν σκηνῇ[34] καὶ

1 καταλείπω, *aor act ind 3p*, leave
2 ἔναντι, before
3 κιβωτός, chest, ark
4 λειτουργέω, *pres act inf*, minister, serve
5 ἐναντίον, before
6 ἑξήκοντα, sixty
7 ὀκτώ, eight
8 πυλωρός, gatekeeper
9 ἐναντίον, before
10 σκηνή, tent
11 ἀναφέρω, *pres act inf*, offer up
12 ὁλοκαύτωμα, whole burnt offering
13 θυσιαστήριον, altar
14 πρωί, (in the) morning
15 ἑσπέρα, (in the) evening
16 ἐντέλλομαι, *aor mid ind 3s*, command, order
17 θεράπων, servant
18 ἐκλέγω, *aor pas ptc nom p m*, choose, select
19 αἰνέω, *pres act inf*, praise
20 ἔλεος, mercy, compassion
21 σάλπιγξ, trumpet
22 κύμβαλον, cymbal
23 ἀναφωνέω, *pres act inf*, play loudly
24 ὄργανον, instrument
25 ᾠδή, song
26 πύλη, gate
27 ἅπας, all
28 κέδρινος, cedar
29 κιβωτός, chest, ark
30 ὑποκάτω, under
31 δέρρις, leather (curtain)
32 παῖς, servant
33 ἀνάγω, *aor act ind 1s*, bring up
34 σκηνή, tent

ἐν καταλύματι.[1] **6** ἐν πᾶσιν οἷς διῆλθον ἐν παντὶ Ισραηλ, εἰ λαλῶν ἐλάλησα πρὸς
μίαν φυλὴν Ισραηλ τοῦ ποιμαίνειν[2] τὸν λαόν μου λέγων ὅτι Οὐκ ᾠκοδομήκατέ μοι
οἶκον κέδρινον.[3] **7** καὶ νῦν οὕτως ἐρεῖς τῷ δούλῳ μου Δαυιδ Τάδε[4] λέγει κύριος
παντοκράτωρ[5] Ἔλαβόν σε ἐκ τῆς μάνδρας[6] ἐξόπισθεν[7] τῶν ποιμνίων[8] τοῦ εἶναι εἰς
ἡγούμενον[9] ἐπὶ τὸν λαόν μου Ισραηλ· **8** καὶ ἤμην μετὰ σοῦ ἐν πᾶσιν, οἷς ἐπορεύθης,
καὶ ἐξωλέθρευσα[10] πάντας τοὺς ἐχθρούς σου ἀπὸ προσώπου σου καὶ ἐποίησά σοι
ὄνομα κατὰ τὸ ὄνομα τῶν μεγάλων τῶν ἐπὶ τῆς γῆς. **9** καὶ θήσομαι τόπον τῷ λαῷ
μου Ισραηλ καὶ καταφυτεύσω[11] αὐτόν, καὶ κατασκηνώσει[12] καθ᾽ ἑαυτὸν καὶ οὐ μεριμ-
νήσει[13] ἔτι, καὶ οὐ προσθήσει[14] ἀδικία[15] τοῦ ταπεινῶσαι[16] αὐτὸν καθὼς ἀπ᾽ ἀρχῆς.

10 καὶ ἀφ᾽ ἡμερῶν, ὧν ἔταξα[17] κριτὰς[18] ἐπὶ τὸν λαόν μου Ισραηλ, καὶ ἐταπείνωσα[19]
ἅπαντας[20] τοὺς ἐχθρούς σου· καὶ αὐξήσω[21] σε, καὶ οἶκον οἰκοδομήσει σοι κύριος.
11 καὶ ἔσται ὅταν πληρωθῶσιν αἱ ἡμέραι σου καὶ κοιμηθήσῃ[22] μετὰ τῶν πατέρων σου,
καὶ ἀναστήσω τὸ σπέρμα σου μετὰ σέ, ὃς ἔσται ἐκ τῆς κοιλίας[23] σου, καὶ ἑτοιμάσω
τὴν βασιλείαν αὐτοῦ· **12** αὐτὸς οἰκοδομήσει μοι οἶκον, καὶ ἀνορθώσω[24] τὸν θρόνον
αὐτοῦ ἕως αἰῶνος. **13** ἐγὼ ἔσομαι αὐτῷ εἰς πατέρα, καὶ αὐτὸς ἔσται μοι εἰς υἱόν· καὶ
τὸ ἔλεός[25] μου οὐκ ἀποστήσω[26] ἀπ᾽ αὐτοῦ ὡς ἀπέστησα[27] ἀπὸ τῶν ὄντων ἔμπροσθέν
σου. **14** καὶ πιστώσω[28] αὐτὸν ἐν οἴκῳ μου καὶ ἐν βασιλείᾳ αὐτοῦ ἕως αἰῶνος, καὶ
ὁ θρόνος αὐτοῦ ἔσται ἀνωρθωμένος[29] ἕως αἰῶνος. **15** κατὰ πάντας τοὺς λόγους
τούτους καὶ κατὰ πᾶσαν τὴν ὅρασιν[30] ταύτην, οὕτως ἐλάλησεν Ναθαν πρὸς Δαυιδ.

David's Response

16 καὶ ἦλθεν ὁ βασιλεὺς Δαυιδ καὶ ἐκάθισεν ἀπέναντι[31] κυρίου καὶ εἶπεν Τίς
εἰμι ἐγώ, κύριε ὁ θεός, καὶ τίς ὁ οἶκός μου, ὅτι ἠγάπησάς με ἕως αἰῶνος; **17** καὶ

1 κατάλυμα, lodging place
2 ποιμαίνω, *pres act inf*, tend, shepherd
3 κέδρινος, cedar
4 ὅδε, this
5 παντοκράτωρ, ruler of all, almighty
6 μάνδρα, fold (of sheep)
7 ἐξόπισθεν, behind
8 ποίμνιον, flock (of sheep)
9 ἡγέομαι, *pres mid ptc acc s m*, lead
10 ἐξολεθρεύω, *aor act ind 1s*, utterly destroy
11 καταφυτεύω, *fut act ind 1s*, plant
12 κατασκηνόω, *fut act ind 3s*, settle, abide
13 μεριμνάω, *fut act ind 3s*, be anxious, be concerned
14 προστίθημι, *fut act ind 3s*, continue
15 ἀδικία, injustice, wickedness
16 ταπεινόω, *aor act inf*, humble, bring low
17 τάσσω, *aor act ind 1s*, appoint
18 κριτής, judge
19 ταπεινόω, *aor act ind 1s*, humble, bring low
20 ἅπας, all
21 αὐξάνω, *fut act ind 1s*, increase, cause to grow
22 κοιμάω, *fut pas ind 2s*, sleep
23 κοιλία, womb
24 ἀνορθόω, *fut act ind 1s*, restore, strengthen
25 ἔλεος, mercy, compassion
26 ἀφίστημι, *fut act ind 1s*, remove, take away
27 ἀφίστημι, *aor act ind 1s*, remove, take away
28 πιστόω, *fut act ind 1s*, confirm, establish
29 ἀνορθόω, *perf pas ptc nom s m*, strengthen, set upright
30 ὅρασις, vision
31 ἀπέναντι, before

ἐσμικρύνθη[1] ταῦτα ἐνώπιόν σου, ὁ θεός, καὶ ἐλάλησας ἐπὶ τὸν οἶκον τοῦ παιδός[2]
σου ἐκ μακρῶν[3] καὶ ἐπεῖδές[4] με ὡς ὅρασις[5] ἀνθρώπου καὶ ὕψωσάς[6] με, κύριε ὁ θεός.
18 τί προσθήσει[7] ἔτι Δαυιδ πρὸς σὲ τοῦ δοξάσαι; καὶ σὺ τὸν δοῦλόν σου οἶδας.
19 καὶ κατὰ τὴν καρδίαν σου ἐποίησας τὴν πᾶσαν μεγαλωσύνην.[8] **20** κύριε, οὐκ
ἔστιν ὅμοιός[9] σοι, καὶ οὐκ ἔστιν πλὴν σοῦ κατὰ πάντα, ὅσα ἠκούσαμεν ἐν ὠσὶν
ἡμῶν. **21** καὶ οὐκ ἔστιν ὡς ὁ λαός σου Ισραηλ ἔθνος ἔτι ἐπὶ τῆς γῆς, ὡς ὡδήγησεν[10]
αὐτὸν ὁ θεὸς τοῦ λυτρώσασθαι[11] ἑαυτῷ λαὸν τοῦ θέσθαι ἑαυτῷ ὄνομα μέγα καὶ
ἐπιφανὲς[12] τοῦ ἐκβαλεῖν ἀπὸ προσώπου λαοῦ σου, οὓς ἐλυτρώσω[13] ἐξ Αἰγύπτου,
ἔθνη. **22** καὶ ἔδωκας τὸν λαόν σου Ισραηλ σεαυτῷ λαὸν ἕως αἰῶνος, καὶ σύ, κύριε,
αὐτοῖς εἰς θεόν.

23 καὶ νῦν, κύριε, ὁ λόγος σου, ὃν ἐλάλησας πρὸς τὸν παῖδά[14] σου καὶ ἐπὶ τὸν
οἶκον αὐτοῦ, πιστωθήτω[15] ἕως αἰῶνος **24** λεγόντων Κύριε κύριε παντοκράτωρ[16]
θεὸς Ισραηλ, καὶ ὁ οἶκος Δαυιδ παιδός[17] σου ἀνωρθωμένος[18] ἐναντίον[19] σου. **25** ὅτι
σύ, κύριε, ἤνοιξας τὸ οὖς τοῦ παιδός[20] σου τοῦ οἰκοδομῆσαι αὐτῷ οἶκον· διὰ τοῦτο
εὗρεν ὁ παῖς σου τοῦ προσεύξασθαι κατὰ πρόσωπόν σου.

26 καὶ νῦν, κύριε, σὺ εἶ αὐτὸς ὁ θεὸς καὶ ἐλάλησας ἐπὶ τὸν δοῦλόν σου τὰ ἀγαθὰ
ταῦτα· **27** καὶ νῦν ἤρξω τοῦ εὐλογῆσαι τὸν οἶκον τοῦ παιδός[21] σου τοῦ εἶναι εἰς
τὸν αἰῶνα ἐναντίον[22] σου· ὅτι σύ, κύριε, εὐλόγησας, καὶ εὐλόγησον εἰς τὸν αἰῶνα.

David's Kingdom Established

18 Καὶ ἐγένετο μετὰ ταῦτα καὶ ἐπάταξεν[23] Δαυιδ τοὺς ἀλλοφύλους[24] καὶ
ἐτροπώσατο[25] αὐτοὺς καὶ ἔλαβεν τὴν Γεθ καὶ τὰς κώμας[26] αὐτῆς ἐκ χειρὸς
ἀλλοφύλων. **2** καὶ ἐπάταξεν[27] τὴν Μωαβ, καὶ ἦσαν Μωαβ παῖδες[28] τῷ Δαυιδ φέρον-
τες δῶρα.[29]

1 σμικρύνω, *aor pas ind 3s*, belittle, make insignificant
2 παῖς, servant
3 μακρός, far off
4 ἐφοράω, *aor act ind 2s*, look upon, watch over
5 ὅρασις, vision, sight
6 ὑψόω, *aor act ind 2s*, lift high, exalt
7 προστίθημι, *fut act ind 3s*, add to, continue
8 μεγαλωσύνη, greatness
9 ὅμοιος, like, similar, equal
10 ὁδηγέω, *aor act ind 3s*, lead, direct
11 λυτρόω, *aor mid inf*, redeem, ransom
12 ἐπιφανής, famous, illustrious
13 λυτρόω, *aor mid ind 2s*, redeem, ransom
14 παῖς, servant
15 πιστόω, *aor pas impv 3s*, confirm, establish
16 παντοκράτωρ, ruler of all, almighty
17 παῖς, servant
18 ἀνορθόω, *perf pas ptc nom s m*, restore, strengthen
19 ἐναντίον, before
20 παῖς, servant
21 παῖς, servant
22 ἐναντίον, before
23 πατάσσω, *aor act ind 3s*, strike, defeat
24 ἀλλόφυλος, foreign, (Philistine)
25 τροπόω, *aor mid ind 3s*, put to flight
26 κώμη, village
27 πατάσσω, *aor act ind 3s*, strike, defeat
28 παῖς, servant
29 δῶρον, gift

3 καὶ ἐπάταξεν[1] Δαυιδ τὸν Αδρααζαρ βασιλέα Σουβα Ημαθ πορευομένου αὐτοῦ ἐπιστῆσαι[2] χεῖρα αὐτοῦ ἐπὶ ποταμὸν[3] Εὐφράτην. **4** καὶ προκατελάβετο[4] Δαυιδ αὐτῶν χίλια[5] ἅρματα[6] καὶ ἑπτὰ χιλιάδας[7] ἵππων[8] καὶ εἴκοσι[9] χιλιάδας ἀνδρῶν πεζῶν·[10] καὶ παρέλυσεν[11] Δαυιδ πάντα τὰ ἅρματα[12] καὶ ὑπελίπετο[13] ἐξ αὐτῶν ἑκατὸν[14] ἅρματα.

5 καὶ ἦλθεν Σύρος ἐκ Δαμασκοῦ βοηθῆσαι[15] Αδρααζαρ βασιλεῖ Σουβα, καὶ ἐπάταξεν[16] Δαυιδ ἐν τῷ Σύρῳ εἴκοσι[17] καὶ δύο χιλιάδας[18] ἀνδρῶν. **6** καὶ ἔθετο Δαυιδ φρουρὰν[19] ἐν Συρίᾳ τῇ κατὰ Δαμασκόν, καὶ ἦσαν τῷ Δαυιδ εἰς παῖδας[20] φέροντας δῶρα.[21] καὶ ἔσῳζεν κύριος τὸν Δαυιδ ἐν πᾶσιν, οἷς ἐπορεύετο. **7** καὶ ἔλαβεν Δαυιδ τοὺς κλοιοὺς[22] τοὺς χρυσοῦς,[23] οἳ ἦσαν ἐπὶ τοὺς παῖδας[24] Αδρααζαρ, καὶ ἤνεγκεν αὐτοὺς εἰς Ιερουσαλημ. **8** καὶ ἐκ τῆς μεταβηχας[25] καὶ ἐκ τῶν ἐκλεκτῶν[26] πόλεων τῶν Αδρααζαρ ἔλαβεν Δαυιδ χαλκὸν[27] πολὺν σφόδρα·[28] ἐξ αὐτοῦ ἐποίησεν Σαλωμων τὴν θάλασσαν τὴν χαλκῆν[29] καὶ τοὺς στύλους[30] καὶ τὰ σκεύη[31] τὰ χαλκᾶ.

9 καὶ ἤκουσεν Θωα βασιλεὺς Ημαθ ὅτι ἐπάταξεν[32] Δαυιδ τὴν πᾶσαν δύναμιν Αδρααζαρ βασιλέως Σουβα, **10** καὶ ἀπέστειλεν τὸν Ιδουραμ υἱὸν αὐτοῦ πρὸς τὸν βασιλέα Δαυιδ τοῦ ἐρωτῆσαι[33] αὐτὸν τὰ εἰς εἰρήνην καὶ τοῦ εὐλογῆσαι αὐτὸν ὑπὲρ οὗ ἐπολέμησεν τὸν Αδρααζαρ καὶ ἐπάταξεν[34] αὐτόν, ὅτι ἀνὴρ πολέμιος[35] Θωα ἦν τῷ Αδρααζαρ, καὶ πάντα τὰ σκεύη[36] ἀργυρᾶ[37] καὶ χρυσᾶ.[38] **11** καὶ ταῦτα ἡγίασεν[39] Δαυιδ τῷ κυρίῳ μετὰ τοῦ ἀργυρίου[40] καὶ τοῦ χρυσίου,[41] οὗ ἔλαβεν ἐκ πάντων τῶν ἐθνῶν, ἐξ Ιδουμαίας καὶ Μωαβ καὶ ἐξ υἱῶν Αμμων καὶ ἐκ τῶν ἀλλοφύλων[42] καὶ ἐξ Αμαληκ.

1 πατάσσω, *aor act ind 3s*, strike, defeat
2 ἐφίστημι, *aor act inf*, establish, set over
3 ποταμός, river
4 προκαταλαμβάνω, *aor mid ind 3s*, overtake, capture in advance
5 χίλιοι, one thousand
6 ἅρμα, chariot
7 χιλιάς, thousand
8 ἵππος, horse
9 εἴκοσι, twenty
10 πεζός, (soldiers) on foot
11 παραλύω, *aor act ind 3s*, disable, hamstring
12 ἅρμα, chariot (horse)
13 ὑπολείπω, *aor mid ind 3s*, leave behind
14 ἑκατόν, one hundred
15 βοηθέω, *aor act inf*, help, give aid
16 πατάσσω, *aor act ind 3s*, strike, defeat
17 εἴκοσι, twenty
18 χιλιάς, thousand
19 φρουρά, guard, garrison
20 παῖς, servant
21 δῶρον, gift
22 κλοιός, collar
23 χρυσοῦς, gold
24 παῖς, servant
25 μεταβηχας, metabecha, (from Tibhath?), *translit.*
26 ἐκλεκτός, select, chosen
27 χαλκός, bronze
28 σφόδρα, exceedingly
29 χαλκοῦς, bronze
30 στῦλος, pillar, column
31 σκεῦος, vessel, item
32 πατάσσω, *aor act ind 3s*, strike, defeat
33 ἐρωτάω, *aor act inf*, ask
34 πατάσσω, *aor act ind 3s*, strike
35 πολέμιος, hostile, enemy
36 σκεῦος, vessel, item
37 ἀργυροῦς, silver
38 χρυσοῦς, gold
39 ἁγιάζω, *aor act ind 3s*, consecrate, sanctify
40 ἀργύριον, silver
41 χρυσίον, gold
42 ἀλλόφυλος, foreign, (Philistine)

12 καὶ Αβεσσα υἱὸς Σαρουια ἐπάταξεν[1] τὴν Ιδουμαίαν ἐν κοιλάδι[2] τῶν ἁλῶν,[3]
ὀκτὼ[4] καὶ δέκα[5] χιλιάδας,[6] **13** καὶ ἔθετο ἐν τῇ κοιλάδι[7] φρουράς·[8] καὶ ἦσαν πάντες
οἱ Ιδουμαῖοι παῖδες[9] Δαυιδ. καὶ ἔσῳζεν κύριος τὸν Δαυιδ ἐν πᾶσιν, οἷς ἐπορεύετο.

14 Καὶ ἐβασίλευσεν[10] Δαυιδ ἐπὶ πάντα Ισραηλ καὶ ἦν ποιῶν κρίμα[11] καὶ δικαιοσύνην
τῷ παντὶ λαῷ αὐτοῦ. **15** καὶ Ιωαβ υἱὸς Σαρουια ἐπὶ τῆς στρατιᾶς[12] καὶ Ιωσαφατ
υἱὸς Αχιλουδ ὑπομνηματογράφος[13] **16** καὶ Σαδωκ υἱὸς Αχιτωβ καὶ Αχιμελεχ υἱὸς
Αβιαθαρ ἱερεῖς καὶ Σουσα γραμματεὺς[14] **17** καὶ Βαναιας υἱὸς Ιωδαε ἐπὶ τοῦ χερεθθι
καὶ τοῦ φελεθθι καὶ υἱοὶ Δαυιδ οἱ πρῶτοι διάδοχοι[15] τοῦ βασιλέως.

David's Messengers Humiliated

19 Καὶ ἐγένετο μετὰ ταῦτα ἀπέθανεν Νααϲ βασιλεὺς υἱῶν Αμμων, καὶ ἐβασί-
λευσεν[16] Αναν υἱὸς αὐτοῦ ἀντ᾽[17] αὐτοῦ. **2** καὶ εἶπεν Δαυιδ Ποιήσω ἔλεος[18]
μετὰ Αναν υἱοῦ Νααϲ, ὡς ἐποίησεν ὁ πατὴρ αὐτοῦ μετ᾽ ἐμοῦ ἔλεος· καὶ ἀπέστειλεν
ἀγγέλους Δαυιδ τοῦ παρακαλέσαι αὐτὸν περὶ τοῦ πατρὸς αὐτοῦ. καὶ ἦλθον παῖ-
δες[19] Δαυιδ εἰς γῆν υἱῶν Αμμων τοῦ παρακαλέσαι αὐτόν. **3** καὶ εἶπον ἄρχοντες
Αμμων πρὸς Αναν Μὴ δοξάζων Δαυιδ τὸν πατέρα σου ἐναντίον[20] σου ἀπέστειλέν
σοι παρακαλοῦντας; οὐχ ὅπως ἐξερευνήσωσιν[21] τὴν πόλιν τοῦ κατασκοπῆσαι[22]
τὴν γῆν, ἦλθον παῖδες[23] αὐτοῦ πρὸς σέ; **4** καὶ ἔλαβεν Αναν τοὺς παῖδας[24] Δαυιδ
καὶ ἐξύρησεν[25] αὐτοὺς καὶ ἀφεῖλεν[26] τῶν μανδυῶν[27] αὐτῶν τὸ ἥμισυ[28] ἕως τῆς
ἀναβολῆς[29] καὶ ἀπέστειλεν αὐτούς. **5** καὶ ἦλθον ἀπαγγεῖλαι τῷ Δαυιδ περὶ τῶν
ἀνδρῶν, καὶ ἀπέστειλεν εἰς ἀπάντησιν[30] αὐτοῖς, ὅτι ἦσαν ἠτιμωμένοι[31] σφόδρα·[32]
καὶ εἶπεν ὁ βασιλεύς Καθίσατε ἐν Ιεριχω ἕως τοῦ ἀνατεῖλαι[33] τοὺς πώγωνας[34] ὑμῶν
καὶ ἀνακάμψατε.[35]

1 πατάσσω, *aor act ind 3s*, strike, defeat
2 κοιλάς, valley
3 ἅλς, salt
4 ὀκτώ, eight
5 δέκα, ten
6 χιλιάς, thousand
7 κοιλάς, valley
8 φρουρά, guard, garrison
9 παῖς, servant
10 βασιλεύω, *aor act ind 3s*, reign as king
11 κρίμα, judgment, decision
12 στρατιά, army, host
13 ὑπομνηματογράφος, secretary, recorder
14 γραμματεύς, scribe
15 διάδοχος, deputy, official
16 βασιλεύω, *aor act ind 3s*, reign as king
17 ἀντί, in place of
18 ἔλεος, mercy, compassion
19 παῖς, servant
20 ἐναντίον, before
21 ἐξερευνάω, *aor act sub 3p*, investigate, examine
22 κατασκοπέω, *aor act inf*, spy out
23 παῖς, servant
24 παῖς, servant
25 ξυρέω, *aor act ind 3s*, shave
26 ἀφαιρέω, *aor act ind 3s*, remove
27 μανδύας, wool cloak, *Heb. LW*
28 ἥμισυς, half
29 ἀναβολή, postponement?, mantle?
30 ἀπάντησις, meeting
31 ἀτιμόω, *plpf pas ptc nom p m*, dishonor
32 σφόδρα, exceedingly
33 ἀνατέλλω, *aor act inf*, grow out
34 πώγων, beard
35 ἀνακάμπτω, *aor act impv 2p*, return

Ammonites and Arameans Defeated

6 καὶ εἶδον οἱ υἱοὶ Αμμων ὅτι ᾐσχύνθη[1] λαὸς Δαυιδ, καὶ ἀπέστειλεν Αναν καὶ οἱ υἱοὶ Αμμων χίλια[2] τάλαντα[3] ἀργυρίου[4] τοῦ μισθώσασθαι[5] ἑαυτοῖς ἐκ Συρίας Μεσοποταμίας καὶ ἐκ Συρίας Μοοχα καὶ ἐκ Σωβα ἅρματα[6] καὶ ἱππεῖς[7] **7** καὶ ἐμισθώσαντο[8] ἑαυτοῖς δύο καὶ τριάκοντα[9] χιλιάδας[10] ἁρμάτων[11] καὶ τὸν βασιλέα Μωχα καὶ τὸν λαὸν αὐτοῦ καὶ ἦλθον καὶ παρενέβαλον[12] κατέναντι[13] Μαιδαβα, καὶ οἱ υἱοὶ Αμμων συνήχθησαν ἐκ τῶν πόλεων αὐτῶν καὶ ἦλθον εἰς τὸ πολεμῆσαι. **8** καὶ ἤκουσεν Δαυιδ καὶ ἀπέστειλεν τὸν Ιωαβ καὶ πᾶσαν τὴν στρατιὰν[14] τῶν δυνατῶν. **9** καὶ ἐξῆλθον οἱ υἱοὶ Αμμων καὶ παρατάσσονται[15] εἰς πόλεμον παρὰ τὸν πυλῶνα[16] τῆς πόλεως, καὶ οἱ βασιλεῖς οἱ ἐλθόντες παρενέβαλον[17] καθ᾽ ἑαυτοὺς ἐν τῷ πεδίῳ.[18]

10 καὶ εἶδεν Ιωαβ ὅτι γεγόνασιν ἀντιπρόσωποι[19] τοῦ πολεμεῖν πρὸς αὐτὸν κατὰ πρόσωπον καὶ ἐξόπισθεν,[20] καὶ ἐξελέξατο[21] ἐκ παντὸς νεανίου[22] ἐξ Ισραηλ, καὶ παρετάξαντο[23] ἐναντίον[24] τοῦ Σύρου· **11** καὶ τὸ κατάλοιπον[25] τοῦ λαοῦ ἔδωκεν ἐν χειρὶ Αβεσσα ἀδελφοῦ αὐτοῦ, καὶ παρετάξαντο[26] ἐξ ἐναντίας[27] υἱῶν Αμμων. **12** καὶ εἶπεν Ἐὰν κρατήσῃ ὑπὲρ ἐμὲ Σύρος, καὶ ἔσῃ μοι εἰς σωτηρίαν, καὶ ἐὰν υἱοὶ Αμμων κρατήσωσιν ὑπὲρ σέ, καὶ σώσω σε· **13** ἀνδρίζου[28] καὶ ἐνισχύσωμεν[29] περὶ τοῦ λαοῦ ἡμῶν καὶ περὶ τῶν πόλεων τοῦ θεοῦ ἡμῶν, καὶ κύριος τὸ ἀγαθὸν ἐν ὀφθαλμοῖς αὐτοῦ ποιήσει. **14** καὶ παρετάξατο[30] Ιωαβ καὶ ὁ λαὸς ὁ μετ᾽ αὐτοῦ κατέναντι[31] Σύρων εἰς πόλεμον, καὶ ἔφυγον[32] ἀπ᾽ αὐτοῦ. **15** καὶ οἱ υἱοὶ Αμμων εἶδον ὅτι ἔφυγον[33] Σύροι, καὶ ἔφυγον καὶ αὐτοὶ ἀπὸ προσώπου Ιωαβ καὶ ἀπὸ προσώπου Αβεσσα τοῦ ἀδελφοῦ αὐτοῦ καὶ ἦλθον εἰς τὴν πόλιν. καὶ ἦλθεν Ιωαβ εἰς Ιερουσαλημ.

1 αἰσχύνω, *aor pas ind 3s*, shame, disgrace
2 χίλιοι, one thousand
3 τάλαντον, talent
4 ἀργύριον, silver
5 μισθόω, *aor mid inf*, hire
6 ἅρμα, chariot
7 ἱππεύς, cavalry, horse
8 μισθόω, *aor mid ind 3p*, hire
9 τριάκοντα, thirty
10 χιλιάς, thousand
11 ἅρμα, chariot
12 παρεμβάλλω, *aor act ind 3p*, encamp
13 κατέναντι, facing
14 στρατιά, army, host
15 παρατάσσω, *pres mid ind 3p*, draw up for battle
16 πύλη, gate
17 παρεμβάλλω, *aor act ind 3p*, encamp
18 πεδίον, plain, field
19 ἀντιπρόσωπος, facing
20 ἐξόπισθεν, behind
21 ἐκλέγω, *aor mid ind 3s*, select, choose
22 νεανίας, young man
23 παρατάσσω, *aor mid ind 3p*, draw up for battle
24 ἐναντίον, opposite, facing
25 κατάλοιπος, remnant, remainder
26 παρατάσσω, *aor mid ind 3p*, draw up for battle
27 ἐναντίος, opposite
28 ἀνδρίζομαι, *pres mid impv 2s*, be courageous
29 ἐνισχύω, *aor act sub 1p*, strengthen
30 παρατάσσω, *aor mid ind 3s*, draw up for battle
31 κατέναντι, facing
32 φεύγω, *aor act ind 3p*, flee
33 φεύγω, *aor act ind 3p*, flee

16 καὶ εἶδεν Σύρος ὅτι ἐτροπώσατο[1] αὐτὸν Ισραηλ, καὶ ἀπέστειλεν ἀγγέλους, καὶ
ἐξήγαγον[2] τὸν Σύρον ἐκ τοῦ πέραν[3] τοῦ ποταμοῦ,[4] καὶ Σωφαχ ἀρχιστράτηγος[5]
δυνάμεως Αδρααζαρ ἔμπροσθεν αὐτῶν. **17** καὶ ἀπηγγέλη τῷ Δαυιδ, καὶ συνήγαγεν
τὸν πάντα Ισραηλ καὶ διέβη[6] τὸν Ιορδάνην καὶ ἦλθεν ἐπ' αὐτοὺς καὶ παρετάξατο[7]
ἐπ' αὐτούς, καὶ παρατάσσεται[8] Σύρος ἐξ ἐναντίας[9] Δαυιδ καὶ ἐπολέμησαν αὐτόν.
18 καὶ ἔφυγεν[10] Σύρος ἀπὸ προσώπου Δαυιδ, καὶ ἀπέκτεινεν Δαυιδ ἀπὸ τοῦ
Σύρου ἑπτὰ χιλιάδας[11] ἁρμάτων[12] καὶ τεσσαράκοντα[13] χιλιάδας πεζῶν·[14] καὶ τὸν
Σωφαχ ἀρχιστράτηγον[15] δυνάμεως ἀπέκτεινεν. **19** καὶ εἶδον παῖδες[16] Αδρααζαρ ὅτι
ἐπταίκασιν[17] ἀπὸ προσώπου Ισραηλ, καὶ διέθεντο[18] μετὰ Δαυιδ καὶ ἐδούλευσαν[19]
αὐτῷ· καὶ οὐκ ἠθέλησεν Σύρος τοῦ βοηθῆσαι[20] τοῖς υἱοῖς Αμμων ἔτι.

War with the Philistines

20 Καὶ ἐγένετο ἐν τῷ ἐπιόντι[21] ἔτει ἐν τῇ ἐξόδῳ[22] τῶν βασιλέων καὶ ἤγαγεν
Ιωαβ πᾶσαν τὴν δύναμιν τῆς στρατιᾶς,[23] καὶ ἔφθειραν[24] τὴν χώραν[25] υἱῶν
Αμμων· καὶ ἦλθεν καὶ περιεκάθισεν[26] τὴν Ραββα. καὶ Δαυιδ ἐκάθητο ἐν Ιερουσαλημ·
καὶ ἐπάταξεν[27] Ιωαβ τὴν Ραββα καὶ κατέσκαψεν[28] αὐτήν. **2** καὶ ἔλαβεν Δαυιδ
τὸν στέφανον[29] Μολχολ βασιλέως αὐτῶν ἀπὸ τῆς κεφαλῆς αὐτοῦ, καὶ εὑρέθη ὁ
σταθμὸς[30] αὐτοῦ τάλαντον[31] χρυσίου,[32] καὶ ἐν αὐτῷ λίθος τίμιος,[33] καὶ ἦν ἐπὶ τὴν
κεφαλὴν Δαυιδ· καὶ σκῦλα[34] τῆς πόλεως ἐξήνεγκεν[35] πολλὰ σφόδρα.[36] **3** καὶ τὸν λαὸν
τὸν ἐν αὐτῇ ἐξήγαγεν[37] καὶ διέπρισεν[38] πρίοσιν[39] καὶ ἐν σκεπάρνοις[40] σιδηροῖς·[41] καὶ
οὕτως ἐποίησεν Δαυιδ τοῖς πᾶσιν υἱοῖς Αμμων. καὶ ἀνέστρεψεν[42] Δαυιδ καὶ πᾶς ὁ
λαὸς αὐτοῦ εἰς Ιερουσαλημ.

1 τροπόω, *aor mid ind 3s*, put to flight
2 ἐξάγω, *aor act ind 3p*, lead out, bring out
3 πέραν, far side
4 ποταμός, river
5 ἀρχιστράτηγος, head commander
6 διαβαίνω, *aor act ind 3s*, cross over
7 παρατάσσω, *aor mid ind 3s*, draw up for battle
8 παρατάσσω, *pres mid ind 3s*, draw up for battle
9 ἐναντίος, opposite
10 φεύγω, *aor act ind 3s*, flee
11 χιλιάς, thousand
12 ἅρμα, chariot
13 τεσσαράκοντα, forty
14 πεζός, foot soldier
15 ἀρχιστράτηγος, head commander
16 παῖς, servant
17 πταίω, *perf act ind 3p*, be ruined, be defeated
18 διατίθημι, *aor mid ind 3p*, arrange (terms)
19 δουλεύω, *aor act ind 3p*, serve
20 βοηθέω, *aor act inf*, help, aid
21 ἔπειμι, *pres act ptc dat s n*, follow
22 ἔξοδος, going out, departure
23 στρατιά, army, host
24 φθείρω, *aor act ind 3p*, destroy, ravage
25 χώρα, country, land
26 περικαθίζω, *aor act ind 3s*, camp around
27 πατάσσω, *aor act ind 3s*, strike, defeat
28 κατασκάπτω, *aor act ind 3s*, tear down, raze
29 στέφανος, crown
30 σταθμός, weight
31 τάλαντον, talent
32 χρυσίον, gold
33 τίμιος, precious, costly
34 σκῦλον, plunder, spoils
35 ἐκφέρω, *aor act ind 3s*, carry off
36 σφόδρα, exceedingly
37 ἐξάγω, *aor act ind 3s*, lead out, lead away
38 διαπρίω, *aor act ind 3s*, cut in half
39 πρίων, saw
40 σκέπαρνον, axe
41 σιδηροῦς, iron
42 ἀναστρέφω, *aor act ind 3s*, return, turn back

4 Καὶ ἐγένετο μετὰ ταῦτα καὶ ἐγένετο ἔτι πόλεμος ἐν Γαζερ μετὰ τῶν ἀλλοφύλων.[1] τότε ἐπάταξεν[2] Σοβοχαι ὁ Ουσαθι τὸν Σαφου ἀπὸ τῶν υἱῶν τῶν γιγάντων[3] καὶ ἐταπείνωσεν[4] αὐτόν. — **5** καὶ ἐγένετο ἔτι πόλεμος μετὰ τῶν ἀλλοφύλων.[5] καὶ ἐπάταξεν[6] Ελλαναν υἱὸς Ιαϊρ τὸν Λεεμι ἀδελφὸν Γολιαθ τοῦ Γεθθαίου, καὶ ξύλον[7] δόρατος[8] αὐτοῦ ὡς ἀντίον[9] ὑφαινόντων.[10] — **6** καὶ ἐγένετο ἔτι πόλεμος ἐν Γεθ, καὶ ἦν ἀνὴρ ὑπερμεγέθης,[11] καὶ δάκτυλοι αὐτοῦ ἓξ[12] καὶ ἕξ, εἴκοσι[13] τέσσαρες, καὶ οὗτος ἦν ἀπόγονος[14] γιγάντων.[15] **7** καὶ ὠνείδισεν[16] τὸν Ισραηλ, καὶ ἐπάταξεν[17] αὐτὸν Ιωναθαν υἱὸς Σαμαα ἀδελφοῦ Δαυιδ. — **8** οὗτοι ἐγένοντο Ραφα ἐν Γεθ· πάντες ἦσαν τέσσαρες γίγαντες,[18] καὶ ἔπεσον ἐν χειρὶ Δαυιδ καὶ ἐν χειρὶ παίδων[19] αὐτοῦ.

Census and Plague

21 Καὶ ἔστη διάβολος[20] ἐν τῷ Ισραηλ καὶ ἐπέσεισεν[21] τὸν Δαυιδ τοῦ ἀριθμῆσαι[22] τὸν Ισραηλ. **2** καὶ εἶπεν ὁ βασιλεὺς Δαυιδ πρὸς Ιωαβ καὶ πρὸς τοὺς ἄρχοντας τῆς δυνάμεως Πορεύθητε ἀριθμήσατε[23] τὸν Ισραηλ ἀπὸ Βηρσαβεε καὶ ἕως Δαν καὶ ἐνέγκατε πρός με, καὶ γνώσομαι τὸν ἀριθμὸν[24] αὐτῶν. **3** καὶ εἶπεν Ιωαβ Προσθείη[25] κύριος ἐπὶ τὸν λαὸν αὐτοῦ ὡς αὐτοὶ ἑκατονταπλασίως,[26] καὶ οἱ ὀφθαλμοὶ κυρίου μου τοῦ βασιλέως βλέποντες· πάντες τῷ κυρίῳ μου παῖδες·[27] ἵνα τί ζητεῖ ὁ κύριός μου τοῦτο; ἵνα μὴ γένηται εἰς ἁμαρτίαν τῷ Ισραηλ. **4** τὸ δὲ ῥῆμα τοῦ βασιλέως ἐκραταιώθη[28] ἐπὶ τῷ Ιωαβ. καὶ ἐξῆλθεν Ιωαβ καὶ διῆλθεν ἐν παντὶ ὁρίῳ[29] Ισραηλ καὶ ἦλθεν εἰς Ιερουσαλημ. **5** καὶ ἔδωκεν Ιωαβ τὸν ἀριθμὸν[30] τῆς ἐπισκέψεως[31] τοῦ λαοῦ τῷ Δαυιδ, καὶ ἦν πᾶς Ισραηλ χίλιαι χιλιάδες[32] καὶ ἑκατὸν[33] χιλιάδες[34] ἀνδρῶν ἐσπασμένων[35] μάχαιραν[36] καὶ Ιουδας τετρακόσιαι[37] καὶ ὀγδοήκοντα[38] χιλιάδες[39]

1 ἀλλόφυλος, foreign, (Philistine)
2 πατάσσω, *aor act ind 3s*, strike, defeat
3 γίγας, giant, mighty one
4 ταπεινόω, *aor act ind 3s*, humiliate, bring low
5 ἀλλόφυλος, foreign, (Philistine)
6 πατάσσω, *aor act ind 3s*, strike, defeat
7 ξύλον, wooden shaft
8 δόρυ, spear
9 ἀντίον, upper crossbeam of a loom
10 ὑφαίνω, *pres act ptc gen p m*, weave
11 ὑπερμεγέθης, of extraordinary size
12 ἕξ, six
13 εἴκοσι, twenty
14 ἀπόγονος, offspring
15 γίγας, giant, mighty one
16 ὀνειδίζω, *aor act ind 3s*, revile, mock
17 πατάσσω, *aor act ind 3s*, strike, defeat
18 γίγας, giant, mighty one
19 παῖς, servant
20 διάβολος, slanderer, adversary
21 ἐπισείω, *aor act ind 3s*, stir up, incite
22 ἀριθμέω, *aor act inf*, number, count
23 ἀριθμέω, *aor act impv 2p*, number, count
24 ἀριθμός, number, amount
25 προστίθημι, *aor act opt 3s*, add to, increase
26 ἑκατονταπλασίως, a hundred times as many
27 παῖς, servant
28 κραταιόω, *aor pas ind 3s*, prevail, be strong
29 ὅριον, territory, region
30 ἀριθμός, number
31 ἐπίσκεψις, numbering, census
32 χίλιαι χιλιάδες, one million
33 ἑκατόν, one hundred
34 χιλιάς, thousand
35 σπάω, *perf mid ptc gen p n*, draw
36 μάχαιρα, sword
37 τετρακόσιοι, four hundred
38 ὀγδοήκοντα, eighty
39 χιλιάς, thousand

ἀνδρῶν ἐσπασμένων[1] μάχαιραν.[2] **6** καὶ τὸν Λευι καὶ τὸν Βενιαμιν οὐκ ἠρίθμησεν[3]
ἐν μέσῳ αὐτῶν, ὅτι κατίσχυσεν[4] λόγος τοῦ βασιλέως τὸν Ιωαβ.

7 Καὶ πονηρὸν ἐφάνη[5] ἐναντίον[6] τοῦ θεοῦ περὶ τοῦ πράγματος[7] τούτου, καὶ ἐπά-
ταξεν[8] τὸν Ισραηλ. **8** καὶ εἶπεν Δαυιδ πρὸς τὸν θεόν Ἡμάρτηκα σφόδρα[9] ὅτι
ἐποίησα τὸ πρᾶγμα[10] τοῦτο· καὶ νῦν περίελε[11] δὴ[12] τὴν κακίαν[13] παιδός[14] σου, ὅτι
ἐματαιώθην[15] σφόδρα.[16]

9 καὶ ἐλάλησεν κύριος πρὸς Γαδ ὁρῶντα Δαυιδ λέγων **10** Πορεύου καὶ λάλησον
πρὸς Δαυιδ λέγων Οὕτως λέγει κύριος Τρία αἴρω ἐγὼ ἐπὶ σέ, ἔκλεξαι[17] σεαυτῷ
ἓν ἐξ αὐτῶν καὶ ποιήσω σοι. **11** καὶ ἦλθεν Γαδ πρὸς Δαυιδ καὶ εἶπεν αὐτῷ Οὕτως
λέγει κύριος Ἔκλεξαι[18] σεαυτῷ **12** ἢ τρία ἔτη λιμοῦ,[19] ἢ τρεῖς μῆνας[20] φεύγειν[21] σε
ἐκ προσώπου ἐχθρῶν σου καὶ μάχαιραν[22] ἐχθρῶν σου τοῦ ἐξολεθρεῦσαι,[23] ἢ τρεῖς
ἡμέρας ῥομφαίαν[24] κυρίου καὶ θάνατον ἐν τῇ γῇ καὶ ἄγγελος κυρίου ἐξολεθρεύων[25]
ἐν πάσῃ κληρονομίᾳ[26] Ισραηλ· καὶ νῦν ἰδὲ τί ἀποκριθῶ τῷ ἀποστείλαντί με λόγον.
13 καὶ εἶπεν Δαυιδ πρὸς Γαδ Στενά[27] μοι καὶ τὰ τρία σφόδρα·[28] ἐμπεσοῦμαι[29] δὴ[30] εἰς
χεῖρας κυρίου, ὅτι πολλοὶ οἱ οἰκτιρμοὶ[31] αὐτοῦ σφόδρα,[32] καὶ εἰς χεῖρας ἀνθρώπων
οὐ μὴ ἐμπέσω.[33]

14 καὶ ἔδωκεν κύριος θάνατον ἐν Ισραηλ, καὶ ἔπεσον ἐξ Ισραηλ ἑβδομήκοντα[34]
χιλιάδες[35] ἀνδρῶν. **15** καὶ ἀπέστειλεν ὁ θεὸς ἄγγελον εἰς Ιερουσαλημ τοῦ ἐξολε-
θρεῦσαι[36] αὐτήν. καὶ ὡς ἐξωλέθρευσεν,[37] εἶδεν κύριος καὶ μετεμελήθη[38] ἐπὶ τῇ κακίᾳ[39]
καὶ εἶπεν τῷ ἀγγέλῳ τῷ ἐξολεθρεύοντι[40] Ἱκανούσθω[41] σοι, ἄνες[42] τὴν χεῖρά σου· καὶ

1 σπάω, *perf mid ptc gen p m*, draw
2 μάχαιρα, sword
3 ἀριθμέω, *aor act ind 3s*, number, count
4 κατισχύω, *aor act ind 3s*, overpower
5 φαίνω, *aor pas ind 3s*, appear
6 ἐναντίον, before
7 πρᾶγμα, matter, thing
8 πατάσσω, *aor act ind 3s*, strike
9 σφόδρα, severely, greatly
10 πρᾶγμα, matter, thing
11 περιαιρέω, *aor act impv 2s*, take away, remove
12 δή, now
13 κακία, evil, depravity
14 παῖς, servant
15 ματαιόω, *aor pas ind 1s*, render worthless
16 σφόδρα, exceedingly
17 ἐκλέγω, *aor mid impv 2s*, choose, select
18 ἐκλέγω, *aor mid impv 2s*, choose, select
19 λιμός, famine
20 μήν, month
21 φεύγω, *pres act inf*, flee
22 μάχαιρα, dagger
23 ἐξολεθρεύω, *aor act inf*, utterly destroy
24 ῥομφαία, sword
25 ἐξολεθρεύω, *pres act ptc nom s m*, utterly destroy
26 κληρονομία, inheritance
27 στενός, constricting, narrow, difficult
28 σφόδρα, exceedingly
29 ἐμπίπτω, *fut mid ind 1s*, fall into
30 δή, now, then
31 οἰκτιρμός, compassion, mercy
32 σφόδρα, very
33 ἐμπίπτω, *aor act sub 1s*, fall into
34 ἑβδομήκοντα, seventy
35 χιλιάς, thousand
36 ἐξολεθρεύω, *aor act inf*, utterly destroy
37 ἐξολεθρεύω, *aor act ind 3s*, utterly destroy
38 μεταμέλομαι, *aor pas ind 3s*, relent, change one's mind
39 κακία, malice, trouble
40 ἐξολεθρεύω, *pres act ptc dat s m*, utterly destroy
41 ἱκανόω, *pres pas impv 3s*, be adequate, be sufficient
42 ἀνίημι, *aor act impv 2s*, loosen, let go, leave off

ὁ ἄγγελος κυρίου ἑστὼς ἐν τῷ ἅλῳ[1] Ορνα τοῦ Ιεβουσαίου. **16** καὶ ἐπῆρεν[2] Δαυιδ
τοὺς ὀφθαλμοὺς αὐτοῦ καὶ εἶδεν τὸν ἄγγελον κυρίου ἑστῶτα ἀνὰ μέσον[3] τῆς γῆς
καὶ ἀνὰ μέσον τοῦ οὐρανοῦ, καὶ ἡ ῥομφαία[4] αὐτοῦ ἐσπασμένη[5] ἐν τῇ χειρὶ αὐτοῦ
ἐκτεταμένη[6] ἐπὶ Ιερουσαλημ· καὶ ἔπεσεν Δαυιδ καὶ οἱ πρεσβύτεροι περιβεβλημένοι[7]
ἐν σάκκοις[8] ἐπὶ πρόσωπον αὐτῶν. **17** καὶ εἶπεν Δαυιδ πρὸς τὸν θεόν Οὐκ ἐγὼ εἶπα
τοῦ ἀριθμῆσαι[9] ἐν τῷ λαῷ; καὶ ἐγώ εἰμι ὁ ἁμαρτών, κακοποιῶν[10] ἐκακοποίησα·[11] καὶ
ταῦτα τὰ πρόβατα τί ἐποίησαν; κύριε ὁ θεός, γενηθήτω ἡ χείρ σου ἐν ἐμοὶ καὶ ἐν τῷ
οἴκῳ τοῦ πατρός μου καὶ μὴ ἐν τῷ λαῷ σου εἰς ἀπώλειαν,[12] κύριε.

David's Altar

18 καὶ ἄγγελος κυρίου εἶπεν τῷ Γαδ τοῦ εἰπεῖν πρὸς Δαυιδ ἵνα ἀναβῇ τοῦ στῆσαι
θυσιαστήριον[13] τῷ κυρίῳ ἐν ἅλῳ[14] Ορνα τοῦ Ιεβουσαίου. **19** καὶ ἀνέβη Δαυιδ κατὰ
τὸν λόγον Γαδ, ὃν ἐλάλησεν ἐν ὀνόματι κυρίου. **20** καὶ ἐπέστρεψεν Ορνα καὶ εἶδεν
τὸν βασιλέα καὶ τέσσαρες υἱοὶ αὐτοῦ μετ᾽ αὐτοῦ μεθαχαβιν·[15] καὶ Ορνα ἦν ἀλοῶν[16]
πυρούς.[17] **21** καὶ ἦλθεν Δαυιδ πρὸς Ορναν, καὶ Ορνα ἐξῆλθεν ἐκ τῆς ἅλω[18] καὶ προσ-
εκύνησεν τῷ Δαυιδ τῷ προσώπῳ ἐπὶ τὴν γῆν. **22** καὶ εἶπεν Δαυιδ πρὸς Ορνα Δός
μοι τὸν τόπον σου τῆς ἅλω,[19] καὶ οἰκοδομήσω ἐπ᾽ αὐτῷ θυσιαστήριον[20] τῷ κυρίῳ· ἐν
ἀργυρίῳ[21] ἀξίῳ[22] δός μοι αὐτόν, καὶ παύσεται[23] ἡ πληγὴ[24] ἐκ τοῦ λαοῦ. **23** καὶ εἶπεν
Ορνα πρὸς Δαυιδ Λαβὲ σεαυτῷ, καὶ ποιησάτω ὁ κύριός μου ὁ βασιλεὺς τὸ ἀγαθὸν
ἐναντίον[25] αὐτοῦ· ἰδὲ δέδωκα τοὺς μόσχους[26] εἰς ὁλοκαύτωσιν[27] καὶ τὸ ἄροτρον[28]
καὶ τὰς ἁμάξας[29] εἰς ξύλα[30] καὶ τὸν σῖτον[31] εἰς θυσίαν,[32] τὰ πάντα δέδωκα. **24** καὶ
εἶπεν ὁ βασιλεὺς Δαυιδ τῷ Ορνα Οὐχί, ὅτι ἀγοράζων[33] ἀγοράζω[34] ἐν ἀργυρίῳ[35]
ἀξίῳ·[36] ὅτι οὐ μὴ λάβω ἅ ἐστίν σοι κυρίῳ τοῦ ἀνενέγκαι[37] ὁλοκαύτωσιν[38] δωρεάν[39]

1 ἅλως, threshing floor
2 ἐπαίρω, *aor act ind 3s*, raise, lift up
3 ἀνὰ μέσον, between
4 ῥομφαία, sword
5 σπάω, *perf pas ptc nom s f*, draw
6 ἐκτείνω, *perf pas ptc nom s f*, stretch out
7 περιβάλλω, *perf pas ptc nom p m*, cover, clothe
8 σάκκος, sackcloth, *Heb. LW*
9 ἀριθμέω, *aor act inf*, count, number
10 κακοποιέω, *pres act ptc nom s m*, do evil, do wrong
11 κακοποιέω, *aor act ind 1s*, do evil, do wrong
12 ἀπώλεια, destruction, annihilation
13 θυσιαστήριον, altar
14 ἅλως, threshing floor
15 μεθαχαβιν, hiding, *translit.*
16 ἀλοάω, *pres act ptc nom s m*, thresh, winnow
17 πυρός, wheat
18 ἅλως, threshing floor
19 ἅλως, threshing floor
20 θυσιαστήριον, altar
21 ἀργύριον, money, silver
22 ἄξιος, equal in value
23 παύω, *fut mid ind 3s*, cease, relieve
24 πληγή, plague
25 ἐναντίον, before
26 μόσχος, young bull, calf
27 ὁλοκαύτωσις, whole burnt offering
28 ἄροτρον, plow
29 ἅμαξα, wagon, cart
30 ξύλον, wood
31 σῖτος, grain
32 θυσία, sacrifice
33 ἀγοράζω, *pres act ptc nom s m*, buy
34 ἀγοράζω, *pres act ind 1s*, buy
35 ἀργύριον, money, silver
36 ἄξιος, equal in value
37 ἀναφέρω, *aor act inf*, offer up
38 ὁλοκαύτωσις, whole burnt offering
39 δωρεάν, freely, without cost

κυρίῳ. **25** καὶ ἔδωκεν Δαυιδ τῷ Ορνα ἐν τῷ τόπῳ αὐτοῦ σίκλους[1] χρυσίου[2] ὁλκῆς[3]
ἑξακοσίους.[4] **26** καὶ ᾠκοδόμησεν Δαυιδ ἐκεῖ θυσιαστήριον[5] κυρίῳ καὶ ἀνήνεγκεν[6]
ὁλοκαυτώματα[7] καὶ σωτηρίου·[8] καὶ ἐβόησεν[9] πρὸς κύριον, καὶ ἐπήκουσεν[10] αὐτῷ ἐν
πυρὶ ἐκ τοῦ οὐρανοῦ ἐπὶ τὸ θυσιαστήριον τῆς ὁλοκαυτώσεως[11] καὶ κατανάλωσεν[12]
τὴν ὁλοκαύτωσιν. **27** καὶ εἶπεν κύριος πρὸς τὸν ἄγγελον, καὶ κατέθηκεν[13] τὴν ῥομ-
φαίαν[14] εἰς τὸν κολεόν.[15]

Temple Location Chosen

28 ἐν τῷ καιρῷ ἐκείνῳ ἐν τῷ ἰδεῖν τὸν Δαυιδ ὅτι ἐπήκουσεν[16] αὐτῷ κύριος ἐν
τῷ ἅλῳ[17] Ορνα τοῦ Ιεβουσαίου, καὶ ἐθυσίασεν[18] ἐκεῖ. **29** καὶ σκηνὴ[19] κυρίου, ἣν
ἐποίησεν Μωυσῆς ἐν τῇ ἐρήμῳ, καὶ θυσιαστήριον[20] τῶν ὁλοκαυτωμάτων[21] ἐν τῷ
καιρῷ ἐκείνῳ ἐν Βαμα ἐν Γαβαων· **30** καὶ οὐκ ἠδύνατο Δαυιδ τοῦ πορευθῆναι
ἔμπροσθεν αὐτοῦ τοῦ ζητῆσαι τὸν θεόν, ὅτι κατέσπευσεν[22] ἀπὸ προσώπου τῆς
ῥομφαίας[23] ἀγγέλου κυρίου.

David Prepares to Build the Temple

22 Καὶ εἶπεν Δαυιδ Οὗτός ἐστιν ὁ οἶκος κυρίου τοῦ θεοῦ, καὶ τοῦτο τὸ θυσι-
αστήριον[24] εἰς ὁλοκαύτωσιν[25] τῷ Ισραηλ.

2 καὶ εἶπεν Δαυιδ συναγαγεῖν πάντας τοὺς προσηλύτους[26] ἐν γῇ Ισραηλ καὶ κατ-
έστησεν[27] λατόμους[28] λατομῆσαι[29] λίθους ξυστοὺς[30] τοῦ οἰκοδομῆσαι οἶκον τῷ θεῷ.
3 καὶ σίδηρον[31] πολὺν εἰς τοὺς ἥλους[32] τῶν θυρωμάτων[33] καὶ τῶν πυλῶν[34] καὶ τοὺς
στροφεῖς[35] ἡτοίμασεν Δαυιδ καὶ χαλκὸν[36] εἰς πλῆθος, οὐκ ἦν σταθμός·[37] **4** καὶ ξύλα[38]
κέδρινα,[39] οὐκ ἦν ἀριθμός,[40] ὅτι ἐφέροσαν οἱ Σιδώνιοι καὶ οἱ Τύριοι ξύλα κέδρινα εἰς

1 σίκλος, shekel, *Heb. LW*
2 χρυσίον, gold
3 ὁλκή, weight
4 ἑξακόσιοι, six hundred
5 θυσιαστήριον, altar
6 ἀναφέρω, *aor act ind 3s*, offer up
7 ὁλοκαύτωμα, whole burnt offering
8 σωτήριον, (sacrifice of) deliverance, peace
9 βοάω, *aor act ind 3s*, cry out
10 ἐπακούω, *aor act ind 3s*, hear, listen
11 ὁλοκαύτωσις, whole burnt offering
12 καταναλίσκω, *aor act ind 3s*, consume
13 κατατίθημι, *aor act ind 3s*, place, put
14 ῥομφαία, sword
15 κολεός, sheath, scabbard
16 ἐπακούω, *aor act ind 3s*, hear, listen
17 ἅλως, threshing floor
18 θυσιάζω, *aor act ind 3s*, sacrifice
19 σκηνή, tent
20 θυσιαστήριον, altar
21 ὁλοκαύτωμα, whole burnt offering
22 κατασπεύδω, *aor act ind 3s*, hasten on
23 ῥομφαία, sword
24 θυσιαστήριον, altar
25 ὁλοκαύτωσις, whole burnt offering
26 προσήλυτος, immigrant, guest
27 καθίστημι, *aor act ind 3s*, appoint
28 λατόμος, stone cutter
29 λατομέω, *aor act inf*, hew, shape
30 ξυστός, cropped, polished
31 σίδηρος, iron
32 ἧλος, nail
33 θύρωμα, doorway
34 πύλη, gate
35 στροφεύς, hinge
36 χαλκός, bronze
37 σταθμός, weight, scales
38 ξύλον, timber, wood
39 κέδρινος, cedar
40 ἀριθμός, number

πλῆθος τῷ Δαυιδ. **5** καὶ εἶπεν Δαυιδ Σαλωμων ὁ υἱός μου παιδάριον[1] ἁπαλόν,[2] καὶ ὁ οἶκος τοῦ οἰκοδομῆσαι τῷ κυρίῳ εἰς μεγαλωσύνην[3] ἄνω,[4] εἰς ὄνομα καὶ εἰς δόξαν εἰς πᾶσαν τὴν γῆν ἑτοιμάσω αὐτῷ· καὶ ἡτοίμασεν Δαυιδ εἰς πλῆθος ἔμπροσθεν τῆς τελευτῆς[5] αὐτοῦ.

Solomon Charged with Building

6 καὶ ἐκάλεσεν Σαλωμων τὸν υἱὸν αὐτοῦ καὶ ἐνετείλατο[6] αὐτῷ τοῦ οἰκοδομῆσαι
τὸν οἶκον τῷ κυρίῳ θεῷ Ισραηλ. **7** καὶ εἶπεν Δαυιδ Σαλωμων Τέκνον, ἐμοὶ ἐγένετο
ἐπὶ ψυχῇ τοῦ οἰκοδομῆσαι οἶκον τῷ ὀνόματι κυρίου θεοῦ. **8** καὶ ἐγένετο ἐπ' ἐμοὶ
λόγος κυρίου λέγων Αἷμα εἰς πλῆθος ἐξέχεας[7] καὶ πολέμους μεγάλους ἐποίησας·
οὐκ οἰκοδομήσεις οἶκον τῷ ὀνόματί μου, ὅτι αἵματα πολλὰ ἐξέχεας ἐπὶ τῆς γῆς
ἐναντίον[8] μου. **9** ἰδοὺ υἱὸς τίκτεταί[9] σοι, οὗτος ἔσται ἀνὴρ ἀναπαύσεως,[10] καὶ ἀνα-
παύσω[11] αὐτὸν ἀπὸ πάντων τῶν ἐχθρῶν κυκλόθεν,[12] ὅτι Σαλωμων ὄνομα αὐτῷ, καὶ
εἰρήνην καὶ ἡσυχίαν[13] δώσω ἐπὶ Ισραηλ ἐν ταῖς ἡμέραις αὐτοῦ. **10** οὗτος οἰκοδομήσει
οἶκον τῷ ὀνόματί μου, καὶ οὗτος ἔσται μοι εἰς υἱὸν κἀγὼ[14] αὐτῷ εἰς πατέρα, καὶ
ἀνορθώσω[15] θρόνον βασιλείας αὐτοῦ ἐν Ισραηλ ἕως αἰῶνος. **11** καὶ νῦν, υἱέ μου,
ἔσται μετὰ σοῦ κύριος, καὶ εὐοδώσει[16] καὶ οἰκοδομήσεις οἶκον τῷ κυρίῳ θεῷ
σου, ὡς ἐλάλησεν περὶ σοῦ. **12** ἀλλ' ἢ δῴη[17] σοι σοφίαν καὶ σύνεσιν[18] κύριος καὶ
κατισχῦσαι[19] σε ἐπὶ Ισραηλ καὶ τοῦ φυλάσσεσθαι καὶ τοῦ ποιεῖν τὸν νόμον κυρίου
τοῦ θεοῦ σου. **13** τότε εὐοδώσει,[20] ἐὰν φυλάξῃς τοῦ ποιεῖν τὰ προστάγματα[21] καὶ
τὰ κρίματα,[22] ἃ ἐνετείλατο[23] κύριος τῷ Μωυσῇ ἐπὶ Ισραηλ· ἀνδρίζου[24] καὶ ἴσχυε,[25]
μὴ φοβοῦ μηδὲ πτοηθῇς.[26] **14** καὶ ἰδοὺ ἐγὼ κατὰ τὴν πτωχείαν[27] μου ἡτοίμασα εἰς
οἶκον κυρίου χρυσίου[28] ταλάντων[29] ἑκατὸν[30] χιλιάδας[31] καὶ ἀργυρίου[32] ταλάντων
χιλίας χιλιάδας καὶ χαλκὸν[33] καὶ σίδηρον,[34] οὗ οὐκ ἔστιν σταθμός,[35] ὅτι εἰς πλῆθός
ἐστιν· καὶ ξύλα[36] καὶ λίθους ἡτοίμασα, καὶ πρὸς ταῦτα πρόσθες.[37] **15** καὶ μετὰ σοῦ

1 παιδάριον, young man
2 ἁπαλός, tender
3 μεγαλωσύνη, majesty
4 ἄνω, surpassing, very high
5 τελευτή, death
6 ἐντέλλομαι, *aor mid ind 3s*, command
7 ἐκχέω, *aor act ind 2s*, shed, pour out
8 ἐναντίον, before
9 τίκτω, *pres pas ind 3s*, bear, give birth
10 ἀνάπαυσις, rest
11 ἀναπαύω, *fut act ind 1s*, give rest
12 κυκλόθεν, all around
13 ἡσυχία, rest, silence, quiet
14 κἀγώ, and I, *cr.* καὶ ἐγώ
15 ἀνορθόω, *fut act ind 1s*, strengthen, set up
16 εὐοδόω, *fut act ind 3s*, prosper
17 δίδωμι, *aor act opt 3s*, give
18 σύνεσις, understanding, intelligence
19 κατισχύω, *aor act opt 3s*, strengthen
20 εὐοδόω, *fut act ind 3s*, prosper
21 πρόσταγμα, ordinance, command
22 κρίμα, judgment, decision, decree
23 ἐντέλλομαι, *aor mid ind 3s*, command
24 ἀνδρίζομαι, *pres mid impv 2s*, be courageous
25 ἰσχύω, *pres act impv 2s*, be strong
26 πτοέω, *aor pas sub 2s*, terrify, frighten
27 πτωχεία, poverty
28 χρυσίον, gold
29 τάλαντον, talent
30 ἑκατόν, one hundred
31 χιλιάς, thousand
32 ἀργύριον, silver
33 χαλκός, bronze
34 σίδηρος, iron
35 σταθμός, measure
36 ξύλον, timber, wood
37 προστίθημι, *aor act impv 2s*, add to, increase

εἰς πλῆθος ποιούντων ἔργα τεχνῖται[1] καὶ οἰκοδόμοι[2] λίθων καὶ τέκτονες[3] ξύλων[4] καὶ
πᾶς σοφὸς[5] ἐν παντὶ ἔργῳ. **16** ἐν χρυσίῳ,[6] ἐν ἀργυρίῳ,[7] ἐν χαλκῷ[8] καὶ ἐν σιδήρῳ[9]
οὐκ ἔστιν ἀριθμός.[10] ἀνάστηθι καὶ ποίει, καὶ κύριος μετὰ σοῦ.

17 καὶ ἐνετείλατο[11] Δαυιδ τοῖς πᾶσιν ἄρχουσιν Ισραηλ ἀντιλαβέσθαι[12] τῷ Σαλωμων
υἱῷ αὐτοῦ **18** Οὐχὶ κύριος μεθ' ὑμῶν; καὶ ἀνέπαυσεν[13] ὑμᾶς κυκλόθεν,[14] ὅτι ἔδωκεν
ἐν χερσὶν τοὺς κατοικοῦντας τὴν γῆν, καὶ ὑπετάγη[15] ἡ γῆ ἐναντίον[16] κυρίου καὶ
ἐναντίον λαοῦ αὐτοῦ. **19** νῦν δότε καρδίας ὑμῶν καὶ ψυχὰς ὑμῶν τοῦ ζητῆσαι τῷ
κυρίῳ θεῷ ὑμῶν καὶ ἐγέρθητε[17] καὶ οἰκοδομήσατε ἁγίασμα[18] κυρίῳ τῷ θεῷ ὑμῶν
τοῦ εἰσενέγκαι[19] τὴν κιβωτὸν[20] διαθήκης κυρίου καὶ σκεύη[21] τὰ ἅγια τοῦ θεοῦ εἰς
οἶκον τὸν οἰκοδομούμενον τῷ ὀνόματι κυρίου.

Solomon Rules

23 Καὶ Δαυιδ πρεσβύτης[22] καὶ πλήρης[23] ἡμερῶν καὶ ἐβασίλευσεν[24] Σαλωμων
τὸν υἱὸν αὐτοῦ ἀντ'[25] αὐτοῦ ἐπὶ Ισραηλ. **2** καὶ συνήγαγεν τοὺς πάντας ἄρ-
χοντας Ισραηλ καὶ τοὺς ἱερεῖς καὶ τοὺς Λευίτας.

Levite Families

3 καὶ ἠριθμήθησαν[26] οἱ Λευῖται ἀπὸ τριακονταετοῦς[27] καὶ ἐπάνω,[28] καὶ ἐγένετο ὁ
ἀριθμὸς[29] αὐτῶν κατὰ κεφαλὴν αὐτῶν εἰς ἄνδρας τριάκοντα[30] καὶ ὀκτὼ[31] χιλιάδας.[32]
4 ἀπὸ τούτων ἐργοδιῶκται[33] ἐπὶ τὰ ἔργα οἴκου κυρίου εἴκοσι[34] τέσσαρες χιλιάδες[35]
καὶ γραμματεῖς[36] καὶ κριταὶ[37] ἑξακισχίλιοι[38] **5** καὶ τέσσαρες χιλιάδες[39] πυλωροὶ[40] καὶ
τέσσαρες χιλιάδες αἰνοῦντες[41] τῷ κυρίῳ ἐν τοῖς ὀργάνοις,[42] οἷς ἐποίησεν τοῦ αἰνεῖν[43]

1 τεχνίτης, artisan, craftsman
2 οἰκοδόμος, builder
3 τέκτων, workman, carpenter
4 ξύλον, wood
5 σοφός, skilled, experienced
6 χρυσίον, gold
7 ἀργύριον, silver
8 χαλκοῦς, bronze
9 σίδηρος, iron
10 ἀριθμός, number, amount
11 ἐντέλλομαι, *aor mid ind 3s*, command,
12 ἀντιλαμβάνομαι, *aor mid inf*, help, aid
13 ἀναπαύω, *aor act ind 3s*, give rest
14 κυκλόθεν, all around
15 ὑποτάσσω, *aor pas ind 3s*, subject, subdue
16 ἐναντίον, before
17 ἐγείρω, *aor pas sub 2p*, get up, rise
18 ἁγίασμα, sanctuary, holy space
19 εἰσφέρω, *aor act inf*, carry in, bring in
20 κιβωτός, chest, ark
21 σκεῦος, vessel, equipment
22 πρεσβύτης, old
23 πλήρης, full
24 βασιλεύω, *aor act ind 3s*, make king
25 ἀντί, in place of
26 ἀριθμέω, *aor pas ind 3p*, number, count
27 τριακονταετής, thirty years (old)
28 ἐπάνω, over
29 ἀριθμός, number
30 τριάκοντα, thirty
31 ὀκτώ, eight
32 χιλιάς, thousand
33 ἐργοδιώκτης, taskmaster
34 εἴκοσι, twenty
35 χιλιάς, thousand
36 γραμματεύς, scribe
37 κριτής, judge
38 ἑξακισχίλιοι, six thousand
39 χιλιάς, thousand
40 πυλωρός, gatekeeper
41 αἰνέω, *pres act ptc nom p m*, praise
42 ὄργανον, instrument
43 αἰνέω, *pres act inf*, praise

τῷ κυρίῳ. — **6** καὶ διεῖλεν[1] αὐτοὺς Δαυιδ ἐφημερίας[2] τοῖς υἱοῖς Λευι, τῷ Γεδσων, Κααθ, Μεραρι·

Gershonites

7 καὶ τῷ Παροσωμ, τῷ Εδαν καὶ τῷ Σεμεϊ. **8** υἱοὶ τῷ Εδαν· ὁ ἄρχων Ιιηλ καὶ Ζεθομ
καὶ Ιωηλ, τρεῖς. **9** υἱοὶ Σεμεϊ· Σαλωμιθ καὶ Ιιηλ καὶ Αιδαν, τρεῖς. οὗτοι ἄρχοντες τῶν
πατριῶν[3] τῷ Εδαν. **10** καὶ τοῖς υἱοῖς Σεμεϊ· Ιεθ καὶ Ζιζα καὶ Ιωας καὶ Βερια· οὗτοι υἱοὶ
Σεμεϊ, τέσσαρες. **11** καὶ ἦν Ιεθ ὁ ἄρχων καὶ Ζιζα ὁ δεύτερος· καὶ Ιωας καὶ Βερια οὐκ
ἐπλήθυναν[4] υἱοὺς καὶ ἐγένοντο εἰς οἶκον πατριᾶς[5] εἰς ἐπίσκεψιν[6] μίαν.

Kohathites

12 υἱοὶ Κααθ· Αμβραμ, Ισσααρ, Χεβρων, Οζιηλ, τέσσαρες. **13** υἱοὶ Αμβραμ· Ααρων
καὶ Μωυσῆς. καὶ διεστάλη[7] Ααρων τοῦ ἁγιασθῆναι[8] ἅγια ἁγίων αὐτὸς καὶ οἱ υἱοὶ αὐτοῦ ἕως αἰῶνος τοῦ θυμιᾶν[9] ἐναντίον[10] τοῦ κυρίου λειτουργεῖν[11] καὶ ἐπεύχεσθαι[12] ἐπὶ τῷ ὀνόματι αὐτοῦ ἕως αἰῶνος. **14** καὶ Μωυσῆς ἄνθρωπος τοῦ θεοῦ, υἱοὶ αὐτοῦ
ἐκλήθησαν εἰς φυλὴν τοῦ Λευι. **15** υἱοὶ Μωυσῆ· Γηρσαμ καὶ Ελιεζερ. **16** υἱοὶ Γηρσαμ·
Σουβαηλ ὁ ἄρχων. **17** καὶ ἦσαν υἱοὶ τῷ Ελιεζερ· Ρααβια ὁ ἄρχων· καὶ οὐκ ἦσαν τῷ Ελιεζερ υἱοὶ ἕτεροι. καὶ υἱοὶ Ρααβια ηὐξήθησαν[13] εἰς ὕψος.[14] **18** υἱοὶ Ισσααρ·
Σαλωμωθ ὁ ἄρχων. **19** υἱοὶ Χεβρων· Ιδουδ ὁ ἄρχων, Αμαδια ὁ δεύτερος, Οζιηλ ὁ
τρίτος, Ικεμιας ὁ τέταρτος.[15] **20** υἱοὶ Οζιηλ· Μιχας ὁ ἄρχων καὶ Ισια ὁ δεύτερος.

Merarites

21 υἱοὶ Μεραρι· Μοολι καὶ Μουσι. υἱοὶ Μοολι· Ελεαζαρ καὶ Κις. **22** καὶ ἀπέθανεν
Ελεαζαρ, καὶ οὐκ ἦσαν αὐτῷ υἱοὶ ἀλλ᾽ ἢ θυγατέρες,[16] καὶ ἔλαβον αὐτὰς υἱοὶ Κις
ἀδελφοὶ αὐτῶν. **23** υἱοὶ Μουσι· Μοολι καὶ Εδερ καὶ Ιαριμωθ, τρεῖς.

Duties Reviewed

24 οὗτοι υἱοὶ Λευι κατ᾽ οἴκους πατριῶν[17] αὐτῶν, ἄρχοντες τῶν πατριῶν αὐτῶν κατὰ τὴν ἐπίσκεψιν[18] αὐτῶν κατὰ τὸν ἀριθμὸν[19] ὀνομάτων αὐτῶν κατὰ κεφαλὴν αὐτῶν, ποιοῦντες τὰ ἔργα λειτουργίας[20] οἴκου κυρίου ἀπὸ εἰκοσαετοῦς[21] καὶ

1 διαιρέω, *aor act ind 3s*, divide
2 ἐφημερία, division, class
3 πατριά, paternal lineage, house
4 πληθύνω, *aor act ind 3p*, increase, multiply
5 πατριά, paternal lineage, house
6 ἐπίσκεψις, numbering, inspection
7 διαστέλλω, *aor pas ind 3s*, set apart, charge
8 ἁγιάζω, *aor pas inf*, sanctify, consecrate
9 θυμιάω, *pres act inf*, burn incense
10 ἐναντίον, before
11 λειτουργέω, *pres act inf*, serve, minister
12 ἐπεύχομαι, *pres mid inf*, pray
13 αὐξάνω, *aor pas ind 3p*, increase, multiply
14 ὕψος, height, position
15 τέταρτος, fourth
16 θυγάτηρ, daughter
17 πατριά, paternal lineage, house
18 ἐπίσκεψις, numbering, inspection
19 ἀριθμός, number
20 λειτουργία, ministry, service
21 εἰκοσαετής, twenty years (old)

ἐπάνω.[1] **25** ὅτι εἶπεν Δαυιδ Κατέπαυσεν[2] κύριος ὁ θεὸς Ισραηλ τῷ λαῷ αὐτοῦ καὶ κατεσκήνωσεν[3] ἐν Ιερουσαλημ ἕως αἰῶνος. **26** καὶ οἱ Λευῖται οὐκ ἦσαν αἴροντες τὴν σκηνὴν[4] καὶ τὰ πάντα σκεύη[5] αὐτῆς εἰς τὴν λειτουργίαν[6] αὐτῆς· **27** ὅτι ἐν τοῖς λόγοις Δαυιδ τοῖς ἐσχάτοις ἐστὶν ὁ ἀριθμὸς[7] υἱῶν Λευι ἀπὸ εἰκοσαετοῦς[8] καὶ ἐπάνω,[9] **28** ὅτι ἔστησεν αὐτοὺς ἐπὶ χεῖρα Ααρων τοῦ λειτουργεῖν[10] ἐν οἴκῳ κυρίου ἐπὶ τὰς αὐλὰς[11] καὶ ἐπὶ τὰ παστοφόρια[12] καὶ ἐπὶ τὸν καθαρισμὸν[13] τῶν πάντων ἁγίων καὶ ἐπὶ τὰ ἔργα λειτουργίας[14] οἴκου τοῦ θεοῦ, **29** εἰς τοὺς ἄρτους τῆς προθέσεως,[15] εἰς τὴν σεμίδαλιν[16] τῆς θυσίας[17] καὶ εἰς τὰ λάγανα[18] τὰ ἄζυμα[19] καὶ εἰς τήγανον[20] καὶ εἰς τὴν πεφυραμένην[21] καὶ εἰς πᾶν μέτρον[22] **30** καὶ τοῦ στῆναι πρωὶ[23] τοῦ αἰνεῖν[24] ἐξομολογεῖσθαι[25] τῷ κυρίῳ καὶ οὕτως τὸ ἑσπέρας[26] **31** καὶ ἐπὶ πάντων τῶν ἀναφερομένων[27] ὁλοκαυτωμάτων[28] τῷ κυρίῳ ἐν τοῖς σαββάτοις καὶ ἐν ταῖς νεομηνίαις[29] καὶ ἐν ταῖς ἑορταῖς[30] κατὰ ἀριθμὸν[31] κατὰ τὴν κρίσιν ἐπ᾽ αὐτοῖς διὰ παντὸς τῷ κυρίῳ. **32** καὶ φυλάξουσιν τὰς φυλακὰς σκηνῆς[32] τοῦ μαρτυρίου[33] καὶ τὰς φυλακὰς υἱῶν Ααρων ἀδελφῶν αὐτῶν τοῦ λειτουργεῖν[34] ἐν οἴκῳ κυρίου.

Levite Divisions

24 Καὶ τοῖς υἱοῖς Ααρων διαιρέσεις·[35] υἱοὶ Ααρων Ναδαβ καὶ Αβιουδ, Ελεαζαρ καὶ Ιθαμαρ· **2** καὶ ἀπέθανεν Ναδαβ καὶ Αβιουδ ἐναντίον[36] τοῦ πατρὸς αὐτῶν, καὶ υἱοὶ οὐκ ἦσαν αὐτοῖς· καὶ ἱεράτευσεν[37] Ελεαζαρ καὶ Ιθαμαρ υἱοὶ Ααρων. **3** καὶ διεῖλεν[38] αὐτοὺς Δαυιδ καὶ Σαδωκ ἐκ τῶν υἱῶν Ελεαζαρ καὶ Αχιμελεχ ἐκ τῶν υἱῶν Ιθαμαρ κατὰ τὴν ἐπίσκεψιν[39] αὐτῶν κατὰ τὴν λειτουργίαν[40] αὐτῶν κατ᾽ οἴκους πατριῶν[41] αὐτῶν. **4** καὶ εὑρέθησαν υἱοὶ Ελεαζαρ πλείους[42] εἰς ἄρχοντας τῶν

1 ἐπάνω, over
2 καταπαύω, *aor act ind 3s*, cause to rest
3 κατασκηνόω, *aor act ind 3s*, settle, cause to dwell
4 σκηνή, tent
5 σκεῦος, vessel, equipment
6 λειτουργία, ministry, service
7 ἀριθμός, number
8 εἰκοσαετής, twenty years (old)
9 ἐπάνω, over
10 λειτουργέω, *pres act inf*, serve, minister
11 αὐλή, court
12 παστοφόριον, chamber
13 καθαρισμός, purification
14 λειτουργία, ministry, service
15 πρόθεσις, setting forth, presentation
16 σεμίδαλις, fine wheat flour
17 θυσία, sacrifice
18 λάγανον, cake
19 ἄζυμος, unleavened
20 τήγανον, frying pan
21 φυράω, *perf pas ptc acc s f*, mix
22 μέτρον, measure
23 πρωί, early
24 αἰνέω, *pres act inf*, praise
25 ἐξομολογέομαι, *pres mid inf*, confess, profess
26 ἑσπέρα, (in the) evening
27 ἀναφέρω, *pres pas ptc gen p n*, offer up
28 ὁλοκαύτωμα, whole burnt offering
29 νεομηνία, new moon
30 ἑορτή, feast, festival
31 ἀριθμός, number
32 σκηνή, tent
33 μαρτύριον, witness
34 λειτουργέω, *pres act inf*, serve, minister
35 διαίρεσις, division
36 ἐναντίον, before
37 ἱερατεύω, *aor act ind 3s*, minister, serve as priest
38 διαιρέω, *aor act ind 3s*, divide, distribute
39 ἐπίσκεψις, numbering, census
40 λειτουργία, ministry, service
41 πατριά, paternal lineage, house
42 πλείων/πλεῖον, *comp of* πολύς, more (numerous)

δυνατῶν παρὰ τοὺς υἱοὺς Ιθαμαρ, καὶ διεῖλεν[1] αὐτούς, τοῖς υἱοῖς Ελεαζαρ ἄρχοντας
εἰς οἴκους πατριῶν[2] ἓξ[3] καὶ δέκα[4] καὶ τοῖς υἱοῖς Ιθαμαρ ὀκτώ[5] κατ᾽ οἴκους πατριῶν.[6]
5 καὶ διεῖλεν[7] αὐτοὺς κατὰ κλήρους[8] τούτους πρὸς τούτους, ὅτι ἦσαν ἄρχοντες τῶν
ἁγίων καὶ ἄρχοντες κυρίου ἐν τοῖς υἱοῖς Ελεαζαρ καὶ ἐν τοῖς υἱοῖς Ιθαμαρ· **6** καὶ
ἔγραψεν αὐτοὺς Σαμαιας υἱὸς Ναθαναηλ ὁ γραμματεὺς[9] ἐκ τοῦ Λευι κατέναντι[10]
τοῦ βασιλέως καὶ τῶν ἀρχόντων καὶ Σαδωκ ὁ ἱερεὺς καὶ Αχιμελεχ υἱὸς Αβιαθαρ
καὶ ἄρχοντες τῶν πατριῶν[11] τῶν ἱερέων καὶ τῶν Λευιτῶν, οἴκου πατριᾶς εἷς εἷς τῷ
Ελεαζαρ καὶ εἷς εἷς τῷ Ιθαμαρ.

7 καὶ ἐξῆλθεν ὁ κλῆρος[12] ὁ πρῶτος τῷ Ιαριβ, τῷ Ιδεϊα ὁ δεύτερος, **8** τῷ Χαρημ ὁ
τρίτος, τῷ Σεωριμ ὁ τέταρτος,[13] **9** τῷ Μελχια ὁ πέμπτος,[14] τῷ Μιαμιν ὁ ἕκτος,[15]
10 τῷ Κως ὁ ἕβδομος,[16] τῷ Αβια ὁ ὄγδοος,[17] **11** τῷ Ἰησοῦ ὁ ἔνατος,[18] τῷ Σεχενια
ὁ δέκατος,[19] **12** τῷ Ελιασιβ ὁ ἑνδέκατος,[20] τῷ Ιακιμ ὁ δωδέκατος,[21] **13** τῷ Οχ-
χοφφα ὁ τρισκαιδέκατος,[22] τῷ Ισβααλ ὁ τεσσαρεσκαιδέκατος,[23] **14** τῷ Βελγα ὁ
πεντεκαιδέκατος,[24] τῷ Εμμηρ ὁ ἑκκαιδέκατος,[25] **15** τῷ Χηζιρ ὁ ἑπτακαιδέκατος,[26]
τῷ Αφεσση ὁ ὀκτωκαιδέκατος,[27] **16** τῷ Φεταια ὁ ἐννεακαιδέκατος,[28] τῷ Εζεκηλ ὁ
εἰκοστός,[29] **17** τῷ Ιαχιν ὁ εἷς καὶ εἰκοστός,[30] τῷ Γαμουλ ὁ δεύτερος καὶ εἰκοστός,
18 τῷ Δαλαια ὁ τρίτος καὶ εἰκοστός,[31] τῷ Μαασαι ὁ τέταρτος καὶ εἰκοστός. **19** αὕτη
ἡ ἐπίσκεψις[32] αὐτῶν κατὰ τὴν λειτουργίαν[33] αὐτῶν τοῦ εἰσπορεύεσθαι[34] εἰς οἶκον
κυρίου κατὰ τὴν κρίσιν αὐτῶν διὰ χειρὸς Ααρων πατρὸς αὐτῶν, ὡς ἐνετείλατο[35]
κύριος ὁ θεὸς Ισραηλ.

20 Καὶ τοῖς υἱοῖς Λευι τοῖς καταλοίποις·[36] τοῖς υἱοῖς Αμβραμ Σουβαηλ· τοῖς υἱοῖς
Σουβαηλ Ιαδια. **21** τῷ Ρααβια ὁ ἄρχων Ιεσιας. **22** καὶ τῷ Ισσαρι Σαλωμωθ· τοῖς
υἱοῖς Σαλωμωθ Ιαθ. **23** υἱοὶ Ιεδιου· Αμαδια ὁ δεύτερος, Ιαζιηλ ὁ τρίτος, Ιοκομ ὁ
τέταρτος.[37] **24** υἱοὶ Οζιηλ Μιχα· υἱοὶ Μιχα Σαμηρ. **25** ἀδελφὸς Μιχα Ισια· υἱοὶ Ισια
Ζαχαρια. **26** υἱοὶ Μεραρι Μοολι καὶ Μουσι, υἱοὶ Οζια, υἱοὶ Βοννι. **27** υἱοὶ Μεραρι τῷ

1 διαιρέω, *aor act ind 3s*, divide, distribute
2 πατριά, paternal lineage, house
3 ἕξ, six
4 δέκα, ten
5 ὀκτώ, eight
6 πατριά, paternal lineage, house
7 διαιρέω, *aor act ind 3s*, divide, distribute
8 κλῆρος, lot
9 γραμματεύς, scribe
10 κατέναντι, before, in the presence of
11 πατριά, paternal lineage, house
12 κλῆρος, lot
13 τέταρτος, fourth
14 πέμπτος, fifth
15 ἕκτος, sixth
16 ἕβδομος, seventh
17 ὄγδοος, eighth
18 ἔνατος, ninth
19 δέκατος, tenth
20 ἑνδέκατος, eleventh
21 δωδέκατος, twelfth
22 τρισκαιδέκατος, thirteenth
23 τεσσαρεσκαιδέκατος, fourteenth
24 πεντεκαιδέκατος, fifteenth
25 ἑκκαιδέκατος, sixteenth
26 ἑπτακαιδέκατος, seventeenth
27 ὀκτωκαιδέκατος, eighteenth
28 ἐννεακαιδέκατος, nineteenth
29 εἰκοστός, twentieth
30 εἰκοστός, twentieth
31 εἰκοστός, twentieth
32 ἐπίσκεψις, numbering, census
33 λειτουργία, ministry, service
34 εἰσπορεύομαι, *pres mid inf*, enter, go in
35 ἐντέλλομαι, *aor mid ind 3s*, command
36 κατάλοιπος, remaining
37 τέταρτος, fourth

Οζια, υἱοὶ αὐτοῦ Ισοαμ καὶ Ζακχουρ καὶ Αβδι. **28** τῷ Μοολι Ελεαζαρ καὶ Ιθαμαρ· καὶ
ἀπέθανεν Ελεαζαρ, καὶ οὐκ ἦσαν αὐτῷ υἱοί. **29** τῷ Κις· υἱοὶ τοῦ Κις Ιραμαηλ. **30** καὶ
υἱοὶ τοῦ Μουσι Μοολι καὶ Εδερ καὶ Ιαριμωθ. οὗτοι υἱοὶ τῶν Λευιτῶν κατ' οἴκους
πατριῶν[1] αὐτῶν. **31** καὶ ἔλαβον καὶ αὐτοὶ κλήρους[2] καθὼς οἱ ἀδελφοὶ αὐτῶν υἱοὶ
Ααρων ἐναντίον[3] τοῦ βασιλέως καὶ Σαδωκ καὶ Αχιμελεχ καὶ ἀρχόντων πατριῶν[4] τῶν
ἱερέων καὶ τῶν Λευιτῶν, πατριάρχαι[5] αραaβ[6] καθὼς οἱ ἀδελφοὶ αὐτοῦ οἱ νεώτεροι.[7]

Temple Musicians

25 Καὶ ἔστησεν Δαυιδ ὁ βασιλεὺς καὶ οἱ ἄρχοντες τῆς δυνάμεως εἰς τὰ ἔργα τοὺς
υἱοὺς Ασαφ καὶ Αιμαν καὶ Ιδιθων τοὺς ἀποφθεγγομένους[8] ἐν κινύραις[9] καὶ
ἐν νάβλαις[10] καὶ ἐν κυμβάλοις.[11] καὶ ἐγένετο ὁ ἀριθμὸς[12] αὐτῶν κατὰ κεφαλὴν αὐτῶν
ἐργαζομένων ἐν τοῖς ἔργοις αὐτῶν· **2** υἱοὶ Ασαφ Ζακχουρ καὶ Ιωσηφ καὶ Ναθανιας
καὶ Εραηλ, υἱοὶ Ασαφ ἐχόμενοι Ασαφ τοῦ προφήτου ἐχόμενοι τοῦ βασιλέως. **3** τῷ
Ιδιθων υἱοὶ Ιδιθων· Γοδολια καὶ Σουρι καὶ Ισαια καὶ Σεμεϊ καὶ Ασαβια καὶ Ματταθιας,
ἕξ,[13] μετὰ τὸν πατέρα αὐτῶν Ιδιθων ἐν κινύρᾳ[14] ἀνακρουόμενοι[15] ἐξομολόγησιν[16] καὶ
αἴνεσιν[17] τῷ κυρίῳ. **4** τῷ Αιμανι υἱοὶ Αιμαν· Βουκιας καὶ Μανθανιας καὶ Αζαραηλ
καὶ Σουβαηλ καὶ Ιεριμωθ καὶ Ανανιας καὶ Ανανι καὶ Ηλιαθα καὶ Γοδολλαθι καὶ
Ρωμεμθι-ωδ καὶ Ιεσβακασα καὶ Μαλληθι καὶ Ωθηρι καὶ Μεαζωθ· **5** πάντες οὗτοι
υἱοὶ τῷ Αιμαν τῷ ἀνακρουομένῳ[18] τῷ βασιλεῖ ἐν λόγοις θεοῦ ὑψῶσαι[19] κέρας,[20] καὶ
ἔδωκεν ὁ θεὸς τῷ Αιμαν υἱοὺς δέκα[21] τέσσαρας καὶ θυγατέρας[22] τρεῖς. **6** πάντες
οὗτοι μετὰ τοῦ πατρὸς αὐτῶν ὑμνῳδοῦντες[23] ἐν οἴκῳ κυρίου ἐν κυμβάλοις[24] καὶ ἐν
νάβλαις[25] καὶ ἐν κινύραις[26] ἐχόμενα τοῦ βασιλέως καὶ Ασαφ καὶ Ιδιθων καὶ Αιμανι.
7 καὶ ἐγένετο ὁ ἀριθμὸς[27] αὐτῶν μετὰ τοὺς ἀδελφοὺς αὐτῶν, δεδιδαγμένοι[28] ᾄδειν[29]
κυρίῳ, πᾶς συνίων,[30] διακόσιοι[31] ὀγδοήκοντα[32] καὶ ὀκτώ.[33]

1 πατριά, paternal lineage, house
2 κλῆρος, lot
3 ἐναντίον, before
4 πατριά, paternal lineage, house
5 πατριάρχης, patriarch, family chief
6 αραaβ, (head?, chief?), *translit.*
7 νέος, *comp*, younger
8 ἀποφθέγγομαι, *pres mid ptc acc p m*, declare, pronounce
9 κινύρα, stringed instrument, *Heb. LW*
10 νάβλα, harp, *Heb. LW*
11 κύμβαλον, cymbal
12 ἀριθμός, number
13 ἕξ, six
14 κινύρα, stringed instrument, *Heb. LW*
15 ἀνακρούομαι, *pres mid ptc nom p m*, strike up, touch
16 ἐξομολόγησις, acknowledgment
17 αἴνεσις, praise
18 ἀνακρούομαι, *pres mid ptc dat s m*, strike up, touch
19 ὑψόω, *aor act inf*, lift high, raise up
20 κέρας, horn
21 δέκα, ten
22 θυγάτηρ, daughter
23 ὑμνῳδέω, *pres act ptc nom p m*, sing hymns
24 κύμβαλον, cymbal
25 νάβλα, harp, *Heb. LW*
26 κινύρα, stringed instrument, *Heb. LW*
27 ἀριθμός, number
28 διδάσκω, *perf mid ptc nom p m*, instruct, teach
29 ᾄδω, *pres act inf*, sing
30 συνίημι, *pres act ptc nom s m*, be skillful, understand
31 διακόσιοι, two hundred
32 ὀγδοήκοντα, eighty
33 ὀκτώ, eight

Divisions of the Musicians

8 καὶ ἔβαλον[1] καὶ αὐτοὶ κλήρους[2] ἐφημεριῶν[3] κατὰ τὸν μικρὸν καὶ κατὰ τὸν μέγαν, τελείων[4] καὶ μανθανόντων.[5]

9 καὶ ἐξῆλθεν ὁ κλῆρος[6] ὁ πρῶτος υἱῶν αὐτοῦ καὶ ἀδελφῶν αὐτοῦ τῷ Ασαφ τῷ Ιω-
σηφ Γοδολια· ὁ δεύτερος Ηνια, ἀδελφοὶ αὐτοῦ καὶ υἱοὶ αὐτοῦ, δέκα[7] δύο· **10** ὁ τρίτος
Ζακχουρ, υἱοὶ αὐτοῦ καὶ ἀδελφοὶ αὐτοῦ, δέκα[8] δύο· **11** ὁ τέταρτος[9] Ιεσδρι, υἱοὶ αὐτοῦ
καὶ ἀδελφοὶ αὐτοῦ, δέκα[10] δύο· **12** ὁ πέμπτος[11] Ναθανιας, υἱοὶ αὐτοῦ καὶ ἀδελφοὶ
αὐτοῦ, δέκα[12] δύο· **13** ὁ ἕκτος[13] Βουκιας, υἱοὶ αὐτοῦ καὶ ἀδελφοὶ αὐτοῦ, δέκα[14] δύο·
14 ὁ ἕβδομος[15] Ισεριηλ, υἱοὶ αὐτοῦ καὶ ἀδελφοὶ αὐτοῦ, δέκα[16] δύο· **15** ὁ ὄγδοος[17] Ιωσια,
υἱοὶ αὐτοῦ καὶ ἀδελφοὶ αὐτοῦ, δέκα[18] δύο· **16** ὁ ἔνατος[19] Μανθανιας, υἱοὶ αὐτοῦ καὶ
ἀδελφοὶ αὐτοῦ, δέκα[20] δύο· **17** ὁ δέκατος[21] Σεμεϊ, υἱοὶ αὐτοῦ καὶ ἀδελφοὶ αὐτοῦ, δέκα[22]
δύο· **18** ὁ ἑνδέκατος[23] Αζαρια, υἱοὶ αὐτοῦ καὶ ἀδελφοὶ αὐτοῦ, δέκα[24] δύο· **19** ὁ δω-
δέκατος[25] Ασαβια, υἱοὶ αὐτοῦ καὶ ἀδελφοὶ αὐτοῦ, δέκα[26] δύο· **20** ὁ τρισκαιδέκατος[27]
Σουβαηλ, υἱοὶ αὐτοῦ καὶ ἀδελφοὶ αὐτοῦ, δέκα[28] δύο· **21** ὁ τεσσαρεσκαιδέκατος[29]
Ματταθιας, υἱοὶ αὐτοῦ καὶ ἀδελφοὶ αὐτοῦ, δέκα[30] δύο· **22** ὁ πεντεκαιδέκατος[31]
Ιεριμωθ, υἱοὶ αὐτοῦ καὶ ἀδελφοὶ αὐτοῦ, δέκα[32] δύο· **23** ὁ ἑκκαιδέκατος[33] Ανανιας,
υἱοὶ αὐτοῦ καὶ ἀδελφοὶ αὐτοῦ, δέκα[34] δύο· **24** ὁ ἑπτακαιδέκατος[35] Ιεσβακασα, υἱοὶ
αὐτοῦ καὶ ἀδελφοὶ αὐτοῦ, δέκα[36] δύο· **25** ὁ ὀκτωκαιδέκατος[37] Ανανι, υἱοὶ αὐτοῦ
καὶ ἀδελφοὶ αὐτοῦ, δέκα[38] δύο· **26** ὁ ἐννεακαιδέκατος[39] Μελληθι, υἱοὶ αὐτοῦ καὶ
ἀδελφοὶ αὐτοῦ, δέκα[40] δύο· **27** ὁ εἰκοστὸς[41] Ελιαθα, υἱοὶ αὐτοῦ καὶ ἀδελφοὶ αὐτοῦ,
δέκα[42] δύο· **28** ὁ εἰκοστὸς[43] πρῶτος Ηθιρ, υἱοὶ αὐτοῦ καὶ ἀδελφοὶ αὐτοῦ, δέκα[44] δύο·
29 ὁ εἰκοστὸς[45] δεύτερος Γοδολλαθι, υἱοὶ αὐτοῦ καὶ ἀδελφοὶ αὐτοῦ, δέκα[46] δύο·

1 βάλλω, *aor act ind 3p*, cast
2 κλῆρος, lot
3 ἐφημερία, division, class
4 τέλειος, mature
5 μανθάνω, *pres act ptc gen p m*, learn
6 κλῆρος, lot
7 δέκα, ten
8 δέκα, ten
9 τέταρτος, fourth
10 δέκα, ten
11 πέμπτος, fifth
12 δέκα, ten
13 ἕκτος, sixth
14 δέκα, ten
15 ἕβδομος, seventh
16 δέκα, ten
17 ὄγδοος, eighth
18 δέκα, ten
19 ἔνατος, ninth
20 δέκα, ten
21 δέκατος, tenth
22 δέκα, ten
23 ἑνδέκατος, eleventh
24 δέκα, ten
25 δωδέκατος, twelfth
26 δέκα, ten
27 τρισκαιδέκατος, thirteenth
28 δέκα, ten
29 τεσσαρεσκαιδέκατος, fourteenth
30 δέκα, ten
31 πεντεκαιδέκατος, fifteenth
32 δέκα, ten
33 ἑκκαιδέκατος, sixteenth
34 δέκα, ten
35 ἑπτακαιδέκατος, seventeenth
36 δέκα, ten
37 ὀκτωκαιδέκατος, eighteenth
38 δέκα, ten
39 ἐννεακαιδέκατος, nineteenth
40 δέκα, ten
41 εἰκοστός, twentieth
42 δέκα, ten
43 εἰκοστός, twentieth
44 δέκα, ten
45 εἰκοστός, twentieth
46 δέκα, ten

30 ὁ τρίτος καὶ εἰκοστὸς[1] Μεαζωθ, υἱοὶ αὐτοῦ καὶ ἀδελφοὶ αὐτοῦ, δέκα[2] δύο· **31** ὁ
τέταρτος[3] καὶ εἰκοστὸς[4] Ρωμεμθι-ωδ, υἱοὶ αὐτοῦ καὶ ἀδελφοὶ αὐτοῦ, δέκα[5] δύο.

Gatekeepers

26 Εἰς διαιρέσεις[6] τῶν πυλῶν·[7] υἱοῖς Κορεϊμ Μοσολλαμια υἱὸς Κωρη ἐκ τῶν
υἱῶν Αβιασαφ. **2** καὶ τῷ Μοσολλαμια υἱοί· Ζαχαριας ὁ πρωτότοκος,[8] Ιδιηλ
ὁ δεύτερος, Ζαβαδιας ὁ τρίτος, Ιεθνουηλ ὁ τέταρτος,[9] **3** Ωλαμ ὁ πέμπτος,[10] Ιωαναν
ὁ ἕκτος,[11] Ελιωηναι ὁ ἕβδομος.[12] **4** καὶ τῷ Αβδεδομ υἱοί· Σαμαιας ὁ πρωτότοκος,[13]
Ιωζαβαδ ὁ δεύτερος, Ιωαα ὁ τρίτος, Σωχαρ ὁ τέταρτος,[14] Ναθαναηλ ὁ πέμπτος,[15]
5 Αμιηλ ὁ ἕκτος,[16] Ισσαχαρ ὁ ἕβδομος,[17] Φολλαθι ὁ ὄγδοος,[18] ὅτι εὐλόγησεν αὐτὸν
ὁ θεός. **6** καὶ τῷ Σαμαια υἱῷ αὐτοῦ ἐτέχθησαν[19] υἱοὶ τοῦ πρωτοτόκου[20] Ρωσαι εἰς
τὸν οἶκον τὸν πατρικὸν[21] αὐτοῦ, ὅτι δυνατοὶ ἦσαν. **7** υἱοὶ Σαμαια· Γοθνι καὶ Ραφαηλ
καὶ Ωβηδ καὶ Ελζαβαδ καὶ Αχιου, υἱοὶ δυνατοί, Ελιου καὶ Σαβχια καὶ Ισβακωμ.
8 πάντες ἀπὸ τῶν υἱῶν Αβδεδομ, αὐτοὶ καὶ οἱ ἀδελφοὶ αὐτῶν καὶ υἱοὶ αὐτῶν ποι-
οῦντες δυνατῶς[22] ἐν τῇ ἐργασίᾳ,[23] οἱ πάντες ἑξήκοντα[24] δύο τῷ Αβδεδομ. **9** καὶ
τῷ Μοσολλαμια υἱοὶ καὶ ἀδελφοὶ δέκα[25] καὶ ὀκτὼ[26] δυνατοί. **10** καὶ τῷ Ωσα τῶν
υἱῶν Μεραρι υἱοὶ φυλάσσοντες τὴν ἀρχήν, ὅτι οὐκ ἦν πρωτότοκος,[27] καὶ ἐποίησεν
αὐτὸν ὁ πατὴρ αὐτοῦ ἄρχοντα **11** τῆς διαιρέσεως[28] τῆς δευτέρας, Ταβλαι ὁ τρίτος,
Ζαχαριας ὁ τέταρτος·[29] πάντες οὗτοι, υἱοὶ καὶ ἀδελφοὶ τῷ Ωσα, τρισκαίδεκα.[30]

12 τούτοις αἱ διαιρέσεις[31] τῶν πυλῶν,[32] τοῖς ἄρχουσι τῶν δυνατῶν, ἐφημερίαι[33] καθὼς
οἱ ἀδελφοὶ αὐτῶν λειτουργεῖν[34] ἐν οἴκῳ κυρίου. **13** καὶ ἔβαλον[35] κλήρους[36] κατὰ τὸν
μικρὸν καὶ κατὰ τὸν μέγαν κατ᾽ οἴκους πατριῶν[37] αὐτῶν εἰς πυλῶνα[38] καὶ πυλῶνα.
14 καὶ ἔπεσεν ὁ κλῆρος[39] τῶν πρὸς ἀνατολὰς[40] τῷ Σαλαμια καὶ Ζαχαρια· υἱοὶ Ιωας

1 εἰκοστός, twentieth
2 δέκα, ten
3 τέταρτος, fourth
4 εἰκοστός, twentieth
5 δέκα, ten
6 διαίρεσις, division
7 πύλη, gate
8 πρωτότοκος, firstborn
9 τέταρτος, fourth
10 πέμπτος, fifth
11 ἕκτος, sixth
12 ἕβδομος, seventh
13 πρωτότοκος, firstborn
14 τέταρτος, fourth
15 πέμπτος, fifth
16 ἕκτος, sixth
17 ἕβδομος, seventh
18 ὄγδοος, eighth
19 τίκτω, *aor pas ind 3p*, bear, give birth
20 πρωτότοκος, firstborn
21 πατρικός, ancestral, paternal
22 δυνατῶς, mightily
23 ἐργασία, work, service
24 ἑξήκοντα, sixty
25 δέκα, ten
26 ὀκτώ, eight
27 πρωτότοκος, firstborn
28 διαίρεσις, division
29 τέταρτος, fourth
30 τρισκαίδεκα, thirteen
31 διαίρεσις, division
32 πύλη, gate
33 ἐφημερία, division, class
34 λειτουργέω, *pres act inf*, serve, minister
35 βάλλω, *aor act ind 3p*, cast, throw
36 κλῆρος, lot
37 πατριά, paternal lineage, house
38 πύλη, gate
39 κλῆρος, lot
40 ἀνατολή, east

τῷ Μελχια ἔβαλον[1] κλήρους, καὶ ἐξῆλθεν ὁ κλῆρος βορρᾶ·[2] **15** τῷ Αβδεδομ νότον[3]
κατέναντι[4] οἴκου εσεφιν[5] **16** εἰς δεύτερον· τῷ Ωσα πρὸς δυσμαῖς[6] μετὰ τὴν πύλην[7]
παστοφορίου[8] τῆς ἀναβάσεως·[9] φυλακὴ κατέναντι[10] φυλακῆς. **17** πρὸς ἀνατολὰς[11]
ἓξ τὴν ἡμέραν, βορρᾶ[12] τῆς ἡμέρας τέσσαρες, νότον[13] τῆς ἡμέρας τέσσαρες, καὶ εἰς
τὸ εσεφιν[14] δύο· **18** εἰς διαδεχομένους,[15] καὶ πρὸς δυσμαῖς[16] τέσσαρες, καὶ εἰς τὸν
τρίβον[17] δύο διαδεχομένους. **19** αὗται αἱ διαιρέσεις[18] τῶν πυλωρῶν[19] τοῖς υἱοῖς Κορε
καὶ τοῖς υἱοῖς Μεραρι.

Other Officials

20 Καὶ οἱ Λευῖται ἀδελφοὶ αὐτῶν ἐπὶ τῶν θησαυρῶν[20] οἴκου κυρίου καὶ ἐπὶ τῶν
θησαυρῶν τῶν καθηγιασμένων·[21] **21** υἱοὶ Λαδαν υἱοὶ τῷ Γηρσωνι τῷ Λαδαν, ἄρχον-
τες πατριῶν[22] τῷ Λαδαν τῷ Γηρσωνι Ιιηλ.

22 καὶ υἱοὶ Ιιηλ Ζεθομ καὶ Ιωηλ οἱ ἀδελφοὶ ἐπὶ τῶν θησαυρῶν[23] οἴκου κυρίου. **23** τῷ
Αμβραμ καὶ Ισσααρ Χεβρων καὶ Οζιηλ· **24** καὶ Σουβαηλ ὁ τοῦ Γηρσαμ τοῦ Μωυσῆ
ἡγούμενος[24] ἐπὶ τῶν θησαυρῶν.[25] **25** καὶ τῷ ἀδελφῷ αὐτοῦ τῷ Ελιεζερ Ρααβιας υἱὸς
καὶ Ιωσαιας καὶ Ιωραμ καὶ Ζεχρι καὶ Σαλωμωθ. **26** αὐτὸς Σαλωμωθ καὶ οἱ ἀδελφοὶ
αὐτοῦ ἐπὶ πάντων τῶν θησαυρῶν[26] τῶν ἁγίων, οὓς ἡγίασεν[27] Δαυιδ ὁ βασιλεὺς καὶ οἱ
ἄρχοντες τῶν πατριῶν,[28] χιλίαρχοι[29] καὶ ἑκατόνταρχοι[30] καὶ ἀρχηγοὶ[31] τῆς δυνάμεως,
27 ἃ ἔλαβεν ἐκ τῶν πολέμων καὶ ἐκ τῶν λαφύρων[32] καὶ ἡγίασεν[33] ἀπ᾽ αὐτῶν τοῦ μὴ
καθυστερῆσαι[34] τὴν οἰκοδομὴν[35] τοῦ οἴκου τοῦ θεοῦ, **28** καὶ ἐπὶ πάντων τῶν ἁγίων
Σαμουηλ τοῦ προφήτου καὶ Σαουλ τοῦ Κις καὶ Αβεννηρ τοῦ Νηρ καὶ Ιωαβ τοῦ
Σαρουια· πᾶν, ὃ ἡγίασαν,[36] διὰ χειρὸς Σαλωμωθ καὶ τῶν ἀδελφῶν αὐτοῦ.

1 βάλλω, *aor act ind 3p*, cast, throw
2 βορρᾶς, north
3 νότος, south
4 κατέναντι, opposite
5 εσεφιν, storeroom, *translit.*
6 δυσμή, west
7 πύλη, gate
8 παστοφόριον, chamber
9 ἀνάβασις, ascent
10 κατέναντι, opposite
11 ἀνατολή, east
12 βορρᾶς, north
13 νότος, south
14 εσεφιν, storeroom, *translit.*
15 διαδέχομαι, *pres mid ptc acc p m*, be next, succeed, relieve
16 δυσμή, west
17 τρίβος, path, route
18 διαίρεσις, division
19 πυλωρός, gatekeeper
20 θησαυρός, treasury
21 καθαγιάζω, *perf pas ptc gen p n*, dedicate, consecrate
22 πατριά, paternal lineage, house
23 θησαυρός, treasury
24 ἡγέομαι, *pres mid ptc nom s m*, be in charge
25 θησαυρός, treasury
26 θησαυρός, treasury
27 ἁγιάζω, *aor act ind 3s*, sanctify, consecrate
28 πατριά, paternal lineage, house
29 χιλίαρχος, captain over a thousand
30 ἑκατόνταρχος, leader of a hundred, centurion
31 ἀρχηγός, commander, leader
32 λάφυρον, spoils
33 ἁγιάζω, *aor act ind 3s*, sanctify, consecrate
34 καθυστερέω, *aor act inf*, come up short, fare poorly
35 οἰκοδομή, building, construction
36 ἁγιάζω, *aor act ind 3p*, sanctify, consecrate

Duties outside the Temple

29 Τῷ Ισσαρι Χωνενια καὶ υἱοὶ αὐτοῦ τῆς ἐργασίας[1] τῆς ἔξω ἐπὶ τὸν Ισραηλ τοῦ
γραμματεύειν[2] καὶ διακρίνειν.[3] **30** τῷ Χεβρωνι Ασαβιας καὶ οἱ ἀδελφοὶ αὐτοῦ υἱοὶ
δυνατοί, χίλιοι[4] καὶ ἑπτακόσιοι[5] ἐπὶ τῆς ἐπισκέψεως[6] τοῦ Ισραηλ πέραν[7] τοῦ Ιορδάνου
πρὸς δυσμαῖς[8] εἰς πᾶσαν λειτουργίαν[9] κυρίου καὶ ἐργασίαν[10] τοῦ βασιλέως. **31** τοῦ
Χεβρωνι· Ιουδιας ὁ ἄρχων τῶν Χεβρωνι κατὰ γενέσεις[11] αὐτῶν κατὰ πατριάς·[12] ἐν τῷ
τεσσαρακοστῷ[13] ἔτει τῆς βασιλείας αὐτοῦ ἐπεσκέπησαν,[14] καὶ εὑρέθη ἀνὴρ δυνατὸς
ἐν αὐτοῖς ἐν Ιαζηρ τῆς Γαλααδίτιδος, **32** καὶ οἱ ἀδελφοὶ αὐτοῦ, υἱοὶ δυνατοί, δισχίλιοι[15]
ἑπτακόσιοι[16] ἄρχοντες πατριῶν·[17] καὶ κατέστησεν[18] αὐτοὺς Δαυιδ ὁ βασιλεὺς ἐπὶ τοῦ
Ρουβηνι καὶ Γαδδι καὶ ἡμίσους[19] φυλῆς Μανασση εἰς πᾶν πρόσταγμα[20] κυρίου καὶ
λόγον βασιλέως.

Military Commanders

27 Καὶ υἱοὶ Ισραηλ κατ᾽ ἀριθμὸν[21] αὐτῶν, ἄρχοντες τῶν πατριῶν,[22] χιλίαρχοι[23]
καὶ ἑκατόνταρχοι[24] καὶ γραμματεῖς[25] οἱ λειτουργοῦντες[26] τῷ λαῷ καὶ εἰς πᾶν
λόγον τοῦ βασιλέως κατὰ διαιρέσεις,[27] εἰς πᾶν λόγον τοῦ εἰσπορευομένου[28] καὶ
ἐκπορευομένου μῆνα[29] ἐκ μηνὸς εἰς πάντας τοὺς μῆνας τοῦ ἐνιαυτοῦ,[30] διαίρεσις[31]
μία εἴκοσι[32] καὶ τέσσαρες χιλιάδες.[33]

2 καὶ ἐπὶ τῆς διαιρέσεως[34] τῆς πρώτης τοῦ μηνὸς[35] τοῦ πρώτου Ιεσβοαμ ὁ τοῦ
Ζαβδιηλ, καὶ ἐπὶ τῆς διαιρέσεως αὐτοῦ εἴκοσι[36] καὶ τέσσαρες χιλιάδες·[37] **3** ἀπὸ
τῶν υἱῶν Φαρες ἄρχων πάντων τῶν ἀρχόντων τῆς δυνάμεως τοῦ μηνὸς[38] τοῦ

1 ἐργασία, work, service
2 γραμματεύω, *pres act inf*, be secretary, record
3 διακρίνω, *pres act inf*, judge
4 χίλιοι, one thousand
5 ἑπτακόσιοι, seven hundred
6 ἐπίσκεψις, numbering, census
7 πέραν, beyond, on the far side
8 δυσμή, west
9 λειτουργία, service, ministry
10 ἐργασία, work, service
11 γένεσις, generation
12 πατριά, paternal lineage, house
13 τεσσαρακοστός, fortieth
14 ἐπισκέπτομαι, *aor pas ind 3p*, inspect, examine
15 δισχίλιοι, two thousand
16 ἑπτακόσιοι, seven hundred
17 πατριά, paternal lineage, house
18 καθίστημι, *aor act ind 3s*, appoint
19 ἥμισυς, half
20 πρόσταγμα, ordinance, command
21 ἀριθμός, number
22 πατριά, paternal lineage, house
23 χιλίαρχος, captain over a thousand
24 ἑκατόνταρχος, leader of a hundred, centurion
25 γραμματεύς, scribe
26 λειτουργέω, *pres act ptc nom p m*, minister, serve
27 διαίρεσις, division
28 εἰσπορεύομαι, *pres mid ptc gen s m*, enter, go in
29 μήν, month
30 ἐνιαυτός, year
31 διαίρεσις, division
32 εἴκοσι, twenty
33 χιλιάς, thousand
34 διαίρεσις, division
35 μήν, month
36 εἴκοσι, twenty
37 χιλιάς, thousand
38 μήν, month

πρώτου. **4** καὶ ἐπὶ τῆς διαιρέσεως[1] τοῦ μηνὸς[2] τοῦ δευτέρου Δωδια ὁ Εχωχι, καὶ
ἐπὶ τῆς διαιρέσεως αὐτοῦ εἴκοσι[3] καὶ τέσσαρες χιλιάδες,[4] ἄρχοντες δυνάμεως. **5** ὁ
τρίτος τὸν μῆνα[5] τὸν τρίτον Βαναιας ὁ τοῦ Ιωδαε ὁ ἱερεὺς ὁ ἄρχων, καὶ ἐπὶ τῆς
διαιρέσεως[6] αὐτοῦ τέσσαρες καὶ εἴκοσι[7] χιλιάδες·[8] **6** αὐτὸς Βαναιας δυνατώτερος[9]
τῶν τριάκοντα[10] καὶ ἐπὶ τῶν τριάκοντα, καὶ ἐπὶ τῆς διαιρέσεως[11] αὐτοῦ Αμιζαβαθ
υἱὸς αὐτοῦ. **7** ὁ τέταρτος[12] εἰς τὸν μῆνα[13] τὸν τέταρτον Ασαηλ ὁ ἀδελφὸς Ιωαβ καὶ
Ζαβδιας ὁ υἱὸς αὐτοῦ καὶ οἱ ἀδελφοί, καὶ ἐπὶ τῆς διαιρέσεως[14] αὐτοῦ τέσσαρες καὶ
εἴκοσι[15] χιλιάδες.[16] **8** ὁ πέμπτος[17] τῷ μηνὶ[18] τῷ πέμπτῳ ὁ ἡγούμενος[19] Σαμαωθ ὁ
Ιεσραε, καὶ ἐπὶ τῆς διαιρέσεως[20] αὐτοῦ εἴκοσι[21] τέσσαρες χιλιάδες.[22] **9** ὁ ἕκτος[23] τῷ
μηνὶ[24] τῷ ἕκτῳ Οδουιας ὁ τοῦ Εκκης ὁ Θεκωίτης, καὶ ἐπὶ τῆς διαιρέσεως[25] αὐτοῦ
τέσσαρες καὶ εἴκοσι[26] χιλιάδες.[27] **10** ὁ ἕβδομος[28] τῷ μηνὶ[29] τῷ ἑβδόμῳ Χελλης ὁ
ἐκ Φαλλους ἀπὸ τῶν υἱῶν Εφραιμ, καὶ ἐπὶ τῆς διαιρέσεως[30] αὐτοῦ τέσσαρες καὶ
εἴκοσι[31] χιλιάδες.[32] **11** ὁ ὄγδοος[33] τῷ μηνὶ[34] τῷ ὀγδόῳ Σοβοχαι ὁ Ισαθι τῷ Ζαραϊ, καὶ
ἐπὶ τῆς διαιρέσεως[35] αὐτοῦ τέσσαρες καὶ εἴκοσι[36] χιλιάδες.[37] **12** ὁ ἔνατος[38] τῷ μηνὶ[39]
τῷ ἐνάτῳ Αβιεζερ ὁ ἐξ Αναθωθ ἐκ γῆς Βενιαμιν, καὶ ἐπὶ τῆς διαιρέσεως[40] αὐτοῦ
τέσσαρες καὶ εἴκοσι[41] χιλιάδες.[42] **13** ὁ δέκατος[43] τῷ μηνὶ[44] τῷ δεκάτῳ Μεηρα ὁ ἐκ
Νετουφατ τῷ Ζαραϊ, καὶ ἐπὶ τῆς διαιρέσεως[45] αὐτοῦ τέσσαρες καὶ εἴκοσι[46] χιλιάδες.[47]
14 ὁ ἑνδέκατος[48] τῷ μηνὶ[49] τῷ ἑνδεκάτῳ Βαναιας ὁ ἐκ Φαραθων τῶν υἱῶν Εφραιμ,
καὶ ἐπὶ τῆς διαιρέσεως[50] αὐτοῦ τέσσαρες καὶ εἴκοσι[51] χιλιάδες.[52] **15** ὁ δωδέκατος[53] εἰς

1 διαίρεσις, division
2 μήν, month
3 εἴκοσι, twenty
4 χιλιάς, thousand
5 μήν, month
6 διαίρεσις, division
7 εἴκοσι, twenty
8 χιλιάς, thousand
9 δυνατός, *comp*, stronger, mightier
10 τριάκοντα, thirty
11 διαίρεσις, division
12 τέταρτος, fourth
13 μήν, month
14 διαίρεσις, division
15 εἴκοσι, twenty
16 χιλιάς, thousand
17 πέμπτος, fifth
18 μήν, month
19 ἡγέομαι, *pres mid ptc nom s m*, lead
20 διαίρεσις, division
21 εἴκοσι, twenty
22 χιλιάς, thousand
23 ἕκτος, sixth
24 μήν, month
25 διαίρεσις, division
26 εἴκοσι, twenty
27 χιλιάς, thousand
28 ἕβδομος, seventh
29 μήν, month
30 διαίρεσις, division
31 εἴκοσι, twenty
32 χιλιάς, thousand
33 ὄγδοος, eighth
34 μήν, month
35 διαίρεσις, division
36 εἴκοσι, twenty
37 χιλιάς, thousand
38 ἔνατος, ninth
39 μήν, month
40 διαίρεσις, division
41 εἴκοσι, twenty
42 χιλιάς, thousand
43 δέκατος, tenth
44 μήν, month
45 διαίρεσις, division
46 εἴκοσι, twenty
47 χιλιάς, thousand
48 ἑνδέκατος, eleventh
49 μήν, month
50 διαίρεσις, division
51 εἴκοσι, twenty
52 χιλιάς, thousand
53 δωδέκατος, twelfth

τὸν μῆνα[1] τὸν δωδέκατον Χολδαι ὁ Νετωφατι τῷ Γοθονιηλ, καὶ ἐπὶ τῆς διαιρέσεως[2] αὐτοῦ τέσσαρες καὶ εἴκοσι[3] χιλιάδες.[4]

Tribal Officers

16 Καὶ ἐπὶ τῶν φυλῶν Ισραηλ· τῷ Ρουβην ἡγούμενος[5] Ελιεζερ ὁ τοῦ Ζεχρι, τῷ
Συμεων Σαφατιας ὁ τοῦ Μααχα, **17** τῷ Λευι Ασαβιας ὁ τοῦ Καμουηλ, τῷ Ααρων
Σαδωκ, **18** τῷ Ιουδα Ελιαβ τῶν ἀδελφῶν Δαυιδ, τῷ Ισσαχαρ Αμβρι ὁ τοῦ Μιχαηλ,
19 τῷ Ζαβουλων Σαμαιας ὁ τοῦ Αβδιου, τῷ Νεφθαλι Ιεριμωθ ὁ τοῦ Εσριηλ, **20** τῷ
Εφραιμ Ωση ὁ τοῦ Οζιου, τῷ ἡμίσει[6] φυλῆς Μανασση Ιωηλ ὁ τοῦ Φαδαια, **21** τῷ
ἡμίσει[7] φυλῆς Μανασση τῷ ἐν τῇ Γαλααδ Ιαδδαι ὁ τοῦ Ζαβδιου, τοῖς υἱοῖς Βενιαμιν
Ασιηλ ὁ τοῦ Αβεννηρ, **22** τῷ Δαν Αζαραηλ ὁ τοῦ Ιωραμ. οὗτοι πατριάρχαι[8] τῶν
φυλῶν Ισραηλ. — **23** καὶ οὐκ ἔλαβεν Δαυιδ τὸν ἀριθμὸν[9] αὐτῶν ἀπὸ εἰκοσαετοῦς[10]
καὶ κάτω,[11] ὅτι κύριος εἶπεν πληθῦναι[12] τὸν Ισραηλ ὡς τοὺς ἀστέρας[13] τοῦ οὐρανοῦ.
24 καὶ Ιωαβ ὁ τοῦ Σαρουια ἤρξατο ἀριθμεῖν[14] ἐν τῷ λαῷ καὶ οὐ συνετέλεσεν,[15] καὶ
ἐγένετο ἐν τούτοις ὀργὴ ἐπὶ τὸν Ισραηλ, καὶ οὐ κατεχωρίσθη[16] ὁ ἀριθμὸς[17] ἐν βιβλίῳ
λόγων τῶν ἡμερῶν τοῦ βασιλέως Δαυιδ.

Other Officials

25 Καὶ ἐπὶ τῶν θησαυρῶν[18] τοῦ βασιλέως Ασμωθ ὁ τοῦ Ωδιηλ, καὶ ἐπὶ τῶν θησαυρῶν
τῶν ἐν ἀγρῷ καὶ ἐν ταῖς κώμαις[19] καὶ ἐν τοῖς ἐποικίοις[20] καὶ ἐν τοῖς πύργοις[21] Ιωναθαν
ὁ τοῦ Οζιου. **26** ἐπὶ δὲ τῶν γεωργούντων[22] τὴν γῆν τῶν ἐργαζομένων Εσδρι ὁ τοῦ
Χολουβ, **27** καὶ ἐπὶ τῶν χωρίων[23] Σεμεϊ ὁ ἐκ Ραμα, καὶ ἐπὶ τῶν θησαυρῶν[24] τῶν ἐν
τοῖς χωρίοις[25] τοῦ οἴνου Ζαχρι ὁ τοῦ Σεφνι, **28** καὶ ἐπὶ τῶν ἐλαιώνων[26] καὶ ἐπὶ τῶν
συκαμίνων[27] τῶν ἐν τῇ πεδινῇ[28] Βαλανας ὁ Γεδωρίτης, ἐπὶ δὲ τῶν θησαυρῶν[29] τοῦ
ἐλαίου[30] Ιωας. **29** καὶ ἐπὶ τῶν βοῶν[31] τῶν νομάδων[32] τῶν ἐν τῷ Ασιδων Σατραις ὁ
Σαρωνίτης, καὶ ἐπὶ τῶν βοῶν τῶν ἐν τοῖς αὐλῶσιν[33] Σωφατ ὁ τοῦ Αδλι, **30** ἐπὶ δὲ

1 μήν, month
2 διαίρεσις, division
3 εἴκοσι, twenty
4 χιλιάς, thousand
5 ἡγέομαι, *pres mid ptc nom s m*, lead
6 ἥμισυς, half
7 ἥμισυς, half
8 πατριάρχης, father of a family, patriarch
9 ἀριθμός, number
10 εἰκοσαετής, twenty years (old)
11 κάτω, below
12 πληθύνω, *aor act inf*, increase, multiply
13 ἀστήρ, star
14 ἀριθμέω, *pres act inf*, count, number
15 συντελέω, *aor act ind 3s*, finish
16 καταχωρίζω, *aor pas ind 3s*, record
17 ἀριθμός, number
18 θησαυρός, treasury
19 κώμη, village
20 ἐποίκιον, town, homestead
21 πύργος, tower
22 γεωργέω, *pres act ptc gen p m*, till, plow
23 χωρίον, field
24 θησαυρός, granary
25 χωρίον, field, estate
26 ἐλαιών, olive grove
27 συκάμινος, mulberry tree
28 πεδινός, plain
29 θησαυρός, storehouse
30 ἔλαιον, oil
31 βοῦς, cow, (*p*) cattle
32 νομάς, grazing, roaming
33 αὐλών, valley

τῶν καμήλων[1] Ωβιλ ὁ Ισμαηλίτης, ἐπὶ δὲ τῶν ὄνων[2] Ιαδιας ὁ ἐκ Μεραθων, **31** καὶ
ἐπὶ τῶν προβάτων Ιαζιζ ὁ Αγαρίτης. πάντες οὗτοι προστάται[3] ὑπαρχόντων Δαυιδ
τοῦ βασιλέως.

32 καὶ Ιωναθαν ὁ πατράδελφος[4] Δαυιδ σύμβουλος,[5] ἄνθρωπος συνετὸς[6] καὶ
γραμματεὺς[7] αὐτός, καὶ Ιιηλ ὁ τοῦ Αχαμανι μετὰ τῶν υἱῶν τοῦ βασιλέως, **33** καὶ
Αχιτοφελ σύμβουλος[8] τοῦ βασιλέως, καὶ Χουσι πρῶτος φίλος[9] τοῦ βασιλέως,
34 καὶ μετὰ τοῦτον Αχιτοφελ ἐχόμενος Ιωδαε ὁ τοῦ Βαναιου καὶ Αβιαθαρ, καὶ
Ιωαβ ἀρχιστράτηγος[10] τοῦ βασιλέως.

David's Speech

28 Καὶ ἐξεκκλησίασεν[11] Δαυιδ πάντας τοὺς ἄρχοντας Ισραηλ, ἄρχοντας τῶν
κριτῶν[12] καὶ τοὺς ἄρχοντας τῶν ἐφημεριῶν[13] τῶν περὶ τὸ σῶμα τοῦ βασιλέως
καὶ ἄρχοντας τῶν χιλιάδων[14] καὶ τῶν ἑκατοντάδων[15] καὶ τοὺς γαζοφύλακας[16]
καὶ τοὺς ἐπὶ τῶν ὑπαρχόντων αὐτοῦ καὶ τοὺς δυνάστας[17] καὶ τοὺς μαχητὰς[18] τῆς
στρατιᾶς,[19] ἐν Ιερουσαλημ. **2** καὶ ἔστη Δαυιδ ἐν μέσῳ τῆς ἐκκλησίας καὶ εἶπεν
Ἀκούσατέ μου, ἀδελφοὶ καὶ λαός μου. ἐμοὶ ἐγένετο ἐπὶ καρδίαν οἰκοδομῆσαι
οἶκον ἀναπαύσεως[20] τῆς κιβωτοῦ[21] διαθήκης κυρίου καὶ στάσιν[22] ποδῶν κυρίου
ἡμῶν, καὶ ἡτοίμασα τὰ εἰς τὴν κατασκήνωσιν[23] ἐπιτήδεια·[24] **3** καὶ ὁ θεὸς εἶπεν Οὐκ
οἰκοδομήσεις ἐμοὶ οἶκον τοῦ ἐπονομάσαι[25] τὸ ὄνομά μου ἐπ᾽ αὐτῷ, ὅτι ἄνθρωπος
πολεμιστὴς[26] εἶ σὺ καὶ αἵματα ἐξέχεας.[27] **4** καὶ ἐξελέξατο[28] κύριος ὁ θεὸς Ισραηλ
ἐν ἐμοὶ ἀπὸ παντὸς οἴκου πατρός μου εἶναι βασιλέα ἐπὶ Ισραηλ εἰς τὸν αἰῶνα· καὶ
ἐν Ιουδα ᾑρέτικεν[29] τὸ βασίλειον[30] καὶ ἐξ οἴκου Ιουδα τὸν οἶκον τοῦ πατρός μου,
καὶ ἐν τοῖς υἱοῖς τοῦ πατρός μου ἐν ἐμοὶ ἠθέλησεν τοῦ γενέσθαι με βασιλέα ἐπὶ τῷ
παντὶ Ισραηλ.

5 καὶ ἀπὸ πάντων τῶν υἱῶν μου (ὅτι πολλοὺς υἱοὺς ἔδωκέν μοι κύριος) ἐξελέξατο[31]
ἐν Σαλωμων τῷ υἱῷ μου καθίσαι αὐτὸν ἐπὶ θρόνου βασιλείας κυρίου ἐπὶ τὸν Ισραηλ·
6 καὶ εἶπέν μοι ὁ θεός Σαλωμων ὁ υἱός σου οἰκοδομήσει τὸν οἶκόν μου καὶ τὴν

1 κάμηλος, camel
2 ὄνος, donkey
3 προστάτης, officer, guardian
4 πατράδελφος, uncle
5 σύμβουλος, adviser, counselor
6 συνετός, intelligent, wise
7 γραμματεύς, scribe
8 σύμβουλος, adviser, counselor
9 φίλος, friend
10 ἀρχιστράτηγος, head commander
11 ἐξεκκλησιάζω, *aor act ind 3s*, assemble, convene
12 κριτής, judge
13 ἐφημερία, division, class
14 χιλιάς, thousand
15 ἑκατοντάς, hundred
16 γαζοφύλαξ, treasurer
17 δυνάστης, ruler, official
18 μαχητής, warrior
19 στρατιά, army
20 ἀνάπαυσις, rest
21 κιβωτός, chest, ark
22 στάσις, place, station
23 κατασκήνωσις, habitation, building
24 ἐπιτήδειος, necessary, fit for
25 ἐπονομάζω, *aor act inf*, call, name
26 πολεμιστής, warrior,
27 ἐκχέω, *aor act ind 2s*, shed, pour out
28 ἐκλέγω, *aor mid ind 3s*, select, choose
29 αἱρετίζω, *perf act ind 3s*, choose
30 βασίλειον, royal palace
31 ἐκλέγω, *aor mid ind 3s*, select, choose

αὐλήν[1] μου, ὅτι ᾑρέτικα[2] ἐν αὐτῷ εἶναί μου υἱόν, κἀγὼ[3] ἔσομαι αὐτῷ εἰς πατέρα
7 καὶ κατορθώσω[4] τὴν βασιλείαν αὐτοῦ ἕως αἰῶνος, ἐὰν ἰσχύσῃ[5] τοῦ φυλάξασθαι
τὰς ἐντολάς μου καὶ τὰ κρίματά[6] μου ὡς ἡ ἡμέρα αὕτη. **8** καὶ νῦν κατὰ πρόσωπον
πάσης ἐκκλησίας κυρίου καὶ ἐν ὠσὶν θεοῦ ἡμῶν φυλάξασθε καὶ ζητήσατε πάσας
τὰς ἐντολὰς κυρίου τοῦ θεοῦ ἡμῶν, ἵνα κληρονομήσητε[7] τὴν γῆν τὴν ἀγαθὴν καὶ
κατακληρονομήσητε[8] τοῖς υἱοῖς ὑμῶν μεθ᾽ ὑμᾶς ἕως αἰῶνος.

9 καὶ νῦν, Σαλωμων υἱέ μου, γνῶθι τὸν θεὸν τῶν πατέρων σου καὶ δούλευε[9] αὐτῷ
ἐν καρδίᾳ τελείᾳ[10] καὶ ψυχῇ θελούσῃ, ὅτι πάσας καρδίας ἐτάζει[11] κύριος καὶ πᾶν
ἐνθύμημα[12] γιγνώσκει· ἐὰν ζητήσῃς αὐτόν, εὑρεθήσεταί σοι, καὶ ἐὰν καταλείψῃς[13]
αὐτόν, καταλείψει[14] σε εἰς τέλος. **10** ἰδὲ τοίνυν[15] ὅτι κύριος ᾑρέτικέν[16] σε οἰκοδομῆσαι
αὐτῷ οἶκον εἰς ἁγίασμα·[17] ἴσχυε[18] καὶ ποίει.

11 καὶ ἔδωκεν Δαυιδ Σαλωμων τῷ υἱῷ αὐτοῦ τὸ παράδειγμα[19] τοῦ ναοῦ καὶ τῶν
οἴκων αὐτοῦ καὶ τῶν ζακχω[20] αὐτοῦ καὶ τῶν ὑπερῴων[21] καὶ τῶν ἀποθηκῶν[22] τῶν
ἐσωτέρων[23] καὶ τοῦ οἴκου τοῦ ἐξιλασμοῦ[24] **12** καὶ τὸ παράδειγμα,[25] ὃ εἶχεν ἐν πνεύματι
αὐτοῦ, τῶν αὐλῶν[26] οἴκου κυρίου καὶ πάντων τῶν παστοφορίων[27] τῶν κύκλῳ[28]
τῶν εἰς τὰς ἀποθήκας[29] οἴκου κυρίου καὶ τῶν ἀποθηκῶν τῶν ἁγίων **13** καὶ τῶν
καταλυμάτων[30] τῶν ἐφημεριῶν[31] τῶν ἱερέων καὶ τῶν Λευιτῶν εἰς πᾶσαν ἐργασίαν[32]
λειτουργίας[33] οἴκου κυρίου καὶ τῶν ἀποθηκῶν[34] τῶν λειτουργησίμων[35] σκευῶν[36] τῆς
λατρείας[37] οἴκου κυρίου. **14** καὶ τὸν σταθμὸν[38] τῆς ὁλκῆς[39] αὐτῶν, τῶν τε χρυσῶν[40]
καὶ ἀργυρῶν,[41] **15** λυχνιῶν[42] τὴν ὁλκὴν[43] ἔδωκεν αὐτῷ καὶ τῶν λύχνων·[44] **16** ἔδωκεν

1 αὐλή, court
2 αἱρετίζω, *perf act ind 1s*, choose
3 κἀγώ, and I, *cr.* καὶ ἐγώ
4 κατορθόω, *fut act ind 1s*, set straight, complete
5 ἰσχύω, *aor act sub 3s*, be strong, be able
6 κρίμα, decree, rule
7 κληρονομέω, *aor act sub 2p*, inherit
8 κατακληρονομέω, *aor act sub 2p*, give as inheritance
9 δουλεύω, *pres act impv 2s*, serve
10 τέλειος, complete, mature
11 ἐτάζω, *pres act ind 3s*, test, examine
12 ἐνθύμημα, thought, intention
13 καταλείπω, *aor act sub 2s*, leave, abandon
14 καταλείπω, *fut act ind 3s*, leave, abandon
15 τοίνυν, therefore, moreover
16 αἱρετίζω, *perf act ind 3s*, choose
17 ἁγίασμα, sanctuary
18 ἰσχύω, *pres act impv 2s*, be strong, be able
19 παράδειγμα, pattern, plan, example
20 ζακχω, (treasury), *translit.*
21 ὑπερῷον, upper chamber
22 ἀποθήκη, storeroom, closet
23 ἔσω, *comp*, inner
24 ἐξιλασμός, propitiation, atonement
25 παράδειγμα, pattern, plan, example
26 αὐλός, court
27 παστοφόριον, chamber
28 κύκλῳ, around
29 ἀποθήκη, storeroom, closet
30 κατάλυμα, lodging place
31 ἐφημερία, division, class
32 ἐργασία, work, duty
33 λειτουργία, ministry, service
34 ἀποθήκη, storeroom, closet
35 λειτουργήσιμος, for liturgical service
36 σκεῦος, item, equipment
37 λατρεία, service, rite
38 σταθμός, measure
39 ὁλκή, weight
40 χρυσοῦς, gold
41 ἀργυροῦς, silver
42 λυχνία, lampstand
43 ὁλκή, weight
44 λύχνος, lampstand

αὐτῷ ὁμοίως[1] τὸν σταθμὸν[2] τῶν τραπεζῶν[3] τῆς προθέσεως,[4] ἑκάστης τραπέζης
χρυσῆς[5] καὶ ὡσαύτως[6] τῶν ἀργυρῶν,[7] **17** καὶ τῶν κρεαγρῶν[8] καὶ σπονδείων[9] καὶ
τῶν φιαλῶν[10] τῶν χρυσῶν[11] καὶ τὸν σταθμὸν[12] τῶν χρυσῶν καὶ τῶν ἀργυρῶν,[13]
κεφφουρε[14] ἑκάστου σταθμοῦ.[15] **18** καὶ τὸν τοῦ θυσιαστηρίου[16] τῶν θυμιαμάτων[17] ἐκ
χρυσίου[18] δοκίμου[19] σταθμὸν[20] ὑπέδειξεν[21] αὐτῷ καὶ τὸ παράδειγμα[22] τοῦ ἅρματος[23]
τῶν χερουβιν[24] τῶν διαπεπετασμένων[25] ταῖς πτέρυξιν[26] καὶ σκιαζόντων[27] ἐπὶ τῆς
κιβωτοῦ[28] διαθήκης κυρίου.

19 πάντα ἐν γραφῇ[29] χειρὸς κυρίου ἔδωκεν Δαυιδ Σαλωμων κατὰ τὴν περιγενη-
θεῖσαν[30] αὐτῷ σύνεσιν[31] τῆς κατεργασίας[32] τοῦ παραδείγματος.[33]

20 καὶ εἶπεν Δαυιδ Σαλωμων τῷ υἱῷ αὐτοῦ Ἴσχυε[34] καὶ ἀνδρίζου[35] καὶ ποίει, μὴ
φοβοῦ μηδὲ πτοηθῇς,[36] ὅτι κύριος ὁ θεός μου μετὰ σοῦ, οὐκ ἀνήσει[37] σε καὶ οὐ μή σε
ἐγκαταλίπῃ[38] ἕως τοῦ συντελέσαι[39] σε πᾶσαν ἐργασίαν[40] λειτουργίας[41] οἴκου κυρίου.

21 καὶ ἰδοὺ αἱ ἐφημερίαι[42] τῶν ἱερέων καὶ τῶν Λευιτῶν εἰς πᾶσαν λειτουργίαν[43]
οἴκου τοῦ θεοῦ καὶ μετὰ σοῦ ἐν πάσῃ πραγματείᾳ[44] καὶ πᾶς πρόθυμος[45] ἐν σοφίᾳ
κατὰ πᾶσαν τέχνην[46] καὶ οἱ ἄρχοντες καὶ πᾶς ὁ λαὸς εἰς πάντας τοὺς λόγους σου.

1 ὁμοίως, likewise
2 σταθμός, measure, weight
3 τράπεζα, table
4 πρόθεσις, setting forth, presentation
5 χρυσοῦς, gold
6 ὡσαύτως, in like manner
7 ἀργυροῦς, silver
8 κρεάγρα, meat hook
9 σπονδεῖον, cup or bowl for making a drink offering
10 φιάλη, shallow bowl, cup
11 χρυσοῦς, gold
12 σταθμός, weight
13 ἀργυροῦς, silver
14 κεφφουρε, bowls (of), *translit.*
15 σταθμός, weight
16 θυσιαστήριον, altar
17 θυμίαμα, incense
18 χρυσίον, gold
19 δόκιμος, refined, genuine
20 σταθμός, weight
21 ὑποδείκνυμι, *aor act ind 3s*, show, point out
22 παράδειγμα, pattern, plan, example
23 ἅρμα, chariot
24 χερουβιν, cherubim, *translit.*
25 διαπετάννυμι, *perf mid ptc gen p n*, open and spread out
26 πτέρυξ, wing
27 σκιάζω, *pres act ptc gen p m*, cover, overshadow
28 κιβωτός, chest, ark
29 γραφή, writing
30 περιγίνομαι, *aor pas ptc acc s f*, be superior, surpass
31 σύνεσις, understanding, wisdom
32 κατεργασία, working, work
33 παράδειγμα, pattern, plan, example
34 ἰσχύω, *pres act impv 2s*, be strong
35 ἀνδρίζομαι, *pres mid impv 2s*, be courageous
36 πτοέω, *aor pas sub 2s*, scare, dismay
37 ἀνίημι, *fut act ind 3s*, abandon, give up
38 ἐγκαταλείπω, *aor act sub 3s*, forsake, leave behind
39 συντελέω, *aor act inf*, finish, complete
40 ἐργασία, work, duty
41 λειτουργία, ministry, service
42 ἐφημερία, division, class
43 λειτουργία, ministry, service
44 πραγματεία, activity, task
45 πρόθυμος, willing, ready
46 τέχνη, craft, trade

Offerings for the Temple

29 Καὶ εἶπεν Δαυιδ ὁ βασιλεὺς πάσῃ τῇ ἐκκλησίᾳ Σαλωμων ὁ υἱός μου, εἷς
ὃν ᾕρέτικεν[1] ἐν αὐτῷ κύριος, νέος[2] καὶ ἁπαλός,[3] καὶ τὸ ἔργον μέγα, ὅτι
οὐκ ἀνθρώπῳ ἡ οἰκοδομή,[4] ἀλλ᾽ ἢ κυρίῳ θεῷ. **2** κατὰ πᾶσαν τὴν δύναμιν ἡτοίμακα
εἰς οἶκον θεοῦ μου χρυσίον,[5] ἀργύριον,[6] χαλκόν,[7] σίδηρον,[8] ξύλα,[9] λίθους σοομ[10]
καὶ πληρώσεως[11] καὶ λίθους πολυτελεῖς[12] καὶ ποικίλους[13] καὶ πάντα λίθον τίμιον[14]
καὶ πάριον[15] πολύν. **3** καὶ ἔτι ἐν τῷ εὐδοκῆσαί[16] με ἐν οἴκῳ θεοῦ μου ἔστιν μοι
ὃ περιπεποίημαι[17] χρυσίον[18] καὶ ἀργύριον,[19] καὶ ἰδοὺ δέδωκα εἰς οἶκον θεοῦ μου
εἰς ὕψος[20] ἐκτὸς[21] ὧν ἡτοίμακα εἰς τὸν οἶκον τῶν ἁγίων, **4** τρισχίλια[22] τάλαντα[23]
χρυσίου[24] τοῦ ἐκ Σουφιρ καὶ ἑπτακισχίλια[25] τάλαντα ἀργυρίου[26] δοκίμου[27] ἐξαλει-
φθῆναι[28] ἐν αὐτοῖς τοὺς τοίχους[29] τοῦ ἱεροῦ **5** διὰ χειρὸς τεχνιτῶν.[30] καὶ τίς ὁ προ-
θυμούμενος[31] πληρῶσαι τὰς χεῖρας αὐτοῦ σήμερον κυρίῳ;

6 καὶ προεθυμήθησαν[32] ἄρχοντες τῶν πατριῶν[33] καὶ οἱ ἄρχοντες τῶν υἱῶν Ισραηλ
καὶ οἱ χιλίαρχοι[34] καὶ οἱ ἑκατόνταρχοι[35] καὶ οἱ προστάται[36] τῶν ἔργων καὶ οἱ οἰκο-
νόμοι[37] τοῦ βασιλέως **7** καὶ ἔδωκαν εἰς τὰ ἔργα οἴκου κυρίου χρυσίου[38] τάλαντα[39]
πεντακισχίλια[40] καὶ χρυσοῦς[41] μυρίους[42] καὶ ἀργυρίου[43] ταλάντων[44] δέκα[45] χιλιάδας[46]
καὶ χαλκοῦ[47] τάλαντα[48] μύρια ὀκτακισχίλια[49] καὶ σιδήρου[50] ταλάντων[51] χιλιάδας[52]

1 αἱρετίζω, *perf act ind 3s*, choose
2 νέος, young
3 ἁπαλός, tender
4 οἰκοδομή, building, construction
5 χρυσίον, gold
6 ἀργύριον, silver
7 χαλκός, bronze
8 σίδηρος, iron
9 ξύλον, wood
10 σοομ, carnelian, *translit.*
11 πλήρωσις, abundance
12 πολυτελής, very expensive, costly
13 ποικίλος, multicolored, variegated
14 τίμιος, precious
15 πάριος, of (the island) Paros, (marble)
16 εὐδοκέω, *aor act inf*, be pleased
17 περιποιέω, *perf mid ind 1s*, procure, obtain
18 χρυσίον, gold
19 ἀργύριον, silver
20 ὕψος, majesty, grandeur
21 ἐκτός, beyond, above
22 τρισχίλιοι, three thousand
23 τάλαντον, talent
24 χρυσίον, gold
25 ἑπτακισχίλιος, seven thousand
26 ἀργύριον, silver
27 δόκιμος, fine, pure
28 ἐξαλείφω, *aor pas inf*, cover over, overlay
29 τοῖχος, wall
30 τεχνίτης, craftsman
31 προθυμέομαι, *pres pas ptc nom s m*, be willing, show zeal
32 προθυμέομαι, *aor pas ind 3p*, be willing
33 πατριά, family, house
34 χιλίαρχος, captain over a thousand
35 ἑκατόνταρχος, leader of a hundred, centurion
36 προστάτης, superintendent, officer
37 οἰκονόμος, steward, manager
38 χρυσίον, gold
39 τάλαντον, talent
40 πεντακισχίλιοι, five thousand
41 χρυσοῦς, gold (coin)
42 μύριοι, ten thousand
43 ἀργύριον, silver
44 τάλαντον, talent
45 δέκα, ten
46 χιλιάς, thousand
47 χαλκοῦς, bronze
48 τάλαντον, talent
49 μύρια ὀκτακισχίλια, eighteen thousand
50 σίδηρος, iron
51 τάλαντον, talent
52 χιλιάς, thousand

ἑκατόν.[1] **8** καὶ οἷς εὑρέθη παρ᾽ αὐτοῖς λίθος, ἔδωκαν εἰς τὰς ἀποθήκας[2] οἴκου κυρίου διὰ χειρὸς Ιιηλ τοῦ Γηρσωνι. **9** καὶ εὐφράνθη[3] ὁ λαὸς ὑπὲρ τοῦ προθυμηθῆναι,[4] ὅτι ἐν καρδίᾳ πλήρει[5] προεθυμήθησαν[6] τῷ κυρίῳ, καὶ Δαυιδ ὁ βασιλεὺς εὐφράνθη[7] μεγάλως.[8]

David's Prayer

10 καὶ εὐλόγησεν ὁ βασιλεὺς Δαυιδ τὸν κύριον ἐνώπιον τῆς ἐκκλησίας λέγων Εὐλογητὸς[9] εἶ, κύριε ὁ θεὸς Ισραηλ, ὁ πατὴρ ἡμῶν ἀπὸ τοῦ αἰῶνος καὶ ἕως τοῦ αἰῶνος. **11** σοί, κύριε, ἡ μεγαλωσύνη[10] καὶ ἡ δύναμις καὶ τὸ καύχημα[11] καὶ ἡ νίκη[12] καὶ ἡ ἰσχύς,[13] ὅτι σὺ πάντων τῶν ἐν τῷ οὐρανῷ καὶ ἐπὶ τῆς γῆς δεσπόζεις,[14] ἀπὸ προσώπου σου ταράσσεται[15] πᾶς βασιλεὺς καὶ ἔθνος. **12** παρὰ σοῦ ὁ πλοῦτος[16] καὶ ἡ δόξα, σὺ πάντων ἄρχεις, κύριε ὁ ἄρχων πάσης ἀρχῆς, καὶ ἐν χειρί σου ἰσχὺς[17] καὶ δυναστεία,[18] καὶ ἐν χειρί σου, παντοκράτωρ,[19] μεγαλῦναι[20] καὶ κατισχῦσαι[21] τὰ πάντα. **13** καὶ νῦν, κύριε, ἐξομολογούμεθά[22] σοι καὶ αἰνοῦμεν[23] τὸ ὄνομα τῆς καυχήσεώς[24] σου.

14 καὶ τίς εἰμι ἐγὼ καὶ τίς ὁ λαός μου, ὅτι ἰσχύσαμεν[25] προθυμηθῆναί[26] σοι κατὰ ταῦτα; ὅτι σὰ[27] τὰ πάντα, καὶ ἐκ τῶν σῶν δεδώκαμέν σοι. **15** ὅτι πάροικοί[28] ἐσμεν ἐναντίον[29] σου καὶ παροικοῦντες[30] ὡς πάντες οἱ πατέρες ἡμῶν· ὡς σκιὰ[31] αἱ ἡμέραι ἡμῶν ἐπὶ γῆς, καὶ οὐκ ἔστιν ὑπομονή.[32] **16** κύριε ὁ θεὸς ἡμῶν, πᾶν τὸ πλῆθος τοῦτο, ὃ ἡτοίμακα οἰκοδομηθῆναι οἶκον τῷ ὀνόματι τῷ ἁγίῳ σου, ἐκ χειρός σού ἐστιν, καὶ σοὶ τὰ πάντα. **17** καὶ ἔγνων, κύριε, ὅτι σὺ εἶ ὁ ἐτάζων[33] καρδίας καὶ δικαιοσύνην ἀγαπᾷς· ἐν ἁπλότητι[34] καρδίας προεθυμήθην[35] πάντα ταῦτα, καὶ νῦν τὸν λαόν σου τὸν

1 ἑκατόν, one hundred
2 ἀποθήκη, treasury
3 εὐφραίνω, *aor pas ind 3s*, rejoice, be glad
4 προθυμέομαι, *aor pas inf*, be willing, show zeal
5 πλήρης, full
6 προθυμέομαι, *aor pas ind 3p*, be willing, show zeal
7 εὐφραίνω, *aor pas ind 3s*, rejoice, be glad
8 μεγάλως, exceedingly, greatly
9 εὐλογητός, blessed
10 μεγαλωσύνη, greatness, majesty
11 καύχημα, pride, honor
12 νίκη, victory
13 ἰσχύς, strength, power
14 δεσπόζω, *pres act ind 2s*, have dominion
15 ταράσσω, *pres pas ind 3s*, unsettle, trouble, stir up
16 πλοῦτος, wealth, riches
17 ἰσχύς, strength, power
18 δυναστεία, lordship, dominion
19 παντοκράτωρ, almighty, ruler of all
20 μεγαλύνω, *aor act inf*, increase, make great
21 κατισχύω, *aor act inf*, prevail over, master
22 ἐξομολογέομαι, *pres mid ind 1p*, acknowledge, confess
23 αἰνέω, *pres act ind 1p*, praise
24 καύχησις, boasting, glory
25 ἰσχύω, *aor act ind 1p*, be able
26 προθυμέομαι, *aor pas inf*, be willing, show zeal
27 σός, of you, yours
28 πάροικος, resident alien, sojourner
29 ἐναντίον, before
30 παροικέω, *pres act ptc nom p m*, live as a resident foreigner
31 σκιά, shadow, shade
32 ὑπομονή, endurance, remaining behind
33 ἐτάζω, *pres act ptc nom s m*, examine, test
34 ἁπλότης, sincerity, frankness
35 προθυμέομαι, *aor pas ind 1s*, be willing, show zeal

εὑρεθέντα ὧδε[1] εἶδον ἐν εὐφροσύνῃ[2] προθυμηθέντα[3] σοι. **18** κύριε ὁ θεὸς Αβρααμ
καὶ Ισαακ καὶ Ισραηλ τῶν πατέρων ἡμῶν, φύλαξον ταῦτα ἐν διανοίᾳ[4] καρδίας λαοῦ
σου εἰς τὸν αἰῶνα καὶ κατεύθυνον[5] τὰς καρδίας αὐτῶν πρὸς σέ. **19** καὶ Σαλωμων
τῷ υἱῷ μου δὸς καρδίαν ἀγαθὴν ποιεῖν τὰς ἐντολάς σου καὶ τὰ μαρτύριά[6] σου καὶ
τὰ προστάγματά[7] σου καὶ τοῦ ἐπὶ τέλος ἀγαγεῖν τὴν κατασκευὴν[8] τοῦ οἴκου σου.

20 καὶ εἶπεν Δαυιδ πάσῃ τῇ ἐκκλησίᾳ Εὐλογήσατε κύριον τὸν θεὸν ὑμῶν· καὶ εὐλό-
γησεν πᾶσα ἡ ἐκκλησία κύριον τὸν θεὸν τῶν πατέρων αὐτῶν καὶ κάμψαντες[9] τὰ
γόνατα[10] προσεκύνησαν τῷ κυρίῳ καὶ τῷ βασιλεῖ.

David Offers Sacrifices

21 καὶ ἔθυσεν[11] Δαυιδ τῷ κυρίῳ θυσίας[12] καὶ ἀνήνεγκεν[13] ὁλοκαυτώματα[14] τῷ θεῷ τῇ
ἐπαύριον[15] τῆς πρώτης ἡμέρας, μόσχους[16] χιλίους,[17] κριοὺς[18] χιλίους, ἄρνας[19] χιλίους
καὶ τὰς σπονδὰς[20] αὐτῶν καὶ θυσίας[21] εἰς πλῆθος παντὶ τῷ Ισραηλ.

22 καὶ ἔφαγον καὶ ἔπιον ἐναντίον[22] κυρίου ἐν ἐκείνῃ τῇ ἡμέρᾳ μετὰ χαρᾶς[23]

Solomon Anointed as King

καὶ ἐβασίλευσαν[24] ἐκ δευτέρου τὸν Σαλωμων υἱὸν Δαυιδ καὶ ἔχρισαν[25] αὐτὸν τῷ
κυρίῳ εἰς βασιλέα καὶ Σαδωκ εἰς ἱερωσύνην.[26] **23** καὶ ἐκάθισεν Σαλωμων ἐπὶ θρόνου
Δαυιδ τοῦ πατρὸς αὐτοῦ καὶ εὐδοκήθη,[27] καὶ ἐπήκουσαν[28] αὐτοῦ πᾶς Ισραηλ· **24** οἱ
ἄρχοντες καὶ οἱ δυνάσται[29] καὶ πάντες υἱοὶ τοῦ βασιλέως Δαυιδ πατρὸς αὐτοῦ ὑπ-
ετάγησαν[30] αὐτῷ. **25** καὶ ἐμεγάλυνεν[31] κύριος τὸν Σαλωμων ἐπάνωθεν[32] ἐναντίον[33]
παντὸς Ισραηλ καὶ ἔδωκεν αὐτῷ δόξαν βασιλέως, ὃ οὐκ ἐγένετο ἐπὶ παντὸς βασιλέως
ἔμπροσθεν αὐτοῦ.

1 ὧδε, here
2 εὐφροσύνη, gladness, joy
3 προθυμέομαι, *aor pas ptc acc s m*, be willing, show zeal
4 διάνοια, thought
5 κατευθύνω, *aor act impv 2s*, keep straight, direct
6 μαρτύριον, testimony
7 πρόσταγμα, ordinance, command
8 κατασκευή, construction, outfitting
9 κάμπτω, *aor act ptc nom p m*, bend
10 γόνυ, knee
11 θύω, *aor act ind 3s*, sacrifice
12 θυσία, sacrifice
13 ἀναφέρω, *aor act ind 3s*, offer up
14 ὁλοκαύτωμα, whole burnt offering
15 ἐπαύριον, on the next day
16 μόσχος, calf
17 χίλιοι, one thousand
18 κριός, ram
19 ἀρήν, lamb
20 σπονδή, drink offering
21 θυσία, sacrifice
22 ἐναντίον, before
23 χαρά, joy
24 βασιλεύω, *aor act ind 3p*, appoint as king
25 χρίω, *aor act ind 3p*, anoint
26 ἱερωσύνη, priesthood
27 εὐδοκέω, *aor pas ind 3s*, be favored, prosper
28 ἐπακούω, *aor act ind 3p*, obey, listen
29 δυνάστης, ruler, official
30 ὑποτάσσω, *aor pas ind 3p*, be subject, be subordinate
31 μεγαλύνω, *aor act ind 3s*, magnify, declare great
32 ἐπάνωθεν, over
33 ἐναντίον, against

26 Καὶ Δαυιδ υἱὸς Ιεσσαι ἐβασίλευσεν[1] ἐπὶ Ισραηλ **27** ἔτη τεσσαράκοντα,[2] ἐν Χε-
βρων ἔτη ἑπτὰ καὶ ἐν Ιερουσαλημ ἔτη τριάκοντα[3] τρία.

David's Death

28 καὶ ἐτελεύτησεν[4] ἐν γήρει[5] καλῷ πλήρης[6] ἡμερῶν πλούτῳ[7] καὶ δόξῃ, καὶ ἐβασί-
λευσεν[8] Σαλωμων υἱὸς αὐτοῦ ἀντ᾽[9] αὐτοῦ. **29** οἱ δὲ λοιποὶ λόγοι τοῦ βασιλέως
Δαυιδ οἱ πρότεροι[10] καὶ οἱ ὕστεροι[11] γεγραμμένοι εἰσὶν ἐν λόγοις Σαμουηλ τοῦ
βλέποντος καὶ ἐπὶ λόγων Ναθαν τοῦ προφήτου καὶ ἐπὶ λόγων Γαδ τοῦ βλέποντος
30 περὶ πάσης τῆς βασιλείας αὐτοῦ καὶ τῆς δυναστείας[12] αὐτοῦ καὶ οἱ καιροί, οἳ
ἐγένοντο ἐπ᾽ αὐτῷ καὶ ἐπὶ τὸν Ισραηλ καὶ ἐπὶ πάσας βασιλείας τῆς γῆς.

1 βασιλεύω, *aor act ind 3s*, reign as king
2 τεσσαράκοντα, forty
3 τριάκοντα, thirty
4 τελευτάω, *aor act ind 3s*, die
5 γῆρας, old age
6 πλήρης, full
7 πλοῦτος, wealth, riches
8 βασιλεύω, *aor act ind 3s*, reign as king
9 ἀντί, in place of
10 πρότερος, former, earlier
11 ὕστερος, *comp*, latter, later
12 δυναστεία, lordship, dominion

ΠΑΡΑΛΕΙΠΟΜΕΝΩΝ Β′
2 Chronicles

Solomon at Gibeon

1 Καὶ ἐνίσχυσεν[1] Σαλωμων υἱὸς Δαυιδ ἐπὶ τὴν βασιλείαν αὐτοῦ, καὶ κύριος ὁ
θεὸς αὐτοῦ μετ᾽ αὐτοῦ καὶ ἐμεγάλυνεν[2] αὐτὸν εἰς ὕψος.[3] **2** καὶ εἶπεν Σαλωμων
πρὸς πάντα Ισραηλ, τοῖς χιλιάρχοις[4] καὶ τοῖς ἑκατοντάρχοις[5] καὶ τοῖς κριταῖς[6] καὶ
πᾶσιν τοῖς ἄρχουσιν ἐναντίον[7] Ισραηλ, τοῖς ἄρχουσι τῶν πατριῶν,[8] **3** καὶ ἐπορεύθη
Σαλωμων καὶ πᾶσα ἡ ἐκκλησία μετ᾽ αὐτοῦ εἰς τὴν ὑψηλὴν[9] τὴν ἐν Γαβαων, οὗ[10] ἐκεῖ
ἦν ἡ σκηνὴ[11] τοῦ μαρτυρίου[12] τοῦ θεοῦ, ἣν ἐποίησεν Μωυσῆς παῖς[13] κυρίου ἐν τῇ
ἐρήμῳ· **4** ἀλλὰ κιβωτὸν[14] τοῦ θεοῦ ἀνήνεγκεν[15] Δαυιδ ἐκ πόλεως Καριαθιαριμ, ὅτι
ἡτοίμασεν αὐτῇ σκηνὴν[16] εἰς Ιερουσαλημ, **5** καὶ τὸ θυσιαστήριον[17] τὸ χαλκοῦν,[18] ὃ
ἐποίησεν Βεσελεηλ υἱὸς Ουριου υἱοῦ Ωρ, ἐκεῖ ἦν ἔναντι[19] τῆς σκηνῆς[20] κυρίου, καὶ
ἐξεζήτησεν[21] αὐτὸ Σαλωμων καὶ ἡ ἐκκλησία, **6** καὶ ἀνήνεγκεν[22] ἐκεῖ Σαλωμων ἐπὶ
τὸ θυσιαστήριον[23] τὸ χαλκοῦν[24] ἐνώπιον κυρίου τὸ ἐν τῇ σκηνῇ[25] καὶ ἀνήνεγκεν
ἐπ᾽ αὐτὸ ὁλοκαύτωσιν[26] χιλίαν.[27]

Solomon Requests Wisdom

7 ἐν τῇ νυκτὶ ἐκείνῃ ὤφθη ὁ θεὸς τῷ Σαλωμων καὶ εἶπεν αὐτῷ Αἴτησαι[28] τί σοι δῶ.

8 καὶ εἶπεν Σαλωμων πρὸς τὸν θεόν Σὺ ἐποίησας μετὰ Δαυιδ τοῦ πατρός μου ἔλεος[29]
μέγα καὶ ἐβασίλευσάς[30] με ἀντ᾽[31] αὐτοῦ· **9** καὶ νῦν, κύριε ὁ θεός, πιστωθήτω[32] τὸ

1 ἐνισχύω, *aor act ind 3s*, grow strong
2 μεγαλύνω, *aor act ind 3s*, increase, make great
3 ὕψος, height, loftiness
4 χιλίαρχος, captain of a thousand
5 ἑκατόνταρχος, captain of a hundred, centurion
6 κριτής, judge
7 ἐναντίον, before
8 πατριά, paternal lineage, house
9 ὑψηλός, high (place)
10 οὗ, where
11 σκηνή, tent
12 μαρτύριον, witness
13 παῖς, servant
14 κιβωτός, chest, ark (of the covenant)
15 ἀναφέρω, *aor act ind 3s*, bring up
16 σκηνή, tent
17 θυσιαστήριον, altar
18 χαλκοῦς, bronze
19 ἔναντι, before
20 σκηνή, tent
21 ἐκζητέω, *aor act ind 3s*, seek, inquire
22 ἀναφέρω, *aor act ind 3s*, offer up
23 θυσιαστήριον, altar
24 χαλκοῦς, bronze
25 σκηνή, tent
26 ὁλοκαύτωσις, whole burnt offering
27 χίλιοι, one thousand
28 αἰτέω, *aor mid impv 2s*, ask for, request
29 ἔλεος, mercy, compassion
30 βασιλεύω, *aor act ind 2s*, appoint as king
31 ἀντί, in place of
32 πιστόω, *aor pas impv 3s*, establish, confirm

ὄνομά σου ἐπὶ Δαυιδ πατέρα μου, ὅτι σὺ ἐβασίλευσάς[1] με ἐπὶ λαὸν πολὺν ὡς ὁ χοῦς[2]
τῆς γῆς· **10** νῦν σοφίαν καὶ σύνεσιν[3] δός μοι, καὶ ἐξελεύσομαι ἐνώπιον τοῦ λαοῦ
τούτου καὶ εἰσελεύσομαι· ὅτι τίς κρινεῖ τὸν λαόν σου τὸν μέγαν τοῦτον; **11** καὶ εἶπεν
ὁ θεὸς πρὸς Σαλωμων Ἀνθ' ὧν[4] ἐγένετο τοῦτο ἐν τῇ καρδίᾳ σου καὶ οὐκ ᾐτήσω[5]
πλοῦτον[6] χρημάτων[7] οὐδὲ δόξαν οὐδὲ τὴν ψυχὴν τῶν ὑπεναντίων[8] καὶ ἡμέρας πολ-
λὰς οὐκ ᾐτήσω[9] καὶ ᾔτησας[10] σεαυτῷ σοφίαν καὶ σύνεσιν,[11] ὅπως κρίνῃς τὸν λαόν
μου, ἐφ' ὃν ἐβασίλευσά[12] σε ἐπ' αὐτόν, **12** τὴν σοφίαν καὶ τὴν σύνεσιν[13] δίδωμί σοι καὶ
πλοῦτον[14] καὶ χρήματα[15] καὶ δόξαν δώσω σοι, ὡς οὐκ ἐγενήθη ὅμοιός[16] σοι ἐν τοῖς
βασιλεῦσι τοῖς ἔμπροσθέ σου καὶ μετὰ σὲ οὐκ ἔσται οὕτως. **13** καὶ ἦλθεν Σαλωμων
ἐκ βαμα τῆς ἐν Γαβαων εἰς Ιερουσαλημ ἀπὸ προσώπου σκηνῆς[17] μαρτυρίου[18] καὶ
ἐβασίλευσεν[19] ἐπὶ Ισραηλ.

Solomon's Wealth

14 Καὶ συνήγαγεν Σαλωμων ἅρματα[20] καὶ ἱππεῖς,[21] καὶ ἐγένοντο αὐτῷ χίλια[22] καὶ
τετρακόσια[23] ἅρματα[24] καὶ δώδεκα[25] χιλιάδες[26] ἱππέων·[27] καὶ κατέλιπεν[28] αὐτὰ
ἐν πόλεσιν τῶν ἁρμάτων,[29] καὶ ὁ λαὸς μετὰ τοῦ βασιλέως ἐν Ιερουσαλημ. **15** καὶ
ἔθηκεν ὁ βασιλεὺς τὸ χρυσίον[30] καὶ τὸ ἀργύριον[31] ἐν Ιερουσαλημ ὡς λίθους καὶ
τὰς κέδρους[32] ἐν τῇ Ιουδαίᾳ ὡς συκαμίνους[33] τὰς ἐν τῇ πεδινῇ[34] εἰς πλῆθος. **16** καὶ
ἡ ἔξοδος[35] τῶν ἵππων[36] τῶν Σαλωμων ἐξ Αἰγύπτου, καὶ ἡ τιμὴ[37] τῶν ἐμπόρων[38] τοῦ
βασιλέως· ἐμπορεύεσθαι[39] ἠγόραζον[40] **17** καὶ ἀνέβαινον καὶ ἐξῆγον[41] ἐξ Αἰγύπτου
ἅρμα[42] ἓν ἑξακοσίων[43] ἀργυρίου[44] καὶ ἵππον[45] ἑκατὸν[46] καὶ πεντήκοντα·[47] καὶ οὕτως
πᾶσιν τοῖς βασιλεῦσιν τῶν Χετταίων καὶ βασιλεῦσιν Συρίας ἐν χερσὶν αὐτῶν ἔφερον.

1 βασιλεύω, *aor act ind 2s*, appoint as king
2 χοῦς, dust
3 σύνεσις, understanding, intelligence
4 ἀνθ' ὧν, since, because
5 αἰτέω, *aor mid ind 2s*, ask for, request
6 πλοῦτος, wealth, riches
7 χρῆμα, possessions, money
8 ὑπεναντίος, opposing, enemy
9 αἰτέω, *aor mid ind 2s*, ask for, request
10 αἰτέω, *aor act ind 2s*, ask for, request
11 σύνεσις, understanding, intelligence
12 βασιλεύω, *aor act ind 1s*, make king
13 σύνεσις, understanding, intelligence
14 πλοῦτος, wealth, riches
15 χρῆμα, possessions, money
16 ὅμοιος, like, equal to
17 σκηνή, tent
18 μαρτύριον, witness
19 βασιλεύω, *aor act ind 3s*, reign as king
20 ἅρμα, chariot
21 ἱππεύς, horseman
22 χίλιοι, one thousand
23 τετρακόσιοι, four hundred
24 ἅρμα, chariot
25 δώδεκα, twelve
26 χιλιάς, thousand
27 ἱππεύς, horseman
28 καταλείπω, *aor act ind 3s*, leave in place
29 ἅρμα, chariot
30 χρυσίον, gold
31 ἀργύριον, silver
32 κέδρος, cedar
33 συκάμινος, mulberry tree, *Heb. LW*
34 πεδινός, plain, flatland
35 ἔξοδος, export
36 ἵππος, horse
37 τιμή, value, price
38 ἔμπορος, merchant, trader
39 ἐμπορεύομαι, *pres mid inf*, trade, do business
40 ἀγοράζω, *impf act ind 3p*, buy
41 ἐξάγω, *impf act ind 3p*, bring out, bring back
42 ἅρμα, chariot
43 ἑξακόσιοι, six hundred
44 ἀργύριον, silver (coin)
45 ἵππος, horse
46 ἑκατόν, one hundred
47 πεντήκοντα, fifty

18 Καὶ εἶπεν Σαλωμων τοῦ οἰκοδομῆσαι οἶκον τῷ ὀνόματι κυρίου καὶ οἶκον τῇ
βασιλείᾳ αὐτοῦ.

Solomon Plans to Build a Temple and Palace

2 καὶ συνήγαγεν Σαλωμων ἑβδομήκοντα[1] χιλιάδας[2] ἀνδρῶν νωτοφόρων[3] καὶ
ὀγδοήκοντα[4] χιλιάδας[5] λατόμων[6] ἐν τῷ ὄρει, καὶ οἱ ἐπιστάται[7] ἐπ' αὐτῶν τρι-
σχίλιοι[8] ἑξακόσιοι.[9]

2 καὶ ἀπέστειλεν Σαλωμων πρὸς Χιραμ βασιλέα Τύρου λέγων Ὡς ἐποίησας
μετὰ τοῦ πατρός μου Δαυιδ καὶ ἀπέστειλας αὐτῷ κέδρους[10] τοῦ οἰκοδομῆσαι
ἑαυτῷ οἶκον κατοικῆσαι ἐν αὐτῷ, **3** καὶ ἰδοὺ ἐγὼ ὁ υἱὸς αὐτοῦ οἰκοδομῶ οἶκον
τῷ ὀνόματι κυρίου θεοῦ μου ἁγιάσαι[11] αὐτὸν αὐτῷ τοῦ θυμιᾶν[12] ἀπέναντι[13] αὐτοῦ
θυμίαμα[14] καὶ πρόθεσιν[15] διὰ παντὸς καὶ τοῦ ἀναφέρειν[16] ὁλοκαυτώματα[17] διὰ
παντὸς τὸ πρωὶ[18] καὶ τὸ δείλης[19] καὶ ἐν τοῖς σαββάτοις καὶ ἐν ταῖς νουμηνίαις[20]
καὶ ἐν ταῖς ἑορταῖς[21] τοῦ κυρίου θεοῦ ἡμῶν, εἰς τὸν αἰῶνα τοῦτο ἐπὶ τὸν Ισραηλ.
4 καὶ ὁ οἶκος, ὃν ἐγὼ οἰκοδομῶ, μέγας, ὅτι μέγας ὁ θεὸς ἡμῶν παρὰ πάντας
τοὺς θεούς. **5** καὶ τίς ἰσχύσει[22] οἰκοδομῆσαι αὐτῷ οἶκον; ὅτι ὁ οὐρανὸς καὶ ὁ
οὐρανὸς τοῦ οὐρανοῦ οὐ φέρουσιν αὐτοῦ τὴν δόξαν. καὶ τίς ἐγὼ οἰκοδομῶν αὐτῷ
οἶκον; ὅτι ἀλλ' ἢ τοῦ θυμιᾶν[23] κατέναντι[24] αὐτοῦ. **6** καὶ νῦν ἀπόστειλόν μοι ἄνδρα
σοφὸν[25] καὶ εἰδότα τοῦ ποιῆσαι ἐν τῷ χρυσίῳ[26] καὶ ἐν τῷ ἀργυρίῳ[27] καὶ ἐν τῷ
χαλκῷ[28] καὶ ἐν τῷ σιδήρῳ[29] καὶ ἐν τῇ πορφύρᾳ[30] καὶ ἐν τῷ κοκκίνῳ[31] καὶ ἐν τῇ
ὑακίνθῳ[32] καὶ ἐπιστάμενον[33] γλύψαι[34] γλυφὴν[35] μετὰ τῶν σοφῶν[36] τῶν μετ' ἐμοῦ ἐν
Ιουδα καὶ ἐν Ιερουσαλημ, ὧν ἡτοίμασεν Δαυιδ ὁ πατήρ μου. **7** καὶ ἀπόστειλόν μοι
ξύλα[37] κέδρινα[38] καὶ ἀρκεύθινα[39] καὶ πεύκινα[40] ἐκ τοῦ Λιβάνου, ὅτι ἐγὼ οἶδα ὡς οἱ

1 ἑβδομήκοντα, seventy
2 χιλιάς, thousand
3 νωτοφόρος, carrier, porter
4 ὀγδοήκοντα, eighty
5 χιλιάς, thousand
6 λατόμος, stone cutter
7 ἐπιστάτης, overseer, supervisor
8 τρισχίλιοι, three thousand
9 ἑξακόσιοι, six hundred
10 κέδρος, cedar
11 ἁγιάζω, *aor act inf*, sanctify, consecrate
12 θυμιάω, *pres act inf*, burn incense
13 ἀπέναντι, before
14 θυμίαμα, incense
15 πρόθεσις, setting forth, presentation
16 ἀναφέρω, *pres act inf*, offer up
17 ὁλοκαύτωμα, whole burnt offering
18 πρωί, (in the) morning
19 δείλη, (in the) evening
20 νουμηνία, new moon, first day of the month
21 ἑορτή, feast, festival
22 ἰσχύω, *fut act ind 3s*, be able
23 θυμιάω, *pres act inf*, burn incense
24 κατέναντι, before
25 σοφός, skilled, learned
26 χρυσίον, gold
27 ἀργύριον, silver
28 χαλκοῦς, bronze
29 σίδηρος, iron
30 πορφύρα, purple
31 κόκκινος, red, scarlet
32 ὑάκινθος, blue
33 ἐπίσταμαι, *pres mid ptc acc s m*, know, understand
34 γλύφω, *aor act inf*, carve, engrave
35 γλυφή, carved work, carving
36 σοφός, skilled, learned
37 ξύλον, wood
38 κέδρινος, cedar
39 ἀρκεύθινος, juniper
40 πεύκινος, pine

δοῦλοί σου οἴδασιν κόπτειν[1] ξύλα[2] ἐκ τοῦ Λιβάνου· καὶ ἰδοὺ οἱ παῖδές[3] σου μετὰ
τῶν παίδων μου **8** πορεύσονται ἑτοιμάσαι μοι ξύλα[4] εἰς πλῆθος, ὅτι ὁ οἶκος, ὃν
ἐγὼ οἰκοδομῶ, μέγας καὶ ἔνδοξος.[5] **9** καὶ ἰδοὺ τοῖς ἐργαζομένοις τοῖς κόπτουσιν[6]
ξύλα[7] εἰς βρώματα[8] δέδωκα σῖτον[9] εἰς δόματα[10] τοῖς παισίν[11] σου κόρων[12] εἴκοσι[13]
χιλιάδας[14] καὶ κριθῶν[15] κόρων εἴκοσι χιλιάδας καὶ οἴνου μέτρων[16] εἴκοσι χιλιάδας
καὶ ἐλαίου[17] μέτρων εἴκοσι χιλιάδας.

Hiram of Tyre

10 καὶ εἶπεν Χιραμ βασιλεὺς Τύρου ἐν γραφῇ[18] καὶ ἀπέστειλεν πρὸς Σαλωμων
Ἐν τῷ ἀγαπῆσαι κύριον τὸν λαὸν αὐτοῦ ἔδωκέν σε ἐπ᾽ αὐτοὺς εἰς βασιλέα. **11** καὶ
εἶπεν Χιραμ Εὐλογητὸς[19] κύριος ὁ θεὸς Ισραηλ, ὃς ἐποίησεν τὸν οὐρανὸν καὶ τὴν
γῆν, ὃς ἔδωκεν τῷ Δαυιδ τῷ βασιλεῖ υἱὸν σοφὸν[20] καὶ ἐπιστάμενον[21] σύνεσιν[22] καὶ
ἐπιστήμην,[23] ὃς οἰκοδομήσει οἶκον τῷ κυρίῳ καὶ οἶκον τῇ βασιλείᾳ αὐτοῦ.

12 καὶ νῦν ἀπέσταλκά σοι ἄνδρα σοφὸν[24] καὶ εἰδότα σύνεσιν[25] τὸν Χιραμ τὸν πατέρα
μου (**13** ἡ μήτηρ αὐτοῦ ἀπὸ θυγατέρων[26] Δαν, καὶ ὁ πατὴρ αὐτοῦ ἀνὴρ Τύριος)
εἰδότα ποιῆσαι ἐν χρυσίῳ[27] καὶ ἐν ἀργυρίῳ[28] καὶ ἐν χαλκῷ[29] καὶ ἐν σιδήρῳ,[30] ἐν λίθοις
καὶ ξύλοις[31] καὶ ὑφαίνειν[32] ἐν τῇ πορφύρᾳ[33] καὶ ἐν τῇ ὑακίνθῳ[34] καὶ ἐν τῇ βύσσῳ[35] καὶ
ἐν τῷ κοκκίνῳ[36] καὶ γλύψαι[37] γλυφὰς[38] καὶ διανοεῖσθαι[39] πᾶσαν διανόησιν,[40] ὅσα ἂν
δῷς αὐτῷ, μετὰ τῶν σοφῶν[41] σου καὶ σοφῶν Δαυιδ κυρίου μου πατρός σου. **14** καὶ
νῦν τὸν σῖτον[42] καὶ τὴν κριθὴν[43] καὶ τὸ ἔλαιον[44] καὶ τὸν οἶνον, ἃ εἶπεν ὁ κύριός μου,
ἀποστειλάτω τοῖς παισὶν[45] αὐτοῦ. **15** καὶ ἡμεῖς κόψομεν[46] ξύλα[47] ἐκ τοῦ Λιβάνου

1 κόπτω, *pres act inf*, cut
2 ξύλον, wood
3 παῖς, servant
4 ξύλον, wood
5 ἔνδοξος, glorious, splendid
6 κόπτω, *pres act ptc dat p m*, cut
7 ξύλον, wood
8 βρῶμα, food, provisions
9 σῖτος, grain
10 δόμα, gift
11 παῖς, servant
12 κόρος, kor, *Heb. LW*
13 εἴκοσι, twenty
14 χιλιάς, thousand
15 κριθή, barley
16 μέτρον, measure
17 ἔλαιον, oil
18 γραφή, writing, letter
19 εὐλογητός, blessed
20 σοφός, wise
21 ἐπίσταμαι, *pres mid ptc acc s m*, be acquainted with
22 σύνεσις, understanding, intelligence
23 ἐπιστήμη, knowledge, skill
24 σοφός, skilled, learned
25 σύνεσις, understanding, intelligence
26 θυγάτηρ, daughter
27 χρυσίον, gold
28 ἀργύριον, silver
29 χαλκοῦς, bronze
30 σίδηρος, iron
31 ξύλον, wood
32 ὑφαίνω, *pres act inf*, weave
33 πορφύρα, purple
34 ὑάκινθος, blue
35 βύσσος, linen
36 κόκκινος, red, scarlet
37 γλύφω, *aor act inf*, carve, engrave
38 γλυφή, carved work, carving
39 διανοέομαι, *pres mid inf*, envision, plan
40 διανόησις, design
41 σοφός, skilled, learned
42 σῖτος, grain
43 κριθή, barley
44 ἔλαιον, oil
45 παῖς, servant
46 κόπτω, *fut act ind 1p*, cut
47 ξύλον, wood

κατὰ πᾶσαν τὴν χρείαν[1] σου καὶ ἄξομεν αὐτὰ σχεδίαις[2] ἐπὶ θάλασσαν Ιοππης, καὶ σὺ ἄξεις αὐτὰ εἰς Ιερουσαλημ.

16 καὶ συνήγαγεν Σαλωμων πάντας τοὺς ἄνδρας τοὺς προσηλύτους[3] ἐν γῇ Ισραηλ
μετὰ τὸν ἀριθμόν,[4] ὃν ἠρίθμησεν[5] αὐτοὺς Δαυιδ ὁ πατὴρ αὐτοῦ, καὶ εὑρέθησαν
ἑκατὸν[6] πεντήκοντα[7] χιλιάδες[8] καὶ τρισχίλιοι[9] ἑξακόσιοι.[10] **17** καὶ ἐποίησεν ἐξ αὐτῶν
ἑβδομήκοντα[11] χιλιάδας[12] νωτοφόρων[13] καὶ ὀγδοήκοντα[14] χιλιάδας λατόμων[15] καὶ
τρισχιλίους[16] ἑξακοσίους[17] ἐργοδιώκτας[18] ἐπὶ τὸν λαόν.

Temple Construction Begins

3 Καὶ ἤρξατο Σαλωμων τοῦ οἰκοδομεῖν τὸν οἶκον κυρίου ἐν Ιερουσαλημ ἐν ὄρει
τοῦ Αμορια, οὗ[19] ὤφθη κύριος τῷ Δαυιδ πατρὶ αὐτοῦ, ἐν τῷ τόπῳ, ᾧ ἡτοίμασεν
Δαυιδ ἐν ἅλῳ[20] Ορνα τοῦ Ιεβουσαίου. **2** καὶ ἤρξατο οἰκοδομῆσαι ἐν τῷ μηνὶ[21] τῷ
δευτέρῳ ἐν τῷ ἔτει τῷ τετάρτῳ[22] τῆς βασιλείας αὐτοῦ.

Temple Construction Plans

3 καὶ ταῦτα ἤρξατο Σαλωμων τοῦ οἰκοδομῆσαι τὸν οἶκον τοῦ θεοῦ· μῆκος[23] πήχεων[24]
ἡ διαμέτρησις[25] ἡ πρώτη πήχεων ἑξήκοντα[26] καὶ εὖρος[27] πήχεων εἴκοσι.[28] **4** καὶ αιλαμ[29]
κατὰ πρόσωπον τοῦ οἴκου, μῆκος[30] ἐπὶ πρόσωπον πλάτους[31] τοῦ οἴκου πήχεων[32]
εἴκοσι[33] καὶ ὕψος[34] πήχεων ἑκατὸν[35] εἴκοσι·[36] καὶ κατεχρύσωσεν[37] αὐτὸν ἔσωθεν[38]
χρυσίῳ[39] καθαρῷ.[40] **5** καὶ τὸν οἶκον τὸν μέγαν ἐξύλωσεν[41] ξύλοις[42] κεδρίνοις[43]
καὶ κατεχρύσωσεν[44] χρυσίῳ[45] καθαρῷ[46] καὶ ἔγλυψεν[47] ἐπ᾽ αὐτοῦ φοίνικας[48] καὶ

1 χρεία, need, requirement
2 σχεδία, raft
3 προσήλυτος, immigrant, guest
4 ἀριθμός, number
5 ἀριθμέω, *aor act ind 3s*, number, count
6 ἑκατόν, one hundred
7 πεντήκοντα, fifty
8 χιλιάς, thousand
9 τρισχίλιοι, three thousand
10 ἑξακόσιοι, six hundred
11 ἑβδομήκοντα, seventy
12 χιλιάς, thousand
13 νωτοφόρος, carrier, porter
14 ὀγδοήκοντα, eighty
15 λατόμος, stone cutter
16 τρισχίλιοι, three thousand
17 ἑξακόσιοι, six hundred
18 ἐργοδιώκτης, taskmaster
19 οὗ, where
20 ἅλως, threshing floor
21 μήν, month
22 τέταρτος, fourth
23 μῆκος, length
24 πῆχυς, cubit
25 διαμέτρησις, measure
26 ἑξήκοντα, sixty
27 εὖρος, width
28 εἴκοσι, twenty
29 αιλαμ, porch, portico, *translit.*
30 μῆκος, length
31 πλάτος, width
32 πῆχυς, cubit
33 εἴκοσι, twenty
34 ὕψος, height
35 ἑκατόν, one hundred
36 εἴκοσι, twenty
37 καταχρυσόω, *aor act ind 3s*, gild
38 ἔσωθεν, within, inside
39 χρυσίον, gold
40 καθαρός, pure
41 ξυλόω, *aor act ind 3s*, cover with wood
42 ξύλον, wood
43 κέδρινος, cedar
44 καταχρυσόω, *aor act ind 3s*, gild
45 χρυσίον, gold
46 καθαρός, pure
47 γλύφω, *aor act ind 3s*, carve, engrave
48 φοῖνιξ, palm

χαλαστά.[1] **6** καὶ ἐκόσμησεν[2] τὸν οἶκον λίθοις τιμίοις[3] εἰς δόξαν καὶ χρυσίῳ[4] χρυσίου
τοῦ ἐκ Φαρουαιμ **7** καὶ ἐχρύσωσεν[5] τὸν οἶκον καὶ τοὺς τοίχους[6] καὶ τοὺς πυλῶνας[7]
καὶ τὰ ὀροφώματα[8] καὶ τὰ θυρώματα[9] χρυσίῳ[10] καὶ ἔγλυψεν[11] χερουβιν[12] ἐπὶ τῶν
τοίχων.

8 καὶ ἐποίησεν τὸν οἶκον τοῦ ἁγίου τῶν ἁγίων, μῆκος[13] αὐτοῦ ἐπὶ πρόσωπον πλά-
τους[14] πήχεων[15] εἴκοσι[16] καὶ τὸ εὖρος[17] πήχεων εἴκοσι, καὶ κατεχρύσωσεν[18] αὐτὸν
χρυσίῳ[19] καθαρῷ[20] εἰς χερουβιν[21] εἰς τάλαντα[22] ἑξακόσια.[23] **9** καὶ ὁλκὴ[24] τῶν ἥλων,[25]
ὁλκὴ[26] τοῦ ἑνὸς πεντήκοντα[27] σίκλοι[28] χρυσίου.[29] καὶ τὸ ὑπερῷον[30] ἐχρύσωσεν[31]
χρυσίῳ.

10 καὶ ἐποίησεν ἐν τῷ οἴκῳ τῷ ἁγίῳ τῶν ἁγίων χερουβιν[32] δύο ἔργον ἐκ ξύλων[33] καὶ
ἐχρύσωσεν[34] αὐτὰ χρυσίῳ.[35] **11** καὶ αἱ πτέρυγες[36] τῶν χερουβιν[37] τὸ μῆκος[38] πήχεων[39]
εἴκοσι,[40] καὶ ἡ πτέρυξ ἡ μία πήχεων πέντε ἁπτομένη τοῦ τοίχου[41] τοῦ οἴκου, καὶ ἡ
πτέρυξ ἡ ἑτέρα πήχεων πέντε ἁπτομένη τῆς πτέρυγος τοῦ χερουβ[42] τοῦ ἑτέρου·
12 καὶ ἡ πτέρυξ[43] τοῦ χερουβ[44] τοῦ ἑνὸς πήχεων[45] πέντε ἁπτομένη τοῦ τοίχου[46] τοῦ
οἴκου, καὶ ἡ πτέρυξ ἡ ἑτέρα πήχεων πέντε ἁπτομένη τῆς πτέρυγος τοῦ χερουβ τοῦ
ἑτέρου· **13** καὶ αἱ πτέρυγες[47] τῶν χερουβιν[48] διαπεπετασμέναι[49] πήχεων[50] εἴκοσι·[51] καὶ
αὐτὰ ἑστηκότα ἐπὶ τοὺς πόδας αὐτῶν, καὶ τὰ πρόσωπα αὐτῶν εἰς τὸν οἶκον. **14** καὶ

1 χαλαστόν, chain, (ornament)
2 κοσμέω, *aor act ind 3s*, furnish, adorn
3 τίμιος, precious, costly
4 χρυσίον, gold
5 χρυσόω, *aor act ind 3s*, gild
6 τοῖχος, wall
7 πυλών, porch, gate
8 ὀρόφωμα, ceiling
9 θύρωμα, doorway, panel
10 χρυσίον, gold
11 γλύφω, *aor act ind 3s*, carve, engrave
12 χερουβιν, cherubim, *translit.*
13 μῆκος, length
14 πλάτος, width
15 πῆχυς, cubit
16 εἴκοσι, twenty
17 εὖρος, breadth
18 καταχρυσόω, *aor act ind 3s*, gild
19 χρυσίον, gold
20 καθαρός, pure
21 χερουβιν, cherubim, *translit.*
22 τάλαντον, talent
23 ἑξακόσιοι, six hundred
24 ὁλκή, weight
25 ἧλος, nail
26 ὁλκή, weight
27 πεντήκοντα, fifty
28 σίκλος, shekel, *Heb. LW*
29 χρυσίον, gold
30 ὑπερῷον, upper chamber
31 χρυσόω, *aor act ind 3s*, gild
32 χερουβιν, cherubim, *translit.*
33 ξύλον, wood
34 χρυσόω, *aor act ind 3s*, gild
35 χρυσίον, gold
36 πτέρυξ, wing
37 χερουβιν, cherubim, *translit.*
38 μῆκος, length
39 πῆχυς, cubit
40 εἴκοσι, twenty
41 τοῖχος, wall
42 χερουβ, cherub, *translit.*
43 πτέρυξ, wing
44 χερουβ, cherub, *translit.*
45 πῆχυς, cubit
46 τοῖχος, wall
47 πτέρυξ, wing
48 χερουβιν, cherubim, *translit.*
49 διαπετάννυμι, *perf pas ptc nom p f*, extend, spread over
50 πῆχυς, cubit
51 εἴκοσι, twenty

ἐποίησεν τὸ καταπέτασμα[1] ἐξ ὑακίνθου[2] καὶ πορφύρας[3] καὶ κοκκίνου[4] καὶ βύσσου[5]
καὶ ὕφανεν[6] ἐν αὐτῷ χερουβιν.[7]

15 καὶ ἐποίησεν ἔμπροσθεν τοῦ οἴκου στύλους[8] δύο, πήχεων[9] τριάκοντα[10] πέντε τὸ
ὕψος[11] καὶ τὰς κεφαλὰς αὐτῶν πήχεων πέντε. **16** καὶ ἐποίησεν σερσερωθ[12] ἐν τῷ
δαβιρ[13] καὶ ἔδωκεν ἐπὶ τῶν κεφαλῶν τῶν στύλων[14] καὶ ἐποίησεν ῥοΐσκους[15] ἑκατὸν[16]
καὶ ἐπέθηκεν ἐπὶ τῶν χαλαστῶν.[17] **17** καὶ ἔστησεν τοὺς στύλους[18] κατὰ πρόσωπον
τοῦ ναοῦ, ἕνα ἐκ δεξιῶν καὶ τὸν ἕνα ἐξ εὐωνύμων,[19] καὶ ἐκάλεσεν τὸ ὄνομα τοῦ ἐκ
δεξιῶν Κατόρθωσις[20] καὶ τὸ ὄνομα τοῦ ἐξ ἀριστερῶν[21] Ἰσχύς.[22]

Temple Furnishings

4 Καὶ ἐποίησεν τὸ θυσιαστήριον[23] χαλκοῦν,[24] πήχεων[25] εἴκοσι[26] μῆκος[27] καὶ τὸ
εὖρος[28] πήχεων εἴκοσι, ὕψος[29] πήχεων δέκα.[30] **2** καὶ ἐποίησεν τὴν θάλασσαν
χυτήν,[31] πήχεων[32] δέκα[33] τὴν διαμέτρησιν,[34] στρογγύλην[35] κυκλόθεν,[36] καὶ πήχεων
πέντε τὸ ὕψος[37] καὶ τὸ κύκλωμα[38] πήχεων τριάκοντα.[39] **3** καὶ ὁμοίωμα[40] μόσχων[41]
ὑποκάτωθεν[42] αὐτῆς· κύκλῳ[43] κυκλοῦσιν[44] αὐτήν, πήχεις[45] δέκα[46] περιέχουσιν[47]
τὸν λουτῆρα[48] κυκλόθεν·[49] δύο γένη[50] ἐχώνευσαν[51] τοὺς μόσχους ἐν τῇ χωνεύσει[52]
αὐτῶν, **4** ἣ ἐποίησαν αὐτούς, δώδεκα[53] μόσχους,[54] οἱ τρεῖς βλέποντες βορρᾶν[55] καὶ

1 καταπέτασμα, veil, curtain
2 ὑάκινθος, blue
3 πορφύρα, purple
4 κόκκινος, red, scarlet
5 βύσσος, linen
6 ὑφαίνω, *aor act ind 3s*, weave
7 χερουβιν, cherubim, *translit.*
8 στῦλος, pillar
9 πῆχυς, cubit
10 τριάκοντα, thirty
11 ὕψος, height
12 σερσερωθ, chains, *translit.*
13 δαβιρ, shrine, *translit.*
14 στῦλος, pillar
15 ῥοΐσκος, pomegranate
16 ἑκατόν, one hundred
17 χαλαστόν, chain, (ornament)
18 στῦλος, pillar
19 εὐώνυμος, on the left
20 κατόρθωσις, setting straight, setting up
21 ἀριστερός, left
22 ἰσχύς, strength
23 θυσιαστήριον, altar
24 χαλκοῦς, bronze
25 πῆχυς, cubit
26 εἴκοσι, twenty
27 μῆκος, length
28 εὖρος, width
29 ὕψος, height
30 δέκα, ten
31 χυτός, cast, molten
32 πῆχυς, cubit
33 δέκα, ten
34 διαμέτρησις, diameter
35 στρογγύλος, circular
36 κυκλόθεν, all around
37 ὕψος, height
38 κύκλωμα, circumference
39 τριάκοντα, thirty
40 ὁμοίωμα, likeness, representation
41 μόσχος, calf, young bull
42 ὑποκάτωθεν, below, underneath
43 κύκλῳ, around
44 κυκλόω, *pres act ind 3p*, encompass, surround
45 πῆχυς, cubit
46 δέκα, ten
47 περιέχω, *pres act ind 3p*, encompass, surround
48 λουτήρ, washing tub
49 κυκλόθεν, all around
50 γένος, kind
51 χωνεύω, *aor act ind 3p*, cast, form
52 χώνευσις, smelting, casting
53 δώδεκα, twelve
54 μόσχος, calf, young bull
55 βορρᾶς, north

οἱ τρεῖς βλέποντες δυσμὰς[1] καὶ οἱ τρεῖς βλέποντες νότον[2] καὶ οἱ τρεῖς βλέποντες
κατ᾽ ἀνατολάς,[3] καὶ ἡ θάλασσα ἐπ᾽ αὐτῶν ἄνω,[4] ἦσαν τὰ ὀπίσθια[5] αὐτῶν ἔσω.[6]
5 καὶ τὸ πάχος[7] αὐτῆς παλαιστής,[8] καὶ τὸ χεῖλος[9] αὐτῆς ὡς χεῖλος ποτηρίου,[10]
διαγεγλυμμένα[11] βλαστοὺς[12] κρίνου,[13] χωροῦσαν[14] μετρητὰς[15] τρισχιλίους·[16] καὶ
ἐξετέλεσεν.[17] **6** καὶ ἐποίησεν λουτῆρας[18] δέκα[19] καὶ ἔθηκεν τοὺς πέντε ἐκ δεξιῶν καὶ
τοὺς πέντε ἐξ ἀριστερῶν[20] τοῦ πλύνειν[21] ἐν αὐτοῖς τὰ ἔργα τῶν ὁλοκαυτωμάτων[22]
καὶ ἀποκλύζειν[23] ἐν αὐτοῖς. καὶ ἡ θάλασσα εἰς τὸ νίπτεσθαι[24] τοὺς ἱερεῖς ἐν αὐτῇ.

7 καὶ ἐποίησεν τὰς λυχνίας[25] τὰς χρυσᾶς[26] δέκα[27] κατὰ τὸ κρίμα[28] αὐτῶν καὶ ἔθηκεν
ἐν τῷ ναῷ, πέντε ἐκ δεξιῶν καὶ πέντε ἐξ ἀριστερῶν.[29] **8** καὶ ἐποίησεν τραπέζας[30]
δέκα[31] καὶ ἔθηκεν ἐν τῷ ναῷ, πέντε ἐκ δεξιῶν καὶ πέντε ἐξ εὐωνύμων.[32] καὶ ἐποίησεν
φιάλας[33] χρυσᾶς[34] ἑκατόν.[35] **9** καὶ ἐποίησεν τὴν αὐλὴν[36] τῶν ἱερέων καὶ τὴν αὐλὴν
τὴν μεγάλην καὶ θύρας τῇ αὐλῇ καὶ θυρώματα[37] αὐτῶν κατακεχαλκωμένα[38] χαλκῷ.[39]
10 καὶ τὴν θάλασσαν ἔθηκεν ἀπὸ γωνίας[40] τοῦ οἴκου ἐκ δεξιῶν ὡς πρὸς ἀνατολὰς[41]
κατέναντι.[42]

11 καὶ ἐποίησεν Χιραμ τὰς κρεάγρας[43] καὶ τὰ πυρεῖα[44] καὶ τὴν ἐσχάραν[45] τοῦ
θυσιαστηρίου[46] καὶ πάντα τὰ σκεύη[47] αὐτοῦ. καὶ συνετέλεσεν[48] Χιραμ ποιῆσαι πᾶσαν
τὴν ἐργασίαν,[49] ἣν ἐποίησεν Σαλωμων τῷ βασιλεῖ ἐν οἴκῳ τοῦ θεοῦ, **12** στύλους[50]

1 δυσμή, west
2 νότος, south
3 ἀνατολή, east
4 ἄνω, above, on top
5 ὀπίσθιος, of the rear
6 ἔσω, inside
7 πάχος, thickness
8 παλαιστής, handbreadth
9 χεῖλος, rim, edge
10 ποτήριον, cup
11 διαγλύφω, *perf pas ptc nom p n*, carve, engrave
12 βλαστός, bud, blossom
13 κρίνον, lily
14 χωρέω, *pres act ptc acc s f*, hold, contain
15 μετρητής, measure
16 τρισχίλιοι, three thousand
17 ἐκτελέω, *aor act ind 3s*, finish, complete
18 λουτήρ, washing tub
19 δέκα, ten
20 ἀριστερός, left
21 πλύνω, *pres act inf*, wash, clean
22 ὁλοκαύτωμα, whole burnt offering
23 ἀποκλύζω, *pres act inf*, wash, rinse
24 νίπτω, *pres mid inf*, wash
25 λυχνία, lampstand
26 χρυσοῦς, gold
27 δέκα, ten
28 κρίμα, pattern, prescription
29 ἀριστερός, left
30 τράπεζα, table
31 δέκα, ten
32 εὐώνυμος, left
33 φιάλη, bowl, saucer
34 χρυσοῦς, gold
35 ἑκατόν, one hundred
36 αὐλή, court
37 θύρωμα, doorway, panel
38 καταχαλκόω, *perf pas ptc acc p n*, cover, overlay
39 χαλκοῦς, bronze
40 γωνία, corner
41 ἀνατολή, east
42 κατέναντι, in the direction, facing
43 κρεάγρα, meat hook
44 πυρεῖον, censer, fire pan
45 ἐσχάρα, grate
46 θυσιαστήριον, altar
47 σκεῦος, equipment, utensil
48 συντελέω, *aor act ind 3s*, finish, complete
49 ἐργασία, work
50 στῦλος, pillar

δύο καὶ ἐπ' αὐτῶν γωλαθ[1] τῇ χωθαρεθ[2] ἐπὶ τῶν κεφαλῶν τῶν στύλων δύο καὶ
δίκτυα[3] δύο συγκαλύψαι[4] τὰς κεφαλὰς τῶν χωθαρεθ,[5] ἅ ἐστιν ἐπὶ τῶν κεφαλῶν τῶν
στύλων, **13** καὶ κώδωνας[6] χρυσοῦς[7] τετρακοσίους[8] εἰς τὰ δύο δίκτυα[9] καὶ δύο γένη[10]
ῥοΐσκων[11] ἐν τῷ δικτύῳ τῷ ἑνὶ τοῦ συγκαλύψαι[12] τὰς δύο γωλαθ[13] τῶν χωθαρεθ,[14]
ἅ ἐστιν ἐπάνω[15] τῶν στύλων.[16] **14** καὶ τὰς μεχωνωθ[17] ἐποίησεν δέκα[18] καὶ τοὺς λου-
τῆρας[19] ἐποίησεν ἐπὶ τῶν μεχωνωθ **15** καὶ τὴν θάλασσαν μίαν καὶ τοὺς μόσχους[20]
τοὺς δώδεκα[21] ὑποκάτω[22] αὐτῆς **16** καὶ τοὺς ποδιστῆρας[23] καὶ τοὺς ἀναλημπτῆρας[24]
καὶ τοὺς λέβητας[25] καὶ τὰς κρεάγρας[26] καὶ πάντα τὰ σκεύη[27] αὐτῶν, ἃ ἐποίησεν
Χιραμ καὶ ἀνήνεγκεν[28] τῷ βασιλεῖ Σαλωμων ἐν οἴκῳ κυρίου χαλκοῦ[29] καθαροῦ.[30]
17 ἐν τῷ περιχώρῳ[31] τοῦ Ιορδάνου ἐχώνευσεν[32] αὐτὰ ὁ βασιλεὺς ἐν τῷ πάχει[33] τῆς
γῆς ἐν οἴκῳ Σοκχωθ καὶ ἀνὰ μέσον[34] Σιρδαθα. **18** καὶ ἐποίησεν Σαλωμων πάντα τὰ
σκεύη[35] ταῦτα εἰς πλῆθος σφόδρα,[36] ὅτι οὐκ ἐξέλιπεν[37] ὁλκὴ[38] τοῦ χαλκοῦ.[39]

19 καὶ ἐποίησεν Σαλωμων πάντα τὰ σκεύη[40] οἴκου κυρίου καὶ τὸ θυσιαστήριον[41] τὸ
χρυσοῦν[42] καὶ τὰς τραπέζας[43] (καὶ ἐπ' αὐτῶν ἄρτοι προθέσεως[44]) **20** καὶ τὰς λυχνίας[45]
καὶ τοὺς λύχνους[46] τοῦ φωτὸς κατὰ τὸ κρίμα[47] καὶ κατὰ πρόσωπον τοῦ δαβιρ[48]
χρυσίου[49] καθαροῦ[50] **21** καὶ λαβίδες[51] αὐτῶν καὶ οἱ λύχνοι[52] αὐτῶν καὶ τὰς φιάλας[53]

1 γωλαθ, ball, globe, *translit.*
2 χωθαρεθ, capital, *translit.*
3 δίκτυον, lattice
4 συγκαλύπτω, *aor act inf*, cover
5 χωθαρεθ, capital, *translit.*
6 κώδων, bell
7 χρυσοῦς, gold
8 τετρακόσιοι, four hundred
9 δίκτυον, lattice
10 γένος, kind
11 ῥοΐσκος, pomegranate
12 συγκαλύπτω, *aor act inf*, cover
13 γωλαθ, ball, globe, *translit.*
14 χωθαρεθ, capital, *translit.*
15 ἐπάνω, above
16 στῦλος, pillar
17 μεχωνωθ, stand, base, *translit.*
18 δέκα, ten
19 λουτήρ, washing tub
20 μόσχος, calf, young bull
21 δώδεκα, twelve
22 ὑποκάτω, below, beneath
23 ποδιστήρ, tripod
24 ἀναλημπτήρ, bucket, pail
25 λέβης, kettle, cauldron
26 κρεάγρα, meat hook
27 σκεῦος, equipment, utensil
28 ἀναφέρω, *aor act ind 3s*, bring, take
29 χαλκοῦς, bronze
30 καθαρός, pure
31 περίχωρος, nearby (region)
32 χωνεύω, *aor act ind 3s*, cast
33 πάχος, (clay), thickness
34 ἀνὰ μέσον, between
35 σκεῦος, equipment, utensil
36 σφόδρα, very great
37 ἐκλείπω, *aor act ind 3s*, come to an end, fail
38 ὁλκή, weight
39 χαλκοῦς, bronze
40 σκεῦος, equipment, utensil
41 θυσιαστήριον, altar
42 χρυσοῦς, gold
43 τράπεζα, table
44 πρόθεσις, setting forth, presentation
45 λυχνία, lampstand
46 λύχνος, lamp
47 κρίμα, prescription, pattern
48 δαβιρ, shrine, *translit.*
49 χρυσίον, gold
50 καθαρός, pure
51 λαβίς, snuffer
52 λύχνος, lamp
53 φιάλη, bowl, saucer

καὶ τὰς θυΐσκας[1] καὶ τὰ πυρεῖα[2] χρυσίου[3] καθαροῦ·[4] **22** καὶ ἡ θύρα τοῦ οἴκου ἡ
ἐσωτέρα[5] εἰς τὰ ἅγια τῶν ἁγίων, εἰς τὰς θύρας τοῦ οἴκου τοῦ ναοῦ χρυσᾶς.[6]

5 καὶ συνετελέσθη[7] πᾶσα ἡ ἐργασία,[8] ἣν ἐποίησεν Σαλωμων ἐν οἴκῳ κυρίου. καὶ
εἰσήνεγκεν[9] Σαλωμων τὰ ἅγια Δαυιδ τοῦ πατρὸς αὐτοῦ, τὸ ἀργύριον[10] καὶ τὸ
χρυσίον[11] καὶ τὰ σκεύη[12] ἔδωκεν εἰς θησαυρὸν[13] οἴκου κυρίου.

Solomon Brings the Ark to the Temple

2 Τότε ἐξεκκλησίασεν[14] Σαλωμων τοὺς πρεσβυτέρους Ισραηλ καὶ πάντας τοὺς
ἄρχοντας τῶν φυλῶν τοὺς ἡγουμένους[15] πατριῶν[16] υἱῶν Ισραηλ εἰς Ιερουσαλημ
τοῦ ἀνενέγκαι[17] κιβωτὸν[18] διαθήκης κυρίου ἐκ πόλεως Δαυιδ (αὕτη Σιων); **3** καὶ
ἐξεκκλησιάσθησαν[19] πρὸς τὸν βασιλέα πᾶς ἀνὴρ Ισραηλ ἐν τῇ ἑορτῇ[20] (οὗτος ὁ
μὴν[21] ἕβδομος[22]), **4** καὶ ἦλθον πάντες οἱ πρεσβύτεροι Ισραηλ, καὶ ἔλαβον πάντες
οἱ Λευῖται τὴν κιβωτὸν[23] **5** καὶ ἀνήνεγκαν[24] τὴν κιβωτὸν[25] καὶ τὴν σκηνὴν[26] τοῦ
μαρτυρίου[27] καὶ πάντα τὰ σκεύη[28] τὰ ἅγια τὰ ἐν τῇ σκηνῇ, καὶ ἀνήνεγκαν αὐτὴν οἱ
ἱερεῖς καὶ οἱ Λευῖται. **6** καὶ ὁ βασιλεὺς Σαλωμων καὶ πᾶσα συναγωγὴ Ισραηλ καὶ
οἱ φοβούμενοι καὶ οἱ ἐπισυνηγμένοι[29] αὐτῶν ἔμπροσθεν τῆς κιβωτοῦ[30] θύοντες[31]
μόσχους[32] καὶ πρόβατα, οἳ οὐκ ἀριθμηθήσονται[33] καὶ οἳ οὐ λογισθήσονται ἀπὸ τοῦ
πλήθους. **7** καὶ εἰσήνεγκαν[34] οἱ ἱερεῖς τὴν κιβωτὸν[35] διαθήκης κυρίου εἰς τὸν τόπον
αὐτῆς εἰς τὸ δαβιρ[36] τοῦ οἴκου εἰς τὰ ἅγια τῶν ἁγίων ὑποκάτω[37] τῶν πτερύγων[38]
τῶν χερουβιν,[39] **8** καὶ ἦν τὰ χερουβιν[40] διαπεπετακότα[41] τὰς πτέρυγας[42] αὐτῶν ἐπὶ
τὸν τόπον τῆς κιβωτοῦ,[43] καὶ συνεκάλυπτεν[44] τὰ χερουβιν ἐπὶ τὴν κιβωτὸν καὶ ἐπὶ

1 θυίσκη, censer
2 πυρεῖον, censer, fire pan
3 χρυσίον, gold
4 καθαρός, pure
5 ἔσω, *comp*, inner
6 χρυσοῦς, gold
7 συντελέω, *aor pas ind 3s*, finish, complete
8 ἐργασία, work
9 εἰσφέρω, *aor act ind 3s*, bring in
10 ἀργύριον, silver
11 χρυσίον, gold
12 σκεῦος, vessel, equipment
13 θησαυρός, treasury
14 ἐξεκκλησιάζω, *aor act ind 3s*, assemble
15 ἡγέομαι, *pres mid ptc acc p m*, lead
16 πατριά, paternal lineage, house
17 ἀναφέρω, *aor act inf*, bring up
18 κιβωτός, chest, ark
19 ἐξεκκλησιάζω, *aor pas ind 3p*, assemble
20 ἑορτή, feast, festival
21 μήν, month
22 ἕβδομος, seventh
23 κιβωτός, chest, ark (of the covenant)
24 ἀναφέρω, *aor act ind 3p*, bring up
25 κιβωτός, chest, ark (of the covenant)
26 σκηνή, tent
27 μαρτύριον, witness
28 σκεῦος, furnishing, equipment
29 ἐπισυνάγω, *perf mid ptc nom p m*, gather together
30 κιβωτός, chest, ark (of the covenant)
31 θύω, *pres act ptc nom p m*, offer, sacrifice
32 μόσχος, calf
33 ἀριθμέω, *fut pas ind 3p*, number, count
34 εἰσφέρω, *aor act ind 3p*, carry in, bring in
35 κιβωτός, chest, ark
36 δαβιρ, shrine, *translit.*
37 ὑποκάτω, below, under
38 πτέρυξ, wing
39 χερουβιν, cherubim, *translit.*
40 χερουβιν, cherubim, *translit.*
41 διαπετάννυμι, *perf act ptc nom p n*, extend, spread over
42 πτέρυξ, wing
43 κιβωτός, chest, ark (of the covenant)
44 συγκαλύπτω, *impf act ind 3s*, cover

τοὺς ἀναφορεῖς[1] αὐτῆς ἐπάνωθεν·[2] **9** καὶ ὑπερεῖχον[3] οἱ ἀναφορεῖς,[4] καὶ ἐβλέποντο
αἱ κεφαλαὶ τῶν ἀναφορέων ἐκ τῶν ἁγίων εἰς πρόσωπον τοῦ δαβιρ,[5] οὐκ ἐβλέποντο
ἔξω· καὶ ἦσαν ἐκεῖ ἕως τῆς ἡμέρας ταύτης. **10** οὐκ ἦν ἐν τῇ κιβωτῷ[6] πλὴν δύο
πλάκες,[7] ἃς ἔθηκεν Μωυσῆς ἐν Χωρηβ, ἃ διέθετο[8] κύριος μετὰ τῶν υἱῶν Ισραηλ ἐν
τῷ ἐξελθεῖν αὐτοὺς ἐκ γῆς Αἰγύπτου.

God Fills the Temple

11 καὶ ἐγένετο ἐν τῷ ἐξελθεῖν τοὺς ἱερεῖς ἐκ τῶν ἁγίων — ὅτι πάντες οἱ ἱερεῖς οἱ
εὑρεθέντες ἡγιάσθησαν,[9] οὐκ ἦσαν διατεταγμένοι[10] κατ᾽ ἐφημερίαν,[11] **12** καὶ οἱ Λευῖ-
ται οἱ ψαλτῳδοὶ[12] πάντες τοῖς υἱοῖς Ασαφ, τῷ Αιμαν, τῷ Ιδιθουν καὶ τοῖς υἱοῖς αὐτῶν
καὶ τοῖς ἀδελφοῖς αὐτῶν, τῶν ἐνδεδυμένων[13] στολὰς[14] βυσσίνας,[15] ἐν κυμβάλοις[16]
καὶ ἐν νάβλαις[17] καὶ ἐν κινύραις[18] ἑστηκότες κατέναντι[19] τοῦ θυσιαστηρίου[20] καὶ
μετ᾽ αὐτῶν ἱερεῖς ἑκατὸν[21] εἴκοσι[22] σαλπίζοντες[23] ταῖς σάλπιγξιν,[24] **13** καὶ ἐγένετο μία
φωνὴ ἐν τῷ σαλπίζειν[25] καὶ ἐν τῷ ψαλτῳδεῖν[26] καὶ ἐν τῷ ἀναφωνεῖν[27] φωνῇ μιᾷ τοῦ
ἐξομολογεῖσθαι[28] καὶ αἰνεῖν[29] τῷ κυρίῳ — καὶ ὡς ὕψωσαν[30] φωνὴν ἐν σάλπιγξιν[31] καὶ
ἐν κυμβάλοις[32] καὶ ἐν ὀργάνοις[33] τῶν ᾠδῶν[34] καὶ ἔλεγον Ἐξομολογεῖσθε[35] τῷ κυρίῳ,
ὅτι ἀγαθόν, ὅτι εἰς τὸν αἰῶνα τὸ ἔλεος[36] αὐτοῦ, καὶ ὁ οἶκος ἐνεπλήσθη[37] νεφέλης[38]
δόξης κυρίου, **14** καὶ οὐκ ἠδύναντο οἱ ἱερεῖς τοῦ στῆναι λειτουργεῖν[39] ἀπὸ προσώπου
τῆς νεφέλης,[40] ὅτι ἐνέπλησεν[41] δόξα κυρίου τὸν οἶκον τοῦ θεοῦ.

1 ἀναφορεύς, carrying pole
2 ἐπάνωθεν, from above
3 ὑπερέχω, *impf act ind 3p*, extend, project
4 ἀναφορεύς, carrying pole
5 δαβιρ, shrine, *translit.*
6 κιβωτός, chest, ark (of the covenant)
7 πλάξ, tablet
8 διατίθημι, *aor mid ind 3s*, grant, arrange
9 ἁγιάζω, *aor pas ind 3p*, sanctify, consecrate
10 διατάσσω, *perf pas ptc nom p m*, arrange
11 ἐφημερία, division
12 ψαλτῳδός, psalm singer
13 ἐνδύω, *perf pas ptc gen p m*, clothe
14 στολή, garment, clothing
15 βύσσινος, fine linen
16 κύμβαλον, cymbal
17 νάβλα, harp, *Heb. LW*
18 κινύρα, stringed instrument, *Heb. LW*
19 κατέναντι, opposite, before
20 θυσιαστήριον, altar
21 ἑκατόν, one hundred
22 εἴκοσι, twenty
23 σαλπίζω, *pres act ptc nom p m*, sound, blow
24 σάλπιγξ, trumpet
25 σαλπίζω, *pres act inf*, sound, blow
26 ψαλτῳδέω, *pres act inf*, sing psalms, play the harp
27 ἀναφωνέω, *pres act inf*, shout aloud
28 ἐξομολογέομαι, *pres mid inf*, acknowledge, confess
29 αἰνέω, *pres act inf*, praise, glorify
30 ὑψόω, *aor act ind 3p*, lift high, raise up
31 σάλπιγξ, trumpet
32 κύμβαλον, cymbal
33 ὄργανον, musical instrument
34 ᾠδή, song
35 ἐξομολογέομαι, *pres mid impv 2p*, acknowledge, confess
36 ἔλεος, mercy, compassion
37 ἐμπίμπλημι, *aor pas ind 3s*, fill up
38 νεφέλη, cloud
39 λειτουργέω, *pres act inf*, minister, serve
40 νεφέλη, cloud
41 ἐμπίμπλημι, *aor act ind 3s*, fill up

Dedication of the Temple

6 τότε εἶπεν Σαλωμων
Κύριος εἶπεν τοῦ κατασκηνῶσαι[1] ἐν γνόφῳ·[2]
2 καὶ ἐγὼ ᾠκοδόμηκα οἶκον τῷ ὀνόματί σου
ἅγιόν σοι καὶ ἕτοιμον[3] τοῦ κατασκηνῶσαι[4] εἰς τοὺς αἰῶνας.

3 Καὶ ἐπέστρεψεν ὁ βασιλεὺς τὸ πρόσωπον αὐτοῦ καὶ εὐλόγησεν τὴν πᾶσαν ἐκ-
κλησίαν Ισραηλ, καὶ πᾶσα ἐκκλησία Ισραηλ παρειστήκει.[5] **4** καὶ εἶπεν Εὐλογητὸς[6]
κύριος ὁ θεὸς Ισραηλ, ὃς ἐλάλησεν ἐν στόματι αὐτοῦ πρὸς Δαυιδ τὸν πατέρα μου
καὶ ἐν χερσὶν αὐτοῦ ἐπλήρωσεν λέγων **5** Ἀπὸ τῆς ἡμέρας, ἧς ἀνήγαγον[7] τὸν λαόν
μου ἐκ γῆς Αἰγύπτου, οὐκ ἐξελεξάμην[8] ἐν πόλει ἀπὸ πασῶν φυλῶν Ισραηλ τοῦ οἰκο-
δομῆσαι οἶκον τοῦ εἶναι ὄνομά μου ἐκεῖ καὶ οὐκ ἐξελεξάμην ἐν ἀνδρὶ τοῦ εἶναι εἰς
ἡγούμενον[9] ἐπὶ τὸν λαόν μου Ισραηλ· **6** καὶ ἐξελεξάμην[10] ἐν Ιερουσαλημ γενέσθαι τὸ
ὄνομά μου ἐκεῖ καὶ ἐξελεξάμην ἐν Δαυιδ ὥστε εἶναι ἐπάνω[11] τοῦ λαοῦ μου Ισραηλ.
7 καὶ ἐγένετο ἐπὶ καρδίαν Δαυιδ τοῦ πατρός μου τοῦ οἰκοδομῆσαι οἶκον τῷ ὀνόματι
κυρίου θεοῦ Ισραηλ, **8** καὶ εἶπεν κύριος πρὸς Δαυιδ πατέρα μου Διότι[12] ἐγένετο
ἐπὶ καρδίαν σου τοῦ οἰκοδομῆσαι οἶκον τῷ ὀνόματί μου, καλῶς[13] ἐποίησας ὅτι
ἐγένετο ἐπὶ καρδίαν σου· **9** πλὴν σὺ οὐκ οἰκοδομήσεις τὸν οἶκον, ὅτι ὁ υἱός σου,
ὃς ἐξελεύσεται ἐκ τῆς ὀσφύος[14] σου, οὗτος οἰκοδομήσει τὸν οἶκον τῷ ὀνόματί
μου. **10** καὶ ἀνέστησεν κύριος τὸν λόγον αὐτοῦ, ὃν ἐλάλησεν, καὶ ἐγενήθην ἀντὶ[15]
Δαυιδ πατρός μου καὶ ἐκάθισα ἐπὶ τὸν θρόνον Ισραηλ, καθὼς ἐλάλησεν κύριος,
καὶ ᾠκοδόμησα τὸν οἶκον τῷ ὀνόματι κυρίου θεοῦ Ισραηλ **11** καὶ ἔθηκα ἐκεῖ τὴν
κιβωτόν,[16] ἐν ᾗ ἐκεῖ διαθήκη κυρίου, ἣν διέθετο[17] τῷ Ισραηλ.

Solomon's Prayer

12 Καὶ ἔστη κατέναντι[18] τοῦ θυσιαστηρίου[19] κυρίου ἔναντι[20] πάσης ἐκκλησίας Ισ-
ραηλ καὶ διεπέτασεν[21] τὰς χεῖρας αὐτοῦ, **13** ὅτι ἐποίησεν Σαλωμων βάσιν[22] χαλκῆν[23]
καὶ ἔθηκεν αὐτὴν ἐν μέσῳ τῆς αὐλῆς[24] τοῦ ἱεροῦ, πέντε πήχεων[25] τὸ μῆκος[26] αὐτῆς
καὶ πέντε πήχεων τὸ εὖρος[27] αὐτῆς καὶ τριῶν πήχεων τὸ ὕψος[28] αὐτῆς, καὶ ἔστη ἐπ'

1 κατασκηνόω, *aor act inf*, dwell, have one's abode
2 γνόφος, darkness
3 ἕτοιμος, prepared, ready
4 κατασκηνόω, *aor act inf*, dwell, have one's abode
5 παρίστημι, *plpf act ind 3s*, stand near
6 εὐλογητός, blessed
7 ἀνάγω, *aor act ind 1s*, bring up
8 ἐκλέγω, *aor mid ind 1s*, select, choose
9 ἡγέομαι, *pres mid ptc acc s m*, lead
10 ἐκλέγω, *aor mid ind 1s*, select, choose
11 ἐπάνω, over
12 διότι, since, because
13 καλῶς, well
14 ὀσφύς, loins
15 ἀντί, in place of
16 κιβωτός, chest, ark (of the covenant)
17 διατίθημι, *aor mid ind 3s*, grant, arrange
18 κατέναντι, opposite, facing
19 θυσιαστήριον, altar
20 ἔναντι, before
21 διαπετάννυμι, *aor act ind 3s*, spread out
22 βάσις, pedestal, platform
23 χαλκοῦς, bronze
24 αὐλή, court
25 πῆχυς, cubit
26 μῆκος, length
27 εὖρος, width
28 ὕψος, height

αὐτῆς καὶ ἔπεσεν ἐπὶ τὰ γόνατα[1] ἔναντι[2] πάσης ἐκκλησίας Ισραηλ καὶ διεπέτασεν[3]
τὰς χεῖρας αὐτοῦ εἰς τὸν οὐρανὸν **14** καὶ εἶπεν Κύριε ὁ θεὸς Ισραηλ, οὐκ ἔστιν
ὅμοιός[4] σοι θεὸς ἐν οὐρανῷ καὶ ἐπὶ τῆς γῆς, φυλάσσων τὴν διαθήκην καὶ τὸ ἔλεος[5]
τοῖς παισίν[6] σου τοῖς πορευομένοις ἐναντίον[7] σου ἐν ὅλῃ καρδίᾳ. **15** ἃ ἐφύλαξας
τῷ παιδί[8] σου Δαυιδ τῷ πατρί μου, ἃ ἐλάλησας αὐτῷ λέγων, καὶ ἐλάλησας ἐν στό-
ματί σου καὶ ἐν χερσίν σου ἐπλήρωσας ὡς ἡ ἡμέρα αὕτη. **16** καὶ νῦν, κύριε ὁ θεὸς
Ισραηλ, φύλαξον τῷ παιδί[9] σου τῷ Δαυιδ τῷ πατρί μου ἃ ἐλάλησας αὐτῷ λέγων
Οὐκ ἐκλείψει[10] σοι ἀνὴρ ἀπὸ προσώπου μου καθήμενος ἐπὶ θρόνου Ισραηλ, πλὴν
ἐὰν φυλάξωσιν οἱ υἱοί σου τὴν ὁδὸν αὐτῶν τοῦ πορεύεσθαι ἐν τῷ νόμῳ μου, ὡς
ἐπορεύθης ἐναντίον[11] μου. **17** καὶ νῦν, κύριε ὁ θεὸς Ισραηλ, πιστωθήτω[12] δή[13] τὸ
ῥῆμά σου, ὃ ἐλάλησας τῷ παιδί[14] σου τῷ Δαυιδ.

18 ὅτι εἰ ἀληθῶς[15] κατοικήσει θεὸς μετὰ ἀνθρώπων ἐπὶ τῆς γῆς; εἰ ὁ οὐρανὸς καὶ ὁ
οὐρανὸς τοῦ οὐρανοῦ οὐκ ἀρκέσουσίν[16] σοι, καὶ τίς ὁ οἶκος οὗτος, ὃν ᾠκοδόμησα;
19 καὶ ἐπιβλέψῃ[17] ἐπὶ τὴν προσευχὴν παιδός[18] σου καὶ ἐπὶ τὴν δέησίν[19] μου, κύριε ὁ
θεός, τοῦ ἐπακοῦσαι[20] τῆς δεήσεως καὶ τῆς προσευχῆς, ἧς ὁ παῖς[21] σου προσεύχεται
ἐναντίον[22] σου σήμερον, **20** τοῦ εἶναι ὀφθαλμούς σου ἀνεῳγμένους ἐπὶ τὸν οἶκον
τοῦτον ἡμέρας καὶ νυκτός, εἰς τὸν τόπον τοῦτον, ὃν εἶπας ἐπικληθῆναι[23] τὸ ὄνομά
σου ἐκεῖ, τοῦ ἀκοῦσαι τῆς προσευχῆς, ἧς ὁ παῖς[24] σου προσεύχεται εἰς τὸν τόπον
τοῦτον. **21** καὶ ἀκούσῃ τῆς δεήσεως[25] τοῦ παιδός[26] σου καὶ λαοῦ σου Ισραηλ, ἃ
ἂν προσεύξωνται εἰς τὸν τόπον τοῦτον, καὶ σὺ εἰσακούσῃ[27] ἐν τῷ τόπῳ τῆς κατ-
οικήσεώς[28] σου ἐκ τοῦ οὐρανοῦ καὶ ἀκούσῃ καὶ ἵλεως[29] ἔσῃ.

22 ἐὰν ἁμάρτῃ ἀνὴρ τῷ πλησίον[30] αὐτοῦ, καὶ λάβῃ ἐπ᾽ αὐτὸν ἀρὰν τοῦ ἀρᾶσθαι[31]
αὐτόν, καὶ ἔλθῃ καὶ ἀράσηται[32] κατέναντι[33] τοῦ θυσιαστηρίου[34] ἐν τῷ οἴκῳ τούτῳ,
23 καὶ σὺ εἰσακούσῃ[35] ἐκ τοῦ οὐρανοῦ καὶ ποιήσεις καὶ κρινεῖς τοὺς δούλους σου

1 γόνυ, knee
2 ἔναντι, before
3 διαπετάννυμι, *aor act ind 3s*, spread out
4 ὅμοιος, like, similar to
5 ἔλεος, mercy, compassion
6 παῖς, servant
7 ἐναντίον, before
8 παῖς, servant
9 παῖς, servant
10 ἐκλείπω, *fut act ind 3s*, fail, be deficient, be gone
11 ἐναντίον, before
12 πιστόω, *aor pas impv 3s*, confirm, establish
13 δή, now, indeed
14 παῖς, servant
15 ἀληθῶς, truly, really
16 ἀρκέω, *fut act ind 3p*, be sufficient, be enough
17 ἐπιβλέπω, *aor act sub 3s*, look upon, attend to
18 παῖς, servant
19 δέησις, petition, prayer
20 ἐπακούω, *aor act inf*, hear, listen
21 παῖς, servant
22 ἐναντίον, before
23 ἐπικαλέω, *aor pas inf*, call upon
24 παῖς, servant
25 δέησις, petition, prayer
26 παῖς, servant
27 εἰσακούω, *fut mid ind 2s*, hear, listen
28 κατοίκησις, dwelling, abode
29 ἵλεως, merciful, gracious
30 πλησίον, neighbor
31 ἀράομαι, *pres mid inf*, curse
32 ἀράομαι, *aor mid sub 3s*, curse
33 κατέναντι, before
34 θυσιαστήριον, altar
35 εἰσακούω, *fut mid ind 2s*, hear, listen

τοῦ ἀποδοῦναι τῷ ἀνόμῳ[1] καὶ ἀποδοῦναι ὁδοὺς αὐτοῦ εἰς κεφαλὴν αὐτοῦ, τοῦ δι-
καιῶσαι[2] δίκαιον τοῦ ἀποδοῦναι αὐτῷ κατὰ τὴν δικαιοσύνην αὐτοῦ.

24 καὶ ἐὰν θραυσθῇ[3] ὁ λαός σου Ισραηλ κατέναντι[4] τοῦ ἐχθροῦ, ἐὰν ἁμάρτωσίν
σοι, καὶ ἐπιστρέψωσιν καὶ ἐξομολογήσωνται[5] τῷ ὀνόματί σου καὶ προσεύξωνται καὶ
δεηθῶσιν[6] ἐναντίον[7] σου ἐν τῷ οἴκῳ τούτῳ, **25** καὶ σὺ εἰσακούσῃ[8] ἐκ τοῦ οὐρανοῦ
καὶ ἵλεως[9] ἔσῃ ταῖς ἁμαρτίαις λαοῦ σου Ισραηλ καὶ ἀποστρέψεις[10] αὐτοὺς εἰς τὴν
γῆν, ἣν ἔδωκας αὐτοῖς καὶ τοῖς πατράσιν αὐτῶν.

26 ἐν τῷ συσχεθῆναι[11] τὸν οὐρανὸν καὶ μὴ γενέσθαι ὑετόν,[12] ὅτι ἁμαρτήσονταί σοι,
καὶ προσεύξονται εἰς τὸν τόπον τοῦτον καὶ αἰνέσουσιν[13] τὸ ὄνομά σου καὶ ἀπὸ τῶν
ἁμαρτιῶν αὐτῶν ἐπιστρέψουσιν, ὅτι ταπεινώσεις[14] αὐτούς, **27** καὶ σὺ εἰσακούσῃ[15]
ἐκ τοῦ οὐρανοῦ καὶ ἵλεως[16] ἔσῃ ταῖς ἁμαρτίαις τῶν παίδων[17] σου καὶ τοῦ λαοῦ σου
Ισραηλ, ὅτι δηλώσεις[18] αὐτοῖς τὴν ὁδὸν τὴν ἀγαθήν, ἐν ᾗ πορεύσονται ἐν αὐτῇ,
καὶ δώσεις ὑετὸν[19] ἐπὶ τὴν γῆν σου, ἣν ἔδωκας τῷ λαῷ σου εἰς κληρονομίαν.[20]
— **28** λιμὸς[21] ἐὰν γένηται ἐπὶ τῆς γῆς, θάνατος ἐὰν γένηται, ἀνεμοφθορία[22] καὶ
ἴκτερος,[23] ἀκρὶς[24] καὶ βροῦχος[25] ἐὰν γένηται, ἐὰν θλίψῃ[26] αὐτὸν ὁ ἐχθρὸς κατέναντι[27]
τῶν πόλεων αὐτῶν, κατὰ πᾶσαν πληγὴν[28] καὶ πᾶν πόνον,[29] **29** καὶ πᾶσα προσευχὴ
καὶ πᾶσα δέησις,[30] ἣ ἐὰν γένηται παντὶ ἀνθρώπῳ καὶ παντὶ λαῷ σου Ισραηλ, ἐὰν γνῷ
ἄνθρωπος τὴν ἁφὴν[31] αὐτοῦ καὶ τὴν μαλακίαν[32] αὐτοῦ καὶ διαπετάσῃ[33] τὰς χεῖρας
αὐτοῦ εἰς τὸν οἶκον τοῦτον, **30** καὶ σὺ εἰσακούσῃ[34] ἐκ τοῦ οὐρανοῦ ἐξ ἑτοίμου[35]
κατοικητηρίου[36] σου καὶ ἱλάσῃ[37] καὶ δώσεις ἀνδρὶ κατὰ τὰς ὁδοὺς αὐτοῦ, ὡς ἂν
γνῷς τὴν καρδίαν αὐτοῦ, ὅτι μόνος γινώσκεις τὴν καρδίαν υἱῶν ἀνθρώπων, **31** ὅπως
φοβῶνται τὰς ὁδούς σου πάσας τὰς ἡμέρας, ἃς αὐτοὶ ζῶσιν ἐπὶ προσώπου τῆς γῆς,
ἧς ἔδωκας τοῖς πατράσιν ἡμῶν.

1 ἄνομος, lawless, wicked
2 δικαιόω, *aor act inf*, vindicate, pronounce righteous, acquit
3 θραύω, *aor pas sub 3s*, (weaken, defeat), break
4 κατέναντι, before
5 ἐξομολογέομαι, *aor mid sub 3p*, acknowledge, confess
6 δέομαι, *aor pas sub 3p*, beseech, entreat
7 ἐναντίον, before
8 εἰσακούω, *fut mid ind 2s*, hear, listen
9 ἵλεως, gracious, merciful
10 ἀποστρέφω, *fut act ind 2s*, return, restore
11 συνέχω, *aor pas inf*, shut, seal
12 ὑετός, rain
13 αἰνέω, *fut act ind 3p*, praise
14 ταπεινόω, *fut act ind 2s*, humble, bring low
15 εἰσακούω, *fut mid ind 2s*, hear, listen
16 ἵλεως, gracious, merciful
17 παῖς, servant
18 δηλόω, *fut act ind 2s*, make clear, make known
19 ὑετός, rain
20 κληρονομία, inheritance
21 λιμός, famine
22 ἀνεμοφθορία, blight
23 ἴκτερος, jaundice, rust
24 ἀκρίς, locust, grasshopper
25 βροῦχος, caterpillar, larva
26 θλίβω, *fut mid ind 2s*, afflict, oppress
27 κατέναντι, against, before
28 πληγή, blow, stroke of misfortune, plague
29 πόνος, distress, grief, suffering
30 δέησις, entreaty, petition
31 ἁφή, infection, plague
32 μαλακία, sickness, disease
33 διαπετάννυμι, *aor act sub 3s*, spread out
34 εἰσακούω, *fut mid ind 2s*, hear, listen
35 ἕτοιμος, prepared, ready
36 κατοικητήριον, dwelling, abode
37 ἱλάσκομαι, *fut mid ind 2s*, propitiate, make atonement

32 καὶ πᾶς ἀλλότριος,[1] ὃς οὐκ ἐκ τοῦ λαοῦ σου Ισραηλ ἐστὶν αὐτὸς καὶ ἔλθῃ ἐκ
γῆς μακρόθεν[2] διὰ τὸ ὄνομά σου τὸ μέγα καὶ τὴν χεῖρά σου τὴν κραταιὰν[3] καὶ τὸν
βραχίονά[4] σου τὸν ὑψηλὸν[5] καὶ ἔλθωσιν καὶ προσεύξωνται εἰς τὸν τόπον τοῦτον,
33 καὶ εἰσακούσῃ[6] ἐκ τοῦ οὐρανοῦ ἐξ ἑτοίμου[7] κατοικητηρίου[8] σου καὶ ποιήσεις
κατὰ πάντα, ὅσα ἐὰν ἐπικαλέσηταί[9] σε ὁ ἀλλότριος,[10] ὅπως γνῶσιν πάντες οἱ λαοὶ
τῆς γῆς τὸ ὄνομά σου καὶ τοῦ φοβεῖσθαί σε ὡς ὁ λαός σου Ισραηλ καὶ τοῦ γνῶναι
ὅτι ἐπικέκληται[11] τὸ ὄνομά σου ἐπὶ τὸν οἶκον τοῦτον, ὃν ᾠκοδόμησα.

34 ἐὰν δὲ ἐξέλθῃ ὁ λαός σου εἰς πόλεμον ἐπὶ τοὺς ἐχθροὺς αὐτοῦ ἐν ὁδῷ, ᾗ ἀπο-
στελεῖς αὐτούς, καὶ προσεύξωνται πρὸς σὲ κατὰ τὴν ὁδὸν τῆς πόλεως ταύτης,
ἣν ἐξελέξω[12] ἐν αὐτῇ, καὶ οἴκου, οὗ ᾠκοδόμησα τῷ ὀνόματί σου, **35** καὶ ἀκούσῃ
ἐκ τοῦ οὐρανοῦ τῆς δεήσεως[13] αὐτῶν καὶ τῆς προσευχῆς αὐτῶν καὶ ποιήσεις τὸ
δικαίωμα[14] αὐτῶν. — **36** ὅτι ἁμαρτήσονταί σοι (ὅτι οὐκ ἔσται ἄνθρωπος, ὃς οὐχ
ἁμαρτήσεται) καὶ πατάξεις[15] αὐτοὺς καὶ παραδώσεις αὐτοὺς κατὰ πρόσωπον
ἐχθρῶν καὶ αἰχμαλωτεύσουσιν[16] οἱ αἰχμαλωτεύοντες[17] αὐτοὺς εἰς γῆν ἐχθρῶν εἰς
γῆν μακρὰν[18] ἢ ἐγγὺς[19] **37** καὶ ἐπιστρέψωσιν καρδίαν αὐτῶν ἐν τῇ γῇ αὐτῶν, οὗ[20]
μετήχθησαν[21] ἐκεῖ, καί γε ἐπιστρέψωσιν καὶ δεηθῶσίν[22] σου ἐν τῇ αἰχμαλωσίᾳ[23]
αὐτῶν λέγοντες Ἡμάρτομεν ἠδικήσαμεν[24] ἠνομήσαμεν,[25] **38** καὶ ἐπιστρέψωσιν πρὸς
σὲ ἐν ὅλῃ καρδίᾳ καὶ ἐν ὅλῃ ψυχῇ αὐτῶν ἐν γῇ αἰχμαλωτευσάντων[26] αὐτοὺς καὶ
προσεύξωνται ὁδὸν γῆς αὐτῶν, ἧς ἔδωκας τοῖς πατράσιν αὐτῶν, καὶ τῆς πόλεως,
ἧς ἐξελέξω,[27] καὶ τοῦ οἴκου, οὗ ᾠκοδόμησα τῷ ὀνόματί σου, **39** καὶ ἀκούσῃ ἐκ τοῦ
οὐρανοῦ ἐξ ἑτοίμου[28] κατοικητηρίου[29] σου τῆς προσευχῆς αὐτῶν καὶ τῆς δεήσεως[30]
αὐτῶν καὶ ποιήσεις κρίματα[31] καὶ ἵλεως[32] ἔσῃ τῷ λαῷ τῷ ἁμαρτόντι σοι. — **40** νῦν,
κύριε, ἔστωσαν δὴ[33] οἱ ὀφθαλμοί σου ἀνεῳγμένοι καὶ τὰ ὦτά σου ἐπήκοα[34] εἰς τὴν
δέησιν[35] τοῦ τόπου τούτου. **41** καὶ νῦν ἀνάστηθι, κύριε ὁ θεός, εἰς τὴν κατάπαυσίν[36]

1 ἀλλότριος, strange, foreign
2 μακρόθεν, distant, far off
3 κραταιός, powerful, strong
4 βραχίων, arm
5 ὑψηλός, uplifted, extended
6 εἰσακούω, *fut mid ind 2s*, hear, listen
7 ἕτοιμος, prepared, ready
8 κατοικητήριον, dwelling, abode
9 ἐπικαλέω, *aor mid sub 3s*, call upon
10 ἀλλότριος, strange, foreign
11 ἐπικαλέω, *perf mid ind 3s*, call upon
12 ἐκλέγω, *aor mid ind 2s*, select, choose
13 δέησις, entreaty, petition
14 δικαίωμα, plea of right, cause
15 πατάσσω, *fut act ind 2s*, strike
16 αἰχμαλωτεύω, *fut act ind 3p*, take prisoner, take captive
17 αἰχμαλωτεύω, *pres act ptc nom p m*, capture
18 μακρός, distant, far off
19 ἐγγύς, near
20 οὗ, where
21 μετάγω, *aor pas ind 3p*, remove, transport
22 δέομαι, *aor pas sub 3p*, ask, beseech
23 αἰχμαλωσία, captivity
24 ἀδικέω, *aor act ind 1p*, do wrong, act unjustly
25 ἀνομέω, *aor act ind 1p*, be wicked, act lawlessly
26 αἰχμαλωτεύω, *aor act ptc gen p m*, capture
27 ἐκλέγω, *aor mid ind 2s*, select, choose
28 ἕτοιμος, prepared, ready
29 κατοικητήριον, dwelling, abode
30 δέησις, entreaty, petition
31 κρίμα, decision, judgment
32 ἵλεως, merciful, gracious
33 δή, now, indeed
34 ἐπήκοος, attentive
35 δέησις, entreaty, petition
36 κατάπαυσις, place of rest

σου, σὺ καὶ ἡ κιβωτὸς[1] τῆς ἰσχύος[2] σου. οἱ ἱερεῖς σου, κύριε ὁ θεός, ἐνδύσαιντο[3]
σωτηρίαν, καὶ οἱ υἱοί σου εὐφρανθήτωσαν[4] ἐν ἀγαθοῖς.

42 κύριε ὁ θεός, μὴ ἀποστρέψῃς[5] τὸ πρόσωπον τοῦ χριστοῦ σου, μνήσθητι[6] τὰ ἐλέη[7]
Δαυιδ τοῦ δούλου σου.

The Glory of God

7 Καὶ ὡς συνετέλεσεν[8] Σαλωμων προσευχόμενος, καὶ τὸ πῦρ κατέβη ἐκ τοῦ οὐ-
ρανοῦ καὶ κατέφαγεν[9] τὰ ὁλοκαυτώματα[10] καὶ τὰς θυσίας,[11] καὶ δόξα κυρίου
ἔπλησεν[12] τὸν οἶκον. **2** καὶ οὐκ ἠδύναντο οἱ ἱερεῖς εἰσελθεῖν εἰς τὸν οἶκον κυρίου
ἐν τῷ καιρῷ ἐκείνῳ, ὅτι ἔπλησεν[13] δόξα κυρίου τὸν οἶκον. **3** καὶ πάντες οἱ υἱοὶ
Ισραηλ ἑώρων καταβαῖνον τὸ πῦρ, καὶ ἡ δόξα κυρίου ἐπὶ τὸν οἶκον, καὶ ἔπεσον
ἐπὶ πρόσωπον ἐπὶ τὴν γῆν ἐπὶ τὸ λιθόστρωτον[14] καὶ προσεκύνησαν καὶ ᾔνουν[15] τῷ
κυρίῳ, ὅτι ἀγαθόν, ὅτι εἰς τὸν αἰῶνα τὸ ἔλεος[16] αὐτοῦ.

Sacrifices to God

4 καὶ ὁ βασιλεὺς καὶ πᾶς ὁ λαὸς θύοντες[17] θύματα[18] ἔναντι[19] κυρίου. **5** καὶ ἐθυσία-
σεν[20] Σαλωμων τὴν θυσίαν,[21] μόσχων[22] εἴκοσι[23] καὶ δύο χιλιάδας[24] καὶ βοσκημάτων[25]
ἑκατὸν[26] καὶ εἴκοσι χιλιάδας, καὶ ἐνεκαίνισεν[27] τὸν οἶκον τοῦ θεοῦ ὁ βασιλεὺς καὶ
πᾶς ὁ λαός. **6** καὶ οἱ ἱερεῖς ἐπὶ τὰς φυλακὰς αὐτῶν ἑστηκότες, καὶ οἱ Λευῖται ἐν
ὀργάνοις[28] ᾠδῶν[29] κυρίου τοῦ Δαυιδ τοῦ βασιλέως τοῦ ἐξομολογεῖσθαι[30] ἔναντι[31]
κυρίου ὅτι εἰς τὸν αἰῶνα τὸ ἔλεος[32] αὐτοῦ ἐν ὕμνοις[33] Δαυιδ διὰ χειρὸς αὐτῶν, καὶ
οἱ ἱερεῖς σαλπίζοντες[34] ταῖς σάλπιγξιν[35] ἐναντίον[36] αὐτῶν, καὶ πᾶς Ισραηλ ἑστηκώς.

1 κιβωτός, chest, ark
2 ἰσχύς, strength, might
3 ἐνδύω, *aor mid opt 3p*, clothe, put on
4 εὐφραίνω, *aor pas impv 3p*, rejoice, be glad
5 ἀποστρέφω, *aor act sub 2s*, turn away, reject
6 μιμνήσκομαι, *aor pas impv 2s*, remember
7 ἔλεος, mercy, compassion
8 συντελέω, *aor act ind 3s*, finish, complete
9 κατεσθίω, *aor act ind 3s*, consume, devour
10 ὁλοκαύτωμα, whole burnt offering
11 θυσία, sacrifice
12 πίμπλημι, *aor act ind 3s*, fill
13 πίμπλημι, *aor act ind 3s*, fill
14 λιθόστρωτος, pavement
15 αἰνέω, *impf act ind 3p*, praise
16 ἔλεος, mercy, compassion
17 θύω, *pres act ptc nom p m*, offer, sacrifice
18 θῦμα, sacrifice
19 ἔναντι, before
20 θυσιάζω, *aor act ind 3s*, sacrifice
21 θυσία, sacrifice
22 μόσχος, calf
23 εἴκοσι, twenty
24 χιλιάς, thousand
25 βόσκημα, sheep
26 ἑκατόν, one hundred
27 ἐγκαινίζω, *aor act ind 3s*, dedicate, inaugurate
28 ὄργανον, musical instrument
29 ᾠδή, song
30 ἐξομολογέομαι, *pres mid inf*, acknowledge, confess
31 ἔναντι, before
32 ἔλεος, mercy, compassion
33 ὕμνος, hymn, song of praise
34 σαλπίζω, *pres act ptc nom p m*, sound, blow
35 σάλπιγξ, trumpet
36 ἐναντίον, before

7 καὶ ἡγίασεν[1] Σαλωμων τὸ μέσον τῆς αὐλῆς[2] τῆς ἐν οἴκῳ κυρίου· ὅτι ἐποίησεν ἐκεῖ τὰ ὁλοκαυτώματα[3] καὶ τὰ στέατα[4] τῶν σωτηρίων,[5] ὅτι τὸ θυσιαστήριον[6] τὸ χαλκοῦν,[7] ὃ ἐποίησεν Σαλωμων, οὐκ ἐξεποίει[8] δέξασθαι[9] τὰ ὁλοκαυτώματα[10] καὶ τὰ μαναα[11] καὶ τὰ στέατα.

Feast of Dedication

8 καὶ ἐποίησεν Σαλωμων τὴν ἑορτὴν[12] ἐν τῷ καιρῷ ἐκείνῳ ἑπτὰ ἡμέραις καὶ πᾶς Ισραηλ μετ᾽ αὐτοῦ, ἐκκλησία μεγάλη σφόδρα[13] ἀπὸ εἰσόδου[14] Αιμαθ καὶ ἕως χειμάρρου[15] Αἰγύπτου. **9** καὶ ἐποίησεν ἐν τῇ ἡμέρᾳ τῇ ὀγδόῃ[16] ἐξόδιον,[17] ὅτι ἐγκαινισμὸν[18] τοῦ θυσιαστηρίου[19] ἐποίησεν ἑπτὰ ἡμέρας ἑορτήν.[20] **10** καὶ ἐν τῇ τρίτῃ καὶ εἰκοστῇ[21] τοῦ μηνὸς[22] τοῦ ἑβδόμου[23] ἀπέστειλεν τὸν λαὸν εἰς τὰ σκηνώματα[24] αὐτῶν εὐφραινομένους[25] καὶ ἀγαθῇ καρδίᾳ ἐπὶ τοῖς ἀγαθοῖς, οἷς ἐποίησεν κύριος τῷ Δαυιδ καὶ τῷ Σαλωμων καὶ τῷ Ισραηλ λαῷ αὐτοῦ.

11 Καὶ συνετέλεσεν[26] Σαλωμων τὸν οἶκον κυρίου καὶ τὸν οἶκον τοῦ βασιλέως· καὶ πάντα, ὅσα ἠθέλησεν ἐν τῇ ψυχῇ Σαλωμων τοῦ ποιῆσαι ἐν οἴκῳ κυρίου καὶ ἐν οἴκῳ αὐτοῦ, εὐοδώθη.[27]

God Appears to Solomon

12 καὶ ὤφθη ὁ θεὸς τῷ Σαλωμων τὴν νύκτα καὶ εἶπεν αὐτῷ Ἤκουσα τῆς προσευχῆς σου καὶ ἐξελεξάμην[28] ἐν τῷ τόπῳ τούτῳ ἐμαυτῷ[29] εἰς οἶκον θυσίας.[30] **13** ἐὰν συσχῶ[31] τὸν οὐρανὸν καὶ μὴ γένηται ὑετός,[32] καὶ ἐὰν ἐντείλωμαι[33] τῇ ἀκρίδι[34] καταφαγεῖν[35] τὸ ξύλον,[36] καὶ ἐὰν ἀποστείλω θάνατον ἐν τῷ λαῷ μου, **14** καὶ ἐὰν ἐντραπῇ[37] ὁ λαός μου, ἐφ᾽ οὓς τὸ ὄνομά μου ἐπικέκληται[38] ἐπ᾽ αὐτούς, καὶ προσεύξωνται καὶ

1 ἁγιάζω, *aor act ind 3s*, sanctify, consecrate
2 αὐλή, court
3 ὁλοκαύτωμα, whole burnt offering
4 στέαρ, fat
5 σωτήριον, (sacrifice of) deliverance, peace
6 θυσιαστήριον, altar
7 χαλκοῦς, bronze
8 ἐκποιέω, *impf act ind 3s*, permit
9 δέχομαι, *aor mid inf*, receive, accept
10 ὁλοκαύτωμα, whole burnt offering
11 μαναα, gift, offering, *translit.*
12 ἑορτή, feast, festival
13 σφόδρα, exceedingly
14 εἴσοδος, entrance
15 χείμαρρος, brook
16 ὄγδοος, eighth
17 ἐξόδιον, conclusion (of a festival)
18 ἐγκαινισμός, consecration, dedication
19 θυσιαστήριον, altar
20 ἑορτή, feast, festival
21 εἰκοστός, twentieth
22 μήν, month
23 ἕβδομος, seventh
24 σκήνωμα, tent, dwelling
25 εὐφραίνω, *pres pas ptc acc p m*, rejoice, be glad
26 συντελέω, *aor act ind 3s*, finish, complete
27 εὐοδόω, *aor pas ind 3s*, prosper, be successful
28 ἐκλέγω, *aor mid ind 1s*, select, choose
29 ἐμαυτοῦ, of myself
30 θυσία, sacrifice
31 συνέχω, *aor act sub 1s*, shut, restrain
32 ὑετός, rain
33 ἐντέλλομαι, *aor mid sub 1s*, command
34 ἀκρίς, locust
35 κατεσθίω, *aor act inf*, consume, eat
36 ξύλον, tree
37 ἐντρέπω, *aor pas sub 3s*, feel shame
38 ἐπικαλέω, *perf pas ind 3s*, call upon

ζητήσωσιν τὸ πρόσωπόν μου καὶ ἀποστρέψωσιν[1] ἀπὸ τῶν ὁδῶν αὐτῶν τῶν πονη-
ρῶν, καὶ ἐγὼ εἰσακούσομαι[2] ἐκ τοῦ οὐρανοῦ καὶ ἵλεως[3] ἔσομαι ταῖς ἁμαρτίαις αὐτῶν
καὶ ἰάσομαι[4] τὴν γῆν αὐτῶν. **15** νῦν οἱ ὀφθαλμοί μου ἔσονται ἀνεῳγμένοι καὶ τὰ ὦτά
μου ἐπήκοα[5] τῇ προσευχῇ τοῦ τόπου τούτου. **16** καὶ νῦν ἐξελεξάμην[6] καὶ ἡγίακα[7]
τὸν οἶκον τοῦτον τοῦ εἶναι ὄνομά μου ἐκεῖ ἕως αἰῶνος, καὶ ἔσονται οἱ ὀφθαλμοί
μου καὶ ἡ καρδία μου ἐκεῖ πάσας τὰς ἡμέρας. **17** καὶ σὺ ἐὰν πορευθῇς ἐναντίον[8]
μου ὡς Δαυιδ ὁ πατήρ σου καὶ ποιήσῃς κατὰ πάντα, ἃ ἐνετειλάμην[9] σοι, καὶ τὰ
προστάγματά[10] μου καὶ τὰ κρίματά[11] μου φυλάξῃ, **18** καὶ ἀναστήσω τὸν θρόνον
τῆς βασιλείας σου, ὡς διεθέμην[12] Δαυιδ τῷ πατρί σου λέγων Οὐκ ἐξαρθήσεταί[13] σοι
ἀνὴρ ἡγούμενος[14] ἐν Ισραηλ.

19 καὶ ἐὰν ἀποστρέψητε[15] ὑμεῖς καὶ ἐγκαταλίπητε[16] τὰ προστάγματά[17] μου καὶ τὰς
ἐντολάς μου, ἃς ἔδωκα ἐναντίον[18] ὑμῶν, καὶ πορευθῆτε καὶ λατρεύσητε[19] θεοῖς
ἑτέροις καὶ προσκυνήσητε αὐτοῖς, **20** καὶ ἐξαρῶ[20] ὑμᾶς ἀπὸ τῆς γῆς, ἧς ἔδωκα αὐτοῖς,
καὶ τὸν οἶκον τοῦτον, ὃν ἡγίασα[21] τῷ ὀνόματί μου, ἀποστρέψω[22] ἐκ προσώπου μου
καὶ δώσω αὐτὸν εἰς παραβολὴν[23] καὶ εἰς διήγημα[24] ἐν πᾶσιν τοῖς ἔθνεσιν. **21** καὶ
ὁ οἶκος οὗτος ὁ ὑψηλός,[25] πᾶς ὁ διαπορευόμενος[26] αὐτὸν ἐκστήσεται[27] καὶ ἐρεῖ
Χάριν[28] τίνος ἐποίησεν κύριος τῇ γῇ ταύτῃ καὶ τῷ οἴκῳ τούτῳ; **22** καὶ ἐροῦσιν
Διότι[29] ἐγκατέλιπον[30] κύριον τὸν θεὸν τῶν πατέρων αὐτῶν τὸν ἐξαγαγόντα[31] αὐτοὺς
ἐκ γῆς Αἰγύπτου καὶ ἀντελάβοντο[32] θεῶν ἑτέρων καὶ προσεκύνησαν αὐτοῖς καὶ
ἐδούλευσαν[33] αὐτοῖς, διὰ τοῦτο ἐπήγαγεν[34] ἐπ᾽ αὐτοὺς πᾶσαν τὴν κακίαν[35] ταύτην.

1 ἀποστρέφω, *aor act sub 3p*, turn back
2 εἰσακούω, *fut mid ind 1s*, hear, listen
3 ἵλεως, merciful, gracious
4 ἰάομαι, *fut mid ind 1s*, heal
5 ἐπήκοος, attentive
6 ἐκλέγω, *aor mid ind 1s*, select, choose
7 ἁγιάζω, *perf act ind 1s*, sanctify, consecrate
8 ἐναντίον, before
9 ἐντέλλομαι, *aor mid ind 1s*, command
10 πρόσταγμα, ordinance, command
11 κρίμα, decision, judgment
12 διατίθημι, *aor mid ind 1s*, grant, arrange
13 ἐξαίρω, *fut pas ind 3s*, remove
14 ἡγέομαι, *pres mid ptc nom s m*, lead
15 ἀποστρέφω, *aor act sub 2p*, turn away
16 ἐγκαταλείπω, *aor act sub 2p*, forsake, abandon
17 πρόσταγμα, ordinance, command
18 ἐναντίον, before
19 λατρεύω, *aor act sub 2p*, serve
20 ἐξαίρω, *fut act ind 1s*, remove
21 ἁγιάζω, *aor act ind 1s*, sanctify, consecrate
22 ἀποστρέφω, *fut act ind 1s*, turn away
23 παραβολή, proverb, illustration
24 διήγημα, tale, story
25 ὑψηλός, proud, upraised, exalted
26 διαπορεύομαι, *pres mid ptc nom s m*, pass through
27 ἐξίστημι, *fut mid ind 3s*, confound, astonish
28 χάριν, because of, on account of
29 διότι, because, since
30 ἐγκαταλείπω, *aor act ind 3p*, abandon, forsake
31 ἐξάγω, *aor act ptc acc s m*, lead out
32 ἀντιλαμβάνομαι, *aor mid ind 3p*, take hold of, devote oneself to
33 δουλεύω, *aor act ind 3p*, serve
34 ἐπάγω, *aor act ind 3s*, bring upon
35 κακία, harm, misfortune

Solomon's Achievements

8 Καὶ ἐγένετο μετὰ εἴκοσι[1] ἔτη, ἐν οἷς ᾠκοδόμησεν Σαλωμων τὸν οἶκον κυρίου καὶ τὸν οἶκον ἑαυτοῦ, **2** καὶ τὰς πόλεις, ἃς ἔδωκεν Χιραμ τῷ Σαλωμων, ᾠκοδόμησεν αὐτὰς Σαλωμων καὶ κατῴκισεν[2] ἐκεῖ τοὺς υἱοὺς Ισραηλ.

3 καὶ ἦλθεν Σαλωμων εἰς Αιμαθ Σωβα καὶ κατίσχυσεν[3] αὐτήν. **4** καὶ ᾠκοδόμησεν τὴν Θεδμορ ἐν τῇ ἐρήμῳ καὶ πάσας τὰς πόλεις τὰς ὀχυράς,[4] ἃς ᾠκοδόμησεν ἐν Ημαθ. **5** καὶ ᾠκοδόμησεν τὴν Βαιθωρων τὴν ἄνω[5] καὶ τὴν Βαιθωρων τὴν κάτω,[6] πόλεις ὀχυράς,[7] τείχη,[8] πύλαι[9] καὶ μοχλοί,[10] **6** καὶ τὴν Βααλαθ καὶ πάσας τὰς πόλεις τὰς ὀχυράς,[11] αἳ ἦσαν τῷ Σαλωμων, καὶ πάσας τὰς πόλεις τῶν ἁρμάτων[12] καὶ τὰς πόλεις τῶν ἱππέων[13] καὶ ὅσα ἐπεθύμησεν[14] Σαλωμων κατὰ τὴν ἐπιθυμίαν[15] τοῦ οἰκοδομῆσαι ἐν Ιερουσαλημ καὶ ἐν τῷ Λιβάνῳ καὶ ἐν πάσῃ τῇ βασιλείᾳ αὐτοῦ.

7 πᾶς ὁ λαὸς ὁ καταλειφθεὶς[16] ἀπὸ τοῦ Χετταίου καὶ τοῦ Αμορραίου καὶ τοῦ Φερεζαίου καὶ τοῦ Ευαίου καὶ τοῦ Ιεβουσαίου, οἵ οὐκ εἰσιν ἐκ τοῦ Ισραηλ — **8** ἦσαν ἐκ τῶν υἱῶν αὐτῶν τῶν καταλειφθέντων[17] μετ᾽ αὐτοὺς ἐν τῇ γῇ, οὓς οὐκ ἐξωλέθρευσαν[18] οἱ υἱοὶ Ισραηλ — καὶ ἀνήγαγεν[19] αὐτοὺς Σαλωμων εἰς φόρον[20] ἕως τῆς ἡμέρας ταύτης.
9 καὶ ἐκ τῶν υἱῶν Ισραηλ οὐκ ἔδωκεν Σαλωμων εἰς παῖδας[21] τῇ βασιλείᾳ αὐτοῦ, ὅτι αὐτοὶ ἄνδρες πολεμισταὶ[22] καὶ ἄρχοντες καὶ δυνατοὶ καὶ ἄρχοντες ἁρμάτων[23] καὶ ἱππέων.[24] **10** καὶ οὗτοι ἄρχοντες τῶν προστατῶν[25] βασιλέως Σαλωμων· πεντήκοντα[26] καὶ διακόσιοι[27] ἐργοδιωκτοῦντες[28] ἐν τῷ λαῷ.

11 Καὶ τὴν θυγατέρα[29] Φαραω Σαλωμων ἀνήγαγεν[30] ἐκ πόλεως Δαυιδ εἰς τὸν οἶκον, ὃν ᾠκοδόμησεν αὐτῇ, ὅτι εἶπεν Οὐ κατοικήσει ἡ γυνή μου ἐν πόλει Δαυιδ τοῦ βασιλέως Ισραηλ, ὅτι ἅγιός ἐστιν οὗ[31] εἰσῆλθεν ἐκεῖ κιβωτὸς[32] κυρίου.

1 εἴκοσι, twenty
2 κατοικίζω, *aor act ind 3s*, settle, cause to dwell
3 κατισχύω, *aor act ind 3s*, prevail over, overpower
4 ὀχυρός, fortified, strong
5 ἄνω, upward, upper
6 κάτω, downward, lower
7 ὀχυρός, fortified, strong
8 τεῖχος, wall
9 πύλη, gate
10 μοχλός, bar, bolt (of a door)
11 ὀχυρός, fortified, strong
12 ἅρμα, chariot
13 ἱππεύς, horseman, cavalry
14 ἐπιθυμέω, *aor act ind 3s*, desire, long for
15 ἐπιθυμία, desire, yearning
16 καταλείπω, *aor pas ptc nom s m*, leave behind
17 καταλείπω, *aor pas ptc gen p m*, leave behind
18 ἐξολεθρεύω, *aor act ind 3p*, utterly destroy
19 ἀνάγω, *aor act ind 3s*, lead up
20 φόρος, tribute
21 παῖς, servant
22 πολεμιστής, warrior
23 ἅρμα, chariot
24 ἱππεύς, horseman
25 προστάτης, officer, overseer
26 πεντήκοντα, fifty
27 διακόσιοι, two hundred
28 ἐργοδιωκτέω, *pres act ptc nom p m*, be a taskmaster
29 θυγάτηρ, daughter
30 ἀνάγω, *aor act ind 3s*, bring up
31 οὗ, where
32 κιβωτός, chest, ark

12 Τότε ἀνήνεγκεν[1] Σαλωμων ὁλοκαυτώματα[2] τῷ κυρίῳ ἐπὶ τὸ θυσιαστήριον,[3]
ὃ ᾠκοδόμησεν ἀπέναντι[4] τοῦ ναοῦ, **13** καὶ κατὰ τὸν λόγον ἡμέρας ἐν ἡμέρᾳ τοῦ
ἀναφέρειν[5] κατὰ τὰς ἐντολὰς Μωυσῆ ἐν τοῖς σαββάτοις καὶ ἐν τοῖς μησὶν[6] καὶ ἐν
ταῖς ἑορταῖς[7] τρεῖς καιροὺς τοῦ ἐνιαυτοῦ,[8] ἐν τῇ ἑορτῇ τῶν ἀζύμων[9] καὶ ἐν τῇ ἑορτῇ
τῶν ἑβδομάδων[10] καὶ ἐν τῇ ἑορτῇ τῶν σκηνῶν.[11]

14 καὶ ἔστησεν κατὰ τὴν κρίσιν Δαυιδ τὰς διαιρέσεις[12] τῶν ἱερέων κατὰ τὰς λειτουρ-
γίας[13] αὐτῶν, καὶ οἱ Λευῖται ἐπὶ τὰς φυλακὰς αὐτῶν τοῦ αἰνεῖν[14] καὶ λειτουργεῖν[15]
κατέναντι[16] τῶν ἱερέων κατὰ τὸν λόγον ἡμέρας ἐν τῇ ἡμέρᾳ, καὶ οἱ πυλωροὶ[17] κατὰ
τὰς διαιρέσεις[18] αὐτῶν εἰς πύλην[19] καὶ πύλην, ὅτι οὕτως ἐντολαὶ Δαυιδ ἀνθρώπου
τοῦ θεοῦ· **15** οὐ παρῆλθον[20] τὰς ἐντολὰς τοῦ βασιλέως περὶ τῶν ἱερέων καὶ τῶν
Λευιτῶν εἰς πάντα λόγον καὶ εἰς τοὺς θησαυρούς.[21]

16 καὶ ἡτοιμάσθη πᾶσα ἡ ἐργασία[22] ἀφ᾽ ἧς ἡμέρας ἐθεμελιώθη[23] ἕως οὗ ἐτελείωσεν[24]
Σαλωμων τὸν οἶκον κυρίου.

17 Τότε ᾤχετο[25] Σαλωμων εἰς Γασιωνγαβερ καὶ εἰς τὴν Αιλαθ τὴν παραθαλασσίαν[26]
ἐν γῇ Ιδουμαίᾳ. **18** καὶ ἀπέστειλεν Χιραμ ἐν χειρὶ παίδων[27] αὐτοῦ πλοῖα[28] καὶ παῖδας
εἰδότας θάλασσαν, καὶ ᾤχοντο[29] μετὰ τῶν παίδων Σαλωμων εἰς Σωφιρα καὶ ἔλαβον
ἐκεῖθεν[30] τετρακόσια[31] καὶ πεντήκοντα[32] τάλαντα[33] χρυσίου[34] καὶ ἦλθον πρὸς τὸν
βασιλέα Σαλωμων.

Queen of Sheba Visits Solomon

9 Καὶ βασίλισσα[35] Σαβα ἤκουσεν τὸ ὄνομα Σαλωμων καὶ ἦλθεν τοῦ πειράσαι[36]
Σαλωμων ἐν αἰνίγμασιν[37] εἰς Ιερουσαλημ ἐν δυνάμει βαρείᾳ[38] σφόδρα[39] καὶ

1 ἀναφέρω, *aor act ind 3s*, offer up
2 ὁλοκαύτωμα, whole burnt offering
3 θυσιαστήριον, altar
4 ἀπέναντι, before
5 ἀναφέρω, *pres act inf*, offer up
6 μήν, month
7 ἑορτή, feast, festival
8 ἐνιαυτός, year
9 ἄζυμος, unleavened
10 ἑβδομάς, week
11 σκηνή, tent
12 διαίρεσις, division
13 λειτουργία, ministry, service
14 αἰνέω, *pres act inf*, praise
15 λειτουργέω, *pres act inf*, minister, serve
16 κατέναντι, before
17 πυλωρός, gatekeeper
18 διαίρεσις, division
19 πύλη, gate
20 παρέρχομαι, *aor act ind 3p*, transgress, pass by
21 θησαυρός, treasury
22 ἐργασία, work
23 θεμελιόω, *aor pas ind 3s*, lay a foundation
24 τελειόω, *aor act ind 3s*, finish, complete
25 οἴχομαι, *impf mid ind 3s*, go, depart
26 παραθαλάσσιος, by the sea
27 παῖς, servant
28 πλοῖον, ship
29 οἴχομαι, *impf mid ind 3p*, go, depart
30 ἐκεῖθεν, from there
31 τετρακόσιοι, four hundred
32 πεντήκοντα, fifty
33 τάλαντον, talent
34 χρυσίον, gold
35 βασίλισσα, queen
36 πειράζω, *aor act inf*, put to the test
37 αἴνιγμα, riddle, enigma
38 βαρύς, heavy
39 σφόδρα, exceedingly

κάμηλοι[1] αἴρουσαι ἀρώματα[2] καὶ χρυσίον[3] εἰς πλῆθος καὶ λίθον τίμιον[4] καὶ ἦλθεν
πρὸς Σαλωμων καὶ ἐλάλησεν πρὸς αὐτὸν πάντα, ὅσα ἐν τῇ ψυχῇ αὐτῆς. **2** καὶ
ἀνήγγειλεν[5] αὐτῇ Σαλωμων πάντας τοὺς λόγους αὐτῆς, καὶ οὐ παρῆλθεν[6] λόγος
ἀπὸ Σαλωμων, ὃν οὐκ ἀπήγγειλεν αὐτῇ. **3** καὶ εἶδεν βασίλισσα[7] Σαβα τὴν σοφίαν
Σαλωμων καὶ τὸν οἶκον, ὃν ᾠκοδόμησεν, **4** καὶ τὰ βρώματα[8] τῶν τραπεζῶν[9] καὶ
καθέδραν[10] παίδων[11] αὐτοῦ καὶ στάσιν[12] λειτουργῶν[13] αὐτοῦ καὶ ἱματισμὸν[14] αὐτῶν
καὶ οἰνοχόους[15] αὐτοῦ καὶ στολισμὸν[16] αὐτῶν καὶ τὰ ὁλοκαυτώματα,[17] ἃ ἀνέφερεν[18]
ἐν οἴκῳ κυρίου, καὶ ἐξ ἑαυτῆς ἐγένετο. **5** καὶ εἶπεν πρὸς τὸν βασιλέα Ἀληθινὸς[19] ὁ
λόγος, ὃν ἤκουσα ἐν τῇ γῇ μου περὶ τῶν λόγων σου καὶ περὶ τῆς σοφίας σου, **6** καὶ
οὐκ ἐπίστευσα τοῖς λόγοις, ἕως οὗ ἦλθον καὶ εἶδον οἱ ὀφθαλμοί μου, καὶ ἰδοὺ οὐκ
ἀπηγγέλη μοι ἥμισυ[20] τοῦ πλήθους τῆς σοφίας σου, προσέθηκας[21] ἐπὶ τὴν ἀκοήν,[22]
ἣν ἤκουσα· **7** μακάριοι[23] οἱ ἄνδρες, μακάριοι οἱ παῖδές[24] σου οὗτοι οἱ παρεστηκότες[25]
σοι διὰ παντὸς καὶ ἀκούουσιν σοφίαν σου· **8** ἔστω κύριος ὁ θεός σου ηὐλογημένος,
ὃς ἠθέλησέν σοι τοῦ δοῦναί σε ἐπὶ θρόνον αὐτοῦ εἰς βασιλέα τῷ κυρίῳ θεῷ σου·
ἐν τῷ ἀγαπῆσαι κύριον τὸν θεόν σου τὸν Ισραηλ τοῦ στῆσαι αὐτὸν εἰς αἰῶνα καὶ
ἔδωκέν σε ἐπ᾽ αὐτοὺς εἰς βασιλέα τοῦ ποιῆσαι κρίμα[26] καὶ δικαιοσύνην. **9** καὶ ἔδωκεν
τῷ βασιλεῖ ἑκατὸν[27] εἴκοσι[28] τάλαντα[29] χρυσίου[30] καὶ ἀρώματα[31] εἰς πλῆθος πολὺ
καὶ λίθον τίμιον·[32] καὶ οὐκ ἦν κατὰ τὰ ἀρώματα ἐκεῖνα, ἃ ἔδωκεν βασίλισσα[33] Σαβα
τῷ βασιλεῖ Σαλωμων.

(**10** καὶ οἱ παῖδες[34] Σαλωμων καὶ οἱ παῖδες Χιραμ ἔφερον χρυσίον[35] τῷ Σαλωμων ἐκ
Σουφιρ καὶ ξύλα[36] πεύκινα[37] καὶ λίθον τίμιον·[38] **11** καὶ ἐποίησεν ὁ βασιλεὺς τὰ ξύλα[39]

1 κάμηλος, camel
2 ἄρωμα, spice, aromatic herb
3 χρυσίον, gold
4 τίμιος, costly, precious
5 ἀναγγέλλω, *aor act ind 3s*, declare, disclose
6 παρέρχομαι, *aor act ind 3s*, pass by
7 βασίλισσα, queen
8 βρῶμα, food, provisions
9 τράπεζα, table
10 καθέδρα, seat, seating
11 παῖς, servant
12 στάσις, standing, station
13 λειτουργός, minister
14 ἱματισμός, clothing, apparel
15 οἰνοχόος, cupbearer
16 στολισμός, outfit, clothing
17 ὁλοκαύτωμα, whole burnt offering
18 ἀναφέρω, *impf act ind 3s*, offer up
19 ἀληθινός, true, trustworthy
20 ἥμισυς, half
21 προστίθημι, *aor act ind 2s*, surpass, add to
22 ἀκοή, report, news
23 μακάριος, happy, blessed
24 παῖς, servant
25 παρίστημι, *perf act ptc nom p m*, attend to
26 κρίμα, decision, judgment
27 ἑκατόν, one hundred
28 εἴκοσι, twenty
29 τάλαντον, talent
30 χρυσίον, gold
31 ἄρωμα, spice, aromatic herb
32 τίμιος, costly, precious
33 βασίλισσα, queen
34 παῖς, servant
35 χρυσίον, gold
36 ξύλον, wood
37 πεύκινος, of pine
38 τίμιος, costly, precious
39 ξύλον, wood

τὰ πεύκινα[1] ἀναβάσεις[2] τῷ οἴκῳ κυρίου καὶ τῷ οἴκῳ τοῦ βασιλέως καὶ κιθάρας[3] καὶ νάβλας[4] τοῖς ᾠδοῖς,[5] καὶ οὐκ ὤφθησαν τοιαῦτα[6] ἔμπροσθεν ἐν γῇ Ιουδα.)

12 καὶ ὁ βασιλεὺς Σαλωμων ἔδωκεν τῇ βασιλίσσῃ[7] Σαβα πάντα τὰ θελήματα[8] αὐτῆς, ἃ ᾔτησεν,[9] ἐκτὸς[10] πάντων, ὧν ἤνεγκεν τῷ βασιλεῖ Σαλωμων· καὶ ἀπέστρεψεν[11] εἰς τὴν γῆν αὐτῆς.

Solomon's Magnificence

13 Καὶ ἦν ὁ σταθμὸς[12] τοῦ χρυσίου[13] τοῦ ἐνεχθέντος τῷ Σαλωμων ἐν ἐνιαυτῷ[14]
ἑνὶ ἑξακόσια[15] ἑξήκοντα[16] ἓξ[17] τάλαντα[18] χρυσίου[19] **14** πλὴν τῶν ἀνδρῶν τῶν ὑπο-
τεταγμένων[20] καὶ τῶν ἐμπορευομένων,[21] ὧν ἔφερον, καὶ πάντων τῶν βασιλέων
τῆς Ἀραβίας καὶ σατραπῶν[22] τῆς γῆς, ἔφερον χρυσίον[23] καὶ ἀργύριον[24] τῷ βασιλεῖ
Σαλωμων. **15** καὶ ἐποίησεν ὁ βασιλεὺς Σαλωμων διακοσίους[25] θυρεοὺς[26] χρυσοῦς[27]
ἐλατούς,[28] ἑξακόσιοι[29] χρυσοῖ[30] καθαροὶ[31] τῷ ἑνὶ θυρεῷ, ἑξακόσιοι[32] χρυσοῖ ἐπῆσαν[33]
ἐπὶ τὸν ἕνα θυρεόν· **16** καὶ τριακοσίας[34] ἀσπίδας[35] ἐλατὰς[36] χρυσᾶς,[37] τριακοσίων[38]
χρυσῶν ἀνεφέρετο[39] ἐπὶ τὴν ἀσπίδα ἑκάστην· καὶ ἔδωκεν αὐτὰς ὁ βασιλεὺς ἐν οἴκῳ
δρυμοῦ[40] τοῦ Λιβάνου.

17 καὶ ἐποίησεν ὁ βασιλεὺς θρόνον ἐλεφάντινον[41] ὀδόντων[42] μέγαν καὶ κατεχρύ-
σωσεν[43] αὐτὸν χρυσίῳ[44] δοκίμῳ·[45] **18** καὶ ἓξ[46] ἀναβαθμοὶ[47] τῷ θρόνῳ ἐνδεδεμένοι[48]

1 πεύκινος, of pine
2 ἀνάβασις, ascent, (step)
3 κιθάρα, lyre, harp
4 νάβλα, stringed instrument, harp, *Heb. LW*
5 ᾠδός, singer
6 τοιοῦτος, like this, such
7 βασίλισσα, queen
8 θέλημα, wish, request
9 αἰτέω, *aor act ind 3s*, ask, request
10 ἐκτός, besides, beyond
11 ἀποστρέφω, *aor act ind 3s*, return
12 σταθμός, weight
13 χρυσίον, gold
14 ἐνιαυτός, year
15 ἑξακόσιοι, six hundred
16 ἑξήκοντα, sixty
17 ἕξ, six
18 τάλαντον, talent
19 χρυσίον, gold
20 ὑποτάσσω, *perf pas ptc gen p m*, appoint under
21 ἐμπορεύομαι, *pres mid ptc gen p m*, engage in business
22 σατράπης, governor, satrap
23 χρυσίον, gold
24 ἀργύριον, silver
25 διακόσιοι, two hundred
26 θυρεός, oblong shield
27 χρυσοῦς, gold
28 ἐλατός, beaten
29 ἑξακόσιοι, six hundred
30 χρυσοῦς, gold
31 καθαρός, pure
32 ἑξακόσιοι, six hundred
33 ἔπειμι, *impf act ind 3p*, set upon, be upon
34 τριακόσιοι, three hundred
35 ἀσπίς, shield
36 ἐλατός, beaten
37 χρυσοῦς, gold
38 τριακόσιοι, three hundred
39 ἀναφέρω, *impf mid ind 3s*, bear up, (allot)
40 δρυμός, woods, forest
41 ἐλεφάντινος, of ivory
42 ὀδούς, tooth
43 καταχρυσόω, *aor act ind 3s*, gild
44 χρυσίον, gold
45 δόκιμος, refined, high-quality, precious
46 ἕξ, six
47 ἀναβαθμός, stair, step
48 ἐνδέω, *perf pas ptc nom p m*, rivet, attach

χρυσίῳ,[1] καὶ ἀγκῶνες[2] ἔνθεν[3] καὶ ἔνθεν[4] ἐπὶ τοῦ θρόνου τῆς καθέδρας,[5] καὶ δύο
λέοντες[6] ἑστηκότες παρὰ τοὺς ἀγκῶνας, **19** καὶ δώδεκα[7] λέοντες[8] ἑστηκότες ἐκεῖ
ἐπὶ τῶν ἓξ[9] ἀναβαθμῶν[10] ἔνθεν[11] καὶ ἔνθεν·[12] οὐκ ἐγενήθη οὕτως ἐν πάσῃ βασιλείᾳ.
20 καὶ πάντα τὰ σκεύη[13] τοῦ βασιλέως Σαλωμων χρυσίου,[14] καὶ πάντα τὰ σκεύη
οἴκου δρυμοῦ[15] τοῦ Λιβάνου χρυσίῳ κατειλημμένα,[16] οὐκ ἦν ἀργύριον[17] λογιζόμενον
ἐν ἡμέραις Σαλωμων εἰς οὐθέν·[18] **21** ὅτι ναῦς[19] τῷ βασιλεῖ ἐπορεύετο εἰς Θαρσις μετὰ
τῶν παίδων[20] Χιραμ, ἅπαξ[21] διὰ τριῶν ἐτῶν ἤρχετο πλοῖα[22] ἐκ Θαρσις τῷ βασιλεῖ
γέμοντα[23] χρυσίου[24] καὶ ἀργυρίου[25] καὶ ὀδόντων[26] ἐλεφαντίνων[27] καὶ πιθήκων.[28]

22 καὶ ἐμεγαλύνθη[29] Σαλωμων ὑπὲρ πάντας τοὺς βασιλεῖς καὶ πλούτῳ[30] καὶ σοφίᾳ.
23 καὶ πάντες οἱ βασιλεῖς τῆς γῆς ἐζήτουν τὸ πρόσωπον Σαλωμων ἀκοῦσαι τῆς
σοφίας αὐτοῦ, ἧς ἔδωκεν ὁ θεὸς ἐν καρδίᾳ αὐτοῦ. **24** καὶ αὐτοὶ ἔφερον ἕκαστος τὰ
δῶρα[31] αὐτοῦ, σκεύη[32] ἀργυρᾶ[33] καὶ σκεύη χρυσᾶ[34] καὶ ἱματισμόν,[35] στακτὴν[36] καὶ
ἡδύσματα,[37] ἵππους[38] καὶ ἡμιόνους,[39] τὸ κατ᾽ ἐνιαυτὸν[40] ἐνιαυτόν.

25 καὶ ἦσαν τῷ Σαλωμων τέσσαρες χιλιάδες[41] θήλειαι[42] ἵπποι[43] εἰς ἅρματα[44] καὶ
δώδεκα[45] χιλιάδες ἱππέων,[46] καὶ ἔθετο αὐτοὺς ἐν πόλεσιν τῶν ἁρμάτων[47] καὶ μετὰ
τοῦ βασιλέως ἐν Ιερουσαλημ. **26** καὶ ἦν ἡγούμενος[48] πάντων τῶν βασιλέων ἀπὸ
τοῦ ποταμοῦ[49] καὶ ἕως γῆς ἀλλοφύλων[50] καὶ ἕως ὁρίου[51] Αἰγύπτου. **27** καὶ ἔδωκεν

1 χρυσίον, gold
2 ἀγκών, arm
3 ἔνθεν, on this side
4 ἔνθεν, on that side
5 καθέδρα, seat
6 λέων, lion
7 δώδεκα, twelve
8 λέων, lion
9 ἕξ, six
10 ἀναβαθμός, stair, step
11 ἔνθεν, on this side
12 ἔνθεν, on that side
13 σκεῦος, vessel
14 χρυσίον, gold
15 δρυμός, woods, forest
16 καταλαμβάνω, *perf pas ptc nom p n*, cover
17 ἀργύριον, silver
18 οὐθείς, nothing
19 ναῦς, ship
20 παῖς, servant
21 ἅπαξ, once
22 πλοῖον, boat
23 γέμω, *pres act ptc nom p n*, be full, be laden
24 χρυσίον, gold
25 ἀργύριον, silver
26 ὀδούς, (tusk), tooth
27 ἐλεφάντινος, of ivory
28 πίθηκος, monkey
29 μεγαλύνω, *aor pas ind 3s*, magnify, exalt
30 πλοῦτος, wealth, riches
31 δῶρον, gift
32 σκεῦος, vessel
33 ἀργυροῦς, silver
34 χρυσοῦς, gold
35 ἱματισμός, clothing
36 στακτή, oil of myrrh
37 ἥδυσμα, spices, herbs
38 ἵππος, horse
39 ἡμίονος, mule
40 ἐνιαυτός, year
41 χιλιάς, thousand
42 θῆλυς, female
43 ἵππος, horse
44 ἅρμα, chariot
45 δώδεκα, twelve
46 ἱππεύς, horseman
47 ἅρμα, chariot
48 ἡγέομαι, *pres mid ptc nom s m*, lead
49 ποταμός, river
50 ἀλλόφυλος, foreign, (Philistine)
51 ὅριον, territory, border

ὁ βασιλεὺς τὸ χρυσίον[1] καὶ τὸ ἀργύριον[2] ἐν Ιερουσαλημ ὡς λίθους καὶ τὰς κέδρους[3] ὡς συκαμίνους[4] τὰς ἐν τῇ πεδινῇ[5] εἰς πλῆθος. **28** καὶ ἡ ἔξοδος[6] τῶν ἵππων[7] ἐξ Αἰγύπτου τῷ Σαλωμων καὶ ἐκ πάσης τῆς γῆς.

29 Καὶ οἱ κατάλοιποι[8] λόγοι Σαλωμων οἱ πρῶτοι καὶ οἱ ἔσχατοι ἰδοὺ γεγραμμένοι ἐπὶ τῶν λόγων Ναθαν τοῦ προφήτου καὶ ἐπὶ τῶν λόγων Αχια τοῦ Σηλωνίτου καὶ ἐν ταῖς ὁράσεσιν[9] Ιωηλ τοῦ ὁρῶντος περὶ Ιεροβοαμ υἱοῦ Ναβατ. **30** καὶ ἐβασίλευσεν[10] Σαλωμων ὁ βασιλεὺς ἐπὶ πάντα Ισραηλ τεσσαράκοντα[11] ἔτη.

Solomon's Death

31 καὶ ἐκοιμήθη[12] Σαλωμων, καὶ ἔθαψαν[13] αὐτὸν ἐν πόλει Δαυιδ τοῦ πατρὸς αὐτοῦ, καὶ ἐβασίλευσεν[14] Ροβοαμ υἱὸς αὐτοῦ ἀντ᾽[15] αὐτοῦ.

Rehoboam and Revolt

10 Καὶ ἦλθεν Ροβοαμ εἰς Συχεμ, ὅτι εἰς Συχεμ ἤρχετο πᾶς Ισραηλ βασιλεῦσαι[16] αὐτόν. **2** καὶ ἐγένετο ὡς ἤκουσεν Ιεροβοαμ υἱὸς Ναβατ — καὶ αὐτὸς ἐν Αἰγύπτῳ, ὡς ἔφυγεν[17] ἀπὸ προσώπου Σαλωμων τοῦ βασιλέως, καὶ κατῴκησεν Ιεροβοαμ ἐν Αἰγύπτῳ — καὶ ἀπέστρεψεν[18] Ιεροβοαμ ἐξ Αἰγύπτου. **3** καὶ ἀπέστειλαν καὶ ἐκάλεσαν αὐτόν, καὶ ἦλθεν Ιεροβοαμ καὶ πᾶσα ἡ ἐκκλησία Ισραηλ πρὸς Ροβοαμ λέγοντες **4** Ὁ πατήρ σου ἐσκλήρυνεν[19] τὸν ζυγὸν[20] ἡμῶν, καὶ νῦν ἄφες ἀπὸ τῆς δουλείας[21] τοῦ πατρός σου τῆς σκληρᾶς[22] καὶ ἀπὸ τοῦ ζυγοῦ αὐτοῦ τοῦ βαρέος,[23] οὗ ἔδωκεν ἐφ᾽ ἡμᾶς, καὶ δουλεύσομέν[24] σοι. **5** καὶ εἶπεν αὐτοῖς Πορεύεσθε ἕως τριῶν ἡμερῶν καὶ ἔρχεσθε πρός με· καὶ ἀπῆλθεν ὁ λαός.

6 καὶ συνήγαγεν ὁ βασιλεὺς Ροβοαμ τοὺς πρεσβυτέρους τοὺς ἑστηκότας ἐναντίον[25] Σαλωμων τοῦ πατρὸς αὐτοῦ ἐν τῷ ζῆν αὐτὸν λέγων Πῶς ὑμεῖς βουλεύεσθε[26] τοῦ ἀποκριθῆναι τῷ λαῷ τούτῳ λόγον; **7** καὶ ἐλάλησαν αὐτῷ λέγοντες Ἐὰν ἐν τῇ σήμερον γένῃ εἰς ἀγαθὸν τῷ λαῷ τούτῳ καὶ εὐδοκήσῃς[27] καὶ λαλήσῃς αὐτοῖς λόγους ἀγαθούς, καὶ ἔσονταί σοι παῖδες[28] πάσας τὰς ἡμέρας. **8** καὶ κατέλιπεν[29] τὴν

1 χρυσίον, gold
2 ἀργύριον, silver
3 κέδρος, cedar
4 συκάμινος, mulberry
5 πεδινός, plain, flatland
6 ἔξοδος, export
7 ἵππος, horse
8 κατάλοιπος, rest, remainder
9 ὅρασις, vision
10 βασιλεύω, *aor act ind 3s*, reign as king
11 τεσσαράκοντα, forty
12 κοιμάω, *aor pas ind 3s*, sleep, fall asleep
13 θάπτω, *aor act ind 3p*, bury
14 βασιλεύω, *aor act ind 3s*, reign as king
15 ἀντί, in place of
16 βασιλεύω, *aor act inf*, make king
17 φεύγω, *aor act ind 3s*, flee
18 ἀποστρέφω, *aor act ind 3s*, return
19 σκληρύνω, *aor act ind 3s*, make heavy
20 ζυγός, yoke
21 δουλεία, slavery, bondage
22 σκληρός, severe, harsh
23 βαρύς, heavy, burdensome
24 δουλεύω, *fut act ind 1p*, serve
25 ἐναντίον, before
26 βουλεύω, *pres mid ind 2p*, determine, resolve
27 εὐδοκέω, *aor act sub 2s*, think good, be pleased
28 παῖς, servant
29 καταλείπω, *aor act ind 3s*, forsake, leave aside

βουλὴν[1] τῶν πρεσβυτέρων, οἳ συνεβουλεύσαντο[2] αὐτῷ, καὶ συνεβουλεύσατο[3] μετὰ
τῶν παιδαρίων[4] τῶν συνεκτραφέντων[5] μετ᾽ αὐτοῦ τῶν ἑστηκότων ἐναντίον[6] αὐτοῦ.
9 καὶ εἶπεν αὐτοῖς Τί ὑμεῖς βουλεύεσθε[7] καὶ ἀποκριθήσομαι λόγον τῷ λαῷ τούτῳ, οἳ
ἐλάλησαν πρός με λέγοντες Ἄνες[8] ἀπὸ τοῦ ζυγοῦ,[9] οὗ ἔδωκεν ὁ πατήρ σου ἐφ᾽ ἡμᾶς;
10 καὶ ἐλάλησαν αὐτῷ τὰ παιδάρια[10] τὰ ἐκτραφέντα[11] μετ᾽ αὐτοῦ Οὕτως λαλήσεις
τῷ λαῷ τῷ λαλήσαντι πρὸς σὲ λέγων Ὁ πατήρ σου ἐβάρυνεν[12] τὸν ζυγὸν[13] ἡμῶν καὶ
σὺ ἄφες ἀφ᾽ ἡμῶν, οὕτως ἐρεῖς Ὁ μικρὸς δάκτυλός[14] μου παχύτερος[15] τῆς ὀσφύος[16]
τοῦ πατρός μου· **11** καὶ νῦν ὁ πατήρ μου ἐπαίδευσεν[17] ὑμᾶς ζυγῷ[18] βαρεῖ[19] καὶ ἐγὼ
προσθήσω[20] ἐπὶ τὸν ζυγὸν ὑμῶν, ὁ πατήρ μου ἐπαίδευσεν ὑμᾶς ἐν μάστιγξιν[21] καὶ
ἐγὼ παιδεύσω[22] ὑμᾶς ἐν σκορπίοις.[23]

12 καὶ ἦλθεν Ιεροβοαμ καὶ πᾶς ὁ λαὸς πρὸς Ροβοαμ τῇ ἡμέρᾳ τῇ τρίτῃ, ὡς ἐλάλησεν
ὁ βασιλεὺς λέγων Ἐπιστρέψατε πρός με τῇ ἡμέρᾳ τῇ τρίτῃ. **13** καὶ ἀπεκρίθη ὁ βασι-
λεὺς σκληρά,[24] καὶ ἐγκατέλιπεν[25] ὁ βασιλεὺς Ροβοαμ τὴν βουλὴν[26] τῶν πρεσβυτέρων
14 καὶ ἐλάλησεν πρὸς αὐτοὺς κατὰ τὴν βουλὴν[27] τῶν νεωτέρων[28] λέγων Ὁ πατήρ
μου ἐβάρυνεν[29] τὸν ζυγὸν[30] ὑμῶν καὶ ἐγὼ προσθήσω[31] ἐπ᾽ αὐτόν, ὁ πατήρ μου
ἐπαίδευσεν[32] ὑμᾶς ἐν μάστιγξιν[33] καὶ ἐγὼ παιδεύσω[34] ὑμᾶς ἐν σκορπίοις.[35] **15** καὶ
οὐκ ἤκουσεν ὁ βασιλεὺς τοῦ λαοῦ, ὅτι ἦν μεταστροφὴ[36] παρὰ τοῦ θεοῦ λέγων
Ἀνέστησεν κύριος τὸν λόγον αὐτοῦ, ὃν ἐλάλησεν ἐν χειρὶ Αχια τοῦ Σηλωνίτου περὶ
Ιεροβοαμ υἱοῦ Ναβατ

16 καὶ παντὸς Ισραηλ, ὅτι οὐκ ἤκουσεν ὁ βασιλεὺς αὐτῶν. καὶ ἀπεκρίθη ὁ λαὸς
πρὸς τὸν βασιλέα λέγων

1 βουλή, counsel, advice
2 συμβουλεύω, *aor mid ind 3p*, counsel, advise
3 συμβουλεύω, *aor mid ind 3s*, seek counsel
4 παιδάριον, young man
5 συνεκτρέφω, *aor pas ptc gen p n*, grow up with
6 ἐναντίον, before
7 βουλεύω, *pres mid ind 2p*, determine, resolve
8 ἀνίημι, *aor act impv 2s*, loosen, unfasten
9 ζυγός, yoke
10 παιδάριον, young man
11 ἐκτρέφω, *aor pas ptc nom p n*, be raised with, grow up with
12 βαρύνω, *aor act ind 3s*, weigh down, make heavy
13 ζυγός, yoke
14 δάκτυλος, finger
15 παχύς, *comp*, thicker, fatter
16 ὀσφύς, loins
17 παιδεύω, *aor act ind 3s*, discipline, chastise
18 ζυγός, yoke
19 βαρύς, heavy, burdensome
20 προστίθημι, *fut act ind 1s*, add to, increase
21 μάστιξ, whip, scourge
22 παιδεύω, *fut act ind 1s*, discipline, chastise
23 σκορπίος, scorpion
24 σκληρός, harshly, severely
25 ἐγκαταλείπω, *aor act ind 3s*, forsake, abandon
26 βουλή, counsel, advice
27 βουλή, counsel, advice
28 νέος, *comp*, younger
29 βαρύνω, *aor act ind 3s*, weigh down, make heavy
30 ζυγός, yoke
31 προστίθημι, *fut act ind 1s*, add to, increase
32 παιδεύω, *aor act ind 3s*, discipline, chastise
33 μάστιξ, whip, scourge
34 παιδεύω, *fut act ind 1s*, discipline, chastise
35 σκορπίος, scorpion
36 μεταστροφή, turn of events

Τίς ἡμῖν μερὶς[1] ἐν Δαυιδ
καὶ κληρονομία[2] ἐν υἱῷ Ιεσσαι;
εἰς τὰ σκηνώματά[3] σου, Ισραηλ·
νῦν βλέπε τὸν οἶκόν σου, Δαυιδ.

καὶ ἐπορεύθη πᾶς Ισραηλ εἰς τὰ σκηνώματα αὐτοῦ· **17** καὶ ἄνδρες Ισραηλ οἱ κατ-
οικοῦντες ἐν πόλεσιν Ιουδα καὶ ἐβασίλευσεν[4] ἐπ' αὐτῶν Ροβοαμ. **18** καὶ ἀπέστειλεν
ὁ βασιλεὺς Ροβοαμ τὸν Αδωνιραμ τὸν ἐπὶ τοῦ φόρου,[5] καὶ ἐλιθοβόλησαν[6] αὐτὸν οἱ
υἱοὶ Ισραηλ λίθοις καὶ ἀπέθανεν· καὶ ὁ βασιλεὺς Ροβοαμ ἔσπευσεν[7] τοῦ ἀναβῆναι
εἰς τὸ ἅρμα[8] τοῦ φυγεῖν[9] εἰς Ιερουσαλημ. **19** καὶ ἠθέτησεν[10] Ισραηλ ἐν τῷ οἴκῳ Δαυιδ
ἕως τῆς ἡμέρας ταύτης.

Rehoboam Builds Cities

11 Καὶ ἦλθεν Ροβοαμ εἰς Ιερουσαλημ καὶ ἐξεκκλησίασεν[11] τὸν Ιουδαν καὶ Βενι-
αμιν, ἑκατὸν[12] ὀγδοήκοντα[13] χιλιάδας[14] νεανίσκων[15] ποιούντων πόλεμον, καὶ
ἐπολέμει πρὸς Ισραηλ τοῦ ἐπιστρέψαι τὴν βασιλείαν τῷ Ροβοαμ. **2** καὶ ἐγένετο
λόγος κυρίου πρὸς Σαμαιαν ἄνθρωπον τοῦ θεοῦ λέγων **3** Εἰπὸν πρὸς Ροβοαμ τὸν
τοῦ Σαλωμων καὶ πρὸς πάντα Ιουδαν καὶ Βενιαμιν λέγων **4** Τάδε[16] λέγει κύριος Οὐκ
ἀναβήσεσθε καὶ οὐ πολεμήσετε πρὸς τοὺς ἀδελφοὺς ὑμῶν· ἀποστρέφετε[17] ἕκαστος
εἰς τὸν οἶκον αὐτοῦ, ὅτι παρ' ἐμοῦ ἐγένετο τὸ ῥῆμα τοῦτο. καὶ ἐπήκουσαν[18] τοῦ
λόγου κυρίου καὶ ἀπεστράφησαν[19] τοῦ μὴ πορευθῆναι ἐπὶ Ιεροβοαμ.

5 Καὶ κατῴκησεν Ροβοαμ εἰς Ιερουσαλημ καὶ ᾠκοδόμησεν πόλεις τειχήρεις[20] ἐν τῇ
Ιουδαίᾳ. **6** καὶ ᾠκοδόμησεν τὴν Βαιθλεεμ καὶ τὴν Αιταμ καὶ τὴν Θεκωε **7** καὶ τὴν
Βαιθσουρα καὶ τὴν Σοκχωθ καὶ τὴν Οδολλαμ **8** καὶ τὴν Γεθ καὶ τὴν Μαρισαν καὶ
τὴν Ζιφ **9** καὶ τὴν Αδωραιμ καὶ τὴν Λαχις καὶ τὴν Αζηκα **10** καὶ τὴν Σαραα καὶ τὴν
Αιαλων καὶ τὴν Χεβρων, ἥ ἐστιν τοῦ Ιουδα καὶ Βενιαμιν, πόλεις τειχήρεις.[21] **11** καὶ
ὠχύρωσεν[22] αὐτὰς τείχεσιν[23] καὶ ἔδωκεν ἐν αὐταῖς ἡγουμένους[24] καὶ παραθέσεις[25]

1 μερίς, portion, part
2 κληρονομία, inheritance
3 σκήνωμα, tent, dwelling
4 βασιλεύω, *aor act ind 3s*, reign as king
5 φόρος, tax, levy
6 λιθοβολέω, *aor act ind 3p*, stone
7 σπεύδω, *aor act ind 3s*, hasten, hurry
8 ἅρμα, chariot
9 φεύγω, *aor act inf*, flee
10 ἀθετέω, *aor act ind 3s*, reject, declare invalid
11 ἐξεκκλησιάζω, *aor act ind 3s*, convene, summon
12 ἑκατόν, one hundred
13 ὀγδοήκοντα, eighty
14 χιλιάς, thousand
15 νεανίσκος, young man
16 ὅδε, this
17 ἀποστρέφω, *pres act impv 2p*, return, turn back
18 ἐπακούω, *aor act ind 3p*, hear, listen
19 ἀποστρέφω, *aor pas ind 3p*, return, turn back
20 τειχήρης, walled, fortified
21 τειχήρης, walled, fortified
22 ὀχυρόω, *aor act ind 3s*, fortify, secure
23 τεῖχος, wall
24 ἡγέομαι, *pres mid ptc acc p m*, lead
25 παράθεσις, provision, stock

βρωμάτων,[1] ἔλαιον[2] καὶ οἶνον, **12** κατὰ πόλιν καὶ κατὰ πόλιν θυρεοὺς[3] καὶ δόρατα,[4]
καὶ κατίσχυσεν[5] αὐτὰς εἰς πλῆθος σφόδρα·[6] καὶ ἦσαν αὐτῷ Ιουδα καὶ Βενιαμιν.

13 καὶ οἱ ἱερεῖς καὶ οἱ Λευῖται, οἳ ἦσαν ἐν παντὶ Ισραηλ, συνήχθησαν πρὸς αὐτὸν ἐκ
πάντων τῶν ὁρίων·[7]

Jeroboam Appoints Priests

14 ὅτι ἐγκατέλιπον[8] οἱ Λευῖται τὰ σκηνώματα[9] τῆς κατασχέσεως[10] αὐτῶν καὶ ἐπορεύ-
θησαν πρὸς Ιουδαν εἰς Ιερουσαλημ, ὅτι ἐξέβαλεν αὐτοὺς Ιεροβοαμ καὶ οἱ υἱοὶ αὐτοῦ
τοῦ μὴ λειτουργεῖν[11] κυρίῳ **15** καὶ κατέστησεν[12] ἑαυτῷ ἱερεῖς τῶν ὑψηλῶν[13] καὶ
τοῖς εἰδώλοις[14] καὶ τοῖς ματαίοις[15] καὶ τοῖς μόσχοις,[16] ἃ ἐποίησεν Ιεροβοαμ, **16** καὶ
ἐξέβαλεν αὐτοὺς ἀπὸ φυλῶν Ισραηλ, οἳ ἔδωκαν καρδίαν αὐτῶν τοῦ ζητῆσαι κύριον
θεὸν Ισραηλ, καὶ ἦλθον εἰς Ιερουσαλημ θῦσαι[17] κυρίῳ θεῷ τῶν πατέρων αὐτῶν
17 καὶ κατίσχυσαν[18] τὴν βασιλείαν Ιουδα καὶ κατίσχυσαν Ροβοαμ τὸν τοῦ Σαλωμων
εἰς ἔτη τρία, ὅτι ἐπορεύθη ἐν ταῖς ὁδοῖς Δαυιδ καὶ Σαλωμων ἔτη τρία.

Rehoboam's Family

18 Καὶ ἔλαβεν ἑαυτῷ Ροβοαμ γυναῖκα τὴν Μολλαθ θυγατέρα[19] Ιεριμουθ υἱοῦ
Δαυιδ, Αβαιαν θυγατέρα[20] Ελιαβ τοῦ Ιεσσαι, **19** καὶ ἔτεκεν[21] αὐτῷ υἱοὺς τὸν Ιαους
καὶ τὸν Σαμαριαν καὶ τὸν Ροολλαμ. **20** καὶ μετὰ ταῦτα ἔλαβεν ἑαυτῷ τὴν Μααχα
θυγατέρα[22] Αβεσσαλωμ, καὶ ἔτεκεν[23] αὐτῷ τὸν Αβια καὶ τὸν Ιεθθι καὶ τὸν Ζιζα καὶ
τὸν Εμμωθ. **21** καὶ ἠγάπησεν Ροβοαμ τὴν Μααχαν θυγατέρα[24] Αβεσσαλωμ ὑπὲρ
πάσας τὰς γυναῖκας αὐτοῦ καὶ τὰς παλλακὰς[25] αὐτοῦ, ὅτι γυναῖκας δέκα[26] ὀκτὼ[27]
εἶχεν καὶ παλλακὰς τριάκοντα·[28] καὶ ἐγέννησεν υἱοὺς εἴκοσι[29] ὀκτὼ[30] καὶ θυγατέρας
ἑξήκοντα.[31] **22** καὶ κατέστησεν[32] εἰς ἄρχοντα Ροβοαμ τὸν Αβια τὸν τῆς Μααχα εἰς
ἡγούμενον[33] ἐν τοῖς ἀδελφοῖς αὐτοῦ, ὅτι βασιλεῦσαι[34] διενοεῖτο[35] αὐτόν· **23** καὶ

1 βρῶμα, food
2 ἔλαιον, oil
3 θυρεός, oblong shield
4 δόρυ, spear
5 κατισχύω, *aor act ind 3s*, strengthen
6 σφόδρα, exceedingly
7 ὅριον, region, territory
8 ἐγκαταλείπω, *aor act ind 3p*, leave behind
9 σκήνωμα, tent, dwelling
10 κατάσχεσις, possession
11 λειτουργέω, *pres act inf*, minister, serve
12 καθίστημι, *aor act ind 3s*, appoint
13 ὑψηλός, high (place)
14 εἴδωλον, image
15 μάταιος, vain (object)
16 μόσχος, calf
17 θύω, *aor act inf*, sacrifice
18 κατισχύω, *aor act ind 3p*, strengthen
19 θυγάτηρ, daughter
20 θυγάτηρ, daughter
21 τίκτω, *aor act ind 3s*, bear, give birth
22 θυγάτηρ, daughter
23 τίκτω, *aor act ind 3s*, bear, give birth
24 θυγάτηρ, daughter
25 παλλακή, concubine
26 δέκα, ten
27 ὀκτώ, eight
28 τριάκοντα, thirty
29 εἴκοσι, twenty
30 ὀκτώ, eight
31 ἑξήκοντα, sixty
32 καθίστημι, *aor act ind 3s*, appoint
33 ἡγέομαι, *pres mid ptc acc s m*, lead
34 βασιλεύω, *aor act inf*, make king
35 διανοέομαι, *impf mid ind 3s*, intend, plan

ηὐξήθη[1] παρὰ πάντας τοὺς υἱοὺς αὐτοῦ ἐν πᾶσιν τοῖς ὁρίοις[2] Ιουδα καὶ Βενιαμιν καὶ ἐν ταῖς πόλεσιν ταῖς ὀχυραῖς[3] καὶ ἔδωκεν αὐταῖς τροφὰς[4] πλῆθος πολὺ καὶ ᾐτήσατο[5] πλῆθος γυναικῶν.

Shishak Invades

12 Καὶ ἐγένετο ὡς ἡτοιμάσθη ἡ βασιλεία Ροβοαμ καὶ ὡς κατεκρατήθη,[6] ἐγκατέλιπεν[7] τὰς ἐντολὰς κυρίου καὶ πᾶς Ισραηλ μετ᾽ αὐτοῦ. **2** καὶ ἐγένετο ἐν τῷ πέμπτῳ[8] ἔτει τῆς βασιλείας Ροβοαμ ἀνέβη Σουσακιμ βασιλεὺς Αἰγύπτου ἐπὶ Ιερουσαλημ, ὅτι ἥμαρτον ἐναντίον[9] κυρίου, **3** ἐν χιλίοις[10] καὶ διακοσίοις[11] ἅρμασιν[12] καὶ ἑξήκοντα[13] χιλιάσιν[14] ἵππων,[15] καὶ οὐκ ἦν ἀριθμὸς[16] τοῦ πλήθους τοῦ ἐλθόντος μετ᾽ αὐτοῦ ἐξ Αἰγύπτου, Λίβυες, Τρωγλοδύται καὶ Αἰθίοπες. **4** καὶ κατεκράτησαν[17] τῶν πόλεων τῶν ὀχυρῶν,[18] αἳ ἦσαν ἐν Ιουδα, καὶ ἦλθεν εἰς Ιερουσαλημ. **5** καὶ Σαμαιας ὁ προφήτης ἦλθεν πρὸς Ροβοαμ καὶ πρὸς τοὺς ἄρχοντας Ιουδα τοὺς συναχθέντας εἰς Ιερουσαλημ ἀπὸ προσώπου Σουσακιμ καὶ εἶπεν αὐτοῖς Οὕτως εἶπεν κύριος Ὑμεῖς ἐγκατελίπετέ[19] με, κἀγὼ[20] ἐγκαταλείψω[21] ὑμᾶς ἐν χειρὶ Σουσακιμ. **6** καὶ ᾐσχύνθησαν[22] οἱ ἄρχοντες Ισραηλ καὶ ὁ βασιλεὺς καὶ εἶπαν Δίκαιος ὁ κύριος.

7 καὶ ἐν τῷ ἰδεῖν κύριον ὅτι ἐνετράπησαν,[23] καὶ ἐγένετο λόγος κυρίου πρὸς Σαμαιαν λέγων Ἐνετράπησαν, οὐ καταφθερῶ[24] αὐτούς· καὶ δώσω αὐτοὺς ὡς μικρὸν εἰς σωτηρίαν, καὶ οὐ μὴ στάξῃ[25] ὁ θυμός[26] μου ἐν Ιερουσαλημ, **8** ὅτι ἔσονται εἰς παῖδας[27] καὶ γνώσονται τὴν δουλείαν[28] μου καὶ τὴν δουλείαν τῆς βασιλείας τῆς γῆς.

9 καὶ ἀνέβη Σουσακιμ βασιλεὺς Αἰγύπτου καὶ ἔλαβεν τοὺς θησαυροὺς[29] τοὺς ἐν οἴκῳ κυρίου καὶ τοὺς θησαυροὺς τοὺς ἐν οἴκῳ τοῦ βασιλέως, τὰ πάντα ἔλαβεν· καὶ ἔλαβεν τοὺς θυρεοὺς[30] τοὺς χρυσοῦς,[31] οὓς ἐποίησεν Σαλωμων, **10** καὶ ἐποίησεν Ροβοαμ θυρεοὺς[32] χαλκοῦς[33] ἀντ᾽[34] αὐτῶν. καὶ κατέστησεν[35] ἐπ᾽ αὐτὸν Σουσακιμ ἄρχοντας

1 αὐξάνω, *aor pas ind 3s*, increase
2 ὅριον, territory, region
3 ὀχυρός, fortified, secure
4 τροφή, provision, food
5 αἰτέω, *aor mid ind 3s*, demand
6 κατακρατέω, *aor pas ind 3s*, strengthen, establish
7 ἐγκαταλείπω, *aor act ind 3s*, forsake, abandon
8 πέμπτος, fifth
9 ἐναντίον, before, in the sight of
10 χίλιοι, one thousand
11 διακόσιοι, two hundred
12 ἅρμα, chariot
13 ἑξήκοντα, sixty
14 χιλιάς, thousand
15 ἵππος, horse
16 ἀριθμός, number
17 κατακρατέω, *aor act ind 3p*, prevail over
18 ὀχυρός, fortified, strong
19 ἐγκαταλείπω, *aor act ind 2p*, abandon, forsake
20 κἀγώ, I also, *cr.* καὶ ἐγώ
21 ἐγκαταλείπω, *fut act ind 1s*, abandon, forsake
22 αἰσχύνω, *aor pas ind 3p*, put to shame, dishonor
23 ἐντρέπω, *aor pas ind 3p*, be ashamed
24 καταφθείρω, *fut act ind 1s*, destroy
25 στάζω, *aor act sub 3s*, shed, let fall
26 θυμός, wrath, fury
27 παῖς, servant
28 δουλεία, bondage, service
29 θησαυρός, treasure
30 θυρεός, oblong shield
31 χρυσοῦς, gold
32 θυρεός, oblong shield
33 χαλκοῦς, bronze
34 ἀντί, in place of
35 καθίστημι, *aor act ind 3s*, set over, appoint

παρατρεχόντων[1] τοὺς φυλάσσοντας τὸν πυλῶνα[2] τοῦ βασιλέως· **11** καὶ ἐγένετο ἐν τῷ εἰσελθεῖν τὸν βασιλέα εἰς οἶκον κυρίου, εἰσεπορεύοντο[3] οἱ φυλάσσοντες καὶ οἱ παρατρέχοντες[4] καὶ οἱ ἐπιστρέφοντες εἰς ἀπάντησιν[5] τῶν παρατρεχόντων.[6] **12** καὶ ἐν τῷ ἐντραπῆναι[7] αὐτὸν ἀπεστράφη[8] ἀπ᾽ αὐτοῦ ὀργὴ κυρίου καὶ οὐκ εἰς καταφθορὰν[9] εἰς τέλος· καὶ γὰρ ἐν Ιουδα ἦσαν λόγοι ἀγαθοί.

Rehoboam's Death

13 Καὶ κατίσχυσεν[10] Ροβοαμ ἐν Ιερουσαλημ καὶ ἐβασίλευσεν·[11] καὶ τεσσαράκοντα[12] καὶ ἑνὸς ἐτῶν Ροβοαμ ἐν τῷ βασιλεῦσαι[13] αὐτὸν καὶ ἑπτακαίδεκα[14] ἔτη ἐβασίλευσεν ἐν Ιερουσαλημ ἐν τῇ πόλει, ᾗ ἐξελέξατο[15] κύριος ἐπονομάσαι[16] τὸ ὄνομα αὐτοῦ ἐκεῖ ἐκ πασῶν φυλῶν υἱῶν Ισραηλ· καὶ ὄνομα τῆς μητρὸς αὐτοῦ Νοομμα ἡ Αμμανῖτις. **14** καὶ ἐποίησεν τὸ πονηρόν, ὅτι οὐ κατεύθυνεν[17] τὴν καρδίαν αὐτοῦ ἐκζητῆσαι[18] τὸν κύριον.

15 καὶ λόγοι Ροβοαμ οἱ πρῶτοι καὶ οἱ ἔσχατοι οὐκ ἰδοὺ γεγραμμένοι ἐν τοῖς λόγοις Σαμαια τοῦ προφήτου καὶ Αδδω τοῦ ὁρῶντος καὶ πράξεις[19] αὐτοῦ; καὶ ἐπολέμει Ροβοαμ τὸν Ιεροβοαμ πάσας τὰς ἡμέρας. **16** καὶ ἀπέθανεν Ροβοαμ καὶ ἐτάφη[20] μετὰ τῶν πατέρων αὐτοῦ καὶ ἐτάφη ἐν πόλει Δαυιδ, καὶ ἐβασίλευσεν[21] Αβια υἱὸς αὐτοῦ ἀντ᾽[22] αὐτοῦ.

Abijah Reigns as King

13 Εν τῷ ὀκτωκαιδεκάτῳ[23] ἔτει τῆς βασιλείας Ιεροβοαμ ἐβασίλευσεν[24] Αβια ἐπὶ Ιουδαν· **2** ἔτη τρία ἐβασίλευσεν[25] ἐν Ιερουσαλημ, καὶ ὄνομα τῇ μητρὶ αὐτοῦ Μααχα θυγάτηρ[26] Ουριηλ ἀπὸ Γαβαων.

καὶ πόλεμος ἦν ἀνὰ μέσον[27] Αβια καὶ ἀνὰ μέσον Ιεροβοαμ. **3** καὶ παρετάξατο[28] Αβια τὸν πόλεμον ἐν δυνάμει πολεμισταῖς[29] δυνάμεως τετρακοσίαις[30] χιλιάσιν[31] ἀνδρῶν

1 παρατρέχω, *pres act ptc gen p m*, run past, (be a footman)
2 πυλών, gate
3 εἰσπορεύομαι, *impf mid ind 3p*, go in, enter
4 παρατρέχω, *pres act ptc nom p m*, run past, (be a footman)
5 ἀπάντησις, meeting
6 παρατρέχω, *pres act ptc gen p m*, run past, (be a footman)
7 ἐντρέπω, *aor pas inf*, be ashamed, turn in shame
8 ἀποστρέφω, *aor pas ind 3s*, turn away, avert
9 καταφθορά, destruction, ruin
10 κατισχύω, *aor act ind 3s*, become strong, prevail
11 βασιλεύω, *aor act ind 3s*, reign as king
12 τεσσαράκοντα, forty
13 βασιλεύω, *aor act inf*, make king
14 ἑπτακαίδεκα, seventeen
15 ἐκλέγω, *aor mid ind 3s*, select, choose
16 ἐπονομάζω, *aor act inf*, name, call on
17 κατευθύνω, *aor act ind 3s*, guide, direct
18 ἐκζητέω, *aor act inf*, seek out, search for
19 πρᾶξις, act, deed
20 θάπτω, *aor pas ind 3s*, bury
21 βασιλεύω, *aor act ind 3s*, reign as king
22 ἀντί, in place of
23 ὀκτακόσιοι, eight hundred
24 βασιλεύω, *aor act ind 3s*, reign as king
25 βασιλεύω, *aor act ind 3s*, reign as king
26 θυγάτηρ, daughter
27 ἀνὰ μέσον, between
28 παρατάσσω, *aor mid ind 3s*, arrange, form up
29 πολεμιστής, warrior
30 τετρακόσιοι, four hundred
31 χιλιάς, thousand

δυνατῶν, καὶ Ιεροβοαμ παρετάξατο πρὸς αὐτὸν πόλεμον ἐν ὀκτακοσίαις[1] χιλιάσιν, δυνατοὶ πολεμισταὶ δυνάμεως.

Civil War

4 καὶ ἀνέστη Αβια ἀπὸ τοῦ ὄρους Σομορων, ὅ ἐστιν ἐν τῷ ὄρει Εφραιμ, καὶ εἶπεν Ἀκούσατε, Ιεροβοαμ καὶ πᾶς Ισραηλ. **5** οὐχ ὑμῖν γνῶναι ὅτι κύριος ὁ θεὸς Ισραηλ ἔδωκεν βασιλείαν ἐπὶ τὸν Ισραηλ εἰς τὸν αἰῶνα τῷ Δαυιδ καὶ τοῖς υἱοῖς αὐτοῦ διαθήκην ἁλός;[2] **6** καὶ ἀνέστη Ιεροβοαμ ὁ τοῦ Ναβατ ὁ παῖς[3] Σαλωμων τοῦ Δαυιδ καὶ ἀπέστη[4] ἀπὸ τοῦ κυρίου αὐτοῦ. **7** καὶ συνήχθησαν πρὸς αὐτὸν ἄνδρες λοιμοὶ[5] υἱοὶ παράνομοι,[6] καὶ ἀντέστη[7] πρὸς Ροβοαμ τὸν τοῦ Σαλωμων, καὶ Ροβοαμ ἦν νεώτερος[8] καὶ δειλὸς[9] τῇ καρδίᾳ καὶ οὐκ ἀντέστη κατὰ πρόσωπον αὐτοῦ.

8 καὶ νῦν λέγετε ὑμεῖς ἀντιστῆναι[10] κατὰ πρόσωπον βασιλείας κυρίου διὰ χειρὸς υἱῶν Δαυιδ· καὶ ὑμεῖς πλῆθος πολύ, καὶ μεθ' ὑμῶν μόσχοι[11] χρυσοῖ,[12] οὓς ἐποίησεν ὑμῖν Ιεροβοαμ εἰς θεούς. **9** ἦ οὐκ ἐξεβάλετε τοὺς ἱερεῖς κυρίου τοὺς υἱοὺς Ααρων καὶ τοὺς Λευίτας καὶ ἐποιήσατε ἑαυτοῖς ἱερεῖς ἐκ τοῦ λαοῦ τῆς γῆς; πᾶς ὁ προσπορευόμενος[13] πληρῶσαι τὰς χεῖρας ἐν μόσχῳ[14] ἐκ βοῶν[15] καὶ κριοῖς[16] ἑπτὰ καὶ ἐγίνετο εἰς ἱερέα τῷ μὴ ὄντι θεῷ. **10** καὶ ἡμεῖς κύριον τὸν θεὸν ἡμῶν οὐκ ἐγκατελίπομεν,[17] καὶ οἱ ἱερεῖς αὐτοῦ λειτουργοῦσιν[18] τῷ κυρίῳ οἱ υἱοὶ Ααρων καὶ οἱ Λευῖται ἐν ταῖς ἐφημερίαις[19] αὐτῶν· **11** θυμιῶσιν[20] τῷ κυρίῳ ὁλοκαυτώματα[21] πρωὶ[22] καὶ δείλης[23] καὶ θυμίαμα[24] συνθέσεως,[25] καὶ προθέσεις[26] ἄρτων ἐπὶ τῆς τραπέζης[27] τῆς καθαρᾶς,[28] καὶ ἡ λυχνία[29] ἡ χρυσῆ[30] καὶ οἱ λυχνοὶ[31] τῆς καύσεως[32] ἀνάψαι[33] δείλης, ὅτι φυλάσσομεν ἡμεῖς τὰς φυλακὰς κυρίου τοῦ θεοῦ τῶν πατέρων ἡμῶν, καὶ ὑμεῖς ἐγκατελίπετε[34] αὐτόν. **12** καὶ ἰδοὺ μεθ' ἡμῶν ἐν ἀρχῇ κύριος καὶ οἱ ἱερεῖς αὐτοῦ καὶ αἱ σάλπιγγες[35] τῆς σημασίας[36]

1 ὀκτακόσιοι, eight hundred
2 ἅλς, salt
3 παῖς, servant
4 ἀφίστημι, *aor act ind 3s*, rebel, withdraw, depart
5 λοιμός, pestilent, pernicious
6 παράνομος, lawless
7 ἀνθίστημι, *aor act ind 3s*, resist, oppose
8 νέος, *comp*, younger
9 δειλός, timid, cowardly
10 ἀνθίστημι, *aor act inf*, resist, stand against
11 μόσχος, calf
12 χρυσοῦς, gold
13 προσπορεύομαι, *pres mid ptc nom s m*, approach, advance
14 μόσχος, calf
15 βοῦς, cow, (*p*) cattle
16 κριός, ram
17 ἐγκαταλείπω, *aor act ind 1p*, abandon, forsake
18 λειτουργέω, *pres act ind 3p*, minister, serve
19 ἐφημερία, division
20 θυμιάω, *pres act ind 3p*, burn (incense)
21 ὁλοκαύτωμα, whole burnt offering
22 πρωί, (in the) morning
23 δείλη, (in the) evening
24 θυμίαμα, incense
25 σύνθεσις, combination, compound
26 πρόθεσις, setting forth, presentation
27 τράπεζα, table
28 καθαρός, pure, clean
29 λυχνία, lampstand
30 χρυσοῦς, gold
31 λυχνοί, lamp
32 καῦσις, burning
33 ἀνάπτω, *aor act inf*, light up, kindle
34 ἐγκαταλείπω, *aor act ind 2p*, abandon, forsake
35 σάλπιγξ, trumpet
36 σημασία, signal

τοῦ σημαίνειν[1] ἐφ᾽ ὑμᾶς. οἱ υἱοὶ τοῦ Ισραηλ, πολεμήσετε πρὸς κύριον θεὸν τῶν πατέρων ἡμῶν, ὅτι οὐκ εὐοδωθήσεται[2] ὑμῖν.

13 καὶ Ιεροβοαμ ἀπέστρεψεν[3] τὸ ἔνεδρον[4] ἐλθεῖν αὐτῶν ἐκ τῶν ὄπισθεν·[5] καὶ ἐγένετο
ἔμπροσθεν Ιουδα, καὶ τὸ ἔνεδρον ἐκ τῶν ὄπισθεν. **14** καὶ ἀπέστρεψεν[6] Ιουδας, καὶ
ἰδοὺ αὐτοῖς ὁ πόλεμος ἐκ τῶν ἔμπροσθεν καὶ ἐκ τῶν ὄπισθεν,[7] καὶ ἐβόησαν[8] πρὸς
κύριον, καὶ οἱ ἱερεῖς ἐσάλπισαν[9] ταῖς σάλπιγξιν.[10] **15** καὶ ἐβόησαν[11] ἄνδρες Ιουδα, καὶ
ἐγένετο ἐν τῷ βοᾶν[12] ἄνδρας Ιουδα καὶ κύριος ἐπάταξεν[13] τὸν Ιεροβοαμ καὶ τὸν
Ισραηλ ἐναντίον[14] Αβια καὶ Ιουδα. **16** καὶ ἔφυγον[15] οἱ υἱοὶ Ισραηλ ἀπὸ προσώπου
Ιουδα, καὶ παρέδωκεν αὐτοὺς κύριος εἰς τὰς χεῖρας αὐτῶν. **17** καὶ ἐπάταξεν[16] ἐν
αὐτοῖς Αβια καὶ ὁ λαὸς αὐτοῦ πληγὴν[17] μεγάλην, καὶ ἔπεσον τραυματίαι[18] ἀπὸ Ισραηλ
πεντακόσιαι[19] χιλιάδες[20] ἄνδρες δυνατοί. **18** καὶ ἐταπεινώθησαν[21] οἱ υἱοὶ Ισραηλ ἐν
τῇ ἡμέρᾳ ἐκείνῃ, καὶ κατίσχυσαν[22] οἱ υἱοὶ Ιουδα, ὅτι ἤλπισαν ἐπὶ κύριον θεὸν τῶν
πατέρων αὐτῶν. **19** καὶ κατεδίωξεν[23] Αβια ὀπίσω Ιεροβοαμ καὶ προκατελάβετο[24]
παρ᾽ αὐτοῦ πόλεις, τὴν Βαιθηλ καὶ τὰς κώμας[25] αὐτῆς καὶ τὴν Ισανα καὶ τὰς κώμας
αὐτῆς καὶ τὴν Εφρων καὶ τὰς κώμας αὐτῆς.

Jeroboam Dies

20 καὶ οὐκ ἔσχεν ἰσχὺν[26] Ιεροβοαμ ἔτι πάσας τὰς ἡμέρας Αβια, καὶ ἐπάταξεν[27] αὐτὸν
κύριος, καὶ ἐτελεύτησεν.[28]

21 Καὶ κατίσχυσεν[29] Αβια καὶ ἔλαβεν ἑαυτῷ γυναῖκας δέκα[30] τέσσαρας καὶ ἐγέννησεν
υἱοὺς εἴκοσι[31] δύο καὶ θυγατέρας[32] δέκα[33] ἕξ.[34] **22** καὶ οἱ λοιποὶ λόγοι Αβια καὶ αἱ
πράξεις[35] αὐτοῦ καὶ οἱ λόγοι αὐτοῦ γεγραμμένοι ἐπὶ βιβλίῳ τοῦ προφήτου Αδδω.
23 καὶ ἀπέθανεν Αβια μετὰ τῶν πατέρων αὐτοῦ, καὶ ἔθαψαν[36] αὐτὸν ἐν πόλει Δαυιδ,

1 σημαίνω, *pres act inf*, make known, signal
2 εὐοδόω, *fut pas ind 3s*, succeed, prosper
3 ἀποστρέφω, *aor act ind 3s*, turn back, turn around
4 ἔνεδρον, ambush
5 ὄπισθε(ν), behind
6 ἀποστρέφω, *aor act ind 3s*, turn back
7 ὄπισθε(ν), behind
8 βοάω, *aor act ind 3p*, cry out
9 σαλπίζω, *aor act ind 3p*, sound, blow
10 σάλπιγξ, trumpet
11 βοάω, *aor act ind 3p*, cry out
12 βοάω, *pres act inf*, cry out
13 πατάσσω, *aor act ind 3s*, strike, slay
14 ἐναντίον, before
15 φεύγω, *aor act ind 3p*, flee
16 πατάσσω, *aor act ind 3s*, strike
17 πληγή, blow, wound
18 τραυματίας, casualty, wounded person
19 πεντακόσιοι, five hundred
20 χιλιάς, thousand
21 ταπεινόω, *aor pas ind 3p*, humble, bring low
22 κατισχύω, *aor act ind 3p*, strengthen, prevail
23 καταδιώκω, *aor act ind 3s*, pursue closely
24 προκαταλαμβάνω, *aor mid ind 3s*, overtake
25 κώμη, village
26 ἰσχύς, strength, power
27 πατάσσω, *aor act ind 3s*, strike, slay
28 τελευτάω, *aor act ind 3s*, die
29 κατισχύω, *aor act ind 3s*, strengthen, prevail
30 δέκα, ten
31 εἴκοσι, twenty
32 θυγάτηρ, daughter
33 δέκα, ten
34 ἕξ, six
35 πρᾶξις, act, deed
36 θάπτω, *aor act ind 3p*, bury

καὶ ἐβασίλευσεν[1] Ασα υἱὸς αὐτοῦ ἀντ᾽[2] αὐτοῦ. Ἐν ταῖς ἡμέραις Ασα ἡσύχασεν[3] ἡ γῆ Ιουδα ἔτη δέκα.[4]

Asa Succeeds Abijah

14 καὶ ἐποίησεν τὸ καλὸν καὶ τὸ εὐθὲς[5] ἐνώπιον κυρίου θεοῦ αὐτοῦ. **2** καὶ ἀπέστησεν[6] τὰ θυσιαστήρια[7] τῶν ἀλλοτρίων[8] καὶ τὰ ὑψηλὰ[9] καὶ συνέτριψεν[10] τὰς στήλας[11] καὶ ἐξέκοψεν[12] τὰ ἄλση[13]
3 καὶ εἶπεν τῷ Ιουδα ἐκζητῆσαι[14] τὸν κύριον θεὸν τῶν πατέρων αὐτῶν καὶ ποιῆσαι τὸν νόμον καὶ τὰς ἐντολάς.
4 καὶ ἀπέστησεν[15] ἀπὸ πασῶν τῶν πόλεων Ιουδα τὰ θυσιαστήρια[16] καὶ τὰ εἴδωλα.[17] καὶ εἰρήνευσεν·[18]
5 πόλεις τειχήρεις[19] ἐν γῇ Ιουδα, ὅτι εἰρήνευσεν[20] ἡ γῆ· καὶ οὐκ ἦν αὐτῷ πόλεμος ἐν τοῖς ἔτεσιν τούτοις, ὅτι κατέπαυσεν[21] αὐτῷ κύριος.
6 καὶ εἶπεν τῷ Ιουδα Οἰκοδομήσωμεν τὰς πόλεις ταύτας καὶ ποιήσωμεν τείχη[22] καὶ πύργους[23] καὶ πύλας[24] καὶ μοχλοὺς[25] ἐν ᾧ τῆς γῆς κυριεύσομεν,[26] ὅτι καθὼς ἐξεζητήσαμεν[27] κύριον θεὸν ἡμῶν, ἐξεζήτησεν[28] ἡμᾶς καὶ κατέπαυσεν[29] ἡμᾶς κυκλόθεν[30] καὶ εὐόδωσεν[31] ἡμῖν.
7 καὶ ἐγένετο τῷ Ασα δύναμις ὁπλοφόρων[32] αἰρόντων θυρεοὺς[33] καὶ δόρατα[34] ἐν γῇ Ιουδα τριακόσιαι[35] χιλιάδες[36] καὶ ἐν γῇ Βενιαμιν πελτασταὶ[37] καὶ τοξόται[38] διακόσιαι[39] καὶ πεντήκοντα[40] χιλιάδες,[41] πάντες οὗτοι πολεμισταὶ[42] δυνάμεως.

1 βασιλεύω, *aor act ind 3s*, reign as king
2 ἀντί, in place of
3 ἡσυχάζω, *aor act ind 3s*, be at rest
4 δέκα, ten
5 εὐθής, (that which is) right
6 ἀφίστημι, *aor act ind 3s*, remove
7 θυσιαστήριον, altar
8 ἀλλότριος, foreign, (Philistine)
9 ὑψηλός, high (place)
10 συντρίβω, *aor act ind 3s*, break, crush
11 στήλη, pillar
12 ἐκκόπτω, *aor act ind 3s*, cut down, fell
13 ἄλσος, grove
14 ἐκζητέω, *aor act inf*, seek out, search for
15 ἀφίστημι, *aor act ind 3s*, remove
16 θυσιαστήριον, altar
17 εἴδωλον, image
18 εἰρηνεύω, *aor act ind 3s*, live in prosperity, be at peace
19 τειχήρης, walled, fortified
20 εἰρηνεύω, *aor act ind 3s*, live in prosperity, be at peace
21 καταπαύω, *aor act ind 3s*, cause to rest, give rest
22 τεῖχος, wall
23 πύργος, tower
24 πύλη, gate
25 μοχλός, bar, bolt (of a door)
26 κυριεύω, *fut act ind 1p*, control, rule over
27 ἐκζητέω, *aor act ind 1p*, seek out, search for
28 ἐκζητέω, *aor act ind 3s*, seek out, search for
29 καταπαύω, *aor act ind 3s*, cause to rest, give rest
30 κυκλόθεν, all around
31 εὐοδόω, *aor act ind 3s*, give success, prosper
32 ὁπλοφόρος, soldier, one bearing arms
33 θυρεός, oblong shield
34 δόρυ, spear
35 τριακόσιοι, three hundred
36 χιλιάς, thousand
37 πελταστής, one who bears a light shield, (*p*) light troops
38 τοξότης, archer
39 διακόσιοι, two hundred
40 πεντήκοντα, fifty
41 χιλιάς, thousand
42 πολεμιστής, warrior

Invasion Prevented

8 Καὶ ἐξῆλθεν ἐπ᾽ αὐτοὺς Ζαρε ὁ Αἰθίοψ ἐν δυνάμει, ἐν χιλίαις χιλιάσιν[1] καὶ ἅρμασιν[2]
τριακοσίοις,[3] καὶ ἦλθεν ἕως Μαρισα. **9** καὶ ἐξῆλθεν Ασα εἰς συνάντησιν[4] αὐτῷ καὶ
παρετάξατο[5] πόλεμον ἐν τῇ φάραγγι[6] κατὰ βορρᾶν[7] Μαρισης. **10** καὶ ἐβόησεν[8] Ασα
πρὸς κύριον θεὸν αὐτοῦ καὶ εἶπεν Κύριε, οὐκ ἀδυνατεῖ[9] παρὰ σοὶ σῴζειν ἐν πολλοῖς
καὶ ἐν ὀλίγοις·[10] κατίσχυσον[11] ἡμᾶς, κύριε ὁ θεὸς ἡμῶν, ὅτι ἐπὶ σοὶ πεποίθαμεν καὶ
ἐπὶ τῷ ὀνόματί σου ἤλθαμεν ἐπὶ τὸ πλῆθος τὸ πολὺ τοῦτο· κύριε ὁ θεὸς ἡμῶν, μὴ
κατισχυσάτω[12] πρὸς σὲ ἄνθρωπος. **11** καὶ ἐπάταξεν[13] κύριος τοὺς Αἰθίοπας ἐναντίον[14]
Ιουδα, καὶ ἔφυγον[15] οἱ Αἰθίοπες· **12** καὶ κατεδίωξεν[16] Ασα καὶ ὁ λαὸς αὐτοῦ ἕως
Γεδωρ, καὶ ἔπεσον Αἰθίοπες ὥστε μὴ εἶναι ἐν αὐτοῖς περιποίησιν,[17] ὅτι συνετρίβησαν[18]
ἐνώπιον κυρίου καὶ ἐναντίον[19] τῆς δυνάμεως αὐτοῦ· καὶ ἐσκύλευσαν[20] σκῦλα[21]
πολλά. **13** καὶ ἐξέκοψαν[22] τὰς κώμας[23] αὐτῶν κύκλῳ[24] Γεδωρ, ὅτι ἐγενήθη ἔκστασις[25]
κυρίου ἐπ᾽ αὐτούς, καὶ ἐσκύλευσαν[26] πάσας τὰς πόλεις αὐτῶν, ὅτι πολλὰ σκῦλα[27]
ἐγενήθη αὐτοῖς· **14** καί γε σκηνὰς[28] κτήσεων,[29] τοὺς Αμαζονεῖς, ἐξέκοψαν[30] καὶ ἔλα-
βον πρόβατα πολλὰ καὶ καμήλους[31] καὶ ἐπέστρεψαν εἰς Ιερουσαλημ.

Azariah Warns Asa

15 Καὶ Αζαριας υἱὸς Ωδηδ, ἐγένετο ἐπ᾽ αὐτὸν πνεῦμα κυρίου, **2** καὶ ἐξῆλθεν εἰς
ἀπάντησιν[32] Ασα καὶ παντὶ Ιουδα καὶ Βενιαμιν καὶ εἶπεν Ἀκούσατέ μου, Ασα
καὶ πᾶς Ιουδα καὶ Βενιαμιν· κύριος μεθ᾽ ὑμῶν ἐν τῷ εἶναι ὑμᾶς μετ᾽ αὐτοῦ, καὶ ἐὰν
ἐκζητήσητε[33] αὐτόν, εὑρεθήσεται ὑμῖν, καὶ ἐὰν ἐγκαταλίπητε[34] αὐτόν, ἐγκαταλείψει[35]
ὑμᾶς. **3** καὶ ἡμέραι πολλαὶ τῷ Ισραηλ ἐν οὐ θεῷ ἀληθινῷ[36] καὶ οὐχ ἱερέως ὑπο-
δεικνύοντος[37] καὶ ἐν οὐ νόμῳ· **4** καὶ ἐπιστρέψει ἐπὶ κύριον θεὸν Ισραηλ, καὶ

1 χιλίαις χιλιάσιν, one million
2 ἅρμα, chariot
3 τριακόσιοι, three hundred
4 συνάντησις, meeting
5 παρατάσσω, *aor mid ind 3s*, draw up, align
6 φάραγξ, ravine
7 βορρᾶς, north
8 βοάω, *aor act ind 3s*, call, cry out
9 ἀδυνατέω, *pres act ind 3s*, be impossible
10 ὀλίγος, few
11 κατισχύω, *aor act impv 2s*, strengthen
12 κατισχύω, *aor act impv 3s*, prevail, overpower
13 πατάσσω, *aor act ind 3s*, strike, defeat
14 ἐναντίον, before
15 φεύγω, *aor act ind 3p*, flee
16 καταδιώκω, *aor act ind 3s*, pursue closely
17 περιποίησις, preservation, saving
18 συντρίβω, *aor pas ind 3p*, break, crush
19 ἐναντίον, before
20 σκυλεύω, *aor act ind 3p*, plunder, strip (of possessions)
21 σκῦλον, plunder, spoils
22 ἐκκόπτω, *aor act ind 3p*, exterminate, cut off
23 κώμη, village
24 κύκλῳ, around
25 ἔκστασις, dismay, terror
26 σκυλεύω, *aor act ind 3p*, plunder, strip
27 σκῦλον, plunder, spoils
28 σκηνή, tent
29 κτῆσις, possession, property
30 ἐκκόπτω, *aor act ind 3p*, eradicate, cut down
31 κάμηλος, camel
32 ἀπάντησις, meeting
33 ἐκζητέω, *aor act sub 2p*, seek, search for
34 ἐγκαταλείπω, *aor act sub 2p*, forsake, abandon
35 ἐγκαταλείπω, *fut act ind 3s*, forsake, abandon
36 ἀληθινός, true
37 ὑποδείκνυμι, *pres act ptc gen s m*, show, expound

εὑρεθήσεται αὐτοῖς. **5** καὶ ἐν ἐκείνῳ τῷ καιρῷ οὐκ ἔστιν εἰρήνη τῷ ἐκπορευομένῳ
καὶ τῷ εἰσπορευομένῳ,[1] ὅτι ἔκστασις[2] κυρίου ἐπὶ πάντας τοὺς κατοικοῦντας
τὰς χώρας.[3] **6** καὶ πολεμήσει ἔθνος πρὸς ἔθνος καὶ πόλις πρὸς πόλιν, ὅτι ὁ θεὸς
ἐξέστησεν[4] αὐτοὺς ἐν πάσῃ θλίψει. **7** καὶ ὑμεῖς ἰσχύσατε,[5] καὶ μὴ ἐκλυέσθωσαν[6] αἱ
χεῖρες ὑμῶν, ὅτι ἔστιν μισθὸς[7] τῇ ἐργασίᾳ[8] ὑμῶν.

Asa's Reforms

8 καὶ ἐν τῷ ἀκοῦσαι τοὺς λόγους τούτους καὶ τὴν προφητείαν[9] Αδαδ τοῦ προφήτου
καὶ κατίσχυσεν[10] καὶ ἐξέβαλεν τὰ βδελύγματα[11] ἀπὸ πάσης τῆς γῆς Ιουδα καὶ Βενι-
αμιν καὶ ἀπὸ τῶν πόλεων, ὧν κατέσχεν[12] ἐν ὄρει Εφραιμ, καὶ ἐνεκαίνισεν[13] τὸ
θυσιαστήριον[14] κυρίου, ὃ ἦν ἔμπροσθεν τοῦ ναοῦ κυρίου. **9** καὶ ἐξεκκλησίασεν[15]
τὸν Ιουδαν καὶ Βενιαμιν καὶ τοὺς προσηλύτους[16] τοὺς παροικοῦντας[17] μετ᾽ αὐτοῦ
ἀπὸ Εφραιμ καὶ ἀπὸ Μανασση καὶ ἀπὸ Συμεων, ὅτι προσετέθησαν[18] πρὸς αὐτὸν
πολλοὶ τοῦ Ισραηλ ἐν τῷ ἰδεῖν αὐτοὺς ὅτι κύριος ὁ θεὸς αὐτοῦ μετ᾽ αὐτοῦ. **10** καὶ
συνήχθησαν εἰς Ιερουσαλημ ἐν τῷ μηνὶ[19] τῷ τρίτῳ ἐν τῷ πεντεκαιδεκάτῳ[20] ἔτει τῆς
βασιλείας Ασα. **11** καὶ ἔθυσεν[21] τῷ κυρίῳ ἐν ἐκείνῃ τῇ ἡμέρᾳ ἀπὸ τῶν σκύλων,[22] ὧν
ἤνεγκαν, μόσχους[23] ἑπτακοσίους[24] καὶ πρόβατα ἑπτακισχίλια.[25] **12** καὶ διῆλθεν ἐν
διαθήκῃ ζητῆσαι κύριον θεὸν τῶν πατέρων αὐτῶν ἐξ ὅλης τῆς καρδίας καὶ ἐξ ὅλης
τῆς ψυχῆς· **13** καὶ πᾶς, ὃς ἐὰν μὴ ἐκζητήσῃ[26] κύριον θεὸν Ισραηλ, ἀποθανεῖται ἀπὸ
νεωτέρου[27] ἕως πρεσβυτέρου,[28] ἀπὸ ἀνδρὸς ἕως γυναικός. **14** καὶ ὤμοσαν[29] ἐν τῷ
κυρίῳ ἐν φωνῇ μεγάλῃ καὶ ἐν σάλπιγξιν[30] καὶ ἐν κερατίναις.[31] **15** καὶ ηὐφράνθησαν[32]
πᾶς Ιουδα περὶ τοῦ ὅρκου,[33] ὅτι ἐξ ὅλης τῆς ψυχῆς ὤμοσαν[34] καὶ ἐν πάσῃ θελήσει[35]
ἐζήτησαν αὐτόν, καὶ εὑρέθη αὐτοῖς καὶ κατέπαυσεν[36] αὐτοῖς κύριος κυκλόθεν.[37]

1 εἰσπορεύομαι, *pres mid ptc dat s m*, enter, come in
2 ἔκστασις, terror, dismay
3 χώρα, land, region
4 ἐξίστημι, *aor act ind 3s*, confound, astound
5 ἰσχύω, *aor act impv 2p*, be strong
6 ἐκλύω, *pres pas impv 3p*, loosen, become weak
7 μισθός, reward, wages
8 ἐργασία, work, pursuit
9 προφητεία, prophecy
10 κατισχύω, *aor act ind 3s*, prevail
11 βδέλυγμα, abomination
12 κατέχω, *aor act ind 3s*, possess
13 ἐγκαινίζω, *aor act ind 3s*, renew, dedicate
14 θυσιαστήριον, altar
15 ἐξεκκλησιάζω, *aor act ind 3s*, summon, assemble
16 προσήλυτος, immigrant, guest
17 παροικέω, *pres act ptc acc p m*, dwell near, live as stranger
18 προστίθημι, *aor pas ind 3p*, join with, add to
19 μήν, month
20 πεντεκαιδέκατος, fifteenth
21 θύω, *aor act ind 3s*, sacrifice, offer
22 σκῦλον, plunder, spoils
23 μόσχος, calf
24 ἑπτακόσιοι, seven hundred
25 ἑπτακισχίλιοι, seven thousand
26 ἐκζητέω, *aor act sub 3s*, seek, search for
27 νέος, *comp*, younger
28 πρέσβυς, *comp*, older
29 ὄμνυμι, *aor act ind 3p*, swear an oath
30 σάλπιγξ, trumpet
31 κερατίνη, horn
32 εὐφραίνω, *aor pas ind 3p*, be glad, rejoice
33 ὅρκος, oath
34 ὄμνυμι, *aor act ind 3p*, swear an oath
35 θέλησις, will, willing
36 καταπαύω, *aor act ind 3s*, cause to rest, give rest
37 κυκλόθεν, all around

16 καὶ τὴν Μααχα τὴν μητέρα αὐτοῦ μετέστησεν[1] τοῦ μὴ εἶναι τῇ Ἀστάρτῃ λειτουργοῦσαν[2] καὶ κατέκοψεν[3] τὸ εἴδωλον[4] καὶ κατέκαυσεν[5] ἐν χειμάρρῳ[6] Κεδρων.
17 πλὴν τὰ ὑψηλὰ[7] οὐκ ἀπέστησαν,[8] ἔτι ὑπῆρχεν ἐν τῷ Ισραηλ· ἀλλ᾽ ἡ καρδία Ασα ἐγένετο πλήρης[9] πάσας τὰς ἡμέρας αὐτοῦ. **18** καὶ εἰσήνεγκεν[10] τὰ ἅγια Δαυιδ τοῦ πατρὸς αὐτοῦ καὶ τὰ ἅγια οἴκου κυρίου τοῦ θεοῦ, ἀργύριον[11] καὶ χρυσίον[12] καὶ σκεύη.[13]

19 Καὶ πόλεμος οὐκ ἦν μετ᾽ αὐτοῦ ἕως τοῦ πέμπτου[14] καὶ τριακοστοῦ[15] ἔτους τῆς βασιλείας Ασα.

War with Baasha

16 καὶ ἐν τῷ ὀγδόῳ[16] καὶ τριακοστῷ[17] ἔτει τῆς βασιλείας Ασα ἀνέβη Βαασα βασιλεὺς Ισραηλ ἐπὶ Ιουδαν καὶ ᾠκοδόμησεν τὴν Ραμα τοῦ μὴ δοῦναι ἔξοδον[18] καὶ εἴσοδον[19] τῷ Ασα βασιλεῖ Ιουδα. **2** καὶ ἔλαβεν Ασα χρυσίον[20] καὶ ἀργύριον[21] ἐκ θησαυρῶν[22] οἴκου κυρίου καὶ οἴκου τοῦ βασιλέως καὶ ἀπέστειλεν πρὸς τὸν υἱὸν τοῦ Αδερ βασιλέως Συρίας τὸν κατοικοῦντα ἐν Δαμασκῷ λέγων **3** Διάθου[23] διαθήκην ἀνὰ μέσον[24] ἐμοῦ καὶ σοῦ καὶ ἀνὰ μέσον τοῦ πατρός μου καὶ ἀνὰ μέσον τοῦ πατρός σου· ἰδοὺ ἀπέσταλκά σοι χρυσίον[25] καὶ ἀργύριον,[26] δεῦρο[27] καὶ διασκέδασον[28] ἀπ᾽ ἐμοῦ τὸν Βαασα βασιλέα Ισραηλ καὶ ἀπελθέτω ἀπ᾽ ἐμοῦ. **4** καὶ ἤκουσεν υἱὸς Αδερ τοῦ βασιλέως Ασα καὶ ἀπέστειλεν τοὺς ἄρχοντας τῆς δυνάμεως αὐτοῦ ἐπὶ τὰς πόλεις Ισραηλ καὶ ἐπάταξεν[29] τὴν Ιων καὶ τὴν Δαν καὶ τὴν Αβελμαιν καὶ πάσας τὰς περιχώρους[30] Νεφθαλι. **5** καὶ ἐγένετο ἐν τῷ ἀκοῦσαι Βαασα ἀπέλιπεν[31] τοῦ μηκέτι[32] οἰκοδομεῖν τὴν Ραμα καὶ κατέπαυσεν[33] τὸ ἔργον αὐτοῦ. **6** καὶ Ασα ὁ βασιλεὺς ἔλαβεν πάντα τὸν Ιουδαν καὶ ἔλαβεν τοὺς λίθους τῆς Ραμα καὶ τὰ ξύλα[34] αὐτῆς, ἃ ᾠκοδόμησεν Βαασα, καὶ ᾠκοδόμησεν ἐν αὐτοῖς τὴν Γαβαε καὶ τὴν Μασφα.

1 μεθίστημι, *aor act ind 3s*, remove
2 λειτουργέω, *pres act ptc acc s f*, minister, serve
3 κατακόπτω, *aor act ind 3s*, cut down, break in pieces
4 εἴδωλον, image
5 κατακαίω, *aor act ind 3s*, completely burn, burn up
6 χείμαρρος, brook
7 ὑψηλός, high (place)
8 ἀφίστημι, *aor act ind 3p*, remove
9 πλήρης, full, complete
10 εἰσφέρω, *aor act ind 3s*, bring in, carry in
11 ἀργύριον, silver
12 χρυσίον, gold
13 σκεῦος, vessel, equipment, utensil
14 πέμπτος, fifth
15 τριακοστός, thirtieth
16 ὄγδοος, eighth
17 τριακοστός, thirtieth
18 ἔξοδος, exit, going out
19 εἴσοδος, entrance, going in
20 χρυσίον, gold
21 ἀργύριον, silver
22 θησαυρός, treasure
23 διατίθημι, *aor mid impv 2s*, arrange
24 ἀνὰ μέσον, between
25 χρυσίον, gold
26 ἀργύριον, silver
27 δεῦρο, come!
28 διασκεδάζω, *aor act impv 2s*, scatter, shake off
29 πατάσσω, *aor act ind 3s*, strike, defeat
30 περίχωρος, neighboring territory
31 ἀπολείπω, *aor act ind 3s*, abandon, leave off
32 μηκέτι, no more, no longer
33 καταπαύω, *aor act ind 3s*, bring to an end, stop
34 ξύλον, wood, timber

Hanani Imprisoned

7 καὶ ἐν τῷ καιρῷ ἐκείνῳ ἦλθεν Ανανι ὁ προφήτης πρὸς Ασα βασιλέα Ιουδα καὶ
εἶπεν αὐτῷ Ἐν τῷ πεποιθέναι σε ἐπὶ βασιλέα Συρίας καὶ μὴ πεποιθέναι σε ἐπὶ κύριον
θεόν σου, διὰ τοῦτο ἐσώθη δύναμις Συρίας ἀπὸ τῆς χειρός σου. **8** οὐχ οἱ Αἰθίοπες
καὶ Λίβυες ἦσαν εἰς δύναμιν πολλὴν εἰς θάρσος,[1] εἰς ἱππεῖς[2] εἰς πλῆθος σφόδρα;[3]
καὶ ἐν τῷ πεποιθέναι σε ἐπὶ κύριον παρέδωκεν εἰς τὰς χεῖράς σου. **9** ὅτι οἱ ὀφθαλμοὶ
κυρίου ἐπιβλέπουσιν[4] ἐν πάσῃ τῇ γῇ κατισχῦσαι[5] ἐν πάσῃ καρδίᾳ πλήρει[6] πρὸς
αὐτόν. ἠγνόηκας[7] ἐπὶ τούτῳ· ἀπὸ τοῦ νῦν ἔσται μετὰ σοῦ πόλεμος. **10** καὶ ἐθυμώθη[8]
Ασα τῷ προφήτῃ καὶ παρέθετο[9] αὐτὸν εἰς φυλακήν, ὅτι ὠργίσθη[10] ἐπὶ τούτῳ· καὶ
ἐλυμήνατο[11] Ασα ἐν τῷ λαῷ ἐν τῷ καιρῷ ἐκείνῳ.

Asa's Death

11 Καὶ ἰδοὺ οἱ λόγοι Ασα οἱ πρῶτοι καὶ οἱ ἔσχατοι γεγραμμένοι ἐν βιβλίῳ βασιλέων
Ιουδα καὶ Ισραηλ. **12** καὶ ἐμαλακίσθη[12] Ασα ἐν τῷ ἐνάτῳ[13] καὶ τριακοστῷ[14] ἔτει
τῆς βασιλείας αὐτοῦ τοὺς πόδας, ἕως σφόδρα[15] ἐμαλακίσθη· καὶ ἐν τῇ μαλακίᾳ[16]
αὐτοῦ οὐκ ἐζήτησεν κύριον, ἀλλὰ τοὺς ἰατρούς.[17] **13** καὶ ἐκοιμήθη[18] Ασα μετὰ τῶν
πατέρων αὐτοῦ καὶ ἐτελεύτησεν[19] ἐν τῷ ἐνάτῳ[20] καὶ τριακοστῷ[21] ἔτει τῆς βασιλείας
αὐτοῦ, **14** καὶ ἔθαψαν[22] αὐτὸν ἐν τῷ μνήματι,[23] ᾧ ὤρυξεν[24] ἑαυτῷ ἐν πόλει Δαυιδ,
καὶ ἐκοίμισαν[25] αὐτὸν ἐπὶ τῆς κλίνης[26] καὶ ἔπλησαν[27] ἀρωμάτων[28] καὶ γένη[29] μύρων[30]
μυρεψῶν[31] καὶ ἐποίησαν αὐτῷ ἐκφορὰν[32] μεγάλην ἕως σφόδρα.[33]

Jehoshaphat Reigns as King

17 Καὶ ἐβασίλευσεν[34] Ιωσαφατ υἱὸς αὐτοῦ ἀντ᾽[35] αὐτοῦ, καὶ κατίσχυσεν[36] Ιωσα-
φατ ἐπὶ τὸν Ισραηλ. **2** καὶ ἔδωκεν δύναμιν ἐν πάσαις ταῖς πόλεσιν Ιουδα ταῖς

1 θάρσος, courage
2 ἱππεύς, horsemen
3 σφόδρα, exceedingly
4 ἐπιβλέπω, *pres act ind 3p*, look upon, gaze at
5 κατισχύω, *aor act inf*, strengthen
6 πλήρης, full, complete
7 ἀγνοέω, *perf act ind 2s*, fail to understand, be unaware
8 θυμόω, *aor pas ind 3s*, be furious
9 παρατίθημι, *aor mid ind 3s*, give over
10 ὀργίζω, *aor pas ind 3s*, be angry
11 λυμαίνομαι, *aor mid ind 3s*, cause harm, injure
12 μαλακίζομαι, *aor pas ind 3s*, become weak, become sick
13 ἔνατος, ninth
14 τριακοστός, thirtieth
15 σφόδρα, exceedingly
16 μαλακία, sickness, infirmity
17 ἰατρός, physician, healer
18 κοιμάω, *aor pas ind 3s*, sleep
19 τελευτάω, *aor act ind 3s*, die
20 ἔνατος, ninth
21 τριακοστός, thirtieth
22 θάπτω, *aor act ind 3p*, bury
23 μνῆμα, grave, tomb
24 ὀρύσσω, *aor act ind 3s*, dig
25 κοιμίζω, *aor act ind 3p*, lay to rest
26 κλίνη, bed, bier
27 πίμπλημι, *aor act ind 3p*, fill
28 ἄρωμα, spice, aromatic herb
29 γένος, kind, type
30 μύρον, perfume, ointment
31 μυρεψός, perfumer, apothecary
32 ἐκφορά, funeral
33 σφόδρα, exceedingly
34 βασιλεύω, *aor act ind 3s*, reign as king
35 ἀντί, in place of
36 κατισχύω, *aor act ind 3s*, prevail, strengthen

ὀχυραῖς[1] καὶ κατέστησεν[2] ἡγουμένους[3] ἐν πάσαις ταῖς πόλεσιν Ιουδα καὶ ἐν πόλεσιν Εφραιμ, ἃς προκατελάβετο[4] Ασα ὁ πατὴρ αὐτοῦ.

3 καὶ ἐγένετο κύριος μετὰ Ιωσαφατ, ὅτι ἐπορεύθη ἐν ὁδοῖς τοῦ πατρὸς αὐτοῦ
ταῖς πρώταις καὶ οὐκ ἐξεζήτησεν[5] τὰ εἴδωλα,[6] **4** ἀλλὰ κύριον τὸν θεὸν τοῦ πατρὸς
αὐτοῦ ἐξεζήτησεν[7] καὶ ἐν ταῖς ἐντολαῖς τοῦ πατρὸς αὐτοῦ ἐπορεύθη, καὶ οὐχ ὡς τοῦ
Ισραηλ τὰ ἔργα. **5** καὶ κατηύθυνεν[8] κύριος τὴν βασιλείαν ἐν χειρὶ αὐτοῦ, καὶ ἔδωκεν
πᾶς Ιουδα δῶρα[9] τῷ Ιωσαφατ, καὶ ἐγένετο αὐτῷ πλοῦτος[10] καὶ δόξα πολλή. **6** καὶ
ὑψώθη[11] καρδία αὐτοῦ ἐν ὁδῷ κυρίου, καὶ ἔτι ἐξῆρεν[12] τὰ ὑψηλὰ[13] καὶ τὰ ἄλση[14]
ἀπὸ τῆς γῆς Ιουδα.

7 καὶ ἐν τῷ τρίτῳ ἔτει τῆς βασιλείας αὐτοῦ ἀπέστειλεν τοὺς ἡγουμένους[15] αὐτοῦ
καὶ τοὺς υἱοὺς τῶν δυνατῶν, τὸν Αβδιαν καὶ Ζαχαριαν καὶ Ναθαναηλ καὶ Μιχαιαν,
διδάσκειν ἐν πόλεσιν Ιουδα, **8** καὶ μετ᾽ αὐτῶν οἱ Λευῖται Σαμουιας καὶ Ναθανιας καὶ
Ζαβδιας καὶ Ασιηλ καὶ Σεμιραμωθ καὶ Ιωναθαν καὶ Αδωνιας καὶ Τωβιας οἱ Λευῖται,
καὶ μετ᾽ αὐτῶν Ελισαμα καὶ Ιωραμ οἱ ἱερεῖς, **9** καὶ ἐδίδασκον ἐν Ιουδα, καὶ μετ᾽ αὐτῶν
βύβλος[16] νόμου κυρίου, καὶ διῆλθον ἐν ταῖς πόλεσιν Ιουδα καὶ ἐδίδασκον τὸν λαόν.

10 καὶ ἐγένετο ἔκστασις[17] κυρίου ἐπὶ πάσαις ταῖς βασιλείαις τῆς γῆς ταῖς κύκλῳ[18]
Ιουδα, καὶ οὐκ ἐπολέμουν πρὸς Ιωσαφατ· **11** καὶ ἀπὸ τῶν ἀλλοφύλων[19] ἔφερον τῷ
Ιωσαφατ δῶρα[20] καὶ ἀργύριον[21] καὶ δόματα,[22] καὶ οἱ Ἄραβες ἔφερον αὐτῷ κριοὺς[23]
προβάτων ἑπτακισχιλίους[24] ἑπτακοσίους.[25] **12** καὶ ἦν Ιωσαφατ πορευόμενος μεί-
ζων[26] ἕως εἰς ὕψος[27] καὶ ᾠκοδόμησεν οἰκήσεις[28] ἐν τῇ Ιουδαίᾳ καὶ πόλεις ὀχυράς.[29]
13 καὶ ἔργα πολλὰ ἐγένετο αὐτῷ ἐν τῇ Ιουδαίᾳ καὶ ἄνδρες πολεμισταὶ[30] δυνατοὶ
ἰσχύοντες[31] ἐν Ιερουσαλημ. **14** καὶ οὗτος ἀριθμὸς[32] αὐτῶν κατ᾽ οἴκους πατριῶν[33]
αὐτῶν· τῷ Ιουδα χιλίαρχοι,[34] Εδνας ὁ ἄρχων καὶ μετ᾽ αὐτοῦ υἱοὶ δυνατοὶ δυνάμεως

1 ὀχυρός, fortified, strong
2 καθίστημι, *aor act ind 3s*, appoint
3 ἡγέομαι, *pres mid ptc acc p m*, lead
4 προκαταλαμβάνω, *aor mid ind 3s*, overtake, capture
5 ἐκζητέω, *aor act ind 3s*, seek out, search for
6 εἴδωλον, idol, image
7 ἐκζητέω, *aor act ind 3s*, seek out, search for
8 κατευθύνω, *aor act ind 3s*, direct, guide
9 δῶρον, gift
10 πλοῦτος, riches, wealth
11 ὑψόω, *aor pas ind 3s*, raise up, exalt
12 ἐξαίρω, *aor act ind 3s*, remove
13 ὑψηλός, high place
14 ἄλσος, grove
15 ἡγέομαι, *pres mid ptc acc p m*, lead
16 βύβλος, scroll, book
17 ἔκστασις, terror, dismay
18 κύκλῳ, around
19 ἀλλόφυλος, foreign, (Philistine)
20 δῶρον, present, gift
21 ἀργύριον, silver, money
22 δόμα, present, gift
23 κριός, ram
24 ἑπτακισχίλιοι, seven thousand
25 ἑπτακόσιοι, seven hundred
26 μείζων, *comp of* μέγας, greater
27 ὕψος, height, majesty
28 οἴκησις, dwelling, house
29 ὀχυρός, fortified, strong
30 πολεμιστής, warrior
31 ἰσχύω, *pres act ptc nom p m*, have power, prevail
32 ἀριθμός, number, amount
33 πατριά, paternal lineage, house
34 χιλίαρχος, captain of a thousand

τριακόσιαι[1] χιλιάδες·[2] **15** καὶ μετ' αὐτὸν Ιωαναν ὁ ἡγούμενος[3] καὶ μετ' αὐτοῦ διακόσιαι[4] ὀγδοήκοντα[5] χιλιάδες·[6] **16** καὶ μετ' αὐτὸν Αμασιας ὁ τοῦ Ζαχρι ὁ προθυμούμενος[7] τῷ κυρίῳ καὶ μετ' αὐτοῦ διακόσιαι[8] χιλιάδες[9] δυνατοὶ δυνάμεως. **17** καὶ ἐκ τοῦ Βενιαμιν δυνατὸς δυνάμεως Ελιαδα καὶ μετ' αὐτοῦ τοξόται[10] καὶ πελτασταὶ[11] διακόσιαι[12] χιλιάδες·[13] **18** καὶ μετ' αὐτὸν Ιωζαβαδ καὶ μετ' αὐτοῦ ἑκατὸν[14] ὀγδοήκοντα[15] χιλιάδες[16] δυνατοὶ πολέμου. **19** οὗτοι οἱ λειτουργοῦντες[17] τῷ βασιλεῖ ἐκτὸς[18] ὧν ἔδωκεν ὁ βασιλεὺς ἐν ταῖς πόλεσιν ταῖς ὀχυραῖς[19] ἐν πάσῃ τῇ Ιουδαίᾳ.

Jehoshaphat and Ahab Become Allies

18 Καὶ ἐγενήθη τῷ Ιωσαφατ ἔτι πλοῦτος[20] καὶ δόξα πολλή, καὶ ἐπεγαμβρεύσατο[21] ἐν οἴκῳ Αχααβ. **2** καὶ κατέβη διὰ τέλους ἐτῶν πρὸς Αχααβ εἰς Σαμάρειαν, καὶ ἔθυσεν[22] αὐτῷ Αχααβ πρόβατα καὶ μόσχους[23] πολλοὺς καὶ τῷ λαῷ τῷ μετ' αὐτοῦ καὶ ἠπάτα[24] αὐτὸν τοῦ συναναβῆναι[25] μετ' αὐτοῦ εἰς Ραμωθ τῆς Γαλααδίτιδος. **3** καὶ εἶπεν Αχααβ βασιλεὺς Ισραηλ πρὸς Ιωσαφατ βασιλέα Ιουδα Πορεύσῃ μετ' ἐμοῦ εἰς Ραμωθ τῆς Γαλααδίτιδος; καὶ εἶπεν αὐτῷ Ὡς ἐγώ, οὕτως καὶ σύ· ὡς ὁ λαός σου, καὶ ὁ λαός μου μετὰ σοῦ εἰς πόλεμον.

4 καὶ εἶπεν Ιωσαφατ πρὸς βασιλέα Ισραηλ Ζήτησον δὴ[26] σήμερον τὸν κύριον. **5** καὶ συνήγαγεν ὁ βασιλεὺς Ισραηλ τοὺς προφήτας, τετρακοσίους[27] ἄνδρας, καὶ εἶπεν αὐτοῖς Εἰ πορευθῶ εἰς Ραμωθ Γαλααδ εἰς πόλεμον ἢ ἐπίσχω;[28] καὶ εἶπαν Ἀνάβαινε, καὶ δώσει ὁ θεὸς εἰς τὰς χεῖρας τοῦ βασιλέως. **6** καὶ εἶπεν Ιωσαφατ Οὐκ ἔστιν ὧδε[29] προφήτης τοῦ κυρίου ἔτι καὶ ἐπιζητήσομεν[30] παρ' αὐτοῦ; **7** καὶ εἶπεν βασιλεὺς Ισραηλ πρὸς Ιωσαφατ Ἔτι ἀνὴρ εἷς τοῦ ζητῆσαι τὸν κύριον δι' αὐτοῦ, καὶ ἐγὼ ἐμίσησα αὐτόν, ὅτι οὐκ ἔστιν προφητεύων[31] περὶ ἐμοῦ εἰς ἀγαθά, ὅτι πᾶσαι αἱ ἡμέραι αὐτοῦ εἰς κακά, οὗτος Μιχαιας υἱὸς Ιεμλα. καὶ εἶπεν Ιωσαφατ Μὴ λαλείτω ὁ βασιλεὺς οὕτως.

1 τριακόσιοι, three hundred
2 χιλιάς, thousand
3 ἡγέομαι, *pres mid ptc nom s m*, lead
4 διακόσιοι, two hundred
5 ὀγδοήκοντα, eighty
6 χιλιάς, thousand
7 προθυμέομαι, *pres mid ptc nom s m*, be eager, be zealous
8 διακόσιοι, two hundred
9 χιλιάς, thousand
10 τοξότης, archer
11 πελταστής, one who bears a light shield, (*p*) light troops
12 διακόσιοι, two hundred
13 χιλιάς, thousand
14 ἑκατόν, one hundred
15 ὀγδοήκοντα, eighty
16 χιλιάς, thousand
17 λειτουργέω, *pres act ptc nom p m*, minister, serve
18 ἐκτός, beside, apart from
19 ὀχυρός, fortified, strong
20 πλοῦτος, wealth, riches
21 ἐπιγαμβρεύω, *aor mid ind 3s*, become related in marriage
22 θύω, *aor act ind 3s*, sacrifice
23 μόσχος, calf
24 ἀπατάω, *impf act ind 3s*, cheat, deceive
25 συναναβαίνω, *aor act inf*, go up with
26 δή, indeed, now
27 τετρακόσιοι, four hundred
28 ἐπέχω, *aor act sub 1s*, hold back, refrain
29 ὧδε, here
30 ἐπιζητέω, *fut act ind 1p*, inquire
31 προφητεύω, *pres act ptc nom s m*, prophesy

Ahab's False Prophets

8 καὶ ἐκάλεσεν ὁ βασιλεὺς Ισραηλ εὐνοῦχον[1] ἕνα καὶ εἶπεν Τάχος[2] Μιχαιαν υἱὸν
Ιεμλα. **9** καὶ βασιλεὺς Ισραηλ καὶ Ιωσαφατ βασιλεὺς Ιουδα καθήμενοι ἕκαστος ἐπὶ
θρόνου αὐτοῦ καὶ ἐνδεδυμένοι[3] στολὰς[4] καθήμενοι ἐν τῷ εὐρυχώρῳ[5] θύρας πύλης[6]
Σαμαρείας, καὶ πάντες οἱ προφῆται ἐπροφήτευον[7] ἐναντίον[8] αὐτῶν. **10** καὶ ἐποίησεν
ἑαυτῷ Σεδεκιας υἱὸς Χανανα κέρατα[9] σιδηρᾶ[10] καὶ εἶπεν Τάδε[11] λέγει κύριος Ἐν
τούτοις κερατιεῖς[12] τὴν Συρίαν, ἕως ἂν συντελεσθῇ.[13] **11** καὶ πάντες οἱ προφῆται
ἐπροφήτευον[14] οὕτως λέγοντες Ἀνάβαινε εἰς Ραμωθ Γαλααδ καὶ εὐοδωθήσῃ,[15] καὶ
δώσει κύριος εἰς χεῖρας τοῦ βασιλέως.

Micaiah Foretells Failure

12 καὶ ὁ ἄγγελος ὁ πορευθεὶς τοῦ καλέσαι τὸν Μιχαιαν ἐλάλησεν αὐτῷ λέγων Ἰδοὺ
ἐλάλησαν οἱ προφῆται ἐν στόματι ἑνὶ ἀγαθὰ περὶ τοῦ βασιλέως, καὶ ἔστωσαν δὴ[16]
οἱ λόγοι σου ὡς ἑνὸς αὐτῶν, καὶ λαλήσεις ἀγαθά. **13** καὶ εἶπεν Μιχαιας Ζῇ κύριος
ὅτι ὃ ἐὰν εἴπῃ ὁ θεὸς πρός με, αὐτὸ λαλήσω.

14 καὶ ἦλθεν πρὸς τὸν βασιλέα, καὶ εἶπεν αὐτῷ ὁ βασιλεύς Μιχαια, εἰ πορευθῶ εἰς
Ραμωθ Γαλααδ εἰς πόλεμον ἢ ἐπίσχω;[17] καὶ εἶπεν Ἀνάβαινε καὶ εὐοδώσεις,[18] καὶ
δοθήσονται εἰς χεῖρας ὑμῶν. **15** καὶ εἶπεν αὐτῷ ὁ βασιλεύς Ποσάκις[19] ὁρκίζω[20] σε
ἵνα μὴ λαλήσῃς πρός με πλὴν ἀλήθειαν ἐν ὀνόματι κυρίου; **16** καὶ εἶπεν

Εἶδον τὸν Ισραηλ διεσπαρμένους[21] ἐν τοῖς ὄρεσιν
ὡς πρόβατα οἷς οὐκ ἔστιν ποιμήν,[22]

καὶ εἶπεν κύριος

Οὐκ ἔχουσιν ἡγούμενον,[23]
ἀναστρεφέτωσαν[24] ἕκαστος εἰς τὸν οἶκον αὐτοῦ ἐν εἰρήνῃ.

17 καὶ εἶπεν ὁ βασιλεὺς Ισραηλ πρὸς Ιωσαφατ Οὐκ εἶπά σοι ὅτι οὐ προφητεύει[25]
περὶ ἐμοῦ ἀγαθά, ἀλλ᾽ ἢ κακά;

1 εὐνοῦχος, eunuch
2 τάχος, quickly
3 ἐνδύω, *perf mid ptc nom p m*, clothe in, put on
4 στολή, garment, clothing
5 εὐρύχωρος, open, wide
6 πύλη, gate
7 προφητεύω, *impf act ind 3p*, prophesy
8 ἐναντίον, before
9 κέρας, horn
10 σιδηροῦς, iron
11 ὅδε, this
12 κερατίζω, *fut act ind 2s*, gore, butt with horns
13 συντελέω, *aor pas sub 3s*, finish, bring to an end
14 προφητεύω, *impf act ind 3p*, prophesy
15 εὐοδόω, *fut pas ind 2s*, prosper, succeed
16 δή, indeed, now
17 ἐπέχω, *aor act sub 1s*, hold back, refrain
18 εὐοδόω, *fut act ind 2s*, prosper, succeed
19 ποσάκις, how often
20 ὁρκίζω, *pres act ind 1s*, command under oath, adjure
21 διασπείρω, *perf pas ptc acc p m*, scatter
22 ποιμήν, shepherd
23 ἡγέομαι, *pres mid ptc acc s m*, lead
24 ἀναστρέφω, *pres act impv 3p*, return
25 προφητεύω, *pres act ind 3s*, prophesy

18 καὶ εἶπεν Οὐχ οὕτως, ἀκούσατε λόγον κυρίου· εἶδον τὸν κύριον καθήμενον ἐπὶ
θρόνου αὐτοῦ, καὶ πᾶσα δύναμις τοῦ οὐρανοῦ εἱστήκει[1] ἐκ δεξιῶν αὐτοῦ καὶ ἐξ
ἀριστερῶν[2] αὐτοῦ. **19** καὶ εἶπεν κύριος Τίς ἀπατήσει[3] τὸν Αχααβ βασιλέα Ισραηλ
καὶ ἀναβήσεται καὶ πεσεῖται ἐν Ραμωθ Γαλααδ; καὶ εἶπεν οὗτος οὕτως, καὶ οὗτος
εἶπεν οὕτως. **20** καὶ ἐξῆλθεν τὸ πνεῦμα καὶ ἔστη ἐνώπιον κυρίου καὶ εἶπεν Ἐγὼ
ἀπατήσω[4] αὐτόν. καὶ εἶπεν κύριος Ἐν τίνι; **21** καὶ εἶπεν Ἐξελεύσομαι καὶ ἔσομαι
πνεῦμα ψευδὲς[5] ἐν στόματι πάντων τῶν προφητῶν αὐτοῦ. καὶ εἶπεν Ἀπατήσεις[6] καὶ
δυνήσῃ, ἔξελθε καὶ ποίησον οὕτως. **22** καὶ νῦν ἰδοὺ ἔδωκεν κύριος πνεῦμα ψευδὲς[7]
ἐν στόματι πάντων τῶν προφητῶν σου τούτων, καὶ κύριος ἐλάλησεν ἐπὶ σὲ κακά.

23 καὶ ἤγγισεν Σεδεκιας υἱὸς Χανανα καὶ ἐπάταξεν[8] τὸν Μιχαιαν ἐπὶ τὴν σιαγόνα[9]
καὶ εἶπεν αὐτῷ Ποίᾳ[10] τῇ ὁδῷ παρῆλθεν[11] πνεῦμα κυρίου παρ᾽ ἐμοῦ τοῦ λαλῆσαι πρὸς
σέ; **24** καὶ εἶπεν Μιχαιας Ἰδοὺ ὄψῃ ἐν τῇ ἡμέρᾳ ἐκείνῃ, ἐν ᾗ εἰσελεύσῃ ταμιεῖον[12] ἐκ
ταμιείου τοῦ κατακρυβῆναι.[13] **25** καὶ εἶπεν βασιλεὺς Ισραηλ Λάβετε τὸν Μιχαιαν
καὶ ἀποστρέψατε[14] πρὸς Εμηρ ἄρχοντα τῆς πόλεως καὶ πρὸς Ιωας ἄρχοντα υἱὸν
τοῦ βασιλέως **26** καὶ ἐρεῖς Οὕτως εἶπεν ὁ βασιλεύς Ἀπόθεσθε[15] τοῦτον εἰς οἶκον
φυλακῆς, καὶ ἐσθιέτω ἄρτον θλίψεως καὶ ὕδωρ θλίψεως ἕως τοῦ ἐπιστρέψαι με ἐν
εἰρήνῃ. **27** καὶ εἶπεν Μιχαιας Ἐὰν ἐπιστρέφων ἐπιστρέψῃς ἐν εἰρήνῃ, οὐκ ἐλάλησεν
κύριος ἐν ἐμοί· ἀκούσατε λαοὶ πάντες.

Ahab's Defeat and Death

28 Καὶ ἀνέβη βασιλεὺς Ισραηλ καὶ Ιωσαφατ βασιλεὺς Ιουδα εἰς Ραμωθ Γαλααδ.
29 καὶ εἶπεν βασιλεὺς Ισραηλ πρὸς Ιωσαφατ Κατακαλύψομαι[16] καὶ εἰσελεύσομαι εἰς
τὸν πόλεμον, καὶ σὺ ἔνδυσαι[17] τὸν ἱματισμόν[18] μου· καὶ συνεκαλύψατο[19] βασιλεὺς
Ισραηλ καὶ εἰσῆλθεν εἰς τὸν πόλεμον. **30** καὶ βασιλεὺς Συρίας ἐνετείλατο[20] τοῖς
ἄρχουσιν τῶν ἁρμάτων[21] τοῖς μετ᾽ αὐτοῦ λέγων Μὴ πολεμεῖτε τὸν μικρὸν καὶ τὸν
μέγαν, ἀλλ᾽ ἢ τὸν βασιλέα Ισραηλ μόνον. **31** καὶ ἐγένετο ὡς εἶδον οἱ ἄρχοντες τῶν
ἁρμάτων[22] τὸν Ιωσαφατ, καὶ αὐτοὶ εἶπαν Βασιλεὺς Ισραηλ ἐστίν, καὶ ἐκύκλωσαν[23]
αὐτὸν τοῦ πολεμεῖν· καὶ ἐβόησεν[24] Ιωσαφατ, καὶ κύριος ἔσωσεν αὐτόν, καὶ ἀπέ-

1 ἵστημι, *plpf act ind 3s*, set up, stand
2 ἀριστερός, left
3 ἀπατάω, *fut act ind 3s*, cheat, deceive
4 ἀπατάω, *fut act ind 1s*, cheat, deceive
5 ψευδής, lying, false
6 ἀπατάω, *fut act ind 2s*, cheat, deceive
7 ψευδής, lying, false
8 πατάσσω, *aor act ind 3s*, strike, hit
9 σιαγών, jaw, cheek
10 ποῖος, what sort of, in what way
11 παρέρχομαι, *aor act ind 3s*, pass by
12 ταμίειον, inner room, chamber
13 κατακρύπτω, *aor pas inf*, hide
14 ἀποστρέφω, *aor act impv 2p*, turn back, return
15 ἀποτίθημι, *aor mid impv 2p*, rid oneself, put away
16 κατακαλύπτω, *fut mid ind 1s*, conceal, disguise
17 ἐνδύω, *aor mid impv 2s*, put on, clothe in
18 ἱματισμός, clothing, apparel
19 συγκαλύπτω, *aor mid ind 3s*, disguise oneself
20 ἐντέλλομαι, *aor mid ind 3s*, command, order
21 ἅρμα, chariot
22 ἅρμα, chariot
23 κυκλόω, *aor act ind 3p*, encircle, surround
24 βοάω, *aor act ind 3s*, call out, cry out

στρεψεν[1] αὐτοὺς ὁ θεὸς ἀπ' αὐτοῦ. **32** καὶ ἐγένετο ὡς εἶδον οἱ ἄρχοντες τῶν ἁρμά-
των[2] ὅτι οὐκ ἦν βασιλεὺς Ισραηλ, καὶ ἀπέστρεψαν[3] ἀπ' αὐτοῦ. **33** καὶ ἀνὴρ ἐνέτεινεν[4]
τόξον[5] εὐστόχως[6] καὶ ἐπάταξεν[7] τὸν βασιλέα Ισραηλ ἀνὰ μέσον τοῦ πνεύμονος[8]
καὶ ἀνὰ μέσον[9] τοῦ θώρακος.[10] καὶ εἶπεν τῷ ἡνιόχῳ[11] Ἐπίστρεφε τὴν χεῖρά σου καὶ
ἐξάγαγέ[12] με ἐκ τοῦ πολέμου, ὅτι ἐπόνεσα.[13] **34** καὶ ἐτροπώθη[14] ὁ πόλεμος ἐν τῇ
ἡμέρᾳ ἐκείνῃ, καὶ ὁ βασιλεὺς Ισραηλ ἦν ἑστηκὼς ἐπὶ τοῦ ἅρματος[15] ἕως ἑσπέρας[16]
ἐξ ἐναντίας[17] Συρίας καὶ ἀπέθανεν δύνοντος[18] τοῦ ἡλίου.

Jehoshaphat Rebuked

19 Καὶ ἀπέστρεψεν[19] Ιωσαφατ βασιλεὺς Ιουδα εἰς τὸν οἶκον αὐτοῦ ἐν εἰρήνῃ
εἰς Ιερουσαλημ. **2** καὶ ἐξῆλθεν εἰς ἀπάντησιν[20] αὐτοῦ Ιου ὁ τοῦ Ανανι ὁ προ-
φήτης καὶ εἶπεν αὐτῷ Βασιλεῦ Ιωσαφατ, εἰ ἁμαρτωλῷ σὺ βοηθεῖς[21] ἢ μισουμένῳ ὑπὸ
κυρίου φιλιάζεις;[22] διὰ τοῦτο ἐγένετο ἐπὶ σὲ ὀργὴ παρὰ κυρίου· **3** ἀλλ' ἢ λόγοι ἀγαθοὶ
ηὑρέθησαν ἐν σοί, ὅτι ἐξῆρας[23] τὰ ἄλση[24] ἀπὸ τῆς γῆς Ιουδα καὶ κατηύθυνας[25] τὴν
καρδίαν σου ἐκζητῆσαι[26] τὸν κύριον.

4 καὶ κατῴκησεν Ιωσαφατ ἐν Ιερουσαλημ καὶ πάλιν[27] ἐξῆλθεν εἰς τὸν λαὸν ἀπὸ
Βηρσαβεε ἕως ὄρους Εφραιμ καὶ ἐπέστρεψεν αὐτοὺς ἐπὶ κύριον θεὸν τῶν πατέρων
αὐτῶν.

Jehoshaphat's Reforms

5 καὶ κατέστησεν[28] κριτὰς[29] ἐν πάσαις ταῖς πόλεσιν Ιουδα ταῖς ὀχυραῖς[30] ἐν πόλει
καὶ πόλει **6** καὶ εἶπεν τοῖς κριταῖς[31] Ἴδετε τί ὑμεῖς ποιεῖτε, ὅτι οὐκ ἀνθρώπῳ ὑμεῖς
κρίνετε, ἀλλ' ἢ τῷ κυρίῳ, καὶ μεθ' ὑμῶν λόγοι τῆς κρίσεως· **7** καὶ νῦν γενέσθω φόβος
κυρίου ἐφ' ὑμᾶς, καὶ φυλάσσετε καὶ ποιήσετε, ὅτι οὐκ ἔστιν μετὰ κυρίου θεοῦ ἡμῶν
ἀδικία[32] οὐδὲ θαυμάσαι[33] πρόσωπον οὐδὲ λαβεῖν δῶρα.[34]

1 ἀποστρέφω, *aor act ind 3s*, turn away, turn back
2 ἅρμα, chariot
3 ἀποστρέφω, *aor act ind 3p*, turn away, turn back
4 ἐντείνω, *aor act ind 3s*, bend
5 τόξον, bow
6 εὐστόχως, with good aim
7 πατάσσω, *aor act ind 3s*, strike, hit
8 πνεύμων, lungs
9 ἀνὰ μέσον, between
10 θώραξ, breastplate
11 ἡνίοχος, charioteer
12 ἐξάγω, *aor act impv 2s*, take out, lead out
13 πονέω, *aor act ind 1s*, be wounded, suffer
14 τροπόω, *aor pas ind 3s*, cause to turn
15 ἅρμα, chariot
16 ἑσπέρα, evening
17 ἐναντίος, against, facing
18 δύω, *pres act ptc gen s m*, go down, set
19 ἀποστρέφω, *aor act ind 3s*, return
20 ἀπάντησις, meeting
21 βοηθέω, *pres act ind 2s*, aid, help
22 φιλιάζω, *pres act ind 2s*, act as a friend
23 ἐξαίρω, *aor act ind 2s*, remove
24 ἄλσος, grove
25 κατευθύνω, *aor act ind 2s*, direct, keep straight
26 ἐκζητέω, *aor act inf*, seek out, search for
27 πάλιν, again, once more
28 καθίστημι, *aor act ind 3s*, set up, appoint
29 κριτής, judge
30 ὀχυρός, fortified
31 κριτής, judge
32 ἀδικία, wrongdoing, injustice
33 θαυμάζω, *aor act inf*, amaze, astonish
34 δῶρον, gift, bribe

8 καὶ γὰρ ἐν Ιερουσαλημ κατέστησεν[1] Ιωσαφατ τῶν ἱερέων καὶ τῶν Λευιτῶν καὶ τῶν πατριαρχῶν[2] Ισραηλ εἰς κρίσιν κυρίου καὶ κρίνειν τοὺς κατοικοῦντας ἐν Ιερουσαλημ. **9** καὶ ἐνετείλατο[3] πρὸς αὐτοὺς λέγων Οὕτως ποιήσετε ἐν φόβῳ κυρίου, ἐν ἀληθείᾳ καὶ ἐν πλήρει[4] καρδίᾳ· **10** πᾶς ἀνὴρ κρίσιν τὴν ἐλθοῦσαν ἐφ᾽ ὑμᾶς τῶν ἀδελφῶν ὑμῶν τῶν κατοικούντων ἐν ταῖς πόλεσιν αὐτῶν ἀνὰ μέσον[5] αἵματος αἷμα καὶ ἀνὰ μέσον προστάγματος[6] καὶ ἐντολῆς καὶ δικαιώματα[7] καὶ κρίματα[8] καὶ διαστελεῖσθε[9] αὐτοῖς, καὶ οὐχ ἁμαρτήσονται τῷ κυρίῳ, καὶ οὐκ ἔσται ἐφ᾽ ὑμᾶς ὀργὴ καὶ ἐπὶ τοὺς ἀδελφοὺς ὑμῶν· οὕτως ποιήσετε καὶ οὐχ ἁμαρτήσεσθε. **11** καὶ ἰδοὺ Αμαριας ὁ ἱερεὺς ἡγούμενος[10] ἐφ᾽ ὑμᾶς εἰς πᾶν λόγον κυρίου καὶ Ζαβδιας υἱὸς Ισμαηλ ὁ ἡγούμενος εἰς οἶκον Ιουδα πρὸς πᾶν λόγον βασιλέως καὶ οἱ γραμματεῖς[11] καὶ οἱ Λευῖται πρὸ προσώπου ὑμῶν· ἰσχύσατε[12] καὶ ποιήσατε, καὶ ἔσται κύριος μετὰ τοῦ ἀγαθοῦ.

Judah Invaded

20 Καὶ μετὰ ταῦτα ἦλθον οἱ υἱοὶ Μωαβ καὶ οἱ υἱοὶ Αμμων καὶ μετ᾽ αὐτῶν ἐκ τῶν Μιναίων πρὸς Ιωσαφατ εἰς πόλεμον. **2** καὶ ἦλθον καὶ ὑπέδειξαν[13] τῷ Ιωσαφατ λέγοντες Ἥκει[14] ἐπὶ σὲ πλῆθος πολὺ ἐκ πέραν[15] τῆς θαλάσσης ἀπὸ Συρίας, καὶ ἰδού εἰσιν ἐν Ασασανθαμαρ (αὕτη ἐστὶν Ενγαδδι). **3** καὶ ἐφοβήθη καὶ ἔδωκεν Ιωσαφατ τὸ πρόσωπον αὐτοῦ ἐκζητῆσαι[16] τὸν κύριον καὶ ἐκήρυξεν[17] νηστείαν[18] ἐν παντὶ Ιουδα. **4** καὶ συνήχθη Ιουδας ἐκζητῆσαι[19] τὸν κύριον, καὶ ἀπὸ πασῶν τῶν πόλεων Ιουδα ἦλθον ζητῆσαι τὸν κύριον.

Jehoshaphat's Prayer for Victory

5 καὶ ἀνέστη Ιωσαφατ ἐν ἐκκλησίᾳ Ιουδα ἐν Ιερουσαλημ ἐν οἴκῳ κυρίου κατὰ πρόσωπον τῆς αὐλῆς[20] τῆς καινῆς[21] **6** καὶ εἶπεν Κύριε ὁ θεὸς τῶν πατέρων ἡμῶν, οὐχὶ σὺ εἶ θεὸς ἐν οὐρανῷ καὶ σὺ κυριεύεις[22] πασῶν τῶν βασιλειῶν τῶν ἐθνῶν καὶ ἐν τῇ χειρί σου ἰσχὺς[23] δυναστείας[24] καὶ οὐκ ἔστιν πρὸς σὲ ἀντιστῆναι;[25] **7** οὐχὶ σὺ εἶ ὁ κύριος ὁ ἐξολεθρεύσας[26] τοὺς κατοικοῦντας τὴν γῆν ταύτην ἀπὸ προσώπου

1 καθίστημι, *aor act ind 3s*, set up, appoint
2 πατριάρχης, patriarch
3 ἐντέλλομαι, *aor mid ind 3s*, command
4 πλήρης, full
5 ἀνὰ μέσον, between
6 πρόσταγμα, ordinance
7 δικαίωμα, decree
8 κρίμα, judgment
9 διαστέλλω, *fut mid ind 2p*, define, establish
10 ἡγέομαι, *pres mid ptc nom s m*, lead
11 γραμματεύς, scribe
12 ἰσχύω, *aor act impv 2p*, strengthen
13 ὑποδείκνυμι, *aor act ind 3p*, report, lay out information
14 ἥκω, *pres act ind 3s*, have come
15 πέραν, beyond
16 ἐκζητέω, *aor act inf*, seek, search out
17 κηρύσσω, *aor act ind 3s*, proclaim, announce
18 νηστεία, fast (from food)
19 ἐκζητέω, *aor act inf*, seek, search out
20 αὐλή, court
21 καινός, new
22 κυριεύω, *pres act ind 2s*, control, rule over
23 ἰσχύς, power, strength
24 δυναστεία, dominion, dominance
25 ἀνθίστημι, *aor act inf*, resist, stand against
26 ἐξολεθρεύω, *aor act ptc nom s m*, utterly destroy

τοῦ λαοῦ σου Ισραηλ καὶ ἔδωκας αὐτὴν σπέρματι Αβρααμ τῷ ἠγαπημένῳ σου εἰς
τὸν αἰῶνα; **8** καὶ κατῴκησαν ἐν αὐτῇ καὶ ᾠκοδόμησαν ἐν αὐτῇ ἁγίασμα[1] τῷ ὀνόματί
σου λέγοντες **9** Ἐὰν ἐπέλθῃ[2] ἐφ᾽ ἡμᾶς κακά, ῥομφαία,[3] κρίσις, θάνατος, λιμός,[4]
στησόμεθα ἐναντίον[5] τοῦ οἴκου τούτου καὶ ἐναντίον σου, ὅτι τὸ ὄνομά σου ἐπὶ
τῷ οἴκῳ τούτῳ, καὶ βοησόμεθα[6] πρὸς σὲ ἀπὸ τῆς θλίψεως, καὶ ἀκούσῃ καὶ σώσεις.
10 καὶ νῦν ἰδοὺ υἱοὶ Αμμων καὶ Μωαβ καὶ ὄρος Σηιρ, εἰς οὓς οὐκ ἔδωκας τῷ Ισραηλ
διελθεῖν δι᾽ αὐτῶν ἐξελθόντων αὐτῶν ἐκ γῆς Αἰγύπτου, ὅτι ἐξέκλιναν[7] ἀπ᾽ αὐτῶν καὶ
οὐκ ἐξωλέθρευσαν[8] αὐτούς, **11** καὶ νῦν ἰδοὺ αὐτοὶ ἐπιχειροῦσιν[9] ἐφ᾽ ἡμᾶς ἐξελθεῖν
ἐκβαλεῖν ἡμᾶς ἀπὸ τῆς κληρονομίας[10] ἡμῶν, ἧς ἔδωκας ἡμῖν. **12** κύριε ὁ θεὸς ἡμῶν,
οὐ κρινεῖς ἐν αὐτοῖς; ὅτι οὐκ ἔστιν ἡμῖν ἰσχὺς[11] τοῦ ἀντιστῆναι[12] πρὸς τὸ πλῆθος
τὸ πολὺ τοῦτο τὸ ἐλθὸν ἐφ᾽ ἡμᾶς, καὶ οὐκ οἴδαμεν τί ποιήσωμεν αὐτοῖς, ἀλλ᾽ ἢ ἐπὶ
σοὶ οἱ ὀφθαλμοὶ ἡμῶν.

13 καὶ πᾶς Ιουδας ἑστηκὼς ἔναντι[13] κυρίου καὶ τὰ παιδία[14] αὐτῶν καὶ αἱ γυναῖκες.

Jehoshaphat's Prayer Answered

14 καὶ τῷ Οζιηλ τῷ τοῦ Ζαχαριου τῶν υἱῶν Βαναιου τῶν υἱῶν Ελεηλ τοῦ Μανθανιου
τοῦ Λευίτου ἀπὸ τῶν υἱῶν Ασαφ, ἐγένετο ἐπ᾽ αὐτὸν πνεῦμα κυρίου ἐν τῇ ἐκκλησίᾳ,
15 καὶ εἶπεν Ἀκούσατε, πᾶς Ιουδα καὶ οἱ κατοικοῦντες Ιερουσαλημ καὶ ὁ βασιλεὺς
Ιωσαφατ, τάδε[15] λέγει κύριος ὑμῖν αὐτοῖς Μὴ φοβεῖσθε μηδὲ πτοηθῆτε[16] ἀπὸ προ-
σώπου τοῦ ὄχλου[17] τοῦ πολλοῦ τούτου, ὅτι οὐχ ὑμῖν ἐστιν ἡ παράταξις,[18] ἀλλ᾽ ἢ
τῷ θεῷ. **16** αὔριον[19] κατάβητε ἐπ᾽ αὐτούς· ἰδοὺ ἀναβαίνουσιν κατὰ τὴν ἀνάβασιν[20]
Ασας, καὶ εὑρήσετε αὐτοὺς ἐπ᾽ ἄκρου[21] ποταμοῦ[22] τῆς ἐρήμου Ιεριηλ. **17** οὐχ ὑμῖν
ἐστιν πολεμῆσαι· ταῦτα σύνετε[23] καὶ ἴδετε τὴν σωτηρίαν κυρίου μεθ᾽ ὑμῶν, Ιουδα
καὶ Ιερουσαλημ· μὴ φοβεῖσθε μηδὲ πτοηθῆτε[24] αὔριον[25] ἐξελθεῖν εἰς ἀπάντησιν[26]
αὐτοῖς, καὶ κύριος μεθ᾽ ὑμῶν.

18 καὶ κύψας[27] Ιωσαφατ ἐπὶ πρόσωπον αὐτοῦ καὶ πᾶς Ιουδα καὶ οἱ κατοικοῦντες
Ιερουσαλημ ἔπεσαν ἔναντι[28] κυρίου προσκυνῆσαι κυρίῳ. **19** καὶ ἀνέστησαν οἱ

1 ἁγίασμα, sanctuary
2 ἐπέρχομαι, *aor act sub 3s*, come upon
3 ῥομφαία, sword
4 λιμός, hunger, famine
5 ἐναντίον, before
6 βοάω, *fut mid ind 1p*, cry out
7 ἐκκλίνω, *aor act ind 3p*, turn from, (avoid)
8 ἐξολεθρεύω, *aor act ind 3p*, utterly destroy
9 ἐπιχειρέω, *pres act ind 3p*, attempt, endeavor
10 κληρονομία, inheritance
11 ἰσχύς, power, strength
12 ἀνθίστημι, *aor act inf*, resist, stand against
13 ἔναντι, before
14 παιδίον, *dim of* παῖς, little child
15 ὅδε, this
16 πτοέω, *aor pas sub 2p*, terrify, frighten
17 ὄχλος, host, multitude
18 παράταξις, battle
19 αὔριον, tomorrow
20 ἀνάβασις, ascent
21 ἄκρος, far end
22 ποταμός, river
23 συνίημι, *aor act impv 2p*, understand
24 πτοέω, *aor pas sub 2p*, terrify, frighten
25 αὔριον, tomorrow
26 ἀπάντησις, meeting
27 κύπτω, *aor act ptc nom s m*, bow down
28 ἔναντι, before

Λευῖται ἀπὸ τῶν υἱῶν Κααθ καὶ ἀπὸ τῶν υἱῶν Κορε αἰνεῖν[1] κυρίῳ θεῷ Ισραηλ ἐν
φωνῇ μεγάλῃ εἰς ὕψος.[2]

Confusion among Judah's Enemies

20 Καὶ ὤρθρισαν[3] πρωὶ[4] καὶ ἐξῆλθον εἰς τὴν ἔρημον Θεκωε, καὶ ἐν τῷ ἐξελθεῖν
ἔστη Ιωσαφατ καὶ ἐβόησεν[5] καὶ εἶπεν Ἀκούσατέ μου, Ιουδα καὶ οἱ κατοικοῦντες ἐν
Ιερουσαλημ· ἐμπιστεύσατε[6] ἐν κυρίῳ θεῷ ὑμῶν, καὶ ἐμπιστευθήσεσθε·[7] ἐμπιστεύ-
σατε ἐν προφήτῃ αὐτοῦ, καὶ εὐοδωθήσεσθε.[8] **21** καὶ ἐβουλεύσατο[9] μετὰ τοῦ λαοῦ
καὶ ἔστησεν ψαλτῳδοὺς[10] καὶ αἰνοῦντας[11] ἐξομολογεῖσθαι[12] καὶ αἰνεῖν[13] τὰ ἅγια ἐν
τῷ ἐξελθεῖν ἔμπροσθεν τῆς δυνάμεως, καὶ ἔλεγον Ἐξομολογεῖσθε[14] τῷ κυρίῳ, ὅτι
εἰς τὸν αἰῶνα τὸ ἔλεος[15] αὐτοῦ. **22** καὶ ἐν τῷ ἄρξασθαι τῆς αἰνέσεως[16] αὐτοῦ τῆς
ἐξομολογήσεως[17] ἔδωκεν κύριος πολεμεῖν τοὺς υἱοὺς Αμμων ἐπὶ Μωαβ καὶ ὄρος
Σηιρ τοὺς ἐξελθόντας ἐπὶ Ιουδαν, καὶ ἐτροπώθησαν.[18] **23** καὶ ἀνέστησαν οἱ υἱοὶ
Αμμων καὶ Μωαβ ἐπὶ τοὺς κατοικοῦντας ὄρος Σηιρ ἐξολεθρεῦσαι[19] καὶ ἐκτρῖψαι·[20]
καὶ ὡς συνετέλεσαν[21] τοὺς κατοικοῦντας Σηιρ, ἀνέστησαν εἰς ἀλλήλους[22] τοῦ
ἐξολεθρευθῆναι.[23]

24 καὶ Ιουδας ἦλθεν ἐπὶ τὴν σκοπιὰν[24] τῆς ἐρήμου καὶ ἐπέβλεψεν[25] καὶ εἶδεν τὸ
πλῆθος, καὶ ἰδοὺ πάντες νεκροὶ[26] πεπτωκότες ἐπὶ τῆς γῆς, οὐκ ἦν σῳζόμενος.
25 καὶ ἦλθεν Ιωσαφατ καὶ ὁ λαὸς αὐτοῦ σκυλεῦσαι[27] τὰ σκῦλα[28] αὐτῶν καὶ εὗρον
κτήνη[29] πολλὰ καὶ ἀποσκευὴν[30] καὶ σκῦλα καὶ σκεύη[31] ἐπιθυμητὰ[32] καὶ ἐσκύλευσαν[33]
ἑαυτοῖς, καὶ ἐγένοντο ἡμέραι τρεῖς σκυλευόντων[34] αὐτῶν τὰ σκῦλα, ὅτι πολλὰ ἦν.

1 αἰνέω, *pres act inf*, praise
2 ὕψος, height
3 ὀρθρίζω, *aor act ind 3p*, rise early
4 πρωί, (in the) morning
5 βοάω, *aor act ind 3s*, cry out
6 ἐμπιστεύω, *aor act impv 2p*, trust in
7 ἐμπιστεύω, *fut pas ind 2p*, entrust
8 εὐοδόω, *fut pas ind 2p*, succeed, prosper
9 βουλεύω, *aor mid ind 3s*, take counsel
10 ψαλτῳδός, psalm singer
11 αἰνέω, *pres act ptc acc p m*, praise
12 ἐξομολογέομαι, *pres mid inf*, acknowledge, confess
13 αἰνέω, *pres act inf*, praise
14 ἐξομολογέω, *pres mid impv 2p*, acknowledge, confess
15 ἔλεος, mercy, compassion
16 αἴνεσις, praise
17 ἐξομολόγησις, confession, thanksgiving
18 τροπόω, *aor pas ind 3p*, put to flight
19 ἐξολεθρεύω, *aor act inf*, utterly destroy
20 ἐκτρίβω, *aor act inf*, eliminate, destroy
21 συντελέω, *aor act ind 3p*, finish off
22 ἀλλήλων, one another
23 ἐξολεθρεύω, *aor pas inf*, utterly destroy
24 σκοπιά, lookout, (watchtower)
25 ἐπιβλέπω, *aor act ind 3s*, look attentively
26 νεκρός, dead
27 σκυλεύω, *aor act inf*, strip, plunder
28 σκῦλον, plunder, spoils
29 κτῆνος, animal, (*p*) herd
30 ἀποσκευή, baggage
31 σκεῦος, equipment, stuff
32 ἐπιθυμητός, desirable
33 σκυλεύω, *aor act ind 3p*, strip, plunder
34 σκυλεύω, *pres act ptc gen p m*, strip, plunder

Judah Is Victorious

26 καὶ τῇ ἡμέρᾳ τῇ τετάρτῃ[1] ἐπισυνήχθησαν[2] εἰς τὸν αὐλῶνα[3] τῆς εὐλογίας,[4] ἐκεῖ
γὰρ ηὐλόγησαν τὸν κύριον· διὰ τοῦτο ἐκάλεσαν τὸ ὄνομα τοῦ τόπου ἐκείνου
Κοιλὰς[5] εὐλογίας ἕως τῆς ἡμέρας ταύτης. **27** καὶ ἐπέστρεψεν πᾶς ἀνὴρ Ιουδα εἰς
Ιερουσαλημ καὶ Ιωσαφατ ἡγούμενος[6] αὐτῶν ἐν εὐφροσύνῃ[7] μεγάλῃ, ὅτι εὔφρανεν[8]
αὐτοὺς κύριος ἀπὸ τῶν ἐχθρῶν αὐτῶν, **28** καὶ εἰσῆλθον εἰς Ιερουσαλημ ἐν νάβλαις[9]
καὶ ἐν κινύραις[10] καὶ ἐν σάλπιγξιν[11] εἰς οἶκον κυρίου. **29** καὶ ἐγένετο ἔκστασις[12]
κυρίου ἐπὶ πάσας τὰς βασιλείας τῆς γῆς ἐν τῷ ἀκοῦσαι αὐτοὺς ὅτι ἐπολέμησεν
κύριος πρὸς τοὺς ὑπεναντίους[13] Ισραηλ. **30** καὶ εἰρήνευσεν[14] ἡ βασιλεία Ιωσαφατ,
καὶ κατέπαυσεν[15] αὐτῷ ὁ θεὸς αὐτοῦ κυκλόθεν.[16]

31 Καὶ ἐβασίλευσεν[17] Ιωσαφατ ἐπὶ τὸν Ιουδαν ἐτῶν τριάκοντα[18] πέντε ἐν τῷ βασι-
λεῦσαι[19] αὐτὸν καὶ εἴκοσι[20] πέντε ἔτη ἐβασίλευσεν ἐν Ιερουσαλημ, καὶ ὄνομα τῇ
μητρὶ αὐτοῦ Αζουβα θυγάτηρ[21] Σαλι. **32** καὶ ἐπορεύθη ἐν ταῖς ὁδοῖς τοῦ πατρὸς
αὐτοῦ Ασα καὶ οὐκ ἐξέκλινεν[22] τοῦ ποιῆσαι τὸ εὐθὲς[23] ἐνώπιον κυρίου· **33** ἀλλὰ τὰ
ὑψηλὰ[24] ἔτι ὑπῆρχεν, καὶ ἔτι ὁ λαὸς οὐ κατεύθυνεν[25] τὴν καρδίαν πρὸς κύριον θεὸν
τῶν πατέρων αὐτῶν.

34 καὶ οἱ λοιποὶ λόγοι Ιωσαφατ οἱ πρῶτοι καὶ οἱ ἔσχατοι ἰδοὺ γεγραμμένοι ἐν λόγοις
Ιου τοῦ Ανανι, ὃς κατέγραψεν[26] βιβλίον βασιλέων Ισραηλ.

Jehoshaphat's Wicked Alliance

35 Καὶ μετὰ ταῦτα ἐκοινώνησεν[27] Ιωσαφατ βασιλεὺς Ιουδα πρὸς Οχοζιαν βασιλέα
Ισραηλ (καὶ οὗτος ἠνόμησεν[28]) **36** ἐν τῷ ποιῆσαι καὶ πορευθῆναι πρὸς αὐτὸν τοῦ
ποιῆσαι πλοῖα[29] τοῦ πορευθῆναι εἰς Θαρσις καὶ ἐποίησεν πλοῖα ἐν Γασιωνγαβερ.
37 καὶ ἐπροφήτευσεν[30] Ελιεζερ ὁ τοῦ Δωδια ἀπὸ Μαρισης ἐπὶ Ιωσαφατ λέγων Ὡς

1 τέταρτος, fourth
2 ἐπισυνάγω, *aor pas ind 3p*, gather together
3 αὐλών, valley
4 εὐλογία, blessing
5 κοιλάς, valley
6 ἡγέομαι, *pres mid ptc nom s m*, lead
7 εὐφροσύνη, joy, gladness
8 εὐφραίνω, *aor act ind 3s*, cheer, make glad
9 νάβλα, harp, *Heb. LW*
10 κινύρα, stringed instrument, *Heb. LW*
11 σάλπιγξ, trumpet
12 ἔκστασις, terror, fear
13 ὑπεναντίος, hostile, opposed
14 εἰρηνεύω, *aor act ind 3s*, be at peace
15 καταπαύω, *aor act ind 3s*, cause to rest
16 κυκλόθεν, all around
17 βασιλεύω, *aor act ind 3s*, reign as king
18 τριάκοντα, thirty
19 βασιλεύω, *aor act inf*, become king
20 εἴκοσι, twenty
21 θυγάτηρ, daughter
22 ἐκκλίνω, *aor act ind 3s*, turn away, cease
23 εὐθής, (that which is) right
24 ὑψηλός, high (place)
25 κατευθύνω, *impf act ind 3s*, direct, guide
26 καταγράφω, *aor act ind 3s*, inscribe, record
27 κοινωνέω, *aor act ind 3s*, participate with, (form an alliance)
28 ἀνομέω, *aor act ind 3s*, act lawlessly
29 πλοῖον, ship
30 προφητεύω, *aor act ind 3s*, prophesy

ἐφιλίασας[1] τῷ Οχοζια, ἔθραυσεν[2] κύριος τὸ ἔργον σου, καὶ συνετρίβη[3] τὰ πλοῖά[4]
σου. καὶ οὐκ ἐδυνάσθη τοῦ πορευθῆναι εἰς Θαρσις.

Jehoram Succeeds Jehoshaphat

21 Καὶ ἐκοιμήθη[5] Ιωσαφατ μετὰ τῶν πατέρων αὐτοῦ καὶ ἐτάφη[6] παρὰ τοῖς πα-
τράσιν αὐτοῦ ἐν πόλει Δαυιδ, καὶ ἐβασίλευσεν[7] Ιωραμ υἱὸς αὐτοῦ ἀντ᾽[8]
αὐτοῦ. **2** καὶ αὐτῷ ἀδελφοὶ υἱοὶ Ιωσαφατ ἕξ,[9] Αζαριας καὶ Ιιηλ καὶ Ζαχαριας καὶ
Αζαριας καὶ Μιχαηλ καὶ Σαφατιας· πάντες οὗτοι υἱοὶ Ιωσαφατ βασιλέως Ιουδα.
3 καὶ ἔδωκεν αὐτοῖς ὁ πατὴρ αὐτῶν δόματα[10] πολλά, ἀργύριον[11] καὶ χρυσίον[12] καὶ
ὅπλα[13] μετὰ πόλεων τετειχισμένων[14] ἐν Ιουδα· καὶ τὴν βασιλείαν ἔδωκεν τῷ Ιωραμ,
ὅτι οὗτος ὁ πρωτότοκος.[15]

4 καὶ ἀνέστη Ιωραμ ἐπὶ τὴν βασιλείαν αὐτοῦ καὶ ἐκραταιώθη[16] καὶ ἀπέκτεινεν
πάντας τοὺς ἀδελφοὺς αὐτοῦ ἐν ῥομφαίᾳ[17] καὶ ἀπὸ τῶν ἀρχόντων Ισραηλ. **5** ὄντος
αὐτοῦ τριάκοντα[18] καὶ δύο ἐτῶν κατέστη[19] Ιωραμ ἐπὶ τὴν βασιλείαν αὐτοῦ καὶ
ὀκτὼ[20] ἔτη ἐβασίλευσεν[21] ἐν Ιερουσαλημ. **6** καὶ ἐπορεύθη ἐν ὁδῷ βασιλέων Ισραηλ,
ὡς ἐποίησεν οἶκος Αχααβ, ὅτι θυγάτηρ[22] Αχααβ ἦν αὐτοῦ γυνή, καὶ ἐποίησεν τὸ
πονηρὸν ἐναντίον[23] κυρίου. **7** καὶ οὐκ ἐβούλετο κύριος ἐξολεθρεῦσαι[24] τὸν οἶκον
Δαυιδ διὰ τὴν διαθήκην, ἣν διέθετο[25] τῷ Δαυιδ, καὶ ὡς εἶπεν αὐτῷ δοῦναι αὐτῷ
λύχνον[26] καὶ τοῖς υἱοῖς αὐτοῦ πάσας τὰς ἡμέρας.

Edom Revolts

8 ἐν ταῖς ἡμέραις ἐκείναις ἀπέστη[27] Εδωμ ἀπὸ τοῦ Ιουδα καὶ ἐβασίλευσαν[28] ἐφ᾽
ἑαυτοὺς βασιλέα. **9** καὶ ᾤχετο[29] Ιωραμ μετὰ τῶν ἀρχόντων καὶ πᾶσα ἡ ἵππος[30] μετ᾽
αὐτοῦ· καὶ ἐγένετο καὶ ἠγέρθη[31] νυκτὸς καὶ ἐπάταξεν[32] Εδωμ τὸν κυκλοῦντα[33] αὐτὸν

1 φιλιάζω, *aor act ind 2s*, become friends
2 θραύω, *aor act ind 3s*, shatter, break up
3 συντρίβω, *aor pas ind 3s*, annihilate, crush
4 πλοῖον, ship
5 κοιμάω, *aor pas ind 3s*, sleep
6 θάπτω, *aor pas ind 3s*, bury
7 βασιλεύω, *aor act ind 3s*, reign as king
8 ἀντί, in place of
9 ἕξ, six
10 δόμα, gift
11 ἀργύριον, silver
12 χρυσίον, gold
13 ὅπλον, weapon, (*p*) arms
14 τειχίζω, *perf pas ptc gen p f*, wall in, fortify
15 πρωτότοκος, firstborn
16 κραταιόω, *aor pas ind 3s*, strengthen
17 ῥομφαία, sword
18 τριάκοντα, thirty
19 καθίστημι, *aor act ind 3s*, set in place, establish
20 ὀκτώ, eight
21 βασιλεύω, *aor act ind 3s*, reign as king
22 θυγάτηρ, daughter
23 ἐναντίον, before
24 ἐξολεθρεύω, *aor act opt 3s*, utterly destroy
25 διατίθημι, *aor mid ind 3s*, arrange
26 λύχνος, lamp
27 ἀφίστημι, *aor act ind 3s*, revolt, withdraw
28 βασιλεύω, *aor act ind 3p*, make king
29 οἴχομαι, *impf mid ind 3s*, depart
30 ἵππος, horse, cavalry
31 ἐγείρω, *aor pas ind 3s*, arise
32 πατάσσω, *aor act ind 3s*, strike
33 κυκλόω, *pres act ptc acc s m*, encircle, surround

καὶ τοὺς ἄρχοντας τῶν ἁρμάτων,[1] καὶ ἔφυγεν[2] ὁ λαὸς εἰς τὰ σκηνώματα[3] αὐτῶν.
10 καὶ ἀπέστη[4] ἀπὸ Ιουδα Εδωμ ἕως τῆς ἡμέρας ταύτης· τότε ἀπέστη Λομνα ἐν
τῷ καιρῷ ἐκείνῳ ἀπὸ χειρὸς αὐτοῦ, ὅτι ἐγκατέλιπεν[5] κύριον θεὸν τῶν πατέρων
αὐτοῦ. **11** καὶ γὰρ αὐτὸς ἐποίησεν ὑψηλὰ[6] ἐν πόλεσιν Ιουδα καὶ ἐξεπόρνευσεν[7] τοὺς
κατοικοῦντας ἐν Ιερουσαλημ καὶ ἀπεπλάνησεν[8] τὸν Ιουδαν.

12 καὶ ἦλθεν αὐτῷ ἐγγραφὴ[9] παρὰ Ηλιου τοῦ προφήτου λέγων Τάδε[10] λέγει κύριος
ὁ θεὸς Δαυιδ τοῦ πατρός σου Ἀνθ᾽ ὧν[11] οὐκ ἐπορεύθης ἐν ὁδῷ Ιωσαφατ τοῦ πα-
τρός σου καὶ ἐν ὁδοῖς Ασα βασιλέως Ιουδα **13** καὶ ἐπορεύθης ἐν ὁδοῖς βασιλέων
Ισραηλ καὶ ἐξεπόρνευσας[12] τὸν Ιουδαν καὶ τοὺς κατοικοῦντας ἐν Ιερουσαλημ, ὡς
ἐξεπόρνευσεν[13] οἶκος Αχααβ, καὶ τοὺς ἀδελφούς σου υἱοὺς τοῦ πατρός σου τοὺς
ἀγαθοὺς ὑπὲρ σὲ ἀπέκτεινας, **14** ἰδοὺ κύριος πατάξει[14] σε πληγὴν[15] μεγάλην ἐν τῷ
λαῷ σου καὶ ἐν τοῖς υἱοῖς σου καὶ ἐν γυναιξίν σου καὶ ἐν πάσῃ τῇ ἀποσκευῇ[16] σου,
15 καὶ σὺ ἐν μαλακίᾳ[17] πονηρᾷ, ἐν νόσῳ[18] κοιλίας,[19] ἕως οὗ ἐξέλθῃ ἡ κοιλία σου μετὰ
τῆς μαλακίας[20] ἐξ ἡμερῶν εἰς ἡμέρας.

16 καὶ ἐπήγειρεν[21] κύριος ἐπὶ Ιωραμ τοὺς ἀλλοφύλους[22] καὶ τοὺς Ἄραβας καὶ τοὺς
ὁμόρους[23] τῶν Αἰθιόπων, **17** καὶ ἀνέβησαν ἐπὶ Ιουδαν καὶ κατεδυνάστευον[24] καὶ
ἀπέστρεψαν[25] πᾶσαν τὴν ἀποσκευήν,[26] ἣν εὗρον ἐν οἴκῳ τοῦ βασιλέως, καὶ τοὺς
υἱοὺς αὐτοῦ καὶ τὰς θυγατέρας[27] αὐτοῦ, καὶ οὐ κατελείφθη[28] αὐτῷ υἱὸς ἀλλ᾽ ἢ Οχο-
ζιας ὁ μικρότατος[29] τῶν υἱῶν αὐτοῦ.

18 καὶ μετὰ ταῦτα πάντα ἐπάταξεν[30] αὐτὸν κύριος εἰς τὴν κοιλίαν[31] μαλακίᾳ,[32] ἐν
ᾗ οὐκ ἔστιν ἰατρεία·[33] **19** καὶ ἐγένετο ἐξ ἡμερῶν εἰς ἡμέρας, καὶ ὡς ἦλθεν καιρὸς
τῶν ἡμερῶν ἡμέρας δύο, ἐξῆλθεν ἡ κοιλία[34] αὐτοῦ μετὰ τῆς νόσου,[35] καὶ ἀπέθανεν
ἐν μαλακίᾳ[36] πονηρᾷ. καὶ οὐκ ἐποίησεν ὁ λαὸς αὐτοῦ ἐκφορὰν[37] καθὼς ἐκφορὰν

1 ἅρμα, chariot
2 φεύγω, *aor act ind 3s*, flee
3 σκήνωμα, tent, dwelling
4 ἀφίστημι, *aor act ind 3s*, revolt, withdraw
5 ἐγκαταλείπω, *aor act ind 3s*, abandon, forsake
6 ὑψηλός, high place
7 ἐκπορνεύω, *aor act ind 3s*, fornicate, prostitute
8 ἀποπλανάω, *aor act ind 3s*, lead astray
9 ἐγγραφή, written message
10 ὅδε, this
11 ἀνθ᾽ ὧν, because, since
12 ἐκπορνεύω, *aor act ind 2s*, fornicate, prostitute
13 ἐκπορνεύω, *aor act ind 3s*, fornicate, prostitute
14 πατάσσω, *fut act ind 3s*, strike
15 πληγή, plague
16 ἀποσκευή, household, possessions
17 μαλακία, infirmity, sickness
18 νόσος, disease
19 κοιλία, stomach, bowels
20 μαλακία, infirmity, sickness
21 ἐπεγείρω, *impf act ind 3s*, stir up, arouse
22 ἀλλόφυλος, foreign, (Philistine)
23 ὅμορος, contiguous, neighboring
24 καταδυναστεύω, *impf act ind 3p*, prevail, overpower
25 ἀποστρέφω, *aor act ind 3p*, bring back
26 ἀποσκευή, possessions, belongings
27 θυγάτηρ, daughter
28 καταλείπω, *aor pas ind 3s*, be left over
29 μικρός, *sup*, smallest, youngest
30 πατάσσω, *aor act ind 3s*, strike
31 κοιλία, stomach, bowels
32 μαλακία, infirmity, sickness
33 ἰατρεία, cure, healing
34 κοιλία, stomach, bowels
35 νόσος, disease
36 μαλακία, infirmity, sickness
37 ἐκφορά, funeral

πατέρων αὐτοῦ. **20** ἦν τριάκοντα[1] καὶ δύο ἐτῶν, ὅτε ἐβασίλευσεν,[2] καὶ ὀκτὼ[3] ἔτη
ἐβασίλευσεν ἐν Ιερουσαλημ· καὶ ἐπορεύθη ἐν οὐκ ἐπαίνῳ[4] καὶ ἐτάφη[5] ἐν πόλει
Δαυιδ καὶ οὐκ ἐν τάφοις[6] τῶν βασιλέων.

Ahaziah Succeeds Jehoram

22 Καὶ ἐβασίλευσαν[7] οἱ κατοικοῦντες ἐν Ιερουσαλημ τὸν Οχοζιαν υἱὸν αὐτοῦ
τὸν μικρὸν ἀντ᾽[8] αὐτοῦ, ὅτι πάντας τοὺς πρεσβυτέρους ἀπέκτεινεν τὸ λη-
στήριον[9] τὸ ἐπελθὸν[10] ἐπ᾽ αὐτούς, οἱ Ἄραβες καὶ οἱ Αλιμαζονεῖς· καὶ ἐβασίλευσεν[11]
Οχοζιας υἱὸς Ιωραμ βασιλέως Ιουδα. **2** ὢν εἴκοσι[12] ἐτῶν Οχοζιας ἐβασίλευσεν[13] καὶ
ἐνιαυτὸν[14] ἕνα ἐβασίλευσεν[15] ἐν Ιερουσαλημ, καὶ ὄνομα τῇ μητρὶ αὐτοῦ Γοθολια
θυγάτηρ[16] Αμβρι. **3** καὶ οὗτος ἐπορεύθη ἐν ὁδῷ οἴκου Αχααβ, ὅτι μήτηρ αὐτοῦ ἦν
σύμβουλος[17] τοῦ ἁμαρτάνειν· **4** καὶ ἐποίησεν τὸ πονηρὸν ἐναντίον[18] κυρίου ὡς οἶκος
Αχααβ, ὅτι αὐτοὶ ἦσαν αὐτῷ μετὰ τὸ ἀποθανεῖν τὸν πατέρα αὐτοῦ σύμβουλοι[19] τοῦ
ἐξολεθρεῦσαι[20] αὐτόν,

Ahaziah Allies with Jehoram

5 καὶ ἐν ταῖς βουλαῖς[21] αὐτῶν ἐπορεύθη. καὶ ἐπορεύθη μετὰ Ιωραμ υἱοῦ Αχααβ εἰς
πόλεμον ἐπὶ Αζαηλ βασιλέα Συρίας εἰς Ραμα Γαλααδ· καὶ ἐπάταξαν[22] οἱ τοξόται[23] τὸν
Ιωραμ. **6** καὶ ἐπέστρεψεν Ιωραμ τοῦ ἰατρευθῆναι[24] εἰς Ιεζραελ ἀπὸ τῶν πληγῶν,[25]
ὧν ἐπάταξαν[26] αὐτὸν οἱ Σύροι ἐν Ραμα ἐν τῷ πολεμεῖν αὐτὸν πρὸς Αζαηλ βασιλέα
Συρίας· καὶ Οχοζιας υἱὸς Ιωραμ βασιλεὺς Ιουδα κατέβη θεάσασθαι[27] τὸν Ιωραμ υἱὸν
Αχααβ εἰς Ιεζραελ, ὅτι ἠρρώστει.[28]

7 καὶ παρὰ τοῦ θεοῦ ἐγένετο καταστροφὴ[29] Οχοζια ἐλθεῖν πρὸς Ιωραμ· καὶ ἐν τῷ
ἐλθεῖν αὐτὸν ἐξῆλθεν μετ᾽ αὐτοῦ Ιωραμ πρὸς Ιου υἱὸν Ναμεσσι χριστὸν κυρίου τὸν
οἶκον Αχααβ.

1 τριάκοντα, thirty
2 βασιλεύω, *aor act ind 3s*, become king
3 ὀκτώ, eight
4 ἔπαινος, approval, recognition
5 θάπτω, *aor pas ind 3s*, bury
6 τάφος, grave, tomb
7 βασιλεύω, *aor act ind 3p*, make king
8 ἀντί, in place of
9 ληστήριον, band of robbers
10 ἐπέρχομαι, *aor act ptc nom s n*, come upon
11 βασιλεύω, *aor act ind 3s*, reign as king
12 εἴκοσι, twenty
13 βασιλεύω, *aor act ind 3s*, become king
14 ἐνιαυτός, year
15 βασιλεύω, *aor act ind 3s*, reign as king
16 θυγάτηρ, daughter
17 σύμβουλος, adviser, counselor
18 ἐναντίον, before
19 σύμβουλος, adviser, counselor
20 ἐξολεθρεύω, *aor act inf*, utterly destroy
21 βουλή, advice, counsel
22 πατάσσω, *aor act ind 3p*, strike, hit
23 τοξότης, archer
24 ἰατρεύω, *aor pas inf*, treat medically
25 πληγή, wound, blow
26 πατάσσω, *aor act ind 3p*, strike
27 θεάομαι, *aor mid inf*, see
28 ἀρρωστέω, *impf act ind 3s*, be unwell, be sick
29 καταστροφή, ruin, destruction

Judah's Princes Murdered

8 καὶ ἐγένετο ὡς ἐξεδίκησεν[1] Ιου τὸν οἶκον Αχααβ, καὶ εὗρεν τοὺς ἄρχοντας Ιουδα καὶ τοὺς ἀδελφοὺς Οχοζια λειτουργοῦντας[2] τῷ Οχοζια καὶ ἀπέκτεινεν αὐτούς. **9** καὶ
εἶπεν τοῦ ζητῆσαι τὸν Οχοζιαν, καὶ κατέλαβον[3] αὐτὸν ἰατρευόμενον[4] ἐν Σαμαρείᾳ καὶ ἤγαγον αὐτὸν πρὸς Ιου, καὶ ἀπέκτεινεν αὐτόν. καὶ ἔθαψαν[5] αὐτόν, ὅτι εἶπαν Υἱὸς Ιωσαφατ ἐστίν, ὃς ἐζήτησεν τὸν κύριον ἐν ὅλῃ καρδίᾳ αὐτοῦ. καὶ οὐκ ἦν ἐν οἴκῳ Οχοζια κατισχῦσαι[6] δύναμιν περὶ τῆς βασιλείας.

Athaliah Seizes Control

10 Καὶ Γοθολια ἡ μήτηρ Οχοζια εἶδεν ὅτι τέθνηκεν[7] αὐτῆς ὁ υἱός, καὶ ἠγέρθη[8] καὶ ἀπώλεσεν πᾶν τὸ σπέρμα τῆς βασιλείας ἐν οἴκῳ Ιουδα. **11** καὶ ἔλαβεν Ιωσαβεθ
ἡ θυγάτηρ[9] τοῦ βασιλέως τὸν Ιωας υἱὸν Οχοζια καὶ ἔκλεψεν[10] αὐτὸν ἐκ μέσου υἱῶν τοῦ βασιλέως τῶν θανατουμένων[11] καὶ ἔδωκεν αὐτὸν καὶ τὴν τροφὸν[12] αὐτοῦ εἰς ταμιεῖον[13] τῶν κλινῶν·[14] καὶ ἔκρυψεν[15] αὐτὸν Ιωσαβεθ θυγάτηρ[16] τοῦ βασιλέως Ιωραμ ἀδελφὴ Οχοζιου γυνὴ Ιωδαε τοῦ ἱερέως καὶ ἔκρυψεν αὐτὸν ἀπὸ προσώπου Γοθολιας, καὶ οὐκ ἀπέκτεινεν αὐτόν. **12** καὶ ἦν μετ᾽ αὐτῆς ἐν οἴκῳ τοῦ
θεοῦ κατακεκρυμμένος[17] ἓξ[18] ἔτη, καὶ Γοθολια ἐβασίλευσεν[19] ἐπὶ τῆς γῆς.

Jehoiada Establishes Joash in Judah

23 Καὶ ἐν τῷ ἔτει τῷ ἑβδόμῳ[20] ἐκραταίωσεν[21] Ιωδαε καὶ ἔλαβεν τοὺς ἑκατοντάρχους,[22] τὸν Αζαριαν υἱὸν Ιωραμ καὶ τὸν Ισμαηλ υἱὸν Ιωαναν καὶ τὸν Αζαριαν υἱὸν Ωβηδ καὶ τὸν Μαασαιαν υἱὸν Αδαια καὶ τὸν Ελισαφαν υἱὸν Ζαχαρια,
μετ᾽ αὐτοῦ εἰς οἶκον. **2** καὶ ἐκύκλωσαν[23] τὸν Ιουδαν καὶ συνήγαγον τοὺς Λευίτας ἐκ πασῶν τῶν πόλεων Ιουδα καὶ ἄρχοντας πατριῶν[24] τοῦ Ισραηλ, καὶ ἦλθον εἰς
Ιερουσαλημ. **3** καὶ διέθεντο[25] πᾶσα ἐκκλησία Ιουδα διαθήκην ἐν οἴκῳ τοῦ θεοῦ μετὰ τοῦ βασιλέως, καὶ ἔδειξεν αὐτοῖς τὸν υἱὸν τοῦ βασιλέως καὶ εἶπεν αὐτοῖς Ἰδοὺ ὁ υἱὸς
τοῦ βασιλέως βασιλευσάτω,[26] καθὼς ἐλάλησεν κύριος ἐπὶ τὸν οἶκον Δαυιδ. **4** νῦν ὁ

1 ἐκδικέω, *aor act ind 3s*, avenge
2 λειτουργέω, *pres act ptc acc p m*, minister, serve
3 καταλαμβάνω, *aor act ind 3p*, lay hold of, capture
4 ἰατρεύω, *pres mid ptc acc s m*, treat medically
5 θάπτω, *aor act ind 3p*, bury
6 κατισχύω, *aor act inf*, strengthen, reinforce
7 θνήσκω, *perf act ind 3s*, die
8 ἐγείρω, *aor pas ind 3s*, arise, stir up
9 θυγάτηρ, daughter
10 κλέπτω, *aor act ind 3s*, steal, carry off
11 θανατόω, *pres mid ptc gen p m*, put to death
12 τροφός, nurse
13 ταμίειον, inner room
14 κλίνη, bed
15 κρύπτω, *aor act ind 3s*, hide
16 θυγάτηρ, daughter
17 κατακρύπτω, *perf pas ptc nom s m*, conceal
18 ἕξ, six
19 βασιλεύω, *aor act ind 3s*, reign as queen
20 ἕβδομος, seventh
21 κραταιόω, *aor act ind 3s*, strengthen
22 ἑκατόνταρχος, captain of a hundred, centurion
23 κυκλόω, *aor act ind 3p*, go around
24 πατριά, paternal lineage, house
25 διατίθημι, *aor mid ind 3p*, arrange, decree
26 βασιλεύω, *aor act impv 3s*, reign as king

λόγος οὗτος, ὃν ποιήσετε· τὸ τρίτον ἐξ ὑμῶν εἰσπορευέσθωσαν[1] τὸ σάββατον, τῶν
ἱερέων καὶ τῶν Λευιτῶν, καὶ εἰς τὰς πύλας[2] τῶν εἰσόδων,[3] **5** καὶ τὸ τρίτον ἐν οἴκῳ
τοῦ βασιλέως, καὶ τὸ τρίτον ἐν τῇ πύλῃ[4] τῇ μέσῃ, καὶ πᾶς ὁ λαὸς ἐν αὐλαῖς[5] οἴκου
κυρίου. **6** καὶ μὴ εἰσελθέτω εἰς οἶκον κυρίου ἐὰν μὴ οἱ ἱερεῖς καὶ οἱ Λευῖται καὶ οἱ
λειτουργοῦντες[6] τῶν Λευιτῶν· αὐτοὶ εἰσελεύσονται, ὅτι ἅγιοί εἰσιν, καὶ πᾶς ὁ λαὸς
φυλασσέτω φυλακὰς κυρίου. **7** καὶ κυκλώσουσιν[7] οἱ Λευῖται τὸν βασιλέα κύκλῳ,[8]
ἀνδρὸς σκεῦος[9] ἐν χειρὶ αὐτοῦ, καὶ ὁ εἰσπορευόμενος[10] εἰς τὸν οἶκον ἀποθανεῖται·
καὶ ἔσονται μετὰ τοῦ βασιλέως εἰσπορευομένου[11] καὶ ἐκπορευομένου.

8 καὶ ἐποίησαν οἱ Λευῖται καὶ πᾶς Ιουδα κατὰ πάντα, ὅσα ἐνετείλατο[12] Ιωδαε ὁ
ἱερεύς, καὶ ἔλαβον ἕκαστος τοὺς ἄνδρας αὐτοῦ ἀπ᾽ ἀρχῆς τοῦ σαββάτου ἕως ἐξό-
δου[13] τοῦ σαββάτου, ὅτι οὐ κατέλυσεν[14] Ιωδαε τὰς ἐφημερίας.[15] **9** καὶ ἔδωκεν τὰς
μαχαίρας[16] καὶ τοὺς θυρεοὺς[17] καὶ τὰ ὅπλα,[18] ἃ ἦν τοῦ βασιλέως Δαυιδ, ἐν οἴκῳ
τοῦ θεοῦ. **10** καὶ ἔστησεν πάντα τὸν λαόν, ἕκαστον ἐν τοῖς ὅπλοις[19] αὐτοῦ, ἀπὸ τῆς
ὠμίας[20] τοῦ οἴκου τῆς δεξιᾶς ἕως τῆς ὠμίας τῆς ἀριστερᾶς[21] τοῦ θυσιαστηρίου[22] καὶ
τοῦ οἴκου ἐπὶ τὸν βασιλέα κύκλῳ.[23] **11** καὶ ἐξήγαγεν[24] τὸν υἱὸν τοῦ βασιλέως καὶ
ἔδωκεν ἐπ᾽ αὐτὸν τὸ βασίλειον[25] καὶ τὰ μαρτύρια,[26] καὶ ἐβασίλευσαν[27] καὶ ἔχρισαν[28]
αὐτὸν Ιωδαε καὶ οἱ υἱοὶ αὐτοῦ καὶ εἶπαν Ζήτω ὁ βασιλεύς.

Athaliah Murdered

12 καὶ ἤκουσεν Γοθολια τὴν φωνὴν τοῦ λαοῦ τῶν τρεχόντων[29] καὶ ἐξομολογουμένων[30]
καὶ αἰνούντων[31] τὸν βασιλέα καὶ εἰσῆλθεν πρὸς τὸν βασιλέα εἰς οἶκον κυρίου. **13** καὶ
εἶδεν καὶ ἰδοὺ ὁ βασιλεὺς ἐπὶ τῆς στάσεως[32] αὐτοῦ, καὶ ἐπὶ τῆς εἰσόδου[33] οἱ ἄρχοντες
καὶ αἱ σάλπιγγες[34] περὶ τὸν βασιλέα, καὶ πᾶς ὁ λαὸς ηὐφράνθη[35] καὶ ἐσάλπισαν[36]

1 εἰσπορεύομαι, *pres mid impv 3p*, enter in
2 πύλη, gate
3 εἴσοδος, entrance
4 πύλη, gate
5 αὐλή, court
6 λειτουργέω, *pres act ptc nom p m*, minister, serve
7 κυκλόω, *fut act ind 3p*, surround, encircle
8 κύκλῳ, all around
9 σκεῦος, (weapon), equipment
10 εἰσπορεύομαι, *pres mid ptc nom s m*, enter
11 εἰσπορεύομαι, *pres mid ptc gen s m*, enter
12 ἐντέλλομαι, *aor mid ind 3s*, command, order
13 ἔξοδος, end, going out
14 καταλύω, *aor act ind 3s*, dismantle, disband
15 ἐφημερία, division
16 μάχαιρα, sword
17 θυρεός, oblong shield
18 ὅπλον, weapon, (*p*) arms
19 ὅπλον, weapon, (*p*) arms
20 ὠμία, corner
21 ἀριστερός, left
22 θυσιαστήριον, altar
23 κύκλῳ, all around
24 ἐξάγω, *aor act ind 3s*, lead out
25 βασίλειον, royal crown
26 μαρτύριον, testimony
27 βασιλεύω, *aor act ind 3p*, make king
28 χρίω, *aor act ind 3p*, anoint
29 τρέχω, *pres act ptc gen p m*, run
30 ἐξομολογέομαι, *pres mid ptc gen p m*, acknowledge
31 αἰνέω, *pres act ptc gen p m*, praise
32 στάσις, position, station
33 εἴσοδος, entrance
34 σάλπιγξ, trumpet
35 εὐφραίνω, *aor pas ind 3s*, be glad, rejoice
36 σαλπίζω, *aor act ind 3p*, sound, blow (a trumpet)

ἐν ταῖς σάλπιγξιν[1] καὶ οἱ ᾄδοντες[2] ἐν τοῖς ὀργάνοις[3] ᾠδοὶ[4] καὶ ὑμνοῦντες[5] αἶνον· καὶ διέρρηξεν[6] Γοθολια τὴν στολὴν[7] αὐτῆς καὶ ἐβόησεν[8] καὶ εἶπεν Ἐπιτιθέμενοι ἐπιτίθεσθε. **14** καὶ ἐξῆλθεν Ιωδαε ὁ ἱερεύς, καὶ ἐνετείλατο[9] Ιωδαε ὁ ἱερεὺς τοῖς ἑκατοντάρχοις[10] καὶ τοῖς ἀρχηγοῖς[11] τῆς δυνάμεως καὶ εἶπεν αὐτοῖς Ἐκβάλετε αὐτὴν ἐκτὸς[12] τοῦ οἴκου καὶ εἰσέλθατε ὀπίσω αὐτῆς, καὶ ἀποθανέτω μαχαίρᾳ·[13] ὅτι εἶπεν ὁ ἱερεύς Μὴ ἀποθανέτω ἐν οἴκῳ κυρίου. **15** καὶ ἔδωκαν αὐτῇ ἄνεσιν,[14] καὶ διῆλθεν διὰ τῆς πύλης[15] τῶν ἱππέων[16] τοῦ οἴκου τοῦ βασιλέως, καὶ ἐθανάτωσαν[17] αὐτὴν ἐκεῖ.

Jehoiada's Reforms

16 καὶ διέθετο[18] Ιωδαε διαθήκην ἀνὰ μέσον[19] αὐτοῦ καὶ τοῦ λαοῦ καὶ τοῦ βασιλέως εἶναι λαὸν τῷ κυρίῳ. **17** καὶ εἰσῆλθεν πᾶς ὁ λαὸς τῆς γῆς εἰς οἶκον Βααλ καὶ κατέσπασαν[20] αὐτὸν καὶ τὰ θυσιαστήρια[21] καὶ τὰ εἴδωλα[22] αὐτοῦ ἐλέπτυναν[23] καὶ τὸν Ματθαν ἱερέα τῆς Βααλ ἐθανάτωσαν[24] ἐναντίον[25] τῶν θυσιαστηρίων[26] αὐτοῦ. **18** καὶ ἐνεχείρησεν[27] Ιωδαε ὁ ἱερεὺς τὰ ἔργα οἴκου κυρίου διὰ χειρὸς ἱερέων καὶ Λευιτῶν καὶ ἀνέστησεν τὰς ἐφημερίας[28] τῶν ἱερέων καὶ τῶν Λευιτῶν, ἃς διέστειλεν[29] Δαυιδ ἐπὶ τὸν οἶκον κυρίου καὶ ἀνενέγκαι[30] ὁλοκαυτώματα[31] κυρίῳ, καθὼς γέγραπται ἐν νόμῳ Μωυσῆ, ἐν εὐφροσύνῃ[32] καὶ ἐν ᾠδαῖς[33] διὰ χειρὸς Δαυιδ.

19 καὶ ἔστησαν οἱ πυλωροὶ[34] ἐπὶ τὰς πύλας[35] οἴκου κυρίου, καὶ οὐκ εἰσελεύσεται ἀκάθαρτος εἰς πᾶν πρᾶγμα.[36] **20** καὶ ἔλαβεν τοὺς πατριάρχας[37] καὶ τοὺς δυνατοὺς καὶ τοὺς ἄρχοντας τοῦ λαοῦ καὶ πάντα τὸν λαὸν τῆς γῆς καὶ ἀνεβίβασαν[38] τὸν βασιλέα εἰς οἶκον κυρίου, καὶ εἰσῆλθεν διὰ τῆς πύλης[39] τῆς ἐσωτέρας[40] εἰς τὸν οἶκον τοῦ βασιλέως, καὶ ἐκάθισαν τὸν βασιλέα ἐπὶ τὸν θρόνον τῆς βασιλείας.

1 σάλπιγξ, trumpet
2 ᾄδω, *pres act ptc nom p m*, sing
3 ὄργανον, instrument
4 ᾠδός, singer
5 ὑμνέω, *pres act ptc nom p m*, sing praise
6 διαρρήγνυμι, *aor act ind 3s*, tear, rip
7 στολή, garment, clothing
8 βοάω, *aor act ind 3s*, cry out
9 ἐντέλλομαι, *aor mid ind 3s*, command, order
10 ἑκατόνταρχος, captain of a hundred, centurion
11 ἀρχηγός, captain, leader
12 ἐκτός, out of
13 μάχαιρα, sword
14 ἄνεσις, liberty, permission
15 πύλη, gate
16 ἱππεύς, horseman
17 θανατόω, *aor act ind 3p*, kill, slay
18 διατίθημι, *aor mid ind 3s*, arrange
19 ἀνὰ μέσον, between
20 κατασπάω, *aor act ind 3p*, pull down
21 θυσιαστήριον, altar
22 εἴδωλον, idol, image
23 λεπτύνω, *aor act ind 3p*, break into pieces
24 θανατόω, *aor act ind 3p*, kill, slay
25 ἐναντίον, before
26 θυσιαστήριον, altar
27 ἐγχειρέω, *aor act ind 3s*, undertake
28 ἐφημερία, division
29 διαστέλλω, *aor act ind 3s*, appoint
30 ἀναφέρω, *aor act inf*, offer up
31 ὁλοκαύτωμα, whole burnt offering
32 εὐφροσύνη, gladness, joy
33 ᾠδή, song
34 πυλωρός, gatekeeper
35 πύλη, gate
36 πρᾶγμα, matter, affair
37 πατριάρχης, patriarch
38 ἀναβιβάζω, *aor act ind 3p*, bring up
39 πύλη, gate
40 ἔσω, *comp*, inner

21 καὶ ηὐφράνθη[1] πᾶς ὁ λαὸς τῆς γῆς, καὶ ἡ πόλις ἡσύχασεν·[2] καὶ τὴν Γοθολιαν
ἐθανάτωσαν[3] μαχαίρᾳ.[4]

Joash Repairs the Temple

24 Ὦν ἑπτὰ ἐτῶν Ιωας ἐν τῷ βασιλεῦσαι[5] αὐτὸν καὶ τεσσαράκοντα[6] ἔτη ἐβασί-
λευσεν[7] ἐν Ιερουσαλημ, καὶ ὄνομα τῇ μητρὶ αὐτοῦ Σαβια ἐκ Βηρσαβεε. **2** καὶ
ἐποίησεν Ιωας τὸ εὐθὲς[8] ἐνώπιον κυρίου πάσας τὰς ἡμέρας Ιωδαε τοῦ ἱερέως. **3** καὶ
ἔλαβεν αὐτῷ Ιωδαε γυναῖκας δύο, καὶ ἐγέννησεν υἱοὺς καὶ θυγατέρας.[9]

4 καὶ ἐγένετο μετὰ ταῦτα καὶ ἐγένετο ἐπὶ καρδίαν Ιωας ἐπισκευάσαι[10] τὸν οἶκον
κυρίου. **5** καὶ συνήγαγεν τοὺς ἱερεῖς καὶ τοὺς Λευίτας καὶ εἶπεν αὐτοῖς Ἐξέλθατε εἰς
τὰς πόλεις Ιουδα καὶ συναγάγετε ἀπὸ παντὸς Ισραηλ ἀργύριον[11] κατισχῦσαι[12] τὸν
οἶκον κυρίου ἐνιαυτὸν[13] κατ᾽ ἐνιαυτὸν καὶ σπεύσατε[14] λαλῆσαι· καὶ οὐκ ἔσπευσαν[15]
οἱ Λευῖται. **6** καὶ ἐκάλεσεν ὁ βασιλεὺς Ιωας τὸν Ιωδαε τὸν ἄρχοντα καὶ εἶπεν αὐτῷ
Διὰ τί οὐκ ἐπεσκέψω[16] περὶ τῶν Λευιτῶν τοῦ εἰσενέγκαι[17] ἀπὸ Ιουδα καὶ Ιερουσαλημ
τὸ κεκριμένον ὑπὸ Μωυσῆ ἀνθρώπου τοῦ θεοῦ, ὅτε ἐξεκκλησίασεν[18] τὸν Ισραηλ
εἰς τὴν σκηνὴν[19] τοῦ μαρτυρίου;[20] **7** ὅτι Γοθολια ἦν ἡ ἄνομος,[21] καὶ οἱ υἱοὶ αὐτῆς
κατέσπασαν[22] τὸν οἶκον τοῦ θεοῦ, καὶ γὰρ τὰ ἅγια οἴκου κυρίου ἐποίησαν ταῖς
Βααλιμ.

8 καὶ εἶπεν ὁ βασιλεύς Γενηθήτω γλωσσόκομον[23] καὶ τεθήτω ἐν πύλῃ[24] οἴκου κυρίου
ἔξω· **9** καὶ κηρυξάτωσαν[25] ἐν Ιουδα καὶ ἐν Ιερουσαλημ εἰσενέγκαι[26] κυρίῳ, καθὼς
εἶπεν Μωυσῆς παῖς[27] τοῦ θεοῦ ἐπὶ τὸν Ισραηλ ἐν τῇ ἐρήμῳ. **10** καὶ ἔδωκαν πάντες
ἄρχοντες καὶ πᾶς ὁ λαὸς καὶ εἰσέφερον[28] καὶ ἐνέβαλλον[29] εἰς τὸ γλωσσόκομον,[30]
ἕως οὗ ἐπληρώθη. **11** καὶ ἐγένετο ὡς εἰσέφερον[31] τὸ γλωσσόκομον[32] πρὸς τοὺς
προστάτας[33] τοῦ βασιλέως διὰ χειρὸς τῶν Λευιτῶν καὶ ὡς εἶδον ὅτι ἐπλεόνασεν[34] τὸ

1 εὐφραίνω, *aor pas ind 3s*, be glad, rejoice
2 ἡσυχάζω, *aor act ind 3s*, be quiet
3 θανατόω, *aor act ind 3p*, kill, slay
4 μάχαιρα, sword
5 βασιλεύω, *aor act inf*, become king
6 τεσσαράκοντα, forty
7 βασιλεύω, *aor act ind 3s*, reign as king
8 εὐθής, (that which is) right
9 θυγάτηρ, daughter
10 ἐπισκευάζω, *aor act inf*, repair
11 ἀργύριον, money
12 κατισχύω, *aor act inf*, strengthen
13 ἐνιαυτός, year
14 σπεύδω, *aor act impv 2p*, hurry, hasten
15 σπεύδω, *aor act ind 3p*, hurry, hasten
16 ἐπισκέπτομαι, *aor mid ind 2s*, inspect, examine
17 εἰσφέρω, *aor act inf*, bring in
18 ἐξεκκλησιάζω, *aor act ind 3s*, summon, assemble
19 σκηνή, tent
20 μαρτύριον, witness
21 ἄνομος, lawless, wicked
22 κατασπάω, *aor act ind 3p*, destroy
23 γλωσσόκομον, box, chest
24 πύλη, gate
25 κηρύσσω, *aor act impv 3p*, proclaim, announce
26 εἰσφέρω, *aor act inf*, carry in, bring in
27 παῖς, servant
28 εἰσφέρω, *impf act ind 3p*, bring in
29 ἐμβάλλω, *impf act ind 3p*, throw in
30 γλωσσόκομον, box, chest
31 εἰσφέρω, *impf act ind 3p*, carry in, bring in
32 γλωσσόκομον, box, chest
33 προστάτης, officer, official
34 πλεονάζω, *aor act ind 3s*, increase, be abundant

ἀργύριον,[1] καὶ ἦλθεν ὁ γραμματεὺς[2] τοῦ βασιλέως καὶ ὁ προστάτης τοῦ ἱερέως τοῦ
μεγάλου καὶ ἐξεκένωσαν[3] τὸ γλωσσόκομον καὶ κατέστησαν[4] εἰς τὸν τόπον αὐτοῦ·
οὕτως ἐποίουν ἡμέραν ἐξ ἡμέρας καὶ συνήγαγον ἀργύριον[5] πολύ. **12** καὶ ἔδωκεν
αὐτὸ ὁ βασιλεὺς καὶ Ιωδαε ὁ ἱερεὺς τοῖς ποιοῦσιν τὰ ἔργα εἰς τὴν ἐργασίαν[6] οἴκου
κυρίου, καὶ ἐμισθοῦντο[7] λατόμους[8] καὶ τέκτονας[9] ἐπισκευάσαι[10] τὸν οἶκον κυρίου
καὶ χαλκεῖς[11] σιδήρου[12] καὶ χαλκοῦ[13] ἐπισκευάσαι τὸν οἶκον κυρίου. **13** καὶ ἐποίουν
οἱ ποιοῦντες τὰ ἔργα, καὶ ἀνέβη μῆκος[14] τῶν ἔργων ἐν χερσὶν αὐτῶν, καὶ ἀνέστησαν
τὸν οἶκον κυρίου ἐπὶ τὴν στάσιν[15] αὐτοῦ καὶ ἐνίσχυσαν.[16] **14** καὶ ὡς συνετέλεσαν,[17]
ἤνεγκαν πρὸς τὸν βασιλέα καὶ πρὸς Ιωδαε τὸ κατάλοιπον[18] τοῦ ἀργυρίου,[19] καὶ
ἐποίησαν σκεύη[20] εἰς οἶκον κυρίου, σκεύη λειτουργικὰ[21] ὁλοκαυτωμάτων[22] καὶ θυί-
σκας[23] χρυσᾶς[24] καὶ ἀργυρᾶς.[25] καὶ ἀνήνεγκαν[26] ὁλοκαυτώσεις[27] ἐν οἴκῳ κυρίου διὰ
παντὸς πάσας τὰς ἡμέρας Ιωδαε.

Apostasy of Joash

15 Καὶ ἐγήρασεν[28] Ιωδαε πλήρης[29] ἡμερῶν καὶ ἐτελεύτησεν[30] ὢν ἑκατὸν[31] καὶ τρι-
άκοντα[32] ἐτῶν ἐν τῷ τελευτᾶν[33] αὐτόν· **16** καὶ ἔθαψαν[34] αὐτὸν ἐν πόλει Δαυιδ μετὰ
τῶν βασιλέων, ὅτι ἐποίησεν ἀγαθωσύνην[35] μετὰ Ισραηλ καὶ μετὰ τοῦ θεοῦ καὶ τοῦ
οἴκου αὐτοῦ.

17 καὶ ἐγένετο μετὰ τὴν τελευτὴν[36] Ιωδαε εἰσῆλθον οἱ ἄρχοντες Ιουδα καὶ προσεκύ-
νησαν τὸν βασιλέα· τότε ἐπήκουσεν[37] αὐτοῖς ὁ βασιλεύς. **18** καὶ ἐγκατέλιπον[38]
τὸν κύριον θεὸν τῶν πατέρων αὐτῶν καὶ ἐδούλευον[39] ταῖς Ἀστάρταις καὶ τοῖς
εἰδώλοις·[40] καὶ ἐγένετο ὀργὴ ἐπὶ Ιουδαν καὶ ἐπὶ Ιερουσαλημ ἐν τῇ ἡμέρᾳ ταύτῃ.

1 ἀργύριον, money
2 γραμματεύς, scribe
3 ἐκκενόω, *aor act ind 3p*, empty out
4 καθίστημι, *aor act ind 3p*, set down, place back
5 ἀργύριον, money
6 ἐργασία, work
7 μισθόω, *impf mid ind 3s*, hire
8 λατόμος, stone cutter, mason
9 τέκτων, carpenter, craftsman
10 ἐπισκευάζω, *aor act inf*, repair
11 χαλκεύς, smith
12 σίδηρος, iron
13 χαλκοῦς, bronze
14 μῆκος, extent
15 στάσις, standing, state
16 ἐνισχύω, *aor act ind 3p*, strengthen
17 συντελέω, *aor act ind 3p*, finish
18 κατάλοιπος, rest, remainder
19 ἀργύριον, money
20 σκεῦος, utensil, equipment
21 λειτουργικός, liturgical, of ministry
22 ὁλοκαύτωμα, whole burnt offering
23 θυίσκας, censer
24 χρυσοῦς, gold
25 ἀργυροῦς, silver
26 ἀναφέρω, *aor act ind 3p*, offer up
27 ὁλοκαύτωσις, whole burnt offering
28 γηράσκω, *aor act ind 3s*, grow old
29 πλήρης, full
30 τελευτάω, *aor act ind 3s*, die
31 ἑκατόν, one hundred
32 τριάκοντα, thirty
33 τελευτάω, *pres act inf*, die
34 θάπτω, *aor act ind 3p*, bury
35 ἀγαθωσύνη, kindness, generosity
36 τελευτή, death
37 ἐπακούω, *aor act ind 3s*, listen to, hear
38 ἐγκαταλείπω, *aor act ind 3p*, abandon, forsake
39 δουλεύω, *impf act ind 3p*, serve
40 εἴδωλον, idol, image

19 καὶ ἀπέστειλεν πρὸς αὐτοὺς προφήτας ἐπιστρέψαι πρὸς κύριον, καὶ οὐκ ἤκουσαν·
καὶ διεμαρτύραντο[1] αὐτοῖς, καὶ οὐκ ἤκουσαν.

Joash Murders Jehoiada's Son

20 καὶ πνεῦμα θεοῦ ἐνέδυσεν[2] τὸν Αζαριαν τὸν τοῦ Ιωδαε τὸν ἱερέα, καὶ ἀνέστη
ἐπάνω[3] τοῦ λαοῦ καὶ εἶπεν Τάδε[4] λέγει κύριος Τί παραπορεύεσθε[5] τὰς ἐντολὰς
κυρίου; καὶ οὐκ εὐοδωθήσεσθε,[6] ὅτι ἐγκατελίπετε[7] τὸν κύριον, καὶ ἐγκαταλείψει[8]
ὑμᾶς. **21** καὶ ἐπέθεντο αὐτῷ καὶ ἐλιθοβόλησαν[9] αὐτὸν δι᾽ ἐντολῆς Ιωας τοῦ βασιλέως
ἐν αὐλῇ[10] οἴκου κυρίου. **22** καὶ οὐκ ἐμνήσθη[11] Ιωας τοῦ ἐλέους,[12] οὗ ἐποίησεν μετ᾽
αὐτοῦ Ιωδαε ὁ πατὴρ αὐτοῦ, καὶ ἐθανάτωσεν[13] τὸν υἱὸν αὐτοῦ. καὶ ὡς ἀπέθνῃσκεν,
εἶπεν Ἴδοι[14] κύριος καὶ κρινάτω.

Aram Defeats Judah

23 καὶ ἐγένετο μετὰ τὴν συντέλειαν[15] τοῦ ἐνιαυτοῦ[16] ἀνέβη ἐπ᾽ αὐτὸν δύναμις Συρίας
καὶ ἦλθεν ἐπὶ Ιουδαν καὶ ἐπὶ Ιερουσαλημ καὶ κατέφθειραν[17] πάντας τοὺς ἄρχοντας
τοῦ λαοῦ ἐν τῷ λαῷ καὶ πάντα τὰ σκῦλα[18] αὐτῶν ἀπέστειλαν τῷ βασιλεῖ Δαμασκοῦ.
24 ὅτι ἐν ὀλίγοις[19] ἀνδράσιν παρεγένετο δύναμις Συρίας, καὶ ὁ θεὸς παρέδωκεν εἰς
τὰς χεῖρας αὐτῶν δύναμιν πολλὴν σφόδρα,[20] ὅτι ἐγκατέλιπον[21] κύριον θεὸν τῶν
πατέρων αὐτῶν· καὶ μετὰ Ιωας ἐποίησεν κρίματα.[22]

25 καὶ μετὰ τὸ ἀπελθεῖν αὐτοὺς ἀπ᾽ αὐτοῦ ἐν τῷ ἐγκαταλιπεῖν[23] αὐτὸν ἐν μαλακίαις[24]
μεγάλαις καὶ ἐπέθεντο αὐτῷ οἱ παῖδες[25] αὐτοῦ ἐν αἵμασιν υἱοῦ Ιωδαε τοῦ ἱερέως καὶ
ἐθανάτωσαν[26] αὐτὸν ἐπὶ τῆς κλίνης[27] αὐτοῦ, καὶ ἀπέθανεν· καὶ ἔθαψαν[28] αὐτὸν ἐν
πόλει Δαυιδ καὶ οὐκ ἔθαψαν αὐτὸν ἐν τῷ τάφῳ[29] τῶν βασιλέων. **26** καὶ οἱ ἐπιθέμενοι
ἐπ᾽ αὐτὸν Ζαβεδ ὁ τοῦ Σαμαθ ὁ Αμμανίτης καὶ Ιωζαβεδ ὁ τοῦ Σομαρωθ ὁ Μωαβίτης
27 καὶ οἱ υἱοὶ αὐτοῦ πάντες, καὶ προσῆλθον αὐτῷ οἱ πέντε. καὶ τὰ λοιπὰ ἰδοὺ

1 διαμαρτύρομαι, *aor mid ind 3p*, testify against
2 ἐνδύω, *aor act ind 3s*, clothe
3 ἐπάνω, above
4 ὅδε, this
5 παραπορεύομαι, *pres mid impv 2p*, bypass
6 εὐοδόω, *fut pas ind 2p*, prosper
7 ἐγκαταλείπω, *aor act ind 2p*, abandon, forsake
8 ἐγκαταλείπω, *fut act ind 3s*, abandon, forsake
9 λιθοβολέω, *aor act ind 3p*, stone
10 αὐλή, court
11 μιμνῄσκομαι, *aor pas ind 3s*, remember
12 ἔλεος, mercy, compassion
13 θανατόω, *aor act ind 3s*, kill
14 ὁράω, *aor act opt 3s*, see
15 συντέλεια, end, completion
16 ἐνιαυτός, year
17 καταφθείρω, *aor act ind 3p*, destroy
18 σκῦλον, plunder, spoils
19 ὀλίγος, few
20 σφόδρα, exceedingly
21 ἐγκαταλείπω, *aor act ind 3p*, abandon, forsake
22 κρίμα, ruling, judgment
23 ἐγκαταλείπω, *aor act inf*, abandon, forsake
24 μαλακία, infirmity, disease
25 παῖς, servant
26 θανατόω, *aor act ind 3p*, kill
27 κλίνη, bed
28 θάπτω, *aor act ind 3p*, bury
29 τάφος, grave, tomb

γεγραμμένα ἐπὶ τὴν γραφὴν[1] τῶν βασιλέων· καὶ ἐβασίλευσεν[2] Αμασιας υἱὸς αὐτοῦ
ἀντ᾽[3] αὐτοῦ.

Amaziah Succeeds Joash

25 Ὢν πέντε καὶ εἴκοσι[4] ἐτῶν ἐβασίλευσεν[5] Αμασιας καὶ εἴκοσι ἐννέα[6] ἔτη
ἐβασίλευσεν[7] ἐν Ιερουσαλημ, καὶ ὄνομα τῇ μητρὶ αὐτοῦ Ιωαδεν ἀπὸ Ιερου-
σαλημ. **2** καὶ ἐποίησεν τὸ εὐθὲς[8] ἐνώπιον κυρίου, ἀλλ᾽ οὐκ ἐν καρδίᾳ πλήρει.[9] **3** καὶ
ἐγένετο ὡς κατέστη[10] ἡ βασιλεία ἐν χειρὶ αὐτοῦ, καὶ ἐθανάτωσεν[11] τοὺς παῖδας[12]
αὐτοῦ τοὺς φονεύσαντας[13] τὸν βασιλέα πατέρα αὐτοῦ· **4** καὶ τοὺς υἱοὺς αὐτῶν οὐκ
ἀπέκτεινεν κατὰ τὴν διαθήκην τοῦ νόμου κυρίου, καθὼς γέγραπται, ὡς ἐνετείλατο[14]
κύριος λέγων Οὐκ ἀποθανοῦνται πατέρες ὑπὲρ τέκνων, καὶ υἱοὶ οὐκ ἀποθανοῦνται
ὑπὲρ πατέρων, ἀλλ᾽ ἢ ἕκαστος τῇ ἑαυτοῦ ἁμαρτίᾳ ἀποθανοῦνται.

Amaziah Defeats the Edomites

5 καὶ συνήγαγεν Αμασιας τὸν οἶκον Ιουδα καὶ ἀνέστησεν αὐτοὺς κατ᾽ οἴκους πα-
τριῶν[15] αὐτῶν εἰς χιλιάρχους[16] καὶ ἑκατοντάρχους[17] ἐν παντὶ Ιουδα καὶ Ιερουσαλημ·
καὶ ἠρίθμησεν[18] αὐτοὺς ἀπὸ εἰκοσαετοῦς[19] καὶ ἐπάνω[20] καὶ εὗρεν αὐτοὺς τριακοσίας[21]
χιλιάδας[22] δυνατοὺς ἐξελθεῖν εἰς πόλεμον κρατοῦντας δόρυ[23] καὶ θυρεόν.[24] **6** καὶ
ἐμισθώσατο[25] ἀπὸ Ισραηλ ἑκατὸν[26] χιλιάδας[27] δυνατοὺς ἰσχύι[28] ἑκατὸν ταλάντων[29]
ἀργυρίου.[30] **7** καὶ ἄνθρωπος τοῦ θεοῦ ἦλθεν πρὸς αὐτὸν λέγων Βασιλεῦ, οὐ πορεύ-
σεται μετὰ σοῦ δύναμις Ισραηλ, ὅτι οὐκ ἔστιν κύριος μετὰ Ισραηλ, πάντων τῶν υἱῶν
Εφραιμ· **8** ὅτι ἐὰν ὑπολάβῃς[31] κατισχῦσαι[32] ἐν τούτοις, καὶ τροπώσεταί[33] σε κύριος
ἐναντίον[34] τῶν ἐχθρῶν, ὅτι ἔστιν παρὰ κυρίου καὶ ἰσχῦσαι[35] καὶ τροπώσασθαι.[36]
9 καὶ εἶπεν Αμασιας τῷ ἀνθρώπῳ τοῦ θεοῦ Καὶ τί ποιήσω τὰ ἑκατὸν[37] τάλαντα,[38] ἃ

1 γραφή, document, book
2 βασιλεύω, *aor act ind 3s*, reign as king
3 ἀντί, in place of
4 εἴκοσι, twenty
5 βασιλεύω, *aor act ind 3s*, become king
6 ἐννέα, nine
7 βασιλεύω, *aor act ind 3s*, reign as king
8 εὐθής, (that which is) right
9 πλήρης, full, complete
10 καθίστημι, *aor act ind 3s*, establish, confirm
11 θανατόω, *aor act ind 3s*, kill, slay
12 παῖς, servant
13 φονεύω, *aor act ptc acc p m*, murder, kill
14 ἐντέλλομαι, *aor mid ind 3s*, command
15 πατριά, paternal lineage, house
16 χιλίαρχος, captain of a thousand
17 ἑκατόνταρχος, captain of a hundred, centurion
18 ἀριθμέω, *aor act ind 3s*, count, number
19 εἰκοσαετής, twenty years (old)
20 ἐπάνω, above
21 τριακόσιοι, three hundred
22 χιλιάς, thousand
23 δόρυ, spear
24 θυρεός, oblong shield
25 μισθόω, *aor mid ind 3s*, hire
26 ἑκατόν, one hundred
27 χιλιάς, thousand
28 ἰσχύς, strength, power
29 τάλαντον, talent
30 ἀργύριον, silver
31 ὑπολαμβάνω, *aor act sub 2s*, attempt
32 κατισχύω, *aor act inf*, prevail
33 τροπόω, *fut mid ind 3s*, put to flight
34 ἐναντίον, before
35 ἰσχύω, *aor act inf*, strengthen
36 τροπόω, *aor mid inf*, put to flight
37 ἑκατόν, one hundred
38 τάλαντον, talent

ἔδωκα τῇ δυνάμει Ισραηλ; καὶ εἶπεν ὁ ἄνθρωπος τοῦ θεοῦ Ἔστιν τῷ κυρίῳ δοῦναί
σοι πλεῖστα[1] τούτων. **10** καὶ διεχώρισεν[2] Αμασιας τῇ δυνάμει τῇ ἐλθούσῃ πρὸς αὐτὸν
ἀπὸ Εφραιμ ἀπελθεῖν εἰς τὸν τόπον αὐτῶν, καὶ ἐθυμώθησαν[3] σφόδρα[4] ἐπὶ Ιουδαν καὶ
ἐπέστρεψαν εἰς τὸν τόπον αὐτῶν ἐν ὀργῇ θυμοῦ.[5]

11 καὶ Αμασιας κατίσχυσεν[6] καὶ παρέλαβεν[7] τὸν λαὸν αὐτοῦ καὶ ἐπορεύθη εἰς τὴν
κοιλάδα[8] τῶν ἁλῶν[9] καὶ ἐπάταξεν[10] ἐκεῖ τοὺς υἱοὺς Σηιρ δέκα[11] χιλιάδας·[12] **12** καὶ
δέκα[13] χιλιάδας[14] ἐζώγρησαν[15] οἱ υἱοὶ Ιουδα καὶ ἔφερον αὐτοὺς ἐπὶ τὸ ἄκρον[16] τοῦ
κρημνοῦ[17] καὶ κατεκρήμνιζον[18] αὐτοὺς ἀπὸ τοῦ ἄκρου[19] τοῦ κρημνοῦ, καὶ πάντες
διερρήγνυντο.[20] **13** καὶ οἱ υἱοὶ τῆς δυνάμεως, οὓς ἀπέστρεψεν[21] Αμασιας τοῦ μὴ
πορευθῆναι μετ' αὐτοῦ εἰς πόλεμον, καὶ ἐπέθεντο ἐπὶ τὰς πόλεις Ιουδα ἀπὸ Σαμα-
ρείας ἕως Βαιθωρων καὶ ἐπάταξαν[22] ἐν αὐτοῖς τρεῖς χιλιάδας[23] καὶ ἐσκύλευσαν[24]
σκῦλα[25] πολλά.

Amaziah's Idolatry

14 καὶ ἐγένετο μετὰ τὸ ἐλθεῖν Αμασιαν πατάξαντα[26] τὴν Ιδουμαίαν καὶ ἤνεγκεν
πρὸς αὐτοὺς τοὺς θεοὺς υἱῶν Σηιρ καὶ ἔστησεν αὐτοὺς ἑαυτῷ εἰς θεοὺς καὶ ἐναν-
τίον[27] αὐτῶν προσεκύνει καὶ αὐτοῖς αὐτὸς ἔθυεν.[28] **15** καὶ ἐγένετο ὀργὴ κυρίου
ἐπὶ Αμασιαν, καὶ ἀπέστειλεν αὐτῷ προφήτας καὶ εἶπαν αὐτῷ Τί ἐζήτησας τοὺς
θεοὺς τοῦ λαοῦ, οἳ οὐκ ἐξείλαντο[29] τὸν λαὸν αὐτῶν ἐκ χειρός σου; **16** καὶ ἐγένετο
ἐν τῷ λαλῆσαι αὐτῷ καὶ εἶπεν αὐτῷ Μὴ σύμβουλον[30] τοῦ βασιλέως δέδωκά σε;
πρόσεχε[31] μὴ μαστιγωθῇς.[32] καὶ ἐσιώπησεν[33] ὁ προφήτης. καὶ εἶπεν ὅτι Γινώσκω ὅτι
ἐβούλετο ἐπὶ σοὶ τοῦ καταφθεῖραί[34] σε, ὅτι ἐποίησας τοῦτο καὶ οὐκ ἐπήκουσας[35]
τῆς συμβουλίας[36] μου.

1 πλεῖστος, *sup of* πολύς, most
2 διαχωρίζω, *aor act ind 3s*, discharge
3 θυμόω, *aor pas ind 3p*, make angry, provoke
4 σφόδρα, exceedingly
5 θυμός, anger, wrath
6 κατισχύω, *aor act ind 3s*, become strong
7 παραλαμβάνω, *aor act ind 3s*, take along
8 κοιλάς, valley
9 ἅλς, salt
10 πατάσσω, *aor act ind 3s*, strike, defeat
11 δέκα, ten
12 χιλιάς, thousand
13 δέκα, ten
14 χιλιάς, thousand
15 ζωγρέω, *aor act ind 3p*, capture alive
16 ἄκρος, top, summit
17 κρημνός, cliff, precipice
18 κατακρημνίζω, *impf act ind 3p*, throw down, cast off
19 ἄκρος, top, summit
20 διαρρήγνυμι, *impf pas ind 3p*, break apart, destroy
21 ἀποστρέφω, *aor act ind 3s*, turn back
22 πατάσσω, *aor act ind 3p*, strike, defeat
23 χιλιάς, thousand
24 σκυλεύω, *aor act ind 3p*, plunder
25 σκῦλον, spoils, booty
26 πατάσσω, *aor act ptc acc s m*, strike, defeat
27 ἐναντίον, before
28 θύω, *impf act ind 3s*, sacrifice
29 ἐξαιρέω, *aor mid ind 3p*, deliver, rescue
30 σύμβουλος, adviser, counselor
31 προσέχω, *pres act impv 2s*, take care, give heed
32 μαστιγόω, *aor pas sub 2s*, whip, flog
33 σιωπάω, *aor act ind 3s*, keep silent, say nothing
34 καταφθείρω, *aor act inf*, destroy
35 ἐπακούω, *aor act ind 2s*, listen to, hear
36 συμβουλία, advice, counsel

Joash Defeats Amaziah

17 καὶ ἐβουλεύσατο[1] Αμασιας καὶ ἀπέστειλεν πρὸς Ιωας υἱὸν Ιωαχαζ υἱοῦ Ιου βασι-
λέα Ισραηλ λέγων Δεῦρο[2] ὀφθῶμεν προσώποις. **18** καὶ ἀπέστειλεν Ιωας βασιλεὺς
Ισραηλ πρὸς Αμασιαν βασιλέα Ιουδα λέγων Ὁ αχουχ[3] ὁ ἐν τῷ Λιβάνῳ ἀπέστειλεν
πρὸς τὴν κέδρον[4] τὴν ἐν τῷ Λιβάνῳ λέγων Δὸς τὴν θυγατέρα[5] σου τῷ υἱῷ μου εἰς
γυναῖκα. καὶ ἰδοὺ ἐλεύσεται τὰ θηρία τοῦ ἀγροῦ τὰ ἐν τῷ Λιβάνῳ· καὶ ἦλθαν τὰ
θηρία καὶ κατεπάτησαν[6] τὸν αχουχ.[7] **19** εἶπας Ἰδοὺ ἐπάταξας[8] τὴν Ιδουμαίαν, καὶ
ἐπαίρει[9] σε ἡ καρδία ἡ βαρεῖα·[10] νῦν κάθησο ἐν οἴκῳ σου, καὶ ἵνα τί συμβάλλεις[11] ἐν
κακίᾳ[12] καὶ πεσῇ σὺ καὶ Ιουδας μετὰ σοῦ;

20 καὶ οὐκ ἤκουσεν Αμασιας, ὅτι παρὰ κυρίου ἐγένετο τοῦ παραδοῦναι αὐτὸν εἰς
χεῖρας, ὅτι ἐξεζήτησεν[13] τοὺς θεοὺς τῶν Ιδουμαίων.

21 καὶ ἀνέβη Ιωας βασιλεὺς Ισραηλ, καὶ ὤφθησαν[14] ἀλλήλοις[15] αὐτὸς καὶ Αμασιας
βασιλεὺς Ιουδα ἐν Βαιθσαμυς, ἥ ἐστιν τοῦ Ιουδα. **22** καὶ ἐτροπώθη[16] Ιουδας κατὰ
πρόσωπον Ισραηλ, καὶ ἔφυγεν[17] ἕκαστος εἰς τὸ σκήνωμα.[18] **23** καὶ τὸν Αμασιαν
βασιλέα Ιουδα τὸν τοῦ Ιωας κατέλαβεν[19] Ιωας βασιλεὺς Ισραηλ ἐν Βαιθσαμυς καὶ
εἰσήγαγεν[20] αὐτὸν εἰς Ιερουσαλημ καὶ κατέσπασεν[21] ἀπὸ τοῦ τείχους[22] Ιερουσαλημ
ἀπὸ πύλης[23] Εφραιμ ἕως πύλης γωνίας[24] τετρακοσίους[25] πήχεις·[26] **24** καὶ πᾶν τὸ
χρυσίον[27] καὶ τὸ ἀργύριον[28] καὶ πάντα τὰ σκεύη[29] τὰ εὑρεθέντα ἐν οἴκῳ κυρίου καὶ
παρὰ τῷ Αβδεδομ καὶ τοὺς θησαυροὺς[30] οἴκου τοῦ βασιλέως καὶ τοὺς υἱοὺς τῶν
συμμίξεων[31] καὶ ἐπέστρεψεν εἰς Σαμάρειαν.

25 καὶ ἔζησεν Αμασιας ὁ τοῦ Ιωας βασιλεὺς Ιουδα μετὰ τὸ ἀποθανεῖν Ιωας τὸν τοῦ
Ιωαχαζ βασιλέα Ισραηλ ἔτη δέκα[32] πέντε. **26** καὶ οἱ λοιποὶ λόγοι Αμασιου οἱ πρῶτοι
καὶ οἱ ἔσχατοι οὐκ ἰδοὺ γεγραμμένοι ἐπὶ βιβλίου βασιλέων Ιουδα καὶ Ισραηλ; **27** καὶ
ἐν τῷ καιρῷ, ᾧ ἀπέστη[33] Αμασιας ἀπὸ κυρίου, καὶ ἐπέθεντο αὐτῷ ἐπίθεσιν,[34] καὶ

1 βουλεύω, *aor mid ind 3s*, take counsel
2 δεῦρο, come!
3 αχουχ, thistle, *translit.*
4 κέδρος, cedar
5 θυγάτηρ, daughter
6 καταπατέω, *aor act ind 3p*, trample
7 αχουχ, thistle, *translit.*
8 πατάσσω, *aor act ind 2s*, strike, defeat
9 ἐπαίρω, *pres act ind 3s*, exalt, raise up
10 βαρύς, heavy, weighty
11 συμβάλλω, *pres act ind 2s*, join in, engage in
12 κακία, harm, evil
13 ἐκζητέω, *aor act ind 3s*, seek out, search for
14 ὁράω, *aor pas ind 3p*, see, (appear)
15 ἀλλήλων, one another
16 τροπόω, *aor pas ind 3s*, put to flight
17 φεύγω, *aor act ind 3s*, flee
18 σκήνωμα, tent, dwelling
19 καταλαμβάνω, *aor act ind 3s*, lay hold of, capture
20 εἰσάγω, *aor act ind 3s*, lead in, bring in
21 κατασπάω, *aor act ind 3s*, pull down, destroy
22 τεῖχος, wall
23 πύλη, gate
24 γωνία, corner
25 τετρακόσιοι, four hundred
26 πῆχυς, cubit
27 χρυσίον, gold
28 ἀργύριον, silver
29 σκεῦος, item, thing
30 θησαυρός, treasure
31 σύμμιξις, commingling (of parentage?)
32 δέκα, ten
33 ἀφίστημι, *aor act ind 3s*, turn away
34 ἐπίθεσις, attack, assault

ἔφυγεν[1] ἀπὸ Ιερουσαλημ εἰς Λαχις· καὶ ἀπέστειλαν κατόπισθεν[2] αὐτοῦ εἰς Λαχις καὶ ἐθανάτωσαν[3] αὐτὸν ἐκεῖ. **28** καὶ ἀνέλαβον[4] αὐτὸν ἐπὶ τῶν ἵππων[5] καὶ ἔθαψαν[6] αὐτὸν μετὰ τῶν πατέρων αὐτοῦ ἐν πόλει Δαυιδ.

Uzziah Succeeds Amaziah

26 Καὶ ἔλαβεν πᾶς ὁ λαὸς τῆς γῆς τὸν Οζιαν, καὶ αὐτὸς δέκα[7] καὶ ἓξ[8] ἐτῶν, καὶ ἐβασίλευσαν[9] αὐτὸν ἀντὶ[10] τοῦ πατρὸς αὐτοῦ Αμασιου. **2** αὐτὸς ᾠκοδόμησεν τὴν Αιλαθ, αὐτὸς ἐπέστρεψεν αὐτὴν τῷ Ιουδα μετὰ τὸ κοιμηθῆναι[11] τὸν βασιλέα μετὰ τῶν πατέρων αὐτοῦ. **3** υἱὸς δέκα[12] ἓξ[13] ἐτῶν ἐβασίλευσεν[14] Οζιας καὶ πεντήκοντα[15] καὶ δύο ἔτη ἐβασίλευσεν[16] ἐν Ιερουσαλημ, καὶ ὄνομα τῇ μητρὶ αὐτοῦ Χαλια ἀπὸ Ιερουσαλημ. **4** καὶ ἐποίησεν τὸ εὐθὲς[17] ἐνώπιον κυρίου κατὰ πάντα, ὅσα ἐποίησεν Αμασιας ὁ πατὴρ αὐτοῦ. **5** καὶ ἦν ἐκζητῶν[18] τὸν κύριον ἐν ταῖς ἡμέραις Ζαχαριου τοῦ συνίοντος[19] ἐν φόβῳ κυρίου· καὶ ἐν ταῖς ἡμέραις αὐτοῦ ἐζήτησεν τὸν κύριον, καὶ εὐόδωσεν[20] αὐτῷ κύριος.

Uzziah Victorious in War

6 καὶ ἐξῆλθεν καὶ ἐπολέμησεν πρὸς τοὺς ἀλλοφύλους[21] καὶ κατέσπασεν[22] τὰ τείχη[23] Γεθ καὶ τὰ τείχη Ιαβνη καὶ τὰ τείχη Ἀζώτου καὶ ᾠκοδόμησεν πόλεις Ἀζώτου καὶ ἐν τοῖς ἀλλοφύλοις. **7** καὶ κατίσχυσεν[24] αὐτὸν κύριος ἐπὶ τοὺς ἀλλοφύλους[25] καὶ ἐπὶ τοὺς Ἄραβας τοὺς κατοικοῦντας ἐπὶ τῆς πέτρας[26] καὶ ἐπὶ τοὺς Μιναίους. **8** καὶ ἔδωκαν οἱ Μιναῖοι δῶρα[27] τῷ Οζια, καὶ ἦν τὸ ὄνομα αὐτοῦ ἕως εἰσόδου[28] Αἰγύπτου, ὅτι κατίσχυσεν[29] ἕως ἄνω.[30] **9** καὶ ᾠκοδόμησεν Οζιας πύργους[31] ἐν Ιερουσαλημ καὶ ἐπὶ τὴν πύλην[32] τῆς γωνίας[33] καὶ ἐπὶ τὴν πύλην τῆς φάραγγος[34] καὶ ἐπὶ τῶν γωνιῶν καὶ κατίσχυσεν.[35] **10** καὶ ᾠκοδόμησεν πύργους[36] ἐν τῇ ἐρήμῳ καὶ ἐλατόμησεν[37]

1 φεύγω, *aor act ind 3s*, flee
2 κατόπισθεν, after
3 θανατόω, *aor act ind 3p*, kill, slay
4 ἀναλαμβάνω, *aor act ind 3p*, carry away
5 ἵππος, horse
6 θάπτω, *aor act ind 3p*, bury
7 δέκα, ten
8 ἕξ, six
9 βασιλεύω, *aor act ind 3p*, make king
10 ἀντί, in place of
11 κοιμάω, *aor pas inf*, sleep
12 δέκα, ten
13 ἕξ, six
14 βασιλεύω, *aor act ind 3s*, become king
15 πεντήκοντα, fifty
16 βασιλεύω, *aor act ind 3s*, reign as king
17 εὐθής, (that which is) right
18 ἐκζητέω, *pres act ptc nom s m*, seek, search for
19 συνίημι, *pres act ptc gen s m*, have understanding
20 εὐοδόω, *aor act ind 3s*, prosper, succeed
21 ἀλλόφυλος, foreign, (Philistine)
22 κατασπάω, *aor act ind 3s*, pull down, destroy
23 τεῖχος, wall
24 κατισχύω, *aor act ind 3s*, strengthen
25 ἀλλόφυλος, foreign, (Philistine)
26 πέτρα, rock
27 δῶρον, gift
28 εἴσοδος, entrance, (border)
29 κατισχύω, *aor act ind 3s*, prevail over
30 ἄνω, upward (extent), highly
31 πύργος, tower
32 πύλη, gate
33 γωνία, corner
34 φάραγξ, ravine
35 κατισχύω, *aor act ind 3s*, strengthen, repair, fortify
36 πύργος, tower
37 λατομέω, *aor act ind 3s*, hew from rock

λάκκους[1] πολλούς, ὅτι κτήνη[2] πολλὰ ὑπῆρχεν αὐτῷ ἐν Σεφηλα καὶ ἐν τῇ πεδινῇ[3]
καὶ ἀμπελουργοὶ[4] ἐν τῇ ὀρεινῇ[5] καὶ ἐν τῷ Καρμήλῳ, ὅτι φιλογέωργος[6] ἦν. **11** καὶ
ἐγένετο τῷ Οζια δυνάμεις ποιοῦσαι πόλεμον καὶ ἐκπορευόμεναι εἰς παράταξιν[7]
εἰς ἀριθμόν,[8] καὶ ὁ ἀριθμὸς αὐτῶν διὰ χειρὸς Ιιηλ τοῦ γραμματέως[9] καὶ Μαασαιου
τοῦ κριτοῦ[10] διὰ χειρὸς Ανανιου τοῦ διαδόχου[11] τοῦ βασιλέως. **12** πᾶς ὁ ἀριθμὸς[12]
τῶν πατριαρχῶν[13] τῶν δυνατῶν εἰς πόλεμον δισχίλιοι[14] ἑξακόσιοι,[15] **13** καὶ μετ’
αὐτῶν δύναμις πολεμικὴ[16] τριακόσιαι[17] χιλιάδες[18] καὶ ἑπτακισχίλιοι[19] πεντακόσιοι·[20]
οὗτοι οἱ ποιοῦντες πόλεμον ἐν δυνάμει ἰσχύος[21] βοηθῆσαι[22] τῷ βασιλεῖ ἐπὶ τοὺς
ὑπεναντίους.[23] **14** καὶ ἡτοίμαζεν αὐτοῖς Οζιας πάσῃ τῇ δυνάμει θυρεοὺς[24] καὶ δό-
ρατα[25] καὶ περικεφαλαίας[26] καὶ θώρακας[27] καὶ τόξα[28] καὶ σφενδόνας[29] εἰς λίθους.
15 καὶ ἐποίησεν ἐν Ιερουσαλημ μηχανὰς[30] μεμηχανευμένας[31] λογιστοῦ[32] τοῦ εἶναι
ἐπὶ τῶν πύργων[33] καὶ ἐπὶ τῶν γωνιῶν[34] βάλλειν[35] βέλεσιν[36] καὶ λίθοις μεγάλοις· καὶ
ἠκούσθη ἡ κατασκευὴ[37] αὐτῶν ἕως πόρρω,[38] ὅτι ἐθαυμαστώθη[39] τοῦ βοηθηθῆναι,[40]
ἕως οὗ κατίσχυσεν.[41]

Uzziah's Pride and Fall

16 Καὶ ὡς κατίσχυσεν,[42] ὑψώθη[43] ἡ καρδία αὐτοῦ τοῦ καταφθεῖραι,[44] καὶ ἠδίκησεν[45] ἐν
κυρίῳ θεῷ αὐτοῦ καὶ εἰσῆλθεν εἰς τὸν ναὸν κυρίου θυμιάσαι[46] ἐπὶ τὸ θυσιαστήριον[47]
τῶν θυμιαμάτων.[48] **17** καὶ εἰσῆλθεν ὀπίσω αὐτοῦ Αζαριας ὁ ἱερεὺς καὶ μετ’ αὐτοῦ

1 λάκκος, cistern, well
2 κτῆνος, animal, (*p*) herd
3 πεδινός, plain, lowland
4 ἀμπελουργός, vinedresser
5 ὀρεινός, hill country
6 φιλογέωργος, fond of agriculture
7 παράταξις, battle
8 ἀριθμός, number
9 γραμματεύς, scribe
10 κριτής, judge
11 διάδοχος, deputy, official
12 ἀριθμός, number
13 πατριάρχης, patriarch, tribal chief
14 δισχίλιοι, two thousand
15 ἑξακόσιοι, six hundred
16 πολεμικός, of war, military
17 τριακόσιοι, three hundred
18 χιλιάς, thousand
19 ἑπτακισχίλιοι, seven thousand
20 πεντακόσιοι, five hundred
21 ἰσχύς, power, might
22 βοηθέω, *aor act inf*, aid, help
23 ὑπεναντίος, hostile, opposed
24 θυρεός, oblong shield
25 δόρυ, spear
26 περικεφαλαία, helmet
27 θώραξ, breastplate
28 τόξον, bow
29 σφενδόνη, sling
30 μηχανή, machine, (war engine)
31 μηχανεύομαι, *perf pas ptc acc p f*, devise, design
32 λογιστής, engineer
33 πύργος, tower
34 γωνία, corner
35 βάλλω, *pres act inf*, shoot, launch
36 βέλος, arrow
37 κατασκευή, construction
38 πόρρω, far away, at a distance
39 θαυμαστόω, *aor pas ind 3s*, consider a wonder
40 βοηθέω, *aor pas inf*, aid, help
41 κατισχύω, *aor act ind 3s*, prevail, strengthen
42 κατισχύω, *aor act ind 3s*, strengthen
43 ὑψόω, *aor pas ind 3s*, raise up, exalt
44 καταφθείρω, *aor act inf*, ruin, corrupt
45 ἀδικέω, *aor act ind 3s*, act unjustly, do wrong
46 θυμιάω, *aor act inf*, burn incense
47 θυσιαστήριον, altar
48 θυμίαμα, incense

ἱερεῖς τοῦ κυρίου ὀγδοήκοντα[1] υἱοὶ δυνατοὶ **18** καὶ ἔστησαν ἐπὶ Οζιαν τὸν βασιλέα
καὶ εἶπαν αὐτῷ Οὐ σοί, Οζια, θυμιάσαι[2] τῷ κυρίῳ, ἀλλ᾽ ἢ τοῖς ἱερεῦσιν υἱοῖς Ααρων
τοῖς ἡγιασμένοις[3] θυμιάσαι·[4] ἔξελθε ἐκ τοῦ ἁγιάσματος,[5] ὅτι ἀπέστης[6] ἀπὸ κυρίου,
καὶ οὐκ ἔσται σοι τοῦτο εἰς δόξαν παρὰ κυρίου θεοῦ. **19** καὶ ἐθυμώθη[7] Οζιας, καὶ
ἐν τῇ χειρὶ αὐτοῦ τὸ θυμιατήριον[8] τοῦ θυμιάσαι[9] ἐν τῷ ναῷ, καὶ ἐν τῷ θυμωθῆναι[10]
αὐτὸν πρὸς τοὺς ἱερεῖς καὶ ἡ λέπρα[11] ἀνέτειλεν[12] ἐν τῷ μετώπῳ[13] αὐτοῦ ἐναντίον[14]
τῶν ἱερέων ἐν οἴκῳ κυρίου ἐπάνω[15] τοῦ θυσιαστηρίου[16] τῶν θυμιαμάτων.[17] **20** καὶ
ἐπέστρεψεν ἐπ᾽ αὐτὸν ὁ ἱερεὺς ὁ πρῶτος καὶ οἱ ἱερεῖς, καὶ ἰδοὺ αὐτὸς λεπρὸς[18] ἐν τῷ
μετώπῳ·[19] καὶ κατέσπευσαν[20] αὐτὸν ἐκεῖθεν,[21] καὶ γὰρ αὐτὸς ἔσπευσεν[22] ἐξελθεῖν,
ὅτι ἤλεγξεν[23] αὐτὸν κύριος. **21** καὶ ἦν Οζιας ὁ βασιλεὺς λεπρὸς[24] ἕως ἡμέρας τῆς
τελευτῆς[25] αὐτοῦ, καὶ ἐν οἴκῳ αφφουσωθ[26] ἐκάθητο λεπρός, ὅτι ἀπεσχίσθη[27] ἀπὸ
οἴκου κυρίου· καὶ Ιωαθαμ ὁ υἱὸς αὐτοῦ ἐπὶ τῆς βασιλείας αὐτοῦ κρίνων τὸν λαὸν
τῆς γῆς.

22 καὶ οἱ λοιποὶ λόγοι Οζιου οἱ πρῶτοι καὶ οἱ ἔσχατοι γεγραμμένοι ὑπὸ Ιεσσιου τοῦ
προφήτου. **23** καὶ ἐκοιμήθη[28] Οζιας μετὰ τῶν πατέρων αὐτοῦ, καὶ ἔθαψαν[29] αὐτὸν
μετὰ τῶν πατέρων αὐτοῦ ἐν τῷ πεδίῳ[30] τῆς ταφῆς[31] τῶν βασιλέων, ὅτι εἶπαν ὅτι
Λεπρός[32] ἐστιν· καὶ ἐβασίλευσεν[33] Ιωαθαμ υἱὸς αὐτοῦ ἀντ᾽[34] αὐτοῦ.

Jotham Succeeds Uzziah

27 Υἱὸς εἴκοσι[35] πέντε ἐτῶν Ιωαθαμ ἐν τῷ βασιλεῦσαι[36] αὐτὸν καὶ δέκα[37] ἓξ[38]
ἔτη ἐβασίλευσεν[39] ἐν Ιερουσαλημ, καὶ ὄνομα τῆς μητρὸς αὐτοῦ Ιερουσα
θυγάτηρ[40] Σαδωκ. **2** καὶ ἐποίησεν τὸ εὐθὲς[41] ἐνώπιον κυρίου κατὰ πάντα, ὅσα

1 ὀγδοήκοντα, eighty
2 θυμιάω, *aor act inf*, burn incense
3 ἁγιάζω, *perf pas ptc dat p m*, sanctify, consecrate
4 θυμιάω, *aor act inf*, burn incense
5 ἁγίασμα, sanctuary
6 ἀφίστημι, *aor act ind 2s*, depart, fall away
7 θυμόω, *aor pas ind 3s*, become angry
8 θυμιατήριον, censer
9 θυμιάω, *aor act inf*, burn incense
10 θυμόω, *aor pas inf*, become angry
11 λέπρα, skin disease, (leprosy)
12 ἀνατέλλω, *aor act ind 3s*, break out, appear
13 μέτωπον, forehead
14 ἐναντίον, before
15 ἐπάνω, above, over
16 θυσιαστήριον, altar
17 θυμίαμα, incense
18 λεπρός, diseased in the skin, (leprous)
19 μέτωπον, forehead
20 κατασπεύδω, *aor act ind 3p*, urge, hasten
21 ἐκεῖθεν, from there
22 σπεύδω, *aor act ind 3s*, make haste, hurry
23 ἐλέγχω, *aor act ind 3s*, reprove, convict
24 λεπρός, diseased in the skin, (leprous)
25 τελευτή, death
26 αφφουσωθ, exempt from duties, *translit.*
27 ἀποσχίζω, *aor pas ind 3s*, sever, separate from
28 κοιμάω, *aor pas ind 3s*, sleep
29 θάπτω, *aor act ind 3p*, bury
30 πεδίον, plain, field
31 ταφή, burial place
32 λεπρός, diseased in the skin, (leprous)
33 βασιλεύω, *aor act ind 3s*, reign as king
34 ἀντί, in place of
35 εἴκοσι, twenty
36 βασιλεύω, *aor act inf*, become king
37 δέκα, ten
38 ἕξ, six
39 βασιλεύω, *aor act ind 3s*, reign as king
40 θυγάτηρ, daughter
41 εὐθής, (that which is) right

ἐποίησεν Οζιας ὁ πατὴρ αὐτοῦ, ἀλλ᾽ οὐκ εἰσῆλθεν εἰς τὸν ναὸν κυρίου, καὶ ἔτι ὁ
λαὸς κατεφθείρετο.[1] **3** αὐτὸς ᾠκοδόμησεν τὴν πύλην[2] οἴκου κυρίου τὴν ὑψηλὴν[3] καὶ
ἐν τείχει[4] τοῦ Οφλα ᾠκοδόμησεν πολλά· **4** καὶ πόλεις ᾠκοδόμησεν ἐν ὄρει Ιουδα καὶ
ἐν τοῖς δρυμοῖς[5] καὶ οἰκήσεις[6] καὶ πύργους.[7] **5** αὐτὸς ἐμαχέσατο[8] πρὸς βασιλέα υἱῶν
Αμμων καὶ κατίσχυσεν[9] ἐπ᾽ αὐτόν· καὶ ἐδίδουν αὐτῷ οἱ υἱοὶ Αμμων κατ᾽ ἐνιαυτὸν[10]
ἑκατὸν[11] τάλαντα[12] ἀργυρίου[13] καὶ δέκα[14] χιλιάδας[15] κόρων[16] πυροῦ[17] καὶ κριθῶν[18]
δέκα χιλιάδας· ταῦτα ἔφερεν αὐτῷ βασιλεὺς Αμμων κατ᾽ ἐνιαυτὸν ἐν τῷ πρώτῳ ἔτει
καὶ τῷ δευτέρῳ καὶ τῷ τρίτῳ. **6** καὶ κατίσχυσεν[19] Ιωαθαμ, ὅτι ἡτοίμασεν τὰς ὁδοὺς
αὐτοῦ ἔναντι[20] κυρίου θεοῦ αὐτοῦ. **7** καὶ οἱ λοιποὶ λόγοι Ιωαθαμ καὶ ὁ πόλεμος
καὶ αἱ πράξεις[21] αὐτοῦ ἰδοὺ γεγραμμένοι ἐπὶ βιβλίῳ βασιλέων Ιουδα καὶ Ισραηλ.
9 καὶ ἐκοιμήθη[22] Ιωαθαμ μετὰ τῶν πατέρων αὐτοῦ καὶ ἐτάφη[23] ἐν πόλει Δαυιδ, καὶ
ἐβασίλευσεν[24] Αχαζ υἱὸς αὐτοῦ ἀντ᾽[25] αὐτοῦ.

Ahaz Succeeds Jotham

28 Υἱὸς εἴκοσι[26] ἐτῶν Αχαζ ἐν τῷ βασιλεῦσαι[27] αὐτὸν καὶ δέκα[28] ἓξ[29] ἔτη ἐβασί-
λευσεν[30] ἐν Ιερουσαλημ· καὶ οὐκ ἐποίησεν τὸ εὐθὲς[31] ἐνώπιον κυρίου ὡς
Δαυιδ ὁ πατὴρ αὐτοῦ. **2** καὶ ἐπορεύθη κατὰ τὰς ὁδοὺς βασιλέων Ισραηλ· καὶ γὰρ
γλυπτὰ[32] ἐποίησεν τοῖς εἰδώλοις[33] αὐτῶν **3** καὶ ἔθυεν[34] ἐν Γαιβενενομ καὶ διῆγεν[35]
τὰ τέκνα αὐτοῦ διὰ πυρὸς κατὰ τὰ βδελύγματα[36] τῶν ἐθνῶν, ὧν ἐξωλέθρευσεν[37]
κύριος ἀπὸ προσώπου υἱῶν Ισραηλ, **4** καὶ ἐθυμία[38] ἐπὶ τῶν ὑψηλῶν[39] καὶ ἐπὶ τῶν
δωμάτων[40] καὶ ὑποκάτω[41] παντὸς ξύλου[42] ἀλσώδους.[43]

1 καταφθείρω, *impf mid ind 3s*, become corrupt, be ruined
2 πύλη, gate
3 ὑψηλός, high
4 τεῖχος, wall
5 δρυμός, woods, thicket
6 οἴκησις, house, dwelling
7 πύργος, tower
8 μάχομαι, *aor mid ind 3s*, fight
9 κατισχύω, *aor act ind 3s*, prevail
10 ἐνιαυτός, year
11 ἑκατόν, one hundred
12 τάλαντον, talent
13 ἀργύριον, silver
14 δέκα, ten
15 χιλιάς, thousand
16 κόρος, kor, *Heb. LW*
17 πυρός, wheat
18 κριθή, barley
19 κατισχύω, *aor act ind 3s*, strengthen
20 ἔναντι, before
21 πρᾶξις, deed, activity
22 κοιμάω, *aor pas ind 3s*, sleep
23 θάπτω, *aor pas ind 3s*, bury
24 βασιλεύω, *aor act ind 3s*, reign as king
25 ἀντί, in place of
26 εἴκοσι, twenty
27 βασιλεύω, *aor act inf*, become king
28 δέκα, ten
29 ἕξ, six
30 βασιλεύω, *aor act ind 3s*, reign as king
31 εὐθής, (that which is) right
32 γλυπτός, graven
33 εἴδωλον, idol, image
34 θύω, *impf act ind 3s*, sacrifice
35 διάγω, *impf act ind 3s*, make pass through
36 βδέλυγμα, abomination
37 ἐξολεθρεύω, *aor act ind 3s*, utterly destroy
38 θυμιάω, *impf act ind 3s*, burn incense
39 ὑψηλός, high place
40 δῶμα, roof, housetop
41 ὑποκάτω, under
42 ξύλον, tree
43 ἀλσώδης, shady

Judah Invaded

5 καὶ παρέδωκεν αὐτὸν κύριος ὁ θεὸς αὐτοῦ διὰ χειρὸς βασιλέως Συρίας, καὶ ἐπάταξεν[1] ἐν αὐτῷ καὶ ᾐχμαλώτευσεν[2] ἐξ αὐτῶν αἰχμαλωσίαν[3] πολλὴν καὶ ἤγαγεν εἰς Δαμασκόν· καὶ γὰρ εἰς τὰς χεῖρας βασιλέως Ισραηλ παρέδωκεν αὐτόν, καὶ ἐπάταξεν ἐν αὐτῷ πληγὴν[4] μεγάλην. **6** καὶ ἀπέκτεινεν Φακεε ὁ τοῦ Ρομελια βασιλεὺς Ισραηλ ἐν Ιουδα ἐν μιᾷ ἡμέρᾳ ἑκατὸν[5] εἴκοσι[6] χιλιάδας[7] ἀνδρῶν δυνατῶν ἰσχύι[8] ἐν τῷ αὐτοὺς καταλιπεῖν[9] τὸν κύριον θεὸν τῶν πατέρων αὐτῶν. **7** καὶ ἀπέκτεινεν Εζεκρι ὁ δυνατὸς τοῦ Εφραιμ τὸν Μαασαιαν τὸν υἱὸν τοῦ βασιλέως καὶ τὸν Εσδρικαμ ἡγούμενον[10] τοῦ οἴκου αὐτοῦ καὶ τὸν Ελκανα τὸν διάδοχον[11] τοῦ βασιλέως.

Oded Intervenes

8 καὶ ᾐχμαλώτισαν[12] οἱ υἱοὶ Ισραηλ ἀπὸ τῶν ἀδελφῶν αὐτῶν τριακοσίας[13] χιλιάδας,[14] γυναῖκας, υἱοὺς καὶ θυγατέρας,[15] καὶ σκῦλα[16] πολλὰ ἐσκύλευσαν[17] ἐξ αὐτῶν καὶ ἤνεγκαν τὰ σκῦλα εἰς Σαμάρειαν. — **9** καὶ ἐκεῖ ἦν ὁ προφήτης τοῦ κυρίου, Ωδηδ ὄνομα αὐτῷ, καὶ ἐξῆλθεν εἰς ἀπάντησιν[18] τῆς δυνάμεως τῶν ἐρχομένων εἰς Σαμάρειαν καὶ εἶπεν αὐτοῖς Ἰδοὺ ὀργὴ κυρίου θεοῦ τῶν πατέρων ὑμῶν ἐπὶ τὸν Ιουδαν, καὶ παρέδωκεν αὐτοὺς εἰς τὰς χεῖρας ὑμῶν, καὶ ἀπεκτείνατε ἐν αὐτοῖς ἐν ὀργῇ· ἕως τῶν οὐρανῶν ἔφθακεν.[19] **10** καὶ νῦν υἱοὺς Ιουδα καὶ Ιερουσαλημ ὑμεῖς λέγετε κατακτήσεσθαι[20] εἰς δούλους καὶ δούλας·[21] οὐκ ἰδού εἰμι μεθ᾽ ὑμῶν μαρτυρῆσαι[22] κυρίῳ θεῷ ὑμῶν; **11** καὶ νῦν ἀκούσατέ μου καὶ ἀποστρέψατε[23] τὴν αἰχμαλωσίαν,[24] ἣν ᾐχμαλωτεύσατε[25] τῶν ἀδελφῶν ὑμῶν, ὅτι ὀργὴ θυμοῦ[26] κυρίου ἐφ᾽ ὑμῖν. **12** καὶ ἀνέστησαν ἄρχοντες ἀπὸ τῶν υἱῶν Εφραιμ, Ουδια ὁ τοῦ Ιωανου καὶ Βαραχιας ὁ τοῦ Μοσολαμωθ καὶ Εζεκιας ὁ τοῦ Σελλημ καὶ Αμασιας ὁ τοῦ Χοδλι, ἐπὶ τοὺς ἐρχομένους ἀπὸ τοῦ πολέμου **13** καὶ εἶπαν αὐτοῖς Οὐ μὴ εἰσαγάγητε[27] τὴν αἰχμαλωσίαν[28] ὧδε[29] πρὸς ἡμᾶς, ὅτι εἰς τὸ ἁμαρτάνειν τῷ κυρίῳ ἐφ᾽ ἡμᾶς ὑμεῖς λέγετε, προσθεῖναι[30] ἐπὶ ταῖς ἁμαρτίαις ἡμῶν καὶ ἐπὶ τὴν ἄγνοιαν,[31]

1 πατάσσω, *aor act ind 3s*, strike
2 αἰχμαλωτεύω, *aor act ind 3s*, take captive
3 αἰχμαλωσία, group of captives
4 πληγή, blow
5 ἑκατόν, one hundred
6 εἴκοσι, twenty
7 χιλιάς, thousand
8 ἰσχύς, strength, might
9 καταλείπω, *aor act inf*, leave behind, abandon
10 ἡγέομαι, *pres mid ptc acc s m*, lead, be leader
11 διάδοχος, deputy, successor
12 αἰχμαλωτίζω, *aor act ind 3p*, take captive
13 τριακόσιοι, three hundred
14 χιλιάς, thousand
15 θυγάτηρ, daughter
16 σκῦλον, plunder, spoils
17 σκυλεύω, *aor act ind 3p*, strip, plunder
18 ἀπάντησις, meeting
19 φθάνω, *perf act ind 3s*, reach, arrive
20 κατακτάομαι, *fut mid inf*, gain in full, fully acquire
21 δούλη, female slave
22 μαρτυρέω, *aor act inf*, testify, bear witness
23 ἀποστρέφω, *aor act impv 2p*, turn back, return
24 αἰχμαλωσία, group of captives
25 αἰχμαλωτεύω, *aor act ind 2p*, take captive
26 θυμός, anger, fury
27 εἰσάγω, *aor act sub 2p*, bring in
28 αἰχμαλωσία, group of captives
29 ὧδε, here
30 προστίθημι, *aor act inf*, add to, increase
31 ἄγνοια, ignorance, mistake

ὅτι πολλὴ ἡ ἁμαρτία ἡμῶν καὶ ὀργὴ θυμοῦ[1] κυρίου ἐπὶ τὸν Ισραηλ. **14** καὶ ἀφῆκαν οἱ πολεμισταὶ[2] τὴν αἰχμαλωσίαν[3] καὶ τὰ σκῦλα[4] ἐναντίον[5] τῶν ἀρχόντων καὶ πάσης τῆς ἐκκλησίας. **15** καὶ ἀνέστησαν ἄνδρες, οἳ ἐπεκλήθησαν[6] ἐν ὀνόματι, καὶ ἀντελάβοντο[7] τῆς αἰχμαλωσίας[8] καὶ πάντας τοὺς γυμνοὺς[9] περιέβαλον[10] ἀπὸ τῶν σκύλων[11] καὶ ἐνέδυσαν[12] αὐτοὺς καὶ ὑπέδησαν[13] αὐτοὺς καὶ ἔδωκαν φαγεῖν καὶ ἀλείψασθαι[14] καὶ ἀντελάβοντο[15] ἐν ὑποζυγίοις[16] παντὸς ἀσθενοῦντος[17] καὶ κατέστησαν[18] αὐτοὺς εἰς Ιεριχω πόλιν φοινίκων[19] πρὸς τοὺς ἀδελφοὺς αὐτῶν, καὶ ἐπέστρεψαν εἰς Σαμάρειαν.

Assyria Refuses to Aid Judah

16 Ἐν τῷ καιρῷ ἐκείνῳ ἀπέστειλεν Αχαζ πρὸς βασιλέα Ασσουρ βοηθῆσαι[20] αὐτῷ
17 καὶ ἐν τούτῳ, ὅτι Ιδουμαῖοι ἐπέθεντο καὶ ἐπάταξαν[21] ἐν Ιουδα καὶ ᾐχμαλώτισαν[22]
αἰχμαλωσίαν[23] **18** καὶ οἱ ἀλλόφυλοι[24] ἐπέθεντο ἐπὶ τὰς πόλεις τῆς πεδινῆς[25] καὶ ἀπὸ
λιβὸς[26] τοῦ Ιουδα καὶ ἔλαβον τὴν Βαιθσαμυς καὶ τὴν Αιλων καὶ τὴν Γαδηρωθ καὶ τὴν
Σωχω καὶ τὰς κώμας[27] αὐτῆς καὶ τὴν Θαμνα καὶ τὰς κώμας αὐτῆς καὶ τὴν Γαμζω καὶ
τὰς κώμας αὐτῆς καὶ κατῴκησαν ἐκεῖ. **19** ὅτι ἐταπείνωσεν[28] κύριος τὸν Ιουδαν δι᾽
Αχαζ βασιλέα Ιουδα, ὅτι ἀπέστη[29] ἀποστάσει[30] ἀπὸ κυρίου. **20** καὶ ἦλθεν ἐπ᾽ αὐτὸν
Θαγλαθφελλασαρ βασιλεὺς Ασσουρ καὶ ἐπάταξεν[31] αὐτόν. **21** καὶ ἔλαβεν Αχαζ τὰ ἐν
οἴκῳ κυρίου καὶ τὰ ἐν οἴκῳ τοῦ βασιλέως καὶ τῶν ἀρχόντων καὶ ἔδωκεν τῷ βασιλεῖ
Ασσουρ καὶ οὐκ εἰς βοήθειαν[32] αὐτῷ.

Death of Ahaz

22 ἀλλ᾽ ἢ τῷ θλιβῆναι[33] αὐτὸν καὶ προσέθηκεν[34] τοῦ ἀποστῆναι[35] ἀπὸ κυρίου καὶ
εἶπεν ὁ βασιλεύς **23** Ἐκζητήσω[36] τοὺς θεοὺς Δαμασκοῦ τοὺς τύπτοντάς[37] με· καὶ

1 θυμός, anger, fury
2 πολεμιστής, warrior
3 αἰχμαλωσία, group of captives
4 σκῦλον, plunder, spoils
5 ἐναντίον, before
6 ἐπικαλέω, *aor pas ind 3p*, name, call out
7 ἀντιλαμβάνομαι, *aor mid ind 3p*, help, support
8 αἰχμαλωσία, group of captives
9 γυμνός, bare, naked
10 περιβάλλω, *aor act ind 3p*, cover, clothe
11 σκῦλον, plunder, spoils
12 ἐνδύω, *aor act ind 3p*, dress
13 ὑποδέω, *aor act ind 3p*, put shoes on
14 ἀλείφω, *aor mid inf*, anoint
15 ἀντιλαμβάνομαι, *aor mid ind 3p*, help, support
16 ὑποζύγιον, donkey, pack animal
17 ἀσθενέω, *pres act ptc gen s m*, be weak, be sick
18 καθίστημι, *aor act ind 3p*, bring to
19 φοῖνιξ, date palm
20 βοηθέω, *aor act inf*, help, aid
21 πατάσσω, *aor act ind 3p*, strike, attack
22 αἰχμαλωτίζω, *aor act ind 3p*, take captive
23 αἰχμαλωσία, group of captives
24 ἀλλόφυλος, foreign, (Philistine)
25 πεδινός, flat, (lowland)
26 λίψ, southwest
27 κώμη, village
28 ταπεινόω, *aor act ind 3s*, bring low, humble
29 ἀφίστημι, *aor act ind 3s*, withdraw, depart
30 ἀπόστασις, revolt, renunciation
31 πατάσσω, *aor act ind 3s*, strike
32 βοήθεια, help
33 θλίβω, *aor pas inf*, distress, oppress
34 προστίθημι, *aor act ind 3s*, add to, continue
35 ἀφίστημι, *aor act inf*, withdraw, depart
36 ἐκζητέω, *fut act ind 1s*, seek out, search for
37 τύπτω, *pres act ptc acc p m*, strike

εἶπεν Ὅτι θεοὶ βασιλέως Συρίας αὐτοὶ κατισχύσουσιν[1] αὐτούς, αὐτοῖς τοίνυν[2]
θύσω,[3] καὶ ἀντιλήμψονταί[4] μου. καὶ αὐτοὶ ἐγένοντο αὐτῷ εἰς σκῶλον[5] καὶ παντὶ
Ισραηλ. **24** καὶ ἀπέστησεν[6] Αχαζ τὰ σκεύη[7] οἴκου κυρίου καὶ κατέκοψεν[8] αὐτὰ
καὶ ἔκλεισεν[9] τὰς θύρας οἴκου κυρίου καὶ ἐποίησεν ἑαυτῷ θυσιαστήρια[10] ἐν πάσῃ
γωνίᾳ[11] ἐν Ιερουσαλημ· **25** καὶ ἐν πάσῃ πόλει καὶ πόλει ἐν Ιουδα ἐποίησεν ὑψηλὰ[12]
θυμιᾶν[13] θεοῖς ἀλλοτρίοις,[14] καὶ παρώργισαν[15] κύριον τὸν θεὸν τῶν πατέρων αὐτῶν.
26 καὶ οἱ λοιποὶ λόγοι αὐτοῦ καὶ αἱ πράξεις[16] αὐτοῦ αἱ πρῶται καὶ αἱ ἔσχαται ἰδοὺ
γεγραμμέναι ἐπὶ βιβλίῳ βασιλέων Ιουδα καὶ Ισραηλ. **27** καὶ ἐκοιμήθη[17] Αχαζ μετὰ
τῶν πατέρων αὐτοῦ καὶ ἐτάφη[18] ἐν πόλει Δαυιδ, ὅτι οὐκ εἰσήνεγκαν[19] αὐτὸν εἰς
τοὺς τάφους[20] τῶν βασιλέων Ισραηλ· καὶ ἐβασίλευσεν[21] Εζεκιας υἱὸς αὐτοῦ ἀντ᾽[22]
αὐτοῦ.

Hezekiah Succeeds Ahaz

29 Καὶ Εζεκιας ἐβασίλευσεν[23] ὢν εἴκοσι[24] καὶ πέντε ἐτῶν καὶ εἴκοσι καὶ
ἐννέα[25] ἔτη ἐβασίλευσεν[26] ἐν Ιερουσαλημ, καὶ ὄνομα τῇ μητρὶ αὐτοῦ Αββα
θυγάτηρ[27] Ζαχαρια. **2** καὶ ἐποίησεν τὸ εὐθὲς[28] ἐνώπιον κυρίου κατὰ πάντα, ὅσα
ἐποίησεν Δαυιδ ὁ πατὴρ αὐτοῦ.

Temple Cleansed

3 καὶ ἐγένετο ὡς ἔστη[29] ἐπὶ τῆς βασιλείας αὐτοῦ, ἐν τῷ πρώτῳ μηνὶ[30] ἀνέῳξεν τὰς
θύρας οἴκου κυρίου καὶ ἐπεσκεύασεν[31] αὐτάς. **4** καὶ εἰσήγαγεν[32] τοὺς ἱερεῖς καὶ τοὺς
Λευίτας καὶ κατέστησεν[33] αὐτοὺς εἰς τὸ κλίτος[34] τὸ πρὸς ἀνατολάς.[35]

1 κατισχύω, *fut act ind 3p*, strengthen
2 τοίνυν, accordingly, therefore
3 θύω, *fut act ind 1s*, sacrifice
4 ἀντιλαμβάνομαι, *fut mid ind 3p*, help, support
5 σκῶλον, obstacle, hindrance
6 ἀφίστημι, *aor act ind 3s*, remove
7 σκεῦος, item, vessel
8 κατακόπτω, *aor act ind 3s*, cut in pieces
9 κλείω, *aor act ind 3s*, shut, close
10 θυσιαστήριον, altar
11 γωνία, corner
12 ὑψηλός, high place
13 θυμιάω, *pres act inf*, burn incense
14 ἀλλότριος, foreign
15 παροργίζω, *aor act ind 3p*, provoke
16 πρᾶξις, deed, action
17 κοιμάω, *aor pas ind 3s*, sleep
18 θάπτω, *aor pas ind 3s*, bury
19 εἰσφέρω, *aor act ind 3p*, bring in, bring to
20 τάφος, grave, tomb
21 βασιλεύω, *aor act ind 3s*, reign as king
22 ἀντί, in place of
23 βασιλεύω, *aor act ind 3s*, become king
24 εἴκοσι, twenty
25 ἐννέα, nine
26 βασιλεύω, *aor act ind 3s*, reign as king
27 θυγάτηρ, daughter
28 εὐθής, (that which is) right
29 ἵστημι, *aor act ind 3s*, set up, establish
30 μήν, month
31 ἐπισκευάζω, *aor act ind 3s*, repair
32 εἰσάγω, *aor act ind 3s*, bring in
33 καθίστημι, *aor act ind 3s*, set in place, put
34 κλίτος, side
35 ἀνατολή, east

Hezekiah Begins Reforms

5 καὶ εἶπεν αὐτοῖς Ἀκούσατε, οἱ Λευῖται, νῦν ἁγνίσθητε[1] καὶ ἁγνίσατε[2] τὸν οἶκον
κυρίου θεοῦ τῶν πατέρων ὑμῶν καὶ ἐκβάλετε τὴν ἀκαθαρσίαν[3] ἐκ τῶν ἁγίων·
6 ὅτι ἀπέστησαν[4] οἱ πατέρες ἡμῶν καὶ ἐποίησαν τὸ πονηρὸν ἐναντίον[5] κυρίου καὶ
ἐγκατέλιπαν[6] αὐτὸν καὶ ἀπέστρεψαν[7] τὸ πρόσωπον ἀπὸ τῆς σκηνῆς[8] κυρίου καὶ
ἔδωκαν αὐχένα[9] **7** καὶ ἀπέκλεισαν[10] τὰς θύρας τοῦ ναοῦ καὶ ἔσβεσαν[11] τοὺς λύχνους[12]
καὶ θυμίαμα[13] οὐκ ἐθυμίασαν[14] καὶ ὁλοκαυτώματα[15] οὐ προσήνεγκαν ἐν τῷ ἁγίῳ θεῷ
Ισραηλ. **8** καὶ ὠργίσθη[16] ὀργῇ κύριος ἐπὶ τὸν Ιουδαν καὶ ἐπὶ τὴν Ιερουσαλημ καὶ
ἔδωκεν αὐτοὺς εἰς ἔκστασιν[17] καὶ εἰς ἀφανισμὸν[18] καὶ εἰς συρισμόν,[19] ὡς ὑμεῖς ὁρᾶτε
τοῖς ὀφθαλμοῖς ὑμῶν. **9** καὶ ἰδοὺ πεπλήγασιν[20] οἱ πατέρες ὑμῶν μαχαίρᾳ,[21] καὶ οἱ
υἱοὶ ὑμῶν καὶ αἱ θυγατέρες[22] ὑμῶν καὶ αἱ γυναῖκες ὑμῶν ἐν αἰχμαλωσίᾳ[23] ἐν γῇ οὐκ
αὐτῶν, ὃ καὶ νῦν ἐστιν. **10** ἐπὶ τούτοις νῦν ἐστιν ἐπὶ καρδίας διαθέσθαι[24] διαθήκην
κυρίου θεοῦ Ισραηλ, καὶ ἀποστρέψει[25] τὴν ὀργὴν θυμοῦ[26] αὐτοῦ ἀφ᾽ ἡμῶν. **11** καὶ νῦν
μὴ διαλίπητε,[27] ὅτι ἐν ὑμῖν ᾑρέτικεν[28] κύριος στῆναι ἐναντίον[29] αὐτοῦ λειτουργεῖν[30]
καὶ εἶναι αὐτῷ λειτουργοῦντας[31] καὶ θυμιῶντας.[32]

12 καὶ ἀνέστησαν οἱ Λευῖται, Μααθ ὁ τοῦ Αμασι καὶ Ιωηλ ὁ τοῦ Αζαριου ἐκ τῶν
υἱῶν Κααθ, καὶ ἐκ τῶν υἱῶν Μεραρι Κις ὁ τοῦ Αβδι καὶ Αζαριας ὁ τοῦ Ιαλλεληλ,
καὶ ἀπὸ τῶν υἱῶν Γεδσωνι Ιωα ὁ τοῦ Ζεμμαθ καὶ Ιωδαν ὁ τοῦ Ιωαχα, **13** καὶ τῶν
υἱῶν Ελισαφαν Σαμβρι καὶ Ιιηλ, καὶ τῶν υἱῶν Ασαφ Ζαχαριας καὶ Μαθθανιας,
14 καὶ τῶν υἱῶν Αιμαν Ιιηλ καὶ Σεμεϊ, καὶ τῶν υἱῶν Ιδιθων Σαμαιας καὶ Οζιηλ,
15 καὶ συνήγαγον τοὺς ἀδελφοὺς αὐτῶν καὶ ἡγνίσθησαν[33] κατὰ τὴν ἐντολὴν τοῦ
βασιλέως διὰ προστάγματος[34] κυρίου καθαρίσαι τὸν οἶκον κυρίου. **16** καὶ εἰσῆλθον
οἱ ἱερεῖς ἔσω[35] εἰς τὸν οἶκον κυρίου ἁγνίσαι[36] καὶ ἐξέβαλον πᾶσαν τὴν ἀκαθαρσίαν[37]

1 ἁγνίζω, *aor pas impv 2p*, purify, cleanse
2 ἁγνίζω, *aor act impv 2p*, purify, cleanse
3 ἀκαθαρσία, impurity, uncleanness
4 ἀφίστημι, *aor act ind 3p*, turn away, revolt
5 ἐναντίον, before
6 ἐγκαταλείπω, *aor act ind 3p*, forsake, abandon
7 ἀποστρέφω, *aor act ind 3p*, turn away from
8 σκηνή, ten
9 αὐχήν, neck
10 ἀποκλείω, *aor act ind 3p*, shut, close
11 σβέννυμι, *aor act ind 3p*, put out, extinguish
12 λύχνος, lamp
13 θυμίαμα, incense
14 θυμιάζω, *aor act ind 3p*, burn incense
15 ὁλοκαύτωμα, whole burnt offering
16 ὀργίζω, *aor pas ind 3s*, be angry
17 ἔκστασις, dismay, astonishment
18 ἀφανισμός, destruction
19 συρισμός, hissing, whistling, (ridicule)
20 πλήσσω, *perf act ind 3p*, strike
21 μάχαιρα, sword
22 θυγάτηρ, daughter
23 αἰχμαλωσία, captivity
24 διατίθημι, *aor mid inf*, grant, arrange
25 ἀποστρέφω, *fut act ind 3s*, turn back, turn away
26 θυμός, wrath, fury
27 διαλείπω, *aor act sub 2p*, cease, stop
28 αἱρετίζω, *perf act ind 3s*, choose
29 ἐναντίον, before
30 λειτουργέω, *pres act inf*, minister, serve
31 λειτουργέω, *pres act ptc acc p m*, minister, serve
32 θυμιάω, *pres act ptc acc p m*, burn incense
33 ἁγνίζω, *aor pas ind 3p*, cleanse, purify
34 πρόσταγμα, ordinance, command
35 ἔσω, into, inside
36 ἁγνίζω, *aor act inf*, cleanse, purify
37 ἀκαθαρσία, impurity, uncleanness

τὴν εὑρεθεῖσαν ἐν τῷ οἴκῳ κυρίου καὶ εἰς τὴν αὐλὴν[1] οἴκου κυρίου, καὶ ἐδέξαντο[2]
οἱ Λευῖται ἐκβαλεῖν εἰς τὸν χειμάρρουν[3] Κεδρων ἔξω. **17** καὶ ἤρξαντο τῇ ἡμέρᾳ τῇ
πρώτῃ νουμηνίᾳ[4] τοῦ μηνὸς[5] τοῦ πρώτου ἁγνίσαι[6] καὶ τῇ ἡμέρᾳ τῇ ὀγδόῃ[7] τοῦ μηνὸς
εἰσῆλθαν εἰς τὸν ναὸν κυρίου καὶ ἥγνισαν[8] τὸν οἶκον κυρίου ἐν ἡμέραις ὀκτὼ[9] καὶ
τῇ ἡμέρᾳ τῇ ἑκκαιδεκάτῃ[10] τοῦ μηνὸς τοῦ πρώτου συνετέλεσαν.[11] **18** καὶ εἰσῆλθαν
ἔσω[12] πρὸς Εζεκιαν τὸν βασιλέα καὶ εἶπαν Ἡγνίσαμεν[13] πάντα τὰ ἐν οἴκῳ κυρίου,
τὸ θυσιαστήριον[14] τῆς ὁλοκαυτώσεως[15] καὶ τὰ σκεύη[16] αὐτοῦ καὶ τὴν τράπεζαν[17]
τῆς προθέσεως[18] καὶ τὰ σκεύη[19] αὐτῆς· **19** καὶ πάντα τὰ σκεύη,[20] ἃ ἐμίανεν[21] Αχαζ
ὁ βασιλεὺς ἐν τῇ βασιλείᾳ αὐτοῦ ἐν τῇ ἀποστασίᾳ[22] αὐτοῦ, ἡτοιμάκαμεν καὶ ἡγνί-
καμεν,[23] ἰδού ἐστιν ἐναντίον[24] τοῦ θυσιαστηρίου[25] κυρίου.

Temple Worship Restored

20 καὶ ὤρθρισεν[26] Εζεκιας ὁ βασιλεὺς καὶ συνήγαγεν τοὺς ἄρχοντας τῆς πόλεως
καὶ ἀνέβη εἰς οἶκον κυρίου **21** καὶ ἀνήνεγκεν[27] μόσχους[28] ἑπτά, κριοὺς[29] ἑπτά,
ἀμνοὺς[30] ἑπτά, χιμάρους[31] αἰγῶν[32] ἑπτὰ περὶ ἁμαρτίας περὶ τῆς βασιλείας καὶ περὶ
τῶν ἁγίων καὶ περὶ Ισραηλ καὶ εἶπεν τοῖς υἱοῖς Ααρων τοῖς ἱερεῦσιν ἀναβαίνειν
ἐπὶ τὸ θυσιαστήριον[33] κυρίου. **22** καὶ ἔθυσαν[34] τοὺς μόσχους,[35] καὶ ἐδέξαντο[36] οἱ
ἱερεῖς τὸ αἷμα καὶ προσέχεον[37] ἐπὶ τὸ θυσιαστήριον·[38] καὶ ἔθυσαν[39] τοὺς κριούς,[40]
καὶ προσέχεον[41] τὸ αἷμα ἐπὶ τὸ θυσιαστήριον· καὶ ἔθυσαν[42] τοὺς ἀμνούς,[43] καὶ
περιέχεον[44] τὸ αἷμα τῷ θυσιαστηρίῳ·

1 αὐλή, court
2 δέχομαι, *aor mid ind 3p*, take, grasp
3 χείμαρρος, brook
4 νουμηνία, new moon
5 μήν, month
6 ἁγνίζω, *aor act inf*, cleanse, purify
7 ὄγδοος, eighth
8 ἁγνίζω, *aor act ind 3p*, cleanse, purify
9 ὀκτώ, eight
10 ἑκκαιδέκατος, sixteenth
11 συντελέω, *aor act ind 3p*, finish
12 ἔσω, into, inside
13 ἁγνίζω, *aor act ind 1p*, cleanse, purify
14 θυσιαστήριον, altar
15 ὁλοκαύτωσις, whole burnt offering
16 σκεῦος, vessel, equipment
17 τράπεζα, table
18 πρόθεσις, setting forth, presentation
19 σκεῦος, utensil
20 σκεῦος, object, thing
21 μιαίνω, *aor act ind 3s*, pollute, defile
22 ἀποστασία, revolt, apostasy
23 ἁγνίζω, *perf act ind 1p*, cleanse, purify
24 ἐναντίον, before
25 θυσιαστήριον, altar
26 ὀρθρίζω, *aor act ind 3s*, rise early
27 ἀναφέρω, *aor act ind 3s*, offer up
28 μόσχος, calf
29 κριός, ram
30 ἀμνός, lamb
31 χίμαρος, young goat
32 αἴξ, goat
33 θυσιαστήριον, altar
34 θύω, *aor act ind 3p*, sacrifice
35 μόσχος, calf
36 δέχομαι, *aor mid ind 3p*, accept, receive
37 προσχέω, *impf act ind 3p*, pour out
38 θυσιαστήριον, altar
39 θύω, *aor act ind 3p*, sacrifice
40 κριός, ram
41 προσχέω, *impf act ind 3p*, pour out
42 θύω, *aor act ind 3p*, sacrifice
43 ἀμνός, lamb
44 περιχέω, *impf act ind 3p*, pour around

23 καὶ προσήγαγον[1] τοὺς χιμάρους[2] τοὺς περὶ ἁμαρτίας ἐναντίον[3] τοῦ βασιλέως καὶ
τῆς ἐκκλησίας, καὶ ἐπέθηκαν τὰς χεῖρας αὐτῶν ἐπ᾽ αὐτούς, **24** καὶ ἔθυσαν[4] αὐτοὺς
οἱ ἱερεῖς καὶ ἐξιλάσαντο[5] τὸ αἷμα αὐτῶν πρὸς τὸ θυσιαστήριον[6] καὶ ἐξιλάσαντο περὶ
παντὸς Ισραηλ, ὅτι περὶ παντὸς Ισραηλ, εἶπεν ὁ βασιλεύς, ἡ ὁλοκαύτωσις[7] καὶ τὰ
περὶ ἁμαρτίας.

25 καὶ ἔστησεν τοὺς Λευίτας ἐν οἴκῳ κυρίου ἐν κυμβάλοις[8] καὶ ἐν νάβλαις[9] καὶ
ἐν κινύραις[10] κατὰ τὴν ἐντολὴν Δαυιδ τοῦ βασιλέως καὶ Γαδ τοῦ ὁρῶντος τῷ
βασιλεῖ καὶ Ναθαν τοῦ προφήτου, ὅτι δι᾽ ἐντολῆς κυρίου τὸ πρόσταγμα[11] ἐν χειρὶ
τῶν προφητῶν· **26** καὶ ἔστησαν οἱ Λευῖται ἐν ὀργάνοις[12] Δαυιδ καὶ οἱ ἱερεῖς ταῖς
σάλπιγξιν.[13] **27** καὶ εἶπεν Εζεκιας ἀνενέγκαι[14] τὴν ὁλοκαύτωσιν[15] ἐπὶ τὸ θυσιαστή-
ριον·[16] καὶ ἐν τῷ ἄρξασθαι ἀναφέρειν[17] τὴν ὁλοκαύτωσιν ἤρξαντο ᾄδειν[18] κυρίῳ, καὶ
αἱ σάλπιγγες[19] πρὸς τὰ ὄργανα[20] Δαυιδ βασιλέως Ισραηλ. **28** καὶ πᾶσα ἡ ἐκκλησία
προσεκύνει, καὶ οἱ ψαλτῳδοὶ[21] ᾄδοντες,[22] καὶ αἱ σάλπιγγες[23] σαλπίζουσαι,[24] ἕως οὗ
συνετελέσθη[25] ἡ ὁλοκαύτωσις.[26]

29 καὶ ὡς συνετέλεσαν[27] ἀναφέροντες,[28] ἔκαμψεν[29] ὁ βασιλεὺς καὶ πάντες οἱ εὑρε-
θέντες καὶ προσεκύνησαν. **30** καὶ εἶπεν Εζεκιας ὁ βασιλεὺς καὶ οἱ ἄρχοντες τοῖς
Λευίταις ὑμνεῖν[30] τὸν κύριον ἐν λόγοις Δαυιδ καὶ Ασαφ τοῦ προφήτου· καὶ ὕμνουν[31]
ἐν εὐφροσύνῃ[32] καὶ ἔπεσον καὶ προσεκύνησαν.

31 καὶ ἀπεκρίθη Εζεκιας καὶ εἶπεν Νῦν ἐπληρώσατε τὰς χεῖρας ὑμῶν κυρίῳ, προσ-
αγάγετε[33] καὶ φέρετε[34] θυσίας[35] καὶ αἰνέσεως[36] εἰς οἶκον κυρίου· καὶ ἀνήνεγκεν[37]
ἡ ἐκκλησία θυσίας καὶ αἰνέσεως εἰς οἶκον κυρίου καὶ πᾶς πρόθυμος[38] τῇ καρδίᾳ

1 προσάγω, *aor act ind 3p*, bring in
2 χίμαρος, young goat
3 ἐναντίον, before
4 θύω, *aor act ind 3p*, sacrifice
5 ἐξιλάσκομαι, *aor mid ind 3p*, propitiate, make atonement
6 θυσιαστήριον, altar
7 ὁλοκαύτωσις, whole burnt offering
8 κύμβαλον, cymbal
9 νάβλα, harp, *Heb. LW*
10 κινύρα, stringed instrument, *Heb. LW*
11 πρόσταγμα, ordinance, command
12 ὄργανον, instrument
13 σάλπιγξ, trumpet
14 ἀναφέρω, *aor act inf*, offer up
15 ὁλοκαύτωσις, whole burnt offering
16 θυσιαστήριον, altar
17 ἀναφέρω, *pres act inf*, offer up
18 ᾄδω, *pres act inf*, sing
19 σάλπιγξ, trumpet
20 ὄργανον, instrument
21 ψαλτῳδός, psalm singer
22 ᾄδω, *pres act ptc nom p m*, sing
23 σάλπιγξ, trumpet
24 σαλπίζω, *pres act ptc nom p f*, sound, blow
25 συντελέω, *aor pas ind 3s*, finish, complete
26 ὁλοκαύτωσις, whole burnt offering
27 συντελέω, *aor act ind 3p*, finish, complete
28 ἀναφέρω, *pres act ptc nom p m*, offer up
29 κάμπτω, *aor act ind 3s*, bow
30 ὑμνέω, *pres act inf*, sing to
31 ὑμνέω, *impf act ind 3p*, sing a hymn
32 εὐφροσύνη, joy, gladness
33 προσάγω, *aor act impv 2p*, bring
34 φέρω, *pres act impv 2p*, carry, offer
35 θυσία, sacrifice
36 αἴνεσις, praise
37 ἀναφέρω, *aor act ind 3s*, bring up, offer up
38 πρόθυμος, eager, willing

ὁλοκαυτώσεις.[1] **32** καὶ ἐγένετο ὁ ἀριθμὸς[2] τῆς ὁλοκαυτώσεως,[3] ἧς ἀνήνεγκεν[4] ἡ ἐκκλησία, μόσχοι[5] ἑβδομήκοντα,[6] κριοὶ[7] ἑκατόν,[8] ἀμνοὶ[9] διακόσιοι·[10] εἰς ὁλοκαύτωσιν[11] κυρίῳ πάντα ταῦτα. **33** καὶ οἱ ἡγιασμένοι[12] μόσχοι[13] ἑξακόσιοι,[14] πρόβατα τρισχίλια.[15] **34** ἀλλ᾽ ἢ οἱ ἱερεῖς ὀλίγοι[16] ἦσαν καὶ οὐκ ἐδύναντο δεῖραι[17] τὴν ὁλοκαύτωσιν,[18] καὶ ἀντελάβοντο[19] αὐτῶν οἱ ἀδελφοὶ αὐτῶν οἱ Λευῖται, ἕως οὗ συνετελέσθη[20] τὸ ἔργον, καὶ ἕως οὗ ἡγνίσθησαν[21] οἱ ἱερεῖς, ὅτι οἱ Λευῖται προθύμως[22] ἡγνίσθησαν παρὰ τοὺς ἱερεῖς. **35** καὶ ἡ ὁλοκαύτωσις[23] πολλὴ ἐν τοῖς στέασιν[24] τῆς τελειώσεως[25] τοῦ σωτηρίου[26] καὶ τῶν σπονδῶν[27] τῆς ὁλοκαυτώσεως·[28] καὶ κατωρθώθη[29] τὸ ἔργον ἐν οἴκῳ κυρίου. **36** καὶ ηὐφράνθη[30] Εζεκιας καὶ πᾶς ὁ λαὸς διὰ τὸ ἡτοιμακέναι τὸν θεὸν τῷ λαῷ, ὅτι ἐξάπινα[31] ἐγένετο ὁ λόγος.

All Israel Celebrates Passover

30 Καὶ ἀπέστειλεν Εζεκιας ἐπὶ πάντα Ισραηλ καὶ Ιουδαν καὶ ἐπιστολὰς[32] ἔγραψεν ἐπὶ τὸν Εφραιμ καὶ Μανασση ἐλθεῖν εἰς οἶκον κυρίου εἰς Ιερουσαλημ ποιῆσαι τὸ φασεκ[33] τῷ κυρίῳ θεῷ Ισραηλ· **2** καὶ ἐβουλεύσατο[34] ὁ βασιλεὺς καὶ οἱ ἄρχοντες καὶ πᾶσα ἡ ἐκκλησία ἡ ἐν Ιερουσαλημ ποιῆσαι τὸ φασεκ[35] τῷ μηνὶ[36] τῷ δευτέρῳ· **3** οὐ γὰρ ἠδυνάσθησαν αὐτὸ ποιῆσαι ἐν τῷ καιρῷ ἐκείνῳ, ὅτι οἱ ἱερεῖς οὐχ ἡγνίσθησαν[37] ἱκανοί,[38] καὶ ὁ λαὸς οὐ συνήχθη εἰς Ιερουσαλημ. **4** καὶ ἤρεσεν[39] ὁ λόγος ἐναντίον[40] τοῦ βασιλέως καὶ ἐναντίον τῆς ἐκκλησίας. **5** καὶ ἔστησαν λόγον διελθεῖν κήρυγμα[41] ἐν παντὶ Ισραηλ ἀπὸ Βηρσαβεε ἕως Δαν ἐλθόντας ποιῆσαι τὸ φασεκ[42] κυρίῳ θεῷ Ισραηλ ἐν Ιερουσαλημ, ὅτι πλῆθος οὐκ ἐποίησεν κατὰ τὴν

1 ὁλοκαύτωσις, whole burnt offering
2 ἀριθμός, number
3 ὁλοκαύτωσις, whole burnt offering
4 ἀναφέρω, *aor act ind 3s*, bring up, offer up
5 μόσχος, calf
6 ἑβδομήκοντα, seventy
7 κριός, ram
8 ἑκατόν, one hundred
9 ἀμνός, lamb
10 διακόσιοι, two hundred
11 ὁλοκαύτωσις, whole burnt offering
12 ἁγιάζω, *perf pas ptc nom p m*, sanctify, consecrate
13 μόσχος, calf
14 ἑξακόσιοι, six hundred
15 τρισχίλιοι, three thousand
16 ὀλίγος, few
17 δέρω, *aor act inf*, flay, skin
18 ὁλοκαύτωσις, whole burnt offering
19 ἀντιλαμβάνομαι, *aor mid ind 3p*, help, assist
20 συντελέω, *aor pas ind 3s*, finish, complete
21 ἁγνίζω, *aor pas ind 3p*, cleanse, purify
22 προθύμως, eagerly, willingly
23 ὁλοκαύτωσις, whole burnt offering
24 στέαρ, fat
25 τελείωσις, completion
26 σωτήριον, (sacrifice of) deliverance, peace
27 σπονδή, drink offering
28 ὁλοκαύτωσις, whole burnt offering
29 κατορθόω, *aor pas ind 3s*, establish, set right
30 εὐφραίνω, *aor pas ind 3s*, rejoice
31 ἐξάπινα, suddenly
32 ἐπιστολή, letter
33 φασεκ, Passover, *translit.*
34 βουλεύω, *aor mid ind 3s*, determine, resolve
35 φασεκ, Passover, *translit.*
36 μήν, month
37 ἁγνίζω, *aor pas ind 3p*, cleanse, purify
38 ἱκανός, enough, sufficient
39 ἀρέσκω, *aor act ind 3s*, win favor
40 ἐναντίον, before
41 κήρυγμα, message, proclamation
42 φασεκ, Passover, *translit.*

γραφήν.[1] **6** καὶ ἐπορεύθησαν οἱ τρέχοντες[2] σὺν ταῖς ἐπιστολαῖς[3] παρὰ τοῦ βασιλέως καὶ τῶν ἀρχόντων εἰς πάντα Ισραηλ καὶ Ιουδαν κατὰ τὸ πρόσταγμα[4] τοῦ βασιλέως λέγοντες Υἱοὶ Ισραηλ, ἐπιστρέψατε πρὸς θεὸν Αβρααμ καὶ Ισαακ καὶ Ισραηλ, καὶ ἐπιστρέψει τοὺς ἀνασεσῳσμένους[5] τοὺς καταλειφθέντας[6] ἀπὸ χειρὸς βασιλέως Ασσουρ· **7** καὶ μὴ γίνεσθε καθὼς οἱ πατέρες ὑμῶν καὶ οἱ ἀδελφοὶ ὑμῶν, οἳ ἀπέστησαν[7] ἀπὸ κυρίου θεοῦ πατέρων αὐτῶν, καὶ παρέδωκεν αὐτοὺς εἰς ἐρήμωσιν,[8] καθὼς ὑμεῖς ὁρᾶτε. **8** καὶ νῦν μὴ σκληρύνητε[9] τοὺς τραχήλους[10] ὑμῶν· δότε δόξαν κυρίῳ τῷ θεῷ καὶ εἰσέλθατε εἰς τὸ ἁγίασμα[11] αὐτοῦ, ὃ ἡγίασεν[12] εἰς τὸν αἰῶνα, καὶ δουλεύσατε[13] τῷ κυρίῳ θεῷ ὑμῶν, καὶ ἀποστρέψει[14] ἀφ᾽ ὑμῶν θυμὸν[15] ὀργῆς. **9** ὅτι ἐν τῷ ἐπιστρέφειν ὑμᾶς πρὸς κύριον οἱ ἀδελφοὶ ὑμῶν καὶ τὰ τέκνα ὑμῶν ἔσονται ἐν οἰκτιρμοῖς[16] ἔναντι[17] πάντων τῶν αἰχμαλωτισάντων[18] αὐτούς, καὶ ἀποστρέψει[19] εἰς τὴν γῆν ταύτην· ὅτι ἐλεήμων[20] καὶ οἰκτίρμων[21] κύριος ὁ θεὸς ἡμῶν καὶ οὐκ ἀποστρέψει[22] τὸ πρόσωπον αὐτοῦ ἀφ᾽ ἡμῶν, ἐὰν ἐπιστρέψωμεν πρὸς αὐτόν.

10 καὶ ἦσαν οἱ τρέχοντες[23] διαπορευόμενοι[24] πόλιν ἐκ πόλεως ἐν τῷ ὄρει Εφραιμ καὶ Μανασση καὶ ἕως Ζαβουλων, καὶ ἐγένοντο ὡς καταγελῶντες[25] αὐτῶν καὶ καταμωκώμενοι·[26]

Passover Reinstituted

11 ἀλλὰ ἄνθρωποι Ασηρ καὶ ἀπὸ Μανασση καὶ ἀπὸ Ζαβουλων ἐνετράπησαν[27] καὶ ἦλθον εἰς Ιερουσαλημ. **12** καὶ ἐν Ιουδα ἐγένετο χεὶρ κυρίου δοῦναι αὐτοῖς καρδίαν μίαν ἐλθεῖν τοῦ ποιῆσαι κατὰ τὸ πρόσταγμα[28] τοῦ βασιλέως καὶ τῶν ἀρχόντων ἐν λόγῳ κυρίου, **13** καὶ συνήχθησαν εἰς Ιερουσαλημ λαὸς πολὺς τοῦ ποιῆσαι τὴν ἑορτὴν[29] τῶν ἀζύμων[30] ἐν τῷ μηνὶ[31] τῷ δευτέρῳ, ἐκκλησία πολλὴ σφόδρα.[32] **14** καὶ

1 γραφή, writing, prescription
2 τρέχω, *pres act ptc nom p m*, run
3 ἐπιστολή, letter
4 πρόσταγμα, ordinance, command
5 ἀνασῴζω, *perf pas ptc acc p m*, rescue, deliver
6 καταλείπω, *aor pas ptc acc p m*, leave behind, remain
7 ἀφίστημι, *aor act ind 3p*, draw away, depart
8 ἐρήμωσις, destruction, desolation
9 σκληρύνω, *aor act sub 2p*, harden
10 τράχηλος, neck
11 ἁγίασμα, sanctuary
12 ἁγιάζω, *aor act ind 3s*, sanctify, consecrate
13 δουλεύω, *aor act impv 2p*, serve
14 ἀποστρέφω, *fut act ind 3s*, remove, turn away
15 θυμός, anger, rage
16 οἰκτιρμός, pity, concern
17 ἔναντι, before
18 αἰχμαλωτίζω, *aor act ptc gen p m*, take captive
19 ἀποστρέφω, *fut act ind 3s*, return, bring back
20 ἐλεήμων, merciful
21 οἰκτίρμων, compassionate
22 ἀποστρέφω, *fut act ind 3s*, turn back, turn from
23 τρέχω, *pres act ptc nom p m*, run
24 διαπορεύομαι, *pres mid ptc nom p m*, pass through
25 καταγελάω, *pres act ptc nom p m*, ridicule, laugh at
26 καταμωκάομαι, *pres mid ptc nom p m*, mock, scorn
27 ἐντρέπω, *aor pas ind 3p*, shame
28 πρόσταγμα, ordinance, command
29 ἑορτή, feast, festival
30 ἄζυμος, unleavened
31 μήν, month
32 σφόδρα, exceedingly, very

ἀνέστησαν καὶ καθεῖλαν[1] τὰ θυσιαστήρια[2] τὰ ἐν Ιερουσαλημ· καὶ πάντα, ἐν οἷς
ἐθυμίωσαν[3] τοῖς ψευδέσιν,[4] κατέσπασαν[5] καὶ ἔρριψαν[6] εἰς τὸν χειμάρρουν[7] Κεδρων.
15 καὶ ἔθυσαν[8] τὸ φασεκ[9] τῇ τεσσαρεσκαιδεκάτῃ[10] τοῦ μηνὸς[11] τοῦ δευτέρου· καὶ
οἱ ἱερεῖς καὶ οἱ Λευῖται ἐνετράπησαν[12] καὶ ἡγνίσθησαν[13] καὶ εἰσήνεγκαν[14] ὁλοκαυ-
τώματα[15] εἰς οἶκον κυρίου. **16** καὶ ἔστησαν ἐπὶ τὴν στάσιν[16] αὐτῶν κατὰ τὸ κρίμα[17]
αὐτῶν κατὰ τὴν ἐντολὴν Μωυσῆ ἀνθρώπου τοῦ θεοῦ, καὶ οἱ ἱερεῖς ἐδέχοντο[18] τὰ
αἵματα ἐκ χειρὸς τῶν Λευιτῶν. **17** ὅτι πλῆθος τῆς ἐκκλησίας οὐχ ἡγνίσθη,[19] καὶ οἱ
Λευῖται ἦσαν τοῦ θύειν[20] τὸ φασεκ[21] παντὶ τῷ μὴ δυναμένῳ ἁγνισθῆναι[22] τῷ κυρίῳ.
18 ὅτι τὸ πλεῖστον[23] τοῦ λαοῦ ἀπὸ Εφραιμ καὶ Μανασση καὶ Ισσαχαρ καὶ Ζαβουλων
οὐχ ἡγνίσθησαν,[24] ἀλλὰ ἔφαγον τὸ φασεκ[25] παρὰ τὴν γραφήν.[26] καὶ προσηύξατο
Εζεκιας περὶ αὐτῶν λέγων Κύριος ὁ ἀγαθὸς ἐξιλασάσθω[27] ὑπὲρ **19** πάσης καρδίας
κατευθυνούσης[28] ἐκζητῆσαι[29] κύριον τὸν θεὸν τῶν πατέρων αὐτῶν καὶ οὐ κατὰ
τὴν ἁγνείαν[30] τῶν ἁγίων. **20** καὶ ἐπήκουσεν[31] κύριος τῷ Εζεκια καὶ ἰάσατο[32] τὸν
λαόν. **21** καὶ ἐποίησαν οἱ υἱοὶ Ισραηλ οἱ εὑρεθέντες ἐν Ιερουσαλημ τὴν ἑορτὴν[33] τῶν
ἀζύμων[34] ἑπτὰ ἡμέρας ἐν εὐφροσύνῃ[35] μεγάλῃ καὶ καθυμνοῦντες[36] τῷ κυρίῳ ἡμέραν
καθ' ἡμέραν καὶ οἱ ἱερεῖς καὶ οἱ Λευῖται ἐν ὀργάνοις[37] τῷ κυρίῳ. **22** καὶ ἐλάλησεν
Εζεκιας ἐπὶ πᾶσαν καρδίαν τῶν Λευιτῶν καὶ τῶν συνιόντων[38] σύνεσιν[39] ἀγαθὴν τῷ
κυρίῳ· καὶ συνετέλεσαν[40] τὴν ἑορτὴν[41] τῶν ἀζύμων[42] ἑπτὰ ἡμέρας θύοντες[43] θυσίας[44]
σωτηρίου[45] καὶ ἐξομολογούμενοι[46] τῷ κυρίῳ θεῷ τῶν πατέρων αὐτῶν.

1 καθαιρέω, *aor act ind 3p*, take down, destroy
2 θυσιαστήριον, altar
3 θυμιάω, *aor act ind 3p*, burn incense
4 ψευδής, false
5 κατασπάω, *aor act ind 3p*, pull down, tear down
6 ῥίπτω, *aor act ind 3p*, throw, cast
7 χείμαρρος, brook
8 θύω, *aor act ind 3p*, sacrifice
9 φασεκ, Passover (lamb), *translit.*
10 τεσσαρεσκαιδέκατος, fourteenth
11 μήν, month
12 ἐντρέπω, *aor pas ind 3p*, be ashamed, feel misgiving
13 ἁγνίζω, *aor pas ind 3p*, cleanse, purify
14 εἰσφέρω, *aor act ind 3p*, bring in
15 ὁλοκαύτωμα, whole burnt offering
16 στάσις, station, (post)
17 κρίμα, decree, judgment
18 δέχομαι, *impf mid ind 3p*, receive
19 ἁγνίζω, *aor pas ind 3s*, cleanse, purify
20 θύω, *pres act inf*, sacrifice
21 φασεκ, Passover (lamb), *translit.*
22 ἁγνίζω, *aor pas inf*, cleanse, purify
23 πλεῖστος, *sup of* πολύς, most
24 ἁγνίζω, *aor pas ind 3p*, cleanse, purify
25 φασεκ, Passover, *translit.*
26 γραφή, writing, prescription
27 ἐξιλάσκομαι, *aor mid impv 3s*, propitiate, make atonement
28 κατευθύνω, *pres act ptc gen s f*, guide, direct
29 ἐκζητέω, *aor act inf*, seek, search for
30 ἁγνεία, purity
31 ἐπακούω, *aor act ind 3s*, hear, listen to
32 ἰάομαι, *aor mid ind 3s*, heal, restore
33 ἑορτή, feast, festival
34 ἄζυμος, unleavened
35 εὐφροσύνη, gladness, joy
36 καθυμνέω, *pres act ptc nom p m*, sing constantly
37 ὄργανον, instrument
38 συνίημι, *pres act ptc gen p m*, understand
39 σύνεσις, understanding, intelligence
40 συντελέω, *aor act ind 3p*, finish, complete
41 ἑορτή, feast, festival
42 ἄζυμος, unleavened
43 θύω, *pres act ptc nom p m*, sacrifice
44 θυσία, sacrifice
45 σωτήριον, deliverance, peace
46 ἐξομολογέομαι, *pres mid ptc nom p m*, acknowledge, confess

23 καὶ ἐβουλεύσατο[1] ἡ ἐκκλησία ἅμα[2] ποιῆσαι ἑπτὰ ἡμέρας ἄλλας· καὶ ἐποίησαν
ἑπτὰ ἡμέρας ἐν εὐφροσύνῃ.[3] **24** ὅτι Εζεκιας ἀπήρξατο[4] τῷ Ιουδα τῇ ἐκκλησίᾳ μό-
σχους[5] χιλίους[6] καὶ ἑπτακισχίλια[7] πρόβατα, καὶ οἱ ἄρχοντες ἀπήρξαντο[8] τῷ λαῷ
μόσχους χιλίους καὶ πρόβατα δέκα[9] χιλιάδας,[10] καὶ τὰ ἅγια τῶν ἱερέων εἰς πλῆθος.
25 καὶ ηὐφράνθη[11] πᾶσα ἡ ἐκκλησία, οἱ ἱερεῖς καὶ οἱ Λευῖται καὶ πᾶσα ἡ ἐκκλησία
Ιουδα καὶ οἱ εὑρεθέντες ἐξ Ισραηλ καὶ οἱ προσήλυτοι[12] οἱ ἐλθόντες ἀπὸ γῆς Ισραηλ
καὶ οἱ κατοικοῦντες ἐν Ιουδα. **26** καὶ ἐγένετο εὐφροσύνη[13] μεγάλη ἐν Ιερουσαλημ·
ἀπὸ ἡμερῶν Σαλωμων υἱοῦ Δαυιδ βασιλέως Ισραηλ οὐκ ἐγένετο τοιαύτη[14] ἑορτὴ[15]
ἐν Ιερουσαλημ. **27** καὶ ἀνέστησαν οἱ ἱερεῖς οἱ Λευῖται καὶ ηὐλόγησαν τὸν λαόν· καὶ
ἐπηκούσθη[16] ἡ φωνὴ αὐτῶν, καὶ ἦλθεν ἡ προσευχὴ αὐτῶν εἰς τὸ κατοικητήριον[17]
τὸ ἅγιον αὐτοῦ εἰς τὸν οὐρανόν.

Idols Destroyed

31 Καὶ ὡς συνετελέσθη[18] πάντα ταῦτα, ἐξῆλθεν πᾶς Ισραηλ οἱ εὑρεθέντες ἐν
πόλεσιν Ιουδα καὶ συνέτριψαν[19] τὰς στήλας[20] καὶ ἐξέκοψαν[21] τὰ ἄλση[22] καὶ
κατέσπασαν[23] τὰ ὑψηλὰ[24] καὶ τοὺς βωμοὺς[25] ἀπὸ πάσης τῆς Ιουδαίας καὶ Βενιαμιν
καὶ ἐξ Εφραιμ καὶ ἀπὸ Μανασση ἕως εἰς τέλος, καὶ ἐπέστρεψαν πᾶς Ισραηλ ἕκαστος
εἰς τὴν κληρονομίαν[26] αὐτοῦ καὶ εἰς τὰς πόλεις αὐτῶν.

2 καὶ ἔταξεν[27] Εζεκιας τὰς ἐφημερίας[28] τῶν ἱερέων καὶ τῶν Λευιτῶν καὶ τὰς ἐφημερίας
ἑκάστου κατὰ τὴν ἑαυτοῦ λειτουργίαν[29] τοῖς ἱερεῦσιν καὶ τοῖς Λευίταις εἰς τὴν
ὁλοκαύτωσιν[30] καὶ εἰς τὴν θυσίαν[31] τοῦ σωτηρίου[32] καὶ αἰνεῖν[33] καὶ ἐξομολογεῖσθαι[34]
καὶ λειτουργεῖν[35] ἐν ταῖς πύλαις[36] ἐν ταῖς αὐλαῖς[37] οἴκου κυρίου.

1 βουλεύω, *aor mid ind 3s*, determine, resolve
2 ἅμα, at once, together
3 εὐφροσύνη, gladness, joy
4 ἀπάρχομαι, *aor mid ind 3s*, offer the firstfruits
5 μόσχος, calf
6 χίλιοι, one thousand
7 ἑπτακισχίλιοι, seven thousand
8 ἀπάρχομαι, *aor mid ind 3p*, offer the firstfruits
9 δέκα, ten
10 χιλιάς, thousand
11 εὐφραίνω, *aor pas ind 3s*, be glad, rejoice
12 προσήλυτος, immigrant, guest
13 εὐφροσύνη, gladness, joy
14 τοιοῦτος, such as this
15 ἑορτή, feast, festival
16 ἐπακούω, *aor pas ind 3s*, hear
17 κατοικητήριον, dwelling place, abode
18 συντελέω, *aor pas ind 3s*, finish, complete
19 συντρίβω, *aor act ind 3p*, break in pieces
20 στήλη, pillar
21 ἐκκόπτω, *aor act ind 3p*, cut down
22 ἄλσος, grove
23 κατασπάω, *aor act ind 3p*, pull down, destroy
24 ὑψηλός, high place
25 βωμός, (illegitimate) altar
26 κληρονομία, inheritance
27 τάσσω, *aor act ind 3s*, appoint
28 ἐφημερία, division
29 λειτουργία, service, ministry
30 ὁλοκαύτωσις, whole burnt offering
31 θυσία, sacrifice
32 σωτήριον, deliverance, peace
33 αἰνέω, *pres act inf*, praise
34 ἐξομολογέομαι, *pres mid inf*, acknowledge, confess
35 λειτουργέω, *pres act inf*, minister, serve
36 πύλη, gate
37 αὐλή, court

Further Reforms

3 καὶ μερὶς[1] τοῦ βασιλέως ἐκ τῶν ὑπαρχόντων αὐτοῦ εἰς τὰς ὁλοκαυτώσεις[2] τὴν
πρωινὴν[3] καὶ τὴν δειλινὴν[4] καὶ ὁλοκαυτώσεις εἰς σάββατα καὶ εἰς τὰς νουμηνίας[5]
καὶ εἰς τὰς ἑορτὰς [6] τὰς γεγραμμένας ἐν τῷ νόμῳ κυρίου. **4** καὶ εἶπεν τῷ λαῷ τοῖς
κατοικοῦσιν ἐν Ιερουσαλημ δοῦναι τὴν μερίδα[7] τῶν ἱερέων καὶ τῶν Λευιτῶν, ὅπως
κατισχύσωσιν[8] ἐν τῇ λειτουργίᾳ[9] οἴκου κυρίου. **5** καὶ ὡς προσέταξεν[10] τὸν λόγον,
ἐπλεόνασαν[11] οἱ υἱοὶ Ισραηλ ἀπαρχὴν[12] σίτου[13] καὶ οἴνου καὶ ἐλαίου[14] καὶ μέλιτος[15]
καὶ πᾶν γένημα[16] ἀγροῦ, καὶ ἐπιδέκατα[17] πάντα εἰς πλῆθος ἤνεγκαν **6** οἱ υἱοὶ Ισραηλ
καὶ Ιουδα. καὶ οἱ κατοικοῦντες ἐν ταῖς πόλεσιν Ιουδα καὶ αὐτοὶ ἤνεγκαν ἐπιδέκατα[18]
μόσχων[19] καὶ προβάτων καὶ ἐπιδέκατα αἰγῶν[20] καὶ ἡγίασαν[21] τῷ κυρίῳ θεῷ αὐτῶν
καὶ εἰσήνεγκαν[22] καὶ ἔθηκαν σωροὺς[23] σωρούς· **7** ἐν τῷ μηνὶ[24] τῷ τρίτῳ ἤρξαντο
οἱ σωροὶ[25] θεμελιοῦσθαι[26] καὶ ἐν τῷ ἑβδόμῳ[27] μηνὶ συνετελέσθησαν.[28] **8** καὶ ἦλθεν
Εζεκιας καὶ οἱ ἄρχοντες καὶ εἶδον τοὺς σωροὺς[29] καὶ ηὐλόγησαν τὸν κύριον καὶ τὸν
λαὸν αὐτοῦ Ισραηλ. **9** καὶ ἐπυνθάνετο[30] Εζεκιας τῶν ἱερέων καὶ τῶν Λευιτῶν ὑπὲρ
τῶν σωρῶν,[31] **10** καὶ εἶπεν πρὸς αὐτὸν Αζαριας ὁ ἱερεὺς ὁ ἄρχων εἰς οἶκον Σαδωκ καὶ
εἶπεν Ἐξ οὗ ἦρκται[32] ἡ ἀπαρχὴ[33] φέρεσθαι εἰς οἶκον κυρίου, ἐφάγομεν καὶ ἐπίομεν
καὶ κατελίπομεν·[34] ὅτι κύριος ηὐλόγησεν τὸν λαὸν αὐτοῦ, καὶ κατελίπομεν ἔτι τὸ
πλῆθος τοῦτο.

Priests and Levites Reorganized

11 καὶ εἶπεν Εζεκιας ἑτοιμάσαι παστοφόρια[35] εἰς οἶκον κυρίου, καὶ ἡτοίμασαν.
12 καὶ εἰσήνεγκαν[36] ἐκεῖ τὰς ἀπαρχὰς[37] καὶ τὰ ἐπιδέκατα[38] ἐν πίστει, καὶ ἐπ᾽ αὐτῶν

1 μερίς, portion
2 ὁλοκαύτωσις, whole burnt offering
3 πρωϊνός, in the morning
4 δειλινός, in the evening
5 νουμηνία, new moon
6 ἑορτή, feast, festival
7 μερίς, portion
8 κατισχύω, *aor act sub 3p*, become strong
9 λειτουργία, ministry, service
10 προστάσσω, *aor act ind 3s*, command, order
11 πλεονάζω, *aor act ind 3p*, make abundant
12 ἀπαρχή, firstfruits
13 σῖτος, grain
14 ἔλαιον, oil
15 μέλι, honey
16 γένημα, yield, produce
17 ἐπιδέκατον, tithe
18 ἐπιδέκατον, tithe
19 μόσχος, calf
20 αἴξ, goat
21 ἁγιάζω, *aor act ind 3p*, sanctify, consecrate
22 εἰσφέρω, *aor act ind 3p*, bring in, carry in
23 σωρός, heap, pile
24 μήν, month
25 σωρός, heap, pile
26 θεμελιόω, *pres mid inf*, form, found
27 ἕβδομος, seventh
28 συντελέω, *aor pas ind 3p*, finish, complete
29 σωρός, heap, pile
30 πυνθάνομαι, *impf mid ind 3s*, question, ask
31 σωρός, heap, pile
32 ἄρχομαι, *perf mid ind 3s*, begin
33 ἀπαρχή, firstfruits
34 καταλείπω, *aor act ind 1p*, have left over
35 παστοφόριον, chamber
36 εἰσφέρω, *aor act ind 3p*, bring in, carry in
37 ἀπαρχή, firstfruits
38 ἐπιδέκατον, tithe

ἐπιστάτης[1] Χωνενιας ὁ Λευίτης, καὶ Σεμεϊ ὁ ἀδελφὸς αὐτοῦ διαδεχόμενος,[2] **13** καὶ
Ιιηλ καὶ Οζαζιας καὶ Ναεθ καὶ Ασαηλ καὶ Ιεριμωθ καὶ Ιωζαβαθ καὶ Ελιηλ καὶ Σαμαχια
καὶ Μααθ καὶ Βαναιας καὶ οἱ υἱοὶ αὐτοῦ καθεσταμένοι[3] διὰ Χωνενιου καὶ Σεμεϊ τοῦ
ἀδελφοῦ αὐτοῦ, καθὼς προσέταξεν[4] ὁ βασιλεὺς Εζεκιας καὶ Αζαριας ὁ ἡγούμενος[5]
οἴκου κυρίου. **14** καὶ Κωρη ὁ τοῦ Ιεμνα ὁ Λευίτης ὁ πυλωρὸς[6] κατὰ ἀνατολὰς[7] ἐπὶ
τῶν δομάτων[8] δοῦναι τὰς ἀπαρχὰς[9] κυρίῳ καὶ τὰ ἅγια τῶν ἁγίων **15** διὰ χειρὸς Οδομ
καὶ Βενιαμιν καὶ Ἰησοῦς καὶ Σεμεϊ καὶ Αμαριας καὶ Σεχονιας διὰ χειρὸς τῶν ἱερέων
ἐν πίστει δοῦναι τοῖς ἀδελφοῖς αὐτῶν κατὰ τὰς ἐφημερίας[10] κατὰ τὸν μέγαν καὶ τὸν
μικρὸν **16** ἐκτὸς[11] τῆς ἐπιγονῆς[12] τῶν ἀρσενικῶν[13] ἀπὸ τριετοῦς[14] καὶ ἐπάνω[15] παντὶ
τῷ εἰσπορευομένῳ[16] εἰς οἶκον κυρίου εἰς λόγον ἡμερῶν εἰς ἡμέραν εἰς λειτουργίαν[17]
ἐφημερίαις[18] διατάξεως[19] αὐτῶν. **17** οὗτος ὁ καταλοχισμὸς[20] τῶν ἱερέων κατ᾽ οἴκους
πατριῶν,[21] καὶ οἱ Λευῖται ἐν ταῖς ἐφημερίαις[22] αὐτῶν ἀπὸ εἰκοσαετοῦς[23] καὶ ἐπάνω[24]
ἐν διατάξει[25] **18** ἐν καταλοχίαις[26] ἐν πάσῃ ἐπιγονῇ[27] υἱῶν αὐτῶν καὶ θυγατέρων[28]
αὐτῶν εἰς πᾶν τὸ πλῆθος, ὅτι ἐν πίστει[29] ἥγνισαν[30] τὸ ἅγιον **19** τοῖς υἱοῖς Ααρων
τοῖς ἱερατεύουσιν,[31] καὶ οἱ ἀπὸ τῶν πόλεων αὐτῶν ἐν πάσῃ πόλει καὶ πόλει ἄνδρες,
οἳ ὠνομάσθησαν[32] ἐν ὀνόματι, δοῦναι μερίδα[33] παντὶ ἀρσενικῷ[34] ἐν τοῖς ἱερεῦσιν
καὶ παντὶ καταριθμουμένῳ[35] ἐν τοῖς Λευίταις.

20 καὶ ἐποίησεν οὕτως Εζεκιας ἐν παντὶ Ιουδα καὶ ἐποίησεν τὸ καλὸν καὶ τὸ εὐθὲς[36]
ἐναντίον[37] τοῦ κυρίου θεοῦ αὐτοῦ. **21** καὶ ἐν παντὶ ἔργῳ, ἐν ᾧ ἤρξατο ἐν ἐργασίᾳ[38]
ἐν οἴκῳ κυρίου, καὶ ἐν τῷ νόμῳ καὶ ἐν τοῖς προστάγμασιν[39] ἐξεζήτησεν[40] τὸν θεὸν
αὐτοῦ ἐξ ὅλης ψυχῆς αὐτοῦ καὶ ἐποίησεν καὶ εὐοδώθη.[41]

1 ἐπιστάτης, overseer, supervisor
2 διαδέχομαι, *pres mid ptc nom s m*, be next in rank
3 καθίστημι, *perf pas ptc nom p m*, appoint
4 προστάσσω, *aor act ind 3s*, command, order
5 ἡγέομαι, *pres mid ptc nom s m*, lead
6 πυλωρός, gatekeeper
7 ἀνατολή, east
8 δόμα, gift
9 ἀπαρχή, firstfruits
10 ἐφημερία, division
11 ἐκτός, beside, apart from
12 ἐπιγονή, descendants, offspring
13 ἀρσενικός, male
14 τριετής, three years (old)
15 ἐπάνω, above
16 εἰσπορεύομαι, *pres mid ptc dat s m*, go into, enter
17 λειτουργία, ministry, service
18 ἐφημερία, division
19 διάταξις, arrangement, plan
20 καταλοχισμός, register
21 πατριά, paternal lineage, house
22 ἐφημερία, division
23 εἰκοσαετής, twenty years (old)
24 ἐπάνω, above
25 διάταξις, arrangement, plan
26 καταλοχία, enrollment, register
27 ἐπιγονή, (group of) descendants
28 θυγάτηρ, daughter
29 πίστις, faith
30 ἁγνίζω, *aor act ind 3p*, cleanse, purify
31 ἱερατεύω, *pres act ptc dat p m*, serve as priest
32 ὀνομάζω, *aor pas ind 3p*, name, identify
33 μερίς, portion
34 ἀρσενικός, male
35 καταριθμέω, *pres pas ptc dat s m*, count, number among
36 εὐθής, (that which is) right
37 ἐναντίον, before
38 ἐργασία, work
39 πρόσταγμα, command, ordinance
40 ἐκζητέω, *aor act ind 3s*, seek, search out
41 εὐοδόω, *aor pas ind 3s*, prosper, succeed

Sennacherib Invades Judah

32 Καὶ μετὰ τοὺς λόγους τούτους καὶ τὴν ἀλήθειαν ταύτην ἦλθεν Σενναχηριμ
βασιλεὺς Ἀσσυρίων καὶ ἦλθεν ἐπὶ Ιουδαν καὶ παρενέβαλεν[1] ἐπὶ τὰς πόλεις τὰς
τειχήρεις[2] καὶ εἶπεν προκαταλαβέσθαι[3] αὐτάς. **2** καὶ εἶδεν Εζεκιας ὅτι ἥκει[4] Σεννα-
χηριμ καὶ τὸ πρόσωπον αὐτοῦ τοῦ πολεμῆσαι ἐπὶ Ιερουσαλημ, **3** καὶ ἐβουλεύσατο[5]
μετὰ τῶν πρεσβυτέρων αὐτοῦ καὶ τῶν δυνατῶν ἐμφράξαι[6] τὰ ὕδατα τῶν πηγῶν,[7]
ἃ ἦν ἔξω τῆς πόλεως, καὶ συνεπίσχυσαν[8] αὐτῷ. **4** καὶ συνήγαγεν λαὸν πολὺν καὶ
ἐνέφραξεν[9] τὰ ὕδατα τῶν πηγῶν[10] καὶ τὸν ποταμὸν[11] τὸν διορίζοντα[12] διὰ τῆς
πόλεως λέγων Μὴ ἔλθῃ βασιλεὺς Ασσουρ καὶ εὕρῃ ὕδωρ πολὺ καὶ κατισχύσῃ.[13]
5 καὶ κατίσχυσεν[14] Εζεκιας καὶ ᾠκοδόμησεν πᾶν τὸ τεῖχος[15] τὸ κατεσκαμμένον[16]
καὶ πύργους[17] καὶ ἔξω προτείχισμα[18] ἄλλο καὶ κατίσχυσεν[19] τὸ ἀνάλημμα[20] πόλεως
Δαυιδ καὶ κατεσκεύασεν[21] ὅπλα[22] πολλά. **6** καὶ ἔθετο ἄρχοντας τοῦ πολέμου ἐπὶ τὸν
λαόν, καὶ συνήχθησαν πρὸς αὐτὸν εἰς τὴν πλατεῖαν[23] τῆς πύλης[24] τῆς φάραγγος,[25]
καὶ ἐλάλησεν ἐπὶ καρδίαν αὐτῶν λέγων **7** Ἰσχύσατε[26] καὶ ἀνδρίζεσθε,[27] μὴ πτοηθῆτε[28]
ἀπὸ προσώπου βασιλέως Ασσουρ καὶ ἀπὸ προσώπου παντὸς τοῦ ἔθνους τοῦ μετ᾽
αὐτοῦ, ὅτι μεθ᾽ ἡμῶν πλείονες[29] ἢ μετ᾽ αὐτοῦ· **8** μετ᾽ αὐτοῦ βραχίονες[30] σάρκινοι,[31]
μεθ᾽ ἡμῶν δὲ κύριος ὁ θεὸς ἡμῶν τοῦ σῴζειν καὶ τοῦ πολεμεῖν τὸν πόλεμον ἡμῶν.
καὶ κατεθάρσησεν[32] ὁ λαὸς ἐπὶ τοῖς λόγοις Εζεκιου βασιλέως Ιουδα.

9 καὶ μετὰ ταῦτα ἀπέστειλεν Σενναχηριμ βασιλεὺς Ἀσσυρίων τοὺς παῖδας[33] αὐτοῦ
ἐπὶ Ιερουσαλημ, καὶ αὐτὸς ἐπὶ Λαχις καὶ πᾶσα ἡ στρατιὰ[34] μετ᾽ αὐτοῦ, καὶ ἀπέστειλεν
πρὸς Εζεκιαν βασιλέα Ιουδα καὶ πρὸς πάντα Ιουδαν τὸν ἐν Ιερουσαλημ λέγων
10 Οὕτως λέγει Σενναχηριμ ὁ βασιλεὺς Ἀσσυρίων Ἐπὶ τίνι ὑμεῖς πεποίθατε καὶ

1 παρεμβάλλω, *aor act ind 3s*, encamp
2 τειχήρης, fortified, walled
3 προκαταλαμβάνω, *aor mid inf*, overtake, occupy first
4 ἥκω, *pres act ind 3s*, have come
5 βουλεύω, *aor mid ind 3s*, take counsel
6 ἐμφράσσω, *aor act inf*, stop up, block
7 πηγή, fountain, spring, flow
8 συνεπισχύω, *aor act ind 3p*, join in helping
9 ἐμφράσσω, *aor act ind 3s*, stop up, block
10 πηγή, fountain, spring, flow
11 ποταμός, river, stream
12 διορίζω, *pres act ptc acc s m*, draw a boundary
13 κατισχύω, *aor act sub 3s*, come to full strength, revive
14 κατισχύω, *aor act ind 3s*, prevail, be dominant
15 τεῖχος, wall
16 κατασκάπτω, *perf pas ptc acc s n*, demolish, raze
17 πύργος, tower
18 προτείχισμα, outer wall
19 κατισχύω, *aor act ind 3s*, strengthen
20 ἀνάλημμα, retaining wall, embankment
21 κατασκευάζω, *aor act ind 3s*, make ready, prepare
22 ὅπλον, weapon
23 πλατύς, broad (street)
24 πύλη, gate
25 φάραγξ, ravine
26 ἰσχύω, *aor act impv 2p*, be strong
27 ἀνδρίζομαι, *pres mid impv 2p*, be courageous
28 πτοέω, *aor pas sub 2p*, frighten
29 πλείων/πλεῖον, *comp of* πολύς, more
30 βραχίων, arm
31 σάρκινος, of flesh
32 καταθαρσέω, *aor act ind 3s*, be encouraged
33 παῖς, servant
34 στρατιά, army, host

κάθησθε ἐν τῇ περιοχῇ[1] ἐν Ιερουσαλημ; **11** οὐχὶ Εζεκιας ἀπατᾷ[2] ὑμᾶς τοῦ παραδοῦναι
ὑμᾶς εἰς θάνατον καὶ εἰς λιμὸν[3] καὶ εἰς δίψαν[4] λέγων Κύριος ὁ θεὸς ἡμῶν σώσει
ἡμᾶς ἐκ χειρὸς βασιλέως Ασσουρ; **12** οὐχ οὗτός ἐστιν Εζεκιας, ὃς περιεῖλεν[5] τὰ
θυσιαστήρια[6] αὐτοῦ καὶ τὰ ὑψηλὰ[7] αὐτοῦ καὶ εἶπεν τῷ Ιουδα καὶ τοῖς κατοικοῦσιν
Ιερουσαλημ λέγων Κατέναντι[8] τοῦ θυσιαστηρίου[9] τούτου προσκυνήσετε καὶ ἐπ᾽
αὐτῷ θυμιάσετε.[10] **13** οὐ γνώσεσθε ὅ τι ἐποίησα ἐγὼ καὶ οἱ πατέρες μου πᾶσι τοῖς
λαοῖς τῶν χωρῶν;[11] μὴ δυνάμενοι ἠδύναντο θεοὶ τῶν ἐθνῶν πάσης τῆς γῆς σῶσαι
τὸν λαὸν αὐτῶν ἐκ χειρός μου; **14** τίς ἐν πᾶσι τοῖς θεοῖς τῶν ἐθνῶν τούτων, οὓς
ἐξωλέθρευσαν[12] οἱ πατέρες μου; μὴ ἠδύναντο σῶσαι τὸν λαὸν αὐτῶν ἐκ χειρός μου,
ὅτι δυνήσεται ὁ θεὸς ὑμῶν σῶσαι ὑμᾶς ἐκ χειρός μου; **15** νῦν μὴ ἀπατάτω[13] ὑμᾶς
Εζεκιας καὶ μὴ πεποιθέναι ὑμᾶς ποιείτω κατὰ ταῦτα, καὶ μὴ πιστεύετε αὐτῷ· ὅτι οὐ
μὴ δύνηται ὁ θεὸς παντὸς ἔθνους καὶ βασιλείας τοῦ σῶσαι τὸν λαὸν αὐτοῦ ἐκ χειρός
μου καὶ ἐκ χειρὸς πατέρων μου, ὅτι ὁ θεὸς ὑμῶν οὐ μὴ σώσει ὑμᾶς ἐκ χειρός μου.

16 καὶ ἔτι ἐλάλησαν οἱ παῖδες[14] αὐτοῦ ἐπὶ κύριον θεὸν καὶ ἐπὶ Εζεκιαν παῖδα αὐτοῦ.
17 καὶ βιβλίον ἔγραψεν ὀνειδίζειν[15] τὸν κύριον θεὸν Ισραηλ καὶ εἶπεν περὶ αὐτοῦ
λέγων Ὡς θεοὶ τῶν ἐθνῶν τῆς γῆς οὐκ ἐξείλαντο[16] τοὺς λαοὺς αὐτῶν ἐκ χειρός μου,
οὕτως οὐ μὴ ἐξέληται[17] ὁ θεὸς Εζεκιου λαὸν αὐτοῦ ἐκ χειρός μου. **18** καὶ ἐβόησεν[18]
φωνῇ μεγάλῃ Ιουδαϊστὶ[19] ἐπὶ λαὸν Ιερουσαλημ τὸν ἐπὶ τοῦ τείχους[20] τοῦ φοβῆσαι
αὐτοὺς καὶ κατασπάσαι,[21] ὅπως προκαταλάβωνται[22] τὴν πόλιν. **19** καὶ ἐλάλησεν ἐπὶ
θεὸν Ιερουσαλημ ὡς καὶ ἐπὶ θεοὺς λαῶν τῆς γῆς, ἔργα χειρῶν ἀνθρώπων.

Hezekiah's Prayer Answered

20 καὶ προσηύξατο Εζεκιας ὁ βασιλεὺς καὶ Ησαιας υἱὸς Αμως ὁ προφήτης περὶ
τούτων καὶ ἐβόησαν[23] εἰς τὸν οὐρανόν. **21** καὶ ἀπέστειλεν κύριος ἄγγελον, καὶ ἐξέ-
τριψεν[24] πᾶν δυνατὸν πολεμιστὴν[25] καὶ ἄρχοντα καὶ στρατηγὸν[26] ἐν τῇ παρεμβολῇ[27]
βασιλέως Ασσουρ, καὶ ἀπέστρεψεν[28] μετὰ αἰσχύνης[29] προσώπου εἰς τὴν γῆν

1 περιοχή, enclosing, siege
2 ἀπατάω, *pres act ind 3s*, cheat, deceive
3 λιμός, famine
4 δίψα, thirst
5 περιαιρέω, *aor act ind 3s*, remove, take away
6 θυσιαστήριον, altar
7 ὑψηλός, high place
8 κατέναντι, opposite, facing
9 θυσιαστήριον, altar
10 θυμιάω, *fut act ind 2p*, burn incense
11 χώρα, country
12 ἐξολεθρεύω, *aor act ind 3p*, utterly destroy
13 ἀπατάω, *pres act impv 3s*, cheat, deceive
14 παῖς, servant
15 ὀνειδίζω, *pres act inf*, reproach, insult
16 ἐξαιρέω, *aor mid ind 3p*, deliver, rescue
17 ἐξαιρέω, *aor mid sub 3s*, deliver, rescue
18 βοάω, *aor act ind 3s*, cry out
19 Ιουδαϊστί, in the language of the Jews
20 τεῖχος, wall
21 κατασπάω, *aor act inf*, pull down, destroy
22 προκαταλαμβάνω, *aor mid sub 3p*, overtake
23 βοάω, *aor act ind 3p*, cry out
24 ἐκτρίβω, *aor act ind 3s*, destroy
25 πολεμιστής, warrior
26 στρατηγός, general, commander
27 παρεμβολή, camp
28 ἀποστρέφω, *aor act ind 3s*, return
29 αἰσχύνη, disgrace, shame

αὐτοῦ. καὶ ἦλθεν εἰς οἶκον τοῦ θεοῦ αὐτοῦ, καὶ τῶν ἐξελθόντων ἐκ κοιλίας[1] αὐτοῦ κατέβαλον[2] αὐτὸν ἐν ῥομφαίᾳ.[3]

22 καὶ ἔσωσεν κύριος Εζεκιαν καὶ τοὺς κατοικοῦντας ἐν Ιερουσαλημ ἐκ χειρὸς
Σενναχηριμ βασιλέως Ασσουρ καὶ ἐκ χειρὸς πάντων καὶ κατέπαυσεν[4] αὐτοὺς
κυκλόθεν.[5] **23** καὶ πολλοὶ ἔφερον δῶρα[6] τῷ κυρίῳ εἰς Ιερουσαλημ καὶ δόματα[7]
τῷ Εζεκια βασιλεῖ Ιουδα, καὶ ὑπερήρθη[8] κατ᾽ ὀφθαλμοὺς πάντων τῶν ἐθνῶν μετὰ
ταῦτα.

Hezekiah Becomes Ill

24 Ἐν ταῖς ἡμέραις ἐκείναις ἠρρώστησεν[9] Εζεκιας ἕως θανάτου· καὶ προσηύξατο
πρὸς κύριον, καὶ ἐπήκουσεν[10] αὐτοῦ καὶ σημεῖον ἔδωκεν αὐτῷ. **25** καὶ οὐ κατὰ
τὸ ἀνταπόδομα,[11] ὃ ἔδωκεν αὐτῷ, ἀνταπέδωκεν[12] Εζεκιας, ἀλλὰ ὑψώθη[13] ἡ καρ-
δία αὐτοῦ· καὶ ἐγένετο ἐπ᾽ αὐτὸν ὀργὴ καὶ ἐπὶ Ιουδαν καὶ Ιερουσαλημ. **26** καὶ
ἐταπεινώθη[14] Εζεκιας ἀπὸ τοῦ ὕψους[15] τῆς καρδίας αὐτοῦ καὶ οἱ κατοικοῦντες
Ιερουσαλημ, καὶ οὐκ ἐπῆλθεν[16] ἐπ᾽ αὐτοὺς ὀργὴ κυρίου ἐν ταῖς ἡμέραις Εζεκιου.

Hezekiah's Achievements

27 καὶ ἐγένετο τῷ Εζεκια πλοῦτος[17] καὶ δόξα πολλὴ σφόδρα,[18] καὶ θησαυροὺς[19]
ἐποίησεν ἑαυτῷ ἀργυρίου[20] καὶ χρυσίου[21] καὶ τοῦ λίθου τοῦ τιμίου[22] καὶ εἰς τὰ ἀρώ-
ματα[23] καὶ ὁπλοθήκας[24] καὶ εἰς σκεύη[25] ἐπιθυμητά[26] **28** καὶ πόλεις εἰς τὰ γενήματα[27]
σίτου[28] καὶ ἐλαίου[29] καὶ οἴνου καὶ φάτνας[30] παντὸς κτήνους[31] καὶ μάνδρας[32] εἰς
τὰ ποίμνια[33] **29** καὶ πόλεις, ἃς ᾠκοδόμησεν αὐτῷ, καὶ ἀποσκευὴν[34] προβάτων καὶ
βοῶν[35] εἰς πλῆθος, ὅτι ἔδωκεν αὐτῷ κύριος ἀποσκευὴν πολλὴν σφόδρα.[36] **30** αὐτὸς

1 κοιλία, belly, abdomen
2 καταβάλλω, *aor act ind 3p*, cut down, strike down
3 ῥομφαία, sword
4 καταπαύω, *aor act ind 3s*, cause to rest
5 κυκλόθεν, all around
6 δῶρον, gift
7 δόμα, gift
8 ὑπεραίρω, *aor pas ind 3s*, exalt, raise up
9 ἀρρωστέω, *aor act ind 3s*, be sick
10 ἐπακούω, *aor act ind 3s*, listen
11 ἀνταπόδομα, repayment, reward
12 ἀνταποδίδωμι, *aor act ind 3s*, repay
13 ὑψόω, *aor pas ind 3s*, exalt, lift up
14 ταπεινόω, *aor pas ind 3s*, bring low, humble
15 ὕψος, height, exaltation
16 ἐπέρχομαι, *aor act ind 3s*, come upon, come against
17 πλοῦτος, wealth, riches
18 σφόδρα, exceedingly
19 θησαυρός, treasury
20 ἀργύριον, silver
21 χρυσίον, gold
22 τίμιος, costly, precious
23 ἄρωμα, spice
24 ὁπλοθήκη, armory
25 σκεῦος, item, equipment, thing
26 ἐπιθυμητός, desired, precious
27 γένημα, yield, produce
28 σῖτος, grain
29 ἔλαιον, oil
30 φάτνη, stall, manger
31 κτῆνος, animal, (*p*) herd
32 μάνδρα, enclosed space, fold
33 ποίμνιον, sheep
34 ἀποσκευή, goods, possessions
35 βοῦς, cow, (*p*) cattle
36 σφόδρα, exceedingly

Εζεκιας ἐνέφραξεν[1] τὴν ἔξοδον[2] τοῦ ὕδατος Γιων τὸ ἄνω[3] καὶ κατηύθυνεν[4] αὐτὰ
κάτω[5] πρὸς λίβα[6] τῆς πόλεως Δαυιδ· καὶ εὐοδώθη[7] Εζεκιας ἐν πᾶσι τοῖς ἔργοις αὐτοῦ.
31 καὶ οὕτως τοῖς πρεσβευταῖς[8] τῶν ἀρχόντων ἀπὸ Βαβυλῶνος τοῖς ἀποσταλεῖσιν
πρὸς αὐτὸν πυθέσθαι[9] παρ᾽ αὐτοῦ τὸ τέρας,[10] ὃ ἐγένετο ἐπὶ τῆς γῆς, καὶ ἐγκατέλιπεν[11]
αὐτὸν κύριος τοῦ πειράσαι[12] αὐτὸν εἰδέναι τὰ ἐν τῇ καρδίᾳ αὐτοῦ.

32 καὶ τὰ κατάλοιπα[13] τῶν λόγων Εζεκιου καὶ τὸ ἔλεος[14] αὐτοῦ, ἰδοὺ γέγραπται ἐν
τῇ προφητείᾳ[15] Ησαιου υἱοῦ Αμως τοῦ προφήτου καὶ ἐπὶ βιβλίου βασιλέων Ιουδα
καὶ Ισραηλ. **33** καὶ ἐκοιμήθη[16] Εζεκιας μετὰ τῶν πατέρων αὐτοῦ, καὶ ἔθαψαν[17] αὐτὸν
ἐν ἀναβάσει[18] τάφων[19] υἱῶν Δαυιδ, καὶ δόξαν καὶ τιμὴν[20] ἔδωκαν αὐτῷ ἐν τῷ θανάτῳ
αὐτοῦ πᾶς Ιουδα καὶ οἱ κατοικοῦντες ἐν Ιερουσαλημ· καὶ ἐβασίλευσεν[21] Μανασσης
υἱὸς αὐτοῦ ἀντ᾽[22] αὐτοῦ.

Manasseh Succeeds Hezekiah

33 Ὢν δέκα[23] δύο ἐτῶν Μανασσης ἐν τῷ βασιλεῦσαι[24] αὐτὸν καὶ πεντήκοντα[25]
πέντε ἔτη ἐβασίλευσεν[26] ἐν Ιερουσαλημ. **2** καὶ ἐποίησεν τὸ πονηρὸν ἐναντίον[27]
κυρίου ἀπὸ πάντων τῶν βδελυγμάτων[28] τῶν ἐθνῶν, οὓς ἐξωλέθρευσεν[29] κύριος
ἀπὸ προσώπου τῶν υἱῶν Ισραηλ. **3** καὶ ἐπέστρεψεν καὶ ᾠκοδόμησεν τὰ ὑψηλά,[30]
ἃ κατέσπασεν[31] Εζεκιας ὁ πατὴρ αὐτοῦ, καὶ ἔστησεν στήλας[32] ταῖς Βααλιμ
καὶ ἐποίησεν ἄλση[33] καὶ προσεκύνησεν πάσῃ τῇ στρατιᾷ[34] τοῦ οὐρανοῦ καὶ
ἐδούλευσεν[35] αὐτοῖς. **4** καὶ ᾠκοδόμησεν θυσιαστήρια[36] ἐν οἴκῳ κυρίου, οὗ εἶπεν
κύριος Ἐν Ιερουσαλημ ἔσται τὸ ὄνομά μου εἰς τὸν αἰῶνα. **5** καὶ ᾠκοδόμησεν
θυσιαστήρια[37] πάσῃ τῇ στρατιᾷ[38] τοῦ οὐρανοῦ ἐν ταῖς δυσὶν αὐλαῖς[39] οἴκου κυρίου.

1 ἐμφράσσω, *aor act ind 3s*, stop up, block
2 ἔξοδος, way out, exit
3 ἄνω, above
4 κατευθύνω, *aor act ind 3s*, direct
5 κάτω, down
6 λίψ, southwest
7 εὐοδόω, *aor pas ind 3s*, prosper, succeed
8 πρεσβευτής, ambassador
9 πυνθάνομαι, *aor mid inf*, request, ask
10 τέρας, portentous sign, wonder
11 ἐγκαταλείπω, *aor act ind 3s*, leave behind
12 πειράζω, *aor act inf*, test, examine
13 κατάλοιπος, rest, remainder
14 ἔλεος, mercy, compassion
15 προφητεία, prophecy
16 κοιμάω, *aor pas ind 3s*, sleep
17 θάπτω, *aor act ind 3p*, bury
18 ἀνάβασις, ascent
19 τάφος, grave, tomb
20 τιμή, honor
21 βασιλεύω, *aor act ind 3s*, reign as king
22 ἀντί, in place of
23 δέκα, ten
24 βασιλεύω, *aor act inf*, become king
25 πεντήκοντα, fifty
26 βασιλεύω, *aor act ind 3s*, reign as king
27 ἐναντίον, before
28 βδέλυγμα, abomination
29 ἐξολεθρεύω, *aor act ind 3s*, utterly destroy
30 ὑψηλός, high place
31 κατασπάω, *aor act ind 3s*, pull down, destroy
32 στήλη, pillar
33 ἄλσος, grove
34 στρατιά, host
35 δουλεύω, *aor act ind 3s*, serve
36 θυσιαστήριον, altar
37 θυσιαστήριον, altar
38 στρατιά, host
39 αὐλή, court

6 καὶ αὐτὸς διήγαγεν[1] τὰ τέκνα αὐτοῦ ἐν πυρὶ ἐν Γαι-βαναι-εννομ καὶ ἐκληδονίζετο[2] καὶ οἰωνίζετο[3] καὶ ἐφαρμακεύετο[4] καὶ ἐποίησεν ἐγγαστριμύθους[5] καὶ ἐπαοιδούς·[6] ἐπλήθυνεν[7] τοῦ ποιῆσαι τὸ πονηρὸν ἐναντίον κυρίου τοῦ παροργίσαι[8] αὐτόν. **7** καὶ
ἔθηκεν τὸ γλυπτὸν[9] καὶ τὸ χωνευτόν,[10] εἰκόνα[11] ἣν ἐποίησεν, ἐν οἴκῳ θεοῦ, οὗ εἶπεν ὁ θεὸς πρὸς Δαυιδ καὶ πρὸς Σαλωμων υἱὸν αὐτοῦ Ἐν τῷ οἴκῳ τούτῳ καὶ Ιερουσαλημ, ἣν ἐξελεξάμην[12] ἐκ πασῶν φυλῶν Ισραηλ, θήσω τὸ ὄνομά μου εἰς τὸν αἰῶνα· **8** καὶ
οὐ προσθήσω[13] σαλεῦσαι[14] τὸν πόδα Ισραηλ ἀπὸ τῆς γῆς, ἧς ἔδωκα τοῖς πατράσιν αὐτῶν, πλὴν ἐὰν φυλάσσωνται τοῦ ποιῆσαι πάντα, ἃ ἐνετειλάμην[15] αὐτοῖς, κατὰ πάντα τὸν νόμον καὶ τὰ προστάγματα[16] καὶ τὰ κρίματα[17] ἐν χειρὶ Μωυσῆ. **9** καὶ
ἐπλάνησεν Μανασσης τὸν Ιουδαν καὶ τοὺς κατοικοῦντας ἐν Ιερουσαλημ τοῦ ποιῆσαι τὸ πονηρὸν ὑπὲρ πάντα τὰ ἔθνη, ἃ ἐξῆρεν[18] κύριος ἀπὸ προσώπου υἱῶν Ισραηλ.

Manasseh Rebuked for Idolatry

10 καὶ ἐλάλησεν κύριος ἐπὶ Μανασση καὶ ἐπὶ τὸν λαὸν αὐτοῦ, καὶ οὐκ ἐπήκουσαν.[19]
11 καὶ ἤγαγεν κύριος ἐπ᾽ αὐτοὺς τοὺς ἄρχοντας τῆς δυνάμεως βασιλέως Ασσουρ, καὶ κατέλαβον[20] τὸν Μανασση ἐν δεσμοῖς[21] καὶ ἔδησαν[22] αὐτὸν ἐν πέδαις[23] καὶ
ἤγαγον εἰς Βαβυλῶνα. **12** καὶ ὡς ἐθλίβη,[24] ἐζήτησεν τὸ πρόσωπον κυρίου τοῦ θεοῦ αὐτοῦ καὶ ἐταπεινώθη[25] σφόδρα[26] ἀπὸ προσώπου θεοῦ τῶν πατέρων αὐτοῦ· **13** καὶ
προσηύξατο πρὸς αὐτόν, καὶ ἐπήκουσεν[27] αὐτοῦ· καὶ ἐπήκουσεν[28] τῆς βοῆς[29] αὐτοῦ καὶ ἐπέστρεψεν αὐτὸν εἰς Ιερουσαλημ ἐπὶ τὴν βασιλείαν αὐτοῦ· καὶ ἔγνω Μανασσης ὅτι κύριος αὐτός ἐστιν ὁ θεός.

14 καὶ μετὰ ταῦτα ᾠκοδόμησεν τεῖχος[30] ἔξω τῆς πόλεως Δαυιδ ἀπὸ λιβὸς[31] κατὰ Γιων ἐν τῷ χειμάρρῳ[32] καὶ ἐκπορευομένων τὴν πύλην[33] τὴν κυκλόθεν[34] καὶ εἰς τὸ Οφλα

1 διάγω, *aor act ind 3s*, draw through, make pass through
2 κληδονίζω, *impf mid ind 3s*, be a diviner, give a sign
3 οἰωνίζομαι, *impf mid ind 3s*, divine omens from birds
4 φαρμακεύω, *impf mid ind 3s*, practice magic
5 ἐγγαστρίμυθος, delivering oracles by ventriloquism
6 ἐπαοιδός, enchanter, charmer
7 πληθύνω, *aor act ind 3s*, multiply, increase
8 παροργίζω, *aor act inf*, provoke to anger
9 γλυπτός, graven, carved
10 χωνευτός, cast (of metal)
11 εἰκών, image
12 ἐκλέγω, *aor mid ind 1s*, choose, select
13 προστίθημι, *fut act ind 1s*, continue
14 σαλεύω, *aor act inf*, disturb, make unstable
15 ἐντέλλομαι, *aor mid ind 1s*, command, order
16 πρόσταγμα, ordinance, command
17 κρίμα, decision, judgment
18 ἐξαίρω, *aor act ind 3s*, remove
19 ἐπακούω, *aor act ind 3p*, listen
20 καταλαμβάνω, *aor act ind 3p*, apprehend, detain
21 δεσμός, bonds, chains
22 δέω, *aor act ind 3p*, bind, restrain
23 πέδη, shackle
24 θλίβω, *aor pas ind 3s*, oppress, distress
25 ταπεινόω, *aor pas ind 3s*, bring low, humble
26 σφόδρα, exceedingly
27 ἐπακούω, *aor act ind 3s*, hear
28 ἐπακούω, *aor act ind 3s*, listen
29 βοή, cry
30 τεῖχος, wall
31 λίψ, southwest
32 χείμαρρος, brook
33 πύλη, gate
34 κυκλόθεν, around

καὶ ὕψωσεν[1] σφόδρα.[2] καὶ κατέστησεν[3] ἄρχοντας τῆς δυνάμεως ἐν πάσαις ταῖς
πόλεσιν ταῖς τειχήρεσιν[4] ἐν Ιουδα. **15** καὶ περιεῖλεν[5] τοὺς θεοὺς τοὺς ἀλλοτρίους[6]
καὶ τὸ γλυπτὸν[7] ἐξ οἴκου κυρίου καὶ πάντα τὰ θυσιαστήρια,[8] ἃ ᾠκοδόμησεν ἐν
ὄρει οἴκου κυρίου καὶ ἐν Ιερουσαλημ καὶ ἔξω τῆς πόλεως. **16** καὶ κατώρθωσεν[9] τὸ
θυσιαστήριον[10] κυρίου καὶ ἐθυσίασεν[11] ἐπ᾽ αὐτὸ θυσίαν[12] σωτηρίου[13] καὶ αἰνέσεως[14]
καὶ εἶπεν τῷ Ιουδα τοῦ δουλεύειν[15] κυρίῳ θεῷ Ισραηλ· **17** πλὴν ὁ λαὸς ἔτι ἐπὶ τῶν
ὑψηλῶν,[16] πλὴν κύριος ὁ θεὸς αὐτῶν.

Manasseh's Death

18 καὶ τὰ λοιπὰ τῶν λόγων Μανασση καὶ ἡ προσευχὴ αὐτοῦ ἡ πρὸς τὸν θεὸν καὶ
λόγοι τῶν ὁρώντων λαλούντων πρὸς αὐτὸν ἐπ᾽ ὀνόματι κυρίου θεοῦ Ισραηλ ἰδοὺ
ἐπὶ λόγων **19** προσευχῆς αὐτοῦ, καὶ ὡς ἐπήκουσεν[17] αὐτοῦ, καὶ πᾶσαι αἱ ἁμαρτίαι
αὐτοῦ καὶ αἱ ἀποστάσεις[18] αὐτοῦ καὶ οἱ τόποι, ἐφ᾽ οἷς ᾠκοδόμησεν τὰ ὑψηλὰ[19]
καὶ ἔστησεν ἐκεῖ ἄλση[20] καὶ γλυπτὰ[21] πρὸ τοῦ ἐπιστρέψαι, ἰδοὺ γέγραπται ἐπὶ τῶν
λόγων τῶν ὁρώντων. **20** καὶ ἐκοιμήθη[22] Μανασσης μετὰ τῶν πατέρων αὐτοῦ, καὶ
ἔθαψαν[23] αὐτὸν ἐν παραδείσῳ[24] οἴκου αὐτοῦ· καὶ ἐβασίλευσεν[25] ἀντ᾽[26] αὐτοῦ Αμων
υἱὸς αὐτοῦ.

Amon's Reign

21 Ὢν εἴκοσι[27] καὶ δύο ἐτῶν Αμων ἐν τῷ βασιλεύειν[28] αὐτὸν καὶ δύο ἔτη ἐβασίλευσεν[29]
ἐν Ιερουσαλημ. **22** καὶ ἐποίησεν τὸ πονηρὸν ἐνώπιον κυρίου, ὡς ἐποίησεν Μανασσης
ὁ πατὴρ αὐτοῦ, καὶ πᾶσιν τοῖς εἰδώλοις,[30] οἷς ἐποίησεν Μανασσης ὁ πατὴρ αὐτοῦ,
ἔθυεν[31] Αμων καὶ ἐδούλευσεν[32] αὐτοῖς. **23** καὶ οὐκ ἐταπεινώθη[33] ἐναντίον[34] κυρίου,
ὡς ἐταπεινώθη Μανασσης ὁ πατὴρ αὐτοῦ, ὅτι υἱὸς αὐτοῦ Αμων ἐπλήθυνεν[35]

1 ὑψόω, *aor act ind 3s*, raise up, make high
2 σφόδρα, exceedingly
3 καθίστημι, *aor act ind 3s*, appoint
4 τειχήρης, walled, fortified
5 περιαιρέω, *aor act ind 3s*, remove, take away
6 ἀλλότριος, foreign, (Philistine)
7 γλυπτός, graven, carved
8 θυσιαστήριον, altar
9 κατορθόω, *aor act ind 3s*, restore, repair
10 θυσιαστήριον, altar
11 θυσιάζω, *aor act ind 3s*, sacrifice
12 θυσία, sacrifice
13 σωτήριον, deliverance, peace
14 αἴνεσις, praise
15 δουλεύω, *pres act inf*, serve
16 ὑψηλός, high place
17 ἐπακούω, *aor act ind 3s*, listen
18 ἀπόστασις, rebellion, apostasy
19 ὑψηλός, high place
20 ἄλσος, grove
21 γλυπτός, graven, carved
22 κοιμάω, *aor pas ind 3s*, sleep
23 θάπτω, *aor act ind 3p*, bury
24 παράδεισος, garden, orchard
25 βασιλεύω, *aor act ind 3s*, reign as king
26 ἀντί, in place of
27 εἴκοσι, twenty
28 βασιλεύω, *pres act inf*, become king
29 βασιλεύω, *aor act ind 3s*, reign as king
30 εἴδωλον, idol, image
31 θύω, *impf act ind 3s*, sacrifice
32 δουλεύω, *aor act ind 3s*, serve
33 ταπεινόω, *aor pas ind 3s*, humble
34 ἐναντίον, before
35 πληθύνω, *aor act ind 3s*, increase, multiply

πλημμέλειαν.[1] **24** καὶ ἐπέθεντο[2] αὐτῷ οἱ παῖδες[3] αὐτοῦ καὶ ἐπάταξαν[4] αὐτὸν ἐν οἴκῳ
αὐτοῦ. **25** καὶ ἐπάταξεν[5] ὁ λαὸς τῆς γῆς τοὺς ἐπιθεμένους[6] ἐπὶ τὸν βασιλέα Αμων,
καὶ ἐβασίλευσεν[7] ὁ λαὸς τῆς γῆς τὸν Ιωσιαν υἱὸν αὐτοῦ ἀντ᾽[8] αὐτοῦ.

Josiah Succeeds Amon

34 Ὢν ὀκτὼ[9] ἐτῶν Ιωσιας ἐν τῷ βασιλεῦσαι[10] αὐτὸν καὶ τριάκοντα[11] ἓν ἔτος
ἐβασίλευσεν[12] ἐν Ιερουσαλημ. **2** καὶ ἐποίησεν τὸ εὐθὲς[13] ἐναντίον[14] κυ-
ρίου καὶ ἐπορεύθη ἐν ὁδοῖς Δαυιδ τοῦ πατρὸς αὐτοῦ καὶ οὐκ ἐξέκλινεν[15] δεξιὰ
καὶ ἀριστερά.[16] **3** καὶ ἐν τῷ ὀγδόῳ[17] ἔτει τῆς βασιλείας αὐτοῦ — καὶ αὐτὸς ἔτι
παιδάριον[18] — ἤρξατο τοῦ ζητῆσαι κύριον τὸν θεὸν Δαυιδ τοῦ πατρὸς αὐτοῦ. καὶ
ἐν τῷ δωδεκάτῳ[19] ἔτει τῆς βασιλείας αὐτοῦ ἤρξατο τοῦ καθαρίσαι τὸν Ιουδαν καὶ
τὴν Ιερουσαλημ ἀπὸ τῶν ὑψηλῶν[20] καὶ τῶν ἄλσεων[21] καὶ ἀπὸ τῶν χωνευτῶν[22] **4** καὶ
κατέσπασεν[23] κατὰ πρόσωπον αὐτοῦ τὰ θυσιαστήρια[24] τῶν Βααλιμ καὶ τὰ ὑψηλὰ[25]
τὰ ἐπ᾽ αὐτῶν καὶ ἔκοψεν[26] τὰ ἄλση[27] καὶ τὰ γλυπτὰ[28] καὶ τὰ χωνευτὰ[29] συνέτριψεν[30]
καὶ ἐλέπτυνεν[31] καὶ ἔρριψεν[32] ἐπὶ πρόσωπον τῶν μνημάτων[33] τῶν θυσιαζόντων[34]
αὐτοῖς **5** καὶ ὀστᾶ[35] ἱερέων κατέκαυσεν[36] ἐπὶ τὰ θυσιαστήρια[37] καὶ ἐκαθάρισεν τὸν
Ιουδαν καὶ τὴν Ιερουσαλημ. **6** καὶ ἐν πόλεσιν Εφραιμ καὶ Μανασση καὶ Συμεων
καὶ Νεφθαλι καὶ τοῖς τόποις αὐτῶν κύκλῳ[38] **7** καὶ κατέσπασεν[39] τὰ ἄλση[40] καὶ τὰ
θυσιαστήρια[41] καὶ τὰ εἴδωλα[42] κατέκοψεν[43] λεπτὰ[44] καὶ πάντα τὰ ὑψηλὰ[45] ἔκοψεν[46]
ἀπὸ πάσης τῆς γῆς Ισραηλ καὶ ἀπέστρεψεν[47] εἰς Ιερουσαλημ.

1 πλημμέλεια, sin, trespass
2 ἐπιτίθημι, *aor mid ind 3p*, conspire against
3 παῖς, servant
4 πατάσσω, *aor act ind 3p*, strike, slay
5 πατάσσω, *aor act ind 3s*, strike, slay
6 ἐπιτίθημι, *aor mid ptc acc p m*, conspire against
7 βασιλεύω, *aor act ind 3s*, make king
8 ἀντί, in place of
9 ὀκτώ, eight
10 βασιλεύω, *aor act inf*, become king
11 τριάκοντα, thirty
12 βασιλεύω, *aor act ind 3s*, reign as king
13 εὐθής, (that which is) right
14 ἐναντίον, before
15 ἐκκλίνω, *aor act ind 3s*, turn aside
16 ἀριστερός, left
17 ὄγδοος, eighth
18 παιδάριον, young boy, child
19 δωδέκατος, twelfth
20 ὑψηλός, high place
21 ἄλσος, grove
22 χωνευτός, cast, carved
23 κατασπάω, *aor act ind 3s*, pull down, destroy
24 θυσιαστήριον, altar
25 ὑψηλός, high place
26 κόπτω, *aor act ind 3s*, cut down
27 ἄλσος, grove
28 γλυπτός, graven, carved
29 χωνευτός, cast, carved
30 συντρίβω, *aor act ind 3s*, smash, crush
31 λεπτύνω, *aor act ind 3s*, grind to powder, break to pieces
32 ῥίπτω, *aor act ind 3s*, throw
33 μνῆμα, grave, tomb
34 θυσιάζω, *pres act ptc gen p m*, sacrifice
35 ὀστέον, bone
36 κατακαίω, *aor act ind 3s*, burn up
37 θυσιαστήριον, altar
38 κύκλῳ, round about
39 κατασπάω, *aor act ind 3s*, destroy, pull down
40 ἄλσος, grove
41 θυσιαστήριον, altar
42 εἴδωλον, idol, image
43 κατακόπτω, *aor act ind 3s*, cut up
44 λεπτός, small (piece)
45 ὑψηλός, high (place)
46 κόπτω, *aor act ind 3s*, cut down
47 ἀποστρέφω, *aor act ind 3s*, return

Josiah Repairs the Temple

8 Καὶ ἐν τῷ ὀκτωκαιδεκάτῳ[1] ἔτει τῆς βασιλείας αὐτοῦ τοῦ καθαρίσαι τὴν γῆν καὶ
τὸν οἶκον ἀπέστειλεν τὸν Σαφαν υἱὸν Εσελια καὶ τὸν Μαασιαν ἄρχοντα τῆς πόλεως
καὶ τὸν Ιουαχ υἱὸν Ιωαχαζ τὸν ὑπομνηματογράφον[2] αὐτοῦ κραταιῶσαι[3] τὸν οἶκον
κυρίου τοῦ θεοῦ αὐτοῦ. **9** καὶ ἦλθον πρὸς Χελκιαν τὸν ἱερέα τὸν μέγαν καὶ ἔδωκαν
τὸ ἀργύριον[4] τὸ εἰσενεχθὲν[5] εἰς οἶκον θεοῦ, ὃ συνήγαγον οἱ Λευῖται φυλάσσοντες
τὴν πύλην[6] ἐκ χειρὸς Μανασση καὶ Εφραιμ καὶ τῶν ἀρχόντων καὶ ἀπὸ παντὸς
καταλοίπου[7] ἐν Ισραηλ καὶ υἱῶν Ιουδα καὶ Βενιαμιν καὶ οἰκούντων[8] ἐν Ιερουσαλημ,
10 καὶ ἔδωκαν αὐτὸ ἐπὶ χεῖρα ποιούντων τὰ ἔργα οἱ καθεσταμένοι[9] ἐν οἴκῳ κυρίου καὶ
ἔδωκαν αὐτὸ ποιοῦσι τὰ ἔργα, οἳ ἐποίουν ἐν οἴκῳ κυρίου, ἐπισκευάσαι[10] κατισχῦσαι[11]
τὸν οἶκον· **11** καὶ ἔδωκαν τοῖς τέκτοσι[12] καὶ τοῖς οἰκοδόμοις[13] ἀγοράσαι[14] λίθους
τετραπέδους[15] καὶ ξύλα[16] εἰς δοκοὺς[17] στεγάσαι[18] τοὺς οἴκους, οὓς ἐξωλέθρευσαν[19]
βασιλεῖς Ιουδα· **12** καὶ οἱ ἄνδρες ἐν πίστει[20] ἐπὶ τῶν ἔργων, καὶ ἐπ᾽ αὐτῶν ἐπίσκοποι[21]
Ιεθ καὶ Αβδιας οἱ Λευῖται ἐξ υἱῶν Μεραρι καὶ Ζαχαριας καὶ Μοσολλαμ ἐκ τῶν υἱῶν
Κααθ ἐπισκοπεῖν[22] καὶ πᾶς Λευίτης πᾶς συνίων[23] ἐν ὀργάνοις[24] ᾠδῶν[25] **13** καὶ ἐπὶ
τῶν νωτοφόρων[26] καὶ ἐπὶ πάντων τῶν ποιούντων τὰ ἔργα ἐργασίᾳ[27] καὶ ἐργασίᾳ,
καὶ ἀπὸ τῶν Λευιτῶν γραμματεῖς[28] καὶ κριταὶ[29] καὶ πυλωροί.[30]

Discovery of the Book of the Law

14 καὶ ἐν τῷ ἐκφέρειν[31] αὐτοὺς τὸ ἀργύριον[32] τὸ εἰσοδιασθὲν[33] εἰς οἶκον κυρίου εὗρεν
Χελκιας ὁ ἱερεὺς βιβλίον νόμου κυρίου διὰ χειρὸς Μωυσῆ. **15** καὶ ἀπεκρίθη Χελκιας
καὶ εἶπεν πρὸς Σαφαν τὸν γραμματέα[34] Βιβλίον νόμου εὗρον ἐν οἴκῳ κυρίου· καὶ
ἔδωκεν Χελκιας τὸ βιβλίον τῷ Σαφαν. **16** καὶ εἰσήνεγκεν[35] Σαφαν τὸ βιβλίον πρὸς
τὸν βασιλέα καὶ ἀπέδωκεν ἔτι τῷ βασιλεῖ λόγον Πᾶν τὸ δοθὲν[36] ἀργύριον[37] ἐν

1 ὀκτακόσιοι, eight hundred
2 ὑπομνηματογράφος, recorder
3 κραταιόω, *aor act inf*, make strong, (repair)
4 ἀργύριον, silver, money
5 εἰσφέρω, *aor pas ptc acc s n*, bring in
6 πύλη, gate
7 κατάλοιπος, rest, remainder
8 οἰκέω, *pres act ptc gen p m*, live, dwell
9 καθίστημι, *perf pas ptc nom p m*, appoint
10 ἐπισκευάζω, *aor act inf*, repair
11 κατισχύω, *aor act inf*, make strong
12 τέκτων, craftsman, workman
13 οἰκοδόμος, builder
14 ἀγοράζω, *aor act inf*, buy
15 τετράπεδος, four-sided
16 ξύλον, timber, wood
17 δοκός, beam
18 στεγάζω, *aor act inf*, build a roof
19 ἐξολεθρεύω, *aor act ind 3p*, utterly destroy
20 πίστις, reliability, commitment
21 ἐπίσκοπος, supervisor, superintendent
22 ἐπισκοπέω, *pres act inf*, supervise, oversee
23 συνίημι, *pres act ptc nom s m*, be skilled
24 ὄργανον, instrument
25 ᾠδή, song
26 νωτοφόρος, burden-bearer
27 ἐργασία, function, task
28 γραμματεύς, scribe
29 κριτής, judge
30 πυλωρός, gatekeeper
31 ἐκφέρω, *pres act inf*, bring out
32 ἀργύριον, silver, money
33 εἰσοδιάζομαι, *aor pas ptc acc s n*, collect
34 γραμματεύς, scribe
35 εἰσφέρω, *aor act ind 3s*, bring in, carry in
36 δίδωμι, *aor pas ptc nom s n*, give
37 ἀργύριον, silver, money

χειρὶ τῶν παίδων[1] σου τῶν ποιούντων τὸ ἔργον, **17** καὶ ἐχώνευσαν[2] τὸ ἀργύριον[3] τὸ εὑρεθὲν ἐν οἴκῳ κυρίου καὶ ἔδωκαν ἐπὶ χεῖρα τῶν ἐπισκόπων[4] καὶ ἐπὶ χεῖρα τῶν ποιούντων ἐργασίαν.[5] **18** καὶ ἀπήγγειλεν Σαφαν ὁ γραμματεὺς[6] τῷ βασιλεῖ λέγων Βιβλίον ἔδωκέν μοι Χελκιας ὁ ἱερεύς· καὶ ἀνέγνω[7] αὐτὸ Σαφαν ἐναντίον[8] τοῦ βασιλέως.

19 καὶ ἐγένετο ὡς ἤκουσεν ὁ βασιλεὺς τοὺς λόγους τοῦ νόμου, καὶ διέρρηξεν[9] τὰ ἱμάτια αὐτοῦ. **20** καὶ ἐνετείλατο[10] ὁ βασιλεὺς τῷ Χελκια καὶ τῷ Αχικαμ υἱῷ Σαφαν καὶ τῷ Αβδων υἱῷ Μιχαια καὶ τῷ Σαφαν τῷ γραμματεῖ[11] καὶ τῷ Ασαια παιδὶ[12] τοῦ βασιλέως λέγων **21** Πορεύθητε ζητήσατε τὸν κύριον περὶ ἐμοῦ καὶ περὶ παντὸς τοῦ καταλειφθέντος[13] ἐν Ισραηλ καὶ Ιουδα περὶ τῶν λόγων τοῦ βιβλίου τοῦ εὑρεθέντος· ὅτι μέγας ὁ θυμὸς[14] κυρίου ἐκκέκαυται[15] ἐν ἡμῖν, διότι[16] οὐκ εἰσήκουσαν[17] οἱ πατέρες ἡμῶν τῶν λόγων κυρίου τοῦ ποιῆσαι κατὰ πάντα τὰ γεγραμμένα ἐν τῷ βιβλίῳ τούτῳ.

Huldah Consulted

22 καὶ ἐπορεύθη Χελκιας καὶ οἷς εἶπεν ὁ βασιλεὺς πρὸς Ολδαν τὴν προφῆτιν[18] γυναῖκα Σελλημ υἱοῦ Θακουαθ υἱοῦ Χελλης φυλάσσουσαν τὰς στολάς[19] — καὶ αὕτη κατῴκει ἐν Ιερουσαλημ ἐν μασανα[20] — καὶ ἐλάλησαν αὐτῇ κατὰ ταῦτα. **23** καὶ εἶπεν αὐτοῖς Οὕτως εἶπεν κύριος ὁ θεὸς Ισραηλ Εἴπατε τῷ ἀνδρὶ τῷ ἀποστείλαντι ὑμᾶς πρός με **24** Οὕτως λέγει κύριος Ἰδοὺ ἐγὼ ἐπάγω[21] κακὰ ἐπὶ τὸν τόπον τοῦτον, τοὺς πάντας λόγους τοὺς γεγραμμένους ἐν τῷ βιβλίῳ τῷ ἀνεγνωσμένῳ[22] ἐναντίον[23] τοῦ βασιλέως Ιουδα, **25** ἀνθ᾽ ὧν[24] ἐγκατέλιπόν[25] με καὶ ἐθυμίασαν[26] θεοῖς ἀλλοτρίοις,[27] ἵνα παροργίσωσίν[28] με ἐν πᾶσιν τοῖς ἔργοις τῶν χειρῶν αὐτῶν· καὶ ἐξεκαύθη[29] ὁ θυμός[30] μου ἐν τῷ τόπῳ τούτῳ καὶ οὐ σβεσθήσεται.[31] **26** καὶ ἐπὶ βασιλέα Ιουδα τὸν ἀποστείλαντα ὑμᾶς τοῦ ζητῆσαι τὸν κύριον, οὕτως ἐρεῖτε αὐτῷ Οὕτως λέγει

1 παῖς, servant
2 χωνεύω, *aor act ind 3p*, smelt, cast
3 ἀργύριον, silver
4 ἐπίσκοπος, supervisor, superintendent
5 ἐργασία, work
6 γραμματεύς, scribe
7 ἀναγινώσκω, *aor act ind 3s*, read aloud
8 ἐναντίον, before
9 διαρρήγνυμι, *aor act ind 3s*, rip, tear
10 ἐντέλλομαι, *aor mid ind 3s*, command
11 γραμματεύς, scribe
12 παῖς, servant
13 καταλείπω, *aor pas ptc gen s m*, be left, remain
14 θυμός, anger, wrath
15 ἐκκαίω, *perf pas ind 3s*, kindle, burn
16 διότι, because
17 εἰσακούω, *aor act ind 3p*, listen
18 προφῆτις, prophetess
19 στολή, garment, (wardrobe)
20 μασανα, Second Quarter (of Jerusalem), *translit.*
21 ἐπάγω, *pres act ind 1s*, bring against, bring upon
22 ἀναγινώσκω, *perf pas ptc dat s n*, read aloud
23 ἐναντίον, before
24 ἀνθ᾽ ὧν, since
25 ἐγκαταλείπω, *aor act ind 3p*, abandon, forsake
26 θυμιάζω, *aor act ind 3p*, burn incense
27 ἀλλότριος, foreign, strange
28 παροργίζω, *aor act sub 3p*, provoke to anger
29 ἐκκαίω, *aor pas ind 3s*, kindle, burn
30 θυμός, anger, wrath
31 σβέννυμι, *fut pas ind 3s*, quench, put out

κύριος ὁ θεὸς Ισραηλ Τοὺς λόγους, οὓς ἤκουσας **27** καὶ ἐνετράπη[1] ἡ καρδία σου
καὶ ἐταπεινώθης[2] ἀπὸ προσώπου μου ἐν τῷ ἀκοῦσαί σε τοὺς λόγους μου ἐπὶ τὸν
τόπον τοῦτον καὶ ἐπὶ τοὺς κατοικοῦντας αὐτὸν καὶ ἐταπεινώθης ἐναντίον[3] μου καὶ
διέρρηξας[4] τὰ ἱμάτιά σου καὶ ἔκλαυσας κατεναντίον[5] μου, καὶ ἐγὼ ἤκουσά φησιν[6]
κύριος·

28 ἰδοὺ προστίθημί[7] σε πρὸς τοὺς πατέρας σου, καὶ προστεθήσῃ[8] πρὸς τὰ μνήματά[9]
σου ἐν εἰρήνῃ, καὶ οὐκ ὄψονται οἱ ὀφθαλμοί σου ἐν πᾶσιν τοῖς κακοῖς, οἷς ἐγὼ
ἐπάγω[10] ἐπὶ τὸν τόπον τοῦτον καὶ ἐπὶ τοὺς κατοικοῦντας αὐτόν. καὶ ἀπέδωκαν τῷ
βασιλεῖ λόγον.

Renewal of the Covenant

29 καὶ ἀπέστειλεν ὁ βασιλεὺς καὶ συνήγαγεν τοὺς πρεσβυτέρους Ιουδα καὶ Ιερου-
σαλημ. **30** καὶ ἀνέβη ὁ βασιλεὺς εἰς οἶκον κυρίου καὶ πᾶς Ιουδα καὶ οἱ κατοικοῦντες
Ιερουσαλημ καὶ οἱ ἱερεῖς καὶ οἱ Λευῖται καὶ πᾶς ὁ λαὸς ἀπὸ μεγάλου ἕως μικροῦ· καὶ
ἀνέγνω[11] ἐν ὠσὶν αὐτῶν τοὺς πάντας λόγους βιβλίου τῆς διαθήκης τοῦ εὑρεθέντος
ἐν οἴκῳ κυρίου.

Josiah's Reign

31 καὶ ἔστη ὁ βασιλεὺς ἐπὶ τὸν στῦλον[12] καὶ διέθετο[13] διαθήκην ἐναντίον[14] κυρίου
τοῦ πορευθῆναι ἐνώπιον κυρίου τοῦ φυλάσσειν τὰς ἐντολὰς αὐτοῦ καὶ μαρτύρια[15]
αὐτοῦ καὶ προστάγματα[16] αὐτοῦ ἐν ὅλῃ καρδίᾳ καὶ ἐν ὅλῃ ψυχῇ, τοὺς λόγους τῆς
διαθήκης τοὺς γεγραμμένους ἐπὶ τῷ βιβλίῳ τούτῳ. **32** καὶ ἔστησεν πάντας τοὺς
εὑρεθέντας ἐν Ιερουσαλημ καὶ Βενιαμιν, καὶ ἐποίησαν οἱ κατοικοῦντες Ιερουσαλημ
διαθήκην ἐν οἴκῳ κυρίου θεοῦ πατέρων αὐτῶν. **33** καὶ περιεῖλεν[17] Ιωσιας τὰ πάντα
βδελύγματα[18] ἐκ πάσης τῆς γῆς, ἣ ἦν υἱῶν Ισραηλ, καὶ ἐποίησεν πάντας τοὺς εὑρε-
θέντας ἐν Ιερουσαλημ καὶ ἐν Ισραηλ τοῦ δουλεύειν[19] κυρίῳ θεῷ αὐτῶν πάσας τὰς
ἡμέρας αὐτοῦ· οὐκ ἐξέκλινεν[20] ἀπὸ ὄπισθεν[21] κυρίου θεοῦ πατέρων αὐτοῦ.

1 ἐντρέπω, *aor pas ind 3s*, feel misgiving, be ashamed
2 ταπεινόω, *aor pas ind 2s*, bring low, humble
3 ἐναντίον, before
4 διαρρήγνυμι, *aor act ind 2s*, rip, tear
5 κατεναντίον, before
6 φημί, *pres act ind 3s*, say, assert
7 προστίθημι, *pres act ind 1s*, add to, put with
8 προστίθημι, *fut pas ind 2s*, add to, put with
9 μνῆμα, grave, tomb
10 ἐπάγω, *pres act ind 1s*, bring upon, bring against
11 ἀναγινώσκω, *aor act ind 3s*, read aloud
12 στῦλος, pillar
13 διατίθημι, *aor mid ind 3s*, arrange, ordain
14 ἐναντίον, before
15 μαρτύριον, testimony
16 πρόσταγμα, ordinance, command
17 περιαιρέω, *aor act ind 3s*, remove, take away
18 βδέλυγμα, abomination
19 δουλεύω, *pres act inf*, serve
20 ἐκκλίνω, *aor act ind 3s*, deviate, turn away
21 ὄπισθε(ν), following

Passover Observed Again

35 Καὶ ἐποίησεν Ιωσιας τὸ φασεχ[1] τῷ κυρίῳ θεῷ αὐτοῦ, καὶ ἔθυσαν[2] τὸ φασεχ[3]
τῇ τεσσαρεσκαιδεκάτῃ[4] τοῦ μηνὸς[5] τοῦ πρώτου. **2** καὶ ἔστησεν τοὺς ἱερεῖς
ἐπὶ τὰς φυλακὰς αὐτῶν καὶ κατίσχυσεν[6] αὐτοὺς εἰς τὰ ἔργα οἴκου κυρίου. **3** καὶ εἶπεν
τοῖς Λευίταις τοῖς δυνατοῖς ἐν παντὶ Ισραηλ τοῦ ἁγιασθῆναι[7] αὐτοὺς τῷ κυρίῳ,
καὶ ἔθηκαν τὴν κιβωτὸν[8] τὴν ἁγίαν εἰς τὸν οἶκον, ὃν ᾠκοδόμησεν Σαλωμων υἱὸς
Δαυιδ τοῦ βασιλέως Ισραηλ. καὶ εἶπεν ὁ βασιλεύς Οὐκ ἔστιν ὑμῖν ἆραι ἐπ᾽ ὤμων[9]
οὐθέν·[10] νῦν οὖν λειτουργήσατε[11] τῷ κυρίῳ θεῷ ὑμῶν καὶ τῷ λαῷ αὐτοῦ Ισραηλ
4 καὶ ἑτοιμάσθητε κατ᾽ οἴκους πατριῶν[12] ὑμῶν καὶ κατὰ τὰς ἐφημερίας[13] ὑμῶν κατὰ
τὴν γραφὴν[14] Δαυιδ βασιλέως Ισραηλ καὶ διὰ χειρὸς Σαλωμων υἱοῦ αὐτοῦ **5** καὶ
στῆτε ἐν τῷ οἴκῳ κατὰ τὰς διαιρέσεις[15] οἴκων πατριῶν[16] ὑμῶν τοῖς ἀδελφοῖς ὑμῶν
υἱοῖς τοῦ λαοῦ, καὶ μερὶς[17] οἴκου πατριᾶς τοῖς Λευίταις, **6** καὶ θύσατε[18] τὸ φασεχ[19]
καὶ τὰ ἅγια ἑτοιμάσατε τοῖς ἀδελφοῖς ὑμῶν τοῦ ποιῆσαι κατὰ τὸν λόγον κυρίου
διὰ χειρὸς Μωυσῆ.

7 καὶ ἀπήρξατο[20] Ιωσιας τοῖς υἱοῖς τοῦ λαοῦ πρόβατα καὶ ἀμνοὺς[21] καὶ ἐρίφους[22]
ἀπὸ τῶν τέκνων τῶν αἰγῶν,[23] πάντα εἰς τὸ φασεχ[24] εἰς πάντας τοὺς εὑρεθέντας,
εἰς ἀριθμὸν[25] τριάκοντα[26] χιλιάδας[27] καὶ μόσχων[28] τρεῖς χιλιάδας· ταῦτα ἀπὸ τῆς
ὑπάρξεως[29] τοῦ βασιλέως. **8** καὶ οἱ ἄρχοντες αὐτοῦ ἀπήρξαντο[30] τῷ λαῷ καὶ τοῖς
ἱερεῦσιν καὶ Λευίταις· ἔδωκεν Χελκιας καὶ Ζαχαριας καὶ Ιιηλ οἱ ἄρχοντες οἴκου τοῦ
θεοῦ τοῖς ἱερεῦσιν καὶ ἔδωκαν εἰς τὸ φασεχ[31] πρόβατα καὶ ἀμνοὺς[32] καὶ ἐρίφους[33]
δισχίλια[34] ἑξακόσια[35] καὶ μόσχους[36] τριακοσίους.[37] **9** καὶ Χωνενιας καὶ Βαναιας καὶ
Σαμαιας καὶ Ναθαναηλ ἀδελφὸς αὐτοῦ καὶ Ασαβια καὶ Ιιηλ καὶ Ιωζαβαδ ἄρχοντες

1 φασεχ, Passover, *translit.*
2 θύω, *aor act ind 3p*, sacrifice
3 φασεχ, Passover (lamb), *translit.*
4 τεσσαρεσκαιδέκατος, fourteenth
5 μήν, month
6 κατισχύω, *aor act ind 3s*, strengthen
7 ἁγιάζω, *aor pas inf*, sanctify, consecrate
8 κιβωτός, chest, ark (of the covenant)
9 ὦμος, shoulder
10 οὐθείς, nothing
11 λειτουργέω, *aor act impv 2p*, minister, serve
12 πατριά, paternal lineage, house
13 ἐφημερία, division
14 γραφή, writing, prescription
15 διαίρεσις, division
16 πατριά, paternal lineage, house
17 μερίς, part, portion
18 θύω, *aor act impv 2p*, sacrifice
19 φασεχ, Passover (lamb), *translit.*
20 ἀπάρχομαι, *aor mid ind 3s*, offer the firstfruits
21 ἀμνός, lamb
22 ἔριφος, kid
23 αἴξ, goat
24 φασεχ, Passover, *translit.*
25 ἀριθμός, number
26 τριάκοντα, thirty
27 χιλιάς, thousand
28 μόσχος, calf
29 ὕπαρξις, substance, possessions
30 ἀπάρχομαι, *aor mid ind 3p*, offer the firstfruits
31 φασεχ, Passover, *translit.*
32 ἀμνός, lamb
33 ἔριφος, kid
34 δισχίλιοι, two thousand
35 ἑξακόσιοι, six hundred
36 μόσχος, calf
37 τριακόσιοι, three hundred

τῶν Λευιτῶν ἀπήρξαντο[1] τοῖς Λευίταις εἰς τὸ φασεχ[2] πρόβατα πεντακισχίλια[3] καὶ
μόσχους[4] πεντακοσίους.[5]

10 καὶ κατωρθώθη[6] ἡ λειτουργία,[7] καὶ ἔστησαν οἱ ἱερεῖς ἐπὶ τὴν στάσιν[8] αὐτῶν καὶ οἱ
Λευῖται ἐπὶ τὰς διαιρέσεις[9] αὐτῶν κατὰ τὴν ἐντολὴν τοῦ βασιλέως. **11** καὶ ἔθυσαν[10] τὸ
φασεχ,[11] καὶ προσέχεαν[12] οἱ ἱερεῖς τὸ αἷμα ἐκ χειρὸς αὐτῶν, καὶ οἱ Λευῖται ἐξέδειραν.[13]
12 καὶ ἡτοίμασαν τὴν ὁλοκαύτωσιν[14] παραδοῦναι αὐτοῖς κατὰ τὴν διαίρεσιν[15] κατ᾽
οἴκους πατριῶν[16] τοῖς υἱοῖς τοῦ λαοῦ τοῦ προσάγειν[17] τῷ κυρίῳ, ὡς γέγραπται ἐν
βιβλίῳ Μωυσῆ, καὶ οὕτως εἰς τὸ πρωί.[18] **13** καὶ ὤπτησαν[19] τὸ φασεχ[20] ἐν πυρὶ κατὰ τὴν
κρίσιν καὶ τὰ ἅγια ἥψησαν[21] ἐν τοῖς χαλκείοις[22] καὶ ἐν τοῖς λέβησιν·[23] καὶ εὐοδώθη,[24]
καὶ ἔδραμον[25] πρὸς πάντας τοὺς υἱοὺς τοῦ λαοῦ. **14** καὶ μετὰ τὸ ἑτοιμάσαι αὐτοῖς
καὶ τοῖς ἱερεῦσιν, ὅτι οἱ ἱερεῖς ἐν τῷ ἀναφέρειν[26] τὰ στέατα[27] καὶ τὰ ὁλοκαυτώματα[28]
ἕως νυκτός, καὶ οἱ Λευῖται ἡτοίμασαν αὐτοῖς καὶ τοῖς ἀδελφοῖς αὐτῶν υἱοῖς Ααρων.
15 καὶ οἱ ψαλτῳδοὶ[29] υἱοὶ Ασαφ ἐπὶ τῆς στάσεως[30] αὐτῶν κατὰ τὰς ἐντολὰς Δαυιδ
καὶ Ασαφ καὶ Αιμαν καὶ Ιδιθων οἱ προφῆται τοῦ βασιλέως καὶ οἱ ἄρχοντες καὶ οἱ
πυλωροὶ[31] πύλης[32] καὶ πύλης, οὐκ ἦν αὐτοῖς κινεῖσθαι[33] ἀπὸ τῆς λειτουργίας[34] ἁγίων,
ὅτι οἱ ἀδελφοὶ αὐτῶν οἱ Λευῖται ἡτοίμασαν αὐτοῖς.

16 καὶ κατωρθώθη[35] καὶ ἡτοιμάσθη πᾶσα ἡ λειτουργία[36] κυρίου ἐν τῇ ἡμέρᾳ ἐκείνῃ
τοῦ ποιῆσαι τὸ φασεχ[37] καὶ ἐνεγκεῖν τὰ ὁλοκαυτώματα[38] ἐπὶ τὸ θυσιαστήριον[39]
κυρίου κατὰ τὴν ἐντολὴν τοῦ βασιλέως Ιωσια. **17** καὶ ἐποίησαν οἱ υἱοὶ Ισραηλ οἱ
εὑρεθέντες τὸ φασεχ[40] ἐν τῷ καιρῷ ἐκείνῳ καὶ τὴν ἑορτὴν[41] τῶν ἀζύμων[42] ἑπτὰ
ἡμέρας. **18** καὶ οὐκ ἐγένετο φασεχ[43] ὅμοιον[44] αὐτῷ ἐν Ισραηλ ἀπὸ ἡμερῶν Σαμουηλ

1 ἀπάρχομαι, *aor mid ind 3p*, offer the firstfruits
2 φασεχ, Passover, *translit.*
3 πεντακισχίλιοι, five thousand
4 μόσχος, calf
5 πεντακόσιοι, five hundred
6 κατορθόω, *aor pas ind 3s*, set up, establish
7 λειτουργία, ministry, service
8 στάσις, post, station
9 διαίρεσις, division
10 θύω, *aor act ind 3p*, sacrifice
11 φασεχ, Passover (lamb), *translit.*
12 προσχέω, *aor act ind 3p*, pour out
13 ἐκδέρω, *aor act ind 3p*, flay
14 ὁλοκαύτωσις, whole burnt offering
15 διαίρεσις, division
16 πατριά, paternal lineage, house
17 προσάγω, *pres act inf*, bring to, offer
18 πρωί, morning
19 ὀπτάω, *aor act ind 3p*, roast
20 φασεχ, Passover (lamb), *translit.*
21 ἕψω, *aor act ind 3p*, boil
22 χαλκεῖον, copper cauldron
23 λέβης, kettle
24 εὐοδόω, *aor pas ind 3s*, proceed successfully
25 τρέχω, *aor act ind 3p*, quickly progress
26 ἀναφέρω, *pres act inf*, offer
27 στέαρ, fat (portion)
28 ὁλοκαύτωμα, whole burnt offering
29 ψαλτῳδός, psalm singer
30 στάσις, post, station
31 πυλωρός, gatekeeper, porter
32 πύλη, gate
33 κινέω, *pres pas inf*, move
34 λειτουργία, ministry, service
35 κατορθόω, *aor pas ind 3s*, set up, establish
36 λειτουργία, ministry, service
37 φασεχ, Passover, *translit.*
38 ὁλοκαύτωμα, whole burnt offering
39 θυσιαστήριον, altar
40 φασεχ, Passover, *translit.*
41 ἑορτή, feast, festival
42 ἄζυμος, unleavened
43 φασεχ, Passover, *translit.*
44 ὅμοιος, like, similar

τοῦ προφήτου, καὶ πάντες βασιλεῖς Ισραηλ οὐκ ἐποίησαν ὡς τὸ φασεχ,[1] ὃ ἐποίησεν Ιωσιας καὶ οἱ ἱερεῖς καὶ οἱ Λευῖται καὶ πᾶς Ιουδα καὶ Ισραηλ ὁ εὑρεθεὶς καὶ οἱ κατοικοῦντες ἐν Ιερουσαλημ τῷ κυρίῳ
19 τῷ ὀκτωκαιδεκάτῳ[2] ἔτει τῆς βασιλείας Ιωσια.

19a καὶ τοὺς ἐγγαστριμύθους[3] καὶ τοὺς γνώστας[4] καὶ τὰ θαραφιν[5] καὶ τὰ εἴδωλα[6] καὶ τὰ καρασιμ,[7] ἃ ἦν ἐν γῇ Ιουδα καὶ ἐν Ιερουσαλημ, ἐνεπύρισεν[8] ὁ βασιλεὺς Ιωσιας, ἵνα στήσῃ τοὺς λόγους τοῦ νόμου τοὺς γεγραμμένους ἐπὶ τοῦ βιβλίου, οὗ εὗρεν Χελκιας ὁ ἱερεὺς ἐν τῷ οἴκῳ κυρίου.
19b ὅμοιος[9] αὐτῷ οὐκ ἐγενήθη ἔμπροσθεν αὐτοῦ, ὃς ἐπέστρεψεν πρὸς κύριον ἐν ὅλῃ καρδίᾳ αὐτοῦ καὶ ἐν ὅλῃ ψυχῇ αὐτοῦ καὶ ἐν ὅλῃ ἰσχύι[10] αὐτοῦ κατὰ πάντα τὸν νόμον Μωυσῆ, καὶ μετ᾽ αὐτὸν οὐκ ἀνέστη ὅμοιος αὐτῷ·
19c πλὴν οὐκ ἀπεστράφη[11] κύριος ἀπὸ ὀργῆς θυμοῦ[12] αὐτοῦ τοῦ μεγάλου, οὗ ὠργίσθη[13] θυμῷ[14] κύριος ἐν τῷ Ιουδα ἐπὶ πάντα τὰ παροργίσματα,[15] ἃ παρώργισεν[16] Μανασσης.
19d καὶ εἶπεν κύριος Καί γε τὸν Ιουδαν ἀποστήσω[17] ἀπὸ προσώπου μου, καθὼς ἀπέστησα[18] τὸν Ισραηλ, καὶ ἀπωσάμην[19] τὴν πόλιν, ἣν ἐξελεξάμην,[20] τὴν Ιερουσαλημ, καὶ τὸν οἶκον, ὃν εἶπα Ἔσται τὸ ὄνομά μου ἐκεῖ.

Josiah's Defeat and Death

20 Καὶ ἀνέβη Φαραω Νεχαω βασιλεὺς Αἰγύπτου ἐπὶ τὸν βασιλέα Ἀσσυρίων ἐπὶ τὸν ποταμὸν[21] Εὐφράτην, καὶ ἐπορεύθη ὁ βασιλεὺς Ιωσιας εἰς συνάντησιν[22] αὐτῷ.
21 καὶ ἀπέστειλεν πρὸς αὐτὸν ἀγγέλους λέγων Τί ἐμοὶ καὶ σοί, βασιλεῦ Ιουδα; οὐκ ἐπὶ σὲ ἥκω[23] σήμερον πόλεμον ποιῆσαι, καὶ ὁ θεὸς εἶπεν κατασπεῦσαί[24] με· πρόσεχε[25] ἀπὸ τοῦ θεοῦ τοῦ μετ᾽ ἐμοῦ, μὴ καταφθείρῃ[26] σε.
22 καὶ οὐκ ἀπέστρεψεν[27] Ιωσιας τὸ πρόσωπον αὐτοῦ ἀπ᾽ αὐτοῦ, ἀλλ᾽ ἢ πολεμεῖν αὐτὸν ἐκραταιώθη[28] καὶ οὐκ ἤκουσεν τῶν λόγων Νεχαω διὰ στόματος θεοῦ καὶ ἦλθεν τοῦ πολεμῆσαι ἐν τῷ πεδίῳ[29] Μαγεδων.
23 καὶ ἐτόξευσαν[30] οἱ τοξόται[31] ἐπὶ βασιλέα Ιωσιαν· καὶ εἶπεν ὁ

1 φασεχ, Passover, *translit.*
2 ὀκτακόσιοι, eight hundred
3 ἐγγαστρίμυθος, one who delivers oracles by ventriloquism
4 γνώστης, wizard
5 θαραφιν, idol, *translit.*?
6 εἴδωλον, idol, image
7 καρασιμ, sodomite?, *translit.*
8 ἐμπυρίζω, *aor act ind 3s*, burn
9 ὅμοιος, like, similar
10 ἰσχύς, strength, might
11 ἀποστρέφω, *aor pas ind 3s*, turn back, turn away
12 θυμός, anger, rage
13 ὀργίζω, *aor pas ind 3s*, make angry
14 θυμός, anger, rage
15 παρόργισμα, provocation
16 παροργίζω, *aor act ind 3s*, provoke to anger
17 ἀφίστημι, *fut act ind 1s*, remove
18 ἀφίστημι, *aor act ind 1s*, remove
19 ἀπωθέω, *aor mid ind 1s*, reject, repudiate
20 ἐκλέγω, *aor mid ind 1s*, choose
21 ποταμός, river
22 συνάντησις, meeting
23 ἥκω, *pres act ind 1s*, have come
24 κατασπεύδω, *aor act inf*, hasten, hurry
25 προσέχω, *pres act impv 2s*, give heed, beware
26 καταφθείρω, *pres act sub 3s*, destroy
27 ἀποστρέφω, *aor act ind 3s*, turn away, turn from
28 κραταιόω, *aor pas ind 3s*, strengthen
29 πεδίον, field, plain
30 τοξεύω, *aor act ind 3p*, shoot
31 τοξότης, archer

βασιλεὺς τοῖς παισὶν[1] αὐτοῦ Ἐξαγάγετέ[2] με, ὅτι ἐπόνεσα[3] σφόδρα.[4] **24** καὶ ἐξήγαγον[5]
αὐτὸν οἱ παῖδες[6] αὐτοῦ ἀπὸ τοῦ ἅρματος[7] καὶ ἀνεβίβασαν[8] αὐτὸν ἐπὶ τὸ ἅρμα[9]
τὸ δευτερεῦον,[10] ὃ ἦν αὐτῷ, καὶ ἤγαγον αὐτὸν εἰς Ιερουσαλημ· καὶ ἀπέθανεν καὶ
ἐτάφη[11] μετὰ τῶν πατέρων αὐτοῦ. καὶ πᾶς Ιουδα καὶ Ιερουσαλημ ἐπένθησαν[12] ἐπὶ
Ιωσιαν, **25** καὶ ἐθρήνησεν[13] Ιερεμιας ἐπὶ Ιωσιαν, καὶ εἶπαν πάντες οἱ ἄρχοντες καὶ αἱ
ἄρχουσαι θρῆνον[14] ἐπὶ Ιωσιαν ἕως τῆς σήμερον· καὶ ἔδωκαν αὐτὸν εἰς πρόσταγμα[15]
ἐπὶ Ισραηλ, καὶ ἰδοὺ γέγραπται ἐπὶ τῶν θρήνων. **26** καὶ ἦσαν οἱ λόγοι Ιωσια καὶ ἡ
ἐλπὶς αὐτοῦ γεγραμμένα ἐν νόμῳ κυρίου· **27** καὶ οἱ λόγοι αὐτοῦ οἱ πρῶτοι καὶ οἱ
ἔσχατοι ἰδοὺ γεγραμμένοι ἐπὶ βιβλίῳ βασιλέων Ισραηλ καὶ Ιουδα.

Jehoahaz Reigns

36 Καὶ ἔλαβεν ὁ λαὸς τῆς γῆς τὸν Ιωαχαζ υἱὸν Ιωσιου καὶ ἔχρισαν[16] αὐτὸν καὶ
κατέστησαν[17] αὐτὸν εἰς βασιλέα ἀντὶ[18] τοῦ πατρὸς αὐτοῦ ἐν Ιερουσαλημ.
2 υἱὸς εἴκοσι[19] καὶ τριῶν ἐτῶν Ιωαχαζ ἐν τῷ βασιλεύειν[20] αὐτὸν καὶ τρίμηνον[21] ἐβασί-
λευσεν[22] ἐν Ιερουσαλημ, **2a** καὶ ὄνομα τῆς μητρὸς αὐτοῦ Αμιταλ θυγάτηρ[23] Ιερεμιου
ἐκ Λοβενα. **2b** καὶ ἐποίησεν τὸ πονηρὸν ἐνώπιον κυρίου κατὰ πάντα, ἃ ἐποίησαν
οἱ πατέρες αὐτοῦ. **2c** καὶ ἔδησεν[24] αὐτὸν Φαραω Νεχαω ἐν Δεβλαθα ἐν γῇ Εμαθ
τοῦ μὴ βασιλεύειν[25] αὐτὸν ἐν Ιερουσαλημ, **3** καὶ μετήγαγεν[26] αὐτὸν ὁ βασιλεὺς εἰς
Αἴγυπτον, καὶ ἐπέβαλεν[27] φόρον[28] ἐπὶ τὴν γῆν ἑκατὸν[29] τάλαντα[30] ἀργυρίου[31] καὶ
τάλαντον χρυσίου.[32] **4** καὶ κατέστησεν[33] Φαραω Νεχαω τὸν Ελιακιμ υἱὸν Ιωσιου
βασιλέα Ιουδα ἀντὶ[34] Ιωσιου τοῦ πατρὸς αὐτοῦ καὶ μετέστρεψεν[35] τὸ ὄνομα αὐτοῦ
Ιωακιμ· καὶ τὸν Ιωαχαζ ἀδελφὸν αὐτοῦ ἔλαβεν Φαραω Νεχαω καὶ εἰσήγαγεν[36] αὐτὸν
εἰς Αἴγυπτον, καὶ ἀπέθανεν ἐκεῖ. **4a** καὶ τὸ ἀργύριον[37] καὶ τὸ χρυσίον[38] ἔδωκαν τῷ
Φαραω· τότε ἤρξατο ἡ γῆ φορολογεῖσθαι[39] τοῦ δοῦναι τὸ ἀργύριον[40] ἐπὶ στόμα

1 παῖς, servant
2 ἐξάγω, *pres act impv 2p*, take away
3 πονέω, *aor act ind 1s*, be wounded
4 σφόδρα, severely
5 ἐξάγω, *aor act ind 3p*, take away
6 παῖς, servant
7 ἅρμα, chariot
8 ἀναβιβάζω, *aor act ind 3p*, bring up
9 ἅρμα, chariot
10 δευτερεύω, *pres act ptc acc s n*, be second
11 θάπτω, *aor pas ind 3s*, bury
12 πενθέω, *aor act ind 3p*, mourn, lament
13 θρηνέω, *aor act ind 3s*, wail
14 θρῆνος, lamentation, wailing
15 πρόσταγμα, ordinance
16 χρίω, *aor act ind 3p*, anoint
17 καθίστημι, *aor act ind 3p*, appoint, establish
18 ἀντί, in place of
19 εἴκοσι, twenty
20 βασιλεύω, *pres act inf*, become king
21 τρίμηνος, for three months
22 βασιλεύω, *aor act ind 3s*, reign as king
23 θυγάτηρ, daughter
24 δέω, *aor act ind 3s*, bind
25 βασιλεύω, *pres act inf*, reign as king
26 μετάγω, *aor act ind 3s*, remove, transfer
27 ἐπιβάλλω, *aor act ind 3s*, lay upon, impose
28 φόρος, levy, tribute
29 ἑκατόν, one hundred
30 τάλαντον, talent
31 ἀργύριον, silver
32 χρυσίον, gold
33 καθίστημι, *aor act ind 3s*, appoint
34 ἀντί, in place of
35 μεταστρέφω, *aor act ind 3s*, change, alter
36 εἰσάγω, *aor act ind 3s*, lead in, bring in
37 ἀργύριον, silver
38 χρυσίον, gold
39 φορολογέω, *pres pas inf*, levy tribute
40 ἀργύριον, silver

Φαραω, καὶ ἕκαστος κατὰ δύναμιν ἀπῄτει[1] τὸ ἀργύριον καὶ τὸ χρυσίον[2] παρὰ τοῦ λαοῦ τῆς γῆς δοῦναι τῷ Φαραω Νεχαω.

Reign of Jehoiakim

5 Ὢν εἴκοσι[3] καὶ πέντε ἐτῶν Ιωακιμ ἐν τῷ βασιλεύειν[4] αὐτὸν καὶ ἕνδεκα[5] ἔτη ἐβασί-
λευσεν[6] ἐν Ιερουσαλημ, καὶ ὄνομα τῆς μητρὸς αὐτοῦ Ζεχωρα θυγάτηρ Νηριου ἐκ
Ραμα. καὶ ἐποίησεν τὸ πονηρὸν ἐναντίον[7] κυρίου κατὰ πάντα, ὅσα ἐποίησαν οἱ
πατέρες αὐτοῦ. **5a** ἐν ταῖς ἡμέραις αὐτοῦ ἦλθεν Ναβουχοδονοσορ βασιλεὺς Βαβυ-
λῶνος εἰς τὴν γῆν, καὶ ἦν αὐτῷ δουλεύων[8] τρία ἔτη καὶ ἀπέστη[9] ἀπ᾽ αὐτοῦ. **5b** καὶ
ἀπέστειλεν κύριος ἐπ᾽ αὐτοὺς τοὺς Χαλδαίους καὶ ληστήρια[10] Σύρων καὶ ληστήρια
Μωαβιτῶν καὶ υἱῶν Αμμων καὶ τῆς Σαμαρείας, καὶ ἀπέστησαν[11] μετὰ τὸν λόγον
τοῦτον κατὰ τὸν λόγον κυρίου ἐν χειρὶ τῶν παίδων[12] αὐτοῦ τῶν προφητῶν. **5c** πλὴν
θυμὸς[13] κυρίου ἦν ἐπὶ Ιουδαν τοῦ ἀποστῆσαι[14] αὐτὸν ἀπὸ προσώπου αὐτοῦ διὰ τὰς
ἁμαρτίας Μανασση ἐν πᾶσιν, οἷς ἐποίησεν, **5d** καὶ ἐν αἵματι ἀθῴῳ,[15] ᾧ ἐξέχεεν[16]
Ιωακιμ καὶ ἔπλησεν[17] τὴν Ιερουσαλημ αἵματος ἀθῴου, καὶ οὐκ ἠθέλησεν κύριος ἐξο-
λεθρεῦσαι[18] αὐτούς. **6** καὶ ἀνέβη ἐπ᾽ αὐτὸν Ναβουχοδονοσορ βασιλεὺς Βαβυλῶνος
καὶ ἔδησεν[19] αὐτὸν ἐν χαλκαῖς[20] πέδαις[21] καὶ ἀπήγαγεν[22] αὐτὸν εἰς Βαβυλῶνα. **7** καὶ
μέρος τῶν σκευῶν[23] οἴκου κυρίου ἀπήνεγκεν[24] εἰς Βαβυλῶνα καὶ ἔθηκεν αὐτὰ ἐν τῷ
ναῷ αὐτοῦ ἐν Βαβυλῶνι. **8** καὶ τὰ λοιπὰ τῶν λόγων Ιωακιμ καὶ πάντα, ἃ ἐποίησεν,
οὐκ ἰδοὺ ταῦτα γεγραμμένα ἐπὶ βιβλίῳ λόγων τῶν ἡμερῶν τοῖς βασιλεῦσιν Ιουδα;
καὶ ἐκοιμήθη[25] Ιωακιμ μετὰ τῶν πατέρων αὐτοῦ καὶ ἐτάφη[26] ἐν Γανοζα μετὰ τῶν
πατέρων αὐτοῦ, καὶ ἐβασίλευσεν[27] Ιεχονιας υἱὸς αὐτοῦ ἀντ᾽[28] αὐτοῦ.

Reign of Jehoiachin

9 Υἱὸς ὀκτωκαίδεκα[29] ἐτῶν Ιεχονιας ἐν τῷ βασιλεύειν[30] αὐτὸν καὶ τρίμηνον[31] καὶ
δέκα[32] ἡμέρας ἐβασίλευσεν[33] ἐν Ιερουσαλημ. καὶ ἐποίησεν τὸ πονηρὸν ἐνώπιον
κυρίου.

1 ἀπαιτέω, *impf act ind 3s*, demand
2 χρυσίον, gold
3 εἴκοσι, twenty
4 βασιλεύω, *pres act inf*, become king
5 ἕνδεκα, eleven
6 βασιλεύω, *aor act ind 3s*, reign as king
7 ἐναντίον, before
8 δουλεύω, *pres act ptc nom s m*, serve, be a slave
9 ἀφίστημι, *aor act ind 3s*, leave, depart from
10 ληστήριον, band of robbers
11 ἀφίστημι, *aor act ind 3p*, turn away, revolt
12 παῖς, servant
13 θυμός, anger, wrath
14 ἀφίστημι, *aor act inf*, remove
15 ἀθῷος, innocent
16 ἐκχέω, *aor act ind 3s*, pour out
17 πίμπλημι, *aor act ind 3s*, fill
18 ἐξολεθρεύω, *aor act inf*, utterly destroy
19 δέω, *aor act ind 3s*, bind
20 χαλκοῦς, bronze
21 πέδη, shackle
22 ἀπάγω, *aor act ind 3s*, lead away, carry off
23 σκεῦος, furnishing, vessel
24 ἀποφέρω, *aor act ind 3s*, carry off
25 κοιμάω, *aor pas ind 3s*, sleep
26 θάπτω, *aor pas ind 3s*, bury
27 βασιλεύω, *aor act ind 3s*, reign as king
28 ἀντί, in place of
29 ὀκτωκαίδεκα, eighteen
30 βασιλεύω, *pres act inf*, become king
31 τρίμηνος, for three months
32 δέκα, ten
33 βασιλεύω, *aor act ind 3s*, reign as king

Captivity in Babylon

10 καὶ ἐπιστρέφοντος τοῦ ἐνιαυτοῦ[1] ἀπέστειλεν ὁ βασιλεὺς Ναβουχοδονοσορ
καὶ εἰσήνεγκεν[2] αὐτὸν εἰς Βαβυλῶνα μετὰ τῶν σκευῶν[3] τῶν ἐπιθυμητῶν[4] οἴκου
κυρίου καὶ ἐβασίλευσεν[5] Σεδεκιαν ἀδελφὸν τοῦ πατρὸς αὐτοῦ ἐπὶ Ιουδαν καὶ
Ιερουσαλημ.

Reign of Zedekiah

11 Ἐτῶν εἴκοσι[6] ἑνὸς Σεδεκιας ἐν τῷ βασιλεύειν[7] αὐτὸν καὶ ἕνδεκα[8] ἔτη ἐβασίλευσεν[9]
ἐν Ιερουσαλημ. **12** καὶ ἐποίησεν τὸ πονηρὸν ἐνώπιον κυρίου θεοῦ αὐτοῦ, οὐκ ἐνε-
τράπη[10] ἀπὸ προσώπου Ιερεμιου τοῦ προφήτου καὶ ἐκ στόματος κυρίου **13** ἐν τῷ τὰ
πρὸς τὸν βασιλέα Ναβουχοδονοσορ ἀθετῆσαι[11] ἃ ὥρκισεν[12] αὐτὸν κατὰ τοῦ θεοῦ
καὶ ἐσκλήρυνεν[13] τὸν τράχηλον[14] αὐτοῦ καὶ τὴν καρδίαν αὐτοῦ κατίσχυσεν[15] τοῦ μὴ
ἐπιστρέψαι πρὸς κύριον θεὸν Ισραηλ. **14** καὶ πάντες οἱ ἔνδοξοι[16] Ιουδα καὶ οἱ ἱερεῖς
καὶ ὁ λαὸς τῆς γῆς ἐπλήθυναν[17] τοῦ ἀθετῆσαι[18] ἀθετήματα[19] βδελυγμάτων[20] ἐθνῶν
καὶ ἐμίαναν[21] τὸν οἶκον κυρίου τὸν ἐν Ιερουσαλημ.

The Fall of Jerusalem

15 καὶ ἐξαπέστειλεν[22] κύριος ὁ θεὸς τῶν πατέρων αὐτῶν ἐν χειρὶ προφητῶν ὀρ-
θρίζων[23] καὶ ἀποστέλλων τοὺς ἀγγέλους αὐτοῦ, ὅτι ἦν φειδόμενος[24] τοῦ λαοῦ
αὐτοῦ καὶ τοῦ ἁγιάσματος[25] αὐτοῦ· **16** καὶ ἦσαν μυκτηρίζοντες[26] τοὺς ἀγγέλους
αὐτοῦ καὶ ἐξουδενοῦντες[27] τοὺς λόγους αὐτοῦ καὶ ἐμπαίζοντες[28] ἐν τοῖς προφήταις
αὐτοῦ, ἕως ἀνέβη ὁ θυμὸς[29] κυρίου ἐν τῷ λαῷ αὐτοῦ, ἕως οὐκ ἦν ἴαμα.[30] **17** καὶ
ἤγαγεν ἐπ᾽ αὐτοὺς βασιλέα Χαλδαίων, καὶ ἀπέκτεινεν τοὺς νεανίσκους[31] αὐτῶν

1 ἐνιαυτός, year
2 εἰσφέρω, *aor act ind 3s*, bring in
3 σκεῦος, furnishing, vessel
4 ἐπιθυμητός, precious, prized
5 βασιλεύω, *aor act ind 3s*, make king
6 εἴκοσι, twenty
7 βασιλεύω, *pres act inf*, become king
8 ἕνδεκα, eleven
9 βασιλεύω, *aor act ind 3s*, reign as king
10 ἐντρέπω, *aor pas ind 3s*, turn in shame, feel misgiving
11 ἀθετέω, *aor act inf*, reject, refuse to recognize
12 ὁρκίζω, *aor act ind 3s*, adjure, put under oath
13 σκληρύνω, *aor act ind 3s*, harden
14 τράχηλος, neck
15 κατισχύω, *aor act ind 3s*, (make stubborn), strengthen
16 ἔνδοξος, eminent, esteemed
17 πληθύνω, *aor act ind 3p*, multiply, increase
18 ἀθετέω, *aor act inf*, reject, refuse to recognize
19 ἀθέτημα, transgression
20 βδέλυγμα, abomination
21 μιαίνω, *aor act ind 3p*, pollute, defile
22 ἐξαποστέλλω, *aor act ind 3s*, send out
23 ὀρθρίζω, *pres act ptc nom s m*, rise up early
24 φείδομαι, *pres mid ptc nom s m*, spare
25 ἁγίασμα, sanctuary
26 μυκτηρίζω, *pres act ptc nom p m*, treat with contempt
27 ἐξουδενέω, *pres act ptc nom p m*, scorn, mock
28 ἐμπαίζω, *pres act ptc nom p m*, make sport of, ridicule
29 θυμός, anger, wrath
30 ἴαμα, remedy, recourse
31 νεανίσκος, young man

ἐν ῥομφαίᾳ[1] ἐν οἴκῳ ἁγιάσματος[2] αὐτοῦ καὶ οὐκ ἐφείσατο[3] τοῦ Σεδεκιου καὶ τὰς
παρθένους[4] αὐτῶν οὐκ ἠλέησαν[5] καὶ τοὺς πρεσβυτέρους αὐτῶν ἀπήγαγον·[6] τὰ πάντα
παρέδωκεν ἐν χερσὶν αὐτῶν. **18** καὶ πάντα τὰ σκεύη[7] οἴκου θεοῦ τὰ μεγάλα καὶ τὰ
μικρὰ καὶ τοὺς θησαυροὺς[8] καὶ πάντας τοὺς θησαυροὺς βασιλέως καὶ μεγιστάνων,[9]
πάντα εἰσήνεγκεν[10] εἰς Βαβυλῶνα. **19** καὶ ἐνέπρησεν[11] τὸν οἶκον κυρίου καὶ κατ-
έσκαψεν[12] τὸ τεῖχος[13] Ιερουσαλημ καὶ τὰς βάρεις[14] αὐτῆς ἐνέπρησεν ἐν πυρὶ καὶ
πᾶν σκεῦος[15] ὡραῖον[16] εἰς ἀφανισμόν.[17] **20** καὶ ἀπῴκισεν[18] τοὺς καταλοίπους[19] εἰς
Βαβυλῶνα, καὶ ἦσαν αὐτῷ καὶ τοῖς υἱοῖς αὐτοῦ εἰς δούλους ἕως βασιλείας Μήδων
21 τοῦ πληρωθῆναι λόγον κυρίου διὰ στόματος Ιερεμιου ἕως τοῦ προσδέξασθαι[20]
τὴν γῆν τὰ σάββατα αὐτῆς σαββατίσαι·[21] πάσας τὰς ἡμέρας τῆς ἐρημώσεως[22] αὐτῆς
ἐσαββάτισεν εἰς συμπλήρωσιν[23] ἐτῶν ἑβδομήκοντα.[24]

Cyrus Allows Exiles to Return

22 Ἔτους πρώτου Κύρου βασιλέως Περσῶν μετὰ τὸ πληρωθῆναι ῥῆμα κυρίου διὰ
στόματος Ιερεμιου ἐξήγειρεν[25] κύριος τὸ πνεῦμα Κύρου βασιλέως Περσῶν, καὶ
παρήγγειλεν[26] κηρύξαι[27] ἐν πάσῃ τῇ βασιλείᾳ αὐτοῦ ἐν γραπτῷ[28] λέγων **23** Τάδε[29]
λέγει Κῦρος βασιλεὺς Περσῶν Πάσας τὰς βασιλείας τῆς γῆς ἔδωκέν μοι κύριος ὁ
θεὸς τοῦ οὐρανοῦ, καὶ αὐτὸς ἐνετείλατό[30] μοι οἰκοδομῆσαι αὐτῷ οἶκον ἐν Ιερου-
σαλημ ἐν τῇ Ιουδαίᾳ. τίς ἐξ ὑμῶν ἐκ παντὸς τοῦ λαοῦ αὐτοῦ; ἔσται ὁ θεὸς αὐτοῦ
μετ᾽ αὐτοῦ, καὶ ἀναβήτω.

1 ῥομφαία, sword
2 ἁγίασμα, sanctuary
3 φείδομαι, *aor mid ind 3s*, spare
4 παρθένος, virgin
5 ἐλεέω, *aor act ind 3p*, have mercy
6 ἀπάγω, *aor act ind 3p*, lead away
7 σκεῦος, furnishing, vessel
8 θησαυρός, treasure
9 μεγιστάν, nobleman
10 εἰσφέρω, *aor act ind 3s*, bring to
11 ἐμπίμπρημι, *aor act ind 3s*, set on fire, burn
12 κατασκάπτω, *aor act ind 3s*, destroy, raze
13 τεῖχος, wall
14 βάρις, tower, large house
15 σκεῦος, thing, item
16 ὡραῖος, beautiful
17 ἀφανισμός, destruction
18 ἀποικίζω, *aor act ind 3s*, deport, send into exile
19 κατάλοιπος, rest, remainder
20 προσδέχομαι, *aor mid inf*, receive
21 σαββατίζω, *aor act inf*, keep Sabbath, *Heb. LW*
22 ἐρήμωσις, desolation
23 συμπλήρωσις, completion, fulfillment
24 ἑβδομήκοντα, seventy
25 ἐξεγείρω, *impf act ind 3s*, stir up, raise up
26 παραγγέλλω, *aor act ind 3s*, order, command
27 κηρύσσω, *aor act inf*, proclaim, make known
28 γραπτόν, writing
29 ὅδε, this
30 ἐντέλλομαι, *aor mid ind 3s*, command, order

ΕΣΔΡΑΣ Α′
1 Esdras

Passover Celebrated

1 Καὶ ἤγαγεν Ιωσιας τὸ πασχα[1] ἐν Ιερουσαλημ τῷ κυρίῳ αὐτοῦ καὶ ἔθυσεν[2] τὸ
πασχα[3] τῇ τεσσαρεσκαιδεκάτῃ[4] ἡμέρᾳ τοῦ μηνὸς[5] τοῦ πρώτου **2** στήσας τοὺς
ἱερεῖς κατ᾽ ἐφημερίας[6] ἐστολισμένους[7] ἐν τῷ ἱερῷ τοῦ κυρίου. **3** καὶ εἶπεν τοῖς
Λευίταις, ἱεροδούλοις[8] τοῦ Ισραηλ, ἁγιάσαι[9] ἑαυτοὺς τῷ κυρίῳ ἐν τῇ θέσει[10] τῆς
ἁγίας κιβωτοῦ[11] τοῦ κυρίου ἐν τῷ οἴκῳ, ᾧ ᾠκοδόμησεν Σαλωμων ὁ τοῦ Δαυιδ ὁ
βασιλεύς Οὐκ ἔσται ὑμῖν ἆραι ἐπ᾽ ὤμων[12] αὐτήν· **4** καὶ νῦν λατρεύετε[13] τῷ κυρίῳ
θεῷ ὑμῶν καὶ θεραπεύετε[14] τὸ ἔθνος αὐτοῦ Ισραηλ καὶ ἑτοιμάσατε κατὰ τὰς πα-
τριὰς[15] καὶ τὰς φυλὰς ὑμῶν κατὰ τὴν γραφὴν[16] Δαυιδ βασιλέως Ισραηλ καὶ κατὰ
τὴν μεγαλειότητα[17] Σαλωμων τοῦ υἱοῦ αὐτοῦ **5** καὶ στάντες ἐν τῷ ἱερῷ κατὰ τὴν
μεριδαρχίαν[18] τὴν πατρικὴν[19] ὑμῶν τῶν Λευιτῶν τῶν ἔμπροσθεν τῶν ἀδελφῶν
ὑμῶν υἱῶν Ισραηλ ἐν τάξει[20] **6** θύσατε[21] τὸ πασχα[22] καὶ τὰς θυσίας[23] ἑτοιμάσατε
τοῖς ἀδελφοῖς ὑμῶν καὶ ποιήσατε τὸ πασχα[24] κατὰ τὸ πρόσταγμα[25] τοῦ κυρίου τὸ
δοθὲν τῷ Μωυσῇ.

7 καὶ ἐδωρήσατο[26] Ιωσιας τῷ λαῷ τῷ εὑρεθέντι ἀρνῶν[27] καὶ ἐρίφων[28] τριάκοντα[29]
χιλιάδας,[30] μόσχους[31] τρισχιλίους·[32] ταῦτα ἐκ τῶν βασιλικῶν[33] ἐδόθη κατ᾽ ἐπαγ-
γελίαν[34] τῷ λαῷ καὶ τοῖς ἱερεῦσιν καὶ Λευίταις. **8** καὶ ἔδωκεν Χελκιας καὶ Ζαχαριας

1 πασχα, Passover, *translit.*
2 θύω, *aor act ind 3s*, offer, sacrifice
3 πασχα, Passover (lamb), *translit.*
4 τεσσαρεσκαιδέκατος, fourteenth
5 μήν, month
6 ἐφημερία, daily temple service
7 στολίζω, *perf pas ptc acc p m*, clothe, dress
8 ἱερόδουλος, temple servant, temple slave
9 ἁγιάζω, *aor mid impv 2s*, consecrate, sanctify
10 θέσις, setting down, deposit
11 κιβωτός, chest, ark (of the covenant)
12 ὦμος, shoulder
13 λατρεύω, *pres act impv 2p*, serve
14 θεραπεύω, *pres act impv 2p*, attend, serve
15 πατριά, paternal lineage, house
16 γραφή, writing
17 μεγαλειότης, majesty, glory
18 μεριδαρχία, governor of a province or district
19 πατρικός, ancestral, paternal
20 τάξις, order, rank
21 θύω, *aor act impv 2p*, offer, sacrifice
22 πασχα, Passover (lamb), *translit.*
23 θυσία, sacrifice
24 πασχα, Passover, *translit.*
25 πρόσταγμα, ordinance, commandment
26 δωρέομαι, *aor mid ind 3s*, grant, bestow
27 ἀρήν, lamb
28 ἔριφος, kid goat
29 τριάκοντα, thirty
30 χιλιάς, thousand
31 μόσχος, calf
32 τρισχίλιοι, three thousand
33 βασιλικός, belonging to a king
34 ἐπαγγελία, pledge, promise

καὶ Ησυηλος οἱ ἐπιστάται[1] τοῦ ἱεροῦ τοῖς ἱερεῦσιν εἰς πασχα[2] πρόβατα δισχίλια[3]
ἑξακόσια,[4] μόσχους[5] τριακοσίους.[6] **9** καὶ Ιεχονιας καὶ Σαμαιας καὶ Ναθαναηλ ὁ
ἀδελφὸς καὶ Ασαβιας καὶ Οχιηλος καὶ Ιωραμ χιλίαρχοι[7] ἔδωκαν τοῖς Λευίταις εἰς
πασχα[8] πρόβατα πεντακισχίλια,[9] μόσχους[10] ἑπτακοσίους.[11]

10 καὶ ταῦτα τὰ γενόμενα· εὐπρεπῶς[12] ἔστησαν οἱ ἱερεῖς καὶ οἱ Λευῖται **11** ἔχοντες τὰ
ἄζυμα[13] κατὰ τὰς φυλὰς **12** καὶ κατὰ τὰς μεριδαρχίας[14] τῶν πατέρων ἔμπροσθεν τοῦ
λαοῦ προσενεγκεῖν τῷ κυρίῳ κατὰ τὰ γεγραμμένα ἐν βιβλίῳ Μωυσῆ, καὶ οὕτω τὸ
πρωινόν.[15] **13** καὶ ὤπτησαν[16] τὸ πασχα[17] πυρὶ ὡς καθήκει[18] καὶ τὰς θυσίας[19] ἥψησαν[20]
ἐν τοῖς χαλκείοις[21] καὶ λέβησιν[22] μετ᾽ εὐωδίας[23] καὶ ἀπήνεγκαν[24] πᾶσι τοῖς ἐκ τοῦ
λαοῦ. **14** μετὰ δὲ ταῦτα ἡτοίμασαν ἑαυτοῖς τε καὶ τοῖς ἱερεῦσιν ἀδελφοῖς αὐτῶν υἱοῖς
Ααρων· οἱ γὰρ ἱερεῖς ἀνέφερον[25] τὰ στέατα[26] ἕως ἀωρίας,[27] καὶ οἱ Λευῖται ἡτοίμασαν
ἑαυτοῖς καὶ τοῖς ἱερεῦσιν ἀδελφοῖς αὐτῶν υἱοῖς Ααρων. **15** καὶ οἱ ἱεροψάλται[28] υἱοὶ
Ασαφ ἦσαν ἐπὶ τῆς τάξεως[29] αὐτῶν κατὰ τὰ ὑπὸ Δαυιδ τεταγμένα[30] καὶ Ασαφ
καὶ Ζαχαριας καὶ Εδδινους οἱ παρὰ τοῦ βασιλέως, καὶ οἱ θυρωροὶ[31] ἐφ᾽ ἑκάστου
πυλῶνος·[32] οὐκ ἔστιν παραβῆναι[33] ἕκαστον τὴν ἑαυτοῦ ἐφημερίαν,[34] οἱ γὰρ ἀδελφοὶ
αὐτῶν οἱ Λευῖται ἡτοίμασαν αὐτοῖς.

16 καὶ συνετελέσθη[35] τὰ τῆς θυσίας[36] τοῦ κυρίου ἐν ἐκείνῃ τῇ ἡμέρᾳ, ἀχθῆναι[37] τὸ
πασχα[38] καὶ προσενεχθῆναι τὰς θυσίας[39] ἐπὶ τὸ τοῦ κυρίου θυσιαστήριον[40] κατὰ τὴν
ἐπιταγὴν[41] τοῦ βασιλέως Ιωσιου. **17** καὶ ἠγάγοσαν οἱ υἱοὶ Ισραηλ οἱ εὑρεθέντες ἐν
τῷ καιρῷ τούτῳ τὸ πασχα[42] καὶ τὴν ἑορτὴν[43] τῶν ἀζύμων[44] ἡμέρας ἑπτά. **18** καὶ οὐκ

1 ἐπιστάτης, commander, officer
2 πασχα, Passover, *translit.*
3 δισχίλιοι, two thousand
4 ἑξακόσιοι, six hundred
5 μόσχος, calf
6 τριακόσιοι, three hundred
7 χιλίαρχος, captain over a thousand
8 πασχα, Passover, *translit.*
9 πεντακισχίλιοι, five thousand
10 μόσχος, calf
11 ἑπτακόσιοι, seven hundred
12 εὐπρεπῶς, appropriately, acceptably
13 ἄζυμος, unleavened
14 μεριδαρχία, governor of a province or district
15 πρωϊνός, early (in the morning)
16 ὀπτάω, *aor act ind 3p*, roast
17 πασχα, Passover (lamb), *translit.*
18 καθήκω, *pres act ind 3s*, be fitting, be proper
19 θυσία, sacrifice
20 ἕψω, *aor act ind 3p*, boil
21 χαλκεῖον, copper cauldron
22 λέβης, kettle
23 εὐωδία, pleasant smell
24 ἀποφέρω, *aor act ind 3p*, carry off, take away
25 ἀναφέρω, *impf act ind 3p*, offer up
26 στέαρ, fat
27 ἀωρία, night, midnight
28 ἱεροψάλτης, temple singer
29 τάξις, order, post
30 τάσσω, *perf pas ptc acc p n*, arrange, order
31 θυρωρός, doorkeeper
32 πυλών, gate
33 παραβαίνω, *aor act inf*, deviate from, omit
34 ἐφημερία, daily temple service
35 συντελέω, *aor pas ind 3s*, complete, finish
36 θυσία, sacrifice
37 ἄγω, *aor pas inf*, celebrate, conduct
38 πασχα, Passover, *translit.*
39 θυσία, sacrifice
40 θυσιαστήριον, altar
41 ἐπιταγή, command, authority
42 πασχα, Passover, *translit.*
43 ἑορτή, festival, feast
44 ἄζυμος, unleavened

ἤχθη[1] τὸ πασχα[2] τοιοῦτο[3] ἐν τῷ Ισραηλ ἀπὸ τῶν χρόνων Σαμουηλ τοῦ προφήτου,
19 καὶ πάντες οἱ βασιλεῖς τοῦ Ισραηλ οὐκ ἠγάγοσαν πασχα[4] τοιοῦτον,[5] οἷον[6] ἤγαγεν[7]
Ιωσιας καὶ οἱ ἱερεῖς καὶ οἱ Λευῖται καὶ οἱ Ιουδαῖοι καὶ πᾶς Ισραηλ οἱ εὑρεθέντες ἐν τῇ
κατοικήσει[8] αὐτῶν ἐν Ιερουσαλημ· **20** ὀκτωκαιδεκάτῳ[9] ἔτει βασιλεύοντος[10] Ιωσιου
ἤχθη τὸ πασχα[11] τοῦτο.

Josiah's Reign Ends

21 καὶ ὠρθώθη[12] τὰ ἔργα Ιωσιου ἐνώπιον τοῦ κυρίου αὐτοῦ ἐν καρδίᾳ πλήρει[13]
εὐσεβείας.[14] **22** καὶ τὰ κατ᾽ αὐτὸν δὲ ἀναγέγραπται[15] ἐν τοῖς ἔμπροσθεν χρόνοις, περὶ
τῶν ἡμαρτηκότων καὶ ἠσεβηκότων[16] εἰς τὸν κύριον παρὰ πᾶν ἔθνος καὶ βασιλείαν,
καὶ ἃ ἐλύπησαν[17] αὐτὸν ἐν αἰσθήσει,[18] καὶ οἱ λόγοι τοῦ κυρίου ἀνέστησαν ἐπὶ Ισραηλ.

23 Καὶ μετὰ πᾶσαν τὴν πρᾶξιν[19] ταύτην Ιωσιου συνέβη[20] Φαραω βασιλέα Αἰγύπτου
ἐλθόντα πόλεμον ἐγεῖραι[21] ἐν Χαρκαμυς ἐπὶ τοῦ Εὐφράτου, καὶ ἐξῆλθεν εἰς ἀπάν-
τησιν[22] αὐτῷ Ιωσιας. **24** καὶ διεπέμψατο[23] βασιλεὺς Αἰγύπτου πρὸς αὐτὸν λέγων Τί
ἐμοὶ καὶ σοί ἐστιν, βασιλεῦ τῆς Ιουδαίας; **25** οὐχὶ πρὸς σὲ ἐξαπέσταλμαι[24] ὑπὸ κυρίου
τοῦ θεοῦ, ἐπὶ γὰρ τοῦ Εὐφράτου ὁ πόλεμός μού ἐστιν. καὶ νῦν κύριος μετ᾽ ἐμοῦ ἐστιν,
καὶ κύριος μετ᾽ ἐμοῦ ἐπισπεύδων[25] ἐστίν· ἀπόστηθι[26] καὶ μὴ ἐναντιοῦ[27] τῷ κυρίῳ.

26 καὶ οὐκ ἀπέστρεψεν[28] ἑαυτὸν Ιωσιας ἐπὶ τὸ ἅρμα[29] αὐτοῦ, ἀλλὰ πολεμεῖν αὐτὸν
ἐπιχειρεῖ[30] οὐ προσέχων[31] ῥήμασιν Ιερεμιου προφήτου ἐκ στόματος κυρίου· **27** ἀλλὰ
συνεστήσατο[32] πρὸς αὐτὸν πόλεμον ἐν τῷ πεδίῳ[33] Μαγεδδαους, καὶ κατέβησαν οἱ
ἄρχοντες πρὸς τὸν βασιλέα Ιωσιαν. **28** καὶ εἶπεν ὁ βασιλεὺς τοῖς παισὶν[34] αὐτοῦ

1 ἄγω, *aor pas ind 3s*, celebrate, conduct
2 πασχα, Passover, *translit.*
3 τοιοῦτος, such, like this
4 πασχα, Passover, *translit.*
5 τοιοῦτος, such, like this
6 οἷος, of the sort, as
7 ἄγω, *aor act ind 3s*, celebrate, conduct
8 κατοίκησις, dwelling, abode
9 ὀκτακόσιοι, eight hundred
10 βασιλεύω, *pres act ptc gen s m*, reign as king
11 πασχα, Passover, *translit.*
12 ὀρθόω, *aor pas ind 3s*, succeed, prosper
13 πλήρης, full
14 εὐσέβεια, piety, godliness
15 ἀναγράφω, *perf pas ind 3s*, inscribe, record
16 ἀσεβέω, *perf act ptc gen p m*, act impiously, be ungodly
17 λυπέω, *aor act ind 3p*, grieve, vex
18 αἴσθησις, perception, knowledge, (plain sight)
19 πρᾶξις, undertaking, activity
20 συμβαίνω, *aor act ind 3s*, happen, come about
21 ἐγείρω, *aor act inf*, stir up, incite
22 ἀπάντησις, meeting
23 διαπέμπω, *aor mid ind 3s*, send on
24 ἐξαποστέλλω, *perf pas ind 1s*, send forth
25 ἐπισπεύδω, *pres act ptc nom s m*, hasten, urge
26 ἀφίστημι, *aor act impv 2s*, depart, go away
27 ἐναντιόομαι, *pres mid impv 2s*, oppose
28 ἀποστρέφω, *aor act ind 3s*, turn back
29 ἅρμα, chariot
30 ἐπιχειρέω, *pres act ind 3s*, endeavor, attempt
31 προσέχω, *pres act ptc nom s m*, pay attention to, heed
32 συνίστημι, *aor mid ind 3s*, unite, join
33 πεδίον, level place, field
34 παῖς, servant

Ἀποστήσατέ[1] με ἀπὸ τῆς μάχης,[2] ἠσθένησα[3] γὰρ λίαν.[4] καὶ εὐθέως[5] ἀπέστησαν[6]
αὐτὸν οἱ παῖδες[7] αὐτοῦ ἀπὸ τῆς παρατάξεως,[8]
29 καὶ ἀνέβη ἐπὶ τὸ ἅρμα[9] τὸ δευ-
τέριον[10] αὐτοῦ· καὶ ἀποκατασταθεὶς[11] εἰς Ιερουσαλημ μετήλλαξεν[12] τὸν βίον[13] αὐτοῦ
καὶ ἐτάφη[14] ἐν τῷ πατρικῷ[15] τάφῳ.[16]

30 καὶ ἐν ὅλῃ τῇ Ιουδαίᾳ ἐπένθησαν[17] τὸν Ιωσιαν, καὶ ἐθρήνησεν[18] Ιερεμιας ὁ προ-
φήτης ὑπὲρ Ιωσιου, καὶ οἱ προκαθήμενοι[19] σὺν γυναιξὶν ἐθρηνοῦσαν[20] αὐτὸν ἕως
τῆς ἡμέρας ταύτης, καὶ ἐξεδόθη[21] τοῦτο γίνεσθαι αἰεὶ[22] εἰς ἅπαν[23] τὸ γένος[24] Ισραηλ.
31 ταῦτα δὲ ἀναγέγραπται[25] ἐν τῇ βύβλῳ[26] τῶν ἱστορουμένων[27] περὶ τῶν βασιλέων
τῆς Ιουδαίας· καὶ τὸ καθ᾽ ἓν πραχθὲν[28] τῆς πράξεως[29] Ιωσιου καὶ τῆς δόξης αὐτοῦ
καὶ τῆς συνέσεως[30] αὐτοῦ ἐν τῷ νόμῳ κυρίου, τά τε προπραχθέντα[31] ὑπ᾽ αὐτοῦ καὶ
τὰ νῦν, ἱστόρηται[32] ἐν τῷ βυβλίῳ τῶν βασιλέων Ισραηλ καὶ Ιουδα.

Judah's Last Kings

32 Καὶ ἀναλαβόντες[33] οἱ ἐκ τοῦ ἔθνους τὸν Ιεχονιαν υἱὸν Ιωσιου ἀνέδειξαν[34] βασιλέα
ἀντὶ[35] Ιωσιου τοῦ πατρὸς αὐτοῦ ὄντα ἐτῶν εἴκοσι[36] τριῶν.
33 καὶ ἐβασίλευσεν[37] ἐν
Ιουδα καὶ Ιερουσαλημ μῆνας[38] τρεῖς. καὶ ἀπεκατέστησεν[39] αὐτὸν βασιλεὺς Αἰγύπτου
βασιλεύειν[40] ἐν Ιερουσαλημ
34 καὶ ἐζημίωσεν[41] τὸ ἔθνος ἀργυρίου[42] ταλάντοις[43]

1 ἀφίστημι, *aor act impv 2p*, withdraw, remove
2 μάχη, battle
3 ἀσθενέω, *aor act ind 1s*, be weak, be in need
4 λίαν, badly, extremely
5 εὐθέως, straightaway, immediately
6 ἀφίστημι, *aor act ind 3p*, withdraw, remove
7 παῖς, servant
8 παράταξις, battle
9 ἅρμα, chariot
10 δευτέριος, secondary, spare
11 ἀποκαθιστάνω, *aor pas ptc nom s m*, bring back
12 μεταλλάσσω, *aor act ind 3s*, (die), quit
13 βίος, existence, life
14 θάπτω, *aor pas ind 3s*, bury
15 πατρικός, paternal
16 τάφος, grave, tomb
17 πενθέω, *aor act ind 3p*, mourn
18 θρηνέω, *aor act ind 3s*, wail, lament
19 προκάθημαι, *pres mid ptc nom p m*, sit in a place of honor, be in leadership
20 θρηνέω, *impf act ind 3p*, wail, lament
21 ἐκδίδωμι, *aor pas ind 3s*, hand on, pass down
22 αἰεί, constantly, ever
23 ἅπας, all
24 γένος, nation, family, people
25 ἀναγράφω, *perf pas ind 3s*, inscribe, record
26 βύβλος, scroll, book
27 ἱστορέω, *pres pas ptc gen p m*, be recorded
28 πράσσω, *aor pas ptc nom s n*, do
29 πρᾶξις, activity, deed
30 σύνεσις, understanding, insight
31 προπράσσω, *aor pas ptc nom p n*, do before
32 ἱστορέω, *perf pas ind 3s*, be recorded
33 ἀναλαμβάνω, *aor act ptc nom p m*, take up
34 ἀναδείκνυμι, *aor act ind 3p*, appoint, commission
35 ἀντί, in place of
36 εἴκοσι, twenty
37 βασιλεύω, *aor act ind 3s*, reign as king
38 μήν, month
39 ἀποκαθιστάνω, *aor act ind 3s*, restore, (*read* depose?)
40 βασιλεύω, *pres act inf*, reign as king
41 ζημιόω, *aor act ind 3s*, fine, tax
42 ἀργύριον, silver
43 τάλαντον, talent

ἑκατὸν[1] καὶ χρυσίου[2] ταλάντῳ[3] ἑνί. **35** καὶ ἀνέδειξεν[4] ὁ βασιλεὺς Αἰγύπτου βασιλέα
Ιωακιμ τὸν ἀδελφὸν αὐτοῦ, βασιλέα τῆς Ιουδαίας καὶ Ιερουσαλημ. **36** καὶ ἔδησεν[5]
Ιωακιμ τοὺς μεγιστᾶνας,[6] Ζαριον δὲ τὸν ἀδελφὸν αὐτοῦ συλλαβὼν[7] ἀνήγαγεν[8] ἐξ
Αἰγύπτου.

37 Ἐτῶν δὲ ἦν εἴκοσι[9] πέντε Ιωακιμ, ὅτε ἐβασίλευσεν[10] τῆς Ιουδαίας καὶ Ιερουσαλημ,
καὶ ἐποίησεν τὸ πονηρὸν ἐνώπιον κυρίου. **38** ἐπ᾽ αὐτὸν δὲ ἀνέβη Ναβουχοδονοσορ
βασιλεὺς Βαβυλῶνος καὶ δήσας[11] αὐτὸν ἐν χαλκείῳ[12] δεσμῷ[13] ἀπήγαγεν[14] εἰς Βαβυ-
λῶνα. **39** καὶ ἀπὸ τῶν ἱερῶν[15] σκευῶν[16] τοῦ κυρίου λαβὼν Ναβουχοδονοσορ καὶ
ἀπενέγκας[17] ἀπηρείσατο[18] ἐν τῷ ναῷ αὐτοῦ ἐν Βαβυλῶνι. **40** τὰ δὲ ἱστορηθέντα[19]
περὶ αὐτοῦ καὶ τῆς αὐτοῦ ἀκαθαρσίας[20] καὶ δυσσεβείας[21] ἀναγέγραπται[22] ἐν τῇ
βίβλῳ[23] τῶν χρόνων τῶν βασιλέων.

41 Καὶ ἐβασίλευσεν[24] ἀντ᾽[25] αὐτοῦ Ιωακιμ ὁ υἱὸς αὐτοῦ· ὅτε γὰρ ἀνεδείχθη,[26] ἦν
ἐτῶν δέκα[27] ὀκτώ,[28] **42** βασιλεύει[29] δὲ μῆνας[30] τρεῖς καὶ ἡμέρας δέκα[31] ἐν Ιερουσαλημ
καὶ ἐποίησεν τὸ πονηρὸν ἔναντι[32] κυρίου.

43 Καὶ μετ᾽ ἐνιαυτὸν[33] ἀποστείλας Ναβουχοδονοσορ μετήγαγεν[34] αὐτὸν εἰς Βαβυ-
λῶνα ἅμα[35] τοῖς ἱεροῖς[36] σκεύεσιν[37] τοῦ κυρίου **44** καὶ ἀνέδειξε[38] Σεδεκιαν βασιλέα
τῆς Ιουδαίας καὶ Ιερουσαλημ, Σεδεκιαν ὄντα ἐτῶν εἴκοσι[39] ἑνός, βασιλεύει[40] δὲ ἔτη
ἕνδεκα.[41]

1 ἑκατόν, one hundred
2 χρυσίον, gold
3 τάλαντον, talent
4 ἀναδείκνυμι, *aor act ind 3s*, appoint
5 δέω, *aor act ind 3s*, bind, restrain
6 μεγιστάν, nobleman
7 συλλαμβάνω, *aor act ptc nom s m*, apprehend, arrest
8 ἀνάγω, *aor act ind 3s*, bring up
9 εἴκοσι, twenty
10 βασιλεύω, *aor act ind 3s*, become king
11 δέω, *aor act ptc nom s m*, bind, restrain
12 χάλκειος, bronze
13 δεσμός, bond, chain
14 ἀπάγω, *aor act ind 3s*, lead away
15 ἱερός, holy, sacred
16 σκεῦος, vessel, thing
17 ἀποφέρω, *aor act ptc nom s m*, carry off, take away
18 ἀπερείδομαι, *aor mid ind 3s*, place, deposit
19 ἱστορέω, *aor pas ptc nom p n*, record
20 ἀκαθαρσία, impurity
21 δυσσέβεια, impiety, ungodliness
22 ἀναγράφω, *perf mid ind 3s*, inscribe, record
23 βίβλος, scroll, book
24 βασιλεύω, *aor act ind 3s*, reign as king
25 ἀντί, in place of
26 ἀναδείκνυμι, *aor pas ind 3s*, appoint
27 δέκα, ten
28 ὀκτώ, eight
29 βασιλεύω, *pres act ind 3s*, reign as king
30 μήν, month
31 δέκα, ten
32 ἔναντι, before
33 ἐνιαυτός, year
34 μετάγω, *aor act ind 3s*, remove, transfer
35 ἅμα, together with
36 ἱερός, sacred, holy
37 σκεῦος, vessel, thing
38 ἀναδείκνυμι, *aor act ind 3s*, appoint
39 εἴκοσι, twenty
40 βασιλεύω, *pres act ind 3s*, reign as king
41 ἕνδεκα, eleven

The Fall of Jerusalem

45 καὶ ἐποίησεν τὸ πονηρὸν ἐνώπιον κυρίου καὶ οὐκ ἐνετράπη[1] ἀπὸ τῶν ῥηθέντων[2]
λόγων ὑπὸ Ιερεμιου τοῦ προφήτου ἐκ στόματος τοῦ κυρίου. **46** καὶ ὁρκισθεὶς[3] ἀπὸ
τοῦ βασιλέως Ναβουχοδονοσορ τῷ ὀνόματι τοῦ κυρίου ἐπιορκήσας[4] ἀπέστη[5] καὶ
σκληρύνας[6] αὐτοῦ τὸν τράχηλον[7] καὶ τὴν καρδίαν αὐτοῦ παρέβη[8] τὰ νόμιμα[9] κυρίου
θεοῦ Ισραηλ. **47** καὶ οἱ ἡγούμενοι[10] δὲ τοῦ λαοῦ καὶ τῶν ἱερέων πολλὰ ἠσέβησαν[11]
καὶ ἠνόμησαν[12] ὑπὲρ πάσας τὰς ἀκαθαρσίας[13] πάντων τῶν ἐθνῶν καὶ ἐμίαναν[14] τὸ
ἱερὸν τοῦ κυρίου τὸ ἁγιαζόμενον[15] ἐν Ιεροσολύμοις. **48** καὶ ἀπέστειλεν ὁ θεὸς τῶν
πατέρων αὐτῶν διὰ τοῦ ἀγγέλου αὐτοῦ μετακαλέσαι[16] αὐτούς, καθὸ[17] ἐφείδετο[18]
αὐτῶν καὶ τοῦ σκηνώματος[19] αὐτοῦ. **49** αὐτοὶ δὲ ἐξεμυκτήρισαν[20] ἐν τοῖς ἀγγέλοις
αὐτοῦ, καὶ ᾗ ἡμέρᾳ ἐλάλησεν κύριος, ἦσαν ἐκπαίζοντες[21] τοὺς προφήτας αὐτοῦ
ἕως τοῦ θυμωθέντα[22] αὐτὸν ἐπὶ τῷ ἔθνει αὐτοῦ διὰ τὰ δυσσεβήματα[23] προστά-
ξαι[24] ἀναβιβάσαι[25] ἐπ᾽ αὐτοὺς τοὺς βασιλεῖς τῶν Χαλδαίων. **50** οὗτοι ἀπέκτει-
ναν τοὺς νεανίσκους[26] αὐτῶν ἐν ῥομφαίᾳ[27] περικύκλῳ[28] τοῦ ἁγίου αὐτῶν ἱεροῦ
καὶ οὐκ ἐφείσαντο[29] νεανίσκου καὶ παρθένου[30] καὶ πρεσβύτου[31] καὶ νεωτέρου,[32]
ἀλλὰ πάντας παρέδωκεν εἰς τὰς χεῖρας αὐτῶν. **51** καὶ πάντα τὰ ἱερὰ σκεύη[33] τοῦ
κυρίου τὰ μεγάλα καὶ τὰ μικρὰ καὶ τὰς κιβωτοὺς[34] τοῦ κυρίου καὶ τὰς βασιλικὰς[35]
ἀποθήκας[36] ἀναλαβόντες[37] ἀπήνεγκαν[38] εἰς Βαβυλῶνα. **52** καὶ ἐνεπύρισαν[39] τὸν
οἶκον τοῦ κυρίου καὶ ἔλυσαν[40] τὰ τείχη[41] Ιεροσολύμων καὶ τοὺς πύργους[42] αὐτῶν

1 ἐντρέπω, *aor pas ind 3s*, feel regard
2 λέγω, *aor pas ptc gen p m*, speak
3 ὁρκίζω, *aor pas ptc nom s m*, make swear, adjure
4 ἐπιορκέω, *aor act ptc nom s m*, perjure, swear falsely
5 ἀφίστημι, *aor act ind 3s*, rebel, withdraw
6 σκληρύνω, *aor act ptc nom s m*, harden
7 τράχηλος, neck
8 παραβαίνω, *aor act ind 3s*, transgress
9 νόμιμος, ordinance
10 ἡγέομαι, *pres mid ptc nom p m*, lead
11 ἀσεβέω, *aor act ind 3p*, act impiously, be ungodly
12 ἀνομέω, *aor act ind 3p*, be wicked, act lawlessly
13 ἀκαθαρσία, impurity
14 μιαίνω, *aor act ind 3p*, defile, stain
15 ἁγιάζω, *pres pas ptc acc s n*, consecrate, sanctify
16 μετακαλέω, *aor act inf*, call back
17 καθό, because, as
18 φείδομαι, *impf mid ind 3s*, spare
19 σκήνωμα, tent, tabernacle
20 ἐκμυκτηρίζω, *aor act ind 3p*, ridicule, mock
21 ἐκπαίζω, *pres act ptc nom p m*, laugh at, scorn
22 θυμόω, *aor pas ptc acc s m*, make angry, enrage
23 δυσσέβημα, impious act
24 προστάσσω, *aor act inf*, command, order
25 ἀναβιβάζω, *aor act inf*, go up, come up
26 νεανίσκος, young man
27 ῥομφαία, sword
28 περικύκλῳ, around
29 φείδομαι, *aor mid ind 3p*, spare
30 παρθένος, virgin, young woman
31 πρεσβύτης, old man
32 νέος, *comp*, younger
33 σκεῦος, vessel, thing
34 κιβωτός, chest, ark (of the covenant)
35 βασιλικός, royal, belonging to the king
36 ἀποθήκη, storehouse
37 ἀναλαμβάνω, *aor act ptc nom p m*, take up
38 ἀποφέρω, *aor act ind 3p*, carry off, bear away
39 ἐμπυρίζω, *aor act ind 3p*, set on fire
40 λύω, *aor act ind 3p*, wreck, break
41 τεῖχος, wall
42 πύργος, tower

ἐνεπύρισαν[1] ἐν πυρὶ **53** καὶ συνετέλεσαν[2] πάντα τὰ ἔνδοξα[3] αὐτῆς ἀχρεῶσαι·[4] καὶ
τοὺς ἐπιλοίπους[5] ἀπήγαγεν[6] μετὰ ῥομφαίας[7] εἰς Βαβυλῶνα. **54** καὶ ἦσαν παῖδες[8]
αὐτῷ καὶ τοῖς υἱοῖς αὐτοῦ μέχρι[9] τοῦ βασιλεῦσαι[10] Πέρσας εἰς ἀναπλήρωσιν[11]
τοῦ ῥήματος τοῦ κυρίου ἐν στόματι Ιερεμιου **55** Ἕως τοῦ εὐδοκῆσαι[12] τὴν γῆν
τὰ σάββατα αὐτῆς, πάντα τὸν χρόνον τῆς ἐρημώσεως[13] αὐτῆς, σαββατιεῖ[14] εἰς
συμπλήρωσιν[15] ἐτῶν ἑβδομήκοντα.[16]

Exiles Permitted to Return

2 Βασιλεύοντος[17] Κύρου Περσῶν ἔτους πρώτου εἰς συντέλειαν[18] ῥήματος κυρίου
ἐν στόματι Ιερεμιου ἤγειρεν[19] κύριος τὸ πνεῦμα Κύρου βασιλέως Περσῶν, καὶ
ἐκήρυξεν[20] ἐν ὅλῃ τῇ βασιλείᾳ αὐτοῦ καὶ ἅμα[21] διὰ γραπτῶν[22] λέγων

2 Τάδε[23] λέγει ὁ βασιλεὺς Περσῶν Κῦρος Ἐμὲ ἀνέδειξεν[24] βασιλέα τῆς οἰκουμένης[25]
ὁ κύριος τοῦ Ισραηλ, κύριος ὁ ὕψιστος,[26] καὶ ἐσήμηνέν[27] μοι οἰκοδομῆσαι αὐτῷ
οἶκον ἐν Ιερουσαλημ τῇ ἐν τῇ Ιουδαίᾳ. **3** εἴ τίς ἐστιν οὖν ὑμῶν ἐκ τοῦ ἔθνους αὐτοῦ,
ἔστω ὁ κύριος αὐτοῦ μετ᾽ αὐτοῦ, καὶ ἀναβὰς εἰς τὴν Ιερουσαλημ τὴν ἐν τῇ Ιουδαίᾳ
οἰκοδομείτω τὸν οἶκον τοῦ κυρίου τοῦ Ισραηλ (οὗτος ὁ κύριος ὁ κατασκηνώσας[28]
ἐν Ιερουσαλημ). **4** ὅσοι οὖν κατὰ τόπους οἰκοῦσιν,[29] βοηθείτωσαν[30] αὐτῷ οἱ ἐν τῷ
τόπῳ αὐτοῦ ἐν χρυσίῳ[31] καὶ ἐν ἀργυρίῳ[32] ἐν δόσεσιν[33] μεθ᾽ ἵππων[34] καὶ κτηνῶν[35]
σὺν τοῖς ἄλλοις τοῖς κατ᾽ εὐχὰς[36] προστεθειμένοις[37] εἰς τὸ ἱερὸν τοῦ κυρίου τὸ ἐν
Ιερουσαλημ. — **5** καὶ καταστάντες[38] οἱ ἀρχίφυλοι[39] τῶν πατριῶν[40] τῆς Ιουδα καὶ
Βενιαμιν φυλῆς καὶ οἱ ἱερεῖς καὶ οἱ Λευῖται καὶ πάντων ὧν ἤγειρεν[41] κύριος τὸ πνεῦμα

1 ἐμπυρίζω, *aor act ind 3p*, set on fire
2 συντελέω, *aor act ind 3p*, finish, complete
3 ἔνδοξος, glorious
4 ἀχρειόω, *aor act inf*, make useless, damage
5 ἐπίλοιπος, remaining
6 ἀπάγω, *aor act ind 3s*, lead away, carry off
7 ῥομφαία, sword
8 παῖς, servant
9 μέχρι, until
10 βασιλεύω, *aor act inf*, rule, reign
11 ἀναπλήρωσις, fulfillment
12 εὐδοκέω, *aor act inf*, find pleasure in, take delight
13 ἐρήμωσις, desolation
14 σαββατίζω, *fut act ind 3s*, keep Sabbath, *Heb. LW*
15 συμπλήρωσις, fulfillment, completion
16 ἑβδομήκοντα, seventy
17 βασιλεύω, *pres act ptc gen s m*, reign as king
18 συντέλεια, completion, accomplishment
19 ἐγείρω, *aor act ind 3s*, raise up, stir up
20 κηρύσσω, *aor act ind 3s*, proclaim, announce
21 ἅμα, at the same time
22 γραπτόν, writing
23 ὅδε, this
24 ἀναδείκνυμι, *aor act ind 3s*, appoint
25 οἰκουμένη, (inhabited) world
26 ὕψιστος, *sup*, Most High
27 σημαίνω, *aor act ind 3s*, show, indicate
28 κατασκηνόω, *aor act ptc nom s m*, abide, dwell
29 οἰκέω, *pres act ind 3p*, live, inhabit
30 βοηθέω, *pres act impv 3p*, help
31 χρυσίον, gold
32 ἀργύριον, silver
33 δόσις, gift
34 ἵππος, horse
35 κτῆνος, animal, (*p*) livestock
36 εὐχή, vow
37 προστίθημι, *perf pas ptc dat p m*, put with, add to
38 καθίστημι, *aor act ptc nom p m*, set over, appoint
39 ἀρχίφυλος, chief of a tribe
40 πατριά, paternal lineage, house
41 ἐγείρω, *aor act ind 3s*, raise up

ἀναβῆναι οἰκοδομῆσαι οἶκον τῷ κυρίῳ τὸν ἐν Ιερουσαλημ, **6** καὶ οἱ περικύκλῳ[1]
αὐτῶν ἐβοήθησαν[2] ἐν πᾶσιν, ἀργυρίῳ[3] καὶ χρυσίῳ,[4] ἵπποις[5] καὶ κτήνεσιν[6] καὶ εὐχαῖς[7]
ὡς πλείσταις[8] πολλῶν, ὧν ὁ νοῦς[9] ἠγέρθη.[10]

7 καὶ ὁ βασιλεὺς Κῦρος ἐξήνεγκεν[11] τὰ ἱερὰ σκεύη[12] τοῦ κυρίου, ἃ μετήγαγεν[13]
Ναβουχοδονοσορ ἐξ Ιερουσαλημ καὶ ἀπηρείσατο[14] αὐτὰ ἐν τῷ ἑαυτοῦ εἰδωλίῳ·[15]
8 ἐξενέγκας[16] δὲ αὐτὰ Κῦρος ὁ βασιλεὺς Περσῶν παρέδωκεν αὐτὰ Μιθριδάτῃ τῷ
ἑαυτοῦ γαζοφύλακι,[17] διὰ δὲ τούτου παρεδόθησαν Σαναβασσάρῳ προστάτῃ[18] τῆς
Ιουδαίας.

9 ὁ δὲ τούτων ἀριθμὸς[19] ἦν· σπονδεῖα[20] χρυσᾶ[21] χίλια,[22] σπονδεῖα[23] ἀργυρᾶ[24] χίλια,[25]
θυίσκαι[26] ἀργυραῖ εἴκοσι[27] ἐννέα,[28] **10** φιάλαι[29] χρυσαῖ[30] τριάκοντα,[31] ἀργυραῖ[32]
δισχίλιαι[33] τετρακόσιαι[34] δέκα[35] καὶ ἄλλα σκεύη[36] χίλια.[37] **11** τὰ δὲ πάντα σκεύη[38]
διεκομίσθη,[39] χρυσᾶ[40] καὶ ἀργυρᾶ,[41] πεντακισχίλια[42] τετρακόσια[43] ἑξήκοντα[44] ἐννέα,[45]
ἀνηνέχθη[46] δὲ ὑπὸ Σαναβασσάρου ἅμα[47] τοῖς ἐκ τῆς αἰχμαλωσίας[48] ἐκ Βαβυλῶνος
εἰς Ιεροσόλυμα.

Opposition to Jerusalem's Reconstruction

12 Ἐν δὲ τοῖς ἐπὶ Ἀρταξέρξου τοῦ Περσῶν βασιλέως χρόνοις κατέγραψεν[49] αὐτῷ
κατὰ τῶν κατοικούντων ἐν τῇ Ιουδαίᾳ καὶ Ιερουσαλημ Βεσλεμος καὶ Μιθραδάτης

1 περικύκλῳ, nearby, round about
2 βοηθέω, *aor act ind 3p*, help
3 ἀργύριον, silver
4 χρυσίον, gold
5 ἵππος, horse
6 κτῆνος, animal, (*p*) livestock
7 εὐχή, vow, prayer
8 πλεῖστος, *sup of* πολύς, most, greatest
9 νοῦς, disposition, attitude
10 ἐγείρω, *aor pas ind 3s*, rouse, stir up
11 ἐκφέρω, *aor act ind 3s*, bring forth
12 σκεῦος, vessel, thing
13 μετάγω, *aor act ind 3s*, remove, carry
14 ἀπερείδομαι, *aor mid ind 3s*, place, deposit
15 εἰδώλιον, temple for images
16 ἐκφέρω, *aor act ptc nom s m*, bring forth
17 γαζοφύλαξ, treasurer
18 προστάτης, administrator, governor
19 ἀριθμός, number, amount
20 σπονδεῖον, cup or bowl for a drink offering
21 χρυσοῦς, gold
22 χίλιοι, one thousand
23 σπονδεῖον, cup or bowl for a drink offering
24 ἀργυροῦς, silver
25 χίλιοι, one thousand
26 θυΐσκη, censer
27 εἴκοσι, twenty
28 ἐννέα, nine
29 φιάλη, shallow bowl, cup
30 χρυσοῦς, gold
31 τριάκοντα, thirty
32 ἀργυροῦς, silver
33 δισχίλιος, two thousand
34 τετρακόσιοι, four hundred
35 δέκα, ten
36 σκεῦος, vessel, object
37 χίλιοι, one thousand
38 σκεῦος, vessel, object
39 διακομίζω, *aor pas ind 3s*, recover
40 χρυσοῦς, gold
41 ἀργυροῦς, silver
42 πεντακισχίλιοι, five thousand
43 τετρακόσιοι, four hundred
44 ἑξήκοντα, sixty
45 ἐννέα, nine
46 ἀναφέρω, *aor pas ind 3s*, bring up
47 ἅμα, at once, together
48 αἰχμαλωσία, body of captives
49 καταγράφω, *aor act ind 3s*, write

καὶ Ταβελλιος καὶ Ραουμος καὶ Βεελτέεμος καὶ Σαμσαῖος ὁ γραμματεὺς[1] καὶ οἱ
λοιποὶ οἱ τούτοις συντασσόμενοι,[2] οἰκοῦντες[3] δὲ ἐν Σαμαρείᾳ καὶ τοῖς ἄλλοις
τόποις, τὴν ὑπογεγραμμένην[4] ἐπιστολήν[5]

13 Βασιλεῖ Ἀρταξέρξῃ κυρίῳ οἱ παῖδές[6] σου Ραουμος ὁ τὰ προσπίπτοντα[7] καὶ Σαμ-
σαῖος ὁ γραμματεὺς[8] καὶ οἱ ἐπίλοιποι[9] τῆς βουλῆς[10] αὐτῶν κριταὶ[11] οἱ ἐν Κοίλῃ
Συρίᾳ καὶ Φοινίκῃ· **14** καὶ νῦν γνωστὸν[12] ἔστω τῷ κυρίῳ βασιλεῖ διότι[13] οἱ Ιουδαῖοι
ἀναβάντες παρ᾽ ὑμῶν πρὸς ἡμᾶς, ἐλθόντες εἰς Ιερουσαλημ, τὴν πόλιν τὴν ἀποστάτιν[14]
καὶ πονηρὰν οἰκοδομοῦσιν, τάς τε ἀγορὰς[15] αὐτῆς καὶ τὰ τείχη[16] θεραπεύουσιν[17] καὶ
ναὸν ὑποβάλλονται.[18]

15 ἐὰν οὖν ἡ πόλις αὕτη οἰκοδομηθῇ καὶ τὰ τείχη[19] συντελεσθῇ,[20] φορολογίαν[21]
οὐ μὴ ὑπομείνωσιν[22] δοῦναι, ἀλλὰ καὶ βασιλεῦσιν ἀντιστήσονται.[23] **16** καὶ ἐπεὶ[24]
ἐνεργεῖται[25] τὰ κατὰ τὸν ναόν, καλῶς[26] ἔχειν ὑπολαμβάνομεν[27] μὴ ὑπεριδεῖν[28]
τὸ τοιοῦτο,[29] ἀλλὰ προσφωνῆσαι[30] τῷ κυρίῳ βασιλεῖ, ὅπως, ἂν φαίνηταί[31] σοι,
ἐπισκεφθῇ[32] ἐν τοῖς ἀπὸ τῶν πατέρων σου βιβλίοις· **17** καὶ εὑρήσεις ἐν τοῖς
ὑπομνηματισμοῖς[33] τὰ γεγραμμένα περὶ τούτων καὶ γνώσῃ ὅτι ἡ πόλις ἦν ἐκείνη
ἀποστάτις[34] καὶ βασιλεῖς καὶ πόλεις ἐνοχλοῦσα[35] καὶ οἱ Ιουδαῖοι ἀποστάται[36] καὶ
πολιορκίας[37] συνιστάμενοι[38] ἐν αὐτῇ ἔτι ἐξ αἰῶνος, δι᾽ ἣν αἰτίαν[39] καὶ ἡ πόλις αὕτη
ἠρημώθη.[40] **18** νῦν οὖν ὑποδείκνυμέν[41] σοι, κύριε βασιλεῦ, διότι,[42] ἐὰν ἡ πόλις αὕτη

1 γραμματεύς, scribe
2 συντάσσω, *pres mid ptc nom p m*, appoint, associate
3 οἰκέω, *pres act ptc nom p m*, live, dwell
4 ὑπογράφω, *perf pas ptc acc s f*, copy, record
5 ἐπιστολή, letter
6 παῖς, servant
7 προσπίπτω, *pres act ptc acc p n*, bring to hand?, (reporter)
8 γραμματεύς, scribe
9 ἐπίλοιπος, remainder, rest
10 βουλή, council
11 κριτής, judge
12 γνωστός, known
13 διότι, since
14 ἀποστάτις, rebel(lious)
15 ἀγορά, marketplace
16 τεῖχος, wall
17 θεραπεύω, *pres act ind 3p*, repair
18 ὑποβάλλω, *pres mid ind 3p*, lay a foundation for
19 τεῖχος, wall
20 συντελέω, *aor pas sub 3s*, finish, complete
21 φορολογία, levying of tribute
22 ὑπομένω, *aor act sub 3p*, consent
23 ἀνθίστημι, *fut mid ind 3p*, stand against, resist
24 ἐπεί, since
25 ἐνεργέω, *pres pas ind 3s*, be in progress, be underway
26 καλῶς, appropriately, rightly
27 ὑπολαμβάνω, *pres act ind 1p*, be of the opinion, think
28 ὑπεροράω, *aor act inf*, disregard
29 τοιοῦτος, such, like this
30 προσφωνέω, *aor act inf*, speak, address
31 φαίνω, *pres mid sub 3s*, appear, seem
32 ἐπισκέπτομαι, *aor pas sub 3s*, examine, inspect
33 ὑπομνηματισμός, archive, record
34 ἀποστάτις, rebellious
35 ἐνοχλέω, *pres act ptc nom s f*, trouble
36 ἀποστάτης, rebellion
37 πολιορκία, uprising, distress
38 συνίστημι, *pres mid ptc nom p m*, put together, organize
39 αἰτία, reason
40 ἐρημόω, *aor pas ind 3s*, desolate, lay waste to
41 ὑποδείκνυμι, *pres act ind 1p*, bring to notice, point out
42 διότι, that

οἰκοδομηθῇ καὶ τὰ ταύτης τείχη[1] ἀνασταθῇ, κάθοδός[2] σοι οὐκέτι ἔσται εἰς Κοίλην
Συρίαν καὶ Φοινίκην.

Reply of the King

19 τότε ἀντέγραψεν[3] ὁ βασιλεὺς Ραούμῳ τῷ γράφοντι τὰ προσπίπτοντα[4] καὶ Βεελ-
τεέμῳ καὶ Σαμσαίῳ γραμματεῖ[5] καὶ τοῖς λοιποῖς τοῖς συντασσομένοις[6] καὶ οἰκοῦσιν[7]
ἐν τῇ Σαμαρείᾳ καὶ Συρίᾳ καὶ Φοινίκῃ τὰ ὑπογεγραμμένα[8]

20 Ἀνέγνων[9] τὴν ἐπιστολήν,[10] ἣν πεπόμφατε[11] πρός με. **21** ἐπέταξα[12] οὖν ἐπισκέ-
ψασθαι,[13] καὶ εὑρέθη ὅτι ἐστὶν ἡ πόλις ἐκείνη ἐξ αἰῶνος βασιλεῦσιν ἀντιπαρα-
τάσσουσα[14] καὶ οἱ ἄνθρωποι ἀποστάσεις[15] καὶ πολέμους ἐν αὐτῇ συντελοῦντες[16]
22 καὶ βασιλεῖς ἰσχυροὶ[17] καὶ σκληροὶ[18] ἦσαν ἐν Ιερουσαλημ κυριεύοντες[19] καὶ
φορολογοῦντες[20] Κοίλην Συρίαν καὶ Φοινίκην. **23** νῦν οὖν ἐπέταξα[21] ἀποκωλῦσαι[22]
τοὺς ἀνθρώπους ἐκείνους τοῦ οἰκοδομῆσαι τὴν πόλιν **24** καὶ προνοηθῆναι[23] ὅπως
μηθὲν[24] παρὰ ταῦτα γένηται καὶ μὴ προβῇ[25] ἐπὶ πλεῖον[26] τὰ τῆς κακίας[27] εἰς τὸ
βασιλεῖς ἐνοχλῆσαι.[28]

25 τότε ἀναγνωσθέντων[29] τῶν παρὰ τοῦ βασιλέως Ἀρταξέρξου γραφέντων ὁ Ραου-
μος καὶ Σαμσαῖος ὁ γραμματεὺς[30] καὶ οἱ τούτοις συντασσόμενοι[31] ἀναζεύξαντες[32]
κατὰ σπουδὴν[33] εἰς Ιερουσαλημ μεθ' ἵππου[34] καὶ ὄχλου[35] παρατάξεως[36] ἤρξαντο
κωλύειν[37] τοὺς οἰκοδομοῦντας. **26** καὶ ἤργει[38] ἡ οἰκοδομὴ[39] τοῦ ἱεροῦ τοῦ ἐν Ιερου-
σαλημ μέχρι[40] τοῦ δευτέρου ἔτους τῆς βασιλείας Δαρείου τοῦ Περσῶν βασιλέως.

1 τεῖχος, wall
2 κάθοδος, way (down), return
3 ἀντιγράφω, *aor act ind 3s*, write in reply
4 προσπίπτω, *pres act ptc acc p n*, bring to hand?, (reporter)
5 γραμματεύς, scribe
6 συντάσσω, *pres pas ptc dat p m*, appoint, associate
7 οἰκέω, *pres act ptc dat p m*, live, dwell
8 ὑπογράφω, *perf pas ptc acc p n*, copy, record
9 ἀναγινώσκω, *aor act ind 1s*, read
10 ἐπιστολή, letter
11 πέμπω, *perf act ind 2p*, send
12 ἐπιτάσσω, *aor act ind 1s*, command, order
13 ἐπισκέπτομαι, *aor mid inf*, examine, inspect
14 ἀντιπαρατάσσω, *pres act ptc nom s f*, stand in opposition
15 ἀπόστασις, rebellion
16 συντελέω, *pres act ptc nom p m*, perpetrate, carry out
17 ἰσχυρός, powerful
18 σκληρός, stubborn, harsh
19 κυριεύω, *pres act ptc nom p m*, rule
20 φορολογέω, *pres act ptc nom p m*, levy tribute
21 ἐπιτάσσω, *aor act ind 1s*, command, order
22 ἀποκωλύω, *aor act inf*, prevent, put a stop
23 προνοέω, *aor pas inf*, take care, see that
24 μηθείς, nothing
25 προβαίνω, *aor act sub 3s*, go forward, make progress
26 πλείων/πλεῖον, *comp of* πολύς, more
27 κακία, wickedness, evil
28 ἐνοχλέω, *aor act inf*, trouble, annoy
29 ἀναγινώσκω, *aor pas ptc gen p n*, read
30 γραμματεύς, scribe
31 συντάσσω, *pres mid ptc nom p m*, appoint
32 ἀναζεύγνυμι, *aor act ptc nom p m*, return home, move off
33 σπουδή, haste
34 ἵππος, horse, (cavalry)
35 ὄχλος, army, multitude
36 παράταξις, organized rank
37 κωλύω, *pres act inf*, hinder
38 ἀργέω, *impf act ind 3s*, cease
39 οἰκοδομή, construction
40 μέχρι, until

Debate among the Three Bodyguards

3 Καὶ βασιλεὺς Δαρεῖος ἐποίησεν δοχὴν[1] μεγάλην πᾶσιν τοῖς ὑπ᾽ αὐτὸν καὶ πᾶσιν
τοῖς οἰκογενέσιν[2] αὐτοῦ καὶ πᾶσιν τοῖς μεγιστᾶσιν[3] τῆς Μηδίας καὶ τῆς Περσίδος
2 καὶ πᾶσιν τοῖς σατράπαις[4] καὶ στρατηγοῖς[5] καὶ τοπάρχαις[6] τοῖς ὑπ᾽ αὐτὸν ἀπὸ
τῆς Ἰνδικῆς μέχρι[7] τῆς Αἰθιοπίας ἐν ταῖς ἑκατὸν[8] εἴκοσι[9] ἑπτὰ σατραπείαις.[10] **3** καὶ
ἐφάγοσαν καὶ ἐπίοσαν καὶ ἐμπλησθέντες[11] ἀνέλυσαν,[12] ὁ δὲ Δαρεῖος ὁ βασιλεὺς
ἀνέλυσεν[13] εἰς τὸν κοιτῶνα[14] καὶ ἐκοιμήθη[15] καὶ ἔξυπνος[16] ἐγένετο.

4 τότε οἱ τρεῖς νεανίσκοι[17] οἱ σωματοφύλακες[18] οἱ φυλάσσοντες τὸ σῶμα τοῦ βασιλέως
εἶπαν ἕτερος πρὸς τὸν ἕτερον **5** Εἴπωμεν ἕκαστος ἡμῶν ἕνα λόγον, ὃς ὑπερισχύσει·[19]
καὶ οὗ ἂν φανῇ[20] τὸ ῥῆμα αὐτοῦ σοφώτερον[21] τοῦ ἑτέρου, δώσει αὐτῷ Δαρεῖος ὁ
βασιλεὺς δωρεὰς[22] μεγάλας καὶ ἐπινίκια[23] μεγάλα **6** καὶ πορφύραν[24] περιβαλέσθαι[25]
καὶ ἐν χρυσώμασιν[26] πίνειν καὶ ἐπὶ χρυσῷ[27] καθεύδειν[28] καὶ ἅρμα[29] χρυσοχάλινον[30]
καὶ κίδαριν[31] βυσσίνην[32] καὶ μανιάκην[33] περὶ τὸν τράχηλον,[34] **7** καὶ δεύτερος καθιεῖται
Δαρείου διὰ τὴν σοφίαν αὐτοῦ καὶ συγγενὴς[35] Δαρείου κληθήσεται.

8 καὶ τότε γράψαντες ἕκαστος τὸν ἑαυτοῦ λόγον ἐσφραγίσαντο[36] καὶ ἔθηκαν ὑπὸ
τὸ προσκεφάλαιον[37] Δαρείου τοῦ βασιλέως καὶ εἶπαν **9** Ὅταν ἐγερθῇ[38] ὁ βασιλεύς,
δώσουσιν αὐτῷ τὸ γράμμα,[39] καὶ ὃν ἂν κρίνῃ ὁ βασιλεὺς καὶ οἱ τρεῖς μεγιστᾶνες[40]
τῆς Περσίδος ὅτι ὁ λόγος αὐτοῦ σοφώτερος,[41] αὐτῷ δοθήσεται τὸ νῖκος[42] καθὼς
γέγραπται. **10** ὁ εἷς ἔγραψεν Ὑπερισχύει[43] ὁ οἶνος. **11** ὁ ἕτερος ἔγραψεν Ὑπερισχύει[44]

1 δοχή, banquet, feast
2 οἰκογενής, born to a house
3 μεγιστάν, nobleman
4 σατράπης, governor, satrap
5 στρατηγός, commander, general
6 τοπάρχης, regional commander
7 μέχρι, as far as
8 ἑκατόν, one hundred
9 εἴκοσι, twenty
10 σατραπεία, province (of a satrap), satrapy
11 ἐμπίμπλημι, *aor pas ptc nom p m*, fill up, satisfy
12 ἀναλύω, *aor act ind 3p*, depart, leave
13 ἀναλύω, *aor act ind 3s*, return
14 κοιτών, bedroom
15 κοιμάω, *aor pas ind 3s*, fall asleep, go to bed
16 ἔξυπνος, roused (from sleep)
17 νεανίσκος, young man
18 σωματοφύλαξ, bodyguard
19 ὑπερισχύω, *fut act ind 3s*, be superior, prove better
20 φαίνω, *aor act sub 3s*, appear, seem
21 σοφός, *comp*, wiser, more learned
22 δωρεά, gift
23 ἐπινίκιος, song or prize of victory
24 πορφύρα, purple
25 περιβάλλω, *aor mid inf*, clothe with
26 χρύσωμα, golden cup
27 χρυσός, gold
28 καθεύδω, *pres act inf*, sleep on
29 ἅρμα, chariot
30 χρυσοχάλινος, with golden bridles
31 κίδαρις, turban
32 βύσσινος, of fine linen
33 μανιάκης, necklace
34 τράχηλος, neck
35 συγγενής, kinsman, relative
36 σφραγίζω, *aor mid ind 3p*, seal (a document with a seal)
37 προσκεφάλαιον, cushion, pillow
38 ἐγείρω, *aor pas sub 3s*, wake up, rise
39 γράμμα, writing, document
40 μεγιστάν, nobleman
41 σοφός, *comp*, wiser, more learned
42 νῖκος, victory, prize
43 ὑπερισχύω, *pres act ind 3s*, prove superior, be strong(est)
44 ὑπερισχύω, *pres act ind 3s*, prove superior, be strong(est)

ὁ βασιλεύς. **12** ὁ τρίτος ἔγραψεν Ὑπερισχύουσιν[1] αἱ γυναῖκες, ὑπὲρ δὲ πάντα νικᾷ[2] ἡ ἀλήθεια.

13 καὶ ὅτε ἐξηγέρθη[3] ὁ βασιλεύς, λαβόντες τὸ γράμμα[4] ἔδωκαν αὐτῷ, καὶ ἀνέγνω.[5]
14 καὶ ἐξαποστείλας[6] ἐκάλεσεν πάντας τοὺς μεγιστᾶνας[7] τῆς Περσίδος καὶ τῆς Μηδίας καὶ σατράπας[8] καὶ στρατηγοὺς[9] καὶ τοπάρχας[10] καὶ ὑπάτους[11] καὶ ἐκάθισεν ἐν τῷ χρηματιστηρίῳ,[12] καὶ ἀνεγνώσθη[13] τὸ γράμμα[14] ἐνώπιον αὐτῶν. **15** καὶ
εἶπεν Καλέσατε τοὺς νεανίσκους,[15] καὶ αὐτοὶ δηλώσουσιν[16] τοὺς λόγους αὐτῶν· καὶ ἐκλήθησαν καὶ εἰσήλθοσαν. **16** καὶ
εἶπαν αὐτοῖς Ἀπαγγείλατε ἡμῖν περὶ τῶν γεγραμμένων.

A Speech on Wine

17 Καὶ ἤρξατο ὁ πρῶτος ὁ εἴπας περὶ τῆς ἰσχύος[17] τοῦ οἴνου καὶ ἔφη[18] οὕτως **18** Ἄνδρες,
πῶς ὑπερισχύει[19] ὁ οἶνος; πάντας τοὺς ἀνθρώπους τοὺς πίνοντας αὐτὸν πλανᾷ τὴν
διάνοιαν.[20] **19** τοῦ τε βασιλέως καὶ τοῦ ὀρφανοῦ[21] ποιεῖ τὴν διάνοιαν[22] μίαν, τήν τε τοῦ οἰκέτου[23] καὶ τὴν τοῦ ἐλευθέρου,[24] τήν τε τοῦ πένητος[25] καὶ τὴν τοῦ πλουσίου.[26] **20** καὶ
πᾶσαν διάνοιαν[27] μεταστρέφει[28] εἰς εὐωχίαν[29] καὶ εὐφροσύνην[30] καὶ οὐ μέμνηται[31] πᾶσαν λύπην[32] καὶ πᾶν ὀφείλημα.[33] **21** καὶ
πάσας καρδίας ποιεῖ πλουσίας[34] καὶ οὐ μέμνηται[35] βασιλέα οὐδὲ σατράπην[36] καὶ πάντα διὰ ταλάντων[37] ποιεῖ λαλεῖν. **22** καὶ
οὐ μέμνηται,[38] ὅταν πίνωσιν, φιλιάζειν[39] φίλοις[40] καὶ ἀδελφοῖς, καὶ μετ᾽ οὐ πολὺ[41] σπῶνται[42] μαχαίρας·[43] **23** καὶ
ὅταν ἀπὸ τοῦ οἴνου γενηθῶσιν,[44] οὐ μέμνηται[45] ἃ

1 ὑπερισχύω, *pres act ind 3p*, prove superior, be strong(est)
2 νικάω, *pres act ind 3s*, win, prevail
3 ἐξεγείρω, *aor pas ind 3s*, wake up, rise
4 γράμμα, writing, document
5 ἀναγινώσκω, *aor act ind 3s*, read
6 ἐξαποστέλλω, *aor act ptc nom s m*, send
7 μεγιστάν, nobleman
8 σατράπης, governor, satrap
9 στρατηγός, commander, general
10 τοπάρχης, regional commander, toparch
11 ὕπατος, highest official
12 χρηματιστήριον, seat of judgment
13 ἀναγινώσκω, *aor pas ind 3s*, read aloud
14 γράμμα, writing, document
15 νεανίσκος, young man
16 δηλόω, *fut act ind 3p*, explain
17 ἰσχύς, strength, power
18 φημί, *aor act ind 3s*, speak
19 ὑπερισχύω, *pres act ind 3s*, prove superior, be strong(est)
20 διάνοια, thought, mind
21 ὀρφανός, orphaned
22 διάνοια, thought, mind
23 οἰκέτης, household slave
24 ἐλεύθερος, free
25 πένης, poor
26 πλούσιος, rich
27 διάνοια, thought, mind
28 μεταστρέφω, *pres act ind 3s*, change, transform
29 εὐωχία, festivity
30 εὐφροσύνη, joy, gladness
31 μιμνήσκομαι, *perf mid ind 3s*, remember
32 λύπη, grief, sorrow
33 ὀφείλημα, debt, obligation
34 πλούσιος, rich
35 μιμνήσκομαι, *perf mid ind 3s*, remember
36 σατράπης, governor, satrap
37 τάλαντον, talent
38 μιμνήσκομαι, *perf mid ind 3s*, remember
39 φιλιάζω, *pres act inf*, be friendly with
40 φίλος, companion, friend
41 μετ᾽ οὐ πολύ, shortly after, before long
42 σπάω, *pres mid ind 3p*, draw
43 μάχαιρα, sword
44 γίνομαι, *aor pas sub 3p*, (come to, recover)
45 μιμνήσκομαι, *perf mid ind 3s*, remember

ἔπραξαν.[1] **24** ὦ[2] ἄνδρες, οὐχ ὑπερισχύει[3] ὁ οἶνος, ὅτι οὕτως ἀναγκάζει[4] ποιεῖν; καὶ
ἐσίγησεν[5] οὕτως εἴπας.

A Speech on the King

4 Καὶ ἤρξατο ὁ δεύτερος λαλεῖν ὁ εἴπας περὶ τῆς ἰσχύος[6] τοῦ βασιλέως **2** Ὦ[7] ἄν-
δρες, οὐχ ὑπερισχύουσιν[8] οἱ ἄνθρωποι τὴν γῆν καὶ τὴν θάλασσαν κατακρατοῦν-
τες[9] καὶ πάντα τὰ ἐν αὐτοῖς; **3** ὁ δὲ βασιλεὺς ὑπερισχύει[10] καὶ κυριεύει[11] αὐτῶν καὶ
δεσπόζει[12] αὐτῶν, καὶ πᾶν, ὃ ἐὰν εἴπῃ αὐτοῖς, ἐνακούουσιν.[13] **4** ἐὰν εἴπῃ αὐτοῖς
ποιῆσαι πόλεμον ἕτερος πρὸς τὸν ἕτερον, ποιοῦσιν· ἐὰν δὲ ἐξαποστείλῃ[14] αὐτοὺς
πρὸς τοὺς πολεμίους,[15] βαδίζουσιν[16] καὶ κατεργάζονται[17] τὰ ὄρη καὶ τὰ τείχη[18] καὶ
τοὺς πύργους.[19] **5** φονεύουσιν[20] καὶ φονεύονται[21] καὶ τὸν λόγον τοῦ βασιλέως οὐ
παραβαίνουσιν·[22] ἐὰν δὲ νικήσωσιν,[23] τῷ βασιλεῖ κομίζουσιν[24] πάντα, καὶ ὅσα ἐὰν
προνομεύσωσιν,[25] καὶ τὰ ἄλλα πάντα. **6** καὶ ὅσοι οὐ στρατεύονται[26] οὐδὲ πολεμοῦσιν,
ἀλλὰ γεωργοῦσιν[27] τὴν γῆν, πάλιν ὅταν σπείρωσι,[28] θερίσαντες[29] ἀναφέρουσιν[30] τῷ
βασιλεῖ· καὶ ἕτερος τὸν ἕτερον ἀναγκάζοντες[31] ἀναφέρουσι[32] τοὺς φόρους[33] τῷ
βασιλεῖ. **7** καὶ αὐτὸς εἷς μόνος ἐστίν· ἐὰν εἴπῃ ἀποκτεῖναι, ἀποκτέννουσιν· εἶπεν
ἀφεῖναι, ἀφίουσιν· **8** εἶπε πατάξαι,[34] τύπτουσιν·[35] εἶπεν ἐρημῶσαι,[36] ἐρημοῦσιν·[37] εἶπεν
οἰκοδομῆσαι, οἰκοδομοῦσιν· **9** εἶπεν ἐκκόψαι,[38] ἐκκόπτουσιν·[39] εἶπεν φυτεῦσαι,[40]
φυτεύουσιν.[41] **10** καὶ πᾶς ὁ λαὸς αὐτοῦ καὶ αἱ δυνάμεις αὐτοῦ ἐνακούουσιν.[42] **11** πρὸς

1 πράσσω, *aor act ind 3p*, do
2 ὦ, O!
3 ὑπερισχύω, *pres act ind 3s*, prove superior, be strong(est)
4 ἀναγκάζω, *pres act ind 3s*, compel to
5 σιγάω, *aor act ind 3s*, be silent
6 ἰσχύς, strength, power
7 ὦ, O!
8 ὑπερισχύω, *pres act ind 3p*, prove superior, be strong(est)
9 κατακρατέω, *pres act ptc nom p m*, rule over, conquer
10 ὑπερισχύω, *pres act ind 3s*, prove superior, be strong(est)
11 κυριεύω, *pres act ind 3s*, rule
12 δεσπόζω, *pres act ind 3s*, be master
13 ἐνακούω, *pres act ind 3p*, obey
14 ἐξαποστέλλω, *aor act sub 3s*, dismiss, send away
15 πολέμιος, enemy
16 βαδίζω, *pres act ind 3p*, proceed, go
17 κατεργάζομαι, *pres mid ind 3p*, conquer
18 τεῖχος, wall
19 πύργος, tower
20 φονεύω, *pres act ind 3p*, kill
21 φονεύω, *pres pas ind 3p*, kill
22 παραβαίνω, *pres act ind 3p*, transgress, deviate from
23 νικάω, *aor act sub 3p*, be victorious
24 κομίζω, *pres act ind 3p*, bring back, carry off
25 προνομεύω, *aor act sub 3p*, plunder
26 στρατεύω, *pres mid ind 3p*, be a soldier
27 γεωργέω, *pres act ind 3p*, cultivate, till
28 σπείρω, *aor act sub 3p*, sow
29 θερίζω, *aor act ptc nom p m*, reap
30 ἀναφέρω, *pres act ind 3p*, bring up, offer
31 ἀναγκάζω, *pres act ptc nom p m*, compel
32 ἀναφέρω, *pres act ind 3p*, bring up, offer
33 φόρος, tribute, tax
34 πατάσσω, *aor act inf*, slay
35 τύπτω, *pres act ind 3p*, smite
36 ἐρημόω, *aor act inf*, lay waste, desolate
37 ἐρημόω, *pres act ind 3p*, lay waste, desolate
38 ἐκκόπτω, *aor act inf*, cut down
39 ἐκκόπτω, *pres act ind 3p*, cut down
40 φυτεύω, *aor act inf*, plant
41 φυτεύω, *pres act ind 3p*, plant
42 ἐνακούω, *pres act ind 3p*, obey

δὲ τούτοις αὐτὸς ἀνάκειται,[1] ἐσθίει καὶ πίνει καὶ καθεύδει,[2] αὐτοὶ δὲ τηροῦσιν[3]
κύκλῳ[4] περὶ αὐτὸν καὶ οὐ δύνανται ἕκαστος ἀπελθεῖν καὶ ποιεῖν τὰ ἔργα αὐτοῦ οὐδὲ
παρακούουσιν[5] αὐτοῦ. **12** ὦ[6] ἄνδρες, πῶς οὐχ ὑπερισχύει[7] ὁ βασιλεύς, ὅτι οὕτως
ἐπακουστός[8] ἐστιν; καὶ ἐσίγησεν.[9]

A Speech on Women

13 Ὁ δὲ τρίτος ὁ εἴπας περὶ τῶν γυναικῶν καὶ τῆς ἀληθείας — οὗτός ἐστιν Ζορο-
βαβελ — ἤρξατο λαλεῖν **14** Ἄνδρες, οὐ μέγας ὁ βασιλεὺς καὶ πολλοὶ οἱ ἄνθρωποι
καὶ ὁ οἶνος ἰσχύει;[10] τίς οὖν ὁ δεσπόζων[11] αὐτῶν ἢ τίς ὁ κυριεύων[12] αὐτῶν; οὐχ αἱ
γυναῖκες; **15** αἱ γυναῖκες ἐγέννησαν τὸν βασιλέα καὶ πάντα τὸν λαόν, ὃς κυριεύει[13]
τῆς θαλάσσης καὶ τῆς γῆς· **16** καὶ ἐξ αὐτῶν ἐγένοντο, καὶ αὗται ἐξέθρεψαν[14] αὐ-
τοὺς τοὺς φυτεύοντας[15] τοὺς ἀμπελῶνας,[16] ἐξ ὧν ὁ οἶνος γίνεται. **17** καὶ αὗται
ποιοῦσιν τὰς στολὰς[17] τῶν ἀνθρώπων, καὶ αὗται ποιοῦσιν δόξαν τοῖς ἀνθρώποις,
καὶ οὐ δύνανται οἱ ἄνθρωποι εἶναι χωρὶς[18] τῶν γυναικῶν. **18** ἐὰν δὲ συναγάγωσιν
χρυσίον[19] καὶ ἀργύριον[20] καὶ πᾶν πρᾶγμα[21] ὡραῖον[22] καὶ ἴδωσιν γυναῖκα μίαν καλὴν
τῷ εἴδει[23] καὶ τῷ κάλλει,[24] **19** καὶ ταῦτα πάντα ἀφέντες εἰς αὐτὴν ἐγκέχηναν[25] καὶ
χάσκοντες[26] τὸ στόμα θεωροῦσιν[27] αὐτήν, καὶ πάντες αὐτὴν αἱρετίζουσιν[28] μᾶλλον[29]
ἢ τὸ χρυσίον[30] καὶ τὸ ἀργύριον[31] καὶ πᾶν πρᾶγμα[32] ὡραῖον.[33] **20** ἄνθρωπος τὸν
ἑαυτοῦ πατέρα ἐγκαταλείπει,[34] ὃς ἐξέθρεψεν[35] αὐτόν, καὶ τὴν ἰδίαν[36] χώραν[37] καὶ
πρὸς τὴν ἰδίαν[38] γυναῖκα κολλᾶται·[39] **21** καὶ μετὰ τῆς γυναικὸς ἀφίησι τὴν ψυχὴν
καὶ οὔτε τὸν πατέρα μέμνηται[40] οὔτε τὴν μητέρα οὔτε τὴν χώραν.[41]

1 ἀνάκειμαι, *pres pas ind 3s*, recline (to eat)
2 καθεύδω, *pres act ind 3s*, sleep
3 τηρέω, *pres act ind 3p*, guard
4 κύκλῳ, around
5 παρακούω, *pres act ind 3p*, ignore, refuse to heed
6 ὦ, O!
7 ὑπερισχύω, *pres act ind 3s*, prove superior, be strong(est)
8 ἐπακουστός, obeyed
9 σιγάω, *aor act ind 3s*, be silent
10 ἰσχύω, *pres act ind 3s*, prove strong
11 δεσπόζω, *pres act ptc nom s m*, be master
12 κυριεύω, *pres act ptc nom s m*, rule
13 κυριεύω, *pres act ind 3s*, rule
14 ἐκτρέφω, *aor act ind 3p*, rear, raise from childhood
15 φυτεύω, *pres act ptc acc p m*, plant
16 ἀμπελών, vineyard
17 στολή, garment, clothing
18 χωρίς, without, apart from
19 χρυσίον, gold
20 ἀργύριον, silver
21 πρᾶγμα, thing, object
22 ὡραῖος, beautiful
23 εἶδος, appearance, form
24 κάλλος, beauty
25 ἐγχάσκω, *perf act ind 3p*, gape, grin at
26 χάσκω, *pres act ptc nom p m*, (hang) open
27 θεωρέω, *pres act ind 3p*, look at, gawk
28 αἱρετίζω, *pres act ind 3p*, choose
29 μᾶλλον, more
30 χρυσίον, gold
31 ἀργύριον, silver
32 πρᾶγμα, thing, object
33 ὡραῖος, beautiful
34 ἐγκαταλείπω, *pres act ind 3s*, leave behind
35 ἐκτρέφω, *aor act ind 3s*, rear, raise from childhood
36 ἴδιος, one's own
37 χώρα, land, country
38 ἴδιος, one's own
39 κολλάω, *pres mid ind 3s*, join with, cling to
40 μιμνήσκομαι, *perf mid ind 3s*, remember
41 χώρα, land, country

22 καὶ ἐντεῦθεν[1] δεῖ[2] ὑμᾶς γνῶναι ὅτι αἱ γυναῖκες κυριεύουσιν[3] ὑμῶν· οὐχὶ πονεῖτε[4]
καὶ μοχθεῖτε[5] καὶ πάντα ταῖς γυναιξὶν δίδοτε καὶ φέρετε; **23** καὶ λαμβάνει ἄνθρω-
πος τὴν ῥομφαίαν[6] αὐτοῦ καὶ ἐκπορεύεται ἐξοδεύειν[7] καὶ λῃστεύειν[8] καὶ κλέπτειν[9]
καὶ εἰς τὴν θάλασσαν πλεῖν[10] καὶ ποταμούς·[11] **24** καὶ τὸν λέοντα[12] θεωρεῖ[13] καὶ ἐν
σκότει βαδίζει,[14] καὶ ὅταν κλέψῃ[15] καὶ ἁρπάσῃ[16] καὶ λωποδυτήσῃ,[17] τῇ ἐρωμένῃ[18]
ἀποφέρει.[19] **25** καὶ πλεῖον[20] ἀγαπᾷ ἄνθρωπος τὴν ἰδίαν[21] γυναῖκα μᾶλλον[22] ἢ τὸν
πατέρα καὶ τὴν μητέρα· **26** καὶ πολλοὶ ἀπενοήθησαν[23] ταῖς ἰδίαις[24] διανοίαις[25] διὰ τὰς
γυναῖκας καὶ δοῦλοι ἐγένοντο δι᾽ αὐτάς, **27** καὶ πολλοὶ ἀπώλοντο καὶ ἐσφάλησαν[26]
καὶ ἡμάρτοσαν διὰ τὰς γυναῖκας.

28 καὶ νῦν οὐ πιστεύετέ μοι; οὐχὶ μέγας ὁ βασιλεὺς τῇ ἐξουσίᾳ[27] αὐτοῦ; οὐχὶ πᾶσαι
αἱ χῶραι[28] εὐλαβοῦνται[29] ἅψασθαι αὐτοῦ; **29** ἐθεώρουν[30] αὐτὸν καὶ Ἀπάμην τὴν
θυγατέρα[31] Βαρτάκου τοῦ θαυμαστοῦ[32] τὴν παλλακὴν[33] τοῦ βασιλέως καθημένην
ἐν δεξιᾷ τοῦ βασιλέως **30** καὶ ἀφαιροῦσαν[34] τὸ διάδημα[35] ἀπὸ τῆς κεφαλῆς τοῦ
βασιλέως καὶ ἐπιτιθοῦσαν ἑαυτῇ καὶ ἐρράπιζεν[36] τὸν βασιλέα τῇ ἀριστερᾷ.[37] **31** καὶ
πρὸς τούτοις ὁ βασιλεὺς χάσκων[38] τὸ στόμα ἐθεώρει[39] αὐτήν· καὶ ἐὰν προσγελάσῃ[40]
αὐτῷ, γελᾷ·[41] ἐὰν δὲ πικρανθῇ[42] ἐπ᾽ αὐτόν, κολακεύει[43] αὐτήν, ὅπως διαλλαγῇ[44] αὐτῷ.
32 ὦ[45] ἄνδρες, πῶς οὐχὶ ἰσχυραὶ[46] αἱ γυναῖκες, ὅτι οὕτως πράσσουσιν;[47]

1 ἐντεῦθεν, henceforth, from now on
2 δεῖ, *pres act ind 3s*, be necessary
3 κυριεύω, *pres act ind 3p*, rule, be lord over
4 πονέω, *pres act ind 2p*, labor
5 μοχθέω, *pres act ind 2p*, toil
6 ῥομφαία, sword
7 ἐξοδεύω, *pres act inf*, depart, go on an expedition
8 λῃστεύω, *pres act inf*, rob, raid
9 κλέπτω, *pres act inf*, steal
10 πλέω, *pres act inf*, sail
11 ποταμός, river
12 λέων, lion
13 θεωρέω, *pres act ind 3s*, behold, look at
14 βαδίζω, *pres act ind 3s*, proceed through, go in
15 κλέπτω, *aor act sub 3s*, steal
16 ἁρπάζω, *aor act sub 3s*, carry off, seize
17 λωποδυτέω, *aor act sub 3s*, plunder
18 ἐράω, *pres pas ptc dat s f*, have a desire
19 ἀποφέρω, *pres act ind 3s*, bring
20 πλείων/πλεῖον, *comp of* πολύς, more
21 ἴδιος, one's own
22 μᾶλλον, more
23 ἀπονοέομαι, *aor pas ind 3p*, lose all sense, be desperate
24 ἴδιος, one's own
25 διάνοια, thought, mind
26 σφάλλω, *aor pas ind 3p*, err, stumble
27 ἐξουσία, authority, power
28 χώρα, land, country
29 εὐλαβέομαι, *pres mid ind 3p*, fear, be afraid
30 θεωρέω, *impf act ind 1s*, see, watch
31 θυγάτηρ, daughter
32 θαυμαστός, illustrious, honorable
33 παλλακή, concubine
34 ἀφαιρέω, *pres act ptc acc s f*, remove, take away
35 διάδημα, crown
36 ῥαπίζω, *impf act ind 3s*, strike
37 ἀριστερός, left
38 χάσκω, *pres act ptc nom s m*, hang open, be agape
39 θεωρέω, *impf act ind 3s*, look at
40 προσγελάω, *aor act sub 3s*, smile at
41 γελάω, *pres act ind 3s*, laugh
42 πικραίνω, *aor pas sub 3s*, be exasperated
43 κολακεύω, *pres act ind 3s*, flatter
44 διαλλάσσω, *aor pas sub 3s*, be reconciled
45 ὦ, O!
46 ἰσχυρός, powerful, strong
47 πράσσω, *pres act ind 3p*, behave, conduct oneself

A Speech on Truth

33 καὶ τότε ὁ βασιλεὺς καὶ οἱ μεγιστᾶνες[1] ἐνέβλεπον[2] ἕτερος πρὸς τὸν ἕτερον. —
34 καὶ ἤρξατο λαλεῖν περὶ τῆς ἀληθείας Ἄνδρες, οὐχὶ ἰσχυραὶ[3] αἱ γυναῖκες; μεγάλη
ἡ γῆ, καὶ ὑψηλὸς[4] ὁ οὐρανός, καὶ ταχὺς[5] τῷ δρόμῳ[6] ὁ ἥλιος, ὅτι στρέφεται[7] ἐν τῷ
κύκλῳ[8] τοῦ οὐρανοῦ καὶ πάλιν[9] ἀποτρέχει[10] εἰς τὸν ἑαυτοῦ τόπον ἐν μιᾷ ἡμέρᾳ.
35 οὐχὶ μέγας ὃς ταῦτα ποιεῖ; καὶ ἡ ἀλήθεια μεγάλη καὶ ἰσχυροτέρα[11] παρὰ πάντα.
36 πᾶσα ἡ γῆ τὴν ἀλήθειαν καλεῖ, καὶ ὁ οὐρανὸς αὐτὴν εὐλογεῖ, καὶ πάντα τὰ
ἔργα σείεται[12] καὶ τρέμει,[13] καὶ οὐκ ἔστιν μετ᾽ αὐτοῦ ἄδικον[14] οὐθέν.[15] **37** ἄδικος[16] ὁ
οἶνος, ἄδικος ὁ βασιλεύς, ἄδικοι αἱ γυναῖκες, ἄδικοι πάντες οἱ υἱοὶ τῶν ἀνθρώπων,
καὶ ἄδικα πάντα τὰ ἔργα αὐτῶν, πάντα τὰ τοιαῦτα·[17] καὶ οὐκ ἔστιν ἐν αὐτοῖς ἀλή-
θεια, καὶ ἐν τῇ ἀδικίᾳ[18] αὐτῶν ἀπολοῦνται. **38** ἡ δὲ ἀλήθεια μένει[19] καὶ ἰσχύει[20]
εἰς τὸν αἰῶνα καὶ ζῇ καὶ κρατεῖ εἰς τὸν αἰῶνα τοῦ αἰῶνος. **39** καὶ οὐκ ἔστιν παρ᾽
αὐτῇ λαμβάνειν πρόσωπα οὐδὲ διάφορα,[21] ἀλλὰ τὰ δίκαια ποιεῖ ἀπὸ πάντων τῶν
ἀδίκων[22] καὶ πονηρῶν· καὶ πάντες εὐδοκοῦσι[23] τοῖς ἔργοις αὐτῆς, καὶ οὐκ ἔστιν ἐν
τῇ κρίσει αὐτῆς οὐθὲν[24] ἄδικον.

40 καὶ αὐτῇ ἡ ἰσχὺς[25] καὶ τὸ βασίλειον[26] καὶ ἡ ἐξουσία[27] καὶ ἡ μεγαλειότης[28] τῶν
πάντων αἰώνων. εὐλογητὸς[29] ὁ θεὸς τῆς ἀληθείας. **41** καὶ ἐσιώπησεν[30] τοῦ λαλεῖν·
καὶ πᾶς ὁ λαὸς τότε ἐφώνησεν,[31] καὶ τότε εἶπον Μεγάλη ἡ ἀλήθεια καὶ ὑπερισχύει.[32]

Zerubbabel Is Rewarded

42 Τότε ὁ βασιλεὺς εἶπεν αὐτῷ Αἴτησαι[33] ὃ θέλεις πλείω[34] τῶν γεγραμμένων, καὶ
δώσομέν σοι, ὃν τρόπον[35] εὑρέθης σοφώτερος·[36] καὶ ἐχόμενός μου καθήσῃ καὶ

1 μεγιστάν, nobleman
2 ἐμβλέπω, *impf act ind 3p*, look at
3 ἰσχυρός, powerful, strong
4 ὑψηλός, high
5 ταχύς, swift, quick
6 δρόμος, course
7 στρέφω, *pres mid ind 3s*, rotate around, turn about
8 κύκλῳ, in a circle
9 πάλιν, again, once more
10 ἀποτρέχω, *pres act ind 3s*, hurry away, depart
11 ἰσχυρός, *comp*, stronger, mightier
12 σείω, *pres pas ind 3s*, quake
13 τρέμω, *pres act ind 3s*, tremble
14 ἄδικος, unjust, unrighteous
15 οὐθείς, nothing
16 ἄδικος, unjust, unrighteous
17 τοιοῦτος, such as this
18 ἀδικία, injustice, unrighteousness
19 μένω, *pres act ind 3s*, endure, remain
20 ἰσχύω, *pres act ind 3s*, be strong, prevail
21 διάφορος, making a difference, (distinction)
22 ἄδικος, unjust, unrighteous
23 εὐδοκέω, *pres act ind 3p*, approve of, think well of
24 οὐθείς, nothing
25 ἰσχύς, strength, power
26 βασίλειον, kingdom
27 ἐξουσία, authority, control
28 μεγαλειότης, majesty, glory
29 εὐλογητός, blessed
30 σιωπάω, *aor act ind 3s*, keep silent
31 φωνέω, *aor act ind 3s*, shout, call
32 ὑπερισχύω, *pres act ind 3s*, prove superior, be strong(est)
33 αἰτέω, *aor mid impv 2s*, ask, demand
34 πλείων/πλεῖον, *comp of* πολύς, more than
35 ὃν τρόπον, just as
36 σοφός, *comp*, wiser, more learned

συγγενής[1] μου κληθήσῃ. **43** τότε εἶπεν τῷ βασιλεῖ Μνήσθητι[2] τὴν εὐχήν,[3] ἣν ηὔξω[4]
οἰκοδομῆσαι τὴν Ιερουσαλημ ἐν τῇ ἡμέρᾳ, ᾗ τὸ βασίλειόν[5] σου παρέλαβες,[6] **44** καὶ
πάντα τὰ σκεύη[7] τὰ λημφθέντα ἐξ Ιερουσαλημ ἐκπέμψαι,[8] ἃ ἐξεχώρισεν[9] Κῦρος,
ὅτε ηὔξατο[10] ἐκκόψαι[11] Βαβυλῶνα, καὶ ηὔξατο ἐξαποστεῖλαι[12] ἐκεῖ. **45** καὶ σὺ εὔξω[13]
οἰκοδομῆσαι τὸν ναόν, ὃν ἐνεπύρισαν[14] οἱ Ιδουμαῖοι, ὅτε ἠρημώθη[15] ἡ Ιουδαία ὑπὸ
τῶν Χαλδαίων. **46** καὶ νῦν τοῦτό ἐστιν, ὅ σε ἀξιῶ,[16] κύριε βασιλεῦ, καὶ ὃ αἰτοῦμαί[17]
σε, καὶ αὕτη ἐστὶν ἡ μεγαλωσύνη[18] ἡ παρὰ σοῦ· δέομαι[19] οὖν ἵνα ποιήσῃς τὴν εὐχήν,[20]
ἣν ηὔξω[21] τῷ βασιλεῖ τοῦ οὐρανοῦ ποιῆσαι ἐκ στόματός σου.

47 τότε ἀναστὰς Δαρεῖος ὁ βασιλεὺς κατεφίλησεν[22] αὐτὸν καὶ ἔγραψεν αὐτῷ τὰς
ἐπιστολὰς[23] πρὸς πάντας τοὺς οἰκονόμους[24] καὶ τοπάρχας[25] καὶ στρατηγοὺς[26] καὶ
σατράπας,[27] ἵνα προπέμψωσιν[28] αὐτὸν καὶ τοὺς μετ᾽ αὐτοῦ πάντας ἀναβαίνοντας
οἰκοδομῆσαι τὴν Ιερουσαλημ. **48** καὶ πᾶσι τοῖς τοπάρχαις[29] ἐν Κοίλῃ Συρίᾳ καὶ
Φοινίκῃ καὶ τοῖς ἐν τῷ Λιβάνῳ ἔγραψεν ἐπιστολὰς[30] μεταφέρειν[31] ξύλα[32] κέδρινα[33]
ἀπὸ τοῦ Λιβάνου εἰς Ιερουσαλημ καὶ ὅπως οἰκοδομήσωσιν μετ᾽ αὐτοῦ τὴν πόλιν.
49 καὶ ἔγραψεν πᾶσι τοῖς Ιουδαίοις τοῖς ἀναβαίνουσιν ἀπὸ τῆς βασιλείας εἰς τὴν
Ιουδαίαν ὑπὲρ τῆς ἐλευθερίας,[34] πάντα δυνατὸν καὶ σατράπην[35] καὶ τοπάρχην[36] καὶ
οἰκονόμον[37] μὴ ἐπελεύσεσθαι[38] ἐπὶ τὰς θύρας αὐτῶν, **50** καὶ πᾶσαν τὴν χώραν,[39]
ἣν κρατήσουσιν, ἀφορολόγητον[40] αὐτοῖς ὑπάρχειν, καὶ ἵνα οἱ Ιδουμαῖοι ἀφιῶσι[41]
τὰς κώμας[42] ἃς διακρατοῦσιν[43] τῶν Ιουδαίων, **51** καὶ εἰς τὴν οἰκοδομὴν[44] τοῦ

1 συγγενής, kinsman, relative of
2 μιμνῄσκομαι, *aor pas impv 2s*, remember
3 εὐχή, vow
4 εὔχομαι, *aor mid ind 2s*, vow
5 βασίλειον, kingdom, kingship
6 παραλαμβάνω, *aor act ind 2s*, inherit, receive
7 σκεῦος, thing, vessel
8 ἐκπέμπω, *aor act inf*, bring out
9 ἐκχωρέω, *aor act ind 3s*, remove, take from
10 εὔχομαι, *aor mid ind 3s*, vow
11 ἐκκόπτω, *aor act inf*, cut down, destroy
12 ἐξαποστέλλω, *aor act inf*, send off, send away
13 εὔχομαι, *aor mid ind 2s*, vow
14 ἐμπυρίζω, *aor act ind 3p*, burn
15 ἐρημόω, *aor pas ind 3s*, desolate, lay waste
16 ἀξιόω, *pres act ind 1s*, request, expect
17 αἰτέω, *pres mid ind 1s*, ask for, demand
18 μεγαλωσύνη, greatness
19 δέομαι, *pres mid ind 1s*, beseech, desire
20 εὐχή, vow
21 εὔχομαι, *aor mid ind 2s*, vow
22 καταφιλέω, *aor act ind 3s*, kiss, embrace
23 ἐπιστολή, letter
24 οἰκονόμος, steward
25 τοπάρχης, regional commander
26 στρατηγός, commander, general
27 σατράπης, governor, satrap
28 προπέμπω, *aor act sub 3p*, escort, accompany
29 τοπάρχης, regional commander
30 ἐπιστολή, letter
31 μεταφέρω, *pres act inf*, bring over
32 ξύλον, timber
33 κέδρινος, of cedar
34 ἐλευθερία, freedom
35 σατράπης, governor, satrap
36 τοπάρχης, regional commander
37 οἰκονόμος, steward
38 ἐπέρχομαι, *fut mid inf*, forcibly enter, come against
39 χώρα, land, country
40 ἀφορολόγητος, exempt from tribute
41 ἀφίημι, *pres act sub 3p*, pardon, give up
42 κώμη, village
43 διακρατέω, *pres act ind 3p*, hold in possession, establish
44 οἰκοδομή, construction, building

ἱεροῦ δοθῆναι κατ᾽ ἐνιαυτὸν[1] τάλαντα[2] εἴκοσι[3] μέχρι[4] τοῦ οἰκοδομηθῆναι, **52** καὶ
ἐπὶ τὸ θυσιαστήριον[5] ὁλοκαυτώματα[6] καρποῦσθαι[7] καθ᾽ ἡμέραν, καθὰ[8] ἔχουσιν
ἐντολὴν ἑπτακαίδεκα[9] προσφέρειν, ἄλλα τάλαντα[10] δέκα[11] κατ᾽ ἐνιαυτόν,[12] **53** καὶ
πᾶσιν τοῖς προσβαίνουσιν[13] ἀπὸ τῆς Βαβυλωνίας κτίσαι[14] τὴν πόλιν ὑπάρχειν τὴν
ἐλευθερίαν,[15] αὐτοῖς τε καὶ τοῖς τέκνοις αὐτῶν καὶ πᾶσι τοῖς ἱερεῦσι τοῖς προσ-
βαίνουσιν. **54** ἔγραψεν δὲ καὶ τὴν χορηγίαν[16] καὶ τὴν ἱερατικὴν[17] στολήν,[18] ἐν τίνι
λατρεύουσιν[19] ἐν αὐτῇ. **55** καὶ τοῖς Λευίταις ἔγραψεν δοῦναι τὴν χορηγίαν[20] ἕως
ἧς ἡμέρας ἐπιτελεσθῇ[21] ὁ οἶκος καὶ Ιερουσαλημ οἰκοδομηθῆναι, **56** καὶ πᾶσι τοῖς
φρουροῦσι[22] τὴν πόλιν, ἔγραψε δοῦναι αὐτοῖς κλήρους[23] καὶ ὀψώνια.[24] **57** καὶ ἐξα-
πέστειλεν[25] πάντα τὰ σκεύη,[26] ἃ ἐξεχώρισεν[27] Κῦρος ἀπὸ Βαβυλῶνος· καὶ πάντα,
ὅσα εἶπεν Κῦρος ποιῆσαι, καὶ αὐτὸς ἐπέταξεν[28] ποιῆσαι καὶ ἐξαποστεῖλαι[29] εἰς
Ιερουσαλημ.

Prayer of Zerubbabel

58 Καὶ ὅτε ἐξῆλθεν ὁ νεανίσκος,[30] ἄρας τὸ πρόσωπον εἰς τὸν οὐρανὸν ἐναντίον[31]
Ιερουσαλημ εὐλόγησεν τῷ βασιλεῖ τοῦ οὐρανοῦ λέγων **59** Παρὰ σοῦ ἡ νίκη,[32] καὶ
παρὰ σοῦ ἡ σοφία, καὶ σὴ[33] ἡ δόξα, καὶ ἐγὼ σὸς[34] οἰκέτης.[35] **60** εὐλογητὸς[36] εἶ, ὅς
ἔδωκάς μοι σοφίαν· καὶ σοὶ ὁμολογῶ,[37] δέσποτα[38] τῶν πατέρων.

61 καὶ ἔλαβεν τὰς ἐπιστολὰς[39] καὶ ἐξῆλθεν εἰς Βαβυλῶνα καὶ ἀπήγγειλεν τοῖς
ἀδελφοῖς αὐτοῦ πᾶσιν. **62** καὶ εὐλόγησαν τὸν θεὸν τῶν πατέρων αὐτῶν, ὅτι ἔδωκεν
αὐτοῖς ἄνεσιν[40] καὶ ἄφεσιν[41] **63** ἀναβῆναι καὶ οἰκοδομῆσαι Ιερουσαλημ καὶ τὸ ἱερόν,

1 ἐνιαυτός, year
2 τάλαντον, talent
3 εἴκοσι, twenty
4 μέχρι, until
5 θυσιαστήριον, altar
6 ὁλοκαύτωμα, whole burnt offering
7 καρπόω, *pres mid inf*, derive profit from
8 καθά, just as
9 ἑπτακαίδεκα, seventeen
10 τάλαντον, talent
11 δέκα, ten
12 ἐνιαυτός, year
13 προσβαίνω, *pres act ptc dat p m*, ascend, (come)
14 κτίζω, *aor act inf*, establish, found
15 ἐλευθερία, liberty, freedom
16 χορηγία, supply
17 ἱερατικός, priestly
18 στολή, garment, clothing
19 λατρεύω, *pres act ind 3p*, serve, minister
20 χορηγία, supply
21 ἐπιτελέω, *aor pas sub 3s*, complete, finish
22 φρουρέω, *pres act ptc dat p m*, guard, protect
23 κλῆρος, share, portion
24 ὀψώνιον, wages, provisions
25 ἐξαποστέλλω, *aor act ind 3s*, send out, send back
26 σκεῦος, equipment, stuff
27 ἐκχωρέω, *aor act ind 3s*, remove, take from
28 ἐπιτάσσω, *aor act ind 3s*, command, order
29 ἐξαποστέλλω, *aor act inf*, send out, send back
30 νεανίσκος, young man
31 ἐναντίον, before
32 νίκη, victory
33 σός, yours
34 σός, yours
35 οἰκέτης, servant
36 εὐλογητός, blessed
37 ὁμολογέω, *pres act ind 1s*, acknowledge, praise
38 δεσπότης, master, lord
39 ἐπιστολή, letter
40 ἄνεσις, relief, liberty
41 ἄφεσις, pardon, release

οὗ[1] ὠνομάσθη[2] τὸ ὄνομα αὐτοῦ ἐπ᾽ αὐτῷ, καὶ ἐκωθωνίζοντο[3] μετὰ μουσικῶν[4] καὶ χαρᾶς[5] ἡμέρας ἑπτά.

Return of the Exiles

5 Μετὰ δὲ ταῦτα ἐξελέγησαν[6] ἀναβῆναι ἀρχηγοὶ[7] οἴκου πατριῶν[8] κατὰ φυλὰς αὐτῶν καὶ αἱ γυναῖκες αὐτῶν καὶ οἱ υἱοὶ καὶ αἱ θυγατέρες[9] καὶ οἱ παῖδες[10] αὐτῶν καὶ αἱ παιδίσκαι[11] καὶ τὰ κτήνη[12] αὐτῶν. **2** καὶ Δαρεῖος συναπέστειλεν[13] μετ᾽ αὐτῶν ἱππεῖς[14] χιλίους[15] ἕως τοῦ ἀποκαταστῆσαι[16] αὐτοὺς εἰς Ιερουσαλημ μετ᾽ εἰρήνης καὶ μετὰ μουσικῶν,[17] τυμπάνων[18] καὶ αὐλῶν·[19] **3** καὶ πάντες οἱ ἀδελφοὶ αὐτῶν παίζοντες,[20] καὶ ἐποίησεν αὐτοὺς συναναβῆναι[21] μετ᾽ ἐκείνων.

4 Καὶ ταῦτα τὰ ὀνόματα τῶν ἀνδρῶν τῶν ἀναβαινόντων κατὰ πατριὰς[22] αὐτῶν εἰς τὰς φυλὰς ἐπὶ τὴν μεριδαρχίαν[23] αὐτῶν. **5** οἱ ἱερεῖς υἱοὶ Φινεες υἱοῦ Ααρων· Ἰησοῦς ὁ τοῦ Ιωσεδεκ τοῦ Σαραιου καὶ Ιωακιμ ὁ τοῦ Ζοροβαβελ τοῦ Σαλαθιηλ ἐκ τοῦ οἴκου τοῦ Δαυιδ ἐκ τῆς γενεᾶς Φαρες, φυλῆς δὲ Ιουδα, **6** ὃς ἐλάλησεν ἐπὶ Δαρείου τοῦ βασιλέως Περσῶν λόγους σοφοὺς[24] ἐν τῷ δευτέρῳ ἔτει τῆς βασιλείας αὐτοῦ μηνὶ[25] Νισαν τοῦ πρώτου μηνός.

7 εἰσὶν δὲ οὗτοι ἐκ τῆς Ιουδαίας οἱ ἀναβάντες ἐκ τῆς αἰχμαλωσίας[26] τῆς παροικίας,[27] οὓς μετῴκισεν[28] Ναβουχοδονοσορ βασιλεὺς Βαβυλῶνος εἰς Βαβυλῶνα **8** καὶ ἐπέστρεψαν εἰς Ιερουσαλημ καὶ τὴν λοιπὴν Ιουδαίαν ἕκαστος εἰς τὴν ἰδίαν[29] πόλιν, οἱ ἐλθόντες μετὰ Ζοροβαβελ καὶ Ἰησοῦ, Νεεμιου, Ζαραιου, Ρησαιου, Ενηνιος, Μαρδοχαιου, Βεελσαρου, Ασφαρασου, Βορολιου, Ροϊμου, Βαανα τῶν προηγουμένων[30] αὐτῶν.

9 ἀριθμὸς[31] τῶν ἀπὸ τοῦ ἔθνους καὶ οἱ προηγούμενοι[32] αὐτῶν· υἱοὶ Φορος δύο χιλιάδες[33] καὶ ἑκατὸν[34] ἑβδομήκοντα[35] δύο. **10** υἱοὶ Σαφατ τετρακόσιοι[36] ἑβδομήκοντα[37] δύο.

1 οὗ, where
2 ὀνομάζω, *aor pas ind 3s*, name, call
3 κωθωνίζομαι, *impf mid ind 3p*, drink heavily
4 μουσικός, (musician)
5 χαρά, joy
6 ἐκλέγω, *aor pas ind 3p*, choose, select
7 ἀρχηγός, ruler
8 πατριά, paternal lineage, house
9 θυγάτηρ, daughter
10 παῖς, servant
11 παιδίσκη, female slave
12 κτῆνος, animal, (*p*) livestock
13 συναποστέλλω, *aor act ind 3s*, send with
14 ἱππεύς, horseman
15 χίλιοι, one thousand
16 ἀποκαθίστημι, *aor act inf*, bring back
17 μουσικός, (musician)
18 τύμπανον, drum
19 αὐλός, flute
20 παίζω, *pres act ptc nom p m*, amuse oneself
21 συναναβαίνω, *aor act inf*, go up with
22 πατριά, paternal lineage, house
23 μεριδαρχία, office of a province or district
24 σοφός, wise
25 μήν, month
26 αἰχμαλωσία, captivity
27 παροικία, settlement in a foreign country
28 μετοικίζω, *aor act ind 3s*, deport, resettle
29 ἴδιος, one's own
30 προηγέομαι, *pres mid ptc gen p m*, lead
31 ἀριθμός, number, amount
32 προηγέομαι, *pres mid ptc nom p m*, lead
33 χιλιάς, thousand
34 ἑκατόν, one hundred
35 ἑβδομήκοντα, seventy
36 τετρακόσιοι, four hundred
37 ἑβδομήκοντα, seventy

υἱοὶ Αρεε ἑπτακόσιοι[1] πεντήκοντα[2] ἕξ.[3] **11** υἱοὶ Φααθμωαβ εἰς τοὺς υἱοὺς Ἰησοῦ
καὶ Ιωαβ δισχίλιοι[4] ὀκτακόσιοι[5] δέκα[6] δύο. **12** υἱοὶ Ωλαμου χίλιοι[7] διακόσιοι[8]
πεντήκοντα[9] τέσσαρες. υἱοὶ Ζατου ἐννακόσιοι[10] τεσσαράκοντα[11] πέντε. υἱοὶ
Χορβε ἑπτακόσιοι[12] πέντε. υἱοὶ Βανι ἑξακόσιοι[13] τεσσαράκοντα[14] ὀκτώ.[15] **13** υἱοὶ
Βηβαι ἑξακόσιοι[16] εἴκοσι[17] τρεῖς. υἱοὶ Ασγαδ χίλιοι[18] τριακόσιοι[19] εἴκοσι δύο. **14** υἱοὶ
Αδωνικαμ ἑξακόσιοι[20] ἑξήκοντα[21] ἑπτά. υἱοὶ Βαγοι δισχίλιοι[22] ἑξήκοντα[23] ἕξ.[24] υἱοὶ
Αδινου τετρακόσιοι[25] πεντήκοντα[26] τέσσαρες. **15** υἱοὶ Ατηρ Εζεκιου ἐνενήκοντα[27] δύο.
υἱοὶ Κιλαν καὶ Αζητας ἑξήκοντα[28] ἑπτά. υἱοὶ Αζουρου τετρακόσιοι[29] τριάκοντα[30] δύο.
16 υἱοὶ Αννιας ἑκατὸν[31] εἷς. υἱοὶ Αρομ υἱοὶ Βασσαι τριακόσιοι[32] εἴκοσι[33] τρεῖς. υἱοὶ
Αριφου ἑκατὸν[34] δέκα[35] δύο. **17** υἱοὶ Βαιτηρους τρισχίλιοι[36] πέντε. υἱοὶ ἐκ Βαιθλωμων
ἑκατὸν[37] εἴκοσι[38] τρεῖς. **18** οἱ ἐκ Νετεβας πεντήκοντα[39] πέντε. οἱ ἐξ Ενατου ἑκατὸν[40]
πεντήκοντα[41] ὀκτώ.[42] οἱ ἐκ Βαιτασμων τεσσαράκοντα[43] δύο. **19** οἱ ἐκ Καριαθιαριος
εἴκοσι[44] πέντε. οἱ ἐκ Καπιρας καὶ Βηροτ ἑπτακόσιοι[45] τεσσαράκοντα[46] τρεῖς. **20** οἱ
Χαδιασαι καὶ Αμμιδιοι τετρακόσιοι[47] εἴκοσι[48] δύο. οἱ ἐκ Κιραμας καὶ Γαββης ἑξακόσιοι[49]
εἴκοσι[50] εἷς. **21** οἱ ἐκ Μακαλων ἑκατὸν[51] εἴκοσι[52] δύο. οἱ ἐκ Βαιτολιω πεντήκοντα[53]
δύο. υἱοὶ Νιφις ἑκατὸν[54] πεντήκοντα[55] ἕξ.[56] **22** υἱοὶ Καλαμω ἄλλου καὶ Ωνους

1 ἑπτακόσιοι, seven hundred
2 πεντήκοντα, fifty
3 ἕξ, six
4 δισχίλιοι, two thousand
5 ὀκτακόσιοι, eight hundred
6 δέκα, ten
7 χίλιοι, one thousand
8 διακόσιοι, two hundred
9 πεντήκοντα, fifty
10 ἐννακόσιοι, nine hundred
11 τεσσαράκοντα, forty
12 ἑπτακόσιοι, seven hundred
13 ἑξακόσιοι, six hundred
14 τεσσαράκοντα, forty
15 ὀκτώ, eight
16 ἑξακόσιοι, six hundred
17 εἴκοσι, twenty
18 χίλιοι, one thousand
19 τριακόσιοι, three hundred
20 ἑξακόσιοι, six hundred
21 ἑξήκοντα, sixty
22 δισχίλιοι, two thousand
23 ἑξήκοντα, sixty
24 ἕξ, six
25 τετρακόσιοι, four hundred
26 πεντήκοντα, fifty
27 ἐνενήκοντα, ninety
28 ἑξήκοντα, sixty
29 τετρακόσιοι, four hundred
30 τριάκοντα, thirty
31 ἑκατόν, one hundred
32 τριακόσιοι, three hundred
33 εἴκοσι, twenty
34 ἑκατόν, one hundred
35 δέκα, ten
36 τρισχίλιοι, three thousand
37 ἑκατόν, one hundred
38 εἴκοσι, twenty
39 πεντήκοντα, fifty
40 ἑκατόν, one hundred
41 πεντήκοντα, fifty
42 ὀκτώ, eight
43 τεσσαράκοντα, forty
44 εἴκοσι, twenty
45 ἑπτακόσιοι, seven hundred
46 τεσσαράκοντα, forty
47 τετρακόσιοι, four hundred
48 εἴκοσι, twenty
49 ἑξακόσιοι, six hundred
50 εἴκοσι, twenty
51 ἑκατόν, one hundred
52 εἴκοσι, twenty
53 πεντήκοντα, fifty
54 ἑκατόν, one hundred
55 πεντήκοντα, fifty
56 ἕξ, six

ἑπτακόσιοι[1] εἴκοσι[2] πέντε. υἱοὶ Ιερεχου τριακόσιοι[3] τεσσαράκοντα[4] πέντε. **23** υἱοὶ
Σαναας τρισχίλιοι[5] τριακόσιοι[6] τριάκοντα.[7]

24 οἱ ἱερεῖς· υἱοὶ Ιεδδου τοῦ υἱοῦ Ἰησοῦ εἰς τοὺς υἱοὺς Ανασιβ ἐννακόσιοι[8] ἑβδομή-
κοντα[9] δύο. υἱοὶ Εμμηρου χίλιοι[10] πεντήκοντα[11] δύο. **25** υἱοὶ Φασσουρου χίλιοι[12]
διακόσιοι[13] τεσσαράκοντα[14] ἑπτά. υἱοὶ Χαρμη χίλιοι[15] δέκα[16] ἑπτά.

26 οἱ δὲ Λευῖται· υἱοὶ Ἰησοῦ καὶ Καδμιηλου καὶ Βαννου καὶ Σουδιου ἑβδομήκοντα[17]
τέσσαρες. **27** οἱ ἱεροψάλται·[18] υἱοὶ Ασαφ ἑκατὸν[19] εἴκοσι[20] ὀκτώ.[21] **28** οἱ θυρωροί·[22]
υἱοὶ Σαλουμ, υἱοὶ Αταρ, υἱοὶ Τολμαν, υἱοὶ Ακουβ, υἱοὶ Ατητα, υἱοὶ Σωβαι, οἱ πάντες
ἑκατὸν[23] τριάκοντα[24] ἐννέα.[25]

29 οἱ ἱερόδουλοι·[26] υἱοὶ Ησαυ, υἱοὶ Ασιφα, υἱοὶ Ταβαωθ, υἱοὶ Κηρας, υἱοὶ Σουα, υἱοὶ
Φαδαιου, υἱοὶ Λαβανα, υἱοὶ Αγγαβα, **30** υἱοὶ Ακουδ, υἱοὶ Ουτα, υἱοὶ Κηταβ, υἱοὶ
Αγαβα, υἱοὶ Συβαϊ, υἱοὶ Αναν, υἱοὶ Καθουα, υἱοὶ Γεδδουρ, **31** υἱοὶ Ιαϊρου, υἱοὶ Δαισαν,
υἱοὶ Νοεβα, υἱοὶ Χασεβα, υἱοὶ Γαζηρα, υἱοὶ Οζιου, υἱοὶ Φινοε, υἱοὶ Ασαρα, υἱοὶ Βα-
σθαι, υἱοὶ Ασανα, υἱοὶ Μαανι, υἱοὶ Ναφισι, υἱοὶ Ακουφ, υἱοὶ Αχιβα, υἱοὶ Ασουρ, υἱοὶ
Φαρακιμ, υἱοὶ Βασαλωθ, **32** υἱοὶ Μεεδδα, υἱοὶ Κουθα, υἱοὶ Χαρεα, υἱοὶ Βαρχους, υἱοὶ
Σεραρ, υἱοὶ Θομοι, υἱοὶ Νασι, υἱοὶ Ατιφα.

33 υἱοὶ παίδων[27] Σαλωμων· υἱοὶ Ασσαφιωθ, υἱοὶ Φαριδα, υἱοὶ Ιεηλι, υἱοὶ Λοζων, υἱοὶ
Ισδαηλ, υἱοὶ Σαφυθι, **34** υἱοὶ Αγια, υἱοὶ Φακαρεθ-σαβιη, υἱοὶ Σαρωθιε, υἱοὶ Μασιας,
υἱοὶ Γας, υἱοὶ Αδδους, υἱοὶ Σουβας, υἱοὶ Αφερρα, υἱοὶ Βαρωδις, υἱοὶ Σαφατ, υἱοὶ Αμων.

35 πάντες οἱ ἱερόδουλοι[28] καὶ οἱ υἱοὶ τῶν παίδων[29] Σαλωμων τριακόσιοι[30] ἑβδομή-
κοντα[31] δύο.

36 οὗτοι ἀναβάντες ἀπὸ Θερμελεθ καὶ Θελερσας, ἡγούμενος[32] αὐτῶν Χαρααθ,
Αδαν καὶ Αμαρ, **37** καὶ οὐκ ἠδύναντο ἀπαγγεῖλαι τὰς πατριὰς[33] αὐτῶν καὶ γενεὰς
ὡς ἐκ τοῦ Ισραηλ εἰσίν· υἱοὶ Δαλαν τοῦ υἱοῦ Τουβαν, υἱοὶ Νεκωδαν, ἑξακόσιοι[34]
πεντήκοντα[35] δύο.

1 ἑπτακόσιοι, seven hundred
2 εἴκοσι, twenty
3 τριακόσιοι, three hundred
4 τεσσαράκοντα, forty
5 τρισχίλιοι, three thousand
6 τριακόσιοι, three hundred
7 τριάκοντα, thirty
8 ἐννακόσιοι, nine hundred
9 ἑβδομήκοντα, seventy
10 χίλιοι, one thousand
11 πεντήκοντα, fifty
12 χίλιοι, one thousand
13 διακόσιοι, two hundred
14 τεσσαράκοντα, forty
15 χίλιοι, one thousand
16 δέκα, ten
17 ἑβδομήκοντα, seventy
18 ἱεροψάλτης, temple singer
19 ἑκατόν, one hundred
20 εἴκοσι, twenty
21 ὀκτώ, eight
22 θυρωρός, doorkeeper, porter
23 ἑκατόν, one hundred
24 τριάκοντα, thirty
25 ἐννέα, nine
26 ἱερόδουλος, temple servant
27 παῖς, servant
28 ἱερόδουλος, temple servant
29 παῖς, servant
30 τριακόσιοι, three hundred
31 ἑβδομήκοντα, seventy
32 ἡγέομαι, *pres mid ptc nom s m*, lead
33 πατριά, paternal lineage, house
34 ἑξακόσιοι, six hundred
35 πεντήκοντα, fifty

38 καὶ ἐκ τῶν ἱερέων οἱ ἐμποιούμενοι[1] ἱερωσύνης[2] καὶ οὐχ εὑρέθησαν· υἱοὶ
Οββια, υἱοὶ Ακκως, υἱοὶ Ιοδδους τοῦ λαβόντος Αυγιαν γυναῖκα τῶν θυγατέρων[3]
Φαρζελλαιου καὶ ἐκλήθη ἐπὶ τῷ ὀνόματι αὐτοῦ·

39 καὶ τούτων ζητηθείσης τῆς γενικῆς[4] γραφῆς[5] ἐν τῷ καταλοχισμῷ[6] καὶ μὴ εὑρε-
θείσης ἐχωρίσθησαν[7] τοῦ ἱερατεύειν,[8] **40** καὶ εἶπεν αὐτοῖς Νεεμιας καὶ Ατθαριας μὴ
μετέχειν[9] τῶν ἁγίων αὐτούς, ἕως ἀναστῇ ἀρχιερεὺς[10] ἐνδεδυμένος[11] τὴν δήλωσιν[12]
καὶ τὴν ἀλήθειαν.[13]

41 οἱ δὲ πάντες ἦσαν· Ισραηλ ἀπὸ δωδεκαετοῦς[14] χωρὶς[15] παίδων[16] καὶ παιδισκῶν[17]
μυριάδες[18] τέσσαρες[19] δισχίλιοι[20] τριακόσιοι[21] ἑξήκοντα·[22] παῖδες[23] τούτων καὶ παι-
δίσκαι[24] ἑπτακισχίλιοι[25] τριακόσιοι[26] τριάκοντα[27] ἑπτά· ψάλται[28] καὶ ψαλτῳδοὶ[29]
διακόσιοι[30] τεσσαράκοντα[31] πέντε· **42** κάμηλοι[32] τετρακόσιοι[33] τριάκοντα[34] πέντε,
καὶ ἵπποι[35] ἑπτακισχίλιοι[36] τριάκοντα[37] ἕξ,[38] ἡμίονοι[39] διακόσιοι[40] τεσσαράκοντα[41]
πέντε, ὑποζύγια[42] πεντακισχίλια[43] πεντακόσια[44] εἴκοσι[45] πέντε.

43 καὶ ἐκ τῶν ἡγουμένων[46] κατὰ τὰς πατριὰς[47] ἐν τῷ παραγίγνεσθαι αὐτοὺς εἰς τὸ
ἱερὸν τοῦ θεοῦ τὸ ἐν Ιερουσαλημ εὔξαντο[48] ἐγεῖραι[49] τὸν οἶκον ἐπὶ τοῦ τόπου αὐτοῦ
κατὰ τὴν αὐτῶν δύναμιν **44** καὶ δοῦναι εἰς τὸ ἱερὸν γαζοφυλάκιον[50] τῶν ἔργων

1 ἐμποιέω, *pres mid ptc nom p m*, lay claim to, usurp
2 ἱερωσύνη, priesthood
3 θυγάτηρ, daughter
4 γενικός, of the family, of genealogy
5 γραφή, record
6 καταλοχισμός, register
7 χωρίζω, *aor pas ind 3p*, exclude
8 ἱερατεύω, *pres act inf*, serve as priest
9 μετέχω, *pres act inf*, partake of, share in
10 ἀρχιερεύς, high priest
11 ἐνδύω, *perf mid ptc nom s m*, put on, wear
12 δήλωσις, revelation, (Urim)
13 ἀλήθεια, truth, (Thummim)
14 δωδεκαετής, twelve years (old)
15 χωρίς, besides
16 παῖς, servant
17 παιδίσκη, female servant
18 μυριάς, ten thousand
19 τέσσαρες, four
20 δισχίλιοι, two thousand
21 τριακόσιοι, three hundred
22 ἑξήκοντα, sixty
23 παῖς, servant
24 παιδίσκη, female servant
25 ἑπτακισχίλιος, seven thousand
26 τριακόσιοι, three hundred
27 τριάκοντα, thirty
28 ψάλτης, harpist?
29 ψαλτῳδός, psalm singer
30 διακόσιοι, two hundred
31 τεσσαράκοντα, forty
32 κάμηλος, camel
33 τετρακόσιοι, four hundred
34 τριάκοντα, thirty
35 ἵππος, horse
36 ἑπτακισχίλιος, seven thousand
37 τριάκοντα, thirty
38 ἕξ, six
39 ἡμίονος, mule
40 διακόσιοι, two hundred
41 τεσσαράκοντα, forty
42 ὑποζύγιον, donkey
43 πεντακισχίλιοι, five thousand
44 πεντακόσιοι, five hundred
45 εἴκοσι, twenty
46 ἡγέομαι, *pres mid ptc gen p m*, lead
47 πατριά, paternal lineage, house
48 εὔχομαι, *aor mid ind 3p*, vow
49 ἐγείρω, *aor act inf*, set up, erect
50 γαζοφυλάκιον, treasury

χρυσίου[1] μνᾶς[2] χιλίας[3] καὶ ἀργυρίου[4] μνᾶς πεντακισχιλίας[5] καὶ στολὰς[6] ἱερατικὰς[7]
ἑκατόν.[8]

45 καὶ κατῳκίσθησαν[9] οἱ ἱερεῖς καὶ οἱ Λευῖται καὶ οἱ ἐκ τοῦ λαοῦ ἐν Ιερουσαλημ
καὶ τῇ χώρᾳ,[10] οἵ τε ἱεροψάλται[11] καὶ οἱ θυρωροὶ[12] καὶ πᾶς Ισραηλ ἐν ταῖς κώμαις[13]
αὐτῶν.

Worship Is Renewed

46 Ἐνστάντος[14] δὲ τοῦ ἑβδόμου[15] μηνὸς[16] καὶ ὄντων τῶν υἱῶν Ισραηλ ἑκάστου ἐν
τοῖς ἰδίοις[17] συνήχθησαν ὁμοθυμαδὸν[18] εἰς τὸ εὐρύχωρον[19] τοῦ πρώτου πυλῶνος[20]
τοῦ πρὸς τῇ ἀνατολῇ.[21] **47** καὶ καταστὰς[22] Ἰησοῦς ὁ τοῦ Ιωσεδεκ καὶ οἱ ἀδελφοὶ
αὐτοῦ οἱ ἱερεῖς καὶ Ζοροβαβελ ὁ τοῦ Σαλαθιηλ καὶ οἱ τούτου ἀδελφοὶ ἡτοίμασαν
τὸ θυσιαστήριον[23] τοῦ θεοῦ τοῦ Ισραηλ **48** προσενέγκαι ἐπ᾽ αὐτοῦ ὁλοκαυτώσεις[24]
ἀκολούθως[25] τοῖς ἐν τῇ Μωυσέως βίβλῳ[26] τοῦ ἀνθρώπου τοῦ θεοῦ διηγορευμένοις.[27]
49 καὶ ἐπισυνήχθησαν[28] αὐτοῖς ἐκ τῶν ἄλλων ἐθνῶν τῆς γῆς. καὶ κατώρθωσαν[29] τὸ
θυσιαστήριον[30] ἐπὶ τοῦ τόπου αὐτοῦ, ὅτι ἐν ἔχθρᾳ[31] ἦσαν αὐτοῖς καὶ κατίσχυσαν[32]
αὐτοὺς πάντα τὰ ἔθνη τὰ ἐπὶ τῆς γῆς, καὶ ἀνέφερον[33] θυσίας[34] κατὰ τὸν καιρὸν καὶ
ὁλοκαυτώματα[35] τῷ κυρίῳ τὸ πρωινὸν[36] καὶ τὸ δειλινὸν[37] **50** καὶ ἠγάγοσαν[38] τὴν
τῆς σκηνοπηγίας[39] ἑορτήν,[40] ὡς ἐπιτέτακται[41] ἐν τῷ νόμῳ, καὶ θυσίας[42] καθ᾽ ἡμέραν,
ὡς προσῆκον[43] ἦν, **51** καὶ μετὰ ταῦτα προσφορὰς[44] ἐνδελεχισμοῦ[45] καὶ θυσίας[46]

1 χρυσίον, gold
2 μνᾶ, mina, *Heb. LW*
3 χίλιοι, one thousand
4 ἀργύριον, silver
5 πεντακισχίλιοι, five thousand
6 στολή, garment, clothing
7 ἱερατικός, priestly
8 ἑκατόν, one hundred
9 κατοικίζω, *aor pas ind 3p*, settle
10 χώρα, territory, countryside
11 ἱεροψάλτης, temple singer
12 θυρωρός, gatekeeper, porter
13 κώμη, village
14 ἐνίστημι, *aor act ptc gen s m*, be present, arrive
15 ἕβδομος, seventh
16 μήν, month
17 ἴδιος, one's own
18 ὁμοθυμαδόν, with one accord, together
19 εὐρύχωρος, open (area)
20 πυλών, gate
21 ἀνατολή, east
22 καθίστημι, *aor act ptc nom s m*, stand in place
23 θυσιαστήριον, altar
24 ὁλοκαύτωσις, whole burnt offering
25 ἀκολούθως, following, according to
26 βίβλος, scroll, book
27 διαγορεύω, *perf pas ptc dat p n*, state explicitly
28 ἐπισυνάγω, *aor pas ind 3p*, gather together
29 κατορθόω, *aor act ind 3p*, set up, erect
30 θυσιαστήριον, altar
31 ἔχθρα, enmity
32 κατισχύω, *aor act ind 3p*, be stronger than, prevail over
33 ἀναφέρω, *impf act ind 3p*, offer up
34 θυσία, sacrifice
35 ὁλοκαύτωμα, whole burnt offering
36 πρωϊνός, in the morning
37 δειλινός, in the evening
38 ἄγω, *aor act ind 3p*, observe
39 σκηνοπηγία, booth-making
40 ἑορτή, feast, festival
41 ἐπιτάσσω, *perf pas ind 3s*, command
42 θυσία, sacrifice
43 προσήκω, *pres act ptc nom s n*, be proper, be one's duty
44 προσφορά, offering
45 ἐνδελεχισμός, perpetuity
46 θυσία, sacrifice

σαββάτων καὶ νουμηνιῶν[1] καὶ ἑορτῶν[2] πασῶν ἡγιασμένων.[3] **52** καὶ ὅσοι εὔξαντο[4]
εὐχὴν[5] τῷ θεῷ, ἀπὸ τῆς νουμηνίας[6] τοῦ ἑβδόμου[7] μηνὸς[8] ἤρξαντο προσφέρειν θυ-
σίας[9] τῷ θεῷ, καὶ ὁ ναὸς τοῦ θεοῦ οὔπω[10] ᾠκοδόμητο.[11] **53** καὶ ἔδωκαν ἀργύριον[12]
τοῖς λατόμοις[13] καὶ τέκτοσι[14] καὶ βρωτὰ[15] καὶ ποτὰ[16] καὶ χαρα τοῖς Σιδωνίοις καὶ
Τυρίοις εἰς τὸ παράγειν[17] αὐτοὺς ἐκ τοῦ Λιβάνου ξύλα[18] κέδρινα[19] διαφέρειν[20] σχε-
δίας[21] εἰς τὸν Ιοππης λιμένα[22] κατὰ τὸ πρόσταγμα[23] τὸ γραφὲν αὐτοῖς παρὰ Κύρου
τοῦ Περσῶν βασιλέως.

Temple Foundations Laid

54 καὶ τῷ δευτέρῳ ἔτει παραγενόμενος εἰς τὸ ἱερὸν τοῦ θεοῦ εἰς Ιερουσαλημ μηνὸς[24]
δευτέρου ἤρξατο Ζοροβαβελ ὁ τοῦ Σαλαθιηλ καὶ Ἰησοῦς ὁ τοῦ Ιωσεδεκ καὶ οἱ ἀδελ-
φοὶ αὐτῶν καὶ οἱ ἱερεῖς οἱ Λευῖται καὶ πάντες οἱ παραγενόμενοι ἐκ τῆς αἰχμαλωσίας[25]
εἰς Ιερουσαλημ **55** καὶ ἐθεμελίωσαν[26] τὸν ναὸν τοῦ θεοῦ τῇ νουμηνίᾳ[27] τοῦ δευτέρου
μηνὸς[28] τοῦ δευτέρου ἔτους ἐν τῷ ἐλθεῖν εἰς τὴν Ιουδαίαν καὶ Ιερουσαλημ. **56** καὶ
ἔστησαν τοὺς Λευίτας ἀπὸ εἰκοσαετοῦς[29] ἐπὶ τῶν ἔργων τοῦ κυρίου, καὶ ἔστη Ἰησοῦς
καὶ οἱ υἱοὶ καὶ οἱ ἀδελφοὶ καὶ Καδμιηλ ὁ ἀδελφὸς καὶ οἱ υἱοὶ Ἰησοῦ Ημαδαβουν καὶ οἱ
υἱοὶ Ιωδα τοῦ Ιλιαδουν σὺν τοῖς υἱοῖς καὶ ἀδελφοῖς, πάντες οἱ Λευῖται, ὁμοθυμαδὸν[30]
ἐργοδιῶκται[31] ποιοῦντες εἰς τὰ ἔργα ἐν τῷ οἴκῳ τοῦ θεοῦ.

57 καὶ ᾠκοδόμησαν οἱ οἰκοδόμοι[32] τὸν ναὸν τοῦ κυρίου, καὶ ἔστησαν οἱ ἱερεῖς ἐστο-
λισμένοι[33] μετὰ μουσικῶν[34] καὶ σαλπίγγων[35] καὶ οἱ Λευῖται υἱοὶ Ασαφ ἔχοντες τὰ
κύμβαλα[36] ὑμνοῦντες[37] τῷ κυρίῳ καὶ εὐλογοῦντες κατὰ Δαυιδ βασιλέα τοῦ Ισραηλ

1 νουμηνία, new moon, first day of the month
2 ἑορτή, feast, festival
3 ἁγιάζω, *perf pas ptc gen p f*, sanctify, consecrate
4 εὔχομαι, *aor mid ind 3p*, vow
5 εὐχή, vow
6 νουμηνία, new moon, first day of the month
7 ἕβδομος, seventh
8 μήν, month
9 θυσία, sacrifice
10 οὔπω, not yet
11 οἰκοδομέω, *plpf pas ind 3s*, build, construct
12 ἀργύριον, silver
13 λατόμος, mason, stone cutter
14 τέκτων, craftsman
15 βρωτός, food
16 ποτόν, drink
17 παράγω, *pres act inf*, bring forward
18 ξύλον, timber
19 κέδρινος, of cedar
20 διαφέρω, *pres act inf*, carry across
21 σχεδία, raft
22 λιμήν, harbor
23 πρόσταγμα, ordinance, command
24 μήν, month
25 αἰχμαλωσία, captivity
26 θεμελιόω, *aor act ind 3p*, found, lay the foundation of
27 νουμηνία, new moon, first day of the month
28 μήν, month
29 εἰκοσαετής, twenty years (old)
30 ὁμοθυμαδόν, with one accord, together
31 ἐργοδιώκτης, taskmaster
32 οἰκοδόμος, builder
33 στολίζω, *perf pas ptc nom p m*, clothe
34 μουσικός, (musician, instrument)
35 σάλπιγξ, trumpets
36 κύμβαλον, cymbal
37 ὑμνέω, *pres act ptc nom p m*, sing praise

58 καὶ ἐφώνησαν[1] δι᾽ ὕμνων[2] ὁμολογοῦντες[3] τῷ κυρίῳ, ὅτι ἡ χρηστότης[4] αὐτοῦ καὶ ἡ
δόξα εἰς τοὺς αἰῶνας παντὶ Ισραηλ. **59** καὶ πᾶς ὁ λαὸς ἐσάλπισαν[5] καὶ ἐβόησαν[6] φωνῇ
μεγάλῃ ὑμνοῦντες[7] τῷ κυρίῳ ἐπὶ τῇ ἐγέρσει[8] τοῦ οἴκου τοῦ κυρίου. **60** καὶ ἤλθοσαν
ἐκ τῶν ἱερέων τῶν Λευιτῶν καὶ τῶν προκαθημένων[9] κατὰ τὰς πατριὰς[10] αὐτῶν οἱ
πρεσβύτεροι οἱ ἑωρακότες τὸν πρὸ τούτου οἶκον πρὸς τὴν τούτου οἰκοδομὴν[11]
μετὰ κραυγῆς[12] καὶ κλαυθμοῦ[13] μεγάλου **61** καὶ πολλοὶ διὰ σαλπίγγων[14] καὶ χαρᾶς[15]
μεγάλῃ τῇ φωνῇ **62** ὥστε τὸν λαὸν μὴ ἀκούειν τῶν σαλπίγγων[16] διὰ τὸν κλαυθμὸν[17]
τοῦ λαοῦ, ὁ γὰρ ὄχλος[18] ἦν ὁ σαλπίζων[19] μεγαλωστὶ[20] ὥστε μακρόθεν[21] ἀκούεσθαι.

63 Καὶ ἀκούσαντες οἱ ἐχθροὶ τῆς φυλῆς Ιουδα καὶ Βενιαμιν ἤλθοσαν ἐπιγνῶναι
τίς ἡ φωνὴ τῶν σαλπίγγων.[22] **64** καὶ ἐπέγνωσαν ὅτι οἱ ἐκ τῆς αἰχμαλωσίας[23] οἰκο-
δομοῦσιν τὸν ναὸν τῷ κυρίῳ θεῷ Ισραηλ, **65** καὶ προσελθόντες τῷ Ζοροβαβελ καὶ
Ἰησοῦ καὶ τοῖς ἡγουμένοις[24] τῶν πατριῶν[25] λέγουσιν αὐτοῖς Συνοικοδομήσομεν[26]
ὑμῖν· **66** ὁμοίως[27] γὰρ ὑμῖν ἀκούομεν τοῦ κυρίου ὑμῶν καὶ αὐτῷ ἐπιθύομεν[28] ἀπὸ
ἡμερῶν Ασβασαρεθ βασιλέως Ἀσσυρίων, ὃς μετήγαγεν[29] ἡμᾶς ἐνταῦθα.[30] **67** καὶ
εἶπεν αὐτοῖς Ζοροβαβελ καὶ Ἰησοῦς καὶ οἱ ἡγούμενοι[31] τῶν πατριῶν[32] τοῦ Ισραηλ
Οὐχ ὑμῖν καὶ ἡμῖν τοῦ οἰκοδομῆσαι τὸν οἶκον κυρίῳ τῷ θεῷ ἡμῶν· **68** ἡμεῖς γὰρ
μόνοι οἰκοδομήσομεν τῷ κυρίῳ τοῦ Ισραηλ ἀκολούθως[33] οἷς προσέταξεν[34] ἡμῖν
Κῦρος ὁ βασιλεὺς Περσῶν. **69** τὰ δὲ ἔθνη τῆς γῆς ἐπικείμενα[35] τοῖς ἐν τῇ Ιουδαίᾳ
καὶ πολιορκοῦντες[36] εἶργον[37] τοῦ οἰκοδομεῖν **70** καὶ ἐπιβουλὰς[38] καὶ δημαγωγίας[39]
καὶ ἐπισυστάσεις[40] ποιούμενοι ἀπεκώλυσαν[41] τοῦ ἐπιτελεσθῆναι[42] τὴν οἰκοδομὴν[43]

1 φωνέω, *aor act ind 3p*, sing out
2 ὕμνος, hymn, praise
3 ὁμολογέω, *pres act ptc nom p m*, confess, acknowledge
4 χρηστότης, kindness, goodness
5 σαλπίζω, *aor act ind 3p*, sound the trumpet
6 βοάω, *aor act ind 3p*, cry out
7 ὑμνέω, *pres act ptc nom p m*, sing praise
8 ἔγερσις, raising, building
9 προκάθημαι, *pres mid ptc gen p m*, preside over, lead
10 πατριά, paternal lineage, house
11 οἰκοδομή, building
12 κραυγή, shouting
13 κλαυθμός, wailing
14 σάλπιγξ, trumpet
15 χάρα, joy
16 σάλπιγξ, trumpet
17 κλαυθμός, wailing
18 ὄχλος, multitude, crowd
19 σαλπίζω, *pres act ptc nom s m*, sound the trumpet
20 μεγαλωστί, far and wide
21 μακρόθεν, from a distance
22 σάλπιγξ, trumpet
23 αἰχμαλωσία, captivity
24 ἡγέομαι, *pres mid ptc dat p m*, lead
25 πατριά, paternal lineage, house
26 συνοικοδομέω, *fut act ind 1p*, build together with
27 ὁμοίως, in like manner
28 ἐπιθύω, *pres act ind 1p*, offer sacrifice
29 μετάγω, *aor act ind 3s*, transport
30 ἐνταῦθα, here
31 ἡγέομαι, *pres mid ptc nom p m*, lead
32 πατριά, paternal lineage, house
33 ἀκολούθως, following, according to
34 προστάσσω, *aor act ind 3s*, command
35 ἐπίκειμαι, *pres pas ptc nom p n*, press upon
36 πολιορκέω, *pres act ptc nom p m*, harass
37 εἴργω, *impf act ind 3p*, prevent, hinder
38 ἐπιβουλή, plotting against
39 δημαγωγία, demagoguery, popular leadership
40 ἐπισύστασις, disturbance, riotous meeting
41 ἀποκωλύω, *aor act ind 3p*, hinder, prevent
42 ἐπιτελέω, *aor pas inf*, finish, complete
43 οἰκοδομή, construction, building

πάντα τὸν χρόνον τῆς ζωῆς τοῦ βασιλέως Κύρου. **71** καὶ εἴρχθησαν[1] τῆς οἰκοδομῆς[2] ἔτη δύο ἕως τῆς Δαρείου βασιλείας.

Work on the Temple Begins

6 Ἐν δὲ τῷ δευτέρῳ ἔτει τῆς τοῦ Δαρείου βασιλείας ἐπροφήτευσεν[3] Αγγαιος καὶ Ζαχαριας ὁ τοῦ Εδδι οἱ προφῆται ἐπὶ τοὺς Ιουδαίους τοὺς ἐν τῇ Ιουδαίᾳ καὶ Ιερουσαλημ ἐπὶ τῷ ὀνόματι κυρίου θεοῦ Ισραηλ ἐπ᾽ αὐτούς. **2** τότε στὰς Ζοροβαβελ ὁ τοῦ Σαλαθιηλ καὶ Ἰησοῦς ὁ τοῦ Ιωσεδεκ ἤρξαντο οἰκοδομεῖν τὸν οἶκον τοῦ κυρίου τὸν ἐν Ιερουσαλημ συνόντων[4] τῶν προφητῶν τοῦ κυρίου βοηθούντων[5] αὐτοῖς.

3 ἐν αὐτῷ τῷ χρόνῳ παρῆν[6] πρὸς αὐτοὺς Σισίννης ὁ ἔπαρχος[7] Συρίας καὶ Φοινίκης καὶ Σαθραβουζάνης καὶ οἱ συνέταιροι[8] καὶ εἶπαν αὐτοῖς **4** Τίνος ὑμῖν συντάξαντος[9] τὸν οἶκον τοῦτον οἰκοδομεῖτε καὶ τὴν στέγην[10] ταύτην καὶ τἆλλα[11] πάντα ἐπιτελεῖτε;[12] καὶ τίνες εἰσὶν οἱ οἰκοδόμοι[13] οἱ ταῦτα ἐπιτελοῦντες;[14] **5** καὶ ἔσχοσαν[15] χάριν ἐπισκοπῆς[16] γενομένης ἐπὶ τὴν αἰχμαλωσίαν[17] παρὰ τοῦ κυρίου οἱ πρεσβύτεροι τῶν Ιουδαίων **6** καὶ οὐκ ἐκωλύθησαν[18] τῆς οἰκοδομῆς[19] μέχρι[20] τοῦ ὑποσημανθῆναι[21] Δαρείῳ περὶ αὐτῶν καὶ προσφωνηθῆναι.[22]

7 Ἀντίγραφον[23] ἐπιστολῆς,[24] ἧς ἔγραψεν Δαρείῳ καὶ ἀπέστειλεν Σισίννης ὁ ἔπαρχος[25] Συρίας καὶ Φοινίκης καὶ Σαθραβουζάνης καὶ οἱ συνέταιροι[26] οἱ ἐν Συρίᾳ καὶ Φοινίκῃ ἡγεμόνες[27]

8 Βασιλεῖ Δαρείῳ χαίρειν.[28] πάντα γνωστὰ[29] ἔστω τῷ κυρίῳ ἡμῶν τῷ βασιλεῖ, ὅτι παραγενόμενοι εἰς τὴν χώραν[30] τῆς Ιουδαίας καὶ ἐλθόντες εἰς Ιερουσαλημ τὴν πόλιν κατελάβομεν[31] τῆς αἰχμαλωσίας[32] τοὺς πρεσβυτέρους τῶν Ιουδαίων ἐν Ιερουσαλημ τῇ πόλει οἰκοδομοῦντας οἶκον τῷ κυρίῳ μέγαν καινὸν[33] διὰ λίθων ξυστῶν[34]

1 εἴργω, *aor pas ind 3p*, hinder, prevent
2 οἰκοδομή, construction, building
3 προφητεύω, *aor act ind 3s*, prophesy
4 σύνειμι, *pres act ptc gen p m*, come together
5 βοηθέω, *pres act ptc gen p m*, help
6 πάρειμι, *impf act ind 3s*, be present, come
7 ἔπαρχος, governor
8 συνέταιρος, companion, associate
9 συντάσσω, *aor act ptc gen s m*, order, direct
10 στέγη, roof
11 τἆλλα, the other, *cr.* τὰ ἄλλα
12 ἐπιτελέω, *pres act ind 2p*, finish, complete
13 οἰκοδόμος, builder
14 ἐπιτελέω, *pres act ptc nom p m*, finish, complete
15 ἔχω, *aor act ind 3p*, have
16 ἐπισκοπή, consideration, inspection
17 αἰχμαλωσία, body of captives
18 κωλύω, *aor pas ind 3p*, hinder, prevent
19 οἰκοδομή, construction, building
20 μέχρι, until
21 ὑποσημαίνω, *aor pas inf*, make an indication, give a signal
22 προσφωνέω, *aor pas inf*, issue orders, make a report
23 ἀντίγραφον, copy (of writing)
24 ἐπιστολή, letter
25 ἔπαρχος, governor
26 συνέταιρος, companion, associate
27 ἡγεμών, leader, administrator
28 χαίρω, *pres act inf*, (greetings)
29 γνωστός, known
30 χώρα, territory, region
31 καταλαμβάνω, *aor act ind 1p*, come upon
32 αἰχμαλωσία, captivity
33 καινός, new
34 ξυστός, polished, fitted

πολυτελῶν[1] ξύλων[2] τιθεμένων[3] ἐν τοῖς τοίχοις[4] **9** καὶ τὰ ἔργα ἐκεῖνα ἐπὶ σπουδῆς[5]
γιγνόμενα καὶ εὐοδούμενον[6] τὸ ἔργον ἐν ταῖς χερσὶν αὐτῶν καὶ ἐν πάσῃ δόξῃ
καὶ ἐπιμελείᾳ[7] συντελούμενα.[8] **10** τότε ἐπυνθανόμεθα[9] τῶν πρεσβυτέρων τούτων
λέγοντες Τίνος ὑμῖν προστάξαντος[10] οἰκοδομεῖτε τὸν οἶκον τοῦτον καὶ τὰ ἔργα
ταῦτα θεμελιοῦτε;[11] **11** ἐπηρωτήσαμεν[12] οὖν αὐτοὺς εἵνεκεν[13] τοῦ γνωρίσαι[14] σοι
καὶ γράψαι σοι τοὺς ἀνθρώπους τοὺς ἀφηγουμένους[15] καὶ τὴν ὀνοματογραφίαν[16]
ᾐτοῦμεν[17] αὐτοὺς τῶν προκαθηγουμένων.[18] **12** οἱ δὲ ἀπεκρίθησαν ἡμῖν λέγοντες
Ἡμεῖς ἐσμεν παῖδες[19] τοῦ κυρίου τοῦ κτίσαντος[20] τὸν οὐρανὸν καὶ τὴν γῆν. **13** καὶ
ᾠκοδόμητο[21] ὁ οἶκος ἔμπροσθεν ἐτῶν πλειόνων[22] διὰ βασιλέως τοῦ Ισραηλ μεγάλου
καὶ ἰσχυροῦ[23] καὶ ἐπετελέσθη.[24] **14** καὶ ἐπεὶ[25] οἱ πατέρες ἡμῶν παραπικράναντες[26]
ἥμαρτον εἰς τὸν κύριον τοῦ Ισραηλ τὸν οὐράνιον,[27] παρέδωκεν αὐτοὺς εἰς χεῖρας
Ναβουχοδονοσορ βασιλέως Βαβυλῶνος βασιλέως τῶν Χαλδαίων· **15** τόν τε οἶκον
καθελόντες[28] ἐνεπύρισαν[29] καὶ τὸν λαὸν ᾐχμαλώτευσαν[30] εἰς Βαβυλῶνα. **16** ἐν δὲ
τῷ πρώτῳ ἔτει βασιλεύοντος[31] Κύρου χώρας[32] Βαβυλωνίας ἔγραψεν ὁ βασιλεὺς
Κῦρος οἰκοδομῆσαι τὸν οἶκον τοῦτον· **17** καὶ τὰ ἱερὰ σκεύη[33] τὰ χρυσᾶ[34] καὶ τὰ
ἀργυρᾶ,[35] ἃ ἐξήνεγκεν[36] Ναβουχοδονοσορ ἐκ τοῦ οἴκου τοῦ ἐν Ιερουσαλημ καὶ
ἀπηρείσατο[37] αὐτὰ ἐν τῷ ἑαυτοῦ ναῷ, πάλιν[38] ἐξήνεγκεν αὐτὰ Κῦρος ὁ βασιλεὺς
ἐκ τοῦ ναοῦ τοῦ ἐν Βαβυλῶνι, καὶ παρεδόθη Ζοροβαβελ καὶ Σαναβασσάρῳ τῷ

1 πολυτελής, very expensive
2 ξύλον, timber
3 τίθημι, *pres pas ptc gen p n*, set in
4 τοῖχος, wall
5 σπουδή, effort, diligence
6 εὐοδόω, *pres pas ptc nom s n*, carry on successfully
7 ἐπιμέλεια, care, attention
8 συντελέω, *pres pas ptc nom p n*, undertake, finish
9 πυνθάνομαι, *impf mid ind 1p*, inquire, ask
10 προστάσσω, *aor act ptc gen s m*, command, order
11 θεμελιόω, *pres act ind 2p*, lay the foundation, found
12 ἐπερωτάω, *aor act ind 1p*, ask, question
13 εἵνεκεν, in order that
14 γνωρίζω, *aor act inf*, inform, make known
15 ἀφηγέομαι, *pres mid ptc acc p m*, lead
16 ὀνοματογραφία, list of names
17 αἰτέω, *impf act ind 1p*, demand
18 προκαθηγέομαι, *pres mid ptc gen p m*, have primary influence, (principal leader)
19 παῖς, servant
20 κτίζω, *aor act ptc gen s m*, create
21 οἰκοδομέω, *plpf pas ind 3s*, build
22 πλείων/πλεῖον, *comp of* πολύς, more than, many
23 ἰσχυρός, strong
24 ἐπιτελέω, *aor pas ind 3s*, complete, finish
25 ἐπεί, when
26 παραπικραίνω, *aor act ptc nom p m*, provoke, make angry
27 οὐράνιος, heavenly
28 καθαιρέω, *aor act ptc nom p m*, pull down, dismantle
29 ἐμπυρίζω, *aor act ind 3p*, set on fire
30 αἰχμαλωτεύω, *aor act ind 3p*, take prisoner, take captive
31 βασιλεύω, *pres act ptc gen s m*, reign as king
32 χώρα, land, region
33 σκεῦος, vessel, object
34 χρυσοῦς, gold
35 ἀργυροῦς, silver
36 ἐκφέρω, *aor act ind 3s*, carry off
37 ἀπερείδομαι, *aor mid ind 3s*, deposit in
38 πάλιν, again, once more

ἐπάρχῳ,[1] **18** καὶ ἐπετάγη[2] αὐτῷ ἀπενέγκαντι[3] πάντα τὰ σκεύη[4] ταῦτα ἀποθεῖναι[5]
ἐν τῷ ναῷ τῷ ἐν Ιερουσαλημ καὶ τὸν ναὸν τοῦ κυρίου τοῦτον οἰκοδομηθῆναι
ἐπὶ τοῦ τόπου. **19** τότε ὁ Σαναβάσσαρος ἐκεῖνος παραγενόμενος ἐνεβάλετο[6]
τοὺς θεμελίους[7] τοῦ οἴκου κυρίου τοῦ ἐν Ιερουσαλημ, καὶ ἀπ᾽ ἐκείνου μέχρι[8] τοῦ
νῦν οἰκοδομούμενος οὐκ ἔλαβεν συντέλειαν.[9] **20** νῦν οὖν, εἰ κρίνεται, βασιλεῦ,
ἐπισκεπήτω[10] ἐν τοῖς βασιλικοῖς[11] βιβλιοφυλακίοις[12] τοῦ κυρίου βασιλέως τοῖς ἐν
Βαβυλῶνι· **21** καὶ ἐὰν εὑρίσκηται μετὰ τῆς γνώμης[13] Κύρου τοῦ βασιλέως γενομένην
τὴν οἰκοδομὴν[14] τοῦ οἴκου κυρίου τοῦ ἐν Ιερουσαλημ καὶ κρίνηται τῷ κυρίῳ βασιλεῖ
ἡμῶν, προσφωνησάτω[15] ἡμῖν περὶ τούτων.

Royal Sanction Given

22 Τότε ὁ βασιλεὺς Δαρεῖος προσέταξεν[16] ἐπισκέψασθαι[17] ἐν τοῖς βασιλικοῖς[18] βι-
βλιοφυλακίοις[19] τοῖς κειμένοις[20] ἐν Βαβυλῶνι, καὶ εὑρέθη ἐν Ἐκβατάνοις τῇ βάρει[21]
τῇ ἐν Μηδίᾳ χώρᾳ[22] τόμος[23] εἷς, ἐν ᾧ ὑπεμνημάτιστο[24] τάδε[25] **23** Ἔτους πρώτου
βασιλεύοντος[26] Κύρου· βασιλεὺς Κῦρος προσέταξεν[27] τὸν οἶκον τοῦ κυρίου τὸν
ἐν Ιερουσαλημ οἰκοδομῆσαι, ὅπου[28] ἐπιθύουσιν[29] διὰ πυρὸς ἐνδελεχοῦς,[30] **24** οὗ
τὸ ὕψος[31] πήχεων[32] ἑξήκοντα,[33] πλάτος[34] πήχεων ἑξήκοντα,[35] διὰ δόμων[36] λιθίνων[37]
ξυστῶν[38] τριῶν καὶ δόμου[39] ξυλίνου[40] ἐγχωρίου[41] καινοῦ[42] ἑνός, καὶ τὸ δαπάνημα[43]
δοθῆναι ἐκ τοῦ οἴκου Κύρου τοῦ βασιλέως· **25** καὶ τὰ ἱερὰ σκεύη[44] τοῦ οἴκου κυρίου,

1 ἔπαρχος, governor
2 ἐπιτάσσω, *aor pas ind 3s*, command, order
3 ἀποφέρω, *aor act ptc dat s m*, bring
4 σκεῦος, vessel, object
5 ἀποτίθημι, *aor act inf*, put away, stow
6 ἐμβάλλω, *aor mid ind 3s*, put in, lay
7 θεμέλιος, foundation
8 μέχρι, until
9 συντέλεια, completion
10 ἐπισκέπτομαι, *aor pas impv 3s*, examine, inspect
11 βασιλικός, royal
12 βιβλιοφυλάκιον, archive
13 γνώμη, consent, approval
14 οἰκοδομή, construction, building
15 προσφωνέω, *aor act impv 3s*, issue directions
16 προστάσσω, *aor act ind 3s*, command
17 ἐπισκέπτομαι, *aor mid inf*, inspect, examine
18 βασιλικός, royal
19 βιβλιοφυλάκιον, archive
20 κεῖμαι, *pres pas ptc dat p n*, be placed, be situated
21 βάρις, tower, stronghold
22 χώρα, country, region
23 τόμος, roll, volume
24 ὑπομνηματίζομαι, *plpf pas ind 3s*, record
25 ὅδε, this, (the following)
26 βασιλεύω, *pres act ptc gen s m*, reign as king
27 προστάσσω, *aor act ind 3s*, command
28 ὅπου, where
29 ἐπιθύω, *pres act ind 3p*, make an offering
30 ἐνδελεχής, continuous
31 ὕψος, height
32 πῆχυς, cubit
33 ἑξήκοντα, sixty
34 πλάτος, width
35 ἑξήκοντα, sixty
36 δόμος, layer
37 λίθινος, (made) of stone
38 ξυστός, polished
39 δόμος, layer
40 ξύλινος, of wood
41 ἐγχώριος, native
42 καινός, fresh
43 δαπάνημα, cost, expense
44 σκεῦος, vessel, object

τά τε χρυσᾶ[1] καὶ τὰ ἀργυρᾶ,[2] ἃ ἐξήνεγκεν[3] Ναβουχοδονοσορ ἐκ τοῦ οἴκου τοῦ ἐν Ιερουσαλημ καὶ ἀπήνεγκεν[4] εἰς Βαβυλῶνα, ἀποκατασταθῆναι[5] εἰς τὸν οἶκον τὸν ἐν Ιερουσαλημ, οὗ[6] ἦν κείμενα,[7] ὅπως τεθῇ ἐκεῖ.

26 προσέταξεν[8] δὲ ἐπιμεληθῆναι[9] Σισίννῃ ἐπάρχῳ[10] Συρίας καὶ Φοινίκης καὶ Σαθρα-
βουζάνῃ καὶ τοῖς συνεταίροις[11] καὶ τοῖς ἀποτεταγμένοις[12] ἐν Συρίᾳ καὶ Φοινίκῃ
ἡγεμόσιν[13] ἀπέχεσθαι[14] τοῦ τόπου, ἐᾶσαι[15] δὲ τὸν παῖδα[16] τοῦ κυρίου Ζοροβαβελ,
ἔπαρχον[17] δὲ τῆς Ιουδαίας, καὶ τοὺς πρεσβυτέρους τῶν Ιουδαίων τὸν οἶκον τοῦ
κυρίου ἐκεῖνον οἰκοδομεῖν ἐπὶ τοῦ τόπου. **27** κἀγὼ[18] δὲ ἐπέταξα[19] ὁλοσχερῶς[20]
οἰκοδομῆσαι καὶ ἀτενίσαι[21] ἵνα συμποιῶσιν[22] τοῖς ἐκ τῆς αἰχμαλωσίας[23] τῆς Ιουδαίας
μέχρι[24] τοῦ ἐπιτελεσθῆναι[25] τὸν οἶκον τοῦ κυρίου· **28** καὶ ἀπὸ τῆς φορολογίας[26]
Κοίλης Συρίας καὶ Φοινίκης ἐπιμελῶς[27] σύνταξιν[28] δίδοσθαι τούτοις τοῖς ἀνθρώποις
εἰς θυσίας[29] τῷ κυρίῳ, Ζοροβαβελ ἐπάρχῳ,[30] εἰς ταύρους[31] καὶ κριοὺς[32] καὶ ἄρνας,[33]
29 ὁμοίως[34] δὲ καὶ πυρὸν[35] καὶ ἅλα[36] καὶ οἶνον καὶ ἔλαιον[37] ἐνδελεχῶς[38] κατ' ἐνι-
αυτόν,[39] καθὼς ἂν οἱ ἱερεῖς οἱ ἐν Ιερουσαλημ ὑπαγορεύσωσιν[40] ἀναλίσκεσθαι[41]
καθ' ἡμέραν ἀναμφισβητήτως,[42] **30** ὅπως προσφέρωνται σπονδαὶ[43] τῷ θεῷ τῷ
ὑψίστῳ[44] ὑπὲρ τοῦ βασιλέως καὶ τῶν παίδων[45] καὶ προσεύχωνται περὶ τῆς αὐτῶν
ζωῆς. **31** καὶ προσέταξεν[46] ἵνα ὅσοι ἐὰν παραβῶσίν[47] τι τῶν προειρημένων[48] καὶ τῶν

1 χρυσοῦς, gold
2 ἀργυροῦς, silver
3 ἐκφέρω, *aor act ind 3s*, bring out, carry out
4 ἀποφέρω, *aor act ind 3s*, bring
5 ἀποκαθίστημι, *aor pas inf*, return, restore
6 οὗ, where
7 κεῖμαι, *pres pas ptc nom p n*, be placed, be situated
8 προστάσσω, *aor act ind 3s*, command
9 ἐπιμελέομαι, *aor pas inf*, take care, be sure
10 ἔπαρχος, governor
11 συνέταιρος, companion, associate
12 ἀποτάσσω, *perf pas ptc dat p m*, appoint
13 ἡγεμών, leader
14 ἀπέχω, *pres mid inf*, stay away from
15 ἐάω, *aor act inf*, permit
16 παῖς, servant
17 ἔπαρχος, governor
18 κἀγώ, I also, *cr.* καὶ ἐγώ
19 ἐπιτάσσω, *aor act ind 1s*, order, instruct
20 ὁλοσχερῶς, completely
21 ἀτενίζω, *aor act inf*, supervise carefully
22 συμποιέω, *pres act sub 3p*, assist, work with
23 αἰχμαλωσία, captivity
24 μέχρι, until
25 ἐπιτελέω, *aor pas inf*, finish, complete
26 φορολογία, levy, tribute
27 ἐπιμελῶς, carefully
28 σύνταξις, portion
29 θυσία, sacrifice
30 ἔπαρχος, governor
31 ταῦρος, bull, ox
32 κριός, ram
33 ἀρήν, lamb
34 ὁμοίως, likewise
35 πυρός, wheat
36 ἅλς, salt
37 ἔλαιον, oil
38 ἐνδελεχῶς, continually
39 ἐνιαυτός, year
40 ὑπαγορεύω, *aor act sub 3p*, designate, advise
41 ἀναλίσκω, *pres pas inf*, spend, consume
42 ἀναμφισβητήτως, without question, without dispute
43 σπονδή, drink offering
44 ὕψιστος, *sup*, Most High
45 παῖς, servant
46 προστάσσω, *aor act ind 3s*, command
47 παραβαίνω, *aor act sub 3p*, deviate, transgress
48 προλέγω, *perf pas ptc gen p n*, state in advance

προσγεγραμμένων[1] ἢ καὶ ἀκυρώσωσιν,[2] λημφθῆναι ξύλον[3] ἐκ τῶν ἰδίων[4] αὐτοῦ καὶ
ἐπὶ τούτου κρεμασθῆναι[5] καὶ τὰ ὑπάρχοντα αὐτοῦ εἶναι βασιλικά.[6]

32 διὰ ταῦτα καὶ ὁ κύριος, οὗ τὸ ὄνομα αὐτοῦ ἐπικέκληται[7] ἐκεῖ, ἀφανίσαι[8] πάντα
βασιλέα καὶ ἔθνος, ὃς ἐκτενεῖ[9] τὴν χεῖρα αὐτοῦ κωλῦσαι[10] ἢ κακοποιῆσαι[11] τὸν οἶκον
τοῦ κυρίου ἐκεῖνον τὸν ἐν Ιερουσαλημ.

33 ἐγὼ βασιλεὺς Δαρεῖος δεδογμάτικα[12] ἐπιμελῶς[13] κατὰ ταῦτα γίγνεσθαι.

Dedication of the Temple

7 Τότε Σισίννης ὁ ἔπαρχος[14] Κοίλης Συρίας καὶ Φοινίκης καὶ Σαθραβουζάνης καὶ
οἱ συνέταιροι[15] κατακολουθήσαντες[16] τοῖς ὑπὸ τοῦ βασιλέως Δαρείου προσ-
ταγεῖσιν[17] **2** ἐπεστάτουν[18] τῶν ἱερῶν ἔργων ἐπιμελέστερον[19] συνεργοῦντες[20] τοῖς
πρεσβυτέροις τῶν Ιουδαίων καὶ ἱεροστάταις.[21] **3** καὶ εὔοδα[22] ἐγίνετο τὰ ἱερὰ ἔργα
προφητευόντων[23] Αγγαιου καὶ Ζαχαριου τῶν προφητῶν, **4** καὶ συνετέλεσαν[24] ταῦτα
διὰ προστάγματος[25] τοῦ κυρίου θεοῦ Ισραηλ, **5** καὶ μετὰ τῆς γνώμης[26] Κύρου καὶ
Δαρείου καὶ Ἀρταξέρξου βασιλέως Περσῶν συνετελέσθη[27] ὁ οἶκος ὁ ἅγιος ἕως τρί-
της καὶ εἰκάδος[28] μηνὸς[29] Αδαρ τοῦ ἕκτου[30] ἔτους βασιλέως Δαρείου. **6** καὶ ἐποίησαν
οἱ υἱοὶ Ισραηλ καὶ οἱ ἱερεῖς καὶ οἱ Λευῖται καὶ οἱ λοιποὶ οἱ ἐκ τῆς αἰχμαλωσίας[31]
οἱ προστεθέντες[32] ἀκολούθως[33] τοῖς ἐν τῇ Μωυσέως βίβλῳ·[34] **7** καὶ προσήνεγκαν
εἰς τὸν ἐγκαινισμὸν[35] τοῦ ἱεροῦ τοῦ κυρίου ταύρους[36] ἑκατόν,[37] κριοὺς[38]

1 προσγράφω, *perf pas ptc gen p n*, specify in writing
2 ἀκυρόω, *aor act sub 3p*, treat as void, set aside
3 ξύλον, timber, beam
4 ἴδιος, one's own
5 κρεμάννυμι, *aor pas inf*, hang (to death)
6 βασιλικός, belonging to the king
7 ἐπικαλέω, *perf pas ind 3s*, invoke, call upon
8 ἀφανίζω, *aor act opt 3s*, destroy, remove
9 ἐκτείνω, *fut act ind 3s*, stretch out
10 κωλύω, *aor act inf*, hinder
11 κακοποιέω, *aor act inf*, harm
12 δογματίζω, *perf act ind 1s*, decree
13 ἐπιμελῶς, diligently, attentively
14 ἔπαρχος, governor
15 συνέταιρος, companion, associate
16 κατακολουθέω, *aor act ptc nom p m*, comply with
17 προστάσσω, *aor pas ptc dat p m*, command, order
18 ἐπιστατέω, *impf act ind 3p*, be in charge
19 ἐπιμελῶς, *comp*, very carefully, very diligently
20 συνεργέω, *pres act ptc nom p m*, assist, work with
21 ἱεροστάτης, temple official
22 εὔοδος, free from difficulty, proceeding successfully
23 προφητεύω, *pres act ptc gen p m*, prophesy
24 συντελέω, *aor act ind 3p*, finish, complete
25 πρόσταγμα, order, commandment
26 γνώμη, decree
27 συντελέω, *aor pas ind 3s*, finish, complete
28 εἰκάς, twentieth day of the month
29 μήν, month
30 ἕκτος, sixth
31 αἰχμαλωσία, captivity
32 προστίθημι, *aor pas ptc nom p m*, add to
33 ἀκολούθως, accordingly
34 βίβλος, scroll, book
35 ἐγκαινισμός, dedication
36 ταῦρος, bull, ox
37 ἑκατόν, one hundred
38 κριός, ram

διακοσίους,[1] ἄρνας[2] τετρακοσίους,[3] **8** χιμάρους[4] ὑπὲρ ἁμαρτίας παντὸς τοῦ Ισραηλ
δώδεκα[5] πρὸς ἀριθμὸν ἐκ τῶν φυλάρχων[6] τοῦ Ισραηλ δώδεκα· **9** καὶ ἔστησαν οἱ
ἱερεῖς καὶ οἱ Λευῖται ἐστολισμένοι[7] κατὰ φυλὰς ἐπὶ τῶν ἔργων τοῦ κυρίου θεοῦ
Ισραηλ ἀκολούθως[8] τῇ Μωυσέως βίβλῳ[9] καὶ οἱ θυρωροὶ[10] ἐφ᾽ ἑκάστου πυλῶνος.[11]

Passover Celebrated

10 Καὶ ἠγάγοσαν[12] οἱ υἱοὶ Ισραηλ τῶν ἐκ τῆς αἰχμαλωσίας[13] τὸ πασχα[14] ἐν τῇ τεσσα-
ρεσκαιδεκάτῃ[15] τοῦ πρώτου μηνός·[16] ὅτι ἡγνίσθησαν[17] οἱ ἱερεῖς καὶ οἱ Λευῖται ἅμα,[18]
11 καὶ πάντες οἱ υἱοὶ τῆς αἰχμαλωσίας[19] οὐχ ἡγνίσθησαν,[20] ὅτι οἱ Λευῖται ἅμα[21] πάντες
ἡγνίσθησαν **12** καὶ ἔθυσαν[22] τὸ πασχα[23] πᾶσιν τοῖς υἱοῖς τῆς αἰχμαλωσίας[24] καὶ τοῖς
ἀδελφοῖς αὐτῶν τοῖς ἱερεῦσιν καὶ ἑαυτοῖς. **13** καὶ ἐφάγοσαν οἱ υἱοὶ Ισραηλ οἱ ἐκ τῆς
αἰχμαλωσίας,[25] πάντες οἱ χωρισθέντες[26] ἀπὸ τῶν βδελυγμάτων[27] τῶν ἐθνῶν τῆς γῆς,
ζητοῦντες τὸν κύριον. **14** καὶ ἠγάγοσαν[28] τὴν ἑορτὴν[29] τῶν ἀζύμων[30] ἑπτὰ ἡμέρας
εὐφραινόμενοι[31] ἔναντι[32] τοῦ κυρίου, **15** ὅτι μετέστρεψεν[33] τὴν βουλὴν τοῦ βασιλέως
Ἀσσυρίων ἐπ᾽ αὐτοὺς κατισχῦσαι[34] τὰς χεῖρας αὐτῶν ἐπὶ τὰ ἔργα κυρίου θεοῦ Ισραηλ.

Ezra Comes to Jerusalem

8 Καὶ μεταγενέστερος[35] τούτων βασιλεύοντος[36] Ἀρταξέρξου τοῦ Περσῶν βασι-
λέως προσέβη[37] Εσδρας Σαραιου τοῦ Εζεριου τοῦ Χελκιου τοῦ Σαλημου **2** τοῦ
Σαδδουκου τοῦ Αχιτωβ τοῦ Αμαριου τοῦ Οζιου τοῦ Βοκκα τοῦ Αβισουε τοῦ
Φινεες τοῦ Ελεαζαρ τοῦ Ααρων τοῦ πρώτου ἱερέως· **3** οὗτος Εσδρας ἀνέβη ἐκ Βα-
βυλῶνος ὡς γραμματεὺς[38] εὐφυὴς[39] ὢν ἐν τῷ Μωυσέως νόμῳ τῷ ἐκδεδομένῳ[40]
ὑπὸ τοῦ θεοῦ τοῦ Ισραηλ, **4** καὶ ἔδωκεν αὐτῷ ὁ βασιλεὺς δόξαν, εὑρόντος χάριν

1 διακόσιοι, two hundred
2 ἀρήν, lamb
3 τετρακόσιοι, four hundred
4 χίμαρος, young goat
5 δώδεκα, twelve
6 φύλαρχος, tribal leader
7 στολίζω, *perf pas ptc nom p m*, clothe
8 ἀκολούθως, according to
9 βίβλος, scroll, book
10 θυρωρός, doorkeeper, porter
11 πυλών, gate
12 ἄγω, *aor act ind 3p*, celebrate, conduct
13 αἰχμαλωσία, captivity
14 πασχα, Passover, *translit.*
15 τεσσαρεσκαιδέκατος, fourteenth
16 μήν, month
17 ἁγνίζω, *aor pas ind 3p*, purify, sanctify
18 ἅμα, together, at once
19 αἰχμαλωσία, captivity
20 ἁγνίζω, *aor pas ind 3p*, purify, sanctify
21 ἅμα, together, at once
22 θύω, *aor act ind 3p*, sacrifice
23 πασχα, Passover (lamb), *translit.*
24 αἰχμαλωσία, captivity
25 αἰχμαλωσία, captivity
26 χωρίζω, *aor pas ptc nom p m*, separate
27 βδέλυγμα, abomination
28 ἄγω, *aor act ind 3p*, celebrate, conduct
29 ἑορτή, festival, feast
30 ἄζυμος, unleavened
31 εὐφραίνω, *pres pas ptc nom p m*, rejoice
32 ἔναντι, before
33 μεταστρέφω, *aor act ind 3s*, alter, change
34 κατισχύω, *aor act inf*, strengthen
35 μεταγενής, *comp*, later
36 βασιλεύω, *pres act ptc gen s m*, reign as king
37 προσβαίνω, *aor act ind 3s*, approach
38 γραμματεύς, scribe
39 εὐφυής, naturally gifted
40 δίδωμι, *perf pas ptc dat s m*, publish

ἐναντίον[1] αὐτοῦ ἐπὶ πάντα τὰ ἀξιώματα[2] αὐτοῦ. **5** καὶ συνανέβησαν[3] ἐκ τῶν υἱῶν Ισραηλ καὶ τῶν ἱερέων καὶ Λευιτῶν καὶ ἱεροψαλτῶν[4] καὶ θυρωρῶν[5] καὶ ἱεροδούλων[6] εἰς Ιεροσόλυμα ἔτους ἑβδόμου[7] βασιλεύοντος[8] Ἀρταξέρξου ἐν τῷ πέμπτῳ[9] μηνί[10] (οὗτος ἐνιαυτὸς[11] ἕβδομος[12] τῷ βασιλεῖ); **6** ἐξελθόντες γὰρ ἐκ Βαβυλῶνος τῇ νουμηνίᾳ[13] τοῦ πρώτου μηνὸς[14] ἐν τῇ νουμηνίᾳ τοῦ πέμπτου[15] μηνὸς παρεγένοντο εἰς Ιεροσόλυμα κατὰ τὴν δοθεῖσαν αὐτοῖς εὐοδίαν[16] παρὰ τοῦ κυρίου ἐπ' αὐτῷ. **7** ὁ γὰρ Εσδρας πολλὴν ἐπιστήμην[17] περιεῖχεν[18] εἰς τὸ μηδὲν[19] παραλιπεῖν[20] τῶν ἐκ τοῦ νόμου κυρίου καὶ ἐκ τῶν ἐντολῶν διδάξαι τὸν πάντα Ισραηλ πάντα τὰ δικαιώματα[21] καὶ τὰ κρίματα.[22]

The Royal Ordinance

8 Προσπεσόντος[23] δὲ τοῦ γραφέντος προστάγματος[24] παρὰ Ἀρταξέρξου τοῦ βασιλέως πρὸς Εσδραν τὸν ἱερέα καὶ ἀναγνώστην[25] τοῦ νόμου κυρίου, οὗ ἐστιν ἀντίγραφον[26] τὸ ὑποκείμενον[27]

9 Βασιλεὺς Ἀρταξέρξης Εσδρα τῷ ἱερεῖ καὶ ἀναγνώστῃ[28] τοῦ νόμου κυρίου χαίρειν.[29] **10** καὶ τὰ φιλάνθρωπα[30] ἐγὼ κρίνας προσέταξα[31] τοὺς βουλομένους ἐκ τοῦ ἔθνους τῶν Ιουδαίων αἱρετίζοντας[32] καὶ τῶν ἱερέων καὶ τῶν Λευιτῶν, καὶ τῶν δὲ ἐν τῇ ἡμετέρᾳ[33] βασιλείᾳ, συμπορεύεσθαί[34] σοι εἰς Ιερουσαλημ. **11** ὅσοι οὖν ἐνθυμοῦνται,[35] συνεξορμάτωσαν,[36] καθάπερ[37] δέδοκται[38] ἐμοί τε καὶ τοῖς ἑπτὰ φίλοις[39] συμβουλευταῖς,[40] **12** ὅπως ἐπισκέψωνται[41] τὰ κατὰ τὴν Ιουδαίαν καὶ Ιερουσαλημ

1 ἐναντίον, before
2 ἀξίωμα, request
3 συναναβαίνω, *aor act ind 3p*, go up with
4 ἱεροψάλτης, temple singer
5 θυρωρός, doorkeeper, porter
6 ἱερόδουλος, temple servant
7 ἕβδομος, seventh
8 βασιλεύω, *pres act ptc gen s m*, reign as king
9 πέμπτος, fifth
10 μήν, month
11 ἐνιαυτός, year
12 ἕβδομος, seventh
13 νουμηνία, new moon, first day of the month
14 μήν, month
15 πέμπτος, fifth
16 εὐοδία, successful passage
17 ἐπιστήμη, understanding, skill
18 περιέχω, *impf act ind 3s*, comprehend, possess
19 μηδείς, nothing
20 παραλείπω, *aor act inf*, neglect
21 δικαίωμα, ordinance, decree
22 κρίμα, rule
23 προσπίπτω, *aor act ptc gen s n*, come before, be brought to attention
24 πρόσταγμα, ordinance, command
25 ἀναγνώστης, (public) reader
26 ἀντίγραφον, copy
27 ὑπόκειμαι, *pres pas ptc nom s n*, be below
28 ἀναγνώστης, (public) reader
29 χαίρω, *pres act inf*, (greetings)
30 φιλάνθρωπος, benevolent, kind
31 προστάσσω, *aor act ind 1s*, command
32 αἱρετίζω, *pres act ptc acc p m*, choose
33 ἡμέτερος, our
34 συμπορεύομαι, *pres mid inf*, go along with
35 ἐνθυμέομαι, *pres mid ind 3p*, (feel inclined), reflect carefully
36 συνεξορμάω, *pres act impv 3p*, depart together
37 καθάπερ, just as
38 δοκέω, *perf pas ind 3s*, seem
39 φίλος, friend
40 συμβουλευτής, adviser, counselor
41 ἐπισκέπτομαι, *aor mid sub 3p*, examine, inspect

ἀκολούθως[1] ᾧ ἔχει ἐν τῷ νόμῳ τοῦ κυρίου, **13** καὶ ἀπενεγκεῖν[2] δῶρα[3] τῷ κυρίῳ
τοῦ Ισραηλ, ἃ ηὐξάμην[4] ἐγώ τε καὶ οἱ φίλοι,[5] εἰς Ιερουσαλημ καὶ πᾶν χρυσίον[6] καὶ
ἀργύριον,[7] ὃ ἐὰν εὑρεθῇ ἐν τῇ χώρᾳ[8] τῆς Βαβυλωνίας, τῷ κυρίῳ εἰς Ιερουσαλημ σὺν
τῷ δεδωρημένῳ[9] ὑπὸ τοῦ ἔθνους εἰς τὸ ἱερὸν τοῦ κυρίου αὐτῶν τὸ ἐν Ιερουσαλημ
14 συναχθῆναι τό τε χρυσίον[10] καὶ ἀργύριον[11] εἰς ταύρους[12] καὶ κριοὺς[13] καὶ ἄρνας[14]
καὶ τὰ τούτοις ἀκόλουθα[15] **15** ὥστε προσενεγκεῖν θυσίας[16] ἐπὶ τὸ θυσιαστήριον[17] τοῦ
κυρίου αὐτῶν τὸ ἐν Ιερουσαλημ. **16** καὶ πάντα, ὅσα ἂν βούλῃ μετὰ τῶν ἀδελφῶν
σου ποιῆσαι χρυσίῳ[18] καὶ ἀργυρίῳ,[19] ἐπιτέλει[20] κατὰ τὸ θέλημα[21] τοῦ θεοῦ σου **17** καὶ
τὰ ἱερὰ σκεύη[22] τοῦ κυρίου τὰ διδόμενά σοι εἰς τὴν χρείαν[23] τοῦ ἱεροῦ τοῦ θεοῦ σου
τοῦ ἐν Ιερουσαλημ. **18** καὶ τὰ λοιπά, ὅσα ἂν ὑποπίπτῃ[24] σοι εἰς τὴν χρείαν[25] τοῦ ἱεροῦ
τοῦ θεοῦ σου, δώσεις ἐκ τοῦ βασιλικοῦ[26] γαζοφυλακίου·[27]

19 κἀγὼ[28] δὲ Ἀρταξέρξης ὁ βασιλεὺς προσέταξα[29] τοῖς γαζοφύλαξι[30] Συρίας καὶ
Φοινίκης, ἵνα ὅσα ἂν ἀποστείλῃ Εσδρας ὁ ἱερεὺς καὶ ἀναγνώστης[31] τοῦ νόμου τοῦ
θεοῦ τοῦ ὑψίστου,[32] ἐπιμελῶς[33] διδῶσιν αὐτῷ ἕως ἀργυρίου[34] ταλάντων[35] ἑκατόν,[36]
20 ὁμοίως[37] δὲ καὶ ἕως πυροῦ[38] κόρων[39] ἑκατὸν[40] καὶ οἴνου μετρητῶν[41] ἑκατὸν[42] καὶ
ἅλα[43] ἐκ πλήθους· **21** πάντα τὰ κατὰ τὸν τοῦ θεοῦ νόμον ἐπιτελεσθήτω[44] ἐπιμελῶς[45]
τῷ θεῷ τῷ ὑψίστῳ[46] ἕνεκα[47] τοῦ μὴ γενέσθαι ὀργὴν εἰς τὴν βασιλείαν τοῦ βασιλέως
καὶ τῶν υἱῶν. **22** καὶ ὑμῖν δὲ λέγεται ὅπως πᾶσι τοῖς ἱερεῦσιν καὶ τοῖς Λευίταις καὶ
ἱεροψάλταις[48] καὶ θυρωροῖς[49] καὶ ἱεροδούλοις[50] καὶ πραγματικοῖς[51] τοῦ ἱεροῦ τούτου

1 ἀκολούθως, according to
2 ἀποφέρω, *aor act inf*, take
3 δῶρον, gift
4 εὔχομαι, *aor mid ind 1s*, vow
5 φίλος, friend
6 χρυσίον, gold
7 ἀργύριον, silver
8 χώρα, land, region
9 δωρέομαι, *perf pas ptc dat s n*, grant, bestow
10 χρυσίον, gold
11 ἀργύριον, silver
12 ταῦρος, bull, ox
13 κριός, ram
14 ἀρήν, lamb
15 ἀκόλουθος, pertaining
16 θυσία, sacrifice
17 θυσιαστήριον, altar
18 χρυσίον, gold
19 ἀργύριον, silver
20 ἐπιτελέω, *pres act impv 2s*, finish, complete
21 θέλημα, will
22 σκεῦος, vessel, object
23 χρεία, necessity
24 ὑποπίπτω, *pres act sub 3s*, belong to
25 χρεία, necessity
26 βασιλικός, royal
27 γαζοφυλάκιον, treasury
28 κἀγώ, and I, moreover I, *cr.* καὶ ἐγώ
29 προστάσσω, *aor act ind 1s*, command
30 γαζοφύλαξ, treasurer
31 ἀναγνώστης, (public) reader
32 ὕψιστος, *sup*, Most High
33 ἐπιμελῶς, carefully, attentively
34 ἀργύριον, silver
35 τάλαντον, talent
36 ἑκατόν, one hundred
37 ὁμοίως, likewise
38 πυρός, wheat
39 κόρος, kor, *Heb. LW*
40 ἑκατόν, one hundred
41 μετρητής, measure
42 ἑκατόν, one hundred
43 ἅλς, salt
44 ἐπιτελέω, *aor pas impv 3s*, complete, carry out
45 ἐπιμελῶς, carefully, attentively
46 ὕψιστος, *sup*, Most High
47 ἕνεκα, so that
48 ἱεροψάλτης, temple singer
49 θυρωρός, doorkeeper, porter
50 ἱερόδουλος, temple servant
51 πραγματικός, official

μηδεμία[1] φορολογία[2] μηδὲ ἄλλη ἐπιβολὴ[3] γίγνηται, καὶ ἐξουσίαν[4] μηδένα[5] ἔχειν ἐπιβαλεῖν[6] τι τούτοις.

23 καὶ σύ, Εσδρα, κατὰ τὴν σοφίαν τοῦ θεοῦ ἀνάδειξον[7] κριτὰς[8] καὶ δικαστάς,[9] ὅπως
δικάζωσιν[10] ἐν ὅλῃ Συρίᾳ καὶ Φοινίκῃ πάντας τοὺς ἐπισταμένους[11] τὸν νόμον τοῦ θεοῦ
σου· καὶ τοὺς μὴ ἐπισταμένους[12] δὲ διδάξεις. 24 καὶ πάντες, ὅσοι ἐὰν παραβαίνωσι[13]
τὸν νόμον τοῦ θεοῦ σου καὶ τὸν βασιλικόν,[14] ἐπιμελῶς[15] κολασθήσονται,[16] ἐάν τε
καὶ θανάτῳ ἐάν τε καὶ τιμωρίᾳ[17] ἢ ἀργυρικῇ[18] ζημίᾳ[19] ἢ ἀπαγωγῇ.[20]

Ezra Blesses God

25 Εὐλογητὸς[21] μόνος ὁ κύριος ὁ δοὺς ταῦτα εἰς τὴν καρδίαν τοῦ βασιλέως, δοξάσαι
τὸν οἶκον αὐτοῦ τὸν ἐν Ιερουσαλημ, 26 καὶ ἐμὲ ἐτίμησεν[22] ἔναντι[23] τοῦ βασιλέως καὶ
τῶν συμβουλευόντων[24] καὶ πάντων τῶν φίλων[25] καὶ μεγιστάνων[26] αὐτοῦ. 27 καὶ ἐγὼ
εὐθαρσὴς[27] ἐγενόμην κατὰ τὴν ἀντίλημψιν[28] κυρίου τοῦ θεοῦ μου καὶ συνήγαγον
ἐκ τοῦ Ισραηλ ἄνδρας ὥστε συναναβῆναί[29] μοι.

Returning Leaders

28 Καὶ οὗτοι οἱ προηγούμενοι[30] κατὰ τὰς πατριὰς[31] αὐτῶν καὶ τὰς μεριδαρχίας[32] οἱ
ἀναβάντες μετ᾽ ἐμοῦ ἐκ Βαβυλῶνος ἐν τῇ βασιλείᾳ Ἀρταξέρξου τοῦ βασιλέως· 29 ἐκ
τῶν υἱῶν Φινεες Γαρσομος· ἐκ τῶν υἱῶν Ιεταμαρου Γαμηλος· ἐκ τῶν υἱῶν Δαυιδ
Αττους ὁ Σεχενιου· 30 ἐκ τῶν υἱῶν Φορος Ζαχαριας καὶ μετ᾽ αὐτοῦ ἀπὸ γραφῆς[33]
ἄνδρες ἑκατὸν[34] πεντήκοντα·[35] 31 ἐκ τῶν υἱῶν Φααθμωαβ Ελιαωνιας Ζαραιου καὶ
μετ᾽ αὐτοῦ ἄνδρες διακόσιοι·[36] 32 ἐκ τῶν υἱῶν Ζαθοης Σεχενιας Ιεζηλου καὶ μετ᾽
αὐτοῦ ἄνδρες τριακόσιοι·[37] ἐκ τῶν υἱῶν Αδινου Βην-Ιωναθου καὶ μετ᾽ αὐτοῦ ἄνδρες

1 μηδείς, no, not any
2 φορολογία, tribute
3 ἐπιβολή, penalty, fine
4 ἐξουσία, authority
5 μηδείς, no one
6 ἐπιβάλλω, *aor act inf*, impose, lay upon
7 ἀναδείκνυμι, *aor act impv 2s*, appoint
8 κριτής, judge
9 δικαστής, justice, judge
10 δικάζω, *pres act sub 3p*, judge
11 ἐπίσταμαι, *pres mid ptc acc p m*, understand
12 ἐπίσταμαι, *pres mid ptc acc p m*, understand
13 παραβαίνω, *pres act sub 3p*, transgress, deviate from
14 βασιλικός, royal
15 ἐπιμελῶς, rigorously
16 κολάζω, *fut pas ind 3p*, penalize
17 τιμωρία, (corporal) punishment
18 ἀργυρικός, of money
19 ζημία, penalty
20 ἀπαγωγή, imprisonment
21 εὐλογητός, blessed
22 τιμάω, *aor act ind 3s*, honor
23 ἔναντι, before
24 συμβουλεύω, *pres act ptc gen p m*, counsel
25 φίλος, friend, associate
26 μεγιστάν, nobleman
27 εὐθαρσής, of good courage
28 ἀντίλημψις, help, support
29 συναναβαίνω, *aor act inf*, go up with
30 προηγέομαι, *pres mid ptc nom p m*, lead, go before
31 πατριά, paternal lineage, house
32 μεριδαρχία, governor of a province
33 γραφή, register
34 ἑκατόν, one hundred
35 πεντήκοντα, fifty
36 διακόσιοι, two hundred
37 τριακόσιοι, three hundred

διακόσιοι[1] πεντήκοντα·[2] **33** ἐκ τῶν υἱῶν Ηλαμ Ιεσιας Γοθολιου καὶ μετ' αὐτοῦ
ἄνδρες ἑβδομήκοντα·[3] **34** ἐκ τῶν υἱῶν Σαφατιου Ζαραιας Μιχαηλου καὶ μετ' αὐτοῦ
ἄνδρες ἑβδομήκοντα·[4] **35** ἐκ τῶν υἱῶν Ιωαβ Αβαδιας Ιεζηλου καὶ μετ' αὐτοῦ ἄνδρες
διακόσιοι[5] δέκα[6] δύο· **36** ἐκ τῶν υἱῶν Βανι Ασσαλιμωθ Ιωσαφιου καὶ μετ' αὐτοῦ
ἄνδρες ἑκατὸν[7] ἑξήκοντα·[8] **37** ἐκ τῶν υἱῶν Βαβι Ζαχαριας Βηβαι καὶ μετ' αὐτοῦ
ἄνδρες εἴκοσι[9] ὀκτώ·[10] **38** ἐκ τῶν υἱῶν Ασγαθ Ιωανης Ακαταν καὶ μετ' αὐτοῦ ἄνδρες
ἑκατὸν[11] δέκα·[12] **39** ἐκ τῶν υἱῶν Αδωνικαμ οἱ ἔσχατοι, καὶ ταῦτα τὰ ὀνόματα αὐτῶν·
Ελιφαλατος, Ιεουηλ καὶ Σαμαιας, καὶ μετ' αὐτῶν ἄνδρες ἑβδομήκοντα·[13] **40** ἐκ τῶν
υἱῶν Βαγο Ουθι ὁ τοῦ Ισταλκουρου καὶ μετ' αὐτοῦ ἄνδρες ἑβδομήκοντα.[14]

41 Καὶ συνήγαγον αὐτοὺς ἐπὶ τὸν λεγόμενον Θεραν ποταμόν,[15] καὶ παρενεβάλομεν[16]
αὐτόθι[17] ἡμέρας τρεῖς, καὶ κατέμαθον[18] αὐτούς. **42** καὶ ἐκ τῶν υἱῶν τῶν ἱερέων καὶ
ἐκ τῶν Λευιτῶν οὐχ εὑρὼν ἐκεῖ **43** ἀπέστειλα πρὸς Ελεαζαρον καὶ Ιδουηλον καὶ
Μαασμαν καὶ Ελναταν καὶ Σαμαιαν καὶ Ιωριβον, Ναθαν, Ενναταν, Ζαχαριαν καὶ
Μεσολαμον τοὺς ἡγουμένους[19] καὶ ἐπιστήμονας[20] **44** καὶ εἶπα αὐτοῖς ἐλθεῖν πρὸς
Αδδαιον τὸν ἡγούμενον[21] τὸν ἐν τῷ τόπῳ τοῦ γαζοφυλακίου[22] **45** ἐντειλάμενος[23]
αὐτοῖς διαλεγῆναι[24] Αδδαιω καὶ τοῖς ἀδελφοῖς αὐτοῦ καὶ τοῖς ἐν τῷ τόπῳ γαζο-
φύλαξιν[25] ἀποστεῖλαι ἡμῖν τοὺς ἱερατεύσοντας[26] ἐν τῷ οἴκῳ τοῦ κυρίου ἡμῶν. **46** καὶ
ἤγαγον ἡμῖν κατὰ τὴν κραταιὰν[27] χεῖρα τοῦ κυρίου ἡμῶν ἄνδρας ἐπιστήμονας[28] τῶν
υἱῶν Μοολι τοῦ Λευι τοῦ Ισραηλ· Ασεβηβιαν καὶ τοὺς υἱοὺς καὶ τοὺς ἀδελφούς,
δέκα[29] ὀκτώ·[30] **47** καὶ Ασεβιαν καὶ Αννουνον καὶ Ωσαιαν ἀδελφὸν ἐκ τῶν υἱῶν
Χανουναιου καὶ οἱ υἱοὶ αὐτῶν, ἄνδρες εἴκοσι·[31] **48** καὶ ἐκ τῶν ἱεροδούλων,[32] ὧν
ἔδωκεν Δαυιδ καὶ οἱ ἡγούμενοι[33] εἰς τὴν ἐργασίαν[34] τῶν Λευιτῶν, ἱερόδουλοι[35]
διακόσιοι[36] εἴκοσι·[37] πάντων ἐσημάνθη[38] ἡ ὀνοματογραφία.[39]

1 διακόσιοι, two hundred
2 πεντήκοντα, fifty
3 ἑβδομήκοντα, seventy
4 ἑβδομήκοντα, seventy
5 διακόσιοι, two hundred
6 δέκα, ten
7 ἑκατόν, one hundred
8 ἑξήκοντα, sixty
9 εἴκοσι, twenty
10 ὀκτώ, eight
11 ἑκατόν, one hundred
12 δέκα, ten
13 ἑβδομήκοντα, seventy
14 ἑβδομήκοντα, seventy
15 ποταμός, river
16 παρεμβάλλω, *aor act ind 1p*, pitch camp
17 αὐτόθι, there
18 καταμανθάνω, *aor act ind 1s*, inspect
19 ἡγέομαι, *pres mid ptc acc p m*, lead
20 ἐπιστήμων, learned, skilled
21 ἡγέομαι, *pres mid ptc acc s m*, lead
22 γαζοφυλάκιον, treasury
23 ἐντέλλομαι, *aor mid ptc nom s m*, command, order
24 διαλέγομαι, *aor pas inf*, discuss, converse with
25 γαζοφύλαξ, treasurer
26 ἱερατεύω, *fut act ptc acc p m*, serve as priest
27 κραταιός, strong, mighty
28 ἐπιστήμων, learned, skilled
29 δέκα, ten
30 ὀκτώ, eight
31 εἴκοσι, twenty
32 ἱερόδουλος, temple servant
33 ἡγέομαι, *pres mid ptc nom p m*, lead
34 ἐργασία, service, labor
35 ἱερόδουλος, temple servant
36 διακόσιοι, two hundred
37 εἴκοσι, twenty
38 σημαίνω, *aor pas ind 3s*, report, note
39 ὀνοματογραφία, list of names

A Fast Proclaimed

49 καὶ εὐξάμην[1] ἐκεῖ νηστείαν[2] τοῖς νεανίσκοις[3] ἔναντι[4] τοῦ κυρίου ἡμῶν **50** ζητῆσαι
παρ' αὐτοῦ εὐοδίαν[5] ἡμῖν τε καὶ τοῖς συνοῦσιν[6] ἡμῖν τέκνοις ἡμῶν καὶ κτήνεσιν.[7]
51 ἐνετράπην[8] γὰρ αἰτῆσαι[9] τὸν βασιλέα πεζούς[10] τε καὶ ἱππεῖς[11] καὶ προπομπὴν[12]
ἕνεκεν[13] ἀσφαλείας[14] τῆς πρὸς τοὺς ἐναντιουμένους[15] ἡμῖν· **52** εἴπαμεν γὰρ τῷ
βασιλεῖ ὅτι Ἰσχὺς[16] τοῦ κυρίου ἡμῶν ἔσται μετὰ τῶν ἐπιζητούντων[17] αὐτὸν εἰς
πᾶσαν ἐπανόρθωσιν.[18] **53** καὶ πάλιν[19] ἐδεήθημεν[20] τοῦ κυρίου ἡμῶν κατὰ ταῦτα καὶ
εὐιλάτου[21] ἐτύχομεν.[22]

Gifts for the Temple

54 καὶ ἐχώρισα[23] τῶν φυλάρχων[24] τῶν ἱερέων ἄνδρας δέκα[25] δύο, καὶ Σερεβιαν καὶ
Ασαβιαν καὶ μετ' αὐτῶν ἐκ τῶν ἀδελφῶν αὐτῶν ἄνδρας δέκα, **55** καὶ ἔστησα αὐτοῖς
τὸ ἀργύριον[26] καὶ τὸ χρυσίον[27] καὶ τὰ ἱερὰ σκεύη[28] τοῦ οἴκου τοῦ κυρίου ἡμῶν, ἃ
αὐτὸς ἐδωρήσατο[29] ὁ βασιλεὺς καὶ οἱ σύμβουλοι[30] αὐτοῦ καὶ οἱ μεγιστᾶνες[31] καὶ πᾶς
Ισραηλ. **56** καὶ στήσας παρέδωκα αὐτοῖς ἀργυρίου[32] τάλαντα[33] ἑξακόσια[34] πεντή-
κοντα[35] καὶ σκεύη[36] ἀργυρᾶ[37] ταλάντων ἑκατὸν[38] καὶ χρυσίου[39] τάλαντα ἑκατὸν
καὶ χρυσώματα[40] εἴκοσι[41] καὶ σκεύη[42] χαλκᾶ[43] ἀπὸ χρηστοῦ[44] χαλκοῦ στίλβοντα[45]
χρυσοειδῆ[46] σκεύη δώδεκα.[47] **57** καὶ εἶπα αὐτοῖς Καὶ ὑμεῖς ἅγιοί ἐστε τῷ κυρίῳ,

1 εὔχομαι, *aor mid ind 1s*, vow
2 νηστεία, fast
3 νεανίσκος, young man
4 ἔναντι, before
5 εὐοδία, success, prosperous journey
6 σύνειμι, *pres act ptc dat p n*, be with
7 κτῆνος, animal, (*p*) livestock
8 ἐντρέπω, *aor pas ind 1s*, feel misgiving, hesitate
9 αἰτέω, *aor mid impv 2s*, demand, ask of
10 πεζός, foot soldier
11 ἱππεύς, horseman
12 προπομπή, escort
13 ἕνεκα, for the sake of
14 ἀσφάλεια, security, safety
15 ἐναντιόομαι, *pres mid ptc acc p m*, oppose, be an adversary
16 ἰσχύς, power, strength
17 ἐπιζητέω, *pres act ptc gen p m*, seek after
18 ἐπανόρθωσις, restoration, setting right
19 πάλιν, again
20 δέομαι, *aor pas ind 1p*, beseech, request
21 εὐίλατος, very merciful
22 τυγχάνω, *aor act ind 1p*, find to be
23 χωρίζω, *aor act ind 1s*, set apart
24 φύλαρχος, tribal head
25 δέκα, ten
26 ἀργύριον, silver
27 χρυσίον, gold
28 σκεῦος, vessel, object
29 δωρέομαι, *aor mid ind 3s*, bestow, grant
30 σύμβουλος, adviser, counselor
31 μεγιστάν, nobleman
32 ἀργύριον, silver
33 τάλαντον, talent
34 ἑξακόσιοι, six hundred
35 πεντήκοντα, fifty
36 σκεῦος, vessel
37 ἀργυροῦς, silver
38 ἑκατόν, one hundred
39 χρυσίον, gold
40 χρύσωμα, golden vessel
41 εἴκοσι, twenty
42 σκεῦος, vessel
43 χαλκοῦς, bronze
44 χρηστός, fine, good
45 στίλβω, *pres act ptc acc p n*, glitter, gleam
46 χρυσοειδής, gold-like
47 δώδεκα, twelve

καὶ τὰ σκεύη[1] ἅγια, καὶ τὸ ἀργύριον[2] καὶ τὸ χρυσίον[3] εὐχὴ[4] τῷ κυρίῳ κυρίῳ τῶν
πατέρων ἡμῶν· **58** ἀγρυπνεῖτε[5] καὶ φυλάσσετε ἕως τοῦ παραδοῦναι αὐτὰ ὑμᾶς τοῖς
φυλάρχοις[6] τῶν ἱερέων καὶ τῶν Λευιτῶν καὶ τοῖς ἡγουμένοις[7] τῶν πατριῶν[8] τοῦ
Ισραηλ ἐν Ιερουσαλημ ἐν τοῖς παστοφορίοις[9] τοῦ οἴκου τοῦ κυρίου ἡμῶν. **59** καὶ
οἱ παραλαβόντες[10] οἱ ἱερεῖς καὶ οἱ Λευῖται τὸ ἀργύριον[11] καὶ τὸ χρυσίον[12] καὶ τὰ
σκεύη[13] τὰ ἐν Ιερουσαλημ εἰσήνεγκαν[14] εἰς τὸ ἱερὸν τοῦ κυρίου.

Return to Jerusalem

60 Καὶ ἀναζεύξαντες[15] ἀπὸ τοῦ ποταμοῦ[16] Θερα τῇ δωδεκάτῃ[17] τοῦ πρώτου μηνὸς[18]
εἰσήλθομεν εἰς Ιερουσαλημ κατὰ τὴν κραταιὰν[19] χεῖρα τοῦ κυρίου ἡμῶν τὴν ἐφ᾽
ἡμῖν· καὶ ἐρρύσατο[20] ἡμᾶς ἐπὶ τῆς εἰσόδου[21] ἀπὸ παντὸς ἐχθροῦ, καὶ ἤλθομεν εἰς
Ιερουσαλημ. **61** καὶ γενομένης αὐτόθι[22] ἡμέρας τρίτης σταθὲν τὸ ἀργύριον[23] καὶ τὸ
χρυσίον[24] παρεδόθη ἐν τῷ οἴκῳ τοῦ κυρίου ἡμῶν Μαρμωθι Ουρια ἱερεῖ — **62** καὶ
μετ᾽ αὐτοῦ Ελεαζαρ ὁ τοῦ Φινεες, καὶ ἦσαν μετ᾽ αὐτῶν Ιωσαβδος Ἰησοῦ καὶ Μωεθ
Σαβαννου οἱ Λευῖται — πρὸς ἀριθμὸν[25] καὶ ὁλκὴν[26] ἅπαντα,[27] καὶ ἐγράφη πᾶσα ἡ
ὁλκὴ αὐτῶν αὐτῇ τῇ ὥρᾳ. **63** οἱ δὲ παραγενόμενοι ἐκ τῆς αἰχμαλωσίας[28] προσήνεγκαν
θυσίας[29] τῷ θεῷ τοῦ Ισραηλ κυρίῳ ταύρους[30] δώδεκα[31] ὑπὲρ παντὸς Ισραηλ, κριοὺς[32]
ἐνενήκοντα[33] ἕξ,[34] ἄρνας[35] ἑβδομήκοντα[36] δύο, τράγους[37] ὑπὲρ σωτηρίου[38] δέκα[39]
δύο· ἅπαντα[40] θυσίαν[41] τῷ κυρίῳ. **64** καὶ ἀπέδωκαν τὰ προστάγματα[42] τοῦ βασιλέως

1 σκεῦος, vessel, object
2 ἀργύριον, silver
3 χρυσίον, gold
4 εὐχή, vow
5 ἀγρυπνέω, *pres act impv 2p*, be alert, keep watch
6 φύλαρχος, tribal chief
7 ἡγέομαι, *pres mid ptc dat p m*, lead
8 πατριά, paternal lineage, house
9 παστοφόριον, chamber
10 παραλαμβάνω, *aor act ptc nom p m*, receive
11 ἀργύριον, silver
12 χρυσίον, gold
13 σκεῦος, vessel, object
14 εἰσφέρω, *aor act ind 3p*, bring in
15 ἀναζεύγνυμι, *aor act ptc nom p m*, move one's quarters
16 ποταμός, river
17 δωδέκατος, twelfth
18 μήν, month
19 κραταιός, mighty, powerful
20 ῥύομαι, *aor mid ind 3s*, deliver, rescue
21 εἴσοδος, (beginning of a journey), incoming
22 αὐτόθι, there
23 ἀργύριον, silver
24 χρυσίον, gold
25 ἀριθμός, amount
26 ὁλκή, weight
27 ἅπας, all
28 αἰχμαλωσία, captivity
29 θυσία, sacrifice
30 ταῦρος, bull, ox
31 δώδεκα, twelve
32 κριός, ram
33 ἐνενήκοντα, ninety
34 ἕξ, six
35 ἀρήν, lamb
36 ἑβδομήκοντα, seventy
37 τράγος, goat
38 σωτήριον, (sacrifice of) deliverance, peace
39 δέκα, ten
40 ἅπας, all
41 θυσία, sacrifice
42 πρόσταγμα, ordinance, commandment

τοῖς βασιλικοῖς[1] οἰκονόμοις[2] καὶ τοῖς ἐπάρχοις[3] Κοίλης Συρίας καὶ Φοινίκης, καὶ ἐδόξασαν τὸ ἔθνος καὶ τὸ ἱερὸν τοῦ κυρίου.

65 Καὶ τούτων τελεσθέντων[4] προσήλθοσάν μοι οἱ ἡγούμενοι[5] λέγοντες **66** Οὐκ
ἐχώρισαν[6] τὸ ἔθνος τοῦ Ισραηλ καὶ οἱ ἄρχοντες καὶ οἱ ἱερεῖς καὶ οἱ Λευῖται τὰ ἀλλογενῆ[7] ἔθνη τῆς γῆς καὶ τὰς ἀκαθαρσίας[8] αὐτῶν, Χαναναίων καὶ Χετταίων καὶ Φερεζαίων καὶ Ιεβουσαίων καὶ Μωαβιτῶν καὶ Αἰγυπτίων καὶ Ιδουμαίων·
67 συνῴκησαν[9] γὰρ μετὰ τῶν θυγατέρων[10] αὐτῶν καὶ αὐτοὶ καὶ οἱ υἱοὶ αὐτῶν, καὶ ἐπεμίγη[11] τὸ σπέρμα τὸ ἅγιον εἰς τὰ ἀλλογενῆ[12] ἔθνη τῆς γῆς, καὶ μετεῖχον[13] οἱ προηγούμενοι[14] καὶ οἱ μεγιστᾶνες[15] τῆς ἀνομίας[16] ταύτης ἀπὸ τῆς ἀρχῆς τοῦ πράγματος.[17]

Ezra's Prayer

68 καὶ ἅμα[18] τῷ ἀκοῦσαί με ταῦτα διέρρηξα[19] τὰ ἱμάτια καὶ τὴν ἱερὰν ἐσθῆτα[20] καὶ κατέτιλα[21] τοῦ τριχώματος[22] τῆς κεφαλῆς καὶ τοῦ πώγωνος[23] καὶ ἐκάθισα σύννους[24] καὶ περίλυπος.[25] **69** καὶ ἐπισυνήχθησαν[26] πρός με ὅσοι ποτὲ[27] ἐπεκινοῦντο[28] τῷ ῥήματι κυρίου τοῦ Ισραηλ, ἐμοῦ πενθοῦντος[29] ἐπὶ τῇ ἀνομίᾳ,[30] καὶ ἐκαθήμην περίλυπος[31] ἕως τῆς δειλινῆς[32] θυσίας.[33] **70** καὶ ἐξεγερθεὶς[34] ἐκ τῆς νηστείας[35] διερρηγμένα[36] ἔχων τὰ ἱμάτια καὶ τὴν ἱερὰν ἐσθῆτα[37] κάμψας[38] τὰ γόνατα[39] καὶ ἐκτείνας[40] τὰς χεῖρας πρὸς τὸν κύριον ἔλεγον

1 βασιλικός, royal
2 οἰκονόμος, steward, treasurer
3 ἔπαρχος, governor
4 τελέω, *aor pas ptc gen p n*, finish, complete
5 ἡγέομαι, *pres mid ptc nom p m*, lead
6 χωρίζω, *aor act ind 3p*, remove
7 ἀλλογενής, foreign
8 ἀκαθαρσία, uncleanness, impurity
9 συνοικέω, *aor act ind 3p*, live together with
10 θυγάτηρ, daughter
11 ἐπιμίγνυμι, *aor pas ind 3s*, mix, mingle
12 ἀλλογενής, foreign
13 μετέχω, *impf act ind 3p*, share in
14 προηγέομαι, *pres mid ptc nom p m*, lead, go before
15 μεγιστάν, nobleman
16 ἀνομία, lawlessness, wickedness
17 πρᾶγμα, matter
18 ἅμα, at the same time, as soon as
19 διαρρήγνυμι, *aor act ind 1s*, tear, rip
20 ἐσθής, clothing, garment
21 κατατίλλω, *aor act ind 3s*, pull out
22 τρίχωμα, hair
23 πώγων, beard
24 σύννους, deep in thought, anxious
25 περίλυπος, very grieved
26 ἐπισυνάγω, *aor pas ind 3p*, gather together
27 ποτέ, at some time, ever
28 ἐπικινέομαι, *impf pas ind 3p*, be moved (emotionally)
29 πενθέω, *pres act ptc gen s m*, mourn
30 ἀνομία, lawlessness, wickedness
31 περίλυπος, very grieved
32 δειλινός, of the evening
33 θυσία, sacrifice
34 ἐξεγείρω, *aor pas ptc nom s m*, rise up
35 νηστεία, fast
36 διαρρήγνυμι, *perf pas ptc acc p n*, tear, rip
37 ἐσθής, clothing, garment
38 κάμπτω, *aor act ptc nom s m*, bend, bow
39 γόνυ, knee
40 ἐκτείνω, *aor act ptc nom s m*, stretch forth

71 Κύριε, ἤσχυμμαι,[1] ἐντέτραμμαι[2] κατὰ πρόσωπόν σου· **72** αἱ γὰρ ἁμαρτίαι ἡμῶν
ἐπλεόνασαν[3] ὑπὲρ τὰς κεφαλὰς ἡμῶν, αἱ δὲ ἄγνοιαι[4] ἡμῶν ὑπερήνεγκαν[5] ἕως τοῦ
οὐρανοῦ **73** ἀπὸ τῶν χρόνων τῶν πατέρων ἡμῶν, καί ἐσμεν ἐν μεγάλῃ ἁμαρτίᾳ
ἕως τῆς ἡμέρας ταύτης· **74** καὶ διὰ τὰς ἁμαρτίας ἡμῶν καὶ τῶν πατέρων ἡμῶν
παρεδόθημεν σὺν τοῖς ἀδελφοῖς ἡμῶν καὶ σὺν τοῖς βασιλεῦσιν ἡμῶν καὶ σὺν
τοῖς ἱερεῦσιν ἡμῶν τοῖς βασιλεῦσιν τῆς γῆς εἰς ῥομφαίαν[6] καὶ αἰχμαλωσίαν[7] καὶ
προνομὴν[8] μετὰ αἰσχύνης[9] μέχρι[10] τῆς σήμερον ἡμέρας. **75** καὶ νῦν κατὰ πόσον[11] τι
ἐγενήθη ἡμῖν ἔλεος[12] παρὰ σοῦ, κύριε, καταλειφθῆναι[13] ἡμῖν ῥίζαν[14] καὶ ὄνομα ἐν τῷ
τόπῳ τοῦ ἁγιάσματός[15] σου **76** καὶ τοῦ ἀνακαλύψαι[16] φωστῆρα[17] ἡμῶν ἐν τῷ οἴκῳ
τοῦ κυρίου ἡμῶν δοῦναι ἡμῖν τροφὴν[18] ἐν τῷ καιρῷ τῆς δουλείας[19] ἡμῶν· **77** καὶ ἐν
τῷ δουλεύειν[20] ἡμᾶς οὐκ ἐγκατελείφθημεν[21] ὑπὸ τοῦ κυρίου ἡμῶν, ἀλλὰ ἐποίησεν
ἡμᾶς ἐν χάριτι ἐνώπιον τῶν βασιλέων Περσῶν **78** δοῦναι ἡμῖν τροφὴν[22] καὶ δοξάσαι
τὸ ἱερὸν τοῦ κυρίου ἡμῶν καὶ ἐγεῖραι[23] τὴν ἔρημον Σιων δοῦναι ἡμῖν στερέωμα[24] ἐν
τῇ Ιουδαίᾳ καὶ Ιερουσαλημ.

79 καὶ νῦν τί ἐροῦμεν, κύριε, ἔχοντες ταῦτα; παρέβημεν[25] γὰρ τὰ προστάγματά[26]
σου, ἃ ἔδωκας ἐν χειρὶ τῶν παίδων[27] σου τῶν προφητῶν λέγων ὅτι **80** Ἡ γῆ, εἰς ἣν
εἰσέρχεσθε κληρονομῆσαι,[28] ἔστιν γῆ μεμολυσμένη[29] μολυσμῷ[30] τῶν ἀλλογενῶν[31]
τῆς γῆς, καὶ τῆς ἀκαθαρσίας[32] αὐτῶν ἐνέπλησαν[33] αὐτήν· **81** καὶ νῦν τὰς θυγατέρας[34]
ὑμῶν μὴ συνοικίσητε[35] τοῖς υἱοῖς αὐτῶν καὶ τὰς θυγατέρας αὐτῶν μὴ λάβητε τοῖς
υἱοῖς ὑμῶν· **82** καὶ οὐ ζητήσετε εἰρηνεῦσαι[36] τὰ πρὸς αὐτοὺς τὸν ἅπαντα[37] χρόνον,
ἵνα ἰσχύσαντες[38] φάγητε τὰ ἀγαθὰ τῆς γῆς καὶ κατακληρονομήσητε[39] τοῖς υἱοῖς

1 αἰσχύνω, *perf pas ind 1s*, put to shame
2 ἐντρέπω, *perf pas ind 1s*, feel shame, be embarrassed
3 πλεονάζω, *aor act ind 3p*, multiply, be present abundantly
4 ἄγνοια, sin, ignorance
5 ὑπερφέρω, *aor act ind 3p*, extend
6 ῥομφαία, sword
7 αἰχμαλωσία, captivity
8 προνομή, plunder, spoils
9 αἰσχύνη, shame, disgrace
10 μέχρι, until
11 πόσος, how much, how many
12 ἔλεος, mercy, compassion
13 καταλείπω, *aor pas inf*, leave behind
14 ῥίζα, root
15 ἁγίασμα, sanctuary
16 ἀνακαλύπτω, *aor act inf*, unveil, reveal
17 φωστήρ, light, splendor
18 τροφή, food
19 δουλεία, bondage, slavery
20 δουλεύω, *pres act inf*, be a slave
21 ἐγκαταλείπω, *aor pas ind 1p*, forsake, leave behind
22 τροφή, food
23 ἐγείρω, *aor act inf*, raise up
24 στερέωμα, foundation, (stronghold)
25 παραβαίνω, *aor act ind 1p*, transgress, depart from
26 πρόσταγμα, ordinance, commandment
27 παῖς, servant
28 κληρονομέω, *aor act inf*, take possession
29 μολύνω, *perf pas ptc nom s f*, pollute, defile
30 μολυσμός, pollution
31 ἀλλογενής, foreign
32 ἀκαθαρσία, uncleanness, impurity
33 ἐμπίμπλημι, *aor act ind 3p*, fill up
34 θυγάτηρ, daughter
35 συνοικίζω, *aor act sub 2p*, give in marriage
36 εἰρηνεύω, *aor act inf*, live in community, live peaceably
37 ἅπας, any
38 ἰσχύω, *aor act ptc nom p m*, be strong, prevail
39 κατακληρονομέω, *aor act sub 2p*, give as inheritance

ὑμῶν ἕως αἰῶνος. **83** καὶ τὰ συμβαίνοντα[1] πάντα ἡμῖν γίγνεται διὰ τὰ ἔργα ἡμῶν τὰ
πονηρὰ καὶ τὰς μεγάλας ἁμαρτίας ἡμῶν. **84** σὺ γάρ, κύριε, ἐκούφισας[2] τὰς ἁμαρτίας
ἡμῶν καὶ ἔδωκας ἡμῖν τοιαύτην[3] ῥίζαν·[4] πάλιν[5] ἀνεκάμψαμεν[6] παραβῆναι[7] τὸν
νόμον σου εἰς τὸ ἐπιμιγῆναι[8] τῇ ἀκαθαρσίᾳ[9] τῶν ἐθνῶν τῆς γῆς. **85** οὐχὶ ὠργίσθης[10]
ἡμῖν ἀπολέσαι ἡμᾶς ἕως τοῦ μὴ καταλιπεῖν[11] ῥίζαν[12] καὶ σπέρμα καὶ ὄνομα ἡμῶν;
86 κύριε τοῦ Ισραηλ, ἀληθινὸς[13] εἶ· κατελείφθημεν[14] γὰρ ῥίζα[15] ἐν τῇ σήμερον.
87 ἰδοὺ νῦν ἐσμεν ἐνώπιόν σου ἐν ταῖς ἀνομίαις[16] ἡμῶν· οὐ γὰρ ἔστιν στῆναι ἔτι
ἔμπροσθέν σου ἐπὶ τούτοις.

Abolishing Mixed Marriages

88 Καὶ ὅτε προσευχόμενος Εσδρας ἀνθωμολογεῖτο[17] κλαίων χαμαιπετὴς[18] ἔμ-
προσθεν τοῦ ἱεροῦ, ἐπισυνήχθησαν[19] πρὸς αὐτὸν ἀπὸ Ιερουσαλημ ὄχλος[20] πολὺς
σφόδρα,[21] ἄνδρες καὶ γυναῖκες καὶ νεανίαι·[22] κλαυθμὸς[23] γὰρ ἦν μέγας ἐν τῷ πλήθει.
89 καὶ φωνήσας[24] Ιεχονιας Ιεηλου τῶν υἱῶν Ισραηλ εἶπεν Εσδρα Ἡμεῖς ἡμάρτομεν
εἰς τὸν κύριον καὶ συνῳκίσαμεν[25] γυναῖκας ἀλλογενεῖς[26] ἐκ τῶν ἐθνῶν τῆς γῆς· καὶ
νῦν ἐστιν ἐλπὶς τῷ Ισραηλ. **90** ἐν τούτῳ γενέσθω ἡμῖν ὁρκωμοσία[27] πρὸς τὸν κύριον,
ἐκβαλεῖν πάσας τὰς γυναῖκας ἡμῶν τὰς ἐκ τῶν ἀλλογενῶν[28] σὺν τοῖς τέκνοις αὐτῶν,
ὡς ἐκρίθη σοι καὶ ὅσοι πειθαρχοῦσιν[29] τῷ νόμῳ τοῦ κυρίου. **91** ἀναστὰς ἐπιτέλει·[30]
πρὸς σὲ γὰρ τὸ πρᾶγμα,[31] καὶ ἡμεῖς μετὰ σοῦ ἰσχὺν[32] ποιεῖν. **92** καὶ ἀναστὰς Εσδρας
ὥρκισεν[33] τοὺς φυλάρχους[34] τῶν ἱερέων καὶ Λευιτῶν παντὸς τοῦ Ισραηλ ποιῆσαι
κατὰ ταῦτα· καὶ ὤμοσαν.[35]

1 συμβαίνω, *pres act ptc nom p n*, come to pass, happen
2 κουφίζω, *aor act ind 2s*, lighten, make lighter
3 τοιοῦτος, such, like this
4 ῥίζα, root
5 πάλιν, again
6 ἀνακάμπτω, *aor act ind 1p*, turn back
7 παραβαίνω, *aor act inf*, transgress, turn from
8 ἐπιμείγνυμι, *aor pas inf*, mix with, mingle with
9 ἀκαθαρσία, uncleanness, impurity
10 ὀργίζω, *aor pas ind 2s*, make angry
11 καταλείπω, *aor act inf*, leave behind
12 ῥίζα, root
13 ἀληθινός, true, trustworthy
14 καταλείπω, *aor pas ind 1p*, leave behind
15 ῥίζα, root
16 ἀνομία, lawlessness, wickedness
17 ἀνθομολογέομαι, *impf mid ind 3s*, confess freely
18 χαμαιπετής, lying on the ground
19 ἐπισυνάγω, *aor pas ind 3p*, gather together
20 ὄχλος, crowd, multitude
21 σφόδρα, exceedingly
22 νεανίας, young man
23 κλαυθμός, weeping, wailing
24 φωνέω, *aor act ptc nom s m*, call out
25 συνοικίζω, *aor act ind 1p*, live in marriage with
26 ἀλλογενής, foreign
27 ὁρκωμοσία, oath
28 ἀλλογενής, foreign
29 πειθαρχέω, *pres act ind 3p*, obey
30 ἐπιτελέω, *pres act impv 2s*, carry out, accomplish
31 πρᾶγμα, matter
32 ἰσχύς, force, power
33 ὁρκίζω, *aor act ind 3s*, put under oath
34 φύλαρχος, tribal chief
35 ὄμνυμι, *aor act ind 3p*, swear an oath

Foreign Wives Expelled

9 καὶ ἀναστὰς Εσδρας ἀπὸ τῆς αὐλῆς[1] τοῦ ἱεροῦ ἐπορεύθη εἰς τὸ παστοφόριον[2]
Ιωαναν τοῦ Ελιασιβου **2** καὶ αὐλισθεὶς[3] ἐκεῖ ἄρτου οὐκ ἐγεύσατο[4] οὐδὲ ὕδωρ
ἔπιεν πενθῶν[5] ὑπὲρ τῶν ἀνομιῶν[6] τῶν μεγάλων τοῦ πλήθους. **3** καὶ ἐγένετο κήρυ-
γμα[7] ἐν ὅλῃ τῇ Ιουδαίᾳ καὶ Ιερουσαλημ πᾶσι τοῖς ἐκ τῆς αἰχμαλωσίας[8] συναχθῆναι
εἰς Ιερουσαλημ· **4** καὶ ὅσοι ἂν μὴ ἀπαντήσωσιν[9] ἐν δυσὶν ἢ τρισὶν ἡμέραις κατὰ τὸ
κρίμα[10] τῶν προκαθημένων[11] πρεσβυτέρων, ἀνιερωθήσονται[12] τὰ κτήνη[13] αὐτῶν, καὶ
αὐτὸς ἀλλοτριωθήσεται[14] ἀπὸ τοῦ πλήθους τῆς αἰχμαλωσίας.[15]

5 Καὶ ἐπισυνήχθησαν[16] οἱ ἐκ τῆς φυλῆς Ιουδα καὶ Βενιαμιν ἐν τρισὶν ἡμέραις εἰς
Ιερουσαλημ (οὗτος ὁ μὴν[17] ἔνατος[18] τῇ εἰκάδι[19] τοῦ μηνός), **6** καὶ συνεκάθισαν[20] πᾶν
τὸ πλῆθος ἐν τῇ εὐρυχώρῳ[21] τοῦ ἱεροῦ τρέμοντες[22] διὰ τὸν ἐνεστῶτα[23] χειμῶνα.[24]
7 καὶ ἀναστὰς Εσδρας εἶπεν αὐτοῖς Ὑμεῖς ἠνομήσατε[25] καὶ συνῳκίσατε[26] γυναῖκας
ἀλλογενεῖς[27] τοῦ προσθεῖναι[28] ἁμαρτίαν τῷ Ισραηλ· **8** καὶ νῦν δότε ὁμολογίαν[29]
δόξαν τῷ κυρίῳ θεῷ τῶν πατέρων ἡμῶν **9** καὶ ποιήσατε τὸ θέλημα[30] αὐτοῦ καὶ
χωρίσθητε[31] ἀπὸ τῶν ἐθνῶν τῆς γῆς καὶ ἀπὸ τῶν γυναικῶν τῶν ἀλλογενῶν.[32]

10 καὶ ἐφώνησαν[33] ἅπαν[34] τὸ πλῆθος καὶ εἶπον μεγάλῃ τῇ φωνῇ Οὕτως ὡς εἴρηκας
ποιήσομεν· **11** ἀλλὰ τὸ πλῆθος πολὺ καὶ ἡ ὥρα χειμερινή,[35] καὶ οὐκ ἰσχύομεν[36]
στῆναι αἴθριοι[37] καὶ οὐχ εὕρομεν, καὶ τὸ ἔργον ἡμῖν οὐκ ἔστιν ἡμέρας μιᾶς οὐδὲ
δύο· ἐπὶ πλεῖον[38] γὰρ ἡμάρτομεν ἐν τούτοις. **12** στήτωσαν δὲ οἱ προηγούμενοι[39]
τοῦ πλήθους, καὶ πάντες οἱ ἐκ τῶν κατοικιῶν[40] ἡμῶν, ὅσοι ἔχουσιν γυναῖκας

1 αὐλή, court
2 παστοφόριον, chamber
3 αὐλίζομαι, *aor pas ptc nom s m*, lodge, stay overnight
4 γεύω, *aor mid ind 3s*, partake of, taste
5 πενθέω, *pres act ptc nom s m*, mourn
6 ἀνομία, lawlessness, wickedness
7 κήρυγμα, proclamation
8 αἰχμαλωσία, captivity
9 ἀπαντάω, *aor act sub 3p*, meet
10 κρίμα, decision, ruling
11 προκάθημαι, *pres mid ptc gen p m*, sit in a place of honor
12 ἀνιερόω, *fut pas ind 3p*, devote, dedicate
13 κτῆνος, animal, (*p*) livestock
14 ἀλλοτριόω, *fut pas ind 3s*, estrange from, alienate from
15 αἰχμαλωσία, body of captives
16 ἐπισυνάγω, *aor pas ind 3p*, gather together
17 μήν, month
18 ἔνατος, ninth
19 εἰκάς, twentieth day
20 συγκαθίζω, *aor act ind 3p*, sit together
21 εὐρύχωρος, open (space)
22 τρέμω, *pres act ptc nom p m*, shiver
23 ἐνίστημι, *perf act ptc acc s m*, be at hand, be happening
24 χειμών, winter, storm
25 ἀνομέω, *aor act ind 2p*, act lawlessly, be wicked
26 συνοικίζω, *aor act ind 2p*, live in marriage with
27 ἀλλογενής, foreign
28 προστίθημι, *aor act inf*, increase, add to
29 ὁμολογία, confession
30 θέλημα, will, decree
31 χωρίζω, *aor pas impv 2p*, separate from
32 ἀλλογενής, foreign
33 φωνέω, *aor act ind 3p*, shout, yell
34 ἅπας, all
35 χειμερινός, wintry, of foul weather
36 ἰσχύω, *pres act ind 1p*, be able
37 αἴθριος, in the open air, outside
38 πλείων/πλεῖον, *comp of* πολύς, even more
39 προηγέομαι, *pres mid ptc nom p m*, lead, be first
40 κατοικία, dwelling place, settlement

ἀλλογενεῖς,[1] παραγενηθήτωσαν λαβόντες χρόνον· **13** καὶ ἑκάστου δὲ τόπου τοὺς πρεσβυτέρους καὶ τοὺς κριτὰς[2] ἕως τοῦ λῦσαι[3] τὴν ὀργὴν τοῦ κυρίου ἀφ᾽ ἡμῶν τοῦ πράγματος[4] τούτου.

14 Ιωναθας Αζαηλου καὶ Ιεζιας Θοκανου ἐπεδέξαντο[5] κατὰ ταῦτα, καὶ Μοσολλαμος καὶ Λευις καὶ Σαββαταιος συνεβράβευσαν[6] αὐτοῖς. **15** καὶ ἐποίησαν κατὰ πάντα ταῦτα οἱ ἐκ τῆς αἰχμαλωσίας.[7]

16 καὶ ἐπελέξατο[8] ἑαυτῷ Εσδρας ὁ ἱερεὺς ἄνδρας ἡγουμένους[9] τῶν πατριῶν[10] αὐτῶν, κατ᾽ ὄνομα πάντας, καὶ συνεκάθισαν[11] τῇ νουμηνίᾳ[12] τοῦ μηνὸς[13] τοῦ δεκάτου[14] ἐτάσαι[15] τὸ πρᾶγμα.[16] **17** καὶ ἤχθη ἐπὶ πέρας[17] τὰ κατὰ τοὺς ἄνδρας τοὺς ἐπισυνέχοντας[18] γυναῖκας ἀλλογενεῖς[19] ἕως τῆς νουμηνίας[20] τοῦ πρώτου μηνός.[21]

18 Καὶ εὑρέθησαν τῶν ἱερέων οἱ ἐπισυναχθέντες[22] ἀλλογενεῖς[23] γυναῖκας ἔχοντες· **19** ἐκ τῶν υἱῶν Ἰησοῦ τοῦ Ιωσεδεκ καὶ τῶν ἀδελφῶν Μασηας καὶ Ελεαζαρος καὶ Ιωριβος καὶ Ιωδανος· **20** καὶ ἐπέβαλον[24] τὰς χεῖρας ἐκβαλεῖν τὰς γυναῖκας αὐτῶν, καὶ εἰς ἐξιλασμὸν[25] κριοὺς[26] ὑπὲρ τῆς ἀγνοίας[27] αὐτῶν. **21** καὶ ἐκ τῶν υἱῶν Εμμηρ Ανανιας καὶ Ζαβδαιος καὶ Μανης καὶ Σαμαιος καὶ Ιιηλ καὶ Αζαριας. **22** καὶ ἐκ τῶν υἱῶν Φαισουρ Ελιωναις, Μασσιας, Ισμαηλος καὶ Ναθαναηλος καὶ Ωκιδηλος καὶ Σαλθας.

23 καὶ ἐκ τῶν Λευιτῶν· Ιωζαβδος καὶ Σεμεϊς καὶ Κωλιος (οὗτος Καλιτας) καὶ Παθαιος καὶ Ωουδας καὶ Ιωανας· **24** ἐκ τῶν ἱεροψαλτῶν[28] Ελιασιβος, Βακχουρος· **25** ἐκ τῶν θυρωρῶν[29] Σαλλουμος καὶ Τολβανης.

26 ἐκ τοῦ Ισραηλ· ἐκ τῶν υἱῶν Φορος Ιερμας καὶ Ιεζιας καὶ Μελχιας καὶ Μιαμινος καὶ Ελεαζαρος καὶ Ασιβιας καὶ Βανναιας· **27** ἐκ τῶν υἱῶν Ηλαμ Ματανιας καὶ Ζαχαριας, Ιεζριηλος καὶ Ωβαδιος καὶ Ιερεμωθ καὶ Ηλιας· **28** καὶ ἐκ τῶν υἱῶν Ζαμοθ Ελιαδας, Ελιασιμος, Οθονιας, Ιαριμωθ καὶ Σαβαθος καὶ Ζερδαιας· **29** καὶ ἐκ τῶν

1 ἀλλογενής, foreign
2 κριτής, judge
3 λύω, *aor act inf*, release, loose
4 πρᾶγμα, matter
5 ἐπιδέχομαι, *aor mid ind 3p*, accept, undertake
6 συμβραβεύω, *aor act ind 3p*, be a fellow arbitrator
7 αἰχμαλωσία, body of captives
8 ἐπιλέγω, *aor mid ind 3s*, select, choose
9 ἡγέομαι, *pres mid ptc acc p m*, lead
10 πατριά, paternal lineage, house
11 συγκαθίζω, *aor act ind 3p*, sit together
12 νουμηνία, new moon, first day of the month
13 μήν, month
14 δέκατος, tenth
15 ἐτάζω, *aor act inf*, examine
16 πρᾶγμα, matter
17 πέρας, end, conclusion
18 ἐπισυνέχω, *pres act ptc acc p m*, take, obtain
19 ἀλλογενής, foreign
20 νουμηνία, new moon, first day of the month
21 μήν, month
22 ἐπισυνάγω, *aor pas ptc nom p m*, gather together
23 ἀλλογενής, foreign
24 ἐπιβάλλω, *aor act ind 3p*, place on, put upon
25 ἐξιλασμός, propitiation, atonement
26 κριός, ram
27 ἄγνοια, ignorance, mistake
28 ἱεροψάλτης, temple singer
29 θυρωρός, doorkeeper, porter

υἱῶν Βηβαι Ιωαννης καὶ Ανανιας καὶ Ζαβδος καὶ Εμαθις· **30** καὶ ἐκ τῶν υἱῶν Μανι Ωλαμος, Μαμουχος, Ιεδαιος, Ιασουβος καὶ Ασαηλος καὶ Ιερεμωθ· **31** καὶ ἐκ τῶν υἱῶν Αδδι Νααθος καὶ Μοοσσιας, Λακκουνος καὶ Ναϊδος καὶ Βεσκασπασμυς καὶ Σεσθηλ καὶ Βαλνουος καὶ Μανασσηας· **32** καὶ ἐκ τῶν υἱῶν Ανναν Ελιωνας καὶ Ασαιας καὶ Μελχιας καὶ Σαββαιας καὶ Σιμων Χοσαμαιος· **33** καὶ ἐκ τῶν υἱῶν Ασομ Μαλτανναιος καὶ Ματταθιας καὶ Σαβανναιους καὶ Ελιφαλατ καὶ Μανασσης καὶ Σεμεϊ· **34** καὶ ἐκ τῶν υἱῶν Βαανι Ιερεμιας, Μομδιος, Μαηρος, Ιουηλ, Μαμδαι καὶ Πεδιας καὶ Ανως, Καραβασιων καὶ Ελιασιβος καὶ Μαμνιταναιμος, Ελιασις, Βαννους, Ελιαλις, Σομεϊς, Σελεμιας, Ναθανιας· καὶ ἐκ τῶν υἱῶν Εζωρα Σεσσις, Εζριλ, Αζαηλος, Σαματος, Ζαμβρις, Ιωσηπος· **35** καὶ ἐκ τῶν υἱῶν Νοομα Μαζιτιας, Ζαβαδαιας, Ηδαις, Ιουηλ, Βαναιας. — **36** πάντες οὗτοι συνῴκισαν[1] γυναῖκας ἀλλογενεῖς·[2] καὶ ἀπέλυσαν[3] αὐτὰς σὺν τέκνοις.

Ezra Reads the Law

37 Καὶ κατῴκησαν οἱ ἱερεῖς καὶ οἱ Λευῖται καὶ οἱ ἐκ τοῦ Ισραηλ ἐν Ιερουσαλημ καὶ ἐν τῇ χώρᾳ.[4] τῇ νουμηνίᾳ[5] τοῦ ἑβδόμου[6] μηνός[7] — καὶ οἱ υἱοὶ Ισραηλ ἐν ταῖς κατοικίαις[8] αὐτῶν — **38** καὶ συνήχθη πᾶν τὸ πλῆθος ὁμοθυμαδὸν[9] ἐπὶ τὸ εὐρύχωρον[10] τοῦ πρὸς ἀνατολὰς[11] τοῦ ἱεροῦ πυλῶνος[12] **39** καὶ εἶπον Εσδρα τῷ ἀρχιερεῖ[13] καὶ ἀναγνώστῃ[14] κομίσαι[15] τὸν νόμον Μωυσέως τὸν παραδοθέντα ὑπὸ τοῦ κυρίου θεοῦ Ισραηλ. **40** καὶ ἐκόμισεν[16] Εσδρας ὁ ἀρχιερεὺς[17] τὸν νόμον παντὶ τῷ πλήθει ἀπὸ ἀνθρώπου ἕως γυναικὸς καὶ πᾶσιν τοῖς ἱερεῦσιν ἀκοῦσαι τοῦ νόμου νουμηνίᾳ[18] τοῦ ἑβδόμου[19] μηνός·[20] **41** καὶ ἀνεγίγνωσκεν[21] ἐν τῷ πρὸ τοῦ ἱεροῦ πυλῶνος[22] εὐρυχώρῳ[23] ἀπὸ ὄρθρου[24] ἕως μεσημβρινοῦ[25] ἐνώπιον ἀνδρῶν τε καὶ γυναικῶν, καὶ ἐπέδωκαν[26] πᾶν τὸ πλῆθος τὸν νοῦν[27] εἰς τὸν νόμον. **42** καὶ ἔστη Εσδρας ὁ ἱερεὺς καὶ ἀναγνώστης[28] τοῦ νόμου ἐπὶ τοῦ ξυλίνου[29] βήματος[30] τοῦ κατασκευασθέντος,[31] **43** καὶ ἔστησαν παρ᾽ αὐτῷ Ματταθιας, Σαμμους, Ανανιας, Αζαριας, Ουριας, Εζεκιας, Βααλσαμος ἐκ

1 συνοικίζω, *aor act ind 3p*, live in marriage with
2 ἀλλογενής, foreign
3 ἀπολύω, *aor act ind 3p*, dismiss, divorce
4 χώρα, land, country
5 νουμηνία, new moon, first day of the month
6 ἕβδομος, seventh
7 μήν, month
8 κατοικία, dwelling place, settlement
9 ὁμοθυμαδόν, together
10 εὐρύχωρος, open (place)
11 ἀνατολή, east
12 πυλών, gate, porch
13 ἀρχιερεύς, high priest
14 ἀναγνώστης, (public) reader
15 κομίζω, *aor act inf*, bring
16 κομίζω, *aor act ind 3s*, bring
17 ἀρχιερεύς, high priest
18 νουμηνία, new moon, first day of the month
19 ἕβδομος, seventh
20 μήν, month
21 ἀναγιγνώσκω, *impf act ind 3s*, read
22 πυλών, gate, porch
23 εὐρύχωρος, open (place)
24 ὄρθρος, dawn, early morning
25 μεσημβρινός, (midday)
26 ἐπιδίδωμι, *aor act ind 3p*, give
27 νοῦς, understanding, (attention)
28 ἀναγνώστης, (public) reader
29 ξύλινος, wooden
30 βῆμα, platform
31 κατασκευάζω, *aor pas ptc gen s n*, construct, build

δεξιῶν, **44** καὶ ἐξ εὐωνύμων[1] Φαδαιος, Μισαηλ, Μελχιας, Λωθασουβος, Ναβαριας,
Ζαχαριας. **45** καὶ ἀναλαβὼν[2] Εσδρας τὸ βιβλίον τοῦ νόμου ἐνώπιον τοῦ πλήθους
— προεκάθητο[3] γὰρ ἐπιδόξως[4] ἐνώπιον πάντων

46 καὶ ἐν τῷ λῦσαι[5] τὸν νόμον πάντες ὀρθοὶ[6] ἔστησαν. καὶ εὐλόγησεν Εσδρας τῷ
κυρίῳ θεῷ ὑψίστῳ[7] θεῷ σαβαωθ[8] παντοκράτορι,[9] **47** καὶ ἐπεφώνησεν[10] πᾶν τὸ
πλῆθος Αμην,[11] καὶ ἄραντες ἄνω[12] τὰς χεῖρας προσπεσόντες[13] ἐπὶ τὴν γῆν προσ-
εκύνησαν τῷ κυρίῳ. **48** Ἰησοῦς καὶ Αννιουθ καὶ Σαραβιας, Ιαδινος, Ιακουβος, Σαβ-
βαταιος, Αυταιας, Μαιαννας καὶ Καλιτας, Αζαριας καὶ Ιωζαβδος, Ανανιας, Φαλιας
οἱ Λευῖται ἐδίδασκον τὸν νόμον κυρίου καὶ πρὸς τὸ πλῆθος ἀνεγίνωσκον[14] τὸν
νόμον τοῦ κυρίου ἐμφυσιοῦντες[15] ἅμα[16] τὴν ἀνάγνωσιν.[17]

49 καὶ εἶπεν Ατταρατης Εσδρα τῷ ἀρχιερεῖ[18] καὶ ἀναγνώστῃ[19] καὶ τοῖς Λευίταις
τοῖς διδάσκουσι τὸ πλῆθος ἐπὶ πάντας **50** Ἡ ἡμέρα αὕτη ἐστὶν ἁγία τῷ κυρίῳ — καὶ
πάντες ἔκλαιον ἐν τῷ ἀκοῦσαι τοῦ νόμου· **51** βαδίσαντες[20] οὖν φάγετε λιπάσματα[21]
καὶ πίετε γλυκάσματα[22] καὶ ἀποστείλατε ἀποστολὰς[23] τοῖς μὴ ἔχουσιν, **52** ἁγία γὰρ
ἡ ἡμέρα τῷ κυρίῳ· καὶ μὴ λυπεῖσθε,[24] ὁ γὰρ κύριος δοξάσει ὑμᾶς. **53** καὶ οἱ Λευῖται
ἐκέλευον[25] τῷ δήμῳ[26] παντὶ λέγοντες Ἡ ἡμέρα αὕτη ἁγία, μὴ λυπεῖσθε.[27] **54** καὶ
ᾤχοντο[28] πάντες φαγεῖν καὶ πιεῖν καὶ εὐφραίνεσθαι[29] καὶ δοῦναι ἀποστολὰς[30] τοῖς μὴ
ἔχουσιν καὶ εὐφρανθῆναι[31] μεγάλως,[32] **55** ὅτι καὶ ἐνεφυσιώθησαν[33] ἐν τοῖς ῥήμασιν,
οἷς ἐδιδάχθησαν. — καὶ ἐπισυνήχθησαν.[34]

1 εὐώνυμος, left
2 ἀναλαμβάνω, *aor act ptc nom s m*, pick up
3 προκάθημαι, *impf mid ind 3s*, preside over
4 ἐπιδόξως, honorably
5 λύω, *aor act inf*, unroll, open
6 ὀρθός, upright, straight
7 ὕψιστος, *sup*, Most High
8 σαβαωθ, of hosts, *translit.*
9 παντοκράτωρ, almighty
10 ἐπιφωνέω, *aor act ind 3s*, respond, answer
11 αμην, truly, amen, *translit.*
12 ἄνω, upward
13 προσπίπτω, *aor act ptc nom p m*, fall down
14 ἀναγινώσκω, *impf act ind 3p*, read aloud
15 ἐμφυσιόω, *pres act ptc nom p m*, inspire, make meaningful
16 ἅμα, at once
17 ἀνάγνωσις, reading
18 ἀρχιερεύς, high priest
19 ἀναγνώστης, (public) reader
20 βαδίζω, *aor act ptc nom p m*, go, proceed
21 λίπασμα, fat
22 γλύκασμα, sweet (drink)
23 ἀποστολή, dispatch, portion
24 λυπέω, *pres mid impv 2p*, be distressed, be grieved
25 κελεύω, *impf act ind 3p*, command
26 δῆμος, crowd, assembly
27 λυπέω, *pres mid impv 2p*, be distressed, be grieved
28 οἴχομαι, *impf mid ind 3p*, depart
29 εὐφραίνω, *pres mid inf*, rejoice, be glad
30 ἀποστολή, dispatch, portion
31 εὐφραίνω, *aor pas inf*, be joyful
32 μεγάλως, very much
33 ἐμφυσιόω, *aor pas ind 3p*, inspire, make meaningful
34 ἐπισυνάγω, *aor pas ind 3p*, gather together

ΕΣΔΡΑΣ Β′
2 Esdras (Ezra-Nehemiah)

Cyrus's Proclamation Ending Captivity

1 Καὶ ἐν τῷ πρώτῳ ἔτει Κύρου τοῦ βασιλέως Περσῶν τοῦ τελεσθῆναι[1] λόγον
κυρίου ἀπὸ στόματος Ιερεμιου ἐξήγειρεν[2] κύριος τὸ πνεῦμα Κύρου βασιλέως
Περσῶν, καὶ παρήγγειλεν[3] φωνὴν ἐν πάσῃ βασιλείᾳ αὐτοῦ καί γε ἐν γραπτῷ[4] λέγων

2 Οὕτως εἶπεν Κῦρος βασιλεὺς Περσῶν Πάσας τὰς βασιλείας τῆς γῆς ἔδωκέν
μοι κύριος ὁ θεὸς τοῦ οὐρανοῦ, καὶ αὐτὸς ἐπεσκέψατο[5] ἐπ᾽ ἐμὲ τοῦ οἰκοδομῆσαι
αὐτῷ οἶκον ἐν Ιερουσαλημ τῇ ἐν τῇ Ιουδαίᾳ. **3** τίς ἐν ὑμῖν ἀπὸ παντὸς τοῦ λαοῦ
αὐτοῦ; καὶ ἔσται ὁ θεὸς αὐτοῦ μετ᾽ αὐτοῦ, καὶ ἀναβήσεται εἰς Ιερουσαλημ τὴν ἐν τῇ
Ιουδαίᾳ, καὶ οἰκοδομησάτω τὸν οἶκον θεοῦ Ισραηλ (αὐτὸς ὁ θεὸς ὁ ἐν Ιερουσαλημ).
4 καὶ πᾶς ὁ καταλειπόμενος[6] ἀπὸ πάντων τῶν τόπων, οὗ[7] αὐτὸς παροικεῖ[8] ἐκεῖ, καὶ
λήμψονται αὐτὸν ἄνδρες τοῦ τόπου αὐτοῦ ἐν ἀργυρίῳ[9] καὶ χρυσίῳ[10] καὶ ἀποσκευῇ[11]
καὶ κτήνεσιν[12] μετὰ τοῦ ἑκουσίου[13] εἰς οἶκον τοῦ θεοῦ τοῦ ἐν Ιερουσαλημ.

Restoration of the Holy Vessels

5 καὶ ἀνέστησαν ἄρχοντες τῶν πατριῶν[14] τῷ Ιουδα καὶ Βενιαμιν καὶ οἱ ἱερεῖς καὶ οἱ
Λευῖται, πάντων ὧν ἐξήγειρεν[15] ὁ θεὸς τὸ πνεῦμα αὐτῶν τοῦ ἀναβῆναι οἰκοδομῆσαι
τὸν οἶκον κυρίου τὸν ἐν Ιερουσαλημ. **6** καὶ πάντες οἱ κυκλόθεν[16] ἐνίσχυσαν[17] ἐν
χερσὶν αὐτῶν ἐν σκεύεσιν[18] ἀργυρίου,[19] ἐν χρυσῷ,[20] ἐν ἀποσκευῇ[21] καὶ ἐν κτήνεσιν[22]

1 τελέω, *aor pas inf*, fulfill
2 ἐξεγείρω, *aor act ind 3s*, rouse, stir up
3 παραγγέλλω, *aor act ind 3s*, command, order
4 γραπτόν, writing
5 ἐπισκέπτομαι, *aor mid ind 3s*, examine, oversee, visit
6 καταλείπω, *pres pas ptc nom s m*, leave behind
7 οὗ, where
8 παροικέω, *pres act ind 3s*, live as a foreigner
9 ἀργύριον, silver
10 χρυσίον, gold
11 ἀποσκευή, household goods
12 κτῆνος, animal, (*p*) livestock
13 ἑκούσιος, voluntary (offering)
14 πατριά, paternal lineage, house
15 ἐξεγείρω, *aor act ind 3s*, rouse, stir up
16 κυκλόθεν, all around
17 ἐνισχύω, *aor act ind 3p*, become strong
18 σκεῦος, vessel, object
19 ἀργύριον, silver
20 χρυσός, gold
21 ἀποσκευή, household goods
22 κτῆνος, animal, (*p*) livestock

καὶ ἐν ξενίοις[1] πάρεξ[2] τῶν ἐν ἑκουσίοις.[3] **7** καὶ ὁ βασιλεὺς Κῦρος ἐξήνεγκεν[4] τὰ σκεύη[5]
οἴκου κυρίου, ἃ ἔλαβεν Ναβουχοδονοσορ ἀπὸ Ιερουσαλημ καὶ ἔδωκεν αὐτὰ ἐν οἴκῳ
θεοῦ αὐτοῦ, **8** καὶ ἐξήνεγκεν[6] αὐτὰ Κῦρος βασιλεὺς Περσῶν ἐπὶ χεῖρα Μιθραδάτου
γασβαρηνου,[7] καὶ ἠρίθμησεν[8] αὐτὰ τῷ Σασαβασαρ ἄρχοντι τοῦ Ιουδα. **9** καὶ οὗτος
ὁ ἀριθμὸς[9] αὐτῶν· ψυκτῆρες[10] χρυσοῖ[11] τριάκοντα[12] καὶ ψυκτῆρες ἀργυροῖ[13] χίλιοι,[14]
παρηλλαγμένα[15] ἐννέα[16] καὶ εἴκοσι,[17] **10** κεφφουρη[18] χρυσοῖ[19] τριάκοντα[20] καὶ ἀργυ-
ροῖ[21] διακόσιοι[22] καὶ σκεύη[23] ἕτερα[24] χίλια.[25] **11** πάντα τὰ σκεύη[26] τῷ χρυσῷ[27] καὶ τῷ
ἀργύρῳ[28] πεντακισχίλια[29] καὶ τετρακόσια,[30] τὰ πάντα ἀναβαίνοντα μετὰ Σασαβασαρ
ἀπὸ τῆς ἀποικίας[31] ἐκ Βαβυλῶνος εἰς Ιερουσαλημ.

List of Those Returning from Exile

2 Καὶ οὗτοι οἱ υἱοὶ τῆς χώρας[32] οἱ ἀναβαίνοντες ἀπὸ τῆς αἰχμαλωσίας[33] τῆς ἀποι-
κίας,[34] ἧς ἀπῴκισεν[35] Ναβουχοδονοσορ βασιλεὺς Βαβυλῶνος εἰς Βαβυλῶνα
καὶ ἐπέστρεψαν εἰς Ιερουσαλημ καὶ Ιουδα ἀνὴρ εἰς πόλιν αὐτοῦ, **2** οἳ ἦλθον μετὰ
Ζοροβαβελ· Ἰησοῦς, Νεεμιας, Σαραιας, Ρεελιας, Μαρδοχαιος, Βαλασαν, Μασφαρ,
Βαγουι, Ρεουμ, Βαανα.

ἀνδρῶν ἀριθμὸς[36] λαοῦ Ισραηλ· **3** υἱοὶ Φορος δισχίλιοι[37] ἑκατὸν[38] ἑβδομήκοντα[39]
δύο. **4** υἱοὶ Σαφατια τριακόσιοι[40] ἑβδομήκοντα[41] δύο. **5** υἱοὶ Ηρα ἑπτακόσιοι[42] ἑβδο-
μήκοντα[43] πέντε. **6** υἱοὶ Φααθμωαβ τοῖς υἱοῖς Ιησουε Ιωαβ δισχίλιοι[44] ὀκτακόσιοι[45]
δέκα[46] δύο. **7** υἱοὶ Αιλαμ χίλιοι[47] διακόσιοι[48] πεντήκοντα[49] τέσσαρες. **8** υἱοὶ Ζαθουα

1 ξένιον, gift, present
2 πάρεξ, in addition to, besides
3 ἑκούσιος, voluntary (offering)
4 ἐκφέρω, *aor act ind 3s*, bring out, carry out
5 σκεῦος, vessel, furnishing
6 ἐκφέρω, *aor act ind 3s*, bring out, carry out
7 γασβαρηνός, treasurer, *translit.*
8 ἀριθμέω, *aor act ind 3s*, count, number
9 ἀριθμός, number, amount
10 ψυκτήρ, wine cooler
11 χρυσοῦς, gold
12 τριάκοντα, thirty
13 ἀργυροῦς, silver
14 χίλιοι, one thousand
15 παραλλάσσω, *perf pas ptc nom p n*, be various
16 ἐννέα, nine
17 εἴκοσι, twenty
18 κεφφουρη, bowl, *translit.*
19 χρυσοῦς, gold
20 τριάκοντα, thirty
21 ἀργυροῦς, silver
22 διακόσιοι, two hundred
23 σκεῦος, vessel, object
24 ἕτερος, other
25 χίλιοι, one thousand
26 σκεῦος, vessel, object
27 χρυσός, gold
28 ἄργυρος, silver
29 πεντακισχίλιοι, five thousand
30 τετρακόσιοι, four hundred
31 ἀποικία, place of exile, foreign settlement
32 χώρα, country, land
33 αἰχμαλωσία, captivity, band of captives
34 ἀποικία, exile, place of captivity
35 ἀποικίζω, *aor act ind 3s*, send into exile
36 ἀριθμός, number, amount
37 δισχίλιοι, two thousand
38 ἑκατόν, one hundred
39 ἑβδομήκοντα, seventy
40 τριακόσιοι, three hundred
41 ἑβδομήκοντα, seventy
42 ἑπτακόσιοι, seven hundred
43 ἑβδομήκοντα, seventy
44 δισχίλιοι, two thousand
45 ὀκτακόσιοι, eight hundred
46 δέκα, ten
47 χίλιοι, one thousand
48 διακόσιοι, two hundred
49 πεντήκοντα, fifty

ἐννακόσιοι[1] τεσσαράκοντα[2] πέντε. **9** υἱοὶ Ζακχου ἑπτακόσιοι[3] ἑξήκοντα.[4] **10** υἱοὶ
Βανουι ἑξακόσιοι[5] τεσσαράκοντα[6] δύο. **11** υἱοὶ Βαβι ἑξακόσιοι[7] εἴκοσι[8] τρεῖς. **12** υἱοὶ
Ασγαδ τρισχίλιοι[9] διακόσιοι[10] εἴκοσι[11] δύο. **13** υἱοὶ Αδωνικαμ ἑξακόσιοι[12] ἑξήκοντα[13]
ἕξ.[14] **14** υἱοὶ Βαγοι δισχίλιοι[15] πεντήκοντα[16] ἕξ.[17] **15** υἱοὶ Αδιν τετρακόσιοι[18] πεντή-
κοντα[19] τέσσαρες. **16** υἱοὶ Ατηρ τῷ Εζεκια ἐνενήκοντα[20] ὀκτώ.[21] **17** υἱοὶ Βασου τρι-
ακόσιοι[22] εἴκοσι[23] τρεῖς. **18** υἱοὶ Ιωρα ἑκατὸν[24] δέκα[25] δύο. **19** υἱοὶ Ασεμ διακόσιοι[26]
εἴκοσι[27] τρεῖς. **20** υἱοὶ Γαβερ ἐνενήκοντα[28] πέντε. **21** υἱοὶ Βαιθλεεμ ἑκατὸν[29] εἴκοσι[30]
τρεῖς. **22** υἱοὶ Νετωφα πεντήκοντα[31] ἕξ.[32] **23** υἱοὶ Αναθωθ ἑκατὸν[33] εἴκοσι[34] ὀκτώ.[35]
24 υἱοὶ Ασμωθ τεσσαράκοντα[36] δύο. **25** υἱοὶ Καριαθιαριμ, Καφιρα καὶ Βηρωθ ἑπτα-
κόσιοι[37] τεσσαράκοντα[38] τρεῖς. **26** υἱοὶ Αραμα καὶ Γαβαα ἑξακόσιοι[39] εἴκοσι[40] εἷς.
27 ἄνδρες Μαχμας ἑκατὸν[41] εἴκοσι[42] δύο. **28** ἄνδρες Βαιθηλ καὶ Αια τετρακόσιοι[43]
εἴκοσι[44] τρεῖς. **29** υἱοὶ Ναβου πεντήκοντα[45] δύο. **30** υἱοὶ Μαγεβως ἑκατὸν[46] πεντή-
κοντα[47] ἕξ.[48] **31** υἱοὶ Ηλαμ-αρ χίλιοι[49] διακόσιοι[50] πεντήκοντα[51] τέσσαρες. **32** υἱοὶ
Ηραμ τριακόσιοι[52] εἴκοσι.[53] **33** υἱοὶ Λοδ, Αρωθ καὶ Ωνω ἑπτακόσιοι[54] εἴκοσι[55] πέντε.
34 υἱοὶ Ιεριχω τριακόσιοι[56] τεσσαράκοντα[57] πέντε. **35** υἱοὶ Σαναα τρισχίλιοι[58] ἑξα-
κόσιοι[59] τριάκοντα.[60]

1 ἐννακόσιοι, nine hundred
2 τεσσαράκοντα, forty
3 ἑπτακόσιοι, seven hundred
4 ἑξήκοντα, sixty
5 ἑξακόσιοι, six hundred
6 τεσσαράκοντα, forty
7 ἑξακόσιοι, six hundred
8 εἴκοσι, twenty
9 τρισχίλιοι, three thousand
10 διακόσιοι, two hundred
11 εἴκοσι, twenty
12 ἑξακόσιοι, six hundred
13 ἑξήκοντα, sixty
14 ἕξ, six
15 δισχίλιοι, two thousand
16 πεντήκοντα, fifty
17 ἕξ, six
18 τετρακόσιοι, four hundred
19 πεντήκοντα, fifty
20 ἐνενήκοντα, ninety
21 ὀκτώ, eight
22 τριακόσιοι, three hundred
23 εἴκοσι, twenty
24 ἑκατόν, one hundred
25 δέκα, ten
26 διακόσιοι, two hundred
27 εἴκοσι, twenty
28 ἐνενήκοντα, ninety
29 ἑκατόν, one hundred
30 εἴκοσι, twenty
31 πεντήκοντα, fifty
32 ἕξ, six
33 ἑκατόν, one hundred
34 εἴκοσι, twenty
35 ὀκτώ, eight
36 τεσσαράκοντα, forty
37 ἑπτακόσιοι, seven hundred
38 τεσσαράκοντα, forty
39 ἑξακόσιοι, six hundred
40 εἴκοσι, twenty
41 ἑκατόν, one hundred
42 εἴκοσι, twenty
43 τετρακόσιοι, four hundred
44 εἴκοσι, twenty
45 πεντήκοντα, fifty
46 ἑκατόν, one hundred
47 πεντήκοντα, fifty
48 ἕξ, six
49 χίλιοι, one thousand
50 διακόσιοι, two hundred
51 πεντήκοντα, fifty
52 τριακόσιοι, three hundred
53 εἴκοσι, twenty
54 ἑπτακόσιοι, seven hundred
55 εἴκοσι, twenty
56 τριακόσιοι, three hundred
57 τεσσαράκοντα, forty
58 τρισχίλιοι, three thousand
59 ἑξακόσιοι, six hundred
60 τριάκοντα, thirty

Returning Priests

36 καὶ οἱ ἱερεῖς· υἱοὶ Ιεδουα τῷ οἴκῳ Ἰησοῦ ἐννακόσιοι[1] ἑβδομήκοντα[2] τρεῖς. **37** υἱοὶ
Εμμηρ χίλιοι[3] πεντήκοντα[4] δύο. **38** υἱοὶ Φασσουρ χίλιοι[5] διακόσιοι[6] τεσσαράκοντα[7]
ἑπτά. **39** υἱοὶ Ηρεμ χίλιοι[8] ἑπτά.

Returning Levites

40 καὶ οἱ Λευῖται· υἱοὶ Ἰησοῦ καὶ Καδμιηλ τοῖς υἱοῖς Ωδουια ἑβδομήκοντα[9] τέσσαρες.
41 οἱ ᾄδοντες·[10] υἱοὶ Ασαφ ἑκατὸν[11] εἴκοσι[12] ὀκτώ.[13] **42** υἱοὶ τῶν πυλωρῶν·[14] υἱοὶ
Σαλουμ, υἱοὶ Ατηρ, υἱοὶ Τελμων, υἱοὶ Ακουβ, υἱοὶ Ατιτα, υἱοὶ Σαβαου, οἱ πάντες
ἑκατὸν[15] τριάκοντα[16] ἐννέα.[17]

43 οἱ ναθιναῖοι·[18] υἱοὶ Σουια, υἱοὶ Ασουφε, υἱοὶ Ταβαωθ, **44** υἱοὶ Κηραος, υἱοὶ Σωηα,
υἱοὶ Φαδων, **45** υἱοὶ Λαβανω, υἱοὶ Αγαβα, υἱοὶ Ακαβωθ, **46** υἱοὶ Αγαβ, υἱοὶ Σαμαλαι,
υἱοὶ Αναν, **47** υἱοὶ Κεδελ, υἱοὶ Γαερ, υἱοὶ Ρεηα, **48** υἱοὶ Ρασων, υἱοὶ Νεκωδα, υἱοὶ
Γαζεμ, **49** υἱοὶ Ουσα, υἱοὶ Φαση, υἱοὶ Βασι, **50** υἱοὶ Ασενα, υἱοὶ Μαωνιμ, υἱοὶ Ναφι-
σων, **51** υἱοὶ Βακβουκ, υἱοὶ Ακιφα, υἱοὶ Αρουρ, **52** υἱοὶ Βασαλωθ, υἱοὶ Μαουδα, υἱοὶ
Αρησα, **53** υἱοὶ Βαρκους, υἱοὶ Σισαρα, υἱοὶ Θεμα, **54** υἱοὶ Νασουε, υἱοὶ Ατουφα.

55 υἱοὶ Αβδησελμα· υἱοὶ Σατι, υἱοὶ Ασεφηραθ, υἱοὶ Φαδουρα, **56** υἱοὶ Ιεηλα, υἱοὶ
Δαρκων, υἱοὶ Γεδηλ, **57** υἱοὶ Σαφατια, υἱοὶ Ατιλ, υἱοὶ Φαχεραθ-ασεβωιν, υἱοὶ Ημι.

58 πάντες οἱ ναθινιν[19] καὶ υἱοὶ Αβδησελμα τριακόσιοι[20] ἐνενήκοντα[21] δύο.

59 καὶ οὗτοι οἱ ἀναβάντες ἀπὸ Θελμελεθ, Θελαρησα, Χαρουβ, Ηδαν, Εμμηρ καὶ
οὐκ ἠδυνάσθησαν τοῦ ἀναγγεῖλαι[22] οἶκον πατριᾶς[23] αὐτῶν καὶ σπέρμα αὐτῶν εἰ
ἐξ Ισραηλ εἰσίν· **60** υἱοὶ Δαλαια, υἱοὶ Βουα, υἱοὶ Τωβια, υἱοὶ Νεκωδα, ἑξακόσιοι[24]
πεντήκοντα[25] δύο.

Removal of Priests

61 καὶ ἀπὸ τῶν υἱῶν τῶν ἱερέων· υἱοὶ Χαβια, υἱοὶ Ακους, υἱοὶ Βερζελλαι, ὃς ἔλαβεν
ἀπὸ θυγατέρων[26] Βερζελλαι τοῦ Γαλααδίτου γυναῖκα καὶ ἐκλήθη ἐπὶ τῷ ὀνόματι

1 ἐννακόσιοι, nine hundred
2 ἑβδομήκοντα, seventy
3 χίλιοι, one thousand
4 πεντήκοντα, fifty
5 χίλιοι, one thousand
6 διακόσιοι, two hundred
7 τεσσαράκοντα, forty
8 χίλιοι, one thousand
9 ἑβδομήκοντα, seventy
10 ᾄδω, *pres act ptc nom p m*, sing
11 ἑκατόν, one hundred
12 εἴκοσι, twenty
13 ὀκτώ, eight
14 πυλωρός, gatekeeper, porter
15 ἑκατόν, one hundred
16 τριάκοντα, thirty
17 ἐννέα, nine
18 ναθιναῖος, temple servant, *Heb. LW*
19 ναθινιν, temple servant, *translit.*
20 τριακόσιοι, three hundred
21 ἐνενήκοντα, ninety
22 ἀναγγέλλω, *aor act inf*, report, disclose
23 πατριά, paternal lineage, house
24 ἑξακόσιοι, six hundred
25 πεντήκοντα, fifty
26 θυγάτηρ, daughter

αὐτῶν· **62** οὗτοι, ἐζήτησαν γραφὴν[1] αὐτῶν οἱ μεθωεσιμ,[2] καὶ οὐχ εὑρέθησαν· καὶ
ἠγχιστεύθησαν[3] ἀπὸ τῆς ἱερατείας,[4] **63** καὶ εἶπεν Αθερσαθα αὐτοῖς τοῦ μὴ φαγεῖν
ἀπὸ τοῦ ἁγίου τῶν ἁγίων, ἕως ἀναστῇ ἱερεὺς τοῖς φωτίζουσιν[5] καὶ τοῖς τελείοις.[6]

64 πᾶσα δὲ ἡ ἐκκλησία ὡς εἷς, τέσσαρες μυριάδες[7] δισχίλιοι[8] τριακόσιοι[9] ἑξήκοντα[10]
65 χωρὶς[11] δούλων αὐτῶν καὶ παιδισκῶν[12] αὐτῶν, οὗτοι ἑπτακισχίλιοι[13] τριακόσιοι[14]
τριάκοντα[15] ἑπτά· καὶ οὗτοι ᾄδοντες[16] καὶ ᾄδουσαι[17] διακόσιοι·[18] **66** ἵπποι[19] αὐτῶν
ἑπτακόσιοι[20] τριάκοντα[21] ἕξ,[22] ἡμίονοι[23] αὐτῶν διακόσιοι[24] τεσσαράκοντα[25] πέντε,
67 κάμηλοι[26] αὐτῶν τετρακόσιοι[27] τριάκοντα[28] πέντε, ὄνοι[29] αὐτῶν ἑξακισχίλιοι[30]
ἑπτακόσιοι[31] εἴκοσι.[32]

68 καὶ ἀπὸ ἀρχόντων πατριῶν[33] ἐν τῷ ἐλθεῖν αὐτοὺς εἰς οἶκον κυρίου τὸν ἐν Ιερου-
σαλημ ἠκουσιάσαντο[34] εἰς οἶκον τοῦ θεοῦ τοῦ στῆσαι αὐτὸν ἐπὶ τὴν ἑτοιμασίαν[35]
αὐτοῦ· **69** ὡς ἡ δύναμις αὐτῶν ἔδωκαν εἰς θησαυρὸν[36] τοῦ ἔργου χρυσίον[37] καθα-
ρόν,[38] μναῖ[39] ἓξ[40] μυριάδες[41] καὶ χίλιαι,[42] καὶ ἀργύριον,[43] μναῖ πεντακισχίλιαι,[44] καὶ
κοθωνοι[45] τῶν ἱερέων ἑκατόν.[46]

70 καὶ ἐκάθισαν οἱ ἱερεῖς καὶ οἱ Λευῖται καὶ οἱ ἀπὸ τοῦ λαοῦ καὶ οἱ ᾄδοντες[47] καὶ
οἱ πυλωροὶ[48] καὶ οἱ ναθινιμ[49] ἐν πόλεσιν αὐτῶν καὶ πᾶς Ισραηλ ἐν πόλεσιν αὐτῶν.

1 γραφή, written document, (record)
2 μεθωεσιμ, registered in a genealogy, *translit.*
3 ἀγχιστεύω, *aor pas ind 3p*, be next of kin
4 ἱερατεία, priesthood
5 φωτίζω, *pres act ptc dat p n*, give light, illuminate
6 τέλειος, complete, perfect
7 μυριάς, ten thousand
8 δισχίλιοι, two thousand
9 τριακόσιοι, three hundred
10 ἑξήκοντα, sixty
11 χωρίς, other than, besides
12 παιδίσκη, female slave
13 ἑπτακισχίλιος, seven thousand
14 τριακόσιοι, three hundred
15 τριάκοντα, thirty
16 ᾄδω, *pres act ptc nom p m*, sing
17 ᾄδω, *pres act ptc nom p f*, sing
18 διακόσιοι, two hundred
19 ἵππος, horse
20 ἑπτακόσιοι, seven hundred
21 τριάκοντα, thirty
22 ἕξ, six
23 ἡμίονος, mule
24 διακόσιοι, two hundred
25 τεσσαράκοντα, forty
26 κάμηλος, camel
27 τετρακόσιοι, four hundred
28 τριάκοντα, thirty
29 ὄνος, donkey
30 ἑξακισχίλιοι, six thousand
31 ἑπτακόσιοι, seven hundred
32 εἴκοσι, twenty
33 πατριά, paternal lineage, house
34 ἑκουσιάζομαι, *aor mid ind 3p*, offer willingly
35 ἑτοιμασία, preparation, (foundation)
36 θησαυρός, treasury
37 χρυσίον, gold
38 καθαρός, pure
39 μνᾶ, mina
40 ἕξ, six
41 μυριάς, ten thousand
42 χίλιοι, one thousand
43 ἀργύριον, silver
44 πεντακισχίλιοι, five thousand
45 κοθωνοι, garment
46 ἑκατόν, one hundred
47 ᾄδω, *pres act ptc nom p m*, sing
48 πυλωρός, gatekeeper, porter
49 ναθινιμ, temple servant, *translit.*

Joshua and Zerubbabel Rebuild the Altar

3 Καὶ ἔφθασεν[1] ὁ μὴν[2] ὁ ἕβδομος[3] — καὶ οἱ υἱοὶ Ισραηλ ἐν πόλεσιν αὐτῶν — καὶ
συνήχθη ὁ λαὸς ὡς ἀνὴρ εἷς εἰς Ιερουσαλημ. **2** καὶ ἀνέστη Ἰησοῦς ὁ τοῦ Ιωσεδεκ
καὶ οἱ ἀδελφοὶ αὐτοῦ ἱερεῖς καὶ Ζοροβαβελ ὁ τοῦ Σαλαθιηλ καὶ οἱ ἀδελφοὶ αὐτοῦ καὶ
ᾠκοδόμησαν τὸ θυσιαστήριον[4] θεοῦ Ισραηλ τοῦ ἀνενέγκαι[5] ἐπ᾽ αὐτὸ ὁλοκαυτώσεις[6]
κατὰ τὰ γεγραμμένα ἐν νόμῳ Μωυσῆ ἀνθρώπου τοῦ θεοῦ. **3** καὶ ἡτοίμασαν τὸ
θυσιαστήριον[7] ἐπὶ τὴν ἑτοιμασίαν[8] αὐτοῦ, ὅτι ἐν καταπλήξει[9] ἐπ᾽ αὐτοὺς ἀπὸ τῶν
λαῶν τῶν γαιῶν,[10] καὶ ἀνέβη ἐπ᾽ αὐτὸ ὁλοκαύτωσις[11] τῷ κυρίῳ τὸ πρωὶ[12] καὶ εἰς
ἑσπέραν.[13] **4** καὶ ἐποίησαν τὴν ἑορτὴν[14] τῶν σκηνῶν[15] κατὰ τὸ γεγραμμένον καὶ
ὁλοκαυτώσεις[16] ἡμέραν ἐν ἡμέρᾳ ἐν ἀριθμῷ[17] ὡς ἡ κρίσις λόγον ἡμέρας ἐν ἡμέρᾳ
αὐτοῦ **5** καὶ μετὰ τοῦτο ὁλοκαυτώσεις[18] ἐνδελεχισμοῦ[19] καὶ εἰς τὰς νουμηνίας[20] καὶ
εἰς πάσας ἑορτὰς[21] τὰς ἡγιασμένας[22] καὶ παντὶ ἑκουσιαζομένῳ[23] ἑκούσιον[24] τῷ κυρίῳ.
6 ἐν ἡμέρᾳ μιᾷ τοῦ μηνὸς[25] τοῦ ἑβδόμου[26] ἤρξαντο ἀναφέρειν[27] ὁλοκαυτώσεις[28] τῷ
κυρίῳ· καὶ ὁ οἶκος κυρίου οὐκ ἐθεμελιώθη.[29] **7** καὶ ἔδωκαν ἀργύριον[30] τοῖς λατό-
μοις[31] καὶ τοῖς τέκτοσιν[32] καὶ βρώματα[33] καὶ ποτὰ[34] καὶ ἔλαιον[35] τοῖς Σηδανιν καὶ
τοῖς Σωριν ἐνέγκαι ξύλα[36] κέδρινα[37] ἀπὸ τοῦ Λιβάνου πρὸς θάλασσαν Ιόππης κατ᾽
ἐπιχώρησιν[38] Κύρου βασιλέως Περσῶν ἐπ᾽ αὐτούς.

Restoration of the Temple Begins

8 καὶ ἐν τῷ ἔτει τῷ δευτέρῳ τοῦ ἐλθεῖν αὐτοὺς εἰς οἶκον τοῦ θεοῦ εἰς Ιερουσαλημ ἐν
μηνὶ[39] τῷ δευτέρῳ ἤρξατο Ζοροβαβελ ὁ τοῦ Σαλαθιηλ καὶ Ἰησοῦς ὁ τοῦ Ιωσεδεκ καὶ
οἱ κατάλοιποι[40] τῶν ἀδελφῶν αὐτῶν οἱ ἱερεῖς καὶ οἱ Λευῖται καὶ πάντες οἱ ἐρχόμενοι

1 φθάνω, *aor act ind 3s*, arrive
2 μήν, month
3 ἕβδομος, seventh
4 θυσιαστήριον, altar
5 ἀναφέρω, *aor act inf*, offer
6 ὁλοκαύτωσις, whole burnt offering
7 θυσιαστήριον, altar
8 ἑτοιμασία, preparation, (base)
9 κατάπληξις, panicked fear
10 γαῖα, land
11 ὁλοκαύτωσις, whole burnt offering
12 πρωί, (in the) morning
13 ἑσπέρα, evening
14 ἑορτή, festival, feast
15 σκηνή, tent
16 ὁλοκαύτωσις, whole burnt offering
17 ἀριθμός, number
18 ὁλοκαύτωσις, whole burnt offering
19 ἐνδελεχισμός, perpetuity, regularity
20 νουμηνία, new moon, first day of the month
21 ἑορτή, festival, feast
22 ἁγιάζω, *perf pas ptc acc p f*, consecrate, sanctify
23 ἑκουσιάζομαι, *pres mid ptc dat s m*, offer willingly
24 ἑκούσιος, voluntary (offering)
25 μήν, month
26 ἕβδομος, seventh
27 ἀναφέρω, *pres act inf*, offer
28 ὁλοκαύτωσις, whole burnt offering
29 θεμελιόω, *aor pas ind 3s*, found, establish
30 ἀργύριον, silver
31 λατόμος, mason, stone cutter
32 τέκτων, builder, carpenter
33 βρῶμα, food
34 ποτόν, drink
35 ἔλαιον, oil
36 ξύλον, wood, timber
37 κέδρινος, of cedar
38 ἐπιχώρησις, permission
39 μήν, month
40 κατάλοιπος, rest, remainder

ἀπὸ τῆς αἰχμαλωσίας[1] εἰς Ιερουσαλημ καὶ ἔστησαν τοὺς Λευίτας ἀπὸ εἰκοσαετοῦς[2]
καὶ ἐπάνω[3] ἐπὶ τοὺς ποιοῦντας τὰ ἔργα ἐν οἴκῳ κυρίου. **9** καὶ ἔστη Ἰησοῦς καὶ οἱ
υἱοὶ αὐτοῦ καὶ οἱ ἀδελφοὶ αὐτοῦ, Καδμιηλ καὶ οἱ υἱοὶ αὐτοῦ υἱοὶ Ιουδα, ἐπὶ τοὺς
ποιοῦντας τὰ ἔργα ἐν οἴκῳ τοῦ θεοῦ, υἱοὶ Ηναδαδ, υἱοὶ αὐτῶν καὶ ἀδελφοὶ αὐτῶν
οἱ Λευῖται.

10 καὶ ἐθεμελίωσαν[4] τοῦ οἰκοδομῆσαι τὸν οἶκον κυρίου, καὶ ἔστησαν οἱ ἱερεῖς ἐστο-
λισμένοι[5] ἐν σάλπιγξιν[6] καὶ οἱ Λευῖται υἱοὶ Ασαφ ἐν κυμβάλοις[7] τοῦ αἰνεῖν[8] τὸν κύριον
ἐπὶ χεῖρας Δαυιδ βασιλέως Ισραηλ **11** καὶ ἀπεκρίθησαν ἐν αἴνῳ[9] καὶ ἀνθομολογήσει[10]
τῷ κυρίῳ, ὅτι ἀγαθόν, ὅτι εἰς τὸν αἰῶνα τὸ ἔλεος[11] αὐτοῦ ἐπὶ Ισραηλ. καὶ πᾶς ὁ
λαὸς ἐσήμαινον[12] φωνὴν μεγάλην αἰνεῖν[13] τῷ κυρίῳ ἐπὶ θεμελιώσει[14] οἴκου κυρίου.
12 καὶ πολλοὶ ἀπὸ τῶν ἱερέων καὶ τῶν Λευιτῶν καὶ ἄρχοντες τῶν πατριῶν[15] οἱ
πρεσβύτεροι, οἳ εἴδοσαν τὸν οἶκον τὸν πρῶτον ἐν θεμελιώσει[16] αὐτοῦ καὶ τοῦτον
τὸν οἶκον ἐν ὀφθαλμοῖς αὐτῶν, ἔκλαιον φωνῇ μεγάλῃ, καὶ ὄχλος[17] ἐν σημασίᾳ[18]
μετ᾽ εὐφροσύνης[19] τοῦ ὑψῶσαι[20] ᾠδήν·[21] **13** καὶ οὐκ ἦν ὁ λαὸς ἐπιγινώσκων φωνὴν
σημασίας[22] τῆς εὐφροσύνης[23] ἀπὸ τῆς φωνῆς τοῦ κλαυθμοῦ[24] τοῦ λαοῦ, ὅτι ὁ λαὸς
ἐκραύγασεν[25] φωνῇ μεγάλῃ, καὶ ἡ φωνὴ ἠκούετο ἕως ἀπὸ μακρόθεν.[26]

Opposition to the Construction

4 Καὶ ἤκουσαν οἱ θλίβοντες[27] Ιουδα καὶ Βενιαμιν ὅτι οἱ υἱοὶ τῆς ἀποικίας[28] οἰκο-
δομοῦσιν οἶκον τῷ κυρίῳ θεῷ Ισραηλ, **2** καὶ ἤγγισαν πρὸς Ζοροβαβελ καὶ
πρὸς τοὺς ἄρχοντας τῶν πατριῶν[29] καὶ εἶπαν αὐτοῖς Οἰκοδομήσομεν μεθ᾽ ὑμῶν,
ὅτι ὡς ὑμεῖς ἐκζητοῦμεν[30] τῷ θεῷ ὑμῶν, καὶ αὐτῷ ἡμεῖς θυσιάζομεν[31] ἀπὸ ἡμερῶν
Ασαραδδων βασιλέως Ασσουρ τοῦ ἐνέγκαντος ἡμᾶς ὧδε.[32] **3** καὶ εἶπεν πρὸς αὐτοὺς
Ζοροβαβελ καὶ Ἰησοῦς καὶ οἱ κατάλοιποι[33] τῶν ἀρχόντων τῶν πατριῶν[34] τοῦ Ισραηλ

1 αἰχμαλωσία, captivity
2 εἰκοσαετής, twenty years (old)
3 ἐπάνω, above
4 θεμελιόω, *aor act ind 3p*, lay the foundation
5 στολίζω, *perf pas ptc nom p m*, equip
6 σάλπιγξ, trumpet
7 κύμβαλον, cymbal
8 αἰνέω, *pres act inf*, praise
9 αἶνος, praise
10 ἀνθομολόγησις, open confession
11 ἔλεος, mercy, compassion
12 σημαίνω, *impf act ind 3p*, report, shout
13 αἰνέω, *pres act inf*, praise
14 θεμελίωσις, foundation
15 πατριά, paternal lineage, house
16 θεμελίωσις, foundation
17 ὄχλος, crowd
18 σημασία, sign, sound
19 εὐφροσύνη, gladness, joy
20 ὑψόω, *aor act inf*, raise up, lift up
21 ᾠδή, song
22 σημασία, sign, sound
23 εὐφροσύνη, gladness, joy
24 κλαυθμός, weeping, wailing
25 κραυγάζω, *aor act ind 3s*, shout
26 μακρόθεν, far off
27 θλίβω, *pres act ptc nom p m*, oppress, afflict
28 ἀποικία, exile, place of captivity
29 πατριά, paternal lineage, house
30 ἐκζητέω, *pres act ind 1p*, seek out
31 θυσιάζω, *pres act ind 1p*, sacrifice
32 ὧδε, here
33 κατάλοιπος, rest, remainder
34 πατριά, paternal lineage, house

Οὐχ ἡμῖν καὶ ὑμῖν τοῦ οἰκοδομῆσαι οἶκον τῷ θεῷ ἡμῶν, ὅτι ἡμεῖς αὐτοὶ ἐπὶ τὸ αὐτὸ
οἰκοδομήσομεν τῷ κυρίῳ θεῷ ἡμῶν, ὡς ἐνετείλατο[1] ἡμῖν Κῦρος ὁ βασιλεὺς Περσῶν.

4 καὶ ἦν ὁ λαὸς τῆς γῆς ἐκλύων[2] τὰς χεῖρας τοῦ λαοῦ Ιουδα καὶ ἐνεπόδιζον[3] αὐτοὺς
τοῦ οἰκοδομεῖν **5** καὶ μισθούμενοι[4] ἐπ' αὐτοὺς βουλευόμενοι[5] τοῦ διασκεδάσαι[6]
βουλὴν[7] αὐτῶν πάσας τὰς ἡμέρας Κύρου βασιλέως Περσῶν καὶ ἕως βασιλείας
Δαρείου βασιλέως Περσῶν.

6 Καὶ ἐν βασιλείᾳ Ασουηρου ἐν ἀρχῇ βασιλείας αὐτοῦ ἔγραψαν ἐπιστολὴν[8] ἐπὶ
οἰκοῦντας[9] Ιουδα καὶ Ιερουσαλημ.

7 καὶ ἐν ἡμέραις Αρθασασθα ἔγραψεν ἐν εἰρήνῃ Μιθραδάτῃ Ταβεηλ σὺν καὶ
τοῖς λοιποῖς συνδούλοις[10] αὐτοῦ πρὸς Αρθασασθα βασιλέα Περσῶν· ἔγραψεν ὁ
φορολόγος[11] γραφὴν[12] Συριστὶ καὶ ἡρμηνευμένην.[13]

The Letter to Artaxerxes

8 Ραουμ βααλταμ[14] καὶ Σαμσαι ὁ γραμματεὺς[15] ἔγραψαν ἐπιστολὴν[16] μίαν κατὰ
Ιερουσαλημ τῷ Αρθασασθα βασιλεῖ. **9** τάδε[17] ἔκρινεν Ραουμ βααλταμ[18] καὶ Σαμσαι
ὁ γραμματεὺς[19] καὶ οἱ κατάλοιποι[20] σύνδουλοι[21] ἡμῶν, Διναῖοι, Αφαρσαθαχαῖοι,
Ταρφαλλαῖοι, Αφαρσαῖοι, Αρχυαῖοι, Βαβυλώνιοι, Σουσαναχαῖοι (οἵ εἰσιν Ηλαμαῖοι)
10 καὶ οἱ κατάλοιποι[22] ἐθνῶν, ὧν ἀπῴκισεν[23] Ασενναφαρ ὁ μέγας καὶ ὁ τίμιος[24]
καὶ κατῴκισεν[25] αὐτοὺς ἐν πόλεσιν τῆς Σομορων, καὶ τὸ κατάλοιπον[26] πέραν[27] τοῦ
ποταμοῦ·[28] **11** αὕτη ἡ διαταγὴ[29] τῆς ἐπιστολῆς,[30] ἧς ἀπέστειλαν πρὸς αὐτόν

Πρὸς Αρθασασθα βασιλέα παῖδές[31] σου ἄνδρες πέραν[32] τοῦ ποταμοῦ.[33] **12** γνω-
στὸν[34] ἔστω τῷ βασιλεῖ ὅτι οἱ Ιουδαῖοι ἀναβάντες ἀπὸ σοῦ ἐφ' ἡμᾶς ἤλθοσαν

1 ἐντέλλομαι, *aor mid ind 3s*, command, order
2 ἐκλύω, *pres act ptc nom s m*, weaken
3 ἐμποδίζω, *impf act ind 3p*, hinder
4 μισθόω, *pres mid ptc nom p m*, hire, employ
5 βουλεύω, *pres mid ptc nom p m*, determine, plot
6 διασκεδάζω, *aor act inf*, cast away
7 βουλή, counsel, advice
8 ἐπιστολή, letter
9 οἰκέω, *pres act ptc acc p m*, inhabit, dwell in
10 σύνδουλος, fellow servant
11 φορολόγος, tax gatherer
12 γραφή, document, written record
13 ἑρμηνεύω, *perf pas ptc acc s f*, translate, interpret
14 βααλταμ, commander, *translit.*
15 γραμματεύς, scribe
16 ἐπιστολή, letter
17 ὅδε, this
18 βααλταμ, commander, *translit.*
19 γραμματεύς, scribe
20 κατάλοιπος, rest, remainder
21 σύνδουλος, fellow servant
22 κατάλοιπος, rest, remainder
23 ἀποικίζω, *aor act ind 3s*, send into exile
24 τίμιος, honorable
25 κατοικίζω, *aor act ind 3s*, settle, cause to dwell
26 κατάλοιπος, rest, remainder
27 πέραν, beyond
28 ποταμός, river
29 διαταγή, command, ordinance
30 ἐπιστολή, letter
31 παῖς, servant
32 πέραν, beyond
33 ποταμός, river
34 γνωστός, known

εἰς Ιερουσαλημ· τὴν πόλιν τὴν ἀποστάτιν[1] καὶ πονηρὰν οἰκοδομοῦσιν, καὶ τὰ
τείχη[2] αὐτῆς κατηρτισμένοι[3] εἰσίν, καὶ θεμελίους[4] αὐτῆς ἀνύψωσαν.[5] **13** νῦν οὖν
γνωστὸν[6] ἔστω τῷ βασιλεῖ ὅτι ἐὰν ἡ πόλις ἐκείνη ἀνοικοδομηθῇ[7] καὶ τὰ τείχη[8]
αὐτῆς καταρτισθῶσιν,[9] φόροι[10] οὐκ ἔσονταί σοι οὐδὲ δώσουσιν· καὶ τοῦτο βασι-
λεῖς κακοποιεῖ.[11] **14** καὶ ἀσχημοσύνην[12] βασιλέως οὐκ ἔξεστιν[13] ἡμῖν ἰδεῖν· διὰ
τοῦτο ἐπέμψαμεν καὶ ἐγνωρίσαμεν[14] τῷ βασιλεῖ, **15** ἵνα ἐπισκέψηται[15] ἐν βιβλίῳ
ὑπομνηματισμοῦ[16] τῶν πατέρων σου, καὶ εὑρήσεις καὶ γνώσῃ ὅτι ἡ πόλις ἐκείνη
πόλις ἀποστάτις[17] καὶ κακοποιοῦσα[18] βασιλεῖς καὶ χώρας,[19] καὶ φυγαδεῖα[20] δούλων
ἐν μέσῳ αὐτῆς ἀπὸ χρόνων αἰῶνος· διὰ ταῦτα ἡ πόλις αὕτη ἠρημώθη.[21] **16** γνω-
ρίζομεν[22] οὖν ἡμεῖς τῷ βασιλεῖ ὅτι ἐὰν ἡ πόλις ἐκείνη οἰκοδομηθῇ καὶ τὰ τείχη[23]
αὐτῆς καταρτισθῇ,[24] οὐκ ἔστιν σοι εἰρήνη.

Artaxerxes Replies

17 Καὶ ἀπέστειλεν ὁ βασιλεὺς πρὸς Ραουμ βααλταμ[25] καὶ Σαμσαι γραμματέα[26] καὶ
τοὺς καταλοίπους[27] συνδούλους[28] αὐτῶν τοὺς οἰκοῦντας[29] ἐν Σαμαρείᾳ καὶ τοὺς
καταλοίπους[30] πέραν[31] τοῦ ποταμοῦ[32] εἰρήνην καί φησιν[33] **18** Ὁ φορολόγος,[34] ὃν
ἀπεστείλατε πρὸς ἡμᾶς, ἐκλήθη ἔμπροσθεν ἐμοῦ. **19** καὶ παρ᾽ ἐμοῦ ἐτέθη γνώμη[35]
καὶ ἐπεσκεψάμεθα[36] καὶ εὕραμεν ὅτι ἡ πόλις ἐκείνη ἀφ᾽ ἡμερῶν αἰῶνος ἐπὶ βασιλεῖς
ἐπαίρεται,[37] καὶ ἀποστάσεις[38] καὶ φυγαδεῖα[39] γίνονται ἐν αὐτῇ, **20** καὶ βασιλεῖς
ἰσχυροὶ[40] γίνονται ἐπὶ Ιερουσαλημ καὶ ἐπικρατοῦντες[41] ὅλης τῆς ἑσπέρας[42] τοῦ

1 ἀποστάτις, rebel, (rebellious)
2 τεῖχος, wall
3 καταρτίζω, *perf pas ptc nom p m*, repair, fix
4 θεμέλιος, foundation
5 ἀνυψόω, *aor act ind 3p*, raise up
6 γνωστός, known
7 ἀνοικοδομέω, *aor pas sub 3s*, rebuild
8 τεῖχος, wall
9 καταρτίζω, *aor pas sub 3p*, repair, fix
10 φόρος, tribute, levy
11 κακοποιέω, *pres act ind 3s*, do harm
12 ἀσχημοσύνη, disgrace, embarrassment
13 ἔξειμι, *pres act ind 3s*, be right, be proper
14 γνωρίζω, *aor act ind 1p*, inform, make known
15 ἐπισκέπτομαι, *aor mid sub 3s*, inspect, examine
16 ὑπομνηματισμός, record, annals
17 ἀποστάτις, rebel(lious)
18 κακοποιέω, *pres act ptc nom s f*, do harm
19 χώρα, land, region
20 φυγάδιον, body of fugitives
21 ἐρημόω, *aor pas ind 3s*, make desolate
22 γνωρίζω, *pres act ind 1p*, inform, make known
23 τεῖχος, wall
24 καταρτίζω, *aor pas sub 3s*, repair, fix
25 βααλταμ, commander, *translit.*
26 γραμματεύς, scribe
27 κατάλοιπος, rest, remainder
28 σύνδουλος, fellow servant
29 οἰκέω, *pres act ptc acc p m*, live, dwell
30 κατάλοιπος, rest, remainder
31 πέραν, beyond
32 ποταμός, river
33 φημί, *pres act ind 3s*, say, affirm
34 φορολόγος, tax gatherer
35 γνώμη, decision
36 ἐπισκέπτομαι, *aor mid ind 1p*, examine, inspect
37 ἐπαίρω, *pres mid ind 3s*, rise up, be in opposition
38 ἀπόστασις, rebellion, revolt
39 φυγάδιον, body of fugitives
40 ἰσχυρός, strong, powerful
41 ἐπικρατέω, *pres act ptc nom p m*, rule over
42 ἑσπέρα, west(ward)

ποταμοῦ,[1] καὶ φόροι[2] πλήρεις[3] καὶ μέρος δίδοται αὐτοῖς. **21** καὶ νῦν θέτε γνώμην[4] καταργῆσαι[5] τοὺς ἄνδρας ἐκείνους, καὶ ἡ πόλις ἐκείνη οὐκ οἰκοδομηθήσεται ἔτι, ὅπως ἀπὸ τῆς γνώμης[6] **22** πεφυλαγμένοι[7] ἦτε ἄνεσιν[8] ποιῆσαι περὶ τούτου, μήποτε[9] πληθυνθῇ[10] ἀφανισμὸς[11] εἰς κακοποίησιν[12] βασιλεῦσιν.

Work Halted

23 Τότε ὁ φορολόγος[13] τοῦ Αρθασασθα βασιλέως ἀνέγνω[14] ἐνώπιον Ραουμ καὶ Σαμσαι γραμματέως[15] καὶ συνδούλων[16] αὐτῶν· καὶ ἐπορεύθησαν σπουδῇ[17] εἰς Ιερουσαλημ καὶ ἐν Ιουδα καὶ κατήργησαν[18] αὐτοὺς ἐν ἵπποις[19] καὶ δυνάμει.

24 τότε ἤργησεν[20] τὸ ἔργον οἴκου τοῦ θεοῦ τοῦ ἐν Ιερουσαλημ καὶ ἦν ἀργοῦν[21] ἕως δευτέρου ἔτους τῆς βασιλείας Δαρείου τοῦ βασιλέως Περσῶν.

Work Resumes

5 Καὶ ἐπροφήτευσεν[22] Αγγαιος ὁ προφήτης καὶ Ζαχαριας ὁ τοῦ Αδδω προφητείαν[23] ἐπὶ τοὺς Ιουδαίους τοὺς ἐν Ιουδα καὶ Ιερουσαλημ ἐν ὀνόματι θεοῦ Ισραηλ ἐπ᾽ αὐτούς. **2** τότε ἀνέστησαν Ζοροβαβελ ὁ τοῦ Σαλαθιηλ καὶ Ἰησοῦς ὁ υἱὸς Ιωσεδεκ καὶ ἤρξαντο οἰκοδομῆσαι τὸν οἶκον τοῦ θεοῦ τὸν ἐν Ιερουσαλημ, καὶ μετ᾽ αὐτῶν οἱ προφῆται τοῦ θεοῦ βοηθοῦντες[24] αὐτοῖς.

3 ἐν αὐτῷ τῷ καιρῷ ἦλθεν ἐπ᾽ αὐτοὺς Θανθαναι ἔπαρχος[25] πέραν[26] τοῦ ποταμοῦ[27] καὶ Σαθαρβουζανα καὶ οἱ σύνδουλοι[28] αὐτῶν καὶ τοῖα[29] εἶπαν αὐτοῖς Τίς ἔθηκεν ὑμῖν γνώμην[30] τοῦ οἰκοδομῆσαι τὸν οἶκον τοῦτον καὶ τὴν χορηγίαν[31] ταύτην καταρτίσασθαι;[32] **4** τότε ταῦτα εἴποσαν αὐτοῖς Τίνα ἐστὶν τὰ ὀνόματα τῶν ἀνδρῶν τῶν οἰκοδομούντων τὴν πόλιν ταύτην; **5** καὶ οἱ ὀφθαλμοὶ τοῦ θεοῦ ἐπὶ

1 ποταμός, river
2 φόρος, tribute, levy
3 πλήρης, full, entire
4 γνώμη, decision
5 καταργέω, *aor act inf*, prevent
6 γνώμη, decision
7 φυλάσσω, *perf mid ptc nom p m*, guard against
8 ἄνεσις, loosening up, relaxing
9 μήποτε, lest
10 πληθύνω, *aor pas sub 3s*, multiply
11 ἀφανισμός, damage, destruction
12 κακοποίησις, harm, injury
13 φορολόγος, tax gatherer
14 ἀναγινώσκω, *aor act ind 3s*, read aloud
15 γραμματεύς, scribe
16 σύνδουλος, fellow servant
17 σπουδή, haste, speed
18 καταργέω, *aor act ind 3p*, prevent
19 ἵππος, horse, cavalry
20 ἀργέω, *aor act ind 3s*, cease, come to a stop
21 ἀργέω, *pres act ptc nom s n*, cease, come to a stop
22 προφητεύω, *aor act ind 3s*, prophesy
23 προφητεία, prophecy
24 βοηθέω, *pres act ptc nom p m*, help, assist
25 ἔπαρχος, commander, governor
26 πέραν, far side, beyond
27 ποταμός, river
28 σύνδουλος, fellow servant
29 τοῖος, like so, like this
30 γνώμη, decision, decree
31 χορηγία, supply, (material)
32 καταρτίζω, *aor mid inf*, set in order, equip

τὴν αἰχμαλωσίαν[1] Ιουδα, καὶ οὐ κατήργησαν[2] αὐτούς, ἕως γνώμη[3] τῷ Δαρείῳ ἀπηνέχθη·[4] καὶ τότε ἀπεστάλη τῷ φορολόγῳ[5] ὑπὲρ τούτου.

Opponents Write to Darius

6 Διασάφησις[6] ἐπιστολῆς,[7] ἧς ἀπέστειλεν Θανθαναι ὁ ἔπαρχος[8] τοῦ πέραν[9] τοῦ
ποταμοῦ[10] καὶ Σαθαρβουζανα καὶ οἱ σύνδουλοι[11] αὐτῶν Αφαρσαχαῖοι οἱ ἐν τῷ
πέραν τοῦ ποταμοῦ Δαρείῳ τῷ βασιλεῖ· **7** ῥῆσιν[12] ἀπέστειλαν πρὸς αὐτόν, καὶ τάδε[13]
γέγραπται ἐν αὐτῷ

Δαρείῳ τῷ βασιλεῖ εἰρήνη πᾶσα. **8** γνωστὸν[14] ἔστω τῷ βασιλεῖ ὅτι ἐπορεύθημεν
εἰς τὴν Ιουδαίαν χώραν[15] εἰς οἶκον τοῦ θεοῦ τοῦ μεγάλου, καὶ αὐτὸς οἰκοδομεῖται
λίθοις ἐκλεκτοῖς,[16] καὶ ξύλα[17] ἐντίθεται[18] ἐν τοῖς τοίχοις,[19] καὶ τὸ ἔργον ἐκεῖνο ἐπι-
δέξιον[20] γίνεται καὶ εὐοδοῦται[21] ἐν ταῖς χερσὶν αὐτῶν. **9** τότε ἠρωτήσαμεν[22] τοὺς
πρεσβυτέρους ἐκείνους καὶ οὕτως εἴπαμεν αὐτοῖς Τίς ἔθηκεν ὑμῖν γνώμην[23] τὸν
οἶκον τοῦτον οἰκοδομῆσαι καὶ τὴν χορηγίαν[24] ταύτην καταρτίσασθαι;[25] **10** καὶ τὰ
ὀνόματα αὐτῶν ἠρωτήσαμεν[26] αὐτοὺς γνωρίσαι[27] σοι ὥστε γράψαι σοι τὰ ὀνόματα
τῶν ἀνδρῶν τῶν ἀρχόντων αὐτῶν. **11** καὶ τοιοῦτο[28] ῥῆμα ἀπεκρίθησαν ἡμῖν λέγοντες
Ἡμεῖς ἐσμεν δοῦλοι τοῦ θεοῦ τοῦ οὐρανοῦ καὶ τῆς γῆς καὶ οἰκοδομοῦμεν τὸν
οἶκον, ὃς ἦν ᾠκοδομημένος πρὸ τούτου ἔτη πολλά, καὶ βασιλεὺς τοῦ Ισραηλ μέγας
ᾠκοδόμησεν αὐτὸν καὶ κατηρτίσατο[29] αὐτὸν **12** αὐτοῖς. ἀφ᾽ ὅτε δὲ παρώργισαν[30] οἱ
πατέρες ἡμῶν τὸν θεὸν τοῦ οὐρανοῦ, ἔδωκεν αὐτοὺς εἰς χεῖρας Ναβουχοδονοσορ
βασιλέως Βαβυλῶνος τοῦ Χαλδαίου καὶ τὸν οἶκον τοῦτον κατέλυσεν[31] καὶ τὸν
λαὸν ἀπῴκισεν[32] εἰς Βαβυλῶνα. **13** ἀλλ᾽ ἐν ἔτει πρώτῳ Κύρου τοῦ βασιλέως Κῦρος
ὁ βασιλεὺς ἔθετο γνώμην[33] τὸν οἶκον τοῦ θεοῦ τοῦτον οἰκοδομηθῆναι. **14** καὶ
τὰ σκεύη[34] τοῦ οἴκου τοῦ θεοῦ τὰ χρυσᾶ[35] καὶ τὰ ἀργυρᾶ,[36] ἃ Ναβουχοδονοσορ

1 αἰχμαλωσία, captivity
2 καταργέω, *aor act ind 3p*, prevent, bring to a stop
3 γνώμη, decision, decree
4 ἀποφέρω, *aor pas ind 3s*, carry away, deliver
5 φορολόγος, tax gatherer
6 διασάφησις, explanation, (copy?)
7 ἐπιστολή, letter
8 ἔπαρχος, commander, governor
9 πέραν, far side, beyond
10 ποταμός, river
11 σύνδουλος, fellow servant
12 ῥῆσις, report
13 ὅδε, this
14 γνωστός, known
15 χώρα, country, region
16 ἐκλεκτός, choice, select
17 ξύλον, wood, timber
18 ἐντίθημι, *pres pas ind 3s*, put in, set
19 τοῖχος, wall
20 ἐπιδέξιος, prosperous
21 εὐοδόω, *pres pas ind 3s*, proceed successfully
22 ἐρωτάω, *aor act ind 1p*, ask
23 γνώμη, decision, decree
24 χορηγία, supply, (material)
25 καταρτίζω, *aor mid inf*, set in order, equip
26 ἐρωτάω, *aor act ind 1p*, ask
27 γνωρίζω, *aor act inf*, inform, tell
28 τοιοῦτος, like this
29 καταρτίζω, *aor mid ind 3s*, finish, complete
30 παροργίζω, *aor act ind 3p*, provoke to anger
31 καταλύω, *aor act ind 3s*, destroy, demolish
32 ἀποικίζω, *aor act ind 3s*, send into exile
33 γνώμη, decision, decree
34 σκεῦος, vessel, object
35 χρυσοῦς, gold
36 ἀργυροῦς, silver

ἐξήνεγκεν[1] ἀπὸ οἴκου τοῦ ἐν Ιερουσαλημ καὶ ἀπήνεγκεν[2] αὐτὰ εἰς ναὸν τοῦ βασιλέως, ἐξήνεγκεν αὐτὰ Κῦρος ὁ βασιλεὺς ἀπὸ ναοῦ τοῦ βασιλέως καὶ ἔδωκεν τῷ Σασαβασαρ τῷ θησαυροφύλακι[3] τῷ ἐπὶ τοῦ θησαυροῦ[4] **15** καὶ εἶπεν αὐτῷ Πάντα τὰ σκεύη[5] λαβὲ καὶ πορεύου θὲς αὐτὰ ἐν τῷ οἴκῳ τῷ ἐν Ιερουσαλημ εἰς τὸν ἑαυτῶν τόπον. **16** τότε Σασαβασαρ ἐκεῖνος ἦλθεν καὶ ἔδωκεν θεμελίους[6] τοῦ οἴκου τοῦ θεοῦ τοῦ ἐν Ιερουσαλημ· καὶ ἀπὸ τότε ἕως τοῦ νῦν ᾠκοδομήθη καὶ οὐκ ἐτελέσθη.[7]
17 καὶ νῦν εἰ ἐπὶ τὸν βασιλέα ἀγαθόν, ἐπισκεπήτω[8] ἐν οἴκῳ τῆς γάζης[9] τοῦ βασιλέως Βαβυλῶνος, ὅπως γνῷς ὅτι ἀπὸ βασιλέως Κύρου ἐτέθη γνώμη[10] οἰκοδομῆσαι τὸν οἶκον τοῦ θεοῦ ἐκεῖνον τὸν ἐν Ιερουσαλημ· καὶ γνοὺς ὁ βασιλεὺς περὶ τούτου πεμψάτω πρὸς ἡμᾶς.

Cyrus's Decree Is Found

6 Τότε Δαρεῖος ὁ βασιλεὺς ἔθηκεν γνώμην[11] καὶ ἐπεσκέψατο[12] ἐν ταῖς βιβλιοθήκαις,[13] ὅπου[14] ἡ γάζα[15] κεῖται[16] ἐν Βαβυλῶνι. **2** καὶ εὑρέθη ἐν πόλει ἐν τῇ βάρει[17] τῆς Μήδων πόλεως κεφαλὶς[18] μία, καὶ τοῦτο ἦν γεγραμμένον ἐν αὐτῇ

Ὑπόμνημα·[19] **3** ἐν ἔτει πρώτῳ Κύρου βασιλέως Κῦρος ὁ βασιλεὺς ἔθηκεν γνώμην[20] περὶ οἴκου τοῦ θεοῦ τοῦ ἐν Ιερουσαλημ· οἶκος οἰκοδομηθήτω καὶ τόπος, οὗ[21] θυσιάζουσιν[22] τὰ θυσιάσματα·[23] καὶ ἔθηκεν ἔπαρμα[24] ὕψος[25] πήχεις[26] ἑξήκοντα,[27] πλάτος[28] αὐτοῦ πήχεων ἑξήκοντα·[29] **4** καὶ δόμοι[30] λίθινοι[31] κραταιοὶ[32] τρεῖς, καὶ δόμος ξύλινος[33] εἷς· καὶ ἡ δαπάνη[34] ἐξ οἴκου τοῦ βασιλέως δοθήσεται· **5** καὶ τὰ σκεύη[35] οἴκου τοῦ θεοῦ τὰ ἀργυρᾶ[36] καὶ τὰ χρυσᾶ,[37] ἃ Ναβουχοδονοσορ ἐξήνεγκεν[38] ἀπὸ οἴκου τοῦ ἐν Ιερουσαλημ καὶ ἐκόμισεν[39] εἰς Βαβυλῶνα, καὶ δοθήτω καὶ ἀπελθάτω εἰς τὸν ναὸν τὸν ἐν Ιερουσαλημ ἐπὶ τόπου, οὗ[40] ἐτέθη ἐν οἴκῳ τοῦ θεοῦ.

1 ἐκφέρω, *aor act ind 3s*, bring out, carry out
2 ἀποφέρω, *aor act ind 3s*, bring away
3 θησαυροφύλαξ, treasurer
4 θησαυρός, treasury
5 σκεῦος, vessel, object
6 θεμέλιος, foundation
7 τελέω, *aor pas ind 3s*, finish, complete
8 ἐπισκέπτομαι, *aor pas impv 3s*, inspect, examine
9 γάζα, treasure, *Heb. LW*
10 γνώμη, decision, decree
11 γνώμη, decision, decree
12 ἐπισκέπτομαι, *aor mid ind 3s*, inspect, examine
13 βιβλιοθήκη, registry, record office
14 ὅπου, where
15 γάζα, treasure, *Heb. LW*
16 κεῖμαι, *pres pas ind 3s*, deposit
17 βάρις, tower
18 κεφαλίς, scroll, volume
19 ὑπόμνημα, record
20 γνώμη, decision, decree
21 οὗ, where
22 θυσιάζω, *pres act ind 3p*, sacrifice
23 θυσίασμα, sacrifice, offering
24 ἔπαρμα, (foundation), something raised
25 ὕψος, height
26 πῆχυς, cubit
27 ἑξήκοντα, sixty
28 πλάτος, width
29 ἑξήκοντα, sixty
30 δόμος, layer
31 λίθινος, stone
32 κραταιός, hard, strong
33 ξύλινος, of wood
34 δαπάνη, cost, expense
35 σκεῦος, vessel, object
36 ἀργυροῦς, silver
37 χρυσοῦς, gold
38 ἐκφέρω, *aor act ind 3s*, bring out, carry out
39 κομίζω, *aor act ind 3s*, bring
40 οὗ, where

6 νῦν δώσετε, ἔπαρχοι[1] πέραν[2] τοῦ ποταμοῦ[3] Σαθαρβουζανα καὶ οἱ σύνδουλοι[4]
αὐτῶν Αφαρσαχαῖοι οἱ ἐν πέρα τοῦ ποταμοῦ, μακρὰν[5] ὄντες ἐκεῖθεν[6] **7** ἄφετε τὸ
ἔργον οἴκου τοῦ θεοῦ· οἱ ἀφηγούμενοι[7] τῶν Ιουδαίων καὶ οἱ πρεσβύτεροι τῶν Ιουδαίων οἶκον τοῦ θεοῦ ἐκεῖνον οἰκοδομείτωσαν ἐπὶ τοῦ τόπου αὐτοῦ. **8** καὶ ἀπ᾽
ἐμοῦ ἐτέθη γνώμη[8] μήποτέ[9] τι ποιήσητε μετὰ τῶν πρεσβυτέρων τῶν Ιουδαίων τοῦ οἰκοδομῆσαι οἶκον τοῦ θεοῦ ἐκεῖνον· καὶ ἀπὸ ὑπαρχόντων βασιλέως τῶν φόρων[10] πέραν[11] τοῦ ποταμοῦ[12] ἐπιμελῶς[13] δαπάνη[14] ἔστω διδομένη τοῖς ἀνδράσιν ἐκείνοις τὸ
μὴ καταργηθῆναι·[15] **9** καὶ ὃ ἂν ὑστέρημα,[16] καὶ υἱοὺς βοῶν[17] καὶ κριῶν[18] καὶ ἀμνοὺς[19] εἰς ὁλοκαυτώσεις[20] τῷ θεῷ τοῦ οὐρανοῦ, πυρούς,[21] ἅλας,[22] οἶνον, ἔλαιον,[23] κατὰ τὸ ῥῆμα τῶν ἱερέων τῶν ἐν Ιερουσαλημ ἔστω διδόμενον αὐτοῖς ἡμέραν ἐν ἡμέρᾳ, ὃ
ἐὰν αἰτήσωσιν,[24] **10** ἵνα ὦσιν προσφέροντες[25] εὐωδίας[26] τῷ θεῷ τοῦ οὐρανοῦ καὶ
προσεύχωνται εἰς ζωὴν τοῦ βασιλέως καὶ τῶν υἱῶν αὐτοῦ. **11** καὶ ἀπ᾽ ἐμοῦ ἐτέθη
γνώμη[27] ὅτι πᾶς ἄνθρωπος, ὃς ἀλλάξει[28] τὸ ῥῆμα τοῦτο, καθαιρεθήσεται[29] ξύλον[30] ἐκ τῆς οἰκίας αὐτοῦ καὶ ὠρθωμένος[31] παγήσεται[32] ἐπ᾽ αὐτοῦ, καὶ ὁ οἶκος αὐτοῦ τὸ κατ᾽
ἐμὲ ποιηθήσεται. **12** καὶ ὁ θεός, οὗ κατασκηνοῖ[33] τὸ ὄνομα ἐκεῖ, καταστρέψει[34] πάντα βασιλέα καὶ λαόν, ὃς ἐκτενεῖ[35] τὴν χεῖρα αὐτοῦ ἀλλάξαι[36] ἢ ἀφανίσαι[37] τὸν οἶκον τοῦ θεοῦ ἐκεῖνον τὸν ἐν Ιερουσαλημ. ἐγὼ Δαρεῖος ἔθηκα γνώμην·[38] ἐπιμελῶς[39] ἔσται.

Temple Completed and Dedicated

13 Τότε Θανθαναι ἔπαρχος[40] πέραν[41] τοῦ ποταμοῦ,[42] Σαθαρβουζανα καὶ οἱ σύνδουλοι[43] αὐτοῦ πρὸς ὃ ἀπέστειλεν Δαρεῖος ὁ βασιλεὺς οὕτως ἐποίησαν

1 ἔπαρχος, commander, governor
2 πέραν, beyond
3 ποταμός, river
4 σύνδουλος, fellow servant
5 μακρός, far
6 ἐκεῖθεν, from there
7 ἀφηγέομαι, *pres mid ptc nom p m*, be leader
8 γνώμη, decision, decree
9 μήποτε, lest
10 φόρος, tribute, levy
11 πέραν, beyond
12 ποταμός, river
13 ἐπιμελῶς, diligently, scrupulously
14 δαπάνη, cost, expense
15 καταργέω, *aor pas inf*, prevent, delay
16 ὑστέρημα, shortcoming, that which is lacking
17 βοῦς, cow, (*p*) cattle
18 κριός, ram
19 ἀμνός, lamb
20 ὁλοκαύτωσις, whole burnt offering
21 πυρός, wheat
22 ἅλς, salt
23 ἔλαιον, oil
24 αἰτέω, *aor act sub 3p*, ask for, demand
25 προσφέρω, *pres act ptc nom p m*, offer, bring to
26 εὐωδία, fragrance
27 γνώμη, decision, decree
28 ἀλλάσσω, *fut act ind 3s*, alter, change
29 καθαιρέω, *fut pas ind 3s*, pull down
30 ξύλον, timber, beam
31 ὀρθόω, *perf pas ptc nom s m*, set upright, raise up
32 πήγνυμι, *fut pas ind 3s*, fix, (impale)
33 κατασκηνόω, *pres act ind 3s*, rest, dwell
34 καταστρέφω, *fut act ind 3s*, overthrow
35 ἐκτείνω, *fut act ind 3s*, stretch out
36 ἀλλάσσω, *aor act inf*, change, alter
37 ἀφανίζω, *aor act inf*, destroy
38 γνώμη, decision, decree
39 ἐπιμελῶς, carefully, diligently
40 ἔπαρχος, commander, governor
41 πέραν, beyond
42 ποταμός, river
43 σύνδουλος, fellow servant

ἐπιμελῶς.[1] **14** καὶ οἱ πρεσβύτεροι τῶν Ιουδαίων ᾠκοδομοῦσαν καὶ οἱ Λευῖται ἐν προφητείᾳ[2] Αγγαιου τοῦ προφήτου καὶ Ζαχαριου υἱοῦ Αδδω καὶ ἀνῳκοδόμησαν[3] καὶ κατηρτίσαντο[4] ἀπὸ γνώμης[5] θεοῦ Ισραηλ καὶ ἀπὸ γνώμης Κύρου καὶ Δαρείου καὶ Αρθασασθα βασιλέων Περσῶν. **15** καὶ ἐτέλεσαν[6] τὸν οἶκον τοῦτον ἕως ἡμέρας τρίτης μηνὸς[7] Αδαρ, ὅ ἐστιν ἔτος ἕκτον[8] τῇ βασιλείᾳ Δαρείου τοῦ βασιλέως.

16 καὶ ἐποίησαν οἱ υἱοὶ Ισραηλ, οἱ ἱερεῖς καὶ οἱ Λευῖται καὶ οἱ κατάλοιποι[9] υἱῶν ἀποικεσίας,[10] ἐγκαίνια[11] τοῦ οἴκου τοῦ θεοῦ ἐν εὐφροσύνῃ.[12] **17** καὶ προσήνεγκαν[13] εἰς τὰ ἐγκαίνια[14] τοῦ οἴκου τοῦ θεοῦ μόσχους[15] ἑκατόν,[16] κριοὺς[17] διακοσίους,[18] ἀμνοὺς[19] τετρακοσίους,[20] χιμάρους[21] αἰγῶν[22] περὶ ἁμαρτίας ὑπὲρ παντὸς Ισραηλ δώδεκα[23] εἰς ἀριθμὸν[24] φυλῶν Ισραηλ. **18** καὶ ἔστησαν τοὺς ἱερεῖς ἐν διαιρέσεσιν[25] αὐτῶν καὶ τοὺς Λευίτας ἐν μερισμοῖς[26] αὐτῶν ἐπὶ δουλείᾳ[27] θεοῦ τοῦ ἐν Ιερουσαλημ κατὰ τὴν γραφὴν[28] βιβλίου Μωυσῆ.

Passover Celebrated

19 Καὶ ἐποίησαν οἱ υἱοὶ τῆς ἀποικεσίας[29] τὸ πασχα[30] τῇ τεσσαρεσκαιδεκάτῃ[31] τοῦ μηνὸς[32] τοῦ πρώτου. **20** ὅτι ἐκαθαρίσθησαν οἱ ἱερεῖς καὶ οἱ Λευῖται ἕως εἷς πάντες καθαροὶ[33] καὶ ἔσφαξαν[34] τὸ πασχα[35] τοῖς πᾶσιν υἱοῖς τῆς ἀποικεσίας[36] καὶ τοῖς ἀδελφοῖς αὐτῶν τοῖς ἱερεῦσιν καὶ ἑαυτοῖς. **21** καὶ ἔφαγον οἱ υἱοὶ Ισραηλ τὸ πασχα,[37] οἱ ἀπὸ τῆς ἀποικεσίας[38] καὶ πᾶς ὁ χωριζόμενος[39] τῆς ἀκαθαρσίας[40] ἐθνῶν τῆς γῆς πρὸς αὐτοὺς τοῦ ἐκζητῆσαι[41] κύριον θεὸν Ισραηλ. **22** καὶ ἐποίησαν τὴν ἑορτὴν[42] τῶν ἀζύμων[43] ἑπτὰ ἡμέρας ἐν εὐφροσύνῃ,[44] ὅτι εὔφρανεν[45] αὐτοὺς κύριος καὶ

1 ἐπιμελῶς, carefully, diligently
2 προφητεία, prophecy
3 ἀνοικοδομέω, *aor act ind 3p*, rebuild, restore
4 καταρτίζω, *aor mid ind 3p*, strengthen
5 γνώμη, decision, decree
6 τελέω, *aor act ind 3p*, finish, complete
7 μήν, month
8 ἕκτος, sixth
9 κατάλοιπος, rest, remainder
10 ἀποικεσία, captivity, exile
11 ἐγκαίνια, festival of rededication
12 εὐφροσύνη, joy, gladness
13 προσφέρω, *aor act ind 3p*, bring to
14 ἐγκαίνια, festival of rededication
15 μόσχος, calf, young bull
16 ἑκατόν, one hundred
17 κριός, ram
18 διακόσιοι, two hundred
19 ἀμνός, lamb
20 τετρακόσιοι, four hundred
21 χίμαρος, young goat
22 αἴξ, goat
23 δώδεκα, twelve
24 ἀριθμός, number
25 διαίρεσις, division
26 μερισμός, subdivision, separate order
27 δουλεία, service
28 γραφή, writing, scripture
29 ἀποικεσία, captivity, exile
30 πασχα, Passover, *translit.*
31 τεσσαρεσκαιδέκατος, fourteenth
32 μήν, month
33 καθαρός, pure, clean
34 σφάζω, *aor act ind 3p*, slaughter
35 πασχα, Passover (lamb), *translit.*
36 ἀποικεσία, captivity, exile
37 πασχα, Passover, *translit.*
38 ἀποικεσία, captivity, exile
39 χωρίζω, *pres mid ptc nom s m*, separate from
40 ἀκαθαρσία, impurity, uncleanness
41 ἐκζητέω, *aor act inf*, seek out, search for
42 ἑορτή, festival, feast
43 ἄζυμος, unleavened
44 εὐφροσύνη, joy, gladness
45 εὐφραίνω, *aor act ind 3s*, cheer, cause to rejoice

ἐπέστρεψεν καρδίαν βασιλέως Ασσουρ ἐπ᾽ αὐτοὺς κραταιῶσαι[1] τὰς χεῖρας αὐτῶν ἐν ἔργοις οἴκου τοῦ θεοῦ Ισραηλ.

Ezra Returns to Jerusalem

7 Καὶ μετὰ τὰ ῥήματα ταῦτα ἐν βασιλείᾳ Αρθασασθα βασιλέως Περσῶν ἀνέβη
Εσδρας υἱὸς Σαραιου υἱοῦ Αζαριου υἱοῦ Ελκια **2** υἱοῦ Σαλουμ υἱοῦ Σαδδουκ
υἱοῦ Αχιτωβ **3** υἱοῦ Σαμαρια υἱοῦ Εσρια υἱοῦ Μαρερωθ **4** υἱοῦ Ζαραια υἱοῦ Σαουια
υἱοῦ Βοκκι **5** υἱοῦ Αβισουε υἱοῦ Φινεες υἱοῦ Ελεαζαρ υἱοῦ Ααρων τοῦ ἱερέως τοῦ
πρώτου· **6** αὐτὸς Εσδρας ἀνέβη ἐκ Βαβυλῶνος, καὶ αὐτὸς γραμματεὺς[2] ταχὺς[3]
ἐν νόμῳ Μωυσῆ, ὃν ἔδωκεν κύριος ὁ θεὸς Ισραηλ· καὶ ἔδωκεν αὐτῷ ὁ βασιλεύς,
ὅτι χεὶρ κυρίου θεοῦ αὐτοῦ ἐπ᾽ αὐτὸν ἐν πᾶσιν, οἷς ἐζήτει αὐτός. **7** καὶ ἀνέβησαν
ἀπὸ υἱῶν Ισραηλ καὶ ἀπὸ τῶν ἱερέων καὶ ἀπὸ τῶν Λευιτῶν καὶ οἱ ᾄδοντες[4] καὶ οἱ
πυλωροὶ[5] καὶ οἱ ναθινιμ[6] εἰς Ιερουσαλημ ἐν ἔτει ἑβδόμῳ[7] τῷ Αρθασασθα τῷ βασιλεῖ.

8 καὶ ἤλθοσαν εἰς Ιερουσαλημ τῷ μηνὶ[8] τῷ πέμπτῳ,[9] τοῦτο ἔτος ἕβδομον[10] τῷ βασιλεῖ·
9 ὅτι ἐν μιᾷ τοῦ μηνὸς[11] τοῦ πρώτου αὐτὸς ἐθεμελίωσεν[12] τὴν ἀνάβασιν[13] τὴν ἀπὸ
Βαβυλῶνος, ἐν δὲ τῇ πρώτῃ τοῦ μηνὸς[14] τοῦ πέμπτου ἤλθοσαν εἰς Ιερουσαλημ, ὅτι
χεὶρ θεοῦ αὐτοῦ ἦν ἀγαθὴ ἐπ᾽ αὐτόν. **10** ὅτι Εσδρας ἔδωκεν ἐν καρδίᾳ αὐτοῦ ζητῆσαι
τὸν νόμον καὶ ποιεῖν καὶ διδάσκειν ἐν Ισραηλ προστάγματα[15] καὶ κρίματα.[16]

Artaxerxes's Decree

11 Καὶ αὕτη ἡ διασάφησις[17] τοῦ διατάγματος,[18] οὗ ἔδωκεν Αρθασασθα τῷ Εσδρα τῷ
ἱερεῖ τῷ γραμματεῖ[19] βιβλίου λόγων ἐντολῶν κυρίου καὶ προσταγμάτων[20] αὐτοῦ ἐπὶ
τὸν Ισραηλ **12** Αρθασασθα βασιλεὺς βασιλέων Εσδρα γραμματεῖ[21] νόμου τοῦ θεοῦ
τοῦ οὐρανοῦ· τετέλεσται[22] ὁ λόγος καὶ ἡ ἀπόκρισις.[23] **13** ἀπ᾽ ἐμοῦ ἐτέθη γνώμη[24] ὅτι
πᾶς ὁ ἑκουσιαζόμενος[25] ἐν βασιλείᾳ μου ἀπὸ λαοῦ Ισραηλ καὶ ἱερέων καὶ Λευιτῶν
πορευθῆναι εἰς Ιερουσαλημ, μετὰ σοῦ πορευθῆναι· **14** ἀπὸ προσώπου τοῦ βασιλέως
καὶ τῶν ἑπτὰ συμβούλων[26] ἀπεστάλη ἐπισκέψασθαι[27] ἐπὶ τὴν Ιουδαίαν καὶ εἰς

1 κραταιόω, *aor act inf*, strengthen
2 γραμματεύς, scribe
3 ταχύς, quick
4 ᾄδω, *pres act ptc nom p m*, sing
5 πυλωρός, gatekeeper, porter
6 ναθινιμ, temple servant, *translit.*
7 ἕβδομος, seventh
8 μήν, month
9 πέμπτος, fifth
10 ἕβδομος, seventh
11 μήν, month
12 θεμελιόω, *aor act ind 3s*, lay a foundation
13 ἀνάβασις, ascent
14 μήν, month
15 πρόσταγμα, ordinance, command
16 κρίμα, judgment, decree
17 διασάφησις, explanation, (copy?)
18 διάταγμα, commandment
19 γραμματεύς, scribe
20 πρόσταγμα, ordinance, command
21 γραμματεύς, scribe
22 τελέω, *perf pas ind 3s*, complete, accomplish
23 ἀπόκρισις, answer, report
24 γνώμη, decision, decree
25 ἑκουσιάζομαι, *pres mid ptc nom s m*, offer willingly
26 σύμβουλος, adviser, counselor
27 ἐπισκέπτομαι, *aor mid inf*, inspect, examine

Ιερουσαλημ νόμῳ θεοῦ αὐτῶν τῷ ἐν χειρί σου. **15** καὶ εἰς οἶκον κυρίου ἀργύριον[1] καὶ χρυσίον,[2] ὃ ὁ βασιλεὺς καὶ οἱ σύμβουλοι[3] ἠκουσιάσθησαν[4] τῷ θεῷ τοῦ Ισραηλ τῷ ἐν Ιερουσαλημ κατασκηνοῦντι,[5] **16** καὶ πᾶν ἀργύριον[6] καὶ χρυσίον,[7] ὅ τι ἐὰν εὕρῃς ἐν πάσῃ χώρᾳ[8] Βαβυλῶνος μετὰ ἑκουσιασμοῦ[9] τοῦ λαοῦ καὶ ἱερέων τῶν ἑκουσιαζομένων[10] εἰς οἶκον θεοῦ τὸν ἐν Ιερουσαλημ, **17** καὶ πᾶν προσπορευόμενον,[11] τοῦτον ἑτοίμως[12] ἔνταξον[13] ἐν βιβλίῳ τούτῳ, μόσχους,[14] κριούς,[15] ἀμνοὺς[16] καὶ θυσίας[17] αὐτῶν καὶ σπονδὰς[18] αὐτῶν, καὶ προσοίσεις[19] αὐτὰ ἐπὶ θυσιαστηρίου[20] τοῦ οἴκου τοῦ θεοῦ ὑμῶν τοῦ ἐν Ιερουσαλημ. **18** καὶ εἴ τι ἐπὶ σὲ καὶ τοὺς ἀδελφούς σου ἀγαθυνθῇ[21] ἐν καταλοίπῳ[22] τοῦ ἀργυρίου[23] καὶ τοῦ χρυσίου[24] ποιῆσαι, ὡς ἀρεστὸν[25] τῷ θεῷ ὑμῶν ποιήσατε. **19** καὶ τὰ σκεύη[26] τὰ διδόμενά σοι εἰς λειτουργίαν[27] οἴκου θεοῦ παράδος ἐνώπιον τοῦ θεοῦ ἐν Ιερουσαλημ. **20** καὶ κατάλοιπον[28] χρείας[29] οἴκου θεοῦ σου, ὃ ἂν φανῇ[30] σοι δοῦναι, δώσεις ἀπὸ οἴκων γάζης βασιλέως.

21 καὶ ἀπ᾽ ἐμοῦ, ἐγὼ Αρθασασθα βασιλεύς, ἔθηκα γνώμην[31] πάσαις ταῖς γάζαις ταῖς ἐν πέρα[32] τοῦ ποταμοῦ[33] ὅτι πᾶν, ὃ ἂν αἰτήσῃ[34] ὑμᾶς Εσδρας ὁ ἱερεὺς καὶ γραμματεὺς[35] τοῦ νόμου τοῦ θεοῦ τοῦ οὐρανοῦ, ἑτοίμως[36] γιγνέσθω **22** ἕως ἀργυρίου[37] ταλάντων[38] ἑκατὸν[39] καὶ ἕως πυροῦ[40] κόρων[41] ἑκατὸν καὶ ἕως οἴνου βάδων[42] ἑκατὸν καὶ ἕως ἐλαίου[43] βάδων ἑκατὸν καὶ ἅλας[44] οὗ οὐκ ἔστιν γραφή.[45] **23** πᾶν, ὅ ἐστιν ἐν γνώμῃ[46] θεοῦ τοῦ οὐρανοῦ, γιγνέσθω. προσέχετε[47] μή τις ἐπιχειρήσῃ[48] εἰς οἶκον θεοῦ

1 ἀργύριον, silver
2 χρυσίον, gold
3 σύμβουλος, adviser, counselor
4 ἑκουσιάζομαι, *aor pas ind 3p*, offer willingly
5 κατασκηνόω, *pres act ptc dat s m*, live, dwell
6 ἀργύριον, silver
7 χρυσίον, gold
8 χώρα, country, region
9 ἑκουσιασμός, free-will offering
10 ἑκουσιάζομαι, *pres mid ptc gen p m*, offer willingly
11 προσπορεύομαι, *pres mid ptc acc s m*, come in, enter
12 ἑτοίμως, readily, willingly
13 ἐντάσσω, *aor act impv 2s*, insert in, enroll
14 μόσχος, calf
15 κριός, ram
16 ἀμνός, lamb
17 θυσία, sacrifice, offering
18 σπονδή, drink offering
19 προσφέρω, *fut act ind 2s*, offer, bring to
20 θυσιαστήριον, altar
21 ἀγαθύνω, *aor pas sub 3s*, be honorable, find favor
22 κατάλοιπος, remainder, rest
23 ἀργύριον, silver
24 χρυσίον, gold
25 ἀρεστός, pleasing, acceptable
26 σκεῦος, vessel, object
27 λειτουργία, ministry, service
28 κατάλοιπος, remainder, rest
29 χρεία, requirement, need
30 φαίνω, *aor act sub 3s*, appear, seem
31 γνώμη, decision, decree
32 πέρα, far side
33 ποταμός, river
34 αἰτέω, *aor act sub 3s*, ask
35 γραμματεύς, scribe
36 ἑτοίμως, speedily, diligently
37 ἀργύριον, silver
38 τάλαντον, talent
39 ἑκατόν, one hundred
40 πυρός, wheat
41 κόρος, kor, *Heb. LW*
42 βάδος, liquid measure, *Heb. LW*
43 ἔλαιον, oil
44 ἅλς, salt
45 γραφή, prescription, list
46 γνώμη, decision, decree
47 προσέχω, *pres act impv 2p*, pay attention, beware
48 ἐπιχειρέω, *aor act sub 3s*, make an attempt on, attack

τοῦ οὐρανοῦ, μήποτε[1] γένηται ὀργὴ ἐπὶ τὴν βασιλείαν τοῦ βασιλέως καὶ τῶν υἱῶν
αὐτοῦ. **24** καὶ ὑμῖν ἐγνώρισται·[2] ἐν πᾶσιν τοῖς ἱερεῦσιν καὶ τοῖς Λευίταις, ᾄδουσιν,[3]
πυλωροῖς,[4] ναθινιμ[5] καὶ λειτουργοῖς[6] οἴκου θεοῦ τούτου φόρος[7] μὴ ἔστω σοι, οὐκ
ἐξουσιάσεις[8] καταδουλοῦσθαι[9] αὐτούς.

25 καὶ σύ, Εσδρα, ὡς ἡ σοφία τοῦ θεοῦ ἐν χειρί σου κατάστησον[10] γραμματεῖς[11]
καὶ κριτάς,[12] ἵνα ὦσιν κρίνοντες παντὶ τῷ λαῷ τῷ ἐν πέρα[13] τοῦ ποταμοῦ,[14] πᾶσιν
τοῖς εἰδόσιν νόμον τοῦ θεοῦ σου, καὶ τῷ μὴ εἰδότι γνωριεῖτε.[15] **26** καὶ πᾶς, ὃς ἂν
μὴ ᾖ ποιῶν νόμον τοῦ θεοῦ καὶ νόμον τοῦ βασιλέως ἑτοίμως,[16] τὸ κρίμα[17] ἔσται
γιγνόμενον ἐξ αὐτοῦ, ἐάν τε εἰς θάνατον ἐάν τε εἰς παιδείαν[18] ἐάν τε εἰς ζημίαν[19]
τοῦ βίου[20] ἐάν τε εἰς δεσμά.[21]

Kindness of Artaxerxes

27 Εὐλογητὸς[22] κύριος ὁ θεὸς τῶν πατέρων ἡμῶν, ὃς ἔδωκεν οὕτως ἐν καρδίᾳ τοῦ
βασιλέως τοῦ δοξάσαι τὸν οἶκον κυρίου τὸν ἐν Ιερουσαλημ **28** καὶ ἐπ᾽ ἐμὲ ἔκλινεν[23]
ἔλεος[24] ἐν ὀφθαλμοῖς τοῦ βασιλέως καὶ τῶν συμβούλων[25] αὐτοῦ καὶ πάντων τῶν
ἀρχόντων τοῦ βασιλέως τῶν ἐπηρμένων.[26] καὶ ἐγὼ ἐκραταιώθην[27] ὡς χεὶρ θεοῦ ἡ
ἀγαθὴ ἐπ᾽ ἐμέ, καὶ συνῆξα ἀπὸ Ισραηλ ἄρχοντας ἀναβῆναι μετ᾽ ἐμοῦ.

Those Who Returned with Ezra

8 Καὶ οὗτοι οἱ ἄρχοντες πατριῶν[28] αὐτῶν, οἱ ὁδηγοὶ[29] ἀναβαίνοντες μετ᾽ ἐμοῦ ἐν
βασιλείᾳ Αρθασασθα τοῦ βασιλέως Βαβυλῶνος· **2** ἀπὸ υἱῶν Φινεες Γηρσωμ·
ἀπὸ υἱῶν Ιθαμαρ Δανιηλ· ἀπὸ υἱῶν Δαυιδ Ατους· **3** ἀπὸ υἱῶν Σαχανια ἀπὸ υἱῶν
Φορος Ζαχαριας καὶ μετ᾽ αὐτοῦ τὸ σύστρεμμα[30] ἑκατὸν[31] καὶ πεντήκοντα·[32] **4** ἀπὸ
υἱῶν Φααθμωαβ Ελιανα υἱὸς Ζαραια καὶ μετ᾽ αὐτοῦ διακόσιοι[33] τὰ ἀρσενικά·[34] **5** ἀπὸ

1 μήποτε, lest
2 γνωρίζω, *perf pas ind 3s*, make known
3 ᾄδω, *pres act ptc dat p m*, sing
4 πυλωρός, gatekeeper, porter
5 ναθινιμ, temple servant, *translit.*
6 λειτουργός, minister, servant
7 φόρος, tribute
8 ἐξουσιάζω, *fut act ind 2s*, exercise authority
9 καταδουλόω, *pres mid inf*, put to labor, enslave
10 καθίστημι, *aor act impv 2s*, appoint
11 γραμματεύς, scribe
12 κριτής, judge
13 πέρα, far side
14 ποταμός, river
15 γνωρίζω, *fut act ind 2p*, make known
16 ἑτοίμως, readily, willingly
17 κρίμα, judgment
18 παιδεία, discipline, correction
19 ζημία, penalty, fine
20 βίος, life, property
21 δεσμός, bond, (imprisonment)
22 εὐλογητός, blessed
23 κλίνω, *aor act ind 3s*, incline
24 ἔλεος, mercy, compassion
25 σύμβουλος, adviser, counselor
26 ἐπαίρω, *perf pas ptc gen p m*, exalt, magnify
27 κραταιόω, *aor pas ind 1s*, strengthen
28 πατριά, paternal lineage, house
29 ὁδηγός, leader, guide
30 σύστρεμμα, company, band
31 ἑκατόν, one hundred
32 πεντήκοντα, fifty
33 διακόσιοι, two hundred
34 ἀρσενικός, male

υἱῶν Ζαθοης Σεχενιας υἱὸς Αζιηλ καὶ μετ᾽ αὐτοῦ τριακόσιοι[1] τὰ ἀρσενικά·[2] **6** καὶ
ἀπὸ υἱῶν Αδιν Ωβηθ υἱὸς Ιωναθαν καὶ μετ᾽ αὐτοῦ πεντήκοντα[3] τὰ ἀρσενικά·[4] **7** καὶ
ἀπὸ υἱῶν Ηλαμ Ιεσια υἱὸς Αθελια καὶ μετ᾽ αὐτοῦ ἑβδομήκοντα[5] τὰ ἀρσενικά·[6] **8** καὶ
ἀπὸ υἱῶν Σαφατια Ζαβδια υἱὸς Μιχαηλ καὶ μετ᾽ αὐτοῦ ὀγδοήκοντα[7] τὰ ἀρσενικά·[8]
9 καὶ ἀπὸ υἱῶν Ιωαβ Αβαδια υἱὸς Ιιηλ καὶ μετ᾽ αὐτοῦ διακόσιοι[9] δέκα[10] ὀκτὼ[11] τὰ
ἀρσενικά·[12] **10** καὶ ἀπὸ υἱῶν Βαανι Σαλιμουθ υἱὸς Ιωσεφια καὶ μετ᾽ αὐτοῦ ἑκατὸν[13]
ἑξήκοντα[14] τὰ ἀρσενικά·[15] **11** καὶ ἀπὸ υἱῶν Βαβι Ζαχαρια υἱὸς Βαβι καὶ μετ᾽ αὐτοῦ
ἑβδομήκοντα[16] ὀκτὼ[17] τὰ ἀρσενικά·[18] **12** καὶ ἀπὸ υἱῶν Ασγαδ Ιωαναν υἱὸς Ακαταν
καὶ μετ᾽ αὐτοῦ ἑκατὸν[19] δέκα[20] τὰ ἀρσενικά·[21] **13** καὶ ἀπὸ υἱῶν Αδωνικαμ ἔσχατοι καὶ
ταῦτα τὰ ὀνόματα αὐτῶν· Αλιφαλατ, Ιιηλ καὶ Σαμαια καὶ μετ᾽ αὐτῶν ἑξήκοντα[22] τὰ
ἀρσενικά·[23] **14** καὶ ἀπὸ υἱῶν Βαγο Ουθι καὶ μετ᾽ αὐτοῦ ἑβδομήκοντα[24] τὰ ἀρσενικά.[25]

Ezra Requests Levites

15 Καὶ συνῆξα αὐτοὺς πρὸς τὸν ποταμὸν[26] τὸν ἐρχόμενον πρὸς τὸν Ευι, καὶ παρ-
ενεβάλομεν[27] ἐκεῖ ἡμέρας τρεῖς. καὶ συνῆκα[28] ἐν τῷ λαῷ καὶ ἐν τοῖς ἱερεῦσιν, καὶ
ἀπὸ υἱῶν Λευι οὐχ εὗρον ἐκεῖ· **16** καὶ ἀπέστειλα τῷ Ελεαζαρ, τῷ Αριηλ, τῷ Σαμαια
καὶ τῷ Αλωναμ καὶ τῷ Ιαριβ καὶ τῷ Ελναθαν καὶ τῷ Ναθαν καὶ τῷ Ζαχαρια καὶ τῷ
Μεσουλαμ ἄνδρας καὶ τῷ Ιωαριβ καὶ τῷ Ελναθαν συνίοντας[29] **17** καὶ ἐξήνεγκα[30]
αὐτοὺς ἐπὶ ἄρχοντος ἐν ἀργυρίῳ[31] τοῦ τόπου καὶ ἔθηκα ἐν στόματι αὐτῶν λόγους
λαλῆσαι πρὸς τοὺς ἀδελφοὺς αὐτῶν τοὺς ναθινιμ[32] ἐν ἀργυρίῳ[33] τοῦ τόπου τοῦ
ἐνέγκαι ἡμῖν ᾄδοντας[34] εἰς οἶκον θεοῦ ἡμῶν. **18** καὶ ἤλθοσαν ἡμῖν, ὡς χεὶρ θεοῦ
ἡμῶν ἀγαθὴ ἐφ᾽ ἡμᾶς, ἀνὴρ σαχωλ[35] ἀπὸ υἱῶν Μοολι υἱοῦ Λευι υἱοῦ Ισραηλ· καὶ
ἀρχὴν ἤλθοσαν υἱοὶ αὐτοῦ καὶ ἀδελφοὶ αὐτοῦ ὀκτωκαίδεκα·[36] **19** καὶ τὸν Ασεβια καὶ
τὸν Ωσαιαν ἀπὸ υἱῶν Μεραρι, ἀδελφοὶ αὐτοῦ καὶ υἱοὶ αὐτῶν εἴκοσι·[37] **20** καὶ ἀπὸ

1 τριακόσιοι, three hundred
2 ἀρσενικός, male
3 πεντήκοντα, fifty
4 ἀρσενικός, male
5 ἑβδομήκοντα, seventy
6 ἀρσενικός, male
7 ὀγδοήκοντα, eighty
8 ἀρσενικός, male
9 διακόσιοι, two hundred
10 δέκα, ten
11 ὀκτώ, eight
12 ἀρσενικός, male
13 ἑκατόν, one hundred
14 ἑξήκοντα, sixty
15 ἀρσενικός, male
16 ἑβδομήκοντα, seventy
17 ὀκτώ, eight
18 ἀρσενικός, male
19 ἑκατόν, one hundred
20 δέκα, ten
21 ἀρσενικός, male
22 ἑξήκοντα, sixty
23 ἀρσενικός, male
24 ἑβδομήκοντα, seventy
25 ἀρσενικός, male
26 ποταμός, river
27 παρεμβάλλω, *aor act ind 1p*, pitch camp
28 συνίημι, *aor act ind 1s*, be aware, observe
29 συνίημι, *pres act ptc acc p m*, have understanding
30 ἐκφέρω, *aor act ind 1s*, bring out
31 ἀργύριον, silver
32 ναθινιμ, temple servant, *translit.*
33 ἀργύριον, money
34 ᾄδω, *pres act ptc acc p m*, sing
35 σαχωλ, Sachol, (prudence), *translit.*
36 ὀκτωκαίδεκα, eighteen
37 εἴκοσι, twenty

τῶν ναθινιμ,[1] ὧν ἔδωκεν Δαυιδ καὶ οἱ ἄρχοντες εἰς δουλείαν[2] τῶν Λευιτῶν, ναθινιμ διακόσιοι[3] καὶ εἴκοσι·[4] πάντες συνήχθησαν ἐν ὀνόμασιν.

God's Protection Requested

21 καὶ ἐκάλεσα ἐκεῖ νηστείαν[5] ἐπὶ τὸν ποταμὸν[6] Αουε τοῦ ταπεινωθῆναι[7] ἐνώπιον θεοῦ ἡμῶν ζητῆσαι παρ᾽ αὐτοῦ ὁδὸν εὐθεῖαν[8] ἡμῖν καὶ τοῖς τέκνοις ἡμῶν καὶ πάσῃ τῇ κτήσει[9] ἡμῶν.
22 ὅτι ᾐσχύνθην[10] αἰτήσασθαι[11] παρὰ τοῦ βασιλέως δύναμιν καὶ ἱππεῖς[12] σῶσαι ἡμᾶς ἀπὸ ἐχθροῦ ἐν τῇ ὁδῷ, ὅτι εἴπαμεν τῷ βασιλεῖ λέγοντες Χεὶρ τοῦ θεοῦ ἡμῶν ἐπὶ πάντας τοὺς ζητοῦντας αὐτὸν εἰς ἀγαθόν, καὶ κράτος[13] αὐτοῦ καὶ θυμὸς[14] αὐτοῦ ἐπὶ πάντας ἐγκαταλείποντας[15] αὐτόν.
23 καὶ ἐνηστεύσαμεν[16] καὶ ἐζητήσαμεν παρὰ τοῦ θεοῦ ἡμῶν περὶ τούτου, καὶ ἐπήκουσεν[17] ἡμῖν.

24 καὶ διέστειλα[18] ἀπὸ ἀρχόντων τῶν ἱερέων δώδεκα,[19] τῷ Σαραια, Ασαβια καὶ μετ᾽ αὐτῶν ἀπὸ ἀδελφῶν αὐτῶν δέκα,[20]
25 καὶ ἔστησα αὐτοῖς τὸ ἀργύριον[21] καὶ τὸ χρυσίον[22] καὶ τὰ σκεύη[23] ἀπαρχῆς[24] οἴκου θεοῦ ἡμῶν, ἃ ὕψωσεν[25] ὁ βασιλεὺς καὶ οἱ σύμβουλοι[26] αὐτοῦ καὶ οἱ ἄρχοντες αὐτοῦ καὶ πᾶς Ισραηλ οἱ εὑρισκόμενοι.
26 καὶ ἔστησα ἐπὶ χεῖρας αὐτῶν ἀργυρίου[27] τάλαντα[28] ἑξακόσια[29] καὶ πεντήκοντα[30] καὶ σκεύη[31] ἀργυρᾶ[32] ἑκατὸν[33] καὶ τάλαντα[34] χρυσίου[35] ἑκατὸν
27 καὶ καφουρη[36] χρυσοῖ[37] εἴκοσι[38] εἰς τὴν ὁδὸν χαμανιμ[39] χίλιοι[40] καὶ σκεύη[41] χαλκοῦ[42] στίλβοντος[43] ἀγαθοῦ[44] διάφορα[45] ἐπιθυμητὰ[46] ἐν χρυσίῳ.[47]
28 καὶ εἶπα πρὸς αὐτούς Ὑμεῖς ἅγιοι

1 ναθινιμ, temple servant, *translit.*
2 δουλεία, service, labor
3 διακόσιοι, two hundred
4 εἴκοσι, twenty
5 νηστεία, fast
6 ποταμός, river
7 ταπεινόω, *aor pas inf*, humble, bring low
8 εὐθύς, straight, right, direct
9 κτῆσις, possession, property
10 αἰσχύνω, *aor pas ind 1s*, put to shame, dishonor
11 αἰτέω, *aor mid inf*, ask for, request
12 ἱππεύς, horseman
13 κράτος, power, might
14 θυμός, anger, wrath
15 ἐγκαταλείπω, *pres act ptc acc p m*, abandon, forsake
16 νηστεύω, *aor act ind 1p*, fast
17 ἐπακούω, *aor act ind 3s*, hear, listen
18 διαστέλλω, *aor act ind 1s*, set apart
19 δώδεκα, twelve
20 δέκα, ten
21 ἀργύριον, silver
22 χρυσίον, gold
23 σκεῦος, vessel, object
24 ἀπαρχή, first portion
25 ὑψόω, *aor act ind 3s*, raise up, lift up
26 σύμβουλος, adviser, counselor
27 ἀργύριον, silver
28 τάλαντον, talent
29 ἑξακόσιοι, six hundred
30 πεντήκοντα, fifty
31 σκεῦος, vessel, object
32 ἀργυροῦς, silver
33 ἑκατόν, one hundred
34 τάλαντον, talent
35 χρυσίον, gold
36 καφουρη, bowl, *translit.*
37 χρυσοῦς, gold
38 εἴκοσι, twenty
39 χαμανιμ, Chamanim?, (*read* worth drachmas *for* εἰς τὴν ὁδὸν χαμανιμ?)
40 χίλιοι, one thousand
41 σκεῦος, vessel, object
42 χαλκοῦς, bronze
43 στίλβω, *pres act ptc gen s m*, polish, shine
44 ἀγαθός, fine, quality
45 διάφορος, excellent
46 ἐπιθυμητός, desired, precious
47 χρυσίον, gold

τῷ κυρίῳ, καὶ τὰ σκεύη[1] ἅγια, καὶ τὸ ἀργύριον[2] καὶ τὸ χρυσίον[3] ἑκούσια[4] τῷ κυρίῳ
θεῷ πατέρων ὑμῶν· **29** ἀγρυπνεῖτε[5] καὶ τηρεῖτε,[6] ἕως στῆτε ἐνώπιον ἀρχόντων τῶν
ἱερέων καὶ τῶν Λευιτῶν καὶ τῶν ἀρχόντων τῶν πατριῶν[7] ἐν Ιερουσαλημ εἰς σκηνὰς[8]
οἴκου κυρίου. **30** καὶ ἐδέξαντο[9] οἱ ἱερεῖς καὶ οἱ Λευῖται σταθμὸν[10] τοῦ ἀργυρίου[11]
καὶ τοῦ χρυσίου[12] καὶ τῶν σκευῶν[13] ἐνεγκεῖν εἰς Ιερουσαλημ εἰς οἶκον θεοῦ ἡμῶν.

31 Καὶ ἐξήραμεν[14] ἀπὸ τοῦ ποταμοῦ[15] Αουε ἐν τῇ δωδεκάτῃ[16] τοῦ μηνὸς[17] τοῦ πρώ-
του τοῦ ἐλθεῖν εἰς Ιερουσαλημ· καὶ χεὶρ θεοῦ ἡμῶν ἦν ἐφ' ἡμῖν, καὶ ἐρρύσατο[18] ἡμᾶς
ἀπὸ χειρὸς ἐχθροῦ καὶ πολεμίου[19] ἐν τῇ ὁδῷ. **32** καὶ ἤλθομεν εἰς Ιερουσαλημ καὶ
ἐκαθίσαμεν ἐκεῖ ἡμέρας τρεῖς.

Treasure Set in the Temple

33 καὶ ἐγενήθη τῇ ἡμέρᾳ τῇ τετάρτῃ[20] ἐστήσαμεν τὸ ἀργύριον[21] καὶ τὸ χρυσίον[22]
καὶ τὰ σκεύη[23] ἐν οἴκῳ θεοῦ ἡμῶν ἐπὶ χεῖρα Μεριμωθ υἱοῦ Ουρια τοῦ ἱερέως — καὶ
μετ' αὐτοῦ Ελεαζαρ υἱὸς Φινεες καὶ μετ' αὐτῶν Ιωζαβαδ υἱὸς Ἰησοῦ καὶ Νωαδια υἱὸς
Βαναια οἱ Λευῖται — **34** ἐν ἀριθμῷ[24] καὶ ἐν σταθμῷ[25] τὰ πάντα, καὶ ἐγράφη πᾶς ὁ
σταθμός. ἐν τῷ καιρῷ ἐκείνῳ

35 οἱ ἐλθόντες ἀπὸ τῆς αἰχμαλωσίας[26] υἱοὶ τῆς παροικίας[27] προσήνεγκαν ὁλοκαυ-
τώσεις[28] τῷ θεῷ Ισραηλ μόσχους[29] δώδεκα[30] περὶ παντὸς Ισραηλ, κριοὺς[31] ἐνενή-
κοντα[32] ἕξ,[33] ἀμνοὺς[34] ἑβδομήκοντα[35] καὶ ἑπτά, χιμάρους[36] περὶ ἁμαρτίας δώδεκα,[37]
τὰ πάντα ὁλοκαυτώματα[38] τῷ κυρίῳ. **36** καὶ ἔδωκαν τὸ νόμισμα[39] τοῦ βασιλέως

1 σκεῦος, vessel, object
2 ἀργύριον, silver
3 χρυσίον, gold
4 ἑκούσιος, voluntary, free-will
5 ἀγρυπνέω, *pres act impv 2p*, be alert, keep watch
6 τηρέω, *pres act impv 2p*, guard
7 πατριά, paternal lineage, house
8 σκηνή, tent
9 δέχομαι, *aor mid ind 3p*, receive, accept
10 σταθμός, weight
11 ἀργύριον, silver
12 χρυσίον, gold
13 σκεῦος, vessel, object
14 ἐξαίρω, *aor act ind 1p*, (break camp), rise up
15 ποταμός, river
16 δωδέκατος, twelfth
17 μήν, month
18 ῥύομαι, *aor mid ind 3s*, deliver, rescue
19 πολέμιος, hostile, enemy
20 τέταρτος, fourth
21 ἀργύριον, silver
22 χρυσίον, gold
23 σκεῦος, vessel, object
24 ἀριθμός, number
25 σταθμός, weight
26 αἰχμαλωσία, captivity
27 παροικία, foreign land
28 ὁλοκαύτωσις, whole burnt offering
29 μόσχος, calf
30 δώδεκα, twelve
31 κριός, ram
32 ἐνενήκοντα, ninety
33 ἕξ, six
34 ἀμνός, lamb
35 ἑβδομήκοντα, seventy
36 χίμαρος, young goat
37 δώδεκα, twelve
38 ὁλοκαύτωμα, whole burnt offering
39 νόμισμα, coin, currency

τοῖς διοικηταῖς[1] τοῦ βασιλέως καὶ ἐπάρχοις[2] πέραν[3] τοῦ ποταμοῦ,[4] καὶ ἐδόξασαν
τὸν λαὸν καὶ τὸν οἶκον τοῦ θεοῦ.

Mixed Marriages Denounced

9 Καὶ ὡς ἐτελέσθη[5] ταῦτα, ἤγγισαν πρός με οἱ ἄρχοντες λέγοντες Οὐκ ἐχωρίσθη[6]
ὁ λαὸς Ισραηλ καὶ οἱ ἱερεῖς καὶ οἱ Λευῖται ἀπὸ λαῶν τῶν γαιῶν[7] ἐν μακρύμμασιν[8]
αὐτῶν, τῷ Χανανι, ὁ Εθι, ὁ Φερεζι, ὁ Ιεβουσι, ὁ Αμμωνι, ὁ Μωαβι, ὁ Μοσερι καὶ
ὁ Αμορι, **2** ὅτι ἐλάβοσαν ἀπὸ θυγατέρων[9] αὐτῶν ἑαυτοῖς καὶ τοῖς υἱοῖς αὐτῶν, καὶ
παρήχθη[10] σπέρμα τὸ ἅγιον ἐν λαοῖς τῶν γαιῶν,[11] καὶ χεὶρ τῶν ἀρχόντων ἐν τῇ
ἀσυνθεσίᾳ[12] ταύτῃ ἐν ἀρχῇ. **3** καὶ ὡς ἤκουσα τὸν λόγον τοῦτον, διέρρηξα[13] τὰ ἱμάτιά
μου καὶ ἐπαλλόμην[14] καὶ ἔτιλλον[15] ἀπὸ τῶν τριχῶν[16] τῆς κεφαλῆς μου καὶ ἀπὸ τοῦ
πώγωνός[17] μου καὶ ἐκαθήμην ἠρεμάζων.[18] **4** καὶ συνήχθησαν πρός με πᾶς ὁ διώκων
λόγον θεοῦ Ισραηλ ἐπὶ ἀσυνθεσίᾳ[19] τῆς ἀποικίας,[20] καὶ ἐγὼ καθήμενος ἠρεμάζων[21]
ἕως τῆς θυσίας[22] τῆς ἑσπερινῆς.[23]

Ezra's Confession

5 καὶ ἐν θυσίᾳ[24] τῇ ἑσπερινῇ[25] ἀνέστην ἀπὸ ταπεινώσεώς[26] μου· καὶ ἐν τῷ διαρρῆξαί[27]
με τὰ ἱμάτιά μου καὶ ἐπαλλόμην[28] καὶ κλίνω[29] ἐπὶ τὰ γόνατά[30] μου καὶ ἐκπετάζω[31] τὰς
χεῖράς μου πρὸς κύριον τὸν θεὸν **6** καὶ εἶπα Κύριε, ᾐσχύνθην[32] καὶ ἐνετράπην[33] τοῦ
ὑψῶσαι[34] τὸ πρόσωπόν μου πρὸς σέ, ὅτι αἱ ἀνομίαι[35] ἡμῶν ἐπληθύνθησαν[36] ὑπὲρ
κεφαλῆς ἡμῶν, καὶ αἱ πλημμέλειαι[37] ἡμῶν ἐμεγαλύνθησαν[38] ἕως εἰς οὐρανόν. **7** ἀπὸ
ἡμερῶν πατέρων ἡμῶν ἐσμεν ἐν πλημμελείᾳ[39] μεγάλῃ ἕως τῆς ἡμέρας ταύτης· καὶ
ἐν ταῖς ἀνομίαις[40] ἡμῶν παρεδόθημεν ἡμεῖς καὶ οἱ βασιλεῖς ἡμῶν καὶ οἱ υἱοὶ ἡμῶν

1 διοικητής, administrator, financial official
2 ἔπαρχος, commander, governor
3 πέραν, beyond
4 ποταμός, river
5 τελέω, *aor pas ind 3s*, finish, complete
6 χωρίζω, *aor pas ind 3s*, separate
7 γαῖα, earth, land
8 μάκρυμμα, something put far away
9 θυγάτηρ, daughter
10 παράγω, *aor pas ind 3s*, pass through, influence
11 γαῖα, earth, land
12 ἀσυνθεσία, transgression, faithlessness
13 διαρρήγνυμι, *aor act ind 1s*, tear, rip
14 πάλλομαι, *impf mid ind 1s*, tremble
15 τίλλω, *impf act ind 1s*, pull out, pluck
16 θρίξ, hair
17 πώγων, beard
18 ἠρεμάζω, *pres act ptc nom s m*, be still, be silent
19 ἀσυνθεσία, transgression, faithlessness
20 ἀποικία, exile, captivity
21 ἠρεμάζω, *pres act ptc nom s m*, be still, be silent
22 θυσία, sacrifice
23 ἑσπερινός, toward evening
24 θυσία, sacrifice
25 ἑσπερινός, toward evening
26 ταπείνωσις, humiliation, lowliness
27 διαρρήγνυμι, *aor act inf*, tear, rip
28 πάλλομαι, *impf mid ind 1s*, tremble
29 κλίνω, *pres act ind 1s*, bend, lean
30 γόνυ, knee
31 ἐκπετάννυμι, *pres act ind 1s*, spread out
32 αἰσχύνω, *aor pas ind 1s*, dishonor
33 ἐντρέπω, *aor pas ind 1s*, feel shame
34 ὑψόω, *aor act inf*, lift up
35 ἀνομία, transgression, lawlessness
36 πληθύνω, *aor pas ind 3p*, multiply
37 πλημμέλεια, trespass, sin
38 μεγαλύνω, *aor pas ind 3p*, increase
39 πλημμέλεια, trespass, sin
40 ἀνομία, transgression, lawlessness

ἐν χειρὶ βασιλέων τῶν ἐθνῶν ἐν ῥομφαίᾳ[1] καὶ ἐν αἰχμαλωσίᾳ[2] καὶ ἐν διαρπαγῇ[3]
καὶ ἐν αἰσχύνῃ[4] προσώπου ἡμῶν ὡς ἡ ἡμέρα αὕτη. **8** καὶ νῦν ἐπιεικεύσατο[5] ἡμῖν
κύριος ὁ θεὸς ἡμῶν τοῦ καταλιπεῖν[6] ἡμῖν εἰς σωτηρίαν καὶ δοῦναι ἡμῖν στήριγμα[7]
ἐν τόπῳ ἁγιάσματος[8] αὐτοῦ τοῦ φωτίσαι[9] ὀφθαλμοὺς ἡμῶν καὶ δοῦναι ζωοποίησιν[10]
μικρὰν ἐν τῇ δουλείᾳ[11] ἡμῶν. **9** ὅτι δοῦλοί ἐσμεν, καὶ ἐν τῇ δουλείᾳ[12] ἡμῶν οὐκ
ἐγκατέλιπεν[13] ἡμᾶς κύριος ὁ θεὸς ἡμῶν καὶ ἔκλινεν[14] ἐφ᾽ ἡμᾶς ἔλεος[15] ἐνώπιον
βασιλέων Περσῶν δοῦναι ἡμῖν ζωοποίησιν[16] τοῦ ὑψῶσαι[17] αὐτοὺς τὸν οἶκον τοῦ
θεοῦ ἡμῶν καὶ ἀναστῆσαι τὰ ἔρημα αὐτῆς καὶ τοῦ δοῦναι ἡμῖν φραγμὸν[18] ἐν Ιουδα
καὶ ἐν Ιερουσαλημ.

10 τί εἴπωμεν, ὁ θεὸς ἡμῶν, μετὰ τοῦτο; ὅτι ἐγκατελίπομεν[19] ἐντολάς σου, **11** ἃς
ἔδωκας ἡμῖν ἐν χειρὶ δούλων σου τῶν προφητῶν λέγων Ἡ γῆ, εἰς ἣν εἰσπορεύεσθε[20]
κληρονομῆσαι[21] αὐτήν, γῆ μετακινουμένη[22] ἐστὶν ἐν μετακινήσει[23] λαῶν τῶν
ἐθνῶν ἐν μακρύμμασιν[24] αὐτῶν, ὧν ἔπλησαν[25] αὐτὴν ἀπὸ στόματος ἐπὶ στόμα ἐν
ἀκαθαρσίαις[26] αὐτῶν· **12** καὶ νῦν τὰς θυγατέρας[27] ὑμῶν μὴ δῶτε τοῖς υἱοῖς αὐτῶν
καὶ ἀπὸ τῶν θυγατέρων αὐτῶν μὴ λάβητε τοῖς υἱοῖς ὑμῶν καὶ οὐκ ἐκζητήσετε[28]
εἰρήνην αὐτῶν καὶ ἀγαθὸν αὐτῶν ἕως αἰῶνος, ὅπως ἐνισχύσητε[29] καὶ φάγητε τὰ
ἀγαθὰ τῆς γῆς καὶ κληροδοτήσητε[30] τοῖς υἱοῖς ὑμῶν ἕως αἰῶνος. **13** καὶ μετὰ πᾶν
τὸ ἐρχόμενον ἐφ᾽ ἡμᾶς ἐν ποιήμασιν[31] ἡμῶν τοῖς πονηροῖς καὶ ἐν πλημμελείᾳ[32]
ἡμῶν τῇ μεγάλῃ· ὅτι οὐκ ἔστιν ὡς ὁ θεὸς ἡμῶν, ὅτι ἐκούφισας[33] ἡμῶν τὰς ἀνομίας[34]
καὶ ἔδωκας ἡμῖν σωτηρίαν· **14** ὅτι ἐπεστρέψαμεν διασκεδάσαι[35] ἐντολάς σου καὶ
ἐπιγαμβρεῦσαι[36] τοῖς λαοῖς τῶν γαιῶν·[37] μὴ παροξυνθῇς[38] ἐν ἡμῖν ἕως συντελείας[39]

1 ῥομφαία, sword
2 αἰχμαλωσία, captivity
3 διαρπαγή, plundering
4 αἰσχύνη, shame, dishonor
5 ἐπιεικεύομαι, *aor mid ind 3s*, deal mercifully
6 καταλείπω, *aor act inf*, leave
7 στήριγμα, provision, support
8 ἁγίασμα, sanctuary
9 φωτίζω, *aor act inf*, enlighten
10 ζωοποίησις, vitality, quickening
11 δουλεία, servitude, labor
12 δουλεία, servitude, labor
13 ἐγκαταλείπω, *aor act ind 3s*, abandon, forsake
14 κλίνω, *aor act ind 3s*, pour out, incline
15 ἔλεος, mercy, compassion
16 ζωοποίησις, vitality, quickening
17 ὑψόω, *aor act inf*, lift up, raise up
18 φραγμός, barrier, wall
19 ἐγκαταλείπω, *aor act ind 1p*, abandon, forsake
20 εἰσπορεύομαι, *pres mid impv 2p*, enter into, go in
21 κληρονομέω, *aor act inf*, inherit
22 μετακινέω, *pres mid ptc nom s f*, remove
23 μετακίνησις, removal
24 μάκρυμμα, something put far away
25 πίμπλημι, *aor act ind 3p*, fill
26 ἀκαθαρσία, impurity, uncleanness
27 θυγάτηρ, daughter
28 ἐκζητέω, *fut act ind 2p*, seek out
29 ἐνισχύω, *aor act sub 2p*, be strong
30 κληροδοτέω, *aor act sub 2p*, distribute
31 ποίημα, deed
32 πλημμέλεια, trespass, sin
33 κουφίζω, *aor act ind 2s*, cancel
34 ἀνομία, transgression, evil
35 διασκεδάζω, *aor act inf*, break, reject
36 ἐπιγαμβρεύω, *aor act inf*, intermarry
37 γαῖα, earth, land
38 παροξύνω, *aor pas sub 2s*, provoke
39 συντέλεια, destruction

τοῦ μὴ εἶναι ἐγκατάλειμμα[1] καὶ διασῳζόμενον.[2] 15 κύριε ὁ θεὸς Ισραηλ, δίκαιος σύ, ὅτι κατελείφθημεν[3] διασῳζόμενοι[4] ὡς ἡ ἡμέρα αὕτη· ἰδοὺ ἡμεῖς ἐναντίον[5] σου ἐν πλημμελείαις[6] ἡμῶν, ὅτι οὐκ ἔστιν στῆναι ἐνώπιόν σου ἐπὶ τούτῳ.

Response of the People

10 Καὶ ὡς προσηύξατο Εσδρας καὶ ὡς ἐξηγόρευσεν[7] κλαίων καὶ προσευχόμενος ἐνώπιον οἴκου τοῦ θεοῦ, συνήχθησαν πρὸς αὐτὸν ἀπὸ Ισραηλ ἐκκλησία πολλὴ σφόδρα,[8] ἄνδρες καὶ γυναῖκες καὶ νεανίσκοι,[9] ὅτι ἔκλαυσεν ὁ λαὸς καὶ ὕψωσεν[10] κλαίων. 2 καὶ ἀπεκρίθη Σεχενιας υἱὸς Ιιηλ ἀπὸ υἱῶν Ηλαμ καὶ εἶπεν τῷ Εσδρα Ἡμεῖς ἠσυνθετήσαμεν[11] τῷ θεῷ ἡμῶν καὶ ἐκαθίσαμεν γυναῖκας ἀλλοτρίας[12] ἀπὸ λαῶν τῆς γῆς· καὶ νῦν ἔστιν ὑπομονὴ[13] τῷ Ισραηλ ἐπὶ τούτῳ. 3 καὶ νῦν διαθώμεθα[14] διαθήκην τῷ θεῷ ἡμῶν ἐκβαλεῖν πάσας τὰς γυναῖκας καὶ τὰ γενόμενα ἐξ αὐτῶν, ὡς ἂν βούλῃ· ἀνάστηθι καὶ φοβέρισον[15] αὐτοὺς ἐν ἐντολαῖς θεοῦ ἡμῶν, καὶ ὡς ὁ νόμος γενηθήτω. 4 ἀνάστα, ὅτι ἐπὶ σὲ τὸ ῥῆμα, καὶ ἡμεῖς μετὰ σοῦ· κραταιοῦ[16] καὶ ποίησον.

Foreign Wives Rejected

5 καὶ ἀνέστη Εσδρας καὶ ὥρκισεν[17] τοὺς ἄρχοντας, τοὺς ἱερεῖς καὶ Λευίτας καὶ πάντα Ισραηλ τοῦ ποιῆσαι κατὰ τὸ ῥῆμα τοῦτο, καὶ ὤμοσαν.[18] 6 καὶ ἀνέστη Εσδρας ἀπὸ προσώπου οἴκου τοῦ θεοῦ καὶ ἐπορεύθη εἰς γαζοφυλάκιον[19] Ιωαναν υἱοῦ Ελισουβ καὶ ἐπορεύθη ἐκεῖ· ἄρτον οὐκ ἔφαγεν καὶ ὕδωρ οὐκ ἔπιεν, ὅτι ἐπένθει[20] ἐπὶ τῇ ἀσυνθεσίᾳ[21] τῆς ἀποικίας.[22] 7 καὶ παρήνεγκαν[23] φωνὴν ἐν Ιουδα καὶ ἐν Ιερουσαλημ πᾶσιν τοῖς υἱοῖς τῆς ἀποικίας[24] τοῦ συναθροισθῆναι[25] εἰς Ιερουσαλημ, 8 καὶ πᾶς, ὃς ἂν μὴ ἔλθῃ εἰς τρεῖς ἡμέρας ὡς ἡ βουλὴ[26] τῶν ἀρχόντων καὶ τῶν πρεσβυτέρων, ἀναθεματισθήσεται[27] πᾶσα ἡ ὕπαρξις[28] αὐτοῦ, καὶ αὐτὸς διασταλήσεται[29] ἀπὸ ἐκκλησίας τῆς ἀποικίας.[30]

1 ἐγκατάλειμμα, remnant
2 διασῴζω, *pres pas ptc acc s m*, preserve, keep safe
3 καταλείπω, *aor pas ind 1p*, leave behind
4 διασῴζω, *pres pas ptc nom p m*, preserve, keep safe
5 ἐναντίον, before
6 πλημμέλεια, trespass, sin
7 ἐξαγορεύω, *aor act ind 3s*, confess
8 σφόδρα, exceedingly
9 νεανίσκος, young man
10 ὑψόω, *aor act ind 3s*, raise high, lift up
11 ἀσυνθετέω, *aor act ind 1p*, be faithless, break covenant
12 ἀλλότριος, foreign
13 ὑπομονή, patience, perseverance
14 διατίθημι, *aor mid sub 1p*, arrange, set in place
15 φοβερίζω, *aor act impv 2s*, scare, alarm
16 κραταιός, strong
17 ὁρκίζω, *aor act ind 3s*, cause to swear, adjure
18 ὄμνυμι, *aor act ind 3p*, swear an oath
19 γαζοφυλάκιον, treasury
20 πενθέω, *impf act ind 3s*, mourn
21 ἀσυνθεσία, transgression, faithlessness
22 ἀποικία, captivity, exile
23 παραφέρω, *aor act ind 3p*, convey
24 ἀποικία, captivity, exile
25 συναθροίζω, *aor pas inf*, gather, assemble
26 βουλή, council
27 ἀναθεματίζω, *fut pas ind 3s*, put under a curse
28 ὕπαρξις, property
29 διαστέλλω, *fut pas ind 3s*, separate from
30 ἀποικία, captivity, exile

9 Καὶ συνήχθησαν πάντες ἄνδρες Ιουδα καὶ Βενιαμιν εἰς Ιερουσαλημ εἰς τὰς τρεῖς ἡμέρας, οὗτος ὁ μὴν[1] ὁ ἔνατος·[2] ἐν εἰκάδι[3] τοῦ μηνὸς[4] ἐκάθισεν πᾶς ὁ λαὸς ἐν πλατείᾳ[5] οἴκου τοῦ θεοῦ ἀπὸ θορύβου[6] αὐτῶν περὶ τοῦ ῥήματος καὶ ἀπὸ τοῦ χειμῶνος.[7]
10 καὶ ἀνέστη Εσδρας ὁ ἱερεὺς καὶ εἶπεν πρὸς αὐτούς Ὑμεῖς ἠσυνθετήκατε[8] καὶ ἐκαθίσατε γυναῖκας ἀλλοτρίας[9] τοῦ προσθεῖναι[10] ἐπὶ πλημμέλειαν[11] Ισραηλ· **11** καὶ νῦν δότε αἴνεσιν[12] κυρίῳ τῷ θεῷ τῶν πατέρων ὑμῶν καὶ ποιήσατε τὸ ἀρεστὸν[13] ἐνώπιον αὐτοῦ καὶ διαστάλητε[14] ἀπὸ λαῶν τῆς γῆς καὶ ἀπὸ τῶν γυναικῶν τῶν ἀλλοτρίων.[15] **12** καὶ ἀπεκρίθησαν πᾶσα ἡ ἐκκλησία καὶ εἶπαν Μέγα τοῦτο τὸ ῥῆμά σου ἐφ᾽ ἡμᾶς ποιῆσαι· **13** ἀλλὰ ὁ λαὸς πολύς, καὶ ὁ καιρὸς χειμερινός,[16] καὶ οὐκ ἔστιν δύναμις στῆναι ἔξω· καὶ τὸ ἔργον οὐκ εἰς ἡμέραν μίαν καὶ οὐκ εἰς δύο, ὅτι ἐπληθύναμεν[17] τοῦ ἀδικῆσαι[18] ἐν τῷ ῥήματι τούτῳ. **14** στήτωσαν δὴ[19] οἱ ἄρχοντες ἡμῶν τῇ πάσῃ ἐκκλησίᾳ, καὶ πάντες οἱ ἐν πόλεσιν ἡμῶν, ὃς ἐκάθισεν γυναῖκας ἀλλοτρίας,[20] ἐλθέτωσαν εἰς καιροὺς ἀπὸ συνταγῶν[21] καὶ μετ᾽ αὐτῶν πρεσβύτεροι πόλεως καὶ πόλεως καὶ κριταὶ[22] τοῦ ἀποστρέψαι[23] ὀργὴν θυμοῦ[24] θεοῦ ἡμῶν ἐξ ἡμῶν περὶ τοῦ ῥήματος τούτου. **15** πλὴν Ιωναθαν υἱὸς Ασαηλ καὶ Ιαζια υἱὸς Θεκουε μετ᾽ ἐμοῦ περὶ τούτου, καὶ Μεσουλαμ καὶ Σαβαθαι ὁ Λευίτης βοηθῶν[25] αὐτοῖς.

16 καὶ ἐποίησαν οὕτως υἱοὶ τῆς ἀποικίας.[26] καὶ διεστάλησαν[27] Εσδρας ὁ ἱερεὺς καὶ ἄνδρες ἄρχοντες πατριῶν[28] τῷ οἴκῳ καὶ πάντες ἐν ὀνόμασιν, ὅτι ἐπέστρεψαν ἐν ἡμέρᾳ μιᾷ τοῦ μηνὸς[29] τοῦ δεκάτου[30] ἐκζητῆσαι[31] τὸ ῥῆμα. **17** καὶ ἐτέλεσαν[32] ἐν πᾶσιν ἀνδράσιν, οἳ ἐκάθισαν γυναῖκας ἀλλοτρίας,[33] ἕως ἡμέρας μιᾶς τοῦ μηνὸς[34] τοῦ πρώτου.

The Offenders

18 Καὶ εὑρέθησαν ἀπὸ υἱῶν τῶν ἱερέων οἳ ἐκάθισαν γυναῖκας ἀλλοτρίας·[35] ἀπὸ υἱῶν Ἰησοῦ υἱοῦ Ιωσεδεκ καὶ ἀδελφοὶ αὐτοῦ Μαασηα καὶ Ελιεζερ καὶ Ιαριβ καὶ Γαδαλια,

1 μήν, month
2 ἔνατος, ninth
3 εἰκάς, twentieth day
4 μήν, month
5 πλατύς, open (space)
6 θόρυβος, commotion, noise
7 χειμών, storm
8 ἀσυνθετέω, *perf act ind 2p*, be faithless, break covenant
9 ἀλλότριος, foreign
10 προστίθημι, *aor act inf*, add to, increase
11 πλημμέλεια, trespass, sin
12 αἴνεσις, praise
13 ἀρεστός, pleasing
14 διαστέλλω, *aor pas sub 2p*, separate from
15 ἀλλότριος, foreign
16 χειμερινός, pertaining to winter
17 πληθύνω, *aor act ind 1p*, multiply, increase
18 ἀδικέω, *aor act inf*, do wrong
19 δή, now, indeed
20 ἀλλότριος, foreign
21 συνταγή, command, order
22 κριτής, judge
23 ἀποστρέφω, *aor act inf*, turn away
24 θυμός, wrath, fury
25 βοηθέω, *pres act ptc nom s m*, help, aid
26 ἀποικία, captivity, exile
27 διαστέλλω, *aor pas ind 3p*, separate from
28 πατριά, paternal lineage, house
29 μήν, month
30 δέκατος, tenth
31 ἐκζητέω, *aor act inf*, search out, examine
32 τελέω, *aor act ind 3p*, finish
33 ἀλλότριος, foreign
34 μήν, month
35 ἀλλότριος, foreign

19 καὶ ἔδωκαν χεῖρα αὐτῶν τοῦ ἐξενέγκαι[1] γυναῖκας αὐτῶν καὶ πλημμελείας[2] κριὸν[3]
ἐκ προβάτων περὶ πλημμελήσεως[4] αὐτῶν· **20** καὶ ἀπὸ υἱῶν Εμμηρ Ανανι καὶ Ζαβδια·
21 καὶ ἀπὸ υἱῶν Ηραμ Μασαια καὶ Ελια καὶ Σαμαια καὶ Ιιηλ καὶ Οζια· **22** καὶ ἀπὸ υἱῶν
Φασουρ Ελιωηναι, Μαασαια καὶ Ισμαηλ καὶ Ναθαναηλ καὶ Ιωζαβαδ καὶ Ηλασα.

23 καὶ ἀπὸ τῶν Λευιτῶν· Ιωζαβαδ καὶ Σαμου καὶ Κωλια (αὐτὸς Κωλιτας) καὶ Φαθαια
καὶ Ιοδομ καὶ Ελιεζερ·

24 καὶ ἀπὸ τῶν ᾀδόντων[5] Ελισαφ· καὶ ἀπὸ τῶν πυλωρῶν[6] Σελλημ καὶ Τελημ καὶ
Ωδουε.

25 καὶ ἀπὸ Ισραηλ· ἀπὸ υἱῶν Φορος Ραμια καὶ Ιαζια καὶ Μελχια καὶ Μεαμιν καὶ
Ελεαζαρ καὶ Ασαβια καὶ Βαναια· **26** καὶ ἀπὸ υἱῶν Ηλαμ Μαθανια καὶ Ζαχαρια καὶ
Ιαϊηλ καὶ Αβδια καὶ Ιαριμωθ καὶ Ηλια· **27** καὶ ἀπὸ υἱῶν Ζαθουα Ελιωηναι, Ελισουβ,
Μαθανια καὶ Ιαρμωθ καὶ Ζαβαδ καὶ Οζιζα· **28** καὶ ἀπὸ υἱῶν Βαβι Ιωαναν, Ανανια
καὶ Ζαβου, Οθαλι· **29** καὶ ἀπὸ υἱῶν Βανουι Μεσουλαμ, Μαλουχ, Αδαιας, Ιασουβ καὶ
Σαλουια καὶ Ρημωθ· **30** καὶ ἀπὸ υἱῶν Φααθμωαβ Εδενε, Χαληλ, Βαναια, Μασηα,
Μαθανια, Βεσεληλ καὶ Βανουι καὶ Μανασση· **31** καὶ ἀπὸ υἱῶν Ηραμ Ελιεζερ, Ιεσσια,
Μελχια, Σαμαια, Σεμεων, **32** Βενιαμιν, Μαλουχ, Σαμαρια· **33** καὶ ἀπὸ υἱῶν Ησαμ
Μαθανι, Μαθαθα, Ζαβεδ, Ελιφαλεθ, Ιεραμι, Μανασση, Σεμεϊ· **34** ἀπὸ υἱῶν Βανι
Μοοδι, Αμραμ, Ουηλ, **35** Βαναια, Βαδαια, Χελια, **36** Ουιεχωα, Ιεραμωθ, Ελιασιβ,
37 Μαθανια, Μαθαναι, καὶ ἐποίησαν **38** οἱ υἱοὶ Βανουι καὶ οἱ υἱοὶ Σεμεϊ **39** καὶ
Σελεμια καὶ Ναθαν καὶ Αδαια, **40** Μαχναδαβου, Σεσι, Σαρου, **41** Εζερηλ καὶ Σελεμια
καὶ Σαμαρια **42** καὶ Σαλουμ, Αμαρια, Ιωσηφ· **43** ἀπὸ υἱῶν Ναβου Ιιηλ, Μαθαθια,
Σεδεμ, Ζαμβινα, Ιαδαι καὶ Ιωηλ καὶ Βαναια.

44 πάντες οὗτοι ἐλάβοσαν γυναῖκας ἀλλοτρίας[7] καὶ ἐγέννησαν ἐξ αὐτῶν υἱούς.

Nehemiah Prays for the Exiles

11 Λόγοι Νεεμια υἱοῦ Αχαλια.

2 Καὶ ἐγένετο ἐν μηνὶ[8] Χασεηλου ἔτους εἰκοστοῦ[9] καὶ ἐγὼ ἤμην ἐν Σουσαν αβιρα,
καὶ ἦλθεν Ανανι εἷς ἀπὸ ἀδελφῶν μου, αὐτὸς καὶ ἄνδρες Ιουδα, καὶ ἠρώτησα[10]
αὐτοὺς περὶ τῶν σωθέντων, οἳ κατελείφθησαν[11] ἀπὸ τῆς αἰχμαλωσίας[12] καὶ περὶ
Ιερουσαλημ. **3** καὶ εἶποσαν πρός με Οἱ καταλειπόμενοι[13] οἱ καταλειφθέντες[14] ἀπὸ

1 ἐκφέρω, *aor act inf*, lead out, carry away
2 πλημμέλεια, trespass, sin
3 κριός, ram
4 πλημμέλησις, mistake, transgression
5 ᾄδω, *pres act ptc gen p m*, sing
6 πυλωρός, gatekeeper, porter
7 ἀλλότριος, foreign
8 μήν, month
9 εἰκοστός, twentieth
10 ἐρωτάω, *aor act ind 1s*, ask
11 καταλείπω, *aor pas ind 3p*, leave behind
12 αἰχμαλωσία, captivity, body of captives
13 καταλείπω, *pres pas ptc nom p m*, leave behind
14 καταλείπω, *aor pas ptc nom p m*, leave behind

τῆς αἰχμαλωσίας[1] ἐκεῖ ἐν τῇ χώρᾳ[2] ἐν πονηρίᾳ[3] μεγάλῃ καὶ ἐν ὀνειδισμῷ,[4] καὶ τείχη[5]
Ιερουσαλημ καθῃρημένα,[6] καὶ αἱ πύλαι[7] αὐτῆς ἐνεπρήσθησαν[8] ἐν πυρί.

4 καὶ ἐγένετο ἐν τῷ ἀκοῦσαί με τοὺς λόγους τούτους ἐκάθισα καὶ ἔκλαυσα καὶ
ἐπένθησα[9] ἡμέρας καὶ ἤμην νηστεύων[10] καὶ προσευχόμενος ἐνώπιον θεοῦ τοῦ οὐ-
ρανοῦ **5** καὶ εἶπα Μὴ δή,[11] κύριε ὁ θεὸς τοῦ οὐρανοῦ ὁ ἰσχυρὸς[12] ὁ μέγας καὶ ὁ
φοβερός, φυλάσσων τὴν διαθήκην καὶ τὸ ἔλεος[13] τοῖς ἀγαπῶσιν αὐτὸν καὶ τοῖς
φυλάσσουσιν τὰς ἐντολὰς αὐτοῦ· **6** ἔστω δὴ[14] τὸ οὖς σου προσέχον[15] καὶ οἱ ὀφθαλ-
μοί σου ἀνεῳγμένοι τοῦ ἀκοῦσαι προσευχὴν δούλου σου, ἣν ἐγὼ προσεύχομαι
ἐνώπιόν σου σήμερον ἡμέραν καὶ νύκτα περὶ υἱῶν Ισραηλ δούλων σου καὶ ἐξα-
γορεύω[16] ἐπὶ ἁμαρτίαις υἱῶν Ισραηλ, ἃς ἡμάρτομέν σοι. καὶ ἐγὼ καὶ ὁ οἶκος πα-
τρός μου ἡμάρτομεν· **7** διαλύσει[17] διελύσαμεν[18] πρὸς σὲ καὶ οὐκ ἐφυλάξαμεν τὰς
ἐντολὰς καὶ τὰ προστάγματα[19] καὶ τὰ κρίματα,[20] ἃ ἐνετείλω[21] τῷ Μωυσῇ παιδί[22]
σου. **8** μνήσθητι[23] δὴ[24] τὸν λόγον, ὃν ἐνετείλω[25] τῷ Μωυσῇ παιδί[26] σου λέγων Ὑμεῖς
ἐὰν ἀσυνθετήσητε,[27] ἐγὼ διασκορπιῶ[28] ὑμᾶς ἐν τοῖς λαοῖς· **9** καὶ ἐὰν ἐπιστρέψητε
πρός με καὶ φυλάξητε τὰς ἐντολάς μου καὶ ποιήσητε αὐτάς, ἐὰν ᾖ ἡ διασπορὰ[29]
ὑμῶν ἀπ᾽ ἄκρου[30] τοῦ οὐρανοῦ, ἐκεῖθεν[31] συνάξω αὐτοὺς καὶ εἰσάξω[32] αὐτοὺς εἰς τὸν
τόπον, ὃν ἐξελεξάμην[33] κατασκηνῶσαι[34] τὸ ὄνομά μου ἐκεῖ. **10** καὶ αὐτοὶ παῖδές[35]
σου καὶ λαός σου, οὓς ἐλυτρώσω[36] ἐν δυνάμει σου τῇ μεγάλῃ καὶ ἐν τῇ χειρί σου
τῇ κραταιᾷ.[37] **11** μὴ δή,[38] κύριε, ἀλλ᾽ ἔστω τὸ οὖς σου προσέχον[39] εἰς τὴν προσευχὴν
τοῦ δούλου σου καὶ εἰς τὴν προσευχὴν παίδων[40] σου τῶν θελόντων φοβεῖσθαι τὸ

1 αἰχμαλωσία, captivity, body of captives
2 χώρα, country, land
3 πονηρία, sinfulness, wickedness
4 ὀνειδισμός, disgrace
5 τεῖχος, wall
6 καθαιρέω, *perf pas ptc nom p n*, destroy, take down
7 πύλη, gate
8 ἐμπίμπρημι, *aor pas ind 3p*, burn up
9 πενθέω, *aor act ind 1s*, mourn
10 νηστεύω, *pres act ptc nom s m*, fast
11 δή, now, indeed
12 ἰσχυρός, powerful, strong
13 ἔλεος, mercy, compassion
14 δή, now, then
15 προσέχω, *pres act ptc nom s n*, give heed, attend to
16 ἐξαγορεύω, *pres act ind 1s*, confess, make known
17 διάλυσις, breaking up, disbanding
18 διαλύω, *aor act ind 1p*, break up, scatter
19 πρόσταγμα, ordinance, command
20 κρίμα, judgment, decree
21 ἐντέλλομαι, *aor mid ind 2s*, command, order
22 παῖς, servant
23 μιμνῄσκομαι, *aor pas impv 2s*, remember
24 δή, now, then
25 ἐντέλλομαι, *aor mid ind 2s*, command, order
26 παῖς, servant
27 ἀσυνθετέω, *aor act sub 2p*, be faithless, break covenant
28 διασκορπίζω, *fut act ind 1s*, scatter, disperse
29 διασπορά, scattering, dispersion
30 ἄκρος, furthest, utmost
31 ἐκεῖθεν, from there
32 εἰσάγω, *fut act ind 1s*, bring in, lead in
33 ἐκλέγω, *aor mid ind 1s*, select, choose
34 κατασκηνόω, *aor act inf*, settle, cause to dwell
35 παῖς, servant
36 λυτρόω, *aor mid ind 2s*, redeem, set free
37 κραταιός, strong
38 δή, now, indeed
39 προσέχω, *pres act ptc nom s n*, give heed, attend to
40 παῖς, servant

ὄνομά σου, καὶ εὐόδωσον[1] δὴ τῷ παιδί[2] σου σήμερον καὶ δὸς αὐτὸν εἰς οἰκτιρμοὺς[3] ἐνώπιον τοῦ ἀνδρὸς τούτου.

καὶ ἐγὼ ἤμην οἰνοχόος[4] τῷ βασιλεῖ.

Nehemiah's Prayer Answered

12 Καὶ ἐγένετο ἐν μηνὶ[5] Νισαν ἔτους εἰκοστοῦ[6] Αρθασασθα βασιλεῖ καὶ ἦν ὁ
οἶνος ἐνώπιον ἐμοῦ, καὶ ἔλαβον τὸν οἶνον καὶ ἔδωκα τῷ βασιλεῖ, καὶ οὐκ
ἦν ἕτερος ἐνώπιον αὐτοῦ· **2** καὶ εἶπέν μοι ὁ βασιλεύς Διὰ τί τὸ πρόσωπόν σου
πονηρὸν καὶ οὐκ εἶ μετριάζων;[7] οὐκ ἔστιν τοῦτο εἰ μὴ πονηρία[8] καρδίας. καὶ ἐφο-
βήθην πολὺ σφόδρα.[9] **3** καὶ εἶπα τῷ βασιλεῖ Ὁ βασιλεὺς εἰς τὸν αἰῶνα ζήτω· διὰ
τί οὐ μὴ γένηται πονηρὸν τὸ πρόσωπόν μου, διότι[10] ἡ πόλις, οἶκος μνημείων[11]
πατέρων μου, ἠρημώθη[12] καὶ αἱ πύλαι[13] αὐτῆς κατεβρώθησαν[14] ἐν πυρί; **4** καὶ εἶπέν
μοι ὁ βασιλεύς Περὶ τίνος τοῦτο σὺ ζητεῖς; καὶ προσηυξάμην πρὸς τὸν θεὸν τοῦ
οὐρανοῦ **5** καὶ εἶπα τῷ βασιλεῖ Εἰ ἐπὶ τὸν βασιλέα ἀγαθόν, καὶ εἰ ἀγαθυνθήσεται[15] ὁ
παῖς[16] σου ἐνώπιόν σου ὥστε πέμψαι αὐτὸν εἰς Ιουδα εἰς πόλιν μνημείων[17] πατέρων
μου, καὶ ἀνοικοδομήσω[18] αὐτήν. **6** καὶ εἶπέν μοι ὁ βασιλεὺς καὶ ἡ παλλακὴ[19] ἡ
καθημένη ἐχόμενα αὐτοῦ Ἕως πότε[20] ἔσται ἡ πορεία[21] σου καὶ πότε[22] ἐπιστρέψεις;
καὶ ἠγαθύνθη[23] ἐνώπιον τοῦ βασιλέως, καὶ ἀπέστειλέν με, καὶ ἔδωκα αὐτῷ ὅρον.
7 καὶ εἶπα τῷ βασιλεῖ Εἰ ἐπὶ τὸν βασιλέα ἀγαθόν, δότω μοι ἐπιστολὰς[24] πρὸς τοὺς
ἐπάρχους[25] πέραν[26] τοῦ ποταμοῦ[27] ὥστε παραγαγεῖν[28] με, ἕως ἔλθω ἐπὶ Ιουδαν, **8** καὶ
ἐπιστολὴν[29] ἐπὶ Ασαφ φύλακα[30] τοῦ παραδείσου,[31] ὅς ἐστιν τῷ βασιλεῖ, ὥστε δοῦναί
μοι ξύλα[32] στεγάσαι[33] τὰς πύλας[34] καὶ εἰς τὸ τεῖχος[35] τῆς πόλεως καὶ εἰς οἶκον, ὃν
εἰσελεύσομαι εἰς αὐτόν. καὶ ἔδωκέν μοι ὁ βασιλεὺς ὡς χεὶρ θεοῦ ἡ ἀγαθή.

1 εὐοδόω, *aor act impv 2s*, lead prosperously, give success
2 παῖς, servant
3 οἰκτιρμός, compassion
4 οἰνοχόος, cupbearer
5 μήν, month
6 εἰκοστός, twentieth
7 μετριάζω, *pres act ptc nom s m*, be unwell
8 πονηρία, poor condition, sorrow
9 σφόδρα, exceedingly
10 διότι, since
11 μνημεῖον, grave
12 ἐρημόω, *aor pas ind 3s*, lay waste
13 πύλη, gate
14 καταβιβρώσκω, *aor pas ind 3p*, devour, eat up
15 ἀγαθύνω, *fut pas ind 3s*, seem good
16 παῖς, servant
17 μνημεῖον, tomb
18 ἀνοικοδομέω, *fut act ind 1s*, rebuild, restore
19 παλλακή, concubine
20 πότε, how long
21 πορεία, journey, trip
22 πότε, when
23 ἀγαθύνω, *aor pas ind 3s*, seem good
24 ἐπιστολή, letter
25 ἔπαρχος, commander, governor
26 πέραν, beyond
27 ποταμός, river
28 παράγω, *aor act inf*, pass by
29 ἐπιστολή, letter
30 φύλαξ, guard
31 παράδεισος, garden, orchard
32 ξύλον, wood, timber
33 στεγάζω, *aor act inf*, cover (with a roof)
34 πύλη, gate
35 τεῖχος, wall

9 καὶ ἦλθον πρὸς τοὺς ἐπάρχους[1] πέραν[2] τοῦ ποταμοῦ[3] καὶ ἔδωκα αὐτοῖς τὰς ἐπιστολὰς[4] τοῦ βασιλέως, καὶ ἀπέστειλεν μετ' ἐμοῦ ὁ βασιλεὺς ἀρχηγοὺς[5] δυνάμεως καὶ ἱππεῖς.[6]

10 καὶ ἤκουσεν Σαναβαλλατ ὁ Αρωνι καὶ Τωβια ὁ δοῦλος ὁ Αμμωνι, καὶ πονηρὸν αὐτοῖς ἐγένετο ὅτι ἥκει[7] ἄνθρωπος ζητῆσαι ἀγαθὸν τοῖς υἱοῖς Ισραηλ.

Nehemiah Inspects the Walls

11 καὶ ἦλθον εἰς Ιερουσαλημ καὶ ἤμην ἐκεῖ ἡμέρας τρεῖς. **12** καὶ ἀνέστην νυκτὸς
ἐγὼ καὶ ἄνδρες ὀλίγοι[8] μετ' ἐμοῦ· καὶ οὐκ ἀπήγγειλα ἀνθρώπῳ τί ὁ θεὸς δίδωσιν
εἰς καρδίαν μου τοῦ ποιῆσαι μετὰ τοῦ Ισραηλ, καὶ κτῆνος[9] οὐκ ἔστιν μετ' ἐμοῦ εἰ μὴ
τὸ κτῆνος, ᾧ ἐγὼ ἐπιβαίνω[10] ἐπ' αὐτῷ. **13** καὶ ἐξῆλθον ἐν πύλῃ[11] τοῦ γωληλα[12] καὶ
πρὸς στόμα πηγῆς[13] τῶν συκῶν[14] καὶ εἰς πύλην τῆς κοπρίας[15] καὶ ἤμην συντρίβων[16]
ἐν τῷ τείχει[17] Ιερουσαλημ, ὃ αὐτοὶ καθαιροῦσιν[18] καὶ πύλαι αὐτῆς κατεβρώθησαν[19]
πυρί. **14** καὶ παρῆλθον[20] ἐπὶ πύλην[21] τοῦ Αιν καὶ εἰς κολυμβήθραν[22] τοῦ βασιλέως,
καὶ οὐκ ἦν τόπος τῷ κτήνει[23] παρελθεῖν[24] ὑποκάτω[25] μου. **15** καὶ ἤμην ἀναβαίνων ἐν
τῷ τείχει[26] χειμάρρου[27] νυκτὸς καὶ ἤμην συντρίβων[28] ἐν τῷ τείχει. καὶ ἤμην ἐν πύλῃ[29]
τῆς φάραγγος[30] καὶ ἐπέστρεψα. **16** καὶ οἱ φυλάσσοντες οὐκ ἔγνωσαν τί ἐπορεύθην
καὶ τί ἐγὼ ποιῶ, καὶ τοῖς Ιουδαίοις καὶ τοῖς ἱερεῦσιν καὶ τοῖς ἐντίμοις[31] καὶ τοῖς
στρατηγοῖς[32] καὶ τοῖς καταλοίποις[33] τοῖς ποιοῦσιν τὰ ἔργα ἕως τότε οὐκ ἀπήγγειλα.

17 καὶ εἶπα πρὸς αὐτούς Ὑμεῖς βλέπετε τὴν πονηρίαν,[34] ἐν ᾗ ἐσμεν ἐν αὐτῇ, πῶς
Ιερουσαλημ ἔρημος καὶ αἱ πύλαι[35] αὐτῆς ἐδόθησαν πυρί· δεῦτε[36] καὶ διοικοδο-
μήσωμεν[37] τὸ τεῖχος[38] Ιερουσαλημ, καὶ οὐκ ἐσόμεθα ἔτι ὄνειδος.[39] **18** καὶ ἀπήγγειλα

1 ἔπαρχος, commander, governor
2 πέραν, beyond
3 ποταμός, river
4 ἐπιστολή, letter
5 ἀρχηγός, captain, leader
6 ἱππεύς, horseman
7 ἥκω, *pres act ind 3s*, have come
8 ὀλίγος, few
9 κτῆνος, animal
10 ἐπιβαίνω, *pres act ind 1s*, ride, mount
11 πύλη, gate
12 γωληλα, Golela?, (*read* valley by night)
13 πηγή, fountain
14 συκῆ, fig
15 κοπρία, dung heap
16 συντρίβω, *pres act ptc nom s m*, break up, crush, (mourn?)
17 τεῖχος, wall
18 καθαιρέω, *pres act ind 3p*, pull down, destroy
19 καταβιβρώσκω, *aor pas ind 3p*, devour, consume
20 παρέρχομαι, *aor act ind 1s*, pass on, go on
21 πύλη, gate
22 κολυμβήθρα, pool
23 κτῆνος, animal
24 παρέρχομαι, *aor act inf*, pass on, go on
25 ὑποκάτω, under, beneath
26 τεῖχος, wall
27 χείμαρρος, brook
28 συντρίβω, *pres act ptc nom s m*, break up, crush, (mourn?)
29 πύλη, gate
30 φάραγξ, valley
31 ἔντιμος, noble, honorable
32 στρατηγός, commander, general
33 κατάλοιπος, rest, remainder
34 πονηρία, evil, trouble
35 πύλη, gate
36 δεῦτε, come!
37 διοικοδομέω, *aor act sub 1p*, build across, wall off
38 τεῖχος, wall
39 ὄνειδος, disgrace

αὐτοῖς τὴν χεῖρα τοῦ θεοῦ, ἥ ἐστιν ἀγαθὴ ἐπ᾽ ἐμέ, καὶ τοὺς λόγους τοῦ βασιλέως, οὓς εἶπέν μοι, καὶ εἶπα Ἀναστῶμεν καὶ οἰκοδομήσωμεν. καὶ ἐκραταιώθησαν[1] αἱ χεῖρες αὐτῶν εἰς ἀγαθόν.

19 καὶ ἤκουσεν Σαναβαλλατ ὁ Αρωνι καὶ Τωβια ὁ δοῦλος ὁ Αμμωνι καὶ Γησαμ
ὁ Αραβι καὶ ἐξεγέλασαν[2] ἡμᾶς καὶ ἦλθον ἐφ᾽ ἡμᾶς καὶ εἶπαν Τί τὸ ῥῆμα τοῦτο,
ὃ ὑμεῖς ποιεῖτε; ἢ ἐπὶ τὸν βασιλέα ὑμεῖς ἀποστατεῖτε;[3] **20** καὶ ἐπέστρεψα αὐτοῖς
λόγον καὶ εἶπα αὐτοῖς Ὁ θεὸς τοῦ οὐρανοῦ, αὐτὸς εὐοδώσει[4] ἡμῖν, καὶ ἡμεῖς δοῦλοι
αὐτοῦ καθαροί,[5] καὶ οἰκοδομήσομεν· καὶ ὑμῖν οὐκ ἔστιν μερὶς[6] καὶ δικαιοσύνη καὶ
μνημόσυνον[7] ἐν Ιερουσαλημ.

Organization of the Work

13 καὶ ἀνέστη Ελισουβ ὁ ἱερεὺς ὁ μέγας καὶ οἱ ἀδελφοὶ αὐτοῦ οἱ ἱερεῖς καὶ
ᾠκοδόμησαν τὴν πύλην[8] τὴν προβατικήν·[9] αὐτοὶ ἡγίασαν[10] αὐτὴν καὶ ἔστησαν
θύρας αὐτῆς καὶ ἕως πύργου[11] τῶν ἑκατὸν[12] ἡγίασαν ἕως πύργου[13] Ανανεηλ **2** καὶ
ἐπὶ χεῖρας υἱῶν ἀνδρῶν Ιεριχω καὶ ἐπὶ χεῖρας υἱῶν Ζακχουρ υἱοῦ Αμαρι.

3 καὶ τὴν πύλην[14] τὴν ἰχθυηρὰν[15] ᾠκοδόμησαν υἱοὶ Ασανα· αὐτοὶ ἐστέγασαν[16] αὐτὴν
καὶ ἔστησαν θύρας αὐτῆς καὶ κλεῖθρα[17] αὐτῆς καὶ μοχλοὺς[18] αὐτῆς. **4** καὶ ἐπὶ χεῖρα
αὐτῶν κατέσχεν[19] ἀπὸ Ραμωθ υἱὸς Ουρια υἱοῦ Ακως. καὶ ἐπὶ χεῖρα αὐτῶν κατέσχεν
Μοσολλαμ υἱὸς Βαραχιου υἱοῦ Μασεζεβηλ. καὶ ἐπὶ χεῖρα αὐτῶν κατέσχεν Σαδωκ
υἱὸς Βαανα. **5** καὶ ἐπὶ χεῖρα αὐτῶν κατέσχοσαν[20] οἱ Θεκωιν, καὶ αδωρηεμ[21] οὐκ
εἰσήνεγκαν[22] τράχηλον[23] αὐτῶν εἰς δουλείαν[24] αὐτῶν.

6 καὶ τὴν πύλην[25] τοῦ Ισανα ἐκράτησαν Ιοϊδα υἱὸς Φασεκ καὶ Μεσουλαμ υἱὸς
Βασωδια· αὐτοὶ ἐστέγασαν[26] αὐτὴν καὶ ἔστησαν θύρας αὐτῆς καὶ κλεῖθρα[27] αὐτῆς
καὶ μοχλοὺς[28] αὐτῆς. **8** καὶ ἐπὶ χεῖρα αὐτῶν ἐκράτησεν Ανανιας υἱὸς τοῦ Ρωκεϊμ,

1 κραταιόω, *aor pas ind 3p*, strengthen
2 ἐκγελάω, *aor act ind 3p*, laugh at
3 ἀποστατέω, *pres act ind 2p*, depart from, revolt
4 εὐοδόω, *fut act ind 3s*, lead prosperously
5 καθαρός, pure, clean
6 μερίς, part, share
7 μνημόσυνον, memory, record
8 πύλη, gate
9 προβατικός, of sheep
10 ἁγιάζω, *aor act ind 3p*, sanctify, consecrate
11 πύργος, tower
12 ἑκατόν, one hundred
13 πύργος, tower
14 πύλη, gate
15 ἰχθυηρός, (of) fish
16 στεγάζω, *aor act ind 3p*, cover (with a roof)
17 κλεῖθρον, bar
18 μοχλός, bolt
19 κατέχω, *aor act ind 3s*, take control
20 κατέχω, *aor act ind 3p*, take control
21 αδωρηεμ, their nobles, *translit.*
22 εἰσφέρω, *aor act ind 3p*, bring in, contribute
23 τράχηλος, neck
24 δουλεία, labor, service
25 πύλη, gate
26 στεγάζω, *aor act ind 3p*, cover (with a roof)
27 κλεῖθρον, bar
28 μοχλός, bolt

καὶ κατέλιπον[1] Ιερουσαλημ ἕως τοῦ τείχους[2] τοῦ πλατέος.[3] **9** καὶ ἐπὶ χεῖρα αὐτῶν
ἐκράτησεν Ραφαια ἄρχων ἡμίσους[4] περιχώρου[5] Ιερουσαλημ. **10** καὶ ἐπὶ χεῖρα αὐτῶν
ἐκράτησεν Ιεδαια υἱὸς Ερωμαφ καὶ κατέναντι[6] οἰκίας αὐτοῦ. καὶ ἐπὶ χεῖρα αὐτοῦ
ἐκράτησεν Ατους υἱὸς Ασβανια. **11** καὶ δεύτερος ἐκράτησεν Μελχιας υἱὸς Ηραμ καὶ
Ασουβ υἱὸς Φααθμωαβ καὶ ἕως πύργου[7] τῶν θαννουριμ.[8] **12** καὶ ἐπὶ χεῖρα αὐτοῦ
ἐκράτησεν Σαλουμ υἱὸς Αλλωης ἄρχων ἡμίσους[9] περιχώρου[10] Ιερουσαλημ, αὐτὸς
καὶ αἱ θυγατέρες[11] αὐτοῦ.

13 τὴν πύλην[12] τῆς φάραγγος[13] ἐκράτησαν Ανουν καὶ οἱ κατοικοῦντες Ζανω· αὐτοὶ
ᾠκοδόμησαν αὐτὴν καὶ ἔστησαν θύρας αὐτῆς καὶ κλεῖθρα[14] αὐτῆς καὶ μοχλοὺς[15]
αὐτῆς καὶ χιλίους[16] πήχεις[17] ἐν τῷ τείχει[18] ἕως πύλης τῆς κοπρίας.[19]

14 καὶ τὴν πύλην[20] τῆς κοπρίας[21] ἐκράτησεν Μελχια υἱὸς Ρηχαβ ἄρχων περιχώρου[22]
Βηθαχαρμ, αὐτὸς καὶ οἱ υἱοὶ αὐτοῦ, καὶ ἐσκέπασαν[23] αὐτὴν καὶ ἔστησαν θύρας αὐτῆς
καὶ κλεῖθρα[24] αὐτῆς καὶ μοχλοὺς[25] αὐτῆς.

15 καὶ τὸ τεῖχος[26] κολυμβήθρας[27] τῶν κωδίων[28] τῇ κουρᾷ[29] τοῦ βασιλέως καὶ ἕως
τῶν κλιμάκων[30] τῶν καταβαινουσῶν ἀπὸ πόλεως Δαυιδ. **16** ὀπίσω αὐτοῦ ἐκράτησεν
Νεεμιας υἱὸς Αζαβουχ ἄρχων ἡμίσους[31] περιχώρου[32] Βηθσουρ ἕως κήπου[33] τάφου[34]
Δαυιδ καὶ ἕως τῆς κολυμβήθρας[35] τῆς γεγονυίας[36] καὶ ἕως Βηθαγγαβαριμ. **17** ὀπίσω
αὐτοῦ ἐκράτησαν οἱ Λευῖται, Ραουμ υἱὸς Βανι. ἐπὶ χεῖρα αὐτοῦ ἐκράτησεν Ασαβια
ἄρχων ἡμίσους[37] περιχώρου[38] Κεϊλα τῷ περιχώρῳ αὐτοῦ. **18** μετ᾽ αὐτὸν ἐκράτησαν
ἀδελφοὶ αὐτῶν Βενι υἱὸς Ηναδαδ ἄρχων ἡμίσους[39] περιχώρου[40] Κεϊλα. **19** καὶ ἐκρά-

1 καταλείπω, *aor act ind 3p*, leave in place
2 τεῖχος, wall
3 πλατύς, broad, wide
4 ἥμισυς, half
5 περίχωρος, nearby (area), neighboring (country)
6 κατέναντι, opposite
7 πύργος, tower
8 θαννουριμ, furnaces, *translit.*
9 ἥμισυς, half
10 περίχωρος, nearby (area), neighboring (country)
11 θυγάτηρ, daughter
12 πύλη, gate
13 φάραγξ, valley
14 κλεῖθρον, bar
15 μοχλός, bolt
16 χίλιοι, one thousand
17 πῆχυς, cubit
18 τεῖχος, wall
19 κοπρία, dung heap
20 πύλη, gate
21 κοπρία, dung heap
22 περίχωρος, nearby (area), neighboring (country)
23 σκεπάζω, *aor act ind 3p*, cover
24 κλεῖθρον, bar
25 μοχλός, bolt
26 τεῖχος, wall
27 κολυμβήθρα, pool
28 κώδιον, (sheep)skin
29 κουρά, shorn wool, fleece
30 κλίμαξ, stairs
31 ἥμισυς, half
32 περίχωρος, nearby (area), neighboring (country)
33 κῆπος, garden, orchard
34 τάφος, tomb, grave
35 κολυμβήθρα, pool
36 γίνομαι, *perf act ptc gen s f*, be created, be artificial
37 ἥμισυς, half
38 περίχωρος, nearby (area), neighboring (country)
39 ἥμισυς, half
40 περίχωρος, nearby (area), neighboring (country)

τησεν ἐπὶ χεῖρα αὐτοῦ Αζουρ υἱὸς Ἰησοῦ ἄρχων τοῦ Μασφε, μέτρον[1] δεύτερον πύργου[2]
ἀναβάσεως[3] τῆς συναπτούσης[4] τῆς γωνίας.[5] **20** μετ᾽ αὐτὸν ἐκράτησεν Βαρουχ υἱὸς
Ζαβου μέτρον[6] δεύτερον ἀπὸ τῆς γωνίας[7] ἕως θύρας Βηθελισουβ τοῦ ἱερέως τοῦ
μεγάλου. **21** μετ᾽ αὐτὸν ἐκράτησεν Μεραμωθ υἱὸς Ουρια υἱοῦ Ακως μέτρον[8] δεύτερον
ἀπὸ θύρας Βηθελισουβ ἕως ἐκλείψεως[9] Βηθελισουβ. **22** καὶ μετ᾽ αὐτὸν ἐκράτησαν οἱ
ἱερεῖς ἄνδρες Αχεχαρ. **23** καὶ μετ᾽ αὐτὸν ἐκράτησεν Βενιαμιν καὶ Ασουβ κατέναντι[10]
οἴκου αὐτῶν. μετ᾽ αὐτὸν ἐκράτησεν Αζαρια υἱὸς Μαασηα υἱοῦ Ανανια ἐχόμενα οἴκου
αὐτοῦ. **24** μετ᾽ αὐτὸν ἐκράτησεν Βανι υἱὸς Ηναδαδ μέτρον[11] δεύτερον ἀπὸ Βηθαζαρια
ἕως τῆς γωνίας[12] καὶ ἕως τῆς καμπῆς[13] **25** Φαλαλ υἱοῦ Ευζαι ἐξ ἐναντίας[14] τῆς γωνίας,[15]
καὶ ὁ πύργος[16] ὁ ἐξέχων[17] ἐκ τοῦ οἴκου τοῦ βασιλέως ὁ ἀνώτερος[18] ὁ τῆς αὐλῆς[19] τῆς
φυλακῆς. καὶ μετ᾽ αὐτὸν Φαδαια υἱὸς Φορος. **26** καὶ οἱ ναθινιμ[20] ἦσαν οἰκοῦντες[21] ἐν
τῷ Ωφαλ ἕως κήπου[22] πύλης[23] τοῦ ὕδατος εἰς ἀνατολάς,[24] καὶ ὁ πύργος[25] ὁ ἐξέχων.[26]
27 μετ᾽ αὐτὸν ἐκράτησαν οἱ Θεκωιν μέτρον[27] δεύτερον ἐξ ἐναντίας[28] τοῦ πύργου[29] τοῦ
μεγάλου τοῦ ἐξέχοντος[30] καὶ ἕως τοῦ τείχους[31] τοῦ Οφλα.

28 ἀνώτερον[32] πύλης[33] τῶν ἵππων[34] ἐκράτησαν οἱ ἱερεῖς, ἀνὴρ ἐξ ἐναντίας[35] οἴκου
αὐτοῦ. **29** μετ᾽ αὐτὸν ἐκράτησεν Σαδδουκ υἱὸς Εμμηρ ἐξ ἐναντίας[36] οἴκου αὐτοῦ.
καὶ μετ᾽ αὐτὸν ἐκράτησεν Σαμαια υἱὸς Σεχενια φύλαξ[37] τῆς πύλης[38] τῆς ἀνατολῆς.[39]
30 μετ᾽ αὐτὸν ἐκράτησεν Ανανια υἱὸς Σελεμια καὶ Ανουμ υἱὸς Σελεφ ὁ ἕκτος[40] μέτρον[41]
δεύτερον. μετ᾽ αὐτὸν ἐκράτησεν Μεσουλαμ υἱὸς Βαρχια ἐξ ἐναντίας[42] γαζοφυλα-
κίου[43] αὐτοῦ. **31** μετ᾽ αὐτὸν ἐκράτησεν Μελχια υἱὸς τοῦ Σαραφι ἕως Βηθαναθινιμ
καὶ οἱ ῥοποπῶλαι[44] ἀπέναντι[45] πύλης[46] τοῦ Μαφεκαδ καὶ ἕως ἀναβάσεως[47] τῆς

1 μέτρον, section, portion
2 πύργος, tower
3 ἀνάβασις, ascent
4 συνάπτω, *pres act ptc gen s f*, join together, meet
5 γωνία, corner
6 μέτρον, section, portion
7 γωνία, corner
8 μέτρον, section, corner
9 ἔκλειψις, cessation, end
10 κατέναντι, in front, opposite
11 μέτρον, section, portion
12 γωνία, corner
13 κάμπη, turning, bend
14 ἐναντίος, opposite
15 γωνία, corner
16 πύργος, gate
17 ἐξέχω, *pres act ptc nom s m*, project
18 ἄνω, *comp*, upper
19 αὐλή, court
20 ναθινιμ, temple servant, *translit.*
21 οἰκέω, *pres act ptc nom p m*, live, dwell
22 κῆπος, garden
23 πύλη, gate
24 ἀνατολή, east
25 πύργος, tower
26 ἐξέχω, *pres act ptc nom s m*, project
27 μέτρον, section, portion
28 ἐναντίος, opposite
29 πύργος, tower
30 ἐξέχω, *pres act ptc gen s m*, project
31 τεῖχος, wall
32 ἄνω, *comp*, above
33 πύλη, gate
34 ἵππος, horse
35 ἐναντίος, opposite
36 ἐναντίος, opposite
37 φύλαξ, guard
38 πύλη, gate
39 ἀνατολή, east
40 ἕκτος, sixth
41 μέτρον, section, portion
42 ἐναντίος, opposite
43 γαζοφυλάκιον, treasury
44 ῥωποπώλης, huckster, dealer
45 ἀπέναντι, opposite
46 πύλη, gate
47 ἀνάβασις, ascent

καμπῆς.[1] **32** καὶ ἀνὰ μέσον[2] ἀναβάσεως[3] τῆς πύλης[4] τῆς προβατικῆς[5] ἐκράτησαν οἱ
χαλκεῖς[6] καὶ οἱ ῥοποπῶλαι.[7]

33 Καὶ ἐγένετο ἡνίκα[8] ἤκουσεν Σαναβαλλατ ὅτι ἡμεῖς οἰκοδομοῦμεν τὸ τεῖχος[9] καὶ
πονηρὸν ἦν αὐτῷ, καὶ ὠργίσθη[10] ἐπὶ πολὺ καὶ ἐξεγέλα[11] ἐπὶ τοῖς Ιουδαίοις. **34** καὶ
εἶπεν ἐνώπιον τῶν ἀδελφῶν αὐτοῦ Αὕτη ἡ δύναμις Σομορων, ὅτι οἱ Ιουδαῖοι οὗτοι
οἰκοδομοῦσιν τὴν ἑαυτῶν πόλιν; **35** καὶ Τωβιας ὁ αμμανίτης ἐχόμενα αὐτοῦ ἦλθεν,
καὶ εἶπαν πρὸς ἑαυτούς Μὴ θυσιάσουσιν[12] ἢ φάγονται ἐπὶ τοῦ τόπου αὐτῶν; οὐχὶ
ἀναβήσεται ἀλώπηξ[13] καὶ καθελεῖ[14] τὸ τεῖχος[15] λίθων αὐτῶν;

36 ἄκουσον, ὁ θεὸς ἡμῶν, ὅτι ἐγενήθημεν εἰς μυκτηρισμόν,[16] καὶ ἐπίστρεψον ὀνει-
δισμὸν[17] αὐτῶν εἰς κεφαλὴν αὐτῶν καὶ δὸς αὐτοὺς εἰς μυκτηρισμὸν ἐν γῇ αἰχμα-
λωσίας[18] **37** καὶ μὴ καλύψῃς[19] ἐπὶ ἀνομίαν.[20]

Israelites Withstand Further Opposition to the Rebuilding

14 Καὶ ἐγένετο ὡς ἤκουσεν Σαναβαλλατ καὶ Τωβια καὶ οἱ Ἄραβες καὶ οἱ Αμ-
μανῖται ὅτι ἀνέβη φυὴ[21] τοῖς τείχεσιν[22] Ιερουσαλημ, ὅτι ἤρξαντο αἱ διασφα-
γαὶ[23] ἀναφράσσεσθαι,[24] καὶ πονηρὸν αὐτοῖς ἐφάνη[25] σφόδρα·[26] **2** καὶ συνήχθησαν
πάντες ἐπὶ τὸ αὐτὸ ἐλθεῖν παρατάξασθαι[27] ἐν Ιερουσαλημ.

3 καὶ προσηυξάμεθα πρὸς τὸν θεὸν ἡμῶν καὶ ἐστήσαμεν προφύλακας[28] ἐπ᾽ αὐτοὺς
ἡμέρας καὶ νυκτὸς ἀπὸ προσώπου αὐτῶν.

4 καὶ εἶπεν Ιουδας Συνετρίβη[29] ἡ ἰσχὺς[30] τῶν ἐχθρῶν, καὶ ὁ χοῦς[31] πολύς, καὶ ἡμεῖς
οὐ δυνησόμεθα οἰκοδομεῖν ἐν τῷ τείχει.[32] **5** καὶ εἶπαν οἱ θλίβοντες[33] ἡμᾶς Οὐ γνώ-
σονται καὶ οὐκ ὄψονται ἕως ὅτου ἔλθωμεν εἰς μέσον αὐτῶν καὶ φονεύσωμεν[34]
αὐτοὺς καὶ καταπαύσωμεν[35] τὸ ἔργον. **6** καὶ ἐγένετο ὡς ἦλθοσαν οἱ Ιουδαῖοι οἱ

1 κάμπη, turning, bend
2 ἀνὰ μέσον, between
3 ἀνάβασις, ascent
4 πύλη, gate
5 προβατικός, of sheep
6 χαλκεύς, metalworker, smith
7 ῥωποπώλης, huckster, dealer
8 ἡνίκα, when
9 τεῖχος, wall
10 ὀργίζω, *aor pas ind 3s*, make angry
11 ἐκγελάω, *impf act ind 3s*, laugh at
12 θυσιάζω, *fut act ind 3p*, sacrifice
13 ἀλώπηξ, fox
14 καθαιρέω, *fut act ind 3s*, break down, destroy
15 τεῖχος, wall
16 μυκτηρισμός, scorn, contempt
17 ὀνειδισμός, disgrace
18 αἰχμαλωσία, captivity
19 καλύπτω, *aor act sub 2s*, cover
20 ἀνομία, transgression, lawlessness
21 φυή, height, substance
22 τεῖχος, wall
23 διασφαγή, gap
24 ἀναφράσσω, *pres mid inf*, barricade again
25 φαίνω, *aor pas ind 3s*, appear
26 σφόδρα, exceedingly
27 παρατάσσω, *aor mid inf*, fight, battle
28 προφύλαξ, officer on guard
29 συντρίβω, *aor pas ind 3s*, crush, break
30 ἰσχύς, power, strength
31 χοῦς, rubble, debris
32 τεῖχος, wall
33 θλίβω, *pres act ptc nom p m*, afflict, oppress
34 φονεύω, *aor act sub 1p*, kill
35 καταπαύω, *aor act sub 1p*, put an end to, stop

οἰκοῦντες[1] ἐχόμενα αὐτῶν καὶ εἴποσαν ἡμῖν Ἀναβαίνουσιν ἐκ πάντων τῶν τόπων
ἐφ᾽ ἡμᾶς, **7** καὶ ἔστησα εἰς τὰ κατώτατα[2] τοῦ τόπου κατόπισθεν[3] τοῦ τείχους[4] ἐν
τοῖς σκεπεινοῖς[5] καὶ ἔστησα τὸν λαὸν κατὰ δήμους[6] μετὰ ῥομφαιῶν[7] αὐτῶν, λόγχας[8]
αὐτῶν καὶ τόξα[9] αὐτῶν. **8** καὶ εἶδον καὶ ἀνέστην καὶ εἶπα πρὸς τοὺς ἐντίμους[10] καὶ
πρὸς τοὺς στρατηγοὺς[11] καὶ πρὸς τοὺς καταλοίπους[12] τοῦ λαοῦ Μὴ φοβηθῆτε
ἀπὸ προσώπου αὐτῶν· μνήσθητε[13] τοῦ θεοῦ ἡμῶν τοῦ μεγάλου καὶ φοβεροῦ[14] καὶ
παρατάξασθε[15] περὶ τῶν ἀδελφῶν ὑμῶν, υἱῶν ὑμῶν καὶ θυγατέρων[16] ὑμῶν, γυναικῶν
ὑμῶν καὶ οἴκων ὑμῶν.

9 καὶ ἐγένετο ἡνίκα[17] ἤκουσαν οἱ ἐχθροὶ ἡμῶν ὅτι ἐγνώσθη ἡμῖν καὶ διεσκέδασεν[18] ὁ
θεὸς τὴν βουλὴν[19] αὐτῶν, καὶ ἐπεστρέψαμεν πάντες ἡμεῖς εἰς τὸ τεῖχος,[20] ἀνὴρ εἰς τὸ
ἔργον αὐτοῦ. **10** καὶ ἐγένετο ἀπὸ τῆς ἡμέρας ἐκείνης ἥμισυ[21] τῶν ἐκτετιναγμένων[22]
ἐποίουν τὸ ἔργον, καὶ ἥμισυ αὐτῶν ἀντείχοντο,[23] καὶ λόγχαι[24] καὶ θυρεοὶ[25] καὶ τὰ
τόξα[26] καὶ οἱ θώρακες[27] καὶ οἱ ἄρχοντες ὀπίσω παντὸς οἴκου Ιουδα **11** τῶν οἰκο-
δομούντων ἐν τῷ τείχει.[28] καὶ οἱ αἴροντες ἐν τοῖς ἀρτῆρσιν[29] ἐν ὅπλοις·[30] ἐν μιᾷ
χειρὶ ἐποίει αὐτὸ τὸ ἔργον, καὶ μία ἐκράτει τὴν βολίδα.[31] **12** καὶ οἱ οἰκοδόμοι[32] ἀνὴρ
ῥομφαίαν[33] αὐτοῦ ἐζωσμένος[34] ἐπὶ τὴν ὀσφὺν[35] αὐτοῦ καὶ ᾠκοδομοῦσαν, καὶ ὁ
σαλπίζων[36] ἐν τῇ κερατίνῃ[37] ἐχόμενα αὐτοῦ. **13** καὶ εἶπα πρὸς τοὺς ἐντίμους[38] καὶ
πρὸς τοὺς ἄρχοντας καὶ πρὸς τοὺς καταλοίπους[39] τοῦ λαοῦ Τὸ ἔργον πλατὺ[40] καὶ
πολύ, καὶ ἡμεῖς σκορπιζόμεθα[41] ἐπὶ τοῦ τείχους[42] μακρὰν[43] ἀνὴρ ἀπὸ τοῦ ἀδελφοῦ
αὐτοῦ· **14** ἐν τόπῳ, οὗ ἐὰν ἀκούσητε τὴν φωνὴν τῆς κερατίνης,[44] ἐκεῖ συναχθήσεσθε
πρὸς ἡμᾶς, καὶ ὁ θεὸς ἡμῶν πολεμήσει περὶ ἡμῶν.

1 οἰκέω, *pres act ptc nom p m*, live, dwell
2 κάτω, *sup*, lowest
3 κατόπισθεν, behind
4 τεῖχος, wall
5 σκεπεινός, sheltered place
6 δῆμος, district, division
7 ῥομφαία, sword
8 λόγχη, spear
9 τόξον, bow
10 ἔντιμος, noble, honorable
11 στρατηγός, commander, general
12 κατάλοιπος, rest, remainder
13 μιμνῄσκομαι, *aor pas impv 2p*, lest
14 φοβερός, fearful
15 παρατάσσω, *aor mid impv 2p*, fight, battle
16 θυγάτηρ, daughter
17 ἡνίκα, when
18 διασκεδάζω, *aor act ind 3s*, disband, scatter
19 βουλή, counsel, advice
20 τεῖχος, wall
21 ἥμισυς, half
22 ἐκτινάσσω, *perf pas ptc gen p m*, expel, drive off
23 ἀντέχω, *impf mid ind 3p*, stand in defense
24 λόγχη, spear
25 θυρεός, oblong shield
26 τόξον, bow
27 θώραξ, breastplate
28 τεῖχος, wall
29 ἀρτήρ, something used to carry
30 ὅπλον, weapon
31 βολίς, javelin, dart
32 οἰκοδόμος, builder
33 ῥομφαία, sword
34 ζώννυμι, *perf mid ptc nom s m*, gird
35 ὀσφύς, waist, loins
36 σαλπίζω, *pres act ptc nom s m*, sound, blow (a horn)
37 κερατίνη, horn
38 ἔντιμος, noble, honorable
39 κατάλοιπος, rest, remainder
40 πλατύς, great, wide
41 σκορπίζω, *pres pas ind 1p*, scatter, disperse
42 τεῖχος, wall
43 μακρός, remote, far
44 κερατίνη, horn

15 καὶ ἡμεῖς ποιοῦντες τὸ ἔργον, καὶ ἥμισυ[1] αὐτῶν κρατοῦντες τὰς λόγχας[2] ἀπὸ
ἀναβάσεως[3] τοῦ ὄρθρου[4] ἕως ἐξόδου[5] τῶν ἄστρων.[6] **16** καὶ ἐν τῷ καιρῷ ἐκείνῳ εἶπα
τῷ λαῷ Αὐλίσθητε[7] ἐν μέσῳ Ιερουσαλημ, καὶ ἔστω ὑμῖν ἡ νὺξ προφυλακὴ[8] καὶ ἡ
ἡμέρα ἔργον. **17** καὶ ἤμην ἐγὼ καὶ οἱ ἄνδρες τῆς προφυλακῆς[9] ὀπίσω μου, καὶ οὐκ
ἦν ἐξ ἡμῶν ἐκδιδυσκόμενος[10] ἀνὴρ τὰ ἱμάτια αὐτοῦ.

Nehemiah Abolishes Oppression

15 Καὶ ἦν κραυγὴ[11] τοῦ λαοῦ καὶ γυναικῶν αὐτῶν μεγάλη πρὸς τοὺς ἀδελφοὺς
αὐτῶν τοὺς Ιουδαίους. **2** καὶ ἦσάν τινες λέγοντες Ἐν υἱοῖς ἡμῶν καὶ ἐν θυγα-
τράσιν[12] ἡμῶν ἡμεῖς πολλοί· καὶ λημψόμεθα σῖτον[13] καὶ φαγόμεθα καὶ ζησόμεθα.
3 καὶ εἰσίν τινες λέγοντες Ἀγροὶ ἡμῶν καὶ ἀμπελῶνες[14] ἡμῶν καὶ οἰκίαι ἡμῶν, ἡμεῖς
διεγγυῶμεν·[15] καὶ λημψόμεθα σῖτον[16] καὶ φαγόμεθα. **4** καὶ εἰσίν τινες λέγοντες
Ἐδανεισάμεθα[17] ἀργύριον[18] εἰς φόρους[19] τοῦ βασιλέως, ἀγροὶ ἡμῶν καὶ ἀμπελῶνες[20]
ἡμῶν καὶ οἰκίαι ἡμῶν· **5** καὶ νῦν ὡς σὰρξ ἀδελφῶν ἡμῶν σὰρξ ἡμῶν, ὡς υἱοὶ αὐτῶν
υἱοὶ ἡμῶν· καὶ ἰδοὺ ἡμεῖς καταδυναστεύομεν[21] τοὺς υἱοὺς ἡμῶν καὶ τὰς θυγατέρας[22]
ἡμῶν εἰς δούλους, καὶ εἰσὶν ἀπὸ θυγατέρων ἡμῶν καταδυναστευόμεναι,[23] καὶ οὐκ
ἔστιν δύναμις χειρῶν ἡμῶν, καὶ ἀγροὶ ἡμῶν καὶ ἀμπελῶνες[24] ἡμῶν τοῖς ἐντίμοις.[25]

6 καὶ ἐλυπήθην[26] σφόδρα,[27] καθὼς ἤκουσα τὴν κραυγὴν[28] αὐτῶν καὶ τοὺς λόγους
τούτους. **7** καὶ ἐβουλεύσατο[29] καρδία μου ἐπ' ἐμέ, καὶ ἐμαχεσάμην[30] πρὸς τοὺς ἐντί-
μους[31] καὶ τοὺς ἄρχοντας καὶ εἶπα αὐτοῖς Ἀπαιτήσει[32] ἀνὴρ τὸν ἀδελφὸν αὐτοῦ
ὑμεῖς ἀπαιτεῖτε.[33] καὶ ἔδωκα ἐπ' αὐτοὺς ἐκκλησίαν μεγάλην **8** καὶ εἶπα αὐτοῖς Ἡμεῖς
κεκτήμεθα[34] τοὺς ἀδελφοὺς ἡμῶν τοὺς Ιουδαίους τοὺς πωλουμένους[35] τοῖς ἔθνεσιν

1 ἥμισυς, half
2 λόγχη, spear
3 ἀνάβασις, ascent
4 ὄρθρος, early morning, dawn
5 ἔξοδος, coming out, appearance
6 ἄστρον, star
7 αὐλίζομαι, *aor pas impv 2p*, stay overnight
8 προφυλακή, officer on guard
9 προφυλακή, officer on guard
10 ἐκδιδύσκω, *pres mid ptc nom s m*, strip, remove
11 κραυγή, outcry
12 θυγάτηρ, daughter
13 σῖτος, grain
14 ἀμπελών, vineyard
15 διεγγυάω, *pres act ind 1p*, give a security, mortgage a property
16 σῖτος, grain
17 δανείζω, *aor mid ind 1p*, borrow
18 ἀργύριον, money, silver
19 φόρος, tribute, levy
20 ἀμπελών, vineyard
21 καταδυναστεύω, *pres act ind 1p*, oppress
22 θυγάτηρ, daughter
23 καταδυναστεύω, *pres pas ptc nom p f*, oppress
24 ἀμπελών, vineyard
25 ἔντιμος, noble, honorable
26 λυπέω, *aor pas ind 1s*, grieve, distress
27 σφόδρα, exceedingly
28 κραυγή, outcry
29 βουλεύω, *aor mid ind 3s*, take counsel, deliberate
30 μάχομαι, *aor mid ind 1s*, fight, quarrel
31 ἔντιμος, noble, honorable
32 ἀπαιτέω, *fut act ind 3s*, demand back
33 ἀπαιτέω, *pres act ind 2p*, demand back
34 κτάομαι, *perf mid ind 1p*, acquire, get
35 πωλέω, *pres pas ptc acc p m*, sell

ἐν ἑκουσίῳ[1] ἡμῶν· καὶ ὑμεῖς πωλεῖτε[2] τοὺς ἀδελφοὺς ὑμῶν; καὶ ἡσύχασαν[3] καὶ οὐχ εὕροσαν λόγον. **9** καὶ εἶπα Οὐκ ἀγαθός, ὁ λόγος ὃν ὑμεῖς ποιεῖτε· οὐχ οὕτως, ἐν φόβῳ θεοῦ ἡμῶν ἀπελεύσεσθε ἀπὸ ὀνειδισμοῦ[4] τῶν ἐθνῶν τῶν ἐχθρῶν ἡμῶν. **10** καὶ οἱ ἀδελφοί μου καὶ οἱ γνωστοί[5] μου καὶ ἐγὼ ἐθήκαμεν ἐν αὐτοῖς ἀργύριον[6] καὶ σῖτον·[7] ἐγκαταλίπωμεν[8] δὴ[9] τὴν ἀπαίτησιν[10] ταύτην. **11** ἐπιστρέψατε δὴ[11] αὐτοῖς ὡς σήμερον ἀγροὺς αὐτῶν, ἀμπελῶνας[12] αὐτῶν, ἐλαίας[13] αὐτῶν καὶ οἰκίας αὐτῶν· καὶ ἀπὸ τοῦ ἀργυρίου[14] τὸν σῖτον[15] καὶ τὸν οἶνον καὶ τὸ ἔλαιον[16] ἐξενέγκατε[17] αὐτοῖς. **12** καὶ εἶπαν Ἀποδώσομεν καὶ παρ᾽ αὐτῶν οὐ ζητήσομεν· οὕτως ποιήσομεν, καθὼς σὺ λέγεις. καὶ ἐκάλεσα τοὺς ἱερεῖς καὶ ὥρκισα[18] αὐτοὺς ποιῆσαι ὡς τὸ ῥῆμα τοῦτο. **13** καὶ τὴν ἀναβολήν[19] μου ἐξετίναξα[20] καὶ εἶπα Οὕτως ἐκτινάξαι[21] ὁ θεὸς πάντα ἄνδρα, ὃς οὐ στήσει τὸν λόγον τοῦτον, ἐκ τοῦ οἴκου αὐτοῦ καὶ ἐκ κόπου[22] αὐτοῦ, καὶ ἔσται οὕτως ἐκτετιναγμένος[23] καὶ κενός.[24] καὶ εἶπεν πᾶσα ἡ ἐκκλησία Αμην,[25] καὶ ᾔνεσαν[26] τὸν κύριον· καὶ ἐποίησεν ὁ λαὸς τὸ ῥῆμα τοῦτο.

Nehemiah's Generosity

14 Ἀπὸ τῆς ἡμέρας ἧς ἐνετείλατό[27] μοι εἶναι εἰς ἄρχοντα αὐτῶν ἐν γῇ Ιουδα, ἀπὸ ἔτους εἰκοστοῦ[28] καὶ ἕως ἔτους τριακοστοῦ[29] καὶ δευτέρου τῷ Αρθασασθα, ἔτη δώδεκα,[30] ἐγὼ καὶ οἱ ἀδελφοί μου βίαν[31] αὐτῶν οὐκ ἔφαγον· **15** καὶ τὰς βίας[32] τὰς πρώτας ἃς πρὸ ἐμοῦ ἐβάρυναν[33] ἐπ᾽ αὐτοὺς καὶ ἐλάβοσαν παρ᾽ αὐτῶν ἐν ἄρτοις καὶ ἐν οἴνῳ ἔσχατον ἀργύριον,[34] δίδραχμα[35] τεσσαράκοντα,[36] καὶ οἱ ἐκτετιναγμένοι[37] αὐτῶν ἐξουσιάζονται[38] ἐπὶ τὸν λαόν, καὶ ἐγὼ οὐκ ἐποίησα οὕτως ἀπὸ προσώπου

1 ἑκούσιος, voluntary
2 πωλέω, *pres act ind 2p*, sell
3 ἡσυχάζω, *aor act ind 3p*, keep quiet, be silent
4 ὀνειδισμός, insult, reproach
5 γνωστός, (acquaintance)
6 ἀργύριον, money, silver
7 σῖτος, grain
8 ἐγκαταλείπω, *aor act sub 1p*, forsake, leave behind
9 δή, now, indeed
10 ἀπαίτησις, claim, demand
11 δή, now, indeed
12 ἀμπελών, vineyard
13 ἐλαία, olive tree
14 ἀργύριον, money, silver
15 σῖτος, grain
16 ἔλαιον, oil
17 ἐκφέρω, *aor act impv 2p*, bring out
18 ὁρκίζω, *aor act ind 1s*, cause to swear, adjure
19 ἀναβολή, garment
20 ἐκτινάσσω, *aor act ind 1s*, shake off, shake out
21 ἐκτινάσσω, *aor act opt 3s*, shake off, shake out
22 κόπος, work, labor
23 ἐκτινάσσω, *perf pas ptc nom s m*, shake off, shake out
24 κενός, empty, bare
25 αμην, truly, (amen), *translit.*
26 αἰνέω, *aor act ind 3p*, praise
27 ἐντέλλομαι, *aor mid ind 3s*, command, order
28 εἰκοστός, twentieth
29 τριακοστός, thirtieth
30 δώδεκα, twelve
31 βία, force, (act of extortion?)
32 βία, force, (act of extortion?)
33 βαρύνω, *aor act ind 3p*, burden
34 ἀργύριον, money, silver
35 δίδραχμον, two-drachma coin
36 τεσσαράκοντα, forty
37 ἐκτινάσσω, *perf pas ptc nom p m*, shake off, shake out
38 ἐξουσιάζω, *pres mid ind 3p*, exercise authority

φόβου θεοῦ. **16** καὶ ἐν ἔργῳ τοῦ τείχους[1] τούτων οὐκ ἐκράτησα, ἀγρὸν οὐκ ἐκτη-
σάμην·[2] καὶ πάντες οἱ συνηγμένοι ἐκεῖ ἐπὶ τὸ ἔργον. **17** καὶ οἱ Ιουδαῖοι, ἑκατὸν[3] καὶ
πεντήκοντα[4] ἄνδρες, καὶ οἱ ἐρχόμενοι πρὸς ἡμᾶς ἀπὸ τῶν ἐθνῶν τῶν κύκλῳ[5] ἡμῶν
ἐπὶ τράπεζάν[6] μου. **18** καὶ ἦν γινόμενον εἰς ἡμέραν μίαν μόσχος[7] εἷς καὶ πρόβατα
ἓξ[8] ἐκλεκτὰ[9] καὶ χίμαρος[10] ἐγίνοντό μοι καὶ ἀνὰ μέσον[11] δέκα[12] ἡμερῶν ἐν πᾶσιν
οἶνος τῷ πλήθει· καὶ σὺν τούτοις ἄρτους τῆς βίας[13] οὐκ ἐζήτησα, ὅτι βαρεῖα[14] ἡ
δουλεία[15] ἐπὶ τὸν λαὸν τοῦτον. — **19** μνήσθητί[16] μου, ὁ θεός, εἰς ἀγαθὸν πάντα,
ὅσα ἐποίησα τῷ λαῷ τούτῳ.

Foiling the Enemy's Plot

16 Καὶ ἐγένετο καθὼς ἠκούσθη τῷ Σαναβαλλατ καὶ Τωβια καὶ τῷ Γησαμ τῷ
Αραβι καὶ τοῖς καταλοίποις[17] τῶν ἐχθρῶν ἡμῶν ὅτι ᾠκοδόμησα τὸ τεῖχος,[18]
καὶ οὐ κατελείφθη[19] ἐν αὐτοῖς πνοή.[20] ἕως τοῦ καιροῦ ἐκείνου θύρας οὐκ ἐπέστησα[21]
ἐν ταῖς πύλαις.[22] **2** καὶ ἀπέστειλεν Σαναβαλλατ καὶ Γησαμ πρός με λέγων Δεῦρο[23]
καὶ συναχθῶμεν ἐπὶ τὸ αὐτὸ ἐν ταῖς κώμαις[24] ἐν πεδίῳ[25] Ωνω· καὶ αὐτοὶ λογιζόμενοι
ποιῆσαί μοι πονηρίαν.[26] **3** καὶ ἀπέστειλα ἐπ' αὐτοὺς ἀγγέλους λέγων Ἔργον μέγα
ἐγὼ ποιῶ καὶ οὐ δυνήσομαι καταβῆναι, μήποτε[27] καταπαύσῃ[28] τὸ ἔργον· ὡς ἂν
τελειώσω[29] αὐτό, καταβήσομαι πρὸς ὑμᾶς. **4** καὶ ἀπέστειλαν πρός με ὡς τὸ ῥῆμα
τοῦτο, καὶ ἀπέστειλα αὐτοῖς κατὰ ταῦτα. **5** καὶ ἀπέστειλεν πρός με Σαναβαλλατ τὸν
παῖδα[30] αὐτοῦ καὶ ἐπιστολὴν[31] ἀνεῳγμένην ἐν χειρὶ αὐτοῦ. **6** καὶ ἦν γεγραμμένον
ἐν αὐτῇ Ἐν ἔθνεσιν ἠκούσθη ὅτι σὺ καὶ οἱ Ιουδαῖοι λογίζεσθε ἀποστατῆσαι,[32] διὰ
τοῦτο σὺ οἰκοδομεῖς τὸ τεῖχος,[33] καὶ σὺ γίνῃ αὐτοῖς εἰς βασιλέα· **7** καὶ πρὸς τούτοις
προφήτας ἔστησας σεαυτῷ, ἵνα καθίσῃς ἐν Ιερουσαλημ εἰς βασιλέα ἐν Ιουδα· καὶ
νῦν ἀπαγγελήσονται τῷ βασιλεῖ οἱ λόγοι οὗτοι· καὶ νῦν δεῦρο[34] βουλευσώμεθα[35]
ἐπὶ τὸ αὐτό. **8** καὶ ἀπέστειλα πρὸς αὐτὸν λέγων Οὐκ ἐγενήθη ὡς οἱ λόγοι οὗτοι,

1 τεῖχος, wall
2 κτάομαι, *aor mid ind 1s*, acquire, get
3 ἑκατόν, one hundred
4 πεντήκοντα, fifty
5 κύκλῳ, around
6 τράπεζα, table
7 μόσχος, calf
8 ἕξ, six
9 ἐκλεκτός, select, choice
10 χίμαρος, young goat
11 ἀνὰ μέσον, within, among
12 δέκα, ten
13 βία, force, (act of extortion?)
14 βαρύς, heavy
15 δουλεία, service, labor
16 μιμνήσκομαι, *aor pas impv 2s*, remember
17 κατάλοιπος, rest, remainder
18 τεῖχος, wall
19 καταλείπω, *aor pas ind 3s*, remain, leave behind
20 πνοή, breath, breeze
21 ἐφίστημι, *aor act ind 1s*, set up
22 πύλη, gate
23 δεῦρο, come!
24 κώμη, village
25 πεδίον, plain, field
26 πονηρία, harm, evil
27 μήποτε, lest
28 καταπαύω, *aor act sub 3s*, stop, cease
29 τελειόω, *fut act ind 1s*, finish, complete
30 παῖς, servant
31 ἐπιστολή, letter
32 ἀποστατέω, *aor act inf*, depart, revolt
33 τεῖχος, wall
34 δεῦρο, come!
35 βουλεύω, *aor mid sub 1p*, deliberate, take counsel

οὓς σὺ λέγεις, ὅτι ἀπὸ καρδίας σου σὺ ψεύδῃ[1] αὐτούς. **9** ὅτι πάντες φοβερίζουσιν[2] ἡμᾶς λέγοντες Ἐκλυθήσονται[3] αἱ χεῖρες αὐτῶν ἀπὸ τοῦ ἔργου τούτου, καὶ οὐ ποιηθήσεται· καὶ νῦν ἐκραταίωσα[4] τὰς χεῖράς μου.

10 Καὶ ἐγὼ εἰσῆλθον εἰς οἶκον Σεμεϊ υἱοῦ Δαλαια υἱοῦ Μεηταβηλ — καὶ αὐτὸς
συνεχόμενος[5] — καὶ εἶπεν Συναχθῶμεν εἰς οἶκον τοῦ θεοῦ ἐν μέσῳ αὐτοῦ καὶ
κλείσωμεν[6] τὰς θύρας αὐτοῦ, ὅτι ἔρχονται νυκτὸς φονεῦσαί[7] σε. **11** καὶ εἶπα Τίς ἐστιν
ὁ ἀνήρ, ὃς εἰσελεύσεται εἰς τὸν οἶκον καὶ ζήσεται; **12** καὶ ἐπέγνων καὶ ἰδοὺ ὁ θεὸς οὐκ
ἀπέστειλεν αὐτόν, ὅτι ἡ προφητεία[8] λόγος κατ᾽ ἐμοῦ, καὶ Τωβιας καὶ Σαναβαλλατ
ἐμισθώσαντο[9] **13** ἐπ᾽ ἐμὲ ὄχλον,[10] ὅπως φοβηθῶ καὶ ποιήσω οὕτως καὶ ἁμάρτω καὶ
γένωμαι αὐτοῖς εἰς ὄνομα πονηρόν, ὅπως ὀνειδίσωσίν[11] με. — **14** μνήσθητι,[12] ὁ θεός,
τῷ Τωβια καὶ τῷ Σαναβαλλατ ὡς τὰ ποιήματα[13] αὐτοῦ ταῦτα καὶ τῷ Νωαδια τῷ
προφήτῃ καὶ τοῖς καταλοίποις[14] τῶν προφητῶν, οἳ ἦσαν φοβερίζοντές[15] με.

Completion of the Wall

15 Καὶ ἐτελέσθη[16] τὸ τεῖχος[17] πέμπτῃ[18] καὶ εἰκάδι[19] τοῦ Ελουλ εἰς πεντήκοντα[20] καὶ
δύο ἡμέρας. **16** καὶ ἐγένετο ἡνίκα[21] ἤκουσαν πάντες οἱ ἐχθροὶ ἡμῶν, καὶ ἐφοβήθησαν
πάντα τὰ ἔθνη τὰ κύκλῳ[22] ἡμῶν, καὶ ἐπέπεσεν[23] φόβος σφόδρα[24] ἐν ὀφθαλμοῖς
αὐτῶν, καὶ ἔγνωσαν ὅτι παρὰ τοῦ θεοῦ ἡμῶν ἐγενήθη τελειωθῆναι[25] τὸ ἔργον
τοῦτο. — **17** καὶ ἐν ταῖς ἡμέραις ἐκείναις ἀπὸ πολλῶν ἐντίμων[26] Ιουδα ἐπιστολαὶ[27]
ἐπορεύοντο πρὸς Τωβιαν, καὶ αἱ Τωβια ἤρχοντο πρὸς αὐτούς, **18** ὅτι πολλοὶ ἐν
Ιουδα ἔνορκοι[28] ἦσαν αὐτῷ, ὅτι γαμβρὸς[29] ἦν τοῦ Σεχενια υἱοῦ Ηραε, καὶ Ιωαναν
υἱὸς αὐτοῦ ἔλαβεν τὴν θυγατέρα[30] Μεσουλαμ υἱοῦ Βαραχια εἰς γυναῖκα. **19** καὶ τοὺς
λόγους αὐτοῦ ἦσαν λέγοντες πρός με καὶ λόγους μου ἦσαν ἐκφέροντες[31] αὐτῷ, καὶ
ἐπιστολὰς[32] ἀπέστειλεν Τωβιας φοβερίσαι[33] με.

1 ψεύδομαι, *pres mid ind 2s*, lie, speak falsely
2 φοβερίζω, *pres act ind 3p*, frighten, scare
3 ἐκλύω, *fut pas ind 3p*, grow weary, give up
4 κραταιόω, *aor act ind 1s*, strengthen
5 συνέχω, *pres pas ptc nom s m*, guard, confine
6 κλείω, *aor act sub 1p*, shut, lock
7 φονεύω, *aor act inf*, kill
8 προφητεία, prophecy
9 μισθόω, *aor mid ind 3p*, hire
10 ὄχλος, multitude
11 ὀνειδίζω, *aor act sub 3p*, revile, mock
12 μιμνῄσκομαι, *aor pas impv 2s*, remember
13 ποίημα, act, deed
14 κατάλοιπος, rest, remainder
15 φοβερίζω, *pres act ptc nom p m*, frighten, scare
16 τελέω, *aor pas ind 3s*, finish, complete
17 τεῖχος, wall
18 πέμπτος, fifth
19 εἰκάς, twentieth day of the month
20 πεντήκοντα, fifty
21 ἡνίκα, when
22 κύκλῳ, around
23 ἐπιπίπτω, *aor act ind 3s*, fall upon
24 σφόδρα, very great
25 τελειόω, *aor pas inf*, finish, complete
26 ἔντιμος, noble, honorable
27 ἐπιστολή, letter
28 ἔνορκος, bound by oath
29 γαμβρός, son-in-law
30 θυγάτηρ, daughter
31 ἐκφέρω, *pres act ptc nom p m*, carry forth, convey
32 ἐπιστολή, letter
33 φοβερίζω, *aor act inf*, frighten, scare

17 καὶ ἐγένετο ἡνίκα[1] ᾠκοδομήθη τὸ τεῖχος,[2] καὶ ἔστησα τὰς θύρας, καὶ ἐπε-
σκέπησαν[3] οἱ πυλωροὶ[4] καὶ οἱ ᾄδοντες[5] καὶ οἱ Λευῖται. 2 καὶ ἐνετειλάμην[6]
τῷ Ανανια ἀδελφῷ μου καὶ τῷ Ανανια ἄρχοντι τῆς βιρα[7] ἐν Ιερουσαλημ, ὅτι αὐτὸς
ὡς ἀνὴρ ἀληθὴς[8] καὶ φοβούμενος τὸν θεὸν παρὰ πολλούς, 3 καὶ εἶπα αὐτοῖς Οὐκ
ἀνοιγήσονται πύλαι[9] Ιερουσαλημ ἕως ἅμα[10] τῷ ἡλίῳ, καὶ ἔτι αὐτῶν γρηγορούντων[11]
κλειέσθωσαν[12] αἱ θύραι καὶ σφηνούσθωσαν·[13] καὶ στῆσον προφύλακας[14] οἰκούντων[15]
ἐν Ιερουσαλημ, ἀνὴρ ἐν προφυλακῇ[16] αὐτοῦ καὶ ἀνὴρ ἀπέναντι[17] οἰκίας αὐτοῦ.

4 Καὶ ἡ πόλις πλατεῖα[18] καὶ μεγάλη, καὶ ὁ λαὸς ὀλίγος[19] ἐν αὐτῇ, καὶ οὐκ ἦσαν οἰκίαι
ᾠκοδομημέναι.

Records of the Exiles

5 καὶ ἔδωκεν ὁ θεὸς εἰς τὴν καρδίαν μου καὶ συνῆξα τοὺς ἐντίμους[20] καὶ τοὺς
ἄρχοντας καὶ τὸν λαὸν εἰς συνοδίας·[21] καὶ εὗρον βιβλίον τῆς συνοδίας, οἳ ἀνέβησαν
ἐν πρώτοις, καὶ εὗρον γεγραμμένον ἐν αὐτῷ

6 Καὶ οὗτοι υἱοὶ τῆς χώρας[22] οἱ ἀναβάντες ἀπὸ αἰχμαλωσίας[23] τῆς ἀποικίας,[24] ἧς
ἀπῴκισεν[25] Ναβουχοδονοσορ βασιλεὺς Βαβυλῶνος καὶ ἐπέστρεψαν εἰς Ιερουσαλημ
καὶ εἰς Ιουδα ἀνὴρ εἰς τὴν πόλιν αὐτοῦ 7 μετὰ Ζοροβαβελ καὶ Ἰησοῦ καὶ Νεεμια,
Αζαρια, Δαεμια, Ναεμανι, Μαρδοχαιος, Βαλσαν, Μασφαραθ, Εσδρα, Βαγοι, Ναουμ,
Βαανα, Μασφαρ.

ἄνδρες λαοῦ Ισραηλ· 8 υἱοὶ Φορος δισχίλιοι[26] ἑκατὸν[27] ἑβδομήκοντα[28] δύο. 9 υἱοὶ
Σαφατια τριακόσιοι[29] ἑβδομήκοντα[30] δύο. 10 υἱοὶ Ηρα ἑξακόσιοι[31] πεντήκοντα[32]
δύο. 11 υἱοὶ Φααθμωαβ τοῖς υἱοῖς Ἰησοῦ καὶ Ιωαβ δισχίλιοι[33] ὀκτακόσιοι[34] δέκα[35]
ὀκτώ.[36] 12 υἱοὶ Αιλαμ χίλιοι[37] διακόσιοι[38] πεντήκοντα[39] τέσσαρες. 13 υἱοὶ Ζαθουα

1 ἡνίκα, when
2 τεῖχος, wall
3 ἐπισκέπτομαι, *aor pas ind 3p*, inspect, examine
4 πυλωρός, gatekeeper, porter
5 ᾄδω, *pres act ptc nom p m*, sing
6 ἐντέλλομαι, *aor mid ind 1s*, command, order
7 βιρα, palace, *translit.*
8 ἀληθής, truthful, honest
9 πύλη, gate
10 ἅμα, at the same time
11 γρηγορέω, *pres act ptc gen p m*, keep watch
12 κλείω, *pres pas impv 3p*, shut
13 σφηνόω, *pres pas impv 3p*, lock
14 προφύλαξ, officer on guard
15 οἰκέω, *pres act ptc gen p m*, live, dwell
16 προφυλακή, outpost
17 ἀπέναντι, opposite
18 πλατύς, wide, broad
19 ὀλίγος, few
20 ἔντιμος, noble, honorable
21 συνοδία, company, group
22 χώρα, country, region
23 αἰχμαλωσία, captivity
24 ἀποικία, exile
25 ἀποικίζω, *aor act ind 3s*, send into exile
26 δισχίλιοι, two thousand
27 ἑκατόν, one hundred
28 ἑβδομήκοντα, seventy
29 τριακόσιοι, three hundred
30 ἑβδομήκοντα, seventy
31 ἑξακόσιοι, six hundred
32 πεντήκοντα, fifty
33 δισχίλιοι, two thousand
34 ὀκτακόσιοι, eight hundred
35 δέκα, ten
36 ὀκτώ, eight
37 χίλιοι, one thousand
38 διακόσιοι, two hundred
39 πεντήκοντα, fifty

ὀκτακόσιοι[1] τεσσαράκοντα[2] πέντε. **14** υἱοὶ Ζακχου ἑπτακόσιοι[3] ἑξήκοντα.[4] **15** υἱοὶ
Βανουι ἑξακόσιοι[5] τεσσαράκοντα[6] ὀκτώ.[7] **16** υἱοὶ Βηβι ἑξακόσιοι[8] εἴκοσι[9] ὀκτώ.[10]
17 υἱοὶ Ασγαδ δισχίλιοι[11] τριακόσιοι[12] εἴκοσι[13] δύο. **18** υἱοὶ Αδενικαμ ἑξακόσιοι[14] ἑξή-
κοντα[15] ἑπτά. **19** υἱοὶ Βαγοι δισχίλιοι[16] ἑξήκοντα[17] ἑπτά. **20** υἱοὶ Ηδιν ἑξακόσιοι[18]
πεντήκοντα[19] πέντε. **21** υἱοὶ Ατηρ τῷ Εζεκια ἐνενήκοντα[20] ὀκτώ.[21] **22** υἱοὶ Ησαμ
τριακόσιοι[22] εἴκοσι[23] ὀκτώ.[24] **23** υἱοὶ Βεσι τριακόσιοι[25] εἴκοσι[26] τέσσαρες. **24** υἱοὶ
Αριφ ἑκατὸν[27] δώδεκα.[28] **25** υἱοὶ Γαβαων ἐνενήκοντα[29] πέντε. **26** υἱοὶ Βαιθλεεμ
ἑκατὸν[30] εἴκοσι[31] τρεῖς. υἱοὶ Νετωφα πεντήκοντα[32] ἕξ.[33] **27** υἱοὶ Αναθωθ ἑκατὸν[34]
εἴκοσι[35] ὀκτώ.[36] **28** ἄνδρες Βηθασμωθ τεσσαράκοντα[37] δύο. **29** ἄνδρες Καριαθιαριμ,
Καφιρα καὶ Βηρωθ ἑπτακόσιοι[38] τεσσαράκοντα[39] τρεῖς. **30** ἄνδρες Αραμα καὶ Γαβαα
ἑξακόσιοι[40] εἴκοσι[41] εἷς. **31** ἄνδρες Μαχεμας ἑκατὸν[42] εἴκοσι[43] δύο. **32** ἄνδρες Βηθηλ
καὶ Αια ἑκατὸν[44] εἴκοσι[45] τρεῖς. **33** ἄνδρες Ναβι-ααρ πεντήκοντα δύο. **34** ἄνδρες
Ηλαμ-ααρ χίλιοι[46] διακόσιοι[47] πεντήκοντα[48] τέσσαρες. **35** υἱοὶ Ηραμ τριακόσιοι[49]
εἴκοσι.[50] **36** υἱοὶ Ιεριχω τριακόσιοι[51] τεσσαράκοντα[52] πέντε. **37** υἱοὶ Λοδ, Αδιδ καὶ
Ωνω ἑπτακόσιοι[53] εἴκοσι[54] εἷς. **38** υἱοὶ Σαναα τρισχίλιοι[55] ἐννακόσιοι[56] τριάκοντα.[57]

1 ὀκτακόσιοι, eight hundred
2 τεσσαράκοντα, forty
3 ἑπτακόσιοι, seven hundred
4 ἑξήκοντα, sixty
5 ἑξακόσιοι, six hundred
6 τεσσαράκοντα, forty
7 ὀκτώ, eight
8 ἑξακόσιοι, six hundred
9 εἴκοσι, twenty
10 ὀκτώ, eight
11 δισχίλιοι, two thousand
12 τριακόσιοι, three hundred
13 εἴκοσι, twenty
14 ἑξακόσιοι, six hundred
15 ἑξήκοντα, sixty
16 δισχίλιοι, two thousand
17 ἑξήκοντα, sixty
18 ἑξακόσιοι, six hundred
19 πεντήκοντα, fifty
20 ἐνενήκοντα, ninety
21 ὀκτώ, eight
22 τριακόσιοι, three hundred
23 εἴκοσι, twenty
24 ὀκτώ, eight
25 τριακόσιοι, three hundred
26 εἴκοσι, twenty
27 ἑκατόν, one hundred
28 δώδεκα, twelve
29 ἐνενήκοντα, ninety
30 ἑκατόν, one hundred
31 εἴκοσι, twenty
32 πεντήκοντα, fifty
33 ἕξ, six
34 ἑκατόν, one hundred
35 εἴκοσι, twenty
36 ὀκτώ, eight
37 τεσσαράκοντα, forty
38 ἑπτακόσιοι, seven hundred
39 τεσσαράκοντα, forty
40 ἑξακόσιοι, six hundred
41 εἴκοσι, twenty
42 ἑκατόν, one hundred
43 εἴκοσι, twenty
44 ἑκατόν, one hundred
45 εἴκοσι, twenty
46 χίλιοι, one thousand
47 διακόσιοι, two hundred
48 πεντήκοντα, fifty
49 τριακόσιοι, three hundred
50 εἴκοσι, twenty
51 τριακόσιοι, three hundred
52 τεσσαράκοντα, forty
53 ἑπτακόσιοι, seven hundred
54 εἴκοσι, twenty
55 τρισχίλιοι, three thousand
56 ἐννακόσιοι, nine hundred
57 τριάκοντα, thirty

39 οἱ ἱερεῖς· υἱοὶ Ιωδαε εἰς οἶκον Ἰησοῦ ἐννακόσιοι[1] ἑβδομήκοντα[2] τρεῖς. **40** υἱοὶ
Εμμηρ χίλιοι[3] πεντήκοντα[4] δύο. **41** υἱοὶ Φασσουρ χίλιοι[5] διακόσιοι[6] τεσσαράκοντα[7]
ἑπτά. **42** υἱοὶ Ηραμ χίλιοι[8] δέκα[9] ἑπτά.

43 οἱ Λευῖται· υἱοὶ Ἰησοῦ τῷ Καδμιηλ τοῖς υἱοῖς τοῦ Ουδουια ἑβδομήκοντα[10] τέσ-
σαρες. **44** οἱ ᾄδοντες·[11] υἱοὶ Ασαφ ἑκατὸν[12] τεσσαράκοντα[13] ὀκτώ.[14] **45** οἱ πυλωροί·[15]
υἱοὶ Σαλουμ, υἱοὶ Ατηρ, υἱοὶ Τελμων, υἱοὶ Ακουβ, υἱοὶ Ατιτα, υἱοὶ Σαβι, ἑκατὸν[16]
τριάκοντα[17] ὀκτώ.[18]

46 οἱ ναθινιμ·[19] υἱοὶ Σηα, υἱοὶ Ασιφα, υἱοὶ Ταβαωθ, **47** υἱοὶ Κιρας, υἱοὶ Σουια, υἱοὶ
Φαδων, **48** υἱοὶ Λαβανα, υἱοὶ Αγαβα, υἱοὶ Σαλαμι, **49** υἱοὶ Αναν, υἱοὶ Γαδηλ, υἱοὶ
Γααρ, **50** υἱοὶ Ρααια, υἱοὶ Ρασων, υἱοὶ Νεκωδα, **51** υἱοὶ Γηζαμ, υἱοὶ Οζι, υἱοὶ Φεση,
52 υἱοὶ Βησι, υἱοὶ Μεϊνωμ, υἱοὶ Νεφωσασιμ, **53** υἱοὶ Βακβουκ, υἱοὶ Αχιφα, υἱοὶ Αρουρ,
54 υἱοὶ Βασαλωθ, υἱοὶ Μεϊδα, υἱοὶ Αδασαν, **55** υἱοὶ Βαρκους, υἱοὶ Σισαρα, υἱοὶ Θημα,
56 υἱοὶ Νισια, υἱοὶ Ατιφα.

57 υἱοὶ δούλων Σαλωμων· υἱοὶ Σουτι, υἱοὶ Σαφαραθ, υἱοὶ Φεριδα, **58** υἱοὶ Ιεαλη,
υἱοὶ Δορκων, υἱοὶ Γαδηλ, **59** υἱοὶ Σαφατια, υἱοὶ Ετηλ, υἱοὶ Φαχαραθ, υἱοὶ Σαβαϊμ,
υἱοὶ Ημιμ.

60 πάντες οἱ ναθινιμ[20] καὶ υἱοὶ δούλων Σαλωμων τριακόσιοι[21] ἐνενήκοντα[22] δύο.

61 καὶ οὗτοι ἀνέβησαν ἀπὸ Θελμελεθ, Αρησα, Χαρουβ, Ηρων, Ιεμηρ καὶ οὐκ ἠδυ-
νάσθησαν ἀπαγγεῖλαι οἴκους πατριῶν[23] αὐτῶν καὶ σπέρμα αὐτῶν εἰ ἀπὸ Ισραηλ εἰσίν·
62 υἱοὶ Δαλαια, υἱοὶ Τωβια, υἱοὶ Νεκωδα, ἑξακόσιοι[24] τεσσαράκοντα[25] δύο. **63** καὶ
ἀπὸ τῶν ἱερέων· υἱοὶ Εβια, υἱοὶ Ακως, υἱοὶ Βερζελλι, ὅτι ἔλαβεν ἀπὸ θυγατέρων[26]
Βερζελλι τοῦ Γαλααδίτου γυναῖκας καὶ ἐκλήθη ἐπ᾽ ὀνόματι αὐτῶν· **64** οὗτοι ἐζή-
τησαν γραφὴν[27] αὐτῶν τῆς συνοδίας,[28] καὶ οὐχ εὑρέθη, καὶ ἠγχιστεύθησαν[29] ἀπὸ
τῆς ἱερατείας,[30] **65** καὶ εἶπεν Αθερσαθα ἵνα μὴ φάγωσιν ἀπὸ τοῦ ἁγίου τῶν ἁγίων,
ἕως ἀναστῇ ὁ ἱερεὺς φωτίσων.[31]

1 ἐννακόσιοι, nine hundred
2 ἑβδομήκοντα, seventy
3 χίλιοι, one thousand
4 πεντήκοντα, fifty
5 χίλιοι, one thousand
6 διακόσιοι, two hundred
7 τεσσαράκοντα, forty
8 χίλιοι, one thousand
9 δέκα, ten
10 ἑβδομήκοντα, seventy
11 ᾄδω, *pres act ptc nom p m*, sing
12 ἑκατόν, one hundred
13 τεσσαράκοντα, forty
14 ὀκτώ, eight
15 πυλωρός, gatekeeper, porter
16 ἑκατόν, one hundred
17 τριάκοντα, thirty
18 ὀκτώ, eight
19 ναθινιμ, temple servant, *translit.*
20 ναθινιμ, temple servant, *translit.*
21 τριακόσιοι, three hundred
22 ἐνενήκοντα, ninety
23 πατριά, paternal lineage, house
24 ἑξακόσιοι, six hundred
25 τεσσαράκοντα, forty
26 θυγάτηρ, daughter
27 γραφή, record
28 συνοδία, company, group
29 ἀγχιστεύω, *aor pas ind 3p*, make next of kin, exclude by descent?
30 ἱερατεία, priesthood
31 φωτίζω, *fut act ptc nom s m*, enlighten

Summary of the People and Their Gifts

66 καὶ ἐγένετο πᾶσα ἡ ἐκκλησία ὡς εἷς, τέσσαρες μυριάδες[1] δισχίλιοι[2] τριακόσιοι[3]
ἑξήκοντα[4] **67** πάρεξ[5] δούλων αὐτῶν καὶ παιδισκῶν[6] αὐτῶν, οὗτοι ἑπτακισχίλιοι[7]
τριακόσιοι[8] τριάκοντα[9] ἑπτά καὶ ᾄδοντες[10] καὶ ᾄδουσαι[11] διακόσιοι[12] τεσσαράκοντα[13]
πέντε· **68** ἵπποι[14] ἑπτακόσιοι[15] τριάκοντα[16] ἕξ,[17] ἡμίονοι[18] διακόσιοι[19] τεσσαράκοντα[20]
πέντε, **69** κάμηλοι[21] τετρακόσιοι[22] τριάκοντα[23] πέντε, ὄνοι[24] ἑξακισχίλιοι[25] ἑπτα-
κόσιοι[26] εἴκοσι.[27]

70 καὶ ἀπὸ μέρους ἀρχηγῶν[28] τῶν πατριῶν[29] ἔδωκαν εἰς τὸ ἔργον τῷ Νεεμια εἰς
θησαυρὸν[30] χρυσοῦς[31] χιλίους,[32] φιάλας[33] πεντήκοντα[34] καὶ χοθωνωθ[35] τῶν ἱερέων
τριάκοντα.[36] **71** καὶ ἀπὸ ἀρχηγῶν[37] τῶν πατριῶν[38] ἔδωκαν εἰς θησαυρὸν[39] τοῦ ἔργου
χρυσίου[40] δύο μυριάδας[41] καὶ ἀργυρίου[42] μνᾶς[43] δισχιλίας[44] διακοσίας,[45] **72** καὶ
ἔδωκαν οἱ κατάλοιποι[46] τοῦ λαοῦ χρυσίου[47] δύο μυριάδας[48] καὶ ἀργυρίου[49] μνᾶς[50]
δισχιλίας[51] διακοσίας[52] καὶ χοθωνωθ[53] τῶν ἱερέων ἑξήκοντα[54] ἑπτά.

73 καὶ ἐκάθισαν οἱ ἱερεῖς καὶ οἱ Λευῖται καὶ οἱ πυλωροὶ[55] καὶ οἱ ᾄδοντες[56] καὶ οἱ ἀπὸ
τοῦ λαοῦ καὶ οἱ ναθινιμ[57] καὶ πᾶς Ισραηλ ἐν πόλεσιν αὐτῶν.

1 μυριάς, ten thousand
2 δισχίλιοι, two thousand
3 τριακόσιοι, three hundred
4 ἑξήκοντα, sixty
5 πάρεξ, besides, apart from
6 παιδίσκη, female slave
7 ἑπτακισχίλιος, seven thousand
8 τριακόσιοι, three hundred
9 τριάκοντα, thirty
10 ᾄδω, *pres act ptc nom p m*, sing
11 ᾄδω, *pres act ptc nom p f*, sing
12 διακόσιοι, two hundred
13 τεσσαράκοντα, forty
14 ἵππος, horse
15 ἑπτακόσιοι, seven hundred
16 τριάκοντα, thirty
17 ἕξ, six
18 ἡμίονος, mule
19 διακόσιοι, two hundred
20 τεσσαράκοντα, forty
21 κάμηλος, camel
22 τετρακόσιοι, four hundred
23 τριάκοντα, thirty
24 ὄνος, donkey
25 ἑξακισχίλιοι, six thousand
26 ἑπτακόσιοι, seven hundred
27 εἴκοσι, twenty
28 ἀρχηγός, leader, head
29 πατριά, paternal lineage, house
30 θησαυρός, treasury
31 χρυσοῦς, gold
32 χίλιοι, one thousand
33 φιάλη, cup, saucer
34 πεντήκοντα, fifty
35 χοθωνωθ, garments, *translit.*
36 τριάκοντα, thirty
37 ἀρχηγός, leader, head
38 πατριά, paternal lineage, house
39 θησαυρός, treasury
40 χρυσίον, gold
41 μυριάς, ten thousand
42 ἀργύριον, silver
43 μνᾶ, mina
44 δισχίλιοι, two thousand
45 διακόσιοι, two hundred
46 κατάλοιπος, rest, remainder
47 χρυσίον, gold
48 μυριάς, ten thousand
49 ἀργύριον, silver
50 μνᾶ, mina
51 δισχίλιοι, two thousand
52 διακόσιοι, two hundred
53 χοθωνωθ, garments, *translit.*
54 ἑξήκοντα, sixty
55 πυλωρός, gatekeeper, porter
56 ᾄδω, *pres act ptc nom p m*, sing
57 ναθινιμ, temple servant, *translit.*

Καὶ ἔφθασεν[1] ὁ μὴν[2] ὁ ἕβδομος[3] — καὶ οἱ υἱοὶ Ισραηλ ἐν πόλεσιν αὐτῶν.

Ezra Reads the Law

18 καὶ συνήχθησαν πᾶς ὁ λαὸς ὡς ἀνὴρ εἷς εἰς τὸ πλάτος[4] τὸ ἔμπροσθεν πύλης[5]
τοῦ ὕδατος. καὶ εἶπαν τῷ Εσδρα τῷ γραμματεῖ[6] ἐνέγκαι τὸ βιβλίον νόμου
Μωυσῆ, ὃν ἐνετείλατο[7] κύριος τῷ Ισραηλ. **2** καὶ ἤνεγκεν Εσδρας ὁ ἱερεὺς τὸν νόμον
ἐνώπιον τῆς ἐκκλησίας ἀπὸ ἀνδρὸς καὶ ἕως γυναικὸς καὶ πᾶς ὁ συνίων[8] ἀκούειν
ἐν ἡμέρᾳ μιᾷ τοῦ μηνὸς[9] τοῦ ἑβδόμου[10] **3** καὶ ἀνέγνω[11] ἐν αὐτῷ ἀπὸ τῆς ὥρας[12] τοῦ
διαφωτίσαι[13] τὸν ἥλιον ἕως ἡμίσους[14] τῆς ἡμέρας ἀπέναντι[15] τῶν ἀνδρῶν καὶ τῶν
γυναικῶν, καὶ αὐτοὶ συνιέντες,[16] καὶ ὦτα παντὸς τοῦ λαοῦ εἰς τὸ βιβλίον τοῦ νόμου.
4 καὶ ἔστη Εσδρας ὁ γραμματεὺς[17] ἐπὶ βήματος[18] ξυλίνου,[19] καὶ ἔστησαν ἐχόμενα
αὐτοῦ Ματταθιας καὶ Σαμαιας καὶ Ανανιας καὶ Ουρια καὶ Ελκια καὶ Μαασαια ἐκ
δεξιῶν αὐτοῦ, καὶ ἐξ ἀριστερῶν[20] Φαδαιας καὶ Μισαηλ καὶ Μελχιας καὶ Ωσαμ καὶ
Ασαβδανα καὶ Ζαχαριας καὶ Μοσολλαμ. **5** καὶ ἤνοιξεν Εσδρας τὸ βιβλίον ἐνώπιον
παντὸς τοῦ λαοῦ — ὅτι αὐτὸς ἦν ἐπάνω[21] τοῦ λαοῦ — καὶ ἐγένετο ἡνίκα[22] ἤνοιξεν
αὐτό, ἔστη πᾶς ὁ λαός. **6** καὶ ηὐλόγησεν Εσδρας κύριον τὸν θεὸν τὸν μέγαν, καὶ
ἀπεκρίθη πᾶς ὁ λαὸς καὶ εἶπαν Αμην[23] ἐπάραντες[24] χεῖρας αὐτῶν καὶ ἔκυψαν[25] καὶ
προσεκύνησαν τῷ κυρίῳ ἐπὶ πρόσωπον ἐπὶ τὴν γῆν. **7** καὶ Ἰησοῦς καὶ Βαναιας καὶ
Σαραβια ἦσαν συνετίζοντες[26] τὸν λαὸν εἰς τὸν νόμον, καὶ ὁ λαὸς ἐν τῇ στάσει[27]
αὐτοῦ. **8** καὶ ἀνέγνωσαν[28] ἐν βιβλίῳ νόμου τοῦ θεοῦ, καὶ ἐδίδασκεν Εσδρας καὶ
διέστελλεν[29] ἐν ἐπιστήμῃ[30] κυρίου, καὶ συνῆκεν[31] ὁ λαὸς ἐν τῇ ἀναγνώσει.[32]

The Holy Day

9 καὶ εἶπεν Νεεμιας καὶ Εσδρας ὁ ἱερεὺς καὶ γραμματεὺς[33] καὶ οἱ Λευῖται οἱ συν-
ετίζοντες[34] τὸν λαὸν καὶ εἶπαν παντὶ τῷ λαῷ Ἡ ἡμέρα ἁγία ἐστὶν τῷ κυρίῳ θεῷ ἡμῶν,

1 φθάνω, *aor act ind 3s*, arrive
2 μήν, month
3 ἕβδομος, seventh
4 πλάτος, broad (place), (square)
5 πύλη, gate
6 γραμματεύς, scribe
7 ἐντέλλομαι, *aor mid ind 3s*, command, order
8 συνίημι, *pres act ptc nom s m*, understand
9 μήν, month
10 ἕβδομος, seventh
11 ἀναγινώσκω, *aor act ind 3s*, read
12 ὥρα, hour
13 διαφωτίζω, *aor act inf*, dawn
14 ἥμισυς, half
15 ἀπέναντι, before
16 συνίημι, *pres act ptc nom p m*, understand
17 γραμματεύς, scribe
18 βῆμα, step, platform
19 ξύλινος, wooden
20 ἀριστερός, left
21 ἐπάνω, above
22 ἡνίκα, when
23 αμην, truly, (amen), *translit.*
24 ἐπαίρω, *aor act ptc nom p m*, lift up, raise
25 κύπτω, *aor act ind 3p*, bend, bow down
26 συνετίζω, *pres act ptc nom p m*, instruct
27 στάσις, position, place
28 ἀναγινώσκω, *aor act ind 3p*, read
29 διαστέλλω, *impf act ind 3s*, expand, precisely define
30 ἐπιστήμη, knowledge, understanding
31 συνίημι, *aor act ind 3s*, understand
32 ἀνάγνωσις, (public) reading
33 γραμματεύς, scribe
34 συνετίζω, *pres act ptc nom p m*, instruct

μὴ πενθεῖτε[1] μηδὲ κλαίετε· ὅτι ἔκλαιεν πᾶς ὁ λαός, ὡς ἤκουσαν τοὺς λόγους τοῦ
νόμου. **10** καὶ εἶπεν αὐτοῖς Πορεύεσθε φάγετε λιπάσματα[2] καὶ πίετε γλυκάσματα[3]
καὶ ἀποστείλατε μερίδας[4] τοῖς μὴ ἔχουσιν, ὅτι ἁγία ἐστὶν ἡ ἡμέρα τῷ κυρίῳ ἡμῶν·
καὶ μὴ διαπέσητε,[5] ὅτι ἐστὶν ἰσχὺς[6] ὑμῶν. **11** καὶ οἱ Λευῖται κατεσιώπων[7] πάντα τὸν
λαὸν λέγοντες Σιωπᾶτε,[8] ὅτι ἡ ἡμέρα ἁγία, καὶ μὴ καταπίπτετε.[9] **12** καὶ ἀπῆλθεν
πᾶς ὁ λαὸς φαγεῖν καὶ πιεῖν καὶ ἀποστέλλειν μερίδας[10] καὶ ποιῆσαι εὐφροσύνην[11]
μεγάλην, ὅτι συνῆκαν[12] ἐν τοῖς λόγοις, οἷς ἐγνώρισεν[13] αὐτοῖς.

Consecration of the Festival of Booths

13 Καὶ ἐν τῇ ἡμέρᾳ τῇ δευτέρᾳ συνήχθησαν οἱ ἄρχοντες τῶν πατριῶν[14] τῷ παντὶ λαῷ,
οἱ ἱερεῖς καὶ οἱ Λευῖται πρὸς Εσδραν τὸν γραμματέα[15] ἐπιστῆσαι[16] πρὸς πάντας τοὺς
λόγους τοῦ νόμου. **14** καὶ εὕροσαν γεγραμμένον ἐν τῷ νόμῳ, ᾧ ἐνετείλατο[17] κύριος
τῷ Μωυσῇ, ὅπως κατοικήσωσιν οἱ υἱοὶ Ισραηλ ἐν σκηναῖς[18] ἐν ἑορτῇ[19] ἐν μηνὶ[20] τῷ
ἑβδόμῳ,[21] **15** καὶ ὅπως σημάνωσιν[22] σάλπιγξιν[23] ἐν πάσαις ταῖς πόλεσιν αὐτῶν καὶ ἐν
Ιερουσαλημ. καὶ εἶπεν Εσδρας Ἐξέλθετε εἰς τὸ ὄρος καὶ ἐνέγκετε φύλλα[24] ἐλαίας[25]
καὶ φύλλα ξύλων[26] κυπαρισσίνων[27] καὶ φύλλα μυρσίνης[28] καὶ φύλλα φοινίκων[29] καὶ
φύλλα ξύλου[30] δασέος[31] ποιῆσαι σκηνὰς[32] κατὰ τὸ γεγραμμένον. **16** καὶ ἐξῆλθεν ὁ
λαὸς καὶ ἤνεγκαν καὶ ἐποίησαν ἑαυτοῖς σκηνὰς[33] ἀνὴρ ἐπὶ τοῦ δώματος[34] αὐτοῦ
καὶ ἐν ταῖς αὐλαῖς[35] αὐτῶν καὶ ἐν ταῖς αὐλαῖς οἴκου τοῦ θεοῦ καὶ ἐν πλατείαις[36] τῆς
πόλεως καὶ ἕως πύλης[37] Εφραιμ. **17** καὶ ἐποίησαν πᾶσα ἡ ἐκκλησία οἱ ἐπιστρέψαντες
ἀπὸ τῆς αἰχμαλωσίας[38] σκηνὰς[39] καὶ ἐκάθισαν ἐν σκηναῖς· ὅτι οὐκ ἐποίησαν ἀπὸ
ἡμερῶν Ἰησοῦ υἱοῦ Ναυη οὕτως οἱ υἱοὶ Ισραηλ ἕως τῆς ἡμέρας ἐκείνης· καὶ ἐγένετο

1 πενθέω, *pres act impv 2p*, mourn
2 λίπασμα, fatty substance
3 γλύκασμα, sweetness, sweet wine
4 μερίς, piece, portion
5 διαπίπτω, *aor act sub 2p*, fail, crumble
6 ἰσχύς, strength, might
7 κατασιωπάω, *impf act ind 3p*, make silent, quiet down
8 σιωπάω, *pres act ind 2p*, be silent, be quiet
9 καταπίπτω, *pres act ind 2p*, (be downcast), fall over
10 μερίς, piece, portion
11 εὐφροσύνη, joy, gladness
12 συνίημι, *aor act ind 3p*, understand
13 γνωρίζω, *aor act ind 3s*, tell, make known
14 πατριά, paternal lineage, house
15 γραμματεύς, scribe
16 ἐφίστημι, *aor act inf*, attend to, fix one's mind on
17 ἐντέλλομαι, *aor mid ind 3s*, command, order
18 σκηνή, tent
19 ἑορτή, feast, festival
20 μήν, month
21 ἕβδομος, seventh
22 σημαίνω, *aor act sub 3p*, give a sign, (sound)
23 σάλπιγξ, trumpet
24 φύλλον, leaf
25 ἐλαία, olive tree
26 ξύλον, tree
27 κυπαρίσσινος, of cypress wood
28 μυρσίνη, myrtle
29 φοῖνιξ, date palm
30 ξύλον, tree
31 δασύς, bushy, dense
32 σκηνή, tent
33 σκηνή, tent
34 δῶμα, housetop, roof
35 αὐλή, court
36 πλατύς, broad (place), (square)
37 πύλη, gate
38 αἰχμαλωσία, captivity
39 σκηνή, tent

εὐφροσύνη[1] μεγάλη. **18** καὶ ἀνέγνω[2] ἐν βιβλίῳ νόμου τοῦ θεοῦ ἡμέραν ἐν ἡμέρᾳ ἀπὸ τῆς ἡμέρας τῆς πρώτης ἕως τῆς ἡμέρας τῆς ἐσχάτης· καὶ ἐποίησαν ἑορτὴν[3] ἑπτὰ ἡμέρας καὶ τῇ ἡμέρᾳ τῇ ὀγδόῃ[4] ἐξόδιον[5] κατὰ τὸ κρίμα.[6]

Confession of the Nation's Sin

19 Καὶ ἐν ἡμέρᾳ εἰκοστῇ[7] καὶ τετάρτῃ[8] τοῦ μηνὸς[9] τούτου συνήχθησαν οἱ υἱοὶ Ισραηλ ἐν νηστείᾳ[10] καὶ ἐν σάκκοις.[11] **2** καὶ ἐχωρίσθησαν[12] οἱ υἱοὶ Ισραηλ ἀπὸ παντὸς υἱοῦ ἀλλοτρίου[13] καὶ ἔστησαν καὶ ἐξηγόρευσαν[14] τὰς ἁμαρτίας αὐτῶν καὶ τὰς ἀνομίας[15] τῶν πατέρων αὐτῶν. **3** καὶ ἔστησαν ἐπὶ στάσει[16] αὐτῶν καὶ ἀνέγνωσαν[17] ἐν βιβλίῳ νόμου κυρίου θεοῦ αὐτῶν καὶ ἦσαν ἐξαγορεύοντες[18] τῷ κυρίῳ καὶ προσκυνοῦντες τῷ κυρίῳ θεῷ αὐτῶν. **4** καὶ ἔστη ἐπὶ ἀναβάσει[19] τῶν Λευιτῶν Ἰησοῦς καὶ υἱοὶ Καδμιηλ, Σαχανια υἱὸς Σαραβια υἱοὶ Χανανι καὶ ἐβόησαν[20] φωνῇ μεγάλῃ πρὸς κύριον τὸν θεὸν αὐτῶν.

5 καὶ εἴποσαν οἱ Λευῖται Ἰησοῦς καὶ Καδμιηλ Ἀνάστητε εὐλογεῖτε τὸν κύριον θεὸν ὑμῶν ἀπὸ τοῦ αἰῶνος καὶ ἕως τοῦ αἰῶνος, καὶ εὐλογήσουσιν ὄνομα δόξης σου καὶ ὑψώσουσιν[21] ἐπὶ πάσῃ εὐλογίᾳ[22] καὶ αἰνέσει.[23]

6 καὶ εἶπεν Εσδρας Σὺ εἶ αὐτὸς κύριος μόνος· σὺ ἐποίησας τὸν οὐρανὸν καὶ τὸν οὐρανὸν τοῦ οὐρανοῦ καὶ πᾶσαν τὴν στάσιν[24] αὐτῶν, τὴν γῆν καὶ πάντα, ὅσα ἐστὶν ἐν αὐτῇ, τὰς θαλάσσας καὶ πάντα τὰ ἐν αὐταῖς, καὶ σὺ ζωοποιεῖς[25] τὰ πάντα, καὶ σοὶ προσκυνοῦσιν αἱ στρατιαὶ[26] τῶν οὐρανῶν. **7** σὺ εἶ κύριος ὁ θεός· σὺ ἐξελέξω[27] ἐν Αβραμ καὶ ἐξήγαγες[28] αὐτὸν ἐκ τῆς χώρας[29] τῶν Χαλδαίων καὶ ἐπέθηκας αὐτῷ ὄνομα Αβρααμ· **8** καὶ εὗρες τὴν καρδίαν αὐτοῦ πιστὴν[30] ἐνώπιόν σου καὶ διέθου[31] πρὸς αὐτὸν διαθήκην δοῦναι αὐτῷ τὴν γῆν τῶν Χαναναίων καὶ Χετταίων καὶ Αμορραίων καὶ Φερεζαίων καὶ Ιεβουσαίων καὶ Γεργεσαίων καὶ τῷ σπέρματι αὐτοῦ· καὶ ἔστησας τοὺς λόγους σου, ὅτι δίκαιος σύ.

9 καὶ εἶδες τὴν ταπείνωσιν[32] τῶν πατέρων ἡμῶν ἐν Αἰγύπτῳ καὶ τὴν κραυγὴν[33] αὐτῶν ἤκουσας ἐπὶ θάλασσαν ἐρυθράν.[34] **10** καὶ ἔδωκας σημεῖα ἐν Αἰγύπτῳ ἐν Φαραω καὶ

1 εὐφροσύνη, joy, gladness
2 ἀναγινώσκω, *aor act ind 3s*, read
3 ἑορτή, feast, festival
4 ὄγδοος, eighth
5 ἐξόδιον, conclusion, (final day)
6 κρίμα, decree, judgment
7 εἰκοστός, twentieth
8 τέταρτος, fourth
9 μήν, month
10 νηστεία, fast
11 σάκκος, sackcloth, *Heb. LW*
12 χωρίζω, *aor pas ind 3p*, separate
13 ἀλλότριος, foreign
14 ἐξαγορεύω, *aor act ind 3p*, confess
15 ἀνομία, transgression
16 στάσις, position, place
17 ἀναγινώσκω, *aor act ind 3p*, read
18 ἐξαγορεύω, *pres act ptc nom p m*, confess
19 ἀνάβασις, ascent
20 βοάω, *aor act ind 3p*, cry out
21 ὑψόω, *fut act ind 3p*, lift up, exalt
22 εὐλογία, blessing
23 αἴνεσις, praise
24 στάσις, position, place
25 ζωοποιέω, *pres act ind 2s*, make alive
26 στρατιά, army, host
27 ἐκλέγω, *aor mid ind 2s*, select, choose
28 ἐξάγω, *aor act ind 2s*, lead out
29 χώρα, country, land
30 πιστός, faithful
31 διατίθημι, *aor mid ind 2s*, grant, arrange
32 ταπείνωσις, humiliation, affliction
33 κραυγή, outcry
34 ἐρυθρός, red

ἐν πᾶσιν τοῖς παισὶν[1] αὐτοῦ καὶ ἐν παντὶ τῷ λαῷ τῆς γῆς αὐτοῦ, ὅτι ἔγνως ὅτι
ὑπερηφάνησαν[2] ἐπ' αὐτούς, καὶ ἐποίησας σεαυτῷ ὄνομα ὡς ἡ ἡμέρα αὕτη. **11** καὶ
τὴν θάλασσαν ἔρρηξας[3] ἐνώπιον αὐτῶν, καὶ παρήλθοσαν[4] ἐν μέσῳ τῆς θαλάσσης ἐν
ξηρασίᾳ,[5] καὶ τοὺς καταδιώξαντας[6] αὐτοὺς ἔρριψας[7] εἰς βυθὸν[8] ὡσεὶ[9] λίθον ἐν ὕδατι
σφοδρῷ.[10] **12** καὶ ἐν στύλῳ[11] νεφέλης[12] ὡδήγησας[13] αὐτοὺς ἡμέρας καὶ ἐν στύλῳ[14]
πυρὸς τὴν νύκτα τοῦ φωτίσαι[15] αὐτοῖς τὴν ὁδόν, ἐν ᾗ πορεύσονται ἐν αὐτῇ. **13** καὶ
ἐπὶ ὄρος Σινα κατέβης καὶ ἐλάλησας πρὸς αὐτοὺς ἐξ οὐρανοῦ καὶ ἔδωκας αὐτοῖς
κρίματα[16] εὐθέα[17] καὶ νόμους ἀληθείας, προστάγματα[18] καὶ ἐντολὰς ἀγαθάς. **14** καὶ
τὸ σάββατόν σου τὸ ἅγιον ἐγνώρισας[19] αὐτοῖς, ἐντολὰς καὶ προστάγματα[20] καὶ
νόμον ἐνετείλω[21] αὐτοῖς ἐν χειρὶ Μωυσῆ δούλου σου. **15** καὶ ἄρτον ἐξ οὐρανοῦ
ἔδωκας αὐτοῖς εἰς σιτοδείαν[22] αὐτῶν καὶ ὕδωρ ἐκ πέτρας[23] ἐξήνεγκας[24] αὐτοῖς εἰς
δίψαν[25] αὐτῶν. καὶ εἶπας αὐτοῖς εἰσελθεῖν κληρονομῆσαι[26] τὴν γῆν, ἐφ' ἣν ἐξέτεινας[27]
τὴν χεῖρά σου δοῦναι αὐτοῖς.

16 καὶ αὐτοὶ καὶ οἱ πατέρες ἡμῶν ὑπερηφανεύσαντο[28] καὶ ἐσκλήρυναν[29] τὸν τράχη-
λον[30] αὐτῶν καὶ οὐκ ἤκουσαν τῶν ἐντολῶν σου· **17** καὶ ἀνένευσαν[31] τοῦ εἰσακοῦσαι[32]
καὶ οὐκ ἐμνήσθησαν[33] τῶν θαυμασίων[34] σου, ὧν ἐποίησας μετ' αὐτῶν, καὶ ἐσκλήρυ-
ναν[35] τὸν τράχηλον[36] αὐτῶν καὶ ἔδωκαν ἀρχὴν ἐπιστρέψαι εἰς δουλείαν[37] αὐτῶν ἐν
Αἰγύπτῳ. καὶ σὺ θεὸς ἐλεήμων[38] καὶ οἰκτίρμων,[39] μακρόθυμος[40] καὶ πολυέλεος,[41] καὶ
οὐκ ἐγκατέλιπες[42] αὐτούς. **18** ἔτι δὲ καὶ ἐποίησαν ἑαυτοῖς μόσχον[43] χωνευτὸν[44] καὶ
εἶπαν Οὗτοι οἱ θεοὶ οἱ ἐξαγαγόντες[45] ἡμᾶς ἐξ Αἰγύπτου· καὶ ἐποίησαν παροργισμοὺς[46]

1 παῖς, servant
2 ὑπερηφανέω, *aor pas ind 3p*, act insolently, treat arrogantly
3 ῥήγνυμι, *aor act ind 2s*, tear, burst
4 παρέρχομαι, *aor act ind 3p*, pass through
5 ξηρασία, dryness
6 καταδιώκω, *aor act ptc acc p m*, pursue closely
7 ῥίπτω, *aor act ind 2s*, cast, throw
8 βυθός, depth
9 ὡσεί, like
10 σφοδρός, violent, (turbulent)
11 στῦλος, pillar
12 νεφέλη, cloud
13 ὁδηγέω, *aor act ind 2s*, lead, guide
14 στῦλος, pillar
15 φωτίζω, *aor act inf*, shine light on, illuminate
16 κρίμα, decree, judgment
17 εὐθύς, direct, straightforward
18 πρόσταγμα, ordinance, command
19 γνωρίζω, *aor act ind 2s*, make known
20 πρόσταγμα, ordinance, command
21 ἐντέλλομαι, *aor mid ind 2s*, command, order
22 σιτοδεία, famine
23 πέτρα, rock
24 ἐκφέρω, *aor act ind 2s*, bring out
25 δίψα, thirst
26 κληρονομέω, *aor act inf*, inherit
27 ἐκτείνω, *aor act ind 2s*, stretch out
28 ὑπερηφανεύομαι, *aor mid ind 3p*, behave arrogantly
29 σκληρύνω, *aor act ind 3p*, harden, stiffen
30 τράχηλος, neck
31 ἀνανεύω, *aor act ind 3p*, refuse
32 εἰσακούω, *aor act inf*, listen
33 μιμνῄσκομαι, *aor act ind 3p*, remember
34 θαυμάσιος, miraculous, (miracle)
35 σκληρύνω, *aor act ind 3p*, harden, stiffen
36 τράχηλος, neck
37 δουλεία, slavery, bondage
38 ἐλεήμων, merciful
39 οἰκτίρμων, compassionate
40 μακρόθυμος, patient
41 πολυέλεος, very merciful
42 ἐγκαταλείπω, *aor act ind 2s*, abandon, forsake
43 μόσχος, calf
44 χωνευτός, bronze
45 ἐξάγω, *aor act ptc nom p m*, lead out
46 παροργισμός, intense anger

μεγάλους. **19** καὶ σὺ ἐν οἰκτιρμοῖς[1] σου τοῖς πολλοῖς οὐκ ἐγκατέλιπες[2] αὐτοὺς ἐν
τῇ ἐρήμῳ· τὸν στῦλον[3] τῆς νεφέλης[4] οὐκ ἐξέκλινας[5] ἀπ᾽ αὐτῶν ἡμέρας ὁδηγῆσαι[6]
αὐτοὺς ἐν τῇ ὁδῷ καὶ τὸν στῦλον[7] τοῦ πυρὸς τὴν νύκτα φωτίζειν[8] αὐτοῖς τὴν ὁδόν,
ἐν ᾗ πορεύσονται ἐν αὐτῇ. **20** καὶ τὸ πνεῦμά σου τὸ ἀγαθὸν ἔδωκας συνετίσαι[9]
αὐτοὺς καὶ τὸ μαννα[10] σοῦ οὐκ ἀφυστέρησας[11] ἀπὸ στόματος αὐτῶν καὶ ὕδωρ ἔδω-
κας αὐτοῖς τῷ δίψει[12] αὐτῶν. **21** καὶ τεσσαράκοντα[13] ἔτη διέθρεψας[14] αὐτοὺς ἐν τῇ
ἐρήμῳ, οὐχ ὑστέρησαν·[15] ἱμάτια αὐτῶν οὐκ ἐπαλαιώθησαν,[16] καὶ πόδες αὐτῶν οὐ
διερράγησαν.[17] **22** καὶ ἔδωκας αὐτοῖς βασιλείας καὶ λαοὺς καὶ διεμέρισας[18] αὐτοῖς,
καὶ ἐκληρονόμησαν[19] τὴν γῆν Σηων βασιλέως Εσεβων καὶ τὴν γῆν Ωγ βασιλέως τοῦ
Βασαν. **23** καὶ τοὺς υἱοὺς αὐτῶν ἐπλήθυνας[20] ὡς τοὺς ἀστέρας[21] τοῦ οὐρανοῦ καὶ
εἰσήγαγες[22] αὐτοὺς εἰς τὴν γῆν, ἣν εἶπας τοῖς πατράσιν αὐτῶν, καὶ ἐκληρονόμησαν[23]
αὐτήν. **24** καὶ ἐξέτριψας[24] ἐνώπιον αὐτῶν τοὺς κατοικοῦντας τὴν γῆν τῶν Χαναναίων
καὶ ἔδωκας αὐτοὺς εἰς τὰς χεῖρας αὐτῶν καὶ τοὺς βασιλεῖς αὐτῶν καὶ τοὺς λαοὺς
τῆς γῆς ποιῆσαι αὐτοῖς ὡς ἀρεστὸν[25] ἐνώπιον αὐτῶν. **25** καὶ κατελάβοσαν[26] πόλεις
ὑψηλὰς[27] καὶ ἐκληρονόμησαν[28] οἰκίας πλήρεις[29] πάντων ἀγαθῶν, λάκκους[30] λελατο-
μημένους,[31] ἀμπελῶνας[32] καὶ ἐλαιῶνας[33] καὶ πᾶν ξύλον[34] βρώσιμον[35] εἰς πλῆθος· καὶ
ἐφάγοσαν καὶ ἐνεπλήσθησαν[36] καὶ ἐλιπάνθησαν[37] καὶ ἐτρύφησαν[38] ἐν ἀγαθωσύνῃ[39]
σου τῇ μεγάλῃ.

1 οἰκτιρμός, compassion
2 ἐγκαταλείπω, *aor act ind 2s*, abandon, forsake
3 στῦλος, pillar
4 νεφέλη, cloud
5 ἐκκλίνω, *aor act ind 2s*, turn from
6 ὁδηγέω, *aor act inf*, guide, lead
7 στῦλος, pillar
8 φωτίζω, *pres act inf*, shine light on, illuminate
9 συνετίζω, *aor act inf*, instruct
10 μαννα, manna, *translit.*
11 ἀφυστερέω, *aor act ptc nom s m*, withhold
12 δίψος, thirst
13 τεσσαράκοντα, forty
14 διατρέφω, *aor act ind 2s*, sustain, maintain
15 ὑστερέω, *aor act ind 3p*, lack, be wanting
16 παλαιόω, *aor pas ind 3p*, wear out, become old
17 διαρρήγνυμι, *aor pas ind 3p*, split, crack
18 διαμερίζω, *aor act ind 2s*, distribute, divide
19 κληρονομέω, *aor act ind 3p*, inherit, take possession
20 πληθύνω, *aor act ind 2s*, multiply, increase
21 ἀστήρ, star
22 εἰσάγω, *aor act ind 2s*, bring in
23 κληρονομέω, *aor act ind 3p*, inherit, take possession
24 ἐκτρίβω, *aor act ind 2s*, wipe out, destroy
25 ἀρεστός, pleasing, acceptable
26 καταλαμβάνω, *aor act ind 3p*, seize, capture
27 ὑψηλός, elevated, proud
28 κληρονομέω, *aor act ind 3p*, inherit, take possession
29 πλήρης, full
30 λάκκος, well, cistern
31 λατομέω, *perf pas ptc acc p m*, hew out of rock
32 ἀμπελών, vineyard
33 ἐλαιών, olive grove
34 ξύλον, tree
35 βρώσιμος, edible
36 ἐμπίμπλημι, *aor pas ind 3p*, fill up, satisfy
37 λιπαίνω, *aor pas ind 3p*, make fat
38 τρυφάω, *aor pas ind 3p*, revel, be licentious
39 ἀγαθωσύνη, goodness, kindness

26 καὶ ἤλλαξαν[1] καὶ ἀπέστησαν[2] ἀπὸ σοῦ καὶ ἔρριψαν[3] τὸν νόμον σου ὀπίσω σώ-
ματος αὐτῶν καὶ τοὺς προφήτας σου ἀπέκτειναν, οἳ διεμαρτύραντο[4] ἐν αὐτοῖς
ἐπιστρέψαι αὐτοὺς πρὸς σέ, καὶ ἐποίησαν παροργισμοὺς[5] μεγάλους. **27** καὶ ἔδωκας
αὐτοὺς ἐν χειρὶ θλιβόντων[6] αὐτούς, καὶ ἔθλιψαν[7] αὐτούς· καὶ ἀνεβόησαν[8] πρὸς σὲ
ἐν καιρῷ θλίψεως αὐτῶν, καὶ σὺ ἐξ οὐρανοῦ σου ἤκουσας καὶ ἐν οἰκτιρμοῖς[9] σου
τοῖς μεγάλοις ἔδωκας αὐτοῖς σωτῆρας[10] καὶ ἔσωσας αὐτοὺς ἐκ χειρὸς θλιβόντων[11]
αὐτούς. **28** καὶ ὡς ἀνεπαύσαντο,[12] ἐπέστρεψαν ποιῆσαι τὸ πονηρὸν ἐνώπιόν σου·
καὶ ἐγκατέλιπες[13] αὐτοὺς εἰς χεῖρας ἐχθρῶν αὐτῶν, καὶ κατῆρξαν[14] ἐν αὐτοῖς. καὶ
πάλιν[15] ἀνεβόησαν[16] πρὸς σέ, καὶ σὺ ἐξ οὐρανοῦ εἰσήκουσας[17] καὶ ἐρρύσω[18] αὐτοὺς
ἐν οἰκτιρμοῖς[19] σου πολλοῖς. **29** καὶ ἐπεμαρτύρω[20] αὐτοῖς ἐπιστρέψαι αὐτοὺς εἰς
τὸν νόμον σου, καὶ οὐκ ἤκουσαν, ἀλλὰ ἐν ταῖς ἐντολαῖς σου καὶ ἐν τοῖς κρίμασί[21]
σου ἡμάρτοσαν, ἃ ποιήσας αὐτὰ ἄνθρωπος ζήσεται ἐν αὐτοῖς· καὶ ἔδωκαν νῶτον[22]
ἀπειθοῦντα[23] καὶ τράχηλον[24] αὐτῶν ἐσκλήρυναν[25] καὶ οὐκ ἤκουσαν. **30** καὶ εἵλ-
κυσας[26] ἐπ᾽ αὐτοὺς ἔτη πολλὰ καὶ ἐπεμαρτύρω[27] αὐτοῖς ἐν πνεύματί σου ἐν χειρὶ
προφητῶν σου· καὶ οὐκ ἠνωτίσαντο,[28] καὶ ἔδωκας αὐτοὺς ἐν χειρὶ λαῶν τῆς γῆς.
31 καὶ σὺ ἐν οἰκτιρμοῖς[29] σου τοῖς πολλοῖς οὐκ ἐποίησας αὐτοὺς συντέλειαν[30] καὶ
οὐκ ἐγκατέλιπες[31] αὐτούς, ὅτι ἰσχυρὸς[32] εἶ καὶ ἐλεήμων[33] καὶ οἰκτίρμων.[34]

32 καὶ νῦν, ὁ θεὸς ἡμῶν ὁ ἰσχυρὸς[35] ὁ μέγας ὁ κραταιὸς[36] καὶ ὁ φοβερὸς[37] φυλάσσων
τὴν διαθήκην σου καὶ τὸ ἔλεός[38] σου, μὴ ὀλιγωθήτω[39] ἐνώπιόν σου πᾶς ὁ μόχθος,[40]
ὃς εὗρεν ἡμᾶς καὶ τοὺς βασιλεῖς ἡμῶν καὶ τοὺς ἄρχοντας ἡμῶν καὶ τοὺς ἱερεῖς ἡμῶν
καὶ τοὺς προφήτας ἡμῶν καὶ τοὺς πατέρας ἡμῶν καὶ ἐν παντὶ τῷ λαῷ σου ἀπὸ

1 ἀλλάσσω, *aor act ind 3p*, change
2 ἀφίστημι, *aor act ind 3p*, turn away
3 ῥίπτω, *aor act ind 3p*, throw, cast
4 διαμαρτύρομαι, *aor mid ind 3p*, warn
5 παροργισμός, intense anger
6 θλίβω, *pres act ptc gen p m*, afflict, oppress
7 θλίβω, *aor act ind 3p*, afflict, oppress
8 ἀναβοάω, *aor act ind 3p*, cry out
9 οἰκτιρμός, compassion
10 σωτήρ, savior, deliverer
11 θλίβω, *pres act ptc gen p m*, afflict, oppress
12 ἀναπαύω, *aor mid ind 3p*, take rest
13 ἐγκαταλείπω, *aor act ind 2s*, abandon, forsake
14 κατάρχω, *aor act ind 3p*, rule
15 πάλιν, again, once more
16 ἀναβοάω, *aor act ind 3p*, cry out
17 εἰσακούω, *aor act ind 2s*, listen
18 ῥύομαι, *aor mid ind 2s*, rescue, deliver
19 οἰκτιρμός, compassion
20 ἐπιμαρτύρομαι, *aor mid ind 2s*, appeal to, call upon earnestly
21 κρίμα, decree, judgment
22 νῶτος, back, backside
23 ἀπειθέω, *pres act ptc acc s m*, be disobedient
24 τράχηλος, neck
25 σκληρύνω, *aor act ind 3p*, harden
26 ἑλκύω, *aor act ind 2s*, drag (on), (endure)
27 ἐπιμαρτύρομαι, *aor mid ind 2s*, appeal to, call upon earnestly
28 ἐνωτίζομαι, *aor mid ind 3p*, pay attention
29 οἰκτιρμός, compassion
30 συντέλεια, end, destruction
31 ἐγκαταλείπω, *aor act ind 2s*, abandon, forsake
32 ἰσχυρός, strong, powerful
33 ἐλεήμων, merciful
34 οἰκτίρμων, compassionate
35 ἰσχυρός, powerful, mighty
36 κραταιός, strong
37 φοβερός, terrible, fearful
38 ἔλεος, mercy
39 ὀλιγόω, *aor pas impv 3s*, diminish, be small
40 μόχθος, hardship

ἡμερῶν βασιλέων Ασσουρ καὶ ἕως τῆς ἡμέρας ταύτης. **33** καὶ σὺ δίκαιος ἐπὶ πᾶσι
τοῖς ἐρχομένοις ἐφ᾿ ἡμᾶς, ὅτι ἀλήθειαν ἐποίησας, καὶ ἡμεῖς ἐξημάρτομεν.[1] **34** καὶ
οἱ βασιλεῖς ἡμῶν καὶ οἱ ἄρχοντες ἡμῶν καὶ οἱ ἱερεῖς ἡμῶν καὶ οἱ πατέρες ἡμῶν οὐκ
ἐποίησαν τὸν νόμον σου καὶ οὐ προσέσχον[2] τῶν ἐντολῶν σου καὶ τὰ μαρτύριά[3]
σου, ἃ διεμαρτύρω[4] αὐτοῖς. **35** καὶ αὐτοὶ ἐν βασιλείᾳ σου καὶ ἐν ἀγαθωσύνῃ[5] σου
τῇ πολλῇ, ᾗ ἔδωκας αὐτοῖς, καὶ ἐν τῇ γῇ τῇ πλατείᾳ[6] καὶ λιπαρᾷ,[7] ᾗ ἔδωκας ἐνώπιον
αὐτῶν, οὐκ ἐδούλευσάν[8] σοι καὶ οὐκ ἀπέστρεψαν[9] ἀπὸ ἐπιτηδευμάτων[10] αὐτῶν τῶν
πονηρῶν. **36** ἰδού ἐσμεν σήμερον δοῦλοι, καὶ ἡ γῆ, ἣν ἔδωκας τοῖς πατράσιν ἡμῶν
φαγεῖν τὸν καρπὸν αὐτῆς, **37** τοῖς βασιλεῦσιν, οἷς ἔδωκας ἐφ᾿ ἡμᾶς ἐν ἁμαρτίαις
ἡμῶν, καὶ ἐπὶ τὰ σώματα ἡμῶν ἐξουσιάζουσιν[11] καὶ ἐν κτήνεσιν[12] ἡμῶν ὡς ἀρεστὸν[13]
αὐτοῖς, καὶ ἐν θλίψει μεγάλῃ ἐσμέν.

Renewal of the Covenant

20 καὶ ἐν πᾶσι τούτοις ἡμεῖς διατιθέμεθα[14] πίστιν καὶ γράφομεν, καὶ ἐπισφραγίζουσιν[15] πάντες ἄρχοντες ἡμῶν, Λευῖται ἡμῶν ἱερεῖς ἡμῶν.

2 Καὶ ἐπὶ τῶν σφραγιζόντων[16] Νεεμιας υἱὸς Αχαλια καὶ Σεδεκιας. **3** υἱὸς Σαραια καὶ
Αζαρια καὶ Ιερμια, **4** Φασουρ, Αμαρια, Μελχια, **5** Ατους, Σεβανι, Μαλουχ, **6** Ιραμ,
Μεραμωθ, Αβδια, **7** Δανιηλ, Γαναθων, Βαρουχ, **8** Μεσουλαμ, Αβια, Μιαμιν, **9** Μααζια,
Βελγαι, Σαμαια, οὗτοι ἱερεῖς· **10** καὶ οἱ Λευῖται Ἰησοῦς υἱὸς Αζανια, Βαναιου ἀπὸ υἱῶν
Ηναδαδ, Καδμιηλ, **11** καὶ οἱ ἀδελφοὶ αὐτοῦ, Σαβανια, Ωδουια Καλιτα, Φελεϊα, Αναν,
12 Μιχα, Ροωβ, Εσεβιας, **13** Ζαχωρ, Σαραβια, Σεβανια, **14** Ωδουια, υἱοὶ Βανουναι·
15 ἄρχοντες τοῦ λαοῦ Φορος, Φααθμωαβ, Ηλαμ, Ζαθουια, υἱοὶ **16** Βανι, Ασγαδ,
Βηβαι, **17** Εδανια, Βαγοι, Ηδιν, **18** Ατηρ, Εζεκια, Αζουρ, **19** Οδουια, Ησαμ, Βησι,
20 Αριφ, Αναθωθ, Νωβαι, **21** Μαγαφης, Μεσουλαμ, Ηζιρ, **22** Μεσωζεβηλ, Σαδδουκ,
Ιεδδουα, **23** Φαλτια, Αναν, Αναια, **24** Ωσηε,Ανανια, Ασουβ, **25** Αλωης, Φαλαϊ, Σωβηκ,
26 Ραουμ, Εσαβανα, Μαασαια **27** καὶ Αϊα, Αιναν, Ηναν, **28** Μαλουχ, Ηραμ, Βαανα.

Covenant Obligations

29 καὶ οἱ κατάλοιποι[17] τοῦ λαοῦ, οἱ ἱερεῖς, οἱ Λευῖται, οἱ πυλωροί,[18] οἱ ᾄδοντες,[19]
οἱ ναθινιμ[20] καὶ πᾶς ὁ προσπορευόμενος[21] ἀπὸ λαῶν τῆς γῆς πρὸς νόμον τοῦ

1 ἐξαμαρτάνω, *aor act ind 1p*, offend, do wrong
2 προσέχω, *aor act ind 3p*, pay attention to, heed
3 μαρτύριον, testimony
4 διαμαρτύρομαι, *aor mid ind 2s*, warn
5 ἀγαθωσύνη, goodness, kindness
6 πλατύς, wide, broad
7 λιπαρός, rich, fruitful
8 δουλεύω, *aor act ind 3p*, serve
9 ἀποστρέφω, *aor act ind 3p*, turn away
10 ἐπιτήδευμα, habit, way of living
11 ἐξουσιάζω, *pres act ind 3p*, have authority, have power
12 κτῆνος, animal, (*p*) cattle, livestock
13 ἀρεστός, pleasing
14 διατίθημι, *pres mid ind 1p*, grant, arrange
15 ἐπισφραγίζω, *pres act ind 3p*, seal, confirm
16 σφραγίζω, *pres act ptc gen p m*, mark, sign
17 κατάλοιπος, rest, remainder
18 πυλωρός, gatekeeper, porter
19 ᾄδω, *pres act ptc nom p m*, sing
20 ναθινιμ, temple servant, *translit.*
21 προσπορεύομαι, *pres mid ptc nom s m*, approach

θεοῦ, γυναῖκες αὐτῶν, υἱοὶ αὐτῶν, θυγατέρες[1] αὐτῶν, πᾶς ὁ εἰδὼς καὶ συνίων,[2]
30 ἐνίσχυον[3] ἐπὶ τοὺς ἀδελφοὺς αὐτῶν, κατηράσαντο[4] αὐτοὺς καὶ εἰσῆλθοσαν ἐν
ἀρᾷ[5] καὶ ἐν ὅρκῳ[6] τοῦ πορεύεσθαι ἐν νόμῳ τοῦ θεοῦ, ὃς ἐδόθη ἐν χειρὶ Μωυσῆ
δούλου τοῦ θεοῦ, καὶ φυλάσσεσθαι καὶ ποιεῖν πάσας τὰς ἐντολὰς κυρίου ἡμῶν καὶ
κρίματα[7] αὐτο **31** καὶ τοῦ μὴ δοῦναι θυγατέρας[8] ἡμῶν τοῖς λαοῖς τῆς γῆς, καὶ τὰς
θυγατέρας αὐτῶν οὐ λημψόμεθα τοῖς υἱοῖς ἡμῶν. **32** καὶ λαοὶ τῆς γῆς οἱ φέροντες
τοὺς ἀγορασμοὺς[9] καὶ πᾶσαν πρᾶσιν[10] ἐν ἡμέρᾳ τοῦ σαββάτου ἀποδόσθαι, οὐκ
ἀγορῶμεν[11] παρ' αὐτῶν ἐν σαββάτῳ καὶ ἐν ἡμέρᾳ ἁγίᾳ. καὶ ἀνήσομεν[12] τὸ ἔτος τὸ
ἕβδομον[13] καὶ ἀπαίτησιν[14] πάσης χειρός.

33 καὶ στήσομεν ἐφ' ἡμᾶς ἐντολὰς δοῦναι ἐφ' ἡμᾶς τρίτον τοῦ διδράχμου[15] κατ'
ἐνιαυτὸν[16] εἰς δουλείαν[17] οἴκου θεοῦ ἡμῶν **34** εἰς ἄρτους τοῦ προσώπου καὶ θυσίαν[18]
τοῦ ἐνδελεχισμοῦ[19] καὶ εἰς ὁλοκαύτωμα[20] τοῦ ἐνδελεχισμοῦ τῶν σαββάτων, τῶν
νουμηνιῶν,[21] εἰς τὰς ἑορτὰς[22] καὶ εἰς τὰ ἅγια, καὶ τὰ περὶ ἁμαρτίας ἐξιλάσασθαι[23] περὶ
Ισραηλ καὶ εἰς ἔργα οἴκου θεοῦ ἡμῶν. **35** καὶ κλήρους[24] ἐβάλομεν[25] περὶ κλήρου[26]
ξυλοφορίας,[27] οἱ ἱερεῖς καὶ οἱ Λευῖται καὶ ὁ λαός, ἐνέγκαι εἰς οἶκον θεοῦ ἡμῶν εἰς
οἶκον πατριῶν[28] ἡμῶν εἰς καιροὺς ἀπὸ χρόνων ἐνιαυτὸν[29] κατ' ἐνιαυτόν, ἐκκαῦσαι[30]
ἐπὶ τὸ θυσιαστήριον[31] κυρίου θεοῦ ἡμῶν, ὡς γέγραπται ἐν τῷ νόμῳ, **36** καὶ ἐνέγκαι
τὰ πρωτογενήματα[32] τῆς γῆς ἡμῶν καὶ πρωτογενήματα καρποῦ παντὸς ξύλου[33]
ἐνιαυτὸν[34] κατ' ἐνιαυτὸν εἰς οἶκον κυρίου. **37** καὶ τὰ πρωτότοκα[35] υἱῶν ἡμῶν καὶ
κτηνῶν[36] ἡμῶν, ὡς γέγραπται ἐν τῷ νόμῳ, καὶ τὰ πρωτότοκα βοῶν[37] ἡμῶν καὶ
ποιμνίων[38] ἡμῶν ἐνέγκαι εἰς οἶκον θεοῦ ἡμῶν τοῖς ἱερεῦσιν τοῖς λειτουργοῦσιν[39]
ἐν οἴκῳ θεοῦ ἡμῶν.

1 θυγάτηρ, daughter
2 συνίημι, *pres act ptc nom s m*, understand
3 ἐνισχύω, *impf act ind 3p*, strengthen
4 καταράομαι, *aor mid ind 3p*, curse
5 ἀρά, curse
6 ὅρκος, oath
7 κρίμα, decree, judgment
8 θυγάτηρ, daughter
9 ἀγορασμός, wares, merchandise
10 πρᾶσις, transaction
11 ἀγοράζω, *fut act ind 1p*, buy
12 ἀνίημι, *fut act ind 1p*, release, give up
13 ἕβδομος, seventh
14 ἀπαίτησις, claim, demand
15 δίδραχμον, two-drachma coin
16 ἐνιαυτός, year
17 δουλεία, service, labor
18 θυσία, sacrifice
19 ἐνδελεχισμός, continuity, perpetuity
20 ὁλοκαύτωμα, whole burnt offering
21 νουμηνία, new moon, first day of the month
22 ἑορτή, festival, feast
23 ἐξιλάσκομαι, *aor mid inf*, propitiate, make atonement
24 κλῆρος, lot
25 βάλλω, *aor act ind 1p*, cast
26 κλῆρος, lot, (assignment)
27 ξυλοφορία, wood-carrying
28 πατριά, paternal lineage, house
29 ἐνιαυτός, year
30 ἐκκαίω, *aor act inf*, burn
31 θυσιαστήριον, altar
32 πρωτογένημα, first portion
33 ξύλον, tree
34 ἐνιαυτός, year
35 πρωτότοκος, firstborn
36 κτῆνος, animal, (*p*) livestock
37 βοῦς, cow, (*p*) cattle
38 ποίμνιον, sheep
39 λειτουργέω, *pres act ptc dat p m*, minister, serve

38 καὶ τὴν ἀπαρχὴν[1] σίτων[2] ἡμῶν καὶ τὸν καρπὸν παντὸς ξύλου,[3] οἴνου καὶ ἐλαίου[4]
οἴσομεν[5] τοῖς ἱερεῦσιν εἰς γαζοφυλάκιον[6] οἴκου τοῦ θεοῦ· καὶ δεκάτην[7] γῆς ἡμῶν
τοῖς Λευίταις. καὶ αὐτοὶ οἱ Λευῖται δεκατοῦντες[8] ἐν πάσαις πόλεσιν δουλείας[9] ἡμῶν,
39 καὶ ἔσται ὁ ἱερεὺς υἱὸς Ααρων μετὰ τοῦ Λευίτου ἐν τῇ δεκάτῃ[10] τοῦ Λευίτου,
καὶ οἱ Λευῖται ἀνοίσουσιν[11] τὴν δεκάτην[12] τῆς δεκάτης εἰς οἶκον θεοῦ ἡμῶν εἰς τὰ
γαζοφυλάκια[13] εἰς οἶκον τοῦ θεοῦ. **40** ὅτι εἰς τοὺς θησαυροὺς[14] εἰσοίσουσιν[15] οἱ
υἱοὶ Ισραηλ καὶ οἱ υἱοὶ τοῦ Λευι τὰς ἀπαρχὰς[16] τοῦ σίτου[17] καὶ τοῦ οἴνου καὶ τοῦ
ἐλαίου,[18] καὶ ἐκεῖ σκεύη[19] τὰ ἅγια καὶ οἱ ἱερεῖς οἱ λειτουργοὶ[20] καὶ οἱ πυλωροὶ[21] καὶ
οἱ ᾄδοντες.[22] καὶ οὐκ ἐγκαταλείψομεν[23] τὸν οἶκον τοῦ θεοῦ ἡμῶν.

Growth of the City Population

21 Καὶ ἐκάθισαν οἱ ἄρχοντες τοῦ λαοῦ ἐν Ιερουσαλημ, καὶ οἱ κατάλοιποι[24] τοῦ
λαοῦ ἐβάλοσαν[25] κλήρους[26] ἐνέγκαι ἕνα ἀπὸ τῶν δέκα[27] καθίσαι ἐν Ιερου-
σαλημ πόλει τῇ ἁγίᾳ καὶ ἐννέα[28] μέρη ἐν ταῖς πόλεσιν. **2** καὶ εὐλόγησεν ὁ λαὸς τοὺς
πάντας ἄνδρας τοὺς ἑκουσιαζομένους[29] καθίσαι ἐν Ιερουσαλημ.

3 Καὶ οὗτοι οἱ ἄρχοντες τῆς χώρας,[30] οἳ ἐκάθισαν ἐν Ιερουσαλημ· καὶ ἐν πόλεσιν
Ιουδα ἐκάθισαν ἀνὴρ ἐν κατασχέσει[31] αὐτοῦ ἐν πόλεσιν αὐτῶν, Ισραηλ, οἱ ἱερεῖς
καὶ οἱ Λευῖται καὶ οἱ ναθιναῖοι[32] καὶ οἱ υἱοὶ δούλων Σαλωμων· **4** καὶ ἐν Ιερουσαλημ
ἐκάθισαν ἀπὸ υἱῶν Ιουδα καὶ ἀπὸ υἱῶν Βενιαμιν. — ἀπὸ υἱῶν Ιουδα· Αθαια υἱὸς
Αζαια υἱὸς Ζαχαρια υἱὸς Αμαρια υἱὸς Σαφατια υἱὸς Μαλεληλ καὶ ἀπὸ υἱῶν Φαρες.
5 καὶ Μαασια υἱὸς Βαρουχ υἱὸς Χαλαζα υἱὸς Οζια υἱὸς Αδαια υἱὸς Ιωριβ υἱὸς Θηζια
υἱὸς τοῦ Σηλωνι. **6** πάντες υἱοὶ Φαρες οἱ καθήμενοι ἐν Ιερουσαλημ τετρακόσιοι[33]
ἑξήκοντα[34] ὀκτὼ[35] ἄνδρες δυνάμεως.

1 ἀπαρχή, firstfruit
2 σῖτος, grain
3 ξύλον, tree
4 ἔλαιον, oil
5 φέρω, *fut act ind 1p*, bring
6 γαζοφυλάκιον, treasury
7 δέκατος, tenth
8 δεκατόω, *pres act ptc nom p m*, collect tithes
9 δουλεία, service, labor
10 δέκατος, tenth
11 ἀναφέρω, *fut act ind 3p*, bring forth
12 δέκατος, tenth
13 γαζοφυλάκιον, treasury
14 θησαυρός, storeroom
15 εἰσφέρω, *fut act ind 3p*, bring into
16 ἀπαρχή, firstfruit
17 σῖτος, grain
18 ἔλαιον, oil
19 σκεῦος, vessel, object
20 λειτουργός, servant, minister
21 πυλωρός, gatekeeper, porter
22 ᾄδω, *pres act ptc nom p m*, sing
23 ἐγκαταλείπω, *fut act ind 1p*, abandon, neglect
24 κατάλοιπος, rest, remainder
25 βάλλω, *aor act ind 3p*, cast
26 κλῆρος, lot
27 δέκα, ten
28 ἐννέα, nine
29 ἑκουσιάζομαι, *pres mid ptc acc p m*, volunteer, offer willingly
30 χώρα, region
31 κατάσχεσις, possession
32 ναθιναῖος, temple servant, *Heb. LW*
33 τετρακόσιοι, four hundred
34 ἑξήκοντα, sixty
35 ὀκτώ, eight

7 καὶ οὗτοι υἱοὶ Βενιαμιν· Σηλω υἱὸς Μεσουλαμ υἱὸς Ιωαδ υἱὸς Φαδαια υἱὸς Κωλια υἱὸς Μασαια υἱὸς Αιθιηλ υἱὸς Ιεσια· **8** καὶ ὀπίσω αὐτοῦ Γηβι, Σηλι, ἐννακόσιοι[1] εἴκοσι[2] ὀκτώ.[3] **9** καὶ Ιωηλ υἱὸς Ζεχρι ἐπίσκοπος[4] ἐπ᾽ αὐτούς, καὶ Ιουδας υἱὸς Ασανα ἐπὶ τῆς πόλεως δεύτερος.

10 ἀπὸ τῶν ἱερέων· καὶ Ιαδια υἱὸς Ιωριβ, Ιαχιν, **11** Σαραια υἱὸς Ελκια υἱὸς Μεσουλαμ υἱὸς Σαδδουκ υἱὸς Μαριωθ υἱὸς Αἴτωβ ἀπέναντι[5] οἴκου τοῦ θεοῦ. **12** καὶ ἀδελφοὶ αὐτῶν ποιοῦντες τὸ ἔργον τοῦ οἴκου· Αμασι υἱὸς Ζαχαρια υἱὸς Φασσουρ υἱὸς Μελχια, **13** ἄρχοντες πατριῶν[6] διακόσιοι[7] τεσσαράκοντα[8] δύο. καὶ Αμεσσαι υἱὸς Εσδριηλ, **14** καὶ ἀδελφοὶ αὐτοῦ δυνατοὶ παρατάξεως[9] ἑκατὸν[10] εἴκοσι[11] ὀκτώ,[12] καὶ ἐπίσκοπος[13] ἐπ᾽ αὐτῶν Βαδιηλ.

15 καὶ ἀπὸ τῶν Λευιτῶν Σαμαια υἱὸς Ασουβ υἱὸς Εζρι **17** καὶ Μαθανια υἱὸς Μιχα καὶ Ωβηδ υἱὸς Σαμουι, **18** διακόσιοι[14] ὀγδοήκοντα[15] τέσσαρες.

19 καὶ οἱ πυλωροὶ[16] Ακουβ, Τελαμιν, καὶ οἱ ἀδελφοὶ αὐτῶν ἑκατὸν[17] ἑβδομήκοντα[18] δύο.

22 καὶ ἐπίσκοπος[19] Λευιτῶν υἱὸς Βανι, Οζι υἱὸς Ασαβια υἱὸς Μιχα. ἀπὸ υἱῶν Ασαφ τῶν ᾀδόντων[20] ἀπέναντι[21] ἔργου οἴκου τοῦ θεοῦ· **23** ὅτι ἐντολὴ τοῦ βασιλέως ἐπ᾽ αὐτούς. **24** καὶ Παθαια υἱὸς Βασηζα πρὸς χεῖρα τοῦ βασιλέως εἰς πᾶν ῥῆμα τῷ λαῷ.

Outside the City

25 καὶ πρὸς τὰς ἐπαύλεις[22] ἐν ἀγρῷ αὐτῶν.

καὶ ἀπὸ υἱῶν Ιουδα ἐκάθισαν ἐν Καριαθαρβοκ **26** καὶ ἐν Ιησου **27** καὶ ἐν Βεηρσαβεε, **30** καὶ ἐπαύλεις[23] αὐτῶν, Λαχις καὶ ἀγροὶ αὐτῆς· καὶ παρενεβάλοσαν[24] ἐν Βεηρσαβεε. **31** καὶ οἱ υἱοὶ Βενιαμιν ἀπὸ Γαβα, Μαχαμας. **36** καὶ ἀπὸ τῶν Λευιτῶν μερίδες[25] Ιουδα τῷ Βενιαμιν.

The Returning Priests and Levites

22 Καὶ οὗτοι οἱ ἱερεῖς καὶ οἱ Λευῖται οἱ ἀναβαίνοντες μετὰ Ζοροβαβελ υἱοῦ Σαλαθιηλ καὶ Ἰησοῦ· Σαραια, Ιερμια, Εσδρα, **2** Αμαρια, Μαλουχ, **3** Σεχενια· **7** οὗτοι ἄρχοντες τῶν ἱερέων καὶ ἀδελφοὶ αὐτῶν ἐν ἡμέραις Ἰησοῦ.

1 ἐννακόσιοι, nine hundred
2 εἴκοσι, twenty
3 ὀκτώ, eight
4 ἐπίσκοπος, supervisor, overseer
5 ἀπέναντι, before
6 πατριά, paternal lineage, house
7 διακόσιοι, two hundred
8 τεσσαράκοντα, forty
9 παράταξις, battle
10 ἑκατόν, one hundred
11 εἴκοσι, twenty
12 ὀκτώ, eight
13 ἐπίσκοπος, supervisor, overseer
14 διακόσιοι, two hundred
15 ὀγδοήκοντα, eighty
16 πυλωρός, gatekeeper, porter
17 ἑκατόν, one hundred
18 ἑβδομήκοντα, seventy
19 ἐπίσκοπος, supervisor, overseer
20 ᾄδω, *pres act ptc gen p m*, sing
21 ἀπέναντι, before
22 ἔπαυλις, unwalled village
23 ἔπαυλις, unwalled village
24 παρεμβάλλω, *aor act ind 3p*, pitch camp
25 μερίς, part, division

8 καὶ οἱ Λευῖται· Ιησου, Βανουι, Καδμιηλ, Σαραβια, Ιουδα, Μαχανια· ἐπὶ τῶν χειρῶν αὐτὸς καὶ οἱ ἀδελφοὶ αὐτοῦ **9** εἰς τὰς ἐφημερίας.[1] **10** καὶ Ἰησοῦς ἐγέννησεν τὸν Ιωακιμ, καὶ Ιωακιμ ἐγέννησεν τὸν Ελιασιβ, καὶ Ελιασιβ τὸν Ιωδαε, **11** καὶ Ιωδαε ἐγέννησεν τὸν Ιωναθαν, καὶ Ιωναθαν ἐγέννησεν τὸν Ιαδου.

12 καὶ ἐν ἡμέραις Ιωακιμ ἀδελφοὶ αὐτοῦ οἱ ἱερεῖς καὶ οἱ ἄρχοντες τῶν πατριῶν·[2] τῷ Σαραια Μαραια, τῷ Ιερμια Ανανια, **13** τῷ Εσδρα Μεσουλαμ, τῷ Αμαρια Ιωαναν, **14** τῷ Μαλουχ Ιωναθαν, τῷ Σεχενια Ιωσηφ, **15** τῷ Αρεμ Αδνας, τῷ Μαριωθ Ελκαι, **16** τῷ Αδδαι Ζαχαριας, τῷ Γαναθων Μοσολλαμ, **17** τῷ Αβια Ζεχρι, τῷ Βενιαμιν ἐν καιροῖς τῷ Φελητι, **18** τῷ Βαλγα Σαμουε, τῷ Σεμεια Ιωναθαν, **19** τῷ Ιωιαριβ Μαθθαναι, τῷ Ιδια Οζι, **20** τῷ Σαλλαι Καλλαι, τῷ Αμουκ Αβεδ, **21** τῷ Ελκια Ασαβιας, τῷ Ιεδεϊου Ναθαναηλ.

22 οἱ Λευῖται ἐν ἡμέραις Ελιασιβ, Ιωαδα καὶ Ιωαναν καὶ Ιδουα γεγραμμένοι ἄρχοντες πατριῶν,[3] καὶ οἱ ἱερεῖς ἐν βασιλείᾳ Δαρείου τοῦ Πέρσου· **23** υἱοὶ Λευι ἄρχοντες τῶν πατριῶν[4] γεγραμμένοι ἐπὶ βιβλίῳ λόγων τῶν ἡμερῶν καὶ ἕως ἡμερῶν Ιωαναν υἱοῦ Ελισουβ. **24** καὶ ἄρχοντες τῶν Λευιτῶν· Ασαβια καὶ Σαραβια καὶ Ιησου καὶ υἱοὶ Καδμιηλ καὶ οἱ ἀδελφοὶ αὐτῶν κατεναντίον[5] αὐτῶν εἰς ὑμνεῖν[6] καὶ αἰνεῖν[7] ἐν ἐντολῇ Δαυιδ ἀνθρώπου τοῦ θεοῦ ἐφημερία[8] πρὸς ἐφημερίαν **25** ἐν τῷ συναγαγεῖν με τοὺς πυλωροὺς[9] **26** ἐν ἡμέραις Ιωακιμ υἱοῦ Ἰησοῦ υἱοῦ Ιωσεδεκ καὶ ἐν ἡμέραις Νεεμια, καὶ Εσδρας ὁ ἱερεὺς ὁ γραμματεύς.[10]

Dedication of the Wall

27 Καὶ ἐν ἐγκαινίοις[11] τείχους[12] Ιερουσαλημ ἐζήτησαν τοὺς Λευίτας ἐν τοῖς τόποις αὐτῶν τοῦ ἐνέγκαι αὐτοὺς εἰς Ιερουσαλημ ποιῆσαι ἐγκαίνια[13] καὶ εὐφροσύνην[14] ἐν θωδαθα[15] καὶ ἐν ᾠδαῖς,[16] κυμβαλίζοντες[17] καὶ ψαλτήρια[18] καὶ κινύραι.[19] **28** καὶ συνήχθησαν οἱ υἱοὶ τῶν ᾀδόντων[20] καὶ ἀπὸ τῆς περιχώρου[21] κυκλόθεν[22] εἰς Ιερουσαλημ καὶ ἀπὸ ἐπαύλεων.[23] **29** καὶ ἀπὸ ἀγρῶν· ὅτι ἐπαύλεις[24] ᾠκοδόμησαν ἑαυτοῖς οἱ ᾄδοντες[25] ἐν Ιερουσαλημ. **30** καὶ ἐκαθαρίσθησαν οἱ ἱερεῖς καὶ οἱ Λευῖται καὶ ἐκαθάρισαν τὸν λαὸν καὶ τοὺς πυλωροὺς[26] καὶ τὸ τεῖχος.[27]

1 ἐφημερία, division
2 πατριά, paternal lineage, house
3 πατριά, paternal lineage, house
4 πατριά, paternal lineage, house
5 κατεναντίον, over against
6 ὑμνέω, *pres act inf*, sing
7 αἰνέω, *pres act inf*, praise
8 ἐφημερία, division
9 πυλωρός, gatekeeper, porter
10 γραμματεύς, scribe
11 ἐγκαίνια, festival of rededication
12 τεῖχος, wall
13 ἐγκαίνια, festival of rededication
14 εὐφροσύνη, joy, gladness
15 θωδαθα, hymns of praise, *translit.*
16 ᾠδή, song
17 κυμβαλίζω, *pres act ptc nom p m*, play the cymbals
18 ψαλτήριον, stringed instrument, harp
19 κινύρα, stringed instrument, lyre, *Heb. LW*
20 ᾄδω, *pres act ptc gen p m*, sing
21 περίχωρος, nearby (place)
22 κυκλόθεν, all around
23 ἔπαυλις, unwalled village
24 ἔπαυλις, unwalled village
25 ᾄδω, *pres act ptc nom p m*, sing
26 πυλωρός, gatekeeper, porter
27 τεῖχος, wall

Temple Appointments

31 καὶ ἀνήνεγκα[1] τοὺς ἄρχοντας Ιουδα ἐπάνω[2] τοῦ τείχους[3] καὶ ἔστησα δύο περὶ
αἰνέσεως[4] μεγάλους, καὶ διῆλθον ἐκ δεξιῶν ἐπάνω τοῦ τείχους τῆς κοπρίας,[5] **32** καὶ
ἐπορεύθη ὀπίσω αὐτῶν Ωσαια καὶ ἥμισυ[6] ἀρχόντων Ιουδα **33** καὶ Αζαριας, Εσδρας
καὶ Μεσουλαμ, **34** Ιουδα καὶ Βενιαμιν καὶ Σαμαια καὶ Ιερμια **35** καὶ ἀπὸ υἱῶν τῶν
ἱερέων ἐν σάλπιγξιν[7] Ζαχαριας υἱὸς Ιωναθαν υἱὸς Σαμαια υἱὸς Μαθανια υἱὸς Μιχαια
υἱὸς Ζακχουρ υἱὸς Ασαφ **36** καὶ ἀδελφοὶ αὐτοῦ Σαμαια καὶ Οζιηλ αἰνεῖν[8] ἐν ᾠδαῖς[9]
Δαυιδ ἀνθρώπου τοῦ θεοῦ, καὶ Εσδρας ὁ γραμματεὺς[10] ἔμπροσθεν αὐτῶν· **37** ἐπὶ
πύλης[11] τοῦ αιν[12] κατέναντι[13] αὐτῶν ἀνέβησαν ἐπὶ κλίμακας[14] πόλεως Δαυιδ ἐν
ἀναβάσει[15] τοῦ τείχους[16] ἐπάνωθεν[17] τοῦ οἴκου Δαυιδ καὶ ἕως πύλης τοῦ ὕδατος
κατὰ ἀνατολάς.[18]

38 καὶ περὶ αἰνέσεως[19] ἡ δευτέρα ἐπορεύετο συναντῶσα[20] αὐτοῖς, καὶ ἐγὼ ὀπίσω
αὐτῆς, καὶ τὸ ἥμισυ[21] τοῦ λαοῦ ἐπάνω[22] τοῦ τείχους[23] ὑπεράνω[24] τοῦ πύργου[25] τῶν
θεννουριμ[26] καὶ ἕως τοῦ τείχους τοῦ πλατέος[27] **39** καὶ ὑπεράνω[28] τῆς πύλης[29] Εφραιμ
καὶ ἐπὶ πύλην τῆς ισανα[30] καὶ ἐπὶ πύλην τὴν ἰχθυηρὰν[31] καὶ πύργῳ[32] Ανανεηλ καὶ
ἕως πύλης τῆς προβατικῆς[33] καὶ ἔστησαν ἐν πύλῃ τῆς φυλακῆς. **40** καὶ ἔστησαν αἱ
δύο τῆς αἰνέσεως[34] ἐν οἴκῳ τοῦ θεοῦ, καὶ ἐγὼ καὶ τὸ ἥμισυ[35] τῶν στρατηγῶν[36] μετ'
ἐμοῦ **41** καὶ οἱ ἱερεῖς Ελιακιμ, Μαασιας, Βενιαμιν, Μιχαιας, Ελιωηναι, Ζαχαριας,
Ανανιας ἐν σάλπιγξιν[37] **42** καὶ Μαασιας καὶ Σεμειας καὶ Ελεαζαρ καὶ Οζι καὶ Ιωαναν
καὶ Μελχιας καὶ Αιλαμ καὶ Εζουρ, καὶ ἠκούσθησαν οἱ ᾄδοντες[38] καὶ ἐπεσκέπησαν[39].
43 καὶ ἔθυσαν[40] ἐν τῇ ἡμέρᾳ ἐκείνῃ θυσιάσματα[41] μεγάλα καὶ ηὐφράνθησαν,[42] ὅτι

1 ἀναφέρω, *aor act ind 1s*, bring up
2 ἐπάνω, on top
3 τεῖχος, wall
4 αἴνεσις, praise
5 κοπρία, dung heap
6 ἥμισυς, half
7 σάλπιγξ, trumpet
8 αἰνέω, *pres act inf*, praise
9 ᾠδή, song
10 γραμματεύς, scribe
11 πύλη, gate
12 αιν, spring, *translit.*
13 κατέναντι, opposite
14 κλίμαξ, staircase
15 ἀνάβασις, ascent
16 τεῖχος, wall
17 ἐπάνωθεν, above
18 ἀνατολή, east
19 αἴνεσις, praise
20 συναντάω, *pres act ptc nom s f*, meet
21 ἥμισυς, half
22 ἐπάνω, on top
23 τεῖχος, wall
24 ὑπεράνω, above
25 πύργος, tower
26 θεννουριμ, furnaces, *translit.*
27 πλατύς, broad, wide
28 ὑπεράνω, above
29 πύλη, gate
30 ισανα, old?, *translit.*
31 ἰχθυηρός, of fish
32 πύργος, tower
33 προβατικός, of sheep
34 αἴνεσις, praise
35 ἥμισυς, half
36 στρατηγός, commander, captain
37 σάλπιγξ, trumpet
38 ᾄδω, *pres act ptc nom p m*, sing
39 ἐπισκέπτομαι, *aor pas ind 3p*, inspect, examine
40 θύω, *aor act ind 3p*, sacrifice
41 θυσίασμα, offering
42 εὐφραίνω, *aor pas ind 3p*, rejoice, be glad

ὁ θεὸς ηὔφρανεν[1] αὐτοὺς μεγάλως·[2] καὶ αἱ γυναῖκες αὐτῶν καὶ τὰ τέκνα αὐτῶν
ηὐφράνθησαν, καὶ ἠκούσθη ἡ εὐφροσύνη[3] ἐν Ιερουσαλημ ἀπὸ μακρόθεν.[4]

44 Καὶ κατέστησαν[5] ἐν τῇ ἡμέρᾳ ἐκείνῃ ἄνδρας ἐπὶ τῶν γαζοφυλακίων[6] τοῖς θη-
σαυροῖς,[7] ταῖς ἀπαρχαῖς[8] καὶ ταῖς δεκάταις[9] καὶ τοῖς συνηγμένοις ἐν αὐτοῖς ἄρχουσιν
τῶν πόλεων, μερίδας[10] τοῖς ἱερεῦσι καὶ τοῖς Λευίταις, ὅτι εὐφροσύνη[11] ἦν ἐν Ιουδα
ἐπὶ τοὺς ἱερεῖς καὶ ἐπὶ τοὺς Λευίτας τοὺς ἑστῶτας. **45** καὶ ἐφύλαξαν φυλακὰς θεοῦ
αὐτῶν καὶ φυλακὰς τοῦ καθαρισμοῦ[12] καὶ τοὺς ᾄδοντας[13] καὶ τοὺς πυλωροὺς[14] ὡς
ἐντολαὶ Δαυιδ καὶ Σαλωμων υἱοῦ αὐτοῦ· **46** ὅτι ἐν ἡμέραις Δαυιδ Ασαφ ἀπ᾽ ἀρχῆς
πρῶτος τῶν ᾀδόντων[15] καὶ ὕμνον[16] καὶ αἴνεσιν[17] τῷ θεῷ, **47** καὶ πᾶς Ισραηλ ἐν
ἡμέραις Ζοροβαβελ διδόντες μερίδας[18] τῶν ᾀδόντων[19] καὶ τῶν πυλωρῶν,[20] λόγον
ἡμέρας ἐν ἡμέρᾳ αὐτοῦ, καὶ ἁγιάζοντες[21] τοῖς Λευίταις, καὶ οἱ Λευῖται ἁγιάζοντες
τοῖς υἱοῖς Ααρων.

Foreigners Excluded from Israel

23 Ἐν τῇ ἡμέρᾳ ἐκείνῃ ἀνεγνώσθη[22] ἐν βιβλίῳ Μωυσῆ ἐν ὠσὶν τοῦ λαοῦ, καὶ
εὑρέθη γεγραμμένον ἐν αὐτῷ ὅπως μὴ εἰσέλθωσιν Αμμανῖται καὶ Μωαβῖται
ἐν ἐκκλησίᾳ θεοῦ ἕως αἰῶνος, **2** ὅτι οὐ συνήντησαν[23] τοῖς υἱοῖς Ισραηλ ἐν ἄρτῳ καὶ
ἐν ὕδατι καὶ ἐμισθώσαντο[24] ἐπ᾽ αὐτὸν τὸν Βαλααμ καταράσασθαι,[25] καὶ ἔστρεψεν[26]
ὁ θεὸς ἡμῶν τὴν κατάραν[27] εἰς εὐλογίαν.[28] **3** καὶ ἐγένετο ὡς ἤκουσαν τὸν νόμον, καὶ
ἐχωρίσθησαν[29] πᾶς ἐπίμικτος[30] ἐν Ισραηλ.

Nehemiah's Reforms

4 Καὶ πρὸ τούτου Ελιασιβ ὁ ἱερεὺς οἰκῶν[31] ἐν γαζοφυλακίῳ[32] οἴκου θεοῦ ἡμῶν
ἐγγίων[33] Τωβια **5** καὶ ἐποίησεν αὐτῷ γαζοφυλάκιον[34] μέγα, καὶ ἐκεῖ ἦσαν πρότερον[35]

1 εὐφραίνω, *aor act ind 3s*, cheer, cause to rejoice
2 μεγάλως, greatly, very much
3 εὐφροσύνη, joy, rejoicing
4 μακρόθεν, from a distance
5 καθίστημι, *aor act ind 3p*, appoint
6 γαζοφυλάκιον, treasury
7 θησαυρός, storeroom, repository
8 ἀπαρχή, offering, first portion
9 δέκατος, tenth
10 μερίς, part, portion
11 εὐφροσύνη, joy, rejoicing
12 καθαρισμός, purification, cleansing
13 ᾄδω, *pres act ptc acc p m*, sing
14 πυλωρός, gatekeeper, porter
15 ᾄδω, *pres act ptc gen p m*, sing
16 ὕμνος, hymn
17 αἴνεσις, praise
18 μερίς, portion
19 ᾄδω, *pres act ptc gen p m*, sing
20 πυλωρός, gatekeeper, porter
21 ἁγιάζω, *pres act ptc nom p m*, sanctify, consecrate
22 ἀναγινώσκω, *aor pas ind 3s*, read
23 συναντάω, *aor act ind 3p*, meet
24 μισθόω, *aor mid ind 3p*, hire
25 καταρᾶσαι, *aor mid inf*, curse
26 στρέφω, *aor act ind 3s*, change, turn one thing into another
27 κατάρα, curse
28 εὐλογία, blessing
29 χωρίζω, *aor pas ind 3p*, separate
30 ἐπίμικτος, mixed, combined
31 οἰκέω, *pres act ptc nom s m*, live, dwell
32 γαζοφυλάκιον, treasury
33 ἐγγύς, *comp*, nearer
34 γαζοφυλάκιον, treasury
35 πρότερος, formerly, previously

διδόντες τὴν μανααν[1] καὶ τὸν λίβανον[2] καὶ τὰ σκεύη[3] καὶ τὴν δεκάτην[4] τοῦ σίτου[5]
καὶ τοῦ οἴνου καὶ τοῦ ἐλαίου,[6] ἐντολὴν τῶν Λευιτῶν καὶ τῶν ᾀδόντων[7] καὶ τῶν
πυλωρῶν,[8] καὶ ἀπαρχὰς[9] τῶν ἱερέων. **6** καὶ ἐν παντὶ τούτῳ οὐκ ἤμην ἐν Ιερουσαλημ,
ὅτι ἐν ἔτει τριακοστῷ[10] καὶ δευτέρῳ τοῦ Αρθασασθα βασιλέως Βαβυλῶνος ἦλθον
πρὸς τὸν βασιλέα. καὶ μετὰ τέλος ἡμερῶν ᾐτησάμην[11] παρὰ τοῦ βασιλέως **7** καὶ
ἦλθον εἰς Ιερουσαλημ. καὶ συνῆκα[12] ἐν τῇ πονηρίᾳ,[13] ᾗ ἐποίησεν Ελισουβ τῷ Τωβια
ποιῆσαι αὐτῷ γαζοφυλάκιον[14] ἐν αὐλῇ[15] οἴκου τοῦ θεοῦ. **8** καὶ πονηρόν μοι ἐφάνη[16]
σφόδρα,[17] καὶ ἔρριψα[18] πάντα τὰ σκεύη[19] οἴκου Τωβια ἔξω ἀπὸ τοῦ γαζοφυλακίου·[20]
9 καὶ εἶπα καὶ ἐκαθάρισαν τὰ γαζοφυλάκια,[21] καὶ ἐπέστρεψα ἐκεῖ σκεύη[22] οἴκου τοῦ
θεοῦ, τὴν μαναα[23] καὶ τὸν λίβανον.[24]

Tithing Reestablished

10 Καὶ ἔγνων ὅτι μερίδες[25] τῶν Λευιτῶν οὐκ ἐδόθησαν, καὶ ἐφύγοσαν[26] ἀνὴρ εἰς
ἀγρὸν αὐτοῦ οἱ Λευῖται καὶ οἱ ᾄδοντες[27] ποιοῦντες τὸ ἔργον. **11** καὶ ἐμαχεσάμην[28]
τοῖς στρατηγοῖς[29] καὶ εἶπα Διὰ τί ἐγκατελείφθη[30] ὁ οἶκος τοῦ θεοῦ; καὶ συνήγαγον
αὐτοὺς καὶ ἔστησα αὐτοὺς ἐπὶ τῇ στάσει[31] αὐτῶν. **12** καὶ πᾶς Ιουδα ἤνεγκαν δεκά-
την[32] τοῦ πυροῦ[33] καὶ τοῦ οἴνου καὶ τοῦ ἐλαίου[34] εἰς τοὺς θησαυροὺς[35] **13** ἐπὶ χεῖρα
Σελεμια τοῦ ἱερέως καὶ Σαδδουκ τοῦ γραμματέως[36] καὶ Φαδαια ἀπὸ τῶν Λευιτῶν,
καὶ ἐπὶ χεῖρα αὐτῶν Αναν υἱὸς Ζακχουρ υἱὸς Μαθανια, ὅτι πιστοὶ[37] ἐλογίσθησαν
ἐπ᾽ αὐτοὺς μερίζειν[38] τοῖς ἀδελφοῖς αὐτῶν. **14** μνήσθητί[39] μου, ὁ θεός, ἐν ταύτῃ, καὶ
μὴ ἐξαλειφθήτω[40] ἔλεός[41] μου, ὃ ἐποίησα ἐν οἴκῳ κυρίου τοῦ θεοῦ.

1 μανααν, offering, *translit.*
2 λίβανος, frankincense, *Heb. LW*
3 σκεῦος, vessel, object
4 δέκατος, tenth
5 σῖτος, grain
6 ἔλαιον, oil
7 ᾄδω, *pres act ptc gen p m*, sing
8 πυλωρός, gatekeeper, porter
9 ἀπαρχή, firstfruit
10 τριακοστός, thirtieth
11 αἰτέω, *aor mid ind 1s*, request, ask for
12 συνίημι, *aor act ind 1s*, take notice
13 πονηρία, evil, iniquity
14 γαζοφυλάκιον, treasury
15 αὐλή, court
16 φαίνω, *aor pas ind 3s*, seem, appear
17 σφόδρα, exceedingly
18 ῥίπτω, *aor act ind 1s*, throw, cast
19 σκεῦος, vessel, object
20 γαζοφυλάκιον, treasury
21 γαζοφυλάκιον, treasury
22 σκεῦος, vessel, object
23 μαναα, offering, *translit.*
24 λίβανος, frankincense, *Heb. LW*
25 μερίς, portion
26 φεύγω, *aor act ind 3p*, flee
27 ᾄδω, *pres act ptc nom p m*, sing
28 μάχομαι, *aor mid ind 1s*, content, dispute
29 στρατηγός, official, commander
30 ἐγκαταλείπω, *aor pas ind 3s*, abandon, neglect
31 στάσις, position, station
32 δέκατος, tenth
33 πυρός, wheat
34 ἔλαιον, oil
35 θησαυρός, storehouse, repository
36 γραμματεύς, scribe
37 πιστός, faithful, trustworthy
38 μερίζω, *pres act inf*, distribute, divide
39 μιμνήσκομαι, *aor pas impv 2s*, remember
40 ἐξαλείφω, *aor pas impv 3s*, wipe out, destroy
41 ἔλεος, mercy, compassion

Sabbath Reestablished

15 Ἐν ταῖς ἡμέραις ἐκείναις εἶδον ἐν Ιουδα πατοῦντας[1] ληνοὺς[2] ἐν τῷ σαββάτῳ καὶ
φέροντας δράγματα[3] καὶ ἐπιγεμίζοντας[4] ἐπὶ τοὺς ὄνους[5] καὶ οἶνον καὶ σταφυλὴν[6]
καὶ σῦκα[7] καὶ πᾶν βάσταγμα[8] καὶ φέροντας εἰς Ιερουσαλημ ἐν ἡμέρᾳ τοῦ σαββάτου·
καὶ ἐπεμαρτυράμην[9] ἐν ἡμέρᾳ πράσεως[10] αὐτῶν. **16** καὶ ἐκάθισαν ἐν αὐτῇ φέροντες
ἰχθὺν[11] καὶ πᾶσαν πρᾶσιν[12] πωλοῦντες[13] ἐν τῷ σαββάτῳ τοῖς υἱοῖς Ιουδα καὶ ἐν
Ιερουσαλημ. **17** καὶ ἐμαχεσάμην[14] τοῖς υἱοῖς Ιουδα τοῖς ἐλευθέροις[15] καὶ εἶπα αὐτοῖς
Τίς ὁ λόγος οὗτος ὁ πονηρός, ὃν ὑμεῖς ποιεῖτε καὶ βεβηλοῦτε[16] τὴν ἡμέραν τοῦ
σαββάτου; **18** οὐχὶ οὕτως ἐποίησαν οἱ πατέρες ὑμῶν; καὶ ἤνεγκεν ἐπ᾽ αὐτοὺς ὁ
θεὸς ἡμῶν καὶ ἐφ᾽ ἡμᾶς πάντα τὰ κακὰ ταῦτα καὶ ἐπὶ τὴν πόλιν ταύτην· καὶ ὑμεῖς
προστίθετε[17] ὀργὴν ἐπὶ Ισραηλ βεβηλῶσαι[18] τὸ σάββατον.

19 καὶ ἐγένετο ἡνίκα[19] κατέστησαν[20] πύλαι[21] Ιερουσαλημ πρὸ τοῦ σαββάτου, καὶ
εἶπα καὶ ἔκλεισαν[22] τὰς πύλας[23] καὶ εἶπα ὥστε μὴ ἀνοιγῆναι αὐτὰς ἕως ὀπίσω τοῦ
σαββάτου· καὶ ἐκ τῶν παιδαρίων[24] μου ἔστησα ἐπὶ τὰς πύλας[25] ὥστε μὴ αἴρειν
βαστάγματα[26] ἐν ἡμέρᾳ τοῦ σαββάτου. **20** καὶ ηὐλίσθησαν[27] πάντες καὶ ἐποίησαν
πρᾶσιν[28] ἔξω Ιερουσαλημ ἅπαξ[29] καὶ δίς.[30] **21** καὶ διεμαρτυράμην[31] ἐν αὐτοῖς καὶ εἶπα
πρὸς αὐτούς Διὰ τί ὑμεῖς αὐλίζεσθε[32] ἀπέναντι[33] τοῦ τείχους;[34] ἐὰν δευτερώσητε,[35]
ἐκτενῶ[36] τὴν χεῖρά μου ἐν ὑμῖν. ἀπὸ τοῦ καιροῦ ἐκείνου οὐκ ἤλθοσαν ἐν σαββάτῳ.
22 καὶ εἶπα τοῖς Λευίταις, οἳ ἦσαν καθαριζόμενοι καὶ ἐρχόμενοι φυλάσσοντες τὰς
πύλας,[37] ἁγιάζειν[38] τὴν ἡμέραν τοῦ σαββάτου. πρὸς ταῦτα μνήσθητί[39] μου, ὁ θεός,
καὶ φεῖσαί[40] μου κατὰ τὸ πλῆθος[41] τοῦ ἐλέους[42] σου.

1 πατέω, *pres act ptc acc p m*, tread, trample
2 ληνός, wine vat
3 δράγμα, handful
4 ἐπιγεμίζω, *pres act ptc acc p m*, load (a burden)
5 ὄνος, donkey
6 σταφυλή, grapes
7 σῦκον, fig
8 βάσταγμα, burden
9 ἐπιμαρτυρέομαι, *aor mid ind 1s*, warn
10 πρᾶσις, sale, transaction
11 ἰχθύς, fish
12 πρᾶσις, sale, transaction
13 πωλέω, *pres act ptc nom p m*, conduct business
14 μάχομαι, *aor mid ind 1s*, contend, dispute
15 ἐλεύθερος, free
16 βεβηλόω, *pres act ind 2p*, profane, defile
17 προστίθημι, *pres act ind 2p*, add to
18 βεβηλόω, *aor act inf*, profane, defile
19 ἡνίκα, when
20 καθίστημι, *aor act ind 3p*, set in place
21 πύλη, gate
22 κλείω, *aor act ind 3p*, close, lock
23 πύλη, gate
24 παιδάριον, servant
25 πύλη, gate
26 βάσταγμα, burden
27 αὐλίζομαι, *aor pas ind 3p*, lodge overnight
28 πρᾶσις, sale, transaction
29 ἅπαξ, once
30 δίς, twice
31 διαμαρτύρομαι, *aor mid ind 1s*, warn
32 αὐλίζομαι, *pres mid ind 2p*, lodge overnight
33 ἀπέναντι, on top
34 τεῖχος, wall
35 δευτερόω, *aor act sub 2p*, repeat, do again
36 ἐκτείνω, *fut act ind 1s*, stretch out
37 πύλη, gate
38 ἁγιάζω, *pres act inf*, consecrate, sanctify
39 μιμνῄσκομαι, *aor pas impv 2s*, remember
40 φείδομαι, *aor mid impv 2s*, spare
41 πλῆθος, multitude
42 ἔλεος, mercy, compassion

Mixed Marriages Forbidden

23 Καὶ ἐν ταῖς ἡμέραις ἐκείναις εἶδον τοὺς Ιουδαίους, οἳ ἐκάθισαν γυναῖκας Ἀζωτίας,
Αμμανίτιδας, Μωαβίτιδας **24** καὶ οἱ υἱοὶ αὐτῶν ἥμισυ[1] λαλοῦντες Ἀζωτιστὶ[2] καὶ
οὔκ εἰσιν ἐπιγινώσκοντες λαλεῖν Ιουδαϊστί,[3] **25** καὶ ἐμαχεσάμην[4] μετ' αὐτῶν καὶ
κατηρασάμην[5] αὐτοὺς καὶ ἐπάταξα[6] ἐν αὐτοῖς ἄνδρας καὶ ἐμαδάρωσα[7] αὐτοὺς καὶ
ὥρκισα[8] αὐτοὺς ἐν τῷ θεῷ Ἐὰν δῶτε τὰς θυγατέρας[9] ὑμῶν τοῖς υἱοῖς αὐτῶν, καὶ
ἐὰν λάβητε ἀπὸ τῶν θυγατέρων αὐτῶν τοῖς υἱοῖς ὑμῶν. **26** οὐχ οὕτως ἥμαρτεν
Σαλωμων βασιλεὺς Ισραηλ; καὶ ἐν ἔθνεσιν πολλοῖς οὐκ ἦν βασιλεὺς ὅμοιος[10] αὐτῷ·
καὶ ἀγαπώμενος τῷ θεῷ ἦν, καὶ ἔδωκεν αὐτὸν ὁ θεὸς εἰς βασιλέα ἐπὶ πάντα Ισραηλ.
καὶ τοῦτον ἐξέκλιναν[11] αἱ γυναῖκες αἱ ἀλλότριαι.[12] **27** καὶ ὑμῶν μὴ ἀκουσόμεθα
ποιῆσαι τὴν πᾶσαν πονηρίαν[13] ταύτην ἀσυνθετῆσαι[14] ἐν τῷ θεῷ ἡμῶν καθίσαι
γυναῖκας ἀλλοτρίας;[15]

28 καὶ ἀπὸ υἱῶν Ιωαδα τοῦ Ελισουβ τοῦ ἱερέως τοῦ μεγάλου νυμφίου[16] τοῦ Σαναβαλλατ τοῦ Ωρωνίτου καὶ ἐξέβρασα[17] αὐτὸν ἀπ' ἐμοῦ. **29** μνήσθητι[18] αὐτοῖς, ὁ θεός,
ἐπὶ ἀγχιστείᾳ[19] τῆς ἱερατείας[20] καὶ διαθήκης τῆς ἱερατείας καὶ τοὺς Λευίτας.

30 καὶ ἐκαθάρισα αὐτοὺς ἀπὸ πάσης ἀλλοτριώσεως[21] καὶ ἔστησα ἐφημερίας[22]
τοῖς ἱερεῦσιν καὶ τοῖς Λευίταις, ἀνὴρ ὡς τὸ ἔργον αὐτοῦ, **31** καὶ τὸ δῶρον[23] τῶν
ξυλοφόρων[24] ἐν καιροῖς ἀπὸ χρόνων καὶ ἐν τοῖς βακχουρίοις.[25] μνήσθητί[26] μου, ὁ
θεὸς ἡμῶν, εἰς ἀγαθωσύνην.[27]

1 ἥμισυς, half
2 Ἀζωτιστί, in the language of Ashdod
3 Ιουδαϊστί, in the language of the Jews
4 μάχομαι, *aor mid ind 1s*, dispute, contend
5 καταράομαι, *aor mid ind 1s*, curse
6 πατάσσω, *aor act ind 1s*, strike, beat
7 μαδαρόω, *aor act ind 1s*, make bald
8 ὁρκίζω, *aor act ind 1s*, cause to swear, adjure
9 θυγάτηρ, daughter
10 ὅμοιος, like
11 ἐκκλίνω, *aor act ind 3p*, turn aside
12 ἀλλότριος, foreign
13 πονηρία, evil, iniquity
14 ἀσυνθετέω, *aor act inf*, be faithless, break covenant
15 ἀλλότριος, foreign
16 νυμφίος, son-in-law
17 ἐκβράζω, *aor act ind 1s*, expel, drive off
18 μιμνῄσκομαι, *aor pas impv 2s*, remember
19 ἀγχιστεία, rights of kin, (*read* defilement of)
20 ἱερατεία, priesthood
21 ἀλλοτρίωσις, foreign thing
22 ἐφημερία, division
23 δῶρον, offering
24 ξυλοφόρος, wood carrier
25 βακχούρια, firstfruits, *Heb. LW*
26 μιμνῄσκομαι, *aor pas impv 2s*, remember
27 ἀγαθωσύνη, goodness, kindness

ΕΣΘΗΡ
Esther

Mordecai's Dream

1 Ἔτους δευτέρου βασιλεύοντος[1] Ἀρταξέρξου τοῦ μεγάλου τῇ μιᾷ τοῦ Νισα ἐνύ-
πνιον[2] εἶδεν Μαρδοχαῖος ὁ τοῦ Ιαϊρου τοῦ Σεμεϊου τοῦ Κισαιου ἐκ φυλῆς Βενιαμιν,
1b ἄνθρωπος Ιουδαῖος οἰκῶν[3] ἐν Σούσοις τῇ πόλει, ἄνθρωπος μέγας θεραπεύων[4] ἐν
τῇ αὐλῇ[5] τοῦ βασιλέως· **1c** ἦν δὲ ἐκ τῆς αἰχμαλωσίας,[6] ἧς ᾐχμαλώτευσεν[7] Ναβου-
χοδονοσορ ὁ βασιλεὺς Βαβυλῶνος ἐξ Ιερουσαλημ μετὰ Ιεχονιου τοῦ βασιλέως τῆς
Ιουδαίας. **1d** καὶ τοῦτο αὐτοῦ τὸ ἐνύπνιον·[8] καὶ ἰδοὺ φωναὶ καὶ θόρυβος,[9] βρονταὶ[10]
καὶ σεισμός,[11] τάραχος[12] ἐπὶ τῆς γῆς· **1e** καὶ ἰδοὺ δύο δράκοντες[13] μεγάλοι ἕτοιμοι[14]
προῆλθον[15] ἀμφότεροι[16] παλαίειν,[17] καὶ ἐγένετο αὐτῶν φωνὴ μεγάλη· **1f** καὶ τῇ φωνῇ
αὐτῶν ἡτοιμάσθη πᾶν ἔθνος εἰς πόλεμον ὥστε πολεμῆσαι δικαίων ἔθνος. **1g** καὶ
ἰδοὺ ἡμέρα σκότους καὶ γνόφου,[18] θλῖψις καὶ στενοχωρία,[19] κάκωσις[20] καὶ τάραχος[21]
μέγας ἐπὶ τῆς γῆς· **1h** καὶ ἐταράχθη[22] δίκαιον πᾶν ἔθνος φοβούμενοι τὰ ἑαυτῶν
κακὰ καὶ ἡτοιμάσθησαν ἀπολέσθαι καὶ ἐβόησαν[23] πρὸς τὸν θεόν. **1i** ἀπὸ δὲ τῆς
βοῆς[24] αὐτῶν ἐγένετο ὡσανεὶ[25] ἀπὸ μικρᾶς πηγῆς[26] ποταμὸς[27] μέγας, ὕδωρ πολύ·
1k φῶς καὶ ὁ ἥλιος ἀνέτειλεν,[28] καὶ οἱ ταπεινοὶ[29] ὑψώθησαν[30] καὶ κατέφαγον[31] τοὺς
ἐνδόξους.[32] **1l** καὶ διεγερθεὶς[33] Μαρδοχαῖος ὁ ἑωρακὼς[34] τὸ ἐνύπνιον[35] τοῦτο καὶ τί

1 βασιλεύω, *pres act ptc gen s m*, reign as king
2 ἐνύπνιον, dream
3 οἰκέω, *pres act ptc nom s m*, live, dwell
4 θεραπεύω, *pres act ptc nom s m*, serve, attend upon
5 αὐλή, court
6 αἰχμαλωσία, body of captives
7 αἰχμαλωτεύω, *aor act ind 3s*, take captive
8 ἐνύπνιον, dream
9 θόρυβος, tumult
10 βροντή, thunder
11 σεισμός, earthquake
12 τάραχος, upheaval
13 δράκων, dragon, serpent
14 ἕτοιμος, prepared
15 προέρχομαι, *aor act ind 3p*, approach
16 ἀμφότεροι, both
17 παλαίω, *pres act inf*, struggle, wrestle
18 γνόφος, darkness
19 στενοχωρία, distress
20 κάκωσις, affliction, oppression
21 τάραχος, upheaval
22 ταράσσω, *aor pas ind 3s*, trouble, stir
23 βοάω, *aor act ind 3p*, cry out
24 βοή, cry
25 ὡσανεί, as it were
26 πηγή, fountain
27 ποταμός, river
28 ἀνατέλλω, *aor act ind 3s*, rise
29 ταπεινός, lowly, humble
30 ὑψόω, *aor pas ind 3p*, exalt, elevate
31 κατεσθίω, *aor act ind 3p*, devour, consume
32 ἔνδοξος, of high repute
33 διεγείρω, *aor pas ptc nom s m*, awaken
34 ὁράω, *perf act ptc nom s m*, see
35 ἐνύπνιον, dream

ὁ θεὸς βεβούλευται[1] ποιῆσαι, εἶχεν αὐτὸ ἐν τῇ καρδίᾳ καὶ ἐν παντὶ λόγῳ ἤθελεν
ἐπιγνῶναι[2] αὐτὸ ἕως τῆς νυκτός.

1m καὶ ἡσύχασεν[3] Μαρδοχαῖος ἐν τῇ αὐλῇ[4] μετὰ Γαβαθα καὶ Θαρρα τῶν δύο εὐ-
νούχων[5] τοῦ βασιλέως τῶν φυλασσόντων τὴν αὐλὴν[6] **1n** ἤκουσέν τε αὐτῶν τοὺς
λογισμοὺς[7] καὶ τὰς μερίμνας[8] αὐτῶν ἐξηρεύνησεν[9] καὶ ἔμαθεν[10] ὅτι ἑτοιμάζουσιν
τὰς χεῖρας ἐπιβαλεῖν[11] Ἀρταξέρξῃ τῷ βασιλεῖ, καὶ ὑπέδειξεν[12] τῷ βασιλεῖ περὶ
αὐτῶν· **1o** καὶ ἐξήτασεν[13] ὁ βασιλεὺς τοὺς δύο εὐνούχους,[14] καὶ ὁμολογήσαντες[15]
ἀπήχθησαν.[16] **1p** καὶ ἔγραψεν ὁ βασιλεὺς τοὺς λόγους τούτους εἰς μνημόσυνον,[17]
καὶ Μαρδοχαῖος ἔγραψεν περὶ τῶν λόγων τούτων· **1q** καὶ ἐπέταξεν[18] ὁ βασιλεὺς
Μαρδοχαίῳ θεραπεύειν[19] ἐν τῇ αὐλῇ[20] καὶ ἔδωκεν αὐτῷ δόματα[21] περὶ τούτων.
1r καὶ ἦν Αμαν Αμαδαθου Βουγαῖος ἔνδοξος[22] ἐνώπιον τοῦ βασιλέως· καὶ ἐζήτησεν
κακοποιῆσαι[23] τὸν Μαρδοχαῖον καὶ τὸν λαὸν αὐτοῦ ὑπὲρ τῶν δύο εὐνούχων[24] τοῦ
βασιλέως.

Queen Vashti Deposed at the King's Banquet

1s Καὶ ἐγένετο μετὰ τοὺς λόγους τούτους ἐν ταῖς ἡμέραις Ἀρταξέρξου — οὗτος ὁ
Ἀρταξέρξης ἀπὸ τῆς Ἰνδικῆς ἑκατὸν[25] εἴκοσι[26] ἑπτὰ χωρῶν[27] ἐκράτησεν[28] — **2** ἐν
αὐταῖς ταῖς ἡμέραις, ὅτε ἐθρονίσθη[29] ὁ βασιλεὺς Ἀρταξέρξης ἐν Σούσοις τῇ πόλει,
3 ἐν τῷ τρίτῳ ἔτει βασιλεύοντος[30] αὐτοῦ δοχὴν[31] ἐποίησεν τοῖς φίλοις[32] καὶ τοῖς
λοιποῖς ἔθνεσιν καὶ τοῖς Περσῶν καὶ Μήδων ἐνδόξοις[33] καὶ τοῖς ἄρχουσιν τῶν
σατραπῶν.[34]

4 καὶ μετὰ ταῦτα μετὰ τὸ δεῖξαι αὐτοῖς τὸν πλοῦτον[35] τῆς βασιλείας αὐτοῦ καὶ τὴν
δόξαν τῆς εὐφροσύνης[36] τοῦ πλούτου αὐτοῦ ἐπὶ ἡμέρας ἑκατὸν[37] ὀγδοήκοντα,[38]

1 βουλεύω, *perf mid ind 3s*, resolve, determine
2 ἐπιγινώσκω, *aor act inf*, understand
3 ἡσυχάζω, *aor act ind 3s*, be at rest
4 αὐλή, court
5 εὐνοῦχος, eunuch
6 αὐλή, court
7 λογισμός, plan, deliberation
8 μέριμνα, ambition
9 ἐξερευνάω, *aor act ind 3s*, investigate
10 μανθάνω, *aor act ind 3s*, find out
11 ἐπιβάλλω, *aor act inf*, lay upon
12 ὑποδείκνυμι, *aor act ind 3s*, inform
13 ἐξετάζω, *aor act ind 3s*, closely examine
14 εὐνοῦχος, eunuch
15 ὁμολογέω, *aor act ptc nom p m*, confess
16 ἀπάγω, *aor pas ind 3p*, carry away
17 μνημόσυνον, remembrance
18 ἐπιτάσσω, *aor act ind 3s*, order
19 θεραπεύω, *pres act inf*, serve, attend upon
20 αὐλή, court
21 δόμα, gift
22 ἔνδοξος, of high repute
23 κακοποιέω, *aor act inf*, hurt, harm
24 εὐνοῦχος, eunuch
25 ἑκατόν, hundred
26 εἴκοσι, twenty
27 χώρα, region
28 κρατέω, *aor act ind 3s*, rule over
29 θρονίζω, *aor pas ind 3s*, enthrone
30 βασιλεύω, *pres act ptc gen s m*, reign as king
31 δοχή, feast
32 φίλος, friend
33 ἔνδοξος, of high repute
34 σατράπης, governor, satrap
35 πλοῦτος, wealth
36 εὐφροσύνη, joy, gladness
37 ἑκατόν, hundred
38 ὀγδοήκοντα, eighty

5 ὅτε δὲ ἀνεπληρώθησαν[1] αἱ ἡμέραι τοῦ γάμου,[2] ἐποίησεν ὁ βασιλεὺς πότον[3] τοῖς
ἔθνεσιν τοῖς εὑρεθεῖσιν εἰς τὴν πόλιν ἐπὶ ἡμέρας ἕξ[4] ἐν αὐλῇ[5] οἴκου τοῦ βασιλέως
6 κεκοσμημένῃ[6] βυσσίνοις[7] καὶ καρπασίνοις[8] τεταμένοις[9] ἐπὶ σχοινίοις[10] βυσσίνοις[11]
καὶ πορφυροῖς[12] ἐπὶ κύβοις[13] χρυσοῖς[14] καὶ ἀργυροῖς[15] ἐπὶ στύλοις[16] παρίνοις[17] καὶ
λιθίνοις·[18] κλῖναι[19] χρυσαῖ καὶ ἀργυραῖ ἐπὶ λιθοστρώτου[20] σμαραγδίτου[21] λίθου καὶ
πιννίνου[22] καὶ παρίνου[23] λίθου καὶ στρωμναὶ[24] διαφανεῖς[25] ποικίλως[26] διηνθισμέναι,[27]
κύκλῳ[28] ῥόδα[29] πεπασμένα·[30] **7** ποτήρια[31] χρυσᾶ[32] καὶ ἀργυρᾶ[33] καὶ ἀνθράκινον[34]
κυλίκιον[35] προκείμενον[36] ἀπὸ ταλάντων[37] τρισμυρίων·[38] οἶνος πολὺς καὶ ἡδύς,[39]
ὃν αὐτὸς ὁ βασιλεὺς ἔπινεν. **8** ὁ δὲ πότος[40] οὗτος οὐ κατὰ προκείμενον[41] νόμον
ἐγένετο, οὕτως δὲ ἠθέλησεν ὁ βασιλεὺς καὶ ἐπέταξεν[42] τοῖς οἰκονόμοις[43] ποιῆσαι τὸ
θέλημα αὐτοῦ καὶ τῶν ἀνθρώπων. **9** καὶ Αστιν ἡ βασίλισσα[44] ἐποίησε πότον[45] ταῖς
γυναιξὶν ἐν τοῖς βασιλείοις,[46] ὅπου ὁ βασιλεὺς Ἀρταξέρξης.

10 ἐν δὲ τῇ ἡμέρᾳ τῇ ἑβδόμῃ[47] ἡδέως[48] γενόμενος ὁ βασιλεὺς εἶπεν τῷ Αμαν
καὶ Βαζαν καὶ Θαρρα καὶ Βωραζη καὶ Ζαθολθα καὶ Αβαταζα καὶ Θαραβα, τοῖς
ἑπτὰ εὐνούχοις[49] τοῖς διακόνοις τοῦ βασιλέως Ἀρταξέρξου, **11** εἰσαγαγεῖν[50] τὴν
βασίλισσαν[51] πρὸς αὐτὸν βασιλεύειν[52] αὐτὴν καὶ περιθεῖναι[53] αὐτῇ τὸ διάδημα[54]

1 ἀναπληρόω, *aor pas ind 3p*, complete
2 γάμος, wedding (feast)
3 πότος, drinking party
4 ἕξ, six
5 αὐλή, court
6 κοσμέω, *perf pas ptc dat s f*, arrange, decorate
7 βύσσινος, fine linen
8 καρπάσινος, made of flax, *Heb. LW*
9 τείνω, *perf pas ptc dat p m*, spread
10 σχοινίον, rope
11 βύσσινος, fine linen
12 πορφυροῦς, purple
13 κύβος, block
14 χρυσοῦς, gold
15 ἀργυροῦς, silver
16 στῦλος, column
17 πάρινος, marble
18 λίθινος, stone
19 κλίνη, couch
20 λιθόστρωτος, mosaic
21 σμαραγδίτης, emerald
22 πίννινος, pearl, mollusk
23 πάρινος, marble
24 στρωμνή, bedding, covering
25 διαφανής, translucent
26 ποικίλως, multicolored
27 διανθίζω, *perf pas ptc nom p f*, adorn with flowers
28 κύκλῳ, round about
29 ῥόδον, rose
30 πάσσω, *perf pas ptc acc p n*, scatter, sprinkle
31 ποτήριον, cup
32 χρυσοῦς, gold
33 ἀργυροῦς, silver
34 ἀνθράκινος, carbuncle
35 κυλίκιον, small cup
36 πρόκειμαι, *pres pas ptc nom s n*, set before
37 τάλαντον, talent
38 τρισμύριοι, thirty thousand
39 ἡδύς, sweet
40 πότος, drinking party
41 πρόκειμαι, *pres pas ptc acc s m*, established, prescribed
42 ἐπιτάσσω, *aor act ind 3s*, order
43 οἰκονόμος, steward
44 βασίλισσα, queen
45 πότος, drinking party
46 βασίλειον, royal chamber
47 ἕβδομος, seventh
48 ἡδέως, pleasantly, gladly
49 εὐνοῦχος, eunuch
50 εἰσάγω, *aor act inf*, bring in
51 βασίλισσα, queen
52 βασιλεύω, *pres act inf*, appoint as queen
53 περιτίθημι, *aor act inf*, place around
54 διάδημα, diadem

καὶ δεῖξαι αὐτὴν πᾶσιν τοῖς ἄρχουσιν καὶ τοῖς ἔθνεσιν τὸ κάλλος[1] αὐτῆς, ὅτι καλὴ
ἦν. **12** καὶ οὐκ εἰσήκουσεν[2] αὐτοῦ Αστιν ἡ βασίλισσα[3] ἐλθεῖν μετὰ τῶν εὐνούχων.[4]
καὶ ἐλυπήθη[5] ὁ βασιλεὺς καὶ ὠργίσθη[6] **13** καὶ εἶπεν τοῖς φίλοις[7] αὐτοῦ Κατὰ ταῦτα
ἐλάλησεν Αστιν, ποιήσατε οὖν περὶ τούτου νόμον καὶ κρίσιν. **14** καὶ προσῆλθεν
αὐτῷ Αρκεσαιος καὶ Σαρσαθαιος καὶ Μαλησεαρ οἱ ἄρχοντες Περσῶν καὶ Μήδων
οἱ ἐγγὺς[8] τοῦ βασιλέως οἱ πρῶτοι παρακαθήμενοι[9] τῷ βασιλεῖ **15** καὶ ἀπήγγειλαν
αὐτῷ κατὰ τοὺς νόμους ὡς δεῖ[10] ποιῆσαι Αστιν τῇ βασιλίσσῃ,[11] ὅτι οὐκ ἐποίησεν
τὰ ὑπὸ τοῦ βασιλέως προσταχθέντα[12] διὰ τῶν εὐνούχων.[13]

16 καὶ εἶπεν ὁ Μουχαιος πρὸς τὸν βασιλέα καὶ τοὺς ἄρχοντας Οὐ τὸν βασιλέα
μόνον ἠδίκησεν[14] Αστιν ἡ βασίλισσα,[15] ἀλλὰ καὶ πάντας τοὺς ἄρχοντας καὶ
τοὺς ἡγουμένους[16] τοῦ βασιλέως **17** (καὶ γὰρ διηγήσατο[17] αὐτοῖς τὰ ῥήματα τῆς
βασιλίσσης[18] καὶ ὡς ἀντεῖπεν[19] τῷ βασιλεῖ). ὡς οὖν ἀντεῖπεν τῷ βασιλεῖ Ἀρταξέρξῃ,
18 οὕτως σήμερον αἱ τυραννίδες[20] αἱ λοιπαὶ τῶν ἀρχόντων Περσῶν καὶ Μήδων
ἀκούσασαι τὰ τῷ βασιλεῖ λεχθέντα[21] ὑπ᾽ αὐτῆς τολμήσουσιν[22] ὁμοίως[23] ἀτιμάσαι[24]
τοὺς ἄνδρας αὐτῶν. **19** εἰ οὖν δοκεῖ[25] τῷ βασιλεῖ, προσταξάτω[26] βασιλικόν,[27] καὶ
γραφήτω κατὰ τοὺς νόμους Μήδων καὶ Περσῶν· καὶ μὴ ἄλλως[28] χρησάσθω,[29] μηδὲ
εἰσελθάτω ἔτι ἡ βασίλισσα[30] πρὸς αὐτόν, καὶ τὴν βασιλείαν αὐτῆς δότω[31] ὁ βασιλεὺς
γυναικὶ κρείττονι[32] αὐτῆς. **20** καὶ ἀκουσθήτω ὁ νόμος ὁ ὑπὸ τοῦ βασιλέως, ὃν ἐὰν
ποιῇ, ἐν τῇ βασιλείᾳ αὐτοῦ, καὶ οὕτως πᾶσαι αἱ γυναῖκες περιθήσουσιν[33] τιμὴν[34]
τοῖς ἀνδράσιν ἑαυτῶν ἀπὸ πτωχοῦ[35] ἕως πλουσίου.[36] **21** καὶ ἤρεσεν[37] ὁ λόγος τῷ
βασιλεῖ καὶ τοῖς ἄρχουσι, καὶ ἐποίησεν ὁ βασιλεὺς καθὰ[38] ἐλάλησεν ὁ Μουχαιος·
22 καὶ ἀπέστειλεν εἰς πᾶσαν τὴν βασιλείαν κατὰ χώραν[39] κατὰ τὴν λέξιν[40] αὐτῶν
ὥστε εἶναι φόβον αὐτοῖς ἐν ταῖς οἰκίαις αὐτῶν.

1 κάλλος, beauty
2 εἰσακούω, *aor act ind 3s*, hear
3 βασίλισσα, queen
4 εὐνοῦχος, eunuch
5 λυπέω, *aor pas ind 3s*, grieve
6 ὀργίζω, *aor pas ind 3s*, be angry
7 φίλος, friend
8 ἐγγύς, close, near
9 παρακάθημαι, *pres mid ptc nom p m*, sit beside
10 δεῖ, *pres act ind 3s*, be necessary
11 βασίλισσα, queen
12 προστάσσω, *aor pas ptc acc p n*, command
13 εὐνοῦχος, eunuch
14 ἀδικέω, *aor act ind 3s*, treat unjustly, wrong
15 βασίλισσα, queen
16 ἡγέομαι, *pres mid ptc acc p m*, lead
17 διηγέομαι, *aor mid ind 3s*, describe in detail
18 βασίλισσα, queen
19 ἀντιλέγω, *aor act ind 3s*, speak against
20 τυραννίς, princess
21 λέγω, *aor pas ptc acc p n*, say
22 τολμάω, *fut act ind 3p*, dare
23 ὁμοίως, likewise
24 ἀτιμάζω, *aor act inf*, dishonor
25 δοκέω, *pres act impv 2s*, seem (good)
26 προστάσσω, *aor act impv 3s*, command
27 βασιλικός, royal (decree)
28 ἄλλως, otherwise
29 χράω, *aor mid impv 3s*, declare
30 βασίλισσα, queen
31 δίδωμι, *aor act impv 3s*, give
32 κρείττων (σσ), *comp of* ἀγαθός, better
33 περιτίθημι, *fut act ind 3p*, put upon
34 τιμή, honor
35 πτωχός, poor
36 πλούσιος, rich
37 ἀρέσκω, *aor act ind 3s*, please
38 καθά, as
39 χώρα, region
40 λέξις, language, dialect

Esther Made Queen

2 Καὶ μετὰ τοὺς λόγους τούτους ἐκόπασεν[1] ὁ βασιλεὺς τοῦ θυμοῦ[2] καὶ οὐκέτι
ἐμνήσθη[3] τῆς Αστιν μνημονεύων[4] οἷα[5] ἐλάλησεν καὶ ὡς κατέκρινεν[6] αὐτήν.
2 καὶ εἶπαν οἱ διάκονοι[7] τοῦ βασιλέως Ζητηθήτω τῷ βασιλεῖ κοράσια[8] ἄφθορα[9]
καλὰ τῷ εἴδει·[10] **3** καὶ καταστήσει[11] ὁ βασιλεὺς κωμάρχας[12] ἐν πάσαις ταῖς χώραις[13]
τῆς βασιλείας αὐτοῦ, καὶ ἐπιλεξάτωσαν[14] κοράσια[15] παρθενικὰ[16] καλὰ τῷ εἴδει[17]
εἰς Σουσαν τὴν πόλιν εἰς τὸν γυναικῶνα,[18] καὶ παραδοθήτωσαν τῷ εὐνούχῳ[19] τοῦ
βασιλέως τῷ φύλακι[20] τῶν γυναικῶν, καὶ δοθήτω σμῆγμα[21] καὶ ἡ λοιπὴ ἐπιμέλεια·[22]
4 καὶ ἡ γυνή, ἣ ἂν ἀρέσῃ[23] τῷ βασιλεῖ, βασιλεύσει[24] ἀντὶ[25] Αστιν. καὶ ἤρεσεν[26] τῷ
βασιλεῖ τὸ πρᾶγμα,[27] καὶ ἐποίησεν οὕτως.

5 Καὶ ἄνθρωπος ἦν Ιουδαῖος ἐν Σούσοις τῇ πόλει, καὶ ὄνομα αὐτῷ Μαρδοχαῖος ὁ
τοῦ Ιαΐρου τοῦ Σεμεΐου τοῦ Κισαιου ἐκ φυλῆς Βενιαμιν, **6** ὃς ἦν αἰχμάλωτος[28] ἐξ
Ιερουσαλημ, ἣν ᾐχμαλώτευσεν[29] Ναβουχοδονοσορ βασιλεὺς Βαβυλῶνος. **7** καὶ ἦν
τούτῳ παῖς[30] θρεπτή,[31] θυγάτηρ[32] Αμιναδαβ ἀδελφοῦ πατρὸς αὐτοῦ, καὶ ὄνομα αὐτῇ
Εσθηρ· ἐν δὲ τῷ μεταλλάξαι[33] αὐτῆς τοὺς γονεῖς[34] ἐπαίδευσεν[35] αὐτὴν ἑαυτῷ εἰς
γυναῖκα· καὶ ἦν τὸ κοράσιον[36] καλὸν τῷ εἴδει.[37] **8** καὶ ὅτε ἠκούσθη τὸ τοῦ βασιλέως
πρόσταγμα,[38] συνήχθησαν κοράσια[39] πολλὰ εἰς Σουσαν τὴν πόλιν ὑπὸ χεῖρα Γαι, καὶ
ἤχθη Εσθηρ πρὸς Γαι τὸν φύλακα[40] τῶν γυναικῶν. **9** καὶ ἤρεσεν[41] αὐτῷ τὸ κοράσιον[42]
καὶ εὗρεν χάριν ἐνώπιον αὐτοῦ, καὶ ἔσπευσεν[43] αὐτῇ δοῦναι τὸ σμῆγμα[44] καὶ τὴν

1 κοπάζω, *aor act ind 3s*, become calm, abate
2 θυμός, anger, fury
3 μιμνῄσκομαι, *aor pas ind 3s*, remember
4 μνημονεύω, *pres act ptc nom s m*, call to memory
5 οἷος, that which
6 κατακρίνω, *aor act ind 3s*, condemn
7 διάκονος, servant
8 κοράσιον, girl
9 ἄφθορος, pure
10 εἶδος, appearance
11 καθίστημι, *fut act ind 3s*, appoint
12 κωμάρχης, headman of a village, komarch
13 χώρα, village
14 ἐπιλέγω, *aor act impv 3p*, select
15 κοράσιον, girl
16 παρθενικός, young, maidenly
17 εἶδος, appearance
18 γυναικών, harem
19 εὐνοῦχος, eunuch
20 φύλαξ, watchman, guard
21 σμῆγμα, soap, salve
22 ἐπιμέλεια, care, attention
23 ἀρέσκω, *aor act sub 3s*, please
24 βασιλεύω, *fut act ind 3s*, rule (as queen)
25 ἀντί, in place of
26 ἀρέσκω, *aor act ind 3s*, please
27 πρᾶγμα, plan, undertaking
28 αἰχμάλωτος, captive
29 αἰχμαλωτεύω, *aor act ind 3s*, take captive
30 παῖς, servant
31 θρεπτός, foster child
32 θυγάτηρ, daughter
33 μεταλλάσσω, *aor act inf*, die
34 γονεύς, parent
35 παιδεύω, *aor act ind 3s*, bring up, rear
36 κοράσιον, girl
37 εἶδος, appearance
38 πρόσταγμα, ordinance, decree
39 κοράσιον, girl
40 φύλαξ, watchman, guard
41 ἀρέσκω, *aor act ind 3s*, please
42 κοράσιον, girl
43 σπεύδω, *aor act ind 3s*, hasten
44 σμῆγμα, soap, salve

μερίδα[1] καὶ τὰ ἑπτὰ κοράσια[2] τὰ ἀποδεδειγμένα[3] αὐτῇ ἐκ βασιλικοῦ[4] καὶ ἐχρήσατο[5]
αὐτῇ καλῶς[6] καὶ ταῖς ἅβραις[7] αὐτῆς ἐν τῷ γυναικῶνι·[8]

10 καὶ οὐχ ὑπέδειξεν[9] Εσθηρ τὸ γένος[10] αὐτῆς οὐδὲ τὴν πατρίδα,[11] ὁ γὰρ Μαρδοχαῖος
ἐνετείλατο[12] αὐτῇ μὴ ἀπαγγεῖλαι. **11** καθ᾽ ἑκάστην δὲ ἡμέραν ὁ Μαρδοχαῖος περι-
επάτει[13] κατὰ τὴν αὐλὴν[14] τὴν γυναικείαν[15] ἐπισκοπῶν[16] τί Εσθηρ συμβήσεται.[17]

12 οὗτος δὲ ἦν καιρὸς κορασίου[18] εἰσελθεῖν πρὸς τὸν βασιλέα, ὅταν ἀναπληρώσῃ[19]
μῆνας[20] δέκα[21] δύο· οὕτως γὰρ ἀναπληροῦνται[22] αἱ ἡμέραι τῆς θεραπείας,[23] μῆνας
ἓξ[24] ἀλειφόμεναι[25] ἐν σμυρνίνῳ[26] ἐλαίῳ[27] καὶ μῆνας ἓξ ἐν τοῖς ἀρώμασιν[28] καὶ ἐν
τοῖς σμήγμασιν[29] τῶν γυναικῶν, **13** καὶ τότε εἰσπορεύεται[30] πρὸς τὸν βασιλέα·
καὶ ὃ ἐὰν εἴπῃ, παραδώσει αὐτῇ συνεισέρχεσθαι[31] αὐτῇ ἀπὸ τοῦ γυναικῶνος[32]
ἕως τῶν βασιλείων.[33] **14** δείλης[34] εἰσπορεύεται[35] καὶ πρὸς ἡμέραν ἀποτρέχει[36] εἰς
τὸν γυναικῶνα[37] τὸν δεύτερον, οὗ Γαι ὁ εὐνοῦχος[38] τοῦ βασιλέως ὁ φύλαξ[39] τῶν
γυναικῶν, καὶ οὐκέτι εἰσπορεύεται[40] πρὸς τὸν βασιλέα, ἐὰν μὴ κληθῇ ὀνόματι.

15 ἐν δὲ τῷ ἀναπληροῦσθαι[41] τὸν χρόνον Εσθηρ τῆς θυγατρὸς[42] Αμιναδαβ ἀδελφοῦ
πατρὸς Μαρδοχαίου εἰσελθεῖν πρὸς τὸν βασιλέα οὐδὲν ἠθέτησεν[43] ὧν αὐτῇ ἐνε-
τείλατο[44] ὁ εὐνοῦχος[45] ὁ φύλαξ[46] τῶν γυναικῶν· ἦν γὰρ Εσθηρ εὑρίσκουσα χάριν
παρὰ πάντων τῶν βλεπόντων αὐτήν. **16** καὶ εἰσῆλθεν Εσθηρ πρὸς Ἀρταξέρξην τὸν
βασιλέα τῷ δωδεκάτῳ[47] μηνί,[48] ὅς ἐστιν Αδαρ, τῷ ἑβδόμῳ[49] ἔτει τῆς βασιλείας αὐτοῦ.

1 μερίς, portion (of food)
2 κοράσιον, girl
3 ἀποδείκνυμι, *perf pas ptc acc p n*, assign
4 βασιλικός, royal (quarters)
5 χράω, *aor mid ind 3s*, treat, deal with
6 καλῶς, well
7 ἅβρα, favorite servant
8 γυναικών, harem
9 ὑποδείκνυμι, *aor act ind 3s*, disclose, indicate
10 γένος, ancestry, ethnicity
11 πατρίς, native land, homeland
12 ἐντέλλομαι, *aor mid ind 3s*, command
13 περιπατέω, *impf act ind 3s*, walk (around)
14 αὐλή, court
15 γυναικεῖος, harem
16 ἐπισκοπέω, *pres act ptc nom s m*, investigate, inspect
17 συμβαίνω, *fut mid ind 3s*, happen, come to pass
18 κοράσιον, girl
19 ἀναπληρόω, *aor act sub 3s*, complete
20 μήν, month
21 δέκα, ten
22 ἀναπληρόω, *pres pas ind 3p*, complete
23 θεραπεία, preparation, care
24 ἕξ, six
25 ἀλείφω, *pres mid ptc nom p f*, anoint
26 σμύρνινος, myrrh
27 ἔλαιον, oil
28 ἄρωμα, aromatics, perfume
29 σμῆγμα, soap, salve
30 εἰσπορεύομαι, *pres mid ind 3s*, enter
31 συνεισέρχομαι, *pres mid inf*, go together
32 γυναικών, harem
33 βασίλειος, royal (chambers)
34 δείλη, evening
35 εἰσπορεύομαι, *pres mid ind 3s*, enter
36 ἀποτρέχω, *pres act ind 3s*, depart
37 γυναικών, harem
38 εὐνοῦχος, eunuch
39 φύλαξ, watchman, guard
40 εἰσπορεύομαι, *pres mid ind 3s*, enter
41 ἀναπληρόω, *pres pas inf*, complete
42 θυγάτηρ, daughter
43 ἀθετέω, *aor act ind 3s*, reject
44 ἐντέλλομαι, *aor mid ind 3s*, instruct
45 εὐνοῦχος, eunuch
46 φύλαξ, watchman, guard
47 δωδέκατος, twelfth
48 μήν, month
49 ἕβδομος, seventh

17 καὶ ἠράσθη[1] ὁ βασιλεὺς Εσθηρ, καὶ εὗρεν χάριν παρὰ πάσας τὰς παρθένους,[2] καὶ
ἐπέθηκεν αὐτῇ τὸ διάδημα[3] τὸ γυναικεῖον.[4] **18** καὶ ἐποίησεν ὁ βασιλεὺς πότον[5] πᾶσι
τοῖς φίλοις[6] αὐτοῦ καὶ ταῖς δυνάμεσιν ἐπὶ ἡμέρας ἑπτὰ καὶ ὕψωσεν[7] τοὺς γάμους[8]
Εσθηρ καὶ ἄφεσιν[9] ἐποίησεν τοῖς ὑπὸ τὴν βασιλείαν αὐτοῦ.

Conspiracy Uncovered by Mordecai

19 ὁ δὲ Μαρδοχαῖος ἐθεράπευεν[10] ἐν τῇ αὐλῇ.[11] **20** ἡ δὲ Εσθηρ οὐχ ὑπέδειξεν[12] τὴν
πατρίδα[13] αὐτῆς· οὕτως γὰρ ἐνετείλατο[14] αὐτῇ Μαρδοχαῖος φοβεῖσθαι τὸν θεὸν καὶ
ποιεῖν τὰ προστάγματα[15] αὐτοῦ, καθὼς ἦν μετ᾽ αὐτοῦ, καὶ Εσθηρ οὐ μετήλλαξεν[16]
τὴν ἀγωγὴν[17] αὐτῆς.

21 Καὶ ἐλυπήθησαν[18] οἱ δύο εὐνοῦχοι[19] τοῦ βασιλέως οἱ ἀρχισωματοφύλακες[20] ὅτι
προήχθη[21] Μαρδοχαῖος, καὶ ἐζήτουν ἀποκτεῖναι Ἀρταξέρξην τὸν βασιλέα. **22** καὶ
ἐδηλώθη[22] Μαρδοχαίῳ ὁ λόγος, καὶ ἐσήμανεν[23] Εσθηρ, καὶ αὐτὴ ἐνεφάνισεν[24] τῷ
βασιλεῖ τὰ τῆς ἐπιβουλῆς.[25] **23** ὁ δὲ βασιλεὺς ἤτασεν[26] τοὺς δύο εὐνούχους[27] καὶ
ἐκρέμασεν[28] αὐτούς· καὶ προσέταξεν[29] ὁ βασιλεὺς καταχωρίσαι[30] εἰς μνημόσυνον[31]
ἐν τῇ βασιλικῇ[32] βιβλιοθήκῃ[33] ὑπὲρ τῆς εὐνοίας[34] Μαρδοχαίου ἐν ἐγκωμίῳ.[35]

Haman's Plot against the Jews

3 Μετὰ δὲ ταῦτα ἐδόξασεν ὁ βασιλεὺς Ἀρταξέρξης Αμαν Αμαδαθου Βουγαῖον καὶ
ὕψωσεν[36] αὐτόν, καὶ ἐπρωτοβάθρει[37] πάντων τῶν φίλων[38] αὐτοῦ. **2** καὶ πάντες
οἱ ἐν τῇ αὐλῇ[39] προσεκύνουν αὐτῷ, οὕτως γὰρ προσέταξεν[40] ὁ βασιλεὺς ποιῆσαι· ὁ

1 ἐράω, *aor pas ind 3s*, be attracted to, long for
2 παρθένος, virgin
3 διάδημα, diadem
4 γυναικεῖος, belonging to women
5 πότος, drinking party
6 φίλος, friend
7 ὑψόω, *aor act ind 3s*, exalt
8 γάμος, wedding (feast)
9 ἄφεσις, remission, release
10 θεραπεύω, *impf act ind 3s*, serve, attend upon
11 αὐλή, court
12 ὑποδείκνυμι, *aor act ind 3s*, disclose, indicate
13 πατρίς, native land, homeland
14 ἐντέλλομαι, *aor mid ind 3s*, command
15 πρόσταγμα, ordinance, decree
16 μεταλλάσσω, *aor act ind 3s*, alter
17 ἀγωγή, manner of life, conduct, habit
18 λυπέω, *aor pas ind 3p*, be distressed
19 εὐνοῦχος, eunuch
20 ἀρχισωματοφύλαξ, chief of the bodyguard
21 προάγω, *aor pas ind 3s*, advance, promote
22 δηλόω, *aor pas ind 3s*, reveal
23 σημαίνω, *aor act ind 3s*, make known
24 ἐμφανίζω, *aor act ind 3s*, declare, explain
25 ἐπιβουλή, plot, scheme
26 ἐτάζω, *aor act ind 3s*, examine
27 εὐνοῦχος, eunuch
28 κρεμάννυμι, *aor act ind 3s*, hang (to death)
29 προστάσσω, *aor act ind 3s*, order
30 καταχωρίζω, *aor act inf*, record
31 μνημόσυνον, memorandum
32 βασιλικός, royal
33 βιβλιοθήκη, library
34 εὔνοια, goodwill
35 ἐγκώμιον, memorial
36 ὑψόω, *aor act ind 3s*, promote, exalt
37 πρωτοβαθρέω, *impf act ind 3s*, assign the first seat
38 φίλος, friend
39 αὐλή, court
40 προστάσσω, *aor act ind 3s*, order

δὲ Μαρδοχαῖος οὐ προσεκύνει αὐτῷ. **3** καὶ ἐλάλησαν οἱ ἐν τῇ αὐλῇ[1] τοῦ βασιλέως τῷ Μαρδοχαίῳ Μαρδοχαῖε, τί παρακούεις[2] τὰ ὑπὸ τοῦ βασιλέως λεγόμενα; **4** καθ᾽ ἑκάστην ἡμέραν ἐλάλουν αὐτῷ, καὶ οὐχ ὑπήκουεν[3] αὐτῶν· καὶ ὑπέδειξαν[4] τῷ Αμαν Μαρδοχαῖον τοῖς τοῦ βασιλέως λόγοις ἀντιτασσόμενον·[5] καὶ ὑπέδειξεν[6] αὐτοῖς ὁ Μαρδοχαῖος ὅτι Ιουδαῖός ἐστιν. **5** καὶ ἐπιγνοὺς Αμαν ὅτι οὐ προσκυνεῖ αὐτῷ Μαρδοχαῖος, ἐθυμώθη[7] σφόδρα[8] **6** καὶ ἐβουλεύσατο[9] ἀφανίσαι[10] πάντας τοὺς ὑπὸ τὴν Ἀρταξέρξου βασιλείαν Ιουδαίους.

7 καὶ ἐποίησεν ψήφισμα[11] ἐν ἔτει δωδεκάτῳ[12] τῆς βασιλείας Ἀρταξέρξου καὶ ἔβαλεν[13] κλήρους[14] ἡμέραν ἐξ ἡμέρας καὶ μῆνα[15] ἐκ μηνὸς ὥστε ἀπολέσαι ἐν μιᾷ ἡμέρᾳ τὸ γένος[16] Μαρδοχαίου, καὶ ἔπεσεν ὁ κλῆρος εἰς τὴν τεσσαρεσκαιδεκάτην[17] τοῦ μηνός, ὅς ἐστιν Αδαρ. **8** καὶ ἐλάλησεν πρὸς τὸν βασιλέα Ἀρταξέρξην λέγων Ὑπάρχει ἔθνος διεσπαρμένον[18] ἐν τοῖς ἔθνεσιν ἐν πάσῃ τῇ βασιλείᾳ σου, οἱ δὲ νόμοι αὐτῶν ἔξαλλοι[19] παρὰ πάντα τὰ ἔθνη, τῶν δὲ νόμων τοῦ βασιλέως παρακούουσιν,[20] καὶ οὐ συμφέρει[21] τῷ βασιλεῖ ἐᾶσαι[22] αὐτούς· **9** εἰ δοκεῖ[23] τῷ βασιλεῖ, δογματισάτω[24] ἀπολέσαι αὐτούς, κἀγὼ[25] διαγράψω[26] εἰς τὸ γαζοφυλάκιον[27] τοῦ βασιλέως ἀργυρίου[28] τάλαντα[29] μύρια.[30] **10** καὶ περιελόμενος[31] ὁ βασιλεὺς τὸν δακτύλιον[32] ἔδωκεν εἰς χεῖρα τῷ Αμαν σφραγίσαι[33] κατὰ τῶν γεγραμμένων κατὰ τῶν Ιουδαίων. **11** καὶ εἶπεν ὁ βασιλεὺς τῷ Αμαν Τὸ μὲν ἀργύριον[34] ἔχε, τῷ δὲ ἔθνει χρῶ[35] ὡς βούλει.

12 καὶ ἐκλήθησαν οἱ γραμματεῖς[36] τοῦ βασιλέως μηνὶ[37] πρώτῳ τῇ τρισκαιδεκάτῃ[38] καὶ ἔγραψαν, ὡς ἐπέταξεν[39] Αμαν, τοῖς στρατηγοῖς[40] καὶ τοῖς ἄρχουσιν κατὰ πᾶσαν χώραν[41] ἀπὸ Ἰνδικῆς ἕως τῆς Αἰθιοπίας, ταῖς ἑκατὸν[42] εἴκοσι[43] ἑπτὰ χώραις, τοῖς τε

1 αὐλή, court
2 παρακούω, *pres act ind 2s*, pay no attention to
3 ὑπακούω, *impf act ind 3s*, obey
4 ὑποδείκνυμι, *aor act ind 3p*, disclose, tell
5 ἀντιτάσσομαι, *pres mid ptc acc s m*, resist
6 ὑποδείκνυμι, *aor act ind 3s*, disclose
7 θυμόω, *aor pas ind 3s*, be angry
8 σφόδρα, very
9 βουλεύω, *aor mid ind 3s*, resolve
10 ἀφανίζω, *aor act inf*, destroy, blot out
11 ψήφισμα, proposal, decision
12 δωδέκατος, twelfth
13 βάλλω, *aor act ind 3s*, cast
14 κλῆρος, lot
15 μήν, month
16 γένος, nation, people
17 τεσσαρεσκαιδέκατος, fourteenth
18 διασπείρω, *perf pas ptc nom s n*, scatter about
19 ἔξαλλος, distinguished
20 παρακούω, *pres act ind 3p*, pay no attention
21 συμφέρω, *pres act ind 3s*, profit, benefit
22 ἐάω, *aor act inf*, permit, leave alone
23 δοκέω, *pres act impv 2s*, seem
24 δογματίζω, *aor act impv 3s*, decree, ordain
25 κἀγώ, and I, *cr.* καὶ ἐγώ
26 διαγράφω, *fut act ind 1s*, remit, contribute
27 γαζοφυλάκιον, treasury
28 ἀργύριον, silver
29 τάλαντον, talent
30 μύριοι, ten thousand
31 περιαιρέω, *aor mid ptc nom s m*, remove
32 δακτύλιος, signet ring
33 σφραγίζω, *aor act inf*, seal
34 ἀργύριον, silver
35 χράω, *pres mid impv 2s*, deal with, treat
36 γραμματεύς, scribe
37 μήν, month
38 τρισκαιδέκατος, thirteenth
39 ἐπιτάσσω, *aor act ind 3s*, order
40 στρατηγός, captain
41 χώρα, region
42 ἑκατόν, hundred
43 εἴκοσι, twenty

ἄρχουσι τῶν ἐθνῶν κατὰ τὴν αὐτῶν λέξιν[1] δι᾽ Ἀρταξέρξου τοῦ βασιλέως. **13** καὶ ἀπεστάλη διὰ βιβλιαφόρων[2] εἰς τὴν Ἀρταξέρξου βασιλείαν ἀφανίσαι[3] τὸ γένος[4] τῶν Ιουδαίων ἐν ἡμέρᾳ μιᾷ μηνὸς[5] δωδεκάτου,[6] ὅς ἐστιν Αδαρ, καὶ διαρπάσαι[7] τὰ ὑπάρχοντα αὐτῶν.

Contents of the King's Letter

13a τῆς δὲ ἐπιστολῆς[8] ἐστιν τὸ ἀντίγραφον[9] τόδε[10]

Βασιλεὺς μέγας Ἀρταξέρξης τοῖς ἀπὸ τῆς Ἰνδικῆς ἕως τῆς Αἰθιοπίας ἑκατὸν[11]
εἴκοσι[12] ἑπτὰ χωρῶν[13] ἄρχουσι καὶ τοπάρχαις[14] ὑποτεταγμένοις[15] τάδε[16] γράφει
13b Πολλῶν ἐπάρξας[17] ἐθνῶν καὶ πάσης ἐπικρατήσας[18] οἰκουμένης[19] ἐβουλήθην,
μὴ τῷ θράσει[20] τῆς ἐξουσίας[21] ἐπαιρόμενος,[22] ἐπιεικέστερον[23] δὲ καὶ μετὰ ἠπιότη-
τος[24] ἀεὶ[25] διεξάγων,[26] τοὺς τῶν ὑποτεταγμένων[27] ἀκυμάτους[28] διὰ παντὸς κατα-
στῆσαι[29] βίους,[30] τήν τε βασιλείαν ἥμερον καὶ πορευτὴν[31] μέχρι[32] περάτων[33]
παρεξόμενος[34] ἀνανεώσασθαί[35] τε τὴν ποθουμένην[36] τοῖς πᾶσιν ἀνθρώποις εἰρήνην.
13c πυθομένου[37] δέ μου τῶν συμβούλων[38] πῶς ἂν ἀχθείη[39] τοῦτο ἐπὶ πέρας,[40] σω-
φροσύνῃ[41] παρ᾽ ἡμῖν διενέγκας[42] καὶ ἐν τῇ εὐνοίᾳ[43] ἀπαραλλάκτως[44] καὶ βεβαίᾳ[45]
πίστει ἀποδεδειγμένος[46] καὶ δεύτερον τῶν βασιλειῶν γέρας[47] ἀπενηνεγμένος[48]

1 λέξις, language, dialect
2 βιβλιαφόρος, letter-carrier
3 ἀφανίζω, *aor act inf*, destroy, blot out
4 γένος, nation, people
5 μήν, month
6 δωδέκατος, twelfth
7 διαρπάζω, *aor act inf*, plunder
8 ἐπιστολή, letter
9 ἀντίγραφον, copy
10 ὅδε, this
11 ἑκατόν, hundred
12 εἴκοσι, twenty
13 χώρα, region
14 τοπάρχης, regional governor, toparch
15 ὑποτάσσω, *perf pas ptc dat p m*, place under
16 ὅδε, this
17 ἐπάρχω, *aor act ptc nom s m*, rule over
18 ἐπικρατέω, *aor act ptc nom s m*, hold power over
19 οἰκουμένη, inhabited world
20 θράσος, audacity, arrogance
21 ἐξουσία, authority
22 ἐπαίρω, *pres mid ptc nom s m*, lift up
23 ἐπιεικής, *comp*, more reasonable
24 ἠπιότης, gentleness
25 ἀεί, always
26 διεξάγω, *pres act ptc nom s m*, conduct, administrate
27 ὑποτάσσω, *perf pas ptc gen p m*, place under
28 ἀκύματος, calm, tranquility
29 καθίστημι, *aor act inf*, establish
30 βίος, life
31 πορευτός, safe for travel
32 μέχρι, as far as
33 πέρας, boundary
34 παρέχω, *fut mid ptc nom s m*, maintain
35 ἀνανεόω, *aor mid inf*, restore
36 ποθέω, *pres pas ptc acc s f*, desire
37 πυνθάνομαι, *aor mid ptc gen s m*, inquire of
38 σύμβουλος, advisor
39 ἄγω, *aor pas opt 3s*, bring about
40 πέρας, accomplishment, conclusion
41 σωφροσύνη, prudence
42 διαφέρω, *aor act ptc nom s m*, excel
43 εὔνοια, benevolence
44 ἀπαραλλάκτως, unchanging
45 βέβαιος, steadfast, reliable
46 ἀποδείκνυμι, *perf mas ptc nom s m*, demonstrate
47 γέρας, honor, privilege
48 ἀποφέρω, *perf mid ptc nom s m*, bear up

Αμαν **13d** ἐπέδειξεν[1] ἡμῖν ἐν πάσαις ταῖς κατὰ τὴν οἰκουμένην[2] φυλαῖς ἀναμεμεῖχθαι[3]
δυσμενῆ[4] λαόν τινα τοῖς νόμοις ἀντίθετον[5] πρὸς πᾶν ἔθνος τά τε τῶν βασιλέων
παραπέμποντας[6] διηνεκῶς[7] διατάγματα[8] πρὸς τὸ μὴ κατατίθεσθαι[9] τὴν ὑφ᾽ ἡμῶν
κατευθυνομένην[10] ἀμέμπτως[11] συναρχίαν.[12] **13e** διειληφότες[13] οὖν τόδε[14] τὸ ἔθνος
μονώτατον[15] ἐν ἀντιπαραγωγῇ[16] παντὶ διὰ παντὸς ἀνθρώπῳ κείμενον[17] διαγωγὴν[18]
νόμων ξενίζουσαν[19] παραλλάσσον[20] καὶ δυσνοοῦν[21] τοῖς ἡμετέροις[22] πράγμασιν[23] τὰ
χείριστα[24] συντελοῦν[25] κακὰ καὶ πρὸς τὸ μὴ τὴν βασιλείαν εὐσταθείας[26] τυγχάνειν·[27]
13f προστετάχαμεν[28] οὖν τοὺς σημαινομένους[29] ὑμῖν ἐν τοῖς γεγραμμένοις ὑπὸ
Αμαν τοῦ τεταγμένου[30] ἐπὶ τῶν πραγμάτων[31] καὶ δευτέρου πατρὸς ἡμῶν πάντας
σὺν γυναιξὶ καὶ τέκνοις ἀπολέσαι ὁλορριζεὶ[32] ταῖς τῶν ἐχθρῶν μαχαίραις[33] ἄνευ[34]
παντὸς οἴκτου[35] καὶ φειδοῦς[36] τῇ τεσσαρεσκαιδεκάτῃ[37] τοῦ δωδεκάτου[38] μηνὸς[39]
Αδαρ τοῦ ἐνεστῶτος[40] ἔτους, **13g** ὅπως οἱ πάλαι[41] καὶ νῦν δυσμενεῖς[42] ἐν ἡμέρᾳ
μιᾷ βιαίως[43] εἰς τὸν ᾅδην[44] κατελθόντες[45] εἰς τὸν μετέπειτα[46] χρόνον εὐσταθῆ[47] καὶ
ἀτάραχα[48] παρέχωσιν[49] ἡμῖν διὰ τέλους τὰ πράγματα.[50]

1 ἐπιδείκνυμι, *aor act ind 3s*, disclose
2 οἰκουμένη, inhabited world
3 ἀναμείγνυμι, *perf pas inf*, mix together
4 δυσμενής, hostile
5 ἀντίθετος, opposed
6 παραπέμπω, *pres act ptc acc p m*, dismiss, ignore
7 διηνεκῶς, continually
8 διάταγμα, ordinance
9 κατατίθημι, *pres mid inf*, establish
10 κατευθύνω, *pres pas ptc acc s f*, direct, guide
11 ἀμέμπτως, blamelessly
12 συναρχία, shared government
13 διαλαμβάνω, *perf act ptc nom p m*, perceive
14 ὅδε, this
15 μόνος, *sup*, most alone
16 ἀντιπαραγωγή, opposition
17 κεῖμαι, *pres pas ptc acc s n*, be set, stand
18 διαγωγή, code of life
19 ξενίζω, *pres act ptc acc s f*, be foreign
20 παραλλάσσω, *pres act ptc acc s n*, make different
21 δυσνοέω, *pres act ptc acc s n*, be hostile
22 ἡμέτερος, our
23 πρᾶγμα, purpose, affair
24 χείριστος, *sup of* κακός, worst
25 συντελέω, *pres act ptc acc s n*, accomplish
26 εὐστάθεια, stability, tranquility
27 τυγχάνω, *pres act inf*, obtain
28 προστάσσω, *perf act ind 1p*, command, prescribe
29 σημαίνω, *pres pas ptc acc p m*, signify, indicate
30 τάσσω, *perf pas ptc gen s m*, appoint
31 πρᾶγμα, undertaking
32 ὁλορριζεί, with the whole root, utterly
33 μάχαιρα, sword
34 ἄνευ, without
35 οἶκτος, sorrow, sympathy
36 φειδώ, sparing
37 τεσσαρεσκαιδέκατος, fourteenth
38 δωδέκατος, twelfth
39 μήν, month
40 ἐνίστημι, *perf act ptc gen s n*, begin, be (in the) present
41 πάλαι, for a long time
42 δυσμενής, hostile
43 βιαίως, by force
44 ᾅδης, Hades, underworld
45 κατέρχομαι, *aor act ptc nom p m*, go down
46 μετέπειτα, thereafter
47 εὐσταθής, quiet
48 ἀτάραχος, undisturbed
49 παρέχω, *pres act sub 3p*, bring forth, render
50 πρᾶγμα, undertaking

14 τὰ δὲ ἀντίγραφα[1] τῶν ἐπιστολῶν[2] ἐξετίθετο[3] κατὰ χώραν,[4] καὶ προσετάγη[5] πᾶσι
τοῖς ἔθνεσιν ἑτοίμους[6] εἶναι εἰς τὴν ἡμέραν ταύτην. **15** ἐσπεύδετο[7] δὲ τὸ πρᾶγμα[8]
καὶ εἰς Σουσαν· ὁ δὲ βασιλεὺς καὶ Αμαν ἐκωθωνίζοντο,[9] ἐταράσσετο[10] δὲ ἡ πόλις.

Mordecai Appeals to Esther to Help the Jews

4 Ὁ δὲ Μαρδοχαῖος ἐπιγνοὺς τὸ συντελούμενον[11] διέρρηξεν[12] τὰ ἱμάτια αὐτοῦ
καὶ ἐνεδύσατο[13] σάκκον[14] καὶ κατεπάσατο[15] σποδὸν[16] καὶ ἐκπηδήσας[17] διὰ τῆς
πλατείας[18] τῆς πόλεως ἐβόα[19] φωνῇ μεγάλῃ Αἴρεται[20] ἔθνος μηδὲν[21] ἠδικηκός.[22]
2 καὶ ἦλθεν ἕως τῆς πύλης[23] τοῦ βασιλέως καὶ ἔστη· οὐ γὰρ ἦν ἐξὸν[24] αὐτῷ εἰσελθεῖν
εἰς τὴν αὐλὴν[25] σάκκον[26] ἔχοντι καὶ σποδόν.[27] **3** καὶ ἐν πάσῃ χώρᾳ,[28] οὗ[29] ἐξετίθετο[30]
τὰ γράμματα,[31] κραυγὴ[32] καὶ κοπετὸς[33] καὶ πένθος[34] μέγα τοῖς Ιουδαίοις, σάκκον[35]
καὶ σποδὸν[36] ἔστρωσαν[37] ἑαυτοῖς. **4** καὶ εἰσῆλθον αἱ ἅβραι[38] καὶ οἱ εὐνοῦχοι[39] τῆς
βασιλίσσης[40] καὶ ἀνήγγειλαν[41] αὐτῇ, καὶ ἐταράχθη[42] ἀκούσασα τὸ γεγονὸς καὶ
ἀπέστειλεν στολίσαι[43] τὸν Μαρδοχαῖον καὶ ἀφελέσθαι[44] αὐτοῦ τὸν σάκκον,[45] ὁ δὲ
οὐκ ἐπείσθη. **5** ἡ δὲ Εσθηρ προσεκαλέσατο[46] Αχραθαῖον τὸν εὐνοῦχον[47] αὐτῆς,
ὃς παρειστήκει[48] αὐτῇ, καὶ ἀπέστειλεν μαθεῖν[49] αὐτῇ παρὰ τοῦ Μαρδοχαίου τὸ
ἀκριβές·[50]

1 ἀντίγραφον, copy
2 ἐπιστολή, letter
3 ἐκτίθημι, *impf pas ind 3s*, publish
4 χώρα, region
5 προστάσσω, *aor pas ind 3s*, command, prescribe
6 ἕτοιμος, prepared
7 σπεύδω, *impf pas ind 3s*, hasten
8 πρᾶγμα, undertaking
9 κωθωνίζομαι, *impf mid ind 3p*, get drunk
10 ταράσσω, *impf pas ind 3s*, trouble, disturb
11 συντελέω, *pres pas ptc acc s n*, end, finish
12 διαρρήγνυμι, *aor act ind 3s*, tear, rend
13 ἐνδύω, *aor mid ind 3s*, put on
14 σάκκος, sackcloth, *Heb. LW*
15 καταπάσσω, *aor mid ind 3s*, sprinkle
16 σποδός, ashes
17 ἐκπηδάω, *aor act ptc nom s m*, escape
18 πλατύς, street
19 βοάω, *impf act ind 3s*, cry out
20 αἴρω, *pres pas ind 3s*, destroy
21 μηδείς, nothing
22 ἀδικέω, *perf act ptc nom s n*, do wrong
23 πύλη, gate
24 ἔξειμι, *pres act ptc nom s n*, it is allowed
25 αὐλή, gate
26 σάκκος, sackcloth, *Heb. LW*
27 σποδός, ashes
28 χώρα, region
29 οὗ, where
30 ἐκτίθημι, *impf pas ind 3s*, publish
31 γράμμα, letter
32 κραυγή, crying
33 κοπετός, lamentation
34 πένθος, mourning
35 σάκκος, sackcloth, *Heb. LW*
36 σποδός, ashes
37 στρώννυμι, *aor act ind 3p*, spread
38 ἅβρα, favorite servant
39 εὐνοῦχος, eunuch
40 βασίλισσα, queen
41 ἀναγγέλλω, *aor act ind 3p*, report
42 ταράσσω, *aor pas ind 3s*, trouble, stir
43 στολίζω, *aor act inf*, clothe
44 ἀφαιρέω, *aor mid inf*, remove
45 σάκκος, sackcloth, *Heb. LW*
46 προσκαλέω, *aor mid ind 3s*, summon
47 εὐνοῦχος, eunuch
48 παρίστημι, *plpf act ind 3s*, attend on
49 μανθάνω, *aor act inf*, learn
50 ἀκριβής, accurate (facts)

7 ὁ δὲ Μαρδοχαῖος ὑπέδειξεν[1] αὐτῷ τὸ γεγονὸς καὶ τὴν ἐπαγγελίαν,[2] ἣν ἐπηγγείλατο[3] Αμαν τῷ βασιλεῖ εἰς τὴν γάζαν[4] ταλάντων[5] μυρίων,[6] ἵνα ἀπολέσῃ τοὺς Ιουδαίους· **8** καὶ τὸ ἀντίγραφον[7] τὸ ἐν Σούσοις ἐκτεθὲν[8] ὑπὲρ τοῦ ἀπολέσθαι αὐτοὺς ἔδωκεν αὐτῷ δεῖξαι τῇ Εσθηρ καὶ εἶπεν αὐτῷ ἐντείλασθαι[9] αὐτῇ εἰσελθούσῃ παραιτήσασθαι[10] τὸν βασιλέα καὶ ἀξιῶσαι[11] αὐτὸν περὶ τοῦ λαοῦ μνησθεῖσα[12] ἡμερῶν ταπεινώσεώς[13] σου ὡς ἐτράφης[14] ἐν χειρί μου, διότι[15] Αμαν ὁ δευτερεύων[16] τῷ βασιλεῖ ἐλάλησεν καθ᾽ ἡμῶν εἰς θάνατον· ἐπικάλεσαι[17] τὸν κύριον καὶ λάλησον τῷ βασιλεῖ περὶ ἡμῶν καὶ ῥῦσαι[18] ἡμᾶς ἐκ θανάτου. **9** εἰσελθὼν δὲ ὁ Αχραθαῖος ἐλάλησεν αὐτῇ πάντας τοὺς λόγους τούτους. **10** εἶπεν δὲ Εσθηρ πρὸς Αχραθαῖον Πορεύθητι πρὸς Μαρδοχαῖον καὶ εἰπὸν ὅτι **11** Τὰ ἔθνη πάντα τῆς βασιλείας γινώσκει ὅτι πᾶς ἄνθρωπος ἢ γυνή, ὃς εἰσελεύσεται πρὸς τὸν βασιλέα εἰς τὴν αὐλὴν[19] τὴν ἐσωτέραν[20] ἄκλητος,[21] οὐκ ἔστιν αὐτῷ σωτηρία· πλὴν ᾧ ἐκτείνει[22] ὁ βασιλεὺς τὴν χρυσῆν[23] ῥάβδον,[24] οὗτος σωθήσεται· κἀγὼ[25] οὐ κέκλημαι εἰσελθεῖν πρὸς τὸν βασιλέα, εἰσὶν αὗται ἡμέραι τριάκοντα.[26]

12 καὶ ἀπήγγειλεν[27] Αχραθαῖος Μαρδοχαίῳ πάντας τοὺς λόγους Εσθηρ. **13** καὶ εἶπεν Μαρδοχαῖος πρὸς Αχραθαῖον Πορεύθητι καὶ εἰπὸν αὐτῇ Εσθηρ, μὴ εἴπῃς σεαυτῇ ὅτι σωθήσῃ μόνη ἐν τῇ βασιλείᾳ παρὰ πάντας τοὺς Ιουδαίους· **14** ὡς ὅτι ἐὰν παρακούσῃς[28] ἐν τούτῳ τῷ καιρῷ, ἄλλοθεν[29] βοήθεια[30] καὶ σκέπη[31] ἔσται τοῖς Ιουδαίοις, σὺ δὲ καὶ ὁ οἶκος τοῦ πατρός σου ἀπολεῖσθε· καὶ τίς οἶδεν εἰ εἰς τὸν καιρὸν τοῦτον ἐβασίλευσας;[32] **15** καὶ ἐξαπέστειλεν[33] Εσθηρ τὸν ἥκοντα[34] πρὸς αὐτὴν πρὸς Μαρδοχαῖον λέγουσα **16** Βαδίσας[35] ἐκκλησίασον[36] τοὺς Ιουδαίους τοὺς ἐν Σούσοις καὶ νηστεύσατε[37] ἐπ᾽ ἐμοὶ καὶ μὴ φάγητε μηδὲ πίητε ἐπὶ ἡμέρας τρεῖς

1 ὑποδείκνυμι, *aor act ind 3s*, disclose, tell
2 ἐπαγγελία, promise
3 ἐπαγγέλλω, *aor mid ind 3s*, promise
4 γάζα, treasure, *Heb. LW*
5 τάλαντον, talent
6 μύριοι, ten thousand
7 ἀντίγραφον, copy
8 ἐκτίθημι, *aor pas ptc acc s n*, publish
9 ἐντέλλομαι, *aor mid inf*, command
10 παραιτέομαι, *aor mid inf*, entreat
11 ἀξιόω, *aor act inf*, beseech
12 μιμνῄσκομαι, *aor pas ptc nom s f*, remember
13 ταπείνωσις, humility, low estate
14 τρέφω, *aor pas ind 2s*, rear, bring up
15 διότι, because
16 δευτερεύω, *pres act ptc nom s m*, be second
17 ἐπικαλέω, *aor mid impv 2s*, call upon
18 ῥύομαι, *aor mid impv 2s*, rescue, deliver
19 αὐλή, court
20 ἔσω, *comp*, inner
21 ἄκλητος, uncalled, unsummoned
22 ἐκτείνω, *pres act ind 3s*, stretch forth
23 χρυσοῦς, gold
24 ῥάβδος, rod, staff
25 κἀγώ, and I, *cr.* καὶ ἐγώ
26 τριάκοντα, thirty
27 ἀπαγγέλλω, *aor act ind 3s*, report, announce
28 παρακούω, *aor act sub 2s*, pay no attention
29 ἄλλοθεν, from another place
30 βοήθεια, help
31 σκέπη, protection
32 βασιλεύω, *aor act ind 2s*, appoint as queen
33 ἐξαποστέλλω, *aor act ind 3s*, send forth
34 ἥκω, *pres act ptc acc s m*, have come
35 βαδίζω, *aor act ptc nom s m*, proceed
36 ἐκκλησιάζω, *aor act impv 2s*, convene, assemble
37 νηστεύω, *aor act impv 2p*, fast

νύκτα καὶ ἡμέραν, κἀγὼ[1] δὲ καὶ αἱ ἅβραι[2] μου ἀσιτήσομεν,[3] καὶ τότε εἰσελεύσομαι
πρὸς τὸν βασιλέα παρὰ τὸν νόμον, ἐὰν καὶ ἀπολέσθαι με ᾖ.

Mordecai's Prayer

17 Καὶ βαδίσας[4] Μαρδοχαῖος ἐποίησεν ὅσα ἐνετείλατο[5] αὐτῷ Εσθηρ, **17a** καὶ ἐδεήθη[6]
κυρίου μνημονεύων[7] πάντα τὰ ἔργα κυρίου καὶ εἶπεν **17b** Κύριε κύριε βασιλεῦ
πάντων κρατῶν, ὅτι ἐν ἐξουσίᾳ[8] σου τὸ πᾶν ἐστιν, καὶ οὐκ ἔστιν ὁ ἀντιδοξῶν[9] σοι
ἐν τῷ θέλειν σε σῶσαι τὸν Ισραηλ· **17c** ὅτι σὺ ἐποίησας τὸν οὐρανὸν καὶ τὴν γῆν
καὶ πᾶν θαυμαζόμενον[10] ἐν τῇ ὑπ᾽ οὐρανὸν καὶ κύριος εἶ πάντων, καὶ οὐκ ἔστιν ὃς
ἀντιτάξεταί[11] σοι τῷ κυρίῳ. **17d** σὺ πάντα γινώσκεις· σὺ οἶδας, κύριε, ὅτι οὐκ ἐν
ὕβρει[12] οὐδὲ ἐν ὑπερηφανίᾳ[13] οὐδὲ ἐν φιλοδοξίᾳ[14] ἐποίησα τοῦτο, τὸ μὴ προσκυνεῖν
τὸν ὑπερήφανον[15] Αμαν, ὅτι ηὐδόκουν[16] φιλεῖν[17] πέλματα[18] ποδῶν αὐτοῦ πρὸς
σωτηρίαν Ισραηλ· **17e** ἀλλὰ ἐποίησα τοῦτο, ἵνα μὴ θῶ[19] δόξαν ἀνθρώπου ὑπεράνω[20]
δόξης θεοῦ, καὶ οὐ προσκυνήσω οὐδένα πλὴν σοῦ τοῦ κυρίου μου καὶ οὐ ποιήσω
αὐτὰ ἐν ὑπερηφανίᾳ.[21] **17f** καὶ νῦν, κύριε ὁ θεὸς ὁ βασιλεὺς ὁ θεὸς Αβρααμ, φεῖσαι[22]
τοῦ λαοῦ σου, ὅτι ἐπιβλέπουσιν[23] ἡμῖν εἰς καταφθορὰν[24] καὶ ἐπεθύμησαν[25] ἀπολέσαι
τὴν ἐξ ἀρχῆς κληρονομίαν[26] σου· **17g** μὴ ὑπερίδῃς[27] τὴν μερίδα[28] σου, ἣν σεαυτῷ
ἐλυτρώσω[29] ἐκ γῆς Αἰγύπτου· **17h** ἐπάκουσον[30] τῆς δεήσεώς[31] μου καὶ ἱλάσθητι[32] τῷ
κλήρῳ[33] σου καὶ στρέψον[34] τὸ πένθος[35] ἡμῶν εἰς εὐωχίαν,[36] ἵνα ζῶντες ὑμνῶμέν[37]
σου τὸ ὄνομα, κύριε, καὶ μὴ ἀφανίσῃς[38] στόμα αἰνούντων[39] σοι. — **17i** καὶ πᾶς
Ισραηλ ἐκέκραξαν[40] ἐξ ἰσχύος[41] αὐτῶν, ὅτι θάνατος αὐτῶν ἐν ὀφθαλμοῖς αὐτῶν.

1 κἀγώ, I also, *cr.* καὶ ἐγώ
2 ἅβρα, favorite servant
3 ἀσιτέω, *fut act ind 1p*, abstain from food
4 βαδίζω, *aor act ptc nom s m*, proceed
5 ἐντέλλομαι, *aor mid ind 3s*, command, order
6 δέομαι, *aor pas ind 3s*, request, petition
7 μνημονεύω, *pres act ptc nom s m*, call to mind
8 ἐξουσία, authority
9 ἀντιδοξέω, *pres act ptc nom s m*, oppose
10 θαυμάζω, *pres pas ptc acc s n*, wonder at
11 ἀντιτάσσομαι, *fut mid ind 3s*, resist
12 ὕβρις, pride, hubris
13 ὑπερηφανία, arrogance
14 φιλοδοξία, love of fame
15 ὑπερήφανος, arrogant
16 εὐδοκέω, *impf act ind 1s*, consent to
17 φιλέω, *pres act inf*, kiss
18 πέλμα, sole
19 τίθημι, *aor act sub 1s*, set, place
20 ὑπεράνω, above
21 ὑπερηφανία, arrogance
22 φείδομαι, *aor mid impv 2s*, spare
23 ἐπιβλέπω, *pres act ind 3p*, look attentively upon
24 καταφθορά, destruction
25 ἐπιθυμέω, *aor act ind 3p*, desire
26 κληρονομία, inheritance
27 ὑπεροράω, *aor act sub 2s*, disregard, despise
28 μερίς, portion
29 λυτρόω, *aor mid ind 2s*, redeem
30 ἐπακούω, *aor act impv 2s*, listen
31 δέησις, petition
32 ἱλάσκομαι, *aor pas impv 2s*, be merciful
33 κλῆρος, lot
34 στρέφω, *aor act impv 2s*, change into
35 πένθος, grief, mourning
36 εὐωχία, rejoicing
37 ὑμνέω, *pres act sub 1p*, sing praise
38 ἀφανίζω, *aor act sub 2s*, do away with
39 αἰνέω, *pres act ptc gen p m*, praise
40 ἐκκράζω, *aor act ind 3p*, cy out
41 ἰσχύς, strength

Esther's Prayer

17k Καὶ Εσθηρ ἡ βασίλισσα[1] κατέφυγεν[2] ἐπὶ τὸν κύριον ἐν ἀγῶνι[3] θανάτου κατειλημμένη[4] καὶ ἀφελομένη[5] τὰ ἱμάτια τῆς δόξης αὐτῆς ἐνεδύσατο[6] ἱμάτια στενοχωρίας[7] καὶ πένθους[8] καὶ ἀντὶ[9] τῶν ὑπερηφάνων[10] ἡδυσμάτων[11] σποδοῦ[12] καὶ κοπριῶν[13] ἔπλησεν[14] τὴν κεφαλὴν αὐτῆς καὶ τὸ σῶμα αὐτῆς ἐταπείνωσεν[15] σφόδρα[16] καὶ πάντα τόπον κόσμου[17] ἀγαλλιάματος[18] αὐτῆς ἔπλησε[19] στρεπτῶν[20] τριχῶν[21] αὐτῆς καὶ ἐδεῖτο[22] κυρίου θεοῦ Ισραηλ καὶ εἶπεν

17l Κύριέ μου ὁ βασιλεὺς ἡμῶν, σὺ εἶ μόνος· βοήθησόν[23] μοι τῇ μόνῃ καὶ μὴ ἐχούσῃ βοηθὸν[24] εἰ μὴ σέ, ὅτι κίνδυνός[25] μου ἐν χειρί μου. **17m** ἐγὼ ἤκουον ἐκ γενετῆς[26] μου ἐν φυλῇ πατριᾶς[27] μου ὅτι σύ, κύριε, ἔλαβες τὸν Ισραηλ ἐκ πάντων τῶν ἐθνῶν καὶ τοὺς πατέρας ἡμῶν ἐκ πάντων τῶν προγόνων[28] αὐτῶν εἰς κληρονομίαν[29] αἰώνιον καὶ ἐποίησας αὐτοῖς ὅσα ἐλάλησας. **17n** καὶ νῦν ἡμάρτομεν ἐνώπιόν σου, καὶ παρέδωκας ἡμᾶς εἰς χεῖρας τῶν ἐχθρῶν ἡμῶν, ἀνθ᾽ ὧν[30] ἐδοξάσαμεν τοὺς θεοὺς αὐτῶν· δίκαιος εἶ, κύριε.

17o καὶ νῦν οὐχ ἱκανώθησαν[31] ἐν πικρασμῷ[32] δουλείας[33] ἡμῶν, ἀλλὰ ἔθηκαν τὰς χεῖρας αὐτῶν ἐπὶ τὰς χεῖρας τῶν εἰδώλων[34] αὐτῶν ἐξᾶραι[35] ὁρισμὸν[36] στόματός σου καὶ ἀφανίσαι[37] κληρονομίαν[38] σου καὶ ἐμφράξαι[39] στόμα αἰνούντων[40] σοι καὶ σβέσαι[41] δόξαν οἴκου σου καὶ θυσιαστήριόν[42] σου **17p** καὶ ἀνοῖξαι στόμα ἐθνῶν εἰς ἀρετὰς[43] ματαίων[44] καὶ θαυμασθῆναι[45] βασιλέα σάρκινον[46] εἰς αἰῶνα.

1 βασίλισσα, queen
2 καταφεύγω, *aor act ind 3s*, flee for refuge
3 ἀγών, struggle
4 καταλαμβάνω, *perf pas ptc nom s f*, overtake, seize
5 ἀφαιρέω, *aor mid ptc nom s f*, remove
6 ἐνδύω, *aor mid ind 3s*, put on
7 στενοχωρία, distress
8 πένθος, grief, mourning
9 ἀντί, in place of
10 ὑπερήφανος, sumptuous
11 ἥδυσμα, perfume, spice
12 σποδός, ashes
13 κόπριον, dirt, filth
14 πίμπλημι, *aor act ind 3s*, fill
15 ταπεινόω, *aor act ind 3s*, abase, humble
16 σφόδρα, very much
17 κόσμος, decoration
18 ἀγαλλίαμα, joy
19 πίμπλημι, *aor act ind 3s*, fill
20 στρεπτός, twisted, plaited
21 θρίξ, hair
22 δέομαι, *impf mid ind 3s*, supplicate
23 βοηθέω, *aor act impv 2s*, aid, help
24 βοηθός, helper
25 κίνδυνος, danger
26 γενετή, birth
27 πατριά, paternal lineage, house
28 πρόγονος, ancestor
29 κληρονομία, inheritance
30 ἀνθ᾽ ὧν, because
31 ἱκανόω, *aor pas ind 3p*, be satisfied
32 πικρασμός, bitterness
33 δουλεία, bondage
34 εἴδωλον, idol
35 ἐξαίρω, *aor act inf*, remove, annul
36 ὁρισμός, decree
37 ἀφανίζω, *aor act inf*, destroy, blot out
38 κληρονομία, inheritance
39 ἐμφράσσω, *aor act inf*, stop up
40 αἰνέω, *pres act ptc gen p m*, praise
41 σβέννυμι, *aor act inf*, quench
42 θυσιαστήριον, altar
43 ἀρετή, praise, fame
44 μάταιος, meaningless, vain
45 θαυμάζω, *aor pas inf*, honor, wonder at
46 σάρκινος, fleshly, mortal

17q μὴ παραδῷς, κύριε, τὸ σκῆπτρόν[1] σου τοῖς μὴ οὖσιν, καὶ μὴ καταγελασάτωσαν[2]
ἐν τῇ πτώσει[3] ἡμῶν, ἀλλὰ στρέψον[4] τὴν βουλὴν[5] αὐτῶν ἐπ᾽ αὐτούς, τὸν δὲ ἀρξάμενον
ἐφ᾽ ἡμᾶς παραδειγμάτισον.[6] **17r** μνήσθητι,[7] κύριε, γνώσθητι ἐν καιρῷ θλίψεως ἡμῶν
καὶ ἐμὲ θάρσυνον,[8] βασιλεῦ τῶν θεῶν καὶ πάσης ἀρχῆς ἐπικρατῶν·[9] **17s** δὸς λόγον
εὔρυθμον[10] εἰς τὸ στόμα μου ἐνώπιον τοῦ λέοντος[11] καὶ μετάθες[12] τὴν καρδίαν αὐτοῦ
εἰς μῖσος[13] τοῦ πολεμοῦντος ἡμᾶς εἰς συντέλειαν[14] αὐτοῦ καὶ τῶν ὁμονοούντων[15]
αὐτῷ· **17t** ἡμᾶς δὲ ῥῦσαι[16] ἐν χειρί σου καὶ βοήθησόν[17] μοι τῇ μόνῃ καὶ μὴ ἐχούσῃ εἰ
μὴ σέ, κύριε. **17u** πάντων γνῶσιν[18] ἔχεις καὶ οἶδας ὅτι ἐμίσησα δόξαν ἀνόμων[19] καὶ
βδελύσσομαι[20] κοίτην[21] ἀπεριτμήτων[22] καὶ παντὸς ἀλλοτρίου.[23]

17w σὺ οἶδας τὴν ἀνάγκην[24] μου, ὅτι βδελύσσομαι[25] τὸ σημεῖον τῆς ὑπερηφανίας[26]
μου, ὅ ἐστιν ἐπὶ τῆς κεφαλῆς μου ἐν ἡμέραις ὀπτασίας[27] μου· βδελύσσομαι[28] αὐτὸ
ὡς ῥάκος[29] καταμηνίων[30] καὶ οὐ φορῶ[31] αὐτὸ ἐν ἡμέραις ἡσυχίας[32] μου. **17x** καὶ οὐκ
ἔφαγεν ἡ δούλη[33] σου τράπεζαν[34] Αμαν καὶ οὐκ ἐδόξασα συμπόσιον[35] βασιλέως
οὐδὲ ἔπιον οἶνον σπονδῶν·[36] **17y** καὶ οὐκ ηὐφράνθη[37] ἡ δούλη[38] σου ἀφ᾽ ἡμέρας
μεταβολῆς[39] μου μέχρι[40] νῦν πλὴν ἐπὶ σοί, κύριε ὁ θεὸς Αβρααμ. **17z** ὁ θεὸς ὁ ἰσ-
χύων[41] ἐπὶ πάντας, εἰσάκουσον[42] φωνὴν ἀπηλπισμένων[43] καὶ ῥῦσαι[44] ἡμᾶς ἐκ χειρὸς
τῶν πονηρευομένων·[45] καὶ ῥῦσαί με ἐκ τοῦ φόβου μου.

1 σκῆπτρον, scepter
2 καταγελάω, *aor act impv 3p*, deride
3 πτῶσις, falling, calamity
4 στρέφω, *aor act impv 2s*, turn back
5 βουλή, counsel
6 παραδειγματίζω, *aor act impv 2s*, punish publicly
7 μιμνῄσκομαι, *aor pas impv 2s*, call to remembrance
8 θαρσύνω, *aor act impv 2s*, encourage
9 ἐπικρατέω, *pres act ptc nom s m*, rule over
10 εὔρυθμος, eloquent
11 λέων, lion
12 μετατίθημι, *aor act impv 2s*, change, turn
13 μῖσος, hatred
14 συντέλεια, end
15 ὁμονοέω, *pres act ptc gen p m*, agree with
16 ῥύομαι, *aor mid impv 2s*, rescue, deliver
17 βοηθέω, *aor act impv 2s*, aid, help
18 γνῶσις, knowledge
19 ἄνομος, evil, wicked
20 βδελύσσω, *pres mid ind 1s*, abominate
21 κοίτη, bed
22 ἀπερίτμητος, uncircumcised
23 ἀλλότριος, foreigner
24 ἀνάγκη, pressure, tribulation
25 βδελύσσω, *pres mid ind 1s*, abhor
26 ὑπερηφανία, arrogance
27 ὀπτασία, public appearing
28 βδελύσσω, *pres mid ind 1s*, abhor
29 ῥάκος, rag
30 καταμήνιος, monthly (menstruation)
31 φορέω, *pres act ind 1s*, wear
32 ἡσυχία, quiet, silence
33 δούλη, female servant
34 τράπεζα, table
35 συμπόσιον, banquet
36 σπονδή, libation
37 εὐφραίνω, *aor pas ind 3s*, be glad, rejoice
38 δούλη, female servant
39 μεταβολή, reversal, change
40 μέχρι, until
41 ἰσχύω, *pres act ptc nom s m*, prevail over
42 εἰσακούω, *aor act impv 2s*, listen
43 ἀπελπίζω, *perf pas ptc gen p m*, despair
44 ῥύομαι, *aor mid impv 2s*, rescue, deliver
45 πονηρεύομαι, *pres mid ptc gen p m*, act maliciously

Esther Makes Her Request of the King

5 Καὶ ἐγενήθη ἐν τῇ ἡμέρᾳ τῇ τρίτῃ, ὡς ἐπαύσατο[1] προσευχομένη, ἐξεδύσατο[2]
τὰ ἱμάτια τῆς θεραπείας[3] καὶ περιεβάλετο[4] τὴν δόξαν αὐτῆς **1a** καὶ γενηθεῖσα
ἐπιφανὴς[5] ἐπικαλεσαμένη[6] τὸν πάντων ἐπόπτην[7] θεὸν καὶ σωτῆρα[8] παρέλαβεν[9]
τὰς δύο ἅβρας[10] καὶ τῇ μὲν μιᾷ ἐπηρείδετο[11] ὡς τρυφερευομένη,[12] ἡ δὲ ἑτέρα ἐπη-
κολούθει[13] κουφίζουσα[14] τὴν ἔνδυσιν[15] αὐτῆς, **1b** καὶ αὐτὴ ἐρυθριῶσα[16] ἀκμῇ[17] κάλ-
λους[18] αὐτῆς, καὶ τὸ πρόσωπον αὐτῆς ἱλαρὸν[19] ὡς προσφιλές,[20] ἡ δὲ καρδία αὐτῆς
ἀπεστενωμένη[21] ἀπὸ τοῦ φόβου. **1c** καὶ εἰσελθοῦσα πάσας τὰς θύρας κατέστη[22]
ἐνώπιον τοῦ βασιλέως, καὶ αὐτὸς ἐκάθητο ἐπὶ τοῦ θρόνου τῆς βασιλείας αὐτοῦ καὶ
πᾶσαν στολὴν[23] τῆς ἐπιφανείας[24] αὐτοῦ ἐνεδεδύκει,[25] ὅλος διὰ χρυσοῦ[26] καὶ λίθων
πολυτελῶν,[27] καὶ ἦν φοβερὸς[28] σφόδρα.[29]

1d καὶ ἄρας τὸ πρόσωπον αὐτοῦ πεπυρωμένον[30] δόξῃ ἐν ἀκμῇ[31] θυμοῦ[32] ἔβλεψεν, καὶ
ἔπεσεν ἡ βασίλισσα[33] καὶ μετέβαλεν[34] τὸ χρῶμα[35] αὐτῆς ἐν ἐκλύσει[36] καὶ κατεπέκυ-
ψεν[37] ἐπὶ τὴν κεφαλὴν τῆς ἅβρας[38] τῆς προπορευομένης.[39] **1e** καὶ μετέβαλεν[40] ὁ θεὸς
τὸ πνεῦμα τοῦ βασιλέως εἰς πραΰτητα,[41] καὶ ἀγωνιάσας[42] ἀνεπήδησεν[43] ἀπὸ τοῦ
θρόνου αὐτοῦ καὶ ἀνέλαβεν[44] αὐτὴν ἐπὶ τὰς ἀγκάλας[45] αὐτοῦ, μέχρις[46] οὗ κατέστη,[47]
καὶ παρεκάλει αὐτὴν λόγοις εἰρηνικοῖς[48] καὶ εἶπεν αὐτῇ **1f** Τί ἐστιν, Εσθηρ; ἐγὼ ὁ

1 παύω, *aor mid ind 3s*, cease
2 ἐκδύω, *aor mid ind 3s*, remove
3 θεραπεία, attending, serving
4 περιβάλλω, *aor mid ind 3s*, put on, assume
5 ἐπιφανής, distinguished, renowned
6 ἐπικαλέω, *aor mid ptc nom s f*, call upon
7 ἐπόπτης, overseer
8 σωτήρ, savior
9 παραλαμβάνω, *aor act ind 3s*, take along
10 ἅβρα, favorite servant
11 ἐπερείδω, *impf pas ind 3s*, lean upon
12 τρυφερεύομαι, *pres pas ptc nom s f*, be delicate
13 ἐπακολουθέω, *impf act ind 3s*, attend upon
14 κουφίζω, *pres act ptc nom s f*, lift, bear
15 ἔνδυσις, dress
16 ἐρυθριάω, *pres act ptc nom s f*, blush
17 ἀκμή, fullest expression
18 κάλλος, beauty
19 ἱλαρός, happy
20 προσφιλής, cheerful
21 ἀποστενόω, *perf pas ptc nom s f*, anguish
22 καθίστημι, *aor act ind 3s*, stand before
23 στολή, raiment
24 ἐπιφάνεια, majesty
25 ἐνδύω, *plpf act ind 3s*, clothe
26 χρυσός, gold
27 πολυτελής, costly
28 φοβερός, dreadful, terrifying
29 σφόδρα, very
30 πυρόω, *perf pas ptc acc s n*, burn, flame
31 ἀκμή, fullest expression
32 θυμός, anger, wrath
33 βασίλισσα, queen
34 μεταβάλλω, *aor act ind 3s*, change
35 χρῶμα, complexion
36 ἔκλυσις, faintness
37 κατεπικύπτω, *aor act ind 3s*, bow down upon
38 ἅβρα, favorite servant
39 προπορεύομαι, *pres mid ptc gen s f*, go before
40 μεταβάλλω, *aor act ind 3s*, transform
41 πραΰτης, meekness
42 ἀγωνιάω, *aor act ptc nom s m*, be distressed
43 ἀναπηδάω, *aor act ind 3s*, spring up
44 ἀναλαμβάνω, *aor act ind 3s*, take up
45 ἀγκάλη, arm
46 μέχρις, until
47 καθίστημι, *aor act ind 3s*, become quiet
48 εἰρηνικός, peaceable

ἀδελφός σου, θάρσει,[1] οὐ μὴ ἀποθάνῃς, ὅτι κοινὸν[2] τὸ πρόσταγμα[3] ἡμῶν ἐστιν·
πρόσελθε. **2** καὶ ἄρας τὴν χρυσῆν[4] ῥάβδον[5] ἐπέθηκεν ἐπὶ τὸν τράχηλον[6] αὐτῆς καὶ
ἠσπάσατο[7] αὐτὴν καὶ εἶπεν Λάλησόν μοι. **2a** καὶ εἶπεν αὐτῷ Εἶδόν σε, κύριε, ὡς
ἄγγελον θεοῦ, καὶ ἐταράχθη[8] ἡ καρδία μου ἀπὸ φόβου τῆς δόξης σου· ὅτι θαυμαστὸς[9]
εἶ, κύριε, καὶ τὸ πρόσωπόν σου χαρίτων μεστόν.[10] **2b** ἐν δὲ τῷ διαλέγεσθαι[11] αὐτὴν
ἔπεσεν ἀπὸ ἐκλύσεως[12] αὐτῆς, καὶ ὁ βασιλεὺς ἐταράσσετο,[13] καὶ πᾶσα ἡ θεραπεία[14]
αὐτοῦ παρεκάλει αὐτήν. **3** καὶ εἶπεν ὁ βασιλεύς Τί θέλεις, Εσθηρ, καὶ τί σού ἐστιν τὸ
ἀξίωμα;[15] ἕως τοῦ ἡμίσους[16] τῆς βασιλείας μου καὶ ἔσται σοι.

4 εἶπεν δὲ Εσθηρ Ἡμέρα μου ἐπίσημος[17] σήμερόν ἐστιν· εἰ οὖν δοκεῖ[18] τῷ βασι-
λεῖ, ἐλθάτω καὶ αὐτὸς καὶ Αμαν εἰς τὴν δοχήν,[19] ἣν ποιήσω σήμερον. **5** καὶ εἶπεν
ὁ βασιλεύς Κατασπεύσατε[20] Αμαν, ὅπως ποιήσωμεν τὸν λόγον Εσθηρ· καὶ παρα-
γίνονται ἀμφότεροι[21] εἰς τὴν δοχήν,[22] ἣν εἶπεν Εσθηρ. **6** ἐν δὲ τῷ πότῳ[23] εἶπεν ὁ
βασιλεὺς πρὸς Εσθηρ Τί ἐστιν, βασίλισσα[24] Εσθηρ; καὶ ἔσται σοι ὅσα ἀξιοῖς.[25] **7** καὶ
εἶπεν Τὸ αἴτημά[26] μου καὶ τὸ ἀξίωμά[27] μου· **8** εἰ εὗρον χάριν ἐνώπιον τοῦ βασιλέως,
ἐλθάτω ὁ βασιλεὺς καὶ Αμαν ἐπὶ τὴν αὔριον[28] εἰς τὴν δοχήν,[29] ἣν ποιήσω αὐτοῖς,
καὶ αὔριον ποιήσω τὰ αὐτά.

Haman's Anger against Mordecai

9 Καὶ ἐξῆλθεν ὁ Αμαν ἀπὸ τοῦ βασιλέως ὑπερχαρὴς[30] εὐφραινόμενος·[31] ἐν δὲ τῷ ἰδεῖν
Αμαν Μαρδοχαῖον τὸν Ιουδαῖον ἐν τῇ αὐλῇ[32] ἐθυμώθη[33] σφόδρα.[34] **10** καὶ εἰσελθὼν εἰς
τὰ ἴδια[35] ἐκάλεσεν τοὺς φίλους[36] καὶ Ζωσαραν τὴν γυναῖκα αὐτοῦ **11** καὶ ὑπέδειξεν[37]
αὐτοῖς τὸν πλοῦτον[38] αὐτοῦ καὶ τὴν δόξαν, ἣν ὁ βασιλεὺς αὐτῷ περιέθηκεν,[39] καὶ

1 θαρσέω, *pres act impv 2s*, be of good courage
2 κοινός, common (person)
3 πρόσταγμα, ordinance, decree
4 χρυσοῦς, gold
5 ῥάβδος, rod, staff
6 τράχηλος, neck
7 ἀσπάζομαι, *aor mid ind 3s*, salute
8 ταράσσω, *aor pas ind 3s*, trouble, stir
9 θαυμαστός, marvelous
10 μεστός, full of
11 διαλέγομαι, *pres mid inf*, converse
12 ἔκλυσις, faintness
13 ταράσσω, *impf pas ind 3s*, trouble, stir
14 θεραπεία, attendant
15 ἀξίωμα, petition
16 ἥμισυς, half
17 ἐπίσημος, significant, special
18 δοκέω, *pres act ind 3s*, seem good
19 δοχή, feast
20 κατασπεύδω, *aor act impv 2p*, cause to hasten
21 ἀμφότεροι, both
22 δοχή, feast
23 πότος, drinking party
24 βασίλισσα, queen
25 ἀξιόω, *pres act ind 2s*, deem fit
26 αἴτημα, request
27 ἀξίωμα, petition
28 αὔριον, tomorrow
29 δοχή, feast
30 ὑπερχαρής, overjoyed
31 εὐφραίνω, *pres pas ptc nom s m*, be glad, rejoice
32 αὐλή, court
33 θυμόω, *aor pas ind 3s*, be angry
34 σφόδρα, very
35 ἴδιος, one's own
36 φίλος, friend
37 ὑποδείκνυμι, *aor act ind 3s*, make a show of
38 πλοῦτος, wealth
39 περιτίθημι, *aor act ind 3s*, invest with

ὡς ἐποίησεν αὐτὸν πρωτεύειν[1] καὶ ἡγεῖσθαι[2] τῆς βασιλείας. **12** καὶ εἶπεν Αμαν Οὐ κέκληκεν ἡ βασίλισσα[3] μετὰ τοῦ βασιλέως οὐδένα εἰς τὴν δοχὴν[4] ἀλλ᾽ ἢ ἐμέ, καὶ εἰς τὴν αὔριον[5] κέκλημαι· **13** καὶ ταῦτά μοι οὐκ ἀρέσκει,[6] ὅταν ἴδω Μαρδοχαῖον τὸν Ιουδαῖον ἐν τῇ αὐλῇ.[7] **14** καὶ εἶπεν πρὸς αὐτὸν Ζωσαρα ἡ γυνὴ αὐτοῦ καὶ οἱ φίλοι[8] Κοπήτω[9] σοι ξύλον[10] πηχῶν[11] πεντήκοντα,[12] ὄρθρου[13] δὲ εἰπὸν τῷ βασιλεῖ καὶ κρεμασθήτω[14] Μαρδοχαῖος ἐπὶ τοῦ ξύλου·[15] σὺ δὲ εἴσελθε εἰς τὴν δοχὴν[16] σὺν τῷ βασιλεῖ καὶ εὐφραίνου.[17] καὶ ἤρεσεν[18] τὸ ῥῆμα τῷ Αμαν, καὶ ἡτοιμάσθη τὸ ξύλον.

Mordecai Honored by the King

6 Ὁ δὲ κύριος ἀπέστησεν[19] τὸν ὕπνον[20] ἀπὸ τοῦ βασιλέως τὴν νύκτα ἐκείνην, καὶ εἶπεν τῷ διδασκάλῳ[21] αὐτοῦ εἰσφέρειν[22] γράμματα[23] μνημόσυνα[24] τῶν ἡμερῶν ἀναγινώσκειν[25] αὐτῷ. **2** εὗρεν δὲ τὰ γράμματα[26] τὰ γραφέντα περὶ Μαρδοχαίου, ὡς ἀπήγγειλεν[27] τῷ βασιλεῖ περὶ τῶν δύο εὐνούχων[28] τοῦ βασιλέως ἐν τῷ φυλάσσειν αὐτοὺς καὶ ζητῆσαι ἐπιβαλεῖν[29] τὰς χεῖρας Ἀρταξέρξῃ. **3** εἶπεν δὲ ὁ βασιλεύς Τίνα δόξαν ἢ χάριν ἐποιήσαμεν τῷ Μαρδοχαίῳ; καὶ εἶπαν οἱ διάκονοι[30] τοῦ βασιλέως Οὐκ ἐποίησας αὐτῷ οὐδέν. **4** ἐν δὲ τῷ πυνθάνεσθαι[31] τὸν βασιλέα περὶ τῆς εὐνοίας[32] Μαρδοχαίου ἰδοὺ Αμαν ἐν τῇ αὐλῇ·[33] εἶπεν δὲ ὁ βασιλεύς Τίς ἐν τῇ αὐλῇ; ὁ δὲ Αμαν εἰσῆλθεν εἰπεῖν τῷ βασιλεῖ κρεμάσαι[34] τὸν Μαρδοχαῖον ἐπὶ τῷ ξύλῳ,[35] ᾧ ἡτοίμασεν. **5** καὶ εἶπαν οἱ διάκονοι[36] τοῦ βασιλέως Ἰδοὺ Αμαν ἕστηκεν ἐν τῇ αὐλῇ·[37] καὶ εἶπεν ὁ βασιλεύς Καλέσατε αὐτόν.

6 εἶπεν δὲ ὁ βασιλεὺς τῷ Αμαν Τί ποιήσω τῷ ἀνθρώπῳ, ὃν ἐγὼ θέλω δοξάσαι; εἶπεν δὲ ἐν ἑαυτῷ Αμαν Τίνα θέλει ὁ βασιλεὺς δοξάσαι εἰ μὴ ἐμέ; **7** εἶπεν δὲ πρὸς τὸν βασιλέα Ἄνθρωπον, ὃν ὁ βασιλεὺς θέλει δοξάσαι, **8** ἐνεγκάτωσαν[38] οἱ παῖδες[39]

1 πρωτεύω, *pres act inf*, be first among
2 ἡγέομαι, *pres mid inf*, lead
3 βασίλισσα, queen
4 δοχή, feast
5 αὔριον, tomorrow
6 ἀρέσκω, *pres act ind 3s*, please
7 αὐλή, court
8 φίλος, friend
9 κόπτω, *aor act impv 3s*, cut down
10 ξύλον, tree
11 πῆχυς, cubit
12 πεντήκοντα, fifty
13 ὄρθρος, early morning
14 κρεμάννυμι, *aor pas impv 3s*, hang (to death)
15 ξύλον, tree, wooden pole
16 δοχή, feast
17 εὐφραίνω, *pres mid impv 2s*, be cheerful
18 ἀρέσκω, *aor act ind 3s*, please
19 ἀφίστημι, *aor act ind 3s*, cause to depart
20 ὕπνος, sleep
21 διδάσκαλος, teacher
22 εἰσφέρω, *pres act inf*, bring in
23 γράμμα, written entry
24 μνημόσυνος, remembrance
25 ἀναγινώσκω, *pres act inf*, read
26 γράμμα, written entry
27 ἀπαγγέλλω, *aor act ind 3s*, report, disclose
28 εὐνοῦχος, eunuch
29 ἐπιβάλλω, *aor act inf*, place upon
30 διάκονος, servant
31 πυνθάνομαι, *pres mid inf*, inquire of
32 εὔνοια, goodwill
33 αὐλή, court
34 κρεμάννυμι, *aor act inf*, hang (to death)
35 ξύλον, tree, wooden pole
36 διάκονος, servant
37 αὐλή, court
38 φέρω, *aor act impv 3p*, bring
39 παῖς, servant

τοῦ βασιλέως στολὴν[1] βυσσίνην,[2] ἣν ὁ βασιλεὺς περιβάλλεται,[3] καὶ ἵππον,[4] ἐφ᾽ ὃν
ὁ βασιλεὺς ἐπιβαίνει,[5] **9** καὶ δότω ἑνὶ τῶν φίλων[6] τοῦ βασιλέως τῶν ἐνδόξων[7] καὶ
στολισάτω[8] τὸν ἄνθρωπον, ὃν ὁ βασιλεὺς ἀγαπᾷ, καὶ ἀναβιβασάτω[9] αὐτὸν ἐπὶ τὸν
ἵππον[10] καὶ κηρυσσέτω[11] διὰ τῆς πλατείας[12] τῆς πόλεως λέγων Οὕτως ἔσται παντὶ
ἀνθρώπῳ, ὃν ὁ βασιλεὺς δοξάζει.

10 εἶπεν δὲ ὁ βασιλεὺς τῷ Αμαν Καθὼς ἐλάλησας, οὕτως ποίησον τῷ Μαρδοχαίῳ
τῷ Ιουδαίῳ τῷ θεραπεύοντι[13] ἐν τῇ αὐλῇ,[14] καὶ μὴ παραπεσάτω[15] σου λόγος ὧν
ἐλάλησας. **11** ἔλαβεν δὲ Αμαν τὴν στολὴν[16] καὶ τὸν ἵππον[17] καὶ ἐστόλισεν[18] τὸν
Μαρδοχαῖον καὶ ἀνεβίβασεν[19] αὐτὸν ἐπὶ τὸν ἵππον καὶ διῆλθεν[20] διὰ τῆς πλατείας[21]
τῆς πόλεως καὶ ἐκήρυσσεν[22] λέγων Οὕτως ἔσται παντὶ ἀνθρώπῳ, ὃν ὁ βασιλεὺς θέλει
δοξάσαι. **12** ἐπέστρεψεν δὲ ὁ Μαρδοχαῖος εἰς τὴν αὐλήν,[23] Αμαν δὲ ὑπέστρεψεν[24] εἰς
τὰ ἴδια[25] λυπούμενος[26] κατὰ κεφαλῆς. **13** καὶ διηγήσατο[27] Αμαν τὰ συμβεβηκότα[28]
αὐτῷ Ζωσαρα τῇ γυναικὶ αὐτοῦ καὶ τοῖς φίλοις,[29] καὶ εἶπαν πρὸς αὐτὸν οἱ φίλοι καὶ
ἡ γυνή Εἰ ἐκ γένους[30] Ιουδαίων Μαρδοχαῖος, ἦρξαι ταπεινοῦσθαι[31] ἐνώπιον αὐτοῦ,
πεσὼν πεσῇ· οὐ μὴ δύνῃ αὐτὸν ἀμύνασθαι,[32] ὅτι θεὸς ζῶν μετ᾽ αὐτοῦ. — **14** ἔτι αὐτῶν
λαλούντων παραγίνονται οἱ εὐνοῦχοι[33] ἐπισπεύδοντες[34] τὸν Αμαν ἐπὶ τὸν πότον,[35]
ὃν ἡτοίμασεν Εσθηρ.

Esther Reveals Haman's Plot, and He Is Hanged

7 Εἰσῆλθεν δὲ ὁ βασιλεὺς καὶ Αμαν συμπιεῖν[36] τῇ βασιλίσσῃ.[37] **2** εἶπεν δὲ ὁ βασιλεὺς
Εσθηρ τῇ δευτέρᾳ ἡμέρᾳ ἐν τῷ πότῳ[38] Τί ἐστιν, Εσθηρ βασίλισσα,[39] καὶ τί τὸ
αἴτημά[40] σου καὶ τί τὸ ἀξίωμά[41] σου; καὶ ἔστω σοι ἕως τοῦ ἡμίσους[42] τῆς βασιλείας

1 στολή, garment
2 βύσσινος, fine linen
3 περιβάλλω, *pres mid ind 3s*, put on
4 ἵππος, horse
5 ἐπιβαίνω, *pres act ind 3s*, mount upon
6 φίλος, friend
7 ἔνδοξος, reputable, honorable
8 στολίζω, *aor act impv 3s*, clothe
9 ἀναβιβάζω, *aor act impv 3s*, cause to mount
10 ἵππος, horse
11 κηρύσσω, *pres act impv 3s*, proclaim
12 πλατύς, broad (street)
13 θεραπεύω, *pres act ptc dat s m*, serve, attend upon
14 αὐλή, court
15 παραπίπτω, *aor act impv 3s*, be neglected
16 στολή, garment
17 ἵππος, horse
18 στολίζω, *aor act ind 3s*, clothe
19 ἀναβιβάζω, *aor act ind 3s*, cause to mount
20 διέρχομαι, *aor act ind 3s*, go through
21 πλατύς, broad (street)
22 κηρύσσω, *impf act ind 3s*, proclaim
23 αὐλή, court
24 ὑποστρέφω, *aor act ind 3s*, return
25 ἴδιος, one's own
26 λυπέω, *pres pas ptc nom s m*, be distressed
27 διηγέομαι, *aor mid ind 3s*, describe in detail
28 συμβαίνω, *perf act ptc acc p n*, happen
29 φίλος, friend
30 γένος, nation, race
31 ταπεινόω, *pres pas inf*, bring low, humble
32 ἀμύνομαι, *aor mid inf*, keep away
33 εὐνοῦχος, eunuch
34 ἐπισπεύδω, *pres act ptc nom p m*, hasten onward
35 πότος, drinking party
36 συμπίνω, *aor act inf*, drink with
37 βασίλισσα, queen
38 πότος, drinking party
39 βασίλισσα, queen
40 αἴτημα, request
41 ἀξίωμα, petition
42 ἥμισυς, half

μου. **3** καὶ ἀποκριθεῖσα εἶπεν Εἰ εὗρον χάριν ἐνώπιον τοῦ βασιλέως, δοθήτω ἡ ψυχή
μου τῷ αἰτήματί[1] μου καὶ ὁ λαός μου τῷ ἀξιώματί[2] μου· **4** ἐπράθημεν[3] γὰρ ἐγώ τε
καὶ ὁ λαός μου εἰς ἀπώλειαν[4] καὶ διαρπαγὴν[5] καὶ δουλείαν,[6] ἡμεῖς καὶ τὰ τέκνα
ἡμῶν εἰς παῖδας[7] καὶ παιδίσκας,[8] καὶ παρήκουσα·[9] οὐ γὰρ ἄξιος[10] ὁ διάβολος[11] τῆς
αὐλῆς[12] τοῦ βασιλέως. **5** εἶπεν δὲ ὁ βασιλεύς Τίς οὗτος, ὅστις ἐτόλμησεν[13] ποιῆσαι
τὸ πρᾶγμα[14] τοῦτο; **6** εἶπεν δὲ Εσθηρ Ἄνθρωπος ἐχθρὸς Αμαν ὁ πονηρὸς οὗτος.
Αμαν δὲ ἐταράχθη[15] ἀπὸ τοῦ βασιλέως καὶ τῆς βασιλίσσης.[16]

7 ὁ δὲ βασιλεὺς ἐξανέστη[17] ἐκ τοῦ συμποσίου[18] εἰς τὸν κῆπον·[19] ὁ δὲ Αμαν παρ-
ῃτεῖτο[20] τὴν βασίλισσαν,[21] ἑώρα γὰρ ἑαυτὸν ἐν κακοῖς ὄντα. **8** ἐπέστρεψεν δὲ
ὁ βασιλεὺς ἐκ τοῦ κήπου,[22] Αμαν δὲ ἐπιπεπτώκει[23] ἐπὶ τὴν κλίνην[24] ἀξιῶν[25] τὴν
βασίλισσαν·[26] εἶπεν δὲ ὁ βασιλεύς Ὥστε καὶ τὴν γυναῖκα βιάζῃ[27] ἐν τῇ οἰκίᾳ μου;
Αμαν δὲ ἀκούσας διετράπη[28] τῷ προσώπῳ. **9** εἶπεν δὲ Βουγαθαν εἷς τῶν εὐνούχων[29]
πρὸς τὸν βασιλέα Ἰδοὺ καὶ ξύλον[30] ἡτοίμασεν Αμαν Μαρδοχαίῳ τῷ λαλήσαντι περὶ
τοῦ βασιλέως, καὶ ὤρθωται[31] ἐν τοῖς Αμαν ξύλον[32] πηχῶν[33] πεντήκοντα.[34] εἶπεν δὲ
ὁ βασιλεύς Σταυρωθήτω[35] ἐπ᾽ αὐτοῦ. **10** καὶ ἐκρεμάσθη[36] Αμαν ἐπὶ τοῦ ξύλου,[37] ὃ
ἡτοίμασεν Μαρδοχαίῳ. καὶ τότε ὁ βασιλεὺς ἐκόπασεν[38] τοῦ θυμοῦ.[39]

Esther Intervenes for the Jews

8 Καὶ ἐν αὐτῇ τῇ ἡμέρᾳ ὁ βασιλεὺς Ἀρταξέρξης ἐδωρήσατο[40] Εσθηρ ὅσα ὑπῆρ-
χεν Αμαν τῷ διαβόλῳ,[41] καὶ Μαρδοχαῖος προσεκλήθη[42] ὑπὸ τοῦ βασιλέως,
ὑπέδειξεν[43] γὰρ Εσθηρ ὅτι ἐνοικείωται[44] αὐτῇ. **2** ἔλαβεν δὲ ὁ βασιλεὺς τὸν

1 αἴτημα, request
2 ἀξίωμα, petition
3 πιπράσκω, *aor pas ind 1p*, sold
4 ἀπώλεια, destruction
5 διαρπαγή, plundering
6 δουλεία, bondage
7 παῖς, servant
8 παιδίσκη, maidservant
9 παρακούω, *aor act ind 1s*, keep silent
10 ἄξιος, worthy of
11 διάβολος, adversary, slanderer
12 αὐλή, court
13 τολμάω, *aor act ind 3s*, dare
14 πρᾶγμα, deed
15 ταράσσω, *aor pas ind 3s*, trouble, stir
16 βασίλισσα, queen
17 ἐξανίστημι, *aor act ind 3s*, raise up
18 συμπόσιον, dinner party
19 κῆπος, garden
20 παραιτέομαι, *impf mid ind 3s*, beg pardon
21 βασίλισσα, queen
22 κῆπος, garden
23 ἐπιπίπτω, *plpf act ind 3s*, fall upon
24 κλίνη, couch
25 ἀξιόω, *pres act ptc nom s m*, beseech, entreat
26 βασίλισσα, queen
27 βιάζομαι, *pres mid ind 2s*, violate
28 διατρέπω, *aor pas ind 3s*, turn away, be perplexed
29 εὐνοῦχος, eunuch
30 ξύλον, tree, wooden pole
31 ὀρθόω, *perf mid ind 3s*, erect
32 ξύλον, tree, wooden pole
33 πῆχυς, cubit
34 πεντήκοντα, fifty
35 σταυρόω, *aor pas impv 3s*, impale
36 κρεμάννυμι, *aor pas ind 3s*, hang (to death)
37 ξύλον, tree, wooden pole
38 κοπάζω, *aor act ind 3s*, become calm, abate
39 θυμός, wrath
40 δωρέομαι, *aor mid ind 3s*, give to
41 διάβολος, adversary
42 προσκαλέω, *aor pas ind 3s*, summon
43 ὑποδείκνυμι, *aor act ind 3s*, disclose
44 ἐνοικειόω, *pres mid sub 3s*, be related to

δακτύλιον,[1] ὃν ἀφείλατο[2] Αμαν, καὶ ἔδωκεν αὐτὸν Μαρδοχαίῳ, καὶ κατέστησεν[3]
Εσθηρ Μαρδοχαῖον ἐπὶ πάντων τῶν Αμαν.

3 καὶ προσθεῖσα[4] ἐλάλησεν πρὸς τὸν βασιλέα καὶ προσέπεσεν πρὸς τοὺς πόδας
αὐτοῦ καὶ ἠξίου[5] ἀφελεῖν[6] τὴν Αμαν κακίαν[7] καὶ ὅσα ἐποίησεν τοῖς Ιουδαίοις.
4 ἐξέτεινεν[8] δὲ ὁ βασιλεὺς Εσθηρ τὴν ῥάβδον[9] τὴν χρυσῆν,[10] ἐξηγέρθη[11] δὲ
Εσθηρ παρεστηκέναι[12] τῷ βασιλεῖ. **5** καὶ εἶπεν Εσθηρ Εἰ δοκεῖ[13] σοι καὶ εὗρον
χάριν, πεμφθήτω[14] ἀποστραφῆναι[15] τὰ γράμματα[16] τὰ ἀπεσταλμένα ὑπὸ Αμαν τὰ
γραφέντα ἀπολέσθαι τοὺς Ιουδαίους, οἵ εἰσιν ἐν τῇ βασιλείᾳ σου· **6** πῶς γὰρ
δυνήσομαι ἰδεῖν τὴν κάκωσιν[17] τοῦ λαοῦ μου καὶ πῶς δυνήσομαι σωθῆναι ἐν τῇ
ἀπωλείᾳ[18] τῆς πατρίδος[19] μου; **7** καὶ εἶπεν ὁ βασιλεὺς πρὸς Εσθηρ Εἰ πάντα τὰ
ὑπάρχοντα Αμαν ἔδωκα καὶ ἐχαρισάμην[20] σοι καὶ αὐτὸν ἐκρέμασα[21] ἐπὶ ξύλου,[22]
ὅτι τὰς χεῖρας ἐπήνεγκε[23] τοῖς Ιουδαίοις, τί ἔτι ἐπιζητεῖς;[24] **8** γράψατε καὶ ὑμεῖς ἐκ
τοῦ ὀνόματός μου ὡς δοκεῖ[25] ὑμῖν καὶ σφραγίσατε[26] τῷ δακτυλίῳ[27] μου· ὅσα γὰρ
γράφεται τοῦ βασιλέως ἐπιτάξαντος[28] καὶ σφραγισθῇ[29] τῷ δακτυλίῳ[30] μου, οὐκ
ἔστιν αὐτοῖς ἀντειπεῖν.[31]

9 ἐκλήθησαν[32] δὲ οἱ γραμματεῖς[33] ἐν τῷ πρώτῳ μηνί,[34] ὅς ἐστι Νισα, τρίτη καὶ εἰκάδι[35]
τοῦ αὐτοῦ ἔτους, καὶ ἐγράφη τοῖς Ιουδαίοις ὅσα ἐνετείλατο[36] τοῖς οἰκονόμοις[37] καὶ
τοῖς ἄρχουσιν τῶν σατραπῶν[38] ἀπὸ τῆς Ἰνδικῆς ἕως τῆς Αἰθιοπίας, ἑκατὸν[39] εἴκοσι[40]
ἑπτὰ σατραπείαις[41] κατὰ χώραν[42] καὶ χώραν, κατὰ τὴν ἑαυτῶν λέξιν.[43] **10** ἐγράφη
δὲ διὰ τοῦ βασιλέως καὶ ἐσφραγίσθη[44] τῷ δακτυλίῳ[45] αὐτοῦ, καὶ ἐξαπέστειλαν[46]

1 δακτύλιος, signet ring
2 ἀφαιρέω, *aor mid ind 3s*, take from
3 καθίστημι, *aor act ind 3s*, appoint
4 προστίθημι, *aor act ptc nom s f*, add to, continue
5 ἀξιόω, *impf act ind 3s*, beseech, entreat
6 ἀφαιρέω, *aor act inf*, take away
7 κακία, wickedness
8 ἐκτείνω, *aor act ind 3s*, stretch forth
9 ῥάβδος, rod, staff
10 χρυσοῦς, gold
11 ἐξεγείρω, *aor pas ind 3s*, raise up
12 παρίστημι, *perf act inf*, stand before
13 δοκέω, *pres act ind 3s*, seem good
14 πέμπω, *aor pas impv 3s*, send
15 ἀποστρέφω, *aor pas inf*, turn back, return
16 γράμμα, letter
17 κάκωσις, mistreatment
18 ἀπώλεια, destruction
19 πατρίς, native land
20 χαρίζομαι, *aor mid ind 1s*, give freely
21 κρεμάννυμι, *aor act ind 1s*, hang (to death)
22 ξύλον, tree, wooden pole
23 ἐπιφέρω, *aor act ind 3s*, lay upon
24 ἐπιζητέω, *pres act ind 2s*, seek, request
25 δοκέω, *pres act impv 2s*, seem good
26 σφραγίς, *aor act impv 2p*, seal
27 δακτύλιος, signet ring
28 ἐπιτάσσω, *aor act ptc gen s m*, order
29 σφραγίζω, *aor pas sub 3s*, seal
30 δακτύλιος, signet ring
31 ἀντιλέγω, *aor act inf*, oppose
32 καλέω, *aor pas ind 3p*, summon
33 γραμματεύς, scribe
34 μήν, month
35 εἰκάς, twentieth day of the month
36 ἐντέλλομαι, *aor mid ind 3s*, command
37 οἰκονόμος, steward
38 σατράπης, governor, satrap
39 ἑκατόν, hundred
40 εἴκοσι, twenty
41 σατραπεία, satrapy, province
42 χώρα, region
43 λέξις, language, dialect
44 σφραγίζω, *aor pas ind 3s*, seal
45 δακτύλιος, signet ring
46 ἐξαποστέλλω, *aor act ind 3p*, send forth

τὰ γράμματα[1] διὰ βιβλιαφόρων,[2] **11** ὡς ἐπέταξεν[3] αὐτοῖς χρῆσθαι[4] τοῖς νόμοις
αὐτῶν ἐν πάσῃ πόλει βοηθῆσαί[5] τε αὐτοῖς καὶ χρῆσθαι τοῖς ἀντιδίκοις[6] αὐτῶν καὶ
τοῖς ἀντικειμένοις[7] αὐτῶν ὡς βούλονται, **12** ἐν ἡμέρᾳ μιᾷ ἐν πάσῃ τῇ βασιλείᾳ
Ἀρταξέρξου, τῇ τρισκαιδεκάτῃ[8] τοῦ δωδεκάτου[9] μηνός,[10] ὅς ἐστιν Αδαρ.

Edict of the King on Behalf of the Jews

12a Ὧν ἐστιν ἀντίγραφον[11] τῆς ἐπιστολῆς[12] τὰ ὑπογεγραμμένα[13]

12b Βασιλεὺς μέγας Ἀρταξέρξης τοῖς ἀπὸ τῆς Ἰνδικῆς ἕως τῆς Αἰθιοπίας ἑκατὸν[14]
εἴκοσι[15] ἑπτὰ σατραπείαις[16] χωρῶν[17] ἄρχουσι καὶ τοῖς τὰ ἡμέτερα[18] φρονοῦσι[19]
χαίρειν.[20]

12c πολλοὶ τῇ πλείστῃ[21] τῶν εὐεργετούντων[22] χρηστότητι[23] πυκνότερον[24] τιμώ-
μενοι[25] μεῖζον[26] ἐφρόνησαν[27] καὶ οὐ μόνον τοὺς ὑποτεταγμένους[28] ἡμῖν ζητοῦσι
κακοποιεῖν,[29] τόν τε κόρον[30] οὐ δυνάμενοι φέρειν καὶ τοῖς ἑαυτῶν εὐεργέταις[31]
ἐπιχειροῦσι[32] μηχανᾶσθαι·[33] **12d** καὶ τὴν εὐχαριστίαν[34] οὐ μόνον ἐκ τῶν ἀνθρώπων
ἀνταναιροῦντες,[35] ἀλλὰ καὶ τοῖς τῶν ἀπειραγάθων[36] κόμποις[37] ἐπαρθέντες[38] τοῦ τὰ
πάντα κατοπτεύοντος[39] ἀεὶ[40] θεοῦ μισοπόνηρον[41] ὑπολαμβάνουσιν[42] ἐκφεύξεσθαι[43]
δίκην.[44] **12e** πολλάκις[45] δὲ καὶ πολλοὺς τῶν ἐπ᾽ ἐξουσίαις[46] τεταγμένων[47] τῶν

1 γράμμα, writing
2 βιβλιαφόρος, letter-carrier
3 ἐπιτάσσω, *aor act ind 3s*, order
4 χράω, *pres mid inf*, deal with
5 βοηθέω, *aor act inf*, help
6 ἀντίδικος, opponent
7 ἀντίκειμαι, *pres mid ptc dat p m*, be against, resist
8 τρισκαιδέκατος, thirteenth
9 δωδέκατος, twelfth
10 μήν, month
11 ἀντίγραφον, copy
12 ἐπιστολή, letter
13 ὑπογράφω, *perf pas ptc nom p n*, write below
14 ἑκατόν, hundred
15 εἴκοσι, twenty
16 σατραπεία, satrapy, province
17 χώρα, region
18 ἡμέτερος, our
19 φρονέω, *pres act ptc dat p m*, be mindful of
20 χαίρω, *pres act inf*, (greetings), be glad
21 πλεῖστος, *sup of* πολύς, most
22 εὐεργετέω, *pres act ptc gen p m*, show kindness
23 χρηστότης, goodness, kindness
24 πυκνός, frequent
25 τιμάω, *pres pas ptc nom p m*, honor
26 μείζων, *comp of* μέγας, greater
27 φρονέω, *aor act ind 3p*, think
28 ὑποτάσσω, *perf pas ptc acc p m*, place under
29 κακοποιέω, *pres act inf*, mistreat, do evil
30 κόρος, kor, *Heb. LW*
31 εὐεργέτης, benefactor
32 ἐπιχειρέω, *pres act ind 3p*, endeavor
33 μηχανάομαι, *pres mid inf*, plot against
34 εὐχαριστία, thankfulness
35 ἀνταναιρέω, *pres act ptc nom p m*, remove
36 ἀπειράγαθος, unacquainted with goodness
37 κόμπος, boast
38 ἐπαίρω, *aor pas ptc nom p m*, stir up
39 κατοπτεύω, *pres act ptc gen s m*, observe closely
40 ἀεί, always
41 μισοπόνηρος, evil-hating
42 ὑπολαμβάνω, *pres act ind 3p*, suppose
43 ἐκφεύγω, *fut mid inf*, escape from
44 δίκη, justice, penalty
45 πολλάκις, many times
46 ἐξουσία, authority
47 τάσσω, *perf pas ptc gen p m*, appoint

πιστευθέντων χειρίζειν[1] φίλων[2] τὰ πράγματα[3] παραμυθία[4] μεταιτίους[5] αἱμάτων
ἀθῴων[6] καταστήσασα[7] περιέβαλε[8] συμφοραῖς[9] ἀνηκέστοις[10] **12f** τῷ τῆς κακο-
ηθείας[11] ψευδεῖ[12] παραλογισμῷ[13] παραλογισαμένων[14] τὴν τῶν ἐπικρατούντων[15]
ἀκέραιον[16] εὐγνωμοσύνην.[17]

12g σκοπεῖν[18] δὲ ἔξεστιν,[19] οὐ τοσοῦτον[20] ἐκ τῶν παλαιοτέρων[21] ὧν παρεδώκαμεν
ἱστοριῶν,[22] ὅσα ἐστὶν παρὰ πόδας ὑμᾶς ἐκζητοῦντας[23] ἀνοσίως[24] συντετελεσμένα[25]
τῇ τῶν ἀνάξια[26] δυναστευόντων[27] λοιμότητι,[28] **12h** καὶ προσέχειν[29] εἰς τὰ μετὰ ταῦτα
εἰς τὸ τὴν βασιλείαν ἀτάραχον[30] τοῖς πᾶσιν ἀνθρώποις μετ᾽ εἰρήνης παρεξόμεθα[31]
12i χρώμενοι[32] ταῖς μεταβολαῖς,[33] τὰ δὲ ὑπὸ τὴν ὄψιν[34] ἐρχόμενα διακρίνοντες[35]
ἀεὶ[36] μετ᾽ ἐπιεικεστέρας[37] ἀπαντήσεως.[38] **12k** ὡς γὰρ Αμαν Αμαδαθου Μακεδών,
ταῖς ἀληθείαις ἀλλότριος[39] τοῦ τῶν Περσῶν αἵματος καὶ πολὺ διεστηκὼς[40] τῆς
ἡμετέρας[41] χρηστότητος,[42] ἐπιξενωθεὶς[43] ἡμῖν **12l** ἔτυχεν[44] ἧς ἔχομεν πρὸς πᾶν
ἔθνος φιλανθρωπίας[45] ἐπὶ τοσοῦτον[46] ὥστε ἀναγορεύεσθαι[47] ἡμῶν πατέρα καὶ
προσκυνούμενον ὑπὸ πάντων τὸ δεύτερον τοῦ βασιλικοῦ[48] θρόνου πρόσωπον
διατελεῖν,[49] **12m** οὐκ ἐνέγκας[50] δὲ τὴν ὑπερηφανίαν[51] ἐπετήδευσεν[52] τῆς ἀρχῆς

1 χειρίζω, *pres act inf*, administer
2 φίλος, friend
3 πρᾶγμα, affair
4 παραμυθία, encouragement
5 μεταίτιος, sharing responsibility for
6 ἀθῷος, innocent
7 καθίστημι, *aor act ptc nom s f*, appoint
8 περιβάλλω, *aor act ind 3s*, cast upon
9 συμφορά, misfortune
10 ἀνήκεστος, fatal, irremediable
11 κακοήθεια, malignity
12 ψευδής, lie
13 παραλογισμός, false reasoning
14 παραλογίζομαι, *aor mid ptc gen p m*, reason falsely
15 ἐπικρατέω, *pres act ptc gen p m*, rule over
16 ἀκέραιος, inviolate
17 εὐγνωμοσύνη, courtesy
18 σκοπέω, *pres act inf*, observe
19 ἔξειμι, *pres act ind 3s*, it is possible to
20 τοσοῦτος, so much
21 παλαιός, *comp*, older
22 ἱστορία, account, record
23 ἐκζητέω, *pres act ptc acc p m*, seek out, observe
24 ἀνοσίως, in an unholy manner
25 συντελέω, *perf pas ptc acc p n*, accomplish
26 ἀνάξιος, unworthily
27 δυναστεύω, *pres act ptc gen p m*, hold authority
28 λοιμότης, pestilent condition
29 προσέχω, *pres act inf*, give heed
30 ἀτάραχος, undisturbed
31 παρέχω, *fut mid ind 1p*, render, maintain
32 χράω, *pres mid ptc nom p m*, use
33 μεταβολή, change
34 ὄψις, face
35 διακρίνω, *pres act ptc nom p m*, give judgment
36 ἀεί, always
37 ἐπιεικής, *comp*, more reasonable
38 ἀπάντησις, reply
39 ἀλλότριος, foreigner
40 διΐστημι, *perf act ptc nom s m*, set apart
41 ἡμέτερος, our
42 χρηστότης, uprightness
43 ἐπιξενόομαι, *aor pas ptc nom s m*, entertain a guest
44 τυγχάνω, *aor act ind 3s*, obtain
45 φιλανθρωπία, philanthropy, clemency
46 τοσοῦτος, so much
47 ἀναγορεύω, *pres pas inf*, publicly proclaim
48 βασιλικός, royal
49 διατελέω, *pres act inf*, continue doing
50 φέρω, *aor act ptc nom s m*, endure
51 ὑπερηφανία, arrogance
52 ἐπιτηδεύω, *aor act ind 3s*, pursue, undertake

στερῆσαι[1] ἡμᾶς καὶ τοῦ πνεύματος **12n** τόν τε ἡμέτερον[2] σωτῆρα[3] καὶ διὰ παντὸς εὐεργέτην[4] Μαρδοχαῖον καὶ τὴν ἄμεμπτον[5] τῆς βασιλείας κοινωνὸν[6] Εσθηρ σὺν παντὶ τῷ τούτων ἔθνει πολυπλόκοις[7] μεθόδων[8] παραλογισμοῖς[9] αἰτησάμενος[10] εἰς ἀπώλειαν·[11] **12o** διὰ γὰρ τῶν τρόπων[12] τούτων ᾠήθη[13] λαβὼν ἡμᾶς ἐρήμους τὴν τῶν Περσῶν ἐπικράτησιν[14] εἰς τοὺς Μακεδόνας μετάξαι.[15]

12p ἡμεῖς δὲ τοὺς ὑπὸ τοῦ τρισαλιτηρίου[16] παραδεδομένους εἰς ἀφανισμὸν[17] Ιουδαίους εὑρίσκομεν οὐ κακούργους[18] ὄντας, δικαιοτάτοις[19] δὲ πολιτευομένους[20] νόμοις, **12q** ὄντας δὲ υἱοὺς τοῦ ὑψίστου[21] μεγίστου[22] ζῶντος θεοῦ τοῦ κατευθύνοντος[23] ἡμῖν τε καὶ τοῖς προγόνοις[24] ἡμῶν τὴν βασιλείαν ἐν τῇ καλλίστῃ[25] διαθέσει.[26]

12r καλῶς[27] οὖν ποιήσετε μὴ προσχρησάμενοι[28] τοῖς ὑπὸ Αμαν Αμαδαθου ἀποσταλεῖσι γράμμασιν[29] διὰ τὸ αὐτὸν τὸν ταῦτα ἐξεργασάμενον[30] πρὸς ταῖς Σούσων πύλαις[31] ἐσταυρῶσθαι[32] σὺν τῇ πανοικίᾳ,[33] τὴν καταξίαν[34] τοῦ τὰ πάντα ἐπικρατοῦντος[35] θεοῦ διὰ τάχους[36] ἀποδόντος αὐτῷ κρίσιν, **12s** τὸ δὲ ἀντίγραφον[37] τῆς ἐπιστολῆς[38] ταύτης ἐκθέντες[39] ἐν παντὶ τόπῳ μετὰ παρρησίας[40] ἐᾶν τοὺς Ιουδαίους χρῆσθαι[41] τοῖς ἑαυτῶν νομίμοις[42] καὶ συνεπισχύειν[43] αὐτοῖς ὅπως τοὺς ἐν καιρῷ θλίψεως ἐπιθεμένους[44] αὐτοῖς ἀμύνωνται[45] τῇ τρισκαιδεκάτῃ[46] τοῦ δωδεκάτου[47]

1 στερέω, *aor act inf*, deprive
2 ἡμέτερος, our
3 σωτήρ, savior
4 εὐεργέτης, benefactor
5 ἄμεμπτος, blameless
6 κοινωνός, accomplice
7 πολύπλοκος, crafty, scheming
8 μέθοδος, ruse, stratagem
9 παραλογισμός, deception
10 αἰτέω, *aor mid ptc nom s m*, ask
11 ἀπώλεια, destruction
12 τρόπος, manner
13 οἴομαι, *aor pas ind 3s*, intend
14 ἐπικράτησις, dominion
15 μετάγω, *aor act inf*, convey, transfer
16 τρισαλιτήριος, thrice-sinful
17 ἀφανισμός, extermination
18 κακοῦργος, evildoer
19 δίκαιος, *sup*, most righteous
20 πολιτεύω, *pres mid ptc acc p m*, govern
21 ὕψιστος, *sup*, Most High
22 μέγας, *sup*, greatest
23 κατευθύνω, *pres act ptc gen s m*, direct, lead
24 πρόγονος, ancestor
25 καλός, *sup*, most beautiful
26 διάθεσις, state, condition
27 καλῶς, well
28 προσχράομαι, *aor mid ptc nom p m*, carry out
29 γράμμα, writing
30 ἐξεργάζομαι, *aor mid ptc acc s m*, undertake
31 πύλη, gate
32 σταυρόω, *perf pas inf*, impale
33 πανοικία, whole household
34 κατάξιος, fitting, suitable
35 ἐπικρατέω, *pres act ptc gen s m*, rule over
36 τάχος, quickly
37 ἀντίγραφον, copy
38 ἐπιστολή, letter
39 ἐκτίθημι, *aor act ptc nom p m*, publish
40 παρρησία, publicly
41 χράω, *pres mid inf*, let someone use
42 νόμιμος, legal ordinance
43 συνεπισχύω, *pres act inf*, assist
44 ἐπιτίθημι, *aor mid ptc acc p m*, attempt to attack
45 ἀμύνομαι, *pres mid sub 3p*, defend against
46 τρισκαιδέκατος, thirteenth
47 δωδέκατος, twelfth

μηνὸς[1] Αδαρ τῇ αὐτῇ ἡμέρᾳ· **12t** ταύτην γὰρ ὁ πάντα δυναστεύων[2] θεὸς ἀντ᾽[3]
ὀλεθρίας[4] τοῦ ἐκλεκτοῦ[5] γένους[6] ἐποίησεν αὐτοῖς εὐφροσύνην.[7]

12u καὶ ὑμεῖς οὖν ἐν ταῖς ἐπωνύμοις[8] ὑμῶν ἑορταῖς[9] ἐπίσημον[10] ἡμέραν μετὰ πάσης
εὐωχίας[11] ἄγετε, ὅπως καὶ νῦν καὶ μετὰ ταῦτα σωτηρία ᾖ ἡμῖν καὶ τοῖς εὐνοοῦσιν[12]
Πέρσαις, τοῖς δὲ ἡμῖν ἐπιβουλεύουσιν[13] μνημόσυνον[14] τῆς ἀπωλείας.[15] **12x** πᾶσα δὲ
πόλις ἢ χώρα[16] τὸ σύνολον,[17] ἥτις κατὰ ταῦτα μὴ ποιήσῃ, δόρατι[18] καὶ πυρὶ κατα-
ναλωθήσεται[19] μετ᾽ ὀργῆς· οὐ μόνον ἀνθρώποις ἄβατος,[20] ἀλλὰ καὶ θηρίοις καὶ πετει-
νοῖς[21] εἰς τὸν ἅπαντα[22] χρόνον ἔχθιστος[23] κατασταθήσεται.[24] **13** τὰ δὲ ἀντίγραφα[25]
ἐκτιθέσθωσαν[26] ὀφθαλμοφανῶς[27] ἐν πάσῃ τῇ βασιλείᾳ, ἑτοίμους[28] τε εἶναι πάντας
τοὺς Ιουδαίους εἰς ταύτην τὴν ἡμέραν πολεμῆσαι αὐτῶν τοὺς ὑπεναντίους.[29]

Joyful Reception of the Edict

14 Οἱ μὲν οὖν ἱππεῖς[30] ἐξῆλθον σπεύδοντες[31] τὰ ὑπὸ τοῦ βασιλέως λεγόμενα ἐπι-
τελεῖν·[32] ἐξετέθη[33] δὲ τὸ πρόσταγμα[34] καὶ ἐν Σούσοις. **15** ὁ δὲ Μαρδοχαῖος ἐξῆλθεν
ἐστολισμένος[35] τὴν βασιλικὴν[36] στολὴν[37] καὶ στέφανον ἔχων χρυσοῦν[38] καὶ διάδημα[39]
βύσσινον[40] πορφυροῦν·[41] ἰδόντες δὲ οἱ ἐν Σούσοις ἐχάρησαν.[42] **16** τοῖς δὲ Ιουδαίοις
ἐγένετο φῶς καὶ εὐφροσύνη·[43] **17** κατὰ πόλιν καὶ χώραν,[44] οὗ[45] ἂν ἐξετέθη[46] τὸ
πρόσταγμα,[47] οὗ[48] ἂν ἐξετέθη τὸ ἔκθεμα,[49] χαρὰ καὶ εὐφροσύνη[50] τοῖς Ιουδαίοις,

1 μήν, month
2 δυναστεύω, *pres act ptc nom s m*, hold authority over
3 ἀντί, instead of
4 ὀλέθριος, destined for destruction
5 ἐκλεκτός, chosen, elect
6 γένος, nation, people
7 εὐφροσύνη, joy, gladness
8 ἐπώνυμος, eponymous
9 ἑορτή, feast
10 ἐπίσημος, notable
11 εὐωχία, good cheer
12 εὐνοέω, *pres act ptc dat p m*, treat affectionately
13 ἐπιβουλεύω, *pres act ptc dat p m*, plot against
14 μνημόσυνον, remembrance
15 ἀπώλεια, destruction
16 χώρα, region
17 σύνολος, without exception
18 δόρυ, spear
19 καταναλίσκω, *fut pas ind 3s*, devour
20 ἄβατος, inaccessible, impassable
21 πετεινός, bird
22 ἅπας, all
23 ἐχθρός, *sup*, most hostile
24 καθίστημι, *fut pas ind 3s*, set, appoint
25 ἀντίγραφον, copy
26 ἐκτίθημι, *pres pas impv 3p*, publish
27 ὀφθαλμοφανῶς, visibly
28 ἕτοιμος, prepared
29 ὑπεναντίος, opponent, enemy
30 ἱππεύς, horseman
31 σπεύδω, *pres act ptc nom p m*, hasten
32 ἐπιτελέω, *pres act inf*, complete
33 ἐκτίθημι, *aor pas ind 3s*, publish
34 πρόσταγμα, ordinance, decree
35 στολίζω, *perf pas ptc nom s m*, clothe
36 βασιλικός, royal
37 στολή, garment
38 χρυσοῦς, gold
39 διάδημα, diadem
40 βύσσινος, fine linen
41 πορφυροῦς, purple
42 χαίρω, *aor pas ind 3p*, rejoice
43 εὐφροσύνη, joy, gladness
44 χώρα, village
45 οὗ, where
46 ἐκτίθημι, *aor pas ind 3s*, publish
47 πρόσταγμα, ordinance, decree
48 οὗ, where
49 ἔκθεμα, edict
50 εὐφροσύνη, joy, gladness

κώθων[1] καὶ εὐφροσύνη,[2] καὶ πολλοὶ τῶν ἐθνῶν περιετέμοντο[3] καὶ ιουδάιζον[4] διὰ τὸν φόβον τῶν Ιουδαίων.

Jews Overcome Their Enemies

9 Ἐν γὰρ τῷ δωδεκάτῳ[5] μηνὶ[6] τρισκαιδεκάτῃ[7] τοῦ μηνός, ὅς ἐστιν Αδαρ, παρῆν[8]
τὰ γράμματα[9] τὰ γραφέντα ὑπὸ τοῦ βασιλέως. **2** ἐν αὐτῇ τῇ ἡμέρᾳ ἀπώλοντο
οἱ ἀντικείμενοι[10] τοῖς Ιουδαίοις· οὐδεὶς γὰρ ἀντέστη[11] φοβούμενος αὐτούς. **3** οἱ γὰρ
ἄρχοντες τῶν σατραπῶν[12] καὶ οἱ τύραννοι[13] καὶ οἱ βασιλικοὶ[14] γραμματεῖς[15] ἐτίμων[16]
τοὺς Ιουδαίους· ὁ γὰρ φόβος Μαρδοχαίου ἐνέκειτο[17] αὐτοῖς. **4** προσέπεσεν[18] γὰρ τὸ
πρόσταγμα[19] τοῦ βασιλέως ὀνομασθῆναι[20] ἐν πάσῃ τῇ βασιλείᾳ. **6** καὶ ἐν Σούσοις τῇ
πόλει ἀπέκτειναν οἱ Ιουδαῖοι ἄνδρας πεντακοσίους[21] **7** τόν τε Φαρσαννεσταιν καὶ
Δελφων καὶ Φασγα **8** καὶ Φαρδαθα καὶ Βαρεα καὶ Σαρβαχα **9** καὶ Μαρμασιμα καὶ
Αρουφαιον καὶ Αρσαιον καὶ Ζαβουθαιθαν, **10** τοὺς δέκα[22] υἱοὺς Αμαν Αμαδαθου
Βουγαίου τοῦ ἐχθροῦ τῶν Ιουδαίων, καὶ διήρπασαν.[23]

11 ἐν αὐτῇ τῇ ἡμέρᾳ ἐπεδόθη[24] ὁ ἀριθμὸς[25] τῷ βασιλεῖ τῶν ἀπολωλότων ἐν Σούσοις.
12 εἶπεν δὲ ὁ βασιλεὺς πρὸς Εσθηρ Ἀπώλεσαν οἱ Ιουδαῖοι ἐν Σούσοις τῇ πόλει
ἄνδρας πεντακοσίους·[26] ἐν δὲ τῇ περιχώρῳ[27] πῶς οἴει[28] ἐχρήσαντο;[29] τί οὖν ἀξιοῖς[30]
ἔτι καὶ ἔσται σοι; **13** καὶ εἶπεν Εσθηρ τῷ βασιλεῖ Δοθήτω τοῖς Ιουδαίοις χρῆσθαι[31]
ὡσαύτως[32] τὴν αὔριον[33] ὥστε τοὺς δέκα[34] υἱοὺς κρεμάσαι[35] Αμαν. **14** καὶ ἐπέτρεψεν[36]
οὕτως γενέσθαι καὶ ἐξέθηκε[37] τοῖς Ιουδαίοις τῆς πόλεως τὰ σώματα τῶν υἱῶν Αμαν
κρεμάσαι.[38] **15** καὶ συνήχθησαν οἱ Ιουδαῖοι ἐν Σούσοις τῇ τεσσαρεσκαιδεκάτῃ[39] τοῦ
Αδαρ καὶ ἀπέκτειναν ἄνδρας τριακοσίους[40] καὶ οὐδὲν διήρπασαν.[41]

1 κώθων, party
2 εὐφροσύνη, joy, gladness
3 περιτέμνω, *aor mid ind 3p*, circumcise
4 Ἰουδαΐζω, *impf act ind 3p*, become a Judean, live like a Jew
5 δωδέκατος, twelfth
6 μήν, month
7 τρισκαιδέκατος, thirteenth
8 πάρειμι, *impf act ind 3s*, come, arrive
9 γράμμα, writing
10 ἀντίκειμαι, *pres mid ptc nom p m*, oppose
11 ἀνθίστημι, *aor act ind 3s*, stand against
12 σατράπης, governor, satrap
13 τύραννος, prince
14 βασιλικός, royal
15 γραμματεύς, scribe
16 τιμάω, *impf act ind 3p*, honor
17 ἔγκειμαι, *impf pas ind 3s*, weigh upon
18 προσπίπτω, *aor act ind 3s*, happen, befall
19 πρόσταγμα, ordinance, decree
20 ὀνομάζω, *aor pas inf*, call by name
21 πεντακόσιοι, five hundred
22 δέκα, ten
23 διαρπάζω, *aor act ind 3p*, plunder
24 ἐπιδίδωμι, *aor pas ind 3s*, give
25 ἀριθμός, number
26 πεντακόσιοι, five hundred
27 περίχωρος, surrounding region
28 οἴομαι, *pres mid ind 2s*, think
29 χράω, *aor mid ind 3p*, treat, deal with
30 ἀξιόω, *pres act ind 2s*, beseech, entreat
31 χράω, *pres mid inf*, treat, deal with
32 ὡσαύτως, in like manner
33 αὔριον, tomorrow
34 δέκα, ten
35 κρεμάννυμι, *aor act inf*, hang (to death)
36 ἐπιτρέπω, *aor act ind 3s*, permit
37 ἐκτίθημι, *aor act ind 3s*, put forth
38 κρεμάννυμι, *aor act inf*, hang (to death)
39 τεσσαρεσκαιδέκατος, fourteenth
40 τριακόσιοι, three hundred
41 διαρπάζω, *aor act ind 3p*, plunder

16 οἱ δὲ λοιποὶ τῶν Ιουδαίων οἱ ἐν τῇ βασιλείᾳ συνήχθησαν καὶ ἑαυτοῖς ἐβοήθουν[1]
καὶ ἀνεπαύσαντο[2] ἀπὸ τῶν πολεμίων·[3] ἀπώλεσαν γὰρ αὐτῶν μυρίους[4] πεντα-
κισχιλίους[5] τῇ τρισκαιδεκάτῃ[6] τοῦ Αδαρ καὶ οὐδὲν διήρπασαν.[7] **17** καὶ ἀνεπαύσαντο[8]
τῇ τεσσαρεσκαιδεκάτῃ[9] τοῦ αὐτοῦ μηνὸς[10] καὶ ἦγον αὐτὴν ἡμέραν ἀναπαύσεως[11]
μετὰ χαρᾶς καὶ εὐφροσύνης.[12] **18** οἱ δὲ Ιουδαῖοι οἱ ἐν Σούσοις τῇ πόλει συνή-
χθησαν καὶ τῇ τεσσαρεσκαιδεκάτῃ[13] καὶ οὐκ ἀνεπαύσαντο·[14] ἦγον δὲ καὶ τὴν
πεντεκαιδεκάτην[15] μετὰ χαρᾶς καὶ εὐφροσύνης.[16] **19** διὰ τοῦτο οὖν οἱ Ιουδαῖοι οἱ
διεσπαρμένοι[17] ἐν πάσῃ χώρᾳ[18] τῇ ἔξω ἄγουσιν τὴν τεσσαρεσκαιδεκάτην[19] τοῦ Αδαρ
ἡμέραν ἀγαθὴν μετ᾽ εὐφροσύνης[20] ἀποστέλλοντες μερίδας[21] ἕκαστος τῷ πλησίον,[22]
οἱ δὲ κατοικοῦντες ἐν ταῖς μητροπόλεσιν[23] καὶ τὴν πεντεκαιδεκάτην[24] τοῦ Αδαρ
ἡμέραν εὐφροσύνην[25] ἀγαθὴν ἄγουσιν ἐξαποστέλλοντες[26] μερίδας[27] τοῖς πλησίον.[28]

Establishment of the Feast of Purim

20 Ἔγραψεν δὲ Μαρδοχαῖος τοὺς λόγους τούτους εἰς βιβλίον καὶ ἐξαπέστειλεν[29]
τοῖς Ιουδαίοις, ὅσοι ἦσαν ἐν τῇ Ἀρταξέρξου βασιλείᾳ, τοῖς ἐγγὺς[30] καὶ τοῖς μακράν,[31]
21 στῆσαι τὰς ἡμέρας ταύτας ἀγαθὰς ἄγειν τε τὴν τεσσαρεσκαιδεκάτην[32] καὶ τὴν
πεντεκαιδεκάτην[33] τοῦ Αδαρ — **22** ἐν γὰρ ταύταις ταῖς ἡμέραις ἀνεπαύσαντο[34] οἱ
Ιουδαῖοι ἀπὸ τῶν ἐχθρῶν αὐτῶν — καὶ τὸν μῆνα,[35] ἐν ᾧ ἐστράφη[36] αὐτοῖς (ὃς ἦν
Αδαρ) ἀπὸ πένθους[37] εἰς χαρὰν καὶ ἀπὸ ὀδύνης[38] εἰς ἀγαθὴν ἡμέραν, ἄγειν ὅλον
ἀγαθὰς ἡμέρας γάμων[39] καὶ εὐφροσύνης[40] ἐξαποστέλλοντας[41] μερίδας[42] τοῖς φίλοις[43]
καὶ τοῖς πτωχοῖς.[44]

1 βοηθέω, *impf act ind 3p*, come to the rescue
2 ἀναπαύω, *aor mid ind 3p*, take rest
3 πολέμιος, warring activity
4 μύριοι, ten thousand
5 πεντακισχίλιοι, five thousand
6 τρισκαιδέκατος, thirteenth
7 διαρπάζω, *aor act ind 3p*, plunder
8 ἀναπαύω, *aor mid ind 3p*, take rest
9 τεσσαρεσκαιδέκατος, fourteenth
10 μήν, month
11 ἀνάπαυσις, rest
12 εὐφροσύνη, joy, gladness
13 τεσσαρεσκαιδέκατος, fourteenth
14 ἀναπαύω, *aor mid ind 3p*, take rest
15 πεντεκαιδέκατος, fifteenth
16 εὐφροσύνη, joy, gladness
17 διασπείρω, *perf pas ptc nom p m*, spread about, scatter
18 χώρα, region
19 τεσσαρεσκαιδέκατος, fourteenth
20 εὐφροσύνη, joy, gladness
21 μερίς, portion
22 πλησίον, neighbor
23 μητρόπολις, capital city, mother city
24 πεντεκαιδέκατος, fifteenth
25 εὐφροσύνη, joy, gladness
26 ἐξαποστέλλω, *pres act ptc nom p m*, send forth
27 μερίς, portion
28 πλησίον, neighbor
29 ἐξαποστέλλω, *aor act ind 3s*, send forth
30 ἐγγύς, near
31 μακράν, far
32 τεσσαρεσκαιδέκατος, fourteenth
33 πεντεκαιδέκατος, fifteenth
34 ἀναπαύω, *aor mid ind 3p*, take rest
35 μήν, month
36 στρέφω, *aor pas ind 3s*, change, turn
37 πένθος, mourning, grief
38 ὀδύνη, pain
39 γάμος, feast
40 εὐφροσύνη, joy, gladness
41 ἐξαποστέλλω, *pres act ptc acc p m*, send forth
42 μερίς, portion
43 φίλος, friend
44 πτωχός, poor

23 καὶ προσεδέξαντο[1] οἱ Ιουδαῖοι, καθὼς ἔγραψεν αὐτοῖς ὁ Μαρδοχαῖος, **24** πῶς
Αμαν Αμαδαθου ὁ Μακεδὼν ἐπολέμει αὐτούς, καθὼς ἔθετο ψήφισμα[2] καὶ κλῆρον[3]
ἀφανίσαι[4] αὐτούς, **25** καὶ ὡς εἰσῆλθεν πρὸς τὸν βασιλέα λέγων κρεμάσαι[5] τὸν Μαρ-
δοχαῖον· ὅσα δὲ ἐπεχείρησεν[6] ἐπάξαι[7] ἐπὶ τοὺς Ιουδαίους κακά, ἐπ᾽ αὐτὸν ἐγένοντο,
καὶ ἐκρεμάσθη[8] αὐτὸς καὶ τὰ τέκνα αὐτοῦ. **26** διὰ τοῦτο ἐπεκλήθησαν[9] αἱ ἡμέραι
αὗται Φρουραι διὰ τοὺς κλήρους,[10] ὅτι τῇ διαλέκτῳ[11] αὐτῶν καλοῦνται Φρουραι,
διὰ τοὺς λόγους τῆς ἐπιστολῆς[12] ταύτης καὶ ὅσα πεπόνθασιν[13] διὰ ταῦτα καὶ ὅσα
αὐτοῖς ἐγένετο· **27** καὶ ἔστησεν καὶ προσεδέχοντο[14] οἱ Ιουδαῖοι ἐφ᾽ ἑαυτοῖς καὶ ἐπὶ
τῷ σπέρματι αὐτῶν καὶ ἐπὶ τοῖς προστεθειμένοις[15] ἐπ᾽ αὐτῶν οὐδὲ μὴν[16] ἄλλως[17]
χρήσονται·[18] αἱ δὲ ἡμέραι αὗται μνημόσυνον[19] ἐπιτελούμενον[20] κατὰ γενεὰν καὶ
γενεὰν καὶ πόλιν καὶ πατριὰν[21] καὶ χώραν·[22] **28** αἱ δὲ ἡμέραι αὗται τῶν Φρουραι
ἀχθήσονται εἰς τὸν ἅπαντα[23] χρόνον, καὶ τὸ μνημόσυνον[24] αὐτῶν οὐ μὴ ἐκλίπῃ[25]
ἐκ τῶν γενεῶν.

29 καὶ ἔγραψεν Εσθηρ ἡ βασίλισσα[26] θυγάτηρ[27] Αμιναδαβ καὶ Μαρδοχαῖος ὁ Ιου-
δαῖος ὅσα ἐποίησαν τό τε στερέωμα[28] τῆς ἐπιστολῆς[29] τῶν Φρουραι. **31** καὶ Μαρ-
δοχαῖος καὶ Εσθηρ ἡ βασίλισσα[30] ἔστησαν ἑαυτοῖς καθ᾽ ἑαυτῶν καὶ τότε στήσαντες
κατὰ τῆς ὑγιείας[31] αὐτῶν καὶ τὴν βουλὴν[32] αὐτῶν· **32** καὶ Εσθηρ λόγῳ ἔστησεν εἰς
τὸν αἰῶνα, καὶ ἐγράφη εἰς μνημόσυνον.[33]

Greatness of Mordecai

10 Ἔγραψεν δὲ ὁ βασιλεὺς τέλη[34] ἐπὶ τὴν βασιλείαν τῆς τε γῆς καὶ τῆς θα-
λάσσης. **2** καὶ τὴν ἰσχὺν[35] αὐτοῦ καὶ ἀνδραγαθίαν[36] πλοῦτόν[37] τε καὶ δόξαν
τῆς βασιλείας αὐτοῦ, ἰδοὺ γέγραπται ἐν βιβλίῳ βασιλέων Περσῶν καὶ Μήδων εἰς

1 προσδέχομαι, *aor mid ind 3p*, receive, welcome
2 ψήφισμα, decree
3 κλῆρος, (casting of) lots
4 ἀφανίζω, *aor act inf*, destroy, blot out
5 κρεμάννυμι, *aor act inf*, hang (to death)
6 ἐπιχειρέω, *aor act ind 3s*, endeavor
7 ἐπάγω, *aor act inf*, bring upon
8 κρεμάννυμι, *aor pas ind 3s*, hang (to death)
9 ἐπικαλέω, *aor pas ind 3p*, call upon
10 κλῆρος, lot
11 διάλεκτος, dialect
12 ἐπιστολή, letter
13 πάσχω, *perf act ind 3p*, suffer
14 προσδέχομαι, *impf mid ind 3p*, receive, welcome
15 προστίθημι, *perf mid ptc dat p m*, join
16 μήν, month
17 ἄλλως, in a different way
18 χράω, *fut mid ind 3p*, use, treat
19 μνημόσυνον, remembrance
20 ἐπιτελέω, *pres mid ptc nom s n*, finish, complete
21 πατριά, paternal house
22 χώρα, region
23 ἅπας, all
24 μνημόσυνον, remembrance
25 ἐκλείπω, *aor act sub 3s*, cease
26 βασίλισσα, queen
27 θυγάτηρ, daughter
28 στερέωμα, ratification
29 ἐπιστολή, letter
30 βασίλισσα, queen
31 ὑγίεια, healthy condition
32 βουλή, counsel
33 μνημόσυνον, remembrance
34 τέλος, tax, tribute
35 ἰσχύς, strength
36 ἀνδραγαθία, heroism
37 πλοῦτος, wealth

μνημόσυνον.[1] **3** ὁ δὲ Μαρδοχαῖος διεδέχετο[2] τὸν βασιλέα Ἀρταξέρξην καὶ μέγας ἦν ἐν τῇ βασιλείᾳ καὶ δεδοξασμένος ὑπὸ τῶν Ιουδαίων· καὶ φιλούμενος[3] διηγεῖτο[4] τὴν ἀγωγὴν[5] παντὶ τῷ ἔθνει αὐτοῦ.

Mordecai Recalls His Dream

3a Καὶ εἶπεν Μαρδοχαῖος Παρὰ τοῦ θεοῦ ἐγένετο ταῦτα· **3b** ἐμνήσθην[6] γὰρ περὶ τοῦ
ἐνυπνίου,[7] οὗ εἶδον περὶ τῶν λόγων τούτων· οὐδὲ γὰρ παρῆλθεν[8] ἀπ' αὐτῶν λόγος.
3c ἡ μικρὰ πηγή,[9] ἣ ἐγένετο ποταμὸς[10] καὶ ἦν φῶς καὶ ἥλιος καὶ ὕδωρ πολύ· Εσθηρ
ἐστὶν ὁ ποταμός, ἣν ἐγάμησεν[11] ὁ βασιλεὺς καὶ ἐποίησεν βασίλισσαν.[12] **3d** οἱ δὲ δύο
δράκοντες[13] ἐγώ εἰμι καὶ Αμαν. **3e** τὰ δὲ ἔθνη τὰ ἐπισυναχθέντα[14] ἀπολέσαι τὸ ὄνομα
τῶν Ιουδαίων. **3f** τὸ δὲ ἔθνος τὸ ἐμόν, οὗτός ἐστιν Ισραηλ οἱ βοήσαντες[15] πρὸς τὸν
θεὸν καὶ σωθέντες· καὶ ἔσωσεν κύριος τὸν λαὸν αὐτοῦ, καὶ ἐρρύσατο[16] κύριος ἡμᾶς
ἐκ πάντων τῶν κακῶν τούτων, καὶ ἐποίησεν ὁ θεὸς τὰ σημεῖα καὶ τὰ τέρατα[17] τὰ
μεγάλα, ἃ οὐ γέγονεν ἐν τοῖς ἔθνεσιν. **3g** διὰ τοῦτο ἐποίησεν κλήρους[18] δύο, ἕνα
τῷ λαῷ τοῦ θεοῦ καὶ ἕνα πᾶσι τοῖς ἔθνεσιν· **3h** καὶ ἦλθον οἱ δύο κλῆροι[19] οὗτοι εἰς
ὥραν[20] καὶ καιρὸν καὶ εἰς ἡμέραν κρίσεως ἐνώπιον τοῦ θεοῦ καὶ ἐν πᾶσι τοῖς ἔθνεσιν,
3i καὶ ἐμνήσθη[21] ὁ θεὸς τοῦ λαοῦ αὐτοῦ καὶ ἐδικαίωσεν[22] τὴν κληρονομίαν[23] αὐτοῦ.
3k καὶ ἔσονται αὐτοῖς αἱ ἡμέραι αὗται ἐν μηνὶ[24] Αδαρ τῇ τεσσαρεσκαιδεκάτῃ[25] καὶ τῇ
πεντεκαιδεκάτῃ[26] τοῦ αὐτοῦ μηνὸς[27] μετὰ συναγωγῆς καὶ χαρᾶς[28] καὶ εὐφροσύνης[29]
ἐνώπιον τοῦ θεοῦ κατὰ γενεὰς εἰς τὸν αἰῶνα ἐν τῷ λαῷ αὐτοῦ Ισραηλ.

3l Ἔτους τετάρτου[30] βασιλεύοντος[31] Πτολεμαίου καὶ Κλεοπάτρας εἰσήνεγκεν[32] Δωσίθεος, ὃς ἔφη[33] εἶναι ἱερεὺς καὶ Λευίτης, καὶ Πτολεμαῖος ὁ υἱὸς αὐτοῦ τὴν προκειμένην[34] ἐπιστολὴν[35] τῶν Φρουραι, ἣν ἔφασαν[36] εἶναι καὶ ἑρμηνευκέναι[37] Λυσίμαχον Πτολεμαίου τῶν ἐν Ιερουσαλημ.

1 μνημόσυνον, remembrance
2 διαδέχομαι, *impf mid ind 3s*, succeed
3 φιλέω, *pres pas ptc nom s m*, love
4 διηγέομαι, *impf mid ind 3s*, describe
5 ἀγωγή, policy, conduct
6 μιμνῄσκομαι, *aor pas ind 1s*, remember
7 ἐνύπνιον, dream
8 παρέρχομαι, *aor act ind 3s*, pass by
9 πηγή, spring
10 ποταμός, river
11 γαμέω, *aor act ind 3s*, take as a wife
12 βασίλισσα, queen
13 δράκων, serpent
14 ἐπισυνάγω, *aor pas ptc nom p n*, gather together
15 βοάω, *aor act ptc nom p m*, cry out
16 ῥύομαι, *aor mid ind 3s*, rescue, deliver
17 τέρας, wonder
18 κλῆρος, lot
19 κλῆρος, lot
20 ὥρα, hour
21 μιμνῄσκομαι, *aor pas ind 3s*, remember
22 δικαιόω, *aor act ind 3s*, vindicate
23 κληρονομία, inheritance
24 μήν, month
25 τεσσαρεσκαιδέκατος, fourteenth
26 πεντεκαιδέκατος, fifteenth
27 μήν, month
28 χαρά, joy
29 εὐφροσύνη, joy, gladness
30 τέταρτος, fourth
31 βασιλεύω, *pres act ptc gen s m*, reign as king
32 εἰσφέρω, *aor act ind 3s*, bring in
33 φημί, *aor act ind 3s*, say
34 πρόκειμαι, *pres pas ptc acc s f*, set forth before
35 ἐπιστολή, letter
36 φημί, *aor act ind 3p*, assert
37 ἑρμηνεύω, *perf act inf*, translate

ΙΟΥΔΙΘ
Judith

Fortification of Ecbatana

1 Ἔτους δωδεκάτου[1] τῆς βασιλείας Ναβουχοδονοσορ, ὃς ἐβασίλευσεν[2] Ἀσσυρίων
ἐν Νινευη τῇ πόλει τῇ μεγάλῃ, ἐν ταῖς ἡμέραις Αρφαξαδ, ὃς ἐβασίλευσεν
Μήδων ἐν Ἐκβατάνοις, **2** καὶ ᾠκοδόμησεν ἐπ᾽ Ἐκβατάνων κύκλῳ[3] τείχη[4] ἐκ λίθων
λελαξευμένων[5] εἰς πλάτος[6] πηχῶν[7] τριῶν καὶ εἰς μῆκος[8] πηχῶν ἕξ[9] καὶ ἐποίησεν τὸ
ὕψος[10] τοῦ τείχους πηχῶν ἑβδομήκοντα[11] καὶ τὸ πλάτος αὐτοῦ πηχῶν πεντήκοντα[12]
3 καὶ τοὺς πύργους[13] αὐτοῦ ἔστησεν ἐπὶ ταῖς πύλαις[14] αὐτῆς πηχῶν[15] ἑκατὸν[16]
καὶ τὸ πλάτος[17] αὐτῆς ἐθεμελίωσεν[18] εἰς πήχεις[19] ἑξήκοντα[20] **4** καὶ ἐποίησεν τὰς
πύλας[21] αὐτῆς πύλας διεγειρομένας[22] εἰς ὕψος[23] πηχῶν[24] ἑβδομήκοντα[25] καὶ τὸ πλά-
τος[26] αὐτῆς πήχεις[27] τεσσαράκοντα[28] εἰς ἐξόδους[29] δυνάμεως δυνατῶν αὐτοῦ καὶ
διατάξεις[30] τῶν πεζῶν[31] αὐτοῦ. **5** καὶ ἐποίησεν πόλεμον ἐν ταῖς ἡμέραις ἐκείναις
ὁ βασιλεὺς Ναβουχοδονοσορ πρὸς βασιλέα Αρφαξαδ ἐν τῷ πεδίῳ[32] τῷ μεγάλῳ,
τοῦτό ἐστιν πεδίον ἐν τοῖς ὁρίοις Ραγαυ. **6** καὶ συνήντησαν[33] πρὸς αὐτὸν πάντες
οἱ κατοικοῦντες τὴν ὀρεινὴν[34] καὶ πάντες οἱ κατοικοῦντες τὸν Εὐφράτην καὶ τὸν
Τίγριν καὶ τὸν Ὑδάσπην καὶ πεδία[35] Αριωχ βασιλέως Ἐλυμαίων, καὶ συνῆλθον ἔθνη
πολλὰ εἰς παράταξιν[36] υἱῶν Χελεουδ.

1 δωδέκατος, twelfth
2 βασιλεύω, *aor act ind 3s*, reign as king
3 κύκλῳ, around
4 τεῖχος, city wall
5 λαξεύω, *perf pas ptc gen p m*, hew
6 πλάτος, width
7 πῆχυς, cubit
8 μῆκος, length
9 ἕξ, six
10 ὕψος, height
11 ἑβδομήκοντα, seventy
12 πεντήκοντα, fifty
13 πύργος, tower
14 πύλη, gate
15 πῆχυς, cubit
16 ἑκατόν, hundred
17 πλάτος, length
18 θεμελιόω, *aor act ind 3s*, lay the foundation
19 πῆχυς, cubit
20 ἑξήκοντα, sixty
21 πύλη, gate
22 διεγείρω, *pres mid ptc acc p f*, raise up
23 ὕψος, height
24 πῆχυς, cubit
25 ἑβδομήκοντα, seventy
26 πλάτος, length
27 πῆχυς, cubit
28 τεσσαράκοντα, forty
29 ἔξοδος, going out
30 διάταξις, deployment
31 πεζός, foot soldier
32 πεδίον, plain
33 συναντάω, *aor act ind 3p*, meet
34 ὀρεινός, hill country
35 πεδίον, plain
36 παράταξις, battle

Nebuchadnezzar Defeats Arphaxad

7 καὶ ἀπέστειλεν Ναβουχοδονοσορ βασιλεὺς Ἀσσυρίων ἐπὶ πάντας τοὺς κατ-
οικοῦντας τὴν Περσίδα καὶ ἐπὶ πάντας τοὺς κατοικοῦντας πρὸς δυσμαῖς,[1] τοὺς
κατοικοῦντας τὴν Κιλικίαν καὶ Δαμασκὸν καὶ τὸν Λίβανον καὶ Ἀντιλίβανον, καὶ
πάντας τοὺς κατοικοῦντας κατὰ πρόσωπον τῆς παραλίας[2] **8** καὶ τοὺς ἐν τοῖς ἔθνεσι
τοῦ Καρμήλου καὶ Γαλααδ καὶ τὴν ἄνω[3] Γαλιλαίαν καὶ τὸ μέγα πεδίον[4] Εσδρηλων
9 καὶ πάντας τοὺς ἐν Σαμαρείᾳ καὶ ταῖς πόλεσιν αὐτῆς καὶ πέραν[5] τοῦ Ιορδάνου
ἕως Ιερουσαλημ καὶ Βατανη καὶ Χελους καὶ Καδης καὶ τοῦ ποταμοῦ[6] Αἰγύπτου καὶ
Ταφνας καὶ Ραμεσση καὶ πᾶσαν γῆν Γεσεμ **10** ἕως τοῦ ἐλθεῖν ἐπάνω[7] Τάνεως καὶ
Μέμφεως καὶ πάντας τοὺς κατοικοῦντας τὴν Αἴγυπτον ἕως τοῦ ἐλθεῖν ἐπὶ τὰ ὅρια[8]
τῆς Αἰθιοπίας. **11** καὶ ἐφαύλισαν[9] πάντες οἱ κατοικοῦντες πᾶσαν τὴν γῆν τὸ ῥῆμα
Ναβουχοδονοσορ βασιλέως Ἀσσυρίων καὶ οὐ συνῆλθον[10] αὐτῷ εἰς τὸν πόλεμον,
ὅτι οὐκ ἐφοβήθησαν αὐτόν, ἀλλ᾽ ἦν ἐναντίον[11] αὐτῶν ὡς ἀνὴρ εἷς, καὶ ἀνέστρεψαν[12]
τοὺς ἀγγέλους αὐτοῦ κενοὺς[13] ἐν ἀτιμίᾳ[14] προσώπου αὐτῶν.

12 καὶ ἐθυμώθη[15] Ναβουχοδονοσορ ἐπὶ πᾶσαν τὴν γῆν ταύτην σφόδρα[16] καὶ ὤμοσε[17]
κατὰ τοῦ θρόνου καὶ τῆς βασιλείας αὐτοῦ εἰ μὴν[18] ἐκδικήσειν[19] πάντα τὰ ὅρια[20]
τῆς Κιλικίας καὶ Δαμασκηνῆς καὶ Συρίας ἀνελεῖν[21] τῇ ῥομφαίᾳ[22] αὐτοῦ καὶ πάντας
τοὺς κατοικοῦντας ἐν γῇ Μωαβ καὶ τοὺς υἱοὺς Αμμων καὶ πᾶσαν τὴν Ιουδαίαν καὶ
πάντας τοὺς ἐν Αἰγύπτῳ ἕως τοῦ ἐλθεῖν ἐπὶ τὰ ὅρια τῶν δύο θαλασσῶν.

13 καὶ παρετάξατο[23] ἐν τῇ δυνάμει αὐτοῦ πρὸς Αρφαξαδ βασιλέα ἐν τῷ ἔτει τῷ
ἑπτακαιδεκάτῳ[24] καὶ ἐκραταιώθη[25] ἐν τῷ πολέμῳ αὐτοῦ καὶ ἀνέστρεψεν[26] πᾶσαν τὴν
δύναμιν Αρφαξαδ καὶ πᾶσαν τὴν ἵππον[27] αὐτοῦ καὶ πάντα τὰ ἅρματα[28] αὐτοῦ **14** καὶ
ἐκυρίευσε[29] τῶν πόλεων αὐτοῦ καὶ ἀφίκετο[30] ἕως Ἐκβατάνων καὶ ἐκράτησε[31] τῶν
πύργων[32] καὶ ἐπρονόμευσε[33] τὰς πλατείας[34] αὐτῆς καὶ τὸν κόσμον[35] αὐτῆς ἔθηκεν

1 δυσμή, west
2 παράλιος, seacoast
3 ἄνω, above
4 πεδίον, plain
5 πέραν, across
6 ποταμός, river
7 ἐπάνω, on the upper side
8 ὅριον, territory
9 φαυλίζω, *aor act ind 3p*, despise
10 συνέρχομαι, *aor act ind 3p*, come together
11 ἐναντίον, before
12 ἀναστρέφω, *aor act ind 3p*, return
13 κενός, without result, empty
14 ἀτιμία, dishonor, disgrace
15 θυμόω, *aor pas ind 3s*, be angry
16 σφόδρα, very
17 ὄμνυμι, *aor act ind 3s*, swear
18 εἰ μήν, surely
19 ἐκδικέω, *fut act inf*, exact vengeance
20 ὅριον, territory
21 ἀναιρέω, *aor act inf*, kill, slay
22 ῥομφαία, sword
23 παρατάσσω, *aor mid ind 3s*, set a battle formation
24 ἑπτακαιδέκατος, seventeenth
25 κραταιόω, *aor pas ind 3s*, strengthen, prevail
26 ἀναστρέφω, *aor act ind 3s*, turn away
27 ἵππος, horse
28 ἅρμα, chariot
29 κυριεύω, *aor act ind 3s*, dominate, control
30 ἀφικνέομαι, *aor mid ind 3s*, arrive at, reach
31 κρατέω, *aor act ind 3s*, take possession
32 πύργος, tower
33 προνομεύω, *aor act ind 3s*, plunder
34 πλατύς, broad (street)
35 κόσμος, ornamentation

εἰς ὄνειδος[1] αὐτῆς **15** καὶ ἔλαβε τὸν Αρφαξαδ ἐν τοῖς ὄρεσι Ραγαυ καὶ κατηκόντισεν[2]
αὐτὸν ἐν ταῖς σιβύναις[3] αὐτοῦ καὶ ἐξωλέθρευσεν[4] αὐτὸν ἕως τῆς ἡμέρας ἐκείνης.
16 καὶ ἀνέστρεψεν[5] μετ᾽ αὐτῶν αὐτὸς καὶ πᾶς ὁ σύμμικτος[6] αὐτοῦ, πλῆθος ἀνδρῶν
πολεμιστῶν[7] πολὺ σφόδρα,[8] καὶ ἦν ἐκεῖ ῥᾳθυμῶν[9] καὶ εὐωχούμενος[10] αὐτὸς καὶ ἡ
δύναμις αὐτοῦ ἐφ᾽ ἡμέρας ἑκατὸν[11] εἴκοσι.[12]

Nebuchadnezzar's Campaign against Western Territories

2 Καὶ ἐν τῷ ἔτει τῷ ὀκτωκαιδεκάτῳ[13] δευτέρᾳ καὶ εἰκάδι[14] τοῦ πρώτου μηνὸς[15]
ἐγένετο λόγος ἐν οἴκῳ Ναβουχοδονοσορ βασιλέως Ἀσσυρίων ἐκδικῆσαι[16]
πᾶσαν τὴν γῆν καθὼς ἐλάλησεν. **2** καὶ συνεκάλεσεν[17] πάντας τοὺς θεράποντας[18]
αὐτοῦ καὶ πάντας τοὺς μεγιστᾶνας[19] αὐτοῦ καὶ ἔθετο μετ᾽ αὐτῶν τὸ μυστήριον[20]
τῆς βουλῆς[21] αὐτοῦ καὶ συνετέλεσεν[22] πᾶσαν τὴν κακίαν[23] τῆς γῆς ἐκ τοῦ στόματος
αὐτοῦ, **3** καὶ αὐτοὶ ἔκριναν ὀλεθρεῦσαι[24] πᾶσαν σάρκα οἳ οὐκ ἠκολούθησαν τῷ λόγῳ
τοῦ στόματος αὐτοῦ.

4 καὶ ἐγένετο ὡς συνετέλεσεν[25] τὴν βουλὴν[26] αὐτοῦ, ἐκάλεσεν Ναβουχοδονοσορ
βασιλεὺς Ἀσσυρίων τὸν Ολοφέρνην ἀρχιστράτηγον[27] τῆς δυνάμεως αὐτοῦ δεύ-
τερον ὄντα μετ᾽ αὐτὸν καὶ εἶπεν πρὸς αὐτόν **5** Τάδε[28] λέγει ὁ βασιλεὺς ὁ μέγας,
ὁ κύριος πάσης τῆς γῆς Ἰδοὺ σὺ ἐξελεύσῃ ἐκ τοῦ προσώπου μου καὶ λήμψῃ μετὰ
σεαυτοῦ ἄνδρας πεποιθότας ἐν ἰσχύι[29] αὐτῶν, πεζῶν[30] εἰς χιλιάδας[31] ἑκατὸν[32]
εἴκοσι[33] καὶ πλῆθος ἵππων[34] σὺν ἀναβάταις[35] χιλιάδας δέκα[36] δύο, **6** καὶ ἐξελεύσῃ εἰς
συνάντησιν[37] πάσῃ τῇ γῇ ἐπὶ δυσμάς,[38] ὅτι ἠπείθησαν[39] τῷ ῥήματι τοῦ στόματός μου,
7 καὶ ἀπαγγελεῖς αὐτοῖς ἑτοιμάζειν γῆν καὶ ὕδωρ, ὅτι ἐξελεύσομαι ἐν θυμῷ[40] μου

1 ὄνειδος, disgrace
2 κατακοντίζω, *aor act ind 3s*, shoot down
3 σιβύνη, spear
4 ἐξολεθρεύω, *aor act ind 3s*, utterly destroy
5 ἀναστρέφω, *aor act ind 3s*, return
6 σύμμικτος, mixed (company), mingled (soldiers)
7 πολεμιστής, warrior
8 σφόδρα, very
9 ῥᾳθυμέω, *pres act ptc nom s m*, take a holiday, be idle
10 εὐωχέω, *pres mid ptc nom s m*, feed sumptuously
11 ἑκατόν, hundred
12 εἴκοσι, twenty
13 ὀκτωκαιδέκατος, eighteen
14 εἰκάς, twentieth day of the month
15 μήν, month
16 ἐκδικέω, *aor act inf*, punish
17 συγκαλέω, *aor act ind 3s*, call together
18 θεράπων, servant
19 μεγιστάν, nobleman
20 μυστήριον, secret
21 βουλή, counsel, will
22 συντελέω, *aor act ind 3s*, accomplish
23 κακία, wickedness
24 ὀλεθρεύω, *aor act inf*, destroy
25 συντελέω, *aor act ind 3s*, accomplish
26 βουλή, counsel, will
27 ἀρχιστράτηγος, chief captain
28 ὅδε, this
29 ἰσχύς, strength, might
30 πεζός, foot soldier
31 χιλιάς, thousand
32 ἑκατόν, hundred
33 εἴκοσι, twenty
34 ἵππος, horse
35 ἀναβάτης, horseman
36 δέκα, ten
37 συνάντησις, meeting
38 δυσμή, west
39 ἀπειθέω, *aor act ind 3p*, disobey, refuse
40 θυμός, wrath

ἐπ᾽ αὐτοὺς καὶ καλύψω[1] πᾶν τὸ πρόσωπον τῆς γῆς ἐν τοῖς ποσὶν τῆς δυνάμεώς μου
καὶ δώσω αὐτοὺς εἰς διαρπαγὴν[2] αὐτοῖς, **8** καὶ οἱ τραυματίαι[3] αὐτῶν πληρώσουσιν
τὰς φάραγγας[4] αὐτῶν, καὶ πᾶς χειμάρρους[5] καὶ ποταμὸς[6] ἐπικλύζων[7] τοῖς νεκροῖς[8]
αὐτῶν πληρωθήσεται· **9** καὶ ἄξω τὴν αἰχμαλωσίαν[9] αὐτῶν ἐπὶ τὰ ἄκρα[10] πάσης τῆς
γῆς. **10** σὺ δὲ ἐξελθὼν προκαταλήμψῃ[11] μοι πᾶν ὅριον[12] αὐτῶν, καὶ ἐκδώσουσίν[13]
σοι ἑαυτούς, καὶ διατηρήσεις[14] ἐμοὶ αὐτοὺς εἰς ἡμέραν ἐλεγμοῦ[15] αὐτῶν· **11** ἐπὶ δὲ
τοὺς ἀπειθοῦντας οὐ φείσεται[16] ὁ ὀφθαλμός σου τοῦ δοῦναι αὐτοὺς εἰς φόνον[17] καὶ
ἁρπαγὴν[18] ἐν πάσῃ τῇ γῇ σου. **12** ὅτι ζῶν ἐγὼ καὶ τὸ κράτος[19] τῆς βασιλείας μου,
λελάληκα καὶ ποιήσω ταῦτα ἐν χειρί μου. **13** καὶ σὺ δὲ οὐ παραβήσῃ[20] ἕν τι τῶν
ῥημάτων τοῦ κυρίου σου, ἀλλὰ ἐπιτελῶν[21] ἐπιτελέσεις[22] καθότι[23] προστέταχά[24] σοι,
καὶ οὐ μακρυνεῖς[25] τοῦ ποιῆσαι αὐτά.

14 καὶ ἐξῆλθεν Ολοφέρνης ἀπὸ προσώπου τοῦ κυρίου αὐτοῦ καὶ ἐκάλεσεν πάν-
τας τοὺς δυνάστας[26] καὶ τοὺς στρατηγοὺς[27] καὶ ἐπιστάτας[28] τῆς δυνάμεως Ασσουρ
15 καὶ ἠρίθμησεν[29] ἐκλεκτοὺς[30] ἄνδρας εἰς παράταξιν,[31] καθότι[32] ἐκέλευσεν[33] αὐτῷ ὁ
κύριος αὐτοῦ, εἰς μυριάδας[34] δέκα[35] δύο καὶ ἱππεῖς[36] τοξότας[37] μυρίους[38] δισχιλίους,[39]
16 καὶ διέταξεν[40] αὐτοὺς ὃν τρόπον[41] πολέμου πλῆθος συντάσσεται.[42] **17** καὶ ἔλαβεν
καμήλους[43] καὶ ὄνους[44] καὶ ἡμιόνους[45] εἰς τὴν ἀπαρτίαν[46] αὐτῶν, πλῆθος πολὺ σφόδρα,[47]
καὶ πρόβατα καὶ βόας[48] καὶ αἶγας[49] εἰς τὴν παρασκευὴν[50] αὐτῶν, ὧν οὐκ ἦν ἀριθμός,[51]

1 καλύπτω, *fut act ind 1s*, flood, envelop
2 διαρπαγή, plunder, spoil
3 τραυματίας, casualty, wounded person
4 φάραγξ, ravine
5 χείμαρρος, brook
6 ποταμός, river
7 ἐπικλύζω, *pres act ptc nom s m*, overflow
8 νεκρός, dead
9 αἰχμαλωσία, captive prisoner
10 ἄκρος, end, extremity
11 προκαταλαμβάνω, *fut mid ind 2s*, capture
12 ὅριον, territory
13 ἐκδίδωμι, *fut act ind 3p*, surrender
14 διατηρέω, *fut act ind 2s*, take care of
15 ἐλεγμός, refuting, reproving
16 φείδομαι, *fut mid ind 3s*, spare, have pity on
17 φόνος, massacre
18 ἁρπαγή, plundering
19 κράτος, power
20 παραβαίνω, *fut mid ind 2s*, deviate from
21 ἐπιτελέω, *pres act ptc nom s m*, complete
22 ἐπιτελέω, *fut act ind 2s*, complete
23 καθότι, just as
24 προστάσσω, *perf act ind 1s*, command
25 μακρύνω, *fut act ind 2s*, delay
26 δυνάστης, chief, prince
27 στρατηγός, captain
28 ἐπιστάτης, overseer
29 ἀριθμέω, *aor act ind 3s*, count
30 ἐκλεκτός, select, choice
31 παράταξις, battle
32 καθότι, just as
33 κελεύω, *aor act ind 3s*, order
34 μυριάς, ten thousand
35 δέκα, ten
36 ἱππεύς, horseman
37 τοξότης, archer
38 μύριοι, ten thousand
39 δισχίλιοι, two thousand
40 διατάσσω, *aor act ind 3s*, arrange, set in array
41 ὃν τρόπον, in such manner
42 συντάσσω, *pres pas ind 3s*, arrange, draw up
43 κάμηλος, camel
44 ὄνος, donkey
45 ἡμίονος, mule
46 ἀπαρτία, baggage
47 σφόδρα, very
48 βοῦς, cow, (*p*) cattle
49 αἴξ, goat
50 παρασκευή, provision
51 ἀριθμός, number

18 καὶ ἐπισιτισμὸν[1] παντὶ ἀνδρὶ εἰς πλῆθος καὶ χρυσίον[2] καὶ ἀργύριον[3] ἐξ οἴκου βασι-
λέως πολὺ σφόδρα.[4]

19 καὶ ἐξῆλθεν αὐτὸς καὶ πᾶσα ἡ δύναμις αὐτοῦ εἰς πορείαν[5] τοῦ προελθεῖν[6] βασι-
λέως Ναβουχοδονοσορ καὶ καλύψαι[7] πᾶν τὸ πρόσωπον τῆς γῆς πρὸς δυσμαῖς[8] ἐν
ἅρμασι[9] καὶ ἱππεῦσι[10] καὶ πεζοῖς[11] ἐπιλέκτοις[12] αὐτῶν· **20** καὶ πολὺς ὁ ἐπίμικτος[13]
ὡς ἀκρὶς[14] συνεξῆλθον αὐτοῖς καὶ ὡς ἡ ἄμμος[15] τῆς γῆς, οὐ γὰρ ἦν ἀριθμὸς[16] ἀπὸ
πλήθους αὐτῶν.

21 καὶ ἀπῆλθον ἐκ Νινευη ὁδὸν τριῶν ἡμερῶν ἐπὶ πρόσωπον τοῦ πεδίου[17] Βεκτιλεθ
καὶ ἐπεστρατοπέδευσαν[18] ἀπὸ Βεκτιλεθ πλησίον[19] τοῦ ὄρους τοῦ ἐπ᾽ ἀριστερᾷ[20] τῆς
ἄνω[21] Κιλικίας. **22** καὶ ἔλαβεν πᾶσαν τὴν δύναμιν αὐτοῦ, τοὺς πεζοὺς[22] καὶ τοὺς
ἱππεῖς[23] καὶ τὰ ἅρματα[24] αὐτοῦ, καὶ ἀπῆλθεν ἐκεῖθεν[25] εἰς τὴν ὀρεινήν.[26] **23** καὶ δι-
έκοψεν[27] τὸ Φουδ καὶ Λουδ καὶ ἐπρονόμευσεν[28] υἱοὺς πάντας Ρασσις καὶ υἱοὺς
Ισμαηλ τοὺς κατὰ πρόσωπον τῆς ἐρήμου πρὸς νότον[29] τῆς Χελεων. **24** καὶ παρῆλθεν[30]
τὸν Εὐφράτην καὶ διῆλθεν[31] τὴν Μεσοποταμίαν καὶ κατέσκαψεν[32] πάσας τὰς πόλεις
τὰς ὑψηλὰς[33] τὰς ἐπὶ τοῦ χειμάρρου[34] Αβρωνα ἕως τοῦ ἐλθεῖν ἐπὶ θάλασσαν.

25 καὶ κατελάβετο[35] τὰ ὅρια[36] τῆς Κιλικίας καὶ κατέκοψε[37] πάντας τοὺς ἀντιστάντας[38]
αὐτῷ καὶ ἦλθεν ἕως ὁρίων[39] Ιαφεθ τὰ πρὸς νότον[40] κατὰ πρόσωπον τῆς Ἀραβίας.
26 καὶ ἐκύκλωσεν[41] πάντας τοὺς υἱοὺς Μαδιαμ καὶ ἐνέπρησεν[42] τὰ σκηνώματα[43]
αὐτῶν καὶ ἐπρονόμευσεν[44] τὰς μάνδρας[45] αὐτῶν. **27** καὶ κατέβη εἰς πεδίον[46] Δαμασκοῦ

1 ἐπισιτισμός, store of provisions
2 χρυσίον, gold
3 ἀργύριον, silver
4 σφόδρα, very
5 πορεία, journey
6 προέρχομαι, *aor act inf*, go before
7 καλύπτω, *aor act inf*, flood, envelop
8 δυσμή, west
9 ἅρμα, chariot
10 ἱππεύς, horseman
11 πεζός, foot soldier
12 ἐπίλεκτος, choice
13 ἐπίμικτος, mixed (group)
14 ἀκρίς, (swarm of) locusts
15 ἄμμος, sand
16 ἀριθμός, number
17 πεδίον, plain
18 ἐπιστρατοπεδεύω, *aor act ind 3p*, encamp against
19 πλησίον, near
20 ἀριστερός, left
21 ἄνω, upper (portion)
22 πεζός, foot soldier
23 ἱππεύς, horseman
24 ἅρμα, chariot
25 ἐκεῖθεν, from there
26 ὀρεινός, hill country
27 διακόπτω, *aor act ind 3s*, break through
28 προνομεύω, *aor act ind 3s*, plunder
29 νότος, south
30 παρέρχομαι, *aor act ind 3s*, pass over
31 διέρχομαι, *aor act ind 3s*, pass through
32 κατασκάπτω, *aor act ind 3s*, raze to the ground
33 ὑψηλός, high, elevated
34 χείμαρρος, brook
35 καταλαμβάνω, *aor mid ind 3s*, overtake
36 ὅριον, territory
37 κατακόπτω, *aor act ind 3s*, cut down
38 ἀνθίστημι, *aor act ptc acc p m*, withstand, oppose
39 ὅριον, boundary, border
40 νότος, south
41 κυκλόω, *aor act ind 3s*, surround
42 ἐμπίμπρημι, *aor act ind 3s*, set on fire
43 σκήνωμα, tent
44 προνομεύω, *aor act ind 3s*, plunder
45 μάνδρα, sheepfold
46 πεδίον, plain

ἐν ἡμέραις θερισμοῦ[1] πυρῶν[2] καὶ ἐνέπρησεν[3] πάντας τοὺς ἀγροὺς αὐτῶν καὶ τὰ ποίμνια[4] καὶ τὰ βουκόλια[5] ἔδωκεν εἰς ἀφανισμὸν[6] καὶ τὰς πόλεις αὐτῶν ἐσκύλευσεν[7] καὶ τὰ πεδία[8] αὐτῶν ἐξελίκμησεν[9] καὶ ἐπάταξεν[10] πάντας τοὺς νεανίσκους[11] αὐτῶν ἐν στόματι ῥομφαίας.[12]

28 καὶ ἐπέπεσεν[13] φόβος καὶ τρόμος[14] αὐτοῦ ἐπὶ τοὺς κατοικοῦντας τὴν παραλίαν[15] τοὺς ὄντας ἐν Σιδῶνι καὶ ἐν Τύρῳ καὶ τοὺς κατοικοῦντας Σουρ καὶ Οκινα καὶ πάντας τοὺς κατοικοῦντας Ιεμνααν, καὶ οἱ κατοικοῦντες ἐν Ἀζώτῳ καὶ Ἀσκαλῶνι ἐφοβήθησαν αὐτὸν σφόδρα.[16]

Holofernes Rejects an Appeal for Peace

3 καὶ ἀπέστειλαν πρὸς αὐτὸν ἀγγέλους λόγοις εἰρηνικοῖς[17] λέγοντες **2** Ἰδοὺ ἡμεῖς
οἱ παῖδες[18] Ναβουχοδονοσορ βασιλέως μεγάλου παρακείμεθα[19] ἐνώπιόν σου,
χρῆσαι[20] ἡμῖν καθὼς ἀρεστόν[21] ἐστιν τῷ προσώπῳ σου· **3** ἰδοὺ αἱ ἐπαύλεις[22] ἡμῶν
καὶ πᾶς τόπος ἡμῶν καὶ πᾶν πεδίον[23] πυρῶν[24] καὶ τὰ ποίμνια[25] καὶ τὰ βουκόλια[26] καὶ
πᾶσαι αἱ μάνδραι[27] τῶν σκηνῶν[28] ἡμῶν παράκεινται[29] πρὸ προσώπου σου, χρῆσαι[30]
καθὸ[31] ἂν ἀρέσκῃ[32] σοι· **4** ἰδοὺ καὶ αἱ πόλεις ἡμῶν καὶ οἱ κατοικοῦντες ἐν αὐταῖς
δοῦλοί σοί εἰσιν, ἐλθὼν ἀπάντησον[33] αὐταῖς ὡς ἔστιν ἀγαθὸν ἐν ὀφθαλμοῖς σου.

5 καὶ παρεγένοντο οἱ ἄνδρες πρὸς Ολοφέρνην καὶ ἀπήγγειλαν αὐτῷ κατὰ τὰ ῥήματα
ταῦτα. **6** καὶ κατέβη ἐπὶ τὴν παραλίαν[34] αὐτὸς καὶ ἡ δύναμις αὐτοῦ καὶ ἐφρούρωσε[35]
τὰς πόλεις τὰς ὑψηλὰς[36] καὶ ἔλαβεν ἐξ αὐτῶν εἰς συμμαχίαν[37] ἄνδρας ἐπιλέκτους·[38]
7 καὶ ἐδέξαντο[39] αὐτὸν αὐτοὶ καὶ πᾶσα ἡ περίχωρος[40] αὐτῶν μετὰ στεφάνων[41] καὶ

1 θερισμός, harvest
2 πυρός, wheat
3 ἐμπίμπρημι, *aor act ind 3s*, set on fire
4 ποίμνιον, flock
5 βουκόλιον, herd
6 ἀφανισμός, destruction
7 σκυλεύω, *aor act ind 3s*, strip, spoil
8 πεδίον, plain, field
9 ἐκλικμάω, *aor act ind 3s*, winnow
10 πατάσσω, *aor act ind 3s*, strike
11 νεανίσκος, young man
12 ῥομφαία, sword
13 ἐπιπίπτω, *aor act ind 3s*, fall upon
14 τρόμος, trembling
15 παράλιος, (by the) seacoast
16 σφόδρα, very much
17 εἰρηνικός, peaceable
18 παῖς, servant
19 παράκειμαι, *pres pas ind 1p*, set before
20 χράω, *aor act inf*, deal
21 ἀρεστός, pleasing, acceptable
22 ἔπαυλις, village, dwelling
23 πεδίον, field
24 πυρός, wheat
25 ποίμνιον, flock
26 βουκόλιον, herd
27 μάνδρα, sheepfold
28 σκηνή, tent
29 παράκειμαι, *pres pas ind 3p*, set before
30 χράω, *aor mid impv 2s*, make use
31 καθό, as
32 ἀρέσκω, *pres act sub 3s*, be pleasing, be acceptable
33 ἀπαντάω, *aor act impv 2s*, meet
34 παράλιος, seacoast
35 φρουρόω, *aor act ind 3s*, set a garrison against
36 ὑψηλός, high, elevated
37 συμμαχία, alliance
38 ἐπίλεκτος, choice, select
39 δέχομαι, *aor mid ind 3p*, accept
40 περίχωρος, surrounding region
41 στέφανος, crown

χορῶν[1] καὶ τυμπάνων.[2] **8** καὶ κατέσκαψεν[3] πάντα τὰ ὅρια[4] αὐτῶν καὶ τὰ ἄλση[5] αὐτῶν
ἐξέκοψεν,[6] καὶ ἦν δεδομένον αὐτῷ ἐξολεθρεῦσαι[7] πάντας τοὺς θεοὺς τῆς γῆς, ὅπως
αὐτῷ μόνῳ τῷ Ναβουχοδονοσορ λατρεύσωσι[8] πάντα τὰ ἔθνη, καὶ πᾶσαι αἱ γλῶσσαι
καὶ αἱ φυλαὶ αὐτῶν ἐπικαλέσωνται[9] αὐτὸν εἰς θεόν.

9 καὶ ἦλθεν κατὰ πρόσωπον Εσδρηλων πλησίον[10] τῆς Δωταιας, ἥ ἐστιν ἀπέναντι[11]
τοῦ πρίονος[12] τοῦ μεγάλου τῆς Ιουδαίας, **10** καὶ κατεστρατοπέδευσαν[13] ἀνὰ μέσον[14]
Γαιβαι καὶ Σκυθῶν πόλεως, καὶ ἦν ἐκεῖ μῆνα[15] ἡμερῶν εἰς τὸ συλλέξαι[16] πᾶσαν τὴν
ἀπαρτίαν[17] τῆς δυνάμεως αὐτοῦ.

Cities of Judea Stand Guard

4 Καὶ ἤκουσαν οἱ υἱοὶ Ισραηλ οἱ κατοικοῦντες ἐν τῇ Ιουδαίᾳ πάντα, ὅσα ἐποίησεν
Ολοφέρνης τοῖς ἔθνεσιν ὁ ἀρχιστράτηγος[18] Ναβουχοδονοσορ βασιλέως Ἀσ-
συρίων, καὶ ὃν τρόπον[19] ἐσκύλευσεν[20] πάντα τὰ ἱερὰ αὐτῶν καὶ ἔδωκεν αὐτὰ εἰς
ἀφανισμόν,[21] **2** καὶ ἐφοβήθησαν σφόδρα[22] σφόδρα[23] ἀπὸ προσώπου αὐτοῦ καὶ περὶ
Ιερουσαλημ καὶ τοῦ ναοῦ κυρίου θεοῦ αὐτῶν ἐταράχθησαν.[24] **3** ὅτι προσφάτως[25]
ἦσαν ἀναβεβηκότες ἐκ τῆς αἰχμαλωσίας,[26] καὶ νεωστὶ[27] πᾶς ὁ λαὸς συνελέλεκτο[28]
τῆς Ιουδαίας, καὶ τὰ σκεύη[29] καὶ τὸ θυσιαστήριον[30] καὶ ὁ οἶκος ἐκ τῆς βεβηλώσεως[31]
ἡγιασμένα[32] ἦν. **4** καὶ ἀπέστειλαν εἰς πᾶν ὅριον[33] Σαμαρείας καὶ Κωνα καὶ Βαιθωρων
καὶ Βελμαιν καὶ Ιεριχω καὶ εἰς Χωβα καὶ Αισωρα καὶ τὸν αὐλῶνα[34] Σαλημ **5** καὶ
προκατελάβοντο[35] πάσας τὰς κορυφὰς[36] τῶν ὀρέων τῶν ὑψηλῶν[37] καὶ ἐτείχισαν[38]

1 χορός, band of dancers
2 τύμπανον, drum
3 κατασκάπτω, *aor act ind 3s*, raze to the ground
4 ὅριον, territory
5 ἄλσος, grove
6 ἐκκόπτω, *aor act ind 3s*, cut down, fell
7 ἐξολεθρεύω, *aor act inf*, utterly destroy
8 λατρεύω, *aor act sub 3p*, serve
9 ἐπικαλέω, *aor mid sub 3p*, call upon
10 πλησίον, near
11 ἀπέναντι, opposite
12 πρίων, mountain ridge
13 καταστρατοπεδεύω, *aor act ind 3p*, encamp
14 ἀνὰ μέσον, between
15 μήν, month
16 συλλέγω, *aor act inf*, gather together
17 ἀπαρτία, baggage
18 ἀρχιστράτηγος, chief captain
19 ὃν τρόπον, in what manner
20 σκυλεύω, *aor act ind 3s*, strip, spoil
21 ἀφανισμός, destruction
22 σφόδρα, very
23 σφόδρα, exceedingly
24 ταράσσω, *aor pas ind 3p*, trouble, distress
25 προσφάτως, recently
26 αἰχμαλωσία, captivity
27 νεωστί, just recently
28 συλλέγω, *plpf pas ind 3s*, gather together
29 σκεῦος, stuff, equipment
30 θυσιαστήριον, altar
31 βεβήλωσις, profanation
32 ἁγιάζω, *perf pas ptc nom p n*, consecrate, sanctify
33 ὅριον, territory
34 αὐλών, valley
35 προκαταλαμβάνω, *aor mid ind 3p*, occupy in advance
36 κορυφή, peak, top
37 ὑψηλός, high
38 τειχίζω, *aor act ind 3p*, fortify

τὰς ἐν αὐτοῖς κώμας[1] καὶ παρέθεντο[2] εἰς ἐπισιτισμὸν[3] εἰς παρασκευὴν[4] πολέμου, ὅτι
προσφάτως[5] ἦν τὰ πεδία[6] αὐτῶν τεθερισμένα.[7]

6 καὶ ἔγραψεν Ιωακιμ ὁ ἱερεὺς ὁ μέγας, ὃς ἦν ἐν ταῖς ἡμέραις ἐν Ιερουσαλημ, τοῖς
κατοικοῦσι Βαιτυλουα καὶ Βαιτομεσθαιμ, ἥ ἐστιν ἀπέναντι[8] Εσδρηλων κατὰ πρόσω-
πον τοῦ πεδίου[9] τοῦ πλησίον[10] Δωθαϊμ, **7** λέγων διακατασχεῖν[11] τὰς ἀναβάσεις[12] τῆς
ὀρεινῆς,[13] ὅτι δι᾽ αὐτῶν ἦν ἡ εἴσοδος[14] εἰς τὴν Ιουδαίαν, καὶ ἦν εὐχερῶς[15] διακωλῦσαι[16]
αὐτοὺς προσβαίνοντας[17] στενῆς[18] τῆς προσβάσεως[19] οὔσης ἐπ᾽ ἄνδρας τοὺς πάντας
δύο. **8** καὶ ἐποίησαν οἱ υἱοὶ Ισραηλ καθὰ[20] συνέταξεν[21] αὐτοῖς Ιωακιμ ὁ ἱερεὺς ὁ μέγας
καὶ ἡ γερουσία[22] παντὸς δήμου[23] Ισραηλ, οἳ ἐκάθηντο ἐν Ιερουσαλημ.

Israelites Respond in Prayer and Fasting

9 καὶ ἀνεβόησαν[24] πᾶς ἀνὴρ Ισραηλ πρὸς τὸν θεὸν ἐν ἐκτενείᾳ[25] μεγάλῃ καὶ ἐτα-
πείνωσαν[26] τὰς ψυχὰς αὐτῶν ἐν ἐκτενείᾳ μεγάλῃ. **10** αὐτοὶ καὶ αἱ γυναῖκες αὐτῶν
καὶ τὰ νήπια[27] αὐτῶν καὶ τὰ κτήνη[28] αὐτῶν καὶ πᾶς πάροικος[29] καὶ μισθωτὸς[30]
καὶ ἀργυρώνητος[31] αὐτῶν ἐπέθεντο σάκκους[32] ἐπὶ τὰς ὀσφύας[33] αὐτῶν. **11** καὶ
πᾶς ἀνὴρ Ισραηλ καὶ γυνὴ καὶ τὰ παιδία οἱ κατοικοῦντες ἐν Ιερουσαλημ ἔπεσον
κατὰ πρόσωπον τοῦ ναοῦ καὶ ἐσποδώσαντο[34] τὰς κεφαλὰς αὐτῶν καὶ ἐξέτειναν[35]
τοὺς σάκκους[36] αὐτῶν κατὰ πρόσωπον κυρίου· **12** καὶ τὸ θυσιαστήριον[37] σάκκῳ[38]
περιέβαλον[39] καὶ ἐβόησαν[40] πρὸς τὸν θεὸν Ισραηλ ὁμοθυμαδὸν[41] ἐκτενῶς[42] τοῦ
μὴ δοῦναι εἰς διαρπαγὴν[43] τὰ νήπια[44] αὐτῶν καὶ τὰς γυναῖκας εἰς προνομὴν[45] καὶ

1 κώμη, village
2 παρατίθημι, *aor mid ind 3p*, store up, set apart
3 ἐπισιτισμός, store (of provisions)
4 παρασκευή, provision
5 προσφάτως, recently
6 πεδίον, field
7 θερίζω, *perf pas ptc nom p n*, reap, harvest
8 ἀπέναντι, opposite
9 πεδίον, plain
10 πλησίον, near
11 διακατέχω, *aor act inf*, occupy, hold fast
12 ἀνάβασις, path, ascent
13 ὀρεινός, hill country
14 εἴσοδος, entrance
15 εὐχερῶς, easily
16 διακωλύω, *aor act inf*, prevent
17 προσβαίνω, *pres act ptc acc p m*, ascend
18 στενός, narrow
19 πρόσβασις, approach, ascending
20 καθά, as
21 συντάσσω, *aor act ind 3s*, order, instruct
22 γερουσία, council of elders
23 δῆμος, people
24 ἀναβοάω, *aor act ind 3p*, cry aloud
25 ἐκτένεια, zeal
26 ταπεινόω, *aor act ind 3p*, bring low, humble
27 νήπιος, child
28 κτῆνος, animal, (*p*) herd
29 πάροικος, resident alien
30 μισθωτός, hired worker
31 ἀργυρώνητος, purchased (one)
32 σάκκος, sackcloth, *Heb. LW*
33 ὀσφύς, waist
34 σποδόομαι, *aor mid ind 3p*, cast ashes
35 ἐκτείνω, *aor act ind 3p*, spread out
36 σάκκος, sackcloth, *Heb. LW*
37 θυσιαστήριον, altar
38 σάκκος, sackcloth, *Heb. LW*
39 περιβάλλω, *aor act ind 3p*, cover over, clothe
40 βοάω, *aor act ind 3p*, cry out
41 ὁμοθυμαδόν, together
42 ἐκτενῶς, zealously, fervently
43 διαρπαγή, plunder, spoils
44 νήπιος, infant
45 προνομή, plunder

τὰς πόλεις τῆς κληρονομίας[1] αὐτῶν εἰς ἀφανισμὸν[2] καὶ τὰ ἅγια εἰς βεβήλωσιν[3] καὶ
ὀνειδισμὸν[4] ἐπίχαρμα[5] τοῖς ἔθνεσιν.

13 καὶ εἰσήκουσεν[6] κύριος τῆς φωνῆς αὐτῶν καὶ εἰσεῖδεν[7] τὴν θλῖψιν[8] αὐτῶν· καὶ
ἦν ὁ λαὸς νηστεύων[9] ἡμέρας πλείους[10] ἐν πάσῃ τῇ Ιουδαίᾳ καὶ Ιερουσαλημ κατὰ
πρόσωπον τῶν ἁγίων κυρίου παντοκράτορος.[11] **14** καὶ Ιωακιμ ὁ ἱερεὺς ὁ μέγας καὶ
πάντες οἱ παρεστηκότες[12] ἐνώπιον κυρίου ἱερεῖς καὶ οἱ λειτουργοῦντες[13] κυρίῳ
σάκκους[14] περιεζωσμένοι[15] τὰς ὀσφύας[16] αὐτῶν προσέφερον τὴν ὁλοκαύτωσιν[17]
τοῦ ἐνδελεχισμοῦ[18] καὶ τὰς εὐχὰς[19] καὶ τὰ ἑκούσια[20] δόματα[21] τοῦ λαοῦ, **15** καὶ ἦν
σποδὸς[22] ἐπὶ τὰς κιδάρεις[23] αὐτῶν, καὶ ἐβόων[24] πρὸς κύριον ἐκ πάσης δυνάμεως εἰς
ἀγαθὸν ἐπισκέψασθαι[25] πᾶν οἶκον Ισραηλ.

Achior's Report to Holofernes about the Israelites

5 Καὶ ἀνηγγέλη[26] Ολοφέρνῃ ἀρχιστρατήγῳ[27] δυνάμεως Ασσουρ διότι[28] οἱ
υἱοὶ Ισραηλ παρεσκευάσαντο[29] εἰς πόλεμον καὶ τὰς διόδους[30] τῆς ὀρεινῆς[31]
συνέκλεισαν[32] καὶ ἐτείχισαν[33] πᾶσαν κορυφὴν[34] ὄρους ὑψηλοῦ[35] καὶ ἔθηκαν ἐν
τοῖς πεδίοις[36] σκάνδαλα.[37] **2** καὶ ὠργίσθη[38] θυμῷ[39] σφόδρα[40] καὶ ἐκάλεσεν πάντας
τοὺς ἄρχοντας Μωαβ καὶ τοὺς στρατηγοὺς[41] Αμμων καὶ πάντας σατράπας[42] τῆς
παραλίας[43] **3** καὶ εἶπεν αὐτοῖς Ἀναγγείλατε[44] δή[45] μοι, υἱοὶ Χανααν, τίς ὁ λαὸς οὗτος
ὁ καθήμενος ἐν τῇ ὀρεινῇ,[46] καὶ τίνες ἃς κατοικοῦσιν πόλεις, καὶ τὸ πλῆθος τῆς
δυνάμεως αὐτῶν, καὶ ἐν τίνι τὸ κράτος[47] αὐτῶν καὶ ἡ ἰσχὺς[48] αὐτῶν, καὶ τίς ἀνέστηκεν

1 κληρονομία, possession
2 ἀφανισμός, destruction
3 βεβήλωσις, profanation
4 ὀνειδισμός, disgrace
5 ἐπίχαρμα, object of mocking
6 εἰσακούω, *aor act ind 3s*, hear
7 εἰσοράω, *aor act ind 3s*, look upon
8 θλῖψις, affliction
9 νηστεύω, *pres act ptc nom s m*, fast
10 πλείων/πλεῖον, *comp of* πολύς, numerous
11 παντοκράτωρ, almighty
12 παρίστημι, *perf act ptc nom p m*, stand
13 λειτουργέω, *pres act ptc nom p m*, minister
14 σάκκος, sackcloth, *Heb. LW*
15 περιζώννυμι, *perf mid ptc nom p m*, gird
16 ὀσφύς, loins
17 ὁλοκαύτωσις, whole burnt offering
18 ἐνδελεχισμός, continuity
19 εὐχή, vow
20 ἑκούσιος, voluntary
21 δόμα, gift
22 σποδός, ashes
23 κίδαρις, priestly headdress
24 βοάω, *impf act ind 3p*, cry out
25 ἐπισκέπτομαι, *aor mid inf*, visit, care for
26 ἀναγγέλλω, *aor pas ind 3s*, report
27 ἀρχιστράτηγος, chief captain
28 διότι, that
29 παρασκευάζω, *aor mid ind 3p*, prepare
30 δίοδος, passage
31 ὀρεινός, hill country
32 συγκλείω, *aor act ind 3p*, shut up
33 τειχίζω, *aor act ind 3p*, fortify
34 κορυφή, peak, top
35 ὑψηλός, high
36 πεδίον, plain
37 σκάνδαλον, trap, snare
38 ὀργίζω, *aor pas ind 3s*, be angry
39 θυμός, wrath
40 σφόδρα, very much
41 στρατηγός, captain
42 σατράπης, governor
43 παράλιος, seacoast
44 ἀναγγέλλω, *aor act impv 2p*, report
45 δή, now
46 ὀρεινός, hill country
47 κράτος, strength, power
48 ἰσχύς, strength

ἐπ᾽ αὐτῶν βασιλεὺς ἡγούμενος[1] στρατιᾶς[2] αὐτῶν, **4** καὶ διὰ τί κατενωτίσαντο[3] τοῦ
μὴ ἐλθεῖν εἰς ἀπάντησίν[4] μοι παρὰ πάντας τοὺς κατοικοῦντας ἐν δυσμαῖς.[5]

5 καὶ εἶπεν πρὸς αὐτὸν Αχιωρ ὁ ἡγούμενος[6] πάντων υἱῶν Αμμων Ἀκουσάτω δὴ[7]
λόγον ὁ κύριός μου ἐκ στόματος τοῦ δούλου σου, καὶ ἀναγγελῶ[8] σοι τὴν ἀλήθειαν
περὶ τοῦ λαοῦ τούτου, ὃς κατοικεῖ τὴν ὀρεινὴν[9] ταύτην, πλησίον[10] σοῦ οἰκοῦντος,[11]
καὶ οὐκ ἐξελεύσεται ψεῦδος[12] ἐκ τοῦ στόματος τοῦ δούλου σου. **6** ὁ λαὸς οὗτός
εἰσιν ἀπόγονοι[13] Χαλδαίων. **7** καὶ παρῴκησαν[14] τὸ πρότερον[15] ἐν τῇ Μεσοποταμίᾳ,
ὅτι οὐκ ἐβουλήθησαν ἀκολουθῆσαι[16] τοῖς θεοῖς τῶν πατέρων αὐτῶν, οἳ ἐγένοντο
ἐν γῇ Χαλδαίων· **8** καὶ ἐξέβησαν[17] ἐξ ὁδοῦ τῶν γονέων[18] αὐτῶν καὶ προσεκύνησαν
τῷ θεῷ τοῦ οὐρανοῦ, θεῷ ᾧ ἐπέγνωσαν, καὶ ἐξέβαλον αὐτοὺς ἀπὸ προσώπου τῶν
θεῶν αὐτῶν, καὶ ἔφυγον[19] εἰς Μεσοποταμίαν καὶ παρῴκησαν[20] ἐκεῖ ἡμέρας πολλάς.
9 καὶ εἶπεν ὁ θεὸς αὐτῶν ἐξελθεῖν ἐκ τῆς παροικίας[21] αὐτῶν καὶ πορευθῆναι εἰς γῆν
Χανααν, καὶ κατῴκησαν[22] ἐκεῖ καὶ ἐπληθύνθησαν[23] χρυσίῳ[24] καὶ ἀργυρίῳ[25] καὶ ἐν
κτήνεσιν[26] πολλοῖς σφόδρα.[27] **10** καὶ κατέβησαν εἰς Αἴγυπτον, ἐκάλυψεν[28] γὰρ τὸ
πρόσωπον τῆς γῆς Χανααν λιμός,[29] καὶ παρῴκησαν[30] ἐκεῖ μέχρις[31] οὗ διετράφησαν·[32]
καὶ ἐγένοντο ἐκεῖ εἰς πλῆθος πολύ, καὶ οὐκ ἦν ἀριθμὸς[33] τοῦ γένους[34] αὐτῶν. **11** καὶ
ἐπανέστη[35] αὐτοῖς ὁ βασιλεὺς Αἰγύπτου καὶ κατεσοφίσατο[36] αὐτοὺς ἐν πόνῳ[37] καὶ
πλίνθῳ,[38] ἐταπείνωσαν[39] αὐτοὺς καὶ ἔθεντο αὐτοὺς εἰς δούλους. **12** καὶ ἀνεβόησαν[40]
πρὸς τὸν θεὸν αὐτῶν, καὶ ἐπάταξεν[41] πᾶσαν τὴν γῆν Αἰγύπτου πληγαῖς,[42] ἐν αἷς οὐκ
ἦν ἴασις·[43] καὶ ἐξέβαλον αὐτοὺς οἱ Αἰγύπτιοι ἀπὸ προσώπου αὐτῶν.

1 ἡγέομαι, *pres mid ptc nom s m*, lead
2 στρατιά, army
3 κατανωτίζομαι, *aor mid ind 3p*, reject, ignore
4 ἀπάντησις, meeting
5 δυσμή, west
6 ἡγέομαι, *pres mid ptc nom s m*, lead
7 δή, now
8 ἀναγγέλλω, *fut act ind 1s*, declare
9 ὀρεινός, hill country
10 πλησίον, near
11 οἰκέω, *pres act ptc gen s m*, live, dwell
12 ψεῦδος, lie
13 ἀπόγονος, descended from
14 παροικέω, *aor act ind 3p*, dwell, sojourn
15 πρότερος, previously, earlier
16 ἀκολουθέω, *aor act inf*, follow
17 ἐκβαίνω, *aor act ind 3p*, depart from
18 γονεύς, ancestor
19 φεύγω, *aor act ind 3p*, flee
20 παροικέω, *aor act ind 3p*, dwell, sojourn
21 παροικία, sojourning
22 κατοικέω, *aor act ind 3p*, settle
23 πληθύνω, *aor pas ind 3p*, increase
24 χρυσίον, gold
25 ἀργύριον, silver
26 κτῆνος, animal, (*p*) herd
27 σφόδρα, very much
28 καλύπτω, *aor act ind 3s*, cover
29 λιμός, famine
30 παροικέω, *aor act ind 3p*, dwell, sojourn
31 μέχρι, until
32 διατρέφω, *aor pas ind 3p*, sustain, support
33 ἀριθμός, number
34 γένος, nation, people
35 ἐπανίστημι, *aor act ind 3s*, rise up
36 κατασοφίζομαι, *aor mid ind 3s*, outwit, take advantage of
37 πόνος, toil, labor
38 πλίνθος, brick
39 ταπεινόω, *aor act ind 3p*, confound, humble
40 ἀναβοάω, *aor act ind 3p*, cry aloud
41 πατάσσω, *aor act ind 3s*, strike
42 πληγή, plague
43 ἴασις, healing

13 καὶ κατεξήρανεν[1] ὁ θεὸς τὴν ἐρυθρὰν[2] θάλασσαν ἔμπροσθεν αὐτῶν **14** καὶ
ἤγαγεν αὐτοὺς εἰς ὁδὸν τοῦ Σινα καὶ Καδης Βαρνη· καὶ ἐξέβαλον πάντας τοὺς
κατοικοῦντας ἐν τῇ ἐρήμῳ **15** καὶ ᾤκησαν[3] ἐν γῇ Αμορραίων καὶ πάντας τοὺς
Εσεβωνίτας ἐξωλέθρευσαν[4] ἐν τῇ ἰσχύι[5] αὐτῶν. καὶ διαβάντες[6] τὸν Ιορδάνην
ἐκληρονόμησαν[7] πᾶσαν τὴν ὀρεινὴν[8] **16** καὶ ἐξέβαλον ἐκ προσώπου αὐτῶν τὸν
Χαναναῖον καὶ τὸν Φερεζαῖον καὶ τὸν Ιεβουσαῖον καὶ τὸν Συχεμ καὶ πάντας τοὺς
Γεργεσαίους καὶ κατῴκησαν ἐν αὐτῇ ἡμέρας πολλάς.

17 καὶ ἕως οὐχ ἥμαρτον ἐνώπιον τοῦ θεοῦ αὐτῶν, ἦν μετ᾽ αὐτῶν τὰ ἀγαθά, ὅτι
θεὸς μισῶν ἀδικίαν[9] μετ᾽ αὐτῶν ἐστιν. **18** ὅτε δὲ ἀπέστησαν[10] ἀπὸ τῆς ὁδοῦ, ἧς
διέθετο[11] αὐτοῖς, ἐξωλεθρεύθησαν[12] ἐν πολλοῖς πολέμοις ἐπὶ πολὺ σφόδρα[13] καὶ
ᾐχμαλωτεύθησαν[14] εἰς γῆν οὐκ ἰδίαν,[15] καὶ ὁ ναὸς τοῦ θεοῦ αὐτῶν ἐγενήθη εἰς
ἔδαφος,[16] καὶ αἱ πόλεις αὐτῶν ἐκρατήθησαν ὑπὸ τῶν ὑπεναντίων.[17] **19** καὶ νῦν
ἐπιστρέψαντες ἐπὶ τὸν θεὸν αὐτῶν ἀνέβησαν ἐκ τῆς διασπορᾶς,[18] οὗ διεσπάρησαν[19]
ἐκεῖ, καὶ κατέσχον[20] τὴν Ιερουσαλημ, οὗ τὸ ἁγίασμα[21] αὐτῶν, καὶ κατῳκίσθησαν[22]
ἐν τῇ ὀρεινῇ,[23] ὅτι ἦν ἔρημος.

20 καὶ νῦν, δέσποτα[24] κύριε, εἰ μὲν ἔστιν ἀγνόημα[25] ἐν τῷ λαῷ τούτῳ καὶ ἁμαρτάνουσιν
εἰς τὸν θεὸν αὐτῶν καὶ ἐπισκεψόμεθα[26] ὅτι ἔστιν ἐν αὐτοῖς σκάνδαλον[27] τοῦτο, καὶ
ἀναβησόμεθα καὶ ἐκπολεμήσομεν[28] αὐτούς· **21** εἰ δ᾽ οὐκ ἔστιν ἀνομία[29] ἐν τῷ ἔθνει
αὐτῶν, παρελθέτω[30] δή[31] ὁ κύριός μου, μήποτε[32] ὑπερασπίσῃ[33] ὁ κύριος αὐτῶν καὶ
ὁ θεὸς αὐτῶν ὑπὲρ αὐτῶν, καὶ ἐσόμεθα εἰς ὀνειδισμὸν[34] ἐναντίον[35] πάσης τῆς γῆς.

22 καὶ ἐγένετο ὡς ἐπαύσατο[36] Αχιωρ λαλῶν τοὺς λόγους τούτους, καὶ ἐγόγγυσεν[37]
πᾶς ὁ λαὸς ὁ κυκλῶν[38] τὴν σκηνὴν[39] καὶ περιεστώς,[40] καὶ εἶπαν οἱ μεγιστᾶνες[41]

1 καταξηραίνω, *aor act ind 3s*, dry up
2 ἐρυθρός, red
3 οἰκέω, *aor act ind 3p*, live, dwell
4 ἐξολεθρεύω, *aor act ind 3p*, utterly destroy
5 ἰσχύς, strength
6 διαβαίνω, *aor act ptc nom p m*, cross over
7 κληρονομέω, *aor act ind 3p*, acquire possession
8 ὀρεινός, hill country
9 ἀδικία, injustice, wrongdoing
10 ἀφίστημι, *aor act ind 3p*, turn away from
11 διατίθημι, *aor mid ind 3s*, establish
12 ἐξολεθρεύω, *aor pas ind 3p*, utterly destroy
13 σφόδρα, very
14 αἰχμαλωτεύω, *aor pas ind 3p*, take captive
15 ἴδιος, one's own
16 ἔδαφος, ground, surface
17 ὑπεναντίος, opponent, enemy
18 διασπορά, scattering, dispersion
19 διασπείρω, *aor pas ind 3p*, scatter
20 κατέχω, *aor act ind 3p*, lay hold of
21 ἁγίασμα, sanctuary
22 κατοικίζω, *aor pas ind 3p*, settle
23 ὀρεινός, hill country
24 δεσπότης, master
25 ἀγνόημα, oversight, ignorance
26 ἐπισκέπτομαι, *fut mid ind 1p*, take into account
27 σκάνδαλον, offense
28 ἐκπολεμέω, *fut act ind 1p*, go to war against
29 ἀνομία, transgression, iniquity
30 παρέρχομαι, *aor act impv 3s*, pass by
31 δή, now
32 μήποτε, lest
33 ὑπερασπίζω, *aor act sub 3s*, defend
34 ὀνειδισμός, reproach, disgrace
35 ἐναντίον, before
36 παύω, *aor mid ind 3s*, cease
37 γογγύζω, *aor act ind 3s*, murmur, grumble
38 κυκλόω, *pres act ptc nom s m*, surround
39 σκηνή, tent
40 περιΐστημι, *perf act ptc nom s m*, stand around
41 μεγιστάν, nobleman

Ολοφέρνου καὶ πάντες οἱ κατοικοῦντες τὴν παραλίαν[1] καὶ τὴν Μωαβ συγκόψαι[2]
αὐτόν **23** Οὐ γὰρ φοβηθησόμεθα ἀπὸ υἱῶν Ισραηλ, ἰδοὺ γὰρ λαὸς ἐν ᾧ οὐκ ἔστιν
δύναμις οὐδὲ κράτος[3] εἰς παράταξιν[4] ἰσχυράν·[5] **24** διὸ[6] δὴ[7] ἀναβησόμεθα, καὶ ἔσον-
ται εἰς κατάβρωσιν[8] πάσης τῆς στρατιᾶς[9] σου, δέσποτα[10] Ολοφέρνη.

Holofernes Turns Achior over to the Israelites

6 καὶ ὡς κατέπαυσεν[11] ὁ θόρυβος[12] τῶν ἀνδρῶν τῶν κύκλῳ[13] τῆς συνεδρίας,[14] καὶ
εἶπεν Ολοφέρνης ἀρχιστράτηγος[15] δυνάμεως Ασσουρ πρὸς Αχιωρ ἐναντίον[16]
παντὸς τοῦ δήμου[17] ἀλλοφύλων[18] καὶ πρὸς πάντας υἱοὺς Μωαβ **2** Καὶ τίς εἶ σύ,
Αχιωρ καὶ οἱ μισθωτοὶ[19] τοῦ Εφραιμ, ὅτι ἐπροφήτευσας[20] ἐν ἡμῖν καθὼς σήμερον καὶ
εἶπας τὸ γένος[21] Ισραηλ μὴ πολεμῆσαι, ὅτι ὁ θεὸς αὐτῶν ὑπερασπιεῖ[22] αὐτῶν; καὶ τίς
θεὸς εἰ μὴ Ναβουχοδονοσορ; οὗτος ἀποστελεῖ τὸ κράτος[23] αὐτοῦ καὶ ἐξολεθρεύσει[24]
αὐτοὺς ἀπὸ προσώπου τῆς γῆς, καὶ οὐ ῥύσεται[25] αὐτοὺς ὁ θεὸς αὐτῶν· **3** ἀλλ᾽ ἡμεῖς
οἱ δοῦλοι αὐτοῦ πατάξομεν[26] αὐτοὺς ὡς ἄνθρωπον ἕνα, καὶ οὐχ ὑποστήσονται[27] τὸ
κράτος[28] τῶν ἵππων[29] ἡμῶν. **4** κατακαύσομεν[30] γὰρ αὐτοὺς ἐν αὐτοῖς, καὶ τὰ ὄρη
αὐτῶν μεθυσθήσεται[31] ἐν τῷ αἵματι αὐτῶν, καὶ τὰ πεδία[32] αὐτῶν πληρωθήσεται
τῶν νεκρῶν[33] αὐτῶν, καὶ οὐκ ἀντιστήσεται[34] τὸ ἴχνος[35] τῶν ποδῶν αὐτῶν κατὰ
πρόσωπον ἡμῶν, ἀλλὰ ἀπωλείᾳ[36] ἀπολοῦνται, λέγει ὁ βασιλεὺς Ναβουχοδονοσορ
ὁ κύριος πάσης τῆς γῆς· εἶπεν γάρ, οὐ ματαιωθήσεται[37] τὰ ῥήματα τῶν λόγων αὐτοῦ.

5 σὺ δέ, Αχιωρ μισθωτὲ[38] τοῦ Αμμων, ὃς ἐλάλησας τοὺς λόγους τούτους ἐν ἡμέρᾳ
ἀδικίας[39] σου, οὐκ ὄψει ἔτι τὸ πρόσωπόν μου ἀπὸ τῆς ἡμέρας ταύτης, ἕως οὗ
ἐκδικήσω[40] τὸ γένος[41] τῶν ἐξ Αἰγύπτου· **6** καὶ τότε διελεύσεται[42] ὁ σίδηρος[43] τῆς

1 παράλιος, (by the) seacoast
2 συγκόπτω, *aor act inf*, cut to pieces
3 κράτος, power
4 παράταξις, battle
5 ἰσχυρός, mighty, (fierce)
6 διό, therefore
7 δή, then
8 κατάβρωσις, prey
9 στρατιά, army
10 δεσπότης, master
11 καταπαύω, *aor act ind 3s*, cease
12 θόρυβος, tumult, commotion
13 κύκλῳ, around
14 συνεδρία, council
15 ἀρχιστράτηγος, chief captain
16 ἐναντίον, before
17 δῆμος, multitude, people
18 ἀλλόφυλος, foreign tribe
19 μισθωτός, hired worker
20 προφητεύω, *aor act ind 2s*, prophesy
21 γένος, nation, people
22 ὑπερασπίζω, *fut act ind 3s*, defend
23 κράτος, power
24 ἐξολεθρεύω, *fut act ind 3s*, utterly destroy
25 ῥύομαι, *fut mid ind 3s*, rescue, deliver
26 πατάσσω, *fut act ind 1p*, strike
27 ὑφίστημι, *fut mid ind 3p*, withstand
28 κράτος, power
29 ἵππος, horse, cavalry
30 κατακαίω, *fut act ind 1p*, burn completely
31 μεθύσκω, *fut pas ind 3s*, be drenched
32 πεδίον, plain, field
33 νεκρός, dead
34 ἀνθίστημι, *fut mid ind 3s*, stand against
35 ἴχνος, step, track
36 ἀπώλεια, destruction
37 ματαιόω, *fut pas ind 3s*, bring to nothing
38 μισθωτός, hired worker
39 ἀδικία, wrongdoing, injustice
40 ἐκδικέω, *fut act ind 1s*, avenge
41 γένος, nation, people
42 διέρχομαι, *fut mid ind 3s*, pass through
43 σίδηρος, iron (blade)

στρατιᾶς[1] μου καὶ ὁ λαὸς τῶν θεραπόντων[2] μου τὰς πλευράς[3] σου, καὶ πεσῇ ἐν τοῖς
τραυματίαις[4] αὐτῶν, ὅταν ἐπιστρέψω. **7** καὶ ἀποκαταστήσουσίν[5] σε οἱ δοῦλοί μου
εἰς τὴν ὀρεινὴν[6] καὶ θήσουσίν σε ἐν μιᾷ τῶν πόλεων τῶν ἀναβάσεων,[7] **8** καὶ οὐκ
ἀπολῇ ἕως οὗ ἐξολεθρευθῇς[8] μετ᾽ αὐτῶν. **9** καὶ εἴπερ[9] ἐλπίζεις τῇ καρδίᾳ σου ὅτι
οὐ συλλημφθήσονται,[10] μὴ συμπεσέτω[11] σου τὸ πρόσωπον· ἐλάλησα, καὶ οὐδὲν
διαπεσεῖται[12] τῶν ῥημάτων μου.

10 καὶ προσέταξεν[13] Ολοφέρνης τοῖς δούλοις αὐτοῦ, οἳ ἦσαν παρεστηκότες[14] ἐν τῇ
σκηνῇ[15] αὐτοῦ, συλλαβεῖν[16] τὸν Αχιωρ καὶ ἀποκαταστῆσαι[17] αὐτὸν εἰς Βαιτυλουα
καὶ παραδοῦναι[18] εἰς χεῖρας υἱῶν Ισραηλ. **11** καὶ συνέλαβον[19] αὐτὸν οἱ δοῦλοι αὐτοῦ
καὶ ἤγαγον αὐτὸν ἔξω τῆς παρεμβολῆς[20] εἰς τὸ πεδίον[21] καὶ ἀπῆραν[22] ἐκ μέσου τῆς
πεδινῆς[23] εἰς τὴν ὀρεινὴν[24] καὶ παρεγένοντο ἐπὶ τὰς πηγάς,[25] αἳ ἦσαν ὑποκάτω[26]
Βαιτυλουα. **12** καὶ ὡς εἶδαν αὐτοὺς οἱ ἄνδρες τῆς πόλεως ἐπὶ τὴν κορυφὴν[27] τοῦ
ὄρους, ἀνέλαβον τὰ ὅπλα[28] αὐτῶν καὶ ἀπῆλθον ἔξω τῆς πόλεως ἐπὶ τὴν κορυφὴν
τοῦ ὄρους, καὶ πᾶς ἀνὴρ σφενδονήτης[29] διεκράτησαν[30] τὴν ἀνάβασιν[31] αὐτῶν καὶ
ἔβαλλον ἐν λίθοις ἐπ᾽ αὐτούς. **13** καὶ ὑποδύσαντες[32] ὑποκάτω[33] τοῦ ὄρους ἔδησαν[34]
τὸν Αχιωρ καὶ ἀφῆκαν[35] ἐρριμμένον[36] ὑπὸ τὴν ῥίζαν[37] τοῦ ὄρους καὶ ἀπῴχοντο[38]
πρὸς τὸν κύριον αὐτῶν.

14 καταβάντες δὲ οἱ υἱοὶ Ισραηλ ἐκ τῆς πόλεως αὐτῶν ἐπέστησαν[39] αὐτῷ καὶ λύσαν-
τες αὐτὸν ἀπήγαγον[40] εἰς τὴν Βαιτυλουα καὶ κατέστησαν[41] αὐτὸν ἐπὶ τοὺς ἄρχοντας
τῆς πόλεως αὐτῶν, **15** οἳ ἦσαν ἐν ταῖς ἡμέραις ἐκείναις, Οζιας ὁ τοῦ Μιχα ἐκ τῆς φυλῆς
Συμεων καὶ Χαβρις ὁ τοῦ Γοθονιηλ καὶ Χαρμις υἱὸς Μελχιηλ. **16** καὶ συνεκάλεσαν[42]

1 στρατιά, army
2 θεράπων, servant
3 πλευρά, rib, side
4 τραυματίας, wounded, casualty
5 ἀποκαθίστημι, *fut act ind 3p*, return to, restore
6 ὀρεινός, hill country
7 ἀνάβασις, ascent
8 ἐξολεθρεύω, *aor pas sub 2s*, utterly destroy
9 εἴπερ, if really
10 συλλαμβάνω, *fut pas ind 3p*, capture
11 συμπίπτω, *aor act impv 3s*, collapse
12 διαπίπτω, *fut mid ind 3s*, fall away, fail
13 προστάσσω, *aor act ind 3s*, command
14 παρίστημι, *perf act ptc nom p m*, stand near, station
15 σκηνή, tent
16 συλλαμβάνω, *aor act inf*, lay hold of
17 ἀποκαθίστημι, *aor act inf*, return to, restore
18 παραδίδωμι, *aor act inf*, give over
19 συλλαμβάνω, *aor act ind 3p*, lay hold of
20 παρεμβολή, camp
21 πεδίον, plain
22 ἀπαίρω, *aor act ind 3p*, march away
23 πεδινός, flat country
24 ὀρεινός, hill country
25 πηγή, spring
26 ὑποκάτω, below
27 κορυφή, peak, top
28 ὅπλον, weapon
29 σφενδονήτης, sling
30 διακρατέω, *aor act ind 3p*, hold in possession
31 ἀνάβασις, ascent
32 ὑποδύω, *aor act ptc nom p m*, go down below
33 ὑποκάτω, beneath
34 δέω, *aor act ind 3p*, bind, tie up
35 ἀφίημι, *aor act ind 3p*, leave
36 ῥίπτω, *perf pas ptc acc s m*, throw, cast
37 ῥίζα, base
38 ἀποίχομαι, *impf mid ind 3p*, depart from
39 ἐφίστημι, *aor act ind 3p*, stand over
40 ἀπάγω, *aor act ind 3p*, lead away
41 καθίστημι, *aor act ind 3p*, place before
42 συγκαλέω, *aor act ind 3p*, call together

πάντας τοὺς πρεσβυτέρους τῆς πόλεως, καὶ συνέδραμον[1] πᾶς νεανίσκος[2] αὐτῶν
καὶ αἱ γυναῖκες εἰς τὴν ἐκκλησίαν, καὶ ἔστησαν τὸν Αχιωρ ἐν μέσῳ παντὸς τοῦ λαοῦ
αὐτῶν, καὶ ἐπηρώτησεν[3] αὐτὸν Οζιας τὸ συμβεβηκός.[4] **17** καὶ ἀποκριθεὶς ἀπήγγειλεν
αὐτοῖς τὰ ῥήματα τῆς συνεδρίας[5] Ολοφέρνου καὶ πάντα τὰ ῥήματα, ὅσα ἐλάλησεν ἐν
μέσῳ τῶν ἀρχόντων υἱῶν Ασσουρ, καὶ ὅσα ἐμεγαλορρημόνησεν[6] Ολοφέρνης εἰς τὸν
οἶκον Ισραηλ. **18** καὶ πεσόντες ὁ λαὸς προσεκύνησαν τῷ θεῷ καὶ ἐβόησαν[7] λέγοντες
19 Κύριε ὁ θεὸς τοῦ οὐρανοῦ, κάτιδε[8] ἐπὶ τὰς ὑπερηφανίας[9] αὐτῶν καὶ ἐλέησον[10] τὴν
ταπείνωσιν[11] τοῦ γένους[12] ἡμῶν καὶ ἐπίβλεψον[13] ἐπὶ τὸ πρόσωπον τῶν ἡγιασμένων[14]
σοι ἐν τῇ ἡμέρᾳ ταύτῃ.

20 καὶ παρεκάλεσαν τὸν Αχιωρ καὶ ἐπῄνεσαν[15] αὐτὸν σφόδρα,[16] **21** καὶ παρέλαβεν[17]
αὐτὸν Οζιας ἐκ τῆς ἐκκλησίας εἰς οἶκον αὐτοῦ καὶ ἐποίησεν πότον[18] τοῖς πρεσβυ-
τέροις, καὶ ἐπεκαλέσαντο[19] τὸν θεὸν Ισραηλ εἰς βοήθειαν[20] ὅλην τὴν νύκτα ἐκείνην.

Holofernes Encamps against the Israelites at Bethulia

7 Τῇ δὲ ἐπαύριον[21] παρήγγειλεν[22] Ολοφέρνης πάσῃ τῇ στρατιᾷ[23] αὐτοῦ καὶ παντὶ
τῷ λαῷ αὐτοῦ, οἳ παρεγένοντο ἐπὶ τὴν συμμαχίαν[24] αὐτοῦ, ἀναζευγνύειν[25] ἐπὶ
Βαιτυλουα καὶ τὰς ἀναβάσεις[26] τῆς ὀρεινῆς[27] προκαταλαμβάνεσθαι[28] καὶ ποιεῖν
πόλεμον πρὸς τοὺς υἱοὺς Ισραηλ. **2** καὶ ἀνέζευξεν[29] ἐν τῇ ἡμέρᾳ ἐκείνῃ πᾶς ἀνὴρ
δυνατὸς αὐτῶν· καὶ ἡ δύναμις αὐτῶν ἀνδρῶν πολεμιστῶν[30] χιλιάδες[31] πεζῶν[32] ἑκατὸν
ἑβδομήκοντα[33] καὶ ἱππέων[34] χιλιάδες δέκα[35] δύο χωρὶς[36] τῆς ἀποσκευῆς[37] καὶ τῶν

1 συντρέχω, *aor act ind 3p*, run together
2 νεανίσκος, young man
3 ἐπερωτάω, *aor act ind 3s*, question, ask
4 συμβαίνω, *perf act ptc acc s n*, happen, befall
5 συνεδρία, council
6 μεγαλορρημονέω, *aor act ind 3s*, speak boastingly
7 βοάω, *aor act ind 3p*, cry out
8 καθοράω, *aor act impv 2s*, look down upon
9 ὑπερηφανία, arrogance
10 ἐλεέω, *aor act impv 2s*, show mercy
11 ταπείνωσις, humiliation
12 γένος, nation, people
13 ἐπιβλέπω, *aor act impv 2s*, look upon
14 ἁγιάζω, *perf pas ptc gen p m*, consecrate, sanctify
15 ἐπαινέω, *aor act ind 3p*, praise, commend
16 σφόδρα, very much
17 παραλαμβάνω, *aor act ind 3s*, take along
18 πότος, feast of drinking
19 ἐπικαλέω, *aor mid ind 3p*, call upon
20 βοήθεια, help
21 ἐπαύριον, next day
22 παραγγέλλω, *aor act ind 3s*, charge, order
23 στρατιά, army
24 συμμαχία, alliance
25 ἀναζεύγνυμι, *pres act inf*, march out
26 ἀνάβασις, ascent
27 ὀρεινός, hill country
28 προκαταλαμβάνω, *pres mid inf*, occupy in advance
29 ἀναζεύγνυμι, *aor act ind 3s*, march out
30 πολεμιστής, warrior
31 χιλιάς, thousand
32 πεζός, foot soldier
33 ἑβδομήκοντα, seventy
34 ἱππεύς, horseman
35 δέκα, ten
36 χωρίς, besides
37 ἀποσκευή, household

ἀνδρῶν, οἳ ἦσαν πεζοὶ[1] ἐν αὐτοῖς, πλῆθος πολὺ σφόδρα.[2] **3** καὶ παρενέβαλον[3] ἐν τῷ
αὐλῶνι[4] πλησίον[5] Βαιτυλουα ἐπὶ τῆς πηγῆς[6] καὶ παρέτειναν[7] εἰς εὖρος[8] ἐπὶ Δωθαϊμ
ἕως Βελβαιμ καὶ εἰς μῆκος[9] ἀπὸ Βαιτυλουα ἕως Κυαμωνος, ἥ ἐστιν ἀπέναντι[10] τοῦ
Εσδρηλων.

4 οἱ δὲ υἱοὶ Ισραηλ, ὡς εἶδον αὐτῶν τὸ πλῆθος, ἐταράχθησαν[11] σφόδρα[12] καὶ
εἶπαν ἕκαστος πρὸς τὸν πλησίον[13] αὐτοῦ Νῦν ἐκλείξουσιν[14] οὗτοι τὸ πρόσωπον
τῆς γῆς πάσης, καὶ οὔτε τὰ ὄρη τὰ ὑψηλὰ[15] οὔτε αἱ φάραγγες[16] οὔτε οἱ βουνοὶ[17]
ὑποστήσονται[18] τὸ βάρος[19] αὐτῶν. **5** καὶ ἀναλαβόντες[20] ἕκαστος τὰ σκεύη[21] τὰ
πολεμικὰ[22] αὐτῶν καὶ ἀνακαύσαντες[23] πυρὰς ἐπὶ τοὺς πύργους[24] αὐτῶν ἔμενον[25]
φυλάσσοντες ὅλην τὴν νύκτα ἐκείνην. **6** τῇ δὲ ἡμέρᾳ τῇ δευτέρᾳ ἐξήγαγεν[26]
Ολοφέρνης πᾶσαν τὴν ἵππον[27] αὐτοῦ κατὰ πρόσωπον τῶν υἱῶν Ισραηλ, οἳ ἦσαν ἐν
Βαιτυλουα, **7** καὶ ἐπεσκέψατο[28] τὰς ἀναβάσεις[29] τῆς πόλεως αὐτῶν καὶ τὰς πηγὰς[30]
τῶν ὑδάτων ἐφώδευσεν[31] καὶ προκατελάβετο[32] αὐτὰς καὶ ἐπέστησεν[33] αὐταῖς
παρεμβολὰς[34] ἀνδρῶν πολεμιστῶν,[35] καὶ αὐτὸς ἀνέζευξεν[36] εἰς τὸν λαὸν αὐτοῦ.

8 καὶ προσελθόντες αὐτῷ πάντες ἄρχοντες υἱῶν Ησαυ καὶ πάντες οἱ ἡγούμενοι[37]
τοῦ λαοῦ Μωαβ καὶ οἱ στρατηγοὶ[38] τῆς παραλίας[39] εἶπαν **9** Ἀκουσάτω δὴ[40] λόγον
ὁ δεσπότης[41] ἡμῶν, ἵνα μὴ γένηται θραῦσμα[42] ἐν τῇ δυνάμει σου. **10** ὁ γὰρ λαὸς
οὗτος τῶν υἱῶν Ισραηλ οὐ πέποιθαν ἐπὶ τοῖς δόρασιν[43] αὐτῶν, ἀλλ᾽ ἐπὶ τοῖς ὕψεσι[44]
τῶν ὀρέων, ἐν οἷς αὐτοὶ ἐνοικοῦσιν[45] ἐν αὐτοῖς· οὐ γάρ ἐστιν εὐχερὲς[46] προσβῆναι[47]

1 πεζός, on foot
2 σφόδρα, very much
3 παρεμβάλλω, *aor act ind 3p*, encamp
4 αὐλών, valley
5 πλησίον, near
6 πηγή, spring
7 παρατείνω, *aor act ind 3p*, spread out
8 εὖρος, width
9 μῆκος, length
10 ἀπέναντι, opposite
11 ταράσσω, *aor pas ind 3p*, trouble, unsettle
12 σφόδρα, greatly
13 πλησίον, companion
14 ἐκλείχω, *fut act ind 3p*, lick up
15 ὑψηλός, high
16 φάραγξ, ravine
17 βουνός, hill
18 ὑφίστημι, *fut mid ind 3p*, withstand, resist
19 βάρος, weight
20 ἀναλαμβάνω, *aor act ptc nom p m*, take up
21 σκεῦος, equipment
22 πολεμικός, of war
23 ἀνακαίω, *aor act ptc nom p m*, kindle, light up
24 πύργος, tower
25 μένω, *impf act ind 3p*, remain
26 ἐξάγω, *aor act ind 3s*, lead out
27 ἵππος, cavalry
28 ἐπισκέπτομαι, *aor mid ind 3s*, examine
29 ἀνάβασις, path, ascent
30 πηγή, spring
31 ἐφοδεύω, *aor act ind 3s*, inspect
32 προκαταλαμβάνω, *aor mid ind 3s*, occupy in advance
33 ἐφίστημι, *aor act ind 3s*, set up
34 παρεμβολή, company
35 πολεμιστής, warrior
36 ἀναζεύγνυμι, *aor act ind 3s*, march out
37 ἡγέομαι, *pres mid ptc nom p m*, lead
38 στρατηγός, captain
39 παράλιος, seacoast
40 δή, now
41 δεσπότης, master
42 θραῦσμα, breakdown, schism
43 δόρυ, spear
44 ὕψος, height
45 ἐνοικέω, *pres act ind 3p*, inhabit
46 εὐχερής, easy
47 προσβαίνω, *aor act inf*, ascend

ταῖς κορυφαῖς[1] τῶν ὀρέων αὐτῶν. **11** καὶ νῦν, δέσποτα,[2] μὴ πολέμει πρὸς αὐτοὺς
καθὼς γίνεται πόλεμος παρατάξεως,[3] καὶ οὐ πεσεῖται ἐκ τοῦ λαοῦ σου ἀνὴρ
εἷς. **12** ἀνάμεινον[4] ἐπὶ τῆς παρεμβολῆς[5] σου διαφυλάσσων[6] πάντα ἄνδρα ἐκ τῆς
δυνάμεώς σου, καὶ ἐπικρατησάτωσαν[7] οἱ παῖδές[8] σου τῆς πηγῆς[9] τοῦ ὕδατος, ἣ
ἐκπορεύεται ἐκ τῆς ῥίζης[10] τοῦ ὄρους, **13** διότι[11] ἐκεῖθεν[12] ὑδρεύονται[13] πάντες οἱ
κατοικοῦντες Βαιτυλουα, καὶ ἀνελεῖ[14] αὐτοὺς ἡ δίψα,[15] καὶ ἐκδώσουσι[16] τὴν πόλιν
αὐτῶν· καὶ ἡμεῖς καὶ ὁ λαὸς ἡμῶν ἀναβησόμεθα ἐπὶ τὰς πλησίον[17] κορυφὰς[18] τῶν
ὀρέων καὶ παρεμβαλοῦμεν[19] ἐπ᾽ αὐταῖς εἰς προφυλακὴν[20] τοῦ μὴ ἐξελθεῖν ἐκ τῆς
πόλεως ἄνδρα ἕνα. **14** καὶ τακήσονται[21] ἐν τῷ λιμῷ[22] αὐτοὶ καὶ αἱ γυναῖκες αὐτῶν καὶ
τὰ τέκνα αὐτῶν, καὶ πρὶν[23] ἐλθεῖν τὴν ῥομφαίαν[24] ἐπ᾽ αὐτοὺς καταστρωθήσονται[25] ἐν
ταῖς πλατείαις[26] τῆς οἰκήσεως[27] αὐτῶν. **15** καὶ ἀνταποδώσεις[28] αὐτοῖς ἀνταπόδομα[29]
πονηρὸν ἀνθ᾽ ὧν[30] ἐστασίασαν[31] καὶ οὐκ ἀπήντησαν[32] τῷ προσώπῳ σου ἐν εἰρήνῃ.

16 καὶ ἤρεσαν[33] οἱ λόγοι αὐτῶν ἐνώπιον Ολοφέρνου καὶ ἐνώπιον πάντων τῶν
θεραπόντων[34] αὐτοῦ, καὶ συνέταξε[35] ποιεῖν καθὰ[36] ἐλάλησαν. **17** καὶ ἀπῆρεν[37]
παρεμβολὴ[38] υἱῶν Αμμων καὶ μετ᾽ αὐτῶν χιλιάδες[39] πέντε υἱῶν Ασσουρ καὶ
παρενέβαλον[40] ἐν τῷ αὐλῶνι[41] καὶ προκατελάβοντο[42] τὰ ὕδατα καὶ τὰς πηγὰς[43]
τῶν ὑδάτων τῶν υἱῶν Ισραηλ. **18** καὶ ἀνέβησαν οἱ υἱοὶ Ησαυ καὶ οἱ υἱοὶ Αμμων καὶ
παρενέβαλον[44] ἐν τῇ ὀρεινῇ[45] ἀπέναντι[46] Δωθαϊμ. καὶ ἀπέστειλαν ἐξ αὐτῶν πρὸς
νότον[47] καὶ ἀπηλιώτην[48] ἀπέναντι Εγρεβηλ, ἥ ἐστιν πλησίον[49] Χους, ἥ ἐστιν ἐπὶ

1 κορυφή, peak, top
2 δεσπότης, master
3 παράταξις, array, order
4 ἀναμένω, *aor act impv 2s*, stay, remain
5 παρεμβολή, camp
6 διαφυλάσσω, *pres act ptc nom s m*, preserve
7 ἐπικρατέω, *aor act impv 3p*, maintain control of
8 παῖς, servant
9 πηγή, spring
10 ῥίζα, base
11 διότι, because
12 ἐκεῖθεν, from there
13 ὑδρεύω, *pres mid ind 3p*, obtain water
14 ἀναιρέω, *fut act ind 3s*, kill, put to death
15 δίψα, thirst
16 ἐκδίδωμι, *fut act ind 3p*, give over
17 πλησίον, nearby
18 κορυφή, peak, top
19 παρεμβάλλω, *fut act ind 1p*, encamp
20 προφυλακή, outpost, sentinel
21 τήκω, *fut pas ind 3p*, consume
22 λιμός, famine
23 πρίν, before
24 ῥομφαία, sword
25 καταστρώννυμι, *fut pas ind 3p*, spread out
26 πλατύς, broad (street)
27 οἴκησις, habitation
28 ἀνταποδίδωμι, *fut act ind 2s*, recompense, repay
29 ἀνταπόδομα, recompense, repayment
30 ἀνθ᾽ ὧν, because
31 στασιάζω, *aor act ind 3p*, rebel
32 ἀπαντάω, *aor act ind 3p*, encounter
33 ἀρέσκω, *aor act ind 3p*, be pleasing
34 θεράπων, servant
35 συντάσσω, *aor act ind 3s*, order
36 καθά, as
37 ἀπαίρω, *aor act ind 3s*, depart
38 παρεμβολή, company
39 χιλιάς, thousand
40 παρεμβάλλω, *aor act ind 3p*, encamp
41 αὐλών, valley
42 προκαταλαμβάνω, *aor mid ind 3p*, take control
43 πηγή, spring
44 παρεμβάλλω, *aor act ind 3p*, encamp
45 ὀρεινός, hill country
46 ἀπέναντι, opposite
47 νότος, south
48 ἀπηλιώτης, east
49 πλησίον, near

τοῦ χειμάρρου[1] Μοχμουρ. καὶ ἡ λοιπὴ στρατιὰ[2] τῶν Ἀσσυρίων παρενέβαλον[3] ἐν τῷ πεδίῳ[4] καὶ ἐκάλυψαν[5] πᾶν τὸ πρόσωπον τῆς γῆς, καὶ αἱ σκηναὶ[6] καὶ αἱ ἀπαρτίαι[7] αὐτῶν κατεστρατοπέδευσαν[8] ἐν ὄχλῳ[9] πολλῷ καὶ ἦσαν εἰς πλῆθος πολὺ σφόδρα.[10]

Israel Cries Out to God in Its Distress

19 Καὶ οἱ υἱοὶ Ισραηλ ἀνεβόησαν[11] πρὸς κύριον θεὸν αὐτῶν, ὅτι ὠλιγοψύχησεν[12] τὸ
πνεῦμα αὐτῶν, ὅτι ἐκύκλωσαν[13] πάντες οἱ ἐχθροὶ αὐτῶν καὶ οὐκ ἦν διαφυγεῖν[14] ἐκ
μέσου αὐτῶν. **20** καὶ ἔμεινεν[15] κύκλῳ[16] αὐτῶν πᾶσα παρεμβολὴ[17] Ασσουρ, οἱ πεζοὶ[18]
καὶ ἅρματα[19] καὶ οἱ ἱππεῖς[20] αὐτῶν, ἡμέρας τριάκοντα[21] τέσσαρας. καὶ ἐξέλιπεν[22]
πάντας τοὺς κατοικοῦντας Βαιτυλουα πάντα τὰ ἀγγεῖα[23] αὐτῶν τῶν ὑδάτων, **21** καὶ
οἱ λάκκοι[24] ἐξεκενοῦντο,[25] καὶ οὐκ εἶχον πιεῖν εἰς πλησμονὴν[26] ὕδωρ ἡμέραν μίαν,
ὅτι ἐν μέτρῳ[27] ἐδίδοσαν αὐτοῖς πιεῖν. **22** καὶ ἠθύμησεν[28] τὰ νήπια[29] αὐτῶν, καὶ αἱ
γυναῖκες καὶ οἱ νεανίσκοι[30] ἐξέλιπον[31] ἀπὸ τῆς δίψης[32] καὶ ἔπιπτον ἐν ταῖς πλατείαις[33]
τῆς πόλεως καὶ ἐν ταῖς διόδοις[34] τῶν πυλῶν,[35] καὶ οὐκ ἦν κραταίωσις[36] ἔτι ἐν αὐτοῖς.

23 καὶ ἐπισυνήχθησαν[37] πᾶς ὁ λαὸς ἐπὶ Οζιαν καὶ τοὺς ἄρχοντας τῆς πόλεως, οἱ
νεανίσκοι[38] καὶ αἱ γυναῖκες καὶ τὰ παιδία, καὶ ἀνεβόησαν[39] φωνῇ μεγάλῃ καὶ εἶπαν
ἐναντίον[40] πάντων τῶν πρεσβυτέρων **24** Κρίναι[41] ὁ θεὸς ἀνὰ μέσον[42] ὑμῶν καὶ
ἡμῶν, ὅτι ἐποιήσατε ἐν ἡμῖν ἀδικίαν[43] μεγάλην οὐ λαλήσαντες εἰρηνικὰ[44] μετὰ υἱῶν
Ασσουρ. **25** καὶ νῦν οὐκ ἔστιν ὁ βοηθὸς[45] ἡμῶν, ἀλλὰ πέπρακεν[46] ἡμᾶς ὁ θεὸς εἰς τὰς

1 χείμαρρος, brook
2 στρατιά, army
3 παρεμβάλλω, *aor act ind 3p*, encamp
4 πεδίον, plain
5 καλύπτω, *aor act ind 3p*, cover
6 σκηνή, tent
7 ἀπαρτία, baggage
8 καταστρατοπεδεύω, *aor act ind 3p*, take up quarters
9 ὄχλος, crowd
10 σφόδρα, very
11 ἀναβοάω, *aor act ind 3p*, cry aloud
12 ὀλιγοψυχέω, *aor act ind 3s*, be discouraged
13 κυκλόω, *aor act ind 3p*, surround
14 διαφεύγω, *aor act inf*, escape from
15 μένω, *aor act ind 3s*, remain
16 κύκλῳ, round about
17 παρεμβολή, company
18 πεζός, foot soldier
19 ἅρμα, chariot
20 ἱππεύς, horseman
21 τριάκοντα, thirty
22 ἐκλείπω, *aor act ind 3s*, fail, cease
23 ἀγγεῖον, reservoir
24 λάκκος, cistern, well
25 ἐκκενόω, *impf pas ind 3p*, empty
26 πλησμονή, satisfaction
27 μέτρον, moderation, measure
28 ἀθυμέω, *aor act ind 3s*, be disheartened
29 νήπιος, infant
30 νεανίσκος, young man
31 ἐκλείπω, *aor act ind 3p*, faint
32 δίψα, thirst
33 πλατύς, broad (street)
34 δίοδος, passage
35 πύλη, gate
36 κραταίωσις, strength
37 ἐπισυνάγω, *aor pas ind 3p*, gather together
38 νεανίσκος, young man
39 ἀναβοάω, *aor act ind 3p*, cry aloud
40 ἐναντίον, before
41 κρίνω, *aor act opt 3s*, judge
42 ἀνὰ μέσον, between
43 ἀδικία, wrongdoing
44 εἰρηνικός, peacefulness
45 βοηθός, helper
46 πιπράσκω, *perf act ind 3s*, sell

χεῖρας αὐτῶν τοῦ καταστρωθῆναι[1] ἐναντίον[2] αὐτῶν ἐν δίψῃ[3] καὶ ἀπωλείᾳ[4] μεγάλῃ.
26 καὶ νῦν ἐπικαλέσασθε[5] αὐτοὺς καὶ ἔκδοσθε[6] τὴν πόλιν πᾶσαν εἰς προνομὴν[7]
τῷ λαῷ Ολοφέρνου καὶ πάσῃ τῇ δυνάμει αὐτοῦ. **27** κρεῖσσον[8] γὰρ ἡμῖν γενηθῆναι
αὐτοῖς εἰς διαρπαγήν·[9] ἐσόμεθα γὰρ εἰς δούλους, καὶ ζήσεται ἡ ψυχὴ ἡμῶν, καὶ οὐκ
ὀψόμεθα τὸν θάνατον τῶν νηπίων[10] ἡμῶν ἐν ὀφθαλμοῖς ἡμῶν καὶ τὰς γυναῖκας
καὶ τὰ τέκνα ἡμῶν ἐκλειπούσας[11] τὰς ψυχὰς αὐτῶν. **28** μαρτυρόμεθα[12] ὑμῖν τὸν
οὐρανὸν καὶ τὴν γῆν καὶ τὸν θεὸν ἡμῶν καὶ κύριον τῶν πατέρων ἡμῶν, ὃς ἐκδικεῖ[13]
ἡμᾶς κατὰ τὰς ἁμαρτίας ἡμῶν καὶ κατὰ τὰ ἁμαρτήματα[14] τῶν πατέρων ἡμῶν, ἵνα μὴ
ποιήσῃ κατὰ τὰ ῥήματα ταῦτα ἐν τῇ ἡμέρᾳ τῇ σήμερον. **29** καὶ ἐγένετο κλαυθμὸς[15]
μέγας ἐν μέσῳ τῆς ἐκκλησίας πάντων ὁμοθυμαδόν,[16] καὶ ἐβόησαν[17] πρὸς κύριον
τὸν θεὸν φωνῇ μεγάλῃ.

30 καὶ εἶπεν πρὸς αὐτοὺς Οζιας Θαρσεῖτε,[18] ἀδελφοί, διακαρτερήσωμεν[19] ἔτι πέντε
ἡμέρας, ἐν αἷς ἐπιστρέψει κύριος ὁ θεὸς ἡμῶν τὸ ἔλεος[20] αὐτοῦ ἐφ᾽ ἡμᾶς, οὐ γὰρ
ἐγκαταλείψει[21] ἡμᾶς εἰς τέλος· **31** ἐὰν δὲ διέλθωσιν αὗται καὶ μὴ ἔλθῃ ἐφ᾽ ἡμᾶς
βοήθεια,[22] ποιήσω κατὰ τὰ ῥήματα ὑμῶν. **32** καὶ ἐσκόρπισεν[23] τὸν λαὸν εἰς τὴν
ἑαυτοῦ παρεμβολήν,[24] καὶ ἐπὶ τὰ τείχη[25] καὶ τοὺς πύργους[26] τῆς πόλεως αὐτῶν
ἀπῆλθον καὶ τὰς γυναῖκας καὶ τὰ τέκνα εἰς τοὺς οἴκους αὐτῶν ἀπέστειλαν· καὶ
ἦσαν ἐν ταπεινώσει[27] πολλῇ ἐν τῇ πόλει.

Background of Judith

8 Καὶ ἤκουσεν ἐν ἐκείναις ταῖς ἡμέραις Ιουδιθ θυγάτηρ[28] Μεραρι υἱοῦ Ωξ υἱοῦ
Ιωσηφ υἱοῦ Οζιηλ υἱοῦ Ελκια υἱοῦ Ανανιου υἱοῦ Γεδεων υἱοῦ Ραφαϊν υἱοῦ
Αχιτωβ υἱοῦ Ηλιου υἱοῦ Χελκιου υἱοῦ Ελιαβ υἱοῦ Ναθαναηλ υἱοῦ Σαλαμιηλ υἱοῦ
Σαρασαδαι υἱοῦ Ισραηλ. **2** καὶ ὁ ἀνὴρ αὐτῆς Μανασσης τῆς φυλῆς αὐτῆς καὶ τῆς
πατριᾶς[29] αὐτῆς· καὶ ἀπέθανεν ἐν ἡμέραις θερισμοῦ[30] κριθῶν·[31] **3** ἐπέστη[32] γὰρ

1 καταστρώννυμι, *aor pas inf*, spread out
2 ἐναντίον, before
3 δίψα, thirst
4 ἀπώλεια, destruction
5 ἐπικαλέω, *aor mid impv 2p*, call upon
6 ἐκδίδωμι, *aor mid impv 2p*, give over, surrender
7 προνομή, plunder
8 κρείσσων (ττ), *comp of* ἀγαθός, better
9 διαρπαγή, plunder, spoils
10 νήπιος, infant
11 ἐκλείπω, *pres act ptc acc p f*, faint
12 μαρτύρομαι, *pres mid ind 1p*, call to witness
13 ἐκδικέω, *pres act ind 3s*, punish
14 ἁμάρτημα, offense
15 κλαυθμός, weeping, wailing
16 ὁμοθυμαδόν, with one accord
17 βοάω, *aor act ind 3p*, cry out
18 θαρσέω, *pres act impv 2p*, be of good courage
19 διακαρτερέω, *aor act sub 1p*, endure patiently
20 ἔλεος, mercy
21 ἐγκαταλείπω, *fut act ind 3s*, desert, abandon
22 βοήθεια, help, aid
23 σκορπίζω, *aor act ind 3s*, scatter, disperse
24 παρεμβολή, company
25 τεῖχος, city wall
26 πύργος, tower
27 ταπείνωσις, abasement, low condition
28 θυγάτηρ, daughter
29 πατριά, paternal lineage
30 θερισμός, harvest
31 κριθή, barley
32 ἐφίστημι, *aor act ind 3s*, set over

ἐπὶ τοὺς δεσμεύοντας[1] τὰ δράγματα[2] ἐν τῷ πεδίῳ,[3] καὶ ὁ καύσων[4] ἦλθεν ἐπὶ τὴν κεφαλὴν αὐτοῦ, καὶ ἔπεσεν ἐπὶ τὴν κλίνην[5] αὐτοῦ καὶ ἐτελεύτησεν[6] ἐν Βαιτυλουα τῇ πόλει αὐτοῦ, καὶ ἔθαψαν[7] αὐτὸν μετὰ τῶν πατέρων αὐτοῦ ἐν τῷ ἀγρῷ τῷ ἀνὰ μέσον[8] Δωθαϊμ καὶ Βαλαμων.
4 καὶ ἦν Ιουδιθ ἐν τῷ οἴκῳ αὐτῆς χηρεύουσα[9] ἔτη τρία καὶ μῆνας[10] τέσσαρας.
5 καὶ ἐποίησεν ἑαυτῇ σκηνὴν[11] ἐπὶ τοῦ δώματος[12] τοῦ οἴκου αὐτῆς καὶ ἐπέθηκεν ἐπὶ τὴν ὀσφὺν[13] αὐτῆς σάκκον,[14] καὶ ἦν ἐπ᾽ αὐτῆς τὰ ἱμάτια τῆς χηρεύσεως[15] αὐτῆς.
6 καὶ ἐνήστευε[16] πάσας τὰς ἡμέρας τῆς χηρεύσεως[17] αὐτῆς χωρὶς[18] προσαββάτων[19] καὶ σαββάτων καὶ προνουμηνιῶν[20] καὶ νουμηνιῶν[21] καὶ ἑορτῶν[22] καὶ χαρμοσυνῶν[23] οἴκου Ισραηλ.
7 καὶ ἦν καλὴ τῷ εἴδει[24] καὶ ὡραία[25] τῇ ὄψει[26] σφόδρα·[27] καὶ ὑπελίπετο[28] αὐτῇ Μανασσης ὁ ἀνὴρ αὐτῆς χρυσίον[29] καὶ ἀργύριον[30] καὶ παῖδας[31] καὶ παιδίσκας[32] καὶ κτήνη[33] καὶ ἀγρούς, καὶ ἔμενεν[34] ἐπ᾽ αὐτῶν.
8 καὶ οὐκ ἦν ὃς ἐπήνεγκεν[35] αὐτῇ ῥῆμα πονηρόν, ὅτι ἐφοβεῖτο τὸν θεὸν σφόδρα.[36]

Judith's Speech to the Elders of Bethulia

9 καὶ ἤκουσεν τὰ ῥήματα τοῦ λαοῦ τὰ πονηρὰ ἐπὶ τὸν ἄρχοντα, ὅτι ὠλιγοψύχησαν[37] ἐν τῇ σπάνει[38] τῶν ὑδάτων, καὶ ἤκουσεν πάντας τοὺς λόγους Ιουδιθ, οὓς ἐλάλησεν πρὸς αὐτοὺς Οζιας, ὡς ὤμοσεν[39] αὐτοῖς παραδώσειν τὴν πόλιν μετὰ ἡμέρας πέντε τοῖς Ἀσσυρίοις·
10 καὶ ἀποστείλασα τὴν ἅβραν[40] αὐτῆς τὴν ἐφεστῶσαν[41] πᾶσιν τοῖς ὑπάρχουσιν αὐτῆς ἐκάλεσεν Χαβριν καὶ Χαρμιν τοὺς πρεσβυτέρους τῆς πόλεως αὐτῆς,
11 καὶ ἦλθον πρὸς αὐτήν, καὶ εἶπεν πρὸς αὐτούς

Ἀκούσατε δή[42] μου, ἄρχοντες τῶν κατοικούντων ἐν Βαιτυλουα· ὅτι οὐκ εὐθὴς[43] ὁ λόγος ὑμῶν, ὃν ἐλαλήσατε ἐναντίον[44] τοῦ λαοῦ ἐν τῇ ἡμέρᾳ ταύτῃ καὶ ἐστήσατε τὸν

1 δεσμεύω, *pres act ptc acc p m*, bind up
2 δράγμα, sheaf, stalk
3 πεδίον, field
4 καύσων, summer heat
5 κλίνη, bed
6 τελευτάω, *aor act ind 3s*, die
7 θάπτω, *aor act ind 3p*, bury
8 ἀνὰ μέσον, between
9 χηρεύω, *pres act ptc nom s f*, live in widowhood
10 μήν, month
11 σκηνή, tent
12 δῶμα, roof
13 ὀσφύς, waist
14 σάκκος, sackcloth, *Heb. LW*
15 χήρευσις, widowhood
16 νηστεύω, *impf act ind 3s*, fast
17 χήρευσις, widowhood
18 χωρίς, except
19 προσάββατον, eve of the Sabbath
20 προνουμηνία, eve of the new moon
21 νουμηνία, new moon
22 ἑορτή, feast
23 χαρμοσύνη, day of rejoicing
24 εἶδος, appearance
25 ὡραῖος, beautiful
26 ὄψις, face, countenance
27 σφόδρα, exceedingly
28 ὑπολείπω, *aor mid ind 3s*, leave behind
29 χρυσίον, gold
30 ἀργύριον, silver
31 παῖς, servant
32 παιδίσκη, maidservant
33 κτῆνος, animal, (*p*) herd
34 μένω, *impf act ind 3s*, remain
35 ἐπιφέρω, *aor act ind 3s*, lay upon
36 σφόδρα, very much
37 ὀλιγοψυχέω, *aor act ind 3p*, be discouraged
38 σπάνις, scarcity
39 ὄμνυμι, *aor act ind 3s*, swear an oath
40 ἅβρα, favorite servant
41 ἐφίστημι, *perf act ptc acc s f*, attend to
42 δή, now
43 εὐθής, right
44 ἐναντίον, before

ὅρκον[1] τοῦτον, ὃν ἐλαλήσατε ἀνὰ μέσον[2] τοῦ θεοῦ καὶ ὑμῶν καὶ εἴπατε ἐκδώσειν[3]
τὴν πόλιν τοῖς ἐχθροῖς ἡμῶν, ἐὰν μὴ ἐν αὐταῖς ἐπιστρέψῃ κύριος βοήθειαν[4] ὑμῖν.
12 καὶ νῦν τίνες ἐστὲ ὑμεῖς, οἳ ἐπειράσατε[5] τὸν θεὸν ἐν τῇ ἡμέρᾳ τῇ σήμερον καὶ
ἵστατε ὑπὲρ τοῦ θεοῦ ἐν μέσῳ υἱῶν ἀνθρώπων; **13** καὶ νῦν κύριον παντοκράτορα[6]
ἐξετάζετε[7] καὶ οὐθὲν[8] ἐπιγνώσεσθε ἕως τοῦ αἰῶνος. **14** ὅτι βάθος[9] καρδίας ἀνθρώπου
οὐχ εὑρήσετε καὶ λόγους τῆς διανοίας[10] αὐτοῦ οὐ διαλήμψεσθε·[11] καὶ πῶς τὸν
θεόν, ὃς ἐποίησεν πάντα ταῦτα, ἐρευνήσετε[12] καὶ τὸν νοῦν[13] αὐτοῦ ἐπιγνώσεσθε
καὶ τὸν λογισμὸν[14] αὐτοῦ κατανοήσετε;[15] μηδαμῶς,[16] ἀδελφοί, μὴ παροργίζετε[17]
κύριον τὸν θεὸν ἡμῶν. **15** ὅτι ἐὰν μὴ βούληται ἐν ταῖς πέντε ἡμέραις βοηθῆσαι[18]
ἡμῖν, αὐτὸς ἔχει τὴν ἐξουσίαν[19] ἐν αἷς θέλει σκεπάσαι[20] ἡμέραις ἢ καὶ ὀλεθρεῦσαι[21]
ἡμᾶς πρὸ προσώπου τῶν ἐχθρῶν ἡμῶν. **16** ὑμεῖς δὲ μὴ ἐνεχυράζετε[22] τὰς βουλὰς[23]
κυρίου τοῦ θεοῦ ἡμῶν, ὅτι οὐχ ὡς ἄνθρωπος ὁ θεὸς ἀπειληθῆναι[24] οὐδ᾽ ὡς υἱὸς
ἀνθρώπου διαιτηθῆναι.[25] **17** διόπερ[26] ἀναμένοντες[27] τὴν παρ᾽ αὐτοῦ σωτηρίαν ἐπι-
καλεσώμεθα[28] αὐτὸν εἰς βοήθειαν[29] ἡμῶν, καὶ εἰσακούσεται[30] τῆς φωνῆς ἡμῶν, ἐὰν
ᾖ αὐτῷ ἀρεστόν.[31]

18 ὅτι οὐκ ἀνέστη ἐν ταῖς γενεαῖς ἡμῶν οὐδέ ἐστιν ἐν τῇ ἡμέρᾳ τῇ σήμερον οὔτε
φυλὴ οὔτε πατριὰ[32] οὔτε δῆμος[33] οὔτε πόλις ἐξ ἡμῶν, οἳ προσκυνοῦσι θεοῖς χειρο-
ποιήτοις,[34] καθάπερ[35] ἐγένετο ἐν ταῖς πρότερον[36] ἡμέραις· **19** ὧν χάριν[37] ἐδόθησαν
εἰς ῥομφαίαν[38] καὶ εἰς διαρπαγὴν[39] οἱ πατέρες ἡμῶν καὶ ἔπεσον πτῶμα[40] μέγα ἐνώ-
πιον τῶν ἐχθρῶν ἡμῶν. **20** ἡμεῖς δὲ ἕτερον θεὸν οὐκ ἔγνωμεν πλὴν αὐτοῦ· ὅθεν[41]
ἐλπίζομεν ὅτι οὐχ ὑπερόψεται[42] ἡμᾶς οὐδ᾽ ἀπὸ τοῦ γένους[43] ἡμῶν. **21** ὅτι ἐν τῷ

1 ὅρκος, oath
2 ἀνὰ μέσον, between
3 ἐκδίδωμι, *fut act inf*, give over, surrender
4 βοήθεια, help, aid
5 πειράζω, *aor act ind 2p*, test
6 παντοκράτωρ, almighty
7 ἐξετάζω, *pres act ind 2p*, scrutinize, examine
8 οὐθείς, nothing
9 βάθος, depth
10 διάνοια, mind
11 διαλαμβάνω, *fut mid ind 2p*, comprehend
12 ἐρευνάω, *fut act ind 2p*, search
13 νοῦς, mind
14 λογισμός, reasoning, thought
15 κατανοέω, *fut act ind 2p*, understand
16 μηδαμῶς, certainly not
17 παροργίζω, *pres act impv 2p*, provoke to anger
18 βοηθέω, *aor act inf*, offer help, aid
19 ἐξουσία, authority
20 σκεπάζω, *aor act inf*, shelter
21 ὀλεθρεύω, *aor act inf*, destroy
22 ἐνεχυράζω, *pres act impv 2p*, force payment, exact a debt
23 βουλή, counsel
24 ἀπειλέω, *aor pas inf*, threaten
25 διαιτέω, *aor pas inf*, win by entreaty
26 διόπερ, therefore
27 ἀναμένω, *pres act ptc nom p m*, await
28 ἐπικαλέω, *aor mid sub 1p*, call upon
29 βοήθεια, help, aid
30 εἰσακούω, *fut mid ind 3s*, listen
31 ἀρεστός, pleasing
32 πατριά, paternal lineage
33 δῆμος, district
34 χειροποίητος, made by hand
35 καθάπερ, just as
36 πρότερος, former, earlier
37 χάριν, on account of
38 ῥομφαία, sword
39 διαρπαγή, plundering
40 πτῶμα, misfortune
41 ὅθεν, for which reason
42 ὑπεροράω, *fut mid ind 3s*, disdain, disregard
43 γένος, nation, people

λημφθῆναι ἡμᾶς οὕτως καὶ λημφθήσεται πᾶσα ἡ Ιουδαία, καὶ προνομευθήσεται[1]
τὰ ἅγια ἡμῶν, καὶ ἐκζητήσει[2] τὴν βεβήλωσιν[3] αὐτῶν ἐκ τοῦ αἵματος ἡμῶν **22** καὶ
τὸν φόνον[4] τῶν ἀδελφῶν ἡμῶν καὶ τὴν αἰχμαλωσίαν[5] τῆς γῆς καὶ τὴν ἐρήμωσιν[6]
τῆς κληρονομίας[7] ἡμῶν ἐπιστρέψει εἰς κεφαλὴν ἡμῶν ἐν τοῖς ἔθνεσιν, οὗ ἐὰν
δουλεύσωμεν[8] ἐκεῖ, καὶ ἐσόμεθα εἰς πρόσκομμα[9] καὶ εἰς ὄνειδος[10] ἐναντίον[11] τῶν
κτωμένων[12] ἡμᾶς. **23** ὅτι οὐ κατευθυνθήσεται[13] ἡ δουλεία[14] ἡμῶν εἰς χάριν, ἀλλ᾽ εἰς
ἀτιμίαν[15] θήσει αὐτὴν κύριος ὁ θεὸς ἡμῶν.

24 καὶ νῦν, ἀδελφοί, ἐπιδειξώμεθα[16] τοῖς ἀδελφοῖς ἡμῶν, ὅτι ἐξ ἡμῶν κρέμαται[17]
ἡ ψυχὴ αὐτῶν, καὶ τὰ ἅγια καὶ ὁ οἶκος καὶ τὸ θυσιαστήριον[18] ἐπεστήρισται[19] ἐφ᾽
ἡμῖν. **25** παρὰ ταῦτα πάντα εὐχαριστήσωμεν[20] κυρίῳ τῷ θεῷ ἡμῶν, ὃς πειράζει[21]
ἡμᾶς καθὰ[22] καὶ τοὺς πατέρας ἡμῶν. **26** μνήσθητε[23] ὅσα ἐποίησεν μετὰ Αβρααμ καὶ
ὅσα ἐπείρασεν[24] τὸν Ισαακ καὶ ὅσα ἐγένετο τῷ Ιακωβ ἐν Μεσοποταμίᾳ τῆς Συρίας
ποιμαίνοντι[25] τὰ πρόβατα Λαβαν τοῦ ἀδελφοῦ τῆς μητρὸς αὐτοῦ. **27** ὅτι οὐ καθὼς
ἐκείνους ἐπύρωσεν[26] εἰς ἐτασμὸν[27] τῆς καρδίας αὐτῶν, καὶ ἡμᾶς οὐκ ἐξεδίκησεν,[28]
ἀλλ᾽ εἰς νουθέτησιν[29] μαστιγοῖ[30] κύριος τοὺς ἐγγίζοντας αὐτῷ.

28 καὶ εἶπεν πρὸς αὐτὴν Οζιας Πάντα, ὅσα εἶπας, ἐν ἀγαθῇ καρδίᾳ ἐλάλησας, καὶ
οὐκ ἔστιν ὃς ἀντιστήσεται[31] τοῖς λόγοις σου· **29** ὅτι οὐκ ἐν τῇ σήμερον ἡ σοφία σου
πρόδηλός[32] ἐστιν, ἀλλ᾽ ἀπ᾽ ἀρχῆς ἡμερῶν σου ἔγνω πᾶς ὁ λαὸς τὴν σύνεσίν[33] σου,
καθότι[34] ἀγαθόν ἐστιν τὸ πλάσμα[35] τῆς καρδίας σου. **30** ἀλλὰ ὁ λαὸς δεδίψηκεν[36]
σφόδρα[37] καὶ ἠνάγκασαν[38] ἡμᾶς ποιῆσαι καθὰ[39] ἐλαλήσαμεν αὐτοῖς καὶ ἐπαγαγεῖν[40]
ἐφ᾽ ἡμᾶς ὅρκον,[41] ὃν οὐ παραβησόμεθα.[42] **31** καὶ νῦν δεήθητι[43] περὶ ἡμῶν, ὅτι γυνὴ

1 προνομεύω, *fut pas ind 3s*, plunder
2 ἐκζητέω, *fut act ind 3s*, seek after
3 βεβήλωσις, profanation
4 φόνος, slaughter
5 αἰχμαλωσία, captivity
6 ἐρήμωσις, desolation
7 κληρονομία, inheritance
8 δουλεύω, *aor act sub 1p*, serve
9 πρόσκομμα, offense, stumbling
10 ὄνειδος, object of reproach
11 ἐναντίον, before
12 κτάομαι, *pres mid ptc gen p m*, purchase
13 κατευθύνω, *fut pas ind 3s*, lead to
14 δουλεία, bondage, toil, servitude
15 ἀτιμία, dishonor, disgrace
16 ἐπιδείκνυμι, *aor mid sub 1p*, display, exhibit
17 κρεμάννυμι, *pres pas ind 3s*, hang upon
18 θυσιαστήριον, altar
19 ἐπιστηρίζω, *perf mid ind 3s*, rest upon
20 εὐχαριστέω, *aor act sub 1p*, give thanks
21 πειράζω, *pres act ind 3s*, test
22 καθά, just as
23 μιμνήσκομαι, *aor pas impv 2p*, remember
24 πειράζω, *aor act ind 3s*, test
25 ποιμαίνω, *pres act ptc dat s m*, tend flocks, shepherd
26 πυρόω, *aor act ind 3s*, burn
27 ἐτασμός, trial, affliction
28 ἐκδικέω, *aor act ind 3s*, punish
29 νουθέτησις, instruction
30 μαστιγόω, *pres act ind 3s*, discipline
31 ἀνθίστημι, *fut mid ind 3s*, stand against
32 πρόδηλος, perfectly clear
33 σύνεσις, intelligence
34 καθότι, just as
35 πλάσμα, frame, disposition
36 διψάω, *perf act ind 3s*, thirst
37 σφόδρα, very much
38 ἀναγκάζω, *aor act ind 3p*, compel
39 καθά, as
40 ἐπάγω, *aor act inf*, bring upon
41 ὅρκος, oath
42 παραβαίνω, *fut mid ind 1p*, deviate from, transgress
43 δέομαι, *aor pas impv 2s*, supplicate

εὐσεβὴς[1] εἶ, καὶ ἀποστελεῖ κύριος τὸν ὑετὸν[2] εἰς πλήρωσιν[3] τῶν λάκκων[4] ἡμῶν, καὶ οὐκ ἐκλείψομεν[5] ἔτι.

32 καὶ εἶπεν πρὸς αὐτοὺς Ιουδιθ Ἀκούσατέ μου, καὶ ποιήσω πρᾶγμα[6] ὃ ἀφίξεται[7] εἰς
γενεὰς γενεῶν υἱοῖς τοῦ γένους[8] ἡμῶν. **33** ὑμεῖς στήσεσθε ἐπὶ τῆς πύλης[9] τὴν νύκτα
ταύτην, καὶ ἐξελεύσομαι ἐγὼ μετὰ τῆς ἅβρας[10] μου, καὶ ἐν ταῖς ἡμέραις, μεθ᾽ ἃς
εἴπατε παραδώσειν τὴν πόλιν τοῖς ἐχθροῖς ἡμῶν, ἐπισκέψεται[11] κύριος τὸν Ισραηλ
ἐν χειρί μου· **34** ὑμεῖς δὲ οὐκ ἐξερευνήσετε[12] τὴν πρᾶξίν[13] μου, οὐ γὰρ ἐρῶ ὑμῖν
ἕως τοῦ τελεσθῆναι[14] ἃ ἐγὼ ποιῶ. **35** καὶ εἶπεν Οζιας καὶ οἱ ἄρχοντες πρὸς αὐτήν
Πορεύου εἰς εἰρήνην, καὶ κύριος ὁ θεὸς ἔμπροσθέν σου εἰς ἐκδίκησιν[15] τῶν ἐχθρῶν
ἡμῶν. **36** καὶ ἀποστρέψαντες[16] ἐκ τῆς σκηνῆς[17] ἐπορεύθησαν ἐπὶ τὰς διατάξεις[18]
αὐτῶν.

Judith's Prayer

9 Ιουδιθ δὲ ἔπεσεν ἐπὶ πρόσωπον καὶ ἐπέθετο σποδὸν[19] ἐπὶ τὴν κεφαλὴν αὐτῆς
καὶ ἐγύμνωσεν[20] ὃν ἐνεδεδύκει[21] σάκκον,[22] καὶ ἦν ἄρτι[23] προσφερόμενον
ἐν Ιερουσαλημ εἰς τὸν οἶκον τοῦ θεοῦ τὸ θυμίαμα[24] τῆς ἑσπέρας[25] ἐκείνης, καὶ
ἐβόησεν[26] φωνῇ μεγάλῃ Ιουδιθ πρὸς κύριον καὶ εἶπεν **2** Κύριε ὁ θεὸς τοῦ πατρός
μου Συμεων, ᾧ ἔδωκας ἐν χειρὶ ῥομφαίαν[27] εἰς ἐκδίκησιν[28] ἀλλογενῶν,[29] οἳ ἔλυσαν[30]
μήτραν[31] παρθένου[32] εἰς μίασμα[33] καὶ ἐγύμνωσαν[34] μηρὸν[35] εἰς αἰσχύνην[36] καὶ
ἐβεβήλωσαν[37] μήτραν εἰς ὄνειδος·[38] εἶπας γάρ Οὐχ οὕτως ἔσται, καὶ ἐποίησαν· **3** ἀνθ᾽
ὧν[39] ἔδωκας ἄρχοντας αὐτῶν εἰς φόνον[40] καὶ τὴν στρωμνὴν[41] αὐτῶν, ἣ ᾐδέσατο[42]

1 εὐσεβής, pious
2 ὑετός, rain
3 πλήρωσις, filling
4 λάκκος, cistern, well
5 ἐκλείπω, *fut act ind 1p*, faint, fail
6 πρᾶγμα, deed, action
7 ἀφικνέομαι, *fut mid ind 3s*, reach, come to
8 γένος, nation, people
9 πύλη, gate
10 ἅβρα, favorite servant
11 ἐπισκέπτομαι, *fut mid ind 3s*, visit, attend to
12 ἐξερευνάω, *fut act ind 2p*, investigate
13 πρᾶξις, deed, action
14 τελέω, *aor pas inf*, finish
15 ἐκδίκησις, vengeance
16 ἀποστρέφω, *aor act ptc nom p m*, turn away
17 σκηνή, tent
18 διάταξις, deployment
19 σποδός, ashes
20 γυμνόω, *aor act ind 3s*, unclothe
21 ἐνδύω, *plpf act ind 3s*, put on
22 σάκκος, sackcloth, *Heb. LW*
23 ἄρτι, at that time
24 θυμίαμα, incense
25 ἑσπέρα, evening
26 βοάω, *aor act ind 3s*, cry out
27 ῥομφαία, sword
28 ἐκδίκησις, vengeance
29 ἀλλογενής, foreigner
30 λύω, *aor act ind 3p*, break down, destroy
31 μήτρα, womb
32 παρθένος, virgin
33 μίασμα, defilement
34 γυμνόω, *aor act ind 3p*, strip naked
35 μηρός, thigh
36 αἰσχύνη, shame, dishonor
37 βεβηλόω, *aor act ind 3p*, defile
38 ὄνειδος, disgrace
39 ἀνθ᾽ ὧν, because
40 φόνος, slaughter
41 στρωμνή, bedding, mattress
42 αἰδέομαι, *aor mid ind 3s*, be ashamed

τὴν ἀπάτην[1] αὐτῶν, ἀπατηθεῖσαν[2] εἰς αἷμα καὶ ἐπάταξας[3] δούλους ἐπὶ δυνάσταις[4]
καὶ δυνάστας ἐπὶ θρόνους αὐτῶν **4** καὶ ἔδωκας γυναῖκας αὐτῶν εἰς προνομὴν[5]
καὶ θυγατέρας[6] αὐτῶν εἰς αἰχμαλωσίαν[7] καὶ πάντα τὰ σκῦλα[8] αὐτῶν εἰς διαίρεσιν[9]
υἱῶν ἠγαπημένων ὑπὸ σοῦ, οἳ καὶ ἐζήλωσαν[10] τὸν ζῆλόν[11] σου καὶ ἐβδελύξαντο[12]
μίασμα[13] αἵματος αὐτῶν καὶ ἐπεκαλέσαντό[14] σε εἰς βοηθόν·[15] ὁ θεὸς ὁ θεὸς ὁ ἐμός,
καὶ εἰσάκουσον[16] ἐμοῦ τῆς χήρας.[17]

5 σὺ γὰρ ἐποίησας τὰ πρότερα[18] ἐκείνων καὶ ἐκεῖνα καὶ τὰ μετέπειτα[19] καὶ τὰ νῦν καὶ
τὰ ἐπερχόμενα[20] διενοήθης,[21] καὶ ἐγενήθησαν ἃ ἐνενοήθης,[22] **6** καὶ παρέστησαν[23]
ἃ ἐβουλεύσω[24] καὶ εἶπαν Ἰδοὺ πάρεσμεν·[25] πᾶσαι γὰρ αἱ ὁδοί σου ἕτοιμοι,[26] καὶ ἡ
κρίσις σου ἐν προγνώσει.[27]

7 ἰδοὺ γὰρ Ἀσσύριοι ἐπληθύνθησαν[28] ἐν δυνάμει αὐτῶν, ὑψώθησαν[29] ἐφ᾽ ἵππῳ[30]
καὶ ἀναβάτῃ,[31] ἐγαυρίασαν[32] ἐν βραχίονι[33] πεζῶν,[34] ἤλπισαν ἐν ἀσπίδι[35] καὶ ἐν
γαίσῳ[36] καὶ τόξῳ[37] καὶ σφενδόνῃ[38] καὶ οὐκ ἔγνωσαν ὅτι σὺ εἶ κύριος συντρίβων[39]
πολέμους. **8** κύριος ὄνομά σοι· σὺ ῥάξον[40] αὐτῶν τὴν ἰσχὺν[41] ἐν δυνάμει σου καὶ
κάταξον[42] τὸ κράτος αὐτῶν ἐν τῷ θυμῷ[43] σου· ἐβουλεύσαντο[44] γὰρ βεβηλῶσαι[45] τὰ
ἅγιά σου, μιᾶναι[46] τὸ σκήνωμα[47] τῆς καταπαύσεως[48] τοῦ ὀνόματος τῆς δόξης σου,
καταβαλεῖν[49] σιδήρῳ[50] κέρας[51] θυσιαστηρίου[52] σου. **9** βλέψον εἰς ὑπερηφανίαν[53]

1 ἀπάτη, deceit
2 ἀπατάω, *aor pas ptc acc s f*, deceive
3 πατάσσω, *aor act ind 2s*, strike
4 δυνάστης, master, prince
5 προνομή, plunder
6 θυγάτηρ, daughter
7 αἰχμαλωσία, captivity
8 σκῦλον, spoils, plunder
9 διαίρεσις, distribution
10 ζηλόω, *aor act ind 3p*, be zealous
11 ζῆλος, zeal
12 βδελύσσω, *aor mid ind 3p*, loathe
13 μίασμα, defilement
14 ἐπικαλέω, *aor mid ind 3p*, call upon
15 βοηθός, help
16 εἰσακούω, *aor act impv 2s*, hear, listen
17 χήρα, widow
18 πρότερος, former
19 μετέπειτα, thereafter, later
20 ἐπέρχομαι, *pres mid ptc acc p n*, come upon
21 διανοέομαι, *aor pas ind 2s*, have in mind
22 ἐννοέω, *aor pas ind 2s*, intend, conceive
23 παρίστημι, *aor act ind 3p*, stand nearby
24 βουλεύω, *aor mid ind 2s*, devise, will
25 πάρειμι, *pres act ind 1p*, be present
26 ἕτοιμος, prepared
27 πρόγνωσις, foreknowledge
28 πληθύνω, *aor pas ind 3p*, increase, grow
29 ὑψόω, *aor pas ind 3p*, elevate, set on high
30 ἵππος, horse
31 ἀναβάτης, rider
32 γαυριάω, *aor act ind 3p*, pride oneself on
33 βραχίων, strength
34 πεζός, foot soldier
35 ἀσπίς, shield, armor
36 γαῖσος, spear
37 τόξον, bow
38 σφενδόνη, sling
39 συντρίβω, *pres act ptc nom s m*, break up, crush
40 ῥάσσω, *aor act impv 2s*, overthrow
41 ἰσχύς, strength, might
42 κατάγνυμι, *aor act impv 2s*, shatter
43 θυμός, wrath
44 βουλεύω, *aor mid ind 3p*, devise, will
45 βεβηλόω, *aor act inf*, profane, defile
46 μιαίνω, *aor act inf*, pollute
47 σκήνωμα, tent
48 κατάπαυσις, resting place
49 καταβάλλω, *aor act inf*, strike down
50 σίδηρος, iron
51 κέρας, horn
52 θυσιαστήριον, altar
53 ὑπερηφανία, arrogance

αὐτῶν, ἀπόστειλον τὴν ὀργήν σου εἰς κεφαλὰς αὐτῶν, δὸς ἐν χειρί μου τῆς χήρας[1] ὃ διενοήθην[2] κράτος.[3] **10** πάταξον[4] δοῦλον ἐκ χειλέων[5] ἀπάτης[6] μου ἐπ' ἄρχοντι καὶ ἄρχοντα ἐπὶ θεράποντι[7] αὐτοῦ, θραῦσον[8] αὐτῶν τὸ ἀνάστεμα[9] ἐν χειρὶ θηλείας.[10]

11 οὐ γὰρ ἐν πλήθει τὸ κράτος[11] σου, οὐδὲ ἡ δυναστεία[12] σου ἐν ἰσχύουσιν,[13] ἀλλὰ ταπεινῶν[14] εἶ θεός, ἐλαττόνων[15] εἶ βοηθός,[16] ἀντιλήμπτωρ[17] ἀσθενούντων,[18] ἀπεγνωσμένων[19] σκεπαστής,[20] ἀπηλπισμένων[21] σωτήρ.[22] **12** ναὶ[23] ναὶ ὁ θεὸς τοῦ πατρός μου καὶ θεὸς κληρονομίας[24] Ισραηλ, δέσποτα[25] τῶν οὐρανῶν καὶ τῆς γῆς, κτίστα[26] τῶν ὑδάτων, βασιλεῦ πάσης κτίσεώς[27] σου, σὺ εἰσάκουσον[28] τῆς δεήσεώς[29] μου **13** καὶ δὸς λόγον μου καὶ ἀπάτην[30] εἰς τραῦμα[31] καὶ μώλωπα[32] αὐτῶν, οἳ κατὰ τῆς διαθήκης σου καὶ οἴκου ἡγιασμένου[33] σου καὶ κορυφῆς[34] Σιων καὶ οἴκου κατασχέσεως[35] υἱῶν σου ἐβουλεύσαντο[36] σκληρά.[37] **14** καὶ ποίησον ἐπὶ παντὸς ἔθνους σου καὶ πάσης φυλῆς ἐπίγνωσιν[38] τοῦ εἰδῆσαι ὅτι σὺ εἶ ὁ θεὸς θεὸς πάσης δυνάμεως καὶ κράτους[39] καὶ οὐκ ἔστιν ἄλλος ὑπερασπίζων[40] τοῦ γένους[41] Ισραηλ εἰ μὴ σύ.

Judith's Preparations to Visit Holofernes

10 Καὶ ἐγένετο ὡς ἐπαύσατο[42] βοῶσα[43] πρὸς τὸν θεὸν Ισραηλ καὶ συνετέλεσεν[44] πάντα τὰ ῥήματα ταῦτα, **2** καὶ ἀνέστη ἀπὸ τῆς πτώσεως[45] καὶ ἐκάλεσεν τὴν ἅβραν[46] αὐτῆς καὶ κατέβη εἰς τὸν οἶκον, ἐν ᾧ διέτριβεν[47] ἐν αὐτῷ ἐν ταῖς ἡμέραις τῶν

1 χήρα, widow
2 διανοέομαι, *aor pas ind 1s*, have in mind
3 κράτος, strength
4 πατάσσω, *aor act impv 2s*, strike
5 χεῖλος, lip
6 ἀπάτη, deceit
7 θεράπων, servant
8 θραύω, *aor act impv 2s*, break down
9 ἀνάστημα, height
10 θῆλυς, woman
11 κράτος, power
12 δυναστεία, domination
13 ἰσχύω, *pres act ptc dat p m*, strengthen
14 ταπεινός, humble
15 ἐλάττων (σσ), *comp of* μικρός, *from* ἐλαχύς, smaller
16 βοηθός, helper
17 ἀντιλήμπτωρ, protector
18 ἀσθενέω, *pres act ptc gen p m*, be weak
19 ἀπογινώσκω, *perf pas ptc gen p m*, give up in hopelessness
20 σκεπαστής, defender
21 ἀπελπίζω, *perf pas ptc gen p m*, despair
22 σωτήρ, savior
23 ναί, yes, certainly
24 κληρονομία, inheritance
25 δεσπότης, master
26 κτίστης, creator
27 κτίσις, creation
28 εἰσακούω, *aor act impv 2s*, hear, listen
29 δέησις, supplication, petition
30 ἀπάτη, deceit
31 τραῦμα, wound
32 μώλωψ, bruise
33 ἁγιάζω, *perf pas ptc gen s m*, sanctify
34 κορυφή, peak, top
35 κατάσχεσις, possession
36 βουλεύω, *aor mid ind 3p*, devise, will
37 σκληρός, harshly
38 ἐπίγνωσις, knowledge
39 κράτος, power
40 ὑπερασπίζω, *pres act ptc nom s m*, defend, shield
41 γένος, nation, people
42 παύω, *aor mid ind 3s*, cease
43 βοάω, *pres act ptc nom s f*, cry out
44 συντελέω, *aor act ind 3s*, finish
45 πτῶσις, fallen position
46 ἅβρα, favorite servant
47 διατρίβω, *impf act ind 3s*, spend time

σαββάτων καὶ ἐν ταῖς ἑορταῖς[1] αὐτῆς, **3** καὶ περιείλατο[2] τὸν σάκκον,[3] ὃν ἐνεδεδύκει,[4]
καὶ ἐξεδύσατο[5] τὰ ἱμάτια τῆς χηρεύσεως[6] αὐτῆς καὶ περιεκλύσατο[7] τὸ σῶμα ὕδατι
καὶ ἐχρίσατο[8] μύρῳ[9] παχεῖ[10] καὶ διέξανε[11] τὰς τρίχας[12] τῆς κεφαλῆς αὐτῆς καὶ ἐπέ-
θετο μίτραν[13] ἐπ᾽ αὐτῆς καὶ ἐνεδύσατο[14] τὰ ἱμάτια τῆς εὐφροσύνης[15] αὐτῆς, ἐν οἷς
ἐστολίζετο[16] ἐν ταῖς ἡμέραις τῆς ζωῆς τοῦ ἀνδρὸς αὐτῆς Μανασση, **4** καὶ ἔλαβεν
σανδάλια[17] εἰς τοὺς πόδας αὐτῆς καὶ περιέθετο[18] τοὺς χλιδῶνας[19] καὶ τὰ ψέλια[20] καὶ
τοὺς δακτυλίους[21] καὶ τὰ ἐνώτια[22] καὶ πάντα τὸν κόσμον[23] αὐτῆς καὶ ἐκαλλωπίσατο[24]
σφόδρα[25] εἰς ἀπάτησιν[26] ὀφθαλμῶν ἀνδρῶν, ὅσοι ἂν ἴδωσιν αὐτήν. **5** καὶ ἔδωκεν τῇ
ἅβρᾳ[27] αὐτῆς ἀσκοπυτίνην[28] οἴνου καὶ καψάκην[29] ἐλαίου[30] καὶ πήραν[31] ἐπλήρωσεν
ἀλφίτων[32] καὶ παλάθης[33] καὶ ἄρτων καθαρῶν[34] καὶ περιεδίπλωσε[35] πάντα τὰ ἀγγεῖα[36]
αὐτῆς καὶ ἐπέθηκεν αὐτῇ.

6 καὶ ἐξήλθοσαν ἐπὶ τὴν πύλην[37] τῆς πόλεως Βαιτυλουα καὶ εὕροσαν ἐφεστῶτα[38]
ἐπ᾽ αὐτῇ Οζιαν καὶ τοὺς πρεσβυτέρους τῆς πόλεως Χαβριν καὶ Χαρμιν· **7** ὡς δὲ εἶδον
αὐτὴν καὶ ἦν ἠλλοιωμένον[39] τὸ πρόσωπον αὐτῆς καὶ τὴν στολὴν[40] μεταβεβληκυῖαν[41]
αὐτῆς, καὶ ἐθαύμασαν[42] ἐπὶ τῷ κάλλει αὐτῆς ἐπὶ πολὺ σφόδρα[43] καὶ εἶπαν αὐτῇ **8** Ὁ
θεὸς τῶν πατέρων ἡμῶν δῴη[44] σε εἰς χάριν καὶ τελειώσαι[45] τὰ ἐπιτηδεύματά[46] σου
εἰς γαυρίαμα[47] υἱῶν Ισραηλ καὶ ὕψωμα[48] Ιερουσαλημ.

9 καὶ προσεκύνησεν τῷ θεῷ καὶ εἶπεν πρὸς αὐτούς Ἐπιτάξατε[49] ἀνοῖξαί μοι τὴν
πύλην[50] τῆς πόλεως, καὶ ἐξελεύσομαι εἰς τελείωσιν[51] τῶν λόγων, ὧν ἐλαλήσατε

1 ἑορτή, feast
2 περιαιρέω, *aor mid ind 3s*, take off
3 σάκκος, sackcloth, *Heb. LW*
4 ἐνδύω, *plpf act ind 3s*, put on
5 ἐκδύω, *aor mid ind 3s*, remove
6 χήρευσις, widowhood
7 περικλύζω, *aor mid ind 3s*, bathe
8 χρίω, *aor mid ind 3s*, anoint
9 μύρον, perfume
10 πάχος, thick
11 διαξαίνω, *aor act ind 3s*, comb
12 θρίξ, hair
13 μίτρα, headdress
14 ἐνδύω, *aor mid ind 3s*, put on
15 εὐφροσύνη, joy, gladness
16 στολίζω, *impf pas ind 3s*, clothe
17 σανδάλιον, sandal
18 περιτίθημι, *aor mid ind 3s*, put around
19 χλιδών, anklet
20 ψέλιον, armlet
21 δακτύλιος, ring
22 ἐνώτιον, earring
23 κόσμος, ornamentation
24 καλλωπίζω, *aor mid ind 3s*, adorn oneself
25 σφόδρα, exceedingly
26 ἀπάτησις, allurement
27 ἅβρα, favorite servant
28 ἀσκοπυτίνη, leather bottle
29 καψάκης, flask
30 ἔλαιον, oil
31 πήρα, leather pouch
32 ἄλφιτον, grain
33 παλάθη, cake of dried fruit
34 καθαρός, pure
35 περιδιπλόω, *aor act ind 3s*, pack up
36 ἀγγεῖον, container
37 πύλη, gate
38 ἐφίστημι, *perf act ptc acc s m*, stand
39 ἀλλοιόω, *perf pas ptc nom s n*, change
40 στολή, clothing
41 μεταβάλλω, *perf act ptc acc s f*, alter
42 θαυμάζω, *aor act ind 3p*, admire, be amazed
43 σφόδρα, very much
44 δίδωμι, *aor act opt 3s*, give
45 τελειόω, *aor act opt 3s*, complete
46 ἐπιτήδευμα, business, pursuit
47 γαυρίαμα, exultation
48 ὕψωμα, exaltation
49 ἐπιτάσσω, *aor act impv 2p*, give a command
50 πύλη, gate
51 τελείωσις, accomplishment

μετ᾽ ἐμοῦ· καὶ συνέταξαν[1] τοῖς νεανίσκοις[2] ἀνοῖξαι αὐτῇ καθότι[3] ἐλάλησεν. **10** καὶ
ἐποίησαν οὕτως. καὶ ἐξῆλθεν Ιουδιθ, αὐτὴ καὶ ἡ παιδίσκη[4] αὐτῆς μετ᾽ αὐτῆς· ἀπε-
σκόπευον[5] δὲ αὐτὴν οἱ ἄνδρες τῆς πόλεως ἕως οὗ κατέβη τὸ ὄρος, ἕως διῆλθεν τὸν
αὐλῶνα[6] καὶ οὐκέτι ἐθεώρουν[7] αὐτήν.

Assyrians Take Judith Captive

11 καὶ ἐπορεύοντο ἐν τῷ αὐλῶνι[8] εἰς εὐθεῖαν,[9] καὶ συνήντησεν[10] αὐτῇ προφυλακὴ[11]
τῶν Ἀσσυρίων. **12** καὶ συνέλαβον[12] αὐτὴν καὶ ἐπηρώτησαν[13] Τίνων εἶ καὶ πόθεν[14]
ἔρχῃ καὶ ποῦ πορεύῃ; καὶ εἶπεν Θυγάτηρ[15] εἰμὶ τῶν Εβραίων καὶ ἀποδιδράσκω[16] ἀπὸ
προσώπου αὐτῶν, ὅτι μέλλουσιν[17] δίδοσθαι ὑμῖν εἰς κατάβρωμα·[18] **13** κἀγὼ[19] ἔρχομαι
εἰς τὸ πρόσωπον Ολοφέρνου ἀρχιστρατήγου[20] δυνάμεως ὑμῶν τοῦ ἀπαγγεῖλαι
ῥήματα ἀληθείας καὶ δείξω πρὸ προσώπου αὐτοῦ ὁδὸν καθ᾽ ἣν πορεύσεται καὶ
κυριεύσει[21] πάσης τῆς ὀρεινῆς,[22] καὶ οὐ διαφωνήσει[23] τῶν ἀνδρῶν αὐτοῦ σὰρξ μία
οὐδὲ πνεῦμα ζωῆς.

14 ὡς δὲ ἤκουσαν οἱ ἄνδρες τὰ ῥήματα αὐτῆς καὶ κατενόησαν[24] τὸ πρόσωπον αὐτῆς
— καὶ ἦν ἐναντίον[25] αὐτῶν θαυμάσιον[26] τῷ κάλλει[27] σφόδρα[28] — καὶ εἶπαν πρὸς
αὐτήν **15** Σέσωκας τὴν ψυχήν σου σπεύσασα[29] καταβῆναι εἰς πρόσωπον τοῦ κυρίου
ἡμῶν· καὶ νῦν πρόσελθε ἐπὶ τὴν σκηνὴν[30] αὐτοῦ, καὶ ἀφ᾽ ἡμῶν προπέμψουσίν[31] σε,
ἕως παραδώσουσίν σε εἰς χεῖρας αὐτοῦ· **16** ἐὰν δὲ στῇς ἐναντίον[32] αὐτοῦ, μὴ φοβηθῇς
τῇ καρδίᾳ σου, ἀλλὰ ἀνάγγειλον[33] κατὰ τὰ ῥήματά σου, καὶ εὖ[34] σε ποιήσει. **17** καὶ
ἐπέλεξαν[35] ἐξ αὐτῶν ἄνδρας ἑκατὸν[36] καὶ παρέζευξαν[37] αὐτῇ καὶ τῇ ἅβρᾳ[38] αὐτῆς,
καὶ ἤγαγον αὐτὰς ἐπὶ τὴν σκηνὴν[39] Ολοφέρνου. **18** καὶ ἐγένετο συνδρομὴ[40] ἐν πάσῃ

1 συντάσσω, *aor act ind 3p*, order
2 νεανίσκος, young man
3 καθότι, just as
4 παιδίσκη, maidservant
5 ἀποσκοπεύω, *impf act ind 3p*, watch, look after
6 αὐλών, valley
7 θεωρέω, *impf act ind 3p*, look at, see
8 αὐλών, valley
9 εὐθύς, straight ahead
10 συναντάω, *aor act ind 3s*, come to meet
11 προφυλακή, outpost, sentinel
12 συλλαμβάνω, *aor act ind 3p*, lay hold of, arrest
13 ἐπερωτάω, *aor act ind 3p*, inquire
14 πόθεν, from where
15 θυγάτηρ, daughter
16 ἀποδιδράσκω, *pres act ind 1s*, flee from
17 μέλλω, *pres act ind 3p*, be about to
18 κατάβρωμα, prey
19 κἀγώ, and I, *cr.* καὶ ἐγώ
20 ἀρχιστράτηγος, chief captain
21 κυριεύω, *fut act ind 3s*, exercise control over
22 ὀρεινός, hill country
23 διαφωνέω, *fut act ind 3s*, perish
24 κατανοέω, *aor act ind 3p*, gaze at, observe
25 ἐναντίον, before
26 θαυμάσιος, wonderful
27 κάλλος, beauty
28 σφόδρα, exceedingly
29 σπεύδω, *aor act ptc nom s f*, hasten
30 σκηνή, tent
31 προπέμπω, *fut act ind 3p*, accompany
32 ἐναντίον, before
33 ἀναγγέλλω, *aor act impv 2s*, report
34 εὖ, well
35 ἐπιλέγω, *aor act ind 3p*, select
36 ἑκατόν, hundred
37 παραζεύγνυμι, *aor act ind 3p*, group together
38 ἅβρα, favorite servant
39 σκηνή, tent
40 συνδρομή, tumult (of people)

τῇ παρεμβολῇ,[1] διεβοήθη[2] γὰρ εἰς τὰ σκηνώματα[3] ἡ παρουσία[4] αὐτῆς· καὶ ἐλθόντες ἐκύκλουν[5] αὐτήν, ὡς εἱστήκει[6] ἔξω τῆς σκηνῆς[7] Ολοφέρνου, ἕως προσήγγειλαν[8] αὐτῷ περὶ αὐτῆς.
19 καὶ ἐθαύμαζον[9] ἐπὶ τῷ κάλλει[10] αὐτῆς καὶ ἐθαύμαζον τοὺς υἱοὺς Ισραηλ ἀπ' αὐτῆς, καὶ εἶπεν ἕκαστος πρὸς τὸν πλησίον[11] αὐτοῦ Τίς καταφρονήσει[12] τοῦ λαοῦ τούτου, ὃς ἔχει ἐν ἑαυτῷ γυναῖκας τοιαύτας;[13] ὅτι οὐ καλόν ἐστιν ὑπολείπεσθαι[14] ἐξ αὐτῶν ἄνδρα ἕνα, οἳ ἀφεθέντες δυνήσονται κατασοφίσασθαι[15] πᾶσαν τὴν γῆν,

20 καὶ ἐξῆλθον οἱ παρακαθεύδοντες[16] Ολοφέρνῃ καὶ πάντες οἱ θεράποντες[17] αὐτοῦ καὶ εἰσήγαγον[18] αὐτὴν εἰς τὴν σκηνήν.[19]
21 καὶ ἦν Ολοφέρνης ἀναπαυόμενος[20] ἐπὶ τῆς κλίνης[21] αὐτοῦ ἐν τῷ κωνωπίῳ,[22] ὃ ἦν ἐκ πορφύρας[23] καὶ χρυσίου[24] καὶ σμαράγδου[25] καὶ λίθων πολυτελῶν[26] καθυφασμένων.[27]
22 καὶ ἀνήγγειλαν[28] αὐτῷ περὶ αὐτῆς, καὶ ἐξῆλθεν εἰς τὸ προσκήνιον,[29] καὶ λαμπάδες[30] ἀργυραῖ[31] προάγουσαι[32] αὐτοῦ.
23 ὡς δὲ ἦλθεν κατὰ πρόσωπον αὐτοῦ Ιουδιθ καὶ τῶν θεραπόντων[33] αὐτοῦ, ἐθαύμασαν[34] πάντες ἐπὶ τῷ κάλλει[35] τοῦ προσώπου αὐτῆς· καὶ πεσοῦσα ἐπὶ πρόσωπον προσεκύνησεν αὐτῷ, καὶ ἤγειραν[36] αὐτὴν οἱ δοῦλοι αὐτοῦ.

Judith's Initial Meeting with Holofernes

11 Καὶ εἶπεν πρὸς αὐτὴν Ολοφέρνης Θάρσησον,[37] γύναι, μὴ φοβηθῇς τῇ καρδίᾳ σου, ὅτι ἐγὼ οὐκ ἐκάκωσα[38] ἄνθρωπον ὅστις ᾑρέτικεν[39] δουλεύειν[40] βασιλεῖ Ναβουχοδονοσορ πάσης τῆς γῆς.
2 καὶ νῦν ὁ λαός σου ὁ κατοικῶν τὴν ὀρεινὴν[41] εἰ

1 παρεμβολή, camp
2 διαβοάω, *aor pas ind 3s*, be the common talk
3 σκήνωμα, tent
4 παρουσία, presence
5 κυκλόω, *impf act ind 3p*, surround, encircle
6 ἵστημι, *plpf act ind 3s*, stand
7 σκηνή, tent
8 προσαγγέλλω, *aor act ind 3p*, announce
9 θαυμάζω, *impf act ind 3p*, admire, be amazed
10 κάλλος, beauty
11 πλησίον, companion
12 καταφρονέω, *fut act ind 3s*, think contemptuously of
13 τοιοῦτος, such as this
14 ὑπολείπω, *pres pas inf*, leave behind
15 κατασοφίζομαι, *aor mid inf*, outwit
16 παρακαθεύδω, *pres act ptc nom p m*, guard, keep watch by
17 θεράπων, servant
18 εἰσάγω, *aor act ind 3p*, bring in
19 σκηνή, tent
20 ἀναπαύω, *pres mid ptc nom s m*, rest
21 κλίνη, bed
22 κωνώπιον, canopy
23 πορφύρα, purple
24 χρυσίον, gold
25 σμάραγδος, emerald
26 πολυτελής, expensive, valuable
27 καθυφαίνω, *perf pas ptc gen p m*, interweave
28 ἀναγγέλλω, *aor act ind 3p*, report
29 προσκήνιον, outer area of a tent
30 λαμπάς, lamp
31 ἀργυροῦς, silver
32 προάγω, *pres act ptc nom p f*, go before
33 θεράπων, servant
34 θαυμάζω, *aor act ind 3p*, admire, be amazed
35 κάλλος, beauty
36 ἐγείρω, *aor act ind 3p*, raise up
37 θαρσέω, *aor act impv 2s*, be of good courage
38 κακόω, *aor act ind 1s*, maltreat
39 αἱρετίζω, *perf act ind 3s*, choose
40 δουλεύω, *pres act inf*, serve
41 ὀρεινός, hill country

μὴ ἐφαύλισάν[1] με, οὐκ ἂν ἦρα τὸ δόρυ[2] μου ἐπ᾿ αὐτούς· ἀλλὰ αὐτοὶ ἑαυτοῖς ἐποίησαν
ταῦτα. **3** καὶ νῦν λέγε μοι τίνος ἕνεκεν[3] ἀπέδρας[4] ἀπ᾿ αὐτῶν καὶ ἦλθες πρὸς ἡμᾶς·
ἥκεις[5] γὰρ εἰς σωτηρίαν· θάρσει,[6] ἐν τῇ νυκτὶ ταύτῃ ζήσῃ καὶ εἰς τὸ λοιπόν· **4** οὐ γὰρ
ἔστιν ὃς ἀδικήσει[7] σε, ἀλλ᾿ εὖ[8] σε ποιήσει, καθὰ[9] γίνεται τοῖς δούλοις τοῦ κυρίου
μου βασιλέως Ναβουχοδονοσορ.

5 καὶ εἶπεν πρὸς αὐτὸν Ιουδιθ Δέξαι[10] τὰ ῥήματα τῆς δούλης[11] σου, καὶ λαλησάτω
ἡ παιδίσκη[12] σου κατὰ πρόσωπόν σου, καὶ οὐκ ἀναγγελῶ[13] ψεῦδος[14] τῷ κυρίῳ μου
ἐν τῇ νυκτὶ ταύτῃ. **6** καὶ ἐὰν κατακολουθήσῃς[15] τοῖς λόγοις τῆς παιδίσκης[16] σου,
τελείως[17] πρᾶγμα[18] ποιήσει μετὰ σοῦ ὁ θεός, καὶ οὐκ ἀποπεσεῖται[19] ὁ κύριός μου τῶν
ἐπιτηδευμάτων[20] αὐτοῦ. **7** ζῇ γὰρ βασιλεὺς Ναβουχοδονοσορ πάσης τῆς γῆς καὶ ζῇ
τὸ κράτος[21] αὐτοῦ, ὃς ἀπέστειλέν σε εἰς κατόρθωσιν[22] πάσης ψυχῆς, ὅτι οὐ μόνον
ἄνθρωποι διὰ σὲ δουλεύουσιν[23] αὐτῷ, ἀλλὰ καὶ τὰ θηρία τοῦ ἀγροῦ καὶ τὰ κτήνη[24] καὶ
τὰ πετεινὰ[25] τοῦ οὐρανοῦ διὰ τῆς ἰσχύος[26] σου ζήσονται ἐπὶ Ναβουχοδονοσορ καὶ
πάντα τὸν οἶκον αὐτοῦ. **8** ἠκούσαμεν γὰρ τὴν σοφίαν σου καὶ τὰ πανουργεύματα[27]
τῆς ψυχῆς σου, καὶ ἀνηγγέλη[28] πάσῃ τῇ γῇ ὅτι σὺ μόνος ἀγαθὸς ἐν πάσῃ βασιλείᾳ
καὶ δυνατὸς ἐν ἐπιστήμῃ[29] καὶ θαυμαστὸς[30] ἐν στρατεύμασιν[31] πολέμου.

9 καὶ νῦν ὁ λόγος, ὃν ἐλάλησεν Αχιωρ ἐν τῇ συνεδρίᾳ[32] σου, ἠκούσαμεν τὰ ῥήματα
αὐτοῦ, ὅτι περιεποιήσαντο[33] αὐτὸν οἱ ἄνδρες Βαιτυλουα, καὶ ἀνήγγειλεν[34] αὐτοῖς
πάντα, ὅσα ἐξελάλησεν[35] παρὰ σοί. **10** διό,[36] δέσποτα[37] κύριε, μὴ παρέλθῃς[38] τὸν
λόγον αὐτοῦ, ἀλλὰ κατάθου[39] αὐτὸν ἐν τῇ καρδίᾳ σου, ὅτι ἐστὶν ἀληθής·[40] οὐ γὰρ

1 φαυλίζω, *aor act ind 3p*, despise
2 δόρυ, spear
3 ἕνεκα, for what reason
4 ἀποδιδράσκω, *aor act ind 2s*, run away, escape
5 ἥκω, *pres act ind 2s*, have come
6 θαρσέω, *pres act impv 2s*, be of good courage
7 ἀδικέω, *fut act ind 3s*, do wrong
8 εὖ, well
9 καθά, as
10 δέχομαι, *aor mid impv 2s*, receive
11 δούλη, female servant
12 παιδίσκη, maidservant
13 ἀναγγέλλω, *fut act ind 1s*, report
14 ψεῦδος, lie
15 κατακολουθέω, *aor act sub 2s*, follow after, comply with
16 παιδίσκη, maidservant
17 τελείως, fully
18 πρᾶγμα, undertaking, matter
19 ἀποπίπτω, *fut mid ind 3s*, fail, fall away
20 ἐπιτήδευμα, business, pursuit
21 κράτος, power
22 κατόρθωσις, upholding
23 δουλεύω, *pres act ind 3p*, serve
24 κτῆνος, animal, (*p*) herd
25 πετεινός, bird
26 ἰσχύς, strength
27 πανούργευμα, great deed
28 ἀναγγέλλω, *aor pas ind 3s*, proclaim
29 ἐπιστήμη, understanding
30 θαυμαστός, marvelous
31 στράτευμα, expedition
32 συνεδρία, council
33 περιποιέω, *aor mid ind 3p*, preserve alive
34 ἀναγγέλλω, *aor act ind 3s*, recount
35 ἐκλαλέω, *aor act ind 3s*, speak
36 διό, therefore
37 δεσπότης, master
38 παρέρχομαι, *aor act sub 2s*, reject
39 κατατίθημι, *aor mid impv 2s*, place
40 ἀληθής, truthful

ἐκδικᾶται[1] τὸ γένος[2] ἡμῶν, οὐ κατισχύει[3] ῥομφαία[4] ἐπ᾽ αὐτούς, ἐὰν μὴ ἁμάρτωσιν
εἰς τὸν θεὸν αὐτῶν.

11 καὶ νῦν ἵνα μὴ γένηται ὁ κύριός μου ἔκβολος[5] καὶ ἄπρακτος[6] καὶ ἐπιπεσεῖται[7]
θάνατος ἐπὶ πρόσωπον αὐτῶν, καὶ κατελάβετο[8] αὐτοὺς ἁμάρτημα,[9] ἐν ᾧ παροργιοῦσιν[10] τὸν θεὸν αὐτῶν, ὁπηνίκα[11] ἂν ποιήσωσιν ἀτοπίαν.[12]
12 ἐπεὶ[13] παρεξέλιπεν[14]
αὐτοὺς τὰ βρώματα[15] καὶ ἐσπανίσθη[16] πᾶν ὕδωρ, ἐβουλεύσαντο[17] ἐπιβαλεῖν[18] τοῖς
κτήνεσιν[19] αὐτῶν καὶ πάντα, ὅσα διεστείλατο[20] αὐτοῖς ὁ θεὸς τοῖς νόμοις αὐτοῦ μὴ
φαγεῖν, διέγνωσαν[21] δαπανῆσαι.[22]
13 καὶ τὰς ἀπαρχὰς[23] τοῦ σίτου[24] καὶ τὰς δεκάτας[25] τοῦ οἴνου καὶ τοῦ ἐλαίου,[26] ἃ διεφύλαξαν[27] ἁγιάσαντες[28] τοῖς ἱερεῦσιν τοῖς
παρεστηκόσιν[29] ἐν Ιερουσαλημ ἀπέναντι[30] τοῦ προσώπου τοῦ θεοῦ ἡμῶν, κεκρίκασιν ἐξαναλῶσαι,[31] ὧν οὐδὲ ταῖς χερσὶν καθῆκεν[32] ἅψασθαι οὐδένα τῶν ἐκ τοῦ
λαοῦ.
14 καὶ ἀπεστάλκασιν εἰς Ιερουσαλημ, ὅτι καὶ οἱ ἐκεῖ κατοικοῦντες ἐποίησαν
ταῦτα, τοὺς μετακομίσοντας[33] αὐτοῖς τὴν ἄφεσιν[34] παρὰ τῆς γερουσίας.[35]
15 καὶ
ἔσται ὡς ἂν ἀναγγείλῃ[36] αὐτοῖς καὶ ποιήσωσιν, δοθήσονταί σοι εἰς ὄλεθρον[37] ἐν τῇ
ἡμέρᾳ ἐκείνῃ.

16 ὅθεν[38] ἐγὼ ἡ δούλη[39] σου ἐπιγνοῦσα ταῦτα πάντα ἀπέδρων[40] ἀπὸ προσώπου
αὐτῶν, καὶ ἀπέστειλέν με ὁ θεὸς ποιῆσαι μετὰ σοῦ πράγματα,[41] ἐφ᾽ οἷς ἐκστήσεται[42]
πᾶσα ἡ γῆ, ὅσοι ἐὰν ἀκούσωσιν αὐτά.
17 ὅτι ἡ δούλη[43] σου θεοσεβής[44] ἐστιν καὶ
θεραπεύουσα[45] νυκτὸς καὶ ἡμέρας τὸν θεὸν τοῦ οὐρανοῦ· καὶ νῦν μενῶ[46] παρὰ

1 ἐκδικάζω, *fut mid ind 3s*, avenge
2 γένος, nation, people
3 κατισχύω, *pres act ind 3s*, prevail over
4 ῥομφαία, sword
5 ἔκβολος, frustrated
6 ἄπρακτος, left undone
7 ἐπιπίπτω, *fut mid ind 3s*, fall upon
8 καταλαμβάνω, *aor mid ind 3s*, overtake
9 ἁμάρτημα, sin, offense
10 παροργίζω, *fut act ind 3p*, provoke to anger
11 ὁπηνίκα, at which time
12 ἀτοπία, wickedness, misdeed
13 ἐπεί, when
14 παρεκλείπω, *aor act ind 3s*, fail
15 βρῶμα, food, provisions
16 σπανίζω, *aor pas ind 3s*, exhaust
17 βουλεύω, *aor mid ind 3p*, devise, will
18 ἐπιβάλλω, *aor act inf*, cast (hands) upon
19 κτῆνος, animal, (*p*) herd
20 διαστέλλω, *aor mid ind 3s*, give orders
21 διαγινώσκω, *aor act ind 3p*, determine
22 δαπανάω, *aor act inf*, consume
23 ἀπαρχή, firstfruit
24 σῖτος, grain
25 δέκατος, tenth
26 ἔλαιον, oil
27 διαφυλάσσω, *aor act ind 3p*, preserve
28 ἁγιάζω, *aor act ptc nom p m*, consecrate
29 παρίστημι, *perf act ptc dat p m*, stand near
30 ἀπέναντι, in the presence of
31 ἐξαναλίσκω, *aor act inf*, consume completely
32 καθήκω, *impf act ind 3s*, be proper
33 μετακομίζω, *fut act ptc acc p m*, convey back
34 ἄφεσις, remission, release
35 γερουσία, council of elders
36 ἀναγγέλλω, *aor act sub 3s*, report
37 ὄλεθρος, destruction
38 ὅθεν, hence
39 δούλη, female servant
40 ἀποδιδράσκω, *aor act ind 1s*, run away, escape
41 πρᾶγμα, undertaking, matter
42 ἐξίστημι, *fut mid ind 3s*, be amazed
43 δούλη, female servant
44 θεοσεβής, pious
45 θεραπεύω, *pres act ptc nom s f*, attend upon, worship
46 μένω, *fut act ind 1s*, remain

σοί, κύριέ μου, καὶ ἐξελεύσεται ἡ δούλη σου κατὰ νύκτα εἰς τὴν φάραγγα[1] καὶ
προσεύξομαι πρὸς τὸν θεόν, καὶ ἐρεῖ μοι πότε ἐποίησαν τὰ ἁμαρτήματα[2] αὐτῶν.
18 καὶ ἐλθοῦσα προσανοίσω[3] σοι, καὶ ἐξελεύσῃ σὺν πάσῃ τῇ δυνάμει σου, καὶ οὐκ
ἔστιν ὃς ἀντιστήσεταί[4] σοι ἐξ αὐτῶν. **19** καὶ ἄξω σε διὰ μέσου τῆς Ιουδαίας ἕως τοῦ
ἐλθεῖν ἀπέναντι[5] Ιερουσαλημ καὶ θήσω τὸν δίφρον[6] σου ἐν μέσῳ αὐτῆς, καὶ ἄξεις
αὐτοὺς ὡς πρόβατα, οἷς οὐκ ἔστιν ποιμήν,[7] καὶ οὐ γρύξει[8] κύων[9] τῇ γλώσσῃ αὐτοῦ
ἀπέναντί[10] σου· ὅτι ταῦτα ἐλαλήθη μοι κατὰ πρόγνωσίν[11] μου καὶ ἀπηγγέλη[12] μοι,
καὶ ἀπεστάλην ἀναγγεῖλαί[13] σοι.

20 καὶ ἤρεσαν[14] οἱ λόγοι αὐτῆς ἐναντίον[15] Ολοφέρνου καὶ ἐναντίον πάντων τῶν
θεραπόντων[16] αὐτοῦ, καὶ ἐθαύμασαν[17] ἐπὶ τῇ σοφίᾳ αὐτῆς καὶ εἶπαν **21** Οὐκ ἔστιν
τοιαύτη[18] γυνὴ ἀπ᾽ ἄκρου[19] ἕως ἄκρου τῆς γῆς ἐν καλῷ προσώπῳ καὶ συνέσει[20] λόγων.
22 καὶ εἶπεν πρὸς αὐτὴν Ολοφέρνης Εὖ[21] ἐποίησεν ὁ θεὸς ἀποστείλας σε ἔμπροσθεν
τοῦ λαοῦ τοῦ γενηθῆναι ἐν χερσὶν ἡμῶν κράτος,[22] ἐν δὲ τοῖς φαυλίσασι[23] τὸν κύριόν
μου ἀπώλειαν.[24] **23** καὶ νῦν ἀστεία[25] εἶ σὺ ἐν τῷ εἴδει[26] σου καὶ ἀγαθὴ ἐν τοῖς λόγοις
σου· ὅτι ἐὰν ποιήσῃς καθὰ[27] ἐλάλησας, ὁ θεός σου ἔσται μου θεός, καὶ σὺ ἐν οἴκῳ
βασιλέως Ναβουχοδονοσορ καθήσῃ καὶ ἔσῃ ὀνομαστὴ[28] παρὰ πᾶσαν τὴν γῆν.

Judith Stays with Holofernes

12 Καὶ ἐκέλευσεν[29] εἰσαγαγεῖν[30] αὐτὴν οὗ ἐτίθετο τὰ ἀργυρώματα[31] αὐτοῦ
καὶ συνέταξεν[32] καταστρῶσαι[33] αὐτῇ ἀπὸ τῶν ὀψοποιημάτων[34] αὐτοῦ καὶ
τοῦ οἴνου αὐτοῦ πίνειν. **2** καὶ εἶπεν Ιουδιθ Οὐ φάγομαι ἐξ αὐτῶν, ἵνα μὴ γένηται
σκάνδαλον,[35] ἀλλ᾽ ἐκ τῶν ἠκολουθηκότων[36] μοι χορηγηθήσεται.[37] **3** καὶ εἶπεν πρὸς
αὐτὴν Ολοφέρνης Ἐὰν δὲ ἐκλίπῃ[38] τὰ ὄντα μετὰ σοῦ, πόθεν[39] ἐξοίσομέν[40] σοι δοῦναι

1 φάραγξ, ravine
2 ἁμάρτημα, sin, offense
3 προσαναφέρω, *fut act ind 1s*, bring back (a report)
4 ἀνθίστημι, *fut mid ind 3s*, stand in opposition
5 ἀπέναντι, before
6 δίφρος, seat
7 ποιμήν, shepherd
8 γρύζω, *fut act ind 3s*, growl
9 κύων, dog
10 ἀπέναντι, before
11 πρόγνωσις, foreknowledge
12 ἀπαγγέλλω, *aor pas ind 3s*, report
13 ἀναγγέλλω, *aor act inf*, declare
14 ἀρέσκω, *aor act ind 3p*, please
15 ἐναντίον, before
16 θεράπων, servant
17 θαυμάζω, *aor act ind 3p*, be amazed
18 τοιοῦτος, such as this
19 ἄκρος, end, corner
20 σύνεσις, intelligence
21 εὖ, well
22 κράτος, power
23 φαυλίζω, *aor act ptc dat p m*, despise
24 ἀπώλεια, destruction
25 ἀστεῖος, graceful, pretty
26 εἶδος, appearance
27 καθά, as
28 ὀνομαστός, renowned
29 κελεύω, *aor act ind 3s*, command
30 εἰσάγω, *aor act inf*, bring in
31 ἀργύρωμα, silver vessel
32 συντάσσω, *aor act ind 3s*, order
33 καταστρώννυμι, *aor act inf*, spread out
34 ὀψοποίημα, fine food
35 σκάνδαλον, offense, stumbling
36 ἀκολουθέω, *perf act ptc gen p n*, go with
37 χορηγέω, *fut pas ind 3s*, provide for
38 ἐκλείπω, *aor act sub 3s*, falter
39 πόθεν, from where
40 ἐκφέρω, *fut act ind 1p*, bring forth

ὅμοια[1] αὐτοῖς; οὐ γάρ ἐστιν μεθ᾽ ἡμῶν ἐκ τοῦ γένους[2] σου. **4** καὶ εἶπεν Ιουδιθ πρὸς
αὐτόν Ζῇ ἡ ψυχή σου, κύριέ μου, ὅτι οὐ δαπανήσει[3] ἡ δούλη[4] σου τὰ ὄντα μετ᾽ ἐμοῦ,
ἕως ἂν ποιήσῃ κύριος ἐν χειρί μου ἃ ἐβουλεύσατο.[5]

5 καὶ ἠγάγοσαν αὐτὴν οἱ θεράποντες[6] Ολοφέρνου εἰς τὴν σκηνήν,[7] καὶ ὕπνωσεν[8]
μέχρι[9] μεσούσης[10] τῆς νυκτός· καὶ ἀνέστη πρὸς τὴν ἑωθινὴν[11] φυλακήν. **6** καὶ ἀπέ-
στειλεν πρὸς Ολοφέρνην λέγουσα Ἐπιταξάτω[12] δή[13] ὁ κύριός μου ἐᾶσαι[14] τὴν
δούλην[15] σου ἐπὶ προσευχὴν ἐξελθεῖν· **7** καὶ προσέταξεν[16] Ολοφέρνης τοῖς σωμα-
τοφύλαξιν[17] μὴ διακωλύειν[18] αὐτήν. καὶ παρέμεινεν[19] ἐν τῇ παρεμβολῇ[20] ἡμέρας τρεῖς·
καὶ ἐξεπορεύετο κατὰ νύκτα εἰς τὴν φάραγγα[21] Βαιτυλουα καὶ ἐβαπτίζετο[22] ἐν τῇ
παρεμβολῇ[23] ἐπὶ τῆς πηγῆς[24] τοῦ ὕδατος· **8** καὶ ὡς ἀνέβη, ἐδέετο[25] τοῦ κυρίου θεοῦ
Ισραηλ κατευθῦναι[26] τὴν ὁδὸν αὐτῆς εἰς ἀνάστημα[27] τῶν υἱῶν τοῦ λαοῦ αὐτοῦ· **9** καὶ
εἰσπορευομένη[28] καθαρὰ[29] παρέμενεν[30] ἐν τῇ σκηνῇ,[31] μέχρι[32] οὗ προσηνέγκατο[33]
τὴν τροφὴν[34] αὐτῆς πρὸς ἑσπέραν.[35]

Holofernes Invites Judith to His Banquet

10 Καὶ ἐγένετο ἐν τῇ ἡμέρᾳ τῇ τετάρτῃ[36] ἐποίησεν Ολοφέρνης πότον[37] τοῖς δούλοις
αὐτοῦ μόνοις καὶ οὐκ ἐκάλεσεν εἰς τὴν κλῆσιν[38] οὐδένα τῶν πρὸς ταῖς χρείαις.[39]
11 καὶ εἶπεν Βαγώᾳ τῷ εὐνούχῳ,[40] ὃς ἦν ἐφεστηκὼς[41] ἐπὶ πάντων τῶν αὐτοῦ Πεῖσον[42]
δή[43] πορευθεὶς τὴν γυναῖκα τὴν Εβραίαν, ἥ ἐστιν παρὰ σοί, τοῦ ἐλθεῖν πρὸς ἡμᾶς
καὶ φαγεῖν καὶ πιεῖν μεθ᾽ ἡμῶν· **12** ἰδοὺ γὰρ αἰσχρὸν[44] τῷ προσώπῳ ἡμῶν εἰ γυναῖκα

1 ὅμοιος, equal to
2 γένος, nation, people
3 δαπανάω, *fut act ind 3s*, consume
4 δούλη, female servant
5 βουλεύω, *aor mid ind 3s*, determine, resolve
6 θεράπων, servant
7 σκηνή, tent
8 ὑπνόω, *aor act ind 3s*, sleep
9 μέχρι, until
10 μεσόω, *pres act ptc gen s f*, be in the middle
11 ἑωθινός, in the early morning
12 ἐπιτάσσω, *aor act impv 3s*, order to
13 δή, now
14 ἐάω, *aor act inf*, permit, allow
15 δούλη, female servant
16 προστάσσω, *aor act ind 3s*, instruct
17 σωματοφύλαξ, bodyguard
18 διακωλύω, *pres act inf*, prevent
19 παραμένω, *aor act ind 3s*, stay, remain
20 παρεμβολή, camp
21 φάραγξ, ravine
22 βαπτίζω, *impf mid ind 3s*, wash, dip
23 παρεμβολή, camp
24 πηγή, spring
25 δέομαι, *impf mid ind 3s*, supplicate
26 κατευθύνω, *aor act inf*, direct, lead
27 ἀνάστημα, raising up
28 εἰσπορεύομαι, *pres mid ptc nom s f*, enter
29 καθαρός, clean, pure
30 παραμένω, *impf act ind 3s*, abide
31 σκηνή, tent
32 μέχρι, until
33 προσφέρω, *aor mid ind 3s*, bring to
34 τροφή, food
35 ἑσπέρα, evening
36 τέταρτος, fourth
37 πότος, drinking party
38 κλῆσις, invitation
39 χρεία, affairs, business
40 εὐνοῦχος, eunuch
41 ἐφίστημι, *perf act ptc nom s m*, appoint over
42 πείθω, *aor act impv 2s*, prevail upon, persuade
43 δή, now
44 αἰσχρός, shameful

τοιαύτην[1] παρήσομεν[2] οὐχ ὁμιλήσαντες[3] αὐτῇ· ὅτι ἐὰν ταύτην μὴ ἐπισπασώμεθα,[4]
καταγελάσεται[5] ἡμῶν.

13 καὶ ἐξῆλθεν Βαγώας ἀπὸ προσώπου Ολοφέρνου καὶ εἰσῆλθεν πρὸς αὐτὴν καὶ
εἶπεν Μὴ ὀκνησάτω[6] δὴ ἡ παιδίσκη[7] ἡ καλὴ αὕτη ἐλθοῦσα πρὸς τὸν κύριόν μου
δοξασθῆναι κατὰ πρόσωπον αὐτοῦ καὶ πίεσαι μεθ' ἡμῶν εἰς εὐφροσύνην[8] οἶνον καὶ
γενηθῆναι ἐν τῇ ἡμέρᾳ ταύτῃ ὡς θυγάτηρ[9] μία τῶν υἱῶν Ασσουρ, αἳ παρεστήκασιν[10]
ἐν οἴκῳ Ναβουχοδονοσορ. **14** καὶ εἶπεν πρὸς αὐτὸν Ιουδιθ Καὶ τίς εἰμι ἐγὼ ἀντε-
ροῦσα[11] τῷ κυρίῳ μου; ὅτι πᾶν, ὃ ἔσται ἐν τοῖς ὀφθαλμοῖς αὐτοῦ ἀρεστόν,[12] σπεύ-
σασα[13] ποιήσω, καὶ ἔσται τοῦτό μοι ἀγαλλίαμα[14] ἕως ἡμέρας θανάτου μου. **15** καὶ
διαναστᾶσα[15] ἐκοσμήθη[16] τῷ ἱματισμῷ[17] καὶ παντὶ τῷ κόσμῳ[18] τῷ γυναικείῳ,[19] καὶ
προσῆλθεν ἡ δούλη[20] αὐτῆς καὶ ἔστρωσεν[21] αὐτῇ κατέναντι[22] Ολοφέρνου χαμαὶ[23]
τὰ κῴδια,[24] ἃ ἔλαβεν παρὰ Βαγώου εἰς τὴν καθημερινὴν[25] δίαιταν[26] αὐτῆς εἰς τὸ
ἐσθίειν κατακλινομένην[27] ἐπ' αὐτῶν.

16 καὶ εἰσελθοῦσα ἀνέπεσεν[28] Ιουδιθ, καὶ ἐξέστη[29] ἡ καρδία Ολοφέρνου ἐπ' αὐτήν,
καὶ ἐσαλεύθη[30] ἡ ψυχὴ αὐτοῦ, καὶ ἦν κατεπίθυμος[31] σφόδρα[32] τοῦ συγγενέσθαι[33] μετ'
αὐτῆς· καὶ ἐτήρει[34] καιρὸν τοῦ ἀπατῆσαι[35] αὐτὴν ἀφ' ἧς ἡμέρας εἶδεν αὐτήν. **17** καὶ
εἶπεν πρὸς αὐτὴν Ολοφέρνης Πίε δὴ[36] καὶ γενήθητι μεθ' ἡμῶν εἰς εὐφροσύνην.[37]
18 καὶ εἶπεν Ιουδιθ Πίομαι δή,[38] κύριε, ὅτι ἐμεγαλύνθη[39] τὸ ζῆν μου ἐν ἐμοὶ σήμερον
παρὰ πάσας τὰς ἡμέρας τῆς γενέσεώς[40] μου. **19** καὶ λαβοῦσα ἔφαγεν καὶ ἔπιεν
κατέναντι[41] αὐτοῦ ἃ ἡτοίμασεν ἡ δούλη[42] αὐτῆς. **20** καὶ ηὐφράνθη[43] Ολοφέρνης

1 τοιοῦτος, such a, like this
2 παρίημι, *fut act ind 1p*, let pass by
3 ὁμιλέω, *aor act ptc nom p m*, have sexual intercourse
4 ἐπισπάω, *aor mid sub 1p*, allure, draw in
5 καταγελάω, *fut mid ind 3s*, laugh at, deride
6 ὀκνέω, *aor act impv 3s*, delay, hesitate
7 παιδίσκη, maidservant
8 εὐφροσύνη, joy, gladness
9 θυγάτηρ, daughter
10 παρίστημι, *perf act ind 3p*, attend on, stand
11 ἀντιλέγω, *fut act ptc nom s f*, speak against
12 ἀρεστός, pleasing
13 σπεύδω, *aor act ptc nom s f*, hasten
14 ἀγαλλίαμα, joy
15 διανίστημι, *aor act ptc nom s f*, arise
16 κοσμέω, *aor pas ind 3s*, adorn
17 ἱματισμός, clothing, apparel
18 κόσμος, adornment
19 γυναικεῖος, feminine (thing)
20 δούλη, female servant
21 στρώννυμι, *aor act ind 3s*, spread out
22 κατέναντι, in front of
23 χαμαί, on the ground
24 κώδιον, sheepskin
25 καθημερινός, daily
26 δίαιτα, regimen
27 κατακλίνω, *pres mid ptc acc s f*, recline
28 ἀναπίπτω, *aor act ind 3s*, sit down, recline
29 ἐξίστημι, *aor act ind 3s*, be astonished
30 σαλεύω, *aor pas ind 3s*, tremble, stir, shake
31 κατεπίθυμος, very eager
32 σφόδρα, exceedingly
33 συγγίνομαι, *aor mid inf*, have sexual intercourse
34 τηρέω, *impf act ind 3s*, watch closely
35 ἀπατάω, *aor act inf*, seduce
36 δή, now
37 εὐφροσύνη, joy, gladness
38 δή, now
39 μεγαλύνω, *aor pas ind 3s*, magnify
40 γένεσις, generation
41 κατέναντι, in the presence of
42 δούλη, female servant
43 εὐφραίνω, *aor pas ind 3s*, rejoice

ἀπ᾽ αὐτῆς καὶ ἔπιεν οἶνον πολὺν σφόδρα,[1] ὅσον οὐκ ἔπιεν πώποτε[2] ἐν ἡμέρᾳ μιᾷ ἀφ᾽ οὗ ἐγεννήθη.

Judith Kills Holofernes

13 Ὡς δὲ ὀψία[3] ἐγένετο, ἐσπούδασαν[4] οἱ δοῦλοι αὐτοῦ ἀναλύειν.[5] καὶ Βαγώας συνέκλεισεν[6] τὴν σκηνὴν[7] ἔξωθεν[8] καὶ ἀπέκλεισεν[9] τοὺς παρεστῶτας[10] ἐκ προσώπου τοῦ κυρίου αὐτοῦ, καὶ ἀπῴχοντο[11] εἰς τὰς κοίτας[12] αὐτῶν· ἦσαν γὰρ πάντες κεκοπωμένοι[13] διὰ τὸ ἐπὶ πλεῖον[14] γεγονέναι τὸν πότον.[15] **2** ὑπελείφθη[16] δὲ Ιουδιθ μόνη ἐν τῇ σκηνῇ,[17] καὶ Ολοφέρνης προπεπτωκὼς[18] ἐπὶ τὴν κλίνην[19] αὐτοῦ· ἦν γὰρ περικεχυμένος[20] αὐτῷ ὁ οἶνος.

3 καὶ εἶπεν Ιουδιθ τῇ δούλῃ[21] αὐτῆς στῆναι ἔξω τοῦ κοιτῶνος[22] αὐτῆς καὶ ἐπιτηρεῖν[23] τὴν ἔξοδον[24] αὐτῆς καθάπερ[25] καθ᾽ ἡμέραν, ἐξελεύσεσθαι γὰρ ἔφη[26] ἐπὶ τὴν προσευχὴν αὐτῆς· καὶ τῷ Βαγώᾳ ἐλάλησεν κατὰ τὰ ῥήματα ταῦτα. **4** καὶ ἀπήλθοσαν πάντες ἐκ προσώπου, καὶ οὐδεὶς κατελείφθη[27] ἐν τῷ κοιτῶνι[28] ἀπὸ μικροῦ ἕως μεγάλου· καὶ στᾶσα Ιουδιθ παρὰ τὴν κλίνην[29] αὐτοῦ εἶπεν ἐν τῇ καρδίᾳ αὐτῆς Κύριε ὁ θεὸς πάσης δυνάμεως, ἐπίβλεψον[30] ἐν τῇ ὥρᾳ ταύτῃ ἐπὶ τὰ ἔργα τῶν χειρῶν μου εἰς ὕψωμα[31] Ιερουσαλημ· **5** ὅτι νῦν καιρὸς ἀντιλαβέσθαι[32] τῆς κληρονομίας[33] σου καὶ ποιῆσαι τὸ ἐπιτήδευμά[34] μου εἰς θραῦσμα[35] ἐχθρῶν, οἳ ἐπανέστησαν[36] ἡμῖν.

6 καὶ προσελθοῦσα τῷ κανόνι[37] τῆς κλίνης,[38] ὃς ἦν πρὸς κεφαλῆς Ολοφέρνου, καθεῖλεν[39] τὸν ἀκινάκην[40] αὐτοῦ ἀπ᾽ αὐτοῦ **7** καὶ ἐγγίσασα τῆς κλίνης[41] ἐδράξατο[42]

1 σφόδρα, very much
2 πώποτε, never
3 ὀψία, latter part of the day
4 σπουδάζω, *aor act ind 3p*, hasten
5 ἀναλύω, *pres act inf*, depart
6 συγκλείω, *aor act ind 3s*, shut up
7 σκηνή, tent
8 ἔξωθεν, from without
9 ἀποκλείω, *aor act ind 3s*, shut out
10 παρίστημι, *perf act ptc acc p m*, stand by, station
11 ἀποίχομαι, *impf mid ind 3p*, depart
12 κοίτη, bed
13 κοπόω, *perf pas ptc nom p m*, be weary
14 πλείων/πλεῖον, *comp of* πολύς, greater, longer
15 πότος, drinking party
16 ὑπολείπω, *aor pas ind 3s*, leave behind
17 σκηνή, tent
18 προπίπτω, *perf act ptc nom s m*, fall forward
19 κλίνη, bed
20 περιχέω, *perf pas ptc nom s m*, overcome, subsume
21 δούλη, female servant
22 κοιτών, bedroom
23 ἐπιτηρέω, *pres act inf*, watch, guard
24 ἔξοδος, exit
25 καθάπερ, just as
26 φημί, *aor act ind 3s*, say
27 καταλείπω, *aor pas ind 3s*, leave behind
28 κοιτών, bedroom
29 κλίνη, bed
30 ἐπιβλέπω, *aor act impv 2s*, look upon
31 ὕψωμα, exaltation
32 ἀντιλαμβάνομαι, *aor mid inf*, take hold of
33 κληρονομία, possession
34 ἐπιτήδευμα, pursuit, mission
35 θραῦσμα, destruction
36 ἐπανίστημι, *aor act ind 3p*, rise against
37 κανών, bedpost
38 κλίνη, bed
39 καθαιρέω, *aor act ind 3s*, take down
40 ἀκινάκης, straight sword
41 κλίνη, bed
42 δράσσομαι, *aor mid ind 3s*, grasp, take a handful

τῆς κόμης[1] τῆς κεφαλῆς αὐτοῦ καὶ εἶπεν Κραταίωσόν[2] με, κύριε ὁ θεὸς Ισραηλ, ἐν
τῇ ἡμέρᾳ ταύτῃ. **8** καὶ ἐπάταξεν[3] εἰς τὸν τράχηλον[4] αὐτοῦ δὶς[5] ἐν τῇ ἰσχύι[6] αὐτῆς καὶ
ἀφεῖλεν[7] τὴν κεφαλὴν αὐτοῦ ἀπ᾽ αὐτοῦ. **9** καὶ ἀπεκύλισε[8] τὸ σῶμα αὐτοῦ ἀπὸ τῆς
στρωμνῆς[9] καὶ ἀφεῖλε[10] τὸ κωνώπιον[11] ἀπὸ τῶν στύλων·[12] καὶ μετ᾽ ὀλίγον[13] ἐξῆλθεν
καὶ παρέδωκεν τῇ ἅβρᾳ[14] αὐτῆς τὴν κεφαλὴν Ολοφέρνου, **10** καὶ ἐνέβαλεν[15] αὐτὴν
εἰς τὴν πήραν[16] τῶν βρωμάτων[17] αὐτῆς. καὶ ἐξῆλθον αἱ δύο ἅμα[18] κατὰ τὸν ἐθισμὸν[19]
αὐτῶν ἐπὶ τὴν προσευχήν· καὶ διελθοῦσαι[20] τὴν παρεμβολὴν[21] ἐκύκλωσαν[22] τὴν
φάραγγα[23] ἐκείνην καὶ προσανέβησαν[24] τὸ ὄρος Βαιτυλουα καὶ ἦλθοσαν πρὸς τὰς
πύλας[25] αὐτῆς.

Judith Delivers the Head of Holofernes to the Israelites

11 Καὶ εἶπεν Ιουδιθ μακρόθεν[26] τοῖς φυλάσσουσιν ἐπὶ τῶν πυλῶν[27] Ἀνοίξατε ἀνοίξατε
δὴ[28] τὴν πύλην· μεθ᾽ ἡμῶν ὁ θεὸς ὁ θεὸς ἡμῶν ποιῆσαι ἔτι ἰσχὺν[29] ἐν Ισραηλ καὶ
κράτος[30] κατὰ τῶν ἐχθρῶν, καθὰ[31] καὶ σήμερον ἐποίησεν. **12** καὶ ἐγένετο ὡς ἤκουσαν
οἱ ἄνδρες τῆς πόλεως αὐτῆς τὴν φωνὴν αὐτῆς, ἐσπούδασαν[32] τοῦ καταβῆναι ἐπὶ τὴν
πύλην[33] τῆς πόλεως αὐτῶν καὶ συνεκάλεσαν[34] τοὺς πρεσβυτέρους τῆς πόλεως. **13** καὶ
συνέδραμον[35] πάντες ἀπὸ μικροῦ ἕως μεγάλου αὐτῶν, ὅτι παράδοξον[36] ἦν αὐτοῖς τὸ
ἐλθεῖν αὐτήν, καὶ ἤνοιξαν τὴν πύλην[37] καὶ ὑπεδέξαντο[38] αὐτὰς καὶ ἅψαντες πῦρ εἰς
φαῦσιν[39] περιεκύκλωσαν[40] αὐτάς. **14** ἡ δὲ εἶπεν πρὸς αὐτοὺς φωνῇ μεγάλῃ Αἰνεῖτε[41]
τὸν θεόν, αἰνεῖτε· αἰνεῖτε τὸν θεόν, ὃς οὐκ ἀπέστησεν[42] τὸ ἔλεος[43] αὐτοῦ ἀπὸ τοῦ
οἴκου Ισραηλ, ἀλλ᾽ ἔθραυσε[44] τοὺς ἐχθροὺς ἡμῶν διὰ χειρός μου ἐν τῇ νυκτὶ ταύτῃ.

1 κόμη, hair
2 κραταιόω, *aor act impv 2s*, strengthen
3 πατάσσω, *aor act ind 3s*, strike
4 τράχηλος, neck
5 δίς, twice
6 ἰσχύς, strength
7 ἀφαιρέω, *aor act ind 3s*, take off, remove
8 ἀποκυλίω, *aor act ind 3s*, roll away
9 στρωμνή, bedding
10 ἀφαιρέω, *aor act ind 3s*, take away
11 κωνώπιον, canopy
12 στῦλος, post
13 ὀλίγος, a little time
14 ἅβρα, favorite servant
15 ἐμβάλλω, *aor act ind 3s*, put into
16 πήρα, bag
17 βρῶμα, food, provisions
18 ἅμα, together
19 ἐθισμός, custom
20 διέρχομαι, *aor act ptc nom p f*, pass through
21 παρεμβολή, camp
22 κυκλόω, *aor act ind 3p*, circle around
23 φάραγξ, ravine
24 προσαναβαίνω, *aor act ind 3p*, ascend
25 πύλη, gate
26 μακρόθεν, from a distance
27 πύλη, gate
28 δή, now
29 ἰσχύς, strength
30 κράτος, power
31 καθά, just as
32 σπουδάζω, *aor act ind 3p*, hasten
33 πύλη, gate
34 συγκαλέω, *aor act ind 3p*, convene
35 συντρέχω, *aor act ind 3p*, run together
36 παράδοξος, unexpected, marvelous
37 πύλη, gate
38 ὑποδέχομαι, *aor mid ind 3p*, receive, welcome
39 φαῦσις, light, illumination
40 περικυκλόω, *aor act ind 3p*, surround
41 αἰνέω, *pres act impv 2p*, praise
42 ἀφίστημι, *aor act ind 3s*, turn away
43 ἔλεος, compassion, mercy
44 θραύω, *aor act ind 3s*, strike down

15 καὶ προελοῦσα[1] τὴν κεφαλὴν ἐκ τῆς πήρας[2] ἔδειξεν καὶ εἶπεν αὐτοῖς Ἰδοὺ ἡ
κεφαλὴ Ολοφέρνου ἀρχιστρατήγου[3] δυνάμεως Ασσουρ, καὶ ἰδοὺ τὸ κωνώπιον,[4] ἐν
ᾧ κατέκειτο[5] ἐν ταῖς μέθαις[6] αὐτοῦ· καὶ ἐπάταξεν[7] αὐτὸν ὁ κύριος ἐν χειρὶ θηλείας·[8]
16 καὶ ζῇ κύριος, ὃς διεφύλαξέν[9] με ἐν τῇ ὁδῷ μου, ᾗ ἐπορεύθην, ὅτι ἠπάτησεν[10]
αὐτὸν τὸ πρόσωπόν μου εἰς ἀπώλειαν[11] αὐτοῦ, καὶ οὐκ ἐποίησεν ἁμάρτημα[12] μετ᾽
ἐμοῦ εἰς μίασμα[13] καὶ αἰσχύνην.[14] **17** καὶ ἐξέστη[15] πᾶς ὁ λαὸς σφόδρα[16] καὶ κύψαντες[17]
προσεκύνησαν τῷ θεῷ καὶ εἶπαν ὁμοθυμαδόν[18] Εὐλογητὸς[19] εἶ, ὁ θεὸς ἡμῶν ὁ ἐξου-
δενώσας[20] ἐν τῇ ἡμέρᾳ τῇ σήμερον τοὺς ἐχθροὺς τοῦ λαοῦ σου.

18 καὶ εἶπεν αὐτῇ Οζιας Εὐλογητὴ[21] σύ, θύγατερ,[22] τῷ θεῷ τῷ ὑψίστῳ[23] παρὰ πάσας
τὰς γυναῖκας τὰς ἐπὶ τῆς γῆς, καὶ εὐλογημένος κύριος ὁ θεός, ὃς ἔκτισεν[24] τοὺς
οὐρανοὺς καὶ τὴν γῆν, ὃς κατεύθυνέν[25] σε εἰς τραῦμα[26] κεφαλῆς ἄρχοντος ἐχθρῶν
ἡμῶν· **19** ὅτι οὐκ ἀποστήσεται[27] ἡ ἐλπίς σου ἀπὸ καρδίας ἀνθρώπων μνημονευ-
όντων[28] ἰσχὺν[29] θεοῦ ἕως αἰῶνος· **20** καὶ ποιῆσαί[30] σοι αὐτὰ ὁ θεὸς εἰς ὕψος[31] αἰώνιον
τοῦ ἐπισκέψασθαί[32] σε ἐν ἀγαθοῖς, ἀνθ᾽ ὧν[33] οὐκ ἐφείσω[34] τῆς ψυχῆς σου διὰ τὴν
ταπείνωσιν[35] τοῦ γένους[36] ἡμῶν, ἀλλ᾽ ἐπεξῆλθες[37] τῷ πτώματι[38] ἡμῶν ἐπ᾽ εὐθεῖαν[39]
πορευθεῖσα ἐνώπιον τοῦ θεοῦ ἡμῶν. καὶ εἶπαν πᾶς ὁ λαός Γένοιτο[40] γένοιτο.

Judith Instructs the People

14 Καὶ εἶπεν πρὸς αὐτοὺς Ιουδιθ Ἀκούσατε δή[41] μου, ἀδελφοί, καὶ λαβόντες
τὴν κεφαλὴν ταύτην κρεμάσατε[42] αὐτὴν ἐπὶ τῆς ἐπάλξεως[43] τοῦ τείχους[44]

1 προαιρέω, *aor act ptc nom s f*, take out
2 πήρα, bag
3 ἀρχιστράτηγος, chief captain
4 κωνώπιον, canopy
5 κατάκειμαι, *impf pas ind 3s*, lie down
6 μέθη, drunkenness
7 πατάσσω, *aor act ind 3s*, strike
8 θῆλυς, woman
9 διαφυλάσσω, *aor act ind 3s*, guard carefully
10 ἀπατάω, *aor act ind 3s*, seduce, deceive
11 ἀπώλεια, destruction
12 ἁμάρτημα, sin, offense
13 μίασμα, defilement
14 αἰσχύνη, shame, dishonor
15 ἐξίστημι, *aor act ind 3s*, be amazed
16 σφόδρα, very
17 κύπτω, *aor act ptc nom p m*, bend down
18 ὁμοθυμαδόν, with one accord
19 εὐλογητός, blessed
20 ἐξουδενόω, *aor act ptc nom s m*, set at naught
21 εὐλογητός, blessed
22 θυγάτηρ, daughter
23 ὕψιστος, *sup*, highest, Most High
24 κτίζω, *aor act ind 3s*, create
25 κατευθύνω, *aor act ind 3s*, direct, lead
26 τραῦμα, wound
27 ἀφίστημι, *fut mid ind 3s*, depart from
28 μνημονεύω, *pres act ptc gen p m*, remember
29 ἰσχύς, strength
30 ποιέω, *aor act opt 3s*, do
31 ὕψος, exaltation
32 ἐπισκέπτομαι, *aor mid inf*, visit, attend to
33 ἀνθ᾽ ὧν, because
34 φείδομαι, *aor mid ind 2s*, spare
35 ταπείνωσις, abasement, low condition
36 γένος, nation, people
37 ἐπεξέρχομαι, *aor act ind 2s*, proceed, carry out
38 πτῶμα, misfortune
39 εὐθύς, straight, direct
40 γίνομαι, *aor mid opt 3s*, be, happen
41 δή, now
42 κρεμάννυμι, *aor act impv 2p*, hang, impale
43 ἔπαλξις, bulwark, battlement
44 τεῖχος, city wall

ὑμῶν. **2** καὶ ἔσται ἡνίκα[1] ἐὰν διαφαύσῃ[2] ὁ ὄρθρος[3] καὶ ἐξέλθῃ ὁ ἥλιος ἐπὶ τὴν γῆν, ἀναλήμψεσθε[4] ἕκαστος τὰ σκεύη[5] τὰ πολεμικὰ[6] ὑμῶν καὶ ἐξελεύσεσθε πᾶς ἀνὴρ ἰσχύων[7] ἔξω τῆς πόλεως καὶ δώσετε ἀρχηγὸν[8] εἰς αὐτοὺς ὡς καταβαίνοντες ἐπὶ τὸ πεδίον[9] εἰς τὴν προφυλακὴν[10] υἱῶν Ασσουρ, καὶ οὐ καταβήσεσθε. **3** καὶ ἀναλαβόντες[11] οὗτοι τὰς πανοπλίας[12] αὐτῶν πορεύσονται εἰς τὴν παρεμβολὴν[13] αὐτῶν καὶ ἐγεροῦσι[14] τοὺς στρατηγοὺς[15] τῆς δυνάμεως Ασσουρ· καὶ συνδραμοῦνται[16] ἐπὶ τὴν σκηνὴν[17] Ολοφέρνου καὶ οὐχ εὑρήσουσιν αὐτόν, καὶ ἐπιπεσεῖται[18] ἐπ᾽ αὐτοὺς φόβος, καὶ φεύξονται[19] ἀπὸ προσώπου ὑμῶν. **4** καὶ ἐπακολουθήσαντες[20] ὑμεῖς καὶ πάντες οἱ κατοικοῦντες πᾶν ὅριον[21] Ισραηλ καταστρώσατε[22] αὐτοὺς ἐν ταῖς ὁδοῖς αὐτῶν. **5** πρὸ δὲ τοῦ ποιῆσαι ταῦτα καλέσατέ μοι Αχιωρ τὸν Αμμανίτην, ἵνα ἰδὼν ἐπιγνοῖ[23] τὸν ἐκφαυλίσαντα[24] τὸν οἶκον τοῦ Ισραηλ καὶ αὐτὸν ὡς εἰς θάνατον ἀποστείλαντα εἰς ἡμᾶς.

6 καὶ ἐκάλεσαν τὸν Αχιωρ ἐκ τοῦ οἴκου Οζια· ὡς δὲ ἦλθεν καὶ εἶδεν τὴν κεφαλὴν Ολοφέρνου ἐν χειρὶ ἀνδρὸς ἑνὸς ἐν τῇ ἐκκλησίᾳ τοῦ λαοῦ, ἔπεσεν ἐπὶ πρόσωπον, καὶ ἐξελύθη[25] τὸ πνεῦμα αὐτοῦ. **7** ὡς δὲ ἀνέλαβον[26] αὐτόν, προσέπεσεν[27] τοῖς ποσὶν Ιουδιθ καὶ προσεκύνησεν τῷ προσώπῳ αὐτῆς καὶ εἶπεν Εὐλογημένη σὺ ἐν παντὶ σκηνώματι[28] Ιουδα καὶ ἐν παντὶ ἔθνει, οἵτινες ἀκούσαντες τὸ ὄνομά σου ταραχθήσονται·[29] **8** καὶ νῦν ἀνάγγειλόν[30] μοι ὅσα ἐποίησας ἐν ταῖς ἡμέραις ταύταις. καὶ ἀπήγγειλεν[31] αὐτῷ Ιουδιθ ἐν μέσῳ τοῦ λαοῦ πάντα, ὅσα ἦν πεποιηκυῖα ἀφ᾽ ἧς ἡμέρας ἐξῆλθεν ἕως οὗ ἐλάλει αὐτοῖς. **9** ὡς δὲ ἐπαύσατο[32] λαλοῦσα, ἠλάλαξεν[33] ὁ λαὸς φωνῇ μεγάλῃ καὶ ἔδωκεν φωνὴν εὐφρόσυνον[34] ἐν τῇ πόλει αὐτῶν. **10** ἰδὼν δὲ Αχιωρ πάντα, ὅσα ἐποίησεν ὁ θεὸς τοῦ Ισραηλ, ἐπίστευσεν τῷ θεῷ σφόδρα[35] καὶ περιετέμετο[36] τὴν σάρκα τῆς ἀκροβυστίας[37] αὐτοῦ καὶ προσετέθη[38] εἰς τὸν οἶκον Ισραηλ ἕως τῆς ἡμέρας ταύτης.

1 ἡνίκα, when
2 διαφαύσκω, *aor act sub 3s*, dawn
3 ὄρθρος, early morning
4 ἀναλαμβάνω, *fut mid ind 2p*, take up
5 σκεῦος, equipment
6 πολεμικός, for war
7 ἰσχύω, *pres act ptc nom s m*, be strong
8 ἀρχηγός, chief, prince
9 πεδίον, plain
10 προφυλακή, outpost, sentinel
11 ἀναλαμβάνω, *aor act ptc nom p m*, take up
12 πανοπλία, complete armor
13 παρεμβολή, camp
14 ἐγείρω, *fut act ind 3p*, rouse, awaken
15 στρατηγός, captain
16 συντρέχω, *fut mid ind 3p*, run together
17 σκηνή, tent
18 ἐπιπίπτω, *fut mid ind 3s*, fall upon
19 φεύγω, *fut mid ind 3p*, flee
20 ἐπακολουθέω, *aor act ptc nom p m*, pursue
21 ὅριον, border, territory
22 καταστρώννυμι, *aor act impv 2p*, spread low
23 ἐπιγινώσκω, *aor act sub 3s*, recognize
24 ἐκφαυλίζω, *aor act ptc acc s m*, disparage
25 ἐκλύω, *aor pas ind 3s*, faint
26 ἀναλαμβάνω, *aor act ind 3p*, take up
27 προσπίπτω, *aor act ind 3s*, fall upon
28 σκήνωμα, tent
29 ταράσσω, *fut pas ind 3p*, trouble, disturb
30 ἀναγγέλλω, *aor act impv 2s*, recount
31 ἀπαγγέλλω, *aor act ind 3s*, declare
32 παύω, *aor mid ind 3s*, cease
33 ἀλαλάζω, *aor act ind 3s*, raise a loud cry
34 εὐφρόσυνος, merry
35 σφόδρα, very much
36 περιτέμνω, *aor mid ind 3s*, circumcise
37 ἀκροβυστία, uncircumcision
38 προστίθημι, *aor pas ind 3s*, add to

Holofernes Is Discovered Dead

11 Ἡνίκα[1] δὲ ὁ ὄρθρος[2] ἀνέβη, καὶ ἐκρέμασαν[3] τὴν κεφαλὴν Ολοφέρνου ἐκ τοῦ τείχους,[4] καὶ ἀνέλαβεν[5] πᾶς ἀνὴρ τὰ ὅπλα[6] αὐτοῦ καὶ ἐξήλθοσαν κατὰ σπείρας[7] ἐπὶ τὰς ἀναβάσεις[8] τοῦ ὄρους. **12** οἱ δὲ υἱοὶ Ασσουρ ὡς εἶδον αὐτούς, διέπεμψαν[9] ἐπὶ τοὺς ἡγουμένους[10] αὐτῶν· οἱ δὲ ἦλθον ἐπὶ τοὺς στρατηγοὺς[11] καὶ χιλιάρχους[12] καὶ ἐπὶ πάντα ἄρχοντα αὐτῶν. **13** καὶ παρεγένοντο ἐπὶ τὴν σκηνὴν[13] Ολοφέρνου καὶ εἶπαν τῷ ὄντι ἐπὶ πάντων τῶν αὐτοῦ Ἔγειρον[14] δὴ[15] τὸν κύριον ἡμῶν, ὅτι ἐτόλμησαν[16] οἱ δοῦλοι καταβαίνειν ἐφ᾽ ἡμᾶς εἰς πόλεμον, ἵνα ἐξολεθρευθῶσιν[17] εἰς τέλος.

14 καὶ εἰσῆλθεν Βαγώας καὶ ἔκρουσε[18] τὴν αὐλαίαν[19] τῆς σκηνῆς·[20] ὑπενόει[21] γὰρ καθεύδειν[22] αὐτὸν μετὰ Ιουδιθ. **15** ὡς δ᾽ οὐθεὶς[23] ἐπήκουσεν,[24] διαστείλας[25] εἰσῆλθεν εἰς τὸν κοιτῶνα[26] καὶ εὗρεν αὐτὸν ἐπὶ τῆς χελωνίδος[27] ἐρριμμένον[28] νεκρόν,[29] καὶ ἡ κεφαλὴ αὐτοῦ ἀφῄρητο[30] ἀπ᾽ αὐτοῦ. **16** καὶ ἐβόησεν[31] φωνῇ μεγάλῃ μετὰ κλαυθμοῦ[32] καὶ στεναγμοῦ[33] καὶ βοῆς[34] ἰσχυρᾶς[35] καὶ διέρρηξεν[36] τὰ ἱμάτια αὐτοῦ. **17** καὶ εἰσῆλθεν εἰς τὴν σκηνήν,[37] οὗ ἦν Ιουδιθ καταλύουσα,[38] καὶ οὐχ εὗρεν αὐτήν· καὶ ἐξεπήδησεν[39] εἰς τὸν λαὸν καὶ ἐβόησεν[40] **18** Ἠθέτησαν[41] οἱ δοῦλοι, ἐποίησεν αἰσχύνην[42] μία γυνὴ τῶν Εβραίων εἰς τὸν οἶκον τοῦ βασιλέως Ναβουχοδονοσορ· ὅτι ἰδοὺ Ολοφέρνης χαμαί,[43] καὶ ἡ κεφαλὴ οὐκ ἔστιν ἐπ᾽ αὐτῷ. **19** ὡς δὲ ἤκουσαν ταῦτα τὰ ῥήματα οἱ ἄρχοντες τῆς δυνάμεως Ασσουρ, τοὺς χιτῶνας[44] αὐτῶν διέρρηξαν,[45] καὶ ἐταράχθη[46]

1 ἡνίκα, when
2 ὄρθρος, dawn
3 κρεμάννυμι, *aor act ind 3p*, hang, impale
4 τεῖχος, city wall
5 ἀναλαμβάνω, *aor act ind 3s*, take up
6 ὅπλον, weapon, armor
7 σπεῖρα, unit, division
8 ἀνάβασις, path, ascent
9 διαπέμπω, *aor act ind 3p*, send over
10 ἡγέομαι, *pres mid ptc acc p m*, lead
11 στρατηγός, captain
12 χιλίαρχος, captain over a thousand
13 σκηνή, tent
14 ἐγείρω, *aor act impv 2s*, rouse, awaken
15 δή, now
16 τολμάω, *aor act ind 3p*, dare
17 ἐξολεθρεύω, *aor pas sub 3p*, utterly destroy
18 κρούω, *aor act ind 3s*, knock
19 αὐλαία, door
20 σκηνή, tent
21 ὑπονοέω, *impf act ind 3s*, suspect, suppose
22 καθεύδω, *pres act inf*, sleep
23 οὐθείς, nothing
24 ἐπακούω, *aor act ind 3s*, hear
25 διαστέλλω, *aor act ptc nom s m*, draw aside (curtain or door)
26 κοιτών, bedroom
27 χελωνίς, threshold
28 ῥίπτω, *perf pas ptc acc s m*, cast down
29 νεκρός, dead
30 ἀφαιρέω, *plpf pas ind 3s*, take off, remove
31 βοάω, *aor act ind 3s*, cry out
32 κλαυθμός, weeping
33 στεναγμός, wailing
34 βοή, cry
35 ἰσχυρός, strong
36 διαρρήγνυμι, *aor act ind 3s*, tear, rend
37 σκηνή, tent
38 καταλύω, *pres act ptc nom s f*, retire
39 ἐκπηδάω, *aor act ind 3s*, run out
40 βοάω, *aor act ind 3s*, cry out
41 ἀθετέω, *aor act ind 3p*, revolt, break faith
42 αἰσχύνη, disgrace, dishonor
43 χαμαί, on the ground
44 χιτών, tunic
45 διαρρήγνυμι, *aor act ind 3p*, tear, rend
46 ταράσσω, *aor pas ind 3s*, trouble, stir

αὐτῶν ἡ ψυχὴ σφόδρα,[1] καὶ ἐγένετο αὐτῶν κραυγὴ[2] καὶ βοὴ[3] μεγάλη σφόδρα[4] ἐν
μέσῳ τῆς παρεμβολῆς.[5]

Assyria Flees and Israel Celebrates the Victory

15 καὶ ὡς ἤκουσαν οἱ ἐν τοῖς σκηνώμασιν[6] ὄντες, ἐξέστησαν[7] ἐπὶ τὸ γεγονός,
2 καὶ ἐπέπεσεν[8] ἐπ᾽ αὐτοὺς τρόμος[9] καὶ φόβος, καὶ οὐκ ἦν ἄνθρωπος μένων[10]
κατὰ πρόσωπον τοῦ πλησίον[11] ἔτι, ἀλλ᾽ ἐκχυθέντες[12] ὁμοθυμαδὸν[13] ἔφευγον[14]
ἐπὶ πᾶσαν ὁδὸν τοῦ πεδίου[15] καὶ τῆς ὀρεινῆς·[16] **3** καὶ οἱ παρεμβεβληκότες[17] ἐν τῇ
ὀρεινῇ[18] κύκλῳ[19] Βαιτυλουα καὶ ἐτράπησαν[20] εἰς φυγήν.[21] καὶ τότε οἱ υἱοὶ Ισραηλ,
πᾶς ἀνὴρ πολεμιστὴς[22] ἐξ αὐτῶν, ἐξεχύθησαν[23] ἐπ᾽ αὐτούς. **4** καὶ ἀπέστειλεν Οζιας
εἰς Βαιτομασθαιμ καὶ Βηβαι καὶ Χωβαι καὶ Κωλα καὶ εἰς πᾶν ὅριον[24] Ισραηλ τοὺς
ἀπαγγέλλοντας[25] ὑπὲρ τῶν συντετελεσμένων[26] καὶ ἵνα πάντες ἐπεκχυθῶσιν[27] τοῖς
πολεμίοις[28] εἰς τὴν ἀναίρεσιν[29] αὐτῶν.

5 ὡς δὲ ἤκουσαν οἱ υἱοὶ Ισραηλ, πάντες ὁμοθυμαδὸν[30] ἐπέπεσον[31] ἐπ᾽ αὐτοὺς καὶ
ἔκοπτον[32] αὐτοὺς ἕως Χωβα. ὡσαύτως[33] δὲ καὶ οἱ ἐξ Ιερουσαλημ παρεγενήθησαν
καὶ ἐκ πάσης τῆς ὀρεινῆς,[34] ἀνήγγειλαν[35] γὰρ αὐτοῖς τὰ γεγονότα τῇ παρεμβολῇ[36]
τῶν ἐχθρῶν αὐτῶν· καὶ οἱ ἐν Γαλααδ καὶ οἱ ἐν τῇ Γαλιλαίᾳ ὑπερεκέρασαν[37] αὐτοὺς
πληγῇ[38] μεγάλῃ, ἕως οὗ παρῆλθον[39] Δαμασκὸν καὶ τὰ ὅρια[40] αὐτῆς. **6** οἱ δὲ λοιποὶ οἱ
κατοικοῦντες Βαιτυλουα ἐπέπεσαν[41] τῇ παρεμβολῇ[42] Ασσουρ καὶ ἐπρονόμευσαν[43]

1 σφόδρα, very much
2 κραυγή, shout
3 βοή, cry
4 σφόδρα, exceedingly
5 παρεμβολή, camp
6 σκήνωμα, tent
7 ἐξίστημι, *aor act ind 3p*, be terrified
8 ἐπιπίπτω, *aor act ind 3s*, fall upon
9 τρόμος, trembling
10 μένω, *pres act ptc nom s m*, remain
11 πλησίον, companion, neighbor
12 ἐκχέω, *aor pas ptc nom p m*, spread out
13 ὁμοθυμαδόν, together
14 φεύγω, *impf act ind 3p*, flee
15 πεδίον, plain
16 ὀρεινός, hill country
17 παρεμβάλλω, *perf act ptc nom p m*, encamp
18 ὀρεινός, hill country
19 κύκλῳ, round about
20 τρέπω, *aor pas ind 3p*, turn to
21 φυγή, fleeing, flight
22 πολεμιστής, warrior
23 ἐκχέω, *aor pas ind 3p*, spread out
24 ὅριον, territory, border
25 ἀπαγγέλλω, *pres act ptc acc p m*, bring report
26 συντελέω, *perf pas ptc gen p n*, accomplish, occur
27 ἐπεκχέω, *aor pas sub 3p*, rush upon
28 πολέμιος, enemy
29 ἀναίρεσις, killing
30 ὁμοθυμαδόν, together
31 ἐπιπίπτω, *aor act ind 3p*, fall upon
32 κόπτω, *impf act ind 3p*, cut down, strike
33 ὡσαύτως, in like manner
34 ὀρεινός, hill country
35 ἀναγγέλλω, *aor act ind 3p*, report, announce
36 παρεμβολή, camp
37 ὑπερκεράω, *aor act ind 3p*, attack the wings (of a military unit)
38 πληγή, blow, wound
39 παρέρχομαι, *aor act ind 3p*, come across
40 ὅριον, boundary, border
41 ἐπιπίπτω, *aor act ind 3p*, fall upon
42 παρεμβολή, camp
43 προνομεύω, *aor act ind 3p*, plunder

αὐτοὺς καὶ ἐπλούτησαν[1] σφόδρα.[2] **7** οἱ δὲ υἱοὶ Ισραηλ ἀναστρέψαντες[3] ἀπὸ τῆς κοπῆς[4] ἐκυρίευσαν[5] τῶν λοιπῶν, καὶ αἱ κῶμαι[6] καὶ ἐπαύλεις[7] ἐν τῇ ὀρεινῇ[8] καὶ πεδινῇ[9] ἐκράτησαν[10] πολλῶν λαφύρων,[11] ἦν γὰρ πλῆθος πολὺ σφόδρα.[12]

8 Καὶ Ιωακιμ ὁ ἱερεὺς ὁ μέγας καὶ ἡ γερουσία[13] τῶν υἱῶν Ισραηλ οἱ κατοικοῦντες ἐν Ιερουσαλημ ἦλθον τοῦ θεάσασθαι[14] τὰ ἀγαθά, ἃ ἐποίησεν κύριος τῷ Ισραηλ, καὶ τοῦ ἰδεῖν τὴν Ιουδιθ καὶ λαλῆσαι μετ' αὐτῆς εἰρήνην. **9** ὡς δὲ εἰσῆλθον πρὸς αὐτήν, εὐλόγησαν αὐτὴν πάντες ὁμοθυμαδὸν[15] καὶ εἶπαν πρὸς αὐτήν Σὺ ὕψωμα[16] Ιερουσαλημ, σὺ γαυρίαμα[17] μέγα τοῦ Ισραηλ, σὺ καύχημα[18] μέγα τοῦ γένους[19] ἡμῶν· **10** ἐποίησας ταῦτα πάντα ἐν χειρί σου, ἐποίησας τὰ ἀγαθὰ μετὰ Ισραηλ, καὶ εὐδόκησεν[20] ἐπ' αὐτοῖς ὁ θεός· εὐλογημένη γίνου παρὰ τῷ παντοκράτορι[21] κυρίῳ εἰς τὸν αἰῶνα χρόνον. καὶ εἶπεν πᾶς ὁ λαός Γένοιτο.[22]

11 καὶ ἐλαφύρευσεν[23] πᾶς ὁ λαὸς τὴν παρεμβολὴν[24] ἐφ' ἡμέρας τριάκοντα·[25] καὶ ἔδωκαν τῇ Ιουδιθ τὴν σκηνὴν[26] Ολοφέρνου καὶ πάντα τὰ ἀργυρώματα[27] καὶ τὰς κλίνας[28] καὶ τὰ ὁλκεῖα[29] καὶ πάντα τὰ κατασκευάσματα[30] αὐτοῦ, καὶ λαβοῦσα αὐτὴ ἐπέθηκεν ἐπὶ τὴν ἡμίονον[31] αὐτῆς καὶ ἔζευξεν[32] τὰς ἁμάξας[33] αὐτῆς καὶ ἐσώρευσεν[34] αὐτὰ ἐπ' αὐτῶν. **12** καὶ συνέδραμεν[35] πᾶσα γυνὴ Ισραηλ τοῦ ἰδεῖν αὐτὴν καὶ εὐλόγησαν αὐτὴν καὶ ἐποίησαν αὐτῇ χορὸν[36] ἐξ αὐτῶν, καὶ ἔλαβεν θύρσους[37] ἐν ταῖς χερσὶν αὐτῆς καὶ ἔδωκεν ταῖς γυναιξὶν ταῖς μετ' αὐτῆς· **13** καὶ ἐστεφανώσαντο[38] τὴν ἐλαίαν,[39] αὐτὴ καὶ αἱ μετ' αὐτῆς, καὶ προῆλθεν παντὸς τοῦ λαοῦ ἐν χορείᾳ[40] ἡγουμένη[41] πασῶν τῶν γυναικῶν, καὶ ἠκολούθει πᾶς ἀνὴρ Ισραηλ ἐνωπλισμένοι[42] μετὰ στεφάνων[43] καὶ ὕμνουν[44] ἐν τῷ στόματι αὐτῶν.

1 πλουτέω, *aor act ind 3p*, become rich
2 σφόδρα, very
3 ἀναστρέφω, *aor act ptc nom p m*, return
4 κοπή, slaughter
5 κυριεύω, *aor act ind 3p*, prevail against, obtain control
6 κώμη, village
7 ἔπαυλις, town
8 ὀρεινός, hill country
9 πεδινός, plain, field
10 κρατέω, *aor act ind 3p*, acquire, take possession
11 λάφυρα, spoils, booty
12 σφόδρα, very much
13 γερουσία, council of elders
14 θεάομαι, *aor mid inf*, behold
15 ὁμοθυμαδόν, together
16 ὕψωμα, exaltation
17 γαυρίαμα, exultation
18 καύχημα, glory, pride
19 γένος, nation, people
20 εὐδοκέω, *aor act ind 3s*, be pleased
21 παντοκράτωρ, almighty
22 γίνομαι, *aor mid opt 3s*, be, happen
23 λαφυρεύω, *aor act ind 3s*, plunder
24 παρεμβολή, camp
25 τριάκοντα, thirty
26 σκηνή, tent
27 ἀργύρωμα, silver vessel
28 κλίνη, bed
29 ὁλκεῖον, large bowl
30 κατασκεύασμα, furniture
31 ἡμίονος, mule
32 ζεύγνυμι, *aor act ind 3s*, yoke
33 ἅμαξα, wagon
34 σωρεύω, *aor act ind 3s*, heap upon
35 συντρέχω, *aor act ind 3s*, run together
36 χορός, dance
37 θύρσος, wand wreathed in ivy leaves
38 στεφανόω, *aor mid ind 3p*, crown
39 ἐλαία, olive (branch)
40 χορεία, choral dance
41 ἡγέομαι, *pres mid ptc nom s f*, go before, lead
42 ἐνοπλίζω, *perf mid ptc nom p m*, arm oneself
43 στέφανος, crown
44 ὑμνέω, *impf act ind 3p*, sing a hymn

Judith's Song of Praise

14 καὶ ἐξῆρχεν[1] Ιουδιθ τὴν ἐξομολόγησιν[2] ταύτην ἐν παντὶ Ισραηλ, καὶ ὑπερεφώνει[3] πᾶς ὁ λαὸς τὴν αἴνεσιν[4] ταύτην·

16 καὶ εἶπεν Ιουδιθ

Ἐξάρχετε[5] τῷ θεῷ μου ἐν τυμπάνοις,[6]
ᾄσατε[7] τῷ κυρίῳ ἐν κυμβάλοις,[8]
ἐναρμόσασθε[9] αὐτῷ ψαλμὸν[10] καὶ αἶνον,[11]
ὑψοῦτε[12] καὶ ἐπικαλεῖσθε[13] τὸ ὄνομα αὐτοῦ,
2 ὅτι θεὸς συντρίβων[14] πολέμους κύριος,
ὅτι εἰς παρεμβολὰς[15] αὐτοῦ ἐν μέσῳ λαοῦ
ἐξείλατό[16] με ἐκ χειρὸς καταδιωκόντων[17] με.
3 ἦλθεν Ασσουρ ἐξ ὀρέων ἀπὸ βορρᾶ,[18]
ἦλθεν ἐν μυριάσι[19] δυνάμεως αὐτοῦ,
ὧν τὸ πλῆθος αὐτῶν ἐνέφραξεν[20] χειμάρρους,[21]
καὶ ἡ ἵππος[22] αὐτῶν ἐκάλυψεν[23] βουνούς·[24]
4 εἶπεν ἐμπρήσειν[25] τὰ ὅριά[26] μου
καὶ τοὺς νεανίσκους[27] μου ἀνελεῖν[28] ἐν ῥομφαίᾳ[29]
καὶ τὰ θηλάζοντά[30] μου θήσειν εἰς ἔδαφος[31]
καὶ τὰ νήπιά[32] μου δώσειν εἰς προνομὴν[33]
καὶ τὰς παρθένους[34] μου σκυλεῦσαι.[35]

5 κύριος παντοκράτωρ[36] ἠθέτησεν[37] αὐτοὺς
ἐν χειρὶ θηλείας.[38]

1 ἐξάρχω, *impf act ind 3s*, begin
2 ἐξομολόγησις, confession of thanksgiving
3 ὑπερφωνέω, *impf act ind 3s*, sing loudly
4 αἴνεσις, praise
5 ἐξάρχω, *pres act impv 2p*, lead (in song)
6 τύμπανον, drum
7 ᾄδω, *aor act impv 2p*, sing
8 κύμβαλον, cymbal
9 ἐναρμόζω, *aor mid impv 2p*, adapt
10 ψαλμός, psalm
11 αἶνος, (song of) praise
12 ὑψόω, *pres act impv 2p*, lift high
13 ἐπικαλέω, *pres mid impv 2p*, call upon
14 συντρίβω, *pres act ptc nom s m*, shatter
15 παρεμβολή, camp
16 ἐξαιρέω, *aor mid ind 3s*, deliver
17 καταδιώκω, *pres act ptc gen p m*, pursue
18 βορρᾶς, north
19 μυριάς, countless thousands
20 ἐμφράσσω, *aor act ind 3s*, stop up
21 χείμαρρος, brook
22 ἵππος, horse
23 καλύπτω, *aor act ind 3s*, flood, envelop
24 βουνός, hill
25 ἐμπίμπρημι, *fut act inf*, set on fire
26 ὅριον, territory
27 νεανίσκος, young man
28 ἀναιρέω, *aor act inf*, kill
29 ῥομφαία, sword
30 θηλάζω, *pres act ptc acc p n*, suckle
31 ἔδαφος, ground
32 νήπιος, infant
33 προνομή, plunder, booty
34 παρθένος, virgin
35 σκυλεύω, *aor act inf*, strip, plunder
36 παντοκράτωρ, almighty
37 ἀθετέω, *aor act ind 3s*, oppose
38 θῆλυς, woman

6 οὐ γὰρ ὑπέπεσεν[1] ὁ δυνατὸς αὐτῶν ὑπὸ νεανίσκων,[2]
οὐδὲ υἱοὶ τιτάνων[3] ἐπάταξαν[4] αὐτόν,
οὐδὲ ὑψηλοὶ[5] γίγαντες[6] ἐπέθεντο αὐτῷ,
ἀλλὰ Ιουδιθ θυγάτηρ[7] Μεραρι
ἐν κάλλει[8] προσώπου αὐτῆς παρέλυσεν[9] αὐτόν,

7 ἐξεδύσατο[10] γὰρ στολὴν[11] χηρεύσεως[12] αὐτῆς
εἰς ὕψος[13] τῶν πονούντων[14] ἐν Ισραηλ,
ἠλείψατο[15] τὸ πρόσωπον αὐτῆς ἐν μυρισμῷ[16]
8 καὶ ἐδήσατο[17] τὰς τρίχας[18] αὐτῆς ἐν μίτρᾳ[19]
καὶ ἔλαβεν στολὴν[20] λινῆν[21] εἰς ἀπάτην[22] αὐτοῦ·
9 τὸ σανδάλιον[23] αὐτῆς ἥρπασεν[24] ὀφθαλμὸν αὐτοῦ,
καὶ τὸ κάλλος[25] αὐτῆς ᾐχμαλώτισεν[26] ψυχὴν αὐτοῦ,
διῆλθεν[27] ὁ ἀκινάκης[28] τὸν τράχηλον[29] αὐτοῦ.
10 ἔφριξαν[30] Πέρσαι τὴν τόλμαν[31] αὐτῆς,
καὶ Μῆδοι τὸ θράσος[32] αὐτῆς ἐταράχθησαν·[33]

11 τότε ἠλάλαξαν[34] οἱ ταπεινοί[35] μου,
καὶ ἐφοβήθησαν οἱ ἀσθενοῦντές[36] μου καὶ ἐπτοήθησαν,[37]
ὕψωσαν[38] τὴν φωνὴν αὐτῶν καὶ ἀνετράπησαν·[39]
12 υἱοὶ κορασίων[40] κατεκέντησαν[41] αὐτοὺς
καὶ ὡς παῖδας[42] αὐτομολούντων[43] ἐτίτρωσκον[44] αὐτούς,
ἀπώλοντο ἐκ παρατάξεως[45] κυρίου μου.

1 ὑποπίπτω, *aor act ind 3s*, fall to
2 νεανίσκος, young man
3 τιτάν, titan
4 πατάσσω, *aor act ind 3p*, strike
5 ὑψηλός, highest
6 γίγας, giant
7 θυγάτηρ, daughter
8 κάλλος, beauty
9 παραλύω, *aor act ind 3s*, bring down
10 ἐκδύω, *aor mid ind 3s*, take off
11 στολή, garment
12 χήρευσις, widowhood
13 ὕψος, exaltation
14 πονέω, *pres act ptc gen p m*, suffer, grieve
15 ἀλείφω, *aor mid ind 3s*, anoint
16 μυρισμός, anointing
17 δέω, *aor mid ind 3s*, bind
18 θρίξ, hair
19 μίτρα, headdress
20 στολή, garment
21 λινοῦς, linen
22 ἀπάτη, beguiling, deceit
23 σανδάλιον, sandal
24 ἁρπάζω, *aor act ind 3s*, captivate
25 κάλλος, beauty
26 αἰχμαλωτίζω, *aor act ind 3s*, capture
27 διέρχομαι, *aor act ind 3s*, pass through
28 ἀκινάκης, straight sword
29 τράχηλος, neck
30 φρίσσω, *aor act ind 3p*, shiver, shudder
31 τόλμα, courage
32 θράσος, audacity
33 ταράσσω, *aor pas ind 3p*, trouble, stir
34 ἀλαλάζω, *aor act ind 3p*, shout aloud
35 ταπεινός, lowly, humble
36 ἀσθενέω, *pres act ptc nom p m*, weaken
37 πτοέω, *aor pas ind 3p*, dismay, scare
38 ὑψόω, *aor act ind 3p*, raise high
39 ἀνατρέπω, *aor pas ind 3p*, be disheartened
40 κοράσιον, girl
41 κατακεντέω, *aor act ind 3p*, stab, pierce
42 παῖς, servant
43 αὐτομολέω, *pres act ptc gen p m*, change sides, desert
44 τιτρώσκω, *impf act ind 3p*, slay, wound
45 παράταξις, line of battle

13 ὑμνήσω[1] τῷ θεῷ μου ὕμνον[2] καινόν[3]

Κύριε, μέγας εἶ καὶ ἔνδοξος,[4]
θαυμαστὸς[5] ἐν ἰσχύι,[6] ἀνυπέρβλητος.[7]
14 σοὶ δουλευσάτω[8] πᾶσα ἡ κτίσις[9] σου·
ὅτι εἶπας, καὶ ἐγενήθησαν·
ἀπέστειλας τὸ πνεῦμά σου, καὶ ᾠκοδόμησεν·
καὶ οὐκ ἔστιν ὃς ἀντιστήσεται[10] τῇ φωνῇ σου.
15 ὄρη γὰρ ἐκ θεμελίων[11] σὺν ὕδασιν σαλευθήσεται,[12]
πέτραι[13] δ᾽ ἀπὸ προσώπου σου ὡς κηρὸς[14] τακήσονται·[15]
ἔτι δὲ τοῖς φοβουμένοις σε,
σὺ εὐιλατεύσεις[16] αὐτοῖς.
16 ὅτι μικρὸν πᾶσα θυσία[17] εἰς ὀσμὴν[18] εὐωδίας,[19]
καὶ ἐλάχιστον[20] πᾶν στέαρ[21] εἰς ὁλοκαύτωμά[22] σοι·
ὁ δὲ φοβούμενος τὸν κύριον μέγας διὰ παντός.

17 οὐαὶ ἔθνεσιν ἐπανιστανομένοις[23] τῷ γένει[24] μου·
κύριος παντοκράτωρ[25] ἐκδικήσει[26] αὐτοὺς ἐν ἡμέρᾳ κρίσεως
δοῦναι πῦρ καὶ σκώληκας[27] εἰς σάρκας αὐτῶν,
καὶ κλαύσονται[28] ἐν αἰσθήσει[29] ἕως αἰῶνος.

18 Ὡς δὲ ἤλθοσαν εἰς Ιερουσαλημ, προσεκύνησαν τῷ θεῷ, καὶ ἡνίκα[30] ἐκαθαρίσθη[31]
ὁ λαός, ἀνήνεγκαν[32] τὰ ὁλοκαυτώματα[33] αὐτῶν καὶ τὰ ἑκούσια[34] αὐτῶν καὶ τὰ
δόματα.[35] **19** καὶ ἀνέθηκεν[36] Ιουδιθ πάντα τὰ σκεύη[37] Ολοφέρνου, ὅσα ἔδωκεν ὁ λαὸς
αὐτῇ, καὶ τὸ κωνώπιον,[38] ὃ ἔλαβεν ἑαυτῇ ἐκ τοῦ κοιτῶνος[39] αὐτοῦ, εἰς ἀνάθημα[40] τῷ

1 ὑμνέω, *aor act sub 1s*, sing a hymn
2 ὕμνος, hymn
3 καινός, new
4 ἔνδοξος, glorious
5 θαυμαστός, marvelous
6 ἰσχύς, strength
7 ἀνυπέρβλητος, unsurpassed
8 δουλεύω, *aor act impv 3s*, serve
9 κτίσις, creation
10 ἀνθίστημι, *fut mid ind 3s*, stand against
11 θεμέλιον, foundation
12 σαλεύω, *fut pas ind 3s*, shake
13 πέτρα, rock
14 κηρός, wax
15 τήκω, *fut pas ind 3p*, melt, dissolve
16 εὐιλατεύω, *fut act ind 2s*, be merciful
17 θυσία, sacrifice
18 ὀσμή, smell, odor
19 εὐωδία, fragrant
20 ἐλάχιστος, *sup of* μικρός, *from* ἐλαχύς, smallest, least
21 στέαρ, fat portion
22 ὁλοκαύτωμα, whole burnt offering
23 ἐπανίστημι, *pres mid ptc dat p m*, rise against
24 γένος, nation, people
25 παντοκράτωρ, almighty
26 ἐκδικέω, *fut act ind 3s*, vindicate
27 σκώληξ, worm
28 κλαίω, *fut mid ind 3p*, weep, wail
29 αἴσθησις, sense perception
30 ἡνίκα, when
31 καθαρίζω, *aor pas ind 3s*, purify, cleanse
32 ἀναφέρω, *aor act ind 3p*, offer up
33 ὁλοκαύτωμα, whole burnt offering
34 ἑκούσιος, voluntary
35 δόμα, gift
36 ἀνατίθημι, *aor act ind 3s*, set up
37 σκεῦος, equipment, stuff
38 κωνώπιον, canopy
39 κοιτών, bedroom
40 ἀνάθημα, devoted to destruction

θεῷ ἔδωκεν. **20** καὶ ἦν ὁ λαὸς εὐφραινόμενος[1] ἐν Ιερουσαλημ κατὰ πρόσωπον τῶν
ἁγίων ἐπὶ μῆνας[2] τρεῖς, καὶ Ιουδιθ μετ' αὐτῶν κατέμεινεν.[3]

Judith's Return to Bethulia and Death

21 Μετὰ δὲ τὰς ἡμέρας ταύτας ἀνέζευξεν[4] ἕκαστος εἰς τὴν κληρονομίαν[5] αὐτοῦ,
καὶ Ιουδιθ ἀπῆλθεν εἰς Βαιτυλουα καὶ κατέμεινεν[6] ἐπὶ τῆς ὑπάρξεως[7] αὐτῆς· καὶ
ἐγένετο κατὰ τὸν καιρὸν αὐτῆς ἔνδοξος[8] ἐν πάσῃ τῇ γῇ. **22** καὶ πολλοὶ ἐπεθύμησαν[9]
αὐτήν, καὶ οὐκ ἔγνω ἀνὴρ αὐτὴν πάσας τὰς ἡμέρας τῆς ζωῆς αὐτῆς, ἀφ' ἧς ἡμέρας
ἀπέθανεν Μανασσης ὁ ἀνὴρ αὐτῆς καὶ προσετέθη[10] πρὸς τὸν λαὸν αὐτοῦ. **23** καὶ
ἦν προβαίνουσα[11] μεγάλη σφόδρα[12] καὶ ἐγήρασεν[13] ἐν τῷ οἴκῳ τοῦ ἀνδρὸς αὐτῆς
ἔτη ἑκατὸν[14] πέντε· καὶ ἀφῆκεν τὴν ἅβραν[15] αὐτῆς ἐλευθέραν.[16] καὶ ἀπέθανεν εἰς
Βαιτυλουα, καὶ ἔθαψαν[17] αὐτὴν ἐν τῷ σπηλαίῳ[18] τοῦ ἀνδρὸς αὐτῆς Μανασση,
24 καὶ ἐπένθησεν[19] αὐτὴν οἶκος Ισραηλ ἡμέρας ἑπτά. καὶ διεῖλεν[20] τὰ ὑπάρχοντα
αὐτῆς πρὸ τοῦ ἀποθανεῖν αὐτὴν πᾶσι τοῖς ἔγγιστα[21] Μανασση τοῦ ἀνδρὸς αὐτῆς καὶ
τοῖς ἔγγιστα τοῦ γένους[22] αὐτῆς. **25** καὶ οὐκ ἦν ἔτι ὁ ἐκφοβῶν[23] τοὺς υἱοὺς Ισραηλ
ἐν ταῖς ἡμέραις Ιουδιθ καὶ μετὰ τὸ ἀποθανεῖν αὐτὴν ἡμέρας πολλάς.

1 εὐφραίνω, *pres pas ptc nom s m*, be glad, rejoice
2 μήν, month
3 καταμένω, *aor act ind 3s*, remain
4 ἀναζεύγνυμι, *aor act ind 3s*, march off
5 κληρονομία, inheritance
6 καταμένω, *aor act ind 3s*, remain
7 ὕπαρξις, property
8 ἔνδοξος, honored, notable
9 ἐπιθυμέω, *aor act ind 3p*, set one's heart upon
10 προστίθημι, *aor pas ind 3s*, add to
11 προβαίνω, *pres act ptc nom s f*, advance, increase
12 σφόδρα, very
13 γηράσκω, *aor act ind 3s*, grow old
14 ἑκατόν, hundred
15 ἅβρα, favorite servant
16 ἐλεύθερος, free
17 θάπτω, *aor act ind 3p*, bury
18 σπήλαιον, cave
19 πενθέω, *aor act ind 3s*, mourn
20 διαιρέω, *aor act ind 3s*, divide
21 ἐγγύς, *sup*, most near (of kin)
22 γένος, nation, people
23 ἐκφοβέω, *pres act ptc nom s m*, frighten

ΤΩΒΙΤ
Tobit

1 Βίβλος λόγων Τωβιτ τοῦ Τωβιηλ τοῦ Ανανιηλ τοῦ Αδουηλ τοῦ Γαβαηλ ἐκ τοῦ
σπέρματος Ασιηλ ἐκ τῆς φυλῆς Νεφθαλιμ, **2** ὃς ᾐχμαλωτεύθη[1] ἐν ἡμέραις
Ενεμεσσαρου τοῦ βασιλέως Ἀσσυρίων ἐκ Θισβης, ἥ ἐστιν ἐκ δεξιῶν Κυδιως τῆς
Νεφθαλιμ ἐν τῇ Γαλιλαίᾳ ὑπεράνω[2] Ασηρ.

Background of Tobit

3 Ἐγὼ Τωβιτ ὁδοῖς ἀληθείας ἐπορευόμην καὶ δικαιοσύνης πάσας τὰς ἡμέρας τῆς
ζωῆς μου καὶ ἐλεημοσύνας[3] πολλὰς ἐποίησα τοῖς ἀδελφοῖς μου καὶ τῷ ἔθνει τοῖς
συμπορευθεῖσιν[4] μετ᾽ ἐμοῦ εἰς χώραν[5] Ἀσσυρίων εἰς Νινευη. **4** καὶ ὅτε ἤμην ἐν
τῇ χώρᾳ[6] μου ἐν τῇ γῇ Ισραηλ, νεωτέρου[7] μου ὄντος, πᾶσα φυλὴ τοῦ Νεφθαλιμ
τοῦ πατρός μου ἀπέστη[8] ἀπὸ τοῦ οἴκου Ιεροσολύμων τῆς ἐκλεγείσης[9] ἀπὸ πασῶν
τῶν φυλῶν Ισραηλ εἰς τὸ θυσιάζειν[10] πάσας τὰς φυλάς· καὶ ἡγιάσθη[11] ὁ ναὸς τῆς
κατασκηνώσεως[12] τοῦ ὑψίστου[13] καὶ ᾠκοδομήθη εἰς πάσας τὰς γενεὰς τοῦ αἰῶνος.

5 καὶ πᾶσαι αἱ φυλαὶ αἱ συναποστᾶσαι[14] ἔθυον[15] τῇ Βααλ τῇ δαμάλει[16] καὶ ὁ οἶκος
Νεφθαλιμ τοῦ πατρός μου. **6** κἀγὼ[17] μόνος ἐπορευόμην πλεονάκις[18] εἰς Ιεροσό-
λυμα ἐν ταῖς ἑορταῖς,[19] καθὼς γέγραπται παντὶ τῷ Ισραηλ ἐν προστάγματι[20] αἰω-
νίῳ, τὰς ἀπαρχὰς[21] καὶ τὰς δεκάτας[22] τῶν γενημάτων[23] καὶ τὰς πρωτοκουρίας[24]

1 αἰχμαλωτεύω, *aor pas ind 3s*, take into captivity
2 ὑπεράνω, above
3 ἐλεημοσύνη, mercy, charity
4 συμπορεύομαι, *aor pas ptc dat p m*, go with
5 χώρα, country
6 χώρα, country
7 νέος, *comp*, younger
8 ἀφίστημι, *aor act ind 3s*, draw away from
9 ἐκλέγω, *aor pas ptc gen s f*, choose, select
10 θυσιάζω, *pres act inf*, offer, sacrifice
11 ἁγιάζω, *aor pas ind 3s*, consecrate
12 κατασκήνωσις, habitation
13 ὕψιστος, *sup*, Most High
14 συναφίστημι, *aor act ptc nom p f*, revolt with
15 θύω, *impf act ind 3p*, sacrifice
16 δάμαλις, heifer
17 κἀγώ, but I, *cr.* καὶ ἐγώ
18 πλεονάκις, frequently
19 ἑορτή, feast
20 πρόσταγμα, ordinance
21 ἀπαρχή, firstfruit
22 δέκατος, tenth, tithe
23 γένημα, produce
24 πρωτοκουρία, first shearing

GII

ΤΩΒΙΘ
Tobit

1 Βίβλος λόγων Τωβιθ τοῦ Τωβιηλ τοῦ Ανανιηλ τοῦ Αδουηλ τοῦ Γαβαηλ τοῦ Ραφαηλ
τοῦ Ραγουηλ ἐκ τοῦ σπέρματος Ασιηλ ἐκ φυλῆς Νεφθαλιμ, **2** ὃς ᾐχμαλωτεύθη[1]
ἐν ταῖς ἡμέραις Ενεμεσσαρου τοῦ βασιλέως τῶν Ἀσσυρίων ἐκ Θισβης, ἥ ἐστιν ἐκ
δεξιῶν Κυδιως τῆς Νεφθαλιμ ἐν τῇ ἄνω[2] Γαλιλαίᾳ ὑπεράνω[3] Ασσηρ ὀπίσω ὁδοῦ
δυσμῶν[4] ἡλίου ἐξ ἀριστερῶν[5] Φογωρ.

Background of Tobit

3 Ἐγὼ Τωβιθ ὁδοῖς ἀληθείας ἐπορευόμην καὶ ἐν δικαιοσύναις πάσας τὰς ἡμέρας
τῆς ζωῆς μου καὶ ἐλεημοσύνας[6] πολλὰς ἐποίησα τοῖς ἀδελφοῖς μου καὶ τῷ ἔθνει
μου τοῖς πορευθεῖσιν μετ᾽ ἐμοῦ ἐν τῇ αἰχμαλωσίᾳ[7] εἰς τὴν χώραν[8] τῶν Ἀσσυρίων
εἰς Νινευη. **4** καὶ ὅτε ἤμην ἐν τῇ χώρᾳ[9] μου ἐν γῇ Ισραηλ καὶ ὅτε ἤμην νέος,[10] πᾶσα
ἡ φυλὴ Νεφθαλιμ τοῦ πατρός μου ἀπέστησαν[11] ἀπὸ τοῦ οἴκου Δαυιδ τοῦ πατρός
μου καὶ ἀπὸ Ιερουσαλημ πόλεως τῆς ἐκλεγείσης[12] ἐκ πασῶν φυλῶν Ισραηλ εἰς τὸ
θυσιάζειν[13] πάσαις φυλαῖς Ισραηλ· καὶ ἡγιάσθη[14] ὁ ναὸς τῆς κατασκηνώσεως[15] τοῦ
θεοῦ καὶ ᾠκοδομήθη ἐν αὐτῇ εἰς πάσας τὰς γενεὰς τοῦ αἰῶνος.

5 πάντες οἱ ἀδελφοί μου καὶ ὁ οἶκος Νεφθαλιμ τοῦ πατρός μου, ἐθυσίαζον[16] ἐκεῖνοι
τῷ μόσχῳ,[17] ὃν ἐποίησεν Ιεροβεαμ ὁ βασιλεὺς Ισραηλ ἐν Δαν, ἐπὶ πάντων ὀρέων
τῆς Γαλιλαίας. **6** κἀγὼ[18] μονώτατος[19] ἐπορευόμην πολλάκις[20] εἰς Ιεροσόλυμα ἐν ταῖς
ἑορταῖς,[21] καθὼς γέγραπται ἐν παντὶ Ισραηλ ἐν προστάγματι[22] αἰωνίῳ· τὰς ἀπαρχὰς[23]
καὶ τὰ πρωτογενήματα[24] καὶ τὰς δεκάτας[25] τῶν κτηνῶν[26] καὶ τὰς πρωτοκουρίας[27]

1 αἰχμαλωτεύω, *aor pas ind 3s*, take into captivity
2 ἄνω, upper
3 ὑπεράνω, above
4 δυσμή, setting
5 ἀριστερός, left
6 ἐλεημοσύνη, mercy, charity
7 αἰχμαλωσία, captivity
8 χώρα, country
9 χώρα, country
10 νέος, young
11 ἀφίστημι, *aor act ind 3p*, depart from, withdraw
12 ἐκλέγω, *aor pas ptc gen s f*, choose, select
13 θυσιάζω, *pres act inf*, offer, sacrifice
14 ἁγιάζω, *aor pas ind 3s*, consecrate
15 κατασκήνωσις, habitation
16 θυσιάζω, *impf act ind 3p*, offer sacrifice
17 μόσχος, calf
18 κἀγώ, but I, *cr.* καὶ ἐγώ
19 μόνος, *sup*, completely alone
20 πολλάκις, frequently, often
21 ἑορτή, feast
22 πρόσταγμα, ordinance
23 ἀπαρχή, firstfruit
24 πρωτογένημα, first produce
25 δέκατος, tenth, tithe
26 κτῆνος, animal, (*p*) herd
27 πρωτοκουρία, first shearing

GI

ἔχων· **7** καὶ ἐδίδουν αὐτὰς τοῖς ἱερεῦσιν τοῖς υἱοῖς Ααρων πρὸς τὸ θυσιαστήριον[1]
πάντων τῶν γενημάτων·[2] τὴν δεκάτην[3] ἐδίδουν τοῖς υἱοῖς Λευι τοῖς θεραπεύουσιν[4]
ἐν Ιερουσαλημ. καὶ τὴν δευτέραν δεκάτην ἀπεπρατιζόμην[5] καὶ ἐπορευόμην καὶ
ἐδαπάνων[6] αὐτὰ ἐν Ιεροσολύμοις καθ' ἕκαστον ἐνιαυτόν.[7] **8** καὶ τὴν τρίτην ἐδίδουν
οἷς καθήκει,[8] καθὼς ἐνετείλατο[9] Δεββωρα ἡ μήτηρ τοῦ πατρός μου, διότι ὀρφανὸς[10]
κατελείφθην[11] ὑπὸ τοῦ πατρός μου. **9** καὶ ὅτε ἐγενόμην ἀνήρ, ἔλαβον Ανναν γυναῖκα
ἐκ τοῦ σπέρματος τῆς πατριᾶς[12] ἡμῶν καὶ ἐγέννησα ἐξ αὐτῆς Τωβιαν.

10 καὶ ὅτε ᾐχμαλωτίσθην[13] εἰς Νινευη, πάντες οἱ ἀδελφοί μου καὶ οἱ ἐκ τοῦ γένους[14]
μου ἤσθιον ἐκ τῶν ἄρτων τῶν ἐθνῶν· **11** ἐγὼ δὲ συνετήρησα[15] τὴν ψυχήν μου μὴ
φαγεῖν, **12** καθότι[16] ἐμεμνήμην[17] τοῦ θεοῦ ἐν ὅλῃ τῇ ψυχῇ μου. **13** καὶ ἔδωκεν ὁ
ὕψιστος[18] χάριν καὶ μορφὴν[19] ἐνώπιον Ενεμεσσαρου, καὶ ἤμην αὐτοῦ ἀγοραστής·[20]
14 καὶ ἐπορευόμην εἰς τὴν Μηδίαν καὶ παρεθέμην[21] Γαβαήλῳ τῷ ἀδελφῷ Γα-
βρια ἐν Ραγοις τῆς Μηδίας ἀργυρίου[22] τάλαντα[23] δέκα.[24] **15** Καὶ ὅτε ἀπέθανεν

1 θυσιαστήριον, altar
2 γένημα, produce
3 δέκατος, tenth, tithe
4 θεραπεύω, *pres act ptc dat p m*, serve
5 ἀποπρατίζομαι, *impf mid ind 1s*, sell
6 δαπανάω, *impf act ind 1s*, spend
7 ἐνιαυτός, year
8 καθήκω, *pres act ind 3s*, be fitting, be appropriate
9 ἐντέλλομαι, *aor mid ind 3s*, command, order
10 ὀρφανός, orphaned
11 καταλείπω, *aor pas ind 1s*, leave behind
12 πατριά, paternal lineage, house
13 αἰχμαλωτίζω, *aor pas ind 1s*, take into captivity
14 γένος, nation, people
15 συντηρέω, *aor act ind 1s*, keep closely
16 καθότι, as, because
17 μιμνήσκομαι, *plpf mid ind 1s*, remember
18 ὕψιστος, *sup*, Most High
19 μορφή, (good) form, (appeal)
20 ἀγοραστής, one who buys provisions
21 παρατίθημι, *aor mid ind 1s*, place (money) in trust
22 ἀργύριον, silver
23 τάλαντον, talent
24 δέκα, ten

GII τῶν προβάτων ἔχων ἀπέτρεχον[1] εἰς Ιεροσόλυμα **7** καὶ ἐδίδουν αὐτὰ τοῖς ἱερεῦσιν
τοῖς υἱοῖς Ααρων πρὸς τὸ θυσιαστήριον[2] καὶ τὴν δεκάτην[3] τοῦ σίτου[4] καὶ τοῦ οἴνου
καὶ ἐλαίου[5] καὶ ῥοῶν[6] καὶ τῶν σύκων[7] καὶ τῶν λοιπῶν ἀκροδρύων[8] τοῖς υἱοῖς Λευι
τοῖς θεραπεύουσιν[9] ἐν Ιερουσαλημ. καὶ τὴν δεκάτην τὴν δευτέραν ἀπεδεκάτιζον[10]
ἀργυρίῳ[11] τῶν ἕξ[12] ἐτῶν καὶ ἐπορευόμην καὶ ἐδαπάνων[13] αὐτὰ ἐν Ιερουσαλημ
καθ' ἕκαστον ἐνιαυτόν.[14] **8** καὶ ἐδίδουν αὐτὰ τοῖς ὀρφανοῖς[15] καὶ ταῖς χήραις[16] καὶ
προσηλύτοις[17] τοῖς προσκειμένοις[18] τοῖς υἱοῖς Ισραηλ εἰσέφερον[19] καὶ ἐδίδουν αὐτοῖς
ἐν τῷ τρίτῳ ἔτει καὶ ἠσθίομεν αὐτὰ κατὰ τὸ πρόσταγμα[20] τὸ προστεταγμένον[21] περὶ
αὐτῶν ἐν τῷ νόμῳ Μωσῆ καὶ κατὰ τὰς ἐντολάς, ἃς ἐνετείλατο[22] Δεββωρα ἡ μήτηρ
Ανανιηλ τοῦ πατρὸς ἡμῶν, ὅτι ὀρφανὸν[23] κατέλιπέν[24] με ὁ πατὴρ καὶ ἀπέθανεν.
9 καὶ ὅτε ἐγενήθην ἀνήρ, ἔλαβον γυναῖκα ἐκ τοῦ σπέρματος τῆς πατριᾶς[25] ἡμῶν
καὶ ἐγέννησα ἐξ αὐτῆς υἱὸν καὶ ἐκάλεσα τὸ ὄνομα αὐτοῦ Τωβιαν.

10 μετὰ τὸ αἰχμαλωτισθῆναί[26] με εἰς Ἀσσυρίους καὶ ὅτε ᾐχμαλωτίσθην,[27] εἰς Νινευη
ἐπορευόμην· καὶ πάντες οἱ ἀδελφοί μου καὶ οἱ ἐκ τοῦ γένους[28] μου ἤσθιον ἐκ τῶν
ἄρτων τῶν ἐθνῶν, **11** ἐγὼ δὲ συνετήρησα[29] τὴν ψυχήν μου μὴ φαγεῖν ἐκ τῶν ἄρτων
τῶν ἐθνῶν. **12** καὶ ὅτε ἐμεμνήμην[30] τοῦ θεοῦ μου ἐν ὅλῃ ψυχῇ μου, **13** καὶ ἔδωκέν
μοι ὁ ὕψιστος[31] χάριν καὶ μορφὴν[32] ἐνώπιον Ενεμεσσαρου, καὶ ἠγόραζον[33] αὐτῷ
πάντα τὰ πρὸς τὴν χρῆσιν·[34] **14** καὶ ἐπορευόμην εἰς Μηδίαν καὶ ἠγόραζον[35] αὐτῷ
ἐκεῖθεν[36] ἕως αὐτὸν ἀποθανεῖν. καὶ παρεθέμην[37] Γαβαήλῳ βαλλάντια[38] τῷ ἀδελφῷ
τῷ Γαβρι ἐν τῇ χώρᾳ[39] τῆς Μηδίας, ἀργυρίου[40] τάλαντα[41] δέκα.[42] **15** Καὶ ὅτε ἀπέθανεν

1 ἀποτρέχω, *impf act ind 1s*, run off, hurry off
2 θυσιαστήριον, altar
3 δέκατος, tenth, tithe
4 σῖτος, grain
5 ἔλαιον, oil
6 ῥόα, pomegranate
7 σῦκον, fig
8 ἀκρόδρυα, fruit
9 θεραπεύω, *pres act ptc dat p m*, serve
10 ἀποδεκατίζω, *impf act ind 1s*, pay a tithe
11 ἀργύριον, silver
12 ἕξ, six
13 δαπανάω, *impf act ind 1s*, spend
14 ἐνιαυτός, year
15 ὀρφανός, orphan
16 χήρα, widow
17 προσήλυτος, immigrant, guest
18 πρόσκειμαι, *pres pas ptc dat p m*, abide among
19 εἰσφέρω, *impf act ind 1s*, bring in
20 πρόσταγμα, ordinance
21 προστάσσω, *perf pas ptc acc s n*, prescribe
22 ἐντέλλομαι, *aor mid ind 3s*, command, order
23 ὀρφανός, orphaned
24 καταλείπω, *aor act ind 3s*, leave behind
25 πατριά, paternal lineage, house
26 αἰχμαλωτίζω, *aor pas inf*, take into captivity
27 αἰχμαλωτίζω, *aor pas ind 1s*, take into captivity
28 γένος, nation, people
29 συντηρέω, *aor act ind 1s*, keep closely
30 μιμνήσκομαι, *plpf mid ind 1s*, remember
31 ὕψιστος, *sup*, Most High
32 μορφή, (good) form, (appeal)
33 ἀγοράζω, *impf act ind 1s*, buy
34 χρῆσις, need
35 ἀγοράζω, *impf act ind 1s*, buy
36 ἐκεῖθεν, from there
37 παρατίθημι, *aor mid ind 1s*, place (money) in trust
38 βαλλάντιον, bag
39 χώρα, country
40 ἀργύριον, silver
41 τάλαντον, talent
42 δέκα, ten

Ενεμεσσαρος, ἐβασίλευσεν[1] Σενναχηριμ ὁ υἱὸς αὐτοῦ ἀντ᾽[2] αὐτοῦ, καὶ αἱ ὁδοὶ
αὐτοῦ ἠκαταστάτησαν,[3] καὶ οὐκέτι ἠδυνάσθην πορευθῆναι εἰς τὴν Μηδίαν.

Tobit's Acts of Burying the Dead

16 καὶ ἐν ταῖς ἡμέραις Ενεμεσσαρου ἐλεημοσύνας[4] πολλὰς ἐποίουν τοῖς ἀδελφοῖς
μου· **17** τοὺς ἄρτους μου ἐδίδουν τοῖς πεινῶσιν[5] καὶ τὰ ἱμάτιά μου τοῖς γυμνοῖς,[6]
καὶ εἴ τινα ἐκ τοῦ γένους[7] μου ἐθεώρουν[8] τεθνηκότα[9] καὶ ἐρριμμένον[10] ὀπίσω τοῦ
τείχους[11] Νινευη, ἔθαπτον[12] αὐτόν. **18** καὶ εἴ τινα ἀπέκτεινεν Σενναχηριμ ὁ βασιλεύς,
ὅτε ἦλθεν φεύγων[13] ἐκ τῆς Ιουδαίας, ἔθαψα[14] αὐτοὺς κλέπτων·[15] πολλοὺς γὰρ
ἀπέκτεινεν ἐν τῷ θυμῷ[16] αὐτοῦ· καὶ ἐζητήθη ὑπὸ τοῦ βασιλέως τὰ σώματα, καὶ
οὐχ εὑρέθη. **19** πορευθεὶς δὲ εἷς τῶν ἐν Νινευη ὑπέδειξε[17] τῷ βασιλεῖ περὶ ἐμοῦ
ὅτι θάπτω[18] αὐτούς, καὶ ἐκρύβην·[19] ἐπιγνοὺς δὲ ὅτι ζητοῦμαι ἀποθανεῖν, φοβηθεὶς
ἀνεχώρησα.[20] **20** καὶ διηρπάγη[21] πάντα τὰ ὑπάρχοντά μου, καὶ οὐ κατελείφθη[22] μοι
οὐδὲν πλὴν Αννας τῆς γυναικός μου καὶ Τωβιου τοῦ υἱοῦ μου.

21 καὶ οὐ διῆλθον ἡμέραι πεντήκοντα[23] ἕως οὗ ἀπέκτειναν αὐτὸν οἱ δύο υἱοὶ αὐτοῦ·
καὶ ἔφυγον[24] εἰς τὰ ὄρη Αραρατ, καὶ ἐβασίλευσεν[25] Σαχερδονος ὁ υἱὸς αὐτοῦ ἀντ᾽[26]
αὐτοῦ. καὶ ἔταξεν[27] Αχιαχαρον τὸν Αναηλ υἱὸν τοῦ ἀδελφοῦ μου ἐπὶ πᾶσαν τὴν
ἐκλογιστίαν[28] τῆς βασιλείας αὐτοῦ καὶ ἐπὶ πᾶσαν τὴν διοίκησιν.[29] **22** καὶ ἠξίωσεν[30]
Αχιαχαρος περὶ ἐμοῦ, καὶ ἦλθον εἰς Νινευη. Αχιαχαρος δὲ ἦν ὁ οἰνοχόος[31] καὶ ἐπὶ τοῦ

1 βασιλεύω, *aor act ind 3s*, reign as king
2 ἀντί, in place of
3 ἀκαταστατέω, *aor act ind 3p*, be unsuitable
4 ἐλεημοσύνη, mercy, charity
5 πεινάω, *pres act ptc dat p m*, be hungry
6 γυμνός, naked
7 γένος, nation, people
8 θεωρέω, *impf act ind 1s*, see
9 θνήσκω, *perf act ptc acc s m*, die
10 ῥίπτω, *perf pas ptc acc s m*, throw, cast
11 τεῖχος, city wall
12 θάπτω, *impf act ind 1s*, bury
13 φεύγω, *pres act ptc nom s m*, flee (for refuge)
14 θάπτω, *aor act ind 1s*, bury
15 κλέπτω, *pres act ptc nom s m*, conceal, keep secret
16 θυμός, wrath, anger
17 ὑποδείκνυμι, *aor act ind 3s*, disclose, tell
18 θάπτω, *pres act ind 1s*, bury
19 κρύπτω, *aor pas ind 1s*, hide
20 ἀναχωρέω, *aor act ind 1s*, depart, flee
21 διαρπάζω, *aor pas ind 3s*, plunder
22 καταλείπω, *aor pas ind 3s*, leave behind
23 πεντήκοντα, fifty
24 φεύγω, *aor act ind 3p*, flee
25 βασιλεύω, *aor act ind 3s*, reign as king
26 ἀντί, in place of
27 τάσσω, *aor act ind 3s*, assign
28 ἐκλογιστία, balance of accounts
29 διοίκησις, financial administration, management
30 ἀξιόω, *aor act ind 3s*, entreat, beseech
31 οἰνοχόος, cupbearer

GII Ενεμασσαρ καὶ ἐβασίλευσεν[1] Σενναχηριμ υἱὸς αὐτοῦ ἀντ᾽[2] αὐτοῦ, καὶ αἱ ὁδοὶ τῆς
Μηδίας ἀπέστησαν,[3] καὶ οὐκέτι ἠδυνάσθην πορευθῆναι εἰς τὴν Μηδίαν.

Tobit's Acts of Burying the Dead

16 ἐν ταῖς ἡμέραις Ενεμεσσαρου ἐλεημοσύνας[4] πολλὰς ἐποίησα τοῖς ἀδελφοῖς μου
τοῖς ἐκ τοῦ γένους[5] μου· **17** τοὺς ἄρτους μου ἐδίδουν τοῖς πεινῶσιν[6] καὶ ἱμάτια τοῖς
γυμνοῖς,[7] καὶ εἴ τινα τῶν ἐκ τοῦ ἔθνους μου ἐθεώρουν[8] τεθνηκότα[9] καὶ ἐρριμμένον[10]
ὀπίσω τοῦ τείχους[11] Νινευη, ἔθαπτον[12] αὐτόν. **18** καὶ εἴ τινα ἀπέκτεινεν Σενναχηριμ,
ὅτε ἀπῆλθεν φεύγων[13] ἐκ τῆς Ιουδαίας ἐν ἡμέραις τῆς κρίσεως, ἧς ἐποίησεν ἐξ αὐτοῦ
ὁ βασιλεὺς τοῦ οὐρανοῦ περὶ τῶν βλασφημιῶν,[14] ὧν ἐβλασφήμησεν,[15] ἔθαψα·[16] πολ-
λοὺς γὰρ ἀπέκτεινεν ἐν τῷ θυμῷ[17] αὐτοῦ ἐκ τῶν υἱῶν Ισραηλ, καὶ ἔκλεπτον[18] τὰ
σώματα αὐτῶν καὶ ἔθαπτον·[19] καὶ ἐζήτησεν αὐτὰ Σενναχηριμ καὶ οὐχ εὗρεν αὐτά.
19 καὶ ἐπορεύθη εἷς τις τῶν ἐκ τῆς Νινευη καὶ ὑπέδειξεν[20] τῷ βασιλεῖ περὶ ἐμοῦ ὅτι
ἐγὼ θάπτω[21] αὐτούς, καὶ ἐκρύβην·[22] καὶ ὅτε ἐπέγνων ὅτι ἔγνω περὶ ἐμοῦ ὁ βασιλεὺς
καὶ ὅτι ζητοῦμαι τοῦ ἀποθανεῖν, ἐφοβήθην καὶ ἀπέδρασα.[23] **20** καὶ ἡρπάγη[24] πάντα,
ὅσα ὑπῆρχέν μοι, καὶ οὐ κατελείφθη[25] μοι οὐδέν, ὃ οὐκ ἀνελήμφθη[26] εἰς τὸ βασιλικόν,[27]
πλὴν Αννας τῆς γυναικός μου καὶ Τωβια τοῦ υἱοῦ μου.

21 καὶ οὐ διῆλθον ἡμέραι τεσσαράκοντα[28] ἕως οὗ ἀπέκτειναν αὐτὸν οἱ δύο υἱοὶ
αὐτοῦ· καὶ ἔφυγον[29] εἰς τὰ ὄρη Αραρατ, καὶ ἐβασίλευσεν[30] Σαχερδονος υἱὸς αὐτοῦ
μετ᾽ αὐτόν. καὶ ἔταξεν[31] Αχιχαρον τὸν Αναηλ τὸν τοῦ ἀδελφοῦ μου υἱὸν ἐπὶ πᾶσαν
τὴν ἐκλογιστίαν[32] τῆς βασιλείας αὐτοῦ, καὶ αὐτὸς εἶχεν τὴν ἐξουσίαν ἐπὶ πᾶσαν τὴν
διοίκησιν.[33] **22** τότε ἠξίωσεν[34] Αχιχαρος περὶ ἐμοῦ, καὶ κατῆλθον[35] εἰς τὴν Νινευη.
Αχιχαρος γὰρ ἦν ὁ ἀρχιοινοχόος[36] καὶ ἐπὶ τοῦ δακτυλίου[37] καὶ διοικητὴς[38] καὶ

1 βασιλεύω, *aor act ind 3s*, reign as king
2 ἀντί, in place of
3 ἀφίστημι, *aor act ind 3p*, (erode), fall away
4 ἐλεημοσύνη, mercy, charity
5 γένος, nation, people
6 πεινάω, *pres act ptc dat p m*, be hungry
7 γυμνός, naked
8 θεωρέω, *impf act ind 1s*, see
9 θνήσκω, *perf act ptc acc s m*, die
10 ῥίπτω, *perf pas ptc acc s m*, throw, cast
11 τεῖχος, city wall
12 θάπτω, *impf act ind 1s*, bury
13 φεύγω, *pres act ptc nom s m*, flee (for refuge)
14 βλασφημία, blasphemy
15 βλασφημέω, *aor act ind 3s*, blaspheme
16 θάπτω, *aor act ind 1s*, bury
17 θυμός, wrath, anger
18 κλέπτω, *impf act ind 1s*, conceal, keep secret
19 θάπτω, *impf act ind 1s*, bury
20 ὑποδείκνυμι, *aor act ind 3s*, disclose, tell
21 θάπτω, *pres act ind 1s*, bury
22 κρύπτω, *aor pas ind 1s*, hide
23 ἀποδιδράσκω, *aor act ind 1s*, run away
24 ἁρπάζω, *aor pas ind 3s*, seize
25 καταλείπω, *aor pas ind 3s*, leave behind
26 ἀναλαμβάνω, *aor pas ind 3s*, take up
27 βασιλικός, royal treasury
28 τεσσαράκοντα, forty
29 φεύγω, *aor act ind 3p*, flee
30 βασιλεύω, *aor act ind 3s*, reign as king
31 τάσσω, *aor act ind 3s*, assign
32 ἐκλογιστία, accounts
33 διοίκησις, financial administration, management
34 ἀξιόω, *aor act ind 3s*, entreat, beseech
35 κατέρχομαι, *aor act ind 1s*, return to
36 ἀρχιοινοχόος, chief cupbearer
37 δακτύλιος, signet ring
38 διοικητής, administrator

δακτυλίου[1] καὶ διοικητὴς[2] καὶ ἐκλογιστής,[3] καὶ κατέστησεν[4] αὐτὸν ὁ Σαχερδονος ἐκ δευτέρας· ἦν δὲ ἐξάδελφός[5] μου.

2 Ὅτε δὲ κατῆλθον[6] εἰς τὸν οἶκόν μου καὶ ἀπεδόθη μοι Αννα ἡ γυνή μου καὶ Τωβιας ὁ υἱός μου, ἐν τῇ πεντηκοστῇ[7] τῇ ἑορτῇ,[8] ἥ ἐστιν ἁγία ἑπτὰ ἑβδομάδων,[9] ἐγενήθη ἄριστον[10] καλόν μοι, καὶ ἀνέπεσα[11] τοῦ φαγεῖν. **2** καὶ ἐθεασάμην[12] ὄψα[13] πολλὰ καὶ εἶπα τῷ υἱῷ μου Βάδισον[14] καὶ ἄγαγε ὃν ἐὰν εὕρῃς τῶν ἀδελφῶν ἡμῶν ἐνδεῆ,[15] ὃς μέμνηται[16] τοῦ κυρίου· καὶ ἰδοὺ μενῶ[17] σε. **3** καὶ ἐλθὼν εἶπεν Πάτερ, εἷς ἐκ τοῦ γένους[18] ἡμῶν ἐστραγγαλωμένος[19] ἔρριπται[20] ἐν τῇ ἀγορᾷ.[21] **4** κἀγὼ[22] πρὶν[23] ἢ γεύσασθαί[24] με ἀναπηδήσας[25] ἀνειλόμην[26] αὐτὸν εἴς τι οἴκημα,[27] ἕως οὗ ἔδυ[28] ὁ ἥλιος. **5** καὶ ἐπιστρέψας ἐλουσάμην[29] καὶ ἤσθιον τὸν ἄρτον μου ἐν λύπῃ·[30] **6** καὶ ἐμνήσθην[31] τῆς προφητείας[32] Αμως, καθὼς εἶπεν

Στραφήσονται[33] αἱ ἑορταὶ[34] ὑμῶν εἰς πένθος[35]
καὶ πᾶσαι αἱ εὐφροσύναι[36] ὑμῶν εἰς θρῆνον[37]

καὶ ἔκλαυσα.

1 δακτύλιος, signet ring
2 διοικητής, administrator
3 ἐκλογιστής, accountant
4 καθίστημι, *aor act ind 3s*, appoint
5 ἐξάδελφος, nephew
6 κατέρχομαι, *aor act ind 1s*, return
7 πεντηκοστός, (Pentecost), fiftieth (day after Passover)
8 ἑορτή, feast
9 ἑβδομάς, week
10 ἄριστον, dinner
11 ἀναπίπτω, *aor act ind 1s*, recline
12 θεάομαι, *aor mid ind 1s*, see
13 ὄψον, food, varied dishes
14 βαδίζω, *aor act impv 2s*, go
15 ἐνδεής, poor, needy
16 μιμνήσκομαι, *perf mid ind 3s*, remember
17 μένω, *fut act ind 1s*, wait, remain
18 γένος, nation, people
19 στραγγαλάω, *perf pas ptc nom s m*, strangle
20 ῥίπτω, *perf pas ind 3s*, throw, cast
21 ἀγορά, marketplace
22 κἀγώ, then I, *cr.* καὶ ἐγώ
23 πρίν, before
24 γεύω, *aor mid inf*, taste
25 ἀναπηδάω, *aor act ptc nom s m*, leap up
26 ἀναιρέω, *aor mid ind 1s*, take up
27 οἴκημα, room
28 δύω, *aor act ind 3s*, go down, set
29 λούω, *aor mid ind 1s*, wash
30 λύπη, grief, sorrow
31 μιμνήσκομαι, *aor pas ind 1s*, remember
32 προφητεία, prophecy
33 στρέφω, *fut pas ind 3p*, turn, change
34 ἑορτή, feast
35 πένθος, mourning
36 εὐφροσύνη, joy, gladness
37 θρῆνος, lamentation

GII ἐκλογιστής[1] ἐπὶ Σενναχηριμ βασιλέως Ἀσσυρίων, καὶ κατέστησεν[2] αὐτὸν Σαχερ-
δονος ἐκ δευτέρας· ἦν δὲ ἐξάδελφός[3] μου καὶ ἐκ τῆς συγγενείας[4] μου.

2 Καὶ ἐπὶ Σαχερδονος βασιλέως κατῆλθον[5] εἰς τὸν οἶκόν μου, καὶ ἀπεδόθη μοι
ἡ γυνή μου Αννα καὶ Τωβιας ὁ υἱός μου. καὶ ἐν τῇ πεντηκοστῇ[6] τῇ ἑορτῇ[7]
ἡμῶν, ἥ ἐστιν ἁγία ἑπτὰ ἑβδομάδων,[8] ἐγενήθη μοι ἄριστον[9] καλόν, καὶ ἀνέπεσα[10]
τοῦ ἀριστῆσαι.[11] **2** καὶ παρετέθη[12] μοι ἡ τράπεζα,[13] καὶ παρετέθη[14] μοι ὀψάρια[15]
πλείονα,[16] καὶ εἶπα τῷ Τωβια τῷ υἱῷ μου Παιδίον, βάδιζε[17] καὶ ὃν ἂν εὕρῃς πτωχὸν[18]
τῶν ἀδελφῶν ἡμῶν ἐκ Νινευητῶν αἰχμαλώτων,[19] ὃς μέμνηται[20] ἐν ὅλῃ καρδίᾳ αὐτοῦ,
καὶ ἄγαγε αὐτὸν καὶ φάγεται κοινῶς[21] μετ᾽ ἐμοῦ· καὶ ἰδὲ προσμενῶ[22] σε, παιδίον,
μέχρι[23] τοῦ σε ἐλθεῖν. **3** καὶ ἐπορεύθη Τωβιας ζητῆσαί τινα πτωχὸν[24] τῶν ἀδελφῶν
ἡμῶν. καὶ ἐπιστρέψας λέγει Πάτερ. καὶ εἶπα αὐτῷ Ἰδοὺ ἐγώ, παιδίον. καὶ ἀποκριθεὶς
εἶπεν Πάτερ, ἰδοὺ εἷς ἐκ τοῦ ἔθνους ἡμῶν πεφόνευται[25] καὶ ἔρριπται[26] ἐν τῇ ἀγορᾷ[27]
καὶ αὐτόθι[28] νῦν ἐστραγγάληται.[29] **4** καὶ ἀναπηδήσας[30] ἀφῆκα[31] τὸ ἄριστον[32] πρὶν[33]
ἢ γεύσασθαί[34] με αὐτοῦ καὶ ἀναιροῦμαι[35] αὐτὸν ἐκ τῆς πλατείας[36] καὶ εἰς ἓν τῶν
οἰκιδίων[37] ἔθηκα μέχρι[38] τοῦ τὸν ἥλιον δύειν[39] καὶ θάψω[40] αὐτόν. **5** ἐπιστρέψας οὖν
ἐλουσάμην[41] καὶ ἤσθιον τὸν ἄρτον μετὰ πένθους·[42] **6** καὶ ἐμνήσθην[43] τοῦ ῥήματος
τοῦ προφήτου, ὅσα ἐλάλησεν Αμως ἐπὶ Βαιθηλ λέγων

> Στραφήσονται[44] ὑμῶν αἱ ἑορταὶ[45] εἰς πένθος[46]
> καὶ πᾶσαι αἱ ᾠδαὶ[47] ὑμῶν εἰς θρῆνος[48]

καὶ ἔκλαυσα.

1 ἐκλογιστής, accountant
2 καθίστημι, *aor act ind 3s*, appoint
3 ἐξάδελφος, nephew
4 συγγένεια, family, kin
5 κατέρχομαι, *aor act ind 1s*, return
6 πεντηκοστός, (Pentecost), fiftieth (day after Passover)
7 ἑορτή, feast
8 ἑβδομάς, week
9 ἄριστον, dinner
10 ἀναπίπτω, *aor act ind 1s*, recline
11 ἀριστάω, *aor act inf*, have dinner
12 παρατίθημι, *aor pas ind 3s*, set before
13 τράπεζα, table
14 παρατίθημι, *aor pas ind 3s*, set before
15 ὀψάριον, fine food
16 πλείων/πλεῖον, *comp of* πολύς, greater
17 βαδίζω, *pres act impv 2s*, go
18 πτωχός, poor
19 αἰχμάλωτος, captive
20 μιμνῄσκομαι, *perf mid ind 3s*, remember
21 κοινῶς, together
22 προσμένω, *fut act ind 1s*, await
23 μέχρι, until
24 πτωχός, poor
25 φονεύω, *perf pas ind 3s*, murder
26 ῥίπτω, *perf pas ind 3s*, throw, cast
27 ἀγορά, marketplace
28 αὐτόθι, on the spot
29 στραγγαλάω, *perf pas ind 3s*, strangle
30 ἀναπηδάω, *aor act ptc nom s m*, leap up
31 ἀφίημι, *aor act ind 1s*, leave
32 ἄριστον, dinner
33 πρίν, before
34 γεύω, *aor mid inf*, taste
35 ἀναιρέω, *pres mid ind 1s*, take up
36 πλατύς, broad (street)
37 οἰκίδιον, small house
38 μέχρι, until
39 δύω, *pres act inf*, go down, set
40 θάπτω, *aor act sub 1s*, bury
41 λούω, *aor mid ind 1s*, wash
42 πένθος, mourning
43 μιμνῄσκομαι, *aor pas ind 1s*, remember
44 στρέφω, *fut pas ind 3p*, turn, change
45 ἑορτή, feast
46 πένθος, mourning
47 ᾠδή, song (of praise)
48 θρῆνος, lamentation

Tobit Blinded by Bird Droppings

7 καὶ ὅτε ἔδυ[1] ὁ ἥλιος, ᾠχόμην[2] καὶ ὀρύξας[3] ἔθαψα[4] αὐτόν. **8** καὶ οἱ πλησίον[5] ἐπε-
γέλων[6] λέγοντες Οὐκέτι φοβεῖται φονευθῆναι[7] περὶ τοῦ πράγματος[8] τούτου· καὶ
ἀπέδρα,[9] καὶ ἰδοὺ πάλιν θάπτει[10] τοὺς νεκρούς.[11] **9** καὶ ἐν αὐτῇ τῇ νυκτὶ ἀνέλυσα[12]
θάψας[13] καὶ ἐκοιμήθην[14] μεμιαμμένος[15] παρὰ τὸν τοῖχον[16] τῆς αὐλῆς,[17] καὶ τὸ πρό-
σωπόν μου ἀκάλυπτον[18] ἦν· **10** καὶ οὐκ ᾔδειν[19] ὅτι στρουθία[20] ἐν τῷ τοίχῳ[21] ἐστίν,
καὶ τῶν ὀφθαλμῶν μου ἀνεῳγότων[22] ἀφώδευσαν[23] τὰ στρουθία[24] θερμὸν[25] εἰς τοὺς
ὀφθαλμούς μου, καὶ ἐγενήθη λευκώματα[26] εἰς τοὺς ὀφθαλμούς μου. καὶ ἐπορεύθην
πρὸς ἰατρούς,[27] καὶ οὐκ ὠφέλησάν[28] με· Αχιαχαρος δὲ ἔτρεφέν[29] με, ἕως οὗ ἐπορεύθη
εἰς τὴν Ἐλυμαΐδα.

Tobit Confronts His Wife about Her Wage-Earning

11 Καὶ ἡ γυνή μου Αννα ἠριθεύετο[30] ἐν τοῖς γυναικείοις·[31] **12** καὶ ἀπέστελλε τοῖς
κυρίοις, καὶ ἀπέδωκαν αὐτῇ καὶ αὐτοὶ τὸν μισθὸν[32] προσδόντες[33] καὶ ἔριφον.[34]

1 δύω, *aor act ind 3s*, go down, set
2 οἴχομαι, *impf mid ind 1s*, depart
3 ὀρύσσω, *aor act ptc nom s m*, dig
4 θάπτω, *aor act ind 1s*, bury
5 πλησίον, neighbor
6 ἐπιγελάω, *impf act ind 3p*, laugh
7 φονεύω, *aor pas inf*, murder
8 πρᾶγμα, deed, undertaking
9 ἀποδιδράσκω, *aor act ind 3s*, run away
10 θάπτω, *pres act ind 3s*, bury
11 νεκρός, dead
12 ἀναλύω, *aor act ind 1s*, return
13 θάπτω, *aor act ptc nom s m*, bury
14 κοιμάω, *aor pas ind 1s*, sleep
15 μιαίνω, *perf pas ptc nom s m*, be unclean
16 τοῖχος, wall
17 αὐλή, court
18 ἀκάλυπτος, uncovered
19 οἶδα, *plpf act ind 1s*, know
20 στρουθίον, sparrow
21 τοῖχος, wall
22 ἀνοίγω, *perf act ptc gen p m*, open
23 ἀφοδεύω, *aor act ind 3p*, void excrement
24 στρουθίον, sparrow
25 θερμός, warm (excrement)
26 λεύκωμα, whiteness
27 ἰατρός, physician
28 ὠφελέω, *aor act ind 3p*, help
29 τρέφω, *impf act ind 3s*, nourish, feed
30 ἐριθεύομαι, *impf mid ind 3s*, work for hire
31 γυναικεῖος, belonging to women, (women's work)
32 μισθός, wages
33 προσδίδωμι, *aor act ptc nom p m*, give in addition
34 ἔριφος, kid (goat)

GII

Tobit Blinded by Bird Droppings

7 καὶ ὅτε ἔδυ[1] ὁ ἥλιος, ᾠχόμην[2] καὶ ὀρύξας[3] ἔθαψα[4] αὐτόν. **8** καὶ οἱ πλησίον[5] μου
κατεγέλων[6] λέγοντες Οὐ φοβεῖται οὐκέτι· ἤδη[7] γὰρ ἐπεζητήθη[8] τοῦ φονευθῆναι[9] περὶ
τοῦ πράγματος[10] τούτου καὶ ἀπέδρα,[11] καὶ πάλιν ἰδοὺ θάπτει[12] τοὺς νεκρούς.[13] **9** καὶ
αὐτῇ τῇ νυκτὶ ἐλουσάμην[14] καὶ εἰσῆλθον εἰς τὴν αὐλήν[15] μου καὶ ἐκοιμήθην[16] παρὰ
τὸν τοῖχον[17] τῆς αὐλῆς,[18] καὶ τὸ πρόσωπόν μου ἀνακεκαλυμμένον[19] διὰ τὸ καῦμα·[20]
10 καὶ οὐκ ᾔδειν[21] ὅτι στρουθία[22] ἐν τῷ τοίχῳ[23] ἐπάνω[24] μού εἰσιν, καὶ ἐκάθισεν τὸ
ἀφόδευμα[25] αὐτῶν εἰς τοὺς ὀφθαλμούς μου θερμὸν[26] καὶ ἐπήγαγεν[27] λευκώματα.[28]
καὶ ἐπορευόμην πρὸς τοὺς ἰατροὺς[29] θεραπευθῆναι,[30] καὶ ὅσῳ ἐνεχρίοσάν[31] με τὰ
φάρμακα,[32] τοσούτῳ[33] μᾶλλον[34] ἐξετυφλοῦντο[35] οἱ ὀφθαλμοί μου τοῖς λευκώμασιν[36]
μέχρι[37] τοῦ ἀποτυφλωθῆναι·[38] καὶ ἤμην ἀδύνατος τοῖς ὀφθαλμοῖς ἔτη τέσσαρα. καὶ
πάντες οἱ ἀδελφοί μου ἐλυποῦντο[39] περὶ ἐμοῦ, καὶ Αχιαχαρος ἔτρεφέν[40] με ἔτη δύο
πρὸ τοῦ αὐτὸν βαδίσαι[41] εἰς τὴν Ἐλυμαΐδα.

Tobit Confronts His Wife about Her Wage-Earning

11 Καὶ ἐν τῷ χρόνῳ ἐκείνῳ Αννα ἡ γυνή μου ἠριθεύετο[42] ἐν τοῖς ἔργοις τοῖς γυ-
ναικείοις·[43] **12** καὶ ἀπέστελλε τοῖς κυρίοις αὐτῶν, καὶ ἀπεδίδουν αὐτῇ τὸν μισθόν.[44]
καὶ ἐν τῇ ἑβδόμῃ[45] τοῦ Δύστρου ἐξέτεμε[46] τὸν ἱστὸν[47] καὶ ἀπέστειλεν αὐτὸν τοῖς

1 δύω, *aor act ind 3s*, go down, set
2 οἴχομαι, *impf mid ind 1s*, depart
3 ὀρύσσω, *aor act ptc nom s m*, dig
4 θάπτω, *aor act ind 1s*, bury
5 πλησίον, neighbor
6 καταγελάω, *impf act ind 3p*, deride
7 ἤδη, already
8 ἐπιζητέω, *aor pas ind 3s*, seek after
9 φονεύω, *aor pas inf*, put to death
10 πρᾶγμα, deed, undertaking
11 ἀποδιδράσκω, *aor act ind 3s*, run away
12 θάπτω, *pres act ind 3s*, bury
13 νεκρός, dead
14 λούω, *aor mid ind 1s*, wash
15 αὐλή, court
16 κοιμάω, *aor pas ind 1s*, sleep
17 τοῖχος, wall
18 αὐλή, court
19 ἀνακαλύπτω, *perf pas ptc acc s n*, uncover
20 καῦμα, heat
21 οἶδα, *plpf act ind 1s*, know
22 στρουθίον, sparrow
23 τοῖχος, wall
24 ἐπάνω, above
25 ἀφόδευμα, excrement
26 θερμός, warm
27 ἐπάγω, *aor act ind 3s*, bring upon, set in place
28 λεύκωμα, whiteness
29 ἰατρός, physician
30 θεραπεύω, *aor pas inf*, treat
31 ἐγχρίω, *aor act ind 3p*, anoint
32 φάρμακον, healing potion
33 τοσοῦτος, so much
34 μᾶλλον, more
35 ἐκτυφλόω, *impf pas ind 3p*, make blind
36 λεύκωμα, whiteness
37 μέχρι, until
38 ἀποτυφλόω, *aor pas inf*, make blind
39 λυπέω, *impf pas ind 3p*, grieve
40 τρέφω, *impf act ind 3s*, sustain
41 βαδίζω, *aor act inf*, go
42 ἐριθεύομαι, *impf mid ind 3s*, work for hire
43 γυναικεῖος, belonging to women, (women's work)
44 μισθός, wages
45 ἕβδομος, seventh
46 ἐκτέμνω, *aor act ind 3s*, cut out
47 ἱστός, beam of a loom

GI

13 ὅτε δὲ ἦλθεν πρός με, ἤρξατο κράζειν· καὶ εἶπα αὐτῇ Πόθεν[1] τὸ ἐρίφιον;[2] μὴ
κλεψιμαῖόν[3] ἐστιν; ἀπόδος αὐτὸ τοῖς κυρίοις· οὐ γὰρ θεμιτόν[4] ἐστιν φαγεῖν κλε-
ψιμαῖον. **14** ἡ δὲ εἶπεν Δῶρον[5] δέδοταί μοι ἐπὶ τῷ μισθῷ.[6] καὶ οὐκ ἐπίστευον[7]
αὐτῇ καὶ ἔλεγον ἀποδιδόναι αὐτὸ τοῖς κυρίοις καὶ ἠρυθρίων[8] πρὸς αὐτήν· ἡ δὲ
ἀποκριθεῖσα εἶπέν μοι Ποῦ εἰσιν αἱ ἐλεημοσύναι[9] σου καὶ αἱ δικαιοσύναι σου; ἰδοὺ
γνωστὰ[10] πάντα μετὰ σοῦ.

Tobit's Prayer

3 καὶ λυπηθεὶς[11] ἔκλαυσα καὶ προσευξάμην μετ᾽ ὀδύνης[12] λέγων

2 Δίκαιος εἶ, κύριε,
καὶ πάντα τὰ ἔργα σου
καὶ πᾶσαι αἱ ὁδοί σου ἐλεημοσύναι[13] καὶ ἀλήθεια,
καὶ κρίσιν ἀληθινὴν[14] καὶ δικαίαν
σὺ κρίνεις εἰς τὸν αἰῶνα.
3 μνήσθητί[15] μου
καὶ ἐπίβλεψον[16] ἐπ᾽ ἐμέ·
μή με ἐκδικήσῃς[17] ταῖς ἁμαρτίαις μου
καὶ τοῖς ἀγνοήμασίν[18] μου
καὶ τῶν πατέρων μου,
ἃ ἥμαρτον ἐνώπιόν σου·
4 παρήκουσαν[19] γὰρ τῶν ἐντολῶν σου.
ἔδωκας ἡμᾶς εἰς διαρπαγὴν[20] καὶ αἰχμαλωσίαν[21] καὶ θάνατον
καὶ παραβολὴν[22] ὀνειδισμοῦ[23] πᾶσιν τοῖς ἔθνεσιν,
ἐν οἷς ἐσκορπίσμεθα.[24]

1 πόθεν, from where
2 ἐρίφιον, kid (goat)
3 κλεψιμαῖος, stolen
4 θεμιτός, lawful
5 δῶρον, gift
6 μισθός, wages
7 πιστεύω, *impf act ind 1s*, believe
8 ἐρυθριάω, *impf act ind 1s*, become red (with anger)
9 ἐλεημοσύνη, mercy, charity
10 γνωστός, known
11 λυπέω, *aor pas ptc nom s m*, grieve
12 ὀδύνη, grief
13 ἐλεημοσύνη, mercy
14 ἀληθινός, truthful
15 μιμνῄσκομαι, *aor pas impv 2s*, remember
16 ἐπιβλέπω, *aor act impv 2s*, look attentively upon
17 ἐκδικέω, *aor act sub 2s*, punish
18 ἀγνόημα, ignorance
19 παρακούω, *aor act ind 3p*, disobey
20 διαρπαγή, plundering
21 αἰχμαλωσία, captivity
22 παραβολή, proverb, parable
23 ὀνειδισμός, reproach
24 σκορπίζω, *perf act ind 1p*, disperse

GII κυρίοις, καὶ ἔδωκαν αὐτῇ τὸν μισθὸν[1] πάντα καὶ ἔδωκαν αὐτῇ ἐφ᾽ ἑστίᾳ[2] ἔριφον[3] ἐξ
αἰγῶν.[4] **13** καὶ ὅτε εἰσῆλθεν πρός με, ὁ ἔριφος[5] ἤρξατο κράζειν· καὶ ἐκάλεσα αὐτὴν
καὶ εἶπα Πόθεν[6] τὸ ἐρίφιον[7] τοῦτο; μήποτε[8] κλεψιμαῖόν[9] ἐστιν; ἀπόδος αὐτὸ τοῖς
κυρίοις αὐτοῦ· οὐ γὰρ ἐξουσίαν ἔχομεν ἡμεῖς φαγεῖν οὐδὲν κλεψιμαῖον. **14** καὶ λέγει
μοι αὐτή Δόσει[10] δέδοταί μοι ἐπὶ τῷ μισθῷ.[11] καὶ οὐκ ἐπίστευον[12] αὐτῇ καὶ ἔλεγον
ἀποδοῦναι τοῖς κυρίοις καὶ προσηρυθρίων[13] χάριν[14] τούτου πρὸς αὐτήν· εἶτα[15] ἀπο-
κριθεῖσα λέγει μοι Καὶ ποῦ εἰσιν αἱ ἐλεημοσύναι[16] σου; ποῦ εἰσιν αἱ δικαιοσύναι σου;
ἰδὲ ταῦτα μετὰ σοῦ γνωστά[17] ἐστιν.

Tobit's Prayer

3 καὶ περίλυπος[18] γενόμενος τῇ ψυχῇ καὶ στενάξας[19] ἔκλαυσα καὶ ἤρξάμην προσ-
εύχεσθαι μετὰ στεναγμῶν[20]

2 Δίκαιος εἶ, κύριε,
καὶ πάντα τὰ ἔργα σου δίκαια,
καὶ πᾶσαι αἱ ὁδοί σου ἐλεημοσύνη[21] καὶ ἀλήθεια·
σὺ κρίνεις τὸν αἰῶνα.

3 καὶ νῦν σύ, κύριε, μνήσθητί[22] μου
καὶ ἐπίβλεψον[23]
καὶ μή με ἐκδικήσῃς[24] ταῖς ἁμαρτίαις μου
καὶ ἐν τοῖς ἀγνοήμασίν[25] μου
καὶ τῶν πατέρων μου,
οἷς ἥμαρτον ἐναντίον[26] σου
4 καὶ παρήκουσα[27] τῶν ἐντολῶν σου.
καὶ ἔδωκας ἡμᾶς εἰς ἁρπαγὴν[28] καὶ αἰχμαλωσίαν[29] καὶ θάνατον
καὶ εἰς παραβολὴν[30] καὶ λάλημα[31] καὶ ὀνειδισμὸν[32] ἐν πᾶσιν τοῖς ἔθνεσιν,
ἐν οἷς ἡμᾶς διεσκόρπισας.[33]

1 μισθός, wages
2 ἑστία, home
3 ἔριφος, kid (of a goat)
4 αἴξ, goat
5 ἔριφος, kid (of a goat)
6 πόθεν, from where
7 ἐρίφιον, kid (of a goat)
8 μήποτε, perhaps
9 κλεψιμαῖος, stolen
10 δόσις, gift
11 μισθός, wages
12 πιστεύω, *impf act ind 1s*, believe
13 προσερυθριάω, *impf act ind 1s*, become red (with anger)
14 χάριν, on account of
15 εἶτα, then
16 ἐλεημοσύνη, mercy, charity
17 γνωστός, known
18 περίλυπος, deeply grieved
19 στενάζω, *aor act ptc nom s m*, groan
20 στεναγμός, groaning
21 ἐλεημοσύνη, mercy
22 μιμνῄσκομαι, *aor pas impv 2s*, remember
23 ἐπιβλέπω, *aor act impv 2s*, look well, watch attentively
24 ἐκδικέω, *aor act sub 2s*, punish
25 ἀγνόημα, ignorance
26 ἐναντίον, before
27 παρακούω, *aor act ind 1s*, disobey
28 ἁρπαγή, robbery, plunder
29 αἰχμαλωσία, captivity
30 παραβολή, proverb, parable
31 λάλημα, byword
32 ὀνειδισμός, reproach
33 διασκορπίζω, *aor act ind 2s*, scatter

5 καὶ νῦν πολλαὶ αἱ κρίσεις σού εἰσιν ἀληθιναὶ[1]
ἐξ ἐμοῦ ποιῆσαι περὶ τῶν ἁμαρτιῶν μου
καὶ τῶν πατέρων μου,
ὅτι οὐκ ἐποιήσαμεν τὰς ἐντολάς σου·
οὐ γὰρ ἐπορεύθημεν ἐν ἀληθείᾳ ἐνώπιόν σου.

6 καὶ νῦν κατὰ τὸ ἀρεστὸν[2] ἐνώπιόν σου ποίησον μετ᾽ ἐμοῦ·
ἐπίταξον[3] ἀναλαβεῖν[4] τὸ πνεῦμά μου,
ὅπως ἀπολυθῶ[5] καὶ γένωμαι γῆ·
διότι[6] λυσιτελεῖ[7] μοι ἀποθανεῖν ἢ ζῆν,
ὅτι ὀνειδισμοὺς[8] ψευδεῖς[9] ἤκουσα,
καὶ λύπη[10] ἐστὶν πολλὴ ἐν ἐμοί·
ἐπίταξον[11] ἀπολυθῆναί[12] με τῆς ἀνάγκης[13] ἤδη[14]
εἰς τὸν αἰώνιον τόπον,
μὴ ἀποστρέψῃς[15] τὸ πρόσωπόν σου ἀπ᾽ ἐμοῦ.

Sarah Responds to Accusations by Praying for Death

7 Ἐν τῇ αὐτῇ ἡμέρᾳ συνέβη[16] τῇ θυγατρὶ[17] Ραγουηλ Σαρρα ἐν Ἐκβατάνοις τῆς
Μηδίας καὶ ταύτην ὀνειδισθῆναι[18] ὑπὸ παιδισκῶν[19] πατρὸς αὐτῆς, **8** ὅτι ἦν δεδο-
μένη ἀνδράσιν ἑπτά, καὶ Ασμοδαυς τὸ πονηρὸν δαιμόνιον[20] ἀπέκτεινεν αὐτοὺς
πρὶν[21] ἢ γενέσθαι αὐτοὺς μετ᾽ αὐτῆς ὡς ἐν γυναιξίν. καὶ εἶπαν αὐτῇ Οὐ συνίεις[22]
ἀποπνίγουσά[23] σου τοὺς ἄνδρας; ἤδη[24] ἑπτὰ ἔσχες καὶ ἑνὸς αὐτῶν οὐκ ὠνάσθης.[25]

1 ἀληθινός, truthful
2 ἀρεστός, pleasing
3 ἐπιτάσσω, *aor act impv 2s*, command
4 ἀναλαμβάνω, *aor act inf*, take from
5 ἀπολύω, *aor pas sub 1s*, release, set free
6 διότι, because
7 λυσιτελέω, *pres act ind 3s*, profit
8 ὀνειδισμός, reproach
9 ψευδής, false, lying
10 λύπη, grief
11 ἐπιτάσσω, *aor act impv 2s*, command
12 ἀπολύω, *aor pas inf*, release, set free
13 ἀνάγκη, tribulation
14 ἤδη, now
15 ἀποστρέφω, *aor act sub 2s*, turn away
16 συμβαίνω, *aor act ind 3s*, happen
17 θυγάτηρ, daughter
18 ὀνειδίζω, *aor pas inf*, reproach
19 παιδίσκη, maidservant
20 δαιμόνιον, demon
21 πρίν, before
22 συνίημι, *impf act ind 2s*, understand, notice
23 ἀποπνίγω, *pres act ptc nom s f*, strangle, choke
24 ἤδη, already
25 ὀνίνημι, *aor pas ind 2s*, benefit from

GII 5 καὶ νῦν πολλαί σου αἱ κρίσεις ὑπάρχουσιν ἀληθιναὶ[1]
ποιῆσαι ἐξ ἐμοῦ περὶ τῶν ἁμαρτιῶν μου,
ὅτι οὐκ ἐποιήσαμεν τὰς ἐντολάς σου
καὶ οὐκ ἐπορεύθημεν ἀληθινῶς[2] ἐνώπιόν σου.

6 καὶ νῦν κατὰ τὸ ἀρεστόν[3] σου ποίησον μετ᾽ ἐμοῦ
καὶ ἐπίταξον[4] ἀναλαβεῖν[5] τὸ πνεῦμά μου ἐξ ἐμοῦ,
ὅπως ἀπολυθῶ[6] ἀπὸ προσώπου τῆς γῆς καὶ γένωμαι γῆ·
διὸ[7] λυσιτελεῖ[8] μοι ἀποθανεῖν μᾶλλον[9] ἢ ζῆν,
ὅτι ὀνειδισμοὺς[10] ψευδεῖς[11] ἤκουσα,
καὶ λύπη[12] πολλὴ μετ᾽ ἐμοῦ.
κύριε, ἐπίταξον[13] ὅπως ἀπολυθῶ[14] ἀπὸ τῆς ἀνάγκης[15] ταύτης,
ἀπόλυσόν[16] με εἰς τὸν τόπον τὸν αἰώνιον
καὶ μὴ ἀποστρέψῃς[17] τὸ πρόσωπόν σου, κύριε, ἀπ᾽ ἐμοῦ·
διὸ[18] λυσιτελεῖ[19] μοι ἀποθανεῖν
μᾶλλον ἢ βλέπειν ἀνάγκην πολλὴν ἐν τῇ ζωῇ μου
καὶ μὴ ἀκούειν ὀνειδισμούς.[20]

Sarah Responds to Accusations by Praying for Death

7 Ἐν τῇ ἡμέρᾳ ταύτῃ συνέβη[21] Σαρρα τῇ θυγατρὶ[22] Ραγουηλ τοῦ ἐν Ἐκβατάνοις τῆς
Μηδίας καὶ αὐτὴν ἀκοῦσαι ὀνειδισμοὺς[23] ὑπὸ μιᾶς τῶν παιδισκῶν[24] τοῦ πατρὸς ἑαυτῆς,
8 διότι[25] ἦν ἐκδεδομένη[26] ἀνδράσιν ἑπτά, καὶ Ασμοδαῖος τὸ δαιμόνιον[27] τὸ πονηρὸν
ἀπέκτεννεν αὐτοὺς πρὶν[28] ἢ γενέσθαι αὐτοὺς μετ᾽ αὐτῆς, καθάπερ[29] ἀποδεδειγμένον[30]
ἐστὶν ταῖς γυναιξίν. καὶ εἶπεν αὐτῇ ἡ παιδίσκη[31] Σὺ εἶ ἡ ἀποκτέννουσα τοὺς ἄνδρας
σου· ἰδοὺ ἤδη[32] ἀπεκδέδοσαι[33] ἑπτὰ ἀνδράσιν καὶ ἑνὸς αὐτῶν οὐκ ὠνομάσθης.[34]

1 ἀληθινός, truthful
2 ἀληθινῶς, truly
3 ἀρεστός, pleasing
4 ἐπιτάσσω, *aor act impv 2s*, command
5 ἀναλαμβάνω, *aor act inf*, take from
6 ἀπολύω, *aor pas sub 1s*, release, set free
7 διό, therefore
8 λυσιτελέω, *pres act ind 3s*, profit
9 μᾶλλον, more than
10 ὀνειδισμός, reproach
11 ψευδής, false, lying
12 λύπη, grief
13 ἐπιτάσσω, *aor act impv 2s*, command
14 ἀπολύω, *aor pas sub 1s*, release, set free
15 ἀνάγκη, tribulation
16 ἀπολύω, *aor act impv 2s*, release, set free
17 ἀποστρέφω, *aor act sub 2s*, turn away
18 διό, therefore
19 λυσιτελέω, *pres act ind 3s*, profit
20 ὀνειδισμός, reproach
21 συμβαίνω, *aor act ind 3s*, happen
22 θυγάτηρ, daughter
23 ὀνειδισμός, reproach
24 παιδίσκη, maidservant
25 διότι, because
26 ἐκδίδωμι, *perf pas ptc nom s f*, give
27 δαιμόνιον, demon
28 πρίν, before
29 καθάπερ, just as
30 ἀποδείκνυμι, *perf pas ptc nom s n*, prescribe, require
31 παιδίσκη, maidservant
32 ἤδη, already
33 ἀπεκδίδωμι, *perf pas ind 2s*, give in marriage
34 ὀνομάζω, *aor pas ind 2s*, give a name

GI

9 τί ἡμᾶς μαστιγοῖς;[1] εἰ ἀπέθαναν, βάδιζε[2] μετ᾽ αὐτῶν· μὴ ἴδοιμέν[3] σου υἱὸν ἢ θυγα-
τέρα[4] εἰς τὸν αἰῶνα.

10 ταῦτα ἀκούσασα ἐλυπήθη[5] σφόδρα[6] ὥστε ἀπάγξασθαι.[7] καὶ εἶπεν Μία μέν εἰμι τῷ
πατρί μου· ἐὰν ποιήσω τοῦτο, ὄνειδος[8] αὐτῷ ἐστιν, καὶ τὸ γῆρας[9] αὐτοῦ κατάξω[10]
μετ᾽ ὀδύνης[11] εἰς ᾄδου.[12] **11** καὶ ἐδεήθη[13] πρὸς τῇ θυρίδι[14] καὶ εἶπεν

Εὐλογητὸς[15] εἶ, κύριε ὁ θεός μου,
καὶ εὐλογητὸν τὸ ὄνομά σου
τὸ ἅγιον καὶ ἔντιμον[16] εἰς τοὺς αἰῶνας·
εὐλογήσαισάν[17] σε πάντα τὰ ἔργα σου εἰς τὸν αἰῶνα.

12 καὶ νῦν, κύριε, τοὺς ὀφθαλμούς μου
καὶ τὸ πρόσωπόν μου εἰς σὲ δέδωκα·

13 εἰπὸν ἀπολῦσαί[18] με ἀπὸ τῆς γῆς
καὶ μὴ ἀκοῦσαί με μηκέτι[19] ὀνειδισμόν.[20]

14 σὺ γινώσκεις, κύριε, ὅτι καθαρά[21] εἰμι
ἀπὸ πάσης ἁμαρτίας ἀνδρὸς

15 καὶ οὐκ ἐμόλυνα[22] τὸ ὄνομά μου
οὐδὲ τὸ ὄνομα τοῦ πατρός μου ἐν τῇ γῇ τῆς αἰχμαλωσίας[23] μου.
μονογενής[24] εἰμι τῷ πατρί μου,
καὶ οὐχ ὑπάρχει αὐτῷ παιδίον, ὃ κληρονομήσει[25] αὐτόν,

1 μαστιγόω, *pres act ind 2s*, chastise, punish
2 βαδίζω, *pres act impv 2s*, go
3 ὁράω, *aor act opt 1p*, see, behold
4 θυγάτηρ, daughter
5 λυπέω, *aor pas ind 3s*, grieve
6 σφόδρα, exceedingly
7 ἀπάγχω, *aor mid inf*, hang (oneself to death)
8 ὄνειδος, object of reproach, disgrace
9 γῆρας, old age
10 κατάγω, *fut act ind 1s*, bring down
11 ὀδύνη, grief
12 ᾅδης, Hades, underworld
13 δέομαι, *aor pas ind 3s*, supplicate
14 θυρίς, window
15 εὐλογητός, blessed
16 ἔντιμος, valuable
17 εὐλογέω, *aor act opt 3p*, bless
18 ἀπολύω, *aor act inf*, release, set free
19 μηκέτι, no longer
20 ὀνειδισμός, reproach
21 καθαρός, pure
22 μολύνω, *aor act ind 1s*, defile, stain
23 αἰχμαλωσία, captivity
24 μονογενής, only begotten
25 κληρονομέω, *fut act ind 3s*, inherit from

GII **9** τί ἡμᾶς μαστιγοῖς[1] περὶ τῶν ἀνδρῶν σου, ὅτι ἀπέθανον; βάδιζε[2] μετ᾽ αὐτῶν, καὶ μὴ
ἴδοιμεν[3] υἱόν σου μηδὲ θυγατέρα[4] εἰς τὸν αἰῶνα.

10 ἐν τῇ ἡμέρᾳ ἐκείνῃ ἐλυπήθη[5] ἐν τῇ ψυχῇ καὶ ἔκλαυσεν καὶ ἀναβᾶσα εἰς τὸ ὑπερῷον[6]
τοῦ πατρὸς αὐτῆς ἠθέλησεν ἀπάγξασθαι.[7] καὶ πάλιν ἐλογίσατο καὶ λέγει Μήποτε[8]
ὀνειδίσωσιν[9] τὸν πατέρα μου καὶ ἐροῦσιν αὐτῷ Μία σοι ὑπῆρχεν θυγάτηρ[10] ἀγαπ-
ητὴ[11] καὶ αὐτὴ ἀπήγξατο[12] ἀπὸ τῶν κακῶν· καὶ κατάξω[13] τὸ γῆρας[14] τοῦ πατρός μου
μετὰ λύπης[15] εἰς ᾅδου.[16] χρησιμώτερόν[17] μοί ἐστιν μὴ ἀπάγξασθαι, ἀλλὰ δεηθῆναι[18]
τοῦ κυρίου ὅπως ἀποθάνω καὶ μηκέτι[19] ὀνειδισμοὺς[20] ἀκούσω ἐν τῇ ζωῇ μου. **11** ἐν
αὐτῷ τῷ καιρῷ διαπετάσασα[21] τὰς χεῖρας πρὸς τὴν θυρίδα[22] ἐδεήθη[23] καὶ εἶπεν

Εὐλογητὸς[24] εἶ, θεὲ ἐλεήμων,[25]
καὶ εὐλογητὸν τὸ ὄνομά σου εἰς τοὺς αἰῶνας,
καὶ εὐλογησάτωσάν σε πάντα τὰ ἔργα σου εἰς τὸν αἰῶνα.

12 καὶ νῦν ἐπὶ σὲ τὸ πρόσωπόν μου
καὶ τοὺς ὀφθαλμούς μου ἀνέβλεψα·[26]

13 εἰπὸν ἀπολυθῆναί[27] με ἀπὸ τῆς γῆς
καὶ μὴ ἀκούειν με μηκέτι[28] ὀνειδισμούς.[29]
14 σὺ γινώσκεις, δέσποτα,[30] ὅτι καθαρά[31] εἰμι
ἀπὸ πάσης ἀκαθαρσίας[32] ἀνδρὸς
15 καὶ οὐχὶ ἐμόλυνά[33] μου τὸ ὄνομα
καὶ οὐδὲ τὸ ὄνομα τοῦ πατρός μου ἐν τῇ γῇ τῆς αἰχμαλωσίας[34] μου.
μονογενής[35] εἰμι τῷ πατρί μου,
καὶ οὐχ ὑπάρχει αὐτῷ ἕτερον τέκνον, ἵνα κληρονομήσῃ[36] αὐτόν,

1 μαστιγόω, *pres act ind 2s*, chastise, afflict
2 βαδίζω, *pres act impv 2s*, go
3 ὁράω, *aor act opt 1p*, see, behold
4 θυγάτηρ, daughter
5 λυπέω, *aor pas ind 3s*, grieve
6 ὑπερῷον, upstairs room
7 ἀπάγχω, *aor mid inf*, hang (oneself to death)
8 μήποτε, lest
9 ὀνειδίζω, *aor act sub 3p*, reproach
10 θυγάτηρ, daughter
11 ἀγαπητός, beloved, only
12 ἀπάγχω, *aor mid ind 3s*, hang (oneself to death)
13 κατάγω, *fut act ind 1s*, bring down
14 γῆρας, old age
15 λύπη, grief
16 ᾅδης, Hades, underworld
17 χρήσιμος, *comp*, more useful
18 δέομαι, *aor pas inf*, supplicate
19 μηκέτι, no longer
20 ὀνειδισμός, reproach
21 διαπετάννυμι, *aor act ptc nom s f*, spread out
22 θυρίς, window
23 δέομαι, *aor pas ind 3s*, supplicate
24 εὐλογητός, blessed
25 ἐλεήμων, merciful
26 ἀναβλέπω, *aor act ind 1s*, look up
27 ἀπολύω, *aor pas inf*, release, set free
28 μηκέτι, no longer
29 ὀνειδισμός, reproach
30 δεσπότης, master
31 καθαρός, pure
32 ἀκαθαρσία, impurity
33 μολύνω, *aor act ind 1s*, defile, stain
34 αἰχμαλωσία, captivity
35 μονογενής, only begotten
36 κληρονομέω, *aor act sub 3s*, inherit from

οὐδὲ ἀδελφὸς ἐγγὺς[1] οὐδὲ ὑπάρχων αὐτῷ υἱός,
ἵνα συντηρήσω[2] ἐμαυτὴν[3] αὐτῷ γυναῖκα.
ἤδη[4] ἀπώλοντό μοι ἑπτά·
ἵνα τί μοι ζῆν;
καὶ εἰ μὴ δοκεῖ[5] σοι ἀποκτεῖναί με,
ἐπίταξον[6] ἐπιβλέψαι[7] ἐπ᾽ ἐμὲ
καὶ ἐλεῆσαί[8] με
καὶ μηκέτι[9] ἀκοῦσαί με ὀνειδισμόν.[10]

Raphael Sent to Answer Both Prayers

16 Καὶ εἰσηκούσθη[11] ἡ προσευχὴ ἀμφοτέρων[12] ἐνώπιον τῆς δόξης τοῦ μεγάλου
Ραφαηλ, **17** καὶ ἀπεστάλη ἰάσασθαι[13] τοὺς δύο, τοῦ Τωβιτ λεπίσαι[14] τὰ λευκώματα[15]
καὶ Σαρραν τὴν τοῦ Ραγουηλ δοῦναι Τωβια τῷ υἱῷ Τωβιτ γυναῖκα καὶ δῆσαι[16]
Ασμοδαυν τὸ πονηρὸν δαιμόνιον,[17] διότι[18] Τωβια ἐπιβάλλει[19] κληρονομῆσαι[20] αὐτήν.
ἐν αὐτῷ τῷ καιρῷ ἐπιστρέψας Τωβιτ εἰσῆλθεν εἰς τὸν οἶκον αὐτοῦ καὶ Σαρρα ἡ τοῦ
Ραγουηλ κατέβη ἐκ τοῦ ὑπερῴου[21] αὐτῆς.

Tobit Gives Instructions to Tobias

4 Ἐν τῇ ἡμέρᾳ ἐκείνῃ ἐμνήσθη[22] Τωβιτ περὶ τοῦ ἀργυρίου,[23] οὗ παρέθετο[24] Γαβαηλ
ἐν Ῥάγοις τῆς Μηδίας, **2** καὶ εἶπεν ἐν ἑαυτῷ Ἐγὼ ᾐτησάμην[25] θάνατον· τί οὐ
καλῶ Τωβιαν τὸν υἱόν μου, ἵνα αὐτῷ ὑποδείξω[26] πρὶν[27] ἀποθανεῖν με; **3** καὶ καλέσας
αὐτὸν εἶπεν Παιδίον, ἐὰν ἀποθάνω, θάψον[28] με· καὶ μὴ ὑπερίδῃς[29] τὴν μητέρα σου,
τίμα[30] αὐτὴν πάσας τὰς ἡμέρας τῆς ζωῆς σου καὶ ποίει τὸ ἀρεστὸν[31] αὐτῇ καὶ μὴ

1 ἐγγύς, close (relative)
2 συντηρέω, *aor act sub 1s*, preserve closely
3 ἐμαυτοῦ, of myself
4 ἤδη, already
5 δοκέω, *pres act ind 2s*, seem (pleasing)
6 ἐπιτάσσω, *aor act impv 2s*, command
7 ἐπιβλέπω, *aor act inf*, look attentively upon
8 ἐλεέω, *aor act inf*, show mercy
9 μηκέτι, no longer
10 ὀνειδισμός, reproach
11 εἰσακούω, *aor pas ind 3s*, hear
12 ἀμφότεροι, both
13 ἰάομαι, *aor mid inf*, heal, restore
14 λεπίζω, *aor act inf*, peel
15 λεύκωμα, whiteness
16 δέω, *aor act inf*, bind
17 δαιμόνιον, demon
18 διότι, because
19 ἐπιβάλλω, *pres act ind 3s*, put upon
20 κληρονομέω, *aor act inf*, inherit from
21 ὑπερῷον, upstairs room
22 μιμνῄσκομαι, *aor pas ind 3s*, remember
23 ἀργύριον, silver
24 παρατίθημι, *aor mid ind 3s*, place (money) in trust
25 αἰτέω, *aor mid ind 1s*, ask for
26 ὑποδείκνυμι, *aor act sub 1s*, disclose, tell
27 πρίν, before
28 θάπτω, *aor act impv 2s*, bury
29 ὑπεροράω, *aor act sub 2s*, disregard
30 τιμάω, *pres act impv 2s*, honor
31 ἀρεστός, pleasing

GII

οὐδὲ ἀδελφὸς αὐτῷ ἐγγὺς[1] οὔτε συγγενὴς[2] αὐτῷ ὑπάρχει,
ἵνα συντηρήσω[3] ἐμαυτὴν[4] αὐτῷ γυναῖκα.
ἤδη[5] ἀπώλοντό μοι ἑπτά,
καὶ ἵνα τί μοί ἐστιν ἔτι ζῆν;
καὶ εἰ μή σοι δοκεῖ[6] ἀποκτεῖναί με, κύριε,
νῦν εἰσάκουσον[7] ὀνειδισμόν[8] μου.

Raphael Sent to Answer Both Prayers

16 Ἐν αὐτῷ τῷ καιρῷ εἰσηκούσθη[9] ἡ προσευχὴ ἀμφοτέρων[10] ἐνώπιον τῆς δόξης
τοῦ θεοῦ, **17** καὶ ἀπεστάλη Ραφαηλ ἰάσασθαι[11] τοὺς δύο, Τωβιν ἀπολῦσαι[12] τὰ
λευκώματα[13] ἀπὸ τῶν ὀφθαλμῶν αὐτοῦ, ἵνα ἴδῃ τοῖς ὀφθαλμοῖς τὸ φῶς τοῦ
θεοῦ, καὶ Σαρραν τὴν Ραγουηλ δοῦναι αὐτὴν Τωβια τῷ υἱῷ Τωβιθ γυναῖκα καὶ
λῦσαι[14] Ασμοδαιον τὸ δαιμόνιον[15] τὸ πονηρὸν ἀπ᾽ αὐτῆς, διότι[16] Τωβια ἐπιβάλλει[17]
κληρονομῆσαι[18] αὐτὴν παρὰ πάντας τοὺς θέλοντας λαβεῖν αὐτήν. ἐν ἐκείνῳ τῷ
καιρῷ ἐπέστρεψεν Τωβιθ ἀπὸ τῆς αὐλῆς[19] εἰς τὸν οἶκον αὐτοῦ καὶ Σαρρα ἡ τοῦ
Ραγουηλ καὶ αὐτὴ κατέβη ἐκ τοῦ ὑπερῴου.[20]

Tobit Gives Instructions to Tobias

4 Ἐν τῇ ἡμέρᾳ ἐκείνῃ ἐμνήσθη[21] Τωβιθ τοῦ ἀργυρίου,[22] ὃ παρέθετο[23] Γαβαήλῳ
ἐν Ῥάγοις τῆς Μηδίας, **2** καὶ εἶπεν ἐν τῇ καρδίᾳ αὐτοῦ Ἰδοὺ ἐγὼ ᾐτησάμην[24]
θάνατον· τί οὐχὶ καλῶ Τωβιαν τὸν υἱόν μου καὶ ὑποδείξω[25] αὐτῷ περὶ τοῦ ἀρ-
γυρίου[26] τούτου πρὶν[27] ἀποθανεῖν με; **3** καὶ ἐκάλεσεν Τωβιαν τὸν υἱὸν αὐτοῦ, καὶ
ἦλθεν πρὸς αὐτόν· καὶ εἶπεν αὐτῷ Θάψον[28] με καλῶς·[29] καὶ τίμα[30] τὴν μητέρα
σου καὶ μὴ ἐγκαταλίπῃς[31] αὐτὴν πάσας τὰς ἡμέρας τῆς ζωῆς αὐτῆς καὶ ποίει τὸ
ἀρεστὸν[32] ἐνώπιον αὐτῆς καὶ μὴ λυπήσῃς[33] τὸ πνεῦμα αὐτῆς ἐν παντὶ πράγματι.[34]

1 ἐγγύς, close (relative)
2 συγγενής, kinsman
3 συντηρέω, *aor act sub 1s*, preserve closely
4 ἐμαυτοῦ, of myself
5 ἤδη, already
6 δοκέω, *pres act impv 2s*, seem (pleasing)
7 εἰσακούω, *aor act impv 2s*, hear
8 ὀνειδισμός, reproach
9 εἰσακούω, *aor pas ind 3s*, hear
10 ἀμφότεροι, both
11 ἰάομαι, *aor mid inf*, heal, restore
12 ἀπολύω, *aor act inf*, remove
13 λεύκωμα, whiteness
14 λύω, *aor act inf*, unbind
15 δαιμόνιον, demon
16 διότι, because
17 ἐπιβάλλω, *pres act ind 3s*, put upon
18 κληρονομέω, *aor act inf*, inherit from
19 αὐλή, court
20 ὑπερῷον, upstairs room
21 μιμνήσκομαι, *aor pas ind 3s*, remember
22 ἀργύριον, silver
23 παρατίθημι, *aor mid ind 3s*, place (money) in trust
24 αἰτέω, *aor mid ind 1s*, ask for
25 ὑποδείκνυμι, *fut act ind 1s*, disclose, tell
26 ἀργύριον, silver
27 πρίν, before
28 θάπτω, *aor act impv 2s*, bury
29 καλῶς, well
30 τιμάω, *pres act impv 2s*, honor
31 ἐγκαταλείπω, *aor act sub 2s*, desert, forsake
32 ἀρεστός, pleasing
33 λυπέω, *aor act sub 2s*, cause to grieve
34 πρᾶγμα, deed, matter

GI

λυπήσῃς[1] αὐτήν. **4** μνήσθητι,[2] παιδίον, ὅτι πολλοὺς κινδύνους[3] ἑόρακεν ἐπὶ σοὶ ἐν
τῇ κοιλίᾳ·[4] ὅταν ἀποθάνῃ, θάψον[5] αὐτὴν παρ' ἐμοὶ ἐν ἑνὶ τάφῳ.[6]

5 πάσας τὰς ἡμέρας, παιδίον, κυρίου τοῦ θεοῦ ἡμῶν μνημόνευε[7] καὶ μὴ θελήσῃς
ἁμαρτάνειν καὶ παραβῆναι[8] τὰς ἐντολὰς αὐτοῦ· δικαιοσύνην ποίει πάσας τὰς ἡμέ-
ρας τῆς ζωῆς σου καὶ μὴ πορευθῇς ταῖς ὁδοῖς τῆς ἀδικίας·[9] **6** διότι[10] ποιοῦντός σου
τὴν ἀλήθειαν εὐοδίαι[11] ἔσονται ἐν τοῖς ἔργοις σου. **7** καὶ πᾶσι τοῖς ποιοῦσι τὴν δι-
καιοσύνην ἐκ τῶν ὑπαρχόντων σοι ποίει ἐλεημοσύνην,[12] καὶ μὴ φθονεσάτω[13] σου ὁ
ὀφθαλμὸς ἐν τῷ ποιεῖν σε ἐλεημοσύνην·[14] μὴ ἀποστρέψῃς[15] τὸ πρόσωπόν σου ἀπὸ
παντὸς πτωχοῦ,[16] καὶ ἀπὸ σοῦ οὐ μὴ ἀποστραφῇ[17] τὸ πρόσωπον τοῦ θεοῦ. **8** ὡς σοὶ
ὑπάρχει, κατὰ τὸ πλῆθος ποίησον ἐξ αὐτῶν ἐλεημοσύνην·[18] ἐὰν ὀλίγον[19] σοι ὑπάρχῃ,
κατὰ τὸ ὀλίγον μὴ φοβοῦ ποιεῖν ἐλεημοσύνην·[20] **9** θέμα[21] γὰρ ἀγαθὸν θησαυρίζεις[22]
σεαυτῷ εἰς ἡμέραν ἀνάγκης·[23] **10** διότι[24] ἐλεημοσύνη[25] ἐκ θανάτου ῥύεται[26] καὶ οὐκ
ἐᾷ[27] εἰσελθεῖν εἰς τὸ σκότος· **11** δῶρον[28] γὰρ ἀγαθόν ἐστιν ἐλεημοσύνη[29] πᾶσι τοῖς
ποιοῦσιν αὐτὴν ἐνώπιον τοῦ ὑψίστου.[30]

12 πρόσεχε[31] σεαυτῷ, παιδίον, ἀπὸ πάσης πορνείας[32] καὶ γυναῖκα πρῶτον λαβὲ ἀπὸ
τοῦ σπέρματος τῶν πατέρων σου· μὴ λάβῃς γυναῖκα ἀλλοτρίαν,[33] ἣ οὐκ ἔστιν ἐκ τῆς
φυλῆς τοῦ πατρός σου, διότι[34] υἱοὶ προφητῶν ἐσμεν. Νωε, Αβρααμ, Ισαακ, Ιακωβ οἱ
πατέρες ἡμῶν ἀπὸ τοῦ αἰῶνος μνήσθητι,[35] παιδίον, ὅτι οὗτοι πάντες ἔλαβον γυναῖκας
ἐκ τῶν ἀδελφῶν αὐτῶν καὶ εὐλογήθησαν ἐν τοῖς τέκνοις αὐτῶν, καὶ τὸ σπέρμα
αὐτῶν κληρονομήσει[36] γῆν. **13** καὶ νῦν, παιδίον, ἀγάπα τοὺς ἀδελφούς σου καὶ μὴ
ὑπερηφανεύου[37] τῇ καρδίᾳ σου ἀπὸ τῶν ἀδελφῶν σου καὶ τῶν υἱῶν καὶ θυγατέρων[38]
τοῦ λαοῦ σου λαβεῖν σεαυτῷ ἐξ αὐτῶν γυναῖκα, διότι[39] ἐν τῇ ὑπερηφανίᾳ[40] ἀπώλεια[41]

1 λυπέω, *aor act sub 2s*, cause grief
2 μιμνῄσκομαι, *aor pas impv 2s*, keep in mind
3 κίνδυνος, distress
4 κοιλία, womb
5 θάπτω, *aor act impv 2s*, bury
6 τάφος, grave, tomb
7 μνημονεύω, *pres act impv 2s*, remember
8 παραβαίνω, *aor act inf*, transgress
9 ἀδικία, wrongdoing, wickedness
10 διότι, for
11 εὐοδία, success
12 ἐλεημοσύνη, mercy, charity
13 φθονέω, *aor act impv 3s*, envy
14 ἐλεημοσύνη, mercy, charity
15 ἀποστρέφω, *aor act sub 2s*, turn away
16 πτωχός, poor
17 ἀποστρέφω, *aor pas sub 3s*, turn away
18 ἐλεημοσύνη, mercy, charity
19 ὀλίγος, little
20 ἐλεημοσύνη, mercy, charity
21 θέμα, treasure, prize
22 θησαυρίζω, *pres act ind 2s*, store up
23 ἀνάγκη, necessity, distress
24 διότι, because
25 ἐλεημοσύνη, mercy, charity
26 ῥύομαι, *pres mid ind 3s*, rescue, deliver
27 ἐάω, *pres act ind 3s*, allow
28 δῶρον, gift
29 ἐλεημοσύνη, mercy, charity
30 ὕψιστος, *sup*, Most High
31 προσέχω, *pres act impv 2s*, give heed, beware
32 πορνεία, fornication
33 ἀλλότριος, foreign
34 διότι, because
35 μιμνῄσκομαι, *aor pas impv 2s*, remember
36 κληρονομέω, *fut act ind 3s*, inherit
37 ὑπερηφανεύω, *aor mid impv 2s*, be arrogant
38 θυγάτηρ, daughter
39 διότι, because
40 ὑπερηφανία, arrogance
41 ἀπώλεια, destruction

GII **4** μνήσθητι[1] αὐτῆς, παιδίον, ὅτι κινδύνους[2] πολλοὺς ἑώρακεν ἐπὶ σοὶ ἐν τῇ κοιλίᾳ[3]
αὐτῆς· καὶ ὅταν ἀποθάνῃ, θάψον[4] αὐτὴν παρ᾽ ἐμοὶ ἐν ἑνὶ τάφῳ.[5]

5 καὶ πάσας τὰς ἡμέρας σου, παιδίον, τοῦ κυρίου μνημόνευε[6] καὶ μὴ θελήσῃς ἁμαρ-
τεῖν καὶ παραβῆναι[7] τὰς ἐντολὰς αὐτοῦ· δικαιοσύνας ποίει πάσας τὰς ἡμέρας τῆς
ζωῆς σου καὶ μὴ πορευθῇς ταῖς ὁδοῖς τῆς ἀδικίας·[8] **6** διότι[9] οἱ ποιοῦντες ἀλήθειαν
εὐοδωθήσονται[10] ἐν τοῖς ἔργοις αὐτῶν. **7** καὶ πᾶσιν τοῖς ποιοῦσιν δικαιοσύνην

1 μιμνήσκομαι, *aor pas impv 2s*, remember
2 κίνδυνος, distress
3 κοιλία, womb
4 θάπτω, *aor act impv 2s*, bury
5 τάφος, grave
6 μνημονεύω, *pres act impv 2s*, keep in mind
7 παραβαίνω, *aor act inf*, transgress
8 ἀδικία, wrongdoing, wickedness
9 διότι, for
10 εὐοδόω, *fut pas ind 3p*, prosper

καὶ ἀκαταστασία[1] πολλή, καὶ ἐν τῇ ἀχρειότητι[2] ἐλάττωσις[3] καὶ ἔνδεια[4] μεγάλη· ἡ γὰρ
ἀχρειότης[5] μήτηρ ἐστὶν τοῦ λιμοῦ.[6]

14 μισθὸς[7] παντὸς ἀνθρώπου, ὃς ἐὰν ἐργάσηται, παρὰ σοὶ μὴ αὐλισθήτω,[8] ἀλλὰ ἀπό-
δος[9] αὐτῷ παραυτίκα,[10] καὶ ἐὰν δουλεύσῃς[11] τῷ θεῷ, ἀποδοθήσεταί[12] σοι. πρόσεχε[13]
σεαυτῷ, παιδίον, ἐν πᾶσι τοῖς ἔργοις σου καὶ ἴσθι[14] πεπαιδευμένος[15] ἐν πάσῃ ἀνα-
στροφῇ[16] σου. **15** καὶ ὃ μισεῖς, μηδενὶ[17] ποιήσῃς. οἶνον εἰς μέθην[18] μὴ πίῃς, καὶ μὴ
πορευθήτω μετὰ σοῦ μέθη ἐν τῇ ὁδῷ σου. **16** ἐκ τοῦ ἄρτου σου δίδου πεινῶντι[19] καὶ
ἐκ τῶν ἱματίων σου τοῖς γυμνοῖς·[20] πᾶν, ὃ ἐὰν περισσεύσῃ[21] σοι, ποίει ἐλεημοσύνην,[22]
καὶ μὴ φθονεσάτω[23] σου ὁ ὀφθαλμὸς ἐν τῷ ποιεῖν σε ἐλεημοσύνην. **17** ἔκχεον[24] τοὺς
ἄρτους σου ἐπὶ τὸν τάφον[25] τῶν δικαίων καὶ μὴ δῷς τοῖς ἁμαρτωλοῖς. **18** συμβουλίαν[26]
παρὰ παντὸς φρονίμου[27] ζήτησον καὶ μὴ καταφρονήσῃς[28] ἐπὶ πάσης συμβουλίας[29]
χρησίμης.[30] **19** καὶ ἐν παντὶ καιρῷ εὐλόγει κύριον τὸν θεὸν καὶ παρ᾽ αὐτοῦ αἴτησον[31]
ὅπως αἱ ὁδοί σου εὐθεῖαι[32] γένωνται, καὶ πᾶσαι αἱ τρίβοι[33] καὶ βουλαὶ[34] εὐοδωθῶσιν·[35]
διότι[36] πᾶν ἔθνος οὐκ ἔχει βουλήν, ἀλλὰ αὐτὸς ὁ κύριος δίδωσιν πάντα τὰ ἀγαθὰ καὶ
ὃν ἐὰν θέλῃ, ταπεινοῖ,[37] καθὼς βούλεται. καὶ νῦν, παιδίον, μνημόνευε[38] τῶν ἐντολῶν
μου, καὶ μὴ ἐξαλειφθήτωσαν[39] ἐκ τῆς καρδίας σου.

20 καὶ νῦν ὑποδεικνύω[40] σοι τὰ δέκα[41] τάλαντα[42] τοῦ ἀργυρίου,[43] ἃ παρεθέμην[44]
Γαβαήλῳ τῷ τοῦ Γαβρια ἐν Ῥάγοις τῆς Μηδίας. **21** καὶ μὴ φοβοῦ, παιδίον, ὅτι ἐπτω-
χεύσαμεν·[45] ὑπάρχει σοι πολλά, ἐὰν φοβηθῇς τὸν θεὸν καὶ ἀποστῇς[46] ἀπὸ πάσης
ἁμαρτίας καὶ ποιήσῃς τὸ ἀρεστὸν[47] ἐνώπιον αὐτοῦ.

1 ἀκαταστασία, instability
2 ἀχρειότης, lewdness
3 ἐλάττωσις, loss
4 ἔνδεια, lack
5 ἀχρειότης, lewdness
6 λιμός, hunger
7 μισθός, wages
8 αὐλίζομαι, *aor pas impv 3s*, tarry
9 ἀποδίδωμι, *aor act impv 2s*, pay, compensate
10 παραυτίκα, immediately
11 δουλεύω, *aor act sub 2s*, serve
12 ἀποδίδωμι, *fut pas ind 3s*, recompense
13 προσέχω, *pres act impv 2s*, give heed
14 εἰμί, *pres act impv 2s*, be
15 παιδεύω, *perf pas ptc nom s m*, discipline
16 ἀναστροφή, way of life
17 μηδείς, no longer
18 μέθη, drunkenness
19 πεινάω, *pres act ptc dat s m*, be hungry
20 γυμνός, naked
21 περισσεύω, *aor act sub 3s*, abound
22 ἐλεημοσύνη, mercy, charity
23 φθονέω, *aor act impv 3s*, envy
24 ἐκχέω, *aor act impv 2s*, give over
25 τάφος, grave
26 συμβουλία, counsel
27 φρόνιμος, prudent, wise
28 καταφρονέω, *aor act sub 2s*, disregard
29 συμβουλία, counsel
30 χρήσιμος, useful
31 αἰτέω, *aor act impv 2s*, ask for
32 εὐθύς, right, straight
33 τρίβος, path
34 βουλή, counsel, advice
35 εὐοδόω, *aor pas sub 3p*, prosper
36 διότι, because
37 ταπεινόω, *pres act ind 3s*, humble
38 μνημονεύω, *pres act impv 2s*, keep in mind
39 ἐξαλείφω, *aor pas impv 3p*, wipe out
40 ὑποδείκνυμι, *pres act ind 1s*, disclose, tell
41 δέκα, ten
42 τάλαντον, talent
43 ἀργύριον, silver
44 παρατίθημι, *aor mid ind 1s*, place (money) in trust
45 πτωχεύω, *aor act ind 1p*, become poor
46 ἀφίστημι, *aor act sub 2s*, depart from
47 ἀρεστός, pleasing

GII

19 δώσει κύριος αὐτοῖς βουλὴν[1] ἀγαθήν· καὶ ὃν ἂν θέλῃ κύριος, ταπεινοῖ[2] ἕως ᾄδου[3] κατωτάτω.[4] καὶ νῦν, παιδίον, μνημόνευε[5] τὰς ἐντολὰς ταύτας, καὶ μὴ ἐξαλειφθήτωσαν[6] ἐκ τῆς καρδίας σου.
20 καὶ νῦν, παιδίον, ὑποδεικνύω[7] σοι ὅτι δέκα[8] τάλαντα[9] ἀργυρίου[10] παρεθέμην[11] Γαβαήλῳ τῷ τοῦ Γαβρι ἐν Ῥάγοις τῆς Μηδίας.
21 καὶ μὴ φοβοῦ, παιδίον, ὅτι ἐπτωχεύσαμεν·[12] ὑπάρχει σοι πολλὰ ἀγαθά, ἐὰν φοβηθῇς τὸν θεὸν καὶ φύγῃς[13] ἀπὸ πάσης ἁμαρτίας καὶ ποιήσῃς τὰ ἀγαθὰ ἐνώπιον κυρίου τοῦ θεοῦ σου.

1 βουλή, counsel, advice
2 ταπεινόω, *pres act ind 3s*, humble
3 ᾅδης, Hades, underworld
4 κάτω, *sup*, lowest
5 μνημονεύω, *pres act impv 2s*, keep in mind
6 ἐξαλείφω, *aor pas impv 3p*, wipe out, erase
7 ὑποδείκνυμι, *pres act ind 1s*, disclose, tell
8 δέκα, ten
9 τάλαντον, talent
10 ἀργύριον, silver
11 παρατίθημι, *aor mid ind 1s*, place (money) in trust
12 πτωχεύω, *aor act ind 1p*, become poor
13 φεύγω, *aor act sub 2s*, flee

Tobias Enlists the Angel Raphael for the Journey

5 Καὶ ἀποκριθεὶς Τωβιας εἶπεν αὐτῷ Πάτερ, ποιήσω πάντα, ὅσα ἐντέταλσαί[1]
μοι· 2 ἀλλὰ πῶς δυνήσομαι λαβεῖν τὸ ἀργύριον[2] καὶ οὐ γινώσκω αὐτόν; 3 καὶ
ἔδωκεν αὐτῷ τὸ χειρόγραφον[3] καὶ εἶπεν αὐτῷ Ζήτησον σεαυτῷ ἄνθρωπον, ὅς
συμπορεύσεταί[4] σοι, καὶ δώσω αὐτῷ μισθόν,[5] ἕως ζῶ· καὶ λαβὲ πορευθεὶς τὸ
ἀργύριον.[6]

4 καὶ ἐπορεύθη ζητῆσαι ἄνθρωπον καὶ εὗρεν τὸν Ραφαηλ, ὅς ἦν ἄγγελος, καὶ οὐκ
ᾔδει·[7] 5 καὶ εἶπεν αὐτῷ Εἰ δύναμαι πορευθῆναι μετὰ σοῦ ἐν Ῥάγοις τῆς Μηδίας,
καὶ εἰ ἔμπειρος[8] εἶ τῶν τόπων; 6 καὶ εἶπεν αὐτῷ ὁ ἄγγελος Πορεύσομαι μετὰ σοῦ
καὶ τῆς ὁδοῦ ἐμπειρῶ[9] καὶ παρὰ Γαβαηλ τὸν ἀδελφὸν ἡμῶν ηὐλίσθην.[10] 7 καὶ εἶπεν
αὐτῷ Τωβιας Ὑπόμεινόν[11] με, καὶ ἐρῶ τῷ πατρί μου. 8 καὶ εἶπεν αὐτῷ Πορεύου καὶ
μὴ χρονίσῃς.[12]

1 ἐντέλλομαι, *perf mid ind 2s*, command, order
2 ἀργύριον, silver
3 χειρόγραφον, certificate of debt
4 συμπορεύομαι, *fut mid ind 3s*, go with
5 μισθός, wages
6 ἀργύριον, silver
7 οἶδα, *plpf act ind 3s*, know
8 ἔμπειρος, acquainted with
9 ἐμπειρέω, *pres act ind 1s*, have knowledge of
10 αὐλίζομαι, *aor pas ind 1s*, lodge
11 ὑπομένω, *aor act impv 2s*, wait
12 χρονίζω, *aor act sub 2s*, delay

GII

Tobias Enlists the Angel Raphael for the Journey

5 Τότε ἀποκριθεὶς Τωβιας εἶπεν Τωβιθ τῷ πατρὶ αὐτοῦ Πάντα, ὅσα ἐντέταλσαί[1]
μοι, ποιήσω, πάτερ· **2** πῶς δὲ δυνήσομαι αὐτὸ λαβεῖν παρ᾽ αὐτοῦ καὶ αὐτὸς
οὐ γινώσκει με καὶ ἐγὼ οὐ γινώσκω αὐτόν; τί σημεῖον δῶ αὐτῷ καὶ ἐπιγνῷ με
καὶ πιστεύσῃ[2] μοι καὶ δῷ μοι τὸ ἀργύριον;[3] καὶ τὰς ὁδοὺς τὰς εἰς Μηδίαν οὐ γι-
νώσκω τοῦ πορευθῆναι ἐκεῖ. **3** τότε ἀποκριθεὶς Τωβιθ εἶπεν Τωβια τῷ υἱῷ αὐτοῦ
Χειρόγραφον[4] αὐτοῦ ἔδωκέν μοι, καὶ χειρόγραφον ἔδωκα αὐτῷ· καὶ διεῖλον[5] εἰς
δύο, καὶ ἐλάβομεν ἑκάτερος[6] ἕν, καὶ ἔθηκα μετὰ τοῦ ἀργυρίου·[7] καὶ νῦν ἰδοὺ ἔτη
εἴκοσι[8] ἀφ᾽ οὗ παρεθέμην[9] τὸ ἀργύριον τοῦτο ἐγώ. καὶ νῦν, παιδίον, ζήτησον σεαυτῷ
ἄνθρωπον πιστόν,[10] ὃς πορεύσεται μετὰ σοῦ, καὶ δώσομεν αὐτῷ μισθόν,[11] ἕως ὅτου
ἔλθῃς· καὶ λαβὲ παρ᾽ αὐτοῦ τὸ ἀργύριον τοῦτο.

4 ἐξῆλθεν δὲ Τωβιας ζητῆσαι ἄνθρωπον, ὃς πορεύσεται μετ᾽ αὐτοῦ εἰς Μηδίαν, ὃς
ἐμπειρεῖ[12] τῆς ὁδοῦ, καὶ ἐξῆλθεν καὶ εὗρεν Ραφαηλ τὸν ἄγγελον ἑστηκότα ἀπέ-
ναντι[13] αὐτοῦ καὶ οὐκ ἔγνω ὅτι ἄγγελος τοῦ θεοῦ ἐστιν· **5** καὶ εἶπεν αὐτῷ Πόθεν[14]
εἶ, νεανίσκε;[15] καὶ εἶπεν αὐτῷ Ἐκ τῶν υἱῶν Ισραηλ τῶν ἀδελφῶν σου καὶ ἐλήλυθα
ὧδε[16] ἐργατεύεσθαι.[17] καὶ εἶπεν αὐτῷ Ἐπίστῃ[18] τὴν ὁδὸν πορευθῆναι εἰς Μηδίαν;
6 καὶ εἶπεν αὐτῷ Ναί, πολλάκις[19] ἐγὼ ἐγενόμην ἐκεῖ καὶ ἐμπειρῶ[20] καὶ ἐπίσταμαι[21]
τὰς ὁδοὺς πάσας· πλεονάκις[22] ἐπορεύθην εἰς Μηδίαν καὶ ηὐλιζόμην[23] παρὰ Γαβαήλῳ
τῷ ἀδελφῷ ἡμῶν τῷ οἰκοῦντι[24] ἐν Ῥάγοις τῆς Μηδίας, καὶ ἀπέχει[25] ὁδὸν ἡμερῶν δύο
τεταγμένων[26] ἀπὸ Ἐκβατάνων εἰς Ῥάγα· κεῖνται[27] γὰρ ἐν τῷ ὄρει. **7** καὶ εἶπεν αὐτῷ
Μεῖνόν[28] με, νεανίσκε,[29] μέχρι[30] ὅτου εἰσελθὼν ὑποδείξω[31] τῷ πατρί μου· χρείαν[32]
γὰρ ἔχω ἵνα βαδίσῃς[33] μετ᾽ ἐμοῦ, καὶ δώσω σοι τὸν μισθόν[34] σου. **8** καὶ εἶπεν αὐτῷ
Ἰδοὺ ἐγὼ προσκαρτερῶ,[35] μόνον μὴ χρονίσῃς.[36]

1 ἐντέλλομαι, *perf mid ind 2s*, command, order
2 πιστεύω, *aor act sub 3s*, trust
3 ἀργύριον, silver
4 χειρόγραφον, certificate of debt
5 διαιρέω, *aor act ind 3p*, rip, divide
6 ἑκάτερος, each
7 ἀργύριον, silver
8 εἴκοσι, twenty
9 παρατίθημι, *aor mid ind 1s*, place (money) in trust
10 πιστός, trustworthy
11 μισθός, wages
12 ἐμπειρέω, *pres act ind 3s*, have knowledge of
13 ἀπέναντι, before
14 πόθεν, from where
15 νεανίσκος, young man
16 ὧδε, here
17 ἐργατεύομαι, *pres mid inf*, labor
18 ἐπίσταμαι, *pres mid ind 2s*, know
19 πολλάκις, many times
20 ἐμπειρέω, *pres act ind 1s*, have knowledge of
21 ἐπίσταμαι, *pres mid ind 1s*, know
22 πλεονάκις, many times
23 αὐλίζομαι, *impf mid ind 1s*, lodge
24 οἰκέω, *pres act ptc dat s m*, dwell
25 ἀπέχω, *pres act ind 3s*, be far from
26 τάσσω, *perf pas ptc gen p f*, establish
27 κεῖμαι, *pres pas ind 3p*, place, lie
28 μένω, *aor act impv 2s*, await
29 νεανίσκος, young man
30 μέχρι, until
31 ὑποδείκνυμι, *fuft act ind 1s*, tell
32 χρεία, need
33 βαδίζω, *aor act sub 2s*, go
34 μισθός, wages
35 προσκαρτερέω, *pres act ind 1s*, wait
36 χρονίζω, *aor act sub 2s*, tarry, delay

GI

9 καὶ εἰσελθὼν εἶπεν τῷ πατρί Ἰδοὺ εὕρηκα ὃς συμπορεύσεταί[1] μοι. ὁ δὲ εἶπεν Φώ-
νησον[2] αὐτὸν πρός με, ἵνα ἐπιγνῶ ποίας[3] φυλῆς ἐστιν καὶ εἰ πιστὸς[4] τοῦ πορευθῆναι
μετὰ σοῦ. **10** καὶ ἐκάλεσεν αὐτόν, καὶ εἰσῆλθεν, καὶ ἠσπάσαντο[5] ἀλλήλους.[6]

11 καὶ εἶπεν αὐτῷ Τωβιτ Ἄδελφε, ἐκ ποίας[7] φυλῆς καὶ ἐκ ποίας πατρίδος[8] σὺ εἶ;
ὑπόδειξόν[9] μοι. **12** καὶ εἶπεν αὐτῷ Φυλὴν καὶ πατριὰν[10] σὺ ζητεῖς ἢ μίσθιον,[11] ὃς
συμπορεύσεται[12] μετὰ τοῦ υἱοῦ σου; καὶ εἶπεν αὐτῷ Τωβιτ Βούλομαι, ἄδελφε,
ἐπιγνῶναι τὸ γένος[13] σου καὶ τὸ ὄνομα. **13** ὁ δὲ εἶπεν Ἐγὼ Αζαριας Ανανιου τοῦ
μεγάλου, τῶν ἀδελφῶν σου. **14** καὶ εἶπεν αὐτῷ Ὑγιαίνων[14] ἔλθοις,[15] ἄδελφε· καὶ μή
μοι ὀργισθῇς[16] ὅτι ἐζήτησα τὴν φυλήν σου καὶ τὴν πατριάν[17] σου ἐπιγνῶναι. καὶ
σὺ τυγχάνεις[18] ἀδελφός μου ἐκ τῆς καλῆς καὶ ἀγαθῆς γενεᾶς· ἐπεγίνωσκον γὰρ
ἐγὼ Ανανιαν καὶ Ιαθαν τοὺς υἱοὺς Σεμειου τοῦ μεγάλου, ὡς ἐπορευόμεθα κοινῶς[19]
εἰς Ιεροσόλυμα προσκυνεῖν ἀναφέροντες[20] τὰ πρωτότοκα[21] καὶ τὰς δεκάτας[22] τῶν
γενημάτων,[23] καὶ οὐκ ἐπλανήθησαν ἐν τῇ πλάνῃ[24] τῶν ἀδελφῶν ἡμῶν. ἐκ ῥίζης[25]

1 συμπορεύομαι, *fut mid ind 3s*, go with
2 φωνέω, *aor act impv 2s*, summon
3 ποῖος, which
4 πιστός, trustworthy
5 ἀσπάζομαι, *aor mid ind 3p*, greet
6 ἀλλήλων, one another
7 ποῖος, which, what
8 πατρίς, native land
9 ὑποδείκνυμι, *aor act impv 2s*, tell
10 πατριά, paternal lineage, house
11 μίσθιος, hired laborer
12 συμπορεύομαι, *fut mid ind 3s*, go with
13 γένος, nation, people
14 ὑγιαίνω, *pres act ptc nom s m*, be of good health
15 ἔρχομαι, *aor act opt 2s*, enter, come
16 ὀργίζω, *aor pas sub 2s*, be angry
17 πατριά, paternal lineage
18 τυγχάνω, *pres act ind 2s*, happen to be
19 κοινῶς, together
20 ἀναφέρω, *pres act ptc nom p m*, offer up
21 πρωτότοκος, firstborn
22 δέκατος, tenth, tithe
23 γένημα, produce
24 πλάνη, error
25 ῥίζα, root

GII **9** καὶ εἰσελθὼν Τωβιας ὑπέδειξεν[1] Τωβιθ τῷ πατρὶ αὐτοῦ καὶ εἶπεν αὐτῷ Ἰδοὺ ἄν-
θρωπον εὗρον τῶν ἀδελφῶν ἡμῶν τῶν υἱῶν Ισραηλ. καὶ εἶπεν αὐτῷ Κάλεσόν μοι
τὸν ἄνθρωπον, ὅπως ἐπιγνῶ τί τὸ γένος[2] αὐτοῦ καὶ ἐκ ποίας[3] φυλῆς ἐστιν καὶ εἰ
πιστός[4] ἐστιν ἵνα πορευθῇ μετὰ σοῦ, παιδίον. **10** καὶ ἐξῆλθεν Τωβιας καὶ ἐκάλεσεν
αὐτὸν καὶ εἶπεν αὐτῷ Νεανίσκε,[5] ὁ πατήρ καλεῖ σε. καὶ εἰσῆλθεν πρὸς αὐτόν, καὶ
ἐχαιρέτισεν[6] αὐτὸν Τωβιθ πρῶτος. καὶ εἶπεν αὐτῷ Χαίρειν[7] σοι πολλὰ γένοιτο.[8]
καὶ ἀποκριθεὶς Τωβιθ εἶπεν αὐτῷ Τί μοι ἔτι ὑπάρχει χαίρειν;[9] καὶ ἐγὼ ἄνθρωπος
ἀδύνατος[10] τοῖς ὀφθαλμοῖς καὶ οὐ βλέπω τὸ φῶς τοῦ οὐρανοῦ, ἀλλ' ἐν τῷ σκότει
κεῖμαι[11] ὥσπερ οἱ νεκροὶ[12] οἱ μηκέτι[13] θεωροῦντες[14] τὸ φῶς· ζῶν ἐγὼ ἐν νεκροῖς[15] εἰμι,
φωνὴν ἀνθρώπων ἀκούω καὶ αὐτοὺς οὐ βλέπω. καὶ εἶπεν αὐτῷ Θάρσει,[16] ἐγγὺς[17]
παρὰ τῷ θεῷ ἰάσασθαί[18] σε, θάρσει. καὶ εἶπεν αὐτῷ Τωβιθ Τωβιας ὁ υἱός μου θέλει
πορευθῆναι εἰς Μηδίαν· εἰ δυνήσῃ συνελθεῖν[19] αὐτῷ καὶ ἀγαγεῖν αὐτόν; καὶ δώσω
σοι τὸν μισθόν[20] σου, ἄδελφε. καὶ εἶπεν αὐτῷ Δυνήσομαι πορευθῆναι μετ' αὐτοῦ, καὶ
ἐπίσταμαι[21] ἐγὼ τὰς ὁδοὺς πάσας, καὶ πολλάκις[22] ᾠχόμην[23] εἰς Μηδίαν καὶ διῆλθον
πάντα τὰ πεδία[24] αὐτῆς, καὶ τὰ ὄρη καὶ πάσας τὰς ὁδοὺς αὐτῆς ἐγὼ γινώσκω.

11 καὶ εἶπεν αὐτῷ Ἄδελφε, ποίας[25] πατριᾶς[26] εἶ καὶ ἐκ ποίας φυλῆς; ὑπόδειξόν[27] μοι,
ἄδελφε. **12** καὶ εἶπεν Τί χρείαν[28] ἔχεις φυλῆς; καὶ εἶπεν αὐτῷ Βούλομαι γνῶναι τὰ
κατ' ἀλήθειαν τίνος εἶ, ἄδελφε, καὶ τί τὸ ὄνομά σου. **13** καὶ εἶπεν αὐτῷ Ἐγὼ Αζαριας
Ανανιου τοῦ μεγάλου, τῶν ἀδελφῶν σου. **14** καὶ εἶπεν αὐτῷ Ὑγιαίνων[29] ἔλθοις[30] καὶ
σῳζόμενος, ἄδελφε· καὶ μή μοι πικρανθῇς,[31] ἄδελφε, ὅτι τὴν ἀλήθειαν ἐβουλόμην
γνῶναι καὶ τὴν πατριάν[32] σου. καὶ σὺ τυγχάνεις[33] ἀδελφὸς ὤν, καὶ ἐκ γενεᾶς καλῆς
καὶ ἀγαθῆς εἶ σύ· ἐγίνωσκον Ανανιαν καὶ Ναθαν τοὺς δύο υἱοὺς Σεμελιου τοῦ
μεγάλου, καὶ αὐτοὶ συνεπορεύοντό[34] μοι εἰς Ιερουσαλημ καὶ προσεκύνουν μετ'
ἐμοῦ ἐκεῖ καὶ οὐκ ἐπλανήθησαν. οἱ ἀδελφοί σου ἄνθρωποι ἀγαθοί· ἐκ ῥίζης[35] ἀγαθῆς

1 ὑποδείκνυμι, *aor act ind 3s*, tell
2 γένος, nation, people
3 ποῖος, which
4 πιστός, trustworthy
5 νεανίσκος, young man
6 χαιρετίζω, *aor act ind 3s*, greet
7 χαίρω, *pres act inf*, be glad, (greetings)
8 γίνομαι, *aor mid opt 3s*, be
9 χαίρω, *pres act inf*, be glad
10 ἀδύνατος, without power, weak
11 κεῖμαι, *pres pas ind 1s*, exist
12 νεκρός, dead
13 μηκέτι, no longer
14 θεωρέω, *pres act ptc nom p m*, see
15 νεκρός, dead
16 θαρσέω, *pres act impv 2s*, be of good courage
17 ἐγγύς, near
18 ἰάομαι, *aor mid inf*, restore, heal
19 συνέρχομαι, *aor act inf*, go with
20 μισθός, wages
21 ἐπίσταμαι, *pres mid ind 1s*, know
22 πολλάκις, many times
23 οἴχομαι, *impf mid ind 1s*, go
24 πεδίον, plain, field
25 ποῖος, which, what
26 πατριά, paternal lineage, house
27 ὑποδεικνύω, *aor act impv 2s*, tell
28 χρεία, need
29 ὑγιαίνω, *pres act ptc nom s m*, be of good health
30 ἔρχομαι, *aor act opt 2s*, go
31 πικραίνω, *aor pas sub 2s*, be bitter toward someone
32 πατριά, paternal lineage
33 τυγχάνω, *pres act ind 2s*, happen, turn out
34 συμπορεύομαι, *impf mid ind 3p*, go with
35 ῥίζα, root

καλῆς εἶ, ἄδελφε. **15** ἀλλ᾽ εἰπόν μοι τίνα σοι ἔσομαι μισθὸν[1] διδόναι· δραχμὴν[2] τῆς
ἡμέρας καὶ τὰ δέοντά[3] σοι ὡς καὶ τῷ υἱῷ μου; **16** καὶ ἔτι προσθήσω[4] σοι ἐπὶ τὸν
μισθόν,[5] ἐὰν ὑγιαίνοντες[6] ἐπιστρέψητε.

17 καὶ εὐδόκησαν[7] οὕτως. καὶ εἶπεν πρὸς Τωβιαν Ἕτοιμος[8] γίνου πρὸς τὴν ὁδόν· καὶ
εὐοδωθείητε.[9] καὶ ἡτοίμασεν ὁ υἱὸς αὐτοῦ τὰ πρὸς τὴν ὁδόν. καὶ εἶπεν αὐτῷ ὁ πατὴρ
αὐτοῦ Πορεύου μετὰ τοῦ ἀνθρώπου· ὁ δὲ ἐν τῷ οὐρανῷ οἰκῶν θεὸς εὐοδώσει τὴν
ὁδὸν ὑμῶν, καὶ ὁ ἄγγελος αὐτοῦ συμπορευθήτω[10] ὑμῖν. καὶ ἐξῆλθαν ἀμφότεροι[11]
ἀπελθεῖν καὶ ὁ κύων[12] τοῦ παιδαρίου[13] μετ᾽ αὐτῶν.

18 ἔκλαυσεν δὲ Αννα ἡ μήτηρ αὐτοῦ καὶ εἶπεν πρὸς Τωβιτ Τί ἐξαπέστειλας[14] τὸ
παιδίον ἡμῶν; ἢ οὐχὶ ἡ ῥάβδος[15] τῆς χειρὸς ἡμῶν ἐστιν ἐν τῷ εἰσπορεύεσθαι[16]
αὐτὸν καὶ ἐκπορεύεσθαι ἐνώπιον ἡμῶν; **19** ἀργύριον[17] τῷ ἀργυρίῳ μὴ φθάσαι,[18]
ἀλλὰ περίψημα[19] τοῦ παιδίου ἡμῶν γένοιτο·[20] **20** ὡς γὰρ δέδοται ἡμῖν ζῆν παρὰ
τοῦ κυρίου, τοῦτο ἱκανὸν[21] ἡμῖν ὑπάρχει. **21** καὶ εἶπεν αὐτῇ Τωβιτ Μὴ λόγον ἔχε,
ἀδελφή· ὑγιαίνων[22] ἐλεύσεται, καὶ οἱ ὀφθαλμοί σου ὄψονται αὐτόν· **22** ἄγγελος γὰρ
ἀγαθὸς συμπορεύσεται[23] αὐτῷ, καὶ εὐοδωθήσεται[24] ἡ ὁδὸς αὐτοῦ, καὶ ὑποστρέψει[25]
ὑγιαίνων.[26] **23** καὶ ἐπαύσατο[27] κλαίουσα.

1 μισθός, wages
2 δραχμή, drachma
3 δεῖ, *pres act ptc acc p n*, be necessary
4 προστίθημι, *fut act ind 1s*, add to
5 μισθός, wages
6 ὑγιαίνω, *pres act ptc nom p m*, be of good health
7 εὐδοκέω, *aor act ind 3p*, consent, be pleased
8 ἕτοιμος, prepared
9 εὐοδόω, *aor pas opt 2p*, prosper
10 συμπορεύομαι, *aor pas impv 3s*, go with
11 ἀμφότεροι, both
12 κύων, dog
13 παιδάριον, young man
14 ἐξαποστέλλω, *aor act ind 2s*, send away
15 ῥάβδος, rod, staff
16 εἰσπορεύομαι, *pres mid inf*, go in
17 ἀργύριον, silver
18 φθάνω, *aor mid impv 2s*, come before, attain
19 περίψημα, ransom
20 γίνομαι, *aor mid opt 3s*, be
21 ἱκανός, sufficient
22 ὑγιαίνω, *pres act ptc nom s m*, be of good health
23 συμπορεύομαι, *fut mid ind 3s*, go with
24 εὐοδόω, *fut pas ind 3s*, prosper
25 ὑποστρέφω, *fut act ind 3s*, return
26 ὑγιαίνω, *pres act ptc nom s m*, be of good health
27 παύω, *aor mid ind 3s*, cease

GII εἶ σύ, καὶ χαίρων[1] ἔλθοις.[2] **15** καὶ εἶπεν αὐτῷ Ἐγώ σοι δίδωμι μισθὸν[3] τὴν ἡμέραν δραχμὴν[4] καὶ τὰ δέοντά[5] σοι ὁμοίως[6] τῷ υἱῷ μου· **16** καὶ πορεύθητι μετὰ τοῦ υἱοῦ μου, καὶ ἔτι προσθήσω[7] σοι τῷ μισθῷ.[8]

17 καὶ εἶπεν αὐτῷ ὅτι Πορεύσομαι μετ᾽ αὐτοῦ· καὶ μὴ φοβηθῇς, ὑγιαίνοντες[9] ἀπελευσόμεθα καὶ ὑγιαίνοντες ἐπιστρέψομεν πρὸς σέ, διότι[10] ἡ ὁδὸς ἀσφαλής.[11] καὶ εἶπεν αὐτῷ Εὐλογία[12] σοι γένοιτο,[13] ἄδελφε. καὶ ἐκάλεσεν τὸν υἱὸν αὐτοῦ καὶ εἶπεν αὐτῷ Παιδίον, ἑτοίμασον[14] τὰ πρὸς τὴν ὁδὸν καὶ ἔξελθε μετὰ τοῦ ἀδελφοῦ σου, καὶ ὁ θεὸς ὁ ἐν τῷ οὐρανῷ διασώσαι[15] ὑμᾶς ἐκεῖ καὶ ἀποκαταστήσαι[16] ὑμᾶς πρὸς ἐμὲ ὑγιαίνοντας,[17] καὶ ὁ ἄγγελος αὐτοῦ συνοδεύσαι[18] ὑμῖν μετὰ σωτηρίας, παιδίον. καὶ ἐξῆλθεν πορευθῆναι τὴν ὁδὸν αὐτοῦ καὶ ἐφίλησεν[19] τὸν πατέρα αὐτοῦ καὶ τὴν μητέρα, καὶ εἶπεν αὐτῷ Τωβιθ Πορεύου ὑγιαίνων.[20]

18 καὶ ἔκλαυσεν ἡ μήτηρ αὐτοῦ καὶ εἶπεν πρὸς Τωβιθ Τί ὅτι ἀπέστειλας τὸ παιδίον μου; οὐχὶ αὐτὸς ῥάβδος[21] τῆς χειρὸς ἡμῶν ἐστιν καὶ αὐτὸς εἰσπορεύεται[22] καὶ ἐκπορεύεται ἐνώπιον ἡμῶν; **19** ἀργύριον[23] τῷ ἀργυρίῳ μὴ φθάσαι,[24] ἀλλὰ περίψημα[25] τοῦ παιδίου ἡμῶν γένοιτο.[26] **20** ὡς δέδοται ζῆν ἡμῖν παρὰ τοῦ κυρίου, τοῦτο ἱκανὸν[27] ἡμῖν. **21** καὶ εἶπεν αὐτῇ Μὴ λόγον ἔχε· ὑγιαίνων[28] πορεύσεται τὸ παιδίον ἡμῶν καὶ ὑγιαίνων ἐλεύσεται πρὸς ἡμᾶς, καὶ οἱ ὀφθαλμοί σου ὄψονται ἐν τῇ ἡμέρᾳ, ᾗ ἂν ἔλθῃ πρὸς σὲ ὑγιαίνων· **22** μὴ λόγον ἔχε, μὴ φοβοῦ περὶ αὐτῶν, ἀδελφή· ἄγγελος γὰρ ἀγαθὸς συνελεύσεται[29] αὐτῷ, καὶ εὐοδωθήσεται[30] ἡ ὁδὸς αὐτοῦ, καὶ ὑποστρέψει[31] ὑγιαίνων.[32] **23** καὶ ἐσίγησεν[33] κλαίουσα.

1 χαίρω, *pres act ptc nom s m*, be glad, rejoice
2 ἔρχομαι, *aor act opt 2s*, go
3 μισθός, wages
4 δραχμή, drachma
5 δεῖ, *pres act ptc acc p n*, be necessary
6 ὁμοίως, like, as
7 προστίθημι, *fut act ind 1s*, add to
8 μισθός, wages
9 ὑγιαίνω, *pres act ptc nom p m*, be of good health
10 διότι, for
11 ἀσφαλής, safe
12 εὐλογία, blessing
13 γίνομαι, *aor mid opt 3s*, be
14 ἑτοιμάζω, *aor act impv 2s*, prepare
15 διασῴζω, *aor act opt 3s*, preserve alive
16 ἀποκαθίστημι, *aor act opt 3s*, bring back
17 ὑγιαίνω, *pres act ptc acc p m*, be of good health
18 συνοδεύω, *aor act opt 3s*, travel in company with
19 φιλέω, *aor act ind 3s*, kiss
20 ὑγιαίνω, *pres act ptc nom s m*, be of good health
21 ῥάβδος, rod, staff
22 εἰσπορεύομαι, *pres mid ind 3s*, go in
23 ἀργύριον, silver
24 φθάνω, *aor mid impv 2s*, come before, attain
25 περίψημα, ransom
26 γίνομαι, *aor mid opt 3s*, be
27 ἱκανός, sufficient
28 ὑγιαίνω, *pres act ptc nom s m*, be of good health
29 συνέρχομαι, *fut mid ind 3s*, go with
30 εὐοδόω, *fut pas ind 3s*, prosper
31 ὑποστρέφω, *fut act ind 3s*, return
32 ὑγιαίνω, *pres act ptc nom s m*, be of good health
33 σιγάω, *aor act ind 3s*, be silent

A Fish from the Tigris

6 Οἱ δὲ πορευόμενοι τὴν ὁδὸν ἦλθον ἑσπέρας[1] ἐπὶ τὸν Τίγριν ποταμὸν[2] καὶ ηὐ-
λίζοντο[3] ἐκεῖ. **2** τὸ δὲ παιδάριον[4] κατέβη περικλύσασθαι,[5] καὶ ἀνεπήδησεν[6]
ἰχθὺς[7] ἀπὸ τοῦ ποταμοῦ[8] καὶ ἐβουλήθη καταπιεῖν[9] τὸ παιδάριον.[10] **3** ὁ δὲ ἄγγελος
εἶπεν αὐτῷ Ἐπιλαβοῦ[11] τοῦ ἰχθύος.[12] καὶ ἐκράτησεν[13] τὸν ἰχθὺν τὸ παιδάριον[14] καὶ
ἀνέβαλεν[15] αὐτὸν ἐπὶ τὴν γῆν. **4** καὶ εἶπεν αὐτῷ ὁ ἄγγελος Ἀνάτεμε[16] τὸν ἰχθὺν[17] καὶ
λαβὼν τὴν καρδίαν καὶ τὸ ἧπαρ[18] καὶ τὴν χολὴν[19] θὲς[20] ἀσφαλῶς.[21] **5** καὶ ἐποίησεν
τὸ παιδάριον[22] ὡς εἶπεν αὐτῷ ὁ ἄγγελος, τὸν δὲ ἰχθὺν[23] ὀπτήσαντες[24] ἔφαγον.

6 καὶ ὥδευον[25] ἀμφότεροι,[26] ἕως ἤγγισαν ἐν Ἐκβατάνοις. **7** καὶ εἶπεν τὸ παιδάριον[27]
τῷ ἀγγέλῳ Αζαρια ἄδελφε, τί ἐστιν τὸ ἧπαρ[28] καὶ ἡ καρδία καὶ ἡ χολὴ[29] τοῦ
ἰχθύος;[30] **8** καὶ εἶπεν αὐτῷ Ἡ καρδία καὶ τὸ ἧπαρ,[31] ἐάν τινα ὀχλῇ[32] δαιμόνιον[33]
ἢ πνεῦμα πονηρόν, ταῦτα δεῖ[34] καπνίσαι[35] ἐνώπιον ἀνθρώπου ἢ γυναικός, καὶ

1 ἑσπέρα, (in the) evening
2 ποταμός, river
3 αὐλίζομαι, *impf mid ind 3p*, lodge overnight
4 παιδάριον, young man
5 περικλύζω, *aor mid inf*, bathe
6 ἀναπηδάω, *aor act ind 3s*, leap up
7 ἰχθύς, fish
8 ποταμός, river
9 καταπίνω, *aor act inf*, swallow
10 παιδάριον, young man
11 ἐπιλαμβάνω, *aor mid impv 2s*, take hold of
12 ἰχθύς, fish
13 κρατέω, *aor act ind 3s*, grasp, seize
14 παιδάριον, young man
15 ἀναβάλλω, *aor act ind 3s*, throw onto
16 ἀνατέμνω, *pres act impv 2s*, cut open
17 ἰχθύς, fish
18 ἧπαρ, liver
19 χολή, gall bladder
20 τίθημι, *aor act impv 2s*, set aside
21 ἀσφαλῶς, safely, securely
22 παιδάριον, young man
23 ἰχθύς, fish
24 ὀπτάω, *aor act ptc nom p m*, roast
25 ὁδεύω, *impf act ind 3p*, travel
26 ἀμφότεροι, both
27 παιδάριον, young man
28 ἧπαρ, liver
29 χολή, gall bladder
30 ἰχθύς, fish
31 ἧπαρ, liver
32 ὀχλέω, *pres act sub 3s*, disturb
33 δαιμόνιον, demon
34 δεῖ, *pres act ind 3s*, be necessary
35 καπνίζω, *aor act inf*, burn for smoke

GII

A Fish from the Tigris

6 Καὶ ἐξῆλθεν τὸ παιδίον καὶ ὁ ἄγγελος μετ᾽ αὐτοῦ, καὶ ὁ κύων[1] ἐξῆλθεν μετ᾽
αὐτοῦ καὶ ἐπορεύθη μετ᾽ αὐτῶν· καὶ ἐπορεύθησαν ἀμφότεροι,[2] καὶ ἔτυχεν[3]
αὐτοῖς νὺξ μία, καὶ ηὐλίσθησαν[4] ἐπὶ τοῦ Τίγριδος ποταμοῦ.[5] **2** καὶ κατέβη τὸ παιδίον
περινίψασθαι[6] τοὺς πόδας εἰς τὸν Τίγριν ποταμόν,[7] καὶ ἀναπηδήσας[8] ἰχθὺς[9] μέγας
ἐκ τοῦ ὕδατος ἐβούλετο καταπιεῖν[10] τὸν πόδα τοῦ παιδαρίου,[11] καὶ ἔκραξεν. **3** καὶ
ὁ ἄγγελος τῷ παιδαρίῳ[12] εἶπεν Ἐπιλαβοῦ[13] καὶ ἐγκρατὴς[14] τοῦ ἰχθύος[15] γενοῦ. καὶ
ἐκράτησεν[16] τὸ παιδάριον[17] τοῦ ἰχθύος καὶ ἀνήνεγκεν[18] αὐτὸν ἐπὶ τὴν γῆν. **4** καὶ
εἶπεν αὐτῷ ὁ ἄγγελος Ἀνάσχισον[19] τὸν ἰχθὺν[20] καὶ ἔξελε[21] τὴν χολὴν[22] καὶ τὴν καρ-
δίαν καὶ τὸ ἧπαρ[23] αὐτοῦ καὶ ἀπόθες[24] αὐτὰ μετὰ σαυτοῦ καὶ τὰ ἔγκατα[25] ἔκβαλε·
ἔστιν γὰρ εἰς φάρμακον[26] χρήσιμον[27] ἡ χολὴ[28] καὶ ἡ καρδία καὶ τὸ ἧπαρ αὐτοῦ. **5** καὶ
ἀνασχίσας[29] τὸ παιδάριον[30] τὸν ἰχθὺν[31] συνήγαγεν[32] τὴν χολὴν[33] καὶ τὴν καρδίαν καὶ
τὸ ἧπαρ[34] καὶ ὤπτησεν[35] τοῦ ἰχθύος καὶ ἔφαγεν καὶ ἀφῆκεν[36] ἐξ αὐτοῦ ἡλισμένον.[37]

6 καὶ ἐπορεύθησαν ἀμφότεροι[38] κοινῶς,[39] ἕως ἤγγισαν εἰς Μηδίαν. **7** καὶ τότε ἠρώ-
τησεν[40] τὸ παιδάριον[41] τὸν ἄγγελον καὶ εἶπεν αὐτῷ Αζαρια ἄδελφε, τί τὸ φάρμακον[42]
ἐν τῇ καρδίᾳ καὶ τῷ ἥπατι[43] τοῦ ἰχθύος[44] καὶ ἐν τῇ χολῇ;[45] **8** καὶ εἶπεν αὐτῷ Ἡ καρδία
καὶ τὸ ἧπαρ[46] τοῦ ἰχθύος,[47] κάπνισον[48] ἐνώπιον ἀνθρώπου ἢ γυναικός, ᾧ ἀπάντημα[49]
δαιμονίου[50] ἢ πνεύματος πονηροῦ, καὶ φεύξεται[51] ἀπ᾽ αὐτοῦ πᾶν ἀπάντημα καὶ οὐ μὴ

1 κύων, dog
2 ἀμφότεροι, both
3 τυγχάνω, *aor act ind 3s*, come about
4 αὐλίζω, *aor pas ind 3p*, lodge
5 ποταμός, river
6 περινίπτομαι, *aor mid inf*, wash
7 ποταμός, river
8 ἀναπηδάω, *aor act ptc nom s m*, leap up
9 ἰχθύς, fish
10 καταπίνω, *aor act inf*, swallow
11 παιδάριον, young man
12 παιδάριον, young man
13 ἐπιλαμβάνω, *aor mid impv 2s*, take hold of
14 ἐγκρατής, having possession of, keeping control
15 ἰχθύς, fish
16 κρατέω, *aor act ind 3s*, grasp, seize
17 παιδάριον, young man
18 ἀναφέρω, *aor act ind 3s*, bring up
19 ἀνασχίζω, *aor act impv 2s*, tear open
20 ἰχθύς, fish
21 ἐξαιρέω, *aor act impv 2s*, remove
22 χολή, gall bladder
23 ἧπαρ, liver
24 ἀποτίθημι, *aor act impv 2s*, put aside
25 ἔγκατα, entrails
26 φάρμακον, medicine
27 χρήσιμος, useful
28 χολή, gall bladder
29 ἀνασχίζω, *aor act ptc nom s m*, tear open
30 παιδάριον, young man
31 ἰχθύς, fish
32 συνάγω, *aor act ind 3s*, collect
33 χολή, gall bladder
34 ἧπαρ, liver
35 ὀπτάω, *aor act ind 3s*, roast
36 ἀφίημι, *aor act ind 3s*, leave
37 ἁλίζω, *perf pas ptc acc s n*, salt
38 ἀμφότεροι, both
39 κοινῶς, together
40 ἐρωτάω, *aor act ind 3s*, ask
41 παιδάριον, young man
42 φάρμακον, medicine
43 ἧπαρ, liver
44 ἰχθύς, fish
45 χολή, gall bladder
46 ἧπαρ, liver
47 ἰχθύς, fish
48 καπνίζω, *aor act impv 2s*, burn for smoke
49 ἀπάντημα, meeting
50 δαιμόνιον, demon
51 φεύγω, *fut mid ind 3s*, flee

οὐκέτι οὐ μὴ ὀχληθῇ·[1] **9** ἡ δὲ χολή,[2] ἐγχρῖσαι[3] ἄνθρωπον, ὃς ἔχει λευκώματα[4] ἐν
τοῖς ὀφθαλμοῖς, καὶ ἰαθήσεται.[5]

Raphael Gives Instructions to Tobias

10 Ὡς δὲ προσήγγισαν[6] τῇ Ραγη, **11** εἶπεν ὁ ἄγγελος τῷ παιδαρίῳ[7] Ἄδελφε, σήμερον
αὐλισθησόμεθα[8] παρὰ Ραγουηλ, καὶ αὐτὸς συγγενής[9] σού ἐστιν, καὶ ἔστιν αὐτῷ
θυγάτηρ[10] μονογενὴς[11] ὀνόματι Σαρρα· **12** λαλήσω περὶ αὐτῆς τοῦ δοθῆναί σοι
αὐτὴν εἰς γυναῖκα, ὅτι σοὶ ἐπιβάλλει[12] ἡ κληρονομία[13] αὐτῆς, καὶ σὺ μόνος εἶ ἐκ τοῦ
γένους[14] αὐτῆς· καὶ τὸ κοράσιον[15] καλὸν καὶ φρόνιμόν[16] ἐστιν. **13** καὶ νῦν ἄκουσόν
μου καὶ λαλήσω τῷ πατρὶ αὐτῆς, καὶ ὅταν ὑποστρέψωμεν[17] ἐκ Ῥάγων, ποιήσομεν
τὸν γάμον.[18] διότι[19] ἐπίσταμαι[20] Ραγουηλ ὅτι οὐ μὴ δῷ αὐτὴν ἀνδρὶ ἑτέρῳ κατὰ τὸν
νόμον Μωυσῆ ἢ ὀφειλέσει[21] θάνατον, ὅτι τὴν κληρονομίαν[22] σοὶ καθήκει[23] λαβεῖν
ἢ πάντα ἄνθρωπον.

14 τότε εἶπεν τὸ παιδάριον[24] τῷ ἀγγέλῳ Αζαρια ἄδελφε, ἀκήκοα ἐγὼ τὸ κοράσιον[25]
δεδόσθαι ἑπτὰ ἀνδράσιν καὶ πάντας ἐν τῷ νυμφῶνι[26] ἀπολωλότας. **15** καὶ νῦν ἐγὼ

1 ὀχλέω, *aor pas sub 3s*, disturb
2 χολή, gall bladder
3 ἐγχρίω, *aor act inf*, anoint
4 λεύκωμα, whiteness
5 ἰάομαι, *fut pas ind 3s*, heal
6 προσεγγίζω, *aor act ind 3p*, draw near
7 παιδάριον, young man
8 αὐλίζω, *fut pas ind 1p*, lodge
9 συγγενής, kinsman
10 θυγάτηρ, daughter
11 μονογενής, only begotten
12 ἐπιβάλλω, *pres act ind 3s*, lay upon
13 κληρονομία, inheritance
14 γένος, nation, people
15 κοράσιον, girl
16 φρόνιμος, prudent, shrewd
17 ὑποστρέφω, *aor act sub 1p*, return
18 γάμος, wedding feast
19 διότι, because
20 ἐπίσταμαι, *pres act ind 1s*, know
21 ὀφείλω, *fut act ind 3s*, owe
22 κληρονομία, inheritance
23 καθήκω, *pres act ind 3s*, be due to
24 παιδάριον, young man
25 κοράσιον, girl
26 νυμφών, bride's chamber

GII μείνωσιν[1] μετ᾽ αὐτοῦ εἰς τὸν αἰῶνα. **9** καὶ ἡ χολή,[2] ἐγχρῖσαι[3] ἀνθρώπου ὀφθαλμούς, οὗ λευκώματα[4] ἀνέβησαν ἐπ᾽ αὐτῶν, ἐμφυσῆσαι[5] ἐπ᾽ αὐτοὺς ἐπὶ τῶν λευκωμάτων,[6] καὶ ὑγιαίνουσιν.[7]

Raphael Gives Instructions to Tobias

10 Καὶ ὅτε εἰσῆλθεν εἰς Μηδίαν καὶ ἤδη[8] ἤγγιζεν εἰς Ἐκβάτανα, **11** λέγει Ραφαηλ τῷ παιδαρίῳ[9] Τωβια ἄδελφε. καὶ εἶπεν αὐτῷ Ἰδοὺ ἐγώ. καὶ εἶπεν αὐτῷ Ἐν τοῖς Ραγουήλου τὴν νύκτα ταύτην δεῖ[10] ἡμᾶς αὐλισθῆναι,[11] καὶ ὁ ἄνθρωπος συγγενής[12] σού ἐστιν, καὶ ἔστιν αὐτῷ θυγάτηρ,[13] ᾗ ὄνομα Σαρρα. **12** καὶ υἱὸς ἄρσην[14] οὐδὲ θυγάτηρ[15] ὑπάρχει αὐτῷ πλὴν Σαρρας μόνης, καὶ σὺ ἔγγιστα[16] αὐτῆς εἶ παρὰ πάντας ἀνθρώπους κληρονομῆσαι[17] αὐτήν, καὶ τὰ ὄντα τῷ πατρὶ αὐτῆς σοὶ δικαιοῦται κληρονομῆσαι. καὶ τὸ κοράσιον[18] φρόνιμον[19] καὶ ἀνδρεῖον[20] καὶ καλὸν λίαν,[21] καὶ ὁ πατὴρ αὐτῆς καλός.
13 καὶ εἶπεν Δεδικαίωταί σοι λαβεῖν αὐτήν. καὶ ἄκουσόν μου, ἄδελφε, καὶ λαλήσω τῷ πατρὶ περὶ τοῦ κορασίου[22] τὴν νύκτα ταύτην, ἵνα λημψόμεθά σοι αὐτὴν νύμφην.[23] καὶ ὅταν ἐπιστρέψωμεν ἐκ Ῥάγων, ποιήσομεν τὸν γάμον[24] αὐτῆς. καὶ ἐπίσταμαι[25] ὅτι οὐ μὴ δυνηθῇ Ραγουηλ κωλῦσαι[26] αὐτὴν ἀπὸ σοῦ ἢ ἐγγυᾶσθαι[27] ἑτέρῳ, ὀφειλήσειν[28] θάνατον κατὰ τὴν κρίσιν τῆς βίβλου Μωυσέως διὰ τὸ γινώσκειν ὅτι σοὶ κληρονομία[29] καθήκει[30] λαβεῖν τὴν θυγατέρα[31] αὐτοῦ παρὰ πάντα ἄνθρωπον. καὶ νῦν ἄκουσόν μου, ἄδελφε, καὶ λαλήσομεν περὶ τοῦ κορασίου[32] τὴν νύκτα ταύτην καὶ μνηστευσόμεθά[33] σοι αὐτήν. καὶ ὅταν ἐπιστρέψωμεν ἐκ Ῥάγων, λημψόμεθα αὐτὴν καὶ ἀπάξομεν[34] αὐτὴν μεθ᾽ ἡμῶν εἰς τὸν οἶκόν σου.

14 τότε ἀποκριθεὶς Τωβιας εἶπεν τῷ Ραφαηλ Αζαρια ἄδελφε, ἤκουσα ὅτι ἑπτὰ ἤδη[35] ἐδόθη ἀνδράσιν, καὶ ἀπέθανον ἐν τοῖς νυμφῶσιν[36] αὐτῶν τὴν νύκτα, ὁπότε[37] εἰσεπορεύοντο[38] πρὸς αὐτήν, καὶ ἀπέθνῃσκον. καὶ ἤκουσα λεγόντων αὐτῶν ὅτι δαιμόνιον[39] ἀποκτέννει αὐτούς. **15** καὶ νῦν φοβοῦμαι ἐγώ — ὅτι αὐτὴν οὐκ

1 μένω, *aor act sub 3p*, remain
2 χολή, gall bladder
3 ἐγχρίω, *aor act impv 2s*, anoint
4 λεύκωμα, whiteness
5 ἐμφυσάω, *aor act impv 2s*, breathe upon
6 λεύκωμα, whiteness
7 ὑγιαίνω, *pres act ind 3p*, be of good health
8 ἤδη, now
9 παιδάριον, young man
10 δεῖ, *pres act ind 3s*, be necessary
11 αὐλίζω, *aor pas inf*, lodge
12 συγγενής, kinsman
13 θυγάτηρ, daughter
14 ἄρσην, man
15 θυγάτηρ, daughter
16 ἐγγύς, *sup*, nearest
17 κληρονομέω, *aor act inf*, inherit
18 κοράσιον, girl
19 φρόνιμος, prudent, wise
20 ἀνδρεῖος, virtuous
21 λίαν, very
22 κοράσιον, girl
23 νύμφη, bride
24 γάμος, wedding feast
25 ἐπίσταμαι, *pres act ind 1s*, know
26 κωλύω, *aor act inf*, withhold from
27 ἐγγυάω, *pres mid inf*, betroth
28 ὀφείλω, *fut act inf*, be bound to
29 κληρονομία, inheritance
30 καθήκω, *pres act ind 3s*, be due to
31 θυγάτηρ, daughter
32 κοράσιον, girl
33 μνηστεύομαι, *fut mid ind 1p*, engage in marriage to
34 ἀπάγω, *fut act ind 1p*, lead away
35 ἤδη, already
36 νυμφών, bride's chamber
37 ὁπότε, when
38 εἰσπορεύομαι, *impf mid ind 3p*, enter
39 δαιμόνιον, demon

GI

μόνος εἰμὶ τῷ πατρὶ καὶ φοβοῦμαι μὴ εἰσελθὼν ἀποθάνω καθὼς καὶ οἱ πρότεροι,[1] ὅτι δαιμόνιον[2] φιλεῖ[3] αὐτήν, ὃ οὐκ ἀδικεῖ[4] οὐδένα πλὴν τῶν προσαγόντων[5] αὐτῇ. καὶ νῦν ἐγὼ φοβοῦμαι μὴ ἀποθάνω καὶ κατάξω[6] τὴν ζωὴν τοῦ πατρός μου καὶ τῆς μητρός μου μετ᾽ ὀδύνης[7] ἐπ᾽ ἐμοὶ εἰς τὸν τάφον[8] αὐτῶν· καὶ υἱὸς ἕτερος οὐχ ὑπάρχει αὐτοῖς, ὃς θάψει[9] αὐτούς.

16 εἶπεν δὲ αὐτῷ ὁ ἄγγελος Οὐ μέμνησαι[10] τῶν λόγων, ὧν ἐνετείλατό[11] σοι ὁ πατήρ σου ὑπὲρ τοῦ λαβεῖν σε γυναῖκα ἐκ τοῦ γένους[12] σου; καὶ νῦν ἄκουσόν μου, ἄδελφε, διότι[13] σοὶ ἔσται εἰς γυναῖκα, καὶ τοῦ δαιμονίου[14] μηδένα[15] λόγον ἔχε, ὅτι τὴν νύκτα ταύτην δοθήσεταί σοι αὕτη εἰς γυναῖκα. **17** καὶ ἐὰν εἰσέλθῃς εἰς τὸν νυμφῶνα,[16] λήμψῃ τέφραν[17] θυμιαμάτων[18] καὶ ἐπιθήσεις ἀπὸ τῆς καρδίας καὶ τοῦ ἥπατος[19] τοῦ ἰχθύος[20] καὶ καπνίσεις,[21] καὶ ὀσφρανθήσεται[22] τὸ δαιμόνιον[23] καὶ φεύξεται[24] καὶ οὐκ ἐπανελεύσεται[25] τὸν αἰῶνα τοῦ αἰῶνος. **18** ὅταν δὲ προσπορεύῃ[26] αὐτῇ, ἐγέρθητε[27] ἀμφότεροι[28] καὶ βοήσατε[29] πρὸς τὸν ἐλεήμονα[30] θεόν, καὶ σώσει ὑμᾶς καὶ ἐλεήσει·[31] μὴ φοβοῦ, ὅτι σοὶ αὐτὴ ἡτοιμασμένη ἦν ἀπὸ τοῦ αἰῶνος, καὶ σὺ αὐτὴν σώσεις, καὶ πορεύσεται μετὰ σοῦ, καὶ ὑπολαμβάνω[32] ὅτι σοὶ ἔσται ἐξ αὐτῆς παιδία. **19** καὶ ὡς ἤκουσεν Τωβιας ταῦτα, ἐφίλησεν[33] αὐτήν, καὶ ἡ ψυχὴ αὐτοῦ ἐκολλήθη[34] αὐτῇ σφόδρα.[35]

Tobias Arrives at Raguel's Home

7 Καὶ ἦλθον εἰς Ἐκβάτανα καὶ παρεγένοντο εἰς τὴν οἰκίαν Ραγουηλ, Σαρρα δὲ ὑπήντησεν[36] αὐτοῖς καὶ ἐχαιρέτισεν[37] αὐτοὺς καὶ αὐτοὶ αὐτήν, καὶ εἰσήγαγεν[38]

1 πρότερος, former, previous
2 δαιμόνιον, demon
3 φιλέω, *pres act ind 3s*, love
4 ἀδικέω, *pres act ind 3s*, harm, injure
5 προσάγω, *pres act ptc gen p m*, go before
6 κατάγω, *fut act ind 1s*, bring down
7 ὀδύνη, grief
8 τάφος, grave, tomb
9 θάπτω, *fut act ind 3s*, bury
10 μιμνῄσκομαι, *perf mid ind 2s*, remember
11 ἐντέλλομαι, *aor mid ind 3s*, command, order
12 γένος, nation, people
13 διότι, for
14 δαιμόνιον, demon
15 μηδείς, by no means
16 νυμφών, bride's chamber
17 τέφρα, ashes
18 θυμίαμα, incense
19 ἧπαρ, liver
20 ἰχθύς, fish
21 καπνίζω, *fut act ind 2s*, burn for smoke
22 ὀσφραίνομαι, *fut pas ind 3s*, catch the scent
23 δαιμόνιον, demon
24 φεύγω, *fut mid ind 3s*, flee
25 ἐπανέρχομαι, *fut mid ind 3s*, return
26 προσπορεύομαι, *pres mid ind 2s*, approach
27 ἐγείρω, *aor pas sub 2p*, raise up
28 ἀμφότεροι, both
29 βοάω, *aor act impv 2p*, cry out
30 ἐλεήμων, merciful
31 ἐλεέω, *fut act ind 3s*, show mercy
32 ὑπολαμβάνω, *pres act ind 1s*, suppose, conjecture
33 φιλέω, *aor act ind 3s*, love
34 κολλάω, *aor pas ind 3s*, join, cleave to
35 σφόδρα, exceedingly
36 ὑπαντάω, *aor act ind 3s*, meet
37 χαιρετίζω, *aor act ind 3s*, greet
38 εἰσάγω, *aor act ind 3s*, bring in

GII ἀδικεῖ,[1] ἀλλ᾽ ὃς ἂν θελήσῃ ἐγγίσαι αὐτῆς, ἀποκτέννει αὐτόν· μονογενής[2] εἰμι τῷ πατρί μου — μὴ ἀποθάνω καὶ κατάξω[3] τὴν ζωὴν τοῦ πατρός μου καὶ τῆς μητρός μου μετ᾽ὀδύνης[4] ἐπ᾽ἐμοὶ εἰς τὸν τάφον[5] αὐτῶν· καὶ υἱὸς ἕτερος οὐχ ὑπάρχει αὐτοῖς, ἵνα θάψῃ[6] αὐτούς.

16 καὶ λέγει αὐτῷ Οὐ μέμνησαι[7] τὰς ἐντολὰς τοῦ πατρός σου, ὅτι ἐνετείλατό[8] σοι
λαβεῖν γυναῖκα ἐκ τοῦ οἴκου τοῦ πατρός σου; καὶ νῦν ἄκουσόν μου, ἄδελφε, καὶ μὴ
λόγον ἔχε τοῦ δαιμονίου[9] τούτου καὶ λαβέ· καὶ γινώσκω ἐγὼ ὅτι τὴν νύκτα ταύτην
δοθήσεταί σοι γυνή. **17** καὶ ὅταν εἰσέλθῃς εἰς τὸν νυμφῶνα,[10] λαβὲ ἐκ τοῦ ἥπατος[11]
τοῦ ἰχθύος[12] καὶ τὴν καρδίαν καὶ ἐπίθες ἐπὶ τὴν τέφραν[13] τῶν θυμιαμάτων,[14] καὶ ἡ
ὀσμὴ[15] πορεύσεται, καὶ ὀσφρανθήσεται[16] τὸ δαιμόνιον[17] καὶ φεύξεται[18] καὶ οὐκέτι
μὴ φανῇ[19] περὶ αὐτὴν τὸν πάντα αἰῶνα. **18** καὶ ὅταν μέλλῃς[20] γίνεσθαι μετ᾽ αὐτῆς,
ἐξεγέρθητε[21] πρῶτον ἀμφότεροι[22] καὶ προσεύξασθε καὶ δεήθητε[23] τοῦ κυρίου τοῦ
οὐρανοῦ, ἵνα ἔλεος[24] γένηται καὶ σωτηρία ἐφ᾽ ὑμᾶς· καὶ μὴ φοβοῦ, σοὶ γάρ ἐστιν
μεμερισμένη[25] πρὸ τοῦ αἰῶνος, καὶ σὺ αὐτὴν σώσεις, καὶ μετὰ σοῦ πορεύσεται,
καὶ ὑπολαμβάνω[26] ὅτι ἔσονταί σοι ἐξ αὐτῆς παιδία καὶ ἔσονταί σοι ὡς ἀδελφοί,
μὴ λόγον ἔχε. **19** καὶ ὅτε ἤκουσεν Τωβιας τῶν λόγων Ραφαηλ καὶ ὅτι ἔστιν αὐτῷ
ἀδελφὴ ἐκ τοῦ σπέρματος τοῦ οἴκου τοῦ πατρὸς αὐτοῦ, λίαν[27] ἠγάπησεν αὐτήν, καὶ
ἡ καρδία αὐτοῦ ἐκολλήθη[28] εἰς αὐτήν.

Tobias Arrives at Raguel's Home

7 Καὶ ὅτε εἰσῆλθεν εἰς Ἐκβάτανα, λέγει αὐτῷ Αζαρια ἄδελφε, ἀπάγαγέ[29] με εὐθεῖαν[30] πρὸς Ραγουηλ τὸν ἀδελφὸν ἡμῶν. καὶ ἀπήγαγεν[31] αὐτὸν εἰς τὸν οἶκον Ραγουήλου, καὶ εὗρον αὐτὸν καθήμενον παρὰ τὴν θύραν τῆς αὐλῆς[32] καὶ ἐχαιρέτισαν[33] αὐτὸν πρῶτοι, καὶ εἶπεν αὐτοῖς Χαίρετε[34] πολλά, ἀδελφοί, καὶ καλῶς[35]

1 ἀδικέω, *pres act ind 3s*, harm, injure
2 μονογενής, only begotten
3 κατάγω, *fut act ind 1s*, bring down
4 ὀδύνη, grief
5 τάφος, grave, tomb
6 θάπτω, *aor act sub 3s*, bury
7 μιμνήσκομαι, *perf mid ind 2s*, remember
8 ἐντέλλομαι, *aor mid ind 3s*, command, order
9 δαιμόνιον, demon
10 νυμφών, bride's chamber
11 ἧπαρ, liver
12 ἰχθύς, fish
13 τέφρα, ashes
14 θυμίαμα, incense
15 ὀσμή, smell
16 ὀσφραίνομαι, *fut pas ind 3s*, catch the scent
17 δαιμόνιον, demon
18 φεύγω, *fut mid ind 3s*, flee
19 φαίνω, *aor pas sub 3s*, appear
20 μέλλω, *pres act sub 2s*, be about to
21 ἐξεγείρω, *aor pas impv 2p*, raise up
22 ἀμφότεροι, both
23 δέομαι, *aor pas impv 2p*, supplicate
24 ἔλεος, mercy, compassion
25 μερίζω, *perf pas ptc nom s f*, assign, allot
26 ὑπολαμβάνω, *pres act ind 1s*, suppose, conjecture
27 λίαν, very much
28 κολλάω, *aor pas ind 3s*, join, cleave to
29 ἀπάγω, *aor act impv 2s*, lead away
30 εὐθύς, straightaway
31 ἀπάγω, *aor act ind 3s*, lead away
32 αὐλή, court
33 χαιρετίζω, *aor act ind 3p*, greet
34 χαίρω, *pres act ind 2p*, welcome
35 καλῶς, well

αὐτοὺς εἰς τὴν οἰκίαν. **2** καὶ εἶπεν Ραγουηλ Εδνα τῇ γυναικὶ αὐτοῦ Ὡς ὅμοιος[1] ὁ
νεανίσκος[2] Τωβιτ τῷ ἀνεψιῷ[3] μου. **3** καὶ ἠρώτησεν[4] αὐτοὺς Ραγουηλ Πόθεν[5] ἐστέ,
ἀδελφοί; καὶ εἶπαν αὐτῷ Ἐκ τῶν υἱῶν Νεφθαλι τῶν αἰχμαλώτων[6] ἐν Νινευη. **4** καὶ
εἶπεν αὐτοῖς Γινώσκετε Τωβιτ τὸν ἀδελφὸν ἡμῶν; οἱ δὲ εἶπαν Γινώσκομεν. **5** καὶ
εἶπεν αὐτοῖς Ὑγιαίνει;[7] οἱ δὲ εἶπαν Καὶ ζῇ καὶ ὑγιαίνει·[8] καὶ εἶπεν Τωβιας Πατήρ
μού ἐστιν. **6** καὶ ἀνεπήδησεν[9] Ραγουηλ καὶ κατεφίλησεν[10] αὐτὸν καὶ ἔκλαυσε καὶ
εὐλόγησεν αὐτὸν καὶ εἶπεν αὐτῷ Ὁ τοῦ καλοῦ καὶ ἀγαθοῦ ἀνθρώπου· καὶ ἀκούσας
ὅτι Τωβιτ ἀπώλεσεν τοὺς ὀφθαλμοὺς αὐτοῦ, ἐλυπήθη[11] καὶ ἔκλαυσεν. **7** καὶ Εδνα
ἡ γυνὴ αὐτοῦ καὶ Σαρρα ἡ θυγάτηρ[12] αὐτοῦ ἔκλαυσαν καὶ ὑπεδέξαντο[13] αὐτοὺς
προθύμως.[14] **8** καὶ ἔθυσαν[15] κριὸν[16] προβάτων καὶ παρέθηκαν[17] ὄψα[18] πλείονα.[19]

Tobias Marries Sarah

9 Εἶπεν δὲ Τωβιας τῷ Ραφαηλ Αζαρια ἄδελφε, λάλησον ὑπὲρ ὧν ἔλεγες ἐν τῇ
πορείᾳ,[20] καὶ τελεσθήτω[21] τὸ πρᾶγμα.[22] **10** καὶ μετέδωκεν[23] τὸν λόγον τῷ Ραγουηλ.
καὶ εἶπεν Ραγουηλ πρὸς Τωβιαν Φάγε καὶ πίε καὶ ἡδέως[24] γίνου· σοὶ γὰρ καθήκει[25]
τὸ παιδίον μου λαβεῖν· πλὴν ὑποδείξω[26] σοι τὴν ἀλήθειαν. **11** ἔδωκα τὸ παιδίον μου
ἑπτὰ ἀνδράσιν, καὶ ὁπότε[27] ἐὰν εἰσεπορεύοντο[28] πρὸς αὐτήν, ἀπεθνήσκοσαν ὑπὸ
τὴν νύκτα. ἀλλὰ τὸ νῦν ἔχων ἡδέως[29] γίνου. **12** καὶ εἶπεν Τωβιας Οὐ γεύσομαι[30]

1 ὅμοιος, similar to
2 νεανίσκος, young man
3 ἀνεψιός, cousin
4 ἐρωτάω, *aor act ind 3s*, ask
5 πόθεν, from where
6 αἰχμάλωτος, captive
7 ὑγιαίνω, *pres act ind 3s*, be of good health, (greetings)
8 ὑγιαίνω, *pres act ind 3s*, be of good health
9 ἀναπηδάω, *aor act ind 3s*, spring up
10 καταφιλέω, *aor act ind 3s*, embrace, kiss
11 λυπέω, *aor pas ind 3s*, grieve
12 θυγάτηρ, daughter
13 ὑποδέχομαι, *aor mid ind 3p*, welcome
14 προθύμως, willingly
15 θύω, *aor act ind 3p*, slaughter
16 κριός, ram
17 παρατίθημι, *aor act ind 3p*, serve
18 ὄψον, food, varied dishes
19 πλείων/πλεῖον, *comp of* πολύς, numerous
20 πορεία, journey
21 τελέω, *aor pas impv 3s*, finish, complete
22 πρᾶγμα, matter, thing
23 μεταδίδωμι, *aor act ind 3s*, share, impart
24 ἡδέως, pleasurably
25 καθήκω, *pres act ind 3s*, be proper, be fitting
26 ὑποδείκνυμι, *aor act sub 1s*, tell
27 ὁπότε, when
28 εἰσπορεύομαι, *impf mid ind 3p*, enter
29 ἡδέως, pleasurably
30 γεύω, *fut mid ind 1s*, taste

GII ἤλθατε ὑγιαίνοντες.[1] καὶ ἤγαγεν αὐτοὺς εἰς τὸν οἶκον αὐτοῦ. **2** καὶ εἶπεν Εδνα τῇ
γυναικὶ αὐτοῦ Ὡς ὅμοιος[2] ὁ νεανίσκος[3] οὗτος Τωβει τῷ ἀδελφῷ μου. **3** καὶ ἠρώ-
τησεν[4] αὐτοὺς Εδνα καὶ εἶπεν αὐτοῖς Πόθεν[5] ἐστέ, ἀδελφοί; καὶ εἶπαν αὐτῇ Ἐκ
τῶν υἱῶν Νεφθαλιμ ἡμεῖς τῶν αἰχμαλωτισθέντων[6] ἐν Νινευη. **4** καὶ εἶπεν αὐτοῖς
Γινώσκετε Τωβιν τὸν ἀδελφὸν ἡμῶν; καὶ εἶπαν αὐτῇ Γινώσκομεν ἡμεῖς αὐτόν. **5** καὶ
εἶπεν αὐτοῖς Ὑγιαίνει;[7] καὶ εἶπαν αὐτῇ Ὑγιαίνει καὶ ζῇ· καὶ εἶπεν Τωβιας Ὁ πατήρ
μού ἐστιν. **6** καὶ ἀνεπήδησεν[8] Ραγουηλ καὶ κατεφίλησεν[9] αὐτὸν καὶ ἔκλαυσεν
καὶ ἐλάλησεν καὶ εἶπεν αὐτῷ Εὐλογία[10] σοι γένοιτο,[11] παιδίον, ὁ τοῦ καλοῦ καὶ
ἀγαθοῦ πατρός· ὢ[12] ταλαιπώρων[13] κακῶν, ὅτι ἐτυφλώθη[14] ἀνὴρ δίκαιος καὶ ποιῶν
ἐλεημοσύνας.[15] καὶ ἐπιπεσὼν[16] ἐπὶ τὸν τράχηλον[17] Τωβια τοῦ ἀδελφοῦ αὐτοῦ
ἔκλαυσεν. **7** καὶ Εδνα ἡ γυνὴ αὐτοῦ ἔκλαυσεν αὐτόν, καὶ Σαρρα ἡ θυγάτηρ[18] αὐτῶν
ἔκλαυσεν καὶ αὐτή. **8** καὶ ἔθυσεν[19] κριὸν[20] ἐκ προβάτων καὶ ὑπεδέξατο[21] αὐτοὺς
προθύμως.[22]

Tobias Marries Sarah

9 Καὶ ὅτε ἐλούσαντο[23] καὶ ἐνίψαντο[24] καὶ ἀνέπεσαν[25] δειπνῆσαι,[26] εἶπεν Τωβιας τῷ
Ραφαηλ Αζαρια ἄδελφε, εἰπὸν Ραγουηλ ὅπως δῷ μοι Σαρραν τὴν ἀδελφήν μου.
10 καὶ ἤκουσεν Ραγουηλ τὸν λόγον καὶ εἶπεν τῷ παιδί[27] Φάγε καὶ πίε καὶ ἡδέως[28]
γενοῦ τὴν νύκτα ταύτην· οὐ γάρ ἐστιν ἄνθρωπος ᾧ καθήκει[29] λαβεῖν Σαρραν τὴν
θυγατέρα[30] μου πλὴν σοῦ, ἄδελφε, ὡσαύτως[31] δὲ καὶ ἐγὼ οὐκ ἔχω ἐξουσίαν δοῦναι
αὐτὴν ἑτέρῳ ἀνδρὶ πλὴν σοῦ, ὅτι σὺ ἔγγιστά[32] μου· καὶ μάλα τὴν ἀλήθειάν σοι
ὑποδείξω,[33] παιδίον. **11** ἔδωκα αὐτὴν ἑπτὰ ἀνδράσιν τῶν ἀδελφῶν ἡμῶν, καὶ πάντες
ἀπέθανον τὴν νύκτα ὁπότε[34] εἰσεπορεύοντο[35] πρὸς αὐτήν. καὶ νῦν, παιδίον, φάγε
καὶ πίε, καὶ κύριος ποιήσει ἐν ὑμῖν. **12** καὶ εἶπεν Τωβιας Οὐ μὴ φάγω ἐντεῦθεν[36]

1 ὑγιαίνω, *pres act ptc nom p m*, be of good health
2 ὅμοιος, similar to
3 νεανίσκος, young man
4 ἐρωτάω, *aor act ind 3s*, ask
5 πόθεν, from where
6 αἰχμαλωτίζω, *aor pas ptc gen p m*, take into captivity
7 ὑγιαίνω, *pres act ind 3s*, be of good health
8 ἀναπηδάω, *aor act ind 3s*, spring up
9 καταφιλέω, *aor act ind 3s*, embrace, kiss
10 εὐλογία, blessing
11 γίνομαι, *aor mid opt 3s*, be
12 ὢ, O!
13 ταλαίπωρος, suffering, distress
14 τυφλόω, *aor pas ind 3s*, make blind
15 ἐλεημοσύνη, mercy, charity
16 ἐπιπίπτω, *aor act ptc nom s m*, fall upon
17 τράχηλος, neck
18 θυγάτηρ, daughter
19 θύω, *aor act ind 3s*, slaughter
20 κριός, ram
21 ὑποδέχομαι, *aor mid ind 3s*, welcome
22 προθύμως, willingly, eagerly
23 λούω, *aor mid ind 3p*, bathe
24 νίπτω, *aor mid ind 3p*, wash
25 ἀναπίπτω, *aor act ind 3p*, recline
26 δειπνέω, *aor act inf*, eat dinner
27 παῖς, servant
28 ἡδέως, pleasurably
29 καθήκω, *pres act ind 3s*, be proper, be fitting
30 θυγάτηρ, daughter
31 ὡσαύτως, just as
32 ἐγγύς, *sup*, nearest
33 ὑποδείκνυμι, *fut act ind 1s*, tell
34 ὁπότε, when
35 εἰσπορεύομαι, *impf mid ind 3p*, enter
36 ἐντεῦθεν, from now on

οὐδὲν ὧδε, ἕως ἂν στήσητε[1] καὶ σταθῆτε[2] πρός με. καὶ εἶπεν Ραγουηλ Κομίζου[3]
αὐτὴν ἀπὸ τοῦ νῦν κατὰ τὴν κρίσιν· σὺ δὲ ἀδελφὸς εἶ αὐτῆς, καὶ αὐτή σού ἐστιν· ὁ δὲ
ἐλεήμων[4] θεὸς εὐοδώσει[5] ὑμῖν τὰ κάλλιστα.[6] **13** καὶ ἐκάλεσεν Σαρραν τὴν θυγατέρα[7]
αὐτοῦ καὶ λαβὼν τῆς χειρὸς αὐτῆς παρέδωκεν αὐτὴν τῷ Τωβια γυναῖκα καὶ εἶπεν
Ἰδοὺ κατὰ τὸν νόμον Μωυσέως κομίζου[8] αὐτὴν καὶ ἄπαγε[9] πρὸς τὸν πατέρα σου· καὶ
εὐλόγησεν αὐτούς. **14** καὶ ἐκάλεσεν Εδναν τὴν γυναῖκα αὐτοῦ· καὶ λαβὼν βιβλίον
ἔγραψεν συγγραφήν,[10] καὶ ἐσφραγίσαντο.[11] καὶ ἤρξαντο ἐσθίειν.

15 καὶ ἐκάλεσεν Ραγουηλ Εδναν τὴν γυναῖκα αὐτοῦ καὶ εἶπεν αὐτῇ Ἀδελφή, ἑτοί-
μασον τὸ ἕτερον ταμιεῖον[12] καὶ εἰσάγαγε[13] αὐτήν. **16** καὶ ἐποίησεν ὡς εἶπεν καὶ
εἰσήγαγεν[14] αὐτὴν ἐκεῖ, καὶ ἔκλαυσεν· καὶ ἀπεδέξατο[15] τὰ δάκρυα[16] τῆς θυγατρὸς[17]
αὐτῆς καὶ εἶπεν αὐτῇ **17** Θάρσει,[18] τέκνον, ὁ κύριος τοῦ οὐρανοῦ καὶ τῆς γῆς δῴη[19]
σοι χάριν ἀντὶ τῆς λύπης[20] σου ταύτης θάρσει, θύγατερ.[21]

Demon Flees from Tobias

8 Ὅτε δὲ συνετέλεσαν[22] δειπνοῦντες,[23] εἰσήγαγον[24] Τωβιαν πρὸς αὐτήν. **2** ὁ δὲ
πορευόμενος ἐμνήσθη[25] τῶν λόγων Ραφαηλ καὶ ἔλαβεν τὴν τέφραν[26] τῶν

1 ἵστημι, *aor act sub 2p*, confirm
2 ἵστημι, *aor pas sub 2p*, confirm
3 κομίζω, *pres mid impv 2s*, receive
4 ἐλεήμων, merciful
5 εὐοδόω, *fut act ind 3s*, prosper
6 καλός, *sup*, best
7 θυγάτηρ, daughter
8 κομίζω, *pres mid impv 2s*, receive
9 ἀπάγω, *pres act impv 2s*, lead back
10 συγγραφή, contract
11 σφραγίζω, *aor mid ind 3p*, seal
12 ταμιεῖον, chamber
13 εἰσάγω, *aor act impv 2s*, bring in
14 εἰσάγω, *aor act ind 3s*, bring in
15 ἀποδέχομαι, *aor mid ind 3s*, receive
16 δάκρυον, tear
17 θυγάτηρ, daughter
18 θαρσέω, *pres act impv 2s*, be of good courage
19 δίδωμι, *aor act opt 3s*, give
20 λύπη, grief
21 θυγάτηρ, daughter
22 συντελέω, *aor act ind 3p*, finish
23 δειπνέω, *pres act ptc nom p m*, eat dinner
24 εἰσάγω, *aor act ind 3p*, bring in
25 μιμνῄσκομαι, *aor pas ind 3s*, remember
26 τέφρα, ashes

GII οὐδὲ μὴ πίω, ἕως ἂν διαστήσῃς[1] τὰ πρὸς ἐμέ. καὶ εἶπεν αὐτῷ Ραγουηλ ὅτι Ποιῶ,
καὶ αὐτὴ δίδοταί σοι κατὰ τὴν κρίσιν τῆς βίβλου Μωυσέως, καὶ ἐκ τοῦ οὐρανοῦ
κέκριταί σοι δοθῆναι· κομίζου[2] τὴν ἀδελφήν σου. ἀπὸ τοῦ νῦν σὺ ἀδελφὸς εἶ αὐτῆς
καὶ αὐτὴ ἀδελφή σου· δέδοταί σοι ἀπὸ τῆς σήμερον καὶ εἰς τὸν αἰῶνα· καὶ ὁ κύριος
τοῦ οὐρανοῦ εὐοδώσει[3] ὑμᾶς, παιδίον, τὴν νύκτα ταύτην καὶ ποιήσαι[4] ἐφ᾽ ὑμᾶς
ἔλεος[5] καὶ εἰρήνην. **13** καὶ ἐκάλεσεν Ραγουηλ Σαρραν τὴν θυγατέρα[6] αὐτοῦ, καὶ
ἦλθεν πρὸς αὐτόν, καὶ λαβόμενος τῆς χειρὸς αὐτῆς παρέδωκεν αὐτὴν αὐτῷ καὶ
εἶπεν Κόμισαι[7] κατὰ τὸν νόμον καὶ κατὰ τὴν κρίσιν τὴν γεγραμμένην ἐν τῇ βίβλῳ
Μωυσέως δοῦναί σοι τὴν γυναῖκα, ἔχε καὶ ἄπαγε[8] πρὸς τὸν πατέρα σου ὑγιαίνων·[9]
καὶ ὁ θεὸς τοῦ οὐρανοῦ εὐοδώσαι[10] ὑμῖν εἰρήνην. **14** καὶ ἐκάλεσεν τὴν μητέρα αὐτῆς·
καὶ εἶπεν ἐνεγκεῖν βιβλίον καὶ ἔγραψεν συγγραφὴν[11] βιβλίου συνοικήσεως[12] καὶ ὡς
δίδωσιν αὐτὴν αὐτῷ γυναῖκα κατὰ τὴν κρίσιν τοῦ Μωυσέως νόμου. ἀπ᾽ ἐκείνου
ἤρξαντο φαγεῖν καὶ πιεῖν.

15 καὶ ἐκάλεσεν Ραγουηλ Εδναν τὴν γυναῖκα αὐτοῦ καὶ εἶπεν αὐτῇ Ἀδελφή,
ἑτοίμασον τὸ ταμιεῖον[13] τὸ ἕτερον καὶ εἰσάγαγε[14] αὐτὴν ἐκεῖ. **16** καὶ βαδίσασα[15]
ἔστρωσεν[16] εἰς τὸ ταμιεῖον,[17] ὡς εἶπεν αὐτῇ, καὶ ἤγαγεν αὐτὴν ἐκεῖ καὶ ἔκλαυσεν
περὶ αὐτῆς καὶ ἀπεμάξατο[18] τὰ δάκρυα[19] καὶ εἶπεν αὐτῇ **17** Θάρσει,[20] θύγατερ,[21] ὁ
κύριος τοῦ οὐρανοῦ δῴη[22] σοι χαρὰν[23] ἀντὶ[24] τῆς λύπης[25] σου· θάρσει, θύγατερ.[26]
καὶ ἐξῆλθεν.

Demon Flees from Tobias

8 Καὶ ὅτε συνετέλεσαν[27] τὸ φαγεῖν καὶ πιεῖν, ἠθέλησαν κοιμηθῆναι.[28] καὶ ἀπήγα-
γον[29] τὸν νεανίσκον[30] καὶ εἰσήγαγον[31] αὐτὸν εἰς τὸ ταμιεῖον.[32] **2** καὶ ἐμνήσθη[33]
Τωβιας τῶν λόγων Ραφαηλ καὶ ἔλαβεν τὸ ἧπαρ[34] τοῦ ἰχθύος[35] καὶ τὴν καρδίαν ἐκ τοῦ

1 διΐστημι, *aor act sub 2s*, settle, resolve
2 κομίζω, *pres mid impv 2s*, receive
3 εὐοδόω, *fut act ind 3s*, prosper
4 ποιέω, *aor act opt 3s*, do
5 ἔλεος, mercy
6 θυγάτηρ, daughter
7 κομίζω, *aor mid impv 2s*, receive
8 ἀπάγω, *pres act impv 2s*, lead back
9 ὑγιαίνω, *pres act ptc nom s m*, be of good health
10 εὐοδόω, *aor act opt 3s*, prosper
11 συγγραφή, contract
12 συνοίκησις, cohabitation in marriage
13 ταμιεῖον, chamber
14 εἰσάγω, *aor act impv 2s*, bring in
15 βαδίζω, *aor act ptc nom s f*, go
16 στρώννυμι, *aor act ind 3s*, prepare, furnish
17 ταμιεῖον, chamber
18 ἀπομάσσω, *aor mid ind 3s*, wipe off
19 δάκρυον, tear
20 θαρσέω, *pres act impv 2s*, be of good courage
21 θυγάτηρ, daughter
22 δίδωμι, *aor act opt 3s*, give
23 χαρά, joy
24 ἀντί, in place of
25 λύπη, grief
26 θυγάτηρ, daughter
27 συντελέω, *aor act ind 3p*, finish
28 κοιμάω, *aor pas inf*, sleep
29 ἀπάγω, *aor act ind 3p*, lead away
30 νεανίσκος, young man
31 εἰσάγω, *aor act ind 3p*, bring in
32 ταμιεῖον, chamber
33 μιμνῄσκομαι, *aor pas ind 3s*, remember
34 ἧπαρ, liver
35 ἰχθύς, fish

GI

θυμιαμάτων[1] καὶ ἐπέθηκεν τὴν καρδίαν τοῦ ἰχθύος[2] καὶ τὸ ἧπαρ[3] καὶ ἐκάπνισεν.[4]
3 ὅτε δὲ ὠσφράνθη[5] τὸ δαιμόνιον[6] τῆς ὀσμῆς,[7] ἔφυγεν[8] εἰς τὰ ἀνώτατα[9] Αἰγύπτου,
καὶ ἔδησεν[10] αὐτὸ ὁ ἄγγελος.

Tobias Praises God

4 ὡς δὲ συνεκλείσθησαν[11] ἀμφότεροι,[12] ἀνέστη Τωβιας ἀπὸ τῆς κλίνης[13] καὶ εἶπεν
Ἀνάστηθι, ἀδελφή, καὶ προσευξώμεθα, ἵνα ἡμᾶς ἐλεήσῃ[14] ὁ κύριος. **5** καὶ ἤρξατο
Τωβιας λέγειν

Εὐλογητὸς[15] εἶ, ὁ θεὸς τῶν πατέρων ἡμῶν,
  καὶ εὐλογητὸν τὸ ὄνομά σου τὸ ἅγιον
καὶ ἔνδοξον[16] εἰς τοὺς αἰῶνας·
  εὐλογησάτωσάν σε οἱ οὐρανοὶ καὶ πᾶσαι αἱ κτίσεις[17] σου.

6 σὺ ἐποίησας Αδαμ καὶ ἔδωκας αὐτῷ βοηθὸν[18]
  Ευαν στήριγμα[19] τὴν γυναῖκα αὐτοῦ·
  ἐκ τούτων ἐγενήθη τὸ ἀνθρώπων σπέρμα.
σὺ εἶπας Οὐ καλὸν εἶναι τὸν ἄνθρωπον μόνον,
  ποιήσωμεν αὐτῷ βοηθὸν ὅμοιον[20] αὐτῷ.
7 καὶ νῦν, κύριε, οὐ διὰ πορνείαν[21] ἐγὼ λαμβάνω τὴν ἀδελφήν μου ταύτην,
  ἀλλ᾽ ἐπ᾽ ἀληθείας·
ἐπίταξον[22] ἐλεῆσαί[23] με
  καὶ ταύτῃ συγκαταγηρᾶσαι.[24]

8 καὶ εἶπεν μετ᾽ αὐτοῦ Αμην.[25] **9** καὶ ἐκοιμήθησαν[26] ἀμφότεροι[27] τὴν νύκτα.

1 θυμίαμα, incense
2 ἰχθύς, fish
3 ἧπαρ, liver
4 καπνίζω, *aor act ind 3s*, burn for smoke
5 ὀσφραίνομαι, *aor pas ind 3s*, catch the scent
6 δαιμόνιον, demon
7 ὀσμή, smell
8 φεύγω, *aor act ind 3s*, flee
9 ἄνω, *sup*, upper
10 δέω, *aor act ind 3s*, bind
11 συγκλείω, *aor pas ind 3p*, shut in
12 ἀμφότεροι, both
13 κλίνη, bed
14 ἐλεέω, *aor act sub 3s*, show mercy to
15 εὐλογητός, blessed
16 ἔνδοξος, glorious
17 κτίσις, creation
18 βοηθός, helper
19 στήριγμα, supporter
20 ὅμοιος, similar to
21 πορνεία, sexual urges, lust
22 ἐπιτάσσω, *aor act impv 2s*, arrange, ordain
23 ἐλεέω, *aor act inf*, show mercy to
24 συγκαταγηράσκω, *aor act inf*, grow old together
25 αμην, amen, truly, *translit.*
26 κοιμάω, *aor pas ind 3p*, sleep
27 ἀμφότεροι, both

GII βαλλαντίου,[1] οὗ εἶχεν, καὶ ἐπέθηκεν ἐπὶ τὴν τέφραν[2] τοῦ θυμιάματος.[3] **3** καὶ ἡ ὀσμὴ[4]
τοῦ ἰχθύος[5] ἐκώλυσεν,[6] καὶ ἀπέδραμεν[7] τὸ δαιμόνιον[8] ἄνω[9] εἰς τὰ μέρη Αἰγύπτου,
καὶ βαδίσας[10] Ραφαηλ συνεπόδισεν[11] αὐτὸν ἐκεῖ καὶ ἐπέδησεν[12] παραχρῆμα.[13]

Tobias Praises God

4 καὶ ἐξῆλθον καὶ ἀπέκλεισαν[14] τὴν θύραν τοῦ ταμιείου.[15] καὶ ἠγέρθη[16] Τωβιας ἀπὸ
τῆς κλίνης[17] καὶ εἶπεν αὐτῇ Ἀδελφή, ἀνάστηθι, προσευξώμεθα καὶ δεηθῶμεν[18] τοῦ
κυρίου ἡμῶν, ὅπως ποιήσῃ ἐφ᾽ ἡμᾶς ἔλεος[19] καὶ σωτηρίαν. **5** καὶ ἀνέστη, καὶ ἤρξαντο
προσεύχεσθαι καὶ δεηθῆναι[20] ὅπως γένηται αὐτοῖς σωτηρία, καὶ ἤρξατο λέγειν

Εὐλογητὸς[21] εἶ, ὁ θεὸς τῶν πατέρων ἡμῶν,
  καὶ εὐλογητὸν τὸ ὄνομά σου
εἰς πάντας τοὺς αἰῶνας τῆς γενεᾶς·
  εὐλογησάτωσάν σε οἱ οὐρανοὶ καὶ πᾶσα ἡ κτίσις[22] σου εἰς πάντας τοὺς αἰῶνας.
6 σὺ ἐποίησας τὸν Αδαμ καὶ ἐποίησας αὐτῷ βοηθὸν[23]
  στήριγμα[24] Ευαν τὴν γυναῖκα αὐτοῦ,
  καὶ ἐξ ἀμφοτέρων[25] ἐγενήθη τὸ σπέρμα τῶν ἀνθρώπων·
καὶ σὺ εἶπας ὅτι Οὐ καλὸν εἶναι τὸν ἄνθρωπον μόνον,
  ποιήσωμεν αὐτῷ βοηθὸν ὅμοιον[26] αὐτῷ.
7 καὶ νῦν οὐχὶ διὰ πορνείαν[27] ἐγὼ λαμβάνω τὴν ἀδελφήν μου ταύτην,
  ἀλλ᾽ ἐπ᾽ ἀληθείας·
ἐπίταξον[28] ἐλεῆσαί[29] με καὶ αὐτὴν
  καὶ συγκαταγηρᾶσαι[30] κοινῶς.[31]

8 καὶ εἶπαν μεθ᾽ ἑαυτῶν Αμην[32] αμην. **9** καὶ ἐκοιμήθησαν[33] τὴν νύκτα.

1 βαλλάντιον, bag
2 τέφρα, ashes
3 θυμίαμα, incense
4 ὀσμή, smell
5 ἰχθύς, fish
6 κωλύω, *aor act ind 3s*, hinder, become forbidding
7 ἀποτρέχω, *aor act ind 3s*, run away
8 δαιμόνιον, demon
9 ἄνω, upper
10 βαδίζω, *aor act ptc nom s m*, go
11 συμποδίζω, *aor act ind 3s*, bind the feet
12 ἐπιδέω, *aor act ind 3s*, tie up
13 παραχρῆμα, immediately
14 ἀποκλείω, *aor act ind 3p*, shut
15 ταμιεῖον, chamber
16 ἐγείρω, *aor pas ind 3s*, raise up
17 κλίνη, bed
18 δέομαι, *aor pas sub 1p*, ask, supplicate
19 ἔλεος, mercy
20 δέομαι, *aor pas inf*, ask, supplicate
21 εὐλογητός, blessed
22 κτίσις, creation
23 βοηθός, helper
24 στήριγμα, supporter
25 ἀμφότεροι, both
26 ὅμοιος, similar to
27 πορνεία, sexual urges, lust
28 ἐπιτάσσω, *aor act impv 2s*, order
29 ἐλεέω, *aor act inf*, show mercy
30 συγκαταγηράσκω, *aor act inf*, grow old together
31 κοινῶς, together
32 αμην, amen, truly, *translit.*
33 κοιμάω, *aor pas ind 3p*, sleep

Raguel Praises God

10 Καὶ ἀναστὰς Ραγουηλ ἐπορεύθη καὶ ὤρυξεν[1] τάφον[2] λέγων Μὴ καὶ οὗτος ἀπο-
θάνῃ. **11** καὶ ἦλθεν Ραγουηλ εἰς τὴν οἰκίαν ἑαυτοῦ **12** καὶ εἶπεν Εδνα τῇ γυναικὶ αὐτοῦ
Ἀπόστειλον μίαν τῶν παιδισκῶν,[3] καὶ ἰδέτωσαν[4] εἰ ζῇ· εἰ δὲ μή, ἵνα θάψωμεν[5] αὐτὸν
καὶ μηδεὶς[6] γνῷ. **13** καὶ εἰσῆλθεν ἡ παιδίσκη[7] ἀνοίξασα τὴν θύραν καὶ εὗρεν τοὺς
δύο καθεύδοντας.[8] **14** καὶ ἐξελθοῦσα ἀπήγγειλεν αὐτοῖς ὅτι ζῇ. **15** καὶ εὐλόγησεν
Ραγουηλ τὸν θεὸν λέγων

Εὐλογητὸς[9] εἶ σύ, ὁ θεός,
ἐν πάσῃ εὐλογίᾳ[10] καθαρᾷ[11] καὶ ἁγίᾳ,
καὶ εὐλογείτωσάν σε οἱ ἅγιοί σου
καὶ πᾶσαι αἱ κτίσεις[12] σου,
καὶ πάντες οἱ ἄγγελοί σου
καὶ οἱ ἐκλεκτοί[13] σου εὐλογείτωσάν σε εἰς πάντας τοὺς αἰῶνας.
16 εὐλογητὸς[14] εἶ ὅτι ηὔφρανάς[15] με,
καὶ οὐκ ἐγένετό μοι καθὼς ὑπενόουν,[16]
ἀλλὰ κατὰ τὸ πολὺ ἔλεός[17] σου ἐποίησας μεθ᾽ ἡμῶν.
17 εὐλογητὸς[18] εἶ ὅτι ἠλέησας[19] δύο μονογενεῖς·[20]
ποίησον αὐτοῖς, δέσποτα,[21] ἔλεος,[22]
συντέλεσον[23] τὴν ζωὴν αὐτῶν ἐν ὑγιείᾳ[24]
μετὰ εὐφροσύνης[25] καὶ ἐλέους.[26]

18 ἐκέλευσεν[27] δὲ τοῖς οἰκέταις[28] χῶσαι[29] τὸν τάφον.[30]

1 ὀρύσσω, *aor act ind 3s*, dig
2 τάφος, grave
3 παιδίσκη, maidservant
4 ὁράω, *aor act impv 3p*, see
5 θάπτω, *aor act sub 1p*, bury
6 μηδείς, no one
7 παιδίσκη, maidservant
8 καθεύδω, *pres act ptc acc p m*, sleep
9 εὐλογητός, blessed
10 εὐλογία, blessing
11 καθαρός, pure
12 κτίσις, creation
13 ἐκλεκτός, chosen
14 εὐλογητός, blessed
15 εὐφραίνω, *aor act ind 2s*, cause to rejoice
16 ὑπονοέω, *impf act ind 1s*, expect
17 ἔλεος, mercy
18 εὐλογητός, blessed
19 ἐλεέω, *aor act ind 2s*, show mercy to
20 μονογενής, only begotten
21 δεσπότης, master
22 ἔλεος, mercy
23 συντελέω, *aor act impv 2s*, allow to finish
24 ὑγίεια, good health
25 εὐφροσύνη, joy, gladness
26 ἔλεος, mercy
27 κελεύω, *aor act ind 3s*, instruct
28 οἰκέτης, household servant
29 χόω, *aor act inf*, fill up
30 τάφος, grave

GII

Raguel Praises God

10 Καὶ ἀναστὰς Ραγουηλ ἐκάλεσεν τοὺς οἰκέτας[1] μεθ' ἑαυτοῦ, καὶ ᾤχοντο[2] καὶ
ὤρυξαν[3] τάφον·[4] εἶπεν γάρ Μήποτε[5] ἀποθάνῃ καὶ γενώμεθα κατάγελως[6] καὶ ὀνει-
δισμός.[7] **11** καὶ ὅτε συνετέλεσαν[8] ὀρύσσοντες[9] τὸν τάφον,[10] ἦλθεν Ραγουηλ εἰς τὸν
οἶκον καὶ ἐκάλεσεν τὴν γυναῖκα αὐτοῦ **12** καὶ εἶπεν Ἀπόστειλον μίαν τῶν παι-
δισκῶν[11] καὶ εἰσελθοῦσα ἰδέτω εἰ ζῇ· καὶ εἰ τέθνηκεν,[12] ὅπως ἂν θάψωμεν[13] αὐτόν,
ὅπως μηδεὶς[14] γνῷ. **13** καὶ ἀπέστειλαν τὴν παιδίσκην[15] καὶ ἧψαν[16] τὸν λύχνον[17] καὶ
ἤνοιξαν τὴν θύραν, καὶ εἰσῆλθεν καὶ εὗρεν αὐτοὺς καθεύδοντας[18] καὶ ὑπνοῦντας[19]
κοινῶς.[20] **14** καὶ ἐξελθοῦσα ἡ παιδίσκη[21] ὑπέδειξεν[22] αὐτοῖς ὅτι ζῇ καὶ οὐδὲν κακόν[23]
ἐστιν. **15** καὶ εὐλόγησαν τὸν θεὸν τοῦ οὐρανοῦ καὶ εἶπαν

Εὐλογητὸς[24] εἶ, θεέ,
  ἐν πάσῃ εὐλογίᾳ[25] καθαρᾷ·[26]
  εὐλογείτωσάν σε εἰς πάντας τοὺς αἰῶνας.

16 καὶ εὐλογητὸς[27] εἶ ὅτι εὔφρανάς[28] με,
  καὶ οὐκ ἐγένετο καθὼς ὑπενόουν,[29]
  ἀλλὰ κατὰ τὸ πολὺ ἔλεός[30] σου ἐποίησας μεθ' ἡμῶν.
17 καὶ εὐλογητὸς[31] εἶ ὅτι ἠλέησας[32] δύο μονογενεῖς·[33]
  ποίησον αὐτοῖς, δέσποτα,[34] ἔλεος[35] καὶ σωτηρίαν
καὶ συντέλεσον[36] τὴν ζωὴν αὐτῶν
  μετ' εὐφροσύνης[37] καὶ ἐλέου.

18 τότε εἶπεν τοῖς οἰκέταις[38] αὐτοῦ χῶσαι[39] τὸν τάφον[40] πρὸ τοῦ ὄρθρον[41] γενέσθαι.

1 οἰκέτης, household servant
2 οἴχομαι, *impf mid ind 3p*, go
3 ὀρύσσω, *aor act ind 3p*, dig
4 τάφος, grave
5 μήποτε, perhaps
6 κατάγελως, derision
7 ὀνειδισμός, reproach
8 συντελέω, *aor act ind 3p*, finish
9 ὀρύσσω, *pres act ptc nom p m*, dig
10 τάφος, grave
11 παιδίσκη, maidservant
12 θνῄσκω, *perf act ind 3s*, die
13 θάπτω, *aor act sub 1p*, bury
14 μηδείς, no one
15 παιδίσκη, maidservant
16 ἅπτω, *aor act ind 3p*, kindle
17 λύχνος, lamp
18 καθεύδω, *pres act ptc acc p m*, lie down
19 ὑπνόω, *pres act ptc acc p m*, sleep
20 κοινῶς, together
21 παιδίσκη, maidservant
22 ὑποδείκνυμι, *aor act ind 3s*, disclose, tell
23 κακός, misfortune
24 εὐλογητός, blessed
25 εὐλογία, blessing
26 καθαρός, pure
27 εὐλογητός, blessed
28 εὐφραίνω, *aor act ind 2s*, cause to rejoice
29 ὑπονοέω, *impf act ind 1s*, expect
30 ἔλεος, mercy
31 εὐλογητός, blessed
32 ἐλεέω, *aor act ind 2s*, show mercy to
33 μονογενής, only begotten
34 δεσπότης, master
35 ἔλεος, mercy
36 συντελέω, *aor act impv 2s*, allow to finish
37 εὐφροσύνη, joy, gladness
38 οἰκέτης, household servant
39 χόω, *aor act inf*, fill up
40 τάφος, grave
41 ὄρθρος, early morning

GI

19 Καὶ ἐποίησεν αὐτοῖς γάμον[1] ἡμερῶν δέκα[2] τεσσάρων. **20** καὶ εἶπεν αὐτῷ Ραγουηλ
πρὶν[3] ἢ συντελεσθῆναι[4] τὰς ἡμέρας τοῦ γάμου[5] ἐνόρκως[6] μὴ ἐξελθεῖν αὐτόν, ἐὰν μὴ
πληρωθῶσιν αἱ δέκα[7] τέσσαρες ἡμέραι τοῦ γάμου, **21** καὶ τότε λαβόντα τὸ ἥμισυ[8]
τῶν ὑπαρχόντων αὐτοῦ πορεύεσθαι μετὰ ὑγιείας[9] πρὸς τὸν πατέρα· καὶ τὰ λοιπά,
ὅταν ἀποθάνω καὶ ἡ γυνή μου.

Tobias Procures the Money

9 Καὶ ἐκάλεσεν Τωβιας τὸν Ραφαηλ καὶ εἶπεν αὐτῷ **2** Αζαρια ἄδελφε, λαβὲ μετὰ
σεαυτοῦ παῖδα[10] καὶ δύο καμήλους[11] καὶ πορεύθητι ἐν Ῥάγοις τῆς Μηδίας παρὰ
Γαβαηλ καὶ κόμισαί[12] μοι τὸ ἀργύριον[13] καὶ αὐτὸν ἄγε εἰς τὸν γάμον·[14] **3** διότι[15]
ὀμώμοκεν[16] Ραγουηλ μὴ ἐξελθεῖν με, **4** καὶ ὁ πατήρ μου ἀριθμεῖ[17] τὰς ἡμέρας, καὶ
ἐὰν χρονίσω[18] μέγα, ὀδυνηθήσεται[19] λίαν.[20] **5** καὶ ἐπορεύθη Ραφαηλ καὶ ηὐλίσθη[21]
παρὰ Γαβαήλῳ, καὶ ἔδωκεν αὐτῷ τὸ χειρόγραφον·[22] ὃς δὲ προήνεγκεν[23] τὰ θυλάκια[24]

1 γάμος, wedding feast
2 δέκα, ten
3 πρίν, before
4 συντελέω, *aor pas inf*, finish
5 γάμος, wedding feast
6 ἐνόρκως, bound by oath
7 δέκα, ten
8 ἥμισυς, half
9 ὑγίεια, good health
10 παῖς, servant
11 κάμηλος, camel
12 κομίζω, *aor mid impv 2s*, procure
13 ἀργύριον, silver
14 γάμος, wedding feast
15 διότι, because
16 ὄμνυμι, *perf act ind 3s*, swear an oath
17 ἀριθμέω, *pres act ind 3s*, count
18 χρονίζω, *aor act sub 1s*, delay
19 ὀδυνάω, *fut pas ind 3s*, grieve
20 λίαν, greatly
21 αὐλίζω, *aor pas ind 3s*, lodge overnight
22 χειρόγραφον, certificate of debt
23 προφέρω, *aor act ind 3s*, bring to
24 θυλάκιον, sack

GII **19** Καὶ τῇ γυναικὶ εἶπεν ποιῆσαι ἄρτους πολλούς· καὶ εἰς τὸ βουκόλιον[1] βαδίσας[2]
ἤγαγεν βόας[3] δύο καὶ κριοὺς[4] τέσσαρας καὶ εἶπεν συντελεῖν[5] αὐτούς, καὶ ἤρξαντο
παρασκευάζειν.[6] **20** καὶ ἐκάλεσεν Τωβιαν καὶ εἶπεν αὐτῷ Δέκα[7] τεσσάρων ἡμερῶν
οὐ μὴ κινηθῇς[8] ἐντεῦθεν,[9] ἀλλ' αὐτοῦ[10] μενεῖς[11] ἔσθων[12] καὶ πίνων παρ' ἐμοὶ καὶ
εὐφρανεῖς[13] τὴν ψυχὴν τῆς θυγατρός[14] μου τὴν κατωδυνωμένην·[15] **21** καὶ ὅσα μοι
ὑπάρχει, λάμβανε αὐτόθεν[16] τὸ ἥμισυ[17] καὶ ὕπαγε[18] ὑγιαίνων[19] πρὸς τὸν πατέρα σου·
καὶ τὸ ἄλλο ἥμισυ, ὅταν ἀποθάνω ἐγώ τε καὶ ἡ γυνή μου, ὑμέτερόν[20] ἐστιν. θάρσει,[21]
παιδίον, ἐγώ σου ὁ πατὴρ καὶ Εδνα ἡ μήτηρ σου, καὶ παρὰ σοῦ ἐσμεν ἡμεῖς καὶ τῆς
ἀδελφῆς σου ἀπὸ τοῦ νῦν εἰς τὸν αἰῶνα· θάρσει, παιδίον.

Tobias Procures the Money

9 Τότε ἐκάλεσεν Τωβιας Ραφαηλ καὶ εἶπεν αὐτῷ **2** Αζαρια ἄδελφε, παράλαβε[22]
μετὰ σεαυτοῦ τέσσαρας οἰκέτας[23] καὶ καμήλους[24] δύο καὶ πορεύθητι εἰς Ῥάγας
καὶ ἧκε[25] παρὰ Γαβαήλῳ καὶ δὸς αὐτῷ τὸ χειρόγραφον[26] καὶ κόμισαι[27] τὸ ἀργύριον[28]
καὶ παράλαβε αὐτὸν μετὰ σοῦ εἰς τοὺς γάμους·[29] **4** σὺ γὰρ γινώσκεις ὅτι ἔσται
ἀριθμῶν[30] ὁ πατὴρ τὰς ἡμέρας, καὶ ἐὰν χρονίσω[31] ἡμέραν μίαν, λυπήσω[32] αὐτὸν λίαν·[33]
καὶ θεωρεῖς[34] τί ὤμοσεν[35] Ραγουηλ, καὶ οὐ δύναμαι παραβῆναι[36] τὸν ὅρκον[37] αὐτοῦ.
5 καὶ ἐπορεύθη Ραφαηλ καὶ οἱ τέσσαρες οἰκέται[38] καὶ αἱ δύο κάμηλοι[39] εἰς Ῥάγας
τῆς Μηδίας καὶ ηὐλίσθησαν[40] παρὰ Γαβαήλῳ· καὶ ἔδωκεν αὐτῷ τὸ χειρόγραφον[41]
αὐτοῦ καὶ ὑπέδειξεν[42] αὐτῷ περὶ Τωβιου τοῦ υἱοῦ Τωβιθ ὅτι ἔλαβεν γυναῖκα καὶ
ὅτι καλεῖ αὐτὸν εἰς τὸν γάμον.[43] καὶ ἀναστὰς παρηρίθμησεν[44] αὐτῷ τὰ θυλάκια[45]

1 βουκόλιον, herd (of cattle)
2 βαδίζω, *aor act ptc nom s m*, go
3 βοῦς, cow, (*p*) cattle
4 κριός, ram
5 συντελέω, *pres act inf*, kill
6 παρασκευάζω, *pres act inf*, make preparations
7 δέκα, ten
8 κινέω, *aor pas sub 2s*, move away
9 ἐντεῦθεν, from here, from now on
10 αὐτοῦ, here
11 μένω, *fut act ind 2s*, remain
12 ἔσθω, *pres act ptc nom s m*, eat
13 εὐφραίνω, *fut act ind 2s*, cause to rejoice
14 θυγάτηρ, daughter
15 κατοδυνάω, *perf pas ptc acc s f*, embitter
16 αὐτόθεν, at once
17 ἥμισυς, half
18 ὑπάγω, *pres act impv 2s*, take back
19 ὑγιαίνω, *pres act ptc nom s m*, be of good health
20 ὑμέτερος, yours
21 θαρσέω, *pres act impv 2s*, be of good courage
22 παραλαμβάνω, *aor act impv 2s*, take along
23 οἰκέτης, household servant
24 κάμηλος, camel
25 ἥκω, *pres act impv 2s*, come
26 χειρόγραφον, certificate of debt
27 κομίζω, *aor mid impv 2s*, procure
28 ἀργύριον, silver
29 γάμος, wedding feast
30 ἀριθμέω, *pres act ptc nom s m*, count
31 χρονίζω, *aor act sub 1s*, delay
32 λυπέω, *fut act ind 1s*, grieve
33 λίαν, greatly
34 θεωρέω, *pres act ind 2s*, see
35 ὄμνυμι, *aor act ind 3s*, swear an oath
36 παραβαίνω, *aor act inf*, transgress
37 ὅρκος, oath
38 οἰκέτης, household servant
39 κάμηλος, camel
40 αὐλίζω, *aor pas ind 3p*, lodge
41 χειρόγραφον, certificate of debt
42 ὑποδείκνυμι, *aor act ind 3s*, tell
43 γάμος, wedding feast
44 παραριθμέω, *aor act ind 3s*, double check
45 θυλάκιον, sack

ἐν ταῖς σφραγῖσιν[1] καὶ ἔδωκεν αὐτῷ. **6** καὶ ὤρθρευσαν[2] κοινῶς[3] καὶ ἦλθοσαν εἰς τὸν γάμον.[4] καὶ εὐλόγησεν Τωβιας τὴν γυναῖκα αὐτοῦ.

Tobit and Anna Worry about Tobias

10 Καὶ Τωβιτ ὁ πατὴρ αὐτοῦ ἐλογίζετο ἑκάστης ἡμέρας· καὶ ὡς ἐπληρώθησαν
αἱ ἡμέραι τῆς πορείας[5] καὶ οὐκ ἤρχοντο, **2** εἶπεν Μήποτε[6] κατῄσχυνται;[7] ἢ
μήποτε ἀπέθανεν Γαβαηλ καὶ οὐδεὶς δίδωσιν αὐτῷ τὸ ἀργύριον;[8] **3** καὶ ἐλυπεῖτο[9]
λίαν.[10] **4** εἶπεν δὲ αὐτῷ ἡ γυνή Ἀπώλετο τὸ παιδίον, διότι[11] κεχρόνικεν·[12] καὶ ἤρ-
ξατο θρηνεῖν[13] αὐτὸν καὶ εἶπεν **5** Οὐ μέλει[14] μοι, τέκνον, ὅτι ἀφῆκά σε τὸ φῶς τῶν
ὀφθαλμῶν μου; **6** καὶ Τωβιτ λέγει αὐτῇ Σίγα,[15] μὴ λόγον ἔχε, ὑγιαίνει.[16] **7** καὶ εἶπεν
αὐτῷ Σίγα,[17] μὴ πλάνα με· ἀπώλετο τὸ παιδίον μου. καὶ ἐπορεύετο καθ' ἡμέραν
εἰς τὴν ὁδὸν ἔξω, οἵας[18] ἀπῆλθεν, ἡμέρας τε ἄρτον οὐκ ἤσθιεν, τὰς δὲ νύκτας οὐ
διελίμπανεν[19] θρηνοῦσα[20] Τωβιαν τὸν υἱὸν αὐτῆς, ἕως οὗ συνετελέσθησαν[21] αἱ
δέκα[22] τέσσαρες ἡμέραι τοῦ γάμου,[23] ἃς ὤμοσεν[24] Ραγουηλ ποιῆσαι αὐτὸν ἐκεῖ.

1 σφραγίς, seal
2 ὀρθρεύω, *aor act ind 3p*, rise early
3 κοινῶς, together
4 γάμος, wedding feast
5 πορεία, journey
6 μήποτε, perhaps
7 καταισχύνω, *perf pas ind 3p*, disappoint
8 ἀργύριον, silver
9 λυπέω, *impf pas ind 3s*, grieve
10 λίαν, greatly
11 διότι, since
12 χρονίζω, *perf act ind 3s*, delay
13 θρηνέω, *pres act inf*, mourn
14 μέλω, *pres act ind 3s*, care
15 σιγάω, *pres act impv 2s*, keep silence
16 ὑγιαίνω, *pres act ind 3s*, be of good health
17 σιγάω, *pres act impv 2s*, keep silence
18 οἷος, which
19 διαλιμπάνω, *impf act ind 3s*, cease
20 θρηνέω, *pres act ptc nom s f*, mourn
21 συντελέω, *aor pas ind 3p*, finish
22 δέκα, ten
23 γάμος, wedding feast
24 ὄμνυμι, *aor act ind 3s*, swear an oath

GII σὺν ταῖς σφραγῖσιν,[1] καὶ συνέθηκαν[2] αὐτά. **6** καὶ ὤρθρισαν[3] κοινῶς[4] καὶ εἰσῆλθον
εἰς τὸν γάμον.[5] καὶ εἰσῆλθον εἰς τὰ Ραγουηλ καὶ εὗρον Τωβιαν ἀνακείμενον,[6] καὶ
ἀνεπήδησεν[7] καὶ ἠσπάσατο[8] αὐτόν, καὶ ἔκλαυσεν καὶ εὐλόγησεν αὐτὸν καὶ εἶπεν
αὐτῷ Καλὲ καὶ ἀγαθέ, ἀνδρὸς καλοῦ καὶ ἀγαθοῦ, δικαίου καὶ ἐλεημοποιοῦ,[9] δῴη[10]
σοι κύριος εὐλογίαν[11] οὐρανοῦ καὶ τῇ γυναικί σου καὶ τῷ πατρί σου καὶ τῇ μητρὶ τῆς
γυναικός σου· εὐλογητὸς[12] ὁ θεός, ὅτι εἶδον Τωβιν τὸν ἀνεψιόν[13] μου ὅμοιον[14] αὐτῷ.

Tobit and Anna Worry about Tobias

10 Ἑκάστην δὲ ἡμέραν ἐξ ἡμέρας ἐλογίζετο Τωβιθ τὰς ἡμέρας ἐν πόσαις[15] πο-
ρεύσεται καὶ ἐν πόσαις ἐπιστρέψει· καὶ ὅτε συνετελέσθησαν[16] αἱ ἡμέραι καὶ
ὁ υἱὸς αὐτοῦ οὐ παρῆν,[17] **2** εἶπεν Μήποτε[18] κατεσχέθη[19] ἐκεῖ; ἢ μήποτε ἀπέθανεν ὁ
Γαβαηλ καὶ οὐδεὶς αὐτῷ δίδωσιν τὸ ἀργύριον;[20] **3** καὶ ἤρξατο λυπεῖσθαι.[21] **4** καὶ Αννα
ἡ γυνὴ αὐτοῦ λέγει Ἀπώλετο τὸ παιδίον μου καὶ οὐκέτι ὑπάρχει ἐν τοῖς ζῶσιν· καὶ
ἤρξατο κλαίειν καὶ θρηνεῖν[22] περὶ τοῦ υἱοῦ αὐτῆς καὶ εἶπεν **5** Οὐαί[23] μοι, τέκνον, ὅτι
ἀφῆκά σε πορευθῆναι, τὸ φῶς τῶν ὀφθαλμῶν μου. **6** καὶ Τωβιθ ἔλεγεν αὐτῇ Σίγα,[24]
μὴ λόγον ἔχε, ἀδελφή, ὑγιαίνει·[25] καὶ μάλα[26] περισπασμὸς[27] αὐτοῖς ἐγένετο ἐκεῖ, καὶ
ὁ ἄνθρωπος ὁ πορευθεὶς μετ᾽ αὐτοῦ πιστός[28] ἐστιν καὶ εἷς τῶν ἀδελφῶν ἡμῶν· μὴ
λυποῦ[29] περὶ αὐτοῦ, ἀδελφή, ἤδη[30] παρέσται.[31] **7** καὶ εἶπεν αὐτῷ Σίγα[32] ἀπ᾽ ἐμοῦ καὶ
μή με πλάνα· ἀπώλετο τὸ παιδίον μου. καὶ ἐκπηδήσασα[33] περιεβλέπετο[34] τὴν ὁδόν,
ᾗ ᾤχετο[35] ὁ υἱὸς αὐτῆς, καθ᾽ ἡμέραν καὶ οὐκ ἐπείθετο οὐδενί, καὶ ὅτε ἔδυ[36] ὁ ἥλιος,
εἰσπορευομένη[37] ἐθρήνει[38] καὶ ἔκλαιεν τὴν νύκτα ὅλην καὶ οὐκ εἶχεν ὕπνον.[39]

1 σφραγίς, seal
2 συντίθημι, *aor act ind 3p*, load up
3 ὀρθρίζω, *aor act ind 3p*, rise early
4 κοινῶς, together
5 γάμος, wedding feast
6 ἀνάκειμαι, *pres mid ptc acc s m*, recline (at table)
7 ἀναπηδάω, *aor act ind 3s*, spring up
8 ἀσπάζομαι, *aor mid ind 3s*, greet
9 ἐλεημοποιός, one who is charitable
10 δίδωμι, *aor act opt 3s*, give
11 εὐλογία, blessing
12 εὐλογητός, blessed
13 ἀνεψιός, cousin
14 ὅμοιος, like
15 πόσος, how many
16 συντελέω, *aor pas ind 3p*, complete
17 πάρειμι, *impf act ind 3s*, have arrived, be present
18 μήποτε, perhaps
19 κατέχω, *aor pas ind 3s*, disappoint
20 ἀργύριον, silver
21 λυπέω, *pres pas inf*, grieve
22 θρηνέω, *pres act inf*, mourn
23 οὐαι, woe
24 σιγάω, *pres act impv 2s*, keep silence
25 ὑγιαίνω, *pres act ind 3s*, be of good health
26 μάλα, indeed
27 περισπασμός, preoccupation
28 πιστός, trustworthy
29 λυπέω, *pres mid impv 2s*, grieve
30 ἤδη, soon
31 πάρειμι, *fut mid ind 3s*, be present
32 σιγάω, *pres act impv 2s*, keep silence
33 ἐκπηδάω, *aor act ptc nom s f*, run out
34 περιβλέπω, *impf mid ind 3s*, look around
35 οἴχομαι, *impf mid ind 3s*, go
36 δύω, *aor act ind 3s*, go down, set
37 εἰσπορεύομαι, *pres mid ptc nom s f*, enter
38 θρηνέω, *impf act ind 3s*, mourn
39 ὕπνος, sleep

Tobias and Sarah Leave Raguel to Go Home

8 Εἶπεν δὲ Τωβιας τῷ Ραγουηλ Ἐξαπόστειλόν[1] με, ὅτι ὁ πατήρ μου καὶ ἡ μήτηρ μου
οὐκέτι ἐλπίζουσιν ὄψεσθαί με. **9** εἶπεν δὲ αὐτῷ ὁ πενθερὸς[2] αὐτοῦ Μεῖνον[3] παρ'
ἐμοί, κἀγὼ[4] ἐξαποστελῶ[5] πρὸς τὸν πατέρα σου καὶ δηλώσουσιν[6] αὐτῷ τὰ κατὰ σέ.
καὶ Τωβιας λέγει Οὐχί, ἀλλὰ ἐξαπόστειλόν[7] με πρὸς τὸν πατέρα μου. **10** ἀναστὰς δὲ
Ραγουηλ ἔδωκεν αὐτῷ Σαρραν τὴν γυναῖκα αὐτοῦ καὶ τὰ ἥμισυ[8] τῶν ὑπαρχόντων,
σώματα καὶ κτήνη[9] καὶ ἀργύριον·[10] **11** καὶ εὐλογήσας αὐτοὺς ἐξαπέστειλεν[11] λέγων
Εὐοδώσει[12] ὑμᾶς, τέκνα, ὁ θεὸς τοῦ οὐρανοῦ πρὸ τοῦ με ἀποθανεῖν. **12** καὶ εἶπεν τῇ
θυγατρὶ[13] αὐτοῦ Τίμα[14] τοὺς πενθερούς[15] σου, αὐτοὶ νῦν γονεῖς[16] σού εἰσιν· ἀκού-
σαιμί[17] σου ἀκοὴν[18] καλήν. καὶ ἐφίλησεν[19] αὐτήν. **13** καὶ Εδνα εἶπεν πρὸς Τωβιαν
Ἄδελφε ἀγαπητέ,[20] ἀποκαταστῆσαι[21] σε ὁ κύριος τοῦ οὐρανοῦ καὶ δῴη[22] μοι ἰδεῖν
σου παιδία ἐκ Σαρρας τῆς θυγατρός[23] μου, ἵνα εὐφρανθῶ[24] ἐνώπιον τοῦ κυρίου· καὶ

1 ἐξαποστέλλω, *aor act impv 2s*, send forth
2 πενθερός, father-in-law
3 μένω, *aor act impv 2s*, remain
4 κἀγώ, I also, *cr.* καὶ ἐγώ
5 ἐξαποστέλλω, *fut act ind 1s*, send forth
6 δηλόω, *fut act ind 3p*, make known
7 ἐξαποστέλλω, *aor act impv 2s*, send forth
8 ἥμισυς, half
9 κτῆνος, animal, (*p*) herd
10 ἀργύριον, silver
11 ἐξαποστέλλω, *aor act ind 3s*, send forth
12 εὐοδόω, *fut act ind 3s*, prosper
13 θυγάτηρ, daughter
14 τιμάω, *pres act impv 2s*, honor
15 πενθερός, father-in-law
16 γονεύς, parent
17 ἀκούω, *aor act opt 1s*, hear
18 ἀκοή, report
19 φιλέω, *aor act ind 3s*, kiss
20 ἀγαπητός, beloved
21 ἀποκαθίστημι, *aor act opt 3s*, bring back
22 δίδωμι, *aor act opt 3s*, give
23 θυγάτηρ, daughter
24 εὐφραίνω, *aor pas sub 1s*, rejoice

GII

Tobias and Sarah Leave Raguel to Go Home

8 Καὶ ὅτε συνετελέσθησαν[1] αἱ δέκα[2] τέσσαρες ἡμέραι τοῦ γάμου,[3] ἃς ὤμοσεν[4] Ρα-
γουηλ ποιῆσαι τῇ θυγατρὶ[5] αὐτοῦ, εἰσῆλθεν πρὸς αὐτὸν Τωβιας καὶ εἶπεν Ἐξαπό-
στειλόν[6] με, γινώσκω γὰρ ἐγὼ ὅτι ὁ πατήρ μου καὶ ἡ μήτηρ μου οὐ πιστεύουσιν
ὅτι ὄψονταί με ἔτι· καὶ νῦν ἀξιῶ[7] σε, πάτερ, ὅπως ἐξαποστείλῃς[8] με καὶ πορευθῶ
πρὸς τὸν πατέρα μου· ἤδη[9] ὑπέδειξά[10] σοι ὡς ἀφῆκα αὐτόν. **9** καὶ εἶπεν Ραγουηλ
τῷ Τωβια Μεῖνον,[11] παιδίον, μεῖνον μετ᾽ ἐμοῦ, καὶ ἐγὼ ἀποστέλλω ἀγγέλους πρὸς
Τωβιν τὸν πατέρα σου καὶ ὑποδείξουσιν[12] αὐτῷ περὶ σοῦ. καὶ εἶπεν αὐτῷ Μηδαμῶς,[13]
ἀξιῶ[14] σε ὅπως ἐξαποστείλῃς[15] με ἐντεῦθεν[16] πρὸς τὸν πατέρα μου. **10** καὶ ἀναστὰς
Ραγουηλ παρέδωκεν Τωβια Σαρραν τὴν γυναῖκα αὐτοῦ καὶ τὸ ἥμισυ[17] πάντων
τῶν ὑπαρχόντων αὐτῷ, παῖδας[18] καὶ παιδίσκας,[19] βόας[20] καὶ πρόβατα, ὄνους[21] καὶ
καμήλους,[22] ἱματισμὸν[23] καὶ ἀργύριον[24] καὶ σκεύη·[25] **11** καὶ ἐξαπέστειλεν[26] αὐτοὺς
ὑγιαίνοντας[27] καὶ ἠσπάσατο[28] αὐτὸν καὶ εἶπεν αὐτῷ Ὑγίαινε,[29] παιδίον, ὑγιαίνων[30]
ὕπαγε·[31] ὁ κύριος τοῦ οὐρανοῦ εὐοδώσαι[32] ὑμᾶς καὶ Σαρραν τὴν γυναῖκά σου,
καὶ ἴδοιμι[33] ὑμῶν παιδία πρὸ τοῦ ἀποθανεῖν με. **12** καὶ εἶπεν Σαρρα τῇ θυγατρὶ[34]
αὐτοῦ Ὕπαγε[35] πρὸς τὸν πενθερόν[36] σου, ὅτι ἀπὸ τοῦ νῦν αὐτοὶ γονεῖς[37] σου ὡς οἱ
γεννήσαντές[38] σε· βάδιζε[39] εἰς εἰρήνην, θύγατερ, ἀκούσαιμί[40] σου ἀγαθὴν ἀκοήν,[41]
ἕως ζῶ. καὶ ἀπασπασάμενος[42] ἀπέλυσεν[43] αὐτούς. **13** καὶ Εδνα λέγει Τωβια Τέκνον
καὶ ἄδελφε ἠγαπημένε, ἀποκαταστήσαι[44] σε κύριος καὶ ἴδοιμί[45] σου τέκνα, ἕως
ζῶ, καὶ Σαρρας τῆς θυγατρός[46] μου πρὸ τοῦ με ἀποθανεῖν· ἐνώπιον τοῦ κυρίου

1 συντελέω, *aor pas ind 3p*, complete
2 δέκα, ten
3 γάμος, wedding feast
4 ὄμνυμι, *aor act ind 3s*, swear an oath
5 θυγάτηρ, daughter
6 ἐξαποστέλλω, *aor act impv 2s*, send forth
7 ἀξιόω, *pres act ind 1s*, entreat
8 ἐξαποστέλλω, *aor act sub 2s*, send forth
9 ἤδη, already
10 ὑποδείκνυμι, *aor act ind 1s*, tell
11 μένω, *aor act impv 2s*, remain
12 ὑποδείκνυμι, *fut act ind 3p*, tell
13 μηδαμῶς, by no means
14 ἀξιόω, *pres act ind 1s*, entreat
15 ἐξαποστέλλω, *aor act sub 2s*, send forth
16 ἐντεῦθεν, from here
17 ἥμισυς, half
18 παῖς, servant
19 παιδίσκη, maidservant
20 βοῦς, cow, (*p*) cattle
21 ὄνος, donkey
22 κάμηλος, camel
23 ἱματισμός, clothing
24 ἀργύριον, silver
25 σκεῦος, furniture, stuff
26 ἐξαποστέλλω, *aor act ind 3s*, send forth
27 ὑγιαίνω, *pres act ptc acc p m*, be of good health
28 ἀσπάζομαι, *aor mid ind 3s*, embrace
29 ὑγιαίνω, *pres act impv 2s*, be of good health
30 ὑγιαίνω, *pres act ptc nom s m*, be of good health
31 ὑπάγω, *pres act impv 2s*, go away
32 εὐοδόω, *aor act opt 3s*, prosper
33 ὁράω, *aor act opt 1s*, see
34 θυγάτηρ, daughter
35 ὑπάγω, *pres act impv 2s*, go away
36 πενθερός, father-in-law
37 γονεύς, parent
38 γεννάω, *aor act ptc nom p m*, beget
39 βαδίζω, *pres act impv 2s*, go
40 ἀκούω, *aor act opt 1s*, hear
41 ἀκοή, report
42 ἀπασπάζομαι, *aor mid ptc nom s m*, take leave of
43 ἀπολύω, *aor act ind 3s*, release
44 ἀποκαθίστημι, *aor act opt 3s*, bring back
45 ὁράω, *aor act opt 1s*, see
46 θυγάτηρ, daughter

ἰδοὺ παρατίθεμαί[1] σοι τὴν θυγατέρα μου ἐν παρακαταθήκῃ,[2] μὴ λυπήσῃς[3] αὐτήν.
14 μετὰ ταῦτα ἐπορεύετο Τωβιας εὐλογῶν τὸν θεόν, ὅτι εὐόδωσεν[4] τὴν ὁδὸν αὐτοῦ,
καὶ κατευλόγει[5] Ραγουηλ καὶ Εδναν τὴν γυναῖκα αὐτοῦ.

11 Καὶ ἐπορεύετο μέχρις[6] οὗ ἐγγίσαι αὐτοὺς εἰς Νινευη. καὶ εἶπεν Ραφαηλ πρὸς
Τωβιαν **2** Οὐ γινώσκεις, ἄδελφε, πῶς ἀφῆκας τὸν πατέρα σου; **3** προδράμω-
μεν[7] ἔμπροσθεν τῆς γυναικός σου καὶ ἑτοιμάσωμεν τὴν οἰκίαν· **4** λαβὲ δὲ παρὰ
χεῖρα τὴν χολὴν[8] τοῦ ἰχθύος.[9] καὶ ἐπορεύθησαν, καὶ συνῆλθεν ὁ κύων[10] ὄπισθεν[11]
αὐτῶν. **5** καὶ Αννα ἐκάθητο περιβλεπομένη[12] εἰς τὴν ὁδὸν τὸν παῖδα[13] αὐτῆς· **6** καὶ
προσενόησεν[14] αὐτὸν ἐρχόμενον καὶ εἶπεν τῷ πατρὶ αὐτοῦ Ἰδοὺ ὁ υἱός σου ἔρχεται
καὶ ὁ ἄνθρωπος ὁ πορευθεὶς μετ᾽ αὐτοῦ.

Tobit Receives His Sight as Tobias Returns

7 καὶ Ραφαηλ εἶπεν Ἐπίσταμαι[15] ἐγὼ ὅτι ἀνοίξει τοὺς ὀφθαλμοὺς ὁ πατήρ σου· **8** σὺ
οὖν ἔγχρισον[16] τὴν χολὴν[17] εἰς τοὺς ὀφθαλμοὺς αὐτοῦ, καὶ δηχθεὶς[18] διατρίψει[19] καὶ
ἀποβαλεῖ[20] τὰ λευκώματα[21] καὶ ὄψεταί σε.

9 καὶ προσδραμοῦσα[22] Αννα ἐπέπεσεν[23] ἐπὶ τὸν τράχηλον[24] τοῦ υἱοῦ αὐτῆς καὶ εἶπεν
αὐτῷ Εἶδόν σε, παιδίον, ἀπὸ τοῦ νῦν ἀποθανοῦμαι. καὶ ἔκλαυσαν ἀμφότεροι.[25]
10 καὶ Τωβιτ ἐξήρχετο πρὸς τὴν θύραν καὶ προσέκοπτεν,[26] ὁ δὲ υἱὸς προσέδραμεν[27]

1 παρατίθημι, *pres mid ind 1s*, entrust
2 παρακαταθήκη, pledge
3 λυπέω, *aor act sub 2s*, grieve
4 εὐοδόω, *aor act ind 3s*, prosper
5 κατευλογέω, *impf act ind 3s*, bless
6 μέχρι, until
7 προτρέχω, *aor act sub 1p*, run ahead
8 χολή, gall bladder
9 ἰχθύς, fish
10 κύων, dog
11 ὄπισθε(ν), behind
12 περιβλέπω, *pres mid ptc nom s f*, look around
13 παῖς, servant
14 προσνοέω, *aor act ind 3s*, notice
15 ἐπίσταμαι, *pres act ind 1s*, know
16 ἐγχρίω, *aor act impv 2s*, anoint
17 χολή, gall
18 δάκνω, *aor pas ptc nom s m*, sting
19 διατρίβω, *fut act ind 3s*, rub hard
20 ἀποβάλλω, *fut act ind 3s*, shed
21 λεύκωμα, whiteness
22 προστρέχω, *aor act ptc nom s f*, run toward
23 ἐπιπίπτω, *aor act ind 3s*, fall upon
24 τράχηλος, neck
25 ἀμφότεροι, both
26 προσκόπτω, *impf act ind 3s*, stumble
27 προστρέχω, *aor act ind 3s*, run toward

GII παρατίθεμαί[1] σοι τὴν θυγατέρα μου ἐν παραθήκῃ,[2] μὴ λυπήσῃς[3] αὐτὴν πάσας τὰς
ἡμέρας τῆς ζωῆς σου· παιδίον, εἰς εἰρήνην· ἀπὸ τοῦ νῦν ἐγώ σου μήτηρ καὶ Σαρρα
ἀδελφή, εὐοδωθείημεν[4] πάντες ἐν τῷ αὐτῷ πάσας τὰς ἡμέρας ἐν τῇ ζωῇ ἡμῶν. καὶ
κατεφίλησεν[5] ἀμφοτέρους[6] καὶ ἀπέστειλεν ὑγιαίνοντας.[7] **14** καὶ ἀπῆλθεν Τωβιας
ἀπὸ Ραγουηλ ὑγιαίνων[8] καὶ χαίρων[9] καὶ εὐλογῶν τῷ κυρίῳ τοῦ οὐρανοῦ καὶ τῆς γῆς,
τῷ βασιλεῖ τῶν πάντων, ὅτι εὐόδωκεν[10] τὴν ὁδὸν αὐτοῦ. καὶ εἶπεν αὐτῷ Εὐοδώθη[11]
σοι τιμᾶν[12] αὐτοὺς πάσας τὰς ἡμέρας τῆς ζωῆς αὐτῶν.

11 Καὶ ὡς ἤγγισαν εἰς Κασεριν, ἥ ἐστιν κατέναντι[13] Νινευη, εἶπεν Ραφαηλ **2** Σὺ
γινώσκεις πῶς ἀφήκαμεν τὸν πατέρα σου· **3** προδράμωμεν[14] τῆς γυναικός
σου καὶ ἑτοιμάσωμεν τὴν οἰκίαν, ἐν ᾧ ἔρχονται. **4** καὶ ἐπορεύθησαν ἀμφότεροι[15]
κοινῶς,[16] καὶ εἶπεν αὐτῷ Λαβὲ μετὰ χεῖρας τὴν χολήν.[17] καὶ συνῆλθεν[18] αὐτοῖς ὁ
κύων[19] ἐκ τῶν ὀπίσω αὐτοῦ καὶ Τωβια. **5** καὶ Αννα ἐκάθητο περιβλεπομένη[20] τὴν
ὁδὸν τοῦ υἱοῦ αὐτῆς· **6** καὶ προσενόησεν[21] αὐτὸν ἐρχόμενον καὶ εἶπεν τῷ πατρὶ
αὐτοῦ Ἰδοὺ ὁ υἱός σου ἔρχεται καὶ ὁ ἄνθρωπος ὁ πορευθεὶς μετ᾽ αὐτοῦ.

Tobit Receives His Sight as Tobias Returns

7 καὶ Ραφαηλ εἶπεν Τωβια πρὸ τοῦ ἐγγίσαι αὐτὸν πρὸς τὸν πατέρα Ἐπίσταμαι[22] ὅτι
οἱ ὀφθαλμοὶ αὐτοῦ ἀνεῳχθήσονται·[23] **8** ἔμπλασον[24] τὴν χολὴν[25] τοῦ ἰχθύος[26] εἰς τοὺς
ὀφθαλμοὺς αὐτοῦ, καὶ ἀποστύψει[27] τὸ φάρμακον[28] καὶ ἀπολεπίσει[29] τὰ λευκώματα[30]
ἀπὸ τῶν ὀφθαλμῶν αὐτοῦ, καὶ ἀναβλέψει[31] ὁ πατήρ σου καὶ ὄψεται τὸ φῶς.

9 καὶ ἀνέδραμεν[32] Αννα καὶ ἐπέπεσεν[33] ἐπὶ τὸν τράχηλον[34] τοῦ υἱοῦ αὐτῆς καὶ
εἶπεν αὐτῷ Εἶδόν σε, παιδίον· ἀπὸ τοῦ νῦν ἀποθανοῦμαι. καὶ ἔκλαυσεν. **10** καὶ
ἀνέστη Τωβις καὶ προσέκοπτεν[35] τοῖς ποσὶν καὶ ἐξῆλθεν τὴν θύραν τῆς αὐλῆς,[36]

1 παρατίθημι, *pres mid ind 1s*, entrust
2 παραθήκη, pledge
3 λυπέω, *aor act sub 2s*, grieve
4 εὐοδόω, *aor pas opt 1p*, prosper
5 καταφιλέω, *aor act ind 3s*, embrace
6 ἀμφότεροι, both
7 ὑγιαίνω, *pres act ptc acc p m*, be of good health
8 ὑγιαίνω, *pres act ptc nom s m*, be of good health
9 χαίρω, *pres act ptc nom s m*, rejoice
10 εὐοδόω, *perf act ind 3s*, prosper
11 εὐοδόω, *aor pas ind 3s*, prosper
12 τιμάω, *pres act inf*, honor
13 κατέναντι, opposite
14 προτρέχω, *aor act sub 1p*, run ahead
15 ἀμφότεροι, both
16 κοινῶς, together
17 χολή, gall bladder
18 συνέρχομαι, *aor act ind 3s*, go together
19 κύων, dog
20 περιβλέπω, *pres mid ptc nom s f*, look around
21 προσνοέω, *aor act ind 3s*, observe, notice
22 ἐπίσταμαι, *pres act ind 1s*, know
23 ἀνοίγω, *fut pas ind 3p*, open
24 ἐμπλάσσω, *aor act impv 2s*, plaster over
25 χολή, gall
26 ἰχθύς, fish
27 ἀποστύφω, *fut act ind 3s*, cause to contract
28 φάρμακον, medicine
29 ἀπολεπίζω, *fut act ind 3s*, peel back, remove
30 λεύκωμα, whiteness
31 ἀναβλέπω, *fut act ind 3s*, look up
32 ἀνατρέχω, *aor act ind 3s*, run up
33 ἐπιπίπτω, *aor act ind 3s*, fall upon
34 τράχηλος, neck
35 προσκόπτω, *impf act ind 3s*, stumble
36 αὐλή, gate

αὐτῷ **11** καὶ ἐπελάβετο[1] τοῦ πατρὸς αὐτοῦ καὶ προσέπασεν[2] τὴν χολὴν[3] ἐπὶ τοὺς
ὀφθαλμοὺς τοῦ πατρὸς αὐτοῦ λέγων Θάρσει,[4] πάτερ. **12** ὡς δὲ συνεδήχθησαν,[5]
διέτριψε[6] τοὺς ὀφθαλμοὺς αὐτοῦ, καὶ ἐλεπίσθη[7] ἀπὸ τῶν κανθῶν[8] τῶν ὀφθαλμῶν
αὐτοῦ τὰ λευκώματα.[9] **13** καὶ ἰδὼν τὸν υἱὸν αὐτοῦ ἐπέπεσεν[10] ἐπὶ τὸν τράχηλον[11]
αὐτοῦ καὶ ἔκλαυσεν καὶ εἶπεν

14 Εὐλογητὸς[12] εἶ, ὁ θεός,
καὶ εὐλογητὸν τὸ ὄνομά σου εἰς τοὺς αἰῶνας,
καὶ εὐλογημένοι πάντες οἱ ἅγιοί σου ἄγγελοι·
ὅτι ἐμαστίγωσας[13] καὶ ἠλέησάς[14] με,
ἰδοὺ βλέπω Τωβιαν τὸν υἱόν μου.

15 καὶ εἰσῆλθεν ὁ υἱὸς αὐτοῦ χαίρων[15] καὶ ἀπήγγειλεν[16] τῷ πατρὶ αὐτοῦ τὰ μεγαλεῖα[17]
τὰ γενόμενα αὐτῷ ἐν τῇ Μηδίᾳ.

16 Καὶ ἐξῆλθεν Τωβιτ εἰς συνάντησιν[18] τῇ νύμφῃ[19] αὐτοῦ χαίρων[20] καὶ εὐλογῶν τὸν
θεὸν πρὸς τῇ πύλῃ[21] Νινευη· καὶ ἐθαύμαζον[22] οἱ θεωροῦντες[23] αὐτὸν πορευόμενον
ὅτι ἔβλεψεν, καὶ Τωβιτ ἐξωμολογεῖτο[24] ἐνώπιον αὐτῶν ὅτι ἠλέησεν[25] αὐτὸν ὁ θεός.
17 καὶ ὡς ἤγγισεν Τωβιτ Σαρρα τῇ νύμφῃ[26] αὐτοῦ, κατευλόγησεν[27] αὐτὴν λέγων
Ἔλθοις[28] ὑγιαίνουσα,[29] θύγατερ·[30] εὐλογητὸς[31] ὁ θεός, ὃς ἤγαγέν σε πρὸς ἡμᾶς, καὶ

1 ἐπιλαμβάνω, *aor mid ind 3s*, take hold of
2 προσπάσσω, *aor act ind 3s*, sprinkle on
3 χολή, gall
4 θαρσέω, *pres act impv 2s*, be of good courage
5 συνδάκνω, *aor pas ind 3p*, be in pain
6 διατρίβω, *aor act ind 3s*, rub hard
7 λεπίζω, *aor pas ind 3s*, peel
8 κανθός, corner
9 λεύκωμα, whiteness
10 ἐπιπίπτω, *aor act ind 3s*, fall upon
11 τράχηλος, neck
12 εὐλογητός, blessed
13 μαστιγόω, *aor act ind 2s*, chastise, punish
14 ἐλεέω, *aor act ind 2s*, show mercy
15 χαίρω, *pres act ptc nom s m*, rejoice
16 ἀπαγγέλλω, *aor act ind 3s*, report
17 μεγαλεῖος, magnificent (work)
18 συνάντησις, meeting
19 νύμφη, bride
20 χαίρω, *pres act ptc nom s m*, rejoice
21 πύλη, gate
22 θαυμάζω, *impf act ind 3p*, be astonished
23 θεωρέω, *pres act ptc nom p m*, behold
24 ἐξομολογέομαι, *impf mid ind 3s*, acknowledge
25 ἐλεέω, *aor act ind 3s*, show mercy
26 νύμφη, bride
27 κατευλογέω, *aor act ind 3s*, bless
28 ἔρχομαι, *aor act opt 2s*, come
29 ὑγιαίνω, *pres act ptc nom s f*, be of good health
30 θυγάτηρ, daughter
31 εὐλογητός, blessed

GII **11** καὶ ἐβάδισεν[1] Τωβιας πρὸς αὐτόν, καὶ ἡ χολὴ[2] τοῦ ἰχθύος[3] ἐν τῇ χειρὶ αὐτοῦ,
καὶ ἐνεφύσησεν[4] εἰς τοὺς ὀφθαλμοὺς αὐτοῦ καὶ ἐλάβετο αὐτοῦ καὶ εἶπεν Θάρσει,[5]
πάτερ· καὶ ἐπέβαλεν[6] τὸ φάρμακον[7] ἐπ᾽ αὐτὸν καὶ ἐπέδωκεν.[8] **12** καὶ ἀπελέπισεν[9]
ἑκατέραις[10] ταῖς χερσὶν αὐτοῦ ἀπὸ τῶν κανθῶν[11] τῶν ὀφθαλμῶν αὐτοῦ. **13** καὶ
ἔπεσεν ἐπὶ τὸν τράχηλον[12] αὐτοῦ καὶ ἔκλαυσεν καὶ εἶπεν αὐτῷ Εἶδόν σε, τέκνον τὸ
φῶς τῶν ὀφθαλμῶν μου. **14** καὶ εἶπεν

Εὐλογητὸς[13] ὁ θεός,
　καὶ εὐλογητὸν τὸ ὄνομα τὸ μέγα αὐτοῦ,
　καὶ εὐλογημένοι πάντες οἱ ἄγγελοι οἱ ἅγιοι αὐτοῦ·
γένοιτο[14] τὸ ὄνομα τὸ μέγα αὐτοῦ ἐφ᾽ ἡμᾶς,
　καὶ εὐλογητοὶ πάντες οἱ ἄγγελοι εἰς πάντας τοὺς αἰῶνας·
ὅτι αὐτὸς ἐμαστίγωσέν[15] με,
　καὶ ἰδοὺ βλέπω Τωβιαν τὸν υἱόν μου.

15 καὶ εἰσῆλθεν Τωβιας χαίρων[16] καὶ εὐλογῶν τὸν θεὸν ἐν ὅλῳ τῷ στόματι αὐτοῦ, καὶ
ἐπέδειξεν[17] Τωβιας τῷ πατρὶ αὐτοῦ ὅτι εὐοδώθη[18] ἡ ὁδὸς αὐτοῦ, καὶ ὅτι ἐνήνοχεν[19]
ἀργύριον,[20] καὶ ὡς ἔλαβεν Σαρραν τὴν θυγατέρα[21] Ραγουηλ γυναῖκα, καὶ ὅτι ἰδοὺ
παραγίνεται καὶ ἔστιν σύνεγγυς[22] τῆς πύλης[23] Νινευη.

16 Καὶ ἐξῆλθεν Τωβιθ εἰς ἀπάντησιν[24] τῆς νύμφης[25] αὐτοῦ χαίρων[26] καὶ εὐλογῶν
τὸν θεὸν πρὸς τὴν πύλην[27] Νινευη· καὶ ἰδόντες αὐτὸν οἱ ἐν Νινευη πορευόμενον καὶ
διαβαίνοντα[28] αὐτὸν πάσῃ τῇ ἰσχύι[29] αὐτοῦ καὶ ὑπὸ μηδενὸς[30] χειραγωγούμενον[31]
ἐθαύμασαν,[32] καὶ Τωβιθ ἐξωμολογεῖτο[33] ἐναντίον[34] αὐτῶν ὅτι ἠλέησεν[35] αὐτὸν
ὁ θεὸς καὶ ὅτι ἤνοιξεν τοὺς ὀφθαλμοὺς αὐτοῦ. **17** καὶ ἤγγισεν Τωβιθ Σαρρα τῇ
γυναικὶ Τωβια τοῦ υἱοῦ αὐτοῦ καὶ εὐλόγησεν αὐτὴν καὶ εἶπεν αὐτῇ Εἰσέλθοις[36]

1 βαδίζω, *aor act ind 3s*, go
2 χολή, gall
3 ἰχθύς, fish
4 ἐμφυσάω, *aor act ind 3s*, blow into
5 θαρσέω, *pres act impv 2s*, be of good courage
6 ἐπιβάλλω, *aor act ind 3s*, place in
7 φάρμακον, medicine
8 ἐπιδίδωμι, *aor act ind 3s*, deliver
9 ἀπολεπίζω, *aor act ind 3s*, peel back, remove
10 ἑκάτερος, each
11 κανθός, corner of the eye
12 τράχηλος, neck
13 εὐλογητός, blessed
14 γίνομαι, *aor mid opt 3s*, be
15 μαστιγόω, *aor act ind 3s*, chastise
16 χαίρω, *pres act ptc nom s m*, rejoice
17 ἐπιδείκνυμι, *aor act ind 3s*, demonstrate
18 εὐοδόω, *aor pas ind 3s*, prosper
19 φέρω, *perf act ind 3s*, bear, carry
20 ἀργύριον, silver
21 θυγάτηρ, daughter
22 σύνεγγυς, nearby
23 πύλη, gate
24 ἀπάντησις, meeting
25 νύμφη, bride
26 χαίρω, *pres act ptc nom s m*, rejoice
27 πύλη, gate
28 διαβαίνω, *pres act ptc acc s m*, cross over
29 ἰσχύς, strength
30 μηδείς, no one
31 χειραγωγέω, *pres pas ptc acc s m*, lead by the hand
32 θαυμάζω, *aor act ind 3p*, be astonished
33 ἐξομολογέομαι, *impf mid ind 3s*, acknowledge
34 ἐναντίον, before
35 ἐλεέω, *aor act ind 3s*, show mercy
36 εἰσέρχομαι, *aor act opt 2s*, come

ὁ πατήρ σου καὶ ἡ μήτηρ σου. **18** καὶ ἐγένετο χαρὰ[1] πᾶσι τοῖς ἐν Νινευη ἀδελφοῖς
αὐτοῦ. **19** καὶ παρεγένετο Αχιαχαρος καὶ Νασβας ὁ ἐξάδελφος[2] αὐτοῦ, καὶ ἤχθη ὁ
γάμος[3] Τωβια μετ' εὐφροσύνης[4] ἑπτὰ ἡμέρας.

Raphael Reveals Himself to Tobit and Tobias

12 Καὶ ἐκάλεσεν Τωβιτ Τωβιαν τὸν υἱὸν αὐτοῦ καὶ εἶπεν αὐτῷ Ὅρα, τέκνον,
μισθὸν[5] τῷ ἀνθρώπῳ τῷ συνελθόντι[6] σοι, καὶ προσθεῖναι[7] αὐτῷ δεῖ.[8] **2** καὶ
εἶπεν αὐτῷ Πάτερ, οὐ βλάπτομαι[9] δοὺς αὐτῷ τὸ ἥμισυ[10] ὧν ἐνήνοχα,[11] **3** ὅτι με
ἀγείοχέν[12] σοι ὑγιῆ[13] καὶ τὴν γυναῖκά μου ἐθεράπευσεν[14] καὶ τὸ ἀργύριόν[15] μου
ἤνεγκεν καὶ σὲ ὁμοίως[16] ἐθεράπευσεν. **4** καὶ εἶπεν ὁ πρεσβύτης[17] Δικαιοῦται αὐτῷ.
5 καὶ ἐκάλεσεν τὸν ἄγγελον καὶ εἶπεν αὐτῷ Λαβὲ τὸ ἥμισυ[18] πάντων, ὧν ἐνηνόχατε.[19]

6 Τότε καλέσας τοὺς δύο κρυπτῶς[20] εἶπεν αὐτοῖς Εὐλογεῖτε τὸν θεὸν καὶ αὐτῷ
ἐξομολογεῖσθε,[21] μεγαλωσύνην[22] δίδοτε αὐτῷ καὶ ἐξομολογεῖσθε ἐνώπιον πάντων
τῶν ζώντων περὶ ὧν ἐποίησεν μεθ' ὑμῶν· ἀγαθὸν τὸ εὐλογεῖν τὸν θεὸν καὶ ὑψοῦν[23]
τὸ ὄνομα αὐτοῦ, τοὺς λόγους τῶν ἔργων τοῦ θεοῦ ἐντίμως[24] ὑποδεικνύοντες,[25] καὶ
μὴ ὀκνεῖτε[26] ἐξομολογεῖσθαι[27] αὐτῷ. **7** μυστήριον[28] βασιλέως καλὸν κρύψαι,[29] τὰ δὲ

1 χαρα, joy
2 ἐξάδελφος, nephew
3 γάμος, wedding feast
4 εὐφροσύνη, joy, gladness
5 μισθός, wages
6 συνέρχομαι, *aor act ptc dat s m*, go with
7 προστίθημι, *aor act inf*, add to
8 δεῖ, *pres act ind 3s*, be necessary
9 βλάπτω, *pres pas ind 1s*, hurt
10 ἥμισυς, half
11 φέρω, *perf act ind 1s*, bring
12 ἄγω, *perf act ind 3s*, lead
13 ὑγιής, healthy
14 θεραπεύω, *aor act ind 3s*, heal, cure
15 ἀργύριον, silver
16 ὁμοίως, likewise
17 πρεσβύτης, old man
18 ἥμισυς, half
19 φέρω, *perf act ind 2p*, bring
20 κρυπτῶς, secretly
21 ἐξομολογέομαι, *pres mid impv 2p*, acknowledge
22 μεγαλωσύνη, greatness
23 ὑψόω, *pres act inf*, lift high
24 ἐντίμως, honorably
25 ὑποδείκνυμι, *pres act ptc nom p m*, disclose, tell
26 ὀκνέω, *pres act impv 2p*, hesitate
27 ἐξομολογέομαι, *pres mid inf*, acknowledge
28 μυστήριον, mystery
29 κρύπτω, *aor act inf*, conceal

GII ὑγιαίνουσα,[1] θύγατερ,[2] καὶ εὐλογητὸς[3] ὁ θεός σου, ὃς ἤγαγέν σε πρὸς ἡμᾶς, θύ-
γατερ· καὶ εὐλογημένος ὁ πατήρ σου, καὶ εὐλογημένος Τωβιας ὁ υἱός μου, καὶ
εὐλογημένη σύ, θύγατερ· εἴσελθε εἰς τὴν οἰκίαν σου ὑγιαίνουσα ἐν εὐλογίᾳ[4] καὶ
χαρᾷ,[5] εἴσελθε, θύγατερ. **18** ἐν τῇ ἡμέρᾳ ταύτῃ ἐγένετο χαρὰ[6] πᾶσιν τοῖς Ιουδαίοις
τοῖς οὖσιν ἐν Νινευη. **19** καὶ παρεγένοντο Αχικαρ καὶ Ναβαδ οἱ ἐξάδελφοι[7] αὐτοῦ
χαίροντες[8] πρὸς Τωβιν.

Raphael Reveals Himself to Tobit and Tobias

12 Καὶ ὅτε ἐπετελέσθη[9] ὁ γάμος,[10] ἐκάλεσεν Τωβιθ Τωβιαν τὸν υἱὸν αὐτοῦ καὶ
εἶπεν αὐτῷ Παιδίον, ὅρα δοῦναι τὸν μισθὸν[11] τῷ ἀνθρώπῳ τῷ πορευθέντι
μετὰ σοῦ καὶ προσθεῖναι[12] αὐτῷ εἰς τὸν μισθόν. **2** καὶ εἶπεν αὐτῷ Πάτερ, πόσον[13]
αὐτῷ δώσω τὸν μισθόν;[14] οὐ βλάπτομαι[15] διδοὺς αὐτῷ τὸ ἥμισυ[16] τῶν ὑπαρχόντων,
ὧν ἐνήνοχεν[17] μετ᾿ ἐμοῦ. **3** ἐμὲ ἀγείοχεν[18] ὑγιαίνοντα[19] καὶ τὴν γυναῖκά μου ἐθερά-
πευσεν[20] καὶ τὸ ἀργύριον[21] ἤνεγκεν μετ᾿ ἐμοῦ καὶ σὲ ἐθεράπευσεν· πόσον[22] αὐτῷ ἔτι
δῶ μισθόν;[23] **4** καὶ εἶπεν αὐτῷ Τωβις Δικαιοῦται αὐτῷ, παιδίον, λαβεῖν τὸ ἥμισυ[24]
πάντων, ὧν ἔχων ἦλθεν. **5** καὶ ἐκάλεσεν αὐτὸν καὶ εἶπεν Λαβὲ τὸ ἥμισυ[25] πάντων,
ὧν ἔχων ἦλθες, εἰς τὸν μισθόν[26] σου καὶ ὕπαγε[27] ὑγιαίνων.[28]

6 Τότε ἐκάλεσεν τοὺς δύο κρυπτῶς[29] καὶ εἶπεν αὐτοῖς Τὸν θεὸν εὐλογεῖτε καὶ
αὐτῷ ἐξομολογεῖσθε[30] ἐνώπιον πάντων τῶν ζώντων ἃ ἐποίησεν μεθ᾿ ὑμῶν ἀγαθά,
τοῦ εὐλογεῖν καὶ ὑμνεῖν[31] τὸ ὄνομα αὐτοῦ· τοὺς λόγους τοῦ θεοῦ ὑποδείκνυτε[32]
πᾶσιν ἀνθρώποις ἐντίμως[33] καὶ μὴ ὀκνεῖτε[34] ἐξομολογεῖσθαι[35] αὐτῷ. **7** μυστήριον[36]
βασιλέως κρύπτειν[37] καλόν, τὰ δὲ ἔργα τοῦ θεοῦ ἀνακαλύπτειν[38] καὶ ἐξομολογεῖσθαι[39]

1 ὑγιαίνω, *pres act ptc nom s f*, be of good health
2 θυγάτηρ, daughter
3 εὐλογητός, blessed
4 εὐλογία, blessing
5 χαρά, joy
6 χαρα, joy
7 ἐξάδελφος, nephew
8 χαίρω, *pres act ptc nom p m*, rejoice
9 ἐπιτελέω, *aor pas ind 3s*, finish, complete
10 γάμος, wedding feast
11 μισθός, wages
12 προστίθημι, *aor act inf*, add to
13 πόσος, how much
14 μισθός, wages
15 βλάπτω, *pres pas ind 1s*, hurt
16 ἥμισυς, half
17 φέρω, *perf act ind 3s*, bring
18 ἄγω, *perf act ind 3s*, lead
19 ὑγιαίνω, *pres act ptc acc s m*, be of good health
20 θεραπεύω, *aor act ind 3s*, heal
21 ἀργύριον, silver
22 πόσος, how much
23 μισθός, wages
24 ἥμισυς, half
25 ἥμισυς, half
26 μισθός, wages
27 ὑπάγω, *pres act impv 2s*, go away
28 ὑγιαίνω, *pres act ptc nom s m*, be of good health
29 κρυπτῶς, secretly
30 ἐξομολογέομαι, *pres mid impv 2p*, acknowledge
31 ὑμνέω, *pres act inf*, sing praise
32 ὑποδείκνυμι, *pres act impv 2p*, disclose, tell
33 ἐντίμως, honorably
34 ὀκνέω, *pres act impv 2p*, hesitate
35 ἐξομολογέομαι, *pres mid inf*, acknowledge
36 μυστήριον, mystery
37 κρύπτω, *pres act inf*, conceal
38 ἀνακαλύπτω, *pres act inf*, reveal
39 ἐξομολογέομαι, *pres mid inf*, acknowledge

ἔργα τοῦ θεοῦ ἀνακαλύπτειν[1] ἐνδόξως.[2] ἀγαθὸν ποιήσατε, καὶ κακὸν οὐχ εὑρήσει
ὑμᾶς. **8** ἀγαθὸν προσευχὴ μετὰ νηστείας[3] καὶ ἐλεημοσύνης[4] καὶ δικαιοσύνης· ἀγα-
θὸν τὸ ὀλίγον[5] μετὰ δικαιοσύνης ἢ πολὺ μετὰ ἀδικίας·[6] καλὸν ποιῆσαι ἐλεημο-
σύνην ἢ θησαυρίσαι[7] χρυσίον.[8] **9** ἐλεημοσύνη[9] γὰρ ἐκ θανάτου ῥύεται,[10] καὶ αὐτὴ
ἀποκαθαριεῖ[11] πᾶσαν ἁμαρτίαν· οἱ ποιοῦντες ἐλεημοσύνας καὶ δικαιοσύνας πλη-
σθήσονται[12] ζωῆς· **10** οἱ δὲ ἁμαρτάνοντες πολέμιοί[13] εἰσιν τῆς ἑαυτῶν ζωῆς.

11 οὐ μὴ κρύψω[14] ἀφ᾽ ὑμῶν πᾶν ῥῆμα· εἴρηκα δή[15] Μυστήριον[16] βασιλέως κρύψαι[17]
καλόν, τὰ δὲ ἔργα τοῦ θεοῦ ἀνακαλύπτειν[18] ἐνδόξως.[19] **12** καὶ νῦν ὅτε προσηύξω σὺ
καὶ ἡ νύμφη[20] σου Σαρρα, ἐγὼ προσήγαγον[21] τὸ μνημόσυνον[22] τῆς προσευχῆς ὑμῶν
ἐνώπιον τοῦ ἁγίου· καὶ ὅτε ἔθαπτες[23] τοὺς νεκρούς,[24] ὡσαύτως[25] συμπαρήμην[26]
σοι. **13** καὶ ὅτε οὐκ ὤκνησας[27] ἀναστῆναι καὶ καταλιπεῖν[28] τὸ ἄριστόν[29] σου, ὅπως
ἀπελθὼν περιστείλῃς[30] τὸν νεκρόν,[31] οὐκ ἔλαθές[32] με ἀγαθοποιῶν,[33] ἀλλὰ σὺν σοὶ
ἤμην. **14** καὶ νῦν ἀπέστειλέν με ὁ θεὸς ἰάσασθαί[34] σε καὶ τὴν νύμφην[35] σου Σαρραν.
15 ἐγώ εἰμι Ραφαηλ, εἷς ἐκ τῶν ἑπτὰ ἁγίων ἀγγέλων, οἳ προσαναφέρουσιν[36] τὰς
προσευχὰς τῶν ἁγίων καὶ εἰσπορεύονται[37] ἐνώπιον τῆς δόξης τοῦ ἁγίου.

16 Καὶ ἐταράχθησαν[38] οἱ δύο καὶ ἔπεσον ἐπὶ πρόσωπον, ὅτι ἐφοβήθησαν. **17** καὶ
εἶπεν αὐτοῖς Μὴ φοβεῖσθε, εἰρήνη ὑμῖν ἔσται· τὸν δὲ θεὸν εὐλογεῖτε εἰς τὸν αἰῶνα.
18 ὅτι οὐ τῇ ἐμαυτοῦ[39] χάριτι, ἀλλὰ τῇ θελήσει[40] τοῦ θεοῦ ἡμῶν ἦλθον· ὅθεν[41]
εὐλογεῖτε αὐτὸν εἰς τὸν αἰῶνα. **19** πάσας τὰς ἡμέρας ὠπτανόμην[42] ὑμῖν, καὶ οὐκ
ἔφαγον οὐδὲ ἔπιον, ἀλλὰ ὅρασιν[43] ὑμεῖς ἐθεωρεῖτε.[44] **20** καὶ νῦν ἐξομολογεῖσθε[45]

1 ἀνακαλύπτω, *pres act inf*, reveal
2 ἐνδόξως, gloriously
3 νηστεία, fasting
4 ἐλεημοσύνη, mercy, charity
5 ὀλίγος, little
6 ἀδικία, wrongdoing, injustice
7 θησαυρίζω, *aor act inf*, store up treasure
8 χρυσίον, gold
9 ἐλεημοσύνη, mercy, charity
10 ῥύομαι, *pres mid ind 3s*, rescue, deliver
11 ἀποκαθαρίζω, *fut act ind 3s*, purify from
12 πίμπλημι, *fut pas ind 3p*, fill
13 πολέμιος, hostile
14 κρύπτω, *aor act sub 1s*, conceal
15 δή, then
16 μυστήριον, mystery
17 κρύπτω, *aor act inf*, conceal
18 ἀνακαλύπτω, *pres act inf*, reveal
19 ἐνδόξως, gloriously
20 νύμφη, daughter-in-law
21 προσάγω, *aor act ind 1s*, bring to
22 μνημόσυνον, remembrance
23 θάπτω, *impf act ind 2s*, bury
24 νεκρός, dead
25 ὡσαύτως, just as
26 συμπάρειμι, *impf mid ind 1s*, be present with
27 ὀκνέω, *aor act ind 2s*, delay
28 καταλείπω, *aor act inf*, leave
29 ἄριστον, dinner
30 περιστέλλω, *aor act sub 2s*, cover, bury
31 νεκρός, dead
32 λανθάνω, *aor act ind 2s*, go unnoticed
33 ἀγαθοποιέω, *pres act ptc nom s m*, do good
34 ἰάομαι, *aor mid inf*, heal, restore
35 νύμφη, daughter-in-law
36 προσαναφέρω, *pres act ind 3p*, bring before
37 εἰσπορεύομαι, *pres mid ind 3p*, enter
38 ταράσσω, *aor pas ind 3p*, trouble, stir
39 ἐμαυτοῦ, of myself
40 θέλησις, favor, will
41 ὅθεν, therefore
42 ὀπτάνομαι, *impf mid ind 1s*, appear
43 ὅρασις, vision
44 θεωρέω, *impf act ind 2p*, see, behold
45 ἐξομολογέομαι, *pres mid impv 2p*, acknowledge

GII ἐντίμως.[1] τὸ ἀγαθὸν ποιεῖτε, καὶ κακὸν οὐχ εὑρήσει ὑμᾶς. **8** ἀγαθὸν προσευχὴ μετὰ
ἀληθείας καὶ ἐλεημοσύνη[2] μετὰ δικαιοσύνης μᾶλλον[3] ἢ πλοῦτος[4] μετὰ ἀδικίας·[5]
καλὸν ποιῆσαι ἐλεημοσύνην[6] μᾶλλον ἢ θησαυρίσαι[7] χρυσίον.[8] **9** ἐλεημοσύνη[9] ἐκ
θανάτου ῥύεται,[10] καὶ αὐτὴ ἀποκαθαίρει[11] πᾶσαν ἁμαρτίαν· οἱ ποιοῦντες ἐλεημο-
σύνην[12] χορτασθήσονται[13] ζωῆς· **10** οἱ ποιοῦντες ἁμαρτίαν καὶ ἀδικίαν[14] πολέμιοί[15]
εἰσιν τῆς ἑαυτῶν ψυχῆς.

11 πᾶσαν τὴν ἀλήθειαν ὑμῖν ὑποδείξω[16] καὶ οὐ μὴ κρύψω[17] ἀφ᾽ ὑμῶν πᾶν ῥῆμα·
ἤδη[18] ὑμῖν ὑπέδειξα[19] καὶ εἶπον Μυστήριον[20] βασιλέως καλὸν κρύψαι[21] καὶ τὰ ἔργα
τοῦ θεοῦ ἀνακαλύπτειν[22] ἐνδόξως.[23] **12** καὶ νῦν ὅτε προσηύξω καὶ Σαρρα, ἐγὼ
προσήγαγον[24] τὸ μνημόσυνον[25] τῆς προσευχῆς ὑμῶν ἐνώπιον τῆς δόξης κυρίου·
καὶ ὅτε ἔθαπτες[26] τοὺς νεκρούς,[27] ὡσαύτως·[28] **13** καὶ ὅτε οὐκ ὤκνησας[29] ἀναστῆναι
καὶ καταλιπεῖν[30] σου τὸ ἄριστον[31] καὶ ᾤχου[32] καὶ περιέστειλες[33] τὸν νεκρόν,[34] τότε
ἀπέσταλμαι ἐπὶ σὲ πειράσαι[35] σε. **14** καὶ ἅμα[36] ἀπέσταλκέν με ὁ θεὸς ἰάσασθαί[37]
σε καὶ Σαρραν τὴν νύμφην[38] σου. **15** ἐγώ εἰμι Ραφαηλ, εἷς τῶν ἑπτὰ ἀγγέλων, οἳ
παρεστήκασιν[39] καὶ εἰσπορεύονται[40] ἐνώπιον τῆς δόξης κυρίου.

16 Καὶ ἐταράχθησαν[41] οἱ δύο καὶ ἔπεσαν ἐπὶ πρόσωπον αὐτῶν καὶ ἐφοβήθησαν. **17** καὶ
εἶπεν αὐτοῖς Μὴ φοβεῖσθε, εἰρήνη ὑμῖν· τὸν θεὸν εὐλογεῖτε εἰς πάντα τὸν αἰῶνα.
18 ἐγὼ ὅτε ἤμην μεθ᾽ ὑμῶν, οὐχὶ τῇ ἐμῇ χάριτι ἤμην μεθ᾽ ὑμῶν. ἀλλὰ τῇ θελήσει[42] τοῦ
θεοῦ· αὐτὸν εὐλογεῖτε κατὰ πάσας τὰς ἡμέρας, αὐτῷ ὑμνεῖτε.[43] **19** καὶ ἐθεωρεῖτέ[44] με
ὅτι οὐκ ἔφαγον οὐθέν,[45] ἀλλὰ ὅρασις[46] ὑμῖν ἐθεωρεῖτο.[47] **20** καὶ νῦν εὐλογεῖτε ἐπὶ τῆς

1 ἐντίμως, honorably
2 ἐλεημοσύνη, mercy, charity
3 μᾶλλον, rather
4 πλοῦτος, wealth
5 ἀδικία, wrongdoing, injustice
6 ἐλεημοσύνη, mercy, charity
7 θησαυρίζω, *aor act inf*, store up treasure
8 χρυσίον, gold
9 ἐλεημοσύνη, mercy, charity
10 ῥύομαι, *pres mid ind 3s*, rescue, deliver
11 ἀποκαθαίρω, *pres act ind 3s*, purge
12 ἐλεημοσύνη, mercy, charity
13 χορτάζω, *fut pas ind 3p*, be satisfied
14 ἀδικία, wrongdoing, justice
15 πολέμιος, hostile
16 ὑποδείκνυμι, *fut act ind 1s*, disclose, tell
17 κρύπτω, *aor act sub 1s*, conceal
18 ἤδη, already
19 ὑποδείκνυμι, *aor act ind 1s*, disclose, tell
20 μυστήριον, mystery
21 κρύπτω, *aor act inf*, conceal
22 ἀνακαλύπτω, *pres act inf*, reveal
23 ἐνδόξως, gloriously
24 προσάγω, *aor act ind 1s*, bring to
25 μνημόσυνον, remembrance, memory
26 θάπτω, *impf act ind 2s*, bury
27 νεκρός, dead
28 ὡσαύτως, likewise
29 ὀκνέω, *aor act ind 2s*, delay
30 καταλείπω, *aor act inf*, leave
31 ἄριστον, dinner
32 οἴχομαι, *impf mid ind 2s*, go
33 περιστέλλω, *aor act ind 2s*, cover, bury
34 νεκρός, dead
35 πειράζω, *aor act inf*, test
36 ἅμα, at the same time
37 ἰάομαι, *aor mid inf*, heal, restore
38 νύμφη, daughter-in-law
39 παρίστημι, *perf act ind 3p*, stand near
40 εἰσπορεύομαι, *pres mid ind 3p*, enter
41 ταράσσω, *aor pas ind 3p*, trouble, stir
42 θέλησις, favor, will
43 ὑμνέω, *pres act impv 2p*, sing praise
44 θεωρέω, *impf act ind 2p*, see
45 οὐθείς, nothing
46 ὅρασις, vision
47 θεωρέω, *impf pas ind 3s*, see, behold

τῷ θεῷ, διότι[1] ἀναβαίνω πρὸς τὸν ἀποστείλαντά με, καὶ γράψατε πάντα τὰ συντελεσθέντα[2] εἰς βιβλίον. **21** καὶ ἀνέστησαν· καὶ οὐκέτι εἶδον αὐτόν. **22** καὶ ἐξωμολογοῦντο[3] τὰ ἔργα τὰ μεγάλα καὶ θαυμαστὰ[4] τοῦ θεοῦ καὶ ὡς ὤφθη αὐτοῖς ὁ ἄγγελος κυρίου.

Tobit's Prayer of Thanksgiving

13 Καὶ Τωβιτ ἔγραψεν προσευχὴν εἰς ἀγαλλίασιν[5] καὶ εἶπεν

2 Εὐλογητὸς[6] ὁ θεὸς ὁ ζῶν εἰς τοὺς αἰῶνας
καὶ ἡ βασιλεία αὐτοῦ,
ὅτι αὐτὸς μαστιγοῖ[7] καὶ ἐλεᾷ,[8]
κατάγει[9] εἰς ᾅδην[10] καὶ ἀνάγει,[11]

καὶ οὐκ ἔστιν ὃς ἐκφεύξεται[12] τὴν χεῖρα αὐτοῦ.
3 ἐξομολογεῖσθε[13] αὐτῷ, οἱ υἱοὶ Ισραηλ, ἐνώπιον τῶν ἐθνῶν,
ὅτι αὐτὸς διέσπειρεν[14] ἡμᾶς ἐν αὐτοῖς·
4 ἐκεῖ ὑποδείξατε[15] τὴν μεγαλωσύνην[16] αὐτοῦ,
ὑψοῦτε[17] αὐτὸν ἐνώπιον παντὸς ζῶντος,
καθότι[18] αὐτὸς κύριος ἡμῶν καὶ θεός,
αὐτὸς πατὴρ ἡμῶν εἰς πάντας τοὺς αἰῶνας.

5 καὶ μαστιγώσει[19] ἡμᾶς ἐν ταῖς ἀδικίαις[20] ἡμῶν
καὶ πάλιν[21] ἐλεήσει[22]
καὶ συνάξει ἡμᾶς ἐκ πάντων τῶν ἐθνῶν,
οὗ ἐὰν σκορπισθῆτε[23] ἐν αὐτοῖς.

6 ἐὰν ἐπιστρέψητε πρὸς αὐτὸν ἐν ὅλῃ καρδίᾳ ὑμῶν
καὶ ἐν ὅλῃ τῇ ψυχῇ ποιῆσαι ἐνώπιον αὐτοῦ ἀλήθειαν,
τότε ἐπιστρέψει πρὸς ὑμᾶς
καὶ οὐ μὴ κρύψῃ[24] τὸ πρόσωπον αὐτοῦ ἀφ᾽ ὑμῶν.

1 διότι, because
2 συντελέω, *aor pas ptc acc p n*, fulfill
3 ἐξομολογέομαι, *impf mid ind 3p*, acknowledge
4 θαυμαστός, marvelous (deed)
5 ἀγαλλίασις, exultation
6 εὐλογητός, blessed
7 μαστιγόω, *pres act ind 3s*, chastise, punish
8 ἐλεάω, *pres act ind 3s*, show mercy
9 κατάγω, *pres act ind 3s*, lead down
10 ᾅδης, Hades, underworld
11 ἀνάγω, *pres act ind 3s*, bring up
12 ἐκφεύγω, *fut mid ind 3s*, escape from
13 ἐξομολογέομαι, *pres mid impv 2p*, acknowledge
14 διασπείρω, *aor act ind 3s*, scatter
15 ὑποδείκνυμι, *aor act impv 2p*, disclose, show
16 μεγαλωσύνη, greatness
17 ὑψόω, *pres act impv 2p*, lift high
18 καθότι, as, because
19 μαστιγόω, *fut act ind 3s*, chastise, punish
20 ἀδικία, wrongdoing, injustice
21 πάλιν, again
22 ἐλεέω, *fut act ind 3s*, show mercy
23 σκορπίζω, *aor pas sub 2p*, disperse
24 κρύπτω, *aor act sub 3s*, hide

GII γῆς κύριον καὶ ἐξομολογεῖσθε[1] τῷ θεῷ. ἰδοὺ ἐγὼ ἀναβαίνω πρὸς τὸν ἀποστείλαντά
με. γράψατε πάντα ταῦτα τὰ συμβάντα[2] ὑμῖν. καὶ ἀνέβη. **21** καὶ ἀνέστησαν· καὶ οὐκέτι
ἠδύναντο ἰδεῖν αὐτόν. **22** καὶ ηὐλόγουν καὶ ὕμνουν[3] τὸν θεὸν καὶ ἐξωμολογοῦντο[4]
αὐτῷ ἐπὶ τὰ ἔργα αὐτοῦ τὰ μεγάλα ταῦτα, ὡς ὤφθη αὐτοῖς ἄγγελος θεοῦ.

Tobit's Prayer of Thanksgiving

13 Καὶ εἶπεν

2 Εὐλογητὸς[5] ὁ θεὸς ὁ ζῶν εἰς τὸν αἰῶνα
καὶ ἡ βασιλεία αὐτοῦ,
ὅτι αὐτὸς μαστιγοῖ[6] καὶ ἐλεᾷ,[7]
κατάγει[8] ἕως ᾅδου[9] κατωτάτω[10] τῆς γῆς,
καὶ αὐτὸς ἀνάγει[11] ἐκ τῆς ἀπωλείας[12] τῆς μεγάλης,
καὶ οὐκ ἔστιν οὐδέν, ὃ ἐκφεύξεται[13] τὴν χεῖρα αὐτοῦ.
3 ἐξομολογεῖσθε[14] αὐτῷ, οἱ υἱοὶ Ισραηλ, ἐνώπιον τῶν ἐθνῶν,
ὅτι αὐτὸς διέσπειρεν[15] ὑμᾶς ἐν αὐτοῖς·
4 καὶ ἐκεῖ ὑπέδειξεν[16] ὑμῖν τὴν μεγαλωσύνην[17] αὐτοῦ,
καὶ ὑψοῦτε[18] αὐτὸν ἐνώπιον παντὸς ζῶντος,
καθότι[19] αὐτὸς ἡμῶν κύριός ἐστιν,
καὶ αὐτὸς θεὸς ἡμῶν καὶ αὐτὸς πατὴρ ἡμῶν
καὶ αὐτὸς θεὸς εἰς πάντας τοὺς αἰῶνας.
5 μαστιγώσει[20] ὑμᾶς ἐπὶ ταῖς ἀδικίαις[21] ὑμῶν
καὶ πάντας ὑμᾶς ἐλεήσει[22] ἐκ πάντων τῶν ἐθνῶν,
ὅπου[23] ἂν διασκορπισθῆτε[24] ἐν αὐτοῖς.

6 ὅταν ἐπιστρέψητε πρὸς αὐτὸν ἐν ὅλῃ τῇ καρδίᾳ ὑμῶν
καὶ ἐν ὅλῃ τῇ ψυχῇ ὑμῶν ποιῆσαι ἐνώπιον αὐτοῦ ἀλήθειαν,
τότε ἐπιστρέψει πρὸς ὑμᾶς
καὶ οὐ μὴ κρύψῃ[25] τὸ πρόσωπον αὐτοῦ ἀφ᾽ ὑμῶν οὐκέτι.

1 ἐξομολογέομαι, *pres mid impv 2p*, acknowledge
2 συμβαίνω, *aor act ptc acc p n*, happen, come about
3 ὑμνέω, *impf act ind 3p*, sing praise
4 ἐξομολογέομαι, *impf mid ind 3p*, acknowledge
5 εὐλογητός, blessed
6 μαστιγόω, *pres act ind 3s*, chastise, punish
7 ἐλεάω, *pres act ind 3s*, show mercy
8 κατάγω, *pres act ind 3s*, lead down
9 ᾅδης, Hades, underworld
10 κάτω, *sup*, lowest
11 ἀνάγω, *pres act ind 3s*, bring up
12 ἀπώλεια, destruction
13 ἐκφεύγω, *fut mid ind 3s*, escape
14 ἐξομολογέομαι, *pres mid impv 2p*, acknowledge
15 διασπείρω, *aor act ind 3s*, scatter
16 ὑποδείκνυμι, *aor act ind 3s*, disclose, show
17 μεγαλωσύνη, greatness
18 ὑψόω, *pres act impv 2p*, lift high
19 καθότι, just as
20 μαστιγόω, *fut act ind 3s*, chastise, punish
21 ἀδικία, wrongdoing, injustice
22 ἐλεέω, *fut act ind 3s*, show mercy
23 ὅπου, where
24 διασκορπίζω, *aor pas sub 2p*, disperse
25 κρύπτω, *aor act sub 3s*, hide

7 καὶ θεάσασθε[1] ἃ ποιήσει μεθ᾽ ὑμῶν,
καὶ ἐξομολογήσασθε[2] αὐτῷ ἐν ὅλῳ τῷ στόματι ὑμῶν·
καὶ εὐλογήσατε τὸν κύριον τῆς δικαιοσύνης
καὶ ὑψώσατε[3] τὸν βασιλέα τῶν αἰώνων.
8 ἐγὼ ἐν τῇ γῇ τῆς αἰχμαλωσίας[4] μου ἐξομολογοῦμαι[5] αὐτῷ
καὶ δεικνύω τὴν ἰσχὺν[6] καὶ τὴν μεγαλωσύνην[7] αὐτοῦ ἔθνει ἁμαρτωλῶν
Ἐπιστρέψατε, ἁμαρτωλοί, καὶ ποιήσατε δικαιοσύνην ἐνώπιον αὐτοῦ·
τίς γινώσκει εἰ θελήσει ὑμᾶς
καὶ ποιήσει ἐλεημοσύνην[8] ὑμῖν;
9 τὸν θεόν μου ὑψῶ[9]
καὶ ἡ ψυχή μου τὸν βασιλέα τοῦ οὐρανοῦ
καὶ ἀγαλλιάσεται[10] τὴν μεγαλωσύνην[11] αὐτοῦ.

10 λεγέτωσαν πάντες καὶ ἐξομολογείσθωσαν[12] αὐτῷ ἐν Ιεροσολύμοις
Ιεροσόλυμα πόλις ἁγία,
μαστιγώσει[13] ἐπὶ τὰ ἔργα τῶν υἱῶν σου
καὶ πάλιν[14] ἐλεήσει[15] τοὺς υἱοὺς τῶν δικαίων.
11 ἐξομολογοῦ[16] τῷ κυρίῳ ἀγαθῶς[17]
καὶ εὐλόγει τὸν βασιλέα τῶν αἰώνων,
ἵνα πάλιν[18] ἡ σκηνὴ[19] αὐτοῦ οἰκοδομηθῇ σοι μετὰ χαρᾶς.[20]
12 καὶ εὐφράναι[21] ἐν σοὶ τοὺς αἰχμαλώτους[22]
καὶ ἀγαπῆσαι[23] ἐν σοὶ τοὺς ταλαιπώρους[24]
εἰς πάσας τὰς γενεὰς τοῦ αἰῶνος.
13 ἔθνη πολλὰ μακρόθεν[25] ἥξει[26] πρὸς τὸ ὄνομα κυρίου τοῦ θεοῦ
δῶρα[27] ἐν χερσὶν ἔχοντες καὶ δῶρα τῷ βασιλεῖ τοῦ οὐρανοῦ,
γενεαὶ γενεῶν δώσουσίν σοι ἀγαλλίαμα.[28]
14 ἐπικατάρατοι[29] πάντες οἱ μισοῦντές σε·
εὐλογημένοι ἔσονται πάντες οἱ ἀγαπῶντές σε εἰς τὸν αἰῶνα.

1 θεάομαι, *aor mid impv 2p*, behold
2 ἐξομολογέομαι, *aor mid impv 2p*, acknowledge
3 ὑψόω, *aor act impv 2p*, lift high
4 αἰχμαλωσία, captivity
5 ἐξομολογέομαι, *pres mid ind 1s*, acknowledge
6 ἰσχύς, strength
7 μεγαλωσύνη, greatness
8 ἐλεημοσύνη, mercy
9 ὑψόω, *pres act ind 1s*, lift high
10 ἀγαλλιάω, *fut mid ind 3s*, praise, rejoice
11 μεγαλωσύνη, greatness
12 ἐξομολογέομαι, *pres mid impv 3p*, acknowledge
13 μαστιγόω, *fut act ind 3s*, chastise, punish
14 πάλιν, again
15 ἐλεέω, *fut act ind 3s*, show mercy
16 ἐξομολογέομαι, *pres mid impv 2s*, acknowledge
17 ἀγαθῶς, well
18 πάλιν, again
19 σκηνή, tent
20 χαρά, joy
21 εὐφραίνω, *aor act opt 3s*, cause to rejoice
22 αἰχμάλωτος, captive
23 ἀγαπάω, *aor act opt 3s*, love
24 ταλαίπωρος, suffering, miserable
25 μακρόθεν, from afar
26 ἥκω, *fut act ind 3s*, come
27 δῶρον, gift
28 ἀγαλλίαμα, joy
29 ἐπικατάρατος, cursed

GII 7 καὶ νῦν θεάσασθε[1] ἃ ἐποίησεν μεθ᾽ ὑμῶν,
καὶ ἐξομολογήσασθε[2] αὐτῷ ἐν ὅλῳ τῷ στόματι ὑμῶν·
καὶ εὐλογήσατε τὸν κύριον τῆς δικαιοσύνης
καὶ ὑψώσατε[3] τὸν βασιλέα τῶν αἰώνων.

11 καὶ πάλιν[4] ἡ σκηνή[5] σου οἰκοδομηθήσεταί σοι μετὰ χαρᾶς.[6]
12 καὶ εὐφράναι[7] ἐν σοὶ πάντας τοὺς αἰχμαλώτους[8]
καὶ ἀγαπήσαι[9] ἐν σοὶ πάντας τοὺς ταλαιπώρους[10]
εἰς πάσας τὰς γενεὰς τοῦ αἰῶνος.
13 φῶς λαμπρὸν[11] λάμψει[12] εἰς πάντα τὰ πέρατα[13] τῆς γῆς·
ἔθνη πολλὰ μακρόθεν[14] ἥξει[15] σοι
καὶ κάτοικοι[16] πάντων τῶν ἐσχάτων τῆς γῆς πρὸς τὸ ὄνομα τὸ ἅγιόν σου
καὶ τὰ δῶρα[17] αὐτῶν ἐν ταῖς χερσὶν αὐτῶν ἔχοντες τῷ βασιλεῖ τοῦ οὐρανοῦ·
γενεαὶ γενεῶν δώσουσιν ἐν σοὶ ἀγαλλίαμα,[18]
καὶ ὄνομα τῆς ἐκλεκτῆς[19] εἰς τὰς γενεὰς τοῦ αἰῶνος.
14 ἐπικατάρατοι[20] πάντες, οἳ ἐροῦσιν λόγον σκληρόν,[21]
ἐπικατάρατοι ἔσονται πάντες οἱ καθαιροῦντές[22] σε
καὶ κατασπῶντες[23] τὰ τείχη[24] σου
καὶ πάντες οἱ ἀνατρέποντες[25] τοὺς πύργους[26] σου
καὶ ἐμπυρίζοντες[27] τὰς οἰκήσεις[28] σου·
καὶ εὐλογητοὶ[29] ἔσονται πάντες εἰς τὸν αἰῶνα οἱ φοβούμενοί σε.

1 θεάομαι, *aor mid impv 2p*, behold
2 ἐξομολογέομαι, *aor mid impv 2p*, acknowledge
3 ὑψόω, *aor act impv 2p*, lift high
4 πάλιν, again
5 σκηνή, tent
6 χαρά, joy
7 εὐφραίνω, *aor act opt 3s*, cause to rejoice
8 αἰχμάλωτος, captive
9 ἀγαπάω, *aor act opt 3s*, love
10 ταλαίπωρος, suffering, miserable
11 λαμπρός, radiant
12 λάμπω, *fut act ind 3s*, shine
13 πέρας, end
14 μακρόθεν, from afar
15 ἥκω, *fut act ind 3s*, come
16 κάτοικος, inhabitant
17 δῶρον, gift
18 ἀγαλλίαμα, joy
19 ἐκλεκτός, elect, chosen
20 ἐπικατάρατος, cursed
21 σκληρός, hard, severe
22 καθαιρέω, *pres act ptc nom p m*, cut down, destroy
23 κατασπάω, *pres act ptc nom p m*, tear down
24 τεῖχος, city wall
25 ἀνατρέπω, *pres act ptc nom p m*, overthrow, ruin
26 πύργος, tower
27 ἐμπυρίζω, *pres act ptc nom p m*, set on fire
28 οἴκησις, dwelling place
29 εὐλογητός, blessed

15 χάρηθι[1] καὶ ἀγαλλίασαι[2] ἐπὶ τοῖς υἱοῖς τῶν δικαίων,
ὅτι συναχθήσονται καὶ εὐλογήσουσιν τὸν κύριον τῶν δικαίων·

ὦ[3] μακάριοι[4] οἱ ἀγαπῶντές σε,
χαρήσονται[5] ἐπὶ τῇ εἰρήνῃ σου.

16 μακάριοι[6] ὅσοι ἐλυπήθησαν[7] ἐπὶ πάσαις ταῖς μάστιξίν[8] σου,
ὅτι ἐπὶ σοὶ χαρήσονται[9] θεασάμενοι[10] πᾶσαν τὴν δόξαν σου
καὶ εὐφρανθήσονται[11] εἰς τὸν αἰῶνα.
ἡ ψυχή μου εὐλογείτω τὸν θεὸν τὸν βασιλέα τὸν μέγαν.
17 ὅτι οἰκοδομηθήσεται Ιερουσαλημ σαπφείρῳ[12] καὶ σμαράγδῳ[13]

καὶ λίθῳ ἐντίμῳ[14] τὰ τείχη[15] σου
καὶ οἱ πύργοι[16] καὶ οἱ προμαχῶνες[17] ἐν χρυσίῳ[18] καθαρῷ,[19]

καὶ αἱ πλατεῖαι[20] Ιερουσαλημ βηρύλλῳ[21]
καὶ ἄνθρακι[22] καὶ λίθῳ ἐκ Σουφιρ ψηφολογηθήσονται.[23]

18 καὶ ἐροῦσιν πᾶσαι αἱ ῥῦμαι[24] αὐτῆς Αλληλουια[25] καὶ αἰνέσουσιν[26]
λέγοντες Εὐλογητὸς[27] ὁ θεός,
ὃς ὕψωσεν[28] πάντας τοὺς αἰῶνας.

14

καὶ ἐπαύσατο[29] ἐξομολογούμενος[30] Τωβιτ.

1 χαίρω, *aor pas impv 2s*, rejoice
2 ἀγαλλιάω, *aor mid impv 2s*, praise, rejoice
3 ὦ, O!
4 μακάριος, happy
5 χαίρω, *fut mid ind 3p*, rejoice
6 μακάριος, happy
7 λυπέω, *aor pas ind 3p*, grieve
8 μάστιξ, affliction
9 χαίρω, *fut mid ind 3p*, rejoice
10 θεάομαι, *aor mid ptc nom p m*, behold
11 εὐφραίνω, *fut pas ind 3p*, cause to rejoice
12 σάπφειρος, sapphire
13 σμάραγδος, emerald
14 ἔντιμος, valuable
15 τεῖχος, city wall
16 πύργος, tower
17 προμαχών, bulwark, rampart
18 χρυσίον, gold
19 καθαρός, pure
20 πλατεῖα, street
21 βήρυλλος, beryl
22 ἄνθραξ, ruby
23 ψηφολογέω, *fut pas ind 3p*, pave
24 ῥύμη, narrow street
25 αλληλουια, hallelujah, *translit.*
26 αἰνέω, *fut act ind 3p*, praise
27 εὐλογητός, blessed
28 ὑψόω, *aor act ind 3s*, lift high
29 παύω, *aor mid ind 3s*, finish, cease
30 ἐξομολογέομαι, *pres mid ptc nom s m*, sing praise

GII

15 τότε πορεύθητι καὶ ἀγαλλίασαι[1] πρὸς τοὺς υἱοὺς τῶν δικαίων,
ὅτι πάντες ἐπισυναχθήσονται[2] καὶ εὐλογήσουσιν τὸν κύριον τοῦ αἰῶνος.
μακάριοι[3] οἱ ἀγαπῶντές σε,
καὶ μακάριοι οἳ χαρήσονται[4] ἐπὶ τῇ εἰρήνῃ σου·

16 καὶ μακάριοι[5] πάντες οἱ ἄνθρωποι,
οἳ ἐπὶ σοὶ λυπηθήσονται[6] ἐπὶ πάσαις ταῖς μάστιξίν[7] σου,
ὅτι ἐν σοὶ χαρήσονται[8] καὶ ὄψονται πᾶσαν τὴν χαράν[9] σου εἰς τὸν αἰῶνα.
ἡ ψυχή μου, εὐλόγει τὸν κύριον τὸν βασιλέα τὸν μέγαν.
17 ὅτι Ιερουσαλημ οἰκοδομηθήσεται,
τῇ πόλει οἶκος αὐτοῦ εἰς πάντας τοὺς αἰῶνας.
μακάριος[10] ἔσομαι, ἂν γένηται τὸ κατάλειμμα[11] τοῦ σπέρματός μου
ἰδεῖν τὴν δόξαν σου
καὶ ἐξομολογήσασθαι[12] τῷ βασιλεῖ τοῦ οὐρανοῦ.
καὶ αἱ θύραι Ιερουσαλημ σαπφείρῳ[13] καὶ σμαράγδῳ[14] οἰκοδομηθήσονται
καὶ λίθῳ τιμίῳ[15] πάντα τὰ τείχη[16] σου·
οἱ πύργοι[17] Ιερουσαλημ χρυσίῳ[18] οἰκοδομηθήσονται
καὶ οἱ προμαχῶνες[19] αὐτῶν χρυσίῳ καθαρῷ·[20]
αἱ πλατεῖαι[21] Ιερουσαλημ ἄνθρακι[22] ψηφολογηθήσονται[23]
καὶ λίθῳ Σουφιρ.

18 καὶ αἱ θύραι Ιερουσαλημ ᾠδὰς[24] ἀγαλλιάματος[25] ἐροῦσιν,
καὶ πᾶσαι αἱ οἰκίαι αὐτῆς ἐροῦσιν Αλληλουια,[26]
εὐλογητὸς[27] ὁ θεὸς τοῦ Ισραηλ·
καὶ εὐλογητοὶ εὐλογήσουσιν τὸ ὄνομα τὸ ἅγιον εἰς τὸν αἰῶνα καὶ ἔτι.

14

καὶ συνετελέσθησαν[28] οἱ λόγοι τῆς ἐξομολογήσεως[29] Τωβιθ.

1 ἀγαλλιάω, *aor mid impv 2s*, praise, rejoice
2 ἐπισυνάγω, *fut pas ind 3p*, gather together
3 μακάριος, happy
4 χαίρω, *fut mid ind 3p*, rejoice
5 μακάριος, happy
6 λυπέω, *fut pas ind 3p*, grieve
7 μάστιξ, affliction
8 χαίρω, *fut mid ind 3p*, rejoice
9 χαρά, joy
10 μακάριος, happy
11 κατάλειμμα, remnant
12 ἐξομολογέομαι, *aor mid inf*, acknowledge
13 σάπφειρος, sapphire
14 σμάραγδος, emerald
15 τίμιος, precious
16 τεῖχος, city wall
17 πύργος, tower
18 χρυσίον, gold
19 προμαχών, bulwark, rampart
20 καθαρός, pure
21 πλατεῖα, street
22 ἄνθραξ, ruby
23 ψηφολογέω, *fut pas ind 3p*, pave
24 ᾠδή, song, hymn
25 ἀγαλλίαμα, rejoicing
26 αλληλουια, hallelujah, *translit.*
27 εὐλογητός, blessed
28 συντελέω, *aor pas ind 3p*, finish
29 ἐξομολόγησις, confession of thanksgiving

Tobit's Final Instructions, Death, and Burial

2 Καὶ ἦν ἐτῶν πεντήκοντα[1] ὀκτώ,[2] ὅτε ἀπώλεσεν τὰς ὄψεις,[3] καὶ μετὰ ἔτη ὀκτὼ
ἀνέβλεψεν·[4] καὶ ἐποίει ἐλεημοσύνας[5] καὶ προσέθετο[6] φοβεῖσθαι κύριον τὸν θεὸν
καὶ ἐξομολογεῖσθαι[7] αὐτῷ. **3** μεγάλως[8] δὲ ἐγήρασεν·[9] καὶ ἐκάλεσεν τὸν υἱὸν αὐτοῦ
καὶ τοὺς υἱοὺς αὐτοῦ καὶ εἶπεν αὐτῷ Τέκνον, λαβὲ τοὺς υἱούς σου· ἰδοὺ γεγήρακα[10]
καὶ πρὸς τὸ ἀποτρέχειν[11] ἐκ τοῦ ζῆν εἰμι. **4** ἄπελθε εἰς τὴν Μηδίαν, τέκνον, ὅτι
πέπεισμαι[12] ὅσα ἐλάλησεν Ιωνας ὁ προφήτης περὶ Νινευη ὅτι καταστραφήσεται,[13]
ἐν δὲ τῇ Μηδίᾳ ἔσται εἰρήνη μᾶλλον[14] ἕως καιροῦ, καὶ ὅτι οἱ ἀδελφοὶ ἡμῶν ἐν τῇ γῇ
σκορπισθήσονται[15] ἀπὸ τῆς ἀγαθῆς γῆς, καὶ Ιεροσόλυμα ἔσται ἔρημος, καὶ ὁ οἶκος
τοῦ θεοῦ ἐν αὐτῇ κατακαήσεται[16] καὶ ἔρημος ἔσται μέχρι[17] χρόνου.

5 καὶ πάλιν[18] ἐλεήσει[19] αὐτοὺς ὁ θεὸς καὶ ἐπιστρέψει αὐτοὺς εἰς τὴν γῆν, καὶ
οἰκοδομήσουσιν τὸν οἶκον, οὐχ οἷος[20] ὁ πρότερος,[21] ἕως πληρωθῶσιν[22] καιροὶ τοῦ
αἰῶνος. καὶ μετὰ ταῦτα ἐπιστρέψουσιν ἐκ τῶν αἰχμαλωσιῶν[23] καὶ οἰκοδομήσουσιν
Ιερουσαλημ ἐντίμως,[24] καὶ ὁ οἶκος τοῦ θεοῦ ἐν αὐτῇ οἰκοδομηθήσεται εἰς πάσας τὰς
γενεὰς τοῦ αἰῶνος οἰκοδομῇ[25] ἐνδόξῳ,[26] καθὼς ἐλάλησαν περὶ αὐτῆς οἱ προφῆται.
6 καὶ πάντα τὰ ἔθνη ἐπιστρέψουσιν ἀληθινῶς[27] φοβεῖσθαι κύριον τὸν θεὸν καὶ
κατορύξουσιν[1] τὰ εἴδωλα[2] αὐτῶν, καὶ εὐλογήσουσιν πάντα τὰ ἔθνη τὸν κύριον.

1 πεντήκοντα, fifty
2 ὀκτώ, eight
3 ὄψις, eyes
4 ἀναβλέπω, *aor act ind 3s*, see (again)
5 ἐλεημοσύνη, mercy, charity
6 προστίθημι, *aor mid ind 3s*, continue
7 ἐξομολογέομαι, *pres mid inf*, acknowledge
8 μεγάλως, very much
9 γηράσκω, *aor act ind 3s*, grow old
10 γηράσκω, *perf act ind 1s*, grow old
11 ἀποτρέχω, *pres act inf*, depart
12 πείθω, *perf pas ind 1s*, persuade
13 καταστρέφω, *fut pas ind 3s*, overturn, ruin
14 μᾶλλον, rather
15 σκορπίζω, *fut pas ind 3p*, disperse
16 κατακαίω, *fut pas ind 3s*, burn up
17 μέχρι, until
18 πάλιν, again
19 ἐλεέω, *fut act ind 3s*, show mercy
20 οἷος, like, as
21 πρότερος, former
22 πληρόω, *aor pas sub 3p*, fulfill
23 αἰχμαλωσία, captivity
24 ἐντίμως, honorably
25 οἰκοδομή, dwelling, house
26 ἔνδοξος, glorious
27 ἀληθινῶς, truly

GII

Tobit's Final Instructions, Death, and Burial

2 Καὶ ἀπέθανεν ἐν εἰρήνῃ ἐτῶν ἑκατὸν[1] δώδεκα[2] καὶ ἐτάφη[3] ἐνδόξως[4] ἐν Νινευη.
καὶ ἑξήκοντα[5] δύο ἐτῶν ἦν, ὅτε ἐγένετο ἀνάπειρος[6] τοῖς ὀφθαλμοῖς, καὶ μετὰ τὸ
ἀναβλέψαι[7] αὐτὸν ἔζησεν ἐν ἀγαθοῖς καὶ ἐλεημοσύνας[8] ἐποίησεν· καὶ ἔτι προσέθετο[9]
εὐλογεῖν τὸν θεὸν καὶ ἐξομολογεῖσθαι[10] τὴν μεγαλωσύνην[11] τοῦ θεοῦ. **3** καὶ ὅτε
ἀπέθνῃσκεν, ἐκάλεσεν Τωβιαν τὸν υἱὸν αὐτοῦ καὶ ἐνετείλατο[12] αὐτῷ λέγων Παιδίον,
ἀπάγαγε[13] τὰ παιδία σου **4** καὶ ἀπότρεχε[14] εἰς Μηδίαν, ὅτι πιστεύω ἐγὼ τῷ ῥήματι
τοῦ θεοῦ ἐπὶ Νινευη, ἃ ἐλάλησεν Ναουμ, ὅτι πάντα ἔσται καὶ ἀπαντήσει[15] ἐπὶ Αθουρ
καὶ Νινευη, καὶ ὅσα ἐλάλησαν οἱ προφῆται τοῦ Ισραηλ, οὓς ἀπέστειλεν ὁ θεός,
πάντα ἀπαντήσει, καὶ οὐ μηθὲν[16] ἐλαττονωθῇ[17] ἐκ πάντων τῶν ῥημάτων, καὶ πάντα
συμβήσεται[18] τοῖς καιροῖς αὐτῶν, καὶ ἐν τῇ Μηδίᾳ ἔσται σωτηρία μᾶλλον[19] ἤπερ
ἐν Ἀσσυρίοις καὶ ἐν Βαβυλῶνι· διὸ[20] γινώσκω ἐγὼ καὶ πιστεύω ὅτι πάντα, ἃ εἶπεν
ὁ θεός, συντελεσθήσεται[21] καὶ ἔσται, καὶ οὐ μὴ διαπέσῃ[22] ῥῆμα ἐκ τῶν λόγων· καὶ
οἱ ἀδελφοὶ ἡμῶν οἱ κατοικοῦντες ἐν τῇ γῇ Ισραηλ πάντες διασκορπισθήσονται[23]
καὶ αἰχμαλωτισθήσονται[24] ἐκ τῆς γῆς τῆς ἀγαθῆς, καὶ ἔσται πᾶσα ἡ γῆ τοῦ Ισραηλ
ἔρημος, καὶ Σαμάρεια καὶ Ιερουσαλημ ἔσται ἔρημος καὶ ὁ οἶκος τοῦ θεοῦ ἐν λύπῃ[25]
καὶ καυθήσεται[26] μέχρι[27] χρόνου.

5 καὶ πάλιν[28] ἐλεήσει[29] αὐτοὺς ὁ θεός, καὶ ἐπιστρέψει αὐτοὺς ὁ θεὸς εἰς τὴν γῆν
τοῦ Ισραηλ, καὶ πάλιν[30] οἰκοδομήσουσιν τὸν οἶκον, καὶ οὐχ ὡς τὸν πρῶτον, ἕως
τοῦ χρόνου, οὗ ἂν πληρωθῇ ὁ χρόνος τῶν καιρῶν. καὶ μετὰ ταῦτα ἐπιστρέψουσιν
ἐκ τῆς αἰχμαλωσίας[31] αὐτῶν πάντες καὶ οἰκοδομήσουσιν Ιερουσαλημ ἐντίμως,[32]
καὶ ὁ οἶκος τοῦ θεοῦ ἐν αὐτῇ οἰκοδομηθήσεται, καθὼς ἐλάλησαν περὶ αὐτῆς οἱ
προφῆται τοῦ Ισραηλ. **6** καὶ πάντα τὰ ἔθνη τὰ ἐν ὅλῃ τῇ γῇ, πάντες ἐπιστρέψουσιν
καὶ φοβηθήσονται τὸν θεὸν ἀληθινῶς,[33] καὶ ἀφήσουσιν[34] πάντες τὰ εἴδωλα[35] αὐτῶν,

1 ἑκατόν, hundred
2 δώδεκα, twelve
3 θάπτω, *aor pas ind 3s*, bury
4 ἐνδόξως, reputably, respectably
5 ἑξήκοντα, sixty
6 ἀνάπειρος, impaired
7 ἀναβλέπω, *aor act inf*, see (again)
8 ἐλεημοσύνη, mercy, charity
9 προστίθημι, *aor mid ind 3s*, continue
10 ἐξομολογέομαι, *pres mid inf*, acknowledge
11 μεγαλωσύνη, greatness
12 ἐντέλλομαι, *aor mid ind 3s*, command, order
13 ἀπάγω, *aor act impv 2s*, lead away
14 ἀποτρέχω, *pres act impv 2s*, depart
15 ἀπαντάω, *fut act ind 3s*, meet, befall
16 μηθείς, nothing
17 ἐλαττονόω, *aor pas sub 3s*, lack, want, fail
18 συμβαίνω, *fut mid ind 3s*, happen, come about
19 μᾶλλον, rather
20 διό, because
21 συντελέω, *fut pas ind 3s*, accomplish
22 διαπίπτω, *aor act sub 3s*, fail, fall away
23 διασκορπίζω, *fut pas ind 3p*, scatter
24 αἰχμαλωτίζω, *fut pas ind 3p*, take into captivity
25 λύπη, grief
26 καίω, *fut pas ind 3s*, burn
27 μέχρι, until
28 πάλιν, again
29 ἐλεέω, *fut act ind 3s*, show mercy
30 πάλιν, again
31 αἰχμαλωσία, captivity
32 ἐντίμως, honorably
33 ἀληθινῶς, truly
34 ἀφίημι, *fut act ind 3p*, abandon
35 εἴδωλον, idol

κατορύξουσιν[1] τὰ εἴδωλα[2] αὐτῶν, καὶ εὐλογήσουσιν πάντα τὰ ἔθνη τὸν κύριον.
7 καὶ ὁ λαὸς αὐτοῦ ἐξομολογήσεται[3] τῷ θεῷ, καὶ ὑψώσει[4] κύριος τὸν λαὸν αὐτοῦ,
καὶ χαρήσονται[5] πάντες οἱ ἀγαπῶντες κύριον τὸν θεὸν ἐν ἀληθείᾳ καὶ δικαιοσύνῃ,
ποιοῦντες ἔλεος[6] τοῖς ἀδελφοῖς ἡμῶν.

8 καὶ νῦν, τέκνον, ἄπελθε ἀπὸ Νινευη, ὅτι πάντως[7] ἔσται ἃ ἐλάλησεν ὁ προφήτης
Ιωνας. **9** σὺ δὲ τήρησον[8] τὸν νόμον καὶ τὰ προστάγματα[9] καὶ γίνου φιλελεήμων[10]
καὶ δίκαιος, ἵνα σοι καλῶς[11] ᾖ, καὶ θάψον[12] με καλῶς καὶ τὴν μητέρα σου μετ᾽ ἐμοῦ·
καὶ μηκέτι[13] αὐλισθῆτε[14] εἰς Νινευη. **10** τέκνον, ἰδὲ τί ἐποίησεν Αμαν Αχιαχάρῳ τῷ
θρέψαντι[15] αὐτόν, ὡς ἐκ τοῦ φωτὸς ἤγαγεν αὐτὸν εἰς τὸ σκότος, καὶ ὅσα ἀντα-
πέδωκεν[16] αὐτῷ· καὶ Αχιαχαρος μὲν ἐσώθη, ἐκείνῳ δὲ τὸ ἀνταπόδομα[17] ἀπεδόθη,[18]
καὶ αὐτὸς κατέβη εἰς τὸ σκότος. Μανασσης ἐποίησεν ἐλεημοσύνην[19] καὶ ἐσώθη
ἐκ παγίδος[20] θανάτου, ἧς ἔπηξεν[21] αὐτῷ, Αμαν δὲ ἐνέπεσεν[22] εἰς τὴν παγίδα καὶ
ἀπώλετο. **11** καὶ νῦν, παιδία, ἴδετε τί ἐλεημοσύνη[23] ποιεῖ, καὶ τί δικαιοσύνη ῥύεται.[24]
— καὶ ταῦτα αὐτοῦ λέγοντος ἐξέλιπεν[25] αὐτοῦ ἡ ψυχὴ ἐπὶ τῆς κλίνης·[26] ἦν δὲ ἐτῶν
ἑκατὸν[27] πεντήκοντα[28] ὀκτώ·[29] καὶ ἔθαψεν[30] αὐτὸν ἐνδόξως.[31]

1 κατορύσσω, *fut act ind 3p*, bury
2 εἴδωλον, idol
3 ἐξομολογέομαι, *fut mid ind 3s*, acknowledge
4 ὑψόω, *fut act ind 3s*, lift high
5 χαίρω, *fut pas ind 3p*, rejoice
6 ἔλεος, mercy
7 πάντως, surely
8 τηρέω, *aor act impv 2s*, keep, observe
9 πρόσταγμα, ordinance
10 φιλελεήμων, merciful
11 καλῶς, well
12 θάπτω, *aor act impv 2s*, bury
13 μηκέτι, no longer
14 αὐλίζω, *aor pas sub 2p*, lodge
15 τρέφω, *aor act ptc dat s m*, rear, bring up
16 ἀνταποδίδωμι, *aor act ind 3s*, repay
17 ἀνταπόδομα, recompense
18 ἀποδίδωμι, *aor pas ind 3s*, return
19 ἐλεημοσύνη, mercy, charity
20 παγίς, snare, trap
21 πήγνυμι, *aor act ind 3s*, set
22 ἐμπίπτω, *aor act ind 3s*, fall into
23 ἐλεημοσύνη, mercy, charity
24 ῥύομαι, *pres mid ind 3s*, rescue, deliver
25 ἐκλείπω, *aor act ind 3s*, faint, cease
26 κλίνη, bed
27 ἑκατόν, hundred
28 πεντήκοντα, fifty
29 ὀκτώ, eight
30 θάπτω, *aor act ind 3s*, bury
31 ἐνδόξως, respectably

GII τοὺς πλανῶντας ψευδῆ[1] τὴν πλάνησιν[2] αὐτῶν, καὶ εὐλογήσουσιν τὸν θεὸν τοῦ
αἰῶνος ἐν δικαιοσύνῃ. **7** πάντες οἱ υἱοὶ τοῦ Ισραηλ οἱ σῳζόμενοι ἐν ταῖς ἡμέραις
ἐκείναις μνημονεύοντες[3] τοῦ θεοῦ ἐν ἀληθείᾳ ἐπισυναχθήσονται[4] καὶ ἥξουσιν[5] εἰς
Ιερουσαλημ καὶ οἰκήσουσιν[6] τὸν αἰῶνα ἐν τῇ γῇ Αβρααμ μετὰ ἀσφαλείας,[7] καὶ
παραδοθήσεται[8] αὐτοῖς· καὶ χαρήσονται[9] οἱ ἀγαπῶντες τὸν θεὸν ἐπ᾽ ἀληθείας, καὶ
οἱ ποιοῦντες τὴν ἁμαρτίαν καὶ τὴν ἀδικίαν[10] ἐκλείψουσιν[11] ἀπὸ πάσης τῆς γῆς.

8 καὶ νῦν, παιδία, ἐγὼ ὑμῖν ἐντέλλομαι·[12] δουλεύσατε[13] τῷ θεῷ ἐν ἀληθείᾳ καὶ
ποιήσατε τὸ ἀρεστὸν[14] ἐνώπιον αὐτοῦ, καὶ τοῖς παιδίοις ὑμῶν ἐνυποταγήσεται[15]
ποιεῖν δικαιοσύνην καὶ ἐλεημοσύνην[16] καὶ ἵνα ὦσιν μεμνημένοι[17] τοῦ θεοῦ καὶ εὐλο-
γῶσιν τὸ ὄνομα αὐτοῦ ἐν παντὶ καιρῷ ἐν ἀληθείᾳ καὶ ὅλῃ τῇ ἰσχύι[18] αὐτῶν. καὶ
νῦν σύ, παιδίον, ἔξελθε ἐκ Νινευη καὶ μὴ μείνῃς[19] ὧδε·[20] ἐν ᾗ ἂν ἡμέρᾳ θάψῃς[21]
τὴν μητέρα σου μετ᾽ ἐμοῦ, αὐτῇ τῇ ἡμέρᾳ μὴ αὐλισθῇς[22] ἐν τοῖς ὁρίοις[23] αὐτῆς·
ὁρῶ γὰρ ὅτι πολλὴ ἀδικία[24] ἐν αὐτῇ, καὶ δόλος[25] πολὺς συντελεῖται[26] ἐν αὐτῇ, καὶ
οὐκ αἰσχύνονται.[27] **10** ἰδέ, παιδίον, ὅσα Ναδαβ ἐποίησεν Αχικάρῳ τῷ ἐκθρέψαντι[28]
αὐτόν· οὐχὶ ζῶν κατηνέχθη[29] εἰς τὴν γῆν; καὶ ἀπέδωκεν ὁ θεὸς τὴν ἀτιμίαν[30] κατὰ
πρόσωπον αὐτοῦ, καὶ ἐξῆλθεν εἰς τὸ φῶς Αχικαρος, καὶ Ναδαβ εἰσῆλθεν εἰς τὸ
σκότος τοῦ αἰῶνος, ὅτι ἐζήτησεν ἀποκτεῖναι Αχικαρον· ἐν τῷ ποιῆσαι ἐλεημοσύνην[31]
ἐξῆλθεν ἐκ τῆς παγίδος[32] τοῦ θανάτου, ἣν ἔπηξεν[33] αὐτῷ Ναδαβ, καὶ Ναδαβ ἔπεσεν[34]
εἰς τὴν παγίδα τοῦ θανάτου, καὶ ἀπώλεσεν αὐτόν. **11** καὶ νῦν, παιδία, ἴδετε τί ποιεῖ
ἐλεημοσύνη,[35] καὶ τί ποιεῖ ἀδικία,[36] ὅτι ἀποκτέννει· καὶ ἰδοὺ ἡ ψυχή μου ἐκλείπει.[37]
— καὶ ἔθηκαν αὐτὸν ἐπὶ τὴν κλίνην,[38] καὶ ἀπέθανεν· καὶ ἐτάφη[39] ἐνδόξως.[40]

1 ψευδής, lying, false
2 πλάνησις, deception
3 μνημονεύω, *pres act ptc nom p m*, keep in mind
4 ἐπισυνάγω, *fut pas ind 3p*, gather together
5 ἥκω, *fut act ind 3p*, come
6 οἰκέω, *fut act ind 3p*, dwell
7 ἀσφάλεια, security, safety
8 παραδίδωμι, *fut pas ind 3s*, hand over
9 χαίρω, *fut mid ind 3p*, rejoice
10 ἀδικία, wrongdoing, injustice
11 ἐκλείπω, *fut act ind 3p*, cease
12 ἐντέλλομαι, *pres mid ind 1s*, command
13 δουλεύω, *aor act impv 2p*, serve
14 ἀρεστός, pleasing
15 ἐνυποτάσσω, *fut pas ind 3s*, make subject to
16 ἐλεημοσύνη, mercy, charity
17 μιμνήσκομαι, *perf mid ptc nom p m*, remember
18 ἰσχύς, strength
19 μένω, *aor act sub 2s*, remain, stay
20 ὧδε, here
21 θάπτω, *aor act sub 2s*, bury
22 αὐλίζω, *aor pas sub 2s*, lodge
23 ὅριον, territory
24 ἀδικία, wrongdoing, injustice
25 δόλος, deceit
26 συντελέω, *pres pas ind 3s*, carry out, accomplish
27 αἰσχύνω, *pres pas ind 3p*, be ashamed
28 ἐκτρέφω, *aor act ptc dat s m*, rear from childhood
29 καταφέρω, *aor pas ind 3s*, bring down
30 ἀτιμία, dishonor
31 ἐλεημοσύνη, mercy, charity
32 παγίς, snare, trap
33 πήγνυμι, *aor act ind 3s*, set
34 πίπτω, *aor act ind 3s*, fall
35 ἐλεημοσύνη, mercy, charity
36 ἀδικία, wrongdoing, injustice
37 ἐκλείπω, *pres act ind 3s*, faint, cease
38 κλίνη, bed
39 θάπτω, *aor pas ind 3s*, bury
40 ἐνδόξως, respectably

GI

12 Καὶ ὅτε ἀπέθανεν Αννα, ἔθαψεν[1] αὐτὴν μετὰ τοῦ πατρὸς αὐτοῦ. ἀπῆλθεν δὲ
Τωβιας μετὰ τῆς γυναικὸς αὐτοῦ καὶ τῶν υἱῶν αὐτοῦ εἰς Ἐκβάτανα πρὸς Ραγουηλ
τὸν πενθερὸν[2] αὐτοῦ. **13** καὶ ἐγήρασεν[3] ἐντίμως[4] καὶ ἔθαψεν[5] τοὺς πενθεροὺς[6]
αὐτοῦ ἐνδόξως[7] καὶ ἐκληρονόμησεν[8] τὴν οὐσίαν[9] αὐτῶν καὶ Τωβιτ τοῦ πατρὸς
αὐτοῦ. **14** καὶ ἀπέθανεν ἐτῶν ἑκατὸν[10] εἴκοσι[11] ἑπτὰ ἐν Ἐκβατάνοις τῆς Μηδίας.
15 καὶ ἤκουσεν πρὶν[12] ἢ ἀποθανεῖν αὐτὸν τὴν ἀπώλειαν[13] Νινευη, ἣν ᾐχμαλώτισεν[14]
Ναβουχοδονοσορ καὶ Ασυηρος· ἐχάρη[15] πρὸ τοῦ ἀποθανεῖν ἐπὶ Νινευη.

1 θάπτω, *aor act ind 3s*, bury
2 πενθερός, father-in-law
3 γηράσκω, *aor act ind 3s*, grow old
4 ἐντίμως, honorably
5 θάπτω, *aor act ind 3s*, bury
6 πενθερός, father-in-law
7 ἐνδόξως, respectably
8 κληρονομέω, *aor act ind 3s*, inherit
9 οὐσία, property, estate
10 ἑκατόν, hundred
11 εἴκοσι, twenty
12 πρίν, before
13 ἀπώλεια, destruction
14 αἰχμαλωτίζω, *aor act ind 3s*, take into captivity
15 χαίρω, *aor pas ind 3s*, rejoice

GII **12** Καὶ ὅτε ἀπέθανεν ἡ μήτηρ αὐτοῦ, ἔθαψεν[1] αὐτὴν Τωβιας μετὰ τοῦ πατρὸς
αὐτοῦ. καὶ ἀπῆλθεν αὐτὸς καὶ ἡ γυνὴ αὐτοῦ εἰς Μηδίαν καὶ ᾤκησεν[2] ἐν Ἐκβατάνοις
μετὰ Ραγουήλου τοῦ πενθεροῦ[3] αὐτοῦ. **13** καὶ ἐγηροβόσκησεν[4] αὐτοὺς ἐντίμως[5]
καὶ ἔθαψεν[6] αὐτοὺς ἐν Ἐκβατάνοις τῆς Μηδίας καὶ ἐκληρονόμησεν[7] τὴν οἰκίαν
Ραγουήλου καὶ Τωβιθ τοῦ πατρὸς αὐτοῦ. **14** καὶ ἀπέθανεν ἐτῶν ἑκατὸν[8] δέκα[9]
ἑπτὰ[10] ἐνδόξως.[11] **15** καὶ εἶδεν καὶ ἤκουσεν πρὸ τοῦ ἀποθανεῖν αὐτὸν τὴν ἀπώλειαν[12]
Νινευη καὶ εἶδεν τὴν αἰχμαλωσίαν[13] αὐτῆς ἀγομένην εἰς Μηδίαν, ἣν ᾐχμαλώτισεν[14]
Αχιαχαρος ὁ βασιλεὺς τῆς Μηδίας, καὶ εὐλόγησεν τὸν θεὸν ἐν πᾶσιν, οἷς ἐποίησεν
ἐπὶ τοὺς υἱοὺς Νινευη καὶ Αθουριας· ἐχάρη[15] πρὶν[16] τοῦ ἀποθανεῖν ἐπὶ Νινευη καὶ
εὐλόγησεν κύριον τὸν θεὸν εἰς τοὺς αἰῶνας τῶν αἰώνων.

1 θάπτω, *aor act ind 3s*, bury
2 οἰκέω, *aor act ind 3s*, dwell
3 πενθερός, father-in-law
4 γηροβόσκω, *aor act ind 3s*, cherish in old age
5 ἐντίμως, honorably
6 θάπτω, *aor act ind 3s*, bury
7 κληρονομέω, *aor act ind 3s*, inherit
8 ἑκατόν, hundred
9 δέκα, ten
10 ἑπτά, seven
11 ἐνδόξως, respectably
12 ἀπώλεια, destruction
13 αἰχμαλωσία, captivity
14 αἰχμαλωτίζω, *aor act ind 3s*, take into captivity
15 χαίρω, *aor pas ind 3s*, rejoice
16 πρίν, before

ΜΑΚΚΑΒΑΙΩΝ Α′
1 Maccabees

Alexander the Great

1 Καὶ ἐγένετο μετὰ τὸ πατάξαι[1] Ἀλέξανδρον τὸν Φιλίππου Μακεδόνα, ὃς ἐξῆλθεν
ἐκ γῆς Χεττιιμ, καὶ ἐπάταξεν[2] τὸν Δαρεῖον βασιλέα Περσῶν καὶ Μήδων καὶ
ἐβασίλευσεν[3] ἀντ᾽[4] αὐτοῦ, πρότερον[5] ἐπὶ τὴν Ἑλλάδα. **2** καὶ συνεστήσατο[6] πολέμους
πολλοὺς καὶ ἐκράτησεν ὀχυρωμάτων[7] καὶ ἔσφαξεν[8] βασιλεῖς τῆς γῆς· **3** καὶ διῆλθεν
ἕως ἄκρων[9] τῆς γῆς καὶ ἔλαβεν σκῦλα[10] πλήθους ἐθνῶν. καὶ ἡσύχασεν[11] ἡ γῆ ἐνώπιον
αὐτοῦ, καὶ ὑψώθη,[12] καὶ ἐπήρθη[13] ἡ καρδία αὐτοῦ. **4** καὶ συνῆξεν δύναμιν ἰσχυρὰν[14]
σφόδρα[15] καὶ ἦρξεν χωρῶν[16] ἐθνῶν καὶ τυράννων,[17] καὶ ἐγένοντο αὐτῷ εἰς φόρον.[18]

5 καὶ μετὰ ταῦτα ἔπεσεν ἐπὶ τὴν κοίτην[19] καὶ ἔγνω ὅτι ἀποθνῄσκει. **6** καὶ ἐκάλεσεν
τοὺς παῖδας[20] αὐτοῦ τοὺς ἐνδόξους[21] τοὺς συνεκτρόφους[22] αὐτοῦ ἐκ νεότητος[23]
καὶ διεῖλεν[24] αὐτοῖς τὴν βασιλείαν αὐτοῦ ἔτι αὐτοῦ ζῶντος. **7** καὶ ἐβασίλευσεν[25]
Ἀλέξανδρος ἔτη δώδεκα[26] καὶ ἀπέθανεν. **8** καὶ ἐπεκράτησαν[27] οἱ παῖδες[28] αὐτοῦ,
ἕκαστος ἐν τῷ τόπῳ αὐτοῦ. **9** καὶ ἐπέθεντο πάντες διαδήματα[29] μετὰ τὸ ἀποθανεῖν
αὐτὸν καὶ οἱ υἱοὶ αὐτῶν ὀπίσω αὐτῶν ἔτη πολλὰ καὶ ἐπλήθυναν[30] κακὰ ἐν τῇ γῇ.
10 καὶ ἐξῆλθεν ἐξ αὐτῶν ῥίζα[31] ἁμαρτωλὸς Ἀντίοχος Ἐπιφανὴς υἱὸς Ἀντιόχου
τοῦ βασιλέως, ὃς ἦν ὅμηρα[32] ἐν Ῥώμῃ· καὶ ἐβασίλευσεν[33] ἐν ἔτει ἑκατοστῷ[34] καὶ
τριακοστῷ[35] καὶ ἑβδόμῳ[36] βασιλείας Ἑλλήνων.

1 πατάσσω, *aor act inf*, strike, defeat
2 πατάσσω, *aor act ind 3s*, strike, defeat
3 βασιλεύω, *aor act ind 3s*, reign as king, become king
4 ἀντί, in place of
5 πρότερος, former(ly)
6 συνίστημι, *aor mid ind 3s*, set in motion, conduct
7 ὀχύρωμα, stronghold, fortress
8 σφάζω, *aor act ind 3s*, slaughter
9 ἄκρος, end, extremity
10 σκῦλον, spoils, plunder
11 ἡσυχάζω, *aor act ind 3s*, be at rest
12 ὑψόω, *aor pas ind 3s*, raise up
13 ἐπαίρω, *aor pas ind 3s*, exalt
14 ἰσχυρός, strong
15 σφόδρα, very
16 χώρα, territory, land
17 τύραννος, ruler, sovereign
18 φόρος, tribute
19 κοίτη, bed
20 παῖς, servant
21 ἔνδοξος, reputable, honorable
22 συνέκτροφος, reared together with
23 νεότης, youth
24 διαιρέω, *aor act ind 3s*, divide
25 βασιλεύω, *aor act ind 3s*, reign as king
26 δώδεκα, twelve
27 ἐπικρατέω, *aor act ind 3p*, take power
28 παῖς, servant
29 διάδημα, crown, diadem
30 πληθύνω, *aor act ind 3p*, multiply, increase
31 ῥίζα, root
32 ὅμηρος, hostage
33 βασιλεύω, *aor act ind 3s*, reign as king
34 ἑκατοστός, hundredth
35 τριακοστός, thirtieth
36 ἕβδομος, seventh

Antiochus Epiphanes

11 Ἐν ταῖς ἡμέραις ἐκείναις ἐξῆλθον ἐξ Ισραηλ υἱοὶ παράνομοι[1] καὶ ἀνέπεισαν[2]
πολλοὺς λέγοντες Πορευθῶμεν καὶ διαθώμεθα[3] διαθήκην μετὰ τῶν ἐθνῶν τῶν
κύκλῳ[4] ἡμῶν, ὅτι ἀφ᾽ ἧς ἐχωρίσθημεν[5] ἀπ᾽ αὐτῶν, εὗρεν ἡμᾶς κακὰ πολλά. **12** καὶ
ἠγαθύνθη[6] ὁ λόγος ἐν ὀφθαλμοῖς αὐτῶν, **13** καὶ προεθυμήθησάν[7] τινες ἀπὸ τοῦ
λαοῦ καὶ ἐπορεύθησαν πρὸς τὸν βασιλέα, καὶ ἔδωκεν αὐτοῖς ἐξουσίαν[8] ποιῆσαι τὰ
δικαιώματα[9] τῶν ἐθνῶν. **14** καὶ ᾠκοδόμησαν γυμνάσιον[10] ἐν Ιεροσολύμοις κατὰ τὰ
νόμιμα[11] τῶν ἐθνῶν **15** καὶ ἐποίησαν ἑαυτοῖς ἀκροβυστίας[12] καὶ ἀπέστησαν[13] ἀπὸ
διαθήκης ἁγίας καὶ ἐζευγίσθησαν[14] τοῖς ἔθνεσιν καὶ ἐπράθησαν[15] τοῦ ποιῆσαι τὸ
πονηρόν.

16 Καὶ ἡτοιμάσθη ἡ βασιλεία ἐνώπιον Ἀντιόχου, καὶ ὑπέλαβεν[16] βασιλεῦσαι[17] γῆς
Αἰγύπτου, ὅπως βασιλεύσῃ[18] ἐπὶ τὰς δύο βασιλείας. **17** καὶ εἰσῆλθεν εἰς Αἴγυπτον ἐν
ὄχλῳ[19] βαρεῖ,[20] ἐν ἅρμασιν[21] καὶ ἐλέφασιν[22] καὶ ἐν ἱππεῦσιν[23] καὶ ἐν στόλῳ[24] μεγάλῳ
18 καὶ συνεστήσατο[25] πόλεμον πρὸς Πτολεμαῖον βασιλέα Αἰγύπτου· καὶ ἐνετράπη[26]
Πτολεμαῖος ἀπὸ προσώπου αὐτοῦ καὶ ἔφυγεν,[27] καὶ ἔπεσον τραυματίαι[28] πολλοί.
19 καὶ κατελάβοντο[29] τὰς πόλεις τὰς ὀχυρὰς[30] ἐν γῇ Αἰγύπτῳ, καὶ ἔλαβεν τὰ σκῦλα[31]
γῆς Αἰγύπτου.

Persecution of the Jews

20 καὶ ἐπέστρεψεν Ἀντίοχος μετὰ τὸ πατάξαι[32] Αἴγυπτον ἐν τῷ ἑκατοστῷ[33] καὶ
τεσσαρακοστῷ[34] καὶ τρίτῳ ἔτει καὶ ἀνέβη ἐπὶ Ισραηλ καὶ ἀνέβη εἰς Ιεροσόλυμα
ἐν ὄχλῳ[35] βαρεῖ.[36] **21** καὶ εἰσῆλθεν εἰς τὸ ἁγίασμα[37] ἐν ὑπερηφανίᾳ[38] καὶ ἔλαβεν

1 παράνομος, lawless
2 ἀναπείθω, *aor act ind 3p*, persuade
3 διατίθημι, *aor mid sub 1p*, arrange
4 κύκλῳ, all around
5 χωρίζω, *aor pas ind 1p*, depart, separate
6 ἀγαθύνω, *aor pas ind 3s*, find favor
7 προθυμέομαι, *aor pas ind 3p*, be eager
8 ἐξουσία, authority
9 δικαίωμα, ordinance, decree
10 γυμνάσιον, gymnasium, school
11 νόμιμος, legal statute
12 ἀκροβυστία, foreskin
13 ἀφίστημι, *aor act ind 3p*, depart from
14 ζευγίζω, *aor pas ind 3p*, unite with
15 πιπράσκω, *aor pas ind 3p*, sell
16 ὑπολαμβάνω, *aor act ind 3s*, endeavor, undertake
17 βασιλεύω, *aor act inf*, become king
18 βασιλεύω, *aor act sub 3s*, reign as king
19 ὄχλος, host, multitude
20 βαρύς, heavily armed
21 ἅρμα, chariot
22 ἐλέφας, elephant
23 ἱππεύς, rider
24 στόλος, fleet
25 συνίστημι, *aor mid ind 3s*, set in motion
26 ἐντρέπω, *aor pas ind 3s*, turn about, put to shame
27 φεύγω, *aor act ind 3s*, flee
28 τραυματίας, casualty
29 καταλαμβάνω, *aor mid ind 3p*, lay hold of, capture
30 ὀχυρός, fortified
31 σκῦλον, spoils, plunder
32 πατάσσω, *aor act inf*, strike, defeat
33 ἑκατοστός, hundredth
34 τεσσαρακοστός, fortieth
35 ὄχλος, host, multitude
36 βαρύς, heavily armed
37 ἁγίασμα, sanctuary
38 ὑπερηφανία, arrogance

τὸ θυσιαστήριον[1] τὸ χρυσοῦν[2] καὶ τὴν λυχνίαν[3] τοῦ φωτὸς καὶ πάντα τὰ σκεύη[4] αὐτῆς **22** καὶ τὴν τράπεζαν[5] τῆς προθέσεως[6] καὶ τὰ σπονδεῖα[7] καὶ τὰς φιάλας[8] καὶ τὰς θυΐσκας[9] τὰς χρυσᾶς[10] καὶ τὸ καταπέτασμα[11] καὶ τοὺς στεφάνους[12] καὶ τὸν κόσμον[13] τὸν χρυσοῦν τὸν κατὰ πρόσωπον τοῦ ναοῦ καὶ ἐλέπισεν[14] πάντα· **23** καὶ ἔλαβεν τὸ ἀργύριον[15] καὶ τὸ χρυσίον[16] καὶ τὰ σκεύη[17] τὰ ἐπιθυμητὰ[18] καὶ ἔλαβεν τοὺς θησαυροὺς[19] τοὺς ἀποκρύφους,[20] οὓς εὗρεν· **24** καὶ λαβὼν πάντα ἀπῆλθεν εἰς τὴν γῆν αὐτοῦ.

καὶ ἐποίησεν φονοκτονίαν[21]
καὶ ἐλάλησεν ὑπερηφανίαν[22] μεγάλην.
25 καὶ ἐγένετο πένθος[23] μέγα ἐπὶ Ισραηλ
ἐν παντὶ τόπῳ αὐτῶν.
26 καὶ ἐστέναξαν[24] ἄρχοντες καὶ πρεσβύτεροι,
παρθένοι[25] καὶ νεανίσκοι[26] ἠσθένησαν,[27]
καὶ τὸ κάλλος[28] τῶν γυναικῶν ἠλλοιώθη.[29]
27 πᾶς νυμφίος[30] ἀνέλαβεν[31] θρῆνον,[32]
καὶ καθημένη ἐν παστῷ[33] ἐπένθει.[34]
28 καὶ ἐσείσθη[35] ἡ γῆ ἐπὶ τοὺς κατοικοῦντας αὐτήν,
καὶ πᾶς ὁ οἶκος Ιακωβ ἐνεδύσατο[36] αἰσχύνην.[37]

Attack on Jerusalem

29 Μετὰ δύο ἔτη ἡμερῶν ἀπέστειλεν ὁ βασιλεὺς ἄρχοντα φορολογίας[38] εἰς τὰς πόλεις Ιουδα, καὶ ἦλθεν εἰς Ιερουσαλημ ἐν ὄχλῳ[39] βαρεῖ.[40] **30** καὶ ἐλάλησεν αὐτοῖς

1 θυσιαστήριον, altar
2 χρυσοῦς, gold
3 λυχνία, lampstand
4 σκεῦος, vessel, utensil
5 τράπεζα, table
6 πρόθεσις, presentation
7 σπονδεῖον, cup
8 φιάλη, shallow bowl
9 θυίσκη, censer
10 χρυσοῦς, gold
11 καταπέτασμα, curtain
12 στέφανος, crown
13 κόσμος, decoration
14 λεπίζω, *aor act ind 3s*, remove, strip off
15 ἀργύριον, silver
16 χρυσίον, gold
17 σκεῦος, vessel, equipment
18 ἐπιθυμητός, desired
19 θησαυρός, treasure
20 ἀπόκρυφος, hidden, concealed
21 φονοκτονία, massacre
22 ὑπερηφανία, arrogance
23 πένθος, mourning
24 στενάζω, *aor act ind 3p*, lament, moan
25 παρθένος, virgin, young woman
26 νεανίσκος, young man
27 ἀσθενέω, *aor act ind 3p*, be weak
28 κάλλος, beauty
29 ἀλλοιόω, *aor pas ind 3s*, change (for the worse)
30 νυμφίος, bridegroom
31 ἀναλαμβάνω, *aor act ind 3s*, take up
32 θρῆνος, lamentation
33 παστός, bridal chamber
34 πενθέω, *impf act ind 3s*, mourn
35 σείω, *aor pas ind 3s*, shake
36 ἐνδύω, *aor mid ind 3s*, put on, clothe with
37 αἰσχύνη, shame, dishonor
38 φορολογία, tribute
39 ὄχλος, host, multitude
40 βαρύς, heavily armed

λόγους εἰρηνικοὺς[1] ἐν δόλῳ,[2] καὶ ἐνεπίστευσαν[3] αὐτῷ. καὶ ἐπέπεσεν[4] ἐπὶ τὴν πόλιν
ἐξάπινα[5] καὶ ἐπάταξεν[6] αὐτὴν πληγὴν[7] μεγάλην καὶ ἀπώλεσεν λαὸν πολὺν ἐξ Ισραηλ.
31 καὶ ἔλαβεν τὰ σκῦλα[8] τῆς πόλεως καὶ ἐνέπρησεν[9] αὐτὴν πυρὶ καὶ καθεῖλεν[10] τοὺς
οἴκους αὐτῆς καὶ τὰ τείχη[11] κύκλῳ.[12] **32** καὶ ᾐχμαλώτισαν[13] τὰς γυναῖκας καὶ τὰ
τέκνα, καὶ τὰ κτήνη[14] ἐκληρονόμησαν.[15] **33** καὶ ᾠκοδόμησαν τὴν πόλιν Δαυιδ τείχει[16]
μεγάλῳ καὶ ὀχυρῷ,[17] πύργοις[18] ὀχυροῖς, καὶ ἐγένετο αὐτοῖς εἰς ἄκραν.[19] **34** καὶ
ἔθηκαν ἐκεῖ ἔθνος ἁμαρτωλόν, ἄνδρας παρανόμους,[20] καὶ ἐνίσχυσαν[21] ἐν αὐτῇ.
35 καὶ παρέθεντο[22] ὅπλα[23] καὶ τροφὴν[24] καὶ συναγαγόντες τὰ σκῦλα[25] Ιερουσαλημ
ἀπέθεντο[26] ἐκεῖ καὶ ἐγένοντο εἰς μεγάλην παγίδα.[27]

36 καὶ ἐγένετο εἰς ἔνεδρον[28] τῷ ἁγιάσματι[29]
καὶ εἰς διάβολον[30] πονηρὸν τῷ Ισραηλ διὰ παντός.
37 καὶ ἐξέχεαν[31] αἷμα ἀθῷον[32] κύκλῳ[33] τοῦ ἁγιάσματος[34]
καὶ ἐμόλυναν[35] τὸ ἁγίασμα.
38 καὶ ἔφυγον[36] οἱ κάτοικοι[37] Ιερουσαλημ δι᾽ αὐτούς,
καὶ ἐγένετο κατοικία[38] ἀλλοτρίων·[39]
καὶ ἐγένετο ἀλλοτρία τοῖς γενήμασιν[40] αὐτῆς,
καὶ τὰ τέκνα αὐτῆς ἐγκατέλιπον[41] αὐτήν.
39 τὸ ἁγίασμα[42] αὐτῆς ἠρημώθη[43] ὡς ἔρημος,
αἱ ἑορταὶ[44] αὐτῆς ἐστράφησαν[45] εἰς πένθος,[46]

1 εἰρηνικός, peaceful
2 δόλος, deceit
3 ἐμπιστεύω, *aor act ind 3p*, trust in
4 ἐπιπίπτω, *aor act ind 3s*, fall upon
5 ἐξάπινα, suddenly
6 πατάσσω, *aor act ind 3s*, strike, defeat
7 πληγή, blow, stroke
8 σκῦλον, spoils, plunder
9 ἐμπίμπρημι, *aor act ind 3s*, set on fire
10 καθαιρέω, *aor act ind 3s*, destroy, tear down
11 τεῖχος, city wall
12 κύκλῳ, all around
13 αἰχμαλωτίζω, *aor act ind 3p*, take captive
14 κτῆνος, animal, (*p*) herd
15 κληρονομέω, *aor act ind 3p*, acquire possession
16 τεῖχος, city wall
17 ὀχυρός, fortified
18 πύργος, tower
19 ἄκρα, citadel, high place
20 παράνομος, lawless
21 ἐνισχύω, *aor act ind 3p*, strengthen
22 παρατίθημι, *aor mid ind 3p*, store up
23 ὅπλον, weapon, armor
24 τροφή, provisions
25 σκῦλον, spoils, plunder
26 ἀποτίθημι, *aor mid ind 3p*, put aside
27 παγίς, trap, snare
28 ἔνεδρον, ambush
29 ἁγίασμα, sanctuary
30 διάβολος, adversary
31 ἐκχέω, *aor act ind 3p*, pour out
32 ἀθῷος, innocent
33 κύκλῳ, around
34 ἁγίασμα, sanctuary
35 μολύνω, *aor act ind 3p*, defile
36 φεύγω, *aor act ind 3p*, flee
37 κάτοικος, inhabitant
38 κατοικία, dwelling place
39 ἀλλότριος, foreign
40 γένημα, first produce
41 ἐγκαταλείπω, *aor act ind 3p*, leave behind
42 ἁγίασμα, sanctuary
43 ἐρημόω, *aor pas ind 3s*, desolate, lay waste
44 ἑορτή, feast
45 στρέφω, *aor pas ind 3p*, change into
46 πένθος, mourning

τὰ σάββατα αὐτῆς εἰς ὀνειδισμόν,[1]
ἡ τιμὴ[2] αὐτῆς εἰς ἐξουδένωσιν.[3]
40 κατὰ τὴν δόξαν αὐτῆς ἐπληθύνθη[4] ἡ ἀτιμία[5] αὐτῆς,
καὶ τὸ ὕψος[6] αὐτῆς ἐστράφη[7] εἰς πένθος.[8]

Defilement of Worship in Jerusalem

41 Καὶ ἔγραψεν ὁ βασιλεὺς πάσῃ τῇ βασιλείᾳ αὐτοῦ εἶναι πάντας εἰς λαὸν ἕνα **42** καὶ
ἐγκαταλιπεῖν[9] ἕκαστον τὰ νόμιμα[10] αὐτοῦ. καὶ ἐπεδέξαντο[11] πάντα τὰ ἔθνη κατὰ τὸν
λόγον τοῦ βασιλέως. **43** καὶ πολλοὶ ἀπὸ Ισραηλ εὐδόκησαν[12] τῇ λατρείᾳ[13] αὐτοῦ
καὶ ἔθυσαν[14] τοῖς εἰδώλοις[15] καὶ ἐβεβήλωσαν[16] τὸ σάββατον. **44** καὶ ἀπέστειλεν ὁ
βασιλεὺς βιβλία ἐν χειρὶ ἀγγέλων εἰς Ιερουσαλημ καὶ τὰς πόλεις Ιουδα πορευθῆναι
ὀπίσω νομίμων[17] ἀλλοτρίων[18] τῆς γῆς **45** καὶ κωλῦσαι[19] ὁλοκαυτώματα[20] καὶ θυ-
σίαν[21] καὶ σπονδὴν[22] ἐκ τοῦ ἁγιάσματος[23] καὶ βεβηλῶσαι[24] σάββατα καὶ ἑορτὰς[25]
46 καὶ μιᾶναι[26] ἁγίασμα[27] καὶ ἁγίους, **47** οἰκοδομῆσαι βωμοὺς[28] καὶ τεμένη[29] καὶ
εἰδώλια[30] καὶ θύειν[31] ὕεια[32] καὶ κτήνη[33] κοινὰ[34] **48** καὶ ἀφιέναι[35] τοὺς υἱοὺς αὐτῶν
ἀπεριτμήτους[36] βδελύξαι[37] τὰς ψυχὰς αὐτῶν ἐν παντὶ ἀκαθάρτῳ καὶ βεβηλώσει[38]
49 ὥστε ἐπιλαθέσθαι[39] τοῦ νόμου καὶ ἀλλάξαι[40] πάντα τὰ δικαιώματα·[41] **50** καὶ ὃς
ἂν μὴ ποιήσῃ κατὰ τὸν λόγον τοῦ βασιλέως, ἀποθανεῖται.

51 κατὰ πάντας τοὺς λόγους τούτους ἔγραψεν πάσῃ τῇ βασιλείᾳ αὐτοῦ καὶ ἐποίησεν
ἐπισκόπους[42] ἐπὶ πάντα τὸν λαὸν καὶ ἐνετείλατο[43] ταῖς πόλεσιν Ιουδα θυσιάζειν[44]
κατὰ πόλιν καὶ πόλιν. **52** καὶ συνηθροίσθησαν[45] ἀπὸ τοῦ λαοῦ πολλοὶ πρὸς αὐτούς,

1 ὀνειδισμός, disgrace
2 τιμή, honor
3 ἐξουδένωσις, contempt, scorn
4 πληθύνω, *aor pas ind 3s*, multiply
5 ἀτιμία, dishonor
6 ὕψος, exaltation
7 στρέφω, *aor pas ind 3s*, change into
8 πένθος, mourning
9 ἐγκαταλείπω, *aor act inf*, forsake
10 νόμιμος, legal statute
11 ἐπιδέχομαι, *aor mid ind 3p*, receive
12 εὐδοκέω, *aor act ind 3p*, consent
13 λατρεία, servitude
14 θύω, *aor act ind 3p*, sacrifice
15 εἴδωλον, idol
16 βεβηλόω, *aor act ind 3p*, profane
17 νόμιμος, legal statute
18 ἀλλότριος, foreign
19 κωλύω, *aor act inf*, forbid, hinder
20 ὁλοκαύτωμα, whole burnt offering
21 θυσία, sacrifice
22 σπονδή, drink offering
23 ἁγίασμα, sanctuary
24 βεβηλόω, *aor act inf*, profane
25 ἑορτή, feast
26 μιαίνω, *aor act inf*, pollute
27 ἁγίασμα, sanctuary
28 βωμός, (illegitimate) altar
29 τέμενος, shrine
30 εἰδώλιον, idol temple
31 θύω, *pres act inf*, sacrifice
32 ὕειος, pig
33 κτῆνος, animal
34 κοινός, common, impure
35 ἀφίημι, *pres act inf*, leave alone
36 ἀπερίτμητος, uncircumcised
37 βδελύσσω, *aor act inf*, profane
38 βεβήλωσις, profanation
39 ἐπιλανθάνομαι, *aor mid inf*, forget
40 ἀλλάσσω, *aor act inf*, change
41 δικαίωμα, ordinance, decree
42 ἐπίσκοπος, overseer
43 ἐντέλλομαι, *aor mid ind 3s*, command
44 θυσιάζω, *pres act inf*, sacrifice
45 συναθροίζω, *aor pas ind 3p*, gather

πᾶς ὁ ἐγκαταλείπων[1] τὸν νόμον, καὶ ἐποίησαν κακὰ ἐν τῇ γῇ **53** καὶ ἔθεντο τὸν
Ισραηλ ἐν κρύφοις[2] ἐν παντὶ φυγαδευτηρίῳ[3] αὐτῶν.

54 καὶ τῇ πεντεκαιδεκάτῃ[4] ἡμέρᾳ Χασελευ τῷ πέμπτῳ[5] καὶ τεσσαρακοστῷ[6] καὶ
ἑκατοστῷ[7] ἔτει ᾠκοδόμησεν βδέλυγμα[8] ἐρημώσεως[9] ἐπὶ τὸ θυσιαστήριον.[10] καὶ ἐν
πόλεσιν Ιουδα κύκλῳ[11] ᾠκοδόμησαν βωμούς·[12] **55** καὶ ἐπὶ τῶν θυρῶν τῶν οἰκιῶν
καὶ ἐν ταῖς πλατείαις[13] ἐθυμίων.[14] **56** καὶ τὰ βιβλία τοῦ νόμου, ἃ εὗρον, ἐνεπύρισαν[15]
ἐν πυρὶ κατασχίσαντες.[16] **57** καὶ ὅπου[17] εὑρίσκετο παρά τινι βιβλίον διαθήκης, καὶ
εἴ τις συνευδόκει[18] τῷ νόμῳ, τὸ σύγκριμα[19] τοῦ βασιλέως ἐθανάτου[20] αὐτόν. **58** ἐν
ἰσχύι[21] αὐτῶν ἐποίουν τῷ Ισραηλ τοῖς εὑρισκομένοις ἐν παντὶ μηνὶ[22] καὶ μηνὶ ἐν ταῖς
πόλεσιν. **59** καὶ τῇ πέμπτῃ[23] καὶ εἰκάδι[24] τοῦ μηνὸς[25] θυσιάζοντες[26] ἐπὶ τὸν βωμόν,[27]
ὃς ἦν ἐπὶ τοῦ θυσιαστηρίου.[28] **60** καὶ τὰς γυναῖκας τὰς περιτετμηκυίας[29] τὰ τέκνα
αὐτῶν ἐθανάτωσαν[30] κατὰ τὸ πρόσταγμα[31] **61** καὶ ἐκρέμασαν[32] τὰ βρέφη[33] ἐκ τῶν
τραχήλων[34] αὐτῶν, καὶ τοὺς οἴκους αὐτῶν καὶ τοὺς περιτετμηκότας[35] αὐτούς.

62 καὶ πολλοὶ ἐν Ισραηλ ἐκραταιώθησαν[36] καὶ ὠχυρώθησαν[37] ἐν αὐτοῖς τοῦ μὴ
φαγεῖν κοινὰ[38] **63** καὶ ἐπεδέξαντο[39] ἀποθανεῖν, ἵνα μὴ μιανθῶσιν[40] τοῖς βρώμασιν[41]
καὶ μὴ βεβηλώσωσιν[42] διαθήκην ἁγίαν, καὶ ἀπέθανον. **64** καὶ ἐγένετο ὀργὴ μεγάλη
ἐπὶ Ισραηλ σφόδρα.[43]

Sons of Mattathias

2 Ἐν ταῖς ἡμέραις ἐκείναις ἀνέστη Ματταθιας υἱὸς Ιωαννου τοῦ Συμεων ἱερεὺς
τῶν υἱῶν Ιωαριβ ἀπὸ Ιερουσαλημ καὶ ἐκάθισεν ἐν Μωδεϊν. **2** καὶ αὐτῷ υἱοὶ

1 ἐγκαταλείπω, *pres act ptc nom s m*, forsake
2 κρύφος, hiding place
3 φυγαδευτήριον, place of refuge
4 πεντεκαιδέκατος, fifteenth
5 πέμπτος, fifth
6 τεσσαρακοστός, fortieth
7 ἑκατοστός, hundredth
8 βδέλυγμα, abomination
9 ἐρήμωσις, desolation
10 θυσιαστήριον, altar
11 κύκλῳ, all around
12 βωμός, (illegitimate) altar
13 πλατύς, broad (street)
14 θυμιάω, *impf act ind 3p*, sacrifice
15 ἐμπυρίζω, *aor act ind 3p*, set on fire
16 κατασχίζω, *aor act ptc nom p m*, tear up
17 ὅπου, wherever
18 συνευδοκέω, *impf act ind 3s*, approve, consent
19 σύγκριμα, judgment
20 θανατόω, *impf act ind 3s*, put to death
21 ἰσχύς, strength
22 μήν, month
23 πέμπτος, fifth
24 εἰκάς, twentieth
25 μήν, month
26 θυσιάζω, *pres act ptc nom p m*, sacrifice
27 βωμός, (illegitimate) altar
28 θυσιαστήριον, altar
29 περιτέμνω, *perf act ptc acc p f*, circumcise
30 θανατόω, *aor act ind 3p*, put to death
31 πρόσταγμα, ordinance
32 κρεμάννυμι, *aor act ind 3p*, hang
33 βρέφος, infant, baby
34 τράχηλος, neck
35 περιτέμνω, *perf act ptc acc p m*, circumcise
36 κραταιόω, *aor pas ind 3p*, strengthen oneself
37 ὀχυρόω, *aor pas ind 3p*, fortify
38 κοινός, impure (food)
39 ἐπιδέχομαι, *aor mid ind 3p*, welcome, receive
40 μιαίνω, *aor pas sub 3p*, pollute
41 βρῶμα, food
42 βεβηλόω, *aor act sub 3p*, profane
43 σφόδρα, exceedingly

πέντε, Ιωαννης ὁ ἐπικαλούμενος[1] Γαδδι, **3** Σιμων ὁ καλούμενος Θασσι, **4** Ιουδας ὁ
καλούμενος Μακκαβαῖος, **5** Ελεαζαρ ὁ καλούμενος Αυαραν, Ιωναθης ὁ καλούμενος
Απφους. **6** καὶ εἶδεν τὰς βλασφημίας[2] τὰς γινομένας ἐν Ιουδα καὶ ἐν Ιερουσαλημ
7 καὶ εἶπεν

Οἴμμοι,[3] ἵνα τί τοῦτο ἐγεννήθην ἰδεῖν τὸ σύντριμμα[4] τοῦ λαοῦ μου
  καὶ τὸ σύντριμμα τῆς ἁγίας πόλεως
καὶ καθίσαι ἐκεῖ ἐν τῷ δοθῆναι αὐτὴν ἐν χειρὶ ἐχθρῶν,
  τὸ ἁγίασμα[5] ἐν χειρὶ ἀλλοτρίων;[6]
8 ἐγένετο ὁ ναὸς αὐτῆς ὡς ἀνὴρ ἄδοξος,[7]
9 τὰ σκεύη[8] τῆς δόξης αὐτῆς αἰχμάλωτα[9] ἀπήχθη,[10]
ἀπεκτάνθη τὰ νήπια[11] αὐτῆς ἐν ταῖς πλατείαις[12] αὐτῆς,
  οἱ νεανίσκοι[13] αὐτῆς ἐν ῥομφαίᾳ[14] ἐχθροῦ.
10 ποῖον[15] ἔθνος οὐκ ἐκληρονόμησεν[16] βασίλεια
  καὶ οὐκ ἐκράτησεν[17] τῶν σκύλων[18] αὐτῆς;
11 πᾶς ὁ κόσμος[19] αὐτῆς ἀφηρέθη,[20]
  ἀντὶ[21] ἐλευθέρας[22] ἐγένετο εἰς δούλην.[23]
12 καὶ ἰδοὺ τὰ ἅγια ἡμῶν καὶ ἡ καλλονὴ[24] ἡμῶν
  καὶ ἡ δόξα ἡμῶν ἠρημώθη,[25]
καὶ ἐβεβήλωσαν[26] αὐτὰ τὰ ἔθνη.
13 ἵνα τί ἡμῖν ἔτι ζωή;

14 καὶ διέρρηξεν[27] Ματταθιας καὶ οἱ υἱοὶ αὐτοῦ τὰ ἱμάτια αὐτῶν καὶ περιεβάλοντο[28]
σάκκους[29] καὶ ἐπένθησαν[30] σφόδρα.[31]

Mattathias Leads the Jews to Refuse Pagan Worship

15 Καὶ ἦλθον οἱ παρὰ τοῦ βασιλέως οἱ καταναγκάζοντες[32] τὴν ἀποστασίαν[33] εἰς
Μωδεϊν τὴν πόλιν, ἵνα θυσιάσωσιν.[34] **16** καὶ πολλοὶ ἀπὸ Ισραηλ πρὸς αὐτοὺς προσ-

1 ἐπικαλέω, *pres pas ptc nom s m*, call
2 βλασφημία, blasphemy
3 οἴμμοι, alas!, woe!
4 σύντριμμα, affliction
5 ἁγίασμα, sanctuary
6 ἀλλότριος, foreign
7 ἄδοξος, inglorious, dishonorable
8 σκεῦος, vessel, object, furnishing
9 αἰχμάλωτος, captive
10 ἀπάγω, *aor pas ind 3s*, carry off
11 νήπιος, infant
12 πλατύς, broad (street)
13 νεανίσκος, young man
14 ῥομφαία, sword
15 ποῖος, what
16 κληρονομέω, *aor act ind 3s*, acquire possession
17 κρατέω, *aor act ind 3s*, seize
18 σκῦλον, spoils, plunder
19 κόσμος, decoration
20 ἀφαιρέω, *aor pas ind 3s*, take away
21 ἀντί, instead of
22 ἐλεύθερος, free
23 δούλη, female servant
24 καλλονή, beauty, excellence
25 ἐρημόω, *aor pas ind 3s*, desolate, lay waste
26 βεβηλόω, *aor act ind 3p*, profane
27 διαρρήγνυμι, *aor act ind 3s*, tear, rend
28 περιβάλλω, *aor mid ind 3p*, put on
29 σάκκος, sackcloth, *Heb. LW*
30 πενθέω, *aor act ind 3p*, mourn
31 σφόδρα, exceedingly
32 καταναγκάζω, *pres act ptc nom p m*, compel, enforce
33 ἀποστασία, revolt
34 θυσιάζω, *aor act sub 3p*, sacrifice

ἦλθον· καὶ Ματταθιας καὶ οἱ υἱοὶ αὐτοῦ συνήχθησαν. **17** καὶ ἀπεκρίθησαν οἱ παρὰ τοῦ βασιλέως καὶ εἶπον τῷ Ματταθια λέγοντες Ἄρχων καὶ ἔνδοξος[1] καὶ μέγας εἶ ἐν τῇ πόλει ταύτῃ καὶ ἐστηρισμένος[2] υἱοῖς καὶ ἀδελφοῖς· **18** νῦν πρόσελθε πρῶτος καὶ ποίησον τὸ πρόσταγμα[3] τοῦ βασιλέως, ὡς ἐποίησαν πάντα τὰ ἔθνη καὶ οἱ ἄνδρες Ιουδα καὶ οἱ καταλειφθέντες[4] ἐν Ιερουσαλημ, καὶ ἔσῃ σὺ καὶ οἱ υἱοί σου τῶν φίλων[5] τοῦ βασιλέως, καὶ σὺ καὶ οἱ υἱοί σου δοξασθήσεσθε ἀργυρίῳ[6] καὶ χρυσίῳ[7] καὶ ἀποστολαῖς[8] πολλαῖς.

19 καὶ ἀπεκρίθη Ματταθιας καὶ εἶπεν φωνῇ μεγάλῃ Εἰ πάντα τὰ ἔθνη τὰ ἐν οἴκῳ τῆς βασιλείας τοῦ βασιλέως ἀκούουσιν αὐτοῦ ἀποστῆναι[9] ἕκαστος ἀπὸ λατρείας[10] πατέρων αὐτοῦ καὶ ᾑρετίσαντο[11] ἐν ταῖς ἐντολαῖς αὐτοῦ, **20** κἀγὼ[12] καὶ οἱ υἱοί μου καὶ οἱ ἀδελφοί μου πορευσόμεθα ἐν διαθήκῃ πατέρων ἡμῶν· **21** ἵλεως[13] ἡμῖν καταλιπεῖν[14] νόμον καὶ δικαιώματα·[15] **22** τῶν λόγων τοῦ βασιλέως οὐκ ἀκουσόμεθα παρελθεῖν[16] τὴν λατρείαν[17] ἡμῶν δεξιὰν ἢ ἀριστεράν.[18]

23 καὶ ὡς ἐπαύσατο[19] λαλῶν τοὺς λόγους τούτους, προσῆλθεν ἀνὴρ Ιουδαῖος ἐν ὀφθαλμοῖς πάντων θυσιάσαι[20] ἐπὶ τοῦ βωμοῦ[21] ἐν Μωδεϊν κατὰ τὸ πρόσταγμα[22] τοῦ βασιλέως. **24** καὶ εἶδεν Ματταθιας καὶ ἐζήλωσεν,[23] καὶ ἐτρόμησαν[24] οἱ νεφροὶ[25] αὐτοῦ, καὶ ἀνήνεγκεν[26] θυμὸν[27] κατὰ τὸ κρίμα[28] καὶ δραμὼν[29] ἔσφαξεν[30] αὐτὸν ἐπὶ τὸν βωμόν·[31] **25** καὶ τὸν ἄνδρα τοῦ βασιλέως τὸν ἀναγκάζοντα[32] θύειν[33] ἀπέκτεινεν ἐν τῷ καιρῷ ἐκείνῳ καὶ τὸν βωμὸν[34] καθεῖλεν.[35] **26** καὶ ἐζήλωσεν[36] τῷ νόμῳ, καθὼς ἐποίησεν Φινεες τῷ Ζαμβρι υἱῷ Σαλωμ. **27** καὶ ἀνέκραξεν[37] Ματταθιας ἐν τῇ πόλει φωνῇ μεγάλῃ λέγων Πᾶς ὁ ζηλῶν[38] τῷ νόμῳ καὶ ἱστῶν διαθήκην ἐξελθέτω ὀπίσω μου. **28** καὶ ἔφυγεν[39] αὐτὸς καὶ οἱ υἱοὶ αὐτοῦ εἰς τὰ ὄρη καὶ ἐγκατέλιπον[40] ὅσα εἶχον ἐν τῇ πόλει.

1 ἔνδοξος, reputable, honorable
2 στηρίζω, *perf pas ptc nom s m*, support
3 πρόσταγμα, ordinance
4 καταλείπω, *aor pas ptc nom p m*, leave behind
5 φίλος, friend
6 ἀργύριον, silver
7 χρυσίον, gold
8 ἀποστολή, reward, gift
9 ἀφίστημι, *aor act inf*, turn away
10 λατρεία, religious service
11 αἱρετίζω, *aor mid ind 3p*, adopt, choose
12 κἀγώ, I also, *cr.* καὶ ἐγώ
13 ἵλεως, merciful
14 καταλείπω, *aor act inf*, forsake
15 δικαίωμα, ordinance, decree
16 παρέρχομαι, *aor act inf*, neglect, transgress
17 λατρεία, religious service
18 ἀριστερός, left
19 παύω, *aor mid ind 3s*, cease
20 θυσιάζω, *aor act inf*, sacrifice
21 βωμός, (illegitimate) altar
22 πρόσταγμα, ordinance
23 ζηλόω, *aor act ind 3s*, be zealous
24 τρομέω, *aor act ind 3p*, tremble (with anger)
25 νεφρός, kidney, affections
26 ἀναφέρω, *aor act ind 3s*, raise up
27 θυμός, anger, wrath
28 κρίμα, judgment
29 τρέχω, *aor act ptc nom s m*, run
30 σφάζω, *aor act ind 3s*, slay
31 βωμός, (illegitimate) altar
32 ἀναγκάζω, *pres act ptc acc s m*, compel
33 θύω, *pres act inf*, sacrifice
34 βωμός, (illegitimate) altar
35 καθαιρέω, *aor act ind 3s*, destroy, tear down
36 ζηλόω, *aor act ind 3s*, be zealous
37 ἀνακράζω, *aor act ind 3s*, cry out
38 ζηλόω, *pres act ptc nom s m*, be zealous
39 φεύγω, *aor act ind 3s*, flee
40 ἐγκαταλείπω, *aor act ind 3p*, leave behind

Attacks and Counterattacks

29 Τότε κατέβησαν πολλοὶ ζητοῦντες δικαιοσύνην καὶ κρίμα[1] εἰς τὴν ἔρημον κα-
θίσαι ἐκεῖ, **30** αὐτοὶ καὶ οἱ υἱοὶ αὐτῶν καὶ αἱ γυναῖκες αὐτῶν καὶ τὰ κτήνη[2] αὐτῶν,
ὅτι ἐσκληρύνθη[3] ἐπ' αὐτοὺς τὰ κακά. **31** καὶ ἀνηγγέλη[4] τοῖς ἀνδράσιν τοῦ βασιλέως
καὶ ταῖς δυνάμεσιν,[5] αἳ ἦσαν ἐν Ιερουσαλημ πόλει Δαυιδ ὅτι κατέβησαν ἄνδρες,
οἵτινες διεσκέδασαν[6] τὴν ἐντολὴν τοῦ βασιλέως, εἰς τοὺς κρύφους[7] ἐν τῇ ἐρήμῳ.
32 καὶ ἔδραμον[8] ὀπίσω αὐτῶν πολλοὶ καὶ κατελάβοντο[9] αὐτοὺς καὶ παρενέβαλον[10]
ἐπ' αὐτοὺς καὶ συνεστήσαντο[11] πρὸς αὐτοὺς πόλεμον ἐν τῇ ἡμέρᾳ τῶν σαββάτων
33 καὶ εἶπον πρὸς αὐτούς Ἕως τοῦ νῦν· ἐξελθόντες ποιήσατε κατὰ τὸν λόγον τοῦ
βασιλέως, καὶ ζήσεσθε. **34** καὶ εἶπον Οὐκ ἐξελευσόμεθα οὐδὲ ποιήσομεν τὸν λόγον
τοῦ βασιλέως βεβηλῶσαι[12] τὴν ἡμέραν τῶν σαββάτων. **35** καὶ ἐτάχυναν[13] ἐπ' αὐτοὺς
πόλεμον. **36** καὶ οὐκ ἀπεκρίθησαν αὐτοῖς οὐδὲ λίθον ἐνετίναξαν[14] αὐτοῖς οὐδὲ
ἐνέφραξαν[15] τοὺς κρύφους[16] **37** λέγοντες Ἀποθάνωμεν πάντες ἐν τῇ ἁπλότητι[17]
ἡμῶν· μαρτυρεῖ[18] ἐφ' ἡμᾶς ὁ οὐρανὸς καὶ ἡ γῆ ὅτι ἀκρίτως[19] ἀπόλλυτε ἡμᾶς. **38** καὶ
ἀνέστησαν ἐπ' αὐτοὺς ἐν πολέμῳ τοῖς σάββασιν, καὶ ἀπέθανον αὐτοὶ καὶ αἱ γυναῖκες
αὐτῶν καὶ τὰ τέκνα αὐτῶν καὶ τὰ κτήνη[20] αὐτῶν ἕως χιλίων[21] ψυχῶν ἀνθρώπων.

39 Καὶ ἔγνω Ματταθιας καὶ οἱ φίλοι[22] αὐτοῦ καὶ ἐπένθησαν[23] ἐπ' αὐτοὺς σφόδρα.[24]
40 καὶ εἶπεν ἀνὴρ τῷ πλησίον[25] αὐτοῦ Ἐὰν πάντες ποιήσωμεν ὡς οἱ ἀδελφοὶ
ἡμῶν ἐποίησαν καὶ μὴ πολεμήσωμεν πρὸς τὰ ἔθνη ὑπὲρ τῆς ψυχῆς ἡμῶν καὶ
τῶν δικαιωμάτων[26] ἡμῶν, νῦν τάχιον[27] ὀλεθρεύσουσιν[28] ἡμᾶς ἀπὸ τῆς γῆς. **41** καὶ
ἐβουλεύσαντο[29] τῇ ἡμέρᾳ ἐκείνῃ λέγοντες Πᾶς ἄνθρωπος, ὃς ἐὰν ἔλθῃ ἐφ' ἡμᾶς
εἰς πόλεμον τῇ ἡμέρᾳ τῶν σαββάτων, πολεμήσωμεν κατέναντι[30] αὐτοῦ καὶ οὐ μὴ
ἀποθάνωμεν πάντες καθὼς ἀπέθανον οἱ ἀδελφοὶ ἡμῶν ἐν τοῖς κρύφοις.[31]

1 κρίμα, judgment
2 κτῆνος, animal, (*p*) herd
3 σκληρύνω, *aor pas ind 3s*, be difficult, harden
4 ἀναγγέλλω, *aor pas ind 3s*, report
5 δύναμις, army
6 διασκεδάζω, *aor act ind 3p*, spurn, reject
7 κρύφος, hiding place
8 τρέχω, *aor act ind 3p*, run
9 καταλαμβάνω, *aor mid ind 3p*, overtake
10 παρεμβάλλω, *aor act ind 3p*, encamp, set against
11 συνίστημι, *aor mid ind 3p*, engage
12 βεβηλόω, *aor act inf*, profane
13 ταχύνω, *aor act ind 3p*, hasten
14 ἐντινάσσω, *aor act ind 3p*, hurl against
15 ἐμφράσσω, *aor act ind 3p*, bar a passage, block up
16 κρύφος, hiding place
17 ἁπλότης, integrity
18 μαρτυρέω, *pres act ind 3s*, witness, testify
19 ἀκρίτως, unjustly
20 κτῆνος, animal, (*p*) herd
21 χίλιοι, thousand
22 φίλος, associate
23 πενθέω, *aor act ind 3p*, mourn
24 σφόδρα, exceedingly
25 πλησίον, comrade
26 δικαίωμα, ordinance, decree
27 ταχύς, *comp*, more quickly
28 ὀλεθρεύω, *fut act ind 3p*, destroy
29 βουλεύω, *aor mid ind 3p*, resolve, determine
30 κατέναντι, against
31 κρύφος, hiding place

42 τότε συνήχθησαν πρὸς αὐτοὺς συναγωγὴ Ασιδαίων, ἰσχυροὶ[1] δυνάμει ἀπὸ Ισραηλ, πᾶς ὁ ἑκουσιαζόμενος[2] τῷ νόμῳ· **43** καὶ πάντες οἱ φυγαδεύοντες[3] ἀπὸ τῶν κακῶν προσετέθησαν[4] αὐτοῖς καὶ ἐγένοντο αὐτοῖς εἰς στήριγμα.[5] **44** καὶ συνεστήσαντο[6] δύναμιν καὶ ἐπάταξαν[7] ἁμαρτωλοὺς ἐν ὀργῇ αὐτῶν καὶ ἄνδρας ἀνόμους[8] ἐν θυμῷ[9] αὐτῶν· καὶ οἱ λοιποὶ ἔφυγον[10] εἰς τὰ ἔθνη σωθῆναι. **45** καὶ ἐκύκλωσεν[11] Ματταθιας καὶ οἱ φίλοι[12] αὐτοῦ καὶ καθεῖλον[13] τοὺς βωμοὺς[14] **46** καὶ περιέτεμον[15] τὰ παιδάρια[16] τὰ ἀπερίτμητα,[17] ὅσα εὗρον ἐν ὁρίοις[18] Ισραηλ, ἐν ἰσχύι[19] **47** καὶ ἐδίωξαν[20] τοὺς υἱοὺς τῆς ὑπερηφανίας,[21] καὶ κατευοδώθη[22] τὸ ἔργον ἐν χειρὶ αὐτῶν· **48** καὶ ἀντελάβοντο[23] τοῦ νόμου ἐκ χειρὸς τῶν ἐθνῶν καὶ τῶν βασιλέων καὶ οὐκ ἔδωκαν κέρας[24] τῷ ἁμαρτωλῷ.

Mattathias Gives Final Instructions

49 Καὶ ἤγγισαν αἱ ἡμέραι Ματταθιου ἀποθανεῖν, καὶ εἶπεν τοῖς υἱοῖς αὐτοῦ Νῦν ἐστηρίσθη[25] ὑπερηφανία[26] καὶ ἐλεγμὸς[27] καὶ καιρὸς καταστροφῆς[28] καὶ ὀργὴ θυμοῦ.[29] **50** νῦν, τέκνα, ζηλώσατε[30] τῷ νόμῳ καὶ δότε τὰς ψυχὰς ὑμῶν ὑπὲρ διαθήκης πατέρων ἡμῶν **51** καὶ μνήσθητε[31] τὰ ἔργα τῶν πατέρων, ἃ ἐποίησαν ἐν ταῖς γενεαῖς αὐτῶν, καὶ δέξασθε[32] δόξαν μεγάλην καὶ ὄνομα αἰώνιον. **52** Αβρααμ οὐχὶ ἐν πειρασμῷ[33] εὑρέθη πιστός,[34] καὶ ἐλογίσθη αὐτῷ εἰς δικαιοσύνην; **53** Ιωσηφ ἐν καιρῷ στενοχωρίας[35] αὐτοῦ ἐφύλαξεν ἐντολὴν καὶ ἐγένετο κύριος Αἰγύπτου. **54** Φινεες ὁ πατὴρ ἡμῶν ἐν τῷ ζηλῶσαι[36] ζῆλον[37] ἔλαβεν διαθήκην ἱερωσύνης[38] αἰωνίας. **55** Ἰησοῦς ἐν τῷ πληρῶσαι λόγον ἐγένετο κριτὴς[39] ἐν Ισραηλ. **56** Χαλεβ ἐν τῷ μαρτύρασθαι[40] ἐν τῇ ἐκκλησίᾳ ἔλαβεν γῆς κληρονομίαν.[41] **57** Δαυιδ ἐν τῷ ἐλέει[42] αὐτοῦ ἐκληρονόμησεν[43]

1 ἰσχυρός, strong
2 ἑκουσιάζομαι, *pres mid ptc nom s m*, volunteer (to do)
3 φυγαδεύω, *pres act ptc nom p m*, flee away from
4 προστίθημι, *aor pas ind 3p*, add to
5 στήριγμα, support, help
6 συνίστημι, *aor mid ind 3p*, join together
7 πατάσσω, *aor act ind 3p*, strike, slay
8 ἄνομος, evil, wicked
9 θυμός, anger, wrath
10 φεύγω, *aor act ind 3p*, flee
11 κυκλόω, *aor act ind 3s*, go around
12 φίλος, associate
13 καθαιρέω, *aor act ind 3p*, destroy, tear down
14 βωμός, (illegitimate) altar
15 περιτέμνω, *aor act ind 3p*, circumcise
16 παιδάριον, young man
17 ἀπερίτμητος, uncircumcised
18 ὅριον, boundary, territory
19 ἰσχύς, strength
20 διώκω, *aor act ind 3p*, pursue, persecute
21 ὑπερηφανία, arrogance
22 κατευοδόω, *aor pas ind 3s*, prosper
23 ἀντιλαμβάνομαι, *aor mid ind 3p*, take hold
24 κέρας, (power), horn
25 στηρίζω, *aor pas ind 3s*, establish
26 ὑπερηφανία, arrogance
27 ἐλεγμός, reproach
28 καταστροφή, destruction
29 θυμός, anger, wrath
30 ζηλόω, *aor act impv 2p*, be zealous
31 μιμνῄσκομαι, *aor pas impv 2p*, remember
32 δέχομαι, *aor mid impv 2p*, receive
33 πειρασμός, trial, test
34 πιστός, faithful
35 στενοχωρία, distress
36 ζηλόω, *aor act inf*, be zealous
37 ζῆλος, zeal
38 ἱερωσύνη, priesthood
39 κριτής, judge
40 μαρτυρέω, *aor mid inf*, witness, testify
41 κληρονομία, inheritance
42 ἔλεος, mercy
43 κληρονομέω, *aor act ind 3s*, inherit

θρόνον βασιλείας εἰς αἰῶνας. **58** Ηλιας ἐν τῷ ζηλῶσαι[1] ζῆλον[2] νόμου ἀνελήμφθη[3]
εἰς τὸν οὐρανόν. **59** Ανανιας, Αζαριας, Μισαηλ πιστεύσαντες ἐσώθησαν ἐκ φλογός.[4]
60 Δανιηλ ἐν τῇ ἁπλότητι[5] αὐτοῦ ἐρρύσθη[6] ἐκ στόματος λεόντων.[7]

61 καὶ οὕτως ἐννοήθητε[8] κατὰ γενεὰν καὶ γενεάν, ὅτι πάντες οἱ ἐλπίζοντες ἐπ᾽ αὐτὸν
οὐκ ἀσθενήσουσιν.[9] **62** καὶ ἀπὸ λόγων ἀνδρὸς ἁμαρτωλοῦ μὴ φοβηθῆτε, ὅτι ἡ δόξα
αὐτοῦ εἰς κόπρια[10] καὶ εἰς σκώληκας·[11] **63** σήμερον ἐπαρθήσεται[12] καὶ αὔριον[13] οὐ μὴ
εὑρεθῇ, ὅτι ἐπέστρεψεν εἰς τὸν χοῦν[14] αὐτοῦ, καὶ ὁ διαλογισμὸς[15] αὐτοῦ ἀπολεῖται.
64 τέκνα, ἀνδρίζεσθε[16] καὶ ἰσχύσατε[17] ἐν τῷ νόμῳ, ὅτι ἐν αὐτῷ δοξασθήσεσθε.
65 καὶ ἰδοὺ Συμεων ὁ ἀδελφὸς ὑμῶν, οἶδα ὅτι ἀνὴρ βουλῆς[18] ἐστιν, αὐτοῦ ἀκούετε
πάσας τὰς ἡμέρας, αὐτὸς ἔσται ὑμῶν πατήρ. **66** καὶ Ιουδας Μακκαβαῖος ἰσχυρὸς[19]
δυνάμει ἐκ νεότητος[20] αὐτοῦ, αὐτὸς ἔσται ὑμῖν ἄρχων στρατιᾶς[21] καὶ πολεμήσει
πόλεμον λαῶν. **67** καὶ ὑμεῖς προσάξετε[22] πρὸς ὑμᾶς πάντας τοὺς ποιητὰς[23] τοῦ
νόμου καὶ ἐκδικήσατε[24] ἐκδίκησιν[25] τοῦ λαοῦ ὑμῶν· **68** ἀνταπόδοτε[26] ἀνταπόδομα[27]
τοῖς ἔθνεσιν καὶ προσέχετε[28] εἰς πρόσταγμα[29] τοῦ νόμου.

69 καὶ εὐλόγησεν αὐτούς· καὶ προσετέθη[30] πρὸς τοὺς πατέρας αὐτοῦ. **70** καὶ ἀπέ-
θανεν ἐν τῷ ἕκτῳ[31] καὶ τεσσαρακοστῷ[32] καὶ ἑκατοστῷ[33] ἔτει καὶ ἐτάφη[34] ἐν τάφοις[35]
πατέρων αὐτοῦ ἐν Μωδεϊν, καὶ ἐκόψαντο[36] αὐτὸν πᾶς Ισραηλ κοπετὸν[37] μέγαν.

Early Victories of Judas Maccabeus

3 Καὶ ἀνέστη Ιουδας ὁ καλούμενος Μακκαβαῖος υἱὸς αὐτοῦ ἀντ᾽[38] αὐτοῦ. **2** καὶ
ἐβοήθουν[39] αὐτῷ πάντες οἱ ἀδελφοὶ αὐτοῦ καὶ πάντες, ὅσοι ἐκολλήθησαν[40] τῷ
πατρὶ αὐτοῦ, καὶ ἐπολέμουν τὸν πόλεμον Ισραηλ μετ᾽ εὐφροσύνης.[41]

1 ζηλόω, *aor act inf*, be zealous
2 ζῆλος, zeal
3 ἀναλαμβάνω, *aor pas ind 3s*, take up
4 φλόξ, flame
5 ἁπλότης, integrity
6 ῥύομαι, *aor pas ind 3s*, rescue, deliver
7 λέων, lion
8 ἐννοέω, *aor pas sub 2p*, consider, have in one's thoughts
9 ἀσθενέω, *fut act ind 3p*, weaken
10 κόπριον, dung, filth
11 σκώληξ, worm
12 ἐπαίρω, *fut pas ind 3s*, lift up, exalt
13 αὔριον, tomorrow
14 χοῦς, dust
15 διαλογισμός, thought
16 ἀνδρίζομαι, *pres mid impv 2p*, be brave
17 ἰσχύω, *aor act impv 2p*, be strong
18 βουλή, counsel
19 ἰσχυρός, strong
20 νεότης, youth
21 στρατιά, army
22 προσάγω, *fut act ind 2p*, bring to
23 ποιητής, one who observes, doer
24 ἐκδικέω, *aor act impv 2p*, avenge
25 ἐκδίκησις, vengeance
26 ἀνταποδίδωμι, *aor act impv 2p*, repay
27 ἀνταπόδομα, recompense
28 προσέχω, *pres act impv 2p*, give heed
29 πρόσταγμα, ordinance
30 προστίθημι, *aor pas ind 3s*, add to, join
31 ἕκτος, sixth
32 τεσσαρακοστός, fortieth
33 ἑκατοστός, hundredth
34 θάπτω, *aor pas ind 3s*, bury
35 τάφος, tomb
36 κόπτω, *aor mid ind 3p*, mourn
37 κοπετός, mourning
38 ἀντί, in place of
39 βοηθέω, *impf act ind 3p*, aid, assist
40 κολλάω, *aor pas ind 3p*, associate with
41 εὐφροσύνη, joy, gladness

3 καὶ ἐπλάτυνεν[1] δόξαν τῷ λαῷ αὐτοῦ
καὶ ἐνεδύσατο[2] θώρακα[3] ὡς γίγας[4]
καὶ συνεζώσατο[5] τὰ σκεύη[6] τὰ πολεμικὰ[7] αὐτοῦ
καὶ πολέμους συνεστήσατο[8]
σκεπάζων[9] παρεμβολὴν[10] ἐν ῥομφαίᾳ.[11]
4 καὶ ὡμοιώθη[12] λέοντι[13] ἐν τοῖς ἔργοις αὐτοῦ
καὶ ὡς σκύμνος[14] ἐρευγόμενος[15] εἰς θήραν.[16]
5 καὶ ἐδίωξεν[17] ἀνόμους[18] ἐξερευνῶν[19]
καὶ τοὺς ταράσσοντας[20] τὸν λαὸν αὐτοῦ ἐφλόγισεν.[21]
6 καὶ συνεστάλησαν[22] ἄνομοι[23] ἀπὸ τοῦ φόβου αὐτοῦ,
καὶ πάντες οἱ ἐργάται[24] τῆς ἀνομίας[25] συνεταράχθησαν,[26]
καὶ εὐοδώθη[27] σωτηρία ἐν χειρὶ αὐτοῦ.
7 καὶ ἐπίκρανεν[28] βασιλεῖς πολλοὺς
καὶ εὔφρανεν[29] τὸν Ιακωβ ἐν τοῖς ἔργοις αὐτοῦ,
καὶ ἕως τοῦ αἰῶνος τὸ μνημόσυνον[30] αὐτοῦ εἰς εὐλογίαν.[31]
8 καὶ διῆλθεν ἐν πόλεσιν Ιουδα
καὶ ἐξωλέθρευσεν[32] ἀσεβεῖς[33] ἐξ αὐτῆς
καὶ ἀπέστρεψεν[34] ὀργὴν ἀπὸ Ισραηλ
9 καὶ ὠνομάσθη[35] ἕως ἐσχάτου γῆς
καὶ συνήγαγεν ἀπολλυμένους.

10 Καὶ συνήγαγεν Ἀπολλώνιος ἔθνη καὶ ἀπὸ Σαμαρείας δύναμιν μεγάλην τοῦ
πολεμῆσαι πρὸς τὸν Ισραηλ. **11** καὶ ἔγνω Ιουδας καὶ ἐξῆλθεν εἰς συνάντησιν[36]
αὐτῷ καὶ ἐπάταξεν[37] αὐτὸν καὶ ἀπέκτεινεν· καὶ ἔπεσον τραυματίαι[38] πολλοί, καὶ οἱ

1 πλατύνω, *aor act ind 3s*, enlarge
2 ἐνδύω, *aor mid ind 3s*, put on
3 θώραξ, breastplate
4 γίγας, giant, mighty one
5 συζώννυμι, *aor mid ind 3s*, gird
6 σκεῦος, equipment
7 πολεμικός, of war
8 συνίστημι, *aor mid ind 3s*, commence, set in motion
9 σκεπάζω, *pres act ptc nom s m*, shelter
10 παρεμβολή, camp
11 ῥομφαία, sword
12 ὁμοιόω, *aor pas ind 3s*, liken to
13 λέων, lion
14 σκύμνος, whelp (of a lion)
15 ἐρεύγομαι, *pres mid ptc nom s m*, roar
16 θήρα, hunting
17 διώκω, *aor act ind 3s*, pursue, persecute
18 ἄνομος, evil, wicked
19 ἐξερευνάω, *pres act ptc nom s m*, search out
20 ταράσσω, *pres act ptc acc p m*, trouble
21 φλογίζω, *aor act ind 3s*, set on fire
22 συστέλλω, *aor pas ind 3p*, shrink back
23 ἄνομος, evil, wicked
24 ἐργάτης, worker
25 ἀνομία, wickedness
26 συνταράσσω, *aor pas ind 3p*, confound, bring into disarray
27 εὐοδόω, *aor pas ind 3s*, prosper
28 πικραίνω, *aor act ind 3s*, embitter
29 εὐφραίνω, *aor act ind 3s*, make joyful
30 μνημόσυνον, remembrance
31 εὐλογία, blessing
32 ἐξολεθρεύω, *aor act ind 3s*, utterly destroy
33 ἀσεβής, ungodly
34 ἀποστρέφω, *aor act ind 3s*, turn back
35 ὀνομάζω, *aor pas ind 3s*, make famous
36 συνάντησις, meeting
37 πατάσσω, *aor act ind 3s*, strike, defeat
38 τραυματίας, casualty

ἐπίλοιποι[1] ἔφυγον.[2] **12** καὶ ἔλαβον τὰ σκῦλα[3] αὐτῶν, καὶ τὴν μάχαιραν[4] Ἀπολλωνίου ἔλαβεν Ιουδας καὶ ἦν πολεμῶν ἐν αὐτῇ πάσας τὰς ἡμέρας. **13** καὶ ἤκουσεν Σήρων ὁ ἄρχων τῆς δυνάμεως Συρίας ὅτι ἤθροισεν[5] Ιουδας ἄθροισμα[6] καὶ ἐκκλησίαν πιστῶν[7] μετ᾽ αὐτοῦ καὶ ἐκπορευομένων εἰς πόλεμον, **14** καὶ εἶπεν Ποιήσω ἐμαυτῷ[8] ὄνομα καὶ δοξασθήσομαι ἐν τῇ βασιλείᾳ καὶ πολεμήσω τὸν Ιουδαν καὶ τοὺς σὺν αὐτῷ τοὺς ἐξουδενοῦντας[9] τὸν λόγον τοῦ βασιλέως. **15** καὶ προσέθετο[10] καὶ ἀνέβη μετ᾽ αὐτοῦ παρεμβολὴ[11] ἀσεβῶν[12] ἰσχυρὰ[13] βοηθῆσαι[14] αὐτῷ ποιῆσαι τὴν ἐκδίκησιν[15] ἐν υἱοῖς Ισραηλ.

16 καὶ ἤγγισεν ἕως ἀναβάσεως[16] Βαιθωρων, καὶ ἐξῆλθεν Ιουδας εἰς συνάντησιν[17] αὐτῷ ὀλιγοστός.[18] **17** ὡς δὲ εἶδον τὴν παρεμβολὴν[19] ἐρχομένην εἰς συνάντησιν[20] αὐτῶν, εἶπον τῷ Ιουδα Τί δυνησόμεθα ὀλιγοστοὶ[21] ὄντες πολεμῆσαι πρὸς πλῆθος τοσοῦτο[22] ἰσχυρόν;[23] καὶ ἡμεῖς ἐκλελύμεθα[24] ἀσιτοῦντες[25] σήμερον. **18** καὶ εἶπεν Ιουδας Εὔκοπόν[26] ἐστιν συγκλεισθῆναι[27] πολλοὺς ἐν χερσὶν ὀλίγων,[28] καὶ οὐκ ἔστιν διαφορὰ[29] ἐναντίον[30] τοῦ οὐρανοῦ σῴζειν ἐν πολλοῖς ἢ ἐν ὀλίγοις·[31] **19** ὅτι οὐκ ἐν πλήθει δυνάμεως νίκη[32] πολέμου ἐστίν, ἀλλ᾽ ἐκ τοῦ οὐρανοῦ ἡ ἰσχύς.[33] **20** αὐτοὶ ἔρχονται ἐφ᾽ ἡμᾶς ἐν πλήθει ὕβρεως[34] καὶ ἀνομίας[35] τοῦ ἐξᾶραι[36] ἡμᾶς καὶ τὰς γυναῖκας ἡμῶν καὶ τὰ τέκνα ἡμῶν τοῦ σκυλεῦσαι[37] ἡμᾶς, **21** ἡμεῖς δὲ πολεμοῦμεν περὶ τῶν ψυχῶν ἡμῶν καὶ τῶν νομίμων[38] ἡμῶν. **22** καὶ αὐτὸς συντρίψει[39] αὐτοὺς πρὸ προσώπου ἡμῶν, ὑμεῖς δὲ μὴ φοβεῖσθε ἀπ᾽ αὐτῶν.

1 ἐπίλοιπος, remaining
2 φεύγω, *aor act ind 3p*, flee
3 σκῦλον, spoils, plunder
4 μάχαιρα, sword
5 ἀθροίζω, *aor act ind 3s*, gather, assemble
6 ἄθροισμα, gathering, assembly
7 πιστός, faithful, trustworthy
8 ἐμαυτοῦ, of myself
9 ἐξουδενέω, *pres act ptc acc p m*, scorn
10 προστίθημι, *aor mid ind 3s*, add to, continue
11 παρεμβολή, company
12 ἀσεβής, ungodly
13 ἰσχυρός, strong
14 βοηθέω, *aor act inf*, aid, assist
15 ἐκδίκησις, vengeance
16 ἀνάβασις, ascent
17 συνάντησις, meeting
18 ὀλίγος, *sup*, fewest, smallest
19 παρεμβολή, company
20 συνάντησις, meeting
21 ὀλίγος, *sup*, fewest, smallest
22 τοσοῦτος, so great
23 ἰσχυρός, powerful
24 ἐκλύω, *perf pas ind 1p*, faint, weaken
25 ἀσιτέω, *pres act ptc nom p m*, abstain from food
26 εὔκοπος, easy
27 συγκλείω, *aor pas inf*, shut in, confine
28 ὀλίγος, few
29 διάφορος, difference
30 ἐναντίον, before
31 ὀλίγος, few
32 νίκη, victory
33 ἰσχύς, strength
34 ὕβρις, pride
35 ἀνομία, wickedness
36 ἐξαίρω, *aor act inf*, remove
37 σκυλεύω, *aor act inf*, plunder
38 νόμιμος, legal statute
39 συντρίβω, *fut act ind 3s*, crush, break

23 ὡς δὲ ἐπαύσατο[1] λαλῶν, ἐνήλατο[2] εἰς αὐτοὺς ἄφνω,[3] καὶ συνετρίβη[4] Σήρων
καὶ ἡ παρεμβολὴ[5] αὐτοῦ ἐνώπιον αὐτοῦ. **24** καὶ ἐδίωκον[6] αὐτὸν ἐν τῇ καταβάσει[7]
Βαιθωρων ἕως τοῦ πεδίου·[8] καὶ ἔπεσον ἀπ᾽ αὐτῶν εἰς ἄνδρας ὀκτακοσίους,[9] οἱ δὲ
λοιποὶ ἔφυγον[10] εἰς γῆν Φυλιστιιμ. **25** καὶ ἤρξατο ὁ φόβος Ιουδου καὶ τῶν ἀδελφῶν
αὐτοῦ καὶ ἡ πτόη[11] ἐπέπιπτεν[12] ἐπὶ τὰ ἔθνη τὰ κύκλῳ[13] αὐτῶν· **26** καὶ ἤγγισεν ἕως
τοῦ βασιλέως τὸ ὄνομα αὐτοῦ, καὶ ὑπὲρ τῶν παρατάξεων[14] Ιουδου ἐξηγεῖτο[15] τὰ
ἔθνη.

Response of Antiochus

27 Ὡς δὲ ἤκουσεν ὁ βασιλεὺς Ἀντίοχος τοὺς λόγους τούτους, ὠργίσθη[16] θυμῷ[17] καὶ
ἀπέστειλεν καὶ συνήγαγεν τὰς δυνάμεις πάσας τῆς βασιλείας αὐτοῦ, παρεμβολὴν[18]
ἰσχυρὰν[19] σφόδρα.[20] **28** καὶ ἤνοιξεν τὸ γαζοφυλάκιον[21] αὐτοῦ καὶ ἔδωκεν ὀψώνια[22]
ταῖς δυνάμεσιν εἰς ἐνιαυτὸν[23] καὶ ἐνετείλατο[24] αὐτοῖς εἶναι ἑτοίμους[25] εἰς πᾶσαν
χρείαν.[26] **29** καὶ εἶδεν ὅτι ἐξέλιπεν[27] τὸ ἀργύριον[28] ἐκ τῶν θησαυρῶν[29] καὶ οἱ φόροι[30]
τῆς χώρας[31] ὀλίγοι[32] χάριν[33] τῆς διχοστασίας[34] καὶ πληγῆς,[35] ἧς κατεσκεύασεν[36] ἐν τῇ
γῇ τοῦ ἆραι[37] τὰ νόμιμα,[38] ἃ ἦσαν ἀφ᾽ ἡμερῶν τῶν πρώτων, **30** καὶ εὐλαβήθη[39] μὴ
οὐκ ἔχῃ ὡς ἅπαξ[40] καὶ δὶς[41] εἰς τὰς δαπάνας[42] καὶ τὰ δόματα,[43] ἃ ἐδίδου ἔμπροσθεν
δαψιλῇ[44] χειρὶ καὶ ἐπερίσσευσεν[45] ὑπὲρ τοὺς βασιλεῖς τοὺς ἔμπροσθεν, **31** καὶ

1 παύω, *aor mid ind 3s*, cease
2 ἐνάλλομαι, *aor mid ind 3s*, leap upon, attack
3 ἄφνω, suddenly
4 συντρίβω, *aor pas ind 3s*, crush, break
5 παρεμβολή, company
6 διώκω, *impf act ind 3p*, pursue
7 κατάβασις, descent
8 πεδίον, plain, field
9 ὀκτακόσιοι, eight hundred
10 φεύγω, *aor act ind 3p*, flee
11 πτόη, terror, fright
12 ἐπιπίπτω, *impf act ind 3s*, fall upon
13 κύκλῳ, all around
14 παράταξις, battle
15 ἐξηγέομαι, *impf mid ind 3s*, tell of, report
16 ὀργίζω, *aor pas ind 3s*, be angry
17 θυμός, anger, wrath
18 παρεμβολή, company
19 ἰσχυρός, strong
20 σφόδρα, very
21 γαζοφυλάκιον, treasury
22 ὀψώνιον, wages, pay
23 ἐνιαυτός, year
24 ἐντέλλομαι, *aor mid ind 3s*, command
25 ἕτοιμος, prepared, ready
26 χρεία, duty, service
27 ἐκλείπω, *aor act ind 3s*, fail
28 ἀργύριον, money
29 θησαυρός, treasury
30 φόρος, tribute
31 χώρα, territory
32 ὀλίγος, little, few
33 χάριν, on account of
34 διχοστασία, sedition
35 πληγή, harm, misfortune
36 κατασκευάζω, *aor act ind 3s*, make
37 αἴρω, *aor act inf*, abolish, remove
38 νόμιμος, legal statute
39 εὐλαβέομαι, *aor pas ind 3s*, be afraid
40 ἅπαξ, once
41 δίς, twice
42 δαπάνη, cost, expenditure
43 δόμα, gift
44 δαψιλής, plentiful
45 περισσεύω, *aor act ind 3s*, be more abundant than

ἠπορεῖτο[1] τῇ ψυχῇ αὐτοῦ σφόδρα[2] καὶ ἐβουλεύσατο[3] τοῦ πορευθῆναι εἰς τὴν Περσίδα καὶ λαβεῖν τοὺς φόρους[4] τῶν χωρῶν[5] καὶ συναγαγεῖν ἀργύριον[6] πολύ.

32 καὶ κατέλιπεν[7] Λυσίαν ἄνθρωπον ἔνδοξον[8] καὶ ἀπὸ γένους[9] τῆς βασιλείας ἐπὶ τῶν
πραγμάτων[10] τοῦ βασιλέως ἀπὸ τοῦ ποταμοῦ[11] Εὐφράτου καὶ ἕως ὁρίων[12] Αἰγύπτου
33 καὶ τρέφειν[13] Ἀντίοχον τὸν υἱὸν αὐτοῦ ἕως τοῦ ἐπιστρέψαι αὐτόν· **34** καὶ παρ-
έδωκεν αὐτῷ τὰς ἡμίσεις[14] τῶν δυνάμεων καὶ τοὺς ἐλέφαντας[15] καὶ ἐνετείλατο[16]
αὐτῷ περὶ πάντων, ὧν ἠβούλετο, καὶ περὶ τῶν κατοικούντων τὴν Ιουδαίαν καὶ
Ιερουσαλημ **35** ἀποστεῖλαι ἐπ᾽ αὐτοὺς δύναμιν τοῦ ἐκτρῖψαι[17] καὶ ἐξᾶραι[18] τὴν
ἰσχὺν[19] Ισραηλ καὶ τὸ κατάλειμμα[20] Ιερουσαλημ καὶ ἆραι τὸ μνημόσυνον[21] αὐτῶν
ἀπὸ τοῦ τόπου **36** καὶ κατοικίσαι[22] υἱοὺς ἀλλογενεῖς[23] ἐν πᾶσιν τοῖς ὁρίοις[24] αὐτῶν
καὶ κατακληροδοτῆσαι[25] τὴν γῆν αὐτῶν. **37** καὶ ὁ βασιλεὺς παρέλαβεν[26] τὰς ἡμί-
σεις[27] τῶν δυνάμεων τὰς καταλειφθείσας[28] καὶ ἀπῆρεν[29] ἀπὸ Ἀντιοχείας ἀπὸ πόλεως βασιλείας αὐτοῦ ἔτους ἑβδόμου[30] καὶ τεσσαρακοστοῦ[31] καὶ ἑκατοστοῦ[32] καὶ διεπέρασεν[33] τὸν Εὐφράτην ποταμὸν[34] καὶ διεπορεύετο[35] τὰς ἐπάνω[36] χώρας.[37]

Judas Prepares His Army for Battle

38 Καὶ ἐπέλεξεν[38] Λυσίας Πτολεμαῖον τὸν Δορυμένους καὶ Νικάνορα καὶ Γοργίαν,
ἄνδρας δυνατοὺς[39] τῶν φίλων[40] τοῦ βασιλέως, **39** καὶ ἀπέστειλεν μετ᾽ αὐτῶν τεσ-
σαράκοντα[41] χιλιάδας[42] ἀνδρῶν καὶ ἑπτακισχιλίαν[43] ἵππον[44] τοῦ ἐλθεῖν εἰς γῆν Ιουδα

1 ἀπορέω, *impf pas ind 3s*, be at a loss, be puzzled
2 σφόδρα, very much
3 βουλεύω, *aor mid ind 3s*, resolve, determine
4 φόρος, tribute
5 χώρα, territory
6 ἀργύριον, money
7 καταλείπω, *aor act ind 3s*, leave behind
8 ἔνδοξος, reputable, honorable
9 γένος, nation, race
10 πρᾶγμα, affair
11 ποταμός, river
12 ὅριον, border
13 τρέφω, *pres act inf*, rear (from childhood)
14 ἥμισυς, half
15 ἐλέφας, elephant
16 ἐντέλλομαι, *aor mid ind 3s*, command
17 ἐκτρίβω, *aor act inf*, wipe out
18 ἐξαίρω, *aor act inf*, destroy
19 ἰσχύς, strength
20 κατάλειμμα, remnant
21 μνημόσυνον, remembrance
22 κατοικίζω, *aor act inf*, cause to settle
23 ἀλλογενής, foreign
24 ὅριον, border
25 κατακληροδοτέω, *aor act inf*, seize and divide
26 παραλαμβάνω, *aor act ind 3s*, acquire
27 ἥμισυς, half
28 καταλείπω, *aor pas ptc acc p f*, leave behind
29 ἀπαίρω, *aor act ind 3s*, depart
30 ἕβδομος, seventh
31 τεσσαρακοστός, fortieth
32 ἑκατοστός, hundredth
33 διαπεράω, *aor act ind 3s*, go across
34 ποταμός, river
35 διαπορεύομαι, *impf mid ind 3s*, go across
36 ἐπάνω, upper
37 χώρα, territory
38 ἐπιλέγω, *aor act ind 3s*, choose
39 δυνατός, mighty
40 φίλος, friend
41 τεσσαράκοντα, forty
42 χιλιάς, thousand
43 ἑπτακισχίλιοι, seven thousand
44 ἵππος, cavalry

καὶ καταφθεῖραι[1] αὐτὴν κατὰ τὸν λόγον τοῦ βασιλέως. **40** καὶ ἀπῆρεν[2] σὺν πάσῃ τῇ
δυνάμει αὐτῶν, καὶ ἦλθον καὶ παρενέβαλον[3] πλησίον[4] Αμμαους ἐν τῇ γῇ τῇ πεδινῇ.[5]
41 καὶ ἤκουσαν οἱ ἔμποροι[6] τῆς χώρας[7] τὸ ὄνομα αὐτῶν καὶ ἔλαβον ἀργύριον[8] καὶ
χρυσίον[9] πολὺ σφόδρα[10] καὶ πέδας[11] καὶ ἦλθον εἰς τὴν παρεμβολὴν[12] τοῦ λαβεῖν
τοὺς υἱοὺς Ισραηλ εἰς παῖδας.[13] καὶ προσετέθησαν[14] πρὸς αὐτοὺς δύναμις Συρίας
καὶ γῆς ἀλλοφύλων.[15]

42 καὶ εἶδεν Ιουδας καὶ οἱ ἀδελφοὶ αὐτοῦ ὅτι ἐπληθύνθη[16] τὰ κακὰ καὶ αἱ δυνάμεις
παρεμβάλλουσιν[17] ἐν τοῖς ὁρίοις[18] αὐτῶν, καὶ ἐπέγνωσαν τοὺς λόγους τοῦ βασι-
λέως, οὓς ἐνετείλατο[19] ποιῆσαι τῷ λαῷ εἰς ἀπώλειαν[20] καὶ συντέλειαν,[21] **43** καὶ εἶπαν
ἕκαστος πρὸς τὸν πλησίον[22] αὐτοῦ Ἀναστήσωμεν τὴν καθαίρεσιν[23] τοῦ λαοῦ ἡμῶν
καὶ πολεμήσωμεν περὶ τοῦ λαοῦ ἡμῶν καὶ τῶν ἁγίων. **44** καὶ ἠθροίσθη[24] ἡ συναγωγὴ
τοῦ εἶναι ἑτοίμους[25] εἰς πόλεμον καὶ τοῦ προσεύξασθαι καὶ αἰτῆσαι[26] ἔλεος[27] καὶ
οἰκτιρμούς.[28]

45 καὶ Ιερουσαλημ ἦν ἀοίκητος[29] ὡς ἔρημος,
  οὐκ ἦν ὁ εἰσπορευόμενος[30] καὶ ἐκπορευόμενος
  ἐκ τῶν γενημάτων[31] αὐτῆς,
καὶ τὸ ἁγίασμα[32] καταπατούμενον,[33]
  καὶ υἱοὶ ἀλλογενῶν[34] ἐν τῇ ἄκρᾳ,[35]
  κατάλυμα[36] τοῖς ἔθνεσιν·
καὶ ἐξήρθη[37] τέρψις[38] ἐξ Ιακωβ,
  καὶ ἐξέλιπεν[39] αὐλὸς[40] καὶ κινύρα.[41]

1 καταφθείρω, *aor act inf*, annihilate, cause to perish
2 ἀπαίρω, *aor act ind 3s*, depart
3 παρεμβάλλω, *aor act ind 3p*, encamp
4 πλησίον, near
5 πεδινός, flat, level
6 ἔμπορος, merchant
7 χώρα, territory
8 ἀργύριον, silver
9 χρυσίον, gold
10 σφόδρα, very much
11 πέδη, fetter, shackle
12 παρεμβολή, camp
13 παῖς, servant
14 προστίθημι, *aor pas ind 3p*, add to
15 ἀλλόφυλος, foreign
16 πληθύνω, *aor pas ind 3s*, multiply
17 παρεμβάλλω, *pres act ind 3p*, encamp
18 ὅριον, border
19 ἐντέλλομαι, *aor mid ind 3s*, command
20 ἀπώλεια, destruction
21 συντέλεια, end
22 πλησίον, comrade
23 καθαίρεσις, ruin
24 ἀθροίζω, *aor pas ind 3s*, gather, assemble
25 ἕτοιμος, prepared, ready
26 αἰτέω, *aor mid impv 2s*, ask for
27 ἔλεος, mercy
28 οἰκτιρμός, compassion
29 ἀοίκητος, uninhabited
30 εἰσπορεύομαι, *pres mid ptc nom s m*, go in
31 γένημα, offspring
32 ἁγίασμα, sanctuary
33 καταπατέω, *pres pas ptc nom s n*, trample under foot
34 ἀλλογενής, foreign
35 ἄκρα, citadel, high place
36 κατάλυμα, lodging
37 ἐξαίρω, *aor pas ind 3s*, remove
38 τέρψις, enjoyment
39 ἐκλείπω, *aor act ind 3s*, cease
40 αὐλός, pipe, flute
41 κινύρα, stringed instrument, *Heb. LW*

46 καὶ συνήχθησαν καὶ ἤλθοσαν εἰς Μασσηφα κατέναντι[1] Ιερουσαλημ, ὅτι τόπος
προσευχῆς ἦν ἐν Μασσηφα τὸ πρότερον[2] τῷ Ισραηλ. **47** καὶ ἐνήστευσαν[3] τῇ ἡμέρᾳ
ἐκείνῃ καὶ περιεβάλοντο[4] σάκκους[5] καὶ σποδὸν[6] ἐπὶ τὴν κεφαλὴν αὐτῶν καὶ διέρρηξαν[7]
τὰ ἱμάτια αὐτῶν. **48** καὶ ἐξεπέτασαν[8] τὸ βιβλίον τοῦ νόμου περὶ ὧν ἐξηρεύνων[9] τὰ ἔθνη
τὰ ὁμοιώματα[10] τῶν εἰδώλων[11] αὐτῶν. **49** καὶ ἤνεγκαν τὰ ἱμάτια τῆς ἱερωσύνης[12] καὶ
τὰ πρωτογενήματα[13] καὶ τὰς δεκάτας[14] καὶ ἤγειραν[15] τοὺς ναζιραίους,[16] οἳ ἐπλήρωσαν
τὰς ἡμέρας, **50** καὶ ἐβόησαν[17] φωνῇ εἰς τὸν οὐρανὸν λέγοντες

Τί ποιήσωμεν τούτοις
  καὶ ποῦ αὐτοὺς ἀπαγάγωμεν,[18]
51 καὶ τὰ ἅγιά σου καταπεπάτηνται[19] καὶ βεβήλωνται[20]
  καὶ οἱ ἱερεῖς σου ἐν πένθει[21] καὶ ταπεινώσει;[22]
52 καὶ ἰδοὺ τὰ ἔθνη συνῆκται ἐφ᾽ ἡμᾶς τοῦ ἐξᾶραι[23] ἡμᾶς·
  σὺ οἶδας ἃ λογίζονται ἐφ᾽ ἡμᾶς.
53 πῶς δυνησόμεθα ὑποστῆναι[24] κατὰ πρόσωπον αὐτῶν,
  ἐὰν μὴ σὺ βοηθήσῃς[25] ἡμῖν;

54 καὶ ἐσάλπισαν[26] ταῖς σάλπιγξιν[27] καὶ ἐβόησαν[28] φωνῇ μεγάλῃ. **55** καὶ μετὰ τοῦτο
κατέστησεν[29] Ιουδας ἡγουμένους[30] τοῦ λαοῦ, χιλιάρχους[31] καὶ ἑκατοντάρχους[32]
καὶ πεντηκοντάρχους[33] καὶ δεκαδάρχους.[34] **56** καὶ εἶπεν τοῖς οἰκοδομοῦσιν οἰκίας
καὶ μνηστευομένοις[35] γυναῖκας καὶ φυτεύουσιν[36] ἀμπελῶνας[37] καὶ δειλοῖς[38]
ἀποστρέφειν[39] ἕκαστον εἰς τὸν οἶκον αὐτοῦ κατὰ τὸν νόμον. **57** καὶ ἀπῆρεν[40]
ἡ παρεμβολή,[41] καὶ παρενέβαλον[42] κατὰ νότον[43] Αμμαους. **58** καὶ εἶπεν Ιουδας

1 κατέναντι, opposite
2 πρότερος, formerly, previously
3 νηστεύω, *aor act ind 3p*, fast
4 περιβάλλω, *aor mid ind 3p*, put on
5 σάκκος, sackcloth, *Heb. LW*
6 σποδός, ashes
7 διαρρήγνυμι, *aor act ind 3p*, tear, rend
8 ἐκπετάννυμι, *aor act ind 3p*, spread out
9 ἐξερευνάω, *impf act ind 3p*, investigate
10 ὁμοίωμα, likeness
11 εἴδωλον, idol
12 ἱερωσύνη, priesthood
13 πρωτογένημα, firstfruit
14 δέκατος, tenth, tithe
15 ἐγείρω, *aor act ind 3p*, rouse
16 ναζιραῖος, Nazirite, *Heb. LW*
17 βοάω, *aor act ind 3p*, cry out
18 ἀπάγω, *aor act sub 1p*, carry away
19 καταπατέω, *per pas ind 3p*, trample under foot
20 βεβηλόω, *pres pas sub 3p*, profane
21 πένθος, mourning
22 ταπείνωσις, humiliation, abasement
23 ἐξαίρω, *aor act inf*, destroy
24 ὑφίστημι, *aor act inf*, resist, withstand
25 βοηθέω, *aor act sub 2s*, aid, assist
26 σαλπίζω, *aor act ind 3p*, sound, blow
27 σάλπιγξ, trumpet
28 βοάω, *aor act ind 3p*, cry out
29 καθίστημι, *aor act ind 3s*, appoint
30 ἡγέομαι, *pres mid ptc acc p m*, lead
31 χιλίαρχος, captain over a thousand
32 ἑκατόνταρχος, leader of a hundred
33 πεντηκόνταρχος, leader of fifty
34 δεκάδαρχος, leader of ten
35 μνηστεύω, *pres mid ptc dat p m*, betroth
36 φυτεύω, *pres act ind 3p*, plant
37 ἀμπελών, vineyard
38 δειλός, cowardly, fearful
39 ἀποστρέφω, *pres act inf*, return
40 ἀπαίρω, *aor act ind 3s*, depart
41 παρεμβολή, company
42 παρεμβάλλω, *aor act ind 3p*, encamp
43 νότος, south

Περιζώσασθε[1] καὶ γίνεσθε εἰς υἱοὺς δυνατοὺς καὶ γίνεσθε ἕτοιμοι[2] εἰς πρωὶ[3] τοῦ
πολεμῆσαι ἐν τοῖς ἔθνεσιν τούτοις τοῖς ἐπισυνηγμένοις[4] ἐφ᾽ ἡμᾶς ἐξᾶραι[5] ἡμᾶς
καὶ τὰ ἅγια ἡμῶν· **59** ὅτι κρεῖσσον[6] ἡμᾶς ἀποθανεῖν ἐν τῷ πολέμῳ ἢ ἐπιδεῖν[7] ἐπὶ
τὰ κακὰ τοῦ ἔθνους ἡμῶν καὶ τῶν ἁγίων. **60** ὡς δ᾽ ἂν ᾖ θέλημα[8] ἐν οὐρανῷ, οὕτως
ποιήσει.

Judas Defeats Gorgias at Emmaus

4 Καὶ παρέλαβεν[9] Γοργίας πεντακισχιλίους[10] ἄνδρας καὶ χιλίαν[11] ἵππον[12] ἐκλεκτήν,[13]
καὶ ἀπῆρεν[14] ἡ παρεμβολὴ[15] νυκτὸς **2** ὥστε ἐπιβαλεῖν[16] ἐπὶ τὴν παρεμβολὴν[17] τῶν
Ιουδαίων καὶ πατάξαι[18] αὐτοὺς ἄφνω·[19] καὶ υἱοὶ τῆς ἄκρας[20] ἦσαν αὐτῷ ὁδηγοί.[21]
3 καὶ ἤκουσεν Ιουδας καὶ ἀπῆρεν[22] αὐτὸς καὶ οἱ δυνατοὶ πατάξαι[23] τὴν δύναμιν τοῦ
βασιλέως τὴν ἐν Αμμαους, **4** ἕως ἔτι ἐσκορπισμέναι[24] ἦσαν αἱ δυνάμεις ἀπὸ τῆς
παρεμβολῆς.[25] **5** καὶ ἦλθεν Γοργίας εἰς τὴν παρεμβολὴν[26] Ιουδου νυκτὸς καὶ οὐδένα
εὗρεν· καὶ ἐζήτει αὐτοὺς ἐν τοῖς ὄρεσιν, ὅτι εἶπεν Φεύγουσιν[27] οὗτοι ἀφ᾽ ἡμῶν.

6 καὶ ἅμα[28] ἡμέρᾳ ὤφθη Ιουδας ἐν τῷ πεδίῳ[29] ἐν τρισχιλίοις[30] ἀνδράσιν· πλὴν
καλύμματα[31] καὶ μαχαίρας[32] οὐκ εἶχον ὡς ἠβούλοντο. **7** καὶ εἶδον παρεμβολὴν[33]
ἐθνῶν ἰσχυρὰν[34] καὶ τεθωρακισμένην[35] καὶ ἵππον[36] κυκλοῦσαν[37] αὐτήν, καὶ οὗτοι
διδακτοὶ[38] πολέμου. **8** καὶ εἶπεν Ιουδας τοῖς ἀνδράσιν τοῖς μετ᾽ αὐτοῦ Μὴ φοβεῖσθε
τὸ πλῆθος αὐτῶν καὶ τὸ ὅρμημα[39] αὐτῶν μὴ δειλωθῆτε·[40] **9** μνήσθητε[41] ὡς ἐσώθησαν
οἱ πατέρες ἡμῶν ἐν θαλάσσῃ ἐρυθρᾷ,[42] ὅτε ἐδίωκεν αὐτοὺς Φαραω ἐν δυνάμει·
10 καὶ νῦν βοήσωμεν[43] εἰς οὐρανόν, εἰ θελήσει ἡμᾶς καὶ μνησθήσεται[44] διαθήκης

1 περιζώννυμι, *aor mid impv 2p*, gird up
2 ἕτοιμος, prepared, ready
3 πρωί, morning
4 ἐπισυνάγω, *perf pas ptc dat p n*, gather together
5 ἐξαίρω, *aor act inf*, destroy
6 κρείσσων (ττ), *comp of* ἀγαθός, better
7 ἐφοράω, *aor act inf*, observe
8 θέλημα, will, decree
9 παραλαμβάνω, *aor act ind 3s*, take along
10 πεντακισχίλιοι, five thousand
11 χίλιοι, thousand
12 ἵππος, cavalry
13 ἐκλεκτός, choice
14 ἀπαίρω, *aor act ind 3s*, depart
15 παρεμβολή, company
16 ἐπιβάλλω, *aor act inf*, fall upon
17 παρεμβολή, camp
18 πατάσσω, *aor act inf*, strike
19 ἄφνω, unawares, suddenly
20 ἄκρα, citadel, high place
21 ὁδηγός, guide
22 ἀπαίρω, *aor act ind 3s*, depart
23 πατάσσω, *aor act inf*, strike, smite
24 σκορπίζω, *perf pas ptc nom p f*, disperse
25 παρεμβολή, camp
26 παρεμβολή, camp
27 φεύγω, *pres act ind 3p*, flee
28 ἅμα, at the same time
29 πεδίον, plain
30 τρισχίλιοι, three thousand
31 κάλυμμα, armor
32 μάχαιρα, sword
33 παρεμβολή, company
34 ἰσχυρός, strong
35 θωρακίζω, *perf pas ptc acc s f*, arm
36 ἵππος, cavalry
37 κυκλόω, *pres act ptc acc s f*, surround, encircle
38 διδακτός, taught, instructed
39 ὅρμημα, assault
40 δειλόομαι, *aor pas sub 2p*, be afraid
41 μιμνῄσκομαι, *aor pas impv 2p*, remember
42 ἐρυθρός, red
43 βοάω, *aor act sub 1p*, cry out
44 μιμνῄσκομαι, *fut pas ind 3s*, remember

πατέρων καὶ συντρίψει[1] τὴν παρεμβολὴν[2] ταύτην κατὰ πρόσωπον ἡμῶν σήμερον,
11 καὶ γνώσονται πάντα τὰ ἔθνη ὅτι ἔστιν ὁ λυτρούμενος[3] καὶ σῴζων τὸν Ισραηλ.

12 καὶ ἦραν οἱ ἀλλόφυλοι[4] τοὺς ὀφθαλμοὺς αὐτῶν καὶ εἶδον αὐτοὺς ἐρχομένους ἐξ
ἐναντίας[5] **13** καὶ ἐξῆλθον ἐκ τῆς παρεμβολῆς[6] εἰς πόλεμον· καὶ ἐσάλπισαν[7] οἱ παρὰ
Ιουδου **14** καὶ συνῆψαν,[8] καὶ συνετρίβησαν[9] τὰ ἔθνη καὶ ἔφυγον[10] εἰς τὸ πεδίον,[11]
15 οἱ δὲ ἔσχατοι πάντες ἔπεσον ἐν ῥομφαίᾳ.[12] καὶ ἐδίωξαν αὐτοὺς ἕως Γαζηρων καὶ
ἕως τῶν πεδίων[13] τῆς Ιδουμαίας καὶ Ἀζώτου καὶ Ιαμνείας, καὶ ἔπεσαν ἐξ αὐτῶν εἰς
ἄνδρας τρισχιλίους.[14] **16** καὶ ἀπέστρεψεν[15] Ιουδας καὶ ἡ δύναμις ἀπὸ τοῦ διώκειν
ὄπισθεν[16] αὐτῶν **17** καὶ εἶπεν πρὸς τὸν λαόν Μὴ ἐπιθυμήσητε[17] τῶν σκύλων,[18] ὅτι
πόλεμος ἐξ ἐναντίας[19] ἡμῶν, **18** καὶ Γοργίας καὶ ἡ δύναμις ἐν τῷ ὄρει ἐγγὺς[20] ἡμῶν·
ἀλλὰ στῆτε νῦν ἐναντίον[21] τῶν ἐχθρῶν ἡμῶν καὶ πολεμήσατε αὐτούς, καὶ μετὰ
ταῦτα λάβετε τὰ σκῦλα[22] μετὰ παρρησίας.[23]

19 ἔτι πληροῦντος Ιουδου ταῦτα μέρος τι ὤφθη ἐκκύπτον[24] ἐκ τοῦ ὄρους· **20** καὶ
εἶδεν ὅτι τετρόπωνται,[25] καὶ ἐμπυρίζουσιν[26] τὴν παρεμβολήν·[27] ὁ γὰρ καπνὸς[28] ὁ
θεωρούμενος[29] ἐνεφάνιζεν[30] τὸ γεγονός. **21** οἱ δὲ ταῦτα συνιδόντες[31] ἐδειλώθησαν[32]
σφόδρα·[33] συνιδόντες[34] δὲ καὶ τὴν Ιουδου παρεμβολὴν[35] ἐν τῷ πεδίῳ[36] ἑτοίμην[37] εἰς
παράταξιν[38] **22** ἔφυγον[39] πάντες εἰς γῆν ἀλλοφύλων.[40] **23** καὶ Ιουδας ἀνέστρεψεν[41]
ἐπὶ τὴν σκυλείαν[42] τῆς παρεμβολῆς,[43] καὶ ἔλαβον χρυσίον[44] πολὺ καὶ ἀργύριον[45] καὶ
ὑάκινθον[46] καὶ πορφύραν[47] θαλασσίαν[48] καὶ πλοῦτον[49] μέγαν. **24** καὶ ἐπιστραφέντες

1 συντρίβω, *fut act ind 3s*, crush, shatter
2 παρεμβολή, company
3 λυτρόω, *pres mid ptc nom s m*, redeem
4 ἀλλόφυλος, foreign
5 ἐναντίος, opposite
6 παρεμβολή, camp
7 σαλπίζω, *aor act ind 3p*, sound the trumpet
8 συνάπτω, *aor act ind 3p*, join (for battle)
9 συντρίβω, *aor pas ind 3p*, crush, shatter
10 φεύγω, *aor act ind 3p*, flee
11 πεδίον, plain
12 ῥομφαία, sword
13 πεδίον, plain
14 τρισχίλιοι, three thousand
15 ἀποστρέφω, *aor act ind 3s*, turn back
16 ὄπισθε(ν), behind, following, after
17 ἐπιθυμέω, *aor act sub 2p*, desire
18 σκῦλον, spoils, plunder
19 ἐναντίος, facing
20 ἐγγύς, nearby
21 ἐναντίον, opposite
22 σκῦλον, spoils, plunder
23 παρρησία, boldness
24 ἐκκύπτω, *pres act ptc nom s n*, peer out of
25 τροπόω, *perf pas ind 3p*, put to flight
26 ἐμπυρίζω, *pres act ind 3p*, set on fire
27 παρεμβολή, camp
28 καπνός, smoke
29 θεωρέω, *pres pas ptc nom s m*, see, behold
30 ἐμφανίζω, *impf act ind 3s*, make clear
31 συνοράω, *aor act ptc nom p m*, perceive
32 δειλόομαι, *aor pas ind 3p*, be afraid
33 σφόδρα, very
34 συνοράω, *aor act ptc nom p m*, perceive
35 παρεμβολή, company
36 πεδίον, plain
37 ἕτοιμος, prepared, ready
38 παράταξις, battle
39 φεύγω, *aor act ind 3p*, flee
40 ἀλλόφυλος, foreign
41 ἀναστρέφω, *aor act ind 3s*, return
42 σκυλεία, act of plundering
43 παρεμβολή, camp
44 χρυσίον, gold
45 ἀργύριον, silver
46 ὑάκινθος, blue
47 πορφύρα, purple
48 θαλάσσιος, of the sea
49 πλοῦτος, riches

ὕμνουν[1] καὶ εὐλόγουν εἰς οὐρανὸν ὅτι καλόν, ὅτι εἰς τὸν αἰῶνα τὸ ἔλεος[2] αὐτοῦ.
25 καὶ ἐγενήθη σωτηρία μεγάλη τῷ Ισραηλ ἐν τῇ ἡμέρᾳ ἐκείνῃ.

Judas Wins an Initial Victory over Lysias

26 Ὅσοι δὲ τῶν ἀλλοφύλων[3] διεσώθησαν,[4] παραγενηθέντες ἀπήγγειλαν τῷ Λυσίᾳ
πάντα τὰ συμβεβηκότα.[5] **27** ὁ δὲ ἀκούσας συνεχύθη[6] καὶ ἠθύμει,[7] ὅτι οὐχ οἷα[8] ἤθελεν,
τοιαῦτα[9] ἐγεγόνει[10] τῷ Ισραηλ, καὶ οὐχ οἷα αὐτῷ ἐνετείλατο[11] ὁ βασιλεύς, ἐξέβη.[12]
28 καὶ ἐν τῷ ἐρχομένῳ ἐνιαυτῷ[13] συνελόχησεν[14] ἀνδρῶν ἐπιλέκτων[15] ἑξήκοντα[16]
χιλιάδας[17] καὶ πεντακισχιλίαν[18] ἵππον[19] ὥστε ἐκπολεμῆσαι[20] αὐτούς. **29** καὶ ἦλθον
εἰς τὴν Ιδουμαίαν καὶ παρενέβαλον[21] ἐν Βαιθσουροις, καὶ συνήντησεν[22] αὐτοῖς
Ιουδας ἐν δέκα[23] χιλιάσιν[24] ἀνδρῶν.

30 καὶ εἶδεν τὴν παρεμβολὴν[25] ἰσχυρὰν[26] καὶ προσηύξατο καὶ εἶπεν Εὐλογητὸς[27]
εἶ, ὁ σωτὴρ[28] Ισραηλ ὁ συντρίψας[29] τὸ ὅρμημα[30] τοῦ δυνατοῦ ἐν χειρὶ τοῦ δούλου
σου Δαυιδ καὶ παρέδωκας τὴν παρεμβολὴν[31] τῶν ἀλλοφύλων[32] εἰς χεῖρας Ιωνα-
θου υἱοῦ Σαουλ καὶ τοῦ αἴροντος τὰ σκεύη[33] αὐτοῦ· **31** οὕτως σύγκλεισον[34] τὴν
παρεμβολὴν[35] ταύτην ἐν χειρὶ λαοῦ σου Ισραηλ, καὶ αἰσχυνθήτωσαν[36] ἐπὶ τῇ δυνά-
μει καὶ τῇ ἵππῳ[37] αὐτῶν· **32** δὸς αὐτοῖς δειλίαν[38] καὶ τῆξον[39] θράσος[40] ἰσχύος[41]
αὐτῶν, καὶ σαλευθήτωσαν[42] τῇ συντριβῇ[43] αὐτῶν· **33** κατάβαλε[44] αὐτοὺς ῥομφαίᾳ[45]

1 ὑμνέω, *impf act ind 3p*, sing praise
2 ἔλεος, mercy
3 ἀλλόφυλος, foreign
4 διασῴζω, *aor pas ind 3p*, survive
5 συμβαίνω, *perf act ptc acc p n*, happen
6 συγχέω, *aor pas ind 3s*, confound
7 ἀθυμέω, *impf act ind 3s*, dishearten
8 οἷος, like, as
9 τοιοῦτος, such as
10 γίνομαι, *plpf act ind 3s*, be, happen
11 ἐντέλλομαι, *aor mid ind 3s*, command
12 ἐκβαίνω, *aor act ind 3s*, come about
13 ἐνιαυτός, year
14 συλλοχάω, *aor act ind 3s*, recruit (soldiers)
15 ἐπίλεκτος, choice
16 ἑξήκοντα, sixty
17 χιλιάς, thousand
18 πεντακισχίλιος, five thousand
19 ἵππος, cavalry
20 ἐκπολεμέω, *aor act inf*, wage war against
21 παρεμβάλλω, *aor act ind 3p*, encamp
22 συναντάω, *aor act ind 3s*, come upon, meet
23 δέκα, ten
24 χιλιάς, thousand
25 παρεμβολή, company
26 ἰσχυρός, strong
27 εὐλογητός, blessed
28 σωτήρ, savior
29 συντρίβω, *aor act ptc nom s m*, crush, shatter
30 ὅρμημα, assault
31 παρεμβολή, company
32 ἀλλόφυλος, foreign
33 σκεῦος, equipment
34 συγκλείω, *aor act impv 2s*, shut in, confine
35 παρεμβολή, camp
36 αἰσχύνω, *aor pas impv 3p*, dishonor, shame
37 ἵππος, cavalry
38 δειλία, cowardice
39 τήκω, *aor act impv 2s*, waste away
40 θράσος, confidence
41 ἰσχύς, strength
42 σαλεύω, *aor pas impv 3p*, shake, quake
43 συντριβή, destruction, ruin
44 καταβάλλω, *aor act impv 2s*, cut down
45 ῥομφαία, sword

ἀγαπώντων σε, καὶ αἰνεσάτωσάν[1] σε πάντες οἱ εἰδότες τὸ ὄνομά σου ἐν ὕμνοις.[2]
34 καὶ συνέβαλλον[3] ἀλλήλοις,[4] καὶ ἔπεσον ἐκ τῆς παρεμβολῆς[5] Λυσίου εἰς πεντα-
κισχιλίους[6] ἄνδρας καὶ ἔπεσον ἐξ ἐναντίας[7] αὐτῶν. **35** ἰδὼν δὲ Λυσίας τὴν γενο-
μένην τροπὴν[8] τῆς αὐτοῦ συντάξεως,[9] τῆς δὲ Ιουδου τὸ γεγενημένον θάρσος[10]
καὶ ὡς ἕτοιμοί[11] εἰσιν ἢ ζῆν ἢ τεθνηκέναι[12] γενναίως,[13] ἀπῆρεν[14] εἰς Ἀντιόχειαν καὶ
ἐξενολόγει[15] πλεοναστὸν[16] πάλιν[17] παραγίνεσθαι εἰς τὴν Ιουδαίαν.

Purification of the Temple

36 Εἶπεν δὲ Ιουδας καὶ οἱ ἀδελφοὶ αὐτοῦ Ἰδοὺ συνετρίβησαν[18] οἱ ἐχθροὶ ἡμῶν,
ἀναβῶμεν καθαρίσαι τὰ ἅγια καὶ ἐγκαινίσαι.[19] **37** καὶ συνήχθη ἡ παρεμβολὴ[20]
πᾶσα καὶ ἀνέβησαν εἰς ὄρος Σιων. **38** καὶ εἶδον τὸ ἁγίασμα[21] ἠρημωμένον[22] καὶ τὸ
θυσιαστήριον[23] βεβηλωμένον[24] καὶ τὰς θύρας κατακεκαυμένας[25] καὶ ἐν ταῖς αὐλαῖς[26]
φυτὰ[27] πεφυκότα[28] ὡς ἐν δρυμῷ[29] ἢ ὡς ἐν ἑνὶ τῶν ὀρέων καὶ τὰ παστοφόρια[30] καθ-
ῃρημένα.[31] **39** καὶ διέρρηξαν[32] τὰ ἱμάτια αὐτῶν καὶ ἐκόψαντο[33] κοπετὸν[34] μέγαν καὶ
ἐπέθεντο σποδὸν[35] **40** καὶ ἔπεσαν ἐπὶ πρόσωπον ἐπὶ τὴν γῆν καὶ ἐσάλπισαν[36] ταῖς
σάλπιγξιν[37] τῶν σημασιῶν[38] καὶ ἐβόησαν[39] εἰς οὐρανόν.

41 τότε ἐπέταξεν[40] Ιουδας ἀνδράσιν πολεμεῖν τοὺς ἐν τῇ ἄκρᾳ,[41] ἕως καθαρίσῃ τὰ ἅγια.
42 καὶ ἐπελέξατο[42] ἱερεῖς ἀμώμους[43] θελητὰς[44] νόμου, **43** καὶ ἐκαθάρισαν τὰ ἅγια καὶ
ἦραν τοὺς λίθους τοῦ μιασμοῦ[45] εἰς τόπον ἀκάθαρτον. **44** καὶ ἐβουλεύσαντο[46] περὶ

1 αἰνέω, *aor act impv 3p*, praise
2 ὕμνος, hymn
3 συμβάλλω, *impf act ind 3p*, set up against
4 ἀλλήλων, (of) one another
5 παρεμβολή, company
6 πεντακισχίλιοι, five thousand
7 ἐναντίος, facing
8 τροπή, rout
9 σύνταξις, formation
10 θάρσος, courage
11 ἕτοιμος, prepared, ready
12 θνήσκω, *perf act inf*, die
13 γενναίως, bravely
14 ἀπαίρω, *aor act ind 3s*, depart
15 ξενολογέω, *impf act ind 3s*, enlist mercenaries
16 πλεοναστός, numerous
17 πάλιν, again
18 συντρίβω, *aor pas ind 3p*, crush, shatter
19 ἐγκαινίζω, *aor act inf*, restore
20 παρεμβολή, company
21 ἁγίασμα, sanctuary
22 ἐρημόω, *perf pas ptc acc s n*, desolate, lay waste
23 θυσιαστήριον, altar
24 βεβηλόω, *pres pas ptc acc s n*, profane
25 κατακαίω, *perf pas ptc acc p f*, burn up
26 αὐλή, court
27 φυτόν, plant
28 φύω, *perf act ptc acc p n*, grow, put forth shoots
29 δρυμός, thicket
30 παστοφόριον, chamber
31 καθαιρέω, *perf pas ptc acc p n*, destroy, tear down
32 διαρρήγνυμι, *aor act ind 3p*, tear, rend
33 κόπτω, *aor mid ind 3p*, mourn
34 κοπετός, mourning
35 σποδός, ashes
36 σαλπίζω, *aor act ind 3p*, sound, blow
37 σάλπιγξ, trumpet
38 σημασία, signal
39 βοάω, *aor act ind 3p*, cry out
40 ἐπιτάσσω, *aor act ind 3s*, order, command
41 ἄκρα, citadel, high place
42 ἐπιλέγω, *aor mid ind 3s*, select
43 ἄμωμος, unblemished
44 θελητής, one who wills
45 μιασμός, defilement
46 βουλεύω, *aor mid ind 3p*, resolve, determine

τοῦ θυσιαστηρίου[1] τῆς ὁλοκαυτώσεως[2] τοῦ βεβηλωμένου,[3] τί αὐτῷ ποιήσωσιν· **45** καὶ
ἔπεσεν αὐτοῖς βουλὴ[4] ἀγαθὴ καθελεῖν[5] αὐτό, μήποτε[6] γένηται αὐτοῖς εἰς ὄνειδος[7] ὅτι
ἐμίαναν[8] τὰ ἔθνη αὐτό· καὶ καθεῖλον[9] τὸ θυσιαστήριον[10] **46** καὶ ἀπέθεντο[11] τοὺς λί-
θους ἐν τῷ ὄρει τοῦ οἴκου ἐν τόπῳ ἐπιτηδείῳ[12] μέχρι[13] τοῦ παραγενηθῆναι προφήτην
τοῦ ἀποκριθῆναι περὶ αὐτῶν. **47** καὶ ἔλαβον λίθους ὁλοκλήρους[14] κατὰ τὸν νόμον καὶ
ᾠκοδόμησαν θυσιαστήριον[15] καινὸν[16] κατὰ τὸ πρότερον.[17] **48** καὶ ᾠκοδόμησαν τὰ
ἅγια καὶ τὰ ἐντὸς[18] τοῦ οἴκου καὶ τὰς αὐλὰς[19] ἡγίασαν[20] **49** καὶ ἐποίησαν σκεύη[21] ἅγια
καινὰ[22] καὶ εἰσήνεγκαν[23] τὴν λυχνίαν[24] καὶ τὸ θυσιαστήριον[25] τῶν θυμιαμάτων[26] καὶ
τὴν τράπεζαν[27] εἰς τὸν ναόν. **50** καὶ ἐθυμίασαν[28] ἐπὶ τὸ θυσιαστήριον[29] καὶ ἐξῆψαν[30]
τοὺς λύχνους[31] τοὺς ἐπὶ τῆς λυχνίας,[32] καὶ ἔφαινον[33] ἐν τῷ ναῷ. **51** καὶ ἐπέθηκαν ἐπὶ
τὴν τράπεζαν[34] ἄρτους καὶ ἐξεπέτασαν[35] τὰ καταπετάσματα.[36] καὶ ἐτέλεσαν[37] πάντα
τὰ ἔργα, ἃ ἐποίησαν.

52 καὶ ὤρθρισαν[38] τὸ πρωὶ[39] τῇ πέμπτῃ[40] καὶ εἰκάδι[41] τοῦ μηνὸς[42] τοῦ ἐνάτου[43]
(οὗτος ὁ μὴν Χασελευ) τοῦ ὀγδόου[44] καὶ τεσσαρακοστοῦ[45] καὶ ἑκατοστοῦ[46]
ἔτους **53** καὶ ἀνήνεγκαν[47] θυσίαν[48] κατὰ τὸν νόμον ἐπὶ τὸ θυσιαστήριον[49] τῶν
ὁλοκαυτωμάτων[50] τὸ καινόν,[51] ὃ ἐποίησαν. **54** κατὰ τὸν καιρὸν καὶ κατὰ τὴν
ἡμέραν, ἐν ᾗ ἐβεβήλωσαν[52] αὐτὸ τὰ ἔθνη, ἐν ἐκείνῃ ἐνεκαινίσθη[53] ἐν ᾠδαῖς[54] καὶ

1 θυσιαστήριον, altar
2 ὁλοκαύτωσις, whole burnt offering
3 βεβηλόω, *pres pas ptc gen s n*, profane
4 βουλή, counsel
5 καθαιρέω, *aor act inf*, destroy, tear down
6 μήποτε, lest
7 ὄνειδος, reproach
8 μιαίνω, *aor act ind 3p*, pollute
9 καθαιρέω, *aor act ind 3p*, destroy, tear down
10 θυσιαστήριον, altar
11 ἀποτίθημι, *aor mid ind 3p*, put aside
12 ἐπιτήδειος, convenient, suitable
13 μέχρι, until
14 ὁλόκληρος, unhewn
15 θυσιαστήριον, altar
16 καινός, new
17 πρότερος, former
18 ἐντός, inside
19 αὐλή, court
20 ἁγιάζω, *aor act ind 3p*, consecrate
21 σκεῦος, equipment, vessel
22 καινός, new
23 εἰσφέρω, *aor act ind 3p*, carry in
24 λυχνία, lampstand
25 θυσιαστήριον, altar
26 θυμίαμα, incense
27 τράπεζα, table
28 θυμιάζω, *aor act ind 3p*, burn incense
29 θυσιαστήριον, altar
30 ἐξάπτω, *aor act ind 3p*, light
31 λύχνος, lamp
32 λυχνία, lampstand
33 φαίνω, *impf act ind 3p*, give light
34 τράπεζα, table
35 ἐκπετάννυμι, *aor act ind 3p*, spread out
36 καταπέτασμα, curtain
37 τελέω, *aor act ind 3p*, complete
38 ὀρθρίζω, *aor act ind 3p*, rise early
39 πρωί, (in the) morning
40 πέμπτος, fifth
41 εἰκάς, twentieth
42 μήν, month
43 ἔνατος, ninth
44 ὄγδοος, eighth
45 τεσσαρακοστός, fortieth
46 ἑκατοστός, hundredth
47 ἀναφέρω, *aor act ind 3p*, offer up
48 θυσία, sacrifice
49 θυσιαστήριον, altar
50 ὁλοκαύτωμα, whole burnt offering
51 καινός, new
52 βεβηλόω, *aor act ind 3p*, profane
53 ἐγκαινίζω, *aor pas ind 3s*, restore
54 ᾠδή, song, ode

κιθάραις[1] καὶ κινύραις[2] καὶ κυμβάλοις.[3] **55** καὶ ἔπεσεν πᾶς ὁ λαὸς ἐπὶ πρόσωπον
καὶ προσεκύνησαν καὶ εὐλόγησαν εἰς οὐρανὸν τὸν εὐοδώσαντα[4] αὐτοῖς. **56** καὶ
ἐποίησαν τὸν ἐγκαινισμὸν[5] τοῦ θυσιαστηρίου[6] ἡμέρας ὀκτὼ[7] καὶ προσήνεγκαν[8]
ὁλοκαυτώματα[9] μετ᾽ εὐφροσύνης[10] καὶ ἔθυσαν[11] θυσίαν[12] σωτηρίου[13] καὶ αἰνέσεως.[14]
57 καὶ κατεκόσμησαν[15] τὸ κατὰ πρόσωπον τοῦ ναοῦ στεφάνοις[16] χρυσοῖς[17] καὶ
ἀσπιδίσκαις[18] καὶ ἐνεκαίνισαν[19] τὰς πύλας[20] καὶ τὰ παστοφόρια[21] καὶ ἐθύρωσαν[22]
αὐτά. **58** καὶ ἐγενήθη εὐφροσύνη[23] μεγάλη ἐν τῷ λαῷ σφόδρα,[24] καὶ ἀπεστράφη[25]
ὀνειδισμὸς[26] ἐθνῶν.

59 καὶ ἔστησεν Ιουδας καὶ οἱ ἀδελφοὶ αὐτοῦ καὶ πᾶσα ἡ ἐκκλησία Ισραηλ ἵνα
ἄγωνται αἱ ἡμέραι τοῦ ἐγκαινισμοῦ[27] τοῦ θυσιαστηρίου[28] ἐν τοῖς καιροῖς αὐτῶν
ἐνιαυτὸν[29] κατ᾽ ἐνιαυτὸν ἡμέρας ὀκτὼ[30] ἀπὸ τῆς πέμπτης[31] καὶ εἰκάδος[32] τοῦ
μηνὸς[33] Χασελευ μετ᾽ εὐφροσύνης[34] καὶ χαρᾶς.[35] **60** καὶ ᾠκοδόμησαν ἐν τῷ καιρῷ
ἐκείνῳ τὸ ὄρος Σιων κυκλόθεν[36] τείχη[37] ὑψηλὰ[38] καὶ πύργους[39] ὀχυρούς,[40] μήποτε[41]
παραγενηθέντα τὰ ἔθνη καταπατήσωσιν[42] αὐτά, ὡς ἐποίησαν τὸ πρότερον.[43] **61** καὶ
ἀπέταξεν[44] ἐκεῖ δύναμιν τηρεῖν[45] αὐτὸ καὶ ὠχύρωσεν[46] αὐτὸ τηρεῖν τὴν Βαιθσουραν
τοῦ ἔχειν τὸν λαὸν ὀχύρωμα[47] κατὰ πρόσωπον τῆς Ιδουμαίας.

1 κιθάρα, lyre
2 κινύρα, stringed instrument, *Heb. LW*
3 κύμβαλον, cymbal
4 εὐοδόω, *aor act ptc acc s m*, prosper
5 ἐγκαινισμός, dedication
6 θυσιαστήριον, altar
7 ὀκτώ, eight
8 προσφέρω, *aor act ind 3p*, offer up
9 ὁλοκαύτωμα, whole burnt offering
10 εὐφροσύνη, joy, gladness
11 θύω, *aor act ind 3p*, sacrifice
12 θυσία, sacrifice
13 σωτήριον, deliverance, peace
14 αἴνεσις, praise
15 κατακοσμέω, *aor act ind 3p*, adorn
16 στέφανος, crown
17 χρυσοῦς, gold
18 ἀσπιδίσκη, small shield
19 ἐγκαινίζω, *aor act ind 3p*, restore
20 πύλη, gate
21 παστοφόριον, chamber
22 θυρόω, *aor act ind 3p*, furnish
23 εὐφροσύνη, joy, gladness
24 σφόδρα, very much
25 ἀποστρέφω, *aor pas ind 3s*, turn away
26 ὀνειδισμός, reproach, disgrace
27 ἐγκαινισμός, dedication
28 θυσιαστήριον, altar
29 ἐνιαυτός, year
30 ὀκτώ, eight
31 πέμπτος, fifth
32 εἰκάς, twentieth
33 μήν, month
34 εὐφροσύνη, joy, gladness
35 χαρά, joy
36 κυκλόθεν, all around
37 τεῖχος, city wall
38 ὑψηλός, high
39 πύργος, tower
40 ὀχυρός, fortified
41 μήποτε, lest
42 καταπατέω, *aor act sub 3p*, trample under foot
43 πρότερος, previously, before
44 ἀποτάσσω, *aor act ind 3s*, detach, station
45 τηρέω, *pres act inf*, guard
46 ὀχυρόω, *aor act ind 3s*, fortify, secure
47 ὀχύρωμα, fortress

Judas Wages War with Neighboring Nations

5 Καὶ ἐγένετο ὅτε ἤκουσαν τὰ ἔθνη κυκλόθεν[1] ὅτι ᾠκοδομήθη τὸ θυσιαστήριον[2]
καὶ ἐνεκαινίσθη[3] τὸ ἁγίασμα[4] ὡς τὸ πρότερον,[5] καὶ ὠργίσθησαν[6] σφόδρα[7]
2 καὶ ἐβουλεύσαντο[8] τοῦ ἆραι[9] τὸ γένος[10] Ιακωβ τοὺς ὄντας ἐν μέσῳ αὐτῶν καὶ
ἤρξαντο τοῦ θανατοῦν[11] ἐν τῷ λαῷ καὶ ἐξαίρειν.[12] **3** καὶ ἐπολέμει Ιουδας πρὸς τοὺς
υἱοὺς Ησαυ ἐν τῇ Ιδουμαίᾳ, τὴν Ακραβαττήνην, ὅτι περιεκάθηντο[13] τὸν Ισραηλ,
καὶ ἐπάταξεν[14] αὐτοὺς πληγὴν[15] μεγάλην καὶ συνέστειλεν[16] αὐτοὺς καὶ ἔλαβεν τὰ
σκῦλα[17] αὐτῶν. **4** καὶ ἐμνήσθη[18] τῆς κακίας[19] υἱῶν Βαιαν, οἳ ἦσαν τῷ λαῷ εἰς παγίδα[20]
καὶ σκάνδαλον[21] ἐν τῷ ἐνεδρεύειν[22] αὐτοὺς ἐν ταῖς ὁδοῖς· **5** καὶ συνεκλείσθησαν[23]
ὑπ᾽ αὐτοῦ εἰς τοὺς πύργους,[24] καὶ παρενέβαλεν[25] ἐπ᾽ αὐτοὺς καὶ ἀνεθεμάτισεν[26]
αὐτοὺς καὶ ἐνεπύρισε[27] τοὺς πύργους[28] αὐτῆς ἐν πυρὶ σὺν πᾶσιν τοῖς ἐνοῦσιν.[29]
6 καὶ διεπέρασεν[30] ἐπὶ τοὺς υἱοὺς Αμμων καὶ εὗρεν χεῖρα κραταιὰν[31] καὶ λαὸν
πολὺν καὶ Τιμόθεον ἡγούμενον[32] αὐτῶν· **7** καὶ συνῆψεν[33] πρὸς αὐτοὺς πολέμους
πολλούς, καὶ συνετρίβησαν[34] πρὸ προσώπου αὐτοῦ, καὶ ἐπάταξεν[35] αὐτούς. **8** καὶ
προκατελάβετο[36] τὴν Ιαζηρ καὶ τὰς θυγατέρας[37] αὐτῆς καὶ ἀνέστρεψεν[38] εἰς τὴν
Ιουδαίαν.

9 Καὶ ἐπισυνήχθησαν[39] τὰ ἔθνη τὰ ἐν τῇ Γαλααδ ἐπὶ τὸν Ισραηλ τοὺς ὄντας ἐπὶ
τοῖς ὁρίοις[40] αὐτῶν τοῦ ἐξᾶραι[41] αὐτούς, καὶ ἔφυγον[42] εἰς Δαθεμα τὸ ὀχύρωμα[43]
10 καὶ ἀπέστειλαν γράμματα[44] πρὸς Ιουδαν καὶ τοὺς ἀδελφοὺς αὐτοῦ λέγοντες

1 κυκλόθεν, surrounding
2 θυσιαστήριον, altar
3 ἐγκαινίζω, *aor pas ind 3s*, restore
4 ἁγίασμα, sanctuary
5 πρότερος, formerly, before
6 ὀργίζω, *aor pas ind 3p*, be angry
7 σφόδρα, very
8 βουλεύω, *aor mid ind 3p*, determine, resolve
9 αἴρω, *aor act inf*, destroy
10 γένος, nation, race
11 θανατόω, *pres act inf*, put to death
12 ἐξαίρω, *pres act inf*, remove, take away
13 περικάθημαι, *impf mid ind 3p*, besiege
14 πατάσσω, *aor act ind 3s*, strike, smite
15 πληγή, blow, stroke
16 συστέλλω, *aor act ind 3s*, subdue
17 σκῦλον, spoils, plunder
18 μιμνῄσκομαι, *aor pas ind 3s*, remember
19 κακία, wickedness
20 παγίς, trap, snare
21 σκάνδαλον, offense, stumbling block
22 ἐνεδρεύω, *pres act inf*, ambush
23 συγκλείω, *aor pas ind 3p*, shut in, confine
24 πύργος, tower
25 παρεμβάλλω, *aor act ind 3s*, encamp against
26 ἀναθεματίζω, *aor act ind 3s*, devote to destruction
27 ἐμπυρίζω, *aor act ind 3s*, set on fire
28 πύργος, tower
29 ἔνειμι, *pres act ptc dat p m*, be inside
30 διαπεράω, *aor act ind 3s*, go across
31 κραταιός, strong
32 ἡγέομαι, *pres mid ptc acc s m*, lead
33 συνάπτω, *aor act ind 3s*, join (for battle)
34 συντρίβω, *aor pas ind 3p*, crush, shatter
35 πατάσσω, *aor act ind 3s*, strike, defeat
36 προκαταλαμβάνω, *aor mid ind 3s*, overtake, capture
37 θυγάτηρ, daughter
38 ἀναστρέφω, *aor act ind 3s*, return
39 ἐπισυνάγω, *aor pas ind 3p*, gather together
40 ὅριον, border
41 ἐξαίρω, *aor act inf*, destroy
42 φεύγω, *aor act ind 3p*, flee
43 ὀχύρωμα, fortress
44 γράμμα, letter

Ἐπισυνηγμένα[1] ἐστὶν ἐφ᾽ ἡμᾶς τὰ ἔθνη κύκλῳ[2] ἡμῶν τοῦ ἐξᾶραι[3] ἡμᾶς **11** καὶ ἑτοι-
μάζονται ἐλθεῖν καὶ προκαταλαβέσθαι[4] τὸ ὀχύρωμα,[5] εἰς ὃ κατεφύγομεν,[6] καὶ Τιμό-
θεος ἡγεῖται[7] τῆς δυνάμεως αὐτῶν· **12** νῦν οὖν ἐλθὼν ἐξελοῦ[8] ἡμᾶς ἐκ χειρὸς αὐτῶν,
ὅτι πέπτωκεν ἐξ ἡμῶν πλῆθος, **13** καὶ πάντες οἱ ἀδελφοὶ ἡμῶν οἱ ὄντες ἐν τοῖς
Τουβίου τεθανάτωνται,[9] καὶ ᾐχμαλωτίκασιν[10] τὰς γυναῖκας αὐτῶν καὶ τὰ τέκνα καὶ
τὴν ἀποσκευὴν[11] καὶ ἀπώλεσαν ἐκεῖ ὡσεὶ[12] μίαν χιλιαρχίαν[13] ἀνδρῶν.

14 ἔτι αἱ ἐπιστολαὶ[14] ἀνεγιγνώσκοντο,[15] καὶ ἰδοὺ ἄγγελοι ἕτεροι παρεγένοντο
ἐκ τῆς Γαλιλαίας διερρηχότες[16] τὰ ἱμάτια ἀπαγγέλλοντες κατὰ τὰ ῥήματα ταῦτα
15 λέγοντες ἐπισυνῆχθαι[17] ἐπ᾽ αὐτοὺς ἐκ Πτολεμαίδος καὶ Τύρου καὶ Σιδῶνος καὶ
πᾶσαν Γαλιλαίαν ἀλλοφύλων[18] τοῦ ἐξαναλῶσαι[19] ἡμᾶς. **16** ὡς δὲ ἤκουσεν Ιουδας
καὶ ὁ λαὸς τοὺς λόγους τούτους, ἐπισυνήχθη[20] ἐκκλησία μεγάλη βουλεύσασθαι[21]
τί ποιήσωσιν τοῖς ἀδελφοῖς αὐτῶν τοῖς οὖσιν ἐν θλίψει καὶ πολεμουμένοις ὑπ᾽
αὐτῶν. **17** καὶ εἶπεν Ιουδας Σιμωνι τῷ ἀδελφῷ αὐτοῦ Ἐπίλεξον[22] σεαυτῷ ἄνδρας καὶ
πορεύου καὶ ῥῦσαι[23] τοὺς ἀδελφούς σου τοὺς ἐν τῇ Γαλιλαίᾳ, ἐγὼ δὲ καὶ Ιωναθαν ὁ
ἀδελφός μου πορευσόμεθα εἰς τὴν Γαλααδῖτιν. **18** καὶ κατέλιπεν[24] Ιωσηπον τὸν τοῦ
Ζαχαριου καὶ Αζαριαν ἡγούμενον[25] τοῦ λαοῦ μετὰ τῶν ἐπιλοίπων[26] τῆς δυνάμεως
ἐν τῇ Ιουδαίᾳ εἰς τήρησιν[27] **19** καὶ ἐνετείλατο[28] αὐτοῖς λέγων Πρόστητε[29] τοῦ λαοῦ
τούτου καὶ μὴ συνάψητε[30] πόλεμον πρὸς τὰ ἔθνη ἕως τοῦ ἐπιστρέψαι ἡμᾶς. **20** καὶ
ἐμερίσθησαν[31] Σιμωνι ἄνδρες τρισχίλιοι[32] τοῦ πορευθῆναι εἰς τὴν Γαλιλαίαν, Ιουδα
δὲ ἄνδρες ὀκτακισχίλιοι[33] εἰς τὴν Γαλααδῖτιν.

21 καὶ ἐπορεύθη Σιμων εἰς τὴν Γαλιλαίαν καὶ συνῆψεν[34] πολέμους πολλοὺς πρὸς
τὰ ἔθνη, καὶ συνετρίβη[35] τὰ ἔθνη ἀπὸ προσώπου αὐτοῦ, **22** καὶ ἐδίωξεν αὐτοὺς ἕως
τῆς πύλης[36] Πτολεμαίδος. καὶ ἔπεσον ἐκ τῶν ἐθνῶν εἰς τρισχιλίους[37] ἄνδρας, καὶ

1 ἐπισυνάγω, *perf pas ptc nom p n*, gather together
2 κύκλῳ, all around
3 ἐξαίρω, *aor act inf*, destroy
4 προκαταλαμβάνω, *aor mid inf*, overtake, capture
5 ὀχύρωμα, fortress
6 καταφεύγω, *aor act ind 1p*, flee for refuge
7 ἡγέομαι, *pres mid ind 3s*, lead
8 ἐξαιρέω, *aor mid impv 2s*, remove
9 θανατόω, *perf pas ind 3p*, put to death
10 αἰχμαλωτίζω, *perf act ind 3p*, take captive
11 ἀποσκευή, household
12 ὡσεί, about
13 χιλιαρχία, unit of a thousand
14 ἐπιστολή, letter
15 ἀναγινώσκω, *impf pas ind 3p*, read (aloud)
16 διαρρήγνυμι, *perf act ptc nom p m*, tear, rend
17 ἐπισυνάγω, *perf mid inf*, gather together
18 ἀλλόφυλος, foreign
19 ἐξαναλίσκω, *aor act inf*, utterly destroy
20 ἐπισυνάγω, *aor pas ind 3s*, gather together
21 βουλεύω, *aor mid inf*, resolve, determine
22 ἐπιλέγω, *aor act impv 2s*, select
23 ῥύομαι, *aor mid impv 2s*, rescue, deliver
24 καταλείπω, *aor act ind 3s*, leave behind
25 ἡγέομαι, *pres mid ptc acc s m*, lead
26 ἐπίλοιπος, remaining
27 τήρησις, guarding
28 ἐντέλλομαι, *aor mid ind 3s*, command
29 προΐστημι, *aor act impv 2p*, protect
30 συνάπτω, *aor act sub 2p*, engage in
31 μερίζω, *aor pas ind 3p*, assign, allot
32 τρισχίλιοι, three thousand
33 ὀκτακισχίλιοι, eight thousand
34 συνάπτω, *aor act ind 3s*, join (in battle)
35 συντρίβω, *aor pas ind 3s*, crush, shatter
36 πύλη, gate
37 τρισχίλιοι, three thousand

ἔλαβεν τὰ σκῦλα[1] αὐτῶν. **23** καὶ παρέλαβεν[2] τοὺς ἐκ τῆς Γαλιλαίας καὶ ἐν Αρβαττοις
σὺν ταῖς γυναιξὶν καὶ τοῖς τέκνοις καὶ πάντα, ὅσα ἦν αὐτοῖς, καὶ ἤγαγεν εἰς τὴν
Ιουδαίαν μετ᾽ εὐφροσύνης[3] μεγάλης. **24** καὶ Ιουδας ὁ Μακκαβαῖος καὶ Ιωναθαν ὁ
ἀδελφὸς αὐτοῦ διέβησαν[4] τὸν Ιορδάνην καὶ ἐπορεύθησαν ὁδὸν τριῶν ἡμερῶν ἐν
τῇ ἐρήμῳ. **25** καὶ συνήντησαν[5] τοῖς Ναβαταίοις, καὶ ἀπήντησαν[6] αὐτοῖς εἰρηνικῶς[7]
καὶ διηγήσαντο[8] αὐτοῖς πάντα τὰ συμβάντα[9] τοῖς ἀδελφοῖς αὐτῶν ἐν τῇ Γαλααδίτιδι
26 καὶ ὅτι πολλοὶ ἐξ αὐτῶν συνειλημμένοι[10] εἰσὶν εἰς Βοσορρα καὶ Βοσορ ἐν
Αλεμοις, Χασφω, Μακεδ καὶ Καρναιν, πᾶσαι αἱ πόλεις αὗται ὀχυραὶ[11] καὶ μεγάλαι·
27 καὶ ἐν ταῖς λοιπαῖς πόλεσιν τῆς Γαλααδίτιδός εἰσιν συνειλημμένοι,[12] εἰς αὔριον[13]
τάσσονται[14] παρεμβαλεῖν[15] ἐπὶ τὰ ὀχυρώματα[16] καὶ καταλαβέσθαι[17] καὶ ἐξᾶραι[18]
πάντας τούτους ἐν ἡμέρᾳ μιᾷ.

28 καὶ ἀπέστρεψεν[19] Ιουδας καὶ ἡ παρεμβολὴ[20] αὐτοῦ ὁδὸν εἰς τὴν ἔρημον Βοσορρα
ἄφνω·[21] καὶ κατελάβετο[22] τὴν πόλιν καὶ ἀπέκτεινε πᾶν ἀρσενικὸν[23] ἐν στόματι ῥομ-
φαίας[24] καὶ ἔλαβεν πάντα τὰ σκῦλα[25] αὐτῶν καὶ ἐνέπρησεν[26] αὐτὴν πυρί. **29** καὶ
ἀπῆρεν[27] ἐκεῖθεν[28] νυκτός, καὶ ἐπορεύοντο ἕως ἐπὶ τὸ ὀχύρωμα·[29] **30** καὶ ἐγένετο
ἑωθινῇ[30] ἦραν τοὺς ὀφθαλμοὺς αὐτῶν καὶ ἰδοὺ λαὸς πολύς, οὗ οὐκ ἦν ἀριθμός,[31]
αἴροντες κλίμακας[32] καὶ μηχανὰς[33] καταλαβέσθαι[34] τὸ ὀχύρωμα[35] καὶ ἐπολέμουν
αὐτούς. **31** καὶ εἶδεν Ιουδας ὅτι ἦρκται ὁ πόλεμος καὶ ἡ κραυγὴ[36] τῆς πόλεως
ἀνέβη ἕως οὐρανοῦ σάλπιγξιν[37] καὶ κραυγῇ[38] μεγάλῃ, **32** καὶ εἶπεν τοῖς ἀνδράσιν
τῆς δυνάμεως Πολεμήσατε σήμερον ὑπὲρ τῶν ἀδελφῶν ἡμῶν. **33** καὶ ἐξῆλθεν ἐν
τρισὶν ἀρχαῖς ἐξόπισθεν[39] αὐτῶν, καὶ ἐσάλπισαν[40] ταῖς σάλπιγξιν[41] καὶ ἐβόησαν[42]
ἐν προσευχῇ. **34** καὶ ἐπέγνω ἡ παρεμβολὴ[43] Τιμοθέου ὅτι Μακκαβαῖός ἐστιν, καὶ

1 σκῦλον, spoils, plunder
2 παραλαμβάνω, *aor act ind 3s*, take along
3 εὐφροσύνη, joy, gladness
4 διαβαίνω, *aor act ind 3p*, cross over
5 συναντάω, *aor act ind 3p*, come upon
6 ἀπαντάω, *aor act ind 3p*, meet
7 εἰρηνικῶς, peaceably
8 διηγέομαι, *aor mid ind 3p*, recount
9 συμβαίνω, *aor act ptc acc p n*, happen
10 συλλαμβάνω, *perf pas ptc nom p m*, capture
11 ὀχυρός, fortified
12 συλλαμβάνω, *perf pas ptc nom p m*, capture
13 αὔριον, at a future time
14 τάσσω, *pres mid ind 3p*, appoint, assign
15 παρεμβάλλω, *aor act inf*, encamp
16 ὀχύρωμα, fortress
17 καταλαμβάνω, *aor mid inf*, capture
18 ἐξαίρω, *aor act inf*, destroy
19 ἀποστρέφω, *aor act ind 3s*, turn back
20 παρεμβολή, company
21 ἄφνω, suddenly
22 καταλαμβάνω, *aor mid ind 3s*, lay hold of, overtake
23 ἀρσενικός, male
24 ῥομφαία, sword
25 σκῦλον, spoils, plunder
26 ἐμπίμπρημι, *aor act ind 3s*, set on fire
27 ἀπαίρω, *aor act ind 3s*, depart
28 ἐκεῖθεν, from there
29 ὀχύρωμα, fortress
30 ἑωθινός, early in the morning
31 ἀριθμός, number
32 κλίμαξ, ladder
33 μηχανή, device, machine
34 καταλαμβάνω, *aor mid inf*, capture
35 ὀχύρωμα, fortress
36 κραυγή, outcry
37 σάλπιγξ, trumpet call
38 κραυγή, outcry
39 ἐξόπισθεν, behind
40 σαλπίζω, *aor act ind 3p*, sound, blow
41 σάλπιγξ, trumpet
42 βοάω, *aor act ind 3p*, cry out
43 παρεμβολή, company

ἔφυγον[1] ἀπὸ προσώπου αὐτοῦ, καὶ ἐπάταξεν[2] αὐτοὺς πληγὴν[3] μεγάλην, καὶ ἔπεσον ἐξ αὐτῶν ἐν ἐκείνῃ τῇ ἡμέρᾳ εἰς ὀκτακισχιλίους[4] ἄνδρας.

35 καὶ ἀπέκλινεν[5] εἰς Αλεμα καὶ ἐπολέμησεν αὐτὴν καὶ κατελάβετο[6] αὐτὴν καὶ ἀπέκτεινεν πᾶν ἀρσενικὸν[7] αὐτῆς καὶ ἔλαβεν τὰ σκῦλα[8] αὐτῆς καὶ ἐνέπρησεν[9] αὐτὴν ἐν πυρί. **36** ἐκεῖθεν[10] ἀπῆρεν[11] καὶ προκατελάβετο[12] τὴν Χασφω, Μακεδ καὶ Βοσορ καὶ τὰς λοιπὰς πόλεις τῆς Γαλααδίτιδος. **37** μετὰ δὲ τὰ ῥήματα ταῦτα συνήγαγεν Τιμόθεος παρεμβολὴν[13] ἄλλην καὶ παρενέβαλεν[14] κατὰ πρόσωπον Ραφων ἐκ πέραν[15] τοῦ χειμάρρου.[16] **38** καὶ ἀπέστειλεν Ιουδας κατασκοπεῦσαι[17] τὴν παρεμβολήν,[18] καὶ ἀπήγγειλαν αὐτῷ λέγοντες Ἐπισυνηγμένα[19] εἰσὶν πρὸς αὐτὸν πάντα τὰ ἔθνη τὰ κύκλῳ[20] ἡμῶν, δύναμις πολλὴ σφόδρα·[21] **39** καὶ Ἄραβας μεμίσθωνται[22] εἰς βοήθειαν[23] αὐτοῖς καὶ παρεμβάλλουσιν[24] πέραν[25] τοῦ χειμάρρου[26] ἕτοιμοι[27] τοῦ ἐλθεῖν ἐπὶ σὲ εἰς πόλεμον. καὶ ἐπορεύθη Ιουδας εἰς συνάντησιν[28] αὐτῶν.

40 καὶ εἶπεν Τιμόθεος τοῖς ἄρχουσιν τῆς δυνάμεως αὐτοῦ ἐν τῷ ἐγγίζειν Ιουδαν καὶ τὴν παρεμβολὴν[29] αὐτοῦ ἐπὶ τὸν χειμάρρουν[30] τοῦ ὕδατος Ἐὰν διαβῇ[31] πρὸς ἡμᾶς πρότερος,[32] οὐ δυνησόμεθα ὑποστῆναι[33] αὐτόν, ὅτι δυνάμενος δυνήσεται πρὸς ἡμᾶς· **41** ἐὰν δὲ δειλανθῇ[34] καὶ παρεμβάλῃ[35] πέραν[36] τοῦ ποταμοῦ,[37] διαπεράσομεν[38] πρὸς αὐτὸν καὶ δυνησόμεθα πρὸς αὐτόν. **42** ὡς δὲ ἤγγισεν Ιουδας ἐπὶ τὸν χειμάρρουν[39] τοῦ ὕδατος, ἔστησεν τοὺς γραμματεῖς[40] τοῦ λαοῦ ἐπὶ τοῦ χειμάρρου καὶ ἐνετείλατο[41] αὐτοῖς λέγων Μὴ ἀφῆτε πάντα ἄνθρωπον παρεμβαλεῖν,[42] ἀλλὰ ἐρχέσθωσαν πάντες εἰς τὸν πόλεμον. **43** καὶ διεπέρασεν[43] ἐπ᾽ αὐτοὺς πρότερος[44] καὶ πᾶς ὁ λαὸς ὄπισθεν[45]

1 φεύγω, *aor act ind 3p*, flee
2 πατάσσω, *aor act ind 3s*, strike, smite
3 πληγή, blow, stroke
4 ὀκτακισχίλιοι, eight thousand
5 ἀποκλίνω, *impf act ind 3s*, turn aside
6 καταλαμβάνω, *aor mid ind 3s*, capture
7 ἀρσενικός, male
8 σκῦλον, spoils, plunder
9 ἐμπίμπρημι, *aor act ind 3s*, set on fire
10 ἐκεῖθεν, from there
11 ἀπαίρω, *aor act ind 3s*, depart
12 προκαταλαμβάνω, *aor mid ind 3s*, overtake
13 παρεμβολή, company
14 παρεμβάλλω, *aor act ind 3s*, encamp
15 πέραν, other side
16 χείμαρρος, brook
17 κατασκοπεύω, *aor act inf*, spy out, inspect
18 παρεμβολή, camp
19 ἐπισυνάγω, *perf pas ptc nom p n*, gather together
20 κύκλῳ, all around
21 σφόδρα, exceedingly
22 μισθόω, *perf mid ind 3p*, hire
23 βοήθεια, auxiliary force
24 παρεμβάλλω, *pres act ind 3p*, encamp
25 πέραν, other side
26 χείμαρρος, brook
27 ἕτοιμος, prepared, ready
28 συνάντησις, meeting
29 παρεμβολή, company
30 χείμαρρος, brook
31 διαβαίνω, *aor act sub 3s*, cross over
32 πρότερος, first
33 ὑφίστημι, *aor act inf*, resist, withstand
34 δειλαίνω, *aor pas sub 3s*, be cowardly
35 παρεμβάλλω, *aor act sub 3s*, encamp
36 πέραν, other side
37 ποταμός, river
38 διαπεράω, *fut act ind 1p*, go across
39 χείμαρρος, brook
40 γραμματεύς, scribe
41 ἐντέλλομαι, *aor mid ind 3s*, command
42 παρεμβάλλω, *aor act inf*, encamp
43 διαπεράω, *aor act ind 3s*, go across
44 πρότερος, first
45 ὄπισθε(ν), behind, following

αὐτοῦ, καὶ συνετρίβησαν[1] πρὸ προσώπου αὐτῶν πάντα τὰ ἔθνη καὶ ἔρριψαν[2] τὰ ὅπλα[3] αὐτῶν καὶ ἔφυγον[4] εἰς τὸ τέμενος[5] Καρναιν.
44 καὶ προκατελάβοντο[6] τὴν πόλιν καὶ τὸ τέμενος[7] ἐνεπύρισαν[8] ἐν πυρὶ σὺν πᾶσιν τοῖς ἐν αὐτῷ· καὶ ἐτροπώθη[9] Καρναιν, καὶ οὐκ ἠδύναντο ἔτι ὑποστῆναι[10] κατὰ πρόσωπον Ιουδου.

Judas Returns to Jerusalem

45 καὶ συνήγαγεν Ιουδας πάντα Ισραηλ τοὺς ἐν τῇ Γαλααδίτιδι ἀπὸ μικροῦ ἕως μεγάλου καὶ τὰς γυναῖκας αὐτῶν καὶ τὰ τέκνα αὐτῶν καὶ τὴν ἀποσκευήν,[11] παρεμβολὴν[12] μεγάλην σφόδρα,[13] ἐλθεῖν εἰς γῆν Ιουδα.
46 καὶ ἦλθον ἕως Εφρων, καὶ αὕτη πόλις μεγάλη ἐπὶ τῆς ὁδοῦ ὀχυρὰ[14] σφόδρα,[15] οὐκ ἦν ἐκκλῖναι[16] ἀπ᾽ αὐτῆς δεξιὰν ἢ ἀριστεράν,[17] ἀλλ᾽ ἢ διὰ μέσου αὐτῆς πορεύεσθαι·
47 καὶ ἀπέκλεισαν[18] αὐτοὺς οἱ ἐκ τῆς πόλεως καὶ ἐνέφραξαν[19] τὰς πύλας[20] λίθοις.

48 καὶ ἀπέστειλεν πρὸς αὐτοὺς Ιουδας λόγοις εἰρηνικοῖς[21] λέγων Διελευσόμεθα διὰ τῆς γῆς σου τοῦ ἀπελθεῖν εἰς τὴν γῆν ἡμῶν, καὶ οὐδεὶς κακοποιήσει[22] ὑμᾶς, πλὴν τοῖς ποσὶν παρελευσόμεθα.[23] καὶ οὐκ ἠβούλοντο ἀνοῖξαι αὐτῷ.
49 καὶ ἐπέταξεν[24] Ιουδας κηρύξαι[25] ἐν τῇ παρεμβολῇ[26] τοῦ παρεμβαλεῖν[27] ἕκαστον ἐν ᾧ ἐστιν τόπῳ·
50 καὶ παρενέβαλον[28] οἱ ἄνδρες τῆς δυνάμεως, καὶ ἐπολέμησεν τὴν πόλιν ὅλην τὴν ἡμέραν ἐκείνην καὶ ὅλην τὴν νύκτα, καὶ παρεδόθη ἡ πόλις ἐν χειρὶ αὐτοῦ.
51 καὶ ἀπώλεσεν πᾶν ἀρσενικὸν[29] ἐν στόματι ῥομφαίας[30] καὶ ἐξερρίζωσεν[31] αὐτὴν καὶ ἔλαβεν τὰ σκῦλα[32] αὐτῆς καὶ διῆλθεν διὰ τῆς πόλεως ἐπάνω[33] τῶν ἀπεκταμμένων.
52 καὶ διέβησαν[34] τὸν Ιορδάνην εἰς τὸ πεδίον[35] τὸ μέγα κατὰ πρόσωπον Βαιθσαν.
53 καὶ ἦν Ιουδας ἐπισυνάγων[36] τοὺς ἐσχατίζοντας[37] καὶ παρακαλῶν τὸν λαὸν κατὰ πᾶσαν τὴν ὁδόν, ἕως ἦλθεν εἰς γῆν Ιουδα.
54 καὶ ἀνέβησαν εἰς ὄρος Σιων ἐν εὐφροσύνῃ[38] καὶ

1 συντρίβω, *aor pas ind 3p*, crush, shatter
2 ῥίπτω, *aor act ind 3p*, throw down
3 ὅπλον, armor, weapon
4 φεύγω, *aor act ind 3p*, flee
5 τέμενος, sacred precinct
6 προκαταλαμβάνω, *aor mid ind 3p*, overtake
7 τέμενος, sacred precinct
8 ἐμπυρίζω, *aor act ind 3p*, burn
9 τροπόω, *aor pas ind 3s*, overturn
10 ὑφίστημι, *aor act inf*, resist, withstand
11 ἀποσκευή, household
12 παρεμβολή, company
13 σφόδρα, very
14 ὀχυρός, fortified
15 σφόδρα, exceedingly
16 ἐκκλίνω, *aor act inf*, turn aside
17 ἀριστερός, left
18 ἀποκλείω, *aor act ind 3p*, shut off
19 ἐμφράσσω, *aor act ind 3p*, block up
20 πύλη, gate
21 εἰρηνικός, peaceable
22 κακοποιέω, *fut act ind 3s*, do evil
23 παρέρχομαι, *fut mid ind 1p*, pass by
24 ἐπιτάσσω, *aor act ind 3s*, order, command
25 κηρύσσω, *aor act inf*, announce
26 παρεμβολή, company
27 παρεμβάλλω, *aor act inf*, encamp
28 παρεμβάλλω, *aor act ind 3p*, encamp
29 ἀρσενικός, male
30 ῥομφαία, sword
31 ἐκριζόω, *aor act ind 3s*, root out
32 σκῦλον, spoils, plunder
33 ἐπάνω, above
34 διαβαίνω, *aor act ind 3p*, cross over
35 πεδίον, plain
36 ἐπισυνάγω, *pres act ptc nom s m*, gather together
37 ἐσχατίζω, *pres act ptc acc p m*, arrive late
38 εὐφροσύνη, joy, gladness

χαρᾷ[1] καὶ προσήγαγον[2] ὁλοκαυτώματα,[3] ὅτι οὐκ ἔπεσεν ἐξ αὐτῶν οὐθεὶς[4] ἕως τοῦ ἐπιστρέψαι ἐν εἰρήνῃ.

Joseph and Azariah Routed by Gorgias

55 Καὶ ἐν ταῖς ἡμέραις, ἐν αἷς ἦν Ιουδας καὶ Ιωναθαν ἐν γῇ Γαλααδ καὶ Σιμων ὁ ἀδελφὸς αὐτοῦ ἐν τῇ Γαλιλαίᾳ κατὰ πρόσωπον Πτολεμαίδος, **56** ἤκουσεν Ιωσηφ ὁ τοῦ Ζαχαριου καὶ Αζαριας ἄρχοντες τῆς δυνάμεως τῶν ἀνδραγαθιῶν[5] καὶ τοῦ πολέμου, οἷα[6] ἐποίησαν, **57** καὶ εἶπον Ποιήσωμεν καὶ αὐτοὶ ἑαυτοῖς ὄνομα καὶ πορευθῶμεν πολεμῆσαι πρὸς τὰ ἔθνη τὰ κύκλῳ[7] ἡμῶν. **58** καὶ παρήγγειλεν[8] τοῖς ἀπὸ τῆς δυνάμεως τῆς μετ᾽ αὐτῶν, καὶ ἐπορεύθησαν ἐπὶ Ἰάμνειαν. **59** καὶ ἐξῆλθεν Γοργίας ἐκ τῆς πόλεως καὶ οἱ ἄνδρες αὐτοῦ εἰς συνάντησιν[9] αὐτοῖς εἰς πόλεμον. **60** καὶ ἐτροπώθη[10] Ιωσηπος καὶ Αζαριας, καὶ ἐδιώχθησαν ἕως τῶν ὁρίων[11] τῆς Ιουδαίας, καὶ ἔπεσον ἐν τῇ ἡμέρᾳ ἐκείνῃ ἐκ τοῦ λαοῦ Ισραηλ εἰς δισχιλίους[12] ἄνδρας. **61** καὶ ἐγενήθη τροπὴ[13] μεγάλη ἐν τῷ λαῷ, ὅτι οὐκ ἤκουσαν Ιουδου καὶ τῶν ἀδελφῶν αὐτοῦ οἰόμενοι[14] ἀνδραγαθῆσαι·[15] **62** αὐτοὶ δὲ οὐκ ἦσαν ἐκ τοῦ σπέρματος τῶν ἀνδρῶν ἐκείνων, οἷς ἐδόθη σωτηρία Ισραηλ διὰ χειρὸς αὐτῶν.

Victories over Hebron and Philistia

63 Καὶ ὁ ἀνὴρ Ιουδας καὶ οἱ ἀδελφοὶ αὐτοῦ ἐδοξάσθησαν σφόδρα[16] ἔναντι[17] παντὸς Ισραηλ καὶ τῶν ἐθνῶν πάντων, οὗ ἠκούετο τὸ ὄνομα αὐτῶν· **64** καὶ ἐπισυνήγοντο[18] πρὸς αὐτοὺς εὐφημοῦντες.[19] **65** καὶ ἐξῆλθεν Ιουδας καὶ οἱ ἀδελφοὶ αὐτοῦ καὶ ἐπολέμουν τοὺς υἱοὺς Ησαυ ἐν τῇ γῇ τῇ πρὸς νότον[20] καὶ ἐπάταξεν[21] τὴν Χεβρων καὶ τὰς θυγατέρας[22] αὐτῆς καὶ καθεῖλεν[23] τὰ ὀχυρώματα[24] αὐτῆς καὶ τοὺς πύργους[25] αὐτῆς ἐνεπύρισεν[26] κυκλόθεν.[27] **66** καὶ ἀπῆρεν[28] τοῦ πορευθῆναι εἰς γῆν ἀλλοφύλων[29] καὶ διεπορεύετο[30] τὴν Μαρισαν. **67** ἐν τῇ ἡμέρᾳ ἐκείνῃ ἔπεσον ἱερεῖς ἐν πολέμῳ βουλόμενοι ἀνδραγαθῆσαι[31] ἐν τῷ αὐτοὺς ἐξελθεῖν εἰς

1 χαρά, joy
2 προσάγω, *aor act ind 3p*, offer up
3 ὁλοκαύτωμα, whole burnt offering
4 οὐθείς, no one
5 ἀνδραγαθία, heroic act
6 οἷος, which
7 κύκλῳ, all around
8 παραγγέλλω, *aor act ind 3s*, charge, command
9 συνάντησις, meeting
10 τροπόω, *aor pas ind 3s*, put to flight
11 ὅριον, border
12 δισχίλιοι, two thousand
13 τροπή, rout
14 οἴομαι, *pres mid ptc nom p m*, intend to
15 ἀνδραγαθέω, *aor act inf*, act heroically
16 σφόδρα, very much
17 ἔναντι, in the presence of
18 ἐπισυνάγω, *impf mid ind 3p*, gather together
19 εὐφημέω, *pres act ptc nom p m*, acclaim
20 νότος, south
21 πατάσσω, *aor act ind 3s*, strike, defeat
22 θυγάτηρ, daughter
23 καθαιρέω, *aor act ind 3s*, destroy, tear down
24 ὀχύρωμα, fortress
25 πύργος, tower
26 ἐμπυρίζω, *aor act ind 3s*, set on fire
27 κυκλόθεν, all around
28 ἀπαίρω, *aor act ind 3s*, depart
29 ἀλλόφυλος, foreign
30 διαπορεύομαι, *impf mid ind 3s*, pass across
31 ἀνδραγαθέω, *aor act inf*, act heroically

πόλεμον ἀβουλεύτως.[1] **68** καὶ ἐξέκλινεν[2] Ιουδας εἰς Ἄζωτον γῆν ἀλλοφύλων[3] καὶ
καθεῖλεν[4] τοὺς βωμοὺς[5] αὐτῶν καὶ τὰ γλυπτὰ[6] τῶν θεῶν αὐτῶν κατέκαυσεν[7] πυρὶ
καὶ ἐσκύλευσεν[8] τὰ σκῦλα[9] τῶν πόλεων καὶ ἐπέστρεψεν εἰς γῆν Ιουδα.

Death of Antiochus Epiphanes

6 Καὶ ὁ βασιλεὺς Ἀντίοχος διεπορεύετο[10] τὰς ἐπάνω[11] χώρας[12] καὶ ἤκουσεν ὅτι
ἐστὶν Ἐλυμαῒς ἐν τῇ Περσίδι πόλις ἔνδοξος[13] πλούτῳ,[14] ἀργυρίῳ[15] καὶ χρυσίῳ·[16]
2 καὶ τὸ ἱερὸν τὸ ἐν αὐτῇ πλούσιον[17] σφόδρα,[18] καὶ ἐκεῖ καλύμματα[19] χρυσᾶ[20] καὶ
θώρακες[21] καὶ ὅπλα,[22] ἃ κατέλιπεν[23] ἐκεῖ Ἀλέξανδρος ὁ τοῦ Φιλίππου ὁ βασιλεὺς
ὁ Μακεδών, ὃς ἐβασίλευσεν[24] πρῶτος ἐν τοῖς Ἕλλησι. **3** καὶ ἦλθεν καὶ ἐζήτει κατα-
λαβέσθαι[25] τὴν πόλιν καὶ προνομεῦσαι[26] αὐτήν, καὶ οὐκ ἠδυνάσθη, ὅτι ἐγνώσθη ὁ
λόγος τοῖς ἐκ τῆς πόλεως, **4** καὶ ἀντέστησαν[27] αὐτῷ εἰς πόλεμον, καὶ ἔφυγεν[28] καὶ
ἀπῆρεν[29] ἐκεῖθεν[30] μετὰ λύπης[31] μεγάλης ἀποστρέψαι[32] εἰς Βαβυλῶνα.

5 καὶ ἦλθέν τις ἀπαγγέλλων αὐτῷ εἰς τὴν Περσίδα ὅτι τετρόπωνται[33] αἱ παρεμβολαὶ[34]
αἱ πορευθεῖσαι εἰς γῆν Ιουδα, **6** καὶ ἐπορεύθη Λυσίας δυνάμει ἰσχυρᾷ ἐν πρώτοις
καὶ ἐνετράπη[35] ἀπὸ προσώπου αὐτῶν, καὶ ἐπίσχυσαν[36] ὅπλοις[37] καὶ δυνάμει καὶ σκύ-
λοις[38] πολλοῖς, οἷς ἔλαβον ἀπὸ τῶν παρεμβολῶν,[39] ὧν ἐξέκοψαν,[40] **7** καὶ καθεῖλον[41]
τὸ βδέλυγμα,[42] ὃ ᾠκοδόμησεν ἐπὶ τὸ θυσιαστήριον[43] τὸ ἐν Ιερουσαλημ, καὶ τὸ

1 ἀβουλεύτως, recklessly
2 ἐκκλίνω, *aor act ind 3s*, turn away
3 ἀλλόφυλος, foreign
4 καθαιρέω, *aor act ind 3s*, destroy, tear down
5 βωμός, (illegitimate) altar
6 γλυπτός, graven image
7 κατακαίω, *aor act ind 3s*, burn up
8 σκυλεύω, *aor act ind 3s*, plunder
9 σκῦλον, spoils, plunder
10 διαπορεύομαι, *impf mid ind 3s*, pass through
11 ἐπάνω, upper
12 χώρα, land, territory
13 ἔνδοξος, notable
14 πλοῦτος, wealth
15 ἀργύριον, silver
16 χρυσίον, gold
17 πλούσιος, rich
18 σφόδρα, very
19 κάλυμμα, curtain
20 χρυσοῦς, gold
21 θώραξ, breastplate
22 ὅπλον, armor
23 καταλείπω, *aor act ind 3s*, leave behind
24 βασιλεύω, *aor act ind 3s*, become king
25 καταλαμβάνω, *aor mid inf*, capture
26 προνομεύω, *aor act inf*, plunder
27 ἀνθίστημι, *aor act ind 3p*, resist, stand against
28 φεύγω, *aor act ind 3s*, flee
29 ἀπαίρω, *aor act ind 3s*, depart
30 ἐκεῖθεν, from there
31 λύπη, grief
32 ἀποστρέφω, *aor act inf*, return
33 τροπόω, *perf pas ind 3p*, put to flight
34 παρεμβολή, company
35 ἐντρέπω, *aor pas ind 3s*, turn about, put to shame
36 ἐπισχύω, *aor act ind 3p*, grow strong
37 ὅπλον, weapon, armament
38 σκῦλον, spoils, plunder
39 παρεμβολή, company
40 ἐκκόπτω, *aor act ind 3p*, cut down
41 καθαιρέω, *aor act ind 3p*, destroy, tear down
42 βδέλυγμα, abomination
43 θυσιαστήριον, altar

ἁγίασμα[1] καθὼς τὸ πρότερον[2] ἐκύκλωσαν[3] τείχεσιν[4] ὑψηλοῖς[5] καὶ τὴν Βαιθσουραν
πόλιν αὐτοῦ.

8 καὶ ἐγένετο ὡς ἤκουσεν ὁ βασιλεὺς τοὺς λόγους τούτους, ἐθαμβήθη[6] καὶ ἐσα-
λεύθη[7] σφόδρα[8] καὶ ἔπεσεν ἐπὶ τὴν κοίτην[9] καὶ ἐνέπεσεν[10] εἰς ἀρρωστίαν[11] ἀπὸ τῆς
λύπης,[12] ὅτι οὐκ ἐγένετο αὐτῷ καθὼς ἐνεθυμεῖτο.[13] **9** καὶ ἦν ἐκεῖ ἡμέρας πλείους,[14]
ὅτι ἀνεκαινίσθη[15] ἐπ᾽ αὐτὸν λύπη[16] μεγάλη, καὶ ἐλογίσατο ὅτι ἀποθνῄσκει. **10** καὶ
ἐκάλεσεν πάντας τοὺς φίλους[17] αὐτοῦ καὶ εἶπεν πρὸς αὐτούς Ἀφίσταται[18] ὁ ὕπνος[19]
ἀπὸ τῶν ὀφθαλμῶν μου, καὶ συμπέπτωκα[20] τῇ καρδίᾳ ἀπὸ τῆς μερίμνης,[21] **11** καὶ
εἶπα τῇ καρδίᾳ Ἕως τίνος θλίψεως ἦλθα καὶ κλύδωνος[22] μεγάλου, ἐν ᾧ νῦν εἰμι;
ὅτι χρηστὸς[23] καὶ ἀγαπώμενος ἤμην ἐν τῇ ἐξουσίᾳ[24] μου. **12** νῦν δὲ μιμνῄσκομαι[25]
τῶν κακῶν, ὧν ἐποίησα ἐν Ιερουσαλημ καὶ ἔλαβον πάντα τὰ σκεύη[26] τὰ ἀργυρᾶ[27]
καὶ τὰ χρυσᾶ[28] τὰ ἐν αὐτῇ καὶ ἐξαπέστειλα[29] ἐξᾶραι[30] τοὺς κατοικοῦντας Ιουδα διὰ
κενῆς.[31] **13** ἔγνων ὅτι χάριν[32] τούτων εὗρέν με τὰ κακὰ ταῦτα· καὶ ἰδοὺ ἀπόλλυμαι
λύπῃ[33] μεγάλῃ ἐν γῇ ἀλλοτρίᾳ.[34]

14 καὶ ἐκάλεσεν Φίλιππον ἕνα τῶν φίλων[35] αὐτοῦ καὶ κατέστησεν[36] αὐτὸν ἐπὶ πάσης
τῆς βασιλείας αὐτοῦ· **15** καὶ ἔδωκεν αὐτῷ τὸ διάδημα[37] καὶ τὴν στολὴν[38] αὐτοῦ
καὶ τὸν δακτύλιον[39] τοῦ ἀγαγεῖν Ἀντίοχον τὸν υἱὸν αὐτοῦ καὶ ἐκθρέψαι[40] αὐτὸν
τοῦ βασιλεύειν.[41] **16** καὶ ἀπέθανεν ἐκεῖ Ἀντίοχος ὁ βασιλεὺς ἔτους ἐνάτου[42] καὶ
τεσσαρακοστοῦ[43] καὶ ἑκατοστοῦ.[44] **17** καὶ ἐπέγνω Λυσίας ὅτι τέθνηκεν[45] ὁ βασιλεύς,

1 ἁγίασμα, sanctuary
2 πρότερος, formerly
3 κυκλόω, *aor act ind 3p*, encircle
4 τεῖχος, wall
5 ὑψηλός, high
6 θαμβέω, *aor pas ind 3s*, astound
7 σαλεύω, *aor pas ind 3s*, shake
8 σφόδρα, very much
9 κοίτη, bed
10 ἐμπίπτω, *aor act ind 3s*, fall into
11 ἀρρωστία, sickness
12 λύπη, grief
13 ἐνθυμέομαι, *impf mid ind 3s*, plan, desire
14 πλείων/πλεῖον, *comp of* πολύς, more numerous
15 ἀνακαινίζω, *aor pas ind 3s*, renew, strengthen
16 λύπη, grief
17 φίλος, associate
18 ἀφίστημι, *pres mid ind 3s*, draw away from
19 ὕπνος, sleep
20 συμπίπτω, *perf act ind 1s*, collapse
21 μέριμνα, anxiety
22 κλύδων, flood
23 χρηστός, kind, good
24 ἐξουσία, authority
25 μιμνῄσκομαι, *pres mid ind 1s*, remember
26 σκεῦος, vessel, object
27 ἀργυροῦς, silver
28 χρυσοῦς, gold
29 ἐξαποστέλλω, *aor act ind 1s*, send forth
30 ἐξαίρω, *aor act inf*, take away
31 κενός, vain
32 χάριν, because
33 λύπη, grief
34 ἀλλότριος, foreign
35 φίλος, associate
36 καθίστημι, *aor act ind 3s*, set over, appoint
37 διάδημα, diadem
38 στολή, garment
39 δακτύλιος, signet ring
40 ἐκτρέφω, *aor act inf*, rear
41 βασιλεύω, *pres act inf*, become king, rule
42 ἔνατος, ninth
43 τεσσαρακοστός, fortieth
44 ἑκατοστός, hundredth
45 θνῄσκω, *perf act ind 3s*, die

καὶ κατέστησεν[1] βασιλεύειν[2] Ἀντίοχον τὸν υἱὸν αὐτοῦ, ὃν ἐξέθρεψεν[3] νεώτερον,[4]
καὶ ἐκάλεσεν τὸ ὄνομα αὐτοῦ Εὐπάτωρ.

Siege of the Citadel of Jerusalem

18 Καὶ οἱ ἐκ τῆς ἄκρας[5] ἦσαν συγκλείοντες[6] τὸν Ισραηλ κύκλῳ[7] τῶν ἁγίων καὶ
ζητοῦντες κακὰ δι᾽ ὅλου καὶ στήριγμα[8] τοῖς ἔθνεσιν. **19** καὶ ἐλογίσατο Ιουδας
ἐξᾶραι[9] αὐτοὺς καὶ ἐξεκκλησίασε[10] πάντα τὸν λαὸν τοῦ περικαθίσαι[11] ἐπ᾽ αὐτούς·
20 καὶ συνήχθησαν ἅμα[12] καὶ περιεκάθισαν[13] ἐπ᾽ αὐτὴν ἔτους πεντηκοστοῦ[14] καὶ
ἑκατοστοῦ,[15] καὶ ἐποίησεν βελοστάσεις[16] καὶ μηχανάς.[17] **21** καὶ ἐξῆλθον ἐξ αὐτῶν
ἐκ τοῦ συγκλεισμοῦ,[18] καὶ ἐκολλήθησαν[19] αὐτοῖς τινες τῶν ἀσεβῶν[20] ἐξ Ισραηλ,
22 καὶ ἐπορεύθησαν πρὸς τὸν βασιλέα καὶ εἶπον Ἕως πότε[21] οὐ ποιήσῃ κρίσιν καὶ
ἐκδικήσεις[22] τοὺς ἀδελφοὺς ἡμῶν; **23** ἡμεῖς εὐδοκοῦμεν[23] δουλεύειν[24] τῷ πατρί σου
καὶ πορεύεσθαι τοῖς ὑπ᾽ αὐτοῦ λεγομένοις καὶ κατακολουθεῖν[25] τοῖς προστάγμασιν[26]
αὐτοῦ. **24** καὶ περιεκάθηντο[27] ἐπ᾽ αὐτὴν οἱ υἱοὶ τοῦ λαοῦ ἡμῶν χάριν[28] τούτου καὶ
ἠλλοτριοῦντο[29] ἀφ᾽ ἡμῶν· πλὴν ὅσοι εὑρίσκοντο ἐξ ἡμῶν, ἐθανατοῦντο,[30] καὶ αἱ
κληρονομίαι[31] ἡμῶν διηρπάζοντο.[32] **25** καὶ οὐκ ἐφ᾽ ἡμᾶς μόνον ἐξέτειναν[33] χεῖρα,
ἀλλὰ καὶ ἐπὶ πάντα τὰ ὅρια[34] αὐτῶν· **26** καὶ ἰδοὺ παρεμβεβλήκασι[35] σήμερον ἐπὶ
τὴν ἄκραν[36] ἐν Ιερουσαλημ τοῦ καταλαβέσθαι[37] αὐτήν· καὶ τὸ ἁγίασμα[38] καὶ τὴν
Βαιθσουραν ὠχύρωσαν·[39] **27** καὶ ἐὰν μὴ προκαταλάβῃ[40] αὐτοὺς διὰ τάχους,[41] μεί-
ζονα[42] τούτων ποιήσουσιν, καὶ οὐ δυνήσῃ τοῦ κατασχεῖν[43] αὐτῶν.

1 καθίστημι, *aor act ind 3s*, appoint
2 βασιλεύω, *pres act inf*, rule, be king
3 ἐκτρέφω, *aor act ind 3s*, rear (from childhood)
4 νέος, *comp*, young
5 ἄκρα, citadel, high place
6 συγκλείω, *pres act ptc nom p m*, shut in, confine
7 κύκλῳ, all around
8 στήριγμα, provision
9 ἐξαίρω, *aor act inf*, take away
10 ἐξεκκλησιάζω, *aor act ind 3s*, assemble
11 περικαθίζω, *aor act inf*, besiege
12 ἅμα, together
13 περικαθίζω, *aor act ind 3p*, besiege
14 πεντηκοστός, fiftieth
15 ἑκατοστός, hundredth
16 βελόστασις, engine of war
17 μηχανή, device, machine
18 συγκλεισμός, siege work
19 κολλάω, *aor pas ind 3p*, join
20 ἀσεβής, ungodly
21 πότε, how long
22 ἐκδικέω, *fut act ind 2s*, avenge
23 εὐδοκέω, *pres act ind 1p*, consent, find pleasing
24 δουλεύω, *pres act inf*, serve
25 κατακολουθέω, *pres act inf*, comply with
26 πρόσταγμα, ordinance
27 περικάθημαι, *impf mid ind 3p*, besiege
28 χάριν, on account of
29 ἀλλοτριόω, *impf mid ind 3p*, become estranged
30 θανατόω, *impf pas ind 3p*, put to death
31 κληρονομία, inheritance
32 διαρπάζω, *impf pas ind 3p*, plunder
33 ἐκτείνω, *aor act ind 3p*, stretch forth
34 ὅριον, border, territory
35 παρεμβάλλω, *perf act ind 3p*, encamp
36 ἄκρα, citadel, high place
37 καταλαμβάνω, *aor mid inf*, capture
38 ἁγίασμα, sanctuary
39 ὀχυρόω, *aor act ind 3p*, fortify
40 προκαταλαμβάνω, *aor act sub 3s*, overtake, capture
41 τάχος, quickly
42 μείζων, *comp of* μέγας, more
43 κατέχω, *aor act inf*, prevent

28 Καὶ ὠργίσθη[1] ὁ βασιλεύς, ὅτε ἤκουσεν, καὶ συνήγαγεν πάντας τοὺς φίλους[2]
αὐτοῦ ἄρχοντας δυνάμεως αὐτοῦ καὶ τοὺς ἐπὶ τῶν ἡνιῶν·[3] **29** καὶ ἀπὸ βασιλειῶν
ἑτέρων καὶ ἀπὸ νήσων[4] θαλασσῶν ἦλθον πρὸς αὐτὸν δυνάμεις μισθωταί·[5] **30** καὶ
ἦν ὁ ἀριθμὸς[6] τῶν δυνάμεων αὐτοῦ ἑκατὸν[7] χιλιάδες[8] πεζῶν[9] καὶ εἴκοσι[10] χιλιάδες
ἱππέων[11] καὶ ἐλέφαντες[12] δύο καὶ τριάκοντα[13] εἰδότες πόλεμον. **31** καὶ ἦλθον διὰ
τῆς Ιδουμαίας καὶ παρενέβαλον[14] ἐπὶ Βαιθσουραν καὶ ἐπολέμησαν ἡμέρας πολλὰς
καὶ ἐποίησαν μηχανάς·[15] καὶ ἐξῆλθον καὶ ἐνεπύρισαν[16] αὐτὰς πυρὶ καὶ ἐπολέμησαν
ἀνδρωδῶς.[17]

Battle at Beth-Zechariah

32 καὶ ἀπῆρεν[18] Ιουδας ἀπὸ τῆς ἄκρας[19] καὶ παρενέβαλεν[20] εἰς Βαιθζαχαρια ἀπέναντι[21]
τῆς παρεμβολῆς[22] τοῦ βασιλέως. **33** καὶ ὤρθρισεν[23] ὁ βασιλεὺς τὸ πρωὶ[24] καὶ ἀπ-
ῆρεν[25] τὴν παρεμβολὴν[26] ἐν ὁρμήματι[27] αὐτῆς κατὰ τὴν ὁδὸν Βαιθζαχαρια, καὶ δι-
εσκευάσθησαν[28] αἱ δυνάμεις εἰς τὸν πόλεμον καὶ ἐσάλπισαν[29] ταῖς σάλπιγξιν.[30] **34** καὶ
τοῖς ἐλέφασιν[31] ἔδειξαν αἷμα σταφυλῆς[32] καὶ μόρων[33] τοῦ παραστῆσαι[34] αὐτοὺς εἰς
τὸν πόλεμον. **35** καὶ διεῖλον[35] τὰ θηρία εἰς τὰς φάλαγγας[36] καὶ παρέστησαν[37] ἑκάστῳ
ἐλέφαντι[38] χιλίους[39] ἄνδρας τεθωρακισμένους[40] ἐν ἁλυσιδωτοῖς,[41] καὶ περικεφαλαῖαι[42]
χαλκαῖ[43] ἐπὶ τῶν κεφαλῶν αὐτῶν, καὶ πεντακοσία[44] ἵππος[45] διατεταγμένη[46] ἑκάστῳ
θηρίῳ ἐκλελεγμένη·[47] **36** οὗτοι πρὸ καιροῦ οὗ ἂν ᾖ τὸ θηρίον ἦσαν καὶ οὗ ἐὰν ἐπο-
ρεύετο ἐπορεύοντο ἅμα,[48] οὐκ ἀφίσταντο[49] ἀπ᾽ αὐτοῦ. **37** καὶ πύργοι[50] ξύλινοι[51] ἐπ᾽

1 ὀργίζω, *aor pas ind 3s*, be angry
2 φίλος, associate
3 ἡνία, bridle, rein
4 νῆσος, island
5 μισθωτής, mercenary
6 ἀριθμός, number
7 ἑκατόν, hundred
8 χιλιάς, thousand
9 πεζός, foot soldier
10 εἴκοσι, twenty
11 ἱππεύς, horseman
12 ἐλέφας, elephant
13 τριάκοντα, thirty
14 παρεμβάλλω, *aor act ind 3p*, encamp
15 μηχανή, device, machine
16 ἐμπυρίζω, *aor act ind 3p*, set on fire
17 ἀνδρωδῶς, bravely, valiantly
18 ἀπαίρω, *aor act ind 3s*, depart
19 ἄκρα, citadel, high place
20 παρεμβάλλω, *aor act ind 3s*, encamp
21 ἀπέναντι, opposite
22 παρεμβολή, camp
23 ὀρθρίζω, *aor act ind 3s*, rise early
24 πρωί, (in the) morning
25 ἀπαίρω, *aor act ind 3s*, march out
26 παρεμβολή, company
27 ὅρμημα, assault
28 διασκευάζω, *aor pas ind 3p*, equip
29 σαλπίζω, *aor act ind 3p*, sound, blow
30 σάλπιγξ, trumpet
31 ἐλέφας, elephant
32 σταφυλή, (bunch of) grapes
33 μόρον, mulberry
34 παρίστημι, *aor act inf*, incite, prepare
35 διαιρέω, *aor act ind 3p*, divide
36 φάλαγξ, phalanx
37 παρίστημι, *aor act ind 3p*, set by
38 ἐλέφας, elephant
39 χίλιοι, thousand
40 θωρακίζω, *perf pas ptc acc p m*, arm
41 ἁλυσιδωτός, chain mail
42 περικεφαλαία, helmet
43 χαλκοῦς, bronze
44 πεντακόσιοι, five hundred
45 ἵππος, cavalry
46 διατάσσω, *perf pas ptc nom s f*, assign
47 ἐκλέγω, *perf pas ptc nom s f*, choose
48 ἅμα, together
49 ἀφίστημι, *impf mid ind 3p*, draw away from
50 πύργος, tower
51 ξύλινος, wooden

αὐτοὺς ὀχυροὶ[1] σκεπαζόμενοι[2] ἐφ᾽ ἑκάστου θηρίου ἐζωσμένοι[3] ἐπ᾽ αὐτοῦ μηχαναῖς,[4]
καὶ ἐφ᾽ ἑκάστου ἄνδρες δυνάμεως τέσσαρες οἱ πολεμοῦντες ἐπ᾽ αὐτοῖς καὶ ὁ Ἰνδὸς[5]
αὐτοῦ. **38** καὶ τὴν ἐπίλοιπον[6] ἵππον[7] ἔνθεν[8] καὶ ἔνθεν[9] ἔστησεν[10] ἐπὶ τὰ δύο μέρη τῆς
παρεμβολῆς,[11] κατασείοντες[12] καὶ καταφρασσόμενοι[13] ἐν ταῖς φάλαγξιν.[14] **39** ὡς δὲ
ἔστιλβεν[15] ὁ ἥλιος ἐπὶ τὰς χρυσᾶς[16] καὶ χαλκᾶς[17] ἀσπίδας,[18] ἔστιλβεν[19] τὰ ὄρη ἀπ᾽
αὐτῶν καὶ κατηύγαζεν[20] ὡς λαμπάδες[21] πυρός.

40 καὶ ἐξετάθη[22] μέρος τι τῆς παρεμβολῆς[23] τοῦ βασιλέως ἐπὶ τὰ ὑψηλὰ[24] ὄρη καί
τινες ἐπὶ τὰ ταπεινά·[25] καὶ ἤρχοντο ἀσφαλῶς[26] καὶ τεταγμένως.[27] **41** καὶ ἐσαλεύοντο[28]
πάντες οἱ ἀκούοντες φωνῆς πλήθους αὐτῶν καὶ ὁδοιπορίας[29] τοῦ πλήθους καὶ συγ-
κρουσμοῦ[30] τῶν ὅπλων·[31] ἦν γὰρ ἡ παρεμβολὴ[32] μεγάλη σφόδρα[33] καὶ ἰσχυρά.[34]
42 καὶ ἤγγισεν Ιουδας καὶ ἡ παρεμβολὴ[35] αὐτοῦ εἰς παράταξιν,[36] καὶ ἔπεσον ἀπὸ τῆς
παρεμβολῆς τοῦ βασιλέως ἑξακόσιοι[37] ἄνδρες. **43** καὶ εἶδεν Ελεαζαρος ὁ Αυαραν
ἓν τῶν θηρίων τεθωρακισμένον[38] θώραξιν[39] βασιλικοῖς,[40] καὶ ἦν ὑπεράγον[41] πάντα
τὰ θηρία, καὶ ᾠήθη[42] ὅτι ἐν αὐτῷ ἐστιν ὁ βασιλεύς· **44** καὶ ἔδωκεν ἑαυτὸν τοῦ
σῶσαι τὸν λαὸν αὐτοῦ καὶ περιποιῆσαι[43] ἑαυτῷ ὄνομα αἰώνιον· **45** καὶ ἐπέδραμεν[44]
αὐτῷ θράσει[45] εἰς μέσον τῆς φάλαγγος[46] καὶ ἐθανάτου[47] δεξιὰ καὶ εὐώνυμα,[48] καὶ
ἐσχίζοντο[49] ἀπ᾽ αὐτοῦ ἔνθα[50] καὶ ἔνθα·[51] **46** καὶ εἰσέδυ[52] ὑπὸ τὸν ἐλέφαντα[53] καὶ

1 ὀχυρός, fortified
2 σκεπάζω, *pres pas ptc nom p m*, cover
3 ζωννύω, *perf pas ptc nom p m*, gird
4 μηχανή, device, machine
5 Ἰνδός, Indian, someone from India
6 ἐπίλοιπος, remaining
7 ἵππος, cavalry
8 ἔνθεν, on this side
9 ἔνθεν, on that side
10 ἵστημι, *aor act ind 3s*, set, establish
11 παρεμβολή, camp
12 κατασείω, *pres act ptc nom p m*, drive headlong
13 καταφράσσω, *pres mid ptc nom p m*, protect
14 φάλαγξ, phalanx
15 στίλβω, *impf act ind 3s*, glitter, gleam
16 χρυσοῦς, gold
17 χαλκοῦς, bronze
18 ἀσπίς, shield, armor
19 στίλβω, *impf act ind 3s*, glitter, gleam
20 καταυγάζω, *impf act ind 3s*, shine brightly
21 λαμπάς, lamp, torch
22 ἐκτείνω, *aor pas ind 3s*, stretch out
23 παρεμβολή, company
24 ὑψηλός, high
25 ταπεινός, low
26 ἀσφαλῶς, steadfastly
27 τεταγμένως, orderly
28 σαλεύω, *impf pas ind 3p*, shake
29 ὁδοιπορία, marching
30 συγκρουσμός, clanging
31 ὅπλον, armor
32 παρεμβολή, company
33 σφόδρα, very
34 ἰσχυρός, strong
35 παρεμβολή, company
36 παράταξις, battle
37 ἑξακόσιοι, six hundred
38 θωρακίζω, *perf pas ptc acc s n*, harness
39 θώραξ, coat of armor
40 βασιλικός, royal
41 ὑπεράγω, *pres act ptc nom s n*, be higher
42 οἴομαι, *aor pas ind 3s*, think
43 περιποιέω, *aor mid inf*, preserve
44 ἐπιτρέχω, *aor act ind 3s*, run out
45 θράσος, boldly
46 φάλαγξ, phalanx
47 θανατόω, *impf act ind 3s*, put to death
48 εὐώνυμος, left
49 σχίζω, *impf mid ind 3p*, separate
50 ἔνθα, on this side
51 ἔνθα, on that side
52 εἰσδύω, *impf act ind 3s*, crawl under
53 ἐλέφας, elephant

ὑπέθηκεν[1] αὐτῷ καὶ ἀνεῖλεν[2] αὐτόν, καὶ ἔπεσεν ἐπὶ τὴν γῆν ἐπάνω[3] αὐτοῦ, καὶ ἀπ-
έθανεν ἐκεῖ. **47** καὶ εἶδον τὴν ἰσχὺν[4] τῆς βασιλείας καὶ τὸ ὅρμημα[5] τῶν δυνάμεων
καὶ ἐξέκλιναν[6] ἀπ᾽ αὐτῶν.

Successful Defense of Jerusalem and Peace Negotiation with Lysias

48 Οἱ δὲ ἐκ τῆς παρεμβολῆς[7] τοῦ βασιλέως ἀνέβαινον εἰς συνάντησιν[8] αὐτῶν εἰς
Ιερουσαλημ, καὶ παρενέβαλεν[9] ὁ βασιλεὺς εἰς τὴν Ιουδαίαν καὶ εἰς τὸ ὄρος Σιων.
49 καὶ ἐποίησεν εἰρήνην μετὰ τῶν ἐκ Βαιθσουρων, καὶ ἐξῆλθον ἐκ τῆς πόλεως, ὅτι
οὐκ ἦν αὐτοῖς ἐκεῖ διατροφὴ[10] τοῦ συγκεκλεῖσθαι[11] ἐν αὐτῇ, ὅτι σάββατον ἦν τῇ
γῇ· **50** καὶ κατελάβετο[12] ὁ βασιλεὺς τὴν Βαιθσουραν καὶ ἀπέταξεν[13] ἐκεῖ φρουρὰν[14]
τηρεῖν[15] αὐτήν. **51** καὶ παρενέβαλεν[16] ἐπὶ τὸ ἁγίασμα[17] ἡμέρας πολλὰς καὶ ἔστησεν
ἐκεῖ βελοστάσεις[18] καὶ μηχανὰς[19] καὶ πυροβόλα[20] καὶ λιθοβόλα[21] καὶ σκορπίδια[22]
εἰς τὸ βάλλεσθαι βέλη[23] καὶ σφενδόνας.[24] **52** καὶ ἐποίησαν καὶ αὐτοὶ μηχανὰς[25]
πρὸς τὰς μηχανὰς αὐτῶν καὶ ἐπολέμησαν ἡμέρας πολλάς. **53** βρώματα[26] δὲ οὐκ
ἦν ἐν τοῖς ἀγγείοις[27] διὰ τὸ ἕβδομον[28] ἔτος εἶναι, καὶ οἱ ἀνασῳζόμενοι[29] εἰς τὴν
Ιουδαίαν ἀπὸ τῶν ἐθνῶν κατέφαγον[30] τὸ ὑπόλειμμα[31] τῆς παραθέσεως.[32] **54** καὶ
ὑπελείφθησαν[33] ἐν τοῖς ἁγίοις ἄνδρες ὀλίγοι,[34] ὅτι κατεκράτησεν[35] αὐτῶν ὁ λιμός,[36]
καὶ ἐσκορπίσθησαν[37] ἕκαστος εἰς τὸν τόπον αὐτοῦ.

55 Καὶ ἤκουσεν Λυσίας ὅτι Φίλιππος, ὃν κατέστησεν[38] ὁ βασιλεὺς Ἀντίοχος ἔτι
ζῶντος αὐτοῦ ἐκθρέψαι[39] Ἀντίοχον τὸν υἱὸν αὐτοῦ εἰς τὸ βασιλεῦσαι[40] αὐτόν, **56** ἀπ-
έστρεψεν[41] ἀπὸ τῆς Περσίδος καὶ Μηδίας καὶ αἱ δυνάμεις αἱ πορευθεῖσαι μετὰ
τοῦ βασιλέως μετ᾽ αὐτοῦ, καὶ ὅτι ζητεῖ παραλαβεῖν[42] τὰ τῶν πραγμάτων.[43] **57** καὶ

1 ὑποτίθημι, *aor act ind 3s*, thrust from beneath
2 ἀναιρέω, *aor act ind 3s*, slay
3 ἐπάνω, above
4 ἰσχύς, strength
5 ὅρμημα, assault
6 ἐκκλίνω, *aor act ind 3p*, turn away
7 παρεμβολή, company
8 συνάντησις, meeting
9 παρεμβάλλω, *aor act ind 3s*, encamp
10 διατροφή, sustenance
11 συγκλείω, *perf mid inf*, shut in, confine
12 καταλαμβάνω, *aor mid ind 3s*, capture
13 ἀποτάσσω, *aor act ind 3s*, establish
14 φρουρά, garrison
15 τηρέω, *pres act inf*, guard
16 παρεμβάλλω, *aor act ind 3s*, encamp
17 ἁγίασμα, sanctuary
18 βελόστασις, engine of war
19 μηχανή, device, machine
20 πυροβόλος, fire-thrower
21 λιθοβόλον, catapult
22 σκορπίδιον, device for shooting arrows
23 βέλος, arrow
24 σφενδόνη, slingshot
25 μηχανή, device, machine
26 βρῶμα, food
27 ἀγγεῖον, container
28 ἕβδομος, seventh
29 ἀνασῴζω, *pres pas ptc nom p m*, rescue
30 κατεσθίω, *aor act ind 3p*, consume
31 ὑπόλειμμα, remainder
32 παράθεσις, provision
33 ὑπολείπω, *aor pas ind 3p*, leave behind
34 ὀλίγος, few
35 κατακρατέω, *aor act ind 3s*, prevail against
36 λιμός, famine
37 σκορπίζω, *aor pas ind 3p*, disperse
38 καθίστημι, *aor act ind 3s*, appoint
39 ἐκτρέφω, *aor act inf*, rear (from childhood)
40 βασιλεύω, *aor act inf*, be king, rule
41 ἀποστρέφω, *aor act ind 3s*, return
42 παραλαμβάνω, *aor act inf*, take ahold
43 πρᾶγμα, affair

κατέσπευδεν[1] καὶ ἐπένευσεν[2] τοῦ ἀπελθεῖν καὶ εἶπεν πρὸς τὸν βασιλέα καὶ τοὺς ἡγεμόνας[3] τῆς δυνάμεως καὶ τοὺς ἄνδρας Ἐκλείπομεν[4] καθ' ἡμέραν, καὶ ἡ τροφὴ[5] ἡμῖν ὀλίγη,[6] καὶ ὁ τόπος οὗ παρεμβάλλομέν[7] ἐστιν ὀχυρός,[8] καὶ ἐπίκειται[9] ἡμῖν τὰ τῆς βασιλείας·
58 νῦν οὖν δῶμεν δεξιὰς τοῖς ἀνθρώποις τούτοις καὶ ποιήσωμεν μετ' αὐτῶν εἰρήνην καὶ μετὰ παντὸς ἔθνους αὐτῶν
59 καὶ στήσωμεν αὐτοῖς τοῦ πορεύεσθαι τοῖς νομίμοις[10] αὐτῶν ὡς τὸ πρότερον·[11] χάριν[12] γὰρ τῶν νομίμων αὐτῶν, ὧν διεσκεδάσαμεν,[13] ὠργίσθησαν[14] καὶ ἐποίησαν ταῦτα πάντα.

60 καὶ ἤρεσεν[15] ὁ λόγος ἐναντίον[16] τοῦ βασιλέως καὶ τῶν ἀρχόντων, καὶ ἀπέστειλεν πρὸς αὐτοὺς εἰρηνεῦσαι,[17] καὶ ἐπεδέξαντο.[18]
61 καὶ ὤμοσεν[19] αὐτοῖς ὁ βασιλεὺς καὶ οἱ ἄρχοντες· ἐπὶ τούτοις ἐξῆλθον ἐκ τοῦ ὀχυρώματος.[20]
62 καὶ εἰσῆλθεν ὁ βασιλεὺς εἰς ὄρος Σιων καὶ εἶδεν τὸ ὀχύρωμα[21] τοῦ τόπου καὶ ἠθέτησεν[22] τὸν ὁρκισμόν,[23] ὃν ὤμοσεν,[24] καὶ ἐνετείλατο[25] καθελεῖν[26] τὸ τεῖχος[27] κυκλόθεν.[28]
63 καὶ ἀπῆρεν[29] κατὰ σπουδὴν[30] καὶ ἀπέστρεψεν[31] εἰς Ἀντιόχειαν καὶ εὗρεν Φίλιππον κυριεύοντα[32] τῆς πόλεως καὶ ἐπολέμησεν πρὸς αὐτὸν καὶ κατελάβετο[33] τὴν πόλιν βίᾳ.[34]

Campaigns of Demetrius, Alcimus, and Bacchides

7 Ἔτους ἑνὸς καὶ πεντηκοστοῦ[35] καὶ ἑκατοστοῦ[36] ἐξῆλθεν Δημήτριος ὁ τοῦ Σελεύκου ἐκ Ῥώμης καὶ ἀνέβη σὺν ἀνδράσιν ὀλίγοις[37] εἰς πόλιν παραθαλασσίαν[38] καὶ ἐβασίλευσεν[39] ἐκεῖ.
2 καὶ ἐγένετο ὡς εἰσεπορεύετο[40] εἰς οἶκον βασιλείας πατέρων αὐτοῦ, καὶ συνέλαβον[41] αἱ δυνάμεις τὸν Ἀντίοχον καὶ τὸν Λυσίαν ἀγαγεῖν αὐτοὺς αὐτῷ.
3 καὶ ἐγνώσθη αὐτῷ τὸ πρᾶγμα,[42] καὶ εἶπεν Μή μοι δείξητε τὰ πρόσωπα αὐτῶν.
4 καὶ ἀπέκτειναν αὐτοὺς αἱ δυνάμεις, καὶ ἐκάθισεν Δημήτριος ἐπὶ θρόνου

1 κατασπεύδω, *impf act ind 3s*, hasten
2 ἐπινεύω, *aor act ind 3s*, consent
3 ἡγεμών, ruler, leader
4 ἐκλείπω, *pres act ind 1p*, fail, die
5 τροφή, food
6 ὀλίγος, little
7 παρεμβάλλω, *pres act ind 1p*, encamp
8 ὀχυρός, fortified
9 ἐπίκειμαι, *pres pas ind 3s*, press upon
10 νόμιμος, legal statute
11 πρότερος, formerly
12 χάριν, on account of
13 διασκεδάζω, *aor act ind 1p*, disperse
14 ὀργίζω, *aor pas ind 3p*, be angry
15 ἀρέσκω, *aor act ind 3s*, please
16 ἐναντίον, before
17 εἰρηνεύω, *aor act inf*, make peace
18 ἐπιδέχομαι, *aor mid ind 3p*, receive, welcome
19 ὄμνυμι, *aor act ind 3s*, swear an oath
20 ὀχύρωμα, fortress
21 ὀχύρωμα, fortress
22 ἀθετέω, *aor act ind 3s*, break, reject
23 ὁρκισμός, oath
24 ὄμνυμι, *aor act ind 3s*, swear an oath
25 ἐντέλλομαι, *aor mid ind 3s*, command
26 καθαιρέω, *aor act inf*, destroy, tear down
27 τεῖχος, wall
28 κυκλόθεν, all around
29 ἀπαίρω, *aor act ind 3s*, depart
30 σπουδή, haste
31 ἀποστρέφω, *aor act ind 3s*, return
32 κυριεύω, *pres act ptc acc s m*, govern, rule
33 καταλαμβάνω, *aor mid ind 3s*, capture
34 βία, forcibly
35 πεντηκοστός, fiftieth
36 ἑκατοστός, hundredth
37 ὀλίγος, few
38 παραθαλάσσιος, by the sea
39 βασιλεύω, *aor act ind 3s*, become king
40 εἰσπορεύομαι, *impf mid ind 3s*, go into
41 συλλαμβάνω, *aor act ind 3p*, lay hold of, arrest
42 πρᾶγμα, matter, deed

βασιλείας αὐτοῦ. **5** καὶ ἦλθον πρὸς αὐτὸν πάντες ἄνδρες ἄνομοι[1] καὶ ἀσεβεῖς[2] ἐξ
Ισραηλ, καὶ Ἄλκιμος ἡγεῖτο[3] αὐτῶν βουλόμενος ἱερατεύειν.[4] **6** καὶ κατηγόρησαν[5]
τοῦ λαοῦ πρὸς τὸν βασιλέα λέγοντες Ἀπώλεσεν Ιουδας καὶ οἱ ἀδελφοὶ αὐτοῦ
πάντας τοὺς φίλους[6] σου, καὶ ἡμᾶς ἐσκόρπισεν[7] ἀπὸ τῆς γῆς ἡμῶν· **7** νῦν οὖν ἀπό-
στειλον ἄνδρα, ᾧ πιστεύεις,[8] καὶ πορευθεὶς ἰδέτω τὴν ἐξολέθρευσιν[9] πᾶσαν, ἣν
ἐποίησεν ἡμῖν καὶ τῇ χώρᾳ[10] τοῦ βασιλέως, καὶ κολασάτω[11] αὐτοὺς καὶ πάντας
τοὺς ἐπιβοηθοῦντας[12] αὐτοῖς.

8 καὶ ἐπέλεξεν[13] ὁ βασιλεὺς τὸν Βακχίδην τῶν φίλων[14] τοῦ βασιλέως κυριεύοντα[15]
ἐν τῷ πέραν[16] τοῦ ποταμοῦ[17] καὶ μέγαν ἐν τῇ βασιλείᾳ καὶ πιστὸν[18] τῷ βασιλεῖ **9** καὶ
ἀπέστειλεν αὐτὸν καὶ Ἄλκιμον τὸν ἀσεβῆ[19] καὶ ἔστησεν αὐτῷ τὴν ἱερωσύνην[20] καὶ
ἐνετείλατο[21] αὐτῷ ποιῆσαι τὴν ἐκδίκησιν[22] ἐν τοῖς υἱοῖς Ισραηλ. **10** καὶ ἀπῆρον[23] καὶ
ἦλθον μετὰ δυνάμεως πολλῆς εἰς γῆν Ιουδα· καὶ ἀπέστειλεν ἀγγέλους πρὸς Ιουδαν
καὶ τοὺς ἀδελφοὺς αὐτοῦ λόγοις εἰρηνικοῖς[24] μετὰ δόλου.[25] **11** καὶ οὐ προσέσχον[26]
τοῖς λόγοις αὐτῶν· εἶδον γὰρ ὅτι ἦλθαν μετὰ δυνάμεως πολλῆς.

12 καὶ ἐπισυνήχθησαν[27] πρὸς Ἄλκιμον καὶ Βακχίδην συναγωγὴ γραμματέων[28] ἐκζη-
τῆσαι[29] δίκαια, **13** καὶ πρῶτοι οἱ Ασιδαῖοι ἦσαν ἐν υἱοῖς Ισραηλ καὶ ἐπεζήτουν[30] παρ'
αὐτῶν εἰρήνην· **14** εἶπον γάρ Ἄνθρωπος ἱερεὺς ἐκ σπέρματος Ααρων ἦλθεν ἐν ταῖς
δυνάμεσιν καὶ οὐκ ἀδικήσει[31] ἡμᾶς. **15** καὶ ἐλάλησεν μετ' αὐτῶν λόγους εἰρηνικοὺς[32]
καὶ ὤμοσεν[33] αὐτοῖς λέγων Οὐκ ἐκζητήσομεν[34] ὑμῖν κακὸν καὶ τοῖς φίλοις[35] ὑμῶν.
16 καὶ ἐνεπίστευσαν[36] αὐτῷ· καὶ συνέλαβεν[37] ἐξ αὐτῶν ἑξήκοντα[38] ἄνδρας καὶ ἀπ-
έκτεινεν αὐτοὺς ἐν ἡμέρᾳ μιᾷ κατὰ τὸν λόγον, ὃν ἔγραψεν αὐτόν

1 ἄνομος, evil, wicked
2 ἀσεβής, ungodly
3 ἡγέομαι, *impf mid ind 3s*, lead
4 ἱερατεύω, *pres act inf*, minister as priest
5 κατηγορέω, *aor act ind 3p*, accuse
6 φίλος, associate
7 σκορπίζω, *aor act ind 3s*, disperse
8 πιστεύω, *pres act ind 2s*, trust
9 ἐξολέθρευσις, destruction
10 χώρα, territory
11 κολάζω, *aor act impv 3s*, punish
12 ἐπιβοηθέω, *pres act ptc acc p m*, aid, assist
13 ἐπιλέγω, *aor act ind 3s*, select
14 φίλος, associate
15 κυριεύω, *pres act ptc acc s m*, govern, rule
16 πέραν, across
17 ποταμός, river
18 πιστός, faithful
19 ἀσεβής, ungodly
20 ἱερωσύνη, priesthood
21 ἐντέλλομαι, *aor mid ind 3s*, command
22 ἐκδίκησις, vengeance
23 ἀπαίρω, *impf act ind 3p*, depart
24 εἰρηνικός, peaceable
25 δόλος, deceit
26 προσέχω, *aor act ind 3p*, give heed
27 ἐπισυνάγω, *aor pas ind 3p*, gather together
28 γραμματεύς, scribe
29 ἐκζητέω, *aor act inf*, demand, seek after
30 ἐπιζητέω, *impf act ind 3p*, seek
31 ἀδικέω, *fut act ind 3s*, wrong, deal unjustly with
32 εἰρηνικός, peaceable
33 ὄμνυμι, *aor act ind 3s*, swear an oath
34 ἐκζητέω, *fut act ind 1p*, demand, seek after
35 φίλος, associate
36 ἐμπιστεύω, *aor act ind 3p*, trust in
37 συλλαμβάνω, *aor act ind 3s*, lay hold of, arrest
38 ἑξήκοντα, sixty

17 Σάρκας ὁσίων[1] σου καὶ αἷμα αὐτῶν
ἐξέχεαν[2] κύκλῳ[3] Ιερουσαλημ,
καὶ οὐκ ἦν αὐτοῖς ὁ θάπτων.[4]

18 καὶ ἐπέπεσεν[5] αὐτῶν ὁ φόβος καὶ ὁ τρόμος[6] εἰς πάντα τὸν λαόν, ὅτι εἶπον Οὐκ
ἔστιν ἐν αὐτοῖς ἀλήθεια καὶ κρίσις, παρέβησαν[7] γὰρ τὴν στάσιν[8] καὶ τὸν ὅρκον,[9] ὃν
ὤμοσαν.[10]

19 καὶ ἀπῆρεν[11] Βακχίδης ἀπὸ Ιερουσαλημ καὶ παρενέβαλεν[12] ἐν Βηθζαιθ καὶ ἀπ-
έστειλεν καὶ συνέλαβεν[13] πολλοὺς ἀπὸ τῶν μετ᾽ αὐτοῦ αὐτομολησάντων[14] ἀνδρῶν
καί τινας τοῦ λαοῦ καὶ ἔθυσεν[15] αὐτοὺς εἰς τὸ φρέαρ[16] τὸ μέγα. **20** καὶ κατέστησεν[17]
τὴν χώραν[18] τῷ Ἀλκίμῳ καὶ ἀφῆκεν μετ᾽ αὐτοῦ δύναμιν τοῦ βοηθεῖν[19] αὐτῷ· καὶ
ἀπῆλθεν Βακχίδης πρὸς τὸν βασιλέα. **21** καὶ ἠγωνίσατο[20] Ἄλκιμος περὶ τῆς ἀρχι-
ερωσύνης,[21] **22** καὶ συνήχθησαν πρὸς αὐτὸν πάντες οἱ ταράσσοντες[22] τὸν λαὸν
αὐτῶν καὶ κατεκράτησαν[23] γῆν Ιουδα καὶ ἐποίησαν πληγὴν[24] μεγάλην ἐν Ισραηλ.
23 καὶ εἶδεν Ιουδας πᾶσαν τὴν κακίαν,[25] ἣν ἐποίησεν Ἄλκιμος καὶ οἱ μετ᾽ αὐτοῦ
ἐν υἱοῖς Ισραηλ ὑπὲρ τὰ ἔθνη, **24** καὶ ἐξῆλθεν εἰς πάντα τὰ ὅρια[26] τῆς Ιουδαίας
κυκλόθεν[27] καὶ ἐποίησεν ἐκδίκησιν[28] ἐν τοῖς ἀνδράσιν τοῖς αὐτομολήσασιν,[29] καὶ
ἀνεστάλησαν[30] τοῦ ἐκπορεύεσθαι εἰς τὴν χώραν.[31] **25** ὡς δὲ εἶδεν Ἄλκιμος ὅτι ἐνί-
σχυσεν[32] Ιουδας καὶ οἱ μετ᾽ αὐτοῦ, καὶ ἔγνω ὅτι οὐ δύναται ὑποστῆναι[33] αὐτούς, καὶ
ἐπέστρεψεν πρὸς τὸν βασιλέα καὶ κατηγόρησεν[34] αὐτῶν πονηρά.

1 ὅσιος, holy, pious
2 ἐκχέω, *aor act ind 3p*, pour out
3 κύκλῳ, around
4 θάπτω, *pres act ptc nom s m*, bury
5 ἐπιπίπτω, *aor act ind 3s*, fall upon
6 τρόμος, trembling
7 παραβαίνω, *aor act ind 3p*, transgress
8 στάσις, statute, decree
9 ὅρκος, oath
10 ὄμνυμι, *aor act ind 3p*, swear an oath
11 ἀπαίρω, *aor act ind 3s*, depart
12 παρεμβάλλω, *aor act ind 3s*, encamp
13 συλλαμβάνω, *aor act ind 3s*, lay hold of, arrest
14 αὐτομολέω, *aor act ptc gen p m*, desert, rebel
15 θύω, *aor act ind 3s*, slaughter
16 φρέαρ, pit
17 καθίστημι, *aor act ind 3s*, appoint over
18 χώρα, territory
19 βοηθέω, *pres act inf*, aid, assist
20 ἀγωνίζομαι, *aor mid ind 3s*, contend, fight
21 ἀρχιερωσύνη, high priesthood
22 ταράσσω, *pres act ptc nom p m*, trouble, stir up
23 κατακρατέω, *aor act ind 3p*, prevail against
24 πληγή, harm, misfortune
25 κακία, wickedness
26 ὅριον, region
27 κυκλόθεν, all around
28 ἐκδίκησις, vengeance
29 αὐτομολέω, *aor act ptc dat p m*, desert, rebel
30 ἀναστέλλω, *aor pas ind 3p*, draw back
31 χώρα, country, land
32 ἐνισχύω, *aor act ind 3s*, strengthen
33 ὑφίστημι, *aor act inf*, resist, withstand
34 κατηγορέω, *aor act ind 3s*, denounce

Campaign of Nicanor

26 Καὶ ἀπέστειλεν ὁ βασιλεὺς Νικάνορα ἕνα τῶν ἀρχόντων αὐτοῦ τῶν ἐνδόξων[1] καὶ
μισοῦντα καὶ ἐχθραίνοντα[2] τῷ Ισραηλ καὶ ἐνετείλατο[3] αὐτῷ ἐξᾶραι[4] τὸν λαόν. **27** καὶ
ἦλθεν Νικάνωρ εἰς Ιερουσαλημ δυνάμει πολλῇ, καὶ ἀπέστειλεν πρὸς Ιουδαν καὶ
τοὺς ἀδελφοὺς αὐτοῦ μετὰ δόλου[5] λόγοις εἰρηνικοῖς[6] λέγων **28** Μὴ ἔστω μάχη[7] ἀνὰ
μέσον[8] ἐμοῦ καὶ ὑμῶν· ἥξω[9] ἐν ἀνδράσιν ὀλίγοις,[10] ἵνα ἴδω ὑμῶν τὰ πρόσωπα μετ᾽
εἰρήνης. **29** καὶ ἦλθεν πρὸς Ιουδαν, καὶ ἠσπάσαντο[11] ἀλλήλους[12] εἰρηνικῶς·[13] καὶ οἱ
πολέμιοι[14] ἕτοιμοι[15] ἦσαν ἐξαρπάσαι[16] τὸν Ιουδαν. **30** καὶ ἐγνώσθη ὁ λόγος τῷ Ιουδα
ὅτι μετὰ δόλου[17] ἦλθεν ἐπ᾽ αὐτόν, καὶ ἐπτοήθη[18] ἀπ᾽ αὐτοῦ καὶ οὐκ ἐβουλήθη ἔτι ἰδεῖν
τὸ πρόσωπον αὐτοῦ. **31** καὶ ἔγνω Νικάνωρ ὅτι ἀπεκαλύφθη[19] ἡ βουλὴ[20] αὐτοῦ, καὶ
ἐξῆλθεν εἰς συνάντησιν[21] τῷ Ιουδα ἐν πολέμῳ κατὰ Χαφαρσαλαμα. **32** καὶ ἔπεσον
τῶν παρὰ Νικάνορος ὡσεὶ[22] πεντακόσιοι[23] ἄνδρες, καὶ ἔφυγον[24] εἰς τὴν πόλιν Δαυιδ.

33 Καὶ μετὰ τοὺς λόγους τούτους ἀνέβη Νικάνωρ εἰς ὄρος Σιων. καὶ ἐξῆλθον
ἀπὸ τῶν ἱερέων ἐκ τῶν ἁγίων καὶ ἀπὸ τῶν πρεσβυτέρων τοῦ λαοῦ ἀσπάσασθαι[25]
αὐτὸν εἰρηνικῶς[26] καὶ δεῖξαι αὐτῷ τὴν ὁλοκαύτωσιν[27] τὴν προσφερομένην ὑπὲρ
τοῦ βασιλέως. **34** καὶ ἐμυκτήρισεν[28] αὐτοὺς καὶ κατεγέλασεν[29] αὐτῶν καὶ ἐμίανεν[30]
αὐτοὺς καὶ ἐλάλησεν ὑπερηφάνως·[31] **35** καὶ ὤμοσεν[32] μετὰ θυμοῦ[33] λέγων Ἐὰν
μὴ παραδοθῇ Ιουδας καὶ ἡ παρεμβολὴ[34] αὐτοῦ εἰς χεῖράς μου τὸ νῦν, καὶ ἔσται
ἐὰν ἐπιστρέψω ἐν εἰρήνῃ, ἐμπυριῶ[35] τὸν οἶκον τοῦτον. καὶ ἐξῆλθεν μετὰ θυμοῦ[36]
μεγάλου. **36** καὶ εἰσῆλθον οἱ ἱερεῖς καὶ ἔστησαν κατὰ πρόσωπον τοῦ θυσιαστηρίου[37]
καὶ τοῦ ναοῦ καὶ ἔκλαυσαν καὶ εἶπον

37 Σὺ ἐξελέξω[38] τὸν οἶκον τοῦτον ἐπικληθῆναι[39] τὸ ὄνομά σου ἐπ᾽ αὐτοῦ
εἶναι οἶκον προσευχῆς καὶ δεήσεως[40] τῷ λαῷ σου·

1 ἔνδοξος, reputable, honorable
2 ἐχθραίνω, *pres act ptc acc s m*, be at enmity with
3 ἐντέλλομαι, *aor mid ind 3s*, command
4 ἐξαίρω, *aor act inf*, destroy
5 δόλος, deceit
6 εἰρηνικός, peaceable
7 μάχη, strife
8 ἀνὰ μέσον, between
9 ἥκω, *fut act ind 1s*, come
10 ὀλίγος, few
11 ἀσπάζομαι, *aor mid ind 3p*, greet
12 ἀλλήλων, one another
13 εἰρηνικῶς, peaceably
14 πολέμιος, enemy
15 ἕτοιμος, prepared, ready
16 ἐξαρπάζω, *aor act inf*, seize
17 δόλος, deceit
18 πτοέω, *aor pas ind 3s*, terrify
19 ἀποκαλύπτω, *aor pas ind 3s*, uncover
20 βουλή, plan, scheme
21 συνάντησις, meeting
22 ὡσεί, about
23 πεντακόσιοι, five hundred
24 φεύγω, *aor act ind 3p*, flee
25 ἀσπάζομαι, *aor mid inf*, greet
26 εἰρηνικῶς, peaceably
27 ὁλοκαύτωσις, whole burnt offering
28 μυκτηρίζω, *aor act ind 3s*, treat with contempt
29 καταγελάω, *aor act ind 3s*, deride, mock
30 μιαίνω, *aor act ind 3s*, pollute
31 ὑπερηφάνως, arrogantly
32 ὄμνυμι, *aor act ind 3s*, swear
33 θυμός, anger, wrath
34 παρεμβολή, company
35 ἐμπυρίζω, *fut act ind 1s*, set on fire
36 θυμός, anger, wrath
37 θυσιαστήριον, altar
38 ἐκλέγω, *aor mid ind 2s*, choose
39 ἐπικαλέω, *aor pas inf*, call upon
40 δέησις, supplication

38 ποίησον ἐκδίκησιν[1] ἐν τῷ ἀνθρώπῳ τούτῳ καὶ ἐν τῇ παρεμβολῇ[2] αὐτοῦ,
καὶ πεσέτωσαν[3] ἐν ῥομφαίᾳ·[4]
μνήσθητι[5] τῶν δυσφημιῶν[6] αὐτῶν
καὶ μὴ δῷς αὐτοῖς μονήν.[7]

Nicanor's Death

39 καὶ ἐξῆλθεν Νικάνωρ ἐξ Ιερουσαλημ καὶ παρενέβαλεν[8] ἐν Βαιθωρων, καὶ συν-
ήντησεν[9] αὐτῷ δύναμις Συρίας. **40** καὶ Ιουδας παρενέβαλεν[10] ἐν Αδασα ἐν τρι-
σχιλίοις[11] ἀνδράσιν· καὶ προσηύξατο Ιουδας καὶ εἶπεν **41** Οἱ παρὰ τοῦ βασιλέως
ὅτε ἐδυσφήμησαν,[12] ἐξῆλθεν ὁ ἄγγελός σου καὶ ἐπάταξεν[13] ἐν αὐτοῖς ἑκατὸν[14] ὀγδο-
ήκοντα[15] πέντε χιλιάδας·[16] **42** οὕτως σύντριψον[17] τὴν παρεμβολὴν[18] ταύτην ἐνώπιον
ἡμῶν σήμερον, καὶ γνώτωσαν οἱ ἐπίλοιποι[19] ὅτι κακῶς[20] ἐλάλησεν ἐπὶ τὰ ἅγιά σου,
καὶ κρῖνον αὐτὸν κατὰ τὴν κακίαν[21] αὐτοῦ.

43 καὶ συνῆψαν[22] αἱ παρεμβολαὶ[23] εἰς πόλεμον τῇ τρισκαιδεκάτῃ[24] τοῦ μηνὸς[25]
Αδαρ, καὶ συνετρίβη[26] ἡ παρεμβολὴ[27] Νικάνορος, καὶ ἔπεσεν αὐτὸς πρῶτος ἐν τῷ
πολέμῳ. **44** ὡς δὲ εἶδεν ἡ παρεμβολὴ[28] αὐτοῦ ὅτι ἔπεσεν Νικάνωρ, ῥίψαντες[29] τὰ
ὅπλα[30] ἔφυγον.[31] **45** καὶ κατεδίωκον[32] αὐτοὺς ὁδὸν ἡμέρας μιᾶς ἀπὸ Αδασα ἕως τοῦ
ἐλθεῖν εἰς Γαζηρα καὶ ἐσάλπιζον[33] ὀπίσω αὐτῶν ταῖς σάλπιγξιν[34] τῶν σημασιῶν.[35]
46 καὶ ἐξῆλθον ἐκ πασῶν τῶν κωμῶν[36] τῆς Ιουδαίας κυκλόθεν[37] καὶ ὑπερεκέρων[38]
αὐτούς, καὶ ἀπέστρεφον[39] οὗτοι πρὸς τούτους, καὶ ἔπεσον πάντες ῥομφαίᾳ,[40] καὶ
οὐ κατελείφθη[41] ἐξ αὐτῶν οὐδὲ εἷς. **47** καὶ ἔλαβον τὰ σκῦλα[42] καὶ τὴν προνομήν,[43]
καὶ τὴν κεφαλὴν Νικάνορος ἀφεῖλον[44] καὶ τὴν δεξιὰν αὐτοῦ, ἣν ἐξέτεινεν[45]

1 ἐκδίκησις, vengeance
2 παρεμβολή, company
3 πίπτω, *aor act impv 3p*, fall
4 ῥομφαία, sword
5 μιμνήσκομαι, *aor pas impv 2s*, remember
6 δυσφημία, blasphemy, slander
7 μονή, preservation, continuance
8 παρεμβάλλω, *aor act ind 3s*, encamp
9 συναντάω, *aor act ind 3s*, meet together
10 παρεμβάλλω, *aor act ind 3s*, encamp
11 τρισχίλιοι, three thousand
12 δυσφημέω, *aor act ind 3p*, blaspheme
13 πατάσσω, *aor act ind 3s*, strike, smite
14 ἑκατόν, hundred
15 ὀγδοήκοντα, eighty
16 χιλιάς, thousand
17 συντρίβω, *aor act impv 2s*, crush, shatter
18 παρεμβολή, company
19 ἐπίλοιπος, remaining
20 κακῶς, wrong
21 κακία, wickedness
22 συνάπτω, *aor act ind 3p*, join in battle
23 παρεμβολή, company
24 τρισκαιδέκατος, thirteenth
25 μήν, month
26 συντρίβω, *aor pas ind 3s*, crush, shatter
27 παρεμβολή, company
28 παρεμβολή, company
29 ῥίπτω, *aor act ptc nom p m*, throw down
30 ὅπλον, weapon
31 φεύγω, *aor act ind 3p*, flee
32 καταδιώκω, *impf act ind 3p*, pursue
33 σαλπίζω, *impf act ind 3p*, sound, blow
34 σάλπιγξ, trumpet
35 σημασία, signal
36 κώμη, territory
37 κυκλόθεν, all around
38 ὑπερκεράω, *impf act ind 3p*, outflank
39 ἀποστρέφω, *impf act ind 3p*, turn back
40 ῥομφαία, sword
41 καταλείπω, *aor pas ind 3s*, leave behind
42 σκῦλον, spoils, plunder
43 προνομή, plunder
44 ἀφαιρέω, *aor act ind 3p*, remove
45 ἐκτείνω, *aor act ind 3s*, stretch forth

ὑπερηφάνως,[1] καὶ ἤνεγκαν καὶ ἐξέτειναν[2] παρὰ τῇ Ιερουσαλημ. **48** καὶ ηὐφράνθη[3]
ὁ λαὸς σφόδρα[4] καὶ ἤγαγον τὴν ἡμέραν ἐκείνην ἡμέραν εὐφροσύνης[5] μεγάλην·
49 καὶ ἔστησαν τοῦ ἄγειν κατ᾽ ἐνιαυτὸν[6] τὴν ἡμέραν ταύτην τῇ τρισκαιδεκάτῃ[7] τοῦ
Αδαρ. **50** καὶ ἡσύχασεν[8] ἡ γῆ Ιουδα ἡμέρας ὀλίγας.[9]

Description of the Romans

8 Καὶ ἤκουσεν Ιουδας τὸ ὄνομα τῶν Ῥωμαίων, ὅτι εἰσὶν δυνατοὶ ἰσχύι[10] καὶ αὐτοὶ
εὐδοκοῦσιν[11] ἐν πᾶσιν τοῖς προστιθεμένοις[12] αὐτοῖς, καὶ ὅσοι ἂν προσέλθωσιν
αὐτοῖς, ἱστῶσιν αὐτοῖς φιλίαν,[13] καὶ ὅτι εἰσὶ δυνατοὶ ἰσχύι.[14] **2** καὶ διηγήσαντο[15] αὐτῷ
τοὺς πολέμους αὐτῶν καὶ τὰς ἀνδραγαθίας,[16] ἃς ποιοῦσιν ἐν τοῖς Γαλάταις, καὶ
ὅτι κατεκράτησαν[17] αὐτῶν καὶ ἤγαγον αὐτοὺς ὑπὸ φόρον,[18] **3** καὶ ὅσα ἐποίησαν
ἐν χώρᾳ[19] Σπανίας τοῦ κατακρατῆσαι[20] τῶν μετάλλων[21] τοῦ ἀργυρίου[22] καὶ τοῦ
χρυσίου[23] τοῦ ἐκεῖ· **4** καὶ κατεκράτησαν[24] τοῦ τόπου παντὸς τῇ βουλῇ[25] αὐτῶν
καὶ τῇ μακροθυμίᾳ,[26] καὶ ὁ τόπος ἦν ἀπέχων[27] μακρὰν[28] ἀπ᾽ αὐτῶν σφόδρα,[29] καὶ
τῶν βασιλέων τῶν ἐπελθόντων[30] ἐπ᾽ αὐτοὺς ἀπ᾽ ἄκρου[31] τῆς γῆς, ἕως συνέτριψαν[32]
αὐτοὺς καὶ ἐπάταξαν[33] ἐν αὐτοῖς πληγὴν[34] μεγάλην, καὶ οἱ ἐπίλοιποι[35] διδόασιν αὐτοῖς
φόρον[36] κατ᾽ ἐνιαυτόν·[37] **5** καὶ τὸν Φίλιππον καὶ τὸν Περσέα Κιτιέων βασιλέα καὶ
τοὺς ἐπηρμένους[38] ἐπ᾽ αὐτοὺς συνέτριψαν[39] αὐτοὺς ἐν πολέμῳ καὶ κατεκράτησαν[40]
αὐτῶν· **6** καὶ Ἀντίοχον τὸν μέγαν βασιλέα τῆς Ἀσίας τὸν πορευθέντα ἐπ᾽ αὐτοὺς
εἰς πόλεμον ἔχοντα ἑκατὸν[41] εἴκοσι[42] ἐλέφαντας[43] καὶ ἵππον[44] καὶ ἅρματα[45] καὶ

1 ὑπερηφάνως, arrogantly
2 ἐκτείνω, *aor act ind 3p*, stretch forth
3 εὐφραίνω, *aor pas ind 3s*, rejoice
4 σφόδρα, exceedingly
5 εὐφροσύνη, joy, gladness
6 ἐνιαυτός, year
7 τρισκαιδέκατος, thirteenth
8 ἡσυχάζω, *aor act ind 3s*, be at rest
9 ὀλίγος, few
10 ἰσχύς, strength
11 εὐδοκέω, *pres act ind 3p*, please
12 προστίθημι, *pres mid ptc dat p m*, add to
13 φιλία, friendship
14 ἰσχύς, strength
15 διηγέομαι, *aor mid ind 3p*, describe in detail
16 ἀνδραγαθία, heroic act
17 κατακρατέω, *aor act ind 3p*, prevail against
18 φόρος, tribute
19 χώρα, territory, country
20 κατακρατέω, *aor act inf*, prevail against
21 μέταλλον, mine
22 ἀργύριον, silver
23 χρυσίον, gold
24 κατακρατέω, *aor act ind 3p*, prevail against
25 βουλή, counsel, plan
26 μακροθυμία, patience
27 ἀπέχω, *pres act ptc nom s m*, be far off
28 μακράν, long distance
29 σφόδρα, very
30 ἐπέρχομαι, *aor act ptc gen p m*, come upon
31 ἄκρος, end, extremity
32 συντρίβω, *aor act ind 3p*, crush, shatter
33 πατάσσω, *aor act ind 3p*, strike, defeat
34 πληγή, blow, stroke
35 ἐπίλοιπος, remaining
36 φόρος, tribute
37 ἐνιαυτός, year
38 ἐπαίρω, *perf mid ptc acc p m*, stir up
39 συντρίβω, *aor act ind 3p*, crush, shatter
40 κατακρατέω, *aor act ind 3p*, prevail against
41 ἑκατόν, hundred
42 εἴκοσι, twenty
43 ἐλέφας, elephant
44 ἵππος, cavalry
45 ἅρμα, chariot

δύναμιν πολλὴν σφόδρα,[1] καὶ συνετρίβη[2] ὑπ' αὐτῶν, **7** καὶ ἔλαβον αὐτὸν ζῶντα καὶ
ἔστησαν αὐτοῖς διδόναι αὐτόν τε καὶ τοὺς βασιλεύοντας[3] μετ' αὐτὸν φόρον[4] μέγαν
καὶ διδόναι ὅμηρα[5] καὶ διαστολὴν[6] **8** καὶ χώραν[7] τὴν Ἰνδικὴν καὶ Μηδίαν καὶ Λυδίαν
ἀπὸ τῶν καλλίστων[8] χωρῶν[9] αὐτῶν, καὶ λαβόντες αὐτὰς παρ' αὐτοῦ ἔδωκαν αὐτὰς
Εὐμένει τῷ βασιλεῖ·

9 καὶ ὅτι οἱ ἐκ τῆς Ἑλλάδος ἐβουλεύσαντο[10] ἐλθεῖν καὶ ἐξᾶραι[11] αὐτούς, **10** καὶ ἐγνώσθη
ὁ λόγος αὐτοῖς, καὶ ἀπέστειλαν ἐπ' αὐτοὺς στρατηγὸν[12] ἕνα καὶ ἐπολέμησαν πρὸς
αὐτούς, καὶ ἔπεσον ἐξ αὐτῶν τραυματίαι[13] πολλοί, καὶ ᾐχμαλώτισαν[14] τὰς γυναῖκας
αὐτῶν καὶ τὰ τέκνα αὐτῶν καὶ ἐπρονόμευσαν[15] αὐτοὺς καὶ κατεκράτησαν[16] τῆς γῆς
καὶ καθεῖλον[17] τὰ ὀχυρώματα[18] αὐτῶν καὶ κατεδουλώσαντο[19] αὐτοὺς ἕως τῆς ἡμέρας
ταύτης· **11** καὶ τὰς ἐπιλοίπους[20] βασιλείας καὶ τὰς νήσους,[21] ὅσοι ποτὲ[22] ἀντέστησαν[23]
αὐτοῖς, κατέφθειραν[24] καὶ ἐδούλωσαν[25] αὐτούς, μετὰ δὲ τῶν φίλων[26] αὐτῶν καὶ τῶν
ἐπαναπαυομένων[27] αὐτοῖς συνετήρησαν[28] φιλίαν·[29] **12** καὶ κατεκράτησαν[30] τῶν βασι-
λέων τῶν ἐγγὺς[31] καὶ τῶν μακράν,[32] καὶ ὅσοι ἤκουον τὸ ὄνομα αὐτῶν, ἐφοβοῦντο
ἀπ' αὐτῶν. **13** οἷς δ' ἂν βούλωνται βοηθεῖν[33] καὶ βασιλεύειν,[34] βασιλεύουσιν·[35] οὓς
δ' ἂν βούλωνται, μεθιστῶσιν·[36] καὶ ὑψώθησαν[37] σφόδρα.[38] **14** καὶ ἐν πᾶσιν τούτοις
οὐκ ἐπέθεντο αὐτῶν οὐδὲ εἷς διάδημα,[39] οὐδὲ περιεβάλοντο[40] πορφύραν[41] ὥστε
ἁδρυνθῆναι[42] ἐν αὐτῇ· **15** καὶ βουλευτήριον[43] ἐποίησαν ἑαυτοῖς, καὶ καθ' ἡμέραν

1 σφόδρα, very
2 συντρίβω, *aor pas ind 3s*, crush, shatter
3 βασιλεύω, *pres act ptc acc p m*, reign as king
4 φόρος, tribute
5 ὅμηρος, hostage
6 διαστολή, injunction, order
7 χώρα, territory
8 καλός, *sup*, most beautiful
9 χώρα, land
10 βουλεύω, *aor mid ind 3p*, determine, resolve
11 ἐξαίρω, *aor act inf*, destroy
12 στρατηγός, captain, commander
13 τραυματίας, casualty, wounded
14 αἰχμαλωτίζω, *aor act ind 3p*, take captive
15 προνομεύω, *aor act ind 3p*, plunder
16 κατακρατέω, *aor act ind 3p*, prevail against
17 καθαιρέω, *aor act ind 3p*, destroy, tear down
18 ὀχύρωμα, fortress
19 καταδουλόω, *aor mid ind 3p*, enslave
20 ἐπίλοιπος, remaining
21 νῆσος, island
22 ποτέ, when
23 ἀνθίστημι, *aor act ind 3p*, resist, stand against
24 καταφθείρω, *aor act ind 3p*, annihilate
25 δουλόω, *aor act ind 3p*, enslave
26 φίλος, associate
27 ἐπαναπαύω, *pres mid ptc gen p m*, rely upon
28 συντηρέω, *aor act ind 3p*, preserve
29 φιλία, friendship
30 κατακρατέω, *aor act ind 3p*, prevail against
31 ἐγγύς, near
32 μακράν, far away
33 βοηθέω, *pres act inf*, aid, assist
34 βασιλεύω, *pres act inf*, make king
35 βασιλεύω, *pres act ind 3p*, reign as king
36 μεθίστημι, *pres act sub 3p*, remove, change
37 ὑψόω, *aor pas ind 3p*, exalt
38 σφόδρα, very much
39 διάδημα, diadem
40 περιβάλλω, *aor mid ind 3p*, clothe with, put on
41 πορφύρα, purple
42 ἁδρύνω, *aor pas inf*, be magnified
43 βουλευτήριον, senate, council

ἐβουλεύοντο[1] τριακόσιοι[2] καὶ εἴκοσι[3] βουλευόμενοι[4] διὰ παντὸς περὶ τοῦ πλήθους
τοῦ εὐκοσμεῖν[5] αὐτούς· **16** καὶ πιστεύουσιν[6] ἑνὶ ἀνθρώπῳ ἄρχειν αὐτῶν κατ᾽ ἐνιαυ-
τὸν[7] καὶ κυριεύειν[8] πάσης τῆς γῆς αὐτῶν, καὶ πάντες ἀκούουσιν τοῦ ἑνός, καὶ οὐκ
ἔστιν φθόνος[9] οὐδὲ ζῆλος[10] ἐν αὐτοῖς.

Judas Seeks a Treaty with the Romans

17 Καὶ ἐπελέξατο[11] Ιουδας τὸν Εὐπόλεμον υἱὸν Ιωαννου τοῦ Ακκως καὶ Ἰάσονα
υἱὸν Ελεαζαρου καὶ ἀπέστειλεν αὐτοὺς εἰς Ῥώμην στῆσαι φιλίαν[12] καὶ συμμαχίαν[13]
18 καὶ τοῦ ἆραι τὸν ζυγὸν[14] ἀπ᾽ αὐτῶν, ὅτι εἶδον τὴν βασιλείαν τῶν Ἑλλήνων κατα-
δουλουμένους[15] τὸν Ισραηλ δουλείᾳ.[16] **19** καὶ ἐπορεύθησαν εἰς Ῥώμην, καὶ ἡ ὁδὸς
πολλὴ σφόδρα,[17] καὶ εἰσήλθοσαν εἰς τὸ βουλευτήριον[18] καὶ ἀπεκρίθησαν καὶ εἶπον
20 Ιουδας ὁ καὶ Μακκαβαῖος καὶ οἱ ἀδελφοὶ αὐτοῦ καὶ τὸ πλῆθος τῶν Ιουδαίων
ἀπέστειλαν ἡμᾶς πρὸς ὑμᾶς στῆσαι μεθ᾽ ὑμῶν συμμαχίαν[19] καὶ εἰρήνην καὶ γραφῆναι
ἡμᾶς συμμάχους[20] καὶ φίλους[21] ὑμῶν. **21** καὶ ἤρεσεν[22] ὁ λόγος ἐνώπιον αὐτῶν. **22** καὶ
τοῦτο τὸ ἀντίγραφον[23] τῆς ἐπιστολῆς,[24] ἧς ἀντέγραψαν[25] ἐπὶ δέλτοις[26] χαλκαῖς[27]
καὶ ἀπέστειλαν εἰς Ιερουσαλημ εἶναι παρ᾽ αὐτοῖς ἐκεῖ μνημόσυνον[28] εἰρήνης καὶ
συμμαχίας[29]

23 Καλῶς[30] γένοιτο[31] Ῥωμαίοις καὶ τῷ ἔθνει Ιουδαίων ἐν τῇ θαλάσσῃ καὶ ἐπὶ τῆς
ξηρᾶς[32] εἰς τὸν αἰῶνα, καὶ ῥομφαία[33] καὶ ἐχθρὸς μακρυνθείη[34] ἀπ᾽ αὐτῶν. **24** ἐὰν
δὲ ἐνστῇ[35] πόλεμος Ῥώμῃ προτέρᾳ[36] ἢ πᾶσιν τοῖς συμμάχοις[37] αὐτῶν ἐν πάσῃ τῇ
κυριείᾳ[38] αὐτῶν, **25** συμμαχήσει[39] τὸ ἔθνος τῶν Ιουδαίων, ὡς ἂν ὁ καιρὸς ὑπογράφῃ[40]

1 βουλεύω, *impf mid ind 3p*, deliberate
2 τριακόσιοι, three hundred
3 εἴκοσι, twenty
4 βουλεύω, *pres mid ptc nom p m*, deliberate
5 εὐκοσμέω, *pres act inf*, maintain order
6 πιστεύω, *pres act ind 3p*, entrust
7 ἐνιαυτός, year
8 κυριεύω, *pres act inf*, govern, rule
9 φθόνος, envy
10 ζῆλος, jealousy
11 ἐπιλέγω, *aor mid ind 3s*, select
12 φιλία, friendship
13 συμμαχία, alliance
14 ζυγός, yoke
15 καταδουλόω, *pres mid ptc acc p m*, enslave
16 δουλεία, slavery, bondage
17 σφόδρα, very
18 βουλευτήριον, senate, council
19 συμμαχία, alliance
20 σύμμαχος, ally
21 φίλος, friend, associate
22 ἀρέσκω, *aor act ind 3s*, please
23 ἀντίγραφον, copy
24 ἐπιστολή, letter
25 ἀντιγράφω, *aor act ind 3p*, copy, transcribe
26 δέλτος, writing tablet
27 χαλκοῦς, bronze
28 μνημόσυνον, reminder
29 συμμαχία, alliance
30 καλῶς, well
31 γίνομαι, *aor mid opt 3s*, be
32 ξηρός, dry land
33 ῥομφαία, sword
34 μακρύνω, *aor pas opt 3s*, be far off
35 ἐνίστημι, *aor act sub 3s*, begin
36 πρότερος, first, before
37 σύμμαχος, ally
38 κυριεία, dominion
39 συμμαχέω, *fut act ind 3s*, fight on the side of
40 ὑπογράφω, *aor act sub 3s*, indicate

αὐτοῖς, καρδίᾳ πλήρει·[1] **26** καὶ τοῖς πολεμοῦσιν οὐ δώσουσιν οὐδὲ ἐπαρκέσουσιν[2] σῖτον,[3] ὅπλα,[4] ἀργύριον,[5] πλοῖα,[6] ὡς ἔδοξεν[7] Ῥώμῃ· καὶ φυλάξονται τὰ φυλάγματα[8] αὐτῶν οὐθὲν[9] λαβόντες. **27** κατὰ τὰ αὐτὰ δὲ ἐὰν ἔθνει Ιουδαίων συμβῇ[10] προτέροις[11] πόλεμος, συμμαχήσουσιν[12] οἱ Ῥωμαῖοι ἐκ ψυχῆς, ὡς ἂν αὐτοῖς ὁ καιρὸς ὑπογράφῃ;[13] **28** καὶ τοῖς συμμαχοῦσιν[14] οὐ δοθήσεται σῖτος,[15] ὅπλα,[16] ἀργύριον,[17] πλοῖα,[18] ὡς ἔδοξεν[19] Ῥώμῃ· καὶ φυλάξονται τὰ φυλάγματα[20] ταῦτα καὶ οὐ μετὰ δόλου.[21]

29 κατὰ τοὺς λόγους τούτους οὕτως ἔστησαν Ῥωμαῖοι τῷ δήμῳ[22] τῶν Ιουδαίων. **30** ἐὰν δὲ μετὰ τοὺς λόγους τούτους βουλεύσωνται[23] οὗτοι καὶ οὗτοι προσθεῖναι[24] ἢ ἀφελεῖν,[25] ποιήσονται ἐξ αἱρέσεως[26] αὐτῶν, καὶ ὃ ἂν προσθῶσιν[27] ἢ ἀφέλωσιν,[28] ἔσται κύρια.[29] **31** καὶ περὶ τῶν κακῶν, ὧν ὁ βασιλεὺς Δημήτριος συντελεῖται[30] εἰς αὐτούς, ἐγράψαμεν αὐτῷ λέγοντες Διὰ τί ἐβάρυνας[31] τὸν ζυγόν[32] σου ἐπὶ τοὺς φίλους[33] ἡμῶν τοὺς συμμάχους[34] Ιουδαίους; **32** ἐὰν οὖν ἔτι ἐντύχωσιν[35] κατὰ σοῦ, ποιήσομεν αὐτοῖς τὴν κρίσιν καὶ πολεμήσομέν σε διὰ τῆς θαλάσσης καὶ διὰ τῆς ξηρᾶς.[36]

Alcimus and Bacchides Return to Judah

9 Καὶ ἤκουσεν Δημήτριος ὅτι ἔπεσεν Νικάνωρ καὶ ἡ δύναμις αὐτοῦ ἐν πολέμῳ, καὶ προσέθετο[37] τὸν Βακχίδην καὶ τὸν Ἄλκιμον ἐκ δευτέρου ἀποστεῖλαι εἰς γῆν Ιουδα καὶ τὸ δεξιὸν κέρας[38] μετ᾽ αὐτῶν. **2** καὶ ἐπορεύθησαν ὁδὸν τὴν εἰς Γαλγαλα καὶ παρενέβαλον[39] ἐπὶ Μαισαλωθ τὴν ἐν Αρβηλοις καὶ προκατελάβοντο[40] αὐτὴν καὶ ἀπώλεσαν ψυχὰς ἀνθρώπων πολλάς. **3** καὶ τοῦ μηνὸς[41] τοῦ πρώτου ἔτους τοῦ

1 πλήρης, full
2 ἐπαρκέω, *fut act ind 3p*, supply
3 σῖτος, grain
4 ὅπλον, weapon, armor
5 ἀργύριον, silver
6 πλοῖον, boat
7 δοκέω, *aor act ind 3s*, seem pleasing
8 φύλαγμα, obligation
9 οὐθείς, nothing
10 συμβαίνω, *aor act sub 3s*, befall
11 πρότερος, first, before
12 συμμαχέω, *fut act ind 3p*, fight on the side of
13 ὑπογράφω, *pres act sub 3s*, indicate
14 σύμμαχος, ally
15 σῖτος, grain
16 ὅπλον, weapon, armor
17 ἀργύριον, silver
18 πλοῖον, boat
19 δοκέω, *aor act ind 3s*, seem pleasing
20 φύλαγμα, obligation
21 δόλος, deceit
22 δῆμος, citizens, people
23 βουλεύω, *aor mid sub 3p*, determine, resolve
24 προστίθημι, *aor act inf*, add
25 ἀφαιρέω, *aor act inf*, remove
26 αἵρεσις, free choice
27 προστίθημι, *aor act sub 3p*, add
28 ἀφαιρέω, *aor act sub 3p*, remove
29 κύριος, valid, lawful
30 συντελέω, *pres mid ind 3s*, accomplish
31 βαρύνω, *aor act ind 2s*, make heavy
32 ζυγός, yoke
33 φίλος, associate
34 σύμμαχος, ally
35 ἐντυγχάνω, *aor act sub 3p*, appeal to
36 ξηρός, dry land
37 προστίθημι, *aor mid ind 3s*, add to, do again
38 κέρας, flank, wing
39 παρεμβάλλω, *aor act ind 3p*, encamp
40 προκαταλαμβάνω, *aor mid ind 3p*, occupy
41 μήν, month

δευτέρου καὶ πεντηκοστοῦ[1] καὶ ἑκατοστοῦ[2] παρενέβαλον[3] ἐπὶ Ιερουσαλημ· **4** καὶ
ἀπῆραν[4] καὶ ἐπορεύθησαν εἰς Βερεαν ἐν εἴκοσι[5] χιλιάσιν[6] ἀνδρῶν καὶ δισχιλίᾳ[7]
ἵππῳ.[8] **5** καὶ Ιουδας ἦν παρεμβεβληκὼς[9] ἐν Ελασα, καὶ τρισχίλιοι[10] ἄνδρες μετ᾽ αὐτοῦ
ἐκλεκτοί.[11] **6** καὶ εἶδον τὸ πλῆθος τῶν δυνάμεων ὅτι πολλοί εἰσιν, καὶ ἐφοβήθησαν
σφόδρα·[12] καὶ ἐξερρύησαν[13] πολλοὶ ἀπὸ τῆς παρεμβολῆς,[14] οὐ κατελείφθησαν[15] ἐξ
αὐτῶν ἀλλ᾽ ἢ ὀκτακόσιοι[16] ἄνδρες.

7 καὶ εἶδεν Ιουδας ὅτι ἀπερρύη[17] ἡ παρεμβολὴ[18] αὐτοῦ καὶ ὁ πόλεμος ἔθλιβεν[19] αὐτόν,
καὶ συνετρίβη[20] τῇ καρδίᾳ, ὅτι οὐκ εἶχεν καιρὸν συναγαγεῖν αὐτούς, **8** καὶ ἐξελύθη[21]
καὶ εἶπεν τοῖς καταλειφθεῖσιν[22] Ἀναστῶμεν καὶ ἀναβῶμεν ἐπὶ τοὺς ὑπεναντίους[23]
ἡμῶν, ἐὰν ἄρα δυνώμεθα πολεμῆσαι πρὸς αὐτούς. **9** καὶ ἀπέστρεφον[24] αὐτὸν λέγον-
τες Οὐ μὴ δυνώμεθα, ἀλλ᾽ ἢ σῴζωμεν τὰς ἑαυτῶν ψυχὰς τὸ νῦν, ἐπιστρέψωμεν καὶ
οἱ ἀδελφοὶ ἡμῶν καὶ πολεμήσωμεν πρὸς αὐτούς, ἡμεῖς δὲ ὀλίγοι.[25] **10** καὶ εἶπεν
Ιουδας Μὴ γένοιτο[26] ποιῆσαι τὸ πρᾶγμα[27] τοῦτο, φυγεῖν[28] ἀπ᾽ αὐτῶν, καὶ εἰ ἤγγικεν
ὁ καιρὸς ἡμῶν, καὶ ἀποθάνωμεν ἐν ἀνδρείᾳ[29] χάριν[30] τῶν ἀδελφῶν ἡμῶν καὶ μὴ
καταλίπωμεν[31] αἰτίαν[32] τῇ δόξῃ ἡμῶν.

Last Battle and Death of Judas

11 καὶ ἀπῆρεν[33] ἡ δύναμις ἀπὸ τῆς παρεμβολῆς[34] καὶ ἔστησαν εἰς συνάντησιν[35]
αὐτοῖς, καὶ ἐμερίσθη[36] ἡ ἵππος[37] εἰς δύο μέρη, καὶ οἱ σφενδονῆται[38] καὶ οἱ τοξόται[39]
προεπορεύοντο[40] τῆς δυνάμεως, καὶ οἱ πρωταγωνισταὶ[41] πάντες οἱ δυνατοί, Βακχί-
δης δὲ ἦν ἐν τῷ δεξιῷ κέρατι.[42] **12** καὶ ἤγγισεν ἡ φάλαγξ[43] ἐκ τῶν δύο μερῶν καὶ

1 πεντηκοστός, fiftieth
2 ἑκατοστός, hundredth
3 παρεμβάλλω, *aor act ind 3p*, encamp
4 ἀπαίρω, *aor act ind 3p*, depart
5 εἴκοσι, twenty
6 χιλιάς, thousand
7 δισχίλιος, two thousand
8 ἵππος, cavalry
9 παρεμβάλλω, *perf act ptc nom s m*, encamp
10 τρισχίλιοι, three thousand
11 ἐκλεκτός, chosen
12 σφόδρα, very much
13 ἐκρέω, *aor pas ind 3p*, fall off, disappear
14 παρεμβολή, company
15 καταλείπω, *aor pas ind 3p*, leave behind
16 ὀκτακόσιοι, eight hundred
17 ἀπορρέω, *aor pas ind 3s*, slip away
18 παρεμβολή, company
19 θλίβω, *impf act ind 3s*, afflict, press
20 συντρίβω, *aor pas ind 3s*, crush, shatter
21 ἐκλύω, *aor pas ind 3s*, fail (physically), faint
22 καταλείπω, *aor pas ptc dat p m*, leave behind
23 ὑπεναντίος, enemy, opponent
24 ἀποστρέφω, *impf act ind 3p*, turn away
25 ὀλίγος, few
26 γίνομαι, *aor mid opt 3s*, be
27 πρᾶγμα, deed, thing
28 φεύγω, *aor act inf*, flee
29 ἀνδρεῖος, brave, courageous
30 χάριν, on account of
31 καταλείπω, *aor act sub 1p*, leave
32 αἰτία, accusation, charge
33 ἀπαίρω, *aor act ind 3s*, depart
34 παρεμβολή, camp
35 συνάντησις, meeting
36 μερίζω, *aor pas ind 3s*, divide
37 ἵππος, cavalry
38 σφενδονήτης, slinger
39 τοξότης, archer
40 προπορεύομαι, *impf mid ind 3p*, go before
41 πρωταγωνιστής, lead fighter
42 κέρας, flank, wing
43 φάλαγξ, phalanx

ἐφώνουν[1] ταῖς σάλπιγξιν,[2] καὶ ἐσάλπισαν[3] οἱ παρὰ Ιουδου καὶ αὐτοὶ ταῖς σάλπιγξιν·
13 καὶ ἐσαλεύθη[4] ἡ γῆ ἀπὸ τῆς φωνῆς τῶν παρεμβολῶν,[5] καὶ ἐγένετο ὁ πόλεμος
συνημμένος[6] ἀπὸ πρωίθεν[7] ἕως ἑσπέρας.[8]

14 καὶ εἶδεν Ιουδας ὅτι Βακχίδης καὶ τὸ στερέωμα[9] τῆς παρεμβολῆς[10] ἐν τοῖς δεξιοῖς,
καὶ συνῆλθον[11] αὐτῷ πάντες οἱ εὔψυχοι[12] τῇ καρδίᾳ, **15** καὶ συνετρίβη[13] τὸ δεξιὸν
μέρος ἀπ᾽ αὐτῶν, καὶ ἐδίωκεν ὀπίσω αὐτῶν ἕως Αζωτου ὄρους. **16** καὶ οἱ εἰς τὸ
ἀριστερὸν[14] κέρας[15] εἶδον ὅτι συνετρίβη[16] τὸ δεξιὸν κέρας,[17] καὶ ἐπέστρεψαν κατὰ
πόδας Ιουδου καὶ τῶν μετ᾽ αὐτοῦ ἐκ τῶν ὄπισθεν.[18] **17** καὶ ἐβαρύνθη[19] ὁ πόλεμος,
καὶ ἔπεσον τραυματίαι[20] πολλοὶ ἐκ τούτων καὶ ἐκ τούτων, **18** καὶ Ιουδας ἔπεσεν, καὶ
οἱ λοιποὶ ἔφυγον.[21]

19 καὶ ἦρεν Ιωναθαν καὶ Σιμων Ιουδαν τὸν ἀδελφὸν αὐτῶν καὶ ἔθαψαν[22] αὐτὸν ἐν
τῷ τάφῳ[23] τῶν πατέρων αὐτοῦ ἐν Μωδεϊν. **20** καὶ ἔκλαυσαν αὐτὸν καὶ ἐκόψαντο[24]
αὐτὸν πᾶς Ισραηλ κοπετὸν[25] μέγαν καὶ ἐπένθουν[26] ἡμέρας πολλὰς καὶ εἶπον

21 Πῶς ἔπεσεν δυνατὸς σῴζων τὸν Ισραηλ.

22 καὶ τὰ περισσὰ[27] τῶν λόγων Ιουδου καὶ τῶν πολέμων καὶ τῶν ἀνδραγαθιῶν,[28] ὧν
ἐποίησεν, καὶ τῆς μεγαλωσύνης[29] αὐτοῦ οὐ κατεγράφη·[30] πολλὰ γὰρ ἦν σφόδρα.[31]

Jonathan Succeeds Judas

23 Καὶ ἐγένετο μετὰ τὴν τελευτὴν[32] Ιουδου ἐξέκυψαν[33] οἱ ἄνομοι[34] ἐν πᾶσιν τοῖς
ὁρίοις[35] Ισραηλ, καὶ ἀνέτειλαν[36] πάντες οἱ ἐργαζόμενοι τὴν ἀδικίαν.[37] **24** ἐν ταῖς
ἡμέραις ἐκείναις ἐγενήθη λιμὸς[38] μέγας σφόδρα,[39] καὶ αὐτομόλησεν[40] ἡ χώρα[41] μετ᾽

1 φωνέω, *impf act ind 3p*, sound
2 σάλπιγξ, trumpet
3 σαλπίζω, *aor act ind 3p*, sound, blow
4 σαλεύω, *aor pas ind 3s*, shake
5 παρεμβολή, company
6 συνάπτω, *perf pas ptc nom s m*, join together
7 πρωΐθεν, from morning
8 ἑσπέρα, evening
9 στερέωμα, firmness, strength
10 παρεμβολή, company
11 συνέρχομαι, *aor act ind 3p*, go together
12 εὔψυχος, courageous, stout
13 συντρίβω, *aor pas ind 3s*, crush, shatter
14 ἀριστερός, left
15 κέρας, flank, wing
16 συντρίβω, *aor pas ind 3s*, crush, shatter
17 κέρας, flank, wing
18 ὄπισθε(ν), behind, rear
19 βαρύνω, *aor pas ind 3s*, be heavy, be severe
20 τραυματίας, casualty
21 φεύγω, *aor act ind 3p*, flee
22 θάπτω, *aor act ind 3p*, bury
23 τάφος, grave
24 κόπτω, *aor mid ind 3p*, mourn
25 κοπετός, mourning
26 πενθέω, *impf act ind 3p*, grieve
27 περισσός, remaining, rest
28 ἀνδραγαθία, heroic act
29 μεγαλωσύνη, greatness
30 καταγράφω, *aor pas ind 3s*, write down
31 σφόδρα, very
32 τελευτή, death
33 ἐκκύπτω, *aor act ind 3p*, come forth
34 ἄνομος, evil, wicked
35 ὅριον, border, region
36 ἀνατέλλω, *aor act ind 3p*, rise forth
37 ἀδικία, wrongdoing
38 λιμός, famine
39 σφόδρα, very
40 αὐτομολέω, *aor act ind 3s*, desert
41 χώρα, land

αὐτῶν. **25** καὶ ἐξέλεξεν[1] Βακχίδης τοὺς ἀσεβεῖς[2] ἄνδρας καὶ κατέστησεν[3] αὐτοὺς
κυρίους τῆς χώρας.[4] **26** καὶ ἐξεζήτουν[5] καὶ ἠρεύνων[6] τοὺς φίλους[7] Ιουδου καὶ ἦγον
αὐτοὺς πρὸς Βακχίδην, καὶ ἐξεδίκα[8] αὐτοὺς καὶ ἐνέπαιζεν[9] αὐτοῖς. **27** καὶ ἐγένετο
θλῖψις[10] μεγάλη ἐν τῷ Ισραηλ, ἥτις οὐκ ἐγένετο ἀφ᾽ ἧς ἡμέρας οὐκ ὤφθη προφήτης
αὐτοῖς. **28** καὶ ἠθροίσθησαν[11] πάντες οἱ φίλοι[12] Ιουδου καὶ εἶπον τῷ Ιωναθαν **29** Ἀφ᾽
οὗ ὁ ἀδελφός σου Ιουδας τετελεύτηκεν,[13] καὶ ἀνὴρ ὅμοιος[14] αὐτῷ οὐκ ἔστιν ἐξελθεῖν
καὶ εἰσελθεῖν πρὸς τοὺς ἐχθροὺς καὶ Βακχίδην καὶ ἐν τοῖς ἐχθραίνουσιν[15] τοῦ ἔθνους
ἡμῶν· **30** νῦν οὖν σὲ ᾑρετισάμεθα[16] σήμερον τοῦ εἶναι ἀντ᾽[17] αὐτοῦ ἡμῖν εἰς ἄρχοντα
καὶ ἡγούμενον[18] τοῦ πολεμῆσαι τὸν πόλεμον ἡμῶν. **31** καὶ ἐπεδέξατο[19] Ιωναθαν ἐν
τῷ καιρῷ ἐκείνῳ τὴν ἥγησιν[20] καὶ ἀνέστη ἀντὶ[21] Ιουδου τοῦ ἀδελφοῦ αὐτοῦ.

Jonathan's Initial Campaigns

32 Καὶ ἔγνω Βακχίδης καὶ ἐζήτει αὐτὸν ἀποκτεῖναι. **33** καὶ ἔγνω Ιωναθαν καὶ Σιμων
ὁ ἀδελφὸς αὐτοῦ καὶ πάντες οἱ μετ᾽ αὐτοῦ καὶ ἔφυγον[22] εἰς τὴν ἔρημον Θεκωε καὶ
παρενέβαλον[23] ἐπὶ τὸ ὕδωρ λάκκου[24] Ασφαρ. **34** καὶ ἔγνω Βακχίδης τῇ ἡμέρᾳ τῶν
σαββάτων καὶ ἦλθεν αὐτὸς καὶ πᾶν τὸ στράτευμα[25] αὐτοῦ πέραν[26] τοῦ Ιορδάνου. —
35 καὶ ἀπέστειλεν τὸν ἀδελφὸν αὐτοῦ ἡγούμενον[27] τοῦ ὄχλου[28] καὶ παρεκάλεσεν
τοὺς Ναβαταίους φίλους[29] αὐτοῦ τοῦ παραθέσθαι[30] αὐτοῖς τὴν ἀποσκευὴν[31] αὐτῶν
τὴν πολλήν. **36** καὶ ἐξῆλθον οἱ υἱοὶ Ιαμβρι οἱ ἐκ Μηδαβα καὶ συνέλαβον[32] Ιωαννην
καὶ πάντα, ὅσα εἶχεν, καὶ ἀπῆλθον ἔχοντες.

37 μετὰ τοὺς λόγους τούτους ἀπήγγειλαν Ιωναθαν καὶ Σιμωνι τῷ ἀδελφῷ αὐτοῦ
ὅτι Υἱοὶ Ιαμβρι ποιοῦσιν γάμον[33] μέγαν καὶ ἄγουσιν τὴν νύμφην[34] ἀπὸ Ναδαβαθ,
θυγατέρα[35] ἑνὸς τῶν μεγάλων μεγιστάνων[36] Χανααν, μετὰ παραπομπῆς[37] μεγάλης.

1 ἐκλέγω, *aor act ind 3s*, choose
2 ἀσεβής, ungodly
3 καθίστημι, *aor act ind 3s*, appoint
4 χώρα, territory
5 ἐκζητέω, *impf act ind 3p*, seek out
6 ἐρευνάω, *impf act ind 3p*, search
7 φίλος, associate
8 ἐκδικάζω, *impf act ind 3s*, retaliate against
9 ἐμπαίζω, *impf act ind 3s*, mock, abuse
10 θλῖψις, affliction
11 ἀθροίζω, *aor pas ind 3p*, gather together
12 φίλος, associate
13 τελευτάω, *perf act ind 3s*, die
14 ὅμοιος, equal to, similar to
15 ἐχθραίνω, *pres act ptc dat p m*, be at enmity with
16 αἱρετίζω, *aor mid ind 1p*, select
17 ἀντί, in place of
18 ἡγέομαι, *pres mid ptc acc s m*, lead
19 ἐπιδέχομαι, *aor mid ind 3s*, accept, take upon oneself
20 ἥγησις, command, leadership
21 ἀντί, in place of
22 φεύγω, *aor act ind 3p*, flee
23 παρεμβάλλω, *aor act ind 3p*, encamp
24 λάκκος, cistern
25 στράτευμα, army, troops
26 πέραν, on the other side
27 ἡγέομαι, *pres mid ptc acc s m*, lead
28 ὄχλος, host, multitude
29 φίλος, associate
30 παρατίθημι, *aor mid inf*, store up, set beside
31 ἀποσκευή, baggage, possession
32 συλλαμβάνω, *aor act ind 3p*, lay hold of
33 γάμος, wedding feast
34 νύμφη, bride
35 θυγάτηρ, daughter
36 μεγιστάν, nobleman
37 παραπομπή, procession, escort

38 καὶ ἐμνήσθησαν[1] τοῦ αἵματος Ιωαννου τοῦ ἀδελφοῦ αὐτῶν καὶ ἀνέβησαν καὶ
ἐκρύβησαν[2] ὑπὸ τὴν σκέπην[3] τοῦ ὄρους. **39** καὶ ἦραν τοὺς ὀφθαλμοὺς αὐτῶν καὶ
εἶδον καὶ ἰδοὺ θροῦς[4] καὶ ἀποσκευὴ[5] πολλή, καὶ ὁ νυμφίος[6] ἐξῆλθεν καὶ οἱ φίλοι[7]
αὐτοῦ καὶ οἱ ἀδελφοὶ αὐτοῦ εἰς συνάντησιν[8] αὐτῶν μετὰ τυμπάνων[9] καὶ μουσικῶν[10]
καὶ ὅπλων[11] πολλῶν. **40** καὶ ἐξανέστησαν[12] ἐπ' αὐτοὺς ἀπὸ τοῦ ἐνέδρου[13] καὶ ἀπ-
έκτειναν αὐτούς, καὶ ἔπεσον τραυματίαι[14] πολλοί, καὶ οἱ ἐπίλοιποι[15] ἔφυγον[16] εἰς
τὸ ὄρος· καὶ ἔλαβον πάντα τὰ σκῦλα[17] αὐτῶν. **41** καὶ μετεστράφη[18] ὁ γάμος[19] εἰς
πένθος[20] καὶ φωνὴ μουσικῶν[21] αὐτῶν εἰς θρῆνον.[22] **42** καὶ ἐξεδίκησαν[23] τὴν ἐκ-
δίκησιν[24] αἵματος ἀδελφοῦ αὐτῶν καὶ ἀπέστρεψαν[25] εἰς τὸ ἕλος[26] τοῦ Ιορδάνου.

43 καὶ ἤκουσεν Βακχίδης καὶ ἦλθεν τῇ ἡμέρᾳ τῶν σαββάτων ἕως τῶν κρηπίδων[27]
τοῦ Ιορδάνου ἐν δυνάμει πολλῇ. **44** καὶ εἶπεν Ιωναθαν τοῖς παρ' αὐτοῦ Ἀναστῶμεν
δὴ[28] καὶ πολεμήσωμεν περὶ τῶν ψυχῶν ἡμῶν, οὐ γάρ ἐστιν σήμερον ὡς ἐχθὲς[29] καὶ
τρίτην ἡμέραν· **45** ἰδοὺ γὰρ ὁ πόλεμος ἐξ ἐναντίας[30] καὶ ἐξόπισθεν[31] ἡμῶν, τὸ δὲ
ὕδωρ τοῦ Ιορδάνου ἔνθεν[32] καὶ ἔνθεν[33] καὶ ἕλος[34] καὶ δρυμός,[35] οὐκ ἔστιν τόπος τοῦ
ἐκκλῖναι·[36] **46** νῦν οὖν κεκράξατε εἰς τὸν οὐρανόν, ὅπως διασωθῆτε[37] ἐκ χειρὸς τῶν
ἐχθρῶν ἡμῶν. **47** καὶ συνῆψεν[38] ὁ πόλεμος· καὶ ἐξέτεινεν[39] Ιωναθαν τὴν χεῖρα αὐτοῦ
πατάξαι[40] τὸν Βακχίδην, καὶ ἐξέκλινεν[41] ἀπ' αὐτοῦ εἰς τὰ ὀπίσω. **48** καὶ ἐνεπήδησεν[42]
Ιωναθαν καὶ οἱ μετ' αὐτοῦ εἰς τὸν Ιορδάνην καὶ διεκολύμβησαν[43] εἰς τὸ πέραν,[44]
καὶ οὐ διέβησαν[45] ἐπ' αὐτοὺς τὸν Ιορδάνην. **49** ἔπεσον δὲ παρὰ Βακχίδου τῇ ἡμέρᾳ
ἐκείνῃ εἰς χιλίους[46] ἄνδρας.

1 μιμνῄσκομαι, *aor act ind 3p*, remember
2 κρύπτω, *aor pas ind 3p*, hide
3 σκέπη, shelter, protection
4 θροῦς, commotion
5 ἀποσκευή, household
6 νυμφίος, bridegroom
7 φίλος, friend
8 συνάντησις, meeting
9 τύμπανον, drum
10 μουσικός, musician
11 ὅπλον, weapon
12 ἐξανίστημι, *aor act ind 3p*, rise up against
13 ἔνεδρον, ambush
14 τραυματίας, casualty
15 ἐπίλοιπος, remaining
16 φεύγω, *aor act ind 3p*, flee
17 σκῦλον, spoils, plunder
18 μεταστρέφω, *aor pas ind 3s*, change
19 γάμος, wedding feast
20 πένθος, mourning
21 μουσικός, musician
22 θρῆνος, lamentation
23 ἐκδικέω, *aor act ind 3p*, avenge
24 ἐκδίκησις, vengeance
25 ἀποστρέφω, *aor act ind 3p*, return
26 ἕλος, marsh
27 κρηπίς, bank
28 δή, now
29 ἐχθές, yesterday
30 ἐναντίος, before
31 ἐξόπισθεν, behind
32 ἔνθεν, on this side
33 ἔνθεν, on that side
34 ἕλος, marsh
35 δρυμός, thicket
36 ἐκκλίνω, *aor act inf*, turn aside
37 διασῴζω, *aor pas sub 2p*, preserve, save
38 συνάπτω, *aor act ind 3s*, join together
39 ἐκτείνω, *aor act ind 3s*, stretch forth
40 πατάσσω, *aor act inf*, strike, defeat
41 ἐκκλίνω, *aor act ind 3s*, turn aside
42 ἐμπηδάω, *aor act ind 3s*, leap into
43 διακολυμβάω, *aor act ind 3p*, swim across
44 πέραν, other side
45 διαβαίνω, *aor act ind 3p*, cross over
46 χίλιοι, thousand

Alcimus and Bacchides Fortify Jerusalem

50 καὶ ἐπέστρεψεν εἰς Ιερουσαλημ, καὶ ᾠκοδόμησαν πόλεις ὀχυρὰς[1] ἐν τῇ Ιουδαίᾳ,
τὸ ὀχύρωμα[2] τὸ ἐν Ιεριχω καὶ τὴν Αμμαους καὶ τὴν Βαιθωρων καὶ τὴν Βαιθηλ καὶ τὴν
Θαμναθα Φαραθων καὶ τὴν Τεφων, ἐν τείχεσιν[3] ὑψηλοῖς[4] καὶ πύλαις[5] καὶ μοχλοῖς·[6]
51 καὶ ἔθετο φρουρὰν[7] ἐν αὐτοῖς τοῦ ἐχθραίνειν[8] τῷ Ισραηλ. **52** καὶ ὠχύρωσεν[9] τὴν
πόλιν τὴν Βαιθσουραν καὶ Γαζαρα καὶ τὴν ἄκραν[10] καὶ ἔθετο ἐν αὐταῖς δυνάμεις καὶ
παραθέσεις[11] βρωμάτων.[12] **53** καὶ ἔλαβεν τοὺς υἱοὺς τῶν ἡγουμένων[13] τῆς χώρας[14]
ὅμηρα[15] καὶ ἔθετο αὐτοὺς ἐν τῇ ἄκρᾳ[16] ἐν Ιερουσαλημ ἐν φυλακῇ.

54 Καὶ ἐν ἔτει τρίτῳ καὶ πεντηκοστῷ[17] καὶ ἑκατοστῷ[18] τῷ μηνὶ[19] τῷ δευτέρῳ ἐπ-
έταξεν[20] Ἄλκιμος καθαιρεῖν[21] τὸ τεῖχος[22] τῆς αὐλῆς[23] τῶν ἁγίων τῆς ἐσωτέρας·[24] καὶ
καθεῖλεν[25] τὰ ἔργα τῶν προφητῶν καὶ ἐνήρξατο[26] τοῦ καθαιρεῖν.[27] **55** ἐν τῷ καιρῷ
ἐκείνῳ ἐπλήγη[28] Ἄλκιμος, καὶ ἐνεποδίσθη[29] τὰ ἔργα αὐτοῦ, καὶ ἀπεφράγη[30] τὸ στόμα
αὐτοῦ, καὶ παρελύθη[31] καὶ οὐκ ἠδύνατο ἔτι λαλῆσαι λόγον καὶ ἐντείλασθαι[32] περὶ
τοῦ οἴκου αὐτοῦ. **56** καὶ ἀπέθανεν Ἄλκιμος ἐν τῷ καιρῷ ἐκείνῳ μετὰ βασάνου[33]
μεγάλης. **57** καὶ εἶδεν Βακχίδης ὅτι ἀπέθανεν Ἄλκιμος, καὶ ἐπέστρεψεν πρὸς τὸν
βασιλέα. καὶ ἡσύχασεν[34] ἡ γῆ Ιουδα ἔτη δύο.

Jonathan Defeats Bacchides

58 Καὶ ἐβουλεύσαντο[35] πάντες οἱ ἄνομοι[36] λέγοντες Ἰδοὺ Ιωναθαν καὶ οἱ παρ᾽
αὐτοῦ ἐν ἡσυχίᾳ[37] κατοικοῦσιν[38] πεποιθότες· νῦν οὖν ἀνάξομεν[39] τὸν Βακχίδην, καὶ
συλλήμψεται[40] αὐτοὺς πάντας ἐν νυκτὶ μιᾷ. **59** καὶ πορευθέντες συνεβουλεύσαντο[41]

1 ὀχυρός, fortified
2 ὀχύρωμα, fortress
3 τεῖχος, city wall
4 ὑψηλός, high
5 πύλη, gate
6 μοχλός, bar, bolt (of a door)
7 φρουρά, garrison
8 ἐχθραίνω, *pres act inf*, be at enmity with
9 ὀχυρόω, *aor act ind 3s*, fortify
10 ἄκρα, citadel, high place
11 παράθεσις, provision
12 βρῶμα, food
13 ἡγέομαι, *pres mid ptc gen p m*, lead
14 χώρα, territory, country
15 ὅμηρος, hostage
16 ἄκρα, citadel, high place
17 πεντηκοστός, fiftieth
18 ἑκατοστός, hundredth
19 μήν, month
20 ἐπιτάσσω, *aor act ind 3s*, order, command
21 καθαιρέω, *pres act inf*, destroy, tear down
22 τεῖχος, city wall
23 αὐλή, gate
24 ἔσω, *comp*, inner
25 καθαιρέω, *aor act ind 3s*, destroy, tear down
26 ἐνάρχομαι, *aor mid ind 3s*, begin
27 καθαιρέω, *pres act inf*, remove, destroy
28 πλήσσω, *aor pas ind 3s*, strike, pierce
29 ἐμποδίζω, *aor pas ind 3s*, hinder, thwart
30 ἀποφράσσω, *aor pas ind 3s*, stop up
31 παραλύω, *aor pas ind 3s*, paralyze
32 ἐντέλλομαι, *aor mid inf*, command
33 βάσανος, agony, pain
34 ἡσυχάζω, *aor act ind 3s*, be at rest
35 βουλεύω, *aor mid ind 3p*, determine, resolve
36 ἄνομος, evil, wicked
37 ἡσυχία, silence, quiet
38 κατοικέω, *pres act ind 3p*, dwell
39 ἀνάγω, *fut act ind 1p*, bring up
40 συλλαμβάνω, *fut mid ind 3s*, lay hold of, arrest
41 συμβουλεύω, *aor mid ind 3p*, counsel, advise

αὐτῷ. **60** καὶ ἀπῆρεν[1] τοῦ ἐλθεῖν μετὰ δυνάμεως πολλῆς καὶ ἀπέστειλεν λάθρᾳ[2]
ἐπιστολὰς[3] πᾶσιν τοῖς συμμάχοις[4] αὐτοῦ τοῖς ἐν τῇ Ιουδαίᾳ, ὅπως συλλάβωσιν[5]
τὸν Ιωναθαν καὶ τοὺς μετ᾽ αὐτοῦ· καὶ οὐκ ἠδύναντο, ὅτι ἐγνώσθη ἡ βουλὴ[6] αὐτῶν.
61 καὶ συνέλαβον[7] ἀπὸ τῶν ἀνδρῶν τῆς χώρας[8] τῶν ἀρχηγῶν[9] τῆς κακίας[10] εἰς
πεντήκοντα[11] ἄνδρας καὶ ἀπέκτειναν αὐτούς.

62 καὶ ἐξεχώρησεν[12] Ιωναθαν καὶ Σιμων καὶ οἱ μετ᾽ αὐτοῦ εἰς Βαιθβασι τὴν ἐν τῇ
ἐρήμῳ καὶ ᾠκοδόμησεν τὰ καθῃρημένα[13] αὐτῆς, καὶ ἐστερέωσαν[14] αὐτήν. **63** καὶ
ἔγνω Βακχίδης καὶ συνήγαγεν πᾶν τὸ πλῆθος αὐτοῦ καὶ τοῖς ἐκ τῆς Ιουδαίας
παρήγγειλεν·[15] **64** καὶ ἐλθὼν παρενέβαλεν[16] ἐπὶ Βαιθβασι καὶ ἐπολέμησεν αὐτὴν
ἡμέρας πολλὰς καὶ ἐποίησεν μηχανάς.[17] **65** καὶ ἀπέλιπεν[18] Ιωναθαν Σιμωνα τὸν
ἀδελφὸν αὐτοῦ ἐν τῇ πόλει καὶ ἐξῆλθεν εἰς τὴν χώραν[19] καὶ ἦλθεν ἐν ἀριθμῷ.[20]
66 καὶ ἐπάταξεν[21] Οδομηρα καὶ τοὺς ἀδελφοὺς αὐτοῦ καὶ τοὺς υἱοὺς Φασιρων
ἐν τῷ σκηνώματι[22] αὐτῶν, καὶ ἤρξαντο τύπτειν[23] καὶ ἀνέβαινον ἐν ταῖς δυνάμεσιν.
67 καὶ Σιμων καὶ οἱ μετ᾽ αὐτοῦ ἐξῆλθον ἐκ τῆς πόλεως καὶ ἐνεπύρισαν[24] τὰς μη-
χανάς·[25] **68** καὶ ἐπολέμησαν πρὸς τὸν Βακχίδην, καὶ συνετρίβη[26] ὑπ᾽ αὐτῶν, καὶ
ἔθλιβον[27] αὐτὸν σφόδρα,[28] ὅτι ἦν ἡ βουλὴ[29] αὐτοῦ καὶ ἡ ἔφοδος[30] αὐτοῦ κενή.[31]
69 καὶ ὠργίσθη[32] ἐν θυμῷ[33] τοῖς ἀνδράσιν τοῖς ἀνόμοις[34] τοῖς συμβουλεύσασιν[35]
αὐτῷ ἐλθεῖν εἰς τὴν χώραν[36] καὶ ἀπέκτεινεν ἐξ αὐτῶν πολλοὺς καὶ ἐβουλεύσατο[37]
τοῦ ἀπελθεῖν εἰς τὴν γῆν αὐτοῦ.

70 καὶ ἐπέγνω Ιωναθαν καὶ ἀπέστειλεν πρὸς αὐτὸν πρέσβεις[38] τοῦ συνθέσθαι[39]
πρὸς αὐτὸν εἰρήνην καὶ ἀποδοῦναι αὐτοῖς τὴν αἰχμαλωσίαν.[40] **71** καὶ ἐπεδέξατο[41]

1 ἀπαίρω, *aor act ind 3s*, depart
2 λάθρᾳ, privately, secretly
3 ἐπιστολή, letter
4 σύμμαχος, ally
5 συλλαμβάνω, *aor act sub 3p*, lay hold of, arrest
6 βουλή, counsel, will
7 συλλαμβάνω, *aor act ind 3p*, lay hold of, arrest
8 χώρα, country
9 ἀρχηγός, ruler, chief
10 κακία, wickedness
11 πεντήκοντα, fifty
12 ἐκχωρέω, *aor act ind 3s*, leave, depart
13 καθαιρέω, *perf pas ptc acc p n*, destroy, tear down
14 στερεόω, *aor act ind 3p*, make firm, strengthen
15 παραγγέλλω, *aor act ind 3s*, summon
16 παρεμβάλλω, *aor act ind 3s*, encamp
17 μηχανή, device, machine
18 ἀπολείπω, *aor act ind 3s*, leave
19 χώρα, countryside
20 ἀριθμός, number
21 πατάσσω, *aor act ind 3s*, strike, smite
22 σκήνωμα, tent
23 τύπτω, *pres act inf*, beat, strike
24 ἐμπυρίζω, *aor act ind 3p*, set on fire
25 μηχανή, device, machine
26 συντρίβω, *aor pas ind 3s*, crush, shatter
27 θλίβω, *impf act ind 3p*, afflict, press upon
28 σφόδρα, very much
29 βουλή, counsel, advice
30 ἔφοδος, plan
31 κενός, futile
32 ὀργίζω, *aor pas ind 3s*, be angry
33 θυμός, anger, wrath
34 ἄνομος, evil, wicked
35 συμβουλεύω, *aor act ptc dat p m*, advise, give counsel
36 χώρα, land, country
37 βουλεύω, *aor mid ind 3s*, determine, resolve
38 πρέσβυς, ambassador
39 συντίθημι, *aor mid inf*, make an agreement
40 αἰχμαλωσία, captive
41 ἐπιδέχομαι, *aor mid ind 3s*, agree

καὶ ἐποίησεν κατὰ τοὺς λόγους αὐτοῦ καὶ ὤμοσεν[1] αὐτῷ μὴ ἐκζητῆσαι[2] αὐτῷ κακὸν
πάσας τὰς ἡμέρας τῆς ζωῆς αὐτοῦ· **72** καὶ ἀπέδωκεν αὐτῷ τὴν αἰχμαλωσίαν,[3] ἣν
ᾐχμαλώτευσεν[4] τὸ πρότερον[5] ἐκ γῆς Ιουδα, καὶ ἀποστρέψας[6] ἀπῆλθεν εἰς τὴν
γῆν αὐτοῦ καὶ οὐ προσέθετο[7] ἔτι ἐλθεῖν εἰς τὰ ὅρια[8] αὐτῶν. **73** καὶ κατέπαυσεν[9]
ῥομφαία[10] ἐξ Ισραηλ· καὶ ᾤκησεν[11] Ιωναθαν ἐν Μαχμας, καὶ ἤρξατο Ιωναθαν κρίνειν
τὸν λαὸν καὶ ἠφάνισεν[12] τοὺς ἀσεβεῖς[13] ἐξ Ισραηλ.

Alexander Epiphanes Appoints Jonathan as High Priest

10 Καὶ ἐν ἔτει ἑξηκοστῷ[14] καὶ ἑκατοστῷ[15] ἀνέβη Ἀλέξανδρος ὁ τοῦ Ἀντιόχου ὁ
Ἐπιφανὴς καὶ κατελάβετο[16] Πτολεμαίδα, καὶ ἐπεδέξαντο[17] αὐτόν, καὶ ἐβασί-
λευσεν[18] ἐκεῖ. **2** καὶ ἤκουσεν Δημήτριος ὁ βασιλεὺς καὶ συνήγαγεν δυνάμεις πολ-
λὰς σφόδρα[19] καὶ ἐξῆλθεν εἰς συνάντησιν[20] αὐτῷ εἰς πόλεμον. **3** καὶ ἀπέστειλεν
Δημήτριος πρὸς Ιωναθαν ἐπιστολὰς[21] λόγοις εἰρηνικοῖς[22] ὥστε μεγαλῦναι[23]
αὐτόν· **4** εἶπεν γάρ Προφθάσωμεν[24] τοῦ εἰρήνην θεῖναι μετ᾽ αὐτῶν πρὶν[25] ἢ θεῖναι
αὐτὸν μετὰ Ἀλεξάνδρου καθ᾽ ἡμῶν· **5** μνησθήσεται[26] γὰρ πάντων τῶν κακῶν, ὧν
συνετελέσαμεν[27] πρὸς αὐτὸν καὶ εἰς τοὺς ἀδελφοὺς αὐτοῦ καὶ εἰς τὸ ἔθνος. **6** καὶ
ἔδωκεν αὐτῷ ἐξουσίαν[28] συναγαγεῖν δυνάμεις καὶ κατασκευάζειν[29] ὅπλα[30] καὶ εἶναι
αὐτὸν σύμμαχον[31] αὐτοῦ, καὶ τὰ ὅμηρα[32] τὰ ἐν τῇ ἄκρᾳ[33] εἶπεν παραδοῦναι αὐτῷ.

7 καὶ ἦλθεν Ιωναθαν εἰς Ιερουσαλημ καὶ ἀνέγνω[34] τὰς ἐπιστολὰς[35] εἰς τὰ ὦτα παντὸς
τοῦ λαοῦ καὶ τῶν ἐκ τῆς ἄκρας.[36] **8** καὶ ἐφοβήθησαν φόβον μέγαν, ὅτε ἤκουσαν
ὅτι ἔδωκεν αὐτῷ ὁ βασιλεὺς ἐξουσίαν[37] συναγαγεῖν δύναμιν. **9** καὶ παρέδωκαν οἱ
ἐκ τῆς ἄκρας[38] Ιωναθαν τὰ ὅμηρα,[39] καὶ ἀπέδωκεν αὐτοὺς τοῖς γονεῦσιν[40] αὐτῶν.

1 ὄμνυμι, *aor act ind 3s*, swear an oath
2 ἐκζητέω, *aor act inf*, seek out
3 αἰχμαλωσία, captive
4 αἰχμαλωτεύω, *aor act ind 3s*, take captive
5 πρότερος, formerly, previously
6 ἀποστρέφω, *aor act ptc nom s m*, turn back
7 προστίθημι, *aor mid ind 3s*, add to, continue
8 ὅριον, region
9 καταπαύω, *aor act ind 3s*, cease
10 ῥομφαία, sword
11 οἰκέω, *aor act ind 3s*, live, dwell
12 ἀφανίζω, *aor act ind 3s*, remove, blot out
13 ἀσεβής, ungodly
14 ἑξηκοστός, sixtieth
15 ἑκατοστός, hundredth
16 καταλαμβάνω, *aor mid ind 3s*, capture
17 ἐπιδέχομαι, *aor mid ind 3p*, receive, welcome
18 βασιλεύω, *aor act ind 3s*, reign as king
19 σφόδρα, very
20 συνάντησις, meeting
21 ἐπιστολή, letter
22 εἰρηνικός, peaceable
23 μεγαλύνω, *aor act inf*, magnify
24 προφθάνω, *aor act sub 1p*, approach before
25 πρίν, before
26 μιμνήσκομαι, *fut pas ind 3s*, remember
27 συντελέω, *aor act ind 1p*, accomplish
28 ἐξουσία, authority
29 κατασκευάζω, *pres act inf*, fabricate
30 ὅπλον, weapon, armor
31 σύμμαχος, ally
32 ὅμηρος, hostage
33 ἄκρα, citadel, high place
34 ἀναγινώσκω, *aor act ind 3s*, read aloud
35 ἐπιστολή, letter
36 ἄκρα, citadel, high place
37 ἐξουσία, authority
38 ἄκρα, citadel, high place
39 ὅμηρος, hostage
40 γονεύς, parent

10 καὶ ᾤκησεν[1] Ιωναθαν ἐν Ιερουσαλημ καὶ ἤρξατο οἰκοδομεῖν καὶ καινίζειν[2] τὴν
πόλιν. **11** καὶ εἶπεν πρὸς τοὺς ποιοῦντας τὰ ἔργα οἰκοδομεῖν τὰ τείχη[3] καὶ τὸ ὄρος
Σιων κυκλόθεν[4] ἐκ λίθων τετραπόδων[5] εἰς ὀχύρωσιν,[6] καὶ ἐποίησαν οὕτως. **12** καὶ
ἔφυγον[7] οἱ ἀλλογενεῖς[8] οἱ ὄντες ἐν τοῖς ὀχυρώμασιν,[9] οἷς ᾠκοδόμησεν Βακχίδης,
13 καὶ κατέλιπεν[10] ἕκαστος τὸν τόπον αὐτοῦ καὶ ἀπῆλθεν εἰς τὴν γῆν αὐτοῦ·
14 πλὴν ἐν Βαιθσουροις ὑπελείφθησάν[11] τινες τῶν καταλιπόντων[12] τὸν νόμον καὶ
τὰ προστάγματα·[13] ἦν γὰρ εἰς φυγαδευτήριον.[14]

15 Καὶ ἤκουσεν Ἀλέξανδρος ὁ βασιλεὺς τὰς ἐπαγγελίας,[15] ὅσας ἀπέστειλεν Δημή-
τριος τῷ Ιωναθαν, καὶ διηγήσαντο[16] αὐτῷ τοὺς πολέμους καὶ τὰς ἀνδραγαθίας,[17] ἃς
ἐποίησεν αὐτὸς καὶ οἱ ἀδελφοὶ αὐτοῦ, καὶ τοὺς κόπους,[18] οὓς ἔσχον, **16** καὶ εἶπεν Μὴ
εὑρήσομεν ἄνδρα τοιοῦτον[19] ἕνα; καὶ νῦν ποιήσομεν αὐτὸν φίλον[20] καὶ σύμμαχον[21]
ἡμῶν. **17** καὶ ἔγραψεν ἐπιστολὰς[22] καὶ ἀπέστειλεν αὐτῷ κατὰ τοὺς λόγους τούτους
λέγων

18 Βασιλεὺς Ἀλέξανδρος τῷ ἀδελφῷ Ιωναθαν χαίρειν.[23] **19** ἀκηκόαμεν περὶ σοῦ
ὅτι ἀνὴρ δυνατὸς ἰσχύι[24] καὶ ἐπιτήδειος[25] εἶ τοῦ εἶναι ἡμῶν φίλος.[26] **20** καὶ νῦν
καθεστάκαμέν[27] σε σήμερον ἀρχιερέα[28] τοῦ ἔθνους σου καὶ φίλον[29] βασιλέως καλεῖ-
σθαί σε (καὶ ἀπέστειλεν αὐτῷ πορφύραν[30] καὶ στέφανον[31] χρυσοῦν[32]) καὶ φρονεῖν[33]
τὰ ἡμῶν καὶ συντηρεῖν[34] φιλίας[35] πρὸς ἡμᾶς.

21 Καὶ ἐνεδύσατο[36] Ιωναθαν τὴν ἁγίαν στολὴν[37] τῷ ἑβδόμῳ[38] μηνὶ[39] ἔτους ἑξη-
κοστοῦ[40] καὶ ἑκατοστοῦ[41] ἐν ἑορτῇ[42] σκηνοπηγίας[43] καὶ συνήγαγεν δυνάμεις καὶ
κατεσκεύασεν[44] ὅπλα[45] πολλά.

1 οἰκέω, *aor act ind 3s*, live, dwell
2 καινίζω, *pres act inf*, renew, repair
3 τεῖχος, city wall
4 κυκλόθεν, all around
5 τετράπους, four feet (long)
6 ὀχύρωσις, fortification
7 φεύγω, *aor act ind 3p*, flee
8 ἀλλογενής, foreign
9 ὀχύρωμα, fortress
10 καταλείπω, *aor act ind 3s*, abandon
11 ὑπολείπω, *aor pas ind 3p*, leave behind
12 καταλείπω, *aor act ptc gen p m*, forsake
13 πρόσταγμα, ordinance
14 φυγαδευτήριον, city of refuge
15 ἐπαγγελία, announcement
16 διηγέομαι, *aor mid ind 3p*, report
17 ἀνδραγαθία, heroic act
18 κόπος, difficulty
19 τοιοῦτος, like this
20 φίλος, associate
21 σύμμαχος, ally
22 ἐπιστολή, letter
23 χαίρω, *pres act inf*, greetings
24 ἰσχύς, strong
25 ἐπιτήδειος, suitable
26 φίλος, associate
27 καθίστημι, *perf act ind 1p*, appoint
28 ἀρχιερεύς, high priest
29 φίλος, friend
30 πορφύρα, purple
31 στέφανος, crown
32 χρυσοῦς, gold
33 φρονέω, *pres act inf*, think
34 συντηρέω, *pres act inf*, preserve
35 φιλία, friendship
36 ἐνδύω, *aor mid ind 3s*, put on
37 στολή, garment
38 ἕβδομος, seventh
39 μήν, month
40 ἑξηκοστός, sixtieth
41 ἑκατοστός, hundredth
42 ἑορτή, feast
43 σκηνοπηγία, booth-making
44 κατασκευάζω, *aor act ind 3s*, fabricate
45 ὅπλον, weapon, armor

Jonathan Supports Alexander Epiphanes over Demetrius

22 Καὶ ἤκουσεν Δημήτριος τοὺς λόγους τούτους καὶ ἐλυπήθη[1] καὶ εἶπεν **23** Τί τοῦτο ἐποιήσαμεν ὅτι προέφθακεν[2] ἡμᾶς Ἀλέξανδρος τοῦ φιλίαν[3] καταλαβέσθαι[4] τοῖς Ιουδαίοις εἰς στήριγμα;[5] **24** γράψω αὐτοῖς κἀγὼ[6] λόγους παρακλήσεως[7] καὶ ὕψους[8] καὶ δομάτων,[9] ὅπως ὦσιν σὺν ἐμοὶ εἰς βοήθειαν.[10] **25** καὶ ἀπέστειλεν αὐτοῖς κατὰ τοὺς λόγους τούτους

Βασιλεὺς Δημήτριος τῷ ἔθνει τῶν Ιουδαίων χαίρειν.[11] **26** ἐπεὶ[12] συνετηρήσατε[13] τὰς πρὸς ἡμᾶς συνθήκας[14] καὶ ἐνεμείνατε[15] τῇ φιλίᾳ[16] ἡμῶν καὶ οὐ προσεχωρήσατε[17] τοῖς ἐχθροῖς ἡμῶν, ἠκούσαμεν καὶ ἐχάρημεν.[18] **27** καὶ νῦν ἐμμείνατε[19] ἔτι τοῦ συντηρῆσαι[20] πρὸς ἡμᾶς πίστιν, καὶ ἀνταποδώσομεν[21] ὑμῖν ἀγαθὰ ἀνθ᾽ ὧν[22] ποιεῖτε μεθ᾽ ἡμῶν. **28** καὶ ἀφήσομεν ὑμῖν ἀφέματα[23] πολλὰ καὶ δώσομεν ὑμῖν δόματα.[24]

29 καὶ νῦν ἀπολύω[25] ὑμᾶς καὶ ἀφίημι πάντας τοὺς Ιουδαίους ἀπὸ τῶν φόρων[26] καὶ τῆς τιμῆς[27] τοῦ ἁλὸς[28] καὶ ἀπὸ τῶν στεφάνων,[29] **30** καὶ ἀντὶ[30] τοῦ τρίτου τῆς σπορᾶς[31] καὶ ἀντὶ τοῦ ἡμίσους[32] τοῦ καρποῦ τοῦ ξυλίνου[33] τοῦ ἐπιβάλλοντός[34] μοι λαβεῖν ἀφίημι ἀπὸ τῆς σήμερον καὶ ἐπέκεινα[35] τοῦ λαβεῖν ἀπὸ γῆς Ιουδα καὶ ἀπὸ τῶν τριῶν νομῶν[36] τῶν προστιθεμένων[37] αὐτῇ ἀπὸ τῆς Σαμαρίτιδος καὶ Γαλιλαίας ἀπὸ τῆς σήμερον ἡμέρας καὶ εἰς τὸν ἅπαντα[38] χρόνον. **31** καὶ Ιερουσαλημ ἔστω ἁγία καὶ ἀφειμένη καὶ τὰ ὅρια[39] αὐτῆς, αἱ δεκάται[40] καὶ τὰ τέλη.[41] **32** ἀφίημι καὶ τὴν ἐξουσίαν[42] τῆς ἄκρας[43] τῆς ἐν Ιερουσαλημ καὶ δίδωμι τῷ ἀρχιερεῖ,[44] ὅπως ἂν καταστήσῃ[45] ἐν

1 λυπέω, *aor pas ind 3s*, be distressed
2 προφθάνω, *perf act ind 3s*, take action before
3 φιλία, associate
4 καταλαμβάνω, *aor mid inf*, acquire, seize
5 στήριγμα, support
6 κἀγώ, I also, *cr.* καὶ ἐγώ
7 παράκλησις, encouragement
8 ὕψος, exaltation
9 δόμα, gift
10 βοήθεια, help, aid
11 χαίρω, *pres act inf*, greetings
12 ἐπεί, since, given that
13 συντηρέω, *aor act ind 2p*, preserve
14 συνθήκη, pact, treaty
15 ἐμμένω, *aor act ind 2p*, remain, abide
16 φιλία, associate
17 προσχωρέω, *aor act ind 2p*, take sides with
18 χαίρω, *aor pas ind 1p*, rejoice
19 ἐμμένω, *aor act impv 2p*, remain, abide
20 συντηρέω, *aor act inf*, preserve
21 ἀνταποδίδωμι, *fut act ind 1p*, render in return
22 ἀνθ᾽ ὧν, in return for, in exchange for
23 ἄφεμα, remission of tribute
24 δόμα, gift
25 ἀπολύω, *pres act ind 1s*, dismiss, release
26 φόρος, tribute
27 τιμή, payment, wage
28 ἅλς, salt
29 στέφανος, royal taxes
30 ἀντί, in place of
31 σπορά, seed, grain
32 ἥμισυς, half
33 ξύλινος, wood
34 ἐπιβάλλω, *pres act ptc gen s m*, belong to (as one's share)
35 ἐπέκεινα, henceforth
36 νομός, district, province
37 προστίθημι, *pres pas ptc gen p m*, add to
38 ἅπας, all
39 ὅριον, border, territory
40 δέκατος, tenth, tithe
41 τέλος, tax
42 ἐξουσία, authority
43 ἄκρα, citadel, high place
44 ἀρχιερεύς, high priest
45 καθίστημι, *aor act sub 3s*, station, set up

αὐτῇ ἄνδρας, οὓς ἂν αὐτὸς ἐκλέξηται,[1] τοῦ φυλάσσειν αὐτήν. **33** καὶ πᾶσαν ψυχὴν
Ιουδαίων τὴν αἰχμαλωτισθεῖσαν[2] ἀπὸ γῆς Ιουδα εἰς πᾶσαν βασιλείαν μου ἀφίημι
ἐλευθέραν[3] δωρεάν·[4] καὶ πάντες ἀφιέτωσαν τοὺς φόρους[5] καὶ τῶν κτηνῶν[6] αὐτῶν.

34 καὶ πᾶσαι αἱ ἑορταὶ[7] καὶ τὰ σάββατα καὶ νουμηνίαι[8] καὶ ἡμέραι ἀποδεδειγμέναι[9]
καὶ τρεῖς ἡμέραι πρὸ ἑορτῆς[10] καὶ τρεῖς μετὰ ἑορτὴν ἔστωσαν πᾶσαι ἡμέραι ἀτε-
λείας[11] καὶ ἀφέσεως[12] πᾶσιν τοῖς Ιουδαίοις τοῖς οὖσιν ἐν τῇ βασιλείᾳ μου, **35** καὶ
οὐχ ἕξει ἐξουσίαν[13] οὐδεὶς πράσσειν[14] καὶ παρενοχλεῖν[15] τινα αὐτῶν περὶ παντὸς
πράγματος.[16] **36** καὶ προγραφήτωσαν[17] τῶν Ιουδαίων εἰς τὰς δυνάμεις τοῦ βασιλέως
εἰς τριάκοντα[18] χιλιάδας[19] ἀνδρῶν, καὶ δοθήσεται αὐτοῖς ξένια,[20] ὡς καθήκει[21]
πάσαις ταῖς δυνάμεσιν τοῦ βασιλέως. **37** καὶ κατασταθήσεται[22] ἐξ αὐτῶν ἐν τοῖς
ὀχυρώμασιν[23] τοῦ βασιλέως τοῖς μεγάλοις, καὶ ἐκ τούτων κατασταθήσονται[24]
ἐπὶ χρειῶν[25] τῆς βασιλείας τῶν οὐσῶν εἰς πίστιν· καὶ οἱ ἐπ᾽ αὐτῶν καὶ οἱ ἄρχοντες
ἔστωσαν ἐξ αὐτῶν καὶ πορευέσθωσαν τοῖς νόμοις αὐτῶν, καθὰ[26] καὶ προσέταξεν[27]
ὁ βασιλεὺς ἐν γῇ Ιουδα.

38 καὶ τοὺς τρεῖς νομοὺς[28] τοὺς προστεθέντας[29] τῇ Ιουδαίᾳ ἀπὸ τῆς χώρας[30] Σα-
μαρείας προστεθήτω[31] τῇ Ιουδαίᾳ πρὸς τὸ λογισθῆναι τοῦ γενέσθαι ὑφ᾽ ἕνα τοῦ
μὴ ὑπακοῦσαι[32] ἄλλης ἐξουσίας[33] ἀλλ᾽ ἢ τοῦ ἀρχιερέως.[34] **39** Πτολεμαίδα καὶ τὴν
προσκυροῦσαν[35] αὐτῇ δέδωκα δόμα[36] τοῖς ἁγίοις τοῖς ἐν Ιερουσαλημ εἰς τὴν καθ-
ήκουσαν[37] δαπάνην[38] τοῖς ἁγίοις. **40** κἀγὼ[39] δίδωμι κατ᾽ ἐνιαυτὸν[40] δέκα[41] πέντε[42]
χιλιάδας[43] σίκλων[44] ἀργυρίου[45] ἀπὸ τῶν λόγων τοῦ βασιλέως ἀπὸ τῶν τόπων τῶν

1 ἐκλέγω, *aor mid sub 3s*, choose
2 αἰχμαλωτίζω, *aor pas ptc acc s f*, take captive
3 ἐλεύθερος, free
4 δωρεάν, without payment
5 φόρος, tribute
6 κτῆνος, animal, (*p*) herd
7 ἑορτή, feast
8 νουμηνία, new moon
9 ἀποδείκνυμι, *perf pas ptc nom p f*, prescribe
10 ἑορτή, feast
11 ἀτελεία, immunity
12 ἄφεσις, cancellation (of a debt)
13 ἐξουσία, authority
14 πράσσω, *pres act inf*, order, demand
15 παρενοχλέω, *pres act inf*, trouble
16 πρᾶγμα, matter, thing
17 προγράφω, *aor pas impv 3p*, enroll
18 τριάκοντα, thirty
19 χιλιάς, thousand
20 ξένιος, provision
21 καθήκω, *pres act ind 3s*, be due to
22 καθίστημι, *fut pas ind 3s*, appoint
23 ὀχύρωμα, fortress
24 καθίστημι, *fut pas ind 3p*, appoint
25 χρεία, affairs
26 καθά, just as
27 προστάσσω, *aor act ind 3s*, command
28 νομός, district, province
29 προστίθημι, *aor pas ptc acc p m*, add to
30 χώρα, country
31 προστίθημι, *aor pas impv 3s*, add to
32 ὑπακούω, *aor act inf*, obey
33 ἐξουσία, authority
34 ἀρχιερεύς, high priest
35 προσκυρέω, *pres act ptc acc s f*, belong to
36 δόμα, gift
37 καθήκω, *pres act ptc acc s f*, be due to
38 δαπάνη, expenditure, cost
39 κἀγώ, I also, *cr.* καὶ ἐγώ
40 ἐνιαυτός, year
41 δέκα, ten
42 πέντε, five
43 χιλιάς, thousand
44 σίκλος, shekel, *Heb. LW*
45 ἀργύριον, silver

ἀνηκόντων.[1] **41** καὶ πᾶν τὸ πλεονάζον,[2] ὃ οὐκ ἀπεδίδοσαν ἀπὸ τῶν χρειῶν[3] ὡς
ἐν τοῖς πρώτοις ἔτεσιν, ἀπὸ τοῦ νῦν δώσουσιν εἰς τὰ ἔργα τοῦ οἴκου. **42** καὶ ἐπὶ
τούτοις πεντακισχιλίους[4] σίκλους[5] ἀργυρίου,[6] οὓς ἐλάμβανον ἀπὸ τῶν χρειῶν[7]
τοῦ ἁγίου ἀπὸ τοῦ λόγου[8] κατ᾽ ἐνιαυτόν,[9] καὶ ταῦτα ἀφίεται διὰ τὸ ἀνήκειν[10]
αὐτὰ τοῖς ἱερεῦσιν τοῖς λειτουργοῦσιν.[11] **43** καὶ ὅσοι ἐὰν φύγωσιν[12] εἰς τὸ ἱερὸν
τὸ ἐν Ιεροσολύμοις καὶ ἐν πᾶσιν τοῖς ὁρίοις[13] αὐτοῦ ὀφείλων[14] βασιλικὰ[15] καὶ πᾶν
πρᾶγμα,[16] ἀπολελύσθωσαν[17] καὶ πάντα, ὅσα ἐστὶν αὐτοῖς ἐν τῇ βασιλείᾳ μου.

44 καὶ τοῦ οἰκοδομηθῆναι καὶ ἐπικαινισθῆναι[18] τὰ ἔργα τῶν ἁγίων, καὶ ἡ δαπάνη[19]
δοθήσεται ἐκ τοῦ λόγου[20] τοῦ βασιλέως. **45** καὶ τοῦ οἰκοδομηθῆναι τὰ τείχη[21] Ιερου-
σαλημ καὶ ὀχυρῶσαι[22] κυκλόθεν,[23] καὶ ἡ δαπάνη[24] δοθήσεται ἐκ τοῦ λόγου[25] τοῦ
βασιλέως, καὶ τοῦ οἰκοδομηθῆναι τὰ τείχη[26] ἐν τῇ Ιουδαίᾳ.

46 Ὡς δὲ ἤκουσεν Ιωναθαν καὶ ὁ λαὸς τοὺς λόγους τούτους, οὐκ ἐπίστευσαν[27]
αὐτοῖς οὐδὲ ἐπεδέξαντο,[28] ὅτι ἐπεμνήσθησαν[29] τῆς κακίας[30] τῆς μεγάλης, ἧς ἐποίησεν
ἐν Ισραηλ καὶ ἔθλιψεν[31] αὐτοὺς σφόδρα.[32] **47** καὶ εὐδόκησαν[33] ἐν Ἀλεξάνδρῳ, ὅτι
αὐτὸς ἐγένετο αὐτοῖς ἀρχηγὸς[34] λόγων εἰρηνικῶν,[35] καὶ συνεμάχουν[36] αὐτῷ πάσας
τὰς ἡμέρας.

48 Καὶ συνήγαγεν Ἀλέξανδρος ὁ βασιλεὺς δυνάμεις μεγάλας καὶ παρενέβαλεν[37]
ἐξ ἐναντίας[38] Δημητρίου. **49** καὶ συνῆψαν[39] πόλεμον οἱ δύο βασιλεῖς, καὶ ἔφυγεν[40]
ἡ παρεμβολὴ[41] Δημητρίου, καὶ ἐδίωξεν αὐτὸν ὁ Ἀλέξανδρος καὶ ἴσχυσεν[42] ἐπ᾽
αὐτούς· **50** καὶ ἐστερέωσεν[43] τὸν πόλεμον σφόδρα,[44] ἕως ἔδυ[45] ὁ ἥλιος, καὶ ἔπεσεν
ὁ Δημήτριος ἐν τῇ ἡμέρᾳ ἐκείνῃ.

1 ἀνήκω, *pres act ptc gen p m*, belong
2 πλεονάζω, *pres act ptc acc s n*, exceed
3 χρεία, affairs
4 πεντακισχίλιοι, five thousand
5 σίκλος, shekel, *Heb. LW*
6 ἀργύριον, money, silver
7 χρεία, affairs
8 λόγος, accounts
9 ἐνιαυτός, year
10 ἀνήκω, *pres act inf*, owe to
11 λειτουργέω, *pres act ptc dat p m*, minister
12 φεύγω, *aor act sub 3p*, flee
13 ὅριον, border, territory
14 ὀφείλω, *pres act ptc nom s m*, owe a debt
15 βασιλικός, royal
16 πρᾶγμα, matter, thing
17 ἀπολύω, *perf pas impv 3p*, set free, acquit
18 ἐπικαινίζω, *aor pas inf*, renew, restore
19 δαπάνη, expenditure, cost
20 λόγος, accounts
21 τεῖχος, city wall
22 ὀχυρόω, *aor act inf*, fortify
23 κυκλόθεν, all around
24 δαπάνη, expenditure, cost
25 λόγος, accounts
26 τεῖχος, city wall
27 πιστεύω, *aor act ind 3p*, trust
28 ἐπιδέχομαι, *aor mid ind 3p*, accept, receive
29 ἐπιμιμνήσκομαι, *aor pas ind 3p*, recall
30 κακία, wickedness
31 θλίβω, *aor act ind 3s*, afflict
32 σφόδρα, exceedingly
33 εὐδοκέω, *aor act ind 3p*, be pleasing
34 ἀρχηγός, ruler
35 εἰρηνικός, peaceable
36 συμμαχέω, *impf act ind 1s*, fight on the side of
37 παρεμβάλλω, *aor act ind 3s*, encamp
38 ἐναντίος, opposite
39 συνάπτω, *aor act ind 3p*, join together
40 φεύγω, *aor act ind 3s*, flee
41 παρεμβολή, company
42 ἰσχύω, *aor act ind 3s*, prevail over
43 στερεόω, *aor act ind 3s*, strengthen
44 σφόδρα, very much
45 δύω, *aor act ind 3s*, set

Alexander's Treaty with Ptolemy

51 Καὶ ἀπέστειλεν Ἀλέξανδρος πρὸς Πτολεμαῖον βασιλέα Αἰγύπτου πρέσβεις[1]
κατὰ τοὺς λόγους τούτους λέγων **52** Ἐπεὶ[2] ἀνέστρεψα[3] εἰς τὴν βασιλείαν μου καὶ
ἐνεκάθισα[4] ἐπὶ θρόνου πατέρων μου καὶ ἐκράτησα[5] τῆς ἀρχῆς,[6] καὶ συνέτριψα[7]
τὸν Δημήτριον καὶ ἐπεκράτησα[8] τῆς χώρας[9] ἡμῶν **53** καὶ συνῆψα[10] πρὸς αὐτὸν
μάχην,[11] καὶ συνετρίβη[12] αὐτὸς καὶ ἡ παρεμβολὴ[13] αὐτοῦ ὑφ᾽ ἡμῶν, καὶ ἐκαθίσαμεν
ἐπὶ θρόνου βασιλείας αὐτοῦ· **54** καὶ νῦν στήσωμεν πρὸς αὐτοὺς φιλίαν,[14] καὶ νῦν
δός μοι τὴν θυγατέρα[15] σου εἰς γυναῖκα, καὶ ἐπιγαμβρεύσω[16] σοι καὶ δώσω σοι
δόματα[17] καὶ αὐτῇ ἄξιά[18] σου.

55 Καὶ ἀπεκρίθη Πτολεμαῖος ὁ βασιλεὺς λέγων Ἀγαθὴ ἡμέρα, ἐν ᾗ ἐπέστρεψας εἰς
γῆν πατέρων σου καὶ ἐκάθισας ἐπὶ θρόνου βασιλείας αὐτῶν. **56** καὶ νῦν ποιήσω
σοι ἃ ἔγραψας, ἀλλὰ ἀπάντησον[19] εἰς Πτολεμαΐδα, ὅπως ἴδωμεν ἀλλήλους,[20] καὶ
ἐπιγαμβρεύσω[21] σοι, καθὼς εἴρηκας.

57 Καὶ ἐξῆλθεν Πτολεμαῖος ἐξ Αἰγύπτου, αὐτὸς καὶ Κλεοπάτρα ἡ θυγάτηρ[22] αὐτοῦ,
καὶ ἦλθεν εἰς Πτολεμαΐδα ἔτους δευτέρου καὶ ἑξηκοστοῦ[23] καὶ ἑκατοστοῦ.[24] **58** καὶ
ἀπήντησεν[25] αὐτῷ Ἀλέξανδρος ὁ βασιλεύς, καὶ ἐξέδετο[26] αὐτῷ Κλεοπάτραν τὴν
θυγατέρα[27] αὐτοῦ καὶ ἐποίησεν τὸν γάμον[28] αὐτῆς ἐν Πτολεμαΐδι καθὼς οἱ βασιλεῖς
ἐν δόξῃ μεγάλῃ.

59 καὶ ἔγραψεν Ἀλέξανδρος ὁ βασιλεὺς Ιωναθη ἐλθεῖν εἰς συνάντησιν[29] αὐτῷ.
60 καὶ ἐπορεύθη μετὰ δόξης εἰς Πτολεμαΐδα καὶ ἀπήντησεν[30] τοῖς δυσὶν βασιλεῦσι·
καὶ ἔδωκεν αὐτοῖς ἀργύριον[31] καὶ χρυσίον[32] καὶ τοῖς φίλοις[33] αὐτῶν καὶ δόματα[34]
πολλὰ καὶ εὗρεν χάριν ἐνώπιον αὐτῶν. **61** καὶ ἐπισυνήχθησαν[35] ἐπ᾽ αὐτὸν ἄνδρες

1 πρέσβυς, ambassador
2 ἐπεί, since, given that
3 ἀναστρέφω, *aor act ind 1s*, return
4 ἐγκαθίζω, *aor act ind 1s*, set, settle
5 κρατέω, *aor act ind 1s*, gain control
6 ἀρχή, rulership
7 συντρίβω, *aor act ind 1s*, crush, shatter
8 ἐπικρατέω, *aor act ind 1s*, rule over
9 χώρα, territory
10 συνάπτω, *aor act ind 1s*, join together
11 μάχη, battle
12 συντρίβω, *aor pas ind 3s*, crush, shatter
13 παρεμβολή, company
14 φιλία, friendship
15 θυγάτηρ, daughter
16 ἐπιγαμβρεύω, *fut act ind 1s*, become son-in-law
17 δόμα, gift
18 ἄξιος, worthy
19 ἀπαντάω, *aor act impv 2s*, meet
20 ἀλλήλων, one another
21 ἐπιγαμβρεύω, *fut act ind 1s*, become father-in-law
22 θυγάτηρ, daughter
23 ἑξηκοστός, sixtieth
24 ἑκατοστός, hundredth
25 ἀπαντάω, *aor act ind 3s*, meet
26 ἐκδίδωμι, *aor mid ind 3s*, receive
27 θυγάτηρ, daughter
28 γάμος, wedding feast
29 συνάντησις, meeting
30 ἀπαντάω, *aor act ind 3s*, meet
31 ἀργύριον, silver
32 χρυσίον, gold
33 φίλος, friend
34 δόμα, gift
35 ἐπισυνάγω, *aor pas ind 3p*, gather together

λοιμοὶ[1] ἐξ Ισραηλ, ἄνδρες παράνομοι,[2] ἐντυχεῖν[3] κατ᾽ αὐτοῦ, καὶ οὐ προσέσχεν[4]
αὐτοῖς ὁ βασιλεύς. **62** καὶ προσέταξεν[5] ὁ βασιλεὺς καὶ ἐξέδυσαν[6] Ιωναθαν τὰ ἱμάτια
αὐτοῦ καὶ ἐνέδυσαν[7] αὐτὸν πορφύραν,[8] καὶ ἐποίησαν οὕτως. **63** καὶ ἐκάθισεν αὐτὸν
ὁ βασιλεὺς μετ᾽ αὐτοῦ καὶ εἶπεν τοῖς ἄρχουσιν αὐτοῦ Ἐξέλθατε μετ᾽ αὐτοῦ εἰς μέσον
τῆς πόλεως καὶ κηρύξατε[9] τοῦ μηδένα[10] ἐντυγχάνειν[11] κατ᾽ αὐτοῦ περὶ μηδενὸς
πράγματος,[12] καὶ μηδεὶς αὐτῷ παρενοχλείτω[13] περὶ παντὸς λόγου. **64** καὶ ἐγένετο ὡς
εἶδον οἱ ἐντυγχάνοντες[14] τὴν δόξαν αὐτοῦ, καθὼς ἐκήρυξεν,[15] καὶ περιβεβλημένον[16]
αὐτὸν πορφύραν,[17] καὶ ἔφυγον[18] πάντες. **65** καὶ ἐδόξασεν αὐτὸν ὁ βασιλεὺς καὶ
ἔγραψεν αὐτὸν τῶν πρώτων φίλων[19] καὶ ἔθετο αὐτὸν στρατηγὸν[20] καὶ μεριδάρχην.[21]
66 καὶ ἐπέστρεψεν Ιωναθαν εἰς Ιερουσαλημ μετ᾽ εἰρήνης καὶ εὐφροσύνης.[22]

Jonathan Defeats Apollonius

67 Καὶ ἐν ἔτει πέμπτῳ[23] καὶ ἑξηκοστῷ[24] καὶ ἑκατοστῷ[25] ἦλθεν Δημήτριος υἱὸς Δημη-
τρίου ἐκ Κρήτης εἰς τὴν γῆν τῶν πατέρων αὐτοῦ. **68** καὶ ἤκουσεν Ἀλέξανδρος ὁ
βασιλεὺς καὶ ἐλυπήθη[26] σφόδρα[27] καὶ ὑπέστρεψεν[28] εἰς Ἀντιόχειαν. **69** καὶ κατ-
έστησεν[29] Δημήτριος Ἀπολλώνιον τὸν ὄντα ἐπὶ Κοίλης Συρίας, καὶ συνήγαγεν
δύναμιν μεγάλην καὶ παρενέβαλεν[30] ἐπὶ Ιάμνειαν· καὶ ἀπέστειλεν πρὸς Ιωναθαν
τὸν ἀρχιερέα[31] λέγων

70 Σὺ μονώτατος[32] ἐπαίρῃ[33] ἐφ᾽ ἡμᾶς, ἐγὼ δὲ ἐγενήθην εἰς καταγέλωτα[34] καὶ
εἰς ὀνειδισμὸν[35] διὰ σέ· καὶ διὰ τί σὺ ἐξουσιάζῃ[36] ἐφ᾽ ἡμᾶς ἐν τοῖς ὄρεσι; **71** νῦν
οὖν εἰ πέποιθας ἐπὶ ταῖς δυνάμεσίν σου, κατάβηθι πρὸς ἡμᾶς εἰς τὸ πεδίον,[37] καὶ
συγκριθῶμεν[38] ἑαυτοῖς ἐκεῖ, ὅτι μετ᾽ ἐμοῦ ἐστιν δύναμις τῶν πόλεων. **72** ἐρώτησον[39]

1 λοιμός, pestilent
2 παράνομος, lawless
3 ἐντυγχάνω, *aor act inf*, appeal to
4 προσέχω, *aor act ind 3s*, give heed
5 προστάσσω, *aor act ind 3s*, command
6 ἐκδύω, *aor act ind 3p*, remove, unclothe
7 ἐνδύω, *aor act ind 3p*, put on, clothe
8 πορφύρα, purple
9 κηρύσσω, *aor act impv 2p*, proclaim, announce
10 μηδείς, no one, none
11 ἐντυγχάνω, *pres act inf*, appeal to
12 πρᾶγμα, thing, matter
13 παρενοχλέω, *pres act impv 3s*, trouble, bother
14 ἐντυγχάνω, *pres act ptc nom p m*, appeal to
15 κηρύσσω, *aor act ind 3s*, proclaim, announce
16 περιβάλλω, *perf mid ptc acc s m*, cover over
17 πορφύρα, purple
18 φεύγω, *aor act ind 3p*, flee
19 φίλος, friend
20 στρατηγός, captain, commander
21 μεριδάρχης, governor of a province
22 εὐφροσύνη, joy, gladness
23 πέμπτος, fifth
24 ἑξηκοστός, sixtieth
25 ἑκατοστός, hundredth
26 λυπέω, *aor pas ind 3s*, be distressed
27 σφόδρα, very
28 ὑποστρέφω, *aor act ind 3s*, turn back
29 καθίστημι, *aor act ind 3s*, appoint
30 παρεμβάλλω, *aor act ind 3s*, encamp
31 ἀρχιερεύς, high priest
32 μόνος, *sup*, most alone
33 ἐπαίρω, *pres act sub 3s*, rouse, stir up
34 κατάγελως, derision, laughingstock
35 ὀνειδισμός, reproach
36 ἐξουσιάζω, *pres mid ind 2s*, exercise authority
37 πεδίον, field
38 συγκρίνω, *aor pas sub 1p*, compare, combine (for battle)
39 ἐρωτάω, *aor act impv 2s*, ask

καὶ μάθε[1] τίς εἰμι καὶ οἱ λοιποὶ οἱ βοηθοῦντες[2] ἡμῖν, καὶ λέγουσιν Οὐκ ἔστιν ὑμῖν
στάσις[3] ποδὸς κατὰ πρόσωπον ἡμῶν, ὅτι δὶς[4] ἐτροπώθησαν[5] οἱ πατέρες σου ἐν τῇ
γῇ αὐτῶν. **73** καὶ νῦν οὐ δυνήσῃ ὑποστῆναι[6] τὴν ἵππον[7] καὶ δύναμιν τοιαύτην[8] ἐν τῷ
πεδίῳ,[9] ὅπου[10] οὐκ ἔστιν λίθος οὐδὲ κόχλαξ[11] οὐδὲ τόπος τοῦ φυγεῖν.[12]

74 Ὡς δὲ ἤκουσεν Ιωναθαν τῶν λόγων Ἀπολλωνίου, ἐκινήθη[13] τῇ διανοίᾳ[14] καὶ
ἐπέλεξεν[15] δέκα[16] χιλιάδας[17] ἀνδρῶν καὶ ἐξῆλθεν ἐξ Ιερουσαλημ, καὶ συνήντησεν[18]
αὐτῷ Σιμων ὁ ἀδελφὸς αὐτοῦ ἐπὶ βοήθειαν[19] αὐτῷ. **75** καὶ παρενέβαλεν[20] ἐπὶ Ιοππην,
καὶ ἀπέκλεισαν[21] αὐτὴν οἱ ἐκ τῆς πόλεως, ὅτι φρουρὰ[22] Ἀπολλωνίου ἐν Ιοππη· καὶ
ἐπολέμησαν αὐτήν, **76** καὶ φοβηθέντες ἤνοιξαν οἱ ἐκ τῆς πόλεως, καὶ ἐκυρίευσεν[23]
Ιωναθαν Ιοππης.

77 καὶ ἤκουσεν Ἀπολλώνιος καὶ παρενέβαλεν[24] τρισχιλίαν[25] ἵππον[26] καὶ δύναμιν
πολλὴν καὶ ἐπορεύθη εἰς Ἄζωτον ὡς διοδεύων[27] καὶ ἅμα[28] προῆγεν[29] εἰς τὸ πεδίον[30]
διὰ τὸ ἔχειν αὐτὸν πλῆθος ἵππου[31] καὶ πεποιθέναι ἐπ᾽ αὐτῇ. **78** καὶ κατεδίωξεν[32]
ὀπίσω αὐτοῦ εἰς Ἄζωτον, καὶ συνῆψαν[33] αἱ παρεμβολαὶ[34] εἰς πόλεμον. **79** καὶ ἀπ-
έλιπεν[35] Απολλώνιος χιλίαν[36] ἵππον[37] κρυπτῶς[38] κατόπισθεν[39] αὐτῶν. **80** καὶ ἔγνω
Ιωναθαν ὅτι ἔστιν ἔνεδρον[40] κατόπισθεν[41] αὐτοῦ, καὶ ἐκύκλωσαν[42] αὐτοῦ τὴν
παρεμβολὴν[43] καὶ ἐξετίναξαν[44] τὰς σχίζας[45] εἰς τὸν λαὸν ἐκ πρωίθεν[46] ἕως δείλης·[47]
81 ὁ δὲ λαὸς εἱστήκει,[48] καθὼς ἐπέταξεν[49] Ιωναθαν, καὶ ἐκοπίασαν[50] οἱ ἵπποι[51] αὐτῶν.

1 μανθάνω, *aor act impv 2s*, learn
2 βοηθέω, *pres act ptc nom p m*, aid, assist
3 στάσις, standing, position
4 δίς, twice
5 τροπόω, *aor pas ind 3p*, put to flight
6 ὑφίστημι, *aor act inf*, resist, withstand
7 ἵππος, cavalry
8 τοιοῦτος, like this
9 πεδίον, field, plain
10 ὅπου, where
11 κόχλαξ, pebble
12 φεύγω, *aor act inf*, flee
13 κινέω, *aor pas ind 3s*, stir, move
14 διάνοια, mind, thought
15 ἐπιλέγω, *aor act ind 3s*, select
16 δέκα, ten
17 χιλιάς, thousand
18 συναντάω, *aor act ind 3s*, meet
19 βοήθεια, auxiliary force, help, aid
20 παρεμβάλλω, *aor act ind 3s*, encamp
21 ἀποκλείω, *aor act ind 3p*, shut out
22 φρουρά, garrison
23 κυριεύω, *aor act ind 3s*, govern, rule
24 παρεμβάλλω, *aor act ind 3s*, encamp
25 τρισχίλιος, three thousand
26 ἵππος, cavalry
27 διοδεύω, *pres act ptc nom s m*, march through
28 ἅμα, at the same time, together
29 προάγω, *impf act ind 3s*, go before
30 πεδίον, plain, field
31 ἵππος, cavalry
32 καταδιώκω, *aor act ind 3s*, pursue
33 συνάπτω, *aor act ind 3p*, join together
34 παρεμβολή, company
35 ἀπολείπω, *aor act ind 3s*, leave behind
36 χίλιοι, thousand
37 ἵππος, cavalry
38 κρυπτῶς, secretly
39 κατόπισθεν, behind
40 ἔνεδρον, ambush
41 κατόπισθεν, behind
42 κυκλόω, *aor act ind 3p*, surround, encircle
43 παρεμβολή, company
44 ἐκτινάσσω, *aor act ind 3p*, shoot
45 σχίζα, arrow
46 πρωΐθεν, from morning
47 δείλη, late afternoon
48 ἵστημι, *plpf act ind 3s*, stand
49 ἐπιτάσσω, *aor act ind 3s*, order, command
50 κοπιάω, *aor act ind 3p*, grow weary
51 ἵππος, cavalry

82 καὶ εἵλκυσεν[1] Σιμων τὴν δύναμιν αὐτοῦ καὶ συνῆψεν[2] πρὸς τὴν φάλαγγα,[3] ἡ
γὰρ ἵππος[4] ἐξελύθη,[5] καὶ συνετρίβησαν[6] ὑπ᾽ αὐτοῦ καὶ ἔφυγον,[7] **83** καὶ ἡ ἵππος[8]
ἐσκορπίσθη[9] ἐν τῷ πεδίῳ.[10] καὶ ἔφυγον[11] εἰς Ἄζωτον καὶ εἰσῆλθον εἰς Βηθδαγων
τὸ εἰδώλιον[12] αὐτῶν τοῦ σωθῆναι. **84** καὶ ἐνεπύρισεν[13] Ιωναθαν τὴν Ἄζωτον καὶ
τὰς πόλεις τὰς κύκλῳ[14] αὐτῆς καὶ ἔλαβεν τὰ σκῦλα[15] αὐτῶν καὶ τὸ ἱερὸν Δαγων καὶ
τοὺς συμφυγόντας[16] εἰς αὐτὸ ἐνεπύρισεν[17] πυρί. **85** καὶ ἐγένοντο οἱ πεπτωκότες
μαχαίρᾳ[18] σὺν τοῖς ἐμπυρισθεῖσιν[19] εἰς ἄνδρας ὀκτακισχιλίους.[20]

86 καὶ ἀπῆρεν[21] ἐκεῖθεν[22] Ιωναθαν καὶ παρενέβαλεν[23] ἐπὶ Ἀσκαλῶνα, καὶ ἐξῆλθον οἱ
ἐκ τῆς πόλεως εἰς συνάντησιν[24] αὐτῷ ἐν δόξῃ μεγάλῃ. **87** καὶ ἐπέστρεψεν Ιωναθαν
εἰς Ιερουσαλημ σὺν τοῖς παρ᾽ αὐτοῦ ἔχοντες σκῦλα[25] πολλά. **88** καὶ ἐγένετο ὡς
ἤκουσεν Ἀλέξανδρος ὁ βασιλεὺς τοὺς λόγους τούτους, καὶ προσέθετο[26] ἔτι δοξάσαι
τὸν Ιωναθαν· **89** καὶ ἀπέστειλεν αὐτῷ πόρπην[27] χρυσῆν,[28] ὡς ἔθος[29] ἐστὶν δίδοσθαι
τοῖς συγγενέσιν[30] τῶν βασιλέων, καὶ ἔδωκεν αὐτῷ τὴν Ακκαρων καὶ πάντα τὰ ὅρια[31]
αὐτῆς εἰς κληροδοσίαν.[32]

Ptolemy Defeats Alexander Epiphanes

11 Καὶ βασιλεὺς Αἰγύπτου ἤθροισεν[33] δυνάμεις πολλὰς ὡς ἡ ἄμμος[34] ἡ παρὰ τὸ
χεῖλος[35] τῆς θαλάσσης[36] καὶ πλοῖα[37] πολλὰ καὶ ἐζήτησε κατακρατῆσαι[38] τῆς
βασιλείας Ἀλεξάνδρου δόλῳ[39] καὶ προσθεῖναι[40] αὐτὴν τῇ βασιλείᾳ αὐτοῦ. **2** καὶ
ἐξῆλθεν εἰς Συρίαν λόγοις εἰρηνικοῖς,[41] καὶ ἤνοιγον αὐτῷ οἱ ἀπὸ τῶν πόλεων καὶ
συνήντων[42] αὐτῷ, ὅτι ἐντολὴ ἦν Ἀλεξάνδρου τοῦ βασιλέως συναντᾶν[43] αὐτῷ

1 ἑλκύω, *aor act ind 3s*, draw in
2 συνάπτω, *aor act ind 3s*, join together
3 φάλαγξ, phalanx
4 ἵππος, cavalry
5 ἐκλύω, *aor pas ind 3s*, weaken, fail (physically)
6 συντρίβω, *aor pas ind 3p*, crush, shatter
7 φεύγω, *aor act ind 1s*, flee
8 ἵππος, cavalry
9 σκορπίζω, *aor pas ind 3s*, scatter
10 πεδίον, plain
11 φεύγω, *aor act ind 3p*, flee
12 εἰδώλιον, idol's temple
13 ἐμπυρίζω, *aor act ind 3s*, set on fire
14 κύκλῳ, around
15 σκῦλον, spoils, plunder
16 συμφεύγω, *aor act ptc acc p m*, take refuge
17 ἐμπυρίζω, *aor act ind 3s*, set on fire
18 μάχαιρα, sword
19 ἐμπυρίζω, *aor pas ptc dat p m*, set on fire
20 ὀκτακισχίλιοι, eight thousand
21 ἀπαίρω, *aor act ind 3s*, depart
22 ἐκεῖθεν, from there
23 παρεμβάλλω, *aor act ind 3s*, encamp
24 συνάντησις, meeting
25 σκῦλον, spoils, plunder
26 προστίθημι, *aor mid ind 3s*, add to, continue
27 πόρπη, brooch
28 χρυσοῦς, gold
29 ἔθος, custom
30 συγγενής, relative, kinsman
31 ὅριον, territory
32 κληροδοσία, distribution of land, heritage
33 ἀθροίζω, *aor act ind 3s*, assemble
34 ἄμμος, sand
35 χεῖλος, lip, shore
36 θάλασσα, sea
37 πλοῖον, ship
38 κατακρατέω, *aor act inf*, seize
39 δόλος, deceit
40 προστίθημι, *aor act inf*, add to
41 εἰρηνικός, peaceable
42 συναντάω, *impf act ind 3p*, meet
43 συναντάω, *pres act inf*, meet

διὰ τὸ πενθερὸν[1] αὐτοῦ εἶναι· **3** ὡς δὲ εἰσεπορεύετο[2] εἰς τὰς πόλεις Πτολεμαῖος,
ἀπέτασσε[3] τὰς δυνάμεις φρουρὰν[4] ἐν ἑκάστῃ πόλει. **4** ὡς δὲ ἤγγισαν Αζώτου,
ἔδειξαν αὐτῷ τὸ ἱερὸν Δαγων ἐμπεπυρισμένον[5] καὶ Ἄζωτον καὶ τὰ περιπόλια[6]
αὐτῆς καθῃρημένα[7] καὶ τὰ σώματα ἐρριμμένα[8] καὶ τοὺς ἐμπεπυρισμένους,[9] οὓς
ἐνεπύρισεν[10] ἐν τῷ πολέμῳ· ἐποίησαν γὰρ θημωνιὰς[11] αὐτῶν ἐν τῇ ὁδῷ αὐτοῦ.
5 καὶ διηγήσαντο[12] τῷ βασιλεῖ ἃ ἐποίησεν Ιωναθαν εἰς τὸ ψογίσαι[13] αὐτόν· καὶ
ἐσίγησεν[14] ὁ βασιλεύς. **6** καὶ συνήντησεν[15] Ιωναθαν τῷ βασιλεῖ εἰς Ιοππην μετὰ
δόξης, καὶ ἠσπάσαντο[16] ἀλλήλους[17] καὶ ἐκοιμήθησαν[18] ἐκεῖ. **7** καὶ ἐπορεύθη Ιω-
ναθαν μετὰ τοῦ βασιλέως ἕως τοῦ ποταμοῦ[19] τοῦ καλουμένου Ἐλευθέρου καὶ
ἐπέστρεψεν εἰς Ιερουσαλημ.

8 ὁ δὲ βασιλεὺς Πτολεμαῖος ἐκυρίευσεν[20] τῶν πόλεων τῆς παραλίας[21] ἕως Σελευ-
κείας τῆς παραθαλασσίας[22] καὶ διελογίζετο[23] περὶ Ἀλεξάνδρου λογισμοὺς[24] πονη-
ρούς. **9** καὶ ἀπέστειλεν πρέσβεις[25] πρὸς Δημήτριον τὸν βασιλέα λέγων Δεῦρο[26]
συνθώμεθα[27] πρὸς ἑαυτοὺς διαθήκην, καὶ δώσω σοι τὴν θυγατέρα[28] μου, ἣν εἶχεν
Ἀλέξανδρος, καὶ βασιλεύσεις[29] τῆς βασιλείας τοῦ πατρός σου· **10** μεταμεμέλημαι[30]
γὰρ δοὺς αὐτῷ τὴν θυγατέρα[31] μου, ἐζήτησεν γὰρ ἀποκτεῖναί με. **11** καὶ ἐψόγισεν[32]
αὐτὸν χάριν[33] τοῦ ἐπιθυμῆσαι[34] αὐτὸν τῆς βασιλείας αὐτοῦ· **12** καὶ ἀφελόμενος[35]
αὐτοῦ τὴν θυγατέρα[36] ἔδωκεν αὐτὴν τῷ Δημητρίῳ καὶ ἠλλοιώθη[37] τῷ Ἀλεξάνδρῳ,
καὶ ἐφάνη[38] ἡ ἔχθρα[39] αὐτῶν.

13 καὶ εἰσῆλθεν Πτολεμαῖος εἰς Ἀντιόχειαν καὶ περιέθετο[40] τὸ διάδημα[41] τῆς Ἀσίας·
καὶ περιέθετο δύο διαδήματα περὶ τὴν κεφαλὴν αὐτοῦ, τὸ τῆς Αἰγύπτου καὶ Ἀσίας.

1 πενθερός, father-in-law
2 εἰσπορεύομαι, *impf mid ind 3s*, enter
3 ἀποτάσσω, *impf act ind 3s*, detach, station
4 φρουρά, garrison
5 ἐμπυρίζω, *perf pas ptc acc s n*, burn
6 περιπόλιον, surrounding fortification
7 καθαιρέω, *perf pas ptc acc p n*, destroy, tear down
8 ῥίπτω, *perf pas ptc acc p n*, throw down
9 ἐμπυρίζω, *perf pas ptc acc p m*, burn
10 ἐμπυρίζω, *aor act ind 3s*, set on fire
11 θημωνιά, heap
12 διηγέομαι, *aor mid ind 3p*, describe
13 ψογίζω, *aor act inf*, criticize
14 σιγάω, *aor act ind 3s*, be silent, say nothing
15 συναντάω, *aor act ind 3s*, meet
16 ἀσπάζομαι, *aor mid ind 3p*, greet
17 ἀλλήλων, one another
18 κοιμάω, *aor pas ind 3p*, spend the night
19 ποταμός, river
20 κυριεύω, *aor act ind 3s*, govern, rule
21 παράλιος, near the sea
22 παραθαλάσσιος, seaside
23 διαλογίζομαι, *impf mid ind 3s*, consider, devise
24 λογισμός, thought, plan
25 πρέσβυς, ambassador
26 δεῦρο, come!
27 συντίθημι, *aor mid sub 1p*, arrange
28 θυγάτηρ, daughter
29 βασιλεύω, *fut act ind 2s*, reign as king
30 μεταμελέω, *perf mid ind 1s*, change mind
31 θυγάτηρ, daughter
32 ψογίζω, *aor act ind 3s*, find fault
33 χάριν, because
34 ἐπιθυμέω, *aor act inf*, covet, desire
35 ἀφαιρέω, *aor mid ptc nom s m*, take away
36 θυγάτηρ, daughter
37 ἀλλοιόω, *aor pas ind 3s*, change (for the worse)
38 φαίνω, *aor pas ind 3s*, become obvious, manifest
39 ἔχθρα, enmity
40 περιτίθημι, *aor mid ind 3s*, put on
41 διάδημα, diadem

14 Ἀλέξανδρος δὲ ὁ βασιλεὺς ἦν ἐν Κιλικίᾳ κατὰ τοὺς καιροὺς ἐκείνους, ὅτι ἀπεστάτουν[1] οἱ ἀπὸ τῶν τόπων ἐκείνων. **15** καὶ ἤκουσεν Ἀλέξανδρος καὶ ἦλθεν ἐπ' αὐτὸν ἐν πολέμῳ. καὶ ἐξήγαγεν[2] Πτολεμαῖος καὶ ἀπήντησεν[3] αὐτῷ ἐν χειρὶ ἰσχυρᾷ[4] καὶ ἐτροπώσατο[5] αὐτόν· **16** καὶ ἔφυγεν[6] Ἀλέξανδρος εἰς τὴν Ἀραβίαν τοῦ σκεπασθῆναι[7] αὐτὸν ἐκεῖ, ὁ δὲ βασιλεὺς Πτολεμαῖος ὑψώθη.[8] **17** καὶ ἀφεῖλεν[9] Ζαβδιηλ ὁ Ἄραψ τὴν κεφαλὴν Ἀλεξάνδρου καὶ ἀπέστειλεν τῷ Πτολεμαίῳ. **18** καὶ ὁ βασιλεὺς Πτολεμαῖος ἀπέθανεν ἐν τῇ ἡμέρᾳ τῇ τρίτῃ, καὶ οἱ ὄντες ἐν τοῖς ὀχυρώμασιν[10] αὐτοῦ ἀπώλοντο ὑπὸ τῶν ἐν τοῖς ὀχυρώμασιν. **19** καὶ ἐβασίλευσεν[11] Δημήτριος ἔτους ἑβδόμου[12] καὶ ἑξηκοστοῦ[13] καὶ ἑκατοστοῦ.[14]

Jonathan's Diplomacy with Demetrius II

20 Ἐν ταῖς ἡμέραις ἐκείναις συνήγαγεν Ιωναθαν τοὺς ἐκ τῆς Ιουδαίας τοῦ ἐκπολεμῆσαι τὴν ἄκραν[15] τὴν ἐν Ιερουσαλημ καὶ ἐποίησεν ἐπ' αὐτὴν μηχανὰς[16] πολλάς. **21** καὶ ἐπορεύθησάν τινες μισοῦντες τὸ ἔθνος αὐτῶν ἄνδρες παράνομοι[17] πρὸς τὸν βασιλέα καὶ ἀπήγγειλαν αὐτῷ ὅτι Ιωναθαν περικάθηται[18] τὴν ἄκραν.[19] **22** καὶ ἀκούσας ὠργίσθη·[20] ὡς δὲ ἤκουσεν, εὐθέως ἀναζεύξας[21] ἦλθεν εἰς Πτολεμαίδα καὶ ἔγραψεν Ιωναθαν τοῦ μὴ περικαθῆσθαι[22] καὶ τοῦ ἀπαντῆσαι[23] αὐτὸν αὐτῷ συμμίσγειν[24] εἰς Πτολεμαίδα τὴν ταχίστην.[25]

23 ὡς δὲ ἤκουσεν Ιωναθαν, ἐκέλευσεν[26] περικαθῆσθαι[27] καὶ ἐπέλεξεν[28] τῶν πρεσβυτέρων Ισραηλ καὶ τῶν ἱερέων καὶ ἔδωκεν ἑαυτὸν τῷ κινδύνῳ·[29] **24** καὶ λαβὼν ἀργύριον[30] καὶ χρυσίον[31] καὶ ἱματισμὸν καὶ ἕτερα ξένια[32] πλείονα[33] καὶ ἐπορεύθη πρὸς τὸν βασιλέα εἰς Πτολεμαίδα καὶ εὗρεν χάριν ἐναντίον[34] αὐτοῦ. **25** καὶ ἐνετύγχανον[35] κατ' αὐτοῦ τινες ἄνομοι[36] τῶν ἐκ τοῦ ἔθνους. **26** καὶ ἐποίησεν

1 ἀποστατέω, *impf act ind 3p*, revolt against
2 ἐξάγω, *aor act ind 3s*, lead out
3 ἀπαντάω, *aor act ind 3s*, meet
4 ἰσχυρός, strong
5 τροπόω, *aor mid ind 3s*, put to flight
6 φεύγω, *aor act ind 3s*, flee
7 σκεπάζω, *aor pas inf*, hide
8 ὑψόω, *aor pas ind 3s*, exalt, lift up
9 ἀφαιρέω, *aor act ind 3s*, remove
10 ὀχύρωμα, fortress
11 βασιλεύω, *aor act ind 3s*, reign as king
12 ἕβδομος, seventh
13 ἑξηκοστός, sixtieth
14 ἑκατοστός, hundredth
15 ἄκρα, citadel, high place
16 μηχανή, device, machine
17 παράνομος, lawless
18 περικάθημαι, *pres mid ind 3s*, besiege
19 ἄκρα, citadel, high place
20 ὀργίζω, *aor pas ind 3s*, be angry
21 ἀναζεύγνυμι, *aor act ptc nom s m*, march out, break camp
22 περικάθημαι, *pres mid inf*, besiege
23 ἀπαντάω, *aor mid impv 2s*, meet
24 συμμίσγω, *pres act inf*, speak with
25 ταχύς, *sup*, most hastily
26 κελεύω, *aor act ind 3s*, order
27 περικάθημαι, *pres mid inf*, besiege
28 ἐπιλέγω, *aor act ind 3s*, select
29 κίνδυνος, danger
30 ἀργύριον, silver
31 χρυσίον, gold
32 ξένιος, friendly gift
33 πλείων/πλεῖον, *comp of* πολύς, more numerous
34 ἐναντίον, before
35 ἐντυγχάνω, *impf act ind 3p*, appeal to
36 ἄνομος, evil, wicked

αὐτῷ ὁ βασιλεὺς καθὼς ἐποίησαν αὐτῷ οἱ πρὸ αὐτοῦ, καὶ ὕψωσεν[1] αὐτὸν ἐναντίον[2]
τῶν φίλων[3] αὐτοῦ πάντων. **27** καὶ ἔστησεν αὐτῷ τὴν ἀρχιερωσύνην[4] καὶ ὅσα ἄλλα
εἶχεν τίμια[5] τὸ πρότερον[6] καὶ ἐποίησεν αὐτὸν τῶν πρώτων φίλων[7] ἡγεῖσθαι.[8] **28** καὶ
ἠξίωσεν[9] Ιωναθαν τὸν βασιλέα ποιῆσαι τὴν Ιουδαίαν ἀφορολόγητον[10] καὶ τὰς τρεῖς
τοπαρχίας[11] καὶ τὴν Σαμαρῖτιν καὶ ἐπηγγείλατο[12] αὐτῷ τάλαντα[13] τριακόσια.[14]
29 καὶ εὐδόκησεν[15] ὁ βασιλεὺς καὶ ἔγραψεν τῷ Ιωναθαν ἐπιστολὰς[16] περὶ πάντων
τούτων ἐχούσας τὸν τρόπον[17] τοῦτον

30 Βασιλεὺς Δημήτριος Ιωναθαν τῷ ἀδελφῷ χαίρειν[18] καὶ ἔθνει Ιουδαίων. **31** τὸ
ἀντίγραφον[19] τῆς ἐπιστολῆς,[20] ἧς ἐγράψαμεν Λασθένει τῷ συγγενεῖ[21] ἡμῶν περὶ
ὑμῶν, γεγράφαμεν καὶ πρὸς ὑμᾶς, ὅπως εἰδῆτε. **32** Βασιλεὺς Δημήτριος Λασθένει τῷ
πατρὶ χαίρειν.[22] **33** τῷ ἔθνει τῶν Ιουδαίων φίλοις[23] ἡμῶν καὶ συντηροῦσιν[24] τὰ πρὸς
ἡμᾶς δίκαια ἐκρίναμεν ἀγαθὸν ποιῆσαι χάριν[25] τῆς ἐξ αὐτῶν εὐνοίας[26] πρὸς ἡμᾶς.
34 ἐστάκαμεν αὐτοῖς τά τε ὅρια[27] τῆς Ιουδαίας καὶ τοὺς τρεῖς νομοὺς[28] Αφαιρεμα
καὶ Λυδδα καὶ Ραθαμιν· προσετέθησαν[29] τῇ Ιουδαίᾳ ἀπὸ τῆς Σαμαρίτιδος καὶ
πάντα τὰ συγκυροῦντα[30] αὐτοῖς πᾶσιν τοῖς θυσιάζουσιν[31] εἰς Ιεροσόλυμα ἀντὶ[32] τῶν
βασιλικῶν,[33] ὧν ἐλάμβανεν ὁ βασιλεὺς παρ᾽ αὐτῶν τὸ πρότερον[34] κατ᾽ ἐνιαυτὸν[35]
ἀπὸ τῶν γενημάτων[36] τῆς γῆς καὶ τῶν ἀκροδρύων.[37] **35** καὶ τὰ ἄλλα τὰ ἀνήκοντα[38]
ἡμῖν ἀπὸ τοῦ νῦν τῶν δεκατῶν[39] καὶ τῶν τελῶν[40] τῶν ἀνηκόντων[41] ἡμῖν καὶ τὰς τοῦ
ἁλὸς[42] λίμνας[43] καὶ τοὺς ἀνήκοντας[44] ἡμῖν στεφάνους,[45] πάντα ἐπαρκέσομεν[46] αὐτοῖς.

1 ὑψόω, *aor act ind 3s*, lift up, exalt
2 ἐναντίον, before
3 φίλος, friend
4 ἀρχιερωσύνη, high priesthood
5 τίμιος, honor
6 πρότερος, formerly, before
7 φίλος, friend
8 ἡγέομαι, *pres mid inf*, be the head of
9 ἀξιόω, *aor act ind 3s*, deem worthy
10 ἀφορολόγητος, not subjected to tribute
11 τοπαρχία, district, toparchy
12 ἐπαγγέλλω, *aor mid ind 3s*, offer, promise
13 τάλαντον, talent
14 τριακόσιοι, three hundred
15 εὐδοκέω, *aor act ind 3s*, be pleased
16 ἐπιστολή, letter
17 τὸν τρόπον, in such manner
18 χαίρω, *pres act inf*, greetings
19 ἀντίγραφον, copy
20 ἐπιστολή, letter
21 συγγενής, relative, kinsman
22 χαίρω, *pres act inf*, greetings
23 φίλος, friend
24 συντηρέω, *pres act ind 3p*, preserve closely
25 χάριν, on account of
26 εὔνοια, goodwill, favor
27 ὅριον, region
28 νομός, district, province
29 προστίθημι, *aor pas ind 3p*, add to
30 συγκυρόω, *pres act ptc nom p n*, include along with
31 θυσιάζω, *pres act ptc dat p m*, sacrifice
32 ἀντί, in return for
33 βασιλικός, royal revenue
34 πρότερος, formerly
35 ἐνιαυτός, year
36 γένημα, first produce
37 ἀκρόδρυα, fruit
38 ἀνήκω, *pres act ptc acc p n*, owe to
39 δέκατος, tenth, tithe
40 τέλος, tax, tribute
41 ἀνήκω, *pres act ptc gen p n*, owe to
42 ἅλς, salt
43 λίμνη, lake
44 ἀνήκω, *pres act ptc acc p m*, owe to
45 στέφανος, royal taxes
46 ἐπαρκέω, *fut act ind 1p*, supply

36 καὶ οὐκ ἀθετηθήσεται[1] οὐδὲ ἓν τούτων ἀπὸ τοῦ νῦν εἰς τὸν ἅπαντα[2] χρόνον.
37 νῦν οὖν ἐπιμέλεσθε[3] τοῦ ποιῆσαι τούτων ἀντίγραφον,[4] καὶ δοθήτω Ιωναθαν καὶ
τεθήτω[5] ἐν τῷ ὄρει τῷ ἁγίῳ ἐν τόπῳ ἐπισήμῳ.[6]

Jonathan Assists Demetrius against Trypho's Plot

38 Καὶ εἶδεν Δημήτριος ὁ βασιλεὺς ὅτι ἡσύχασεν[7] ἡ γῆ ἐνώπιον αὐτοῦ καὶ οὐδὲν
αὐτῷ ἀνθειστήκει,[8] καὶ ἀπέλυσεν[9] πάσας τὰς δυνάμεις αὐτοῦ, ἕκαστον εἰς τὸν ἴδιον[10]
τόπον, πλὴν τῶν ξένων[11] δυνάμεων, ὧν ἐξενολόγησεν[12] ἀπὸ τῶν νήσων[13] τῶν ἐθνῶν·
καὶ ἤχθραναν[14] αὐτῷ πᾶσαι αἱ δυνάμεις αἱ ἀπὸ τῶν πατέρων. **39** Τρύφων δὲ ἦν τῶν
παρὰ Ἀλεξάνδρου τὸ πρότερον[15] καὶ εἶδεν ὅτι πᾶσαι αἱ δυνάμεις καταγογγύζουσιν[16]
κατὰ τοῦ Δημητρίου, καὶ ἐπορεύθη πρὸς Ιμαλκουε τὸν Ἄραβα, ὃς ἔτρεφεν[17] Ἀν-
τίοχον τὸ παιδάριον τὸν τοῦ Ἀλεξάνδρου. **40** καὶ προσήδρευεν[18] αὐτῷ, ὅπως
παραδοῖ αὐτὸν αὐτῷ, ὅπως βασιλεύσῃ[19] ἀντὶ[20] τοῦ πατρὸς αὐτοῦ· καὶ ἀπήγγειλεν
αὐτῷ ὅσα συνετέλεσεν[21] ὁ Δημήτριος καὶ τὴν ἔχθραν,[22] ἣν ἐχθραίνουσιν[23] αὐτῷ αἱ
δυνάμεις αὐτοῦ, καὶ ἔμεινεν[24] ἐκεῖ ἡμέρας πολλάς.

41 καὶ ἀπέστειλεν Ιωναθαν πρὸς Δημήτριον τὸν βασιλέα, ἵνα ἐκβάλῃ τοὺς ἐκ τῆς
ἄκρας[25] ἐξ Ιερουσαλημ καὶ τοὺς ἐν τοῖς ὀχυρώμασιν·[26] ἦσαν γὰρ πολεμοῦντες
τὸν Ισραηλ. **42** καὶ ἀπέστειλεν Δημήτριος πρὸς Ιωναθαν λέγων Οὐ ταῦτα μόνον
ποιήσω σοι καὶ τῷ ἔθνει σου, ἀλλὰ δόξῃ δοξάσω σε καὶ τὸ ἔθνος σου, ἐὰν εὐκαιρίας[27]
τύχω·[28] **43** νῦν οὖν ὀρθῶς[29] ποιήσεις ἀποστείλας μοι ἄνδρας, οἳ συμμαχήσουσίν[30]
μοι, ὅτι ἀπέστησαν[31] πᾶσαι αἱ δυνάμεις μου. **44** καὶ ἀπέστειλεν Ιωναθαν ἄνδρας
τρισχιλίους[32] δυνατοὺς ἰσχύι[33] αὐτῷ εἰς Ἀντιόχειαν, καὶ ἦλθον πρὸς τὸν βασιλέα,
καὶ ηὐφράνθη[34] ὁ βασιλεὺς ἐπὶ τῇ ἐφόδῳ[35] αὐτῶν.

1 ἀθετέω, *fut pas ind 3s*, nullify, cancel
2 ἅπας, all
3 ἐπιμελέομαι, *pres mid ind 2p*, take care
4 ἀντίγραφον, copy
5 τίθημι, *aor pas impv 3s*, set, place
6 ἐπίσημος, conspicuous, prominent
7 ἡσυχάζω, *aor act ind 3s*, be at rest
8 ἀνθίστημι, *plpf act ind 3s*, oppose
9 ἀπολύω, *aor act ind 3s*, dismiss, discharge
10 ἴδιος, one's own
11 ξένος, foreign
12 ξενολογέω, *aor act ind 3s*, enlist mercenaries
13 νῆσος, island
14 ἐχθραίνω, *aor act ind 3p*, be at enmity with
15 πρότερος, formerly, previously
16 καταγογγύζω, *pres act ind 3p*, murmur against
17 τρέφω, *impf act ind 3s*, rear
18 προσεδρεύω, *impf act ind 3s*, watch, attend upon
19 βασιλεύω, *aor act sub 3s*, reign as king
20 ἀντί, in place of
21 συντελέω, *aor act ind 3s*, accomplish
22 ἔχθρα, enmity
23 ἐχθραίνω, *pres act ptc dat p m*, be at enmity with
24 μένω, *aor act ind 3s*, remain
25 ἄκρα, citadel, high place
26 ὀχύρωμα, fortress
27 εὐκαιρία, opportunity
28 τυγχάνω, *aor act sub 1s*, happen upon
29 ὀρθῶς, rightly
30 συμμαχέω, *fut act ind 3p*, fight on the side of
31 ἀφίστημι, *aor act ind 3p*, fall away, depart
32 τρισχίλιοι, three thousand
33 ἰσχύς, strong
34 εὐφραίνω, *aor pas ind 3s*, rejoice
35 ἔφοδος, coming

45 καὶ ἐπισυνήχθησαν[1] οἱ ἀπὸ τῆς πόλεως εἰς μέσον τῆς πόλεως εἰς ἀνδρῶν δώ-
δεκα[2] μυριάδας[3] καὶ ἠβούλοντο ἀνελεῖν[4] τὸν βασιλέα. **46** καὶ ἔφυγεν[5] ὁ βασιλεὺς
εἰς τὴν αὐλήν,[6] καὶ κατελάβοντο[7] οἱ ἐκ τῆς πόλεως τὰς διόδους τῆς πόλεως καὶ
ἤρξαντο πολεμεῖν. **47** καὶ ἐκάλεσεν ὁ βασιλεὺς τοὺς Ιουδαίους ἐπὶ βοήθειαν,[8]
καὶ ἐπισυνήχθησαν[9] πρὸς αὐτὸν πάντες ἅμα[10] καὶ διεσπάρησαν[11] ἐν τῇ πόλει καὶ
ἀπέκτειναν ἐν τῇ ἡμέρᾳ ἐκείνῃ εἰς μυριάδας[12] δέκα·[13] **48** καὶ ἐνεπύρισαν[14] τὴν πόλιν
καὶ ἔλαβον σκῦλα[15] πολλὰ ἐν ἐκείνῃ τῇ ἡμέρᾳ καὶ ἔσωσαν τὸν βασιλέα. **49** καὶ
εἶδον οἱ ἀπὸ τῆς πόλεως ὅτι κατεκράτησαν[16] οἱ Ιουδαῖοι τῆς πόλεως ὡς ἠβούλοντο,
καὶ ἠσθένησαν[17] ταῖς διανοίαις[18] αὐτῶν καὶ ἐκέκραξαν πρὸς τὸν βασιλέα μετὰ
δεήσεως[19] λέγοντες **50** Δὸς ἡμῖν δεξιὰς καὶ παυσάσθωσαν[20] οἱ Ιουδαῖοι πολε-
μοῦντες ἡμᾶς καὶ τὴν πόλιν. **51** καὶ ἔρριψαν[21] τὰ ὅπλα[22] καὶ ἐποίησαν εἰρήνην. καὶ
ἐδοξάσθησαν οἱ Ιουδαῖοι ἐναντίον[23] τοῦ βασιλέως καὶ ἐνώπιον πάντων τῶν ἐν τῇ
βασιλείᾳ αὐτοῦ καὶ ἐπέστρεψαν εἰς Ιερουσαλημ ἔχοντες σκῦλα[24] πολλά. **52** καὶ
ἐκάθισεν Δημήτριος ὁ βασιλεὺς ἐπὶ θρόνου τῆς βασιλείας αὐτοῦ, καὶ ἡσύχασεν[25]
ἡ γῆ ἐνώπιον αὐτοῦ. **53** καὶ ἐψεύσατο[26] πάντα, ὅσα εἶπεν, καὶ ἠλλοτριώθη[27] τῷ
Ιωναθαν καὶ οὐκ ἀνταπέδωκεν[28] τὰς εὐνοίας,[29] ἃς ἀνταπέδωκεν αὐτῷ, καὶ ἔθλιβεν[30]
αὐτὸν σφόδρα.[31]

Trypho Seizes Power from Demetrius II

54 Μετὰ δὲ ταῦτα ἀπέστρεψεν[32] Τρύφων καὶ Ἀντίοχος μετ᾽ αὐτοῦ παιδάριον[33]
νεώτερον·[34] καὶ ἐβασίλευσεν[35] καὶ ἐπέθετο διάδημα.[36] **55** καὶ ἐπισυνήχθησαν[37]
πρὸς αὐτὸν πᾶσαι αἱ δυνάμεις, ἃς ἀπεσκοράκισεν[38] Δημήτριος, καὶ ἐπολέμησαν

1 ἐπισυνάγω, *aor pas ind 3p*, gather together
2 δώδεκα, twelve
3 μυριάς, ten thousand
4 ἀναιρέω, *aor act inf*, kill
5 φεύγω, *aor act ind 3s*, flee
6 αὐλή, court
7 καταλαμβάνω, *aor mid ind 3p*, lay hold of, arrest
8 βοήθεια, help, aid
9 ἐπισυνάγω, *aor pas ind 3p*, gather together
10 ἅμα, together
11 διασπείρω, *aor pas ind 3p*, spread about
12 μυριάς, ten thousand
13 δέκα, ten
14 ἐμπυρίζω, *aor act ind 3p*, set on fire
15 σκῦλον, spoils, plunder
16 κατακρατέω, *aor act ind 3p*, prevail against
17 ἀσθενέω, *aor act ind 3p*, weaken
18 διάνοια, mind, heart
19 δέησις, supplication, petition
20 παύω, *aor mid impv 3p*, cause to stop
21 ῥίπτω, *aor act ind 3p*, cast down
22 ὅπλον, weapon
23 ἐναντίον, before
24 σκῦλον, spoils, plunder
25 ἡσυχάζω, *aor act ind 3s*, be at rest
26 ψεύδομαι, *aor mid ind 3s*, speak falsely
27 ἀλλοτριόω, *aor pas ind 3s*, estrange oneself
28 ἀνταποδίδωμι, *aor act ind 3s*, repay
29 εὔνοια, goodwill, favor
30 θλίβω, *impf act ind 3s*, afflict
31 σφόδρα, exceedingly
32 ἀποστρέφω, *aor act ind 3s*, return
33 παιδάριον, young man
34 νέος, *comp*, younger
35 βασιλεύω, *aor act ind 3s*, reign as king
36 διάδημα, diadem
37 ἐπισυνάγω, *aor pas ind 3p*, gather together
38 ἀποσκορακίζω, *aor act ind 3s*, discharge, dismiss

πρὸς αὐτόν, καὶ ἔφυγεν[1] καὶ ἐτροπώθη.[2] **56** καὶ ἔλαβεν Τρύφων τὰ θηρία καὶ κατ-
εκράτησεν[3] τῆς Ἀντιοχείας. **57** καὶ ἔγραψεν Ἀντίοχος ὁ νεώτερος[4] Ιωναθη λέγων
Ἵστημί σοι τὴν ἀρχιερωσύνην[5] καὶ καθίστημί[6] σε ἐπὶ τῶν τεσσάρων νομῶν[7] καὶ εἶναί
σε τῶν φίλων[8] τοῦ βασιλέως. **58** καὶ ἀπέστειλεν αὐτῷ χρυσώματα[9] καὶ διακονίαν[10]
καὶ ἔδωκεν αὐτῷ ἐξουσίαν[11] πίνειν ἐν χρυσώμασιν καὶ εἶναι ἐν πορφύρᾳ[12] καὶ ἔχειν
πόρπην[13] χρυσῆν·[14] **59** καὶ Σιμωνα τὸν ἀδελφὸν αὐτοῦ κατέστησεν[15] στρατηγὸν[16]
ἀπὸ τῆς κλίμακος[17] Τύρου ἕως τῶν ὁρίων[18] Αἰγύπτου.

Campaigns of Jonathan and Simon

60 καὶ ἐξῆλθεν Ιωναθαν καὶ διεπορεύετο[19] πέραν[20] τοῦ ποταμοῦ[21] καὶ ἐν ταῖς πό-
λεσιν, καὶ ἠθροίσθησαν[22] πρὸς αὐτὸν πᾶσα δύναμις Συρίας εἰς συμμαχίαν·[23] καὶ
ἦλθεν εἰς Ἀσκαλῶνα, καὶ ἀπήντησαν[24] αὐτῷ οἱ ἐκ τῆς πόλεως ἐνδόξως.[25] **61** καὶ
ἀπῆλθεν ἐκεῖθεν[26] εἰς Γάζαν, καὶ ἀπέκλεισαν[27] οἱ ἀπὸ Γάζης, καὶ περιεκάθισεν[28] περὶ
αὐτὴν καὶ ἐνεπύρισεν[29] τὰ περιπόλια[30] αὐτῆς ἐν πυρὶ καὶ ἐσκύλευσεν[31] αὐτά. **62** καὶ
ἠξίωσαν[32] οἱ ἀπὸ Γάζης Ιωναθαν, καὶ ἔδωκεν αὐτοῖς δεξιὰς καὶ ἔλαβεν τοὺς υἱοὺς
τῶν ἀρχόντων αὐτῶν εἰς ὅμηρα[33] καὶ ἐξαπέστειλεν[34] αὐτοὺς εἰς Ιερουσαλημ· καὶ
διῆλθεν τὴν χώραν[35] ἕως Δαμασκοῦ. **63** καὶ ἤκουσεν Ιωναθαν ὅτι παρῆσαν[36] οἱ
ἄρχοντες Δημητρίου εἰς Κηδες τὴν ἐν τῇ Γαλιλαίᾳ μετὰ δυνάμεως πολλῆς βου-
λόμενοι μεταστῆσαι[37] αὐτὸν τῆς χρείας.[38] **64** καὶ συνήντησεν[39] αὐτοῖς, τὸν δὲ
ἀδελφὸν αὐτοῦ Σιμωνα κατέλιπεν[40] ἐν τῇ χώρᾳ.[41] **65** καὶ παρενέβαλεν[42] Σιμων ἐπὶ
Βαιθσουρα καὶ ἐπολέμει αὐτὴν ἡμέρας πολλὰς καὶ συνέκλεισεν[43] αὐτήν. **66** καὶ

1 φεύγω, *aor act ind 3s*, flee
2 τροπόω, *aor pas ind 3s*, put to flight
3 κατακρατέω, *aor act ind 3s*, prevail against
4 νέος, *comp*, younger
5 ἀρχιερωσύνη, high priesthood
6 καθίστημι, *pres act ind 1s*, appoint
7 νομός, district, province
8 φίλος, friend
9 χρύσωμα, golden vessel
10 διακονία, tableware
11 ἐξουσία, authority
12 πορφύρα, purple
13 πόρπη, brooch
14 χρυσοῦς, gold
15 καθίστημι, *aor act ind 3s*, appoint
16 στρατηγός, captain, commander
17 κλίμαξ, extreme end
18 ὅριον, border
19 διαπορεύομαι, *impf mid ind 3s*, pass across
20 πέραν, other side
21 ποταμός, river
22 ἀθροίζω, *aor pas ind 3p*, assemble together
23 συμμαχία, alliance
24 ἀπαντάω, *aor act ind 3p*, meet
25 ἐνδόξως, honorably
26 ἐκεῖθεν, from there
27 ἀποκλείω, *aor act ind 3p*, shut off
28 περικαθίζω, *aor act ind 3s*, besiege
29 ἐμπυρίζω, *aor act ind 3s*, set on fire
30 περιπόλιον, surrounding fortification
31 σκυλεύω, *aor act ind 3s*, plunder
32 ἀξιόω, *aor act ind 3p*, deem worthy
33 ὅμηρος, hostage
34 ἐξαποστέλλω, *aor act ind 3s*, send forth
35 χώρα, country
36 πάρειμι, *impf act ind 3p*, come, be present
37 μεθίστημι, *aor act inf*, remove
38 χρεία, office
39 συναντάω, *aor act ind 3s*, meet
40 καταλείπω, *aor act ind 3s*, leave behind
41 χώρα, country
42 παρεμβάλλω, *aor act ind 3s*, encamp
43 συγκλείω, *aor act ind 3s*, shut in, confine

ἠξίωσαν[1] αὐτὸν τοῦ δεξιὰς λαβεῖν, καὶ ἔδωκεν αὐτοῖς· καὶ ἐξέβαλεν αὐτοὺς ἐκεῖθεν[2]
καὶ κατελάβετο[3] τὴν πόλιν καὶ ἔθετο ἐπ᾽ αὐτὴν φρουράν.[4]

67 καὶ Ιωναθαν καὶ ἡ παρεμβολὴ[5] αὐτοῦ παρενέβαλον[6] ἐπὶ τὸ ὕδωρ τοῦ Γεννησαρ·
καὶ ὤρθρισαν[7] τὸ πρωὶ[8] εἰς τὸ πεδίον[9] Ασωρ. **68** καὶ ἰδοὺ ἡ παρεμβολὴ[10] ἀλλοφύλων[11]
ἀπήντα[12] αὐτῷ ἐν τῷ πεδίῳ[13] καὶ ἐξέβαλον ἔνεδρον[14] ἐπ᾽ αὐτὸν ἐν τοῖς ὄρεσιν, αὐτοὶ
δὲ ἀπήντησαν[15] ἐξ ἐναντίας.[16] **69** τὰ δὲ ἔνεδρα[17] ἐξανέστησαν[18] ἐκ τῶν τόπων
αὐτῶν καὶ συνῆψαν[19] πόλεμον. **70** καὶ ἔφυγον[20] οἱ παρὰ Ιωναθου πάντες, οὐδὲ εἷς
κατελείφθη[21] ἀπ᾽ αὐτῶν πλὴν Ματταθιας ὁ τοῦ Αψαλωμου καὶ Ιουδας ὁ τοῦ Χαλφι
ἄρχοντες τῆς στρατιᾶς[22] τῶν δυνάμεων. **71** καὶ διέρρηξεν[23] Ιωναθαν τὰ ἱμάτια αὐτοῦ
καὶ ἐπέθετο[24] γῆν ἐπὶ τὴν κεφαλὴν αὐτοῦ καὶ προσηύξατο. **72** καὶ ὑπέστρεψεν[25] πρὸς
αὐτοὺς πολέμῳ καὶ ἐτροπώσατο[26] αὐτούς, καὶ ἔφυγον.[27] **73** καὶ εἶδον οἱ φεύγοντες[28]
παρ᾽ αὐτοῦ καὶ ἐπέστρεψαν ἐπ᾽ αὐτὸν καὶ ἐδίωκον μετ᾽ αὐτοῦ ἕως Κεδες ἕως τῆς
παρεμβολῆς[29] αὐτῶν καὶ παρενέβαλον[30] ἐκεῖ. **74** καὶ ἔπεσον ἐκ τῶν ἀλλοφύλων[31] ἐν
τῇ ἡμέρᾳ ἐκείνῃ εἰς ἄνδρας τρισχιλίους.[32] καὶ ἐπέστρεψεν Ιωναθαν εἰς Ιερουσαλημ.

Jonathan Forms Alliances with Rome and Sparta

12 Καὶ εἶδεν Ιωναθαν ὅτι ὁ καιρὸς αὐτῷ συνεργεῖ,[33] καὶ ἐπελέξατο[34] ἄνδρας καὶ
ἀπέστειλεν εἰς Ῥώμην στῆσαι καὶ ἀνανεώσασθαι[35] τὴν πρὸς αὐτοὺς φιλίαν.[36]
2 καὶ πρὸς Σπαρτιάτας καὶ τόπους ἑτέρους ἀπέστειλεν ἐπιστολὰς[37] κατὰ τὰ αὐτά.
3 καὶ ἐπορεύθησαν εἰς Ῥώμην καὶ εἰσῆλθον εἰς τὸ βουλευτήριον[38] καὶ εἶπον Ιωναθαν
ὁ ἀρχιερεὺς[39] καὶ τὸ ἔθνος τῶν Ιουδαίων ἀπέστειλεν ἡμᾶς ἀνανεώσασθαι[40] τὴν
φιλίαν[41] ἑαυτοῖς καὶ τὴν συμμαχίαν[42] κατὰ τὸ πρότερον.[43] **4** καὶ ἔδωκαν ἐπιστολὰς[44]

1 ἀξιόω, *aor act ind 3p*, deem worthy
2 ἐκεῖθεν, from there
3 καταλαμβάνω, *aor mid ind 3s*, overtake, capture
4 φρουρά, garrison
5 παρεμβολή, company
6 παρεμβάλλω, *aor act ind 3p*, encamp
7 ὀρθρίζω, *aor act ind 3p*, rise early
8 πρωί, (in the) morning
9 πεδίον, plain, field
10 παρεμβολή, company
11 ἀλλόφυλος, foreign
12 ἀπαντάω, *impf act ind 3s*, meet
13 πεδίον, plain, field
14 ἔνεδρον, ambush
15 ἀπαντάω, *aor act ind 3p*, meet
16 ἐναντίος, facing
17 ἔνεδρον, ambush
18 ἐξανίστημι, *aor act ind 3p*, rise up
19 συνάπτω, *aor act ind 3p*, join together
20 φεύγω, *aor act ind 3p*, flee
21 καταλείπω, *aor pas ind 3s*, leave behind
22 στρατιά, army
23 διαρρήγνυμι, *aor act ind 3s*, tear, rend
24 ἐπιτίθημι, *aor mid ind 3s*, put upon
25 ὑποστρέφω, *aor act ind 3s*, turn around
26 τροπόω, *aor mid ind 3s*, put to flight
27 φεύγω, *aor act ind 3p*, flee
28 φεύγω, *pres act ptc nom p m*, flee
29 παρεμβολή, camp
30 παρεμβάλλω, *aor act ind 3p*, encamp
31 ἀλλόφυλος, foreign
32 τρισχίλιοι, three thousand
33 συνεργέω, *pres act ind 3s*, (be favorable)
34 ἐπιλέγω, *aor mid ind 3s*, select
35 ἀνανεόω, *aor mid inf*, renew
36 φιλία, friendship
37 ἐπιστολή, letter
38 βουλευτήριον, senate house, council room
39 ἀρχιερεύς, high priest
40 ἀνανεόω, *aor mid inf*, renew
41 φιλία, friendship
42 συμμαχία, alliance
43 πρότερος, former
44 ἐπιστολή, letter

αὐτοῖς πρὸς αὐτοὺς κατὰ τόπον, ὅπως προπέμπωσιν[1] αὐτοὺς εἰς γῆν Ιουδα μετ᾽
εἰρήνης.

5 Καὶ τοῦτο τὸ ἀντίγραφον[2] τῶν ἐπιστολῶν,[3] ὧν ἔγραψεν Ιωναθαν τοῖς Σπαρτιάταις

6 Ιωναθαν ἀρχιερεὺς[4] καὶ ἡ γερουσία[5] τοῦ ἔθνους καὶ οἱ ἱερεῖς καὶ ὁ λοιπὸς δῆμος[6]
τῶν Ιουδαίων Σπαρτιάταις τοῖς ἀδελφοῖς χαίρειν.[7] **7** ἔτι πρότερον[8] ἀπεστάλησαν
ἐπιστολαὶ[9] πρὸς Ονιαν τὸν ἀρχιερέα[10] παρὰ Ἀρείου τοῦ βασιλεύοντος[11] ἐν ὑμῖν ὅτι
ἐστὲ ἀδελφοὶ ἡμῶν, ὡς τὸ ἀντίγραφον[12] ὑπόκειται.[13] **8** καὶ ἐπεδέξατο[14] ὁ Ονιας τὸν
ἄνδρα τὸν ἀπεσταλμένον ἐνδόξως[15] καὶ ἔλαβεν τὰς ἐπιστολάς,[16] ἐν αἷς διεσαφεῖτο[17]
περὶ συμμαχίας[18] καὶ φιλίας.[19] **9** ἡμεῖς οὖν ἀπροσδεεῖς[20] τούτων ὄντες παράκλησιν[21]
ἔχοντες τὰ βιβλία τὰ ἅγια τὰ ἐν ταῖς χερσὶν ἡμῶν **10** ἐπειράθημεν[22] ἀποστεῖλαι τὴν
πρὸς ὑμᾶς ἀδελφότητα[23] καὶ φιλίαν[24] ἀνανεώσασθαι[25] πρὸς τὸ μὴ ἐξαλλοτριωθῆναι[26]
ὑμῶν· πολλοὶ γὰρ καιροὶ διῆλθον ἀφ᾽ οὗ ἀπεστείλατε πρὸς ἡμᾶς. **11** ἡμεῖς οὖν ἐν
παντὶ καιρῷ ἀδιαλείπτως[27] ἔν τε ταῖς ἑορταῖς[28] καὶ ταῖς λοιπαῖς καθηκούσαις[29] ἡμέ-
ραις μιμνῃσκόμεθα[30] ὑμῶν ἐφ᾽ ὧν προσφέρομεν[31] θυσιῶν[32] καὶ ἐν ταῖς προσευχαῖς, ὡς
δέον[33] ἐστὶν καὶ πρέπον[34] μνημονεύειν[35] ἀδελφῶν. **12** εὐφραινόμεθα[36] δὲ ἐπὶ τῇ δόξῃ
ὑμῶν. **13** ἡμᾶς δὲ ἐκύκλωσαν[37] πολλαὶ θλίψεις καὶ πόλεμοι πολλοί, καὶ ἐπολέμησαν
ἡμᾶς οἱ βασιλεῖς οἱ κύκλῳ[38] ἡμῶν. **14** οὐκ ἠβουλόμεθα οὖν παρενοχλῆσαι[39] ὑμῖν καὶ
τοῖς λοιποῖς συμμάχοις[40] καὶ φίλοις[41] ἡμῶν ἐν τοῖς πολέμοις τούτοις· **15** ἔχομεν γὰρ
τὴν ἐξ οὐρανοῦ βοήθειαν[42] βοηθοῦσαν[43] ἡμῖν καὶ ἐρρύσθημεν[44] ἀπὸ τῶν ἐχθρῶν,
καὶ ἐταπεινώθησαν[45] οἱ ἐχθροὶ ἡμῶν. **16** ἐπελέξαμεν[46] οὖν Νουμήνιον Ἀντιόχου καὶ

1 προπέμπω, *pres act sub 3p*, accompany, escort
2 ἀντίγραφον, copy
3 ἐπιστολή, letter
4 ἀρχιερεύς, high priest
5 γερουσία, council of elders, senate
6 δῆμος, citizens, people
7 χαίρω, *pres act inf*, greetings
8 πρότερος, previously
9 ἐπιστολή, letter
10 ἀρχιερεύς, high priest
11 βασιλεύω, *pres act ptc gen s m*, reign as king
12 ἀντίγραφον, copy
13 ὑπόκειμαι, *pres pas ind 3s*, give below (in a text)
14 ἐπιδέχομαι, *aor mid ind 3s*, receive
15 ἐνδόξως, honorably
16 ἐπιστολή, letter
17 διασαφέω, *impf pas ind 3s*, show plainly
18 συμμαχία, alliance
19 φιλία, friendship
20 ἀπροσδεής, having no need
21 παράκλησις, encouragement, comfort
22 πειράω, *aor pas ind 1p*, make an attempt
23 ἀδελφότης, brotherhood
24 φιλία, friendship
25 ἀνανεόω, *aor mid inf*, renew
26 ἐξαλλοτριόω, *aor pas inf*, be estranged
27 ἀδιαλείπτως, continually
28 ἑορτή, feast
29 καθήκω, *pres act ptc dat p f*, be due to
30 μιμνῄσκομαι, *pres mid ind 1p*, remember
31 προσφέρω, *pres act ind 1p*, offer up
32 θυσία, sacrifice
33 δεῖ, *pres act ptc nom s n*, be necessary
34 πρέπω, *pres act ptc nom s n*, be proper
35 μνημονεύω, *pres act inf*, remember
36 εὐφραίνω, *pres pas ind 1p*, rejoice
37 κυκλόω, *aor act ind 3p*, surround
38 κύκλῳ, around
39 παρενοχλέω, *aor act inf*, trouble
40 σύμμαχος, ally
41 φίλος, associate
42 βοήθεια, help, aid
43 βοηθέω, *pres act ptc acc s f*, aid, assist
44 ῥύομαι, *aor pas ind 1p*, rescue, deliver
45 ταπεινόω, *aor pas ind 3p*, overthrow
46 ἐπιλέγω, *aor act ind 1p*, select

Ἀντίπατρον Ἰάσονος καὶ ἀπεστάλκαμεν πρὸς Ῥωμαίους ἀνανεώσασθαι[1] τὴν πρὸς
αὐτοὺς φιλίαν[2] καὶ συμμαχίαν[3] τὴν πρότερον.[4] **17** ἐνετειλάμεθα[5] οὖν αὐτοῖς καὶ
πρὸς ὑμᾶς πορευθῆναι καὶ ἀσπάσασθαι[6] ὑμᾶς καὶ ἀποδοῦναι ὑμῖν τὰς παρ᾽ ἡμῶν
ἐπιστολὰς[7] περὶ τῆς ἀνανεώσεως[8] καὶ τῆς ἀδελφότητος[9] ἡμῶν. **18** καὶ νῦν καλῶς[10]
ποιήσετε ἀντιφωνήσαντες[11] ἡμῖν πρὸς ταῦτα.

19 Καὶ τοῦτο τὸ ἀντίγραφον[12] τῶν ἐπιστολῶν,[13] ὧν ἀπέστειλαν Ονια

20 Ἄρειος βασιλεὺς Σπαρτιατῶν Ονια ἱερεῖ μεγάλῳ χαίρειν.[14] **21** εὑρέθη ἐν γραφῇ[15]
περί τε τῶν Σπαρτιατῶν καὶ Ιουδαίων ὅτι εἰσὶν ἀδελφοὶ καὶ ὅτι εἰσὶν ἐκ γένους[16]
Αβρααμ. **22** καὶ νῦν ἀφ᾽ οὗ ἔγνωμεν ταῦτα, καλῶς[17] ποιήσετε γράφοντες ἡμῖν
περὶ τῆς εἰρήνης ὑμῶν, **23** καὶ ἡμεῖς δὲ ἀντιγράφομεν[18] ὑμῖν Τὰ κτήνη[19] ὑμῶν καὶ ἡ
ὕπαρξις[20] ὑμῶν ἡμῖν ἐστιν, καὶ τὰ ἡμῶν ὑμῖν ἐστιν. ἐντελλόμεθα[21] οὖν ὅπως ἀπαγγείλωσιν ὑμῖν κατὰ ταῦτα.

Additional Campaigns of Jonathan and Simon

24 Καὶ ἤκουσεν Ιωναθαν ὅτι ἐπέστρεψαν οἱ ἄρχοντες Δημητρίου μετὰ δυνάμεως
πολλῆς ὑπὲρ τὸ πρότερον[22] τοῦ πολεμῆσαι πρὸς αὐτόν. **25** καὶ ἀπῆρεν[23] ἐξ Ιερουσαλημ καὶ ἀπήντησεν[24] αὐτοῖς εἰς τὴν Αμαθῖτιν χώραν·[25] οὐ γὰρ ἔδωκεν αὐτοῖς
ἀνοχὴν[26] τοῦ ἐμβατεῦσαι[27] εἰς τὴν χώραν[28] αὐτοῦ. **26** καὶ ἀπέστειλεν κατασκόπους[29]
εἰς τὴν παρεμβολὴν[30] αὐτῶν, καὶ ἐπέστρεψαν καὶ ἀπήγγειλαν αὐτῷ ὅτι οὕτως τάσσονται[31] ἐπιπεσεῖν[32] ἐπ᾽ αὐτοὺς τὴν νύκτα. **27** ὡς δὲ ἔδυ[33] ὁ ἥλιος, ἐπέταξεν[34] Ιωναθαν
τοῖς παρ᾽ αὐτοῦ γρηγορεῖν[35] καὶ εἶναι ἐπὶ τοῖς ὅπλοις[36] ἑτοιμάζεσθαι εἰς πόλεμον
δι᾽ ὅλης τῆς νυκτὸς καὶ ἐξέβαλεν προφύλακας[37] κύκλῳ[38] τῆς παρεμβολῆς.[39] **28** καὶ

1 ἀνανεόω, *aor mid inf*, renew
2 φιλία, friendship
3 συμμαχία, alliance
4 πρότερος, former
5 ἐντέλλομαι, *aor mid ind 1p*, command
6 ἀσπάζομαι, *aor mid inf*, greet
7 ἐπιστολή, letter
8 ἀνανέωσις, renewal
9 ἀδελφότης, brotherhood
10 καλῶς, well
11 ἀντιφωνέω, *aor act ptc nom p m*, answer by letter
12 ἀντίγραφον, copy
13 ἐπιστολή, letter
14 χαίρω, *pres act inf*, greetings
15 γραφή, writing
16 γένος, nation, race
17 καλῶς, well
18 ἀντιγράφω, *pres act ind 1p*, write in reply
19 κτῆνος, animal, (*p*) herd
20 ὕπαρξις, property
21 ἐντέλλομαι, *pres mid ind 1p*, command
22 πρότερος, prior, previous
23 ἀπαίρω, *aor act ind 3s*, depart
24 ἀπαντάω, *aor act ind 3s*, meet
25 χώρα, land, region
26 ἀνοχή, opportunity
27 ἐμβατεύω, *aor act inf*, enter into
28 χώρα, land, region
29 κατάσκοπος, spy
30 παρεμβολή, camp
31 τάσσω, *pres mid ind 3p*, set (troops) in order
32 ἐπιπίπτω, *aor act inf*, attack
33 δύω, *aor act ind 3s*, set
34 ἐπιτάσσω, *aor act ind 3s*, order, command
35 γρηγορέω, *pres act inf*, be watchful
36 ὅπλον, weapon, armor
37 προφύλαξ, sentinel
38 κύκλῳ, all around
39 παρεμβολή, camp

ἤκουσαν οἱ ὑπεναντίοι[1] ὅτι ἡτοίμασται Ιωναθαν καὶ οἱ παρ᾽ αὐτοῦ εἰς πόλεμον, καὶ
ἐφοβήθησαν καὶ ἔπτηξαν[2] τῇ καρδίᾳ αὐτῶν καὶ ἀνέκαυσαν[3] πυρὰς ἐν τῇ παρεμ-
βολῇ[4] αὐτῶν. **29** Ιωναθαν δὲ καὶ οἱ παρ᾽ αὐτοῦ οὐκ ἔγνωσαν ἕως πρωί,[5] ἔβλεπον γὰρ
τὰ φῶτα καιόμενα.[6] **30** καὶ κατεδίωξεν[7] Ιωναθαν ὀπίσω αὐτῶν καὶ οὐ κατέλαβεν[8]
αὐτούς, διέβησαν[9] γὰρ τὸν Ἐλεύθερον ποταμόν.[10] **31** καὶ ἐξέκλινεν[11] Ιωναθαν ἐπὶ
τοὺς Ἄραβας τοὺς καλουμένους Ζαβαδαίους καὶ ἐπάταξεν[12] αὐτοὺς καὶ ἔλαβεν τὰ
σκῦλα[13] αὐτῶν. **32** καὶ ἀναζεύξας[14] ἦλθεν εἰς Δαμασκὸν καὶ διώδευσεν[15] ἐν πάσῃ
τῇ χώρᾳ.[16]

33 καὶ Σιμων ἐξῆλθεν καὶ διώδευσεν[17] ἕως Ἀσκαλῶνος καὶ τὰ πλησίον[18] ὀχυρώματα[19]
καὶ ἐξέκλινεν[20] εἰς Ιοππην καὶ προκατελάβετο[21] αὐτήν· **34** ἤκουσεν γὰρ ὅτι βούλονται
τὸ ὀχύρωμα[22] παραδοῦναι τοῖς παρὰ Δημητρίου· καὶ ἔθετο ἐκεῖ φρουράν,[23] ὅπως
φυλάσσωσιν αὐτήν. **35** καὶ ἐπέστρεψεν Ιωναθαν καὶ ἐξεκκλησίασεν[24] τοὺς πρεσβυ-
τέρους τοῦ λαοῦ καὶ ἐβουλεύετο[25] μετ᾽ αὐτῶν τοῦ οἰκοδομῆσαι ὀχυρώματα[26] ἐν τῇ
Ιουδαίᾳ **36** καὶ προσυψῶσαι[27] τὰ τείχη[28] Ιερουσαλημ καὶ ὑψῶσαι[29] ὕψος[30] μέγα ἀνὰ
μέσον[31] τῆς ἄκρας[32] καὶ τῆς πόλεως εἰς τὸ διαχωρίζειν[33] αὐτὴν τῆς πόλεως, ἵνα ᾖ αὕτη
κατὰ μόνας,[34] ὅπως μήτε[35] ἀγοράζωσιν[36] μήτε[37] πωλῶσιν.[38] **37** καὶ συνήχθησαν τοῦ
οἰκοδομεῖν τὴν πόλιν, καὶ ἔπεσεν τοῦ τείχους[39] τοῦ χειμάρρου[40] τοῦ ἐξ ἀπηλιώτου,[41]
καὶ ἐπεσκεύασεν[42] τὸ καλούμενον Χαφεναθα. **38** καὶ Σιμων ᾠκοδόμησεν τὴν Αδιδα
ἐν τῇ Σεφηλα καὶ ὠχύρωσεν[43] αὐτὴν καὶ ἐπέστησεν[44] θύρας καὶ μοχλούς.[45]

1 ὑπεναντίος, enemy
2 πτήσσω, *aor act ind 3p*, cower
3 ἀνακαίω, *aor act ind 3p*, kindle
4 παρεμβολή, camp
5 πρωί, morning
6 καίω, *pres pas ptc acc p n*, burn
7 καταδιώκω, *aor act ind 3s*, pursue
8 καταλαμβάνω, *aor act ind 3s*, overtake
9 διαβαίνω, *aor act ind 3p*, cross over
10 ποταμός, river
11 ἐκκλίνω, *aor act ind 3s*, turn aside
12 πατάσσω, *aor act ind 3s*, strike, defeat
13 σκῦλον, spoils, plunder
14 ἀναζεύγνυμι, *aor act ptc nom s m*, march out
15 διοδεύω, *aor act ind 3s*, march through
16 χώρα, land, region
17 διοδεύω, *aor act ind 3s*, march through
18 πλησίον, nearby
19 ὀχύρωμα, fortress
20 ἐκκλίνω, *aor act ind 3s*, turn aside
21 προκαταλαμβάνω, *aor mid ind 3s*, overtake, capture
22 ὀχύρωμα, fortress
23 φρουρά, garrison
24 ἐξεκκλησιάζω, *aor act ind 3s*, assemble
25 βουλεύω, *impf mid ind 3s*, deliberate, take counsel
26 ὀχύρωμα, fortress
27 προσυψόω, *aor act inf*, raise higher
28 τεῖχος, city wall
29 ὑψόω, *aor act inf*, lift up
30 ὕψος, height(s)
31 ἀνὰ μέσον, between
32 ἄκρα, citadel, high place
33 διαχωρίζω, *pres act inf*, separate
34 μόνος, in isolation
35 μήτε, neither
36 ἀγοράζω, *pres act sub 3p*, buy
37 μήτε, nor
38 πωλέω, *pres act sub 3p*, sell
39 τεῖχος, city wall
40 χείμαρρος, brook
41 ἀπηλιώτης, east
42 ἐπισκευάζω, *aor act ind 3s*, repair
43 ὀχυρόω, *aor act ind 3s*, fortify
44 ἐφίστημι, *aor act ind 3s*, put in place
45 μοχλός, bar, bolt (of a door)

Trypho Deceives and Captures Jonathan

39 Καὶ ἐζήτησεν Τρύφων βασιλεῦσαι[1] τῆς Ἀσίας καὶ περιθέσθαι[2] τὸ διάδημα[3] καὶ
ἐκτεῖναι[4] χεῖρα ἐπ' Ἀντίοχον τὸν βασιλέα. **40** καὶ εὐλαβήθη[5] μήποτε[6] οὐκ ἐάσῃ[7]
αὐτὸν Ιωναθαν καὶ μήποτε[8] πολεμήσῃ πρὸς αὐτόν, καὶ ἐζήτει συλλαβεῖν[9] αὐτὸν τοῦ
ἀπολέσαι, καὶ ἀπάρας[10] ἦλθεν εἰς Βαιθσαν. **41** καὶ ἐξῆλθεν Ιωναθαν εἰς ἀπάντησιν[11]
αὐτῷ ἐν τεσσαράκοντα[12] χιλιάσιν[13] ἀνδρῶν ἐπιλελεγμέναις[14] εἰς παράταξιν[15] καὶ
ἦλθεν εἰς Βαιθσαν. **42** καὶ εἶδεν Τρύφων ὅτι ἦλθεν μετὰ δυνάμεως πολλῆς, καὶ
ἐκτεῖναι[16] χεῖρας ἐπ' αὐτὸν εὐλαβήθη.[17] **43** καὶ ἐπεδέξατο[18] αὐτὸν ἐνδόξως[19] καὶ συν-
έστησεν[20] αὐτὸν πᾶσιν τοῖς φίλοις[21] αὐτοῦ καὶ ἔδωκεν αὐτῷ δόματα[22] καὶ ἐπέταξεν[23]
τοῖς φίλοις[24] αὐτοῦ καὶ ταῖς δυνάμεσιν αὐτοῦ ὑπακούειν[25] αὐτοῦ ὡς αὐτοῦ.
44 καὶ εἶπεν τῷ Ιωναθαν Ἵνα τί ἐκόπωσας[26] πάντα τὸν λαὸν τοῦτον πολέμου μὴ
ἐνεστηκότος[27] ἡμῖν; **45** καὶ νῦν ἀπόστειλον αὐτοὺς εἰς τοὺς οἴκους αὐτῶν, ἐπίλεξαι[28]
δὲ σεαυτῷ ἄνδρας ὀλίγους,[29] οἵτινες ἔσονται μετὰ σοῦ, καὶ δεῦρο[30] μετ' ἐμοῦ εἰς
Πτολεμαίδα, καὶ παραδώσω σοι αὐτὴν καὶ τὰ λοιπὰ ὀχυρώματα[31] καὶ τὰς δυνάμεις
τὰς λοιπὰς καὶ πάντας τοὺς ἐπὶ τῶν χρειῶν,[32] καὶ ἐπιστρέψας ἀπελεύσομαι· τούτου
γὰρ χάριν πάρειμι.[33]

46 καὶ ἐμπιστεύσας[34] αὐτῷ ἐποίησεν καθὼς εἶπεν, καὶ ἐξαπέστειλεν[35] τὰς δυνάμεις,
καὶ ἀπῆλθον εἰς γῆν Ιουδα. **47** κατέλιπεν[36] δὲ μεθ' ἑαυτοῦ ἄνδρας τρισχιλίους,[37] ὧν
δισχιλίους[38] ἀφῆκεν ἐν τῇ Γαλιλαίᾳ, χίλιοι[39] δὲ συνῆλθον[40] αὐτῷ. **48** ὡς δὲ εἰσῆλθεν

1 βασιλεύω, *aor act inf*, become king
2 περιτίθημι, *aor mid inf*, put on
3 διάδημα, diadem
4 ἐκτείνω, *aor act inf*, stretch forth
5 εὐλαβέομαι, *aor pas ind 3s*, fear, be concerned
6 μήποτε, lest
7 ἐάω, *aor act sub 3s*, permit
8 μήποτε, lest
9 συλλαμβάνω, *aor act inf*, lay hold of, arrest
10 ἀπαίρω, *aor act ptc nom s m*, depart
11 ἀπάντησις, meeting
12 τεσσαράκοντα, forty
13 χιλιάς, thousand
14 ἐπιλέγω, *perf pas ptc dat p f*, choose
15 παράταξις, battle array
16 ἐκτείνω, *aor act inf*, stretch forth
17 εὐλαβέομαι, *aor pas ind 3s*, be afraid to
18 ἐπιδέχομαι, *aor mid ind 3s*, receive, welcome
19 ἐνδόξως, honorably
20 συνίστημι, *aor act ind 3s*, meet
21 φίλος, associate
22 δόμα, gift
23 ἐπιτάσσω, *aor act ind 3s*, order, command
24 φίλος, associate
25 ὑπακούω, *pres act inf*, obey
26 κοπόω, *aor act ind 2s*, weary, exhaust
27 ἐνίστημι, *perf act ptc gen s m*, be present, be at hand
28 ἐπιλέγω, *aor mid impv 2s*, select
29 ὀλίγος, few
30 δεῦρο, come!
31 ὀχύρωμα, fortress
32 χρεία, service, duty
33 πάρειμι, *pres act ind 1s*, be present
34 ἐμπιστεύω, *aor act ptc nom s m*, trust in
35 ἐξαποστέλλω, *aor act ind 3s*, send forth
36 καταλείπω, *aor act ind 3s*, leave behind
37 τρισχίλιοι, three thousand
38 δισχίλιοι, two thousand
39 χίλιοι, thousand
40 συνέρχομαι, *aor act ind 3p*, go with

Ιωναθαν εἰς Πτολεμαίδα, ἀπέκλεισαν[1] οἱ Πτολεμαεῖς τὰς πύλας[2] καὶ συνέλαβον[3]
αὐτόν, καὶ πάντας τοὺς συνεισελθόντας[4] μετ᾽ αὐτοῦ ἀπέκτειναν ἐν ῥομφαίᾳ.[5]

49 καὶ ἀπέστειλεν Τρύφων δυνάμεις καὶ ἵππον[6] εἰς τὴν Γαλιλαίαν καὶ τὸ πεδίον[7] τὸ
μέγα τοῦ ἀπολέσαι πάντας τοὺς παρὰ Ιωναθου. **50** καὶ ἐπέγνωσαν ὅτι συνελήμ-
φθη[8] καὶ ἀπόλωλεν καὶ οἱ μετ᾽ αὐτοῦ, καὶ παρεκάλεσαν ἑαυτοὺς καὶ ἐπορεύοντο
συνεστραμμένοι[9] ἕτοιμοι[10] εἰς πόλεμον. **51** καὶ εἶδον οἱ διώκοντες ὅτι περὶ ψυχῆς
αὐτοῖς ἐστιν, καὶ ἐπέστρεψαν. **52** καὶ ἦλθον πάντες μετ᾽ εἰρήνης εἰς γῆν Ιουδα καὶ
ἐπένθησαν[11] τὸν Ιωναθαν καὶ τοὺς μετ᾽ αὐτοῦ καὶ ἐφοβήθησαν σφόδρα·[12] καὶ ἐπέν-
θησεν[13] πᾶς Ισραηλ πένθος[14] μέγα. **53** καὶ ἐζήτησαν πάντα τὰ ἔθνη τὰ κύκλῳ[15]
αὐτῶν ἐκτρῖψαι[16] αὐτούς· εἶπον γάρ Οὐκ ἔχουσιν ἄρχοντα καὶ βοηθοῦντα·[17] νῦν
οὖν πολεμήσωμεν αὐτοὺς καὶ ἐξάρωμεν[18] ἐξ ἀνθρώπων τὸ μνημόσυνον[19] αὐτῶν.

Simon Assumes Leadership of the Jews

13 Καὶ ἤκουσεν Σιμων ὅτι συνήγαγεν Τρύφων δύναμιν πολλὴν τοῦ ἐλθεῖν εἰς
γῆν Ιουδα καὶ ἐκτρῖψαι[20] αὐτήν. **2** καὶ εἶδεν τὸν λαόν, ὅτι ἔντρομός[21] ἐστιν καὶ
ἔκφοβος,[22] καὶ ἀνέβη εἰς Ιερουσαλημ καὶ ἤθροισεν[23] τὸν λαὸν **3** καὶ παρεκάλεσεν
αὐτοὺς καὶ εἶπεν αὐτοῖς Αὐτοὶ οἴδατε ὅσα ἐγὼ καὶ οἱ ἀδελφοί μου καὶ ὁ οἶκος τοῦ
πατρός μου ἐποιήσαμεν περὶ τῶν νόμων καὶ τῶν ἁγίων, καὶ τοὺς πολέμους καὶ τὰς
στενοχωρίας,[24] ἃς εἴδομεν. **4** τούτου χάριν[25] ἀπώλοντο οἱ ἀδελφοί μου πάντες χάριν
τοῦ Ισραηλ, καὶ κατελείφθην[26] ἐγὼ μόνος. **5** καὶ νῦν μή μοι γένοιτο[27] φείσασθαί[28]
μου τῆς ψυχῆς ἐν παντὶ καιρῷ θλίψεως· οὐ γάρ εἰμι κρείσσων[29] τῶν ἀδελφῶν μου.
6 πλὴν ἐκδικήσω[30] περὶ τοῦ ἔθνους μου καὶ περὶ τῶν ἁγίων καὶ περὶ τῶν γυναικῶν
καὶ τέκνων ὑμῶν, ὅτι συνήχθησαν πάντα τὰ ἔθνη ἐκτρῖψαι[31] ἡμᾶς ἔχθρας[32] χάριν.[33]

1 ἀποκλείω, *aor act ind 3p*, shut off
2 πύλη, gate
3 συλλαμβάνω, *aor act ind 3p*, lay hold of, arrest
4 συνεισέρχομαι, *aor act ptc acc p m*, enter with
5 ῥομφαία, sword
6 ἵππος, cavalry
7 πεδίον, plain
8 συλλαμβάνω, *aor pas ind 3s*, lay hold of, arrest
9 συστρέφω, *perf mid ptc nom p m*, form a compact group, form a unit
10 ἕτοιμος, prepared, ready
11 πενθέω, *aor act ind 3p*, mourn for
12 σφόδρα, very much
13 πενθέω, *aor act ind 3s*, mourn
14 πένθος, mourning
15 κύκλῳ, round about
16 ἐκτρίβω, *aor act inf*, destroy, wipe out
17 βοηθέω, *pres act ptc acc s m*, aid, assist
18 ἐξαίρω, *aor act sub 1p*, remove
19 μνημόσυνον, remembrance
20 ἐκτρίβω, *aor act inf*, destroy, wipe out
21 ἔντρομος, trembling
22 ἔκφοβος, terrified
23 ἀθροίζω, *aor act ind 3s*, gather together
24 στενοχωρία, distress, difficulty
25 χάριν, on account of
26 καταλείπω, *aor pas ind 1s*, leave behind
27 γίνομαι, *aor mid opt 3s*, be, happen
28 φείδομαι, *aor mid inf*, spare
29 κρείσσων (ττ), *comp of* ἀγαθός, better
30 ἐκδικέω, *fut act ind 1s*, avenge
31 ἐκτρίβω, *aor act inf*, destroy, wipe out
32 ἔχθρα, enmity
33 χάριν, on account of

7 καὶ ἀνεζωπύρησεν[1] τὸ πνεῦμα τοῦ λαοῦ ἅμα[2] τοῦ ἀκοῦσαι τῶν λόγων τούτων,
8 καὶ ἀπεκρίθησαν φωνῇ μεγάλῃ λέγοντες Σὺ εἶ ἡμῶν ἡγούμενος[3] ἀντὶ[4] Ιουδου
καὶ Ιωναθου τοῦ ἀδελφοῦ σου· **9** πολέμησον τὸν πόλεμον ἡμῶν, καὶ πάντα, ὅσα
ἂν εἴπῃς ἡμῖν, ποιήσομεν. **10** καὶ συνήγαγεν πάντας τοὺς ἄνδρας τοὺς πολεμιστὰς[5]
καὶ ἐτάχυνεν[6] τοῦ τελέσαι[7] τὰ τείχη[8] Ιερουσαλημ καὶ ὠχύρωσεν[9] αὐτὴν κυκλόθεν.[10]
11 καὶ ἀπέστειλεν Ιωναθαν τὸν τοῦ Αψαλωμου καὶ μετ᾽ αὐτοῦ δύναμιν ἱκανὴν[11] εἰς
Ιοππην, καὶ ἐξέβαλεν τοὺς ὄντας ἐν αὐτῇ καὶ ἔμεινεν[12] ἐκεῖ ἐν αὐτῇ.

Simon's Conflicts with Trypho

12 Καὶ ἀπῆρεν[13] Τρύφων ἀπὸ Πτολεμαίδος μετὰ δυνάμεως πολλῆς ἐλθεῖν εἰς γῆν
Ιουδα, καὶ Ιωναθαν μετ᾽ αὐτοῦ ἐν φυλακῇ. **13** Σιμων δὲ παρενέβαλεν[14] ἐν Αδιδοις
κατὰ πρόσωπον τοῦ πεδίου.[15] **14** καὶ ἐπέγνω Τρύφων ὅτι ἀνέστη Σιμων ἀντὶ[16] Ιωνα-
θου τοῦ ἀδελφοῦ αὐτοῦ καὶ ὅτι συνάπτειν[17] αὐτῷ μέλλει[18] πόλεμον,

καὶ ἀπέστειλεν πρὸς αὐτὸν πρέσβεις[19] λέγων **15** Περὶ ἀργυρίου,[20] οὗ ὤφειλεν[21]
Ιωναθαν ὁ ἀδελφός σου εἰς τὸ βασιλικὸν[22] δι᾽ ἃς εἶχεν χρείας,[23] συνέχομεν[24] αὐτόν·
16 καὶ νῦν ἀπόστειλον ἀργυρίου[25] τάλαντα[26] ἑκατὸν[27] καὶ δύο τῶν υἱῶν αὐτοῦ
ὅμηρα,[28] ὅπως μὴ ἀφεθεὶς ἀποστατήσῃ[29] ἀφ᾽ ἡμῶν, καὶ ἀφήσομεν αὐτόν.

17 καὶ ἔγνω Σιμων ὅτι δόλῳ[30] λαλοῦσιν πρὸς αὐτόν, καὶ πέμπει τοῦ λαβεῖν τὸ ἀργύριον[31]
καὶ τὰ παιδάρια,[32] μήποτε[33] ἔχθραν[34] ἄρῃ μεγάλην πρὸς τὸν λαὸν **18** λέγοντες Ὅτι
οὐκ ἀπέστειλα αὐτῷ τὸ ἀργύριον[35] καὶ τὰ παιδάρια,[36] ἀπώλετο. **19** καὶ ἀπέστειλεν τὰ
παιδάρια[37] καὶ τὰ ἑκατὸν[38] τάλαντα,[39] καὶ διεψεύσατο[40] καὶ οὐκ ἀφῆκεν τὸν Ιωναθαν.
20 καὶ μετὰ ταῦτα ἦλθεν Τρύφων τοῦ ἐμβατεῦσαι[41] εἰς τὴν χώραν[42] καὶ ἐκτρῖψαι[43]

1 ἀναζωπυρέω, *aor act ind 3s*, revive, rekindle
2 ἅμα, at once
3 ἡγέομαι, *pres mid ptc nom s m*, lead
4 ἀντί, in place of
5 πολεμιστής, warrior
6 ταχύνω, *aor act ind 3s*, hasten
7 τελέω, *aor act inf*, complete
8 τεῖχος, city wall
9 ὀχυρόω, *aor act ind 3s*, fortify
10 κυκλόθεν, all around
11 ἱκανός, sufficient, adequate
12 μένω, *aor act ind 3s*, remain
13 ἀπαίρω, *aor act ind 3s*, depart
14 παρεμβάλλω, *aor act ind 3s*, encamp
15 πεδίον, plain, field
16 ἀντί, in place of
17 συνάπτω, *pres act inf*, join together
18 μέλλω, *pres act ind 3s*, be about to
19 πρέσβυς, ambassador
20 ἀργύριον, money
21 ὀφείλω, *impf act ind 3s*, owe
22 βασιλικός, royal treasury
23 χρεία, office, duty
24 συνέχω, *pres act ind 1p*, detain
25 ἀργύριον, silver
26 τάλαντον, talent
27 ἑκατόν, hundred
28 ὅμηρος, hostage
29 ἀποστατέω, *aor act sub 3s*, revolt against
30 δόλος, deceit
31 ἀργύριον, silver
32 παιδάριον, young boy
33 μήποτε, lest
34 ἔχθρα, enmity
35 ἀργύριον, silver
36 παιδάριον, young boy
37 παιδάριον, young boy
38 ἑκατόν, hundred
39 τάλαντον, talent
40 διαψεύδομαι, *aor mid ind 3s*, deceive
41 ἐμβατεύω, *aor act inf*, enter into
42 χώρα, plain, field
43 ἐκτρίβω, *aor act inf*, destroy, wipe out

αὐτήν, καὶ ἐκύκλωσαν[1] ὁδὸν τὴν εἰς Αδωρα. καὶ Σιμων καὶ ἡ παρεμβολὴ[2] αὐτοῦ ἀντι-
παρῆγεν[3] αὐτῷ εἰς πάντα τόπον, οὗ ἂν ἐπορεύετο. **21** οἱ δὲ ἐκ τῆς ἄκρας[4] ἀπέστελλον
πρὸς Τρύφωνα πρεσβευτὰς[5] κατασπεύδοντας[6] αὐτὸν τοῦ ἐλθεῖν πρὸς αὐτοὺς διὰ τῆς
ἐρήμου καὶ ἀποστεῖλαι αὐτοῖς τροφάς.[7] **22** καὶ ἡτοίμασεν Τρύφων πᾶσαν τὴν ἵππον[8]
αὐτοῦ ἐλθεῖν, καὶ ἐν τῇ νυκτὶ ἐκείνῃ ἦν χιὼν[9] πολλὴ σφόδρα,[10] καὶ οὐκ ἦλθεν διὰ τὴν
χιόνα.[11] καὶ ἀπῆρεν[12] καὶ ἦλθεν εἰς τὴν Γαλααδῖτιν. **23** ὡς δὲ ἤγγισεν τῆς Βασκαμα,
ἀπέκτεινεν τὸν Ιωναθαν, καὶ ἐτάφη[13] ἐκεῖ. **24** καὶ ἐπέστρεψεν Τρύφων καὶ ἀπῆλθεν εἰς
τὴν γῆν αὐτοῦ.

Israel Mourns Jonathan

25 Καὶ ἀπέστειλεν Σιμων καὶ ἔλαβεν τὰ ὀστᾶ[14] Ιωναθου τοῦ ἀδελφοῦ αὐτοῦ καὶ
ἔθαψεν[15] αὐτὸν ἐν Μωδεϊν πόλει τῶν πατέρων αὐτοῦ. **26** καὶ ἐκόψαντο[16] αὐτὸν
πᾶς Ισραηλ κοπετὸν[17] μέγαν καὶ ἐπένθησαν[18] αὐτὸν ἡμέρας πολλάς. **27** καὶ ᾠκο-
δόμησεν Σιμων ἐπὶ τὸν τάφον[19] τοῦ πατρὸς αὐτοῦ καὶ τῶν ἀδελφῶν αὐτοῦ καὶ
ὕψωσεν[20] αὐτὸν τῇ ὁράσει[21] λίθῳ ξεστῷ[22] ἐκ τῶν ὄπισθεν[23] καὶ ἔμπροσθεν. **28** καὶ
ἔστησεν ἑπτὰ πυραμίδας,[24] μίαν κατέναντι[25] τῆς μιᾶς, τῷ πατρὶ καὶ τῇ μητρὶ καὶ τοῖς
τέσσαρσιν ἀδελφοῖς. **29** καὶ ταύταις ἐποίησεν μηχανήματα[26] περιθεὶς[27] στύλους[28]
μεγάλους καὶ ἐποίησεν ἐπὶ τοῖς στύλοις πανοπλίας[29] εἰς ὄνομα αἰώνιον καὶ παρὰ
ταῖς πανοπλίαις πλοῖα[30] ἐγγεγλυμμένα[31] εἰς τὸ θεωρεῖσθαι[32] ὑπὸ πάντων τῶν πλε-
όντων[33] τὴν θάλασσαν. **30** οὗτος ὁ τάφος,[34] ὃν ἐποίησεν ἐν Μωδεϊν, ἕως τῆς ἡμέρας
ταύτης.

1 κυκλόω, *aor act ind 3p*, surround
2 παρεμβολή, company
3 ἀντιπαράγω, *impf act ind 3s*, march against
4 ἄκρα, citadel, high place
5 πρεσβευτής, ambassador
6 κατασπεύδω, *pres act ptc acc p m*, urge, hasten
7 τροφή, provision
8 ἵππος, cavalry
9 χιών, snow
10 σφόδρα, very
11 χιών, snow
12 ἀπαίρω, *aor act ind 3s*, depart
13 θάπτω, *aor pas ind 3s*, bury
14 ὀστέον, bone
15 θάπτω, *aor act ind 3s*, bury
16 κόπτω, *aor mid ind 3p*, mourn
17 κοπετός, mourning
18 πενθέω, *aor act ind 3p*, grieve for
19 τάφος, tomb
20 ὑψόω, *aor act ind 3s*, lift up
21 ὅρασις, sight, appearance
22 ξεστός, hewn
23 ὄπισθε(ν), behind
24 πυραμίς, pyramid
25 κατέναντι, opposite
26 μηχάνημα, device, mechanism
27 περιτίθημι, *aor act ptc nom s m*, place around
28 στῦλος, pillar
29 πανοπλία, suit of armor
30 πλοῖον, ship
31 ἐγγλύφω, *perf pas ptc acc p n*, carve
32 θεωρέω, *pres pas inf*, see, behold
33 πλέω, *pres act ptc gen p m*, sail
34 τάφος, tomb

Judea Gains Independence

31 Ὁ δὲ Τρύφων ἐπορεύετο δόλῳ[1] μετὰ Ἀντιόχου τοῦ βασιλέως τοῦ νεωτέρου[2]
καὶ ἀπέκτεινεν αὐτὸν **32** καὶ ἐβασίλευσεν[3] ἀντ᾽[4] αὐτοῦ καὶ περιέθετο[5] τὸ διάδημα[6]
τῆς Ἀσίας καὶ ἐποίησεν πληγὴν[7] μεγάλην ἐπὶ τῆς γῆς. **33** καὶ ᾠκοδόμησεν Σιμων
τὰ ὀχυρώματα[8] τῆς Ιουδαίας καὶ περιετείχισεν[9] πύργοις[10] ὑψηλοῖς[11] καὶ τείχεσιν[12]
μεγάλοις καὶ πύλαις[13] καὶ μοχλοῖς[14] καὶ ἔθετο βρώματα[15] ἐν τοῖς ὀχυρώμασιν.[16]
34 καὶ ἐπέλεξεν[17] Σιμων ἄνδρας καὶ ἀπέστειλεν πρὸς Δημήτριον τὸν βασιλέα τοῦ
ποιῆσαι ἄφεσιν[18] τῇ χώρᾳ,[19] ὅτι πᾶσαι αἱ πράξεις[20] Τρύφωνος ἦσαν ἁρπαγαί.[21] **35** καὶ
ἀπέστειλεν αὐτῷ Δημήτριος ὁ βασιλεὺς κατὰ τοὺς λόγους τούτους καὶ ἀπεκρίθη
αὐτῷ καὶ ἔγραψεν αὐτῷ ἐπιστολὴν[22] τοιαύτην[23]

36 Βασιλεὺς Δημήτριος Σιμωνι ἀρχιερεῖ[24] καὶ φίλῳ[25] βασιλέων καὶ πρεσβυτέροις
καὶ ἔθνει Ιουδαίων χαίρειν.[26] **37** τὸν στέφανον[27] τὸν χρυσοῦν[28] καὶ τὴν βαΐνην,[29] ἣν
ἀπεστείλατε, κεκομίσμεθα[30] καὶ ἕτοιμοί[31] ἐσμεν τοῦ ποιεῖν ὑμῖν εἰρήνην μεγάλην καὶ
γράφειν τοῖς ἐπὶ τῶν χρειῶν[32] τοῦ ἀφιέναι ὑμῖν τὰ ἀφέματα.[33] **38** καὶ ὅσα ἐστήσαμεν
πρὸς ὑμᾶς, ἕστηκεν, καὶ τὰ ὀχυρώματα,[34] ἃ ᾠκοδομήσατε, ὑπαρχέτω ὑμῖν. **39** ἀφίεμεν
δὲ ἀγνοήματα[35] καὶ τὰ ἁμαρτήματα[36] ἕως τῆς σήμερον ἡμέρας καὶ τὸν στέφανον,[37]
ὃν ὠφείλετε,[38] καὶ εἴ τι ἄλλο ἐτελωνεῖτο[39] ἐν Ιερουσαλημ, μηκέτι[40] τελωνείσθω.[41]
40 καὶ εἴ τινες ἐπιτήδειοι[42] ὑμῶν γραφῆναι[43] εἰς τοὺς περὶ ἡμᾶς, ἐγγραφέσθωσαν,[44]
καὶ γινέσθω ἀνὰ μέσον[45] ἡμῶν εἰρήνη.

1 δόλος, deceit
2 νέος, *comp*, younger
3 βασιλεύω, *aor act ind 3s*, reign as king
4 ἀντί, in place of
5 περιτίθημι, *aor mid ind 3s*, put on
6 διάδημα, diadem
7 πληγή, harm, misfortune
8 ὀχύρωμα, fortress
9 περιτειχίζω, *aor act ind 3s*, enclose, fortify
10 πύργος, tower
11 ὑψηλός, high
12 τεῖχος, wall
13 πύλη, gate
14 μοχλός, bar, bolt (of a door)
15 βρῶμα, provision
16 ὀχύρωμα, fortress
17 ἐπιλέγω, *aor act ind 3s*, select
18 ἄφεσις, cancellation (of debt)
19 χώρα, territory
20 πρᾶξις, deed, action
21 ἁρπαγή, robbery
22 ἐπιστολή, letter
23 τοιοῦτος, such as this, (as follows)
24 ἀρχιερεύς, high priest
25 φίλος, friend
26 χαίρω, *pres act inf*, greetings
27 στέφανος, crown
28 χρυσοῦς, gold
29 βαΐνη, palm rod
30 κομίζω, *perf mid ind 1p*, receive
31 ἕτοιμος, prepared, ready
32 χρεία, business, affairs
33 ἄφεμα, tax, tribute
34 ὀχύρωμα, fortress
35 ἀγνόημα, oversight, mistake
36 ἁμάρτημα, sin, offense
37 στέφανος, (royal taxes)
38 ὀφείλω, *impf act ind 2p*, owe
39 τελωνέω, *impf pas ind 3s*, assess, pay
40 μηκέτι, no longer
41 τελωνέω, *pres pas impv 3s*, assess, pay
42 ἐπιτήδειος, suitable, deserving
43 γράφω, *aor pas inf*, enroll, record
44 ἐγγράφω, *pres pas impv 3p*, enroll
45 ἀνὰ μέσον, between

41 Ἔτους ἑβδομηκοστοῦ[1] καὶ ἑκατοστοῦ[2] ἤρθη ὁ ζυγὸς[3] τῶν ἐθνῶν ἀπὸ τοῦ Ισ-
ραηλ, **42** καὶ ἤρξατο ὁ λαὸς γράφειν ἐν ταῖς συγγραφαῖς[4] καὶ συναλλάγμασιν[5]
Ἔτους πρώτου ἐπὶ Σιμωνος ἀρχιερέως[6] μεγάλου καὶ στρατηγοῦ[7] καὶ ἡγουμένου[8]
Ιουδαίων.

Simon Captures Gazara

43 Ἐν ταῖς ἡμέραις ἐκείναις παρενέβαλεν[9] ἐπὶ Γαζαρα καὶ ἐκύκλωσεν[10] αὐτὴν
παρεμβολαῖς[11] καὶ ἐποίησεν ἑλεόπολιν[12] καὶ προσήγαγεν[13] τῇ πόλει καὶ ἐπάταξεν[14]
πύργον[15] ἕνα καὶ κατελάβετο.[16] **44** καὶ ἐξήλλοντο[17] οἱ ἐν τῇ ἑλεοπόλει[18] εἰς τὴν πόλιν,
καὶ ἐγένετο κίνημα[19] μέγα ἐν τῇ πόλει. **45** καὶ ἀνέβησαν οἱ ἐν τῇ πόλει σὺν γυναιξὶν
καὶ τοῖς τέκνοις ἐπὶ τὸ τεῖχος[20] διερρηχότες[21] τὰ ἱμάτια αὐτῶν καὶ ἐβόησαν[22] φωνῇ
μεγάλῃ ἀξιοῦντες[23] Σιμωνα δεξιὰς αὐτοῖς δοῦναι **46** καὶ εἶπαν Μὴ ἡμῖν χρήσῃ[24] κατὰ
τὰς πονηρίας[25] ἡμῶν, ἀλλὰ κατὰ τὸ ἔλεός[26] σου. **47** καὶ συνελύθη[27] αὐτοῖς Σιμων καὶ
οὐκ ἐπολέμησεν αὐτούς· καὶ ἐξέβαλεν αὐτοὺς ἐκ τῆς πόλεως, καὶ ἐκαθάρισεν τὰς
οἰκίας, ἐν αἷς ἦν τὰ εἴδωλα,[28] καὶ οὕτως εἰσῆλθεν εἰς αὐτὴν ὑμνῶν[29] καὶ εὐλογῶν.
48 καὶ ἐξέβαλεν ἐξ αὐτῆς πᾶσαν ἀκαθαρσίαν[30] καὶ κατῴκισεν[31] ἐν αὐτῇ ἄνδρας,
οἵτινες τὸν νόμον ποιήσωσιν, καὶ προσωχύρωσεν[32] αὐτὴν καὶ ᾠκοδόμησεν ἑαυτῷ
ἐν αὐτῇ οἴκησιν.[33]

Simon Regains Control of Jerusalem

49 Οἱ δὲ ἐκ τῆς ἄκρας[34] ἐν Ιερουσαλημ ἐκωλύοντο[35] ἐκπορεύεσθαι καὶ εἰσπορεύ-
εσθαι[36] εἰς τὴν χώραν[37] ἀγοράζειν[38] καὶ πωλεῖν[39] καὶ ἐπείνασαν[40] σφόδρα,[41] καὶ

1 ἑβδομηκοστός, seventieth
2 ἑκατοστός, hundredth
3 ζυγός, yoke
4 συγγραφή, document
5 συνάλλαγμα, contract
6 ἀρχιερεύς, high priest
7 στρατηγός, captain, commander
8 ἡγέομαι, *pres mid ptc gen s m*, lead
9 παρεμβάλλω, *aor act ind 3s*, encamp
10 κυκλόω, *aor act ind 3s*, encircle
11 παρεμβολή, camp
12 ἑλεόπολις, siege engine
13 προσάγω, *aor act ind 3s*, bring upon
14 πατάσσω, *aor act ind 3s*, strike, smite
15 πύργος, tower
16 καταλαμβάνω, *aor mid ind 3s*, lay hold of
17 ἐξάλλομαι, *impf mid ind 3p*, leap forth
18 ἑλεόπολις, siege engine
19 κίνημα, uproar
20 τεῖχος, city wall
21 διαρρήγνυμι, *perf act ptc nom p m*, tear, rend
22 βοάω, *aor act ind 3p*, cry out
23 ἀξιόω, *pres act ptc nom p m*, entreat
24 χράω, *aor mid sub 2s*, deal, treat
25 πονηρία, evil, iniquity
26 ἔλεος, mercy
27 συλλύω, *aor pas ind 3s*, reach a settlement
28 εἴδωλον, idol
29 ὑμνέω, *pres act ptc nom s m*, sing praises
30 ἀκαθαρσία, impurity
31 κατοικίζω, *aor act ind 3s*, dwell
32 προσοχυρόω, *aor act ind 3s*, strengthen
33 οἴκησις, habitation
34 ἄκρα, citadel, high place
35 κωλύω, *impf pas ind 3p*, hinder
36 εἰσπορεύομαι, *pres mid inf*, go in
37 χώρα, land, country
38 ἀγοράζω, *pres act inf*, buy
39 πωλέω, *pres act inf*, sell
40 πεινάω, *aor act ind 3p*, hunger
41 σφόδρα, very much

ἀπώλοντο ἐξ αὐτῶν ἱκανοὶ[1] τῷ λιμῷ.[2] **50** καὶ ἐβόησαν[3] πρὸς Σιμωνα δεξιὰς λαβεῖν,
καὶ ἔδωκεν αὐτοῖς· καὶ ἐξέβαλεν αὐτοὺς ἐκεῖθεν[4] καὶ ἐκαθάρισεν[5] τὴν ἄκραν[6] ἀπὸ
τῶν μιασμάτων.[7] **51** καὶ εἰσῆλθον εἰς αὐτὴν τῇ τρίτῃ καὶ εἰκάδι[8] τοῦ δευτέρου μηνὸς[9]
ἔτους πρώτου καὶ ἑβδομηκοστοῦ[10] καὶ ἑκατοστοῦ[11] μετὰ αἰνέσεως[12] καὶ βαΐων[13]
καὶ ἐν κινύραις[14] καὶ ἐν κυμβάλοις[15] καὶ ἐν νάβλαις[16] καὶ ἐν ὕμνοις[17] καὶ ἐν ᾠδαῖς,[18]
ὅτι συνετρίβη[19] ἐχθρὸς μέγας ἐξ Ισραηλ. **52** καὶ ἔστησεν κατ᾽ ἐνιαυτὸν[20] τοῦ ἄγειν
τὴν ἡμέραν ταύτην μετὰ εὐφροσύνης.[21] καὶ προσωχύρωσεν[22] τὸ ὄρος τοῦ ἱεροῦ τὸ
παρὰ τὴν ἄκραν·[23] καὶ ᾤκει[24] ἐκεῖ αὐτὸς καὶ οἱ παρ᾽ αὐτοῦ. **53** καὶ εἶδεν Σιμων τὸν
Ιωαννην υἱὸν αὐτοῦ ὅτι ἀνήρ ἐστιν, καὶ ἔθετο αὐτὸν ἡγούμενον[25] τῶν δυνάμεων
πασῶν· καὶ ᾤκει[26] ἐν Γαζαροις.

Demetrius Is Captured

14 Καὶ ἐν ἔτει δευτέρῳ καὶ ἑβδομηκοστῷ[27] καὶ ἑκατοστῷ[28] συνήγαγεν Δημήτριος
ὁ βασιλεὺς τὰς δυνάμεις αὐτοῦ καὶ ἐπορεύθη εἰς Μηδίαν τοῦ ἐπισπάσασθαι[29]
βοήθειαν[30] ἑαυτῷ, ὅπως πολεμήσῃ τὸν Τρύφωνα. **2** καὶ ἤκουσεν Ἀρσάκης ὁ βασι-
λεὺς τῆς Περσίδος καὶ Μηδίας ὅτι εἰσῆλθεν Δημήτριος εἰς τὰ ὅρια[31] αὐτοῦ, καὶ
ἀπέστειλεν ἕνα τῶν ἀρχόντων αὐτοῦ συλλαβεῖν αὐτὸν ζῶντα. **3** καὶ ἐπορεύθη καὶ
ἐπάταξεν[32] τὴν παρεμβολὴν[33] Δημητρίου καὶ συνέλαβεν[34] αὐτὸν καὶ ἤγαγεν αὐτὸν
πρὸς Ἀρσάκην, καὶ ἔθετο αὐτὸν ἐν φυλακῇ.

Praise for Simon

4 Καὶ ἡσύχασεν[35] ἡ γῆ Ιουδα πάσας τὰς ἡμέρας Σιμωνος,
καὶ ἐζήτησεν ἀγαθὰ τῷ ἔθνει αὐτοῦ,
καὶ ἤρεσεν[36] αὐτοῖς ἡ ἐξουσία[37] αὐτοῦ
καὶ ἡ δόξα αὐτοῦ πάσας τὰς ἡμέρας.

1 ἱκανός, many
2 λιμός, famine
3 βοάω, *aor act ind 3p*, cry out
4 ἐκεῖθεν, from there
5 καθαρίζω, *aor act ind 3s*, cleanse, purify
6 ἄκρα, citadel, high place
7 μίασμα, pollution, defilement
8 εἰκάς, twentieth
9 μήν, month
10 ἑβδομηκοστός, seventieth
11 ἑκατοστός, hundredth
12 αἴνεσις, praise
13 βάϊον, palm
14 κινύρα, stringed instrument, *Heb. LW*
15 κύμβαλον, cymbal
16 νάβλα, harp, *Heb. LW*
17 ὕμνος, hymn
18 ᾠδή, song, ode
19 συντρίβω, *aor pas ind 3s*, crush, shatter
20 ἐνιαυτός, year
21 εὐφροσύνη, joy, gladness
22 προσοχυρόω, *aor act ind 3s*, strengthen
23 ἄκρα, citadel, high place
24 οἰκέω, *impf act ind 3s*, live, dwell
25 ἡγέομαι, *pres mid ptc acc s m*, lead
26 οἰκέω, *impf act ind 3s*, live, dwell
27 ἑβδομηκοστός, seventieth
28 ἑκατοστός, hundredth
29 ἐπισπάω, *aor mid inf*, call in
30 βοήθεια, auxiliary forces
31 ὅριον, territory
32 πατάσσω, *aor act ind 3s*, strike, smite
33 παρεμβολή, company
34 συλλαμβάνω, *aor act ind 3s*, lay hold of, arrest
35 ἡσυχάζω, *aor act ind 3s*, be at rest
36 ἀρέσκω, *aor act ind 3s*, please
37 ἐξουσία, authority

5 καὶ μετὰ πάσης τῆς δόξης αὐτοῦ ἔλαβεν τὴν Ιοππην εἰς λιμένα[1]
καὶ ἐποίησεν εἴσοδον[2] ταῖς νήσοις[3] τῆς θαλάσσης.
6 καὶ ἐπλάτυνεν[4] τὰ ὅρια[5] τῷ ἔθνει αὐτοῦ
καὶ ἐκράτησεν[6] τῆς χώρας.[7]
7 καὶ συνήγαγεν αἰχμαλωσίαν[8] πολλὴν
καὶ ἐκυρίευσεν[9] Γαζαρων καὶ Βαιθσουρων καὶ τῆς ἄκρας·[10]
καὶ ἐξῆρεν[11] τὰς ἀκαθαρσίας[12] ἐξ αὐτῆς,
καὶ οὐκ ἦν ὁ ἀντικείμενος[13] αὐτῷ.
8 καὶ ἦσαν γεωργοῦντες[14] τὴν γῆν αὐτῶν μετ᾽ εἰρήνης,
καὶ ἡ γῆ ἐδίδου τὰ γενήματα[15] αὐτῆς
καὶ τὰ ξύλα[16] τῶν πεδίων[17] τὸν καρπὸν αὐτῶν.
9 πρεσβύτεροι ἐν ταῖς πλατείαις[18] ἐκάθηντο,
πάντες περὶ ἀγαθῶν ἐκοινολογοῦντο,[19]
καὶ οἱ νεανίσκοι[20] ἐνεδύσαντο[21] δόξας καὶ στολὰς[22] πολέμου.
10 ταῖς πόλεσιν ἐχορήγησεν[23] βρώματα[24]
καὶ ἔταξεν[25] αὐτὰς ἐν σκεύεσιν[26] ὀχυρώσεως,[27]
ἕως ὅτου ὠνομάσθη[28] τὸ ὄνομα τῆς δόξης αὐτοῦ ἕως ἄκρου[29] γῆς.
11 ἐποίησεν εἰρήνην ἐπὶ τῆς γῆς,
καὶ εὐφράνθη[30] Ισραηλ εὐφροσύνην[31] μεγάλην.
12 καὶ ἐκάθισεν ἕκαστος ὑπὸ τὴν ἄμπελον[32] αὐτοῦ καὶ τὴν συκῆν[33] αὐτοῦ,
καὶ οὐκ ἦν ὁ ἐκφοβῶν[34] αὐτούς.
13 καὶ ἐξέλιπεν[35] πολεμῶν αὐτοὺς ἐπὶ τῆς γῆς,
καὶ οἱ βασιλεῖς συνετρίβησαν[36] ἐν ταῖς ἡμέραις ἐκείναις.

1 λιμήν, harbor
2 εἴσοδος, entrance
3 νῆσος, island
4 πλατύνω, *aor act ind 3s*, enlarge
5 ὅριον, border
6 κρατέω, *aor act ind 3s*, take possession of
7 χώρα, land, territory
8 αἰχμαλωσία, band of captives
9 κυριεύω, *aor act ind 3s*, dominate
10 ἄκρα, citadel, high place
11 ἐξαίρω, *aor act ind 3s*, remove
12 ἀκαθαρσία, impurity
13 ἀντίκειμαι, *pres mid ptc nom s m*, resist, stand against
14 γεωργέω, *pres act ptc nom p m*, cultivate, farm
15 γένημα, produce
16 ξύλον, tree
17 πεδίον, field
18 πλατύς, broad (street)
19 κοινολογέομαι, *impf mid ind 3p*, converse, discuss
20 νεανίσκος, young man
21 ἐνδύω, *aor mid ind 3p*, put on, wear
22 στολή, garment
23 χορηγέω, *aor act ind 3s*, provide
24 βρῶμα, food, provision
25 τάσσω, *aor act ind 3s*, assign
26 σκεῦος, equipment
27 ὀχύρωσις, fortification
28 ὀνομάζω, *aor pas ind 3s*, name
29 ἄκρος, end, extremity
30 εὐφραίνω, *aor pas ind 3s*, rejoice
31 εὐφροσύνη, rejoicing
32 ἄμπελος, vine
33 συκῆ, fig tree
34 ἐκφοβέω, *pres act ptc nom s m*, frighten
35 ἐκλείπω, *aor act ind 3s*, cease
36 συντρίβω, *aor pas ind 3p*, crush, shatter

14 καὶ ἐστήρισεν[1] πάντας τοὺς ταπεινοὺς[2] τοῦ λαοῦ αὐτοῦ·
τὸν νόμον ἐξεζήτησεν[3] καὶ ἐξῆρεν[4] πάντα ἄνομον[5] καὶ πονηρόν·
15 τὰ ἅγια ἐδόξασεν
καὶ ἐπλήθυνεν[6] τὰ σκεύη[7] τῶν ἁγίων.

Diplomatic Relations with Rome and Sparta

16 Καὶ ἠκούσθη ἐν Ῥώμῃ ὅτι ἀπέθανεν Ιωναθαν καὶ ἕως Σπάρτης, καὶ ἐλυπήθησαν[8]
σφόδρα.[9] **17** ὡς δὲ ἤκουσαν ὅτι Σιμων ὁ ἀδελφὸς αὐτοῦ γέγονεν ἀρχιερεὺς[10] ἀντ᾽[11]
αὐτοῦ καὶ αὐτὸς ἐπικρατεῖ[12] τῆς χώρας[13] καὶ τῶν πόλεων τῶν ἐν αὐτῇ, **18** ἔγραψαν
πρὸς αὐτὸν δέλτοις[14] χαλκαῖς[15] τοῦ ἀνανεώσασθαι[16] πρὸς αὐτὸν φιλίαν[17] καὶ
συμμαχίαν,[18] ἣν ἔστησαν πρὸς Ιουδαν καὶ Ιωναθαν τοὺς ἀδελφοὺς αὐτοῦ. **19** καὶ
ἀνεγνώσθησαν[19] ἐνώπιον τῆς ἐκκλησίας ἐν Ιερουσαλημ.

20 καὶ τοῦτο τὸ ἀντίγραφον[20] τῶν ἐπιστολῶν,[21] ὧν ἀπέστειλαν οἱ Σπαρτιᾶται Σπαρ-
τιατῶν ἄρχοντες καὶ ἡ πόλις Σιμωνι ἱερεῖ μεγάλῳ καὶ τοῖς πρεσβυτέροις καὶ τοῖς
ἱερεῦσιν καὶ τῷ λοιπῷ δήμῳ[22] τῶν Ιουδαίων ἀδελφοῖς χαίρειν.[23] **21** οἱ πρεσβευταὶ[24]
οἱ ἀποσταλέντες πρὸς τὸν δῆμον[25] ἡμῶν ἀπήγγειλαν ἡμῖν περὶ τῆς δόξης ὑμῶν
καὶ τιμῆς,[26] καὶ ηὐφράνθημεν[27] ἐπὶ τῇ ἐφόδῳ[28] αὐτῶν. **22** καὶ ἀνεγράψαμεν[29] τὰ ὑπ᾽
αὐτῶν εἰρημένα[30] ἐν ταῖς βουλαῖς[31] τοῦ δήμου[32] οὕτως Νουμήνιος Ἀντιόχου καὶ
Ἀντίπατρος Ἰάσονος πρεσβευταὶ[33] Ιουδαίων ἦλθον πρὸς ἡμᾶς ἀνανεούμενοι[34] τὴν
πρὸς ἡμᾶς φιλίαν.[35] **23** καὶ ἤρεσεν[36] τῷ δήμῳ[37] ἐπιδέξασθαι[38] τοὺς ἄνδρας ἐνδόξως[39]
καὶ τοῦ θέσθαι τὸ ἀντίγραφον[40] τῶν λόγων αὐτῶν ἐν τοῖς ἀποδεδειγμένοις[41]

1 στηρίζω, *aor act ind 3s*, strengthen
2 ταπεινός, humble, afflicted
3 ἐκζητέω, *aor act ind 3s*, search out
4 ἐξαίρω, *aor act ind 3s*, remove
5 ἄνομος, evil, wicked
6 πληθύνω, *aor act ind 3s*, multiply
7 σκεῦος, vessel, object
8 λυπέω, *aor pas ind 3p*, grieve
9 σφόδρα, very much
10 ἀρχιερεύς, high priest
11 ἀντί, in place of
12 ἐπικρατέω, *pres act ind 3s*, hold power over
13 χώρα, land, territory
14 δέλτος, writing tablet
15 χαλκοῦς, bronze
16 ἀνανεόω, *aor mid inf*, renew
17 φιλία, friendship
18 συμμαχία, alliance
19 ἀναγινώσκω, *aor pas ind 3p*, read aloud
20 ἀντίγραφον, copy
21 ἐπιστολή, letter
22 δῆμος, citizens, people
23 χαίρω, *pres act inf*, greetings
24 πρεσβευτής, ambassador
25 δῆμος, district
26 τιμή, honor
27 εὐφραίνω, *aor pas ind 1p*, cheer
28 ἔφοδος, coming
29 ἀναγράφω, *aor act ind 1p*, inscribe, record
30 λέγω, *perf pas ptc acc p n*, say
31 βουλή, counsel
32 δῆμος, citizenry, people
33 πρεσβευτής, ambassador
34 ἀνανεόω, *pres mid ptc nom p m*, renew
35 φιλία, friendship
36 ἀρέσκω, *aor act ind 3s*, please
37 δῆμος, citizens, people
38 ἐπιδέχομαι, *aor mid inf*, receive
39 ἐνδόξως, honorably
40 ἀντίγραφον, copy
41 ἀποδείκνυμι, *perf pas ptc dat p n*, appoint, assign

τῷ δήμῳ[1] βιβλίοις τοῦ μνημόσυνον[2] ἔχειν τὸν δῆμον[3] τῶν Σπαρτιατῶν. τὸ δὲ ἀντί-
γραφον[4] τούτων ἔγραψαν Σιμωνι τῷ ἀρχιερεῖ.[5]

24 Μετὰ ταῦτα ἀπέστειλεν Σιμων τὸν Νουμήνιον εἰς Ῥώμην ἔχοντα ἀσπίδα[6] χρυ-
σῆν[7] μεγάλην ὁλκὴν[8] μνῶν[9] χιλίων[10] εἰς τὸ στῆσαι πρὸς αὐτοὺς τὴν συμμαχίαν.[11]

Official Honors for Simon

25 Ὡς δὲ ἤκουσεν ὁ δῆμος[12] τῶν λόγων τούτων, εἶπαν Τίνα χάριν ἀποδώσομεν
Σιμωνι καὶ τοῖς υἱοῖς αὐτοῦ; **26** ἐστήρισεν[13] γὰρ αὐτὸς καὶ οἱ ἀδελφοὶ αὐτοῦ καὶ
ὁ οἶκος τοῦ πατρὸς αὐτοῦ καὶ ἐπολέμησεν τοὺς ἐχθροὺς Ισραηλ ἀπ᾽ αὐτῶν καὶ
ἔστησαν αὐτῷ ἐλευθερίαν.[14] καὶ κατέγραψαν[15] ἐν δέλτοις[16] χαλκαῖς[17] καὶ ἔθεντο ἐν
στήλαις[18] ἐν ὄρει Σιων.

27 καὶ τοῦτο τὸ ἀντίγραφον[19] τῆς γραφῆς Ὀκτωκαιδεκάτη[20] Ελουλ ἔτους δευτέρου
καὶ ἑβδομηκοστοῦ[21] καὶ ἑκατοστοῦ[22] — καὶ τοῦτο τρίτον ἔτος ἐπὶ Σιμωνος ἀρχι-
ερέως[23] μεγάλου ἐν ασαραμελ[24] — **28** ἐπὶ συναγωγῆς μεγάλης ἱερέων καὶ λαοῦ καὶ
ἀρχόντων ἔθνους καὶ τῶν πρεσβυτέρων τῆς χώρας[25] ἐγνώρισεν[26] ἡμῖν· **29** ἐπεὶ[27]
πολλάκις[28] ἐγενήθησαν πόλεμοι ἐν τῇ χώρᾳ,[29] Σιμων δὲ υἱὸς Ματταθιου ἱερεὺς τῶν
υἱῶν Ιωαριβ καὶ οἱ ἀδελφοὶ αὐτοῦ ἔδωκαν αὐτοὺς τῷ κινδύνῳ[30] καὶ ἀντέστησαν[31]
τοῖς ὑπεναντίοις[32] τοῦ ἔθνους αὐτῶν, ὅπως σταθῇ τὰ ἅγια αὐτῶν καὶ ὁ νόμος,
καὶ δόξῃ μεγάλῃ ἐδόξασαν τὸ ἔθνος αὐτῶν. **30** καὶ ἤθροισεν[33] Ιωναθαν τὸ ἔθνος
αὐτῶν καὶ ἐγενήθη αὐτοῖς ἀρχιερεὺς[34] καὶ προσετέθη[35] πρὸς τὸν λαὸν αὐτοῦ, **31** καὶ
ἐβουλήθησαν οἱ ἐχθροὶ αὐτῶν ἐμβατεῦσαι[36] εἰς τὴν χώραν[37] αὐτῶν καὶ ἐκτεῖναι[38]
χεῖρας ἐπὶ τὰ ἅγια αὐτῶν· **32** τότε ἀντέστη[39] Σιμων καὶ ἐπολέμησε περὶ τοῦ ἔθνους

1 δῆμος, district
2 μνημόσυνον, remembrance
3 δῆμος, citizens, people
4 ἀντίγραφον, copy
5 ἀρχιερεύς, high priest
6 ἀσπίς, shield
7 χρυσοῦς, gold
8 ὁλκή, weight
9 μνᾶ, mina
10 χίλιοι, thousand
11 συμμαχία, alliance
12 δῆμος, citizens, people
13 στηρίζω, *aor act ind 3s*, stand firm
14 ἐλευθερία, freedom
15 καταγράφω, *aor act ind 3p*, inscribe, record
16 δέλτος, writing tablet
17 χαλκοῦς, bronze
18 στήλη, pillar
19 ἀντίγραφον, copy
20 ὀκτωκαιδέκατος, eighteenth
21 ἑβδομηκοστός, seventieth
22 ἑκατοστός, hundredth
23 ἀρχιερεύς, high priest
24 ασαραμελ, court of God's people?, *translit.*
25 χώρα, country
26 γνωρίζω, *aor act ind 3s*, make known
27 ἐπεί, because, since
28 πολλάκις, many times
29 χώρα, land
30 κίνδυνος, danger, distress
31 ἀνθίστημι, *aor act ind 3p*, resist, stand against
32 ὑπεναντίος, enemy
33 ἀθροίζω, *aor act ind 3s*, gather together
34 ἀρχιερεύς, high priest
35 προστίθημι, *aor pas ind 3s*, add to
36 ἐμβατεύω, *aor act inf*, march into
37 χώρα, land
38 ἐκτείνω, *aor act inf*, stretch forth
39 ἀνθίστημι, *aor act ind 3s*, resist, stand against

αὐτοῦ καὶ ἐδαπάνησεν[1] χρήματα[2] πολλὰ τῶν ἑαυτοῦ καὶ ὁπλοδότησεν[3] τοὺς ἄνδρας
τῆς δυνάμεως τοῦ ἔθνους αὐτοῦ καὶ ἔδωκεν αὐτοῖς ὀψώνια[4] **33** καὶ ὠχύρωσεν[5] τὰς
πόλεις τῆς Ιουδαίας καὶ τὴν Βαιθσουραν τὴν ἐπὶ τῶν ὁρίων[6] τῆς Ιουδαίας, οὗ ἦν τὰ
ὅπλα[7] τῶν πολεμίων[8] τὸ πρότερον,[9] καὶ ἔθετο ἐκεῖ φρουρὰν[10] ἄνδρας Ιουδαίους.
34 καὶ Ιοππην ὠχύρωσεν[11] τὴν ἐπὶ τῆς θαλάσσης καὶ τὴν Γαζαραν τὴν ἐπὶ τῶν ὁρίων[12]
Ἀζώτου, ἐν ᾗ ᾤκουν[13] οἱ πολέμιοι[14] τὸ πρότερον,[15] καὶ κατῴκισεν[16] ἐκεῖ Ιουδαίους,
καὶ ὅσα ἐπιτήδεια[17] ἦν πρὸς τῇ τούτων ἐπανορθώσει,[18] ἔθετο ἐν αὐτοῖς.

35 καὶ εἶδεν ὁ λαὸς τὴν πίστιν τοῦ Σιμωνος καὶ τὴν δόξαν, ἣν ἐβουλεύσατο[19] ποιῆσαι
τῷ ἔθνει αὐτοῦ, καὶ ἔθεντο αὐτὸν ἡγούμενον[20] αὐτῶν καὶ ἀρχιερέα[21] διὰ τὸ αὐτὸν
πεποιηκέναι πάντα ταῦτα καὶ τὴν δικαιοσύνην καὶ τὴν πίστιν, ἣν συνετήρησεν[22]
τῷ ἔθνει αὐτοῦ, καὶ ἐξεζήτησεν[23] παντὶ τρόπῳ ὑψῶσαι[24] τὸν λαὸν αὐτοῦ. **36** καὶ
ἐν ταῖς ἡμέραις αὐτοῦ εὐοδώθη[25] ἐν ταῖς χερσὶν αὐτοῦ τοῦ ἐξαρθῆναι[26] τὰ ἔθνη ἐκ
τῆς χώρας[27] αὐτῶν καὶ τοὺς ἐν τῇ πόλει Δαυιδ τοὺς ἐν Ιερουσαλημ, οἳ ἐποίησαν
αὐτοῖς ἄκραν,[28] ἐξ ἧς ἐξεπορεύοντο καὶ ἐμίαινον[29] κύκλῳ[30] τῶν ἁγίων καὶ ἐποίουν
πληγὴν[31] μεγάλην ἐν τῇ ἁγνείᾳ.[32] **37** καὶ κατῴκισεν[33] ἐν αὐτῇ ἄνδρας Ιουδαίους καὶ
ὠχύρωσεν[34] αὐτὴν πρὸς ἀσφάλειαν[35] τῆς χώρας[36] καὶ τῆς πόλεως καὶ ὕψωσεν[37] τὰ
τείχη[38] τῆς Ιερουσαλημ.

38 καὶ ὁ βασιλεὺς Δημήτριος ἔστησεν αὐτῷ τὴν ἀρχιερωσύνην[39] κατὰ ταῦτα **39** καὶ
ἐποίησεν αὐτὸν τῶν φίλων[40] αὐτοῦ καὶ ἐδόξασεν αὐτὸν δόξῃ μεγάλῃ. **40** ἤκουσεν
γὰρ ὅτι προσηγόρευνται[41] οἱ Ιουδαῖοι ὑπὸ Ῥωμαίων φίλοι[42] καὶ σύμμαχοι[43] καὶ
ἀδελφοί, καὶ ὅτι ἀπήντησαν[44] τοῖς πρεσβευταῖς[45] Σιμωνος ἐνδόξως,[46] **41** καὶ ὅτι οἱ

1 δαπανάω, *aor act ind 3s*, spend
2 χρῆμα, money, wealth
3 ὁπλοδοτέω, *aor act ind 3s*, provide with weapons
4 ὀψώνιον, wages
5 ὀχυρόω, *aor act ind 3s*, fortify
6 ὅριον, border
7 ὅπλον, weapon, armor
8 πολέμιος, enemy
9 πρότερος, formerly, before
10 φρουρά, garrison
11 ὀχυρόω, *aor act ind 3s*, fortify
12 ὅριον, border
13 οἰκέω, *impf act ind 3p*, live, dwell
14 πολέμιος, enemy
15 πρότερος, formerly, before
16 κατοικίζω, *aor act ind 3s*, settle
17 ἐπιτήδειος, suitable, useful
18 ἐπανόρθωσις, restoration
19 βουλεύω, *aor mid ind 3s*, determine, resolve
20 ἡγέομαι, *pres mid ptc acc s m*, lead
21 ἀρχιερεύς, high priest
22 συντηρέω, *aor act ind 3s*, preserve
23 ἐκζητέω, *aor act ind 3s*, seek out
24 ὑψόω, *aor act inf*, raise up
25 εὐοδόω, *aor pas ind 3s*, prosper
26 ἐξαίρω, *aor pas inf*, remove
27 χώρα, land, country
28 ἄκρα, citadel, high place
29 μιαίνω, *impf act ind 3p*, pollute
30 κύκλῳ, all around
31 πληγή, harm, misfortune
32 ἁγνεία, purity
33 κατοικίζω, *aor act ind 3s*, settle
34 ὀχυρόω, *aor act ind 3s*, fortify
35 ἀσφάλεια, security
36 χώρα, land
37 ὑψόω, *aor act ind 3s*, elevate, raise up
38 τεῖχος, city wall
39 ἀρχιερωσύνη, high priesthood
40 φίλος, friend
41 προσαγορεύω, *perf pas ind 3p*, designate
42 φίλος, friend
43 σύμμαχος, ally
44 ἀπαντάω, *aor act ind 3p*, meet
45 πρεσβευτής, ambassador
46 ἐνδόξως, honorably

Ιουδαῖοι καὶ οἱ ἱερεῖς εὐδόκησαν[1] τοῦ εἶναι αὐτῶν Σιμωνα ἡγούμενον[2] καὶ ἀρχιερέα[3]
εἰς τὸν αἰῶνα ἕως τοῦ ἀναστῆναι προφήτην πιστὸν[4] **42** καὶ τοῦ εἶναι ἐπ᾽ αὐτῶν
στρατηγόν,[5] καὶ ὅπως μέλῃ[6] αὐτῷ περὶ τῶν ἁγίων καθιστάναι[7] δι᾽ αὐτοῦ ἐπὶ τῶν
ἔργων αὐτῶν καὶ ἐπὶ τῆς χώρας[8] καὶ ἐπὶ τῶν ὅπλων[9] καὶ ἐπὶ τῶν ὀχυρωμάτων,[10]
43 καὶ ὅπως μέλῃ[11] αὐτῷ περὶ τῶν ἁγίων, καὶ ὅπως ἀκούηται ὑπὸ πάντων, καὶ
ὅπως γράφωνται ἐπὶ τῷ ὀνόματι αὐτοῦ πᾶσαι συγγραφαὶ[12] ἐν τῇ χώρᾳ,[13] καὶ ὅπως
περιβάλληται[14] πορφύραν[15] καὶ χρυσοφορῇ·[16]

44 καὶ οὐκ ἐξέσται[17] οὐθενὶ[18] τοῦ λαοῦ καὶ τῶν ἱερέων ἀθετῆσαί[19] τι τούτων καὶ
ἀντειπεῖν[20] τοῖς ὑπ᾽ αὐτοῦ ῥηθησομένοις[21] καὶ ἐπισυστρέψαι[22] συστροφὴν[23] ἐν τῇ
χώρᾳ[24] ἄνευ[25] αὐτοῦ καὶ περιβάλλεσθαι[26] πορφύραν[27] καὶ ἐμπορποῦσθαι[28] πόρπην[29]
χρυσῆν·[30] **45** ὃς δ᾽ ἂν παρὰ ταῦτα ποιήσῃ ἢ ἀθετήσῃ[31] τι τούτων, ἔνοχος[32] ἔσται.

Simon Appointed High Priest and Commander

46 καὶ εὐδόκησεν[33] πᾶς ὁ λαὸς θέσθαι Σιμωνι ποιῆσαι κατὰ τοὺς λόγους τούτους.
47 καὶ ἐπεδέξατο[34] Σιμων καὶ εὐδόκησεν[35] ἀρχιερατεύειν[36] καὶ εἶναι στρατηγὸς[37]
καὶ ἐθνάρχης[38] τῶν Ιουδαίων καὶ ἱερέων καὶ τοῦ προστατῆσαι[39] πάντων. **48** καὶ
τὴν γραφὴν ταύτην εἶπον θέσθαι ἐν δέλτοις[40] χαλκαῖς[41] καὶ στῆσαι αὐτὰς ἐν περι-
βόλῳ[42] τῶν ἁγίων ἐν τόπῳ ἐπισήμῳ,[43] **49** τὰ δὲ ἀντίγραφα[44] αὐτῶν θέσθαι ἐν τῷ
γαζοφυλακίῳ,[45] ὅπως ἔχῃ Σιμων καὶ οἱ υἱοὶ αὐτοῦ.

1 εὐδοκέω, *aor act ind 3p*, consent, be pleased
2 ἡγέομαι, *pres mid ptc acc s m*, lead
3 ἀρχιερεύς, high priest
4 πιστός, trustworthy
5 στρατηγός, captain, commander
6 μέλω, *pres act sub 3s*, place under consideration
7 καθίστημι, *pres act inf*, appoint
8 χώρα, land, country
9 ὅπλον, army
10 ὀχύρωμα, fortress
11 μέλω, *pres act sub 3s*, place under consideration
12 συγγραφή, document, contract
13 χώρα, country
14 περιβάλλω, *pres pas sub 3s*, clothe
15 πορφύρα, purple
16 χρυσοφορέω, *pres act sub 3s*, wear gold
17 ἔξειμι, *fut mid ind 3s*, come forth
18 οὐθείς, no one
19 ἀθετέω, *aor act inf*, reject, nullify
20 ἀντιλέγω, *aor act inf*, dispute
21 λέγω, *fut pas ptc dat p m*, speak, say
22 ἐπισυστρέφω, *aor act inf*, collect together
23 συστροφή, conspiracy
24 χώρα, land, country
25 ἄνευ, without
26 περιβάλλω, *pres pas inf*, clothe
27 πορφύρα, purple
28 ἐμπορπόω, *pres mid inf*, fasten with a brooch
29 πόρπη, brooch
30 χρυσοῦς, gold
31 ἀθετέω, *aor act sub 3s*, reject, nullify
32 ἔνοχος, guilty
33 εὐδοκέω, *aor act ind 3s*, be pleased
34 ἐπιδέχομαι, *aor mid ind 3s*, accept
35 εὐδοκέω, *aor act ind 3s*, be pleased
36 ἀρχιερατεύω, *pres act inf*, serve as high priest
37 στρατηγός, captain, commander
38 ἐθνάρχης, ethnarch
39 προστατέω, *aor act inf*, be in charge
40 δέλτος, writing tablet
41 χαλκοῦς, bronze
42 περίβολος, enclosing wall
43 ἐπίσημος, conspicuous
44 ἀντίγραφον, copy
45 γαζοφυλάκιον, treasury

Antiochus VII Writes to Simon

15 Καὶ ἀπέστειλεν Ἀντίοχος υἱὸς Δημητρίου τοῦ βασιλέως ἐπιστολὰς[1] ἀπὸ
τῶν νήσων[2] τῆς θαλάσσης Σιμωνι ἱερεῖ καὶ ἐθνάρχῃ[3] τῶν Ιουδαίων καὶ
παντὶ τῷ ἔθνει, **2** καὶ ἦσαν περιέχουσαι[4] τὸν τρόπον[5] τοῦτον Βασιλεὺς Ἀντίοχος
Σίμωνι ἱερεῖ μεγάλῳ καὶ ἐθνάρχῃ[6] καὶ ἔθνει Ιουδαίων χαίρειν.[7] **3** ἐπεί[8] τινες λοιμοὶ[9]
κατεκράτησαν[10] τῆς βασιλείας τῶν πατέρων ἡμῶν, βούλομαι δὲ ἀντιποιήσασθαι[11]
τῆς βασιλείας, ὅπως ἀποκαταστήσω[12] αὐτὴν ὡς ἦν τὸ πρότερον,[13] ἐξενολόγησα[14] δὲ
πλῆθος δυνάμεων καὶ κατεσκεύασα[15] πλοῖα[16] πολεμικά,[17] **4** βούλομαι δὲ ἐκβῆναι[18]
κατὰ τὴν χώραν,[19] ὅπως μετέλθω[20] τοὺς κατεφθαρκότας[21] τὴν χώραν ἡμῶν καὶ τοὺς
ἠρημωκότας[22] πόλεις πολλὰς ἐν τῇ βασιλείᾳ μου, **5** νῦν οὖν ἵστημί σοι πάντα τὰ
ἀφέματα,[23] ἃ ἀφῆκάν σοι οἱ πρὸ ἐμοῦ βασιλεῖς, καὶ ὅσα ἄλλα δόματα[24] ἀφῆκάν σοι.
6 καὶ ἐπέτρεψά[25] σοι ποιῆσαι κόμμα[26] ἴδιον,[27] νόμισμα[28] τῇ χώρᾳ[29] σου, **7** Ιερουσαλημ
δὲ καὶ τὰ ἅγια εἶναι ἐλεύθερα·[30] καὶ πάντα τὰ ὅπλα,[31] ὅσα κατεσκεύασας,[32] καὶ
τὰ ὀχυρώματα,[33] ἃ ᾠκοδόμησας, ὧν κρατεῖς, μενέτω[34] σοι. **8** καὶ πᾶν ὀφείλημα[35]
βασιλικὸν[36] καὶ τὰ ἐσόμενα βασιλικὰ[37] ἀπὸ τοῦ νῦν καὶ εἰς τὸν ἅπαντα[38] χρόνον
ἀφιέσθω σοι· **9** ὡς δ᾽ ἂν κρατήσωμεν τῆς βασιλείας ἡμῶν, δοξάσομέν σε καὶ τὸ
ἔθνος σου καὶ τὸ ἱερὸν δόξῃ μεγάλῃ ὥστε φανερὰν[39] γενέσθαι τὴν δόξαν ὑμῶν ἐν
πάσῃ τῇ γῇ.

10 Ἔτους τετάρτου[40] καὶ ἑβδομηκοστοῦ[41] καὶ ἑκατοστοῦ[42] ἐξῆλθεν Ἀντίοχος εἰς τὴν
γῆν τῶν πατέρων αὐτοῦ, καὶ συνῆλθον πρὸς αὐτὸν πᾶσαι αἱ δυνάμεις ὥστε ὀλίγους[43]
εἶναι σὺν Τρύφωνι. **11** καὶ ἐδίωξεν αὐτὸν Ἀντίοχος, καὶ ἦλθεν εἰς Δωρα φεύγων[44]

1 ἐπιστολή, letter
2 νῆσος, island
3 ἐθνάρχης, ethnarch
4 περιέχω, *pres act ptc nom p f*, contain
5 τὸν τρόπον, like
6 ἐθνάρχης, ethnarch
7 χαίρω, *pres act inf*, greetings
8 ἐπεί, given that, because
9 λοιμός, pestilent
10 κατακρατέω, *aor act ind 3p*, obtain control
11 ἀντιποιέομαι, *aor mid inf*, lay claim to
12 ἀποκαθίστημι, *aor act sub 1s*, restore
13 πρότερος, formerly
14 ξενολογέω, *aor act ind 1s*, enlist mercenaries
15 κατασκευάζω, *aor act ind 1s*, construct
16 πλοῖον, ship
17 πολεμικός, for war
18 ἐκβαίνω, *aor act inf*, depart from
19 χώρα, country
20 μετέρχομαι, *aor act sub 1s*, pursue
21 καταφθείρω, *perf act ptc acc p m*, corrupt
22 ἐρημόω, *perf act ptc acc p m*, desolate, lay waste
23 ἄφεμα, remission of tribute
24 δόμα, gift
25 ἐπιτρέπω, *aor act ind 1s*, permit to
26 κόμμα, stamp
27 ἴδιος, one's own
28 νόμισμα, coin
29 χώρα, country
30 ἐλεύθερος, free
31 ὅπλον, weapon, armor
32 κατασκευάζω, *aor act ind 2s*, fabricate
33 ὀχύρωμα, fortress
34 μένω, *pres act impv 3s*, remain
35 ὀφείλημα, debt
36 βασιλικός, royal
37 βασιλικός, royal revenue
38 ἅπας, all
39 φανερός, manifest
40 τέταρτος, fourth
41 ἑβδομηκοστός, seventieth
42 ἑκατοστός, hundredth
43 ὀλίγος, few
44 φεύγω, *pres act ptc nom s m*, flee

τὴν ἐπὶ θαλάσσης· **12** ᾔδει[1] γὰρ ὅτι ἐπισυνῆκται[2] ἐπ᾽ αὐτὸν τὰ κακά, καὶ ἀφῆκαν
αὐτὸν αἱ δυνάμεις. **13** καὶ παρενέβαλεν[3] Ἀντίοχος ἐπὶ Δωρα, καὶ σὺν αὐτῷ δώδεκα[4]
μυριάδες[5] ἀνδρῶν πολεμιστῶν[6] καὶ ὀκτακισχιλία[7] ἵππος.[8] **14** καὶ ἐκύκλωσεν[9] τὴν
πόλιν, καὶ τὰ πλοῖα[10] ἀπὸ θαλάσσης συνῆψαν,[11] καὶ ἔθλιβε[12] τὴν πόλιν ἀπὸ τῆς γῆς
καὶ τῆς θαλάσσης, καὶ οὐκ εἴασεν[13] οὐδένα ἐκπορεύεσθαι οὐδὲ εἰσπορεύεσθαι.[14]

Rome Supports the Jews

15 Καὶ ἦλθεν Νουμήνιος καὶ οἱ παρ᾽ αὐτοῦ ἐκ Ῥώμης ἔχοντες ἐπιστολὰς[15] τοῖς βασι-
λεῦσιν καὶ ταῖς χώραις,[16] ἐν αἷς ἐγέγραπτο τάδε[17]

16 Λεύκιος ὕπατος[18] Ῥωμαίων Πτολεμαίῳ βασιλεῖ χαίρειν.[19] **17** οἱ πρεσβευταὶ[20] τῶν
Ιουδαίων ἦλθον πρὸς ἡμᾶς φίλοι[21] ἡμῶν καὶ σύμμαχοι[22] ἀνανεούμενοι[23] τὴν ἐξ ἀρχῆς
φιλίαν[24] καὶ συμμαχίαν[25] ἀπεσταλμένοι ἀπὸ Σιμωνος τοῦ ἀρχιερέως[26] καὶ τοῦ δήμου[27]
τῶν Ιουδαίων, **18** ἤνεγκαν δὲ ἀσπίδα[28] χρυσῆν[29] ἀπὸ μνῶν[30] χιλίων.[31] **19** ἤρεσεν[32] οὖν
ἡμῖν γράψαι τοῖς βασιλεῦσιν καὶ ταῖς χώραις[33] ὅπως μὴ ἐκζητήσωσιν[34] αὐτοῖς κακὰ
καὶ μὴ πολεμήσωσιν αὐτοὺς καὶ τὰς πόλεις αὐτῶν καὶ τὴν χώραν αὐτῶν καὶ ἵνα μὴ
συμμαχῶσιν[35] τοῖς πολεμοῦσιν πρὸς αὐτούς. **20** ἔδοξεν[36] δὲ ἡμῖν δέξασθαι[37] τὴν
ἀσπίδα[38] παρ᾽ αὐτῶν. **21** εἴ τινες οὖν λοιμοὶ[39] διαπεφεύγασιν[40] ἐκ τῆς χώρας[41] αὐτῶν
πρὸς ὑμᾶς, παράδοτε αὐτοὺς Σιμωνι τῷ ἀρχιερεῖ,[42] ὅπως ἐκδικήσῃ[43] αὐτοὺς κατὰ
τὸν νόμον αὐτῶν.

22 Καὶ ταὐτὰ ἔγραψεν Δημητρίῳ τῷ βασιλεῖ καὶ Ἀττάλῳ καὶ Ἀριαράθῃ καὶ Ἀρσάκῃ
23 καὶ εἰς πάσας τὰς χώρας[44] καὶ Σαμψάμῃ καὶ Σπαρτιάταις καὶ εἰς Δῆλον καὶ εἰς

1 οἶδα, *plpf act ind 3s*, know
2 ἐπισυνάγω, *perf pas ind 3s*, gather together
3 παρεμβάλλω, *aor act ind 3s*, encamp
4 δώδεκα, twelve
5 μυριάς, thousand
6 πολεμιστής, warrior
7 ὀκτακισχίλιοι, eight thousand
8 ἵππος, cavalry
9 κυκλόω, *aor act ind 3s*, surround
10 πλοῖον, ship
11 συνάπτω, *aor act ind 3p*, join together
12 θλίβω, *impf act ind 3s*, press upon
13 ἐάω, *aor act ind 3s*, allow
14 εἰσπορεύομαι, *pres mid inf*, go in
15 ἐπιστολή, letter
16 χώρα, territory
17 ὅδε, this
18 ὕπατος, official, consul
19 χαίρω, *pres act inf*, greetings
20 πρεσβευτής, ambassador
21 φίλος, friend
22 σύμμαχος, ally
23 ἀνανεόω, *pres mid ptc nom p m*, renew
24 φιλία, friendship
25 συμμαχία, alliance
26 ἀρχιερεύς, high priest
27 δῆμος, citizens, people
28 ἀσπίς, shield
29 χρυσοῦς, gold
30 μνᾶ, mina
31 χίλιοι, thousand
32 ἀρέσκω, *aor act ind 3s*, be pleasing
33 χώρα, territory
34 ἐκζητέω, *aor act sub 3p*, seek out
35 συμμαχέω, *pres act sub 3p*, fight on the side of
36 δοκέω, *aor act ind 3s*, seem good
37 δέχομαι, *aor mid inf*, accept
38 ἀσπίς, shield
39 λοιμός, pestilent
40 διαφεύγω, *perf act ind 3p*, escape
41 χώρα, land
42 ἀρχιερεύς, high priest
43 ἐκδικέω, *aor act sub 3s*, punish
44 χώρα, territory

Μύνδον καὶ εἰς Σικυῶνα καὶ εἰς τὴν Καρίαν καὶ εἰς Σάμον καὶ εἰς τὴν Παμφυλίαν
καὶ εἰς Λυκίαν καὶ εἰς Ἁλικαρνασσὸν καὶ εἰς Ῥόδον καὶ εἰς Φασηλίδα καὶ εἰς Κῶ καὶ
εἰς Σίδην καὶ εἰς Ἄραδον καὶ Γόρτυναν καὶ Κνίδον καὶ Κύπρον καὶ Κυρήνην. **24** τὸ
δὲ ἀντίγραφον[1] τούτων ἔγραψαν Σιμωνι τῷ ἀρχιερεῖ.[2]

Antiochus VII Breaks with Simon

25 Ἀντίοχος δὲ ὁ βασιλεὺς παρενέβαλεν[3] ἐπὶ Δωρα ἐν τῇ δευτέρᾳ προσάγων[4]
διὰ παντὸς αὐτῇ τὰς χεῖρας καὶ μηχανὰς[5] ποιούμενος καὶ συνέκλεισεν[6] τὸν Τρύ-
φωνα τοῦ ἐκπορεύεσθαι καὶ εἰσπορεύεσθαι.[7] **26** καὶ ἀπέστειλεν αὐτῷ Σιμων δισχι-
λίους[8] ἄνδρας ἐκλεκτοὺς[9] συμμαχῆσαι[10] αὐτῷ καὶ ἀργύριον[11] καὶ χρυσίον[12] καὶ
σκεύη[13] ἱκανά.[14] **27** καὶ οὐκ ἠβούλετο αὐτὰ δέξασθαι,[15] ἀλλὰ ἠθέτησεν[16] πάντα,
ὅσα συνέθετο[17] αὐτῷ τὸ πρότερον,[18] καὶ ἠλλοτριοῦτο[19] αὐτῷ. **28** καὶ ἀπέστειλεν
πρὸς αὐτὸν Ἀθηνόβιον ἕνα τῶν φίλων[20] αὐτοῦ κοινολογησόμενον[21] αὐτῷ λέγων
Ὑμεῖς κατακρατεῖτε[22] τῆς Ιοππης καὶ Γαζαρων καὶ τῆς ἄκρας[23] τῆς ἐν Ιερουσαλημ,
πόλεις τῆς βασιλείας μου. **29** τὰ ὅρια[24] αὐτῶν ἠρημώσατε[25] καὶ ἐποιήσατε πληγὴν[26]
μεγάλην ἐπὶ τῆς γῆς καὶ ἐκυριεύσατε[27] τόπων πολλῶν ἐν τῇ βασιλείᾳ μου. **30** νῦν
οὖν παράδοτε τὰς πόλεις, ἃς κατελάβεσθε,[28] καὶ τοὺς φόρους[29] τῶν τόπων, ὧν
κατεκυριεύσατε[30] ἐκτὸς[31] τῶν ὁρίων[32] τῆς Ιουδαίας. **31** εἰ δὲ μή, δότε ἀντ᾽[33] αὐτῶν
πεντακόσια[34] τάλαντα[35] ἀργυρίου[36] καὶ τῆς καταφθορᾶς,[37] ἧς κατεφθάρκατε,[38] καὶ
τῶν φόρων[39] τῶν πόλεων ἄλλα τάλαντα[40] πεντακόσια·[41] εἰ δὲ μή, παραγενόμενοι
ἐκπολεμήσομεν[42] ὑμᾶς.

1 ἀντίγραφον, copy
2 ἀρχιερεύς, high priest
3 παρεμβάλλω, *aor act ind 3s*, encamp
4 προσάγω, *pres act ptc nom s m*, bring upon
5 μηχανή, device, machine
6 συγκλείω, *aor act ind 3s*, shut in, confine
7 εἰσπορεύομαι, *pres mid inf*, go in
8 δισχίλιοι, two thousand
9 ἐκλεκτός, select, choice
10 συμμαχέω, *aor act inf*, fight on the side of
11 ἀργύριον, silver
12 χρυσίον, gold
13 σκεῦος, equipment
14 ἱκανός, suitable
15 δέχομαι, *aor mid inf*, accept
16 ἀθετέω, *aor act ind 3s*, reject
17 συντίθημι, *aor mid ind 3s*, make an agreement
18 πρότερος, earlier, before
19 ἀλλοτριόω, *impf mid ind 3s*, become estranged
20 φίλος, friend
21 κοινολογέομαι, *fut mid ptc acc s m*, discuss, negotiate
22 κατακρατέω, *pres act ind 2p*, prevail against
23 ἄκρα, citadel, high place
24 ὅριον, region
25 ἐρημόω, *aor act ind 2p*, desolate
26 πληγή, harm, misfortune
27 κυριεύω, *aor act ind 2p*, govern, rule
28 καταλαμβάνω, *aor mid ind 2p*, lay hold of, capture
29 φόρος, tribute
30 κατακυριεύω, *aor act ind 2p*, obtain dominion over
31 ἐκτός, beyond
32 ὅριον, border
33 ἀντί, in exchange for
34 πεντακόσιοι, five hundred
35 τάλαντον, talent
36 ἀργύριον, silver
37 καταφθορά, destruction, ruin
38 καταφθείρω, *perf act ind 2p*, destroy, ruin
39 φόρος, tribute
40 τάλαντον, talent
41 πεντακόσιοι, five hundred
42 ἐκπολεμέω, *fut act ind 1p*, wage war against

32 καὶ ἦλθεν Ἀθηνόβιος ὁ φίλος[1] τοῦ βασιλέως εἰς Ιερουσαλημ καὶ εἶδεν τὴν δόξαν
Σιμωνος καὶ κυλικεῖον[2] μετὰ χρυσωμάτων[3] καὶ ἀργυρωμάτων[4] καὶ παράστασιν[5]
ἱκανὴν[6] καὶ ἐξίστατο[7] καὶ ἀπήγγειλεν αὐτῷ τοὺς λόγους τοῦ βασιλέως. **33** καὶ
ἀποκριθεὶς Σιμων εἶπεν αὐτῷ Οὔτε γῆν ἀλλοτρίαν[8] εἰλήφαμεν[9] οὔτε ἀλλοτρίων
κεκρατήκαμεν,[10] ἀλλὰ τῆς κληρονομίας[11] τῶν πατέρων ἡμῶν, ὑπὸ δὲ ἐχθρῶν ἡμῶν
ἀκρίτως[12] ἔν τινι καιρῷ κατεκρατήθη·[13] **34** ἡμεῖς δὲ καιρὸν ἔχοντες ἀντεχόμεθα[14]
τῆς κληρονομίας[15] τῶν πατέρων ἡμῶν. **35** περὶ δὲ Ιοππης καὶ Γαζαρων, ὧν αἰτεῖς,[16]
αὗται ἐποίουν ἐν τῷ λαῷ πληγὴν[17] μεγάλην καὶ τὴν χώραν[18] ἡμῶν, τούτων δώσομεν
τάλαντα[19] ἑκατόν.[20] **36** καὶ οὐκ ἀπεκρίθη αὐτῷ λόγον, ἀπέστρεψεν[21] δὲ μετὰ θυμοῦ[22]
πρὸς τὸν βασιλέα καὶ ἀπήγγειλεν αὐτῷ τοὺς λόγους τούτους καὶ τὴν δόξαν Σιμωνος
καὶ πάντα, ὅσα εἶδεν, καὶ ὠργίσθη[23] ὁ βασιλεὺς ὀργὴν μεγάλην.

John Defeats Cendebeus

37 Τρύφων δὲ ἐμβὰς[24] εἰς πλοῖον[25] ἔφυγεν[26] εἰς Ὀρθωσίαν. **38** καὶ κατέστησεν[27] ὁ
βασιλεὺς τὸν Κενδεβαῖον ἐπιστράτηγον[28] τῆς παραλίας[29] καὶ δυνάμεις πεζικὰς[30] καὶ
ἱππικὰς[31] ἔδωκεν αὐτῷ· **39** καὶ ἐνετείλατο[32] αὐτῷ παρεμβάλλειν[33] κατὰ πρόσωπον τῆς
Ιουδαίας καὶ ἐνετείλατο αὐτῷ οἰκοδομῆσαι τὴν Κεδρων καὶ ὀχυρῶσαι[34] τὰς πύλας[35]
καὶ ὅπως πολεμῇ τὸν λαόν· ὁ δὲ βασιλεὺς ἐδίωκε τὸν Τρύφωνα. **40** καὶ παρεγενήθη
Κενδεβαῖος εἰς Ιάμνειαν καὶ ἤρξατο τοῦ ἐρεθίζειν[36] τὸν λαὸν καὶ ἐμβατεύειν[37] εἰς
τὴν Ιουδαίαν καὶ αἰχμαλωτίζειν[38] τὸν λαὸν καὶ φονεύειν.[39] **41** καὶ ᾠκοδόμησεν τὴν
Κεδρων καὶ ἀπέταξεν[40] ἐκεῖ ἱππεῖς[41] καὶ δυνάμεις, ὅπως ἐκπορευόμενοι ἐξοδεύωσιν[42]
τὰς ὁδοὺς τῆς Ιουδαίας, καθὰ[43] συνέταξεν[44] αὐτῷ ὁ βασιλεύς.

1 φίλος, friend
2 κυλικεῖον, sideboard, cabinet
3 χρύσωμα, golden cup
4 ἀργύρωμα, silver cup
5 παράστασις, display
6 ἱκανός, suitable
7 ἐξίστημι, *impf mid ind 3s*, be amazed
8 ἀλλότριος, foreign
9 λαμβάνω, *perf act ind 1p*, take
10 κρατέω, *perf act ind 1p*, conquer
11 κληρονομία, inheritance
12 ἀκρίτως, illegitimately
13 κατακρατέω, *aor pas ind 3s*, obtain possession
14 ἀντέχω, *pres mid ind 1p*, seize
15 κληρονομία, inheritance
16 αἰτέω, *pres act ind 2s*, demand
17 πληγή, harm, misfortune
18 χώρα, country
19 τάλαντον, talent
20 ἑκατόν, hundred
21 ἀποστρέφω, *aor act ind 3s*, return
22 θυμός, anger, wrath
23 ὀργίζω, *aor pas ind 3s*, be angry
24 ἐμβαίνω, *aor act ptc nom s m*, embark
25 πλοῖον, ship
26 φεύγω, *aor act ind 3s*, flee
27 καθίστημι, *aor act ind 3s*, appoint
28 ἐπιστράτηγος, chief commander
29 παράλιος, coast
30 πεζικός, infantry
31 ἱππικός, horseman
32 ἐντέλλομαι, *aor mid ind 3s*, command
33 παρεμβάλλω, *pres act inf*, encamp
34 ὀχυρόω, *aor act inf*, fortify
35 πύλη, gate
36 ἐρεθίζω, *pres act inf*, provoke
37 ἐμβατεύω, *pres act inf*, march into
38 αἰχμαλωτίζω, *pres act inf*, take captive
39 φονεύω, *pres act inf*, murder
40 ἀποτάσσω, *aor act ind 3s*, detach, station
41 ἱππεύς, horseman
42 ἐξοδεύω, *pres act sub 3p*, march out
43 καθά, just as
44 συντάσσω, *aor act ind 3s*, order

16 Καὶ ἀνέβη Ιωαννης ἐκ Γαζαρων καὶ ἀπήγγειλεν Σιμωνι τῷ πατρὶ αὐτοῦ ἃ
συνετέλεσεν[1] Κενδεβαῖος. **2** καὶ ἐκάλεσεν Σιμων τοὺς δύο υἱοὺς αὐτοῦ τοὺς
πρεσβυτέρους Ιουδαν καὶ Ιωαννην καὶ εἶπεν αὐτοῖς Ἐγὼ καὶ οἱ ἀδελφοί μου καὶ ὁ
οἶκος τοῦ πατρός μου ἐπολεμήσαμεν τοὺς πολέμους Ισραηλ ἀπὸ νεότητος[2] ἕως
τῆς σήμερον ἡμέρας, καὶ εὐοδώθη[3] ἐν ταῖς χερσὶν ἡμῶν ῥύσασθαι[4] τὸν Ισραηλ
πλεονάκις·[5] **3** νυνὶ δὲ γεγήρακα,[6] καὶ ὑμεῖς δὲ ἐν τῷ ἐλέει[7] ἱκανοί[8] ἐστε ἐν τοῖς ἔτεσιν·
γίνεσθε ἀντ᾽[9] ἐμοῦ καὶ τοῦ ἀδελφοῦ μου καὶ ἐξελθόντες ὑπερμαχεῖτε[10] ὑπὲρ τοῦ
ἔθνους ἡμῶν, ἡ δὲ ἐκ τοῦ οὐρανοῦ βοήθεια[11] ἔστω μεθ᾽ ὑμῶν.

4 καὶ ἐπέλεξεν[12] ἐκ τῆς χώρας[13] εἴκοσι[14] χιλιάδας[15] ἀνδρῶν πολεμιστῶν[16] καὶ ἱπ-
πεῖς,[17] καὶ ἐπορεύθησαν ἐπὶ τὸν Κενδεβαῖον καὶ ἐκοιμήθησαν[18] ἐν Μωδεϊν. **5** καὶ
ἀναστάντες τὸ πρωὶ[19] ἐπορεύθησαν εἰς τὸ πεδίον,[20] καὶ ἰδοὺ δύναμις πολλὴ εἰς
συνάντησιν[21] αὐτοῖς, πεζικὴ[22] καὶ ἱππεῖς,[23] καὶ χειμάρρους[24] ἦν ἀνὰ μέσον[25] αὐτῶν.
6 καὶ παρενέβαλε[26] κατὰ πρόσωπον αὐτῶν αὐτὸς καὶ ὁ λαὸς αὐτοῦ. καὶ εἶδεν τὸν λαὸν
δειλούμενον[27] διαπερᾶσαι[28] τὸν χειμάρρουν[29] καὶ διεπέρασεν[30] πρῶτος· καὶ εἶδον
αὐτὸν οἱ ἄνδρες καὶ διεπέρασαν[31] κατόπισθεν[32] αὐτοῦ. **7** καὶ διεῖλεν[33] τὸν λαὸν καὶ
τοὺς ἱππεῖς[34] ἐν μέσῳ τῶν πεζῶν·[35] ἦν δὲ ἵππος[36] τῶν ὑπεναντίων[37] πολλὴ σφόδρα.[38]
8 καὶ ἐσάλπισαν[39] ταῖς σάλπιγξιν,[40] καὶ ἐτροπώθη[41] Κενδεβαῖος καὶ ἡ παρεμβολὴ[42]
αὐτοῦ, καὶ ἔπεσον ἐξ αὐτῶν τραυματίαι[43] πολλοί· οἱ δὲ καταλειφθέντες[44] ἔφυγον[45]
εἰς τὸ ὀχύρωμα.[46] **9** τότε ἐτραυματίσθη[47] Ιουδας ὁ ἀδελφὸς Ιωαννου· Ιωαννης δὲ
κατεδίωξεν[48] αὐτούς, ἕως ἦλθεν εἰς Κεδρων, ἣν ᾠκοδόμησεν. **10** καὶ ἔφυγον[49] εἰς

1 συντελέω, *aor act ind 3s*, accomplish
2 νεότης, youth
3 εὐοδόω, *aor pas ind 3s*, prosper
4 ῥύομαι, *aor mid inf*, rescue, deliver
5 πλεονάκις, many times
6 γηράσκω, *perf act ind 1s*, grow old
7 ἔλεος, mercy
8 ἱκανός, sufficient
9 ἀντί, in place of
10 ὑπερμαχέω, *pres act impv 2p*, fight, defend
11 βοήθεια, help, aid
12 ἐπιλέγω, *aor act ind 3s*, choose, select
13 χώρα, country
14 εἴκοσι, twenty
15 χιλιάς, thousand
16 πολεμιστής, warrior
17 ἱππεύς, horseman
18 κοιμάω, *aor pas ind 3p*, sleep
19 πρωί, (in the) morning
20 πεδίον, plain, field
21 συνάντησις, meeting
22 πεζικός, infantry
23 ἱππεύς, horseman
24 χείμαρρος, brook
25 ἀνὰ μέσον, between
26 παρεμβάλλω, *aor act ind 3s*, encamp
27 δειλόομαι, *pres pas ptc acc s m*, be afraid
28 διαπεράω, *aor act inf*, go across
29 χείμαρρος, brook
30 διαπεράω, *aor act ind 3s*, go across
31 διαπεράω, *aor act ind 3p*, go across
32 κατόπισθεν, behind, after
33 διαιρέω, *aor act ind 3s*, divide
34 ἱππεύς, horseman
35 πεζός, infantry
36 ἵππος, cavalry
37 ὑπεναντίος, enemy
38 σφόδρα, exceedingly
39 σαλπίζω, *aor act ind 3p*, sound, blow
40 σάλπιγξ, trumpet
41 τροπόω, *aor pas ind 3s*, put to flight
42 παρεμβολή, company
43 τραυματίας, casualty
44 καταλείπω, *aor pas ptc nom p m*, leave behind
45 φεύγω, *aor act ind 3p*, flee
46 ὀχύρωμα, fortress
47 τραυματίζω, *aor pas ind 3s*, wound
48 καταδιώκω, *aor act ind 3s*, pursue
49 φεύγω, *aor act ind 3p*, flee

τοὺς πύργους[1] τοὺς ἐν τοῖς ἀγροῖς Ἀζώτου, καὶ ἐνεπύρισεν[2] αὐτὴν ἐν πυρί, καὶ ἔπεσον ἐξ αὐτῶν εἰς ἄνδρας δισχιλίους.[3] καὶ ἀπέστρεψεν[4] εἰς τὴν Ιουδαίαν μετὰ εἰρήνης.

Simon and His Sons Are Murdered

11 Καὶ Πτολεμαῖος ὁ τοῦ Ἀβούβου ἦν καθεσταμένος[5] στρατηγὸς[6] εἰς τὸ πεδίον[7]
Ιεριχω καὶ ἔσχεν ἀργύριον[8] καὶ χρυσίον[9] πολύ· **12** ἦν γὰρ γαμβρὸς[10] τοῦ ἀρχιερέως.[11]
13 καὶ ὑψώθη[12] ἡ καρδία αὐτοῦ, καὶ ἐβουλήθη κατακρατῆσαι[13] τῆς χώρας[14] καὶ ἐβου-
λεύετο[15] δόλῳ[16] κατὰ Σιμωνος καὶ τῶν υἱῶν αὐτοῦ ἆραι αὐτούς. **14** Σιμων δὲ ἦν
ἐφοδεύων[17] τὰς πόλεις τὰς ἐν τῇ χώρᾳ[18] καὶ φροντίζων[19] τῆς ἐπιμελείας[20] αὐτῶν· καὶ
κατέβη εἰς Ιεριχω αὐτὸς καὶ Ματταθιας καὶ Ιουδας οἱ υἱοὶ αὐτοῦ ἔτους ἑβδόμου[21] καὶ
ἑβδομηκοστοῦ[22] καὶ ἑκατοστοῦ[23] ἐν μηνὶ[24] ἑνδεκάτῳ[25] (οὗτος ὁ μὴν Σαβατ). **15** καὶ
ὑπεδέξατο[26] αὐτοὺς ὁ τοῦ Ἀβούβου εἰς τὸ ὀχυρωμάτιον[27] τὸ καλούμενον Δωκ μετὰ
δόλου,[28] ὃ ᾠκοδόμησεν, καὶ ἐποίησεν αὐτοῖς πότον[29] μέγαν καὶ ἐνέκρυψεν[30] ἐκεῖ
ἄνδρας. **16** καὶ ὅτε ἐμεθύσθη[31] Σιμων καὶ οἱ υἱοὶ αὐτοῦ, ἐξανέστη[32] Πτολεμαῖος καὶ οἱ
παρ᾽ αὐτοῦ καὶ ἔλαβον τὰ ὅπλα[33] αὐτῶν καὶ ἐπεισῆλθον[34] τῷ Σιμωνι εἰς τὸ συμπόσιον[35]
καὶ ἀπέκτειναν αὐτὸν καὶ τοὺς δύο υἱοὺς αὐτοῦ καί τινας τῶν παιδαρίων[36] αὐτοῦ.
17 καὶ ἐποίησεν ἀθεσίαν[37] μεγάλην καὶ ἀπέδωκεν κακὰ ἀντὶ[38] ἀγαθῶν.

John Succeeds Simon

18 καὶ ἔγραψεν ταῦτα Πτολεμαῖος καὶ ἀπέστειλεν τῷ βασιλεῖ, ὅπως ἀποστείλῃ
αὐτῷ δυνάμεις εἰς βοήθειαν[39] καὶ παραδῷ τὴν χώραν[40] αὐτῶν καὶ τὰς πόλεις. **19** καὶ

1 πύργος, tower
2 ἐμπυρίζω, *aor act ind 3s*, set on fire
3 δισχίλιοι, two thousand
4 ἀποστρέφω, *aor act ind 3s*, return
5 καθίστημι, *perf pas ptc nom s m*, appoint
6 στρατηγός, captain, commander
7 πεδίον, plain
8 ἀργύριον, silver
9 χρυσίον, gold
10 γαμβρός, son-in-law
11 ἀρχιερεύς, high priest
12 ὑψόω, *aor pas ind 3s*, exalt
13 κατακρατέω, *aor act inf*, seize
14 χώρα, territory
15 βουλεύω, *impf mid ind 3s*, devise
16 δόλος, deceit
17 ἐφοδεύω, *pres act ptc nom s m*, superintend
18 χώρα, country
19 φροντίζω, *pres act ptc nom s m*, consider, attend
20 ἐπιμέλεια, administration
21 ἕβδομος, seventh
22 ἑβδομηκοστός, seventieth
23 ἑκατοστός, hundredth
24 μήν, month
25 ἑνδέκατος, eleventh
26 ὑποδέχομαι, *aor mid ind 3s*, welcome
27 ὀχυρωμάτιον, small fortress
28 δόλος, deceit
29 πότος, party
30 ἐγκρύπτω, *aor act ind 3s*, conceal, hide
31 μεθύω, *aor pas ind 3s*, be drunk
32 ἐξανίστημι, *aor act ind 3s*, rise up
33 ὅπλον, weapon
34 ἐπεισέρχομαι, *aor act ind 3p*, attack
35 συμπόσιον, drinking party
36 παιδάριον, young man
37 ἀθεσία, betrayal
38 ἀντί, in return for
39 βοήθεια, auxiliary force
40 χώρα, land, territory

ἀπέστειλεν ἑτέρους εἰς Γαζαρα ἆραι τὸν Ιωαννην, καὶ τοῖς χιλιάρχοις[1] ἀπέστειλεν
ἐπιστολὰς[2] παραγενέσθαι πρὸς αὐτόν, ὅπως δῷ αὐτοῖς ἀργύριον[3] καὶ χρυσίον[4] καὶ
δόματα,[5] **20** καὶ ἑτέρους ἀπέστειλεν καταλαβέσθαι[6] τὴν Ιερουσαλημ καὶ τὸ ὄρος
τοῦ ἱεροῦ. **21** καὶ προδραμών[7] τις ἀπήγγειλεν Ιωαννη εἰς Γαζαρα ὅτι ἀπώλετο ὁ
πατὴρ αὐτοῦ καὶ οἱ ἀδελφοὶ αὐτοῦ, καὶ ὅτι Ἀπέσταλκεν καὶ σὲ ἀποκτεῖναι. **22** καὶ
ἀκούσας ἐξέστη[8] σφόδρα[9] καὶ συνέλαβεν[10] τοὺς ἄνδρας τοὺς ἐλθόντας ἀπολέσαι
αὐτὸν καὶ ἀπέκτεινεν αὐτούς· ἐπέγνω γὰρ ὅτι ἐζήτουν αὐτὸν ἀπολέσαι.

23 Καὶ τὰ λοιπὰ τῶν λόγων Ιωαννου καὶ τῶν πολέμων αὐτοῦ καὶ τῶν ἀνδραγαθιῶν[11]
αὐτοῦ, ὧν ἠνδραγάθησεν,[12] καὶ τῆς οἰκοδομῆς[13] τῶν τειχῶν,[14] ὧν ᾠκοδόμησεν, καὶ
τῶν πράξεων[15] αὐτοῦ, **24** ἰδοὺ ταῦτα γέγραπται ἐπὶ βιβλίῳ ἡμερῶν ἀρχιερωσύνης[16]
αὐτοῦ, ἀφ᾽ οὗ ἐγενήθη ἀρχιερεὺς[17] μετὰ τὸν πατέρα αὐτοῦ.

1 χιλίαρχος, captain over a thousand
2 ἐπιστολή, letter
3 ἀργύριον, silver
4 χρυσίον, gold
5 δόμα, gift
6 καταλαμβάνω, *aor mid inf*, lay hold of, capture
7 προτρέχω, *aor act ptc nom s m*, run ahead
8 ἐξίστημι, *aor act ind 3s*, be amazed
9 σφόδρα, very much
10 συλλαμβάνω, *aor act ind 3s*, arrest
11 ἀνδραγαθία, heroic act
12 ἀνδραγαθέω, *aor act ind 3s*, act heroically
13 οἰκοδομή, construction
14 τεῖχος, city wall
15 πρᾶξις, deed
16 ἀρχιερωσύνη, high priesthood
17 ἀρχιερεύς, high priest

ΜΑΚΚΑΒΑΙΩΝ Β′
2 Maccabees

A Letter to the Jews

1 Τοῖς ἀδελφοῖς τοῖς κατ᾽ Αἴγυπτον Ιουδαίοις χαίρειν[1] οἱ ἀδελφοὶ οἱ ἐν Ιεροσολύμοις
Ιουδαῖοι καὶ οἱ ἐν τῇ χώρᾳ[2] τῆς Ιουδαίας εἰρήνην ἀγαθήν· **2** καὶ ἀγαθοποιήσαι[3]
ὑμῖν ὁ θεὸς καὶ μνησθείη[4] τῆς διαθήκης αὐτοῦ τῆς πρὸς Αβρααμ καὶ Ισαακ καὶ Ιακωβ
τῶν δούλων αὐτοῦ τῶν πιστῶν· **3** καὶ δῴη[5] ὑμῖν καρδίαν πᾶσιν εἰς τὸ σέβεσθαι[6]
αὐτὸν καὶ ποιεῖν αὐτοῦ τὰ θελήματα[7] καρδίᾳ μεγάλῃ καὶ ψυχῇ βουλομένῃ· **4** καὶ
διανοίξαι[8] τὴν καρδίαν ὑμῶν ἐν τῷ νόμῳ αὐτοῦ καὶ ἐν τοῖς προστάγμασιν[9] καὶ
εἰρήνην ποιήσαι[10] **5** καὶ ἐπακούσαι[11] ὑμῶν τῶν δεήσεων[12] καὶ καταλλαγείη[13] ὑμῖν
καὶ μὴ ὑμᾶς ἐγκαταλίποι[14] ἐν καιρῷ πονηρῷ. **6** καὶ νῦν ὧδέ[15] ἐσμεν προσευχόμενοι
περὶ ὑμῶν.

7 βασιλεύοντος[16] Δημητρίου ἔτους ἑκατοστοῦ[17] ἑξηκοστοῦ[18] ἐνάτου[19] ἡμεῖς οἱ
Ιουδαῖοι γεγράφαμεν ὑμῖν ἐν τῇ θλίψει καὶ ἐν τῇ ἀκμῇ[20] τῇ ἐπελθούσῃ[21] ἡμῖν ἐν
τοῖς ἔτεσιν τούτοις ἀφ᾽ οὗ ἀπέστη[22] Ἰάσων καὶ οἱ μετ᾽ αὐτοῦ ἀπὸ τῆς ἁγίας γῆς
καὶ τῆς βασιλείας **8** καὶ ἐνεπύρισαν[23] τὸν πυλῶνα[24] καὶ ἐξέχεαν[25] αἷμα ἀθῷον·[26]
καὶ ἐδεήθημεν[27] τοῦ κυρίου καὶ εἰσηκούσθημεν[28] καὶ προσηνέγκαμεν[29] θυσίαν[30] καὶ
σεμίδαλιν[31] καὶ ἐξήψαμεν[32] τοὺς λύχνους[33] καὶ προεθήκαμεν[34] τοὺς ἄρτους. **9** καὶ

1 χαίρω, *pres act inf*, greetings
2 χώρα, land
3 ἀγαθοποιέω, *aor act opt 3s*, do good
4 μιμνήσκομαι, *aor pas opt 3s*, remember
5 δίδωμι, *aor act opt 3s*, give
6 σέβομαι, *pres mid inf*, revere
7 θέλημα, will
8 διανοίγω, *aor act opt 3s*, open
9 πρόσταγμα, ordinance, decree
10 ποιέω, *aor act opt 3s*, do
11 ἐπακούω, *aor act opt 3s*, hear, listen
12 δέησις, supplication
13 καταλλάσσω, *aor pas opt 3s*, be reconciled to
14 ἐγκαταλείπω, *aor act opt 3s*, desert, forsake
15 ὧδε, here
16 βασιλεύω, *pres act ptc gen s m*, reign as king
17 ἑκατοστός, hundredth
18 ἑξηκοστός, sixtieth
19 ἔνατος, ninth
20 ἀκμή, fullest, climactic
21 ἐπέρχομαι, *aor act ptc dat s f*, come upon
22 ἀφίστημι, *aor act ind 3s*, turn away
23 ἐμπυρίζω, *aor act ind 3p*, set on fire
24 πυλών, gate
25 ἐκχέω, *aor act ind 3p*, pour out
26 ἀθῷος, innocent
27 δέομαι, *aor pas ind 1p*, beseech
28 εἰσακούω, *aor pas ind 1p*, hear
29 προσφέρω, *aor act ind 1p*, offer
30 θυσία, sacrifice
31 σεμίδαλις, fine flour
32 ἐξάπτω, *aor act ind 1p*, light
33 λύχνος, lamp
34 προτίθημι, *aor act ind 1p*, present, set forth

νῦν ἵνα ἄγητε τὰς ἡμέρας τῆς σκηνοπηγίας[1] τοῦ Χασελευ μηνός.[2] ἔτους ἑκατοστοῦ[3]
ὀγδοηκοστοῦ[4] καὶ ὀγδόου.[5]

A Letter to Aristobulus

10 Οἱ ἐν Ιεροσολύμοις καὶ οἱ ἐν τῇ Ιουδαίᾳ καὶ ἡ γερουσία[6] καὶ Ιουδας Ἀριστοβούλῳ
διδασκάλῳ[7] Πτολεμαίου τοῦ βασιλέως, ὄντι δὲ ἀπὸ τοῦ τῶν χριστῶν ἱερέων
γένους,[8] καὶ τοῖς ἐν Αἰγύπτῳ Ιουδαίοις χαίρειν[9] καὶ ὑγιαίνειν.[10]

11 ἐκ μεγάλων κινδύνων[11] ὑπὸ τοῦ θεοῦ σεσῳσμένοι μεγάλως[12] εὐχαριστοῦμεν[13]
αὐτῷ ὡς ἂν πρὸς βασιλέα παρατασσόμενοι·[14] **12** αὐτὸς γὰρ ἐξέβρασεν[15] τοὺς
παραταξαμένους[16] ἐν τῇ ἁγίᾳ πόλει. **13** εἰς τὴν Περσίδα γενόμενος γὰρ ὁ ἡγεμὼν[17]
καὶ ἡ περὶ αὐτὸν ἀνυπόστατος[18] δοκοῦσα[19] εἶναι δύναμις κατεκόπησαν[20] ἐν τῷ
τῆς Ναναίας ἱερῷ, παραλογισμῷ[21] χρησαμένων[22] τῶν περὶ τὴν Ναναίαν ἱερέων.
14 ὡς γὰρ συνοικήσων[23] αὐτῇ παρεγένετο εἰς τὸν τόπον ὅ τε Ἀντίοχος καὶ οἱ
σὺν αὐτῷ φίλοι[24] χάριν[25] τοῦ λαβεῖν τὰ χρήματα[26] πλείονα[27] εἰς φερνῆς[28] λόγον
15 καὶ προθέντων[29] αὐτὰ τῶν ἱερέων τοῦ Ναναίου κἀκείνου[30] προσελθόντος μετ'
ὀλίγων[31] εἰς τὸν περίβολον[32] τοῦ τεμένους,[33] συγκλείσαντες[34] τὸ ἱερόν, ὡς εἰσῆλθεν
Ἀντίοχος, **16** ἀνοίξαντες τὴν τοῦ φατνώματος[35] κρυπτὴν[36] θύραν βάλλοντες
πέτρους[37] συνεκεραύνωσαν[38] τὸν ἡγεμόνα[39] καὶ μέλη[40] ποιήσαντες καὶ τὰς κεφαλὰς
ἀφελόντες[41] τοῖς ἔξω παρέρριψαν.[42] **17** κατὰ πάντα εὐλογητὸς[43] ἡμῶν ὁ θεός, ὃς
παρέδωκεν τοὺς ἀσεβήσαντας.[44]

1 σκηνοπηγία, booth-making
2 μήν, month
3 ἑκατοστός, hundredth
4 ὀγδοηκοστός, eightieth
5 ὄγδοος, eighth
6 γερουσία, council of elders
7 διδάσκαλος, teacher
8 γένος, race, family
9 χαίρω, *pres act inf*, greetings
10 ὑγιαίνω, *pres act inf*, (be in) good health
11 κίνδυνος, distress
12 μεγάλως, exceedingly
13 εὐχαριστέω, *pres act ind 1p*, give thanks
14 παρατάσσω, *pres mid ptc nom p m*, fight
15 ἐκβράζω, *aor act ind 3s*, drive away
16 παρατάσσω, *aor mid ptc acc p m*, fight
17 ἡγεμών, leader
18 ἀνυπόστατος, irresistible
19 δοκέω, *pres act ptc nom s f*, seem
20 κατακόπτω, *aor pas ind 3p*, cut down, destroy
21 παραλογισμός, deception
22 χράω, *aor mid ptc gen p m*, use
23 συνοικέω, *fut act ptc nom s m*, marry
24 φίλος, friend
25 χάριν, for the purpose of
26 χρῆμα, wealth, money
27 πλείων/πλεῖον, *comp of* πολύς, more numerous
28 φερνή, dowry
29 προτίθημι, *aor act ptc gen p m*, set forth
30 κἀκείνου, that, *cr.* καὶ ἐκεῖνος
31 ὀλίγος, few
32 περίβολος, walled enclosure
33 τέμενος, sacred precinct
34 συγκλείω, *aor act ptc nom p m*, shut up
35 φάτνωμα, raftered ceiling
36 κρυπτός, hidden
37 πέτρος, stone
38 συγκεραυνόω, *aor act ind 3p*, strike
39 ἡγεμών, leader
40 μέλος, limb
41 ἀφαιρέω, *aor act ptc nom p m*, remove
42 παραρρίπτω, *aor act ind 3p*, toss out
43 εὐλογητός, blessed
44 ἀσεβέω, *aor act ptc acc p m*, act wickedly

Nehemiah's Sacrifice

18 μέλλοντες[1] ἄγειν ἐν τῷ Χασελευ πέμπτῃ[2] καὶ εἰκάδι[3] τὸν καθαρισμὸν[4] τοῦ ἱεροῦ
δέον[5] ἡγησάμεθα[6] διασαφῆσαι[7] ὑμῖν, ἵνα καὶ αὐτοὶ ἄγητε σκηνοπηγίας[8] καὶ τοῦ
πυρός, ὅτε Νεεμιας ὁ οἰκοδομήσας τό τε ἱερὸν καὶ τὸ θυσιαστήριον[9] ἀνήνεγκεν[10]
θυσίας.[11] **19** καὶ γὰρ ὅτε εἰς τὴν Περσικὴν ἤγοντο ἡμῶν οἱ πατέρες, οἱ τότε εὐσεβεῖς[12]
ἱερεῖς λαβόντες ἀπὸ τοῦ πυρὸς τοῦ θυσιαστηρίου[13] λαθραίως[14] κατέκρυψαν[15] ἐν
κοιλώματι[16] φρέατος[17] τάξιν[18] ἔχοντος ἄνυδρον,[19] ἐν ᾧ κατησφαλίσαντο[20] ὥστε
πᾶσιν ἄγνωστον[21] εἶναι τὸν τόπον. **20** διελθόντων δὲ ἐτῶν ἱκανῶν,[22] ὅτε ἔδοξεν[23]
τῷ θεῷ, ἀποσταλεὶς Νεεμιας ὑπὸ τοῦ βασιλέως τῆς Περσίδος τοὺς ἐκγόνους[24]
τῶν ἱερέων τῶν ἀποκρυψάντων[25] ἔπεμψεν[26] ἐπὶ τὸ πῦρ· ὡς δὲ διεσάφησαν[27] ἡμῖν
μὴ εὑρηκέναι πῦρ, ἀλλὰ ὕδωρ παχύ,[28] ἐκέλευσεν[29] αὐτοὺς ἀποβάψαντας[30] φέρειν.
21 ὡς δὲ ἀνηνέχθη[31] τὰ τῶν θυσιῶν,[32] ἐκέλευσεν[33] τοὺς ἱερεῖς Νεεμιας ἐπιρρᾶναι[34]
τῷ ὕδατι τά τε ξύλα[35] καὶ τὰ ἐπικείμενα.[36] **22** ὡς δὲ ἐγένετο τοῦτο καὶ χρόνος
διῆλθεν ὅ τε ἥλιος ἀνέλαμψεν[37] πρότερον[38] ἐπινεφὴς[39] ὤν, ἀνήφθη[40] πυρὰ[41] μεγάλη
ὥστε θαυμάσαι[42] πάντας. **23** προσευχὴν δὲ ἐποιήσαντο οἱ ἱερεῖς δαπανωμένης[43]
τῆς θυσίας,[44] οἵ τε ἱερεῖς καὶ πάντες, καταρχομένου[45] Ιωναθου, τῶν δὲ λοιπῶν
ἐπιφωνούντων[46] ὡς Νεεμιου· **24** ἦν δὲ ἡ προσευχὴ τὸν τρόπον[47] ἔχουσα τοῦτον

1 μέλλω, *pres act ptc nom p m*, be about to
2 πέμπτος, fifth
3 εἰκάς, twentieth
4 καθαρισμός, purification
5 δεῖ, *pres act ptc acc s n*, be necessary
6 ἡγέομαι, *aor mid ind 1p*, go before
7 διασαφέω, *aor act inf*, make known plainly
8 σκηνοπηγία, booth-making
9 θυσιαστήριον, altar
10 ἀναφέρω, *aor act ind 3s*, offer up
11 θυσία, sacrifice
12 εὐσεβής, pious
13 θυσιαστήριον, altar
14 λαθραίως, secretly
15 κατακρύπτω, *aor act ind 3p*, hide, conceal
16 κοίλωμα, hollow cavity
17 φρέαρ, well, pit
18 τάξις, condition, appearance
19 ἄνυδρος, waterless
20 κατασφαλίζομαι, *aor mid ind 3p*, make secure
21 ἄγνωστος, unknown
22 ἱκανός, sufficient
23 δοκέω, *aor act ind 3s*, seem good
24 ἔκγονος, descendant
25 ἀποκρύπτω, *aor act ptc gen p m*, keep hidden
26 πέμπω, *aor act ind 3s*, send
27 διασαφέω, *aor act ind 3p*, make known plainly
28 παχύς, (impotable)
29 κελεύω, *aor act ind 3s*, give orders
30 ἀποβάπτω, *aor act ptc acc p m*, draw
31 ἀναφέρω, *aor pas ind 3s*, bring forth
32 θυσία, sacrifice
33 κελεύω, *aor act ind 3s*, give orders
34 ἐπιρραίνω, *aor act inf*, sprinkle
35 ξύλον, firewood
36 ἐπίκειμαι, *pres pas ptc acc p n*, place upon
37 ἀναλάμπω, *aor act ind 3s*, shine out
38 πρότερος, earlier, before
39 ἐπινεφής, clouded
40 ἀνάπτω, *aor pas ind 3s*, kindle on fire
41 πυρά, pyre (of wood)
42 θαυμάζω, *aor act inf*, be amazed
43 δαπανάω, *pres pas ptc gen s f*, consume
44 θυσία, sacrifice
45 κατάρχω, *pres mid ptc gen s m*, lead
46 ἐπιφωνέω, *pres act ptc gen p m*, respond
47 τρόπος, effect, manner

Κύριε κύριε ὁ θεός, ὁ πάντων κτίστης,[1] ὁ φοβερὸς[2] καὶ ἰσχυρὸς[3] καὶ δίκαιος καὶ
ἐλεήμων,[4] ὁ μόνος βασιλεὺς καὶ χρηστός,[5] **25** ὁ μόνος χορηγός,[6] ὁ μόνος δίκαιος
καὶ παντοκράτωρ[7] καὶ αἰώνιος, ὁ διασῴζων[8] τὸν Ισραηλ ἐκ παντὸς κακοῦ, ὁ ποιήσας
τοὺς πατέρας ἐκλεκτοὺς[9] καὶ ἁγιάσας[10] αὐτούς, **26** πρόσδεξαι[11] τὴν θυσίαν[12] ὑπὲρ
παντὸς τοῦ λαοῦ σου Ισραηλ καὶ διαφύλαξον[13] τὴν μερίδα[14] σου καὶ καθαγίασον.[15]
27 ἐπισυνάγαγε[16] τὴν διασπορὰν[17] ἡμῶν, ἐλευθέρωσον[18] τοὺς δουλεύοντας[19] ἐν τοῖς
ἔθνεσιν, τοὺς ἐξουθενημένους[20] καὶ βδελυκτοὺς[21] ἔπιδε,[22] καὶ γνώτωσαν τὰ ἔθνη ὅτι
σὺ εἶ ὁ θεὸς ἡμῶν. **28** βασάνισον[23] τοὺς καταδυναστεύοντας[24] καὶ ἐξυβρίζοντας[25]
ἐν ὑπερηφανίᾳ.[26] **29** καταφύτευσον[27] τὸν λαόν σου εἰς τὸν τόπον τὸν ἅγιόν σου,
καθὼς εἶπεν Μωυσῆς.

30 Οἱ δὲ ἱερεῖς ἐπέψαλλον[28] τοὺς ὕμνους.[29] **31** καθὼς δὲ ἀνηλώθη[30] τὰ τῆς θυσίας,[31]
καὶ τὸ περιλειπόμενον[32] ὕδωρ ὁ Νεεμιας ἐκέλευσεν[33] λίθους μείζονας[34] καταχεῖν.[35]
32 ὡς δὲ τοῦτο ἐγενήθη, φλὸξ[36] ἀνήφθη·[37] τοῦ δὲ ἀπὸ τοῦ θυσιαστηρίου[38]
ἀντιλάμψαντος[39] φωτὸς ἐδαπανήθη.[40] **33** ὡς δὲ φανερὸν[41] ἐγενήθη τὸ πρᾶγμα,[42]
καὶ διηγγέλη[43] τῷ βασιλεῖ τῶν Περσῶν ὅτι εἰς τὸν τόπον, οὗ τὸ πῦρ ἔκρυψαν[44] οἱ
μεταχθέντες[45] ἱερεῖς, τὸ ὕδωρ ἐφάνη,[46] ἀφ᾽ οὗ καὶ οἱ περὶ τὸν Νεεμιαν ἥγνισαν[47] τὰ

1 κτίστης, creator
2 φοβερός, fearful
3 ἰσχυρός, strong
4 ἐλεήμων, merciful
5 χρηστός, good
6 χορηγός, patron, supplier
7 παντοκράτωρ, almighty, ruler of all
8 διασῴζω, *pres act ptc nom s m*, preserve alive
9 ἐκλεκτός, chosen, elect
10 ἁγιάζω, *aor act ptc nom s m*, consecrate
11 προσδέχομαι, *aor mid impv 2s*, accept, receive
12 θυσία, sacrifice
13 διαφυλάσσω, *aor act impv 2s*, preserve
14 μερίς, portion
15 καθαγιάζω, *aor act impv 2s*, sanctify
16 ἐπισυνάγω, *aor act impv 2s*, gather together
17 διασπορά, dispersed
18 ἐλευθερόω, *aor act impv 2s*, set free
19 δουλεύω, *pres act ptc acc p m*, serve as slaves
20 ἐξουθενέω, *pres pas ptc acc p m*, disdain
21 βδελυκτός, detestable
22 ἐφοράω, *aor act impv 2s*, look upon
23 βασανίζω, *aor act impv 2s*, torment
24 καταδυναστεύω, *pres act ptc acc p m*, oppress
25 ἐξυβρίζω, *pres act ptc acc p m*, be insolent
26 ὑπερηφανία, arrogance
27 καταφυτεύω, *aor act impv 2s*, plant
28 ἐπιψάλλω, *impf act ind 3p*, sing
29 ὕμνος, song, hymn
30 ἀναλίσκω, *aor pas ind 3s*, consume
31 θυσία, sacrifice
32 περιλείπομαι, *pres pas ptc acc s n*, remain over
33 κελεύω, *aor act ind 3s*, give orders
34 μείζων, *comp of* μέγας, larger
35 καταχέω, *pres act inf*, pour over
36 φλόξ, flame
37 ἀνάπτω, *aor pas ind 3s*, kindle into fire
38 θυσιαστήριον, altar
39 ἀντιλάμπω, *aor act ptc gen s n*, reflect light, shine back
40 δαπανάω, *aor pas ind 3s*, consume
41 φανερός, known, apparent
42 πρᾶγμα, happening
43 διαγγέλλω, *aor pas ind 3s*, report, proclaim
44 κρύπτω, *aor act ind 3p*, hide
45 μετάγω, *aor pas ptc nom p m*, carry into captivity
46 φαίνω, *aor pas ind 3s*, appear
47 ἁγνίζω, *aor act ind 3p*, cleanse, purify

τῆς θυσίας,[1] **34** περιφράξας[2] δὲ ὁ βασιλεὺς ἱερὸν ἐποίησεν δοκιμάσας[3] τὸ πρᾶγμα.[4]
35 καὶ οἷς ἐχαρίζετο[5] ὁ βασιλεύς, πολλὰ διάφορα[6] ἐλάμβανεν καὶ μετεδίδου.[7]
36 προσηγόρευσαν[8] δὲ οἱ περὶ τὸν Νεεμιαν τοῦτο νεφθαρ,[9] ὃ διερμηνεύεται[10]
καθαρισμός·[11] καλεῖται δὲ παρὰ τοῖς πολλοῖς νεφθαι.[12]

Jeremiah and the Cave

2 Εὑρίσκεται δὲ ἐν ταῖς ἀπογραφαῖς[13] Ιερεμιας ὁ προφήτης ὅτι ἐκέλευσεν[14] τοῦ
πυρὸς λαβεῖν τοὺς μεταγενομένους,[15] ὡς σεσήμανται,[16] **2** καὶ ὡς ἐνετείλατο[17]
τοῖς μεταγενομένοις[18] ὁ προφήτης δοὺς αὐτοῖς τὸν νόμον, ἵνα μὴ ἐπιλάθωνται[19] τῶν
προσταγμάτων[20] τοῦ κυρίου, καὶ ἵνα μὴ ἀποπλανηθῶσιν[21] ταῖς διανοίαις[22] βλέποντες
ἀγάλματα[23] χρυσᾶ[24] καὶ ἀργυρᾶ[25] καὶ τὸν περὶ αὐτὰ κόσμον·[26] **3** καὶ ἕτερα τοιαῦτα[27]
λέγων παρεκάλει μὴ ἀποστῆναι[28] τὸν νόμον ἀπὸ τῆς καρδίας αὐτῶν.

4 ἦν δὲ ἐν τῇ γραφῇ ὡς τὴν σκηνὴν[29] καὶ τὴν κιβωτὸν[30] ἐκέλευσεν[31] ὁ προφήτης
χρηματισμοῦ[32] γενηθέντος αὐτῷ συνακολουθεῖν·[33] ὡς δὲ ἐξῆλθεν εἰς τὸ ὄρος, οὗ ὁ
Μωυσῆς ἀναβὰς ἐθεάσατο[34] τὴν τοῦ θεοῦ κληρονομίαν.[35] **5** καὶ ἐλθὼν ὁ Ιερεμιας
εὗρεν οἶκον ἀντρώδη[36] καὶ τὴν σκηνὴν[37] καὶ τὴν κιβωτὸν[38] καὶ τὸ θυσιαστήριον[39]
τοῦ θυμιάματος[40] εἰσήνεγκεν[41] ἐκεῖ καὶ τὴν θύραν ἐνέφραξεν.[42] **6** καὶ προσελθόντες
τινὲς τῶν συνακολουθούντων[43] ὥστε ἐπισημάνασθαι[44] τὴν ὁδὸν καὶ οὐκ ἐδυνήθησαν
εὑρεῖν. **7** ὡς δὲ ὁ Ιερεμιας ἔγνω, μεμψάμενος[45] αὐτοῖς εἶπεν ὅτι Καὶ ἄγνωστος[46]

1 θυσία, sacrifice
2 περιφράσσω, *aor act ptc nom s m*, enclose
3 δοκιμάζω, *aor act ptc nom s m*, verify
4 πρᾶγμα, matter, event
5 χαρίζομαι, *impf mid ind 3s*, show favor
6 διάφορος, different, various
7 μεταδίδωμι, *impf act ind 3s*, give, share
8 προσαγορεύω, *aor act ind 3p*, call
9 νεφθαρ, nephthar, *translit.*
10 διερμηνεύω, *pres pas ind 3s*, translate
11 καθαρισμός, purification
12 νεφθαι, nephthai, *translit.*
13 ἀπογραφή, record
14 κελεύω, *aor act ind 3s*, give orders
15 μεταγίνομαι, *aor mid ptc acc p m*, deport
16 σημαίνω, *perf pas ind 3s*, note, make known
17 ἐντέλλομαι, *aor mid ind 3s*, command
18 μεταγίνομαι, *aor mid ptc dat p m*, carry away
19 ἐπιλανθάνομαι, *aor mid sub 3p*, forget
20 πρόσταγμα, ordinance
21 ἀποπλανάω, *aor pas sub 3p*, lead astray
22 διάνοια, thought, mind
23 ἄγαλμα, statue
24 χρυσοῦς, gold
25 ἀργυροῦς, silver
26 κόσμος, ornament, decoration
27 τοιοῦτος, like this
28 ἀφίστημι, *aor act inf*, depart from
29 σκηνή, tent
30 κιβωτός, chest, ark (of the covenant)
31 κελεύω, *aor act ind 3s*, give orders
32 χρηματισμός, oracle, divination
33 συνακολουθέω, *pres act inf*, accompany
34 θεάομαι, *aor mid ind 3s*, behold
35 κληρονομία, inheritance, possession
36 ἀντρώδης, cave-like
37 σκηνή, tent
38 κιβωτός, chest, ark (of the covenant)
39 θυσιαστήριον, altar
40 θυμίαμα, incense
41 εἰσφέρω, *aor act ind 3s*, carry in
42 ἐμφράσσω, *aor act ind 3s*, block up
43 συνακολουθέω, *pres act ptc gen p m*, accompany
44 ἐπισημαίνω, *aor mid inf*, mark out
45 μέμφομαι, *aor mid ptc nom s m*, censure, blame
46 ἄγνωστος, unknown

ὁ τόπος ἔσται, ἕως ἂν συναγάγῃ[1] ὁ θεὸς ἐπισυναγωγὴν[2] τοῦ λαοῦ καὶ ἵλεως[3]
γένηται· **8** καὶ τότε ὁ κύριος ἀναδείξει[4] ταῦτα, καὶ ὀφθήσεται ἡ δόξα τοῦ κυρίου
καὶ ἡ νεφέλη,[5] ὡς ἐπὶ Μωυσῆ ἐδηλοῦτο,[6] ὡς καὶ ὁ Σαλωμων ἠξίωσεν[7] ἵνα ὁ τόπος
καθαγιασθῇ[8] μεγάλως.[9]

9 διεσαφεῖτο[10] δὲ καὶ ὡς σοφίαν ἔχων ἀνήνεγκεν[11] θυσίαν[12] ἐγκαινισμοῦ[13] καὶ
τῆς τελειώσεως[14] τοῦ ἱεροῦ. **10** καθὼς καὶ Μωυσῆς προσηύξατο πρὸς κύριον, καὶ
κατέβη πῦρ ἐκ τοῦ οὐρανοῦ καὶ τὰ τῆς θυσίας[15] ἐδαπάνησεν,[16] οὕτως καὶ Σαλωμων
προσηύξατο, καὶ καταβὰν τὸ πῦρ ἀνήλωσεν[17] τὰ ὁλοκαυτώματα.[18] **11** καὶ εἶπεν
Μωυσῆς Διὰ τὸ μὴ βεβρῶσθαι[19] τὸ περὶ τῆς ἁμαρτίας ἀνηλώθη.[20] **12** ὡσαύτως[21] καὶ ὁ
Σαλωμων τὰς ὀκτὼ[22] ἡμέρας ἤγαγεν. **13** ἐξηγοῦντο[23] δὲ καὶ ἐν ταῖς ἀναγραφαῖς[24] καὶ
ἐν τοῖς ὑπομνηματισμοῖς[25] τοῖς κατὰ τὸν Νεεμιαν τὰ αὐτὰ καὶ ὡς καταβαλλόμενος[26]
βιβλιοθήκην[27] ἐπισυνήγαγεν[28] τὰ περὶ τῶν βασιλέων βιβλία καὶ προφητῶν καὶ τὰ
τοῦ Δαυιδ καὶ ἐπιστολὰς[29] βασιλέων περὶ ἀναθεμάτων.[30] **14** ὡσαύτως[31] δὲ καὶ Ιουδας
τὰ διαπεπτωκότα[32] διὰ τὸν γεγονότα πόλεμον ἡμῖν ἐπισυνήγαγεν[33] πάντα, καὶ ἔστιν
παρ᾽ ἡμῖν· **15** ὧν οὖν ἐὰν χρείαν[34] ἔχητε, τοὺς ἀποκομιοῦντας[35] ὑμῖν ἀποστέλλετε.

Preface concerning Judas Maccabeus

16 Μέλλοντες[36] οὖν ἄγειν τὸν καθαρισμὸν[37] ἐγράψαμεν ὑμῖν· καλῶς[38] οὖν ποιήσετε
ἄγοντες τὰς ἡμέρας. **17** ὁ δὲ θεὸς ὁ σώσας τὸν πάντα λαὸν αὐτοῦ καὶ ἀποδοὺς
τὴν κληρονομίαν[39] πᾶσιν καὶ τὸ βασίλειον[40] καὶ τὸ ἱεράτευμα[41] καὶ τὸν ἁγιασμόν,[42]

1 συνάγω, *aor act sub 3s*, gather
2 ἐπισυναγωγή, gathering
3 ἵλεως, merciful
4 ἀναδείκνυμι, *fut act ind 3s*, reveal, disclose
5 νεφέλη, cloud
6 δηλόω, *impf pas ind 3s*, make manifest
7 ἀξιόω, *aor act ind 3s*, beseech
8 καθαγιάζω, *aor pas sub 3s*, consecrate
9 μεγάλως, solemnly
10 διασαφέω, *impf pas ind 3s*, make known plainly
11 ἀναφέρω, *aor act ind 3s*, offer up
12 θυσία, sacrifice
13 ἐγκαινισμός, consecration, dedication
14 τελείωσις, completion
15 θυσία, sacrifice
16 δαπανάω, *aor act ind 3s*, devour
17 ἀναλίσκω, *aor act ind 3s*, consume
18 ὁλοκαύτωμα, whole burnt offering
19 βιβρώσκω, *perf pas inf*, eat
20 ἀναλίσκω, *aor pas ind 3s*, consume
21 ὡσαύτως, in like manner
22 ὀκτώ, eight
23 ἐξηγέομαι, *impf pas ind 3p*, report in full
24 ἀναγραφή, record
25 ὑπομνηματισμός, chronicle
26 καταβάλλω, *pres mid ptc nom s m*, establish
27 βιβλιοθήκη, library
28 ἐπισυνάγω, *aor act ind 3s*, gather together
29 ἐπιστολή, letter
30 ἀνάθεμα, accursed thing
31 ὡσαύτως, in like manner
32 διαπίπτω, *perf act ptc acc p n*, lose
33 ἐπισυνάγω, *aor act ind 3s*, gather together
34 χρεία, need
35 ἀποκομίζω, *fut act ptc acc p m*, bring back
36 μέλλω, *pres act ptc nom p m*, be about to
37 καθαρισμός, purification
38 καλῶς, well
39 κληρονομία, inheritance
40 βασίλειον, kingship
41 ἱεράτευμα, priesthood
42 ἁγιασμός, consecration

18 καθὼς ἐπηγγείλατο[1] διὰ τοῦ νόμου· ἐλπίζομεν γὰρ ἐπὶ τῷ θεῷ ὅτι ταχέως[2] ἡμᾶς
ἐλεήσει[3] καὶ ἐπισυνάξει[4] ἐκ τῆς ὑπὸ τὸν οὐρανὸν εἰς τὸν ἅγιον τόπον· ἐξείλατο[5] γὰρ
ἡμᾶς ἐκ μεγάλων κακῶν καὶ τὸν τόπον ἐκαθάρισεν.

19 Τὰ δὲ κατὰ τὸν Ιουδαν τὸν Μακκαβαῖον καὶ τοὺς τούτου ἀδελφοὺς καὶ τὸν
τοῦ ἱεροῦ τοῦ μεγίστου[6] καθαρισμὸν καὶ τὸν τοῦ βωμοῦ[7] ἐγκαινισμὸν[8] **20** ἔτι τε
τοὺς πρὸς Ἀντίοχον τὸν Ἐπιφανῆ καὶ τὸν τούτου υἱὸν Εὐπάτορα πολέμους **21** καὶ
τὰς ἐξ οὐρανοῦ γενομένας ἐπιφανείας[9] τοῖς ὑπὲρ τοῦ Ιουδαϊσμοῦ φιλοτίμως[10]
ἀνδραγαθήσασιν,[11] ὥστε τὴν ὅλην χώραν[12] ὀλίγους[13] ὄντας λεηλατεῖν[14] καὶ τὰ
βάρβαρα[15] πλήθη διώκειν, **22** καὶ τὸ περιβόητον[16] καθ᾽ ὅλην τὴν οἰκουμένην[17] ἱερὸν
ἀνακομίσασθαι[18] καὶ τὴν πόλιν ἐλευθερῶσαι[19] καὶ τοὺς μέλλοντας[20] καταλύεσθαι[21]
νόμους ἐπανορθῶσαι,[22] τοῦ κυρίου μετὰ πάσης ἐπιεικείας[23] ἵλεω[24] γενομένου αὐτοῖς,
23 ὑπὸ Ἰάσωνος τοῦ Κυρηναίου δεδηλωμένα[25] διὰ πέντε βιβλίων πειρασόμεθα[26] δι᾽
ἑνὸς συντάγματος[27] ἐπιτεμεῖν.[28]

24 συνορῶντες[29] γὰρ τὸ χύμα[30] τῶν ἀριθμῶν[31] καὶ τὴν οὖσαν δυσχέρειαν[32] τοῖς
θέλουσιν εἰσκυκλεῖσθαι[33] τοῖς τῆς ἱστορίας[34] διηγήμασιν[35] διὰ τὸ πλῆθος τῆς
ὕλης[36] **25** ἐφροντίσαμεν[37] τοῖς μὲν βουλομένοις ἀναγινώσκειν[38] ψυχαγωγίαν,[39]
τοῖς δὲ φιλοφρονοῦσιν[40] εἰς τὸ διὰ μνήμης[41] ἀναλαβεῖν[42] εὐκοπίαν,[43] πᾶσιν
δὲ τοῖς ἐντυγχάνουσιν[44] ὠφέλειαν.[45] **26** καὶ ἡμῖν μὲν τοῖς τὴν κακοπάθειαν[46]

1 ἐπαγγέλλομαι, *aor mid ind 3s*, promise
2 ταχέως, soon
3 ἐλεέω, *fut act ind 3s*, show mercy to
4 ἐπισυνάγω, *fut act ind 3s*, gather together
5 ἐξαιρέω, *aor mid ind 3s*, rescue
6 μέγας, *sup*, greatest
7 βωμός, altar
8 ἐγκαινισμός, consecration, dedication
9 ἐπιφάνεια, appearance, manifestation
10 φιλοτίμως, honorably
11 ἀνδραγαθέω, *aor act ptc dat p m*, act bravely
12 χώρα, land, territory
13 ὀλίγος, few
14 λεηλατέω, *pres act inf*, seize, plunder
15 βάρβαρος, barbarian
16 περιβόητος, renowned
17 οἰκουμένη, whole world
18 ἀνακομίζομαι, *aor mid inf*, recover possession
19 ἐλευθερόω, *aor act inf*, liberate
20 μέλλω, *pres act ptc acc p m*, be about to
21 καταλύω, *pres pas inf*, annul, abolish
22 ἐπανορθόω, *aor act inf*, restore
23 ἐπιείκεια, goodness
24 ἵλεως, merciful
25 δηλόω, *perf pas ptc acc p n*, set forth
26 πειράω, *fut mid ind 1p*, endeavor
27 σύνταγμα, book, volume
28 ἐπιτέμνω, *fut act inf*, abridge
29 συνοράω, *pres act ptc nom p m*, consider
30 χύμα, confused mass
31 ἀριθμός, number
32 δυσχέρεια, difficulty
33 εἰσκυκλέω, *pres mid inf*, plunge into
34 ἱστορία, history
35 διήγημα, account
36 ὕλη, material
37 φροντίζω, *aor act ind 1p*, aim at, give heed to
38 ἀναγινώσκω, *pres act inf*, read
39 ψυχαγωγία, delight, pleasure
40 φιλοφρονέω, *pres act ind 3p*, be inclined toward
41 μνήμη, memory
42 ἀναλαμβάνω, *aor act inf*, take upon
43 εὐκοπία, facility
44 ἐντυγχάνω, *pres act ptc dat p m*, engage with
45 ὠφέλεια, profit, gain
46 κακοπάθεια, labor, toil

ἐπιδεδεγμένοις[1] τῆς ἐπιτομῆς[2] οὐ ῥᾴδιον,[3] ἱδρῶτος[4] δὲ καὶ ἀγρυπνίας[5] τὸ
πρᾶγμα,[6] **27** καθάπερ[7] τῷ παρασκευάζοντι[8] συμπόσιον[9] καὶ ζητοῦντι τὴν ἑτέρων
λυσιτέλειαν[10] οὐκ εὐχερές,[11] ὅμως[12] διὰ τὴν τῶν πολλῶν εὐχαριστίαν[13] ἡδέως[14] τὴν
κακοπάθειαν[15] ὑποίσομεν[16] **28** τὸ μὲν διακριβοῦν[17] περὶ ἑκάστων τῷ συγγραφεῖ[18]
παραχωρήσαντες,[19] τὸ δὲ ἐπιπορεύεσθαι[20] τοῖς ὑπογραμμοῖς[21] τῆς ἐπιτομῆς[22]
διαπονοῦντες.[23] **29** καθάπερ[24] γὰρ τῆς καινῆς[25] οἰκίας ἀρχιτέκτονι[26] τῆς ὅλης
καταβολῆς[27] φροντιστέον,[28] τῷ δὲ ἐγκαίειν[29] καὶ ζωγραφεῖν[30] ἐπιχειροῦντι[31] τὰ
ἐπιτήδεια[32] πρὸς διακόσμησιν[33] ἐξεταστέον,[34] οὕτως δοκῶ[35] καὶ ἐπὶ ἡμῶν. **30** τὸ
μὲν ἐμβατεύειν[36] καὶ περίπατον[37] ποιεῖσθαι λόγων καὶ πολυπραγμονεῖν[38] ἐν τοῖς
κατὰ μέρος τῷ τῆς ἱστορίας[39] ἀρχηγέτῃ[40] καθήκει·[41] **31** τὸ δὲ σύντομον[42] τῆς
λέξεως[43] μεταδιώκειν[44] καὶ τὸ ἐξεργαστικὸν[45] τῆς πραγματείας[46] παραιτεῖσθαι[47]
τῷ τὴν μετάφρασιν[48] ποιουμένῳ συγχωρητέον.[49] **32** ἐντεῦθεν[50] οὖν ἀρξώμεθα τῆς
διηγήσεως[51] τοῖς προειρημένοις[52] τοσοῦτον[53] ἐπιζεύξαντες·[54] εὔηθες[55] γὰρ τὸ μὲν
πρὸ τῆς ἱστορίας[56] πλεονάζειν,[57] τὴν δὲ ἱστορίαν[58] ἐπιτεμεῖν.[59]

1 ἐπιδέχομαι, *perf mid ptc dat p m*, undertake
2 ἐπιτομή, abridgement
3 ῥᾴδιος, easy thing
4 ἱδρώς, sweat
5 ἀγρυπνία, sleeplessness
6 πρᾶγμα, deed, undertaking
7 καθάπερ, just as
8 παρασκευάζω, *pres act ptc dat s m*, prepare
9 συμπόσιον, banquet
10 λυσιτέλεια, benefit
11 εὐχερής, easy, unconcerned
12 ὅμως, nevertheless
13 εὐχαριστία, gratitude
14 ἡδέως, gladly
15 κακοπάθεια, laborious toil
16 ὑποφέρω, *fut act ind 1p*, endure, bear
17 διακριβόω, *pres act inf*, examine closely
18 συγγραφεύς, compiler
19 παραχωρέω, *aor act ptc nom p m*, concede, hand over
20 ἐπιπορεύομαι, *pres mid inf*, come upon
21 ὑπογραμμός, outline, example
22 ἐπιτομή, abridgement
23 διαπονέω, *pres act ptc nom p m*, work hard
24 καθάπερ, just as
25 καινός, new
26 ἀρχιτέκτων, master builder
27 καταβολή, structure, construction
28 φροντιστέος, mindful
29 ἐγκαίω, *pres act inf*, prepare for paint
30 ζωγραφέω, *pres act inf*, paint
31 ἐπιχειρέω, *pres act ptc dat s m*, endeavor
32 ἐπιτήδειος, necessary
33 διακόσμησις, decoration
34 ἐξεταστέος, careful examination
35 δοκέω, *pres act ind 1s*, think, resolve
36 ἐμβατεύω, *pres act inf*, go into detail
37 περίπατος, range
38 πολυπραγμονέω, *pres act inf*, inquire closely about
39 ἱστορία, history
40 ἀρχηγέτης, author, originator
41 καθήκω, *pres act ind 3s*, belong to
42 σύντομος, conciseness
43 λέξις, expression
44 μεταδιώκω, *pres act inf*, aim at, pursue
45 ἐξεργαστικός, full presentation
46 πραγματεία, narration
47 παραιτέομαι, *pres mid inf*, be excused from
48 μετάφρασις, paraphrase
49 συγχωρητέος, (make a) concession
50 ἐντεῦθεν, hence
51 διήγησις, discourse
52 προλέγω, *perf pas ptc dat p m*, say beforehand
53 τοσοῦτος, such
54 ἐπιζεύγνυμι, *aor act ptc nom p m*, add
55 εὐήθης, foolish
56 ἱστορία, account, story
57 πλεονάζω, *pres act inf*, lengthen
58 ἱστορία, account, story
59 ἐπιτέμνω, *fut act inf*, shorten

Apollonius Sends Heliodorus to Jerusalem

3 Τῆς ἁγίας πόλεως κατοικουμένης μετὰ πάσης εἰρήνης καὶ τῶν νόμων ὅτι
κάλλιστα[1] συντηρουμένων[2] διὰ τὴν Ονιου τοῦ ἀρχιερέως[3] εὐσέβειάν[4] τε καὶ
μισοπονηρίαν[5] **2** συνέβαινεν[6] καὶ αὐτοὺς τοὺς βασιλεῖς τιμᾶν[7] τὸν τόπον καὶ τὸ
ἱερὸν ἀποστολαῖς[8] ταῖς κρατίσταις[9] δοξάζειν **3** ὥστε καὶ Σέλευκον τὸν τῆς Ἀσίας
βασιλέα χορηγεῖν[10] ἐκ τῶν ἰδίων[11] προσόδων[12] πάντα τὰ πρὸς τὰς λειτουργίας[13] τῶν
θυσιῶν[14] ἐπιβάλλοντα[15] δαπανήματα.[16]

4 Σιμων δέ τις ἐκ τῆς Βενιαμιν φυλῆς προστάτης[17] τοῦ ἱεροῦ καθεσταμένος[18]
διηνέχθη[19] τῷ ἀρχιερεῖ[20] περὶ τῆς κατὰ τὴν πόλιν ἀγορανομίας·[21] **5** καὶ νικῆσαι[22]
τὸν Ονιαν μὴ δυνάμενος ἦλθεν πρὸς Ἀπολλώνιον Θαρσεου τὸν κατ᾽ ἐκεῖνον τὸν
καιρὸν Κοίλης Συρίας καὶ Φοινίκης στρατηγὸν[23] **6** καὶ προσήγγειλεν[24] περὶ τοῦ
χρημάτων[25] ἀμυθήτων[26] γέμειν[27] τὸ ἐν Ιεροσολύμοις γαζοφυλάκιον[28] ὥστε τὸ
πλῆθος τῶν διαφόρων[29] ἀναρίθμητον[30] εἶναι, καὶ μὴ προσήκειν[31] αὐτὰ πρὸς τὸν τῶν
θυσιῶν[32] λόγον, εἶναι δὲ δυνατὸν ὑπὸ τὴν τοῦ βασιλέως ἐξουσίαν[33] πεσεῖν ταῦτα.
7 συμμείξας[34] δὲ ὁ Ἀπολλώνιος τῷ βασιλεῖ περὶ τῶν μηνυθέντων[35] αὐτῷ χρημάτων[36]
ἐνεφάνισεν·[37] ὁ δὲ προχειρισάμενος[38] Ἡλιόδωρον τὸν ἐπὶ τῶν πραγμάτων[39]
ἀπέστειλεν δοὺς ἐντολὰς τὴν τῶν προειρημένων[40] χρημάτων[41] ἐκκομιδὴν[42]
ποιήσασθαι. **8** εὐθέως[43] δὲ ὁ Ἡλιόδωρος ἐποιεῖτο τὴν πορείαν,[44] τῇ μὲν ἐμφάσει[45]

1 καλός, *sup*, most diligently
2 συντηρέω, *pres pas ptc gen p m*, preserve closely
3 ἀρχιερεύς, high priest
4 εὐσέβεια, piety
5 μισοπονηρία, hatred of wickedness
6 συμβαίνω, *impf act ind 3s*, happen
7 τιμάω, *pres act inf*, honor
8 ἀποστολή, gift, present
9 κράτιστος, *sup of* ἀγαθός, best, most excellent
10 χορηγέω, *pres act inf*, defray a cost
11 ἴδιος, one's own
12 πρόσοδος, revenues, funds
13 λειτουργία, ministry, service
14 θυσία, sacrifice
15 ἐπιβάλλω, *pres act ptc acc p n*, contribute to
16 δαπάνημα, expense
17 προστάτης, superintendent
18 καθίστημι, *perf pas ptc nom s m*, appoint
19 διαφέρω, *aor pas ind 3s*, quarrel
20 ἀρχιερεύς, high priest
21 ἀγορανομία, office of market clerk
22 νικάω, *aor act inf*, prevail, be victorious
23 στρατηγός, governor
24 προσαγγέλλω, *aor act ind 3s*, report
25 χρῆμα, wealth, money
26 ἀμύθητος, unspeakably great
27 γέμω, *pres act inf*, be full of
28 γαζοφυλάκιον, treasury
29 διάφορος, balance (of money)
30 ἀναρίθμητος, uncountable
31 προσήκω, *pres act inf*, belong to
32 θυσία, sacrifice
33 ἐξουσία, authority
34 συμμείγνυμι, *aor act ptc nom s m*, meet with
35 μηνύω, *aor pas ptc gen p n*, inform
36 χρῆμα, wealth, money
37 ἐμφανίζω, *aor act ind 3s*, make known
38 προχειρίζω, *aor mid ptc nom s m*, select, appoint
39 πρᾶγμα, business, affairs
40 προλέγω, *perf pas ptc gen p n*, say beforehand
41 χρῆμα, wealth, money
42 ἐκκομιδή, transport
43 εὐθέως, immediately
44 πορεία, journey
45 ἔμφασις, outward appearance, impression

ὡς τὰς κατὰ Κοίλην Συρίαν καὶ Φοινίκην πόλεις ἐφοδεῦσαι,[1] τῷ πράγματι[2] δὲ τὴν τοῦ βασιλέως πρόθεσιν[3] ἐπιτελεῖν.[4]

9 παραγενηθεὶς δὲ εἰς Ιεροσόλυμα καὶ φιλοφρόνως[5] ὑπὸ τοῦ ἀρχιερέως[6] τῆς
πόλεως ἀποδεχθεὶς[7] ἀνέθετο[8] περὶ τοῦ γεγονότος ἐμφανισμοῦ,[9] καὶ τίνος ἕνεκεν[10]
πάρεστιν διεσάφησεν·[11] ἐπυνθάνετο[12] δὲ εἰ ταῖς ἀληθείαις[13] ταῦτα οὕτως ἔχοντα
τυγχάνει.[14] **10** τοῦ δὲ ἀρχιερέως[15] ὑποδείξαντος[16] παρακαταθήκας[17] εἶναι χηρῶν[18]
τε καὶ ὀρφανῶν,[19] **11** τινὰ δὲ καὶ Ὑρκανοῦ τοῦ Τωβιου σφόδρα[20] ἀνδρὸς ἐν
ὑπεροχῇ[21] κειμένου[22] — οὕτως ἦν διαβάλλων[23] ὁ δυσσεβὴς[24] Σιμων — τὰ δὲ πάντα
ἀργυρίου[25] τετρακόσια[26] τάλαντα,[27] χρυσίου[28] δὲ διακόσια·[29] **12** ἀδικηθῆναι[30] δὲ
τοὺς πεπιστευκότας τῇ τοῦ τόπου ἁγιωσύνῃ[31] καὶ τῇ τοῦ τετιμημένου[32] κατὰ τὸν
σύμπαντα[33] κόσμον ἱεροῦ σεμνότητι[34] καὶ ἀσυλίᾳ[35] παντελῶς[36] ἀμήχανον[37] εἶναι.

God Prevents Heliodorus from Robbing the Temple

13 ὁ δὲ Ἡλιόδωρος, δι᾽ ἃς εἶχεν βασιλικὰς[38] ἐντολάς, πάντως[39] ἔλεγεν εἰς τὸ
βασιλικὸν[40] ἀναλημπτέα[41] ταῦτα εἶναι. **14** ταξάμενος[42] δὲ ἡμέραν εἰσῄει[43] τὴν περὶ
τούτων ἐπίσκεψιν[44] οἰκονομήσων·[45] ἦν δὲ οὐ μικρὰ καθ᾽ ὅλην τὴν πόλιν ἀγωνία.[46]
15 οἱ δὲ ἱερεῖς πρὸ τοῦ θυσιαστηρίου[47] ἐν ταῖς ἱερατικαῖς[48] στολαῖς[49] ῥίψαντες[50]

1 ἐφοδεύω, *aor act inf*, inspect
2 πρᾶγμα, business, affairs
3 πρόθεσις, purpose
4 ἐπιτελέω, *pres act inf*, accomplish
5 φιλοφρόνως, hospitably
6 ἀρχιερεύς, high priest
7 ἀποδέχομαι, *aor pas ptc nom s m*, receive, welcome
8 ἀνατίθημι, *aor mid ind 3s*, communicate
9 ἐμφανισμός, information, disclosure
10 ἕνεκα, on account of
11 διασαφέω, *aor act ind 3s*, make known plainly
12 πυνθάνομαι, *impf mid ind 3s*, inquire
13 ἀλήθεια, truth
14 τυγχάνω, *pres act ind 3s*, happen to be
15 ἀρχιερεύς, high priest
16 ὑποδείκνυμι, *aor act ptc gen s m*, explain
17 παρακαταθήκη, deposit
18 χήρα, widow
19 ὀρφανός, orphan
20 σφόδρα, very
21 ὑπεροχή, dignity, prominence
22 κεῖμαι, *pres pas ptc gen s m*, place in a position
23 διαβάλλω, *pres act ptc nom s m*, misinform
24 δυσσεβής, impious
25 ἀργύριον, silver
26 τετρακόσιοι, four hundred
27 τάλαντον, talent
28 χρυσίον, gold
29 διακόσιοι, two hundred
30 ἀδικέω, *aor pas inf*, do wrong, injure
31 ἁγιωσύνη, holiness
32 τιμάω, *perf pas ptc gen s m*, honor
33 σύμπας, whole, entire
34 σεμνότης, majesty
35 ἀσυλία, inviolability
36 παντελῶς, quite, utterly
37 ἀμήχανος, impossible
38 βασιλικός, royal
39 πάντως, surely
40 βασιλικός, royal (treasury)
41 ἀναλημπτέος, must be brought
42 τάσσω, *aor mid ptc nom s m*, set
43 εἴσειμι, *impf act ind 3s*, go
44 ἐπίσκεψις, inspection, oversight
45 οἰκονομέω, *fut act ptc nom s m*, conduct
46 ἀγωνία, conflict, distress
47 θυσιαστήριον, altar
48 ἱερατικός, priestly
49 στολή, garment
50 ῥίπτω, *aor act ptc nom p m*, lie prostrate

ἑαυτοὺς ἐπεκαλοῦντο[1] εἰς οὐρανὸν τὸν περὶ παρακαταθήκης[2] νομοθετήσαντα[3]
τοῖς παρακαταθεμένοις[4] ταῦτα σῶα[5] διαφυλάξαι.[6] **16** ἦν δὲ ὁρῶντα τὴν τοῦ
ἀρχιερέως[7] ἰδέαν[8] τιτρώσκεσθαι[9] τὴν διάνοιαν·[10] ἡ γὰρ ὄψις[11] καὶ τὸ τῆς χρόας[12]
παρηλλαγμένον[13] ἐνέφαινεν[14] τὴν κατὰ ψυχὴν ἀγωνίαν·[15] **17** περιεκέχυτο[16] γὰρ
περὶ τὸν ἄνδρα δέος[17] τι καὶ φρικασμὸς[18] σώματος, δι᾽ ὧν πρόδηλον[19] ἐγίνετο τοῖς
θεωροῦσιν[20] τὸ κατὰ καρδίαν ἐνεστὸς[21] ἄλγος.[22] **18** ἔτι δὲ ἐκ τῶν οἰκιῶν ἀγεληδὸν[23]
ἐξεπήδων[24] ἐπὶ πάνδημον[25] ἱκετείαν[26] διὰ τὸ μέλλειν[27] εἰς καταφρόνησιν[28] ἔρχεσθαι
τὸν τόπον. **19** ὑπεζωσμέναι[29] δὲ ὑπὸ τοὺς μαστοὺς[30] αἱ γυναῖκες σάκκους[31] κατὰ
τὰς ὁδοὺς ἐπλήθυνον·[32] αἱ δὲ κατάκλειστοι[33] τῶν παρθένων,[34] αἱ μὲν συνέτρεχον[35]
ἐπὶ τοὺς πυλῶνας,[36] αἱ δὲ ἐπὶ τὰ τείχη,[37] τινὲς δὲ διὰ τῶν θυρίδων[38] διεξέκυπτον·[39]
20 πᾶσαι δὲ προτείνουσαι[40] τὰς χεῖρας εἰς τὸν οὐρανὸν ἐποιοῦντο τὴν λιτανείαν·[41]
21 ἐλεεῖν[42] δ᾽ ἦν τὴν τοῦ πλήθους παμμιγῆ[43] πρόπτωσιν[44] τήν τε τοῦ μεγάλως[45]
ἀγωνιῶντος[46] ἀρχιερέως[47] προσδοκίαν.[48]

22 οἱ μὲν οὖν ἐπεκαλοῦντο[49] τὸν παγκρατῆ[50] κύριον τὰ πεπιστευμένα[51] τοῖς
πεπιστευκόσιν σῶα[52] διαφυλάσσειν[53] μετὰ πάσης ἀσφαλείας.[54] **23** ὁ δὲ Ἡλιόδωρος

1 ἐπικαλέω, *impf mid ind 3p*, call upon
2 παρακαταθήκη, deposit
3 νομοθετέω, *aor act ptc acc s m*, give laws
4 παρακατατίθημι, *aor mid ptc dat p m*, deposit
5 σῶος, safe, intact
6 διαφυλάσσω, *aor act inf*, guard carefully
7 ἀρχιερεύς, high priest
8 ἰδέα, appearance
9 τιτρώσκω, *pres pas inf*, pierce, wound
10 διάνοια, mind
11 ὄψις, face, countenance
12 χρόα, complexion
13 παραλλάσσω, *perf pas ptc nom s n*, alter
14 ἐμφαίνω, *impf act ind 3s*, display, exhibit
15 ἀγωνία, agony, distress
16 περιχέω, *plpf pas ind 3s*, envelop
17 δέος, fear
18 φρικασμός, trembling
19 πρόδηλος, clear, manifest
20 θεωρέω, *pres act ptc dat p m*, observe
21 ἐνίστημι, *perf act ptc nom s n*, begin
22 ἄλγος, bodily pain, grief
23 ἀγεληδόν, in droves
24 ἐκπηδάω, *impf act ind 3p*, run out of
25 πάνδημος, general, of the whole crowd
26 ἱκετεία, supplication
27 μέλλω, *pres act inf*, be about to
28 καταφρόνησις, contempt
29 ὑποζώννυμι, *aor mid ptc nom p f*, gird
30 μαστός, breast
31 σάκκος, sackcloth, *Heb. LW*
32 πληθύνω, *impf act ind 3p*, swarm
33 κατάκλειστος, confined inside
34 παρθένος, virgin
35 συντρέχω, *impf act ind 3p*, run together
36 πυλών, gate
37 τεῖχος, city wall
38 θυρίς, window
39 διεκκύπτω, *impf act ind 3p*, peep out of
40 προτείνω, *pres act ptc nom p f*, stretch forth
41 λιτανεία, prayer, entreaty
42 ἐλεέω, *pres act inf*, feel pity
43 παμμιγής, mixed, of all sorts
44 πρόπτωσις, prostration
45 μεγάλως, exceedingly
46 ἀγωνιάω, *pres act ptc gen s m*, suffer anguish
47 ἀρχιερεύς, high priest
48 προσδοκία, anxiety
49 ἐπικαλέω, *impf mid ind 3p*, call upon
50 παγκρατής, all-powerful
51 πιστεύω, *perf pas ptc acc p n*, entrust
52 σῶος, safe, secure
53 διαφυλάσσω, *pres act inf*, guard
54 ἀσφάλεια, steadfastness

τὸ διεγνωσμένον[1] ἐπετέλει.[2] **24** αὐτόθι[3] δὲ αὐτοῦ σὺν τοῖς δορυφόροις[4] κατὰ τὸ
γαζοφυλάκιον[5] ἤδη[6] παρόντος[7] ὁ τῶν πνευμάτων καὶ πάσης ἐξουσίας[8] δυνάστης[9]
ἐπιφάνειαν[10] μεγάλην ἐποίησεν ὥστε πάντας τοὺς κατατολμήσαντας[11] συνελθεῖν[12]
καταπλαγέντας[13] τὴν τοῦ θεοῦ δύναμιν εἰς ἔκλυσιν[14] καὶ δειλίαν[15] τραπῆναι·[16]

25 ὤφθη γάρ τις ἵππος[17] αὐτοῖς φοβερὸν[18] ἔχων τὸν ἐπιβάτην[19] καὶ καλλίστῃ[20]
σαγῇ[21] διακεκοσμημένος,[22] φερόμενος δὲ ῥύδην[23] ἐνέσεισεν[24] τῷ Ἡλιοδώρῳ τὰς
ἐμπροσθίους[25] ὁπλάς·[26] ὁ δὲ ἐπικαθήμενος[27] ἐφαίνετο[28] χρυσῆν[29] πανοπλίαν[30]
ἔχων. **26** ἕτεροι δὲ δύο προσεφάνησαν[31] αὐτῷ νεανίαι[32] τῇ ῥώμῃ[33] μὲν ἐκπρεπεῖς,[34]
κάλλιστοι[35] δὲ τὴν δόξαν, διαπρεπεῖς[36] δὲ τὴν περιβολήν,[37] οἳ καὶ περιστάντες[38] ἐξ
ἑκατέρου[39] μέρους ἐμαστίγουν[40] αὐτὸν ἀδιαλείπτως[41] πολλὰς ἐπιρριπτοῦντες[42]
αὐτῷ πληγάς.[43] **27** ἄφνω[44] δὲ πεσόντα πρὸς τὴν γῆν καὶ πολλῷ σκότει
περιχυθέντα[45] συναρπάσαντες[46] καὶ εἰς φορεῖον[47] ἐνθέντες[48] **28** τὸν ἄρτι[49] μετὰ
πολλῆς παραδρομῆς[50] καὶ πάσης δορυφορίας[51] εἰς τὸ προειρημένον[52] εἰσελθόντα
γαζοφυλάκιον[53] ἔφερον ἀβοήθητον[54] ἑαυτῷ καθεστῶτα[55] φανερῶς[56] τὴν τοῦ θεοῦ
δυναστείαν[57] ἐπεγνωκότες.[58]

1 διαγινώσκω, *perf pas ptc acc s n*, determine
2 ἐπιτελέω, *impf act ind 3s*, finish
3 αὐτόθι, then and there
4 δορυφόρος, spear bearer, guard
5 γαζοφυλάκιον, treasury
6 ἤδη, now
7 πάρειμι, *pres act ptc gen s m*, be present
8 ἐξουσία, authority
9 δυνάστης, mighty one, lord
10 ἐπιφάνεια, appearance, manifestation
11 κατατολμάω, *aor act ptc acc p m*, have boldness
12 συνέρχομαι, *aor act inf*, accompany
13 καταπλήσσω, *aor pas ptc acc p m*, terrify
14 ἔκλυσις, faintness
15 δειλία, cowardice
16 τρέπω, *aor pas inf*, move to, turn to
17 ἵππος, horse
18 φοβερός, terrifying
19 ἐπιβάτης, rider
20 καλός, *sup*, most beautiful
21 σαγή, armor, harness
22 διακοσμέω, *perf pas ptc nom s m*, adorn
23 ῥύδην, fiercely
24 ἐνσείω, *aor act ind 3s*, rush upon
25 ἐμπρόσθιος, fore, in front
26 ὁπλή, hoof
27 ἐπικάθημαι, *pres mid ptc nom s m*, sit upon
28 φαίνω, *impf mid ind 3s*, appear, seem
29 χρυσοῦς, gold
30 πανοπλία, complete armor
31 προσφαίνω, *aor pas ind 3p*, appear
32 νεανίας, young man
33 ῥώμη, bodily strength
34 ἐκπρεπής, remarkable
35 καλός, *sup*, most beautiful
36 διαπρεπής, illustrious
37 περιβολή, clothing, robe, cloak
38 περιΐστημι, *aor act ptc nom p m*, stand around
39 ἑκάτερος, each
40 μαστιγόω, *impf act ind 3p*, whip, flog
41 ἀδιαλείπτως, continually
42 ἐπιρριπτέω, *pres act ptc nom p m*, beat, strike
43 πληγή, blow, wound
44 ἄφνω, suddenly
45 περιχέω, *aor pas ptc acc s m*, envelop
46 συναρπάζω, *aor act ptc nom p m*, take up
47 φορεῖον, litter, stretcher
48 ἐντίθημι, *aor act ptc nom p m*, place in
49 ἄρτι, just previously
50 παραδρομή, retinue
51 δορυφορία, bodyguard
52 προλέγω, *perf pas ptc acc s n*, say beforehand
53 γαζοφυλάκιον, treasury
54 ἀβοήθητος, helpless
55 καθίστημι, *perf act ptc nom p n*, bring to
56 φανερῶς, manifestly
57 δυναστεία, domination, power
58 ἐπιγινώσκω, *perf act ptc nom p m*, recognize

Heliodorus Recovers and Worships God

29 καὶ ὁ μὲν διὰ τὴν θείαν[1] ἐνέργειαν[2] ἄφωνος[3] καὶ πάσης ἐστερημένος[4] ἐλπίδος
καὶ σωτηρίας ἔρριπτο,[5] **30** οἱ δὲ τὸν κύριον εὐλόγουν τὸν παραδοξάζοντα[6] τὸν
ἑαυτοῦ τόπον, καὶ τὸ μικρῷ πρότερον[7] δέους[8] καὶ ταραχῆς[9] γέμον[10] ἱερὸν τοῦ
παντοκράτορος[11] ἐπιφανέντος[12] κυρίου χαρᾶς[13] καὶ εὐφροσύνης[14] ἐπεπλήρωτο.[15]

31 ταχὺ[16] δέ τινες τῶν τοῦ Ἡλιοδώρου συνήθων[17] ἠξίουν[18] τὸν Ονιαν ἐπικαλέσασθαι[19]
τὸν ὕψιστον[20] καὶ τὸ ζῆν χαρίσασθαι[21] τῷ παντελῶς[22] ἐν ἐσχάτῃ πνοῇ[23] κειμένῳ.[24]
32 ὕποπτος[25] δὲ γενόμενος ὁ ἀρχιερεὺς[26] μήποτε[27] διάλημψιν[28] ὁ βασιλεὺς σχῇ
κακουργίαν[29] τινὰ περὶ τὸν Ἡλιόδωρον ὑπὸ τῶν Ιουδαίων συντετελέσθαι[30]
προσήγαγεν[31] θυσίαν[32] ὑπὲρ τῆς τοῦ ἀνδρὸς σωτηρίας.[33] **33** ποιουμένου δὲ τοῦ
ἀρχιερέως[34] τὸν ἱλασμὸν[35] οἱ αὐτοὶ νεανίαι[36] πάλιν[37] ἐφάνησαν[38] τῷ Ἡλιοδώρῳ ἐν
ταῖς αὐταῖς ἐσθήσεσιν[39] ἐστολισμένοι[40] καὶ στάντες εἶπον Πολλὰς Ονια τῷ ἀρχιερεῖ
χάριτας ἔχε, διὰ γὰρ αὐτόν σοι κεχάρισται[41] τὸ ζῆν ὁ κύριος· **34** σὺ δὲ ἐξ οὐρανοῦ
μεμαστιγωμένος[42] διάγγελλε[43] πᾶσι τὸ μεγαλεῖον[44] τοῦ θεοῦ κράτος.[45] ταῦτα δὲ
εἰπόντες ἀφανεῖς[46] ἐγένοντο.

1 θεῖος, divine
2 ἐνέργεια, action
3 ἄφωνος, speechless
4 στερέω, *perf pas ptc nom s m*, deprive of
5 ῥίπτω, *plpf act ind 3s*, lie prostrate
6 παραδοξάζω, *pres act ptc acc s m*, act with distinction
7 πρότερος, earlier
8 δέος, fear, alarm
9 ταραχή, trouble, anxiety
10 γέμω, *pres act ptc nom s n*, be full of
11 παντοκράτωρ, almighty, ruler of all
12 ἐπιφαίνω, *aor pas ptc gen s m*, show forth, appear
13 χαρά, joy
14 εὐφροσύνη, joy, gladness
15 πληρόω, *plpf pas ind 3s*, fill
16 ταχύς, quickly
17 συνήθης, friend
18 ἀξιόω, *impf act ind 3p*, beseech, entreat
19 ἐπικαλέω, *aor mid inf*, call upon
20 ὕψιστος, *sup*, Most High
21 χαρίζομαι, *aor mid inf*, show favor
22 παντελῶς, utterly
23 πνοή, breath
24 κεῖμαι, *pres pas ptc dat s m*, lie down
25 ὕποπτος, suspicious
26 ἀρχιερεύς, high priest
27 μήποτε, perhaps
28 διάλημψις, judgment, notion
29 κακουργία, treachery
30 συντελέω, *perf mid inf*, accomplish
31 προσάγω, *aor act ind 3s*, offer
32 θυσία, sacrifice
33 σωτηρία, deliverance, recovery
34 ἀρχιερεύς, high priest
35 ἱλασμός, propitiation
36 νεανίας, young man
37 πάλιν, once again
38 φαίνω, *aor pas ind 3p*, show forth, appear
39 ἔσθησις, raiment
40 στολίζω, *perf pas ptc nom p m*, clothe, dress
41 χαρίζομαι, *perf mid ind 3s*, bestow graciously
42 μαστιγόω, *perf pas ptc nom s m*, whip, flog
43 διαγγέλλω, *pres act impv 2s*, tell abroad
44 μεγαλεῖος, majesty
45 κράτος, power
46 ἀφανής, invisible

35 ὁ δὲ Ἡλιόδωρος θυσίαν[1] ἀνενέγκας[2] τῷ κυρίῳ καὶ εὐχὰς[3] μεγίστας[4] εὐξάμενος[5]
τῷ τὸ ζῆν περιποιήσαντι[6] καὶ τὸν Ονιαν ἀποδεξάμενος[7] ἀνεστρατοπέδευσεν[8] πρὸς
τὸν βασιλέα. **36** ἐξεμαρτύρει[9] δὲ πᾶσιν ἅπερ[10] ἦν ὑπ᾽ ὄψιν[11] τεθεαμένος[12] ἔργα τοῦ
μεγίστου[13] θεοῦ. **37** τοῦ δὲ βασιλέως ἐπερωτήσαντος[14] τὸν Ἡλιόδωρον ποῖός[15] τις
εἴη[16] ἐπιτήδειος[17] ἔτι ἅπαξ[18] διαπεμφθῆναι[19] εἰς Ιεροσόλυμα, ἔφησεν[20] **38** Εἴ τινα ἔχεις
πολέμιον[21] ἢ πραγμάτων[22] ἐπίβουλον,[23] πέμψον[24] αὐτὸν ἐκεῖ, καὶ μεμαστιγωμένον[25]
αὐτὸν προσδέξῃ,[26] ἐάνπερ[27] καὶ διασωθῇ,[28] διὰ τὸ περὶ τὸν τόπον ἀληθῶς[29] εἶναί
τινα θεοῦ δύναμιν· **39** αὐτὸς γὰρ ὁ τὴν κατοικίαν[30] ἐπουράνιον[31] ἔχων ἐπόπτης[32]
ἐστὶν καὶ βοηθὸς[33] ἐκείνου τοῦ τόπου καὶ τοὺς παραγινομένους[34] ἐπὶ κακώσει[35]
τύπτων[36] ἀπολλύει. **40** καὶ τὰ μὲν κατὰ Ἡλιόδωρον καὶ τὴν τοῦ γαζοφυλακίου[37]
τήρησιν[38] οὕτως ἐχώρησεν.[39]

Conflict between Simon and Onias

4 Ὁ δὲ προειρημένος[40] Σιμων ὁ τῶν χρημάτων[41] καὶ τῆς πατρίδος[42] ἐνδείκτης[43]
γεγονὼς ἐκακολόγει[44] τὸν Ονιαν, ὡς αὐτός τε εἴη[45] τὸν Ἡλιόδωρον ἐπισεσεικὼς[46]
καὶ τῶν κακῶν δημιουργὸς[47] καθεστηκώς,[48] **2** καὶ τὸν εὐεργέτην[49] τῆς πόλεως καὶ

1 θυσία, sacrifice
2 ἀναφέρω, *aor act ptc nom s m*, offer up
3 εὐχή, vow
4 μέγας, *sup*, very great
5 εὔχομαι, *aor mid ptc nom s m*, vow
6 περιποιέω, *aor act ptc dat s m*, preserve alive
7 ἀποδέχομαι, *aor mid ptc nom s m*, receive back
8 ἀναστρατοπεδεύω, *aor act ind 3s*, march out in force
9 ἐκμαρτυρέω, *impf act ind 3s*, bear witness
10 ὅσπερ, as, like
11 ὄψις, face, sight
12 θεάομαι, *perf mid ptc nom s m*, behold
13 μέγας, *sup*, greatest
14 ἐπερωτάω, *aor act ptc gen s m*, inquire of
15 ποῖος, what kind of
16 εἰμί, *pres act opt 3s*, be
17 ἐπιτήδειος, suitable
18 ἅπαξ, once
19 διαπέμπω, *aor pas inf*, send onward
20 φημί, *aor act ind 3s*, say
21 πολέμιος, enemy
22 πρᾶγμα, public affairs
23 ἐπίβουλος, one who plots against
24 πέμπω, *aor act impv 2s*, send
25 μαστιγόω, *perf pas ptc acc s m*, whip, flog
26 προσδέχομαι, *fut mid ind 2s*, receive back
27 ἐάνπερ, if indeed
28 διασῴζω, *aor pas sub 3s*, preserve alive
29 ἀληθῶς, truly
30 κατοικία, habitation
31 ἐπουράνιος, heavenly
32 ἐπόπτης, overseer, watcher
33 βοηθός, helper
34 παραγίνομαι, *pres mid ptc acc p m*, come near
35 κάκωσις, affliction, ill treatment
36 τύπτω, *pres act ptc nom s m*, afflict, strike
37 γαζοφυλάκιον, treasury
38 τήρησις, guarding
39 χωρέω, *aor act ind 3s*, turn out, happen
40 προλέγω, *perf pas ptc nom s m*, say beforehand
41 χρῆμα, wealth
42 πατρίς, home land
43 ἐνδείκτης, informer
44 κακολογέω, *impf act ind 3s*, revile
45 εἰμί, *pres act opt 3s*, be
46 ἐπισείω, *perf act ptc nom s m*, stir up
47 δημιουργός, producer
48 καθίστημι, *perf act ptc nom s m*, establish as
49 εὐεργέτης, benefactor

τὸν κηδεμόνα[1] τῶν ὁμοεθνῶν[2] καὶ ζηλωτὴν[3] τῶν νόμων ἐπίβουλον[4] τῶν πραγμάτων[5] ἐτόλμα[6] λέγειν. **3** τῆς δὲ ἔχθρας[7] ἐπὶ τοσοῦτον[8] προβαινούσης[9] ὥστε καὶ διά τινος τῶν ὑπὸ τοῦ Σιμωνος δεδοκιμασμένων[10] φόνους[11] συντελεῖσθαι,[12] **4** συνορῶν[13] ὁ Ονιας τὸ χαλεπὸν[14] τῆς φιλονεικίας[15] καὶ Ἀπολλώνιον Μενεσθέως τὸν Κοίλης Συρίας καὶ Φοινίκης στρατηγὸν[16] συναύξοντα[17] τὴν κακίαν[18] τοῦ Σιμωνος, **5** πρὸς τὸν βασιλέα διεκομίσθη[19] οὐ γινόμενος τῶν πολιτῶν[20] κατήγορος,[21] τὸ δὲ σύμφορον[22] κοινῇ[23] καὶ κατ᾽ἰδίαν[24] παντὶ τῷ πλήθει σκοπῶν·[25] **6** ἑώρα γὰρ ἄνευ[26] βασιλικῆς[27] προνοίας[28] ἀδύνατον[29] εἶναι τυχεῖν[30] εἰρήνης ἔτι τὰ πράγματα[31] καὶ τὸν Σιμωνα παῦλαν[32] οὐ λημψόμενον τῆς ἀνοίας.[33]

Jason Overturns Jewish Customs

7 Μεταλλάξαντος[34] δὲ τὸν βίον[35] Σελεύκου καὶ παραλαβόντος[36] τὴν βασιλείαν Ἀντιόχου τοῦ προσαγορευθέντος[37] Ἐπιφανοῦς ὑπενόθευσεν[38] Ἰάσων ὁ ἀδελφὸς Ονιου τὴν ἀρχιερωσύνην[39] **8** ἐπαγγειλάμενος[40] τῷ βασιλεῖ δι᾽ ἐντεύξεως[41] ἀργυρίου[42] τάλαντα[43] ἑξήκοντα[44] πρὸς τοῖς τριακοσίοις[45] καὶ προσόδου[46] τινὸς ἄλλης τάλαντα[47] ὀγδοήκοντα.[48] **9** πρὸς δὲ τούτοις ὑπισχνεῖτο[49] καὶ ἕτερα διαγράφειν[50] πεντήκοντα[51]

1 κηδεμών, guardian
2 ὁμοεθνής, fellow countryman
3 ζηλωτός, zealous
4 ἐπίβουλος, one who plots against
5 πρᾶγμα, public affairs
6 τολμάω, *impf act ind 3s*, dare to
7 ἔχθρα, enmity
8 τοσοῦτος, such
9 προβαίνω, *pres act ptc gen s f*, advance, progress
10 δοκιμάζω, *perf pas ptc gen p m*, approve
11 φόνος, murder
12 συντελέω, *pres pas inf*, accomplish
13 συνοράω, *pres act ptc nom s m*, perceive
14 χαλεπός, danger
15 φιλονεικία, dispute, strife
16 στρατηγός, captain
17 συναύξω, *pres act ptc acc s m*, increase
18 κακία, wickedness
19 διακομίζω, *aor pas ind 3s*, come before
20 πολίτης, countryman
21 κατήγορος, accuser
22 σύμφορος, welfare
23 κοινός, public, common
24 ἴδιος, one's own
25 σκοπέω, *pres act ptc nom s m*, watch closely
26 ἄνευ, without
27 βασιλικός, royal, kingly
28 πρόνοια, attention
29 ἀδύνατος, impossible
30 τυγχάνω, *aor act inf*, obtain
31 πρᾶγμα, public affairs
32 παῦλα, cessation
33 ἄνοια, folly, stupidity
34 μεταλλάσσω, *aor act ptc gen s m*, cease
35 βίος, life
36 παραλαμβάνω, *aor act ptc gen s m*, inherit, obtain
37 προσαγορεύω, *aor pas ptc gen s m*, call
38 ὑπονοθεύω, *aor act ind 3s*, procure by corruption
39 ἀρχιερωσύνη, high priesthood
40 ἐπαγγέλλομαι, *aor mid ptc nom s m*, promise
41 ἔντευξις, request, interview
42 ἀργύριον, silver
43 τάλαντον, talent
44 ἑξήκοντα, sixty
45 τριακόσιοι, three hundred
46 πρόσοδος, revenue
47 τάλαντον, talent
48 ὀγδοήκοντα, eighty
49 ὑπισχνέομαι, *impf mid ind 3s*, promise, commit
50 διαγράφω, *pres act inf*, pay (by promissory note)
51 πεντήκοντα, fifty

πρὸς τοῖς ἑκατόν,[1] ἐὰν ἐπιχωρηθῇ[2] διὰ τῆς ἐξουσίας[3] αὐτοῦ γυμνάσιον[4] καὶ ἐφηβεῖον[5]
αὐτῷ συστήσασθαι[6] καὶ τοὺς ἐν Ιεροσολύμοις Ἀντιοχεῖς ἀναγράψαι.[7] **10** ἐπινεύσαντος[8]
δὲ τοῦ βασιλέως καὶ τῆς ἀρχῆς κρατήσας[9] εὐθέως[10] πρὸς τὸν Ἑλληνικὸν χαρακτῆρα[11]
τοὺς ὁμοφύλους[12] μετέστησε.[13]

11 καὶ τὰ κείμενα[14] τοῖς Ιουδαίοις φιλάνθρωπα[15] βασιλικὰ[16] διὰ Ιωάννου τοῦ πατρὸς
Εὐπολέμου τοῦ ποιησαμένου τὴν πρεσβείαν[17] ὑπὲρ φιλίας[18] καὶ συμμαχίας[19] πρὸς τοὺς
Ῥωμαίους παρώσας[20] καὶ τὰς μὲν νομίμους[21] καταλύων[22] πολιτείας[23] παρανόμους[24]
ἐθισμοὺς[25] ἐκαίνιζεν.[26] **12** ἀσμένως[27] γὰρ ὑπ' αὐτὴν τὴν ἀκρόπολιν[28] γυμνάσιον[29]
καθίδρυσεν[30] καὶ τοὺς κρατίστους[31] τῶν ἐφήβων[32] ὑποτάσσων[33] ὑπὸ πέτασον[34]
ἤγαγεν. **13** ἦν δ' οὕτως ἀκμή[35] τις Ἑλληνισμοῦ[36] καὶ πρόσβασις[37] ἀλλοφυλισμοῦ[38]
διὰ τὴν τοῦ ἀσεβοῦς[39] καὶ οὐκ ἀρχιερέως[40] Ἰάσωνος ὑπερβάλλουσαν[41] ἀναγνείαν[42]
14 ὥστε μηκέτι[43] περὶ τὰς τοῦ θυσιαστηρίου[44] λειτουργίας[45] προθύμους[46] εἶναι
τοὺς ἱερεῖς, ἀλλὰ τοῦ μὲν νεὼ[47] καταφρονοῦντες[48] καὶ τῶν θυσιῶν[49] ἀμελοῦντες[50]
ἔσπευδον[51] μετέχειν[52] τῆς ἐν παλαίστρῃ[53] παρανόμου[54] χορηγίας[55] μετὰ τὴν τοῦ

1 ἑκατόν, hundred
2 ἐπιχωρέω, *aor pas sub 3s*, permit
3 ἐξουσία, authority
4 γυμνάσιον, (gymnastic) school
5 ἐφηβεῖον, place for training youth
6 συνίστημι, *aor mid inf*, establish
7 ἀναγράφω, *aor act inf*, register, enroll
8 ἐπινεύω, *aor act ptc gen s m*, consent
9 κρατέω, *aor act ptc nom s m*, take possession
10 εὐθέως, immediately
11 χαρακτήρ, character, nature
12 ὁμόφυλος, fellow countryman
13 μεθίστημι, *aor act ind 3s*, change
14 κεῖμαι, *pres mid ptc acc p n*, place aside
15 φιλάνθρωπος, humane treatment, concession
16 βασιλικός, royal
17 πρεσβεία, ambassador
18 φιλία, friendship
19 συμμαχία, alliance
20 παρωθέω, *aor act ptc nom s m*, set aside
21 νόμιμος, lawful
22 καταλύω, *pres act ptc nom s m*, destroy
23 πολιτεία, polity
24 παράνομος, lawless
25 ἐθισμός, custom
26 καινίζω, *impf act ind 3s*, introduce
27 ἀσμένως, gladly
28 ἀκρόπολις, citadel, acropolis
29 γυμνάσιον, (gymnastic) school
30 καθιδρύω, *aor act ind 3s*, found, set up
31 κράτιστος, *sup of* ἀγαθός, most excellent
32 ἔφηβος, young boy
33 ὑποτάσσω, *pres act ptc nom s m*, place under, subjugate
34 πέτασος, petasus, (Greek hat)
35 ἀκμή, apex, extreme, high point
36 Ἑλληνισμός, Hellenism
37 πρόσβασις, increase, rise
38 ἀλλοφυλισμός, adoption of foreign customs
39 ἀσεβής, impious, ungodly
40 ἀρχιερεύς, high priest
41 ὑπερβάλλω, *pres act ptc acc s f*, surpass
42 ἀναγνεία, abominable wickedness
43 μηκέτι, no longer
44 θυσιαστήριον, altar
45 λειτουργία, ministry
46 πρόθυμος, desire
47 νεώς, shrine
48 καταφρονέω, *pres act ptc nom p m*, disdain
49 θυσία, sacrifice
50 ἀμελέω, *pres act ptc nom p m*, neglect
51 σπεύδω, *impf act ind 3p*, hasten
52 μετέχω, *pres act inf*, partake in
53 παλαίστρα, wrestling school
54 παράνομος, unlawful
55 χορηγία, proceeding, public spectacle

δίσκου[1] πρόσκλησιν,[2] **15** καὶ τὰς μὲν πατρῴους[3] τιμὰς[4] ἐν οὐδενὶ τιθέμενοι, τὰς
δὲ Ἑλληνικὰς[5] δόξας καλλίστας[6] ἡγούμενοι.[7] **16** ὧν καὶ χάριν[8] περιέσχεν[9] αὐτοὺς
χαλεπὴ[10] περίστασις,[11] καὶ ὧν ἐζήλουν[12] τὰς ἀγωγὰς[13] καὶ καθ' ἅπαν[14] ἤθελον
ἐξομοιοῦσθαι,[15] τούτους πολεμίους[16] καὶ τιμωρητὰς[17] ἔσχον· **17** ἀσεβεῖν[18] γὰρ εἰς
τοὺς θείους[19] νόμους οὐ ῥᾴδιον,[20] ἀλλὰ ταῦτα ὁ ἀκόλουθος[21] καιρὸς δηλώσει.[22]

18 Ἀγομένου δὲ πενταετηρικοῦ[23] ἀγῶνος[24] ἐν Τύρῳ καὶ τοῦ βασιλέως παρόντος[25]
19 ἀπέστειλεν Ἰάσων ὁ μιαρὸς[26] θεωροὺς[27] ὡς ἀπὸ Ιεροσολύμων Ἀντιοχεῖς ὄντας
παρακομίζοντας[28] ἀργυρίου[29] δραχμὰς[30] τριακοσίας[31] εἰς τὴν τοῦ Ἡρακλέους
θυσίαν,[32] ἃς καὶ ἠξίωσαν[33] οἱ παρακομίζοντες[34] μὴ χρῆσθαι[35] εἰς θυσίαν[36] διὰ τὸ μὴ
καθήκειν,[37] εἰς ἑτέραν δὲ καταθέσθαι[38] δαπάνην.[39] **20** ἔπεσε μὲν οὖν ταῦτα διὰ μὲν τὸν
ἀποστείλαντα εἰς τὴν τοῦ Ἡρακλέους θυσίαν,[40] ἕνεκεν[41] δὲ τῶν παρακομιζόντων[42]
εἰς τὰς τῶν τριηρέων[43] κατασκευάς.[44]

21 Ἀποσταλέντος δὲ εἰς Αἴγυπτον Ἀπολλωνίου τοῦ Μενεσθέως διὰ τὰ πρωτοκλίσια[45]
τοῦ Φιλομήτορος βασιλέως μεταλαβὼν[46] Ἀντίοχος ἀλλότριον[47] αὐτὸν τῶν αὐτοῦ
γεγονέναι πραγμάτων[48] τῆς καθ' αὐτὸν ἀσφαλείας[49] ἐφρόντιζεν·[50] ὅθεν[51] εἰς Ιοππην

1 δίσκος, discus (for throwing)
2 πρόσκλησις, summons, call, signal
3 πατρῷος, paternal
4 τιμή, honor
5 Ἑλληνικός, Greek
6 καλός, *sup*, most valuable
7 ἡγέομαι, *pres mid ptc nom p m*, regard, think
8 χάριν, because
9 περιέχω, *aor act ind 3s*, befall
10 χαλεπός, cruel
11 περίστασις, crisis, calamity
12 ζηλόω, *impf act ind 3p*, strive after
13 ἀγωγή, custom, manner of life
14 ἅπας, all
15 ἐξομοιόω, *pres mid inf*, imitate, be like
16 πολέμιος, enemy
17 τιμωρητής, punisher, avenger
18 ἀσεβέω, *pres act inf*, act profanely
19 θεῖος, divine
20 ῥᾴδιος, minor thing
21 ἀκόλουθος, following
22 δηλόω, *fut act ind 3s*, make clear, set forth
23 πενταετηρικός, every five years
24 ἀγών, game, contest
25 πάρειμι, *pres act ptc gen s m*, be present
26 μιαρός, vile
27 θεωρός, envoy
28 παρακομίζω, *pres act ptc acc p m*, bear, carry
29 ἀργύριον, silver
30 δραχμή, drachma
31 τριακόσιοι, three hundred
32 θυσία, sacrifice
33 ἀξιόω, *aor act ind 3p*, think worthy
34 παρακομίζω, *aor act ptc nom p m*, bear, carry
35 χράω, *pres mid inf*, use for
36 θυσία, sacrifice
37 καθήκω, *pres act inf*, be appropriate
38 κατατίθημι, *aor mid inf*, spend for
39 δαπάνη, expenditure
40 θυσία, sacrifice
41 ἕνεκα, wherefore, because
42 παρακομίζω, *pres act ptc gen p m*, bear, carry
43 τριήρης, trireme, (ship with three rows of oars on either side)
44 κατασκευή, construction
45 πρωτοκλίσια, coronation festival
46 μεταλαμβάνω, *aor act ptc nom s m*, receive notice of
47 ἀλλότριος, other (one)
48 πρᾶγμα, interests, affairs
49 ἀσφάλεια, safety
50 φροντίζω, *impf act ind 3s*, take care of
51 ὅθεν, therefore

παραγενόμενος κατήντησεν[1] εἰς Ιεροσόλυμα. 22 μεγαλομερῶς[2] δὲ ὑπὸ τοῦ Ἰάσωνος
καὶ τῆς πόλεως ἀποδεχθεὶς[3] μετὰ δᾳδουχίας[4] καὶ βοῶν[5] εἰσεδέχθη,[6] εἶθ᾽[7] οὕτως εἰς
τὴν Φοινίκην κατεστρατοπέδευσεν.[8]

Menelaus Seizes the High Priesthood

23 Μετὰ δὲ τριετῆ[9] χρόνον ἀπέστειλεν Ἰάσων Μενέλαον τὸν τοῦ προσημαινομένου[10]
Σιμωνος ἀδελφὸν παρακομίζοντα[11] τὰ χρήματα[12] τῷ βασιλεῖ καὶ περὶ πραγμάτων[13]
ἀναγκαίων[14] ὑπομνηματισμοὺς[15] τελέσοντα.[16] 24 ὁ δὲ συσταθεὶς[17] τῷ βασιλεῖ
καὶ δοξάσας αὐτὸν τῷ προσώπῳ τῆς ἐξουσίας[18] εἰς ἑαυτὸν κατήντησεν[19] τὴν
ἀρχιερωσύνην[20] ὑπερβαλὼν[21] τὸν Ἰάσωνα τάλαντα[22] ἀργυρίου[23] τριακόσια.[24]
25 λαβὼν δὲ τὰς βασιλικὰς[25] ἐντολὰς παρεγένετο τῆς μὲν ἀρχιερωσύνης[26] οὐδὲν
ἄξιον[27] φέρων, θυμοὺς[28] δὲ ὠμοῦ[29] τυράννου[30] καὶ θηρὸς[31] βαρβάρου[32] ὀργὰς ἔχων.

26 καὶ ὁ μὲν Ἰάσων ὁ τὸν ἴδιον[33] ἀδελφὸν ὑπονοθεύσας[34] ὑπονοθευθεὶς[35] ὑφ᾽
ἑτέρου φυγὰς[36] εἰς τὴν Αμμανῖτιν χώραν[37] συνήλαστο.[38] 27 ὁ δὲ Μενέλαος τῆς μὲν
ἀρχῆς ἐκράτει, τῶν δὲ ἐπηγγελμένων[39] τῷ βασιλεῖ χρημάτων[40] οὐδὲν εὐτάκτει·[41]
28 ποιουμένου δὲ τὴν ἀπαίτησιν[42] Σωστράτου τοῦ τῆς ἀκροπόλεως[43] ἐπάρχου,[44]
πρὸς τοῦτον γὰρ ἦν ἡ τῶν διαφόρων[45] πρᾶξις·[46] δι᾽ ἣν αἰτίαν[47] οἱ δύο ὑπὸ τοῦ

1 καταντάω, *aor act ind 3s*, arrive at
2 μεγαλομερῶς, magnificently
3 ἀποδέχομαι, *aor pas ptc nom s m*, welcome
4 δᾳδουχία, torch-bearing
5 βοή, shout
6 εἰσδέχομαι, *aor pas ind 3s*, receive into
7 εἶτα, then
8 καταστρατοπεδεύω, *aor act ind 3s*, enter and inhabit, march into
9 τριετής, three years
10 προσημαίνω, *pres pas ptc gen s m*, mention previously
11 παρακομίζω, *pres act ptc acc s m*, bear, carry
12 χρῆμα, money
13 πρᾶγμα, affairs, business
14 ἀναγκαῖος, necessary
15 ὑπομνηματισμός, archive, record
16 τελέω, *fut act ptc acc s m*, finish
17 συνίστημι, *aor pas ptc nom s m*, introduce to
18 ἐξουσία, authority
19 καταντάω, *aor act ind 3s*, arrive at
20 ἀρχιερωσύνη, high priesthood
21 ὑπερβάλλω, *aor act ptc nom s m*, outbid
22 τάλαντον, talent
23 ἀργύριον, silver
24 τριακόσιοι, three hundred
25 βασιλικός, royal
26 ἀρχιερωσύνη, high priesthood
27 ἄξιος, worthy of, deserving of
28 θυμός, wrath, anger
29 ὠμός, cruel
30 τύραννος, tyrant
31 θήρ, wild animal
32 βάρβαρος, savage
33 ἴδιος, one's own
34 ὑπονοθεύω, *aor act ptc nom s m*, procure by corruption, supplant
35 ὑπονοθεύω, *aor pas ptc nom s m*, procure by corruption, supplant
36 φυγή, (fugitive), fleeing (one)
37 χώρα, region
38 συνελαύνω, *plpf mid ind 3s*, drive, impel
39 ἐπαγγέλλομαι, *perf pas ptc gen p n*, promise
40 χρῆμα, money
41 εὐτακτέω, *pres act ind 3s*, pay regularly
42 ἀπαίτησις, demand for payment
43 ἀκρόπολις, citadel, acropolis
44 ἔπαρχος, governor
45 διάφορος, profit, revenue
46 πρᾶξις, function, (responsibility)
47 αἰτία, reason, cause

βασιλέως προσεκλήθησαν,[1] **29** καὶ ὁ μὲν Μενέλαος ἀπέλιπεν[2] τῆς ἀρχιερωσύνης[3]
διάδοχον[4] Λυσίμαχον τὸν ἑαυτοῦ ἀδελφόν, Σώστρατος δὲ Κράτητα τὸν ἐπὶ τῶν
Κυπρίων.

Menelaus Has Andronicus Kill Onias

30 Τοιούτων[5] δὲ συνεστηκότων[6] συνέβη[7] Ταρσεῖς καὶ Μαλλώτας στασιάζειν[8] διὰ
τὸ Ἀντιοχίδι τῇ παλλακῇ[9] τοῦ βασιλέως ἐν δωρεᾷ[10] δεδόσθαι. **31** θᾶττον[11] οὖν ὁ
βασιλεὺς ἧκεν[12] καταστεῖλαι[13] τὰ πράγματα[14] καταλιπὼν[15] τὸν διαδεχόμενον[16]
Ἀνδρόνικον τῶν ἐν ἀξιώματι[17] κειμένων.[18] **32** νομίσας[19] δὲ ὁ Μενέλαος εἰληφέναι[20]
καιρὸν εὐφυῆ[21] χρυσώματά[22] τινα τῶν τοῦ ἱεροῦ νοσφισάμενος[23] ἐχαρίσατο[24] τῷ
Ἀνδρονίκῳ καὶ ἕτερα ἐτύγχανεν[25] πεπρακὼς[26] εἴς τε Τύρον καὶ τὰς κύκλῳ[27] πόλεις.
33 ἃ καὶ σαφῶς[28] ἐπεγνωκὼς ὁ Ονιας ἀπήλεγχεν[29] ἀποκεχωρηκὼς[30] εἰς ἄσυλον[31]
τόπον ἐπὶ Δάφνης τῆς πρὸς Ἀντιόχειαν κειμένης.[32] **34** ὅθεν[33] ὁ Μενέλαος λαβὼν
ἰδίᾳ[34] τὸν Ἀνδρόνικον παρεκάλει χειρώσασθαι[35] τὸν Ονιαν· ὁ δὲ παραγενόμενος ἐπὶ
τὸν Ονιαν καὶ πεισθεὶς ἐπὶ δόλῳ[36] καὶ δεξιασθεὶς[37] μεθ᾽ ὅρκων[38] δοὺς δεξιάν, καίπερ[39]
ἐν ὑποψίᾳ[40] κείμενος,[41] ἔπεισεν[42] ἐκ τοῦ ἀσύλου[43] προελθεῖν,[44] ὃν καὶ παραχρῆμα[45]
παρέκλεισεν[46] οὐκ αἰδεσθεὶς[47] τὸ δίκαιον.

1 προσκαλέω, *aor pas ind 3p*, summon
2 ἀπολείπω, *aor act ind 3s*, leave behind
3 ἀρχιερωσύνη, high priesthood
4 διάδοχος, official, deputy
5 τοιοῦτος, such
6 συνίστημι, *perf act ptc gen p n*, come together
7 συμβαίνω, *aor act ind 3s*, happen
8 στασιάζω, *pres act inf*, rebel, stir up sedition
9 παλλακή, concubine
10 δωρεά, gift
11 θᾶττον, *comp of* ταχύς, more quickly
12 ἥκω, *impf act ind 3s*, come
13 καταστέλλω, *aor act inf*, put down, settle
14 πρᾶγμα, undertaking, affairs
15 καταλείπω, *aor act ptc nom s m*, leave behind
16 διαδέχομαι, *pres mid ptc acc s m*, be next in order
17 ἀξίωμα, rank
18 κεῖμαι, *pres pas ptc gen p m*, place, set
19 νομίζω, *aor act ptc nom s m*, suppose
20 λαμβάνω, *perf act inf*, obtain
21 εὐφυής, convenient, suitable
22 χρύσωμα, golden vessel
23 νοσφίζομαι, *aor mid ptc nom s m*, steal, rob
24 χαρίζομαι, *aor mid ind 3s*, give
25 τυγχάνω, *impf act ind 3s*, happen
26 πιπράσκω, *perf act ptc nom s m*, sell
27 κύκλῳ, surrounding
28 σαφῶς, plainly, clearly
29 ἀπελέγχω, *impf act ind 3s*, condemn, refute
30 ἀποχωρέω, *perf act ptc nom s m*, retreat, withdraw
31 ἄσυλος, safe from violence
32 κεῖμαι, *pres pas ptc gen s f*, lay aside
33 ὅθεν, for that reason
34 ἴδιος, privately
35 χειρόω, *aor mid inf*, attack, kill
36 δόλος, deceit
37 δεξιάζω, *aor pas ptc nom s m*, greet with the right hand
38 ὅρκος, oath
39 καίπερ, although, despite
40 ὑποψία, suspicion
41 κεῖμαι, *pres pas ptc nom s m*, be, set
42 πείθω, *aor act ind 3s*, persuade
43 ἄσυλος, safe from violence
44 προέρχομαι, *aor act inf*, come out
45 παραχρῆμα, immediately
46 παρακλείω, *aor act ind 3s*, incarcerate
47 αἰδέομαι, *aor pas ptc nom s m*, have respect for

35 δι᾽ ἣν αἰτίαν[1] οὐ μόνον Ιουδαῖοι, πολλοὶ δὲ καὶ τῶν ἄλλων ἐθνῶν ἐδείναζον[2] καὶ ἐδυσφόρουν[3] ἐπὶ τῷ τοῦ ἀνδρὸς ἀδίκῳ[4] φόνῳ.[5] **36** τοῦ δὲ βασιλέως ἐπανελθόντος[6] ἀπὸ τῶν κατὰ Κιλικίαν τόπων ἐνετύγχανον[7] οἱ κατὰ πόλιν Ιουδαῖοι συμμισοπονηρούντων[8] καὶ τῶν Ἑλλήνων ὑπὲρ τοῦ παρὰ λόγον τὸν Ονιαν ἀπεκτονῆσθαι. **37** ψυχικῶς[9] οὖν ὁ Ἀντίοχος ἐπιλυπηθεὶς[10] καὶ τραπεὶς[11] ἐπὶ ἔλεος[12] καὶ δακρύσας[13] διὰ τὴν τοῦ μετηλλαχότος[14] σωφροσύνην[15] καὶ πολλὴν εὐταξίαν[16]
38 καὶ πυρωθεὶς[17] τοῖς θυμοῖς[18] παραχρῆμα[19] τὴν τοῦ Ἀνδρονίκου πορφύραν[20] περιελόμενος[21] καὶ τοὺς χιτῶνας[22] περιρρήξας[23] περιαγαγὼν[24] καθ᾽ ὅλην τὴν πόλιν ἐπ᾽ αὐτὸν τὸν τόπον, οὗπερ[25] τὸν Ονιαν ἠσέβησεν,[26] ἐκεῖ τὸν μιαιφόνον[27] ἀπεκόσμησεν[28] τοῦ κυρίου τὴν ἀξίαν[29] αὐτῷ κόλασιν[30] ἀποδόντος.

Public Opinion Turns against Menelaus

39 Γενομένων δὲ πολλῶν ἱεροσυλημάτων[31] κατὰ τὴν πόλιν ὑπὸ τοῦ Λυσιμάχου μετὰ τῆς τοῦ Μενελάου γνώμης[32] καὶ διαδοθείσης[33] ἔξω τῆς φήμης[34] ἐπισυνήχθη[35] τὸ πλῆθος ἐπὶ τὸν Λυσίμαχον χρυσωμάτων[36] ἤδη[37] πολλῶν διενηνεγμένων.[38]
40 ἐπεγειρομένων[39] δὲ τῶν ὄχλων[40] καὶ ταῖς ὀργαῖς διεμπιπλαμένων[41] καθοπλίσας[42] ὁ Λυσίμαχος πρὸς τρισχιλίους[43] κατήρξατο[44] χειρῶν ἀδίκων[45] προηγησαμένου[46]

1 αἰτία, reason
2 δεινάζω, *impf act ind 3p*, take offense, be indignant
3 δυσφορέω, *impf act ind 3p*, be angry
4 ἄδικος, unjust
5 φόνος, murder
6 ἐπανέρχομαι, *aor act ptc gen s m*, return
7 ἐντυγχάνω, *impf act ind 3p*, complain to
8 συμμισοπονηρέω, *pres act ptc gen p m*, share hatred for a bad thing
9 ψυχικῶς, from the heart
10 ἐπιλυπέω, *aor pas ptc nom s m*, grieve
11 τρέπω, *aor pas ptc nom s m*, turn, change
12 ἔλεος, pity
13 δακρύω, *aor act ptc nom s m*, weep
14 μεταλλάσσω, *perf act ptc gen s m*, die
15 σωφροσύνη, moderation, temperance
16 εὐταξία, orderly behavior
17 πυρόω, *aor pas ptc nom s m*, inflame, burn
18 θυμός, anger, wrath
19 παραχρῆμα, immediately
20 πορφύρα, purple
21 περιαιρέω, *aor mid ptc nom s m*, remove, take away
22 χιτών, tunic
23 περιρρήγνυμι, *aor act ptc nom s m*, tear, rend
24 περιάγω, *aor act ptc nom s m*, go around
25 οὗπερ, where
26 ἀσεβέω, *aor act ind 3s*, act profanely against
27 μιαιφόνος, one polluted by murder
28 ἀποκοσμέω, *aor act ind 3s*, remove, kill
29 ἄξιος, deserved
30 κόλασις, punishment
31 ἱεροσύλημα, sacrilegious plunder
32 γνώμη, decree
33 διαδίδωμι, *aor pas ptc gen s f*, spread abroad
34 φήμη, report, news
35 ἐπισυνάγω, *aor pas ind 3s*, gather together
36 χρύσωμα, golden vessel
37 ἤδη, by this time, already
38 διαφέρω, *perf pas ptc gen p n*, carry away
39 ἐπεγείρω, *pres pas ptc gen p m*, stir up, arouse
40 ὄχλος, crowd
41 διεμπίμπλημι, *pres pas ptc gen p m*, fill completely
42 καθοπλίζω, *aor act ptc nom s m*, equip, arm
43 τρισχίλιοι, three thousand
44 κατάρχω, *aor mid ind 3s*, begin, initiate
45 ἄδικος, unjust
46 προηγέομαι, *aor mid ptc gen s m*, lead

τινὸς Αυρανου προβεβηκότος[1] τὴν ἡλικίαν,[2] οὐδὲν δὲ ἧττον[3] καὶ τὴν ἄνοιαν·[4]
41 συνιδόντες[5] δὲ καὶ τὴν ἐπίθεσιν[6] τοῦ Λυσιμάχου συναρπάσαντες[7] οἱ μὲν πέτρους,[8]
οἱ δὲ ξύλων[9] πάχη,[10] τινὲς δὲ ἐκ τῆς παρακειμένης[11] σποδοῦ[12] δρασσόμενοι[13]
φύρδην[14] ἐνετίνασσον[15] εἰς τοὺς περὶ τὸν Λυσίμαχον· **42** δι᾽ ἣν αἰτίαν[16] πολλοὺς
μὲν αὐτῶν τραυματίας[17] ἐποίησαν, τινὰς δὲ καὶ κατέβαλον,[18] πάντας δὲ εἰς φυγὴν[19]
συνήλασαν,[20] αὐτὸν δὲ τὸν ἱερόσυλον[21] παρὰ τὸ γαζοφυλάκιον[22] ἐχειρώσαντο.[23]

43 περὶ δὲ τούτων ἐνέστη[24] κρίσις[25] πρὸς τὸν Μενέλαον. **44** καταντήσαντος[26] δὲ
τοῦ βασιλέως εἰς Τύρον ἐπ᾽ αὐτοῦ τὴν δικαιολογίαν[27] ἐποιήσαντο οἱ πεμφθέντες[28]
τρεῖς ἄνδρες ὑπὸ τῆς γερουσίας.[29] **45** ἤδη[30] δὲ λελειμμένος[31] ὁ Μενέλαος
ἐπηγγείλατο[32] χρήματα[33] ἱκανὰ[34] τῷ Πτολεμαίῳ Δορυμένους πρὸς τὸ πεῖσαι[35] τὸν
βασιλέα. **46** ὅθεν[36] ἀπολαβὼν[37] ὁ Πτολεμαῖος εἴς τι περίστυλον[38] ὡς ἀναψύξοντα[39]
τὸν βασιλέα μετέθηκεν,[40] **47** καὶ τὸν μὲν τῆς ὅλης κακίας[41] αἴτιον[42] Μενέλαον
ἀπέλυσεν[43] τῶν κατηγορημένων,[44] τοῖς δὲ ταλαιπώροις,[45] οἵτινες, εἰ καὶ ἐπὶ Σκυθῶν
ἔλεγον, ἀπελύθησαν[46] ἀκατάγνωστοι,[47] τούτοις θάνατον ἐπέκρινεν.[48] **48** ταχέως[49]
οὖν τὴν ἄδικον[50] ζημίαν[51] ὑπέσχον[52] οἱ περὶ πόλεως καὶ δήμων[53] καὶ τῶν ἱερῶν

1 προβαίνω, *perf act ptc gen s m*, advance
2 ἡλικία, time of life, years
3 ἥττων (σσ), *comp of* κακός, less
4 ἄνοια, foolishness
5 συνοράω, *aor act ptc nom p m*, perceive
6 ἐπίθεσις, attack
7 συναρπάζω, *aor act ptc nom p m*, take up
8 πέτρος, stone
9 ξύλον, wood
10 πάχος, thick piece
11 παράκειμαι, *pres pas ptc gen s f*, lie nearby
12 σποδός, ashes
13 δράσσομαι, *pres mid ptc nom p m*, take a handful
14 φύρδην, with confusion
15 ἐντινάσσω, *impf act ind 3p*, hurl against
16 αἰτία, reason
17 τραυματίας, casualty, wound
18 καταβάλλω, *aor act ind 3p*, strike down
19 φυγή, flight, fleeing
20 συνελαύνω, *aor act ind 3p*, drive, impel
21 ἱερόσυλος, temple robber
22 γαζοφυλάκιον, treasury
23 χειρόομαι, *aor mid ind 3p*, attack, kill
24 ἐνίστημι, *aor act ind 3s*, bring up, bring against
25 κρίσις, judicial case
26 καταντάω, *aor act ptc gen s m*, arrive at
27 δικαιολογία, speech in a trial
28 πέμπω, *aor pas ptc nom p m*, send
29 γερουσία, senate
30 ἤδη, already
31 λείπω, *perf pas ptc nom s m*, defeat
32 ἐπαγγέλλομαι, *aor mid ind 3s*, promise
33 χρῆμα, (bribe), money
34 ἱκανός, sufficient
35 πείθω, *aor act inf*, persuade, win
36 ὅθεν, therefore
37 ἀπολαμβάνω, *aor act ptc nom s m*, take aside
38 περίστυλον, colonnade
39 ἀναψύχω, *fut act ptc acc s m*, refresh, revive
40 μετατίθημι, *aor act ind 3s*, induce to change
41 κακία, wickedness
42 αἴτιος, responsible for
43 ἀπολύω, *aor act ind 3s*, acquit
44 κατηγορέω, *perf pas ptc gen p m*, accuse
45 ταλαίπωρος, distressed, unfortunate
46 ἀπολύω, *aor pas ind 3p*, acquit
47 ἀκατάγνωστος, innocent
48 ἐπικρίνω, *aor act ind 3s*, sentence, condemn
49 ταχέως, quickly
50 ἄδικος, unjust
51 ζημία, penalty
52 ὑπέχω, *aor act ind 3p*, undergo, suffer
53 δῆμος, district

σκευῶν[1] προηγορήσαντες.[2] **49** δι᾽ ἣν αἰτίαν[3] καὶ Τύριοι μισοπονηρήσαντες[4] τὰ πρὸς τὴν κηδείαν[5] αὐτῶν μεγαλοπρεπῶς[6] ἐχορήγησαν.[7] **50** ὁ δὲ Μενέλαος διὰ τὰς τῶν κρατούντων πλεονεξίας[8] ἔμενεν[9] ἐπὶ τῇ ἀρχῇ ἐπιφυόμενος[10] τῇ κακίᾳ[11] μέγας τῶν πολιτῶν[12] ἐπίβουλος[13] καθεστώς.[14]

Jason Attempts to Regain Jerusalem

5 Περὶ δὲ τὸν καιρὸν τοῦτον τὴν δευτέραν ἔφοδον[15] ὁ Ἀντίοχος εἰς Αἴγυπτον ἐστείλατο.[16] **2** συνέβη[17] δὲ καθ᾽ ὅλην τὴν πόλιν σχεδὸν[18] ἐφ᾽ ἡμέρας τεσσαράκοντα[19] φαίνεσθαι[20] διὰ τῶν ἀέρων[21] τρέχοντας[22] ἱππεῖς[23] διαχρύσους[24] στολὰς[25] ἔχοντας καὶ λόγχας[26] σπειρηδὸν[27] ἐξωπλισμένους[28] καὶ μαχαιρῶν[29] σπασμοὺς[30] **3** καὶ ἴλας[31] ἵππων[32] διατεταγμένας[33] καὶ προσβολὰς[34] γινομένας καὶ καταδρομὰς[35] ἑκατέρων[36] καὶ ἀσπίδων[37] κινήσεις[38] καὶ καμάκων[39] πλήθη καὶ βελῶν[40] βολὰς[41] καὶ χρυσέων[42] κόσμων[43] ἐκλάμψεις[44] καὶ παντοίους[45] θωρακισμούς.[46] **4** διὸ[47] πάντες ἠξίουν[48] ἐπ᾽ ἀγαθῷ τὴν ἐπιφάνειαν[49] γεγενῆσθαι.

1 σκεῦος, vessel
2 προηγορέω, *aor act ptc nom p m*, speak for
3 αἰτία, reason
4 μισοπονηρέω, *aor act ptc nom p m*, hate wickedness
5 κηδεία, funeral
6 μεγαλοπρεπῶς, magnificently
7 χορηγέω, *aor act ind 3p*, provide for, cover an expense
8 πλεονεξία, greed
9 μένω, *impf act ind 3s*, remain
10 ἐπιφύω, *pres pas ptc nom s m*, adhere to
11 κακία, wickedness
12 πολίτης, countryman
13 ἐπίβουλος, one who plots against
14 καθίστημι, *perf act ptc nom s m*, set to be
15 ἔφοδος, attack
16 στέλλω, *aor mid ind 3s*, prepare for
17 συμβαίνω, *aor act ind 3s*, happen
18 σχεδόν, almost
19 τεσσαράκοντα, forty
20 φαίνω, *pres mid inf*, appear
21 ἀήρ, air
22 τρέχω, *pres act ptc acc p m*, run swiftly
23 ἱππεύς, horse(man)
24 διάχρυσος, interwoven with gold
25 στολή, garment
26 λόγχη, spear
27 σπειρηδόν, cohort of troops
28 ἐξοπλίζω, *perf pas ptc acc p m*, arm completely
29 μάχαιρα, sword
30 σπασμός, drawn
31 ἴλη, troop
32 ἵππος, cavalry
33 διατάσσω, *perf pas ptc acc p f*, set in array
34 προσβολή, assault
35 καταδρομή, charge
36 ἑκάτερος, on each side
37 ἀσπίς, shield
38 κίνησις, movement
39 κάμαξ, pike
40 βέλος, arrow
41 βολή, shot
42 χρύσεος, golden
43 κόσμος, ornamentation
44 ἔκλαμψις, shining
45 παντοῖος, of all kinds
46 θωρακισμός, armor, breastplate
47 διό, therefore
48 ἀξιόω, *impf act ind 3p*, pray, beseech
49 ἐπιφάνεια, manifestation, apparition

5 γενομένης δὲ λαλιᾶς[1] ψευδοῦς[2] ὡς μετηλλαχότος[3] Ἀντιόχου τὸν βίον[4]
παραλαβὼν[5] ὁ Ἰάσων οὐκ ἐλάττους[6] τῶν χιλίων[7] αἰφνιδίως[8] ἐπὶ τὴν πόλιν
συνετελέσατο[9] ἐπίθεσιν·[10] τῶν δὲ ἐπὶ τῷ τείχει[11] συνελασθέντων[12] καὶ τέλος ἤδη[13]
καταλαμβανομένης[14] τῆς πόλεως ὁ Μενέλαος εἰς τὴν ἀκρόπολιν[15] ἐφυγάδευσεν.[16]
6 ὁ δὲ Ἰάσων ἐποιεῖτο σφαγὰς[17] τῶν πολιτῶν[18] τῶν ἰδίων[19] ἀφειδῶς[20] οὐ συννοῶν[21]
τὴν εἰς τοὺς συγγενεῖς[22] εὐημερίαν[23] δυσημερίαν[24] εἶναι τὴν μεγίστην,[25] δοκῶν[26]
δὲ πολεμίων[27] καὶ οὐχ ὁμοεθνῶν[28] τρόπαια[29] καταβάλλεσθαι.[30] **7** τῆς μὲν ἀρχῆς
οὐκ ἐκράτησεν, τὸ δὲ τέλος τῆς ἐπιβουλῆς[31] αἰσχύνην[32] λαβὼν φυγὰς[33] πάλιν[34] εἰς
τὴν Αμμανῖτιν ἀπῆλθεν. **8** πέρας[35] οὖν κακῆς καταστροφῆς[36] ἔτυχεν.[37] ἐγκληθεὶς[38]
πρὸς Ἀρέταν τὸν τῶν Ἀράβων τύραννον[39] πόλιν ἐκ πόλεως φεύγων[40] διωκόμενος
ὑπὸ πάντων στυγούμενος[41] ὡς τῶν νόμων ἀποστάτης[42] καὶ βδελυσσόμενος[43] ὡς
πατρίδος[44] καὶ πολιτῶν[45] δήμιος[46] εἰς Αἴγυπτον ἐξεβράσθη,[47] **9** καὶ ὁ συχνοὺς[48] τῆς
πατρίδος[49] ἀποξενώσας[50] ἐπὶ ξένης[51] ἀπώλετο πρὸς Λακεδαιμονίους ἀναχθεὶς[52] ὡς
διὰ τὴν συγγένειαν[53] τευξόμενος[54] σκέπης.[55] **10** καὶ ὁ πλῆθος ἀτάφων[56] ἐκρίψας[57]

1 λαλιά, chatter, rumor
2 ψευδής, false, lying
3 μεταλλάσσω, *perf act ptc gen s m*, die
4 βίος, life
5 παραλαμβάνω, *aor act ptc nom s m*, take along
6 ἐλάττων (σσ), *comp of* μικρός, *from* ἐλαχύς, fewer
7 χίλιοι, thousand
8 αἰφνιδίως, suddenly
9 συντελέω, *aor mid ind 3s*, accomplish
10 ἐπίθεσις, attack
11 τεῖχος, city wall
12 συνελαύνω, *aor pas ptc gen p m*, drive, force
13 ἤδη, already
14 καταλαμβάνω, *pres pas ptc gen s f*, capture
15 ἀκρόπολις, citadel, acropolis
16 φυγαδεύω, *aor act ind 3s*, flee away to
17 σφαγή, slaughter
18 πολίτης, countryman
19 ἴδιος, one's own
20 ἀφειδῶς, unsparingly, without mercy
21 συννοέω, *pres act ptc nom s m*, recognize, realize
22 συγγενής, kinsman
23 εὐημερία, success
24 δυσημερία, misfortune
25 μέγας, *sup*, greatest
26 δοκέω, *pres act ptc nom s m*, think, suppose
27 πολέμιος, enemy
28 ὁμοεθνής, fellow citizen
29 τρόπαιον, trophy
30 καταβάλλω, *pres mid inf*, strike down
31 ἐπιβουλή, plot
32 αἰσχύνη, dishonor, disgrace
33 φυγή, flight, fleeing
34 πάλιν, again
35 πέρας, finally
36 καταστροφή, destructive end
37 τυγχάνω, *aor act ind 3s*, meet
38 ἐγκαλέω, *aor pas ptc nom s m*, accuse
39 τύραννος, tyrant
40 φεύγω, *pres act ptc nom s m*, flee
41 στυγέω, *pres pas ptc nom s m*, hate
42 ἀποστάτης, rebel, apostate
43 βδελύσσω, *pres pas ptc nom s m*, abhor, curse
44 πατρίς, home land
45 πολίτης, countryman
46 δήμιος, public executioner
47 ἐκβράζω, *aor pas ind 3s*, expel, drive away
48 συχνός, many
49 πατρίς, kindred
50 ἀποξενόω, *aor act ptc nom s m*, banish
51 ξένος, foreign
52 ἀνάγω, *aor pas ptc nom s m*, bring up
53 συγγένεια, kindred
54 τυγχάνω, *fut mid ptc nom s m*, find, obtain
55 σκέπη, protection, shelter
56 ἄταφος, unburied
57 ἐκρίπτω, *aor act ptc nom s m*, throw out

ἀπένθητος[1] ἐγενήθη καὶ κηδείας[2] οὐδ᾽ ἡστινοσοῦν[3] οὔτε πατρῴου[4] τάφου[5] μετέσχεν.[6]

11 Προσπεσόντων[7] δὲ τῷ βασιλεῖ περὶ τῶν γεγονότων διέλαβεν[8] ἀποστατεῖν[9] τὴν Ἰουδαίαν· ὅθεν[10] ἀναζεύξας[11] ἐξ Αἰγύπτου τεθηριωμένος[12] τῇ ψυχῇ ἔλαβεν τὴν μὲν πόλιν δοριάλωτον[13] **12** καὶ ἐκέλευσεν[14] τοῖς στρατιώταις[15] κόπτειν[16] ἀφειδῶς[17] τοὺς ἐμπίπτοντας[18] καὶ τοὺς εἰς τὰς οἰκίας ἀναβαίνοντας[19] κατασφάζειν.[20] **13** ἐγίνετο δὲ νέων[21] καὶ πρεσβυτέρων ἀναίρεσις,[22] ἀνήβων[23] τε καὶ γυναικῶν καὶ τέκνων ἀφανισμός,[24] παρθένων[25] τε καὶ νηπίων[26] σφαγαί.[27] **14** ὀκτὼ[28] δὲ μυριάδες[29] ἐν ταῖς πάσαις ἡμέραις τρισὶν κατεφθάρησαν,[30] τέσσαρες μὲν ἐν χειρῶν νομαῖς,[31] οὐχ ἧττον[32] δὲ τῶν ἐσφαγμένων[33] ἐπράθησαν.[34]

Antiochus and Menelaus Profane and Rob the Temple

15 οὐκ ἀρκεσθεὶς[35] δὲ τούτοις κατετόλμησεν[36] εἰς τὸ πάσης τῆς γῆς ἁγιώτατον[37] ἱερὸν εἰσελθεῖν ὁδηγὸν[38] ἔχων τὸν Μενέλαον τὸν καὶ τῶν νόμων καὶ τῆς πατρίδος[39] προδότην[40] γεγονότα **16** καὶ ταῖς μιαραῖς[41] χερσὶν τὰ ἱερὰ σκεύη[42] λαμβάνων καὶ τὰ ὑπ᾽ ἄλλων βασιλέων ἀνατεθέντα[43] πρὸς αὔξησιν[44] καὶ δόξαν τοῦ τόπου καὶ τιμὴν[45] ταῖς βεβήλοις[46] χερσὶν συσσύρων.[47] **17** καὶ ἐμετεωρίζετο[48] τὴν διάνοιαν[49] ὁ

1 ἀπένθητος, unlamented
2 κηδεία, funeral
3 ὁστισοῦν, whatsoever
4 πατρῷος, paternal
5 τάφος, grave, tomb
6 μετέχω, *aor act ind 3s*, partake in
7 προσπίπτω, *aor act ptc gen p n*, reach, become known
8 διαλαμβάνω, *aor act ind 3s*, perceive, comprehend
9 ἀποστατέω, *pres act inf*, rebel against
10 ὅθεν, therefore
11 ἀναζεύγνυμι, *aor act ptc nom s m*, break camp, set out
12 θηριόομαι, *perf mid ptc nom s m*, become brutal
13 δοριάλωτος, taken captive by war
14 κελεύω, *aor act ind 3s*, give orders
15 στρατιώτης, soldier
16 κόπτω, *pres act inf*, strike down
17 ἀφειδῶς, unsparingly
18 ἐμπίπτω, *pres act ptc acc p m*, fall upon
19 ἀναβαίνω, *pres act ptc acc p m*, go up to
20 κατασφάζω, *pres act inf*, slaughter
21 νέος, young
22 ἀναίρεσις, slaying, murder
23 ἄνηβος, young
24 ἀφανισμός, extermination
25 παρθένος, virgin
26 νήπιος, infant
27 σφαγή, destruction, slaughter
28 ὀκτώ, eight
29 μυριάς, ten thousand
30 καταφθείρω, *aor pas ind 3p*, destroy
31 νομή, combat
32 ἥττων (σσ), *comp of* κακός, less
33 σφάζω, *perf pas ptc gen p m*, slay
34 πιπράσκω, *aor pas ind 3p*, sell (into slavery)
35 ἀρκέω, *aor pas ptc nom s m*, satisfy, suffice
36 κατατολμάω, *aor act ind 3s*, dare, have boldness
37 ἅγιος, *sup*, most holy
38 ὁδηγός, guide
39 πατρίς, home land
40 προδότης, betrayer
41 μιαρός, vile, polluted
42 σκεῦος, vessel, object
43 ἀνατίθημι, *aor pas ptc acc p n*, set up
44 αὔξησις, enhancement, increase
45 τιμή, honor
46 βέβηλος, impure, unclean
47 συσσύρω, *pres act ptc nom s m*, pull down
48 μετεωρίζω, *impf pas ind 3s*, exalt
49 διάνοια, mind

Ἀντίοχος οὐ συνορῶν[1] ὅτι διὰ τὰς ἁμαρτίας τῶν τὴν πόλιν οἰκούντων[2] ἀπώργισται[3]
βραχέως[4] ὁ δεσπότης,[5] διὸ[6] γέγονεν περὶ τὸν τόπον παρόρασις.[7] **18** εἰ δὲ μὴ
συνέβη[8] προσενέχεσθαι[9] πολλοῖς ἁμαρτήμασιν,[10] καθάπερ[11] ἦν ὁ Ἡλιόδωρος ὁ
πεμφθεὶς[12] ὑπὸ Σελεύκου τοῦ βασιλέως ἐπὶ τὴν ἐπίσκεψιν[13] τοῦ γαζοφυλακίου,[14]
οὗτος προαχθεὶς[15] παραχρῆμα[16] μαστιγωθεὶς[17] ἀνετράπη[18] τοῦ θράσους.[19] **19** ἀλλ᾽
οὐ διὰ τὸν τόπον τὸ ἔθνος, ἀλλὰ διὰ τὸ ἔθνος τὸν τόπον ὁ κύριος ἐξελέξατο.[20]
20 διόπερ[21] καὶ αὐτὸς ὁ τόπος συμμετασχὼν[22] τῶν τοῦ ἔθνους δυσπετημάτων[23]
γενομένων ὕστερον[24] εὐεργετημάτων[25] ἐκοινώνησεν,[26] καὶ ὁ καταλειφθεὶς[27] ἐν τῇ
τοῦ παντοκράτορος[28] ὀργῇ πάλιν[29] ἐν τῇ τοῦ μεγάλου δεσπότου[30] καταλλαγῇ[31] μετὰ
πάσης δόξης ἐπανωρθώθη.[32]

21 Ὁ γοῦν[33] Ἀντίοχος ὀκτακόσια[34] πρὸς τοῖς χιλίοις[35] ἀπενεγκάμενος[36] ἐκ τοῦ ἱεροῦ
τάλαντα[37] θᾶττον[38] εἰς τὴν Ἀντιόχειαν ἐχωρίσθη[39] οἰόμενος[40] ἀπὸ τῆς ὑπερηφανίας[41]
τὴν μὲν γῆν πλωτὴν[42] καὶ τὸ πέλαγος[43] πορευτὸν[44] θέσθαι[45] διὰ τὸν μετεωρισμὸν[46]
τῆς καρδίας. **22** κατέλιπεν[47] δὲ καὶ ἐπιστάτας[48] τοῦ κακοῦν[49] τὸ γένος,[50] ἐν μὲν
Ιεροσολύμοις Φίλιππον, τὸ μὲν γένος[51] Φρύγα, τὸν δὲ τρόπον[52] βαρβαρώτερον[53]
ἔχοντα τοῦ καταστήσαντος,[54] **23** ἐν δὲ Γαριζιν Ἀνδρόνικον, πρὸς δὲ τούτοις

1 συνοράω, *pres act ptc nom s m*, consider
2 οἰκέω, *pres act ptc gen p m*, inhabit
3 ἀποργίζομαι, *perf mid ind 3s*, be angry
4 βραχέως, for a while
5 δεσπότης, lord
6 διό, on account of
7 παρόρασις, turning away, neglecting
8 συμβαίνω, *aor act ind 3s*, happen
9 προσενέχομαι, *pres mid inf*, be involved in
10 ἁμάρτημα, transgression
11 καθάπερ, just as
12 πέμπω, *aor pas ptc nom s m*, send
13 ἐπίσκεψις, inspection
14 γαζοφυλάκιον, treasury
15 προάγω, *aor pas ptc nom s m*, lead before
16 παραχρῆμα, immediately
17 μαστιγόω, *aor pas ptc nom s m*, whip, flog
18 ἀνατρέπω, *aor pas ind 3s*, divert from
19 θράσος, audacity, rashness
20 ἐκλέγω, *aor mid ind 3s*, choose, elect
21 διόπερ, for this reason
22 συμμετέχω, *aor act ptc nom s m*, partake in
23 δυσπέτημα, misfortune
24 ὕστερον, afterward
25 εὐεργέτημα, kindness, benefit
26 κοινωνέω, *aor act ind 3s*, share in
27 καταλείπω, *aor pas ptc nom s m*, forsake, leave behind
28 παντοκράτωρ, almighty
29 πάλιν, once again
30 δεσπότης, master, lord
31 καταλλαγή, reconciliation
32 ἐπανορθόω, *aor pas ind 3s*, restore
33 γοῦν, then, *cr.* γε οὖν
34 ὀκτακόσιοι, eight hundred
35 χίλιοι, thousand
36 ἀποφέρω, *aor mid ptc nom s m*, carry off
37 τάλαντον, talent
38 θᾶττον, *comp of* ταχύς, more quickly
39 χωρίζω, *aor pas ind 3s*, depart
40 οἴομαι, *pres mid ptc nom s m*, think
41 ὑπερηφανία, pride
42 πλωτός, navigable (by boat)
43 πέλαγος, sea
44 πορευτός, passable (on foot)
45 τίθημι, *aor mid inf*, make
46 μετεωρισμός, lifted up (in arrogance)
47 καταλείπω, *aor act ind 3s*, leave behind
48 ἐπιστάτης, overseer
49 κακόω, *pres act inf*, afflict, maltreat
50 γένος, people
51 γένος, nation
52 τρόπος, manner, custom
53 βάρβαρος, *comp*, more barbarous
54 καθίστημι, *aor act ptc gen s m*, appoint

Μενέλαον, ὃς χείριστα[1] τῶν ἄλλων ὑπερῄρετο[2] τοῖς πολίταις,[3] ἀπεχθῆ[4] δὲ πρὸς τοὺς
πολίτας[5] Ιουδαίους ἔχων διάθεσιν.[6] **24** ἔπεμψεν[7] δὲ τὸν Μυσάρχην Ἀπολλώνιον μετὰ
στρατεύματος,[8] δισμυρίους[9] δὲ πρὸς τοῖς δισχιλίοις,[10] προστάξας[11] τοὺς ἐν ἡλικίᾳ[12]
πάντας κατασφάξαι,[13] τὰς δὲ γυναῖκας καὶ τοὺς νεωτέρους[14] πωλεῖν.[15] **25** οὗτος
δὲ παραγενόμενος εἰς Ιεροσόλυμα καὶ τὸν εἰρηνικὸν[16] ὑποκριθεὶς[17] ἐπέσχεν[18]
ἕως τῆς ἁγίας ἡμέρας τοῦ σαββάτου καὶ λαβὼν ἀργοῦντας[19] τοὺς Ιουδαίους τοῖς
ὑφ᾽ ἑαυτὸν ἐξοπλισίαν[20] παρήγγειλεν[21] **26** καὶ τοὺς ἐξελθόντας πάντας ἐπὶ τὴν
θεωρίαν[22] συνεξεκέντησεν[23] καὶ εἰς τὴν πόλιν σὺν τοῖς ὅπλοις[24] εἰσδραμὼν[25] ἱκανὰ[26]
κατέστρωσεν[27] πλήθη.

27 Ιουδας δὲ ὁ καὶ Μακκαβαῖος δέκατός[28] που γενηθεὶς καὶ ἀναχωρήσας[29] εἰς τὴν
ἔρημον θηρίων τρόπον[30] ἐν τοῖς ὄρεσιν διέζη[31] σὺν τοῖς μετ᾽ αὐτοῦ, καὶ τὴν χορτώδη[32]
τροφὴν[33] σιτούμενοι[34] διετέλουν[35] πρὸς τὸ μὴ μετασχεῖν[36] τοῦ μολυσμοῦ.[37]

Jewish Customs Suppressed

6 Μετ᾽ οὐ πολὺν δὲ χρόνον ἐξαπέστειλεν[38] ὁ βασιλεὺς γέροντα[39] Ἀθηναῖον
ἀναγκάζειν[40] τοὺς Ιουδαίους μεταβαίνειν[41] ἀπὸ τῶν πατρίων[42] νόμων καὶ
τοῖς τοῦ θεοῦ νόμοις μὴ πολιτεύεσθαι,[43] **2** μολῦναι[44] δὲ καὶ τὸν ἐν Ιεροσολύμοις

1 χείριστος, *sup of* κακός, worst
2 ὑπεραίρω, *impf mid ind 3s*, surpass
3 πολίτης, citizen
4 ἀπεχθής, hateful, hostile
5 πολίτης, citizen
6 διάθεσις, disposition
7 πέμπω, *aor act ind 3s*, send
8 στράτευμα, troops
9 δισμύριοι, twenty thousand
10 δισχίλιοι, two thousand
11 προστάσσω, *aor act ptc nom s m*, command
12 ἡλικία, maturity
13 κατασφάζω, *aor act inf*, slay, murder
14 νέος, *comp*, younger
15 πωλέω, *pres act inf*, sell
16 εἰρηνικός, peaceable
17 ὑποκρίνομαι, *aor pas ptc nom s m*, feign, pretend
18 ἐπέχω, *aor act ind 3s*, refrain, wait
19 ἀργέω, *pres act ptc acc p m*, do no work, be idle
20 ἐξοπλησία, armed, ready
21 παραγγέλλω, *aor act ind 3s*, summon, order
22 θεωρία, sight
23 συνεκκεντέω, *aor act ind 3s*, pierce, put to the sword
24 ὅπλον, armed person, armor
25 εἰστρέχω, *aor act ptc nom s m*, run into
26 ἱκανός, many
27 καταστρώννυμι, *aor act ind 3s*, lay low, slay
28 δέκατος, tenth
29 ἀναχωρέω, *aor act ptc nom s m*, withdraw
30 τρόπος, manner
31 διαζάω, *aor pas ind 3s*, keep alive
32 χορτώδης, grass
33 τροφή, provisions
34 σιτέομαι, *pres mid ptc nom p m*, feed on
35 διατελέω, *impf act ind 3p*, continue
36 μετέχω, *aor act inf*, partake in
37 μολυσμός, defilement
38 ἐξαποστέλλω, *aor act ind 3s*, send out
39 γέρων, senator
40 ἀναγκάζω, *pres act inf*, compel
41 μεταβαίνω, *pres act inf*, depart from
42 πάτριος, ancestral
43 πολιτεύω, *pres mid inf*, administer civil affairs
44 μολύνω, *aor act inf*, defile

νεὼ[1] καὶ προσονομάσαι[2] Διὸς Ὀλυμπίου καὶ τὸν ἐν Γαριζιν, καθὼς ἐτύγχανον[3] οἱ
τὸν τόπον οἰκοῦντες,[4] Διὸς Ξενίου. **3** χαλεπὴ[5] δὲ καὶ τοῖς ὅλοις ἦν δυσχερὴς[6] ἡ
ἐπίτασις[7] τῆς κακίας.[8] **4** τὸ μὲν γὰρ ἱερὸν ἀσωτίας[9] καὶ κώμων[10] ὑπὸ τῶν ἐθνῶν
ἐπεπληροῦτο[11] ῥᾳθυμούντων[12] μεθ' ἑταιρῶν[13] καὶ ἐν τοῖς ἱεροῖς περιβόλοις[14] γυ-
ναιξὶ πλησιαζόντων,[15] ἔτι δὲ τὰ μὴ καθήκοντα[16] ἔνδον[17] εἰσφερόντων.[18] **5** τὸ δὲ
θυσιαστήριον[19] τοῖς ἀποδιεσταλμένοις[20] ἀπὸ τῶν νόμων ἀθεμίτοις[21] ἐπεπλήρωτο.[22]

6 ἦν δ᾽ οὔτε σαββατίζειν[23] οὔτε πατρῴους[24] ἑορτὰς[25] διαφυλάττειν[26] οὔτε ἁπλῶς[27]
Ιουδαῖον ὁμολογεῖν[28] εἶναι, **7** ἤγοντο δὲ μετὰ πικρᾶς[29] ἀνάγκης[30] εἰς τὴν κατὰ μῆνα[31]
τοῦ βασιλέως γενέθλιον[32] ἡμέραν ἐπὶ σπλαγχνισμόν,[33] γενομένης δὲ Διονυσίων
ἑορτῆς[34] ἠναγκάζοντο[35] κισσοὺς[36] ἔχοντες πομπεύειν[37] τῷ Διονύσῳ. **8** ψήφισμα[38]
δὲ ἐξέπεσεν[39] εἰς τὰς ἀστυγείτονας[40] Ἑλληνίδας πόλεις Πτολεμαίου ὑποθεμένου[41]
τὴν αὐτὴν ἀγωγὴν[42] κατὰ τῶν Ιουδαίων ἄγειν καὶ σπλαγχνίζειν,[43] **9** τοὺς δὲ μὴ προ-
αιρουμένους[44] μεταβαίνειν[45] ἐπὶ τὰ Ἑλληνικὰ κατασφάζειν.[46] παρῆν[47] οὖν ὁρᾶν τὴν
ἐνεστῶσαν[48] ταλαιπωρίαν.[49] **10** δύο γὰρ γυναῖκες ἀνήχθησαν[50] περιτετμηκυῖαι[51]

1 νεώς, shrine
2 προσονομάζω, *aor act inf*, call by the name of
3 τυγχάνω, *impf act ind 3p*, obtain successfully
4 οἰκέω, *pres act ptc nom p m*, inhabit
5 χαλεπός, cruel
6 δυσχερής, grievous
7 ἐπίτασις, intense increase
8 κακία, wickedness
9 ἀσωτία, debauchery
10 κῶμος, revelry
11 ἐπιπληρόω, *impf pas ind 3s*, fill up
12 ῥᾳθυμέω, *pres act ptc gen p n*, carouse
13 ἑταίρα, courtesan, harlot
14 περίβολος, enclosure
15 πλησιάζω, *pres act ptc gen p n*, have sexual intercourse
16 καθήκω, *pres act ptc acc p n*, be fit for
17 ἔνδον, inside, within
18 εἰσφέρω, *pres act ptc gen p m*, bring in (for sacrifice)
19 θυσιαστήριον, altar
20 ἀποδιαστέλλω, *perf pas ptc dat p n*, forbid
21 ἀθέμιτος, godless, unlawful
22 πληρόω, *plpf pas ind 3s*, overflow, fill
23 σαββατίζω, *pres act inf*, keep Sabbath, *Heb. LW*
24 πατρῷος, ancestral
25 ἑορτή, feast
26 διαφυλάττω (σσ), *pres act inf*, observe, maintain
27 ἁπλῶς, in sincerity
28 ὁμολογέω, *pres act inf*, admit, confess
29 πικρός, bitter
30 ἀνάγκη, compulsion
31 μήν, month
32 γενέθλιος, birthday celebration
33 σπλαγχνισμός, (pagan) sacrifice
34 ἑορτή, feast
35 ἀναγκάζω, *impf pas ind 3p*, compel
36 κισσός, ivy (wreath)
37 πομπεύω, *pres act inf*, parade around
38 ψήφισμα, proposal, suggestion
39 ἐκπίπτω, *aor act ind 3s*, issue forth
40 ἀστυγείτων, neighboring
41 ὑποτίθημι, *aor mid ptc gen s m*, place under
42 ἀγωγή, policy, custom
43 σπλαγχνίζω, *pres act inf*, partake in (pagan) sacrifices
44 προαιρέω, *pres mid ptc acc p m*, choose
45 μεταβαίνω, *pres act inf*, adopt
46 κατασφάζω, *pres act inf*, murder
47 πάρειμι, *impf act ind 3s*, be present
48 ἐνίστημι, *perf act ptc acc s f*, threaten
49 ταλαιπωρία, wretchedness, misery
50 ἀνάγω, *aor pas ind 3p*, lead in
51 περιτέμνω, *perf act ptc nom p f*, circumcise

τὰ τέκνα· τούτων δὲ ἐκ τῶν μαστῶν[1] κρεμάσαντες[2] τὰ βρέφη[3] καὶ δημοσίᾳ[4] περι-
αγαγόντες[5] αὐτὰς τὴν πόλιν κατὰ τοῦ τείχους[6] ἐκρήμνισαν.[7] **11** ἕτεροι δὲ πλησίον[8]
συνδραμόντες[9] εἰς τὰ σπήλαια[10] λεληθότως[11] ἄγειν τὴν ἑβδομάδα[12] μηνυθέντες[13] τῷ
Φιλίππῳ συνεφλογίσθησαν[14] διὰ τὸ εὐλαβῶς[15] ἔχειν βοηθῆσαι[16] ἑαυτοῖς κατὰ τὴν
δόξαν τῆς σεμνοτάτης[17] ἡμέρας.

Commentary on the Significance of Persecution

12 Παρακαλῶ οὖν τοὺς ἐντυγχάνοντας[18] τῇδε[19] τῇ βίβλῳ μὴ συστέλλεσθαι[20] διὰ τὰς
συμφοράς,[21] λογίζεσθαι δὲ τὰς τιμωρίας[22] μὴ πρὸς ὄλεθρον,[23] ἀλλὰ πρὸς παιδείαν[24]
τοῦ γένους[25] ἡμῶν εἶναι· **13** καὶ γὰρ τὸ μὴ πολὺν χρόνον ἐᾶσθαι[26] τοὺς δυσσεβοῦντας,[27]
ἀλλ᾽ εὐθέως[28] περιπίπτειν[29] ἐπιτίμοις,[30] μεγάλης εὐεργεσίας[31] σημεῖόν ἐστιν. **14** οὐ
γὰρ καθάπερ[32] καὶ ἐπὶ τῶν ἄλλων ἐθνῶν ἀναμένει[33] μακροθυμῶν[34] ὁ δεσπότης[35]
μέχρι[36] τοῦ καταντήσαντας[37] αὐτοὺς πρὸς ἐκπλήρωσιν[38] ἁμαρτιῶν κολάσαι,[39]
οὕτως καὶ ἐφ᾽ ἡμῶν ἔκρινεν εἶναι, **15** ἵνα μὴ πρὸς τέλος ἀφικομένων[40] ἡμῶν τῶν
ἁμαρτιῶν ὕστερον[41] ἡμᾶς ἐκδικᾷ.[42] **16** διόπερ[43] οὐδέποτε[44] μὲν τὸν ἔλεον[45] ἀφ᾽ ἡμῶν
ἀφίστησιν,[46] παιδεύων[47] δὲ μετὰ συμφορᾶς[48] οὐκ ἐγκαταλείπει[49] τὸν ἑαυτοῦ λαόν.

1 μαστός, breast
2 κρεμάννυμι, *aor act ptc nom p m*, hang, suspend
3 βρέφος, baby
4 δημόσιος, publicly
5 περιάγω, *aor act ptc nom p m*, lead around
6 τεῖχος, city wall
7 κρημνίζω, *aor act ind 3p*, hurl down
8 πλησίον, nearby
9 συντρέχω, *aor act ptc nom p m*, run together
10 σπήλαιον, cave
11 λεληθότως, secretly
12 ἑβδομάς, seventh (day)
13 μηνύω, *aor pas ptc nom p m*, betray, inform
14 συμφλογίζω, *aor pas ind 3p*, burn together
15 εὐλαβῶς, pious reverence
16 βοηθέω, *aor act inf*, assist, receive help
17 σεμνός, *sup*, most sacred
18 ἐντυγχάνω, *pres act ptc acc p m*, read
19 ὅδε, this
20 συστέλλω, *pres pas inf*, discourage
21 συμφορά, misfortune
22 τιμωρία, punishment
23 ὄλεθρος, ruin, destruction
24 παιδεία, discipline, correction
25 γένος, people
26 ἐάω, *pres mid inf*, (leave alone)
27 δυσσεβέω, *pres act ptc acc p m*, act impiously
28 εὐθέως, immediately
29 περιπίπτω, *pres act inf*, incur
30 ἐπίτιμος, penalty, due punishment
31 εὐεργεσία, good deed, benefit, kindness
32 καθάπερ, just as
33 ἀναμένω, *pres act ind 3s*, wait
34 μακροθυμέω, *pres act ptc nom s m*, be patient
35 δεσπότης, lord
36 μέχρι, until
37 καταντάω, *aor act ptc acc p m*, arrive at
38 ἐκπλήρωσις, filling up the measure
39 κολάζω, *aor act inf*, punish
40 ἀφικνέομαι, *aor mid ptc gen p f*, reach
41 ὕστερον, afterward
42 ἐκδικάζω, *pres act sub 3s*, punish
43 διόπερ, therefore
44 οὐδέποτε, never
45 ἔλεος, mercy, pity
46 ἀφίστημι, *pres act ind 3s*, remove, withdraw
47 παιδεύω, *pres act ptc nom s m*, chastise
48 συμφορά, misfortune
49 ἐγκαταλείπω, *pres act ind 3s*, abandon

17 πλὴν ἕως ὑπομνήσεως[1] ταῦθ᾽ ἡμῖν εἰρήσθω·[2] δι᾽ ὀλίγων[3] δ᾽ ἐλευστέον[4] ἐπὶ τὴν
διήγησιν.[5]

Eleazar Chooses Death over Defilement

18 Ελεάζαρός τις τῶν πρωτευόντων[6] γραμματέων,[7] ἀνὴρ ἤδη[8] προβεβηκὼς[9] τὴν
ἡλικίαν[10] καὶ τὴν πρόσοψιν[11] τοῦ προσώπου κάλλιστος,[12] ἀναχανὼν[13] ἠναγκάζετο[14]
φαγεῖν ὕειον[15] κρέας.[16] **19** ὁ δὲ τὸν μετ᾽ εὐκλείας[17] θάνατον μᾶλλον[18] ἢ τὸν μετὰ
μύσους[19] βίον[20] ἀναδεξάμενος,[21] αὐθαιρέτως[22] ἐπὶ τὸ τύμπανον[23] προσῆγεν,[24] **20** προ-
πτύσας[25] δὲ καθ᾽ ὃν ἔδει[26] τρόπον[27] προσέρχεσθαι τοὺς ὑπομένοντας[28] ἀμύνασθαι[29]
ὧν οὐ θέμις[30] γεύσασθαι[31] διὰ τὴν πρὸς τὸ ζῆν φιλοστοργίαν.[32]

21 οἱ δὲ πρὸς τῷ παρανόμῳ[33] σπλαγχνισμῷ[34] τεταγμένοι[35] διὰ τὴν ἐκ τῶν παλαιῶν[36]
χρόνων πρὸς τὸν ἄνδρα γνῶσιν[37] ἀπολαβόντες[38] αὐτὸν κατ᾽ ἰδίαν[39] παρεκάλουν
ἐνέγκαντα[40] κρέα,[41] οἷς καθῆκον[42] αὐτῷ χρᾶσθαι,[43] δι᾽ αὐτοῦ παρασκευασθέντα,[44]
ὑποκριθῆναι[45] δὲ ὡς ἐσθίοντα τὰ ὑπὸ τοῦ βασιλέως προστεταγμένα[46] τῶν ἀπὸ τῆς
θυσίας[47] κρεῶν,[48] **22** ἵνα τοῦτο πράξας[49] ἀπολυθῇ[50] τοῦ θανάτου καὶ διὰ τὴν ἀρχαίαν[51]

1 ὑπόμνησις, reminder
2 λέγω, *perf pas impv 3s*, say
3 ὀλίγος, a little time, briefly
4 ἐλευστέον, one must come
5 διήγησις, tale, story
6 πρωτεύω, *pres act ptc gen p m*, be foremost among
7 γραμματεύς, scribe
8 ἤδη, already
9 προβαίνω, *perf act ptc nom s m*, advance
10 ἡλικία, time of life, age
11 πρόσοψις, appearance
12 καλός, *sup*, most noble
13 ἀναχάσκω, *aor act ptc nom s m*, open the mouth
14 ἀναγκάζω, *impf pas ind 3s*, compel
15 ὕειος, pig
16 κρέας, meat, flesh
17 εὔκλεια, glory, repute
18 μᾶλλον, rather
19 μύσος, defilement
20 βίος, life
21 ἀναδέχομαι, *aor mid ptc nom s m*, prefer
22 αὐθαιρέτως, freely, of one's own accord
23 τύμπανον, device of torture
24 προσάγω, *impf act ind 3s*, draw near, go up
25 προπτύω, *aor act ptc nom s m*, spit out
26 δεῖ, *impf act ind 3s*, be necessary
27 ὃν τρόπον, in such manner
28 ὑπομένω, *pres act ptc acc p m*, stand firm
29 ἀμύνω, *aor mid inf*, defend oneself against
30 θέμις, right, just
31 γεύω, *aor mid inf*, taste
32 φιλοστοργία, strong affection
33 παράνομος, unlawful
34 σπλαγχνισμός, pagan sacrifice
35 τάσσω, *perf pas ptc nom p m*, appoint
36 παλαιός, long, lengthy, old
37 γνῶσις, acquaintance, familiarity
38 ἀπολαμβάνω, *aor act ptc nom p m*, take aside
39 ἴδιος, one's own
40 φέρω, *aor act ptc acc s m*, carry in, bring
41 κρέας, meat
42 καθήκω, *pres act ptc acc s n*, be fit for
43 χράω, *pres mid inf*, use
44 παρασκευάζω, *aor pas ptc acc p n*, prepare
45 ὑποκρίνομαι, *aor pas inf*, feign, pretend
46 προστάσσω, *perf pas ptc acc p n*, command, prescribe
47 θυσία, sacrifice
48 κρέας, meat, flesh
49 πράσσω, *aor act ptc nom s m*, do
50 ἀπολύω, *aor pas sub 3s*, acquit from, dismiss from
51 ἀρχαῖος, from the beginning

πρὸς αὐτοὺς φιλίαν[1] τύχῃ[2] φιλανθρωπίας.[3] **23** ὁ δὲ λογισμὸν[4] ἀστεῖον[5] ἀναλαβὼν[6] καὶ ἄξιον[7] τῆς ἡλικίας[8] καὶ τῆς τοῦ γήρως[9] ὑπεροχῆς[10] καὶ τῆς ἐπικτήτου[11] καὶ ἐπιφανοῦς[12] πολιᾶς[13] καὶ τῆς ἐκ παιδὸς[14] καλλίστης[15] ἀναστροφῆς,[16] μᾶλλον[17] δὲ τῆς ἁγίας καὶ θεοκτίστου[18] νομοθεσίας[19] ἀκολούθως[20] ἀπεφήνατο[21] ταχέως[22] λέγων προπέμπειν[23] εἰς τὸν ᾅδην.[24]

24 Οὐ γὰρ τῆς ἡμετέρας[25] ἡλικίας[26] ἄξιόν[27] ἐστιν ὑποκριθῆναι,[28] ἵνα πολλοὶ τῶν
νέων[29] ὑπολαβόντες[30] Ελεαζαρον τὸν ἐνενηκονταετῆ[31] μεταβεβηκέναι[32] εἰς ἀλλο-
φυλισμὸν[33] **25** καὶ αὐτοὶ διὰ τὴν ἐμὴν ὑπόκρισιν[34] καὶ διὰ τὸ μικρὸν[35] καὶ ἀκαριαῖον[36]
ζῆν πλανηθῶσιν[37] δι' ἐμέ, καὶ μύσος[38] καὶ κηλῖδα[39] τοῦ γήρως[40] κατακτήσωμαι.[41]
26 εἰ γὰρ καὶ ἐπὶ τοῦ παρόντος[42] ἐξελοῦμαι[43] τὴν ἐξ ἀνθρώπων τιμωρίαν,[44] ἀλλὰ
τὰς τοῦ παντοκράτορος[45] χεῖρας οὔτε ζῶν οὔτε ἀποθανὼν ἐκφεύξομαι.[46] **27** διόπερ[47]
ἀνδρείως[48] μὲν νῦν διαλλάξας[49] τὸν βίον τοῦ μὲν γήρως[50] ἄξιος[51] φανήσομαι,[52]
28 τοῖς δὲ νέοις[53] ὑπόδειγμα[54] γενναῖον[55] καταλελοιπὼς[56] εἰς τὸ προθύμως[57] καὶ
γενναίως[58] ὑπὲρ τῶν σεμνῶν[59] καὶ ἁγίων νόμων ἀπευθανατίζειν.[60] τοσαῦτα[61] δὲ

1 φιλία, friendship
2 τυγχάνω, *aor act sub 3s*, obtain
3 φιλανθρωπία, clemency
4 λογισμός, deliberation, reasoning
5 ἀστεῖος, honorable
6 ἀναλαμβάνω, *aor act ptc nom s m*, adopt
7 ἄξιος, worthy
8 ἡλικία, stature, time of life
9 γῆρας, old age
10 ὑπεροχή, dignity
11 ἐπίκτητος, acquired
12 ἐπιφανής, evident, distinguished
13 πολιά, gray hairs
14 παῖς, servant
15 καλός, *sup*, most noble
16 ἀναστροφή, way of life, conduct
17 μᾶλλον, more(over)
18 θεόκτιστος, God-established
19 νομοθεσία, code of laws
20 ἀκολούθως, according to
21 ἀποφαίνω, *aor mid ind 3s*, declare
22 ταχέως, without delay
23 προπέμπω, *pres act inf*, send forth
24 ᾅδης, Hades, underworld
25 ἡμέτερος, our
26 ἡλικία, stature, time of life
27 ἄξιος, worthy
28 ὑποκρίνομαι, *aor pas inf*, feign, pretend
29 νέος, young
30 ὑπολαμβάνω, *aor act ptc nom p m*, suppose
31 ἐνενηκονταετής, ninety years old
32 μεταβαίνω, *perf act inf*, change to, adopt
33 ἀλλοφυλισμός, adoption of foreign customs
34 ὑπόκρισις, pretense
35 μικρός, a little while
36 ἀκαριαῖος, brief
37 πλανάω, *aor pas sub 3p*, lead astray
38 μύσος, defilement
39 κηλίς, stain, blemish
40 γῆρας, old age
41 κατακτάομαι, *aor mid sub 1s*, gain, win
42 πάρειμι, *pres act ptc gen s n*, be present
43 ἐξαιρέω, *fut mid ind 1s*, remove, take out of
44 τιμωρία, punishment
45 παντοκράτωρ, almighty, ruler of all
46 ἐκφεύγω, *fut mid ind 1s*, escape
47 διόπερ, therefore
48 ἀνδρείως, bravely
49 διαλλάσσω, *aor act ptc nom s m*, exchange, forfeit
50 γῆρας, old age
51 ἄξιος, worthy
52 φαίνω, *fut pas ind 1s*, appear, show oneself
53 νέος, young
54 ὑπόδειγμα, pattern, example
55 γενναῖος, excellent, noble
56 καταλείπω, *perf act ptc nom s m*, bequeath, leave
57 προθύμως, willfully
58 γενναίως, nobly, bravely
59 σεμνός, sacred, revered
60 ἀπευθανατίζω, *pres act inf*, die well
61 τοσοῦτος, this, such

εἰπὼν ἐπὶ τὸ τύμπανον[1] εὐθέως[2] ἦλθεν. **29** τῶν δὲ ἀγόντων πρὸς αὐτὸν τὴν μικρῷ
πρότερον[3] εὐμένειαν[4] εἰς δυσμένειαν[5] μεταβαλόντων[6] διὰ τὸ τοὺς προειρημένους[7]
λόγους, ὡς αὐτοὶ διελάμβανον,[8] ἀπόνοιαν[9] εἶναι, **30** μέλλων[10] δὲ ταῖς πληγαῖς[11]
τελευτᾶν[12] ἀναστενάξας[13] εἶπεν Τῷ κυρίῳ τῷ τὴν ἁγίαν γνῶσιν[14] ἔχοντι φανερόν[15]
ἐστιν ὅτι δυνάμενος ἀπολυθῆναι[16] τοῦ θανάτου σκληρὰς[17] ὑποφέρω[18] κατὰ τὸ σῶμα
ἀλγηδόνας[19] μαστιγούμενος,[20] κατὰ ψυχὴν δὲ ἡδέως[21] διὰ τὸν αὐτοῦ φόβον ταῦτα
πάσχω.[22]

31 καὶ οὗτος οὖν τοῦτον τὸν τρόπον[23] μετήλλαξεν[24] οὐ μόνον τοῖς νέοις,[25] ἀλλὰ καὶ
τοῖς πλείστοις[26] τοῦ ἔθνους τὸν ἑαυτοῦ θάνατον ὑπόδειγμα[27] γενναιότητος[28] καὶ
μνημόσυνον[29] ἀρετῆς[30] καταλιπών.[31]

Martyrdom of the Seven Brothers and Their Mother

7 Συνέβη[32] δὲ καὶ ἑπτὰ ἀδελφοὺς μετὰ τῆς μητρὸς συλλημφθέντας[33] ἀναγκάζε-
σθαι[34] ὑπὸ τοῦ βασιλέως ἀπὸ τῶν ἀθεμίτων[35] ὑείων[36] κρεῶν[37] ἐφάπτεσθαι[38]
μάστιξιν[39] καὶ νευραῖς[40] αἰκιζομένους.[41] **2** εἷς δὲ αὐτῶν γενόμενος προήγορος[42]
οὕτως ἔφη[43] Τί μέλλεις[44] ἐρωτᾶν[45] καὶ μανθάνειν[46] ἡμῶν; ἕτοιμοι[47] γὰρ ἀποθνῄσκειν
ἐσμὲν ἢ παραβαίνειν[48] τοὺς πατρίους[49] νόμους. **3** ἔκθυμος[50] δὲ γενόμενος ὁ βασι-

1 τύμπανον, device for execution
2 εὐθέως, straightaway
3 πρότερος, formerly
4 εὐμένεια, goodwill, favor
5 δυσμένεια, ill will, enmity
6 μεταβάλλω, *aor act ptc gen p m*, change
7 προλέγω, *perf pas ptc acc p m*, say before
8 διαλαμβάνω, *impf act ind 3p*, think
9 ἀπόνοια, madness
10 μέλλω, *pres act ptc nom s m*, be about to
11 πληγή, blow, wound
12 τελευτάω, *pres act inf*, die
13 ἀναστενάζω, *aor act ptc nom s m*, groan aloud
14 γνῶσις, knowledge
15 φανερός, evident, clear
16 ἀπολύω, *aor pas inf*, acquit from, dismiss from
17 σκληρός, severe
18 ὑποφέρω, *pres act ind 1s*, endure
19 ἀλγηδών, pain, suffering
20 μαστιγόω, *pres pas ptc nom s m*, whip, flog
21 ἡδέως, gladly
22 πάσχω, *pres act ind 1s*, suffer
23 ὃν τρόπον, in the manner
24 μεταλλάσσω, *aor act ind 3s*, die
25 νέος, young
26 πλεῖστος, *sup of* πολύς, most
27 ὑπόδειγμα, pattern, example
28 γενναιότης, nobility
29 μνημόσυνον, memorial
30 ἀρετή, virtue, excellence
31 καταλείπω, *aor act ptc nom s m*, leave behind
32 συμβαίνω, *aor act ind 3s*, happen
33 συλλαμβάνω, *aor pas ptc acc p m*, arrest
34 ἀναγκάζω, *pres pas inf*, compel
35 ἀθέμιτος, godless, unlawful
36 ὕειος, pig
37 κρέας, flesh, meat
38 ἐφάπτω, *pres mid inf*, taste
39 μάστιξ, whip
40 νευρά, cord
41 αἰκίζομαι, *pres pas ptc acc p m*, torture
42 προήγορος, spokesperson
43 φημί, *aor act ind 3s*, say
44 μέλλω, *pres act ind 2s*, be about to, intend to
45 ἐρωτάω, *pres act inf*, ask
46 μανθάνω, *pres act inf*, learn from
47 ἕτοιμος, prepared
48 παραβαίνω, *pres act inf*, deviate from
49 πάτριος, ancestral
50 ἔκθυμος, enraged

λεὺς προσέταξεν[1] τήγανα[2] καὶ λέβητας[3] ἐκπυροῦν.[4] **4** τῶν δὲ παραχρῆμα[5] ἐκ-
πυρωθέντων[6] τὸν γενόμενον αὐτῶν προήγορον[7] προσέταξεν[8] γλωσσοτομεῖν[9] καὶ
περισκυθίσαντας[10] ἀκρωτηριάζειν[11] τῶν λοιπῶν ἀδελφῶν καὶ τῆς μητρὸς συν-
ορώντων.[12] **5** ἄχρηστον[13] δὲ αὐτὸν τοῖς ὅλοις γενόμενον ἐκέλευσεν[14] τῇ πυρᾷ[15]
προσάγειν[16] ἔμπνουν[17] καὶ τηγανίζειν.[18] τῆς δὲ ἀτμίδος[19] ἐφ᾽ ἱκανὸν[20] διαδιδούσης[21]
τοῦ τηγάνου[22] ἀλλήλους[23] παρεκάλουν σὺν τῇ μητρὶ γενναίως[24] τελευτᾶν[25] λέγοντες
οὕτως **6** Ὁ κύριος ὁ θεὸς ἐφορᾷ[26] καὶ ταῖς ἀληθείαις ἐφ᾽ ἡμῖν παρακαλεῖται, καθά-
περ[27] διὰ τῆς κατὰ πρόσωπον ἀντιμαρτυρούσης[28] ᾠδῆς[29] διεσάφησεν[30] Μωυσῆς
λέγων Καὶ ἐπὶ τοῖς δούλοις αὐτοῦ παρακληθήσεται.

7 Μεταλλάξαντος[31] δὲ τοῦ πρώτου τὸν τρόπον[32] τοῦτον τὸν δεύτερον ἦγον ἐπὶ τὸν
ἐμπαιγμὸν[33] καὶ τὸ τῆς κεφαλῆς δέρμα[34] σὺν ταῖς θριξὶν[35] περισύραντες[36] ἐπηρώτων[37]
Εἰ φάγεσαι πρὸ τοῦ τιμωρηθῆναι[38] τὸ σῶμα κατὰ μέλος;[39] **8** ὁ δὲ ἀποκριθεὶς τῇ
πατρίῳ[40] φωνῇ προσεῖπεν[41] Οὐχί. διόπερ[42] καὶ οὗτος τὴν ἑξῆς[43] ἔλαβεν βάσανον[44]
ὡς ὁ πρῶτος. **9** ἐν ἐσχάτῃ δὲ πνοῇ[45] γενόμενος εἶπεν Σὺ μέν, ἀλάστωρ,[46] ἐκ τοῦ
παρόντος[47] ἡμᾶς ζῆν ἀπολύεις,[48] ὁ δὲ τοῦ κόσμου βασιλεὺς ἀποθανόντας ἡμᾶς ὑπὲρ
τῶν αὐτοῦ νόμων εἰς αἰώνιον ἀναβίωσιν[49] ζωῆς ἡμᾶς ἀναστήσει.[50]

1 προστάσσω, *aor act ind 3s*, command
2 τήγανον, frying pan
3 λέβης, kettle
4 ἐκπυρόω, *pres act inf*, heat up
5 παραχρῆμα, immediately
6 ἐκπυρόω, *aor pas ptc gen p m*, heat up
7 προήγορος, spokesperson
8 προστάσσω, *aor act ind 3s*, command
9 γλωσσοτομέω, *pres act inf*, cut out the tongue
10 περισκυθίζω, *aor act ptc acc p m*, scalp
11 ἀκρωτηριάζω, *pres act inf*, cut off hands and feet
12 συνοράω, *pres act ptc gen p m*, watch, observe
13 ἄχρηστος, unable to do anything
14 κελεύω, *aor act ind 3s*, give orders
15 πυρά, pyre (of wood)
16 προσάγω, *pres act inf*, take to
17 ἔμπνους, alive, breathing
18 τηγανίζω, *pres act inf*, fry in a pan
19 ἀτμίς, smoke
20 ἱκανός, greatly
21 διαδίδωμι, *pres act ptc gen s f*, disperse, spread out
22 τήγανον, frying pan
23 ἀλλήλων, (of) one another
24 γενναίως, nobly, bravely
25 τελευτάω, *pres act inf*, die
26 ἐφοράω, *pres act ind 3s*, look upon, watch over
27 καθάπερ, just as
28 ἀντιμαρτυρέω, *pres act ptc gen s f*, witness against
29 ᾠδή, song
30 διασαφέω, *aor act ind 3s*, make known plainly
31 μεταλλάσσω, *aor act ptc gen s m*, die
32 ὃν τρόπον, in such a manner
33 ἐμπαιγμός, mockery
34 δέρμα, skin
35 θρίξ, hair
36 περισύρω, *aor act ptc nom p m*, tear away
37 ἐπερωτάω, *impf act ind 3p*, ask
38 τιμωρέω, *aor pas inf*, punish
39 μέλος, limb, member
40 πάτριος, ancestral
41 προσλέγω, *aor act ind 3s*, address, say to
42 διόπερ, therefore
43 ἑξῆς, thereafter, next
44 βάσανος, torture
45 πνοή, breath
46 ἀλάστωρ, demon, (wretch)
47 πάρειμι, *pres act ptc gen s m*, be present
48 ἀπολύω, *pres act ind 2s*, dismiss, discharge
49 ἀναβίωσις, renewed life
50 ἀνίστημι, *fut act ind 3s*, raise up, resurrect

10 Μετὰ δὲ τοῦτον ὁ τρίτος ἐνεπαίζετο[1] καὶ τὴν γλῶσσαν αἰτηθεὶς[2] ταχέως[3] προέβαλεν[4]
καὶ τὰς χεῖρας εὐθαρσῶς[5] προέτεινεν[6] **11** καὶ γενναίως[7] εἶπεν Ἐξ οὐρανοῦ ταῦτα
κέκτημαι[8] καὶ διὰ τοὺς αὐτοῦ νόμους ὑπερορῶ[9] ταῦτα καὶ παρ' αὐτοῦ ταῦτα πάλιν[10]
ἐλπίζω κομίσασθαι·[11] **12** ὥστε αὐτὸν τὸν βασιλέα καὶ τοὺς σὺν αὐτῷ ἐκπλήσσεσθαι[12]
τὴν τοῦ νεανίσκου[13] ψυχήν, ὡς ἐν οὐδενὶ τὰς ἀλγηδόνας[14] ἐτίθετο.

13 Καὶ τούτου δὲ μεταλλάξαντος[15] τὸν τέταρτον[16] ὡσαύτως[17] ἐβασάνιζον[18] αἰ-
κιζόμενοι.[19] **14** καὶ γενόμενος πρὸς τὸ τελευτᾶν[20] οὕτως ἔφη[21] Αἱρετὸν[22] μεταλ-
λάσσοντας[23] ὑπ' ἀνθρώπων τὰς ὑπὸ τοῦ θεοῦ προσδοκᾶν[24] ἐλπίδας πάλιν[25]
ἀναστήσεσθαι[26] ὑπ' αὐτοῦ· σοὶ μὲν γὰρ ἀνάστασις[27] εἰς ζωὴν οὐκ ἔσται.

15 Ἐχομένως[28] δὲ τὸν πέμπτον[29] προσάγοντες[30] ᾐκίζοντο.[31] **16** ὁ δὲ πρὸς αὐτὸν ἰδὼν
εἶπεν Ἐξουσίαν[32] ἐν ἀνθρώποις ἔχων φθαρτὸς[33] ὢν ὃ θέλεις ποιεῖς· μὴ δόκει[34] δὲ
τὸ γένος[35] ἡμῶν ὑπὸ τοῦ θεοῦ καταλελεῖφθαι·[36] **17** σὺ δὲ καρτέρει[37] καὶ θεώρει[38] τὸ
μεγαλεῖον[39] αὐτοῦ κράτος,[40] ὡς σὲ καὶ τὸ σπέρμα σου βασανιεῖ.[41]

18 Μετὰ δὲ τοῦτον ἦγον τὸν ἕκτον,[42] καὶ μέλλων[43] ἀποθνῄσκειν ἔφη[44] Μὴ πλανῶ
μάτην,[45] ἡμεῖς γὰρ δι' ἑαυτοὺς ταῦτα πάσχομεν[46] ἁμαρτόντες εἰς τὸν ἑαυτῶν θεόν,
ἄξια[47] θαυμασμοῦ[48] γέγονεν· **19** σὺ δὲ μὴ νομίσῃς[49] ἀθῷος[50] ἔσεσθαι θεομαχεῖν[51]
ἐπιχειρήσας.[52]

1 ἐμπαίζω, *impf pas ind 3s*, abuse, mock
2 αἰτέω, *aor pas ptc nom s m*, ask for, demand
3 ταχέως, quickly
4 προβάλλω, *aor act ind 3s*, put forth
5 εὐθαρσῶς, boldly
6 προτείνω, *impf act ind 3s*, extend forward
7 γενναίως, nobly, bravely
8 κτάομαι, *perf mid ind 1s*, obtain, acquire
9 ὑπεροράω, *pres act ind 1s*, disregard
10 πάλιν, again
11 κομίζω, *aor mid inf*, receive
12 ἐκπλήσσω, *pres pas inf*, be amazed
13 νεανίσκος, young man
14 ἀλγηδών, pain, suffering
15 μεταλλάσσω, *aor act ptc gen s m*, die
16 τέταρτος, fourth
17 ὡσαύτως, in like manner
18 βασανίζω, *impf act ind 3p*, torment
19 αἰκίζομαι, *pres mid ptc nom p m*, torture
20 τελευτάω, *pres act inf*, die
21 φημί, *aor act ind 3s*, say
22 αἱρετός, chosen
23 μεταλλάσσω, *pres act ptc acc p m*, die
24 προσδοκάω, *pres act inf*, wait upon, look for
25 πάλιν, once again
26 ἀνίστημι, *fut mid inf*, raise up, resurrect
27 ἀνάστασις, resurrection
28 ἐχομένως, immediately afterward
29 πέμπτος, fifth
30 προσάγω, *pres act ptc nom p m*, bring forth
31 αἰκίζομαι, *impf act ind 3p*, torture
32 ἐξουσία, authority
33 φθαρτός, mortal, perishable
34 δοκέω, *pres act impv 2s*, think that
35 γένος, people
36 καταλείπω, *perf pas inf*, abandon
37 καρτερέω, *pres act impv 2s*, persevere
38 θεωρέω, *pres act impv 2s*, observe
39 μεγαλεῖος, magnificent, majestic
40 κράτος, power
41 βασανίζω, *fut act ind 3s*, torment
42 ἕκτος, sixth
43 μέλλω, *pres act ptc nom s m*, be about to
44 φημί, *aor act ind 3s*, say
45 μάτην, in vain
46 πάσχω, *pres act ind 1p*, suffer
47 ἄξιος, worthy
48 θαυμασμός, admiration
49 νομίζω, *aor act sub 2s*, suppose
50 ἀθῷος, unpunished
51 θεομαχέω, *pres act inf*, oppose God
52 ἐπιχειρέω, *aor act ptc nom s m*, endeavor

20 Ὑπεραγόντως[1] δὲ ἡ μήτηρ θαυμαστὴ[2] καὶ μνήμης[3] ἀγαθῆς ἀξία,[4] ἥτις ἀπολ-
λυμένους υἱοὺς ἑπτὰ συνορῶσα[5] μιᾶς ὑπὸ καιρὸν ἡμέρας εὐψύχως[6] ἔφερεν διὰ τὰς
ἐπὶ κύριον ἐλπίδας. **21** ἕκαστον δὲ αὐτῶν παρεκάλει τῇ πατρίῳ[7] φωνῇ γενναίῳ[8]
πεπληρωμένη φρονήματι[9] καὶ τὸν θῆλυν[10] λογισμὸν[11] ἄρσενι[12] θυμῷ[13] διεγείρασα[14]
λέγουσα πρὸς αὐτούς **22** Οὐκ οἶδ᾽ ὅπως εἰς τὴν ἐμὴν ἐφάνητε[15] κοιλίαν,[16] οὐδὲ
ἐγὼ τὸ πνεῦμα καὶ τὴν ζωὴν ὑμῖν ἐχαρισάμην,[17] καὶ τὴν ἑκάστου στοιχείωσιν[18] οὐκ
ἐγὼ διερρύθμισα·[19] **23** τοιγαροῦν[20] ὁ τοῦ κόσμου κτίστης[21] ὁ πλάσας[22] ἀνθρώπου
γένεσιν[23] καὶ πάντων ἐξευρὼν[24] γένεσιν καὶ τὸ πνεῦμα καὶ τὴν ζωὴν ὑμῖν πάλιν[25]
ἀποδίδωσιν μετ᾽ ἐλέους,[26] ὡς νῦν ὑπερορᾶτε[27] ἑαυτοὺς διὰ τοὺς αὐτοῦ νόμους.

24 Ὁ δὲ Ἀντίοχος οἰόμενος[28] καταφρονεῖσθαι[29] καὶ τὴν ὀνειδίζουσαν[30] ὑφορώμενος[31]
φωνὴν ἔτι τοῦ νεωτέρου[32] περιόντος[33] οὐ μόνον διὰ λόγων ἐποιεῖτο τὴν παράκλησιν,[34]
ἀλλὰ καὶ δι᾽ ὅρκων[35] ἐπίστου[36] ἅμα[37] πλουτιεῖν[38] καὶ μακαριστὸν[39] ποιήσειν[40]
μεταθέμενον[41] ἀπὸ τῶν πατρίων[42] καὶ φίλον[43] ἕξειν καὶ χρείας[44] ἐμπιστεύσειν.[45]
25 τοῦ δὲ νεανίου[46] μηδαμῶς[47] προσέχοντος[48] προσκαλεσάμενος[49] ὁ βασιλεὺς τὴν
μητέρα παρῄνει[50] γενέσθαι τοῦ μειρακίου[51] σύμβουλον[52] ἐπὶ σωτηρίᾳ. **26** πολλὰ

1 ὑπεραγόντως, exceedingly
2 θαυμαστός, honorable, astonishing
3 μνήμη, remembrance
4 ἄξιος, worthy, deserving
5 συνοράω, *pres act ptc nom s f*, see, watch
6 εὐψύχως, courageously
7 πάτριος, ancestral
8 γενναῖος, noble, excellent
9 φρόνημα, thinking
10 θῆλυς, feminine
11 λογισμός, reasoning
12 ἄρσην, masculine
13 θυμός, spirit, mind
14 διεγείρω, *aor act ptc nom s f*, stir up
15 φαίνω, *aor pas ind 2p*, appear
16 κοιλία, womb
17 χαρίζομαι, *aor mid ind 1s*, give
18 στοιχείωσις, elements of one's body
19 διαρρυθμίζω, *aor act ind 1s*, arrange in order
20 τοιγαροῦν, for that reason
21 κτίστης, creator
22 πλάσσω, *aor act ptc nom s m*, form, mold
23 γένεσις, generation, origin
24 ἐξευρίσκω, *aor act ptc nom s m*, procure, search out
25 πάλιν, again
26 ἔλεος, mercy
27 ὑπεροράω, *pres act ind 2p*, disregard
28 οἴομαι, *pres mid ptc nom s m*, think
29 καταφρονέω, *pres pas inf*, despise
30 ὀνειδίζω, *pres act ptc acc s f*, revile, reproach
31 ὑφοράω, *pres mid ptc nom s m*, suspect
32 νέος, *comp*, younger
33 περίειμι, *pres act ptc gen s m*, be present
34 παράκλησις, encouragement
35 ὅρκος, oath
36 πιστόω, *impf act ind 3s*, confirm
37 ἅμα, at the same time
38 πλουτίζω, *fut act inf*, enrich
39 μακαριστός, most blessed
40 ποιέω, *fut act inf*, make
41 μετατίθημι, *aor mid ptc acc s m*, change from
42 πάτριος, ancestral (ways)
43 φίλος, friend
44 χρεία, civil duty
45 ἐμπιστεύω, *fut act inf*, entrust
46 νεανίας, young man
47 μηδαμῶς, certainly not
48 προσέχω, *pres act ptc gen s m*, give heed to
49 προσκαλέω, *aor mid ptc nom s m*, summon
50 παραινέω, *impf act ind 3s*, exhort
51 μειράκιον, youth
52 σύμβουλος, advisor

δὲ αὐτοῦ παραινέσαντος[1] ἐπεδέξατο[2] πείσειν[3] τὸν υἱόν· **27** προσκύψασα[4] δὲ αὐτῷ
χλευάσασα[5] τὸν ὠμὸν[6] τύραννον[7] οὕτως ἔφησεν[8] τῇ πατρίῳ[9] φωνῇ Υἱέ, ἐλέησόν[10] με
τὴν ἐν γαστρὶ[11] περιενέγκασάν[12] σε μῆνας[13] ἐννέα[14] καὶ θηλάσασάν[15] σε ἔτη τρία καὶ
ἐκθρέψασάν[16] σε καὶ ἀγαγοῦσαν εἰς τὴν ἡλικίαν[17] ταύτην καὶ τροφοφορήσασαν.[18]
28 ἀξιῶ[19] σε, τέκνον, ἀναβλέψαντα[20] εἰς τὸν οὐρανὸν καὶ τὴν γῆν καὶ τὰ ἐν αὐτοῖς
πάντα ἰδόντα γνῶναι ὅτι οὐκ ἐξ ὄντων ἐποίησεν αὐτὰ ὁ θεός, καὶ τὸ τῶν ἀνθρώπων
γένος[21] οὕτω γίνεται. **29** μὴ φοβηθῇς τὸν δήμιον[22] τοῦτον, ἀλλὰ τῶν ἀδελφῶν
ἄξιος[23] γενόμενος ἐπίδεξαι[24] τὸν θάνατον, ἵνα ἐν τῷ ἐλέει[25] σὺν τοῖς ἀδελφοῖς σου
κομίσωμαί[26] σε.

30 Ἔτι δὲ ταύτης καταληγούσης[27] ὁ νεανίας[28] εἶπεν Τίνα μένετε;[29] οὐχ ὑπακούω[30]
τοῦ προστάγματος[31] τοῦ βασιλέως, τοῦ δὲ προστάγματος ἀκούω τοῦ νόμου τοῦ
δοθέντος τοῖς πατράσιν ἡμῶν διὰ Μωυσέως. **31** σὺ δὲ πάσης κακίας[32] εὑρετὴς[33]
γενόμενος εἰς τοὺς Εβραίους οὐ μὴ διαφύγῃς[34] τὰς χεῖρας τοῦ θεοῦ. **32** ἡμεῖς γὰρ
διὰ τὰς ἑαυτῶν ἁμαρτίας πάσχομεν.[35] **33** εἰ δὲ χάριν[36] ἐπιπλήξεως[37] καὶ παιδείας[38] ὁ
ζῶν κύριος ἡμῶν βραχέως[39] ἐπώργισται,[40] καὶ πάλιν[41] καταλλαγήσεται[42] τοῖς ἑαυτοῦ
δούλοις. **34** σὺ δέ, ὦ[43] ἀνόσιε[44] καὶ πάντων ἀνθρώπων μιαρώτατε,[45] μὴ μάτην[46]
μετεωρίζου[47] φρυαττόμενος[48] ἀδήλοις[49] ἐλπίσιν ἐπὶ τοὺς οὐρανίους[50] παῖδας[51]

1 παραινέω, *aor act ptc gen s m*, exhort
2 ἐπιδέχομαι, *aor mid ind 3s*, take upon oneself
3 πείθω, *fut act inf*, persuade
4 προσκύπτω, *aor act ptc nom s f*, lean over
5 χλευάζω, *aor act ptc nom s f*, speak scornfully, deride
6 ὠμός, cruel
7 τύραννος, tyrant
8 φημί, *aor act ind 3s*, say
9 πάτριος, ancestral
10 ἐλεέω, *aor act impv 2s*, show mercy
11 γαστήρ, womb
12 περιφέρω, *aor act ptc acc s f*, carry around (pregnant)
13 μήν, month
14 ἐννέα, nine
15 θηλάζω, *aor act ptc acc s f*, nurse
16 ἐκτρέφω, *aor act ptc acc s f*, rear from childhood
17 ἡλικία, point in life
18 τροφοφορέω, *aor act ptc acc s f*, care for
19 ἀξιόω, *pres act ind 1s*, entreat
20 ἀναβλέπω, *aor act ptc acc s m*, look up
21 γένος, race
22 δήμιος, executioner
23 ἄξιος, worthy
24 ἐπιδέχομαι, *aor mid impv 2s*, welcome
25 ἔλεος, mercy
26 κομίζω, *aor mid sub 1s*, receive back
27 καταλήγω, *pres act ptc gen s f*, finish
28 νεανίας, young man
29 μένω, *pres act ind 2p*, tarry, delay
30 ὑπακούω, *pres act ind 1s*, obey
31 πρόσταγμα, decree, command
32 κακία, wickedness
33 εὑρετής, inventor
34 διαφεύγω, *aor act sub 2s*, escape from
35 πάσχω, *pres act ind 1p*, suffer
36 χάριν, on account of
37 ἐπίπληξις, rebuke
38 παιδεία, discipline, correction
39 βραχέως, for a little while
40 ἐποργίζομαι, *perf mid ind 3s*, be angry
41 πάλιν, once again
42 καταλλάσσω, *fut mid ind 3s*, be reconciled to
43 ὦ, O!
44 ἀνόσιος, profane
45 μιαρός, *sup*, most polluted
46 μάτην, in vain
47 μετεωρίζω, *pres mid impv 2s*, soar aloft, rise up
48 φρυάττω, *pres pas ptc nom s m*, puff up
49 ἄδηλος, uncertain
50 οὐράνιος, heavenly
51 παῖς, servant

ἐπαιρόμενος[1] χεῖρα· **35** οὔπω[2] γὰρ τὴν τοῦ παντοκράτορος[3] ἐπόπτου[4] θεοῦ κρίσιν
ἐκπέφευγας.[5] **36** οἱ μὲν γὰρ νῦν ἡμέτεροι[6] ἀδελφοὶ βραχὺν[7] ὑπενέγκαντες[8] πόνον[9]
ἀενάου[10] ζωῆς ὑπὸ διαθήκην θεοῦ πεπτώκασιν·[11] σὺ δὲ τῇ τοῦ θεοῦ κρίσει δίκαια τὰ
πρόστιμα[12] τῆς ὑπερηφανίας[13] ἀποίσῃ.[14] **37** ἐγὼ δέ, καθάπερ[15] οἱ ἀδελφοί, καὶ σῶμα
καὶ ψυχὴν προδίδωμι[16] περὶ τῶν πατρίων[17] νόμων ἐπικαλούμενος[18] τὸν θεὸν ἵλεως[19]
ταχὺ[20] τῷ ἔθνει γενέσθαι καὶ σὲ μετὰ ἐτασμῶν[21] καὶ μαστίγων[22] ἐξομολογήσασθαι[23]
διότι[24] μόνος αὐτὸς θεός ἐστιν, **38** ἐν ἐμοὶ δὲ καὶ τοῖς ἀδελφοῖς μου στῆσαι τὴν τοῦ
παντοκράτορος[25] ὀργὴν τὴν ἐπὶ τὸ σύμπαν[26] ἡμῶν γένος[27] δικαίως[28] ἐπηγμένην.[29]

39 Ἔκθυμος[30] δὲ γενόμενος ὁ βασιλεὺς τούτῳ παρὰ τοὺς ἄλλους χειρίστως[31]
ἀπήντησεν[32] πικρῶς[33] φέρων ἐπὶ τῷ μυκτηρισμῷ.[34] **40** καὶ οὗτος οὖν καθαρὸς
μετήλλαξεν[35] παντελῶς[36] ἐπὶ τῷ κυρίῳ πεποιθώς.

41 Ἐσχάτη δὲ τῶν υἱῶν ἡ μήτηρ ἐτελεύτησεν.[37]

42 Τὰ μὲν οὖν περὶ τοὺς σπλαγχνισμοὺς[38] καὶ τὰς ὑπερβαλλούσας[39] αἰκίας[40] ἐπὶ
τοσοῦτον[41] δεδηλώσθω.[42]

Judas Maccabeus Leads the Revolt

8 Ιουδας δὲ ὁ καὶ Μακκαβαῖος καὶ οἱ σὺν αὐτῷ παρεισπορευόμενοι[43] λεληθότως[44]
εἰς τὰς κώμας[45] προσεκαλοῦντο[46] τοὺς συγγενεῖς[47] καὶ τοὺς μεμενηκότας[48] ἐν

1 ἐπαίρω, *pres mid ptc nom s m*, raise
2 οὔπω, not yet
3 παντοκράτωρ, almighty
4 ἐπόπτης, (all-seeing), spectator
5 ἐκφεύγω, *perf act ind 2s*, escape from
6 ἡμέτερος, our
7 βραχύς, brief, short
8 ὑποφέρω, *aor act ptc nom p m*, endure, bear
9 πόνος, pain, affliction
10 ἀέναος, everlasting
11 πίπτω, *perf act ind 3p*, fall upon
12 πρόστιμον, penalty
13 ὑπερηφανία, arrogance
14 ἀποφέρω, *fut mid ind 2s*, bear
15 καθάπερ, just as
16 προδίδωμι, *pres act ind 1s*, offer up
17 πάτριος, ancestral
18 ἐπικαλέω, *pres mid ptc nom s m*, call upon
19 ἵλεως, merciful
20 ταχύς, in haste
21 ἐτασμός, affliction
22 μάστιξ, scourge
23 ἐξομολογέομαι, *aor mid inf*, cause to acknowledge
24 διότι, wherefore
25 παντοκράτωρ, almighty, ruler of all
26 σύμπας, whole
27 γένος, nation, people
28 δικαίως, justly
29 ἐπάγω, *perf pas ptc acc s f*, bring upon
30 ἔκθυμος, enraged
31 χειρίστως, in a worse way
32 ἀπαντάω, *aor act ind 3s*, fall upon
33 πικρῶς, harshly
34 μυκτηρισμός, contempt
35 μεταλλάσσω, *aor act ind 3s*, die
36 παντελῶς, utterly
37 τελευτάω, *aor act ind 3s*, die
38 σπλαγχνισμός, pagan sacrifice
39 ὑπερβάλλω, *pres act ptc acc p f*, surpass
40 αἰκία, torture
41 τοσοῦτος, so great
42 δηλόω, *perf pas impv 3s*, set forth, make clear
43 παρεισπορεύομαι, *pres mid ptc nom p m*, infiltrate
44 λεληθότως, secretly
45 κώμη, village
46 προσκαλέω, *impf mid ind 3p*, summon
47 συγγενής, kinsman
48 μένω, *perf act ptc acc p m*, remain

τῷ Ιουδαϊσμῷ προσλαμβανόμενοι[1] συνήγαγον εἰς ἑξακισχιλίους.[2] **2** καὶ ἐπεκα-
λοῦντο[3] τὸν κύριον ἐπιδεῖν[4] τὸν ὑπὸ πάντων καταπατούμενον[5] λαόν, οἰκτῖραι[6]
δὲ καὶ τὸν ναὸν τὸν ὑπὸ τῶν ἀσεβῶν[7] ἀνθρώπων βεβηλωθέντα,[8] **3** ἐλεῆσαι[9] δὲ
καὶ τὴν καταφθειρομένην[10] πόλιν καὶ μέλλουσαν[11] ἰσόπεδον[12] γίνεσθαι καὶ τῶν
καταβοώντων[13] πρὸς αὐτὸν αἱμάτων εἰσακοῦσαι,[14] **4** μνησθῆναι[15] δὲ καὶ τῆς τῶν
ἀναμαρτήτων[16] νηπίων[17] παρανόμου[18] ἀπωλείας[19] καὶ περὶ τῶν γενομένων εἰς τὸ
ὄνομα αὐτοῦ βλασφημιῶν[20] καὶ μισοπονηρῆσαι.[21]

5 γενόμενος δὲ ὁ Μακκαβαῖος ἐν συστέματι[22] ἀνυπόστατος[23] ἤδη[24] τοῖς ἔθνε-
σιν ἐγίνετο τῆς ὀργῆς τοῦ κυρίου εἰς ἔλεον[25] τραπείσης.[26] **6** πόλεις δὲ καὶ
κώμας[27] ἀπροσδοκήτως[28] ἐρχόμενος ἐνεπίμπρα[29] καὶ τοὺς ἐπικαίρους[30] τόπους
ἀπολαμβάνων[31] οὐκ ὀλίγους[32] τῶν πολεμίων[33] τροπούμενος[34] **7** μάλιστα[35] τὰς
νύκτας πρὸς τὰς τοιαύτας[36] ἐπιβολὰς[37] συνεργοὺς[38] ἐλάμβανεν. καὶ λαλιὰ[39] τῆς
εὐανδρίας[40] αὐτοῦ διηχεῖτο[41] πανταχῇ.[42]

8 Συνορῶν[43] δὲ ὁ Φίλιππος κατὰ μικρὸν[44] εἰς προκοπὴν[45] ἐρχόμενον τὸν ἄνδρα,
πυκνότερον[46] δὲ ἐν ταῖς εὐημερίαις[47] προβαίνοντα,[48] πρὸς Πτολεμαῖον τὸν Κοίλης
Συρίας καὶ Φοινίκης στρατηγὸν[49] ἔγραψεν ἐπιβοηθεῖν[50] τοῖς τοῦ βασιλέως πράγμασιν.[51]

1 προσλαμβάνω, *pres mid ptc nom p m*, enlist
2 ἑξακισχίλιοι, six thousand
3 ἐπικαλέω, *impf mid ind 3p*, call upon
4 ἐφοράω, *aor act inf*, look upon
5 καταπατέω, *pres pas ptc acc s m*, trample under
6 οἰκτίρω, *aor act inf*, have compassion on
7 ἀσεβής, impious, ungodly
8 βεβηλόω, *aor pas ptc acc s m*, pollute, defile
9 ἐλεέω, *aor act inf*, show mercy
10 καταφθείρω, *pres pas ptc acc s f*, destroy
11 μέλλω, *pres act ptc acc s f*, be about to
12 ἰσόπεδος, level with the ground
13 καταβοάω, *pres act ptc gen p n*, complain to, cry out to
14 εἰσακούω, *aor act inf*, listen
15 μιμνήσκομαι, *aor pas inf*, remember
16 ἀναμάρτητος, innocent
17 νήπιος, infant
18 παράνομος, unlawful
19 ἀπώλεια, destruction
20 βλασφημία, blasphemy
21 μισοπονηρέω, *aor act inf*, hate the wicked thing
22 σύστεμα, garrison, company
23 ἀνυπόστατος, undefeatable, irresistible
24 ἤδη, immediately
25 ἔλεος, mercy
26 τρέπω, *aor pas ptc gen s f*, turn to
27 κώμη, village
28 ἀπροσδοκήτως, unexpectedly
29 ἐμπίμπρημι, *aor act ind 3s*, set on fire
30 ἐπίκαιρος, opportune, strategic
31 ἀπολαμβάνω, *pres act ptc nom s m*, gain control of
32 ὀλίγος, few
33 πολέμιος, enemy
34 τροπόω, *pres mid ptc nom s m*, put to flight
35 μάλα, *sup*, most of all, especially
36 τοιοῦτος, such
37 ἐπιβολή, hostile assault
38 συνεργός, helpful
39 λαλιά, report, talk
40 εὐανδρία, valor, manliness
41 διηχέω, *impf act ind 3s*, spread throughout
42 πανταχῇ, everywhere
43 συνοράω, *pres act ptc nom s m*, perceive
44 μικρός, little (by little)
45 προκοπή, progress
46 πυκνός, *comp*, more incessant, rapid
47 εὐημερία, success
48 προβαίνω, *pres act ptc acc s m*, advance, make progress
49 στρατηγός, governor
50 ἐπιβοηθέω, *pres act inf*, aid, help
51 πρᾶγμα, civil affairs

9 ὁ δὲ ταχέως[1] προχειρισάμενος[2] Νικάνορα τὸν τοῦ Πατρόκλου τῶν πρώτων φίλων[3] ἀπέστειλεν ὑποτάξας[4] παμφύλων[5] ἔθνη οὐκ ἐλάττους[6] τῶν δισμυρίων[7] τὸ σύμπαν[8] τῆς Ιουδαίας ἐξᾶραι[9] γένος·[10] συνέστησεν[11] δὲ αὐτῷ καὶ Γοργίαν ἄνδρα στρατηγὸν[12] καὶ ἐν πολεμικαῖς[13] χρείαις[14] πεῖραν[15] ἔχοντα. **10** διεστήσατο[16] δὲ ὁ Νικάνωρ τὸν φόρον[17] τῷ βασιλεῖ τοῖς Ῥωμαίοις ὄντα ταλάντων[18] δισχιλίων[19] ἐκ τῆς τῶν Ιουδαίων αἰχμαλωσίας[20] ἐκπληρώσειν.[21] **11** εὐθέως[22] δὲ εἰς τὰς παραθαλασσίους[23] πόλεις ἀπέστειλεν προκαλούμενος[24] ἐπ᾽ ἀγορασμὸν[25] Ιουδαίων σωμάτων ὑπισχνούμενος[26] ἐνενήκοντα[27] σώματα ταλάντου[28] παραχωρήσειν[29] οὐ προσδεχόμενος[30] τὴν παρὰ τοῦ παντοκράτορος[31] μέλλουσαν[32] παρακολουθήσειν[33] ἐπ᾽ αὐτῷ δίκην.[34]

Judas Wins His First Battles

12 τῷ δὲ Ιουδα προσέπεσεν[35] περὶ τῆς τοῦ Νικάνορος ἐφόδου,[36] καὶ μεταδόντος[37] τοῖς σὺν αὐτῷ τὴν παρουσίαν[38] τοῦ στρατοπέδου[39] **13** οἱ δειλανδροῦντες[40] καὶ ἀπιστοῦντες[41] τὴν τοῦ θεοῦ δίκην[42] διεδίδρασκον[43] ἑαυτοὺς καὶ ἐξετόπιζον.[44] **14** οἱ δὲ τὰ περιλελειμμένα[45] πάντα ἐπώλουν,[46] ὁμοῦ[47] δὲ τὸν κύριον ἠξίουν[48] ῥύσασθαι[49]

1 ταχέως, without delay
2 προχειρίζω, *aor mid ptc nom s m*, appoint
3 φίλος, friend, associate
4 ὑποτάσσω, *aor act ptc nom s m*, subjugate
5 πάμφυλος, of all nationalities
6 ἐλάττων (σσ), *comp of* μικρός, *from* ἐλαχύς, fewer
7 δισμύριοι, twenty thousand
8 σύμπας, whole
9 ἐξαίρω, *aor act inf*, remove, destroy
10 γένος, nation, people
11 συνίστημι, *aor act ind 3s*, join with
12 στρατηγός, captain
13 πολεμικός, war-related
14 χρεία, affairs, duties
15 πεῖρα, experience
16 διΐστημι, *aor mid ind 3s*, resolve
17 φόρος, tribute
18 τάλαντον, talent
19 δισχίλιοι, two thousand
20 αἰχμαλωσία, captivity
21 ἐκπληρόω, *fut act inf*, defray the cost
22 εὐθέως, immediately
23 παραθαλάσσιος, seaside, coastal
24 προκαλέω, *pres mid ptc nom s m*, invite
25 ἀγορασμός, purchasing
26 ὑπισχνέομαι, *pres mid ptc nom s m*, promise
27 ἐνενήκοντα, ninety
28 τάλαντον, talent
29 παραχωρέω, *fut act inf*, deliver
30 προσδέχομαι, *pres mid ptc nom s m*, anticipate
31 παντοκράτωρ, almighty, ruler of all
32 μέλλω, *pres act ptc acc s f*, be about to
33 παρακολουθέω, *fut act inf*, follow closely upon, accrue
34 δίκη, judgment
35 προσπίπτω, *aor act ind 3s*, reach, become known
36 ἔφοδος, approach, coming
37 μεταδίδωμι, *aor act ptc gen s m*, share, communicate
38 παρουσία, (invasion), coming
39 στρατόπεδον, army
40 δειλανδρέω, *pres act ptc nom p m*, be cowardly
41 ἀπιστέω, *pres act ptc nom p m*, disbelieve, distrust
42 δίκη, judgment
43 διαδιδράσκω, *impf act ind 3p*, run away
44 ἐκτοπίζω, *impf act ind 3p*, remove oneself
45 περιλείπω, *perf pas ptc acc p n*, remain
46 πωλέω, *impf act ind 3p*, sell
47 ὁμοῦ, together
48 ἀξιόω, *impf act ind 3p*, beseech
49 ῥύομαι, *aor mid inf*, deliver, rescue

τοὺς ὑπὸ τοῦ δυσσεβοῦς[1] Νικάνορος πρὶν[2] συντυχεῖν[3] πεπραμένους·[4] **15** καὶ εἰ μὴ
δι᾽ αὐτούς, ἀλλὰ διὰ τὰς πρὸς τοὺς πατέρας αὐτῶν διαθήκας καὶ ἕνεκα[5] τῆς ἐπ᾽
αὐτοὺς ἐπικλήσεως[6] τοῦ σεμνοῦ[7] καὶ μεγαλοπρεποῦς[8] ὀνόματος αὐτοῦ. **16** συν-
αγαγὼν δὲ ὁ Μακκαβαῖος τοὺς περὶ αὐτὸν ὄντας ἀριθμὸν[9] ἑξακισχιλίους[10] παρ-
εκάλει μὴ καταπλαγῆναι[11] τοῖς πολεμίοις[12] μηδὲ εὐλαβεῖσθαι[13] τὴν τῶν ἀδίκως[14]
παραγινομένων ἐπ᾽ αὐτοὺς ἐθνῶν πολυπλήθειαν,[15] ἀγωνίσασθαι[16] δὲ γενναίως[17]
17 πρὸ ὀφθαλμῶν λαβόντας τὴν ἀνόμως[18] εἰς τὸν ἅγιον τόπον συντετελεσμένην[19]
ὑπ᾽ αὐτῶν ὕβριν[20] καὶ τὸν τῆς ἐμπεπαιγμένης[21] πόλεως αἰκισμόν,[22] ἔτι δὲ τὴν τῆς
προγονικῆς[23] πολιτείας[24] κατάλυσιν.[25] **18** οἱ μὲν γὰρ ὅπλοις[26] πεποίθασιν ἅμα[27]
καὶ τόλμαις,[28] ἔφησεν,[29] ἡμεῖς δὲ ἐπὶ τῷ παντοκράτορι[30] θεῷ, δυναμένῳ καὶ τοὺς
ἐρχομένους ἐφ᾽ ἡμᾶς καὶ τὸν ὅλον κόσμον ἑνὶ νεύματι[31] καταβαλεῖν,[32] πεποίθαμεν.

19 προσαναλεξάμενος[33] δὲ αὐτοῖς καὶ τὰς ἐπὶ τῶν προγόνων[34] γενομένας ἀντι-
λήμψεις[35] καὶ τὴν ἐπὶ Σενναχηριμ, ἑκατὸν[36] ὀγδοήκοντα[37] πέντε χιλιάδες[38] ὡς
ἀπώλοντο, **20** καὶ τὴν ἐν τῇ Βαβυλωνίᾳ τὴν πρὸς τοὺς Γαλάτας παράταξιν[39]
γενομένην, ὡς οἱ πάντες ἐπὶ τὴν χρείαν[40] ἦλθον ὀκτακισχίλιοι[41] σὺν Μακεδόσιν
τετρακισχιλίοις,[42] τῶν Μακεδόνων ἀπορουμένων[43] οἱ ὀκτακισχίλιοι τὰς δώδεκα[44]
μυριάδας[45] ἀπώλεσαν διὰ τὴν γινομένην αὐτοῖς ἀπ᾽ οὐρανοῦ βοήθειαν[46] καὶ ὠφέ-
λειαν[47] πολλὴν ἔλαβον.

1 δυσσεβής, impious, wicked
2 πρίν, before
3 συντυγχάνω, *aor act inf*, meet
4 πιπράσκω, *perf pas ptc acc p m*, sell
5 ἕνεκα, because
6 ἐπίκλησις, calling upon
7 σεμνός, sacred
8 μεγαλοπρεπής, magnificent
9 ἀριθμός, number
10 ἑξακισχίλιοι, six thousand
11 καταπλήσσω, *aor pas inf*, terrify
12 πολέμιος, enemy
13 εὐλαβέομαι, *pres mid inf*, be afraid
14 ἀδίκως, unjustly
15 πολυπλήθεια, multitude
16 ἀγωνίζομαι, *aor mid inf*, fight, contend
17 γενναίως, nobly, bravely
18 ἀνόμως, lawlessly
19 συντελέω, *perf pas ptc acc s f*, commit
20 ὕβρις, outrage, insult
21 ἐμπαίζω, *perf pas ptc gen s f*, mock, abuse
22 αἰκισμός, torture
23 προγονικός, ancestral
24 πολιτεία, citizenship, polity
25 κατάλυσις, dissolution, destruction
26 ὅπλον, armor
27 ἅμα, at the same time
28 τόλμα, acts of boldness
29 φημί, *aor act ind 3s*, say
30 παντοκράτωρ, almighty
31 νεῦμα, nod, wink of the eye
32 καταβάλλω, *aor act inf*, cut down, defeat
33 προσαναλέγω, *aor mid ptc nom s m*, recount
34 πρόγονος, ancestor
35 ἀντίλημψις, help, aid
36 ἑκατόν, hundred
37 ὀγδοήκοντα, eighty
38 χιλιάς, thousand
39 παράταξις, battle
40 χρεία, duty
41 ὀκτακισχίλιοι, eight thousand
42 τετρακισχίλιοι, four thousand
43 ἀπορέω, *pres mid ptc gen p m*, be pressed hard, be at a loss
44 δώδεκα, twelve
45 μυριάς, ten thousand
46 βοήθεια, help, aid
47 ὠφέλεια, spoils, plunder

21 ἐφ᾽ οἷς εὐθαρσεῖς[1] αὐτοὺς παραστήσας[2] καὶ ἑτοίμους[3] ὑπὲρ τῶν νόμων καὶ
τῆς πατρίδος[4] ἀποθνῄσκειν τετραμερές[5] τι τὸ στράτευμα[6] ἐποίησεν. **22** τάξας[7] καὶ
τοὺς ἀδελφοὺς αὐτοῦ προηγουμένους[8] ἑκατέρας[9] τάξεως,[10] Σιμωνα καὶ Ιωσηπον
καὶ Ιωναθην, ὑποτάξας[11] ἑκάστῳ χιλίους[12] πρὸς τοῖς πεντακοσίοις,[13] **23** ἔτι δὲ καὶ
Ελεαζαρον, παραναγνοὺς[14] τὴν ἱερὰν βίβλον καὶ δοὺς σύνθημα[15] θεοῦ βοηθείας[16]
τῆς πρώτης σπείρας[17] αὐτὸς προηγούμενος[18] συνέβαλε[19] τῷ Νικάνορι. **24** γενομένου
δὲ αὐτοῖς τοῦ παντοκράτορος[20] συμμάχου[21] κατέσφαξαν[22] τῶν πολεμίων[23] ὑπὲρ τοὺς
ἐνακισχιλίους,[24] τραυματίας[25] δὲ καὶ τοῖς μέλεσιν[26] ἀναπείρους[27] τὸ πλεῖον[28] μέρος
τῆς τοῦ Νικάνορος στρατιᾶς[29] ἐποίησαν, πάντας δὲ φυγεῖν[30] ἠνάγκασαν.[31] **25** τὰ δὲ
χρήματα[32] τῶν παραγεγονότων[33] ἐπὶ τὸν ἀγορασμὸν[34] αὐτῶν ἔλαβον· συνδιώξαν-
τες[35] δὲ αὐτοὺς ἐφ᾽ ἱκανὸν[36] ἀνέλυσαν[37] ὑπὸ τῆς ὥρας[38] συγκλειόμενοι·[39] **26** ἦν γὰρ
ἡ πρὸ τοῦ σαββάτου, δι᾽ ἣν αἰτίαν[40] οὐκ ἐμακροτόνησαν[41] κατατρέχοντες[42] αὐτούς.
27 ὁπλολογήσαντες[43] δὲ αὐτοὺς καὶ τὰ σκῦλα[44] ἐκδύσαντες[45] τῶν πολεμίων[46] περὶ
τὸ σάββατον ἐγίνοντο περισσῶς[47] εὐλογοῦντες καὶ ἐξομολογούμενοι[48] τῷ κυρίῳ τῷ
διασώσαντι[49] εἰς τὴν ἡμέραν ταύτην, ἀρχὴν ἐλέους[50] τάξαντος[51] αὐτοῖς. **28** μετὰ δὲ

1 εὐθαρσής, courage, boldness
2 παρίστημι, *aor act ptc nom s m*, place upon
3 ἕτοιμος, prepared
4 πατρίς, home land
5 τετραμερής, four parts
6 στράτευμα, army, troops
7 τάσσω, *aor act ptc nom s m*, appoint
8 προηγέομαι, *pres mid ptc acc p m*, lead
9 ἑκάτερος, each
10 τάξις, company, division
11 ὑποτάσσω, *aor act ptc nom s m*, place under
12 χίλιοι, thousand
13 πεντακόσιοι, five hundred
14 παραναγινώσκω, *aor act ptc nom s m*, read publicly
15 σύνθημα, codeword, watchword
16 βοήθεια, help
17 σπεῖρα, unit, division
18 προηγέομαι, *pres mid ptc nom s m*, precede
19 συμβάλλω, *aor act ind 3s*, join (battle) with
20 παντοκράτωρ, almighty, ruler of all
21 σύμμαχος, ally
22 κατασφάζω, *aor act ind 3p*, slay
23 πολέμιος, enemy
24 ἐνακισχίλιοι, nine thousand
25 τραυματίας, wound, casualty
26 μέλος, part
27 ἀνάπειρος, mutilated, maimed
28 πλείων/πλεῖον, *comp of* πολύς, more numerous
29 στρατιά, army
30 φεύγω, *aor act inf*, flee
31 ἀναγκάζω, *aor act ind 3p*, compel
32 χρῆμα, money, wealth
33 παραγίνομαι, *perf act ptc gen p m*, come up
34 ἀγορασμός, purchasing
35 συνδιώκω, *aor act ptc nom p m*, pursue
36 ἱκανός, sufficient
37 ἀναλύω, *aor act ind 3p*, return
38 ὥρα, hour
39 συγκλείω, *pres pas ptc nom p m*, press (for time)
40 αἰτία, reason
41 μακροτονέω, *aor act ind 3p*, continue
42 κατατρέχω, *pres act ptc nom p m*, run after, pursue
43 ὁπλολογέω, *aor act ptc nom p m*, collect arms
44 σκῦλον, spoils, plunder
45 ἐκδύω, *aor act ptc nom p m*, cast off, strip off
46 πολέμιος, enemy
47 περισσῶς, exceedingly
48 ἐξομολογέομαι, *pres mid ptc nom p m*, confess, acknowledge
49 διασῴζω, *aor act ptc dat s m*, preserve alive, save
50 ἔλεος, mercy, compassion
51 τάσσω, *aor act ptc gen s m*, assign to

τὸ σάββατον τοῖς ᾐκισμένοις[1] καὶ ταῖς χήραις[2] καὶ ὀρφανοῖς[3] μερίσαντες[4] ἀπὸ τῶν
σκύλων[5] τὰ λοιπὰ αὐτοὶ καὶ τὰ παιδία διεμερίσαντο.[6]

29 ταῦτα δὲ διαπραξάμενοι[7] καὶ κοινὴν[8] ἱκετείαν[9] ποιησάμενοι τὸν ἐλεήμονα[10] κύ-
ριον ἠξίουν[11] εἰς τέλος καταλλαγῆναι[12] τοῖς αὑτοῦ δούλοις.

30 Καὶ τοῖς περὶ Τιμόθεον καὶ Βακχίδην συνερίσαντες[13] ὑπὲρ τοὺς δισμυρίους[14]
αὐτῶν ἀνεῖλον[15] καὶ ὀχυρωμάτων[16] ὑψηλῶν[17] εὖ[18] μάλα[19] ἐγκρατεῖς[20] ἐγένοντο
καὶ λάφυρα[21] πλείονα[22] ἐμερίσαντο[23] ἰσομοίρους[24] αὑτοῖς καὶ τοῖς ᾐκισμένοις[25] καὶ
ὀρφανοῖς[26] καὶ χήραις,[27] ἔτι δὲ καὶ πρεσβυτέροις ποιήσαντες. **31** ὁπλολογήσαντες[28]
δὲ αὐτοὺς ἐπιμελῶς[29] πάντα συνέθηκαν[30] εἰς τοὺς ἐπικαίρους[31] τόπους, τὰ δὲ λοιπὰ
τῶν σκύλων[32] ἤνεγκαν εἰς Ιεροσόλυμα. **32** τὸν δὲ φυλάρχην[33] τῶν περὶ Τιμόθεον
ἀνεῖλον,[34] ἀνοσιώτατον[35] ἄνδρα καὶ πολλὰ τοὺς Ιουδαίους ἐπιλελυπηκότα.[36] **33** ἐπι-
νίκια[37] δὲ ἄγοντες ἐν τῇ πατρίδι[38] τοὺς ἐμπρήσαντας[39] τοὺς ἱεροὺς πυλῶνας[40] καὶ
Καλλισθένην ὑφῆψαν[41] εἰς ἓν οἰκίδιον[42] πεφευγότα,[43] καὶ τὸν ἄξιον[44] τῆς δυσσεβείας[45]
ἐκομίσατο[46] μισθόν.[47] **34** ὁ δὲ τρισαλιτήριος[48] Νικάνωρ ὁ τοὺς χιλίους[49] ἐμπόρους[50]
ἐπὶ τὴν πρᾶσιν[51] τῶν Ιουδαίων ἀγαγὼν **35** ταπεινωθεὶς[52] ὑπὸ τῶν κατ᾽ αὐτὸν

1 αἰκίζομαι, *perf pas ptc dat p m*, torture, maltreat
2 χήρα, widow
3 ὀρφανός, orphan
4 μερίζω, *aor act ptc nom p m*, distribute
5 σκῦλον, spoils, plunder
6 διαμερίζω, *aor mid ind 3p*, divide
7 διαπράσσω, *aor mid ptc nom p m*, accomplish
8 κοινός, common, public
9 ἱκετεία, supplication
10 ἐλεήμων, merciful
11 ἀξιόω, *impf act ind 3p*, beseech
12 καταλλάσσω, *aor act inf*, be reconciled to
13 συνερίζω, *aor act ptc nom p m*, contend with
14 δισμύριοι, twenty thousand
15 ἀναιρέω, *aor act ind 3p*, destroy, kill
16 ὀχύρωμα, fortress
17 ὑψηλός, high, lofty
18 εὖ, very
19 μάλα, exceedingly
20 ἐγκρατής, having possession of
21 λάφυρα, plunder
22 πλείων/πλεῖον, *comp of* πολύς, very much
23 μερίζω, *aor mid ind 3p*, distribute
24 ἰσόμοιρος, evenly, equally
25 αἰκίζομαι, *perf pas ptc dat p m*, torture, maltreat
26 ὀρφανός, orphan
27 χήρα, widow
28 ὁπλολογέω, *aor act ptc nom p m*, collect arms
29 ἐπιμελῶς, carefully
30 συντίθημι, *aor act ind 3p*, place, store
31 ἐπίκαιρος, opportune, strategic
32 σκῦλον, spoils, plunder
33 φυλάρχης, chief officer
34 ἀναιρέω, *aor act ind 3p*, kill
35 ἀνόσιος, *sup*, most profane
36 ἐπιλυπέω, *perf act ptc nom p n*, offend, trouble
37 ἐπινίκιος, victory
38 πατρίς, home land
39 ἐμπίμπρημι, *aor act ptc acc p m*, set on fire
40 πυλών, gate
41 ὑφάπτω, *aor act ind 3p*, burn
42 οἰκίδιον, small house
43 φεύγω, *perf act ptc acc p m*, flee
44 ἄξιος, worthy
45 δυσσέβεια, godlessness, impiety
46 κομίζω, *aor mid ind 3s*, receive
47 μισθός, reward, wages
48 τρισαλιτήριος, thrice-sinful
49 χίλιοι, thousand
50 ἔμπορος, merchant
51 πρᾶσις, sale, selling
52 ταπεινόω, *aor pas ptc nom s m*, abase, humble

νομιζομένων[1] ἐλαχίστων[2] εἶναι τῇ τοῦ κυρίου βοηθείᾳ[3] τὴν δοξικὴν[4] ἀποθέμενος[5]
ἐσθῆτα[6] διὰ τῆς μεσογείου[7] δραπέτου[8] τρόπον[9] ἔρημον[10] ἑαυτὸν ποιήσας ἧκεν[11] εἰς
Ἀντιόχειαν ὑπὲρ ἅπαν[12] εὐημερηκὼς[13] ἐπὶ τῇ τοῦ στρατοῦ[14] διαφθορᾷ.[15] **36** καὶ ὁ
τοῖς Ῥωμαίοις ἀναδεξάμενος[16] φόρον[17] ἀπὸ τῆς τῶν ἐν Ιεροσολύμοις αἰχμαλωσίας[18]
κατορθώσασθαι[19] κατήγγελλεν[20] ὑπέρμαχον[21] ἔχειν τοὺς Ιουδαίους καὶ διὰ τὸν
τρόπον[22] τοῦτον ἀτρώτους[23] εἶναι τοὺς Ιουδαίους διὰ τὸ ἀκολουθεῖν[24] τοῖς ὑπ᾽ αὐτοῦ
προτεταγμένοις[25] νόμοις.

Antiochus Epiphanes Makes His Final Campaign

9 Περὶ δὲ τὸν καιρὸν ἐκεῖνον ἐτύγχανεν[26] Ἀντίοχος ἀναλελυκὼς[27] ἀκόσμως[28]
ἐκ τῶν περὶ τὴν Περσίδα τόπων. **2** εἰσεληλύθει[29] γὰρ εἰς τὴν λεγομένην Περ-
σέπολιν καὶ ἐπεχείρησεν[30] ἱεροσυλεῖν[31] καὶ τὴν πόλιν συνέχειν·[32] διὸ[33] δὴ[34] τῶν
πληθῶν ὁρμησάντων[35] ἐπὶ τὴν τῶν ὅπλων[36] βοήθειαν[37] ἐτράπησαν,[38] καὶ συνέβη[39]
τροπωθέντα[40] τὸν Ἀντίοχον ὑπὸ τῶν ἐγχωρίων[41] ἀσχήμονα[42] τὴν ἀναζυγὴν[43]
ποιήσασθαι. **3** ὄντι δὲ αὐτῷ κατ᾽ Ἐκβάτανα προσέπεσεν[44] τὰ κατὰ Νικάνορα
καὶ τοὺς περὶ Τιμόθεον γεγονότα. **4** ἐπαρθεὶς[45] δὲ τῷ θυμῷ ᾤετο[46] καὶ τὴν τῶν

1 νομίζω, *pres pas ptc gen p m*, consider, regard
2 ἐλάχιστος, *sup of* μικρός, *from* ἐλαχύς, least, lowliest
3 βοήθεια, help, aid
4 δοξικός, glorious
5 ἀποτίθημι, *aor mid ptc nom s m*, remove, take off
6 ἐσθής, garment
7 μεσόγειος, inland of a country
8 δραπέτης, runaway slave
9 τρόπος, manner
10 ἔρημος, alone
11 ἥκω, *impf act ind 3s*, come, arrive at
12 ἅπας, above all
13 εὐημερέω, *perf act ptc nom s m*, succeed
14 στρατός, army
15 διαφθορά, destruction
16 ἀναδέχομαι, *aor mid ptc nom s m*, undertake
17 φόρος, tribute
18 αἰχμαλωσία, captivity
19 κατορθόω, *aor mid inf*, establish
20 καταγγέλλω, *impf act ind 3s*, announce
21 ὑπέρμαχος, defender
22 τρόπος, manner, way
23 ἄτρωτος, invulnerable
24 ἀκολουθέω, *pres act inf*, follow
25 προτάσσω, *perf pas ptc dat p m*, ordain, determine
26 τυγχάνω, *impf act ind 3s*, happen
27 ἀναλύω, *perf act ptc nom s m*, depart, retreat
28 ἀκόσμως, dishonorably
29 εἰσέρχομαι, *plpf act ind 3s*, enter
30 ἐπιχειρέω, *aor act ind 3s*, endeavor
31 ἱεροσυλέω, *pres act inf*, rob a temple
32 συνέχω, *pres act inf*, control, shut in
33 διό, therefore
34 δή, then, at that point
35 ὁρμάω, *aor act ptc gen p m*, hasten, rush
36 ὅπλον, arms, weapons
37 βοήθεια, help, aid
38 τρέπω, *aor pas ind 3p*, turn away, put to flight
39 συμβαίνω, *aor act ind 3s*, happen
40 τροπόω, *aor pas ptc acc s m*, put to flight
41 ἐγχώριος, inhabitant
42 ἀσχήμων, shameful
43 ἀναζυγή, march home
44 προσπίπτω, *aor act ind 3s*, reach, become known
45 ἐπαίρω, *aor pas ptc nom s m*, transport, swell up
46 οἴομαι, *impf mid ind 3s*, think

πεφυγαδευκότων[1] αὐτὸν κακίαν[2] εἰς τοὺς Ιουδαίους ἐναπερείσασθαι,[3] διὸ[4] συνέταξεν[5] τὸν ἁρματηλάτην[6] ἀδιαλείπτως[7] ἐλαύνοντα[8] κατανύειν[9] τὴν πορείαν[10] τῆς ἐξ οὐρανοῦ δὴ[11] κρίσεως συνούσης[12] αὐτῷ· οὕτως γὰρ ὑπερηφάνως[13] εἶπεν Πολυανδρεῖον[14] Ιουδαίων Ιεροσόλυμα ποιήσω παραγενόμενος ἐκεῖ.

5 ὁ δὲ παντεπόπτης[15] κύριος ὁ θεὸς τοῦ Ισραηλ ἐπάταξεν[16] αὐτὸν ἀνιάτῳ[17] καὶ
ἀοράτῳ[18] πληγῇ·[19] ἄρτι[20] δὲ αὐτοῦ καταλήξαντος[21] τὸν λόγον ἔλαβεν αὐτὸν ἀνή-
κεστος[22] τῶν σπλάγχνων[23] ἀλγηδὼν[24] καὶ πικραὶ[25] τῶν ἔνδον[26] βάσανοι[27] **6** πάνυ[28]
δικαίως τὸν πολλαῖς καὶ ξενιζούσαις[29] συμφοραῖς[30] ἑτέρων σπλάγχνα[31] βασα-
νίσαντα.[32] **7** ὁ δ᾽ οὐδαμῶς[33] τῆς ἀγερωχίας[34] ἔληγεν,[35] ἔτι δὲ καὶ τῆς ὑπερηφανίας[36]
ἐπεπλήρωτο[37] πῦρ πνέων[38] τοῖς θυμοῖς[39] ἐπὶ τοὺς Ιουδαίους καὶ κελεύων[40] ἐπο-
ξύνειν[41] τὴν πορείαν.[42] συνέβη[43] δὲ καὶ πεσεῖν αὐτὸν ἀπὸ τοῦ ἅρματος[44] φερομένου
ῥοίζῳ[45] καὶ δυσχερεῖ[46] πτώματι[47] περιπεσόντα[48] πάντα τὰ μέλη[49] τοῦ σώματος
ἀποστρεβλοῦσθαι.[50]

1 φυγαδεύω, *perf act ptc gen p m*, cause to flee
2 κακία, misdeed
3 ἐναπερείδω, *aor mid inf*, vent upon
4 διό, therefore
5 συντάσσω, *aor act ind 3s*, order
6 ἁρματηλάτης, charioteer
7 ἀδιαλείπτως, without ceasing
8 ἐλαύνω, *pres act ptc acc s m*, drive
9 κατανύω, *pres act inf*, complete
10 πορεία, journey
11 δή, but, now
12 σύνειμι, *pres act ptc gen s f*, follow with, be with
13 ὑπερηφάνως, proudly, arrogantly
14 πολυάνδριος, cemetery, (burial place) of many people
15 παντεπόπτης, all-seeing
16 πατάσσω, *aor act ind 3s*, strike, smite
17 ἀνίατος, incurable
18 ἀόρατος, invisible
19 πληγή, plague, blow
20 ἄρτι, as soon as
21 καταλήγω, *aor act ptc gen s m*, finish
22 ἀνήκεστος, irremediable
23 σπλάγχνον, entrails, bowels
24 ἀλγηδών, suffering
25 πικρός, severe, sharp
26 ἔνδον, internal
27 βάσανος, agony
28 πάνυ, very
29 ξενίζω, *pres act ptc dat p f*, be strange
30 συμφορά, calamity
31 σπλάγχνον, entrails, bowels
32 βασανίζω, *aor act ptc acc p n*, torture
33 οὐδαμῶς, by no means
34 ἀγερωχία, arrogance, insolence
35 λήγω, *impf act ind 3s*, abate from
36 ὑπερηφανία, pride, arrogance
37 πληρόω, *plpf pas ind 3s*, fill
38 πνέω, *pres act ptc nom s m*, breathe
39 θυμός, wrath
40 κελεύω, *pres act ptc nom s m*, give orders
41 ἐποξύνω, *pres act inf*, hasten
42 πορεία, journey
43 συμβαίνω, *aor act ind 3s*, happen
44 ἅρμα, chariot
45 ῥοῖζος, rush
46 δυσχερής, grievous
47 πτῶμα, fall
48 περιπίπτω, *aor act ptc acc p n*, fall out of the side
49 μέλος, limb, part
50 ἀποστρεβλόομαι, *pres pas inf*, horribly torture

8 ὁ δ᾽ ἄρτι[1] δοκῶν[2] τοῖς τῆς θαλάσσης κύμασιν[3] ἐπιτάσσειν[4] διὰ τὴν ὑπὲρ ἄν-
θρωπον ἀλαζονείαν[5] καὶ πλάστιγγι[6] τὰ τῶν ὀρέων οἰόμενος[7] ὕψη[8] στήσειν κατὰ
γῆν γενόμενος ἐν φορείῳ[9] παρεκομίζετο[10] φανερὰν[11] τοῦ θεοῦ πᾶσιν τὴν δύναμιν
ἐνδεικνύμενος,[12] **9** ὥστε καὶ ἐκ τοῦ σώματος τοῦ δυσσεβοῦς[13] σκώληκας[14] ἀναζεῖν,[15]
καὶ ζῶντος ἐν ὀδύναις[16] καὶ ἀλγηδόσιν[17] τὰς σάρκας αὐτοῦ διαπίπτειν,[18] ὑπὸ δὲ τῆς
ὀσμῆς[19] αὐτοῦ πᾶν τὸ στρατόπεδον[20] βαρύνεσθαι[21] τὴν σαπρίαν.[22] **10** καὶ τὸν μικρῷ
πρότερον[23] τῶν οὐρανίων[24] ἄστρων[25] ἅπτεσθαι δοκοῦντα[26] παρακομίζειν[27] οὐδεὶς
ἐδύνατο διὰ τὸ τῆς ὀσμῆς[28] ἀφόρητον[29] βάρος.[30]

11 ἐνταῦθα[31] οὖν ἤρξατο τὸ πολὺ τῆς ὑπερηφανίας[32] λήγειν[33] τεθραυσμένος[34]
καὶ εἰς ἐπίγνωσιν[35] ἔρχεσθαι θείᾳ[36] μάστιγι[37] κατὰ στιγμὴν[38] ἐπιτεινόμενος[39] ταῖς
ἀλγηδόσιν.[40] **12** καὶ μηδὲ τῆς ὀσμῆς[41] αὐτοῦ δυνάμενος ἀνέχεσθαι[42] ταῦτ᾽ ἔφη[43]
Δίκαιον ὑποτάσσεσθαι[44] τῷ θεῷ καὶ μὴ θνητὸν[45] ὄντα ἰσόθεα[46] φρονεῖν.[47] **13** ηὔχετο[48]
δὲ ὁ μιαρὸς[49] πρὸς τὸν οὐκέτι αὐτὸν ἐλεήσοντα[50] δεσπότην[51] οὕτως λέγων **14** τὴν
μὲν ἁγίαν πόλιν, ἣν σπεύδων[52] παρεγίνετο ἰσόπεδον[53] ποιῆσαι καὶ πολυανδρεῖον[54]
οἰκοδομῆσαι, ἐλευθέραν[55] ἀναδεῖξαι,[56] **15** τοὺς δὲ Ιουδαίους, οὓς διεγνώκει[57] μηδὲ

1 ἄρτι, just previously
2 δοκέω, *pres act ptc nom s m*, regard, think
3 κῦμα, wave
4 ἐπιτάσσω, *pres act inf*, command
5 ἀλαζονεία, boastfulness
6 πλάστιγξ, scale, balance
7 οἴομαι, *pres mid ptc nom s m*, think
8 ὕψος, high
9 φορεῖον, litter
10 παρακομίζω, *impf pas ind 3s*, carry away
11 φανερός, evident, clear
12 ἐνδείκνυμι, *pres mid ptc nom s m*, show forth
13 δυσσεβής, impious, ungodly
14 σκώληξ, worm
15 ἀναζέω, *pres act inf*, seethe, break out
16 ὀδύνη, pain
17 ἀλγηδών, suffering
18 διαπίπτω, *pres act inf*, rot, decay
19 ὀσμή, odor
20 στρατόπεδον, army
21 βαρύνω, *pres mid inf*, be overloaded, be distressed
22 σαπρία, decay
23 πρότερος, earlier, before
24 οὐράνιος, heavenly
25 ἄστρον, star
26 δοκέω, *pres act ptc acc s m*, regard, think
27 παρακομίζω, *pres act inf*, carry away
28 ὀσμή, odor
29 ἀφόρητος, intolerable
30 βάρος, oppressiveness
31 ἐνταῦθα, at that time
32 ὑπερηφανία, pride, arrogance
33 λήγω, *pres act inf*, abate, cease
34 θραύω, *perf pas ptc nom s m*, break, shatter
35 ἐπίγνωσις, knowledge
36 θεῖος, divine
37 μάστιξ, scourge, plague
38 στιγμή, briefly
39 ἐπιτείνω, *pres pas ptc nom s m*, suffer more intensely
40 ἀλγηδών, pain
41 ὀσμή, odor
42 ἀνέχω, *pres mid inf*, tolerate
43 φημί, *aor act ind 3s*, say
44 ὑποτάσσω, *pres pas inf*, be subject to
45 θνητός, mortal
46 ἰσόθεος, equal to God
47 φρονέω, *pres act inf*, think, consider
48 εὔχομαι, *impf mid ind 3s*, vow
49 μιαρός, vile (person)
50 ἐλεέω, *fut act ptc acc s m*, show mercy
51 δεσπότης, lord
52 σπεύδω, *pres act ptc nom s m*, hasten
53 ἰσόπεδος, level with the ground
54 πολυάνδριος, cemetery, (burial place) of many people
55 ἐλεύθερος, free
56 ἀναδείκνυμι, *aor act inf*, declare
57 διαγινώσκω, *plpf act ind 3s*, consider

ταφῆς[1] ἀξιῶσαι,[2] οἰωνοβρώτους[3] δὲ σὺν τοῖς νηπίοις[4] ἐκρίψειν[5] θηρίοις, πάντας
αὐτοὺς ἴσους[6] Ἀθηναίοις ποιήσειν· **16** ὃν δὲ πρότερον[7] ἐσκύλευσεν[8] ἅγιον νεὼ[9]
καλλίστοις[10] ἀναθήμασιν[11] κοσμήσειν[12] καὶ τὰ ἱερὰ σκεύη[13] πολυπλάσια[14] πάντα
ἀποδώσειν,[15] τὰς δὲ ἐπιβαλλούσας[16] πρὸς τὰς θυσίας[17] συντάξεις[18] ἐκ τῶν ἰδίων[19]
προσόδων[20] χορηγήσειν·[21] **17** πρὸς δὲ τούτοις καὶ Ιουδαῖον ἔσεσθαι καὶ πάντα τόπον
οἰκητὸν[22] ἐπελεύσεσθαι[23] καταγγέλλοντα[24] τὸ τοῦ θεοῦ κράτος.[25] **18** οὐδαμῶς[26]
δὲ ληγόντων[27] τῶν πόνων,[28] ἐπεληλύθει[29] γὰρ ἐπ᾽ αὐτὸν δικαία ἡ τοῦ θεοῦ κρίσις,
τὰ κατ᾽ αὐτὸν ἀπελπίσας[30] ἔγραψεν πρὸς τοὺς Ιουδαίους τὴν ὑπογεγραμμένην[31]
ἐπιστολὴν[32] ἱκετηρίας[33] τάξιν[34] ἔχουσαν, περιέχουσαν[35] δὲ οὕτως

Letter of Antiochus Epiphanes to the Jews

19 Τοῖς χρηστοῖς[36] Ιουδαίοις τοῖς πολίταις[37] πολλὰ χαίρειν[38] καὶ ὑγιαίνειν[39] καὶ
εὖ πράττειν[40] βασιλεὺς καὶ στρατηγὸς[41] Ἀντίοχος. **20** εἰ ἔρρωσθε[42] καὶ τὰ τέκνα
καὶ τὰ ἴδια[43] κατὰ γνώμην[44] ἐστὶν ὑμῖν· εἰς οὐρανὸν τὴν ἐλπίδα ἔχων **21** ὑμῶν
τὴν τιμὴν[45] καὶ τὴν εὔνοιαν[46] ἐμνημόνευον[47] φιλοστόργως.[48] ἐπανάγων[49] ἐκ
τῶν κατὰ τὴν Περσίδα τόπων καὶ περιπεσὼν[50] ἀσθενείᾳ[51] δυσχέρειαν[52] ἐχούσῃ

1 ταφή, burial place
2 ἀξιόω, *aor act inf*, be deserving, be worthy
3 οἰωνόβρωτος, food for birds
4 νήπιος, infant
5 ἐκρίπτω, *fut act inf*, cast out
6 ἴσος, equal
7 πρότερος, formerly
8 σκυλεύω, *aor act ind 3s*, strip, plunder
9 νεώς, shrine
10 καλός, *sup*, most beautiful
11 ἀνάθεμα, offering, dedicated (thing)
12 κοσμέω, *fut act inf*, adorn, decorate
13 σκεῦος, vessel, object
14 πολυπλάσιος, many times over
15 ἀποδίδωμι, *fut act inf*, repay, restore
16 ἐπιβάλλω, *pres act ptc acc p f*, (incur an expense), lay on
17 θυσία, sacrifice
18 σύνταξις, contribution
19 ἴδιος, one's own
20 πρόσοδος, revenue, fund
21 χορηγέω, *fut act inf*, provide for, cover an expense
22 οἰκητός, inhabited
23 ἐπέρχομαι, *fut mid inf*, come forward
24 καταγγέλλω, *pres act ptc acc s m*, declare
25 κράτος, power
26 οὐδαμῶς, by no means
27 λήγω, *pres act ptc gen p m*, abate, cease
28 πόνος, distress, grief
29 ἐπέρχομαι, *plpf act ind 3s*, come upon
30 ἀπελπίζω, *aor act ptc nom s m*, despair
31 ὑπογράφω, *perf pas ptc acc s f*, copy below
32 ἐπιστολή, letter
33 ἱκετηρία, supplication
34 τάξις, form
35 περιέχω, *pres act ptc acc s f*, contain
36 χρηστός, kind, good
37 πολίτης, citizen
38 χαίρω, *pres act inf*, greetings
39 ὑγιαίνω, *pres act inf*, good health
40 πράσσω, *pres act inf*, (*with* εὖ) good fortune
41 στρατηγός, commander
42 ῥώννυμι, *perf mid impv 2p*, fare well
43 ἴδιος, one's own
44 γνώμη, wish
45 τιμή, honor
46 εὔνοια, goodwill
47 μνημονεύω, *impf act ind 1s*, remember, call to mind
48 φιλοστόργως, fondly
49 ἐπανάγω, *pres act ptc nom s m*, return back
50 περιπίπτω, *aor act ptc nom s m*, encounter
51 ἀσθένεια, illness
52 δυσχέρεια, difficulty

ἀναγκαῖον[1] ἡγησάμην[2] φροντίσαι[3] τῆς κοινῆς[4] πάντων ἀσφαλείας.[5] **22** οὐκ
ἀπογινώσκων[6] τὰ κατ' ἐμαυτόν, ἀλλὰ ἔχων πολλὴν ἐλπίδα ἐκφεύξεσθαι[7] τὴν
ἀσθένειαν,[8] **23** θεωρῶν[9] δὲ ὅτι καὶ ὁ πατήρ, καθ' οὓς καιροὺς εἰς τοὺς ἄνω[10]
τόπους ἐστρατοπέδευσεν,[11] ἀνέδειξεν[12] τὸν διαδεξάμενον,[13] **24** ὅπως, ἐάν τι
παράδοξον[14] ἀποβαίνῃ[15] ἢ καὶ προσαγγελθῇ[16] τι δυσχερές,[17] εἰδότες οἱ κατὰ τὴν
χώραν[18] ᾧ καταλέλειπται[19] τὰ πράγματα[20] μὴ ἐπιταράσσωνται·[21] **25** πρὸς δὲ τούτοις
κατανοῶν[22] τοὺς παρακειμένους[23] δυνάστας[24] καὶ γειτνιῶντας[25] τῇ βασιλείᾳ τοῖς
καιροῖς ἐπέχοντας[26] καὶ προσδοκῶντας[27] τὸ ἀποβησόμενον,[28] ἀναδέδειχα[29] τὸν
υἱὸν Ἀντίοχον βασιλέα, ὃν πολλάκις[30] ἀνατρέχων[31] εἰς τὰς ἐπάνω[32] σατραπείας[33]
τοῖς πλείστοις[34] ὑμῶν παρεκατετιθέμην[35] καὶ συνίστων·[36] γέγραφα δὲ πρὸς αὐτὸν
τὰ ὑπογεγραμμένα.[37] **26** παρακαλῶ οὖν ὑμᾶς καὶ ἀξιῶ[38] μεμνημένους[39] τῶν
εὐεργεσιῶν[40] κοινῇ[41] καὶ κατ' ἰδίαν[42] ἕκαστον συντηρεῖν[43] τὴν οὖσαν εὔνοιαν[44]
εἰς ἐμὲ καὶ τὸν υἱόν· **27** πέπεισμαι γὰρ αὐτὸν ἐπιεικῶς[45] καὶ φιλανθρώπως[46]
παρακολουθοῦντα[47] τῇ ἐμῇ προαιρέσει[48] συμπεριενεχθήσεσθαι[49] ὑμῖν.

1 ἀναγκαῖος, necessary
2 ἡγέομαι, *aor mid ind 1s*, consider
3 φροντίζω, *aor act inf*, give thought to
4 κοινός, common
5 ἀσφάλεια, safety, stability
6 ἀπογινώσκω, *pres act ptc nom s m*, become desperate, give up as hopeless
7 ἐκφεύγω, *fut mid inf*, escape from
8 ἀσθένεια, illness
9 θεωρέω, *pres act ptc nom s m*, behold
10 ἄνω, upper
11 στρατοπεδεύω, *aor act ind 3s*, march out to camp
12 ἀναδείκνυμι, *aor act ind 3s*, declare
13 διαδέχομαι, *aor mid ptc acc s m*, succeed, take someone's place
14 παράδοξος, unexpected
15 ἀποβαίνω, *pres act sub 3s*, befall
16 προσαγγέλλω, *aor pas sub 3s*, report
17 δυσχερής, unpleasant, contradictory
18 χώρα, country
19 καταλείπω, *perf pas ind 3s*, leave
20 πρᾶγμα, affair, matter
21 ἐπιταράσσω, *aor mid sub 3p*, be troubled
22 κατανοέω, *pres act ptc nom s m*, understand
23 παράκειμαι, *pres pas ptc acc p m*, be adjacent to
24 δυνάστης, prince
25 γειτνιάω, *pres act ptc acc p m*, neighbor
26 ἐπέχω, *pres act ptc acc p m*, refrain
27 προσδοκάω, *pres act ptc acc p m*, wait for
28 ἀποβαίνω, *fut mid ptc acc s n*, befall
29 ἀναδείκνυμι, *perf act ind 1s*, appoint
30 πολλάκις, many times
31 ἀνατρέχω, *pres act ptc nom s m*, hasten back
32 ἐπάνω, upper
33 σατραπεία, satrapy, province
34 πλεῖστος, *sup of* πολύς, most
35 παρακατατίθημι, *impf mid ind 1s*, entrust
36 συνίστημι, *pres act ptc nom s m*, commend
37 ὑπογράφω, *perf pas ptc acc p n*, copy below
38 ἀξιόω, *pres act ind 1s*, deem worthy
39 μιμνήσκομαι, *perf mid ptc acc p m*, remember
40 εὐεργεσία, kindness, good deed
41 κοινῇ, publicly
42 ἴδιος, privately
43 συντηρέω, *pres act inf*, preserve closely
44 εὔνοια, goodwill
45 ἐπιεικῶς, with fairness
46 φιλανθρώπως, with kindness
47 παρακολουθέω, *pres act ptc acc s m*, adhere to
48 προαίρεσις, policy
49 συμπεριφέρω, *fut pas inf*, accommodate oneself

28 Ὁ μὲν οὖν ἀνδροφόνος[1] καὶ βλάσφημος[2] τὰ χείριστα[3] παθών,[4] ὡς ἑτέρους δι-
έθηκεν,[5] ἐπὶ ξένης[6] ἐν τοῖς ὄρεσιν οἰκτίστῳ[7] μόρῳ[8] κατέστρεψεν[9] τὸν βίον.[10] **29** παρ-
εκομίζετο[11] δὲ τὸ σῶμα Φίλιππος ὁ σύντροφος[12] αὐτοῦ, ὃς καὶ διευλαβηθεὶς[13] τὸν
υἱὸν Ἀντιόχου πρὸς Πτολεμαῖον τὸν Φιλομήτορα εἰς Αἴγυπτον διεκομίσθη.[14]

Judas Maccabeus Cleanses the Temple

10 Μακκαβαῖος δὲ καὶ οἱ σὺν αὐτῷ τοῦ κυρίου προάγοντος[15] αὐτοὺς τὸ μὲν
ἱερὸν ἐκομίσαντο[16] καὶ τὴν πόλιν, **2** τοὺς δὲ κατὰ τὴν ἀγορὰν[17] βωμοὺς[18]
ὑπὸ τῶν ἀλλοφύλων[19] δεδημιουργημένους,[20] ἔτι δὲ τεμένη[21] καθεῖλαν[22] **3** καὶ τὸν
νεὼ[23] καθαρίσαντες[24] ἕτερον θυσιαστήριον[25] ἐποίησαν καὶ πυρώσαντες[26] λίθους καὶ
πῦρ ἐκ τούτων λαβόντες ἀνήνεγκαν[27] θυσίας[28] μετὰ διετῆ[29] χρόνον καὶ θυμίαμα[30]
καὶ λύχνους[31] καὶ τῶν ἄρτων τὴν πρόθεσιν[32] ἐποιήσαντο. **4** ταῦτα δὲ ποιήσαντες
ἠξίωσαν[33] τὸν κύριον πεσόντες ἐπὶ κοιλίαν[34] μηκέτι[35] περιπεσεῖν[36] τοιούτοις[37]
κακοῖς,[38] ἀλλ᾽ ἐάν ποτε[39] καὶ ἁμάρτωσιν, ὑπ᾽ αὐτοῦ μετὰ ἐπιεικείας[40] παιδεύεσθαι[41]
καὶ μὴ βλασφήμοις[42] καὶ βαρβάροις[43] ἔθνεσιν παραδίδοσθαι. **5** ἐν ᾗ δὲ ἡμέρᾳ ὁ νεὼς[44]
ὑπὸ ἀλλοφύλων[45] ἐβεβηλώθη,[46] συνέβη[47] κατὰ τὴν αὐτὴν ἡμέραν τὸν καθαρισμὸν[48]
γενέσθαι τοῦ ναοῦ, τῇ πέμπτῃ[49] καὶ εἰκάδι[50] τοῦ αὐτοῦ μηνός,[51] ὅς ἐστιν Χασελευ.

1 ἀνδροφόνος, murderer
2 βλάσφημος, blasphemer
3 χείριστος, *sup of* κακός, worst
4 πάσχω, *aor act ptc nom s m*, suffer
5 διατίθημι, *aor act ind 3s*, treat
6 ξένος, foreign
7 οἴκτιστος, *sup of* οἰκτρός, most lamentable
8 μόρος, fate
9 καταστρέφω, *aor act ind 3s*, ruin, undo
10 βίος, life
11 παρακομίζω, *impf mid ind 3s*, bear, carry
12 σύντροφος, one who has been brought up with
13 διευλαβέομαι, *aor pas ptc nom s m*, beware, fear
14 διακομίζω, *aor pas ind 3s*, go to
15 προάγω, *pres act ptc gen s m*, lead
16 κομίζω, *aor mid ind 3p*, recover
17 ἀγορά, marketplace
18 βωμός, (illegitimate) altar
19 ἀλλόφυλος, foreign
20 δημιουργέω, *perf pas ptc acc p m*, construct
21 τέμενος, sacred precinct
22 καθαιρέω, *aor act ind 3p*, tear down, destroy
23 νεώς, shrine
24 καθαρίζω, *aor act ptc nom p m*, purify
25 θυσιαστήριον, altar
26 πυρόω, *aor act ptc nom p m*, set on fire
27 ἀναφέρω, *aor act ind 3p*, offer up
28 θυσία, sacrifice
29 διετής, two years
30 θυμίαμα, incense
31 λύχνος, lamp
32 πρόθεσις, presentation
33 ἀξιόω, *aor act ind 3p*, beseech
34 κοιλία, stomach
35 μηκέτι, no longer
36 περιπίπτω, *aor act inf*, encounter, incur
37 τοιοῦτος, such
38 κακός, evil, wickedness
39 ποτέ, when
40 ἐπιείκεια, equity, fairness
41 παιδεύω, *pres pas inf*, discipline
42 βλάσφημος, blasphemous
43 βάρβαρος, barbarous, savage
44 νεώς, shrine
45 ἀλλόφυλος, foreign
46 βεβηλόω, *aor pas ind 3s*, pollute, defile
47 συμβαίνω, *aor act ind 3s*, happen, take place
48 καθαρισμός, purification, cleansing
49 πέμπτος, fifth
50 εἰκάς, twentieth
51 μήν, month

6 καὶ μετ᾽ εὐφροσύνης[1] ἦγον ἡμέρας ὀκτὼ[2] σκηνωμάτων[3] τρόπον[4] μνημονεύοντες[5]
ὡς πρὸ μικροῦ χρόνου τὴν τῶν σκηνῶν[6] ἑορτὴν[7] ἐν τοῖς ὄρεσιν καὶ ἐν τοῖς σπηλαίοις[8]
θηρίων τρόπον ἦσαν νεμόμενοι.[9] **7** διὸ[10] θύρσους[11] καὶ κλάδους[12] ὡραίους,[13] ἔτι δὲ
καὶ φοίνικας[14] ἔχοντες ὕμνους[15] ἀνέφερον[16] τῷ εὐοδώσαντι[17] καθαρισθῆναι[18] τὸν
ἑαυτοῦ τόπον. **8** ἐδογμάτισαν[19] δὲ μετὰ κοινοῦ[20] προστάγματος[21] καὶ ψηφίσματος[22]
παντὶ τῷ τῶν Ιουδαίων ἔθνει κατ᾽ ἐνιαυτὸν[23] ἄγειν τάσδε[24] τὰς ἡμέρας. **9** καὶ τὰ μὲν
τῆς Ἀντιόχου τοῦ προσαγορευθέντος[25] Ἐπιφανοῦς τελευτῆς[26] οὕτως εἶχεν.

Reign of Antiochus Eupator

10 Νυνὶ δὲ τὰ κατὰ τὸν Εὐπάτορα Ἀντίοχον, υἱὸν δὲ τοῦ ἀσεβοῦς[27] γενόμενον,
δηλώσομεν[28] αὐτὰ συντέμνοντες[29] τὰ συνέχοντα[30] τῶν πολέμων κακά.[31] **11** οὗτος
γὰρ παραλαβὼν[32] τὴν βασιλείαν ἀνέδειξεν[33] ἐπὶ τῶν πραγμάτων[34] Λυσίαν τινά,
Κοίλης δὲ Συρίας καὶ Φοινίκης στρατηγὸν[35] πρώταρχον.[36] **12** Πτολεμαῖος γὰρ ὁ
καλούμενος Μάκρων τὸ δίκαιον συντηρεῖν[37] προηγούμενος[38] πρὸς τοὺς Ιουδαίους
διὰ τὴν γεγονυῖαν[39] εἰς αὐτοὺς ἀδικίαν[40] ἐπειρᾶτο[41] τὰ πρὸς αὐτοὺς εἰρηνικῶς[42]
διεξάγειν·[43] **13** ὅθεν[44] κατηγορούμενος[45] ὑπὸ τῶν φίλων[46] πρὸς τὸν Εὐπάτορα
καὶ προδότης[47] παρ᾽ ἕκαστα ἀκούων διὰ τὸ τὴν Κύπρον ἐμπιστευθέντα[48] ὑπὸ τοῦ

1 εὐφροσύνη, joy, gladness
2 ὀκτώ, eight
3 σκήνωμα, booth, tent
4 τρόπος, manner
5 μνημονεύω, *pres act ptc nom p m*, remember
6 σκηνή, tent
7 ἑορτή, feast
8 σπήλαιον, cave
9 νέμω, *pres mid ptc nom p m*, graze, pasture
10 διό, therefore
11 θύρσος, wand wreathed in ivy leaves
12 κλάδος, branch
13 ὡραῖος, beautiful
14 φοῖνιξ, date palm
15 ὕμνος, hymn
16 ἀναφέρω, *impf act ind 3p*, offer up
17 εὐοδόω, *aor act ptc dat s m*, prosper
18 καθαρίζω, *aor pas inf*, purify
19 δογματίζω, *aor act ind 3p*, decree, ordain
20 κοινός, public
21 πρόσταγμα, ordinance
22 ψήφισμα, decree passed by casting lots
23 ἐνιαυτός, year
24 ὅδε, this
25 προσαγορεύω, *aor pas ptc gen s m*, call
26 τελευτή, death
27 ἀσεβής, impious, ungodly
28 δηλόω, *fut act ind 1p*, set forth, tell
29 συντέμνω, *pres act ptc nom p m*, summarize
30 συνέχω, *pres act ptc acc p n*, oppress
31 κακός, wicked
32 παραλαμβάνω, *aor act ptc nom s m*, receive, succeed to
33 ἀναδείκνυμι, *aor act ind 3s*, appoint
34 πρᾶγμα, public affairs
35 στρατηγός, governor
36 πρώταρχος, supreme
37 συντηρέω, *pres act inf*, observe closely
38 προηγέομαι, *pres mid ptc nom s m*, lead
39 γίνομαι, *perf act ptc acc s f*, be done to
40 ἀδικία, injustice, wrongdoing
41 πειράω, *impf mid ind 3s*, endeavor
42 εἰρηνικῶς, peaceably
43 διεξάγω, *pres act inf*, manage, maintain
44 ὅθεν, hence
45 κατηγορέω, *pres pas ptc nom s m*, accuse
46 φίλος, friend
47 προδότης, betrayer
48 ἐμπιστεύω, *aor pas ptc acc s m*, entrust

Φιλομήτορος ἐκλιπεῖν[1] καὶ πρὸς Ἀντίοχον τὸν Ἐπιφανῆ ἀναχωρῆσαι[2] μήτε[3] εὐγενῆ[4]
τὴν ἐξουσίαν[5] εὐγενίσας[6] φαρμακεύσας[7] ἑαυτὸν ἐξέλιπεν[8] τὸν βίον.[9]

Battles in Idumea

14 Γοργίας δὲ γενόμενος στρατηγὸς[10] τῶν τόπων ἐξενοτρόφει[11] καὶ παρ᾽ ἕκαστα
πρὸς τοὺς Ιουδαίους ἐπολεμοτρόφει.[12] **15** ὁμοῦ[13] δὲ τούτῳ καὶ οἱ Ιδουμαῖοι ἐγ-
κρατεῖς[14] ἐπικαίρων[15] ὀχυρωμάτων[16] ὄντες ἐγύμναζον[17] τοὺς Ιουδαίους καὶ τοὺς
φυγαδεύσαντας[18] ἀπὸ Ιεροσολύμων προσλαβόμενοι[19] πολεμοτροφεῖν[20] ἐπεχεί-
ρουν.[21] **16** οἱ δὲ περὶ τὸν Μακκαβαῖον ποιησάμενοι λιτανείαν[22] καὶ ἀξιώσαντες[23] τὸν
θεὸν σύμμαχον[24] αὐτοῖς γενέσθαι ἐπὶ τὰ τῶν Ιδουμαίων ὀχυρώματα[25] ὥρμησαν,[26]
17 οἷς καὶ προσβαλόντες[27] εὐρώστως[28] ἐγκρατεῖς[29] ἐγένοντο τῶν τόπων πάντας τε
τοὺς ἐπὶ τῷ τείχει[30] μαχομένους[31] ἠμύναντο[32] κατέσφαζόν[33] τε τοὺς ἐμπίπτοντας,[34]
ἀνεῖλον[35] δὲ οὐχ ἧττον[36] τῶν δισμυρίων.[37]

18 συμφυγόντων[38] δὲ οὐκ ἔλαττον[39] τῶν ἐνακισχιλίων[40] εἰς δύο πύργους[41] ὀχυροὺς[42]
εὖ[43] μάλα[44] καὶ πάντα τὰ πρὸς πολιορκίαν[45] ἔχοντας **19** ὁ Μακκαβαῖος εἰς ἐπείγον-
τας[46] τόπους ἀπολιπὼν[47] Σιμωνα καὶ Ιωσηπον, ἔτι δὲ καὶ Ζακχαῖον καὶ τοὺς σὺν αὐτῷ

1 ἐκλείπω, *aor act inf*, depart
2 ἀναχωρέω, *aor act inf*, withdraw from
3 μήτε, not
4 εὐγενής, noble
5 ἐξουσία, office, position of authority
6 εὐγενίζω, *aor act ptc nom s m*, exercise honorably
7 φαρμακεύω, *aor act ptc nom s m*, (take poison)
8 ἐκλείπω, *aor act ind 3s*, bring to an end
9 βίος, life
10 στρατηγός, governor
11 ξενοτροφέω, *impf act ind 3s*, maintain mercenaries
12 πολεμοτροφέω, *impf act ind 3s*, maintain war with
13 ὁμοῦ, together
14 ἐγκρατής, having control of
15 ἐπίκαιρος, opportune, strategic
16 ὀχύρωμα, fortress
17 γυμνάζω, *impf act ind 3p*, harass
18 φυγαδεύω, *aor act ptc acc p m*, flee away
19 προσλαμβάνω, *aor mid ptc nom p m*, accept, receive
20 πολεμοτροφέω, *pres act inf*, maintain war with
21 ἐπιχειρέω, *impf act ind 3p*, attempt
22 λιτανεία, entreaty
23 ἀξιόω, *aor act ptc nom p m*, beseech
24 σύμμαχος, ally
25 ὀχύρωμα, fortress
26 ὁρμάω, *aor act ind 3p*, move against
27 προσβάλλω, *aor act ptc nom p m*, attack
28 εὐρώστως, vehemently
29 ἐγκρατής, having control of
30 τεῖχος, city wall
31 μάχομαι, *pres mid ptc acc p m*, fight
32 ἀμύνω, *aor mid ind 3p*, defend against
33 κατασφάζω, *impf act ind 3p*, slay, slaughter
34 ἐμπίπτω, *pres act ptc acc p m*, fall upon, attack
35 ἀναιρέω, *aor act ind 3p*, kill
36 ἥττων (σσ), *comp of* κακός, fewer
37 δισμύριοι, twenty thousand
38 συμφεύγω, *aor act ptc gen p m*, take refuge
39 ἐλάττων (σσ), *comp of* μικρός, *from* ἐλαχύς, fewer
40 ἐνακισχίλιοι, nine thousand
41 πύργος, tower
42 ὀχυρός, fortified
43 εὖ, well
44 μάλα, exceedingly
45 πολιορκία, siege
46 ἐπείγω, *pres act ptc acc p m*, be urgent
47 ἀπολείπω, *aor act ptc nom s m*, leave

ἱκανοὺς[1] πρὸς τὴν τούτων πολιορκίαν[2] αὐτὸς ἐχωρίσθη.[3] **20** οἱ δὲ περὶ τὸν Σιμωνα φιλαργυρήσαντες[4] ὑπό τινων τῶν ἐν τοῖς πύργοις[5] ἐπείσθησαν[6] ἀργυρίῳ,[7] ἑπτάκις[8] δὲ μυρίας[9] δραχμὰς[10] λαβόντες εἴασάν[11] τινας διαρρυῆναι.[12] **21** προσαγγελέντος[13] δὲ τῷ Μακκαβαίῳ περὶ τοῦ γεγονότος συναγαγὼν τοὺς ἡγουμένους[14] τοῦ λαοῦ κατηγόρησεν[15] ὡς ἀργυρίου[16] πέπρακαν[17] τοὺς ἀδελφοὺς τοὺς πολεμίους[18] κατʼ αὐτῶν ἀπολύσαντες.[19] **22** τούτους μὲν οὖν προδότας[20] γενομένους ἀπέκτεινεν, καὶ παραχρῆμα[21] τοὺς δύο πύργους[22] κατελάβετο.[23] **23** τοῖς δὲ ὅπλοις[24] τὰ πάντα ἐν ταῖς χερσὶν εὐοδούμενος[25] ἀπώλεσεν ἐν τοῖς δυσὶν ὀχυρώμασιν[26] πλείους[27] τῶν δισμυρίων.[28]

Judas Defeats Timothy

24 Τιμόθεος δὲ ὁ πρότερον[29] ἡττηθεὶς[30] ὑπὸ τῶν Ιουδαίων συναγαγὼν ξένας[31] δυνάμεις παμπληθεῖς[32] καὶ τοὺς τῆς Ἀσίας γενομένους ἵππους[33] συναθροίσας[34] οὐκ ὀλίγους[35] παρῆν[36] ὡς δοριάλωτον[37] λημψόμενος[38] τὴν Ιουδαίαν. **25** οἱ δὲ περὶ τὸν Μακκαβαῖον συνεγγίζοντος[39] αὐτοῦ πρὸς ἱκετείαν[40] τοῦ θεοῦ γῇ τὰς κεφαλὰς καταπάσαντες[41] καὶ τὰς ὀσφύας[42] σάκκοις[43] ζώσαντες[44] **26** ἐπὶ τὴν ἀπέναντι[45] τοῦ θυσιαστηρίου[46] κρηπῖδα[47] προσπεσόντες[48] ἠξίουν[49] ἵλεως[50] αὐτοῖς γενόμενον

1 ἱκανός, sufficient, adequate
2 πολιορκία, siege
3 χωρίζω, *aor pas ind 3s*, depart
4 φιλαργυρέω, *aor act ptc nom p m*, love money
5 πύργος, tower
6 πείθω, *aor pas ind 3p*, persuade
7 ἀργύριον, money
8 ἑπτάκις, seven times
9 μύριοι, ten thousand
10 δραχμή, drachma
11 ἐάω, *aor act ind 3p*, permit
12 διαρρέω, *aor act inf*, slip away
13 προσαγγέλλω, *aor pas ptc gen s n*, report
14 ἡγέομαι, *pres mid ptc acc p m*, lead
15 κατηγορέω, *aor act ind 3s*, accuse
16 ἀργύριον, money
17 πιπράσκω, *perf act ind 3p*, sell
18 πολέμιος, enemy
19 ἀπολύω, *aor act ptc nom p m*, let go
20 προδότης, betrayer
21 παραχρῆμα, immediately
22 πύργος, tower
23 καταλαμβάνω, *aor mid ind 3s*, capture
24 ὅπλον, arms
25 εὐοδόω, *pres pas ptc nom s m*, prosper
26 ὀχύρωμα, fortress
27 πλείων/πλεῖον, *comp of* πολύς, more
28 δισμύριοι, twenty thousand
29 πρότερος, formerly, earlier
30 ἡττάω, *aor pas ptc nom s m*, defeat, overcome
31 ξένος, foreign
32 παμπληθής, multitudinous
33 ἵππος, cavalry
34 συναθροίζω, *aor act ptc nom s m*, gather, draft (an army)
35 ὀλίγος, few
36 πάρειμι, *impf act ind 3s*, come, be present
37 δοριάλωτος, captive, taken by war
38 λαμβάνω, *fut mid ptc nom s m*, capture
39 συνεγγίζω, *pres act ptc gen s m*, draw near
40 ἱκετεία, supplication
41 καταπάσσω, *aor act ptc nom p m*, sprinkle
42 ὀσφύς, loins, waist
43 σάκκος, sackcloth, *Heb. LW*
44 ζωννύω, *aor act ptc nom p m*, gird
45 ἀπέναντι, before
46 θυσιαστήριον, altar
47 κρηπίς, base
48 προσπίπτω, *aor act ptc nom p m*, fall upon
49 ἀξιόω, *impf act ind 3p*, beseech
50 ἵλεως, merciful

ἐχθρεῦσαι[1] τοῖς ἐχθροῖς αὐτῶν καὶ ἀντικεῖσθαι[2] τοῖς ἀντικειμένοις,[3] καθὼς ὁ νόμος
διασαφεῖ.[4] **27** γενόμενοι δὲ ἀπὸ τῆς δεήσεως[5] ἀναλαβόντες[6] τὰ ὅπλα[7] προῆγον[8]
ἀπὸ τῆς πόλεως ἐπὶ πλεῖον·[9] συνεγγίσαντες[10] δὲ τοῖς πολεμίοις[11] ἐφ᾽ ἑαυτῶν ἦσαν.
28 ἄρτι[12] δὲ τῆς ἀνατολῆς[13] διαχεομένης[14] προσέβαλον[15] ἑκάτεροι,[16] οἱ μὲν ἔγγυον[17]
ἔχοντες εὐημερίας[18] καὶ νίκης[19] μετὰ ἀρετῆς[20] τὴν ἐπὶ τὸν κύριον καταφυγήν,[21] οἱ
δὲ καθηγεμόνα[22] τῶν ἀγώνων[23] ταττόμενοι[24] τὸν θυμόν.[25]

29 γενομένης δὲ καρτερᾶς[26] μάχης[27] ἐφάνησαν[28] τοῖς ὑπεναντίοις[29] ἐξ οὐρανοῦ ἐφ᾽
ἵππων[30] χρυσοχαλίνων[31] ἄνδρες πέντε διαπρεπεῖς,[32] καὶ ἀφηγούμενοι[33] τῶν Ιουδαίων,
30 οἳ καὶ τὸν Μακκαβαῖον μέσον[34] λαβόντες καὶ σκεπάζοντες[35] ταῖς ἑαυτῶν πανο-
πλίαις[36] ἄτρωτον[37] διεφύλαττον,[38] εἰς δὲ τοὺς ὑπεναντίους[39] τοξεύματα[40] καὶ κε-
ραυνοὺς[41] ἐξερρίπτουν,[42] διὸ[43] συγχυθέντες[44] ἀορασίᾳ[45] διεκόπτοντο[46] ταραχῆς[47]
πεπληρωμένοι. **31** κατεσφάγησαν[48] δὲ δισμύριοι[49] πρὸς τοῖς πεντακοσίοις,[50] ἱππεῖς[51]
δὲ ἑξακόσιοι.[52]

1 ἐχθρεύω, *aor act inf*, be at enmity
2 ἀντίκειμαι, *pres mid inf*, oppose
3 ἀντίκειμαι, *pres mid ptc dat p m*, oppose
4 διασαφέω, *pres act ind 3s*, instruct plainly
5 δέησις, entreaty, prayer
6 ἀναλαμβάνω, *aor act ptc nom p m*, take up
7 ὅπλον, armor, weapons
8 προάγω, *impf act ind 3p*, proceed, advance
9 πλείων/πλεῖον, *comp of* πολύς, more distant
10 συνεγγίζω, *aor act ptc nom p m*, draw near
11 πολέμιος, enemy
12 ἄρτι, as soon as
13 ἀνατολή, sunrise, morning
14 διαχέω, *pres pas ptc gen s f*, scatter
15 προσβάλλω, *aor act ind 3p*, attack
16 ἑκάτερος, each
17 ἔγγυος, pledge
18 εὐημερία, prosperity
19 νίκη, victory
20 ἀρετή, virtue
21 καταφυγή, refuge
22 καθηγεμών, guide
23 ἀγών, battle
24 τάσσω, *pres mid ptc nom p m*, appoint, make
25 θυμός, wrath, anger
26 καρτερός, violent, fierce
27 μάχη, battle
28 φαίνω, *aor pas ind 3p*, appear
29 ὑπεναντίος, adversary
30 ἵππος, horse
31 χρυσοχάλινος, with golden bridles
32 διαπρεπής, illustrious
33 ἀφηγέομαι, *pres mid ptc nom p m*, lead
34 μέσος, between
35 σκεπάζω, *pres act ptc nom p m*, shelter
36 πανοπλία, suite of armor
37 ἄτρωτος, invulnerable
38 διαφυλάττω (σσ), *impf act ind 3p*, guard carefully
39 ὑπεναντίος, adversary
40 τόξευμα, arrow
41 κεραυνός, lightning
42 ἐκρίπτω, *impf act ind 3p*, cast forth
43 διό, such that
44 συγχέω, *aor pas ptc nom p m*, confound
45 ἀορασία, blindness
46 διακόπτω, *impf pas ind 3p*, divide, scatter
47 ταραχή, disturbance, tumult
48 κατασφάζω, *aor pas ind 3p*, slay, slaughter
49 δισμύριοι, twenty thousand
50 πεντακόσιοι, five hundred
51 ἱππεύς, horseman
52 ἑξακόσιοι, six hundred

32 αὐτὸς δὲ ὁ Τιμόθεος συνέφυγεν[1] εἰς Γαζαρα λεγόμενον ὀχύρωμα,[2] εὖ[3] μάλα[4]
φρούριον,[5] στρατηγοῦντος[6] ἐκεῖ Χαιρεου. **33** οἱ δὲ περὶ τὸν Μακκαβαῖον ἄσμενοι[7]
περιεκάθισαν[8] τὸ φρούριον[9] ἡμέρας τέσσαρας. **34** οἱ δὲ ἔνδον[10] τῇ ἐρυμνότητι[11] τοῦ
τόπου πεποιθότες ὑπεράγαν[12] ἐβλασφήμουν[13] καὶ λόγους ἀθεμίτους[14] προΐεντο.[15]
35 ὑποφαινούσης[16] δὲ τῆς πέμπτης[17] ἡμέρας εἴκοσι[18] νεανίαι[19] τῶν περὶ τὸν Μακ-
καβαῖον πυρωθέντες[20] τοῖς θυμοῖς[21] διὰ τὰς βλασφημίας[22] προσβαλόντες[23] τῷ
τείχει[24] ἀρρενωδῶς[25] καὶ θηριώδει[26] θυμῷ[27] τὸν ἐμπίπτοντα[28] ἔκοπτον·[29] **36** ἕτεροι
δὲ ὁμοίως[30] προσαναβάντες[31] ἐν τῷ περισπασμῷ[32] πρὸς τοὺς ἔνδον[33] ἐνεπίμπρων[34]
τοὺς πύργους[35] καὶ πυρὰς[36] ἀνάπτοντες[37] ζῶντας τοὺς βλασφήμους[38] κατέκαιον·[39] οἱ
δὲ τὰς πύλας[40] διέκοπτον,[41] εἰσδεξάμενοι[42] δὲ τὴν λοιπὴν τάξιν[43] προκατελάβοντο[44]
τὴν πόλιν. **37** καὶ τὸν Τιμόθεον ἀποκεκρυμμένον[45] ἔν τινι λάκκῳ[46] κατέσφαξαν[47] καὶ
τὸν τούτου ἀδελφὸν Χαιρέαν καὶ τὸν Ἀπολλοφάνην. **38** ταῦτα δὲ διαπραξάμενοι[48]
μεθ᾽ ὕμνων[49] καὶ ἐξομολογήσεων[50] εὐλόγουν τῷ κυρίῳ τῷ μεγάλως[51] εὐεργετοῦντι[52]
τὸν Ισραηλ καὶ τὸ νῖκος[53] αὐτοῖς διδόντι.

1 συμφεύγω, *aor act ind 3s*, take refuge
2 ὀχύρωμα, fortress
3 εὖ, well
4 μάλα, exceedingly
5 φρούριον, garrisoned
6 στρατηγέω, *pres act ptc gen s m*, command
7 ἄσμενος, glad
8 περικαθίζω, *aor act ind 3p*, besiege
9 φρούριον, garrison
10 ἔνδον, inside
11 ἐρυμνότης, security
12 ὑπεράγαν, beyond measure
13 βλασφημέω, *impf act ind 3p*, blaspheme
14 ἀθέμιτος, godless
15 προΐημι, *impf act ind 3p*, speak, utter
16 ὑποφαίνω, *pres act ptc gen s f*, begin to dawn
17 πέμπτος, fifth
18 εἴκοσι, twenty
19 νεανίας, young man
20 πυρόω, *aor pas ptc nom p m*, burn
21 θυμός, wrath, anger
22 βλασφημία, blasphemy
23 προσβάλλω, *aor act ptc nom p m*, attack
24 τεῖχος, city wall
25 ἀρρενωδῶς, bravely
26 θηριώδης, fierce
27 θυμός, wrath, anger
28 ἐμπίπτω, *pres act ptc acc s m*, fall upon
29 κόπτω, *impf act ind 3p*, cut down, strike
30 ὁμοίως, likewise
31 προσαναβαίνω, *aor act ptc nom p m*, ascend
32 περισπασμός, wheeling around
33 ἔνδον, inside
34 ἐμπίμπρημι, *impf act ind 3p*, set on fire
35 πύργος, tower
36 πυρά, pyre (of wood)
37 ἀνάπτω, *pres act ptc nom p m*, kindle on fire
38 βλάσφημος, blasphemer
39 κατακαίω, *impf act ind 3p*, burn up
40 πύλη, gate
41 διακόπτω, *impf act ind 3p*, cut down
42 εἰσδέχομαι, *aor mid ptc nom p m*, receive, let in
43 τάξις, army
44 προκαταλαμβάνω, *aor mid ind 3p*, overtake
45 ἀποκρύπτω, *perf pas ptc acc s m*, hide
46 λάκκος, cistern, well, pit
47 κατασφάζω, *aor act ind 3p*, slay, slaughter
48 διαπράσσω, *aor mid ptc nom p m*, accomplish
49 ὕμνος, hymn
50 ἐξομολόγησις, confession of thanks
51 μεγάλως, very much
52 εὐεργετέω, *pres act ptc dat s m*, show kindness
53 νῖκος, victory

God Delivers Beth-Zur and Judas's Forces from Lysias

11 Μετ' ὀλίγον[1] δὲ παντελῶς[2] χρονίσκον[3] Λυσίας ἐπίτροπος[4] τοῦ βασιλέως καὶ
συγγενὴς[5] καὶ ἐπὶ τῶν πραγμάτων[6] λίαν[7] βαρέως[8] φέρων ἐπὶ τοῖς γεγονόσι
2 συναθροίσας[9] περὶ τὰς ὀκτὼ[10] μυριάδας[11] καὶ τὴν ἵππον[12] ἅπασαν[13] παρεγίνετο ἐπὶ
τοὺς Ιουδαίους λογιζόμενος τὴν μὲν πόλιν Ἕλλησιν οἰκητήριον[14] ποιήσειν, **3** τὸ δὲ
ἱερὸν ἀργυρολόγητον,[15] καθὼς τὰ λοιπὰ τῶν ἐθνῶν τεμένη,[16] πρατὴν[17] δὲ κατὰ ἔτος
τὴν ἀρχιερωσύνην[18] ποιήσειν, **4** οὐδαμῶς[19] ἐπιλογιζόμενος τὸ τοῦ θεοῦ κράτος,[20]
πεφρενωμένος[21] δὲ ταῖς μυριάσιν[22] τῶν πεζῶν[23] καὶ ταῖς χιλιάσιν[24] τῶν ἱππέων[25] καὶ
τοῖς ἐλέφασιν[26] τοῖς ὀγδοήκοντα.[27] **5** εἰσελθὼν δὲ εἰς τὴν Ιουδαίαν καὶ συνεγγίσας[28]
Βαιθσουρα ὄντι μὲν ἐρυμνῷ[29] χωρίῳ,[30] Ιεροσολύμων δὲ ἀπέχοντι[31] ὡσεὶ σταδίους[32]
πέντε τοῦτο ἔθλιβεν.[33]

6 ὡς δὲ μετέλαβον[34] οἱ περὶ τὸν Μακκαβαῖον πολιορκοῦντα[35] αὐτὸν τὰ ὀχυρώματα,[36]
μετὰ ὀδυρμῶν[37] καὶ δακρύων[38] ἱκέτευον[39] σὺν τοῖς ὄχλοις[40] τὸν κύριον ἀγαθὸν
ἄγγελον ἀποστεῖλαι πρὸς σωτηρίαν τῷ Ισραηλ. **7** αὐτὸς δὲ πρῶτος ὁ Μακκαβαῖος
ἀναλαβὼν[41] τὰ ὅπλα[42] προετρέψατο[43] τοὺς ἄλλους ἅμα[44] αὐτῷ διακινδυνεύοντας[45]
ἐπιβοηθεῖν[46] τοῖς ἀδελφοῖς αὐτῶν· ὁμοῦ[47] δὲ καὶ προθύμως[48] ἐξώρμησαν.[49] **8** αὐτόθι[50]

1 ὀλίγος, little
2 παντελῶς, quite
3 χρονίσκος, a short time
4 ἐπίτροπος, trustee, guardian
5 συγγενής, kinsman
6 πρᾶγμα, public affairs
7 λίαν, very
8 βαρέως, heavily, weighed down
9 συναθροίζω, *aor act ptc nom s m*, draft, gather
10 ὀκτώ, eight
11 μυριάς, ten thousand
12 ἵππος, cavalry
13 ἅπας, all together
14 οἰκητήριον, habitation
15 ἀργυρολόγητος, levy a tribute
16 τέμενος, sacred precinct
17 πρατός, for sale
18 ἀρχιερωσύνη, high priesthood
19 οὐδαμῶς, by no means
20 κράτος, power
21 φρενόω, *perf pas ptc nom s m*, puff up, exalt
22 μυριάς, ten thousand
23 πεζός, foot soldier
24 χιλιάς, thousand
25 ἱππεύς, cavalry
26 ἐλέφας, elephant
27 ὀγδοήκοντα, eighty
28 συνεγγίζω, *aor act ptc nom s m*, draw near
29 ἐρυμνός, fortified
30 χωρίον, place
31 ἀπέχω, *pres act ptc dat s n*, be at a distance
32 στάδιον, stadium (as a standard of length)
33 θλίβω, *impf act ind 3s*, press, afflict
34 μεταλαμβάνω, *aor act ind 3p*, receive notice
35 πολιορκέω, *pres act ptc acc s m*, besiege
36 ὀχύρωμα, fortress
37 ὀδυρμός, lamentation
38 δάκρυον, tear
39 ἱκετεύω, *impf act ind 3p*, supplicate, entreat
40 ὄχλος, populace
41 ἀναλαμβάνω, *aor act ptc nom s m*, take up
42 ὅπλον, armor, arms
43 προτρέπω, *aor mid ind 3s*, exhort
44 ἅμα, together
45 διακινδυνεύω, *pres act ptc acc p m*, take the risk
46 ἐπιβοηθέω, *pres act inf*, come to aid
47 ὁμοῦ, with one accord
48 προθύμως, zealously
49 ἐξορμάω, *aor act ind 3p*, rush out
50 αὐτόθι, on that spot

δὲ πρὸς τοῖς Ιεροσολύμοις ὄντων ἐφάνη[1] προηγούμενος[2] αὐτῶν ἔφιππος[3] ἐν
λευκῇ[4] ἐσθῆτι[5] πανοπλίαν[6] χρυσῆν[7] κραδαίνων.[8] **9** ὁμοῦ[9] δὲ πάντες εὐλόγησαν τὸν
ἐλεήμονα[10] θεὸν καὶ ἐπερρώσθησαν[11] ταῖς ψυχαῖς οὐ μόνον ἀνθρώπους, θῆρας[12] δὲ
τοὺς ἀγριωτάτους[13] καὶ σιδηρᾶ[14] τείχη[15] τιτρώσκειν[16] ὄντες ἕτοιμοι.[17] **10** προῆγον[18]
ἐν διασκευῇ[19] τὸν ἀπ᾽ οὐρανοῦ σύμμαχον[20] ἔχοντες ἐλεήσαντος[21] αὐτοὺς τοῦ
κυρίου. **11** λεοντηδὸν[22] δὲ ἐντινάξαντες[23] εἰς τοὺς πολεμίους[24] κατέστρωσαν[25] αὐτῶν
χιλίους[26] πρὸς τοῖς μυρίοις,[27] ἱππεῖς[28] δὲ ἑξακοσίους[29] πρὸς τοῖς χιλίοις·[30] τοὺς δὲ
πάντας ἠνάγκασαν[31] φεύγειν.[32] **12** οἱ πλείονες[33] δὲ αὐτῶν τραυματίαι[34] γυμνοὶ[35]
διεσώθησαν·[36] καὶ αὐτὸς δὲ ὁ Λυσίας αἰσχρῶς[37] φεύγων[38] διεσώθη.[39]

Lysias Appeals to the Jews to Make Peace

13 οὐκ ἄνους[40] δὲ ὑπάρχων πρὸς ἑαυτὸν ἀντιβάλλων[41] τὸ γεγονὸς περὶ αὐτὸν
ἐλάττωμα[42] καὶ συννοήσας[43] ἀνικήτους[44] εἶναι τοὺς Εβραίους τοῦ δυναμένου θεοῦ
συμμαχοῦντος[45] αὐτοῖς **14** προσαποστείλας[46] ἔπεισεν συλλύεσθαι[47] ἐπὶ πᾶσι τοῖς
δικαίοις, καὶ διότι[48] καὶ τὸν βασιλέα πείσει φίλον[49] αὐτοῖς ἀναγκάζων[50] γενέσθαι.

1 φαίνω, *aor pas ind 3s*, appear
2 προηγέομαι, *pres mid ptc nom s m*, go before, precede
3 ἔφιππος, on horseback
4 λευκός, white
5 ἐσθής, garment, clothing
6 πανοπλία, armor, weaponry
7 χρυσοῦς, gold
8 κραδαίνω, *pres act ptc nom s m*, brandish
9 ὁμοῦ, together
10 ἐλεήμων, merciful
11 ἐπιρρώννυμι, *aor pas ind 3p*, recover strength
12 θήρα, wild animal
13 ἄγριος, *sup*, most fierce
14 σιδηροῦς, iron
15 τεῖχος, wall
16 τιτρώσκω, *pres act inf*, pierce through
17 ἕτοιμος, prepared
18 προάγω, *impf act ind 3p*, lead, guide
19 διασκευή, ordered arrangement
20 σύμμαχος, ally
21 ἐλεέω, *aor act ptc gen s m*, show mercy
22 λεοντηδόν, like a lion
23 ἐντινάσσω, *aor act ptc nom p m*, charge upon
24 πολέμιος, enemy
25 καταστρώννυμι, *aor act ind 3p*, lay low, slay
26 χίλιοι, one thousand
27 μύριοι, ten thousand
28 ἱππεύς, cavalry
29 ἑξακόσιοι, six hundred
30 χίλιοι, thousand
31 ἀναγκάζω, *aor act ind 3p*, compel
32 φεύγω, *pres act inf*, flee
33 πλείων/πλεῖον, *comp of* πολύς, most
34 τραυματίας, wounded, casualty
35 γυμνός, unarmed
36 διασῴζω, *aor pas ind 3p*, escape, preserve alive
37 αἰσχρῶς, shamefully
38 φεύγω, *pres act ptc nom s m*, flee
39 διασῴζω, *aor pas ind 3s*, escape, preserve alive
40 ἄνους, unintelligent
41 ἀντιβάλλω, *pres act ptc nom s m*, think over
42 ἐλάττωμα, loss
43 συννοέω, *aor act ptc nom s m*, realize
44 ἀνίκητος, unconquerable
45 συμμαχέω, *pres act ptc gen s m*, fight on the side of
46 προσαποστέλλω, *aor act ptc nom s m*, send forth
47 συλλύω, *pres mid inf*, come to a settlement
48 διότι, wherefore
49 φίλος, friend
50 ἀναγκάζω, *pres act ptc nom s m*, compel

15 ἐπένευσεν[1] δὲ ὁ Μακκαβαῖος ἐπὶ πᾶσιν, οἷς ὁ Λυσίας παρεκάλει, τοῦ συμφέρον-
τος[2] φροντίζων·[3] ὅσα γὰρ ὁ Μακκαβαῖος ἐπέδωκεν[4] τῷ Λυσίᾳ διὰ γραπτῶν[5] περὶ
τῶν Ιουδαίων, συνεχώρησεν[6] ὁ βασιλεύς.

16 Ἦσαν γὰρ αἱ γεγραμμέναι τοῖς Ιουδαίοις ἐπιστολαὶ[7] παρὰ μὲν Λυσίου περι-
έχουσαι[8] τὸν τρόπον[9] τοῦτον

Λυσίας τῷ πλήθει[10] τῶν Ιουδαίων χαίρειν.[11] **17** Ιωαννης καὶ Αβεσσαλωμ οἱ πεμ-
φθέντες[12] παρ᾽ ὑμῶν ἐπιδόντες[13] τὸν ὑπογεγραμμένον[14] χρηματισμὸν[15] ἠξίουν[16] περὶ
τῶν δι᾽ αὐτοῦ σημαινομένων.[17] **18** ὅσα μὲν οὖν ἔδει[18] καὶ τῷ βασιλεῖ προσενεχθῆναι,[19]
διεσάφησα·[20] ἃ δὲ ἦν ἐνδεχόμενα,[21] συνεχώρησεν.[22] **19** ἐὰν μὲν οὖν συντηρήσητε[23]
τὴν εἰς τὰ πράγματα[24] εὔνοιαν,[25] καὶ εἰς τὸ λοιπὸν πειράσομαι[26] παραίτιος[27] ἀγαθῶν
γενέσθαι. **20** ὑπὲρ δὲ τούτων καὶ τῶν κατὰ μέρος ἐντέταλμαι[28] τούτοις τε καὶ τοῖς
παρ᾽ ἐμοῦ διαλεχθῆναι[29] ὑμῖν. **21** ἔρρωσθε.[30] ἔτους ἑκατοστοῦ[31] τεσσαρακοστοῦ[32]
ὀγδόου,[33] Διὸς Κορινθίου τετράδι[34] καὶ εἰκάδι.[35]

22 Ἡ δὲ τοῦ βασιλέως ἐπιστολὴ[36] περιεῖχεν[37] οὕτως

Βασιλεὺς Ἀντίοχος τῷ ἀδελφῷ Λυσίᾳ χαίρειν.[38] **23** τοῦ πατρὸς ἡμῶν εἰς θεοὺς
μεταστάντος[39] βουλόμενοι τοὺς ἐκ τῆς βασιλείας ἀταράχους[40] ὄντας γενέσθαι πρὸς
τὴν τῶν ἰδίων[41] ἐπιμέλειαν[42] **24** ἀκηκοότες[43] τοὺς Ιουδαίους μὴ συνευδοκοῦντας[44]

1 ἐπινεύω, *aor act ind 3s*, consent
2 συμφέρω, *pres act ptc gen s n*, help the common good
3 φροντίζω, *pres act ptc nom s m*, give heed
4 ἐπιδίδωμι, *aor act ind 3s*, deliver, give
5 γραπτόν, writing
6 συγχωρέω, *aor act ind 3s*, grant, agree
7 ἐπιστολή, letter
8 περιέχω, *pres act ptc nom p f*, contain
9 τρόπος, in this manner
10 πλῆθος, great number
11 χαίρω, *pres act inf*, be glad, (greetings)
12 πέμπω, *aor pas ptc nom p m*, send
13 ἐπιδίδωμι, *aor act ptc nom p m*, deliver, give
14 ὑπογράφω, *perf pas ptc acc s m*, copy below
15 χρηματισμός, public document
16 ἀξιόω, *impf act ind 3p*, beseech
17 σημαίνω, *pres pas ptc gen p m*, make known
18 δεῖ, *impf act ind 3s*, be necessary
19 προσφέρω, *aor pas inf*, bring to
20 διασαφέω, *aor act ind 1s*, make known plainly
21 ἐνδέχομαι, *pres mid ptc acc p n*, be possible
22 συγχωρέω, *aor act ind 3s*, grant, agree
23 συντηρέω, *aor act sub 2p*, preserve closely
24 πρᾶγμα, deed, action
25 εὔνοια, goodwill
26 πειράω, *fut mid ind 1s*, endeavor
27 παραίτιος, sharing, be part of
28 ἐντέλλομαι, *perf mid ind 1s*, command
29 διαλέγομαι, *aor pas inf*, discuss with
30 ῥώννυμι, *perf mid impv 2p*, be well, (goodbye)
31 ἑκατοστός, hundredth
32 τεσσαρακοστός, fortieth
33 ὄγδοος, eighth
34 τετράς, fourth
35 εἰκάς, twentieth
36 ἐπιστολή, letter
37 περιέχω, *impf act ind 3s*, contain
38 χαίρω, *pres act inf*, rejoice, (greetings)
39 μεθίστημι, *aor act ptc gen s m*, go over to
40 ἀτάραχος, undisturbed
41 ἴδιος, one's own
42 ἐπιμέλεια, public administration
43 ἀκούω, *perf act ptc nom p m*, hear
44 συνευδοκέω, *pres act ptc acc p m*, agree to, consent

τῇ τοῦ πατρὸς ἐπὶ τὰ Ἑλληνικὰ μεταθέσει,[1] ἀλλὰ τὴν ἑαυτῶν ἀγωγὴν[2] αἱρετίζοντας[3]
ἀξιοῦντας[4] συγχωρηθῆναι[5] αὐτοῖς τὰ νόμιμα,[6] **25** αἱρούμενοι[7] οὖν καὶ τοῦτο τὸ
ἔθνος ἐκτὸς[8] ταραχῆς[9] εἶναι κρίνομεν τό τε ἱερὸν ἀποκατασταθῆναι[10] αὐτοῖς καὶ
πολιτεύεσθαι[11] κατὰ τὰ ἐπὶ τῶν προγόνων[12] αὐτῶν ἔθη.[13] **26** εὖ[14] οὖν ποιήσεις δια-
πεμψάμενος[15] πρὸς αὐτοὺς καὶ δοὺς δεξιάς, ὅπως εἰδότες τὴν ἡμετέραν[16] προαίρεσιν[17]
εὔθυμοί[18] τε ὦσιν καὶ ἡδέως[19] διαγίνωνται[20] πρὸς τῇ τῶν ἰδίων[21] ἀντιλήμψει.[22]

27 Πρὸς δὲ τὸ ἔθνος ἡ τοῦ βασιλέως ἐπιστολὴ[23] τοιάδε[24] ἦν

Βασιλεὺς Ἀντίοχος τῇ γερουσίᾳ[25] τῶν Ιουδαίων καὶ τοῖς ἄλλοις Ιουδαίοις χαίρειν.[26]
28 εἰ ἔρρωσθε,[27] εἴη[28] ἂν ὡς βουλόμεθα· καὶ αὐτοὶ δὲ ὑγιαίνομεν.[29] **29** ἐνεφάνισεν[30]
ἡμῖν Μενέλαος βούλεσθαι κατελθόντας[31] ὑμᾶς γίνεσθαι πρὸς τοῖς ἰδίοις.[32] **30** τοῖς
οὖν καταπορευομένοις[33] μέχρι[34] τριακάδος[35] Ξανθικοῦ ὑπάρξει δεξιὰ μετὰ τῆς
ἀδείας[36] **31** χρῆσθαι[37] τοὺς Ιουδαίους τοῖς ἑαυτῶν δαπανήμασιν[38] καὶ νόμοις, καθὰ[39]
καὶ τὸ πρότερον,[40] καὶ οὐδεὶς αὐτῶν κατ᾽ οὐδένα τρόπον[41] παρενοχληθήσεται[42]
περὶ τῶν ἠγνοημένων.[43] **32** πέπομφα[44] δὲ καὶ τὸν Μενέλαον παρακαλέσοντα
ὑμᾶς. **33** ἔρρωσθε.[45] ἔτους ἑκατοστοῦ[46] τεσσαρακοστοῦ[47] ὀγδόου,[48] Ξανθικοῦ
πεντεκαιδεκάτῃ.[49]

1 μετάθεσις, change
2 ἀγωγή, manner of life, custom
3 αἱρετίζω, *pres act ptc acc p m*, choose
4 ἀξιόω, *pres act ptc acc p m*, request, entreat
5 συγχωρέω, *aor pas inf*, allow, grant
6 νόμιμος, legal ordinance
7 αἱρέω, *pres mid ptc nom p m*, prefer
8 ἐκτός, free from
9 ταραχή, disturbance
10 ἀποκαθίστημι, *aor pas inf*, restore
11 πολιτεύομαι, *pres mid inf*, live as a citizen
12 πρόγονος, ancestor
13 ἔθος, custom
14 εὖ, well
15 διαπέμπω, *aor mid ptc nom s m*, send a message
16 ἡμέτερος, our
17 προαίρεσις, inclination, policy
18 εὔθυμος, cheerful
19 ἡδέως, gladly
20 διαγίνομαι, *pres mid sub 3p*, live
21 ἴδιος, one's own
22 ἀντίλημψις, management
23 ἐπιστολή, letter
24 τοιόσδε, what follows
25 γερουσία, council of elders
26 χαίρω, *pres act inf*, rejoice, (greetings)
27 ῥώννυμι, *perf mid impv 2p*, be well
28 εἰμί, *pres act opt 3s*, be
29 ὑγιαίνω, *pres act ind 1p*, be in good health
30 ἐμφανίζω, *aor act ind 3s*, explain
31 κατέρχομαι, *aor act ptc acc p m*, return
32 ἴδιος, one's own (affairs)
33 καταπορεύομαι, *pres mid ptc dat p m*, return home
34 μέχρι, up to
35 τριακάς, thirtieth
36 ἄδεια, safe conduct
37 χράω, *pres mid inf*, use
38 δαπάνημα, food
39 καθά, just as
40 πρότερος, formerly
41 τρόπος, manner
42 παρενοχλέω, *fut pas ind 3s*, trouble
43 ἀγνοέω, *perf pas ptc gen p n*, be ignorant
44 πέμπω, *perf act ind 1s*, send
45 ῥώννυμι, *perf mid impv 2p*, be well, (goodbye)
46 ἑκατοστός, hundredth
47 τεσσαρακοστός, fortieth
48 ὄγδοος, eighth
49 πεντεκαιδέκατος, fifteenth

34 Ἔπεμψαν[1] δὲ καὶ οἱ Ῥωμαῖοι πρὸς αὐτοὺς ἐπιστολὴν[2] ἔχουσαν οὕτως

Κόιντος Μέμμιος, Τίτος Μάνιος, πρεσβῦται[3] Ῥωμαίων, τῷ δήμῳ[4] τῶν Ἰουδαίων
χαίρειν.[5] **35** ὑπὲρ ὧν Λυσίας ὁ συγγενὴς[6] τοῦ βασιλέως συνεχώρησεν[7] ὑμῖν, καὶ
ἡμεῖς συνευδοκοῦμεν.[8] **36** ἃ δὲ ἔκρινεν προσανενεχθῆναι[9] τῷ βασιλεῖ, πέμψατέ[10]
τινα παραχρῆμα[11] ἐπισκεψάμενοι[12] περὶ τούτων, ἵνα ἐκθῶμεν[13] ὡς καθήκει[14] ὑμῖν·
ἡμεῖς γὰρ προσάγομεν[15] πρὸς Ἀντιόχειαν. **37** διὸ[16] σπεύσατε[17] καὶ πέμψατέ[18] τινας,
ὅπως καὶ ἡμεῖς ἐπιγνῶμεν ὁποίας[19] ἐστὲ γνώμης.[20] **38** ὑγιαίνετε.[21] ἔτους ἑκατοστοῦ[22]
τεσσαρακοστοῦ[23] ὀγδόου,[24] Ξανθικοῦ πεντεκαιδεκάτῃ.[25]

Battles in Joppa and Jamnia

12 Γενομένων δὲ τῶν συνθηκῶν[26] τούτων ὁ μὲν Λυσίας ἀπῄει[27] πρὸς τὸν βασιλέα,
οἱ δὲ Ἰουδαῖοι περὶ τὴν γεωργίαν[28] ἐγίνοντο. **2** τῶν δὲ κατὰ τόπον στρατηγῶν[29]
Τιμόθεος καὶ Ἀπολλώνιος ὁ τοῦ Γενναίου, ἔτι δὲ Ἱερώνυμος καὶ Δημοφῶν, πρὸς δὲ
τούτοις Νικάνωρ ὁ Κυπριάρχης οὐκ εἴων[30] αὐτοὺς εὐσταθεῖν[31] καὶ τὰ τῆς ἡσυχίας[32]
ἄγειν. **3** Ἰοππῖται δὲ τηλικοῦτο[33] συνετέλεσαν[34] τὸ δυσσέβημα·[35] παρακαλέσαντες
τοὺς σὺν αὐτοῖς οἰκοῦντας[36] Ἰουδαίους ἐμβῆναι[37] εἰς τὰ παρακατασταθέντα[38] ὑπ᾿
αὐτῶν σκάφη[39] σὺν γυναιξὶν καὶ τέκνοις ὡς μηδεμιᾶς[40] ἐνεστώσης[41] πρὸς αὐτοὺς
δυσμενείας,[42] **4** κατὰ δὲ τὸ κοινὸν[43] τῆς πόλεως ψήφισμα·[44] καὶ τούτων ἐπιδεξαμένων[45]

1 πέμπω, *aor act ind 3p*, send
2 ἐπιστολή, letter
3 πρεσβύτης, ambassador
4 δῆμος, people
5 χαίρω, *pres act inf*, rejoice, (greetings)
6 συγγενής, kinsman
7 συγχωρέω, *aor act ind 3s*, allow, grant
8 συνευδοκέω, *pres act ind 1p*, consent, approve
9 προσαναφέρω, *aor pas inf*, report
10 πέμπω, *aor act impv 2p*, send
11 παραχρῆμα, immediately
12 ἐπισκέπτομαι, *aor mid ptc nom p m*, consider
13 ἐκτίθημι, *aor act sub 1p*, set forth
14 καθήκω, *pres act ind 3s*, be due to, belong to
15 προσάγω, *pres act ind 1p*, go to
16 διό, therefore
17 σπεύδω, *aor act impv 2p*, hasten
18 πέμπω, *aor act impv 2p*, send
19 ὁποῖος, of what sort
20 γνώμη, decision, judgment
21 ὑγιαίνω, *pres act impv 2p*, be well, (goodbye)
22 ἑκατοστός, hundredth
23 τεσσαρακοστός, fortieth
24 ὄγδοος, eighth
25 πεντεκαιδέκατος, fifteenth
26 συνθήκη, agreement
27 ἄπειμι, *impf act ind 3s*, depart
28 γεωργία, farming
29 στρατηγός, governor
30 ἐάω, *impf act ind 3p*, permit
31 εὐσταθέω, *pres act inf*, be at rest
32 ἡσυχία, quiet
33 τηλικοῦτος, so great
34 συντελέω, *aor act ind 3p*, accomplish
35 δυσσέβημα, impious act
36 οἰκέω, *pres act ptc acc p m*, dwell
37 ἐμβαίνω, *aor act inf*, embark
38 παρακαθίστημι, *aor pas ptc acc p n*, equip for sea
39 σκάφος, boat
40 μηδείς, nothing
41 ἐνίστημι, *perf act ptc gen s f*, be present
42 δυσμένεια, enmity
43 κοινός, public
44 ψήφισμα, decree passed by casting of lots
45 ἐπιδέχομαι, *aor mid ptc gen p m*, agree, consent

ὡς ἂν εἰρηνεύειν[1] θελόντων καὶ μηδὲν ὕποπτον[2] ἐχόντων ἐπαναχθέντας[3] αὐτοὺς
ἐβύθισαν[4] ὄντας οὐκ ἔλαττον[5] τῶν διακοσίων.[6]

5 μεταλαβὼν[7] δὲ Ιουδας τὴν γεγονυῖαν εἰς τοὺς ὁμοεθνεῖς[8] ὠμότητα[9] παραγγείλας[10]
τοῖς περὶ αὐτὸν ἀνδράσιν **6** καὶ ἐπικαλεσάμενος[11] τὸν δίκαιον κριτὴν[12] θεὸν παρε-
γένετο ἐπὶ τοὺς μιαιφόνους[13] τῶν ἀδελφῶν καὶ τὸν μὲν λιμένα[14] νύκτωρ[15] ἐνέπρησεν[16]
καὶ τὰ σκάφη[17] κατέφλεξεν,[18] τοὺς δὲ ἐκεῖ συμφυγόντας[19] ἐξεκέντησεν.[20] **7** τοῦ δὲ
χωρίου[21] συγκλεισθέντος[22] ἀνέλυσεν[23] ὡς πάλιν[24] ἥξων[25] καὶ τὸ σύμπαν[26] τῶν Ιοππιτῶν
ἐκριζῶσαι[27] πολίτευμα.[28] **8** μεταλαβὼν[29] δὲ καὶ τοὺς ἐν Ιαμνείᾳ τὸν αὐτὸν ἐπιτελεῖν[30]
βουλομένους τρόπον[31] τοῖς παροικοῦσιν[32] Ιουδαίοις, **9** καὶ τοῖς Ιαμνίταις νυκτὸς ἐπι-
βαλὼν[33] ὑφῆψεν[34] τὸν λιμένα[35] σὺν τῷ στόλῳ[36] ὥστε φαίνεσθαι[37] τὰς αὐγὰς[38] τοῦ
φέγγους[39] εἰς τὰ Ιεροσόλυμα σταδίων[40] ὄντων διακοσίων[41] τεσσαράκοντα.[42]

Judas Wins Further Victories

10 Ἐκεῖθεν[43] δὲ ἀποσπάσαντες[44] σταδίους[45] ἐννέα,[46] ποιουμένων τὴν πορείαν[47] ἐπὶ
τὸν Τιμόθεον, προσέβαλον[48] Ἄραβες αὐτῷ οὐκ ἐλάττους[49] τῶν πεντακισχιλίων,[50]

1 εἰρηνεύω, *pres act inf*, live peacefully
2 ὕποπτος, suspecting
3 ἐπανάγω, *aor pas ptc acc p m*, go forth into the sea
4 βυθίζω, *aor act ind 3p*, drown
5 ἐλάττων (σσ), *comp of* μικρός, *from* ἐλαχύς, fewer
6 διακόσιοι, two hundred
7 μεταλαμβάνω, *aor act ptc nom s m*, receive notice of
8 ὁμοεθνής, fellow countryman
9 ὠμότης, cruelty, savagery
10 παραγγέλλω, *aor act ptc nom s m*, order, charge
11 ἐπικαλέω, *aor mid ptc nom s m*, call upon
12 κριτής, judge
13 μιαιφόνος, murderer
14 λιμήν, harbor
15 νύκτωρ, at night
16 ἐμπίμπρημι, *aor act ind 3s*, set on fire
17 σκάφος, boat
18 καταφλέγω, *aor act ind 3s*, burn up
19 συμφεύγω, *aor act ptc acc p m*, take refuge
20 ἐκκεντέω, *aor act ind 3s*, massacre
21 χωρίον, village
22 συγκλείω, *aor pas ptc gen s n*, shut in
23 ἀναλύω, *aor act ind 3s*, depart
24 πάλιν, again
25 ἥκω, *fut act ptc nom s m*, come
26 σύμπας, whole
27 ἐκριζόω, *aor act inf*, root out
28 πολίτευμα, citizenry
29 μεταλαμβάνω, *aor act ptc nom s m*, receive notice of
30 ἐπιτελέω, *pres act inf*, finish off
31 τρόπος, manner
32 παροικέω, *pres act ptc dat p m*, dwell among
33 ἐπιβάλλω, *aor act ptc nom s m*, fall upon
34 ὑφάπτω, *aor act ind 3s*, set fire
35 λιμήν, harbor
36 στόλος, fleet
37 φαίνω, *pres mid inf*, shine
38 αὐγή, radiance
39 φέγγος, light
40 στάδιον, stadium (as a standard of length)
41 διακόσιοι, two hundred
42 τεσσαράκοντα, forty
43 ἐκεῖθεν, from there
44 ἀποσπάω, *aor act ptc nom p m*, draw away
45 στάδιον, stadium (as a standard of length)
46 ἐννέα, nine
47 πορεία, march
48 προσβάλλω, *aor act ind 3p*, attack
49 ἐλάττων (σσ), *comp of* μικρός, *from* ἐλαχύς, fewer
50 πεντακισχίλιοι, five thousand

ἱππεῖς[1] δὲ πεντακόσιοι.[2] **11** γενομένης δὲ καρτερᾶς[3] μάχης[4] καὶ τῶν περὶ τὸν Ιουδαν
διὰ τὴν παρὰ τοῦ θεοῦ βοήθειαν[5] εὐημερησάντων[6] ἐλαττονωθέντες[7] οἱ νομάδες[8]
ἠξίουν[9] δοῦναι τὸν Ιουδαν δεξιὰς αὐτοῖς ὑπισχνούμενοι[10] καὶ βοσκήματα[11] δώσει[12]
καὶ ἐν τοῖς λοιποῖς ὠφελήσειν[13] αὐτούς. **12** Ιουδας δὲ ὑπολαβὼν[14] ὡς ἀληθῶς[15] ἐν
πολλοῖς αὐτοὺς χρησίμους[16] ἐπεχώρησεν[17] εἰρήνην ἄξειν πρὸς αὐτούς· καὶ λαβόντες
δεξιὰς εἰς τὰς σκηνὰς[18] ἐχωρίσθησαν.[19]

13 Ἐπέβαλεν[20] δὲ καὶ ἐπί τινα πόλιν γεφύραις[21] ὀχυρὰν[22] καὶ τείχεσιν[23] περιπε-
φραγμένην[24] καὶ παμμειγέσιν[25] ἔθνεσιν κατοικουμένην,[26] ὄνομα δὲ Κασπιν. **14** οἱ
δὲ ἔνδον[27] πεποιθότες τῇ τῶν τειχέων[28] ἐρυμνότητι[29] τῇ τε τῶν βρωμάτων[30]
παραθέσει[31] ἀναγωγότερον[32] ἐχρῶντο[33] τοῖς περὶ τὸν Ιουδαν λοιδοροῦντες[34] καὶ
προσέτι[35] βλασφημοῦντες[36] καὶ λαλοῦντες ἃ μὴ θέμις.[37] **15** οἱ δὲ περὶ τὸν Ιουδαν
ἐπικαλεσάμενοι[38] τὸν μέγαν τοῦ κόσμου[39] δυνάστην[40] τὸν ἄτερ[41] κριῶν[42] καὶ μη-
χανῶν[43] ὀργανικῶν[44] κατακρημνίσαντα[45] τὴν Ιεριχω κατὰ τοὺς Ἰησοῦ χρόνους
ἐνέσεισαν[46] θηριωδῶς[47] τῷ τείχει.[48] **16** καταλαβόμενοί[49] τε τὴν πόλιν τῇ τοῦ θεοῦ

1 ἱππεύς, cavalry
2 πεντακόσιοι, five hundred
3 καρτερός, violent
4 μάχη, combat
5 βοήθεια, help, aid
6 εὐημερέω, *aor act ptc gen p m*, succeed
7 ἐλασσονόω, *aor pas ptc nom p m*, defeat
8 νομάς, nomad
9 ἀξιόω, *impf act ind 3p*, deem worthy, grant
10 ὑπισχνέομαι, *pres mid ptc nom p m*, promise
11 βόσκημα, cattle
12 δίδωμι, *fut act ind 3s*, give
13 ὠφελέω, *fut act inf*, benefit
14 ὑπολαμβάνω, *aor act ptc nom s m*, suppose
15 ἀληθῶς, indeed, truly
16 χρήσιμος, useful
17 ἐπιχωρέω, *aor act ind 3s*, permit
18 σκηνή, tent
19 χωρίζω, *aor pas ind 3p*, depart
20 ἐπιβάλλω, *aor act ind 3s*, fall upon
21 γέφυρα, bridge
22 ὀχυρός, fortified
23 τεῖχος, wall
24 περιφράσσω, *perf pas ptc acc s f*, enclose, fortify
25 παμμιγής, mixed of all sorts
26 κατοικέω, *pres pas ptc acc s f*, settle, inhabit
27 ἔνδον, inside
28 τεῖχος, wall
29 ἐρυμνότης, strength
30 βρῶμα, provisions
31 παράθεσις, what is set aside
32 ἀναγώγως, *comp*, more rudely
33 χράω, *impf mid ind 3p*, deal
34 λοιδορέω, *pres act ptc nom p m*, revile
35 προσέτι, more than that
36 βλασφημέω, *pres act ptc nom p m*, blaspheme
37 θέμις, unlawful
38 ἐπικαλέω, *aor mid ptc nom p m*, call upon
39 κόσμος, world
40 δυνάστης, ruler
41 ἄτερ, without
42 κριός, (battering) ram
43 μηχανή, siege engine
44 ὀργανικός, instrument of war
45 κατακρημνίζω, *aor act ptc acc s m*, cast down, destroy
46 ἐνσείω, *aor act ind 3p*, attack
47 θηριωδῶς, fiercely
48 τεῖχος, wall
49 καταλαμβάνω, *aor mid ptc nom p m*, capture, overtake

θελήσει ἀμυθήτους[1] ἐποιήσαντο σφαγὰς[2] ὥστε τὴν παρακειμένην[3] λίμνην[4] τὸ
πλάτος[5] ἔχουσαν σταδίους[6] δύο κατάρρυτον[7] αἵματι πεπληρωμένην φαίνεσθαι.[8]

17 Ἐκεῖθεν[9] δὲ ἀποσπάσαντες[10] σταδίους[11] ἑπτακοσίους[12] πεντήκοντα[13] διήνυσαν[14]
εἰς τὸν Χάρακα πρὸς τοὺς λεγομένους Τουβιανοὺς Ιουδαίους. **18** καὶ Τιμόθεον
μὲν ἐπὶ τῶν τόπων οὐ κατέλαβον[15] ἄπρακτον[16] τότε ἀπὸ τῶν τόπων ἐκλελυκότα,[17]
καταλελοιπότα[18] δὲ φρουρὰν[19] ἔν τινι τόπῳ καὶ μάλα[20] ὀχυράν.[21] **19** Δοσίθεος δὲ
καὶ Σωσίπατρος τῶν περὶ τὸν Μακκαβαῖον ἡγεμόνων[22] ἐξοδεύσαντες[23] ἀπώλεσαν
τοὺς ὑπὸ Τιμοθέου καταλειφθέντας[24] ἐν τῷ ὀχυρώματι[25] πλείους[26] τῶν μυρίων[27]
ἀνδρῶν. **20** ὁ δὲ Μακκαβαῖος διατάξας[28] τὴν περὶ αὐτὸν στρατιὰν[29] σπειρηδὸν[30]
κατέστησεν[31] αὐτοὺς ἐπὶ τῶν σπειρῶν[32] καὶ ἐπὶ τὸν Τιμόθεον ὥρμησεν[33] ἔχοντα περὶ
αὐτὸν μυριάδας[34] δώδεκα[35] πεζῶν,[36] ἱππεῖς[37] δὲ δισχιλίους[38] πρὸς τοῖς πεντακοσίοις.[39]
21 τὴν δὲ ἔφοδον[40] μεταλαβὼν[41] Ιουδου προεξαπέστειλεν[42] ὁ Τιμόθεος τὰς γυναῖ-
κας καὶ τὰ τέκνα καὶ τὴν ἄλλην ἀποσκευὴν[43] εἰς τὸ λεγόμενον Καρνιον· ἦν γὰρ
δυσπολιόρκητον[44] καὶ δυσπρόσιτον[45] τὸ χωρίον[46] διὰ τὴν πάντων τῶν τόπων στε-
νότητα.[47] **22** ἐπιφανείσης[48] δὲ τῆς Ιουδου σπείρας[49] πρώτης καὶ γενομένου δέους[50] ἐπὶ

1 ἀμύθητος, unspeakably great
2 σφαγή, slaughter
3 παράκειμαι, *pres pas ptc acc s f*, be adjacent
4 λίμνη, lake
5 πλάτος, width
6 στάδιον, stadium (as a standard of length)
7 κατάρρυτος, irrigated
8 φαίνω, *pres mid inf*, appear
9 ἐκεῖθεν, from there
10 ἀποσπάω, *aor act ptc nom p m*, draw away
11 στάδιον, stadium (as a standard of length)
12 ἑπτακόσιοι, seven hundred
13 πεντήκοντα, fifty
14 διανύω, *aor act ind 3p*, arrive
15 καταλαμβάνω, *aor act ind 3p*, reach, lay hold of
16 ἄπρακτος, unsuccessful
17 ἐκλύω, *perf act ptc acc s m*, depart
18 καταλείπω, *perf act ptc acc s m*, leave behind
19 φρουρά, garrison
20 μάλα, exceedingly
21 ὀχυρός, fortified
22 ἡγεμών, ruler
23 ἐξοδεύω, *aor act ptc nom p m*, march out
24 καταλείπω, *aor pas ptc acc p m*, leave behind
25 ὀχύρωμα, fortress
26 πλείων/πλεῖον, *comp of* πολύς, more
27 μύριοι, ten thousand
28 διατάσσω, *aor act ptc nom s m*, set in order
29 στρατιά, army
30 σπειρηδόν, cohort of troops
31 καθίστημι, *aor act ind 3s*, place
32 σπεῖρα, tactical unit
33 ὁρμάω, *aor act ind 3s*, rush after
34 μυριάς, ten thousand
35 δώδεκα, twelve
36 πεζός, foot soldier
37 ἱππεύς, cavalry
38 δισχίλιοι, two thousand
39 πεντακόσιοι, five hundred
40 ἔφοδος, approach
41 μεταλαμβάνω, *aor act ptc nom s m*, receive notice of
42 προεξαποστέλλω, *aor act ind 3s*, send out beforehand
43 ἀποσκευή, household (goods), baggage
44 δυσπολιόρκητος, difficult to take by siege
45 δυσπρόσιτος, difficult to access
46 χωρίον, village
47 στενότης, narrowness
48 ἐπιφαίνω, *aor pas ptc gen s f*, appear
49 σπεῖρα, tactical unit
50 δέος, alarm, terror

τοὺς πολεμίους[1] φόβου τε ἐκ τῆς τοῦ τὰ πάντα ἐφορῶντος[2] ἐπιφανείας[3] γενομένης
ἐπ' αὐτοὺς εἰς φυγὴν[4] ὥρμησαν[5] ἄλλος ἀλλαχῇ[6] φερόμενος ὥστε πολλάκις[7] ὑπὸ τῶν
ἰδίων[8] βλάπτεσθαι[9] καὶ ταῖς τῶν ξιφῶν[10] ἀκμαῖς[11] ἀναπείρεσθαι.[12] **23** ἐποιεῖτο δὲ τὸν
διωγμὸν[13] εὐτονώτερον[14] ὁ Ιουδας συγκεντῶν[15] τοὺς ἀλιτηρίους[16] διέφθειρέν[17] τε
εἰς μυριάδας[18] τρεῖς ἀνδρῶν.

24 αὐτὸς δὲ ὁ Τιμόθεος ἐμπεσὼν[19] τοῖς περὶ τὸν Δοσίθεον καὶ Σωσίπατρον ἠξίου[20]
μετὰ πολλῆς γοητείας[21] ἐξαφεῖναι[22] σῶον[23] αὐτὸν διὰ τὸ πλειόνων[24] μὲν γονεῖς,[25]
ὧν δὲ ἀδελφοὺς ἔχειν καὶ τούτους ἀλογηθῆναι[26] συμβήσεται.[27] **25** πιστώσαντος[28]
δὲ αὐτοῦ διὰ πλειόνων[29] τὸν ὁρισμὸν[30] ἀποκαταστῆσαι[31] τούτους ἀπημάντους[32]
ἀπέλυσαν[33] αὐτὸν ἕνεκα[34] τῆς τῶν ἀδελφῶν σωτηρίας.

26 Ἐξελθὼν δὲ ἐπὶ τὸ Καρνιον καὶ τὸ Ατεργατειον κατέσφαξεν[35] μυριάδας[36] σω-
μάτων δύο καὶ πεντακισχιλίους.[37] **27** μετὰ δὲ τὴν τούτων τροπὴν[38] καὶ ἀπώλειαν[39]
ἐπεστράτευσεν[40] καὶ ἐπὶ Εφρων πόλιν ὀχυράν,[41] ἐν ᾗ κατῴκει[42] Λυσίας καὶ πάμ-
φυλα[43] πλήθη, νεανίαι[44] δὲ ῥωμαλέοι[45] πρὸ τῶν τειχέων[46] καθεστῶτες[47] εὐρώστως[48]
ἀπεμάχοντο,[49] ἔνθα[50] δὲ ὀργάνων[51] καὶ βελῶν[52] πολλαὶ παραθέσεις[53] ὑπῆρχον.[54]

1 πολέμιος, enemy
2 ἐφοράω, *pres act ptc gen s m*, observe, look upon
3 ἐπιφάνεια, appearance
4 φυγή, flight
5 ὁρμάω, *aor act ind 3p*, rush forward
6 ἀλλαχῇ, all over the place
7 πολλάκις, many times
8 ἴδιος, one's own
9 βλάπτω, *pres pas inf*, hurt, injure
10 ξίφος, sword
11 ἀκμή, point
12 ἀναπείρω, *pres pas inf*, pierce
13 διωγμός, persecution
14 εὔτονος, *comp*, more vigorous
15 συγκεντέω, *pres act ptc nom s m*, put to the sword
16 ἀλιτήριος, wretch, wicked person
17 διαφθείρω, *aor act ind 3s*, annihilate
18 μυριάς, ten thousand
19 ἐμπίπτω, *aor act ptc nom s m*, fall into
20 ἀξιόω, *impf act ind 3s*, beseech, entreat
21 γοητεία, trickery
22 ἐξαφίημι, *aor act inf*, set free
23 σῷος, safe, unharmed
24 πλείων/πλεῖον, *comp of* πολύς, most
25 γονεύς, parent
26 ἀλογέω, *aor pas inf*, disregard
27 συμβαίνω, *fut mid ind 3s*, befall, happen
28 πιστόω, *aor act ptc gen s m*, confirm
29 πλείων/πλεῖον, *comp of* πολύς, numerous
30 ὁρισμός, oath, obligation
31 ἀποκαθίστημι, *aor act inf*, restore
32 ἀπήμαντος, unhurt
33 ἀπολύω, *aor act ind 3p*, discharge, let go
34 ἕνεκα, for the sake of
35 κατασφάζω, *aor act ind 3s*, slaughter
36 μυριάς, ten thousand
37 πεντακισχίλιοι, five thousand
38 τροπή, rout
39 ἀπώλεια, destruction
40 ἐπιστρατεύω, *aor act ind 3s*, march against
41 ὀχυρός, fortified
42 κατοικέω, *impf act ind 3s*, dwell
43 πάμφυλος, of all tribes
44 νεανίας, young man
45 ῥωμαλέος, strong (of body)
46 τεῖχος, city wall
47 καθίστημι, *perf act ptc nom p m*, stand
48 εὐρώστως, vehemently
49 ἀπομάχομαι, *impf mid ind 3p*, resist
50 ἔνθα, there
51 ὄργανον, machine of war
52 βέλος, arrow
53 παράθεσις, provision
54 ὑπάρχω, *impf act ind 3p*, be present

28 ἐπικαλεσάμενοι[1] δὲ τὸν δυνάστην[2] τὸν μετὰ κράτους[3] συντρίβοντα[4] τὰς τῶν πολεμίων[5] ἀλκὰς[6] ἔλαβον τὴν πόλιν ὑποχείριον,[7] κατέστρωσαν[8] δὲ τῶν ἔνδον[9] εἰς μυριάδας[10] δύο πεντακισχιλίους.[11]

29 ἀναζεύξαντες[12] δὲ ἐκεῖθεν[13] ὥρμησαν[14] ἐπὶ Σκυθῶν πόλιν ἀπέχουσαν[15] ἀπὸ Ιεροσολύμων σταδίους[16] ἑξακοσίους.[17]
30 ἀπομαρτυρησάντων[18] δὲ τῶν ἐκεῖ καθεστώτων[19] Ιουδαίων, ἣν οἱ Σκυθοπολῖται ἔσχον πρὸς αὐτοὺς εὔνοιαν[20] καὶ ἐν τοῖς τῆς ἀτυχίας[21] καιροῖς ἥμερον ἀπάντησιν,[22]
31 εὐχαριστήσαντες[23] καὶ προσπαρακαλέσαντες[24] καὶ εἰς τὰ λοιπὰ πρὸς τὸ γένος[25] εὐμενεῖς[26] εἶναι παρεγενήθησαν[27] εἰς Ιεροσόλυμα τῆς τῶν ἑβδομάδων[28] ἑορτῆς[29] οὔσης ὑπογύου.[30]

32 Μετὰ δὲ τὴν λεγομένην πεντηκοστὴν[31] ὥρμησαν[32] ἐπὶ Γοργίαν τὸν τῆς Ιδουμαίας στρατηγόν.[33]
33 ἐξῆλθεν δὲ μετὰ πεζῶν[34] τρισχιλίων,[35] ἱππέων[36] δὲ τετρακοσίων.[37]
34 παραταξαμένους[38] δὲ συνέβη[39] πεσεῖν ὀλίγους[40] τῶν Ιουδαίων.
35 Δοσίθεος δέ τις τῶν τοῦ Βακήνορος, ἔφιππος[41] ἀνὴρ καὶ καρτερός,[42] εἴχετο[43] τοῦ Γοργίου καὶ λαβόμενος τῆς χλαμύδος[44] ἦγεν αὐτὸν εὐρώστως[45] καὶ βουλόμενος τὸν κατάρατον[46] λαβεῖν ζωγρίαν,[47] τῶν ἱππέων[48] τινὸς Θρᾳκῶν ἐπενεχθέντος[49] αὐτῷ καὶ τὸν ὦμον[50] καθελόντος[51] διέφυγεν[52] ὁ Γοργίας εἰς Μαρισα.

1 ἐπικαλέω, *aor mid ptc nom p m*, call upon
2 δυνάστης, mighty one
3 κράτος, strength
4 συντρίβω, *pres act ptc acc s m*, crush, shatter
5 πολέμιος, enemy
6 ἀλκή, might
7 ὑποχείριος, in one's hands
8 καταστρώννυμι, *aor act ind 3p*, lay low, slay
9 ἔνδον, inside
10 μυριάς, ten thousand
11 πεντακισχίλιοι, five thousand
12 ἀναζεύγνυμι, *aor act ptc nom p m*, depart
13 ἐκεῖθεν, from there
14 ὁρμάω, *aor act ind 3p*, move against
15 ἀπέχω, *pres act ptc acc s f*, be at a distance
16 στάδιον, stadium (as a standard of length)
17 ἑξακόσιοι, six hundred
18 ἀπομαρτυρέω, *aor act ptc gen p m*, testify
19 καθίστημι, *perf act ptc gen p m*, establish
20 εὔνοια, goodwill
21 ἀτυχία, misfortune
22 ἀπάντησις, steadfastness
23 εὐχαριστέω, *aor act ptc nom p m*, thank
24 προσπαρακαλέω, *aor act ptc nom p m*, exhort
25 γένος, nation, people
26 εὐμενής, well-disposed
27 παραγίνομαι, *aor pas ind 3p*, go up
28 ἑβδομάς, week
29 ἑορτή, feast
30 ὑπόγυος, approaching
31 πεντηκοστός, Pentecost
32 ὁρμάω, *aor act ind 3p*, move against
33 στρατηγός, governor
34 πεζός, foot soldier
35 τρισχίλιοι, three thousand
36 ἱππεύς, cavalry
37 τετρακόσιοι, four hundred
38 παρατάσσω, *aor mid ptc acc p m*, battle
39 συμβαίνω, *aor act ind 3s*, happen
40 ὀλίγος, few
41 ἔφιππος, on horseback
42 καρτερός, strong
43 ἔχω, *impf mid ind 3s*, seize
44 χλαμύς, coat
45 εὐρώστως, mightily
46 κατάρατος, accursed
47 ζωγρία, still alive
48 ἱππεύς, horseman
49 ἐπιφέρω, *aor pas ptc gen s m*, bear down
50 ὦμος, shoulder
51 καθαιρέω, *aor act ptc gen s m*, break
52 διαφεύγω, *aor act ind 3s*, escape, get away

36 τῶν δὲ περὶ τὸν Εσδριν ἐπὶ πλεῖον[1] μαχομένων[2] καὶ κατακόπων[3] ὄντων ἐπικαλεσάμενος[4] Ιουδας τὸν κύριον σύμμαχον[5] φανῆναι[6] καὶ προοδηγὸν[7] τοῦ πολέμου· **37** καταρξάμενος[8] τῇ πατρίῳ[9] φωνῇ τὴν μεθ᾽ ὕμνων[10] κραυγὴν[11] ἐνσείσας[12] ἀπροσδοκήτως[13] τοῖς περὶ τὸν Γοργίαν, τροπὴν[14] αὐτῶν ἐποιήσατο.

Prayers and Atonement for Jews Slain in Battle

38 Ιουδας δὲ ἀναλαβὼν[15] τὸ στράτευμα[16] ἧκεν[17] εἰς Οδολλαμ πόλιν· τῆς δὲ ἑβδομάδος[18] ἐπιβαλλούσης[19] κατὰ τὸν ἐθισμὸν[20] ἁγνισθέντες[21] αὐτόθι[22] τὸ σάββατον διήγαγον.[23] **39** τῇ δὲ ἐχομένῃ ἦλθον οἱ περὶ τὸν Ιουδαν καθ᾽ ὃν χρόνον τὸ τῆς χρείας[24] ἐγεγόνει,[25] τὰ σώματα τῶν προπεπτωκότων[26] ἀνακομίσασθαι[27] καὶ μετὰ τῶν συγγενῶν[28] ἀποκαταστῆσαι[29] εἰς τοὺς πατρῴους[30] τάφους.[31] **40** εὗρον δὲ ἑκάστου τῶν τεθνηκότων[32] ὑπὸ τοὺς χιτῶνας[33] ἱερώματα[34] τῶν ἀπὸ Ιαμνείας εἰδώλων,[35] ἀφ᾽ ὧν ὁ νόμος ἀπείργει[36] τοὺς Ιουδαίους· τοῖς δὲ πᾶσι σαφὲς[37] ἐγένετο διὰ τήνδε[38] τὴν αἰτίαν[39] τούσδε[40] πεπτωκέναι. **41** πάντες οὖν εὐλογήσαντες τὰ τοῦ δικαιοκρίτου[41] κυρίου τοῦ τὰ κεκρυμμένα[42] φανερὰ[43] ποιοῦντος **42** εἰς ἱκετείαν[44] ἐτράπησαν[45] ἀξιώσαντες[46] τὸ γεγονὸς ἁμάρτημα[47] τελείως[48] ἐξαλειφθῆναι.[49] ὁ δὲ γενναῖος[50]

1 πλείων/πλεῖον, *comp of* πολύς, numerous (days)
2 μάχομαι, *pres mid ptc gen p m*, fight
3 κατάκοπος, weary
4 ἐπικαλέω, *aor mid ptc nom s m*, call upon
5 σύμμαχος, ally
6 φαίνω, *aor pas inf*, appear, show oneself
7 προοδηγός, leader
8 κατάρχω, *aor mid ptc nom s m*, begin
9 πάτριος, ancestral
10 ὕμνος, hymn
11 κραυγή, cry
12 ἐνσείω, *aor act ptc nom s m*, rush upon
13 ἀπροσδοκήτως, suddenly
14 τροπή, retreat
15 ἀναλαμβάνω, *aor act ptc nom s m*, raise up, take up
16 στράτευμα, troops
17 ἥκω, *impf act ind 3s*, come
18 ἑβδομάς, seventh
19 ἐπιβάλλω, *pres act ptc gen s f*, come upon
20 ἐθισμός, custom
21 ἁγνίζω, *aor pas ptc nom p m*, purify, sanctify
22 αὐτόθι, there
23 διάγω, *aor act ind 3p*, celebrate, observe
24 χρεία, necessity
25 γίνομαι, *plpf act ind 3s*, come about
26 προπίπτω, *perf act ptc gen p m*, fall (in battle)
27 ἀνακομίζω, *aor mid inf*, recover, carry back
28 συγγενής, kinsman
29 ἀποκαθίστημι, *aor act inf*, bring back
30 πατρῷος, paternal
31 τάφος, grave, tomb
32 θνῄσκω, *perf act ptc gen p m*, die
33 χιτών, tunic
34 ἱέρωμα, amulet, token
35 εἴδωλον, idol
36 ἀπείργω, *pres act ind 3s*, prohibit
37 σαφής, clear, plain
38 ὅδε, this
39 αἰτία, reason
40 ὅδε, this
41 δικαιοκρίτης, righteous judge
42 κρύπτω, *perf pas ptc acc p n*, conceal
43 φανερός, visible
44 ἱκετεία, supplication
45 τρέπω, *aor pas ind 3p*, turn
46 ἀξιόω, *aor act ptc nom p m*, beseech, entreat
47 ἁμάρτημα, offense
48 τελείως, fully
49 ἐξαλείφω, *aor pas inf*, wipe out
50 γενναῖος, noble

Ιουδας παρεκάλεσε τὸ πλῆθος συντηρεῖν[1] αὐτοὺς ἀναμαρτήτους[2] εἶναι ὑπ᾽ ὄψιν[3]
ἑωρακότας τὰ γεγονότα διὰ τὴν τῶν προπεπτωκότων[4] ἁμαρτίαν. **43** ποιησάμενός
τε κατ᾽ ἀνδρολογίαν[5] εἰς ἀργυρίου[6] δραχμὰς[7] δισχιλίας[8] ἀπέστειλεν εἰς Ιεροσόλυμα
προσαγαγεῖν περὶ ἁμαρτίας θυσίαν[9] πάνυ[10] καλῶς[11] καὶ ἀστείως[12] πράττων[13] ὑπὲρ
ἀναστάσεως[14] διαλογιζόμενος·[15] **44** εἰ μὴ γὰρ τοὺς προπεπτωκότας[16] ἀναστῆναι
προσεδόκα,[17] περισσὸν[18] καὶ ληρῶδες[19] ὑπὲρ νεκρῶν εὔχεσθαι·[20] **45** εἶτε[21] ἐμβλέπων[22]
τοῖς μετ᾽ εὐσεβείας[23] κοιμωμένοις[24] κάλλιστον[25] ἀποκείμενον[26] χαριστήριον,[27] ὁσία[28]
καὶ εὐσεβὴς[29] ἡ ἐπίνοια·[30] ὅθεν[31] περὶ τῶν τεθνηκότων[32] τὸν ἐξιλασμὸν[33] ἐποιήσατο
τῆς ἁμαρτίας ἀπολυθῆναι.[34]

Menelaus Dies

13 Τῷ δὲ ἐνάτῳ[35] καὶ τεσσαρακοστῷ[36] καὶ ἑκατοστῷ[37] ἔτει προσέπεσεν[38] τοῖς
περὶ τὸν Ιουδαν Ἀντίοχον τὸν Εὐπάτορα παραγενέσθαι σὺν πλήθεσιν ἐπὶ
τὴν Ιουδαίαν **2** καὶ σὺν αὐτῷ Λυσίαν τὸν ἐπίτροπον[39] καὶ ἐπὶ τῶν πραγμάτων,[40]
ἕκαστον ἔχοντα δύναμιν Ἑλληνικὴν πεζῶν[41] μυριάδας[42] ἕνδεκα[43] καὶ ἱππέων[44]
πεντακισχιλίους[45] τριακοσίους[46] καὶ ἐλέφαντας[47] εἴκοσι[48] δύο, ἅρματα[49] δὲ δρεπα-
νηφόρα[50] τριακόσια.[51]

1 συντηρέω, *pres act inf*, preserve closely
2 ἀναμάρτητος, sinless, innocent
3 ὄψις, eyes
4 προπίπτω, *perf act ptc gen p m*, fall (in battle)
5 ἀνδρολογία, collection
6 ἀργύριον, silver
7 δραχμή, drachma
8 δισχίλιοι, two thousand
9 θυσία, sacrifice
10 πάνυ, quite
11 καλῶς, well
12 ἀστείως, honorably
13 πράσσω, *pres act ptc nom s m*, do
14 ἀνάστασις, resurrection
15 διαλογίζομαι, *pres mid ptc nom s m*, consider
16 προπίπτω, *perf act ptc acc p m*, fall (in battle)
17 προσδοκάω, *impf act ind 3s*, expect
18 περισσός, useless
19 ληρώδης, silly
20 εὔχομαι, *pres mid inf*, pray
21 εἶτε, yet
22 ἐμβλέπω, *pres act ptc nom s m*, look upon
23 εὐσέβεια, piety, godliness
24 κοιμάομαι, *pres mid ptc dat p m*, die
25 καλός, *sup*, most beautiful
26 ἀπόκειμαι, *pres pas ptc acc s n*, reserve
27 χαριστήριος, gracious reward
28 ὅσιος, holy
29 εὐσεβής, pious
30 ἐπίνοια, thought
31 ὅθεν, hence
32 θνῄσκω, *perf act ptc gen p m*, die
33 ἐξιλασμός, propitiation, atonement
34 ἀπολύω, *aor pas inf*, acquit
35 ἔνατος, ninth
36 τεσσαρακοστός, fortieth
37 ἑκατοστός, hundredth
38 προσπίπτω, *aor act ind 3s*, become known
39 ἐπίτροπος, trustee, guardian
40 πρᾶγμα, public affairs
41 πεζός, foot soldier
42 μυριάς, ten thousand
43 ἕνδεκα, eleven
44 ἱππεύς, cavalry
45 πεντακισχίλιοι, five thousand
46 τριακόσιοι, three hundred
47 ἐλέφας, elephant
48 εἴκοσι, twenty
49 ἅρμα, chariot
50 δρεπανηφόρος, bearing a scythe
51 τριακόσιοι, three hundred

3 συνέμειξεν[1] δὲ αὐτοῖς καὶ Μενέλαος καὶ παρεκάλει μετὰ πολλῆς εἰρωνείας[2]
τὸν Ἀντίοχον, οὐκ ἐπὶ σωτηρίᾳ τῆς πατρίδος,[3] οἰόμενος[4] δὲ ἐπὶ τῆς ἀρχῆς κατα-
σταθήσεσθαι.[5] **4** ὁ δὲ βασιλεὺς τῶν βασιλέων ἐξήγειρεν[6] τὸν θυμὸν[7] τοῦ Ἀντιόχου
ἐπὶ τὸν ἀλιτήριον,[8] καὶ Λυσίου ὑποδείξαντος[9] τοῦτον αἴτιον[10] εἶναι πάντων τῶν
κακῶν, προσέταξεν,[11] ὡς ἔθος[12] ἐστὶν ἐν τῷ τόπῳ, προσαπολέσαι[13] ἀγαγόντας εἰς
Βέροιαν. **5** ἔστιν δὲ ἐν τῷ τόπῳ πύργος[14] πεντήκοντα[15] πήχεων[16] πλήρης σποδοῦ,[17]
οὗτος δὲ ὄργανον[18] εἶχεν περιφερὲς[19] πάντοθεν[20] ἀπόκρημνον[21] εἰς τὴν σποδόν.
6 ἐνταῦθα[22] τὸν ἱεροσυλίας[23] ἔνοχον[24] ἢ καί τινων ἄλλων κακῶν ὑπεροχὴν[25] πεποι-
ημένον ἅπαντες[26] προσωθοῦσιν[27] εἰς ὄλεθρον.[28] **7** τοιούτῳ[29] μόρῳ[30] τὸν παράνομον[31]
συνέβη[32] θανεῖν[33] μηδὲ τῆς γῆς τυχόντα[34] Μενέλαον· **8** πάνυ[35] δικαίως· ἐπεὶ γὰρ
συνετελέσατο[36] πολλὰ περὶ τὸν βωμὸν[37] ἁμαρτήματα,[38] οὗ τὸ πῦρ ἁγνὸν[39] ἦν καὶ ἡ
σποδός,[40] ἐν σποδῷ τὸν θάνατον ἐκομίσατο.[41]

God Delivers Judas's Army in Modein

9 Τοῖς δὲ φρονήμασιν[42] ὁ βασιλεὺς βεβαρβαρωμένος[43] ἤρχετο τὰ χείριστα[44] τῶν
ἐπὶ τοῦ πατρὸς αὐτοῦ γεγονότων ἐνδειξόμενος[45] τοῖς Ιουδαίοις. **10** μεταλαβὼν[46] δὲ
Ιουδας ταῦτα παρήγγειλεν[47] τῷ πλήθει δι᾽ ἡμέρας καὶ νυκτὸς ἐπικαλεῖσθαι[48] τὸν
κύριον, εἴ ποτε[49] καὶ ἄλλοτε,[50] καὶ νῦν ἐπιβοηθεῖν[51] τοῖς τοῦ νόμου καὶ πατρίδος[52]

1 συμμίγνυμι, *aor act ind 3s*, join with
2 εἰρωνεία, hypocrisy
3 πατρίς, homeland
4 οἴομαι, *pres mid ptc nom s m*, think
5 καθίστημι, *fut pas inf*, appoint
6 ἐξεγείρω, *aor act ind 3s*, awaken, stir up
7 θυμός, wrath, anger
8 ἀλιτήριος, (wretch)
9 ὑποδείκνυμι, *aor act ptc gen s m*, explain
10 αἴτιος, responsible for
11 προστάσσω, *aor act ind 3s*, command
12 ἔθος, custom
13 προσαπόλλυμι, *aor act inf*, put to death
14 πύργος, tower
15 πεντήκοντα, fifty
16 πῆχυς, cubit
17 σποδός, ashes
18 ὄργανον, instrument, rim
19 περιφερής, encircling
20 πάντοθεν, on all sides
21 ἀπόκρημνος, inclined
22 ἐνταῦθα, here
23 ἱεροσυλία, temple robbery
24 ἔνοχος, guilty of
25 ὑπεροχή, excess
26 ἅπας, all
27 προσωθέω, *pres act ind 3p*, push into
28 ὄλεθρος, ruin
29 τοιοῦτος, such as this
30 μόρος, fate, death
31 παράνομος, lawless
32 συμβαίνω, *aor act ind 3s*, happen, befall
33 θνῄσκω, *aor act inf*, die
34 τυγχάνω, *aor act ptc acc s m*, obtain
35 πάνυ, quite, altogether
36 συντελέω, *aor mid ind 3s*, accomplish
37 βωμός, (illegitimate) altar
38 ἁμάρτημα, offense, sin
39 ἁγνός, pure
40 σποδός, ashes
41 κομίζω, *aor mid ind 3s*, receive
42 φρόνημα, thinking, mindset
43 βαρβαρόω, *perf pas ptc nom s m*, become barbarous
44 χείριστος, *sup of* κακός, worst
45 ἐνδείκνυμι, *fut mid ptc nom s m*, do, show
46 μεταλαμβάνω, *aor act ptc nom s m*, receive notice of
47 παραγγέλλω, *aor act ind 3s*, summon, instruct
48 ἐπικαλέω, *pres mid inf*, call upon
49 ποτέ, when
50 ἄλλοτε, at this time
51 ἐπιβοηθέω, *pres act inf*, come to aid
52 πατρίς, homeland

καὶ ἱεροῦ ἁγίου στερεῖσθαι[1] μέλλουσιν[2] **11** καὶ τὸν ἄρτι[3] βραχέως[4] ἀνεψυχότα[5] λαὸν
μὴ ἐᾶσαι[6] τοῖς δυσφήμοις[7] ἔθνεσιν ὑποχειρίους[8] γενέσθαι. **12** πάντων δὲ τὸ αὐτὸ
ποιησάντων ὁμοῦ[9] καὶ καταξιωσάντων[10] τὸν ἐλεήμονα[11] κύριον μετὰ κλαυθμοῦ[12]
καὶ νηστειῶν[13] καὶ προπτώσεως[14] ἐπὶ ἡμέρας τρεῖς ἀδιαλείπτως[15] παρακαλέσας
αὐτοὺς ὁ Ιουδας ἐκέλευσεν[16] παραγίνεσθαι.

13 καθ᾽ ἑαυτὸν δὲ σὺν τοῖς πρεσβυτέροις γενόμενος ἐβουλεύσατο[17] πρὶν[18] εἰσβαλεῖν[19]
τοῦ βασιλέως τὸ στράτευμα[20] εἰς τὴν Ιουδαίαν καὶ γενέσθαι τῆς πόλεως ἐγκρατεῖς[21]
ἐξελθόντας κρῖναι[22] τὰ πράγματα[23] τῇ τοῦ θεοῦ βοηθείᾳ.[24] **14** δοὺς δὲ τὴν ἐπιτροπὴν[25]
τῷ κτίστῃ[26] τοῦ κόσμου παρακαλέσας τοὺς σὺν αὐτῷ γενναίως[27] ἀγωνίσασθαι[28]
μέχρι[29] θανάτου περὶ νόμων, ἱεροῦ, πόλεως, πατρίδος,[30] πολιτείας·[31] περὶ δὲ Μωδεϊν
ἐποιήσατο τὴν στρατοπεδείαν.[32] **15** ἀναδοὺς[33] δὲ τοῖς περὶ αὐτὸν σύνθημα[34] "θεοῦ
νίκης"[35] μετὰ νεανίσκων[36] ἀρίστων[37] κεκριμένων ἐπιβαλὼν[38] νύκτωρ[39] ἐπὶ τὴν
βασιλικὴν[40] αὐλὴν[41] τὴν παρεμβολὴν[42] ἀνεῖλεν[43] εἰς ἄνδρας δισχιλίους,[44] καὶ τὸν
πρωτεύοντα[45] τῶν ἐλεφάντων[46] σὺν τῷ κατ᾽ οἰκίαν ὄντι συνεκέντησεν[47] **16** καὶ
τὸ τέλος τὴν παρεμβολὴν[48] δέους[49] καὶ ταραχῆς[50] ἐπλήρωσαν καὶ ἐξέλυσαν[51]

1 στερέω, *pres pas inf*, deprive
2 μέλλω, *pres act ptc dat p m*, be about to
3 ἄρτι, just recently
4 βραχέως, for a little while
5 ἀναψύχω, *perf act ptc acc s m*, recover
6 ἐάω, *aor act inf*, permit
7 δύσφημος, slanderous
8 ὑποχείριος, in one's hands
9 ὁμοῦ, together
10 καταξιόω, *aor act ptc gen p m*, beseech
11 ἐλεήμων, merciful
12 κλαυθμός, weeping
13 νηστεία, fasting
14 πρόπτωσις, prostration
15 ἀδιαλείπτως, without ceasing
16 κελεύω, *aor act ind 3s*, give orders
17 βουλεύω, *aor mid ind 3s*, resolve
18 πρίν, before
19 εἰσβάλλω, *fut act inf*, enter
20 στράτευμα, troops
21 ἐγκρατής, having possession of
22 κρίνω, *aor act inf*, decide
23 πρᾶγμα, matter
24 βοήθεια, help, aid
25 ἐπιτροπή, outcome
26 κτίστης, creator
27 γενναίως, bravely
28 ἀγωνίζομαι, *aor mid inf*, contend, fight
29 μέχρι, as far as
30 πατρίς, homeland
31 πολιτεία, citizenry, polity
32 στρατοπεδεία, camp
33 ἀναδίδωμι, *aor act ptc nom s m*, give, issue
34 σύνθημα, watchword
35 νίκη, victory
36 νεανίσκος, young man
37 ἄριστος, *sup of* ἀγαθός, best, valiant
38 ἐπιβάλλω, *aor act ptc nom s m*, fall upon
39 νύκτωρ, at night
40 βασιλικός, royal
41 αὐλή, court
42 παρεμβολή, camp
43 ἀναιρέω, *aor act ind 3s*, kill
44 δισχίλιοι, two thousand
45 πρωτεύω, *pres act ptc acc s m*, be first
46 ἐλέφας, elephant
47 συγκεντέω, *aor act ind 3s*, put to the sword
48 παρεμβολή, camp
49 δέος, alarm, terror
50 ταραχή, tumult
51 ἐκλύω, *aor act ind 3p*, depart

εὐημεροῦντες·[1] **17** ὑποφαινούσης[2] δὲ ἤδη[3] τῆς ἡμέρας τοῦτο ἐγεγόνει[4] διὰ τὴν ἐπαρήγουσαν[5] αὐτῷ τοῦ κυρίου σκέπην.[6]

Antiochus Attempts a Treaty with the Jews

18 Ὁ δὲ βασιλεὺς εἰληφὼς[7] γεῦμα[8] τῆς τῶν Ιουδαίων εὐτολμίας[9] κατεπείρασεν[10] διὰ μεθόδων[11] τοὺς τόπους. **19** καὶ ἐπὶ Βαιθσουρα φρούριον[12] ὀχυρὸν[13] τῶν Ιουδαίων προσῆγεν,[14] ἐτροποῦτο,[15] προσέκρουεν,[16] ἠλαττονοῦτο·[17] **20** τοῖς δὲ ἔνδον[18] Ιουδας τὰ δέοντα[19] εἰσέπεμψεν.[20] **21** προσήγγειλεν[21] δὲ τὰ μυστήρια[22] τοῖς πολεμίοις[23] Ροδοκος ἐκ τῆς Ιουδαϊκῆς τάξεως·[24] ἀνεζητήθη[25] καὶ κατελήμφθη[26] καὶ κατεκλείσθη.[27]

22 ἐδευτερολόγησεν[28] ὁ βασιλεὺς τοῖς ἐν Βαιθσουροις, δεξιὰν ἔδωκεν, ἔλαβεν, ἀπῄει,[29] προσέβαλεν[30] τοῖς περὶ τὸν Ιουδαν, ἥττων[31] ἐγένετο, **23** μετέλαβεν[32] ἀπονενοῆσθαι[33] τὸν Φίλιππον ἐν Ἀντιοχείᾳ τὸν ἀπολελειμμένον[34] ἐπὶ τῶν πραγμάτων,[35] συνεχύθη,[36] τοὺς Ιουδαίους παρεκάλεσεν, ὑπετάγη[37] καὶ ὤμοσεν[38] ἐπὶ πᾶσι τοῖς δικαίοις, συνελύθη[39] καὶ θυσίαν[40] προσήγαγεν,[41] ἐτίμησεν[42] τὸν νεὼ[43] καὶ τὸν τόπον ἐφιλανθρώπησεν·[44] **24** καὶ τὸν Μακκαβαῖον ἀπεδέξατο,[45] κατέλιπεν[46] στρατηγὸν[47] ἀπὸ Πτολεμαίδος ἕως τῶν Γερρηνῶν Ἡγεμονίδην. **25** ἦλθεν εἰς Πτολεμαίδα· ἐδυ-

1 εὐημερέω, *pres act ptc nom p m*, succeed
2 ὑποφαίνω, *pres act ptc gen s f*, begin to dawn
3 ἤδη, at the time
4 γίνομαι, *plpf act ind 3s*, be, become
5 ἐπαρήγω, *aor act ptc acc s f*, come to aid
6 σκέπη, shelter, protection
7 λαμβάνω, *perf act ptc nom s m*, take
8 γεῦμα, taste
9 εὐτολμία, boldness, courage
10 καταπειράζω, *aor act ind 3s*, attempt
11 μέθοδος, ruse, strategy
12 φρούριον, fortress
13 ὀχυρός, strong
14 προσάγω, *impf act ind 3s*, go against
15 τροπόω, *impf pas ind 3s*, put to flight
16 προσκρούω, *impf act ind 3s*, rush against
17 ἐλασσονόω, *impf pas ind 3s*, defeat
18 ἔνδον, inside
19 δεῖ, *pres act ptc acc p n*, be necessary
20 εἰσπέμπω, *aor act ind 3s*, send in
21 προσαγγέλλω, *aor act ind 3s*, reveal
22 μυστήριον, secret
23 πολέμιος, enemy
24 τάξις, ranks
25 ἀναζητέω, *aor pas ind 3s*, search out
26 καταλαμβάνω, *aor pas ind 3s*, capture
27 κατακλείω, *aor pas ind 3s*, imprison
28 δευτερολογέω, *aor act ind 3s*, speak a second time
29 ἄπειμι, *impf act ind 3s*, depart
30 προσβάλλω, *aor act ind 3s*, attack
31 ἥττων (σσ), *comp of* κακός, inferior, (defeated)
32 μεταλαμβάνω, *aor act ind 3s*, receive notice of
33 ἀπονοέομαι, *perf mid inf*, depart, revolt
34 ἀπολείπω, *perf pas ptc acc s m*, leave
35 πρᾶγμα, public affairs
36 συγχέω, *aor pas ind 3s*, confound, trouble
37 ὑποτάσσω, *aor pas ind 3s*, submit
38 ὄμνυμι, *aor act ind 3s*, swear an oath
39 συλλύω, *aor pas ind 3s*, agree, settle
40 θυσία, sacrifice
41 προσάγω, *aor act ind 3s*, offer
42 τιμάω, *aor act ind 3s*, honor
43 νεώς, shrine
44 φιλανθρωπέω, *aor act ind 3s*, deal kindly with
45 ἀποδέχομαι, *aor mid ind 3s*, receive
46 καταλείπω, *aor act ind 3s*, leave behind
47 στρατηγός, governor

σφόρουν[1] περὶ τῶν συνθηκῶν[2] οἱ Πτολεμαεῖς, ἐδείναζον[3] γὰρ ὑπὲρ ὧν ἠθέλησαν
ἀθετεῖν[4] τὰς διαστάλσεις.[5] **26** προσῆλθεν ἐπὶ τὸ βῆμα[6] Λυσίας, ἀπελογήσατο[7]
ἐνδεχομένως,[8] συνέπεισεν,[9] κατεπράυνεν,[10] εὐμενεῖς[11] ἐποίησεν, ἀνέζευξεν[12] εἰς
Ἀντιόχειαν. οὕτω τὰ τοῦ βασιλέως τῆς ἐφόδου[13] καὶ τῆς ἀναζυγῆς[14] ἐχώρησεν.[15]

Alcimus Opposes Judas before the Council

14 Μετὰ δὲ τριετῆ[16] χρόνον προσέπεσεν[17] τοῖς περὶ τὸν Ιουδαν Δημήτριον τὸν
τοῦ Σελεύκου διὰ τοῦ κατὰ Τρίπολιν λιμένος[18] εἰσπλεύσαντα[19] μετὰ πλήθους
ἰσχυροῦ[20] καὶ στόλου[21] **2** κεκρατηκέναι τῆς χώρας[22] ἐπανελόμενον[23] Ἀντίοχον
καὶ τὸν τούτου ἐπίτροπον[24] Λυσίαν. **3** Ἄλκιμος δέ τις προγεγονὼς[25] ἀρχιερεύς,[26]
ἑκουσίως[27] δὲ μεμολυσμένος[28] ἐν τοῖς τῆς ἀμειξίας[29] χρόνοις, συννοήσας[30] ὅτι καθʼ
ὁντιναοῦν[31] τρόπον[32] οὐκ ἔστιν αὐτῷ σωτηρία οὐδὲ πρὸς τὸ ἅγιον θυσιαστήριον[33]
ἔτι πρόσοδος,[34] **4** ἧκεν[35] πρὸς τὸν βασιλέα Δημήτριον ὡς πρώτῳ καὶ πεντηκοστῷ[36]
καὶ ἑκατοστῷ[37] ἔτει προσάγων[38] αὐτῷ στέφανον[39] χρυσοῦν[40] καὶ φοίνικα,[41] πρὸς
δὲ τούτοις τῶν νομιζομένων[42] θαλλῶν[43] τοῦ ἱεροῦ, καὶ τὴν ἡμέραν ἐκείνην ἡσυ-
χίαν[44] ἔσχεν. **5** καιρὸν δὲ λαβὼν τῆς ἰδίας[45] ἀνοίας[46] συνεργὸν[47] προσκληθεὶς[48]

1 δυσφορέω, *impf act ind 3p*, be angry
2 συνθήκη, agreement
3 δεινάζω, *impf act ind 3p*, be indignant
4 ἀθετέω, *pres act inf*, break, nullify
5 διάσταλσις, arrangement, terms
6 βῆμα, judgment seat
7 ἀπολογέομαι, *aor mid ind 3s*, make a defense
8 ἐνδεχομένως, best of one's ability
9 συμπείθω, *aor act ind 3s*, persuade
10 καταπραΰνω, *aor act ind 3s*, appease
11 εὐμενής, sign of goodwill
12 ἀναζεύγνυμι, *aor act ind 3s*, depart
13 ἔφοδος, attempt
14 ἀναζυγή, return, marching home
15 χωρέω, *aor act ind 3s*, turn out, happen
16 τριετής, three years
17 προσπίπτω, *aor act ind 3s*, become known
18 λιμήν, harbor
19 εἰσπλέω, *aor act ptc acc s m*, sail
20 ἰσχυρός, strength
21 στόλος, fleet
22 χώρα, territory
23 ἐπαναιρέω, *aor mid ptc acc s m*, make off with, take away
24 ἐπίτροπος, trustee, guardian
25 προγίνομαι, *perf act ptc nom s m*, be previously
26 ἀρχιερεύς, high priest
27 ἑκουσίως, willingly
28 μολύνω, *perf mid ptc nom s m*, pollute, defile
29 ἀμειξία, separation
30 συννοέω, *aor act ptc nom s m*, comprehend
31 ὁστισοῦν, whatever
32 τρόπος, manner, way
33 θυσιαστήριον, altar
34 πρόσοδος, approach, access
35 ἥκω, *impf act ind 3s*, come
36 πεντηκοστός, fiftieth
37 ἑκατοστός, hundredth
38 προσάγω, *pres act ptc nom s m*, bring to
39 στέφανος, crown
40 χρυσοῦς, gold
41 φοῖνιξ, palm branch
42 νομίζω, *pres pas ptc gen p m*, make common use
43 θαλλός, branch
44 ἡσυχία, silence
45 ἴδιος, one's own
46 ἄνοια, folly
47 συνεργός, taking part
48 προσκαλέω, *aor pas ptc nom s m*, call on, summon

εἰς συνέδριον[1] ὑπὸ τοῦ Δημητρίου καὶ ἐπερωτηθείς,[2] ἐν τίνι διαθέσει[3] καὶ βουλῇ[4]
καθέστηκαν[5] οἱ Ιουδαῖοι, πρὸς ταῦτα ἔφη[6]

6 Οἱ λεγόμενοι τῶν Ιουδαίων Ασιδαῖοι, ὧν ἀφηγεῖται[7] Ιουδας ὁ Μακκαβαῖος,
πολεμοτροφοῦσιν[8] καὶ στασιάζουσιν[9] οὐκ ἐῶντες[10] τὴν βασιλείαν εὐσταθείας[11]
τυχεῖν.[12] **7** ὅθεν[13] ἀφελόμενος[14] τὴν προγονικὴν[15] δόξαν (λέγω δὴ[16] τὴν ἀρχι-
ερωσύνην[17]) δεῦρο[18] νῦν ἐλήλυθα **8** πρῶτον μὲν ὑπὲρ τῶν ἀνηκόντων[19] τῷ βασιλεῖ
γνησίως[20] φρονῶν,[21] δεύτερον δὲ καὶ τῶν ἰδίων[22] πολιτῶν[23] στοχαζόμενος·[24] τῇ
μὲν γὰρ τῶν προειρημένων[25] ἀλογιστίᾳ[26] τὸ σύμπαν[27] ἡμῶν γένος[28] οὐ μικρῶς[29]
ἀκληρεῖ.[30] **9** ἕκαστα δὲ τούτων ἐπεγνωκὼς σύ, βασιλεῦ, καὶ τῆς χώρας[31] καὶ τοῦ
περιισταμένου[32] γένους[33] ἡμῶν προνοήθητι[34] καθ᾽ ἣν ἔχεις πρὸς ἅπαντας[35] εὐαπάν-
τητον[36] φιλανθρωπίαν.[37] **10** ἄχρι[38] γὰρ Ιουδας περίεστιν,[39] ἀδύνατον[40] εἰρήνης
τυχεῖν[41] τὰ πράγματα.[42]

11 τοιούτων[43] δὲ ῥηθέντων[44] ὑπὸ τούτου θᾶττον[45] οἱ λοιποὶ φίλοι[46] δυσμενῶς[47]
ἔχοντες τὰ πρὸς τὸν Ιουδαν προσεπύρωσαν[48] τὸν Δημήτριον. **12** προχειρισάμενος[49]
δὲ εὐθέως[50] Νικάνορα τὸν γενόμενον ἐλεφαντάρχην[51] καὶ στρατηγὸν[52] ἀναδείξας[53]

1 συνέδριον, council, assembly
2 ἐπερωτάω, *aor pas ptc nom s m*, ask
3 διάθεσις, condition
4 βουλή, counsel
5 καθίστημι, *perf act ind 3p*, set, arrange
6 φημί, *aor act ind 3s*, say
7 ἀφηγέομαι, *pres mid ind 3s*, lead
8 πολεμοτροφέω, *pres act ind 3p*, maintain war
9 στασιάζω, *pres act ind 3p*, stir up rebellion
10 ἐάω, *pres act ptc nom p m*, permit
11 εὐστάθεια, stability, tranquility
12 τυγχάνω, *aor act inf*, attain, obtain
13 ὅθεν, for which reason
14 ἀφαιρέω, *aor mid ptc nom s m*, separate from
15 προγονικός, ancestral
16 δή, now
17 ἀρχιερωσύνη, high priesthood
18 δεῦρο, here
19 ἀνήκω, *pres act ptc gen p n*, appertain to
20 γνησίως, genuinely
21 φρονέω, *pres act ptc nom s m*, think of, consider
22 ἴδιος, one's own
23 πολίτης, countryman
24 στοχάζομαι, *pres mid ptc nom s m*, have regard for
25 προλέγω, *perf pas ptc gen p m*, say beforehand
26 ἀλογιστία, recklessness
27 σύμπας, whole
28 γένος, nation, people
29 οὐ μικρῶς, to a large degree
30 ἀκληρέω, *pres act ind 3s*, suffer misfortune
31 χώρα, country
32 περιΐστημι, *pres pas ptc gen s n*, press on every side
33 γένος, nation, people
34 προνοέω, *aor pas impv 2s*, care for
35 ἅπας, all
36 εὐαπάντητος, courteous
37 φιλανθρωπία, clemency
38 ἄχρι, as long as
39 περίειμι, *pres act ind 3s*, remain, live
40 ἀδύνατος, unable, incapable
41 τυγχάνω, *aor act inf*, obtain
42 πρᾶγμα, public affairs
43 τοιοῦτος, such (things)
44 λέγω, *aor pas ptc gen p m*, say
45 θᾶττον, *comp of* ταχύς, more quickly
46 φίλος, friend
47 δυσμενῶς, maliciously
48 προσπυρόω, *aor act ind 3p*, inflame
49 προχειρίζω, *aor mid ptc nom s m*, appoint, select
50 εὐθέως, immediately
51 ἐλεφαντάρχης, master of the elephants
52 στρατηγός, governor
53 ἀναδείκνυμι, *aor act ptc nom s m*, declare

τῆς Ιουδαίας ἐξαπέστειλεν[1] 13 δοὺς ἐντολὰς αὐτὸν μὲν τὸν Ιουδαν ἐπανελέσθαι,[2] τοὺς δὲ σὺν αὐτῷ σκορπίσαι,[3] καταστῆσαι[4] δὲ Ἄλκιμον ἀρχιερέα[5] τοῦ μεγίστου[6] ἱεροῦ. 14 οἱ δὲ ἐπὶ τῆς Ιουδαίας πεφυγαδευκότες[7] τὸν Ιουδαν ἔθνη συνέμισγον[8] ἀγεληδὸν[9] τῷ Νικάνορι τὰς τῶν Ιουδαίων ἀτυχίας[10] καὶ συμφορὰς[11] ἰδίας[12] εὐημερίας[13] δοκοῦντες[14] ἔσεσθαι.

Nicanor Befriends Judas

15 Ἀκούσαντες δὲ τὴν τοῦ Νικάνορος ἔφοδον[15] καὶ τὴν ἐπίθεσιν[16] τῶν ἐθνῶν καταπασάμενοι[17] γῆν ἐλιτάνευον[18] τὸν ἄχρι[19] αἰῶνος συστήσαντα[20] τὸν αὐτοῦ λαόν, ἀεὶ[21] δὲ μετ᾽ ἐπιφανείας[22] ἀντιλαμβανόμενον[23] τῆς ἑαυτοῦ μερίδος.[24] **16** προστάξαντος[25] δὲ τοῦ ἡγουμένου[26] ἐκεῖθεν[27] εὐθέως[28] ἀναζεύξας[29] συμμίσγει[30] αὐτοῖς ἐπὶ κώμην[31] Δεσσαου. **17** Σιμων δὲ ὁ ἀδελφὸς Ιουδου συμβεβληκὼς[32] ἦν τῷ Νικάνορι, βραδέως[33] δὲ διὰ τὴν αἰφνίδιον[34] τῶν ἀντιπάλων[35] ἀφασίαν[36] ἐπταικώς·[37]

18 ὅμως[38] δὲ ἀκούων ὁ Νικάνωρ ἣν εἶχον οἱ περὶ τὸν Ιουδαν ἀνδραγαθίαν[39] καὶ ἐν τοῖς περὶ τῆς πατρίδος[40] ἀγῶσιν εὐψυχίαν,[41] ὑπευλαβεῖτο[42] τὴν κρίσιν δι᾽ αἱμάτων ποιήσασθαι. **19** διόπερ[43] ἔπεμψεν[44] Ποσιδώνιον καὶ Θεόδοτον καὶ Ματταθιαν δοῦναι καὶ λαβεῖν δεξιάς. **20** πλείονος[45] δὲ γενομένης περὶ τούτων ἐπισκέψεως[46] καὶ τοῦ

1 ἐξαποστέλλω, *aor act ind 3s*, send forth
2 ἐπαναιρέω, *aor mid inf*, kill
3 σκορπίζω, *aor act inf*, disperse
4 καθίστημι, *aor act inf*, appoint
5 ἀρχιερεύς, high priest
6 μέγας, *sup*, greatest
7 φυγαδεύω, *perf act ptc nom p m*, flee away from
8 συμμίσγω, *impf act ind 3p*, join with
9 ἀγεληδόν, in droves
10 ἀτυχία, failure
11 συμφορά, calamity
12 ἴδιος, one's own
13 εὐημερία, prosperity
14 δοκέω, *pres act ptc nom p m*, think
15 ἔφοδος, approach, coming
16 ἐπίθεσις, gathering, assault
17 καταπάσσω, *aor mid ptc nom p m*, sprinkle
18 λιτανεύω, *impf act ind 3p*, pray
19 ἄχρι, until
20 συνίστημι, *aor act ptc acc s m*, establish
21 ἀεί, always
22 ἐπιφάνεια, manifestation
23 ἀντιλαμβάνομαι, *pres mid ptc acc s m*, support
24 μερίς, portion, inheritance
25 προστάσσω, *aor act ptc gen s m*, command
26 ἡγέομαι, *pres mid ptc gen s m*, lead
27 ἐκεῖθεν, from there
28 εὐθέως, immediately
29 ἀναζεύγνυμι, *aor act ptc nom s m*, depart
30 συμμίσγω, *pres act ind 3s*, join with
31 κώμη, village
32 συμβάλλω, *perf act ptc nom s m*, meet (in battle)
33 βραδέως, temporarily
34 αἰφνίδιος, unforeseen
35 ἀντίπαλος, adversary
36 ἀφασία, speechlessness (caused by fear)
37 πταίω, *perf act ptc nom s m*, stumble
38 ὅμως, nevertheless
39 ἀνδραγαθία, heroism
40 πατρίς, homeland
41 εὐψυχία, good courage
42 ὑπευλαβέομαι, *impf act ind 3p*, back away from
43 διόπερ, therefore
44 πέμπω, *aor act ind 3s*, send
45 πλείων/πλεῖον, *comp of* πολύς, more fully
46 ἐπίσκεψις, inspection, consideration

ἡγουμένου[1] τοῖς πλήθεσιν ἀνακοινωσαμένου[2] καὶ φανείσης[3] ὁμοψήφου[4] γνώμης[5]
ἐπένευσαν[6] ταῖς συνθήκαις.[7] **21** ἐτάξαντο[8] δὲ ἡμέραν ἐν ᾗ κατ' ἰδίαν[9] ἥξουσιν[10] εἰς
τὸ αὐτό· καὶ προῆλθεν[11] παρ' ἑκάστου δίφραξ,[12] ἔθεσαν δίφρους.[13] **22** διέταξεν[14]
Ιουδας ἐνόπλους[15] ἑτοίμους[16] ἐν τοῖς ἐπικαίροις[17] τόποις, μήποτε[18] ἐκ τῶν πολεμίων
αἰφνιδίως[19] κακουργία[20] γένηται· τὴν ἁρμόζουσαν[21] ἐποιήσαντο κοινολογίαν.[22]

23 διέτριβεν[23] ὁ Νικάνωρ ἐν Ιεροσολύμοις καὶ ἔπραττεν[24] οὐθὲν[25] ἄτοπον,[26] τοὺς δὲ
συναχθέντας ἀγελαίους[27] ὄχλους ἀπέλυσεν.[28] **24** καὶ εἶχεν τὸν Ιουδαν διὰ παντὸς ἐν
προσώπῳ, ψυχικῶς[29] τῷ ἀνδρὶ προσεκέκλιτο.[30] **25** παρεκάλεσεν αὐτὸν γῆμαι[31] καὶ
παιδοποιήσασθαι·[32] ἐγάμησεν,[33] εὐστάθησεν,[34] ἐκοινώνησεν[35] βίου.[36]

Nicanor Turns against Judas

26 Ὁ δὲ Ἄλκιμος συνιδὼν[37] τὴν πρὸς ἀλλήλους[38] εὔνοιαν[39] καὶ τὰς γενομένας
συνθήκας[40] λαβὼν ἧκεν[41] πρὸς τὸν Δημήτριον καὶ ἔλεγεν τὸν Νικάνορα ἀλλότρια[42]
φρονεῖν[43] τῶν πραγμάτων·[44] τὸν γὰρ ἐπίβουλον[45] τῆς βασιλείας Ιουδαν αὐτοῦ
διάδοχον[46] ἀναδεῖξαι.[47] **27** ὁ δὲ βασιλεὺς ἔκθυμος[48] γενόμενος καὶ ταῖς τοῦ
παμπονήρου[49] διαβολαῖς[50] ἐρεθισθεὶς[51] ἔγραψεν Νικάνορι φάσκων[52] ὑπὲρ μὲν τῶν

1 ἡγέομαι, *pres mid ptc gen s m*, lead
2 ἀνακοινόω, *aor mid ptc gen s m*, communicate
3 φαίνω, *aor pas ptc gen s f*, appear, seem
4 ὁμόψηφος, of one mind
5 γνώμη, decision
6 ἐπινεύω, *aor act ind 3p*, consent to
7 συνθήκη, agreement
8 τάσσω, *aor mid ind 3p*, set
9 ἴδιος, one's own
10 ἥκω, *fut act ind 3p*, come
11 προέρχομαι, *aor act ind 3s*, go before
12 δίφραξ, seat, chair
13 δίφρος, seat
14 διατάσσω, *aor act ind 3s*, appoint, set up
15 ἔνοπλος, armed
16 ἕτοιμος, prepared
17 ἐπίκαιρος, opportune, convenient
18 μήποτε, lest
19 αἰφνιδίως, suddenly
20 κακουργία, treachery
21 ἁρμόζω, *pres act ptc acc s f*, bind fast, commit to
22 κοινολογία, conference
23 διατρίβω, *impf act ind 3s*, stay
24 πράσσω, *impf act ind 3s*, do
25 οὐθείς, nothing
26 ἄτοπος, inappropriate
27 ἀγελαῖος, flock
28 ἀπολύω, *aor act ind 3s*, send away, dismiss
29 ψυχικῶς, heartily
30 προσκλίνω, *plpf mid ind 3s*, incline toward
31 γαμέω, *aor act inf*, marry
32 παιδοποιέω, *aor mid inf*, have children
33 γαμέω, *aor act ind 3s*, marry
34 εὐσταθέω, *aor act ind 3s*, be stable
35 κοινωνέω, *aor act ind 3s*, share commonly
36 βίος, life
37 συνοράω, *aor act ptc nom s m*, perceive
38 ἀλλήλων, (of) one another
39 εὔνοια, goodwill
40 συνθήκη, agreement
41 ἥκω, *impf act ind 3s*, come
42 ἀλλότριος, hostile
43 φρονέω, *pres act inf*, be inclined
44 πρᾶγμα, affairs (of government)
45 ἐπίβουλος, one who plots against
46 διάδοχος, successor
47 ἀναδείκνυμι, *aor act inf*, declare
48 ἔκθυμος, angry
49 παμπόνηρος, scoundrel
50 διαβολή, false accusation
51 ἐρεθίζω, *aor pas ptc nom s m*, provoke
52 φάσκω, *pres act ptc nom s m*, assert

συνθηκῶν[1] βαρέως[2] φέρειν, κελεύων[3] δὲ τὸν Μακκαβαῖον δέσμιον[4] ἐξαποστέλλειν[5]
εἰς Ἀντιόχειαν ταχέως.[6]

28 προσπεσόντων[7] δὲ τούτων τῷ Νικάνορι συνεκέχυτο[8] καὶ δυσφόρως[9] ἔφερεν,
εἰ τὰ διεσταλμένα[10] ἀθετήσει[11] μηδὲν[12] τἀνδρὸς[13] ἠδικηκότος.[14] **29** ἐπεὶ[15] δὲ τῷ
βασιλεῖ ἀντιπράττειν[16] οὐκ ἦν, εὔκαιρον[17] ἐτήρει στρατηγήματι[18] τοῦτ᾽ ἐπιτελέσαι.[19]
30 ὁ δὲ Μακκαβαῖος αὐστηρότερον[20] διεξαγαγόντα[21] συνιδὼν[22] τὸν Νικάνορα τὰ
πρὸς αὐτὸν καὶ τὴν εἰθισμένην[23] ἀπάντησιν[24] ἀγροικότερον[25] ἐσχηκότα νοήσας[26]
οὐκ ἀπὸ τοῦ βελτίστου[27] τὴν αὐστηρίαν[28] εἶναι συστρέψας[29] οὐκ ὀλίγους[30] τῶν περὶ
αὐτὸν συνεκρύπτετο[31] τὸν Νικάνορα. **31** συγγνοὺς[32] δὲ ὁ ἕτερος ὅτι γενναίως[33]
ὑπὸ τοῦ ἀνδρὸς ἐστρατήγηται,[34] παραγενόμενος ἐπὶ τὸ μέγιστον[35] καὶ ἅγιον ἱερὸν
τῶν ἱερέων τὰς καθηκούσας[36] θυσίας[37] προσαγόντων[38] ἐκέλευσεν[39] παραδιδόναι
τὸν ἄνδρα. **32** τῶν δὲ μεθ᾽ ὅρκων[40] φασκόντων[41] μὴ γινώσκειν ποῦ ποτ᾽[42] ἔστιν ὁ
ζητούμενος, **33** προτείνας[43] τὴν δεξιὰν ἐπὶ τὸν νεὼ[44] ταῦτ᾽ ὤμοσεν[45] Ἐὰν μὴ δέ-
σμιόν[46] μοι τὸν Ιουδαν παραδῶτε, τόνδε[47] τὸν τοῦ θεοῦ σηκὸν[48] εἰς πεδίον[49] ποιήσω
καὶ τὸ θυσιαστήριον[50] κατασκάψω[51] καὶ ἱερὸν ἐνταῦθα[52] τῷ Διονύσῳ ἐπιφανὲς[53]
ἀναστήσω.[54]

1 συνθήκη, agreement
2 βαρέως, with difficulty
3 κελεύω, *pres act ptc nom s m*, give orders
4 δέσμιος, captive
5 ἐξαποστέλλω, *pres act inf*, send forth
6 ταχέως, soon, quickly
7 προσπίπτω, *aor act ptc gen p n*, become known
8 συγχέω, *plpf pas ind 3s*, disturb, trouble
9 δυσφόρως, grievously
10 διαστέλλω, *perf pas ptc acc p n*, arrange
11 ἀθετέω, *fut act ind 3s*, break, nullify
12 μηδείς, no one
13 τἀνδρός, the man, *cr.* τοῦ ἀνδρός
14 ἀδικέω, *perf act ptc gen s m*, act wrongly
15 ἐπεί, since
16 ἀντιπράττω, *pres act inf*, act against, oppose
17 εὔκαιρος, convenient
18 στρατήγημα, stratagem, trick
19 ἐπιτελέω, *aor act inf*, accomplish
20 αὐστηρός, *comp*, harsher, rougher
21 διεξάγω, *perf act ptc acc s m*, manage, treat
22 συνοράω, *aor act ptc nom s m*, observe, perceive
23 ἐθίζω, *perf pas ptc acc s f*, accustom to
24 ἀπάντησις, meeting
25 ἄγροικος, *comp*, more rough
26 νοέω, *aor act ptc nom s m*, surmise
27 βέλτιστος, *sup of* ἀγαθός, best
28 αὐστηρία, harshness, roughness
29 συστρέφω, *aor act ptc nom s m*, gather
30 ὀλίγος, few
31 συγκρύπτω, *impf mid ind 3s*, conceal oneself
32 συγγινώσκω, *aor act ptc nom s m*, realize
33 γενναίως, illustriously, elaborately
34 στρατηγέω, *perf pas ind 3s*, (out) maneuver
35 μέγας, *sup*, greatest
36 καθήκω, *pres act ptc acc p f*, be customary
37 θυσία, sacrifice
38 προσάγω, *pres act ptc gen p m*, offer
39 κελεύω, *aor act ind 3s*, give orders
40 ὅρκος, oath
41 φάσκω, *pres act ptc gen p m*, assert
42 ποτέ, ever
43 προτείνω, *aor act ptc nom s m*, stretch out
44 νεώς, shrine
45 ὄμνυμι, *aor act ind 3s*, swear an oath
46 δέσμιος, captive, prisoner
47 ὅδε, this
48 σηκός, sacred temple
49 πεδίον, ground
50 θυσιαστήριον, altar
51 κατασκάπτω, *fut act ind 1s*, raze, level
52 ἐνταῦθα, here
53 ἐπιφανής, famous, notable
54 ἀνίστημι, *aor act sub 1s*, set up

34 τοσαῦτα[1] δὲ εἰπὼν ἀπῆλθεν· οἱ δὲ ἱερεῖς προτείναντες[2] τὰς χεῖρας εἰς τὸν οὐρα-
νὸν ἐπεκαλοῦντο[3] τὸν διὰ παντὸς ὑπέρμαχον[4] τοῦ ἔθνους ἡμῶν ταῦτα λέγοντες
35 Σὺ κύριε τῶν ὅλων ἀπροσδεὴς[5] ὑπάρχων ηὐδόκησας[6] ναὸν τῆς σῆς[7] σκηνώσεως[8]
ἐν ἡμῖν γενέσθαι· **36** καὶ νῦν, ἅγιε παντὸς ἁγιασμοῦ[9] κύριε, διατήρησον[10] εἰς αἰῶνα
ἀμίαντον[11] τόνδε[12] τὸν προσφάτως[13] κεκαθαρισμένον οἶκον.

Razis Dies for His Country at the Hands of Nicanor

37 Ραζις δέ τις τῶν ἀπὸ Ιεροσολύμων πρεσβυτέρων ἐμηνύθη[14] τῷ Νικάνορι ἀνὴρ
φιλοπολίτης[15] καὶ σφόδρα[16] καλῶς[17] ἀκούων καὶ κατὰ τὴν εὔνοιαν[18] πατὴρ τῶν Ιου-
δαίων προσαγορευόμενος.[19] **38** ἦν γὰρ ἐν τοῖς ἔμπροσθεν χρόνοις τῆς ἀμειξίας[20]
κρίσιν εἰσενηνεγμένος[21] Ιουδαϊσμοῦ, καὶ σῶμα καὶ ψυχὴν ὑπὲρ τοῦ Ιουδαϊσμοῦ
παραβεβλημένος[22] μετὰ πάσης ἐκτενίας.[23] **39** βουλόμενος δὲ Νικάνωρ πρόδηλον[24]
ποιῆσαι ἣν εἶχεν πρὸς τοὺς Ιουδαίους δυσμένειαν,[25] ἀπέστειλεν στρατιώτας[26] ὑπὲρ
τοὺς πεντακοσίους[27] συλλαβεῖν[28] αὐτόν· **40** ἔδοξεν[29] γὰρ ἐκεῖνον συλλαβὼν[30] τού-
τοις ἐνεργάσασθαι[31] συμφοράν.[32]

41 τῶν δὲ πληθῶν μελλόντων[33] τὸν πύργον[34] καταλαβέσθαι[35] καὶ τὴν αὐλαίαν[36]
θύραν βιαζομένων[37] καὶ κελευόντων[38] πῦρ προσάγειν[39] καὶ τὰς θύρας ὑφάπτειν,[40]
περικατάλημπτος[41] γενόμενος ὑπέθηκεν[42] ἑαυτῷ τὸ ξίφος[43] **42** εὐγενῶς[44] θέλων

1 τοσοῦτος, such
2 προτείνω, *aor act ptc nom p m*, stretch out
3 ἐπικαλέω, *impf mid ind 3p*, call upon
4 ὑπέρμαχος, defender
5 ἀπροσδεής, not in need of
6 εὐδοκέω, *aor act ind 2s*, be pleased
7 σός, your
8 σκήνωσις, dwelling
9 ἁγιασμός, consecration
10 διατηρέω, *aor act impv 2s*, preserve
11 ἀμίαντος, undefiled
12 ὅδε, this
13 προσφάτως, recently
14 μηνύω, *aor pas ind 3s*, denounce
15 φιλοπολίτης, lover of one's countrymen
16 σφόδρα, very
17 καλῶς, well
18 εὔνοια, goodwill
19 προσαγορεύω, *pres pas ptc nom s m*, call
20 ἀμειξία, no mingling
21 εἰσφέρω, *perf pas ptc nom s m*, (be among), introduce
22 παραβάλλω, *perf mid ptc nom s m*, risk, cast aside
23 ἐκτενία, zeal
24 πρόδηλος, manifest
25 δυσμένεια, enmity
26 στρατιώτης, soldier
27 πεντακόσιοι, five hundred
28 συλλαμβάνω, *aor act inf*, arrest
29 δοκέω, *aor act ind 3s*, think
30 συλλαμβάνω, *aor act ptc nom s m*, arrest
31 ἐνεργάζομαι, *aor mid inf*, produce
32 συμφορά, injury, misfortune
33 μέλλω, *pres act ptc gen p n*, be about to
34 πύργος, tower
35 καταλαμβάνω, *aor mid inf*, capture, lay hold of
36 αὐλαῖος, door
37 βιάζομαι, *pres mid ptc gen p m*, force, break violently into
38 κελεύω, *pres act ptc gen p m*, give orders
39 προσάγω, *pres act inf*, bring
40 ὑφάπτω, *pres act inf*, set fire to
41 περικατάλημπτος, surrounded
42 ὑποτίθημι, *aor act ind 3s*, fall upon
43 ξίφος, sword
44 εὐγενῶς, nobly, bravely

ἀποθανεῖν ἤπερ[1] τοῖς ἀλιτηρίοις[2] ὑποχείριος[3] γενέσθαι καὶ τῆς ἰδίας[4] εὐγενείας[5]
ἀναξίως[6] ὑβρισθῆναι.[7] **43** τῇ δὲ πληγῇ[8] μὴ κατευθικτήσας[9] διὰ τὴν τοῦ ἀγῶνος[10]
σπουδὴν[11] καὶ τῶν ὄχλων[12] ἔσω[13] τῶν θυρωμάτων[14] εἰσβαλλόντων[15] ἀναδραμὼν[16]
γενναίως[17] ἐπὶ τὸ τεῖχος[18] κατεκρήμνισεν[19] ἑαυτὸν ἀνδρωδῶς[20] εἰς τοὺς ὄχλους.[21]
44 τῶν δὲ ταχέως[22] ἀναποδισάντων[23] γενομένου διαστήματος[24] ἦλθεν κατὰ
μέσον[25] τὸν κενεῶνα.[26] **45** ἔτι δὲ ἔμπνους[27] ὑπάρχων καὶ πεπυρωμένος[28] τοῖς θυ-
μοῖς[29] ἐξαναστὰς[30] φερομένων κρουνηδὸν[31] τῶν αἱμάτων καὶ δυσχερῶν[32] τῶν
τραυμάτων[33] ὄντων δρόμῳ[34] τοὺς ὄχλους[35] διελθὼν[36] καὶ στὰς[37] ἐπί τινος πέτρας[38]
ἀπορρῶγος[39] **46** παντελῶς[40] ἔξαιμος[41] ἤδη[42] γινόμενος προβαλὼν[43] τὰ ἔντερα[44] καὶ
λαβὼν ἑκατέραις[45] ταῖς χερσὶν ἐνέσεισε[46] τοῖς ὄχλοις[47] καὶ ἐπικαλεσάμενος[48] τὸν
δεσπόζοντα[49] τῆς ζωῆς καὶ τοῦ πνεύματος ταῦτα αὐτῷ πάλιν[50] ἀποδοῦναι[51] τόνδε[52]
τὸν τρόπον[53] μετήλλαξεν.[54]

Nicanor's Pride

15 Ὁ δὲ Νικάνωρ μεταλαβὼν[55] τοὺς περὶ τὸν Ιουδαν ὄντας ἐν τοῖς κατὰ Σα-
μάρειαν τόποις ἐβουλεύσατο[56] τῇ τῆς καταπαύσεως[57] ἡμέρᾳ μετὰ πάσης

1 ἤπερ, rather than
2 ἀλιτήριος, wicked person
3 ὑποχείριος, into the hands
4 ἴδιος, one's own
5 εὐγένεια, nobility (of birth)
6 ἀναξίως, unworthy
7 ὑβρίζω, *aor pas inf*, suffer abuse
8 πληγή, blow, stroke, wound
9 κατευθικτέω, *aor act ptc nom s m*, hit exactly
10 ἀγών, struggle, battle
11 σπουδή, haste
12 ὄχλος, multitude
13 ἔσω, inside
14 θύρωμα, door
15 εἰσβάλλω, *pres act ptc gen p m*, rush into
16 ἀνατρέχω, *aor act ptc nom s m*, run back
17 γενναίως, nobly, bravely
18 τεῖχος, wall
19 κατακρημνίζω, *aor act ind 3s*, cast down
20 ἀνδρωδῶς, manfully
21 ὄχλος, multitude
22 ταχέως, quickly
23 ἀναποδίζω, *aor act ptc gen p m*, step back
24 διάστημα, space
25 μέσος, middle
26 κενεών, vacant, empty
27 ἔμπνους, alive
28 πυρόω, *perf pas ptc nom s m*, inflame
29 θυμός, anger, wrath
30 ἐξανίστημι, *aor act ptc nom s m*, rise up
31 κρουνηδόν, gushing
32 δυσχερής, severe
33 τραῦμα, wound
34 δρόμος, running
35 ὄχλος, multitude
36 διέρχομαι, *aor act ptc nom s m*, pass through
37 ἵστημι, *aor act ptc nom s m*, stand
38 πέτρα, rock
39 ἀπορρώξ, precipice
40 παντελῶς, utterly
41 ἔξαιμος, drained of blood
42 ἤδη, now
43 προβάλλω, *aor act ptc nom s m*, tear out
44 ἔντερον, gut, bowel
45 ἑκάτερος, each
46 ἐνσείω, *aor act ind 3s*, dash down
47 ὄχλος, multitude
48 ἐπικαλέω, *aor mid ptc nom s m*, call upon
49 δεσπόζω, *pres act ptc acc s m*, be master
50 πάλιν, once more
51 ἀποδίδωμι, *aor act inf*, give back
52 ὅδε, this
53 τρόπος, manner
54 μεταλλάσσω, *aor act ind 3s*, die
55 μεταλαμβάνω, *aor act ptc nom s m*, receive notice of
56 βουλεύω, *aor mid ind 3s*, resolve
57 κατάπαυσις, rest

ἀσφαλείας[1] αὐτοῖς ἐπιβαλεῖν.[2] **2** τῶν δὲ κατὰ ἀνάγκην[3] συνεπομένων[4] αὐτῷ Ιου-
δαίων λεγόντων Μηδαμῶς[5] οὕτως ἀγρίως[6] καὶ βαρβάρως[7] ἀπολέσῃς, δόξαν δὲ ἀπο-
μέρισον[8] τῇ προτετιμημένῃ[9] ὑπὸ τοῦ πάντα ἐφορῶντος[10] μεθ᾽ ἁγιότητος[11] ἡμέρᾳ· **3** ὁ
δὲ τρισαλιτήριος[12] ἐπηρώτησεν[13] εἰ ἔστιν ἐν οὐρανῷ δυνάστης[14] ὁ προστεταχὼς[15]
ἄγειν τὴν τῶν σαββάτων ἡμέραν· **4** τῶν δ᾽ ἀποφηναμένων[16] Ἔστιν ὁ κύριος ζῶν
αὐτὸς ἐν οὐρανῷ δυνάστης[17] ὁ κελεύσας[18] ἀσκεῖν[19] τὴν ἑβδομάδα·[20] **5** ὁ δὲ ἕτερος
Κἀγώ[21] φησιν[22] δυνάστης[23] ἐπὶ τῆς γῆς ὁ προστάσσων[24] αἴρειν ὅπλα[25] καὶ τὰς βασι-
λικὰς[26] χρείας[27] ἐπιτελεῖν.[28] ὅμως[29] οὐ κατέσχεν[30] ἐπιτελέσαι[31] τὸ σχέτλιον[32] αὐτοῦ
βούλημα.[33]

Judas Prepares to Fight Nicanor

6 Καὶ ὁ μὲν Νικάνωρ μετὰ πάσης ἀλαζονείας[34] ὑψαυχενῶν[35] διεγνώκει[36] κοινὸν[37] τῶν
περὶ τὸν Ιουδαν συστήσασθαι[38] τρόπαιον.[39] **7** ὁ δὲ Μακκαβαῖος ἦν ἀδιαλείπτως[40]
πεποιθὼς μετὰ πάσης ἐλπίδος ἀντιλήμψεως[41] τεύξασθαι[42] παρὰ τοῦ κυρίου **8** καὶ
παρεκάλει τοὺς σὺν αὐτῷ μὴ δειλιᾶν[43] τὴν τῶν ἐθνῶν ἔφοδον[44] ἔχοντας δὲ κατὰ
νοῦν τὰ προγεγονότα[45] αὐτοῖς ἀπ᾽ οὐρανοῦ βοηθήματα[46] καὶ τὰ νῦν προσδοκᾶν[47]
τὴν παρὰ τοῦ παντοκράτορος[48] ἐσομένην αὐτοῖς νίκην.[49] **9** καὶ παραμυθούμενος[50]

1 ἀσφάλεια, safety
2 ἐπιβάλλω, *aor act inf*, fall upon
3 ἀνάγκη, compulsion
4 συνέπομαι, *pres mid ptc gen p m*, accompany
5 μηδαμῶς, by no means
6 ἀγρίως, cruelly
7 βαρβάρως, barbarously
8 ἀπομερίζω, *aor act impv 2s*, divide
9 προτιμάω, *perf pas ptc dat s f*, honor above all
10 ἐφοράω, *pres act ptc gen s m*, watch over
11 ἁγιότης, holiness
12 τρισαλιτήριος, thrice-sinful
13 ἐπερωτάω, *aor act ind 3s*, inquire
14 δυνάστης, mighty one
15 προστάσσω, *perf act ptc nom s m*, prescribe
16 ἀποφαίνω, *aor mid ptc gen p m*, declare
17 δυνάστης, mighty one
18 κελεύω, *aor act ptc nom s m*, give orders
19 ἀσκέω, *pres act inf*, observe, keep
20 ἑβδομάς, seventh
21 κἀγώ, I also, *cr.* καὶ ἐγώ
22 φημί, *pres act ind 3s*, say
23 δυνάστης, mighty one
24 προστάσσω, *pres act ptc nom s m*, command
25 ὅπλον, arms, weapons
26 βασιλικός, royal
27 χρεία, duty
28 ἐπιτελέω, *pres act inf*, complete
29 ὅμως, yet
30 κατέχω, *aor act ind 3s*, keep on, (succeed)
31 ἐπιτελέω, *aor act inf*, complete
32 σχέτλιος, abominable
33 βούλημα, intention
34 ἀλαζονεία, boastfulness
35 ὑψαυχενέω, *pres act ptc nom s m*, be showy
36 διαγινώσκω, *plpf act ind 3s*, determine
37 κοινός, public
38 συνίστημι, *aor mid inf*, establish
39 τρόπαιον, monument
40 ἀδιαλείπτως, without ceasing
41 ἀντίλημψις, support
42 τυγχάνω, *aor mid inf*, obtain
43 δειλιάω, *pres act inf*, fear
44 ἔφοδος, approach
45 προγίνομαι, *perf act ptc acc p n*, happen previously
46 βοήθημα, help
47 προσδοκάω, *pres act inf*, look for, wait upon
48 παντοκράτωρ, almighty
49 νίκη, victory
50 παραμυθέομαι, *pres pas ptc nom s m*, encourage

αὐτοὺς ἐκ τοῦ νόμου καὶ τῶν προφητῶν, προσυπομνήσας[1] δὲ αὐτοὺς καὶ τοὺς
ἀγῶνας,[2] οὓς ἦσαν ἐκτετελεκότες,[3] προθυμοτέρους[4] αὐτοὺς κατέστησεν.[5] **10** καὶ
τοῖς θυμοῖς[6] διεγείρας[7] αὐτοὺς παρήγγειλεν[8] ἅμα[9] παρεπιδεικνὺς[10] τὴν τῶν ἐθνῶν
ἀθεσίαν[11] καὶ τὴν τῶν ὅρκων[12] παράβασιν.[13] **11** ἕκαστον δὲ αὐτῶν καθοπλίσας[14] οὐ τὴν
ἀσπίδων[15] καὶ λογχῶν[16] ἀσφάλειαν,[17] ὡς τὴν ἐν τοῖς ἀγαθοῖς λόγοις παράκλησιν[18]
καὶ προσεξηγησάμενος[19] ὄνειρον[20] ἀξιόπιστον[21] ὕπαρ τι πάντας ηὔφρανεν.[22]

12 ἦν δὲ ἡ τούτου θεωρία[23] τοιάδε·[24] Ονιαν τὸν γενόμενον ἀρχιερέα,[25] ἄνδρα καλὸν
καὶ ἀγαθόν, αἰδήμονα[26] μὲν τὴν ἀπάντησιν,[27] πρᾶον[28] δὲ τὸν τρόπον[29] καὶ λαλιὰν[30]
προϊέμενον[31] πρεπόντως[32] καὶ ἐκ παιδὸς[33] ἐκμεμελετηκότα[34] πάντα τὰ τῆς ἀρετῆς[35]
οἰκεῖα,[36] τοῦτον τὰς χεῖρας προτείναντα[37] κατεύχεσθαι[38] τῷ παντὶ τῶν Ιουδαίων
συστήματι.[39] **13** εἶθ᾽[40] οὕτως ἐπιφανῆναι[41] ἄνδρα πολιᾷ[42] καὶ δόξῃ διαφέροντα,[43]
θαυμαστὴν[44] δέ τινα καὶ μεγαλοπρεπεστάτην[45] εἶναι τὴν περὶ αὐτὸν ὑπεροχήν.[46]
14 ἀποκριθέντα δὲ τὸν Ονιαν εἰπεῖν Ὁ φιλάδελφος[47] οὗτός ἐστιν ὁ πολλὰ προσ-
ευχόμενος περὶ τοῦ λαοῦ καὶ τῆς ἁγίας πόλεως Ιερεμιας ὁ τοῦ θεοῦ προφήτης.
15 προτείναντα[48] δὲ Ιερεμιαν τὴν δεξιὰν παραδοῦναι τῷ Ιουδα ῥομφαίαν[49] χρυσῆν,[50]

1 προσυπομιμνήσκω, *pres act ptc nom s m*, remind
2 ἀγών, struggle
3 ἐκτελέω, *perf act ptc nom p m*, accomplish
4 πρόθυμος, *comp*, more desiring
5 καθίστημι, *aor act ind 3s*, set, establish
6 θυμός, spirit, emotion
7 διεγείρω, *aor act ptc nom s m*, stir up
8 παραγγέλλω, *aor act ind 3s*, order
9 ἅμα, at once
10 παρεπιδείκνυμι, *pres act ptc nom s m*, point out
11 ἀθεσία, faithlessness
12 ὅρκος, oath
13 παράβασις, transgression
14 καθοπλίζω, *aor act ptc nom s m*, equip, arm fully
15 ἀσπίς, shield, armor
16 λόγχη, spear
17 ἀσφάλεια, security
18 παράκλησις, encouragement
19 προσεξηγέομαι, *aor mid ptc nom s m*, recount
20 ὄνειρος, dream
21 ἀξιόπιστος, trustworthy
22 εὐφραίνω, *aor act ind 3s*, gladden
23 θεωρία, sight, vision
24 τοιόσδε, such as this
25 ἀρχιερεύς, high priest
26 αἰδήμων, modest
27 ἀπάντησις, steadfastness
28 πρᾶος, gentle
29 τρόπος, manner
30 λαλιά, way of talking, speech
31 προΐημι, *pres mid ptc acc s m*, express (in speech)
32 πρεπόντως, gracefully
33 παῖς, servant
34 ἐκμελετάω, *perf act ptc acc s m*, train
35 ἀρετή, virtue
36 οἰκεῖος, belonging to
37 προτείνω, *aor act ptc acc s m*, stretch out
38 κατεύχομαι, *pres mid inf*, pray
39 σύστημα, community
40 εἶθε, then
41 ἐπιφαίνω, *aor pas inf*, appear
42 πολιά, gray hair, old age
43 διαφέρω, *pres act ptc acc s m*, carry
44 θαυμαστός, marvelous
45 μεγαλοπρεπής, *sup*, most magnificent
46 ὑπεροχή, dignity
47 φιλάδελφος, loving one's brother
48 προτείνω, *aor act ptc acc s m*, stretch out
49 ῥομφαία, sword
50 χρυσοῦς, gold

διδόντα δὲ προσφωνῆσαι[1] τάδε[2] **16** Λαβὲ τὴν ἁγίαν ῥομφαίαν[3] δῶρον[4] παρὰ τοῦ
θεοῦ, δι᾽ ἧς θραύσεις[5] τοὺς ὑπεναντίους.[6]

17 Παρακληθέντες δὲ τοῖς Ιουδου λόγοις πάνυ[7] καλοῖς καὶ δυναμένοις ἐπ᾽ ἀρε-
τὴν[8] παρορμῆσαι[9] καὶ ψυχὰς νέων[10] ἐπανδρῶσαι[11] διέγνωσαν[12] μὴ στρατεύεσθαι,[13]
γενναίως[14] δὲ ἐμφέρεσθαι[15] καὶ μετὰ πάσης εὐανδρίας[16] ἐμπλακέντες[17] κρῖναι τὰ
πράγματα[18] διὰ τὸ καὶ τὴν πόλιν καὶ τὰ ἅγια καὶ τὸ ἱερὸν κινδυνεύειν·[19] **18** ἦν γὰρ
ὁ περὶ γυναικῶν καὶ τέκνων, ἔτι δὲ ἀδελφῶν καὶ συγγενῶν[20] ἐν ἥττονι[21] μέρει[22]
κείμενος[23] αὐτοῖς, μέγιστος[24] δὲ καὶ πρῶτος ὁ περὶ τοῦ καθηγιασμένου[25] ναοῦ
φόβος. **19** ἦν δὲ καὶ τοῖς ἐν τῇ πόλει κατειλημμένοις[26] οὐ πάρεργος[27] ἀγωνία[28]
ταρασσομένοις[29] τῆς ἐν ὑπαίθρῳ[30] προσβολῆς.[31]

Nicanor Defeated and Killed

20 καὶ πάντων ἤδη[32] προσδοκώντων[33] τὴν ἐσομένην κρίσιν καὶ ἤδη[34] προσμει-
ξάντων[35] τῶν πολεμίων[36] καὶ τῆς στρατιᾶς[37] ἐκταγείσης[38] καὶ τῶν θηρίων ἐπὶ
μέρος εὔκαιρον[39] ἀποκατασταθέντων[40] τῆς τε ἵππου[41] κατὰ κέρας[42] τεταγμένης[43]
21 συνιδὼν[44] ὁ Μακκαβαῖος τὴν τῶν πληθῶν παρουσίαν[45] καὶ τῶν ὅπλων[46] τὴν
ποικίλην[47] παρασκευὴν[48] τήν τε τῶν θηρίων ἀγριότητα[49] ἀνατείνας[50] τὰς χεῖρας εἰς

1 προσφωνέω, *aor act inf*, speak to
2 ὅδε, this
3 ῥομφαία, sword
4 δῶρον, gift
5 θραύω, *fut act ind 2s*, strike
6 ὑπεναντίος, enemy
7 πάνυ, quite, so
8 ἀρετή, excellence, virtue
9 παρορμάω, *aor act inf*, stir up, urge on
10 νέος, young
11 ἐπανδρόω, *aor act inf*, be manly
12 διαγινώσκω, *aor act ind 3p*, resolve
13 στρατεύω, *pres mid inf*, attack
14 γενναίως, nobly, bravely
15 ἐμφέρω, *pres mid inf*, rush on
16 εὐανδρία, courage, manliness
17 ἐμπλέκω, *aor pas ptc nom p m*, become entangled (in combat)
18 πρᾶγμα, affair
19 κινδυνεύω, *pres act inf*, be in danger
20 συγγενής, kinsman
21 ἥττων (σσ), *comp of* κακός, less
22 μέρος, part
23 κεῖμαι, *pres pas ptc nom s m*, lay upon
24 μέγας, *sup*, greatest
25 καθαγιάζω, *perf pas ptc gen s m*, consecrate
26 καταλαμβάνω, *perf pas ptc dat p m*, possess, attain
27 πάρεργος, not inconsiderable
28 ἀγωνία, agony
29 ταράσσω, *pres mid ptc dat p m*, trouble
30 ὕπαιθρος, in the open air
31 προσβολή, attack
32 ἤδη, now, already
33 προσδοκάω, *pres act ptc gen p m*, anticipate, look forward to
34 ἤδη, already
35 προσμείγνυμι, *aor act ptc gen p m*, approach
36 πολέμιος, enemy
37 στρατιά, army
38 ἐκτάσσω, *aor pas ptc gen s f*, draw up in battle array
39 εὔκαιρος, strategic
40 ἀποκαθίστημι, *aor pas ptc gen p m*, station
41 ἵππος, cavalry
42 κέρας, flank
43 τάσσω, *perf pas ptc gen s f*, position
44 συνοράω, *aor act ptc nom s m*, perceive
45 παρουσία, presence, coming
46 ὅπλον, arms, weaponry
47 ποικίλος, diverse, manifold
48 παρασκευή, provision
49 ἀγριότης, savageness
50 ἀνατείνω, *aor act ptc nom s m*, stretch out

τὸν οὐρανὸν ἐπεκαλέσατο[1] τὸν τερατοποιὸν[2] κύριον γινώσκων ὅτι οὐκ ἔστιν δι᾽
ὅπλων,[3] καθὼς δὲ ἐὰν αὐτῷ κριθῇ, τοῖς ἀξίοις[4] περιποιεῖται[5] τὴν νίκην.[6] **22** ἔλεγεν δὲ
ἐπικαλούμενος[7] τόνδε[8] τὸν τρόπον[9] Σύ, δέσποτα,[10] ἀπέστειλας τὸν ἄγγελόν σου ἐπὶ
Εζεκιου τοῦ βασιλέως τῆς Ιουδαίας, καὶ ἀνεῖλεν[11] ἐκ τῆς παρεμβολῆς[12] Σενναχηριμ
εἰς ἑκατὸν[13] ὀγδοήκοντα[14] πέντε χιλιάδας·[15] **23** καὶ νῦν, δυνάστα[16] τῶν οὐρανῶν,
ἀπόστειλον ἄγγελον ἀγαθὸν ἔμπροσθεν ἡμῶν εἰς δέος[17] καὶ τρόμον·[18] **24** μεγέθει[19]
βραχίονός[20] σου καταπλαγείησαν[21] οἱ μετὰ βλασφημίας[22] παραγινόμενοι ἐπὶ τὸν
ἅγιόν σου λαόν. καὶ οὗτος μὲν ἐν τούτοις ἔληξεν.[23]

25 Οἱ δὲ περὶ τὸν Νικάνορα μετὰ σαλπίγγων[24] καὶ παιάνων[25] προσῆγον.[26] **26** οἱ
δὲ περὶ τὸν Ιουδαν μετὰ ἐπικλήσεως[27] καὶ εὐχῶν[28] συνέμειξαν[29] τοῖς πολεμίοις.[30]
27 καὶ ταῖς μὲν χερσὶν ἀγωνιζόμενοι,[31] ταῖς δὲ καρδίαις πρὸς τὸν θεὸν εὐχόμενοι[32]
κατέστρωσαν[33] οὐδὲν ἧττον[34] μυριάδων[35] τριῶν καὶ πεντακισχιλίων[36] τῇ τοῦ θεοῦ
μεγάλως[37] εὐφρανθέντες[38] ἐπιφανείᾳ.[39] **28** γενόμενοι δὲ ἀπὸ τῆς χρείας[40] καὶ μετὰ
χαρᾶς[41] ἀναλύοντες[42] ἐπέγνωσαν προπεπτωκότα[43] Νικάνορα σὺν τῇ πανοπλίᾳ.[44]
29 γενομένης δὲ κραυγῆς[45] καὶ ταραχῆς[46] εὐλόγουν τὸν δυνάστην[47] τῇ πατρίῳ[48]
φωνῇ. **30** καὶ προσέταξεν[49] ὁ καθ᾽ ἅπαν[50] σώματι καὶ ψυχῇ πρωταγωνιστὴς[51] ὑπὲρ τῶν

1 ἐπικαλέω, *aor mid ind 3s*, call upon
2 τερατοποιός, working wonders
3 ὅπλον, arms, weaponry
4 ἄξιος, worthy, deserving
5 περιποιέω, *pres mid ind 3s*, procure
6 νίκη, victory
7 ἐπικαλέω, *pres mid ptc nom s m*, call upon
8 ὅδε, this
9 τρόπος, manner
10 δεσπότης, master, lord
11 ἀναιρέω, *aor act ind 3s*, kill, slay
12 παρεμβολή, camp
13 ἑκατόν, hundred
14 ὀγδοήκοντα, eighty
15 χιλιάς, thousand
16 δυνάστης, mighty one
17 δέος, fear
18 τρόμος, trembling
19 μέγεθος, greatness, might
20 βραχίων, arm
21 καταπλήσσω, *aor pas opt 3p*, terrify
22 βλασφημία, blasphemy
23 λήγω, *aor act ind 3s*, finish
24 σάλπιγξ, trumpet
25 παιάν, battle cry
26 προσάγω, *impf act ind 3p*, draw near, go up
27 ἐπίκλησις, invocation
28 εὐχή, prayer
29 συμμίγνυμι, *aor act ind 3p*, meet with
30 πολέμιος, enemy
31 ἀγωνίζομαι, *pres mid ptc nom p m*, fight, contend
32 εὔχομαι, *pres mid ptc nom p m*, pray
33 καταστρώννυμι, *aor act ind 3p*, lay low, slay
34 ἥττων (σσ), *comp of* κακός, fewer
35 μυριάς, ten thousand
36 πεντακισχίλιοι, five thousand
37 μεγάλως, greatly
38 εὐφραίνω, *aor pas ptc nom p m*, rejoice
39 ἐπιφάνεια, appearance, manifestation
40 χρεία, affairs
41 χαρά, joy
42 ἀναλύω, *pres act ptc nom p m*, depart, return
43 προπίπτω, *perf act ptc acc s m*, fall (in battle)
44 πανοπλία, armor
45 κραυγή, outcry
46 ταραχή, tumult
47 δυνάστης, mighty one
48 πάτριος, ancestral
49 προστάσσω, *aor act ind 3s*, command
50 ἅπας, always, ever
51 πρωταγωνιστής, leader, foremost fighter

πολιτῶν[1] ὁ τὴν τῆς ἡλικίας[2] εὔνοιαν[3] εἰς ὁμοεθνεῖς[4] διαφυλάξας[5] τὴν τοῦ Νικάνορος
κεφαλὴν ἀποτεμόντας[6] καὶ τὴν χεῖρα σὺν τῷ ὤμῳ[7] φέρειν εἰς Ιεροσόλυμα.

31 παραγενόμενος δὲ ἐκεῖ καὶ συγκαλέσας[8] τοὺς ὁμοεθνεῖς[9] καὶ τοὺς ἱερεῖς πρὸ τοῦ
θυσιαστηρίου[10] στήσας μετεπέμψατο[11] τοὺς ἐκ τῆς ἄκρας.[12] **32** καὶ ἐπιδειξάμενος[13]
τὴν τοῦ μιαροῦ[14] Νικάνορος κεφαλὴν καὶ τὴν χεῖρα τοῦ δυσφήμου,[15] ἣν ἐκτείνας[16]
ἐπὶ τὸν ἅγιον τοῦ παντοκράτορος[17] οἶκον ἐμεγαλαύχησεν,[18] **33** καὶ τὴν γλῶσσαν
τοῦ δυσσεβοῦς[19] Νικάνορος ἐκτεμὼν[20] ἔφη[21] κατὰ μέρος[22] δώσειν τοῖς ὀρνέοις,[23] τὰ
δ' ἐπίχειρα[24] τῆς ἀνοίας[25] κατέναντι[26] τοῦ ναοῦ κρεμάσαι.[27] **34** οἱ δὲ πάντες εἰς τὸν
οὐρανὸν εὐλόγησαν τὸν ἐπιφανῆ[28] κύριον λέγοντες Εὐλογητὸς[29] ὁ διατηρήσας[30]
τὸν ἑαυτοῦ τόπον ἀμίαντον.[31] **35** ἐξέδησεν[32] δὲ τὴν τοῦ Νικάνορος προτομὴν[33] ἐκ
τῆς ἄκρας[34] ἐπίδηλον[35] πᾶσιν καὶ φανερὸν[36] τῆς τοῦ κυρίου βοηθείας[37] σημεῖον.
36 ἐδογμάτισαν[38] δὲ πάντες μετὰ κοινοῦ[39] ψηφίσματος[40] μηδαμῶς[41] ἐᾶσαι[42] ἀπα-
ρασήμαντον[43] τήνδε[44] τὴν ἡμέραν, ἔχειν δὲ ἐπίσημον[45] τὴν τρισκαιδεκάτην[46] τοῦ
δωδεκάτου[47] μηνὸς[48] — Αδαρ λέγεται τῇ Συριακῇ φωνῇ — πρὸ μιᾶς ἡμέρας τῆς
Μαρδοχαϊκῆς ἡμέρας.

37 Τῶν οὖν κατὰ Νικάνορα χωρησάντων[49] οὕτως καὶ ἀπ' ἐκείνων τῶν καιρῶν κρα-
τηθείσης τῆς πόλεως ὑπὸ τῶν Εβραίων καὶ αὐτὸς αὐτόθι[50] τὸν λόγον καταπαύσω.[51]

1 πολίτης, countryman
2 ἡλικία, stature
3 εὔνοια, goodwill
4 ὁμοεθνής, fellow countryman
5 διαφυλάσσω, *aor act ptc nom s m*, maintain
6 ἀποτέμνω, *aor act ptc acc p m*, cut off
7 ὦμος, shoulder
8 συγκαλέω, *aor act ptc nom s m*, convene
9 ὁμοεθνής, fellow countryman
10 θυσιαστήριον, altar
11 μεταπέμπομαι, *aor mid ind 3s*, summon
12 ἄκρα, citadel, high place
13 ἐπιδείκνυμι, *aor mid ptc nom s m*, show, reveal
14 μιαρός, vile
15 δύσφημος, slanderous
16 ἐκτείνω, *aor act ptc nom s m*, stretch out
17 παντοκράτωρ, almighty
18 μεγαλαυχέω, *aor act ind 3s*, boast
19 δυσσεβής, ungodly, wicked
20 ἐκτέμνω, *aor act ptc nom s m*, cut out
21 φημί, *aor act ind 3s*, declare
22 μέρος, piece (by piece)
23 ὄρνεον, bird
24 ἐπίχειρον, reward
25 ἄνοια, folly
26 κατέναντι, opposite
27 κρεμάννυμι, *aor act inf*, hang
28 ἐπιφανής, manifest
29 εὐλογητός, blessed
30 διατηρέω, *aor act ptc nom s m*, preserve
31 ἀμίαντος, undefiled
32 ἐκδέω, *aor act ind 3s*, bind, hang from
33 προτομή, (decapitated) head
34 ἄκρα, citadel, high place
35 ἐπίδηλος, obvious (sign)
36 φανερός, evident
37 βοήθεια, help, aid
38 δογματίζω, *aor act ind 3p*, decree
39 κοινός, public
40 ψήφισμα, ordinance passed by casting lots
41 μηδαμῶς, never
42 ἐάω, *aor act inf*, permit, allow
43 ἀπαρασήμαντος, unnoticed, unobserved
44 ὅδε, this
45 ἐπίσημος, marked
46 τρισκαιδέκατος, thirteenth
47 δωδέκατος, twelfth
48 μήν, month
49 χωρέω, *aor act ptc gen p n*, turn out, happen
50 αὐτόθι, at this point
51 καταπαύω, *fut act ind 1s*, bring to a close

Epilogue

38 καὶ εἰ μὲν καλῶς[1] εὐθίκτως[2] τῇ συντάξει,[3] τοῦτο καὶ αὐτὸς ἤθελον· εἰ δὲ εὐτελῶς[4]
καὶ μετρίως,[5] τοῦτο ἐφικτὸν[6] ἦν μοι. **39** καθάπερ[7] γὰρ οἶνον κατὰ μόνας πίνειν,
ὡσαύτως[8] δὲ καὶ ὕδωρ πάλιν[9] πολέμιον·[10] ὃν δὲ τρόπον[11] οἶνος ὕδατι συγκερασθεὶς[12]
ἡδὺς[13] καὶ ἐπιτερπῆ[14] τὴν χάριν[15] ἀποτελεῖ,[16] οὕτως καὶ τὸ τῆς κατασκευῆς[17] τοῦ
λόγου τέρπει[18] τὰς ἀκοὰς[19] τῶν ἐντυγχανόντων[20] τῇ συντάξει.[21] ἐνταῦθα[22] δὲ ἔσται
ἡ τελευτή.[23]

1 καλῶς, well
2 εὐθίκτως, fittingly, pointedly
3 σύνταξις, arrangement (of a narrative)
4 εὐτελῶς, poorly
5 μετρίως, mediocre
6 ἐφικτός, attainable
7 καθάπερ, just as
8 ὡσαύτως, as
9 πάλιν, once more
10 πολέμιος, adverse, harmful
11 ὃν τρόπον, in such manner
12 συγκεράννυμι, *aor pas ptc nom s m*, mix with
13 ἡδύς, pleasant
14 ἐπιτερπής, delightful
15 χάρις, goodness (of taste)
16 ἀποτελέω, *pres act ind 3s*, enhance, produce
17 κατασκευή, style
18 τέρπω, *pres act ind 3s*, delight
19 ἀκοή, (written) work
20 ἐντυγχάνω, *pres act ptc gen p m*, read
21 σύνταξις, narrative, work
22 ἐνταῦθα, here
23 τελευτή, end

ΜΑΚΚΑΒΑΙΩΝ Γʹ
3 Maccabees

Battle at Raphia

1 Ὁ δὲ Φιλοπάτωρ παρὰ τῶν ἀνακομισθέντων[1] μαθὼν[2] τὴν γενομένην τῶν ὑπ᾽
αὐτοῦ κρατουμένων τόπων ἀφαίρεσιν[3] ὑπὸ Ἀντιόχου παραγγείλας[4] ταῖς πάσαις
δυνάμεσιν πεζικαῖς[5] τε καὶ ἱππικαῖς[6] καὶ τὴν ἀδελφὴν Ἀρσινόην συμπαραλαβὼν[7]
ἐξώρμησεν[8] μέχρι[9] τῶν κατὰ Ῥαφίαν τόπων, ὅπου[10] παρεμβεβλήκεισαν[11] οἱ
περὶ Ἀντίοχον. **2** Θεόδοτος δέ τις ἐκπληρῶσαι[12] τὴν ἐπιβουλὴν[13] διανοηθεὶς[14]
παραλαβὼν[15] τῶν προϋποτεταγμένων[16] αὐτῷ ὅπλων[17] Πτολεμαϊκῶν τὰ κράτιστα[18]
διεκομίσθη[19] νύκτωρ[20] ἐπὶ τὴν τοῦ Πτολεμαίου σκηνὴν[21] ὡς μόνος κτεῖναι[22]
αὐτὸν καὶ ἐν τούτῳ διαλῦσαι[23] τὸν πόλεμον. **3** τοῦτον δὲ διαγαγὼν[24] Δοσίθεος ὁ
Δριμύλου λεγόμενος, τὸ γένος[25] Ιουδαῖος, ὕστερον[26] δὲ μεταβαλὼν[27] τὰ νόμιμα[28]
καὶ τῶν πατρίων[29] δογμάτων[30] ἀπηλλοτριωμένος,[31] ἄσημόν[32] τινα κατέκλινεν[33] ἐν τῇ
σκηνῇ,[34] ὃν συνέβη[35] κομίσασθαι[36] τὴν ἐκείνου κόλασιν.[37] **4** γενομένης δὲ καρτερᾶς[38]

1 ἀνακομίζομαι, *aor pas ptc gen p m*, return, come back
2 μανθάνω, *aor act ptc nom s m*, learn
3 ἀφαίρεσις, seizure, capture
4 παραγγέλλω, *aor act ptc nom s m*, command
5 πεζικός, on foot, (infantry)
6 ἱππικός, on horse, (cavalry)
7 συμπαραλαμβάνω, *aor act ptc nom s m*, take along with
8 ἐξορμάω, *aor act ind 3s*, set out
9 μέχρι, as far as
10 ὅπου, where
11 παρεμβάλλω, *plpf act ind 3p*, encamp
12 ἐκπληρόω, *aor act inf*, determine, (be intent on)
13 ἐπιβουλή, plan, plot
14 διανοέομαι, *aor pas ptc nom s m*, plan on, devise
15 παραλαμβάνω, *aor act ptc nom s m*, take along
16 προϋποτάσσω, *perf pas ptc gen p n*, assign to
17 ὅπλον, armor(ed men)
18 κράτιστος, *sup of* ἀγαθός, best
19 διακομίζω, *aor pas ind 3s*, cross over
20 νύκτωρ, by night
21 σκηνή, tent
22 κτείνω, *aor act inf*, kill
23 διαλύω, *aor act inf*, bring to an end
24 διάγω, *aor act ptc nom s m*, bring through, preserve
25 γένος, nation, people
26 ὕστερον, afterward
27 μεταβάλλω, *aor act ptc nom s m*, change
28 νόμιμος, statute, custom
29 πάτριος, ancestral, of one's father
30 δόγμα, decree
31 ἀπαλλοτριόω, *perf mid ptc nom s m*, become alienated from
32 ἄσημος, unimportant
33 κατακλίνω, *impf act ind 3s*, sleep, lie down
34 σκηνή, tent
35 συμβαίνω, *aor act ind 3s*, happen
36 κομίζω, *aor mid inf*, receive, incur
37 κόλασις, vengeance, punishment
38 καρτερός, violent, fierce

μάχης[1] καὶ τῶν πραγμάτων[2] μᾶλλον[3] ἐρρωμένων[4] τῷ Ἀντιόχῳ ἱκανῶς[5] ἡ Ἀρσινόη ἐπιπορευσαμένη[6] τὰς δυνάμεις παρεκάλει μετὰ οἴκτου[7] καὶ δακρύων[8] τοὺς πλοκάμους[9] λελυμένη[10] βοηθεῖν[11] ἑαυτοῖς τε καὶ τοῖς τέκνοις καὶ γυναιξὶν θαρραλέως[12] ἐπαγγελλομένη[13] δώσειν νικήσασιν[14] ἑκάστῳ δύο μνᾶς[15] χρυσίου.[16] **5** καὶ οὕτως συνέβη[17] τοὺς ἀντιπάλους[18] ἐν χειρονομίαις[19] διαφθαρῆναι,[20] πολλοὺς δὲ καὶ δοριαλώτους[21] συλλημφθῆναι.[22] **6** κατακρατήσας[23] δὲ τῆς ἐπιβουλῆς[24] ἔκρινεν τὰς πλησίον[25] πόλεις ἐπελθὼν[26] παρακαλέσαι. **7** ποιήσας δὲ τοῦτο καὶ τοῖς τεμένεσι[27] δωρεὰς[28] ἀπονείμας[29] εὐθαρσεῖς[30] τοὺς ὑποτεταγμένους[31] κατέστησεν.[32]

Ptolemy Attempts to Enter the Temple

8 Τῶν δὲ Ιουδαίων διαπεμψαμένων[33] πρὸς αὐτὸν ἀπὸ τῆς γερουσίας[34] καὶ τῶν πρεσβυτέρων τοὺς ἀσπασομένους[35] αὐτὸν καὶ ξένια[36] κομιοῦντας[37] καὶ ἐπὶ τοῖς συμβεβηκόσιν[38] χαρισομένους[39] συνέβη[40] μᾶλλον[41] αὐτὸν προθυμηθῆναι[42] ὡς τάχιστα[43] πρὸς αὐτοὺς παραγενέσθαι.[44] **9** διακομισθεὶς[45] δὲ εἰς Ιεροσόλυμα καὶ θύσας[46] τῷ μεγίστῳ[47] θεῷ καὶ χάριτας ἀποδοὺς καὶ τῶν ἑξῆς[48] τι τῷ τόπῳ ποιήσας

1 μάχη, fight
2 πρᾶγμα, thing, matter
3 μᾶλλον, rather
4 ῥώννυμι, *perf mid ptc gen p n*, favor
5 ἱκανῶς, considerably
6 ἐπιπορεύομαι, *aor mid ptc nom s f*, come upon
7 οἶκτος, cry of lamentation
8 δάκρυον, tears
9 πλόκαμος, lock of hair
10 λύω, *perf mid ptc nom s f*, undo, let out
11 βοηθέω, *pres act inf*, aid, help
12 θαρραλέως, bravely
13 ἐπαγγέλλομαι, *pres mid ptc nom s f*, promise
14 νικάω, *aor act ptc dat p m*, triumph, win (a battle)
15 μνᾶ, mina
16 χρυσίον, gold
17 συμβαίνω, *aor act ind 3s*, happen
18 ἀντίπαλος, opponent
19 χειρονομία, hand-to-hand combat
20 διαφθείρω, *aor pas inf*, utterly destroy
21 δοριάλωτος, captive
22 συλλαμβάνω, *aor pas inf*, capture, take hold of
23 κατακρατέω, *aor act ptc nom s m*, overcome, prevail against
24 ἐπιβουλή, plan, plot
25 πλησίον, adjacent, neighboring
26 ἐπέρχομαι, *aor act ptc nom s m*, arrive, come upon
27 τέμενος, sacred shrine
28 δωρεά, gift
29 ἀπονέμω, *aor act ptc nom s m*, impart, grant
30 εὐθαρσής, (courage)
31 ὑποτάσσω, *perf mid ptc acc p m*, be subject to
32 καθίστημι, *aor act ind 3s*, reestablish
33 διαπέμπω, *aor mid ptc gen p m*, send through
34 γερουσία, council of elders
35 ἀσπάζομαι, *fut mid ptc acc p m*, greet
36 ξένιος, gift
37 κομίζω, *fut act ptc acc p m*, bring, bear
38 συμβαίνω, *perf act ptc dat p n*, happen, occur
39 χαρίζομαι, *fut mid ptc acc p m*, show favor, (congratulate)
40 συμβαίνω, *aor act ind 3s*, happen
41 μᾶλλον, more
42 προθυμέομαι, *aor pas inf*, be eager, be willing
43 ταχύς, *sup*, swiftest, hastiest
44 παραγίνομαι, *aor mid inf*, visit
45 διακομίζω, *aor pas ptc nom s m*, cross over
46 θύω, *aor act ptc nom s m*, sacrifice
47 μέγας, *sup*, greatest, most supreme
48 ἑξῆς, suitable

καὶ δή[1] παραγενόμενος[2] εἰς τὸν τόπον καὶ τῇ σπουδαιότητι[3] καὶ εὐπρεπείᾳ[4] κατα-
πλαγείς,[5] **10** θαυμάσας[6] δὲ καὶ τὴν τοῦ ἱεροῦ εὐταξίαν[7] ἐνεθυμήθη[8] βουλεύσασθαι[9]
εἰς τὸν ναὸν εἰσελθεῖν. **11** τῶν δὲ εἰπόντων μὴ καθήκειν[10] γίνεσθαι τοῦτο διὰ τὸ
μηδὲ τοῖς ἐκ τοῦ ἔθνους ἐξεῖναι[11] εἰσιέναι[12] μηδὲ πᾶσιν τοῖς ἱερεῦσιν, ἀλλ᾽ ἢ μόνῳ τῷ
προηγουμένῳ[13] πάντων ἀρχιερεῖ,[14] καὶ τούτῳ κατ᾽ ἐνιαυτὸν[15] ἅπαξ,[16] ὁ δὲ οὐδαμῶς[17]
ἐπείθετο. **12** τοῦ τε νόμου παραναγνωσθέντος[18] οὐδ᾽ ὣς ἀπέλιπεν[19] προφερόμενος[20]
ἑαυτὸν δεῖν[21] εἰσελθεῖν λέγων Καὶ εἰ ἐκεῖνοι ἐστέρηνται[22] ταύτης τῆς τιμῆς,[23] ἐμὲ δὲ
οὐ δεῖ.[24] **13** καὶ ἐπυνθάνετο[25] διὰ τίνα αἰτίαν[26] εἰσερχόμενον αὐτὸν εἰς πᾶν τέμενος[27]
οὐθεὶς[28] ἐκώλυσεν[29] τῶν παρόντων.[30] **14** καί τις ἀπρονοήτως[31] ἔφη[32] κακῶς[33] αὐτὸ
τοῦτο τερατεύεσθαι.[34] **15** γενομένου δέ, φησιν,[35] τούτου διά τινα αἰτίαν,[36] οὐχὶ πάν-
τως[37] εἰσελεύσεσθαι καὶ θελόντων αὐτῶν καὶ μή;

Resistance to Ptolemy

16 τῶν δὲ ἱερέων ἐν πάσαις ταῖς ἐσθήσεσιν[38] προσπεσόντων[39] καὶ δεομένων[40]
τοῦ μεγίστου[41] θεοῦ βοηθεῖν[42] τοῖς ἐνεστῶσιν[43] καὶ τὴν ὁρμὴν[44] τοῦ κακῶς[45] ἐπι-
βαλλομένου[46] μεταθεῖναι[47] κραυγῆς[48] τε μετὰ δακρύων[49] τὸ ἱερὸν ἐμπλησάντων[50]

1 δή, then
2 παραγίνομαι, *aor mid ptc nom s m*, arrive
3 σπουδαιότης, goodness, excellence
4 εὐπρέπεια, beautiful appearance
5 καταπλήσσω, *aor pas ptc nom s m*, be astonished at
6 θαυμάζω, *aor act ptc nom s m*, marvel, wonder
7 εὐταξία, good arrangement, orderliness
8 ἐνθυμέομαι, *aor pas ind 3s*, consider, form a plan
9 βουλεύω, *aor mid inf*, resolve
10 καθήκω, *pres act inf*, permit, allow
11 ἐξίημι, *aor act inf*, be from (a group)
12 εἴσειμι, *pres act inf*, enter
13 προηγέομαι, *pres mid ptc dat s m*, be leader, be preeminent
14 ἀρχιερεύς, high priest
15 ἐνιαυτός, year
16 ἅπαξ, once
17 οὐδαμῶς, by no means, not at all
18 παραναγινώσκω, *aor pas ptc gen s m*, read publicly
19 ἀπολείπω, *aor act ind 3s*, give up
20 προφέρω, *pres mid ptc nom s m*, insist
21 δεῖ, *pres act inf*, be necessary
22 στερέω, *aor mid ind 3p*, be deprived
23 τιμή, honor
24 δεῖ, *pres act ind 3s*, be necessary
25 πυνθάνομαι, *impf mid ind 3s*, inquire
26 αἰτία, reason
27 τέμενος, sacred shrine
28 οὐθείς, no one
29 κωλύω, *aor act ind 3s*, prevent, withhold
30 πάρειμι, *pres act ptc gen p m*, be present
31 ἀπρονοήτως, thoughtlessly, heedlessly
32 φημί, *aor act ind 3s*, say
33 κακῶς, wrong
34 τερατεύομαι, *pres mid inf*, take as significant, consider as a sign
35 φημί, *pres act ind 3s*, say
36 αἰτία, reason
37 πάντως, anyway
38 ἔσθησις, raiment, clothing
39 προσπίπτω, *aor act ptc gen p m*, fall down
40 δέομαι, *pres mid ptc gen p m*, entreat, beseech
41 μέγας, *sup*, greatest, most supreme
42 βοηθέω, *pres act inf*, aid, help
43 ἐνίστημι, *perf act ptc dat p m*, be current
44 ὁρμή, desire, inclination
45 κακῶς, wrong, evil
46 ἐπιβάλλω, *pres pas ptc gen s n*, set upon
47 μετατίθημι, *aor act inf*, avert, prevent
48 κραυγή, outcry
49 δάκρυον, tears
50 ἐμπίμπλημι, *aor act ptc gen p m*, fill up

17 οἱ κατὰ τὴν πόλιν ἀπολειπόμενοι[1] ταραχθέντες[2] ἐξεπήδησαν[3] ἄδηλον[4] τιθέμενοι τὸ γινόμενον. **18** αἵ τε κατάκλειστοι[5] παρθένοι[6] ἐν θαλάμοις[7] σὺν ταῖς τεκούσαις[8] ἐξώρμησαν[9] καὶ ἀπέδωκαν κόνει[10] τὰς κόμας[11] πασάμεναι[12] γόου[13] τε καὶ στεναγμῶν[14] ἐνεπίμπλων[15] τὰς πλατείας.[16] **19** αἱ δὲ καὶ προσαρτίως[17] ἐσταλμέναι[18] τοὺς πρὸς ἀπάντησιν[19] διατεταγμένους[20] παστοὺς[21] καὶ τὴν ἁρμόζουσαν[22] αἰδῶ[23] παραλείπουσαι[24] δρόμον[25] ἄτακτον[26] ἐν τῇ πόλει συνίσταντο.[27] **20** τὰ δὲ νεογνὰ[28] τῶν τέκνων αἱ πρὸς τούτοις μητέρες καὶ τιθηνοὶ[29] παραλείπουσαι[30] ἄλλως[31] καὶ ἄλλως,[32] αἱ μὲν κατ᾽ οἴκους, αἱ δὲ κατὰ τὰς ἀγυιάς,[33] ἀνεπιστρέπτως[34] εἰς τὸ πανυπέρτατον[35] ἱερὸν ἠθροίζοντο.[36]

21 ποικίλη[37] δὲ ἦν τῶν εἰς τοῦτο συλλεγέντων[38] ἡ δέησις[39] ἐπὶ τοῖς ἀνοσίως[40] ὑπ᾽ ἐκείνου κατεγχειρουμένοις.[41] **22** σύν τε τούτοις οἱ περὶ τῶν πολιτῶν[42] θρασυνθέντες[43] οὐκ ἠνείχοντο[44] τέλεον[45] αὐτοῦ ἐπικειμένου[46] καὶ τὸ τῆς προθέσεως[47] ἐκπληροῦν[48] διανοουμένου,[49] **23** φωνήσαντες[50] δὲ τὴν ὁρμὴν[51] ἐπὶ τὰ ὅπλα[52] ποιήσασθαι καὶ

1 ἀπολείπω, *pres pas ptc nom p m*, leave behind
2 ταράσσω, *aor pas ptc nom p m*, stir up
3 ἐκπηδάω, *aor act ind 3p*, run out, leap forth
4 ἄδηλος, uncertain
5 κατάκλειστος, confined, cloistered
6 παρθένος, virgin
7 θάλαμος, chamber
8 τίκτω, *aor act ptc dat p f*, give birth
9 ἐξορμάω, *aor act ind 3p*, hasten out
10 κόνις, ashes
11 κόμη, hair (of the head)
12 πάσσω, *aor mid ptc nom p f*, sprinkle
13 γόος, weeping, wailing
14 στεναγμός, groaning
15 ἐμπίμπλημι, *impf act ind 3p*, fill up
16 πλατύς, wide (street)
17 προσαρτίως, recently
18 στέλλω, *perf pas ptc nom p f*, prepare for
19 ἀπάντησις, meeting, (wedding)
20 διατάσσω, *perf pas ptc acc p m*, assign, appoint
21 παστός, bridal chamber
22 ἁρμόζω, *pres act ptc acc s f*, be suited to
23 αἰδώς, modesty
24 παραλείπω, *pres act ptc nom p f*, leave behind, abandon
25 δρόμος, running
26 ἄτακτος, disorderly
27 συνίστημι, *impf mid ind 3p*, join in
28 νεογνός, newborn
29 τιθηνός, nurse
30 παραλείπω, *pres act ptc nom p f*, leave behind, abandon
31 ἄλλως, here, in this way
32 ἄλλως, there, in that way
33 ἀγυιά, street
34 ἀνεπιστρέπτως, without turning around
35 πανυπέρτατος, highest of all
36 ἀθροίζω, *impf mid ind 3p*, assemble together
37 ποικίλος, manifold, various
38 συλλέγω, *aor pas ptc gen p m*, gather together
39 δέησις, supplication, prayer
40 ἀνοσίως, in an unholy manner
41 κατεγχειρέω, *pres pas ptc dat p n*, conspire, plot
42 πολίτης, citizen
43 θρασύνω, *aor pas ptc nom p m*, be courageous
44 ἀνέχω, *impf mid ind 3p*, tolerate
45 τέλεος, completion
46 ἐπίκειμαι, *pres pas ptc gen s m*, be intent upon, press upon
47 πρόθεσις, plan, purpose
48 ἐκπληρόω, *pres act inf*, accomplish, complete
49 διανοέομαι, *pres mid ptc gen s m*, intend
50 φωνέω, *aor act ptc nom p m*, call for
51 ὁρμή, assault, attempt
52 ὅπλον, weapon, arms

θαρραλέως[1] ὑπὲρ τοῦ πατρῴου[2] νόμου τελευτᾶν[3] ἱκανὴν[4] ἐποίησαν ἐν τῷ τόπῳ
τραχύτητα,[5] μόλις[6] δὲ ὑπό τε τῶν γεραιῶν[7] καὶ τῶν πρεσβυτέρων ἀποτραπέντες[8]
ἐπὶ τὴν αὐτὴν τῆς δεήσεως[9] παρῆσαν[10] στάσιν.[11] **24** καὶ τὸ μὲν πλῆθος ὡς ἔμπρο-
σθεν ἐν τούτοις ἀνεστρέφετο[12] δεόμενον.[13] **25** οἱ δὲ περὶ τὸν βασιλέα πρεσβύτεροι
πολλαχῶς[14] ἐπειρῶντο[15] τὸν ἀγέρωχον[16] αὐτοῦ νοῦν[17] ἐξιστάνειν[18] τῆς ἐντεθυ-
μημένης[19] ἐπιβουλῆς.[20] **26** θρασυνθεὶς[21] δὲ καὶ πάντα παραπέμψας[22] ἤδη[23] καὶ
πρόσβασιν[24] ἐποιεῖτο τέλος ἐπιθήσειν δοκῶν[25] τῷ προειρημένῳ.[26] **27** ταῦτα οὖν
καὶ οἱ περὶ αὐτὸν ὄντες θεωροῦντες[27] ἐτράπησαν[28] εἰς τὸ σὺν τοῖς ἡμετέροις[29]
ἐπικαλεῖσθαι[30] τὸν πᾶν κράτος[31] ἔχοντα τοῖς παροῦσιν[32] ἐπαμῦναι[33] μὴ παριδόντα[34]
τὴν ἄνομον[35] καὶ ὑπερήφανον[36] πρᾶξιν.[37] **28** ἐκ δὲ τῆς πυκνοτάτης[38] τε καὶ ἐμπόνου[39]
τῶν ὄχλων συναγομένης κραυγῆς[40] ἀνείκαστός[41] τις ἦν βοή·[42] **29** δοκεῖν[43] γὰρ ἦν μὴ
μόνον τοὺς ἀνθρώπους, ἀλλὰ καὶ τὰ τείχη[44] καὶ τὸ πᾶν ἔδαφος[45] ἠχεῖν[46] ἅτε[47] δὴ[48]
τῶν πάντων τότε θάνατον ἀλλασσομένων[49] ἀντὶ[50] τῆς τοῦ τόπου βεβηλώσεως.[51]

1 θαρραλέως, bravely
2 πατρῷος, ancestral, of one's father
3 τελευτάω, *pres act inf*, die
4 ἱκανός, considerable, significant
5 τραχύτης, confusion, disturbance
6 μόλις, with difficulty
7 γεραιός, council of elders
8 ἀποτρέπω, *aor pas ptc nom p m*, turn back, avert
9 δέησις, supplication
10 πάρειμι, *impf act ind 3p*, assume (a position), repair (to a position)
11 στάσις, posture, position
12 ἀναστρέφω, *impf mid ind 3s*, be engaged in
13 δέομαι, *pres mid ptc nom s n*, entreat, pray
14 πολλαχῶς, in many ways
15 πειράω, *impf mid ind 3p*, endeavor
16 ἀγέρωχος, arrogant
17 νοῦς, mind
18 ἐξίστημι, *pres act inf*, divert one's mind
19 ἐνθυμέομαι, *perf pas ptc gen s f*, consider, conceive
20 ἐπιβουλή, plan, plot
21 θρασύνω, *aor pas ptc nom s m*, take courage
22 παραπέμπω, *aor act ptc nom s m*, dismiss, ignore
23 ἤδη, now
24 πρόσβασις, ascent, approach
25 δοκέω, *pres act ptc nom s m*, think about, intend on
26 προλέγω, *perf pas ptc dat s n*, say previously
27 θεωρέω, *pres act ptc nom p m*, behold, observe
28 τρέπω, *aor pas ind 3p*, turn to
29 ἡμέτερος, our
30 ἐπικαλέω, *pres mid inf*, call upon
31 κράτος, power
32 πάρειμι, *pres act ptc dat p m*, be present
33 ἐπαμύνω, *aor act inf*, come to aid
34 παροράω, *aor act ptc acc s m*, disregard, overlook
35 ἄνομος, lawless
36 ὑπερήφανος, haughty, proud
37 πρᾶξις, deed
38 πυκνός, *sup*, most incessant
39 ἔμπονος, vehement
40 κραυγή, outcry
41 ἀνείκαστος, immense
42 βοή, cry
43 δοκέω, *pres act inf*, seem
44 τεῖχος, wall
45 ἔδαφος, floor
46 ἠχέω, *pres act inf*, resound, roar
47 ἅτε, insofar as
48 δή, then, at that point
49 ἀλλάσσω, *pres mid ptc gen p m*, prefer, give in exchange
50 ἀντί, in place of, instead of
51 βεβήλωσις, profanation

Simon's Prayer

2 Ὁ μὲν οὖν ἀρχιερεὺς[1] Σιμων ἐξ ἐναντίας[2] τοῦ ναοῦ κάμψας[3] τὰ γόνατα[4] καὶ τὰς
χεῖρας προτείνας[5] εὐτάκτως[6] ἐποιήσατο τὴν δέησιν[7] τοιαύτην[8]

2 Κύριε κύριε, βασιλεῦ τῶν οὐρανῶν καὶ δέσποτα[9] πάσης κτίσεως,[10] ἅγιε ἐν ἁγίοις,
μόναρχε,[11] παντοκράτωρ,[12] πρόσχες[13] ἡμῖν καταπονουμένοις[14] ὑπὸ ἀνοσίου[15] καὶ
βεβήλου[16] θράσει[17] καὶ σθένει[18] πεφρυαγμένου.[19] **3** σὺ γὰρ ὁ κτίσας[20] τὰ πάντα
καὶ τῶν ὅλων ἐπικρατῶν[21] δυνάστης[22] δίκαιος εἶ καὶ τοὺς ὕβρει[23] καὶ ἀγερωχίᾳ[24]
τι πράσσοντας[25] κρίνεις. **4** σὺ τοὺς ἔμπροσθεν ἀδικίαν[26] ποιήσαντας, ἐν οἷς καὶ
γίγαντες[27] ἦσαν ῥώμῃ[28] καὶ θράσει[29] πεποιθότες, διέφθειρας[30] ἐπαγαγὼν[31] αὐτοῖς
ἀμέτρητον[32] ὕδωρ. **5** σὺ τοὺς ὑπερηφανίαν[33] ἐργαζομένους Σοδομίτας διαδήλους[34]
ταῖς κακίαις[35] γενομένους πυρὶ καὶ θείῳ[36] κατέφλεξας[37] παράδειγμα[38] τοῖς ἐπιγινο-
μένοις[39] καταστήσας.[40] **6** σὺ τὸν θρασὺν[41] Φαραω καταδουλωσάμενον[42] τὸν λαόν
σου τὸν ἅγιον Ισραηλ ποικίλαις[43] καὶ πολλαῖς δοκιμάσας[44] τιμωρίαις[45] ἐγνώρισας[46]
τὴν σὴν[47] δύναμιν, ἐφ᾽ οἷς ἐγνώρισας τὸ μέγα σου κράτος·[48] **7** καὶ ἐπιδιώξαντα[49]
αὐτὸν σὺν ἅρμασιν[50] καὶ ὄχλων[51] πλήθει ἐπέκλυσας[52] βάθει[53] θαλάσσης, τοὺς δὲ

1 ἀρχιερεύς, high priest
2 ἐναντίος, opposite, facing
3 κάμπτω, *aor act ptc nom s m*, bend
4 γόνυ, knee
5 προτείνω, *aor act ptc nom s m*, stretch forth
6 εὐτάκτως, in an orderly manner
7 δέησις, supplication, prayer
8 τοιοῦτος, like this
9 δεσπότης, master, lord
10 κτίσις, creation
11 μόναρχος, sole ruler
12 παντοκράτωρ, almighty
13 προσέχω, *aor act impv 2s*, turn attention to, regard
14 καταπονέω, *pres pas ptc dat p m*, oppress
15 ἀνόσιος, evil, godless
16 βέβηλος, profane, unclean
17 θράσος, audacity
18 σθένος, power
19 φρυάττω, *perf mid ptc gen s m*, grow puffed up
20 κτίζω, *aor act ptc nom s m*, create, establish
21 ἐπικρατέω, *pres act ptc nom s m*, rule over
22 δυνάστης, mighty ruler
23 ὕβρις, insolence, pride
24 ἀγερωχία, arrogance
25 πράσσω, *pres act ptc acc p m*, do, practice
26 ἀδικία, wrongdoing, injustice
27 γίγας, giant, mighty one
28 ῥώμη, (bodily) strength
29 θράσος, boldness, confidence
30 διαφθείρω, *aor act ind 2s*, utterly destroy
31 ἐπάγω, *aor act ptc nom s m*, bring upon
32 ἀμέτρητος, immeasurable
33 ὑπερηφανία, arrogance
34 διάδηλος, notorious
35 κακία, wickedness
36 θεῖον, sulfur
37 καταφλέγω, *aor act ind 2s*, burn up
38 παράδειγμα, example
39 ἐπιγίνομαι, *pres mid ptc dat p m*, be born after
40 καθίστημι, *aor act ptc nom s m*, establish, set up
41 θρασύς, rash, arrogant
42 καταδουλόω, *aor mid ptc acc s m*, oppress, enslave
43 ποικίλος, manifold, various
44 δοκιμάζω, *aor act ptc nom s m*, put to trial
45 τιμωρία, retribution, punishment
46 γνωρίζω, *aor act ind 2s*, make known
47 σός, your
48 κράτος, might, strength
49 ἐπιδιώκω, *aor act ptc acc s m*, pursue after
50 ἅρμα, chariot
51 ὄχλος, multitude, army
52 ἐπικλύζω, *aor act ind 2s*, overflow, flood
53 βάθος, depth, bottom

ἐμπιστεύσαντας[1] ἐπὶ σοὶ τῷ τῆς ἁπάσης[2] κτίσεως[3] δυναστεύοντι[4] σώους[5] διεκό-
μισας,[6] **8** οἳ καὶ συνιδόντες[7] ἔργα σῆς[8] χειρὸς ᾔνεσάν[9] σε τὸν παντοκράτορα.[10]
9 σύ, βασιλεῦ, κτίσας[11] τὴν ἀπέραντον[12] καὶ ἀμέτρητον[13] γῆν ἐξελέξω[14] τὴν πόλιν
ταύτην καὶ ἡγίασας[15] τὸν τόπον τοῦτον εἰς ὄνομά σοι τῷ τῶν ἁπάντων[16] ἀπροσδεεῖ[17]
καὶ παρεδόξασας[18] ἐν ἐπιφανείᾳ[19] μεγαλοπρεπεῖ[20] σύστασιν[21] ποιησάμενος αὐτοῦ
πρὸς δόξαν τοῦ μεγάλου καὶ ἐντίμου[22] ὀνόματός σου. **10** καὶ ἀγαπῶν τὸν οἶκον
τοῦ Ισραηλ ἐπηγγείλω[23] διότι,[24] ἐὰν γένηται ἡμῶν ἀποστροφὴ[25] καὶ καταλάβῃ[26]
ἡμᾶς στενοχωρία[27] καὶ ἐλθόντες εἰς τὸν τόπον τοῦτον δεηθῶμεν,[28] εἰσακούσῃ[29] τῆς
δεήσεως[30] ἡμῶν. **11** καὶ δὴ[31] πιστὸς[32] εἶ καὶ ἀληθινός.[33]

12 ἐπεὶ[34] δὲ πλεονάκις[35] θλιβέντων[36] τῶν πατέρων ἡμῶν ἐβοήθησας[37] αὐτοῖς ἐν τῇ
ταπεινώσει[38] καὶ ἐρρύσω[39] αὐτοὺς ἐκ μεγάλων κακῶν, **13** ἰδοὺ δὲ νῦν, ἅγιε βασιλεῦ,
διὰ τὰς πολλὰς καὶ μεγάλας ἡμῶν ἁμαρτίας καταπονούμεθα[40] καὶ ὑπετάγημεν[41]
τοῖς ἐχθροῖς ἡμῶν καὶ παρείμεθα[42] ἐν ἀδυναμίαις.[43] **14** ἐν δὲ τῇ ἡμετέρᾳ[44] κατα-
πτώσει[45] ὁ θρασὺς[46] καὶ βέβηλος[47] οὗτος ἐπιτηδεύει[48] καθυβρίσαι[49] τὸν ἐπὶ τῆς
γῆς ἀναδεδειγμένον[50] τῷ ὀνόματι τῆς δόξης σου ἅγιον τόπον. **15** τὸ μὲν γὰρ κατ-
οικητήριόν[51] σου οὐρανὸς τοῦ οὐρανοῦ ἀνέφικτος[52] ἀνθρώποις ἐστίν. **16** ἀλλὰ

1 ἐμπιστεύω, *aor act ptc acc p m*, trust in, believe in
2 ἅπας, all
3 κτίσις, creation
4 δυναστεύω, *pres act ptc dat s m*, hold authority over
5 σῷος, safe, unharmed
6 διακομίζω, *aor act ind 2s*, bring across
7 συνοράω, *aor act ptc nom p m*, perceive, see
8 σός, your
9 αἰνέω, *aor act ind 3p*, praise
10 παντοκράτωρ, almighty
11 κτίζω, *aor act ptc nom s m*, create, establish
12 ἀπέραντος, infinite
13 ἀμέτρητος, immeasurable
14 ἐκλέγω, *aor mid ind 2s*, choose
15 ἁγιάζω, *aor act ind 2s*, sanctify, consecrate
16 ἅπας, anything
17 ἀπροσδεής, not in need of
18 παραδοξάζω, *aor act ind 2s*, glorify, mark with distinction
19 ἐπιφάνεια, manifestation, appearance
20 μεγαλοπρεπής, magnificent
21 σύστασις, structure
22 ἔντιμος, honorable, noble
23 ἐπαγγέλλω, *aor mid ind 2s*, promise
24 διότι, that
25 ἀποστροφή, turning back
26 καταλαμβάνω, *aor act sub 3s*, befall
27 στενοχωρία, distress, difficulty
28 δέομαι, *aor pas sub 1p*, entreat, beseech
29 εἰσακούω, *fut mid ind s*, hear, listen
30 δέησις, supplication, prayer
31 δή, certainly
32 πιστός, faithful
33 ἀληθινός, true, truthful
34 ἐπεί, given that, since
35 πλεονάκις, many times, often
36 θλίβω, *aor pas ptc gen p m*, afflict, oppress
37 βοηθέω, *aor act ind 2s*, aid, rescue
38 ταπείνωσις, abasement, humiliation
39 ῥύομαι, *aor mid ind 2s*, deliver, rescue
40 καταπονέω, *pres pas ind 1p*, press upon, wear down
41 ὑποτάσσω, *aor pas ind 1p*, be subjected to
42 παρίημι, *perf pas ind 1p*, be weakened
43 ἀδυναμία, inability, lack of strength
44 ἡμέτερος, our
45 κατάπτωσις, calamity
46 θρασύς, insolent
47 βέβηλος, profane, unclean
48 ἐπιτηδεύω, *pres act ind 3s*, endeavor, attempt
49 καθυβρίζω, *aor act inf*, dishonor
50 ἀναδείκνυμι, *perf pas ptc acc s m*, display, reveal
51 κατοικητήριον, abode, habitation
52 ἀνέφικτος, unreachable, unapproachable

ἐπεὶ[1] εὐδοκήσας[2] τὴν δόξαν σου ἐν τῷ λαῷ σου Ισραηλ ἡγίασας[3] τὸν τόπον τοῦτον,
17 μὴ ἐκδικήσῃς[4] ἡμᾶς ἐν τῇ τούτων ἀκαθαρσίᾳ[5] μηδὲ εὐθύνῃς[6] ἡμᾶς ἐν βεβηλώσει,[7]
ἵνα μὴ καυχήσωνται[8] οἱ παράνομοι[9] ἐν θυμῷ[10] αὐτῶν μηδὲ ἀγαλλιάσωνται[11] ἐν
ὑπερηφανίᾳ[12] γλώσσης αὐτῶν λέγοντες **18** Ἡμεῖς κατεπατήσαμεν[13] τὸν οἶκον τοῦ
ἁγιασμοῦ,[14] ὡς καταπατοῦνται[15] οἱ οἶκοι τῶν προσοχθισμάτων.[16] **19** ἀπάλειψον[17] τὰς
ἁμαρτίας ἡμῶν καὶ διασκέδασον[18] τὰς ἀμβλακίας[19] ἡμῶν καὶ ἐπίφανον[20] τὸ ἔλεός[21]
σου κατὰ τὴν ὥραν ταύτην. **20** ταχὺ[22] προκαταλαβέτωσαν[23] ἡμᾶς οἱ οἰκτιρμοί[24] σου,
καὶ δὸς αἰνέσεις[25] ἐν τῷ στόματι τῶν καταπεπτωκότων[26] καὶ συντετριμμένων[27] τὰς
ψυχὰς ποιήσας ἡμῖν εἰρήνην.

God Punishes Ptolemy

21 Ἐνταῦθα[28] ὁ πάντων ἐπόπτης[29] θεὸς καὶ προπάτωρ[30] ἅγιος ἐν ἁγίοις εἰσακούσας[31]
τῆς ἐνθέσμου[32] λιτανείας,[33] τὸν ὕβρει[34] καὶ θράσει[35] μεγάλως[36] ἐπηρμένον[37] ἐμά-
στιξεν[38] αὐτὸν **22** ἔνθεν[39] καὶ ἔνθεν[40] κραδάνας[41] αὐτὸν ὡς κάλαμον[42] ὑπὸ ἀνέμου[43]
ὥστε κατ᾽ ἐδάφους[44] ἄπρακτον,[45] ἔτι καὶ τοῖς μέλεσιν[46] παραλελυμένον[47] μηδὲ
φωνῆσαι[48] δύνασθαι δικαίᾳ περιπεπληγμένον[49] κρίσει. **23** ὅθεν[50] οἵ τε φίλοι[51] καὶ

1 ἐπεί, since
2 εὐδοκέω, *aor act ptc nom s m*, determine, resolve
3 ἁγιάζω, *aor act ind 2s*, sanctify, consecrate
4 ἐκδικέω, *aor act sub 2s*, punish
5 ἀκαθαρσία, impurity
6 εὐθύνω, *aor act sub 2s*, chastise
7 βεβήλωσις, profanation, uncleanness
8 καυχάομαι, *aor mid sub 3p*, boast
9 παράνομος, lawless
10 θυμός, anger, wrath
11 ἀγαλλιάομαι, *aor mid sub 3p*, exult
12 ὑπερηφανία, arrogance
13 καταπατέω, *aor act ind 1p*, tread upon, trample
14 ἁγιασμός, holiness, consecration
15 καταπατέω, *pres mid ind 3p*, tread upon, trample
16 προσόχθισμα, provocation, offense
17 ἀπαλείφω, *aor act impv 2s*, blot out
18 διασκεδάζω, *aor act impv 2s*, scatter
19 ἀμβλακία, fault, error
20 ἐπιφαίνω, *aor act impv 2s*, reveal, show
21 ἔλεος, mercy
22 ταχύς, quickly
23 προκαταλαμβάνω, *aor act impv 3p*, overtake
24 οἰκτιρμός, compassion, pity
25 αἴνεσις, praise
26 καταπίπτω, *perf act ptc gen p m*, cast down
27 συντρίβω, *perf pas ptc gen p m*, crush
28 ἐνταῦθα, at that very time
29 ἐπόπτης, overseer
30 προπάτωρ, forefather
31 εἰσακούω, *aor act ptc nom s m*, listen to, hear
32 ἔνθεσμος, lawful
33 λιτανεία, prayer, entreaty
34 ὕβρις, insolence, pride
35 θράσος, audacity
36 μεγάλως, greatly, very much
37 ἐπαίρω, *perf pas ptc acc s m*, lift up, exalt
38 μαστίζω, *aor act ind 3s*, scourge
39 ἔνθεν, this way
40 ἔνθεν, that way
41 κραδαίνω, *aor act ptc nom s m*, shake, agitate
42 κάλαμος, reed
43 ἄνεμος, wind
44 ἔδαφος, ground, floor
45 ἄπρακτος, powerless
46 μέλος, limb, member
47 παραλύω, *perf pas ptc acc s m*, weaken, disable
48 φωνέω, *aor act inf*, utter a sound
49 περιπλέκω, *perf pas ptc acc s m*, embrace
50 ὅθεν, then, at which point
51 φίλος, friend

σωματοφύλακες[1] ὀξεῖαν[2] ἰδόντες τὴν καταλαβοῦσαν[3] αὐτὸν εὔθυναν[4] φοβούμενοι μὴ καὶ τὸ ζῆν ἐκλείπῃ,[5] ταχέως[6] αὐτὸν ἐξείλκυσαν[7] ὑπερβάλλοντι[8] καταπεπληγμένοι[9] φόβῳ. **24** ἐν χρόνῳ δὲ ὕστερον[10] ἀναλεξάμενος[11] αὐτὸν οὐδαμῶς[12] εἰς μετάμελον[13] ἦλθεν ἐπιτιμηθείς,[14] ἀπειλὰς[15] δὲ πικρὰς[16] θέμενος[17] ἀνέλυσεν.[18]

Reaction against the Jews

25 Διακομισθεὶς[19] δὲ εἰς τὴν Αἴγυπτον καὶ τὰ τῆς κακίας[20] ἐπαύξων[21] διά τε τῶν προαποδεδειγμένων[22] συμποτῶν[23] καὶ ἑταίρων[24] τοῦ παντὸς δικαίου κεχωρισμένων[25]
26 οὐ μόνον ταῖς ἀναριθμήτοις[26] ἀσελγείαις[27] διηρκέσθη,[28] ἀλλὰ καὶ ἐπὶ τοσοῦτον[29] θράσους[30] προῆλθεν ὥστε δυσφημίας[31] ἐν τοῖς τόποις συνίστασθαι[32] καὶ πολλοὺς τῶν φίλων[33] ἀτενίζοντας[34] εἰς τὴν τοῦ βασιλέως πρόθεσιν[35] καὶ αὐτοὺς ἕπεσθαι[36] τῇ
ἐκείνου θελήσει.[37] **27** προέθετο[38] δημοσίᾳ[39] κατὰ τοῦ ἔθνους διαδοῦναι[40] ψόγον·[41] ἐπὶ
τοῦ κατὰ τὴν αὐλὴν[42] πύργου[43] στήλην[44] ἀναστήσας[45] ἐκόλαψεν[46] γραφὴν[47] **28** μηδένα[48] τῶν μὴ θυόντων[49] εἰς τὰ ἱερὰ αὐτῶν εἰσιέναι,[50] πάντας δὲ τοὺς Ιουδαίους εἰς

1 σωματοφύλαξ, bodyguard
2 ὀξύς, sharp, swift
3 καταλαμβάνω, *aor act ptc acc s f*, overtake, befall
4 εὔθυνα, punishment, chastisement
5 ἐκλείπω, *pres act sub 3s*, lose, give out
6 ταχέως, quickly
7 ἐξέλκω, *aor act ind 3p*, drag out
8 ὑπερβάλλω, *pres act ptc dat s m*, surpass, exceed
9 καταπλήσσω, *perf pas ptc nom p m*, terrify
10 ὕστερον, afterward, later
11 ἀναλέγω, *aor mid ptc nom s m*, (recover), pull together
12 οὐδαμῶς, by no means
13 μετάμελος, regret, repentance
14 ἐπιτιμάω, *aor pas ptc nom s m*, rebuke, censure
15 ἀπειλή, threat
16 πικρός, angry, bitter
17 τίθημι, *aor mid ptc nom s m*, make
18 ἀναλύω, *aor act ind 3s*, depart
19 διακομίζω, *aor pas ptc nom s m*, cross over
20 κακία, wickedness, evil
21 ἐπαύξω, *pres act ptc nom s m*, increase, abet
22 προαποδείκνυμι, *perf pas ptc gen p m*, mention previously
23 συμπότης, drinking companion
24 ἑταῖρος, companion
25 χωρίζω, *perf pas ptc gen p m*, estrange from
26 ἀναρίθμητος, immeasurable
27 ἀσέλγεια, licentiousness, insolence
28 διαρκέω, *aor pas ind 3s*, be satisfied with
29 τοσοῦτος, so much, such
30 θράσος, audacity
31 δυσφημία, blasphemy, slander
32 συνίστημι, *pres mid inf*, introduce, bring about
33 φίλος, friend
34 ἀτενίζω, *pres act ptc acc p m*, observe closely
35 πρόθεσις, plan, purpose
36 ἕπομαι, *pres mid inf*, obey
37 θέλησις, will, wish
38 προτίθημι, *aor mid ind 3s*, determine
39 δημόσιος, publicly
40 διαδίδωμι, *aor act inf*, cast, (inflict)
41 ψόγος, fault, blame
42 αὐλή, court
43 πύργος, tower
44 στήλη, pillar, stele
45 ἀνίστημι, *aor act ptc nom s m*, set up, build
46 κολάπτω, *aor act ind 3s*, engrave
47 γραφή, inscription
48 μηδείς, no one, none
49 θύω, *pres act ptc gen p m*, sacrifice
50 εἴσειμι, *pres act inf*, enter

λαογραφίαν[1] καὶ οἰκετικὴν[2] διάθεσιν[3] ἀχθῆναι, τοὺς δὲ ἀντιλέγοντας[4] βίᾳ[5] φερο-
μένους τοῦ ζῆν μεταστῆσαι,[6] **29** τούς τε ἀπογραφομένους[7] χαράσσεσθαι[8] καὶ διὰ
πυρὸς εἰς τὸ σῶμα παρασήμῳ[9] Διονύσου κισσοφύλλῳ,[10] οὓς καὶ καταχωρίσαι[11] εἰς τὴν
προσυνεσταλμένην[12] αὐθεντίαν.[13] **30** ἵνα δὲ μὴ τοῖς πᾶσιν ἀπεχθόμενος[14] φαίνηται,[15]
ὑπέγραψεν[16] Ἐὰν δέ τινες ἐξ αὐτῶν προαιρῶνται[17] ἐν τοῖς κατὰ τὰς τελετὰς[18] μεμυ-
ημένοις[19] ἀναστρέφεσθαι,[20] τούτους ἰσοπολίτας[21] Ἀλεξανδρεῦσιν εἶναι.

31 Ἔνιοι[22] μὲν οὖν ἐπιπολαίως[23] τὰς τῆς πόλεως εὐσεβείας[24] ἐπιβάθρας[25] στυγοῦν-
τες[26] εὐχερῶς[27] ἑαυτοὺς ἐδίδοσαν ὡς μεγάλης τινὸς κοινωνήσοντες[28] εὐκλείας[29]
ἀπὸ τῆς ἐσομένης[30] τῷ βασιλεῖ συναναστροφῆς.[31] **32** οἱ δὲ πλεῖστοι[32] γενναίᾳ[33]
ψυχῇ ἐνίσχυσαν[34] καὶ οὐ διέστησαν[35] τῆς εὐσεβείας[36] τά τε χρήματα[37] περὶ τοῦ
ζῆν ἀντικαταλλασσόμενοι[38] ἀδεῶς[39] ἐπειρῶντο[40] ἑαυτοὺς ῥύσασθαι[41] ἐκ τῶν ἀπο-
γραφῶν·[42] **33** εὐέλπιδές[43] τε καθειστήκεισαν[44] ἀντιλήμψεως[45] τεύξασθαι[46] καὶ τοὺς
ἀποχωροῦντας[47] ἐξ αὐτῶν ἐβδελύσσοντο[48] καὶ ὡς πολεμίους[49] τοῦ ἔθνους ἔκρινον
καὶ τῆς κοινῆς[50] συναναστροφῆς[51] καὶ εὐχρηστίας[52] ἐστέρουν.[53]

1 λαογραφία, census, register
2 οἰκετικός, menial servitude
3 διάθεσις, condition, state
4 ἀντιλέγω, *pres act ptc acc p m*, protest, oppose
5 βία, forcibly
6 μεθίστημι, *aor act inf*, remove, (deprive)
7 ἀπογράφω, *pres pas ptc acc p m*, register, enroll
8 χαράσσω, *pres pas inf*, stamp, brand
9 παράσημος, emblem, insignia
10 κισσόφυλλον, ivy leaf
11 καταχωρίζω, *aor act inf*, assign
12 προσυστέλλομαι, *perf pas ptc acc s f*, be in a prior state
13 αὐθεντία, status
14 ἀπεχθάνομαι, *aor mid ptc nom s m*, be hated
15 φαίνω, *pres mid sub 3s*, appear
16 ὑπογράφω, *aor act ind 3s*, write below
17 προαιρέω, *pres mid sub 3p*, prefer, choose
18 τελετή, ritual, rite
19 μυέω, *perf pas ptc dat p m*, initiate
20 ἀναστρέφω, *pres pas inf*, live
21 ἰσοπολίτης, equal political rights
22 ἔνιοι, some
23 ἐπιπολαίως, obvious
24 εὐσέβεια, religion
25 ἐπιβάθρα, means of advancement, (means of social mobility)
26 στυγέω, *pres act ptc nom p m*, abhor
27 εὐχερῶς, easily, readily
28 κοινωνέω, *fut act ptc nom p m*, partake in
29 εὔκλεια, glory, good reputation
30 εἰμί, *fut mid ptc gen s f*, be
31 συναναστροφή, association
32 πλεῖστος, *sup of* πολύς, most
33 γενναῖος, noble, courageous
34 ἐνισχύω, *aor act ind 3p*, strengthen, prevail
35 διΐστημι, *aor act ind 3p*, depart from
36 εὐσέβεια, religion
37 χρῆμα, wealth, money
38 ἀντικαταλλάσσομαι, *pres mid ptc nom p m*, exchange
39 ἀδεῶς, without fear
40 πειράω, *impf mid ind 3p*, strive, attempt
41 ῥύομαι, *aor mid inf*, deliver, excuse
42 ἀπογραφή, register
43 εὔελπις, hopeful
44 καθίστημι, *plpf act ind 3p*, remain
45 ἀντίληψις, help, support
46 τυγχάνω, *aor mid inf*, obtain
47 ἀποχωρέω, *pres act ptc acc p m*, separate, withdraw
48 βδελύσσω, *impf mid ind 3p*, treat as loathsome
49 πολέμιος, hostile, enemy
50 κοινός, common
51 συναναστροφή, conduct, way of life
52 εὐχρηστία, benefit
53 στερέω, *impf act ind 3p*, deprive (someone)

Neighbors of the Jews

3 Ἃ καὶ μεταλαμβάνων[1] ὁ δυσσεβὴς[2] ἐπὶ τοσοῦτον[3] ἐξεχόλησεν[4] ὥστε οὐ μόνον
τοῖς κατὰ Ἀλεξάνδρειαν διοργίζεσθαι,[5] ἀλλὰ καὶ τοῖς ἐν τῇ χώρᾳ[6] βαρυτέρως[7]
ἐναντιωθῆναι[8] καὶ προστάξαι[9] σπεύσαντας[10] συναγαγεῖν πάντας ἐπὶ τὸ αὐτὸ
καὶ χειρίστῳ[11] μόρῳ[12] τοῦ ζῆν μεταστῆσαι.[13] **2** τούτων δὲ οἰκονομουμένων[14]
φήμη[15] δυσμενὴς[16] ἐξηχεῖτο[17] κατὰ τοῦ γένους[18] ἀνθρώποις συμφρονοῦσιν[19]
εἰς κακοποίησιν[20] ἀφορμῆς[21] διδομένης εἰς διάθεσιν[22] ὡς ἂν ἀπὸ τῶν νομίμων[23]
αὐτοὺς κωλυόντων.[24] **3** οἱ δὲ Ιουδαῖοι τὴν μὲν πρὸς τοὺς βασιλεῖς εὔνοιαν[25] καὶ
πίστιν ἀδιάστροφον[26] ἦσαν φυλάσσοντες, **4** σεβόμενοι[27] δὲ τὸν θεὸν καὶ τῷ τούτου
νόμῳ πολιτευόμενοι[28] χωρισμὸν[29] ἐποίουν ἐπὶ τῷ κατὰ τὰς τροφάς,[30] δι᾽ ἣν αἰτίαν[31]
ἐνίοις[32] ἀπεχθεῖς[33] ἐφαίνοντο.[34] **5** τῇ δὲ τῶν δικαίων εὐπραξίᾳ[35] κοσμοῦντες[36]
τὴν συναναστροφὴν[37] ἅπασιν[38] ἀνθρώποις εὐδόκιμοι[39] καθειστήκεισαν.[40] **6** τὴν
μὲν οὖν περὶ τοῦ γένους[41] ἐν πᾶσιν θρυλουμένην[42] εὐπραξίαν[43] οἱ ἀλλόφυλοι[44]
οὐδαμῶς[45] διηριθμήσαντο,[46] **7** τὴν δὲ περὶ τῶν προσκυνήσεων[47] καὶ τροφῶν[48]

1 μεταλαμβάνω, *pres act ptc nom s m*, receive notice of
2 δυσσεβής, ungodly, wicked
3 τοσοῦτος, so much
4 ἐκχολάω, *aor act ind 3s*, be incensed
5 διοργίζομαι, *pres mid inf*, be very angry
6 χώρα, country
7 βαρύς, *comp*, more severely, more violently
8 ἐναντιόομαι, *aor pas inf*, be hostile to, set oneself against
9 προστάσσω, *aor act inf*, command
10 σπεύδω, *aor act ptc acc p m*, hasten
11 χείριστος, *sup of* κακός, worst
12 μόρος, fate, doom
13 μεθίστημι, *aor act inf*, deprive, remove
14 οἰκονομέω, *pres pas ptc gen p n*, implement, arrange
15 φήμη, report, news
16 δυσμενής, hostile, ill-disposed
17 ἐξηχέω, *impf act ind 3s*, spread around, circulate
18 γένος, nation, people
19 συμφρονέω, *pres act ptc dat p m*, conspire together
20 κακοποίησις, harm, injure
21 ἀφορμή, pretext, occasion
22 διάθεσις, condition, charge
23 νόμιμος, lawful
24 κωλύω, *pres act ptc gen p m*, hinder, obstruct
25 εὔνοια, good will, affection
26 ἀδιάστροφος, undeterred
27 σέβομαι, *pres mid ptc nom p m*, worship, revere
28 πολιτεύω, *pres mid ptc nom p m*, conduct oneself (as a citizen)
29 χωρισμός, separation
30 τροφή, food
31 αἰτία, reason
32 ἔνιοι, some
33 ἀπεχθής, odious, hateful
34 φαίνω, *impf mid ind 3p*, appear
35 εὐπραξία, good conduct
36 κοσμέω, *pres act ptc nom p m*, adorn
37 συναναστροφή, conduct, way of life
38 ἅπας, all
39 εὐδόκιμος, honored, esteemed
40 καθίστημι, *plpf act ind 3p*, establish
41 γένος, nation, people
42 θρυλέω, *pres pas ptc acc s f*, gossip, talk about commonly
43 εὐπραξία, good conduct
44 ἀλλόφυλος, foreign
45 οὐδαμῶς, not at all
46 διαριθμέω, *aor mid ind 3p*, take into account
47 προσκύνησις, act of worship
48 τροφός, diet, food

διάστασιν[1] ἐθρύλουν[2] φάσκοντες[3] μήτε[4] τῷ βασιλεῖ μήτε[5] ταῖς δυνάμεσιν ὁμο-
σπόνδους[6] τοὺς ἀνθρώπους γίνεσθαι, δυσμενεῖς[7] δὲ εἶναι καὶ μέγα τι τοῖς πρά-
γμασιν[8] ἐναντιουμένους·[9] καὶ οὐ τῷ τυχόντι[10] περιῆψαν[11] ψόγῳ.[12] **8** οἱ δὲ κατὰ
τὴν πόλιν Ἕλληνες οὐδὲν ἠδικημένοι[13] ταραχὴν[14] ἀπροσδόκητον[15] περὶ τοὺς ἀν-
θρώπους θεωροῦντες[16] καὶ συνδρομὰς[17] ἀπροσκόπους[18] γινομένας βοηθεῖν[19] μὲν
οὐκ ἔσθενον,[20] τυραννικὴ[21] γὰρ ἦν ἡ διάθεσις,[22] παρεκάλουν δὲ καὶ δυσφόρως[23]
εἶχον καὶ μεταπεσεῖσθαι[24] ταῦτα ὑπελάμβανον·[25] **9** μὴ γὰρ οὕτω παροραθήσεσθαι[26]
τηλικοῦτο[27] σύστεμα[28] μηδὲν[29] ἠγνοηκός.[30] **10** ἤδη[31] δὲ καί τινες γείτονές[32] τε καὶ
φίλοι[33] καὶ συμπραγματευόμενοι[34] μυστικῶς[35] τινας ἐπισπώμενοι[36] πίστεις ἐδίδουν
συνασπιεῖν[37] καὶ πᾶν ἐκτενὲς[38] προσοίσεσθαι[39] πρὸς ἀντίλημψιν.[40]

Ptolemy Orders All Jews Arrested

11 Ἐκεῖνος μὲν οὖν τῇ κατὰ τὸ παρὸν[41] εὐημερίᾳ[42] γεγαυρωμένος[43] καὶ οὐ καθορῶν[44]
τὸ τοῦ μεγίστου[45] θεοῦ κράτος,[46] ὑπολαμβάνων[47] δὲ διηνεκῶς[48] ἐν τῇ αὐτῇ δια-
μενεῖν[49] βουλῇ,[50] ἔγραψεν κατ᾽ αὐτῶν ἐπιστολὴν[51] τήνδε[52]

1 διάστασις, difference
2 θρυλέω, *impf act ind 3p*, gossip, talk about commonly
3 φάσκω, *pres act ptc nom p m*, assert, claim
4 μήτε, neither
5 μήτε, nor
6 ὁμόσπονδος, (loyal)
7 δυσμενής, hostile, ill-disposed
8 πρᾶγμα, affair(s of government)
9 ἐναντιόομαι, *pres mid ptc acc p m*, oppose
10 τυγχάνω, *aor act ptc dat s m*, be ordinary
11 περιάπτω, *aor act ind 3p*, fasten with
12 ψόγος, fault, censure
13 ἀδικέω, *perf pas ptc nom p m*, do wrong, treat unjustly
14 ταραχή, tumult, commotion
15 ἀπροσδόκητος, unexpected
16 θεωρέω, *pres act ptc nom p m*, see
17 συνδρομή, stampede (of people)
18 ἀπρόσκοπος, confused, (chaotic)
19 βοηθέω, *pres act inf*, aid, help
20 σθένω, *impf act ind 3p*, be able to
21 τυραννικός, tyrannical
22 διάθεσις, state, condition
23 δυσφόρως, grievously
24 μεταπίπτω, *fut mid inf*, change (for the better)
25 ὑπολαμβάνω, *impf act ind 3p*, suppose
26 παροράω, *fut pas inf*, disregard, overlook
27 τηλικοῦτος, so great
28 σύστεμα, community, group
29 μηδείς, no one
30 ἀγνοέω, *perf act ptc acc s n*, disregard
31 ἤδη, already, now
32 γείτων, neighbor
33 φίλος, friend
34 συμπραγματεύομαι, *pres mid ptc nom p m*, do business together
35 μυστικῶς, secretly, privately
36 ἐπισπάω, *pres mid ptc nom p m*, draw in
37 συνασπίζω, *fut act inf*, show support
38 ἐκτενής, earnest
39 προσφέρω, *fut mid inf*, offer forth
40 ἀντίλημψις, defense, reciprocal support
41 πάρειμι, *pres act ptc acc s n*, be present
42 εὐημερία, success
43 γαυρόω, *perf mid ptc nom s m*, exalt oneself
44 καθοράω, *pres act ptc nom s m*, regard, perceive
45 μέγας, *sup*, greatest, supreme
46 κράτος, strength
47 ὑπολαμβάνω, *pres act ptc nom s m*, suppose
48 διηνεκῶς, persistently
49 διαμένω, *fut act inf*, continue, persevere
50 βουλή, plan
51 ἐπιστολή, letter
52 ὅδε, this

12 Βασιλεὺς Πτολεμαῖος Φιλοπάτωρ τοῖς κατ᾽ Αἴγυπτον καὶ κατὰ τόπον στρατηγοῖς[1]
καὶ στρατιώταις[2] χαίρειν[3] καὶ ἐρρῶσθαι·[4] **13** ἔρρωμαι[5] δὲ καὶ αὐτὸς ἐγὼ καὶ τὰ πρά-
γματα[6] ἡμῶν. **14** τῆς εἰς τὴν Ἀσίαν γενομένης ἡμῖν ἐπιστρατείας,[7] ἧς ἴστε[8] καὶ αὐτοί,
τῇ τῶν θεῶν ἀπροπτώτῳ[9] συμμαχίᾳ[10] κατὰ λόγον ἐπὶ τέλος ἀχθείσης **15** ἡγησάμεθα[11]
μὴ βίᾳ[12] δόρατος,[13] ἐπιεικείᾳ[14] δὲ καὶ πολλῇ φιλανθρωπίᾳ[15] τιθηνήσασθαι[16] τὰ κατ-
οικοῦντα[17] Κοίλην Συρίαν καὶ Φοινίκην ἔθνη εὖ[18] ποιῆσαί τε ἀσμένως.[19] **16** καὶ τοῖς
κατὰ πόλιν ἱεροῖς ἀπονείμαντες[20] προσόδους[21] πλείστας[22] προήχθημεν[23] καὶ εἰς τὰ
Ιεροσόλυμα ἀναβάντες τιμῆσαι[24] τὸ ἱερὸν τῶν ἀλιτηρίων[25] καὶ μηδέποτε[26] ληγόντων[27]
τῆς ἀνοίας.[28] **17** οἱ δὲ λόγῳ μὲν τὴν ἡμετέραν[29] ἀποδεξάμενοι[30] παρουσίαν,[31] τῷ
δὲ πράγματι[32] νόθως,[33] προθυμηθέντων[34] ἡμῶν εἰσελθεῖν εἰς τὸν ναὸν αὐτῶν καὶ
τοῖς ἐκπρεπέσιν[35] καὶ καλλίστοις[36] ἀναθήμασιν[37] τιμῆσαι[38] **18** τύφοις[39] φερόμενοι
παλαιοτέροις[40] εἶρξαν[41] ἡμᾶς τῆς εἰσόδου[42] λειπόμενοι[43] τῆς ἡμετέρας[44] ἀλκῆς[45] δι᾽
ἣν ἔχομεν πρὸς ἅπαντας[46] ἀνθρώπους φιλανθρωπίαν.[47]

19 τὴν δὲ αὐτῶν εἰς ἡμᾶς δυσμένειαν[48] ἔκδηλον[49] καθιστάντες[50] ὡς μονώτατοι[51] τῶν
ἐθνῶν βασιλεῦσιν καὶ τοῖς ἑαυτῶν εὐεργέταις[52] ὑψαυχενοῦντες[53] οὐδὲν γνήσιον[54]

1 στρατηγός, general, commander
2 στρατιώτης, soldier
3 χαίρω, *pres act inf*, rejoice, (greetings)
4 ῥώννυμι, *perf mid inf*, be in good health
5 ῥώννυμι, *perf mid ind 1s*, be in good health
6 πρᾶγμα, affair(s of government)
7 ἐπιστρατεία, march, expedition
8 οἶδα, *perf act ind 2p*, know
9 ἀπρόπτωτος, not lightly, (deliberate)
10 συμμαχία, help, alliance
11 ἡγέομαι, *aor mid ind 1p*, consider
12 βία, force, com
13 δόρυ, spear
14 ἐπιείκεια, fairness, equity
15 φιλανθρωπία, clemency
16 τιθηνέω, *aor mid inf*, foster
17 κατοικέω, *pres act ptc acc s m*, dwell, reside
18 εὖ, well
19 ἀσμένως, gladly, readily
20 ἀπονέμω, *aor act ptc nom p m*, assign to, grant
21 πρόσοδος, revenue
22 πλεῖστος, *sup of* πολύς, great(est)
23 προάγω, *aor pas ind 1p*, go on, advance
24 τιμάω, *aor act inf*, honor
25 ἀλιτήριος, horrid, wicked
26 μηδέποτε, never
27 λήγω, *pres act ptc gen p m*, abate from
28 ἄνοια, folly
29 ἡμέτερος, our
30 ἀποδέχομαι, *aor mid ptc nom p m*, receive, welcome
31 παρουσία, coming, visit
32 πρᾶγμα, deed, action
33 νόθως, insincerely
34 προθυμέομαι, *aor pas ptc gen p m*, be willing
35 ἐκπρεπής, distinguished, remarkable
36 καλός, *sup*, most beautiful
37 ἀνάθημα, votive offering
38 τιμάω, *aor act inf*, honor
39 τῦφος, arrogance, resentment
40 παλαιός, *comp*, older, (traditional)
41 εἴργω, *aor act ind 3p*, prevent
42 εἴσοδος, entrance
43 λείπω, *pres pas ptc nom p m*, spare
44 ἡμέτερος, our
45 ἀλκή, force, strength
46 ἅπας, all
47 φιλανθρωπία, clemency
48 δυσμένεια, enmity
49 ἔκδηλος, obvious, manifest
50 καθίστημι, *pres act ptc nom p m*, set forth
51 μόνος, *sup*, most alone, unique
52 εὐεργέτης, benefactor
53 ὑψαυχενέω, *pres act ptc nom p m*, lift one's head (in pride)
54 γνήσιος, genuine, legitimate

βούλονται φέρειν. **20** ἡμεῖς δὲ τῇ τούτων ἀνοίᾳ[1] συμπεριενεχθέντες[2] καὶ μετὰ νίκης[3]
διακομισθέντες[4] εἰς τὴν Αἴγυπτον τοῖς πᾶσιν ἔθνεσιν φιλανθρώπως[5] ἀπαντήσαντες[6]
καθὼς ἔπρεπεν[7] ἐποιήσαμεν, **21** ἐν δὲ τούτοις πρὸς τοὺς ὁμοφύλους[8] αὐτῶν ἀμνη-
σικακίαν[9] ἅπασιν[10] γνωρίζοντες·[11] διά τε τὴν συμμαχίαν[12] καὶ τὰ πεπιστευμένα μετὰ
ἁπλότητος[13] αὐτοῖς ἀρχῆθεν[14] μυρία[15] πράγματα[16] τολμήσαντες[17] ἐξαλλοιῶσαι[18]
ἐβουλήθημεν καὶ πολιτείας[19] αὐτοὺς Ἀλεξανδρέων καταξιῶσαι[20] καὶ μετόχους[21] τῶν
ἀεὶ[22] ἱερῶν καταστῆσαι.[23] **22** οἱ δὲ τοὐναντίον[24] ἐκδεχόμενοι[25] καὶ τῇ συμφύτῳ[26]
κακοηθείᾳ[27] τὸ καλὸν ἀπωσάμενοι,[28] διηνεκῶς[29] δὲ εἰς τὸ φαῦλον[30] ἐκνεύοντες[31]
23 οὐ μόνον ἀπεστρέψαντο[32] τὴν ἀτίμητον[33] πολιτείαν,[34] ἀλλὰ καὶ βδελύσσονται[35]
λόγῳ τε καὶ σιγῇ[36] τοὺς ἐν αὐτοῖς ὀλίγους[37] πρὸς ἡμᾶς γνησίως[38] διακειμένους[39]
παρ᾽ ἕκαστα ὑφορώμενοι[40] μετὰ τῆς δυσκλεεστάτης[41] ἐμβιώσεως[42] διὰ τάχους[43] ἡμᾶς
καταστρέψαι[44] τὰ πράγματα.[45]

1 ἄνοια, folly
2 συμπεριφέρω, *aor pas ptc nom p m*, accommodate
3 νίκη, victory
4 διακομίζω, *aor pas ptc nom p m*, cross over
5 φιλανθρώπως, with clemency
6 ἀπαντάω, *aor act ptc nom p m*, meet
7 πρέπω, *impf act ind 3s*, be proper
8 ὁμόφυλος, fellow countrymen
9 ἀμνησικακία, amnesty
10 ἅπας, all
11 γνωρίζω, *pres act ptc nom p m*, make known
12 συμμαχία, alliance
13 ἁπλότης, sincerity, integrity
14 ἀρχῆθεν, from of old
15 μύριοι, myriad, numerous
16 πρᾶγμα, affair, matter
17 τολμάω, *aor act ptc nom p m*, endeavor, dare
18 ἐξαλλοιόω, *aor act inf*, alter, change
19 πολιτεία, citizenship
20 καταξιόω, *aor act inf*, consider worthy
21 μέτοχος, joint partaker
22 ἀεί, everlasting, ongoing
23 καθίστημι, *aor act inf*, set as, appoint
24 τοὐναντίον, contrary, wrong (way), *cr.* ὁ ἐναντίον
25 ἐκδέχομαι, *pres mid ptc nom p m*, understand, take
26 σύμφυτος, innate
27 κακοήθεια, malevolence
28 ἀπωθέω, *aor mid ptc nom p m*, reject
29 διηνεκῶς, constantly
30 φαῦλος, evil, vanity
31 ἐκνεύω, *pres act ptc nom p m*, tend toward
32 ἀποστρέφω, *aor mid ind 3p*, turn away from, reject
33 ἀτίμητος, invaluable
34 πολιτεία, citizenship
35 βδελύσσω, *pres mid ind 3p*, treat as loathsome
36 σιγή, silence
37 ὀλίγος, few
38 γνησίως, truly, sincerely
39 διάκειμαι, *pres mid ptc acc p m*, be disposed
40 ὑφοράω, *pres mid ptc nom p m*, look for, suspect
41 δυσκλεής, *sup*, most infamous
42 ἐμβίωσις, way of life
43 τάχος, quickly
44 καταστρέφω, *aor act inf*, overturn
45 πρᾶγμα, affairs

24 διὸ[1] καὶ τεκμηρίοις[2] καλῶς[3] πεπεισμένοι τούτους κατὰ πάντα δυσνοεῖν[4] ἡμῖν
τρόπον[5] καὶ προνοούμενοι[6] μήποτε[7] αἰφνιδίου[8] μετέπειτα[9] ταραχῆς[10] ἐνστάσης[11]
ἡμῖν τοὺς δυσσεβεῖς[12] τούτους κατὰ νώτου[13] προδότας[14] καὶ βαρβάρους[15] ἔχωμεν
πολεμίους[16] **25** προστετάχαμεν[17] ἅμα[18] τῷ προσπεσεῖν[19] τὴν ἐπιστολὴν[20] τήνδε[21]
αὐθωρὶ[22] τοὺς ἐννεμομένους[23] σὺν γυναιξὶ καὶ τέκνοις μετὰ ὕβρεως[24] καὶ σκυλμῶν[25]
ἀποστεῖλαι πρὸς ἡμᾶς ἐν δεσμοῖς[26] σιδηροῖς[27] πάντοθεν[28] κατακεκλεισμένους,[29]
εἰς ἀνήκεστον[30] καὶ δυσκλεῆ[31] πρέποντα[32] δυσμενέσι[33] φόνον.[34] **26** τούτων γὰρ
ὁμοῦ[35] κολασθέντων[36] διειλήφαμεν[37] εἰς τὸν ἐπίλοιπον[38] χρόνον τελείως[39] ἡμῖν τὰ
πράγματα[40] ἐν εὐσταθείᾳ[41] καὶ τῇ βελτίστῃ[42] διαθέσει[43] κατασταθήσεσθαι.[44] **27** ὃς
δ᾽ ἂν σκεπάσῃ[45] τινὰ τῶν Ιουδαίων ἀπὸ γεραιοῦ[46] μέχρι[47] νηπίου[48] καὶ μέχρι[49]
τῶν ὑπομαστιδίων,[50] αἰσχίσταις[51] βασάνοις[52] ἀποτυμπανισθήσεται[53] πανοικίᾳ.[54]
28 μηνύειν[55] δὲ τὸν βουλόμενον, ἐφ᾽ ᾧ τὴν οὐσίαν[56] τοῦ ἐμπίπτοντος[57] ὑπὸ τὴν
εὔθυναν[58] λήμψεται καὶ ἐκ τοῦ βασιλικοῦ[59] ἀργυρίου[60] δραχμὰς[61] δισχιλίας[62] καὶ

1 διό, therefore
2 τεκμήριον, sign, evidence
3 καλῶς, well, completely
4 δυσνοέω, *pres act inf*, be ill-disposed toward
5 τρόπος, manner
6 προνοέω, *pres mid ptc nom p m*, be careful
7 μήποτε, lest
8 αἰφνίδιος, unforeseen
9 μετέπειτα, afterward, later
10 ταραχή, trouble, commotion
11 ἐνίστημι, *aor act ptc gen s f*, arise, come about
12 δυσσεβής, impious, wicked
13 νῶτον, back
14 προδότης, betrayer
15 βάρβαρος, barbarous, savage
16 πολέμιος, hostile, enemy
17 προστάσσω, *perf act ind 1p*, command
18 ἅμα, as soon as
19 προσπίπτω, *aor act inf*, fall before (one's attention)
20 ἐπιστολή, letter
21 ὅδε, this
22 αὐθωρί, immediately
23 ἐννέμω, *pres mid ptc acc p m*, live among
24 ὕβρις, shame, hardship
25 σκυλμός, cruel treatment
26 δεσμός, chains, bonds
27 σιδηροῦς, iron
28 πάντοθεν, on all sides
29 κατακλείω, *perf pas ptc acc p m*, bind
30 ἀνήκεστος, unavoidable, sure
31 δυσκλεής, infamous
32 πρέπω, *pres act ptc acc s m*, be proper
33 δυσμενής, hostile
34 φόνος, (death), slaughter
35 ὁμοῦ, together
36 κολάζω, *aor pas ptc gen p m*, punish, chastise
37 διαλαμβάνω, *perf act ind 1p*, think
38 ἐπίλοιπος, remaining
39 τελείως, fully
40 πρᾶγμα, affair(s of government)
41 εὐστάθεια, stability, tranquility
42 βέλτιστος, *sup of* ἀγαθός, best
43 διάθεσις, state, condition
44 καθίστημι, *fut pas inf*, establish
45 σκεπάζω, *aor act sub 3s*, shelter, hide
46 γεραιός, aged, old
47 μέχρι, to, through
48 νήπιος, child
49 μέχρι, to, through
50 ὑπομαστίδιον, infant
51 αἰσχρός, *sup*, most shameful, basest
52 βάσανος, torture
53 ἀποτυμπανίζω, *fut pas ind 3s*, cruelly kill
54 πανοικία, whole household
55 μηνύω, *pres act inf*, be an informant
56 οὐσία, property, estate
57 ἐμπίπτω, *pres act ptc gen s m*, incur, fall upon
58 εὔθυνα, punishment
59 βασιλικός, royal treasury
60 ἀργύριον, silver
61 δραχμή, drachma
62 δισχίλιοι, two thousand

τῇ ἐλευθερίᾳ[1] στεφανωθήσεται.[2] **29** πᾶς δὲ τόπος, οὗ ἐὰν φωραθῇ[3] τὸ σύνολον[4]
σκεπαζόμενος[5] Ιουδαῖος, ἄβατος[6] καὶ πυριφλεγὴς[7] γινέσθω καὶ πάσῃ θνητῇ[8] φύσει[9]
καθ᾽ ἅπαν[10] ἄχρηστος[11] φανήσεται[12] εἰς τὸν ἀεὶ[13] χρόνον.

30 Καὶ ὁ μὲν τῆς ἐπιστολῆς[14] τύπος[15] οὕτως ἐγέγραπτο.[16]

Jews Deported to Alexandria

4 Πάντῃ[17] δέ, ὅπου[18] προσέπιπτεν[19] τοῦτο τὸ πρόσταγμα,[20] δημοτελὴς[21] συνίστατο[22]
τοῖς ἔθνεσιν εὐωχία[23] μετὰ ἀλαλαγμῶν[24] καὶ χαρᾶς[25] ὡς ἂν τῆς προκατεσκιρω-
μένης[26] αὐτοῖς πάλαι[27] κατὰ διάνοιαν[28] μετὰ παρρησίας[29] νῦν ἐκφαινομένης[30] ἀπε-
χθείας.[31] **2** τοῖς δὲ Ιουδαίοις ἄληκτον[32] πένθος[33] ἦν καὶ πανόδυρτος[34] μετὰ δακρύων[35]
βοὴ[36] στεναγμοῖς[37] πεπυρωμένης[38] πάντοθεν[39] αὐτῶν τῆς καρδίας ὀλοφυρομένων[40]
τὴν ἀπροσδόκητον[41] ἐξαίφνης[42] αὐτοῖς ἐπικριθεῖσαν[43] ὀλεθρίαν.[44] **3** τίς νομὸς ἢ
πόλις ἢ τίς τὸ σύνολον[45] οἰκητὸς[46] τόπος ἢ τίνες ἀγυιαὶ[47] κοπετοῦ[48] καὶ γόων[49] ἐπ᾽
αὐτοῖς οὐκ ἐνεπιπλῶντο;[50] **4** οὕτως γὰρ μετὰ πικρίας[51] ἀνοίκτου[52] ψυχῆς ὑπὸ τῶν
κατὰ πόλιν στρατηγῶν[53] ὁμοθυμαδὸν[54] ἐξαπεστέλλοντο[55] ὥστε ἐπὶ ταῖς ἐξάλλοις[56]

1 ἐλευθερία, freedom
2 στεφανόω, *fut pas ind 3s*, reward
3 φωράω, *aor pas sub 3s*, discover
4 σύνολος, whatsoever, without exception
5 σκεπάζω, *pres mid ptc nom s m*, shelter, hide
6 ἄβατος, inaccessible
7 πυριφλεγής, torched with fire
8 θνητός, mortal
9 φύσις, creature
10 ἅπας, all
11 ἄχρηστος, useless
12 φαίνω, *fut pas ind 3s*, appear
13 ἀεί, always, forever
14 ἐπιστολή, letter
15 τύπος, form, (original draft)
16 γράφω, *plpf pas ind 3s*, write
17 πάντῃ, every(where)
18 ὅπου, where
19 προσπίπτω, *impf act ind 3s*, arrive, reach
20 πρόσταγμα, ordinance
21 δημοτελής, public
22 συνίστημι, *impf pas ind 3s*, arrange, organize
23 εὐωχία, feasting
24 ἀλαλαγμός, loud sound
25 χαρά, joy
26 προκατασκιρρόομαι, *perf pas ptc gen s f*, be hardened beforehand
27 πάλαι, of old, from long ago
28 διάνοια, thought, mind
29 παρρησία, boldness, frankness
30 ἐκφαίνω, *pres pas ptc gen s f*, make evident
31 ἀπέχθεια, hatred
32 ἄληκτος, unceasing
33 πένθος, mourning, sorrow
34 πανόδυρτος, most lamentable
35 δάκρυον, tears
36 βοή, outcry
37 στεναγμός, groaning, sighing
38 πυρόω, *perf pas ptc gen s f*, inflame
39 πάντοθεν, all around
40 ὀλοφύρομαι, *pres mid ptc gen p m*, bewail
41 ἀπροσδόκητος, unexpected
42 ἐξαίφνης, all of a sudden
43 ἐπικρίνω, *aor pas ptc acc s f*, inflict
44 ὀλεθρία, destruction, ruin
45 σύνολος, at all, whatsoever
46 οἰκητός, inhabited
47 ἀγυιά, street
48 κοπετός, lamentation
49 γόος, weeping
50 ἐμπιπλάω, *impf pas ind 3p*, fill up
51 πικρία, bitterness
52 ἄνοικτος, pitiless
53 στρατηγός, commander
54 ὁμοθυμαδόν, of one accord
55 ἐξαποστέλλω, *impf pas ind 3p*, send away
56 ἔξαλλος, extraordinary

τιμωρίαις[1] καί τινας τῶν ἐχθρῶν λαμβάνοντας πρὸ τῶν ὀφθαλμῶν τὸν κοινὸν[2]
ἔλεον[3] καὶ λογιζομένους τὴν ἄδηλον[4] τοῦ βίου[5] καταστροφὴν[6] δακρύειν[7] αὐτῶν τὴν
δυσάθλιον[8] ἐξαποστολήν.[9]

5 ἤγετο γὰρ γεραιῶν[10] πλῆθος πολιᾷ[11] πεπυκασμένων,[12] τὴν ἐκ τοῦ γήρως[13] νω-
θρότητα[14] ποδῶν ἐπίκυφον[15] ἀνατροπῆς[16] ὁρμῇ[17] βιαίας[18] ἁπάσης[19] αἰδοῦς[20] ἄνευ[21]
πρὸς ὀξεῖαν[22] καταχρωμένων[23] πορείαν.[24] **6** αἱ δὲ ἄρτι[25] πρὸς βίου[26] κοινωνίαν[27]
γαμικὸν[28] ὑπεληλυθυῖαι[29] παστὸν[30] νεάνιδες[31] ἀντὶ[32] τέρψεως[33] μεταλαβοῦσαι[34]
γόους[35] καὶ κόνει[36] τὴν μυροβρεχῆ[37] πεφυρμέναι[38] κόμην,[39] ἀκαλύπτως[40] δὲ ἀγόμεναι
θρῆνον[41] ἀνθ᾽ ὑμεναίων[42] ὁμοθυμαδὸν[43] ἐξῆρχον[44] ὡς ἐσπαραγμέναι[45] σκυλμοῖς[46]
ἀλλοεθνέσιν·[47] **7** δέσμιαι[48] δὲ δημοσίᾳ[49] μέχρι[50] τῆς εἰς τὸ πλοῖον[51] ἐμβολῆς[52] εἵλ-
κοντο[53] μετὰ βίας.[54] **8** οἵ τε τούτων συνζυγεῖς[55] βρόχοις[56] ἀντὶ[57] στεφέων[58] τοὺς
αὐχένας[59] περιπεπλεγμένοι[60] μετὰ ἀκμαίας[61] νεανικῆς[62] ἡλικίας[63] ἀντὶ εὐωχίας[64]

1 τιμωρία, retribution
2 κοινός, common
3 ἔλεος, compassion
4 ἄδηλος, uncertain
5 βίος, life
6 καταστροφή, destruction
7 δακρύω, *pres act inf*, weep, shed tears
8 δυσάθλιος, most miserable
9 ἐξαποστολή, expulsion
10 γεραιός, old (man)
11 πολιά, gray hair
12 πυκάζω, *perf pas ptc gen p m*, cover
13 γῆρας, old age
14 νωθρότης, sluggishness
15 ἐπίκυφος, bent over
16 ἀνατροπή, pouring out, ruin
17 ὁρμή, impulse, rage
18 βίαιος, forcible, violent
19 ἅπας, all
20 αἰδώς, shame, respect
21 ἄνευ, without
22 ὀξύς, quickly, swift
23 καταχράομαι, *pres mid ptc gen p m*, abuse, misuse
24 πορεία, journey
25 ἄρτι, just recently
26 βίος, life
27 κοινωνία, partnership, fellowship
28 γαμικός, of marriage
29 ὑπέρχομαι, *perf act ptc nom p f*, enter into
30 παστός, bridal chamber
31 νεᾶνις, young maiden
32 ἀντί, in return for, in place of
33 τέρψις, delight, joy
34 μεταλαμβάνω, *aor act ptc nom p f*, exchange
35 γόος, weeping
36 κόνις, ashes, dust
37 μυροβραχής, wet with ointment
38 φύρω, *perf pas ptc nom p f*, soak
39 κόμη, hair
40 ἀκαλύπτως, unveiled
41 θρῆνος, lamentation
42 ὑμέναιος, bridal song
43 ὁμοθυμαδόν, together
44 ἐξάρχω, *impf act ind 3p*, begin
45 σπαράσσω, *perf pas ptc nom p f*, devastate, savage
46 σκυλμός, cruelty
47 ἀλλοεθνής, foreign nation
48 δέσμιος, captive
49 δημόσιος, publicly
50 μέχρι, until
51 πλοῖον, boat
52 ἐμβολή, putting aboard
53 ἕλκω, *impf pas ind 3p*, drag
54 βία, violence
55 συνζυγής, husband
56 βρόχος, noose
57 ἀντί, instead of
58 στέφος, garland
59 αὐχήν, neck
60 περιπλέκω, *perf mid ptc nom p m*, wear around
61 ἀκμαῖος, prime, vigor
62 νεανικός, youthful
63 ἡλικία, time of life
64 εὐωχία, feasting

καὶ νεωτερικῆς[1] ῥᾳθυμίας[2] τὰς ἐπιλοίπους[3] τῶν γάμων[4] ἡμέρας ἐν θρήνοις[5] δι-
ῆγον[6] παρὰ πόδας ἤδη[7] τὸν ᾅδην[8] ὁρῶντες κείμενον.[9] **9** κατήχθησαν[10] δὲ θηρίων
τρόπον[11] ἀγόμενοι σιδηροδέσμοις[12] ἀνάγκαις,[13] οἱ μὲν τοῖς ζυγοῖς[14] τῶν πλοίων[15]
προσηλωμένοι[16] τοὺς τραχήλους,[17] οἱ δὲ τοὺς πόδας ἀρρήκτοις[18] κατησφαλισμένοι[19]
πέδαις,[20] **10** ἔτι καὶ τῷ καθύπερθε[21] πυκνῷ[22] σανιδώματι[23] διακειμένῳ,[24] ὅπως
πάντοθεν[25] ἐσκοτισμένοι[26] τοὺς ὀφθαλμοὺς ἀγωγὴν[27] ἐπιβούλων[28] ἐν παντὶ τῷ
κατάπλῳ[29] λαμβάνωσιν.

Jews Imprisoned

11 Τούτων δὲ ἐπὶ τὴν λεγομένην Σχεδίαν ἀχθέντων[30] καὶ τοῦ παράπλου[31] περαν-
θέντος,[32] καθὼς ἦν δεδογματισμένον[33] τῷ βασιλεῖ, προσέταξεν[34] αὐτοὺς ἐν τῷ
πρὸ τῆς πόλεως ἱπποδρόμῳ[35] παρεμβαλεῖν[36] ἀπλάτῳ[37] καθεστῶτι[38] περιμέτρῳ[39]
καὶ πρὸς παραδειγματισμὸν[40] ἄγαν[41] εὐκαιροτάτῳ[42] καθεστῶτι[43] πᾶσι τοῖς κατα-
πορευομένοις[44] εἰς τὴν πόλιν καὶ τοῖς ἐκ τούτων εἰς τὴν χώραν[45] στελλομένοις[46]
πρὸς ἐκδημίαν[47] πρὸς τὸ μηδὲ ταῖς δυνάμεσιν αὐτοῦ κοινωνεῖν[48] μηδὲ τὸ σύνολον[49]
καταξιῶσαι[50] περιβόλων.[51] **12** ὡς δὲ τοῦτο ἐγενήθη, ἀκούσας τοὺς ἐκ τῆς πόλεως

1 νεωτερικός, youthful
2 ῥᾳθυμία, amusement, enjoyment
3 ἐπίλοιπος, remaining
4 γάμος, marriage
5 θρῆνος, lamentation
6 διάγω, *impf act ind 3p*, live one's days, spend one's life
7 ἤδη, already
8 ᾅδης, grave, Hades
9 κεῖμαι, *pres pas ptc acc s m*, be placed
10 κατάγω, *aor pas ind 3p*, lead down
11 τρόπος, manner
12 σιδηρόδεσμος, iron bonds
13 ἀνάγκη, constraint
14 ζυγός, yoke
15 πλοῖον, ship
16 προσηλόω, *perf pas ptc nom p m*, fasten
17 τράχηλος, neck
18 ἄρρηκτος, unbreakable
19 κατασφαλίζομαι, *perf pas ptc nom p m*, fasten
20 πέδη, shackle
21 καθύπερθε, above
22 πυκνός, solid
23 σανίδωμα, plank, decking
24 διάκειμαι, *pres pas ptc dat s n*, fix, set up
25 πάντοθεν, (completely), on all sides
26 σκοτίζω, *perf pas ptc nom p m*, darken
27 ἀγωγή, treatment
28 ἐπίβουλος, (traitor)
29 κατάπλους, voyage
30 ἄγω, *aor pas ptc gen p m*, bring
31 παράπλους, voyage
32 περαίνω, *aor pas ptc gen s m*, finish, conclude
33 δογματίζω, *perf pas ptc nom s n*, decree
34 προστάσσω, *aor act ind 3s*, command
35 ἱππόδρομος, hippodrome
36 παρεμβάλλω, *aor act inf*, encamp
37 ἄπλατος, immense
38 καθίστημι, *perf act ptc dat s m*, set up
39 περίμετρον, circumference
40 παραδειγματισμός, display as an example
41 ἄγαν, very much
42 εὔκαιρος, *sup*, best suited, most convenient
43 καθίστημι, *perf act ptc dat s m*, set up
44 καταπορεύομαι, *pres mid ptc dat p m*, return
45 χώρα, country
46 στέλλω, *pres mid ptc dat p m*, journey
47 ἐκδημία, going abroad
48 κοινωνέω, *pres act inf*, communicate with
49 σύνολος, not at all
50 καταξιόω, *aor act inf*, claim to be worthy (of protection)
51 περίβολος, enclosing wall

ὁμοεθνεῖς[1] κρυβῇ[2] ἐκπορευομένους πυκνότερον[3] ἀποδύρεσθαι[4] τὴν ἀκλεῆ[5] τῶν
ἀδελφῶν ταλαιπωρίαν[6] **13** διοργισθεὶς[7] προσέταξεν[8] καὶ τούτοις ὁμοῦ[9] τὸν αὐτὸν
τρόπον[10] ἐπιμελῶς[11] ὡς ἐκείνοις ποιῆσαι μὴ λειπομένοις[12] κατὰ μηδένα[13] τρόπον
τῆς ἐκείνων τιμωρίας,[14] **14** ἀπογραφῆναι[15] δὲ πᾶν τὸ φῦλον[16] ἐξ ὀνόματος, οὐκ εἰς
τὴν ἔμπροσθεν βραχεῖ[17] προδεδηλωμένην[18] τῶν ἔργων κατάπονον[19] λατρείαν,[20]
στρεβλωθέντας[21] δὲ ταῖς παρηγγελμέναις[22] αἰκίαις[23] τὸ τέλος ἀφανίσαι[24] μιᾶς ὑπὸ
καιρὸν ἡμέρας. **15** ἐγίνετο μὲν οὖν ἡ τούτων ἀπογραφὴ[25] μετὰ πικρᾶς[26] σπουδῆς[27]
καὶ φιλοτίμου[28] προσεδρείας[29] ἀπὸ ἀνατολῶν[30] ἡλίου μέχρι[31] δυσμῶν[32] ἀνήνυτον[33]
λαμβάνουσα τὸ τέλος ἐπὶ ἡμέρας τεσσαράκοντα.[34]

16 Μεγάλως[35] δὲ καὶ διηνεκῶς[36] ὁ βασιλεὺς χαρᾷ[37] πεπληρωμένος[38] συμπόσια[39]
ἐπὶ πάντων τῶν εἰδώλων[40] συνιστάμενος[41] πεπλανημένῃ[42] πόρρω[43] τῆς ἀληθείας[44]
φρενὶ[45] καὶ βεβήλῳ[46] στόματι τὰ μὲν κωφὰ[47] καὶ μὴ δυνάμενα αὐτοῖς λαλεῖν ἢ
ἀρήγειν[48] ἐπαινῶν,[49] εἰς δὲ τὸν μέγιστον[50] θεὸν τὰ μὴ καθήκοντα[51] λαλῶν. **17** μετὰ
δὲ τὸ προειρημένον[52] τοῦ χρόνου διάστημα[53] προσηνέγκαντο[54] οἱ γραμματεῖς[55] τῷ

1 ὁμοεθνής, fellow countryman
2 κρυβῇ, secretly
3 πυκνός, *comp*, often
4 ἀποδύρομαι, *pres mid inf*, lament bitterly
5 ἀκλεής, ignominious
6 ταλαιπωρία, misery
7 διοργίζομαι, *aor pas ptc nom s m*, be very angry
8 προστάσσω, *aor act ind 3s*, command
9 ὁμοῦ, (identical)
10 τρόπος, manner
11 ἐπιμελῶς, precisely
12 λείπω, *pres pas ptc dat p m*, omit, spare
13 μηδείς, nothing
14 τιμωρία, punishment
15 ἀπογράφω, *aor pas inf*, register, enroll
16 φῦλον, nation
17 βραχύς, briefly
18 προδηλόω, *perf pas ptc acc s f*, explain beforehand
19 κατάπονος, difficult, wearisome
20 λατρεία, service
21 στρεβλόω, *aor pas ptc acc p m*, torture
22 παραγγέλλω, *perf pas ptc dat p f*, order
23 αἰκία, torturous treatment, suffering
24 ἀφανίζω, *aor act inf*, destroy, blot out
25 ἀπογραφή, registration
26 πικρός, bitter
27 σπουδή, haste
28 φιλότιμος, zealous
29 προσεδρεία, diligence
30 ἀνατολή, rising
31 μέχρι, until
32 δυσμή, setting
33 ἀνήνυτος, incomplete
34 τεσσαράκοντα, forty
35 μεγάλως, greatly
36 διηνεκῶς, continually
37 χαρά, joy
38 πληρόω, *perf pas ptc nom s m*, fill
39 συμπόσιον, banquet, drinking party
40 εἴδωλον, idol
41 συνίστημι, *pres mid ptc nom s m*, host, organize
42 πλανάω, *perf pas ptc dat s f*, wander
43 πόρρω, far away
44 ἀλήθεια, truth
45 φρήν, heart, mind
46 βέβηλος, profane, impure
47 κωφός, deaf (thing)
48 ἀρήγω, *pres act inf*, aid
49 ἐπαινέω, *pres act ptc nom s m*, praise
50 μέγας, *sup*, supreme
51 καθήκω, *pres act ptc acc p n*, be proper, be fitting
52 προλέγω, *perf pas ptc acc s n*, mention previously
53 διάστημα, interval
54 προσφέρω, *aor mid ind 3p*, bring to, (report)
55 γραμματεύς, scribe

βασιλεῖ μηκέτι[1] ἰσχύειν[2] τὴν τῶν Ιουδαίων ἀπογραφὴν[3] ποιεῖσθαι διὰ τὴν ἀμέτρητον[4]
αὐτῶν πληθὺν[5] **18** καίπερ[6] ὄντων ἔτι κατὰ τὴν χώραν[7] τῶν πλειόνων,[8] τῶν μὲν κατὰ
τὰς οἰκίας ἔτι συνεστηκότων,[9] τῶν δὲ καὶ κατὰ τόπον, ὡς ἀδυνάτου[10] καθεστῶτος[11]
πᾶσιν τοῖς ἐπ᾽ Αἴγυπτον στρατηγοῖς.[12] **19** ἀπειλήσαντος[13] δὲ αὐτοῖς σκληρότερον[14]
ὡς δεδωροκοπημένοις[15] εἰς μηχανὴν[16] τῆς ἐκφυγῆς[17] συνέβη[18] σαφῶς[19] αὐτὸν περὶ
τούτου πιστωθῆναι[20] **20** λεγόντων μετὰ ἀποδείξεως[21] καὶ τὴν χαρτηρίαν[22] ἤδη[23]
καὶ τοὺς γραφικοὺς[24] καλάμους,[25] ἐν οἷς ἐχρῶντο,[26] ἐκλελοιπέναι.[27] **21** τοῦτο δὲ ἦν
ἐνέργεια[28] τῆς τοῦ βοηθοῦντος[29] τοῖς Ιουδαίοις ἐξ οὐρανοῦ προνοίας[30] ἀνικήτου.[31]

Jewish Massacre Avoided Twice

5 Τότε προσκαλεσάμενος[32] Ἕρμωνα τὸν πρὸς τῇ τῶν ἐλεφάντων[33] ἐπιμελείᾳ[34]
βαρείᾳ[35] μεμεστωμένος[36] ὀργῇ[37] καὶ χόλῳ[38] κατὰ πᾶν ἀμετάθετος[39] **2** ἐκέλευ-
σεν[40] ὑπὸ τὴν ἐπερχομένην[41] ἡμέραν δαψιλέσι[42] δράκεσι[43] λιβανωτοῦ[44] καὶ οἴνῳ
πλείονι[45] ἀκράτῳ[46] ἅπαντας[47] τοὺς ἐλέφαντας[48] ποτίσαι[49] ὄντας τὸν ἀριθμὸν[50]
πεντακοσίους[51] καὶ ἀγριωθέντας[52] τῇ τοῦ πόματος[53] ἀφθόνῳ[54] χορηγίᾳ[55] εἰσαγαγεῖν[56]

1 μηκέτι, no longer
2 ἰσχύω, *pres act inf*, be able to
3 ἀπογραφή, registration
4 ἀμέτρητος, immeasurable, immense
5 πληθύς, multitude
6 καίπερ, although
7 χώρα, country
8 πλείων/πλεῖον, *comp of* πολύς, (majority)
9 συνίστημι, *perf act ptc gen p m*, be, reside
10 ἀδύνατος, impossible
11 καθίστημι, *perf act ptc gen s n*, render
12 στρατηγός, commander
13 ἀπειλέω, *aor act ptc gen s m*, threaten
14 σκληρῶς, *comp*, more severely
15 δωροκοπέω, *perf pas ptc dat p m*, bribe
16 μηχανή, plan
17 ἐκφυγή, escape
18 συμβαίνω, *aor act ind 3s*, happen
19 σαφῶς, undoubtedly, plainly
20 πιστόω, *aor pas inf*, confirm, convince
21 ἀπόδειξις, proof, evidence
22 χαρτηρία, (paper), papyrus
23 ἤδη, already
24 γραφικός, (pen), writing instrument
25 κάλαμος, reed
26 χράω, *impf mid ind 3p*, use
27 ἐκλείπω, *perf act inf*, spend, exhaust
28 ἐνέργεια, work, act
29 βοηθέω, *pres act ptc gen s m*, help, aid
30 πρόνοια, providence
31 ἀνίκητος, unconquerable, invincible
32 προσκαλέω, *aor mid ptc nom s m*, summon
33 ἐλέφας, elephant
34 ἐπιμέλεια, care, attention
35 βαρύς, grievous, severe
36 μεστόω, *perf pas ptc nom s m*, fill with
37 ὀργή, wrath, rage
38 χόλος, bitter anger
39 ἀμετάθετος, unalterable, intractable
40 κελεύω, *aor act ind 3s*, order
41 ἐπέρχομαι, *pres mid ptc acc s f*, come next
42 δαψιλής, large, plentiful
43 δράκος, handful
44 λιβανωτός, frankincense, *Heb. LW*
45 πλείων/πλεῖον, *comp of* πολύς, (plenty of)
46 ἄκρατος, unmixed
47 ἅπας, all
48 ἐλέφας, elephant
49 ποτίζω, *aor act inf*, give to drink
50 ἀριθμός, number
51 πεντακόσιοι, five hundred
52 ἀγριόω, *aor pas ptc acc p m*, become wild
53 πόμα, drink
54 ἄφθονος, bounteous
55 χορηγία, supply
56 εἰσάγω, *aor act inf*, drive in

πρὸς συνάντησιν[1] τοῦ μόρου[2] τῶν Ιουδαίων. **3** ὁ μὲν τάδε[3] προστάσσων[4] ἐτρέπετο[5]
πρὸς τὴν εὐωχίαν[6] συναγαγὼν τοὺς μάλιστα[7] τῶν φίλων[8] καὶ τῆς στρατιᾶς[9]
ἀπεχθῶς[10] ἔχοντας πρὸς τοὺς Ιουδαίους.

4 ὁ δὲ ἐλεφαντάρχης[11] τὸ προσταγὲν[12] ἀραρότως[13] Ἑρμων συνετέλει.[14] **5** οἵ τε πρὸς
τούτοις λειτουργοὶ[15] κατὰ τὴν ἑσπέραν[16] ἐξιόντες[17] τὰς τῶν ταλαιπωρούντων[18]
ἐδέσμευον[19] χεῖρας τήν τε λοιπὴν[20] ἐμηχανῶντο[21] περὶ αὐτοὺς ἀσφάλειαν[22] ἔν-
νυχον[23] δόξαντες[24] ὁμοῦ[25] λήμψεσθαι τὸ φῦλον[26] πέρας[27] τῆς ὀλεθρίας.[28] **6** οἱ δὲ
πάσης σκέπης[29] ἔρημοι[30] δοκοῦντες[31] εἶναι τοῖς ἔθνεσιν Ιουδαῖοι διὰ τὴν πάν-
τοθεν[32] περιέχουσαν[33] αὐτοὺς μετὰ δεσμῶν[34] ἀνάγκην[35] **7** τὸν παντοκράτορα[36]
κύριον καὶ πάσης δυνάμεως δυναστεύοντα,[37] ἐλεήμονα[38] θεὸν αὐτῶν καὶ πατέρα,
δυσκαταπαύστῳ[39] βοῇ[40] πάντες μετὰ δακρύων[41] ἐπεκαλέσαντο[42] δεόμενοι[43]
8 τὴν κατ᾽ αὐτῶν μεταστρέψαι[44] βουλὴν[45] ἀνοσίαν[46] καὶ ῥύσασθαι[47] αὐτοὺς μετὰ
μεγαλομεροῦς[48] ἐπιφανείας[49] ἐκ τοῦ παρὰ πόδας ἐν ἑτοίμῳ[50] μόρου.[51] **9** τούτων μὲν
οὖν ἐκτενῶς[52] ἡ λιτανεία[53] ἀνέβαινεν εἰς τὸν οὐρανόν.

1 συνάντησις, meeting
2 μόρος, fate, death
3 ὅδε, this
4 προστάσσω, *pres act ptc nom s m*, command
5 τρέπω, *impf mid ind 3s*, turn to
6 εὐωχία, feasting
7 μάλα, *sup*, especially, exceedingly
8 φίλος, friend
9 στρατιά, army, company
10 ἀπεχθῶς, hatefully, hostilely
11 ἐλεφαντάρχης, keeper of the elephants
12 προστάσσω, *aor pas ptc nom s n*, command
13 ἀραρότως, diligently
14 συντελέω, *impf act ind 3s*, carry out, complete
15 λειτουργός, servant
16 ἑσπέρα, evening
17 ἔξειμι, *pres act ptc nom p m*, come out
18 ταλαιπωρέω, *pres act ptc gen p m*, be afflicted, be miserable
19 δεσμεύω, *impf act ind 3p*, bind
20 λοιπός, rest
21 μηχανάομαι, *impf mid ind 3p*, make plans, take precautions
22 ἀσφάλεια, security, custody
23 ἔννυχος, at night
24 δοκέω, *aor act ptc nom p m*, think, believe
25 ὁμοῦ, with one blow
26 φῦλον, people, nation
27 πέρας, limit, conclusion
28 ὀλεθρία, destruction
29 σκέπη, (protection), shelter
30 ἔρημος, destitute, bereft
31 δοκέω, *pres act ptc nom p m*, seem
32 πάντοθεν, on all sides
33 περιέχω, *pres act ptc acc s f*, surround, confine
34 δεσμός, bond, (chains)
35 ἀνάγκη, constraint
36 παντοκράτωρ, almighty, ruler of all
37 δυναστεύω, *pres act ptc acc s m*, exercise authority
38 ἐλεήμων, merciful
39 δυσκατάπαυστος, restless, irrepressible
40 βοή, cry of mourning
41 δάκρυον, tears
42 ἐπικαλέω, *aor mid ind 3p*, call upon
43 δέομαι, *pres mid ptc nom p m*, pray
44 μεταστρέφω, *aor act inf*, thwart, overthrow
45 βουλή, plan
46 ἀνόσιος, evil, godless
47 ῥύομαι, *aor mid inf*, deliver, rescue
48 μεγαλομερής, magnificent
49 ἐπιφάνεια, manifestation, appearance
50 ἕτοιμος, prepared
51 μόρος, fate, death
52 ἐκτενῶς, zealously, continuously
53 λιτανεία, prayer, entreaty

10 Ὁ δὲ Ἕρμων τοὺς ἀνηλεεῖς[1] ἐλέφαντας[2] ποτίσας[3] πεπληρωμένους[4] τῆς τοῦ
οἴνου πολλῆς χορηγίας[5] καὶ τοῦ λιβάνου[6] μεμεστωμένους[7] ὄρθριος[8] ἐπὶ τὴν αὐλὴν[9]
παρῆν[10] περὶ τούτων προσαγγεῖλαι[11] τῷ βασιλεῖ. **11** τὸ δὲ ἀπ᾽ αἰῶνος χρόνου κτίσμα[12]
καλὸν ἐν νυκτὶ καὶ ἡμέρᾳ ἐπιβαλλόμενον[13] ὑπὸ τοῦ χαριζομένου[14] πᾶσιν, οἷς ἂν
αὐτὸς θελήσῃ, ὕπνου[15] μέρος[16] ἀπέστειλεν εἰς τὸν βασιλέα, **12** καὶ ἡδίστῳ[17] καὶ
βαθεῖ[18] κατεσχέθη[19] τῇ ἐνεργείᾳ[20] τοῦ δεσπότου[21] τῆς ἀθέσμου[22] μὲν προθέσεως[23]
πολὺ διεσφαλμένος,[24] τοῦ δὲ ἀμεταθέτου[25] λογισμοῦ[26] μεγάλως[27] διεψευσμένος.[28]
13 οἵ τε Ιουδαῖοι τὴν προσημανθεῖσαν[29] ὥραν διαφυγόντες[30] τὸν ἅγιον ᾔνουν[31] θεὸν
αὐτῶν καὶ πάλιν ἠξίουν[32] τὸν εὐκατάλλακτον[33] δεῖξαι[34] μεγαλοσθενοῦς[35] ἑαυτοῦ
χειρὸς κράτος[36] ἔθνεσιν ὑπερηφάνοις.[37]

14 μεσούσης[38] δὲ ἤδη[39] δεκάτης[40] ὥρας σχεδὸν[41] ὁ πρὸς ταῖς κλήσεσιν[42] τεταγμένος[43]
ἀθρόους[44] τοὺς κλητοὺς[45] ἰδὼν ἔνυξεν[46] προσελθὼν τὸν βασιλέα. **15** καὶ μόλις[47]
διεγείρας[48] ὑπέδειξε[49] τὸν τῆς συμποσίας[50] καιρὸν ἤδη[51] παρατρέχοντα[52] τὸν
περὶ τούτων λόγον ποιούμενος. **16** ὃν ὁ βασιλεὺς λογισάμενος[53] καὶ τραπεὶς[54]

1 ἀνηλεής, merciless
2 ἐλέφας, elephant
3 ποτίζω, *aor act ptc nom s m*, give drink
4 πληρόω, *perf pas ptc acc p m*, fill
5 χορηγία, supply, abundance
6 λίβανος, frankincense, *Heb. LW*
7 μεστόω, *perf pas ptc acc p m*, glut, sate
8 ὄρθριος, early in the morning
9 αὐλή, court
10 πάρειμι, *impf act ind 3s*, be present, present oneself
11 προσαγγέλλω, *aor act inf*, report to
12 κτίσμα, creation, creature
13 ἐπιβάλλω, *pres pas ptc acc s n*, lay upon, bestow
14 χαρίζομαι, *pres pas ptc gen s m*, grant, give freely
15 ὕπνος, sleep
16 μέρος, portion
17 ἡδύς, *sup*, most pleasant
18 βαθύς, deep
19 κατέχω, *aor pas ind 3s*, overcome
20 ἐνέργεια, action, operation
21 δεσπότης, lord
22 ἄθεσμος, unlawful
23 πρόθεσις, plan, purpose
24 διασφάλλω, *perf pas ptc nom s m*, fail
25 ἀμετάθετος, unalterable
26 λογισμός, reasoning, calculation
27 μεγάλως, exceedingly
28 διαψεύδομαι, *perf pas ptc nom s m*, frustrate
29 προσημαίνω, *aor pas ptc acc s f*, announce, appoint
30 διαφεύγω, *aor act ptc nom p m*, escape
31 αἰνέω, *impf act ind 3p*, praise
32 ἀξιόω, *impf act ind 3p*, entreat, beseech
33 εὐκατάλλακτος, easily appeased, easily reconciled
34 δείκνυμι, *aor act inf*, demonstrate, show
35 μεγαλοσθενής, strong, powerful
36 κράτος, strength
37 ὑπερήφανος, arrogant
38 μεσόω, *pres act ptc gen s f*, be in the middle of
39 ἤδη, by this time
40 δέκατος, tenth
41 σχεδόν, almost
42 κλῆσις, invitation
43 τάσσω, *perf pas ptc nom s m*, appoint, be in charge
44 ἀθρόος, gathered, assembled
45 κλητός, invited guest
46 νύσσω, *aor act ind 3s*, nudge, poke
47 μόλις, hardly, with difficulty
48 διεγείρω, *aor act ptc nom s m*, stir up, rouse
49 ὑποδείκνυμι, *aor act ind 3s*, inform
50 συμποσία, banquet
51 ἤδη, already, by this time
52 παρατρέχω, *pres act ptc acc s m*, pass by
53 λογίζομαι, *aor mid ptc nom s m*, consider
54 τρέπω, *aor pas ptc nom s m*, return

εἰς τὸν πότον[1] ἐκέλευσεν[2] τοὺς παραγεγονότας[3] ἐπὶ τὴν συμποσίαν[4] ἄντικρυς[5]
ἀνακλῖναι[6] αὐτοῦ.

17 οὗ καὶ γενομένου παρῄνει[7] εἰς εὐωχίαν[8] δόντας ἑαυτοὺς τὸ παρὸν[9] τῆς συμ-
ποσίας[10] ἐπὶ πολὺ γεραιρομένους[11] εἰς εὐφροσύνην[12] καταθέσθαι[13] μέρος.[14] **18** ἐπὶ
πλεῖον[15] δὲ προβαινούσης[16] τῆς ὁμιλίας[17] τὸν Ἕρμωνα προσκαλεσάμενος[18] ὁ
βασιλεὺς μετὰ πικρᾶς[19] ἀπειλῆς[20] ἐπυνθάνετο,[21] τίνος ἕνεκεν[22] αἰτίας[23] εἰάθησαν[24]
οἱ Ιουδαῖοι τὴν περιοῦσαν[25] ἡμέραν περιβεβιωκότες.[26] **19** τοῦ δὲ ὑποδείξαντος[27]
ἔτι νυκτὸς τὸ προσταγὲν[28] ἐπὶ τέλος ἀγειοχέναι καὶ τῶν φίλων[29] αὐτῷ προσμαρ-
τυρησάντων[30] **20** τὴν ὠμότητα[31] χείρονα[32] Φαλάριδος ἐσχηκὼς[33] ἔφη[34] τῷ τῆς
σήμερον ὕπνῳ[35] χάριν ἔχειν αὐτούς· ἀνυπερθέτως[36] δὲ εἰς τὴν ἐπιτελοῦσαν[37] ἡμέραν
κατὰ τὸ ὅμοιον[38] ἑτοίμασον[39] τοὺς ἐλέφαντας[40] ἐπὶ τὸν τῶν ἀθεμίτων[41] Ιουδαίων
ἀφανισμόν.[42] **21** εἰπόντος δὲ τοῦ βασιλέως ἀσμένως[43] πάντες μετὰ χαρᾶς[44] οἱ πα-
ρόντες[45] ὁμοῦ[46] συναινέσαντες[47] εἰς τὸν ἴδιον[48] οἶκον ἕκαστος ἀνέλυσεν.[49] **22** καὶ

1 πότος, drinking
2 κελεύω, *aor act ind 3s*, order
3 παραγίνομαι, *perf act ptc acc p m*, be present
4 συμποσία, banquet
5 ἄντικρυς, before, opposite
6 ἀνακλίνω, *aor act inf*, recline
7 παραινέω, *impf act ind 3s*, exhort
8 εὐωχία, feasting
9 πάρειμι, *pres act ptc acc s n*, be present
10 συμποσία, banquet
11 γεραίρω, *pres mid ptc acc p m*, celebrate
12 εὐφροσύνη, joy, gladness
13 κατατίθημι, *aor mid inf*, spend in
14 μέρος, part, portion
15 ἐπὶ πλεῖον, for some time
16 προβαίνω, *pres act ptc gen s f*, go on, continue
17 ὁμιλία, party, conversation
18 προσκαλέω, *aor mid ptc nom s m*, summon
19 πικρός, bitter, angry
20 ἀπειλή, threat
21 πυνθάνομαι, *impf mid ind 3s*, inquire
22 ἕνεκα, on account of
23 αἰτία, reason
24 ἐάω, *aor pas ind 3p*, permit, allow
25 περίειμι, *pres act ptc acc s f*, remain
26 περιβιόω, *perf act ptc nom p m*, survive
27 ὑποδείκνυμι, *aor act ptc gen s m*, point out, explain
28 προστάσσω, *aor pas ptc acc s n*, command
29 φίλος, friend
30 προσμαρτυρέω, *aor act ptc gen p m*, corroborate, confirm
31 ὠμότης, cruelty
32 χείρων, *comp of* κακός, worse
33 ἔχω, *perf act ptc nom s m*, possess
34 φημί, *aor act ind 3s*, assert
35 ὕπνος, sleep
36 ἀνυπερθέτως, without delay
37 ἐπιτελέω, *pres act ptc acc s f*, end
38 ὅμοιος, similar, like
39 ἑτοιμάζω, *aor act impv 2s*, make ready
40 ἐλέφας, elephant
41 ἀθέμιτος, unlawful
42 ἀφανισμός, extermination
43 ἀσμένως, gladly, readily
44 χαρά, joy
45 πάρειμι, *pres act ptc nom p m*, be present
46 ὁμοῦ, with one accord
47 συναινέω, *aor act ptc nom p m*, approve, agree to
48 ἴδιος, one's own
49 ἀναλύω, *aor act ind 3s*, depart

οὐχ οὕτως εἰς ὕπνον[1] κατεχρήσαντο[2] τὸν χρόνον τῆς νυκτός, ὡς εἰς τὸ παντοίους[3]
μηχανᾶσθαι[4] τοῖς ταλαιπώροις[5] δοκοῦσιν[6] ἐμπαιγμούς.[7]

23 Ἄρτι[8] δὲ ἀλεκτρυὼν[9] ἐκέκραγεν ὄρθριος,[10] καὶ τὰ θηρία καθωπλικὼς[11] ὁ Ἕρμων
ἐν τῷ μεγάλῳ περιστύλῳ[12] διεκίνει.[13] **24** τὰ δὲ κατὰ τὴν πόλιν πλήθη συνήθροιστο[14]
πρὸς τὴν οἰκτροτάτην[15] θεωρίαν[16] προσδοκῶντα[17] τὴν πρωίαν[18] μετὰ σπουδῆς.[19]
25 οἱ δὲ Ιουδαῖοι κατὰ τὸν ἀμερῆ[20] ψυχουλκούμενοι[21] χρόνον πολύδακρυν[22] ἱκε-
τείαν[23] ἐν μέλεσιν[24] γοεροῖς[25] τείνοντες[26] τὰς χεῖρας εἰς τὸν οὐρανὸν ἐδέοντο[27]
τοῦ μεγίστου[28] θεοῦ πάλιν[29] αὐτοῖς βοηθῆσαι[30] συντόμως.[31] **26** οὔπω[32] δὲ ἡλίου
βολαὶ[33] κατεσπείροντο,[34] καὶ τοῦ βασιλέως τοὺς φίλους[35] ἐκδεχομένου[36] ὁ Ἕρμων
παραστὰς[37] ἐκάλει πρὸς τὴν ἔξοδον[38] ὑποδεικνύων[39] τὸ πρόθυμον[40] τοῦ βασιλέως ἐν
ἑτοίμῳ[41] κεῖσθαι.[42] **27** τοῦ δὲ ἀποδεξαμένου[43] καὶ καταπλαγέντος[44] ἐπὶ τῇ παρανόμῳ[45]
ἐξόδῳ[46] κατὰ πᾶν ἀγνωσίᾳ[47] κεκρατημένος[48] ἐπυνθάνετο,[49] τί τὸ πρᾶγμα,[50] ἐφ᾽ οὗ
τοῦτο αὐτῷ μετὰ σπουδῆς[51] τετέλεσται·[52] **28** τοῦτο δὲ ἦν ἡ ἐνέργεια[53] τοῦ πάντα

1 ὕπνος, sleep
2 καταχράομαι, *aor mid ind 3p*, make full use of
3 παντοῖος, of all kinds
4 μηχανάομαι, *pres mid inf*, contrive
5 ταλαίπωρος, miserable, doomed
6 δοκέω, *pres act ptc dat p m*, seem, appear
7 ἐμπαιγμός, mockery
8 ἄρτι, just now, recently
9 ἀλεκτρυών, rooster
10 ὄρθριος, early in the morning
11 καθοπλίζω, *perf act ptc nom s m*, equip with armor
12 περίστυλον, colonnade, gallery
13 διακινέω, *impf act ind 3s*, put into motion
14 συναθροίζω, *plpf pas ind 3s*, gather
15 οἴκτιστος, *sup of* οἰκτρός, most lamentable
16 θεωρία, spectacle
17 προσδοκάω, *pres act ptc nom p n*, wait for
18 πρώϊος, morning
19 σπουδή, earnestness, eagerness
20 ἀμερής, momentary
21 ψυχουλκέομαι, *pres mid ptc nom p m*, draw one's last breath
22 πολύδακρυς, tearful
23 ἱκετεία, supplication
24 μέλος, dirge, song
25 γοερός, mournful
26 τείνω, *pres act ptc nom p m*, stretch out
27 δέομαι, *impf mid ind 3p*, entreat, beseech
28 μέγας, *sup*, supreme
29 πάλιν, once more
30 βοηθέω, *aor act inf*, help, rescue
31 συντόμως, promptly, speedily
32 οὔπω, not yet
33 βολή, beam, ray
34 κατασπείρω, *impf mid ind 3p*, scatter, spread out
35 φίλος, friend
36 ἐκδέχομαι, *pres mid ptc gen s m*, gather, receive
37 παρίστημι, *aor act ptc nom s m*, arrive
38 ἔξοδος, exit, departure
39 ὑποδείκνυμι, *pres act ptc nom s m*, inform
40 πρόθυμος, desire, will
41 ἕτοιμος, readiness
42 κεῖμαι, *pres pas inf*, prepare, set up
43 ἀποδέχομαι, *aor mid ptc gen s m*, receive, welcome
44 καταπλήσσω, *aor pas ptc gen s m*, be astonished
45 παράνομος, unlawful
46 ἔξοδος, exit, departure
47 ἀγνωσία, ignorance
48 κρατέω, *perf pas ptc nom s m*, overcome
49 πυνθάνομαι, *impf mid ind 3s*, inquire
50 πρᾶγμα, matter, business
51 σπουδή, haste
52 τελέω, *perf pas ind 3s*, complete, finish
53 ἐνέργεια, action, work

δεσποτεύοντος[1] θεοῦ τῶν πρὶν[2] αὐτῷ μεμηχανημένων[3] λήθην[4] κατὰ διάνοιαν[5] ἐν-
τεθεικότος.[6] **29** ὑπεδείκνυεν[7] ὁ Ἕρμων καὶ πάντες οἱ φίλοι[8] τὰ θηρία καὶ τὰς δυνάμεις
ἡτοιμάσθαι, βασιλεῦ, κατὰ τὴν σὴν[9] ἐκτενῆ[10] πρόθεσιν.[11]

30 ὁ δὲ ἐπὶ τοῖς ῥηθεῖσιν[12] πληρωθεὶς βαρεῖ[13] χόλῳ[14] διὰ τὸ περὶ τούτων προνοίᾳ[15]
θεοῦ διεσκεδάσθαι[16] πᾶν αὐτοῦ τὸ νόημα[17] ἐνατενίσας[18] μετὰ ἀπειλῆς[19] εἶπεν
31 Ὅσοι γονεῖς[20] παρῆσαν[21] ἢ παίδων[22] γόνοι,[23] τήνδε[24] θηρσὶν[25] ἀγρίοις ἐσκεύασα[26]
ἂν δαψιλῆ[27] θοῖναν[28] ἀντὶ[29] τῶν ἀνεγκλήτων[30] ἐμοὶ καὶ προγόνοις[31] ἐμοῖς ἀπο-
δεδειγμένων[32] ὁλοσχερῆ[33] βεβαίαν[34] πίστιν ἐξόχως[35] Ιουδαίων. **32** καίπερ[36] εἰ μὴ διὰ
τὴν τῆς συντροφίας[37] στοργὴν[38] καὶ τῆς χρείας,[39] τὸ ζῆν ἀντὶ[40] τούτων ἐστερήθης.[41]

33 οὕτως ὁ Ἕρμων ἀπροσδόκητον[42] ἐπικίνδυνον[43] ὑπήνεγκεν[44] ἀπειλὴν[45] καὶ τῇ
ὁράσει[46] καὶ τῷ προσώπῳ συνεστάλη.[47] **34** ὁ καθεῖς[48] δὲ τῶν φίλων[49] σκυθρωπῶς[50]
ὑπεκρέων[51] τοὺς συνηθροισμένους[52] ἀπέλυσαν[53] ἕκαστον ἐπὶ τὴν ἰδίαν[54] ἀσχολίαν.[55]

1 δεσποτεύω, *pres act ptc gen s m*, be master of
2 πρίν, former, prior
3 μηχανάομαι, *perf pas ptc gen p n*, develop a scheme, plot
4 λήθη, forgetfulness
5 διάνοια, mind
6 ἐντίθημι, *perf act ptc gen s m*, prompt, put in
7 ὑποδείκνυμι, *impf act ind 3s*, inform
8 φίλος, friend
9 σός, your
10 ἐκτενής, earnest, zealous
11 πρόθεσις, plan, purpose
12 λέγω, *aor pas ptc dat p n*, speak, say
13 βαρύς, violent, powerful
14 χόλος, gall, wrath
15 πρόνοια, providence
16 διασκεδάζω, *perf pas inf*, scatter, (derange)
17 νόημα, design, plot
18 ἐνατενίζω, *aor act ptc nom s m*, look intently at
19 ἀπειλή, threats
20 γονεύς, parent
21 πάρειμι, *impf act ind 3p*, be present
22 παῖς, child
23 γόνος, offspring
24 ὅδε, this
25 θήρ, beast
26 σκευάζω, *aor act ind 1s*, prepare
27 δαψιλής, abundant
28 θοῖνα, feast, meal
29 ἀντί, instead of, in place of
30 ἀνέγκλητος, innocent
31 πρόγονος, ancestor
32 ἀποδείκνυμι, *perf mid ptc gen p m*, prove, demonstrate
33 ὁλοσχερής, complete
34 βέβαιος, steadfast
35 ἐξόχως, extraordinarily
36 καίπερ, although
37 συντροφία, common upbringing
38 στοργή, affection
39 χρεία, need
40 ἀντί, in place of
41 στερέω, *aor pas ind 2s*, deprive
42 ἀπροσδόκητος, unexpected
43 ἐπικίνδυνος, dangerous
44 ὑποφέρω, *aor act ind 3s*, endure, undergo
45 ἀπειλή, threat
46 ὅρασις, sight, face, appearance
47 συστέλλω, *aor pas ind 3s*, fall, (express humiliation)
48 καθεῖς, one after another, *cr.* καθ' εἷς,
49 φίλος, friend
50 σκυθρωπῶς, sullenly, gloomily
51 ὑπεκρέω, *pres act ptc nom s m*, slink away
52 συναθροίζω, *perf pas ptc acc p m*, assemble
53 ἀπολύω, *aor act ind 3p*, let go, dismiss
54 ἴδιος, one's own
55 ἀσχολία, occupation, business

35 οἵ τε Ιουδαῖοι τὰ παρὰ τοῦ βασιλέως ἀκούσαντες τὸν ἐπιφανῆ[1] θεὸν κύριον
βασιλέα τῶν βασιλέων ᾔνουν[2] καὶ τῇσδε[3] τῆς βοηθείας[4] αὐτοῦ τετευχότες.[5]

36 Κατὰ δὲ τοὺς αὐτοὺς νόμους ὁ βασιλεὺς συστησάμενος[6] πᾶν τὸ συμπόσιον[7]
εἰς εὐφροσύνην[8] τραπῆναι[9] παρεκάλει. **37** τὸν δὲ Ἕρμωνα προσκαλεσάμενος[10]
μετὰ ἀπειλῆς[11] εἶπεν Ποσάκις[12] δὲ δεῖ[13] σοι περὶ τούτων αὐτῶν προστάττειν,[14] ἀθλι-
ώτατε;[15] **38** τοὺς ἐλέφαντας[16] ἔτι καὶ νῦν καθόπλισον[17] εἰς τὴν αὔριον[18] ἐπὶ τὸν
τῶν Ιουδαίων ἀφανισμόν.[19] **39** οἱ δὲ συνανακείμενοι[20] συγγενεῖς[21] τὴν ἀσταθῆ[22]
διάνοιαν[23] αὐτοῦ θαυμάζοντες[24] προεφέροντο[25] τάδε[26] **40** Βασιλεῦ, μέχρι[27] τίνος
ὡς ἀλόγους[28] ἡμᾶς διαπειράζεις[29] προστάσσων[30] ἤδη[31] τρίτον αὐτοὺς ἀφανίσαι[32]
καὶ πάλιν[33] ἐπὶ τῶν πραγμάτων[34] ἐκ μεταβολῆς[35] ἀναλύων[36] τὰ σοὶ δεδογμένα;[37]
41 ὧν χάριν[38] ἡ πόλις διὰ τὴν προσδοκίαν[39] ὀχλεῖ[40] καὶ πληθύουσα[41] συστροφαῖς[42]
ἤδη[43] καὶ κινδυνεύει[44] πολλάκις[45] διαρπασθῆναι.[46] **42** ὅθεν[47] ὁ κατὰ πάντα Φάλαρις
βασιλεὺς ἐμπληθυνθεὶς[48] ἀλογιστίας[49] καὶ τὰς γινομένας πρὸς ἐπισκοπὴν[50] τῶν
Ιουδαίων ἐν αὐτῷ μεταβολὰς[51] τῆς ψυχῆς παρ᾽ οὐδὲν[52] ἡγούμενος[53] ἀτελέστατον[54]

1 ἐπιφανής, manifest
2 αἰνέω, *impf act ind 3p*, praise
3 ὅδε, this
4 βοήθεια, help, aid
5 τυγχάνω, *perf act ptc nom p m*, obtain
6 συνίστημι, *aor mid ptc nom s m*, convene
7 συμπόσιον, banquet, drinking party
8 εὐφροσύνη, joy, gladness
9 τρέπω, *aor pas inf*, return
10 προσκαλέομαι, *aor mid ptc nom s m*, request, summon
11 ἀπειλή, threat
12 ποσάκις, how often
13 δεῖ, *pres act ind 3s*, be necessary
14 προστάσσω, *pres act inf*, command
15 ἄθλιος, *sup*, most miserable
16 ἐλέφας, elephant
17 καθοπλίζω, *aor act impv 2s*, equip with armor
18 αὔριον, on the following day
19 ἀφανισμός, extermination
20 συνανάκειμαι, *pres mid ptc nom p m*, recline together (at table)
21 συγγενής, kinsman
22 ἀσταθής, unsteady, unstable
23 διάνοια, mind
24 θαυμάζω, *pres act ptc nom p m*, wonder, be astonished
25 προφέρω, *impf mid ind 3p*, urge, insist
26 ὅδε, (in) this (way)
27 μέχρι, until
28 ἄλογος, unreasonable
29 διαπειράζω, *pres act ind 2s*, put to the test
30 προστάσσω, *pres act ptc nom s m*, command
31 ἤδη, already, now
32 ἀφανίζω, *aor act inf*, destroy, blot out
33 πάλιν, again
34 πρᾶγμα, undertaking, deed, action
35 μεταβολή, alteration, reversal
36 ἀναλύω, *pres act ptc nom s m*, cancel
37 δοκέω, *perf pas ptc acc p n*, think, determine
38 χάριν, because
39 προσδοκία, (fearful) expectation
40 ὀχλέω, *pres act ind 3s*, disturb, trouble
41 πληθύνω, *pres act ptc nom s f*, (become crowded), multiply
42 συστροφή, swarm (of people)
43 ἤδη, already
44 κινδυνεύω, *pres act ind 3s*, run the risk of
45 πολλάκις, multiple times
46 διαρπάζω, *aor pas inf*, spoil, plunder
47 ὅθεν, whereupon, for this reason
48 ἐμπληθύνω, *aor pas ptc nom s m*, fill with
49 ἀλογιστία, recklessness
50 ἐπισκοπή, oversight, visitation
51 μεταβολή, alteration, reversal
52 οὐδείς, nothing
53 ἡγέομαι, *pres mid ptc nom s m*, consider
54 ἀτελής, *sup*, most ineffectual, supremely pointless

βεβαίως[1] ὅρκον[2] ὁρισάμενος[3] τούτους μὲν ἀνυπερθέτως[4] πέμψειν εἰς ᾅδην[5] ἐν γό-
νασιν[6] καὶ ποσὶν θηρίων ᾐκισμένους,[7] **43** ἐπιστρατεύσαντα[8] δὲ ἐπὶ τὴν Ιουδαίαν
ἰσόπεδον[9] πυρὶ καὶ δόρατι[10] θήσεσθαι διὰ τάχους[11] καὶ τὸν ἄβατον[12] ἡμῖν αὐτῶν
ναὸν πυρὶ πρηνέα[13] ἐν τάχει[14] τῶν συντελούντων[15] ἐκεῖ θυσίας[16] ἔρημον εἰς τὸν
ἅπαντα[17] χρόνον καταστήσειν.[18] **44** τότε περιχαρεῖς[19] ἀναλύσαντες[20] οἱ φίλοι[21]
καὶ συγγενεῖς[22] μετὰ πίστεως διέτασσον[23] τὰς δυνάμεις ἐπὶ τοὺς εὐκαιροτάτους[24]
τόπους τῆς πόλεως πρὸς τὴν τήρησιν.[25]

45 ὁ δὲ ἐλεφαντάρχης[26] τὰ θηρία σχεδὸν[27] ὡς εἰπεῖν εἰς κατάστεμα[28] μανιῶδες[29] ἀγει-
οχὼς[30] εὐωδεστάτοις[31] πόμασιν[32] οἴνου λελιβανωμένου[33] φοβερῶς[34] κεκοσμημένα[35]
κατασκευαῖς[36] **46** περὶ τὴν ἕω[37] τῆς πόλεως ἤδη[38] πλήθεσιν ἀναριθμήτοις[39] κατὰ τοῦ
ἱπποδρόμου[40] καταμεμεστωμένης[41] εἰσελθὼν εἰς τὴν αὐλὴν[42] ἐπὶ τὸ προκείμενον[43]
ὤτρυνε[44] τὸν βασιλέα. **47** ὁ δὲ ὀργῇ βαρείᾳ[45] γεμίσας[46] δυσσεβῆ[47] φρένα[48] παντὶ
τῷ βάρει σὺν τοῖς θηρίοις ἐξώρμησε[49] βουλόμενος ἀτρώτῳ[50] καρδίᾳ καὶ κόραις[51]
ὀφθαλμῶν θεάσασθαι[52] τὴν ἐπίπονον[53] καὶ ταλαίπωρον[54] τῶν προσεσημαμμένων[55]

1 βεβαίως, firmly
2 ὅρκος, oath
3 ὁρίζω, *aor mid ptc nom s m*, swear, vow
4 ἀνυπερθέτως, without hesitation
5 ᾅδης, Hades, underworld
6 γόνυ, knee
7 αἰκίζω, *perf pas ptc acc p m*, torture
8 ἐπιστρατεύω, *aor act ptc acc s m*, wage war against
9 ἰσόπεδος, level with the ground
10 δόρυ, spear
11 τάχος, quickness
12 ἄβατος, inaccessible, impassable
13 πρηνής, to the ground
14 τάχος, quickness
15 συντελέω, *pres act ptc gen p m*, bring to an end
16 θυσία, sacrifice
17 ἅπας, all
18 καθίστημι, *fut act inf*, bring about, perform
19 περιχαρής, exceedingly glad
20 ἀναλύω, *aor act ptc nom p m*, depart
21 φίλος, friend
22 συγγενής, kinsman
23 διατάσσω, *impf act ind 3p*, arrange
24 εὔκαιρος, *sup*, more convenient
25 τήρησις, guarding, defense
26 ἐλεφαντάρχης, master of the elephants
27 σχεδόν, almost, nearly
28 κατάστεμα, state, condition
29 μανιώδης, madness
30 ἄγω, *perf act ptc nom s m*, bring, lead
31 εὐώδης, *sup*, most fragrant
32 πόμα, drink
33 λιβανόω, *perf pas ptc gen s m*, mix with frankincense
34 φοβερῶς, fearfully
35 κοσμέω, *perf pas ptc nom p n*, adorn
36 κατασκευή, equipment
37 ἕως, until, almost
38 ἤδη, already
39 ἀναρίθμητος, countless
40 ἱππόδρομος, hippodrome
41 καταμεστόω, *perf pas ptc gen s f*, fill up with
42 αὐλή, court
43 πρόκειμαι, *pres mid ptc acc s n*, set before, be at hand
44 ὀτρύνω, *impf act ind 3s*, urge
45 βαρύς, severe, heavy
46 γεμίζω, *aor act ptc nom s m*, load up, fill up
47 δυσσεβής, ungodly, wicked
48 φρήν, mind, heart
49 ἐξορμάω, *aor act ind 3s*, rush out
50 ἄτρωτος, invulnerable
51 κόρη, pupil (of the eye)
52 θεάομαι, *aor mid inf*, behold, see
53 ἐπίπονος, hard, painful
54 ταλαίπωρος, miserable
55 προσημαίνω, *perf pas ptc nom p m*, mention previously

καταστροφήν.[1] **48** ὡς δὲ τῶν ἐλεφάντων[2] ἐξιόντων[3] περὶ πύλην[4] καὶ τῆς συνεπομένης[5]
ἐνόπλου[6] δυνάμεως τῆς τε τοῦ πλήθους πορείας[7] κονιορτὸν[8] ἰδόντες καὶ βαρυηχῆ[9]
θόρυβον[10] ἀκούσαντες οἱ Ιουδαῖοι **49** ὑστάτην[11] βίου[12] ῥοπὴν[13] αὐτοῖς ἐκείνην δό-
ξαντες[14] εἶναι τὸ τέλος τῆς ἀθλιωτάτης[15] προσδοκίας[16] εἰς οἶκτον[17] καὶ γόους[18]
τραπέντες[19] κατεφίλουν[20] ἀλλήλους[21] περιπλεκόμενοι[22] τοῖς συγγενέσιν[23] ἐπὶ τοὺς
τραχήλους[24] ἐπιπίπτοντες,[25] γονεῖς[26] παισὶν[27] καὶ μητέρες νεάνισιν,[28] ἕτεραι δὲ
νεογνὰ[29] πρὸς μαστοὺς[30] ἔχουσαι βρέφη[31] τελευταῖον[32] ἕλκοντα[33] γάλα.[34] **50** οὐ
μὴν[35] δὲ ἀλλὰ καὶ τὰς ἔμπροσθεν αὐτῶν γεγενημένας ἀντιλήμψεις[36] ἐξ οὐρανοῦ
συνιδόντες[37] πρηνεῖς[38] ὁμοθυμαδὸν[39] ῥίψαντες[40] ἑαυτοὺς καὶ τὰ νήπια[41] χωρίσαντες[42]
τῶν μαστῶν[43] **51** ἀνεβόησαν[44] φωνῇ μεγάλῃ σφόδρα[45] τὸν τῆς ἁπάσης[46] δυνάμεως
δυνάστην[47] ἱκετεύοντες[48] οἰκτῖραι[49] μετὰ ἐπιφανείας[50] αὐτοὺς ἤδη[51] πρὸς πύλαις[52]
ᾅδου[53] καθεστῶτας.[54]

1 καταστροφή, destruction
2 ἐλέφας, elephant
3 ἔξειμι, *pres act ptc gen p m*, go out, come out
4 πύλη, gate
5 συνέπομαι, *pres mid ptc gen s f*, accompany
6 ἔνοπλος, armed
7 πορεία, course, journey
8 κονιορτός, cloud of dust
9 βαρυηχής, roaring
10 θόρυβος, tumult, noise
11 ὕστερος, *sup*, last, final
12 βίος, life
13 ῥοπή, decisive moment
14 δοκέω, *aor act ptc nom p m*, think, suppose
15 ἄθλιος, *sup*, most miserable
16 προσδοκία, expectation, anxiety
17 οἶκτος, cry of lamentation
18 γόος, weeping
19 τρέπω, *aor pas ptc nom p m*, turn to
20 καταφιλέω, *impf act ind 3p*, kiss
21 ἀλλήλων, one another
22 περιπλέκω, *pres mid ptc nom p m*, embrace
23 συγγενής, kinsman
24 τράχηλος, neck
25 ἐπιπίπτω, *pres act ptc nom p m*, fall upon
26 γονεύς, parent
27 παῖς, child
28 νεᾶνις, young woman
29 νεογνός, newborn
30 μαστός, breast
31 βρέφος, baby
32 τελευταῖος, last portion
33 ἕλκω, *pres act ptc acc p n*, draw out
34 γάλα, milk
35 οὐ μήν, however, nevertheless
36 ἀντίλημψις, help, aid
37 συνοράω, *aor act ptc nom p m*, consider, survey
38 πρηνής, prostrate
39 ὁμοθυμαδόν, together
40 ῥίπτω, *aor act ptc nom p m*, throw down
41 νήπιος, infant
42 χωρίζω, *aor act ptc nom p m*, remove, separate
43 μαστός, breast
44 ἀναβοάω, *aor act ind 3p*, shout aloud
45 σφόδρα, exceedingly
46 ἅπας, every, all
47 δυνάστης, lord, ruler
48 ἱκετεύω, *pres act ptc nom p m*, beseech, supplicate
49 οἰκτίρω, *aor act inf*, have compassion
50 ἐπιφάνεια, manifestation, appearance
51 ἤδη, now
52 πύλη, gate
53 ᾅδης, Hades, underworld
54 καθίστημι, *perf act ptc acc p m*, set before, stand before

Eleazar's Prayer

6 Ελεαζαρος δέ τις ἀνὴρ ἐπίσημος[1] τῶν ἀπὸ τῆς χώρας[2] ἱερέων, ἐν πρεσβείῳ[3] τὴν
ἡλικίαν[4] ἤδη[5] λελογχὼς[6] καὶ πάσῃ τῇ κατὰ τὸν βίον[7] ἀρετῇ[8] κεκοσμημένος,[9]
τοὺς περὶ αὐτὸν καταστείλας[10] πρεσβυτέρους ἐπικαλεῖσθαι[11] τὸν ἅγιον θεὸν προσ-
ηύξατο τάδε[12]

2 Βασιλεῦ μεγαλοκράτωρ,[13] ὕψιστε[14] παντοκράτωρ[15] θεὲ τὴν πᾶσαν διακυβερνῶν[16]
ἐν οἰκτιρμοῖς[17] κτίσιν,[18] **3** ἔπιδε[19] ἐπὶ Αβρααμ σπέρμα, ἐπὶ ἡγιασμένου[20] τέκνα Ιακωβ,
μερίδος[21] ἡγιασμένης[22] σου λαὸν ἐν ξένῃ[23] γῇ ξένον ἀδίκως[24] ἀπολλύμενον, πάτερ.
4 σὺ Φαραω πληθύνοντα[25] ἅρμασιν,[26] τὸν πρὶν[27] Αἰγύπτου ταύτης δυνάστην,[28]
ἐπαρθέντα[29] ἀνόμῳ[30] θράσει[31] καὶ γλώσσῃ μεγαλορρήμονι,[32] σὺν τῇ ὑπερηφάνῳ[33]
στρατιᾷ[34] ποντοβρόχους[35] ἀπώλεσας φέγγος[36] ἐπιφάνας[37] ἐλέους[38] Ισραηλ γένει.[39]

5 σὺ τὸν ἀναριθμήτοις[40] δυνάμεσιν γαυρωθέντα[41] Σενναχηριμ, βαρὺν[42] Ἀσσυρίων
βασιλέα, δόρατι[43] τὴν πᾶσαν ὑποχείριον[44] ἤδη[45] λαβόντα γῆν καὶ μετεωρισθέντα[46]
ἐπὶ τὴν ἁγίαν σου πόλιν, βαρέα[47] λαλοῦντα κόμπῳ[48] καὶ θράσει[49] σύ, δέσποτα,[50]
ἔθραυσας[51] ἔκδηλον[52] δεικνὺς[53] ἔθνεσιν πολλοῖς τὸ σὸν[54] κράτος.[55]

1 ἐπίσημος, notable, well-known
2 χώρα, land, country
3 πρεσβεῖον, old age
4 ἡλικία, prime of life
5 ἤδη, now
6 λαγχάνω, *perf act ptc nom s m*, reach, obtain
7 βίος, life
8 ἀρετή, distinction, renown
9 κοσμέω, *perf pas ptc nom s m*, adorn
10 καταστέλλω, *aor act ptc nom s m*, restrain
11 ἐπικαλέω, *pres mid inf*, call upon
12 ὅδε, this (way), thus
13 μεγαλοκράτωρ, mighty in power
14 ὕψιστος, *sup*, Most High
15 παντοκράτωρ, almighty, ruler of all
16 διακυβερνάω, *pres act ptc voc s m*, govern
17 οἰκτιρμός, compassion, mercy
18 κτίσις, creation
19 ἐφοράω, *aor act impv 2s*, watch over
20 ἁγιάζω, *perf mid ptc gen s m*, sanctify, consecrate
21 μερίς, portion, part
22 ἁγιάζω, *perf pas ptc gen s f*, sanctify, consecrate
23 ξένος, foreign, strange
24 ἀδίκως, unjustly, wrongfully
25 πληθύνω, *pres act ptc acc s m*, multiply
26 ἅρμα, chariot
27 πρίν, prior, former
28 δυνάστης, lord, ruler
29 ἐπαίρω, *aor pas ptc acc s m*, exalt
30 ἄνομος, lawless
31 θράσος, audacity
32 μεγαλορρήμων, boastful
33 ὑπερήφανος, arrogant
34 στρατιά, army
35 ποντόβροχος, drowned in the sea
36 φέγγος, light
37 ἐπιφαίνω, *aor act ptc nom s m*, manifest, cause to appear
38 ἔλεος, mercy
39 γένος, nation, people
40 ἀναρίθμητος, countless
41 γαυρόω, *aor pas ptc acc s m*, exalt oneself
42 βαρύς, grievous, severe
43 δόρυ, spear
44 ὑποχείριος, in one's authority
45 ἤδη, already
46 μετεωρίζω, *aor pas ptc acc p n*, rise up against
47 βαρύς, heavy, grievous
48 κόμπος, boast
49 θράσος, audacity
50 δεσπότης, lord
51 θραύω, *aor act ind 2s*, strike, shatter
52 ἔκδηλος, clear, obvious
53 δείκνυμι, *pres act ptc nom s m*, display
54 σός, your
55 κράτος, power, strength

6 σὺ τοὺς κατὰ τὴν Βαβυλωνίαν τρεῖς ἑταίρους[1] πυρὶ τὴν ψυχὴν αὐθαιρέτως[2] δεδω-
κότας εἰς τὸ μὴ λατρεῦσαι[3] τοῖς κενοῖς[4] διάπυρον[5] δροσίσας[6] κάμινον[7] ἐρρύσω[8]
μέχρι[9] τριχὸς[10] ἀπημάντους[11] φλόγα[12] πᾶσιν ἐπιπέμψας[13] τοῖς ὑπεναντίοις.[14]

7 σὺ τὸν διαβολαῖς[15] φθόνου[16] λέουσι[17] κατὰ γῆς ῥιφέντα[18] θηρσὶν[19] βορὰν[20] Δανιηλ
εἰς φῶς ἀνήγαγες[21] ἀσινῆ.[22] **8** τόν τε βυθοτρεφοῦς[23] ἐν γαστρὶ[24] κήτους[25] Ιωναν
τηκόμενον[26] ἀφιδὼν[27] ἀπήμαντον[28] πᾶσιν οἰκείοις[29] ἀνέδειξας,[30] πάτερ.

9 καὶ νῦν, μίσυβρι[31] πολυέλεε[32] τῶν ὅλων σκεπαστά,[33] τὸ τάχος[34] ἐπιφάνηθι[35] τοῖς
ἀπὸ Ισραηλ γένους[36] ὑπὸ ἐβδελυγμένων[37] ἀνόμων[38] ἐθνῶν ὑβριζομένοις.[39] **10** εἰ δὲ
ἀσεβείαις[40] κατὰ τὴν ἀποικίαν[41] ὁ βίος[42] ἡμῶν ἐνέσχηται,[43] ῥυσάμενος[44] ἡμᾶς ἀπὸ
ἐχθρῶν χειρός, ᾧ προαιρῇ,[45] δέσποτα,[46] ἀπόλεσον ἡμᾶς μόρῳ.[47] **11** μὴ τοῖς ματαίοις[48]
οἱ ματαιόφρονες[49] εὐλογησάτωσαν ἐπὶ τῇ τῶν ἠγαπημένων σου ἀπωλείᾳ[50] λέγοντες
Οὐδὲ ὁ θεὸς αὐτῶν ἐρρύσατο[51] αὐτούς. **12** σὺ δέ, ὁ πᾶσαν ἀλκὴν[52] καὶ δυναστείαν[53]

1 ἑταῖρος, companion
2 αὐθαιρέτως, voluntarily, of one's own accord
3 λατρεύω, *aor act inf*, serve (in worship)
4 κενός, vain, worthless
5 διάπυρος, extremely hot
6 δροσίζω, *aor act ptc nom s m*, sprinkle (with water)
7 κάμινος, furnace
8 ῥύομαι, *aor mid ind 2s*, deliver, rescue
9 μέχρι, as far as
10 θρίξ, hair
11 ἀπήμαντος, unhurt, uninjured
12 φλόξ, fire
13 ἐπιπέμπω, *aor act ptc nom s m*, send against
14 ὑπεναντίος, enemy
15 διαβολή, false accusation
16 φθόνος, envious
17 λέων, lion
18 ῥίπτω, *aor pas ptc acc s m*, cast, throw
19 θήρ, beast
20 βορά, food
21 ἀνάγω, *aor act ind 2s*, bring up
22 ἀσινής, unharmed
23 βυθοτρεφής, living in the deep
24 γαστήρ, belly
25 κῆτος, large fish, sea monster
26 τήκω, *pres pas ptc acc s m*, consume
27 ἀφοράω, *aor act ptc nom s m*, watch over
28 ἀπήμαντος, unhurt
29 οἰκεῖος, family, kinsmen
30 ἀναδείκνυμι, *aor act ind 2s*, reveal
31 μίσυβρις, hater of insolence
32 πολυέλεος, all-merciful
33 σκεπαστής, protector, defender
34 τάχος, quickly
35 ἐπιφαίνω, *aor pas impv 2s*, manifest
36 γένος, nation, people
37 βδελύσσω, *perf mid ptc gen p n*, be abhorrent, be abominable
38 ἄνομος, unlawful, evil
39 ὑβρίζω, *pres pas ptc dat p m*, mistreat, insult
40 ἀσέβεια, impiety, ungodliness
41 ἀποικία, captivity, exile
42 βίος, manner of living
43 ἐνέχω, *perf pas sub 3s*, become caught in
44 ῥύομαι, *aor mid ptc nom s m*, deliver, rescue
45 προαιρέω, *pres mid ind 2s*, choose
46 δεσπότης, lord
47 μόρος, fate
48 μάταιος, (vanity)
49 ματαιόφρων, vain-minded
50 ἀπώλεια, destruction
51 ῥύομαι, *aor mid ind 3s*, deliver, rescue
52 ἀλκή, power, might
53 δυναστεία, sovereignty, dominion

ἔχων ἅπασαν[1] αἰώνιε, νῦν ἔπιδε·[2] ἐλέησον[3] ἡμᾶς τοὺς καθ᾽ ὕβριν[4] ἀνόμων[5] ἀλόγι-
στον[6] ἐκ τοῦ ζῆν μεθισταμένους[7] ἐν ἐπιβούλων[8] τρόπῳ.[9]

13 πτηξάτω[10] δὲ ἔθνη σὴν[11] δύναμιν ἀνίκητον[12] σήμερον, ἔντιμε[13] δύναμιν ἔχων ἐπὶ
σωτηρίᾳ Ιακωβ γένους.[14] **14** ἱκετεύει[15] σε τὸ πᾶν πλῆθος τῶν νηπίων[16] καὶ οἱ τούτων
γονεῖς[17] μετὰ δακρύων.[18] **15** δειχθήτω[19] πᾶσιν ἔθνεσιν ὅτι μεθ᾽ ἡμῶν εἶ, κύριε, καὶ οὐκ
ἀπέστρεψας[20] τὸ πρόσωπόν σου ἀφ᾽ ἡμῶν, ἀλλὰ καθὼς εἶπας ὅτι Οὐδὲ ἐν τῇ γῇ τῶν
ἐχθρῶν αὐτῶν ὄντων ὑπερεῖδον[21] αὐτούς, οὕτως ἐπιτέλεσον,[22] κύριε.

Jews Rescued by Angels

16 Τοῦ δὲ Ελεαζαρου λήγοντος[23] ἄρτι[24] τῆς προσευχῆς ὁ βασιλεὺς σὺν τοῖς θη-
ρίοις καὶ παντὶ τῷ τῆς δυνάμεως φρυάγματι[25] κατὰ τὸν ἱππόδρομον[26] παρῆγεν.[27]
17 καὶ θεωρήσαντες[28] οἱ Ιουδαῖοι μέγα εἰς οὐρανὸν ἀνέκραξαν[29] ὥστε καὶ τοὺς
παρακειμένους[30] αὐλῶνας[31] συνηχήσαντας[32] ἀκατάσχετον[33] πτόην[34] ποιῆσαι παντὶ
τῷ στρατοπέδῳ.[35] **18** τότε ὁ μεγαλόδοξος[36] παντοκράτωρ[37] καὶ ἀληθινὸς[38] θεὸς
ἐπιφάνας[39] τὸ ἅγιον αὐτοῦ πρόσωπον ἠνέῳξεν[40] τὰς οὐρανίους[41] πύλας,[42] ἐξ ὧν
δεδοξασμένοι δύο φοβεροειδεῖς[43] ἄγγελοι κατέβησαν φανεροὶ[44] πᾶσιν πλὴν[45]

1 ἅπας, all
2 ἐφοράω, *aor act impv 2s*, look upon
3 ἐλεέω, *aor act impv 2s*, show mercy to
4 ὕβρις, insolence, pride
5 ἄνομος, lawless
6 ἀλόγιστος, unreasonable
7 μεθίστημι, *pres pas ptc acc p m*, deprive of, remove from
8 ἐπίβουλος, treacherous
9 τρόπος, manner
10 πτήσσω, *aor act impv 3s*, cower in fear
11 σός, your
12 ἀνίκητος, unconquerable
13 ἔντιμος, honorable
14 γένος, nation, people
15 ἱκετεύω, *pres act ind 3s*, beseech, supplicate
16 νήπιος, infant
17 γονεύς, parent
18 δάκρυον, tears
19 δείκνυμι, *aor pas impv 3s*, display, reveal
20 ἀποστρέφω, *aor act ind 2s*, turn away
21 ὑπεροράω, *aor act in 1s*, overlook, abandon
22 ἐπιτελέω, *aor act impv 2s*, accomplish, complete
23 λήγω, *pres act ptc gen s m*, cease
24 ἄρτι, as soon as, just as
25 φρύαγμα, pride
26 ἱππόδρομος, hippodrome
27 παράγω, *impf act ind 3s*, pass by
28 θεωρέω, *aor act ptc nom p m*, behold, observe
29 ἀνακράζω, *aor act ind 3p*, cry out
30 παράκειμαι, *pres pas ptc acc p m*, be nearby
31 αὐλών, valley
32 συνηχέω, *aor act ptc acc p m*, reecho, resound
33 ἀκατάσχετος, uncontrollable
34 πτόη, terror, fright
35 στρατόπεδον, army
36 μεγαλόδοξος, greatly glorious
37 παντοκράτωρ, almighty
38 ἀληθινός, true, trustworthy
39 ἐπιφαίνω, *aor act ptc nom s m*, manifest, show
40 ἀνοίγω, *aor act ind 3s*, open
41 οὐράνιος, heavenly
42 πύλη, gate
43 φοβεροειδής, terrible to behold
44 φανερός, revealed, manifest, visible
45 πλήν, except

τοῖς Ιουδαίοις **19** καὶ ἀντέστησαν[1] καὶ τὴν δύναμιν τῶν ὑπεναντίων[2] ἐπλήρωσαν
ταραχῆς[3] καὶ δειλίας[4] καὶ ἀκινήτοις[5] ἔδησαν[6] πέδαις.[7] **20** καὶ ὑπόφρικον[8] καὶ τὸ
τοῦ βασιλέως σῶμα ἐγενήθη, καὶ λήθη[9] τὸ θράσος[10] αὐτοῦ τὸ βαρύθυμον[11] ἔλαβεν.
21 καὶ ἀπέστρεψαν[12] τὰ θηρία ἐπὶ τὰς συνεπομένας[13] ἐνόπλους[14] δυνάμεις καὶ κατ-
επάτουν[15] αὐτὰς καὶ ὠλέθρευον.[16]

22 Καὶ μετεστράφη[17] τοῦ βασιλέως ἡ ὀργὴ εἰς οἶκτον[18] καὶ δάκρυα[19] ὑπὲρ τῶν
ἔμπροσθεν αὐτῷ μεμηχανευμένων.[20] **23** ἀκούσας γὰρ τῆς κραυγῆς[21] καὶ συνιδὼν[22]
πρηνεῖς[23] ἅπαντας[24] εἰς τὴν ἀπώλειαν[25] δακρύσας[26] μετ' ὀργῆς τοῖς φίλοις[27] διηπει-
λεῖτο[28] λέγων **24** Παραβασιλεύετε[29] καὶ τυράννους[30] ὑπερβεβήκατε[31] ὠμότητι[32] καὶ
ἐμὲ αὐτὸν τὸν ὑμῶν εὐεργέτην[33] ἐπιχειρεῖτε[34] τῆς ἀρχῆς ἤδη[35] καὶ τοῦ πνεύματος
μεθιστᾶν[36] λάθρᾳ[37] μηχανώμενοι[38] τὰ μὴ συμφέροντα[39] τῇ βασιλείᾳ. **25** τίς τοὺς
κρατήσαντας ἡμῶν ἐν πίστει τὰ τῆς χώρας[40] ὀχυρώματα[41] τῆς οἰκίας ἀποστήσας[42]
ἕκαστον ἀλόγως[43] ἤθροισεν[44] ἐνθάδε;[45] **26** τίς τοὺς ἐξ ἀρχῆς εὐνοίᾳ[46] πρὸς ἡμᾶς κατὰ
πάντα διαφέροντας[47] πάντων ἐθνῶν καὶ τοὺς χειρίστους[48] πλεονάκις[49] ἀνθρώπων

1 ἀνθίστημι, *aor act ind 3p*, withstand, resist
2 ὑπεναντίος, opposing (force)
3 ταραχή, anxiety, tumult
4 δειλία, cowardice, fear
5 ἀκίνητος, immovable
6 δέω, *aor act ind 3p*, bind
7 πέδη, fetter, shackle
8 ὑπόφρικος, shuddering
9 λήθη, forgetfulness
10 θράσος, audacity, boldness
11 βαρύθυμος, indignant
12 ἀποστρέφω, *aor act ind 3p*, turn upon
13 συνέπομαι, *pres mid ptc acc p f*, accompany
14 ἔνοπλος, armored
15 καταπατέω, *impf act ind 3p*, trample
16 ὀλεθρεύω, *impf act ind 3p*, destroy
17 μεταστρέφω, *aor pas ind 3s*, transition
18 οἶκτος, sympathy
19 δάκρυον, tears
20 μηχανεύομαι, *perf pas ptc gen p m*, devise, plot
21 κραυγή, outcry
22 συνοράω, *aor act ptc nom s m*, perceive
23 πρηνής, prostrate
24 ἅπας, all
25 ἀπώλεια, destruction
26 δακρύω, *aor act ptc nom s m*, cry, shed tears
27 φίλος, friend
28 διαπειλέω, *impf mid ind 3s*, threaten violently
29 παραβασιλεύω, *pres act ind 2p*, commit treason
30 τύραννος, tyrant
31 ὑπερβαίνω, *perf act ind 2p*, surpass, outdo
32 ὠμότης, savagery
33 εὐεργέτης, benefactor
34 ἐπιχειρέω, *pres act ind 2p*, endeavor, attempt
35 ἤδη, now
36 μεθίστημι, *pres act ptc nom s n*, remove, deprive
37 λάθρᾳ, secretly
38 μηχανάομαι, *pres mid ptc nom p m*, develop a scheme
39 συμφέρω, *pres act ptc acc p n*, be profitable to, benefit
40 χώρα, territory, land
41 ὀχύρωμα, fortress
42 ἀφίστημι, *aor act ptc nom s m*, cause to leave, drive away
43 ἀλόγως, unreasonably
44 ἀθροίζω, *aor act ind 3s*, assemble together
45 ἐνθάδε, here
46 εὔνοια, benevolence, goodwill
47 διαφέρω, *pres act ptc acc p m*, exceed
48 χείριστος, *sup of* κακός, worst
49 πλεονάκις, many times, often

ἐπιδεδεγμένους[1] κινδύνους[2] οὕτως ἀθέσμως[3] περιέβαλεν[4] αἰκίαις;[5] **27** λύσατε ἐκ-
λύσατε[6] ἄδικα[7] δεσμά·[8] εἰς τὰ ἴδια[9] μετ᾽ εἰρήνης ἐξαποστείλατε[10] τὰ προπεπραγμένα[11]
παραιτησάμενοι.[12] **28** ἀπολύσατε[13] τοὺς υἱοὺς τοῦ παντοκράτορος[14] ἐπουρανίου[15]
θεοῦ ζῶντος, ὃς ἀφ᾽ ἡμετέρων[16] μέχρι[17] τοῦ νῦν προγόνων[18] ἀπαραπόδιστον[19] μετὰ
δόξης εὐστάθειαν[20] παρέχει[21] τοῖς ἡμετέροις πράγμασιν.[22] **29** ὁ μὲν οὖν ταῦτα ἔλεξεν·
οἱ δὲ ἐν ἀμερεῖ[23] χρόνῳ λυθέντες τὸν ἅγιον σωτῆρα[24] θεὸν αὐτῶν εὐλόγουν ἄρτι[25]
τὸν θάνατον ἐκπεφευγότες.[26]

God's Deliverance Is Celebrated

30 Εἶτα[27] ὁ βασιλεὺς εἰς τὴν πόλιν ἀπαλλαγεὶς[28] τὸν ἐπὶ τῶν προσόδων[29] προσ-
;καλεσάμενος[30] ἐκέλευσεν[31] οἴνους τε καὶ τὰ λοιπὰ[32] πρὸς εὐωχίαν[33] ἐπιτήδεια[34]
τοῖς Ιουδαίοις χορηγεῖν[35] ἐπὶ ἡμέρας ἑπτὰ κρίνας αὐτοὺς ἐν ᾧ τόπῳ ἔδοξαν[36] τὸν
ὄλεθρον[37] ἀναλαμβάνειν,[38] ἐν τούτῳ ἐν εὐφροσύνῃ[39] πάσῃ σωτήρια[40] ἀγαγεῖν.[41]
31 τότε οἱ τὸ πρὶν[42] ἐπονείδιστοι[43] καὶ πλησίον[44] τοῦ ᾅδου,[45] μᾶλλον[46] δὲ ἐπ᾽
αὐτῷ βεβηκότες ἀντὶ[47] πικροῦ[48] καὶ δυσαιάκτου[49] μόρου[50] κώθωνα[51] σωτήριον[52]

1 ἐπιδέχομαι, *perf mid ptc acc p m*, receive, welcome
2 κίνδυνος, distress
3 ἀθέσμως, unlawfully
4 περιβάλλω, *aor act ind 3s*, surround
5 αἰκία, assault, torment
6 ἐκλύω, *aor act impv 2p*, untie
7 ἄδικος, unjust
8 δεσμός, bonds, chains
9 ἴδιος, one's own
10 ἐξαποστέλλω, *aor act impv 2p*, send forth
11 προπράσσω, *perf pas ptc acc p n*, do something previously
12 παραιτέομαι, *aor mid ptc nom p m*, seek pardon
13 ἀπολύω, *aor act impv 2p*, release
14 παντοκράτωρ, almighty
15 ἐπουράνιος, heavenly
16 ἡμέτερος, our
17 μέχρι, until
18 πρόγονος, ancestor
19 ἀπαραπόδιστος, free from interference
20 εὐστάθεια, tranquility
21 παρέχω, *pres act ind 3s*, provide, give
22 πρᾶγμα, affair, endeavor
23 ἀμερής, momentary
24 σωτήρ, savior, deliverer
25 ἄρτι, just now
26 ἐκφεύγω, *perf act ptc nom p m*, escape
27 εἶτα, then
28 ἀπαλλάσσω, *aor pas ptc nom s m*, withdraw
29 πρόσοδος, revenue
30 προσκαλέω, *aor mid ptc nom s m*, summon
31 κελεύω, *aor act ind 3s*, order
32 λοιπός, everything else
33 εὐωχία, feasting
34 ἐπιτήδειος, suitable
35 χορηγέω, *pres act inf*, provide, supply
36 δοκέω, *aor act ind 3p*, (expect), suppose
37 ὄλεθρος, destruction
38 ἀναλαμβάνω, *pres act inf*, (meet with), take up
39 εὐφροσύνη, joy, gladness
40 σωτήριον, salvation
41 ἄγω, *aor act inf*, celebrate, observe
42 πρίν, before, previously
43 ἐπονείδιστος, reproachful, disgraceful
44 πλησίον, near
45 ᾅδης, Hades, underworld
46 μᾶλλον, more, rather
47 ἀντί, instead of
48 πικρός, bitter
49 δυσαίακτος, mournful
50 μόρος, doom, death
51 κώθων, feast, celebration
52 σωτήριος, of deliverance

συστησάμενοι[1] τὸν εἰς πτῶσιν[2] αὐτοῖς καὶ τάφον[3] ἡτοιμασμένον τόπον κλισίαις[4]
κατεμερίσαντο[5] πλήρεις[6] χαρμονῆς.[7] **32** καταλήξαντες[8] δὲ θρήνων[9] πανόδυρτον[10]
μέλος[11] ἀνέλαβον[12] ᾠδὴν[13] πάτριον[14] τὸν σωτῆρα[15] καὶ τερατοποιὸν[16] αἰνοῦντες[17]
θεόν· οἰμωγήν[18] τε πᾶσαν καὶ κωκυτὸν[19] ἀπωσάμενοι[20] χοροὺς[21] συνίσταντο[22] εὐ-
φροσύνης[23] εἰρηνικῆς[24] σημεῖον.

33 ὡσαύτως[25] δὲ καὶ ὁ βασιλεὺς περὶ τούτων συμπόσιον[26] βαρὺ[27] συναγαγὼν
ἀδιαλείπτως[28] εἰς οὐρανὸν ἀνθωμολογεῖτο[29] μεγαλομερῶς[30] ἐπὶ τῇ παραδόξῳ[31]
γενηθείσῃ αὐτῷ σωτηρίᾳ. **34** οἵ τε πρὶν[32] εἰς ὄλεθρον[33] καὶ οἰωνοβρώτους[34] αὐτοὺς
ἔσεσθαι[35] τιθέμενοι καὶ μετὰ χαρᾶς[36] ἀπογραψάμενοι[37] κατεστέναξαν[38] αἰσχύνην[39]
ἐφ᾽ ἑαυτοῖς περιβαλόμενοι[40] καὶ τὴν πυρόπνουν[41] τόλμαν[42] ἀκλεῶς[43] ἐσβεσμένοι.[44]
35 οἵ τε Ιουδαῖοι, καθὼς προειρήκαμεν,[45] συστησάμενοι[46] τὸν προειρημένον[47]
χορὸν[48] μετ᾽ εὐωχίας[49] ἐν ἐξομολογήσεσιν[50] ἱλαραῖς[51] καὶ ψαλμοῖς[52] διῆγον.[53] **36** καὶ
κοινὸν[54] ὁρισάμενοι[55] περὶ τούτων θεσμὸν[56] ἐπὶ πᾶσαν τὴν παροικίαν[57] αὐτῶν εἰς

1 συνίστημι, *aor mid ptc nom p m*, join in
2 πτῶσις, fall, calamity
3 τάφος, grave, tomb
4 κλισία, group of people celebrating
5 καταμερίζω, *aor mid ind 3p*, distribute
6 πλήρης, abundant
7 χαρμονή, joy, delight
8 καταλήγω, *aor act ptc nom p m*, cease
9 θρῆνος, lamentation, wailing
10 πανόδυρτος, lamentable
11 μέλος, dirge
12 ἀναλαμβάνω, *aor act ind 3p*, take up
13 ᾠδή, song of praise
14 πάτριος, ancestral
15 σωτήρ, savior, deliverer
16 τερατοποιός, working wonders
17 αἰνέω, *pres act ptc nom p m*, praise, glorify
18 οἰμωγή, wailing
19 κωκυτός, lamenting
20 ἀπωθέω, *aor mid ptc nom p m*, expel, thrust away
21 χορός, dance
22 συνίστημι, *impf mid ind 3p*, join in, set up
23 εὐφροσύνη, joy, gladness
24 εἰρηνικός, peaceful
25 ὡσαύτως, in like manner
26 συμπόσιον, banquet, drinking party
27 βαρύς, large, great
28 ἀδιαλείπτως, continually
29 ἀνθομολογέομαι, *impf mid ind 3s*, confess thanks
30 μεγαλομερῶς, lavishly, profusely
31 παράδοξος, unexpected
32 πρίν, before
33 ὄλεθρος, ruin, destruction
34 οἰωνόβρωτος, food for the birds
35 εἰμί, *fut mid inf*, to be
36 χαρά, joy
37 ἀπογράφω, *aor mid ptc nom p m*, enroll, register
38 καταστενάζω, *aor act ind 3p*, sign, groan
39 αἰσχύνη, shame, dishonor
40 περιβάλλω, *aor mid ptc nom p m*, cover over
41 πυρόπνους, fiery
42 τόλμα, boldness, courage
43 ἀκλεῶς, ingloriously
44 σβέννυμι, *perf pas ptc nom p m*, quench
45 προλέγω, *perf act ind 1p*, say beforehand
46 συνίστημι, *aor mid ptc nom p m*, join in, set up
47 προλέγω, *perf pas ptc acc s m*, mention previously
48 χορός, dance
49 εὐωχία, good cheer
50 ἐξομολόγησις, confession of thanksgiving
51 ἱλαρός, joyful
52 ψαλμός, song of praise, psalm
53 διάγω, *impf act ind 3p*, celebrate
54 κοινός, public
55 ὁρίζω, *aor mid ptc nom p m*, establish
56 θεσμός, ordinance
57 παροικία, sojourn in a foreign country

γενεὰς τὰς προειρημένας[1] ἡμέρας ἄγειν ἔστησαν εὐφροσύνους,[2] οὐ πότου[3] χάριν[4]
καὶ λιχνείας,[5] σωτηρίας δὲ τῆς διὰ θεὸν γενομένης αὐτοῖς. **37** ἐνέτυχον[6] δὲ τῷ
βασιλεῖ τὴν ἀπόλυσιν[7] αὐτῶν εἰς τὰ ἴδια[8] αἰτούμενοι.[9]

38 ἀπογράφονται[10] δὲ αὐτοὺς ἀπὸ πέμπτης[11] καὶ εἰκάδος[12] τοῦ Παχων ἕως τῆς τετάρ-
της[13] τοῦ Επιφι ἐπὶ ἡμέρας τεσσαράκοντα,[14] συνίστανται[15] δὲ αὐτῶν τὴν ἀπώλειαν[16]
ἀπὸ πέμπτης[17] τοῦ Επιφι ἕως ἑβδόμης[18] ἡμέραις τρισίν, **39** ἐν αἷς καὶ μεγαλοδόξως[19]
ἐπιφάνας[20] τὸ ἔλεος[21] αὐτοῦ ὁ τῶν πάντων δυνάστης[22] ἀπταίστους[23] αὐτοὺς ἐρρύσατο[24]
ὁμοθυμαδόν.[25] **40** εὐωχοῦντο[26] δὲ πάνθʼ ὑπὸ τοῦ βασιλέως χορηγούμενοι[27] μέχρι[28]
τῆς τεσσαρεσκαιδεκάτης,[29] ἐν ᾗ καὶ τὴν ἐντυχίαν[30] ἐποιήσαντο περὶ τῆς ἀπολύσεως[31]
αὐτῶν. **41** συναινέσας[32] δὲ αὐτοῖς ὁ βασιλεὺς ἔγραψεν αὐτοῖς τὴν ὑπογεγραμμένην[33]
ἐπιστολὴν[34] πρὸς τοὺς κατὰ πόλιν στρατηγοὺς[35] μεγαλοψύχως[36] τὴν ἐκτενίαν[37]
ἔχουσαν·

Ptolemy's Letter

7 Βασιλεὺς Πτολεμαῖος Φιλοπάτωρ τοῖς κατʼ Αἴγυπτον στρατηγοῖς[38] καὶ πᾶσιν
τοῖς τεταγμένοις[39] ἐπὶ πραγμάτων[40] χαίρειν[41] καὶ ἐρρῶσθαι·[42] **2** ἐρρώμεθα[43] δὲ
καὶ αὐτοὶ καὶ τὰ τέκνα ἡμῶν κατευθύναντος[44] ἡμῖν τοῦ μεγάλου θεοῦ τὰ πράγματα,[45]

1 προλέγω, *perf pas ptc acc p f*, mention previously
2 εὐφρόσυνος, merry, cheerful
3 ποτόν, drinking
4 χάριν, on account of, for the sake of
5 λιχνεία, gluttony, luxuriousness
6 ἐντυγχάνω, *aor act ind 3p*, appeal to
7 ἀπόλυσις, release, dismissal
8 ἴδιος, one's own (affairs)
9 αἰτέω, *pres mid ptc nom p m*, ask for
10 ἀπογράφω, *pres mid ind 3p*, enroll, register
11 πέμπτος, fifth
12 εἰκάς, twentieth
13 τέταρτος, fourth
14 τεσσαράκοντα, forty
15 συνίστημι, *pres mid ind 3p*, appoint, set
16 ἀπώλεια, destruction
17 πέμπτος, fifth
18 ἕβδομος, seventh
19 μεγαλοδόξως, gloriously
20 ἐπιφαίνω, *aor act ptc nom s m*, manifest, appear
21 ἔλεος, mercy
22 δυνάστης, lord
23 ἄπταιστος, unharmed, intact
24 ῥύομαι, *aor mid ind 3s*, deliver, rescue
25 ὁμοθυμαδόν, together
26 εὐωχέω, *impf act ind 3p*, feast
27 χορηγέω, *pres pas ptc nom p m*, provide, supply
28 μέχρι, until
29 τεσσαρεσκαιδέκατος, fourteenth
30 ἐντυχία, petition
31 ἀπόλυσις, release, dismissal
32 συναινέω, *aor act ptc nom s m*, approve, concede
33 ὑπογράφω, *perf pas ptc acc s f*, write below
34 ἐπιστολή, letter
35 στρατηγός, commander
36 μεγαλοψύχως, magnanimously, generously
37 ἐκτένεια, zeal, eagerness
38 στρατηγός, commander
39 τάσσω, *perf pas ptc dat p m*, appoint
40 πρᾶγμα, affairs, business
41 χαίρω, *pres act inf*, rejoice, (greetings)
42 ῥώννυμι, *perf mid inf*, be in good health
43 ῥώννυμι, *perf mid ind 1p*, be in good health
44 κατευθύνω, *aor act ptc gen s m*, direct, guide
45 πρᾶγμα, affairs

καθὼς προαιρούμεθα.[1] **3** τῶν φίλων[2] τινὲς κατὰ κακοήθειαν[3] πυκνότερον[4] ἡμῖν παρακείμενοι[5] συνέπεισαν[6] ἡμᾶς εἰς τὸ τοὺς ὑπὸ τὴν βασιλείαν Ιουδαίους συναθροίσαντας[7] σύστημα[8] κολάσασθαι[9] ξενιζούσαις[10] ἀποστατῶν[11] τιμωρίαις[12] **4** προφερόμενοι[13] μηδέποτε[14] εὐσταθήσειν[15] τὰ πράγματα[16] ἡμῶν δι᾽ ἣν ἔχουσιν οὗτοι πρὸς πάντα τὰ ἔθνη δυσμένειαν,[17] μέχρι[18] ἂν συντελεσθῇ[19] τοῦτο. **5** οἳ καὶ δεσμίους[20] καταγαγόντες[21] αὐτοὺς μετὰ σκυλμῶν[22] ὡς ἀνδράποδα,[23] μᾶλλον[24] δὲ ὡς ἐπιβούλους,[25] ἄνευ[26] πάσης ἀνακρίσεως[27] καὶ ἐξετάσεως[28] ἐπεχείρησαν[29] ἀνελεῖν[30] νόμου Σκυθῶν ἀγριωτέραν[31] ἐμπεπορπημένοι[32] ὠμότητα.[33] **6** ἡμεῖς δὲ ἐπὶ τούτοις σκληρότερον[34] διαπειλησάμενοι[35] καθ᾽ ἣν ἔχομεν πρὸς ἅπαντας[36] ἀνθρώπους ἐπιείκειαν[37] μόγις[38] τὸ ζῆν αὐτοῖς χαρισάμενοι[39] καὶ τὸν ἐπουράνιον[40] θεὸν ἐγνωκότες ἀσφαλῶς[41] ὑπερησπικότα[42] τῶν Ιουδαίων ὡς πατέρα ὑπὲρ υἱῶν διὰ παντὸς συμμαχοῦντα[43] **7** τήν τε τοῦ φίλου[44] ἣν ἔχουσιν βεβαίαν[45] πρὸς ἡμᾶς καὶ τοὺς προγόνους[46] ἡμῶν εὔνοιαν[47] ἀναλογισάμενοι[48] δικαίως[49] ἀπολελύκαμεν[50] πάσης καθ᾽ ὁντινοῦν[51] αἰτίας[52] τρόπον[53] **8** καὶ προστετάχαμεν[54] ἑκάστῳ πάντας εἰς τὰ ἴδια[55]

1 προαιρέω, *pres mid ind 1p*, prefer, desire
2 φίλος, friend
3 κακοήθεια, malevolence, bad disposition
4 πυκνός, *comp*, more incessant
5 παράκειμαι, *pres mid ptc nom p m*, urge, press upon
6 συμπείθω, *aor act ind 3p*, persuade
7 συναθροίζω, *aor act ptc acc p m*, gather
8 σύστημα, band, group
9 κολάζω, *aor mid inf*, punish
10 ξενίζω, *pres act ptc dat p f*, bewilder, astonish
11 ἀποστάτης, rebel
12 τιμωρία, retribution, punishment
13 προφέρω, *pres mid ptc nom p m*, insist
14 μηδέποτε, never
15 εὐσταθέω, *fut act inf*, be stable
16 πρᾶγμα, affair(s of government)
17 δυσμένεια, enmity, ill will
18 μέχρι, until
19 συντελέω, *aor pas sub 3s*, accomplish
20 δέσμιος, captive, prisoner
21 κατάγω, *aor act ptc nom p m*, bring down
22 σκυλμός, cruel treatment
23 ἀνδράποδον, slave
24 μᾶλλον, rather
25 ἐπίβουλος, (traitor)
26 ἄνευ, without
27 ἀνάκρισις, examination
28 ἐξέτασις, investigation
29 ἐπιχειρέω, *aor act ind 3p*, endeavor
30 ἀναιρέω, *aor act inf*, destroy, kill
31 ἄγριος, *comp*, more fierce
32 ἐμπορπάω, *perf mid ptc nom p m*, fasten
33 ὠμότης, cruelty, savagery
34 σκληρός, *comp*, more harshly
35 διαπειλέω, *aor mid ptc nom p m*, threaten violently
36 ἅπας, all
37 ἐπιείκεια, equity, fairness
38 μόγις, barely
39 χαρίζομαι, *aor mid ptc nom p m*, grant, give freely
40 ἐπουράνιος, heavenly
41 ἀσφαλῶς, steadfastly, assuredly
42 ὑπερασπίζω, *perf act ptc acc s m*, defend with a shield
43 συμμαχέω, *pres mid ptc acc s m*, fight on the side of
44 φίλος, friend
45 βέβαιος, firm, steadfast
46 πρόγονος, ancestor
47 εὔνοια, goodwill, favor
48 ἀναλογίζομαι, *aor mid ptc nom p m*, take into consideration
49 δικαίως, justly
50 ἀπολύω, *perf act ind 1p*, acquit, release
51 ὁστισοῦν, whatsoever
52 αἰτία, accusation, charge
53 τρόπος, manner
54 προστάσσω, *perf act ind 1p*, order
55 ἴδιος, one's own

ἐπιστρέφειν[1] ἐν παντὶ τόπῳ μηθενὸς[2] αὐτοὺς τὸ σύνολον[3] καταβλάπτοντος[4] μήτε[5]
ὀνειδίζειν[6] περὶ τῶν γεγενημένων παρὰ λόγον. **9** γινώσκετε γὰρ ὅτι κατὰ τούτων ἐάν
τι κακοτεχνήσωμεν[7] πονηρὸν ἢ ἐπιλυπήσωμεν[8] αὐτοὺς τὸ σύνολον,[9] οὐκ ἄνθρωπον,
ἀλλὰ τὸν πάσης δεσπόζοντα[10] δυνάμεως θεὸν ὕψιστον[11] ἀντικείμενον[12] ἡμῖν ἐπ᾿
ἐκδικήσει[13] τῶν πραγμάτων[14] κατὰ πᾶν ἀφεύκτως[15] διὰ παντὸς ἕξομεν. ἔρρωσθε.[16]

Return of the Jews to Their Homes

10 Λαβόντες δὲ τὴν ἐπιστολὴν[17] ταύτην οὐκ ἐσπούδασαν[18] εὐθέως[19] γενέσθαι
περὶ τὴν ἄφοδον,[20] ἀλλὰ τὸν βασιλέα προσηξίωσαν[21] τοὺς ἐκ τοῦ γένους[22] τῶν
Ιουδαίων τὸν ἅγιον θεὸν αὐθαιρέτως[23] παραβεβηκότας[24] καὶ τοῦ θεοῦ τὸν νόμον
τυχεῖν[25] δι᾿ αὐτῶν τῆς ὀφειλομένης[26] κολάσεως[27] **11** προφερόμενοι[28] τοὺς γαστρὸς[29]
ἕνεκεν[30] τὰ θεῖα[31] παραβεβηκότας[32] προστάγματα[33] μηδέποτε[34] εὐνοήσειν[35] μηδὲ
τοῖς τοῦ βασιλέως πράγμασιν.[36] **12** ὁ δὲ τἀληθὲς[37] αὐτοὺς λέγειν παραδεξάμενος[38]
καὶ παραινέσας[39] ἔδωκεν αὐτοῖς ἄδειαν[40] πάντων, ὅπως τοὺς παραβεβηκότας[41] τοῦ
θεοῦ τὸν νόμον ἐξολεθρεύσωσιν[42] κατὰ πάντα τὸν ὑπὸ τὴν βασιλείαν αὐτοῦ τόπον
μετὰ παρρησίας[43] ἄνευ[44] πάσης βασιλικῆς[45] ἐξουσίας καὶ ἐπισκέψεως.[46]

1 ἐπιστρέφω, *pres inf act*, return
2 μηθείς, no one
3 τὸ σύνολον, without exception
4 καταβλάπτω, *pres act ptc gen s m*, inflict damage upon
5 μήτε, nor
6 ὀνειδίζω, *pres act inf*, reproach, revile
7 κακοτεχνέω, *aor act sub 1p*, devise a plot
8 ἐπιλυπέω, *aor act sub 1p*, trouble, offend
9 τὸ σύνολον, without exception
10 δεσπόζω, *pres act ptc acc s m*, be ruler
11 ὕψιστος, *sup*, Most High
12 ἀντίκειμαι, *pres mid ptc acc s m*, be an adversary
13 ἐκδίκησις, vengeance
14 πρᾶγμα, affairs, business
15 ἀφεύκτως, without any possibility of escape
16 ῥώννυμι, *perf mid impv 2p*, be in good health, (farewell)
17 ἐπιστολή, letter
18 σπουδάζω, *aor act ind 3p*, hasten
19 εὐθέως, immediately
20 ἄφοδος, departure
21 προσαξιόω, *aor act ind 3p*, petition, request
22 γένος, nation, people
23 αὐθαιρέτως, of one's own accord, voluntarily
24 παραβαίνω, *perf act ptc acc p m*, transgress, deviate from
25 τυγχάνω, *aor act inf*, obtain
26 ὀφείλω, *pres pas ptc gen s f*, deserve
27 κόλασις, vengeance, punishment
28 προφέρω, *pres mid ptc nom p m*, urge, insist
29 γαστήρ, belly
30 ἕνεκεν, on account of
31 θεῖος, divine
32 παραβαίνω, *perf act ptc acc p m*, transgress, deviate from
33 πρόσταγμα, ordinance
34 μηδέποτε, never
35 εὐνοέω, *fut act inf*, be inclined to
36 πρᾶγμα, affairs, business
37 τἀληθές, (the) truth, *cr.* τό ἀληθές
38 παραδέχομαι, *aor mid ptc nom s m*, acknowledge, admit
39 παραινέω, *aor act ptc nom s m*, approve, grant
40 ἄδεια, permission
41 παραβαίνω, *perf act ptc acc p m*, transgress, deviate from
42 ἐξολεθρεύω, *aor act sub 3p*, utterly destroy
43 παρρησία, boldness
44 ἄνευ, without
45 βασιλικός, royal
46 ἐπίσκεψις, oversight

13 τότε κατευφημήσαντες[1] αὐτόν, ὡς πρέπον[2] ἦν, οἱ τούτων ἱερεῖς καὶ πᾶν τὸ
πλῆθος ἐπιφωνήσαντες[3] τὸ αλληλουια[4] μετὰ χαρᾶς[5] ἀνέλυσαν.[6] **14** οὕτως τε τὸν
ἐμπεσόντα[7] τῶν μεμιαμμένων[8] ὁμοεθνῆ[9] κατὰ τὴν ὁδὸν ἐκολάζοντο[10] καὶ μετὰ
παραδειγματισμῶν[11] ἀνῄρουν.[12] **15** ἐκείνῃ δὲ τῇ ἡμέρᾳ ἀνεῖλον[13] ὑπὲρ τοὺς τρι-
ακοσίους[14] ἄνδρας, ἣν καὶ ἤγαγον εὐφροσύνην[15] μετὰ χαρᾶς[16] βεβήλους[17] χειρω-
σάμενοι.[18] **16** αὐτοὶ δὲ οἱ μέχρι[19] θανάτου τὸν θεὸν ἐσχηκότες παντελῆ[20] σωτηρίας
ἀπόλαυσιν[21] εἰληφότες[22] ἀνέζευξαν[23] ἐκ τῆς πόλεως παντοίοις[24] εὐωδεστάτοις[25]
ἄνθεσιν[26] κατεστεμμένοι[27] μετ᾽ εὐφροσύνης[28] καὶ βοῆς[29] ἐν αἴνοις[30] καὶ παμμελέσιν[31]
ὕμνοις[32] εὐχαριστοῦντες[33] τῷ θεῷ τῶν πατέρων αὐτῶν αἰωνίῳ σωτῆρι[34] τοῦ Ισραηλ.

17 Παραγενηθέντες δὲ εἰς Πτολεμαΐδα τὴν ὀνομαζομένην[35] διὰ τὴν τοῦ τόπου
ἰδιότητα[36] ῥοδοφόρον,[37] ἐν ᾗ προσέμεινεν[38] αὐτοὺς ὁ στόλος[39] κατὰ κοινὴν[40]
αὐτῶν βουλὴν[41] ἡμέρας ἑπτά, **18** ἐκεῖ ἐποίησαν πότον[42] σωτήριον[43] τοῦ βασιλέως
χορηγήσαντος[44] αὐτοῖς εὐψύχως[45] τὰ πρὸς τὴν ἄφιξιν[46] πάντα ἑκάστῳ ἕως εἰς τὴν
ἰδίαν[47] οἰκίαν. **19** καταχθέντες[48] δὲ μετ᾽ εἰρήνης ἐν ταῖς πρεπούσαις[49] ἐξομολογήσεσιν[50]

1 κατευφημέω, *aor act ptc nom p m*, applaud
2 πρέπω, *pres act ptc nom s n*, fit, be proper
3 ἐπιφωνέω, *aor act ptc nom p m*, respond
4 αλληλουια, hallelujah, *translit.*
5 χαρά, joy
6 ἀναλύω, *aor act ind 3p*, depart
7 ἐμπίπτω, *aor act ptc acc s m*, fall upon, attack
8 μιαίνω, *perf pas ptc gen p m*, defile, pollute
9 ὁμοεθνής, fellow countryman
10 κολάζω, *impf mid ind 3p*, punish
11 παραδειγματισμός, making an example of
12 ἀναιρέω, *impf act ind 3p*, destroy, kill
13 ἀναιρέω, *aor act ind 3p*, destroy, kill
14 τριακόσιοι, three hundred
15 εὐφροσύνη, joy, gladness
16 χαρά, joy
17 βέβηλος, profane, impure
18 χειρόω, *aor mid ptc nom p m*, subdue
19 μέχρι, until, to the point of
20 παντελής, complete, full
21 ἀπόλαυσις, reward
22 λαμβάνω, *perf act ptc nom p m*, receive
23 ἀναζεύγνυμι, *aor act ind 3p*, depart, move one's quarters
24 παντοῖος, of all kinds
25 εὐώδης, *sup*, most fragrant
26 ἄνθος, flower
27 καταστέφω, *perf mid ptc nom p m*, be wreathed
28 εὐφροσύνη, joy, gladness
29 βοή, cry of joy
30 αἶνος, praise
31 παμμελής, in all kinds of melodies
32 ὕμνος, hymn
33 εὐχαριστέω, *pres act ptc nom p m*, give thanks
34 σωτήρ, savior
35 ὀνομάζω, *pres pas ptc acc s f*, name
36 ἰδιότης, characteristic
37 ῥοδοφόρος, rose-bearing
38 προσμένω, *aor act ind 3s*, wait for
39 στόλος, naval fleet
40 κοινός, common
41 βουλή, counsel, plan
42 πότος, party, celebration
43 σωτήριος, of deliverance
44 χορηγέω, *aor act ptc gen s m*, supply, provide for
45 εὐψύχως, courageously, (generously)
46 ἄφιξις, arrival
47 ἴδιος, one's own
48 κατάγω, *aor pas ptc nom p m*, set down, land
49 πρέπω, *pres act ptc dat p f*, fit, be proper
50 ἐξομολόγησις, confession of thanksgiving

ὡσαύτως[1] κἀκεῖ[2] ἔστησαν καὶ ταύτας ἄγειν τὰς ἡμέρας ἐπὶ τὸν τῆς παροικίας[3] αὐτῶν
χρόνον εὐφροσύνους.[4] **20** ἃς καὶ ἀνιερώσαντες[5] ἐν στήλῃ[6] κατὰ τὸν τῆς συμποσίας[7]
τόπον προσευχῆς καθιδρύσαντες[8] ἀνέλυσαν[9] ἀσινεῖς,[10] ἐλεύθεροι,[11] ὑπερχαρεῖς,[12]
διά τε γῆς καὶ θαλάσσης καὶ ποταμοῦ[13] ἀνασῳζόμενοι[14] τῇ τοῦ βασιλέως ἐπιταγῇ,[15]
ἕκαστος εἰς τὴν ἰδίαν,[16] **21** καὶ πλείστην[17] ἢ ἔμπροσθεν ἐν τοῖς ἐχθροῖς ἐξουσίαν[18]
ἐσχηκότες μετὰ δόξης καὶ φόβου, τὸ σύνολον[19] ὑπὸ μηδενὸς[20] διασεισθέντες[21] τῶν
ὑπαρχόντων. **22** καὶ πάντα τὰ ἑαυτῶν πάντες ἐκομίσαντο[22] ἐξ ἀπογραφῆς[23] ὥστε τοὺς
ἔχοντάς τι μετὰ φόβου μεγίστου[24] ἀποδοῦναι αὐτοῖς, τὰ μεγαλεῖα[25] τοῦ μεγίστου[26]
θεοῦ ποιήσαντος τελείως[27] ἐπὶ σωτηρίᾳ αὐτῶν. **23** εὐλογητὸς[28] ὁ ῥύστης[29] Ισραηλ
εἰς τοὺς ἀεὶ[30] χρόνους. αμην.[31]

1 ὡσαύτως, in such manner
2 κἀκεῖ, there too, *cr.* καὶ ἐκεῖ
3 παροικία, sojourn in a foreign country
4 εὐφρόσυνος, merry, joyful
5 ἀνιερόω, *aor act ptc nom p m*, devote, dedicate
6 στήλη, pillar, stele
7 συμποσία, banquet
8 καθιδρύω, *aor act ptc nom p m*, set up, consecrate
9 ἀναλύω, *aor act ind 3p*, depart
10 ἀσινής, uninjured
11 ἐλεύθερος, free
12 ὑπερχαρής, overjoyed
13 ποταμός, river
14 ἀνασῴζω, *pres pas ptc nom p m*, rescue, preserve alive
15 ἐπιταγή, command
16 ἴδιος, one's own (home)
17 πλεῖστος, *sup of* πολύς, most, greatest
18 ἐξουσία, authority, (prestige)
19 τὸ σύνολον, without exception
20 μηδείς, no one
21 διασείω, *aor pas ptc nom p m*, extort
22 κομίζω, *aor mid ind 3p*, receive back
23 ἀπογραφή, register, record
24 μέγας, *sup*, very great
25 μεγαλεῖος, mighty power
26 μέγας, *sup*, greatest
27 τελείως, perfectly
28 εὐλογητός, blessed
29 ῥύστης, savior, deliverer
30 ἀεί, everlasting
31 αμην, amen, *translit.*

ΜΑΚΚΑΒΑΙΩΝ Δʹ
4 Maccabees

Introduction and Thesis

1 Φιλοσοφώτατον[1] λόγον ἐπιδείκνυσθαι[2] μέλλων,[3] εἰ αὐτοδέσποτός[4] ἐστιν τῶν
παθῶν[5] ὁ εὐσεβὴς[6] λογισμός,[7] συμβουλεύσαιμ᾽[8] ἂν ὑμῖν ὀρθῶς[9] ὅπως προσέχητε[10]
προθύμως[11] τῇ φιλοσοφίᾳ.[12] **2** καὶ γὰρ ἀναγκαῖος[13] εἰς ἐπιστήμην[14] παντὶ ὁ λόγος καὶ
ἄλλως[15] τῆς μεγίστης[16] ἀρετῆς,[17] λέγω δὴ[18] φρονήσεως,[19] περιέχει[20] ἔπαινον.[21] **3** εἰ
ἄρα τῶν σωφροσύνης[22] κωλυτικῶν[23] παθῶν[24] ὁ λογισμὸς[25] φαίνεται[26] ἐπικρατεῖν,[27]
γαστριμαργίας[28] τε καὶ ἐπιθυμίας,[29] **4** ἀλλὰ καὶ τῶν τῆς δικαιοσύνης ἐμποδιστικῶν[30]
παθῶν[31] κυριεύειν[32] ἀναφαίνεται,[33] οἷον[34] κακοηθείας,[35] καὶ τῶν τῆς ἀνδρείας[36] ἐμπο-
διστικῶν[37] παθῶν, θυμοῦ[38] τε καὶ φόβου[39] καὶ πόνου.[40] **5** πῶς οὖν, ἴσως[41] εἴποιεν[42]
ἄν τινες, εἰ τῶν παθῶν[43] ὁ λογισμὸς[44] κρατεῖ, λήθης[45] καὶ ἀγνοίας[46] οὐ δεσπόζει;[47]

1 φιλόσοφος, *sup*, (quintessentially) philosophical
2 ἐπιδείκνυμι, *pres mid inf*, illustrate, demonstrate
3 μέλλω, *pres act ptc nom s m*, be about to
4 αὐτοδέσποτος, absolute master
5 πάθος, passion, emotion
6 εὐσεβής, pious, religious
7 λογισμός, reason
8 συμβουλεύω, *aor act opt 1s*, advise, counsel
9 ὀρθῶς, rightly, correctly
10 προσέχω, *pres act sub 2p*, pay attention
11 προθύμως, rigorously, diligently
12 φιλοσοφία, philosophy, (study, exposition)
13 ἀναγκαῖος, necessary
14 ἐπιστήμη, knowledge, understanding
15 ἄλλως, moreover, besides
16 μέγας, *sup*, greatest
17 ἀρετή, virtue
18 δή, now, at this point
19 φρόνησις, prudence
20 περιέχω, *pres act ind 3s*, include, encompass
21 ἔπαινος, praise, eulogy
22 σωφροσύνη, moderation, self-control
23 κωλυτικός, hindering, preventing
24 πάθος, passion, emotion
25 λογισμός, reason
26 φαίνω, *pres pas ind 3s*, appear
27 ἐπικρατέω, *pres act inf*, prevail over, master
28 γαστριμαργία, gluttony
29 ἐπιθυμία, lust
30 ἐμποδιστικός, impeding, thwarting
31 πάθος, passion, emotion
32 κυριεύω, *pres act inf*, master, rule over
33 ἀναφαίνω, *pres pas ind 3s*, be apparent
34 οἷος, such as
35 κακοήθεια, malice
36 ἀνδρεῖος, courage
37 ἐμποδιστικός, impeding, thwarting
38 θυμός, anger, rage
39 φόβος, fear
40 πόνος, distress, pain
41 ἴσως, perhaps
42 λέγω, *aor act opt 3p*, say, (ask)
43 πάθος, passion, emotion
44 λογισμός, reason
45 λήθη, forgetfulness
46 ἄγνοια, ignorance
47 δεσπόζω, *pres act ind 3s*, gain mastery

γελοῖον[1] ἐπιχειροῦντες[2] λέγειν. **6** οὐ γὰρ τῶν αὐτοῦ παθῶν[3] ὁ λογισμὸς[4] κρατεῖ,
ἀλλὰ τῶν τῆς δικαιοσύνης καὶ ἀνδρείας[5] καὶ σωφροσύνης[6] ἐναντίων,[7] καὶ τούτων
οὐχ ὥστε αὐτὰ καταλῦσαι,[8] ἀλλ᾽ ὥστε αὐτοῖς μὴ εἶξαι.[9]

7 πολλαχόθεν[10] μὲν οὖν καὶ ἀλλαχόθεν[11] ἔχοιμ᾽[12] ἂν ὑμῖν ἐπιδεῖξαι[13] ὅτι αὐτο-
κράτωρ[14] ἐστὶν τῶν παθῶν[15] ὁ λογισμός,[16] **8** πολὺ δὲ πλέον[17] τοῦτο ἀποδείξαιμι[18]
ἀπὸ τῆς ἀνδραγαθίας[19] τῶν ὑπὲρ ἀρετῆς[20] ἀποθανόντων, Ελεαζαρου τε καὶ τῶν
ἑπτὰ ἀδελφῶν καὶ τῆς τούτων μητρός. **9** ἅπαντες[21] γὰρ οὗτοι τοὺς ἕως θανάτου
πόνους[22] ὑπεριδόντες[23] ἐπεδείξαντο[24] ὅτι περικρατεῖ[25] τῶν παθῶν[26] ὁ λογισμός.[27]
10 τῶν μὲν οὖν ἀρετῶν[28] ἔπεστί[29] μοι ἐπαινεῖν[30] τοὺς κατὰ τοῦτον τὸν καιρὸν
ὑπὲρ τῆς καλοκἀγαθίας[31] ἀποθανόντας μετὰ τῆς μητρὸς ἄνδρας, τῶν δὲ τιμῶν[32]
μακαρίσαιμ᾽[33] ἄν. **11** θαυμασθέντες[34] γὰρ οὐ μόνον ὑπὸ πάντων ἀνθρώπων ἐπὶ τῇ
ἀνδρείᾳ[35] καὶ ὑπομονῇ,[36] ἀλλὰ καὶ ὑπὸ τῶν αἰκισαμένων,[37] αἴτιοι[38] κατέστησαν[39]
τοῦ καταλυθῆναι[40] τὴν κατὰ τοῦ ἔθνους τυραννίδα[41] νικήσαντες[42] τὸν τύραννον[43]
τῇ ὑπομονῇ ὥστε καθαρισθῆναι δι᾽ αὐτῶν τὴν πατρίδα.[44] **12** ἀλλὰ καὶ περὶ
τούτου νῦν αὐτίκα[45] δὴ[46] λέγειν ἐξέσται[47] ἀρξαμένῳ τῆς ὑποθέσεως,[48] ὅπερ[49]

1 γελοῖος, ridiculous
2 ἐπιχειρέω, *pres act ptc nom p m*, make an attempt
3 πάθος, passion, emotion
4 λογισμός, reason
5 ἀνδρεία, courage
6 σωφροσύνη, moderation, self-control
7 ἐναντίος, opposed, contrary
8 καταλύω, *aor act inf*, destroy
9 εἴκω, *aor act inf*, give way, yield
10 πολλαχόθεν, in many ways
11 ἀλλαχόθεν, from many sources
12 ἔχω, *pres act opt 1s*, be able
13 ἐπιδείκνυμι, *aor act inf*, demonstrate, prove
14 αὐτοκράτωρ, absolute master
15 πάθος, passion, emotion
16 λογισμός, reason
17 πλείων/πλεῖον, *comp of* πολύς, (much) more
18 ἀποδεικνύω, *aor act opt 1s*, show, prove
19 ἀνδραγαθία, bravery, heroism
20 ἀρετή, virtue
21 ἅπας, all
22 πόνος, distress, pain
23 ὑπεροράω, *aor act ptc nom p m*, disregard, ignore, disdain
24 ἐπιδείκνυμι, *aor mid ind 3p*, demonstrate, prove
25 περικρατέω, *pres act ind 3s*, be in command, have control
26 πάθος, passion, emotion
27 λογισμός, reason
28 ἀρετή, virtue
29 ἔπειμι, *pres act ind 3s*, fall to (someone), (be a responsibility)
30 ἐπαινέω, *pres act inf*, praise, commend
31 καλοκἀγαθία, excellence (of character), nobility
32 τιμή, honor
33 μακαρίζω, *aor act opt 1s*, consider blessed, count as privileged
34 θαυμάζω, *aor pas ptc nom p m*, (be admired)
35 ἀνδρεία, bravery
36 ὑπομονή, endurance
37 αἰκίζομαι, *aor mid ptc gen p m*, torture, abuse
38 αἴτιος, responsible for, a means of
39 καθίστημι, *aor act ind 3p*, set up, (become)
40 καταλύω, *aor pas inf*, destroy, dismantle
41 τυραννίς, tyranny
42 νικάω, *aor act ptc nom p m*, defeat, conquer
43 τύραννος, tyrant
44 πατρίς, homeland
45 αὐτίκα, shortly, presently
46 δή, now, at this point
47 ἔξειμι, *fut mid ind 3s*, be proper, be appropriate
48 ὑπόθεσις, hypothesis, theory
49 ὅσπερ, which

εἴωθα[1] ποιεῖν, καὶ οὕτως εἰς τὸν περὶ αὐτῶν τρέψομαι[2] λόγον δόξαν διδοὺς τῷ
πανσόφῳ[3] θεῷ.

Exposition of Philosophical Terms

13 Ζητοῦμεν δὴ[4] τοίνυν[5] εἰ αὐτοκράτωρ[6] ἐστὶν τῶν παθῶν[7] ὁ λογισμός.[8] **14** δια-
κρίνομεν[9] τί ποτέ[10] ἐστιν λογισμὸς[11] καὶ τί πάθος,[12] καὶ πόσαι[13] παθῶν ἰδέαι,[14] καὶ εἰ
πάντων ἐπικρατεῖ[15] τούτων ὁ λογισμός.

15 λογισμὸς[16] μὲν δὴ[17] τοίνυν[18] ἐστὶν νοῦς[19] μετὰ ὀρθοῦ[20] λόγου προτιμῶν[21] τὸν
σοφίας βίον.[22] **16** σοφία δὴ[23] τοίνυν[24] ἐστὶν γνῶσις[25] θείων[26] καὶ ἀνθρωπίνων[27] πρα-
γμάτων[28] καὶ τῶν τούτων αἰτιῶν.[29] **17** αὕτη δὴ[30] τοίνυν[31] ἐστὶν ἡ τοῦ νόμου παιδεία,[32]
δι᾽ ἧς τὰ θεῖα[33] σεμνῶς[34] καὶ τὰ ἀνθρώπινα[35] συμφερόντως[36] μανθάνομεν.[37] **18** τῆς
δὲ σοφίας ἰδέαι[38] καθεστήκασιν[39] φρόνησις[40] καὶ δικαιοσύνη καὶ ἀνδρεία[41] καὶ
σωφροσύνη·[42] **19** κυριωτάτη[43] δὲ πάντων ἡ φρόνησις,[44] ἐξ ἧς δὴ[45] τῶν παθῶν[46] ὁ
λογισμὸς[47] ἐπικρατεῖ.[48] **20** παθῶν[49] δὲ φύσεις[50] εἰσὶν αἱ περιεκτικώταται[51] δύο ἡδονή[52]
τε καὶ πόνος·[53] τούτων δὲ ἑκάτερον[54] καὶ περὶ τὸ σῶμα καὶ περὶ τὴν ψυχὴν πέφυκεν.[55]

1 ἔθω, *perf act ind 1s*, be accustomed to, be used to
2 τρέπω, *fut mid ind 1s*, turn, move on, proceed
3 πάνσοφος, most wise, all-wise
4 δή, then, now
5 τοίνυν, accordingly
6 αὐτοκράτωρ, absolute master
7 πάθος, passion, emotion
8 λογισμός, reason
9 διακρίνω, *pres act ind 1p*, evaluate, determine
10 ποτέ, when
11 λογισμός, reason
12 πάθος, passion, emotion
13 πόσος, how many
14 ἰδέα, form, kind
15 ἐπικρατέω, *pres act ind 3s*, prevail over
16 λογισμός, reason
17 δή, then
18 τοίνυν, accordingly
19 νοῦς, mind
20 ὀρθός, correct, right
21 προτιμάω, *pres act ptc nom s m*, prefer
22 βίος, life
23 δή, then
24 τοίνυν, accordingly
25 γνῶσις, knowledge
26 θεῖος, divine
27 ἀνθρώπινος, human
28 πρᾶγμα, matter, thing
29 αἰτία, cause
30 δή, then
31 τοίνυν, accordingly
32 παιδεία, instruction, teaching
33 θεῖος, divine
34 σεμνῶς, worthily, reverently
35 ἀνθρώπινος, human
36 συμφερόντως, profitably
37 μανθάνω, *pres act ind 1p*, learn
38 ἰδέα, form, kind
39 καθίστημι, *perf act ind 3p*, be in place
40 φρόνησις, wisdom
41 ἀνδρεῖος, courage
42 σωφροσύνη, moderation, self-control
43 κύριος, *sup*, most supreme
44 φρόνησις, wisdom
45 δή, now, indeed
46 πάθος, passion, emotion
47 λογισμός, reason
48 ἐπικρατέω, *pres act ind 3s*, prevail over
49 πάθος, passion, emotion
50 φύσις, by nature
51 περιεκτικός, *sup*, most comprehensive
52 ἡδονή, pleasure
53 πόνος, pain
54 ἑκάτερος, each
55 φύω, *perf act ind 3s*, pertain, grow up

21 πολλαὶ δὲ καὶ περὶ τὴν ἡδονὴν[1] καὶ τὸν πόνον[2] παθῶν[3] εἰσιν ἀκολουθίαι.[4] **22** πρὸ
μὲν οὖν τῆς ἡδονῆς[5] ἐστιν ἐπιθυμία,[6] μετὰ δὲ τὴν ἡδονὴν χαρά.[7] **23** πρὸ δὲ τοῦ
πόνου[8] ἐστὶν φόβος, μετὰ δὲ τὸν πόνον λύπη.[9] **24** θυμὸς[10] δὲ κοινὸν[11] πάθος[12] ἐστὶν
ἡδονῆς[13] καὶ πόνου,[14] ἐὰν ἐννοηθῇ[15] τις ὅτι αὐτῷ περιέπεσεν.[16] **25** ἐν τῇ ἡδονῇ[17] δὲ
ἔνεστιν[18] καὶ ἡ κακοήθης[19] διάθεσις,[20] πολυτροπωτάτη[21] πάντων οὖσα τῶν παθῶν,[22]
26 καὶ τὰ μὲν ψυχῆς ἀλαζονεία[23] καὶ φιλαργυρία[24] καὶ φιλοδοξία[25] καὶ φιλονεικία[26]
καὶ βασκανία,[27] **27** κατὰ δὲ τὸ σῶμα παντοφαγία[28] καὶ λαιμαργία[29] καὶ μονοφαγία.[30]

28 καθάπερ[31] οὖν δυεῖν[32] τοῦ σώματος καὶ τῆς ψυχῆς φυτῶν[33] ὄντων ἡδονῆς[34] τε
καὶ πόνου[35] πολλαὶ τούτων τῶν φυτῶν[36] εἰσιν παραφυάδες,[37] **29** ὧν ἑκάστην ὁ
παγγέωργος[38] λογισμὸς[39] περικαθαίρων[40] καὶ ἀποκνίζων[41] καὶ περιπλέκων[42] καὶ
ἐπάρδων[43] καὶ πάντα τρόπον[44] μεταχέων[45] ἐξημεροῖ[46] τὰς τῶν ἠθῶν[47] καὶ παθῶν[48]
ὕλας.[49] **30** ὁ γὰρ λογισμὸς[50] τῶν μὲν ἀρετῶν[51] ἐστιν ἡγεμών,[52] τῶν δὲ παθῶν[53]
αὐτοκράτωρ.[54]

1 ἡδονή, pleasure
2 πόνος, pain
3 πάθος, passion, emotion
4 ἀκολουθία, attendant
5 ἡδονή, pleasure
6 ἐπιθυμία, desire
7 χαρά, joy, delight
8 πόνος, pain
9 λύπη, sorrow
10 θυμός, anger
11 κοινός, pertaining to
12 πάθος, passion, emotion
13 ἡδονή, pleasure
14 πόνος, pain
15 ἐννοέω, *aor pas sub 3s*, consider, reflect
16 περιπίπτω, *aor act ind 3s*, encounter
17 ἡδονή, pleasure
18 ἔνειμι, *pres act ind 3s*, be present, exist
19 κακοήθης, malicious
20 διάθεσις, disposition, state
21 πολυτρόπος, *sup*, most varied
22 πάθος, passion, emotion
23 ἀλαζονεία, boastfulness
24 φιλαργυρία, greed, love of money
25 φιλοδοξία, conceit, love of glory
26 φιλονεικία, petulant, love of strife
27 βασκανία, envy
28 παντοφαγία, indiscriminate eating
29 λαιμαργία, gluttony
30 μονοφαγία, eating alone
31 καθάπερ, just as
32 δύο, two
33 φυτόν, plant
34 ἡδονή, pleasure
35 πόνος, pain
36 φυτόν, plant
37 παραφυάς, branch, offshoot
38 παγγέωργος, chief gardener
39 λογισμός, reason
40 περικαθαίρω, *pres act ptc nom s m*, (weed)
41 ἀποκνίζω, *pres act ptc nom s m*, prune
42 περιπλέκω, *pres act ptc nom s m*, tie up, bundle
43 ἐπάρδω, *pres act ptc nom s m*, water
44 τρόπος, way, manner
45 μεταχέω, *pres act ptc nom s m*, transplant
46 ἐξημερόω, *pres act ind 3s*, tame
47 ἦθος, disposition, inclination
48 πάθος, passion, emotion
49 ὕλη, thicket, forest
50 λογισμός, reason
51 ἀρετή, virtue
52 ἡγεμών, leader, chief
53 πάθος, passion, emotion
54 αὐτοκράτωρ, absolute master

Self-Control over Emotions

Ἐπιθεωρεῖτε[1] τοίνυν[2] πρῶτον διὰ τῶν κωλυτικῶν[3] τῆς σωφροσύνης[4] ἔργων ὅτι
αὐτοδέσποτός[5] ἐστιν τῶν παθῶν[6] ὁ λογισμός.[7] **31** σωφροσύνη[8] δή[9] τοίνυν[10] ἐστὶν
ἐπικράτεια[11] τῶν ἐπιθυμιῶν,[12] **32** τῶν δὲ ἐπιθυμιῶν[13] αἱ μέν εἰσιν ψυχικαί,[14] αἱ δὲ
σωματικαί,[15] καὶ τούτων ἀμφοτέρων[16] ἐπικρατεῖν[17] ὁ λογισμὸς[18] φαίνεται.[19] **33** ἐπεὶ[20]
πόθεν[21] κινούμενοι[22] πρὸς τὰς ἀπειρημένας[23] τροφὰς[24] ἀποστρεφόμεθα[25] τὰς ἐξ
αὐτῶν ἡδονάς;[26] οὐχ ὅτι δύναται τῶν ὀρέξεων[27] ἐπικρατεῖν[28] ὁ λογισμός;[29] ἐγὼ μὲν
οἶμαι.[30] **34** τοιγαροῦν[31] ἐνύδρων[32] ἐπιθυμοῦντες[33] καὶ ὀρνέων[34] καὶ τετραπόδων[35] καὶ
παντοίων[36] βρωμάτων[37] τῶν ἀπηγορευμένων[38] ἡμῖν κατὰ τὸν νόμον ἀπεχόμεθα[39]
διὰ τὴν τοῦ λογισμοῦ[40] ἐπικράτειαν.[41] **35** ἀνέχεται[42] γὰρ τὰ τῶν ὀρέξεων[43] πάθη[44]
ὑπὸ τοῦ σώφρονος[45] νοὸς[46] ἀνακοπτόμενα,[47] καὶ φιμοῦται[48] πάντα τὰ τοῦ σώματος
κινήματα[49] ὑπὸ τοῦ λογισμοῦ.[50]

Law and Reason

2 Καὶ τί θαυμαστόν,[51] εἰ αἱ τῆς ψυχῆς ἐπιθυμίαι[52] πρὸς τὴν τοῦ κάλλους[53] με-
τουσίαν[54] ἀκυροῦνται;[55] **2** ταύτῃ γοῦν[56] ὁ σώφρων[57] Ιωσηφ ἐπαινεῖται,[58] ὅτι

1 ἐπιθεωρέω, *pres act impv 2p*, consider
2 τοίνυν, accordingly, therefore
3 κωλυτικός, hindering, preventing
4 σωφροσύνη, moderation, self-control
5 αὐτοδέσποτος, absolute master
6 πάθος, passion, emotion
7 λογισμός, reason
8 σωφροσύνη, moderation, self-control
9 δή, now
10 τοίνυν, accordingly
11 ἐπικράτεια, mastery
12 ἐπιθυμία, desire
13 ἐπιθυμία, desire
14 ψυχικός, pertaining to the soul
15 σωματικός, pertaining to the body
16 ἀμφότεροι, both
17 ἐπικρατέω, *pres act inf*, prevail over
18 λογισμός, reason
19 φαίνω, *pres pas ind 3s*, appear
20 ἐπεί, for, otherwise
21 πόθεν, from where
22 κινέω, *pres mid ptc nom p m*, be drawn, (be attracted)
23 ἀπεῖπον, *perf pas ptc acc p f*, forbid
24 τροφή, food
25 ἀποστρέφω, *pres mid ind 1p*, turn away
26 ἡδονή, pleasure
27 ὄρεξις, longing, desire
28 ἐπικρατέω, *pres act inf*, prevail over
29 λογισμός, reason
30 οἴομαι, *pres mid ind 1s*, think, expect, suppose
31 τοιγαροῦν, for that reason
32 ἔνυδρος, seafood
33 ἐπιθυμέω, *pres act ptc nom p m*, desire
34 ὄρνεον, bird, fowl
35 τετράπους, quadruped
36 παντοῖος, of all kinds
37 βρῶμα, food
38 ἀπαγορεύω, *perf pas ptc gen p n*, forbid
39 ἀπέχω, *pres mid ind 1p*, keep away, abstain
40 λογισμός, reason
41 ἐπικράτεια, mastery
42 ἀνέχω, *pres pas ind 3s*, endure
43 ὄρεξις, longing, appetite
44 πάθος, passion, feeling
45 σώφρων, temperate, moderate
46 νοῦς, mind
47 ἀνακόπτω, *pres pas ptc nom p n*, restrain
48 φιμόω, *pres pas ind 3s*, silence, restrain
49 κίνημα, stirring, impulse
50 λογισμός, reason
51 θαυμαστός, amazing, remarkable
52 ἐπιθυμία, desire
53 κάλλος, beauty
54 μετουσία, communion, enjoyment
55 ἀκυρόω, *pres pas ind 3p*, defuse, cancel
56 γοῦν, then, therefore, *cr.* γε οὖν
57 σώφρων, temperate, sober
58 ἐπαινέω, *pres pas ind 3s*, praise

διανοίᾳ[1] περιεκράτησεν[2] τῆς ἡδυπαθείας.[3] **3** νέος[4] γὰρ ὢν καὶ ἀκμάζων[5] πρὸς συν-
ουσιασμὸν[6] ἠκύρωσε[7] τῷ λογισμῷ[8] τὸν τῶν παθῶν[9] οἶστρον.[10] **4** καὶ οὐ μόνον δὲ
τὴν τῆς ἡδυπαθείας[11] οἰστρηλασίαν[12] ὁ λογισμὸς[13] ἐπικρατεῖν[14] φαίνεται,[15] ἀλλὰ
καὶ πάσης ἐπιθυμίας.[16] **5** λέγει γοῦν[17] ὁ νόμος Οὐκ ἐπιθυμήσεις[18] τὴν γυναῖκα τοῦ
πλησίον[19] σου οὐδὲ ὅσα τῷ πλησίον σού ἐστιν. **6** καίτοι[20] ὅτε μὴ ἐπιθυμεῖν[21] εἴρηκεν
ἡμᾶς ὁ νόμος, πολὺ πλέον[22] πείσαιμ᾽[23] ἂν ὑμᾶς ὅτι τῶν ἐπιθυμιῶν[24] κρατεῖν δύναται
ὁ λογισμός.[25]

Ὥσπερ καὶ τῶν κωλυτικῶν[26] τῆς δικαιοσύνης παθῶν·[27] **7** ἐπεὶ[28] τίνα τις τρόπον[29]
μονοφάγος[30] ὢν τὸ ἦθος[31] καὶ γαστρίμαργος[32] ἢ καὶ μέθυσος[33] μεταπαιδεύεται,[34]
εἰ μὴ δῆλον[35] ὅτι κύριός ἐστιν τῶν παθῶν[36] ὁ λογισμός;[37] **8** αὐτίκα[38] γοῦν[39] τῷ
νόμῳ πολιτευόμενος,[40] κἂν[41] φιλάργυρός[42] τις ᾖ, βιάζεται[43] τὸν αὑτοῦ τρόπον[44]
τοῖς δεομένοις[45] δανείζων[46] χωρὶς[47] τόκων[48] καὶ τὸ δάνειον[49] τῶν ἑβδομάδων[50]
ἐνστασῶν[51] χρεοκοπούμενος·[52] **9** κἂν[53] φειδωλός[54] τις ᾖ, ὑπὸ τοῦ νόμου κρα-

1 διάνοια, thinking, reasoning
2 περικρατέω, *aor act ind 3s*, control, have command
3 ἡδυπάθεια, indulgence, pleasure
4 νέος, young
5 ἀκμάζω, *pres act ptc nom s m*, be in one's prime, be ripe
6 συνουσιασμός, sexual intercourse
7 ἀκυρόω, *aor act ind 3s*, defuse, cancel
8 λογισμός, reason
9 πάθος, passion, emotion
10 οἶστρος, intense desire, wild impulse
11 ἡδυπάθεια, indulgence, pleasure
12 οἰστρηλασία, mad rage
13 λογισμός, reason
14 ἐπικρατέω, *pres act inf*, prevail over, master
15 φαίνω, *pres pas ind 3s*, appear
16 ἐπιθυμία, desire
17 γοῦν, then, therefore, *cr.* γε οὖν
18 ἐπιθυμέω, *fut act ind 2s*, long for, desire
19 πλησίον, neighbor
20 καίτοι, and indeed, and furthermore
21 ἐπιθυμέω, *pres act inf*, long for, desire
22 πλείων/πλεῖον, *comp of* πολύς, (much) more
23 πείθω, *aor act opt 1s*, persuade
24 ἐπιθυμία, desire
25 λογισμός, reason
26 κωλυτικός, hindering, preventing
27 πάθος, passion, emotion
28 ἐπεί, for, otherwise
29 τρόπος, way, manner
30 μονοφάγος, eating alone
31 ἦθος, habit, character
32 γαστρίμαργος, gluttonous
33 μέθυσος, drunk
34 μεταπαιδεύω, *pres mid ind 3s*, reform, reeducated
35 δῆλος, obvious, clear
36 πάθος, passion, emotion
37 λογισμός, reason
38 αὐτίκα, for example
39 γοῦν, then, therefore, *cr.* γε οὖν
40 πολιτεύω, *pres mid ptc nom s m*, lead one's life
41 κἄν, even if, *cr.* καὶ ἐάν
42 φιλάργυρος, money-lover
43 βιάζομαι, *pres pas ind 3s*, constrain, force
44 τρόπος, way, manner
45 δέομαι, *pres mid ptc dat p m*, beg, ask
46 δανείζω, *pres act ptc nom s m*, lend
47 χωρίς, without
48 τόκος, interest
49 δάνειον, loan, debt
50 ἑβδομάς, seventh
51 ἐνίστημι, *aor act ptc gen p f*, arrive, come
52 χρεοκοπέομαι, *pres mid ptc nom s m*, cancel debt
53 κἄν, even if, *cr.* καὶ ἐάν
54 φειδωλός, cheap, stingy

τεῖται διὰ τὸν λογισμὸν[1] μήτε[2] ἐπικαρπολογούμενος[3] τοὺς ἀμητοὺς[4] μήτε[5] ἐπιρ-
ρωγολογούμενος[6] τοὺς ἀμπελῶνας.[7]

Καὶ ἐπὶ τῶν ἑτέρων δὲ ἔστιν ἐπιγνῶναι τοῦτο, ὅτι τῶν παθῶν[8] ἐστιν ὁ λογισμὸς[9]
κρατῶν· **10** ὁ γὰρ νόμος καὶ τῆς πρὸς γονεῖς[10] εὐνοίας[11] κρατεῖ μὴ καταπροδιδοὺς[12]
τὴν ἀρετὴν[13] δι᾽ αὐτοὺς **11** καὶ τῆς πρὸς γαμετὴν[14] φιλίας[15] ἐπικρατεῖ[16] διὰ τὴν
παρανομίαν[17] αὐτὴν ἀπελέγχων[18] **12** καὶ τῆς τέκνων φιλίας[19] κυριεύει[20] διὰ κα-
κίαν[21] αὐτὰ κολάζων[22] **13** καὶ τῆς φίλων[23] συνηθείας[24] δεσπόζει[25] διὰ πονηρίαν[26]
αὐτοὺς ἐξελέγχων.[27] **14** καὶ μὴ νομίσητε[28] παράδοξον[29] εἶναι, ὅπου[30] καὶ ἔχθρας[31]
ἐπικρατεῖν[32] ὁ λογισμὸς[33] δύναται διὰ τὸν νόμον μήτε[34] δενδροτομῶν[35] τὰ ἥμερα[36]
τῶν πολεμίων[37] φυτά,[38] τὰ δὲ τῶν ἐχθρῶν τοῖς ἀπολέσασι διασῴζων[39] καὶ τὰ πεπτω-
κότα συνεγείρων.[40]

Moses and Jacob

15 Καὶ τῶν βιαιοτέρων[41] δὲ παθῶν[42] κρατεῖν ὁ λογισμὸς[43] φαίνεται,[44] φιλαρχίας[45]
καὶ κενοδοξίας[46] καὶ ἀλαζονείας[47] καὶ μεγαλαυχίας[48] καὶ βασκανίας·[49] **16** πάντα γὰρ

1 λογισμός, reason
2 μήτε, neither
3 ἐπικαρπολογέομαι, *pres mid ptc nom s m*, glean
4 ἀμητός, harvest
5 μήτε, nor
6 ἐπιρρωγολογέομαι, *pres mid ptc nom s m*, glean
7 ἀμπελών, grapes
8 πάθος, passion, emotion
9 λογισμός, reason
10 γονεύς, parent
11 εὔνοια, affection, goodwill
12 καταπροδίδωμι, *pres act ptc nom s m*, surrender
13 ἀρετή, virtue
14 γαμετή, wife
15 φιλία, affection, love
16 ἐπικρατέω, *pres act ind 3s*, prevail over
17 παρανομία, transgression of law
18 ἀπελέγχω, *pres act ptc nom s m*, confront, rebuke
19 φιλία, affection, love
20 κυριεύω, *pres act ind 3s*, have authority, rule over
21 κακία, wickedness, evil
22 κολάζω, *pres act ptc nom s m*, reprove, punish
23 φίλος, friend
24 συνήθεια, custom, relationship
25 δεσπόζω, *pres act ind 3s*, be master
26 πονηρία, wickedness, evil
27 ἐξελέγχω, *pres act ptc nom s m*, convict, expose
28 νομίζω, *aor act sub 2p*, suppose, think
29 παράδοξος, strange, paradoxical
30 ὅπου, where
31 ἔχθρα, enmity
32 ἐπικρατέω, *pres act inf*, prevail over
33 λογισμός, reason
34 μήτε, not
35 δενδροτομέω, *pres act ptc nom s m*, cut down trees
36 ἥμερος, cultivated
37 πολέμιος, hostile
38 φυτόν, (tree), plant
39 διασῴζω, *pres act ptc nom s m*, preserve, save
40 συνεγείρω, *pres act ptc nom s m*, gather, collect
41 βίαιος, *comp*, more violent, more aggressive
42 πάθος, passion, emotion
43 λογισμός, reason
44 φαίνω, *pres pas ind 3s*, appear
45 φιλαρχία, love of power
46 κενοδοξία, conceit
47 ἀλαζονεία, arrogance
48 μεγαλαυχία, boasting
49 βασκανία, envy

ταῦτα τὰ κακοήθη[1] πάθη[2] ὁ σώφρων[3] νοῦς[4] ἀπωθεῖται,[5] ὥσπερ καὶ τὸν θυμόν·[6] καὶ
γὰρ τούτου δεσπόζει.[7] **17** θυμούμενός[8] γέ τοι[9] Μωυσῆς κατὰ Δαθαν καὶ Αβιρων οὐ
θυμῷ[10] τι κατ᾽ αὐτῶν ἐποίησεν, ἀλλὰ λογισμῷ[11] τὸν θυμὸν[12] διῄτησεν.[13] **18** δυνατὸς
γὰρ ὁ σώφρων[14] νοῦς,[15] ὡς ἔφην,[16] κατὰ τῶν παθῶν[17] ἀριστεῦσαι[18] καὶ τὰ μὲν αὐτῶν
μεταθεῖναι,[19] τὰ δὲ καὶ ἀκυρῶσαι.[20] **19** ἐπεὶ[21] διὰ τί ὁ πάνσοφος[22] ἡμῶν πατὴρ Ιακωβ
τοὺς περὶ Συμεων καὶ Λευιν αἰτιᾶται[23] μὴ λογισμῷ[24] τοὺς Σικιμίτας ἐθνηδὸν[25] ἀπο-
σφάξαντας[26] λέγων Ἐπικατάρατος[27] ὁ θυμὸς[28] αὐτῶν; **20** εἰ μὴ γὰρ ἐδύνατο τοῦ
θυμοῦ[29] ὁ λογισμὸς[30] κρατεῖν, οὐκ ἂν εἶπεν οὕτως. **21** ὁπηνίκα[31] γὰρ ὁ θεὸς τὸν ἄν-
θρωπον κατεσκεύασεν,[32] τὰ πάθη[33] αὐτοῦ καὶ τὰ ἤθη[34] περιεφύτευσεν·[35] **22** ἡνίκα[36] δὲ
ἐπὶ πάντων τὸν ἱερὸν ἡγεμόνα[37] νοῦν[38] διὰ τῶν αἰσθητηρίων[39] ἐνεθρόνισεν,[40] **23** καὶ
τούτῳ νόμον ἔδωκεν, καθ᾽ ὃν πολιτευόμενος[41] βασιλεύσει βασιλείαν σώφρονά[42] τε
καὶ δικαίαν καὶ ἀγαθὴν καὶ ἀνδρείαν.[43]

Hypothesis Clarified

24 Πῶς οὖν, εἴποι[44] τις ἄν, εἰ τῶν παθῶν[45] δεσπότης[46] ἐστὶν ὁ λογισμός,[47] λήθης[48]
καὶ ἀγνοίας[49] οὐ κρατεῖ;

1 κακοήθης, malicious
2 πάθος, passion, emotion
3 σώφρων, temperate, sober
4 νοῦς, mind
5 ἀπωθέω, *pres mid ind 3s*, reject, repel
6 θυμός, anger
7 δεσπόζω, *pres act ind 3s*, be master
8 θυμόω, *pres pas ptc nom s m*, become angry
9 τοι, no doubt, I tell you
10 θυμός, anger
11 λογισμός, reason
12 θυμός, anger
13 διαιτέω, *aor act ind 3s*, regulate, control
14 σώφρων, temperate, sober
15 νοῦς, mind
16 φημί, *impf act ind 1s*, say
17 πάθος, passion, emotion
18 ἀριστεύω, *aor act inf*, be superior, gain the upper hand
19 μετατίθημι, *aor act inf*, modify, shift
20 ἀκυρόω, *aor act inf*, defuse, cancel
21 ἐπεί, for, otherwise
22 πάνσοφος, most wise
23 αἰτιάομαι, *pres mid ind 3s*, accuse
24 λογισμός, reason
25 ἐθνηδόν, as a whole people
26 ἀποσφάζω, *aor act ptc acc p m*, slay, kill
27 ἐπικατάρατος, cursed
28 θυμός, wrath, anger
29 θυμός, wrath, anger
30 λογισμός, reason
31 ὁπηνίκα, whenever
32 κατασκευάζω, *aor act ind 3s*, fashion, design
33 πάθος, passion, emotion
34 ἦθος, habit, character
35 περιφυτεύω, *aor act ind 3s*, implant
36 ἡνίκα, when, at the same time
37 ἡγεμών, leader
38 νοῦς, mind
39 αἰσθητήριον, sense, faculty of perception
40 ἐνθρονίζω, *aor act ind 3s*, enthrone
41 πολιτεύω, *pres mid ptc nom s m*, live one's life
42 σώφρων, temperate, sober
43 ἀνδρεῖος, courageous
44 λέγω, *aor act opt 3s*, say
45 πάθος, passion, emotion
46 δεσπότης, master, lord
47 λογισμός, reason
48 λήθη, forgetfulness
49 ἄγνοια, ignorance

3 ἔστιν δὲ κομιδῇ[1] γελοῖος[2] ὁ λόγος· οὐ γὰρ τῶν ἑαυτοῦ παθῶν[3] ὁ λογισμὸς[4]
ἐπικρατεῖν[5] φαίνεται,[6] ἀλλὰ τῶν σωματικῶν.[7] **2** οἷον[8] ἐπιθυμίαν[9] τις οὐ δύναται
ἐκκόψαι[10] ἡμῶν, ἀλλὰ μὴ δουλωθῆναι[11] τῇ ἐπιθυμίᾳ[12] δύναται ὁ λογισμὸς[13] παρα-
σχέσθαι.[14] **3** θυμόν[15] τις οὐ δύναται ἐκκόψαι[16] ὑμῶν τῆς ψυχῆς, ἀλλὰ τῷ θυμῷ
δυνατὸν τὸν λογισμὸν[17] βοηθῆσαι.[18] **4** κακοήθειάν[19] τις ὑμῶν οὐ δύναται ἐκκόψαι,[20]
ἀλλὰ τὸ μὴ καμφθῆναι[21] τῇ κακοηθείᾳ[22] δύναιτ᾽[23] ἂν ὁ λογισμὸς[24] συμμαχῆσαι·[25]
5 οὐ γὰρ ἐκριζωτὴς[26] τῶν παθῶν[27] ὁ λογισμός[28] ἐστιν, ἀλλὰ ἀνταγωνιστής.[29]

King David

6 Ἔστιν γοῦν[30] τοῦτο διὰ τῆς Δαυιδ τοῦ βασιλέως δίψης[31] σαφέστερον[32] ἐπιλογί-
σασθαι.[33] **7** ἐπεὶ[34] γὰρ δι᾽ ὅλης ἡμέρας προσβαλὼν[35] τοῖς ἀλλοφύλοις[36] ὁ Δαυιδ
πολλοὺς αὐτῶν ἀπέκτεινεν μετὰ τῶν τοῦ ἔθνους στρατιωτῶν,[37] **8** τότε δὴ[38] γενομένης
ἑσπέρας[39] ἱδρῶν[40] καὶ σφόδρα[41] κεκμηκὼς[42] ἐπὶ τὴν βασίλειον[43] σκηνὴν[44] ἦλθεν, περὶ
ἣν ὁ πᾶς τῶν προγόνων[45] στρατὸς[46] ἐστρατοπεδεύκει.[47] **9** οἱ μὲν οὖν ἄλλοι πάντες
ἐπὶ τὸ δεῖπνον[48] ἦσαν, **10** ὁ δὲ βασιλεὺς ὡς μάλιστα[49] διψῶν,[50] καίπερ[51] ἀφθόνους[52]
ἔχων πηγάς,[53] οὐκ ἠδύνατο δι᾽ αὐτῶν ἰάσασθαι[54] τὴν δίψαν,[55] **11** ἀλλά τις αὐτὸν

1 κομιδῇ, completely, entirely
2 γελοῖος, absurd, ridiculous
3 πάθος, passion, emotion
4 λογισμός, reason
5 ἐπικρατέω, *pres act inf*, prevail over, master
6 φαίνω, *pres pas ind 3s*, appear
7 σωματικός, bodily
8 οἷος, such
9 ἐπιθυμία, desire
10 ἐκκόπτω, *aor act inf*, root out, remove
11 δουλόω, *aor pas inf*, enslave
12 ἐπιθυμία, desire
13 λογισμός, reason
14 παρέχω, *aor mid inf*, offer, provide
15 θυμός, anger
16 ἐκκόπτω, *aor act inf*, root out, remove
17 λογισμός, reason
18 βοηθέω, *aor act inf*, help
19 κακοήθεια, malice, meanspiritedness
20 ἐκκόπτω, *aor act inf*, root out, remove
21 κάμπτω, *aor pas inf*, bend down, warp
22 κακοήθεια, malice, meanspiritedness
23 δύναμαι, *pres mid opt 3s*, able
24 λογισμός, reason
25 συμμαχέω, *aor act inf*, be an ally, fight alongside
26 ἐκριζωτής, destroyer, eradicator
27 πάθος, passion, emotion
28 λογισμός, reason
29 ἀνταγωνιστής, opponent, antagonist
30 γοῦν, then, therefore, *cr.* γε οὖν
31 δίψα, thirst
32 σαφής, *sup*, more clearly
33 ἐπιλογίζομαι, *aor mid inf*, consider
34 ἐπεί, when
35 προσβάλλω, *aor act ptc nom s m*, strike, attack
36 ἀλλόφυλος, foreign, (Philistine)
37 στρατιώτης, soldier
38 δή, then
39 ἑσπέρα, evening
40 ἱδρόω, *pres act ptc nom s m*, sweat
41 σφόδρα, exceedingly
42 κάμνω, *perf act ptc nom s m*, be weary, be tired
43 βασίλειον, royal
44 σκηνή, tent
45 πρόγονος, ancestor
46 στρατός, army
47 στρατοπεδεύω, *plpf act ind 3s*, encamp
48 δεῖπνον, dinner
49 μάλα, *sup*, especially, most of all
50 διψάω, *pres act ptc nom s m*, be thirsty
51 καίπερ, although
52 ἄφθονος, abundant, copious
53 πηγή, stream, spring
54 ἰάομαι, *aor mid inf*, (quench), alleviate
55 δίψα, thirst

ἀλόγιστος[1] ἐπιθυμία[2] τοῦ παρὰ τοῖς πολεμίοις[3] ὕδατος ἐπιτείνουσα[4] συνέφρυγεν[5]
καὶ λύουσα[6] κατέφλεγεν.[7] **12** ὅθεν[8] τῶν ὑπασπιστῶν[9] ἐπὶ τῇ τοῦ βασιλέως ἐπι-
θυμίᾳ[10] σχετλιαζόντων[11] δύο νεανίσκοι[12] στρατιῶται[13] καρτεροὶ[14] καταιδεσθέντες[15]
τὴν τοῦ βασιλέως ἐπιθυμίαν[16] τὰς παντευχίας[17] καθωπλίσαντο[18] καὶ κάλπην[19] λα-
βόντες ὑπερέβησαν[20] τοὺς τῶν πολεμίων[21] χάρακας[22] **13** καὶ λαθόντες[23] τοὺς τῶν
πυλῶν[24] ἀκροφύλακας[25] διεξῄεσαν[26] ἀνερευνώμενοι[27] κατὰ πᾶν τὸ τῶν πολεμίων[28]
στρατόπεδον[29] **14** καὶ ἀνευράμενοι[30] τὴν πηγὴν[31] ἐξ αὐτῆς θαρραλέως[32] ἐκόμισαν[33]
τῷ βασιλεῖ τὸ ποτόν·[34] **15** ὁ δὲ καίπερ[35] τῇ δίψῃ[36] διαπυρούμενος[37] ἐλογίσατο πάν-
δεινον[38] εἶναι κίνδυνον[39] ψυχῇ λογισθὲν ἰσοδύναμον[40] ποτὸν[41] αἵματι, **16** ὅθεν[42]
ἀντιθεὶς[43] τῇ ἐπιθυμίᾳ[44] τὸν λογισμὸν[45] ἔσπεισεν[46] τὸ πόμα[47] τῷ θεῷ. **17** δυνατὸς
γὰρ ὁ σώφρων[48] νοῦς[49] νικῆσαι[50] τὰς τῶν παθῶν[51] ἀνάγκας[52] καὶ σβέσαι[53] τὰς τῶν
οἴστρων[54] φλεγμονὰς[55] **18** καὶ τὰς τῶν σωμάτων ἀλγηδόνας[56] καθ᾽ ὑπερβολὴν[57]

1 ἀλόγιστος, irrational, thoughtless
2 ἐπιθυμία, desire, lust
3 πολέμιος, enemy
4 ἐπιτείνω, *pres act ptc nom s f*, incite, tighten up
5 συμφρύγω, *impf act ind 3s*, inflame
6 λύω, *pres act ptc nom s f*, undo, unscrew
7 καταφλέγω, *impf act ind 3s*, consume
8 ὅθεν, therefore
9 ὑπασπιστής, armor bearer
10 ἐπιθυμία, desire
11 σχετλιάζω, *pres act ptc gen p m*, complain
12 νεανίσκος, young man
13 στρατιώτης, soldier
14 καρτερός, strong, sturdy
15 καταιδέομαι, *aor pas ptc nom p m*, respect
16 ἐπιθυμία, desire
17 παντευχία, full armor
18 καθοπλίζω, *aor mid ind 3p*, suit up, fully arm
19 κάλπη, pitcher
20 ὑπερβαίνω, *aor act ind 3p*, leap over, climb over
21 πολέμιος, enemy
22 χάραξ, rampart, bulwark
23 λανθάνω, *aor act ptc nom p m*, go unnoticed
24 πύλη, gate
25 ἀκροφύλαξ, guard
26 διέξειμι, *impf act ind 3p*, pass through
27 ἀνερευνάω, *pres mid ptc nom p m*, search out
28 πολέμιος, enemy
29 στρατόπεδον, army
30 ἀνευρίσκω, *aor mid ptc nom p m*, discover, find
31 πηγή, stream, spring
32 θαρραλέως, bravely
33 κομίζω, *aor act ind 3p*, carry off, bring to
34 πότος, drink, draught
35 καίπερ, although
36 δίψα, thirst
37 διαπυρόω, *pres pas ptc nom s m*, be consumed with thirst
38 πάνδεινος, terrible, dreadful
39 κίνδυνος, danger
40 ἰσοδύναμος, equivalent to, tantamount to
41 πότος, drink, draught
42 ὅθεν, therefore
43 ἀντιτίθημι, *aor act ptc nom s m*, set against, oppose
44 ἐπιθυμία, desire
45 λογισμός, reason
46 σπένδω, *aor act ind 3s*, pour out (as an offering)
47 πόμα, drink
48 σώφρων, temperate, sober
49 νοῦς, mind
50 νικάω, *aor act inf*, conquer, overcome
51 πάθος, passion, emotion
52 ἀνάγκη, pressure, constraint
53 σβέννυμι, *aor act inf*, quench, extinguish
54 οἶστρος, wild passion, crazed desire
55 φλεγμονή, heat, fire
56 ἀλγηδών, pain, grief
57 ὑπερβολή, excess

οὔσας καταπαλαῖσαι[1] καὶ τῇ καλοκἀγαθίᾳ[2] τοῦ λογισμοῦ[3] ἀποπτύσαι[4] πάσας τὰς τῶν παθῶν[5] ἐπικρατείας.[6]

19 Ἤδη[7] δὲ καὶ ὁ καιρὸς ἡμᾶς καλεῖ ἐπὶ τὴν ἀπόδειξιν[8] τῆς ἱστορίας[9] τοῦ σώφρονος[10] λογισμοῦ.[11]

Apollonius and the Temple Treasury

20 Ἐπειδὴ[12] γὰρ βαθεῖαν[13] εἰρήνην διὰ τὴν εὐνομίαν[14] οἱ πατέρες ἡμῶν εἶχον καὶ
ἔπραττον[15] καλῶς[16] ὥστε καὶ τὸν τῆς Ἀσίας βασιλέα Σέλευκον τὸν Νικάνορα
καὶ χρήματα[17] εἰς τὴν ἱερουργίαν[18] αὐτοῖς ἀφορίσαι[19] καὶ τὴν πολιτείαν[20] αὐτῶν
ἀποδέχεσθαι,[21] **21** τότε δή[22] τινες πρὸς τὴν κοινὴν[23] νεωτερίσαντες[24] ὁμόνοιαν[25]
πολυτρόποις[26] ἐχρήσαντο[27] συμφοραῖς.[28]

4 Σιμων γάρ τις πρὸς Ονιαν ἀντιπολιτευόμενος[29] τόν ποτε[30] τὴν ἀρχιερωσύνην[31]
ἔχοντα διὰ βίου,[32] καλὸν καὶ ἀγαθὸν ἄνδρα, ἐπειδὴ[33] πάντα τρόπον[34] διαβάλλων[35]
ὑπὲρ τοῦ ἔθνους οὐκ ἴσχυσεν[36] κακῶσαι,[37] φυγὰς[38] ᾤχετο[39] τὴν πατρίδα[40] προδώσων.[41]
2 ὅθεν[42] ἥκων[43] πρὸς Ἀπολλώνιον τὸν Συρίας τε καὶ Φοινίκης καὶ Κιλικίας στρα-
τηγὸν[44] ἔλεγεν **3** Εὔνους[45] ὢν τοῖς τοῦ βασιλέως πράγμασιν[46] ἥκω[47] μηνύων[48]

1 καταπαλαίω, *aor act inf*, defeat, overthrow
2 καλοκἀγαθία, excellence, nobility
3 λογισμός, reason
4 ἀποπτύω, *aor act inf*, spurn, ward off
5 πάθος, passion, emotion
6 ἐπικράτεια, predominance, dominion
7 ἤδη, now
8 ἀπόδειξις, demonstration, showing
9 ἱστορία, story, account
10 σώφρων, temperate, sober
11 λογισμός, reason
12 ἐπειδή, when
13 βαθύς, profound
14 εὐνομία, good order
15 πράττω, *impf act ind 3p*, do, get along
16 καλῶς, well
17 χρῆμα, money
18 ἱερουργία, sacred service
19 ἀφορίζω, *aor mid impv 2s*, set aside
20 πολιτεία, manner of government, polity
21 ἀποδέχομαι, *pres mid inf*, accept, recognize
22 δή, then, at length
23 κοινός, common, public
24 νεωτερίζω, *aor act ptc nom p m*, bring in new things, begin a revolution
25 ὁμόνοια, harmony
26 πολυτρόπος, in many ways
27 χράω, *aor mid ind 3p*, employ, take advantage of
28 συμφορά, calamity, unfortunate event
29 ἀντιπολιτεύομαι, *pres mid ptc nom s m*, be a political opponent
30 ποτέ, at one time, once
31 ἀρχιερωσύνη, high priesthood
32 βίος, life, lifetime
33 ἐπειδή, when, since
34 τρόπος, way
35 διαβάλλω, *pres act ptc nom s m*, bring charges against, slander
36 ἰσχύω, *aor act ind 3s*, be able
37 κακόω, *aor act inf*, injure, damage
38 φυγή, exile
39 οἴχομαι, *impf mid ind 3s*, depart
40 πατρίς, homeland
41 προδίδωμι, *fut act ptc nom s m*, betray
42 ὅθεν, so, for which reason
43 ἥκω, *pres act ptc nom s m*, come
44 στρατηγός, governor
45 εὔνους, loyal, favorable toward
46 πρᾶγμα, affair, interest
47 ἥκω, have come
48 μηνύω, *pres act ptc nom s m*, report

πολλὰς ἰδιωτικῶν[1] χρημάτων[2] μυριάδας[3] ἐν τοῖς Ιεροσολύμων γαζοφυλακίοις[4]
τεθησαυρίσθαι[5] τοῖς ἱεροῖς μὴ ἐπικοινωνούσας,[6] καὶ προσήκειν[7] ταῦτα Σελεύκῳ
τῷ βασιλεῖ. **4** τούτων ἕκαστα γνοὺς ὁ Ἀπολλώνιος τὸν μὲν Σιμωνα τῆς εἰς τὸν
βασιλέα κηδεμονίας[8] ἐπαινεῖ,[9] πρὸς δὲ τὸν Σέλευκον ἀναβὰς κατεμήνυσε[10] τὸν
τῶν χρημάτων[11] θησαυρόν.[12] **5** καὶ λαβὼν τὴν περὶ αὐτῶν ἐξουσίαν ταχὺ[13] εἰς
τὴν πατρίδα[14] ἡμῶν μετὰ τοῦ καταράτου[15] Σιμωνος καὶ βαρυτάτου[16] στρατοῦ[17]
6 προσελθὼν ταῖς τοῦ βασιλέως ἐντολαῖς ἥκειν[18] ἔλεγεν ὅπως τὰ ἰδιωτικὰ[19] τοῦ
γαζοφυλακίου[20] λάβοι[21] χρήματα.[22] **7** καὶ τοῦ ἔθνους πρὸς τὸν λόγον σχετλιάζοντος[23]
ἀντιλέγοντός[24] τε, πάνδεινον[25] εἶναι νομίσαντες[26] εἰ οἱ τὰς παρακαταθήκας[27] πι-
στεύσαντες[28] τῷ ἱερῷ θησαυρῷ[29] στερηθήσονται,[30] ὡς οἷόν[31] τε ἦν ἐκώλυον.[32]
8 μετὰ ἀπειλῶν[33] δὲ ὁ Ἀπολλώνιος ἀπῄει[34] εἰς τὸ ἱερόν. **9** τῶν δὲ ἱερέων μετὰ γυ-
ναικῶν καὶ παιδίων ἐν τῷ ἱερῷ ἱκετευσάντων[35] τὸν θεὸν ὑπερασπίσαι[36] τοῦ ἱεροῦ
καταφρονουμένου[37] τόπου **10** ἀνιόντος[38] τε μετὰ καθωπλισμένης[39] τῆς στρατιᾶς[40]
τοῦ Ἀπολλωνίου πρὸς τὴν τῶν χρημάτων[41] ἁρπαγὴν[42] οὐρανόθεν[43] ἔφιπποι[44] πρου-
φάνησαν[45] ἄγγελοι περιαστράπτοντες[46] τοῖς ὅπλοις[47] καὶ πολὺν αὐτοῖς φόβον τε

1 ἰδιωτικός, private
2 χρῆμα, wealth
3 μυριάς, ten thousand
4 γαζοφυλάκιον, treasury
5 θησαυρίζω, *perf pas inf*, lay up, set aside
6 ἐπικοινωνέω, *pres act ptc acc p f*, common to, shared with
7 προσήκω, *pres act inf*, belong to
8 κηδεμονία, care
9 ἐπαινέω, *pres act impv 2s*, praise, commend
10 καταμηνύω, *aor act ind 3s*, inform
11 χρῆμα, wealth
12 θησαυρός, treasury
13 ταχύς, swiftly, quickly
14 πατρίς, homeland
15 κατάρατος, accursed
16 βαρύς, *sup*, most significant, most sizeable
17 στρατός, army, host
18 ἥκω, *pres act inf*, come
19 ἰδιωτικός, private
20 γαζοφυλάκιον, treasury
21 λαμβάνω, *aor act opt 3s*, take, seize
22 χρῆμα, wealth
23 σχετλιάζω, *pres act ptc gen s n*, complain indignantly
24 ἀντιλέγω, *pres act ptc gen s n*, protest, contradict
25 πάνδεινος, terrible, miserable
26 νομίζω, *aor act ptc nom p m*, regard, think
27 παρακαταθήκη, deposit
28 πιστεύω, *aor act ptc nom p m*, entrust
29 θησαυρός, treasury
30 στερέω, *fut pas ind 3p*, deprive of, misappropriate
31 οἷος, such as
32 κωλύω, *impf act ind 3p*, prevent
33 ἀπειλή, threat
34 ἄπειμι, *impf act ind 3s*, leave, depart
35 ἱκετεύω, *aor act ptc gen p m*, beseech, entreat
36 ὑπερασπίζω, *aor act inf*, shield, protect
37 καταφρονέω, *pres pas ptc gen s m*, treat with contempt, despise
38 ἄνιημι, *pres act ptc gen s m*, go up
39 καθοπλίζω, *perf pas ptc gen s f*, arm fully
40 στρατιά, army, force
41 χρῆμα, money, funds
42 ἁρπαγή, seizure
43 οὐρανόθεν, from heaven
44 ἔφιππος, on horseback
45 προφαίνω, *aor act ind 3p*, appear
46 περιαστράπτω, *pres act ptc nom p m*, flash (lightning), radiate light
47 ὅπλον, weapon

καὶ τρόμον[1] ἐνιέντες.[2] **11** καταπεσών[3] γέ τοι[4] ἡμιθανὴς[5] ὁ Ἀπολλώνιος ἐπὶ τὸν
πάμφυλον[6] τοῦ ἱεροῦ περίβολον[7] τὰς χεῖρας ἐξέτεινεν[8] εἰς τὸν οὐρανὸν καὶ μετὰ
δακρύων[9] τοὺς Εβραίους παρεκάλει ὅπως περὶ αὐτοῦ προσευξάμενοι τὸν οὐράνιον[10]
ἐξευμενίσωνται[11] στρατόν.[12] **12** ἔλεγεν γὰρ ἡμαρτηκὼς ὥστε καὶ ἀποθανεῖν ἄξιος[13]
ὑπάρχειν πᾶσίν τε ἀνθρώποις ὑμνήσειν[14] σωθεὶς τὴν τοῦ ἱεροῦ τόπου μακαριότητα.[15]
13 τούτοις ὑπαχθεὶς[16] τοῖς λόγοις Ονιας ὁ ἀρχιερεύς,[17] καίπερ[18] ἄλλως[19] εὐλαβηθείς,[20]
μήποτε[21] νομίσειεν[22] ὁ βασιλεὺς Σέλευκος ἐξ ἀνθρωπίνης[23] ἐπιβουλῆς[24] καὶ μὴ θείας[25]
δίκης[26] ἀνῃρῆσθαι[27] τὸν Ἀπολλώνιον ηὔξατο[28] περὶ αὐτοῦ. **14** καὶ ὁ μὲν παραδόξως[29]
διασωθεὶς[30] ᾤχετο[31] δηλώσων[32] τῷ βασιλεῖ τὰ συμβάντα[33] αὐτῷ.

Persecution of the Jews by Antiochus IV

15 Τελευτήσαντος[34] δὲ Σελεύκου τοῦ βασιλέως διαδέχεται[35] τὴν ἀρχὴν ὁ υἱὸς
αὐτοῦ Ἀντίοχος ὁ Ἐπιφανής, ἀνὴρ ὑπερήφανος[36] καὶ δεινός,[37] **16** ὃς καταλύσας[38]
τὸν Ονιαν τῆς ἀρχιερωσύνης[39] Ιασονα τὸν ἀδελφὸν αὐτοῦ κατέστησεν[40] ἀρχιερέα[41]
17 συνθέμενον[42] δώσειν, εἰ ἐπιτρέψειεν[43] αὐτῷ τὴν ἀρχήν,[44] κατ᾽ ἐνιαυτὸν[45] τρισχίλια[46]
ἑξακόσια[47] ἑξήκοντα[48] τάλαντα.[49] **18** ὁ δὲ ἐπέτρεψεν[50] αὐτῷ καὶ ἀρχιερᾶσθαι[51] καὶ τοῦ

1 τρόμος, trembling
2 ἐνίημι, *pres act ptc nom p m*, evoke, prompt
3 καταπίπτω, *aor act ptc nom s m*, fall down
4 τοι, then
5 ἡμιθανής, half dead
6 πάμφυλος, of all nations
7 περίβολος, enclosure, (court)
8 ἐκτείνω, *aor act ind 3s*, stretch out
9 δάκρυον, tear
10 οὐράνιος, heavenly
11 ἐξευμενίζω, *aor mid sub 3p*, appease
12 στρατός, army
13 ἄξιος, deserving of
14 ὑμνέω, *fut act inf*, praise
15 μακαριότης, blessedness
16 ὑπάγω, *aor pas ptc nom s m*, move (emotionally)
17 ἀρχιερεύς, high priest
18 καίπερ, although
19 ἄλλως, otherwise
20 εὐλαβέομαι, *aor pas ptc nom s m*, be anxious, be cautious
21 μήποτε, lest
22 νομίζω, *aor act opt 3s*, think, suppose
23 ἀνθρώπινος, human
24 ἐπιβουλή, treachery, conspiracy
25 θεῖος, divine
26 δίκη, justice
27 ἀναιρέω, *perf mid inf*, remove, destroy
28 εὔχομαι, *aor mid ind 3s*, pray
29 παραδόξως, unexpectedly
30 διασῴζω, *aor pas ptc nom s m*, save, deliver
31 οἴχομαι, *impf mid ind 3s*, depart, go
32 δηλόω, *fut act ptc nom s m*, declare, inform
33 συμβαίνω, *aor act ptc acc p n*, happen to, befall
34 τελευτάω, *aor act ptc gen s m*, die
35 διαδέχομαι, *pres mid ind 3s*, succeed, assume leadership
36 ὑπερήφανος, arrogant, proud
37 δεινός, terrible, awful
38 καταλύω, *aor act ptc nom s m*, depose, remove
39 ἀρχιερωσύνη, high priesthood
40 καθίστημι, *aor act ind 3s*, appoint
41 ἀρχιερεύς, high priest
42 συντίθημι, *aor mid ptc acc s m*, agree
43 ἐπιτρέπω, *aor act opt 3s*, allow, grant
44 ἀρχή, office
45 ἐνιαυτός, year
46 τρισχίλιοι, three thousand
47 ἑξακόσιοι, six hundred
48 ἑξήκοντα, sixty
49 τάλαντον, talent
50 ἐπιτρέπω, *aor act ind 3s*, entrust to
51 ἀρχιεράομαι, *pres mid inf*, be high priest

ἔθνους ἀφηγεῖσθαι·[1] **19** ὃς καὶ ἐξεδιῄτησεν[2] τὸ ἔθνος καὶ ἐξεπολίτευσεν[3] ἐπὶ πᾶσαν
παρανομίαν[4] **20** ὥστε μὴ μόνον ἐπ᾽ αὐτῇ τῇ ἄκρᾳ[5] τῆς πατρίδος[6] ἡμῶν γυμνάσιον[7]
κατασκευάσαι,[8] ἀλλὰ καὶ καταλῦσαι[9] τὴν τοῦ ἱεροῦ κηδεμονίαν.[10] **21** ἐφ᾽ οἷς ἀγα-
νακτήσασα[11] ἡ θεία[12] δίκη[13] αὐτὸν αὐτοῖς τὸν Ἀντίοχον ἐπολέμωσεν. **22** ἐπειδὴ[14] γὰρ
πολεμῶν ἦν κατ᾽ Αἴγυπτον Πτολεμαίῳ, ἤκουσέν τε ὅτι φήμης[15] διαδοθείσης[16] περὶ τοῦ
τεθνάναι[17] αὐτὸν ὡς ἔνι[18] μάλιστα[19] χαίροιεν[20] οἱ Ιεροσολυμῖται, ταχέως[21] ἐπ᾽ αὐτοὺς
ἀνέζευξεν,[22] **23** καὶ ὡς ἐπόρθησεν[23] αὐτούς, δόγμα[24] ἔθετο ὅπως, εἴ τινες αὐτῶν φά-
νοιεν[25] τῷ πατρίῳ[26] πολιτευόμενοι[27] νόμῳ, θάνοιεν.[28] **24** καὶ ἐπεὶ[29] κατὰ μηδένα[30]
τρόπον[31] ἴσχυεν[32] καταλῦσαι[33] διὰ τῶν δογμάτων[34] τὴν τοῦ ἔθνους εὐνομίαν,[35]
ἀλλὰ πάσας τὰς ἑαυτοῦ ἀπειλὰς[36] καὶ τιμωρίας[37] ἑώρα καταλυομένας[38] **25** ὥστε
καὶ γυναῖκας, ὅτι περιέτεμον[39] τὰ παιδία, μετὰ τῶν βρεφῶν[40] κατακρημνισθῆναι[41]
προειδυίας[42] ὅτι τοῦτο πείσονται·[43] **26** ἐπεὶ[44] οὖν τὰ δόγματα[45] αὐτοῦ κατεφρονεῖτο[46]
ὑπὸ τοῦ λαοῦ, αὐτὸς διὰ βασάνων[47] ἕνα ἕκαστον τοῦ ἔθνους ἠνάγκαζεν[48] μιαρῶν[49]
ἀπογευομένους[50] τροφῶν[51] ἐξόμνυσθαι[52] τὸν Ιουδαϊσμόν.

1 ἀφηγέομαι, *pres mid inf*, be leader
2 ἐκδιαιτάω, *aor act ind 3s*, change, modify
3 ἐκπολιτεύω, *aor act ind 3s*, alter, transform
4 παρανομία, transgression, lawlessness
5 ἄκρα, citadel
6 πατρίς, homeland
7 γυμνάσιον, gymnasium, Greek cultural center
8 κατασκευάζω, *aor act inf*, construct, build
9 καταλύω, *aor act inf*, bring an end to
10 κηδεμονία, care
11 ἀγανακτέω, *aor act ptc nom s f*, be displeased
12 θεῖος, divine
13 δίκη, justice
14 ἐπειδή, while, when
15 φήμη, rumor, report
16 διαδίδωμι, *aor pas ptc gen s f*, spread
17 θνήσκω, *perf act inf*, die
18 ἔνειμι, *pres act ind 3s*, be in, be within
19 μάλα, *sup*, exceedingly
20 χαίρω, *pres act opt 3p*, rejoice
21 ταχέως, quickly, swiftly
22 ἀναζεύγνυμι, *aor act ind 3s*, march against, move against
23 πορθέω, *aor act ind 3s*, subdue, destroy
24 δόγμα, decree
25 φαίνω, *fut act opt 3p*, appear
26 πάτριος, of one's fathers, ancestral
27 πολιτεύω, *pres mid ptc nom p m*, live one's life
28 θνήσκω, *aor act opt 3p*, die
29 ἐπεί, when
30 μηδείς, no
31 τρόπος, way, manner
32 ἰσχύω, *impf act ind 3s*, be able
33 καταλύω, *aor act inf*, bring an end to
34 δόγμα, decree
35 εὐνομία, observance of the law
36 ἀπειλή, threat
37 τιμωρία, punishment
38 καταλύω, *pres pas ptc acc p f*, make ineffective, be of little avail
39 περιτέμνω, *aor act ind 3p*, circumcise
40 βρέφος, baby
41 κατακρημνίζω, *aor pas inf*, throw down, cast down
42 προοράω, *perf act ptc acc p f*, know in advance, foresee
43 πάσχω, *fut mid ind 3p*, suffer (punishment)
44 ἐπεί, when
45 δόγμα, decree
46 καταφρονέω, *impf pas ind 3s*, scorn, treat with contempt
47 βάσανος, torture
48 ἀναγκάζω, *impf act ind 3s*, force, compel
49 μιαρός, polluted
50 ἀπογεύω, *pres mid ptc acc p m*, take a taste
51 τροφός, food
52 ἐξόμνυμι, *pres mid inf*, renounce

Antiochus Meets Eleazar

5 Προκαθίσας[1] γέ τοι[2] μετὰ τῶν συνέδρων[3] ὁ τύραννος[4] Ἀντίοχος ἐπί τινος
ὑψηλοῦ[5] τόπου καὶ τῶν στρατευμάτων[6] αὐτῷ παρεστηκότων[7] κυκλόθεν[8] ἐνό-
πλων[9] **2** παρεκέλευεν[10] τοῖς δορυφόροις[11] ἕνα ἕκαστον Εβραῖον ἐπισπᾶσθαι[12] καὶ
κρεῶν[13] ὑείων[14] καὶ εἰδωλοθύτων[15] ἀναγκάζειν[16] ἀπογεύεσθαι·[17] **3** εἰ δέ τινες μὴ
θέλοιεν[18] μιαροφαγῆσαι,[19] τούτους τροχισθέντας[20] ἀναιρεθῆναι.[21] **4** πολλῶν δὲ συν-
αρπασθέντων[22] εἷς πρῶτος ἐκ τῆς ἀγέλης[23] ὀνόματι Ελεαζαρος, τὸ γένος[24] ἱερεύς,
τὴν ἐπιστήμην[25] νομικὸς[26] καὶ τὴν ἡλικίαν[27] προήκων[28] καὶ πολλοῖς τῶν περὶ τὸν
τύραννον[29] διὰ τὴν ἡλικίαν[30] γνώριμος,[31] παρήχθη[32] πλησίον[33] αὐτοῦ.

5 Καὶ αὐτὸν ἰδὼν ὁ Ἀντίοχος ἔφη[34] **6** Ἐγὼ πρὶν[35] ἄρξασθαι τῶν κατὰ σοῦ βασάνων,[36]
ὦ[37] πρεσβῦτα,[38] συμβουλεύσαιμ᾽[39] ἄν σοι ταῦτα, ὅπως ἀπογευσάμενος[40] τῶν ὑείων[41]
σῴζοιο·[42] **7** αἰδοῦμαι[43] γάρ σου τὴν ἡλικίαν[44] καὶ τὴν πολιάν,[45] ἣν μετὰ τοσοῦτον[46]
ἔχων χρόνον οὔ μοι δοκεῖς[47] φιλοσοφεῖν[48] τῇ Ιουδαίων χρώμενος[49] θρησκείᾳ.[50]
8 διὰ τί γὰρ τῆς φύσεως[51] κεχαρισμένης[52] καλλίστην[53] τὴν τοῦδε[54] τοῦ ζῴου[55]

1 προκαθίζω, *aor act ptc nom s m*, sit in public
2 τοι, then
3 σύνεδρος, council member
4 τύραννος, tyrant
5 ὑψηλός, high (place)
6 στράτευμα, company of soldiers
7 παρίστημι, *perf act ptc gen p n*, stand near
8 κυκλόθεν, all around
9 ἔνοπλος, armed
10 παρακελεύω, *impf act ind 3s*, command
11 δορυφόρος, guard
12 ἐπισπάω, *pres mid inf*, drag in
13 κρέας, meat
14 ὕειος, of pigs
15 εἰδωλόθυτος, offered to idols
16 ἀναγκάζω, *pres act inf*, compel, force
17 ἀπογεύω, *pres mid inf*, take a taste
18 θέλω, *pres act opt 3p*, be willing
19 μιαροφαγέω, *aor act inf*, eat unclean food
20 τροχίζω, *aor pas ptc acc p m*, torture, break on the wheel
21 ἀναιρέω, *aor pas inf*, kill
22 συναρπάζω, *aor pas ptc gen p m*, seize, round up
23 ἀγέλη, assembly, herd
24 γένος, family
25 ἐπιστήμη, (profession), knowledge
26 νομικός, (lawyer), pertaining to the law
27 ἡλικία, age
28 προήκω, *pres act ptc nom s m*, advance
29 τύραννος, tyrant
30 ἡλικία, age
31 γνώριμος, well-known
32 παράγω, *aor pas ind 3s*, bring in
33 πλησίον, close associate, compatriot
34 φημί, *aor act ind 3s*, say
35 πρίν, before
36 βάσανος, torture
37 ὦ, O!
38 πρεσβύτης, old man
39 συμβουλεύω, *aor act opt 1s*, advise, counsel
40 ἀπογεύομαι, *aor mid ptc nom s m*, take a taste
41 ὕειος, of pigs
42 σῴζω, *pres mid opt 2s*, save (oneself)
43 αἰδέομαι, *pres mid ind 1s*, respect
44 ἡλικία, age
45 πολιά, gray hair
46 τοσοῦτος, so much, such
47 δοκέω, *pres act ind 2s*, seem
48 φιλοσοφέω, *pres act inf*, be a philosopher
49 χράω, *pres mid ptc nom s m*, observe, follow
50 θρησκεία, religion, cultic practice
51 φύσις, nature
52 χαρίζομαι, *perf mid ptc gen s f*, give freely, provide
53 καλός, *sup*, most excellent, most delightful
54 ὅδε, this
55 ζῷον, animal

σαρκοφαγίαν[1] βδελύττῃ;[2] **9** καὶ γὰρ ἀνόητον[3] τοῦτο, τὸ μὴ ἀπολαύειν[4] τῶν χωρὶς[5]
ὀνείδους[6] ἡδέων,[7] καὶ ἄδικον[8] ἀποστρέφεσθαι[9] τὰς τῆς φύσεως[10] χάριτας. **10** σὺ δέ
μοι καὶ ἀνοητότερον[11] ποιήσειν δοκεῖς,[12] εἰ κενοδοξῶν[13] περὶ τὸ ἀληθὲς[14] ἔτι κἀμοῦ[15]
καταφρονήσεις[16] ἐπὶ τῇ ἰδίᾳ[17] τιμωρίᾳ.[18] **11** οὐκ ἐξυπνώσεις[19] ἀπὸ τῆς φλυάρου[20]
φιλοσοφίας[21] ὑμῶν καὶ ἀποσκεδάσεις[22] τῶν λογισμῶν[23] σου τὸν λῆρον[24] καὶ ἄξιον[25]
τῆς ἡλικίας[26] ἀναλαβὼν[27] νοῦν[28] φιλοσοφήσεις[29] τὴν τοῦ συμφέροντος[30] ἀλήθειαν
12 καὶ προσκυνήσας μου τὴν φιλάνθρωπον[31] παρηγορίαν[32] οἰκτιρήσεις[33] τὸ σεαυτοῦ
γῆρας;[34] **13** καὶ γὰρ ἐνθυμήθητι[35] ὡς, εἰ καί τίς ἐστιν τῆσδε[36] τῆς θρησκείας[37] ὑμῶν
ἐποπτικὴ[38] δύναμις, συγγνωμονήσειεν[39] ἄν σοι ἐπὶ πάσῃ δι᾽ ἀνάγκην[40] παρανομίᾳ[41]
γινομένῃ.

14 Τοῦτον τὸν τρόπον[42] ἐπὶ τὴν ἔκθεσμον[43] σαρκοφαγίαν[44] ἐποτρύνοντος[45] τοῦ
τυράννου[46] λόγον ᾔτησεν[47] ὁ Ελεαζαρος **15** καὶ λαβὼν τοῦ λέγειν ἐξουσίαν[48] ἤρξατο
δημηγορεῖν[49] οὕτως

1 σαρκοφαγία, eating meat
2 βδελύττω (σσ), *pres mid sub 2s*, detest, abhor
3 ἀνόητος, senseless, foolish
4 ἀπολαύω, *pres act inf*, enjoy
5 χωρίς, without, lacking
6 ὄνειδος, disgrace
7 ἡδύς, gladly
8 ἄδικος, wrong, unjust
9 ἀποστρέφω, *pres mid inf*, reject
10 φύσις, nature
11 ἀνόητος, *comp*, more senseless, more foolish
12 δοκέω, *pres act ind 2s*, seem
13 κενοδοξέω, *pres act ptc nom s m*, vainly think, pointlessly imagine
14 ἀληθής, truth
15 κἀμοῦ, me also, *cr.* καὶ ἐμοῦ
16 καταφρονέω, *fut act ind 2s*, despise, care nothing for
17 ἴδιος, one's own
18 τιμωρία, punishment
19 ἐξυπνόω, *fut act ind 2s*, awaken from
20 φλύαρος, silly, nonsensical
21 φιλοσοφία, philosophy
22 ἀποσκεδάννυμι, *fut act ind 2s*, dispel, dispose of
23 λογισμός, reason
24 λῆρος, nonsense
25 ἄξιος, worthy
26 ἡλικία, age
27 ἀναλαμβάνω, *aor act ptc nom s m*, adopt, assume
28 νοῦς, mind
29 φιλοσοφέω, *fut act ind 2s*, be a philosopher
30 συμφέρω, *pres act ptc gen s n*, be profitable
31 φιλάνθρωπος, benevolent, charitable
32 παρηγορία, advice, suggestion
33 οἰκτίρω, *fut act ind 2s*, have compassion
34 γῆρας, old age
35 ἐνθυμέομαι, *aor pas impv 2s*, consider, ponder
36 ὅδε, this
37 θρησκεία, religion, cultic practice
38 ἐποπτικός, overseeing, presiding
39 συγγνωμονέω, *aor act opt 3s*, excuse, pardon
40 ἀνάγκη, compulsion, necessity
41 παρανομία, lawlessness, transgression
42 τρόπος, way, manner
43 ἔκθεσμος, lawless
44 σαρκοφαγία, eating meat
45 ἐποτρύνω, *pres act ptc gen s m*, urge, incite
46 τύραννος, tyrant
47 αἰτέω, *aor act ind 3s*, ask, request
48 ἐξουσία, permission, right
49 δημηγορέω, *pres act inf*, speak publicly, lecture

16 Ἡμεῖς, Ἀντίοχε, θείῳ[1] πεπεισμένοι νόμῳ πολιτεύεσθαι[2] οὐδεμίαν ἀνάγκην[3] βιαιοτέραν[4] εἶναι νομίζομεν[5] τῆς πρὸς τὸν νόμον ἡμῶν εὐπειθείας·[6] **17** διὸ[7] δὴ[8] κατ᾽
οὐδένα τρόπον[9] παρανομεῖν[10] ἀξιοῦμεν.[11] **18** καίτοι[12] εἰ κατὰ ἀλήθειαν μὴ ἦν ὁ νόμος ἡμῶν, ὡς ὑπολαμβάνεις,[13] θεῖος,[14] ἄλλως[15] δὲ ἐνομίζομεν[16] αὐτὸν εἶναι θεῖον,[17] οὐδὲ οὕτως ἐξὸν[18] ἦν ἡμῖν τὴν ἐπὶ τῇ εὐσεβείᾳ[19] δόξαν[20] ἀκυρῶσαι.[21] **19** μὴ μικρὰν οὖν
εἶναι νομίσῃς[22] ταύτην, εἰ μιαροφαγήσαιμεν,[23] ἁμαρτίαν· **20** τὸ γὰρ ἐπὶ μικροῖς καὶ
μεγάλοις παρανομεῖν[24] ἰσοδύναμόν[25] ἐστιν, **21** δι᾽ ἑκατέρου[26] γὰρ ὡς ὁμοίως[27] ὁ
νόμος ὑπερηφανεῖται.[28] **22** χλευάζεις[29] δὲ ἡμῶν τὴν φιλοσοφίαν[30] ὥσπερ οὐ μετὰ
εὐλογιστίας[31] ἐν αὐτῇ βιούντων·[32] **23** σωφροσύνην[33] τε γὰρ ἡμᾶς ἐκδιδάσκει[34] ὥστε πασῶν τῶν ἡδονῶν[35] καὶ ἐπιθυμιῶν[36] κρατεῖν καὶ ἀνδρείαν[37] ἐξασκεῖ[38] ὥστε πάντα πόνον[39] ἑκουσίως[40] ὑπομένειν[41] **24** καὶ δικαιοσύνην παιδεύει[42] ὥστε· διὰ πάντων
τῶν ἠθῶν[43] ἰσονομεῖν[44] καὶ εὐσέβειαν[45] ἐκδιδάσκει[46] ὥστε μόνον τὸν ὄντα θεὸν σέβειν[47] μεγαλοπρεπῶς.[48]

1 θεῖος, divine
2 πολιτεύω, *pres mid inf*, conduct one's life
3 ἀνάγκη, compulsion, necessity
4 βίαιος, *comp*, more violent, harder
5 νομίζω, *pres act ind 1p*, consider, think
6 εὐπείθεια, willing obedience
7 διό, therefore
8 δή, then, indeed
9 τρόπος, way, manner
10 παρανομέω, *pres act inf*, transgress the law
11 ἀξιόω, *pres act ind 1p*, consider right, think proper
12 καίτοι, and indeed, and yet
13 ὑπολαμβάνω, *pres act ind 2s*, suppose, think
14 θεῖος, divine
15 ἄλλως, (wrongly)
16 νομίζω, *impf act ind 1p*, consider, think
17 θεῖος, divine
18 ἔξειμι, *pres act ptc nom s n*, be right, be appropriate
19 εὐσέβεια, godliness, devotion
20 δόξα, reputation, recognition
21 ἀκυρόω, *aor act inf*, render invalid, ruin
22 νομίζω, *aor act sub 2s*, think, suppose
23 μιαροφαγέω, *aor act opt 1p*, eat unclean food
24 παρανομέω, *pres act inf*, transgress the law
25 ἰσοδύναμος, of equal importance
26 ἑκάτερος, each, either
27 ὁμοίως, likewise, (equally)
28 ὑπερηφανέω, *pres pas ind 3s*, despise, disdain
29 χλευάζω, *pres act ind 2s*, scoff
30 φιλοσοφία, philosophy
31 εὐλογιστία, prudence, sense
32 βιόω, *pres act ptc gen p m*, live (one's life)
33 σωφροσύνη, moderation, self-control
34 ἐκδιδάσκω, *pres act ind 3s*, teach, instruct
35 ἡδονή, pleasure
36 ἐπιθυμία, desire, lust
37 ἀνδρεία, courage, bravery
38 ἐξασκέω, *pres act ind 3s*, train rigorously
39 πόνος, pain, affliction
40 ἑκουσίως, willingly
41 ὑπομένω, *pres act inf*, undergo, endure
42 παιδεύω, *pres act ind 3s*, teach
43 ἦθος, habits, (dealings)
44 ἰσονομέω, *pres act inf*, render what is right, deal equitably
45 εὐσέβεια, godliness
46 ἐκδιδάσκω, *pres act ind 3s*, teach thoroughly
47 σέβομαι, *pres act inf*, worship, revere
48 μεγαλοπρεπῶς, in a fitting way

25 διὸ[1] οὐ μιαροφαγοῦμεν·[2] πιστεύοντες γὰρ θεοῦ καθεστάναι[3] τὸν νόμον οἴδαμεν
ὅτι κατὰ φύσιν[4] ἡμῖν συμπαθεῖ[5] νομοθετῶν[6] ὁ τοῦ κόσμου κτίστης·[7] **26** τὰ μὲν
οἰκειωθησόμενα[8] ἡμῶν ταῖς ψυχαῖς ἐπέτρεψεν[9] ἐσθίειν, τὰ δὲ ἐναντιωθησόμενα[10]
ἐκώλυσεν[11] σαρκοφαγεῖν.[12] **27** τυραννικὸν[13] δὲ οὐ μόνον ἀναγκάζειν[14] ἡμᾶς παρα-
νομεῖν,[15] ἀλλὰ καὶ ἐσθίειν, ὅπως τῇ ἐχθίστῃ[16] ἡμῶν μιαροφαγίᾳ[17] ταύτῃ ἐπεγ-
γελάσῃς.[18] **28** ἀλλ᾽ οὐ γελάσεις[19] κατ᾽ ἐμοῦ τοῦτον τὸν γέλωτα,[20] **29** οὔτε τοὺς
ἱεροὺς τῶν προγόνων[21] περὶ τοῦ φυλάξαι τὸν νόμον ὅρκους[22] οὐ παρήσω,[23] **30** οὐδ᾽
ἂν ἐκκόψειάς[24] μου τὰ ὄμματα[25] καὶ τὰ σπλάγχνα[26] μου τήξειας.[27] **31** οὐχ οὕτως
εἰμὶ γέρων[28] ἐγὼ καὶ ἄνανδρος[29] ὥστε μοι διὰ τὴν εὐσέβειαν[30] μὴ νεάζειν[31] τὸν
λογισμόν.[32] **32** πρὸς ταῦτα τροχοὺς[33] εὐτρέπιζε[34] καὶ τὸ πῦρ ἐκφύσα[35] σφοδρότερον.[36]
33 οὐχ οὕτως οἰκτίρομαι[37] τὸ ἐμαυτοῦ[38] γῆρας[39] ὥστε δι᾽ ἐμαυτοῦ τὸν πάτριον[40]
καταλῦσαι[41] νόμον. **34** οὐ ψεύσομαί[42] σε, παιδευτὰ[43] νόμε, οὐδὲ ἐξομοῦμαί[44] σε,
φίλη[45] ἐγκράτεια,[46] **35** οὐδὲ καταισχυνῶ[47] σε, φιλόσοφε[48] λόγε, οὐδὲ ἐξαρνήσο-
μαί[49] σε, ἱερωσύνη[50] τιμία[51] καὶ νομοθεσίας[52] ἐπιστήμη·[53] **36** οὐδὲ μιανεῖς[54] μου

1 διό, therefore
2 μιαροφαγέω, *pres act ind 1p*, eat unclean food
3 καθίστημι, *perf act inf*, establish, set up
4 φύσις, nature
5 συμπαθέω, *pres act ind 3s*, show sympathy
6 νομοθετέω, *pres act ptc nom s m*, impose law, legislate
7 κτίστης, creator
8 οἰκειόω, *fut pas ptc nom p n*, be suitable for
9 ἐπιτρέπω, *aor act ind 3s*, permit, allow
10 ἐναντιόομαι, *fut pas ptc acc p n*, be contrary to
11 κωλύω, *aor act ind 3s*, forbid
12 σαρκοφαγέω, *pres act inf*, eat meat
13 τυραννικός, tyrannical
14 ἀναγκάζω, *pres act inf*, compel
15 παρανομέω, *pres act inf*, transgress the law
16 ἐχθρός, *sup*, most hateful
17 μιαροφαγία, eating of unclean food
18 ἐπιγελάω, *aor act sub 2s*, laugh at, ridicule
19 γελάω, *fut act ind 2s*, laugh at
20 γέλως, laughter
21 πρόγονος, ancestor
22 ὅρκος, oath
23 παρίημι, *fut act ind 1s*, disregard, neglect
24 ἐκκόπτω, *aor act opt 2s*, cut out
25 ὄμμα, eye
26 σπλάγχνον, entrails
27 τήκω, *aor act opt 2s*, dissolve
28 γέρων, old man
29 ἄνανδρος, weak, cowardly
30 εὐσέβεια, godliness
31 νεάζω, *pres act inf*, be youthful, be vigorous
32 λογισμός, reason
33 τροχός, wheel
34 εὐτρεπίζω, *pres act impv 2s*, prepare
35 ἐκφυσάω, *pres act impv 2s*, kindle, fan (a fire)
36 σφοδρός, *comp*, more violently
37 οἰκτίρω, *pres mid ind 1s*, show pity
38 ἐμαυτοῦ, my
39 γῆρας, old age
40 πάτριος, ancestral
41 καταλύω, *aor act inf*, dismiss, break
42 ψεύδομαι, *fut mid ind 1s*, lie, speak falsely
43 παιδευτής, teacher
44 ἐξόμνυμι, *fut mid ind 1s*, renounce
45 φίλος, dear, beloved
46 ἐγκράτεια, self-control
47 καταισχύνω, *fut act ind 1s*, dishonor
48 φιλόσοφος, philosopher
49 ἐξαρνέομαι, *fut mid ind 1s*, utterly deny
50 ἱερωσύνη, priesthood
51 τίμιος, honored, noble
52 νομοθεσία, law code, legislation
53 ἐπιστήμη, knowledge, understanding
54 μιαίνω, *fut act ind 2s*, defile, pollute

τὸ σεμνὸν[1] γήρως[2] στόμα οὐδὲ νομίμου[3] βίου[4] ἡλικίαν.[5] **37** ἁγνόν[6] με οἱ πατέρες
εἰσδέξονται[7] μὴ φοβηθέντα σου τὰς μέχρι[8] θανάτου ἀνάγκας.[9] **38** ἀσεβῶν[10] μὲν γὰρ
τυραννήσεις,[11] τῶν δὲ ἐμῶν ὑπὲρ τῆς εὐσεβείας[12] λογισμῶν[13] οὔτε λόγοις δεσπόσεις[14]
οὔτε δι᾽ ἔργων.

Eleazar Is Martyred

6 Τοῦτον τὸν τρόπον[15] ἀντιρρητορεύσαντα[16] ταῖς τοῦ τυράννου[17] παρηγορίαις[18]
παραστάντες[19] οἱ δορυφόροι[20] πικρῶς[21] ἔσυραν[22] ἐπὶ τὰ βασανιστήρια[23] τὸν
Ελεαζαρον. **2** καὶ πρῶτον μὲν περιέδυσαν[24] τὸν γεραιὸν[25] ἐγκοσμούμενον[26] τῇ
περὶ τὴν εὐσέβειαν[27] εὐσχημοσύνῃ·[28] **3** ἔπειτα[29] περιαγκωνίσαντες[30] ἑκατέρωθεν[31]
μάστιξιν[32] κατῄκιζον,[33] **4** Πείσθητι[34] ταῖς τοῦ βασιλέως ἐντολαῖς, ἑτέρωθεν[35] κήρυ-
κος[36] ἐπιβοῶντος.[37] **5** ὁ δὲ μεγαλόφρων[38] καὶ εὐγενὴς[39] ὡς ἀληθῶς[40] Ελεαζαρος
ὥσπερ ἐν ὀνείρῳ[41] βασανιζόμενος[42] κατ᾽ οὐδένα τρόπον[43] μετετρέπετο,[44] **6** ἀλλὰ
ὑψηλοὺς[45] ἀνατείνας[46] εἰς οὐρανὸν τοὺς ὀφθαλμοὺς ἀπεξαίνετο[47] ταῖς μάστιξιν[48]
τὰς σάρκας ὁ γέρων[49] καὶ κατερρεῖτο[50] τῷ αἵματι καὶ τὰ πλευρὰ[51] κατετιτρώσκετο.[52]

1 σεμνός, honorable, dignified
2 γῆρας, old age
3 νόμιμος, lawful, observant
4 βίος, life
5 ἡλικία, maturity
6 ἁγνός, pure, holy
7 εἰσδέχομαι, *fut mid ind 3p*, receive
8 μέχρι, as far as, to the point of
9 ἀνάγκη, torture, violence
10 ἀσεβής, ungodly
11 τυραννέω, *fut act ind 2s*, rule over as tyrant, tyrannize
12 εὐσέβεια, godly
13 λογισμός, reason
14 δεσπόζω, *fut act ind 2s*, be master of
15 τρόπος, manner
16 ἀντιρρητορεύω, *aor act ptc acc s m*, answer, respond
17 τύραννος, tyrant
18 παρηγορία, exhortation
19 παρίστημι, *aor act ptc nom p m*, stand near
20 δορυφόρος, guard, spear bearer
21 πικρῶς, violently, harshly
22 σύρω, *aor act ind 3p*, drag
23 βασανιστήριον, instrument for torture
24 περιδύω, *aor act ind 3p*, strip
25 γεραιός, old
26 ἐγκοσμέω, *pres pas ptc acc s m*, adorn
27 εὐσέβεια, piety, godliness
28 εὐσχημοσύνη, gracefulness
29 ἔπειτα, then
30 περιαγκωνίζω, *aor act ptc nom p m*, tie the hands behind
31 ἑκατέρωθεν, on both sides
32 μάστιξ, whip
33 καταικίζω, *impf act ind 3p*, scourge
34 πείθω, *aor pas impv 2s*, obey
35 ἑτέρωθεν, opposite, across
36 κῆρυξ, herald
37 ἐπιβοάω, *pres act ptc gen s m*, cry out, yell
38 μεγαλόφρων, high-minded, magnanimous
39 εὐγενής, noble
40 ἀληθῶς, truly
41 ὄνειρος, dream
42 βασανίζω, *pres pas ptc nom s m*, torture
43 τρόπος, way
44 μετατρέπω, *impf mid ind 3s*, change one's mind, be moved
45 ὑψηλός, upraised
46 ἀνατείνω, *aor act ptc nom s m*, life up
47 ἀποξαίνω, *impf pas ind 3s*, tear
48 μάστιξ, whip
49 γέρων, old man
50 καταρρέω, *impf pas ind 3s*, drip, run
51 πλευρόν, side
52 κατατιτρώσκω, *impf pas ind 3s*, lacerate, severely wound

7 καὶ πίπτων εἰς τὸ ἔδαφος[1] ἀπὸ τοῦ μὴ φέρειν τὸ σῶμα τὰς ἀλγηδόνας[2] ὀρθὸν[3]
εἶχεν καὶ ἀκλινῆ[4] τὸν λογισμόν.[5] **8** λὰξ[6] γέ τοι[7] τῶν πικρῶν[8] τις δορυφόρων[9] εἰς τοὺς
κενεῶνας[10] ἐναλλόμενος[11] ἔτυπτεν,[12] ὅπως ἐξανίσταιτο[13] πίπτων. **9** ὁ δὲ ὑπέμενε[14]
τοὺς πόνους[15] καὶ περιεφρόνει[16] τῆς ἀνάγκης[17] καὶ διεκαρτέρει[18] τοὺς αἰκισμούς,[19]
10 καὶ καθάπερ[20] γενναῖος[21] ἀθλητὴς[22] τυπτόμενος[23] ἐνίκα[24] τοὺς βασανίζοντας[25]
ὁ γέρων·[26] **11** ἱδρῶν[27] γέ τοι[28] τὸ πρόσωπον καὶ ἐπασθμαίνων[29] σφοδρῶς[30] καὶ ὑπ'
αὐτῶν τῶν βασανιζόντων[31] ἐθαυμάζετο[32] ἐπὶ τῇ εὐψυχίᾳ.[33]

12 Ὅθεν[34] τὰ μὲν ἐλεῶντες[35] τὰ τοῦ γήρως[36] αὐτοῦ, **13** τὰ δὲ ἐν συμπαθείᾳ[37] τῆς
συνηθείας[38] ὄντες, τὰ δὲ ἐν θαυμασμῷ[39] τῆς καρτερίας[40] προσιόντες[41] αὐτῷ τινες
τοῦ βασιλέως ἔλεγον **14** Τί τοῖς κακοῖς τούτοις σεαυτὸν ἀλογίστως[42] ἀπόλλεις,[43]
Ελεαζαρ; **15** ἡμεῖς μέν τοι[44] τῶν ἡψημένων[45] βρωμάτων[46] παραθήσομεν,[47] σὺ δὲ
ὑποκρινόμενος[48] τῶν ὑείων[49] ἀπογεύεσθαι[50] σώθητι.

16 Καὶ ὁ Ελεαζαρος ὥσπερ πικρότερον[51] διὰ τῆς συμβουλίας[52] αἰκισθεὶς[53] ἀνεβό-
ησεν[54] **17** Μὴ οὕτως κακῶς[55] φρονήσαιμεν[56] οἱ Αβρααμ παῖδες[57] ὥστε μαλακο-

1 ἔδαφος, ground, floor
2 ἀλγηδών, pain, agony
3 ὀρθός, right, straight
4 ἀκλινής, unwavering
5 λογισμός, reason
6 λάξ, with the foot
7 τοι, then
8 πικρός, angry, cruel
9 δορυφόρος, guard
10 κενεών, side, flank
11 ἐνάλλομαι, *pres mid ptc nom s m*, leap forward, rush out
12 τύπτω, *impf act ind 3s*, kick
13 ἐξανίστημι, *pres mid opt 3s*, stand up, get up
14 ὑπομένω, *impf act ind 3s*, endure
15 πόνος, pain
16 περιφρονέω, *impf act ind 3s*, disregard, ignore
17 ἀνάγκη, torture, violence
18 διακαρτερέω, *impf act ind 3s*, patiently bear
19 αἰκισμός, abuse
20 καθάπερ, like
21 γενναῖος, excellent
22 ἀθλητής, athlete, champion
23 τύπτω, *pres pas ptc nom s m*, beat
24 νικάω, *impf act ind 3s*, defeat, overcome
25 βασανίζω, *pres act ptc acc p m*, torture
26 γέρων, old man
27 ἱδρόω, *pres act ptc nom s m*, sweat
28 τοι, then
29 ἐπασθμαίνω, *pres act ptc nom s m*, pant, gasp
30 σφοδρῶς, exceedingly
31 βασανίζω, *pres act ptc gen p m*, torture
32 θαυμάζω, *impf mid ind 3s*, be amazed at, gape at
33 εὐψυχία, good courage
34 ὅθεν, at that point
35 ἐλεάω, *pres act ptc nom p m*, pity
36 γῆρας, old age
37 συμπάθεια, sympathy
38 συνήθεια, fellowship, acquaintance
39 θαυμασμός, astonishment, admiration
40 καρτερία, perseverance, endurance
41 πρόσειμι, *pres act ptc nom p m*, approach
42 ἀλογίστως, unreasonably, thoughtlessly
43 ἀπόλλω, *pres act ind 2s*, destroy (oneself)
44 τοι, surely
45 ἕψω, *perf pas ptc gen p n*, cook
46 βρῶμα, food
47 παρατίθημι, *fut act ind 1p*, set before
48 ὑποκρίνομαι, *pres mid ptc nom s m*, pretend, feign
49 ὕειος, of pigs
50 ἀπογεύω, *pres mid inf*, take a taste
51 πικρός, *comp*, more bitterly
52 συμβουλία, advice, suggestion
53 αἰκίζω, *aor pas ptc nom s m*, torture
54 ἀναβοάω, *aor act ind 3s*, shout, cry out
55 κακῶς, badly, wickedly
56 φρονέω, *aor act opt 1p*, think
57 παῖς, child

ψυχήσαντας[1] ἀπρεπὲς[2] ἡμῖν δρᾶμα[3] ὑποκρίνασθαι.[4] **18** καὶ γὰρ ἀλόγιστον[5] εἰ πρὸς
ἀλήθειαν ζήσαντες τὸν μέχρι[6] γήρως[7] βίον[8] καὶ τὴν ἐπ᾽ αὐτῷ δόξαν νομίμως[9] φυ-
λάσσοντες νῦν μεταβαλοίμεθα[10] **19** καὶ αὐτοὶ μὲν ἡμεῖς γενοίμεθα[11] τοῖς νέοις[12]
ἀσεβείας[13] τύπος,[14] ἵνα παράδειγμα[15] γενώμεθα τῆς μιαροφαγίας.[16] **20** αἰσχρὸν[17]
δὲ εἰ ἐπιβιώσομεν[18] ὀλίγον[19] χρόνον καὶ τοῦτον καταγελώμενοι[20] πρὸς ἁπάντων[21]
ἐπὶ δειλίᾳ[22] **21** καὶ ὑπὸ μὲν τοῦ τυράννου[23] καταφρονηθῶμεν[24] ὡς ἄνανδροι,[25] τὸν
δὲ θεῖον[26] ἡμῶν νόμον μέχρι[27] θανάτου μὴ προασπίσαιμεν.[28] **22** πρὸς ταῦτα ὑμεῖς
μέν, ὦ[29] Αβρααμ παῖδες,[30] εὐγενῶς[31] ὑπὲρ τῆς εὐσεβείας[32] τελευτᾶτε.[33] **23** οἱ δὲ τοῦ
τυράννου[34] δορυφόροι,[35] τί μέλλετε;[36]

24 Πρὸς τὰς ἀνάγκας[37] οὕτως μεγαλοφρονοῦντα[38] αὐτὸν ἰδόντες καὶ μηδὲ πρὸς
τὸν οἰκτιρμὸν[39] αὐτῶν μεταβαλλόμενον[40] ἐπὶ τὸ πῦρ αὐτὸν ἀνῆγον·[41] **25** ἔνθα[42] διὰ
κακοτέχνων[43] ὀργάνων[44] καταφλέγοντες[45] αὐτὸν ὑπερρίπτοσαν,[46] καὶ δυσώδεις[47]
χυλοὺς[48] εἰς τοὺς μυκτῆρας[49] αὐτοῦ κατέχεον.[50] **26** ὁ δὲ μέχρι[51] τῶν ὀστέων[52] ἤδη[53]

1 μαλακοψυχέω, *aor act ptc acc p m*, be cowardly
2 ἀπρεπής, unsuitable, improper
3 δρᾶμα, role, deed
4 ὑποκρίνομαι, *aor mid inf*, pretend, feign
5 ἀλόγιστος, unreasonable, thoughtless
6 μέχρι, until
7 γῆρας, old age
8 βίος, life
9 νομίμως, according to the law
10 μεταβάλλω, *aor mid opt 1p*, alter one's way of life
11 γίνομαι, *aor mid opt 1p*, become
12 νέος, young
13 ἀσέβεια, ungodliness
14 τύπος, model
15 παράδειγμα, example, paradigm
16 μιαροφαγία, eating of unclean food
17 αἰσχρός, shameful
18 ἐπιβιόω, *fut act ind 1p*, survive, go on living
19 ὀλίγος, little, short
20 καταγελάω, *pres pas ptc nom p m*, laugh at, scorn
21 ἅπας, all
22 δειλία, cowardice
23 τύραννος, tyrant
24 καταφρονέω, *aor pas sub 1p*, despise, treat with contempt
25 ἄνανδρος, weak, cowardly
26 θεῖος, divine
27 μέχρι, until to the point of
28 προασπίζω, *aor act opt 1p*, defend
29 ὦ, O!
30 παῖς, child
31 εὐγενῶς, nobly, bravely
32 εὐσέβεια, godliness, religion
33 τελευτάω, *pres act impv 2p*, die
34 τύραννος, tyrant
35 δορυφόρος, guard
36 μέλλω, *pres act ind 2p*, delay, linger
37 ἀνάγκη, torture
38 μεγαλοφρονέω, *pres act ptc acc s m*, be confident
39 οἰκτιρμός, pity
40 μεταβάλλω, *pres pas ptc acc s m*, change, move
41 ἀνάγω, *impf act ind 1s*, lead up
42 ἔνθα, there, then
43 κακότεχνος, wickedly devised
44 ὄργανον, instrument
45 καταφλέγω, *pres act ptc nom p m*, burn
46 ὑπορρίπτω, *impf act ind 3p*, throw down
47 δυσώδης, stinking
48 χυλός, liquid, juice
49 μυκτήρ, nostril
50 καταχέω, *impf act ind 3p*, pour down into
51 μέχρι, down to, as far as
52 ὀστέον, bone
53 ἤδη, now, by this time

κατακεκαυμένος[1] καὶ μέλλων[2] λιποθυμεῖν[3] ἀνέτεινε[4] τὰ ὄμματα[5] πρὸς τὸν θεὸν καὶ
εἶπεν **27** Σὺ οἶσθα,[6] θεέ, παρόν[7] μοι σῴζεσθαι βασάνοις[8] καυστικαῖς[9] ἀποθνῄσκω
διὰ τὸν νόμον. **28** ἵλεως[10] γενοῦ τῷ ἔθνει σου ἀρκεσθεὶς[11] τῇ ἡμετέρᾳ[12] ὑπὲρ
αὐτῶν δίκῃ.[13] **29** καθάρσιον[14] αὐτῶν ποίησον τὸ ἐμὸν αἷμα καὶ ἀντίψυχον[15] αὐτῶν
λαβὲ τὴν ἐμὴν ψυχήν. **30** καὶ ταῦτα εἰπὼν ὁ ἱερὸς ἀνὴρ εὐγενῶς[16] ταῖς βασάνοις[17]
ἐναπέθανεν[18] καὶ μέχρι[19] τῶν τοῦ θανάτου βασάνων[20] ἀντέστη[21] τῷ λογισμῷ[22] διὰ
τὸν νόμον.

31 Ὁμολογουμένως[23] οὖν δεσπότης[24] τῶν παθῶν[25] ἐστιν ὁ εὐσεβὴς[26] λογισμός.[27]
32 εἰ γὰρ τὰ πάθη[28] τοῦ λογισμοῦ[29] κεκρατήκει,[30] τούτοις ἂν ἀπέδομεν τὴν τῆς ἐπι-
κρατείας[31] μαρτυρίαν·[32] **33** νυνὶ[33] δὲ τοῦ λογισμοῦ[34] τὰ πάθη[35] νικήσαντος[36] αὐτῷ
προσηκόντως[37] τὴν τῆς ἡγεμονίας[38] προσνέμομεν[39] ἐξουσίαν.[40] **34** καὶ δίκαιόν ἐστιν
ὁμολογεῖν[41] ἡμᾶς τὸ κράτος[42] εἶναι τοῦ λογισμοῦ,[43] ὅπου[44] γε καὶ τῶν ἔξωθεν[45]
ἀλγηδόνων[46] ἐπικρατεῖ,[47] ἐπεὶ[48] καὶ γελοῖον.[49] **35** καὶ οὐ μόνον τῶν ἀλγηδόνων[50]
ἐπιδείκνυμι[51] κεκρατηκέναι τὸν λογισμόν,[52] ἀλλὰ καὶ τῶν ἡδονῶν[53] κρατεῖν καὶ
μηδὲν[54] αὐταῖς ὑπείκειν.[55]

1 κατακαίω, *perf pas ptc nom s m*, burn
2 μέλλω, *pres act ptc nom s m*, be on the verge of, be about to
3 λιποθυμέω, *pres act inf*, pass out, lose consciousness
4 ἀνατείνω, *aor act ind 3s*, lift up
5 ὄμμα, eye
6 οἶδα, *perf act ind 2s*, know
7 πάρειμι, *pres act ptc nom s n*, be capable of
8 βάσανος, torture
9 καυστικός, burning, scorching
10 ἵλεως, merciful, gracious
11 ἀρκέω, *aor pas ptc nom s m*, be satisfied
12 ἡμέτερος, our
13 δίκη, punishment
14 καθάρσιον, purification
15 ἀντίψυχος, giving in exchange
16 εὐγενῶς, nobly, bravely
17 βάσανος, torture
18 ἐναποθνήσκω, *aor act ind 3s*, die
19 μέχρι, to the point of
20 βάσανος, torture
21 ἀνθίστημι, *aor act ind 3s*, resist, stand against
22 λογισμός, reason
23 ὁμολογουμένως, unquestionably, undeniably
24 δεσπότης, master
25 πάθος, passion, emotion
26 εὐσεβής, devout, pious
27 λογισμός, reason
28 πάθος, passion, emotion
29 λογισμός, reason
30 κρατέω, *plpf act ind 3s*, overcome, be master
31 ἐπικράτεια, mastery
32 μαρτυρία, testimony, witness
33 νυνί, now
34 λογισμός, reason
35 πάθος, passion, emotion
36 νικάω, *aor act ptc gen s m*, conquer, defeat
37 προσηκόντως, properly
38 ἡγεμονία, governance, control
39 προσνέμω, *pres act ind 1p*, attribute to
40 ἐξουσία, authority, power
41 ὁμολογέω, *pres act inf*, acknowledge
42 κράτος, strength
43 λογισμός, reason
44 ὅπου, when, wherever
45 ἔξωθεν, external
46 ἀλγηδών, suffering
47 ἐπικρατέω, *pres act ind 3s*, prevail over, have mastery over
48 ἐπεί, since, otherwise
49 γελοῖος, absurd
50 ἀλγηδών, suffering
51 ἐπιδείκνυμι, *pres act ind 1s*, demonstrate, prove
52 λογισμός, reason
53 ἡδονή, pleasure
54 μηδείς, in no way
55 ὑπείκω, *pres act inf*, yield to

Praise for Eleazar

7 Ὥσπερ[1] γὰρ ἄριστος[2] κυβερνήτης[3] ὁ τοῦ πατρὸς ἡμῶν Ελεαζαρου λογισμὸς[4]
πηδαλιουχῶν[5] τὴν τῆς εὐσεβείας[6] ναῦν[7] ἐν τῷ τῶν παθῶν[8] πελάγει[9] **2** καὶ
καταικιζόμενος[10] ταῖς τοῦ τυράννου[11] ἀπειλαῖς[12] καὶ καταντλούμενος[13] ταῖς τῶν
βασάνων[14] τρικυμίαις[15] **3** κατ᾽ οὐδένα τρόπον[16] ἔτρεψε[17] τοὺς τῆς εὐσεβείας[18] οἴ-
ακας,[19] ἕως οὗ ἔπλευσεν[20] ἐπὶ τὸν τῆς ἀθανάτου[21] νίκης[22] λιμένα.[23] **4** οὐχ οὕτως
πόλις πολλοῖς καὶ ποικίλοις[24] μηχανήμασιν[25] ἀντέσχε[26] ποτὲ[27] πολιορκουμένη,[28]
ὡς ὁ πανάγιος[29] ἐκεῖνος. τὴν ἱερὰν ψυχὴν αἰκισμοῖς[30] τε καὶ στρέβλαις[31] πυρ-
πολούμενος[32] ἐνίκησεν[33] τοὺς πολιορκοῦντας[34] διὰ τὸν ὑπερασπίζοντα[35] τῆς εὐ-
σεβείας[36] λογισμόν.[37] **5** ὥσπερ γὰρ πρόκρημνον[38] ἄκραν[39] τὴν ἑαυτοῦ διάνοιαν[40]
ὁ πατὴρ Ελεαζαρ ἐκτείνας[41] περιέκλασεν[42] τοὺς ἐπιμαινομένους[43] τῶν παθῶν[44]
κλύδωνας.[45] **6** ὦ[46] ἄξιε[47] τῆς ἱερωσύνης[48] ἱερεῦ, οὐκ ἐμίανας[49] τοὺς ἱεροὺς ὀδόντας[50]
οὐδὲ τὴν θεοσέβειαν[51] καὶ καθαρισμὸν[52] χωρήσασαν[53] γαστέρα[54] ἐκοίνωσας[55]

1 ὥσπερ, like, as
2 ἄριστος, *sup of* ἀγαθός, superior, first-rate
3 κυβερνήτης, captain, pilot
4 λογισμός, reason
5 πηδαλιουχέω, *pres act ptc nom s m*, steer
6 εὐσέβεια, godliness, piety
7 ναῦς, ship
8 πάθος, passion, emotion
9 πέλαγος, sea
10 καταικίζω, *pres pas ptc nom s m*, torment, (buffet)
11 τύραννος, tyrant
12 ἀπειλή, threat
13 καταντλέω, *pres pas ptc nom s m*, overwhelm
14 βάσανος, torture
15 τρικυμία, set (of waves), large swell
16 τρόπος, way
17 τρέπω, *aor act ind 3s*, turn, change course
18 εὐσέβεια, godliness, piety
19 οἴαξ, rudder
20 πλέω, *aor act ind 3s*, sail
21 ἀθάνατος, immortal
22 νίκη, victory
23 λιμήν, harbor
24 ποικίλος, varied, manifold
25 μηχάνημα, war machine
26 ἀντέχω, *aor act ind 3s*, withstand, hold fast
27 ποτέ, ever, at any time
28 πολιορκέω, *pres pas ptc nom s f*, besiege
29 πανάγιος, all-holy
30 αἰκισμός, torture
31 στρέβλη, torture by racking
32 πυρπολέω, *pres pas ptc nom s m*, burn with fire, set alight
33 νικάω, *aor act ind 3s*, overcome, conquer
34 πολιορκέω, *pres act ptc acc p m*, besiege
35 ὑπερασπίζω, *pres act ptc acc s m*, shield, defend
36 εὐσέβεια, godliness, piety
37 λογισμός, reason
38 πρόκρημνος, overhanging
39 ἄκρα, height, cliff
40 διάνοια, mind
41 ἐκτείνω, *aor act ptc nom s m*, stretch out
42 περικλάω, *aor act ind 3s*, break
43 ἐπιμαίνομαι, *pres mid ptc acc p m*, rage
44 πάθος, passion, emotion
45 κλύδων, wave
46 ὦ, O!
47 ἄξιος, worthy
48 ἱερωσύνη, priesthood
49 μιαίνω, *aor act ind 2s*, defile, taint
50 ὀδούς, tooth
51 θεοσέβεια, fear of God
52 καθαρισμός, purification
53 χωρέω, *aor act ptc acc s f*, have room for
54 γαστήρ, stomach
55 κοινόω, *aor act ind 2s*, make unclean

μιαροφαγίᾳ.[1] **7** ὦ[2] σύμφωνε[3] νόμου καὶ φιλόσοφε[4] θείου[5] βίου.[6] **8** τοιούτους[7] δεῖ[8]
εἶναι τοὺς δημιουργοῦντας[9] τὸν νόμον ἰδίῳ[10] αἵματι καὶ γενναίῳ[11] ἱδρῶτι[12] τοῖς
μέχρι[13] θανάτου πάθεσιν[14] ὑπερασπίζοντας.[15] **9** σύ, πάτερ, τὴν εὐνομίαν[16] ἡμῶν
διὰ τῶν ὑπομονῶν[17] εἰς δόξαν ἐκύρωσας[18] καὶ τὴν ἁγιαστίαν[19] σεμνολογήσας[20]
οὐ κατέλυσας[21] καὶ διὰ τῶν ἔργων ἐπιστοποίησας[22] τοὺς τῆς θείας[23] φιλοσοφίας[24]
σου λόγους, **10** ὦ[25] βασάνων[26] βιαιότερε[27] γέρων[28] καὶ πυρὸς εὐτονώτερε[29] πρε-
σβῦτα[30] καὶ παθῶν[31] μέγιστε[32] βασιλεῦ Ελεαζαρ. **11** ὥσπερ γὰρ ὁ πατὴρ Ααρων
τῷ θυμιατηρίῳ[33] καθωπλισμένος[34] διὰ τοῦ ἐθνοπλήθους[35] ἐπιτρέχων[36] τὸν ἐμ-
πυριστὴν[37] ἐνίκησεν[38] ἄγγελον, **12** οὕτως ὁ Ααρωνίδης Ελεαζαρ διὰ τοῦ πυρὸς
ὑπερτηκόμενος[39] οὐ μετετράπη[40] τὸν λογισμόν.[41] **13** καίτοι[42] τὸ θαυμασιώτατον,[43]
γέρων[44] ὢν λελυμένων[45] μὲν ἤδη[46] τῶν τοῦ σώματος τόνων,[47] περικεχαλασμένων[48]
δὲ τῶν σαρκῶν, κεκμηκότων[49] δὲ καὶ τῶν νεύρων[50] ἀνενέασεν[51] **14** τῷ πνεύματι διὰ
τοῦ λογισμοῦ[52] καὶ τῷ Ισακίῳ λογισμῷ τὴν πολυκέφαλον[53] στρέβλαν[54] ἠκύρωσεν.[55]

1 μιαροφαγία, eating of unclean food
2 ὦ, O!
3 σύμφωνος, (one) in harmony
4 φιλόσοφος, sage, one who loves wisdom
5 θεῖος, divine
6 βίος, life
7 τοιοῦτος, such
8 δεῖ, *pres act ind 3s*, be proper, be necessary
9 δημιουργέω, *pres act ptc acc p m*, labor at, serve
10 ἴδιος, one's own
11 γενναῖος, noble, illustrious
12 ἱδρώς, sweat
13 μέχρι, to the point of
14 πάθος, suffering
15 ὑπερασπίζω, *pres act ptc acc p m*, defend, shield
16 εὐνομία, observance of the law
17 ὑπομονή, endurance
18 κυρόω, *aor act ind 2s*, confirm, establish
19 ἁγιαστία, service
20 σεμνολογέω, *aor act ind 2s*, solemnly affirm
21 καταλύω, *aor act ind 2s*, undermine, dismantle
22 πιστοποιέω, *aor act ind 2s*, confirm, make credible
23 θεῖος, divine
24 φιλοσοφία, philosophy
25 ὦ, O!
26 βάσανος, torture
27 βίαιος, *comp*, more powerful, more firm
28 γέρων, old man
29 εὔτονος, *comp*, more vigorous
30 πρεσβύτης, old man
31 πάθος, passion, emotion
32 μέγας, *sup*, supreme, greatest
33 θυμιατήριον, censer
34 καθοπλίζω, *perf pas ptc nom s m*, equip
35 ἐθνοπλήθης, crowd
36 ἐπιτρέχω, *pres act ptc nom s m*, run
37 ἐμπυριστής, fiery
38 νικάω, *aor act ind 3s*, defeat
39 ὑπερτήκω, *pres pas ptc nom s m*, completely consume
40 μετατρέπω, *aor pas ind 3s*, change, alter
41 λογισμός, reason
42 καίτοι, yet, indeed
43 θαυμάσιος, *sup*, most remarkable, most amazing
44 γέρων, old man
45 λύω, *perf pas ptc gen p n*, weaken, loosen
46 ἤδη, by that time
47 τόνος, sinew
48 περιχαλάω, *perf pas ptc gen p f*, relax
49 κάμνω, *perf act ptc gen p n*, be weary, be tired
50 νεῦρον, tendon
51 ἀνανεάζω, *aor act ind 3s*, become young again
52 λογισμός, reason
53 πολυκέφαλος, many-headed
54 στρέβλα, rack (for torture)
55 ἀκυρόω, *aor act ind 3s*, render powerless

15 ὦ[1] μακαρίου[2] γήρως[3] καὶ σεμνῆς[4] πολιᾶς[5] καὶ βίου[6] νομίμου,[7] ὃν πιστὴ[8] θανάτου σφραγὶς[9] ἐτελείωσεν.[10]

16 Εἰ δὴ[11] τοίνυν[12] γέρων[13] ἀνὴρ τῶν μέχρι[14] θανάτου βασάνων[15] περιεφρόνει[16] δι᾽
εὐσέβειαν,[17] ὁμολογουμένως[18] ἡγεμών[19] ἐστιν τῶν παθῶν[20] ὁ εὐσεβὴς[21] λογισμός.[22]
17 ἴσως[23] δ᾽ ἂν εἴποιέν[24] τινες Τῶν παθῶν[25] οὐ πάντες περικρατοῦσιν,[26] ὅτι οὐδὲ πάν-
τες φρόνιμον[27] ἔχουσιν τὸν λογισμόν.[28] **18** ἀλλ᾽ ὅσοι τῆς εὐσεβείας[29] προνοοῦσιν[30] ἐξ
ὅλης καρδίας, οὗτοι μόνοι δύνανται κρατεῖν τῶν τῆς σαρκὸς παθῶν[31] **19** πιστεύοντες
ὅτι θεῷ οὐκ ἀποθνῄσκουσιν, ὥσπερ οὐδὲ οἱ πατριάρχαι[32] ἡμῶν Αβρααμ καὶ Ισαακ
καὶ Ιακωβ, ἀλλὰ ζῶσιν τῷ θεῷ. **20** οὐδὲν οὖν ἐναντιοῦται[33] τὸ φαίνεσθαί[34] τινας
παθοκρατεῖσθαι[35] διὰ τὸν ἀσθενῆ[36] λογισμόν·[37] **21** ἐπεὶ[38] τίς πρὸς ὅλον τὸν τῆς
φιλοσοφίας[39] κανόνα[40] φιλοσοφῶν[41] καὶ πεπιστευκὼς θεῷ **22** καὶ εἰδὼς ὅτι διὰ τὴν
ἀρετὴν[42] πάντα πόνον[43] ὑπομένειν[44] μακάριόν[45] ἐστιν, οὐκ ἂν περικρατήσειεν[46] τῶν
παθῶν[47] διὰ τὴν θεοσέβειαν;[48] **23** μόνος γὰρ ὁ σοφὸς[49] καὶ ἀνδρεῖός[50] ἐστιν τῶν
παθῶν[51] κύριος.

1 ὦ, O!
2 μακάριος, blessed
3 γῆρας, old age
4 σεμνός, venerable, honorable
5 πολιά, gray hair
6 βίος, life
7 νόμιμος, in conformity to the law
8 πιστός, faithful
9 σφραγίς, seal
10 τελειόω, *aor act ind 3s*, bring to completion
11 δή, indeed
12 τοίνυν, therefore
13 γέρων, old man
14 μέχρι, to the point of
15 βάσανος, torture
16 περιφρονέω, *impf act ind 3s*, disregard
17 εὐσέβεια, godliness, piety
18 ὁμολογουμένως, unquestionably, most certainly
19 ἡγεμών, ruler
20 πάθος, passion, emotion
21 εὐσεβής, godly, pious
22 λογισμός, reason
23 ἴσως, perhaps
24 λέγω, *aor act opt 3p*, say
25 πάθος, passion, emotion
26 περικρατέω, *pres act ind 3p*, control
27 φρόνιμος, wise, prudent
28 λογισμός, reason
29 εὐσέβεια, godliness, piety
30 προνοέω, *pres act ind 3p*, respect, care for
31 πάθος, passion, emotion
32 πατριάρχης, patriarch
33 ἐναντιόομαι, *pres mid ind 3s*, oppose, contradict
34 φαίνω, *pres mid inf*, appear
35 παθοκρατέομαι, *pres pas inf*, be governed by passion
36 ἀσθενής, weak
37 λογισμός, reason
38 ἐπεί, since, for
39 φιλοσοφία, philosophy
40 κανών, rule
41 φιλοσοφέω, *pres act ptc nom s m*, be a philosopher
42 ἀρετή, virtue
43 πόνος, hardship, affliction
44 ὑπομένω, *pres act inf*, endure
45 μακάριος, blessed
46 περικρατέω, *aor act opt 3s*, control, master
47 πάθος, passion, emotion
48 θεοσέβεια, fear of God
49 σοφός, wise, prudent
50 ἀνδρεῖος, brave, courageous
51 πάθος, passion, emotion

The Tyrant Defied by Seven Brothers

8 Διὰ τοῦτό γέ τοι[1] καὶ μειρακίσκοι[2] τῷ τῆς εὐσεβείας[3] λογισμῷ[4] φιλοσοφοῦντες[5]
χαλεπωτέρων[6] βασανιστηρίων[7] ἐπεκράτησαν.[8] **2** ἐπειδὴ[9] γὰρ κατὰ τὴν πρώτην
πεῖραν[10] ἐνικήθη[11] περιφανῶς[12] ὁ τύραννος[13] μὴ δυνηθεὶς ἀναγκάσαι[14] γέροντα[15]
μιαροφαγῆσαι,[16] τότε δὴ[17] σφόδρα[18] περιπαθῶς[19] ἐκέλευσεν[20] ἄλλους ἐκ τῆς λείας[21]
τῶν Εβραίων ἀγαγεῖν, καὶ εἰ μὲν μιαροφαγήσαιεν,[22] ἀπολύειν[23] φαγόντας, εἰ δ᾽
ἀντιλέγοιεν,[24] πικρότερον[25] βασανίζειν.[26]

3 ταῦτα διαταξαμένου[27] τοῦ τυράννου,[28] παρῆσαν[29] ἀγόμενοι μετὰ γεραιᾶς[30] μητρὸς
ἑπτὰ ἀδελφοὶ καλοί τε καὶ αἰδήμονες[31] καὶ γενναῖοι[32] καὶ ἐν παντὶ χαρίεντες.[33] **4** οὓς
ἰδὼν ὁ τύραννος[34] καθάπερ[35] ἐν χορῷ[36] μέσην τὴν μητέρα περιέχοντας[37] ἥσθετο[38] ἐπ᾽
αὐτοῖς καὶ τῆς εὐπρεπείας[39] ἐκπλαγεὶς[40] καὶ τῆς εὐγενείας[41] προσεμειδίασεν[42] αὐτοῖς
καὶ πλησίον[43] καλέσας ἔφη[44] **5** Ὦ[45] νεανίαι,[46] φιλοφρόνως[47] ἐγὼ καθ᾽ ἑνὸς ἑκάστου
ὑμῶν θαυμάζω,[48] τὸ κάλλος[49] καὶ τὸ πλῆθος τοσούτων[50] ἀδελφῶν ὑπερτιμῶν[51]
οὐ μόνον συμβουλεύω[52] μὴ μανῆναι[53] τὴν αὐτὴν τῷ προβασανισθέντι[54] γέροντι[55]

1 τοι, then
2 μειρακίσκος, *dim of* μεῖραξ, young man
3 εὐσέβεια, godliness, piety
4 λογισμός, reason
5 φιλοσοφέω, *pres act ptc nom p m*, be a philosopher
6 χαλεπός, *comp*, more difficult
7 βασανιστήριον, torture instrument
8 ἐπικρατέω, *aor act ind 3p*, prevail over
9 ἐπειδή, when
10 πεῖρα, attempt
11 νικάω, *aor pas ind 3s*, overcome, defeat
12 περιφανῶς, obviously, manifestly
13 τύραννος, tyrant
14 ἀναγκάζω, *aor act inf*, compel
15 γέρων, old man
16 μιαροφαγέω, *aor act inf*, eat unclean food
17 δή, even, indeed
18 σφόδρα, exceedingly
19 περιπαθῶς, in passionate rage
20 κελεύω, *aor act ind 3s*, command
21 λεία, herd, (body of captives)
22 μιαροφαγέω, *aor act opt 3p*, eat unclean food
23 ἀπολύω, *pres act inf*, dismiss, release
24 ἀντιλέγω, *pres act opt 3p*, oppose, resist
25 πικρός, *comp*, more viciously
26 βασανίζω, *pres act inf*, torture
27 διατάσσω, *aor mid ptc gen s m*, arrange, command
28 τύραννος, tyrant
29 πάρειμι, *impf act ind 3p*, have arrived
30 γεραιός, elderly
31 αἰδήμων, modest
32 γενναῖος, noble, excellent
33 χαρίεις, attractive
34 τύραννος, tyrant
35 καθάπερ, like, as
36 χορός, dance (troop)
37 περιέχω, *pres act ptc acc p m*, encircle, surround
38 ἥδομαι, *aor mid ind 3s*, be pleased
39 εὐπρέπεια, dignity, attractive appearance
40 ἐκπλήσσω, *aor pas ptc nom s m*, be struck by, marvel at
41 εὐγένεια, nobility (of status)
42 προσμειδιάω, *aor act ind 3s*, smile
43 πλησίον, near
44 φημί, *aor act ind 3s*, say
45 ὦ, O!
46 νεανίας, young man
47 φιλοφρόνως, benevolently, with hospitality
48 θαυμάζω, *pres act ind 1s*, admire, be impressed by
49 κάλλος, beauty
50 τοσοῦτος, so many
51 ὑπερτιμάω, *pres act ptc nom s m*, highly value, honor greatly
52 συμβουλεύω, advise, counsel
53 μαίνομαι, *aor pas inf*, rage, act madly
54 προβασανίζω, *aor pas ptc dat s m*, torture previously
55 γέρων, old man

μανίαν,[1] ἀλλὰ καὶ παρακαλῶ συνείξαντάς[2] μοι τῆς ἐμῆς ἀπολαύειν[3] φιλίας·[4] **6** δυναί-
μην[5] δ᾽ ἂν ὥσπερ κολάζειν[6] τοὺς ἀπειθοῦντάς[7] μου τοῖς ἐπιτάγμασιν,[8] οὕτω καὶ
εὐεργετεῖν[9] τοὺς εὐπειθοῦντάς[10] μοι. **7** πιστεύσατε οὖν καὶ ἀρχὰς ἐπὶ τῶν ἐμῶν
πραγμάτων[11] ἡγεμονικὰς[12] λήμψεσθε ἀρνησάμενοι[13] τὸν πάτριον[14] ὑμῶν τῆς πολι-
τείας[15] θεσμόν·[16] **8** καὶ μεταλαβόντες[17] Ἑλληνικοῦ βίου[18] καὶ μεταδιαιτηθέντες[19]
ἐντρυφήσατε[20] ταῖς νεότησιν[21] ὑμῶν· **9** ἐπεί,[22] ἐὰν ὀργίλως[23] με διάθησθε[24] διὰ τῆς
ἀπειθείας,[25] ἀναγκάσετέ[26] με ἐπὶ δειναῖς[27] κολάσεσιν[28] ἕνα ἕκαστον ὑμῶν διὰ τῶν
βασάνων[29] ἀπολέσαι. **10** κατελεήσατε[30] οὖν ἑαυτούς, οὓς καὶ ὁ πολέμιος[31] ἔγωγε[32]
καὶ τῆς ἡλικίας[33] καὶ τῆς εὐμορφίας[34] οἰκτίρομαι.[35] **11** οὐ διαλογιεῖσθε[36] τοῦτο, ὅτι
οὐδὲν ὑμῖν ἀπειθήσασιν[37] πλὴν τοῦ μετὰ στρεβλῶν[38] ἀποθανεῖν ἀπόκειται;[39]

12 Ταῦτα δὲ λέγων ἐκέλευσεν[40] εἰς τὸ ἔμπροσθεν τιθέναι τὰ βασανιστήρια,[41]
ὅπως καὶ διὰ τοῦ φόβου πείσειεν[42] αὐτοὺς μιαροφαγῆσαι.[43] **13** ὡς δὲ τροχούς[44]
τε καὶ ἀρθρέμβολα,[45] στρεβλωτήριά[46] τε καὶ τροχαντῆρας[47] καὶ καταπέλτας[48] καὶ
λέβητας,[49] τήγανά[50] τε καὶ δακτυλήθρας[51] καὶ χεῖρας σιδηρᾶς[52] καὶ σφῆνας[53] καὶ

1 μανία, madness
2 συνείκω, *aor act ptc acc s m*, yield to
3 ἀπολαύω, *pres act inf*, enjoy
4 φιλία, friendship
5 δύναμαι, *pres mid opt 1s*, be able
6 κολάζω, *pres act inf*, punish
7 ἀπειθέω, *pres act ptc acc p m*, disobey
8 ἐπίταγμα, command
9 εὐεργετέω, *pres act inf*, show kindness toward
10 εὐπειθέω, *pres act ptc acc p m*, comply, be ready to obey
11 πρᾶγμα, dealing, affair
12 ἡγεμονικός, of authority
13 ἀρνέομαι, *aor mid ptc nom p m*, forsake
14 πάτριος, ancestral
15 πολιτεία, citizenship, manner of life
16 θεσμός, rule, ordinance
17 μεταλαμβάνω, *aor act ptc nom p m*, adopt, embrace
18 βίος, (way of) life
19 μεταδιαιτέω, *aor pas ptc nom p m*, change one's lifestyle
20 ἐντρυφάω, *aor act ind 2p*, indulge in
21 νεότης, youth
22 ἐπεί, for
23 ὀργίλως, being angry
24 διατίθημι, *aor mid sub 2p*, dispose someone toward
25 ἀπείθεια, disobedience
26 ἀναγκάζω, *fut act ind 2p*, compel
27 δεινός, terrible, awful
28 κόλασις, punishment
29 βάσανος, torture
30 κατελεέω, *aor act impv 2p*, have mercy on
31 πολέμιος, enemy, hostile
32 ἔγωγε, even I, *cr.* ἐγώ γε
33 ἡλικία, age
34 εὐμορφία, excellent build
35 οἰκτίρω, *pres mid ind 1s*, have pity on
36 διαλογίζομαι, *fut mid ind 2p*, consider
37 ἀπειθέω, *aor act ptc dat p m*, disobey
38 στρέβλη, rack (for torture)
39 ἀπόκειμαι, *pres pas ind 3s*, be left, remain
40 κελεύω, *aor act ind 3s*, give orders
41 βασανιστήριον, instrument for torture
42 πείθω, *aor act opt 3s*, persuade, cajole
43 μιαροφαγέω, *aor act inf*, eat unclean food
44 τροχός, wheel (for torture)
45 ἀρθρέμβολον, instrument for dislocating limbs
46 στρεβλωτήριον, rack (for torture)
47 τροχαντήρ, instrument for crushing bones
48 καταπέλτης, catapult
49 λέβης, cauldron
50 τήγανον, frying pan
51 δακτυλήθρα, thumbscrew
52 σιδηροῦς, iron
53 σφήν, wedge

τὰ ζώπυρα[1] τοῦ πυρὸς οἱ δορυφόροι[2] προέθεσαν,[3] ὑπολαβὼν[4] ὁ τύραννος[5] ἔφη[6]
14 Μειράκια,[7] φοβήθητε, καὶ ἣν σέβεσθε[8] δίκην,[9] ἵλεως[10] ὑμῖν ἔσται δι᾽ ἀνάγκην[11]
παρανομήσασιν.[12] **15** Οἱ δὲ ἀκούσαντες ἐπαγωγὰ[13] καὶ ὁρῶντες δεινὰ[14] οὐ μόνον οὐκ
ἐφοβήθησαν,[15] ἀλλὰ καὶ ἀντεφιλοσόφησαν[16] τῷ τυράννῳ[17] καὶ διὰ τῆς εὐλογιστίας[18]
τὴν τυραννίδα[19] αὐτοῦ κατέλυσαν.[20] **16** καίτοι[21] λογισώμεθα, εἰ δειλόψυχοί[22] τινες
ἦσαν ἐν αὐτοῖς καὶ ἄνανδροι,[23] ποίοις[24] ἂν ἐχρήσαντο[25] λόγοις; οὐχὶ τούτοις;

17 Ὦ[26] τάλανες[27] ἡμεῖς καὶ λίαν[28] ἀνόητοι·[29] βασιλέως ἡμᾶς καλοῦντος καὶ ἐπὶ
εὐεργεσίᾳ[30] παρακαλοῦντος, εἰ πεισθείημεν[31] αὐτῷ, **18** τί βουλήμασιν[32] κενοῖς[33]
ἑαυτοὺς εὐφραίνομεν[34] καὶ θανατηφόρον[35] ἀπείθειαν[36] τολμῶμεν;[37] **19** οὐ φο-
βηθησόμεθα, ἄνδρες ἀδελφοί, τὰ βασανιστήρια[38] καὶ λογιούμεθα τὰς τῶν βα-
σάνων[39] ἀπειλὰς[40] καὶ φευξόμεθα[41] τὴν κενοδοξίαν[42] ταύτην καὶ ὀλεθροφόρον[43]
ἀλαζονείαν;[44] **20** ἐλεήσωμεν[45] τὰς ἑαυτῶν ἡλικίας[46] καὶ κατοικτιρήσωμεν[47] τὸ τῆς
μητρὸς γῆρας[48] **21** καὶ ἐνθυμηθῶμεν[49] ὅτι ἀπειθοῦντες[50] τεθνηξόμεθα.[51] **22** συγ-
γνώσεται[52] δὲ ἡμῖν καὶ ἡ θεία[53] δίκη[54] δι᾽ ἀνάγκην[55] τὸν βασιλέα φοβηθεῖσιν. **23** τί

1 ζώπυρον, hot coal
2 δορυφόρος, guard
3 προτίθημι, *aor act ind 3p*, set out, set up
4 ὑπολαμβάνω, *aor act ptc nom s m*, resume, continue
5 τύραννος, tyrant
6 φημί, *aor act ind 3s*, say
7 μειράκιον, *dim of* μεῖραξ, young man
8 σέβομαι, *pres mid ind 2p*, revere
9 δίκη, (divine) justice
10 ἵλεως, merciful
11 ἀνάγκη, compulsion, duress
12 παρανομέω, *aor act ptc dat p m*, transgress the law
13 ἐπαγωγός, (enticement)
14 δεινός, terrible (instrument)
15 φοβέω, *aor pas ind 3p*, be afraid
16 ἀντιφιλοσοφέω, *aor act ind 3p*, counter philosophically
17 τύραννος, tyrant
18 εὐλογιστία, sound reason
19 τυραννίς, tyranny, tyrannical power
20 καταλύω, *aor act ind 3p*, destroy, dismantle
21 καίτοι, and yet
22 δειλόψυχος, fainthearted
23 ἄνανδρος, cowardly, weak
24 ποῖος, what kind of
25 χράω, *aor mid ind 3p*, employ, use
26 ὦ, O!
27 τάλας, wretched, miserable
28 λίαν, very
29 ἀνόητος, foolish, senseless
30 εὐεργεσία, kindness, service
31 πείθω, *aor pas opt 1p*, be won over, obey
32 βούλημα, intention, resolution
33 κενός, worthless, pointless
34 εὐφραίνω, *pres act ind 1p*, cheer, gladden
35 θανατηφόρος, deadly
36 ἀπείθεια, disobedience
37 τολμάω, *pres act ind 1p*, venture upon, dare
38 βασανιστήριον, instrument for torture
39 βάσανος, torture
40 ἀπειλή, threat
41 φεύγω, *fut mid ind 1p*, flee
42 κενοδοξία, vainglory
43 ὀλεθροφόρος, destructive, fatal
44 ἀλαζονεία, arrogance
45 ἐλεέω, *aor act sub 1p*, have compassion for
46 ἡλικία, age
47 κατοικτείρω, *aor act sub 1p*, have pity on
48 γῆρας, old age
49 ἐνθυμέομαι, *aor pas sub 1p*, consider, bear in mind
50 ἀπειθέω, *pres act ptc nom p m*, disobey
51 θνήσκω, *fut mid ind 1p*, die
52 συγγινώσκω, *fut mid ind 3s*, be of the same opinion
53 θεῖος, divine
54 δίκη, justice
55 ἀνάγκη, compulsion, duress

ἐξάγομεν[1] ἑαυτοὺς τοῦ ἡδίστου[2] βίου[3] καὶ ἀποστεροῦμεν[4] ἑαυτοὺς τοῦ γλυκέος[5]
κόσμου; **24** μὴ βιαζώμεθα[6] τὴν ἀνάγκην[7] μηδὲ κενοδοξήσωμεν[8] ἐπὶ τῇ ἑαυτῶν
στρέβλῃ.[9] **25** οὐδ᾿ αὐτὸς ὁ νόμος ἑκουσίως[10] ἡμᾶς θανατοῖ[11] φοβηθέντας τὰ βασα-
νιστήρια.[12] **26** πόθεν[13] ἡμῖν ἡ τοσαύτη[14] ἐντέτηκε[15] φιλονεικία[16] καὶ ἡ θανατηφόρος[17]
ἀρέσκει[18] καρτερία,[19] παρὸν[20] μετὰ ἀταραξίας[21] ζῆν τῷ βασιλεῖ πεισθέντας;

The Young Men's Resolve

27 ἀλλὰ τούτων οὐδὲν εἶπον οἱ νεανίαι[22] βασανίζεσθαι[23] μέλλοντες[24] οὐδὲ ἐνεθυ-
μήθησαν.[25] **28** ἦσαν γὰρ περίφρονες[26] τῶν παθῶν[27] καὶ αὐτοκράτορες[28] τῶν ἀλγη-
δόνων,[29] **29** ὥστε ἅμα[30] τῷ παύσασθαι[31] τὸν τύραννον[32] συμβουλεύοντα[33] αὐτοῖς
μιαροφαγῆσαι,[34] πάντες διὰ μιᾶς φωνῆς ὁμοῦ[35] ὥσπερ ἀπὸ τῆς αὐτῆς ψυχῆς εἶπον

9 Τί μέλλεις,[36] ὦ[37] τύραννε;[38] ἕτοιμοι[39] γάρ ἐσμεν ἀποθνῄσκειν ἢ παραβαίνειν[40]
τὰς πατρίους[41] ἡμῶν ἐντολάς· **2** αἰσχυνόμεθα[42] γὰρ τοὺς προγόνους[43] ἡμῶν
εἰκότως,[44] εἰ μὴ τῇ τοῦ νόμου εὐπειθείᾳ[45] καὶ συμβούλῳ[46] Μωυσεῖ χρησαίμεθα.[47]
3 σύμβουλε[48] τύραννε[49] παρανομίας,[50] μὴ ἡμᾶς μισῶν ὑπὲρ αὐτοὺς ἡμᾶς ἐλέα.[51]

1 ἐξάγω, *pres act ind 1p*, remove, distance
2 ἡδύς, *sup*, most pleasant
3 βίος, life
4 ἀποστερέω, *pres act ind 1p*, rob, deprive
5 γλυκύς, sweet, delightful
6 βιάζομαι, *pres mid sub 1p*, resist
7 ἀνάγκη, necessity, compulsion
8 κενοδοξέω, *aor act sub 1p*, seek vainglory, have vain opinions
9 στρέβλη, rack (for torture)
10 ἑκουσίως, readily
11 θανατόω, *pres act opt 3s*, put to death
12 βασανιστήριον, instrument for torture
13 πόθεν, in what way
14 τοσοῦτος, such
15 ἐντήκω, *perf act ind 3s*, take hold of, absorb
16 φιλονεικία, love of dispute, contentiousness
17 θανατηφόρος, deadly
18 ἀρέσκω, *pres act ind 3s*, please
19 καρτερία, obstinacy
20 πάρειμι, *pres act ptc nom s n*, be within one's power
21 ἀταραξία, tranquility
22 νεανίας, young man
23 βασανίζω, *pres pas inf*, torture
24 μέλλω, *pres act ptc nom p m*, be about to
25 ἐνθυμέομαι, *aor pas ind 3p*, consider
26 περίφρων, mindful, well aware
27 πάθος, suffering
28 αὐτοκράτωρ, complete master
29 ἀλγηδών, pain
30 ἅμα, together, at once
31 παύω, *aor mid inf*, cease, stop
32 τύραννος, tyrant
33 συμβουλεύω, *pres act ptc acc s m*, advise, counsel
34 μιαροφαγέω, *aor act inf*, eat unclean food
35 ὁμοῦ, with one accord
36 μέλλω, *pres act ind 2s*, delay
37 ὦ, O!
38 τύραννος, tyrant
39 ἕτοιμος, ready
40 παραβαίνω, *pres act inf*, transgress, break
41 πάτριος, ancestral
42 αἰσχύνω, *pres mid ind 1p*, cause to feel shame
43 πρόγονος, forefather, ancestor
44 εἰκότως, with good reason
45 εὐπείθεια, ready obedience
46 σύμβουλος, advisor, counselor
47 χράω, *aor mid opt 1p*, use
48 σύμβουλος, advisor, counselor
49 τύραννος, tyrant
50 παρανομία, lawlessness
51 ἐλεάω, *pres act impv 2s*, feel pity

4 χαλεπώτερον[1] γὰρ αὐτοῦ τοῦ θανάτου νομίζομεν[2] εἶναί σου τὸν ἐπὶ τῇ παρανόμῳ[3]
σωτηρίᾳ ἡμῶν ἔλεον.[4] **5** ἐκφοβεῖς[5] δὲ ἡμᾶς τὸν διὰ τῶν βασάνων[6] θάνατον ἡμῖν
ἀπειλῶν[7] ὥσπερ οὐχὶ πρὸ βραχέως[8] παρʼ Ελεαζαρου μαθών.[9] **6** εἰ δʼ οἱ γέροντες[10]
τῶν Εβραίων διὰ τὴν εὐσέβειαν[11] καὶ βασανισμοὺς[12] ὑπομείναντες[13] εὐσέβησαν,[14]
ἀποθάνοιμεν[15] ἂν δικαιότερον[16] ἡμεῖς οἱ νέοι[17] τὰς βασάνους[18] τῶν σῶν[19] ἀναγκῶν[20]
ὑπεριδόντες,[21] ἃς καὶ ὁ παιδευτὴς[22] ἡμῶν γέρων[23] ἐνίκησεν.[24] **7** πείραζε[25] τοιγαροῦν,[26]
τύραννε·[27] καὶ τὰς ἡμῶν ψυχὰς εἰ θανατώσεις[28] διὰ τὴν εὐσέβειαν,[29] μὴ νομίσῃς[30]
ἡμᾶς βλάπτειν[31] βασανίζων.[32] **8** ἡμεῖς μὲν γὰρ διὰ τῆσδε[33] τῆς κακοπαθείας[34]
καὶ ὑπομονῆς[35] τὰ τῆς ἀρετῆς[36] ἆθλα[37] ἕξομεν καὶ ἐσόμεθα παρὰ θεῷ, διʼ ὃν καὶ
πάσχομεν·[38] **9** σὺ δὲ διὰ τὴν ἡμῶν μιαιφονίαν[39] αὐτάρκη[40] καρτερήσεις[41] ὑπὸ τῆς
θείας[42] δίκης[43] αἰώνιον βάσανον[44] διὰ πυρός.

First and Second Brothers Tortured

10 Ταῦτα αὐτῶν εἰπόντων οὐ μόνον ὡς κατὰ ἀπειθούντων[45] ἐχαλέπαινεν[46] ὁ
τύραννος,[47] ἀλλὰ καὶ ὡς κατὰ ἀχαρίστων[48] ὠργίσθη.[49] **11** ὅθεν[50] τὸν πρεσβύτατον[51]
αὐτῶν κελευσθέντες[52] παρῆγον[53] οἱ ὑπασπισταὶ[54] καὶ διαρρήξαντες[55] τὸν χιτῶνα[56]

1 χαλεπός, *comp*, more difficult
2 νομίζω, *pres act ind 1p*, consider
3 παράνομος, unlawful
4 ἔλεος, mercy
5 ἐκφοβέω, *pres act ind 2s*, frighten, alarm
6 βάσανος, torture
7 ἀπειλέω, *pres act ptc nom s m*, threaten
8 βραχέως, little (while)
9 μανθάνω, *aor act ptc nom s m*, learn
10 γέρων, old man
11 εὐσέβεια, godliness, piety
12 βασανισμός, torture
13 ὑπομένω, *aor act ptc nom p m*, endure
14 εὐσεβέω, *aor act ind 3p*, act piously
15 ἀποθνήσκω, *aor act opt 1p*, die
16 δίκαιος, *comp*, more righteous, more just
17 νέος, young
18 βάσανος, torture
19 σός, your
20 ἀνάγκη, coercion, compulsion
21 ὑπεροράω, *aor act ptc nom p m*, disregard, disdain
22 παιδευτής, teacher
23 γέρων, old man
24 νικάω, *aor act ind 3s*, conquer, overcome
25 πειράζω, *pres act impv 2s*, test, try
26 τοιγαροῦν, then, therefore
27 τύραννος, tyrant
28 θανατόω, *fut act ind 2s*, destroy
29 εὐσέβεια, godliness, piety
30 νομίζω, *aor act sub 2s*, think
31 βλάπτω, *pres act inf*, harm
32 βασανίζω, *pres act ptc nom s m*, torture
33 ὅδε, this
34 κακοπάθεια, suffering, misery
35 ὑπομονή, endurance
36 ἀρετή, virtue
37 ἆθλον, prize
38 πάσχω, *pres act ind 1p*, suffer
39 μιαιφονία, bloodthirsty murder
40 αὐτάρκης, ample, plenty
41 καρτερέω, *fut act ind 2s*, endure
42 θεῖος, divine
43 δίκη, justice
44 βάσανος, torture
45 ἀπειθέω, *pres act ptc gen p m*, be incompliant, be disobedient
46 χαλεπαίνω, *impf act ind 3s*, become violent
47 τύραννος, tyrant
48 ἀχάριστος, ungrateful
49 ὀργίζω, *aor pas ind 3s*, make angry
50 ὅθεν, for which reason
51 πρέσβυς, *sup*, oldest
52 κελεύω, *aor pas ptc nom p m*, command
53 παράγω, *impf act ind 3p*, bring
54 ὑπασπιστής, guard
55 διαρρήγνυμι, *aor act ptc nom p m*, tear, rip
56 χιτών, tunic

διέδησαν[1] τὰς χεῖρας αὐτοῦ καὶ τοὺς βραχίονας[2] ἱμᾶσιν[3] ἑκατέρωθεν.[4] **12** ὡς δὲ
τύπτοντες[5] ταῖς μάστιξιν[6] ἐκοπίασαν[7] μηδὲν[8] ἀνύοντες,[9] ἀνέβαλον[10] αὐτὸν ἐπὶ τὸν
τροχόν·[11] **13** περὶ ὃν κατατεινόμενος[12] ὁ εὐγενὴς[13] νεανίας[14] ἔξαρθρος[15] ἐγίνετο.
14 καὶ κατὰ πᾶν μέλος[16] κλώμενος[17] ἐκακηγόρει[18] λέγων

15 Τύραννε[19] μιαρώτατε[20] καὶ τῆς οὐρανίου[21] δίκης[22] ἐχθρὲ[23] καὶ ὠμόφρων,[24] οὐκ
ἀνδροφονήσαντά[25] με τοῦτον καταικίζεις[26] τὸν τρόπον[27] οὐδὲ ἀσεβήσαντα[28] ἀλλὰ
θείου[29] νόμου προασπίζοντα.[30] **16** καὶ τῶν δορυφόρων[31] λεγόντων Ὁμολόγησον[32]
φαγεῖν, ὅπως ἀπαλλαγῇς[33] τῶν βασάνων,[34] **17** ὁ δὲ εἶπεν Οὐχ οὕτως ἰσχυρὸς[35]
ὑμῶν ἐστιν ὁ τροχός,[36] ὦ[37] μιαροὶ[38] διάκονοι,[39] ὥστε μου τὸν λογισμὸν[40] ἄγξαι·[41]
τέμνετέ[42] μου τὰ μέλη[43] καὶ πυροῦτέ[44] μου τὰς σάρκας καὶ στρεβλοῦτε[45] τὰ ἄρθρα.[46]
18 διὰ πασῶν γὰρ ὑμᾶς πείσω τῶν βασάνων[47] ὅτι μόνοι παῖδες[48] Εβραίων ὑπὲρ
ἀρετῆς[49] εἰσιν ἀνίκητοι.[50] **19** ταῦτα λέγοντι ὑπέστρωσαν[51] πῦρ καὶ τὸ διερεθίζον[52]
τὸν τροχὸν[53] προσεπικατέτεινον·[54] **20** ἐμολύνετο[55] δὲ πάντοθεν[56] αἵματι ὁ

1 διαδέω, *aor act ind 3p*, bind, tie up
2 βραχίων, arm
3 ἱμάς, strap
4 ἑκατέρωθεν, on both sides
5 τύπτω, *pres act ptc nom p m*, strike, beat
6 μάστιξ, whip
7 κοπιάω, *aor act ind 3p*, become exhausted
8 μηδείς, nothing
9 ἀνύω, *pres act ptc nom p m*, accomplish
10 ἀναβάλλω, *aor act ind 3p*, mount, hoist
11 τροχός, wheel (for torture)
12 κατατείνω, *pres pas ptc nom s m*, stretch
13 εὐγενής, noble
14 νεανίας, young man
15 ἔξαρθρος, dislocated
16 μέλος, limb
17 κλάω, *pres pas ptc nom s m*, break
18 κακηγορέω, *impf act ind 3s*, speak coarsely, denounce
19 τύραννος, tyrant
20 μιαρός, *sup*, most depraved
21 οὐράνιος, heavenly
22 δίκη, justice
23 ἐχθρός, enemy
24 ὠμόφρων, cruel-minded
25 ἀνδροφονέω, *aor act ptc acc s m*, murder
26 καταικίζω, *pres act ind 2s*, torment, torture
27 ὃν τρόπον, in such manner
28 ἀσεβέω, *aor act ptc acc s m*, act profanely, act impiously
29 θεῖος, divine
30 προασπίζω, *pres act ptc acc s m*, defend, hold forth
31 δορυφόρος, guard
32 ὁμολογέω, *aor act impv 2s*, promise, consent
33 ἀπαλλάσσω, *aor pas sub 2s*, relinquish, release
34 βάσανος, torture
35 ἰσχυρός, powerful
36 τροχός, wheel (for torture)
37 ὦ, O!
38 μιαρός, vile
39 διάκονος, lackey, henchman
40 λογισμός, reason
41 ἄγχω, *aor act inf*, strangle
42 τέμνω, *pres act impv 2p*, hew, cleave
43 μέλος, limb
44 πυρόω, *pres act impv 2p*, burn
45 στρεβλόω, *pres act impv 2p*, twist
46 ἄρθρον, joint
47 βάσανος, torture
48 παῖς, child
49 ἀρετή, virtue, excellence
50 ἀνίκητος, unconquerable
51 ὑποστρώννυμι, *aor act ind 3p*, spread underneath
52 διερεθίζω, *pres act ptc acc s n*, engage, apply tension
53 τροχός, wheel (for torture)
54 προσεπικατατείνω, *impf act ind 3p*, strain even further
55 μολύνω, *impf pas ind 3s*, stain
56 πάντοθεν, on all sides

τροχός,[1] καὶ ὁ σωρὸς[2] τῆς ἀνθρακιᾶς[3] τοῖς τῶν ἰχώρων[4] ἐσβέννυτο[5] σταλαγμοῖς,[6] καὶ περὶ τοὺς ἄξονας[7] τοῦ ὀργάνου[8] περιέρρεον[9] αἱ σάρκες. **21** καὶ περιτετμημένον[10] ἤδη[11] ἔχων τὸ τῶν ὀστέων[12] πῆγμα[13] ὁ μεγαλόφρων[14] καὶ Αβραμιαῖος νεανίας[15] οὐκ ἐστέναξεν,[16] **22** ἀλλ᾽ ὥσπερ ἐν πυρὶ μετασχηματιζόμενος[17] εἰς ἀφθαρσίαν[18] ὑπέμεινεν[19] εὐγενῶς[20] τὰς στρέβλας[21] **23** Μιμήσασθέ[22] με, ἀδελφοί, λέγων, μή μου τὸν ἀγῶνα[23] λειποτακτήσητε[24] μηδὲ ἐξομόσησθέ[25] μου τὴν τῆς εὐψυχίας[26] ἀδελφότητα.[27] **24** ἱερὰν καὶ εὐγενῆ[28] στρατείαν[29] στρατεύσασθε[30] περὶ τῆς εὐσεβείας,[31] δι᾽ ἧς ἵλεως[32] ἡ δικαία καὶ πάτριος[33] ἡμῶν πρόνοια[34] τῷ ἔθνει γενηθεῖσα τιμωρήσειεν[35] τὸν ἀλάστορα[36] τύραννον.[37] **25** καὶ ταῦτα εἰπὼν ὁ ἱεροπρεπὴς[38] νεανίας[39] ἀπέρρηξεν[40] τὴν ψυχήν.

26 Θαυμασάντων[41] δὲ πάντων τὴν καρτεροψυχίαν[42] αὐτοῦ ἦγον οἱ δορυφόροι[43] τὸν καθ᾽ ἡλικίαν[44] τοῦ προτέρου[45] δεύτερον καὶ σιδηρᾶς[46] ἐναρμοσάμενοι[47] χεῖρας ὀξέσι[48] τοῖς ὄνυξιν[49] ὀργάνῳ[50] καὶ καταπέλτῃ[51] προσέδησαν[52] αὐτόν. **27** ὡς δ᾽ εἰ φαγεῖν βούλοιτο[53] πρὶν[54] βασανίζεσθαι[55] πυνθανόμενοι[56] τὴν εὐγενῆ[57] γνώμην[58] ἤκουσαν,

1 τροχός, wheel (for torture)
2 σωρός, pile, heap
3 ἀνθρακιά, charcoal
4 ἰχώρ, blood, discharge
5 σβέννυμι, *impf pas ind 3s*, quench
6 σταλαγμός, dripping
7 ἄξων, axel
8 ὄργανον, machine (for torture)
9 περιρρέω, *impf act ind 3p*, fall around
10 περιτέμνω, *perf pas ptc acc s n*, cut, sever
11 ἤδη, already
12 ὀστέον, bone
13 πῆγμα, framework
14 μεγαλόφρων, high-minded
15 νεανίας, young man
16 στενάζω, *aor act ind 3s*, groan, complain
17 μετασχηματίζω, *pres pas ptc nom s m*, transform
18 ἀφθαρσία, immortality
19 ὑπομένω, *aor act ind 3s*, endure
20 εὐγενῶς, bravely
21 στρέβλη, torture by racking
22 μιμέομαι, *aor mid impv 2p*, follow an example, imitate
23 ἀγών, struggle
24 λειποτακτέω, *aor act sub 2p*, abandon one's battle post
25 ἐξόμνυμι, *aor mid sub 2p*, renounce
26 εὐψυχία, good courage
27 ἀδελφότης, brotherhood
28 εὐγενής, noble
29 στρατεία, fight
30 στρατεύω, *aor mid impv 2p*, wage battle, fight
31 εὐσέβεια, godliness, piety
32 ἵλεως, merciful, gracious
33 πάτριος, ancestral
34 πρόνοια, providence
35 τιμωρέω, *aor act opt 3s*, punish
36 ἀλάστωρ, accursed one
37 τύραννος, tyrant
38 ἱεροπρεπής, venerable, sacred
39 νεανίας, young man
40 ἀπορρήγνυμι, *aor act ind 3s*, break off, snap (the thread of life)
41 θαυμάζω, *aor act ptc gen p m*, marvel at
42 καρτεροψυχία, steadfastness of spirit
43 δορυφόρος, guard
44 ἡλικία, age
45 πρότερος, former, older
46 σιδηροῦς, iron
47 ἐναρμόζω, *aor mid ptc nom p m*, fit, equip
48 ὀξύς, sharp
49 ὄνυξ, nail, hook
50 ὄργανον, machine (for torture)
51 καταπέλτης, catapult
52 προσδέω, *aor act ind 3p*, bind to, tie down upon
53 βούλομαι, *pres mid opt 3s*, be willing
54 πρίν, before
55 βασανίζω, *pres pas inf*, torture
56 πυνθάνομαι, *pres mid ptc nom p m*, ask
57 εὐγενής, noble
58 γνώμη, decision

28 ἀπὸ τῶν τενόντων[1] ταῖς σιδηραῖς[2] χερσὶν ἐπισπασάμενοι[3] μέχρι[4] τῶν γενείων[5]
τὴν σάρκα πᾶσαν καὶ τὴν τῆς κεφαλῆς δορὰν[6] οἱ παρδάλεοι[7] θῆρες[8] ἀπέσυρον.[9] ὁ
δὲ ταύτην βαρέως[10] τὴν ἀλγηδόνα[11] καρτερῶν[12] ἔλεγεν **29** Ὡς ἡδὺς[13] πᾶς θανάτου
τρόπος[14] διὰ τὴν πάτριον[15] ἡμῶν εὐσέβειαν.[16] ἔφη[17] τε πρὸς τὸν τύραννον[18] **30** Οὐ
δοκεῖς,[19] πάντων ὠμότατε[20] τύραννε,[21] πλέον[22] ἐμοῦ σε βασανίζεσθαι[23] ὁρῶν σου
νικώμενον[24] τὸν τῆς τυραννίδος[25] ὑπερήφανον[26] λογισμὸν[27] ὑπὸ τῆς διὰ τὴν εὐ-
σέβειαν[28] ἡμῶν ὑπομονῆς;[29] **31** ἐγὼ μὲν γὰρ ταῖς διὰ τὴν ἀρετὴν[30] ἡδοναῖς[31] τὸν
πόνον[32] ἐπικουφίζομαι,[33] **32** σὺ δὲ ἐν ταῖς τῆς ἀσεβείας[34] ἀπειλαῖς[35] βασανίζῃ.[36] οὐκ
ἐκφεύξῃ[37] δέ, μιαρώτατε[38] τύραννε,[39] τὰς τῆς θείας[40] ὀργῆς δίκας.[41]

Third and Fourth Brothers Tortured

10 Καὶ τούτου τὸν ἀοίδιμον[42] θάνατον καρτερήσαντος[43] ὁ τρίτος ἤγετο παρα-
καλούμενος πολλὰ ὑπὸ πολλῶν ὅπως ἀπογευσάμενος[44] σῴζοιτο.[45] **2** ὁ δὲ
ἀναβοήσας[46] ἔφη[47] Ἀγνοεῖτε[48] ὅτι αὐτός με τοῖς ἀποθανοῦσιν ἔσπειρεν[49] πατήρ,
καὶ ἡ αὐτὴ μήτηρ ἐγέννησεν, καὶ ἐπὶ τοῖς αὐτοῖς ἀνετράφην[50] δόγμασιν;[51] **3** οὐκ

1 τένων, sinew, tendon
2 σιδηροῦς, iron
3 ἐπισπάω, *aor mid ptc nom p m*, rip off, drag off
4 μέχρι, as far as, to
5 γένειον, chin
6 δορά, skin
7 παρδάλεος, like a leopard
8 θήρ, beast
9 ἀποσύρω, *impf act ind 3p*, tear away
10 βαρέως, grievously
11 ἀλγηδών, suffering, agony
12 καρτερέω, *pres act ptc nom s m*, endure
13 ἡδύς, pleasant
14 τρόπος, manner
15 πάτριος, ancestral
16 εὐσέβεια, religion, godliness
17 φημί, *aor act ind 3s*, say
18 τύραννος, tyrant
19 δοκέω, *pres act ind 2s*, think
20 ὠμός, *sup*, cruelest
21 τύραννος, tyrant
22 πλείων/πλεῖον, *comp of* πολύς, more, greater
23 βασανίζω, *pres pas inf*, torture
24 νικάω, *pres pas ptc acc s m*, defeat, conquer
25 τυραννίς, tyranny
26 ὑπερήφανος, arrogant
27 λογισμός, reason
28 εὐσέβεια, godliness, religion
29 ὑπομονή, endurance
30 ἀρετή, virtue
31 ἡδονή, pleasure
32 πόνος, pain, affliction
33 ἐπικουφίζομαι, *pres mid ind 1s*, alleviate, lighten
34 ἀσέβεια, ungodliness
35 ἀπειλή, threat
36 βασανίζω, *pres pas ind 2s*, torture
37 ἐκφεύγω, *fut mid ind 2s*, escape
38 μιαρός, *sup*, most abominable
39 τύραννος, tyrant
40 θεῖος, divine
41 δίκη, penalty, justice
42 ἀοίδιμος, praiseworthy, illustrious
43 καρτερέω, *aor act ptc gen s m*, endure
44 ἀπογεύομαι, *aor mid ptc nom s m*, take a taste
45 σῴζω, *pres mid opt 3s*, save, rescue
46 ἀναβοάω, *aor act ptc nom s m*, cry out
47 φημί, *aor act ind 3s*, say
48 ἀγνοέω, *pres act ind 2p*, know
49 σπείρω, *impf act ind 3s*, beget
50 ἀνατρέφω, *aor pas ind 1s*, be brought up, be taught
51 δόγμα, value, principle

ἐξόμνυμαι[1] τὴν εὐγενῆ[2] τῆς ἀδελφότητος[3] συγγένειαν.[4] **5** οἱ δὲ πικρῶς[5] ἐνέγκαντες
τὴν παρρησίαν[6] τοῦ ἀνδρὸς ἀρθρεμβόλοις[7] ὀργάνοις[8] τὰς χεῖρας αὐτοῦ καὶ τοὺς πόδας
ἐξήρθρουν[9] καὶ ἐξ ἁρμῶν[10] ἀναμοχλεύοντες[11] ἐξεμέλιζον,[12] **6** τοὺς δακτύλους[13] καὶ
τοὺς βραχίονας[14] καὶ τὰ σκέλη[15] καὶ τοὺς ἀγκῶνας[16] περιέκλων.[17] **7** καὶ κατὰ μηδένα[18]
τρόπον[19] ἰσχύοντες[20] αὐτὸν ἄγξαι[21] περιλύσαντες[22] τὰ ὄργανα[23] σὺν ἄκραις[24] ταῖς
τῶν δακτύλων[25] κορυφαῖς[26] ἀπεσκύθιζον.[27] **8** καὶ εὐθέως[28] ἦγον ἐπὶ τὸν τροχόν,[29] περὶ
ὃν ἐκ σπονδύλων[30] ἐκμελιζόμενος[31] ἑώρα τὰς ἑαυτοῦ σάρκας περιλακιζομένας[32] καὶ
κατὰ σπλάγχνων[33] σταγόνας[34] αἵματος ἀπορρεούσας.[35] **9** μέλλων[36] δὲ ἀποθνῄσκειν
ἔφη[37] **10** Ἡμεῖς μέν, ὦ[38] μιαρώτατε[39] τύραννε,[40] διὰ παιδείαν[41] καὶ ἀρετὴν[42] θεοῦ
ταῦτα πάσχομεν·[43] **11** σὺ δὲ διὰ τὴν ἀσέβειαν[44] καὶ μιαιφονίαν[45] ἀκαταλύτους[46] καρ-
τερήσεις[47] βασάνους.[48]

12 Καὶ τούτου θανόντος[49] ἀδελφοπρεπῶς[50] τὸν τέταρτον[51] ἐπεσπῶντο[52] λέγοντες
13 Μὴ μανῇς[53] καὶ σὺ τοῖς ἀδελφοῖς σου τὴν αὐτὴν μανίαν,[54] ἀλλὰ πεισθεὶς[55] τῷ
βασιλεῖ σῷζε σεαυτόν. **14** ὁ δὲ αὐτοῖς ἔφη[56] Οὐχ οὕτως καυστικώτερον[57] ἔχετε κατʼ

1 ἐξόμνυμι, *pres mid ind 1s*, renounce
2 εὐγενής, noble
3 ἀδελφότης, brotherhood
4 συγγένεια, kinship, fellowship
5 πικρῶς, bitterly
6 παρρησία, confidence, boldness
7 ἀρθρέμβολον, joint-wrenching tool
8 ὄργανον, instrument (for torture)
9 ἐξαρθρόω, *impf act ind 3p*, dislocate
10 ἁρμός, joint (of the limb)
11 ἀναμοχλεύω, *pres act ptc nom p m*, wrench
12 ἐκμελίζω, *impf act ind 3p*, dismember
13 δάκτυλος, finger
14 βραχίων, arm
15 σκέλος, leg
16 ἀγκών, elbow
17 περικλάω, *impf act ind 3p*, twist, break
18 μηδείς, not any
19 τρόπος, way
20 ἰσχύω, *pres act ptc nom p m*, be able
21 ἄγχω, *aor act inf*, coerce, compel
22 περιλύω, *aor act ptc nom p m*, loosen around
23 ὄργανον, instrument (for torture)
24 ἄκρος, (tip, nail)
25 δάκτυλος, finger
26 κορυφή, head, crown
27 ἀποσκυθίζω, *impf act ind 3p*, scalp
28 εὐθέως, immediately
29 τροχός, wheel (for torture)
30 σπόνδυλος, spine
31 ἐκμελίζω, *pres pas ptc nom s m*, disjoint, break apart
32 περιλακίζω, *pres pas ptc acc p f*, tear in shreds
33 σπλάγχνον, entrails
34 σταγών, drops, stream
35 ἀπορρέω, *pres act ptc acc p f*, flow from, drop from
36 μέλλω, *pres act ptc nom s m*, be about to
37 φημί, *aor act ind 3s*, say
38 ὦ, O!
39 μιαρός, *sup*, most abominable
40 τύραννος, tyrant
41 παιδεία, discipline, instruction
42 ἀρετή, virtue, excellence
43 πάσχω, *pres act ind 1p*, suffer
44 ἀσέβεια, ungodliness, impiety
45 μιαιφονία, bloodthirstiness
46 ἀκατάλυτος, unending
47 καρτερέω, *fut act ind 2s*, endure
48 βάσανος, torture
49 θνήσκω, *aor act ptc gen s m*, die
50 ἀδελφοπρεπῶς, befitting a brother
51 τέταρτος, fourth
52 ἐπισπάω, *impf mid ind 3p*, draw over, pull down
53 μαίνομαι, *aor pas sub 2s*, be mad, be furious
54 μανία, madness, fury
55 πείθω, *aor pas ptc nom s m*, obey, follow
56 φημί, *aor act ind 3s*, say
57 καυστικός, *comp*, more hot, more fiery

ἐμοῦ τὸ πῦρ ὥστε με δειλανδρῆσαι.[1] **15** μὰ[2] τὸν μακάριον[3] τῶν ἀδελφῶν μου θάνατον
καὶ τὸν αἰώνιον τοῦ τυράννου[4] ὄλεθρον[5] καὶ τὸν ἀΐδιον[6] τῶν εὐσεβῶν[7] βίον,[8] οὐκ
ἀρνήσομαι[9] τὴν εὐγενῆ[10] ἀδελφότητα.[11] **16** ἐπινόει,[12] τύραννε,[13] βασάνους,[14] ἵνα καὶ
δι᾽ αὐτῶν μάθῃς[15] ὅτι ἀδελφός εἰμι τῶν προβασανισθέντων.[16] **17** ταῦτα ἀκούσας ὁ
αἱμοβόρος[17] καὶ φονώδης[18] καὶ παμμιαρώτατος[19] Ἀντίοχος ἐκέλευσεν[20] τὴν γλῶτ-
ταν αὐτοῦ ἐκτεμεῖν.[21] **18** ὁ δὲ ἔφη[22] Κἂν[23] ἀφέλῃς[24] τὸ τῆς φωνῆς ὄργανον,[25] καὶ
σιωπώντων[26] ἀκούει ὁ θεός· **19** ἰδοὺ προκεχάλασται[27] ἡ γλῶσσα, τέμνε,[28] οὐ γὰρ
παρὰ τοῦτο τὸν λογισμὸν[29] ἡμῶν γλωττοτομήσεις.[30] **20** ἡδέως[31] ὑπὲρ τοῦ θεοῦ τὰ
τοῦ σώματος μέλη[32] ἀκρωτηριαζόμεθα.[33] **21** σὲ δὲ ταχέως[34] μετελεύσεται[35] ὁ θεός,
τὴν γὰρ τῶν θείων[36] ὕμνων[37] μελῳδὸν[38] γλῶτταν[39] ἐκτέμνεις.[40]

Fifth and Sixth Brothers Tortured

11 Ὡς δὲ καὶ οὗτος ταῖς βασάνοις[41] καταικισθεὶς[42] ἐναπέθανεν,[43] ὁ πέμπτος[44]
παρεπήδησεν[45] λέγων **2** Οὐ μέλλω,[46] τύραννε,[47] πρὸς τὸν ὑπὲρ τῆς ἀρετῆς[48]
βασανισμὸν[49] παραιτεῖσθαι,[50] **3** αὐτὸς δ᾽ ἀπ᾽ ἐμαυτοῦ[51] παρῆλθον,[52] ὅπως κἀμὲ[53]

1 δειλανδρέω, *aor act inf*, be a coward
2 μά, by
3 μακάριος, blessed
4 τύραννος, tyrant
5 ὄλεθρος, destruction
6 ἀΐδιος, eternal
7 εὐσεβής, pious, religious
8 βίος, life
9 ἀρνέομαι, *fut mid ind 1s*, deny, disavow
10 εὐγενής, noble
11 ἀδελφότης, brotherhood
12 ἐπινοέω, *pres act impv 2s*, contrive
13 τύραννος, tyrant
14 βάσανος, torture
15 μανθάνω, *aor act sub 2s*, learn, discover
16 προβασανίζω, *aor pas ptc gen p m*, torture previously
17 αἱμοβόρος, bloodthirsty
18 φονώδης, murderous
19 παμμιαρός, *sup*, most abominable
20 κελεύω, *aor act ind 3s*, command
21 ἐκτέμνω, *aor act inf*, cut out
22 φημί, *aor act ind 3s*, say
23 κἄν, even if, *cr.* καὶ ἐάν
24 ἀφαιρέω, *aor act sub 2s*, remove
25 ὄργανον, organ
26 σιωπάω, *pres act ptc gen p m*, be silent
27 προχαλάω, *perf pas ind 3s*, stick out, be already relaxed
28 τέμνω, *pres act impv 2s*, cut
29 λογισμός, reason
30 γλωττοτομέω, *fut act ind 2s*, cut out the tongue
31 ἡδέως, gladly, with pleasure
32 μέλος, part, member
33 ἀκρωτηριάζω, *pres pas ind 1p*, mutilate
34 ταχέως, quickly
35 μετέρχομαι, *fut mid ind 3s*, pursue
36 θεῖος, divine
37 ὕμνος, hymn of praise
38 μελῳδός, singing
39 γλῶττα, tongue
40 ἐκτέμνω, *pres act ind 2s*, cut out
41 βάσανος, torture
42 καταικίζω, *aor pas ptc nom s m*, disfigure
43 ἐναποθνήσκω, *aor act ind 3s*, die
44 πέμπτος, fifth
45 παραπηδάω, *aor act ind 3s*, spring forward
46 μέλλω, *pres act ind 1s*, be about to
47 τύραννος, tyrant
48 ἀρετή, virtue, excellence
49 βασανισμός, torture
50 παραιτέομαι, *pres mid inf*, avoid, refuse
51 ἐμαυτοῦ, of my (own accord)
52 παρέρχομαι, *aor act ind 1s*, come here
53 κἀμέ, me also, *cr.* καὶ ἐγώ

κατακτείνας[1] περὶ πλειόνων[2] ἀδικημάτων[3] ὀφειλήσῃς[4] τῇ οὐρανίῳ[5] δίκῃ[6] τιμωρίαν.[7]
4 ὦ[8] μισάρετε[9] καὶ μισάνθρωπε,[10] τί δράσαντας[11] ἡμᾶς τοῦτον πορθεῖς[12] τὸν τρό-
πον;[13] **5** ὅτι τὸν πάντων κτίστην[14] εὐσεβοῦμεν[15] καὶ κατὰ τὸν ἐνάρετον[16] αὐτοῦ
ζῶμεν νόμον; **6** ἀλλὰ ταῦτα τιμῶν,[17] οὐ βασάνων[18] ἐστὶν ἄξια.[19] **9** τοιαῦτα[20] δὲ λέ-
γοντα οἱ δορυφόροι[21] δήσαντες[22] αὐτὸν εἷλκον[23] ἐπὶ τὸν καταπέλτην,[24] **10** ἐφ᾽ ὃν
δήσαντες[25] αὐτὸν ἐπὶ τὰ γόνατα[26] καὶ ταῦτα ποδάγραις[27] σιδηραῖς[28] ἐφαρμόσαντες[29]
τὴν ὀσφὺν[30] αὐτοῦ περὶ τροχιαῖον[31] σφῆνα[32] κατέκαμψαν,[33] περὶ ὃν ὅλος περὶ τὸν
τροχὸν[34] σκορπίου[35] τρόπον[36] ἀνακλώμενος[37] ἐξεμελίζετο.[38] **11** κατὰ τοῦτον τὸν
τρόπον[39] καὶ τὸ πνεῦμα[40] στενοχωρούμενος[41] καὶ τὸ σῶμα ἀγχόμενος[42] **12** Καλάς,
ἔλεγεν, ἄκων,[43] ὦ[44] τύραννε,[45] χάριτας ἡμῖν χαρίζῃ[46] διὰ γενναιοτέρων[47] πόνων[48]
ἐπιδείξασθαι[49] παρέχων[50] τὴν εἰς τὸν νόμον ἡμῶν καρτερίαν.[51]

13 Τελευτήσαντος[52] δὲ καὶ τούτου ὁ ἕκτος[53] ἤγετο μειρακίσκος,[54] ὃς πυνθανομένου[55]
τοῦ τυράννου[56] εἰ βούλοιτο[57] φαγὼν ἀπολύεσθαι,[58] ὁ δὲ ἔφη[59] **14** Ἐγὼ τῇ μὲν ἡλικίᾳ[60]

1 κατακτείνω, *aor act ptc nom s m*, kill
2 πλείων/πλεῖον, *comp of* πολύς, greater
3 ἀδίκημα, injustice, crime
4 ὀφείλω, *aor act sub 2s*, owe
5 οὐράνιος, heavenly
6 δίκη, justice
7 τιμωρία, punishment
8 ὦ, O!
9 μισάρετος, hater of virtue
10 μισάνθρωπος, hater of man
11 δράω, *aor act ptc acc p m*, do
12 πορθέω, *pres act ind 2s*, destroy
13 τρόπος, manner, way
14 κτίστης, creator
15 εὐσεβέω, *pres act ind 1p*, show piety toward
16 ἐνάρετος, exceptional, virtuous
17 τιμή, honor
18 βάσανος, torture
19 ἄξιος, worthy of
20 τοιοῦτος, such (things)
21 δορυφόρος, guard
22 δέω, *aor act ptc nom p m*, bind
23 ἕλκω, *impf act ind 3p*, pull
24 καταπέλτης, catapult
25 δέω, *aor act ptc nom p m*, bind, tie
26 γόνυ, knee
27 ποδάγρα, clamp
28 σιδηροῦς, iron
29 ἐφαρμόζω, *aor act ptc nom p m*, fix, fit
30 ὀσφύς, lower back
31 τροχιαῖος, worked by a wheel
32 σφήν, wedge
33 κατακάμπτω, *aor act ind 3p*, bend over
34 τροχός, wheel (for torture)
35 σκορπίος, scorpion
36 τρόπος, in the manner
37 ἀνακλάω, *pres pas ptc nom s m*, bend back
38 ἐκμελίζω, *impf pas ind 3s*, disjoin
39 τρόπος, manner
40 πνεύμα, breath
41 στενοχωρέω, *pres pas ptc nom s m*, restrain
42 ἄγχω, *pres pas ptc nom s m*, squeeze
43 ἄκων, unwillingly
44 ὦ, O!
45 τύραννος, tyrant
46 χαρίζομαι, *pres mid ind 2s*, show favor to
47 γενναῖος, *comp*, more noble
48 πόνος, affliction, suffering
49 ἐπιδείκνυμι, *aor mid inf*, demonstrate, show
50 παρέχω, *pres act ptc nom s m*, provide, afford
51 καρτερία, endurance, perseverance
52 τελευτάω, *aor act ptc gen s m*, die
53 ἕκτος, sixth
54 μειρακίσκος, *dim of* μεῖραξ, small boy
55 πυνθάνομαι, *pres mid ptc gen s m*, ask
56 τύραννος, tyrant
57 βούλομαι, *pres mid opt 3s*, be willing
58 ἀπολύω, *pres pas inf*, pardon, release
59 φημί, *aor act ind 3s*, say
60 ἡλικία, age

τῶν ἀδελφῶν μού εἰμι νεώτερος,[1] τῇ δὲ διανοίᾳ[2] ἡλικιώτης·[3] **15** εἰς ταὐτὰ γὰρ γεννηθέντες καὶ ἀνατραφέντες[4] ὑπὲρ τῶν αὐτῶν καὶ ἀποθνῄσκειν ὀφείλομεν[5] ὁμοίως·[6] **16** ὥστε εἴ σοι δοκεῖ[7] βασανίζειν[8] μὴ μιαροφαγοῦντα,[9] βασάνιζε.[10] **17** ταῦτα αὐτὸν εἰπόντα παρῆγον[11] ἐπὶ τὸν τροχόν,[12] **18** ἐφ᾽ οὗ κατατεινόμενος[13] ἐπιμελῶς[14] καὶ ἐκσπονδυλιζόμενος[15] ὑπεκαίετο.[16] **19** καὶ ὀβελίσκους[17] ὀξεῖς[18] πυρώσαντες[19] τοῖς νώτοις[20] προσέφερον καὶ τὰ πλευρὰ[21] διαπείραντες[22] αὐτοῦ τὰ σπλάγχνα[23] διέκαιον.[24] **20** ὁ δὲ βασανιζόμενος[25] Ὦ[26] ἱεροπρεποῦς[27] ἀγῶνος,[28] ἔλεγεν, ἐφ᾽ ὃν διὰ τὴν εὐσέβειαν[29] εἰς γυμνασίαν[30] πόνων[31] ἀδελφοὶ τοσοῦτοι[32] κληθέντες οὐκ ἐνικήθημεν.[33] **21** ἀνίκητος[34] γάρ ἐστιν, ὦ[35] τύραννε,[36] ἡ εὐσεβὴς[37] ἐπιστήμη.[38] **22** καλοκἀγαθίᾳ[39] καθωπλισμένος[40] τεθνήξομαι[41] κἀγὼ[42] μετὰ τῶν ἀδελφῶν μου **23** μέγαν σοὶ καὶ αὐτὸς προσβάλλων[43] ἀλάστορα,[44] καινουργὲ[45] τῶν βασάνων[46] καὶ πολέμιε[47] τῶν ἀληθῶς[48] εὐσεβούντων.[49] **24** ἓξ[50] μειράκια[51] καταλελύκαμέν[52] σου τὴν τυραννίδα·[53] **25** τὸ γὰρ μὴ δυνηθῆναί σε μεταπεῖσαι[54] τὸν λογισμὸν[55] ἡμῶν μήτε[56] βιάσασθαι[57] πρὸς τὴν μιαροφαγίαν[58] οὐ κατάλυσίς[59] ἐστίν σου; **26** τὸ

1 νέος, *comp*, younger
2 διάνοια, heart, mind
3 ἡλικιώτης, equal in age
4 ἀνατρέφω, *aor pas ptc nom p m*, raise, educate
5 ὀφείλω, *pres act ind 1p*, owe, (ought)
6 ὁμοίως, in the same manner
7 δοκέω, *pres act impv 2s*, think
8 βασανίζω, *pres act inf*, torture
9 μιαροφαγέω, *pres act ptc acc s m*, eat unclean food
10 βασανίζω, *pres act impv 2s*, torture
11 παράγω, *impf act ind 3p*, bring
12 τροχός, wheel (for torture)
13 κατατείνω, *pres pas ptc nom s m*, stretch tight
14 ἐπιμελῶς, diligently
15 ἐκσπονδυλίζομαι, *pres pas ptc nom s m*, break the vertebrae
16 ὑποκαίω, *impf pas ind 3s*, roast from underneath
17 ὀβελίσκος, skewer
18 ὀξύς, sharp
19 πυρόω, *aor act ptc nom p m*, make red hot
20 νῶτον, backside
21 πλευρόν, rib, side
22 διαπείρω, *aor act ptc nom p m*, pierce
23 σπλάγχνον, entrails
24 διακαίω, *impf act ind 3p*, burn through
25 βασανίζω, *pres pas ptc nom s m*, torture
26 ὦ, O!
27 ἱεροπρεπής, suited to holiness
28 ἀγών, struggle
29 εὐσέβεια, godliness, piety
30 γυμνασία, exercise, discipline
31 πόνος, suffering, pain
32 τοσοῦτος, so many
33 νικάω, *aor pas ind 1p*, defeat, conquer
34 ἀνίκητος, unconquered, unbeatable
35 ὦ, O!
36 τύραννος, tyrant
37 εὐσεβής, godly, pious
38 ἐπιστήμη, knowledge, understanding
39 καλοκἀγαθία, noble character
40 καθοπλίζω, *perf pas ptc nom s m*, equip, fully arm
41 θνῄσκω, *fut perf mid ind 1s*, die
42 κἀγώ, I too, *cr.* καὶ ἐγώ
43 προσβάλλω, *pres act ptc nom s m*, acquire, procure
44 ἀλάστωρ, avenger
45 καινουργός, inventor
46 βάσανος, torture
47 πολέμιος, enemy
48 ἀληθῶς, truly
49 εὐσεβέω, *pres act ptc gen p m*, live piously
50 ἕξ, six
51 μειράκιον, *dim of* μεῖραξ, young man
52 καταλύω, *perf act ind 1p*, upend, overthrow
53 τυραννίς, tyranny
54 μεταπείθω, *aor act inf*, change, alter
55 λογισμός, reason
56 μήτε, nor
57 βιάζομαι, *aor mid inf*, compel, force
58 μιαροφαγία, eating unclean food
59 κατάλυσις, destruction

πῦρ σου ψυχρὸν[1] ἡμῖν, καὶ ἄπονοι[2] οἱ καταπέλται,[3] καὶ ἀδύνατος[4] ἡ βία[5] σου. **27** οὐ
γὰρ τυράννου,[6] ἀλλὰ θείου[7] νόμου προεστήκασιν[8] ἡμῶν οἱ δορυφόροι·[9] διὰ τοῦτο
ἀνίκητον[10] ἔχομεν τὸν λογισμόν.[11]

Seventh Brother Tortured

12 Ὡς δὲ καὶ οὗτος μακαρίως[12] ἀπέθανεν καταβληθεὶς[13] εἰς λέβητα,[14] ὁ ἕβ-
δομος[15] παρεγίνετο πάντων νεώτερος.[16] **2** ὃν κατοικτίρας[17] ὁ τύραννος,[18]
καίπερ[19] δεινῶς[20] ὑπὸ τῶν ἀδελφῶν αὐτοῦ κακισθείς,[21] ὁρῶν ἤδη[22] τὰ δεσμὰ[23]
περικείμενα[24] πλησιέστερον[25] αὐτὸν μετεπέμψατο[26] καὶ παρηγορεῖν[27] ἐπειρᾶτο[28]
λέγων **3** Τῆς μὲν τῶν ἀδελφῶν σου ἀπονοίας[29] τὸ τέλος ὁρᾷς· διὰ γὰρ ἀπείθειαν[30]
στρεβλωθέντες[31] τεθνᾶσιν.[32] **4** σὺ δὲ εἰ μὲν μὴ πεισθείης,[33] τάλας[34] βασανισθεὶς[35]
καὶ αὐτὸς τεθνήξῃ[36] πρὸ ὥρας, **5** πεισθεὶς δὲ φίλος[37] ἔσῃ καὶ τῶν ἐπὶ τῆς βασιλείας
ἀφηγήσῃ[38] πραγμάτων.[39]

6 καὶ ταῦτα παρακαλῶν τὴν μητέρα τοῦ παιδὸς[40] μετεπέμψατο,[41] ὅπως αὐτὴν
ἐλεήσας[42] τοσούτων[43] υἱῶν στερηθεῖσαν[44] παρορμήσειεν[45] ἐπὶ τὴν σωτήριον[46] εὐ-
πείθειαν[47] τὸν περιλειπόμενον.[48] **7** ὁ δὲ τῆς μητρὸς τῇ Εβραΐδι φωνῇ προτρεψα-
μένης[49] αὐτόν, ὡς ἐροῦμεν μετὰ μικρὸν ὕστερον,[50] **8** Λύσατέ μέ φησιν,[51] εἴπω

1 ψυχρός, cold, chilly
2 ἄπονος, painless
3 καταπέλτης, catapult
4 ἀδύνατος, impotent, powerless
5 βία, force, compulsion
6 τύραννος, tyrant
7 θεῖος, divine
8 προΐστημι, *perf act ind 3p*, rule, give aid
9 δορυφόρος, guard
10 ἀνίκητος, unconquered, unbeatable
11 λογισμός, reason
12 μακαρίως, blessed
13 καταβάλλω, *aor pas ptc nom s m*, thrown down
14 λέβης, cauldron
15 ἕβδομος, seventh
16 νέος, *comp*, youngest
17 κατοικτείρω, *aor act ptc nom s m*, pity
18 τύραννος, tyrant
19 καίπερ, although
20 δεινῶς, severely, harshly
21 κακίζω, *aor pas ptc nom s m*, revile, reproach
22 ἤδη, already
23 δεσμός, chains
24 περίκειμαι, *pres pas ptc acc p n*, be around
25 πλησίος, *comp*, nearer
26 μεταπέμπομαι, *aor mid ind 3s*, summon
27 παρηγορέω, *pres act inf*, counsel, exhort
28 πειράω, *impf mid ind 3s*, attempt
29 ἀπόνοια, madness
30 ἀπείθεια, disobedience
31 στρεβλόω, *aor pas ptc nom p m*, torture on a rack
32 θνήσκω, *perf act ind 3p*, die
33 πείθω, *aor pas opt 2s*, obey
34 τάλας, wretched
35 βασανίζω, *aor pas ptc nom s m*, torture
36 θνήσκω, *fut perf mid ind 2s*, die
37 φίλος, friend
38 ἀφηγέομαι, *fut mid ind 2s*, be leader
39 πρᾶγμα, affair, dealing
40 παῖς, child
41 μεταπέμπομαι, *aor mid ind 3s*, summon
42 ἐλεέω, *aor act ptc nom s m*, show mercy
43 τοσοῦτος, so many
44 στερέω, *aor pas ptc acc s f*, deprive
45 παρορμάω, *aor act opt 3s*, urge, incite
46 σωτήριος, of deliverance
47 εὐπείθεια, ready obedience
48 περιλείπω, *pres pas ptc acc s m*, be left over, remain
49 προτρέπω, *aor mid ptc gen s f*, encourage
50 ὕστερον, later, in a moment
51 φημί, *pres act ind 3s*, say

τῷ βασιλεῖ καὶ τοῖς σὺν αὐτῷ φίλοις[1] πᾶσιν. **9** καὶ ἐπιχαρέντες[2] μάλιστα[3] ἐπὶ τῇ
ἐπαγγελίᾳ[4] τοῦ παιδὸς[5] ταχέως[6] ἔλυσαν αὐτόν. **10** καὶ δραμὼν[7] ἐπὶ πλησίον[8] τῶν
τηγάνων[9] **11** Ἀνόσιέ,[10] φησιν,[11] καὶ πάντων πονηρῶν ἀσεβέστατε[12] τύραννε,[13] οὐκ
ᾐδέσθης[14] παρὰ τοῦ θεοῦ λαβὼν τὰ ἀγαθὰ καὶ τὴν βασιλείαν τοὺς θεράποντας[15]
αὐτοῦ κατακτεῖναι[16] καὶ τοὺς τῆς εὐσεβείας[17] ἀσκητὰς[18] στρεβλῶσαι;[19] **12** ἀνθ᾽ ὧν[20]
ταμιεύσεταί[21] σε ἡ δίκη[22] πυκνοτέρῳ[23] καὶ αἰωνίῳ πυρὶ καὶ βασάνοις,[24] αἳ εἰς ὅλον
τὸν αἰῶνα οὐκ ἀνήσουσίν[25] σε. **13** οὐκ ᾐδέσθης[26] ἄνθρωπος ὤν, θηριωδέστατε,[27]
τοὺς ὁμοιοπαθεῖς[28] καὶ ἐκ τῶν αὐτῶν γεγονότας στοιχείων[29] γλωττοτομῆσαι[30] καὶ
τοῦτον καταικίσας[31] τὸν τρόπον[32] βασανίσαι.[33] **14** ἀλλ᾽ οἱ μὲν εὐγενῶς[34] ἀποθανόντες
ἐπλήρωσαν τὴν εἰς τὸν θεὸν εὐσέβειαν,[35] σὺ δὲ κακῶς[36] οἰμώξεις[37] τοὺς τῆς ἀρετῆς[38]
ἀγωνιστὰς[39] ἀναιτίως[40] ἀποκτείνας. **15** ὅθεν[41] καὶ αὐτὸς ἀποθνῄσκειν μέλλων[42] ἔφη[43]
16 Οὐκ ἀπαυτομολῶ[44] τῆς τῶν ἀδελφῶν μου ἀριστείας·[45] **17** ἐπικαλοῦμαι[46] δὲ τὸν
πατρῷον[47] θεὸν ὅπως ἵλεως[48] γένηται τῷ ἔθνει ἡμῶν. **18** σὲ δὲ καὶ ἐν τῷ νῦν βίῳ[49]
καὶ θανόντα[50] τιμωρήσεται.[51] **19** καὶ ταῦτα κατευξάμενος[52] ἑαυτὸν ἔρριψε[53] κατὰ τῶν
τηγάνων,[54] καὶ οὕτως ἀπέδωκεν.

1 φίλος, associate
2 ἐπιχαίρω, *aor pas ptc nom p m*, rejoice
3 μάλα, *sup*, exceedingly
4 ἐπαγγελία, announcement
5 παῖς, child
6 ταχέως, quickly
7 τρέχω, *aor act ptc nom s m*, run
8 πλησίον, nearby
9 τήγανον, frying pan
10 ἀνόσιος, unholy, godless
11 φημί, *pres act ind 3s*, say
12 ἀσεβής, *sup*, most wicked
13 τύραννος, tyrant
14 αἰδέομαι, *aor pas ind 2s*, be ashamed
15 θεράπων, servant
16 κατακτείνω, *aor act inf*, kill, slay
17 εὐσέβεια, godliness, piety
18 ἀσκητής, one who practices, doer
19 στρεβλόω, *aor act inf*, torture on a rack
20 ἀνθ᾽ ὧν, on account of which
21 ταμιεύομαι, *fut mid ind 3s*, reserve, store up
22 δίκη, justice
23 πυκνός, *comp*, more thorough
24 βάσανος, torture
25 ἀνίημι, *fut act ind 3p*, release, cease from
26 αἰδέομαι, *aor pas ind 2s*, be ashamed
27 θηριώδης, *sup*, most savage (one)
28 ὁμοιοπαθής, with the same nature
29 στοιχεῖον, element
30 γλωττοτομέω, *aor act inf*, cut out the tongue
31 καταικίζω, *aor act ptc nom s m*, torment
32 τρόπος, way, manner
33 βασανίζω, *aor act inf*, torture
34 εὐγενῶς, nobly, bravely
35 εὐσέβεια, godliness, piety
36 κακῶς, wrongly, badly
37 οἰμώζω, *fut act ind 2s*, lament
38 ἀρετή, virtue, excellence
39 ἀγωνιστής, champion
40 ἀναιτίως, without cause
41 ὅθεν, therefore
42 μέλλω, *pres act ptc nom s m*, be about to
43 φημί, *aor act ind 3s*, say
44 ἀπαυτομολέω, *pres act ind 1s*, abandon
45 ἀριστεία, excellence
46 ἐπικαλέω, *pres mid ind 1s*, call upon
47 πατρῷος, ancestral, of one's fathers
48 ἵλεως, gracious, merciful
49 βίος, life
50 θνῄσκω, *aor act ptc acc s m*, die
51 τιμωρέω, *fut mid ind 3s*, punish
52 κατεύχομαι, *aor mid ptc nom s m*, utter curses
53 ῥίπτω, *aor act ind 3s*, throw, cast
54 τήγανον, frying pan

Supremacy of Pious Reason

13 Εἰ δὲ τοίνυν[1] τῶν μέχρι[2] θανάτου πόνων[3] ὑπερεφρόνησαν[4] οἱ ἑπτὰ ἀδελφοί,
συνομολογεῖται[5] πανταχόθεν[6] ὅτι αὐτοδέσποτός[7] ἐστιν τῶν παθῶν[8] ὁ εὐσε-
βὴς[9] λογισμός.[10] **2** εἰ γὰρ τοῖς πάθεσι[11] δουλωθέντες[12] ἐμιαροφάγησαν,[13] ἐλέγομεν
ἂν τούτοις αὐτοὺς νενικῆσθαι·[14] **3** νυνὶ[15] δὲ οὐχ οὕτως, ἀλλὰ τῷ ἐπαινουμένῳ[16]
παρὰ θεῷ λογισμῷ[17] περιεγένοντο[18] τῶν παθῶν,[19] **4** ὧν οὐκ ἔστιν παριδεῖν[20] τὴν
ἡγεμονίαν[21] τῆς διανοίας,[22] ἐπεκράτησαν[23] γὰρ καὶ πάθους[24] καὶ πόνων.[25] **5** πῶς οὖν
οὐκ ἔστιν τούτοις τὴν τῆς εὐλογιστίας[26] παθοκράτειαν[27] ὁμολογεῖν,[28] οἳ τῶν μὲν διὰ
πυρὸς ἀλγηδόνων[29] οὐκ ἐπεστράφησαν; **6** καθάπερ[30] γὰρ προβλῆτες[31] λιμένων[32]
πύργοι[33] τὰς τῶν κυμάτων[34] ἀπειλὰς[35] ἀνακόπτοντες[36] γαληνὸν[37] παρέχουσι[38] τοῖς
εἰσπλέουσι[39] τὸν ὅρμον,[40] **7** οὕτως ἡ ἑπτάπυργος[41] τῶν νεανίσκων[42] εὐλογιστία[43]
τὸν τῆς εὐσεβείας[44] ὀχυρώσασα[45] λιμένα[46] τὴν τῶν παθῶν[47] ἐνίκησεν[48] ἀκολασίαν.[49]
8 ἱερὸν γὰρ εὐσεβείας[50] στήσαντες χορὸν[51] παρεθάρσυνον[52] ἀλλήλους[53] λέγοντες
9 Ἀδελφικῶς[54] ἀποθάνωμεν, ἀδελφοί, περὶ τοῦ νόμου· μιμησώμεθα[55] τοὺς τρεῖς τοὺς

1 τοίνυν, then
2 μέχρι, until, to the point of
3 πόνος, pain, affliction
4 ὑπερφρονέω, *aor act ind 3p*, overlook
5 συνομολογέω, *pres mid ind 3s*, mutually agree
6 πανταχόθεν, on every point, universally
7 αὐτοδέσποτος, absolute master
8 πάθος, passion, emotion
9 εὐσεβής, pious, sacred
10 λογισμός, reason
11 πάθος, passion, emotion
12 δουλόω, *aor pas ptc nom p m*, enslave
13 μιαροφαγέω, *aor act ind 3p*, eat unclean food
14 νικάω, *perf pas inf*, defeat, conquer
15 νυνί, now
16 ἐπαινέω, *pres pas ptc dat s m*, praise, commend
17 λογισμός, reason
18 περιγίνομαι, *aor mid ind 3p*, be superior to, master
19 πάθος, passion, emotion
20 παροράω, *aor act inf*, disregard, overlook
21 ἡγεμονία, authority, rule
22 διάνοια, mind
23 ἐπικρατέω, *aor act ind 3p*, have power, rule over
24 πάθος, passion, emotion
25 πόνος, pain, affliction
26 εὐλογιστία, prudence, circumspection
27 παθοκράτεια, mastery over passion
28 ὁμολογέω, *pres act inf*, acknowledge
29 ἀλγηδών, suffering, grief
30 καθάπερ, just as
31 προβλής, jutting out
32 λιμήν, harbor
33 πύργος, tower
34 κῦμα, wave
35 ἀπειλή, threat
36 ἀνακόπτω, *pres act ptc nom p m*, restrain, check
37 γαληνός, calm
38 παρέχω, *pres act ind 3p*, provide, afford
39 εἰσπλέω, *pres act ptc dat p m*, sail in
40 ὅρμος, port
41 ἑπτάπυργος, seven-towered
42 νεανίσκος, young man
43 εὐλογιστία, prudence, circumspection
44 εὐσέβεια, godliness, piety
45 ὀχυρόω, *aor act ptc nom s f*, fortify, secure
46 λιμήν, harbor
47 πάθος, passion, emotion
48 νικάω, *aor act ind 3s*, defeat, conquer
49 ἀκολασία, intemperance
50 εὐσέβεια, godliness, piety
51 χορός, choir, chorus
52 παραθαρσύνω, *impf act ind 3p*, encourage
53 ἀλλήλων, (of) one another
54 ἀδελφικῶς, as brothers
55 μιμέομαι, *aor mid sub 1p*, imitate

ἐπὶ τῆς Ἀσσυρίας νεανίσκους,[1] οἳ τῆς ἰσοπολίτιδος[2] καμίνου[3] κατεφρόνησαν.[4] **10** μὴ
δειλανδρήσωμεν[5] πρὸς τὴν τῆς εὐσεβείας[6] ἐπίδειξιν.[7] **11** καὶ ὁ μέν Θάρρει,[8] ἀδελφέ
ἔλεγεν, ὁ δέ Εὐγενῶς[9] καρτέρησον,[10] **12** ὁ δὲ καταμνησθεὶς[11] ἔλεγεν Μνήσθητε[12]
πόθεν[13] ἐστέ, ἢ τίνος πατρὸς χειρὶ σφαγιασθῆναι[14] διὰ τὴν εὐσέβειαν[15] ὑπέμεινεν[16]
Ισαακ. **13** εἷς δὲ ἕκαστος ἀλλήλους[17] ὁμοῦ[18] πάντες ἐφορῶντες[19] φαιδροὶ[20] καὶ μάλα
θαρραλέοι[21] Ἑαυτούς, ἔλεγον, τῷ θεῷ ἀφιερώσωμεν[22] ἐξ ὅλης τῆς καρδίας τῷ δόντι
τὰς ψυχὰς καὶ χρήσωμεν[23] τῇ περὶ τὸν νόμον φυλακῇ τὰ σώματα. **14** μὴ φοβηθῶμεν
τὸν δοκοῦντα[24] ἀποκτέννειν· **15** μέγας γὰρ ψυχῆς ἀγὼν[25] καὶ κίνδυνος[26] ἐν αἰωνίῳ
βασάνῳ[27] κείμενος[28] τοῖς παραβᾶσι[29] τὴν ἐντολὴν τοῦ θεοῦ. **16** καθοπλισώμεθα[30]
τοιγαροῦν[31] τὴν τοῦ θείου[32] λογισμοῦ[33] παθοκρατείαν.[34] **17** οὕτω γὰρ θανόντας[35] ἡμᾶς
Αβρααμ καὶ Ισαακ καὶ Ιακωβ ὑποδέξονται[36] καὶ πάντες οἱ πατέρες ἐπαινέσουσιν.[37]
18 καὶ ἑνὶ ἑκάστῳ τῶν ἀποσπωμένων[38] αὐτῶν ἀδελφῶν ἔλεγον οἱ περιλειπόμενοι[39] Μὴ
καταισχύνῃς[40] ἡμᾶς, ἀδελφέ, μηδὲ ψεύσῃ[41] τοὺς προαποθανόντας[42] ἡμῶν ἀδελφούς.

19 οὐκ ἀγνοεῖτε[43] δὲ τὰ τῆς ἀδελφότητος[44] φίλτρα,[45] ἅπερ[46] ἡ θεία[47] καὶ πάνσοφος[48]
πρόνοια[49] διὰ πατέρων τοῖς γεννωμένοις ἐμέρισεν[50] καὶ διὰ τῆς μητρῴας[51] φυτεύσασα[52]

1 νεανίσκος, young man
2 ἰσοπολῖτις, similar civic condition?, equal political rights?
3 κάμινος, furnace
4 καταφρονέω, *aor act ind 3p*, disregard, despise
5 δειλανδρέω, *aor act sub 1p*, be cowardly
6 εὐσέβεια, godliness, piety
7 ἐπίδειξις, demonstration, manifestation
8 θαρρέω, *pres act impv 2s*, be courageous
9 εὐγενῶς, bravely
10 καρτερέω, *aor act impv 2s*, be steadfast, be patient
11 καταμιμνήσκομαι, *aor pas ptc nom s m*, remind, bring to mind
12 μιμνῄσκομαι, *aor pas impv 2p*, remember
13 πόθεν, from where
14 σφαγιάζω, *aor pas inf*, sacrifice
15 εὐσέβεια, godliness, piety
16 ὑπομένω, *aor act ind 3s*, await, remain
17 ἀλλήλων, (of) one another
18 ὁμοῦ, together
19 ἐφοράω, *pres act ptc nom p m*, look at
20 φαιδρός, cheerful
21 θαρραλέος, confident
22 ἀφιερόω, *aor act sub 1p*, consecrate
23 χράω, *aor act sub 1p*, use
24 δοκέω, *pres act ptc acc s m*, think
25 ἀγών, struggle, trial
26 κίνδυνος, danger, risk
27 βάσανος, torture
28 κεῖμαι, *pres pas ptc nom s m*, be destined, be laid up for
29 παραβαίνω, *aor act ptc dat p m*, transgress, break
30 καθοπλίζω, *aor mid sub 1p*, arm fully, equip
31 τοιγαροῦν, therefore
32 θεῖος, divine
33 λογισμός, reason
34 παθοκράτεια, mastery over passion
35 θνήσκω, *aor act ptc acc p m*, die
36 ὑποδέχομαι, *fut mid ind 3p*, welcome, receive
37 ἐπαινέω, *fut act ind 3p*, commend, praise
38 ἀποσπάω, *pres pas ptc gen p m*, drag away
39 περιλείπω, *pres pas ptc nom p m*, leave behind
40 καταισχύνω, *pres act sub 2s*, dishonor, put to shame
41 ψεύδομαι, *aor mid sub 2s*, speak falsely
42 προαποθνήσκω, *aor act ptc acc p m*, die earlier, die previously
43 ἀγνοέω, *pres act ind 2p*, be ignorant
44 ἀδελφότης, brotherhood
45 φίλτρον, love, charm
46 ὅσπερ, which
47 θεῖος, divine
48 πάνσοφος, all-wise
49 πρόνοια, providence
50 μερίζω, *aor act ind 3s*, allocate, distribute
51 μητρῷος, of a mother
52 φυτεύω, *aor act ptc nom s f*, plant

γαστρός,[1] **20** ἐν ᾗ τὸν ἴσον[2] ἀδελφοὶ κατοικήσαντες χρόνον καὶ ἐν τῷ αὐτῷ χρόνῳ
πλασθέντες[3] καὶ ἀπὸ τοῦ αὐτοῦ αἵματος αὐξηθέντες[4] καὶ διὰ τῆς αὐτῆς ψυχῆς τε-
λεσφορηθέντες[5] **21** καὶ διὰ τῶν ἴσων[6] ἀποτεχθέντες[7] χρόνων καὶ ἀπὸ τῶν αὐτῶν
γαλακτοποτοῦντες[8] πηγῶν,[9] ἀφ᾽ ὧν συντρέφονται[10] ἐναγκαλισμάτων[11] φιλάδελφοι[12]
ψυχαί· **22** καὶ αὔξονται[13] σφοδρότερον[14] διὰ συντροφίας[15] καὶ τῆς καθ᾽ ἡμέραν συνη-
θείας[16] καὶ τῆς ἄλλης παιδείας[17] καὶ τῆς ἡμετέρας[18] ἐν νόμῳ θεοῦ ἀσκήσεως.[19]

23 οὕτως δὴ[20] τοίνυν[21] καθεστηκυίας[22] συμπαθοῦς[23] τῆς φιλαδελφίας[24] οἱ ἑπτὰ ἀδελ-
φοὶ συμπαθέστερον[25] ἔσχον πρὸς ἀλλήλους.[26] **24** νόμῳ γὰρ τῷ αὐτῷ παιδευθέντες[27]
καὶ τὰς αὐτὰς ἐξασκήσαντες[28] ἀρετὰς[29] καὶ τῷ δικαίῳ συντραφέντες[30] βίῳ[31] μᾶλλον[32]
ἑαυτοὺς ἠγάπων. **25** ἡ γὰρ ὁμοζηλία[33] τῆς καλοκἀγαθίας[34] ἐπέτεινεν[35] αὐτῶν τὴν
πρὸς ἀλλήλους[36] εὔνοιαν[37] καὶ ὁμόνοιαν·[38] **26** σὺν γὰρ τῇ εὐσεβείᾳ[39] ποθεινοτέραν[40]
αὐτοῖς κατεσκεύαζον[41] τὴν φιλαδελφίαν.[42] **27** ἀλλ᾽ ὅμως[43] καίπερ[44] τῆς φύσεως[45] καὶ
τῆς συνηθείας[46] καὶ τῶν τῆς ἀρετῆς[47] ἠθῶν[48] τὰ τῆς ἀδελφότητος[49] αὐτοῖς φίλτρα[50]

1 γαστήρ, womb
2 ἴσος, equal
3 πλάσσω, *aor pas ptc nom p m*, form, shape
4 αὐξάνω, *aor pas ptc nom p m*, cause to grow
5 τελεσφορέω, *aor pas ptc nom p m*, bring to maturity
6 ἴσος, equal
7 ἀποτίκτω, *aor pas ptc nom p m*, be born
8 γαλακτοποτέω, *pres act ptc nom p m*, drink milk
9 πηγή, fountain
10 συντρέφω, *pres pas ind 3p*, raise together, rear together
11 ἐναγκάλισμα, that which embraces
12 φιλάδελφος, brother-loving
13 αὔξω, *pres pas ind 3p*, grow
14 σφοδρός, *comp*, stronger
15 συντροφία, common rearing
16 συνήθεια, daily companionship, intimacy
17 παιδεία, education, training
18 ἡμέτερος, our
19 ἄσκησις, practice
20 δή, now, indeed
21 τοίνυν, hence, therefore
22 καθίστημι, *pres act ptc gen s f*, constitute, establish
23 συμπαθής, (sympathy)
24 φιλαδελφία, brotherly love
25 συμπαθής, *comp*, more sympathetic
26 ἀλλήλων, (of) one another
27 παιδεύω, *aor pas ptc nom p m*, bring up, teach
28 ἐξασκέω, *aor act ptc nom p m*, practice
29 ἀρετή, virtue, distinction
30 συντρέφω, *aor pas ptc nom p m*, raise together, rear together
31 βίος, life
32 μᾶλλον, even more
33 ὁμοζηλία, common zeal
34 καλοκἀγαθία, virtue, nobility of character
35 ἐπιτείνω, *aor act ind 3s*, increase, amplify
36 ἀλλήλων, (of) one another
37 εὔνοια, favor, affection
38 ὁμόνοια, harmony, singlemindedness
39 εὐσέβεια, godliness, piety
40 ποθεινός, *comp*, more desired, more dear
41 κατασκευάζω, *impf act ind 3p*, make
42 φιλαδελφία, brotherly love
43 ὅμως, yet
44 καίπερ, although
45 φύσις, nature
46 συνήθεια, daily companionship, intimacy
47 ἀρετή, virtue, distinction
48 ἦθος, character, disposition
49 ἀδελφότης, brotherhood
50 φίλτρον, affection

συναυξόντων[1] ἀνέσχοντο[2] διὰ τὴν εὐσέβειαν[3] τοὺς ἀδελφοὺς οἱ ὑπολειπόμενοι,[4]
τοὺς καταικιζομένους[5] ὁρῶντες μέχρι[6] θανάτου βασανιζομένους,[7]

14 προσέτι[8] καὶ ἐπὶ τὸν αἰκισμὸν[9] ἐποτρύνοντες,[10] ὡς μὴ μόνον τῶν ἀλγηδόνων[11]
περιφρονῆσαι[12] αὐτούς, ἀλλὰ καὶ τῶν τῆς φιλαδελφίας[13] παθῶν[14] κρατῆσαι.

2 Ὦ[15] βασιλέων λογισμοὶ[16] βασιλικώτεροι[17] καὶ ἐλευθέρων[18] ἐλευθερώτεροι.[19] **3** ὢ[20]
ἱερᾶς καὶ εὐαρμόστου[21] περὶ τῆς εὐσεβείας[22] τῶν ἑπτὰ ἀδελφῶν συμφωνίας.[23]
4 οὐδεῖς ἐκ τῶν ἑπτὰ μειρακίων[24] ἐδειλίασεν[25] οὐδὲ πρὸς τὸν θάνατον ὤκνησεν,[26]
5 ἀλλὰ πάντες ὥσπερ ἐπ᾽ ἀθανασίας[27] ὁδὸν τρέχοντες[28] ἐπὶ τὸν διὰ τῶν βασάνων[29]
θάνατον ἔσπευδον.[30] **6** καθάπερ[31] αἱ χεῖρες καὶ οἱ πόδες συμφώνως[32] τοῖς τῆς ψυχῆς
ἀφηγήμασιν[33] κινοῦνται,[34] οὕτως οἱ ἱεροὶ μείρακες[35] ἐκεῖνοι ὡς ὑπὸ ψυχῆς ἀθανάτου[36]
τῆς εὐσεβείας[37] πρὸς τὸν ὑπὲρ αὐτῆς συνεφώνησαν[38] θάνατον. **7** ὢ[39] πανάγιε[40] συμ-
φώνων[41] ἀδελφῶν ἑβδομάς.[42] καθάπερ[43] γὰρ ἑπτὰ τῆς κοσμοποιίας[44] ἡμέραι περὶ
τὴν εὐσέβειαν,[45] **8** οὕτως περὶ τὴν ἑβδομάδα[46] χορεύοντες[47] οἱ μείρακες[48] ἐκύκλουν[49]
τὸν τῶν βασάνων[50] φόβον καταλύοντες.[51] **9** νῦν ἡμεῖς ἀκούοντες τὴν θλῖψιν τῶν
νεανιῶν[52] ἐκείνων φρίττομεν·[53] οἱ δὲ οὐ μόνον ὁρῶντες, ἀλλ᾽ οὐδὲ μόνον ἀκούοντες

1 συναύξω, *pres act ptc gen p n*, increase
2 ἀνέχω, *aor mid ind 3p*, endure, bear
3 εὐσέβεια, godliness, piety
4 ὑπολείπω, *pres pas ptc nom p m*, leave behind, remain
5 καταικίζω, *pres pas ptc acc p m*, abuse
6 μέχρι, until, to the point of
7 βασανίζω, *pres pas ptc acc p m*, torture
8 προσέτι, more than that, moreover
9 αἰκισμός, mistreatment
10 ἐποτρύνω, *pres act ptc nom p m*, urge on
11 ἀλγηδών, suffering, pain
12 περιφρονέω, *aor act inf*, disregard, despise
13 φιλαδελφία, brotherly love
14 πάθος, passion, emotion
15 ὦ, O!
16 λογισμός, reason
17 βασιλικός, *comp*, more kingly, more royal
18 ἐλεύθερος, free, (freeman)
19 ἐλεύθερος, *comp*, more free
20 ὦ, O!
21 εὐάρμοστος, harmonious
22 εὐσέβεια, godliness, piety
23 συμφωνία, music, symphony
24 μειράκιον, *dim of* μεῖραξ, young man
25 δειλιάω, *aor act ind 3s*, be afraid
26 ὀκνέω, *aor act ind 3s*, hesitate, hang back
27 ἀθανασία, immortality
28 τρέχω, *pres act ptc nom p m*, run
29 βάσανος, torture
30 σπεύδω, *impf act ind 3p*, hurry, hasten
31 καθάπερ, just as
32 συμφώνως, in harmony
33 ἀφήγημα, leading, prompting
34 κινέω, *pres mid ind 3p*, move, stir
35 μεῖραξ, youth
36 ἀθάνατος, immortal
37 εὐσέβεια, godliness, piety
38 συμφωνέω, *aor act ind 3p*, be agreed, be in harmony
39 ὦ, O!
40 πανάγιος, all-holy
41 σύμφωνος, harmonious, agreed
42 ἑβδομάς, (group of) seven
43 καθάπερ, just as
44 κοσμοποιΐα, creation of the world
45 εὐσέβεια, godliness, piety
46 ἑβδομάς, (group of) seven, (the number) seven
47 χορεύω, *pres act ptc nom p m*, be in chorus, dance
48 μεῖραξ, youth
49 κυκλόω, *impf act ind 3p*, encircle
50 βάσανος, torture
51 καταλύω, *pres act ptc nom p m*, abolish, destroy
52 νεανίας, young man
53 φρίττω, *pres act ind 1p*, shudder

τὸν παραχρῆμα[1] ἀπειλῆς[2] λόγον, ἀλλὰ καὶ πάσχοντες[3] ἐνεκαρτέρουν,[4] καὶ τοῦτο ταῖς
διὰ πυρὸς ὀδύναις·[5] **10** ὧν τί γένοιτο[6] ἐπαλγέστερον;[7] ὀξεῖα[8] γὰρ καὶ σύντομος[9] οὖσα
ἡ τοῦ πυρὸς δύναμις ταχέως[10] διέλυεν[11] τὰ σώματα.

Praise for the Mother of the Seven

11 Καὶ μὴ θαυμαστὸν[12] ἡγεῖσθε[13] εἰ ὁ λογισμὸς[14] περιεκράτησε[15] τῶν ἀνδρῶν ἐκεί-
νων ἐν ταῖς βασάνοις,[16] ὅπου[17] γε καὶ γυναικὸς νοῦς[18] πολυτροπωτέρων[19] ὑπερε-
φρόνησεν[20] ἀλγηδόνων·[21] **12** ἡ μήτηρ γὰρ τῶν ἑπτὰ νεανίσκων[22] ὑπήνεγκεν[23] τὰς
ἐφ᾽ ἑνὶ ἑκάστῳ τῶν τέκνων στρέβλας.[24]

13 θεωρεῖτε[25] δὲ πῶς πολύπλοκός[26] ἐστιν ἡ τῆς φιλοτεκνίας[27] στοργὴ[28] ἕλκουσα[29]
πάντα πρὸς τὴν τῶν σπλάγχνων[30] συμπάθειαν,[31] **14** ὅπου[32] γε καὶ τὰ ἄλογα[33] ζῷα[34]
ὁμοίαν[35] τὴν εἰς τὰ ἐξ αὐτῶν γεννώμενα συμπάθειαν[36] καὶ στοργὴν[37] ἔχει τοῖς ἀνθρώ-
ποις. **15** καὶ γὰρ τῶν πετεινῶν[38] τὰ μὲν ἥμερα[39] κατὰ τὰς οἰκίας ὀροφοιτοῦντα[40]
προασπίζει[41] τῶν νεοττῶν,[42] **16** τὰ δὲ κατὰ κορυφὰς[43] ὀρέων καὶ φαράγγων[44]
ἀπορρῶγας[45] καὶ δένδρων[46] ὀπὰς[47] καὶ τὰς τούτων ἄκρας[48] ἐννοσσοποιησάμενα[49]
ἀποτίκτει[50] καὶ τὸν προσιόντα[51] κωλύει·[52] **17** εἰ δὲ καὶ μὴ δύναιντο[53] κωλύειν,[54] περι-

1 παραχρῆμα, immediate
2 ἀπειλή, threat
3 πάσχω, *pres act ptc nom p m*, suffer
4 ἐγκαρτερέω, *impf act ind 3p*, persevere, endure
5 ὀδύνη, pain
6 γίνομαι, *aor mid opt 3s*, be
7 ἐπαλγής, *comp*, more painful
8 ὀξύς, swift
9 σύντομος, quick, brief
10 ταχέως, quickly, hastily
11 διαλύω, *impf act ind 3s*, destroy
12 θαυμαστός, remarkable, impressive
13 ἡγέομαι, *pres mid ind 2p*, think, consider
14 λογισμός, reason
15 περικρατέω, *aor act ind 3s*, control
16 βάσανος, torture
17 ὅπου, when
18 νοῦς, mind
19 πολυτρόπος, *comp*, most diverse
20 ὑπερφρονέω, *aor act ind 3s*, disdain, despise
21 ἀλγηδών, suffering, pain
22 νεανίσκος, young man
23 ὑποφέρω, *aor act ind 3s*, endure
24 στρέβλη, (torture by racking)
25 θεωρέω, *pres act impv 2p*, consider, observe
26 πολύπλοκος, complex, subtle
27 φιλοτεκνία, love of one's children
28 στοργή, affection
29 ἕλκω, *pres act ptc nom s f*, draw, pull
30 σπλάγχνον, seat of affections, heart
31 συμπάθεια, sympathy
32 ὅπου, where, since
33 ἄλογος, irrational
34 ζῷον, animal
35 ὅμοιος, similar
36 συμπάθεια, sympathy
37 στοργή, affection
38 πετεινός, bird
39 ἥμερος, tame
40 ὀροφοιτέω, *pres act ptc nom p n*, roam in the mountains
41 προασπίζω, *pres act ind 3s*, defend
42 νεοττός, young bird
43 κορυφή, summit, top
44 φάραγξ, valley, ravine
45 ἀπορρώξ, precipice
46 δένδρον, tree
47 ὀπή, hole
48 ἄκρα, height, top
49 ἐννοσσοποιέομαι, *aor mid ptc nom p n*, make a nest upon
50 ἀποτίκτω, *pres act ind 3s*, give birth
51 πρόσειμι, *pres act ptc acc s m*, intrude
52 κωλύω, *pres act ind 3s*, fend off, hinder
53 δύναμαι, *pres mid opt 3p*, be able
54 κωλύω, *pres act inf*, fend off, hinder

ιπτάμενα[1] κυκλόθεν[2] αὐτῶν ἀλγοῦντα[3] τῇ στοργῇ[4] ἀνακαλούμενα[5] τῇ ἰδίᾳ[6] φωνῇ,
καθ' ὃ δύναται, βοηθεῖ[7] τοῖς τέκνοις. **18** καὶ τί δεῖ[8] τὴν διὰ τῶν ἀλόγων[9] ζῴων[10]
ἐπιδεικνύναι[11] πρὸς τὰ τέκνα συμπάθειαν,[12] **19** ὅπου[13] γε καὶ μέλισσαι[14] περὶ τὸν
τῆς κηρογονίας[15] καιρὸν ἐπαμύνονται[16] τοὺς προσιόντας[17] καὶ καθάπερ[18] σιδήρῳ[19]
τῷ κέντρῳ[20] πλήσσουσι[21] τοὺς προσιόντας[22] τῇ νοσσιᾷ[23] αὐτῶν καὶ ἀπαμύνουσιν[24]
ἕως θανάτου; **20** ἀλλ' οὐχὶ τὴν Αβρααμ ὁμόψυχον[25] τῶν νεανίσκων[26] μητέρα μετ-
εκίνησεν[27] συμπάθεια[28] τέκνων.

15 Ὦ[29] λογισμὲ[30] τέκνων παθῶν[31] τύραννε[32] καὶ εὐσέβεια[33] μητρὶ τέκνων πο-
θεινοτέρα.[34] **2** μήτηρ δυεῖν προκειμένων,[35] εὐσεβείας[36] καὶ τῆς ἑπτὰ υἱῶν
σωτηρίας προσκαίρου[37] κατὰ τὴν τοῦ τυράννου[38] ὑπόσχεσιν,[39] **3** τὴν εὐσέβειαν[40]
μᾶλλον[41] ἠγάπησεν τὴν σῴζουσαν εἰς αἰωνίαν ζωὴν κατὰ θεόν. **4** ὦ[42] τίνα τρόπον[43]
ἠθολογήσαιμι[44] φιλότεκνα[45] γονέων[46] πάθη.[47] ψυχῆς τε καὶ μορφῆς[48] ὁμοιότητα[49] εἰς
μικρὸν παιδὸς[50] χαρακτῆρα[51] θαυμάσιον[52] ἐναποσφραγίζομεν,[53] μάλιστα[54] διὰ τὸ τῶν
παθῶν[55] τοῖς γεννηθεῖσιν τὰς μητέρας τῶν πατέρων καθεστάναι[56] συμπαθεστέρας.[57]

1 περιίπταμαι, *pres mid ptc nom p n*, fly over
2 κυκλόθεν, around
3 ἀλγέω, *pres act ptc nom p n*, be in pain
4 στοργή, affection
5 ἀνακαλέω, *pres mid ptc nom p n*, call out
6 ἴδιος, one's own
7 βοηθέω, *pres act ind 3s*, help
8 δεῖ, *pres act ind 3s*, be necessary
9 ἄλογος, irrational
10 ζῷον, animal
11 ἐπιδείκνυμι, *pres act inf*, demonstrate, show
12 συμπάθεια, sympathy
13 ὅπου, where, since
14 μέλισσα, bee
15 κηρογονία, formation of honeycombs
16 ἐπαμύνω, *pres mid ind 3p*, defend
17 πρόσειμι, *pres act ptc acc p m*, intrude
18 καθάπερ, just as
19 σίδηρος, (sword)
20 κέντρον, sting
21 πλήσσω, *pres act ind 3p*, strike
22 πρόσειμι, *pres act ptc acc p m*, intrude
23 νοσσιά, nest, hive
24 ἀπαμύνω, *pres act ind 3p*, ward off, repel
25 ὁμόψυχος, of the same spirit
26 νεανίσκος, young man
27 μετακινέω, *aor act ind 3s*, move, shift
28 συμπάθεια, sympathy
29 ὦ, O!
30 λογισμός, reason
31 πάθος, passion, emotion
32 τύραννος, tyrant
33 εὐσέβεια, godliness, piety
34 ποθεινός, *comp*, more desired, more dear
35 πρόκειμαι, *pres pas ptc gen p f*, lie before, set before
36 εὐσέβεια, godliness, piety
37 πρόσκαιρος, temporary
38 τύραννος, tyrant
39 ὑπόσχεσις, promise
40 εὐσέβεια, godliness, piety
41 μᾶλλον, more, greater
42 ὦ, Oh!
43 τρόπος, way
44 ἠθολογέω, *aor act opt 1s*, describe, characterize
45 φιλότεκνος, child-loving
46 γονεύς, parent
47 πάθος, passion, emotion
48 μορφή, form, appearance
49 ὁμοιότης, resemblance, likeness
50 παῖς, boy
51 χαρακτήρ, nature, character
52 θαυμάσιος, remarkable, marvelous
53 ἐναποσφραγίζω, *pres act ind 1p*, impress upon
54 μάλα, *sup*, especially
55 πάθος, passion, emotion
56 καθίστημι, *perf act inf*, (become), constitute
57 συμπαθής, *comp*, more sympathetic

5 ὅσῳ γὰρ καὶ ἀσθενόψυχοι[1] καὶ πολυγονώτεραι[2] ὑπάρχουσιν αἱ μητέρες, το-
σούτῳ[3] μᾶλλόν[4] εἰσιν φιλοτεκνότεραι.[5] **6** πασῶν δὲ τῶν μητέρων ἐγένετο ἡ τῶν
ἑπτὰ παίδων[6] μήτηρ φιλοτεκνοτέρα,[7] ἥτις ἑπτὰ κυοφορίαις[8] τὴν πρὸς αὐτοὺς ἐπι-
φυτευομένη[9] φιλοστοργίαν[10] **7** καὶ διὰ πολλὰς τὰς καθ' ἕκαστον αὐτῶν ὠδῖνας[11]
ἠναγκασμένη[12] τὴν εἰς αὐτοὺς ἔχειν συμπάθειαν,[13] **8** διὰ τὸν πρὸς τὸν θεὸν φόβον
ὑπερεῖδεν[14] τὴν τῶν τέκνων πρόσκαιρον[15] σωτηρίαν. **9** οὐ μὴν[16] δὲ ἀλλὰ καὶ διὰ
τὴν καλοκἀγαθίαν[17] τῶν υἱῶν καὶ τὴν πρὸς τὸν νόμον αὐτῶν εὐπείθειαν[18] μείζω[19]
τὴν ἐν αὐτοῖς ἔσχεν φιλοστοργίαν.[20] **10** δίκαιοί τε γὰρ ἦσαν καὶ σώφρονες[21] καὶ
ἀνδρεῖοι[22] καὶ μεγαλόψυχοι[23] καὶ φιλάδελφοι[24] καὶ φιλομήτορες[25] οὕτως ὥστε καὶ
μέχρι[26] θανάτου τὰ νόμιμα[27] φυλάσσοντας πείθεσθαι αὐτῇ.

11 ἀλλ' ὅμως[28] καίπερ[29] τοσούτων[30] ὄντων τῶν περὶ τὴν φιλοτεκνίαν[31] εἰς συμπάθειαν[32]
ἑλκόντων[33] τὴν μητέρα, ἐπ' οὐδενὸς αὐτῶν τὸν λογισμὸν[34] αὐτῆς αἱ παμποίκιλοι[35]
βάσανοι[36] ἴσχυσαν[37] μετατρέψαι,[38] **12** ἀλλὰ καὶ καθ' ἕνα παῖδα[39] καὶ ὁμοῦ[40] πάντας ἡ
μήτηρ ἐπὶ τὸν τῆς εὐσεβείας[41] προετρέπετο[42] θάνατον. **13** ὦ[43] φύσις[44] ἱερὰ καὶ φίλτρα[45]
γονέων[46] καὶ γένεσι[47] φιλόστοργε[48] καὶ τροφεία[49] καὶ μητέρων ἀδάμαστα[50] πάθη.[51]

1 ἀσθενόψυχος, gentle spirited, weak spirited
2 πολύγονος, *comp*, more fertile
3 τοσοῦτος, so much
4 μᾶλλον, more
5 φιλότεκνος, *comp*, more loving of one's children
6 παῖς, boy
7 φιλότεκνος, *comp*, more loving of one's children
8 κυοφορία, pregnancy, childbirth
9 ἐπιφυτεύω, *pres pas ptc nom s f*, implant
10 φιλοστοργία, tender love
11 ὠδίν, labor pain
12 ἀναγκάζω, *perf pas ptc nom s f*, compel
13 συμπάθεια, sympathy
14 ὑπεροράω, *aor act ind 3s*, despise, neglect
15 πρόσκαιρος, momentary, transitory
16 οὐ μήν, not only
17 καλοκἀγαθία, nobility of character, virtue
18 εὐπείθεια, ready obedience
19 μείζων, *comp of* μέγας, greater
20 φιλοστοργία, tender love
21 σώφρων, temperate, sober
22 ἀνδρεῖος, courageous, brave
23 μεγαλόψυχος, generous
24 φιλάδελφος, loving one's fellow countrymen
25 φιλομήτωρ, loving one's mother
26 μέχρι, until, to the point of
27 νόμιμος, (ordinance)
28 ὅμως, yet
29 καίπερ, although
30 τοσοῦτος, so many
31 φιλοτεκνία, love of one's children
32 συμπάθεια, sympathy
33 ἕλκω, *pres act ptc gen p m*, draw, pull
34 λογισμός, reason
35 παμποίκιλος, many, various
36 βάσανος, torture
37 ἰσχύω, *aor act ind 3p*, be able
38 μετατρέπω, *aor act inf*, change, alter
39 παῖς, boy
40 ὁμοῦ, together
41 εὐσέβεια, godliness, piety
42 προτρέπω, *impf mid ind 3s*, encourage, exhort
43 ὦ, O!
44 φύσις, nature
45 φίλτρον, affection
46 γονεύς, parent
47 γένος, family
48 φιλόστοργος, devoted
49 τροφεία, nursing (a child)
50 ἀδάμαστος, untamed
51 πάθος, emotion

14 καθένα[1] στρεβλούμενον[2] καὶ φλεγόμενον[3] ὁρῶσα μήτηρ οὐ μετεβάλλετο[4] διὰ τὴν
εὐσέβειαν.[5] **15** τὰς σάρκας τῶν τέκνων ἑώρα περὶ τὸ πῦρ τηκομένας[6] καὶ τοὺς τῶν
ποδῶν καὶ χειρῶν δακτύλους[7] ἐπὶ γῆς σπαίροντας[8] καὶ τὰς τῶν κεφαλῶν μέχρι[9] τῶν
περὶ τὰ γένεια[10] σάρκας ὥσπερ προσωπεῖα[11] προκειμένας.[12]

16 ὢ[13] πικροτέρων[14] νῦν πόνων[15] πειρασθεῖσα[16] μήτηρ ἤπερ[17] τῶν ἐπ᾽ αὐτοῖς ὠδίνων.[18]
17 ὢ[19] μόνη γύναι τὴν εὐσέβειαν[20] ὁλόκληρον[21] ἀποκυήσασα.[22] **18** οὐ μετέτρεψέν[23]
σε πρωτοτόκος[24] ἀποπνέων[25] οὐδὲ δεύτερος εἰς σὲ οἰκτρὸν[26] βλέπων ἐν βασάνοις,[27]
οὐ τρίτος ἀποψύχων,[28] **19** οὐδὲ τοὺς ὀφθαλμοὺς ἑνὸς ἑκάστου θεωροῦσα[29] ταυ-
ρηδὸν[30] ἐπὶ τῶν βασάνων[31] ὁρῶντας τὸν αὐτὸν αἰκισμὸν[32] καὶ τοὺς μυκτῆρας[33] προσ-
ημειουμένους[34] τὸν θάνατον αὐτῶν οὐκ ἔκλαυσας. **20** ἐπὶ σαρξὶν τέκνων ὁρῶσα
σάρκας τέκνων ἀποκαιομένας[35] καὶ ἐπὶ χερσὶν χεῖρας ἀποτεμνομένας[36] καὶ ἐπὶ
κεφαλαῖς κεφαλὰς ἀποδειροτομουμένας[37] καὶ ἐπὶ νεκροῖς[38] νεκροὺς πίπτοντας καὶ
πολυανδρεῖον[39] ὁρῶσα τῶν τέκνων τὸ χωρίον[40] διὰ τῶν βασάνων[41] οὐκ ἐδάκρυσας.[42]
21 οὐχ οὕτως σειρήνιοι[43] μελῳδίαι[44] οὐδὲ κύκνειοι[45] πρὸς φιληκοΐαν[46] φωναὶ τοὺς
ἀκούοντας ἐφέλκονται[47] ὡς τέκνων φωναὶ μετὰ βασάνων[48] μητέρα φωνούντων.[49]

1 καθεῖς, each one, *cr.* καθ᾽ εἷς
2 στρεβλόω, *pres pas ptc acc s m*, torture on a rack
3 φλέγω, *pres pas ptc acc s m*, burn
4 μεταβάλλω, *impf mid ind 3s*, change, alter
5 εὐσέβεια, godliness, piety
6 τήκω, *pres pas ptc acc p f*, consume
7 δάκτυλος, finger
8 σπαίρω, *pres act ptc acc p m*, quiver
9 μέχρι, as far as
10 γένειον, chin
11 προσωπεῖον, mask
12 πρόκειμαι, *pres pas ptc acc p f*, lie exposed, lie forward
13 ὢ, O!
14 πικρός, *comp*, more bitter
15 πόνος, pain
16 πειράζω, *aor pas ptc nom s f*, test, try
17 ἤπερ, than
18 ὠδίν, labor pain
19 ὢ, O!
20 εὐσέβεια, godliness, piety
21 ὁλόκληρος, entire, complete
22 ἀποκυέω, *aor act ptc voc s f*, bring forth, produce
23 μετατρέπω, *aor act ind 3s*, change, alter
24 πρωτότοκος, firstborn
25 ἀποπνέω, *pres act ptc nom s m*, breathe hard
26 οἰκτρός, pitiable
27 βάσανος, torture
28 ἀποψύχω, *pres act ptc nom s m*, breathe one's last, expire
29 θεωρέω, *pres act ptc nom s f*, look at, behold
30 ταυρηδόν, (boldly), like a bull
31 βάσανος, torture
32 αἰκισμός, abuse
33 μυκτήρ, nostril
34 προσημειόω, *pres mid ptc acc p m*, presage, forebode
35 ἀποκαίω, *pres pas ptc acc p f*, burn off
36 ἀποτέμνω, *pres pas ptc acc p f*, cut off
37 ἀποδειροτομέω, *pres pas ptc acc p f*, decapitate
38 νεκρός, (corpse)
39 πολυάνδριος, (burial ground), full of people
40 χωρίον, place
41 βάσανος, torture
42 δακρύω, *aor act ind 2s*, weep
43 σειρήνιος, of a siren
44 μελῳδία, song
45 κύκνειος, of a swan
46 φιληκοΐα, attentive listening
47 ἐφέλκω, *pres mid ind 3p*, draw
48 βάσανος, torture
49 φωνέω, *pres act ptc gen p f*, call

22 πηλίκαις[1] καὶ πόσαις[2] τότε ἡ μήτηρ τῶν υἱῶν βασανιζομένων[3] τροχοῖς[4] τε καὶ
καυτηρίοις[5] ἐβασανίζετο[6] βασάνοις.[7] **23** ἀλλὰ τὰ σπλάγχνα[8] αὐτῆς ὁ εὐσεβὴς[9] λο-
γισμὸς[10] ἐν αὐτοῖς τοῖς πάθεσιν[11] ἀνδρειώσας[12] ἐπέτεινεν[13] τὴν πρόσκαιρον[14] φιλο-
τεκνίαν[15] παριδεῖν.[16]

24 καίπερ[17] ἑπτὰ τέκνων ὁρῶσα ἀπώλειαν[18] καὶ τὴν τῶν στρεβλῶν[19] πολύπλοκον[20]
ποικιλίαν,[21] ἁπάσας[22] ἡ γενναία[23] μήτηρ ἐξέλυσεν[24] διὰ τὴν πρὸς θεὸν πίστιν.
25 καθάπερ[25] γὰρ ἐν βουλευτηρίῳ[26] τῇ ἑαυτῆς ψυχῇ δεινοὺς[27] ὁρῶσα συμβούλους[28]
φύσιν[29] καὶ γένεσιν[30] καὶ φιλοτεκνίαν[31] καὶ τέκνων στρέβλας,[32] **26** δύο ψήφους[33]
κρατοῦσα μήτηρ, θανατηφόρον[34] τε καὶ σωτήριον,[35] ὑπὲρ τέκνων **27** οὐκ ἐπέγνω
τὴν σῴζουσαν ἑπτὰ υἱοὺς πρὸς ὀλίγον[36] χρόνον σωτηρίαν, **28** ἀλλὰ τῆς θεοσεβοῦς[37]
Αβρααμ καρτερίας[38] ἡ θυγάτηρ[39] ἐμνήσθη.[40]

29 ὦ[41] μήτηρ ἔθνους, ἔκδικε[42] τοῦ νόμου καὶ ὑπερασπίστρια[43] τῆς εὐσεβείας[44] καὶ
τοῦ διὰ σπλάγχνων[45] ἀγῶνος[46] ἀθλοφόρε·[47] **30** ὦ[48] ἀρρένων[49] πρὸς καρτερίαν[50]
γενναιοτέρα[51] καὶ ἀνδρῶν πρὸς ὑπομονὴν[52] ἀνδρειοτέρα.[53]

1 πηλίκος, how great
2 πόσος, how many
3 βασανίζω, *pres pas ptc gen p m*, torture
4 τροχός, wheel (for torture)
5 καυτήριον, branding iron
6 βασανίζω, *impf pas ind 3s*, torture
7 βάσανος, torture
8 σπλάγχνον, affection, love
9 εὐσεβής, godly, pious
10 λογισμός, reason
11 πάθος, suffering
12 ἀνδρειόω, *aor act ptc nom s m*, fill with courage
13 ἐπιτείνω, *impf act ind 3s*, strengthen, urge on
14 πρόσκαιρος, temporary, transitory
15 φιλοτεκνία, love of one's children
16 παροράω, *aor act inf*, disregard, overlook
17 καίπερ, although
18 ἀπώλεια, annihilation, destruction
19 στρέβλη, torment
20 πολύπλοκος, convoluted, manifold
21 ποικιλία, diversity, variety
22 ἅπας, all
23 γενναῖος, noble, excellent
24 ἐκλύω, *aor act ind 3s*, release, let go
25 καθάπερ, just as
26 βουλευτήριον, council room
27 δεινός, fearful
28 σύμβουλος, counselor
29 φύσις, nature
30 γένεσις, parentage, birth
31 φιλοτεκνία, love of one's children
32 στρέβλη, torment
33 ψῆφος, (vote)
34 θανατηφόρος, fatal
35 σωτήριος, saving
36 ὀλίγος, short, brief
37 θεοσεβής, God-fearing
38 καρτερία, endurance, perseverance
39 θυγάτηρ, daughter
40 μιμνήσκομαι, *aor pas ind 3s*, remember
41 ὦ, O!
42 ἔκδικος, avenger
43 ὑπερασπίστρια, protector
44 εὐσέβεια, godliness, piety
45 σπλάγχνον, seat of emotion, heart
46 ἀγών, struggle, contest
47 ἀθλοφόρος, victorious
48 ὦ, O!
49 ἄρσην, man
50 καρτερία, endurance, perseverance
51 γενναῖος, *comp*, more noble
52 ὑπομονή, patience, fortitude
53 ἀνδρεῖος, *comp*, more courageous, more manly

31 καθάπερ[1] γὰρ ἡ Νωε κιβωτὸς[2] ἐν τῷ κοσμοπληθεῖ[3] κατακλυσμῷ[4] κοσμοφοροῦσα[5]
καρτερῶς[6] ὑπέμεινεν[7] τοὺς κλύδωνας,[8] **32** οὕτως σὺ ἡ νομοφύλαξ[9] πανταχόθεν[10] ἐν
τῷ τῶν παθῶν[11] περιαντλουμένη[12] κατακλυσμῷ[13] καὶ καρτεροῖς[14] ἀνέμοις,[15] ταῖς τῶν
υἱῶν βασάνοις,[16] συνεχομένη[17] γενναίως[18] ὑπέμεινας[19] τοὺς ὑπὲρ τῆς εὐσεβείας[20]
χειμῶνας.[21]

Continuation of Praise

16 Εἰ δὲ τοίνυν[22] καὶ γυνὴ καὶ γεραιὰ[23] καὶ ἑπτὰ παίδων[24] μήτηρ ὑπέμεινεν[25]
τὰς μέχρι[26] θανάτου βασάνους[27] τῶν τέκνων ὁρῶσα, ὁμολογουμένως[28]
αὐτοκράτωρ[29] ἐστὶν τῶν παθῶν[30] ὁ εὐσεβὴς[31] λογισμός.[32] **2** ἀπέδειξα[33] οὖν ὅτι οὐ
μόνον ἄνδρες τῶν παθῶν[34] ἐκράτησαν, ἀλλὰ καὶ γυνὴ τῶν μεγίστων[35] βασάνων[36]
ὑπερεφρόνησεν.[37] **3** καὶ οὐχ οὕτως οἱ περὶ Δανιηλ λέοντες[38] ἦσαν ἄγριοι[39] οὐδὲ ἡ
Μισαηλ ἐκφλεγομένη[40] κάμινος[41] λαβροτάτῳ[42] πυρί, ὡς ἡ τῆς φιλοτεκνίας[43] περι-
έκαιεν[44] ἐκείνην φύσις[45] ὁρῶσαν αὐτῆς οὕτως ποικίλως[46] βασανιζομένους[47] τοὺς

1 καθάπερ, just as
2 κιβωτός, ark
3 κοσμοπληθής, worldwide
4 κατακλυσμός, flood
5 κοσμοφορέω, *pres act ptc nom s f*, carry the whole living world
6 καρτερῶς, firmly, mightily
7 ὑπομένω, *aor act ind 3s*, endure
8 κλύδων, wave
9 νομοφύλαξ, keeper of the law, guardian of the law
10 πανταχόθεν, from every side
11 πάθος, passion, emotion
12 περιαντλέω, *pres pas ptc nom s f*, drench, overwhelm
13 κατακλυσμός, flood
14 καρτερός, strong
15 ἄνεμος, wind
16 βάσανος, torture
17 συνέχω, *pres mid ptc nom s f*, hold together, hold fast
18 γενναίως, bravely
19 ὑπομένω, *aor act ind 2s*, endure
20 εὐσέβεια, godliness, piety
21 χειμών, storm
22 τοίνυν, then, indeed
23 γεραιός, aged
24 παῖς, boy
25 ὑπομένω, *aor act ind 3s*, endure
26 μέχρι, until, to the point of
27 βάσανος, torture
28 ὁμολογουμένως, most certainly, by common consent
29 αὐτοκράτωρ, absolute master
30 πάθος, passion, emotion
31 εὐσεβής, godly, pious
32 λογισμός, reason
33 ἀποδείκνυμι, *aor act ind 1s*, demonstrate, show
34 πάθος, passion, emotion
35 μέγας, *sup*, greatest
36 βάσανος, torture
37 ὑπερφρονέω, *aor act ind 3s*, look down on, despise
38 λέων, lion
39 ἄγριος, fierce, wild
40 ἐκφλέγω, *pres mid ptc nom s f*, set on fire
41 κάμινος, furnace
42 λάβρος, *sup*, most intense
43 φιλοτεκνία, love of one's children
44 περικαίω, *impf act ind 3s*, inflame, stoke
45 φύσις, nature
46 ποικίλως, in many ways
47 βασανίζω, *pres pas ptc acc p m*, torture

ἑπτὰ υἱούς. **4** ἀλλὰ τῷ λογισμῷ[1] τῆς εὐσεβείας[2] κατέσβεσεν[3] τὰ τοσαῦτα[4] καὶ τηλι-
καῦτα[5] πάθη[6] ἡ μήτηρ.

5 Καὶ γὰρ τοῦτο ἐπιλογίσασθε,[7] ὅτι δειλόψυχος[8] εἰ ἦν ἡ γυνὴ καίπερ[9] μήτηρ οὖσα,
ὠλοφύρετο[10] ἂν ἐπ' αὐτοῖς καὶ ἴσως[11] ἂν ταῦτα εἶπεν **6** Ὦ[12] μελέα[13] ἔγωγε[14] καὶ πολ-
λάκις[15] τρισαθλία,[16] ἥτις ἑπτὰ παῖδας[17] τεκοῦσα[18] οὐδενὸς μήτηρ γεγένημαι. **7** ὦ[19]
μάταιοι[20] ἑπτὰ κυοφορίαι[21] καὶ ἀνόνητοι[22] ἑπτὰ δεκάμηνοι[23] καὶ ἄκαρποι[24] τιθηνίαι[25]
καὶ ταλαίπωροι[26] γαλακτοτροφίαι.[27] **8** μάτην[28] δὲ ἐφ' ὑμῖν, ὦ[29] παῖδες,[30] πολλὰς
ὑπέμεινα[31] ὠδῖνας[32] καὶ χαλεπωτέρας[33] φροντίδας[34] ἀνατροφῆς.[35] **9** ὦ[36] τῶν ἐμῶν
παίδων[37] οἱ μὲν ἄγαμοι,[38] οἱ δὲ γήμαντες[39] ἀνόνητοι·[40] οὐκ ὄψομαι ὑμῶν τέκνα οὐδὲ
μάμμη[41] κληθεῖσα μακαρισθήσομαι.[42] **10** ὦ[43] ἡ πολύπαις[44] καὶ καλλίπαις[45] ἐγὼ γυνὴ
χήρα[46] καὶ μόνη πολύθρηνος·[47] **11** οὐδ' ἂν ἀποθάνω, θάπτοντα[48] τῶν υἱῶν ἕξω τινά.

12 Ἀλλὰ τούτῳ τῷ θρήνῳ[49] οὐδένα ὠλοφύρετο[50] ἡ ἱερὰ καὶ θεοσεβὴς[51] μήτηρ οὐδ'
ἵνα μὴ ἀποθάνωσιν ἀπέτρεπεν[52] αὐτῶν τινα οὐδ' ὡς ἀποθνησκόντων ἐλυπήθη,[53]

1 λογισμός, reason
2 εὐσέβεια, godliness, piety
3 κατασβέννυμι, *aor act ind 3s*, quench, appease
4 τοσοῦτος, so many
5 τηλικοῦτος, so great
6 πάθος, passion, emotion
7 ἐπιλογίζομαι, *aor mid impv 2p*, consider
8 δειλόψυχος, fainthearted
9 καίπερ, though
10 ὀλοφύρομαι, *impf mid ind 3s*, lament
11 ἴσως, perhaps
12 ὦ, O!
13 μέλεος, miserable
14 ἔγωγε, I indeed, *cr.* ἐγώ γε
15 πολλάκις, often
16 τρισάθλιος, thrice-unhappy
17 παῖς, child
18 τίκτω, *aor act ptc nom s f*, bear
19 ὦ, O!
20 μάταιος, vain, pointless
21 κυοφορία, childbearing
22 ἀνόνητος, unprofitable
23 δεκάμηνος, (pregnancy), period of ten months
24 ἄκαρπος, barren
25 τιθηνία, nursing
26 ταλαίπωρος, miserable
27 γαλακτοτροφία, nursing at the breast
28 μάτην, vain, pointless
29 ὦ, O!
30 παῖς, child
31 ὑπομένω, *aor act ind 1s*, endure
32 ὠδίν, labor pain
33 χαλεπός, *comp*, more difficult
34 φροντίς, anxiety, care
35 ἀνατροφή, upbringing, rearing
36 ὦ, O!
37 παῖς, child
38 ἄγαμος, unmarried
39 γαμέω, *aor act ptc nom p m*, marry
40 ἀνόνητος, without purpose
41 μάμμη, grandmother
42 μακαρίζω, *fut pas ind 1s*, be fortunate, be blessed
43 ὦ, O!
44 πολύπαις, one who has many children
45 καλλίπαις, blessed with beautiful children
46 χήρα, widow
47 πολύθρηνος, full of sorrow
48 θάπτω, *pres act ptc acc s m*, bury
49 θρῆνος, lamentation
50 ὀλοφύρομαι, *impf mid ind 3s*, wail over
51 θεοσεβής, God-fearing
52 ἀποτρέπω, *impf act ind 3s*, divert, turn away
53 λυπέω, *aor pas ind 3s*, grieve

13 ἀλλ᾽ ὥσπερ ἀδαμάντινον[1] ἔχουσα τὸν νοῦν[2] καὶ εἰς ἀθανασίαν[3] ἀνατίκτουσα[4]
τὸν τῶν υἱῶν ἀριθμὸν[5] μᾶλλον[6] ὑπὲρ τῆς εὐσεβείας[7] ἐπὶ τὸν θάνατον αὐτοὺς προ-
ετρέπετο[8] ἱκετεύουσα.[9] **14** ὦ[10] μῆτερ δι᾽ εὐσέβειαν[11] θεοῦ στρατιῶτι[12] πρεσβῦτι[13] καὶ
γύναι, διὰ καρτερίαν[14] καὶ τύραννον[15] ἐνίκησας[16] καὶ ἔργοις δυνατωτέρα[17] καὶ λόγοις
εὑρέθης ἀνδρός. **15** καὶ γὰρ ὅτε συνελήμφθης[18] μετὰ τῶν παίδων,[19] εἱστήκεις[20] τὸν
Ελεαζαρον ὁρῶσα βασανιζόμενον[21] καὶ ἔλεγες τοῖς παισὶν[22] ἐν τῇ Εβραΐδι φωνῇ
16 Ὦ[23] παῖδες,[24] γενναῖος[25] ὁ ἀγών,[26] ἐφ᾽ ὃν κληθέντες ὑπὲρ τῆς διαμαρτυρίας[27] τοῦ
ἔθνους ἐναγωνίσασθε[28] προθύμως[29] ὑπὲρ τοῦ πατρῴου[30] νόμου· **17** καὶ γὰρ αἰσχρὸν[31]
τὸν μὲν γέροντα[32] τοῦτον ὑπομένειν[33] τὰς διὰ τὴν εὐσέβειαν[34] ἀλγηδόνας,[35] ὑμᾶς
δὲ τοὺς νεανίσκους[36] καταπλαγῆναι[37] τὰς βασάνους.[38] **18** ἀναμνήσθητε[39] ὅτι διὰ
τὸν θεὸν τοῦ κόσμου[40] μετελάβετε[41] καὶ τοῦ βίου[42] ἀπελαύσατε,[43] **19** καὶ διὰ τοῦτο
ὀφείλετε[44] πάντα πόνον[45] ὑπομένειν[46] διὰ τὸν θεόν, **20** δι᾽ ὃν καὶ ὁ πατὴρ ἡμῶν
Αβρααμ ἔσπευδεν[47] τὸν ἐθνοπάτορα[48] υἱὸν σφαγιάσαι[49] Ισαακ, καὶ τὴν πατρῴαν[50]
χεῖρα ξιφηφόρον[51] καταφερομένην[52] ἐπ᾽ αὐτὸν ὁρῶν οὐκ ἔπτηξεν.[53] **21** καὶ Δανιηλ ὁ
δίκαιος εἰς λέοντας[54] ἐβλήθη,[55] καὶ Ανανιας καὶ Αζαριας καὶ Μισαηλ εἰς κάμινον[56]

1 ἀδαμάντινος, unbreakable
2 νοῦς, mind
3 ἀθανασία, immortality
4 ἀνατίκτω, *pres act ptc nom s f*, bring forth again
5 ἀριθμός, number, amount
6 μᾶλλον, rather
7 εὐσέβεια, godliness, piety
8 προτρέπω, *impf mid ind 3s*, encourage
9 ἱκετεύω, *pres act ptc nom s f*, exhort
10 ὦ, O!
11 εὐσέβεια, godliness, piety
12 στρατιῶτις, soldier
13 πρεσβῦτις, elder
14 καρτερία, endurance, perseverance
15 τύραννος, tyrant
16 νικάω, *aor act ind 2s*, defeat, conquer
17 δυνατός, *comp*, stronger
18 συλλαμβάνω, *aor pas ind 2s*, seize
19 παῖς, child
20 ἵστημι, *plpf act ind 2s*, stand
21 βασανίζω, *pres pas ptc acc s m*, torture
22 παῖς, child
23 ὦ, O!
24 παῖς, child
25 γενναῖος, noble
26 ἀγών, contest
27 διαμαρτυρία, testimony
28 ἐναγωνίζομαι, *aor mid impv 2p*, fight, compete
29 προθύμως, zealously, tenaciously
30 πατρῷος, ancestral, of one's fathers
31 αἰσχρός, shameful
32 γέρων, old man
33 ὑπομένω, *pres act inf*, endure
34 εὐσέβεια, godliness, piety
35 ἀλγηδών, suffering, pain
36 νεανίσκος, young man, boy
37 καταπλήσσω, *aor pas inf*, be terrified
38 βάσανος, torture
39 ἀναμιμνήσκω, *aor pas sub 2p*, remember
40 κόσμος, world
41 μεταλαμβάνω, *aor act ind 2p*, share in, participate in
42 βίος, life
43 ἀπολαύω, *aor act ind 2p*, enjoy
44 ὀφείλω, *pres act ind 2p*, owe, (ought)
45 πόνος, suffering, pain
46 ὑπομένω, *pres act inf*, endure
47 σπεύδω, *impf act ind 3s*, hasten
48 ἐθνοπάτωρ, father of the nation
49 σφαγιάζω, *aor act inf*, sacrifice
50 πατρῷος, of one's father
51 ξιφηφόρος, bearing a sword
52 καταφέρω, *pres mid ptc acc s f*, bring down
53 πτήσσω, *aor act ind 3s*, cower, tremble
54 λέων, lion
55 βάλλω, *aor pas ind 3s*, cast, throw
56 κάμινος, furnace

πυρὸς ἀπεσφενδονήθησαν[1] καὶ ὑπέμειναν[2] διὰ τὸν θεόν. **22** καὶ ὑμεῖς οὖν τὴν αὐτὴν πίστιν πρὸς τὸν θεὸν ἔχοντες μὴ χαλεπαίνετε.[3] **23** ἀλόγιστον[4] γὰρ εἰδότας εὐσέβειαν[5] μὴ ἀνθίστασθαι[6] τοῖς πόνοις.[7]

24 Διὰ τούτων τῶν λόγων ἡ ἑπταμήτωρ[8] ἕνα ἕκαστον τῶν υἱῶν παρακαλοῦσα
ἀποθανεῖν ἔπεισεν μᾶλλον[9] ἢ παραβῆναι[10] τὴν ἐντολὴν τοῦ θεοῦ, **25** ἔτι δὲ καὶ ταῦτα
εἰδότες ὅτι οἱ διὰ τὸν θεὸν ἀποθνῄσκοντες ζῶσιν τῷ θεῷ ὥσπερ Αβρααμ καὶ Ισαακ καὶ Ιακωβ καὶ πάντες οἱ πατριάρχαι.[11]

17 Ἔλεγον δὲ καὶ τῶν δορυφόρων[12] τινὲς ὅτι ὡς ἔμελλεν[13] συλλαμβάνεσθαι[14] καὶ αὐτὴ πρὸς θάνατον, ἵνα μὴ ψαύσειέν[15] τις τοῦ σώματος αὐτῆς, ἑαυτὴν ἔρριψε[16] κατὰ τῆς πυρᾶς.[17]

2 Ὦ[18] μήτηρ σὺν ἑπτὰ παισὶν[19] καταλύσασα[20] τὴν τοῦ τυράννου[21] βίαν[22] καὶ ἀκυ-
ρώσασα[23] τὰς κακὰς ἐπινοίας[24] αὐτοῦ καὶ δείξασα τὴν τῆς πίστεως γενναιότητα.[25]
3 καθάπερ[26] γὰρ σὺ στέγη[27] ἐπὶ τοὺς στύλους[28] τῶν παίδων[29] γενναίως[30] ἱδρυμένη[31]
ἀκλινὴς[32] ὑπήνεγκας[33] τὸν διὰ τῶν βασάνων[34] σεισμόν.[35] **4** θάρρει[36] τοιγαροῦν,[37]
ὦ[38] μήτηρ ἱερόψυχε,[39] τὴν ἐλπίδα τῆς ὑπομονῆς[40] βεβαίαν[41] ἔχουσα πρὸς τὸν θεόν.
5 οὐχ οὕτως σελήνη[42] κατ᾽ οὐρανὸν σὺν ἄστροις[43] σεμνὴ[44] καθέστηκεν,[45] ὡς σὺ

1 ἀποσφενδονάω, *aor pas ind 3p*, hurl from
2 ὑπομένω, *aor act ind 3p*, endure
3 χαλεπαίνω, *pres act ind 2p*, be ill-tempered
4 ἀλόγιστος, unreasonable
5 εὐσέβεια, godliness, piety
6 ἀνθίστημι, *pres mid inf*, withstand
7 πόνος, suffering
8 ἑπταμήτωρ, mother of seven children
9 μᾶλλον, rather
10 παραβαίνω, *aor act inf*, transgress
11 πατριάρχης, patriarch
12 δορυφόρος, guard
13 μέλλω, *impf act ind 3s*, be about to
14 συλλαμβάνω, *pres pas inf*, arrest, seize
15 ψαύω, *aor act opt 3s*, touch
16 ῥίπτω, *aor act ind 3s*, cast, throw
17 πυρά, fire
18 ὦ, O!
19 παῖς, child
20 καταλύω, *aor act ptc nom s f*, demolish, destroy
21 τύραννος, tyrant
22 βία, violence
23 ἀκυρόω, *aor act ptc nom s f*, render powerless
24 ἐπίνοια, plan, device
25 γενναιότης, nobility
26 καθάπερ, just as
27 στέγη, covering, roof
28 στῦλος, column, pillar
29 παῖς, child
30 γενναίως, nobly
31 ἱδρύω, *perf pas ptc nom s f*, establish, arrange
32 ἀκλινής, unmoving
33 ὑποφέρω, *aor act ind 2s*, endure
34 βάσανος, torture
35 σεισμός, shock, commotion
36 θαρρέω, *pres act impv 2s*, be of good courage
37 τοιγαροῦν, therefore
38 ὦ, O!
39 ἱερόψυχος, of godly soul
40 ὑπομονή, perseverance
41 βέβαιος, firm, steady
42 σελήνη, moon
43 ἄστρον, star
44 σεμνός, majestic
45 καθίστημι, *perf act ind 3s*, set, establish

τοὺς ἰσαστέρους[1] ἑπτὰ παῖδας[2] φωταγωγήσασα[3] πρὸς τὴν εὐσέβειαν[4] ἔντιμος[5] καθέστηκας[6] θεῷ καὶ ἐστήρισαι[7] σὺν αὐτοῖς ἐν οὐρανῷ· **6** ἦν γὰρ ἡ παιδοποιία[8] σου ἀπὸ Αβρααμ τοῦ πατρός.

Legacy of the Martyrs

7 Εἰ δὲ ἐξὸν[9] ἡμῖν ἦν ὥσπερ ἐπί τινος ζωγραφῆσαι[10] τὴν τῆς εὐσεβείας[11] σου ἱστορίαν,[12] οὐκ ἂν ἔφριττον[13] οἱ θεωροῦντες[14] ὁρῶντες μητέρα ἑπτὰ τέκνων δι᾽ εὐσέβειαν[15] ποικίλας[16] βασάνους[17] μέχρι[18] θανάτου ὑπομείνασαν;[19] **8** καὶ γὰρ ἄξιον[20] ἦν καὶ ἐπ᾽ αὐτοῦ τοῦ ἐπιταφίου[21] ἀναγράψαι[22] καὶ ταῦτα τοῖς ἀπὸ τοῦ ἔθνους εἰς μνείαν[23] λεγόμενα

9 Ἐνταῦθα[24] γέρων[25] ἱερεὺς καὶ γυνὴ γεραιὰ[26] καὶ ἑπτὰ παῖδες[27] ἐγκεκήδευνται[28] διὰ τυράννου[29] βίαν[30] τὴν Εβραίων πολιτείαν[31] καταλῦσαι[32] θέλοντος, **10** οἳ καὶ ἐξεδίκησαν[33] τὸ γένος[34] εἰς θεὸν ἀφορῶντες[35] καὶ μέχρι[36] θανάτου τὰς βασάνους[37] ὑπομείναντες.[38]

11 Ἀληθῶς[39] γὰρ ἦν ἀγὼν[40] θεῖος[41] ὁ δι᾽ αὐτῶν γεγενημένος. **12** ἠθλοθέτει[42] γὰρ τότε ἀρετὴ[43] δι᾽ ὑπομονῆς[44] δοκιμάζουσα.[45] τὸ νῖκος[46] ἀφθαρσία[47] ἐν ζωῇ πολυχρονίῳ.[48]
13 Ελεαζαρ δὲ προηγωνίζετο,[49] ἡ δὲ μήτηρ τῶν ἑπτὰ παίδων[50] ἐνήθλει,[51] οἱ δὲ ἀδελφοὶ

1 ἰσάστερος, like a star
2 παῖς, child
3 φωταγωγέω, *aor act ptc nom s f*, guide with light, illuminate
4 εὐσέβεια, godliness, piety
5 ἔντιμος, honored, precious
6 καθίστημι, *perf act ind 2s*, set, establish
7 στηρίζω, *perf pas ind 2s*, set up, fix
8 παιδοποιία, childbearing
9 ἔξειμι, *pres act ptc nom s n*, be possible, be allowed
10 ζωγραφέω, *aor act inf*, paint
11 εὐσέβεια, godliness, piety
12 ἱστορία, story, account
13 φρίττω, *impf act ind 3p*, shudder
14 θεωρέω, *pres act ptc nom p m*, observe
15 εὐσέβεια, godliness, piety
16 ποικίλος, manifold, diverse
17 βάσανος, torture
18 μέχρι, until, to the point of
19 ὑπομένω, *aor act ptc acc s f*, endure
20 ἄξιος, worthwhile
21 ἐπιτάφιον, tomb
22 ἀναγράφω, *aor act inf*, engrave, inscribe
23 μνεία, reminder, memorial
24 ἐνταῦθα, here
25 γέρων, old man
26 γεραιός, old
27 παῖς, boy
28 ἐγκηδεύω, *perf pas ind 3p*, bury
29 τύραννος, tyrant
30 βία, violence
31 πολιτεία, state, conduct
32 καταλύω, *aor act inf*, destroy
33 ἐκδικέω, *aor act ind 3p*, avenge
34 γένος, nation
35 ἀφοράω, *pres act ptc nom p m*, look to
36 μέχρι, until, to the point of
37 βάσανος, torture
38 ὑπομένω, *aor act ptc nom p m*, endure
39 ἀληθῶς, truly
40 ἀγών, struggle, contest
41 θεῖος, divine
42 ἀθλοθετέω, *impf act ind 3s*, offer reward
43 ἀρετή, virtue
44 ὑπομονή, patience, endurance
45 δοκιμάζω, *pres act ptc nom s f*, test, approve
46 νῖκος, prize
47 ἀφθαρσία, immortality
48 πολυχρόνιος, eternal
49 προαγωνίζομαι, *impf mid ind 3s*, contend first
50 παῖς, boy
51 ἐναθλέω, *impf act ind 3s*, fight bravely, enter a fight

ἠγωνίζοντο·[1] **14** ὁ τύραννος[2] ἀντηγωνίζετο·[3] ὁ δὲ κόσμος[4] καὶ ὁ τῶν ἀνθρώπων βίος[5] ἐθεώρει·[6] **15** θεοσέβεια[7] δὲ ἐνίκα[8] τοὺς ἑαυτῆς ἀθλητὰς[9] στεφανοῦσα.[10] **16** τίνες οὐκ ἐθαύμασαν[11] τοὺς τῆς θείας[12] νομοθεσίας[13] ἀθλητάς;[14] τίνες οὐκ ἐξεπλάγησαν;[15]

17 Αὐτός γέ τοι[16] ὁ τύραννος[17] καὶ ὅλον τὸ συμβούλιον[18] ἐθαύμασαν[19] αὐτῶν τὴν ὑπομονήν,[20] **18** δι᾽ ἣν καὶ τῷ θείῳ[21] νῦν παρεστήκασιν[22] θρόνῳ καὶ τὸν μακάριον[23] βιοῦσιν[24] αἰῶνα. **19** καὶ γάρ φησιν[25] ὁ Μωυσῆς Καὶ πάντες οἱ ἡγιασμένοι[26] ὑπὸ τὰς χεῖράς σου. **20** καὶ οὗτοι οὖν ἁγιασθέντες[27] διὰ θεὸν τετίμηνται,[28] οὐ μόνον ταύτῃ τῇ τιμῇ,[29] ἀλλὰ καὶ τῷ δι᾽ αὐτοὺς τὸ ἔθνος ἡμῶν τοὺς πολεμίους[30] μὴ ἐπικρατῆσαι[31] **21** καὶ τὸν τύραννον[32] τιμωρηθῆναι[33] καὶ τὴν πατρίδα[34] καθαρισθῆναι,[35] ὥσπερ ἀντίψυχον[36] γεγονότας τῆς τοῦ ἔθνους ἁμαρτίας. **22** καὶ διὰ τοῦ αἵματος τῶν εὐσεβῶν[37] ἐκείνων καὶ τοῦ ἱλαστηρίου[38] τοῦ θανάτου αὐτῶν ἡ θεία[39] πρόνοια[40] τὸν Ισραηλ προκακωθέντα[41] διέσωσεν.[42]

23 Πρὸς γὰρ τὴν ἀνδρείαν[43] αὐτῶν τῆς ἀρετῆς[44] καὶ τὴν ἐπὶ ταῖς βασάνοις[45] αὐτῶν ὑπομονὴν[46] ὁ τύραννος[47] ἀπιδὼν[48] ἀνεκήρυξεν[49] ὁ Ἀντίοχος τοῖς στρατιώταις[50]

1 ἀγωνίζομαι, *impf mid ind 3p*, engage in a contest
2 τύραννος, tyrant
3 ἀνταγωνίζομαι, *impf mid ind 3s*, be an opponent
4 κόσμος, world
5 βίος, life, existence
6 θεωρέω, *impf act ind 3s*, look on, watch
7 θεοσέβεια, fear of God
8 νικάω, *impf act ind 3s*, win, triumph
9 ἀθλητής, athlete
10 στεφανόω, *pres act ptc nom s f*, crown, reward
11 θαυμάζω, *aor act ind 3p*, be astonished, marvel
12 θεῖος, divine
13 νομοθεσία, code of laws
14 ἀθλητής, athlete
15 ἐκπλήσσω, *aor pas ind 3p*, be amazed
16 τοι, then
17 τύραννος, tyrant
18 συμβούλιον, council
19 θαυμάζω, *aor act ind 3p*, marvel at, admire
20 ὑπομονή, endurance, perseverance
21 θεῖος, divine
22 παρίστημι, *perf act ind 3p*, stand near, stand by
23 μακάριος, blessed
24 βιόω, *pres act ind 3p*, live
25 φημί, *pres act ind 3s*, say
26 ἁγιάζω, *perf pas ptc nom p m*, sanctify
27 ἁγιάζω, *aor pas ptc nom p m*, sanctify
28 τιμάω, *perf pas ind 3p*, honor
29 τιμή, honor
30 πολέμιος, enemy
31 ἐπικρατέω, *aor act inf*, prevail over, overcome
32 τύραννος, tyrant
33 τιμωρέω, *aor pas inf*, punish
34 πατρίς, homeland
35 καθαρίζω, *aor pas inf*, cleanse, purify
36 ἀντίψυχος, life given in return, atonement
37 εὐσεβής, godly, pious
38 ἱλαστήριον, means of propitiation
39 θεῖος, divine
40 πρόνοια, providence
41 προκακόω, *aor pas ptc acc s m*, afflict previously
42 διασῴζω, *aor act ind 3s*, preserve, save
43 ἀνδρεῖος, courage
44 ἀρετή, virtue
45 βάσανος, torture
46 ὑπομονή, endurance
47 τύραννος, tyrant
48 ἀφοράω, *aor act ptc nom s m*, see, determine
49 ἀνακηρύσσω, *aor act ind 3s*, proclaim
50 στρατιώτης, soldier

αὐτοῦ εἰς ὑπόδειγμα[1] τὴν ἐκείνων ὑπομονὴν[2] **24** ἔσχεν τε αὐτοὺς γενναίους[3] καὶ
ἀνδρείους[4] εἰς πεζομαχίαν[5] καὶ πολιορκίαν[6] καὶ ἐκπορθήσας[7] ἐνίκησεν[8] πάντας τοὺς
πολεμίους.[9]

18 Ὦ[10] τῶν Αβραμιαίων σπερμάτων ἀπόγονοι[11] παῖδες[12] Ισραηλῖται, πείθεσθε τῷ
νόμῳ τούτῳ καὶ πάντα τρόπον[13] εὐσεβεῖτε[14] **2** γινώσκοντες ὅτι τῶν παθῶν[15]
ἐστιν δεσπότης[16] ὁ εὐσεβὴς[17] λογισμὸς[18] καὶ οὐ μόνον τῶν ἔνδοθεν,[19] ἀλλὰ καὶ τῶν
ἔξωθεν[20] πόνων.[21]

3 Ἀνθ᾽ ὧν[22] διὰ τὴν εὐσέβειαν[23] προέμενοι[24] τὰ σώματα τοῖς πόνοις[25] ἐκεῖνοι οὐ μόνον
ὑπὸ τῶν ἀνθρώπων ἐθαυμάσθησαν,[26] ἀλλὰ καὶ θείας[27] μερίδος[28] κατηξιώθησαν.[29]

4 Καὶ δι᾽ αὐτοὺς εἰρήνευσεν[30] τὸ ἔθνος, καὶ τὴν εὐνομίαν[31] τὴν ἐπὶ τῆς πατρίδος[32]
ἀνανεωσάμενοι[33] ἐκπεπόρθηκαν[34] τοὺς πολεμίους.[35] **5** καὶ ὁ τύραννος[36] Ἀντίοχος
καὶ ἐπὶ γῆς τετιμώρηται[37] καὶ ἀποθανὼν κολάζεται·[38] ὡς γὰρ οὐδὲν οὐδαμῶς[39]
ἴσχυσεν[40] ἀναγκάσαι[41] τοὺς Ιεροσολυμίτας ἀλλοφυλῆσαι[42] καὶ τῶν πατρίων[43] ἐθῶν[44]
ἐκδιαιτηθῆναι,[45] τότε ἀπάρας[46] ἀπὸ τῶν Ιεροσολύμων ἐστράτευσεν[47] ἐπὶ Πέρσας.

1 ὑπόδειγμα, example
2 ὑπομονή, endurance
3 γενναῖος, noble, excellent
4 ἀνδρεῖος, courageous
5 πεζομαχία, land battle
6 πολιορκία, siege
7 ἐκπορθέω, *aor act ptc nom s m*, pillage
8 νικάω, *aor act ind 3s*, conquer
9 πολέμιος, enemy
10 ὦ, O!
11 ἀπόγονος, offspring
12 παῖς, child
13 τρόπος, way
14 εὐσεβέω, *pres act impv 2p*, be godly, live piously
15 πάθος, passion, emotion
16 δεσπότης, master
17 εὐσεβής, godly, pious
18 λογισμός, reason
19 ἔνδοθεν, from within
20 ἔξωθεν, from outside
21 πόνος, pain, affliction
22 ἀνθ᾽ ὧν, on account of which
23 εὐσέβεια, godliness, piety
24 προΐημι, *aor mid ptc nom p m*, release, let go
25 πόνος, pain, affliction
26 θαυμάζω, *aor pas ind 3p*, admire
27 θεῖος, divine
28 μερίς, portion, (inheritance)
29 καταξιόω, *aor pas ind 3p*, deem worthy
30 εἰρηνεύω, *aor act ind 3s*, be at peace
31 εὐνομία, observance of the law, good order
32 πατρίς, homeland
33 ἀνανεόω, *aor mid ptc nom p m*, restore
34 ἐκπορθέω, *perf act ind 3p*, pillage
35 πολέμιος, enemy
36 τύραννος, tyrant
37 τιμωρέω, *perf pas ind 3s*, punish
38 κολάζω, *pres pas ind 3s*, penalize, punish
39 οὐδαμῶς, by no means
40 ἰσχύω, *aor act ind 3s*, be able
41 ἀναγκάζω, *aor act inf*, compel
42 ἀλλοφυλέω, *aor act inf*, adopt foreign customs or religions
43 πάτριος, ancestral
44 ἔθος, custom
45 ἐκδιαιτάω, *aor pas inf*, change one's habits
46 ἀπαίρω, *aor act ptc nom s m*, depart, march away
47 στρατεύω, *aor act ind 3s*, make war

The Mother's Speech

6 Ἔλεγεν δὲ ἡ μήτηρ τῶν ἑπτὰ παίδων[1] καὶ ταῦτα τὰ δικαιώματα[2] τοῖς τέκνοις
7 ὅτι Ἐγὼ ἐγενήθην παρθένος[3] ἁγνὴ[4] οὐδὲ ὑπερέβην[5] πατρικὸν[6] οἶκον, ἐφύλασσον
δὲ τὴν ᾠκοδομημένην πλευράν.[7] **8** οὐδὲ ἔφθειρέν[8] με λυμεὼν[9] ἐρημίας[10] φθορεὺς[11]
ἐν πεδίῳ,[12] οὐδὲ ἐλυμήνατό[13] μου τὰ ἁγνὰ[14] τῆς παρθενίας[15] λυμεὼν[16] ἀπάτης[17]
ὄφις.[18] **9** ἔμεινα[19] δὲ χρόνον ἀκμῆς[20] σὺν ἀνδρί· τούτων δὲ ἐνηλίκων[21] γενομένων
ἐτελεύτησεν[22] ὁ πατὴρ αὐτῶν, μακάριος[23] μὲν ἐκεῖνος, τὸν γὰρ τῆς εὐτεκνίας[24]
βίον[25] ἐπιζήσας[26] τὸν τῆς ἀτεκνίας[27] οὐκ ὠδυνήθη[28] καιρόν. **10** ὃς ἐδίδασκεν ὑμᾶς
ἔτι ὢν σὺν ὑμῖν τὸν νόμον καὶ τοὺς προφήτας. **11** τὸν ἀναιρεθέντα[29] Αβελ ὑπὸ
Καιν ἀνεγίνωσκέν[30] τε ὑμῖν καὶ τὸν ὁλοκαρπούμενον[31] Ισαακ καὶ τὸν ἐν φυλακῇ
Ιωσηφ. **12** ἔλεγεν δὲ ὑμῖν τὸν ζηλωτὴν[32] Φινεες, ἐδίδασκέν τε ὑμᾶς τοὺς ἐν πυρὶ
Ανανιαν καὶ Αζαριαν καὶ Μισαηλ. **13** ἐδόξαζεν δὲ καὶ τὸν ἐν λάκκῳ[33] λεόντων[34]
Δανιηλ, ὃν ἐμακάριζεν.[35] **14** ὑπεμίμνησκεν[36] δὲ ὑμᾶς καὶ τὴν Ησαιου γραφὴν[37] τὴν
λέγουσαν Κἂν[38] διὰ πυρὸς διέλθῃς, φλὸξ[39] οὐ κατακαύσει[40] σε. **15** τὸν ὑμνογράφον[41]
ἐμελῴδει[42] ὑμῖν Δαυιδ λέγοντα Πολλαὶ αἱ θλίψεις τῶν δικαίων. **16** τὸν Σαλωμῶντα
ἐπαροιμίαζεν[43] ὑμῖν λέγοντα Ξύλον[44] ζωῆς ἐστιν τοῖς ποιοῦσιν αὐτοῦ τὸ θέλημα.[45]
17 τὸν Ιεζεκιηλ ἐπιστοποίει[46] τὸν λέγοντα Εἰ ζήσεται τὰ ὀστᾶ[47] τὰ ξηρὰ[48] ταῦτα;

1 παῖς, boy
2 δικαίωμα, righteous (statement)
3 παρθένος, virgin
4 ἁγνός, pure
5 ὑπερβαίνω, *aor act ind 1s*, go beyond (limits)
6 πατρικός, of one's father
7 πλευρά, rib
8 φθείρω, *impf act ind 3s*, corrupt
9 λυμεών, corrupter
10 ἐρημία, desert
11 φθορεύς, seducer
12 πεδίον, plain, field
13 λυμαίνω, *aor mid ind 3s*, ruin, spoil
14 ἁγνός, pure
15 παρθένια, virginity
16 λυμεών, corrupter
17 ἀπάτη, deceit
18 ὄφις, snake
19 μένω, *aor act ind 1s*, remain
20 ἀκμή, prime
21 ἐνῆλιξ, of age, at maturity
22 τελευτάω, *aor act ind 3s*, die
23 μακάριος, blessed
24 εὐτεκνία, (having) many children
25 βίος, life
26 ἐπιζάω, *aor act ptc nom s m*, sustain, living through
27 ἀτεκνία, bereavement
28 ὀδυνάω, *aor pas ind 3s*, grieve
29 ἀναιρέω, *aor pas ptc acc s m*, murder
30 ἀναγινώσκω, *impf act ind 3s*, read
31 ὁλοκαρπόω, *pres pas ptc acc s m*, offer as a whole burnt offering
32 ζηλωτός, zealous
33 λάκκος, pit, den
34 λέων, lion
35 μακαρίζω, *impf act ind 3s*, pronounce blessed
36 ὑπομιμνήσκομαι, *impf act ind 3s*, remind
37 γραφή, scripture
38 κἄν, even if, *cr.* καὶ ἄν
39 φλόξ, flame
40 κατακαίω, *fut act ind 3s*, consume, burn up
41 ὑμνογράφος, psalmist
42 μελῳδέω, *impf act ind 3s*, sing
43 παροιμιάζω, *impf act ind 3s*, cite proverbs
44 ξύλον, tree
45 θέλημα, will
46 πιστοποιέω, *impf act ind 3s*, affirm
47 ὀστέον, bone
48 ξηρός, dry

18 ᾠδὴν[1] μὲν γάρ, ἣν ἐδίδαξεν Μωυσῆς, οὐκ ἐπελάθετο[2] διδάσκων τὴν λέγουσαν
19 Ἐγὼ ἀποκτενῶ καὶ ζῆν ποιήσω· αὕτη ἡ ζωὴ ὑμῶν καὶ ἡ μακρότης[3] τῶν ἡμερῶν.

20 Ὢ[4] πικρᾶς[5] τῆς τότε ἡμέρας καὶ οὐ πικρᾶς, ὅτε ὁ πικρὸς Ἑλλήνων τύραννος[6] πῦρ
πυρὶ σβέσας[7] λέβησιν[8] ὠμοῖς[9] καὶ ζέουσι[10] θυμοῖς[11] ἀγαγὼν ἐπὶ τὸν καταπέλτην[12]
καὶ πάλιν[13] τὰς βασάνους[14] αὐτοῦ τοὺς ἑπτὰ παῖδας[15] τῆς Αβρααμίτιδος **21** τὰς τῶν
ὀμμάτων[16] κόρας[17] ἐπήρωσεν[18] καὶ γλώσσας ἐξέτεμεν[19] καὶ βασάνοις[20] ποικίλαις[21]
ἀπέκτεινεν. **22** ὑπὲρ ὧν ἡ θεία[22] δίκη[23] μετῆλθεν[24] καὶ μετελεύσεται[25] τὸν ἀλάστορα[26]
τύραννον.[27] **23** οἱ δὲ Αβραμιαῖοι παῖδες[28] σὺν τῇ ἀθλοφόρῳ[29] μητρὶ εἰς πατέρων
χορὸν[30] συναγελάζονται[31] ψυχὰς ἁγνὰς[32] καὶ ἀθανάτους[33] ἀπειληφότες[34] παρὰ τοῦ
θεοῦ. **24** ᾧ ἡ δόξα εἰς τοὺς αἰῶνας τῶν αἰώνων· αμην.[35]

1 ᾠδή, song
2 ἐπιλανθάνω, *aor mid ind 3s*, forget
3 μακρότης, length, span
4 ὦ, O!
5 πικρός, bitter
6 τύραννος, tyrant
7 σβέννυμι, *aor act ptc nom s m*, extinguish, quench
8 λέβης, cauldron
9 ὠμός, cruel
10 ζέω, *pres act ptc dat p m*, boil, seethe
11 θυμός, anger, rage
12 καταπέλτης, catapult
13 πάλιν, back, again
14 βάσανος, torture
15 παῖς, child
16 ὄμμα, eye
17 κόρη, pupil
18 πηρόω, *aor act ind 3s*, pierce
19 ἐκτέμνω, *aor act ind 3s*, cut out
20 βάσανος, torture
21 ποικίλος, manifold, diverse
22 θεῖος, divine
23 δίκη, justice
24 μετέρχομαι, *aor act ind 3s*, pursue
25 μετέρχομαι, *fut mid ind 3s*, pursue
26 ἀλάστωρ, accursed
27 τύραννος, tyrant
28 παῖς, child
29 ἀθλοφόρος, victorious
30 χορός, chorus
31 συναγελάζομαι, *pres pas ind 3p*, gather together
32 ἁγνός, pure
33 ἀθάνατος, immortal
34 ἀπολαμβάνω, *perf act ptc nom p m*, receive
35 αμην, amen, *translit.*

GLOSSARY

This glossary includes all the words in *Septuaginta* that are not provided in the running apparatus on each page. The approximately 330 words included here are those that occur both over 100 times in the Septuagint *and* over 30 times in the Greek New Testament (in general, though there are a few exceptions). Only the most common proper nouns are included. Since this glossary is not a full-fledged lexicon, we have chosen to provide glosses, or translation equivalents, not definitions. Each lexical entry includes the word's frequency in *Septuaginta* followed by its frequency in the New Testament.

Α, α

Ἀβραάμ, *m*, noun [212; 73]
Abraham (*translit.*)

ἀγαθός, **-ή**, **-όν**, adj. [640; 102]
good, kind, (morally) upright, beneficial, functional, (high) quality; [τὰ ἀγαθά] goods, possessions

ἀγαπάω, verb [283; 143]
to love, delight in, show affection for, enjoy

ἄγγελος, **-ου**, *m*, noun [351; 175]
angel, messenger, (human) envoy

ἅγιος, **-α**, **-ον**, adj. [831; 233]
holy, sacred, consecrated (to God), (morally) pure; [τὸ ἅγιον] the holy place, the sanctuary; [τὸ ἅγιος] the Holy One

ἀγρός, **-οῦ**, *m*, noun [245; 36]
field, land, countryside

ἄγω, verb [272; 67]
to bring (toward), lead (along), take

ἀδελφή, **-ῆς**, *f*, noun [122; 26]
sister, beloved woman

ἀδελφός, **-οῦ**, *m*, noun [926; 343]
brother, fellow person, neighbor, colleague

Αἰγύπτιος, adj. [140; 5]
Egyptian

Αἴγυπτος, *f*, noun [649; 25]
Egypt

αἷμα, **-ατος**, *n*, noun [399; 97]
blood

αἴρω, verb [290; 101]
to pick up, raise, lift, take up (and carry), take away, remove

αἰών, **-ῶνος**, *m*, noun [749; 122]
very long period, age, eternity

αἰώνιος, **-ος**, **-ον**, adj. [163; 71]
eternal, without end

ἀκάθαρτος, **-ος**, **-ον**, adj. [160; 32]
impure, unclean

ἀκούω, verb [1,067; 428]
to hear (about), listen to, obey, understand

ἀλήθεια, **-ας**, *f*, noun [204; 109]
truth, truthfulness

ἀλλά, conj. [583; 638]
but, rather, yet, nevertheless, except; [ἀ. ἤ] rather (than), except; [οὐ μὴν δὲ ἀ.] nonetheless; [μὲν . . . ἀ.] on one hand . . . on the other hand

ἄλλος, **-η**, **-ον**, adj. [107; 155]
other, another

ἁμαρτάνω, verb [270; 43]
to sin, act sinfully, do wrong

ἁμαρτία, **-ας**, *f*, noun [543; 173]
sin, sinfulness, sin offering

ἁμαρτωλός, **-ός**, **-όν**, adj. [179; 47]
sinful; (*subst*) sinner

ἄν, particle [654; 166]
(*particle of contingency*); [ὅς ἄ. + *sub*] whoever, whichever; [ὡς ἄ. + *sub*] however, whenever; [ἕως ἄ. + *sub*/*inf*/*ind*] until

ἀναβαίνω, verb [685; 82]
to go up, rise up, climb, ascend, emerge, mount

ἀνήρ, **ἀνδρός**, *m*, noun [1,917; 216]
man, person, husband; [(*idiom*) ἀ. + ἑαυτοῦ] each (*one*)

ἄνθρωπος, **-ου**, *m*, noun [1,427; 550]
man, husband, person, humanity

ἀνίστημι, verb [539; 108]
to raise (up), set up, restore, (re)build; (*intr*) to rise, stand up, present oneself

ἀνοίγω, verb [183; 77]
to open

ἀπαγγέλλω, verb [254; 45]
to proclaim, declare, inform, explain

ἀπέρχομαι, verb [229; 117]
to go away, depart, leave

ἀπό, prep. [4,147; 646]
(+ *gen*) from, away from, out of, after, because of; [ἀ. οὗ] since; [ἀ. ἐκείνου] from then on

ἀποδίδωμι, verb [220; 48]
to give back (what is owed), return, repay, make amends; (*mid*) to sell

ἀποθνῄσκω, verb [602; 111]
to die

ἀποκρίνομαι, verb [277; 231]
to answer, reply, respond

ἀποκτείνω, verb [237; 74]
to kill, destroy

ἀπόλλυμι, verb [379; 90]
to destroy, conceal, lose; (*mid*) perish, be removed, vanish

ἀποστέλλω, verb [691; 132]
to send (out/away), dispatch, permit to leave, dismiss

ἅπτομαι, verb [133; 39]
(+ *gen*) to touch, grasp, affect, reach; [ἅπτω] to kindle, light

ἄρτος, **-ου**, *m*, noun [307; 97]
bread, food

ἀρχή, **-ῆς**, *f*, noun [236; 55]
origin, start, beginning, ruler, authority

ἄρχω, verb [176; 86]
(+ *gen*) to rule, administer; (*mid*) to begin

ἄρχων, **-οντος**, *m*, noun [664; 37]
ruler, commander, governor, top authority

αὐτός, **-ή**, **-όν**, pron. [29,393; 5,597]
he, she, it; (the very) same; himself, herself, itself

ἀφίημι, verb [137; 143]
to forgive, release, permit, leave (behind)

Β, β

βασιλεία, **-ας**, *f*, noun [437; 162]
kingdom, dominion, reign, kingship, royal rule

βασιλεύς, **-έως**, *m*, noun [3,443; 115]
king, (supreme) ruler

βιβλίον, **-ου**, *n*, noun [186; 34]
document, scroll, letter

βλέπω, verb [133; 132]
to see, look at, watch, face

βούλομαι, verb [128; 37]
to desire, be willing, consent to

Γ, γ

γάρ, conj. [1,548; 1,041]
for, since, as; [καὶ γ.] surely, indeed; [ἐάν τε γ. . . . μήτε] for if . . . neither; [μὲν γ. . . . δέ] for indeed . . . but

γέ, particle [176; 26]
(*emphatic particle*) indeed, really

γενεά, **-ᾶς**, *f*, noun [239; 43]
generation, family group, birthplace

γεννάω, verb [254; 97]
to be the father of, give birth to, bring into existence

γῆ, **-ῆς**, *f*, noun [3,172; 250]
earth, soil, ground, land, region

γι(γ)νώσκω, verb [754; 222]
to know, realize, find out, understand, acknowledge, have sexual intercourse

γίνομαι, verb [2,217; 669]
to be, become, come about, happen, be (created, born, produced, etc.)

γλῶσσα, **-ης**, *f*, noun [169; 50]
tongue, language, bar (of metal)

γράφω, verb [304; 191]
to write (down), record

γυνή, **γυναικός**, *f*, noun [1,074; 215]
woman, female, wife

Δ, δ

Δαυιδ, *m*, noun [1,090; 59]
David (*translit.*)

δέ, conj. [4,907; 2,792]
and, but, now, then, in turn; [δ. καί] but also; [μὲν . . . δ./ἀλλά] on one hand . . . on the other hand; [εἰ δ. μή] if not, otherwise; [ἐάν δ. καί] but if; [οὐ μὴν δ. ἀλλά] nonetheless; [τὲ . . . δ.] as . . . so, not only . . . but also, both . . . and; [μὲν γὰρ . . . δ.] for indeed . . . but

δείκνυμι, verb [127; 33]
to point out, show, make known, explain

δεξιός, **-ά**, **-όν**, adj. [227; 54]
right (side); (*opposite of left*)

δεύτερος, **-α**, **-ον**, adj. [228; 43]
second

διά, prep. [1,424; 667]
(+ *gen*) through, during, after, by means of, with; [δ. παντός] continually, always
(+ *acc*) because of, on account of; [δ. τί] why?; [δ. τοῦτο] therefore

διαθήκη, **-ης**, *f*, noun [358; 33]
covenant, treaty, testament

διδάσκω, verb [107; 97]
to teach, instruct; (*pas*) to learn

δίδωμι, verb [2,130; 415]
to give, grant, provide, deliver, place, issue

διέρχομαι, verb [152; 43]
to go through(out), pass (through)

δίκαιος, **-α**, **-ον**, adj. [433; 79]
just, righteous

δικαιοσύνη, **-ης**, *f*, noun [350; 92]
righteousness, uprightness, (divine) justice, equity

διώκω, verb [112; 45]
to pursue, seek after, chase

δόξα, **-ης**, *f*, noun [451; 166]
glory, splendor, majesty, distinction, reputation

δοξάζω, verb [146; 61]
to extol, magnify, hold in honor

δοῦλος, **-η**, **-ον**, adj. [385; 126]
enslaved, subservient; (*subst*) servant, slave

δύναμαι, verb [337; 210]
to be able, be capable

δύναμις, **-εως**, *f*, noun [591; 119]
power, might, ability, (armed military) force, authority

δυνατός, **-ή**, **-όν**, adj. [185; 32]
strong, powerful, capable

δύο, adj. [695; 135]
two; [(*dat*) δύσι]

Ε, ε

ἐάν, conj. [1,357; 350]
if, perhaps, when(ever); [ἐ. καί] even if; [ἐ. δὲ καί] but if; [ἐ. μή] if not, unless; [ὡς/ὅς ἐ.] whoever; [ἡνίκα ἐ.] whenever; [ὅθεν ἐ.] from wherever; [ὅπου ἐ.] wherever; [πλὴν ἐ.] provided only; [ὅν τρόπον ἐ.] as if, just as; [ἐ. τε . . . ἐ. τε] whether . . . or; [ἐ. τε γὰρ . . . μήτε] for if . . . neither; [ἐ. τε] even if, whether

ἑαυτοῦ, **-ῆς**, **-οῦ**, pron. [654; 319]
himself, herself, itself; [(*idiom*) ἀνήρ + ἑ.] each one

ἐγγίζω, verb [158; 42]
to bring near, come near, approach

ἐγώ, pron. [12,697; 2,666]
I; [(*p*) ἡμεῖς] we

ἔθνος, **-ους**, *n*, noun [1,014; 162]
people (group), nation, non-Israelite

εἰ, particle [804; 502]
if, perhaps, whether, since; [ε. μή] except, if not; [ε. πως] if somehow, if perhaps; [ε. δὲ μή] if not, otherwise; [ε. *or* ε. μήν] surely, certainly; [ε. . . . ἤ] whether . . . or; *see also* ἄν, εἴτε

εἶδον, verb
see ὁράω

εἰμί, verb [6,836; 2,462]
to be, become, function as, be present, exist

εἰρήνη, **-ης**, *f*, noun [295; 92]
peace, well-being

εἰς, prep. [7,470; 1,767]
(+ *acc*) into, toward, until, with regard to; [ε. τοῦτο] for this reason; [ε. τό + *inf*] so that; [ε. ὅ] with regard to which, for which; [ε. τί] why?

εἷς, **μία**, **ἕν** (*gen* **ἑνός**, **μιᾶς**, **ἑνός**) adj. num. [1,034; 345]
one, first; (the) same; (*indef article*) a, an; [≈τις] someone, a certain (*x*); [ε. . . . ε.] one . . . another; [ε. . . . ὁ ἕτερος] (the) one . . . (the) other

εἰσέρχομαι, verb [710; 194]
to enter, go in(to); [ε. + πρός] to have sexual intercourse

εἴτε, conj. [9; 65]
even if; [ἕ. . . . ἕ.] whether . . . or

ἐκ, ἐξ, prep. [3,831; 914]
(+ *gen*) out of, from (within), (part) of, due to, since, after; [ἐ. τούτο] because (of this), for this reason; [ἐ. ἐναντίας] opposite, in front of; [ἐ. προσώπου] from the presence of, from before

ἕκαστος, -η, -ον, adj. [357; 82]
each, every

ἐκβάλλω, verb [101; 81]
to throw out, move out, sever a relationship

ἐκεῖ, adv. [804; 105]
there, in that place

ἐκεῖνος, -η, -ον, pron. [747; 265]
that (person/thing); [μετ' ἐκεῖνο] afterward; [ἀπ' ἐκείνου] from then on

ἐκκλησία, -ας, *f*, noun [103; 114]
assembly, gathering, (social) organization

ἐκπορεύομαι, verb [171; 33]
to go out, emerge, leave

ἐλπίζω, verb [117; 31]
to hope (for), expect, wait for

ἐλπίς, -ίδος, *f*, noun [117; 53]
hope, expectation

ἐμός, -ή, -όν, adj. [105; 76]
my, mine

ἔμπροσθεν, prep. [162; 48]
(+ *gen*) before, in front (of), prior

ἐν, prep. [14,316; 2,752]
(+ *dat*) in, on, among, with, when, at

ἐναντίος, -α, -ον, adj. [66; 8]
opposite, against; [ἐξ ἐναντίας] opposite, in front of

ἐντολή, -ῆς, *f*, noun [240; 67]
commandment, order, precept

ἐνύπνιον, -ου, *n*, noun [107; 1]
dream

ἐνώπιον, prep. [565; 94]
(+ *gen*) in front of, in the presence of, in the opinion of

ἐξέρχομαι, verb [743; 218]
to exit, depart, go away, come out, appear, get out, proceed from

ἔξω, adv. used as prep. [109; 63]
outside; (+ *gen*) out from, outside of

ἐπί, prep. [7,314; 890]
(+ *gen*) at, upon, near, before, in the time of, over, on the basis of
(+ *dat*) on, beside, regarding, owing to, in addition to, above, during
(+ *acc*) over, toward, as far as, until, against; [ἐ. τὸ αὐτὸ] together, at once

ἐπιγινώσκω, verb [149; 44]
to recognize, realize, notice

ἐπιστρέφω, verb [550; 36]
to turn, return, bring back, change (physical or mental) orientation

ἐπιτίθημι, verb [271; 39]
to lay on, place upon, set in place, impose; (*mid*) make an attempt on, attack

ἑπτά, adj. [377; 88]
seven

ἐργάζομαι, verb [120; 41]
(*intr*) to work, labor; (*trans*) to perform, accomplish

ἔργον, -ου, *n*, noun [591; 169]
work, task, action, activity, product

ἔρημος, -ος/η, -ον, adj. [388; 48]
desolate, empty; (*subst*) desert, wasteland, wilderness

ἔρχομαι, verb [1,082; 632]
to go, come (to), arrive (at), come to pass

ἐρῶ, verb
see λέγω

ἐσθίω, verb [645; 158]
to eat, consume; [*or* ἔσθω; (*fut*) ἔδομαι *or* φάγομαι; (*aor*) ἔφαγον; etc.]

ἔσχατος, **-η**, **-ον**, adj. [155; 52]
last, final, remotest

ἕτερος, **-α**, **-ον**, adj. [267; 98]
other, another, different

ἔτι, adv. [550; 93]
yet, still, even; (+ *neg*) anymore

ἑτοιμάζω, verb [176; 40]
to prepare

ἔτος, **-ους**, *n*, noun [718; 49]
year; [κατὰ ἔτος] every year, annually

εὐλογέω, verb [519; 41]
to bless, make successful, confer favor, speak well of, praise

εὑρίσκω, verb [611; 176]
to find (out), come upon, encounter, discover, obtain; (*pas*) be available, be at one's disposal; [(*idiom*) ε. χάριν] to gain positive/favorable status

ἐχθρός, **-ά**, **-όν**, adj. [447; 32]
hostile, opposed; (*subst*) enemy, opponent

ἔχω, verb [493; 708]
to have, possess, hold, maintain

ἕως, prep./conj. [1,564; 146]
until, as long as, up to, while; [ἕ. ἄν (+ *sub/inf/ind*)] until; [ἕ. οὗ] until; [ἕ. πότε/τίνος] until when; [ἕ. (+ *num*)] as many as (*x*) times; [ἕ. σφόδρα] very exceedingly

Ζ, ζ

ζάω, verb [560; 140]
to live, be alive, survive

ζητέω, verb [320; 117]
to seek, look for, inquire about, desire

ζωή, **-ῆς**, *f*, noun [298; 135]
life, existence

Η, η

ἤ, conj. [950; 343]
or, (rather) than, as; [ἤ(τοι) . . . ἤ] either . . . or, whether . . . or; [πρὶν ἤ] before; [ἀλλ' ἤ] rather, except; [εἰ . . . ἤ] whether . . . or

ἥλιος, **-ου**, *m*, noun [214; 32]
sun, sunshine

ἡμέρα, **-ας**, *f*, noun [2,572; 389]
day, daytime, period (of time)

Θ, θ

θάλασσα, **-ης**, *f*, noun [449; 91]
sea, (specifically, the Mediterranean Sea); [κατὰ θάλασσαν] toward the sea, westward

θάνατος, **-ου**, *m*, noun [365; 120]
death

θέλω, verb [163; 208]
to be willing, want

θεός, **-οῦ**, *m*, noun [4,009; 1,317]
God, god, deity

θηρίον, **-ου**, *n*, noun [165; 46]
wild animal

θλῖψις, **-εως**, *f*, noun [135; 45]
distress, suffering, oppression

θρόνος, **-ου**, *m*, noun [165; 62]
throne, seat (of power)

θύρα, **-ας**, *f*, noun [240; 39]
door, entrance

Ι, ι

ἰδού, interj./particle [1,177; 200]
see!, look!, watch!

ἱερεύς, **-έως**, *m*, noun [904; 31]
priest

ἱερόν, **-ου**, *n*, noun
see ἱερός

ἱερός, **-ά**, **-όν**, adj. [116; 74]
holy, sacred; [τὸ ἱερόν] temple, sanctuary

Ἰησοῦς, *m*, noun [277; 917]
Joshua (*translit.*)

ἱμάτιον, **-ου**, *n*, noun [223; 60]
clothing, garment

ἵνα, conj. [621; 663]
(+ *sub*) that, in order that, so that; [ἵ. μή (+ *sub*)] (in order) that not; [ἵ. τί] why?

Ἰουδαία, *f*, noun [131; 44]
Judea (*translit.*)

Ἰουδαῖος, adj. [213; 194]
Judean

Ἰούδας, *m*, noun [901; 44]
Judah (*translit.*)

Ισραηλ, *m*, noun [2,747; 68]
Israel (*translit.*)

ἵστημι, verb [766; 154]
to set, situate, position, cause to stand, confirm, appoint, bring about; (*intr*) to stop, stand still, hold out, present oneself

Κ, κ

καθαρίζω, verb [125; 31]
to purify, cleanse

κάθημαι, verb [206; 91]
to sit, stay, reside

καθίζω, verb [229; 46]
to sit down, settle, reside, establish

καθώς, conj. [283; 182]
as, just as

καί, conj. [62,352; 9,161]
and, also, then, so, even; [κ. . . . κ.] both . . . and, not only . . . but also; [κ. γάρ] surely, indeed; [ἐάν κ.] even if; [ἐάν δὲ κ.] but if; [τὲ . . . κ.] as . . . so, not only . . . but also, both . . . and

καιρός, **-οῦ**, *m*, noun [485; 85]
time, period, season, occasion, opportunity

κακός, **-ή**, **-όν**, adj. [392; 50]
bad, dangerous, evil, harmful; [τὰ κακά] wrongdoing, afflictions, troubles

καλέω, verb [511; 148]
to call (upon), address, invite, summon, (give a) name (to), proclaim

καλός, **-ή**, **-όν**, adj. [235; 101]
good, beautiful, useful, precious

καρδία, **-ας**, *f*, noun [960; 156]
(physical) heart, (spiritual) center, (seat of) conscience/emotion

καρπός, **-οῦ**, *m*, noun [128; 66]
fruit, (offspring)

κατά, prep. [2,145; 473]
(+ *gen*) down (from), down (onto), against, along, toward, as far as
(+ *acc*) at, facing, according to, during, concerning; [κ. ἰδίαν] private(ly); [κ. ἑαυτόν] by him/her/itself

καταβαίνω, verb [352; 81]
to go down, come down, descend

κατοικέω, verb [683; 44]
to reside, inhabit, settle (an area), live (in a place)

κεφαλή, **-ῆς**, *f*, noun [432; 75]
head, top, leader

κλαίω, verb [166; 40]
to weep, cry, lament

κράζω, verb [111; 55]
to cry out, scream, call

κρατέω, verb [153; 47]
to grasp, have control over, take possession of, retain, gain strength

κρίνω, verb [269; 114]
to consider, pass judgment, decide, condemn, sentence; (*mid*) dispute

κρίσις, **-εως**, *f*, noun [277; 47]
(legal) case, sentence, judgment, decision

κύριος, **-ου**, *m*, noun [8,605; 717]
master, sir, lord, Lord

Λ, λ

λαλέω, verb [1,189; 296]
to speak, tell, say, communicate

λαμβάνω, verb [1,336; 258]
to take, grasp, remove, acquire, receive, seize, catch, capture; (*pas*) to receive, be given, undergo; [λ. πρόσωπον] to show approval, treat preferentially; [λ. ἐν γαστρί] to conceive; [(*fut*) λή(μ)ψομαι]

λαός, **-οῦ**, *m*, noun [2,060; 142]
people, nation, humankind

λέγω, verb [2,601; 2,353]
to say, speak, tell, address, answer, call, order; [(*fut*) ἐρῶ]

λήμψομαι, verb
see λαμβάνω

λίθος, **-ου**, *m*, noun [302; 59]
stone

λογίζομαι, verb [120; 40]
to devise, regard as, consider, take notice of

λόγος, **-ου**, *m*, noun [1,239; 330]
word, matter, subject (of conversation), statement, message, report, oracle

λοιπός, **-ή**, **-όν**, adj. [119; 55]
remaining; (*subst*) rest, remainder

Μ, μ

μέγας, **μεγάλη**, **μέγα**, adj. [913; 243]
large, great, long, wide, strong; [(*comp*) μείζων, μεῖζον]; [(*sup*) μέγιστος, -η, -ον]

μέν, particle [223; 179]
yet, indeed; [μ. . . . δέ/ἀλλά] on the one hand . . . on the other hand; [μ. γὰρ . . . δέ] for indeed . . . but; [μ. οὖν] then

μέρος, **-ους**, *n*, noun [138; 42]
part, piece, section

μέσος, **-η**, **-ον**, adj./prep. [849; 58]
middle; [τὸ μέσον] the middle; (*prep* + *gen*) among, within, between; [ἀνὰ μέσον] between

μετά, prep. [2,522; 469]
(+ *gen*) with, (accompanied) by, among, in the presence of
(+ *acc*) behind, following, after; [μ. τοῦτο] afterward, later; [μ. ἐκεῖνο] afterward

μή, particle [3,174; 1,042]
not, lest; [οὐ μ. (+ *sub*)] certainly not, by no means; [εἰ δὲ μ.] if not, otherwise; [τοῦ μ. (+ *inf*)] so that not; [οὐδὲ (οὐ) μ.] not even; [οὐκέτι (οὐ) μ.] never again; [ἐάν μ.] if not, unless; [εἰ μ.] except, if not; [ἵνα μ. (+ *sub*)]

μηδέ, particle [139; 56]
and not, nor, not even

μήν, **μηνός**, *m*, noun/particle [346; 19]
month, moon; [εἰ *or* εἶ μ.] surely, certainly; [οὐ μ. δὲ ἀλλά] nonetheless

μήτηρ, **μητρός**, *f*, noun [338; 83]
mother

μικρός, **-ά**, **-όν**, adj. [165; 46]
small, little, insignificant, minor; [μικρόν] a little while; [πρὸ μικροῦ] a little earlier; [μετὰ μικρόν] a little later; [κατὰ (μικρὸν) μικρόν] bit by bit

μισέω, verb [182; 40]
to hate, detest, disdain

μόνος, **-η**, **-ον**, adj. [223; 114]
only, alone

Μωϋσῆς, *m*, noun [732; 80]
Moses (*translit.*)

Ν, ν

ναός, **-οῦ**, *m*, noun [118; 45]
temple

νόμος, **-ου**, *m*, noun [428; 194]
law, Law, regulation, rule

νῦν, adv. [697; 147]
now, at present; [ὁ/ἡ/τό ν.] the present (time/moment)

νύξ, **νυκτός**, *f*, noun [295; 61]
night

Ο, ο

ὁ, **ἡ**, **τό**, article [88,461; 19,867]
the, this (one), that (one)

ὁδός, **-οῦ**, *f*, noun [888; 101]
way, path, road, course, journey, conduct, behavior

οἶδα, verb [294; 318]
to know (about), understand, perceive, be(come) aware

οἰκία, **-ας**, *f*, noun [268; 93]
house, household, family

οἰκοδομέω, verb [467; 40]
to build, construct

οἶκος, **-ου**, *m*, noun [2,062; 114]
house, dwelling, possessions, household, kin, descendants

οἶνος, **-ου**, *m*, noun [252; 34]
wine

ὅλος, **-η**, **-ον**, adj. [275; 109]
whole, entire, complete; [δι᾽ ὅλου] throughout; [τοῖς ὅλοις] altogether

ὄνομα, **-ατος**, *n*, noun [1,049; 231]
name, title, reputation

ὀπίσω, adv./prep. [378; 35]
behind; (*prep* + *gen*) after; [τὰ ὀ.] back (parts), rear

ὅπως, conj. [262; 53]
(in order) that (+ *sub*)

ὁράω, verb [1,503; 454]
to see, notice, perceive, look; (*pas*) to appear; [(*aor*) εἶδον]

ὀργή, **-ῆς**, *f*, noun [303; 36]
anger, wrath, indignation

ὄρος, **-ους**, *n*, noun [684; 63]
hill, mountain

ὅς, **ἥ**, **ὅ**, pron. [5,041; 1,399]
who, that, which, (the) one (who); [ἀνθ᾽ ὧν] for, because; [οὗ (*adv*)] where, in which case; [εἰς ὅ] with regard to which, for which; [ἕως οὗ] until; [ἀφ᾽ οὗ] since; [ὅς ἐάν] whoever; [ὅν τρόπον ἐάν] as if, just as

ὅσος, **-η**, **-ον**, adj. [614; 110]
as great as, as much as, as many as, as far as, as long as

ὅστις, **ἥτις**, **ὅτι**, pron. [133; 152]
whoever, whichever, whatever

ὅταν, conj. [210; 123]
when, whenever

ὅτε, conj. [173; 103]
when, while

ὅτι, conj. [4,044; 1,296]
that, so that, because, since; [τί ὅ.] why?; [πλὴν ὅ.] however

οὐ, **οὐκ**, **οὐχ**, adv. [6,406; 1,623]
no, not; [ο. μή (+ *sub*)] certainly not, by no means; [ο. μὴν δὲ ἀλλά] nonetheless

οὐδέ, conj. [614; 143]
and not, nor, neither; [ο. μή] not even; [ο. ὧς] even so

οὐδείς, **οὐδεμία**, **οὐδέν**, pron. [188; 227]
no one, none, nothing, not at all

οὐκέτι, adv. [111; 47]
no more, no longer, not again; [ο. (οὐ) μή] never again

οὖν, conj. [259; 499]
so, thus, consequently, therefore; [μὲν ο.] then

οὐρανός, **-οῦ**, *m*, noun [682; 273]
sky, heaven(s)

οὖς, **ὠτός**, *n*, noun [184; 36]
ear

οὔτε, adv. [123; 87]
and not, neither, nor

οὗτος, **αὕτη**, **τοῦτο**, pron. [4,419; 1,387]
this (one), (*p*) these (ones), he/she/it; [μετὰ τοῦτο] afterward, later; [εἰς τοῦτο] for this reason; [ἐκ τούτο] because (of this), for this reason; [διὰ τοῦτο] therefore

οὕτως, adv. [859; 208]
in this manner, so, thus, accordingly

οὐχί, adv. [200; 54]
no, surely not

ὀφθαλμός, **-οῦ**, *m*, noun [676; 100]
eye, (faculty of) sight; [ὀφθαλμοῖς κατ' ὀφθαλμοὺς] face-to-face

Π, π

παιδίον, **-ου**, *n*, noun [168; 52]
young child; [ἐκ παιδίου] from childhood

παρά, prep. [881; 194]
(+ *gen*) from (the side)
(+ *dat*) beside, by, in the presence of
(+ *acc*) alongside of, near, for the reason that, more than, beyond, rather than, contrary to

παραγίνομαι, verb [178; 37]
to arrive, be present, present oneself

παραδίδωμι, verb [276; 119]
to give up, hand over, deliver, transmit, relate

παρακαλέω, verb [140; 109]
to comfort, exhort, encourage, summon

πᾶς, **πᾶσα**, **πᾶν** (*gen* **παντός**, **πάσης**, **παντός**), adj. [6,826; 1,243]
each, every, all; (*subst*) everyone, everything; [διὰ παντός] continually

πατήρ, **πατρός**, *m*, noun [1,448; 413]
father, parent, ancestor

πεδίον, **-ου**, *n*, noun [174; 0]
plain, field, level area

πείθω, verb [181; 52]
to persuade; (*pas*) to obey, yield; (*perf/plpf*) to believe, rely on, trust (in), feel confidence

πέντε, adj. [278; 38]
five

περί, prep. [852; 333]
(+ *gen*) about, concerning, on account of, with regard to
(+ *acc*) around, near, with

πίνω, verb [294; 73]
to drink

πίπτω, verb [423; 90]
to fall, fail, collapse, perish

πλανάω, verb [126; 39]
to lead astray, misguide, deceive; (*mid*) to move about, wander aimlessly (away)

πλῆθος, **-ους**, *n*, noun [287; 31]
quantity, multitude, crowd

πλήν, adv. used as conj./prep. [248; 31]
(*conj*) rather, nevertheless, but; (*prep* + *gen*) except; [π. ἐάν] provided only; [π. ὅτι] however

πληρόω, verb [112; 86]
to fill (up), complete, bring to an end; [(*idiom*) π. τὰς χεῖρας] to ordain (a priest)

πνεῦμα, **-ατος**, *n*, noun [381; 379]
wind, breath, spirit, soul, (mental/emotional) disposition

ποιέω, verb [3,387; 568]
to do, undertake, act, make, produce, carry out; [π. (+ *inf*)] compel to do

πόλεμος, **-ου**, *m*, noun [387; 18]
war, battle, fight

πόλις, **-εως**, *f*, noun [1,580; 163]
city, town, inhabitants

πολύς, **πολλή**, **πολύ** (*gen* **-οῦ**, **-ῆς**, **-οῦ**), adj. [924; 416]
much, many, great, large, wide, long, strong; [(*comp*) πλείων, πλείονος, πλεῖον]; [(*sup*) πλεῖστος, -η, -ον]

πονηρός, **-ά**, **-όν**, adj. [382; 78]
evil, wicked, immoral, bad, harmful

πορεύομαι, verb [1,260; 153]
to go (from), come (to), proceed, walk, travel, conduct oneself; [π. ὀπίσω] follow

ποῦ, adv. [125; 48]
where?, at which place?

πούς, **ποδός**, *m*, noun [303; 93]
foot, step, track

πρεσβύτερος, **-α**, **-ον**, adj. [219; 66]
older; (*subst*) elder, official, council member

πρό, prep. [254; 47]
(+ *gen*) ahead, before, prior to

πρόβατον, **-ου**, *n*, noun [300; 39]
sheep

πρός, prep. [4,382; 700]
(+ *gen*) in the interest of, necessary for
(+ *dat*) at, near, in addition to
(+ *acc*) to, toward, facing, in order to, so that, against, in reference to, concerning

προσέρχομαι, verb [116; 86]
to go to, approach, arrive

προσευχή, **-ῆς**, *f*, noun [115; 36]
prayer

προσεύχομαι, verb [110; 85]
to pray

προσκυνέω, verb [228; 60]
to (fall down and) worship, bow before in reverence

πρόσταγμα, **-ατος**, *n*, noun [170; 0]
ordinance, command

προσφέρω, verb [165; 47]
to bring to, offer, present

πρόσωπον, **-ου**, *n*, noun [1,303; 76]
face, front (side), surface, appearance, expression; [ἐπὶ προσώπου] in front of; [κατὰ πρόσωπον] facing, across from, against; [ἐκ προσώπου] from the presence of, from before; [λαμβάνω π.] to show approval, treat preferentially

προφήτης, **-ου**, *m*, noun [333; 144]
prophet

πρῶτος, **-η**, **-ον**, adj. [243; 155]
first, earlier, former, foremost

πτωχός, **-ή**, **-όν**, adj. [124; 34]
poor, oppressed, needy

πῦρ, **-ός**, *n*, noun [541; 71]
fire

πῶς, adv. [129; 103]
how, in what way; [εἴ π.] if somehow, if perhaps

Ρ, ρ

ῥῆμα, **-ατος**, *n*, noun [546; 68]
expression, saying, statement, matter, thing, concern

Σ, σ

σάββατον, **-ου**, *n*, noun [130; 68]
sabbath, week

σάρξ, **σαρκός**, *f*, noun [215; 147]
flesh, meat, body, humanity

σεαυτοῦ, **-ῆς**, **-οῦ**, pron. [237; 43]
yourself

σημεῖον, **-ου**, *n*, noun [121; 77]
sign, signal, identifying mark

σήμερον, adv. [291; 41]
today

σκότος, **-ους**, *n*, noun [120; 31]
darkness

σοφία, **-ας**, *f*, noun [254; 51]
wisdom, skill, shrewdness

σπέρμα, **-ατος**, *n*, noun [279; 43]
seed, children, descendants

στόμα, **-ατος**, *n*, noun [490; 78]
mouth, opening, entrance, edge (of a sword)

σύ, pron. [14,026; 2,907]
you; [(*p*) ὑμεῖς] you (all)

σύν, prep. [231; 128]
(+ *dat*) with, in addition to, including

συνάγω, verb [377; 59]
to gather, collect, bring together, assemble, invite, receive

συναγωγή, **-ῆς**, *f*, noun [228; 56]
congregation, assembly, gathering place

σῴζω, verb [365; 106]
to save, rescue, keep from harm; (*pas*) to escape

σῶμα, **-ατος**, *n*, noun [136; 142]
body, corpse, slave, person

σωτηρία, **-ας**, *f*, noun [158; 46]
salvation, deliverance

Τ, τ

τέ, conj. [274; 215]
and; [τ. . . . τ./καί/δέ] as . . . so, not only . . . but also, both . . . and; [ἐάν τ. γὰρ . . . μήτε] for if . . . neither; [ἐάν τ.] even if

τέκνον, **-ου**, *n*, noun [313; 99]
child, son, offspring

τέλος, **-ους**, *n*, noun [165; 40]
end, conclusion, goal; [μετὰ/ἐπὶ/ἀπὸ (τὸ) τ.] after, at the end of (a period); [εἰς/ἕως/διὰ/μέχρι (τὸ) τ.] completely, utterly

τεσσαράκοντα, adj. [151; 0]
forty

τέσσαρες, **-ες**, **-α**, adj. [249; 41]
four

τίθημι, verb [559; 100]
to set, place, put, establish, institute, appoint

τίς, **τίς**, **τί** (*gen* **τίνος**), pron. [1,511; 555]
who?, which (one)?, what (sort)?; [τί ὅτι] why?; [διὰ/εἰς τί] why?; [ἕως τίνος] until when?; [χάριν τίνος] why?; [ἵνα τί] why?

τις, pron. [342; 525]
someone, something, anyone, anything, (a) certain one/thing

τόπος, **-ου**, *m*, noun [611; 94]
place, region, position

τότε, adv. [295; 160]
then, next, at that point, thereupon

τρεῖς, **-εῖς**, **-ία**, adj. [378; 69]
three

τρίτος, **-η**, **-ον**, adj. [179; 56]
third

Υ, υ

ὕδωρ, **ὕδατος**, *n*, noun [676; 76]
water

υἱός, **-οῦ**, *m*, noun [5,204; 377]
son, descendant, community member; [υ. (+ *num*) ἐτῶν] (*num*) years old

ὑπάρχω, verb [156; 60]
to exist, be (present), belong to

ὑπέρ, prep. [430; 150]
(+ *gen*) for (the sake of), on behalf of, in place of, with regard to
(+ *acc*) beyond, more than, over

ὑπό, prep. [495; 220]
(+ *gen*) by
(+ *acc*) below, under, during

Φ, φ

φέρω, verb [291; 66]
to carry, bring along, bear, endure; [*fut* ὄισω; *aor* ἤνεγκα]

φοβέω, verb [463; 95]
to fear, revere, become frightened

φόβος, **-ου**, *m*, noun [199; 47]
fear, alarm, dread, reverence, awe

φυλακή, **-ῆς**, *f*, noun [121; 47]
watch, guard, prison

φυλάσσω, verb [466; 31]
to guard, watch (over), preserve, defend, keep (a commandment); (*mid*) be on one's guard, beware of

φυλή, **-ῆς**, *f*, noun [446; 31]
people group, tribe

φωνή, **-ῆς**, *f*, noun [633; 139]
sound, noise, voice, (out)cry

φῶς, **φωτός**, *n*, noun [176; 73]
light

Χ, χ

Χαναναῖος, **-α**, **-ον**, adj. [87; 1]
Canaanite

χάρις, **-ιτος**, *f*, noun, also used as prep. [134; 155]
grace, goodwill, favor, kindness, gratitude; (*prep* + *gen*) on account of, because of

χείρ, **χειρός**, *f*, noun [1,945; 177]
hand, possession, power, control, dominion; [διὰ χειρὸς *or* ἐν χειρὶ τίνος] by the hand of, by means of; [(*idiom*) πληρόω τὰς χεῖρας] ordain (a priest)

χρόνος, **-ου**, *m*, noun [140; 54]
time, duration, period

Ψ, ψ

ψαλμός, **-οῦ**, *m*, noun [92; 7]
psalm, song of praise

ψυχή, **-ῆς**, *f*, noun [974; 103]
soul, (physical) life, individual (person), (inner) self, mind

Ω, ω

ὡς, adv. [2,047; 504]
like, as, when, (so) that, about (+ *num*); [ὡ. ἄν] however, whenever; (*interj*) how!; [ὡ. (*adv*)] so, thus; [οὐδ' ὥ.] even so; [ὡ. ἐάν] whoever

ὥσπερ, conj. [263; 36]
(just) as, like

ὥστε, conj. [181; 83]
so that, in order that, for the purpose of

SEPTUAGINTA

Η ΠΑΛΑΙΑ ΔΙΑΘΗΚΗ
ΚΑΤΑ ΤΟΥΣ ΕΒΔΟΜΗΚΟΝΤΑ (Ο΄)

ΕΚΔΟΣΙΣ ΑΝΑΓΝΩΣΤΙΚΗ

ΤΟΜΟΣ ΔΕΥΤΕΡΟΣ

SEPTUAGINTA

A READER'S EDITION

VOLUME TWO

Edited by
Gregory R. Lanier and William A. Ross

Septuaginta: A Reader's Edition

Hendrickson Publishers Marketing, LLC
P. O. Box 3473
Peabody, Massachusetts 01961-3473
www.hendrickson.com

Greek text:
Septuaginta, edited by Alfred Rahlfs
Second Revised Edition, edited by Robert Hanhart

P. O. Box 810340
70520 Stuttgart, Germany
www.academic-bible.com

ISBN (Hendrickson Publishers Marketing, LLC)
978-1-61970-843-3 Blue Cloth Hardcover: Two Volumes
978-1-68307-185-3 Black Flexisoft: Two Volumes
ISBN (Deutsche Bibelgesellschaft)
978-3-438-05190-5 Blue Cloth Hardcover: Two Volumes
978-3-438-05191-2 Black Flexisoft: Two Volumes

Printed in China

Second Printing—February 2019

Library of Congress Cataloging-in-Publication Data

Names: Lanier, Gregory R., editor. | Ross, William A, 1987- editor.
Title: Septuaginta : a reader's edition / edited by Gregory R. Lanier and William A. Ross.
Other titles: Bible. Old Testament. Greek. Septuagint. 2018.
Description: Peabody, Massachusetts : Hendrickson Publishers, 2018.
Identifiers: LCCN 2018013553| ISBN 9781619708433 (blue cloth hardcover Hendrickson Publishers edition : alk. paper) | ISBN 9781683071853 (black flexisoft Hendrickson Publishers edition : alk. paper) | ISBN 9783438051905 (blue cloth hardcover Deutsche Bibelgesellschaft edition : alk. paper) | ISBN 9783438051912 (black flexisoft Deutsche Bibelgesellschaft edition : alk. paper)
Classification: LCC BS741 .L36 2018 | DDC 221.4/8--dc23
LC record available at https://lccn.loc.gov/2018013553

TABLE OF CONTENTS

Volume One

Volume Two

INTRODUCTION

The more the Septuagint is read continuously, by chapters and by books, the more pleasure is likely to be gained by it.[1]

All honour to the Hebrew original! But the proverbial Novum in Vetere latet *cannot be fully understood without a knowledge of the Septuagint.*[2]

This work emerges from the editors' conviction, shared by many, that both competency in and enjoyment of the study of the ancient Scriptures arise through sustained reading of them in their original languages. Software programs have their place, as does the practice of studying a verse or two of Hebrew or Greek (parsing, diagramming, translating) regularly. But we, and many others before us, have found that reading the primary texts over long stretches—on paper, without surrounding distractions, using one's intuitions and, where necessary, outside aids—is a practice of inestimable benefit.

In recent years, the idea of "Reader's Editions"—which help readers do exactly this—has gained traction. Such tools present the reader with the ancient text, a set of glosses on each page to ease the pain of looking up unfamiliar words, a short lexicon in the back for all the rest, and English subheadings to help navigate. Such editions do not replace critical editions or modern translations; rather, they supplement them by helping the reader *just to read*, for enjoyment or study, in the primary languages. "Reader's Editions" for the Greek New Testament (NT) and the Hebrew Bible (HB) have been available for several years. For too long, however, such an edition of the Greek Old Testament (OT), commonly known as the Septuagint (more on this designation below), has been absent. This project fills that void.

1. About *Septuaginta: A Reader's Edition*

In the past few decades, interest in the Septuagint has been on the rise due to a variety of factors: an explosion of energy in the study of the NT's intertextual use of the OT/HB; the publication of several popular introductions to the field, along with specialized Septuagint lexicons, grammars, and translations; advances in the study of Hellenistic (Koine) Greek as well as Second Temple Judaism and the Greco-Roman world; and an increase in the number of master's-level and doctoral-level

1. Ottley 1920: 178.
2. Deissmann 1908: 12.

students whose studies focus on the Septuagint. Tools for *reading* the Septuagint have not kept pace with this increase in interest, however. We hope, therefore, that the present work constitutes a step forward in making the riches of this Greek corpus more readily accessible.

The goal of this project, which began taking shape in 2014, is simple: to present the text of the Greek OT, as well as that of the Apocryphal/Deuterocanonical books, in a clear and readable format, along with a vocabulary apparatus that provides contextual glosses for words that most students would not have encountered in two or three courses on NT Greek. The purpose of this work is not to replace other tools—particularly the text-critical apparatus that is the focus of critical editions—but to supplement them. In short, we aim to give scholars and students a tool that is less intimidating and much easier to read than critical editions (which still retain their place for academic study), so that such readers can more easily immerse themselves in the Greek text and improve their comprehension of Koine Greek in general.

2. How to Use This Edition

Text

The textual base used in this edition is the 2006 revision of *Septuaginta*, edited by Alfred Rahlfs and Robert Hanhart (and therefore commonly referred to as "Rahlfs-Hanhart"), which is based primarily on the major Greek majuscules that date between the fourth and sixth centuries. Rahlfs-Hanhart is largely superseded as a critical text by *Septuaginta Vetus Testamentum Graecum*, which has been issued over the past century in fascicles and which is known as "the Göttingen edition." However, for certain portions of the Septuagint corpus, such as the book of Judges, no fascicle of the Göttingen edition has yet been produced. As a result, Rahlfs-Hanhart offers the best complete textual basis for a work like this *Reader's Edition*, even though it is not the most rigorously up-to-date eclectic text in existence. Rahlfs-Hanhart nevertheless provides an excellent text for reading that in most places differs very little from what is found in the extant fascicles of the Göttingen edition.

We are grateful for the cooperation of the Deutsche Bibelgesellschaft in licensing the text of Rahlfs-Hanhart for this project. We chose to adopt a similar title to that of Rahlfs-Hanhart in order to make clear this work's relationship to it.

For a few books or parts of books, Rahlfs-Hanhart (reflecting the general scholarly opinion) provides "double-texts," that is, two distinct textual traditions. These include portions or all of Joshua, Judges, Tobit, Susanna, Daniel, and Bel and the Dragon. Wherever this occurs, we have provided both texts in this edition, on facing pages and with the verses and paragraphs in one text aligned with their parallels in the other as closely as possible (to facilitate comparative reading).

Although this *Reader's Edition* includes the Prayer of Manasseh (Ode 12), which we have placed after the book of Psalms, we have chosen not to include the thirteen other Odes found in Rahlfs-Hanhart. The Odes are a collection of poems/songs found in Codex Alexandrinus, and they appear in various locations throughout the canon, whether in the OT (e.g., Prayer of Moses at Exodus 15 // Ode 1 in Rahlfs-Hanhart) or the NT (e.g., Magnificat at Luke 1:46-55 // Ode 9 in Rahlfs-Hanhart).

Furthermore, in the book of Job we have followed Rahlfs-Hanhart in including some of the sigla that reflect what Origen deemed to be in the Hebrew text but which was not found in the Greek. For each of these blocks of text, ※ is placed at the beginning of each line (if there is more than one), and ↙ is placed at the end of the entire block. For the book of Job, Origen used the Theodotion version for almost all of these lines.

With the inclusion of the "double-texts" and Apocryphal/Deuterocanonical writings, the present work is twenty percent longer than the HB and four and a half times as long as the Greek NT.

Chapters and Verses

The differences among the systems of versification found in the HB (as presented in *Biblia Hebraica Stuttgartensia*, or BHS), in modern translations, and in Rahlfs-Hanhart's *Septuaginta* are notoriously complicated and cannot be covered adequately here.[3] The two most pronounced alignment issues (which concern the Psalter and Jeremiah) are summarized below.

Moreover, it is frequently the case that the Greek text presented in *Septuaginta* lacks verses that are found in BHS (and modern translations derived from it). In such cases, we have removed the verse numbers altogether so as not to clutter the page with orphaned verse numbers that lack any text. In a few places this occurs at the beginning of a chapter, such that there is no verse 1.[4]

Psalms

Some psalms that are treated as separate compositions in one tradition are combined in others, and vice versa. In particular:

BHS (and English)		***Septuaginta***
9 and 10	=	9
114 and 115	=	113
116	=	114 and 115
147	=	146 and 147

3. We refer the reader to Jobes and Silva (2015: 376–80) for a fuller treatment of the verse alignment.

4. Readers who are interested in the initial verse numbers are encouraged to consult Rahlfs-Hanhart, where they are retained.

Thus, for certain stretches of psalms, the psalm number in *Septuaginta* is one less than that found in the BHS (and English): specifically, 11–113 (*Septuaginta* 10–112) and 117–146 (*Septuaginta* 116–145).

Jeremiah

Greek Jeremiah is quite different in length, content, and sequencing from the book of Jeremiah known from the HB.

Major portions of the BHS text that are not found in Greek Jeremiah include 8:10–12; 10:6–8, 10; 11:7–8; 17:1–4; 29:16–20; 30:10–11; 33:14–26; 39:4–13; 48:45–46; 51:44d–49a; and 52:2–3, 27c–30.

The following guide will help the reader navigate from the Hebrew (and English) chapter/verse numbering to that found in *Septuaginta*, though not all details are shown.

BHS (and English)	***Septuaginta***	**BHS (and English)**	***Septuaginta***
25:15–38	32:15–38	49:7–22, 1–5, 28–33, 23–27	30:1–27
Chs. 26–43	Chs. 33–50	49:34a	25:14
31:35, 36, 37	38:36, 37, 35	49:35–39	25:15–19
44:1–30; 45:1–5	51:1–35	49:34b	25:20
46	26	50	27
47	29	51	28
48	31		

The Vocabulary Apparatus

Criteria for Inclusion

The main value of this *Reader's Edition* is the running vocabulary apparatus found on each page. Since it was not feasible or desirable to gloss in the apparatus of this work all of the roughly 14,000 individual lexemes found in the Septuagint, we needed to decide which words to exclude from the apparatus and put in the glossary. We recognize that the target audience for this edition consists largely of students who have begun their study of Greek with the NT and who are now working their way into reading the Greek OT. As such, we are assuming that most of our readers will have some competency with the vocabulary acquired in their introductory NT coursework. We also wanted to strike the right readability balance: too many glosses on a given page means the amount of text is small and cluttered with footnotes, but too few means the reader needs constantly to be turning to the glossary at the back.

We settled on the following scheme. We footnote every word in the main text that meets one or more of the following criteria:

- The lexeme appears 100 times or fewer in *Septuaginta*.
- The lexeme appears 30 times or fewer in the *UBS Greek New Testament* (Fifth Edition).
- The specific form is spelled in a way that would likely be unfamiliar to readers (even for otherwise common lexemes); examples include verbs in the pluperfect or optative, verbs with certain irregular stem changes, and adjectives in comparative/superlative form.
- The specific occurrence is part of a phrase or idiom that is uncommon in the Greek NT but relatively common in the Septuagint (e.g., ὃν τρόπον, ἀνὰ μέσον, ἀνθ᾽ ὧν).

All other words are included in the glossary (on which see further below). One major exception is that, in nearly all cases, proper nouns are excluded from both the running apparatus and the glossary.

As was just stated, our general principle has been that every word meeting at least one of the above criteria receives a numerical footnote marker in the main text and an entry in the vocabulary apparatus at the bottom of the page. However, in many cases a word is repeated in a verse. For these we tried to balance readability and clarity by doing the following:

- Only the first occurrence of a non-verb in a given verse receives a footnote *unless* its meaning changes in a later occurrence in the same verse; if so, a new footnote is provided for the subsequent occurrence.
- Every verb receives a footnote *unless* it has already occurred in the same verse with the same morphology and meaning.

Applying these criteria has yielded approximately 125,000 vocabulary footnotes across the 1,175 chapters contained in this work. The footnotes are presented in a two-column format, and the numbering restarts on each page.

Glosses

For each footnote in the vocabulary apparatus, we have provided the word's lexical form along with a context-sensitive English gloss (typically a one- or two-word equivalent). Our aim has not been to provide a full definition at each occurrence, but rather to provide the minimally sufficient information needed to enable the reader to check the meaning of a word and move on. In crafting these glosses, we have studied context and consulted a variety of Septuagint-specific and general Koine lexicons.[5] We have done our best to be as consistent as possible in how we gloss the same word across stretches of text (beginning at the level of chapters), but with many thousands of glosses created over several years, it has been impossible

5. Especially Lust, Eynikel, Hauspie 2003; Muraoka 2009; Liddell, Scott, Jones 1996 [1843]; others are listed below.

to be perfectly consistent. Diversity in glosses for the same word across the entirety of the work is therefore to be expected, and in our opinion this is, in fact, a good thing: by encountering different glosses for the same word in various contexts, the reader is able to develop a more robust sense of its semantic range. Moreover, any given gloss may be debated; those who are prompted to dig further are encouraged to consult the lexicons listed below.

Adjectives used substantivally are usually glossed as normal English adjectives or, in cases of ambiguity, with a parenthetical addition making the substantival use clear (e.g., ὅσιος, holy [person]). In some cases an adjective is used so often as a substantive in the Septuagint (or in Koine in general) that, while technically remaining adjectival, it functions as a noun; in such cases, we may gloss the word in question with an English noun (e.g., νομικός, legal statute).

For verbs, the gloss provided is essentially an English infinitive form without the "to" and, in nearly all cases, phrased in the English present tense. This allows the reader to determine mentally how to render the verb based on the parsing information provided, without our imposing any particular view of verbal aspect (with respect to, say, the aorist).

We also default to an "active"-sounding gloss in most cases, allowing readers to, once again, use context and the parsing information to render as they see fit a verb with middle or passive morphology. For some verbs, however, this approach simply does not work, and we have done our best to provide an English gloss that suits the context better. For instance, εὐφραίνω with an active morphology is typically transitive, whereby person *X* "cheers up" or "makes glad" person *Y* (so we gloss it accordingly); with passive morphology, however, it is almost always self-referential, whereby person *X* "rejoices" or "is glad" (so we gloss it accordingly). Similarly, θυμόω with active morphology will typically be glossed "make angry" or "enrage." However, in the passive we typically render it "be/become angry," though in certain cases context may suggest that "make angry" is still preferred. As is well known, glossing is a blend of art and science.

Furthermore, for some verbs there is debate about the proper ending of the lexical form, particularly with regard to voice (-ω vs. -ομαι) or whether the verb is athematic or thematic (-μι vs. -ω/-αζω). We have consulted the best lexicons in an effort to be as accurate as possible, but conflicting opinions remain for some lexemes. The reading experience, however, should not be negatively impacted by such details.

Parsing Information and Abbreviations

Due to the scale of this work and our desire to provide only essential information, we have chosen not to provide genitive endings or gender indications. Such details can almost always be deduced from the context, but if not, they can be found readily in a lexicon.

For verbs, we have provided full parsing information in italics following the lexical form. The following guide will help the reader understand how to use this information:

Scenario	Parsing information provided	Example
Finite verb	Tense-form Voice Mood Person Number	λύω, *aor pas ind 3p*
Infinitive	Tense-form Voice *inf*	λύω, *pres act inf*
Participle	Tense-form Voice *ptc* Case Number Gender	λύω, *perf mid ptc nom s m*

The abbreviations used for verbs are as follows:

Tense-form	
Present	*pres*
Imperfect	*impf*
Aorist	*aor*
Future	*fut*
Perfect	*perf*
Pluperfect	*plpf*

Voice	
Active	*act*
Middle	*mid*
Passive	*pas*

Person	
First	*1*
Second	*2*
Third	*3*

Mood	
Indicative	*ind*
Subjunctive	*sub*
Imperative	*impv*
Infinitive	*inf*
Optative	*opt*

Number	
Singular	*s*
Plural	*p*

Participle *ptc*

Case	
Nominative	*nom*
Genitive	*gen*
Dative	*dat*
Accusative	*acc*
Vocative	*voc*

Gender	
Masculine	*m*
Feminine	*f*
Neuter	*n*

In addition, in some cases we supplement an English gloss with extra information to help the reader better understand a given word. The following conventions are used:

Abbreviation	How it is used in this edition	Example
( )	Encloses additional English words that are needed to clarify the contextual meaning of a word: i.e., (i) to elaborate on technical terms, (ii) to bring out contextual nuance or make meaning more obvious, and/or (iii) to suggest alternative glosses where a word is being used in an unusual way	(i) ὀβολός, obol (one fifth of a drachma) (ii) σωτηρία, (sacrifice of) deliverance, peace (iii) ἐπιφέρω, carry, (float)
?	Uncertain English gloss or other semantic/lexical feature	ὄρθιος, upright, (old?)
cr.	Crasis (combination of two words)	κἀγώ, I also, *cr.* καὶ ἐγώ
comp	Comparative form of an adjective	μείζων, *comp of* μέγας, greater
dim	Diminutive form of a noun	κοράσιον, *dim of* κόρη, girl
Heb. LW	Hebrew loanword (typically accented)	σίκλος, shekel, *Heb. LW*
read	Suggested reading for a possible textual variant or possible instance where the translator was confused by the Hebrew	ὦμος, shoulder (*read* offspring)
sup	Superlative form of an adjective	ὕψιστος, *sup*, highest
translit.	Transliteration of a Hebrew or Aramaic word (typically unaccented)	νωκηδ, sheep breeder, *translit.*

Headings, Text Divisions, and Poetry Formatting

Throughout this work, we have incorporated other aids for readers that are not typically found in critical editions of the Septuagint. At the top of each page we include the Greek and English book names (in contrast to the Latin names found in Rahlfs-Hanhart), with the former on even pages and the latter on odd pages. Additionally, for every book but Psalms and Proverbs, we provide English subheadings to help the reader navigate the text.

In narratives, Rahlfs-Hanhart and other critical editions tend to present the text in unbroken, chapter-length blocks. This, of course, makes for difficult reading, and it does not match the practice of paragraphing found in most early manuscripts. We have therefore incorporated more frequent textual breaks (between and within pericopes) to assist the reader.

Furthermore, Rahlfs-Hanhart often presents portions of text that most scholars consider to be poetry in the form of prose paragraphs. This is true especially for the prophetic books and several works of the Apocrypha/Deuterocanon. Therefore, to assist the reader we have introduced both breaks for stanzas/strophes and line divisions; note, however, that the results of this effort are often subjective and can be debated in many cases. Where Rahlfs-Hanhart does present the text as poetry, as in the Psalter and other books, we have in most cases adopted the formatting of that edition. Finally, the reader should note that there is sometimes debate about where a line of poetry begins or ends, and thus such a line may occasionally include the start of a new verse midway through.

Glossary

Approximately 330 higher-frequency words that are not included in the running vocabulary apparatus are provided in a glossary located at the back of both volumes of this *Reader's Edition*. Each word in the glossary is provided in its lexical form along with select additional information, such as genitive endings and gender indicators, if relevant. We have then provided information that goes beyond simple glosses but that is, in most cases, more concise than what one might find in a full scholarly lexicon. Vocabulary frequency statistics for *Septuaginta* and the Greek NT are also included for reference.[6] We recommend that all readers familiarize themselves with the words in the glossary in order to reduce the need to consult it while reading.

The following are additional abbreviations specific to the glossary:

adj	Adjective	*neg*	Negative particle
adv	Adverb	*num*	Numeral
conj	Conjunction	*prep*	Preposition
idiom	Hebrew idiom	*pron*	Pronoun
indef article	Indefinite article	*subst*	Substantival use of adjective
interj	Interjection	*trans*	Transitive
intr	Intransitive		

3. Advanced Information on Septuagint Studies

What Is "the Septuagint"?

"Septuagint" is often abbreviated LXX, the Roman numeral for "seventy," owing to the legend of an original seventy(-two) translators. The term was originally reserved for the Greek translation of the Pentateuch, but in early Christian writings it came to designate the Greek translations of the rest of the books of the HB as well, along with certain Apocryphal/Deuterocanonical books. It is generally thought

6. Computed using *BibleWorks* 10 and *Accordance* 6.

that the Pentateuch was translated first, perhaps followed by the Psalms, Historical Books, and Major Prophets, with certain of the Wisdom Books translated last. Although this conjectured timeline is far from certain, what is clear is that the entire project took over four centuries to produce (early or mid-third century BCE through first or second century CE).

Hence, in some respects it is potentially misleading to refer to "*the* Septuagint." Accordingly, when we say "Septuagint" we must remain alert to the fact that we are studying a collection of books, or even a library of sorts, one that was produced by many anonymous Jewish translators, in various places, in unknown circumstances, and over several centuries.[7]

Is There Such a Thing as "Septuagint Greek"?

It is not uncommon to encounter in scholarly literature the idea that the language of the Septuagint is peculiar. After just a few pages of reading in this edition, the reasons for such a claim will likely become clear. But is it correct to say that Septuagint Greek is, from a linguistic perspective, unique—that is, a category unto itself? If it is not unique, why does it seem so different from other Greek writings from the Hellenistic period? Answering these questions is surprisingly tricky.

At one point scholars felt confident that the Septuagint contained a kind of Jewish dialect of Greek, and they often described it as something corrupted from the so-called purer form of the language. Often the (misguided) point of comparison for the Septuagint was the older, Classical variety of the language, or sometimes that of Hellenistic literature. This kind of approach was most common prior to the early twentieth century, at which point the vast troves of Koine documentary evidence that we now possess had not been discovered. Although it took several decades for the significance of this evidence to sink in, eventually scholars came to recognize that the language of the Septuagint, as well as that of the Greek New Testament, was not a Jewish dialect. Rather, it was, for the most part, the non-literary variety of Koine: the language of its time.[8]

But to say that the language of the Septuagint is conventional Greek does not answer all our questions. First of all, the term "Koine" designates the form of Greek—in all its literary and spoken varieties—used throughout the Mediterranean world from the conquest of Alexander the Great right through Late Antiquity. Outside of the saturated analysis of the New Testament corpus, scholarship has only begun to make headway in understanding and describing Koine Greek as a whole. Moreover, the Septuagint is, after all, largely a translation. For that reason, its language has been influenced in varying degrees by the Hebrew or Aramaic of its source texts. It is true that the Septuagint translators typically produced a text that followed its source in a word-for-word fashion. What is still debated, however, is what significance that

---

7. Fernández Marcos 2008: 287; see also Aitken 2015a: 1–12; Williams 2016.

8. See Horsley 1989: 5–40; 1984: 393–403; Lee 1983: 11–30; Voelz 1984: 894–930; Porter 2016. For a discussion of understanding the Greek of the Septuagint as part of the development of the language, see Aitken 2014b: 183–94.

method has for our understanding of the language of the Septuagint.[9] Should we assume that the translators, in representing the *form* of their Hebrew or Aramaic source, also intended to represent its *meaning*? Some scholars who take this first position consider the language to be "translation Greek" and default to the Semitic text in understanding the Septuagint. Alternatively, should we assume that the translators, although representing the form of their Hebrew or Aramaic source, used Greek according to the normal conventions it had within the Hellenistic world? Scholars who take this second position largely disregard the source text in understanding the Septuagint and instead look to contemporary compositional Greek.

What kind of Greek do we find in the Septuagint, then? It is Koine, even if this is only a very broad claim. To be sure, there are features of the Septuagint that will be unfamiliar to those whose experience with the language does not extend beyond the New Testament or Patristic sources. Its style is distinctive and fluctuating. There are features in it that are still not attested in other Koine Greek sources. But it is almost always comprehensible, and it communicates effectively. We should recognize that, to whatever extent the translators decided against using conventional language or chose not to employ a higher literary register, their doing so was conscious and intentional. Put differently, the language of the Septuagint is what it is, *not* because its translators were bad at their job or incompetent in Greek, but because other concerns mattered more to them than producing a "literary" Greek text.[10] Precisely what those more important concerns were and why they arose, however, is a matter of ongoing study.

As the reader may sense from this brief discussion, the questions involved in the debate about the language of the Septuagint are numerous and complex. For this reason we have avoided taking a stand on such issues as much as possible. For instance, in the vocabulary apparatus we provide very little information about common Hebraisms or stereotypical equivalents, instead letting readers work through them on their own. This is part of the challenge and enjoyment of reading the Greek OT, whether as a first-century Ptolemaic Jew or a twenty-first-century Bible student.

What Is the State of Lexicography for the Greek OT?

Although it may come as a surprise to some, the field of Greek lexicography is constantly in a state of development. With the writing of new lexicons and the ever-growing mass of materials at our disposal (from newly discovered inscriptions to increased access to Greek texts in electronic form), new insights and revisions to old paradigms are regularly being achieved. Given that a major aspect of our work on this *Reader's Edition* involved making decisions about the meanings of words, we certainly have been impacted by such ongoing lexicographical work. Of particular importance is the recent publication of two lexicons that focus directly

9. See Aitken 2016.

10. There are, of course, points where the translators evidently did misunderstand their source text; see Tov 1984a: 53–70. For a discussion of so-called Hebraisms see Thackeray 1909: §4; Walters 1973: 141–264; Soisalon-Soininen 1990: 35–51. Also see Tov 2015: 92n26 for a historical bibliography of the discussion of Hebraisms.

on the Greek OT, namely, those by Lust, Eynikel, and Hauspie (*LEH*) and Muraoka (*GELS*). These resources mark a major step forward in Greek lexicography, though they, like all other Greek lexicons, derive from the work of prior scholars (including its weaknesses) going back to the fifteenth century.[11]

Due to the scale of this *Reader's Edition*, we have not undertaken lexicographical work *de novo*. Rather, we have attempted to make prudent use of the major lexicons currently available, acknowledging the benefits and shortcomings of each.

For Further Reading

For those who wish to learn more about the Greek OT and the field of Septuagint studies, the best place to start is an introduction to the Septuagint, for which we recommend Jobes and Silva (2015), Law (2013), Dines (2004), and Fernández Marcos (2000), though older works such as Jellicoe (1968) and Swete (1896) remain immensely valuable. More advanced handbooks to the Septuagint corpus include Aitken (2015) and Karrer, Kraus, and Kreuzer (2016). (Full bibliographical details for all of these sources, as well as the others listed in this section, are found below, under "Select Bibliography.")

For students who are interested in studying the grammar and syntax of the Septuagint more closely in order to build on what they have already learned, we highly recommend Muraoka (2016), along with older resources such as Conybeare and Stock (1905) and Thackeray (1909).

Modern translations of the Septuagint have become available in recent years in the following languages: English (*NETS*; Pietersma and Wright [2009]), German (*LXX.D*; Karrer and Kraus [2009]), Spanish (*LBG*; Fernández Marcos et al. [2008]), and French (*Bd'A*; Harl et al. [1984–]). As with all translation efforts, each of these takes a different approach and has its advantages and disadvantages.

Finally, we would point readers to Jobes (2016) and McLean (2014), both of which are "graded readers" featuring selections of Koine Greek text accompanied by lexical and syntactical comments and vocabulary helps.

For those interested in following the latest developments in Septuagint studies, we strongly recommend joining the International Organization of Septuagint and Cognate Studies (IOSCS) and reading its publication, the *Journal of Septuagint and Cognate Studies*.

4. Select Bibliography

Aitken, James K.

2014a "The Language of the Septuagint and Jewish-Greek Identity." Pages 120–34 in *The Jewish-Greek Tradition in Antiquity and the Byzantine Empire*. James K. Aitken and James C. Padget (eds.). Cambridge: Cambridge University Press.

11. Lee 2003: 3–14.

2014b "Outlook." Pages 183–94 in *The Reception of Septuagint Words in Jewish-Hellenistic and Christian Literature*. Eberhard Bons, Ralph Brucker, and Jan Joosten (eds.). Tübingen: Mohr Siebeck.

2015 "Introduction." Pages 1–12 in *T&T Clark Companion to the Septuagint*. James K. Aitken (ed.). New York: T&T Clark.

2016 "The Septuagint and Egyptian Translation Methods." Pages 269–93 in *XV Congress of the International Organization for Septuagint and Cognate Studies: Munich, 2013*. Wolfgang Kraus, Michaël N. van der Meer, and Martin Meiser (eds.). Atlanta: SBL Press.

Aitken, James K. (ed.)

2015 *T&T Clark Companion to the Septuagint*. New York: T&T Clark.

Deissmann, Adolf

1908 *The Philology of the Greek Bible: Its Present and Future*. London: Hodder & Stoughton.

Dines, Jennifer

2004 *The Septuagint*. London: T&T Clark.

Fernández Marcos, Natalio

2000 *The Septuagint in Context: Introduction to the Greek Version of the Bible*. Leiden: Brill.

2008 "A New Spanish Translation of the Septuagint." Pages 283–91 in *Translating a Translation*. H. Ausloos, J. Cook, F. García Martínez, B. Lemmelijn, and M. Vervenne (eds.). Leuven: Peeters.

Fernández Marcos, Natalio, Spottorno Díaz-Caro, María Victoria, Cañas Reíllo, and José Manuel (eds.)

2008 *La Biblia Griega Septuaginta*. 3 volumes. Biblioteca de Estudios Bíblicos. Salamanca: Ediciones Sígueme.

Harl, Marguerite et al. (eds.)

1984– *La Biblia d'Alexandrie LXX*. Multiple volumes. Paris: Cerf.

Horsley, G. H. R.

1984 "*Res Bibliographicae*: Divergent Views on the Nature of Greek of the Bible." *Biblica* 65: 393–403.

1989 "The Fiction of 'Jewish Greek.'" Pages 5–40 in *New Documents Illustrating Early Christianity*. G. H. R. Horsley (ed.). North Ryde, New South Wales: Ancient History Documentary Research Centre, Macquarie University.

Jellicoe, Sidney

1968 *The Septuagint and Modern Study*. Winona Lake, IN: Eisenbrauns.

Jobes, Karen H.

2016 *Discovering the Septuagint: A Guided Reader*. Grand Rapids: Kregel Academic.

Jobes, Karen H., and Moisés Silva

2015 *Invitation to the Septuagint*. 2nd ed. Grand Rapids: Baker Academic.

Joosten, Jan

2011 "Le Vocabulaire de la Septante et la Question du Sociolecte des Juifs Alexandrins. Le Cas du Verbe ΕΥΛΟΓΕΩ, 'Benir.'" Pages 13–23 in *Septuagint Vocabulary: Pre-History, Usage, Reception*. Jan Joosten and Eberhard Bons (eds.). Atlanta: SBL Press.

2014 "Mixed Blessings: The Biblical Notion of Blessing in the Works of Philo and Flavius Josephus." Pages 105–15 in *The Reception of Septuagint Words in Jewish-Hellenistic and Christian Literature*. Eberhard Bons, Ralph Brucker, and Jan Joosten (eds.). Tübingen: Mohr Siebeck.

Karrer, Martin, and Wolfgang Kraus (eds.)

2009 *Septuaginta Deutsch: Das griechische Alte Testament in deutscher Übersetzung*. Stuttgart: Deutsche Bibelgesellschaft.

Karrer, Martin, Wolfgang Kraus, and Siegfried Kreuzer (eds.)

2016 *Handbuch zur Septuaginta*. München: Gütersloh.

Law, Timothy Michael

2013 *When God Spoke Greek: The Septuagint and the Making of the Christian Bible*. Oxford: Oxford University Press.

Lee, John A. L.

1983 *A Lexical Study of the Septuagint Version of the Pentateuch, Septuagint and Cognate Studies*. Chico, CA: Scholars Press.

2003 *A History of New Testament Lexicography*. Studies in Biblical Greek. New York: Peter Lang.

Liddell, Henry George, Robert Scott, and Henry Stuart Jones

1843 *A Greek-English Lexicon*. Oxford: Clarendon. Reprint, 1996.

Lust, Johan, Erik Eynikel, and Katrin Hauspie

2003 *A Greek-English Lexicon of the Septuagint*. Rev. ed. Stuttgart: Deutsche Bibelgesellschaft.

McLean, B.H.

2014 *Hellenistic and Biblical Greek: A Graduated Reader*. Cambridge: Cambridge University Press.

Mulroney, James A. E.

2016 *The Translation Style of Old Greek Habakkuk: Methodological Advancement in Interpretative Studies of the Septuagint*. FAT II 86. Tübingen: Mohr Siebeck.

Muraoka, Takamitsu

2009 *A Greek-English Lexicon of the Septuagint*. Leuven: Peeters.

2016 *A Syntax of Septuagint Greek*. Leuven: Peeters.

Ottley, R. R.

1920 *A Handbook to the Septuagint*. London: Methuen.

Pietersma, Albert, and Benjamin G. Wright (eds.)

2009 *New English Translation of the Septuagint*. Oxford: Oxford University Press.

Porter, Stanley E.

2016 "Historical Scholarship on the Language of the Septuagint." Pages 15–38 in *Die Sprache der Septuaginta*. Handbuch zur Septuaginta, vol. 3. E. Bons and J. Joosten (eds.). Gütersloh: Gütersloher Verlagshaus.

Soisalon-Soininen, Ilmari

1990 "Zurück zur Hebraismenfrage. " Pages 35–51 in *Studien zur Septuaginta—Robert Hanhart zu Ehren: Aus Anlass seines 65. Geburtstages*. D. Fraenkel, U. Quast, and J. W. Wevers (eds.). Göttingen: Vandenhoeck und Ruprecht.

Swete, Henry Barclay

1896 *The Old Testament in Greek according to the Septuagint*. Cambridge: Cambridge University Press.

Thackeray, Henry St. J.

1909 *A Grammar of the Old Testament in Greek according to the Septuagint*. Vol. 1: Introduction, Orthography and Accidence. Cambridge: Cambridge University Press.

Tov, Emanuel

1984a "Did the Septuagint Translators Always Understand Their Hebrew Text?" Pages 53–70 in *De Septuaginta: Studies in Honour of J. W. Wevers on His 65th Birthday*. A. Pietersma and C. Cox (eds.). Mississauga, ON: Beben Publications.

1984b "The Fifth Fascicle of Margolis' *The Book of Joshua in Greek*." *Jewish Quarterly Review* 74: 397–407.

1999 "Some Thoughts on a Lexicon of the Septuagint." Pages 95–108 in *The Greek and Hebrew Bible: Collected Essays on the Septuagint*. Leiden: Brill.

2015 *The Text-Critical Use of the Septuagint in Biblical Research*. 3d ed. Winona Lake, IN: Eisenbrauns.

Voelz, J. W.

1984 "The Language of the New Testament." Pages 893–977 in *Geschichte und Kultur Roms im spiegel der Neueren Forschung*. Hildegard Temporini and Wolfgang Haase (eds.). Berlin: de Gruyter.

Walters, Peter

1973 *The Text of the Septuagint: Its Corruptions and Their Emendation*. Cambridge: Cambridge University Press. Reprint, 2009.

Williams, Peter J.

2016 "On the Invention and Problem of the Term 'Septuagint.'" Presented at the Septuagint Studies Panel of the annual meeting of the ETS, San Antonio, TX.

5. Acknowledgments

We would like to thank our wives and children for their immense patience and sense of humor as we toiled away at (and frequently commented upon) this sometimes bizarre-sounding project for years, mostly in the early morning or late at night. Ecclesiastes 7:8 was often in mind. We began this work when we were both PhD students at the University of Cambridge, and a lot of life—battles with pediatric cancer, births of children, international moves, dissertation defenses, job interviews, and more—has happened in the meantime. We could not have sustained the energy for such a long project without our families' support.

We also thank the team at Hendrickson for their excellent professionalism and support throughout the project. Jonathan Kline, our editor, has been a joy to work alongside during this massive endeavor and has become a friend through the process. Phil Frank has done a splendid job typesetting the book and deserves much acclaim for his endurance and attention to detail. Tirzah Frank, likewise, has spent painstaking hours improving the apparatus and other features of this project. We also remember the late John Kohlenberger, who briefly began work on this project before the Lord called him home after a lengthy battle with cancer.

Finally, we thank our instructors, peers, and colleagues—too many to name—who have stirred up in us a zeal for the biblical languages, a love for Scripture, and a passion for the Septuagint.

τοῦ κυρίου ἡ σωτηρία
καὶ ἐπὶ τὸν λαόν σου ἡ εὐλογία σου
Psalm 3:9

GRL and WAR
Easter MMXVIII

ΨΑΛΜΟΙ Α′
Psalms (Book I)

1 Μακάριος[1] ἀνήρ,
ὃς οὐκ ἐπορεύθη ἐν βουλῇ[2] ἀσεβῶν[3]
καὶ ἐν ὁδῷ ἁμαρτωλῶν οὐκ ἔστη
καὶ ἐπὶ καθέδραν[4] λοιμῶν[5] οὐκ ἐκάθισεν,
2 ἀλλ᾽ ἢ ἐν τῷ νόμῳ κυρίου τὸ θέλημα[6] αὐτοῦ,
καὶ ἐν τῷ νόμῳ αὐτοῦ μελετήσει[7] ἡμέρας καὶ νυκτός.
3 καὶ ἔσται ὡς τὸ ξύλον[8] τὸ πεφυτευμένον[9] παρὰ τὰς διεξόδους[10] τῶν ὑδάτων,
ὃ τὸν καρπὸν αὐτοῦ δώσει ἐν καιρῷ αὐτοῦ
καὶ τὸ φύλλον[11] αὐτοῦ οὐκ ἀπορρυήσεται·[12]
καὶ πάντα, ὅσα ἂν ποιῇ, κατευοδωθήσεται.[13]

4 οὐχ οὕτως οἱ ἀσεβεῖς,[14] οὐχ οὕτως,
ἀλλ᾽ ἢ ὡς ὁ χνοῦς,[15] ὃν ἐκριπτεῖ[16] ὁ ἄνεμος[17] ἀπὸ προσώπου τῆς γῆς.
5 διὰ τοῦτο οὐκ ἀναστήσονται ἀσεβεῖς[18] ἐν κρίσει
οὐδὲ ἁμαρτωλοὶ ἐν βουλῇ[19] δικαίων·
6 ὅτι γινώσκει κύριος ὁδὸν δικαίων,
καὶ ὁδὸς ἀσεβῶν[20] ἀπολεῖται.

2 Ἵνα τί ἐφρύαξαν[21] ἔθνη
καὶ λαοὶ ἐμελέτησαν[22] κενά;[23]

1 μακάριος, blessed, happy
2 βουλή, purpose, counsel
3 ἀσεβής, ungodly, wicked
4 καθέδρα, seat, chair
5 λοιμός, pest, public nuisance
6 θέλημα, wish, will
7 μελετάω, *fut act ind 3s*, think about, meditate
8 ξύλον, tree
9 φυτεύω, *perf pas ptc nom s n*, plant
10 διέξοδος, stream, spring
11 φύλλον, leaf
12 ἀπορρέω, *fut mid ind 3s*, drop off, fall away
13 κατευοδόω, *fut pas ind 3s*, prosper
14 ἀσεβής, ungodly, wicked
15 χνοῦς, dust
16 ἐκριπτέω, *pres act ind 3s*, drive away
17 ἄνεμος, wind
18 ἀσεβής, ungodly, wicked
19 βουλή, purpose, counsel
20 ἀσεβής, ungodly, wicked
21 φρυάσσω, *aor act ind 3p*, be arrogant
22 μελετάω, *aor act ind 3p*, strive, conspire
23 κενός, (in) vain, without result

2 παρέστησαν[1] οἱ βασιλεῖς τῆς γῆς,
καὶ οἱ ἄρχοντες συνήχθησαν ἐπὶ τὸ αὐτὸ
κατὰ τοῦ κυρίου καὶ κατὰ τοῦ χριστοῦ αὐτοῦ

διάψαλμα[2]

3 Διαρρήξωμεν[3] τοὺς δεσμοὺς[4] αὐτῶν
καὶ ἀπορρίψωμεν[5] ἀφ᾽ ἡμῶν τὸν ζυγὸν[6] αὐτῶν.

4 ὁ κατοικῶν ἐν οὐρανοῖς ἐκγελάσεται[7] αὐτούς,
καὶ ὁ κύριος ἐκμυκτηριεῖ[8] αὐτούς.
5 τότε λαλήσει πρὸς αὐτοὺς ἐν ὀργῇ αὐτοῦ
καὶ ἐν τῷ θυμῷ[9] αὐτοῦ ταράξει[10] αὐτούς
6 Ἐγὼ δὲ κατεστάθην[11] βασιλεὺς ὑπ᾽ αὐτοῦ
ἐπὶ Σιων ὄρος τὸ ἅγιον αὐτοῦ
7 διαγγέλλων[12] τὸ πρόσταγμα[13] κυρίου
Κύριος εἶπεν πρός με
Υἱός μου εἶ σύ,
ἐγὼ σήμερον γεγέννηκά[14] σε·
8 αἴτησαι[15] παρ᾽ ἐμοῦ, καὶ δώσω σοι ἔθνη τὴν κληρονομίαν[16] σου
καὶ τὴν κατάσχεσίν[17] σου τὰ πέρατα[18] τῆς γῆς·
9 ποιμανεῖς[19] αὐτοὺς ἐν ῥάβδῳ[20] σιδηρᾷ,[21]
ὡς σκεῦος[22] κεραμέως[23] συντρίψεις[24] αὐτούς.

10 καὶ νῦν, βασιλεῖς, σύνετε·[25]
παιδεύθητε,[26] πάντες οἱ κρίνοντες τὴν γῆν.
11 δουλεύσατε[27] τῷ κυρίῳ ἐν φόβῳ
καὶ ἀγαλλιᾶσθε[28] αὐτῷ ἐν τρόμῳ.[29]

1 παρίστημι, *aor act ind 3p*, stand by, be present
2 διάψαλμα, (*musical interlude*, *renders Heb.* selāh)
3 διαρρήγνυμι, *aor act sub 1p*, tear apart, break
4 δεσμός, fetter, bond, chain
5 ἀπορρίπτω, *aor act sub 1p*, throw off, cast away
6 ζυγός, yoke
7 ἐκγελάω, *fut mid ind 3s*, laugh at, jeer at
8 ἐκμυκτηρίζω, *fut act ind 3s*, mock, deride
9 θυμός, wrath, fury
10 ταράσσω, *fut act ind 3s*, trouble, unsettle
11 καθίστημι, *aor pas ind 1s*, appoint, set up
12 διαγγέλλω, *pres act ptc nom s m*, proclaim, declare
13 πρόσταγμα, ordinance, decree
14 γεννάω, *perf act ind 1s*, beget
15 αἰτέω, *aor mid impv 2s*, ask
16 κληρονομία, inheritance
17 κατάσχεσις, possession
18 πέρας, end, boundary
19 ποιμαίνω, *fut act ind 2s*, tend (flocks), shepherd
20 ῥάβδος, staff, rod
21 σιδηροῦς, iron
22 σκεῦος, vessel
23 κεραμεύς, potter
24 συντρίβω, *fut act ind 2s*, break, shatter
25 συνίημι, *aor act impv 2p*, understand, take notice
26 παιδεύω, *aor pas impv 2p*, correct, instruct
27 δουλεύω, *aor act impv 2p*, serve
28 ἀγαλλιάω, *pres mid impv 2p*, rejoice
29 τρόμος, trembling

12 δράξασθε[1] παιδείας,[2] μήποτε[3] ὀργισθῇ[4] κύριος
καὶ ἀπολεῖσθε ἐξ ὁδοῦ δικαίας.
ὅταν ἐκκαυθῇ[5] ἐν τάχει[6] ὁ θυμὸς[7] αὐτοῦ,
μακάριοι[8] πάντες οἱ πεποιθότες ἐπ᾽ αὐτῷ.

3 Ψαλμὸς τῷ Δαυιδ, ὁπότε[9] ἀπεδίδρασκεν[10] ἀπὸ προσώπου Αβεσσαλωμ τοῦ υἱοῦ αὐτοῦ.

2 Κύριε, τί ἐπληθύνθησαν[11] οἱ θλίβοντές[12] με;
πολλοὶ ἐπανίστανται[13] ἐπ᾽ ἐμέ·
3 πολλοὶ λέγουσιν τῇ ψυχῇ μου
Οὐκ ἔστιν σωτηρία αὐτῷ ἐν τῷ θεῷ αὐτοῦ.

διάψαλμα.[14]

4 σὺ δέ, κύριε, ἀντιλήμπτωρ[15] μου εἶ,
δόξα μου καὶ ὑψῶν[16] τὴν κεφαλήν μου.
5 φωνῇ μου πρὸς κύριον ἐκέκραξα,[17]
καὶ ἐπήκουσέν[18] μου ἐξ ὄρους ἁγίου αὐτοῦ.

διάψαλμα.[19]

6 ἐγὼ ἐκοιμήθην[20] καὶ ὕπνωσα·[21]
ἐξηγέρθην,[22] ὅτι κύριος ἀντιλήμψεταί[23] μου.
7 οὐ φοβηθήσομαι ἀπὸ μυριάδων[24] λαοῦ
τῶν κύκλῳ[25] συνεπιτιθεμένων[26] μοι.

8 ἀνάστα, κύριε,
σῶσόν με, ὁ θεός μου,

1 δράσσομαι, *aor mid impv 2p*, lay hold of, grasp
2 παιδεία, instruction, teaching
3 μήποτε, lest
4 ὀργίζω, *aor pas sub 3s*, become angry
5 ἐκκαίω, *aor pas sub 3s*, kindle, inflame
6 τάχος, haste
7 θυμός, anger, wrath
8 μακάριος, blessed, happy
9 ὁπότε, when
10 ἀποδιδράσκω, *impf act ind 3s*, flee from
11 πληθύνω, *aor pas ind 3p*, multiply, increase
12 θλίβω, *pres act ptc nom p m*, afflict, persecute
13 ἐπανίστημι, *pres mid ind 3p*, rise up
14 διάψαλμα, (*musical interlude, renders Heb.* selāh)
15 ἀντιλήμπτωρ, helper, protector
16 ὑψόω, *pres act ptc nom s m*, lift up, raise up
17 κράζω, *aor act ind 1s*, cry out
18 ἐπακούω, *aor act ind 3s*, hear, obey
19 διάψαλμα, (*musical interlude, renders Heb.* selāh)
20 κοιμάω, *aor pas ind 1s*, go to bed
21 ὑπνόω, *aor act ind 1s*, sleep
22 ἐξεγείρω, *aor pas ind 1s*, awaken
23 ἀντιλαμβάνομαι, *fut mid ind 3s*, support, assist
24 μυριάς, ten thousand
25 κύκλῳ, around
26 συνεπιτίθημι, *pres mid ptc gen p m*, join in attack

ὅτι σὺ ἐπάταξας[1] πάντας τοὺς ἐχθραίνοντάς[2] μοι ματαίως,[3]
ὀδόντας[4] ἁμαρτωλῶν συνέτριψας.[5]

9 τοῦ κυρίου ἡ σωτηρία,
καὶ ἐπὶ τὸν λαόν σου ἡ εὐλογία[6] σου.

4 Εἰς τὸ τέλος, ἐν ψαλμοῖς· ᾠδὴ[7] τῷ Δαυιδ.

2 Ἐν τῷ ἐπικαλεῖσθαί[8] με εἰσήκουσέν[9] μου ὁ θεὸς τῆς δικαιοσύνης μου·
ἐν θλίψει ἐπλάτυνάς[10] μοι·
οἰκτίρησόν[11] με καὶ εἰσάκουσον[12] τῆς προσευχῆς μου.
3 υἱοὶ ἀνθρώπων, ἕως πότε[13] βαρυκάρδιοι;[14]
ἵνα τί ἀγαπᾶτε ματαιότητα[15] καὶ ζητεῖτε ψεῦδος;[16]

διάψαλμα.[17]

4 καὶ γνῶτε ὅτι ἐθαυμάστωσεν[18] κύριος τὸν ὅσιον[19] αὐτοῦ·
κύριος εἰσακούσεταί[20] μου ἐν τῷ κεκραγέναι με πρὸς αὐτόν.

5 ὀργίζεσθε[21] καὶ μὴ ἁμαρτάνετε·
λέγετε ἐν ταῖς καρδίαις ὑμῶν
καὶ ἐπὶ ταῖς κοίταις[22] ὑμῶν κατανύγητε.[23]

διάψαλμα.[24]

6 θύσατε[25] θυσίαν[26] δικαιοσύνης
καὶ ἐλπίσατε ἐπὶ κύριον.

7 πολλοὶ λέγουσιν Τίς δείξει ἡμῖν τὰ ἀγαθά;
ἐσημειώθη[27] ἐφ᾽ ἡμᾶς τὸ φῶς τοῦ προσώπου σου, κύριε.

1 πατάσσω, *aor act ind 2s*, strike, slay
2 ἐχθραίνω, *pres act ptc acc p m*, be at enmity
3 ματαίως, vainly
4 ὀδούς, tooth
5 συντρίβω, *aor act ind 2s*, shatter, crush
6 εὐλογία, blessing
7 ᾠδή, song
8 ἐπικαλέω, *pres mid inf*, call upon
9 εἰσακούω, *aor act ind 3s*, hear, listen to
10 πλατύνω, *aor act ind 2s*, make room
11 οἰκτίρω, *aor act impv 2s*, have compassion on
12 εἰσακούω, *aor act impv 2s*, hear, listen to
13 πότε, when
14 βαρυκάρδιος, slow-hearted
15 ματαιότης, vanity, folly
16 ψεῦδος, lie
17 διάψαλμα, (*musical interlude, renders Heb.* selāh)
18 θαυμαστόω, *aor act ind 3s*, magnify
19 ὅσιος, holy
20 εἰσακούω, *fut mid ind 3s*, listen
21 ὀργίζω, *pres pas impv 2p*, make angry
22 κοίτη, bed
23 κατανύσσω, *aor pas impv 2p*, be pained, feel anxiety
24 διάψαλμα, (*musical interlude, renders Heb.* selāh)
25 θύω, *aor act impv 2p*, sacrifice
26 θυσία, sacrifice
27 σημειόω, *aor pas ind 3s*, manifest

8 ἔδωκας εὐφροσύνην[1] εἰς τὴν καρδίαν μου·
ἀπὸ καιροῦ σίτου[2] καὶ οἴνου καὶ ἐλαίου[3] αὐτῶν ἐπληθύνθησαν.[4]

9 ἐν εἰρήνῃ ἐπὶ τὸ αὐτὸ κοιμηθήσομαι[5] καὶ ὑπνώσω,[6]
ὅτι σύ, κύριε, κατὰ μόνας ἐπ᾽ ἐλπίδι κατῴκισάς[7] με.

5 Εἰς τὸ τέλος, ὑπὲρ τῆς κληρονομούσης·[8] ψαλμὸς τῷ Δαυιδ.

2 Τὰ ῥήματά μου ἐνώτισαι,[9] κύριε,
σύνες[10] τῆς κραυγῆς[11] μου·
3 πρόσχες[12] τῇ φωνῇ τῆς δεήσεώς[13] μου,
ὁ βασιλεύς μου καὶ ὁ θεός μου.
ὅτι πρὸς σὲ προσεύξομαι, κύριε·
4 τὸ πρωὶ[14] εἰσακούσῃ[15] τῆς φωνῆς μου,
τὸ πρωὶ παραστήσομαί[16] σοι καὶ ἐπόψομαι.[17]
5 ὅτι οὐχὶ θεὸς θέλων ἀνομίαν[18] σὺ εἶ,
οὐδὲ παροικήσει[19] σοι πονηρευόμενος·[20]
6 οὐ διαμενοῦσιν[21] παράνομοι[22] κατέναντι[23] τῶν ὀφθαλμῶν σου,
ἐμίσησας πάντας τοὺς ἐργαζομένους τὴν ἀνομίαν.[24]
7 ἀπολεῖς πάντας τοὺς λαλοῦντας τὸ ψεῦδος·[25]
ἄνδρα αἱμάτων καὶ δόλιον[26] βδελύσσεται[27] κύριος.

8 ἐγὼ δὲ ἐν τῷ πλήθει τοῦ ἐλέους[28] σου εἰσελεύσομαι εἰς τὸν οἶκόν σου,
προσκυνήσω πρὸς ναὸν ἅγιόν σου ἐν φόβῳ σου.
9 κύριε, ὁδήγησόν[29] με ἐν τῇ δικαιοσύνῃ σου ἕνεκα[30] τῶν ἐχθρῶν μου,
κατεύθυνον[31] ἐνώπιόν μου τὴν ὁδόν σου.

1 εὐφροσύνη, gladness
2 σῖτος, grain
3 ἔλαιον, oil
4 πληθύνω, *aor pas ind 3p*, abound
5 κοιμάω, *fut pas ind 1s*, go to bed
6 ὑπνόω, *fut act ind 1s*, sleep
7 κατοικίζω, *aor act ind 2s*, establish
8 κληρονομέω, *pres act ptc gen s f*, inherit
9 ἐνωτίζομαι, *aor mid impv 2s*, listen, give ear
10 συνίημι, *aor act impv 2s*, take notice
11 κραυγή, outcry
12 προσέχω, *aor act impv 2s*, pay attention, give heed
13 δέησις, prayer, entreaty
14 πρωί, (in the) morning
15 εἰσακούω, *aor act sub 3s*, listen
16 παρίστημι, *fut mid ind 1s*, present oneself, be at someone's disposal
17 ἐφοράω, *fut mid ind 1s*, look upon, watch over
18 ἀνομία, transgression, lawlessness
19 παροικέω, *fut act ind 3s*, dwell with, sojourn
20 πονηρεύομαι, *pres mid ptc nom s m*, do wrong, act wickedly
21 διαμένω, *fut act ind 3p*, endure, carry on
22 παράνομος, lawless (one)
23 κατέναντι, before
24 ἀνομία, transgression, lawlessness
25 ψεῦδος, lie
26 δόλιος, deceitful, false
27 βδελύσσω, *pres mid ind 3s*, detest, abhor
28 ἔλεος, mercy, compassion
29 ὁδηγέω, *aor act impv 2s*, guide, lead
30 ἕνεκα, because, on account of
31 κατευθύνω, *aor act impv 2s*, direct

10 ὅτι οὐκ ἔστιν ἐν τῷ στόματι αὐτῶν ἀλήθεια,
ἡ καρδία αὐτῶν ματαία·[1]
τάφος[2] ἀνεῳγμένος[3] ὁ λάρυγξ[4] αὐτῶν,
ταῖς γλώσσαις αὐτῶν ἐδολιοῦσαν.[5]
11 κρῖνον αὐτούς, ὁ θεός·
ἀποπεσάτωσαν[6] ἀπὸ τῶν διαβουλίων[7] αὐτῶν·
κατὰ τὸ πλῆθος τῶν ἀσεβειῶν[8] αὐτῶν ἔξωσον[9] αὐτούς,
ὅτι παρεπίκρανάν[10] σε, κύριε.

12 καὶ εὐφρανθήτωσαν[11] πάντες οἱ ἐλπίζοντες ἐπὶ σέ·
εἰς αἰῶνα ἀγαλλιάσονται,[12]
καὶ κατασκηνώσεις[13] ἐν αὐτοῖς,
καὶ καυχήσονται[14] ἐν σοὶ πάντες οἱ ἀγαπῶντες τὸ ὄνομά σου.
13 ὅτι σὺ εὐλογήσεις δίκαιον·
κύριε, ὡς ὅπλῳ[15] εὐδοκίας[16] ἐστεφάνωσας[17] ἡμᾶς.

6 Εἰς τὸ τέλος, ἐν ὕμνοις,[18] ὑπὲρ τῆς ὀγδόης·[19] ψαλμὸς τῷ Δαυιδ.

2 Κύριε, μὴ τῷ θυμῷ[20] σου ἐλέγξῃς[21] με
μηδὲ τῇ ὀργῇ σου παιδεύσῃς[22] με.
3 ἐλέησόν[23] με, κύριε, ὅτι ἀσθενής[24] εἰμι·
ἴασαί[25] με, κύριε, ὅτι ἐταράχθη[26] τὰ ὀστᾶ[27] μου,
4 καὶ ἡ ψυχή μου ἐταράχθη[28] σφόδρα·[29]
καὶ σύ, κύριε, ἕως πότε;[30]

5 ἐπίστρεψον, κύριε, ῥῦσαι[31] τὴν ψυχήν μου,
σῶσόν με ἕνεκεν[32] τοῦ ἐλέους[33] σου.

1 μάταιος, vain, worthless
2 τάφος, tomb
3 ἀνοίγω, *perf pas ptc nom s m*, open
4 λάρυγξ, throat
5 δολιόω, *impf act ind 3p*, deceive
6 ἀποπίπτω, *aor act impv 3p*, fall away
7 διαβουλία, intrigue, counsel
8 ἀσέβεια, ungodliness, impiety
9 ἐξωθέω, *aor act impv 2s*, push out, expel
10 παραπικραίνω, *aor act ind 3p*, provoke
11 εὐφραίνω, *aor pas impv 3p*, be glad
12 ἀγαλλιάω, *fut mid ind 3p*, rejoice, exult
13 κατασκηνόω, *fut act ind 2s*, settle, live
14 καυχάομαι, *fut mid ind 3p*, boast
15 ὅπλον, armor, shield
16 εὐδοκία, favor, goodwill
17 στεφανόω, *aor act ind 2s*, reward
18 ὕμνος, hymn, praise
19 ὄγδοος, eighth
20 θυμός, anger, wrath
21 ἐλέγχω, *aor act sub 2s*, reprove, reproach
22 παιδεύω, *aor act sub 2s*, discipline, chastise
23 ἐλεέω, *aor act impv 2s*, have mercy on
24 ἀσθενής, weak, helpless
25 ἰάομαι, *aor mid impv 2s*, heal, restore
26 ταράσσω, *aor pas ind 3s*, trouble, unsettle
27 ὀστέον, bone
28 ταράσσω, *aor pas ind 3s*, trouble, unsettle
29 σφόδρα, exceedingly
30 πότε, when
31 ῥύομαι, *aor mid impv 2s*, save, rescue
32 ἕνεκα, for the sake of
33 ἔλεος, mercy, compassion

6 ὅτι οὐκ ἔστιν ἐν τῷ θανάτῳ ὁ μνημονεύων[1] σου·
ἐν δὲ τῷ ᾅδῃ[2] τίς ἐξομολογήσεταί[3] σοι;

7 ἐκοπίασα[4] ἐν τῷ στεναγμῷ[5] μου,
λούσω[6] καθ᾽ ἑκάστην νύκτα τὴν κλίνην[7] μου,
ἐν δάκρυσίν[8] μου τὴν στρωμνήν[9] μου βρέξω.[10]
8 ἐταράχθη[11] ἀπὸ θυμοῦ[12] ὁ ὀφθαλμός μου,
ἐπαλαιώθην[13] ἐν πᾶσιν τοῖς ἐχθροῖς μου.

9 ἀπόστητε[14] ἀπ᾽ ἐμοῦ, πάντες οἱ ἐργαζόμενοι τὴν ἀνομίαν,[15]
ὅτι εἰσήκουσεν[16] κύριος τῆς φωνῆς τοῦ κλαυθμοῦ[17] μου·
10 εἰσήκουσεν[18] κύριος τῆς δεήσεώς[19] μου,
κύριος τὴν προσευχήν μου προσεδέξατο.[20]
11 αἰσχυνθείησαν[21] καὶ ταραχθείησαν[22] σφόδρα[23] πάντες οἱ ἐχθροί μου,
ἀποστραφείησαν[24] καὶ καταισχυνθείησαν[25] σφόδρα[26] διὰ τάχους.[27]

7

Ψαλμὸς τῷ Δαυιδ, ὃν ᾖσεν[28] τῷ κυρίῳ ὑπὲρ τῶν λόγων Χουσι υἱοῦ Ιεμενι.

2 Κύριε ὁ θεός μου, ἐπὶ σοὶ ἤλπισα·
σῶσόν με ἐκ πάντων τῶν διωκόντων με καὶ ῥῦσαί[29] με,
3 μήποτε[30] ἁρπάσῃ[31] ὡς λέων[32] τὴν ψυχήν μου
μὴ ὄντος λυτρουμένου[33] μηδὲ σῴζοντος.

4 κύριε ὁ θεός μου, εἰ ἐποίησα τοῦτο,
εἰ ἔστιν ἀδικία[34] ἐν χερσίν μου,

1 μνημονεύω, *pres act ptc nom s m*, remember
2 ᾅδης, Hades, underworld
3 ἐξομολογέομαι, *fut mid ind 3s*, acknowledge
4 κοπιάω, *aor act ind 1s*, grow weary
5 στεναγμός, sighing, groaning
6 λούω, *fut act ind 1s*, wash, bathe
7 κλίνη, bed, couch
8 δάκρυον, tear
9 στρωμνή, bedding, covers
10 βρέχω, *fut act ind 1s*, drench
11 ταράσσω, *aor pas ind 3s*, trouble, unsettle
12 θυμός, anger, wrath
13 παλαιόω, *aor pas ind 1s*, wear out
14 ἀφίστημι, *aor act impv 2p*, remove, draw away
15 ἀνομία, transgression, lawlessness
16 εἰσακούω, *aor act ind 3s*, hear, listen to
17 κλαυθμός, weeping
18 εἰσακούω, *aor act ind 3s*, hear, listen to
19 δέησις, petition, prayer
20 προσδέχομαι, *aor mid ind 3s*, receive, welcome
21 αἰσχύνω, *aor pas opt 3p*, put to shame, dishonor
22 ταράσσω, *aor pas opt 3p*, trouble, unsettle
23 σφόδρα, exceedingly
24 ἀποστρέφω, *aor pas opt 3p*, turn back, repel
25 καταισχύνω, *aor pas opt 3p*, put to shame
26 σφόδρα, very much
27 τάχος, quickly
28 ᾄδω, *aor act ind 3s*, sing
29 ῥύομαι, *aor mid impv 2s*, rescue, deliver
30 μήποτε, lest
31 ἁρπάζω, *aor act sub 3s*, snatch, drag off
32 λέων, lion
33 λυτρόω, *pres mid ptc gen s m*, redeem
34 ἀδικία, injustice, wrongdoing

5 εἰ ἀνταπέδωκα[1] τοῖς ἀνταποδιδοῦσίν[2] μοι κακά,
ἀποπέσοιν[3] ἄρα ἀπὸ τῶν ἐχθρῶν μου κενός,[4]
6 καταδιώξαι[5] ἄρα ὁ ἐχθρὸς τὴν ψυχήν μου καὶ καταλάβοι[6]
καὶ καταπατήσαι[7] εἰς γῆν τὴν ζωήν μου
καὶ τὴν δόξαν μου εἰς χοῦν[8] κατασκηνώσαι.[9]

διάψαλμα.[10]

7 ἀνάστηθι, κύριε, ἐν ὀργῇ σου,
ὑψώθητι[11] ἐν τοῖς πέρασι[12] τῶν ἐχθρῶν μου·
ἐξεγέρθητι,[13] κύριε ὁ θεός μου, ἐν προστάγματι,[14] ᾧ ἐνετείλω,[15]
8 καὶ συναγωγὴ λαῶν κυκλώσει[16] σε,
καὶ ὑπὲρ ταύτης εἰς ὕψος[17] ἐπίστρεψον.
9 κύριος κρινεῖ λαούς·
κρῖνόν με, κύριε, κατὰ τὴν δικαιοσύνην μου
καὶ κατὰ τὴν ἀκακίαν[18] μου ἐπ᾽ ἐμοί.

10 συντελεσθήτω[19] δὴ[20] πονηρία[21] ἁμαρτωλῶν,
καὶ κατευθυνεῖς[22] δίκαιον·
ἐτάζων[23] καρδίας καὶ νεφροὺς[24] ὁ θεός.
11 δικαία ἡ βοήθειά[25] μου παρὰ τοῦ θεοῦ
τοῦ σῴζοντος τοὺς εὐθεῖς[26] τῇ καρδίᾳ.
12 ὁ θεὸς κριτὴς[27] δίκαιος καὶ ἰσχυρὸς[28] καὶ μακρόθυμος[29]
μὴ ὀργὴν ἐπάγων[30] καθ᾽ ἑκάστην ἡμέραν.

13 ἐὰν μὴ ἐπιστραφῆτε, τὴν ῥομφαίαν[31] αὐτοῦ στιλβώσει·[32]
τὸ τόξον[33] αὐτοῦ ἐνέτεινεν[34] καὶ ἡτοίμασεν αὐτὸ

1 ἀνταποδίδωμι, *aor act ind 1s*, repay, give back
2 ἀνταποδίδωμι, *pres act ptc dat p m*, repay
3 ἀποπίπτω, *aor act opt 1s*, deviate, fall away
4 κενός, without effect
5 καταδιώκω, *aor act opt 3s*, pursue closely
6 καταλαμβάνω, *aor act opt 3s*, lay hold of, capture
7 καταπατέω, *aor act opt 3s*, trample, destroy
8 χοῦς, dust
9 κατασκηνόω, *aor act opt 3s*, settle, reside
10 διάψαλμα, (*musical interlude, renders Heb.* selāh)
11 ὑψόω, *aor pas impv 2s*, exalt
12 πέρας, end, (death)
13 ἐξεγείρω, *aor pas impv 2s*, rise up, awake
14 πρόσταγμα, ordinance, command
15 ἐντέλλομαι, *aor mid ind 2s*, command
16 κυκλόω, *fut act ind 3s*, surround, encircle
17 ὕψος, height
18 ἀκακία, innocence
19 συντελέω, *aor pas impv 3s*, finish off, bring to an end
20 δή, now
21 πονηρία, evil, wickedness
22 κατευθύνω, *fut act ind 2s*, direct, lead
23 ἐτάζω, *pres act ptc nom s m*, test, examine
24 νεφρός, kidney, (inmost part, mind)
25 βοήθεια, help
26 εὐθύς, straight, upright
27 κριτής, judge
28 ἰσχυρός, strong, mighty
29 μακρόθυμος, patient
30 ἐπάγω, *pres act ptc nom s m*, inflict, incite
31 ῥομφαία, sword
32 στιλβόω, *fut act ind 3s*, polish, shine
33 τόξον, bow
34 ἐντείνω, *aor act ind 3s*, stretch tight

14 καὶ ἐν αὐτῷ ἡτοίμασεν σκεύη[1] θανάτου,
τὰ βέλη[2] αὐτοῦ τοῖς καιομένοις[3] ἐξειργάσατο.[4]
15 ἰδοὺ ὠδίνησεν[5] ἀδικίαν,[6]
συνέλαβεν[7] πόνον[8] καὶ ἔτεκεν[9] ἀνομίαν·[10]
16 λάκκον[11] ὤρυξεν[12] καὶ ἀνέσκαψεν[13] αὐτὸν
καὶ ἐμπεσεῖται[14] εἰς βόθρον,[15] ὃν εἰργάσατο·
17 ἐπιστρέψει ὁ πόνος[16] αὐτοῦ εἰς κεφαλὴν αὐτοῦ,
καὶ ἐπὶ κορυφὴν αὐτοῦ ἡ ἀδικία[17] αὐτοῦ καταβήσεται.
18 ἐξομολογήσομαι[18] κυρίῳ κατὰ τὴν δικαιοσύνην αὐτοῦ
καὶ ψαλῶ[19] τῷ ὀνόματι κυρίου τοῦ ὑψίστου.[20]

8 Εἰς τὸ τέλος, ὑπὲρ τῶν ληνῶν·[21] ψαλμὸς τῷ Δαυιδ.

2 Κύριε ὁ κύριος ἡμῶν,
ὡς θαυμαστὸν[22] τὸ ὄνομά σου ἐν πάσῃ τῇ γῇ,
ὅτι ἐπήρθη[23] ἡ μεγαλοπρέπειά[24] σου ὑπεράνω[25] τῶν οὐρανῶν.

3 ἐκ στόματος νηπίων[26] καὶ θηλαζόντων[27] κατηρτίσω[28] αἶνον[29]
ἕνεκα[30] τῶν ἐχθρῶν σου
τοῦ καταλῦσαι[31] ἐχθρὸν καὶ ἐκδικητήν.[32]
4 ὅτι ὄψομαι τοὺς οὐρανούς, ἔργα τῶν δακτύλων[33] σου,
σελήνην[34] καὶ ἀστέρας,[35] ἃ σὺ ἐθεμελίωσας.[36]

1 σκεῦος, instrument, implement
2 βέλος, arrow
3 καίω, *pres mid ptc dat p m*, burn
4 ἐξεργάζομαι, *aor mid ind 3s*, prepare
5 ὠδίνω, *aor act ind 3s*, be in travail with, suffer
6 ἀδικία, injustice, wrongdoing
7 συλλαμβάνω, *aor act ind 3s*, apprehend, conceive
8 πόνος, pain, toil, labor
9 τίκτω, *aor act ind 3s*, bring forth
10 ἀνομία, transgression, lawlessness
11 λάκκος, pit, hole
12 ὀρύσσω, *aor act ind 3s*, dig
13 ἀνασκάπτω, *aor act ind 3s*, clear out
14 ἐμπίπτω, *fut mid ind 3s*, fall into
15 βόθρος, pit
16 πόνος, pain, toil, labor
17 ἀδικία, evil, lawlessness
18 ἐξομολογέομαι, *fut mid ind 1s*, acknowledge, confess
19 ψάλλω, *fut act ind 1s*, play music, sing (with an instrument)
20 ὕψιστος, *sup*, Most High
21 ληνός, winepress
22 θαυμαστός, marvelous, wonderful
23 ἐπαίρω, *aor pas ind 3s*, raise, lift up
24 μεγαλοπρέπεια, magnificence, majesty
25 ὑπεράνω, above
26 νήπιος, infant, child
27 θηλάζω, *pres act ptc gen p m*, nurse
28 καταρτίζω, *aor mid ind 2s*, prepare
29 αἶνος, praise
30 ἕνεκα, on account of
31 καταλύω, *aor act inf*, destroy
32 ἐκδικητής, avenger
33 δάκτυλος, finger
34 σελήνη, moon
35 ἀστήρ, star
36 θεμελιόω, *aor act ind 2s*, establish a foundation

5 τί ἐστιν ἄνθρωπος, ὅτι μιμνῄσκῃ[1] αὐτοῦ,
ἢ υἱὸς ἀνθρώπου, ὅτι ἐπισκέπτῃ[2] αὐτόν;

6 ἠλάττωσας[3] αὐτὸν βραχύ[4] τι παρ' ἀγγέλους,
δόξῃ καὶ τιμῇ[5] ἐστεφάνωσας[6] αὐτόν·
7 καὶ κατέστησας[7] αὐτὸν ἐπὶ τὰ ἔργα τῶν χειρῶν σου,
πάντα ὑπέταξας[8] ὑποκάτω[9] τῶν ποδῶν αὐτοῦ,
8 πρόβατα καὶ βόας[10] πάσας,
ἔτι δὲ καὶ τὰ κτήνη[11] τοῦ πεδίου,[12]
9 τὰ πετεινὰ[13] τοῦ οὐρανοῦ καὶ τοὺς ἰχθύας[14] τῆς θαλάσσης,
τὰ διαπορευόμενα[15] τρίβους[16] θαλασσῶν.

10 κύριε ὁ κύριος ἡμῶν,
ὡς θαυμαστὸν[17] τὸ ὄνομά σου ἐν πάσῃ τῇ γῇ.

9

Εἰς τὸ τέλος, ὑπὲρ τῶν κρυφίων[18] τοῦ υἱοῦ· ψαλμὸς τῷ Δαυιδ.

2 Ἐξομολογήσομαί[19] σοι, κύριε, ἐν ὅλῃ καρδίᾳ μου,
διηγήσομαι[20] πάντα τὰ θαυμάσιά[21] σου·
3 εὐφρανθήσομαι[22] καὶ ἀγαλλιάσομαι[23] ἐν σοί,
ψαλῶ[24] τῷ ὀνόματί σου, ὕψιστε.[25]

4 ἐν τῷ ἀποστραφῆναι[26] τὸν ἐχθρόν μου εἰς τὰ ὀπίσω[27]
ἀσθενήσουσιν[28] καὶ ἀπολοῦνται ἀπὸ προσώπου σου,
5 ὅτι ἐποίησας τὴν κρίσιν μου καὶ τὴν δίκην[29] μου,
ἐκάθισας ἐπὶ θρόνου, ὁ κρίνων δικαιοσύνην.

1 μιμνῄσκομαι, *pres mid ind 2s*, remember, keep in mind
2 ἐπισκέπτομαι, *pres mid ind 2s*, look upon, visit
3 ἐλαττόω, *aor act ind 2s*, make lower
4 βραχύς, little (while), short (distance)
5 τιμή, honor
6 στεφανόω, *aor act ind 2s*, crown
7 καθίστημι, *aor act ind 2s*, set over, appoint
8 ὑποτάσσω, *aor act ind 2s*, place under
9 ὑποκάτω, under, below
10 βοῦς, cow, (*p*) cattle
11 κτῆνος, animal, (*p*) herd
12 πεδίον, field, plain
13 πετεινόν, bird
14 ἰχθύς, fish
15 διαπορεύομαι, *pres mid ptc acc p n*, pass across
16 τρίβος, path, track
17 θαυμαστός, marvelous, wonderful
18 κρύφιος, secret
19 ἐξομολογέομαι, *fut mid ind 1s*, acknowledge, confess
20 διηγέομαι, *fut mid ind 1s*, describe
21 θαυμάσιος, marvelous (deed)
22 εὐφραίνω, *fut pas ind 1s*, be glad
23 ἀγαλλιάω, *fut mid ind 1s*, rejoice
24 ψάλλω, *fut act ind 1s*, play music, sing (with an instrument)
25 ὕψιστος, *sup*, Most High
26 ἀποστρέφω, *aor pas inf*, turn back, turn away
27 ὀπίσω, (rear)
28 ἀσθενέω, *fut act ind 3p*, grow weak, become feeble
29 δίκη, cause, justice

6 ἐπετίμησας[1] ἔθνεσιν, καὶ ἀπώλετο ὁ ἀσεβής,[2]
τὸ ὄνομα αὐτῶν ἐξήλειψας[3] εἰς τὸν αἰῶνα καὶ εἰς τὸν αἰῶνα τοῦ αἰῶνος·
7 τοῦ ἐχθροῦ ἐξέλιπον[4] αἱ ῥομφαῖαι[5] εἰς τέλος,
καὶ πόλεις καθεῖλες,[6]
ἀπώλετο τὸ μνημόσυνον[7] αὐτῶν μετ᾽ ἤχους.[8]

8 καὶ ὁ κύριος εἰς τὸν αἰῶνα μένει,[9]
ἡτοίμασεν ἐν κρίσει τὸν θρόνον αὐτοῦ,
9 καὶ αὐτὸς κρινεῖ τὴν οἰκουμένην[10] ἐν δικαιοσύνῃ,
κρινεῖ λαοὺς ἐν εὐθύτητι.[11]

10 καὶ ἐγένετο κύριος καταφυγὴ[12] τῷ πένητι,[13]
βοηθὸς[14] ἐν εὐκαιρίαις[15] ἐν θλίψει·
11 καὶ ἐλπισάτωσαν ἐπὶ σὲ οἱ γινώσκοντες τὸ ὄνομά σου,
ὅτι οὐκ ἐγκατέλιπες[16] τοὺς ἐκζητοῦντάς[17] σε, κύριε.
12 ψάλατε[18] τῷ κυρίῳ τῷ κατοικοῦντι ἐν Σιων,
ἀναγγείλατε[19] ἐν τοῖς ἔθνεσιν τὰ ἐπιτηδεύματα[20] αὐτοῦ,
13 ὅτι ἐκζητῶν[21] τὰ αἵματα αὐτῶν ἐμνήσθη,[22]
οὐκ ἐπελάθετο[23] τῆς κραυγῆς[24] τῶν πενήτων.[25]

14 ἐλέησόν[26] με, κύριε, ἰδὲ τὴν ταπείνωσίν[27] μου ἐκ τῶν ἐχθρῶν μου,
ὁ ὑψῶν[28] με ἐκ τῶν πυλῶν[29] τοῦ θανάτου,
15 ὅπως ἂν ἐξαγγείλω[30] πάσας τὰς αἰνέσεις[31] σου
ἐν ταῖς πύλαις[32] τῆς θυγατρὸς[33] Σιων·
ἀγαλλιάσομαι[34] ἐπὶ τῷ σωτηρίῳ[35] σου.

1 ἐπιτιμάω, *aor act ind 2s*, rebuke
2 ἀσεβής, ungodly, wicked
3 ἐξαλείφω, *aor act ind 2s*, wipe out, destroy
4 ἐκλείπω, *aor act ind 3p*, fail, cease
5 ῥομφαία, sword
6 καθαιρέω, *aor act ind 2s*, destroy
7 μνημόσυνον, memory, remembrance
8 ἦχος, sound, noise
9 μένω, *pres act ind 3s*, remain
10 οἰκουμένη, inhabited world
11 εὐθύτης, uprightness
12 καταφυγή, refuge
13 πένης, poor, needy
14 βοηθός, helper, help
15 εὐκαιρία, fitting time
16 ἐγκαταλείπω, *aor act ind 2s*, abandon, leave behind
17 ἐκζητέω, *pres act ptc acc p m*, seek out
18 ψάλλω, *aor act impv 2p*, play music, sing (with an instrument)
19 ἀναγγέλλω, *aor act impv 2p*, announce, declare
20 ἐπιτήδευμα, dealings, ways
21 ἐκζητέω, *pres act ptc nom s m*, seek out
22 μιμνήσκομαι, *aor pas ind 3s*, remember
23 ἐπιλανθάνω, *aor mid ind 3s*, neglect
24 κραυγή, outcry
25 πένης, poor, needy
26 ἐλεέω, *aor act impv 2s*, have mercy on
27 ταπείνωσις, abasement, humiliation
28 ὑψόω, *pres act ptc nom s m*, lift up, raise
29 πύλη, gate
30 ἐξαγγέλλω, *aor act sub 1s*, proclaim
31 αἴνεσις, praise
32 πύλη, gate
33 θυγάτηρ, daughter
34 ἀγαλλιάω, *fut mid ind 1s*, rejoice
35 σωτήριον, deliverance, salvation

16 ἐνεπάγησαν[1] ἔθνη ἐν διαφθορᾷ,[2] ᾗ ἐποίησαν,
ἐν παγίδι[3] ταύτῃ, ᾗ ἔκρυψαν,[4] συνελήμφθη[5] ὁ ποὺς αὐτῶν·
17 γινώσκεται κύριος κρίματα[6] ποιῶν,
ἐν τοῖς ἔργοις τῶν χειρῶν αὐτοῦ συνελήμφθη[7] ὁ ἁμαρτωλός.

ᾠδὴ[8] διαψάλματος.[9]

18 ἀποστραφήτωσαν[10] οἱ ἁμαρτωλοὶ εἰς τὸν ᾅδην,[11]
πάντα τὰ ἔθνη τὰ ἐπιλανθανόμενα[12] τοῦ θεοῦ·
19 ὅτι οὐκ εἰς τέλος ἐπιλησθήσεται[13] ὁ πτωχός,
ἡ ὑπομονὴ[14] τῶν πενήτων[15] οὐκ ἀπολεῖται εἰς τὸν αἰῶνα.

20 ἀνάστηθι, κύριε, μὴ κραταιούσθω[16] ἄνθρωπος,
κριθήτωσαν ἔθνη ἐνώπιόν σου·
21 κατάστησον,[17] κύριε, νομοθέτην[18] ἐπ᾽ αὐτούς,
γνώτωσαν ἔθνη ὅτι ἄνθρωποί εἰσιν.

διάψαλμα.[19]

22 ἵνα τί, κύριε, ἀφέστηκας[20] μακρόθεν,[21]
ὑπερορᾷς[22] ἐν εὐκαιρίαις[23] ἐν θλίψει;
23 ἐν τῷ ὑπερηφανεύεσθαι[24] τὸν ἀσεβῆ[25] ἐμπυρίζεται[26] ὁ πτωχός,
συλλαμβάνονται[27] ἐν διαβουλίοις,[28] οἷς διαλογίζονται.[29]
24 ὅτι ἐπαινεῖται[30] ὁ ἁμαρτωλὸς ἐν ταῖς ἐπιθυμίαις[31] τῆς ψυχῆς αὐτοῦ,
καὶ ὁ ἀδικῶν[32] ἐνευλογεῖται·[33]
25 παρώξυνεν[34] τὸν κύριον ὁ ἁμαρτωλός
Κατὰ τὸ πλῆθος τῆς ὀργῆς αὐτοῦ οὐκ ἐκζητήσει·[35]
οὐκ ἔστιν ὁ θεὸς ἐνώπιον αὐτοῦ.

1 ἐμπήγνυμι, *aor pas ind 3p*, catch, stick, fix
2 διαφθορά, corruption
3 παγίς, snare
4 κρύπτω, *aor act ind 3p*, hide
5 συλλαμβάνω, *aor pas ind 3s*, catch
6 κρίμα, judgment, rule
7 συλλαμβάνω, *aor pas ind 3s*, seize, apprehend
8 ᾠδή, song
9 διάψαλμα, (*musical interlude, renders Heb.* selāh)
10 ἀποστρέφω, *aor pas impv 3p*, turn away
11 ᾅδης, Hades, underworld
12 ἐπιλανθάνω, *pres mid ptc nom p n*, forget
13 ἐπιλανθάνω, *fut pas ind 3s*, forget
14 ὑπομονή, endurance
15 πένης, poor, needy
16 κραταιόω, *pres pas impv 3s*, prevail
17 καθίστημι, *aor act impv 2s*, appoint, set
18 νομοθέτης, lawgiver
19 διάψαλμα, (*musical interlude, renders Heb.* selāh)
20 ἀφίστημι, *perf act ind 2s*, withdraw
21 μακρόθεν, far off
22 ὑπεροράω, *pres act ind 2s*, neglect
23 εὐκαιρία, fitting time
24 ὑπερηφανεύω, *pres mid inf*, behave arrogantly
25 ἀσεβής, ungodly, wicked
26 ἐμπυρίζω, *pres pas ind 3s*, set on fire
27 συλλαμβάνω, *pres pas ind 3p*, catch
28 διαβούλιον, plotting, scheme
29 διαλογίζομαι, *pres mid ind 3p*, devise
30 ἐπαινέω, *pres mid ind 3s*, commend
31 ἐπιθυμία, desire, yearning
32 ἀδικέω, *pres act ptc nom s m*, act unjustly
33 ἐνευλογέω, *pres mid ind 3s*, consider oneself blessed
34 παροξύνω, *aor act ind 3s*, provoke
35 ἐκζητέω, *fut act ind 3s*, seek out

26 βεβηλοῦνται[1] αἱ ὁδοὶ αὐτοῦ ἐν παντὶ καιρῷ,
ἀνταναιρεῖται[2] τὰ κρίματά[3] σου ἀπὸ προσώπου αὐτοῦ,
πάντων τῶν ἐχθρῶν αὐτοῦ κατακυριεύσει·[4]
27 εἶπεν γὰρ ἐν καρδίᾳ αὐτοῦ Οὐ μὴ σαλευθῶ,[5]
ἀπὸ γενεᾶς εἰς γενεὰν ἄνευ[6] κακοῦ.
28 οὗ ἀρᾶς τὸ στόμα αὐτοῦ γέμει[7] καὶ πικρίας[8] καὶ δόλου,[9]
ὑπὸ τὴν γλῶσσαν αὐτοῦ κόπος[10] καὶ πόνος.[11]
29 ἐγκάθηται[12] ἐνέδρᾳ[13] μετὰ πλουσίων[14]
ἐν ἀποκρύφοις[15] ἀποκτεῖναι ἀθῷον,[16]
οἱ ὀφθαλμοὶ αὐτοῦ εἰς τὸν πένητα[17] ἀποβλέπουσιν·[18]
30 ἐνεδρεύει[19] ἐν ἀποκρύφῳ[20] ὡς λέων[21] ἐν τῇ μάνδρᾳ[22] αὐτοῦ,
ἐνεδρεύει[23] τοῦ ἁρπάσαι[24] πτωχόν,
ἁρπάσαι πτωχὸν ἐν τῷ ἑλκύσαι[25] αὐτόν·

31 ἐν τῇ παγίδι[26] αὐτοῦ ταπεινώσει[27] αὐτόν,
κύψει[28] καὶ πεσεῖται ἐν τῷ αὐτὸν κατακυριεῦσαι[29] τῶν πενήτων.[30]
32 εἶπεν γὰρ ἐν καρδίᾳ αὐτοῦ Ἐπιλέλησται[31] ὁ θεός,
ἀπέστρεψεν[32] τὸ πρόσωπον αὐτοῦ τοῦ μὴ βλέπειν εἰς τέλος.

33 ἀνάστηθι, κύριε ὁ θεός, ὑψωθήτω[33] ἡ χείρ σου,
μὴ ἐπιλάθῃ[34] τῶν πενήτων·[35]
34 ἕνεκεν τίνος[36] παρώξυνεν[37] ὁ ἀσεβὴς[38] τὸν θεόν;
εἶπεν γὰρ ἐν καρδίᾳ αὐτοῦ Οὐκ ἐκζητήσει.[39]

1 βεβηλόω, *pres pas ind 3p*, profane, defile
2 ἀνταναιρέω, *pres pas ind 3s*, remove, erase
3 κρίμα, judgment, decision
4 κατακυριεύω, *fut act ind 3s*, exercise dominion
5 σαλεύω, *aor pas sub 1s*, shake
6 ἄνευ, without
7 γέμω, *pres act ind 3s*, be full of
8 πικρία, bitterness
9 δόλος, treachery
10 κόπος, trouble
11 πόνος, distress
12 ἐγκάθημαι, *pres mid ind 3s*, lay low, sit
13 ἐνέδρα, ambush
14 πλούσιος, rich
15 ἀπόκρυφος, secret (place)
16 ἀθῷος, innocent
17 πένης, poor, needy
18 ἀποβλέπω, *pres act ind 3p*, look upon, pay attention to
19 ἐνεδρεύω, *pres act ind 3s*, set an ambush
20 ἀπόκρυφος, secret
21 λέων, lion
22 μάνδρα, den
23 ἐνεδρεύω, *pres act ind 3s*, set an ambush
24 ἁρπάζω, *aor act inf*, carry off
25 ἑλκύω, *aor act inf*, drag away
26 παγίς, snare
27 ταπεινόω, *fut act ind 3s*,
28 κύπτω, *fut act ind 3s*, bend down, stoop
29 κατακυριεύω, *aor act inf*, exercise dominion
30 πένης, poor, needy
31 ἐπιλανθάνω, *perf mid ind 3s*, forget
32 ἀποστρέφω, *aor act ind 3s*, turn away
33 ὑψόω, *aor pas impv 3s*, raise up
34 ἐπιλανθάνω, *aor mid sub 2s*, forget
35 πένης, poor, needy
36 ἕνεκεν τίνος, why?
37 παροξύνω, *aor act ind 3s*, provoke
38 ἀσεβής, ungodly, wicked
39 ἐκζητέω, *fut act ind 3s*, seek out

35 βλέπεις, ὅτι σὺ πόνον[1] καὶ θυμὸν[2] κατανοεῖς[3]
τοῦ παραδοῦναι αὐτοὺς εἰς χεῖράς σου·
σοὶ οὖν ἐγκαταλέλειπται[4] ὁ πτωχός,
ὀρφανῷ[5] σὺ ἦσθα[6] βοηθῶν.[7]
36 σύντριψον[8] τὸν βραχίονα[9] τοῦ ἁμαρτωλοῦ καὶ πονηροῦ,
ζητηθήσεται ἡ ἁμαρτία αὐτοῦ,
καὶ οὐ μὴ εὑρεθῇ δι' αὐτήν·
37 βασιλεύσει[10] κύριος εἰς τὸν αἰῶνα καὶ εἰς τὸν αἰῶνα τοῦ αἰῶνος,
ἀπολεῖσθε, ἔθνη, ἐκ τῆς γῆς αὐτοῦ.

38 τὴν ἐπιθυμίαν[11] τῶν πενήτων[12] εἰσήκουσεν[13] κύριος,
τὴν ἑτοιμασίαν[14] τῆς καρδίας αὐτῶν προσέσχεν[15] τὸ οὖς σου
39 κρῖναι ὀρφανῷ[16] καὶ ταπεινῷ,[17]
ἵνα μὴ προσθῇ[18] ἔτι τοῦ μεγαλαυχεῖν[19] ἄνθρωπος ἐπὶ τῆς γῆς.

10 Εἰς τὸ τέλος· ψαλμὸς τῷ Δαυιδ.

Ἐπὶ τῷ κυρίῳ πέποιθα· πῶς ἐρεῖτε τῇ ψυχῇ μου
Μεταναστεύου[20] ἐπὶ τὰ ὄρη ὡς στρουθίον;[21]
2 ὅτι ἰδοὺ οἱ ἁμαρτωλοὶ ἐνέτειναν[22] τόξον,[23]
ἡτοίμασαν βέλη[24] εἰς φαρέτραν[25]
τοῦ κατατοξεῦσαι[26] ἐν σκοτομήνῃ[27] τοὺς εὐθεῖς[28] τῇ καρδίᾳ.
3 ὅτι ἃ κατηρτίσω,[29] καθεῖλον·[30]
ὁ δὲ δίκαιος τί ἐποίησεν;

4 κύριος ἐν ναῷ ἁγίῳ αὐτοῦ·
κύριος, ἐν οὐρανῷ ὁ θρόνος αὐτοῦ.

1 πόνος, labor, hardship
2 θυμός, anger, sorrow
3 κατανοέω, *pres act ind 2s*, be aware of, perceive
4 ἐγκαταλείπω, *perf pas ind 3s*, abandon
5 ὀρφανός, orphan
6 εἰμί, *impf act ind 2s*, be
7 βοηθέω, *pres act ptc nom s m*, help
8 συντρίβω, *aor act impv 2s*, break, crush
9 βραχίων, arm
10 βασιλεύω, *fut act ind 3s*, reign as king
11 ἐπιθυμία, desire, yearning
12 πένης, poor, needy
13 εἰσακούω, *aor act ind 3s*, listen to
14 ἑτοιμασία, readiness, preparedness
15 προσέχω, *aor act ind 3s*, attend, incline
16 ὀρφανός, orphaned
17 ταπεινός, afflicted, oppressed
18 προστίθημι, *aor act sub 3s*, add to, continue
19 μεγαλαυχέω, *pres act inf*, boast
20 μεταναστεύω, *pres mid impv 2s*, depart, flee
21 στρουθίον, *dim of* στρουθός, sparrow
22 ἐντείνω, *aor act ind 3p*, stretch tight
23 τόξον, bow
24 βέλος, arrow
25 φαρέτρα, quiver (for arrows)
26 κατατοξεύω, *aor act inf*, shoot
27 σκοτομήνη, dark
28 εὐθύς, straight, upright
29 καταρτίζω, *aor mid ind 2s*, create, fashion
30 καθαιρέω, *aor act ind 3p*, pull down, tear down

οἱ ὀφθαλμοὶ αὐτοῦ εἰς τὸν πένητα[1] ἀποβλέπουσιν,[2]
τὰ βλέφαρα[3] αὐτοῦ ἐξετάζει[4] τοὺς υἱοὺς τῶν ἀνθρώπων.
5 κύριος ἐξετάζει[5] τὸν δίκαιον καὶ τὸν ἀσεβῆ,[6]
ὁ δὲ ἀγαπῶν ἀδικίαν[7] μισεῖ τὴν ἑαυτοῦ ψυχήν.
6 ἐπιβρέξει[8] ἐπὶ ἁμαρτωλοὺς παγίδας,[9]
πῦρ καὶ θεῖον[10] καὶ πνεῦμα καταιγίδος[11] ἡ μερὶς[12] τοῦ ποτηρίου[13] αὐτῶν.
7 ὅτι δίκαιος κύριος καὶ δικαιοσύνας ἠγάπησεν,
εὐθύτητα[14] εἶδεν τὸ πρόσωπον αὐτοῦ.

11

Εἰς τὸ τέλος, ὑπὲρ τῆς ὀγδόης·[15] ψαλμὸς τῷ Δαυιδ.

2 Σῶσόν με, κύριε, ὅτι ἐκλέλοιπεν[16] ὅσιος,[17]
ὅτι ὠλιγώθησαν[18] αἱ ἀλήθειαι ἀπὸ τῶν υἱῶν τῶν ἀνθρώπων.
3 μάταια[19] ἐλάλησεν ἕκαστος πρὸς τὸν πλησίον[20] αὐτοῦ,
χείλη[21] δόλια[22] ἐν καρδίᾳ καὶ ἐν καρδίᾳ ἐλάλησαν.
4 ἐξολεθρεύσαι[23] κύριος πάντα τὰ χείλη[24] τὰ δόλια[25]
καὶ γλῶσσαν μεγαλορήμονα[26]
5 τοὺς εἰπόντας Τὴν γλῶσσαν ἡμῶν μεγαλυνοῦμεν,[27]
τὰ χείλη[28] ἡμῶν παρ᾽ ἡμῶν ἐστιν·
τίς ἡμῶν κύριός ἐστιν;

6 Ἀπὸ τῆς ταλαιπωρίας[29] τῶν πτωχῶν
καὶ ἀπὸ τοῦ στεναγμοῦ[30] τῶν πενήτων[31]
νῦν ἀναστήσομαι, λέγει κύριος,
θήσομαι ἐν σωτηρίᾳ, παρρησιάσομαι[32] ἐν αὐτῷ.

1 πένης, poor, needy
2 ἀποβλέπω, *pres act ind 3p*, look upon
3 βλέφαρον, eyelid
4 ἐξετάζω, *pres act ind 3s*, examine
5 ἐξετάζω, *pres act ind 3s*, examine
6 ἀσεβής, ungodly
7 ἀδικία, injustice, unrighteousness
8 ἐπιβρέχω, *fut act ind 3s*, rain upon
9 παγίς, snare, trap
10 θεῖον, brimstone
11 καταιγίς, sudden blast of wind, squall
12 μερίς, portion
13 ποτήριον, cup
14 εὐθύτης, uprightness
15 ὄγδοος, eighth
16 ἐκλείπω, *perf act ind 3s*, fail, give out
17 ὅσιος, holy (one)
18 ὀλιγόω, *aor pas ind 3p*, diminish, grow scarce
19 μάταιος, vain, worthless
20 πλησίον, companion, neighbor
21 χεῖλος, lip, (speech)
22 δόλιος, deceitful
23 ἐξολεθρεύω, *aor act opt 3s*, utterly destroy
24 χεῖλος, lip, (speech)
25 δόλιος, deceitful
26 μεγαλορρήμων, boastful
27 μεγαλύνω, *fut act ind 1p*, extol, magnify
28 χεῖλος, lip, (speech)
29 ταλαιπωρία, misery, distress
30 στεναγμός, sighing, groaning
31 πένης, poor (man)
32 παρρησιάζομαι, *fut mid ind 1s*, speak boldly

7 τὰ λόγια[1] κυρίου λόγια ἁγνά,[2]
ἀργύριον[3] πεπυρωμένον[4] δοκίμιον[5] τῇ γῇ
κεκαθαρισμένον ἑπταπλασίως.[6]

8 σύ, κύριε, φυλάξεις ἡμᾶς
καὶ διατηρήσεις[7] ἡμᾶς ἀπὸ τῆς γενεᾶς ταύτης καὶ εἰς τὸν αἰῶνα.
9 κύκλῳ[8] οἱ ἀσεβεῖς[9] περιπατοῦσιν·[10]
κατὰ τὸ ὕψος[11] σου ἐπολυώρησας[12] τοὺς υἱοὺς τῶν ἀνθρώπων.

12 Εἰς τὸ τέλος· ψαλμὸς τῷ Δαυιδ.

2 Ἕως πότε,[13] κύριε, ἐπιλήσῃ[14] μου εἰς τέλος;
ἕως πότε ἀποστρέψεις[15] τὸ πρόσωπόν σου ἀπ᾽ ἐμοῦ;
3 ἕως τίνος θήσομαι βουλὰς[16] ἐν ψυχῇ μου,
ὀδύνας[17] ἐν καρδίᾳ μου ἡμέρας;
ἕως πότε[18] ὑψωθήσεται[19] ὁ ἐχθρός μου ἐπ᾽ ἐμέ;

4 ἐπίβλεψον,[20] εἰσάκουσόν[21] μου, κύριε ὁ θεός μου·
φώτισον[22] τοὺς ὀφθαλμούς μου, μήποτε[23] ὑπνώσω[24] εἰς θάνατον,
5 μήποτε[25] εἴπῃ ὁ ἐχθρός μου Ἴσχυσα[26] πρὸς αὐτόν·
οἱ θλίβοντές[27] με ἀγαλλιάσονται,[28] ἐὰν σαλευθῶ.[29]

6 ἐγὼ δὲ ἐπὶ τῷ ἐλέει[30] σου ἤλπισα,
ἀγαλλιάσεται[31] ἡ καρδία μου ἐπὶ τῷ σωτηρίῳ[32] σου·

1 λόγιον, saying, teaching
2 ἁγνός, pure, holy
3 ἀργύριον, silver
4 πυρόω, *perf pas ptc nom s n*, purge, refine
5 δοκίμιον, tested, genuine
6 ἑπταπλασίως, seven times
7 διατηρέω, *fut act ind 2s*, keep, preserve
8 κύκλῳ, all around
9 ἀσεβής, ungodly, wicked
10 περιπατέω, *pres act ind 3p*, walk about, circulate
11 ὕψος, height, high status
12 πολυωρέω, *aor act ind 2s*, treat with care
13 πότε, when
14 ἐπιλανθάνω, *fut mid ind 2s*, neglect, forget
15 ἀποστρέφω, *fut act ind 2s*, turn
16 βουλή, counsel, plan
17 ὀδύνη, grief, sorrow
18 πότε, when
19 ὑψόω, *fut pas ind 3s*, lift high, raise over
20 ἐπιβλέπω, *aor act impv 2s*, look upon, pay attention
21 εἰσακούω, *aor act impv 2s*, listen
22 φωτίζω, *aor act impv 2s*, illumine, give light to
23 μήποτε, lest
24 ὑπνόω, *aor act sub 1s*, sleep
25 μήποτε, lest
26 ἰσχύω, *aor act ind 1s*, prevail
27 θλίβω, *pres act ptc nom p m*, afflict, oppress
28 ἀγαλλιάω, *fut mid ind 3p*, exult, rejoice
29 σαλεύω, *aor pas sub 1s*, shake
30 ἔλεος, mercy, compassion
31 ἀγαλλιάω, *fut mid ind 3s*, exult, rejoice
32 σωτήριον, deliverance, salvation

ᾄσω[1] τῷ κυρίῳ τῷ εὐεργετήσαντί[2] με
καὶ ψαλῶ[3] τῷ ὀνόματι κυρίου τοῦ ὑψίστου.[4]

13 Εἰς τὸ τέλος· ψαλμὸς τῷ Δαυιδ.

Εἶπεν ἄφρων[5] ἐν καρδίᾳ αὐτοῦ Οὐκ ἔστιν θεός·
διέφθειραν[6] καὶ ἐβδελύχθησαν[7] ἐν ἐπιτηδεύμασιν,[8]
οὐκ ἔστιν ποιῶν χρηστότητα,[9]
οὐκ ἔστιν ἕως ἑνός.

2 κύριος ἐκ τοῦ οὐρανοῦ διέκυψεν[10] ἐπὶ τοὺς υἱοὺς τῶν ἀνθρώπων
τοῦ ἰδεῖν εἰ ἔστιν συνίων[11] ἢ ἐκζητῶν[12] τὸν θεόν.

3 πάντες ἐξέκλιναν,[13] ἅμα[14] ἠχρεώθησαν,[15]
οὐκ ἔστιν ποιῶν χρηστότητα,[16]
οὐκ ἔστιν ἕως ἑνός.

[τάφος[17] ἀνεῳγμένος ὁ λάρυγξ[18] αὐτῶν,
ταῖς γλώσσαις αὐτῶν ἐδολιοῦσαν·[19]
ἰὸς[20] ἀσπίδων[21] ὑπὸ τὰ χείλη[22] αὐτῶν,
ὧν τὸ στόμα ἀρᾶς[23] καὶ πικρίας[24] γέμει·[25]
ὀξεῖς[26] οἱ πόδες αὐτῶν ἐκχέαι[27] αἷμα·
σύντριμμα[28] καὶ ταλαιπωρία[29] ἐν ταῖς ὁδοῖς αὐτῶν,
καὶ ὁδὸν εἰρήνης οὐκ ἔγνωσαν·
οὐκ ἔστιν φόβος θεοῦ ἀπέναντι[30] τῶν ὀφθαλμῶν αὐτῶν.]

1 ᾄδω, *fut act ind 1s*, sing
2 εὐεργετέω, *aor act ptc dat s m*, show favor toward
3 ψάλλω, *fut act ind 1s*, play music, sing (with an instrument)
4 ὕψιστος, *sup*, Most High
5 ἄφρων, foolish, ignorant
6 διαφθείρω, *aor act ind 3p*, spoil, corrupt
7 βδελύσσω, *aor pas ind 3p*, abhor, detest
8 ἐπιτήδευμα, habit, way of life
9 χρηστότης, good, what is right
10 διακύπτω, *aor act ind 3s*, peer out, stoop to look
11 συνίημι, *pres act ptc nom s m*, understanding
12 ἐκζητέω, *pres act ptc nom s m*, seek
13 ἐκκλίνω, *aor act ind 3p*, turn away
14 ἅμα, together, at once
15 ἀχρειόω, *aor pas ind 3p*, make useless
16 χρηστότης, good, what is right
17 τάφος, grave, tomb
18 λάρυγξ, throat
19 δολιόω, *impf act ind 3p*, be treacherous, deceive
20 ἰός, poison
21 ἀσπίς, asp, serpent
22 χεῖλος, lip, (speech)
23 ἀρά, cursing
24 πικρία, bitterness
25 γέμω, *pres act ind 3s*, be full of
26 ὀξύς, quick, swift
27 ἐκχέω, *aor act inf*, shed
28 σύντριμμα, destruction, ruin
29 ταλαιπωρία, misery, distress
30 ἀπέναντι, before, in front of

4 οὐχὶ γνώσονται πάντες οἱ ἐργαζόμενοι τὴν ἀνομίαν;[1]
οἱ κατεσθίοντες[2] τὸν λαόν μου βρώσει[3] ἄρτου
τὸν κύριον οὐκ ἐπεκαλέσαντο.[4]

5 ἐκεῖ ἐδειλίασαν[5] φόβῳ, οὗ οὐκ ἦν φόβος,
ὅτι ὁ θεὸς ἐν γενεᾷ δικαίᾳ.
6 βουλὴν[6] πτωχοῦ κατῃσχύνατε,[7]
ὅτι κύριος ἐλπὶς αὐτοῦ ἐστιν.

7 τίς δώσει ἐκ Σιων τὸ σωτήριον[8] τοῦ Ισραηλ;
ἐν τῷ ἐπιστρέψαι κύριον τὴν αἰχμαλωσίαν[9] τοῦ λαοῦ αὐτοῦ
ἀγαλλιάσθω[10] Ιακωβ καὶ εὐφρανθήτω[11] Ισραηλ.

14

Ψαλμὸς τῷ Δαυιδ.

Κύριε, τίς παροικήσει[12] ἐν τῷ σκηνώματί[13] σου
καὶ τίς κατασκηνώσει[14] ἐν τῷ ὄρει τῷ ἁγίῳ σου;

2 πορευόμενος ἄμωμος[15] καὶ ἐργαζόμενος δικαιοσύνην,
λαλῶν ἀλήθειαν ἐν καρδίᾳ αὐτοῦ,
3 ὃς οὐκ ἐδόλωσεν[16] ἐν γλώσσῃ αὐτοῦ
οὐδὲ ἐποίησεν τῷ πλησίον[17] αὐτοῦ κακὸν
καὶ ὀνειδισμὸν[18] οὐκ ἔλαβεν ἐπὶ τοὺς ἔγγιστα[19] αὐτοῦ·
4 ἐξουδένωται[20] ἐνώπιον αὐτοῦ πονηρευόμενος,[21]
τοὺς δὲ φοβουμένους κύριον δοξάζει·
ὁ ὀμνύων[22] τῷ πλησίον[23] αὐτοῦ καὶ οὐκ ἀθετῶν·[24]

1 ἀνομία, transgression, lawlessness
2 κατεσθίω, *pres act ptc nom p m*, devour
3 βρῶσις, eating, consumption
4 ἐπικαλέω, *aor mid ind 3p*, call upon
5 δειλιάω, *aor act ind 3p*, be afraid
6 βουλή, advice, counsel
7 καταισχύνω, *aor act ind 2p*, put to shame
8 σωτήριον, salvation, deliverance
9 αἰχμαλωσία, captivity
10 ἀγαλλιάω, *pres mid impv 3s*, exult, rejoice
11 εὐφραίνω, *aor pas impv 3s*, be glad, rejoice
12 παροικέω, *fut act ind 3s*, sojourn, live as a foreigner
13 σκήνωμα, tent
14 κατασκηνόω, *fut act ind 3s*, settle, encamp
15 ἄμωμος, without fault, blameless
16 δολόω, *aor act ind 3s*, deceive, slander
17 πλησίον, neighbor, companion
18 ὀνειδισμός, reproach, insult
19 ἐγγύς, *sup*, most nearby (in family relations)
20 ἐξουδενόω, *perf pas ind 3s*, despise
21 πονηρεύομαι, *pres mid ptc nom s m*, act wickedly
22 ὄμνυμι, *pres act ptc nom s m*, swear an oath
23 πλησίον, neighbor, companion
24 ἀθετέω, *pres act ptc nom s m*, break faith, renege

5 τὸ ἀργύριον[1] αὐτοῦ οὐκ ἔδωκεν ἐπὶ τόκῳ[2]
καὶ δῶρα[3] ἐπ᾽ ἀθῴοις[4] οὐκ ἔλαβεν.

ὁ ποιῶν ταῦτα οὐ σαλευθήσεται[5] εἰς τὸν αἰῶνα.

15 Στηλογραφία[6] τῷ Δαυιδ.

Φύλαξόν με, κύριε, ὅτι ἐπὶ σοὶ ἤλπισα.

2 εἶπα τῷ κυρίῳ Κύριός μου εἶ σύ,
ὅτι τῶν ἀγαθῶν μου οὐ χρείαν[7] ἔχεις.
3 τοῖς ἁγίοις τοῖς ἐν τῇ γῇ αὐτοῦ
ἐθαυμάστωσεν[8] πάντα τὰ θελήματα[9] αὐτοῦ ἐν αὐτοῖς.

4 ἐπληθύνθησαν[10] αἱ ἀσθένειαι[11] αὐτῶν,
μετὰ ταῦτα ἐτάχυναν·[12]
οὐ μὴ συναγάγω τὰς συναγωγὰς αὐτῶν ἐξ αἱμάτων
οὐδὲ μὴ μνησθῶ[13] τῶν ὀνομάτων αὐτῶν διὰ χειλέων[14] μου.

5 κύριος ἡ μερὶς[15] τῆς κληρονομίας[16] μου καὶ τοῦ ποτηρίου[17] μου·
σὺ εἶ ὁ ἀποκαθιστῶν[18] τὴν κληρονομίαν[19] μου ἐμοί.
6 σχοινία[20] ἐπέπεσάν[21] μοι ἐν τοῖς κρατίστοις·[22]
καὶ γὰρ ἡ κληρονομία[23] μου κρατίστη μοί ἐστιν.

7 εὐλογήσω τὸν κύριον τὸν συνετίσαντά[24] με·
ἔτι δὲ καὶ ἕως νυκτὸς ἐπαίδευσάν[25] με οἱ νεφροί[26] μου.
8 προωρώμην[27] τὸν κύριον ἐνώπιόν μου διὰ παντός,
ὅτι ἐκ δεξιῶν μού ἐστιν, ἵνα μὴ σαλευθῶ.[28]

1 ἀργύριον, money, silver
2 τόκος, (usury), interest
3 δῶρον, gift, (bribe)
4 ἀθῷος, innocent
5 σαλεύω, *fut pas ind 3s*, move, shake
6 στηλογραφία, inscription
7 χρεία, need
8 θαυμαστόω, *aor act ind 3s*, magnify, make wondrous
9 θέλημα, wish, desire
10 πληθύνω, *aor pas ind 3p*, multiply
11 ἀσθένεια, sickness, infirmity
12 ταχύνω, *aor act ind 3p*, be quick, hurry
13 μιμνήσκομαι, *aor pas sub 1s*, remember, mention
14 χεῖλος, lip, (speech)
15 μερίς, portion, part
16 κληρονομία, inheritance
17 ποτήριον, cup
18 ἀποκαθιστάω, *pres act ptc nom s m*, restore
19 κληρονομία, inheritance
20 σχοινίον, measuring line
21 ἐπιπίπτω, *aor act ind 3p*, fall down
22 κράτιστος, *sup of* ἀγαθός, best
23 κληρονομία, inheritance
24 συνετίζω, *aor act ptc acc s m*, instruct
25 παιδεύω, *aor act ind 3p*, teach, instruct
26 νεφρός, kidneys, (conscience)
27 προοράω, *impf mid ind 1s*, see in front
28 σαλεύω, *aor pas sub 1s*, shake, move

9 διὰ τοῦτο ηὐφράνθη[1] ἡ καρδία μου,
καὶ ἠγαλλιάσατο[2] ἡ γλῶσσά μου,
ἔτι δὲ καὶ ἡ σάρξ μου κατασκηνώσει[3] ἐπ᾽ ἐλπίδι,
10 ὅτι οὐκ ἐγκαταλείψεις[4] τὴν ψυχήν μου εἰς ᾅδην[5]
οὐδὲ δώσεις τὸν ὅσιόν[6] σου ἰδεῖν διαφθοράν.[7]

11 ἐγνώρισάς[8] μοι ὁδοὺς ζωῆς·
πληρώσεις με εὐφροσύνης[9] μετὰ τοῦ προσώπου σου,
τερπνότητες[10] ἐν τῇ δεξιᾷ σου εἰς τέλος.

16 Προσευχὴ τοῦ Δαυιδ.

Εἰσάκουσον,[11] κύριε, τῆς δικαιοσύνης μου,
πρόσχες[12] τῇ δεήσει[13] μου,
ἐνώτισαι[14] τῆς προσευχῆς μου οὐκ ἐν χείλεσιν[15] δολίοις.[16]
2 ἐκ προσώπου σου τὸ κρίμα[17] μου ἐξέλθοι,[18]
οἱ ὀφθαλμοί μου ἰδέτωσαν εὐθύτητας.[19]

3 ἐδοκίμασας[20] τὴν καρδίαν μου, ἐπεσκέψω[21] νυκτός·
ἐπύρωσάς[22] με, καὶ οὐχ εὑρέθη ἐν ἐμοὶ ἀδικία.[23]
4 ὅπως ἂν μὴ λαλήσῃ τὸ στόμα μου τὰ ἔργα τῶν ἀνθρώπων,
διὰ τοὺς λόγους τῶν χειλέων[24] σου ἐγὼ ἐφύλαξα ὁδοὺς σκληράς.[25]
5 κατάρτισαι[26] τὰ διαβήματά[27] μου ἐν ταῖς τρίβοις[28] σου,
ἵνα μὴ σαλευθῶσιν[29] τὰ διαβήματά μου.

6 ἐγὼ ἐκέκραξα, ὅτι ἐπήκουσάς[30] μου, ὁ θεός·
κλῖνον[31] τὸ οὖς σου ἐμοὶ καὶ εἰσάκουσον[32] τῶν ῥημάτων μου.

1 εὐφραίνω, *aor pas ind 3s*, be glad, rejoice
2 ἀγαλλιάω, *aor mid ind 3s*, exult
3 κατασκηνόω, *fut act ind 3s*, encamp, dwell
4 ἐγκαταλείπω, *fut act ind 2s*, forsake
5 ᾅδης, Hades, underworld
6 ὅσιος, holy
7 διαφθορά, destruction, corruption
8 γνωρίζω, *aor act ind 2s*, make known
9 εὐφροσύνη, joy, gladness
10 τερπνότης, pleasure
11 εἰσακούω, *aor act impv 2s*, listen
12 προσέχω, *aor act impv 2s*, pay attention, give heed
13 δέησις, supplication, prayer
14 ἐνωτίζομαι, *aor mid impv 2s*, give ear
15 χεῖλος, lip
16 δόλιος, deceitful, false
17 κρίμα, judgment
18 ἐξέρχομαι, *aor act opt 3s*, come forth, issue
19 εὐθύτης, uprightness
20 δοκιμάζω, *aor act ind 2s*, test, try
21 ἐπισκέπτομαι, *aor mid ind 2s*, visit, examine
22 πυρόω, *aor act ind 2s*, burn, purge
23 ἀδικία, wrongdoing, injustice
24 χεῖλος, lip
25 σκληρός, difficult, unpleasant
26 καταρτίζω, *aor mid impv 2s*, mend, restore
27 διάβημα, step (of the foot)
28 τρίβος, path
29 σαλεύω, *aor pas sub 3p*, disrupt
30 ἐπακούω, *aor act ind 2s*, hear
31 κλίνω, *aor act impv 2s*, incline
32 εἰσακούω, *aor act impv 2s*, hear

7 θαυμάστωσον[1] τὰ ἐλέη[2] σου,
ὁ σῴζων τοὺς ἐλπίζοντας ἐπὶ σὲ
ἐκ τῶν ἀνθεστηκότων[3] τῇ δεξιᾷ σου.

8 φύλαξόν με ὡς κόραν[4] ὀφθαλμοῦ·
ἐν σκέπῃ[5] τῶν πτερύγων[6] σου σκεπάσεις[7] με
9 ἀπὸ προσώπου ἀσεβῶν[8] τῶν ταλαιπωρησάντων[9] με.
οἱ ἐχθροί μου τὴν ψυχήν μου περιέσχον·[10]
10 τὸ στέαρ[11] αὐτῶν συνέκλεισαν,[12]
τὸ στόμα αὐτῶν ἐλάλησεν ὑπερηφανίαν.[13]
11 ἐκβάλλοντές με νυνὶ[14] περιεκύκλωσάν[15] με,
τοὺς ὀφθαλμοὺς αὐτῶν ἔθεντο ἐκκλῖναι[16] ἐν τῇ γῇ.
12 ὑπέλαβόν[17] με ὡσεὶ λέων[18] ἕτοιμος[19] εἰς θήραν[20]
καὶ ὡσεὶ[21] σκύμνος[22] οἰκῶν[23] ἐν ἀποκρύφοις.[24]

13 ἀνάστηθι, κύριε, πρόφθασον[25] αὐτοὺς καὶ ὑποσκέλισον[26] αὐτούς,
ῥῦσαι[27] τὴν ψυχήν μου ἀπὸ ἀσεβοῦς,[28]
ῥομφαίαν[29] σου ἀπὸ ἐχθρῶν τῆς χειρός σου.
14 κύριε, ἀπὸ ὀλίγων[30] ἀπὸ γῆς
διαμέρισον[31] αὐτοὺς ἐν τῇ ζωῇ αὐτῶν.
καὶ τῶν κεκρυμμένων[32] σου ἐπλήσθη[33] ἡ γαστὴρ[34] αὐτῶν,
ἐχορτάσθησαν[35] υἱῶν
καὶ ἀφῆκαν τὰ κατάλοιπα[36] τοῖς νηπίοις[37] αὐτῶν.

15 ἐγὼ δὲ ἐν δικαιοσύνῃ ὀφθήσομαι τῷ προσώπῳ σου,
χορτασθήσομαι[38] ἐν τῷ ὀφθῆναι τὴν δόξαν σου.

1 θαυμαστόω, *aor act impv 2s*, magnify
2 ἔλεος, mercy, compassion
3 ἀνθίστημι, *perf act ptc gen p m*, resist, oppose
4 κόρη, pupil (of the eye)
5 σκέπη, shelter
6 πτέρυξ, wing
7 σκεπάζω, *fut act ind 2s*, cover, give shelter
8 ἀσεβής, wicked, ungodly
9 ταλαιπωρέω, *aor act ptc gen p m*, trouble, cause distress
10 περιέχω, *aor act ind 3p*, encompass
11 στέαρ, fat
12 συγκλείω, *aor act ind 3p*, confine, shut up
13 ὑπερηφανία, pride, arrogance
14 νυνί, now
15 περικυκλόω, *aor act ind 3p*, encircle
16 ἐκκλίνω, *aor act inf*, decline, turn aside
17 ὑπολαμβάνω, *aor act ind 3p*, come upon, seize
18 λέων, lion
19 ἕτοιμος, prepared
20 θήρα, prey
21 ὡσεί, like
22 σκύμνος, cub
23 οἰκέω, *pres act ptc nom s m*, live, dwell
24 ἀπόκρυφος, secret
25 προφθάνω, *aor act impv 2s*, anticipate
26 ὑποσκελίζω, *aor act impv 2s*, overthrow
27 ῥύομαι, *aor mid impv 2s*, rescue, save
28 ἀσεβής, ungodly, wicked
29 ῥομφαία, sword
30 ὀλίγος, few
31 διαμερίζω, *aor act impv 2s*, divide, scatter
32 κρύπτω, *perf pas ptc gen p m*, hide, conceal
33 πίμπλημι, *aor pas ind 3s*, fill
34 γαστήρ, stomach, belly
35 χορτάζω, *aor pas ind 3p*, satisfy
36 κατάλοιπος, rest
37 νήπιος, infant, child
38 χορτάζω, *fut pas ind 1s*, satisfy

17 Εἰς τὸ τέλος· τῷ παιδὶ[1] κυρίου τῷ Δαυιδ, ἃ ἐλάλησεν τῷ κυρίῳ τοὺς λόγους
τῆς ᾠδῆς[2] ταύτης ἐν ἡμέρᾳ, ᾗ ἐρρύσατο[3] αὐτὸν κύριος ἐκ χειρὸς πάντων τῶν
ἐχθρῶν αὐτοῦ καὶ ἐκ χειρὸς Σαουλ, **2** καὶ εἶπεν

Ἀγαπήσω σε, κύριε ἡ ἰσχύς[4] μου.

3 κύριος στερέωμά[5] μου καὶ καταφυγή[6] μου καὶ ῥύστης[7] μου,
ὁ θεός μου βοηθός[8] μου, καὶ ἐλπιῶ ἐπ᾽ αὐτόν,
ὑπερασπιστής[9] μου καὶ κέρας[10] σωτηρίας μου,
ἀντιλήμπτωρ[11] μου.
4 αἰνῶν[12] ἐπικαλέσομαι[13] κύριον
καὶ ἐκ τῶν ἐχθρῶν μου σωθήσομαι.

5 περιέσχον[14] με ὠδῖνες[15] θανάτου,
καὶ χείμαρροι[16] ἀνομίας[17] ἐξετάραξάν[18] με
6 ὠδῖνες[19] ᾅδου[20] περιεκύκλωσάν[21] με,
προέφθασάν[22] με παγίδες[23] θανάτου.
7 καὶ ἐν τῷ θλίβεσθαί[24] με ἐπεκαλεσάμην[25] τὸν κύριον
καὶ πρὸς τὸν θεόν μου ἐκέκραξα·
ἤκουσεν ἐκ ναοῦ ἁγίου αὐτοῦ φωνῆς μου,
καὶ ἡ κραυγή[26] μου ἐνώπιον αὐτοῦ
εἰσελεύσεται εἰς τὰ ὦτα αὐτοῦ.

8 καὶ ἐσαλεύθη[27] καὶ ἔντρομος[28] ἐγενήθη ἡ γῆ,
καὶ τὰ θεμέλια[29] τῶν ὀρέων ἐταράχθησαν[30]
καὶ ἐσαλεύθησαν,[31] ὅτι ὠργίσθη[32] αὐτοῖς ὁ θεός.

1 παῖς, servant
2 ᾠδή, song
3 ῥύομαι, *aor mid ind 3s*, rescue, save
4 ἰσχύς, strength, might
5 στερέωμα, stability
6 καταφυγή, refuge
7 ῥύστης, savior, deliverer
8 βοηθός, help
9 ὑπερασπιστής, protector
10 κέρας, horn
11 ἀντιλήμπτωρ, helper
12 αἰνέω, *pres act ptc nom s m*, praise
13 ἐπικαλέω, *fut mid ind 1s*, call upon
14 περιέχω, *aor act ind 3p*, encompass
15 ὠδίν, pain, agony
16 χείμαρρος, torrent
17 ἀνομία, transgression, lawlessness
18 ἐκταράσσω, *aor act ind 3p*, throw into confusion
19 ὠδίν, pain, agony
20 ᾅδης, Hades, underworld
21 περικυκλόω, *aor act ind 3p*, encircle
22 προφθάνω, *aor act ind 3p*, anticipate
23 παγίς, trap
24 θλίβω, *pres mid inf*, afflict
25 ἐπικαλέω, *aor mid ind 1s*, call upon
26 κραυγή, outcry
27 σαλεύω, *aor pas ind 3s*, shake
28 ἔντρομος, trembling
29 θεμέλιον, foundation
30 ταράσσω, *aor pas ind 3p*, unsettle
31 σαλεύω, *aor pas ind 3p*, shake
32 ὀργίζω, *aor pas ind 3s*, make angry

9 ἀνέβη καπνὸς[1] ἐν ὀργῇ αὐτοῦ,
καὶ πῦρ ἀπὸ προσώπου αὐτοῦ κατεφλόγισεν,[2]
ἄνθρακες[3] ἀνήφθησαν[4] ἀπ᾽ αὐτοῦ.
10 καὶ ἔκλινεν[5] οὐρανὸν καὶ κατέβη,
καὶ γνόφος[6] ὑπὸ τοὺς πόδας αὐτοῦ.
11 καὶ ἐπέβη[7] ἐπὶ χερουβιν[8] καὶ ἐπετάσθη,[9]
ἐπετάσθη ἐπὶ πτερύγων[10] ἀνέμων.[11]
12 καὶ ἔθετο σκότος ἀποκρυφὴν[12] αὐτοῦ·
κύκλῳ[13] αὐτοῦ ἡ σκηνὴ[14] αὐτοῦ,
σκοτεινὸν[15] ὕδωρ ἐν νεφέλαις[16] ἀέρων.[17]
13 ἀπὸ τῆς τηλαυγήσεως[18] ἐνώπιον αὐτοῦ αἱ νεφέλαι[19] διῆλθον,
χάλαζα[20] καὶ ἄνθρακες[21] πυρός.
14 καὶ ἐβρόντησεν[22] ἐξ οὐρανοῦ κύριος,
καὶ ὁ ὕψιστος[23] ἔδωκεν φωνὴν αὐτοῦ·
15 καὶ ἐξαπέστειλεν[24] βέλη[25] καὶ ἐσκόρπισεν[26] αὐτοὺς
καὶ ἀστραπὰς[27] ἐπλήθυνεν[28] καὶ συνετάραξεν[29] αὐτούς.
16 καὶ ὤφθησαν αἱ πηγαὶ[30] τῶν ὑδάτων,
καὶ ἀνεκαλύφθη[31] τὰ θεμέλια[32] τῆς οἰκουμένης[33]
ἀπὸ ἐπιτιμήσεώς[34] σου, κύριε,
ἀπὸ ἐμπνεύσεως[35] πνεύματος ὀργῆς σου.

17 ἐξαπέστειλεν[36] ἐξ ὕψους[37] καὶ ἔλαβέν με,
προσελάβετό[38] με ἐξ ὑδάτων πολλῶν.

1 καπνός, smoke
2 καταφλογίζω, *aor act ind 3s*, burst into flame
3 ἄνθραξ, coal
4 ἀνάπτω, *aor pas ind 3p*, light, ignite
5 κλίνω, *aor act ind 3s*, bend down
6 γνόφος, darkness
7 ἐπιβαίνω, *aor act ind 3s*, mount
8 χερουβιν, cherubim, *translit.*
9 πετάννυμι, *aor pas ind 3s*, fly
10 πτέρυξ, wing
11 ἄνεμος, wind
12 ἀποκρυφή, hiding place
13 κύκλῳ, all around
14 σκηνή, tent
15 σκοτεινός, dark
16 νεφέλη, cloud
17 ἀήρ, air
18 τηλαύγησις, brightness
19 νεφέλη, cloud
20 χάλαζα, hail
21 ἄνθραξ, coal
22 βροντάω, *aor act ind 3s*, thunder
23 ὕψιστος, *sup*, Most High
24 ἐξαποστέλλω, *aor act ind 3s*, sent out
25 βέλος, arrow
26 σκορπίζω, *aor act ind 3s*, scatter
27 ἀστραπή, lightning
28 πληθύνω, *aor act ind 3s*, abound
29 συνταράσσω, *aor act ind 3s*, confound, confuse
30 πηγή, spring
31 ἀνακαλύπτω, *aor pas ind 3s*, uncover, expose
32 θεμέλιον, foundation
33 οἰκουμένη, world
34 ἐπιτίμησις, rebuke
35 ἔμπνευσις, breath
36 ἐξαποστέλλω, *aor act ind 3s*, send out
37 ὕψος, height, summit
38 προσλαμβάνω, *aor mid ind 3s*, draw out, retrieve

18 ῥύσεταί[1] με ἐξ ἐχθρῶν μου δυνατῶν
καὶ ἐκ τῶν μισούντων με,
ὅτι ἐστερεώθησαν[2] ὑπὲρ ἐμέ.
19 προέφθασάν[3] με ἐν ἡμέρᾳ κακώσεώς[4] μου,
καὶ ἐγένετο κύριος ἀντιστήριγμά[5] μου
20 καὶ ἐξήγαγέν[6] με εἰς πλατυσμόν,[7]
ῥύσεταί[8] με, ὅτι ἠθέλησέν με.
[ῥύσεταί με ἐξ ἐχθρῶν μου δυνατῶν
καὶ ἐκ τῶν μισούντων με.]

21 καὶ ἀνταποδώσει[9] μοι κύριος κατὰ τὴν δικαιοσύνην μου
καὶ κατὰ τὴν καθαριότητα[10] τῶν χειρῶν μου ἀνταποδώσει μοι,
22 ὅτι ἐφύλαξα τὰς ὁδοὺς κυρίου
καὶ οὐκ ἠσέβησα[11] ἀπὸ τοῦ θεοῦ μου,
23 ὅτι πάντα τὰ κρίματα[12] αὐτοῦ ἐνώπιόν μου,
καὶ τὰ δικαιώματα[13] αὐτοῦ οὐκ ἀπέστησα[14] ἀπ᾽ ἐμοῦ.
24 καὶ ἔσομαι ἄμωμος[15] μετ᾽ αὐτοῦ
καὶ φυλάξομαι ἀπὸ τῆς ἀνομίας[16] μου.
25 καὶ ἀνταποδώσει[17] μοι κύριος κατὰ τὴν δικαιοσύνην μου
καὶ κατὰ τὴν καθαριότητα[18] τῶν χειρῶν μου
ἐνώπιον τῶν ὀφθαλμῶν αὐτοῦ.

26 μετὰ ὁσίου[19] ὁσιωθήσῃ[20]
καὶ μετὰ ἀνδρὸς ἀθῴου[21] ἀθῷος ἔσῃ
27 καὶ μετὰ ἐκλεκτοῦ[22] ἐκλεκτὸς ἔσῃ
καὶ μετὰ στρεβλοῦ[23] διαστρέψεις.[24]
28 ὅτι σὺ λαὸν ταπεινὸν[25] σώσεις
καὶ ὀφθαλμοὺς ὑπερηφάνων[26] ταπεινώσεις.[27]

1 ῥύομαι, *fut mid ind 3s*, rescue, deliver
2 στερεόω, *aor pas ind 3p*, be strong
3 προφθάνω, *aor act ind 3p*, anticipate, wait ahead of
4 κάκωσις, affliction, oppression
5 ἀντιστήριγμα, prop, support
6 ἐξάγω, *aor act ind 3s*, lead out
7 πλατυσμός, broad (space)
8 ῥύομαι, *fut mid ind 3s*, rescue, deliver
9 ἀνταποδίδωμι, *fut act ind 3s*, recompense, reward
10 καθαριότης, purity
11 ἀσεβέω, *aor act ind 1s*, act profanely
12 κρίμα, decision, judgment
13 δικαίωμα, ordinance, decree
14 ἀφίστημι, *aor act ind 1s*, send away, put away
15 ἄμωμος, blameless
16 ἀνομία, transgression, lawlessness
17 ἀνταποδίδωμι, *fut act ind 3s*, recompense, reward
18 καθαριότης, purity
19 ὅσιος, holy, devout
20 ὁσιόω, *fut pas ind 2s*, deem holy, declare devout
21 ἀθῷος, innocent, guiltless
22 ἐκλεκτός, choice, select, chosen
23 στρεβλός, perverse
24 διαστρέφω, *fut act ind 2s*, pervert, deform
25 ταπεινός, humble, low
26 ὑπερήφανος, arrogant, proud
27 ταπεινόω, *fut act ind 2s*, abase, bring low

29 ὅτι σὺ φωτιεῖς[1] λύχνον[2] μου, κύριε·
ὁ θεός μου, φωτιεῖς τὸ σκότος μου.
30 ὅτι ἐν σοὶ ῥυσθήσομαι[3] ἀπὸ πειρατηρίου[4]
καὶ ἐν τῷ θεῷ μου ὑπερβήσομαι[5] τεῖχος.[6]
31 ὁ θεός μου, ἄμωμος[7] ἡ ὁδὸς αὐτοῦ,
τὰ λόγια[8] κυρίου πεπυρωμένα,[9]
ὑπερασπιστής[10] ἐστιν πάντων τῶν ἐλπιζόντων ἐπ᾽ αὐτόν.
32 ὅτι τίς θεὸς πλὴν τοῦ κυρίου;
καὶ τίς θεὸς πλὴν τοῦ θεοῦ ἡμῶν;
33 ὁ θεὸς ὁ περιζωννύων[11] με δύναμιν
καὶ ἔθετο ἄμωμον[12] τὴν ὁδόν μου,
34 ὁ καταρτιζόμενος[13] τοὺς πόδας μου ὡς ἐλάφου[14]
καὶ ἐπὶ τὰ ὑψηλὰ[15] ἱστῶν με,
35 διδάσκων χεῖράς μου εἰς πόλεμον
καὶ ἔθου τόξον[16] χαλκοῦν[17] τοὺς βραχίονάς[18] μου·
36 καὶ ἔδωκάς μοι ὑπερασπισμὸν[19] σωτηρίας μου,
καὶ ἡ δεξιά σου ἀντελάβετό[20] μου,
καὶ ἡ παιδεία[21] σου ἀνώρθωσέν[22] με εἰς τέλος,
καὶ ἡ παιδεία σου αὐτή με διδάξει.
37 ἐπλάτυνας[23] τὰ διαβήματά[24] μου ὑποκάτω[25] μου,
καὶ οὐκ ἠσθένησαν[26] τὰ ἴχνη[27] μου.
38 καταδιώξω[28] τοὺς ἐχθρούς μου καὶ καταλήμψομαι[29] αὐτοὺς
καὶ οὐκ ἀποστραφήσομαι,[30] ἕως ἂν ἐκλίπωσιν·[31]
39 ἐκθλίψω[32] αὐτούς, καὶ οὐ μὴ δύνωνται στῆναι,
πεσοῦνται ὑπὸ τοὺς πόδας μου.

1 φωτίζω, *fut act ind 2s*, light up
2 λύχνος, lamp
3 ῥύομαι, *fut pas ind 1s*, rescue, deliver
4 πειρατήριον, gang of raiders
5 ὑπερβαίνω, *fut mid ind 1s*, leap over, clear
6 τεῖχος, city wall
7 ἄμωμος, blameless
8 λόγιον, teaching, words
9 πυρόω, *perf pas ptc nom p n*, proved in fire
10 ὑπερασπιστής, protector
11 περιζώννυμι, *pres act ptc nom s m*, gird
12 ἄμωμος, blameless
13 καταρτίζω, *pres mid ptc nom s m*, prepare, render
14 ἔλαφος, deer, hart
15 ὑψηλός, high (place)
16 τόξον, bow
17 χαλκοῦς, bronze, brass
18 βραχίων, arm
19 ὑπερασπισμός, protection, cover
20 ἀντιλαμβάνομαι, *aor mid ind 3s*, help, support
21 παιδεία, teaching, discipline
22 ἀνορθόω, *aor act ind 3s*, set straight, correct
23 πλατύνω, *aor act ind 2s*, broaden, enlarge
24 διάβημα, stepping place, track
25 ὑποκάτω, below
26 ἀσθενέω, *aor act ind 3p*, stumble
27 ἴχνος, footstep
28 καταδιώκω, *fut act ind 1s*, pursue closely
29 καταλαμβάνω, *fut mid ind 1s*, overtake, lay hold of
30 ἀποστρέφω, *fut pas ind 1s*, turn back, turn away
31 ἐκλείπω, *aor act sub 3p*, come to an end, give out
32 ἐκθλίβω, *fut act ind 1s*, press, afflict

40 καὶ περιέζωσάς[1] με δύναμιν εἰς πόλεμον,
συνεπόδισας[2] πάντας τοὺς ἐπανισταμένους[3] ἐπ᾽ ἐμὲ ὑποκάτω[4] μου
41 καὶ τοὺς ἐχθρούς μου ἔδωκάς μοι νῶτον[5]
καὶ τοὺς μισοῦντάς με ἐξωλέθρευσας.[6]
42 ἐκέκραξαν, καὶ οὐκ ἦν ὁ σῴζων,
πρὸς κύριον, καὶ οὐκ εἰσήκουσεν[7] αὐτῶν.
43 καὶ λεπτυνῶ[8] αὐτοὺς ὡς χοῦν[9] κατὰ πρόσωπον ἀνέμου,[10]
ὡς πηλὸν[11] πλατειῶν[12] λεανῶ[13] αὐτούς.

44 ῥύσῃ[14] με ἐξ ἀντιλογιῶν[15] λαοῦ,
καταστήσεις[16] με εἰς κεφαλὴν ἐθνῶν·
λαός, ὃν οὐκ ἔγνων, ἐδούλευσέν[17] μοι,
45 εἰς ἀκοὴν[18] ὠτίου[19] ὑπήκουσέν[20] μοι·
υἱοὶ ἀλλότριοι[21] ἐψεύσαντό[22] μοι,
46 υἱοὶ ἀλλότριοι[23] ἐπαλαιώθησαν[24]
καὶ ἐχώλαναν[25] ἀπὸ τῶν τρίβων[26] αὐτῶν.

47 ζῇ κύριος, καὶ εὐλογητὸς[27] ὁ θεός μου,
καὶ ὑψωθήτω[28] ὁ θεὸς τῆς σωτηρίας μου,
48 ὁ θεὸς ὁ διδοὺς ἐκδικήσεις[29] ἐμοὶ
καὶ ὑποτάξας[30] λαοὺς ὑπ᾽ ἐμέ,
49 ὁ ῥύστης[31] μου ἐξ ἐχθρῶν μου ὀργίλων,[32]
ἀπὸ τῶν ἐπανισταμένων[33] ἐπ᾽ ἐμὲ ὑψώσεις[34] με,
ἀπὸ ἀνδρὸς ἀδίκου[35] ῥύσῃ[36] με.

1 περιζώννυμι, *aor act ind 2s*, gird
2 συμποδίζω, *aor act ind 2s*, bind the feet, restrain
3 ἐπανιστάνω, *pres mid ptc acc p m*, rise up against
4 ὑποκάτω, below
5 νῶτον, back (of the body)
6 ἐξολεθρεύω, *aor act ind 2s*, utterly destroy
7 εἰσακούω, *aor act ind 3s*, listen
8 λεπτύνω, *fut act ind 1s*, grind completely, pulverize
9 χοῦς, dust
10 ἄνεμος, wind
11 πηλός, clay, mud
12 πλατύς, wide (street)
13 λεαίνω, *fut act ind 1s*, pound, pave
14 ῥύομαι, *fut mid ind 2s*, rescue, deliver
15 ἀντιλογία, dispute, controversy
16 καθίστημι, *fut act ind 2s*, set over, put in charge
17 δουλεύω, *aor act ind 3s*, serve
18 ἀκοή, hearing, report
19 ὠτίον, ear
20 ὑπακούω, *aor act ind 3s*, obey
21 ἀλλότριος, foreign, strange
22 ψεύδομαι, *aor mid ind 3p*, lie, speak falsely
23 ἀλλότριος, foreign, strange
24 παλαιόω, *aor pas ind 3p*, age, grow old
25 χωλαίνω, *aor act ind 3p*, limp, stumble
26 τρίβος, pathway
27 εὐλογητός, blessed
28 ὑψόω, *aor pas impv 3s*, exalt, raise high
29 ἐκδίκησις, vengeance, retribution
30 ὑποτάσσω, *aor act ptc nom s m*, put under, subdue
31 ῥύστης, savior, deliverer
32 ὀργίλος, quick-tempered, querulous
33 ἐπανίστημι, *pres mid ptc gen p m*, rise against, resist
34 ὑψόω, *fut act ind 2s*, raise up
35 ἄδικος, unjust
36 ῥύομαι, *fut mid ind 2s*, rescue, deliver

50 διὰ τοῦτο ἐξομολογήσομαί[1] σοι ἐν ἔθνεσιν, κύριε,
καὶ τῷ ὀνόματί σου ψαλῶ,[2]
51 μεγαλύνων[3] τὰς σωτηρίας τοῦ βασιλέως αὐτοῦ
καὶ ποιῶν ἔλεος[4] τῷ χριστῷ αὐτοῦ,
τῷ Δαυιδ καὶ τῷ σπέρματι αὐτοῦ ἕως αἰῶνος.

18 Εἰς τὸ τέλος· ψαλμὸς τῷ Δαυιδ.

2 Οἱ οὐρανοὶ διηγοῦνται[5] δόξαν θεοῦ,
ποίησιν[6] δὲ χειρῶν αὐτοῦ ἀναγγέλλει[7] τὸ στερέωμα·[8]
3 ἡμέρα τῇ ἡμέρᾳ ἐρεύγεται[9] ῥῆμα,
καὶ νὺξ νυκτὶ ἀναγγέλλει[10] γνῶσιν.[11]
4 οὐκ εἰσὶν λαλιαὶ[12] οὐδὲ λόγοι,
ὧν οὐχὶ ἀκούονται αἱ φωναὶ αὐτῶν·
5 εἰς πᾶσαν τὴν γῆν ἐξῆλθεν ὁ φθόγγος[13] αὐτῶν
καὶ εἰς τὰ πέρατα[14] τῆς οἰκουμένης[15] τὰ ῥήματα αὐτῶν.

ἐν τῷ ἡλίῳ ἔθετο τὸ σκήνωμα[16] αὐτοῦ·
6 καὶ αὐτὸς ὡς νυμφίος[17] ἐκπορευόμενος ἐκ παστοῦ[18] αὐτοῦ,
ἀγαλλιάσεται[19] ὡς γίγας[20] δραμεῖν[21] ὁδὸν αὐτοῦ.
7 ἀπ᾽ ἄκρου[22] τοῦ οὐρανοῦ ἡ ἔξοδος[23] αὐτοῦ,
καὶ τὸ κατάντημα[24] αὐτοῦ ἕως ἄκρου τοῦ οὐρανοῦ,
καὶ οὐκ ἔστιν ὃς ἀποκρυβήσεται[25] τὴν θέρμην[26] αὐτοῦ.

8 ὁ νόμος τοῦ κυρίου ἄμωμος,[27] ἐπιστρέφων ψυχάς·
ἡ μαρτυρία[28] κυρίου πιστή,[29] σοφίζουσα[30] νήπια·[31]

1 ἐξομολογέομαι, *fut mid ind 1s*, confess, acknowledge
2 ψάλλω, *fut act ind 1s*, play music, sing (with an instrument)
3 μεγαλύνω, *pres act ptc nom s m*, magnify, declare great
4 ἔλεος, mercy, compassion
5 διηγέομαι, *pres mid ind 3p*, tell, describe
6 ποίησις, creation, work
7 ἀναγγέλλω, *pres act ind 3s*, announce, declare
8 στερέωμα, dome, sky
9 ἐρεύγομαι, *pres mid ind 3s*, proclaim, express
10 ἀναγγέλλω, *pres act ind 3s*, recount, declare
11 γνῶσις, knowledge, wisdom
12 λαλιά, speaking, chatter
13 φθόγγος, sound, tone
14 πέρας, end, boundary
15 οἰκουμένη, (inhabited) world
16 σκήνωμα, tent, dwelling
17 νυμφίος, bridegroom
18 παστός, bridal chamber
19 ἀγαλλιάω, *fut mid ind 3s*, rejoice, exult
20 γίγας, giant
21 τρέχω, *aor act inf*, run
22 ἄκρος, end, extremity
23 ἔξοδος, departure, (beginning)
24 κατάντημα, end
25 ἀποκρύπτω, *fut pas ind 3s*, hide
26 θέρμη, heat
27 ἄμωμος, blameless
28 μαρτυρία, testimony, evidence
29 πιστός, reliable, sure
30 σοφίζω, *pres act ptc nom s f*, make wise, instruct
31 νήπιος, child, (immature person)

9 τὰ δικαιώματα[1] κυρίου εὐθεῖα,[2] εὐφραίνοντα[3] καρδίαν·
ἡ ἐντολὴ κυρίου τηλαυγής,[4] φωτίζουσα[5] ὀφθαλμούς·
10 ὁ φόβος κυρίου ἁγνός,[6] διαμένων[7] εἰς αἰῶνα αἰῶνος·
τὰ κρίματα[8] κυρίου ἀληθινά,[9] δεδικαιωμένα[10] ἐπὶ τὸ αὐτό,
11 ἐπιθυμητὰ[11] ὑπὲρ χρυσίον[12] καὶ λίθον τίμιον[13] πολὺν
καὶ γλυκύτερα[14] ὑπὲρ μέλι[15] καὶ κηρίον.[16]

12 καὶ γὰρ ὁ δοῦλός σου φυλάσσει αὐτά·
ἐν τῷ φυλάσσειν αὐτὰ ἀνταπόδοσις[17] πολλή.
13 παραπτώματα[18] τίς συνήσει;[19]
ἐκ τῶν κρυφίων[20] μου καθάρισόν με.
14 καὶ ἀπὸ ἀλλοτρίων[21] φεῖσαι[22] τοῦ δούλου σου·
ἐὰν μή μου κατακυριεύσωσιν,[23] τότε ἄμωμος[24] ἔσομαι
καὶ καθαρισθήσομαι ἀπὸ ἁμαρτίας μεγάλης.

15 καὶ ἔσονται εἰς εὐδοκίαν[25] τὰ λόγια[26] τοῦ στόματός μου
καὶ ἡ μελέτη[27] τῆς καρδίας μου ἐνώπιόν σου διὰ παντός,
κύριε βοηθέ[28] μου καὶ λυτρωτά[29] μου.

19 Εἰς τὸ τέλος· ψαλμὸς τῷ Δαυιδ.

2 Ἐπακούσαι[30] σου κύριος ἐν ἡμέρᾳ θλίψεως,
ὑπερασπίσαι[31] σου τὸ ὄνομα τοῦ θεοῦ Ιακωβ.
3 ἐξαποστείλαι[32] σοι βοήθειαν[33] ἐξ ἁγίου
καὶ ἐκ Σιων ἀντιλάβοιτό[34] σου.

1 δικαίωμα, decree, ordinance
2 εὐθύς, straight
3 εὐφραίνω, *pres act ptc acc s m*, gladden, cheer
4 τηλαυγής, bright
5 φωτίζω, *pres act ptc nom s f*, give light
6 ἁγνός, pure, holy
7 διαμένω, *pres act ptc nom s m*, continue, endure
8 κρίμα, decision, judgment
9 ἀληθινός, truthful, trustworthy
10 δικαιόω, *perf pas ptc nom p n*, vindicate, justify
11 ἐπιθυμητός, desirable
12 χρυσίον, gold
13 τίμιος, precious
14 γλυκύς, *comp*, sweeter
15 μέλι, honey
16 κηρίον, honeycomb
17 ἀνταπόδοσις, reward
18 παράπτωμα, transgression
19 συνίημι, *fut act ind 3s*, understand
20 κρύφιος, hidden, secret
21 ἀλλότριος, foreign
22 φείδομαι, *aor mid impv 2s*, spare
23 κατακυριεύω, *aor act sub 3p*, exercise dominion over
24 ἄμωμος, blameless
25 εὐδοκία, pleasure
26 λόγιον, saying, teaching
27 μελέτη, thought, meditation
28 βοηθός, helper
29 λυτρωτής, redeemer
30 ἐπακούω, *aor act opt 3s*, listen
31 ὑπερασπίζω, *aor act opt 3s*, defend, shield
32 ἐξαποστέλλω, *aor act opt 3s*, send forth, dispatch
33 βοήθεια, help
34 ἀντιλαμβάνομαι, *aor mid opt 3s*, help, support

4 μνησθείη[1] πάσης θυσίας[2] σου
καὶ τὸ ὁλοκαύτωμά[3] σου πιανάτω.[4]

διάψαλμα.[5]

5 δῴη[6] σοι κατὰ τὴν καρδίαν σου
καὶ πᾶσαν τὴν βουλήν[7] σου πληρώσαι.[8]
6 ἀγαλλιασόμεθα[9] ἐν τῷ σωτηρίῳ[10] σου
καὶ ἐν ὀνόματι θεοῦ ἡμῶν μεγαλυνθησόμεθα.[11]
πληρώσαι[12] κύριος πάντα τὰ αἰτήματά[13] σου.

7 νῦν ἔγνων ὅτι ἔσωσεν κύριος τὸν χριστὸν αὐτοῦ·
ἐπακούσεται[14] αὐτοῦ ἐξ οὐρανοῦ ἁγίου αὐτοῦ·
ἐν δυναστείαις[15] ἡ σωτηρία τῆς δεξιᾶς αὐτοῦ.
8 οὗτοι ἐν ἅρμασιν[16] καὶ οὗτοι ἐν ἵπποις,[17]
ἡμεῖς δὲ ἐν ὀνόματι κυρίου θεοῦ ἡμῶν μεγαλυνθησόμεθα.[18]
9 αὐτοὶ συνεποδίσθησαν[19] καὶ ἔπεσαν,
ἡμεῖς δὲ ἀνέστημεν καὶ ἀνωρθώθημεν.[20]

10 κύριε, σῶσον τὸν βασιλέα σου
καὶ ἐπάκουσον[21] ἡμῶν ἐν ᾗ ἂν ἡμέρᾳ ἐπικαλεσώμεθά[22] σε.

20 Εἰς τὸ τέλος· ψαλμὸς τῷ Δαυιδ.

2 Κύριε, ἐν τῇ δυνάμει σου εὐφρανθήσεται[23] ὁ βασιλεὺς
καὶ ἐπὶ τῷ σωτηρίῳ[24] σου ἀγαλλιάσεται[25] σφόδρα.[26]
3 τὴν ἐπιθυμίαν[27] τῆς ψυχῆς αὐτοῦ ἔδωκας αὐτῷ
καὶ τὴν θέλησιν[28] τῶν χειλέων[29] αὐτοῦ οὐκ ἐστέρησας[30] αὐτόν.

διάψαλμα.[31]

1 μιμνήσκομαι, *aor pas opt 3s*, remember
2 θυσία, sacrifice
3 ὁλοκαύτωμα, whole burnt offering
4 πιαίνω, *aor act impv 3s*, enhance, increase
5 διάψαλμα, (*musical interlude, renders Heb.* selāh)
6 δίδωμι, *aor act opt 3s*, give, grant
7 βουλή, plan, purpose
8 πληρόω, *aor act opt 3s*, fulfill
9 ἀγαλλιάω, *fut mid ind 1p*, exult
10 σωτήριον, deliverance, salvation
11 μεγαλύνω, *fut pas ind 1p*, magnify, exult
12 πληρόω, *aor act opt 3s*, fulfill
13 αἴτημα, request
14 ἐπακούω, *fut mid ind 3s*, hear
15 δυναστεία, power, dominion
16 ἅρμα, chariot
17 ἵππος, horse
18 μεγαλύνω, *fut pas ind 1p*, magnify, exult
19 συμποδίζω, *aor pas ind 3p*, bind up the feet, tie up the feet
20 ἀνορθόω, *aor pas ind 1p*, set upright
21 ἐπακούω, *aor act impv 2s*, hear
22 ἐπικαλέω, *aor mid sub 1p*, call upon
23 εὐφραίνω, *fut pas ind 3s*, rejoice, be glad
24 σωτήριον, deliverance, salvation
25 ἀγαλλιάω, *fut mid ind 3s*, exult, rejoice
26 σφόδρα, exceedingly
27 ἐπιθυμία, desire
28 θέλησις, wish, (request)
29 χεῖλος, lip
30 στερέω, *aor act ind 2s*, deprive
31 διάψαλμα, (*musical interlude, renders Heb.* selāh)

4 ὅτι προέφθασας[1] αὐτὸν ἐν εὐλογίαις[2] χρηστότητος,[3]
ἔθηκας ἐπὶ τὴν κεφαλὴν αὐτοῦ στέφανον[4] ἐκ λίθου τιμίου.[5]
5 ζωὴν ᾐτήσατό[6] σε, καὶ ἔδωκας αὐτῷ,
μακρότητα[7] ἡμερῶν εἰς αἰῶνα αἰῶνος.
6 μεγάλη ἡ δόξα αὐτοῦ ἐν τῷ σωτηρίῳ[8] σου,
δόξαν καὶ μεγαλοπρέπειαν[9] ἐπιθήσεις ἐπ᾽ αὐτόν·
7 ὅτι δώσεις αὐτῷ εὐλογίαν[10] εἰς αἰῶνα αἰῶνος,
εὐφρανεῖς[11] αὐτὸν ἐν χαρᾷ[12] μετὰ τοῦ προσώπου σου.
8 ὅτι ὁ βασιλεὺς ἐλπίζει ἐπὶ κύριον
καὶ ἐν τῷ ἐλέει[13] τοῦ ὑψίστου[14] οὐ μὴ σαλευθῇ.[15]

9 εὑρεθείη[16] ἡ χείρ σου πᾶσιν τοῖς ἐχθροῖς σου,
ἡ δεξιά σου εὕροι[17] πάντας τοὺς μισοῦντάς σε.
10 θήσεις αὐτοὺς ὡς κλίβανον[18] πυρὸς
εἰς καιρὸν τοῦ προσώπου σου·
κύριος ἐν ὀργῇ αὐτοῦ συνταράξει[19] αὐτούς,
καὶ καταφάγεται[20] αὐτοὺς πῦρ.
11 τὸν καρπὸν αὐτῶν ἀπὸ γῆς ἀπολεῖς
καὶ τὸ σπέρμα αὐτῶν ἀπὸ υἱῶν ἀνθρώπων,
12 ὅτι ἔκλιναν[21] εἰς σὲ κακά,
διελογίσαντο[22] βουλήν,[23] ἣν οὐ μὴ δύνωνται στῆσαι.
13 ὅτι θήσεις αὐτοὺς νῶτον·[24]
ἐν τοῖς περιλοίποις[25] σου ἑτοιμάσεις τὸ πρόσωπον αὐτῶν.

14 ὑψώθητι,[26] κύριε, ἐν τῇ δυνάμει σου·
ᾄσομεν[27] καὶ ψαλοῦμεν[28] τὰς δυναστείας[29] σου.

1 προφθάνω, *aor act ind 2s*, anticipate, wait for
2 εὐλογία, blessing, bounty
3 χρηστότης, generosity, kindness
4 στέφανος, crown
5 τίμιος, precious
6 αἰτέω, *aor mid ind 3s*, demand, ask of
7 μακρότης, length, (timespan)
8 σωτήριον, deliverance, salvation
9 μεγαλοπρέπεια, majesty
10 εὐλογία, blessing, bounty
11 εὐφραίνω, *fut act ind 2s*, make glad, cheer
12 χαρά, joy, delight
13 ἔλεος, mercy, compassion
14 ὕψιστος, *sup*, Most High
15 σαλεύω, *aor pas sub 3s*, move, shake
16 εὑρίσκω, *aor pas opt 3s*, find out, discover
17 εὑρίσκω, *aor act opt 3s*, find out, discover
18 κλίβανος, oven, furnace
19 συνταράσσω, *fut act ind 3s*, disturb, confuse
20 κατεσθίω, *fut mid ind 3s*, devour
21 κλίνω, *aor act ind 3p*, turn, skew
22 διαλογίζομαι, *aor mid ind 3p*, devise, plot
23 βουλή, plan, scheme
24 νῶτον, (backward)
25 περίλοιπος, surviving
26 ὑψόω, *aor pas impv 2s*, exalt
27 ᾄδω, *fut act ind 1p*, sing
28 ψάλλω, *fut act ind 1p*, play music, sing (with an instrument)
29 δυναστεία, (act of) power

21 Εἰς τὸ τέλος, ὑπὲρ τῆς ἀντιλήμψεως[1] τῆς ἑωθινῆς·[2] ψαλμὸς τῷ Δαυιδ.

2 Ὁ θεὸς ὁ θεός μου, πρόσχες[3] μοι·
ἵνα τί ἐγκατέλιπές[4] με;
μακρὰν[5] ἀπὸ τῆς σωτηρίας μου
οἱ λόγοι τῶν παραπτωμάτων[6] μου.
3 ὁ θεός μου, κεκράξομαι ἡμέρας, καὶ οὐκ εἰσακούσῃ,[7]
καὶ νυκτός, καὶ οὐκ εἰς ἄνοιαν[8] ἐμοί.

4 σὺ δὲ ἐν ἁγίοις κατοικεῖς,
ὁ ἔπαινος[9] Ισραηλ.
5 ἐπὶ σοὶ ἤλπισαν οἱ πατέρες ἡμῶν,
ἤλπισαν, καὶ ἐρρύσω[10] αὐτούς·
6 πρὸς σὲ ἐκέκραξαν καὶ ἐσώθησαν,
ἐπὶ σοὶ ἤλπισαν καὶ οὐ κατῃσχύνθησαν.[11]

7 ἐγὼ δέ εἰμι σκώληξ[12] καὶ οὐκ ἄνθρωπος,
ὄνειδος[13] ἀνθρώπου καὶ ἐξουδένημα[14] λαοῦ.
8 πάντες οἱ θεωροῦντές[15] με ἐξεμυκτήρισάν[16] με,
ἐλάλησαν ἐν χείλεσιν,[17] ἐκίνησαν[18] κεφαλήν
9 Ἤλπισεν ἐπὶ κύριον, ῥυσάσθω[19] αὐτόν·
σωσάτω αὐτόν, ὅτι θέλει αὐτόν.
10 ὅτι σὺ εἶ ὁ ἐκσπάσας[20] με ἐκ γαστρός,[21]
ἡ ἐλπίς μου ἀπὸ μαστῶν[22] τῆς μητρός μου·
11 ἐπὶ σὲ ἐπερρίφην[23] ἐκ μήτρας,[24]
ἐκ κοιλίας[25] μητρός μου θεός μου εἶ σύ.
12 μὴ ἀποστῇς[26] ἀπ᾽ ἐμοῦ, ὅτι θλῖψις ἐγγύς,[27]
ὅτι οὐκ ἔστιν ὁ βοηθῶν.[28]

1 ἀντίλημψις, help, defense, support
2 ἑωθινός, (of the) morning
3 προσέχω, *aor act impv 2s*, pay attention
4 ἐγκαταλείπω, *aor act ind 2s*, forsake, desert
5 μακράν, far off, distant
6 παράπτωμα, transgression, trespass
7 εἰσακούω, *fut mid ind 2s*, listen, hear
8 ἄνοια, foolishness, folly
9 ἔπαινος, praise
10 ῥύομαι, *aor mid ind 2s*, save, rescue
11 καταισχύνω, *aor pas ind 3p*, disappoint, dishonor
12 σκώληξ, worm
13 ὄνειδος, disgrace
14 ἐξουδένημα, offensive object, repulsive thing
15 θεωρέω, *pres act ptc nom p m*, see, behold
16 ἐκμυκτηρίζω, *aor act ind 3p*, mock, deride
17 χεῖλος, lip
18 κινέω, *aor act ind 3p*, shake, wag
19 ῥύομαι, *aor mid impv 3s*, rescue, deliver
20 ἐκσπάω, *aor act ptc nom s m*, get out, draw out
21 γαστήρ, womb
22 μαστός, breast
23 ἐπιρρίπτω, *aor pas ind 1s*, cast on, throw upon
24 μήτρα, womb
25 κοιλία, belly, womb
26 ἀφίστημι, *aor act sub 2s*, depart, be distant
27 ἐγγύς, near, at hand
28 βοηθός, help, helper

13 περιεκύκλωσάν[1] με μόσχοι[2] πολλοί,
ταῦροι[3] πίονες[4] περιέσχον[5] με·
14 ἤνοιξαν ἐπ᾽ ἐμὲ τὸ στόμα αὐτῶν
ὡς λέων[6] ὁ ἁρπάζων[7] καὶ ὠρυόμενος.[8]

15 ὡσεὶ[9] ὕδωρ ἐξεχύθην,[10]
καὶ διεσκορπίσθη[11] πάντα τὰ ὀστᾶ[12] μου,
ἐγενήθη ἡ καρδία μου ὡσεὶ κηρὸς[13]
τηκόμενος[14] ἐν μέσῳ τῆς κοιλίας[15] μου·
16 ἐξηράνθη[16] ὡς ὄστρακον[17] ἡ ἰσχύς[18] μου,
καὶ ἡ γλῶσσά μου κεκόλληται[19] τῷ λάρυγγί[20] μου,
καὶ εἰς χοῦν[21] θανάτου κατήγαγές[22] με.
17 ὅτι ἐκύκλωσάν[23] με κύνες[24] πολλοί,
συναγωγὴ πονηρευομένων[25] περιέσχον[26] με,
ὤρυξαν[27] χεῖράς μου καὶ πόδας.
18 ἐξηρίθμησα[28] πάντα τὰ ὀστᾶ[29] μου,
αὐτοὶ δὲ κατενόησαν[30] καὶ ἐπεῖδόν[31] με.
19 διεμερίσαντο[32] τὰ ἱμάτιά μου ἑαυτοῖς
καὶ ἐπὶ τὸν ἱματισμόν[33] μου ἔβαλον[34] κλῆρον.[35]

20 σὺ δέ, κύριε, μὴ μακρύνῃς[36] τὴν βοήθειάν[37] μου,
εἰς τὴν ἀντίλημψίν[38] μου πρόσχες.[39]

1 περικυκλόω, *aor act ind 3p*, surround
2 μόσχος, calf, young bull
3 ταῦρος, ox, bull
4 πίων, mature
5 περιέχω, *aor act ind 3p*, encircle
6 λέων, lion
7 ἁρπάζω, *pres act ptc nom s m*, snatch, ravish
8 ὠρύομαι, *pres mid ptc nom s m*, roar
9 ὡσεί, like
10 ἐκχέω, *aor pas ind 1s*, pour out
11 διασκορπίζω, *aor pas ind 3s*, scatter
12 ὀστέον, bone
13 κηρός, wax
14 τήκω, *pres pas ptc nom s m*, melt
15 κοιλία, belly, stomach
16 ξηραίνω, *aor pas ind 3s*, dry out
17 ὄστρακον, pottery, ostraka
18 ἰσχύς, strength
19 κολλάω, *perf pas ind 3s*, stick, attach
20 λάρυγξ, throat
21 χοῦς, dust
22 κατάγω, *aor act ind 2s*, bring down
23 κυκλόω, *aor act ind 3p*, surround
24 κύων, dog
25 πονηρεύομαι, *pres mid ptc gen p m*, do evil
26 περιέχω, *aor act ind 3p*, encircle
27 ὀρύσσω, *aor act ind 3p*, gouge, (pierce)
28 ἐξαριθμέω, *aor act ind 1s*, count
29 ὀστέον, bone
30 κατανοέω, *aor act ind 3p*, see, take note
31 ἐφοράω, *aor act ind 3p*, stare at, watch
32 διαμερίζω, *aor mid ind 3p*, divide, distribute
33 ἱματισμός, clothing
34 βάλλω, *aor act ind 3p*, throw, cast
35 κλῆρος, lot
36 μακρύνω, *aor act sub 2s*, keep away, be far off
37 βοήθεια, assistance, help
38 ἀντίλημψις, help
39 προσέχω, *aor act impv 2s*, be concerned about, attend to

21 ῥῦσαι[1] ἀπὸ ῥομφαίας[2] τὴν ψυχήν μου
καὶ ἐκ χειρὸς κυνὸς[3] τὴν μονογενῆ[4] μου·
22 σῶσόν με ἐκ στόματος λέοντος[5]
καὶ ἀπὸ κεράτων[6] μονοκερώτων[7] τὴν ταπείνωσίν[8] μου.
23 διηγήσομαι[9] τὸ ὄνομά σου τοῖς ἀδελφοῖς μου,
ἐν μέσῳ ἐκκλησίας ὑμνήσω[10] σε
24 Οἱ φοβούμενοι κύριον, αἰνέσατε[11] αὐτόν,
ἅπαν[12] τὸ σπέρμα Ιακωβ, δοξάσατε αὐτόν,
φοβηθήτωσαν αὐτὸν ἅπαν τὸ σπέρμα Ισραηλ,
25 ὅτι οὐκ ἐξουδένωσεν[13] οὐδὲ προσώχθισεν[14] τῇ δεήσει[15] τοῦ πτωχοῦ
οὐδὲ ἀπέστρεψεν[16] τὸ πρόσωπον αὐτοῦ ἀπ᾽ ἐμοῦ
καὶ ἐν τῷ κεκραγέναι[17] με πρὸς αὐτὸν εἰσήκουσέν[18] μου.

26 παρὰ σοῦ ὁ ἔπαινός[19] μου ἐν ἐκκλησίᾳ μεγάλῃ,
τὰς εὐχάς[20] μου ἀποδώσω ἐνώπιον τῶν φοβουμένων αὐτόν.
27 φάγονται πένητες[21] καὶ ἐμπλησθήσονται,[22]
καὶ αἰνέσουσιν[23] κύριον οἱ ἐκζητοῦντες[24] αὐτόν·
ζήσονται αἱ καρδίαι αὐτῶν εἰς αἰῶνα αἰῶνος.
28 μνησθήσονται[25] καὶ ἐπιστραφήσονται πρὸς κύριον
πάντα τὰ πέρατα[26] τῆς γῆς
καὶ προσκυνήσουσιν ἐνώπιόν σου
πᾶσαι αἱ πατριαὶ[27] τῶν ἐθνῶν,
29 ὅτι τοῦ κυρίου ἡ βασιλεία,
καὶ αὐτὸς δεσπόζει[28] τῶν ἐθνῶν.

30 ἔφαγον καὶ προσεκύνησαν
πάντες οἱ πίονες[29] τῆς γῆς,
ἐνώπιον αὐτοῦ προπεσοῦνται[30]
πάντες οἱ καταβαίνοντες εἰς τὴν γῆν.

1 ῥύομαι, *aor mid impv 2s*, save, deliver
2 ῥομφαία, sword
3 κύων, dog
4 μονογενής, sole child, one and only (life)
5 λέων, lion
6 κέρας, horn
7 μονόκερως, unicorn, one-horned beast
8 ταπείνωσις, humble state, low condition
9 διηγέομαι, *fut mid ind 1s*, tell, fully describe
10 ὑμνέω, *fut act ind 1s*, sing hymns
11 αἰνέω, *aor act impv 2p*, praise
12 ἅπας, all
13 ἐξουδενόω, *aor act ind 3s*, disdain, scorn
14 προσοχθίζω, *aor act ind 3s*, be offended
15 δέησις, request, petition
16 ἀποστρέφω, *aor act ind 3s*, turn away
17 κράζω, *perf act inf*, cry, call
18 εἰσακούω, *aor act ind 3s*, listen to, hear
19 ἔπαινος, approval, commendation
20 εὐχή, vow
21 πένης, poor, needy
22 ἐμπίμπλημι, *fut pas ind 3p*, satisfy
23 αἰνέω, *fut act ind 3p*, praise
24 ἐκζητέω, *pres act ptc nom p m*, seek out
25 μιμνῄσκομαι, *fut pas ind 3p*, remember
26 πέρας, end, far side
27 πατριά, paternal lineage, family
28 δεσπόζω, *pres act ind 3s*, be lord, be master
29 πίων, fat, abundance
30 προπίπτω, *fut mid ind 3p*, bow down, fall down

καὶ ἡ ψυχή μου αὐτῷ ζῇ,
31 καὶ τὸ σπέρμα μου δουλεύσει[1] αὐτῷ·
ἀναγγελήσεται[2] τῷ κυρίῳ γενεὰ ἡ ἐρχομένη,
32 καὶ ἀναγγελοῦσιν[3] τὴν δικαιοσύνην αὐτοῦ
λαῷ τῷ τεχθησομένῳ,[4] ὅτι ἐποίησεν ὁ κύριος.

22 Ψαλμὸς τῷ Δαυιδ.

Κύριος ποιμαίνει[5] με, καὶ οὐδέν με ὑστερήσει.[6]
2 εἰς τόπον χλόης,[7] ἐκεῖ με κατεσκήνωσεν,[8]
ἐπὶ ὕδατος ἀναπαύσεως[9] ἐξέθρεψέν[10] με,
3 τὴν ψυχήν μου ἐπέστρεψεν.
ὡδήγησέν[11] με ἐπὶ τρίβους[12] δικαιοσύνης
ἕνεκεν[13] τοῦ ὀνόματος αὐτοῦ.

4 ἐὰν γὰρ καὶ πορευθῶ ἐν μέσῳ σκιᾶς[14] θανάτου,
οὐ φοβηθήσομαι κακά, ὅτι σὺ μετ᾽ ἐμοῦ εἶ·
ἡ ῥάβδος[15] σου καὶ ἡ βακτηρία[16] σου, αὐταί με παρεκάλεσαν.

5 ἡτοίμασας ἐνώπιόν μου τράπεζαν[17] ἐξ ἐναντίας[18] τῶν θλιβόντων[19] με·
ἐλίπανας[20] ἐν ἐλαίῳ[21] τὴν κεφαλήν μου,
καὶ τὸ ποτήριόν[22] σου μεθύσκον[23] ὡς κράτιστον.[24]
6 καὶ τὸ ἔλεός[25] σου καταδιώξεταί[26] με πάσας τὰς ἡμέρας τῆς ζωῆς μου,
καὶ τὸ κατοικεῖν με ἐν οἴκῳ κυρίου εἰς μακρότητα[27] ἡμερῶν.

1 δουλεύω, *fut act ind 3s*, serve
2 ἀναγγέλλω, *fut pas ind 3s*, tell, proclaim
3 ἀναγγέλλω, *fut act ind 3p*, tell, proclaim
4 τίκτω, *fut pas ptc dat s m*, give birth to
5 ποιμαίνω, *pres act ind 3s*, tend (flocks), shepherd
6 ὑστερέω, *fut act ind 3s*, lack, need
7 χλόη, verdant growth, young green grass
8 κατασκηνόω, *aor act ind 3s*, settle, cause to dwell
9 ἀνάπαυσις, rest, repose
10 ἐκτρέφω, *aor act ind 3s*, nourish
11 ὁδηγέω, *aor act ind 3s*, guide, lead
12 τρίβος, path
13 ἕνεκεν, on account of, for the sake of
14 σκιά, shadow
15 ῥάβδος, rod, stick
16 βακτηρία, staff
17 τράπεζα, table
18 ἐναντίος, before, in front of
19 θλίβω, *pres act ptc gen p m*, afflict, oppose
20 λιπαίνω, *aor act ind 2s*, anoint
21 ἔλαιον, oil
22 ποτήριον, cup
23 μεθύσκω, *pres act ptc nom s n*, fill to satisfaction, intoxicate
24 κράτιστος, *sup of* ἀγαθός, best
25 ἔλεος, mercy, compassion
26 καταδιώκω, *fut mid ind 3s*, pursue closely
27 μακρότης, long expanse, (extended duration)

23 Ψαλμὸς τῷ Δαυιδ· τῆς μιᾶς σαββάτων.

Τοῦ κυρίου ἡ γῆ καὶ τὸ πλήρωμα[1] αὐτῆς,
ἡ οἰκουμένη[2] καὶ πάντες οἱ κατοικοῦντες ἐν αὐτῇ·
2 αὐτὸς ἐπὶ θαλασσῶν ἐθεμελίωσεν[3] αὐτὴν
καὶ ἐπὶ ποταμῶν[4] ἡτοίμασεν αὐτήν.

3 τίς ἀναβήσεται εἰς τὸ ὄρος τοῦ κυρίου
καὶ τίς στήσεται ἐν τόπῳ ἁγίῳ αὐτοῦ;
4 ἀθῷος[5] χερσὶν καὶ καθαρὸς[6] τῇ καρδίᾳ,
ὃς οὐκ ἔλαβεν ἐπὶ ματαίῳ[7] τὴν ψυχὴν αὐτοῦ
καὶ οὐκ ὤμοσεν[8] ἐπὶ δόλῳ[9] τῷ πλησίον[10] αὐτοῦ.
5 οὗτος λήμψεται εὐλογίαν[11] παρὰ κυρίου
καὶ ἐλεημοσύνην[12] παρὰ θεοῦ σωτῆρος[13] αὐτοῦ.
6 αὕτη ἡ γενεὰ ζητούντων αὐτόν,
ζητούντων τὸ πρόσωπον τοῦ θεοῦ Ιακωβ.

διάψαλμα.[14]

7 ἄρατε πύλας,[15] οἱ ἄρχοντες ὑμῶν,
καὶ ἐπάρθητε,[16] πύλαι αἰώνιοι,
καὶ εἰσελεύσεται ὁ βασιλεὺς τῆς δόξης.
8 τίς ἐστιν οὗτος ὁ βασιλεὺς τῆς δόξης;
κύριος κραταιὸς[17] καὶ δυνατός,
κύριος δυνατὸς ἐν πολέμῳ.
9 ἄρατε πύλας,[18] οἱ ἄρχοντες ὑμῶν,
καὶ ἐπάρθητε,[19] πύλαι αἰώνιοι,
καὶ εἰσελεύσεται ὁ βασιλεὺς τῆς δόξης.
10 τίς ἐστιν οὗτος ὁ βασιλεὺς τῆς δόξης;
κύριος τῶν δυνάμεων,
αὐτός ἐστιν ὁ βασιλεὺς τῆς δόξης.

1 πλήρωμα, fullness
2 οἰκουμένη, (inhabited) world
3 θεμελιόω, *aor act ind 3s*, lay the foundation
4 ποταμός, river
5 ἀθῷος, innocent, guiltless
6 καθαρός, pure, clean
7 μάταιος, vain, worthless
8 ὄμνυμι, *aor act ind 3s*, swear
9 δόλος, deceit
10 πλησίον, neighbor
11 εὐλογία, blessing
12 ἐλεημοσύνη, mercy
13 σωτήρ, savior, deliverer
14 διάψαλμα, (*musical interlude, renders Heb*. selāh)
15 πύλη, gate
16 ἐπαίρω, *aor pas impv 2p*, raise up, lift up
17 κραταιός, strong
18 πύλη, gate
19 ἐπαίρω, *aor pas impv 2p*, raise up, lift up

24 Ψαλμὸς τῷ Δαυιδ.

Πρὸς σέ, κύριε, ἦρα τὴν ψυχήν μου,
ὁ θεός μου.
2 ἐπὶ σοὶ πέποιθα· μὴ καταισχυνθείην,[1]
μηδὲ καταγελασάτωσάν[2] μου οἱ ἐχθροί μου.
3 καὶ γὰρ πάντες οἱ ὑπομένοντές[3] σε οὐ μὴ καταισχυνθῶσιν·[4]
αἰσχυνθήτωσαν[5] πάντες οἱ ἀνομοῦντες[6] διὰ κενῆς.[7]

4 τὰς ὁδούς σου, κύριε, γνώρισόν[8] μοι
καὶ τὰς τρίβους[9] σου δίδαξόν με.
5 ὁδήγησόν[10] με ἐπὶ τὴν ἀλήθειάν σου
καὶ δίδαξόν με, ὅτι σὺ εἶ ὁ θεὸς ὁ σωτήρ[11] μου,
καὶ σὲ ὑπέμεινα[12] ὅλην τὴν ἡμέραν.
6 μνήσθητι[13] τῶν οἰκτιρμῶν[14] σου, κύριε,
καὶ τὰ ἐλέη[15] σου, ὅτι ἀπὸ τοῦ αἰῶνός εἰσιν.
7 ἁμαρτίας νεότητός[16] μου καὶ ἀγνοίας[17] μου μὴ μνησθῇς·[18]
κατὰ τὸ ἔλεός[19] σου μνήσθητί[20] μου σὺ
ἕνεκα[21] τῆς χρηστότητός[22] σου, κύριε.
8 χρηστὸς[23] καὶ εὐθὴς[24] ὁ κύριος·
διὰ τοῦτο νομοθετήσει[25] ἁμαρτάνοντας ἐν ὁδῷ.
9 ὁδηγήσει[26] πραεῖς[27] ἐν κρίσει,
διδάξει πραεῖς ὁδοὺς αὐτοῦ.
10 πᾶσαι αἱ ὁδοὶ κυρίου ἔλεος[28] καὶ ἀλήθεια
τοῖς ἐκζητοῦσιν[29] τὴν διαθήκην αὐτοῦ καὶ τὰ μαρτύρια[30] αὐτοῦ.

1 καταισχύνω, *aor pas opt 1s*, dishonor, shame
2 καταγελάω, *aor act impv 3p*, mock, deride
3 ὑπομένω, *pres act ptc nom p m*, await
4 καταισχύνω, *aor pas sub 3p*, put to shame, dishonor
5 αἰσχύνω, *aor pas impv 3p*, disgrace
6 ἀνομέω, *pres act ptc nom p m*, act lawlessly
7 κενός, purposelessness, wantonness
8 γνωρίζω, *aor act impv 2s*, acquaint, make known
9 τρίβος, path
10 ὁδηγέω, *aor act impv 2s*, guide, lead
11 σωτήρ, savior, deliverer
12 ὑπομένω, *aor act ind 1s*, await
13 μιμνήσκομαι, *aor pas impv 2s*, remember
14 οἰκτιρμός, compassion, pity
15 ἔλεος, mercy
16 νεότης, youth
17 ἄγνοια, ignorance
18 μιμνήσκομαι, *aor pas sub 2s*, remember
19 ἔλεος, mercy
20 μιμνήσκομαι, *aor pas impv 2s*, remember
21 ἕνεκα, on account of, for the sake of
22 χρηστότης, generosity, kindness
23 χρηστός, good
24 εὐθής, right
25 νομοθετέω, *fut act ind 3s*, establish law for
26 ὁδηγέω, *fut act ind 3s*, lead, guide
27 πραΰς, gentle, meek
28 ἔλεος, mercy
29 ἐκζητέω, *pres act ptc dat p m*, seek
30 μαρτύριον, testimony

11 ἕνεκα[1] τοῦ ὀνόματός σου, κύριε,
καὶ ἱλάσῃ[2] τῇ ἁμαρτίᾳ μου· πολλὴ γάρ ἐστιν.
12 τίς ἐστιν ἄνθρωπος ὁ φοβούμενος τὸν κύριον;
νομοθετήσει[3] αὐτῷ ἐν ὁδῷ, ᾗ ᾑρετίσατο.[4]

13 ἡ ψυχὴ αὐτοῦ ἐν ἀγαθοῖς αὐλισθήσεται,[5]
καὶ τὸ σπέρμα αὐτοῦ κληρονομήσει[6] γῆν.
14 κραταίωμα[7] κύριος τῶν φοβουμένων αὐτόν,
[καὶ τὸ ὄνομα κυρίου τῶν φοβουμένων αὐτόν,]
καὶ ἡ διαθήκη αὐτοῦ τοῦ δηλῶσαι[8] αὐτοῖς.
15 οἱ ὀφθαλμοί μου διὰ παντὸς πρὸς τὸν κύριον,
ὅτι αὐτὸς ἐκσπάσει[9] ἐκ παγίδος[10] τοὺς πόδας μου.

16 ἐπίβλεψον[11] ἐπ᾽ ἐμὲ καὶ ἐλέησόν[12] με,
ὅτι μονογενὴς[13] καὶ πτωχός[14] εἰμι ἐγώ.
17 αἱ θλίψεις τῆς καρδίας μου ἐπλατύνθησαν·[15]
ἐκ τῶν ἀναγκῶν[16] μου ἐξάγαγέ[17] με.
18 ἰδὲ τὴν ταπείνωσίν[18] μου καὶ τὸν κόπον[19] μου
καὶ ἄφες πάσας τὰς ἁμαρτίας μου.

19 ἰδὲ τοὺς ἐχθρούς μου, ὅτι ἐπληθύνθησαν[20]
καὶ μῖσος[21] ἄδικον[22] ἐμίσησάν με.
20 φύλαξον τὴν ψυχήν μου καὶ ῥῦσαί[23] με·
μὴ καταισχυνθείην,[24] ὅτι ἤλπισα ἐπὶ σέ.
21 ἄκακοι[25] καὶ εὐθεῖς[26] ἐκολλῶντό[27] μοι,
ὅτι ὑπέμεινά[28] σε, κύριε.

22 λύτρωσαι,[29] ὁ θεός, τὸν Ισραηλ
ἐκ πασῶν τῶν θλίψεων αὐτοῦ.

1 ἕνεκα, on account of, for the sake of
2 ἱλάσκομαι, *fut mid ind 2s*, propitiate, expiate
3 νομοθετέω, *fut act ind 3s*, establish law for
4 αἱρετίζω, *aor mid ind 3s*, choose
5 αὐλίζω, *fut pas ind 3s*, stay, abide
6 κληρονομέω, *fut act ind 3s*, inherit
7 κραταίωμα, strength
8 δηλόω, *aor act inf*, make obvious, make visible
9 ἐκσπάω, *fut act ind 3s*, pull out, remove
10 παγίς, trap, snare
11 ἐπιβλέπω, *aor act impv 2s*, look attentively
12 ἐλεέω, *aor act impv 2s*, show mercy
13 μονογενής, one and only (life), (sole child?)
14 πτωχός, needy
15 πλατύνω, *aor pas ind 3p*, magnify, compound
16 ἀνάγκη, distress
17 ἐξάγω, *aor act impv 2s*, bring out, extricate
18 ταπείνωσις, humiliation
19 κόπος, trouble
20 πληθύνω, *aor pas ind 3p*, multiply
21 μῖσος, hate
22 ἄδικος, unrighteous
23 ῥύομαι, *aor mid impv 2s*, rescue, deliver
24 καταισχύνω, *aor pas opt 1s*, shame, dishonor
25 ἄκακος, innocent
26 εὐθύς, upright
27 κολλάω, *impf mid ind 3p*, join
28 ὑπομένω, *aor act ind 1s*, await
29 λυτρόω, *aor mid impv 2s*, redeem

25 Τοῦ Δαυιδ.

Κρῖνόν με, κύριε, ὅτι ἐγὼ ἐν ἀκακίᾳ[1] μου ἐπορεύθην
καὶ ἐπὶ τῷ κυρίῳ ἐλπίζων οὐ μὴ ἀσθενήσω.[2]
2 δοκίμασόν[3] με, κύριε, καὶ πείρασόν[4] με,
πύρωσον[5] τοὺς νεφρούς[6] μου καὶ τὴν καρδίαν μου.
3 ὅτι τὸ ἔλεός[7] σου κατέναντι[8] τῶν ὀφθαλμῶν μού ἐστιν,
καὶ εὐηρέστησα[9] ἐν τῇ ἀληθείᾳ σου.

4 οὐκ ἐκάθισα μετὰ συνεδρίου[10] ματαιότητος[11]
καὶ μετὰ παρανομούντων[12] οὐ μὴ εἰσέλθω·
5 ἐμίσησα ἐκκλησίαν πονηρευομένων[13]
καὶ μετὰ ἀσεβῶν[14] οὐ μὴ καθίσω.

6 νίψομαι[15] ἐν ἀθῴοις[16] τὰς χεῖράς μου
καὶ κυκλώσω[17] τὸ θυσιαστήριόν[18] σου, κύριε,
7 τοῦ ἀκοῦσαι φωνὴν αἰνέσεως[19]
καὶ διηγήσασθαι[20] πάντα τὰ θαυμάσιά[21] σου.

8 κύριε, ἠγάπησα εὐπρέπειαν[22] οἴκου σου
καὶ τόπον σκηνώματος[23] δόξης σου.
9 μὴ συναπολέσῃς[24] μετὰ ἀσεβῶν[25] τὴν ψυχήν μου
καὶ μετὰ ἀνδρῶν αἱμάτων τὴν ζωήν μου,
10 ὧν ἐν χερσὶν ἀνομίαι,[26]
ἡ δεξιὰ αὐτῶν ἐπλήσθη[27] δώρων.[28]

11 ἐγὼ δὲ ἐν ἀκακίᾳ[29] μου ἐπορεύθην·
λύτρωσαί[30] με καὶ ἐλέησόν[31] με.

1 ἀκακία, innocence
2 ἀσθενέω, *aor act sub 1s*, become slack, grow weak
3 δοκιμάζω, *aor act impv 2s*, test
4 πειράζω, *aor act impv 2s*, try, put on trial
5 πυρόω, *aor act impv 2s*, purify
6 νεφρός, (mind), kidney
7 ἔλεος, mercy, compassion
8 κατέναντι, before, in front of
9 εὐαρεστέω, *aor act ind 1s*, be pleased
10 συνέδριον, council, assembly
11 ματαιότης, vanity, futility
12 παρανομέω, *pres act ptc gen p m*, transgress the law
13 πονηρεύομαι, *pres mid ptc gen p m*, act wickedly
14 ἀσεβής, wicked, ungodly
15 νίπτω, *fut mid ind 1s*, wash
16 ἀθῷος, innocent
17 κυκλόω, *fut act ind 1s*, circle around
18 θυσιαστήριον, altar
19 αἴνεσις, praise
20 διηγέομαι, *aor mid inf*, tell, describe
21 θαυμάσιος, marvelous (deed)
22 εὐπρέπεια, beauty, dignity
23 σκήνωμα, tent, tabernacle
24 συναπόλλυμι, *aor act sub 2s*, destroy with
25 ἀσεβής, wicked, ungodly
26 ἀνομία, transgression, lawlessness
27 πίμπλημι, *aor pas ind 3s*, fill
28 δῶρον, bribe, gift
29 ἀκακία, innocence
30 λυτρόω, *aor mid impv 2s*, redeem
31 ἐλεέω, *aor act impv 2s*, show mercy

12 ὁ γὰρ πούς μου ἔστη ἐν εὐθύτητι·[1]
ἐν ἐκκλησίαις εὐλογήσω σε, κύριε.

26 Τοῦ Δαυιδ· πρὸ τοῦ χρισθῆναι.[2]

Κύριος φωτισμός[3] μου καὶ σωτήρ[4] μου·
τίνα φοβηθήσομαι;
κύριος ὑπερασπιστὴς[5] τῆς ζωῆς μου·
ἀπὸ τίνος δειλιάσω;[6]

2 ἐν τῷ ἐγγίζειν ἐπ᾽ ἐμὲ κακοῦντας[7]
τοῦ φαγεῖν[8] τὰς σάρκας μου
οἱ θλίβοντές[9] με καὶ οἱ ἐχθροί μου
αὐτοὶ ἠσθένησαν[10] καὶ ἔπεσαν·

3 ἐὰν παρατάξηται[11] ἐπ᾽ ἐμὲ παρεμβολή,[12]
οὐ φοβηθήσεται ἡ καρδία μου·
ἐὰν ἐπαναστῇ[13] ἐπ᾽ ἐμὲ πόλεμος,
ἐν ταύτῃ ἐγὼ ἐλπίζω.

4 μίαν ᾐτησάμην[14] παρὰ κυρίου,
ταύτην ἐκζητήσω·[15]
τοῦ κατοικεῖν με ἐν οἴκῳ κυρίου
πάσας τὰς ἡμέρας τῆς ζωῆς μου,
τοῦ θεωρεῖν[16] με τὴν τερπνότητα[17] τοῦ κυρίου
καὶ ἐπισκέπτεσθαι[18] τὸν ναὸν αὐτοῦ.
5 ὅτι ἔκρυψέν[19] με ἐν σκηνῇ[20] ἐν ἡμέρᾳ κακῶν μου·
ἐσκέπασέν[21] με ἐν ἀποκρύφῳ[22] τῆς σκηνῆς αὐτοῦ,
ἐν πέτρᾳ[23] ὕψωσέν[24] με·

1 εὐθύτης, uprightness
2 χρίω, *aor pas inf*, anoint
3 φωτισμός, light
4 σωτήρ, savior, deliverer
5 ὑπερασπιστής, protector
6 δειλιάω, *fut act ind 1s*, be afraid
7 κακόω, *pres act ptc acc p m*, do harm
8 ἐσθίω, *aor act inf*, consume
9 θλίβω, *pres act ptc nom p m*, afflict
10 ἀσθενέω, *aor act ind 3p*, become weak
11 παρατάσσω, *aor mid sub 3s*, align for battle
12 παρεμβολή, encampment
13 ἐπανίστημι, *aor act sub 3s*, rise against
14 αἰτέω, *aor mid ind 1s*, request
15 ἐκζητέω, *aor act sub 1s*, seek out
16 θεωρέω, *pres act inf*, see
17 τερπνότης, delight, pleasantness
18 ἐπισκέπτομαι, *pres mid inf*, visit
19 κρύπτω, *aor act ind 3s*, hide
20 σκηνή, tent, tabernacle
21 σκεπάζω, *aor act ind 3s*, cover, shelter
22 ἀπόκρυφος, secret
23 πέτρα, rock
24 ὑψόω, *aor act ind 3s*, lift up

6 καὶ νῦν ἰδοὺ ὕψωσεν[1] τὴν κεφαλήν μου ἐπ᾽ ἐχθρούς μου·
ἐκύκλωσα[2] καὶ ἔθυσα[3] ἐν τῇ σκηνῇ[4] αὐτοῦ θυσίαν[5] ἀλαλαγμοῦ,[6]
ᾄσομαι[7] καὶ ψαλῶ[8] τῷ κυρίῳ.

7 εἰσάκουσον,[9] κύριε, τῆς φωνῆς μου, ἧς ἐκέκραξα·
ἐλέησόν[10] με καὶ εἰσάκουσόν μου.

8 σοὶ εἶπεν ἡ καρδία μου Ἐζήτησεν τὸ πρόσωπόν μου·
τὸ πρόσωπόν σου, κύριε, ζητήσω.
9 μὴ ἀποστρέψῃς[11] τὸ πρόσωπόν σου ἀπ᾽ ἐμοῦ,
μὴ ἐκκλίνῃς[12] ἐν ὀργῇ ἀπὸ τοῦ δούλου σου·
βοηθός[13] μου γενοῦ, μὴ ἀποσκορακίσῃς[14] με
καὶ μὴ ἐγκαταλίπῃς[15] με, ὁ θεὸς ὁ σωτήρ[16] μου.
10 ὅτι ὁ πατήρ μου καὶ ἡ μήτηρ μου ἐγκατέλιπόν[17] με,
ὁ δὲ κύριος προσελάβετό[18] με.

11 νομοθέτησόν[19] με, κύριε, τῇ ὁδῷ σου
καὶ ὁδήγησόν[20] με ἐν τρίβῳ[21] εὐθείᾳ[22] ἕνεκα[23] τῶν ἐχθρῶν μου.
12 μὴ παραδῷς με εἰς ψυχὰς θλιβόντων[24] με,
ὅτι ἐπανέστησάν[25] μοι μάρτυρες[26] ἄδικοι,[27]
καὶ ἐψεύσατο[28] ἡ ἀδικία[29] ἑαυτῇ.

13 πιστεύω τοῦ ἰδεῖν τὰ ἀγαθὰ κυρίου ἐν γῇ ζώντων.

14 ὑπόμεινον[30] τὸν κύριον·
ἀνδρίζου,[31] καὶ κραταιούσθω[32] ἡ καρδία σου,
καὶ ὑπόμεινον τὸν κύριον.

1 ὑψόω, *aor act ind 3s*, raise up, exalt
2 κυκλόω, *aor act ind 1s*, go around
3 θύω, *aor act ind 1s*, sacrifice
4 σκηνή, tent, tabernacle
5 θυσία, sacrifice
6 ἀλαλαγμός, shouting, loud noise
7 ᾄδω, *fut mid ind 1s*, sing
8 ψάλλω, *fut act ind 1s*, play music, sing (with an instrument)
9 εἰσακούω, *aor act impv 2s*, hear
10 ἐλεέω, *aor act impv 2s*, have mercy, show compassion
11 ἀποστρέφω, *aor act sub 2s*, turn from
12 ἐκκλίνω, *pres act sub 2s*, turn away
13 βοηθός, help
14 ἀποσκορακίζω, *aor act sub 2s*, contemptuously cast off
15 ἐγκαταλείπω, *aor act sub 2s*, forsake
16 σωτήρ, savior, deliverer
17 ἐγκαταλείπω, *aor act ind 3p*, forsake
18 προσλαμβάνω, *aor mid ind 3s*, receive, accept
19 νομοθετέω, *aor act impv 2s*, instruct, teach
20 ὁδηγέω, *aor act impv 2s*, guide, lead
21 τρίβος, path
22 εὐθύς, straight, direct
23 ἕνεκα, on account of
24 θλίβω, *pres act ptc gen p m*, afflict, oppress
25 ἐπανίστημι, *aor act ind 3p*, rise against
26 μάρτυς, witness
27 ἄδικος, unjust
28 ψεύδομαι, *aor mid ind 3s*, lie, speak falsely
29 ἀδικία, injustice
30 ὑπομένω, *aor act impv 2s*, wait for
31 ἀνδρίζομαι, *pres mid impv 2s*, be courageous
32 κραταιόω, *pres pas impv 3s*, be strong

27 Τοῦ Δαυιδ.

Πρὸς σέ, κύριε, ἐκέκραξα,
ὁ θεός μου, μὴ παρασιωπήσῃς[1] ἀπ᾽ ἐμοῦ,
μήποτε[2] παρασιωπήσῃς ἀπ᾽ ἐμοῦ
καὶ ὁμοιωθήσομαι[3] τοῖς καταβαίνουσιν εἰς λάκκον.[4]
2 εἰσάκουσον[5] τῆς φωνῆς τῆς δεήσεώς[6] μου
ἐν τῷ δέεσθαί[7] με πρὸς σέ,
ἐν τῷ με αἴρειν χεῖράς μου πρὸς ναὸν ἅγιόν σου.

3 μὴ συνελκύσῃς[8] μετὰ ἁμαρτωλῶν τὴν ψυχήν μου
καὶ μετὰ ἐργαζομένων ἀδικίαν[9] μὴ συναπολέσῃς[10] με
τῶν λαλούντων εἰρήνην μετὰ τῶν πλησίον[11] αὐτῶν,
κακὰ δὲ ἐν ταῖς καρδίαις αὐτῶν.
4 δὸς αὐτοῖς κατὰ τὰ ἔργα αὐτῶν
καὶ κατὰ τὴν πονηρίαν[12] τῶν ἐπιτηδευμάτων[13] αὐτῶν·
κατὰ τὰ ἔργα τῶν χειρῶν αὐτῶν δὸς αὐτοῖς,
ἀπόδος τὸ ἀνταπόδομα[14] αὐτῶν αὐτοῖς.
5 ὅτι οὐ συνῆκαν[15] εἰς τὰ ἔργα κυρίου
καὶ εἰς τὰ ἔργα τῶν χειρῶν αὐτοῦ·
καθελεῖς[16] αὐτοὺς
καὶ οὐ μὴ οἰκοδομήσεις αὐτούς.

6 εὐλογητὸς[17] κύριος,
ὅτι εἰσήκουσεν[18] τῆς φωνῆς τῆς δεήσεώς[19] μου.
7 κύριος βοηθός[20] μου καὶ ὑπερασπιστής[21] μου·
ἐπ᾽ αὐτῷ ἤλπισεν ἡ καρδία μου, καὶ ἐβοηθήθην,[22]
καὶ ἀνέθαλεν[23] ἡ σάρξ μου·
καὶ ἐκ θελήματός[24] μου ἐξομολογήσομαι[25] αὐτῷ.

1 παρασιωπάω, *aor act sub 2s*, pass over in silence
2 μήποτε, lest
3 ὁμοιόω, *fut pas ind 1s*, become like
4 λάκκος, pit
5 εἰσακούω, *aor act impv 2s*, hear, listen to
6 δέησις, prayer, supplication
7 δέομαι, *pres mid inf*, pray, supplicate
8 συνέλκω, *aor act sub 2s*, associate with, join together
9 ἀδικία, injustice, wrongdoing
10 συναπόλλυμι, *aor act sub 2s*, destroy together with
11 πλησίον, companion, neighbor
12 πονηρία, wickedness
13 ἐπιτήδευμα, pursuit, practice
14 ἀνταπόδομα, reward, recompense
15 συνίημι, *aor act ind 3p*, be aware of, understand
16 καθαιρέω, *fut act ind 2s*, bring down, destroy
17 εὐλογητός, blessed
18 εἰσακούω, *aor act ind 3s*, listen to, hear
19 δέησις, prayer, supplication
20 βοηθός, help
21 ὑπερασπιστής, protector
22 βοηθέω, *aor pas ind 1s*, help
23 ἀναθάλλω, *aor act ind 3s*, revive
24 θέλημα, desire, will
25 ἐξομολογέομαι, *fut mid ind 1s*, acknowledge, confess

8 κύριος κραταίωμα[1] τοῦ λαοῦ αὐτοῦ
καὶ ὑπερασπιστὴς[2] τῶν σωτηρίων[3] τοῦ χριστοῦ[4] αὐτοῦ ἐστιν.
9 σῶσον τὸν λαόν σου καὶ εὐλόγησον τὴν κληρονομίαν[5] σου
καὶ ποίμανον[6] αὐτοὺς καὶ ἔπαρον[7] αὐτοὺς ἕως τοῦ αἰῶνος.

28 Ψαλμὸς τῷ Δαυιδ· ἐξοδίου[8] σκηνῆς.[9]

Ἐνέγκατε[10] τῷ κυρίῳ, υἱοὶ θεοῦ,
ἐνέγκατε τῷ κυρίῳ υἱοὺς κριῶν,[11]
ἐνέγκατε τῷ κυρίῳ δόξαν καὶ τιμήν,[12]
2 ἐνέγκατε[13] τῷ κυρίῳ δόξαν ὀνόματι αὐτοῦ,
προσκυνήσατε τῷ κυρίῳ ἐν αὐλῇ[14] ἁγίᾳ αὐτοῦ.

3 φωνὴ κυρίου ἐπὶ τῶν ὑδάτων,
ὁ θεὸς τῆς δόξης ἐβρόντησεν,[15]
κύριος ἐπὶ ὑδάτων πολλῶν.
4 φωνὴ κυρίου ἐν ἰσχύι,[16]
φωνὴ κυρίου ἐν μεγαλοπρεπείᾳ.[17]

5 φωνὴ κυρίου συντρίβοντος[18] κέδρους,[19]
καὶ συντρίψει[20] κύριος τὰς κέδρους τοῦ Λιβάνου
6 καὶ λεπτυνεῖ[21] αὐτὰς ὡς τὸν μόσχον[22] τὸν Λίβανον,
καὶ ὁ ἠγαπημένος ὡς υἱὸς μονοκερώτων.[23]

7 φωνὴ κυρίου διακόπτοντος[24] φλόγα[25] πυρός,
8 φωνὴ κυρίου συσσείοντος[26] ἔρημον,
καὶ συσσείσει[27] κύριος τὴν ἔρημον Καδης.

1 κραταίωμα, strength
2 ὑπερασπιστής, protector
3 σωτήριον, salvation, deliverance
4 χριστός, anointed one
5 κληρονομία, inheritance
6 ποιμαίνω, *aor act impv 2s*, tend (flocks), shepherd
7 ἐπαίρω, *aor act impv 2s*, exalt, lift up
8 ἐξόδιον, conclusion, (final day), departure
9 σκηνή, (feast of the) tabernacle, tent
10 φέρω, *aor act impv 2p*, bring to, offer
11 κριός, ram
12 τιμή, honor
13 φέρω, *aor act impv 2p*, bring to, offer
14 αὐλή, court
15 βροντάω, *aor act ind 3s*, thunder
16 ἰσχύς, might, power
17 μεγαλοπρέπεια, majesty
18 συντρίβω, *pres act ptc gen s m*, break, shatter
19 κέδρος, cedar
20 συντρίβω, *fut act ind 3s*, break, shatter
21 λεπτύνω, *fut act ind 3s*, crush
22 μόσχος, calf, young bull
23 μονόκερως, unicorn, one-horned beast
24 διακόπτω, *pres act ptc gen s m*, divide, cut
25 φλόξ, flame
26 συσσείω, *pres act ptc gen s m*, shake
27 συσσείω, *fut act ind 3s*, shake

9 φωνὴ κυρίου καταρτιζομένου[1] ἐλάφους,[2]
καὶ ἀποκαλύψει[3] δρυμούς·[4]
καὶ ἐν τῷ ναῷ αὐτοῦ πᾶς τις λέγει δόξαν.

10 κύριος τὸν κατακλυσμὸν[5] κατοικιεῖ,[6]
καὶ καθίεται[7] κύριος βασιλεὺς εἰς τὸν αἰῶνα.
11 κύριος ἰσχὺν[8] τῷ λαῷ αὐτοῦ δώσει,
κύριος εὐλογήσει τὸν λαὸν αὐτοῦ ἐν εἰρήνῃ.

29

Εἰς τὸ τέλος· ψαλμὸς ᾠδῆς[9] τοῦ ἐγκαινισμοῦ[10] τοῦ οἴκου· τῷ Δαυιδ.

2 Ὑψώσω[11] σε, κύριε, ὅτι ὑπέλαβές[12] με
καὶ οὐκ ηὔφρανας[13] τοὺς ἐχθρούς μου ἐπ᾽ ἐμέ.
3 κύριε ὁ θεός μου, ἐκέκραξα πρὸς σέ,
καὶ ἰάσω[14] με·
4 κύριε, ἀνήγαγες[15] ἐξ ᾅδου[16] τὴν ψυχήν μου,
ἔσωσάς με ἀπὸ τῶν καταβαινόντων εἰς λάκκον.[17]

5 ψάλατε[18] τῷ κυρίῳ, οἱ ὅσιοι[19] αὐτοῦ,
καὶ ἐξομολογεῖσθε[20] τῇ μνήμῃ[21] τῆς ἁγιωσύνης[22] αὐτοῦ·
6 ὅτι ὀργὴ ἐν τῷ θυμῷ[23] αὐτοῦ,
καὶ ζωὴ ἐν τῷ θελήματι[24] αὐτοῦ·
τὸ ἑσπέρας[25] αὐλισθήσεται[26] κλαυθμὸς[27]
καὶ εἰς τὸ πρωὶ[28] ἀγαλλίασις.[29]

7 ἐγὼ δὲ εἶπα ἐν τῇ εὐθηνίᾳ[30] μου
Οὐ μὴ σαλευθῶ[31] εἰς τὸν αἰῶνα.

1 καταρτίζω, *pres mid ptc gen s m*, create, perfect
2 ἔλαφος, deer, hart
3 ἀποκαλύπτω, *fut act ind 3s*, uncover, make known
4 δρυμός, thicket, forest
5 κατακλυσμός, flood
6 κατοικίζω, *fut act ind 3s*, establish, administer
7 καθίημι, *pres mid ind 3s*, employ, put in motion
8 ἰσχύς, strength, power
9 ᾠδή, song
10 ἐγκαινισμός, consecration, dedication
11 ὑψόω, *fut act ind 1s*, exalt, extol
12 ὑπολαμβάνω, *aor act ind 2s*, support, raise up
13 εὐφραίνω, *aor act ind 2s*, cause to rejoice
14 ἰάομαι, *aor mid ind 2s*, heal
15 ἀνάγω, *aor act ind 2s*, bring up
16 ᾅδης, Hades, underworld
17 λάκκος, pit
18 ψάλλω, *aor act impv 2p*, play music, sing (with an instrument)
19 ὅσιος, holy
20 ἐξομολογέομαι, *pres mid impv 2p*, acknowledge, confess
21 μνήμη, remembering, acknowledgment
22 ἁγιωσύνη, holiness, sanctity
23 θυμός, wrath, anger
24 θέλημα, will
25 ἑσπέρα, evening
26 αὐλίζω, *fut pas ind 3s*, remain overnight
27 κλαυθμός, weeping, lament
28 πρωί, morning
29 ἀγαλλίασις, exultation, gladness
30 εὐθηνία, prosperity
31 σαλεύω, *aor pas sub 1s*, shake, be unsteady

8 κύριε, ἐν τῷ θελήματί[1] σου
παρέσχου[2] τῷ κάλλει[3] μου δύναμιν·
ἀπέστρεψας[4] δὲ τὸ πρόσωπόν σου,
καὶ ἐγενήθην τεταραγμένος.[5]

9 πρὸς σέ, κύριε, κεκράξομαι
καὶ πρὸς τὸν θεόν μου δεηθήσομαι[6]
10 Τίς ὠφέλεια[7] ἐν τῷ αἵματί μου,
ἐν τῷ καταβῆναί με εἰς διαφθοράν;[8]
μὴ ἐξομολογήσεταί[9] σοι χοῦς[10]
ἢ ἀναγγελεῖ[11] τὴν ἀλήθειάν σου;
11 ἤκουσεν κύριος καὶ ἠλέησέν[12] με,
κύριος ἐγενήθη βοηθός[13] μου.

12 ἔστρεψας[14] τὸν κοπετόν[15] μου εἰς χορὸν[16] ἐμοί,
διέρρηξας[17] τὸν σάκκον[18] μου
καὶ περιέζωσάς[19] με εὐφροσύνην,[20]
13 ὅπως ἂν ψάλῃ[21] σοι ἡ δόξα μου καὶ οὐ μὴ κατανυγῶ·[22]
κύριε ὁ θεός μου, εἰς τὸν αἰῶνα ἐξομολογήσομαί[23] σοι.

30 Εἰς τὸ τέλος· ψαλμὸς τῷ Δαυιδ· ἐκστάσεως.[24]

2 Ἐπὶ σοί, κύριε, ἤλπισα, μὴ καταισχυνθείην[25] εἰς τὸν αἰῶνα·
ἐν τῇ δικαιοσύνῃ σου ῥῦσαί[26] με καὶ ἐξελοῦ[27] με.
3 κλῖνον[28] πρός με τὸ οὖς[29] σου,
τάχυνον[30] τοῦ ἐξελέσθαι[31] με·

1 θέλημα, will
2 παρέχω, *aor mid ind 2s*, grant, supply
3 κάλλος, beauty
4 ἀποστρέφω, *aor act ind 2s*, turn away
5 ταράσσω, *perf pas ptc nom s m*, trouble, disturb
6 δέομαι, *fut pas ind 1s*, pray, beseech
7 ὠφέλεια, profit, gain
8 διαφθορά, corruption
9 ἐξομολογέομαι, *fut mid ind 3s*, acknowledge, profess
10 χοῦς, dust
11 ἀναγγέλλω, *fut act ind 3s*, declare, announce
12 ἐλεέω, *aor act ind 3s*, have mercy
13 βοηθός, help
14 στρέφω, *aor act ind 2s*, turn, change
15 κοπετός, mourning, lament
16 χορός, dancing
17 διαρρήγνυμι, *aor act ind 2s*, tear
18 σάκκος, sackcloth, *Heb. LW*
19 περιζώννυμι, *aor act ind 2s*, clothe, wrap
20 εὐφροσύνη, gladness, joy
21 ψάλλω, *aor act sub 3s*, play music, sing (with an instrument)
22 κατανύσσω, *aor pas sub 1s*, be deeply pained
23 ἐξομολογέομαι, *fut mid ind 1s*, acknowledge, confess
24 ἔκστασις, astonishment, terror
25 καταισχύνω, *aor pas opt 1s*, put to shame
26 ῥύομαι, *aor mid impv 2s*, save, rescue
27 ἐξαιρέω, *aor mid impv 2s*, deliver, set free
28 κλίνω, *aor act impv 2s*, incline
29 οὖς, ear
30 ταχύνω, *aor act impv 2s*, hurry
31 ἐξαιρέω, *aor mid inf*, deliver, set free

γενοῦ μοι εἰς θεὸν ὑπερασπιστὴν[1]
καὶ εἰς οἶκον καταφυγῆς[2] τοῦ σῶσαί με.
4 ὅτι κραταίωμά[3] μου καὶ καταφυγή[4] μου εἶ σὺ
καὶ ἕνεκεν[5] τοῦ ὀνόματός σου ὁδηγήσεις[6] με καὶ διαθρέψεις[7] με·
5 ἐξάξεις[8] με ἐκ παγίδος[9] ταύτης, ἧς ἔκρυψάν[10] μοι,
ὅτι σὺ εἶ ὁ ὑπερασπιστής[11] μου.
6 εἰς χεῖράς σου παραθήσομαι[12] τὸ πνεῦμά μου·
ἐλυτρώσω[13] με, κύριε ὁ θεὸς τῆς ἀληθείας.

7 ἐμίσησας τοὺς διαφυλάσσοντας[14] ματαιότητας[15] διὰ κενῆς·[16]
ἐγὼ δὲ ἐπὶ τῷ κυρίῳ ἤλπισα.
8 ἀγαλλιάσομαι[17] καὶ εὐφρανθήσομαι[18] ἐπὶ τῷ ἐλέει[19] σου,
ὅτι ἐπεῖδες[20] τὴν ταπείνωσίν[21] μου,
ἔσωσας ἐκ τῶν ἀναγκῶν[22] τὴν ψυχήν μου
9 καὶ οὐ συνέκλεισάς[23] με εἰς χεῖρας ἐχθροῦ,
ἔστησας ἐν εὐρυχώρῳ[24] τοὺς πόδας μου.

10 ἐλέησόν[25] με, κύριε, ὅτι θλίβομαι·[26]
ἐταράχθη[27] ἐν θυμῷ[28] ὁ ὀφθαλμός μου,
ἡ ψυχή μου καὶ ἡ γαστήρ[29] μου.
11 ὅτι ἐξέλιπεν[30] ἐν ὀδύνῃ[31] ἡ ζωή μου
καὶ τὰ ἔτη μου ἐν στεναγμοῖς·[32]
ἠσθένησεν[33] ἐν πτωχείᾳ[34] ἡ ἰσχύς[35] μου,
καὶ τὰ ὀστᾶ[36] μου ἐταράχθησαν.[37]

1 ὑπερασπιστής, protector
2 καταφυγή, refuge, retreat
3 κραταίωμα, strength
4 καταφυγή, refuge, retreat
5 ἕνεκεν, for the sake of, on account of
6 ὁδηγέω, *fut act ind 2s*, lead, guide
7 διατρέφω, *fut act ind 2s*, maintain, sustain
8 ἐξάγω, *fut act ind 2s*, bring out, lead out
9 παγίς, trap
10 κρύπτω, *aor act ind 3p*, hide, conceal
11 ὑπερασπιστής, protector
12 παρατίθημι, *fut mid ind 1s*, set before, (entrust)
13 λυτρόω, *aor mid ind 2s*, redeem
14 διαφυλάσσω, *pres act ptc acc p m*, carefully guard, hoard
15 ματαιότης, vain (thing)
16 κενός, senseless, pointless
17 ἀγαλλιάω, *fut mid ind 1s*, exult
18 εὐφραίνω, *fut pas ind 1s*, be glad, rejoice
19 ἔλεος, mercy, compassion
20 ἐφοράω, *aor act ind 2s*, survey, look at
21 ταπείνωσις, humiliation, low estate
22 ἀνάγκη, distress
23 συγκλείω, *aor act ind 2s*, confine, hem in
24 εὐρύχωρος, spacious (place)
25 ἐλεέω, *aor act impv 2s*, show mercy, have compassion
26 θλίβω, *pres pas ind 1s*, afflict, oppress
27 ταράσσω, *aor pas ind 3s*, trouble, unsettle
28 θυμός, fury, rage
29 γαστήρ, stomach, gut
30 ἐκλείπω, *aor act ind 3s*, give out, forsake
31 ὀδύνη, pain, grief
32 στεναγμός, sighing, groaning
33 ἀσθενέω, *aor act ind 3s*, grow weak
34 πτωχεία, poverty
35 ἰσχύς, strength
36 ὀστέον, bone
37 ταράσσω, *aor pas ind 3p*, trouble, rattle

12 παρὰ πάντας τοὺς ἐχθρούς μου ἐγενήθην ὄνειδος[1]
καὶ τοῖς γείτοσίν[2] μου σφόδρα[3]
καὶ φόβος τοῖς γνωστοῖς[4] μου,
οἱ θεωροῦντές[5] με ἔξω ἔφυγον[6] ἀπ᾽ ἐμοῦ.
13 ἐπελήσθην[7] ὡσεὶ[8] νεκρὸς[9] ἀπὸ καρδίας,
ἐγενήθην ὡσεὶ σκεῦος[10] ἀπολωλός.[11]
14 ὅτι ἤκουσα ψόγον[12] πολλῶν
παροικούντων[13] κυκλόθεν·[14]
ἐν τῷ ἐπισυναχθῆναι[15] αὐτοὺς ἅμα[16] ἐπ᾽ ἐμὲ
τοῦ λαβεῖν τὴν ψυχήν μου ἐβουλεύσαντο.[17]

15 ἐγὼ δὲ ἐπὶ σὲ ἤλπισα, κύριε·
εἶπα Σὺ εἶ ὁ θεός μου.
16 ἐν ταῖς χερσίν σου οἱ καιροί μου·
ῥῦσαί[18] με ἐκ χειρὸς ἐχθρῶν μου
καὶ ἐκ τῶν καταδιωκόντων[19] με.
17 ἐπίφανον[20] τὸ πρόσωπόν σου ἐπὶ τὸν δοῦλόν σου,
σῶσόν με ἐν τῷ ἐλέει[21] σου.
18 κύριε, μὴ καταισχυνθείην,[22] ὅτι ἐπεκαλεσάμην[23] σε·
αἰσχυνθείησαν[24] οἱ ἀσεβεῖς[25] καὶ καταχθείησαν[26] εἰς ᾅδου.[27]
19 ἄλαλα[28] γενηθήτω τὰ χείλη[29] τὰ δόλια[30]
τὰ λαλοῦντα κατὰ τοῦ δικαίου ἀνομίαν[31]
ἐν ὑπερηφανίᾳ[32] καὶ ἐξουδενώσει.[33]

20 ὡς πολὺ τὸ πλῆθος τῆς χρηστότητός[34] σου, κύριε,
ἧς ἔκρυψας[35] τοῖς φοβουμένοις σε,

1 ὄνειδος, disgrace, object of reproach
2 γείτων, neighbor
3 σφόδρα, very much
4 γνωστός, (acquaintance)
5 θεωρέω, *pres act ptc nom p m*, see, look at
6 φεύγω, *aor act ind 3p*, flee
7 ἐπιλανθάνω, *aor pas ind 1s*, forget
8 ὡσεί, like
9 νεκρός, dead (person)
10 σκεῦος, pot, object
11 ἀπόλλυμι, *perf act ptc nom s n*, break, damage
12 ψόγος, slander, blame
13 παροικέω, *pres act ptc gen p m*, live near
14 κυκλόθεν, all around
15 ἐπισυνάγω, *aor pas inf*, gather together, gang up
16 ἅμα, at once, together
17 βουλεύω, *aor mid ind 3p*, plot, plan
18 ῥύομαι, *aor mid impv 2s*, rescue, save
19 καταδιώκω, *pres act ptc gen p m*, closely pursue, hunt
20 ἐπιφαίνω, *aor act impv 2s*, shine upon
21 ἔλεος, mercy, compassion
22 καταισχύνω, *aor pas opt 1s*, put to shame
23 ἐπικαλέω, *aor mid ind 1s*, call upon
24 αἰσχύνω, *aor pas opt 3p*, disgrace, dishonor
25 ἀσεβής, ungodly
26 κατάγω, *aor pas opt 3p*, bring down
27 ᾅδης, Hades, underworld
28 ἄλαλος, mute
29 χεῖλος, lip, (speech)
30 δόλιος, deceitful, false
31 ἀνομία, lawlessness
32 ὑπερηφανία, pride, arrogance
33 ἐξουδένωσις, scorn, contempt
34 χρηστότης, kindness, generosity
35 κρύπτω, *aor act ind 2s*, hide, conceal

ἐξειργάσω[1] τοῖς ἐλπίζουσιν ἐπὶ σὲ
ἐναντίον[2] τῶν υἱῶν τῶν ἀνθρώπων.
21 κατακρύψεις[3] αὐτοὺς ἐν ἀποκρύφῳ[4] τοῦ προσώπου σου
ἀπὸ ταραχῆς[5] ἀνθρώπων,
σκεπάσεις[6] αὐτοὺς ἐν σκηνῇ[7]
ἀπὸ ἀντιλογίας[8] γλωσσῶν.

22 εὐλογητὸς[9] κύριος,
ὅτι ἐθαυμάστωσεν[10] τὸ ἔλεος[11] αὐτοῦ ἐν πόλει περιοχῆς.[12]
23 ἐγὼ δὲ εἶπα ἐν τῇ ἐκστάσει[13] μου
Ἀπέρριμμαι[14] ἄρα ἀπὸ προσώπου τῶν ὀφθαλμῶν σου.
διὰ τοῦτο εἰσήκουσας[15] τῆς φωνῆς τῆς δεήσεώς[16] μου
ἐν τῷ κεκραγέναι με πρὸς σέ.

24 ἀγαπήσατε τὸν κύριον, πάντες οἱ ὅσιοι[17] αὐτοῦ,
ὅτι ἀληθείας ἐκζητεῖ[18] κύριος
καὶ ἀνταποδίδωσιν[19] τοῖς περισσῶς[20] ποιοῦσιν ὑπερηφανίαν.[21]
25 ἀνδρίζεσθε,[22] καὶ κραταιούσθω[23] ἡ καρδία ὑμῶν,
πάντες οἱ ἐλπίζοντες ἐπὶ κύριον.

31

Τῷ Δαυιδ· συνέσεως.[24]

Μακάριοι[25] ὧν ἀφέθησαν[26] αἱ ἀνομίαι[27]
καὶ ὧν ἐπεκαλύφθησαν[28] αἱ ἁμαρτίαι·
2 μακάριος[29] ἀνήρ, οὗ οὐ μὴ λογίσηται κύριος ἁμαρτίαν,
οὐδὲ ἔστιν ἐν τῷ στόματι αὐτοῦ δόλος.[30]

1 ἐξεργάζομαι, *aor mid ind 2s*, accomplish, work out
2 ἐναντίον, before
3 κατακρύπτω, *fut act ind 2s*, hide
4 ἀπόκρυφος, secret
5 ταραχή, trouble, disturbance
6 σκεπάζω, *fut act ind 2s*, shelter, cover
7 σκηνή, tent
8 ἀντιλογία, (verbal) hostility, contention
9 εὐλογητός, blessed
10 θαυμαστόω, *aor act ind 3s*, magnify
11 ἔλεος, mercy, compassion
12 περιοχή, fortified
13 ἔκστασις, astonishment, terror
14 ἀπορρίπτω, *perf pas ind 1s*, cast away
15 εἰσακούω, *aor act ind 2s*, listen
16 δέησις, request, prayer
17 ὅσιος, holy, pious
18 ἐκζητέω, *pres act ind 3s*, seek out
19 ἀνταποδίδωμι, *pres act ind 3s*, repay
20 περισσῶς, extraordinarily, exceedingly
21 ὑπερηφανία, arrogance, pride
22 ἀνδρίζομαι, *pres mid impv 2p*, be courageous
23 κραταιόω, *pres pas impv 3s*, strengthen
24 σύνεσις, understanding
25 μακάριος, blessed, happy
26 ἀφίημι, *aor pas ind 3p*, forgive
27 ἀνομία, evil, lawlessness
28 ἐπικαλύπτω, *aor pas ind 3p*, cover over
29 μακάριος, blessed, happy
30 δόλος, deceit

3 ὅτι ἐσίγησα,[1] ἐπαλαιώθη[2] τὰ ὀστᾶ[3] μου
ἀπὸ τοῦ κράζειν με ὅλην τὴν ἡμέραν·
4 ὅτι ἡμέρας καὶ νυκτὸς ἐβαρύνθη[4] ἐπ᾽ ἐμὲ ἡ χείρ σου,
ἐστράφην[5] εἰς ταλαιπωρίαν[6] ἐν τῷ ἐμπαγῆναι[7] ἄκανθαν.[8]

διάψαλμα.[9]

5 τὴν ἁμαρτίαν μου ἐγνώρισα[10]
καὶ τὴν ἀνομίαν[11] μου οὐκ ἐκάλυψα·[12]
εἶπα Ἐξαγορεύσω[13] κατ᾽ ἐμοῦ τὴν ἀνομίαν μου τῷ κυρίῳ·
καὶ σὺ ἀφῆκας τὴν ἀσέβειαν[14] τῆς ἁμαρτίας μου.

διάψαλμα.[15]

6 ὑπὲρ ταύτης προσεύξεται πᾶς ὅσιος[16] πρὸς σὲ ἐν καιρῷ εὐθέτῳ·[17]
πλὴν ἐν κατακλυσμῷ[18] ὑδάτων πολλῶν πρὸς αὐτὸν οὐκ ἐγγιοῦσιν.
7 σύ μου εἶ καταφυγὴ[19] ἀπὸ θλίψεως τῆς περιεχούσης[20] με·
τὸ ἀγαλλίαμά[21] μου, λύτρωσαί[22] με ἀπὸ τῶν κυκλωσάντων[23] με.

διάψαλμα.[24]

8 συνετιῶ[25] σε καὶ συμβιβῶ[26] σε ἐν ὁδῷ ταύτῃ, ᾗ πορεύσῃ,
ἐπιστηριῶ[27] ἐπὶ σὲ τοὺς ὀφθαλμούς μου.
9 μὴ γίνεσθε ὡς ἵππος[28] καὶ ἡμίονος,[29] οἷς οὐκ ἔστιν σύνεσις,[30]
ἐν χαλινῷ[31] καὶ κημῷ[32] τὰς σιαγόνας[33] αὐτῶν ἄγξαι[34]
τῶν μὴ ἐγγιζόντων πρὸς σέ.

1 σιγάω, *aor act ind 1s*, keep silent
2 παλαιόω, *aor pas ind 3s*, wear out, become old
3 ὀστέον, bone
4 βαρύνω, *aor pas ind 3s*, be heavy
5 στρέφω, *aor pas ind 1s*, change, swing (emotionally)
6 ταλαιπωρία, misery, distress
7 ἐμπήγνυμι, *aor pas inf*, stick in, fix in
8 ἄκανθα, thorn
9 διάψαλμα, (*musical interlude, renders Heb.* selāh)
10 γνωρίζω, *aor act ind 1s*, make known
11 ἀνομία, evil, lawlessness
12 καλύπτω, *aor act ind 1s*, conceal
13 ἐξαγορεύω, *fut act ind 1s*, confess
14 ἀσέβεια, impiety, ungodliness
15 διάψαλμα, (*musical interlude, renders Heb.* selāh)
16 ὅσιος, holy, devout
17 εὔθετος, appropriate, fitting
18 κατακλυσμός, flood, deluge
19 καταφυγή, refuge
20 περιέχω, *pres act ptc gen s f*, seize, surround
21 ἀγαλλίαμα, rejoicing, enjoyment
22 λυτρόω, *aor mid impv 2s*, redeem
23 κυκλόω, *aor act ptc gen p m*, encircle
24 διάψαλμα, (*musical interlude, renders Heb.* selāh)
25 συνετίζω, *fut act ind 1s*, instruct
26 συμβιβάζω, *fut act ind 1s*, teach
27 ἐπιστηρίζω, *fut act ind 1s*, fix, set, rest
28 ἵππος, horse
29 ἡμίονος, mule
30 σύνεσις, understanding
31 χαλινός, bit, bridle
32 κημός, muzzle
33 σιαγών, jaw
34 ἄγχω, *aor act inf*, restrain

10 πολλαὶ αἱ μάστιγες[1] τοῦ ἁμαρτωλοῦ,
τὸν δὲ ἐλπίζοντα ἐπὶ κύριον ἔλεος[2] κυκλώσει.[3]
11 εὐφράνθητε[4] ἐπὶ κύριον καὶ ἀγαλλιᾶσθε,[5] δίκαιοι,
καὶ καυχᾶσθε,[6] πάντες οἱ εὐθεῖς[7] τῇ καρδίᾳ.

32 Τῷ Δαυιδ.

Ἀγαλλιᾶσθε,[8] δίκαιοι, ἐν τῷ κυρίῳ·
τοῖς εὐθέσι[9] πρέπει[10] αἴνεσις.[11]
2 ἐξομολογεῖσθε[12] τῷ κυρίῳ ἐν κιθάρᾳ,[13]
ἐν ψαλτηρίῳ[14] δεκαχόρδῳ[15] ψάλατε[16] αὐτῷ.
3 ᾄσατε[17] αὐτῷ ᾆσμα[18] καινόν,[19]
καλῶς[20] ψάλατε[21] ἐν ἀλαλαγμῷ.[22]
4 ὅτι εὐθὴς[23] ὁ λόγος τοῦ κυρίου,
καὶ πάντα τὰ ἔργα αὐτοῦ ἐν πίστει·
5 ἀγαπᾷ ἐλεημοσύνην[24] καὶ κρίσιν,
τοῦ ἐλέους[25] κυρίου πλήρης[26] ἡ γῆ.

6 τῷ λόγῳ τοῦ κυρίου οἱ οὐρανοὶ ἐστερεώθησαν[27]
καὶ τῷ πνεύματι τοῦ στόματος αὐτοῦ πᾶσα ἡ δύναμις αὐτῶν·
7 συνάγων ὡς ἀσκὸν[28] ὕδατα θαλάσσης,
τιθεὶς ἐν θησαυροῖς[29] ἀβύσσους.[30]

8 φοβηθήτω τὸν κύριον πᾶσα ἡ γῆ,
ἀπ᾽ αὐτοῦ δὲ σαλευθήτωσαν[31]
πάντες οἱ κατοικοῦντες τὴν οἰκουμένην·[32]

1 μάστιξ, whip, lash
2 ἔλεος, mercy, compassion
3 κυκλόω, *fut act ind 3s*, surround
4 εὐφραίνω, *aor pas impv 2p*, be glad, rejoice
5 ἀγαλλιάω, *pres mid impv 2p*, exult
6 καυχάομαι, *pres mid impv 2p*, boast
7 εὐθύς, upright, straight
8 ἀγαλλιάω, *pres mid impv 2p*, rejoice
9 εὐθύς, upright, (morally) straight
10 πρέπω, *pres act ind 3s*, be fitting, suit
11 αἴνεσις, praise
12 ἐξομολογέομαι, *pres mid impv 2p*, acknowledge
13 κιθάρα, lyre
14 ψαλτήριον, harp
15 δεκάχορδος, ten-stringed
16 ψάλλω, *aor act impv 2p*, play music, sing (with an instrument)
17 ᾄδω, *aor act impv 2p*, sing
18 ᾆσμα, song
19 καινός, new
20 καλῶς, well, skillfully
21 ψάλλω, *aor act impv 2p*, play music, sing (with an instrument)
22 ἀλαλαγμός, loud volume
23 εὐθής, upright, direct
24 ἐλεημοσύνη, charity, compassion
25 ἔλεος, mercy
26 πλήρης, full
27 στερεόω, *aor pas ind 3p*, make firm, establish
28 ἀσκός, bag (for carrying liquid), skin
29 θησαυρός, storehouse, treasury
30 ἄβυσσος, deep (ocean), abyss
31 σαλεύω, *aor pas impv 3p*, shake, move
32 οἰκουμένη, world

9 ὅτι αὐτὸς εἶπεν, καὶ ἐγενήθησαν,
αὐτὸς ἐνετείλατο,[1] καὶ ἐκτίσθησαν.[2]
10 κύριος διασκεδάζει[3] βουλὰς[4] ἐθνῶν,[5]
ἀθετεῖ[6] δὲ λογισμοὺς[7] λαῶν καὶ
ἀθετεῖ βουλὰς ἀρχόντων·
11 ἡ δὲ βουλὴ[8] τοῦ κυρίου εἰς τὸν αἰῶνα μένει,[9]
λογισμοὶ[10] τῆς καρδίας αὐτοῦ εἰς γενεὰν καὶ γενεάν.
12 μακάριον[11] τὸ ἔθνος, οὗ ἐστιν κύριος ὁ θεὸς αὐτοῦ,
λαός, ὃν ἐξελέξατο[12] εἰς κληρονομίαν[13] ἑαυτῷ.

13 ἐξ οὐρανοῦ ἐπέβλεψεν[14] ὁ κύριος,
εἶδεν πάντας τοὺς υἱοὺς τῶν ἀνθρώπων·
14 ἐξ ἑτοίμου[15] κατοικητηρίου[16] αὐτοῦ
ἐπέβλεψεν[17] ἐπὶ πάντας τοὺς κατοικοῦντας τὴν γῆν,
15 ὁ πλάσας[18] κατὰ μόνας τὰς καρδίας αὐτῶν,
ὁ συνιεὶς[19] εἰς πάντα τὰ ἔργα αὐτῶν.
16 οὐ σῴζεται βασιλεὺς διὰ πολλὴν δύναμιν,
καὶ γίγας[20] οὐ σωθήσεται ἐν πλήθει ἰσχύος[21] αὐτοῦ·
17 ψευδὴς[22] ἵππος[23] εἰς σωτηρίαν,
ἐν δὲ πλήθει δυνάμεως αὐτοῦ οὐ σωθήσεται.

18 ἰδοὺ οἱ ὀφθαλμοὶ κυρίου ἐπὶ τοὺς φοβουμένους αὐτὸν
τοὺς ἐλπίζοντας ἐπὶ τὸ ἔλεος[24] αὐτοῦ
19 ῥύσασθαι[25] ἐκ θανάτου τὰς ψυχὰς αὐτῶν
καὶ διαθρέψαι[26] αὐτοὺς ἐν λιμῷ.[27]

20 ἡ ψυχὴ ἡμῶν ὑπομένει[28] τῷ κυρίῳ,
ὅτι βοηθὸς[29] καὶ ὑπερασπιστὴς[30] ἡμῶν ἐστιν·

1 ἐντέλλομαι, *aor mid ind 3s*, command
2 κτίζω, *aor pas ind 3p*, create
3 διασκεδάζω, *pres act ind 3s*, dispense with, scatter
4 βουλή, counsel, purpose
5 ἔθνος, nation
6 ἀθετέω, *pres act ind 3s*, frustrate, nullify
7 λογισμός, deliberation, plan
8 βουλή, counsel, purpose
9 μένω, *pres act ind 3s*, last, remain, endure
10 λογισμός, deliberation, plan
11 μακάριος, blessed, happy
12 ἐκλέγω, *aor mid ind 3s*, choose
13 κληρονομία, inheritance
14 ἐπιβλέπω, *aor act ind 3s*, look out, look down
15 ἕτοιμος, prepared
16 κατοικητήριον, dwelling place, habitation
17 ἐπιβλέπω, *aor act ind 3s*, look out, look down
18 πλάσσω, *aor act ptc nom s m*, form, mold
19 συνίημι, *aor act ptc nom s m*, understand, comprehend
20 γίγας, giant, great one
21 ἰσχύς, strength
22 ψευδής, false, unreliable
23 ἵππος, horse
24 ἔλεος, mercy, compassion
25 ῥύομαι, *aor mid inf*, deliver, save
26 διατρέφω, *aor act inf*, sustain, maintain
27 λιμός, famine
28 ὑπομένω, *pres act ind 3s*, await
29 βοηθός, help
30 ὑπερασπιστής, protector

21 ὅτι ἐν αὐτῷ εὐφρανθήσεται[1] ἡ καρδία ἡμῶν,
καὶ ἐν τῷ ὀνόματι τῷ ἁγίῳ αὐτοῦ ἠλπίσαμεν.
22 γένοιτο[2] τὸ ἔλεός[3] σου, κύριε, ἐφ᾽ ἡμᾶς,
καθάπερ[4] ἠλπίσαμεν ἐπὶ σέ.

33 Τῷ Δαυιδ, ὁπότε[5] ἠλλοίωσεν[6] τὸ πρόσωπον αὐτοῦ ἐναντίον[7] Αβιμελεχ, καὶ
ἀπέλυσεν[8] αὐτόν, καὶ ἀπῆλθεν.

2 Εὐλογήσω τὸν κύριον ἐν παντὶ καιρῷ,
διὰ παντὸς ἡ αἴνεσις[9] αὐτοῦ ἐν τῷ στόματί μου.
3 ἐν τῷ κυρίῳ ἐπαινεσθήσεται[10] ἡ ψυχή μου·
ἀκουσάτωσαν πραεῖς[11] καὶ εὐφρανθήτωσαν.[12]
4 μεγαλύνατε[13] τὸν κύριον σὺν ἐμοί,
καὶ ὑψώσωμεν[14] τὸ ὄνομα αὐτοῦ ἐπὶ τὸ αὐτό.

5 ἐξεζήτησα[15] τὸν κύριον, καὶ ἐπήκουσέν[16] μου
καὶ ἐκ πασῶν τῶν παροικιῶν[17] μου ἐρρύσατό[18] με.
6 προσέλθατε πρὸς αὐτὸν καὶ φωτίσθητε,[19]
καὶ τὰ πρόσωπα ὑμῶν οὐ μὴ καταισχυνθῇ.[20]
7 οὗτος ὁ πτωχὸς ἐκέκραξεν, καὶ ὁ κύριος εἰσήκουσεν[21] αὐτοῦ
καὶ ἐκ πασῶν τῶν θλίψεων αὐτοῦ ἔσωσεν αὐτόν.

8 παρεμβαλεῖ[22] ἄγγελος κυρίου κύκλῳ[23] τῶν φοβουμένων αὐτὸν
καὶ ῥύσεται[24] αὐτούς.
9 γεύσασθε[25] καὶ ἴδετε ὅτι χρηστὸς[26] ὁ κύριος·
μακάριος[27] ἀνήρ, ὃς ἐλπίζει ἐπ᾽ αὐτόν.
10 φοβήθητε τὸν κύριον, οἱ ἅγιοι αὐτοῦ,
ὅτι οὐκ ἔστιν ὑστέρημα[28] τοῖς φοβουμένοις αὐτόν.

1 εὐφραίνω, *fut pas ind 3s*, be glad, rejoice
2 γίνομαι, *aor mid opt 3s*, be
3 ἔλεος, mercy, compassion
4 καθάπερ, just as, even as
5 ὁπότε, when
6 ἀλλοιόω, *aor act ind 3s*, alter, manipulate
7 ἐναντίον, before
8 ἀπολύω, *aor act ind 3s*, go away, depart
9 αἴνεσις, praise
10 ἐπαινέω, *fut pas ind 3s*, praise, commend
11 πραΰς, gentle, meek
12 εὐφραίνω, *aor pas impv 3p*, be glad, rejoice
13 μεγαλύνω, *aor act impv 2p*, extol, magnify
14 ὑψόω, *aor act sub 1p*, exalt, lift up
15 ἐκζητέω, *aor act ind 1s*, seek
16 ἐπακούω, *aor act ind 3s*, hear
17 παροικία, foreign travel
18 ῥύομαι, *aor mid ind 3s*, preserve, deliver
19 φωτίζω, *aor pas impv 2p*, enlighten
20 καταισχύνω, *aor pas sub 3s*, shame, dishonor
21 εἰσακούω, *aor act ind 3s*, listen, hear
22 παρεμβάλλω, *fut act ind 3s*, encamp
23 κύκλῳ, around
24 ῥύομαι, *fut mid ind 3s*, preserve, deliver
25 γεύω, *aor mid impv 2p*, taste
26 χρηστός, good, sweet, tasty
27 μακάριος, blessed, happy
28 ὑστέρημα, deficiency

11 πλούσιοι[1] ἐπτώχευσαν[2] καὶ ἐπείνασαν,[3]
οἱ δὲ ἐκζητοῦντες[4] τὸν κύριον οὐκ ἐλαττωθήσονται[5] παντὸς ἀγαθοῦ.

διάψαλμα.[6]

12 δεῦτε,[7] τέκνα, ἀκούσατέ μου·
φόβον κυρίου διδάξω ὑμᾶς.
13 τίς ἐστιν ἄνθρωπος ὁ θέλων ζωὴν
ἀγαπῶν ἡμέρας ἰδεῖν ἀγαθάς;
14 παῦσον[8] τὴν γλῶσσάν σου ἀπὸ κακοῦ
καὶ χείλη[9] σου τοῦ μὴ λαλῆσαι δόλον.[10]

15 ἔκκλινον[11] ἀπὸ κακοῦ καὶ ποίησον ἀγαθόν,
ζήτησον εἰρήνην καὶ δίωξον αὐτήν.
16 ὀφθαλμοὶ κυρίου ἐπὶ δικαίους,
καὶ ὦτα αὐτοῦ εἰς δέησιν[12] αὐτῶν.
17 πρόσωπον δὲ κυρίου ἐπὶ ποιοῦντας κακὰ
τοῦ ἐξολεθρεῦσαι[13] ἐκ γῆς τὸ μνημόσυνον[14] αὐτῶν.
18 ἐκέκραξαν οἱ δίκαιοι, καὶ ὁ κύριος εἰσήκουσεν[15] αὐτῶν
καὶ ἐκ πασῶν τῶν θλίψεων αὐτῶν ἐρρύσατο[16] αὐτούς.
19 ἐγγὺς[17] κύριος τοῖς συντετριμμένοις[18] τὴν καρδίαν
καὶ τοὺς ταπεινοὺς[19] τῷ πνεύματι σώσει.

20 πολλαὶ αἱ θλίψεις τῶν δικαίων,
καὶ ἐκ πασῶν αὐτῶν ῥύσεται[20] αὐτούς.
21 κύριος φυλάσσει πάντα τὰ ὀστᾶ[21] αὐτῶν,
ἓν ἐξ αὐτῶν οὐ συντριβήσεται.[22]
22 θάνατος ἁμαρτωλῶν πονηρός,
καὶ οἱ μισοῦντες τὸν δίκαιον πλημμελήσουσιν.[23]
23 λυτρώσεται[24] κύριος ψυχὰς δούλων αὐτοῦ,
καὶ οὐ μὴ πλημμελήσωσιν[25] πάντες οἱ ἐλπίζοντες ἐπ᾽ αὐτόν.

1 πλούσιος, rich
2 πτωχεύω, *aor act ind 3p*, become poor
3 πεινάω, *aor act ind 3p*, be hungry
4 ἐκζητέω, *pres act ptc nom p m*, seek
5 ἐλαττόω, *fut pas ind 3p*, decrease, deplete
6 διάψαλμα, (*musical interlude, renders Heb.* selāh)
7 δεῦτε, come!
8 παύω, *aor act impv 2s*, stop, cease
9 χεῖλος, lip
10 δόλος, deceit
11 ἐκκλίνω, *aor act impv 2s*, turn away
12 δέησις, request, prayer
13 ἐξολεθρεύω, *aor act inf*, utterly destroy
14 μνημόσυνον, memory, remembrance
15 εἰσακούω, *aor act ind 3s*, listen, hear
16 ῥύομαι, *aor mid ind 3s*, deliver, save
17 ἐγγύς, near
18 συντρίβω, *perf pas ptc dat p m*, break, crush
19 ταπεινός, humble, lowly
20 ῥύομαι, *fut mid ind 3s*, deliver, save
21 ὀστέον, bone
22 συντρίβω, *fut pas ind 3s*, break, crush
23 πλημμελέω, *fut act ind 3p*, commit sin
24 λυτρόω, *fut mid ind 3s*, redeem
25 πλημμελέω, *aor act sub 3p*, commit sin

34 Τῷ Δαυιδ.

Δίκασον,[1] κύριε, τοὺς ἀδικοῦντάς[2] με,
πολέμησον τοὺς πολεμοῦντάς με.
2 ἐπιλαβοῦ[3] ὅπλου[4] καὶ θυρεοῦ[5]
καὶ ἀνάστηθι εἰς βοήθειάν[6] μου,
3 ἔκχεον[7] ῥομφαίαν[8]
καὶ σύγκλεισον[9] ἐξ ἐναντίας[10] τῶν καταδιωκόντων[11] με·
εἰπὸν τῇ ψυχῇ μου
Σωτηρία σου ἐγώ εἰμι.

4 αἰσχυνθήτωσαν[12] καὶ ἐντραπήτωσαν[13]
οἱ ζητοῦντες τὴν ψυχήν μου,
ἀποστραφήτωσαν[14] εἰς τὰ ὀπίσω καὶ καταισχυνθήτωσαν[15]
οἱ λογιζόμενοί μοι κακά.

5 γενηθήτωσαν ὡσεὶ[16] χνοῦς[17] κατὰ πρόσωπον ἀνέμου,[18]
καὶ ἄγγελος κυρίου ἐκθλίβων[19] αὐτούς·
6 γενηθήτω ἡ ὁδὸς αὐτῶν σκότος καὶ ὀλίσθημα,[20]
καὶ ἄγγελος κυρίου καταδιώκων[21] αὐτούς·
7 ὅτι δωρεὰν[22] ἔκρυψάν[23] μοι διαφθορὰν[24] παγίδος[25] αὐτῶν,
μάτην[26] ὠνείδισαν[27] τὴν ψυχήν μου.
8 ἐλθέτω αὐτοῖς παγίς,[28] ἣν οὐ γινώσκουσιν,
καὶ ἡ θήρα,[29] ἣν ἔκρυψαν,[30] συλλαβέτω[31] αὐτούς,
καὶ ἐν τῇ παγίδι πεσοῦνται ἐν αὐτῇ.

1 δικάζω, *aor act impv 2s*, condemn, judge
2 ἀδικέω, *pres act ptc acc p m*, do wrong, injure
3 ἐπιλαμβάνω, *aor mid impv 2s*, take up, take hold of
4 ὅπλον, weapon
5 θυρεός, shield
6 βοήθεια, help, reinforcement
7 ἐκχέω, *aor act impv 2s*, bring out
8 ῥομφαία, sword
9 συγκλείω, *aor act impv 2s*, block off, stop
10 ἐναντίος, opposite, against
11 καταδιώκω, *pres act ptc gen p m*, pursue closely
12 αἰσχύνω, *aor pas impv 3p*, disgrace, dishonor
13 ἐντρέπω, *aor pas impv 3p*, put to shame
14 ἀποστρέφω, *aor pas impv 3p*, turn back, turn away
15 καταισχύνω, *aor pas impv 3p*, put to shame
16 ὡσεί, like
17 χνοῦς, dust
18 ἄνεμος, wind
19 ἐκθλίβω, *pres act ptc nom s m*, drive, force onward
20 ὀλίσθημα, (slipping, stumbling)
21 καταδιώκω, *pres act ptc nom s m*, pursue closely
22 δωρεάν, without cause
23 κρύπτω, *aor act ind 3p*, hide, conceal
24 διαφθορά, destruction
25 παγίς, trap
26 μάτην, in vain, needlessly
27 ὀνειδίζω, *aor act ind 3p*, revile, reproach
28 παγίς, trap
29 θήρα, net, snare
30 κρύπτω, *aor act ind 3p*, hide, conceal
31 συλλαμβάνω, *aor act impv 3s*, catch, take hold of

9 ἡ δὲ ψυχή μου ἀγαλλιάσεται[1] ἐπὶ τῷ κυρίῳ,
τερφθήσεται[2] ἐπὶ τῷ σωτηρίῳ[3] αὐτοῦ·
10 πάντα τὰ ὀστᾶ[4] μου ἐροῦσιν Κύριε, τίς ὅμοιός[5] σοι;
ῥυόμενος[6] πτωχὸν ἐκ χειρὸς στερεωτέρων[7] αὐτοῦ
καὶ πτωχὸν καὶ πένητα[8] ἀπὸ τῶν διαρπαζόντων[9] αὐτόν.

11 ἀναστάντες μάρτυρες[10] ἄδικοι[11]
ἃ οὐκ ἐγίνωσκον ἠρώτων[12] με·
12 ἀνταπεδίδοσάν[13] μοι πονηρὰ ἀντὶ[14] καλῶν
καὶ ἀτεκνίαν[15] τῇ ψυχῇ μου.
13 ἐγὼ δὲ ἐν τῷ αὐτοὺς παρενοχλεῖν[16] μοι ἐνεδυόμην[17] σάκκον[18]
καὶ ἐταπείνουν[19] ἐν νηστείᾳ[20] τὴν ψυχήν μου,
καὶ ἡ προσευχή μου εἰς κόλπον[21] μου ἀποστραφήσεται.[22]
14 ὡς πλησίον,[23] ὡς ἀδελφὸν ἡμέτερον,[24]
οὕτως εὐηρέστουν·[25]
ὡς πενθῶν[26] καὶ σκυθρωπάζων,[27]
οὕτως ἐταπεινούμην.[28]

15 καὶ κατ᾽ ἐμοῦ ηὐφράνθησαν[29] καὶ συνήχθησαν,
συνήχθησαν ἐπ᾽ ἐμὲ μάστιγες,[30] καὶ οὐκ ἔγνων,
διεσχίσθησαν[31] καὶ οὐ κατενύγησαν.[32]
16 ἐπείρασάν[33] με, ἐξεμυκτήρισάν[34] με μυκτηρισμόν,[35]
ἔβρυξαν[36] ἐπ᾽ ἐμὲ τοὺς ὀδόντας[37] αὐτῶν.

1 ἀγαλλιάω, *fut mid ind 3s*, rejoice
2 τέρπω, *fut pas ind 3s*, delight
3 σωτήριον, deliverance, salvation
4 ὀστέον, bone
5 ὅμοιος, like
6 ῥύομαι, *pres mid ptc nom s m*, rescue, deliver
7 στερεός, *comp*, stronger, mightier
8 πένης, needy
9 διαρπάζω, *pres act ptc gen p m*, plunder
10 μάρτυς, witness
11 ἄδικος, unrighteous, unjust
12 ἐρωτάω, *impf act ind 3p*, ask, question
13 ἀνταποδίδωμι, *impf act ind 3p*, repay
14 ἀντί, in exchange for
15 ἀτεκνία, barrenness
16 παρενοχλέω, *pres act inf*, trouble
17 ἐνδύω, *impf mid ind 1s*, put on
18 σάκκος, sackcloth, *Heb. LW*
19 ταπεινόω, *impf act ind 1s*, humble, bring low
20 νηστεία, fasting
21 κόλπος, bosom, lap
22 ἀποστρέφω, *fut pas ind 3s*, return, turn around
23 πλησίον, companion, neighbor
24 ἡμέτερος, our
25 εὐαρεστέω, *impf act ind 1s*, please, be agreeable
26 πενθέω, *pres act ptc nom s m*, mourn
27 σκυθρωπάζω, *pres act ptc nom s m*, be sad
28 ταπεινόω, *impf mid ind 1s*, humble, bring low
29 εὐφραίνω, *aor pas ind 3p*, rejoice
30 μάστιξ, whip, scourge
31 διασχίζω, *aor pas ind 3p*, separate, scatter
32 κατανύσσω, *aor pas ind 3p*, be pained, be distressed
33 πειράζω, *aor act ind 3p*, test, tempt
34 ἐκμυκτηρίζω, *aor act ind 3p*, mock, deride
35 μυκτηρισμός, scorn, mocking
36 βρύχω, *aor act ind 3p*, gnash
37 ὀδούς, tooth

17 κύριε, πότε[1] ἐπόψῃ;[2]
ἀποκατάστησον[3] τὴν ψυχήν μου ἀπὸ τῆς κακουργίας[4] αὐτῶν,
ἀπὸ λεόντων[5] τὴν μονογενῆ[6] μου.
18 ἐξομολογήσομαί[7] σοι, κύριε, ἐν ἐκκλησίᾳ πολλῇ,
ἐν λαῷ βαρεῖ[8] αἰνέσω[9] σε.

19 μὴ ἐπιχαρείησάν[10] μοι οἱ ἐχθραίνοντές[11] μοι ἀδίκως,[12]
οἱ μισοῦντές με δωρεὰν[13] καὶ διανεύοντες[14] ὀφθαλμοῖς.
20 ὅτι ἐμοὶ μὲν εἰρηνικὰ[15] ἐλάλουν
καὶ ἐπ᾽ ὀργὴν δόλους[16] διελογίζοντο[17]
21 καὶ ἐπλάτυναν[18] ἐπ᾽ ἐμὲ τὸ στόμα αὐτῶν,
εἶπαν Εὖγε[19] εὖγε, εἶδαν οἱ ὀφθαλμοὶ ἡμῶν.

22 εἶδες, κύριε, μὴ παρασιωπήσῃς,[20]
κύριε, μὴ ἀποστῇς[21] ἀπ᾽ ἐμοῦ·
23 ἐξεγέρθητι,[22] κύριε, καὶ πρόσχες[23] τῇ κρίσει μου,
ὁ θεός μου καὶ ὁ κύριός μου, εἰς τὴν δίκην[24] μου.
24 κρῖνόν με κατὰ τὴν δικαιοσύνην σου, κύριε ὁ θεός μου,
καὶ μὴ ἐπιχαρείησάν[25] μοι·
25 μὴ εἴπαισαν[26] ἐν καρδίαις αὐτῶν
Εὖγε[27] εὖγε τῇ ψυχῇ ἡμῶν·
μηδὲ εἴπαισαν
Κατεπίομεν[28] αὐτόν.

26 αἰσχυνθείησαν[29] καὶ ἐντραπείησαν[30] ἅμα[31]
οἱ ἐπιχαίροντες[32] τοῖς κακοῖς μου,

1 πότε, when
2 ἐφοράω, *fut mid ind 2s*, take notice
3 ἀποκαθίστημι, *aor act impv 2s*, restore
4 κακουργία, treachery
5 λέων, lion
6 μονογενής, sole child, one and only (life)
7 ἐξομολογέομαι, *fut mid ind 1s*, acknowledge, confess
8 βαρύς, dense, populous
9 αἰνέω, *aor act sub 1s*, praise
10 ἐπιχαίρω, *aor pas opt 3p*, rejoice
11 ἐχθραίνω, *pres act ptc nom p m*, be at enmity
12 ἀδίκως, unjustly, wrongly
13 δωρεάν, without cause
14 διανεύω, *pres act ptc nom p m*, wink
15 εἰρηνικός, peacefully
16 δόλος, deceit
17 διαλογίζομαι, *impf mid ind 3p*, devise, consider
18 πλατύνω, *aor act ind 3p*, open wide
19 εὖγε, well done
20 παρασιωπάω, *aor act sub 2s*, pass over silently
21 ἀφίστημι, *aor act sub 2s*, draw away
22 ἐξεγείρω, *aor pas impv 2s*, awake, stir up
23 προσέχω, *aor act impv 2s*, pay attention
24 δίκη, just cause
25 ἐπιχαίρω, *aor pas opt 3p*, rejoice
26 λέγω, *aor act opt 3p*, say
27 εὖγε, well done
28 καταπίνω, *aor act ind 1p*, swallow up
29 αἰσχύνω, *aor pas opt 3p*, dishonor
30 ἐντρέπω, *aor pas opt 3p*, put to shame
31 ἅμα, together, at once
32 ἐπιχαίρω, *pres act ptc nom p m*, rejoice

ἐνδυσάσθωσαν[1] αἰσχύνην[2] καὶ ἐντροπὴν[3]
οἱ μεγαλορρημονοῦντες[4] ἐπ᾽ ἐμέ.

27 ἀγαλλιάσαιντο[5] καὶ εὐφρανθείησαν[6]
οἱ θέλοντες τὴν δικαιοσύνην μου
καὶ εἰπάτωσαν διὰ παντός Μεγαλυνθήτω[7] ὁ κύριος,
οἱ θέλοντες τὴν εἰρήνην τοῦ δούλου αὐτοῦ.
28 καὶ ἡ γλῶσσά μου μελετήσει[8] τὴν δικαιοσύνην σου,
ὅλην τὴν ἡμέραν τὸν ἔπαινόν[9] σου.

35 Εἰς τὸ τέλος· τῷ δούλῳ κυρίου τῷ Δαυιδ.

2 Φησὶν[10] ὁ παράνομος[11] τοῦ ἁμαρτάνειν ἐν ἑαυτῷ,
οὐκ ἔστιν φόβος θεοῦ ἀπέναντι[12] τῶν ὀφθαλμῶν αὐτοῦ·
3 ὅτι ἐδόλωσεν[13] ἐνώπιον αὐτοῦ
τοῦ εὑρεῖν τὴν ἀνομίαν[14] αὐτοῦ καὶ μισῆσαι.
4 τὰ ῥήματα τοῦ στόματος αὐτοῦ ἀνομία[15] καὶ δόλος,[16]
οὐκ ἐβουλήθη συνιέναι[17] τοῦ ἀγαθῦναι·[18]

5 ἀνομίαν[19] διελογίσατο[20] ἐπὶ τῆς κοίτης[21] αὐτοῦ,
παρέστη[22] πάσῃ ὁδῷ οὐκ ἀγαθῇ,
τῇ δὲ κακίᾳ[23] οὐ προσώχθισεν.[24]
6 κύριε, ἐν τῷ οὐρανῷ τὸ ἔλεός[25] σου,
καὶ ἡ ἀλήθειά σου ἕως τῶν νεφελῶν·[26]
7 ἡ δικαιοσύνη σου ὡσεὶ[27] ὄρη θεοῦ,
τὰ κρίματά[28] σου ἄβυσσος[29] πολλή·
ἀνθρώπους καὶ κτήνη[30] σώσεις, κύριε.

1 ἐνδύω, *aor mid impv 3p*, put on, clothe in
2 αἰσχύνη, shame, disgrace
3 ἐντροπή, humiliation
4 μεγαλορρημονέω, *pres act ptc nom p m*, boast
5 ἀγαλλιάω, *aor mid opt 3p*, exult
6 εὐφραίνω, *aor pas opt 3p*, be glad, rejoice
7 μεγαλύνω, *aor pas impv 3s*, magnify, make great
8 μελετάω, *fut act ind 3s*, meditate on
9 ἔπαινος, praise
10 φημί, *pres act ind 3s*, say
11 παράνομος, lawless (one), wicked (one)
12 ἀπέναντι, before
13 δολόω, *aor act ind 3s*, act deceitfully, beguile
14 ἀνομία, transgression, lawlessness
15 ἀνομία, transgression, lawlessness
16 δόλος, deceit
17 συνίημι, *pres act inf*, comprehend, understand
18 ἀγαθύνω, *aor act inf*, do good
19 ἀνομία, transgression, lawlessness
20 διαλογίζομαι, *aor mid ind 3s*, contrive, plot
21 κοίτη, bed
22 παρίστημι, *aor act ind 3s*, be present, represent
23 κακία, wickedness
24 προσοχθίζω, *aor act ind 3s*, be offended
25 ἔλεος, mercy, compassion
26 νεφέλη, cloud
27 ὡσεί, like
28 κρίμα, judgment, decree
29 ἄβυσσος, deep, abyss
30 κτῆνος, animal

8 ὡς ἐπλήθυνας[1] τὸ ἔλεός[2] σου, ὁ θεός·
οἱ δὲ υἱοὶ τῶν ἀνθρώπων ἐν σκέπῃ[3] τῶν πτερύγων[4] σου ἐλπιοῦσιν.
9 μεθυσθήσονται[5] ἀπὸ πιότητος[6] τοῦ οἴκου σου,
καὶ τὸν χειμάρρουν[7] τῆς τρυφῆς[8] σου ποτιεῖς[9] αὐτούς·
10 ὅτι παρὰ σοὶ πηγὴ[10] ζωῆς,
ἐν τῷ φωτί σου ὀψόμεθα φῶς.

11 παράτεινον[11] τὸ ἔλεός[12] σου τοῖς γινώσκουσίν σε
καὶ τὴν δικαιοσύνην σου τοῖς εὐθέσι[13] τῇ καρδίᾳ.
12 μὴ ἐλθέτω μοι ποὺς[14] ὑπερηφανίας,[15]
καὶ χεὶρ ἁμαρτωλῶν μὴ σαλεύσαι[16] με.
13 ἐκεῖ ἔπεσον οἱ ἐργαζόμενοι τὴν ἀνομίαν,[17]
ἐξώσθησαν[18] καὶ οὐ μὴ δύνωνται στῆναι.

36 Τοῦ Δαυιδ.

Μὴ παραζήλου[19] ἐν πονηρευομένοις[20]
μηδὲ ζήλου[21] τοὺς ποιοῦντας τὴν ἀνομίαν·[22]
2 ὅτι ὡσεὶ[23] χόρτος[24] ταχὺ[25] ἀποξηρανθήσονται[26]
καὶ ὡσεὶ λάχανα[27] χλόης[28] ταχὺ ἀποπεσοῦνται.[29]

3 ἔλπισον ἐπὶ κύριον καὶ ποίει χρηστότητα[30]
καὶ κατασκήνου[31] τὴν γῆν, καὶ ποιμανθήσῃ[32] ἐπὶ τῷ πλούτῳ[33] αὐτῆς·
4 κατατρύφησον[34] τοῦ κυρίου,
καὶ δώσει σοι τὰ αἰτήματα[35] τῆς καρδίας σου.

1 πληθύνω, *aor act ind 2s*, multiply, increase
2 ἔλεος, mercy, compassion
3 σκέπη, shelter
4 πτέρυξ, wing
5 μεθύσκω, *fut pas ind 3p*, become drunk, be saturated
6 πιότης, abundance
7 χείμαρρος, brook
8 τρυφή, delight, indulgence
9 ποτίζω, *fut act ind 2s*, give to drink
10 πηγή, spring, fountain
11 παρατείνω, *aor act impv 2s*, extend, prolong
12 ἔλεος, mercy, compassion
13 εὐθύς, straight, upright
14 πούς, foot(step)
15 ὑπερηφανία, pride, arrogance
16 σαλεύω, *aor act opt 3s*, shake, rock
17 ἀνομία, transgression, lawlessness
18 ἐξῶσαν, *aor pas ind 3p*, push out, eject
19 παραζηλόω, *pres act impv 2s*, incite jealousy
20 πονηρεύομαι, *pres mid ptc dat p m*, act wickedly
21 ζηλόω, *pres act impv 2s*, be jealous of, envy
22 ἀνομία, lawlessness, wickedness
23 ὡσεί, like
24 χόρτος, grass
25 ταχύς, quickly
26 ἀποξηραίνω, *fut pas ind 3p*, dry up
27 λάχανον, herb
28 χλόη, green, tender
29 ἀποπίπτω, *fut mid ind 3p*, fall down, wilt
30 χρηστότης, goodness, uprightness
31 κατασκηνόω, *pres act impv 2s*, settle, dwell in
32 ποιμαίνω, *fut pas ind 2s*, nurture, tend
33 πλοῦτος, abundance
34 κατατρυφάω, *aor act impv 2s*, take delight in
35 αἴτημα, request

5 ἀποκάλυψον[1] πρὸς κύριον τὴν ὁδόν σου
καὶ ἔλπισον ἐπ᾽ αὐτόν, καὶ αὐτὸς ποιήσει
6 καὶ ἐξοίσει[2] ὡς φῶς τὴν δικαιοσύνην σου
καὶ τὸ κρίμα[3] σου ὡς μεσημβρίαν.[4]

7 ὑποτάγηθι[5] τῷ κυρίῳ καὶ ἱκέτευσον[6] αὐτόν·
μὴ παραζήλου[7] ἐν τῷ κατευοδουμένῳ[8] ἐν τῇ ὁδῷ αὐτοῦ,
ἐν ἀνθρώπῳ ποιοῦντι παρανομίας.[9]

8 παῦσαι[10] ἀπὸ ὀργῆς καὶ ἐγκατάλιπε[11] θυμόν,[12]
μὴ παραζήλου[13] ὥστε πονηρεύεσθαι·[14]
9 ὅτι οἱ πονηρευόμενοι[15] ἐξολεθρευθήσονται,[16]
οἱ δὲ ὑπομένοντες[17] τὸν κύριον αὐτοὶ κληρονομήσουσιν[18] γῆν.

10 καὶ ἔτι ὀλίγον[19] καὶ οὐ μὴ ὑπάρξῃ[20] ὁ ἁμαρτωλός,
καὶ ζητήσεις τὸν τόπον αὐτοῦ καὶ οὐ μὴ εὕρῃς·
11 οἱ δὲ πραεῖς[21] κληρονομήσουσιν[22] γῆν
καὶ κατατρυφήσουσιν[23] ἐπὶ πλήθει εἰρήνης.

12 παρατηρήσεται[24] ὁ ἁμαρτωλὸς τὸν δίκαιον
καὶ βρύξει[25] ἐπ᾽ αὐτὸν τοὺς ὀδόντας[26] αὐτοῦ·
13 ὁ δὲ κύριος ἐκγελάσεται[27] αὐτόν,
ὅτι προβλέπει[28] ὅτι ἥξει[29] ἡ ἡμέρα αὐτοῦ.

14 ῥομφαίαν[30] ἐσπάσαντο[31] οἱ ἁμαρτωλοί,
ἐνέτειναν[32] τόξον[33] αὐτῶν

1 ἀποκαλύπτω, *aor act impv 2s*, make known, reveal
2 ἐκφέρω, *fut act ind 3s*, carry out, bring forth
3 κρίμα, judgment, ruling
4 μεσημβρία, midday, noon
5 ὑποτάσσω, *aor pas impv 2s*, be subject, submit
6 ἱκετεύω, *aor act impv 2s*, beseech
7 παραζηλόω, *pres act impv 2s*, invite jealousy
8 κατευοδόω, *pres pas ptc dat s m*, prosper
9 παρανομία, lawlessness, iniquity
10 παύω, *aor mid impv 2s*, cease, refrain
11 ἐγκαταλείπω, *aor act impv 2s*, forsake, abandon
12 θυμός, fury, wrath
13 παραζηλόω, *pres act impv 2s*, incite jealousy
14 πονηρεύομαι, *pres mid inf*, act wickedly
15 πονηρεύομαι, *pres mid ptc nom p m*, act wickedly
16 ἐξολεθρεύω, *fut pas ind 3p*, utterly destroy
17 ὑπομένω, *pres act ptc nom p m*, wait for
18 κληρονομέω, *fut act ind 3p*, inherit
19 ὀλίγος, short (time), little (bit)
20 ὑπάρχω, *aor act sub 3s*, exist, be present
21 πραΰς, gentle, meek
22 κληρονομέω, *fut act ind 3p*, inherit
23 κατατρυφάω, *fut act ind 3p*, take delight in
24 παρατηρέω, *fut mid ind 3s*, watch closely, examine
25 βρύχω, *fut act ind 3s*, gnash
26 ὀδούς, teeth
27 ἐκγελάω, *fut mid ind 3s*, laugh at
28 προβλέπω, *pres act ind 3s*, foresee
29 ἥκω, *fut act ind 3s*, come
30 ῥομφαία, sword
31 σπάω, *aor mid ind 3p*, draw
32 ἐντείνω, *aor act ind 3p*, bend
33 τόξον, bow

τοῦ καταβαλεῖν[1] πτωχὸν καὶ πένητα,[2]
τοῦ σφάξαι[3] τοὺς εὐθεῖς[4] τῇ καρδίᾳ·
15 ἡ ῥομφαία[5] αὐτῶν εἰσέλθοι[6] εἰς τὴν καρδίαν αὐτῶν,
καὶ τὰ τόξα[7] αὐτῶν συντριβείησαν.[8]

16 κρεῖσσον[9] ὀλίγον[10] τῷ δικαίῳ
ὑπὲρ πλοῦτον[11] ἁμαρτωλῶν πολύν·
17 ὅτι βραχίονες[12] ἁμαρτωλῶν συντριβήσονται,[13]
ὑποστηρίζει[14] δὲ τοὺς δικαίους κύριος.

18 γινώσκει κύριος τὰς ὁδοὺς τῶν ἀμώμων,[15]
καὶ ἡ κληρονομία[16] αὐτῶν εἰς τὸν αἰῶνα ἔσται·
19 οὐ καταισχυνθήσονται[17] ἐν καιρῷ πονηρῷ
καὶ ἐν ἡμέραις λιμοῦ[18] χορτασθήσονται.[19]
20 ὅτι οἱ ἁμαρτωλοὶ ἀπολοῦνται,
οἱ δὲ ἐχθροὶ τοῦ κυρίου ἅμα[20] τῷ δοξασθῆναι αὐτοὺς καὶ ὑψωθῆναι[21]
ἐκλιπόντες[22] ὡσεὶ[23] καπνὸς[24] ἐξέλιπον.[25]

21 δανείζεται[26] ὁ ἁμαρτωλὸς καὶ οὐκ ἀποτείσει,[27]
ὁ δὲ δίκαιος οἰκτίρει[28] καὶ διδοῖ·
22 ὅτι οἱ εὐλογοῦντες αὐτὸν κληρονομήσουσι[29] γῆν,
οἱ δὲ καταρώμενοι[30] αὐτὸν ἐξολεθρευθήσονται.[31]

23 παρὰ κυρίου τὰ διαβήματα[32] ἀνθρώπου κατευθύνεται,[33]
καὶ τὴν ὁδὸν αὐτοῦ θελήσει·

1 καταβάλλω, *aor act inf*, strike down
2 πένης, needy
3 σφάζω, *aor act inf*, slay
4 εὐθύς, upright, straight
5 ῥομφαία, sword
6 εἰσέρχομαι, *aor act opt 3s*, (pierce), enter
7 τόξον, bow
8 συντρίβω, *aor pas opt 3p*, break
9 κρείσσων (ττ), *comp of* ἀγαθός, better
10 ὀλίγος, little
11 πλοῦτος, wealth, riches
12 βραχίων, arm
13 συντρίβω, *fut pas ind 3p*, break
14 ὑποστηρίζω, *pres act ind 3s*, support, reinforce
15 ἄμωμος, blameless
16 κληρονομία, inheritance
17 καταισχύνω, *fut pas ind 3p*, put to shame
18 λιμός, famine
19 χορτάζω, *fut pas ind 3p*, feed
20 ἅμα, at the moment, at once
21 ὑψόω, *aor pas inf*, lift high, exalt
22 ἐκλείπω, *aor act ptc nom p m*, vanish, dissipate
23 ὡσεί, like
24 καπνός, smoke
25 ἐκλείπω, *aor act ind 3p*, vanish, dissipate
26 δανείζω, *pres mid ind 3s*, borrow
27 ἀποτίνω, *fut act ind 3s*, repay
28 οἰκτίρω, *pres act ind 3s*, have pity, have compassion
29 κληρονομέω, *fut act ind 3p*, inherit
30 καταράομαι, *pres mid ptc nom p m*, curse
31 ἐξολεθρεύω, *fut pas ind 3p*, utterly destroy
32 διάβημα, step, track
33 κατευθύνω, *pres pas ind 3s*, keep straight

24 ὅταν πέσῃ, οὐ καταραχθήσεται,[1]
ὅτι κύριος ἀντιστηρίζει[2] χεῖρα αὐτοῦ.

25 νεώτερος[3] ἐγενόμην καὶ γὰρ ἐγήρασα[4]
καὶ οὐκ εἶδον δίκαιον ἐγκαταλελειμμένον[5]
οὐδὲ τὸ σπέρμα αὐτοῦ ζητοῦν ἄρτους·
26 ὅλην τὴν ἡμέραν ἐλεᾷ[6] καὶ δανείζει,[7]
καὶ τὸ σπέρμα αὐτοῦ εἰς εὐλογίαν[8] ἔσται.

27 ἔκκλινον[9] ἀπὸ κακοῦ καὶ ποίησον ἀγαθὸν
καὶ κατασκήνου[10] εἰς αἰῶνα αἰῶνος·
28 ὅτι κύριος ἀγαπᾷ κρίσιν
καὶ οὐκ ἐγκαταλείψει[11] τοὺς ὁσίους[12] αὐτοῦ,
εἰς τὸν αἰῶνα φυλαχθήσονται.

ἄνομοι[13] δὲ ἐκδιωχθήσονται,[14]
καὶ σπέρμα ἀσεβῶν[15] ἐξολεθρευθήσεται·[16]
29 δίκαιοι δὲ κληρονομήσουσι[17] γῆν
καὶ κατασκηνώσουσιν[18] εἰς αἰῶνα αἰῶνος ἐπ᾽ αὐτῆς.

30 στόμα δικαίου μελετήσει[19] σοφίαν,
καὶ ἡ γλῶσσα αὐτοῦ λαλήσει κρίσιν·
31 ὁ νόμος τοῦ θεοῦ αὐτοῦ ἐν καρδίᾳ αὐτοῦ,
καὶ οὐχ ὑποσκελισθήσεται[20] τὰ διαβήματα[21] αὐτοῦ.

32 κατανοεῖ[22] ὁ ἁμαρτωλὸς τὸν δίκαιον
καὶ ζητεῖ τοῦ θανατῶσαι[23] αὐτόν,
33 ὁ δὲ κύριος οὐ μὴ ἐγκαταλίπῃ[24] αὐτὸν εἰς τὰς χεῖρας αὐτοῦ
οὐδὲ μὴ καταδικάσηται[25] αὐτόν, ὅταν κρίνηται αὐτῷ.

1 καταράσσω, *fut pas ind 3s*, break in pieces, ruin
2 ἀντιστηρίζω, *pres act ind 3s*, support, make steady
3 νέος, *comp*, younger
4 γηράσκω, *aor act ind 1s*, grow old
5 ἐγκαταλείπω, *perf pas ptc acc s m*, forsake, abandon
6 ἐλεάω, *pres act ind 3s*, have mercy
7 δανείζω, *pres act ind 3s*, lend, loan
8 εὐλογία, blessing
9 ἐκκλίνω, *aor act impv 2s*, turn away
10 κατασκηνόω, *pres act impv 2s*, settle, dwell
11 ἐγκαταλείπω, *fut act ind 3s*, forsake, abandon
12 ὅσιος, holy
13 ἄνομος, lawless, wicked
14 ἐκδιώκω, *fut pas ind 3p*, drive off, chase away
15 ἀσεβής, ungodly
16 ἐξολεθρεύω, *fut pas ind 3s*, utterly destroy
17 κληρονομέω, *fut act ind 3p*, inherit
18 κατασκηνόω, *fut act ind 3p*, settle, dwell
19 μελετάω, *fut act ind 3s*, cultivate, practice
20 ὑποσκελίζω, *fut pas ind 3s*, trip up
21 διάβημα, (foot)step
22 κατανοέω, *pres act ind 3s*, notice
23 θανατόω, *aor act inf*, put to death, kill
24 ἐγκαταλείπω, *aor act sub 3s*, forsake, abandon
25 καταδικάζω, *aor mid sub 3s*, condemn

34 ὑπόμεινον[1] τὸν κύριον καὶ φύλαξον τὴν ὁδὸν αὐτοῦ,
καὶ ὑψώσει[2] σε τοῦ κατακληρονομῆσαι[3] γῆν·
ἐν τῷ ἐξολεθρεύεσθαι[4] ἁμαρτωλοὺς ὄψῃ.

35 εἶδον ἀσεβῆ[5] ὑπερυψούμενον[6]
καὶ ἐπαιρόμενον[7] ὡς τὰς κέδρους[8] τοῦ Λιβάνου·
36 καὶ παρῆλθον,[9] καὶ ἰδοὺ οὐκ ἦν,
καὶ ἐζήτησα αὐτόν, καὶ οὐχ εὑρέθη ὁ τόπος αὐτοῦ.

37 φύλασσε ἀκακίαν[10] καὶ ἰδὲ εὐθύτητα,[11]
ὅτι ἔστιν ἐγκατάλειμμα[12] ἀνθρώπῳ εἰρηνικῷ·[13]
38 οἱ δὲ παράνομοι[14] ἐξολεθρευθήσονται[15] ἐπὶ τὸ αὐτό,
τὰ ἐγκαταλείμματα[16] τῶν ἀσεβῶν[17] ἐξολεθρευθήσονται.

39 σωτηρία δὲ τῶν δικαίων παρὰ κυρίου,
καὶ ὑπερασπιστὴς[18] αὐτῶν ἐστιν ἐν καιρῷ θλίψεως,
40 καὶ βοηθήσει[19] αὐτοῖς κύριος καὶ ῥύσεται[20] αὐτοὺς
καὶ ἐξελεῖται[21] αὐτοὺς ἐξ ἁμαρτωλῶν
καὶ σώσει αὐτούς, ὅτι ἤλπισαν ἐπ᾽ αὐτόν.

37 Ψαλμὸς τῷ Δαυιδ· εἰς ἀνάμνησιν[22] περὶ σαββάτου.

2 Κύριε, μὴ τῷ θυμῷ[23] σου ἐλέγξῃς[24] με
μηδὲ τῇ ὀργῇ σου παιδεύσῃς[25] με.
3 ὅτι τὰ βέλη[26] σου ἐνεπάγησάν[27] μοι,
καὶ ἐπεστήρισας[28] ἐπ᾽ ἐμὲ τὴν χεῖρά σου·

4 οὐκ ἔστιν ἴασις[29] ἐν τῇ σαρκί μου
ἀπὸ προσώπου τῆς ὀργῆς σου,

1 ὑπομένω, *aor act impv 2s*, wait for
2 ὑψόω, *fut act ind 3s*, exalt, raise up
3 κατακληρονομέω, *aor act inf*, inherit
4 ἐξολεθρεύω, *pres mid inf*, utterly destroy
5 ἀσεβής, ungodly
6 ὑπερυψόω, *pres pas ptc acc s m*, exceedingly exalt
7 ἐπαίρω, *pres pas ptc acc s m*, raise up
8 κέδρος, cedar
9 παρέρχομαι, *aor act ind 1s*, pass by
10 ἀκακία, innocence
11 εὐθύτης, uprightness
12 ἐγκατάλειμμα, remainder (for posterity)
13 εἰρηνικός, peaceable
14 παράνομος, lawless
15 ἐξολεθρεύω, *fut pas ind 3p*, utterly destroy
16 ἐγκατάλειμμα, remainder (for posterity)
17 ἀσεβής, ungodly
18 ὑπερασπιστής, protector
19 βοηθέω, *fut act ind 3s*, help
20 ῥύομαι, *fut mid ind 3s*, rescue, save
21 ἐξαιρέω, *fut mid ind 3s*, deliver
22 ἀνάμνησις, recollection, reminder
23 θυμός, anger, wrath
24 ἐλέγχω, *aor act sub 2s*, reproach, reprove
25 παιδεύω, *aor act sub 2s*, chastise, discipline
26 βέλος, arrow
27 ἐμπήγνυμι, *aor pas ind 3p*, fix in, plant into
28 ἐπιστηρίζω, *aor act ind 2s*, press down, lean on
29 ἴασις, cure, healing

οὐκ ἔστιν εἰρήνη τοῖς ὀστέοις[1] μου
ἀπὸ προσώπου τῶν ἁμαρτιῶν μου.
5 ὅτι αἱ ἀνομίαι[2] μου ὑπερῆραν[3] τὴν κεφαλήν μου,
ὡσεὶ[4] φορτίον[5] βαρὺ[6] ἐβαρύνθησαν[7] ἐπ᾽ ἐμέ.

6 προσώζεσαν[8] καὶ ἐσάπησαν[9] οἱ μώλωπές[10] μου
ἀπὸ προσώπου τῆς ἀφροσύνης[11] μου·
7 ἐταλαιπώρησα[12] καὶ κατεκάμφθην[13] ἕως τέλους,
ὅλην τὴν ἡμέραν σκυθρωπάζων[14] ἐπορευόμην.
8 ὅτι αἱ ψύαι[15] μου ἐπλήσθησαν[16] ἐμπαιγμῶν,[17]
καὶ οὐκ ἔστιν ἴασις[18] ἐν τῇ σαρκί μου·
9 ἐκακώθην[19] καὶ ἐταπεινώθην[20] ἕως σφόδρα,[21]
ὠρυόμην[22] ἀπὸ στεναγμοῦ[23] τῆς καρδίας μου.

10 κύριε, ἐναντίον[24] σου πᾶσα ἡ ἐπιθυμία[25] μου,
καὶ ὁ στεναγμός[26] μου ἀπὸ σοῦ οὐκ ἐκρύβη.[27]
11 ἡ καρδία μου ἐταράχθη,[28] ἐγκατέλιπέν[29] με ἡ ἰσχύς[30] μου,
καὶ τὸ φῶς τῶν ὀφθαλμῶν μου καὶ αὐτὸ οὐκ ἔστιν μετ᾽ ἐμοῦ.
12 οἱ φίλοι[31] μου καὶ οἱ πλησίον[32] μου ἐξ ἐναντίας[33] μου ἤγγισαν καὶ ἔστησαν,
καὶ οἱ ἔγγιστά[34] μου ἀπὸ μακρόθεν[35] ἔστησαν·

13 καὶ ἐξεβιάσαντο[36] οἱ ζητοῦντες τὴν ψυχήν μου,
καὶ οἱ ζητοῦντες τὰ κακά μοι ἐλάλησαν ματαιότητας[37]
καὶ δολιότητας[38] ὅλην τὴν ἡμέραν ἐμελέτησαν.[39]

1 ὀστέον, bone
2 ἀνομία, lawlessness, evil
3 ὑπεραίρω, *aor act ind 3p*, surpass, rise above
4 ὡσεί, like
5 φορτίον, load, burden
6 βαρύς, heavy
7 βαρύνω, *aor pas ind 3p*, weigh down, press heavily
8 προσόζω, *aor act ind 3p*, smell, stink
9 σήπω, *aor pas ind 3p*, rot, fester
10 μώλωψ, wound
11 ἀφροσύνη, foolishness
12 ταλαιπωρέω, *aor act ind 1s*, be miserable
13 κατακάμπτω, *aor pas ind 1s*, bow down, bend over
14 σκυθρωπάζω, *pres act ptc nom s m*, be sullen, be angry
15 ψύα, pelvis, loins
16 πίμπλημι, *aor pas ind 3p*, fill
17 ἐμπαιγμός, mockery
18 ἴασις, cure, healing
19 κακόω, *aor pas ind 1s*, mistreat
20 ταπεινόω, *aor pas ind 1s*, bring low, humiliate
21 σφόδρα, exceedingly
22 ὠρύομαι, *impf mid ind 1s*, howl
23 στεναγμός, groaning
24 ἐναντίον, before
25 ἐπιθυμία, desire, yearning
26 στεναγμός, groaning
27 κρύπτω, *aor pas ind 3s*, hide
28 ταράσσω, *aor pas ind 3s*, trouble, disturb
29 ἐγκαταλείπω, *aor act ind 3s*, forsake, abandon
30 ἰσχύς, strength
31 φίλος, friend
32 πλησίον, neighbor, companion
33 ἐναντίος, before, in front of
34 ἐγγύς, *sup*, closest
35 μακρόθεν, afar, at a distance
36 ἐκβιάζω, *aor mid ind 3p*, do violence to
37 ματαιότης, vanity, futility
38 δολιότης, deceit, treachery
39 μελετάω, *aor act ind 3p*, think over, contemplate

14 ἐγὼ δὲ ὡσεὶ[1] κωφὸς[2] οὐκ ἤκουον
καὶ ὡσεὶ ἄλαλος[3] οὐκ ἀνοίγων τὸ στόμα αὐτοῦ
15 καὶ ἐγενόμην ὡσεὶ[4] ἄνθρωπος οὐκ ἀκούων
καὶ οὐκ ἔχων ἐν τῷ στόματι αὐτοῦ ἐλεγμούς.[5]
16 ὅτι ἐπὶ σοί, κύριε, ἤλπισα·
σὺ εἰσακούσῃ,[6] κύριε ὁ θεός μου.
17 ὅτι εἶπα Μήποτε[7] ἐπιχαρῶσίν[8] μοι οἱ ἐχθροί μου·
καὶ ἐν τῷ σαλευθῆναι[9] πόδας μου ἐπ᾽ ἐμὲ ἐμεγαλορρημόνησαν.[10]

18 ὅτι ἐγὼ εἰς μάστιγας[11] ἕτοιμος,[12]
καὶ ἡ ἀλγηδών[13] μου ἐνώπιόν μου διὰ παντός.
19 ὅτι τὴν ἀνομίαν[14] μου ἐγὼ ἀναγγελῶ[15]
καὶ μεριμνήσω[16] ὑπὲρ τῆς ἁμαρτίας μου.
20 οἱ δὲ ἐχθροί μου ζῶσιν καὶ κεκραταίωνται[17] ὑπὲρ ἐμέ,
καὶ ἐπληθύνθησαν[18] οἱ μισοῦντές με ἀδίκως·[19]
21 οἱ ἀνταποδιδόντες[20] κακὰ ἀντὶ[21] ἀγαθῶν
ἐνδιέβαλλόν[22] με, ἐπεὶ[23] κατεδίωκον[24] δικαιοσύνην,
[καὶ ἀπέρριψάν[25] με τὸν ἀγαπητὸν[26] ὡσεὶ[27] νεκρὸν[28] ἐβδελυγμένον.[29]]

22 μὴ ἐγκαταλίπῃς[30] με, κύριε·
ὁ θεός μου, μὴ ἀποστῇς[31] ἀπ᾽ ἐμοῦ·
23 πρόσχες[32] εἰς τὴν βοήθειάν[33] μου,
κύριε τῆς σωτηρίας μου.

1 ὡσεί, like
2 κωφός, deaf
3 ἄλαλος, mute
4 ὡσεί, like
5 ἐλεγμός, rebuke, retort
6 εἰσακούω, *aor act sub 3s*, hear, listen
7 μήποτε, lest
8 ἐπιχαίρω, *aor pas sub 3p*, rejoice
9 σαλεύω, *aor pas inf*, shake
10 μεγαλορρημονέω, *aor act ind 3p*, boast, brag
11 μάστιξ, scourge, whip
12 ἕτοιμος, ready
13 ἀλγηδών, suffering, pain
14 ἀνομία, lawlessness, evil
15 ἀναγγέλλω, *fut act ind 1s*, declare
16 μεριμνάω, *fut act ind 1s*, show concern
17 κραταιόω, *perf pas ind 3p*, become strong
18 πληθύνω, *aor pas ind 3p*, multiply
19 ἀδίκως, unjustly, wrongly
20 ἀνταποδίδωμι, *pres act ptc nom p m*, render in return, repay
21 ἀντί, in exchange for
22 ἐνδιαβάλλω, *impf act ind 3p*, falsely accuse, slander
23 ἐπεί, since
24 καταδιώκω, *impf act ind 1s*, pursue closely
25 ἀπορρίπτω, *aor act ind 3p*, cast off
26 ἀγαπητός, beloved
27 ὡσεί, like
28 νεκρός, dead (body)
29 βδελύσσω, *perf pas ptc acc s m*, detest, abhor
30 ἐγκαταλείπω, *aor act sub 2s*, abandon, forsake
31 ἀφίστημι, *aor act sub 2s*, withdraw
32 προσέχω, *aor act impv 2s*, be concerned about, show care for
33 βοήθεια, help, assistance

38 Εἰς τὸ τέλος, τῷ Ιδιθουν· ᾠδὴ[1] τῷ Δαυιδ.

2 Εἶπα Φυλάξω τὰς ὁδούς μου
τοῦ μὴ ἁμαρτάνειν ἐν γλώσσῃ μου·
ἐθέμην τῷ στόματί μου φυλακὴν
ἐν τῷ συστῆναι[2] τὸν ἁμαρτωλὸν ἐναντίον[3] μου.
3 ἐκωφώθην[4] καὶ ἐταπεινώθην[5]
καὶ ἐσίγησα[6] ἐξ ἀγαθῶν,
καὶ τὸ ἄλγημά[7] μου ἀνεκαινίσθη.[8]
4 ἐθερμάνθη[9] ἡ καρδία μου ἐντός[10] μου,
καὶ ἐν τῇ μελέτῃ[11] μου ἐκκαυθήσεται[12] πῦρ.
ἐλάλησα ἐν γλώσσῃ μου

5 Γνώρισόν[13] μοι, κύριε, τὸ πέρας[14] μου
καὶ τὸν ἀριθμὸν[15] τῶν ἡμερῶν μου, τίς ἐστιν,
ἵνα γνῶ τί ὑστερῶ[16] ἐγώ.
6 ἰδοὺ παλαιστὰς[17] ἔθου τὰς ἡμέρας μου,
καὶ ἡ ὑπόστασίς[18] μου ὡσεὶ[19] οὐθὲν[20] ἐνώπιόν σου·
πλὴν τὰ σύμπαντα[21] ματαιότης,[22] πᾶς ἄνθρωπος ζῶν.

διάψαλμα.[23]

7 μέντοιγε[24] ἐν εἰκόνι[25] διαπορεύεται[26] ἄνθρωπος,
πλὴν μάτην[27] ταράσσονται·[28]
θησαυρίζει[29] καὶ οὐ γινώσκει τίνι συνάξει αὐτά.
8 καὶ νῦν τίς ἡ ὑπομονή[30] μου; οὐχὶ ὁ κύριος;
καὶ ἡ ὑπόστασίς[31] μου παρὰ σοῦ ἐστιν.

1 ᾠδή, song
2 συνίστημι, *aor act inf*, stand, exist
3 ἐναντίον, before
4 κωφόω, *aor pas ind 1s*, make mute
5 ταπεινόω, *aor pas ind 1s*, bring low, humiliate
6 σιγάω, *aor act ind 1s*, keep silent
7 ἄλγημα, pain, grief
8 ἀνακαινίζω, *aor pas ind 3s*, renew, restore
9 θερμαίνω, *aor pas ind 3s*, grow hot, warm up
10 ἐντός, inside
11 μελέτη, thought, musing
12 ἐκκαίω, *fut pas ind 3s*, kindle, start burning
13 γνωρίζω, *aor act impv 2s*, make known, point out
14 πέρας, limit, end
15 ἀριθμός, number
16 ὑστερέω, *pres act ind 1s*, lack, need
17 παλαιστή, handbreadth
18 ὑπόστασις, existence, substance
19 ὡσεί, like
20 οὐθείς, nothing
21 σύμπας, (entirety), completely
22 ματαιότης, vanity, emptiness
23 διάψαλμα, (*musical interlude, renders Heb*. selāh)
24 μέντοιγε, yet, to be sure
25 εἰκών, image, likeness
26 διαπορεύομαι, *pres pas ind 3s*, pass along, pass through
27 μάτην, in vain, needlessly
28 ταράσσω, *pres pas ind 3p*, trouble, disturb
29 θησαυρίζω, *pres act ind 3s*, store up treasure
30 ὑπομονή, (source of) endurance
31 ὑπόστασις, patience, fortitude

9 ἀπὸ πασῶν τῶν ἀνομιῶν[1] μου ῥῦσαί[2] με,
ὄνειδος[3] ἄφρονι[4] ἔδωκάς με.
10 ἐκωφώθην[5] καὶ οὐκ ἤνοιξα τὸ στόμα μου,
ὅτι σὺ εἶ ὁ ποιήσας με.
11 ἀπόστησον[6] ἀπ᾽ ἐμοῦ τὰς μάστιγάς[7] σου·
ἀπὸ τῆς ἰσχύος[8] τῆς χειρός σου ἐγὼ ἐξέλιπον.[9]

12 ἐν ἐλεγμοῖς[10] ὑπὲρ ἀνομίας[11]
ἐπαίδευσας[12] ἄνθρωπον
καὶ ἐξέτηξας[13] ὡς ἀράχνην[14] τὴν ψυχὴν αὐτοῦ·
πλὴν μάτην[15] ταράσσεται[16] πᾶς ἄνθρωπος.

διάψαλμα.[17]

13 εἰσάκουσον[18] τῆς προσευχῆς μου, κύριε,
καὶ τῆς δεήσεώς[19] μου ἐνώτισαι·[20]
τῶν δακρύων[21] μου μὴ παρασιωπήσῃς,[22]
ὅτι πάροικος[23] ἐγώ εἰμι παρὰ σοὶ
καὶ παρεπίδημος[24] καθὼς πάντες οἱ πατέρες μου.
14 ἄνες[25] μοι, ἵνα ἀναψύξω[26]
πρὸ τοῦ με ἀπελθεῖν καὶ οὐκέτι μὴ ὑπάρξω.

39 Εἰς τὸ τέλος· τῷ Δαυιδ ψαλμός.

2 Ὑπομένων[27] ὑπέμεινα[28] τὸν κύριον,
καὶ προσέσχεν[29] μοι καὶ εἰσήκουσεν[30] τῆς δεήσεώς[31] μου

1 ἀνομία, lawlessness, evil
2 ῥύομαι, *aor mid impv 2s*, rescue, save
3 ὄνειδος, disgrace
4 ἄφρων, foolish
5 κωφόω, *aor pas ind 1s*, make mute
6 ἀφίστημι, *aor act impv 2s*, keep away, take away
7 μάστιξ, lash, scourge
8 ἰσχύς, power
9 ἐκλείπω, *aor act ind 1s*, fail, faint
10 ἐλεγμός, rebuke, reproof
11 ἀνομία, lawlessness, evil
12 παιδεύω, *aor act ind 2s*, correct, punish
13 ἐκτήκω, *aor act ind 2s*, melt, fall apart
14 ἀράχνη, spider (web)
15 μάτην, in vain, needlessly
16 ταράσσω, *pres pas ind 3s*, trouble, disturb
17 διάψαλμα, (*musical interlude, renders Heb.* selāh)
18 εἰσακούω, *aor act impv 2s*, listen to
19 δέησις, petition, prayer
20 ἐνωτίζομαι, *aor mid impv 2s*, give ear, hear
21 δάκρυον, tear
22 παρασιωπάω, *aor act sub 2s*, pass over silently
23 πάροικος, stranger
24 παρεπίδημος, migrant, traveler
25 ἀνίημι, *aor act impv 2s*, spare, let alone
26 ἀναψύχω, *fut act ind 1s*, recover
27 ὑπομένω, *pres act ptc nom s m*, wait, remain
28 ὑπομένω, *aor act ind 1s*, wait, remain
29 προσέχω, *aor act ind 3s*, pay attention, give heed
30 εἰσακούω, *aor act ind 3s*, hear, listen to
31 δέησις, petition, prayer

3 καὶ ἀνήγαγέν[1] με ἐκ λάκκου[2] ταλαιπωρίας[3]
καὶ ἀπὸ πηλοῦ[4] ἰλύος[5]
καὶ ἔστησεν ἐπὶ πέτραν[6] τοὺς πόδας μου
καὶ κατηύθυνεν[7] τὰ διαβήματά[8] μου
4 καὶ ἐνέβαλεν[9] εἰς τὸ στόμα μου ᾆσμα[10] καινόν,[11]
ὕμνον τῷ θεῷ ἡμῶν·
ὄψονται πολλοὶ καὶ φοβηθήσονται
καὶ ἐλπιοῦσιν ἐπὶ κύριον.

5 μακάριος[12] ἀνήρ, οὗ ἐστιν τὸ ὄνομα κυρίου ἐλπὶς αὐτοῦ
καὶ οὐκ ἐνέβλεψεν[13] εἰς ματαιότητας[14]
καὶ μανίας[15] ψευδεῖς.[16]
6 πολλὰ ἐποίησας σύ, κύριε ὁ θεός μου,
τὰ θαυμάσιά[17] σου,
καὶ τοῖς διαλογισμοῖς[18] σου
οὐκ ἔστιν τίς ὁμοιωθήσεταί[19] σοι·
ἀπήγγειλα καὶ ἐλάλησα,
ἐπληθύνθησαν[20] ὑπὲρ ἀριθμόν.[21]

7 θυσίαν[22] καὶ προσφορὰν[23] οὐκ ἠθέλησας,
ὠτία[24] δὲ κατηρτίσω[25] μοι·
ὁλοκαύτωμα[26] καὶ περὶ ἁμαρτίας οὐκ ᾔτησας.[27]
8 τότε εἶπον Ἰδοὺ ἥκω,[28]
ἐν κεφαλίδι[29] βιβλίου γέγραπται περὶ ἐμοῦ·
9 τοῦ ποιῆσαι τὸ θέλημά[30] σου, ὁ θεός μου, ἐβουλήθην
καὶ τὸν νόμον σου ἐν μέσῳ τῆς κοιλίας[31] μου.

1 ἀνάγω, *aor act ind 3s*, bring up, raise up
2 λάκκος, pit, ditch
3 ταλαιπωρία, distress, misery
4 πηλός, mud
5 ἰλύς, mud, slime
6 πέτρα, rock
7 κατευθύνω, *aor act ind 3s*, direct, guide
8 διάβημα, (foot)step
9 ἐμβάλλω, *aor act ind 3s*, put in, insert
10 ᾆσμα, song
11 καινός, new
12 μακάριος, blessed
13 ἐμβλέπω, *aor act ind 3s*, look to, gaze at
14 ματαιότης, vanity, emptiness
15 μανία, delirium, madness
16 ψευδής, false, lying
17 θαυμάσιος, marvelous (deed)
18 διαλογισμός, thought
19 ὁμοιόω, *fut pas ind 3s*, compare
20 πληθύνω, *aor pas ind 3p*, multiply, increase
21 ἀριθμός, number
22 θυσία, sacrifice
23 προσφορά, offering, gift
24 ὠτίον, ear
25 καταρτίζω, *aor mid ind 2s*, create, fashion
26 ὁλοκαύτωμα, whole burnt offering
27 αἰτέω, *aor act ind 2s*, demand, require
28 ἥκω, *pres act ind 1s*, have come
29 κεφαλίς, scroll
30 θέλημα, will, wish
31 κοιλία, belly, (heart)

10 εὐηγγελισάμην[1] δικαιοσύνην ἐν ἐκκλησίᾳ μεγάλῃ·
ἰδοὺ τὰ χείλη[2] μου οὐ μὴ κωλύσω·[3]
κύριε, σὺ ἔγνως.
11 τὴν δικαιοσύνην σου οὐκ ἔκρυψα[4] ἐν τῇ καρδίᾳ μου,
τὴν ἀλήθειάν σου καὶ τὸ σωτήριόν[5] σου εἶπα,
οὐκ ἔκρυψα[6] τὸ ἔλεός[7] σου
καὶ τὴν ἀλήθειάν σου ἀπὸ συναγωγῆς πολλῆς.

12 σὺ δέ, κύριε, μὴ μακρύνῃς[8] τοὺς οἰκτιρμούς[9] σου ἀπ' ἐμοῦ·
τὸ ἔλεός[10] σου καὶ ἡ ἀλήθειά σου διὰ παντὸς ἀντελάβοντό[11] μου.
13 ὅτι περιέσχον[12] με κακά, ὧν οὐκ ἔστιν ἀριθμός,[13]
κατέλαβόν[14] με αἱ ἀνομίαι[15] μου, καὶ οὐκ ἠδυνήθην τοῦ βλέπειν·
ἐπληθύνθησαν[16] ὑπὲρ τὰς τρίχας[17] τῆς κεφαλῆς μου,
καὶ ἡ καρδία μου ἐγκατέλιπέν[18] με.

14 εὐδόκησον,[19] κύριε, τοῦ ῥύσασθαί[20] με·
κύριε, εἰς τὸ βοηθῆσαί[21] μοι πρόσχες.[22]
15 καταισχυνθείησαν[23] καὶ ἐντραπείησαν[24] ἅμα[25]
οἱ ζητοῦντες τὴν ψυχήν μου τοῦ ἐξᾶραι[26] αὐτήν,
ἀποστραφείησαν[27] εἰς τὰ ὀπίσω[28] καὶ ἐντραπείησαν[29]
οἱ θέλοντές μοι κακά,
16 κομισάσθωσαν[30] παραχρῆμα[31] αἰσχύνην[32] αὐτῶν
οἱ λέγοντές μοι Εὖγε[33] εὖγε.

17 ἀγαλλιάσαιντο[34] καὶ εὐφρανθείησαν[35] ἐπὶ σοὶ πάντες
οἱ ζητοῦντές σε, κύριε,

1 εὐαγγελίζομαι, *aor mid ind 1s*, proclaim good news
2 χεῖλος, lips
3 κωλύω, *aor act sub 1s*, hold back, deny
4 κρύπτω, *aor act ind 1s*, conceal
5 σωτήριον, salvation, deliverance
6 κρύπτω, *aor act ind 1s*, conceal
7 ἔλεος, mercy
8 μακρύνω, *aor act sub 2s*, make remote, distance
9 οἰκτιρμός, compassion
10 ἔλεος, mercy
11 ἀντιλαμβάνομαι, *aor mid ind 3p*, help, aid
12 περιέχω, *aor act ind 3p*, surround
13 ἀριθμός, number
14 καταλαμβάνω, *aor act ind 3p*, overtake, overwhelm
15 ἀνομία, transgression, lawlessness
16 πληθύνω, *aor pas ind 3p*, multiply
17 θρίξ, hair
18 ἐγκαταλείπω, *aor act ind 3s*, abandon, fail
19 εὐδοκέω, *aor act impv 2s*, be pleased
20 ῥύομαι, *aor mid inf*, deliver, save
21 βοηθέω, *aor act inf*, help, assist
22 προσέχω, *aor act impv 2s*, take care
23 καταισχύνω, *aor pas opt 3p*, disgrace
24 ἐντρέπω, *aor pas opt 3p*, put to shame
25 ἅμα, together, at once
26 ἐξαίρω, *aor act inf*, drive away, remove
27 ἀποστρέφω, *aor pas opt 3p*, turn away
28 ὀπίσω, backward
29 ἐντρέπω, *aor pas opt 3p*, put to shame
30 κομίζω, *aor mid impv 3p*, receive
31 παραχρῆμα, swiftly, immediately
32 αἰσχύνη, shame, disgrace
33 εὖγε, good, well done
34 ἀγαλλιάω, *aor mid opt 3p*, exult
35 εὐφραίνω, *aor pas opt 3p*, rejoice

καὶ εἰπάτωσαν διὰ παντός Μεγαλυνθήτω[1] ὁ κύριος,
οἱ ἀγαπῶντες τὸ σωτήριόν[2] σου.
18 ἐγὼ δὲ πτωχός εἰμι καὶ πένης·[3]
κύριος φροντιεῖ[4] μου.
βοηθός[5] μου καὶ ὑπερασπιστής[6] μου σὺ εἶ·
ὁ θεός μου, μὴ χρονίσης.[7]

40 Εἰς τὸ τέλος· ψαλμὸς τῷ Δαυιδ.

2 Μακάριος[8] ὁ συνίων[9] ἐπὶ πτωχὸν καὶ πένητα·[10]
ἐν ἡμέρᾳ πονηρᾷ ῥύσεται[11] αὐτὸν ὁ κύριος.
3 κύριος διαφυλάξαι[12] αὐτὸν καὶ ζῆσαι[13] αὐτὸν
καὶ μακαρίσαι[14] αὐτὸν ἐν τῇ γῇ
καὶ μὴ παραδῴη[15] αὐτὸν εἰς χεῖρας ἐχθροῦ αὐτοῦ.
4 κύριος βοηθήσαι[16] αὐτῷ ἐπὶ κλίνης[17] ὀδύνης[18] αὐτοῦ·
ὅλην τὴν κοίτην[19] αὐτοῦ ἔστρεψας[20] ἐν τῇ ἀρρωστίᾳ[21] αὐτοῦ.

5 ἐγὼ εἶπα Κύριε, ἐλέησόν[22] με·
ἴασαι[23] τὴν ψυχήν μου, ὅτι ἥμαρτόν σοι.
6 οἱ ἐχθροί μου εἶπαν κακά μοι
Πότε[24] ἀποθανεῖται, καὶ ἀπολεῖται τὸ ὄνομα αὐτοῦ;
7 καὶ εἰ εἰσεπορεύετο[25] τοῦ ἰδεῖν, μάτην[26] ἐλάλει·
ἡ καρδία αὐτοῦ συνήγαγεν ἀνομίαν[27] ἑαυτῷ,
ἐξεπορεύετο ἔξω καὶ ἐλάλει.
8 ἐπὶ τὸ αὐτὸ[28] κατ᾽ ἐμοῦ ἐψιθύριζον[29] πάντες οἱ ἐχθροί μου,
κατ᾽ ἐμοῦ ἐλογίζοντο κακά μοι,

1 μεγαλύνω, *aor pas impv 3s*, magnify
2 σωτήριον, deliverance, salvation
3 πένης, needy
4 φροντίζω, *fut act ind 3s*, be concerned for
5 βοηθός, helper
6 ὑπερασπιστής, protector
7 χρονίζω, *aor act sub 2s*, delay
8 μακάριος, blessed
9 συνίημι, *pres act ptc nom s m*, notice, consider
10 πένης, needy
11 ῥύομαι, *fut mid ind 3s*, rescue, deliver
12 διαφυλάσσω, *aor act opt 3s*, protect
13 ζάω, *aor act opt 3s*, give life, make alive
14 μακαρίζω, *aor act opt 3s*, make happy, bless
15 παραδίδωμι, *aor act opt 3s*, betray, hand over
16 βοηθέω, *aor act opt 3s*, help, aid
17 κλίνη, couch
18 ὀδύνη, pain
19 κοίτη, bed
20 στρέφω, *aor act ind 2s*, turn around
21 ἀρρωστία, sickness, disease
22 ἐλεέω, *aor act impv 2s*, have mercy
23 ἰάομαι, *aor mid impv 2s*, heal
24 πότε, when
25 εἰσπορεύομαι, *impf mid ind 3s*, come in
26 μάτην, pointlessly
27 ἀνομία, transgression, lawlessness
28 ἐπὶ τὸ αὐτὸ, together
29 ψιθυρίζω, *impf act ind 3p*, whisper against

9 λόγον παράνομον[1] κατέθεντο[2] κατ᾽ ἐμοῦ
Μὴ ὁ κοιμώμενος[3] οὐχὶ προσθήσει[4] τοῦ ἀναστῆναι;
10 καὶ γὰρ ὁ ἄνθρωπος τῆς εἰρήνης μου, ἐφ᾽ ὃν ἤλπισα,
ὁ ἐσθίων ἄρτους μου, ἐμεγάλυνεν[5] ἐπ᾽ ἐμὲ πτερνισμόν·[6]
11 σὺ δέ, κύριε, ἐλέησόν[7] με καὶ ἀνάστησόν[8] με,
καὶ ἀνταποδώσω αὐτοῖς.

12 ἐν τούτῳ ἔγνων ὅτι τεθέληκάς με,
ὅτι οὐ μὴ ἐπιχαρῇ[9] ὁ ἐχθρός μου ἐπ᾽ ἐμέ.
13 ἐμοῦ δὲ διὰ τὴν ἀκακίαν[10] ἀντελάβου,[11]
καὶ ἐβεβαίωσάς[12] με ἐνώπιόν σου εἰς τὸν αἰῶνα.

14 Εὐλογητὸς[13] κύριος ὁ θεὸς Ισραηλ
ἀπὸ τοῦ αἰῶνος καὶ εἰς τὸν αἰῶνα.

γένοιτο[14] γένοιτο.

1 παράνομος, lawless, illegal
2 κατατίθημι, *aor mid ind 3p*, lay against
3 κοιμάω, *pres mid ptc nom s m*, lie down, sleep
4 προστίθημι, *fut act ind 3s*, do again, continue
5 μεγαλύνω, *aor act ind 3s*, augment, intensify
6 πτερνισμός, deception, treachery
7 ἐλεέω, *aor act impv 2s*, have mercy
8 ἀνίστημι, *aor act impv 2s*, raise up, stir up
9 ἐπιχαίρω, *aor pas sub 3s*, rejoice
10 ἀκακία, innocence
11 ἀντιλαμβάνομαι, *aor mid ind 2s*, help, support
12 βεβαιόω, *aor act ind 2s*, secure, establish
13 εὐλογητός, blessed
14 γίνομαι, *aor mid opt 3s*, be, come about

ΨΑΛΜΟΙ Β′
Psalms (Book II)

41 Εἰς τὸ τέλος· εἰς σύνεσιν[1] τοῖς υἱοῖς Κορε.

2 Ὃν τρόπον[2] ἐπιποθεῖ[3] ἡ ἔλαφος[4] ἐπὶ τὰς πηγὰς[5] τῶν ὑδάτων,
οὕτως ἐπιποθεῖ ἡ ψυχή μου πρὸς σέ, ὁ θεός.
3 ἐδίψησεν[6] ἡ ψυχή μου πρὸς τὸν θεὸν τὸν ζῶντα·
πότε[7] ἥξω[8] καὶ ὀφθήσομαι τῷ προσώπῳ τοῦ θεοῦ;
4 ἐγενήθη μοι τὰ δάκρυά[9] μου ἄρτος ἡμέρας καὶ νυκτὸς
ἐν τῷ λέγεσθαί μοι καθ᾽ ἑκάστην ἡμέραν Ποῦ ἐστιν ὁ θεός σου;

5 ταῦτα ἐμνήσθην[10] καὶ ἐξέχεα[11] ἐπ᾽ ἐμὲ τὴν ψυχήν μου,
ὅτι διελεύσομαι ἐν τόπῳ σκηνῆς[12] θαυμαστῆς[13] ἕως τοῦ οἴκου τοῦ θεοῦ
ἐν φωνῇ ἀγαλλιάσεως[14] καὶ ἐξομολογήσεως[15] ἤχου[16] ἑορτάζοντος.[17]
6 ἵνα τί περίλυπος[18] εἶ, ψυχή, καὶ ἵνα τί συνταράσσεις[19] με;
ἔλπισον ἐπὶ τὸν θεόν, ὅτι ἐξομολογήσομαι[20] αὐτῷ·
σωτήριον[21] τοῦ προσώπου μου ὁ θεός μου.

7 πρὸς ἐμαυτὸν[22] ἡ ψυχή μου ἐταράχθη·[23]
διὰ τοῦτο μνησθήσομαί[24] σου ἐκ γῆς Ιορδάνου καὶ Ερμωνιιμ,
ἀπὸ ὄρους μικροῦ.

1 σύνεσις, understanding, insight
2 ὅν τρόπον, just as
3 ἐπιποθέω, *pres act ind 3s*, long for, desire
4 ἔλαφος, deer
5 πηγή, fountain, spring
6 διψάω, *aor act ind 3s*, thirst
7 πότε, when
8 ἥκω, *fut act ind 1s*, come
9 δάκρυον, tear
10 μιμνῄσκομαι, *aor pas ind 1s*, remember
11 ἐκχέω, *aor act ind 1s*, pour out
12 σκηνή, tent, dwelling
13 θαυμαστός, wonderful
14 ἀγαλλίασις, exultation
15 ἐξομολόγησις, praise, gratitude
16 ἦχος, sound, noise
17 ἑορτάζω, *pres act ptc gen s m*, celebrate a festival
18 περίλυπος, deeply sad
19 συνταράσσω, *pres act ind 2s*, confuse, disturb
20 ἐξομολογέομαι, *fut mid ind 1s*, confess, acknowledge
21 σωτήριον, deliverance, salvation
22 ἐμαυτοῦ, myself
23 ταράσσω, *aor pas ind 3s*, trouble, unsettle
24 μιμνῄσκομαι, *fut pas ind 1s*, remember, bring to mind

8 ἄβυσσος[1] ἄβυσσον ἐπικαλεῖται[2] εἰς φωνὴν τῶν καταρρακτῶν[3] σου,
πάντες οἱ μετεωρισμοί[4] σου καὶ τὰ κύματά[5] σου ἐπ᾽ ἐμὲ διῆλθον.
9 ἡμέρας ἐντελεῖται[6] κύριος τὸ ἔλεος[7] αὐτοῦ,
καὶ νυκτὸς ᾠδὴ[8] παρ᾽ ἐμοί,
προσευχὴ τῷ θεῷ τῆς ζωῆς μου.

10 ἐρῶ τῷ θεῷ Ἀντιλήμπτωρ[9] μου εἶ· διὰ τί μου ἐπελάθου;[10]
ἵνα τί σκυθρωπάζων[11] πορεύομαι ἐν τῷ ἐκθλίβειν[12] τὸν ἐχθρόν μου;
11 ἐν τῷ καταθλάσαι[13] τὰ ὀστᾶ[14] μου ὠνείδισάν[15] με οἱ θλίβοντές[16] με
ἐν τῷ λέγειν αὐτούς μοι καθ᾽ ἑκάστην ἡμέραν Ποῦ ἐστιν ὁ θεός σου;
12 ἵνα τί περίλυπος[17] εἶ, ψυχή, καὶ ἵνα τί συνταράσσεις[18] με;
ἔλπισον ἐπὶ τὸν θεόν, ὅτι ἐξομολογήσομαι[19] αὐτῷ·

ἡ σωτηρία τοῦ προσώπου μου ὁ θεός μου.

42 Ψαλμὸς τῷ Δαυιδ.

Κρῖνόν με, ὁ θεός, καὶ δίκασον[20] τὴν δίκην[21] μου
ἐξ ἔθνους οὐχ ὁσίου,[22]
ἀπὸ ἀνθρώπου ἀδίκου[23] καὶ δολίου[24]
ῥῦσαί[25] με.
2 ὅτι σὺ εἶ, ὁ θεός, κραταίωμά[26] μου·
ἵνα τί ἀπώσω[27] με;
καὶ ἵνα τί σκυθρωπάζων[28] πορεύομαι
ἐν τῷ ἐκθλίβειν[29] τὸν ἐχθρόν μου;

1 ἄβυσσος, deep, abyss
2 ἐπικαλέω, *pres mid ind 3s*, appeal, call to
3 καταρράκτης, waterfall, rush of water
4 μετεωρισμός, billow
5 κῦμα, (ocean) wave
6 ἐντέλλομαι, *fut mid ind 3s*, command, order
7 ἔλεος, mercy, compassion
8 ᾠδή, song
9 ἀντιλήμπτωρ, helper, supporter
10 ἐπιλανθάνω, *aor mid ind 2s*, forget
11 σκυθρωπάζω, *pres act ptc nom s m*, look sullen, seem sad
12 ἐκθλίβω, *pres act inf*, oppress, afflict
13 καταθλάω, *aor act inf*, break
14 ὀστέον, bone
15 ὀνειδίζω, *aor act ind 3p*, mock, insult
16 θλίβω, *pres act ptc nom p m*, afflict, oppress
17 περίλυπος, deeply sad
18 συνταράσσω, *pres act ind 2s*, confuse, disturb
19 ἐξομολογέομαι, *fut mid ind 1s*, confess, acknowledge
20 δικάζω, *aor act impv 2s*, vindicate, defend
21 δίκη, just cause
22 ὅσιος, devout, holy
23 ἄδικος, unjust
24 δόλιος, deceitful
25 ῥύομαι, *aor mid impv 2s*, rescue, save
26 κραταίωμα, strength
27 ἀπωθέω, *aor mid ind 2s*, reject, push away
28 σκυθρωπάζω, *pres act ptc nom s m*, look sullen
29 ἐκθλίβω, *pres act inf*, afflict

3 ἐξαπόστειλον[1] τὸ φῶς σου καὶ τὴν ἀλήθειάν σου·
αὐτά με ὡδήγησαν[2]
καὶ ἤγαγόν με εἰς ὄρος ἅγιόν σου
καὶ εἰς τὰ σκηνώματά[3] σου.
4 καὶ εἰσελεύσομαι πρὸς τὸ θυσιαστήριον[4] τοῦ θεοῦ
πρὸς τὸν θεὸν τὸν εὐφραίνοντα[5] τὴν νεότητά[6] μου·
ἐξομολογήσομαί[7] σοι ἐν κιθάρᾳ,[8]
ὁ θεὸς ὁ θεός μου.

5 ἵνα τί περίλυπος[9] εἶ, ψυχή,
καὶ ἵνα τί συνταράσσεις[10] με;
ἔλπισον ἐπὶ τὸν θεόν, ὅτι ἐξομολογήσομαι[11] αὐτῷ·
σωτήριον[12] τοῦ προσώπου μου ὁ θεός μου.

43 Εἰς τὸ τέλος· τοῖς υἱοῖς Κορε εἰς σύνεσιν[13] ψαλμός.

2 Ὁ θεός, ἐν τοῖς ὠσὶν ἡμῶν ἠκούσαμεν,
οἱ πατέρες ἡμῶν ἀνήγγειλαν[14] ἡμῖν
ἔργον, ὃ εἰργάσω ἐν ταῖς ἡμέραις αὐτῶν,
ἐν ἡμέραις ἀρχαίαις.[15]
3 ἡ χείρ σου ἔθνη ἐξωλέθρευσεν,[16] καὶ κατεφύτευσας[17] αὐτούς,
ἐκάκωσας[18] λαοὺς καὶ ἐξέβαλες αὐτούς.
4 οὐ γὰρ ἐν τῇ ῥομφαίᾳ[19] αὐτῶν ἐκληρονόμησαν[20] γῆν,
καὶ ὁ βραχίων[21] αὐτῶν οὐκ ἔσωσεν αὐτούς,
ἀλλ᾽ ἡ δεξιά σου καὶ ὁ βραχίων σου
καὶ ὁ φωτισμὸς[22] τοῦ προσώπου σου, ὅτι εὐδόκησας[23] ἐν αὐτοῖς.

5 σὺ εἶ αὐτὸς ὁ βασιλεύς μου καὶ ὁ θεός μου
ὁ ἐντελλόμενος[24] τὰς σωτηρίας Ιακωβ·

1 ἐξαποστέλλω, *aor act impv 2s*, send out
2 ὁδηγέω, *aor act ind 3p*, lead, guide
3 σκήνωμα, tent, dwelling
4 θυσιαστήριον, altar
5 εὐφραίνω, *pres act ptc acc s m*, cheer, make glad
6 νεότης, youth
7 ἐξομολογέομαι, *fut mid ind 1s*, acknowledge, confess
8 κιθάρα, lyre
9 περίλυπος, deeply sad
10 συνταράσσω, *pres act ind 2s*, trouble, upset
11 ἐξομολογέομαι, *fut mid ind 1s*, acknowledge, confess
12 σωτήριον, deliverance, salvation
13 σύνεσις, understanding, insight
14 ἀναγγέλλω, *aor act ind 3p*, recount, tell
15 ἀρχαῖος, former, ancient
16 ἐξολεθρεύω, *aor act ind 3s*, utterly destroy
17 καταφυτεύω, *aor act ind 2s*, plant
18 κακόω, *aor act ind 2s*, harm, mistreat
19 ῥομφαία, sword
20 κληρονομέω, *aor act ind 3p*, inherit
21 βραχίων, arm
22 φωτισμός, light, illumination
23 εὐδοκέω, *aor act ind 2s*, be pleased with
24 ἐντέλλομαι, *pres mid ptc nom s m*, command

6 ἐν σοὶ τοὺς ἐχθροὺς ἡμῶν κερατιοῦμεν[1]
καὶ ἐν τῷ ὀνόματί σου ἐξουθενώσομεν[2] τοὺς ἐπανιστανομένους[3] ἡμῖν.
7 οὐ γὰρ ἐπὶ τῷ τόξῳ[4] μου ἐλπιῶ,
καὶ ἡ ῥομφαία[5] μου οὐ σώσει με·
8 ἔσωσας γὰρ ἡμᾶς ἐκ τῶν θλιβόντων[6] ἡμᾶς
καὶ τοὺς μισοῦντας ἡμᾶς κατῄσχυνας.[7]
9 ἐν τῷ θεῷ ἐπαινεσθησόμεθα[8] ὅλην τὴν ἡμέραν
καὶ ἐν τῷ ὀνόματί σου ἐξομολογησόμεθα[9] εἰς τὸν αἰῶνα.

διάψαλμα.[10]

10 νυνὶ[11] δὲ ἀπώσω[12] καὶ κατῄσχυνας[13] ἡμᾶς
καὶ οὐκ ἐξελεύσῃ ἐν ταῖς δυνάμεσιν ἡμῶν·
11 ἀπέστρεψας[14] ἡμᾶς εἰς τὰ ὀπίσω παρὰ τοὺς ἐχθροὺς ἡμῶν,
καὶ οἱ μισοῦντες ἡμᾶς διήρπαζον[15] ἑαυτοῖς.
12 ἔδωκας ἡμᾶς ὡς πρόβατα βρώσεως[16]
καὶ ἐν τοῖς ἔθνεσιν διέσπειρας[17] ἡμᾶς·
13 ἀπέδου τὸν λαόν σου ἄνευ[18] τιμῆς,[19]
καὶ οὐκ ἦν πλῆθος ἐν τοῖς ἀλλάγμασιν[20] αὐτῶν.

14 ἔθου ἡμᾶς ὄνειδος[21] τοῖς γείτοσιν[22] ἡμῶν,
μυκτηρισμὸν[23] καὶ καταγέλωτα[24] τοῖς κύκλῳ[25] ἡμῶν·
15 ἔθου ἡμᾶς εἰς παραβολὴν[26] ἐν τοῖς ἔθνεσιν,
κίνησιν[27] κεφαλῆς ἐν τοῖς λαοῖς.
16 ὅλην τὴν ἡμέραν ἡ ἐντροπή[28] μου κατεναντίον[29] μού ἐστιν,
καὶ ἡ αἰσχύνη[30] τοῦ προσώπου μου ἐκάλυψέν[31] με

1 κερατίζω, *fut act ind 1p*, gore with horns
2 ἐξουθενόω, *fut act ind 1p*, disdain
3 ἐπανιστάνω, *pres mid ptc acc p m*, rise against
4 τόξον, bow
5 ῥομφαία, sword
6 θλίβω, *pres act ptc gen p m*, afflict, oppress
7 καταισχύνω, *aor act ind 2s*, dishonor, put to shame
8 ἐπαινέω, *fut pas ind 1p*, commend, praise
9 ἐξομολογέομαι, *fut mid ind 1p*, acknowledge, confess
10 διάψαλμα, (*musical interlude, renders Heb.* selāh)
11 νυνί, now
12 ἀπωθέω, *aor mid ind 2s*, repudiate, reject
13 καταισχύνω, *aor act ind 2s*, dishonor, put to shame
14 ἀποστρέφω, *aor act ind 2s*, turn back, turn away
15 διαρπάζω, *impf act ind 3p*, plunder
16 βρῶσις, food
17 διασπείρω, *aor act ind 2s*, scatter, spread out
18 ἄνευ, without
19 τιμή, price, value
20 ἄλλαγμα, exchange, sale
21 ὄνειδος, reproach, disgrace
22 γείτων, neighbor
23 μυκτηρισμός, scorn, mockery
24 κατάγελως, object of ridicule, laughingstock
25 κύκλῳ, around
26 παραβολή, parable, byword
27 κίνησις, shaking, wagging
28 ἐντροπή, embarrassment, shame
29 κατεναντίον, before
30 αἰσχύνη, dishonor
31 καλύπτω, *aor act ind 3s*, cover

17 ἀπὸ φωνῆς ὀνειδίζοντος[1] καὶ παραλαλοῦντος,[2]
ἀπὸ προσώπου ἐχθροῦ καὶ ἐκδιώκοντος.[3]

18 ταῦτα πάντα ἦλθεν ἐφ᾽ ἡμᾶς, καὶ οὐκ ἐπελαθόμεθά[4] σου
καὶ οὐκ ἠδικήσαμεν[5] ἐν διαθήκῃ σου,
19 καὶ οὐκ ἀπέστη[6] εἰς τὰ ὀπίσω ἡ καρδία ἡμῶν·
καὶ ἐξέκλινας[7] τὰς τρίβους[8] ἡμῶν ἀπὸ τῆς ὁδοῦ σου.
20 ὅτι ἐταπείνωσας[9] ἡμᾶς ἐν τόπῳ κακώσεως,[10]
καὶ ἐπεκάλυψεν[11] ἡμᾶς σκιὰ[12] θανάτου.

21 εἰ ἐπελαθόμεθα[13] τοῦ ὀνόματος τοῦ θεοῦ ἡμῶν
καὶ εἰ διεπετάσαμεν[14] χεῖρας ἡμῶν πρὸς θεὸν ἀλλότριον,[15]
22 οὐχὶ ὁ θεὸς ἐκζητήσει[16] ταῦτα;
αὐτὸς γὰρ γινώσκει τὰ κρύφια[17] τῆς καρδίας.
23 ὅτι ἕνεκα[18] σοῦ θανατούμεθα[19] ὅλην τὴν ἡμέραν,
ἐλογίσθημεν ὡς πρόβατα σφαγῆς.[20]

24 ἐξεγέρθητι·[21] ἵνα τί ὑπνοῖς,[22] κύριε;
ἀνάστηθι καὶ μὴ ἀπώσῃ[23] εἰς τέλος.
25 ἵνα τί τὸ πρόσωπόν σου ἀποστρέφεις,[24]
ἐπιλανθάνῃ[25] τῆς πτωχείας[26] ἡμῶν καὶ τῆς θλίψεως ἡμῶν;
26 ὅτι ἐταπεινώθη[27] εἰς χοῦν[28] ἡ ψυχὴ ἡμῶν,
ἐκολλήθη[29] εἰς γῆν ἡ γαστὴρ[30] ἡμῶν.
27 ἀνάστα, κύριε, βοήθησον[31] ἡμῖν
καὶ λύτρωσαι[32] ἡμᾶς ἕνεκεν[33] τοῦ ὀνόματός σου.

1 ὀνειδίζω, *pres act ptc gen s m*, reproach
2 παραλαλέω, *pres act ptc gen s m*, prattle, gossip
3 ἐκδιώκω, *pres act ptc gen s m*, attack, persecute
4 ἐπιλανθάνω, *aor mid ind 1p*, forget
5 ἀδικέω, *aor act ind 1p*, do wrong, act unjustly
6 ἀφίστημι, *aor act ind 3s*, withdraw, draw away
7 ἐκκλίνω, *aor act ind 2s*, turn away
8 τρίβος, path, track
9 ταπεινόω, *aor act ind 2s*, humble, bring low
10 κάκωσις, affliction
11 ἐπικαλύπτω, *aor act ind 3s*, cover
12 σκιά, shadow
13 ἐπιλανθάνω, *aor mid ind 1p*, forget
14 διαπετάζω, *aor act ind 1p*, spread out (in worship)
15 ἀλλότριος, foreign, strange
16 ἐκζητέω, *fut act ind 3s*, seek out
17 κρύφιος, secret
18 ἕνεκα, on account of, for the sake of
19 θανατόω, *pres pas ind 1p*, put to death
20 σφαγή, slaughter
21 ἐξεγείρω, *aor pas impv 2s*, arise, wake up
22 ὑπνόω, *pres act ind 2s*, sleep
23 ἀπωθέω, *aor mid sub 2s*, reject, drive away
24 ἀποστρέφω, *pres act ind 2s*, turn away, avert
25 ἐπιλανθάνω, *pres mid ind 2s*, forget
26 πτωχεία, poverty
27 ταπεινόω, *aor pas ind 3s*, humble, bring low
28 χοῦς, dust
29 κολλάω, *aor pas ind 3s*, cling to
30 γαστήρ, stomach, belly
31 βοηθέω, *aor act impv 2s*, come to the help of
32 λυτρόω, *aor mid impv 2s*, redeem
33 ἕνεκεν, on account of, for the sake of

44 Εἰς τὸ τέλος, ὑπὲρ τῶν ἀλλοιωθησομένων·[1] τοῖς υἱοῖς Κορε εἰς σύνεσιν·[2] ᾠδὴ[3] ὑπὲρ τοῦ ἀγαπητοῦ.[4]

2 Ἐξηρεύξατο[5] ἡ καρδία μου λόγον ἀγαθόν,
λέγω ἐγὼ τὰ ἔργα μου τῷ βασιλεῖ,
ἡ γλῶσσά μου κάλαμος[6] γραμματέως[7] ὀξυγράφου.[8]
3 ὡραῖος[9] κάλλει παρὰ τοὺς υἱοὺς τῶν ἀνθρώπων,
ἐξεχύθη[10] χάρις ἐν χείλεσίν[11] σου·
διὰ τοῦτο εὐλόγησέν σε ὁ θεὸς εἰς τὸν αἰῶνα.
4 περίζωσαι[12] τὴν ῥομφαίαν[13] σου ἐπὶ τὸν μηρόν[14] σου, δυνατέ,
τῇ ὡραιότητί[15] σου καὶ τῷ κάλλει[16] σου
5 καὶ ἔντεινον[17] καὶ κατευοδοῦ[18] καὶ βασίλευε[19]
ἕνεκεν[20] ἀληθείας καὶ πραΰτητος[21] καὶ δικαιοσύνης,
καὶ ὁδηγήσει[22] σε θαυμαστῶς[23] ἡ δεξιά σου.
6 τὰ βέλη[24] σου ἠκονημένα,[25] δυνατέ,
— λαοὶ ὑποκάτω[26] σου πεσοῦνται —
ἐν καρδίᾳ τῶν ἐχθρῶν τοῦ βασιλέως.

7 ὁ θρόνος σου, ὁ θεός, εἰς τὸν αἰῶνα τοῦ αἰῶνος,
ῥάβδος[27] εὐθύτητος[28] ἡ ῥάβδος τῆς βασιλείας σου.
8 ἠγάπησας δικαιοσύνην καὶ ἐμίσησας ἀνομίαν·[29]
διὰ τοῦτο ἔχρισέν[30] σε ὁ θεὸς ὁ θεός σου
ἔλαιον[31] ἀγαλλιάσεως[32] παρὰ τοὺς μετόχους[33] σου.
9 σμύρνα[34] καὶ στακτὴ[35] καὶ κασία[36] ἀπὸ τῶν ἱματίων σου
ἀπὸ βάρεων[37] ἐλεφαντίνων,[38] ἐξ ὧν ηὔφρανάν[39] σε.

1 ἀλλοιόω, *fut pas ptc gen p n*, change, transform
2 σύνεσις, understanding, insight
3 ᾠδή, song
4 ἀγαπητός, beloved
5 ἐξερεύγομαι, *aor mid ind 3s*, burst with, overflow with
6 κάλαμος, reed (for writing), (pen)
7 γραμματεύς, scribe
8 ὀξυγράφος, fast-writing
9 ὡραῖος, beautiful, well formed
10 ἐκχέω, *aor pas ind 3s*, pour out, shed
11 χεῖλος, lip
12 περιζώννυμι, *aor mid impv 2s*, gird on, put on
13 ῥομφαία, sword
14 μηρός, thigh
15 ὡραιότης, prime of youth
16 κάλλος, beauty
17 ἐντείνω, *aor act impv 2s*, bend (a bow)
18 κατευοδόω, *pres act impv 2s*, prosper, do well
19 βασιλεύω, *pres act impv 2s*, reign
20 ἕνεκεν, for the sake of
21 πραΰτης, gentleness
22 ὁδηγέω, *fut act ind 3s*, lead, guide
23 θαυμαστῶς, wonderfully
24 βέλος, arrow
25 ἀκονάω, *perf pas ptc nom p n*, sharpen
26 ὑποκάτω, under
27 ῥάβδος, rod, scepter
28 εὐθύτης, uprightness
29 ἀνομία, transgression, lawlessness
30 χρίω, *aor act ind 3s*, anoint
31 ἔλαιον, oil
32 ἀγαλλίασις, exultation
33 μέτοχος, companion, fellow
34 σμύρνα, myrrh
35 στακτή, oil of myrrh
36 κασία, cassia, *Heb. LW*
37 βάρις, palace, tower
38 ἐλεφάντινος, of ivory
39 εὐφραίνω, *aor act ind 3p*, cheer, make glad

10 θυγατέρες[1] βασιλέων ἐν τῇ τιμῇ[2] σου·
παρέστη[3] ἡ βασίλισσα[4] ἐκ δεξιῶν σου ἐν ἱματισμῷ[5] διαχρύσῳ[6]
περιβεβλημένη[7] πεποικιλμένη.[8]

11 ἄκουσον, θύγατερ,[9] καὶ ἰδὲ καὶ κλῖνον[10] τὸ οὖς σου
καὶ ἐπιλάθου[11] τοῦ λαοῦ σου καὶ τοῦ οἴκου τοῦ πατρός σου,
12 ὅτι ἐπεθύμησεν[12] ὁ βασιλεὺς τοῦ κάλλους[13] σου,
ὅτι αὐτός ἐστιν ὁ κύριός σου.
13 καὶ προσκυνήσουσιν αὐτῷ θυγατέρες[14] Τύρου ἐν δώροις,[15]
τὸ πρόσωπόν σου λιτανεύσουσιν[16] οἱ πλούσιοι[17] τοῦ λαοῦ.

14 πᾶσα ἡ δόξα αὐτῆς θυγατρὸς[18] βασιλέως ἔσωθεν[19]
ἐν κροσσωτοῖς[20] χρυσοῖς[21] περιβεβλημένη[22] πεποικιλμένη.[23]
15 ἀπενεχθήσονται[24] τῷ βασιλεῖ παρθένοι[25] ὀπίσω αὐτῆς,
αἱ πλησίον[26] αὐτῆς ἀπενεχθήσονταί[27] σοι·
16 ἀπενεχθήσονται[28] ἐν εὐφροσύνῃ[29] καὶ ἀγαλλιάσει,[30]
ἀχθήσονται εἰς ναὸν βασιλέως.

17 ἀντὶ[31] τῶν πατέρων σου ἐγενήθησάν σοι υἱοί·
καταστήσεις[32] αὐτοὺς ἄρχοντας ἐπὶ πᾶσαν τὴν γῆν.
18 μνησθήσονται[33] τοῦ ὀνόματός σου ἐν πάσῃ γενεᾷ καὶ γενεᾷ·
διὰ τοῦτο λαοὶ ἐξομολογήσονταί[34] σοι
εἰς τὸν αἰῶνα καὶ εἰς τὸν αἰῶνα τοῦ αἰῶνος.

1 θυγάτηρ, daughter
2 τιμή, honor
3 παρίστημι, *aor act ind 3s*, be present, stand near
4 βασίλισσα, queen
5 ἱματισμός, clothing
6 διάχρυσος, interwoven with gold
7 περιβάλλω, *perf pas ptc nom s f*, robe with, cover around with
8 ποικίλλω, *perf pas ptc nom s f*, be clothed with embroidery
9 θυγάτηρ, daughter
10 κλίνω, *aor act impv 2s*, incline
11 ἐπιλανθάνω, *aor mid impv 2s*, forget
12 ἐπιθυμέω, *aor act ind 3s*, desire
13 κάλλος, beauty
14 θυγάτηρ, daughter
15 δῶρον, gift
16 λιτανεύω, *fut act ind 3p*, petition, entreat
17 πλούσιος, rich
18 θυγάτηρ, daughter
19 ἔσωθεν, within, inside
20 κροσσωτός, with tassels, fringed
21 χρυσοῦς, golden
22 περιβάλλω, *perf pas ptc nom s f*, clothe
23 ποικίλλω, *perf pas ptc nom s f*, be clothed with embroidery
24 ἀποφέρω, *fut pas ind 3p*, carry away, take away
25 παρθένος, virgin
26 πλησίον, companion, friend
27 ἀποφέρω, *fut pas ind 3p*, carry away, take away
28 ἀποφέρω, *fut pas ind 3p*, carry away, take away
29 εὐφροσύνη, gladness
30 ἀγαλλίασις, exultation
31 ἀντί, in place of, instead of
32 καθίστημι, *fut act ind 2s*, appoint
33 μιμνήσκομαι, *fut pas ind 3p*, remember
34 ἐξομολογέομαι, *fut mid ind 3p*, confess, acknowledge

45 Εἰς τὸ τέλος· ὑπὲρ τῶν υἱῶν Κορε, ὑπὲρ τῶν κρυφίων[1] ψαλμός.

2 Ὁ θεὸς ἡμῶν καταφυγὴ[2] καὶ δύναμις,
βοηθὸς[3] ἐν θλίψεσιν ταῖς εὑρούσαις ἡμᾶς σφόδρα.[4]
3 διὰ τοῦτο οὐ φοβηθησόμεθα ἐν τῷ ταράσσεσθαι[5] τὴν γῆν
καὶ μετατίθεσθαι[6] ὄρη ἐν καρδίαις θαλασσῶν.
4 ἤχησαν[7] καὶ ἐταράχθησαν[8] τὰ ὕδατα αὐτῶν,
ἐταράχθησαν[9] τὰ ὄρη ἐν τῇ κραταιότητι[10] αὐτοῦ.

διάψαλμα.[11]

5 τοῦ ποταμοῦ[12] τὰ ὁρμήματα[13] εὐφραίνουσιν[14] τὴν πόλιν τοῦ θεοῦ·
ἡγίασεν[15] τὸ σκήνωμα[16] αὐτοῦ ὁ ὕψιστος.[17]
6 ὁ θεὸς ἐν μέσῳ αὐτῆς, οὐ σαλευθήσεται·[18]
βοηθήσει[19] αὐτῇ ὁ θεὸς τὸ πρὸς πρωί.[20]
7 ἐταράχθησαν[21] ἔθνη, ἔκλιναν[22] βασιλεῖαι·
ἔδωκεν φωνὴν αὐτοῦ, ἐσαλεύθη[23] ἡ γῆ.
8 κύριος τῶν δυνάμεων μεθ᾽ ἡμῶν,
ἀντιλήμπτωρ[24] ἡμῶν ὁ θεὸς Ιακωβ.

διάψαλμα.[25]

9 δεῦτε[26] ἴδετε τὰ ἔργα κυρίου,
ἃ ἔθετο τέρατα[27] ἐπὶ τῆς γῆς.
10 ἀνταναιρῶν[28] πολέμους μέχρι[29] τῶν περάτων[30] τῆς γῆς
τόξον[31] συντρίψει[32] καὶ συγκλάσει[33] ὅπλον[34]
καὶ θυρεοὺς[35] κατακαύσει[36] ἐν πυρί.

1 κρύφιος, hidden, secret
2 καταφυγή, refuge
3 βοηθός, help
4 σφόδρα, very (much)
5 ταράσσω, *pres mid inf*, shake up
6 μετατίθημι, *pres mid inf*, change (a place), shift
7 ἠχέω, *aor act ind 3p*, resound, roar
8 ταράσσω, *aor pas ind 3p*, stir up
9 ταράσσω, *aor pas ind 3p*, shake up
10 κραταιότης, might, force
11 διάψαλμα, (*musical interlude, renders Heb.* selāh)
12 ποταμός, river
13 ὅρμημα, torrent, forceful gush
14 εὐφραίνω, *pres act ind 3p*, cheer
15 ἁγιάζω, *aor act ind 3s*, make sacred, sanctify
16 σκήνωμα, tent, dwelling
17 ὕψιστος, *sup*, Most High
18 σαλεύω, *fut pas ind 3s*, shake, move
19 βοηθέω, *fut act ind 3s*, give help to
20 πρωί, morning
21 ταράσσω, *aor pas ind 3p*, trouble, shake up
22 κλίνω, *aor act ind 3p*, bow down, tip over
23 σαλεύω, *aor pas ind 3s*, shake, move
24 ἀντιλήμπτωρ, helper, protector
25 διάψαλμα, (*musical interlude, renders Heb.* selāh)
26 δεῦτε, come!
27 τέρας, wondrous deed
28 ἀνταναιρέω, *pres act ptc nom s m*, bring an end to
29 μέχρι, until, to the point of
30 πέρας, end, boundary
31 τόξον, bow
32 συντρίβω, *fut act ind 3s*, break
33 συγκλάω, *fut act ind 3s*, shatter
34 ὅπλον, armor
35 θυρεός, shield
36 κατακαίω, *fut act ind 3s*, scorch, burn up

11 σχολάσατε[1] καὶ γνῶτε ὅτι ἐγώ εἰμι ὁ θεός·
ὑψωθήσομαι[2] ἐν τοῖς ἔθνεσιν,
ὑψωθήσομαι ἐν τῇ γῇ.
12 κύριος τῶν δυνάμεων μεθ᾽ ἡμῶν,
ἀντιλήμπτωρ[3] ἡμῶν ὁ θεὸς Ιακωβ.

46 Εἰς τὸ τέλος· ὑπὲρ τῶν υἱῶν Κορε ψαλμός.

2 Πάντα τὰ ἔθνη, κροτήσατε[4] χεῖρας,
ἀλαλάξατε[5] τῷ θεῷ ἐν φωνῇ ἀγαλλιάσεως,[6]
3 ὅτι κύριος ὕψιστος[7] φοβερός,[8]
βασιλεὺς μέγας ἐπὶ πᾶσαν τὴν γῆν.
4 ὑπέταξεν[9] λαοὺς ἡμῖν
καὶ ἔθνη ὑπὸ τοὺς πόδας ἡμῶν·
5 ἐξελέξατο[10] ἡμῖν τὴν κληρονομίαν[11] αὐτοῦ,
τὴν καλλονὴν[12] Ιακωβ, ἣν ἠγάπησεν.

διάψαλμα.[13]

6 ἀνέβη ὁ θεὸς ἐν ἀλαλαγμῷ,[14]
κύριος ἐν φωνῇ σάλπιγγος.[15]
7 ψάλατε[16] τῷ θεῷ ἡμῶν, ψάλατε,
ψάλατε τῷ βασιλεῖ ἡμῶν, ψάλατε,
8 ὅτι βασιλεὺς πάσης τῆς γῆς ὁ θεός,
ψάλατε[17] συνετῶς.[18]

9 ἐβασίλευσεν[19] ὁ θεὸς ἐπὶ τὰ ἔθνη,
ὁ θεὸς κάθηται ἐπὶ θρόνου ἁγίου αὐτοῦ.
10 ἄρχοντες λαῶν συνήχθησαν μετὰ τοῦ θεοῦ Αβρααμ,
ὅτι τοῦ θεοῦ οἱ κραταιοὶ[20] τῆς γῆς, σφόδρα[21] ἐπήρθησαν.[22]

1 σχολάζω, *aor act impv 2p*, calm down, be still
2 ὑψόω, *fut pas ind 1s*, lift up, exalt
3 ἀντιλήμπτωρ, helper, protector
4 κροτέω, *aor act impv 2p*, clap (together)
5 ἀλαλάζω, *aor act impv 2p*, shout aloud
6 ἀγαλλίασις, great joy, exultation
7 ὕψιστος, *sup*, most high
8 φοβερός, awesome, fearful
9 ὑποτάσσω, *aor act ind 3s*, subdue
10 ἐκλέγω, *aor mid ind 3s*, choose
11 κληρονομία, inheritance
12 καλλονή, excellence, beauty
13 διάψαλμα, (*musical interlude, renders Heb.* selāh)
14 ἀλαλαγμός, shouting, loud cries
15 σάλπιγξ, trumpet
16 ψάλλω, *aor act impv 2p*, play music, sing (with an instrument)
17 ψάλλω, *aor act impv 2p*, play music, sing (with an instrument)
18 συνετῶς, skillfully
19 βασιλεύω, *aor act ind 3s*, reign as king
20 κραταιός, powerful, mighty
21 σφόδρα, greatly, exceedingly
22 ἐπαίρω, *aor pas ind 3p*, exalt

47 Ψαλμὸς ᾠδῆς[1] τοῖς υἱοῖς Κορε· δευτέρᾳ σαββάτου.

2 Μέγας κύριος καὶ αἰνετὸς[2] σφόδρα[3]
ἐν πόλει τοῦ θεοῦ ἡμῶν, ὄρει ἁγίῳ αὐτοῦ,
3 εὖ[4] ῥιζῶν[5] ἀγαλλιάματι[6] πάσης τῆς γῆς.
ὄρη Σιων, τὰ πλευρὰ[7] τοῦ βορρᾶ,[8]
ἡ πόλις τοῦ βασιλέως τοῦ μεγάλου,
4 ὁ θεὸς ἐν ταῖς βάρεσιν[9] αὐτῆς γινώσκεται,
ὅταν ἀντιλαμβάνηται[10] αὐτῆς.
5 ὅτι ἰδοὺ οἱ βασιλεῖς συνήχθησαν,
ἤλθοσαν ἐπὶ τὸ αὐτό·
6 αὐτοὶ ἰδόντες οὕτως ἐθαύμασαν,[11]
ἐταράχθησαν,[12] ἐσαλεύθησαν,[13]
7 τρόμος[14] ἐπελάβετο[15] αὐτῶν,
ἐκεῖ ὠδῖνες[16] ὡς τικτούσης.[17]
8 ἐν πνεύματι βιαίῳ[18]
συντρίψεις[19] πλοῖα[20] Θαρσις.
9 καθάπερ[21] ἠκούσαμεν, οὕτως εἴδομεν
ἐν πόλει κυρίου τῶν δυνάμεων,
ἐν πόλει τοῦ θεοῦ ἡμῶν·
ὁ θεὸς ἐθεμελίωσεν[22] αὐτὴν εἰς τὸν αἰῶνα.

διάψαλμα.[23]

10 ὑπελάβομεν,[24] ὁ θεός, τὸ ἔλεός[25] σου
ἐν μέσῳ τοῦ ναοῦ σου.
11 κατὰ τὸ ὄνομά σου, ὁ θεός,
οὕτως καὶ ἡ αἴνεσίς[26] σου ἐπὶ τὰ πέρατα[27] τῆς γῆς·
δικαιοσύνης πλήρης[28] ἡ δεξιά σου.

1 ᾠδή, song
2 αἰνετός, praiseworthy
3 σφόδρα, exceedingly
4 εὖ, good
5 ῥίζα, root
6 ἀγαλλίαμα, joy, enjoyment
7 πλευρόν, side, (slope)
8 βορρᾶς, north
9 βάρις, stronghold, tower
10 ἀντιλαμβάνομαι, *pres mid sub 3s*, assist, support
11 θαυμάζω, *aor act ind 3p*, marvel, be astounded
12 ταράσσω, *aor pas ind 3p*, disturb, trouble
13 σαλεύω, *aor pas ind 3p*, shake, upset
14 τρόμος, quaking, trembling
15 ἐπιλαμβάνω, *aor mid ind 3s*, lay hold of, take over
16 ὠδίν, labor pain
17 τίκτω, *pres act ptc gen s f*, give birth
18 βίαιος, forceful
19 συντρίβω, *fut act ind 2s*, break up
20 πλοῖον, ship, boat
21 καθάπερ, as
22 θεμελιόω, *aor act ind 3s*, establish, found
23 διάψαλμα, (*musical interlude, renders Heb.* selāh)
24 ὑπολαμβάνω, *aor act ind 1p*, take up, come upon
25 ἔλεος, mercy, compassion
26 αἴνεσις, praise
27 πέρας, end, boundary
28 πλήρης, full

12 εὐφρανθήτω[1] τὸ ὄρος Σιων,
ἀγαλλιάσθωσαν[2] αἱ θυγατέρες[3] τῆς Ιουδαίας
ἕνεκεν[4] τῶν κριμάτων[5] σου, κύριε.

13 κυκλώσατε[6] Σιων καὶ περιλάβετε[7] αὐτήν,
διηγήσασθε[8] ἐν τοῖς πύργοις[9] αὐτῆς,
14 θέσθε τὰς καρδίας ὑμῶν εἰς τὴν δύναμιν αὐτῆς
καὶ καταδιέλεσθε[10] τὰς βάρεις[11] αὐτῆς,
ὅπως ἂν διηγήσησθε[12] εἰς γενεὰν ἑτέραν.
15 ὅτι οὗτός ἐστιν ὁ θεὸς ὁ θεὸς ἡμῶν
εἰς τὸν αἰῶνα καὶ εἰς τὸν αἰῶνα τοῦ αἰῶνος·
αὐτὸς ποιμανεῖ[13] ἡμᾶς εἰς τοὺς αἰῶνας.

48 Εἰς τὸ τέλος· τοῖς υἱοῖς Κορε ψαλμός.

2 Ἀκούσατε ταῦτα, πάντα τὰ ἔθνη,
ἐνωτίσασθε,[14] πάντες οἱ κατοικοῦντες τὴν οἰκουμένην,[15]
3 οἵ τε γηγενεῖς[16] καὶ οἱ υἱοὶ τῶν ἀνθρώπων,
ἐπὶ τὸ αὐτὸ πλούσιος[17] καὶ πένης.[18]
4 τὸ στόμα μου λαλήσει σοφίαν
καὶ ἡ μελέτη[19] τῆς καρδίας μου σύνεσιν·[20]
5 κλινῶ[21] εἰς παραβολὴν[22] τὸ οὖς μου,
ἀνοίξω ἐν ψαλτηρίῳ[23] τὸ πρόβλημά[24] μου.

6 ἵνα τί φοβοῦμαι ἐν ἡμέρᾳ πονηρᾷ;
ἡ ἀνομία[25] τῆς πτέρνης[26] μου κυκλώσει[27] με.

1 εὐφραίνω, *aor pas impv 3s*, be glad, rejoice
2 ἀγαλλιάω, *pres mid impv 3p*, exult
3 θυγάτηρ, daughter
4 ἕνεκεν, on account of
5 κρίμα, judgment
6 κυκλόω, *aor act impv 2p*, surround, go around
7 περιλαμβάνω, *aor act impv 2p*, encircle, embrace
8 διηγέομαι, *aor mid impv 2p*, describe in detail
9 πύργος, tower
10 καταδιαιρέω, *aor mid impv 2p*, distinguish, observe
11 βάρις, tower, stronghold
12 διηγέομαι, *aor mid sub 2p*, describe in detail
13 ποιμαίνω, *fut act ind 3s*, tend (flocks), shepherd
14 ἐνωτίζομαι, *aor mid impv 2p*, give ear, pay attention
15 οἰκουμένη, world
16 γηγενής, earth-born
17 πλούσιος, rich
18 πένης, poor
19 μελέτη, meditation, thought
20 σύνεσις, understanding
21 κλίνω, *fut act ind 1s*, incline
22 παραβολή, proverb, saying
23 ψαλτήριον, harp
24 πρόβλημα, problem, riddle
25 ἀνομία, lawlessness
26 πτέρνα, heel
27 κυκλόω, *fut act ind 3s*, encircle, surround

7 οἱ πεποιθότες ἐπὶ τῇ δυνάμει αὐτῶν
καὶ ἐπὶ τῷ πλήθει τοῦ πλούτου[1] αὐτῶν καυχώμενοι,[2]
8 ἀδελφὸς οὐ λυτροῦται·[3] λυτρώσεται[4] ἄνθρωπος;
οὐ δώσει τῷ θεῷ ἐξίλασμα[5] αὐτοῦ
9 καὶ τὴν τιμὴν[6] τῆς λυτρώσεως[7] τῆς ψυχῆς αὐτοῦ.
10 καὶ ἐκόπασεν[8] εἰς τὸν αἰῶνα καὶ ζήσεται εἰς τέλος,
ὅτι οὐκ ὄψεται καταφθοράν,[9] ὅταν ἴδῃ[10] σοφοὺς[11] ἀποθνῄσκοντας.

11 ἐπὶ τὸ αὐτὸ ἄφρων[12] καὶ ἄνους[13] ἀπολοῦνται
καὶ καταλείψουσιν[14] ἀλλοτρίοις[15] τὸν πλοῦτον[16] αὐτῶν,
12 καὶ οἱ τάφοι[17] αὐτῶν οἰκίαι αὐτῶν εἰς τὸν αἰῶνα,
σκηνώματα[18] αὐτῶν εἰς γενεὰν καὶ γενεάν.
ἐπεκαλέσαντο[19] τὰ ὀνόματα αὐτῶν
ἐπὶ τῶν γαιῶν[20] αὐτῶν.
13 καὶ ἄνθρωπος ἐν τιμῇ[21] ὢν οὐ συνῆκεν,[22]
παρασυνεβλήθη[23] τοῖς κτήνεσιν[24] τοῖς ἀνοήτοις[25]
καὶ ὡμοιώθη[26] αὐτοῖς.
14 αὕτη ἡ ὁδὸς αὐτῶν σκάνδαλον[27] αὐτοῖς,
καὶ μετὰ ταῦτα ἐν τῷ στόματι αὐτῶν εὐδοκήσουσιν.[28]

διάψαλμα.[29]

15 ὡς πρόβατα ἐν ᾅδῃ[30] ἔθεντο, θάνατος ποιμαίνει[31] αὐτούς·
καὶ κατακυριεύσουσιν[32] αὐτῶν οἱ εὐθεῖς[33] τὸ πρωί,[34]
καὶ ἡ βοήθεια[35] αὐτῶν παλαιωθήσεται[36]
ἐν τῷ ᾅδῃ[37] ἐκ τῆς δόξης αὐτῶν.

1 πλοῦτος, riches
2 καυχάομαι, *pres mid ptc nom p m*, boast
3 λυτρόω, *pres mid ind 3s*, redeem, ransom
4 λυτρόω, *fut mid ind 3s*, redeem, ransom
5 ἐξίλασμα, ransom payment, bribe
6 τιμή, value, price
7 λύτρωσις, redemption, ransom
8 κοπάζω, *aor act ind 3s*, rest, cease
9 καταφθορά, corruption, ruin
10 ὁράω, *aor act sub 3s*, see
11 σοφός, wise, clever
12 ἄφρων, foolish
13 ἄνους, senseless
14 καταλείπω, *fut act ind 3p*, leave behind
15 ἀλλότριος, foreign, strange
16 πλοῦτος, riches
17 τάφος, grave
18 σκήνωμα, dwelling, tent
19 ἐπικαλέω, *aor mid ind 3p*, name, call
20 γαῖα, land
21 τιμή, honor
22 συνίημι, *aor act ind 3s*, understand
23 παρασυμβάλλω, *aor pas ind 3s*, seem like, appear as
24 κτῆνος, animal, beast
25 ἀνόητος, senseless
26 ὁμοιόω, *aor pas ind 3s*, become like
27 σκάνδαλον, obstacle, cause of stumbling
28 εὐδοκέω, *fut act ind 3p*, be pleased
29 διάψαλμα, (*musical interlude, renders Heb.* selāh)
30 ᾅδης, Hades, underworld
31 ποιμαίνω, *pres act ind 3s*, tend (flocks), shepherd
32 κατακυριεύω, *fut act ind 3p*, exercise dominion
33 εὐθύς, upright
34 πρωί, (in the) morning
35 βοήθεια, help
36 παλαιόω, *fut pas ind 3s*, grow old
37 ᾅδης, Hades, underworld

16 πλὴν ὁ θεὸς λυτρώσεται[1] τὴν ψυχήν μου
ἐκ χειρὸς ᾅδου,[2] ὅταν λαμβάνῃ με.

διάψαλμα.[3]

17 μὴ φοβοῦ, ὅταν πλουτήσῃ[4] ἄνθρωπος
καὶ ὅταν πληθυνθῇ[5] ἡ δόξα τοῦ οἴκου αὐτοῦ·
18 ὅτι οὐκ ἐν τῷ ἀποθνήσκειν αὐτὸν λήμψεται τὰ πάντα,
οὐδὲ συγκαταβήσεται[6] αὐτῷ ἡ δόξα αὐτοῦ.
19 ὅτι ἡ ψυχὴ αὐτοῦ ἐν τῇ ζωῇ αὐτοῦ εὐλογηθήσεται·
ἐξομολογήσεταί[7] σοι, ὅταν ἀγαθύνῃς[8] αὐτῷ.
20 εἰσελεύσεται ἕως γενεᾶς πατέρων αὐτοῦ,
ἕως αἰῶνος οὐκ ὄψεται φῶς.
21 ἄνθρωπος ἐν τιμῇ[9] ὢν οὐ συνῆκεν,[10]
παρασυνεβλήθη[11] τοῖς κτήνεσιν[12] τοῖς ἀνοήτοις[13]
καὶ ὡμοιώθη[14] αὐτοῖς.

49 Ψαλμὸς τῷ Ασαφ.

Θεὸς θεῶν κύριος ἐλάλησεν καὶ ἐκάλεσεν τὴν γῆν
ἀπὸ ἀνατολῶν[15] ἡλίου καὶ μέχρι[16] δυσμῶν.[17]
2 ἐκ Σιων ἡ εὐπρέπεια[18] τῆς ὡραιότητος[19] αὐτοῦ,
ὁ θεὸς ἐμφανῶς[20] ἥξει,[21]
3 ὁ θεὸς ἡμῶν, καὶ οὐ παρασιωπήσεται·[22]
πῦρ ἐναντίον[23] αὐτοῦ καυθήσεται,[24]
καὶ κύκλῳ[25] αὐτοῦ καταιγὶς[26] σφόδρα.[27]

1 λυτρόω, *fut mid ind 3s*, redeem, ransom
2 ᾅδης, Hades, underworld
3 διάψαλμα, (*musical interlude, renders Heb.* selāh)
4 πλουτέω, *aor act sub 3s*, become rich
5 πληθύνω, *aor pas sub 3s*, increase
6 συγκαταβαίνω, *fut mid ind 3s*, go down, descend
7 ἐξομολογέομαι, *fut mid ind 3s*, acknowledge
8 ἀγαθύνω, *aor act sub 2s*, treat well, honor
9 τιμή, honor
10 συνίημι, *aor act ind 3s*, understand
11 παρασυμβάλλω, *aor pas ind 3s*, seem like, appear as
12 κτῆνος, animal, beast
13 ἀνόητος, foolish
14 ὁμοιόω, *aor pas ind 3s*, become like
15 ἀνατολή, dawn
16 μέχρι, until
17 δυσμή, setting (of the sun)
18 εὐπρέπεια, excellence
19 ὡραιότης, beauty
20 ἐμφανῶς, visibly, manifestly
21 ἥκω, *fut act ind 3s*, have come
22 παρασιωπάω, *fut mid ind 3p*, pass over in silence
23 ἐναντίον, before
24 καίω, *fut pas ind 3s*, burn
25 κύκλῳ, around
26 καταιγίς, violent storm, tempest
27 σφόδρα, very great, severe

4 προσκαλέσεται[1] τὸν οὐρανὸν ἄνω[2]
καὶ τὴν γῆν διακρῖναι[3] τὸν λαὸν αὐτοῦ·
5 συναγάγετε αὐτῷ τοὺς ὁσίους[4] αὐτοῦ
τοὺς διατιθεμένους[5] τὴν διαθήκην αὐτοῦ ἐπὶ θυσίαις,[6]
6 καὶ ἀναγγελοῦσιν[7] οἱ οὐρανοὶ τὴν δικαιοσύνην αὐτοῦ,
ὅτι ὁ θεὸς κριτής[8] ἐστιν.

διάψαλμα.[9]

7 Ἄκουσον, λαός μου, καὶ λαλήσω σοι,
Ισραηλ, καὶ διαμαρτύρομαί[10] σοι·
ὁ θεὸς ὁ θεός σού εἰμι ἐγώ.
8 οὐκ ἐπὶ ταῖς θυσίαις[11] σου ἐλέγξω[12] σε,
τὰ δὲ ὁλοκαυτώματά[13] σου ἐνώπιόν μού ἐστιν διὰ παντός·
9 οὐ δέξομαι[14] ἐκ τοῦ οἴκου σου μόσχους[15]
οὐδὲ ἐκ τῶν ποιμνίων[16] σου χιμάρους.[17]
10 ὅτι ἐμά ἐστιν πάντα τὰ θηρία[18] τοῦ δρυμοῦ,[19]
κτήνη[20] ἐν τοῖς ὄρεσιν καὶ βόες·[21]
11 ἔγνωκα πάντα τὰ πετεινὰ[22] τοῦ οὐρανοῦ,
καὶ ὡραιότης[23] ἀγροῦ μετ᾽ ἐμοῦ ἐστιν.

12 ἐὰν πεινάσω,[24] οὐ μή σοι εἴπω·
ἐμὴ γάρ ἐστιν ἡ οἰκουμένη[25] καὶ τὸ πλήρωμα[26] αὐτῆς.
13 μὴ φάγομαι κρέα[27] ταύρων[28]
ἢ αἷμα τράγων[29] πίομαι;
14 θῦσον[30] τῷ θεῷ θυσίαν[31] αἰνέσεως[32]
καὶ ἀπόδος τῷ ὑψίστῳ[33] τὰς εὐχάς[34] σου·

1 προσκαλέω, *fut mid ind 3s*, summon
2 ἄνω, above
3 διακρίνω, *aor act inf*, judge
4 ὅσιος, holy
5 διατίθημι, *pres mid ptc acc p m*, arrange
6 θυσία, sacrifice
7 ἀναγγέλλω, *fut act ind 3p*, announce, declare
8 κριτής, judge
9 διάψαλμα, (*musical interlude, renders Heb.* selāh)
10 διαμαρτύρομαι, *pres mid ind 1s*, testify against
11 θυσία, sacrifice
12 ἐλέγχω, *fut act ind 1s*, reprove, rebuke
13 ὁλοκαύτωμα, whole burnt offering
14 δέχομαι, *fut mid ind 1s*, receive, accept
15 μόσχος, calf, young bull
16 ποίμνιον, flock
17 χίμαρος, young goat
18 θηρίον, wild animal
19 δρυμός, forest
20 κτῆνος, animal, (*p*) herd
21 βοῦς, cow, (*p*) cattle
22 πετεινόν, bird
23 ὡραιότης, ripeness, beauty
24 πεινάω, *aor act sub 1s*, be hungry
25 οἰκουμένη, world
26 πλήρωμα, content, fullness
27 κρέας, meat
28 ταῦρος, bull
29 τράγος, male goat
30 θύω, *aor act impv 2s*, offer
31 θυσία, sacrifice
32 αἴνεσις, praise
33 ὕψιστος, *sup*, Most High
34 εὐχή, prayer, vow

15 καὶ ἐπικάλεσαί[1] με ἐν ἡμέρᾳ θλίψεως,
καὶ ἐξελοῦμαί[2] σε, καὶ δοξάσεις με.

διάψαλμα.[3]

16 τῷ δὲ ἁμαρτωλῷ εἶπεν ὁ θεός
Ἵνα τί σὺ διηγῇ[4] τὰ δικαιώματά[5] μου
καὶ ἀναλαμβάνεις[6] τὴν διαθήκην μου διὰ στόματός σου;
17 σὺ δὲ ἐμίσησας παιδείαν[7]
καὶ ἐξέβαλες τοὺς λόγους μου εἰς τὰ ὀπίσω.
18 εἰ ἐθεώρεις[8] κλέπτην,[9] συνέτρεχες[10] αὐτῷ,
καὶ μετὰ μοιχῶν[11] τὴν μερίδα[12] σου ἐτίθεις·

19 τὸ στόμα σου ἐπλεόνασεν[13] κακίαν,[14]
καὶ ἡ γλῶσσά σου περιέπλεκεν[15] δολιότητα·[16]
20 καθήμενος κατὰ τοῦ ἀδελφοῦ σου κατελάλεις[17]
καὶ κατὰ τοῦ υἱοῦ τῆς μητρός σου ἐτίθεις σκάνδαλον.[18]
21 ταῦτα ἐποίησας, καὶ ἐσίγησα·[19]
ὑπέλαβες[20] ἀνομίαν[21] ὅτι ἔσομαί σοι ὅμοιος·[22]
ἐλέγξω[23] σε καὶ παραστήσω[24] κατὰ πρόσωπόν σου.

22 σύνετε[25] δὴ[26] ταῦτα, οἱ ἐπιλανθανόμενοι[27] τοῦ θεοῦ,
μήποτε[28] ἁρπάσῃ[29] καὶ μὴ ᾖ ὁ ῥυόμενος·[30]
23 θυσία[31] αἰνέσεως[32] δοξάσει με,
καὶ ἐκεῖ ὁδός, ᾗ δείξω αὐτῷ τὸ σωτήριον[33] τοῦ θεοῦ.

1 ἐπικαλέω, *aor mid impv 2s*, call upon
2 ἐξαιρέω, *fut mid ind 1s*, deliver
3 διάψαλμα, (*musical interlude, renders Heb.* selāh)
4 διηγέομαι, *pres mid ind 2s*, describe, recite
5 δικαίωμα, ordinance, decree
6 ἀναλαμβάνω, *pres act ind 2s*, take up
7 παιδεία, instruction, teaching, discipline
8 θεωρέω, *impf act ind 2s*, see
9 κλέπτης, thief
10 συντρέχω, *impf act ind 2s*, join, run together
11 μοιχός, adulterer
12 μερίς, lot, portion
13 πλεονάζω, *aor act ind 3s*, increase, multiply
14 κακία, evil, depravity
15 περιπλέκω, *impf act ind 3s*, embrace, weave
16 δολιότης, deceit
17 καταλαλέω, *impf act ind 2s*, speak against
18 σκάνδαλον, obstacle, cause of stumbling
19 σιγάω, *aor act ind 1s*, be silent
20 ὑπολαμβάνω, *aor act ind 2s*, take up, accept
21 ἀνομία, lawlessness, wickedness
22 ὅμοιος, like, similar to
23 ἐλέγχω, *fut act ind 1s*, convict, expose
24 παρίστημι, *fut act ind 1s*, stand beside (as witness)
25 συνίημι, *aor act impv 2p*, understand, consider
26 δή, now, then
27 ἐπιλανθάνω, *pres mid ptc nom p m*, forget
28 μήποτε, lest
29 ἁρπάζω, *aor act sub 3s*, seize, grab forcefully
30 ῥύομαι, *pres mid ptc nom s m*, rescue, save
31 θυσία, sacrifice
32 αἴνεσις, praise
33 σωτήριον, salvation, deliverance

50 Εἰς τὸ τέλος· ψαλμὸς τῷ Δαυιδ **2** ἐν τῷ ἐλθεῖν πρὸς αὐτὸν Ναθαν τὸν προφήτην, ἡνίκα[1] εἰσῆλθεν πρὸς Βηρσαβεε.

3 Ἐλέησόν[2] με, ὁ θεός,
κατὰ τὸ μέγα ἔλεός[3] σου
καὶ κατὰ τὸ πλῆθος τῶν οἰκτιρμῶν[4] σου
ἐξάλειψον[5] τὸ ἀνόμημά[6] μου·
4 ἐπὶ πλεῖον[7] πλῦνόν[8] με ἀπὸ τῆς ἀνομίας[9] μου
καὶ ἀπὸ τῆς ἁμαρτίας μου καθάρισόν με.
5 ὅτι τὴν ἀνομίαν[10] μου ἐγὼ γινώσκω,
καὶ ἡ ἁμαρτία μου ἐνώπιόν μού ἐστιν διὰ παντός.
6 σοὶ μόνῳ ἥμαρτον
καὶ τὸ πονηρὸν ἐνώπιόν σου ἐποίησα,
ὅπως ἂν δικαιωθῇς ἐν τοῖς λόγοις σου
καὶ νικήσῃς[11] ἐν τῷ κρίνεσθαί σε.
7 ἰδοὺ γὰρ ἐν ἀνομίαις[12] συνελήμφθην,[13]
καὶ ἐν ἁμαρτίαις ἐκίσσησέν[14] με ἡ μήτηρ μου.

8 ἰδοὺ γὰρ ἀλήθειαν ἠγάπησας,
τὰ ἄδηλα[15] καὶ τὰ κρύφια[16] τῆς σοφίας σου ἐδήλωσάς[17] μοι.
9 ῥαντιεῖς[18] με ὑσσώπῳ,[19] καὶ καθαρισθήσομαι·
πλυνεῖς[20] με, καὶ ὑπὲρ χιόνα[21] λευκανθήσομαι.[22]
10 ἀκουτιεῖς[23] με ἀγαλλίασιν[24] καὶ εὐφροσύνην·[25]
ἀγαλλιάσονται[26] ὀστᾶ[27] τεταπεινωμένα.[28]
11 ἀπόστρεψον[29] τὸ πρόσωπόν σου ἀπὸ τῶν ἁμαρτιῶν μου
καὶ πάσας τὰς ἀνομίας[30] μου ἐξάλειψον.[31]

1 ἡνίκα, at the time when
2 ἐλεέω, *aor act impv 2s*, have mercy
3 ἔλεος, mercy
4 οἰκτιρμός, compassion
5 ἐξαλείφω, *aor act impv 2s*, blot out, erase
6 ἀνόμημα, lawless action
7 ἐπὶ πλεῖον, thoroughly
8 πλύνω, *aor act impv 2s*, wash, cleanse
9 ἀνομία, transgression, lawlessness
10 ἀνομία, transgression, lawlessness
11 νικάω, *aor act sub 2s*, be victorious
12 ἀνομία, transgression, lawlessness
13 συλλαμβάνω, *aor pas ind 1s*, conceive
14 κισσάω, *aor act ind 3s*, crave (to conceive?)
15 ἄδηλος, unknown, unseen
16 κρύφιος, secret
17 δηλόω, *aor act ind 2s*, make visible, make clear
18 ῥαντίζω, *fut act ind 2s*, sprinkle
19 ὕσσωπος, hyssop, *Heb. LW*
20 πλύνω, *fut act ind 2s*, wash, cleanse
21 χιών, snow
22 λευκαίνω, *fut pas ind 1s*, make white
23 ἀκουτίζω, *fut act ind 2s*, cause to hear
24 ἀγαλλίασις, exultation, joy
25 εὐφροσύνη, joy, gladness
26 ἀγαλλιάω, *fut mid ind 3p*, exult, rejoice
27 ὀστέον, bone
28 ταπεινόω, *perf pas ptc nom p n*, humble, bring low
29 ἀποστρέφω, *aor act impv 2s*, turn aside, turn away
30 ἀνομία, lawless action
31 ἐξαλείφω, *aor act impv 2s*, blot out, erase

12 καρδίαν καθαρὰν[1] κτίσον[2] ἐν ἐμοί, ὁ θεός,
καὶ πνεῦμα εὐθὲς[3] ἐγκαίνισον[4] ἐν τοῖς ἐγκάτοις[5] μου.
13 μὴ ἀπορρίψῃς[6] με ἀπὸ τοῦ προσώπου σου
καὶ τὸ πνεῦμα τὸ ἅγιόν σου μὴ ἀντανέλῃς[7] ἀπ᾽ ἐμοῦ.
14 ἀπόδος μοι τὴν ἀγαλλίασιν[8] τοῦ σωτηρίου[9] σου
καὶ πνεύματι ἡγεμονικῷ[10] στήρισόν[11] με.

15 διδάξω ἀνόμους[12] τὰς ὁδούς σου,
καὶ ἀσεβεῖς[13] ἐπὶ σὲ ἐπιστρέψουσιν.
16 ῥῦσαί[14] με ἐξ αἱμάτων, ὁ θεὸς ὁ θεὸς τῆς σωτηρίας μου·
ἀγαλλιάσεται[15] ἡ γλῶσσά μου τὴν δικαιοσύνην σου.

17 κύριε, τὰ χείλη[16] μου ἀνοίξεις,
καὶ τὸ στόμα μου ἀναγγελεῖ[17] τὴν αἴνεσίν[18] σου.
18 ὅτι εἰ ἠθέλησας θυσίαν,[19] ἔδωκα ἄν·
ὁλοκαυτώματα[20] οὐκ εὐδοκήσεις.[21]
19 θυσία[22] τῷ θεῷ πνεῦμα συντετριμμένον,[23]
καρδίαν συντετριμμένην[24] καὶ τεταπεινωμένην[25]
ὁ θεὸς οὐκ ἐξουθενώσει.[26]

20 ἀγάθυνον,[27] κύριε, ἐν τῇ εὐδοκίᾳ[28] σου τὴν Σιων,
καὶ οἰκοδομηθήτω τὰ τείχη[29] Ιερουσαλημ·
21 τότε εὐδοκήσεις[30] θυσίαν[31] δικαιοσύνης,
ἀναφορὰν[32] καὶ ὁλοκαυτώματα·[33]
τότε ἀνοίσουσιν[34] ἐπὶ τὸ θυσιαστήριόν[35] σου μόσχους.[36]

1 καθαρός, clean, pure
2 κτίζω, *aor act impv 2s*, create, make
3 εὐθής, right, upright
4 ἐγκαινίζω, *aor act impv 2s*, renew, restore
5 ἔγκατα, inward parts
6 ἀπορρίπτω, *aor act sub 2s*, throw away, cast off
7 ἀνταναιρέω, *aor act sub 2s*, remove
8 ἀγαλλίασις, joy, exultation
9 σωτήριον, salvation, deliverance
10 ἡγεμονικός, leading, guiding
11 στηρίζω, *aor act impv 2s*, support, strengthen
12 ἄνομος, lawless, wicked
13 ἀσεβής, ungodly
14 ῥύομαι, *aor mid impv 2s*, rescue, deliver
15 ἀγαλλιάω, *fut mid ind 3s*, rejoice, exult
16 χεῖλος, lip, (mouth)
17 ἀναγγέλλω, *fut act ind 3s*, recount, declare
18 αἴνεσις, praise
19 θυσία, sacrifice
20 ὁλοκαύτωμα, whole burnt offering
21 εὐδοκέω, *fut act ind 2s*, be pleased with
22 θυσία, sacrifice
23 συντρίβω, *perf pas ptc acc s n*, break, crush
24 συντρίβω, *perf pas ptc acc s f*, break, crush
25 ταπεινόω, *perf pas ptc acc s f*, humble
26 ἐξουθενόω, *fut act ind 3s*, disdain, despise
27 ἀγαθύνω, *aor act impv 2s*, prosper, do good to
28 εὐδοκία, goodwill, pleasure
29 τεῖχος, wall
30 εὐδοκέω, *fut act ind 2s*, be pleased with
31 θυσία, sacrifice
32 ἀναφορά, offering
33 ὁλοκαύτωμα, whole burnt offering
34 ἀναφέρω, *fut act ind 3p*, offer
35 θυσιαστήριον, altar
36 μόσχος, calf, young bull

51 Εἰς τὸ τέλος· συνέσεως[1] τῷ Δαυιδ **2** ἐν τῷ ἐλθεῖν Δωηκ τὸν Ιδουμαῖον καὶ
ἀναγγεῖλαι[2] τῷ Σαουλ καὶ εἰπεῖν αὐτῷ Ἦλθεν Δαυιδ εἰς τὸν οἶκον Αβιμελεχ.

3 Τί ἐγκαυχᾷ[3] ἐν κακίᾳ,[4] ὁ δυνατός,
ἀνομίαν[5] ὅλην τὴν ἡμέραν;
4 ἀδικίαν[6] ἐλογίσατο ἡ γλῶσσά σου·
ὡσεὶ[7] ξυρὸν[8] ἠκονημένον[9] ἐποίησας δόλον.[10]
5 ἠγάπησας κακίαν[11] ὑπὲρ ἀγαθωσύνην,[12]
ἀδικίαν[13] ὑπὲρ τὸ λαλῆσαι δικαιοσύνην.

διάψαλμα.[14]

6 ἠγάπησας πάντα τὰ ῥήματα καταποντισμοῦ,[15]
γλῶσσαν δολίαν.[16]
7 διὰ τοῦτο ὁ θεὸς καθελεῖ[17] σε εἰς τέλος·
ἐκτίλαι[18] σε καὶ μεταναστεύσαι[19] σε ἀπὸ σκηνώματος[20]
καὶ τὸ ῥίζωμά[21] σου ἐκ γῆς ζώντων.

διάψαλμα.[22]

8 καὶ ὄψονται δίκαιοι καὶ φοβηθήσονται
καὶ ἐπ᾽ αὐτὸν γελάσονται[23] καὶ ἐροῦσιν
9 Ἰδοὺ ἄνθρωπος, ὃς οὐκ ἔθετο τὸν θεὸν βοηθὸν[24] αὐτοῦ,
ἀλλ᾽ ἐπήλπισεν[25] ἐπὶ τὸ πλῆθος τοῦ πλούτου[26] αὐτοῦ
καὶ ἐδυναμώθη[27] ἐπὶ τῇ ματαιότητι[28] αὐτοῦ.

10 ἐγὼ δὲ ὡσεὶ[29] ἐλαία[30] κατάκαρπος[31] ἐν τῷ οἴκῳ τοῦ θεοῦ·
ἤλπισα ἐπὶ τὸ ἔλεος[32] τοῦ θεοῦ
εἰς τὸν αἰῶνα καὶ εἰς τὸν αἰῶνα τοῦ αἰῶνος.

1 σύνεσις, understanding, insight
2 ἀναγγέλλω, *aor act inf*, report, tell
3 ἐγκαυχάομαι, *pres mid ind 2s*, boast
4 κακία, wickedness, evil
5 ἀνομία, lawlessness
6 ἀδικία, injustice, wrongdoing
7 ὡσεί, like, as
8 ξυρόν, razor
9 ἀκονάω, *perf pas ptc nom s n*, sharpen
10 δόλος, deceit
11 κακία, wickedness, evil
12 ἀγαθωσύνη, goodness, kindness
13 ἀδικία, injustice, wrongdoing
14 διάψαλμα, (*musical interlude*, *renders Heb*. selāh)
15 καταποντισμός, submersion, drowning, destruction
16 δόλιος, deceitful
17 καθαιρέω, *fut act ind 3s*, bring down, destroy
18 ἐκτίλλω, *aor act opt 3s*, pluck up
19 μεταναστεύω, *aor act opt 3s*, cause to flee
20 σκήνωμα, tent, dwelling
21 ῥίζωμα, root
22 διάψαλμα, (*musical interlude*, *renders Heb*. selāh)
23 γελάω, *fut mid ind 3p*, laugh at, deride
24 βοηθός, helper
25 ἐπελπίζω, *aor act ind 3s*, set hope upon
26 πλοῦτος, riches
27 δυναμόω, *aor pas ind 3s*, strengthen
28 ματαιότης, folly, vanity
29 ὡσεί, like
30 ἐλαία, olive tree
31 κατάκαρπος, fruitful
32 ἔλεος, mercy, compassion

11 ἐξομολογήσομαί[1] σοι εἰς τὸν αἰῶνα, ὅτι ἐποίησας,
καὶ ὑπομενῶ[2] τὸ ὄνομά σου,
ὅτι χρηστὸν[3] ἐναντίον[4] τῶν ὁσίων[5] σου.

52

Εἰς τὸ τέλος, ὑπὲρ μαελεθ· συνέσεως[6] τῷ Δαυιδ.

2 Εἶπεν ἄφρων[7] ἐν καρδίᾳ αὐτοῦ
Οὐκ ἔστιν θεός.
διεφθάρησαν[8] καὶ ἐβδελύχθησαν[9] ἐν ἀνομίαις,[10]
οὐκ ἔστιν ποιῶν ἀγαθόν.

3 ὁ θεὸς ἐκ τοῦ οὐρανοῦ διέκυψεν[11] ἐπὶ τοὺς υἱοὺς τῶν ἀνθρώπων
τοῦ ἰδεῖν εἰ ἔστιν συνίων[12] ἢ ἐκζητῶν[13] τὸν θεόν.

4 πάντες ἐξέκλιναν,[14] ἅμα[15] ἠχρεώθησαν,[16]
οὐκ ἔστιν ποιῶν ἀγαθόν, οὐκ ἔστιν ἕως ἑνός.

5 οὐχὶ γνώσονται πάντες οἱ ἐργαζόμενοι τὴν ἀνομίαν;[17]
οἱ ἔσθοντες[18] τὸν λαόν μου βρώσει[19] ἄρτου
τὸν θεὸν οὐκ ἐπεκαλέσαντο.[20]

6 ἐκεῖ φοβηθήσονται φόβον,
οὗ οὐκ ἦν φόβος,
ὅτι ὁ θεὸς διεσκόρπισεν[21] ὀστᾶ[22] ἀνθρωπαρέσκων·[23]
κατῃσχύνθησαν,[24] ὅτι ὁ θεὸς ἐξουδένωσεν[25] αὐτούς.

7 τίς δώσει ἐκ Σιων τὸ σωτήριον[26] τοῦ Ισραηλ;
ἐν τῷ ἐπιστρέψαι κύριον τὴν αἰχμαλωσίαν[27] τοῦ λαοῦ αὐτοῦ
ἀγαλλιάσεται[28] Ιακωβ καὶ εὐφρανθήσεται[29] Ισραηλ.

1 ἐξομολογέομαι, *fut mid ind 1s*, acknowledge, confess
2 ὑπομένω, *fut act ind 1s*, await, wait for
3 χρηστός, good, benevolent
4 ἐναντίον, before
5 ὅσιος, holy, pious
6 σύνεσις, understanding, insight
7 ἄφρων, foolish, crazy
8 διαφθείρω, *aor pas ind 3p*, spoil, make corrupt
9 βδελύσσω, *aor pas ind 3p*, detest, abhor
10 ἀνομία, lawlessness
11 διακύπτω, *aor act ind 3s*, look out, peer down
12 συνίημι, *pres act ptc nom s m*, understand
13 ἐκζητέω, *pres act ptc nom s m*, seek
14 ἐκκλίνω, *aor act ind 3p*, turn away
15 ἅμα, together, at once
16 ἀχρειόω, *aor pas ind 3p*, become worthless
17 ἀνομία, lawlessness
18 ἔσθω, *pres act ptc nom p m*, eat
19 βρῶσις, eating, consuming
20 ἐπικαλέω, *aor mid ind 3p*, call upon
21 διασκορπίζω, *aor act ind 3s*, scatter
22 ὀστέον, bone
23 ἀνθρωπάρεσκος, people pleaser
24 καταισχύνω, *aor pas ind 3p*, dishonor, put to shame
25 ἐξουδενόω, *aor act ind 3s*, despise
26 σωτήριον, deliverance, salvation
27 αἰχμαλωσία, captivity
28 ἀγαλλιάω, *fut mid ind 3s*, exult
29 εὐφραίνω, *fut pas ind 3s*, be glad, rejoice

53 Εἰς τὸ τέλος, ἐν ὕμνοις·[1] συνέσεως[2] τῷ Δαυιδ **2** ἐν τῷ ἐλθεῖν τοὺς Ζιφαίους
καὶ εἰπεῖν τῷ Σαουλ Οὐκ ἰδοὺ Δαυιδ κέκρυπται[3] παρ᾽ ἡμῖν;

3 Ὁ θεός, ἐν τῷ ὀνόματί σου σῶσόν με
καὶ ἐν τῇ δυνάμει σου κρῖνόν με.
4 ὁ θεός, εἰσάκουσον[4] τῆς προσευχῆς μου,
ἐνώτισαι[5] τὰ ῥήματα τοῦ στόματός μου.
5 ὅτι ἀλλότριοι[6] ἐπανέστησαν[7] ἐπ᾽ ἐμέ,
καὶ κραταιοὶ[8] ἐζήτησαν τὴν ψυχήν μου·
οὐ προέθεντο[9] τὸν θεὸν ἐνώπιον αὐτῶν.

διάψαλμα.[10]

6 ἰδοὺ γὰρ ὁ θεὸς βοηθεῖ[11] μοι,
καὶ ὁ κύριος ἀντιλήμπτωρ[12] τῆς ψυχῆς μου.
7 ἀποστρέψει[13] τὰ κακὰ τοῖς ἐχθροῖς μου·
ἐν τῇ ἀληθείᾳ σου ἐξολέθρευσον[14] αὐτούς.

8 ἑκουσίως[15] θύσω[16] σοι,
ἐξομολογήσομαι[17] τῷ ὀνόματί σου, κύριε, ὅτι ἀγαθόν·
9 ὅτι ἐκ πάσης θλίψεως ἐρρύσω[18] με,
καὶ ἐν τοῖς ἐχθροῖς μου ἐπεῖδεν[19] ὁ ὀφθαλμός μου.

54 Εἰς τὸ τέλος, ἐν ὕμνοις·[20] συνέσεως[21] τῷ Δαυιδ.

2 Ἐνώτισαι,[22] ὁ θεός, τὴν προσευχήν μου
καὶ μὴ ὑπερίδῃς[23] τὴν δέησίν[24] μου,
3 πρόσχες[25] μοι καὶ εἰσάκουσόν[26] μου.
ἐλυπήθην[27] ἐν τῇ ἀδολεσχίᾳ [28]μου καὶ ἐταράχθην[29]

1 ὕμνος, hymn
2 σύνεσις, understanding, insight
3 κρύπτω, *perf pas ind 3s*, hide
4 εἰσακούω, *aor act impv 2s*, hear, listen to
5 ἐνωτίζομαι, *aor mid impv 2s*, give ear to
6 ἀλλότριος, strange, foreign
7 ἐπανίστημι, *aor act ind 3p*, rise against
8 κραταιός, severe, strong
9 προτίθημι, *aor mid ind 3p*, put before, set before
10 διάψαλμα, (*musical interlude, renders Heb.* selāh)
11 βοηθέω, *pres act ind 3s*, help
12 ἀντιλήμπτωρ, helper, protector
13 ἀποστρέφω, *fut act ind 3s*, repay, return
14 ἐξολεθρεύω, *aor act impv 2s*, utterly destroy
15 ἑκουσίως, freely, willingly
16 θύω, *fut act ind 1s*, sacrifice
17 ἐξομολογέομαι, *fut mid ind 1s*, acknowledge, confess
18 ῥύομαι, *aor mid ind 2s*, rescue
19 ἐφοράω, *aor act ind 3s*, look upon
20 ὕμνος, hymn, praise
21 σύνεσις, understanding, insight
22 ἐνωτίζομαι, *aor mid impv 2s*, give ear
23 ὑπεροράω, *aor act sub 2s*, overlook, disregard
24 δέησις, entreaty, petition
25 προσέχω, *aor act impv 2s*, pay attention
26 εἰσακούω, *aor act impv 2s*, listen to
27 λυπέω, *aor pas ind 1s*, grieve, vex
28 ἀδολεσχία, (idle) talk, chatter
29 ταράσσω, *aor pas ind 1s*, trouble, disturb

4 ἀπὸ φωνῆς ἐχθροῦ καὶ ἀπὸ θλίψεως ἁμαρτωλοῦ,
ὅτι ἐξέκλιναν[1] ἐπ᾽ ἐμὲ ἀνομίαν[2]
καὶ ἐν ὀργῇ ἐνεκότουν[3] μοι.

5 ἡ καρδία μου ἐταράχθη[4] ἐν ἐμοί,
καὶ δειλία[5] θανάτου ἐπέπεσεν[6] ἐπ᾽ ἐμέ·
6 φόβος καὶ τρόμος[7] ἦλθεν ἐπ᾽ ἐμέ,
καὶ ἐκάλυψέν[8] με σκότος.
7 καὶ εἶπα Τίς δώσει μοι πτέρυγας[9] ὡσεὶ[10] περιστερᾶς[11]
καὶ πετασθήσομαι[12] καὶ καταπαύσω;[13]
8 ἰδοὺ ἐμάκρυνα[14] φυγαδεύων[15]
καὶ ηὐλίσθην[16] ἐν τῇ ἐρήμῳ.

διάψαλμα.[17]

9 προσεδεχόμην[18] τὸν σῴζοντά με
ἀπὸ ὀλιγοψυχίας[19] καὶ καταιγίδος.[20]
10 καταπόντισον,[21] κύριε, καὶ καταδίελε[22] τὰς γλώσσας αὐτῶν,
ὅτι εἶδον ἀνομίαν[23] καὶ ἀντιλογίαν[24] ἐν τῇ πόλει.
11 ἡμέρας καὶ νυκτὸς κυκλώσει[25] αὐτὴν ἐπὶ τὰ τείχη[26] αὐτῆς,
ἀνομία[27] καὶ κόπος[28] ἐν μέσῳ αὐτῆς καὶ ἀδικία,[29]
12 καὶ οὐκ ἐξέλιπεν[30] ἐκ τῶν πλατειῶν[31] αὐτῆς τόκος[32] καὶ δόλος.[33]

13 ὅτι εἰ ἐχθρὸς ὠνείδισέν[34] με,
ὑπήνεγκα[35] ἄν,

1 ἐκκλίνω, *aor act ind 3p*, deviate, turn away
2 ἀνομία, lawlessness
3 ἐγκοτέω, *impf act ind 3p*, be angry
4 ταράσσω, *aor pas ind 3s*, trouble, disturb
5 δειλία, fear, terror
6 ἐπιπίπτω, *aor act ind 3s*, fall upon
7 τρόμος, trembling
8 καλύπτω, *aor act ind 3s*, cover
9 πτέρυξ, wing
10 ὡσεί, like
11 περιστερά, dove
12 πετάννυμι, *fut pas ind 1s*, fly
13 καταπαύω, *fut act ind 1s*, (be at) rest
14 μακρύνω, *aor act ind 1s*, travel far away
15 φυγαδεύω, *pres act ptc nom s m*, flee away, live in exile
16 αὐλίζω, *aor pas ind 1s*, lodge, spend the night
17 διάψαλμα, (*musical interlude, renders Heb.* selāh)
18 προσδέχομαι, *impf mid ind 1s*, welcome, receive
19 ὀλιγοψυχία, faintheartedness
20 καταιγίς, storm, tempest
21 καταποντίζω, *aor act impv 2s*, (destroy), plunge, drown
22 καταδιαιρέω, *aor act impv 2s*, divide
23 ἀνομία, lawlessness
24 ἀντιλογία, contradiction, dispute
25 κυκλόω, *fut act ind 3s*, surround, encircle
26 τεῖχος, wall
27 ἀνομία, lawlessness, evil
28 κόπος, difficulty, trouble
29 ἀδικία, injustice, unrighteousness
30 ἐκλείπω, *aor act ind 3s*, depart, be gone
31 πλατύς, wide (street)
32 τόκος, (usury), interest
33 δόλος, deceit
34 ὀνειδίζω, *aor act ind 3s*, mock, reproach
35 ὑποφέρω, *aor act ind 1s*, endure, bear

καὶ εἰ ὁ μισῶν με ἐπ᾽ ἐμὲ ἐμεγαλορρημόνησεν,[1]
ἐκρύβην[2] ἂν ἀπ᾽ αὐτοῦ.
14 σὺ δέ, ἄνθρωπε ἰσόψυχε,[3]
ἡγεμών[4] μου καὶ γνωστέ[5] μου,
15 ὃς ἐπὶ τὸ αὐτό μοι ἐγλύκανας[6] ἐδέσματα,[7]
ἐν τῷ οἴκῳ τοῦ θεοῦ ἐπορεύθημεν ἐν ὁμονοίᾳ·[8]
16 ἐλθέτω θάνατος ἐπ᾽ αὐτούς,
καὶ καταβήτωσαν εἰς ᾄδου[9] ζῶντες,
ὅτι πονηρίαι[10] ἐν ταῖς παροικίαις[11] αὐτῶν ἐν μέσῳ αὐτῶν.

17 ἐγὼ δὲ πρὸς τὸν θεὸν ἐκέκραξα,
καὶ ὁ κύριος εἰσήκουσέν[12] μου.
18 ἑσπέρας[13] καὶ πρωὶ[14] καὶ μεσημβρίας[15] διηγήσομαι·[16]
ἀπαγγελῶ, καὶ εἰσακούσεται[17] τῆς φωνῆς μου.
19 λυτρώσεται[18] ἐν εἰρήνῃ τὴν ψυχήν μου ἀπὸ τῶν ἐγγιζόντων μοι,
ὅτι ἐν πολλοῖς ἦσαν σὺν ἐμοί.
20 εἰσακούσεται[19] ὁ θεὸς καὶ ταπεινώσει[20] αὐτούς,
ὁ ὑπάρχων πρὸ τῶν αἰώνων.

διάψαλμα.[21]

οὐ γάρ ἐστιν αὐτοῖς ἀντάλλαγμα,[22]
καὶ οὐκ ἐφοβήθησαν τὸν θεόν.
21 ἐξέτεινεν[23] τὴν χεῖρα αὐτοῦ ἐν τῷ ἀποδιδόναι·
ἐβεβήλωσαν[24] τὴν διαθήκην αὐτοῦ.
22 διεμερίσθησαν[25] ἀπὸ ὀργῆς τοῦ προσώπου αὐτοῦ,
καὶ ἤγγισεν ἡ καρδία αὐτοῦ·
ἡπαλύνθησαν[26] οἱ λόγοι αὐτοῦ ὑπὲρ ἔλαιον,[27]
καὶ αὐτοί εἰσιν βολίδες.[28]

1 μεγαλορρημονέω, *aor act ind 3s*, speak boastingly
2 κρύπτω, *aor pas ind 1s*, hide
3 ἰσόψυχος, like-minded (one), (fellow man)
4 ἡγεμών, leader
5 γνωστός, (acquaintance)
6 γλυκαίνω, *aor act ind 2s*, sweeten
7 ἔδεσμα, delicacies, food
8 ὁμόνοια, harmony, unity
9 ᾅδης, Hades, underworld
10 πονηρία, evil, wickedness
11 παροικία, sojourning, foreign travel
12 εἰσακούω, *aor act ind 3s*, listen to
13 ἑσπέρα, evening
14 πρωί, morning
15 μεσημβρία, noon, midday
16 διηγέομαι, *fut mid ind 1s*, describe, recount
17 εἰσακούω, *fut mid ind 3s*, listen to
18 λυτρόω, *fut mid ind 3s*, redeem
19 εἰσακούω, *fut mid ind 3s*, hear
20 ταπεινόω, *fut act ind 3s*, humble
21 διάψαλμα, (*musical interlude, renders Heb*. selāh)
22 ἀντάλλαγμα, change
23 ἐκτείνω, *aor act ind 3s*, stretch out
24 βεβηλόω, *aor act ind 3p*, profane, desecrate
25 διαμερίζω, *aor pas ind 3p*, divide
26 ἁπαλύνω, *aor pas ind 3p*, become soft
27 ἔλαιον, oil
28 βολίς, arrow, dart

23 ἐπίρριψον[1] ἐπὶ κύριον τὴν μέριμνάν[2] σου,
καὶ αὐτός σε διαθρέψει·[3]
οὐ δώσει εἰς τὸν αἰῶνα σάλον[4] τῷ δικαίῳ.
24 σὺ δέ, ὁ θεός, κατάξεις[5] αὐτοὺς εἰς φρέαρ[6] διαφθορᾶς·[7]
ἄνδρες αἱμάτων καὶ δολιότητος[8]
οὐ μὴ ἡμισεύσωσιν[9] τὰς ἡμέρας αὐτῶν.

ἐγὼ δὲ ἐλπιῶ ἐπὶ σέ, κύριε.

55 Εἰς τὸ τέλος, ὑπὲρ τοῦ λαοῦ τοῦ ἀπὸ τῶν ἁγίων μεμακρυμμένου·[10] τῷ Δαυιδ
εἰς στηλογραφίαν,[11] ὁπότε[12] ἐκράτησαν αὐτὸν οἱ ἀλλόφυλοι[13] ἐν Γεθ.

2 Ἐλέησόν[14] με, κύριε, ὅτι κατεπάτησέν[15] με ἄνθρωπος,
ὅλην τὴν ἡμέραν πολεμῶν ἔθλιψέν[16] με.
3 κατεπάτησάν[17] με οἱ ἐχθροί μου ὅλην τὴν ἡμέραν,
ὅτι πολλοὶ οἱ πολεμοῦντές με ἀπὸ ὕψους.[18]
4 ἡμέρας φοβηθήσομαι,
ἐγὼ δὲ ἐπὶ σοὶ ἐλπιῶ.
5 ἐν τῷ θεῷ ἐπαινέσω[19] τοὺς λόγους μου ὅλην τὴν ἡμέραν.
ἐπὶ τῷ θεῷ ἤλπισα, οὐ φοβηθήσομαι· τί ποιήσει μοι σάρξ;

6 ὅλην τὴν ἡμέραν τοὺς λόγους μου ἐβδελύσσοντο,[20]
κατ᾽ ἐμοῦ πάντες οἱ διαλογισμοὶ[21] αὐτῶν εἰς κακόν.
7 παροικήσουσιν[22] καὶ κατακρύψουσιν·[23]
αὐτοὶ τὴν πτέρναν[24] μου φυλάξουσιν,
καθάπερ[25] ὑπέμειναν[26] τὴν ψυχήν μου.

8 ὑπὲρ τοῦ μηθενὸς[27] σώσεις αὐτούς,
ἐν ὀργῇ λαοὺς κατάξεις,[28] ὁ θεός.

1 ἐπιρρίπτω, *aor act impv 2s*, throw upon, cast on
2 μέριμνα, anxiety, care
3 διατρέφω, *fut act ind 3s*, support, nourish
4 σάλος, restlessness, jolting
5 κατάγω, *fut act ind 2s*, bring down
6 φρέαρ, well
7 διαφθορά, destruction, corruption
8 δολιότης, deceit, treachery
9 ἡμισεύω, *aor act sub 3p*, halve
10 μακρύνω, *perf pas ptc gen s m*, remove far away
11 στηλογραφία, inscription, stele
12 ὁπότε, when
13 ἀλλόφυλος, foreign, (Philistine)
14 ἐλεέω, *aor act impv 2s*, have mercy on
15 καταπατέω, *aor act ind 3s*, trample upon
16 θλίβω, *aor act ind 3s*, afflict, oppress
17 καταπατέω, *aor act ind 3p*, trample upon
18 ὕψος, high place, height
19 ἐπαινέω, *fut act ind 1s*, praise, commend
20 βδελύσσω, *impf mid ind 3p*, detest, abhor
21 διαλογισμός, thought, design
22 παροικέω, *fut act ind 3p*, dwell near, live as a foreigner
23 κατακρύπτω, *fut act ind 3p*, hide
24 πτέρνα, heel, footstep
25 καθάπερ, just as
26 ὑπομένω, *aor act ind 3p*, wait for
27 μηθείς, not at all, in no way
28 κατάγω, *fut act ind 2s*, bring down

9 τὴν ζωήν μου ἐξήγγειλά[1] σοι,
ἔθου τὰ δάκρυά[2] μου ἐνώπιόν σου ὡς καὶ ἐν τῇ ἐπαγγελίᾳ[3] σου.
10 ἐπιστρέψουσιν οἱ ἐχθροί μου εἰς τὰ ὀπίσω,
ἐν ᾗ ἂν ἡμέρᾳ ἐπικαλέσωμαί[4] σε·
ἰδοὺ ἔγνων ὅτι θεός μου εἶ σύ.
11 ἐπὶ τῷ θεῷ αἰνέσω[5] ῥῆμα,
ἐπὶ τῷ κυρίῳ αἰνέσω λόγον.
12 ἐπὶ τῷ θεῷ ἤλπισα, οὐ φοβηθήσομαι·
τί ποιήσει μοι ἄνθρωπος;

13 ἐν ἐμοί, ὁ θεός,
αἱ εὐχαὶ[6] ἃς ἀποδώσω αἰνέσεώς[7] σοι,
14 ὅτι ἐρρύσω[8] τὴν ψυχήν μου ἐκ θανάτου
καὶ τοὺς πόδας μου ἐξ ὀλισθήματος[9]
τοῦ εὐαρεστῆσαι[10] ἐνώπιον τοῦ θεοῦ
ἐν φωτὶ ζώντων.

56

Εἰς τὸ τέλος· μὴ διαφθείρῃς·[11] τῷ Δαυιδ εἰς στηλογραφίαν[12] ἐν τῷ αὐτὸν ἀποδιδράσκειν[13] ἀπὸ προσώπου Σαουλ εἰς τὸ σπήλαιον.[14]

2 Ἐλέησόν[15] με, ὁ θεός, ἐλέησόν με,
ὅτι ἐπὶ σοὶ πέποιθεν ἡ ψυχή μου
καὶ ἐν τῇ σκιᾷ[16] τῶν πτερύγων[17] σου ἐλπιῶ,
ἕως οὗ παρέλθῃ[18] ἡ ἀνομία.[19]
3 κεκράξομαι πρὸς τὸν θεὸν τὸν ὕψιστον,[20]
τὸν θεὸν τὸν εὐεργετήσαντά[21] με.
4 ἐξαπέστειλεν[22] ἐξ οὐρανοῦ καὶ ἔσωσέν με,
ἔδωκεν εἰς ὄνειδος[23] τοὺς καταπατοῦντάς[24] με.

διάψαλμα.[25]

1 ἐξαγγέλλω, *aor act ind 1s*, proclaim
2 δάκρυον, tear
3 ἐπαγγελία, promise
4 ἐπικαλέω, *aor mid sub 1s*, call upon
5 αἰνέω, *fut act ind 1s*, praise
6 εὐχή, vow, prayer
7 αἴνεσις, praise
8 ῥύομαι, *aor mid ind 2s*, rescue, deliver
9 ὀλίσθημα, slipping
10 εὐαρεστέω, *aor act inf*, be pleasing
11 διαφθείρω, *pres act sub 2s*, utterly destroy
12 στηλογραφία, inscription, stele
13 ἀποδιδράσκω, *pres act inf*, run away
14 σπήλαιον, cave
15 ἐλεέω, *aor act impv 2s*, have mercy on
16 σκιά, shadow
17 πτέρυξ, wing
18 παρέρχομαι, *aor act sub 3s*, pass by, pass away
19 ἀνομία, transgression, lawlessness
20 ὕψιστος, *sup*, Most High
21 εὐεργετέω, *aor act ptc acc s m*, be a benefactor
22 ἐξαποστέλλω, *aor act ind 3s*, send, dispatch
23 ὄνειδος, disgrace
24 καταπατέω, *pres act ptc acc p m*, trample upon
25 διάψαλμα, (*musical interlude, renders Heb.* selāh)

ἐξαπέστειλεν[1] ὁ θεὸς τὸ ἔλεος[2] αὐτοῦ
καὶ τὴν ἀλήθειαν αὐτοῦ
5 καὶ ἐρρύσατο[3] τὴν ψυχήν μου ἐκ μέσου σκύμνων.[4]
ἐκοιμήθην[5] τεταραγμένος·[6]
υἱοὶ ἀνθρώπων, οἱ ὀδόντες[7] αὐτῶν ὅπλον[8] καὶ βέλη,[9]
καὶ ἡ γλῶσσα αὐτῶν μάχαιρα[10] ὀξεῖα.[11]

6 ὑψώθητι[12] ἐπὶ τοὺς οὐρανούς, ὁ θεός,
καὶ ἐπὶ πᾶσαν τὴν γῆν ἡ δόξα σου.

7 παγίδα[13] ἡτοίμασαν τοῖς ποσίν μου
καὶ κατέκαμψαν[14] τὴν ψυχήν μου·
ὤρυξαν[15] πρὸ προσώπου μου βόθρον[16]
καὶ ἐνέπεσαν[17] εἰς αὐτόν.

διάψαλμα.[18]

8 ἑτοίμη[19] ἡ καρδία μου, ὁ θεός,
ἑτοίμη ἡ καρδία μου, ᾄσομαι[20] καὶ ψαλῶ.[21]
9 ἐξεγέρθητι,[22] ἡ δόξα μου·
ἐξεγέρθητι, ψαλτήριον[23] καὶ κιθάρα·[24]
ἐξεγερθήσομαι[25] ὄρθρου.[26]
10 ἐξομολογήσομαί[27] σοι ἐν λαοῖς, κύριε,
ψαλῶ[28] σοι ἐν ἔθνεσιν,
11 ὅτι ἐμεγαλύνθη[29] ἕως τῶν οὐρανῶν τὸ ἔλεός[30] σου
καὶ ἕως τῶν νεφελῶν[31] ἡ ἀλήθειά σου.

1 ἐξαποστέλλω, *aor act ind 3s*, send, dispatch
2 ἔλεος, mercy, compassion
3 ῥύομαι, *aor mid ind 3s*, save, deliver
4 σκύμνος, lion cub
5 κοιμάω, *aor pas ind 1s*, sleep
6 ταράσσω, *perf pas ptc nom s m*, trouble, disturb
7 ὀδούς, tooth
8 ὅπλον, armor
9 βέλος, arrow
10 μάχαιρα, sword
11 ὀξύς, sharp
12 ὑψόω, *aor pas impv 2s*, exalt, lift high
13 παγίς, trap
14 κατακάμπτω, *aor act ind 3p*, bend
15 ὀρύσσω, *aor act ind 3p*, dig
16 βόθρος, pit
17 ἐμπίπτω, *aor act ind 3p*, fall into
18 διάψαλμα, (*musical interlude, renders Heb.* selāh)
19 ἕτοιμος, ready
20 ᾄδω, *fut mid ind 1s*, sing
21 ψάλλω, *fut act ind 1s*, play music, sing (with an instrument)
22 ἐξεγείρω, *aor pas impv 2s*, wake up, arise
23 ψαλτήριον, harp
24 κιθάρα, lyre
25 ἐξεγείρω, *fut pas ind 1s*, wake up, arise
26 ὄρθρος, early, at dawn
27 ἐξομολογέομαι, *fut mid ind 1s*, acknowledge, confess
28 ψάλλω, *fut act ind 1s*, play music, sing (with an instrument)
29 μεγαλύνω, *aor pas ind 3s*, magnify, make great
30 ἔλεος, mercy, compassion
31 νεφέλη, cloud

12 ὑψώθητι[1] ἐπὶ τοὺς οὐρανούς, ὁ θεός,
καὶ ἐπὶ πᾶσαν τὴν γῆν ἡ δόξα σου.

57 Εἰς τὸ τέλος· μὴ διαφθείρῃς·[2] τῷ Δαυιδ εἰς στηλογραφίαν.[3]

2 Εἰ ἀληθῶς[4] ἄρα δικαιοσύνην λαλεῖτε;
εὐθεῖα[5] κρίνετε, οἱ υἱοὶ τῶν ἀνθρώπων;
3 καὶ γὰρ ἐν καρδίᾳ ἀνομίας[6] ἐργάζεσθε ἐν τῇ γῇ,
ἀδικίαν[7] αἱ χεῖρες ὑμῶν συμπλέκουσιν.[8]

4 ἀπηλλοτριώθησαν[9] οἱ ἁμαρτωλοὶ ἀπὸ μήτρας,[10]
ἐπλανήθησαν ἀπὸ γαστρός,[11] ἐλάλησαν ψεύδη.[12]
5 θυμὸς[13] αὐτοῖς κατὰ τὴν ὁμοίωσιν[14] τοῦ ὄφεως,[15]
ὡσεὶ[16] ἀσπίδος[17] κωφῆς[18] καὶ βυούσης[19] τὰ ὦτα αὐτῆς,
6 ἥτις οὐκ εἰσακούσεται[20] φωνὴν ἐπᾳδόντων[21]
φαρμάκου[22] τε φαρμακευομένου[23] παρὰ σοφοῦ.[24]

7 ὁ θεὸς συνέτριψεν[25] τοὺς ὀδόντας[26] αὐτῶν ἐν τῷ στόματι αὐτῶν,
τὰς μύλας[27] τῶν λεόντων[28] συνέθλασεν[29] κύριος.
8 ἐξουδενωθήσονται[30] ὡς ὕδωρ διαπορευόμενον·[31]
ἐντενεῖ[32] τὸ τόξον[33] αὐτοῦ, ἕως οὗ ἀσθενήσουσιν.[34]
9 ὡσεὶ[35] κηρὸς[36] ὁ τακεὶς[37] ἀνταναιρεθήσονται·[38]
ἐπέπεσε[39] πῦρ, καὶ οὐκ εἶδον τὸν ἥλιον.

1 ὑψόω, *aor pas impv 2s*, exalt, lift high
2 διαφθείρω, *pres act sub 2s*, utterly destroy
3 στηλογραφία, inscription, stele
4 ἀληθῶς, indeed, truly
5 εὐθύς, right, fair
6 ἀνομία, lawlessness, wickedness
7 ἀδικία, injustice, unrighteousness
8 συμπλέκω, *pres act ind 3p*, weave together
9 ἀπαλλοτριόω, *aor pas ind 3p*, estrange, alienate
10 μήτρα, womb
11 γαστήρ, womb
12 ψεῦδος, lie
13 θυμός, wrath, fury
14 ὁμοίωσις, resemblance
15 ὄφις, snake
16 ὡσεί, like
17 ἀσπίς, asp, serpent
18 κωφός, deaf
19 βύω, *pres act ptc gen s f*, stop, plug up
20 εἰσακούω, *fut mid ind 3s*, listen to
21 ἐπᾴδω, *pres act ptc gen p m*, enchant
22 φάρμακος, magician, sorcerer
23 φαρμακεύω, *pres pas ptc gen s m*, practice magic
24 σοφός, clever, skillful
25 συντρίβω, *aor act ind 3s*, break, shatter
26 ὀδούς, tooth
27 μύλη, molar
28 λέων, lion
29 συνθλάω, *aor act ind 3s*, crush, smash
30 ἐξουδενόω, *fut pas ind 3p*, reject
31 διαπορεύομαι, *pres mid ptc nom s n*, pass through
32 ἐντείνω, *fut act ind 3s*, bend
33 τόξον, bow
34 ἀσθενέω, *fut act ind 3p*, weaken
35 ὡσεί, like
36 κηρός, wax
37 τήκω, *aor pas ptc nom s m*, melt
38 ἀνταναιρέω, *fut pas ind 3p*, remove
39 ἐπιπίπτω, *aor act ind 3s*, fall down

10 πρὸ τοῦ συνιέναι[1] τὰς ἀκάνθας[2] ὑμῶν τὴν ῥάμνον,[3]
ὡσεὶ[4] ζῶντας ὡσεὶ ἐν ὀργῇ καταπίεται[5] ὑμᾶς.

11 εὐφρανθήσεται[6] δίκαιος, ὅταν ἴδῃ ἐκδίκησιν[7] ἀσεβῶν·[8]
τὰς χεῖρας αὐτοῦ νίψεται[9] ἐν τῷ αἵματι τοῦ ἁμαρτωλοῦ.
12 καὶ ἐρεῖ ἄνθρωπος Εἰ ἄρα ἔστιν καρπὸς τῷ δικαίῳ,
ἄρα ἐστὶν ὁ θεὸς κρίνων αὐτοὺς ἐν τῇ γῇ.

58 Εἰς τὸ τέλος· μὴ διαφθείρῃς·[10] τῷ Δαυιδ εἰς στηλογραφίαν,[11] ὁπότε[12] ἀπ-
έστειλεν Σαουλ καὶ ἐφύλαξεν τὸν οἶκον αὐτοῦ τοῦ θανατῶσαι[13] αὐτόν.

2 Ἐξελοῦ[14] με ἐκ τῶν ἐχθρῶν μου, ὁ θεός,
καὶ ἐκ τῶν ἐπανιστανομένων[15] ἐπ᾽ ἐμὲ λύτρωσαί[16] με·
3 ῥῦσαί[17] με ἐκ τῶν ἐργαζομένων τὴν ἀνομίαν[18]
καὶ ἐξ ἀνδρῶν αἱμάτων σῶσόν με.
4 ὅτι ἰδοὺ ἐθήρευσαν[19] τὴν ψυχήν μου,
ἐπέθεντο ἐπ᾽ ἐμὲ κραταιοί.[20]
οὔτε ἡ ἀνομία[21] μου οὔτε ἡ ἁμαρτία μου, κύριε·
5 ἄνευ[22] ἀνομίας[23] ἔδραμον[24] καὶ κατεύθυναν·[25]
ἐξεγέρθητι[26] εἰς συνάντησίν[27] μου καὶ ἰδέ.

6 καὶ σύ, κύριε ὁ θεὸς τῶν δυνάμεων ὁ θεὸς Ισραηλ,
πρόσχες[28] τοῦ ἐπισκέψασθαι[29] πάντα τὰ ἔθνη,
μὴ οἰκτιρήσῃς[30] πάντας τοὺς ἐργαζομένους τὴν ἀνομίαν.[31]

διάψαλμα.[32]

1 συνίημι, *pres act inf*, become aware of, notice
2 ἄκανθα, thorny plant
3 ῥάμνος, bramble
4 ὡσεί, as if, like
5 καταπίνω, *fut mid ind 3s*, swallow up, overwhelm
6 εὐφραίνω, *fut pas ind 3s*, be glad, rejoice
7 ἐκδίκησις, vengeance
8 ἀσεβής, ungodly, wicked
9 νίπτω, *fut mid ind 3s*, wash
10 διαφθείρω, *pres act sub 2s*, destroy
11 στηλογραφία, inscription, stele
12 ὁπότε, when
13 θανατόω, *aor act inf*, kill
14 ἐξαιρέω, *aor mid impv 2s*, take away
15 ἐπανιστάνω, *pres mid ptc gen p m*, rise up against
16 λυτρόω, *aor mid impv 2s*, redeem
17 ῥύομαι, *aor mid impv 2s*, rescue, save
18 ἀνομία, transgression, lawlessness
19 θηρεύω, *aor act ind 3p*, hunt
20 κραταιός, strong, violent
21 ἀνομία, transgression, lawlessness
22 ἄνευ, without
23 ἀνομία, lawlessness, transgression
24 τρέχω, *aor act ind 3p*, run
25 κατευθύνω, *aor act ind 3p*, keep straight
26 ἐξεγείρω, *aor pas impv 2s*, awake, rise up
27 συνάντησις, meeting
28 προσέχω, *aor act impv 2s*, pay attention
29 ἐπισκέπτομαι, *aor mid inf*, examine, visit
30 οἰκτίρω, *aor act sub 2s*, have compassion on
31 ἀνομία, transgression, lawlessness
32 διάψαλμα, (*musical interlude, renders Heb.* selāh)

7 ἐπιστρέψουσιν εἰς ἑσπέραν[1]
καὶ λιμώξουσιν[2] ὡς κύων[3]
καὶ κυκλώσουσιν[4] πόλιν.
8 ἰδοὺ ἀποφθέγξονται[5] ἐν τῷ στόματι αὐτῶν,
καὶ ῥομφαία[6] ἐν τοῖς χείλεσιν[7] αὐτῶν·
ὅτι τίς ἤκουσεν;

9 καὶ σύ, κύριε, ἐκγελάσῃ[8] αὐτούς,
ἐξουδενώσεις[9] πάντα τὰ ἔθνη.
10 τὸ κράτος[10] μου, πρὸς σὲ φυλάξω,
ὅτι ὁ θεὸς ἀντιλήμπτωρ[11] μου εἶ.
11 ὁ θεός μου, τὸ ἔλεος[12] αὐτοῦ προφθάσει[13] με·
ὁ θεὸς δείξει μοι ἐν τοῖς ἐχθροῖς μου.

12 μὴ ἀποκτείνῃς αὐτούς, μήποτε[14] ἐπιλάθωνται[15] τοῦ λαοῦ μου·
διασκόρπισον[16] αὐτοὺς ἐν τῇ δυνάμει σου
καὶ κατάγαγε[17] αὐτούς, ὁ ὑπερασπιστής[18] μου κύριε.
13 ἁμαρτίαν στόματος αὐτῶν, λόγον χειλέων[19] αὐτῶν,
καὶ συλλημφθήτωσαν[20] ἐν τῇ ὑπερηφανίᾳ[21] αὐτῶν·
καὶ ἐξ ἀρᾶς[22] καὶ ψεύδους[23] διαγγελήσονται[24] συντέλειαι[25]
14 ἐν ὀργῇ συντελείας,[26] καὶ οὐ μὴ ὑπάρξωσιν·
καὶ γνώσονται ὅτι ὁ θεὸς δεσπόζει[27] τοῦ Ιακωβ,
τῶν περάτων[28] τῆς γῆς.

διάψαλμα.[29]

1 ἑσπέρα, evening
2 λιμώσσω, *fut act ind 3p*, be hungry
3 κύων, dog
4 κυκλόω, *fut act ind 3p*, surround
5 ἀποφθέγγομαι, *fut mid ind 3p*, declare, utter
6 ῥομφαία, sword
7 χεῖλος, lip
8 ἐκγελάω, *fut mid ind 2s*, laugh at, deride
9 ἐξουδενόω, *fut act ind 2s*, scorn, hold in derision
10 κράτος, strength, power
11 ἀντιλήμπτωρ, helper, protector
12 ἔλεος, mercy, compassion
13 προφθάνω, *fut act ind 3s*, come before, anticipate
14 μήποτε, lest
15 ἐπιλανθάνω, *aor mid sub 3p*, forget
16 διασκορπίζω, *aor act impv 2s*, scatter
17 κατάγω, *aor act impv 2s*, lead down
18 ὑπερασπιστής, protector
19 χεῖλος, lip
20 συλλαμβάνω, *aor pas impv 3p*, catch, trap
21 ὑπερηφανία, arrogance, pride
22 ἀρά, curse
23 ψεῦδος, lie
24 διαγγέλλω, *fut pas ind 3p*, declare, proclaim
25 συντέλεια, consummation, end
26 συντέλεια, consummation, end
27 δεσπόζω, *pres act ind 3s*, be master
28 πέρας, end
29 διάψαλμα, (*musical interlude, renders Heb.* selāh)

15 ἐπιστρέψουσιν εἰς ἑσπέραν[1]
καὶ λιμώξουσιν[2] ὡς κύων[3]
καὶ κυκλώσουσιν[4] πόλιν.
16 αὐτοὶ διασκορπισθήσονται[5] τοῦ φαγεῖν·
ἐὰν δὲ μὴ χορτασθῶσιν,[6] καὶ γογγύσουσιν.[7]

17 ἐγὼ δὲ ᾄσομαι[8] τῇ δυνάμει σου
καὶ ἀγαλλιάσομαι[9] τὸ πρωὶ[10] τὸ ἔλεός[11] σου,
ὅτι ἐγενήθης ἀντιλήμπτωρ[12] μου
καὶ καταφυγὴ[13] ἐν ἡμέρᾳ θλίψεώς μου.
18 βοηθός[14] μου, σοὶ ψαλῶ,[15]
ὅτι, ὁ θεός, ἀντιλήμπτωρ[16] μου εἶ,
ὁ θεός μου, τὸ ἔλεός[17] μου.

59 Εἰς τὸ τέλος· τοῖς ἀλλοιωθησομένοις[18] ἔτι, εἰς στηλογραφίαν[19] τῷ Δαυιδ, εἰς
διδαχήν,[20] **2** ὁπότε[21] ἐνεπύρισεν[22] τὴν Μεσοποταμίαν Συρίας καὶ τὴν Συρίαν
Σωβα, καὶ ἐπέστρεψεν Ιωαβ καὶ ἐπάταξεν[23] τὴν φάραγγα[24] τῶν ἁλῶν,[25] δώδεκα[26]
χιλιάδας.[27]

3 Ὁ θεός, ἀπώσω[28] ἡμᾶς καὶ καθεῖλες[29] ἡμᾶς,
ὠργίσθης[30] καὶ οἰκτίρησας[31] ἡμᾶς.
4 συνέσεισας[32] τὴν γῆν καὶ συνετάραξας[33] αὐτήν·
ἴασαι[34] τὰ συντρίμματα[35] αὐτῆς, ὅτι ἐσαλεύθη.[36]

1 ἑσπέρα, evening
2 λιμώσσω, *fut act ind 3p*, be hungry
3 κύων, dog
4 κυκλόω, *fut act ind 3p*, surround
5 διασκορπίζω, *fut pas ind 3p*, scatter
6 χορτάζω, *aor pas sub 3p*, feed, satisfy
7 γογγύζω, *fut act ind 3p*, grumble, mutter
8 ᾄδω, *fut mid ind 1s*, sing
9 ἀγαλλιάω, *fut mid ind 1s*, rejoice
10 πρωί, (in the) morning
11 ἔλεος, mercy, compassion
12 ἀντιλήμπτωρ, helper, protector
13 καταφυγή, refuge
14 βοηθός, helper, help
15 ψάλλω, *fut act ind 1s*, play music, sing (with an instrument)
16 ἀντιλήμπτωρ, helper, protector
17 ἔλεος, mercy, compassion
18 ἀλλοιόω, *fut pas ptc dat p n*, change, transform
19 στηλογραφία, inscription, stele
20 διδαχή, teaching
21 ὁπότε, when
22 ἐμπυρίζω, *aor act ind 3s*, set on fire
23 πατάσσω, *aor act ind 3s*, strike, defeat
24 φάραγξ, ravine, chasm
25 ἅλς, salt
26 δώδεκα, twelve
27 χιλιάς, thousand
28 ἀπωθέω, *aor mid ind 2s*, reject
29 καθαιρέω, *aor act ind 2s*, bring down, destroy
30 ὀργίζω, *aor pas ind 2s*, become angry
31 οἰκτίρω, *aor act ind 2s*, have mercy on
32 συσσείω, *aor act ind 2s*, shake
33 συνταράσσω, *aor act ind 2s*, throw into confusion
34 ἰάομαι, *aor mid impv 2s*, heal, repair
35 σύντριμμα, ruin, fracture
36 σαλεύω, *aor pas ind 3s*, shake

5 ἔδειξας τῷ λαῷ σου σκληρά,[1]
ἐπότισας[2] ἡμᾶς οἶνον κατανύξεως.[3]
6 ἔδωκας τοῖς φοβουμένοις σε σημείωσιν[4]
τοῦ φυγεῖν[5] ἀπὸ προσώπου τόξου.[6]

διάψαλμα.[7]

7 ὅπως ἂν ῥυσθῶσιν[8] οἱ ἀγαπητοί[9] σου,
σῶσον τῇ δεξιᾷ σου καὶ ἐπάκουσόν[10] μου.
8 ὁ θεὸς ἐλάλησεν ἐν τῷ ἁγίῳ αὐτοῦ
Ἀγαλλιάσομαι[11] καὶ διαμεριῶ[12] Σικιμα
καὶ τὴν κοιλάδα[13] τῶν σκηνῶν[14] διαμετρήσω·[15]
9 ἐμός ἐστιν Γαλααδ, καὶ ἐμός ἐστιν Μανασση,
καὶ Εφραιμ κραταίωσις[16] τῆς κεφαλῆς μου,
Ιουδας βασιλεύς μου·
10 Μωαβ λέβης[17] τῆς ἐλπίδος μου,
ἐπὶ τὴν Ιδουμαίαν ἐκτενῶ[18] τὸ ὑπόδημά[19] μου,
ἐμοὶ ἀλλόφυλοι[20] ὑπετάγησαν.[21]

11 τίς ἀπάξει[22] με εἰς πόλιν περιοχῆς;[23]
τίς ὁδηγήσει[24] με ἕως τῆς Ιδουμαίας;
12 οὐχὶ σύ, ὁ θεός, ὁ ἀπωσάμενος[25] ἡμᾶς;
καὶ οὐκ ἐξελεύσῃ, ὁ θεός, ἐν ταῖς δυνάμεσιν ἡμῶν.
13 δὸς ἡμῖν βοήθειαν[26] ἐκ θλίψεως·
καὶ ματαία[27] σωτηρία ἀνθρώπου.
14 ἐν δὲ τῷ θεῷ ποιήσομεν δύναμιν,
καὶ αὐτὸς ἐξουδενώσει[28] τοὺς θλίβοντας[29] ἡμᾶς.

1 σκληρός, harsh
2 ποτίζω, *aor act ind 2s*, give drink
3 κατάνυξις, numbness, stupor
4 σημείωσις, sign
5 φεύγω, *aor act inf*, flee
6 τόξον, bow
7 διάψαλμα, (*musical interlude, renders Heb.* selāh)
8 ῥύομαι, *aor pas sub 3p*, rescue, deliver
9 ἀγαπητός, beloved
10 ἐπακούω, *aor act impv 2s*, hear
11 ἀγαλλιάω, *fut mid ind 1s*, rejoice, exult
12 διαμερίζω, *fut act ind 1s*, divide up
13 κοιλάς, valley
14 σκηνή, tent
15 διαμετρέω, *fut act ind 1s*, measure out, distribute
16 κραταίωσις, strength
17 λέβης, cauldron
18 ἐκτείνω, *fut act ind 1s*, stretch out
19 ὑπόδημα, shoe
20 ἀλλόφυλος, foreign, (Philistine)
21 ὑποτάσσω, *aor pas ind 3p*, subdue
22 ἀπάγω, *fut act ind 3s*, lead away
23 περιοχή, fortification
24 ὁδηγέω, *fut act ind 3s*, guide, lead
25 ἀπωθέω, *aor mid ptc nom s m*, reject
26 βοήθεια, help
27 μάταιος, worthless, useless
28 ἐξουδενόω, *fut act ind 3s*, scorn, hold in contempt
29 θλίβω, *pres act ptc acc p m*, afflict, oppress

60 Εἰς τὸ τέλος, ἐν ὕμνοις·[1] τῷ Δαυιδ.

2 Εἰσάκουσον,[2] ὁ θεός, τῆς δεήσεώς[3] μου,
πρόσχες[4] τῇ προσευχῇ μου.
3 ἀπὸ τῶν περάτων[5] τῆς γῆς πρὸς σὲ ἐκέκραξα
ἐν τῷ ἀκηδιάσαι[6] τὴν καρδίαν μου·

ἐν πέτρᾳ[7] ὕψωσάς[8] με,
4 ὡδήγησάς[9] με,
ὅτι ἐγενήθης ἐλπίς μου,
πύργος[10] ἰσχύος[11] ἀπὸ προσώπου ἐχθροῦ.

5 παροικήσω[12] ἐν τῷ σκηνώματί[13] σου εἰς τοὺς αἰῶνας,
σκεπασθήσομαι[14] ἐν σκέπῃ[15] τῶν πτερύγων[16] σου.

διάψαλμα.[17]

6 ὅτι σύ, ὁ θεός, εἰσήκουσας[18] τῶν εὐχῶν[19] μου,
ἔδωκας κληρονομίαν[20] τοῖς φοβουμένοις τὸ ὄνομά σου.

7 ἡμέρας ἐφ᾽ ἡμέρας βασιλέως προσθήσεις,[21]
ἔτη αὐτοῦ ἕως ἡμέρας γενεᾶς καὶ γενεᾶς.
8 διαμενεῖ[22] εἰς τὸν αἰῶνα ἐνώπιον τοῦ θεοῦ·
ἔλεος[23] καὶ ἀλήθειαν αὐτοῦ τίς ἐκζητήσει;[24]

9 οὕτως ψαλῶ[25] τῷ ὀνόματί σου εἰς τὸν αἰῶνα τοῦ αἰῶνος
τοῦ ἀποδοῦναί με τὰς εὐχάς[26] μου ἡμέραν ἐξ ἡμέρας.

1 ὕμνος, hymn
2 εἰσακούω, *aor act impv 2s*, hear, listen to
3 δέησις, entreaty, prayer
4 προσέχω, *aor act impv 2s*, pay attention
5 πέρας, end, limit
6 ἀκηδιάω, *aor act inf*, grow weary
7 πέτρα, rock
8 ὑψόω, *aor act ind 2s*, raise up
9 ὁδηγέω, *aor act ind 2s*, lead, guide
10 πύργος, tower
11 ἰσχύς, strength
12 παροικέω, *fut act ind 1s*, live near, be a guest
13 σκήνωμα, tent, dwelling
14 σκεπάζω, *fut pas ind 1s*, shelter, protect
15 σκέπη, shelter
16 πτέρυξ, wing
17 διάψαλμα, (*musical interlude, renders Heb.* selāh)
18 εἰσακούω, *aor act ind 2s*, listen to
19 εὐχή, vow, prayer
20 κληρονομία, inheritance
21 προστίθημι, *fut act ind 2s*, add to, increase
22 διαμένω, *fut act ind 3s*, endure, continue
23 ἔλεος, mercy, compassion
24 ἐκζητέω, *fut act ind 3s*, seek out
25 ψάλλω, *aor act sub 1s*, play music, sing (with an instrument)
26 εὐχή, vow, prayer

61 Εἰς τὸ τέλος, ὑπὲρ Ιδιθουν· ψαλμὸς τῷ Δαυιδ.

2 Οὐχὶ τῷ θεῷ ὑποταγήσεται[1] ἡ ψυχή μου;
παρ᾽ αὐτοῦ γὰρ τὸ σωτήριόν[2] μου·
3 καὶ γὰρ αὐτὸς θεός μου καὶ σωτήρ[3] μου,
ἀντιλήμπτωρ[4] μου· οὐ μὴ σαλευθῶ[5] ἐπὶ πλεῖον.[6]

4 ἕως πότε[7] ἐπιτίθεσθε ἐπ᾽ ἄνθρωπον;
φονεύετε[8] πάντες
ὡς τοίχῳ[9] κεκλιμένῳ[10] καὶ φραγμῷ[11] ὠσμένῳ.[12]
5 πλὴν τὴν τιμήν[13] μου ἐβουλεύσαντο[14] ἀπώσασθαι,[15]
ἔδραμον[16] ἐν ψεύδει,[17]
τῷ στόματι αὐτῶν εὐλογοῦσαν
καὶ τῇ καρδίᾳ αὐτῶν κατηρῶντο.[18]

διάψαλμα.[19]

6 πλὴν τῷ θεῷ ὑποτάγηθι,[20] ἡ ψυχή μου,
ὅτι παρ᾽ αὐτοῦ ἡ ὑπομονή[21] μου·
7 ὅτι αὐτὸς θεός μου καὶ σωτήρ[22] μου,
ἀντιλήμπτωρ[23] μου· οὐ μὴ μεταναστεύσω.[24]
8 ἐπὶ τῷ θεῷ τὸ σωτήριόν[25] μου καὶ ἡ δόξα μου·
ὁ θεὸς τῆς βοηθείας[26] μου, καὶ ἡ ἐλπίς μου ἐπὶ τῷ θεῷ.

9 ἐλπίσατε ἐπ᾽ αὐτόν, πᾶσα συναγωγὴ λαοῦ·
ἐκχέετε[27] ἐνώπιον αὐτοῦ τὰς καρδίας ὑμῶν·
ὁ θεὸς βοηθὸς[28] ἡμῶν.

διάψαλμα.[29]

1 ὑποτάσσω, *fut pas ind 3s*, subdue, subject
2 σωτήριον, salvation, deliverance
3 σωτήρ, savior, deliverer
4 ἀντιλήμπτωρ, helper, protector
5 σαλεύω, *aor pas sub 1s*, shake
6 ἐπὶ πλεῖον, thoroughly, very much
7 πότε, when
8 φονεύω, *pres act ind 2p*, murder
9 τοῖχος, wall
10 κλίνω, *perf pas ptc dat s m*, lean
11 φραγμός, fence
12 ὠθέω, *perf pas ptc dat s m*, push away
13 τιμή, honor
14 βουλεύω, *aor mid ind 3p*, plan, resolve to do
15 ἀπωθέω, *aor mid inf*, repudiate, reject
16 τρέχω, *aor act ind 3p*, run
17 ψεῦδος, lie
18 καταράομαι, *impf mid ind 3p*, curse
19 διάψαλμα, (*musical interlude, renders Heb.* selāh)
20 ὑποτάσσω, *aor pas impv 2s*, subdue, subject
21 ὑπομονή, endurance, perseverance
22 σωτήρ, savior, deliverer
23 ἀντιλήμπτωρ, helper, protector
24 μεταναστεύω, *aor act sub 1s*, cause to flee, cause to migrate
25 σωτήριον, salvation, deliverance
26 βοήθεια, help
27 ἐκχέω, *pres act ind 2p*, pour out
28 βοηθός, helper, help
29 διάψαλμα, (*musical interlude, renders Heb.* selāh)

10 πλὴν μάταιοι[1] οἱ υἱοὶ τῶν ἀνθρώπων,
ψευδεῖς[2] οἱ υἱοὶ τῶν ἀνθρώπων ἐν ζυγοῖς[3] τοῦ ἀδικῆσαι[4]
αὐτοὶ ἐκ ματαιότητος[5] ἐπὶ τὸ αὐτό.
11 μὴ ἐλπίζετε ἐπὶ ἀδικίαν[6]
καὶ ἐπὶ ἅρπαγμα[7] μὴ ἐπιποθεῖτε·[8]
πλοῦτος[9] ἐὰν ῥέῃ,[10] μὴ προστίθεσθε[11] καρδίαν.

12 ἅπαξ[12] ἐλάλησεν ὁ θεός,
δύο ταῦτα ἤκουσα,
13 ὅτι τὸ κράτος[13] τοῦ θεοῦ,
καὶ σοί, κύριε, τὸ ἔλεος,[14]
ὅτι σὺ ἀποδώσεις ἑκάστῳ κατὰ τὰ ἔργα αὐτοῦ.

62 Ψαλμὸς τῷ Δαυιδ ἐν τῷ εἶναι αὐτὸν ἐν τῇ ἐρήμῳ τῆς Ιουδαίας.

2 Ὁ θεὸς ὁ θεός μου, πρὸς σὲ ὀρθρίζω·[15]
ἐδίψησέν[16] σοι ἡ ψυχή μου.
ποσαπλῶς[17] σοι ἡ σάρξ μου
ἐν γῇ ἐρήμῳ καὶ ἀβάτῳ[18] καὶ ἀνύδρῳ;[19]
3 οὕτως ἐν τῷ ἁγίῳ ὤφθην σοι
τοῦ ἰδεῖν τὴν δύναμίν σου καὶ τὴν δόξαν σου.
4 ὅτι κρεῖσσον[20] τὸ ἔλεός[21] σου ὑπὲρ ζωάς·
τὰ χείλη[22] μου ἐπαινέσουσίν[23] σε.
5 οὕτως εὐλογήσω σε ἐν τῇ ζωῇ μου,
ἐν τῷ ὀνόματί σου ἀρῶ τὰς χεῖράς μου.

6 ὡσεὶ[24] στέατος[25] καὶ πιότητος[26] ἐμπλησθείη[27] ἡ ψυχή μου,
καὶ χείλη[28] ἀγαλλιάσεως[29] αἰνέσει[30] τὸ στόμα μου.

1 μάταιος, vain, worthless
2 ψευδής, lying, false
3 ζυγός, scale, balance
4 ἀδικέω, *aor act inf*, be unjust, do wrong
5 ματαιότης, vanity, futility
6 ἀδικία, injustice
7 ἅρπαγμα, robbery, rape
8 ἐπιποθέω, *pres act ind 2p*, desire
9 πλοῦτος, riches
10 ῥέω, *pres act sub 3s*, (over)flow
11 προστίθημι, *pres mid ind 2p*, associate
12 ἅπαξ, once
13 κράτος, power, might
14 ἔλεος, mercy, compassion
15 ὀρθρίζω, *pres act ind 1s*, rise up early
16 διψάω, *aor act ind 3s*, thirst
17 ποσαπλῶς, how often
18 ἄβατος, desolate, untrodden
19 ἄνυδρος, waterless
20 κρείσσων (ττ), *comp of* ἀγαθός, better
21 ἔλεος, mercy, compassion
22 χεῖλος, lip
23 ἐπαινέω, *fut act ind 3p*, praise
24 ὡσεί, as if, like
25 στέαρ, fat
26 πιότης, oil, (marrow)
27 ἐμπίμπλημι, *aor pas opt 3s*, satisfy
28 χεῖλος, lip
29 ἀγαλλίασις, exultation
30 αἰνέω, *fut act ind 3s*, praise

7 εἰ ἐμνημόνευόν[1] σου ἐπὶ τῆς στρωμνῆς[2] μου,
ἐν τοῖς ὄρθροις[3] ἐμελέτων[4] εἰς σέ·
8 ὅτι ἐγενήθης βοηθός[5] μου,
καὶ ἐν τῇ σκέπῃ[6] τῶν πτερύγων[7] σου ἀγαλλιάσομαι.[8]
9 ἐκολλήθη[9] ἡ ψυχή μου ὀπίσω σου,
ἐμοῦ ἀντελάβετο[10] ἡ δεξιά σου.

10 αὐτοὶ δὲ εἰς μάτην[11] ἐζήτησαν τὴν ψυχήν μου,
εἰσελεύσονται εἰς τὰ κατώτατα[12] τῆς γῆς·
11 παραδοθήσονται εἰς χεῖρας ῥομφαίας,[13]
μερίδες[14] ἀλωπέκων[15] ἔσονται.
12 ὁ δὲ βασιλεὺς εὐφρανθήσεται[16] ἐπὶ τῷ θεῷ,
ἐπαινεσθήσεται[17] πᾶς ὁ ὀμνύων[18] ἐν αὐτῷ,
ὅτι ἐνεφράγη[19] στόμα λαλούντων ἄδικα.[20]

63 Εἰς τὸ τέλος· ψαλμὸς τῷ Δαυιδ.

2 Εἰσάκουσον,[21] ὁ θεός, τῆς φωνῆς μου ἐν τῷ δέεσθαί[22] με,
ἀπὸ φόβου ἐχθροῦ ἐξελοῦ[23] τὴν ψυχήν μου.
3 ἐσκέπασάς[24] με ἀπὸ συστροφῆς[25] πονηρευομένων,[26]
ἀπὸ πλήθους ἐργαζομένων τὴν ἀνομίαν,[27]
4 οἵτινες ἠκόνησαν[28] ὡς ῥομφαίαν[29] τὰς γλώσσας αὐτῶν,
ἐνέτειναν[30] τόξον[31] αὐτῶν πρᾶγμα[32] πικρὸν[33]

1 μνημονεύω, *impf act ind 1s*, remember
2 στρωμνή, bed
3 ὄρθρος, dawn, daybreak
4 μελετάω, *impf act ind 1s*, meditate
5 βοηθός, helper, help
6 σκέπη, shelter
7 πτέρυξ, wing
8 ἀγαλλιάω, *fut mid ind 1s*, rejoice
9 κολλάω, *aor pas ind 3s*, cling to, keep close
10 ἀντιλαμβάνομαι, *aor mid ind 3s*, support
11 μάτην, in vain, pointlessly
12 κάτω, *sup*, lowest, deepest
13 ῥομφαία, sword
14 μερίς, share, portion
15 ἀλώπηξ, fox
16 εὐφραίνω, *fut pas ind 3s*, be glad, rejoice
17 ἐπαινέω, *fut pas ind 3s*, praise, commend
18 ὄμνυμι, *pres act ptc nom s m*, swear an oath
19 ἐμφράσσω, *aor pas ind 3s*, stop up, shut
20 ἄδικος, unjust (thing)
21 εἰσακούω, *aor act impv 2s*, hear, listen to
22 δέομαι, *pres mid inf*, make requests, supplicate
23 ἐξαιρέω, *aor mid impv 2s*, deliver
24 σκεπάζω, *aor act ind 2s*, shelter, protect
25 συστροφή, gang, crew
26 πονηρεύομαι, *pres mid ptc gen p m*, act wickedly
27 ἀνομία, lawlessness
28 ἀκονάω, *aor act ind 3p*, sharpen
29 ῥομφαία, sword
30 ἐντείνω, *aor act ind 3p*, stretch tight
31 τόξον, bow
32 πρᾶγμα, action, deed
33 πικρός, bitter, harsh

5 τοῦ κατατοξεῦσαι[1] ἐν ἀποκρύφοις[2] ἄμωμον,[3]
ἐξάπινα[4] κατατοξεύσουσιν[5] αὐτὸν καὶ οὐ φοβηθήσονται.
6 ἐκραταίωσαν[6] ἑαυτοῖς λόγον πονηρόν,
διηγήσαντο[7] τοῦ κρύψαι[8] παγίδας·[9]
εἶπαν Τίς ὄψεται αὐτούς;
7 ἐξηρεύνησαν[10] ἀνομίας,[11]
ἐξέλιπον[12] ἐξερευνῶντες[13] ἐξερευνήσει.[14]
προσελεύσεται ἄνθρωπος, καὶ καρδία βαθεῖα,[15]
8 καὶ ὑψωθήσεται[16] ὁ θεός.
βέλος[17] νηπίων[18] ἐγενήθησαν αἱ πληγαὶ[19] αὐτῶν,
9 καὶ ἐξησθένησαν[20] ἐπ᾽ αὐτοὺς αἱ γλῶσσαι αὐτῶν.
ἐταράχθησαν[21] πάντες οἱ θεωροῦντες[22] αὐτούς,
10 καὶ ἐφοβήθη πᾶς ἄνθρωπος.
καὶ ἀνήγγειλαν[23] τὰ ἔργα τοῦ θεοῦ
καὶ τὰ ποιήματα[24] αὐτοῦ συνῆκαν.[25]

11 εὐφρανθήσεται[26] δίκαιος ἐπὶ τῷ κυρίῳ
καὶ ἐλπιεῖ ἐπ᾽ αὐτόν,
καὶ ἐπαινεσθήσονται[27] πάντες οἱ εὐθεῖς[28] τῇ καρδίᾳ.

64

Εἰς τὸ τέλος· ψαλμὸς τῷ Δαυιδ, ᾠδή·[29] Ιερεμιου καὶ Ιεζεκιηλ ἐκ τοῦ λόγου τῆς παροικίας,[30] ὅτε ἔμελλον[31] ἐκπορεύεσθαι.

2 Σοὶ πρέπει[32] ὕμνος,[33] ὁ θεός, ἐν Σιων,
καὶ σοὶ ἀποδοθήσεται εὐχὴ[34] ἐν Ιερουσαλημ.

1 κατατοξεύω, *aor act inf*, shoot down
2 ἀπόκρυφος, secret
3 ἄμωμος, blameless
4 ἐξάπινα, suddenly
5 κατατοξεύω, *fut act ind 3p*, shoot down
6 κραταιόω, *aor act ind 3p*, make strong, empower
7 διηγέομαι, *aor mid ind 3p*, discuss in detail
8 κρύπτω, *aor act inf*, hide, conceal
9 παγίς, trap
10 ἐξερευνάω, *aor act ind 3p*, search out
11 ἀνομία, lawlessness
12 ἐκλείπω, *aor act ind 3p*, conclude, give up
13 ἐξερευνάω, *pres act ptc nom p m*, search out
14 ἐξερεύνησις, search
15 βαθύς, deep
16 ὑψόω, *fut pas ind 3s*, exalt, lift up
17 βέλος, arrow
18 νήπιος, child
19 πληγή, wound
20 ἐξασθενέω, *aor act ind 3p*, become completely weak
21 ταράσσω, *aor pas ind 3p*, trouble, disturb
22 θεωρέω, *pres act ptc nom p m*, see, behold
23 ἀναγγέλλω, *aor act ind 3p*, report, proclaim
24 ποίημα, work, deed
25 συνίημι, *aor act ind 3p*, understand, notice
26 εὐφραίνω, *fut pas ind 3s*, be glad, rejoice
27 ἐπαινέω, *fut pas ind 3p*, praise, commend
28 εὐθύς, upright
29 ᾠδή, song
30 παροικία, stay, sojourn
31 μέλλω, *impf act ind 3p*, be about to
32 πρέπω, *pres act ind 3s*, be suitable for
33 ὕμνος, hymn
34 εὐχή, vow

3 εἰσάκουσον[1] προσευχῆς μου·
πρὸς σὲ πᾶσα σὰρξ ἥξει.[2]
4 λόγοι ἀνομιῶν[3] ὑπερεδυνάμωσαν[4] ἡμᾶς,
καὶ τὰς ἀσεβείας[5] ἡμῶν σὺ ἱλάσῃ.[6]
5 μακάριος[7] ὃν ἐξελέξω[8] καὶ προσελάβου·[9]
κατασκηνώσει[10] ἐν ταῖς αὐλαῖς[11] σου.
πλησθησόμεθα[12] ἐν τοῖς ἀγαθοῖς τοῦ οἴκου σου·
ἅγιος ὁ ναός σου, θαυμαστὸς[13] ἐν δικαιοσύνῃ.

6 ἐπάκουσον[14] ἡμῶν, ὁ θεὸς ὁ σωτὴρ[15] ἡμῶν,
ἡ ἐλπὶς πάντων τῶν περάτων[16] τῆς γῆς
καὶ ἐν θαλάσσῃ μακράν,[17]
7 ἑτοιμάζων ὄρη ἐν τῇ ἰσχύι[18] αὐτοῦ,
περιεζωσμένος[19] ἐν δυναστείᾳ,[20]
8 ὁ συνταράσσων[21] τὸ κύτος[22] τῆς θαλάσσης,
ἤχους[23] κυμάτων[24] αὐτῆς.
ταραχθήσονται[25] τὰ ἔθνη,
9 καὶ φοβηθήσονται οἱ κατοικοῦντες τὰ πέρατα[26] ἀπὸ τῶν σημείων σου·
ἐξόδους[27] πρωίας[28] καὶ ἑσπέρας[29] τέρψεις.[30]

10 ἐπεσκέψω[31] τὴν γῆν καὶ ἐμέθυσας[32] αὐτήν,
ἐπλήθυνας[33] τοῦ πλουτίσαι[34] αὐτήν·
ὁ ποταμὸς[35] τοῦ θεοῦ ἐπληρώθη ὑδάτων·
ἡτοίμασας τὴν τροφὴν[36] αὐτῶν, ὅτι οὕτως ἡ ἑτοιμασία[37] σου.

1 εἰσακούω, *aor act impv 2s*, listen to
2 ἥκω, *fut act ind 3s*, have come
3 ἀνομία, lawlessness
4 ὑπερδυναμόω, *aor act ind 3p*, overpower
5 ἀσέβεια, ungodliness
6 ἱλάσκομαι, *fut mid ind 2s*, propitiate, expiate
7 μακάριος, blessed
8 ἐκλέγω, *aor mid ind 2s*, choose
9 προσλαμβάνω, *aor mid ind 2s*, accept
10 κατασκηνόω, *fut act ind 3s*, settle
11 αὐλή, court
12 πίμπλημι, *fut pas ind 1p*, fill
13 θαυμαστός, marvelous, remarkable
14 ἐπακούω, *aor act impv 2s*, hear
15 σωτήρ, savior, deliverer
16 πέρας, end, boundary
17 μακράν, far away
18 ἰσχύς, strength, might
19 περιζώννυμι, *perf pas ptc nom s m*, gird
20 δυναστεία, dominion
21 συνταράσσω, *pres act ptc nom s m*, stir up, perturb
22 κύτος, depth
23 ἦχος, roar, sound
24 κῦμα, wave
25 ταράσσω, *fut pas ind 3p*, disturb, upset
26 πέρας, end, boundary
27 ἔξοδος, going out
28 πρώϊος, morning
29 ἑσπέρα, evening
30 τέρπω, *fut act ind 2s*, rejoice
31 ἐπισκέπτομαι, *aor mid ind 2s*, visit, inspect
32 μεθύσκω, *aor act ind 2s*, water, irrigate
33 πληθύνω, *aor act ind 2s*, increase
34 πλουτίζω, *aor act inf*, enrich
35 ποταμός, river
36 τροφή, food, provision
37 ἑτοιμασία, preparation

11 τοὺς αὔλακας[1] αὐτῆς μέθυσον,[2]
πλήθυνον[3] τὰ γενήματα[4] αὐτῆς,
ἐν ταῖς σταγόσιν[5] αὐτῆς εὐφρανθήσεται[6] ἀνατέλλουσα.[7]
12 εὐλογήσεις τὸν στέφανον[8] τοῦ ἐνιαυτοῦ[9] τῆς χρηστότητός[10] σου,
καὶ τὰ πεδία[11] σου πλησθήσονται[12] πιότητος·[13]
13 πιανθήσονται[14] τὰ ὡραῖα[15] τῆς ἐρήμου,
καὶ ἀγαλλίασιν[16] οἱ βουνοὶ[17] περιζώσονται.[18]
14 ἐνεδύσαντο[19] οἱ κριοὶ[20] τῶν προβάτων,
καὶ αἱ κοιλάδες πληθυνοῦσι[21] σῖτον·[22]
κεκράξονται, καὶ γὰρ ὑμνήσουσιν.[23]

65 Εἰς τὸ τέλος· ᾠδὴ[24] ψαλμοῦ· [ἀναστάσεως.[25]]

Ἀλαλάξατε[26] τῷ θεῷ, πᾶσα ἡ γῆ,
2 ψάλατε[27] δὴ[28] τῷ ὀνόματι αὐτοῦ,
δότε δόξαν αἰνέσει[29] αὐτοῦ.
3 εἴπατε τῷ θεῷ Ὡς φοβερὰ[30] τὰ ἔργα σου·
ἐν τῷ πλήθει τῆς δυνάμεώς σου ψεύσονταί[31] σε οἱ ἐχθροί σου·
4 πᾶσα ἡ γῆ προσκυνησάτωσάν σοι
καὶ ψαλάτωσάν[32] σοι,
ψαλάτωσαν τῷ ὀνόματί σου.

διάψαλμα.[33]

1 αὖλαξ, furrow
2 μεθύσκω, *aor act impv 2s*, water, irrigate
3 πληθύνω, *aor act impv 2s*, increase
4 γένημα, yield, produce
5 σταγών, (rain)drop
6 εὐφραίνω, *fut pas ind 3s*, be glad, rejoice
7 ἀνατέλλω, *pres act ptc nom s f*, sprout, spring up
8 στέφανος, crown
9 ἐνιαυτός, year
10 χρηστότης, goodness, generosity
11 πεδίον, plain, level place
12 πίμπλημι, *fut pas ind 3p*, fill
13 πιότης, abundance
14 πιαίνω, *fut pas ind 3p*, enrich, make abundant
15 ὡραῖος, fair, beautiful
16 ἀγαλλίασις, exultation, rejoicing
17 βουνός, hill
18 περιζώννυμι, *fut mid ind 3p*, gird, wrap with
19 ἐνδύω, *aor mid ind 3p*, clothe
20 κριός, ram
21 πληθύνω, *fut act ind 3p*, increase
22 σῖτος, grain
23 ὑμνέω, *fut act ind 3p*, sing hymns
24 ᾠδή, song
25 ἀνάστασις, resurrection, rising up
26 ἀλαλάζω, *aor act impv 2p*, shout aloud
27 ψάλλω, *aor act impv 2p*, play music, sing (with an instrument)
28 δή, surely, indeed
29 αἴνεσις, praise
30 φοβερός, awesome, terrifying
31 ψεύδομαι, *fut mid ind 3p*, lie
32 ψάλλω, *aor act impv 3p*, play music, sing (with an instrument)
33 διάψαλμα, (*musical interlude, renders Heb.* selāh)

5 δεῦτε[1] καὶ ἴδετε τὰ ἔργα τοῦ θεοῦ·
φοβερὸς[2] ἐν βουλαῖς[3] ὑπὲρ τοὺς υἱοὺς τῶν ἀνθρώπων,
6 ὁ μεταστρέφων[4] τὴν θάλασσαν εἰς ξηράν,[5]
ἐν ποταμῷ[6] διελεύσονται ποδί.
ἐκεῖ εὐφρανθησόμεθα[7] ἐπ᾽ αὐτῷ,
7 τῷ δεσπόζοντι[8] ἐν τῇ δυναστείᾳ[9] αὐτοῦ τοῦ αἰῶνος·
οἱ ὀφθαλμοὶ αὐτοῦ ἐπὶ τὰ ἔθνη ἐπιβλέπουσιν,[10]
οἱ παραπικραίνοντες[11] μὴ ὑψούσθωσαν[12] ἐν ἑαυτοῖς.

διάψαλμα.[13]

8 εὐλογεῖτε, ἔθνη, τὸν θεὸν ἡμῶν
καὶ ἀκουτίσασθε[14] τὴν φωνὴν τῆς αἰνέσεως[15] αὐτοῦ,
9 τοῦ θεμένου τὴν ψυχήν μου εἰς ζωὴν
καὶ μὴ δόντος εἰς σάλον[16] τοὺς πόδας μου.
10 ὅτι ἐδοκίμασας[17] ἡμᾶς, ὁ θεός,
ἐπύρωσας[18] ἡμᾶς, ὡς πυροῦται[19] τὸ ἀργύριον·[20]
11 εἰσήγαγες[21] ἡμᾶς εἰς τὴν παγίδα,[22]
ἔθου θλίψεις ἐπὶ τὸν νῶτον[23] ἡμῶν.
12 ἐπεβίβασας[24] ἀνθρώπους ἐπὶ τὰς κεφαλὰς ἡμῶν,
διήλθομεν διὰ πυρὸς καὶ ὕδατος,
καὶ ἐξήγαγες[25] ἡμᾶς εἰς ἀναψυχήν.[26]

13 εἰσελεύσομαι εἰς τὸν οἶκόν σου ἐν ὁλοκαυτώμασιν,[27]
ἀποδώσω σοι τὰς εὐχάς[28] μου,
14 ἃς διέστειλεν[29] τὰ χείλη[30] μου
καὶ ἐλάλησεν τὸ στόμα μου ἐν τῇ θλίψει μου·

1 δεῦτε, come!
2 φοβερός, awesome, terrifying
3 βουλή, counsel, plan
4 μεταστρέφω, *pres act ptc nom s m*, change back, transform
5 ξηρός, dry (land)
6 ποταμός, river
7 εὐφραίνω, *fut pas ind 1p*, be glad, rejoice
8 δεσπόζω, *pres act ptc dat s m*, be ruler, be master
9 δυναστεία, dominion
10 ἐπιβλέπω, *pres act ind 3p*, look upon, survey
11 παραπικραίνω, *pres act ptc nom p m*, provoke
12 ὑψόω, *pres mid impv 3p*, exalt, lift up
13 διάψαλμα, (*musical interlude, renders Heb.* selāh)
14 ἀκουτίζω, *aor mid impv 2p*, make audible
15 αἴνεσις, praise
16 σάλος, tottering, unsteadiness
17 δοκιμάζω, *aor act ind 2s*, prove, test
18 πυρόω, *aor act ind 2s*, purge, refine
19 πυρόω, *pres pas ind 3s*, purge, refine
20 ἀργύριον, silver
21 εἰσάγω, *aor act ind 2s*, bring in
22 παγίς, trap, snare
23 νῶτος, back
24 ἐπιβιβάζω, *aor act ind 2s*, set upon
25 ἐξάγω, *aor act ind 2s*, bring out, lead out
26 ἀναψυχή, relief, refreshment
27 ὁλοκαύτωμα, whole burnt offering
28 εὐχή, vow
29 διαστέλλω, *aor act ind 3s*, define, determine
30 χεῖλος, lip

15 ὁλοκαυτώματα[1] μεμυαλωμένα[2] ἀνοίσω[3] σοι
μετὰ θυμιάματος[4] καὶ κριῶν,[5]
ποιήσω σοι βόας[6] μετὰ χιμάρων.[7]

διάψαλμα.[8]

16 δεῦτε[9] ἀκούσατε καὶ διηγήσομαι,[10]
πάντες οἱ φοβούμενοι τὸν θεόν,
ὅσα ἐποίησεν τῇ ψυχῇ μου.

17 πρὸς αὐτὸν τῷ στόματί μου ἐκέκραξα
καὶ ὕψωσα[11] ὑπὸ τὴν γλῶσσάν μου
18 Ἀδικίαν[12] εἰ ἐθεώρουν[13] ἐν καρδίᾳ μου,
μὴ εἰσακουσάτω[14] κύριος.
19 διὰ τοῦτο εἰσήκουσέν[15] μου ὁ θεός,
προσέσχεν[16] τῇ φωνῇ τῆς δεήσεώς[17] μου.

20 εὐλογητὸς[18] ὁ θεός,
ὃς οὐκ ἀπέστησεν[19] τὴν προσευχήν μου
καὶ τὸ ἔλεος[20] αὐτοῦ ἀπ᾽ ἐμοῦ.

66 Εἰς τὸ τέλος, ἐν ὕμνοις·[21] ψαλμὸς ᾠδῆς.[22]

2 Ὁ θεὸς οἰκτιρήσαι[23] ἡμᾶς καὶ εὐλογήσαι[24] ἡμᾶς,
ἐπιφάναι[25] τὸ πρόσωπον αὐτοῦ ἐφ᾽ ἡμᾶς

διάψαλμα[26]

3 τοῦ γνῶναι ἐν τῇ γῇ τὴν ὁδόν σου,
ἐν πᾶσιν ἔθνεσιν τὸ σωτήριόν[27] σου.

1 ὁλοκαύτωμα, whole burnt offering
2 μυαλόω, *perf pas ptc acc p n*, be fat
3 ἀναφέρω, *fut act ind 1s*, offer
4 θυμίαμα, incense
5 κριός, ram
6 βοῦς, cow, (*p*) cattle
7 χίμαρος, young goat
8 διάψαλμα, (*musical interlude, renders Heb.* selāh)
9 δεῦτε, come!
10 διηγέομαι, *fut mid ind 1s*, tell in detail, describe
11 ὑψόω, *aor act ind 1s*, lift up, exalt
12 ἀδικία, injustice
13 θεωρέω, *impf act ind 3p*, notice, perceive
14 εἰσακούω, *aor act impv 3s*, listen
15 εἰσακούω, *aor act ind 3s*, listen to, hear
16 προσέχω, *aor act ind 3s*, pay attention
17 δέησις, entreaty, prayer
18 εὐλογητός, blessed
19 ἀφίστημι, *aor act ind 3s*, withdraw, remove
20 ἔλεος, mercy, compassion
21 ὕμνος, hymn
22 ᾠδή, song
23 οἰκτίρω, *aor act opt 3s*, have mercy
24 εὐλογέω, *aor act opt 3s*, bless
25 ἐπιφαίνω, *aor act opt 3s*, show, cause to appear
26 διάψαλμα, (*musical interlude, renders Heb.* selāh)
27 σωτήριον, salvation, deliverance

4 ἐξομολογησάσθωσάν[1] σοι λαοί, ὁ θεός,
ἐξομολογησάσθωσάν σοι λαοὶ πάντες.

5 εὐφρανθήτωσαν[2] καὶ ἀγαλλιάσθωσαν[3] ἔθνη,
ὅτι κρινεῖς λαοὺς ἐν εὐθύτητι[4]
καὶ ἔθνη ἐν τῇ γῇ ὁδηγήσεις.[5]

διάψαλμα.[6]

6 ἐξομολογησάσθωσάν[7] σοι λαοί, ὁ θεός,
ἐξομολογησάσθωσάν σοι λαοὶ πάντες.

7 γῆ ἔδωκεν τὸν καρπὸν αὐτῆς·
εὐλογήσαι[8] ἡμᾶς ὁ θεὸς ὁ θεὸς ἡμῶν.
8 εὐλογήσαι[9] ἡμᾶς ὁ θεός,
καὶ φοβηθήτωσαν αὐτὸν πάντα τὰ πέρατα[10] τῆς γῆς.

67 Εἰς τὸ τέλος· τῷ Δαυιδ ψαλμὸς ᾠδῆς.[11]

2 Ἀναστήτω ὁ θεός, καὶ διασκορπισθήτωσαν[12] οἱ ἐχθροὶ αὐτοῦ,
καὶ φυγέτωσαν[13] οἱ μισοῦντες αὐτὸν ἀπὸ προσώπου αὐτοῦ.
3 ὡς ἐκλείπει[14] καπνός,[15] ἐκλιπέτωσαν·[16]
ὡς τήκεται[17] κηρὸς[18] ἀπὸ προσώπου πυρός,
οὕτως ἀπόλοιντο[19] οἱ ἁμαρτωλοὶ ἀπὸ προσώπου τοῦ θεοῦ.
4 καὶ οἱ δίκαιοι εὐφρανθήτωσαν,[20]
ἀγαλλιάσθωσαν[21] ἐνώπιον τοῦ θεοῦ,
τερφθήτωσαν[22] ἐν εὐφροσύνῃ.[23]
5 ᾄσατε[24] τῷ θεῷ, ψάλατε[25] τῷ ὀνόματι αὐτοῦ·
ὁδοποιήσατε[26] τῷ ἐπιβεβηκότι[27] ἐπὶ δυσμῶν,[28]

1 ἐξομολογέομαι, *aor mid impv 3p*, acknowledge, profess
2 εὐφραίνω, *aor pas impv 3p*, be glad, rejoice
3 ἀγαλλιάω, *pres mid impv 3p*, exult
4 εὐθύτης, uprightness
5 ὁδηγέω, *fut act ind 2s*, lead, guide
6 διάψαλμα, (*musical interlude, renders Heb.* selāh)
7 ἐξομολογέομαι, *aor mid impv 3p*, acknowledge, profess
8 εὐλογέω, *aor act opt 3s*, bless
9 εὐλογέω, *aor act opt 3s*, bless
10 πέρας, end, boundary
11 ᾠδή, song
12 διασκορπίζω, *aor pas impv 3p*, scatter
13 φεύγω, *aor act impv 3p*, flee
14 ἐκλείπω, *pres act ind 3s*, dissipate, vanish
15 καπνός, smoke
16 ἐκλείπω, *aor act impv 3p*, dissipate, vanish
17 τήκω, *pres pas ind 3s*, melt
18 κηρός, wax
19 ἀπόλλυμι, *aor mid opt 3p*, destroy
20 εὐφραίνω, *aor pas impv 3p*, be glad, rejoice
21 ἀγαλλιάω, *pres mid impv 3p*, exult
22 τέρπω, *aor pas impv 3p*, delight
23 εὐφροσύνη, joy, gladness
24 ᾄδω, *aor act impv 2p*, sing
25 ψάλλω, *aor act impv 2p*, play music, sing (with an instrument)
26 ὁδοποιέω, *aor act impv 2p*, prepare a way
27 ἐπιβαίνω, *perf act ptc dat s m*, walk upon, ride on
28 δυσμή, setting (sun)

κύριος ὄνομα αὐτῷ,
καὶ ἀγαλλιᾶσθε[1] ἐνώπιον αὐτοῦ.
ταραχθήσονται[2] ἀπὸ προσώπου αὐτοῦ,
6 τοῦ πατρὸς τῶν ὀρφανῶν[3] καὶ κριτοῦ[4] τῶν χηρῶν·[5]
ὁ θεὸς ἐν τόπῳ ἁγίῳ αὐτοῦ.
7 ὁ θεὸς κατοικίζει[6] μονοτρόπους[7] ἐν οἴκῳ
ἐξάγων[8] πεπεδημένους[9] ἐν ἀνδρείᾳ[10]
ὁμοίως[11] τοὺς παραπικραίνοντας[12] τοὺς κατοικοῦντας ἐν τάφοις.[13]
8 ὁ θεός, ἐν τῷ ἐκπορεύεσθαί σε ἐνώπιον τοῦ λαοῦ σου,
ἐν τῷ διαβαίνειν[14] σε ἐν τῇ ἐρήμῳ

διάψαλμα[15]

9 γῆ ἐσείσθη,[16] καὶ γὰρ οἱ οὐρανοὶ ἔσταξαν,[17]
ἀπὸ προσώπου τοῦ θεοῦ τοῦτο Σινα,
ἀπὸ προσώπου τοῦ θεοῦ Ισραηλ.
10 βροχὴν[18] ἑκούσιον[19] ἀφοριεῖς,[20] ὁ θεός, τῇ κληρονομίᾳ[21] σου,
καὶ ἠσθένησεν,[22] σὺ δὲ κατηρτίσω[23] αὐτήν.
11 τὰ ζῷά[24] σου κατοικοῦσιν ἐν αὐτῇ·
ἡτοίμασας ἐν τῇ χρηστότητί[25] σου τῷ πτωχῷ, ὁ θεός.

12 κύριος δώσει ῥῆμα
τοῖς εὐαγγελιζομένοις[26] δυνάμει πολλῇ,
13 ὁ βασιλεὺς τῶν δυνάμεων τοῦ ἀγαπητοῦ,[27]
καὶ ὡραιότητι[28] τοῦ οἴκου διελέσθαι[29] σκῦλα.[30]

1 ἀγαλλιάω, *aor mid impv 2p*, exult
2 ταράσσω, *fut pas ind 3p*, stir up
3 ὀρφανός, orphan
4 κριτής, judge
5 χήρα, widow
6 κατοικίζω, *pres act ind 3s*, settle
7 μονότροπος, solitary
8 ἐξάγω, *pres act ptc nom s m*, lead out
9 πεδάω, *perf pas ptc acc p m*, bind, put in chains
10 ἀνδρεῖος, courageousness
11 ὁμοίως, likewise
12 παραπικραίνω, *pres act ptc acc p m*, provoke
13 τάφος, tomb
14 διαβαίνω, *pres act inf*, pass through, cross
15 διάψαλμα, (*musical interlude, renders Heb.* selāh)
16 σείω, *aor pas ind 3s*, shake
17 στάζω, *aor act ind 3p*, drip, leak
18 βροχή, rain
19 ἑκούσιος, free, spontaneous
20 ἀφορίζω, *fut act ind 2s*, appoint, set out
21 κληρονομία, inheritance
22 ἀσθενέω, *aor act ind 3s*, become weak, be in need
23 καταρτίζω, *aor mid ind 2s*, restore, mend
24 ζῷον, animal
25 χρηστότης, kindness
26 εὐαγγελίζομαι, *pres mid ptc dat p m*, proclaim good news
27 ἀγαπητός, beloved
28 ὡραιότης, beauty
29 διαιρέω, *aor mid inf*, divide, distribute
30 σκῦλον, spoils

14 ἐὰν κοιμηθῆτε[1] ἀνὰ μέσον[2] τῶν κλήρων,[3]
πτέρυγες[4] περιστερᾶς[5] περιηργυρωμέναι,[6]
καὶ τὰ μετάφρενα[7] αὐτῆς ἐν χλωρότητι[8] χρυσίου.[9]

διάψαλμα.[10]

15 ἐν τῷ διαστέλλειν[11] τὸν ἐπουράνιον[12] βασιλεῖς ἐπ᾽ αὐτῆς
χιονωθήσονται[13] ἐν Σελμων.

16 ὄρος τοῦ θεοῦ ὄρος πῖον,[14]
ὄρος τετυρωμένον,[15] ὄρος πῖον.[16]
17 ἵνα τί ὑπολαμβάνετε,[17] ὄρη τετυρωμένα,[18]
τὸ ὄρος, ὃ εὐδόκησεν[19] ὁ θεὸς κατοικεῖν ἐν αὐτῷ;
καὶ γὰρ ὁ κύριος κατασκηνώσει[20] εἰς τέλος.

18 τὸ ἅρμα[21] τοῦ θεοῦ μυριοπλάσιον,[22]
χιλιάδες[23] εὐθηνούντων·[24]
ὁ κύριος ἐν αὐτοῖς ἐν Σινα ἐν τῷ ἁγίῳ.
19 ἀνέβης εἰς ὕψος,[25] ᾐχμαλώτευσας[26] αἰχμαλωσίαν,[27]
ἔλαβες δόματα[28] ἐν ἀνθρώπῳ,
καὶ γὰρ ἀπειθοῦντες[29] τοῦ κατασκηνῶσαι.[30]
κύριος ὁ θεὸς εὐλογητός,[31]
20 εὐλογητὸς[32] κύριος ἡμέραν καθ᾽ ἡμέραν,
κατευοδώσει[33] ἡμῖν ὁ θεὸς τῶν σωτηρίων[34] ἡμῶν.

διάψαλμα.[35]

1 κοιμάω, *aor pas sub 2p*, fall asleep
2 ἀνὰ μέσον, among
3 κλῆρος, lot, allotment
4 πτέρυξ, wing
5 περιστερά, dove
6 περιαργυρόω, *perf pas ptc nom p f*, cover with silver
7 μετάφρενον, back
8 χλωρότης, yellow
9 χρυσίον, gold
10 διάψαλμα, (*musical interlude, renders Heb.* selāh)
11 διαστέλλω, *pres act inf*, determine, put asunder
12 ἐπουράνιος, heavenly (one)
13 χιονόομαι, *fut pas ind 3p*, make snow white
14 πίων, πῖον, abounding, fat, fertile
15 τυρόω, *perf pas ptc acc s m*, curdle
16 πίων, abundant, fat, fertile
17 ὑπολαμβάνω, *pres act ind 2p*, assume, suppose
18 τυρόω, *perf pas ptc nom p n*, curdle
19 εὐδοκέω, *aor act ind 3s*, be pleased
20 κατασκηνόω, *fut act ind 3s*, dwell, abide
21 ἅρμα, chariot
22 μυριοπλάσιος, ten thousand fold
23 χιλιάς, one thousand
24 εὐθηνέω, *pres act ptc gen p m*, thrive, flourish
25 ὕψος, high place, summit
26 αἰχμαλωτεύω, *aor act ind 2s*, take captive
27 αἰχμαλωσία, body of captives, prisoners of war
28 δόμα, gift
29 ἀπειθέω, *pres act ptc nom p m*, disobey, refuse
30 κατασκηνόω, *aor act inf*, dwell, abide
31 εὐλογητός, blessed
32 εὐλογητός, blessed
33 κατευοδόω, *fut act ind 3s*, prosper
34 σωτήριον, deliverance, salvation
35 διάψαλμα, (*musical interlude, renders Heb.* selāh)

21 ὁ θεὸς ἡμῶν θεὸς τοῦ σῴζειν,
καὶ τοῦ κυρίου κυρίου αἱ διέξοδοι[1] τοῦ θανάτου.

22 πλὴν ὁ θεὸς συνθλάσει [2]κεφαλὰς ἐχθρῶν αὐτοῦ,
κορυφὴν[3] τριχὸς[4] διαπορευομένων[5] ἐν πλημμελείαις[6] αὐτῶν.
23 εἶπεν κύριος Ἐκ Βασαν ἐπιστρέψω,
ἐπιστρέψω ἐν βυθοῖς[7] θαλάσσης,
24 ὅπως ἂν βαφῇ[8] ὁ πούς σου ἐν αἵματι,
ἡ γλῶσσα τῶν κυνῶν[9] σου ἐξ ἐχθρῶν παρ᾽ αὐτοῦ.

25 ἐθεωρήθησαν[10] αἱ πορεῖαί[11] σου, ὁ θεός,
αἱ πορεῖαι τοῦ θεοῦ μου τοῦ βασιλέως τοῦ ἐν τῷ ἁγίῳ.
26 προέφθασαν[12] ἄρχοντες ἐχόμενοι ψαλλόντων[13]
ἐν μέσῳ νεανίδων[14] τυμπανιστριῶν.[15]
27 ἐν ἐκκλησίαις εὐλογεῖτε τὸν θεόν,
τὸν κύριον ἐκ πηγῶν[16] Ισραηλ.
28 ἐκεῖ Βενιαμιν νεώτερος[17] ἐν ἐκστάσει,[18]
ἄρχοντες Ιουδα ἡγεμόνες[19] αὐτῶν,
ἄρχοντες Ζαβουλων, ἄρχοντες Νεφθαλι.

29 ἔντειλαι,[20] ὁ θεός, τῇ δυνάμει σου,
δυνάμωσον,[21] ὁ θεός, τοῦτο, ὃ κατειργάσω[22] ἡμῖν.
30 ἀπὸ τοῦ ναοῦ σου ἐπὶ Ιερουσαλημ
σοὶ οἴσουσιν βασιλεῖς δῶρα.[23]
31 ἐπιτίμησον[24] τοῖς θηρίοις τοῦ καλάμου·[25]
ἡ συναγωγὴ τῶν ταύρων[26] ἐν ταῖς δαμάλεσιν[27] τῶν λαῶν
τοῦ μὴ ἀποκλεισθῆναι[28] τοὺς δεδοκιμασμένους[29] τῷ ἀργυρίῳ·[30]
διασκόρπισον[31] ἔθνη τὰ τοὺς πολέμους θέλοντα.

1 διέξοδος, exit, way out
2 συνθλάω, *fut act ind 3s*, crush
3 κορυφή, crown
4 θρίξ, hair
5 διαπορεύομαι, *pres mid ptc gen p m*, walk along, carry on
6 πλημμέλεια, error, trespass
7 βυθός, depth
8 βάπτω, *aor pas sub 3s*, dip, wash
9 κύων, dog
10 θεωρέω, *aor pas ind 3p*, see, look at
11 πορεία, pursuit, conduct
12 προφθάνω, *aor act ind 3p*, go ahead of, precede
13 ψάλλω, *pres act ptc gen p m*, play music, sing (with an instrument)
14 νεᾶνις, young woman
15 τυμπανίστρια, (female) drummer
16 πηγή, fountain
17 νέος, *comp*, younger
18 ἔκστασις, outward movement, excitement
19 ἡγεμών, leader, ruler
20 ἐντέλλομαι, *aor mid impv 2s*, command, order
21 δυναμόω, *aor act impv 2s*, strengthen
22 κατεργάζομαι, *aor mid ind 2s*, accomplish, produce
23 δῶρον, gift
24 ἐπιτιμάω, *aor act impv 2s*, rebuke
25 κάλαμος, reed
26 ταῦρος, bull
27 δάμαλις, heifer
28 ἀποκλείω, *aor pas inf*, exclude, shut out
29 δοκιμάζω, *perf pas ptc acc p m*, test
30 ἀργύριον, money
31 διασκορπίζω, *aor act impv 2s*, scatter

32 ἥξουσιν[1] πρέσβεις[2] ἐξ Αἰγύπτου,
Αἰθιοπία προφθάσει[3] χεῖρα αὐτῆς τῷ θεῷ.

33 αἱ βασιλεῖαι τῆς γῆς, ᾄσατε[4] τῷ θεῷ,
ψάλατε[5] τῷ κυρίῳ.

διάψαλμα.[6]

34 ψάλατε[7] τῷ θεῷ τῷ ἐπιβεβηκότι[8]
ἐπὶ τὸν οὐρανὸν τοῦ οὐρανοῦ κατὰ ἀνατολάς·[9]
ἰδοὺ δώσει ἐν τῇ φωνῇ αὐτοῦ
φωνὴν δυνάμεως.
35 δότε δόξαν τῷ θεῷ·
ἐπὶ τὸν Ισραηλ ἡ μεγαλοπρέπεια[10] αὐτοῦ,
καὶ ἡ δύναμις αὐτοῦ ἐν ταῖς νεφέλαις.[11]
36 θαυμαστὸς[12] ὁ θεὸς ἐν τοῖς ἁγίοις αὐτοῦ·
ὁ θεὸς Ισραηλ αὐτὸς δώσει δύναμιν καὶ κραταίωσιν[13] τῷ λαῷ αὐτοῦ.

εὐλογητὸς[14] ὁ θεός.

68 Εἰς τὸ τέλος, ὑπὲρ τῶν ἀλλοιωθησομένων·[15] τῷ Δαυιδ.

2 Σῶσόν με, ὁ θεός,
ὅτι εἰσήλθοσαν ὕδατα ἕως ψυχῆς μου.
3 ἐνεπάγην[16] εἰς ἰλὺν[17] βυθοῦ,[18]
καὶ οὐκ ἔστιν ὑπόστασις·[19]
ἦλθον εἰς τὰ βάθη[20] τῆς θαλάσσης,
καὶ καταιγὶς[21] κατεπόντισέν[22] με.
4 ἐκοπίασα[23] κράζων, ἐβραγχίασεν[24] ὁ λάρυγξ[25] μου,
ἐξέλιπον[26] οἱ ὀφθαλμοί μου ἀπὸ τοῦ ἐλπίζειν ἐπὶ τὸν θεόν μου.

1 ἥκω, *fut act ind 3p*, have come
2 πρέσβυς, ambassador
3 προφθάνω, *fut act ind 3s*, extend before
4 ᾄδω, *aor act impv 2p*, sing
5 ψάλλω, *aor act impv 2p*, play music, sing (with an instrument)
6 διάψαλμα, (*musical interlude, renders Heb.* selāh)
7 ψάλλω, *aor act impv 2p*, play music, sing (with an instrument)
8 ἐπιβαίνω, *perf act ptc dat s m*, mount on, ride upon
9 ἀνατολή, east
10 μεγαλοπρέπεια, majesty
11 νεφέλη, cloud
12 θαυμαστός, wonderful
13 κραταίωσις, strength
14 εὐλογητός, blessed
15 ἀλλοιόω, *fut pas ptc gen p n*, change, alter
16 ἐμπήγνυμι, *aor pas ind 1s*, fix, stick
17 ἰλύς, mud, mire
18 βυθός, deep
19 ὑπόστασις, bottom, sediment
20 βάθος, depth, bottom
21 καταιγίς, storm, squall
22 καταποντίζω, *aor act ind 3s*, drown, swallow up
23 κοπιάω, *aor act ind 1s*, grow weary
24 βραγχιάω, *aor act ind 3s*, become hoarse
25 λάρυγξ, throat
26 ἐκλείπω, *aor act ind 1s*, give out, fail

5 ἐπληθύνθησαν[1] ὑπὲρ τὰς τρίχας[2] τῆς κεφαλῆς μου
οἱ μισοῦντές με δωρεάν,[3]
ἐκραταιώθησαν[4] οἱ ἐχθροί μου οἱ ἐκδιώκοντές[5] με ἀδίκως·[6]
ἃ οὐχ ἥρπασα,[7] τότε ἀπετίννυον.[8]
6 ὁ θεός, σὺ ἔγνως τὴν ἀφροσύνην[9] μου,
καὶ αἱ πλημμέλειαί[10] μου ἀπὸ σοῦ οὐκ ἐκρύβησαν.[11]

7 μὴ αἰσχυνθείησαν[12] ἐπ᾽ ἐμοὶ οἱ ὑπομένοντές[13] σε,
κύριε κύριε τῶν δυνάμεων,
μὴ ἐντραπείησαν[14] ἐπ᾽ ἐμοὶ οἱ ζητοῦντές σε,
ὁ θεὸς τοῦ Ισραηλ,
8 ὅτι ἕνεκα[15] σοῦ ὑπήνεγκα[16] ὀνειδισμόν,[17]
ἐκάλυψεν[18] ἐντροπὴ[19] τὸ πρόσωπόν μου.
9 ἀπηλλοτριωμένος[20] ἐγενήθην τοῖς ἀδελφοῖς μου
καὶ ξένος[21] τοῖς υἱοῖς τῆς μητρός μου,
10 ὅτι ὁ ζῆλος[22] τοῦ οἴκου σου κατέφαγέν[23] με,
καὶ οἱ ὀνειδισμοὶ[24] τῶν ὀνειδιζόντων[25] σε ἐπέπεσαν[26] ἐπ᾽ ἐμέ.
11 καὶ συνέκαμψα[27] ἐν νηστείᾳ[28] τὴν ψυχήν μου,
καὶ ἐγενήθη εἰς ὀνειδισμὸν[29] ἐμοί·
12 καὶ ἐθέμην τὸ ἔνδυμά[30] μου σάκκον,[31]
καὶ ἐγενόμην αὐτοῖς εἰς παραβολήν.[32]
13 κατ᾽ ἐμοῦ ἠδολέσχουν[33] οἱ καθήμενοι ἐν πύλῃ,[34]
καὶ εἰς ἐμὲ ἔψαλλον[35] οἱ πίνοντες τὸν οἶνον.

1 πληθύνω, *aor pas ind 3p*, multiply
2 θρίξ, hair
3 δωρεάν, without cause
4 κραταιόω, *aor pas ind 3p*, prevail against
5 ἐκδιώκω, *pres act ptc nom p m*, attack, persecute
6 ἀδίκως, unjustly
7 ἁρπάζω, *aor act ind 1s*, snatch, seize
8 ἀποτιννύω, *impf act ind 1s*, pay back
9 ἀφροσύνη, folly, foolishness
10 πλημμέλεια, error, wrong
11 κρύπτω, *aor pas ind 3p*, hide
12 αἰσχύνω, *aor pas opt 3p*, put to shame, dishonor
13 ὑπομένω, *pres act ptc nom p m*, wait for
14 ἐντρέπω, *aor pas opt 3p*, be embarrassed
15 ἕνεκα, on account of
16 ὑποφέρω, *aor act ind 1s*, endure
17 ὀνειδισμός, reproach
18 καλύπτω, *aor act ind 3s*, cover
19 ἐντροπή, humiliation
20 ἀπαλλοτριόω, *perf pas ptc nom s m*, estrange, alienate
21 ξένος, stranger
22 ζῆλος, zeal, jealousy
23 κατεσθίω, *aor act ind 3s*, consume, devour
24 ὀνειδισμός, reproach, reviling
25 ὀνειδίζω, *pres act ptc gen p m*, reproach, revile
26 ἐπιπίπτω, *aor act ind 3p*, fall upon
27 συγκάμπτω, *aor act ind 1s*, bend down
28 νηστεία, fasting
29 ὀνειδισμός, reproach
30 ἔνδυμα, garment, apparel
31 σάκκος, sackcloth, *Heb. LW*
32 παραβολή, proverb, taunt
33 ἀδολεσχέω, *impf act ind 3p*, gossip, talk idly
34 πύλη, gate
35 ψάλλω, *impf act ind 3p*, play music, sing (with an instrument)

14 ἐγὼ δὲ τῇ προσευχῇ μου πρὸς σέ, κύριε·
καιρὸς εὐδοκίας,[1] ὁ θεός, ἐν τῷ πλήθει τοῦ ἐλέους[2] σου·
ἐπάκουσόν[3] μου ἐν ἀληθείᾳ τῆς σωτηρίας σου.
15 σῶσόν με ἀπὸ πηλοῦ,[4] ἵνα μὴ ἐμπαγῶ·[5]
ῥυσθείην[6] ἐκ τῶν μισούντων με καὶ ἐκ τοῦ βάθους[7] τῶν ὑδάτων·
16 μή με καταποντισάτω[8] καταιγὶς[9] ὕδατος,
μηδὲ καταπιέτω[10] με βυθός,[11]
μηδὲ συσχέτω[12] ἐπ᾽ ἐμὲ φρέαρ[13] τὸ στόμα αὐτοῦ.

17 εἰσάκουσόν[14] μου, κύριε, ὅτι χρηστὸν[15] τὸ ἔλεός[16] σου·
κατὰ τὸ πλῆθος τῶν οἰκτιρμῶν[17] σου ἐπίβλεψον[18] ἐπ᾽ ἐμέ.
18 μὴ ἀποστρέψῃς[19] τὸ πρόσωπόν σου ἀπὸ τοῦ παιδός[20] σου,
ὅτι θλίβομαι,[21] ταχὺ[22] ἐπάκουσόν[23] μου.
19 πρόσχες[24] τῇ ψυχῇ μου καὶ λύτρωσαι[25] αὐτήν,
ἕνεκα[26] τῶν ἐχθρῶν μου ῥῦσαί[27] με.

20 σὺ γὰρ γινώσκεις τὸν ὀνειδισμόν[28] μου
καὶ τὴν αἰσχύνην[29] μου καὶ τὴν ἐντροπήν[30] μου·
ἐναντίον[31] σου πάντες οἱ θλίβοντές[32] με.
21 ὀνειδισμὸν[33] προσεδόκησεν[34] ἡ ψυχή μου καὶ ταλαιπωρίαν,[35]
καὶ ὑπέμεινα[36] συλλυπούμενον,[37] καὶ οὐχ ὑπῆρξεν,
καὶ παρακαλοῦντας, καὶ οὐχ εὗρον.
22 καὶ ἔδωκαν εἰς τὸ βρῶμά[38] μου χολὴν[39]
καὶ εἰς τὴν δίψαν[40] μου ἐπότισάν[41] με ὄξος.[42]

1 εὐδοκία, good pleasure
2 ἔλεος, mercy, compassion
3 ἐπακούω, *aor act impv 2s*, listen to
4 πηλός, mud
5 ἐμπήγνυμι, *aor pas sub 1s*, fix, stick
6 ῥύομαι, *aor pas opt 1s*, rescue, save
7 βάθος, depth, bottom
8 καταποντίζω, *aor act impv 3s*, drown, plunge under water
9 καταιγίς, storm, tempest
10 καταπίνω, *aor act impv 3s*, swallow up
11 βυθός, deep (water)
12 συνέχω, *aor act impv 3s*, enclose
13 φρέαρ, well, cistern
14 εἰσακούω, *aor act impv 2s*, listen to
15 χρηστός, kind, good
16 ἔλεος, mercy
17 οἰκτίρμος, compassion, pity
18 ἐπιβλέπω, *aor act impv 2s*, look upon
19 ἀποστρέφω, *aor act sub 2s*, turn away
20 παῖς, servant
21 θλίβω, *pres pas ind 1s*, afflict
22 ταχύς, quickly
23 ἐπακούω, *aor act impv 2s*, give ear, listen to
24 προσέχω, *aor act impv 2s*, pay attention
25 λυτρόω, *aor mid impv 2s*, redeem
26 ἕνεκα, on account of, for the sake of
27 ῥύομαι, *aor mid impv 2s*, rescue, save
28 ὀνειδισμός, reproach, disgrace
29 αἰσχύνη, shame, dishonor
30 ἐντροπή, humiliation
31 ἐναντίον, before
32 θλίβω, *pres act ptc nom p m*, afflict
33 ὀνειδισμός, reproach, disgrace
34 προσδοκάω, *aor act ind 3s*, expect, anticipate
35 ταλαιπωρία, misery
36 ὑπομένω, *aor act ind 1s*, wait, remain
37 συλλυπέω, *pres pas ptc acc s m*, sympathize
38 βρῶμα, food, provisions
39 χολή, gall, bitters
40 δίψα, thirst
41 ποτίζω, *aor act ind 3p*, give drink
42 ὄξος, vinegar, sour wine

23 γενηθήτω ἡ τράπεζα[1] αὐτῶν ἐνώπιον αὐτῶν εἰς παγίδα[2]
καὶ εἰς ἀνταπόδοσιν[3] καὶ εἰς σκάνδαλον·[4]
24 σκοτισθήτωσαν[5] οἱ ὀφθαλμοὶ αὐτῶν τοῦ μὴ βλέπειν,
καὶ τὸν νῶτον[6] αὐτῶν διὰ παντὸς σύγκαμψον·[7]
25 ἔκχεον[8] ἐπ᾽ αὐτοὺς τὴν ὀργήν σου,
καὶ ὁ θυμὸς[9] τῆς ὀργῆς σου καταλάβοι[10] αὐτούς.
26 γενηθήτω ἡ ἔπαυλις[11] αὐτῶν ἠρημωμένη,[12]
καὶ ἐν τοῖς σκηνώμασιν[13] αὐτῶν μὴ ἔστω ὁ κατοικῶν·
27 ὅτι ὃν σὺ ἐπάταξας,[14] αὐτοὶ κατεδίωξαν,[15]
καὶ ἐπὶ τὸ ἄλγος[16] τῶν τραυματιῶν[17] σου προσέθηκαν.[18]
28 πρόσθες[19] ἀνομίαν[20] ἐπὶ τὴν ἀνομίαν αὐτῶν,
καὶ μὴ εἰσελθέτωσαν ἐν δικαιοσύνῃ σου·
29 ἐξαλειφθήτωσαν[21] ἐκ βίβλου[22] ζώντων
καὶ μετὰ δικαίων μὴ γραφήτωσαν.
30 πτωχὸς καὶ ἀλγῶν[23] εἰμι ἐγώ,
καὶ ἡ σωτηρία τοῦ προσώπου σου, ὁ θεός, ἀντελάβετό[24] μου.

31 αἰνέσω[25] τὸ ὄνομα τοῦ θεοῦ μετ᾽ ᾠδῆς,[26]
μεγαλυνῶ[27] αὐτὸν ἐν αἰνέσει,[28]
32 καὶ ἀρέσει[29] τῷ θεῷ ὑπὲρ μόσχον[30] νέον[31]
κέρατα[32] ἐκφέροντα[33] καὶ ὁπλάς.[34]
33 ἰδέτωσαν πτωχοὶ καὶ εὐφρανθήτωσαν·[35]
ἐκζητήσατε[36] τὸν θεόν, καὶ ζήσεται ἡ ψυχὴ ὑμῶν,

1 τράπεζα, table
2 παγίς, trap
3 ἀνταπόδοσις, repayment, recompense
4 σκάνδαλον, obstacle, cause of stumbling
5 σκοτίζω, *aor pas impv 3p*, darken
6 νῶτος, back
7 συγκάμπτω, *aor act impv 2s*, bend down
8 ἐκχέω, *aor act impv 2s*, pour out
9 θυμός, anger, wrath
10 καταλαμβάνω, *aor act opt 3s*, lay hold of, overcome
11 ἔπαυλις, residence, homestead
12 ἐρημόω, *perf pas ptc nom s f*, make desolate
13 σκήνωμα, tent, dwelling
14 πατάσσω, *aor act ind 2s*, strike
15 καταδιώκω, *aor act ind 3p*, pursue
16 ἄλγος, pain
17 τραυματίας, wounded person
18 προστίθημι, *aor act ind 3p*, add to
19 προστίθημι, *aor act impv 2s*, add to
20 ἀνομία, transgression, lawlessness
21 ἐξαλείφω, *aor pas impv 3p*, erase, wipe out
22 βίβλος, book
23 ἀλγέω, *pres act ptc nom s m*, suffer pain
24 ἀντιλαμβάνομαι, *aor mid ind 3s*, help, support
25 αἰνέω, *fut act ind 1s*, praise
26 ᾠδή, song
27 μεγαλύνω, *fut act ind 1s*, magnify
28 αἴνεσις, praise
29 ἀρέσκω, *fut act ind 3s*, please
30 μόσχος, calf
31 νέος, young
32 κέρας, horn
33 ἐκφέρω, *pres act ptc acc p n*, bear
34 ὁπλή, hoof
35 εὐφραίνω, *aor pas impv 3p*, be glad, rejoice
36 ἐκζητέω, *aor act impv 2p*, seek out

34 ὅτι εἰσήκουσεν[1] τῶν πενήτων[2] ὁ κύριος
καὶ τοὺς πεπεδημένους[3] αὐτοῦ οὐκ ἐξουδένωσεν.[4]

35 αἰνεσάτωσαν[5] αὐτὸν οἱ οὐρανοὶ καὶ ἡ γῆ,
θάλασσα καὶ πάντα τὰ ἕρποντα[6] ἐν αὐτοῖς.
36 ὅτι ὁ θεὸς σώσει τὴν Σιων,
καὶ οἰκοδομηθήσονται αἱ πόλεις τῆς Ιουδαίας,
καὶ κατοικήσουσιν ἐκεῖ καὶ κληρονομήσουσιν[7] αὐτήν·
37 καὶ τὸ σπέρμα τῶν δούλων αὐτοῦ καθέξουσιν[8] αὐτήν,
καὶ οἱ ἀγαπῶντες τὸ ὄνομα αὐτοῦ κατασκηνώσουσιν[9] ἐν αὐτῇ.

69

Εἰς τὸ τέλος· τῷ Δαυιδ εἰς ἀνάμνησιν,[10] **2** εἰς τὸ σῶσαί με κύριον.

Ὁ θεός, εἰς τὴν βοήθειάν[11] μου πρόσχες.[12]

3 αἰσχυνθείησαν[13] καὶ ἐντραπείησαν[14]
οἱ ζητοῦντές μου τὴν ψυχήν,
ἀποστραφείησαν[15] εἰς τὰ ὀπίσω καὶ καταισχυνθείησαν[16]
οἱ βουλόμενοί μοι κακά,
4 ἀποστραφείησαν[17] παραυτίκα[18] αἰσχυνόμενοι[19]
οἱ λέγοντές μοι Εὖγε[20] εὖγε.

5 ἀγαλλιάσθωσαν[21] καὶ εὐφρανθήτωσαν[22] ἐπὶ σοὶ
πάντες οἱ ζητοῦντές σε,
καὶ λεγέτωσαν διὰ παντός Μεγαλυνθήτω[23] ὁ θεός,
οἱ ἀγαπῶντες τὸ σωτήριόν[24] σου.
6 ἐγὼ δὲ πτωχὸς καὶ πένης·[25]
ὁ θεός, βοήθησόν[26] μοι.
βοηθός[27] μου καὶ ῥύστης[28] μου εἶ σύ·
κύριε, μὴ χρονίσῃς.[29]

1 εἰσακούω, *aor act ind 3s*, listen to
2 πένης, poor, needy
3 πεδάω, *perf pas ptc acc p m*, bind, put in chains
4 ἐξουδενόω, *aor act ind 3s*, disdain
5 αἰνέω, *aor act impv 3p*, praise
6 ἕρπω, *pres act ptc nom p n*, creep, crawl
7 κληρονομέω, *fut act ind 3p*, inherit
8 κατέχω, *fut act ind 3p*, possess
9 κατασκηνόω, *fut act ind 3p*, settle, dwell
10 ἀνάμνησις, reminder, remembrance
11 βοήθεια, help, aid
12 προσέχω, *aor act impv 2s*, give attention to
13 αἰσχύνω, *aor pas opt 3p*, dishonor
14 ἐντρέπω, *aor pas opt 3p*, put to shame
15 ἀποστρέφω, *aor pas opt 3p*, turn back
16 καταισχύνω, *aor pas opt 3p*, disgrace
17 ἀποστρέφω, *aor pas opt 3p*, turn back
18 παραυτίκα, immediately
19 αἰσχύνω, *pres pas ptc nom p m*, dishonor
20 εὖγε, good, well done
21 ἀγαλλιάω, *pres mid impv 3p*, exult
22 εὐφραίνω, *aor pas impv 3p*, be glad, rejoice
23 μεγαλύνω, *aor pas impv 3s*, magnify
24 σωτήριον, deliverance, salvation
25 πένης, poor, needy
26 βοηθέω, *aor act impv 2s*, help, aid
27 βοηθός, help
28 ῥύστης, savior, deliverer
29 χρονίζω, *aor act sub 2s*, delay

70

Τῷ Δαυιδ· υἱῶν Ιωναδαβ καὶ τῶν πρώτων αἰχμαλωτισθέντων.[1]

Ὁ θεός, ἐπὶ σοὶ ἤλπισα,
μὴ καταισχυνθείην[2] εἰς τὸν αἰῶνα.
2 ἐν τῇ δικαιοσύνῃ σου ῥῦσαί[3] με καὶ ἐξελοῦ[4] με,
κλῖνον[5] πρός με τὸ οὖς σου καὶ σῶσόν με.
3 γενοῦ μοι εἰς θεὸν ὑπερασπιστὴν[6]
καὶ εἰς τόπον ὀχυρὸν[7] τοῦ σῶσαί με,
ὅτι στερέωμά[8] μου καὶ καταφυγή[9] μου εἶ σύ.

4 ὁ θεός μου, ῥῦσαί[10] με ἐκ χειρὸς ἁμαρτωλοῦ,
ἐκ χειρὸς παρανομοῦντος[11] καὶ ἀδικοῦντος·[12]
5 ὅτι σὺ εἶ ἡ ὑπομονή[13] μου, κύριε·
κύριος ἡ ἐλπίς μου ἐκ νεότητός[14] μου.
6 ἐπὶ σὲ ἐπεστηρίχθην[15] ἀπὸ γαστρός,[16]
ἐκ κοιλίας[17] μητρός μου σύ μου εἶ σκεπαστής·[18]
ἐν σοὶ ἡ ὕμνησίς[19] μου διὰ παντός.

7 ὡσεὶ[20] τέρας[21] ἐγενήθην τοῖς πολλοῖς,
καὶ σὺ βοηθὸς[22] κραταιός.[23]
8 πληρωθήτω τὸ στόμα μου αἰνέσεως,[24]
ὅπως ὑμνήσω[25] τὴν δόξαν σου,
ὅλην τὴν ἡμέραν τὴν μεγαλοπρέπειάν[26] σου.
9 μὴ ἀπορρίψῃς[27] με εἰς καιρὸν γήρους,[28]
ἐν τῷ ἐκλείπειν[29] τὴν ἰσχύν[30] μου μὴ ἐγκαταλίπῃς[31] με.
10 ὅτι εἶπαν οἱ ἐχθροί μου ἐμοὶ
καὶ οἱ φυλάσσοντες τὴν ψυχήν μου ἐβουλεύσαντο[32] ἐπὶ τὸ αὐτὸ

1 αἰχμαλωτίζω, *aor pas ptc gen p m*, take captive
2 καταισχύνω, *aor pas opt 1s*, disgrace
3 ῥύομαι, *aor mid impv 2s*, rescue, save
4 ἐξαιρέω, *aor mid impv 2s*, deliver
5 κλίνω, *aor act impv 2s*, incline
6 ὑπερασπιστής, protector
7 ὀχυρός, fortified, strong
8 στερέωμα, steadfastness, support
9 καταφυγή, refuge
10 ῥύομαι, *aor mid impv 2s*, rescue, save
11 παρανομέω, *pres act ptc gen s m*, break the law
12 ἀδικέω, *pres act ptc gen s m*, act unjustly, do wrong
13 ὑπομονή, endurance, perseverance
14 νεότης, youth
15 ἐπιστηρίζω, *aor pas ind 1s*, support
16 γαστήρ, belly
17 κοιλία, womb
18 σκεπαστής, protector, defender
19 ὕμνησις, praising, hymn singing
20 ὡσεί, like
21 τέρας, sign, omen
22 βοηθός, helper
23 κραταιός, powerful, mighty
24 αἴνεσις, praise
25 ὑμνέω, *fut act ind 1s*, sing praise
26 μεγαλοπρέπεια, majesty
27 ἀπορρίπτω, *aor act sub 2s*, reject, cast off
28 γῆρας, old age
29 ἐκλείπω, *pres act inf*, fail, wane
30 ἰσχύς, strength
31 ἐγκαταλείπω, *aor act sub 2s*, forsake
32 βουλεύω, *aor mid ind 3p*, take counsel, consult

11 λέγοντες Ὁ θεὸς ἐγκατέλιπεν[1] αὐτόν·
καταδιώξατε[2] καὶ καταλάβετε[3] αὐτόν,
ὅτι οὐκ ἔστιν ὁ ῥυόμενος.[4]

12 ὁ θεός, μὴ μακρύνῃς[5] ἀπ᾽ ἐμοῦ·
ὁ θεός μου, εἰς τὴν βοήθειάν[6] μου πρόσχες.[7]
13 αἰσχυνθήτωσαν[8] καὶ ἐκλιπέτωσαν[9]
οἱ ἐνδιαβάλλοντες[10] τὴν ψυχήν μου,
περιβαλέσθωσαν[11] αἰσχύνην[12] καὶ ἐντροπὴν[13]
οἱ ζητοῦντες τὰ κακά μοι.
14 ἐγὼ δὲ διὰ παντὸς ἐλπιῶ
καὶ προσθήσω[14] ἐπὶ πᾶσαν τὴν αἴνεσίν[15] σου.
15 τὸ στόμα μου ἐξαγγελεῖ[16] τὴν δικαιοσύνην σου,
ὅλην τὴν ἡμέραν τὴν σωτηρίαν σου,
ὅτι οὐκ ἔγνων γραμματείας.[17]
16 εἰσελεύσομαι ἐν δυναστείᾳ[18] κυρίου·
κύριε, μνησθήσομαι[19] τῆς δικαιοσύνης σου μόνου.

17 ἐδίδαξάς με, ὁ θεός, ἐκ νεότητός[20] μου,
καὶ μέχρι[21] νῦν ἀπαγγελῶ τὰ θαυμάσιά[22] σου.
18 καὶ ἕως γήρους[23] καὶ πρεσβείου,[24]
ὁ θεός, μὴ ἐγκαταλίπῃς[25] με,
ἕως ἂν ἀπαγγείλω τὸν βραχίονά[26] σου πάσῃ τῇ γενεᾷ τῇ ἐρχομένῃ,
τὴν δυναστείαν[27] σου καὶ τὴν δικαιοσύνην σου.

19 ὁ θεός, ἕως ὑψίστων[28] ἃ ἐποίησας μεγαλεῖα·[29]
ὁ θεός, τίς ὅμοιός[30] σοι;

1 ἐγκαταλείπω, *aor act ind 3s*, forsake
2 καταδιώκω, *aor act impv 2p*, pursue closely
3 καταλαμβάνω, *aor act impv 2p*, apprehend, seize
4 ῥύομαι, *pres mid ptc nom s m*, rescue, save
5 μακρύνω, *aor act sub 2s*, be distant
6 βοήθεια, help, aid
7 προσέχω, *aor act impv 2s*, give attention to
8 αἰσχύνω, *aor pas impv 3p*, dishonor
9 ἐκλείπω, *aor act impv 3p*, come to an end
10 ἐνδιαβάλλω, *pres act ptc nom p m*, slander, caluminate
11 περιβάλλω, *aor mid impv 3p*, cover over
12 αἰσχύνη, shame, disgrace
13 ἐντροπή, humiliation
14 προστίθημι, *fut act ind 1s*, add to, increase
15 αἴνεσις, praise
16 ἐξαγγέλλω, *fut act ind 3s*, proclaim
17 γραμματεία, (human) learning
18 δυναστεία, domination
19 μιμνῄσκομαι, *fut pas ind 1s*, remember, recall
20 νεότης, youth
21 μέχρι, until
22 θαυμάσιος, wonderful, remarkable
23 γῆρας, old age
24 πρεσβεῖον, status of an elder
25 ἐγκαταλείπω, *aor act sub 2s*, forsake
26 βραχίων, (strength), arm
27 δυναστεία, domination
28 ὕψιστος, *sup*, highest (place)
29 μεγαλεῖος, great, magnificent
30 ὅμοιος, like, equal to

20 ὅσας ἔδειξάς μοι θλίψεις πολλὰς καὶ κακάς,
καὶ ἐπιστρέψας ἐζωοποίησάς[1] με
καὶ ἐκ τῶν ἀβύσσων[2] τῆς γῆς πάλιν[3] ἀνήγαγές[4] με.
21 ἐπλεόνασας[5] τὴν μεγαλοσύνην[6] σου
καὶ ἐπιστρέψας παρεκάλεσάς με
[καὶ ἐκ τῶν ἀβύσσων[7] τῆς γῆς πάλιν[8] ἀνήγαγές[9] με.]
22 καὶ γὰρ ἐγὼ ἐξομολογήσομαί[10] σοι
ἐν σκεύει[11] ψαλμοῦ[12] τὴν ἀλήθειάν σου, ὁ θεός·
ψαλῶ[13] σοι ἐν κιθάρᾳ,[14]
ὁ ἅγιος τοῦ Ισραηλ.
23 ἀγαλλιάσονται[15] τὰ χείλη[16] μου, ὅταν ψάλω[17] σοι,
καὶ ἡ ψυχή μου, ἣν ἐλυτρώσω.[18]
24 ἔτι δὲ καὶ ἡ γλῶσσά μου ὅλην τὴν ἡμέραν μελετήσει[19] τὴν δικαιοσύνην σου,
ὅταν αἰσχυνθῶσιν[20] καὶ ἐντραπῶσιν[21] οἱ ζητοῦντες τὰ κακά μοι.

71 Εἰς Σαλωμων.

Ὁ θεός, τὸ κρίμα[22] σου τῷ βασιλεῖ δὸς
καὶ τὴν δικαιοσύνην σου τῷ υἱῷ τοῦ βασιλέως
2 κρίνειν τὸν λαόν σου ἐν δικαιοσύνῃ
καὶ τοὺς πτωχούς σου ἐν κρίσει.
3 ἀναλαβέτω[23] τὰ ὄρη εἰρήνην τῷ λαῷ σου
καὶ οἱ βουνοὶ[24] ἐν δικαιοσύνῃ.
4 κρινεῖ τοὺς πτωχοὺς τοῦ λαοῦ
καὶ σώσει τοὺς υἱοὺς τῶν πενήτων[25]
καὶ ταπεινώσει[26] συκοφάντην[27]

1 ζῳοποιέω, *aor act ind 2s*, revive, make alive
2 ἄβυσσος, abyss, deep
3 πάλιν, once again
4 ἀνάγω, *aor act ind 2s*, bring up, raise up
5 πλεονάζω, *aor act ind 2s*, multiply, increase
6 μεγαλοσύνη, majesty
7 ἄβυσσος, abyss, deep
8 πάλιν, once again
9 ἀνάγω, *aor act ind 2s*, bring up, raise up
10 ἐξομολογέομαι, *fut mid ind 1s*, acknowledge, confess
11 σκεῦος, (musical) instrument
12 ψαλμός, psalm
13 ψάλλω, *fut act ind 1s*, play music, sing (with an instrument)
14 κιθάρα, lyre
15 ἀγαλλιάω, *fut mid ind 3p*, exult
16 χεῖλος, lip
17 ψάλλω, *aor act sub 1s*, play music, sing (with an instrument)
18 λυτρόω, *aor mid ind 2s*, redeem
19 μελετάω, *fut act ind 3s*, meditate upon
20 αἰσχύνω, *aor pas sub 3p*, disgrace
21 ἐντρέπω, *aor pas sub 3p*, put to shame
22 κρίμα, judgment
23 ἀναλαμβάνω, *aor act impv 3s*, take up, undertake
24 βουνός, hill
25 πένης, poor
26 ταπεινόω, *fut act ind 3s*, humble
27 συκοφάντης, oppressor, extortioner

5 καὶ συμπαραμενεῖ[1] τῷ ἡλίῳ
καὶ πρὸ τῆς σελήνης[2] γενεὰς γενεῶν
6 καὶ καταβήσεται ὡς ὑετὸς[3] ἐπὶ πόκον[4]
καὶ ὡσεὶ[5] σταγόνες[6] στάζουσαι[7] ἐπὶ τὴν γῆν.
7 ἀνατελεῖ[8] ἐν ταῖς ἡμέραις αὐτοῦ δικαιοσύνη
καὶ πλῆθος εἰρήνης ἕως οὗ ἀνταναιρεθῇ[9] ἡ σελήνη.[10]

8 καὶ κατακυριεύσει[11] ἀπὸ θαλάσσης ἕως θαλάσσης
καὶ ἀπὸ ποταμοῦ[12] ἕως περάτων[13] τῆς οἰκουμένης.[14]
9 ἐνώπιον αὐτοῦ προπεσοῦνται[15] Αἰθίοπες,
καὶ οἱ ἐχθροὶ αὐτοῦ χοῦν[16] λείξουσιν·[17]
10 βασιλεῖς Θαρσις καὶ αἱ νῆσοι[18] δῶρα[19] προσοίσουσιν,[20]
βασιλεῖς Ἀράβων καὶ Σαβα δῶρα προσάξουσιν·[21]
11 καὶ προσκυνήσουσιν αὐτῷ πάντες οἱ βασιλεῖς,
πάντα τὰ ἔθνη δουλεύσουσιν[22] αὐτῷ.

12 ὅτι ἐρρύσατο[23] πτωχὸν ἐκ χειρὸς δυνάστου[24]
καὶ πένητα,[25] ᾧ οὐχ ὑπῆρχεν βοηθός·[26]
13 φείσεται[27] πτωχοῦ καὶ πένητος[28]
καὶ ψυχὰς πενήτων σώσει·
14 ἐκ τόκου[29] καὶ ἐξ ἀδικίας[30] λυτρώσεται[31] τὰς ψυχὰς αὐτῶν,
καὶ ἔντιμον[32] τὸ ὄνομα αὐτῶν ἐνώπιον αὐτοῦ.

15 καὶ ζήσεται, καὶ δοθήσεται αὐτῷ ἐκ τοῦ χρυσίου[33] τῆς Ἀραβίας,
καὶ προσεύξονται περὶ αὐτοῦ διὰ παντός,
ὅλην τὴν ἡμέραν εὐλογήσουσιν αὐτόν.

1 συμπαραμένω, *fut act ind 3s*, continue along
2 σελήνη, moon
3 ὑετός, rain
4 πόκος, fleece
5 ὡσεί, like
6 σταγών, raindrop
7 στάζω, *pres act ptc nom p f*, drop, rain
8 ἀνατέλλω, *fut act ind 3s*, rise up, sprout
9 ἀνταναιρέω, *aor pas sub 3s*, remove
10 σελήνη, moon
11 κατακυριεύω, *fut act ind 3s*, be master, exercise dominion
12 ποταμός, river
13 πέρας, end, boundary
14 οἰκουμένη, world
15 προπίπτω, *fut mid ind 3p*, bow down
16 χοῦς, dust
17 λείχω, *fut act ind 3p*, lick
18 νῆσος, island
19 δῶρον, gift
20 προσφέρω, *fut act ind 3p*, offer
21 προσάγω, *fut act ind 3p*, bring forward
22 δουλεύω, *fut act ind 3p*, serve
23 ῥύομαι, *aor mid ind 3s*, rescue, save
24 δυνάστης, ruler
25 πένης, needy
26 βοηθός, helper, help
27 φείδομαι, *fut mid ind 3s*, spare
28 πένης, needy
29 τόκος, (usury), interest
30 ἀδικία, injustice
31 λυτρόω, *fut mid ind 3s*, redeem
32 ἔντιμος, honorable, highly regarded
33 χρυσίον, gold

16 ἔσται στήριγμα[1] ἐν τῇ γῇ ἐπ᾽ ἄκρων[2] τῶν ὀρέων·
ὑπεραρθήσεται[3] ὑπὲρ τὸν Λίβανον ὁ καρπὸς αὐτοῦ,
καὶ ἐξανθήσουσιν[4] ἐκ πόλεως ὡσεὶ[5] χόρτος[6] τῆς γῆς.
17 ἔστω τὸ ὄνομα αὐτοῦ εὐλογημένον εἰς τοὺς αἰῶνας,
πρὸ τοῦ ἡλίου διαμενεῖ[7] τὸ ὄνομα αὐτοῦ·
καὶ εὐλογηθήσονται ἐν αὐτῷ πᾶσαι αἱ φυλαὶ τῆς γῆς,
πάντα τὰ ἔθνη μακαριοῦσιν[8] αὐτόν.

18 Εὐλογητὸς[9] κύριος ὁ θεὸς ὁ θεὸς Ισραηλ
ὁ ποιῶν θαυμάσια[10] μόνος,
19 καὶ εὐλογητὸν[11] τὸ ὄνομα τῆς δόξης αὐτοῦ
εἰς τὸν αἰῶνα καὶ εἰς τὸν αἰῶνα τοῦ αἰῶνος,
καὶ πληρωθήσεται τῆς δόξης αὐτοῦ πᾶσα ἡ γῆ.
γένοιτο[12] γένοιτο.

20 Ἐξέλιπον[13] οἱ ὕμνοι[14] Δαυιδ τοῦ υἱοῦ Ιεσσαι.

1 στήριγμα, provision, sustenance
2 ἄκρος, peak, top
3 ὑπεραίρω, *fut pas ind 3s*, surpass
4 ἐξανθέω, *fut act ind 3p*, bloom
5 ὡσεί, like
6 χόρτος, grass
7 διαμένω, *fut act ind 3s*, endure, abide
8 μακαρίζω, *fut act ind 3p*, consider blessed, declare happy
9 εὐλογητός, blessed
10 θαυμάσιος, wonderful, remarkable
11 εὐλογητός, blessed
12 γίνομαι, *aor mid opt 3s*, be, come about
13 ἐκλείπω, *aor act ind 3p*, come to an end, finish
14 ὕμνος, hymn, praise

ΨΑΛΜΟΙ Γʹ
Psalms (Book III)

72 Ψαλμὸς τῷ Ασαφ.

Ὡς ἀγαθὸς τῷ Ισραηλ ὁ θεός,
τοῖς εὐθέσι[1] τῇ καρδίᾳ.
2 ἐμοῦ δὲ παρὰ μικρὸν ἐσαλεύθησαν[2] οἱ πόδες,
παρ᾽ ὀλίγον ἐξεχύθη[3] τὰ διαβήματά[4] μου.
3 ὅτι ἐζήλωσα[5] ἐπὶ τοῖς ἀνόμοις[6]
εἰρήνην ἁμαρτωλῶν θεωρῶν,[7]
4 ὅτι οὐκ ἔστιν ἀνάνευσις[8] τῷ θανάτῳ αὐτῶν
καὶ στερέωμα[9] ἐν τῇ μάστιγι[10] αὐτῶν·
5 ἐν κόποις[11] ἀνθρώπων οὐκ εἰσὶν
καὶ μετὰ ἀνθρώπων οὐ μαστιγωθήσονται.[12]
6 διὰ τοῦτο ἐκράτησεν αὐτοὺς ἡ ὑπερηφανία,[13]
περιεβάλοντο[14] ἀδικίαν[15] καὶ ἀσέβειαν[16] αὐτῶν.
7 ἐξελεύσεται ὡς ἐκ στέατος[17] ἡ ἀδικία[18] αὐτῶν
διήλθοσαν εἰς διάθεσιν[19] καρδίας·
8 διενοήθησαν[20] καὶ ἐλάλησαν ἐν πονηρίᾳ,[21]
ἀδικίαν[22] εἰς τὸ ὕψος[23] ἐλάλησαν·
9 ἔθεντο εἰς οὐρανὸν τὸ στόμα αὐτῶν,
καὶ ἡ γλῶσσα αὐτῶν διῆλθεν ἐπὶ τῆς γῆς.

1 εὐθύς, upright
2 σαλεύω, *aor pas ind 3p*, shake, cause to tremble
3 ἐκχέω, *aor pas ind 3s*, dislodge, misplace
4 διάβημα, (foot)step
5 ζηλόω, *aor act ind 1s*, envy, be jealous of
6 ἄνομος, evil, wicked, lawless
7 θεωρέω, *pres act ptc nom s m*, observe
8 ἀνάνευσις, rejection, refusal
9 στερέωμα, strength, firmness
10 μάστιξ, scourge, whip
11 κόπος, difficulty, trouble
12 μαστιγόω, *fut pas ind 3p*, afflict, torment
13 ὑπερηφανία, pride, splendor, arrogance
14 περιβάλλω, *aor mid ind 3p*, cover with, clothe with
15 ἀδικία, wrongdoing, injustice
16 ἀσέβεια, ungodliness, iniquity
17 στέαρ, fat
18 ἀδικία, wrongdoing, injustice
19 διάθεσις, state, condition
20 διανοέομαι, *aor pas ind 3p*, intend, plan
21 πονηρία, evil, iniquity
22 ἀδικία, wrongdoing, injustice
23 ὕψος, heights

10 διὰ τοῦτο ἐπιστρέψει ὁ λαός μου ἐνταῦθα,[1]
καὶ ἡμέραι πλήρεις[2] εὑρεθήσονται αὐτοῖς.
11 καὶ εἶπαν Πῶς ἔγνω ὁ θεός,
καὶ εἰ ἔστιν γνῶσις ἐν τῷ ὑψίστῳ;[3]
12 ἰδοὺ οὗτοι ἁμαρτωλοὶ καὶ εὐθηνοῦνται·[4]
εἰς τὸν αἰῶνα κατέσχον[5] πλούτου.[6]
13 καὶ εἶπα Ἄρα ματαίως[7] ἐδικαίωσα[8] τὴν καρδίαν μου
καὶ ἐνιψάμην[9] ἐν ἀθῴοις[10] τὰς χεῖράς μου·
14 καὶ ἐγενόμην μεμαστιγωμένος[11] ὅλην τὴν ἡμέραν,
καὶ ὁ ἔλεγχός[12] μου εἰς τὰς πρωίας.[13]

15 εἰ ἔλεγον Διηγήσομαι[14] οὕτως,
ἰδοὺ τῇ γενεᾷ τῶν υἱῶν σου ἠσυνθέτηκα.[15]
16 καὶ ὑπέλαβον[16] τοῦ γνῶναι τοῦτο·
κόπος[17] ἐστὶν ἐναντίον[18] μου,
17 ἕως εἰσέλθω εἰς τὸ ἁγιαστήριον[19] τοῦ θεοῦ
καὶ συνῶ[20] εἰς τὰ ἔσχατα αὐτῶν.
18 πλὴν διὰ τὰς δολιότητας[21] ἔθου αὐτοῖς,
κατέβαλες[22] αὐτοὺς ἐν τῷ ἐπαρθῆναι.[23]
19 πῶς ἐγένοντο εἰς ἐρήμωσιν[24] ἐξάπινα·[25]
ἐξέλιπον,[26] ἀπώλοντο διὰ τὴν ἀνομίαν[27] αὐτῶν.
20 ὡσεὶ[28] ἐνύπνιον[29] ἐξεγειρομένου,[30]
κύριε, ἐν τῇ πόλει σου τὴν εἰκόνα[31] αὐτῶν ἐξουδενώσεις.[32]
21 ὅτι ἐξεκαύθη[33] ἡ καρδία μου,
καὶ οἱ νεφροί[34] μου ἠλλοιώθησαν,[35]

1 ἐνταῦθα, here
2 πλήρης, full, abundant
3 ὕψιστος, *sup*, highest, Most High
4 εὐθηνέω, *pres pas ind 3p*, thrive, flourish
5 κατέχω, *aor act ind 3p*, take hold of, possess
6 πλοῦτος, riches
7 ματαίως, vainly
8 δικαιόω, *aor act ind 1s*, acquit, prove just
9 νίπτω, *aor mid ind 1s*, wash
10 ἀθῷος, innocent, guiltless
11 μαστιγόω, *perf pas ptc nom s m*, chastise, scourge
12 ἔλεγχος, rebuke, rebuttal
13 πρώϊος, morning
14 διηγέομαι, *fut mid ind 1s*, describe, tell
15 ἀσυνθετέω, *perf act ind 1s*, act faithlessly
16 ὑπολαμβάνω, *aor act ind 1s*, think over, ponder
17 κόπος, difficulty, trouble
18 ἐναντίον, before
19 ἁγιαστήριον, holy place, sanctuary
20 συνίημι, *aor act sub 1s*, understand
21 δολιότης, deceit
22 καταβάλλω, *aor act ind 2s*, cast down
23 ἐπαίρω, *aor pas inf*, exalt, raise up
24 ἐρήμωσις, desolation
25 ἐξάπινα, suddenly
26 ἐκλείπω, *aor act ind 3p*, cease, fail, fall away
27 ἀνομία, transgression, lawlessness
28 ὡσεί, like, as
29 ἐνύπνιον, dream
30 ἐξεγείρω, *pres mid ptc gen s m*, awaken, stir
31 εἰκών, image
32 ἐξουδενόω, *fut act ind 2s*, disdain, bring to nothing
33 ἐκκαίω, *aor pas ind 3s*, kindle, inflame
34 νεφρός, kidneys, entrails
35 ἀλλοιόω, *aor pas ind 3p*, alter

22 καὶ ἐγὼ ἐξουδενωμένος[1] καὶ οὐκ ἔγνων,
κτηνώδης[2] ἐγενόμην παρὰ σοί.
23 καὶ ἐγὼ διὰ παντὸς μετὰ σοῦ,
ἐκράτησας τῆς χειρὸς τῆς δεξιᾶς μου,
24 ἐν τῇ βουλῇ[3] σου ὡδήγησάς[4] με
καὶ μετὰ δόξης προσελάβου[5] με.
25 τί γάρ μοι ὑπάρχει ἐν τῷ οὐρανῷ,
καὶ παρὰ σοῦ τί ἠθέλησα ἐπὶ τῆς γῆς;
26 ἐξέλιπεν[6] ἡ καρδία μου καὶ ἡ σάρξ μου,
ὁ θεὸς τῆς καρδίας μου καὶ ἡ μερίς[7] μου ὁ θεὸς εἰς τὸν αἰῶνα.
27 ὅτι ἰδοὺ οἱ μακρύνοντες[8] ἑαυτοὺς ἀπὸ σοῦ ἀπολοῦνται,
ἐξωλέθρευσας[9] πάντα τὸν πορνεύοντα[10] ἀπὸ σοῦ.
28 ἐμοὶ δὲ τὸ προσκολλᾶσθαι[11] τῷ θεῷ ἀγαθόν ἐστιν,
τίθεσθαι ἐν τῷ κυρίῳ τὴν ἐλπίδα μου
τοῦ ἐξαγγεῖλαι[12] πάσας τὰς αἰνέσεις[13] σου
ἐν ταῖς πύλαις[14] τῆς θυγατρὸς[15] Σιων.

73 Συνέσεως[16] τῷ Ασαφ.

Ἵνα τί ἀπώσω,[17] ὁ θεός, εἰς τέλος,
ὠργίσθη[18] ὁ θυμός[19] σου ἐπὶ πρόβατα νομῆς[20] σου;
2 μνήσθητι[21] τῆς συναγωγῆς σου, ἧς ἐκτήσω[22] ἀπ᾽ ἀρχῆς·
ἐλυτρώσω[23] ῥάβδον[24] κληρονομίας[25] σου,
ὄρος Σιων τοῦτο, ὃ κατεσκήνωσας[26] ἐν αὐτῷ.
3 ἔπαρον[27] τὰς χεῖράς σου ἐπὶ τὰς ὑπερηφανίας[28] αὐτῶν εἰς τέλος,
ὅσα ἐπονηρεύσατο[29] ὁ ἐχθρὸς ἐν τοῖς ἁγίοις σου.

1 ἐξουδενόω, *pres pas ptc nom s m*, disdain, bring to nothing
2 κτηνώδης, beast-like
3 βουλή, counsel
4 ὁδηγέω, *aor act ind 2s*, lead, guide
5 προσλαμβάνω, *aor mid ind 2s*, receive, welcome
6 ἐκλείπω, *aor act ind 3s*, faint, fail
7 μερίς, portion, share
8 μακρύνω, *pres act ptc nom p m*, keep at a distance
9 ἐξολεθρεύω, *aor act ind 2s*, utterly destroy
10 πορνεύω, *pres act ptc acc s m*, act adulterously
11 προσκολλάω, *pres mid inf*, cling to
12 ἐξαγγέλλω, *aor act inf*, proclaim, make known
13 αἴνεσις, praise
14 πύλη, gate
15 θυγάτηρ, daughter
16 σύνεσις, understanding, insight
17 ἀπωθέω, *aor mid ind 2s*, drive away, reject
18 ὀργίζω, *aor pas ind 3s*, be angry
19 θυμός, wrath, anger
20 νομή, pasture
21 μιμνῄσκομαι, *aor pas impv 2s*, remember
22 κτάομαι, *aor mid ind 2s*, acquire
23 λυτρόω, *aor mid ind 2s*, redeem, ransom
24 ῥάβδος, rod, staff
25 κληρονομία, inheritance, possession
26 κατασκηνόω, *aor act ind 2s*, reside, dwell
27 ἐπαίρω, *aor act impv 2s*, lift up
28 ὑπερηφανία, pride, arrogance
29 πονηρεύομαι, *aor mid ind 3s*, act wickedly

4 καὶ ἐνεκαυχήσαντο[1] οἱ μισοῦντές σε ἐν μέσῳ τῆς ἑορτῆς[2] σου,
ἔθεντο τὰ σημεῖα αὐτῶν σημεῖα καὶ οὐκ ἔγνωσαν.
5 ὡς εἰς τὴν εἴσοδον[3] ὑπεράνω,[4]
6 ὡς ἐν δρυμῷ[5] ξύλων[6]
ἀξίναις[7] ἐξέκοψαν[8] τὰς θύρας αὐτῆς,
ἐπὶ τὸ αὐτὸ ἐν πελέκει[9] καὶ λαξευτηρίῳ[10] κατέρραξαν[11] αὐτήν.
7 ἐνεπύρισαν[12] ἐν πυρὶ τὸ ἁγιαστήριόν[13] σου,
εἰς τὴν γῆν ἐβεβήλωσαν[14] τὸ σκήνωμα[15] τοῦ ὀνόματός σου.
8 εἶπαν ἐν τῇ καρδίᾳ αὐτῶν ἡ συγγένεια[16] αὐτῶν ἐπὶ τὸ αὐτό
Δεῦτε[17] καὶ κατακαύσωμεν[18] πάσας τὰς ἑορτὰς[19] τοῦ θεοῦ ἀπὸ τῆς γῆς.

9 τὰ σημεῖα ἡμῶν οὐκ εἴδομεν,
οὐκ ἔστιν ἔτι προφήτης,
καὶ ἡμᾶς οὐ γνώσεται ἔτι.
10 ἕως πότε,[20] ὁ θεός, ὀνειδιεῖ[21] ὁ ἐχθρός,
παροξυνεῖ[22] ὁ ὑπεναντίος[23] τὸ ὄνομά σου εἰς τέλος;
11 ἵνα τί ἀποστρέφεις[24] τὴν χεῖρά σου
καὶ τὴν δεξιάν σου ἐκ μέσου τοῦ κόλπου[25] σου εἰς τέλος;

12 ὁ δὲ θεὸς βασιλεὺς ἡμῶν πρὸ αἰῶνος,
εἰργάσατο σωτηρίαν ἐν μέσῳ τῆς γῆς.
13 σὺ ἐκραταίωσας[26] ἐν τῇ δυνάμει σου τὴν θάλασσαν,
σὺ συνέτριψας[27] τὰς κεφαλὰς τῶν δρακόντων[28] ἐπὶ τοῦ ὕδατος.
14 σὺ συνέθλασας[29] τὰς κεφαλὰς τοῦ δράκοντος,[30]
ἔδωκας αὐτὸν βρῶμα[31] λαοῖς τοῖς Αἰθίοψιν.
15 σὺ διέρρηξας[32] πηγὰς[33] καὶ χειμάρρους,[34]
σὺ ἐξήρανας[35] ποταμοὺς[36] Ηθαμ.

1 ἐγκαυχάομαι, *aor mid ind 3p*, exult, take pride
2 ἑορτή, feast, festival
3 εἴσοδος, entrance
4 ὑπεράνω, above
5 δρυμός, forest
6 ξύλον, tree
7 ἀξίνη, axe
8 ἐκκόπτω, *aor act ind 3p*, cut down
9 πέλεκυς, double-edged axe
10 λαξευτήριον, stone cutter's tool
11 καταράσσω, *aor act ind 3p*, dash into pieces
12 ἐμπυρίζω, *aor act ind 3p*, set on fire
13 ἁγιαστήριον, holy place, sanctuary
14 βεβηλόω, *aor act ind 3p*, pollute, profane
15 σκήνωμα, tent, tabernacle
16 συγγένεια, kindred, family
17 δεῦτε, come!
18 κατακαίω, *aor act sub 1p*, burn completely
19 ἑορτή, feast, festival
20 πότε, when
21 ὀνειδίζω, *fut act ind 3s*, revile, reproach
22 παροξύνω, *pres act ind 3s*, provoke
23 ὑπεναντίος, opposing
24 ἀποστρέφω, *pres act ind 2s*, turn away
25 κόλπος, bosom
26 κραταιόω, *aor act ind 2s*, make strong
27 συντρίβω, *aor act ind 2s*, crush, shatter
28 δράκων, dragon, serpent
29 συνθλάω, *aor act ind 2s*, dash into pieces
30 δράκων, dragon, serpent
31 βρῶμα, food
32 διαρρήγνυμι, *aor act ind 2s*, break through
33 πηγή, spring, fountain
34 χείμαρρος, brook
35 ξηραίνω, *aor act ind 2s*, cause to dry up
36 ποταμός, river

16 σή[1] ἐστιν ἡ ἡμέρα, καὶ σή ἐστιν ἡ νύξ,
σὺ κατηρτίσω[2] φαῦσιν[3] καὶ ἥλιον.
17 σὺ ἐποίησας πάντα τὰ ὅρια[4] τῆς γῆς·
θέρος[5] καὶ ἔαρ,[6] σὺ ἔπλασας[7] αὐτά.

18 μνήσθητι[8] ταύτης· ἐχθρὸς ὠνείδισεν[9] τὸν κύριον,
καὶ λαὸς ἄφρων[10] παρώξυνεν[11] τὸ ὄνομά σου.
19 μὴ παραδῷς τοῖς θηρίοις ψυχὴν ἐξομολογουμένην[12] σοι,
τῶν ψυχῶν τῶν πενήτων[13] σου μὴ ἐπιλάθῃ[14] εἰς τέλος.

20 ἐπίβλεψον[15] εἰς τὴν διαθήκην σου,
ὅτι ἐπληρώθησαν οἱ ἐσκοτισμένοι[16] τῆς γῆς οἴκων ἀνομιῶν.[17]
21 μὴ ἀποστραφήτω[18] τεταπεινωμένος[19] κατῃσχυμμένος·[20]
πτωχὸς καὶ πένης[21] αἰνέσουσιν[22] τὸ ὄνομά σου.
22 ἀνάστα, ὁ θεός, δίκασον[23] τὴν δίκην[24] σου·
μνήσθητι[25] τῶν ὀνειδισμῶν[26] σου τῶν ὑπὸ ἄφρονος[27] ὅλην τὴν ἡμέραν.
23 μὴ ἐπιλάθῃ[28] τῆς φωνῆς τῶν ἱκετῶν[29] σου·
ἡ ὑπερηφανία[30] τῶν μισούντων σε ἀνέβη διὰ παντὸς πρὸς σέ.

74 Εἰς τὸ τέλος· μὴ διαφθείρῃς·[31] ψαλμὸς τῷ Ασαφ ᾠδῆς.[32]

2 Ἐξομολογησόμεθά[33] σοι, ὁ θεός,
ἐξομολογησόμεθα καὶ ἐπικαλεσόμεθα[34] τὸ ὄνομά σου.

1 σός, your
2 καταρτίζω, *aor mid ind 2s*, establish, prepare
3 φαῦσις, light, illumination
4 ὅριον, boundary, limit
5 θέρος, summer
6 ἔαρ, spring
7 πλάσσω, *aor act ind 2s*, form, mold
8 μιμνῄσκομαι, *aor pas impv 2s*, remember
9 ὀνειδίζω, *aor act ind 3s*, revile, reproach
10 ἄφρων, foolish, (rebellious)
11 παροξύνω, *aor act ind 3s*, provoke
12 ἐξομολογέομαι, *pres mid ptc acc s f*, acknowledge, confess
13 πένης, needy
14 ἐπιλανθάνω, *aor mid sub 2s*, forget
15 ἐπιβλέπω, *aor act impv 2s*, look upon
16 σκοτίζω, *perf pas ptc nom p m*, darken
17 ἀνομία, transgression, lawlessness
18 ἀποστρέφω, *aor pas impv 3s*, turn away
19 ταπεινόω, *perf pas ptc nom s m*, bring low, humble
20 καταισχύνω, *perf pas ptc nom s m*, put to shame
21 πένης, needy
22 αἰνέω, *fut act ind 3p*, praise
23 δικάζω, *aor act impv 2s*, plead (a legal case)
24 δίκη, case, cause
25 μιμνῄσκομαι, *aor pas impv 2s*, remember
26 ὀνειδισμός, reproach, disgrace
27 ἄφρων, foolish, (rebellious)
28 ἐπιλανθάνω, *aor mid sub 2s*, forget
29 ἱκέτης, suppliant
30 ὑπερηφανία, pride, arrogance
31 διαφθείρω, *pres act sub 2s*, utterly destroy
32 ᾠδή, song
33 ἐξομολογέομαι, *fut mid ind 1p*, praise, give thanks
34 ἐπικαλέω, *fut mid ind 1p*, call upon

3 διηγήσομαι[1] πάντα τὰ θαυμάσιά[2] σου, ὅταν λάβω καιρόν·
ἐγὼ εὐθύτητας[3] κρινῶ.
4 ἐτάκη[4] ἡ γῆ καὶ πάντες οἱ κατοικοῦντες ἐν αὐτῇ,
ἐγὼ ἐστερέωσα[5] τοὺς στύλους[6] αὐτῆς.

διάψαλμα.[7]

5 εἶπα τοῖς παρανομοῦσιν[8] Μὴ παρανομεῖτε,[9]
καὶ τοῖς ἁμαρτάνουσιν Μὴ ὑψοῦτε[10] κέρας,[11]
6 μὴ ἐπαίρετε[12] εἰς ὕψος[13] τὸ κέρας[14] ὑμῶν,
μὴ λαλεῖτε κατὰ τοῦ θεοῦ ἀδικίαν.[15]
7 ὅτι οὔτε ἀπὸ ἐξόδων[16] οὔτε ἀπὸ δυσμῶν[17]
οὔτε ἀπὸ ἐρήμων ὀρέων,
8 ὅτι ὁ θεὸς κριτής[18] ἐστιν,
τοῦτον ταπεινοῖ[19] καὶ τοῦτον ὑψοῖ.[20]
9 ὅτι ποτήριον[21] ἐν χειρὶ κυρίου
οἴνου ἀκράτου[22] πλῆρες[23] κεράσματος,[24]
καὶ ἔκλινεν[25] ἐκ τούτου εἰς τοῦτο,
πλὴν ὁ τρυγίας[26] αὐτοῦ οὐκ ἐξεκενώθη,[27]
πίονται πάντες οἱ ἁμαρτωλοὶ τῆς γῆς.
10 ἐγὼ δὲ ἀγαλλιάσομαι[28] εἰς τὸν αἰῶνα,
ψαλῶ[29] τῷ θεῷ Ιακωβ·

11 καὶ πάντα τὰ κέρατα[30] τῶν ἁμαρτωλῶν συγκλάσω,[31]
καὶ ὑψωθήσεται[32] τὰ κέρατα τοῦ δικαίου.

1 διηγέομαι, *fut mid ind 1s*, describe, tell about
2 θαυμάσιος, marvelous (deed)
3 εὐθύτης, uprightness, straightness
4 τήκω, *aor pas ind 3s*, dissolve, consume
5 στερεόω, *aor act ind 1s*, strengthen, make firm
6 στῦλος, pillar, column
7 διάψαλμα, (*musical interlude, renders Heb*. selāh)
8 παρανομέω, *pres act ptc dat p m*, transgress the law
9 παρανομέω, *pres act impv 2p*, transgress the law
10 ὑψόω, *pres act impv 2p*, lift high
11 κέρας, horn
12 ἐπαίρω, *pres act impv 2p*, raise up, exalt
13 ὕψος, heights
14 κέρας, horn
15 ἀδικία, wrongdoing, injustice
16 ἔξοδος, emerging, (east)
17 δυσμή, setting, (west)
18 κριτής, judge
19 ταπεινόω, *pres act ind 3s*, bring low, humble
20 ὑψόω, *pres act ind 3s*, raise, exalt
21 ποτήριον, cup
22 ἄκρατος, pure, strong
23 πλήρης, full
24 κέρασμα, mixture (of a drink)
25 κλίνω, *aor act ind 3s*, tip over, pour out
26 τρυγίας, dregs (of wine)
27 ἐκκενόω, *aor pas ind 3s*, empty out
28 ἀγαλλιάω, *fut mid ind 1s*, rejoice, exult
29 ψάλλω, *fut act ind 1s*, play music, sing (with an instrument)
30 κέρας, horn
31 συγκλάω, *fut act ind 1s*, break, shatter
32 ὑψόω, *fut pas ind 3s*, lift high

75 Εἰς τὸ τέλος, ἐν ὕμνοις·[1] ψαλμὸς τῷ Ασαφ, ᾠδὴ[2] πρὸς τὸν Ἀσσύριον.

2 Γνωστὸς[3] ἐν τῇ Ιουδαίᾳ ὁ θεός,
ἐν τῷ Ισραηλ μέγα τὸ ὄνομα αὐτοῦ.
3 καὶ ἐγενήθη ἐν εἰρήνῃ ὁ τόπος αὐτοῦ
καὶ τὸ κατοικητήριον[4] αὐτοῦ ἐν Σιων·
4 ἐκεῖ συνέτριψεν[5] τὰ κράτη[6] τῶν τόξων,[7]
ὅπλον[8] καὶ ῥομφαίαν[9] καὶ πόλεμον.

διάψαλμα,[10]

5 φωτίζεις[11] σὺ θαυμαστῶς[12] ἀπὸ ὀρέων αἰωνίων.
6 ἐταράχθησαν[13] πάντες οἱ ἀσύνετοι[14] τῇ καρδίᾳ,
ὕπνωσαν[15] ὕπνον[16] αὐτῶν καὶ οὐχ εὗρον οὐδὲν
πάντες οἱ ἄνδρες τοῦ πλούτου[17] ταῖς χερσὶν αὐτῶν.
7 ἀπὸ ἐπιτιμήσεώς[18] σου, ὁ θεὸς Ιακωβ,
ἐνύσταξαν[19] οἱ ἐπιβεβηκότες[20] τοὺς ἵππους.[21]

8 σὺ φοβερὸς[22] εἶ, καὶ τίς ἀντιστήσεταί[23] σοι;
ἀπὸ τότε ἡ ὀργή σου.
9 ἐκ τοῦ οὐρανοῦ ἠκούτισας[24] κρίσιν,
γῆ ἐφοβήθη καὶ ἡσύχασεν[25]
10 ἐν τῷ ἀναστῆναι εἰς κρίσιν τὸν θεὸν
τοῦ σῶσαι πάντας τοὺς πραεῖς[26] τῆς γῆς.

διάψαλμα.[27]

11 ὅτι ἐνθύμιον[28] ἀνθρώπου ἐξομολογήσεταί[29] σοι,
καὶ ἐγκατάλειμμα[30] ἐνθυμίου[31] ἑορτάσει[32] σοι.

1 ὕμνος, hymn
2 ᾠδή, song
3 γνωστός, known
4 κατοικητήριον, habitation, abode
5 συντρίβω, *aor act ind 3s*, shatter, break
6 κράτος, strength, might
7 τόξον, bow
8 ὅπλον, armor
9 ῥομφαία, sword
10 διάψαλμα, (*musical interlude, renders Heb.* selāh)
11 φωτίζω, *pres act ind 2s*, shine, give light
12 θαυμαστῶς, wonderfully
13 ταράσσω, *aor pas ind 3p*, trouble, unsettle
14 ἀσύνετος, without understanding
15 ὑπνόω, *aor act ind 3p*, sleep
16 ὕπνος, sleep
17 πλοῦτος, riches
18 ἐπιτίμησις, censure, rebuke
19 νυστάζω, *aor act ind 3p*, slumber, doze
20 ἐπιβαίνω, *perf act ptc nom p m*, mount upon, ride
21 ἵππος, horse
22 φοβερός, fearful
23 ἀνθίστημι, *fut mid ind 3s*, stand against
24 ἀκουτίζω, *aor act ind 2s*, make heard
25 ἡσυχάζω, *aor act ind 3s*, keep quiet
26 πραΰς, gentle
27 διάψαλμα, (*musical interlude, renders Heb.* selāh)
28 ἐνθύμιος, thinking
29 ἐξομολογέομαι, *fut mid ind 3s*, acknowledge, praise
30 ἐγκατάλειμμα, remnant
31 ἐνθύμιον, thinking
32 ἑορτάζω, *fut act ind 3s*, celebrate

12 εὔξασθε[1] καὶ ἀπόδοτε κυρίῳ τῷ θεῷ ὑμῶν·
πάντες οἱ κύκλῳ[2] αὐτοῦ οἴσουσιν[3] δῶρα[4]
13 τῷ φοβερῷ[5] καὶ ἀφαιρουμένῳ[6] πνεύματα ἀρχόντων,
φοβερῷ παρὰ τοῖς βασιλεῦσι τῆς γῆς.

76 Εἰς τὸ τέλος, ὑπὲρ Ιδιθουν· τῷ Ασαφ ψαλμός.

2 Φωνῇ μου πρὸς κύριον ἐκέκραξα,
φωνῇ μου πρὸς τὸν θεόν, καὶ προσέσχεν[7] μοι.
3 ἐν ἡμέρᾳ θλίψεώς μου τὸν θεὸν ἐξεζήτησα,[8]
ταῖς χερσίν μου νυκτὸς ἐναντίον[9] αὐτοῦ, καὶ οὐκ ἠπατήθην·[10]
ἀπηνήνατο[11] παρακληθῆναι ἡ ψυχή μου.
4 ἐμνήσθην[12] τοῦ θεοῦ καὶ εὐφράνθην·[13]
ἠδολέσχησα,[14] καὶ ὠλιγοψύχησεν[15] τὸ πνεῦμά μου.

διάψαλμα.[16]

5 προκατελάβοντο[17] φυλακὰς οἱ ὀφθαλμοί μου,
ἐταράχθην[18] καὶ οὐκ ἐλάλησα.
6 διελογισάμην[19] ἡμέρας ἀρχαίας[20]
καὶ ἔτη αἰώνια ἐμνήσθην[21] καὶ ἐμελέτησα·[22]
7 νυκτὸς μετὰ τῆς καρδίας μου ἠδολέσχουν,[23]
καὶ ἔσκαλλεν[24] τὸ πνεῦμά μου.
8 μὴ εἰς τοὺς αἰῶνας ἀπώσεται[25] κύριος
καὶ οὐ προσθήσει[26] τοῦ εὐδοκῆσαι[27] ἔτι;
9 ἢ εἰς τέλος τὸ ἔλεος[28] αὐτοῦ ἀποκόψει[29]
ἀπὸ γενεᾶς εἰς γενεάν;

1 εὔχομαι, *aor mid impv 2p*, make a vow
2 κύκλῳ, round about
3 φέρω, *fut act ind 3p*, bring, offer
4 δῶρον, gift
5 φοβερός, fearful
6 ἀφαιρέω, *pres mid ptc dat s m*, separate, remove
7 προσέχω, *aor act ind 3s*, give heed, pay attention
8 ἐκζητέω, *aor act ind 1s*, seek out
9 ἐναντίον, before, in the presence of
10 ἀπατάω, *aor pas ind 1s*, deceive
11 ἀπαναίνομαι, *aor mid ind 3s*, refuse
12 μιμνῄσκομαι, *aor pas ind 1s*, remember
13 εὐφραίνω, *aor pas ind 1s*, rejoice, be glad
14 ἀδολεσχέω, *aor act ind 1s*, meditate
15 ὀλιγοψυχέω, *aor act ind 3s*, be disheartened
16 διάψαλμα, (*musical interlude, renders Heb.* selāh)
17 προκαταλαμβάνω, *aor mid ind 3p*, preoccupy, anticipate
18 ταράσσω, *aor pas ind 1s*, trouble, unsettle
19 διαλογίζομαι, *aor mid ind 1s*, consider
20 ἀρχαῖος, old, ancient
21 μιμνῄσκομαι, *aor pas ind 1s*, remember
22 μελετάω, *aor act ind 1s*, think upon
23 ἀδολεσχέω, *impf act ind 1s*, meditate
24 σκάλλω, *impf act ind 3s*, search, probe
25 ἀπωθέω, *fut mid ind 3s*, thrust away, drive back
26 προστίθημι, *fut act ind 3s*, add to, continue
27 εὐδοκέω, *aor act inf*, favor, be well pleased
28 ἔλεος, mercy
29 ἀποκόπτω, *fut act ind 3s*, cut off

10 ἢ ἐπιλήσεται[1] τοῦ οἰκτιρῆσαι[2] ὁ θεὸς
ἢ συνέξει[3] ἐν τῇ ὀργῇ αὐτοῦ τοὺς οἰκτιρμοὺς[4] αὐτοῦ;

διάψαλμα.[5]

11 καὶ εἶπα Νῦν ἠρξάμην,
αὕτη ἡ ἀλλοίωσις[6] τῆς δεξιᾶς τοῦ ὑψίστου.[7]

12 ἐμνήσθην[8] τῶν ἔργων κυρίου,
ὅτι μνησθήσομαι[9] ἀπὸ τῆς ἀρχῆς τῶν θαυμασίων[10] σου
13 καὶ μελετήσω[11] ἐν πᾶσιν τοῖς ἔργοις σου
καὶ ἐν τοῖς ἐπιτηδεύμασίν[12] σου ἀδολεσχήσω.[13]
14 ὁ θεός, ἐν τῷ ἁγίῳ ἡ ὁδός σου·
τίς θεὸς μέγας ὡς ὁ θεὸς ἡμῶν;
15 σὺ εἶ ὁ θεὸς ὁ ποιῶν θαυμάσια,[14]
ἐγνώρισας[15] ἐν τοῖς λαοῖς τὴν δύναμίν σου·
16 ἐλυτρώσω[16] ἐν τῷ βραχίονί[17] σου τὸν λαόν σου,
τοὺς υἱοὺς Ιακωβ καὶ Ιωσηφ.

διάψαλμα.[18]

17 εἴδοσάν σε ὕδατα, ὁ θεός,
εἴδοσάν σε ὕδατα καὶ ἐφοβήθησαν,
καὶ ἐταράχθησαν[19] ἄβυσσοι,[20] πλῆθος ἤχους[21] ὑδάτων.
18 φωνὴν ἔδωκαν αἱ νεφέλαι,[22]
καὶ γὰρ τὰ βέλη[23] σου διαπορεύονται·[24]
19 φωνὴ τῆς βροντῆς[25] σου ἐν τῷ τροχῷ,[26]
ἔφαναν[27] αἱ ἀστραπαί[28] σου τῇ οἰκουμένῃ,[29]
ἐσαλεύθη[30] καὶ ἔντρομος[31] ἐγενήθη ἡ γῆ.

1 ἐπιλανθάνω, *fut mid ind 3s*, forget
2 οἰκτίρω, *aor act inf*, show compassion
3 συνέχω, *fut act ind 3s*, confine, shut up
4 οἰκτιρμός, compassion
5 διάψαλμα, (*musical interlude, renders Heb.* selāh)
6 ἀλλοίωσις, change, (development)
7 ὕψιστος, *sup*, Most High
8 μιμνήσκομαι, *aor pas ind 1s*, remember
9 μιμνήσκομαι, *fut pas ind 1s*, remember
10 θαυμάσιος, marvelous (deed)
11 μελετάω, *fut act ind 1s*, think upon
12 ἐπιτήδευμα, habit, custom
13 ἀδολεσχέω, *fut act ind 1s*, meditate
14 θαυμάσιος, marvelous (deed)
15 γνωρίζω, *aor act ind 2s*, make known
16 λυτρόω, *aor mid ind 2s*, redeem, ransom
17 βραχίων, arm, strength
18 διάψαλμα, (*musical interlude, renders Heb.* selāh)
19 ταράσσω, *aor pas ind 3p*, stir up
20 ἄβυσσος, deep, abyss
21 ἦχος, sound
22 νεφέλη, cloud
23 βέλος, arrow
24 διαπορεύομαι, *pres mid ind 3p*, go through
25 βροντή, thunder
26 τροχός, wheel
27 φαίνω, *aor act ind 3p*, appear, (give light)
28 ἀστραπή, lightning
29 οἰκουμένη, world
30 σαλεύω, *aor pas ind 3s*, shake, cause to tremble
31 ἔντρομος, trembling

20 ἐν τῇ θαλάσσῃ ἡ ὁδός σου,
καὶ αἱ τρίβοι[1] σου ἐν ὕδασι πολλοῖς,
καὶ τὰ ἴχνη[2] σου οὐ γνωσθήσονται.
21 ὡδήγησας[3] ὡς πρόβατα τὸν λαόν σου
ἐν χειρὶ Μωυσῆ καὶ Ααρων.

77 Συνέσεως[4] τῷ Ασαφ.

Προσέχετε,[5] λαός μου, τὸν νόμον μου,
κλίνατε[6] τὸ οὖς ὑμῶν εἰς τὰ ῥήματα τοῦ στόματός μου·
2 ἀνοίξω ἐν παραβολαῖς[7] τὸ στόμα μου,
φθέγξομαι[8] προβλήματα[9] ἀπ᾿ ἀρχῆς.
3 ὅσα ἠκούσαμεν καὶ ἔγνωμεν αὐτὰ
καὶ οἱ πατέρες ἡμῶν διηγήσαντο[10] ἡμῖν,
4 οὐκ ἐκρύβη[11] ἀπὸ τῶν τέκνων αὐτῶν εἰς γενεὰν ἑτέραν
ἀπαγγέλλοντες τὰς αἰνέσεις[12] τοῦ κυρίου
καὶ τὰς δυναστείας[13] αὐτοῦ
καὶ τὰ θαυμάσια[14] αὐτοῦ, ἃ ἐποίησεν.

5 καὶ ἀνέστησεν μαρτύριον[15] ἐν Ιακωβ
καὶ νόμον ἔθετο ἐν Ισραηλ,
ὅσα ἐνετείλατο[16] τοῖς πατράσιν ἡμῶν
τοῦ γνωρίσαι[17] αὐτὰ τοῖς υἱοῖς αὐτῶν,
6 ὅπως ἂν γνῷ γενεὰ ἑτέρα,
υἱοὶ οἱ τεχθησόμενοι,[18]
καὶ ἀναστήσονται καὶ ἀπαγγελοῦσιν αὐτὰ τοῖς υἱοῖς αὐτῶν,
7 ἵνα θῶνται ἐπὶ τὸν θεὸν τὴν ἐλπίδα αὐτῶν
καὶ μὴ ἐπιλάθωνται[19] τῶν ἔργων τοῦ θεοῦ
καὶ τὰς ἐντολὰς αὐτοῦ ἐκζητήσουσιν,[20]
8 ἵνα μὴ γένωνται ὡς οἱ πατέρες αὐτῶν
γενεὰ σκολιὰ[21] καὶ παραπικραίνουσα,[22]

1 τρίβος, path
2 ἴχνος, footstep
3 ὁδηγέω, *aor act ind 2s*, lead, guide
4 σύνεσις, understanding
5 προσέχω, *pres act impv 2p*, give heed, pay attention
6 κλίνω, *aor act impv 2p*, incline
7 παραβολή, proverb, riddle
8 φθέγγομαι, *fut mid ind 1s*, utter
9 πρόβλημα, riddle, problem
10 διηγέομαι, *aor mid ind 3p*, describe, tell
11 κρύπτω, *aor pas ind 3s*, conceal
12 αἴνεσις, praise
13 δυναστεία, dominion, lordship
14 θαυμάσιος, marvelous (deed)
15 μαρτύριον, testimony, witness
16 ἐντέλλομαι, *aor mid ind 3s*, command
17 γνωρίζω, *aor act inf*, make known
18 τίκτω, *fut pas ptc nom p m*, give birth
19 ἐπιλανθάνω, *aor mid sub 3p*, forget
20 ἐκζητέω, *fut act ind 3p*, seek out
21 σκολιός, bent, crooked, (rebellious)
22 παραπικραίνω, *pres act ptc nom s f*, make bitter

γενεά, ἥτις οὐ κατηύθυνεν[1] τὴν καρδίαν αὐτῆς
καὶ οὐκ ἐπιστώθη[2] μετὰ τοῦ θεοῦ τὸ πνεῦμα αὐτῆς.

9 υἱοὶ Εφραιμ ἐντείνοντες[3] καὶ βάλλοντες τόξοις[4]
ἐστράφησαν[5] ἐν ἡμέρᾳ πολέμου.
10 οὐκ ἐφύλαξαν τὴν διαθήκην τοῦ θεοῦ
καὶ ἐν τῷ νόμῳ αὐτοῦ οὐκ ἤθελον πορεύεσθαι
11 καὶ ἐπελάθοντο[6] τῶν εὐεργεσιῶν[7] αὐτοῦ
καὶ τῶν θαυμασίων[8] αὐτοῦ, ὧν ἔδειξεν αὐτοῖς,
12 ἐναντίον[9] τῶν πατέρων αὐτῶν ἃ ἐποίησεν θαυμάσια[10]
ἐν γῇ Αἰγύπτῳ ἐν πεδίῳ[11] Τάνεως.
13 διέρρηξεν[12] θάλασσαν καὶ διήγαγεν[13] αὐτούς,
ἔστησεν ὕδατα ὡσεὶ[14] ἀσκὸν[15]
14 καὶ ὡδήγησεν[16] αὐτοὺς ἐν νεφέλῃ[17] ἡμέρας
καὶ ὅλην τὴν νύκτα ἐν φωτισμῷ[18] πυρός.
15 διέρρηξεν[19] πέτραν[20] ἐν ἐρήμῳ
καὶ ἐπότισεν[21] αὐτοὺς ὡς ἐν ἀβύσσῳ[22] πολλῇ
16 καὶ ἐξήγαγεν[23] ὕδωρ ἐκ πέτρας[24]
καὶ κατήγαγεν[25] ὡς ποταμοὺς[26] ὕδατα.

17 καὶ προσέθεντο[27] ἔτι τοῦ ἁμαρτάνειν αὐτῷ,
παρεπίκραναν[28] τὸν ὕψιστον[29] ἐν ἀνύδρῳ[30]
18 καὶ ἐξεπείρασαν[31] τὸν θεὸν ἐν ταῖς καρδίαις αὐτῶν
τοῦ αἰτῆσαι[32] βρώματα[33] ταῖς ψυχαῖς αὐτῶν

1 κατευθύνω, *aor act ind 3s*, guide, keep straight
2 πιστόω, *aor pas ind 3s*, be steadfast, be faithful
3 ἐντείνω, *pres act ptc nom p m*, bend
4 τόξον, bow
5 στρέφω, *aor pas ind 3p*, turn back
6 ἐπιλανθάνω, *aor mid ind 3p*, forget
7 εὐεργεσία, act of kindness, good deed
8 θαυμάσιος, marvelous (deed)
9 ἐναντίον, before
10 θαυμάσιος, marvelous (deed)
11 πεδίον, field, plain
12 διαρρήγνυμι, *aor act ind 3s*, split, tear, rend
13 διάγω, *aor act ind 3s*, cause to pass through
14 ὡσεί, as, like
15 ἀσκός, bag made from animal hide, (wine)skin
16 ὁδηγέω, *aor act ind 3s*, lead, guide
17 νεφέλη, cloud
18 φωτισμός, light
19 διαρρήγνυμι, *aor act ind 3s*, split, crack
20 πέτρα, rock
21 ποτίζω, *aor act ind 3s*, give drink
22 ἄβυσσος, deep, abyss
23 ἐξάγω, *aor act ind 3s*, draw out
24 πέτρα, rock
25 κατάγω, *aor act ind 3s*, bring down
26 ποταμός, river
27 προστίθημι, *aor mid ind 3p*, add to, continue
28 παραπικραίνω, *aor act ind 3p*, provoke, make bitter
29 ὕψιστος, *sup*, Most High
30 ἄνυδρος, waterless (place)
31 ἐκπειράζω, *aor act ind 3p*, put to the test
32 αἰτέω, *aor act inf*, demand
33 βρῶμα, food

19 καὶ κατελάλησαν[1] τοῦ θεοῦ καὶ εἶπαν
Μὴ δυνήσεται ὁ θεὸς ἑτοιμάσαι τράπεζαν[2] ἐν ἐρήμῳ;
20 ἐπεὶ[3] ἐπάταξεν[4] πέτραν[5] καὶ ἐρρύησαν[6] ὕδατα
καὶ χείμαρροι[7] κατεκλύσθησαν,[8]
μὴ καὶ ἄρτον δύναται δοῦναι
ἢ ἑτοιμάσαι τράπεζαν[9] τῷ λαῷ αὐτοῦ;

21 διὰ τοῦτο ἤκουσεν κύριος καὶ ἀνεβάλετο,[10]
καὶ πῦρ ἀνήφθη[11] ἐν Ιακωβ,
καὶ ὀργὴ ἀνέβη ἐπὶ τὸν Ισραηλ,
22 ὅτι οὐκ ἐπίστευσαν ἐν τῷ θεῷ
οὐδὲ ἤλπισαν ἐπὶ τὸ σωτήριον[12] αὐτοῦ.
23 καὶ ἐνετείλατο[13] νεφέλαις[14] ὑπεράνωθεν[15]
καὶ θύρας οὐρανοῦ ἀνέῳξεν
24 καὶ ἔβρεξεν[16] αὐτοῖς μαννα[17] φαγεῖν
καὶ ἄρτον οὐρανοῦ ἔδωκεν αὐτοῖς·
25 ἄρτον ἀγγέλων ἔφαγεν ἄνθρωπος,
ἐπισιτισμὸν[18] ἀπέστειλεν αὐτοῖς εἰς πλησμονήν.[19]
26 ἀπῆρεν[20] νότον[21] ἐξ οὐρανοῦ
καὶ ἐπήγαγεν[22] ἐν τῇ δυναστείᾳ[23] αὐτοῦ λίβα[24]
27 καὶ ἔβρεξεν[25] ἐπ᾽ αὐτοὺς ὡσεὶ χοῦν[26] σάρκας
καὶ ὡσεὶ[27] ἄμμον[28] θαλασσῶν πετεινὰ[29] πτερωτά,[30]
28 καὶ ἐπέπεσον[31] εἰς μέσον τῆς παρεμβολῆς[32] αὐτῶν
κύκλῳ[33] τῶν σκηνωμάτων[34] αὐτῶν,

1 καταλαλέω, *aor act ind 3p*, speak against, oppose
2 τράπεζα, table (of food)
3 ἐπεί, since, given that
4 πατάσσω, *aor act ind 3s*, strike
5 πέτρα, rock
6 ῥέω, *aor pas ind 3p*, flow out
7 χείμαρρος, brook
8 κατακλύζω, *aor pas ind 3p*, overflow, flood
9 τράπεζα, table (of food)
10 ἀναβάλλω, *aor mid ind 3s*, put off
11 ἀνάπτω, *aor pas ind 3s*, kindle, set on fire
12 σωτήριον, salvation
13 ἐντέλλομαι, *aor mid ind 3s*, command
14 νεφέλη, cloud
15 ὑπεράνωθεν, from above
16 βρέχω, *aor act ind 3s*, cause to rain
17 μαννα, manna, *translit.*
18 ἐπισιτισμός, store of provisions
19 πλησμονή, abundance, plenty
20 ἀπαίρω, *aor act ind 3s*, bring out, take away
21 νότος, south (wind)
22 ἐπάγω, *aor act ind 3s*, bring upon
23 δυναστεία, dominion, lordship
24 λίψ, southwest (wind)
25 βρέχω, *aor act ind 3s*, cause to rain
26 χοῦς, dust
27 ὡσεί, like, as
28 ἄμμος, sand
29 πετεινός, bird
30 πτερωτός, winged
31 ἐπιπίπτω, *aor act ind 3p*, fall upon
32 παρεμβολή, camp
33 κύκλῳ, around
34 σκήνωμα, habitation, tent

29 καὶ ἐφάγοσαν καὶ ἐνεπλήσθησαν[1] σφόδρα,[2]
καὶ τὴν ἐπιθυμίαν[3] αὐτῶν ἤνεγκεν αὐτοῖς,
30 οὐκ ἐστερήθησαν[4] ἀπὸ τῆς ἐπιθυμίας[5] αὐτῶν.
ἔτι τῆς βρώσεως[6] αὐτῶν οὔσης ἐν τῷ στόματι αὐτῶν
31 καὶ ὀργὴ τοῦ θεοῦ ἀνέβη ἐπ᾽ αὐτοὺς
καὶ ἀπέκτεινεν ἐν τοῖς πίοσιν[7] αὐτῶν
καὶ τοὺς ἐκλεκτοὺς[8] τοῦ Ισραηλ συνεπόδισεν.[9]

32 ἐν πᾶσιν τούτοις ἥμαρτον ἔτι
καὶ οὐκ ἐπίστευσαν ἐν τοῖς θαυμασίοις[10] αὐτοῦ,
33 καὶ ἐξέλιπον[11] ἐν ματαιότητι[12] αἱ ἡμέραι αὐτῶν
καὶ τὰ ἔτη αὐτῶν μετὰ σπουδῆς.[13]
34 ὅταν ἀπέκτεννεν αὐτούς, ἐξεζήτουν[14] αὐτὸν
καὶ ἐπέστρεφον καὶ ὤρθριζον[15] πρὸς τὸν θεὸν
35 καὶ ἐμνήσθησαν[16] ὅτι ὁ θεὸς βοηθὸς[17] αὐτῶν ἐστιν
καὶ ὁ θεὸς ὁ ὕψιστος[18] λυτρωτὴς[19] αὐτῶν ἐστιν.
36 καὶ ἠπάτησαν[20] αὐτὸν ἐν τῷ στόματι αὐτῶν
καὶ τῇ γλώσσῃ αὐτῶν ἐψεύσαντο[21] αὐτῷ,
37 ἡ δὲ καρδία αὐτῶν οὐκ εὐθεῖα[22] μετ᾽ αὐτοῦ,
οὐδὲ ἐπιστώθησαν[23] ἐν τῇ διαθήκῃ αὐτοῦ.
38 αὐτὸς δέ ἐστιν οἰκτίρμων[24]
καὶ ἱλάσεται[25] ταῖς ἁμαρτίαις αὐτῶν καὶ οὐ διαφθερεῖ[26]
καὶ πληθυνεῖ[27] τοῦ ἀποστρέψαι[28] τὸν θυμὸν[29] αὐτοῦ
καὶ οὐχὶ ἐκκαύσει[30] πᾶσαν τὴν ὀργὴν αὐτοῦ·
39 καὶ ἐμνήσθη[31] ὅτι σάρξ εἰσιν,
πνεῦμα πορευόμενον καὶ οὐκ ἐπιστρέφον.

1 ἐμπίμπλημι, *aor pas ind 3p*, fill up
2 σφόδρα, exceedingly
3 ἐπιθυμία, desire
4 στερέω, *aor pas ind 3p*, deprive
5 ἐπιθυμία, desire
6 βρῶσις, food
7 πίων, rich, fattened
8 ἐκλεκτός, elect, chosen
9 συμποδίζω, *aor act ind 3s*, bind at the feet
10 θαυμάσιος, marvelous (deed)
11 ἐκλείπω, *aor act ind 3p*, cease
12 ματαιότης, emptiness, folly
13 σπουδή, haste
14 ἐκζητέω, *impf act ind 3p*, seek after
15 ὀρθρίζω, *impf act ind 3p*, rise early, pursue eagerly
16 μιμνῄσκομαι, *aor pas ind 3p*, remember
17 βοηθός, helper
18 ὕψιστος, *sup*, Most High
19 λυτρωτής, redeemer, ransomer
20 ἀπατάω, *aor act ind 3p*, deceive
21 ψεύδομαι, *aor mid ind 3p*, speak falsely
22 εὐθύς, upright
23 πιστόω, *aor pas ind 3p*, firmly believe, be steadfast
24 οἰκτίρμων, merciful, compassionate
25 ἱλάσκομαι, *fut mid ind 3s*, atone for, pardon
26 διαφθείρω, *fut act ind 3s*, utterly destroy
27 πληθύνω, *fut act ind 3s*, increase
28 ἀποστρέφω, *aor act inf*, turn back
29 θυμός, wrath, anger
30 ἐκκαίω, *fut act ind 3s*, kindle, burn out
31 μιμνῄσκομαι, *aor pas ind 3s*, remember

40 ποσάκις[1] παρεπίκραναν[2] αὐτὸν ἐν τῇ ἐρήμῳ,
παρώργισαν[3] αὐτὸν ἐν γῇ ἀνύδρῳ;[4]
41 καὶ ἐπέστρεψαν καὶ ἐπείρασαν[5] τὸν θεὸν
καὶ τὸν ἅγιον τοῦ Ισραηλ παρώξυναν.[6]
42 οὐκ ἐμνήσθησαν[7] τῆς χειρὸς αὐτοῦ,
ἡμέρας, ἧς ἐλυτρώσατο[8] αὐτοὺς ἐκ χειρὸς θλίβοντος,[9]
43 ὡς ἔθετο ἐν Αἰγύπτῳ τὰ σημεῖα αὐτοῦ
καὶ τὰ τέρατα[10] αὐτοῦ ἐν πεδίῳ[11] Τάνεως·
44 καὶ μετέστρεψεν[12] εἰς αἷμα τοὺς ποταμοὺς[13] αὐτῶν
καὶ τὰ ὀμβρήματα[14] αὐτῶν, ὅπως μὴ πίωσιν·
45 ἐξαπέστειλεν[15] εἰς αὐτοὺς κυνόμυιαν,[16] καὶ κατέφαγεν[17] αὐτούς,
καὶ βάτραχον,[18] καὶ διέφθειρεν[19] αὐτούς·
46 καὶ ἔδωκεν τῇ ἐρυσίβῃ[20] τὸν καρπὸν αὐτῶν
καὶ τοὺς πόνους[21] αὐτῶν τῇ ἀκρίδι·[22]
47 ἀπέκτεινεν ἐν χαλάζῃ[23] τὴν ἄμπελον[24] αὐτῶν
καὶ τὰς συκαμίνους[25] αὐτῶν ἐν τῇ πάχνῃ·[26]
48 καὶ παρέδωκεν εἰς χάλαζαν[27] τὰ κτήνη[28] αὐτῶν
καὶ τὴν ὕπαρξιν[29] αὐτῶν τῷ πυρί·
49 ἐξαπέστειλεν[30] εἰς αὐτοὺς ὀργὴν θυμοῦ[31] αὐτοῦ,
θυμὸν καὶ ὀργὴν καὶ θλῖψιν,
ἀποστολὴν[32] δι᾽ ἀγγέλων πονηρῶν·
50 ὡδοποίησεν[33] τρίβον[34] τῇ ὀργῇ αὐτοῦ,
οὐκ ἐφείσατο[35] ἀπὸ θανάτου τῶν ψυχῶν αὐτῶν
καὶ τὰ κτήνη[36] αὐτῶν εἰς θάνατον συνέκλεισεν[37]

1 ποσάκις, how often
2 παραπικραίνω, *aor act ind 3p*, provoke, make bitter
3 παροργίζω, *aor act ind 3p*, cause to be angry
4 ἄνυδρος, waterless
5 πειράζω, *aor act ind 3p*, put to the test
6 παροξύνω, *aor act ind 3p*, provoke
7 μιμνήσκομαι, *aor pas ind 3p*, remember
8 λυτρόω, *aor mid ind 3s*, redeem, ransom
9 θλίβω, *pres act ptc gen s m*, oppress, afflict
10 τέρας, sign, wonder
11 πεδίον, field, plain
12 μεταστρέφω, *aor act ind 3s*, change
13 ποταμός, river
14 ὄμβρημα, rainwater, (puddle?)
15 ἐξαποστέλλω, *aor act ind 3s*, send forth
16 κυνόμυια, dog fly
17 κατεσθίω, *aor act ind 3s*, devour
18 βάτραχος, frog
19 διαφθείρω, *aor act ind 3s*, utterly destroy
20 ἐρυσίβη, blight, mildew
21 πόνος, (product of) labor
22 ἀκρίς, locust
23 χάλαζα, hail
24 ἄμπελος, vine
25 συκάμινος, mulberry tree, *Heb. LW*
26 πάχνη, frost
27 χάλαζα, hail
28 κτῆνος, animal, (*p*) herd
29 ὕπαρξις, property
30 ἐξαποστέλλω, *aor act ind 3s*, send forth
31 θυμός, anger, wrath
32 ἀποστολή, message, sending-forth
33 ὁδοποιέω, *aor act ind 3s*, prepare a way
34 τρίβος, pathway, track
35 φείδομαι, *aor mid ind 3s*, spare
36 κτῆνος, animal, (*p*) herd
37 συγκλείω, *aor act ind 3s*, confine, shut in

51 καὶ ἐπάταξεν[1] πᾶν πρωτότοκον[2] ἐν Αἰγύπτῳ,
ἀπαρχὴν[3] τῶν πόνων[4] αὐτῶν ἐν τοῖς σκηνώμασι[5] Χαμ.
52 καὶ ἀπῆρεν[6] ὡς πρόβατα τὸν λαὸν αὐτοῦ
καὶ ἀνήγαγεν[7] αὐτοὺς ὡς ποίμνιον[8] ἐν ἐρήμῳ
53 καὶ ὡδήγησεν[9] αὐτοὺς ἐν ἐλπίδι, καὶ οὐκ ἐδειλίασαν,[10]
καὶ τοὺς ἐχθροὺς αὐτῶν ἐκάλυψεν[11] θάλασσα.
54 καὶ εἰσήγαγεν[12] αὐτοὺς εἰς ὅριον[13] ἁγιάσματος[14] αὐτοῦ,
ὄρος τοῦτο, ὃ ἐκτήσατο[15] ἡ δεξιὰ αὐτοῦ,
55 καὶ ἐξέβαλεν ἀπὸ προσώπου αὐτῶν ἔθνη
καὶ ἐκληροδότησεν[16] αὐτοὺς ἐν σχοινίῳ[17] κληροδοσίας[18]
καὶ κατεσκήνωσεν[19] ἐν τοῖς σκηνώμασιν[20] αὐτῶν τὰς φυλὰς τοῦ Ισραηλ.

56 καὶ ἐπείρασαν[21] καὶ παρεπίκραναν[22] τὸν θεὸν τὸν ὕψιστον[23]
καὶ τὰ μαρτύρια[24] αὐτοῦ οὐκ ἐφυλάξαντο
57 καὶ ἀπέστρεψαν[25] καὶ ἠσυνθέτησαν[26] καθὼς καὶ οἱ πατέρες αὐτῶν
καὶ μετεστράφησαν[27] εἰς τόξον[28] στρεβλὸν[29]
58 καὶ παρώργισαν[30] αὐτὸν ἐν τοῖς βουνοῖς[31] αὐτῶν
καὶ ἐν τοῖς γλυπτοῖς[32] αὐτῶν παρεζήλωσαν[33] αὐτόν.
59 ἤκουσεν ὁ θεὸς καὶ ὑπερεῖδεν[34]
καὶ ἐξουδένωσεν[35] σφόδρα[36] τὸν Ισραηλ
60 καὶ ἀπώσατο[37] τὴν σκηνὴν[38] Σηλωμ,
σκήνωμα[39] αὐτοῦ, οὗ κατεσκήνωσεν[40] ἐν ἀνθρώποις.

1 πατάσσω, *aor act ind 3s*, strike, smite
2 πρωτότοκος, firstborn
3 ἀπαρχή, first portion, firstfruit
4 πόνος, labor, toil
5 σκήνωμα, dwelling, habitation
6 ἀπαίρω, *aor act ind 3s*, lead away, bring out
7 ἀνάγω, *aor act ind 3s*, lead up, bring up
8 ποίμνιον, flock
9 ὁδηγέω, *aor act ind 3s*, guide
10 δειλιάω, *aor act ind 3p*, fear, be afraid
11 καλύπτω, *aor act ind 3s*, cover over, flood
12 εἰσάγω, *aor act ind 3s*, bring into
13 ὅριον, territory, region
14 ἁγίασμα, sanctuary
15 κτάομαι, *aor mid ind 3s*, acquire
16 κληροδοτέω, *aor act ind 3s*, distribute, give as inheritance
17 σχοινίον, measuring line
18 κληροδοσία, heritage
19 κατασκηνόω, *aor act ind 3s*, settle, cause to dwell
20 σκήνωμα, tent
21 πειράζω, *aor act ind 3p*, put to the test
22 παραπικραίνω, *aor act ind 3p*, provoke
23 ὕψιστος, *sup*, Most High
24 μαρτύριον, testimony
25 ἀποστρέφω, *aor act ind 3p*, turn away
26 ἀσυνθετέω, *aor act ind 3p*, be faithless
27 μεταστρέφω, *aor pas ind 3p*, turn into, alter
28 τόξον, bow
29 στρεβλός, crooked
30 παροργίζω, *aor act ind 3p*, cause to be angry
31 βουνός, hill
32 γλυπτός, graven image, carved stone
33 παραζηλόω, *aor act ind 3p*, make jealous
34 ὑπεροράω, *aor act ind 3s*, treat with contempt
35 ἐξουδενόω, *aor act ind 3s*, scorn, disdain
36 σφόδρα, exceedingly
37 ἀπωθέω, *aor mid ind 3s*, thrust away
38 σκηνή, tent
39 σκήνωμα, dwelling
40 κατασκηνόω, *aor act ind 3s*, dwell, settle

61 καὶ παρέδωκεν εἰς αἰχμαλωσίαν[1] τὴν ἰσχὺν[2] αὐτῶν
καὶ τὴν καλλονὴν[3] αὐτῶν εἰς χεῖρας ἐχθροῦ
62 καὶ συνέκλεισεν[4] εἰς ῥομφαίαν[5] τὸν λαὸν αὐτοῦ
καὶ τὴν κληρονομίαν[6] αὐτοῦ ὑπερεῖδεν.[7]
63 τοὺς νεανίσκους[8] αὐτῶν κατέφαγεν[9] πῦρ,
καὶ αἱ παρθένοι[10] αὐτῶν οὐκ ἐπενθήθησαν·[11]
64 οἱ ἱερεῖς αὐτῶν ἐν ῥομφαίᾳ[12] ἔπεσαν,
καὶ αἱ χῆραι[13] αὐτῶν οὐ κλαυσθήσονται.
65 καὶ ἐξηγέρθη[14] ὡς ὁ ὑπνῶν[15] κύριος,
ὡς δυνατὸς κεκραιπαληκὼς[16] ἐξ οἴνου,
66 καὶ ἐπάταξεν[17] τοὺς ἐχθροὺς αὐτοῦ εἰς τὰ ὀπίσω[18]
ὄνειδος[19] αἰώνιον ἔδωκεν αὐτοῖς.

67 καὶ ἀπώσατο[20] τὸ σκήνωμα[21] Ιωσηφ
καὶ τὴν φυλὴν Εφραιμ οὐκ ἐξελέξατο·[22]
68 καὶ ἐξελέξατο[23] τὴν φυλὴν Ιουδα,
τὸ ὄρος τὸ Σιων, ὃ ἠγάπησεν,
69 καὶ ᾠκοδόμησεν[24] ὡς μονοκερώτων[25] τὸ ἁγίασμα[26] αὐτοῦ,
ἐν τῇ γῇ ἐθεμελίωσεν[27] αὐτὴν εἰς τὸν αἰῶνα.
70 καὶ ἐξελέξατο[28] Δαυιδ τὸν δοῦλον αὐτοῦ
καὶ ἀνέλαβεν[29] αὐτὸν ἐκ τῶν ποιμνίων[30] τῶν προβάτων,
71 ἐξόπισθεν[31] τῶν λοχευομένων[32] ἔλαβεν αὐτὸν
ποιμαίνειν[33] Ιακωβ τὸν λαὸν αὐτοῦ
καὶ Ισραηλ τὴν κληρονομίαν[34] αὐτοῦ,

1 αἰχμαλωσία, captivity
2 ἰσχύς, power, wealth, possessions
3 καλλονή, beauty, excellence
4 συγκλείω, *aor act ind 3s*, consign
5 ῥομφαία, sword
6 κληρονομία, inheritance
7 ὑπεροράω, *aor act ind 3s*, despise
8 νεανίσκος, young man
9 κατεσθίω, *aor act ind 3s*, devour
10 παρθένος, virgin, young woman
11 πενθέω, *aor pas ind 3p*, mourn
12 ῥομφαία, sword
13 χήρα, widow
14 ἐξεγείρω, *aor pas ind 3s*, stir up, awaken
15 ὑπνοω, *pres act ptc nom s m*, sleep, slumber
16 κραιπαλάω, *perf act ptc nom s m*, become intoxicated
17 πατάσσω, *aor act ind 3s*, strike, smite
18 ὀπίσω, backward
19 ὄνειδος, disgrace, object of reproach
20 ἀπωθέω, *aor mid ind 3s*, thrust away
21 σκήνωμα, dwelling
22 ἐκλέγω, *aor mid ind 3s*, choose, elect
23 ἐκλέγω, *aor mid ind 3s*, choose, elect
24 οἰκοδομέω, *aor act ind 3s*, construct, build
25 μονόκερως, unicorn, one-horned beast
26 ἁγίασμα, sanctuary
27 θεμελιόω, *aor act ind 3s*, build a foundation for
28 ἐκλέγω, *aor mid ind 3s*, choose, select
29 ἀναλαμβάνω, *aor act ind 3s*, take up
30 ποίμνιον, flock
31 ἐξόπισθεν, behind, in the rear of
32 λοχεύω, *pres pas ptc gen p n*, give birth
33 ποιμαίνω, *pres act inf*, tend (flocks), shepherd
34 κληρονομία, possession, inheritance

72 καὶ ἐποίμανεν[1] αὐτοὺς ἐν τῇ ἀκακίᾳ[2] τῆς καρδίας αὐτοῦ
καὶ ἐν ταῖς συνέσεσι[3] τῶν χειρῶν αὐτοῦ ὡδήγησεν[4] αὐτούς.

78 Ψαλμὸς τῷ Ασαφ.

Ὁ θεός, ἤλθοσαν ἔθνη εἰς τὴν κληρονομίαν[5] σου,
ἐμίαναν[6] τὸν ναὸν τὸν ἅγιόν σου,
ἔθεντο Ιερουσαλημ εἰς ὀπωροφυλάκιον.[7]
2 ἔθεντο τὰ θνησιμαῖα[8] τῶν δούλων σου
βρώματα[9] τοῖς πετεινοῖς[10] τοῦ οὐρανοῦ,
τὰς σάρκας τῶν ὁσίων[11] σου τοῖς θηρίοις τῆς γῆς·
3 ἐξέχεαν[12] τὸ αἷμα αὐτῶν ὡς ὕδωρ
κύκλῳ[13] Ιερουσαλημ, καὶ οὐκ ἦν ὁ θάπτων.[14]
4 ἐγενήθημεν ὄνειδος[15] τοῖς γείτοσιν[16] ἡμῶν,
μυκτηρισμὸς[17] καὶ χλευασμὸς[18] τοῖς κύκλῳ[19] ἡμῶν.
5 ἕως πότε,[20] κύριε, ὀργισθήσῃ[21] εἰς τέλος,
ἐκκαυθήσεται[22] ὡς πῦρ ὁ ζῆλός[23] σου;
6 ἔκχεον[24] τὴν ὀργήν σου ἐπὶ ἔθνη τὰ μὴ γινώσκοντά σε
καὶ ἐπὶ βασιλείας, αἳ τὸ ὄνομά σου οὐκ ἐπεκαλέσαντο,[25]
7 ὅτι κατέφαγον[26] τὸν Ιακωβ
καὶ τὸν τόπον αὐτοῦ ἠρήμωσαν.[27]

8 μὴ μνησθῇς[28] ἡμῶν ἀνομιῶν[29] ἀρχαίων·[30]
ταχὺ[31] προκαταλαβέτωσαν[32] ἡμᾶς οἱ οἰκτιρμοί[33] σου,
ὅτι ἐπτωχεύσαμεν[34] σφόδρα.[35]

1 ποιμαίνω, *aor act ind 3s*, tend, shepherd
2 ἀκακία, integrity, innocence
3 σύνεσις, understanding
4 ὁδηγέω, *aor act ind 3s*, guide, lead
5 κληρονομία, inheritance, possession
6 μιαίνω, *aor act ind 3p*, profane, pollute
7 ὀπωροφυλάκιον, hut for one who guards an orchard
8 θνησιμαῖος, carcass
9 βρῶμα, food
10 πετεινός, bird
11 ὅσιος, holy (one)
12 ἐκχέω, *aor act ind 3p*, pour out
13 κύκλῳ, around
14 θάπτω, *pres act ptc nom s m*, bury
15 ὄνειδος, disgrace, object of reproach
16 γείτων, neighbor
17 μυκτηρισμός, contempt
18 χλευασμός, mockery
19 κύκλῳ, around about
20 πότε, when
21 ὀργίζω, *fut pas ind 2s*, make angry
22 ἐκκαίω, *fut pas ind 3s*, burn up
23 ζῆλος, zeal, jealousy
24 ἐκχέω, *aor act impv 2s*, pour out
25 ἐπικαλέω, *aor mid ind 3p*, call upon
26 κατεσθίω, *aor act ind 3p*, devour
27 ἐρημόω, *aor act ind 3p*, make desolate
28 μιμνῄσκομαι, *aor pas sub 2s*, remember
29 ἀνομία, transgression, lawlessness
30 ἀρχαῖος, former, from long ago
31 ταχύς, quickly
32 προκαταλαμβάνω, *aor act impv 3p*, overtake, occupy
33 οἰκτιρμός, mercy, compassion
34 πτωχεύω, *aor act ind 1p*, become poor
35 σφόδρα, very

9 βοήθησον[1] ἡμῖν, ὁ θεὸς ὁ σωτὴρ[2] ἡμῶν·
ἕνεκα[3] τῆς δόξης τοῦ ὀνόματός σου, κύριε, ῥῦσαι[4] ἡμᾶς
καὶ ἱλάσθητι[5] ταῖς ἁμαρτίαις ἡμῶν ἕνεκα[6] τοῦ ὀνόματός σου,
10 μήποτε[7] εἴπωσιν τὰ ἔθνη
Ποῦ ἐστιν ὁ θεὸς αὐτῶν;
καὶ γνωσθήτω ἐν τοῖς ἔθνεσιν ἐνώπιον τῶν ὀφθαλμῶν ἡμῶν
ἡ ἐκδίκησις[8] τοῦ αἵματος τῶν δούλων σου τοῦ ἐκκεχυμένου.[9]

11 εἰσελθάτω ἐνώπιόν σου ὁ στεναγμὸς[10] τῶν πεπεδημένων,[11]
κατὰ τὴν μεγαλωσύνην[12] τοῦ βραχίονός[13] σου
περιποίησαι[14] τοὺς υἱοὺς τῶν τεθανατωμένων.[15]
12 ἀπόδος τοῖς γείτοσιν[16] ἡμῶν ἑπταπλασίονα[17] εἰς τὸν κόλπον[18] αὐτῶν
τὸν ὀνειδισμὸν[19] αὐτῶν, ὃν ὠνείδισάν[20] σε, κύριε.
13 ἡμεῖς δὲ λαός σου καὶ πρόβατα τῆς νομῆς[21] σου
ἀνθομολογησόμεθά[22] σοι εἰς τὸν αἰῶνα,
εἰς γενεὰν καὶ γενεὰν ἐξαγγελοῦμεν[23] τὴν αἴνεσίν[24] σου.

79

Εἰς τὸ τέλος, ὑπὲρ τῶν ἀλλοιωθησομένων·[25] μαρτύριον[26] τῷ Ασαφ, ψαλμὸς ὑπὲρ τοῦ Ἀσσυρίου.

2 Ὁ ποιμαίνων[27] τὸν Ισραηλ, πρόσχες,[28]
ὁ ὁδηγῶν[29] ὡσεὶ[30] πρόβατα τὸν Ιωσηφ,
ὁ καθήμενος ἐπὶ τῶν χερουβιν,[31] ἐμφάνηθι.[32]

1 βοηθέω, *aor act impv 2s*, help, aid
2 σωτήρ, savior
3 ἕνεκα, for the sake of
4 ῥύομαι, *aor mid impv 2s*, rescue, deliver
5 ἱλάσκομαι, *aor pas impv 2s*, propitiate, atone for
6 ἕνεκα, for the sake of
7 μήποτε, lest
8 ἐκδίκησις, vengeance
9 ἐκχέω, *perf pas ptc gen s n*, pour out
10 στεναγμός, sighing, groaning
11 πεδάω, *perf pas ptc gen p m*, bind (in fetters)
12 μεγαλωσύνη, greatness
13 βραχίων, arm, strength
14 περιποιέω, *aor mid impv 2s*, keep alive, preserve
15 θανατόω, *perf pas ptc gen p m*, put to death
16 γείτων, neighbor
17 ἑπταπλασίων, sevenfold
18 κόλπος, arms, lap, bosom
19 ὀνειδισμός, reproach, disgrace
20 ὀνειδίζω, *aor act ind 3p*, revile, reproach
21 νομή, pasture
22 ἀνθομολογέομαι, *fut mid ind 1p*, confess freely
23 ἐξαγγέλλω, *fut act ind 1p*, proclaim
24 αἴνεσις, praise
25 ἀλλοιόω, *fut pas ptc gen p n*, change, alter
26 μαρτύριον, witness, testimony
27 ποιμαίνω, *pres act ptc nom s m*, tend (flocks), shepherd
28 προσέχω, *aor act impv 2s*, give attention
29 ὁδηγέω, *pres act ptc nom s m*, guide
30 ὡσεί, like, as
31 χερουβιν, cherubim, *translit.*
32 ἐμφαίνω, *aor pas impv 2s*, appear, make manifest

3 ἐναντίον[1] Εφραιμ καὶ Βενιαμιν καὶ Μανασση
ἐξέγειρον[2] τὴν δυναστείαν[3] σου
καὶ ἐλθὲ εἰς τὸ σῶσαι ἡμᾶς.

4 ὁ θεός, ἐπίστρεψον ἡμᾶς
καὶ ἐπίφανον[4] τὸ πρόσωπόν σου, καὶ σωθησόμεθα.

5 κύριε ὁ θεὸς τῶν δυνάμεων,
ἕως πότε[5] ὀργίζῃ[6] ἐπὶ τὴν προσευχὴν τοῦ δούλου σου,
6 ψωμιεῖς[7] ἡμᾶς ἄρτον δακρύων[8]
καὶ ποτιεῖς[9] ἡμᾶς ἐν δάκρυσιν ἐν μέτρῳ;[10]
7 ἔθου ἡμᾶς εἰς ἀντιλογίαν[11] τοῖς γείτοσιν[12] ἡμῶν,
καὶ οἱ ἐχθροὶ ἡμῶν ἐμυκτήρισαν[13] ἡμᾶς.

8 κύριε ὁ θεὸς τῶν δυνάμεων, ἐπίστρεψον ἡμᾶς
καὶ ἐπίφανον[14] τὸ πρόσωπόν σου, καὶ σωθησόμεθα.

διάψαλμα.[15]

9 ἄμπελον[16] ἐξ Αἰγύπτου μετῆρας,[17]
ἐξέβαλες ἔθνη καὶ κατεφύτευσας[18] αὐτήν·
10 ὡδοποίησας[19] ἔμπροσθεν[20] αὐτῆς
καὶ κατεφύτευσας[21] τὰς ῥίζας[22] αὐτῆς, καὶ ἐπλήσθη[23] ἡ γῆ.
11 ἐκάλυψεν[24] ὄρη ἡ σκιὰ[25] αὐτῆς
καὶ αἱ ἀναδενδράδες[26] αὐτῆς τὰς κέδρους[27] τοῦ θεοῦ·
12 ἐξέτεινεν[28] τὰ κλήματα[29] αὐτῆς ἕως θαλάσσης
καὶ ἕως ποταμοῦ[30] τὰς παραφυάδας[31] αὐτῆς.

1 ἐναντίον, before
2 ἐξεγείρω, *aor act impv 2s*, awaken, stir up
3 δυναστεία, dominion, lordship
4 ἐπιφαίνω, *aor act impv 2s*, show forth, cause to appear
5 πότε, when
6 ὀργίζω, *pres pas ind 2s*, make angry
7 ψωμίζω, *fut act ind 2s*, feed
8 δάκρυον, tear
9 ποτίζω, *fut act ind 2s*, give to drink
10 μέτρον, measure
11 ἀντιλογία, controversy, contradiction
12 γείτων, neighbor
13 μυκτηρίζω, *aor act ind 3p*, treat with contempt
14 ἐπιφαίνω, *aor act impv 2s*, show forth, cause to appear
15 διάψαλμα, (*musical interlude, renders Heb.* selāh)
16 ἄμπελος, vine
17 μεταίρω, *aor act ind 2s*, remove
18 καταφυτεύω, *aor act ind 2s*, plant
19 ὁδοποιέω, *aor act ind 2s*, prepare a way
20 ἔμπροσθεν, before
21 καταφυτεύω, *aor act ind 2s*, plant
22 ῥίζα, root
23 πίμπλημι, *aor pas ind 3s*, fill
24 καλύπτω, *aor act ind 3s*, cover, envelop
25 σκιά, shade
26 ἀναδενδράς, vine that grows up trees
27 κέδρος, cedar
28 ἐκτείνω, *aor act ind 3s*, stretch forth
29 κλῆμα, branch
30 ποταμός, river
31 παραφυάς, shoot, side branch

13 ἵνα τί καθεῖλες[1] τὸν φραγμὸν[2] αὐτῆς
καὶ τρυγῶσιν[3] αὐτὴν πάντες οἱ παραπορευόμενοι[4] τὴν ὁδόν;
14 ἐλυμήνατο[5] αὐτὴν σῦς[6] ἐκ δρυμοῦ,[7]
καὶ μονιὸς[8] ἄγριος[9] κατενεμήσατο[10] αὐτήν.

15 ὁ θεὸς τῶν δυνάμεων, ἐπίστρεψον δή,[11]
ἐπίβλεψον[12] ἐξ οὐρανοῦ καὶ ἰδὲ
καὶ ἐπίσκεψαι[13] τὴν ἄμπελον[14] ταύτην
16 καὶ κατάρτισαι[15] αὐτήν, ἣν ἐφύτευσεν[16] ἡ δεξιά σου,
καὶ ἐπὶ υἱὸν ἀνθρώπου, ὃν ἐκραταίωσας[17] σεαυτῷ.
17 ἐμπεπυρισμένη[18] πυρὶ καὶ ἀνεσκαμμένη·[19]
ἀπὸ ἐπιτιμήσεως[20] τοῦ προσώπου σου ἀπολοῦνται.
18 γενηθήτω ἡ χείρ σου ἐπ᾿ ἄνδρα δεξιᾶς σου
καὶ ἐπὶ υἱὸν ἀνθρώπου, ὃν ἐκραταίωσας[21] σεαυτῷ·
19 καὶ οὐ μὴ ἀποστῶμεν[22] ἀπὸ σοῦ,
ζωώσεις[23] ἡμᾶς, καὶ τὸ ὄνομά σου ἐπικαλεσόμεθα.[24]

20 κύριε ὁ θεὸς τῶν δυνάμεων, ἐπίστρεψον ἡμᾶς
καὶ ἐπίφανον[25] τὸ πρόσωπόν σου, καὶ σωθησόμεθα.

80 Εἰς τὸ τέλος, ὑπὲρ τῶν ληνῶν·[26] τῷ Ασαφ ψαλμός.

2 Ἀγαλλιᾶσθε[27] τῷ θεῷ τῷ βοηθῷ[28] ἡμῶν,
ἀλαλάξατε[29] τῷ θεῷ Ιακωβ·

1 καθαιρέω, *aor act ind 2s*, tear down, destroy
2 φραγμός, hedge
3 τρυγάω, *pres act ind 3p*, reap, gather
4 παραπορεύομαι, *pres mid ptc nom p m*, pass by
5 λυμαίνω, *aor mid ind 3s*, ruin, lay waste
6 σῦς, wild boar
7 δρυμός, forest, thicket
8 μονιός, solitary
9 ἄγριος, wild animal
10 κατανέμω, *aor mid ind 3s*, devour, feed upon
11 δή, now
12 ἐπιβλέπω, *aor act impv 2s*, look
13 ἐπισκέπτομαι, *aor mid impv 2s*, visit, show regard for
14 ἄμπελος, vine
15 καταρτίζω, *aor mid impv 2s*, restore
16 φυτεύω, *aor act ind 3s*, plant
17 κραταιόω, *aor act ind 2s*, strengthen
18 ἐμπυρίζω, *perf pas ptc nom s f*, set on fire
19 ἀνασκάπτω, *perf pas ptc nom s f*, raze, destroy
20 ἐπιτίμησις, rebuke, censure
21 κραταιόω, *aor act ind 2s*, strengthen
22 ἀφίστημι, *aor act sub 1p*, depart from
23 ζωόω, *fut act ind 2s*, make alive, restore to life
24 ἐπικαλέω, *fut mid ind 1p*, call upon
25 ἐπιφαίνω, *aor act impv 2s*, show forth, cause to appear
26 ληνός, winepress
27 ἀγαλλιάω, *pres mid impv 2p*, rejoice, exult
28 βοηθός, helper
29 ἀλαλάζω, *aor act impv 2p*, shout aloud

3 λάβετε ψαλμὸν καὶ δότε τύμπανον,[1]
ψαλτήριον[2] τερπνὸν[3] μετὰ κιθάρας·[4]
4 σαλπίσατε[5] ἐν νεομηνίᾳ[6] σάλπιγγι,[7]
ἐν εὐσήμῳ[8] ἡμέρᾳ ἑορτῆς[9] ἡμῶν·
5 ὅτι πρόσταγμα[10] τῷ Ισραηλ ἐστὶν
καὶ κρίμα[11] τῷ θεῷ Ιακωβ.
6 μαρτύριον[12] ἐν τῷ Ιωσηφ ἔθετο αὐτὸν
ἐν τῷ ἐξελθεῖν αὐτὸν ἐκ γῆς Αἰγύπτου·
γλῶσσαν, ἣν οὐκ ἔγνω, ἤκουσεν·
7 ἀπέστησεν[13] ἀπὸ ἄρσεων[14] τὸν νῶτον[15] αὐτοῦ,
αἱ χεῖρες αὐτοῦ ἐν τῷ κοφίνῳ[16] ἐδούλευσαν.[17]
8 Ἐν θλίψει ἐπεκαλέσω[18] με, καὶ ἐρρυσάμην[19] σε·
ἐπήκουσά[20] σου ἐν ἀποκρύφῳ[21] καταιγίδος,[22]
ἐδοκίμασά[23] σε ἐπὶ ὕδατος ἀντιλογίας.[24]

διάψαλμα.[25]

9 ἄκουσον, λαός μου, καὶ διαμαρτύρομαί[26] σοι·
Ισραηλ, ἐὰν ἀκούσῃς μου,
10 οὐκ ἔσται ἐν σοὶ θεὸς πρόσφατος,[27]
οὐδὲ προσκυνήσεις θεῷ ἀλλοτρίῳ·[28]
11 ἐγὼ γάρ εἰμι κύριος ὁ θεός σου
ὁ ἀναγαγών[29] σε ἐκ γῆς Αἰγύπτου·
πλάτυνον[30] τὸ στόμα σου, καὶ πληρώσω αὐτό.

12 καὶ οὐκ ἤκουσεν ὁ λαός μου τῆς φωνῆς μου,
καὶ Ισραηλ οὐ προσέσχεν[31] μοι·

1 τύμπανον, drum
2 ψαλτήριον, harp
3 τερπνός, delightful
4 κιθάρα, lyre
5 σαλπίζω, *aor act impv 2p*, sound, blow
6 νεομηνία, new moon
7 σάλπιγξ, trumpet
8 εὔσημος, conspicuous
9 ἑορτή, feast, festival
10 πρόσταγμα, ordinance
11 κρίμα, judgment
12 μαρτύριον, witness, testimony
13 ἀφίστημι, *aor act ind 3s*, draw away from
14 ἄρσις, burden
15 νῶτος, back
16 κόφινος, basket
17 δουλεύω, *aor act ind 3p*, work
18 ἐπικαλέω, *aor mid ind 2s*, call upon
19 ῥύομαι, *aor mid ind 1s*, rescue, deliver
20 ἐπακούω, *aor act ind 1s*, listen to
21 ἀπόκρυφος, hidden, concealed
22 καταιγίς, storm
23 δοκιμάζω, *aor act ind 1s*, put to the test
24 ἀντιλογία, controversy, contradiction
25 διάψαλμα, (*musical interlude, renders Heb.* selāh)
26 διαμαρτύρομαι, witness against
27 πρόσφατος, new, recent
28 ἀλλότριος, strange, foreign
29 ἀνάγω, *aor act ptc nom s m*, bring up
30 πλατύνω, *aor act impv 2s*, enlarge, open wide
31 προσέχω, *aor act ind 3s*, give heed

13 καὶ ἐξαπέστειλα[1] αὐτοὺς κατὰ τὰ ἐπιτηδεύματα[2] τῶν καρδιῶν αὐτῶν,
πορεύσονται ἐν τοῖς ἐπιτηδεύμασιν αὐτῶν.
14 εἰ ὁ λαός μου ἤκουσέν μου,
Ισραηλ ταῖς ὁδοῖς μου εἰ ἐπορεύθη,
15 ἐν τῷ μηδενὶ ἂν τοὺς ἐχθροὺς αὐτῶν ἐταπείνωσα[3]
καὶ ἐπὶ τοὺς θλίβοντας[4] αὐτοὺς ἐπέβαλον τὴν χεῖρά μου.
16 οἱ ἐχθροὶ κυρίου ἐψεύσαντο[5] αὐτῷ,
καὶ ἔσται ὁ καιρὸς αὐτῶν εἰς τὸν αἰῶνα.
17 καὶ ἐψώμισεν[6] αὐτοὺς ἐκ στέατος[7] πυροῦ[8]
καὶ ἐκ πέτρας[9] μέλι[10] ἐχόρτασεν[11] αὐτούς.

81 Ψαλμὸς τῷ Ασαφ.

Ὁ θεὸς ἔστη ἐν συναγωγῇ θεῶν,
ἐν μέσῳ δὲ θεοὺς διακρίνει[12]
2 Ἕως πότε[13] κρίνετε ἀδικίαν[14]
καὶ πρόσωπα ἁμαρτωλῶν λαμβάνετε;

διάψαλμα.[15]

3 κρίνατε ὀρφανὸν[16] καὶ πτωχόν,
ταπεινὸν[17] καὶ πένητα[18] δικαιώσατε·
4 ἐξέλεσθε[19] πένητα[20] καὶ πτωχόν,
ἐκ χειρὸς ἁμαρτωλοῦ ῥύσασθε.[21]

5 οὐκ ἔγνωσαν οὐδὲ συνῆκαν,[22]
ἐν σκότει διαπορεύονται·[23]
σαλευθήσονται[24] πάντα τὰ θεμέλια[25] τῆς γῆς.

6 ἐγὼ εἶπα Θεοί ἐστε
καὶ υἱοὶ ὑψίστου[26] πάντες·

1 ἐξαποστέλλω, *aor act ind 1s*, send forth
2 ἐπιτήδευμα, habit, custom
3 ταπεινόω, *aor act ind 1s*, bring low, humble
4 θλίβω, *pres act ptc acc p m*, afflict, oppress
5 ψεύδομαι, *aor mid ind 3p*, lie, deceive
6 ψωμίζω, *aor act ind 3s*, feed
7 στέαρ, dough made from flour
8 πυρός, wheat
9 πέτρα, rock
10 μέλι, honey
11 χορτάζω, *aor act ind 3s*, fatten, fill to satisfaction
12 διακρίνω, *pres act ind 3s*, give judgment
13 πότε, when
14 ἀδικία, wrongdoing, injustice
15 διάψαλμα, (*musical interlude*, *renders Heb.* selāh)
16 ὀρφανός, orphan
17 ταπεινός, lowly, humble
18 πένης, needy, poor
19 ἐξαιρέω, *aor mid impv 2p*, rescue, deliver
20 πένης, needy, poor
21 ῥύομαι, *aor mid impv 2p*, rescue, deliver
22 συνίημι, *aor act ind 3p*, understand
23 διαπορεύομαι, *pres mid ind 3p*, walk about
24 σαλεύω, *fut pas ind 3p*, shake
25 θεμέλιον, foundation
26 ὕψιστος, *sup*, Most High

7 ὑμεῖς δὲ ὡς ἄνθρωποι ἀποθνῄσκετε
καὶ ὡς εἷς τῶν ἀρχόντων πίπτετε.

8 ἀνάστα, ὁ θεός, κρῖνον τὴν γῆν,
ὅτι σὺ κατακληρονομήσεις[1] ἐν πᾶσιν τοῖς ἔθνεσιν.

82 Ὠιδὴ[2] ψαλμοῦ τῷ Ασαφ.

2 Ὁ θεός, τίς ὁμοιωθήσεταί[3] σοι;
μὴ σιγήσῃς[4] μηδὲ καταπραΰνῃς,[5] ὁ θεός·
3 ὅτι ἰδοὺ οἱ ἐχθροί σου ἤχησαν,[6]
καὶ οἱ μισοῦντές σε ἦραν κεφαλήν,
4 ἐπὶ τὸν λαόν σου κατεπανουργεύσαντο[7] γνώμην[8]
καὶ ἐβουλεύσαντο[9] κατὰ τῶν ἁγίων σου·
5 εἶπαν Δεῦτε[10] καὶ ἐξολεθρεύσωμεν[11] αὐτοὺς ἐξ ἔθνους,
καὶ οὐ μὴ μνησθῇ[12] τὸ ὄνομα Ισραηλ ἔτι.
6 ὅτι ἐβουλεύσαντο[13] ἐν ὁμονοίᾳ[14] ἐπὶ τὸ αὐτό,
κατὰ σοῦ διαθήκην διέθεντο[15]
7 τὰ σκηνώματα[16] τῶν Ιδουμαίων καὶ οἱ Ισμαηλῖται,
Μωαβ καὶ οἱ Αγαρηνοί,
8 Γεβαλ καὶ Αμμων καὶ Αμαληκ
καὶ ἀλλόφυλοι[17] μετὰ τῶν κατοικούντων Τύρον·
9 καὶ γὰρ καὶ Ασσουρ συμπαρεγένετο[18] μετ᾽ αὐτῶν,
ἐγενήθησαν εἰς ἀντίλημψιν[19] τοῖς υἱοῖς Λωτ.

διάψαλμα.[20]

10 ποίησον αὐτοῖς ὡς τῇ Μαδιαμ καὶ τῷ Σισαρα,
ὡς ὁ Ιαβιν ἐν τῷ χειμάρρῳ[21] Κισων·

1 κατακληρονομέω, *fut act ind 2s*, acquire possession
2 ᾠδή, song
3 ὁμοιόω, *fut pas ind 3s*, compare, liken
4 σιγάω, *aor act sub 2s*, keep silent
5 καταπραΰνω, *aor act sub 2s*, stay at rest
6 ἠχέω, *aor act ind 3p*, make noise, roar
7 καταπανουργεύομαι, *aor mid ind 3p*, devise evil against
8 γνώμη, intention, purpose, plan
9 βουλεύω, *aor mid ind 3p*, plot
10 δεῦτε, come!
11 ἐξολεθρεύω, *aor act sub 1p*, utterly destroy
12 μιμνήσκομαι, *aor pas sub 3s*, remember
13 βουλεύω, *aor mid ind 3p*, plot
14 ὁμόνοια, agreement, concord
15 διατίθημι, *aor mid ind 3p*, arrange, establish
16 σκήνωμα, tent, dwelling
17 ἀλλόφυλος, foreign, (Philistine)
18 συμπαραγίνομαι, *aor mid ind 3s*, come together with
19 ἀντίλημψις, defense, support
20 διάψαλμα, (*musical interlude, renders Heb.* selāh)
21 χείμαρρος, brook

11 ἐξωλεθρεύθησαν[1] ἐν Αενδωρ,
ἐγενήθησαν ὡσεὶ[2] κόπρος[3] τῇ γῇ.
12 θοῦ[4] τοὺς ἄρχοντας αὐτῶν ὡς τὸν Ωρηβ καὶ Ζηβ
καὶ Ζεβεε καὶ Σαλμανα πάντας τοὺς ἄρχοντας αὐτῶν,
13 οἵτινες εἶπαν Κληρονομήσωμεν[5] ἑαυτοῖς τὸ ἁγιαστήριον[6] τοῦ θεοῦ.

14 ὁ θεός μου, θοῦ[7] αὐτοὺς ὡς τροχόν,[8]
ὡς καλάμην[9] κατὰ πρόσωπον ἀνέμου·[10]
15 ὡσεὶ[11] πῦρ, ὃ διαφλέξει[12] δρυμόν,[13]
ὡς εἰ φλὸξ[14] κατακαύσαι[15] ὄρη,
16 οὕτως καταδιώξεις[16] αὐτοὺς ἐν τῇ καταιγίδι[17] σου
καὶ ἐν τῇ ὀργῇ σου ταράξεις[18] αὐτούς.
17 πλήρωσον τὰ πρόσωπα αὐτῶν ἀτιμίας,[19]
καὶ ζητήσουσιν τὸ ὄνομά σου, κύριε.
18 αἰσχυνθήτωσαν[20] καὶ ταραχθήτωσαν[21] εἰς τὸν αἰῶνα τοῦ αἰῶνος
καὶ ἐντραπήτωσαν[22] καὶ ἀπολέσθωσαν[23]
19 καὶ γνώτωσαν ὅτι ὄνομά σοι κύριος,
σὺ μόνος ὕψιστος[24] ἐπὶ πᾶσαν τὴν γῆν.

83

Εἰς τὸ τέλος, ὑπὲρ τῶν ληνῶν·[25] τοῖς υἱοῖς Κορε ψαλμός.

2 Ὡς ἀγαπητὰ[26] τὰ σκηνώματά[27] σου,
κύριε τῶν δυνάμεων.
3 ἐπιποθεῖ[28] καὶ ἐκλείπει[29] ἡ ψυχή μου εἰς τὰς αὐλὰς[30] τοῦ κυρίου,
ἡ καρδία μου καὶ ἡ σάρξ μου ἠγαλλιάσαντο[31] ἐπὶ θεὸν ζῶντα.

1 ἐξολεθρεύω, *aor pas ind 3p*, utterly destroy
2 ὡσεί, as, like
3 κόπρος, excrement, dung
4 τίθημι, *aor mid impv 2s*, situate, (make)
5 κληρονομέω, *aor act sub 1p*, acquire possession
6 ἁγιαστήριον, holy place
7 τίθημι, *aor mid impv 2s*, make, set
8 τροχός, wheel
9 καλάμη, straw, stubble
10 ἄνεμος, wind
11 ὡσεί, as, like
12 διαφλέγω, *fut act ind 3s*, burn through
13 δρυμός, forest
14 φλόξ, flame
15 κατακαίω, *aor act opt 3s*, burn up
16 καταδιώκω, *fut act ind 2s*, pursue closely
17 καταιγίς, storm, squall
18 ταράσσω, *fut act ind 2s*, trouble, unsettle
19 ἀτιμία, disgrace
20 αἰσχύνω, *aor pas impv 3p*, dishonor, put to shame
21 ταράσσω, *aor pas impv 3p*, trouble, unsettle
22 ἐντρέπω, *aor pas impv 3p*, feel ashamed
23 ἀπόλλυμι, *aor mid impv 3p*, perish
24 ὕψιστος, *sup*, highest, Most High
25 ληνός, winepress
26 ἀγαπητός, beloved, desirable
27 σκήνωμα, tent, habitation
28 ἐπιποθέω, *pres act ind 3s*, yearn, desire
29 ἐκλείπω, *pres act ind 3s*, faint, fail
30 αὐλή, court
31 ἀγαλλιάω, *aor mid ind 3p*, rejoice, exult

4 καὶ γὰρ στρουθίον[1] εὗρεν ἑαυτῷ οἰκίαν
καὶ τρυγὼν[2] νοσσιὰν[3] ἑαυτῇ,
οὗ[4] θήσει τὰ νοσσία[5] αὐτῆς,
τὰ θυσιαστήριά[6] σου, κύριε τῶν δυνάμεων,
ὁ βασιλεύς μου καὶ ὁ θεός μου.
5 μακάριοι[7] οἱ κατοικοῦντες ἐν τῷ οἴκῳ σου,
εἰς τοὺς αἰῶνας τῶν αἰώνων αἰνέσουσίν[8] σε.

διάψαλμα.[9]

6 μακάριος[10] ἀνήρ, οὗ ἐστιν ἡ ἀντίλημψις[11] αὐτοῦ παρὰ σοῦ, κύριε·
ἀναβάσεις[12] ἐν τῇ καρδίᾳ αὐτοῦ διέθετο[13]
7 ἐν τῇ κοιλάδι[14] τοῦ κλαυθμῶνος[15] εἰς τόπον, ὃν ἔθετο·
καὶ γὰρ εὐλογίας[16] δώσει ὁ νομοθετῶν.[17]
8 πορεύσονται ἐκ δυνάμεως εἰς δύναμιν,
ὀφθήσεται ὁ θεὸς τῶν θεῶν ἐν Σιων.

9 κύριε ὁ θεὸς τῶν δυνάμεων, εἰσάκουσον[18] τῆς προσευχῆς μου
ἐνώτισαι,[19] ὁ θεὸς Ιακωβ.

διάψαλμα.[20]

10 ὑπερασπιστὰ[21] ἡμῶν, ἰδέ, ὁ θεός,
καὶ ἐπίβλεψον[22] ἐπὶ τὸ πρόσωπον τοῦ χριστοῦ σου.
11 ὅτι κρείσσων[23] ἡμέρα μία ἐν ταῖς αὐλαῖς[24] σου
ὑπὲρ χιλιάδας·[25]
ἐξελεξάμην[26] παραρριπτεῖσθαι[27] ἐν τῷ οἴκῳ τοῦ θεοῦ
μᾶλλον[28] ἢ οἰκεῖν[29] ἐν σκηνώμασιν[30] ἁμαρτωλῶν.[31]

1 στρουθίον, sparrow
2 τρυγών, turtledove
3 νοσσιά, nest
4 οὗ, where
5 νοσσίον, nestling, young bird, brood
6 θυσιαστήριον, altar
7 μακάριος, blessed, happy
8 αἰνέω, *fut act ind 3p*, praise
9 διάψαλμα, (*musical interlude, renders Heb.* selāh)
10 μακάριος, blessed, happy
11 ἀντίλημψις, help, aid
12 ἀνάβασις, passage, path, ascent
13 διατίθημι, *aor mid ind 3s*, arrange, establish
14 κοιλάς, valley
15 κλαυθμών, weeping
16 εὐλογία, blessing
17 νομοθετέω, *pres act ptc nom s m*, instruct in the law
18 εἰσακούω, *aor act impv 2s*, hear, listen
19 ἐνωτίζομαι, *aor mid impv 2s*, give ear, listen
20 διάψαλμα, (*musical interlude, renders Heb.* selāh)
21 ὑπερασπιστής, protector, one who holds a shield
22 ἐπιβλέπω, *aor act impv 2s*, look upon
23 κρείσσων (ττ), *comp of* ἀγαθός, better
24 αὐλή, court
25 χιλιάς, thousand
26 ἐκλέγω, *aor mid ind 1s*, choose
27 παραρριπτέω, *pres mid inf*, throw aside
28 μᾶλλον, more, rather
29 οἰκέω, *pres act inf*, live, dwell
30 σκήνωμα, dwelling, habitation
31 ἁμαρτωλός, sinner

12 ὅτι ἔλεον[1] καὶ ἀλήθειαν ἀγαπᾷ κύριος ὁ θεός,
χάριν καὶ δόξαν δώσει·
κύριος οὐ στερήσει[2] τὰ ἀγαθὰ
τοὺς πορευομένους ἐν ἀκακίᾳ.[3]
13 κύριε τῶν δυνάμεων,
μακάριος[4] ἄνθρωπος ὁ ἐλπίζων ἐπὶ σέ.

84 Εἰς τὸ τέλος· τοῖς υἱοῖς Κορε ψαλμός.

2 Εὐδόκησας,[5] κύριε, τὴν γῆν σου,
ἀπέστρεψας[6] τὴν αἰχμαλωσίαν[7] Ιακωβ·
3 ἀφῆκας τὰς ἀνομίας[8] τῷ λαῷ σου,
ἐκάλυψας[9] πάσας τὰς ἁμαρτίας αὐτῶν.

διάψαλμα.[10]

4 κατέπαυσας[11] πᾶσαν τὴν ὀργήν σου,
ἀπέστρεψας[12] ἀπὸ ὀργῆς θυμοῦ[13] σου.

5 ἐπίστρεψον ἡμᾶς, ὁ θεὸς τῶν σωτηρίων[14] ἡμῶν,
καὶ ἀπόστρεψον[15] τὸν θυμόν[16] σου ἀφ᾽ ἡμῶν.
6 μὴ εἰς τὸν αἰῶνα ὀργισθῇς[17] ἡμῖν
ἢ διατενεῖς[18] τὴν ὀργήν σου ἀπὸ γενεᾶς εἰς γενεάν;
7 ὁ θεός, σὺ ἐπιστρέψας ζωώσεις[19] ἡμᾶς,
καὶ ὁ λαός σου εὐφρανθήσεται[20] ἐπὶ σοί.
8 δεῖξον ἡμῖν, κύριε, τὸ ἔλεός[21] σου
καὶ τὸ σωτήριόν[22] σου δῴης[23] ἡμῖν.

9 ἀκούσομαι τί λαλήσει ἐν ἐμοὶ κύριος ὁ θεός,
ὅτι λαλήσει εἰρήνην ἐπὶ τὸν λαὸν αὐτοῦ
καὶ ἐπὶ τοὺς ὁσίους[24] αὐτοῦ
καὶ ἐπὶ τοὺς ἐπιστρέφοντας πρὸς αὐτὸν καρδίαν.

1 ἔλεος, mercy
2 στερέω, *fut act ind 3s*, deprive, withhold
3 ἀκακία, innocence, integrity
4 μακάριος, blessed, happy
5 εὐδοκέω, *aor act ind 2s*, be pleased
6 ἀποστρέφω, *aor act ind 2s*, turn back, (undo)
7 αἰχμαλωσία, captivity
8 ἀνομία, transgression, lawlessness
9 καλύπτω, *aor act ind 2s*, cover, hide
10 διάψαλμα, (*musical interlude, renders Heb.* selāh)
11 καταπαύω, *aor act ind 2s*, cease
12 ἀποστρέφω, *aor act ind 2s*, turn back
13 θυμός, anger, wrath
14 σωτήριον, salvation
15 ἀποστρέφω, *aor act impv 2s*, turn back
16 θυμός, anger, wrath
17 ὀργίζω, *fut pas ind 2s*, make angry
18 διατείνω, *fut act ind 2s*, extend, continue
19 ζωόω, *fut act ind 2s*, make alive
20 εὐφραίνω, *fut pas ind 3s*, be glad, rejoice
21 ἔλεος, mercy
22 σωτήριον, salvation
23 δίδωμι, *aor act opt 2s*, give
24 ὅσιος, holy (one)

10 πλὴν ἐγγὺς[1] τῶν φοβουμένων αὐτὸν τὸ σωτήριον[2] αὐτοῦ
τοῦ κατασκηνῶσαι[3] δόξαν ἐν τῇ γῇ ἡμῶν.

11 ἔλεος[4] καὶ ἀλήθεια συνήντησαν,[5]
δικαιοσύνη καὶ εἰρήνη κατεφίλησαν·[6]
12 ἀλήθεια ἐκ τῆς γῆς ἀνέτειλεν,[7]
καὶ δικαιοσύνη ἐκ τοῦ οὐρανοῦ διέκυψεν.[8]
13 καὶ γὰρ ὁ κύριος δώσει χρηστότητα,[9]
καὶ ἡ γῆ ἡμῶν δώσει τὸν καρπὸν αὐτῆς·
14 δικαιοσύνη ἐναντίον[10] αὐτοῦ προπορεύσεται[11]
καὶ θήσει εἰς ὁδὸν τὰ διαβήματα[12] αὐτοῦ.

85 Προσευχὴ τῷ Δαυιδ.

Κλῖνον,[13] κύριε, τὸ οὖς σου καὶ ἐπάκουσόν[14] μου,
ὅτι πτωχὸς καὶ πένης[15] εἰμὶ ἐγώ.
2 φύλαξον τὴν ψυχήν μου, ὅτι ὅσιός[16] εἰμι·
σῶσον τὸν δοῦλόν σου, ὁ θεός μου, τὸν ἐλπίζοντα ἐπὶ σέ.
3 ἐλέησόν[17] με, κύριε,
ὅτι πρὸς σὲ κεκράξομαι ὅλην τὴν ἡμέραν.
4 εὔφρανον[18] τὴν ψυχὴν τοῦ δούλου σου,
ὅτι πρὸς σέ, κύριε, ἦρα τὴν ψυχήν μου.
5 ὅτι σύ, κύριε, χρηστὸς[19] καὶ ἐπιεικὴς[20]
καὶ πολυέλεος[21] πᾶσι τοῖς ἐπικαλουμένοις[22] σε.
6 ἐνώτισαι,[23] κύριε, τὴν προσευχήν μου
καὶ πρόσχες[24] τῇ φωνῇ τῆς δεήσεώς[25] μου.
7 ἐν ἡμέρᾳ θλίψεώς μου ἐκέκραξα πρὸς σέ,
ὅτι εἰσήκουσάς[26] μου.

1 ἐγγύς, near
2 σωτήριον, salvation
3 κατασκηνόω, *aor act inf*, settle, dwell, encamp
4 ἔλεος, mercy
5 συναντάω, *aor act ind 3p*, meet together
6 καταφιλέω, *aor act ind 3p*, embrace, kiss
7 ἀνατέλλω, *aor act ind 3s*, spring forth, rise up
8 διακύπτω, *aor act ind 3s*, peer out
9 χρηστότης, kindness, generosity
10 ἐναντίον, before
11 προπορεύομαι, *fut mid ind 3s*, proceed, go forth
12 διάβημα, step
13 κλίνω, *aor act impv 2s*, turn to, incline toward
14 ἐπακούω, *aor act impv 2s*, listen to
15 πένης, needy, poor
16 ὅσιος, holy
17 ἐλεέω, *aor act impv 2s*, show mercy to
18 εὐφραίνω, *aor act impv 2s*, make glad
19 χρηστός, gracious, bountiful
20 ἐπιεικής, fair
21 πολυέλεος, very merciful
22 ἐπικαλέω, *pres mid ptc dat p m*, call upon
23 ἐνωτίζομαι, *aor mid impv 2s*, give ear, listen
24 προσέχω, *aor act impv 2s*, pay attention to
25 δέησις, supplication, entreaty
26 εἰσακούω, *aor act ind 2s*, hear, listen to

8 οὐκ ἔστιν ὅμοιός[1] σοι ἐν θεοῖς, κύριε,
καὶ οὐκ ἔστιν κατὰ τὰ ἔργα σου.
9 πάντα τὰ ἔθνη, ὅσα ἐποίησας, ἥξουσιν[2]
καὶ προσκυνήσουσιν ἐνώπιόν σου, κύριε,
καὶ δοξάσουσιν τὸ ὄνομά σου,
10 ὅτι μέγας εἶ σὺ καὶ ποιῶν θαυμάσια,[3]
σὺ εἶ ὁ θεὸς μόνος ὁ μέγας.
11 ὁδήγησόν[4] με, κύριε, τῇ ὁδῷ σου,
καὶ πορεύσομαι ἐν τῇ ἀληθείᾳ σου·
εὐφρανθήτω[5] ἡ καρδία μου τοῦ φοβεῖσθαι τὸ ὄνομά σου.
12 ἐξομολογήσομαί[6] σοι, κύριε ὁ θεός μου, ἐν ὅλῃ καρδίᾳ μου
καὶ δοξάσω τὸ ὄνομά σου εἰς τὸν αἰῶνα,
13 ὅτι τὸ ἔλεός[7] σου μέγα ἐπ᾽ ἐμὲ
καὶ ἐρρύσω[8] τὴν ψυχήν μου ἐξ ᾅδου[9] κατωτάτου.[10]

14 ὁ θεός, παράνομοι[11] ἐπανέστησαν[12] ἐπ᾽ ἐμέ,
καὶ συναγωγὴ κραταιῶν[13] ἐζήτησαν τὴν ψυχήν μου
καὶ οὐ προέθεντό[14] σε ἐνώπιον αὐτῶν.
15 καὶ σύ, κύριε ὁ θεός, οἰκτίρμων[15] καὶ ἐλεήμων,[16]
μακρόθυμος[17] καὶ πολυέλεος[18] καὶ ἀληθινός.[19]
16 ἐπίβλεψον[20] ἐπ᾽ ἐμὲ καὶ ἐλέησόν[21] με,
δὸς τὸ κράτος[22] σου τῷ παιδί[23] σου
καὶ σῶσον τὸν υἱὸν τῆς παιδίσκης[24] σου.
17 ποίησον μετ᾽ ἐμοῦ σημεῖον εἰς ἀγαθόν,
καὶ ἰδέτωσαν οἱ μισοῦντές με καὶ αἰσχυνθήτωσαν,[25]
ὅτι σύ, κύριε, ἐβοήθησάς[26] μοι καὶ παρεκάλεσάς με.

1 ὅμοιος, like, equal to
2 ἥκω, *fut act ind 3p*, come
3 θαυμάσιος, marvelous (deed)
4 ὁδηγέω, *aor act impv 2s*, guide
5 εὐφραίνω, *aor pas impv 3s*, be glad, rejoice
6 ἐξομολογέομαι, *fut mid ind 1s*, praise, give thanks
7 ἔλεος, mercy
8 ῥύομαι, *aor mid ind 2s*, rescue, deliver
9 ᾅδης, Hades, underworld
10 κάτω, *sup*, lowest
11 παράνομος, transgressor of the law
12 ἐπανίστημι, *aor act ind 3p*, rise against
13 κραταιός, vehement
14 προτίθημι, *aor mid ind 3p*, set before
15 οἰκτίρμων, compassionate
16 ἐλεήμων, merciful
17 μακρόθυμος, patient
18 πολυέλεος, very merciful
19 ἀληθινός, truthful, trustworthy
20 ἐπιβλέπω, *aor act impv 2s*, look upon
21 ἐλεέω, *aor act impv 2s*, show mercy to
22 κράτος, strength
23 παῖς, servant
24 παιδίσκη, maidservant
25 αἰσχύνω, *aor pas impv 3p*, dishonor, put to shame
26 βοηθέω, *aor act ind 2s*, help, aid

86 Τοῖς υἱοῖς Κορε ψαλμὸς ᾠδῆς.[1]

Οἱ θεμέλιοι[2] αὐτοῦ ἐν τοῖς ὄρεσιν τοῖς ἁγίοις·
2 ἀγαπᾷ κύριος τὰς πύλας[3] Σιων
ὑπὲρ πάντα τὰ σκηνώματα[4] Ιακωβ.
3 δεδοξασμένα ἐλαλήθη περὶ σοῦ,
ἡ πόλις τοῦ θεοῦ.

διάψαλμα.[5]

4 μνησθήσομαι[6] Ρααβ καὶ Βαβυλῶνος τοῖς γινώσκουσίν με·
καὶ ἰδοὺ ἀλλόφυλοι[7] καὶ Τύρος καὶ λαὸς Αἰθιόπων,
οὗτοι ἐγενήθησαν ἐκεῖ.

5 Μήτηρ Σιων, ἐρεῖ ἄνθρωπος,
καὶ ἄνθρωπος ἐγενήθη ἐν αὐτῇ,
καὶ αὐτὸς ἐθεμελίωσεν[8] αὐτὴν ὁ ὕψιστος.[9]
6 κύριος διηγήσεται[10] ἐν γραφῇ[11] λαῶν
καὶ ἀρχόντων τούτων τῶν γεγενημένων ἐν αὐτῇ.

διάψαλμα.[12]

7 ὡς εὐφραινομένων[13] πάντων ἡ κατοικία[14] ἐν σοί.

87 Ὠιδὴ[15] ψαλμοῦ τοῖς υἱοῖς Κορε· εἰς τὸ τέλος, ὑπὲρ μαελεθ[16] τοῦ ἀποκριθῆναι· συνέσεως[17] Αιμαν τῷ Ισραηλίτῃ.

2 Κύριε ὁ θεὸς τῆς σωτηρίας μου,
ἡμέρας ἐκέκραξα καὶ ἐν νυκτὶ ἐναντίον[18] σου·
3 εἰσελθάτω ἐνώπιόν σου ἡ προσευχή μου,
κλῖνον[19] τὸ οὖς σου εἰς τὴν δέησίν[20] μου, κύριε.

1 ᾠδή, song
2 θεμέλιος, foundation
3 πύλη, gate
4 σκήνωμα, dwelling, habitation
5 διάψαλμα, (*musical interlude, renders Heb.* selāh)
6 μιμνήσκομαι, *fut pas ind 1s*, remember
7 ἀλλόφυλος, foreign, (Philistine)
8 θεμελιόω, *aor act ind 3s*, build a foundation for
9 ὕψιστος, *sup*, Most High
10 διηγέομαι, *fut mid ind 3s*, describe, recount
11 γραφή, writing
12 διάψαλμα, (*musical interlude, renders Heb.* selāh)
13 εὐφραίνω, *pres pas ptc gen p m*, be glad, rejoice
14 κατοικία, dwelling place
15 ᾠδή, song
16 μαελεθ, maeleth, *translit., musical term?*
17 σύνεσις, understanding
18 ἐναντίον, before
19 κλίνω, *aor act impv 2s*, incline toward
20 δέησις, supplication, entreaty

4 ὅτι ἐπλήσθη[1] κακῶν ἡ ψυχή μου,
καὶ ἡ ζωή μου τῷ ᾅδῃ[2] ἤγγισεν·
5 προσελογίσθην[3] μετὰ τῶν καταβαινόντων εἰς λάκκον,[4]
ἐγενήθην ὡς ἄνθρωπος ἀβοήθητος[5] ἐν νεκροῖς[6] ἐλεύθερος,[7]
6 ὡσεὶ[8] τραυματίαι[9] ἐρριμμένοι[10] καθεύδοντες[11] ἐν τάφῳ,[12]
ὧν οὐκ ἐμνήσθης[13] ἔτι
καὶ αὐτοὶ ἐκ τῆς χειρός σου ἀπώσθησαν.[14]
7 ἔθεντό με ἐν λάκκῳ[15] κατωτάτῳ,[16]
ἐν σκοτεινοῖς[17] καὶ ἐν σκιᾷ[18] θανάτου.
8 ἐπ᾽ ἐμὲ ἐπεστηρίχθη[19] ὁ θυμός[20] σου,
καὶ πάντας τοὺς μετεωρισμούς[21] σου ἐπ᾽ ἐμὲ ἐπήγαγες.[22]

διάψαλμα.[23]

9 ἐμάκρυνας[24] τοὺς γνωστούς[25] μου ἀπ᾽ ἐμοῦ,
ἔθεντό με βδέλυγμα[26] ἑαυτοῖς,
παρεδόθην καὶ οὐκ ἐξεπορευόμην.
10 οἱ ὀφθαλμοί μου ἠσθένησαν[27] ἀπὸ πτωχείας·[28]
ἐκέκραξα πρὸς σέ, κύριε, ὅλην τὴν ἡμέραν,
διεπέτασα[29] πρὸς σὲ τὰς χεῖράς μου
11 Μὴ τοῖς νεκροῖς[30] ποιήσεις θαυμάσια;[31]
ἢ ἰατροὶ[32] ἀναστήσουσιν, καὶ ἐξομολογήσονταί[33] σοι;

12 μὴ διηγήσεταί[34] τις ἐν τάφῳ[35] τὸ ἔλεός[36] σου
καὶ τὴν ἀλήθειάν σου ἐν τῇ ἀπωλείᾳ;[37]

1 πίμπλημι, *aor pas ind 3s*, fill
2 ᾅδης, Hades, underworld
3 προσλογίζομαι, *aor pas ind 1s*, reckon
4 λάκκος, pit, dungeon
5 ἀβοήθητος, helpless
6 νεκρός, dead
7 ἐλεύθερος, free
8 ὡσεί, like, as
9 τραυματίας, casualty
10 ῥίπτω, *perf pas ptc nom p m*, cast down, thrust away
11 καθεύδω, *pres act ptc nom p m*, sleep, lie
12 τάφος, grave
13 μιμνήσκομαι, *aor pas ind 2s*, remember
14 ἀπωθέω, *aor pas ind 3p*, thrust away
15 λάκκος, pit, dungeon
16 κάτω, *sup*, lowest
17 σκοτεινός, dark, gloomy
18 σκιά, shadow
19 ἐπιστηρίζω, *aor pas ind 3s*, rest upon
20 θυμός, anger, wrath
21 μετεωρισμός, wave, billow
22 ἐπάγω, *aor act ind 2s*, bring upon
23 διάψαλμα, (*musical interlude, renders Heb*. selāh)
24 μακρύνω, *aor act ind 2s*, lengthen
25 γνωστός, friend, acquaintance
26 βδέλυγμα, abomination
27 ἀσθενέω, *aor act ind 3p*, weaken, be feeble
28 πτωχεία, poverty
29 διαπετάννυμι, *aor act ind 1s*, spread out
30 νεκρός, dead
31 θαυμάσιος, marvelous (deed)
32 ἰατρός, physician, healer
33 ἐξομολογέομαι, *fut mid ind 3p*, acknowledge, praise
34 διηγέομαι, *fut mid ind 3s*, describe, recount
35 τάφος, grave
36 ἔλεος, mercy
37 ἀπώλεια, destruction

13 μὴ γνωσθήσεται ἐν τῷ σκότει τὰ θαυμάσιά[1] σου
καὶ ἡ δικαιοσύνη σου ἐν γῇ ἐπιλελησμένῃ;[2]

14 κἀγὼ[3] πρὸς σέ, κύριε, ἐκέκραξα,
καὶ τὸ πρωὶ[4] ἡ προσευχή μου προφθάσει[5] σε.
15 ἵνα τί, κύριε, ἀπωθεῖς[6] τὴν ψυχήν μου,
ἀποστρέφεις[7] τὸ πρόσωπόν σου ἀπ᾽ ἐμοῦ;
16 πτωχός εἰμι ἐγὼ καὶ ἐν κόποις[8] ἐκ νεότητός[9] μου,
ὑψωθεὶς[10] δὲ ἐταπεινώθην[11] καὶ ἐξηπορήθην.[12]
17 ἐπ᾽ ἐμὲ διῆλθον αἱ ὀργαί σου,
καὶ οἱ φοβερισμοί[13] σου ἐξετάραξάν[14] με,
18 ἐκύκλωσάν[15] με ὡς ὕδωρ ὅλην τὴν ἡμέραν,
περιέσχον[16] με ἅμα.[17]
19 ἐμάκρυνας[18] ἀπ᾽ ἐμοῦ φίλον[19] καὶ πλησίον[20]
καὶ τοὺς γνωστούς[21] μου ἀπὸ ταλαιπωρίας.[22]

88 Συνέσεως[23] Αιθαν τῷ Ισραηλίτῃ.

2 Τὰ ἐλέη[24] σου, κύριε, εἰς τὸν αἰῶνα ᾄσομαι,[25]
εἰς γενεὰν καὶ γενεὰν ἀπαγγελῶ τὴν ἀλήθειάν σου ἐν τῷ στόματί μου,
3 ὅτι εἶπας Εἰς τὸν αἰῶνα ἔλεος[26] οἰκοδομηθήσεται·
ἐν τοῖς οὐρανοῖς ἑτοιμασθήσεται ἡ ἀλήθειά σου

4 Διεθέμην[27] διαθήκην τοῖς ἐκλεκτοῖς[28] μου,
ὤμοσα[29] Δαυιδ τῷ δούλῳ μου
5 Ἕως τοῦ αἰῶνος ἑτοιμάσω τὸ σπέρμα σου
καὶ οἰκοδομήσω εἰς γενεὰν καὶ γενεὰν τὸν θρόνον σου.

1 θαυμάσιος, marvelous (deed)
2 ἐπιλανθάνω, *perf pas ptc dat s f*, forget
3 κἀγώ, I also, *cr.* καὶ ἐγώ
4 πρωί, (in the) morning
5 προφθάνω, *fut act ind 3s*, approach, come before
6 ἀπωθέω, *pres act ind 2s*, thrust away
7 ἀποστρέφω, *pres act ind 2s*, turn away
8 κόπος, trouble, distress
9 νεότης, youth
10 ὑψόω, *aor pas ptc nom s m*, lift high
11 ταπεινόω, *aor pas ind 1s*, bring low, humble
12 ἐξαπορέω, *aor pas ind 1s*, cause to despair
13 φοβερισμός, terror
14 ἐκταράσσω, *aor act ind 3p*, agitate, trouble greatly
15 κυκλόω, *aor act ind 3p*, encircle, surround
16 περιέχω, *aor act ind 3p*, befall, come upon
17 ἅμα, at the same time, together
18 μακρύνω, *aor act ind 2s*, remove far away
19 φίλος, friend, loved one
20 πλησίον, neighbor
21 γνωστός, acquaintance
22 ταλαιπωρία, distressful state, misery
23 σύνεσις, understanding
24 ἔλεος, mercy
25 ᾄδω, *fut mid ind 1s*, sing
26 ἔλεος, mercy
27 διατίθημι, *aor mid ind 1s*, arrange, establish
28 ἐκλεκτός, elect, chosen
29 ὄμνυμι, *aor act ind 1s*, swear an oath

διάψαλμα.[1]

6 ἐξομολογήσονται[2] οἱ οὐρανοὶ τὰ θαυμάσιά[3] σου, κύριε,
καὶ τὴν ἀλήθειάν σου ἐν ἐκκλησίᾳ ἁγίων.
7 ὅτι τίς ἐν νεφέλαις[4] ἰσωθήσεται[5] τῷ κυρίῳ,
καὶ τίς ὁμοιωθήσεται[6] τῷ κυρίῳ ἐν υἱοῖς θεοῦ;
8 ὁ θεὸς ἐνδοξαζόμενος[7] ἐν βουλῇ[8] ἁγίων,
μέγας καὶ φοβερὸς[9] ἐπὶ πάντας τοὺς περικύκλῳ[10] αὐτοῦ.
9 κύριε ὁ θεὸς τῶν δυνάμεων, τίς ὅμοιός[11] σοι;
δυνατὸς εἶ, κύριε, καὶ ἡ ἀλήθειά σου κύκλῳ σου.
10 σὺ δεσπόζεις[12] τοῦ κράτους[13] τῆς θαλάσσης,
τὸν δὲ σάλον[14] τῶν κυμάτων[15] αὐτῆς σὺ καταπραΰνεις.[16]
11 σὺ ἐταπείνωσας[17] ὡς τραυματίαν[18] ὑπερήφανον[19]
καὶ ἐν τῷ βραχίονι[20] τῆς δυνάμεώς σου διεσκόρπισας[21] τοὺς ἐχθρούς
σου.
12 σοί εἰσιν οἱ οὐρανοί, καὶ σή[22] ἐστιν ἡ γῆ·
τὴν οἰκουμένην[23] καὶ τὸ πλήρωμα[24] αὐτῆς σὺ ἐθεμελίωσας.[25]
13 τὸν βορρᾶν[26] καὶ θαλάσσας σὺ ἔκτισας,[27]
Θαβωρ καὶ Ερμων ἐν τῷ ὀνόματί σου ἀγαλλιάσονται.[28]
14 σὸς[29] ὁ βραχίων[30] μετὰ δυναστείας·[31]
κραταιωθήτω[32] ἡ χείρ σου,
ὑψωθήτω[33] ἡ δεξιά σου.
15 δικαιοσύνη καὶ κρίμα[34] ἑτοιμασία[35] τοῦ θρόνου σου,
ἔλεος[36] καὶ ἀλήθεια προπορεύσεται[37] πρὸ προσώπου σου.

1 διάψαλμα, (*musical interlude, renders Heb.* selāh)
2 ἐξομολογέομαι, *fut mid ind 3p*, acknowledge, praise
3 θαυμάσιος, marvelous (deed)
4 νεφέλη, cloud
5 ἰσόω, *fut pas ind 3s*, equate to
6 ὁμοιόω, *fut pas ind 3s*, compare to, liken
7 ἐνδοξάζω, *pres pas ptc nom s m*, glorify
8 βουλή, counsel
9 φοβερός, fearful
10 περικύκλῳ, all around, surrounding
11 ὅμοιος, like, equal to
12 δεσπόζω, *pres act ind 2s*, be master over
13 κράτος, strength
14 σάλος, rolling swell, surge
15 κῦμα, wave, billow
16 καταπραΰνω, *pres act ind 2s*, cause to be calm
17 ταπεινόω, *aor act ind 2s*, bring low, humble
18 τραυματίας, casualty
19 ὑπερήφανος, arrogant, haughty
20 βραχίων, arm, strength
21 διασκορπίζω, *aor act ind 2s*, scatter
22 σός, yours
23 οἰκουμένη, world
24 πλήρωμα, fullness
25 θεμελιόω, *aor act ind 2s*, establish the foundation for
26 βορέας, north wind
27 κτίζω, *aor act ind 2s*, create
28 ἀγαλλιάω, *fut mid ind 3p*, rejoice, exult
29 σός, your
30 βραχίων, arm, strength
31 δυναστεία, dominion, lordship
32 κραταιόω, *aor pas impv 3s*, strengthen
33 ὑψόω, *aor pas impv 3s*, lift high
34 κρίμα, justice
35 ἑτοιμασία, preparation, (base, foundation)
36 ἔλεος, mercy
37 προπορεύομαι, *fut mid ind 3s*, go before

16 μακάριος[1] ὁ λαὸς ὁ γινώσκων ἀλαλαγμόν·[2]
κύριε, ἐν τῷ φωτὶ τοῦ προσώπου σου πορεύσονται
17 καὶ ἐν τῷ ὀνόματί σου ἀγαλλιάσονται[3] ὅλην τὴν ἡμέραν
καὶ ἐν τῇ δικαιοσύνῃ σου ὑψωθήσονται.[4]
18 ὅτι τὸ καύχημα[5] τῆς δυνάμεως αὐτῶν εἶ σύ,
καὶ ἐν τῇ εὐδοκίᾳ[6] σου ὑψωθήσεται[7] τὸ κέρας[8] ἡμῶν.
19 ὅτι τοῦ κυρίου ἡ ἀντίλημψις[9]
καὶ τοῦ ἁγίου Ισραηλ βασιλέως ἡμῶν.

20 τότε ἐλάλησας ἐν ὁράσει[10] τοῖς ὁσίοις[11] σου
καὶ εἶπας Ἐθέμην βοήθειαν[12] ἐπὶ δυνατόν,
ὕψωσα[13] ἐκλεκτὸν[14] ἐκ τοῦ λαοῦ μου·
21 εὗρον Δαυιδ τὸν δοῦλόν μου,
ἐν ἐλαίῳ[15] ἁγίῳ μου ἔχρισα[16] αὐτόν.
22 ἡ γὰρ χείρ μου συναντιλήμψεται[17] αὐτῷ,
καὶ ὁ βραχίων[18] μου κατισχύσει[19] αὐτόν·
23 οὐκ ὠφελήσει[20] ἐχθρὸς ἐν αὐτῷ,
καὶ υἱὸς ἀνομίας[21] οὐ προσθήσει[22] τοῦ κακῶσαι[23] αὐτόν·
24 καὶ συγκόψω[24] τοὺς ἐχθροὺς αὐτοῦ ἀπὸ προσώπου αὐτοῦ
καὶ τοὺς μισοῦντας αὐτὸν τροπώσομαι.[25]
25 καὶ ἡ ἀλήθειά μου καὶ τὸ ἔλεός[26] μου μετ᾽ αὐτοῦ,
καὶ ἐν τῷ ὀνόματί μου ὑψωθήσεται[27] τὸ κέρας[28] αὐτοῦ·
26 καὶ θήσομαι ἐν θαλάσσῃ χεῖρα αὐτοῦ
καὶ ἐν ποταμοῖς[29] δεξιὰν αὐτοῦ.
27 αὐτὸς ἐπικαλέσεταί[30] με Πατήρ μου εἶ σύ,
θεός μου καὶ ἀντιλήμπτωρ[31] τῆς σωτηρίας μου·

1 μακάριος, blessed, happy
2 ἀλαλαγμός, loud cry, shout
3 ἀγαλλιάω, *fut mid ind 3p*, rejoice, exult
4 ὑψόω, *fut pas ind 3p*, lift high
5 καύχημα, boast
6 εὐδοκία, pleasure, goodwill
7 ὑψόω, *fut pas ind 3s*, lift high
8 κέρας, horn
9 ἀντίλημψις, help, aid
10 ὅρασις, vision, dream
11 ὅσιος, holy (one)
12 βοήθεια, help
13 ὑψόω, *aor act ind 1s*, lift high
14 ἐκλεκτός, elect, chosen
15 ἔλαιον, oil
16 χρίω, *aor act ind 1s*, anoint
17 συναντιλαμβάνομαι, *fut mid ind 3s*, support, sustain
18 βραχίων, arm
19 κατισχύω, *fut act ind 3s*, strengthen, prevail over
20 ὠφελέω, *fut act ind 3s*, benefit, profit
21 ἀνομία, transgression, lawlessness
22 προστίθημι, *fut act ind 3s*, add to, continue
23 κακόω, *aor act inf*, maltreat, afflict
24 συγκόπτω, *fut act ind 1s*, cut down
25 τροπόω, *fut mid ind 1s*, put to flight
26 ἔλεος, mercy
27 ὑψόω, *fut pas ind 3s*, lift high
28 κέρας, horn
29 ποταμός, river
30 ἐπικαλέω, *fut mid ind 3s*, call upon
31 ἀντιλήμπτωρ, helper, protector

28 κἀγὼ[1] πρωτότοκον[2] θήσομαι αὐτόν,
ὑψηλὸν[3] παρὰ τοῖς βασιλεῦσιν τῆς γῆς.
29 εἰς τὸν αἰῶνα φυλάξω αὐτῷ τὸ ἔλεός[4] μου,
καὶ ἡ διαθήκη μου πιστὴ[5] αὐτῷ·
30 καὶ θήσομαι εἰς τὸν αἰῶνα τοῦ αἰῶνος τὸ σπέρμα αὐτοῦ
καὶ τὸν θρόνον αὐτοῦ ὡς τὰς ἡμέρας τοῦ οὐρανοῦ.
31 ἐὰν ἐγκαταλίπωσιν[6] οἱ υἱοὶ αὐτοῦ τὸν νόμον μου
καὶ τοῖς κρίμασίν[7] μου μὴ πορευθῶσιν,
32 ἐὰν τὰ δικαιώματά[8] μου βεβηλώσουσιν[9]
καὶ τὰς ἐντολάς μου μὴ φυλάξωσιν,
33 ἐπισκέψομαι[10] ἐν ῥάβδῳ[11] τὰς ἀνομίας[12] αὐτῶν
καὶ ἐν μάστιξιν[13] τὰς ἁμαρτίας αὐτῶν,
34 τὸ δὲ ἔλεός[14] μου οὐ μὴ διασκεδάσω[15] ἀπ᾽ αὐτοῦ
οὐδὲ μὴ ἀδικήσω[16] ἐν τῇ ἀληθείᾳ μου
35 οὐδὲ μὴ βεβηλώσω[17] τὴν διαθήκην μου
καὶ τὰ ἐκπορευόμενα διὰ τῶν χειλέων[18] μου οὐ μὴ ἀθετήσω.[19]
36 ἅπαξ[20] ὤμοσα[21] ἐν τῷ ἁγίῳ μου,
εἰ τῷ Δαυιδ ψεύσομαι[22]
37 Τὸ σπέρμα αὐτοῦ εἰς τὸν αἰῶνα μενεῖ
καὶ ὁ θρόνος αὐτοῦ ὡς ὁ ἥλιος ἐναντίον[23] μου
38 καὶ ὡς ἡ σελήνη[24] κατηρτισμένη[25] εἰς τὸν αἰῶνα·
καὶ ὁ μάρτυς[26] ἐν οὐρανῷ πιστός.[27]

διάψαλμα.[28]

39 σὺ δὲ ἀπώσω[29] καὶ ἐξουδένωσας,[30]
ἀνεβάλου[31] τὸν χριστόν σου·

1 κἀγώ, I also, *cr.* καὶ ἐγώ
2 πρωτότοκος, firstborn
3 ὑψηλός, high, lifted up
4 ἔλεος, mercy
5 πιστός, faithful, trustworthy
6 ἐγκαταλείπω, *aor act sub 3p*, forsake
7 κρίμα, judgment
8 δικαίωμα, ordinance
9 βεβηλόω, *fut act ind 3p*, profane
10 ἐπισκέπτομαι, *fut mid ind 1s*, visit (in judgment)
11 ῥάβδος, rod, staff
12 ἀνομία, transgression, lawlessness
13 μάστιξ, whip, scourge
14 ἔλεος, mercy
15 διασκεδάζω, *aor act sub 1s*, disperse
16 ἀδικέω, *aor act sub 1s*, act unjustly
17 βεβηλόω, *aor act sub 1s*, profane
18 χεῖλος, lip
19 ἀθετέω, *aor act sub 1s*, bring to naught
20 ἅπαξ, just once
21 ὄμνυμι, *aor act ind 1s*, swear an oath
22 ψεύδομαι, *fut mid ind 1s*, speak falsely
23 ἐναντίον, before
24 σελήνη, moon
25 καταρτίζω, *perf pas ptc nom s f*, prepare, establish
26 μάρτυς, witness
27 πιστός, faithful
28 διάψαλμα, (*musical interlude, renders Heb.* selāh)
29 ἀπωθέω, *aor mid ind 2s*, reject, push away
30 ἐξουδενόω, *aor act ind 2s*, disdain, scorn
31 ἀναβάλλω, *aor mid ind 2s*, cast up, (remove)

40 κατέστρεψας[1] τὴν διαθήκην τοῦ δούλου σου,
ἐβεβήλωσας[2] εἰς τὴν γῆν τὸ ἁγίασμα[3] αὐτοῦ.
41 καθεῖλες[4] πάντας τοὺς φραγμοὺς[5] αὐτοῦ,
ἔθου τὰ ὀχυρώματα[6] αὐτοῦ δειλίαν·[7]
42 διήρπασαν[8] αὐτὸν πάντες οἱ διοδεύοντες[9] ὁδόν,
ἐγενήθη ὄνειδος[10] τοῖς γείτοσιν[11] αὐτοῦ.
43 ὕψωσας[12] τὴν δεξιὰν τῶν ἐχθρῶν αὐτοῦ,
εὔφρανας[13] πάντας τοὺς ἐχθροὺς αὐτοῦ·
44 ἀπέστρεψας[14] τὴν βοήθειαν[15] τῆς ῥομφαίας[16] αὐτοῦ
καὶ οὐκ ἀντελάβου[17] αὐτοῦ ἐν τῷ πολέμῳ.
45 κατέλυσας[18] ἀπὸ καθαρισμοῦ[19] αὐτόν,
τὸν θρόνον αὐτοῦ εἰς τὴν γῆν κατέρραξας·[20]
46 ἐσμίκρυνας[21] τὰς ἡμέρας τοῦ χρόνου αὐτοῦ,
κατέχεας[22] αὐτοῦ αἰσχύνην.[23]

διάψαλμα.[24]

47 ἕως πότε,[25] κύριε, ἀποστρέψεις[26] εἰς τέλος,
ἐκκαυθήσεται[27] ὡς πῦρ ἡ ὀργή σου;
48 μνήσθητι[28] τίς μου ἡ ὑπόστασις·[29]
μὴ γὰρ ματαίως[30] ἔκτισας[31] πάντας τοὺς υἱοὺς τῶν ἀνθρώπων;
49 τίς ἐστιν ἄνθρωπος, ὃς ζήσεται καὶ οὐκ ὄψεται θάνατον,
ῥύσεται[32] τὴν ψυχὴν αὐτοῦ ἐκ χειρὸς ᾅδου;[33]

διάψαλμα.[34]

1 καταστρέφω, *aor act ind 2s*, overthrow, overturn
2 βεβηλόω, *aor act ind 2s*, profane
3 ἁγίασμα, sanctuary
4 καθαιρέω, *aor act ind 2s*, tear down, destroy
5 φραγμός, fence, barrier
6 ὀχύρωμα, fortress
7 δειλία, cowardice
8 διαρπάζω, *aor act ind 3p*, plunder
9 διοδεύω, *pres act ptc nom p m*, travel through
10 ὄνειδος, disgrace, object of reproach
11 γείτων, neighbor
12 ὑψόω, *aor act ind 2s*, lift high
13 εὐφραίνω, *aor act ind 2s*, gladden, cause to rejoice
14 ἀποστρέφω, *aor act ind 2s*, turn back
15 βοήθεια, help, aid
16 ῥομφαία, sword
17 ἀντιλαμβάνομαι, *aor mid ind 2s*, support
18 καταλύω, *aor act ind 2s*, bring to an end
19 καθαρισμός, purification
20 καταράσσω, *aor act ind 2s*, ruin, break into pieces
21 σμικρύνω, *aor act ind 2s*, reduce, diminish
22 καταχέω, *aor act ind 2s*, pour over
23 αἰσχύνη, shame, disgrace
24 διάψαλμα, (*musical interlude, renders Heb.* selāh)
25 πότε, when
26 ἀποστρέφω, *fut act ind 2s*, turn away
27 ἐκκαίω, *fut pas ind 3s*, kindle, burn up
28 μιμνῄσκομαι, *aor pas impv 2s*, remember
29 ὑπόστασις, substance, existence
30 ματαίως, vainly
31 κτίζω, *aor act ind 2s*, create
32 ῥύομαι, *fut mid ind 3s*, rescue, deliver
33 ᾅδης, Hades, underworld
34 διάψαλμα, (*musical interlude, renders Heb.* selāh)

50 ποῦ εἰσιν τὰ ἐλέη[1] σου τὰ ἀρχαῖα,[2] κύριε,
ἃ ὤμοσας[3] τῷ Δαυιδ ἐν τῇ ἀληθείᾳ σου;
51 μνήσθητι,[4] κύριε, τοῦ ὀνειδισμοῦ[5] τῶν δούλων σου,
οὗ ὑπέσχον[6] ἐν τῷ κόλπῳ[7] μου, πολλῶν ἐθνῶν,
52 οὗ ὠνείδισαν[8] οἱ ἐχθροί σου, κύριε,
οὗ ὠνείδισαν τὸ ἀντάλλαγμα[9] τοῦ χριστοῦ σου.

53 Εὐλογητὸς[10] κύριος εἰς τὸν αἰῶνα.

γένοιτο[11] γένοιτο.

1 ἔλεος, mercy
2 ἀρχαῖος, old, former
3 ὄμνυμι, *aor act ind 2s*, swear an oath
4 μιμνῄσκομαι, *aor pas impv 2s*, remember
5 ὀνειδισμός, reproach, disgrace
6 ὑπέχω, *aor act ind 1s*, bear, undergo
7 κόλπος, bosom
8 ὀνειδίζω, *aor act ind 3p*, revile, reproach
9 ἀντάλλαγμα, that which is taken in exchange
10 εὐλογητός, blessed
11 γίνομαι, *aor mid opt 3s*, be

ΨΑΛΜΟΙ Δʹ
Psalms (Book IV)

89 Προσευχὴ τοῦ Μωυσῆ ἀνθρώπου τοῦ θεοῦ.

Κύριε, καταφυγὴ[1] ἐγενήθης ἡμῖν
ἐν γενεᾷ καὶ γενεᾷ·
2 πρὸ τοῦ ὄρη γενηθῆναι
καὶ πλασθῆναι[2] τὴν γῆν καὶ τὴν οἰκουμένην[3]
καὶ ἀπὸ τοῦ αἰῶνος ἕως τοῦ αἰῶνος σὺ εἶ.

3 μὴ ἀποστρέψῃς[4] ἄνθρωπον εἰς ταπείνωσιν·[5]
καὶ εἶπας Ἐπιστρέψατε, υἱοὶ ἀνθρώπων.
4 ὅτι χίλια[6] ἔτη ἐν ὀφθαλμοῖς σου
ὡς ἡ ἡμέρα ἡ ἐχθές,[7] ἥτις διῆλθεν,
καὶ φυλακὴ ἐν νυκτί.

5 τὰ ἐξουδενώματα[8] αὐτῶν ἔτη ἔσονται.
τὸ πρωὶ[9] ὡσεὶ[10] χλόη[11] παρέλθοι,[12]
6 τὸ πρωὶ[13] ἀνθήσαι[14] καὶ παρέλθοι,[15]
τὸ ἑσπέρας[16] ἀποπέσοι,[17] σκληρυνθείη[18] καὶ ξηρανθείη.[19]

7 ὅτι ἐξελίπομεν[20] ἐν τῇ ὀργῇ σου
καὶ ἐν τῷ θυμῷ[21] σου ἐταράχθημεν.[22]
8 ἔθου τὰς ἀνομίας[23] ἡμῶν ἐνώπιόν σου·
ὁ αἰὼν ἡμῶν εἰς φωτισμὸν[24] τοῦ προσώπου σου.

1 καταφυγή, refuge
2 πλάσσω, *aor pas inf*, mold, form
3 οἰκουμένη, world
4 ἀποστρέφω, *aor act sub 2s*, turn away
5 ταπείνωσις, humiliation, abasement
6 χίλιοι, thousand
7 ἐχθές, yesterday
8 ἐξουδένωμα, contempt
9 πρωί, (in the) morning
10 ὡσεί, like, as
11 χλόη, young green growth
12 παρέρχομαι, *aor act opt 3s*, pass away
13 πρωί, (in the) morning
14 ἀνθέω, *aor act opt 3s*, blossom
15 παρέρχομαι, *aor act opt 3s*, pass away
16 ἑσπέρα, (in the) evening
17 ἀποπίπτω, *aor act opt 3s*, fall off
18 σκληρύνω, *aor pas opt 3s*, harden
19 ξηραίνω, *aor pas opt 3s*, dry up, wither
20 ἐκλείπω, *aor act ind 1p*, faint, fail
21 θυμός, anger, wrath
22 ταράσσω, *aor pas ind 1p*, trouble, unsettle
23 ἀνομία, transgression, lawlessness
24 φωτισμός, light

9 ὅτι πᾶσαι αἱ ἡμέραι ἡμῶν ἐξέλιπον,[1]
καὶ ἐν τῇ ὀργῇ σου ἐξελίπομεν·[2]
τὰ ἔτη ἡμῶν ὡς ἀράχνην[3] ἐμελέτων.[4]
10 αἱ ἡμέραι τῶν ἐτῶν ἡμῶν, ἐν αὐτοῖς ἑβδομήκοντα[5] ἔτη,
ἐὰν δὲ ἐν δυναστείαις,[6] ὀγδοήκοντα[7] ἔτη,
καὶ τὸ πλεῖον[8] αὐτῶν κόπος[9] καὶ πόνος·[10]
ὅτι ἐπῆλθεν πραΰτης[11] ἐφ᾽ ἡμᾶς, καὶ παιδευθησόμεθα.[12]

11 τίς γινώσκει τὸ κράτος[13] τῆς ὀργῆς σου
καὶ ἀπὸ τοῦ φόβου σου τὸν θυμόν[14] σου;
12 ἐξαριθμήσασθαι[15] τὴν δεξιάν σου οὕτως γνώρισον[16]
καὶ τοὺς πεπεδημένους[17] τῇ καρδίᾳ ἐν σοφίᾳ.

13 ἐπίστρεψον, κύριε· ἕως πότε;[18]
καὶ παρακλήθητι ἐπὶ τοῖς δούλοις σου.
14 ἐνεπλήσθημεν[19] τὸ πρωὶ[20] τοῦ ἐλέους[21] σου
καὶ ἠγαλλιασάμεθα[22] καὶ εὐφράνθημεν[23]
ἐν πάσαις ταῖς ἡμέραις ἡμῶν·
15 εὐφράνθημεν[24] ἀνθ᾽ ὧν[25] ἡμερῶν ἐταπείνωσας[26] ἡμᾶς,
ἐτῶν, ὧν εἴδομεν κακά.
16 καὶ ἰδὲ ἐπὶ τοὺς δούλους σου καὶ τὰ ἔργα σου
καὶ ὁδήγησον[27] τοὺς υἱοὺς αὐτῶν,
17 καὶ ἔστω ἡ λαμπρότης[28] κυρίου τοῦ θεοῦ ἡμῶν ἐφ᾽ ἡμᾶς,
καὶ τὰ ἔργα τῶν χειρῶν ἡμῶν κατεύθυνον[29] ἐφ᾽ ἡμᾶς.

1 ἐκλείπω, *aor act ind 3p*, cease
2 ἐκλείπω, *aor act ind 1p*, come to an end
3 ἀράχνη, spiderweb
4 μελετάω, *impf act ind 3p*, think upon
5 ἑβδομήκοντα, seventy
6 δυναστεία, dominion, lordship
7 ὀγδοήκοντα, eighty
8 πλείων/πλεῖον, *comp of* πολύς, more numerous, greater
9 κόπος, labor, trouble
10 πόνος, toil, distress
11 πραΰτης, gentleness, meekness
12 παιδεύω, *fut pas ind 1p*, chastise, discipline
13 κράτος, strength
14 θυμός, anger, wrath
15 ἐξαριθμέω, *aor mid inf*, enumerate
16 γνωρίζω, *aor act impv 2s*, make known
17 πεδάω, *perf pas ptc acc p m*, bind (in fetters)
18 πότε, when
19 ἐμπίμπλημι, *aor pas ind 1p*, fill
20 πρωί, (in the) morning
21 ἔλεος, mercy
22 ἀγαλλιάω, *aor mid ind 1p*, exult
23 εὐφραίνω, *aor pas ind 1p*, be glad, rejoice
24 εὐφραίνω, *aor pas ind 1p*, be glad, rejoice
25 ἀνθ᾽ ὧν, because
26 ταπεινόω, *aor act ind 2s*, bring low, humble
27 ὁδηγέω, *aor act impv 2s*, lead
28 λαμπρότης, brightness, splendor
29 κατευθύνω, *aor act impv 2s*, guide, keep straight

90 Αἶνος[1] ᾠδῆς[2] τῷ Δαυιδ.

Ὁ κατοικῶν ἐν βοηθείᾳ[3] τοῦ ὑψίστου[4]
ἐν σκέπῃ[5] τοῦ θεοῦ τοῦ οὐρανοῦ αὐλισθήσεται.[6]
2 ἐρεῖ τῷ κυρίῳ Ἀντιλήμπτωρ[7] μου εἶ καὶ καταφυγή[8] μου,
ὁ θεός μου, ἐλπιῶ ἐπ᾽ αὐτόν,
3 ὅτι αὐτὸς ῥύσεταί[9] με ἐκ παγίδος[10] θηρευτῶν[11]
καὶ ἀπὸ λόγου ταραχώδους.[12]
4 ἐν τοῖς μεταφρένοις[13] αὐτοῦ ἐπισκιάσει[14] σοι,
καὶ ὑπὸ τὰς πτέρυγας[15] αὐτοῦ ἐλπιεῖς·
ὅπλῳ[16] κυκλώσει[17] σε ἡ ἀλήθεια αὐτοῦ.
5 οὐ φοβηθήσῃ ἀπὸ φόβου νυκτερινοῦ,[18]
ἀπὸ βέλους[19] πετομένου[20] ἡμέρας,
6 ἀπὸ πράγματος[21] διαπορευομένου[22] ἐν σκότει,
ἀπὸ συμπτώματος[23] καὶ δαιμονίου[24] μεσημβρινοῦ.[25]

7 πεσεῖται ἐκ τοῦ κλίτους[26] σου χιλιὰς[27]
καὶ μυριὰς[28] ἐκ δεξιῶν σου,
πρὸς σὲ δὲ οὐκ ἐγγιεῖ·
8 πλὴν τοῖς ὀφθαλμοῖς σου κατανοήσεις[29]
καὶ ἀνταπόδοσιν[30] ἁμαρτωλῶν[31] ὄψῃ.

9 ὅτι σύ, κύριε, ἡ ἐλπίς μου·
τὸν ὕψιστον[32] ἔθου[33] καταφυγήν[34] σου.
10 οὐ προσελεύσεται πρὸς σὲ κακά,
καὶ μάστιξ[35] οὐκ ἐγγιεῖ τῷ σκηνώματί[36] σου,

1 αἶνος, praise
2 ᾠδή, song
3 βοήθεια, help, aid
4 ὕψιστος, *sup*, Most High
5 σκέπη, covering, shelter
6 αὐλίζω, *fut pas ind 3s*, make to dwell
7 ἀντιλήμπτωρ, helper, protector
8 καταφυγή, refuge
9 ῥύομαι, *fut mid ind 3s*, rescue, deliver
10 παγίς, trap, snare
11 θηρευτής, hunter
12 ταραχώδης, dreadful
13 μετάφρενον, upper back
14 ἐπισκιάζω, *fut act ind 3s*, overshadow
15 πτέρυξ, wing
16 ὅπλον, armor
17 κυκλόω, *fut act ind 3s*, encircle
18 νυκτερινός, at night
19 βέλος, arrow
20 πέτομαι, *pres mid ptc gen s n*, fly through the air
21 πρᾶγμα, undertaking, affairs
22 διαπορεύομαι, *pres mid ptc gen s n*, go through
23 σύμπτωμα, chance event, mishap
24 δαιμόνιον, demon
25 μεσημβρινός, midday
26 κλίτος, side
27 χίλιοι, thousand
28 μύριοι, ten thousand
29 κατανοέω, *fut act ind 2s*, perceive, comprehend
30 ἀνταπόδοσις, retribution, recompense
31 ἁμαρτωλός, sinner
32 ὕψιστος, *sup*, highest
33 τίθημι, *aor mid ind 2s*, establish
34 καταφυγή, refuge
35 μάστιξ, plague, scourge
36 σκήνωμα, dwelling, habitation

11 ὅτι τοῖς ἀγγέλοις αὐτοῦ ἐντελεῖται[1] περὶ σοῦ
τοῦ διαφυλάξαι[2] σε ἐν πάσαις ταῖς ὁδοῖς σου·
12 ἐπὶ χειρῶν ἀροῦσίν σε,
μήποτε[3] προσκόψῃς[4] πρὸς λίθον τὸν πόδα σου·
13 ἐπ᾽ ἀσπίδα[5] καὶ βασιλίσκον[6] ἐπιβήσῃ[7]
καὶ καταπατήσεις[8] λέοντα[9] καὶ δράκοντα.[10]

14 ὅτι ἐπ᾽ ἐμὲ ἤλπισεν, καὶ ῥύσομαι[11] αὐτόν·
σκεπάσω[12] αὐτόν, ὅτι ἔγνω τὸ ὄνομά μου.
15 ἐπικαλέσεταί[13] με, καὶ εἰσακούσομαι[14] αὐτοῦ,
μετ᾽ αὐτοῦ εἰμι ἐν θλίψει
καὶ ἐξελοῦμαι[15] καὶ δοξάσω αὐτόν.
16 μακρότητα[16] ἡμερῶν ἐμπλήσω[17] αὐτὸν
καὶ δείξω αὐτῷ τὸ σωτήριόν[18] μου.

91

Ψαλμὸς ᾠδῆς,[19] εἰς τὴν ἡμέραν τοῦ σαββάτου.

2 Ἀγαθὸν τὸ ἐξομολογεῖσθαι[20] τῷ κυρίῳ
καὶ ψάλλειν[21] τῷ ὀνόματί σου, ὕψιστε,[22]
3 τοῦ ἀναγγέλλειν[23] τὸ πρωῒ[24] τὸ ἔλεός[25] σου
καὶ τὴν ἀλήθειάν σου κατὰ νύκτα
4 ἐν δεκαχόρδῳ[26] ψαλτηρίῳ[27]
μετ᾽ ᾠδῆς[28] ἐν κιθάρᾳ.[29]
5 ὅτι εὔφρανάς[30] με, κύριε, ἐν τῷ ποιήματί[31] σου,
καὶ ἐν τοῖς ἔργοις τῶν χειρῶν σου ἀγαλλιάσομαι.[32]

1 ἐντέλλομαι, *fut mid ind 3s*, command
2 διαφυλάσσω, *aor act inf*, guard
3 μήποτε, lest
4 προσκόπτω, *aor act sub 2s*, strike against
5 ἀσπίς, asp
6 βασιλίσκος, serpent
7 ἐπιβαίνω, *fut mid ind 2s*, tread upon
8 καταπατέω, *fut act ind 2s*, trample upon
9 λέων, lion
10 δράκων, dragon, serpent
11 ῥύομαι, *fut mid ind 1s*, rescue, deliver
12 σκεπάζω, *aor act sub 1s*, shelter
13 ἐπικαλέω, *fut mid ind 3s*, call upon
14 εἰσακούω, *fut mid ind 1s*, hear, listen
15 ἐξαιρέω, *fut mid ind 1s*, rescue, deliver
16 μακρότης, length
17 ἐμπίμπλημι, *aor act sub 1s*, fill up
18 σωτήριον, salvation
19 ᾠδή, song
20 ἐξομολογέομαι, *pres mid inf*, praise, give thanks
21 ψάλλω, *pres act inf*, play music, sing (with an instrument)
22 ὕψιστος, *sup*, Most High
23 ἀναγγέλλω, *pres act inf*, declare, proclaim
24 πρωί, (in the) morning
25 ἔλεος, mercy
26 δεκάχορδος, ten-stringed
27 ψαλτήριον, harp
28 ᾠδή, song
29 κιθάρα, lyre
30 εὐφραίνω, *aor act ind 2s*, gladden, cause to rejoice
31 ποίημα, work, deed
32 ἀγαλλιάω, *fut mid ind 1s*, rejoice, exult

6 ὡς ἐμεγαλύνθη[1] τὰ ἔργα σου, κύριε·
σφόδρα[2] ἐβαθύνθησαν[3] οἱ διαλογισμοί[4] σου.
7 ἀνὴρ ἄφρων[5] οὐ γνώσεται,
καὶ ἀσύνετος[6] οὐ συνήσει[7] ταῦτα.
8 ἐν τῷ ἀνατεῖλαι[8] τοὺς ἁμαρτωλοὺς[9] ὡς χόρτον[10]
καὶ διέκυψαν[11] πάντες οἱ ἐργαζόμενοι τὴν ἀνομίαν,[12]
ὅπως ἂν ἐξολεθρευθῶσιν[13] εἰς τὸν αἰῶνα τοῦ αἰῶνος.
9 σὺ δὲ ὕψιστος[14] εἰς τὸν αἰῶνα, κύριε·
10 ὅτι ἰδοὺ οἱ ἐχθροί σου ἀπολοῦνται,
καὶ διασκορπισθήσονται[15] πάντες οἱ ἐργαζόμενοι τὴν ἀνομίαν,[16]
11 καὶ ὑψωθήσεται[17] ὡς μονοκέρωτος[18] τὸ κέρας[19] μου
καὶ τὸ γῆράς[20] μου ἐν ἐλαίῳ[21] πίονι,[22]
12 καὶ ἐπεῖδεν[23] ὁ ὀφθαλμός μου ἐν τοῖς ἐχθροῖς μου,
καὶ ἐν τοῖς ἐπανιστανομένοις[24] ἐπ᾽ ἐμὲ πονηρευομένοις[25]
ἀκούσεται τὸ οὖς μου.

13 δίκαιος ὡς φοῖνιξ[26] ἀνθήσει,[27]
ὡσεὶ[28] κέδρος[29] ἡ ἐν τῷ Λιβάνῳ πληθυνθήσεται.[30]
14 πεφυτευμένοι[31] ἐν τῷ οἴκῳ κυρίου
ἐν ταῖς αὐλαῖς[32] τοῦ θεοῦ ἡμῶν ἐξανθήσουσιν·[33]
15 ἔτι πληθυνθήσονται[34] ἐν γήρει[35] πίονι[36]
καὶ εὐπαθοῦντες[37] ἔσονται
16 τοῦ ἀναγγεῖλαι[38] ὅτι εὐθὴς[39] κύριος ὁ θεός μου
καὶ οὐκ ἔστιν ἀδικία[40] ἐν αὐτῷ.

1 μεγαλύνω, *aor pas ind 3s*, magnify, extol
2 σφόδρα, greatly, exceedingly
3 βαθύνω, *aor pas ind 3p*, be deep
4 διαλογισμός, thought
5 ἄφρων, foolish
6 ἀσύνετος, without intelligence
7 συνίημι, *fut act ind 3s*, understand
8 ἀνατέλλω, *aor act inf*, spring forth, rise up
9 ἁμαρτωλός, sinner
10 χόρτος, grass
11 διακύπτω, *aor act ind 3p*, peer out
12 ἀνομία, transgression, lawlessness
13 ἐξολεθρεύω, *aor pas sub 3p*, utterly destroy
14 ὕψιστος, *sup*, highest, most high
15 διασκορπίζω, *fut pas ind 3p*, scatter
16 ἀνομία, transgression, lawlessness
17 ὑψόω, *fut pas ind 3s*, lift high
18 μονόκερως, unicorn, one-horned beast
19 κέρας, horn
20 γῆρας, old age
21 ἔλαιον, oil
22 πίων, rich, good
23 ἐφοράω, *aor act ind 3s*, observe, look upon
24 ἐπανίστημι, *pres mid ptc dat p m*, rise against
25 πονηρεύομαι, *pres mid ptc dat p m*, act wickedly
26 φοῖνιξ, date palm
27 ἀνθέω, *fut act ind 3s*, blossom, flourish
28 ὡσεί, like, as
29 κέδρος, cedar
30 πληθύνω, *fut pas ind 3s*, increase, grow
31 φυτεύω, *perf pas ptc nom p m*, plant
32 αὐλή, court
33 ἐξανθέω, *fut act ind 3p*, blossom, flourish
34 πληθύνω, *fut pas ind 3p*, increase, grow
35 γῆρας, old age
36 πίων, ripe, rich, prosperous
37 εὐπαθέω, *pres act ptc nom p m*, live comfortably
38 ἀναγγέλλω, *aor act inf*, declare, proclaim
39 εὐθής, upright, straight
40 ἀδικία, wrongdoing, injustice

92

Εἰς τὴν ἡμέραν τοῦ προσαββάτου,[1] ὅτε κατῴκισται[2] ἡ γῆ· αἶνος[3] ᾠδῆς[4] τῷ Δαυιδ.

Ὁ κύριος ἐβασίλευσεν,[5] εὐπρέπειαν[6] ἐνεδύσατο,[7]
ἐνεδύσατο κύριος δύναμιν καὶ περιεζώσατο·[8]
καὶ γὰρ ἐστερέωσεν[9] τὴν οἰκουμένην,[10] ἥτις οὐ σαλευθήσεται.[11]
2 ἕτοιμος[12] ὁ θρόνος σου ἀπὸ τότε,
ἀπὸ τοῦ αἰῶνος σὺ εἶ.

3 ἐπῆραν[13] οἱ ποταμοί,[14] κύριε,
ἐπῆραν οἱ ποταμοὶ φωνὰς αὐτῶν·
4 ἀπὸ φωνῶν ὑδάτων πολλῶν
θαυμαστοὶ[15] οἱ μετεωρισμοὶ[16] τῆς θαλάσσης,
θαυμαστὸς ἐν ὑψηλοῖς[17] ὁ κύριος.

5 τὰ μαρτύριά[18] σου ἐπιστώθησαν[19] σφόδρα·[20]
τῷ οἴκῳ σου πρέπει[21] ἁγίασμα,[22] κύριε,
εἰς μακρότητα[23] ἡμερῶν.

93

Ψαλμὸς τῷ Δαυιδ, τετράδι[24] σαββάτων.

Ὁ θεὸς ἐκδικήσεων[25] κύριος,
ὁ θεὸς ἐκδικήσεων ἐπαρρησιάσατο.[26]
2 ὑψώθητι,[27] ὁ κρίνων τὴν γῆν,
ἀπόδος ἀνταπόδοσιν[28] τοῖς ὑπερηφάνοις.[29]
3 ἕως πότε[30] ἁμαρτωλοί, κύριε,
ἕως πότε ἁμαρτωλοὶ καυχήσονται,[31]

1 προσάββατον, eve of the Sabbath
2 κατοικίζω, *perf pas ind 3s*, settle
3 αἶνος, praise
4 ᾠδή, song
5 βασιλεύω, *aor act ind 3s*, become king
6 εὐπρέπεια, dignity, majesty
7 ἐνδύω, *aor mid ind 3s*, clothe in, put on
8 περιζώννυμι, *aor mid ind 3s*, gird oneself
9 στερεόω, *aor act ind 3s*, make firm
10 οἰκουμένη, world
11 σαλεύω, *fut pas ind 3s*, shake, move
12 ἕτοιμος, prepared, ready
13 ἐπαίρω, *aor act ind 3p*, raise
14 ποταμός, river
15 θαυμαστός, marvelous
16 μετεωρισμός, wave, billow
17 ὑψηλός, high
18 μαρτύριον, testimony
19 πιστόω, *aor pas ind 3p*, confirm, establish
20 σφόδρα, thoroughly
21 πρέπω, *pres act ind 3s*, be proper, be fitting
22 ἁγίασμα, holiness
23 μακρότης, length
24 τετράς, fourth (day)
25 ἐκδίκησις, vengeance
26 παρρησιάζομαι, *aor mid ind 3s*, declare boldly
27 ὑψόω, *aor pas impv 2s*, lift high, exalt
28 ἀνταπόδοσις, recompense, retribution
29 ὑπερήφανος, arrogant, proud
30 πότε, when
31 καυχάομαι, *fut mid ind 3p*, boast

4 φθέγξονται[1] καὶ λαλήσουσιν ἀδικίαν,[2]
λαλήσουσιν πάντες οἱ ἐργαζόμενοι τὴν ἀνομίαν;[3]
5 τὸν λαόν σου, κύριε, ἐταπείνωσαν[4]
καὶ τὴν κληρονομίαν[5] σου ἐκάκωσαν[6]
6 χήραν[7] καὶ προσήλυτον[8] ἀπέκτειναν
καὶ ὀρφανοὺς[9] ἐφόνευσαν[10]
7 καὶ εἶπαν Οὐκ ὄψεται κύριος,
οὐδὲ συνήσει[11] ὁ θεὸς τοῦ Ιακωβ.

8 σύνετε[12] δή,[13] ἄφρονες[14] ἐν τῷ λαῷ,
καί, μωροί,[15] ποτὲ[16] φρονήσατε.[17]
9 ὁ φυτεύσας[18] τὸ οὖς οὐχὶ ἀκούει,
ἢ ὁ πλάσας[19] τὸν ὀφθαλμὸν οὐ κατανοεῖ;[20]
10 ὁ παιδεύων[21] ἔθνη οὐχὶ ἐλέγξει,[22]
ὁ διδάσκων ἄνθρωπον γνῶσιν,
11 κύριος γινώσκει τοὺς διαλογισμοὺς[23] τῶν ἀνθρώπων
ὅτι εἰσὶν μάταιοι.[24]

12 μακάριος[25] ἄνθρωπος, ὃν ἂν σὺ παιδεύσῃς,[26] κύριε,
καὶ ἐκ τοῦ νόμου σου διδάξῃς αὐτὸν
13 τοῦ πραΰναι[27] αὐτῷ ἀφ᾽ ἡμερῶν πονηρῶν,
ἕως οὗ ὀρυγῇ[28] τῷ ἁμαρτωλῷ βόθρος.[29]
14 ὅτι οὐκ ἀπώσεται[30] κύριος τὸν λαὸν αὐτοῦ
καὶ τὴν κληρονομίαν[31] αὐτοῦ οὐκ ἐγκαταλείψει,[32]
15 ἕως οὗ δικαιοσύνη ἐπιστρέψῃ εἰς κρίσιν
καὶ ἐχόμενοι αὐτῆς πάντες οἱ εὐθεῖς[33] τῇ καρδίᾳ.

1 φθέγγομαι, *fut mid ind 3p*, speak, utter
2 ἀδικία, wrongdoing, injustice
3 ἀνομία, transgression, lawlessness
4 ταπεινόω, *aor act ind 3p*, bring low, humble
5 κληρονομία, inheritance, possession
6 κακόω, *aor act ind 3p*, harm, mistreat
7 χήρα, widow
8 προσήλυτος, immigrant, guest
9 ὀρφανός, orphan
10 φονεύω, *aor act ind 3p*, murder
11 συνίημι, *fut act ind 3s*, know, be aware
12 συνίημι, *aor act impv 2p*, know
13 δή, now, then
14 ἄφρων, foolish, rebellious
15 μωρός, foolish, stupid
16 ποτέ, for once
17 φρονέω, *aor act impv 2p*, think
18 φυτεύω, *aor act ptc nom s m*, plant
19 πλάσσω, *aor act ptc nom s m*, form, mold
20 κατανοέω, *pres act ind 3s*, understand
21 παιδεύω, *pres act ptc nom s m*, discipline, chastise
22 ἐλέγχω, *fut act ind 3s*, reprove
23 διαλογισμός, thought, scheme
24 μάταιος, futile, vain
25 μακάριος, blessed, happy
26 παιδεύω, *aor act sub 2s*, discipline, chastise
27 πραΰνω, *aor act inf*, soothe
28 ὀρύσσω, *aor pas sub 3s*, dig up
29 βόθρος, pit
30 ἀπωθέω, *fut mid ind 3s*, thrust away
31 κληρονομία, inheritance, possession
32 ἐγκαταλείπω, *fut act ind 3s*, leave behind, forsake
33 εὐθύς, upright

διάψαλμα.[1]

16 τίς ἀναστήσεταί μοι ἐπὶ πονηρευομένους,[2]
ἢ τίς συμπαραστήσεταί[3] μοι ἐπὶ ἐργαζομένους τὴν ἀνομίαν;[4]
17 εἰ μὴ ὅτι κύριος ἐβοήθησέν[5] μοι,
παρὰ βραχὺ[6] παρῴκησεν[7] τῷ ᾅδη[8] ἡ ψυχή μου.
18 εἰ ἔλεγον Σεσάλευται[9] ὁ πούς μου,
τὸ ἔλεός[10] σου, κύριε, βοηθεῖ[11] μοι·
19 κύριε, κατὰ τὸ πλῆθος τῶν ὀδυνῶν[12] μου ἐν τῇ καρδίᾳ μου
αἱ παρακλήσεις[13] σου ἠγάπησαν τὴν ψυχήν μου.
20 μὴ συμπροσέσται[14] σοι θρόνος ἀνομίας,[15]
ὁ πλάσσων[16] κόπον[17] ἐπὶ προστάγματι;[18]
21 θηρεύσουσιν[19] ἐπὶ ψυχὴν δικαίου
καὶ αἷμα ἀθῷον[20] καταδικάσονται.[21]
22 καὶ ἐγένετό μοι κύριος εἰς καταφυγὴν[22]
καὶ ὁ θεός μου εἰς βοηθὸν[23] ἐλπίδος μου·
23 καὶ ἀποδώσει αὐτοῖς τὴν ἀνομίαν[24] αὐτῶν,
καὶ κατὰ τὴν πονηρίαν[25] αὐτῶν
ἀφανιεῖ[26] αὐτοὺς κύριος ὁ θεὸς ἡμῶν.

94

Αἶνος[27] ᾠδῆς[28] τῷ Δαυιδ.

Δεῦτε[29] ἀγαλλιασώμεθα[30] τῷ κυρίῳ,
ἀλαλάξωμεν[31] τῷ θεῷ τῷ σωτῆρι[32] ἡμῶν·

1 διάψαλμα, (*musical interlude, renders Heb.* selāh)
2 πονηρεύομαι, *pres mid ptc acc p m*, act wickedly
3 συμπαρίστημι, *fut mid ind 3s*, stand up for, defend
4 ἀνομία, transgression, lawlessness
5 βοηθέω, *aor act ind 3s*, help, aid
6 βραχύς, in a little while
7 παροικέω, *aor act ind 3s*, dwell, inhabit
8 ᾅδης, Hades, underworld
9 σαλεύω, *perf pas ind 3s*, shake
10 ἔλεος, mercy
11 βοηθέω, *pres act ind 3s*, help, aid
12 ὀδύνη, grief, pain
13 παράκλησις, comfort, consolation
14 συμπρόσειμι, *fut mid ind 3s*, be present with
15 ἀνομία, transgression, lawlessness
16 πλάσσω, *pres act ptc nom s m*, devise
17 κόπος, trouble, difficulty
18 πρόσταγμα, ordinance
19 θηρεύω, *fut act ind 3p*, hunt, chase after
20 ἀθῷος, guiltless, innocent
21 καταδικάζω, *fut mid ind 3p*, pronounce guilty
22 καταφυγή, refuge
23 βοηθός, helper
24 ἀνομία, transgression, lawlessness
25 πονηρία, wickedness
26 ἀφανίζω, *fut act ind 3s*, blot out, destroy
27 αἶνος, praise
28 ᾠδή, song
29 δεῦτε, come!
30 ἀγαλλιάω, *aor mid sub 1p*, rejoice, exult
31 ἀλαλάζω, *aor act sub 1p*, shout aloud
32 σωτήρ, savior

2 προφθάσωμεν[1] τὸ πρόσωπον αὐτοῦ ἐν ἐξομολογήσει[2]
καὶ ἐν ψαλμοῖς ἀλαλάξωμεν[3] αὐτῷ.
3 ὅτι θεὸς μέγας κύριος
καὶ βασιλεὺς μέγας ἐπὶ πάντας τοὺς θεούς·
4 ὅτι ἐν τῇ χειρὶ αὐτοῦ τὰ πέρατα[4] τῆς γῆς,
καὶ τὰ ὕψη[5] τῶν ὀρέων αὐτοῦ εἰσιν·
5 ὅτι αὐτοῦ ἐστιν ἡ θάλασσα, καὶ αὐτὸς ἐποίησεν αὐτήν,
καὶ τὴν ξηρὰν[6] αἱ χεῖρες αὐτοῦ ἔπλασαν.[7]

6 δεῦτε[8] προσκυνήσωμεν καὶ προσπέσωμεν[9] αὐτῷ
καὶ κλαύσωμεν ἐναντίον[10] κυρίου τοῦ ποιήσαντος ἡμᾶς·
7 ὅτι αὐτός ἐστιν ὁ θεὸς ἡμῶν,
καὶ ἡμεῖς λαὸς νομῆς[11] αὐτοῦ
καὶ πρόβατα χειρὸς αὐτοῦ.

σήμερον,[12] ἐὰν τῆς φωνῆς αὐτοῦ ἀκούσητε,
8 μὴ σκληρύνητε[13] τὰς καρδίας ὑμῶν ὡς ἐν τῷ παραπικρασμῷ[14]
κατὰ τὴν ἡμέραν τοῦ πειρασμοῦ[15] ἐν τῇ ἐρήμῳ,
9 οὗ ἐπείρασαν[16] οἱ πατέρες ὑμῶν,
ἐδοκίμασαν[17] καὶ εἴδοσαν τὰ ἔργα μου.
10 τεσσαράκοντα[18] ἔτη προσώχθισα[19] τῇ γενεᾷ ἐκείνῃ
καὶ εἶπα Ἀεὶ[20] πλανῶνται[21] τῇ καρδίᾳ
καὶ αὐτοὶ οὐκ ἔγνωσαν τὰς ὁδούς μου,
11 ὡς ὤμοσα[22] ἐν τῇ ὀργῇ μου
Εἰ εἰσελεύσονται εἰς τὴν κατάπαυσίν[23] μου.

1 προφθάνω, *aor act sub 1p*, approach, come near
2 ἐξομολόγησις, confession (of thanksgiving)
3 ἀλαλάζω, *aor act sub 1p*, shout aloud
4 πέρας, end, boundary
5 ὕψος, height
6 ξηρός, dry (land)
7 πλάσσω, *aor act ind 3p*, form, mold
8 δεῦτε, come!
9 προσπίπτω, *aor act sub 1p*, fall before
10 ἐναντίον, before
11 νομή, pasture
12 σήμερον, today
13 σκληρύνω, *aor act sub 2p*, harden
14 παραπικρασμός, rebellion
15 πειρασμός, testing, trial
16 πειράζω, *aor act ind 3p*, put to the test
17 δοκιμάζω, *aor act ind 3p*, put to trial, prove
18 τεσσαράκοντα, forty
19 προσοχθίζω, *aor act ind 1s*, be irritated
20 ἀεί, always
21 πλανάω, *pres pas ind 3p*, lead astray
22 ὄμνυμι, *aor act ind 1s*, swear an oath
23 κατάπαυσις, rest

95 Ὅτε ὁ οἶκος ᾠκοδομεῖτο μετὰ τὴν αἰχμαλωσίαν·[1] ᾠδὴ[2] τῷ Δαυιδ.

Ἄισατε[3] τῷ κυρίῳ ᾆσμα[4] καινόν,[5]
ᾄσατε τῷ κυρίῳ, πᾶσα ἡ γῆ·
2 ᾄσατε[6] τῷ κυρίῳ, εὐλογήσατε τὸ ὄνομα αὐτοῦ,
εὐαγγελίζεσθε[7] ἡμέραν ἐξ ἡμέρας τὸ σωτήριον[8] αὐτοῦ·
3 ἀναγγείλατε[9] ἐν τοῖς ἔθνεσιν τὴν δόξαν αὐτοῦ,
ἐν πᾶσι τοῖς λαοῖς τὰ θαυμάσια[10] αὐτοῦ.
4 ὅτι μέγας κύριος καὶ αἰνετὸς[11] σφόδρα,[12]
φοβερός[13] ἐστιν ἐπὶ πάντας τοὺς θεούς·
5 ὅτι πάντες οἱ θεοὶ τῶν ἐθνῶν δαιμόνια,[14]
ὁ δὲ κύριος τοὺς οὐρανοὺς ἐποίησεν·
6 ἐξομολόγησις[15] καὶ ὡραιότης[16] ἐνώπιον αὐτοῦ,
ἁγιωσύνη[17] καὶ μεγαλοπρέπεια[18] ἐν τῷ ἁγιάσματι[19] αὐτοῦ.

7 ἐνέγκατε[20] τῷ κυρίῳ, αἱ πατριαὶ[21] τῶν ἐθνῶν,
ἐνέγκατε τῷ κυρίῳ δόξαν καὶ τιμήν·[22]
8 ἐνέγκατε[23] τῷ κυρίῳ δόξαν ὀνόματι αὐτοῦ,
ἄρατε[24] θυσίας[25] καὶ εἰσπορεύεσθε[26] εἰς τὰς αὐλὰς[27] αὐτοῦ·
9 προσκυνήσατε τῷ κυρίῳ ἐν αὐλῇ[28] ἁγίᾳ αὐτοῦ,
σαλευθήτω[29] ἀπὸ προσώπου αὐτοῦ πᾶσα ἡ γῆ.

10 εἴπατε ἐν τοῖς ἔθνεσιν Ὁ κύριος ἐβασίλευσεν,[30]
καὶ γὰρ κατώρθωσεν[31] τὴν οἰκουμένην,[32] ἥτις οὐ σαλευθήσεται,[33]
κρινεῖ λαοὺς ἐν εὐθύτητι.[34]

1 αἰχμαλωσία, captivity
2 ᾠδή, song
3 ᾄδω, *aor act impv 2p*, sing
4 ᾆσμα, song
5 καινός, new
6 ᾄδω, *aor act impv 2p*, sing
7 εὐαγγελίζομαι, *pres mid impv 2p*, proclaim good news
8 σωτήριον, salvation
9 ἀναγγέλλω, *aor act impv 2p*, declare, proclaim
10 θαυμάσιος, marvelous (deed)
11 αἰνετός, praiseworthy
12 σφόδρα, exceedingly
13 φοβερός, fearful
14 δαιμόνιον, demon
15 ἐξομολόγησις, profession (of thanksgiving)
16 ὡραιότης, beauty
17 ἁγιωσύνη, holiness, sanctity
18 μεγαλοπρέπεια, majesty
19 ἁγίασμα, sanctuary
20 φέρω, *aor act impv 2p*, bring
21 πατριά, paternal house
22 τιμή, honor
23 φέρω, *aor act impv 2p*, bring
24 αἴρω, *aor act impv 2p*, lift up, raise
25 θυσία, offering
26 εἰσπορεύομαι, *pres mid impv 2p*, enter
27 αὐλή, court
28 αὐλή, court
29 σαλεύω, *aor pas impv 3s*, shake
30 βασιλεύω, *aor act ind 3s*, reign as king
31 κατορθόω, *aor act ind 3s*, establish aright
32 οἰκουμένη, world
33 σαλεύω, *fut pas ind 3s*, shake
34 εὐθύτης, uprightness

11 εὐφραινέσθωσαν[1] οἱ οὐρανοί, καὶ ἀγαλλιάσθω[2] ἡ γῆ,
σαλευθήτω[3] ἡ θάλασσα καὶ τὸ πλήρωμα[4] αὐτῆς·
12 χαρήσεται[5] τὰ πεδία[6] καὶ πάντα τὰ ἐν αὐτοῖς,
τότε ἀγαλλιάσονται[7] πάντα τὰ ξύλα[8] τοῦ δρυμοῦ[9]
13 πρὸ προσώπου κυρίου, ὅτι ἔρχεται,
ὅτι ἔρχεται κρῖναι τὴν γῆν·
κρινεῖ τὴν οἰκουμένην[10] ἐν δικαιοσύνῃ
καὶ λαοὺς ἐν τῇ ἀληθείᾳ αὐτοῦ.

96

Τῷ Δαυιδ, ὅτε ἡ γῆ αὐτοῦ καθίσταται.[11]

Ὁ κύριος ἐβασίλευσεν,[12] ἀγαλλιάσθω[13] ἡ γῆ,
εὐφρανθήτωσαν[14] νῆσοι[15] πολλαί.
2 νεφέλη[16] καὶ γνόφος[17] κύκλῳ[18] αὐτοῦ,
δικαιοσύνη καὶ κρίμα[19] κατόρθωσις[20] τοῦ θρόνου αὐτοῦ.
3 πῦρ ἐναντίον[21] αὐτοῦ προπορεύσεται[22]
καὶ φλογιεῖ[23] κύκλῳ[24] τοὺς ἐχθροὺς αὐτοῦ·
4 ἔφαναν[25] αἱ ἀστραπαὶ[26] αὐτοῦ τῇ οἰκουμένῃ,[27]
εἶδεν καὶ ἐσαλεύθη[28] ἡ γῆ.
5 τὰ ὄρη ἐτάκησαν[29] ὡσεὶ[30] κηρὸς[31] ἀπὸ προσώπου κυρίου,
ἀπὸ προσώπου κυρίου πάσης τῆς γῆς.

6 ἀνήγγειλαν[32] οἱ οὐρανοὶ τὴν δικαιοσύνην αὐτοῦ,
καὶ εἴδοσαν πάντες οἱ λαοὶ τὴν δόξαν αὐτοῦ.

1 εὐφραίνω, *pres pas impv 3p*, be glad, rejoice
2 ἀγαλλιάω, *pres mid impv 3s*, exult
3 σαλεύω, *aor pas impv 3s*, shake
4 πλήρωμα, fullness
5 χαίρω, *fut pas ind 3s*, be glad
6 πεδίον, field, plain
7 ἀγαλλιάω, *fut mid ind 3p*, rejoice, exult
8 ξύλον, tree
9 δρυμός, forest
10 οἰκουμένη, world
11 καθίστημι, *pres pas ind 3s*, set in place, establish
12 βασιλεύω, *aor act ind 3s*, reign as king
13 ἀγαλλιάω, *pres mid impv 3s*, exult
14 εὐφραίνω, *aor pas impv 3p*, be glad, rejoice
15 νῆσος, island
16 νεφέλη, cloud
17 γνόφος, gloom, darkness
18 κύκλῳ, around
19 κρίμα, judgment
20 κατόρθωσις, success(ful accomplishment)
21 ἐναντίον, before
22 προπορεύομαι, *fut mid ind 3s*, proceed
23 φλογίζω, *fut act ind 3s*, burn up
24 κύκλῳ, around
25 φαίνω, *aor act ind 3p*, shine, appear
26 ἀστραπή, lightning
27 οἰκουμένη, world
28 σαλεύω, *aor pas ind 3s*, shake
29 τήκω, *aor pas ind 3p*, melt away
30 ὡσεί, like, as
31 κηρός, wax
32 ἀναγγέλλω, *aor act ind 3p*, declare

7 αἰσχυνθήτωσαν[1] πάντες οἱ προσκυνοῦντες τοῖς γλυπτοῖς[2]
οἱ ἐγκαυχώμενοι[3] ἐν τοῖς εἰδώλοις[4] αὐτῶν·
προσκυνήσατε αὐτῷ, πάντες οἱ ἄγγελοι αὐτοῦ.
8 ἤκουσεν καὶ εὐφράνθη[5] Σιων,
καὶ ἠγαλλιάσαντο[6] αἱ θυγατέρες[7] τῆς Ιουδαίας
ἕνεκεν[8] τῶν κριμάτων[9] σου, κύριε·
9 ὅτι σὺ εἶ κύριος ὁ ὕψιστος[10] ἐπὶ πᾶσαν τὴν γῆν,
σφόδρα[11] ὑπερυψώθης[12] ὑπὲρ πάντας τοὺς θεούς.

10 οἱ ἀγαπῶντες τὸν κύριον, μισεῖτε πονηρόν·
φυλάσσει κύριος τὰς ψυχὰς τῶν ὁσίων[13] αὐτοῦ,
ἐκ χειρὸς ἁμαρτωλῶν ῥύσεται[14] αὐτούς.
11 φῶς ἀνέτειλεν[15] τῷ δικαίῳ
καὶ τοῖς εὐθέσι[16] τῇ καρδίᾳ εὐφροσύνη.[17]
12 εὐφράνθητε,[18] δίκαιοι, ἐπὶ τῷ κυρίῳ
καὶ ἐξομολογεῖσθε[19] τῇ μνήμῃ[20] τῆς ἁγιωσύνης[21] αὐτοῦ.

97 Ψαλμὸς τῷ Δαυιδ.

Ἄισατε[22] τῷ κυρίῳ ᾆσμα[23] καινόν,[24]
ὅτι θαυμαστὰ[25] ἐποίησεν κύριος·
ἔσωσεν αὐτῷ ἡ δεξιὰ αὐτοῦ
καὶ ὁ βραχίων[26] ὁ ἅγιος αὐτοῦ.
2 ἐγνώρισεν[27] κύριος τὸ σωτήριον[28] αὐτοῦ,
ἐναντίον[29] τῶν ἐθνῶν ἀπεκάλυψεν[30] τὴν δικαιοσύνην αὐτοῦ.

1 αἰσχύνω, *aor pas impv 3p*, dishonor, put to shame
2 γλυπτός, graven image
3 ἐγκαυχάομαι, *pres mid ptc nom p m*, glory in, boast in
4 εἴδωλον, image, idol
5 εὐφραίνω, *aor pas ind 3s*, be glad
6 ἀγαλλιάω, *aor mid ind 3p*, exult
7 θυγάτηρ, daughter
8 ἕνεκα, because of, on behalf of
9 κρίμα, judgment
10 ὕψιστος, *sup*, Most High
11 σφόδρα, exceedingly
12 ὑπερυψόω, *aor pas ind 2s*, exalt to the highest
13 ὅσιος, holy (one)
14 ῥύομαι, *fut mid ind 3s*, rescue, deliver
15 ἀνατέλλω, *aor act ind 3s*, rise up
16 εὐθύς, upright
17 εὐφροσύνη, joy, gladness
18 εὐφραίνω, *aor pas impv 2p*, be glad, rejoice
19 ἐξομολογέομαι, *pres mid impv 2p*, acknowledge, praise
20 μνήμη, memory, recollection
21 ἁγιωσύνη, holiness
22 ᾄδω, *aor act impv 2p*, sing
23 ᾆσμα, song
24 καινός, new
25 θαυμαστός, marvelous (deed)
26 βραχίων, strength, arm
27 γνωρίζω, *aor act ind 3s*, make known
28 σωτήριον, salvation
29 ἐναντίον, before
30 ἀποκαλύπτω, *aor act ind 3s*, reveal

3 ἐμνήσθη[1] τοῦ ἐλέους[2] αὐτοῦ τῷ Ιακωβ
καὶ τῆς ἀληθείας αὐτοῦ τῷ οἴκῳ Ισραηλ·
εἴδοσαν πάντα τὰ πέρατα[3] τῆς γῆς
τὸ σωτήριον[4] τοῦ θεοῦ ἡμῶν.

4 ἀλαλάξατε[5] τῷ θεῷ, πᾶσα ἡ γῆ,
ᾄσατε[6] καὶ ἀγαλλιᾶσθε[7] καὶ ψάλατε·[8]
5 ψάλατε[9] τῷ κυρίῳ ἐν κιθάρᾳ,[10]
ἐν κιθάρᾳ καὶ φωνῇ ψαλμοῦ·
6 ἐν σάλπιγξιν[11] ἐλαταῖς[12] καὶ φωνῇ σάλπιγγος κερατίνης[13]
ἀλαλάξατε[14] ἐνώπιον τοῦ βασιλέως κυρίου.

7 σαλευθήτω[15] ἡ θάλασσα καὶ τὸ πλήρωμα[16] αὐτῆς,
ἡ οἰκουμένη[17] καὶ οἱ κατοικοῦντες ἐν αὐτῇ·
8 ποταμοὶ[18] κροτήσουσιν[19] χειρὶ ἐπὶ τὸ αὐτό,
τὰ ὄρη ἀγαλλιάσονται,[20]
9 ὅτι ἥκει[21] κρῖναι τὴν γῆν·
κρινεῖ τὴν οἰκουμένην[22] ἐν δικαιοσύνῃ
καὶ λαοὺς ἐν εὐθύτητι.[23]

98 Ψαλμὸς τῷ Δαυιδ.

Ὁ κύριος ἐβασίλευσεν,[24] ὀργιζέσθωσαν[25] λαοί·
ὁ καθήμενος ἐπὶ τῶν χερουβιν,[26] σαλευθήτω[27] ἡ γῆ.
2 κύριος ἐν Σιων μέγας
καὶ ὑψηλός[28] ἐστιν ἐπὶ πάντας τοὺς λαούς·
3 ἐξομολογησάσθωσαν[29] τῷ ὀνόματί σου τῷ μεγάλῳ,
ὅτι φοβερὸν[30] καὶ ἅγιόν ἐστιν.

1 μιμνῄσκομαι, *aor pas ind 3s*, remember
2 ἔλεος, mercy
3 πέρας, end, boundary
4 σωτήριον, salvation
5 ἀλαλάζω, *aor act impv 2p*, shout aloud
6 ᾄδω, *aor act impv 2p*, sing
7 ἀγαλλιάω, *pres mid impv 2p*, rejoice, exult
8 ψάλλω, *aor act impv 2p*, play music, sing (with an instrument)
9 ψάλλω, *aor act impv 2p*, play music, sing (with an instrument)
10 κιθάρα, lyre
11 σάλπιγξ, trumpet
12 ἐλατός, made of beaten metal
13 κερατίνη, made of horn
14 ἀλαλάζω, *aor act impv 2p*, shout aloud
15 σαλεύω, *aor pas impv 3s*, shake
16 πλήρωμα, fullness
17 οἰκουμένη, world
18 ποταμός, river
19 κροτέω, *fut act ind 3p*, clap
20 ἀγαλλιάω, *fut mid ind 3p*, rejoice, exult
21 ἥκω, *pres act ind 3s*, come
22 οἰκουμένη, world
23 εὐθύτης, uprightness
24 βασιλεύω, *aor act ind 3s*, reign as king
25 ὀργίζω, *pres pas impv 3p*, make angry
26 χερουβιν, cherubim, *translit.*
27 σαλεύω, *aor pas impv 3s*, shake
28 ὑψηλός, high, exalted
29 ἐξομολογέομαι, *aor mid impv 3p*, praise, give thanks
30 φοβερός, fearful

4 καὶ τιμὴ[1] βασιλέως κρίσιν ἀγαπᾷ·
σὺ ἡτοίμασας εὐθύτητας,[2]
κρίσιν καὶ δικαιοσύνην ἐν Ιακωβ σὺ ἐποίησας.
5 ὑψοῦτε[3] κύριον τὸν θεὸν ἡμῶν
καὶ προσκυνεῖτε τῷ ὑποποδίῳ[4] τῶν ποδῶν αὐτοῦ,
ὅτι ἅγιός ἐστιν.

6 Μωυσῆς καὶ Ααρων ἐν τοῖς ἱερεῦσιν αὐτοῦ,
καὶ Σαμουηλ ἐν τοῖς ἐπικαλουμένοις[5] τὸ ὄνομα αὐτοῦ·
ἐπεκαλοῦντο[6] τὸν κύριον, καὶ αὐτὸς ἐπήκουσεν[7] αὐτῶν,
7 ἐν στύλῳ[8] νεφέλης[9] ἐλάλει πρὸς αὐτούς·
ἐφύλασσον τὰ μαρτύρια[10] αὐτοῦ
καὶ τὰ προστάγματα,[11] ἃ ἔδωκεν αὐτοῖς.

8 κύριε ὁ θεὸς ἡμῶν, σὺ ἐπήκουες[12] αὐτῶν·
ὁ θεός, σὺ εὐίλατος[13] ἐγίνου αὐτοῖς
καὶ ἐκδικῶν[14] ἐπὶ πάντα τὰ ἐπιτηδεύματα[15] αὐτῶν.
9 ὑψοῦτε[16] κύριον τὸν θεὸν ἡμῶν
καὶ προσκυνεῖτε εἰς ὄρος ἅγιον αὐτοῦ,
ὅτι ἅγιος κύριος ὁ θεὸς ἡμῶν.

99 Ψαλμὸς εἰς ἐξομολόγησιν.[17]

Ἀλαλάξατε[18] τῷ κυρίῳ, πᾶσα ἡ γῆ,
2 δουλεύσατε[19] τῷ κυρίῳ ἐν εὐφροσύνῃ,[20]
εἰσέλθατε ἐνώπιον αὐτοῦ ἐν ἀγαλλιάσει.[21]

3 γνῶτε ὅτι κύριος, αὐτός ἐστιν ὁ θεός,
αὐτὸς ἐποίησεν ἡμᾶς καὶ οὐχ ἡμεῖς,
λαὸς αὐτοῦ καὶ πρόβατα τῆς νομῆς[22] αὐτοῦ.

1 τιμή, honor
2 εὐθύτης, uprightness
3 ὑψόω, *pres act impv 2p*, lift high, exalt
4 ὑποπόδιον, footstool
5 ἐπικαλέω, *pres mid ptc dat p m*, call upon
6 ἐπικαλέω, *impf mid ind 3p*, call upon
7 ἐπακούω, *aor act ind 3s*, hear, listen to
8 στῦλος, pillar
9 νεφέλη, cloud
10 μαρτύριον, testimony
11 πρόσταγμα, ordinance
12 ἐπακούω, *impf act ind 2s*, hear, listen to
13 εὐίλατος, very merciful
14 ἐκδικέω, *pres act ptc nom s m*, avenge, punish
15 ἐπιτήδευμα, pursuit, habit, custom
16 ὑψόω, *pres act impv 2p*, lift high, exalt
17 ἐξομολόγησις, confession (of thanksgiving)
18 ἀλαλάζω, *aor act impv 2p*, shout aloud
19 δουλεύω, *aor act impv 2p*, serve
20 εὐφροσύνη, gladness, joy
21 ἀγαλλίασις, exultation
22 νομή, pasture

4 εἰσέλθατε εἰς τὰς πύλας[1] αὐτοῦ ἐν ἐξομολογήσει,[2]
εἰς τὰς αὐλὰς[3] αὐτοῦ ἐν ὕμνοις·[4]
ἐξομολογεῖσθε[5] αὐτῷ, αἰνεῖτε[6] τὸ ὄνομα αὐτοῦ,
5 ὅτι χρηστὸς[7] κύριος,
εἰς τὸν αἰῶνα τὸ ἔλεος[8] αὐτοῦ,
καὶ ἕως γενεᾶς καὶ γενεᾶς ἡ ἀλήθεια αὐτοῦ.

100 Τῷ Δαυιδ ψαλμός.

Ἔλεος[9] καὶ κρίσιν ᾄσομαί[10] σοι, κύριε·
2 ψαλῶ[11] καὶ συνήσω[12] ἐν ὁδῷ ἀμώμῳ·[13]
πότε[14] ἥξεις[15] πρός με;

διεπορευόμην[16] ἐν ἀκακίᾳ[17] καρδίας μου
ἐν μέσῳ τοῦ οἴκου μου.
3 οὐ προεθέμην[18] πρὸ ὀφθαλμῶν μου πρᾶγμα[19] παράνομον,[20]
ποιοῦντας παραβάσεις[21] ἐμίσησα·
4 οὐκ ἐκολλήθη[22] μοι καρδία σκαμβή,[23]
ἐκκλίνοντος[24] ἀπ᾽ ἐμοῦ τοῦ πονηροῦ οὐκ ἐγίνωσκον.

5 τὸν καταλαλοῦντα[25] λάθρᾳ[26] τοῦ πλησίον[27] αὐτοῦ,
τοῦτον ἐξεδίωκον·[28]
ὑπερηφάνῳ[29] ὀφθαλμῷ καὶ ἀπλήστῳ[30] καρδίᾳ,
τούτῳ οὐ συνήσθιον.[31]

1 πύλη, gate
2 ἐξομολόγησις, confession (of thanksgiving)
3 αὐλή, court
4 ὕμνος, hymn
5 ἐξομολογέομαι, *pres mid impv 2p*, give thanks, acknowledge
6 αἰνέω, *pres act impv 2p*, praise
7 χρηστός, good, kind
8 ἔλεος, mercy
9 ἔλεος, mercy
10 ᾄδω, *fut mid ind 1s*, sing
11 ψάλλω, *fut act ind 1s*, play music, sing (with an instrument)
12 συνίημι, *fut act ind 1s*, notice, perceive
13 ἄμωμος, blameless
14 πότε, when
15 ἥκω, *fut act ind 2s*, come
16 διαπορεύομαι, *impf mid ind 1s*, proceed
17 ἀκακία, innocence
18 προτίθημι, *aor mid ind 1s*, set before
19 πρᾶγμα, deed
20 παράνομος, unlawful
21 παράβασις, transgression
22 κολλάω, *aor pas ind 3s*, cleave
23 σκαμβός, perverse, bent
24 ἐκκλίνω, *pres act ptc gen s m*, turn away from
25 καταλαλέω, *pres act ptc acc s m*, speak against, slander
26 λάθρᾳ, secretly, privately
27 πλησίον, neighbor, companion
28 ἐκδιώκω, *impf act ind 1s*, chase away
29 ὑπερήφανος, arrogant
30 ἄπληστος, greedy, insatiable
31 συνεσθίω, *impf act ind 1s*, eat together with

6 οἱ ὀφθαλμοί μου ἐπὶ τοὺς πιστοὺς[1] τῆς γῆς
τοῦ συγκαθῆσθαι[2] αὐτοὺς μετ᾽ ἐμοῦ·
πορευόμενος ἐν ὁδῷ ἀμώμῳ,[3]
οὗτός μοι ἐλειτούργει.[4]

7 οὐ κατῴκει ἐν μέσῳ τῆς οἰκίας μου ποιῶν ὑπερηφανίαν,[5]
λαλῶν ἄδικα[6] οὐ κατεύθυνεν[7] ἐναντίον[8] τῶν ὀφθαλμῶν μου.

8 εἰς τὰς πρωίας[9] ἀπέκτεννον
πάντας τοὺς ἁμαρτωλοὺς[10] τῆς γῆς
τοῦ ἐξολεθρεῦσαι[11] ἐκ πόλεως κυρίου
πάντας τοὺς ἐργαζομένους τὴν ἀνομίαν.[12]

101

Προσευχὴ τῷ πτωχῷ, ὅταν ἀκηδιάσῃ[13] καὶ ἐναντίον[14] κυρίου ἐκχέῃ[15] τὴν δέησιν[16] αὐτοῦ.

2 Εἰσάκουσον,[17] κύριε, τῆς προσευχῆς μου,
καὶ ἡ κραυγή[18] μου πρὸς σὲ ἐλθάτω.

3 μὴ ἀποστρέψῃς[19] τὸ πρόσωπόν σου ἀπ᾽ ἐμοῦ·
ἐν ᾗ ἂν ἡμέρᾳ θλίβωμαι,[20]
κλῖνον[21] τὸ οὖς σου πρός με·
ἐν ᾗ ἂν ἡμέρᾳ ἐπικαλέσωμαί[22] σε,
ταχὺ[23] εἰσάκουσόν[24] μου.
4 ὅτι ἐξέλιπον[25] ὡσεὶ[26] καπνὸς[27] αἱ ἡμέραι μου,
καὶ τὰ ὀστᾶ[28] μου ὡσεὶ[29] φρύγιον[30] συνεφρύγησαν.[31]
5 ἐπλήγη[32] ὡσεὶ[33] χόρτος[34] καὶ ἐξηράνθη[35] ἡ καρδία μου,
ὅτι ἐπελαθόμην[36] τοῦ φαγεῖν τὸν ἄρτον μου.

1 πιστός, faithful
2 συγκάθημαι, *aor act inf*, dwell with
3 ἄμωμος, blameless
4 λειτουργέω, *impf act ind 3s*, minister
5 ὑπερηφανία, arrogance, pride
6 ἄδικος, unrighteous, wrong
7 κατευθύνω, *impf act ind 3s*, prosper
8 ἐναντίον, before
9 πρώϊος, early in the morning
10 ἁμαρτωλός, sinner
11 ἐξολεθρεύω, *aor act inf*, utterly destroy
12 ἀνομία, transgression, lawlessness
13 ἀκηδιάω, *aor act sub 3s*, be anguished
14 ἐναντίον, before
15 ἐκχέω, *pres act sub 3s*, pour out
16 δέησις, supplication, entreaty
17 εἰσακούω, *aor act impv 2s*, listen
18 κραυγή, cry
19 ἀποστρέφω, *aor act sub 2s*, turn away
20 θλίβω, *pres pas sub 1s*, afflict
21 κλίνω, *aor act impv 2s*, incline
22 ἐπικαλέω, *aor mid sub 1s*, call upon
23 ταχύς, quickly
24 εἰσακούω, *aor act impv 2s*, hear, listen
25 ἐκλείπω, *aor act ind 3p*, pass away, (disappear)
26 ὡσεί, like, as
27 καπνός, smoke
28 ὀστέον, bone
29 ὡσεί, like, as
30 φρύγιον, firewood
31 συμφρύγω, *aor act ind 3p*, burn up
32 πλήσσω, *aor pas ind 3s*, pierce, sting
33 ὡσεί, like, as
34 χόρτος, grass
35 ξηραίνω, *aor pas ind 3s*, dry up, wither
36 ἐπιλανθάνω, *aor mid ind 1s*, forget

6 ἀπὸ φωνῆς τοῦ στεναγμοῦ[1] μου
ἐκολλήθη[2] τὸ ὀστοῦν[3] μου τῇ σαρκί μου.
7 ὡμοιώθην[4] πελεκᾶνι[5] ἐρημικῷ,[6]
ἐγενήθην ὡσεὶ[7] νυκτικόραξ[8] ἐν οἰκοπέδῳ,[9]
8 ἠγρύπνησα[10] καὶ ἐγενήθην
ὡσεὶ[11] στρουθίον[12] μονάζον[13] ἐπὶ δώματι.[14]
9 ὅλην τὴν ἡμέραν ὠνείδιζόν[15] με οἱ ἐχθροί μου,
καὶ οἱ ἐπαινοῦντές[16] με κατ᾽ ἐμοῦ ὤμνυον.[17]
10 ὅτι σποδὸν[18] ὡσεὶ[19] ἄρτον ἔφαγον
καὶ τὸ πόμα[20] μου μετὰ κλαυθμοῦ[21] ἐκίρνων[22]
11 ἀπὸ προσώπου τῆς ὀργῆς σου καὶ τοῦ θυμοῦ[23] σου,
ὅτι ἐπάρας[24] κατέρραξάς[25] με.
12 αἱ ἡμέραι μου ὡσεὶ[26] σκιὰ[27] ἐκλίθησαν,[28]
καὶ ἐγὼ ὡσεὶ χόρτος[29] ἐξηράνθην.[30]

13 σὺ δέ, κύριε, εἰς τὸν αἰῶνα μένεις,
καὶ τὸ μνημόσυνόν[31] σου εἰς γενεὰν καὶ γενεάν.
14 σὺ ἀναστὰς οἰκτιρήσεις[32] τὴν Σιων,
ὅτι καιρὸς τοῦ οἰκτιρῆσαι[33] αὐτήν,
ὅτι ἥκει[34] καιρός·
15 ὅτι εὐδόκησαν[35] οἱ δοῦλοί σου τοὺς λίθους αὐτῆς
καὶ τὸν χοῦν[36] αὐτῆς οἰκτιρήσουσιν.[37]
16 καὶ φοβηθήσονται[38] τὰ ἔθνη τὸ ὄνομα κυρίου
καὶ πάντες οἱ βασιλεῖς τῆς γῆς τὴν δόξαν σου,

1 στεναγμός, sighing, groaning
2 κολλάω, *aor pas ind 3s*, cling
3 ὀστέον, bone
4 ὁμοιόω, *aor pas ind 1s*, make like
5 πελεκάν, pelican
6 ἐρημικός, living in the desert
7 ὡσεί, like, as
8 νυκτικόραξ, horned owl
9 οἰκόπεδον, building site
10 ἀγρυπνέω, *aor act ind 1s*, lie awake, keep alert
11 ὡσεί, like, as
12 στρουθίον, sparrow
13 μονάζω, *pres act ptc nom s n*, live alone
14 δῶμα, roof
15 ὀνειδίζω, *impf act ind 3p*, revile, reproach
16 ἐπαινέω, *pres act ptc nom p m*, commend
17 ὄμνυμι, *impf act ind 3p*, swear an oath
18 σποδός, ashes
19 ὡσεί, like, as
20 πόμα, drink
21 κλαυθμός, weeping
22 κιρνάω, *impf act ind 1s*, mix with
23 θυμός, anger, wrath
24 ἐπαίρω, *aor act ptc nom s m*, raise up, exalt
25 καταράσσω, *aor act ind 2s*, dash down
26 ὡσεί, like, as
27 σκιά, shadow
28 κλίνω, *aor pas ind 3p*, give way, (fade)
29 χόρτος, grass
30 ξηραίνω, *aor pas ind 1s*, dry up, wither
31 μνημόσυνον, memory, remembrance
32 οἰκτίρω, *fut act ind 2s*, show compassion
33 οἰκτίρω, *aor act inf*, show compassion
34 ἥκω, *pres act ind 3s*, come
35 εὐδοκέω, *aor act ind 3p*, find pleasing
36 χοῦς, dust
37 οἰκτίρω, *fut act ind 3p*, show compassion
38 φοβέω, *fut pas ind 3p*, be afraid

17 ὅτι οἰκοδομήσει κύριος τὴν Σιων
καὶ ὀφθήσεται ἐν τῇ δόξῃ αὐτοῦ.
18 ἐπέβλεψεν[1] ἐπὶ τὴν προσευχὴν τῶν ταπεινῶν[2]
καὶ οὐκ ἐξουδένωσεν[3] τὴν δέησιν[4] αὐτῶν.

19 γραφήτω αὕτη εἰς γενεὰν ἑτέραν,
καὶ λαὸς ὁ κτιζόμενος[5] αἰνέσει[6] τὸν κύριον,
20 ὅτι ἐξέκυψεν[7] ἐξ ὕψους[8] ἁγίου αὐτοῦ,
κύριος ἐξ οὐρανοῦ ἐπὶ τὴν γῆν ἐπέβλεψεν[9]
21 τοῦ ἀκοῦσαι τὸν στεναγμὸν[10] τῶν πεπεδημένων,[11]
τοῦ λῦσαι τοὺς υἱοὺς τῶν τεθανατωμένων,[12]
22 τοῦ ἀναγγεῖλαι[13] ἐν Σιων τὸ ὄνομα κυρίου
καὶ τὴν αἴνεσιν[14] αὐτοῦ ἐν Ιερουσαλημ
23 ἐν τῷ συναχθῆναι λαοὺς ἐπὶ τὸ αὐτὸ
καὶ βασιλείας τοῦ δουλεύειν[15] τῷ κυρίῳ.

24 ἀπεκρίθη αὐτῷ ἐν ὁδῷ ἰσχύος[16] αὐτοῦ
Τὴν ὀλιγότητα[17] τῶν ἡμερῶν μου ἀνάγγειλόν[18] μοι·
25 μὴ ἀναγάγῃς[19] με ἐν ἡμίσει[20] ἡμερῶν μου,
ἐν γενεᾷ γενεῶν τὰ ἔτη σου.

26 κατ᾽ ἀρχὰς σύ, κύριε, τὴν γῆν ἐθεμελίωσας,[21]
καὶ ἔργα τῶν χειρῶν σού εἰσιν οἱ οὐρανοί·
27 αὐτοὶ ἀπολοῦνται, σὺ δὲ διαμενεῖς,[22]
καὶ πάντες ὡς ἱμάτιον παλαιωθήσονται,[23]
καὶ ὡσεὶ[24] περιβόλαιον[25] ἀλλάξεις[26] αὐτούς,
καὶ ἀλλαγήσονται·[27]

1 ἐπιβλέπω, *aor act ind 3s*, look upon
2 ταπεινός, lowly, humble
3 ἐξουδενόω, *aor act ind 3s*, disdain, bring to nothing
4 δέησις, supplication, entreaty
5 κτίζω, *pres pas ptc nom s m*, create, establish
6 αἰνέω, *fut act ind 3s*, praise
7 ἐκκύπτω, *aor act ind 3s*, peer out
8 ὕψος, height
9 ἐπιβλέπω, *aor act ind 3s*, look upon
10 στεναγμός, sighing, groaning
11 πεδάω, *perf pas ptc gen p m*, bind (in fetters)
12 θανατόω, *perf pas ptc gen p m*, put to death
13 ἀναγγέλλω, *aor act inf*, declare, proclaim
14 αἴνεσις, praise
15 δουλεύω, *pres act inf*, serve
16 ἰσχύς, strength, might
17 ὀλιγότης, sparsity
18 ἀναγγέλλω, *aor act impv 2s*, report, announce
19 ἀνάγω, *aor act sub 2s*, bring up
20 ἥμισυς, half
21 θεμελιόω, *aor act ind 2s*, build a foundation for
22 διαμένω, *fut act ind 2s*, continue, abide
23 παλαιόω, *fut pas ind 3p*, grow old, wear out
24 ὡσεί, like, as
25 περιβόλαιον, cloak, covering
26 ἀλλάσσω, *fut act ind 2s*, change, alter
27 ἀλλάσσω, *fut pas ind 3p*, change, alter

28 σὺ δὲ ὁ αὐτὸς εἶ,
καὶ τὰ ἔτη σου οὐκ ἐκλείψουσιν.[1]
29 οἱ υἱοὶ τῶν δούλων σου κατασκηνώσουσιν,[2]
καὶ τὸ σπέρμα αὐτῶν εἰς τὸν αἰῶνα κατευθυνθήσεται.[3]

102 Τῷ Δαυιδ.

Εὐλόγει, ἡ ψυχή μου, τὸν κύριον
καί, πάντα τὰ ἐντός[4] μου, τὸ ὄνομα τὸ ἅγιον αὐτοῦ·
2 εὐλόγει, ἡ ψυχή μου, τὸν κύριον
καὶ μὴ ἐπιλανθάνου[5] πάσας τὰς ἀνταποδόσεις[6] αὐτοῦ·
3 τὸν εὐιλατεύοντα[7] πάσαις ταῖς ἀνομίαις[8] σου,
τὸν ἰώμενον[9] πάσας τὰς νόσους[10] σου·
4 τὸν λυτρούμενον[11] ἐκ φθορᾶς[12] τὴν ζωήν σου,
τὸν στεφανοῦντά[13] σε ἐν ἐλέει[14] καὶ οἰκτιρμοῖς·[15]
5 τὸν ἐμπιπλῶντα[16] ἐν ἀγαθοῖς τὴν ἐπιθυμίαν[17] σου,
ἀνακαινισθήσεται[18] ὡς ἀετοῦ[19] ἡ νεότης[20] σου.

6 ποιῶν ἐλεημοσύνας[21] ὁ κύριος
καὶ κρίμα[22] πᾶσι τοῖς ἀδικουμένοις.[23]
7 ἐγνώρισεν[24] τὰς ὁδοὺς αὐτοῦ τῷ Μωυσῇ,
τοῖς υἱοῖς Ισραηλ τὰ θελήματα[25] αὐτοῦ.
8 οἰκτίρμων[26] καὶ ἐλεήμων[27] ὁ κύριος,
μακρόθυμος[28] καὶ πολυέλεος·[29]
9 οὐκ εἰς τέλος ὀργισθήσεται[30]
οὐδὲ εἰς τὸν αἰῶνα μηνιεῖ·[31]

1 ἐκλείπω, *fut act ind 3p*, pass away, come to an end
2 κατασκηνόω, *fut act ind 3p*, settle, dwell
3 κατευθύνω, *fut pas ind 3s*, prosper
4 ἐντός, within, inside
5 ἐπιλανθάνω, *pres mid impv 2s*, forget
6 ἀνταπόδοσις, reward
7 εὐιλατεύω, *pres act ptc acc s m*, show mercy
8 ἀνομία, transgression, lawlessness
9 ἰάομαι, *pres mid ptc acc s m*, heal
10 νόσος, illness
11 λυτρόω, *pres mid ptc acc s m*, redeem
12 φθορά, destruction, decay, ruin
13 στεφανόω, *pres act ptc acc s m*, crown
14 ἔλεος, mercy
15 οἰκτιρμός, compassion
16 ἐμπιπλάω, *pres act ptc acc s m*, fulfill, satisfy
17 ἐπιθυμία, desire, yearning
18 ἀνακαινίζω, *fut pas ind 3s*, renew
19 ἀετός, eagle
20 νεότης, youth
21 ἐλεημοσύνη, mercy, pity
22 κρίμα, judgment
23 ἀδικέω, *pres mid ptc dat p m*, act unjustly
24 γνωρίζω, *aor act ind 3s*, make known
25 θέλημα, will, decree
26 οἰκτίρμων, compassionate
27 ἐλεήμων, merciful
28 μακρόθυμος, patient
29 πολυέλεος, very merciful
30 ὀργίζω, *fut pas ind 3s*, become angry
31 μηνίω, *fut act ind 3s*, remain angry, bear a grudge

10 οὐ κατὰ τὰς ἁμαρτίας ἡμῶν ἐποίησεν ἡμῖν
οὐδὲ κατὰ τὰς ἀνομίας[1] ἡμῶν ἀνταπέδωκεν[2] ἡμῖν
11 ὅτι κατὰ τὸ ὕψος[3] τοῦ οὐρανοῦ ἀπὸ τῆς γῆς
ἐκραταίωσεν[4] κύριος τὸ ἔλεος[5] αὐτοῦ ἐπὶ τοὺς φοβουμένους αὐτόν·
12 καθ᾽ ὅσον[6] ἀπέχουσιν[7] ἀνατολαὶ[8] ἀπὸ δυσμῶν,[9]
ἐμάκρυνεν[10] ἀφ᾽ ἡμῶν τὰς ἀνομίας[11] ἡμῶν.
13 καθὼς οἰκτίρει[12] πατὴρ υἱούς,
οἰκτίρησεν[13] κύριος τοὺς φοβουμένους αὐτόν,
14 ὅτι αὐτὸς ἔγνω τὸ πλάσμα[14] ἡμῶν·
μνήσθητι[15] ὅτι χοῦς[16] ἐσμεν.

15 ἄνθρωπος, ὡσεὶ[17] χόρτος[18] αἱ ἡμέραι αὐτοῦ·
ὡσεὶ ἄνθος[19] τοῦ ἀγροῦ, οὕτως ἐξανθήσει·[20]
16 ὅτι πνεῦμα διῆλθεν ἐν αὐτῷ, καὶ οὐχ ὑπάρξει
καὶ οὐκ ἐπιγνώσεται ἔτι τὸν τόπον αὐτοῦ.
17 τὸ δὲ ἔλεος[21] τοῦ κυρίου ἀπὸ τοῦ αἰῶνος καὶ ἕως τοῦ αἰῶνος
ἐπὶ τοὺς φοβουμένους αὐτόν,
καὶ ἡ δικαιοσύνη αὐτοῦ
ἐπὶ υἱοὺς υἱῶν
18 τοῖς φυλάσσουσιν τὴν διαθήκην αὐτοῦ
καὶ μεμνημένοις[22] τῶν ἐντολῶν αὐτοῦ τοῦ ποιῆσαι αὐτάς.

19 κύριος ἐν τῷ οὐρανῷ ἡτοίμασεν τὸν θρόνον αὐτοῦ,
καὶ ἡ βασιλεία αὐτοῦ πάντων δεσπόζει.[23]
20 εὐλογεῖτε τὸν κύριον, πάντες οἱ ἄγγελοι αὐτοῦ,
δυνατοὶ ἰσχύι[24] ποιοῦντες τὸν λόγον αὐτοῦ
τοῦ ἀκοῦσαι τῆς φωνῆς τῶν λόγων αὐτοῦ·
21 εὐλογεῖτε τὸν κύριον, πᾶσαι αἱ δυνάμεις αὐτοῦ,
λειτουργοὶ[25] αὐτοῦ ποιοῦντες τὸ θέλημα[26] αὐτοῦ·

1 ἀνομία, transgression, lawlessness
2 ἀνταποδίδωμι, *aor act ind 3s*, repay
3 ὕψος, height
4 κραταιόω, *aor act ind 3s*, strengthen
5 ἔλεος, mercy
6 καθ᾽ ὅσον, as far as
7 ἀπέχω, *pres act ind 3p*, be far away
8 ἀνατολή, east, rising (of the sun)
9 δυσμή, west, setting (of the sun)
10 μακρύνω, *aor act ind 3s*, remove far from
11 ἀνομία, transgression, lawlessness
12 οἰκτίρω, *pres act ind 3s*, show mercy to
13 οἰκτίρω, *aor act ind 3s*, show mercy to
14 πλάσμα, form, makeup
15 μιμνῄσκομαι, *aor pas impv 2s*, remember
16 χοῦς, dust
17 ὡσεί, like, as
18 χόρτος, grass
19 ἄνθος, flower
20 ἐξανθέω, *fut act ind 3s*, bloom
21 ἔλεος, mercy
22 μιμνῄσκομαι, *perf mid ptc dat p m*, remember
23 δεσπόζω, *pres act ind 3s*, be master over
24 ἰσχύς, strength, might
25 λειτουργός, servant
26 θέλημα, will, decree

22 εὐλογεῖτε τὸν κύριον, πάντα τὰ ἔργα αὐτοῦ
ἐν παντὶ τόπῳ τῆς δεσποτείας[1] αὐτοῦ·
εὐλόγει, ἡ ψυχή μου, τὸν κύριον.

103 Τῷ Δαυιδ.

Εὐλόγει, ἡ ψυχή μου, τὸν κύριον.
κύριε ὁ θεός μου, ἐμεγαλύνθης[2] σφόδρα,[3]
ἐξομολόγησιν[4] καὶ εὐπρέπειαν[5] ἐνεδύσω[6]
2 ἀναβαλλόμενος[7] φῶς ὡς ἱμάτιον,
ἐκτείνων[8] τὸν οὐρανὸν ὡσεὶ[9] δέρριν·[10]
3 ὁ στεγάζων[11] ἐν ὕδασιν τὰ ὑπερῷα[12] αὐτοῦ,
ὁ τιθεὶς νέφη[13] τὴν ἐπίβασιν[14] αὐτοῦ,
ὁ περιπατῶν ἐπὶ πτερύγων[15] ἀνέμων·[16]
4 ὁ ποιῶν τοὺς ἀγγέλους αὐτοῦ πνεύματα
καὶ τοὺς λειτουργοὺς[17] αὐτοῦ πῦρ φλέγον.[18]

5 ἐθεμελίωσεν[19] τὴν γῆν ἐπὶ τὴν ἀσφάλειαν[20] αὐτῆς,
οὐ κλιθήσεται[21] εἰς τὸν αἰῶνα τοῦ αἰῶνος.
6 ἄβυσσος[22] ὡς ἱμάτιον τὸ περιβόλαιον[23] αὐτοῦ,
ἐπὶ τῶν ὀρέων στήσονται ὕδατα·
7 ἀπὸ ἐπιτιμήσεώς[24] σου φεύξονται,[25]
ἀπὸ φωνῆς βροντῆς[26] σου δειλιάσουσιν.[27]
8 ἀναβαίνουσιν ὄρη καὶ καταβαίνουσιν πεδία[28]
εἰς τόπον, ὃν ἐθεμελίωσας[29] αὐτοῖς·

1 δεσποτεία, dominion, sovereignty
2 μεγαλύνω, *aor pas ind 2s*, extol, magnify
3 σφόδρα, exceedingly
4 ἐξομολόγησις, praise, (profession of adoration)
5 εὐπρέπεια, dignity, majesty
6 ἐνδύω, *aor mid ind 2s*, clothe
7 ἀναβάλλω, *pres mid ptc nom s m*, put on
8 ἐκτείνω, *pres act ptc nom s m*, stretch forth
9 ὡσεί, like, as
10 δέρρις, animal hide cloak, curtain (of hide)
11 στεγάζω, *pres act ptc nom s m*, cover with a roof
12 ὑπερῷον, upper part (of a building)
13 νέφος, cloud
14 ἐπίβασις, steps
15 πτέρυξ, wing
16 ἄνεμος, wind
17 λειτουργός, servant, cultic minister
18 φλέγω, *pres act ptc acc s n*, burn as a flame
19 θεμελιόω, *aor act ind 3s*, build a foundation for
20 ἀσφάλεια, security, stability
21 κλίνω, *fut pas ind 3s*, tip over, totter
22 ἄβυσσος, deep, abyss
23 περιβόλαιον, cloak, garment
24 ἐπιτίμησις, rebuke, censure
25 φεύγω, *fut mid ind 3p*, flee
26 βροντή, thunder
27 δειλιάω, *fut act ind 3p*, be cowardly
28 πεδίον, plain, field
29 θεμελιόω, *aor act ind 2s*, build a foundation

9 ὅριον[1] ἔθου,[2] ὃ οὐ παρελεύσονται,[3]
οὐδὲ ἐπιστρέψουσιν καλύψαι[4] τὴν γῆν.

10 ὁ ἐξαποστέλλων[5] πηγὰς[6] ἐν φάραγξιν,[7]
ἀνὰ μέσον[8] τῶν ὀρέων διελεύσονται ὕδατα·
11 ποτιοῦσιν[9] πάντα τὰ θηρία τοῦ ἀγροῦ,
προσδέξονται[10] ὄναγροι[11] εἰς δίψαν[12] αὐτῶν·
12 ἐπ᾽ αὐτὰ τὰ πετεινὰ[13] τοῦ οὐρανοῦ κατασκηνώσει,[14]
ἐκ μέσου τῶν πετρῶν[15] δώσουσιν φωνήν.
13 ποτίζων[16] ὄρη ἐκ τῶν ὑπερῴων[17] αὐτοῦ,
ἀπὸ καρποῦ τῶν ἔργων σου χορτασθήσεται[18] ἡ γῆ.
14 ἐξανατέλλων[19] χόρτον[20] τοῖς κτήνεσιν[21]
καὶ χλόην[22] τῇ δουλείᾳ[23] τῶν ἀνθρώπων
τοῦ ἐξαγαγεῖν[24] ἄρτον ἐκ τῆς γῆς·
15 καὶ οἶνος εὐφραίνει[25] καρδίαν ἀνθρώπου
τοῦ ἱλαρῦναι[26] πρόσωπον ἐν ἐλαίῳ,[27]
καὶ ἄρτος καρδίαν ἀνθρώπου στηρίζει.[28]
16 χορτασθήσεται[29] τὰ ξύλα[30] τοῦ πεδίου,[31]
αἱ κέδροι[32] τοῦ Λιβάνου, ἃς ἐφύτευσεν·[33]
17 ἐκεῖ στρουθία[34] ἐννοσσεύσουσιν,[35]
τοῦ ἐρωδιοῦ[36] ἡ οἰκία ἡγεῖται[37] αὐτῶν.
18 ὄρη τὰ ὑψηλὰ[38] ταῖς ἐλάφοις,[39]
πέτρα[40] καταφυγὴ[41] τοῖς χοιρογρυλλίοις.[42]

1 ὅριον, boundary, border
2 τίθημι, *aor mid ind 2s*, set up, establish
3 παρέρχομαι, *fut mid ind 3p*, pass away
4 καλύπτω, *aor act inf*, cover
5 ἐξαποστέλλω, *pres act ptc nom s m*, send forth
6 πηγή, spring
7 φάραγξ, ravine
8 ἀνὰ μέσον, between, amid
9 ποτίζω, *fut act ind 3p*, give water
10 προσδέχομαι, *fut mid ind 3p*, receive
11 ὄναγρος, wild donkey
12 δίψα, thirst
13 πετεινός, bird
14 κατασκηνόω, *fut act ind 3s*, settle, dwell
15 πέτρος, small rock
16 ποτίζω, *pres act ptc nom s m*, give water
17 ὑπερῷον, upper part (of a building)
18 χορτάζω, *fut pas ind 3s*, feed
19 ἐξανατέλλω, *pres act ptc nom s m*, cause to spring up
20 χόρτος, grass
21 κτῆνος, animal, (*p*) herd
22 χλόη, young green growth
23 δουλεία, labor, toil
24 ἐξάγω, *aor act inf*, bring forth
25 εὐφραίνω, *pres act ind 3s*, make glad
26 ἱλαρύνω, *aor act inf*, make cheerful
27 ἔλαιον, oil
28 στηρίζω, *pres act ind 3s*, strengthen
29 χορτάζω, *fut pas ind 3s*, feed
30 ξύλον, tree
31 πεδίον, plain, field
32 κέδρος, cedar
33 φυτεύω, *aor act ind 3s*, plant
34 στρουθίον, sparrow
35 ἐννοσσεύω, *fut act ind 3p*, make a nest
36 ἐρωδιός, heron
37 ἡγέομαι, *pres mid ind 3s*, go before, lead
38 ὑψηλός, high
39 ἔλαφος, deer
40 πέτρα, rock
41 καταφυγή, refuge
42 χοιρογρύλλιος, rabbit

19 ἐποίησεν σελήνην[1] εἰς καιρούς,
ὁ ἥλιος ἔγνω τὴν δύσιν[2] αὐτοῦ.
20 ἔθου[3] σκότος, καὶ ἐγένετο νύξ,
ἐν αὐτῇ διελεύσονται πάντα τὰ θηρία τοῦ δρυμοῦ,[4]
21 σκύμνοι[5] ὠρυόμενοι[6] ἁρπάσαι[7]
καὶ ζητῆσαι παρὰ τοῦ θεοῦ βρῶσιν[8] αὐτοῖς.
22 ἀνέτειλεν[9] ὁ ἥλιος, καὶ συνήχθησαν
καὶ ἐν ταῖς μάνδραις[10] αὐτῶν κοιτασθήσονται·[11]
23 ἐξελεύσεται ἄνθρωπος ἐπὶ τὸ ἔργον αὐτοῦ
καὶ ἐπὶ τὴν ἐργασίαν[12] αὐτοῦ ἕως ἑσπέρας.[13]

24 ὡς ἐμεγαλύνθη[14] τὰ ἔργα σου, κύριε·
πάντα ἐν σοφίᾳ ἐποίησας,
ἐπληρώθη ἡ γῆ τῆς κτήσεώς[15] σου.
25 αὕτη ἡ θάλασσα ἡ μεγάλη καὶ εὐρύχωρος,[16]
ἐκεῖ ἑρπετά,[17] ὧν οὐκ ἔστιν ἀριθμός,[18]
ζῷα[19] μικρὰ μετὰ μεγάλων·
26 ἐκεῖ πλοῖα[20] διαπορεύονται,[21]
δράκων[22] οὗτος, ὃν ἔπλασας[23] ἐμπαίζειν[24] αὐτῷ.

27 πάντα πρὸς σὲ προσδοκῶσιν[25]
δοῦναι τὴν τροφὴν[26] αὐτοῖς εὔκαιρον.[27]
28 δόντος σου αὐτοῖς συλλέξουσιν,[28]
ἀνοίξαντος δέ σου τὴν χεῖρα
τὰ σύμπαντα[29] πλησθήσονται[30] χρηστότητος.[31]

1 σελήνη, moon
2 δύσις, setting
3 τίθημι, *aor mid ind 2s*, set up, establish
4 δρυμός, forest
5 σκύμνος, whelp (of a lion)
6 ὠρύομαι, *pres mid ptc nom p m*, roar
7 ἁρπάζω, *aor act inf*, snatch away, carry off
8 βρῶσις, food
9 ἀνατέλλω, *aor act ind 3s*, rise
10 μάνδρα, den (of a lion)
11 κοιτάζω, *fut pas ind 3p*, lie down to sleep
12 ἐργασία, work, labor
13 ἑσπέρα, evening
14 μεγαλύνω, *aor pas ind 3s*, extol, magnify
15 κτῆσις, property, belongings
16 εὐρύχωρος, wide, open
17 ἑρπετόν, critter, crawling thing
18 ἀριθμός, number
19 ζῷον, animal, living thing
20 πλοῖον, ship
21 διαπορεύομαι, *pres mid ind 3p*, pass across
22 δράκων, dragon, serpent
23 πλάσσω, *aor act ind 2s*, form, mold
24 ἐμπαίζω, *pres act inf*, mock, ridicule
25 προσδοκάω, *pres act ind 3p*, wait upon
26 τροφή, provisions
27 εὔκαιρος, well-timed, convenient
28 συλλέγω, *fut act ind 3p*, gather in
29 σύμπας, all things
30 πίμπλημι, *fut pas ind 3p*, fill up
31 χρηστότης, generosity, goodness

29 ἀποστρέψαντος[1] δέ σου τὸ πρόσωπον ταραχθήσονται·[2]
ἀντανελεῖς[3] τὸ πνεῦμα αὐτῶν, καὶ ἐκλείψουσιν[4]
καὶ εἰς τὸν χοῦν[5] αὐτῶν ἐπιστρέψουσιν.
30 ἐξαποστελεῖς[6] τὸ πνεῦμά σου, καὶ κτισθήσονται,[7]
καὶ ἀνακαινιεῖς[8] τὸ πρόσωπον τῆς γῆς.

31 ἤτω[9] ἡ δόξα κυρίου εἰς τὸν αἰῶνα,
εὐφρανθήσεται[10] κύριος ἐπὶ τοῖς ἔργοις αὐτοῦ·
32 ὁ ἐπιβλέπων[11] ἐπὶ τὴν γῆν καὶ ποιῶν αὐτὴν τρέμειν,[12]
ὁ ἁπτόμενος[13] τῶν ὀρέων καὶ καπνίζονται.[14]
33 ᾄσω[15] τῷ κυρίῳ ἐν τῇ ζωῇ μου,
ψαλῶ[16] τῷ θεῷ μου, ἕως ὑπάρχω·
34 ἡδυνθείη[17] αὐτῷ ἡ διαλογή[18] μου,
ἐγὼ δὲ εὐφρανθήσομαι[19] ἐπὶ τῷ κυρίῳ.
35 ἐκλίποισαν[20] ἁμαρτωλοὶ ἀπὸ τῆς γῆς
καὶ ἄνομοι[21] ὥστε μὴ ὑπάρχειν αὐτούς.
εὐλόγει, ἡ ψυχή μου, τὸν κύριον.

104 Αλληλουια.[22]

Ἐξομολογεῖσθε[23] τῷ κυρίῳ καὶ ἐπικαλεῖσθε[24] τὸ ὄνομα αὐτοῦ,
ἀπαγγείλατε ἐν τοῖς ἔθνεσιν τὰ ἔργα αὐτοῦ·
2 ᾄσατε[25] αὐτῷ καὶ ψάλατε[26] αὐτῷ,
διηγήσασθε[27] πάντα τὰ θαυμάσια[28] αὐτοῦ.
3 ἐπαινεῖσθε[29] ἐν τῷ ὀνόματι τῷ ἁγίῳ αὐτοῦ,
εὐφρανθήτω[30] καρδία ζητούντων τὸν κύριον·

1 ἀποστρέφω, *aor act ptc gen s m*, turn away
2 ταράσσω, *fut pas ind 3p*, trouble, unsettle
3 ἀνταναιρέω, *fut act ind 2s*, cause to cease
4 ἐκλείπω, *fut act ind 3p*, faint, fail
5 χοῦς, dust
6 ἐξαποστέλλω, *fut act ind 2s*, send forth
7 κτίζω, *fut pas ind 3p*, create
8 ἀνακαινίζω, *fut act ind 2s*, renew
9 εἰμί, *pres act impv 3s*, be
10 εὐφραίνω, *fut pas ind 3s*, be glad, rejoice
11 ἐπιβλέπω, *pres act ptc nom s m*, look upon
12 τρέμω, *pres act inf*, tremble, shake
13 ἅπτω, *pres mid ptc nom s m*, touch
14 καπνίζω, *pres mid ind 3p*, make smoke
15 ᾄδω, *fut act ind 1s*, sing
16 ψάλλω, *fut act ind 1s*, play music, sing (with an instrument)
17 ἡδύνω, *aor pas opt 3s*, please
18 διαλογή, discourse
19 εὐφραίνω, *fut pas ind 1s*, be glad, rejoice
20 ἐκλείπω, *aor act opt 3p*, come to an end, pass away
21 ἄνομος, lawless
22 αλληλουια, hallelujah, *translit.*
23 ἐξομολογέομαι, *pres mid impv 2p*, praise, give thanks
24 ἐπικαλέω, *pres mid impv 2p*, call upon
25 ᾄδω, *aor act impv 2p*, sing
26 ψάλλω, *aor act impv 2p*, play music, sing (with an instrument)
27 διηγέομαι, *aor mid impv 2p*, tell, describe
28 θαυμάσιος, marvelous (deed)
29 ἐπαινέω, *pres mid ind 2p*, praise
30 εὐφραίνω, *aor pas impv 3s*, be glad, rejoice

4 ζητήσατε τὸν κύριον καὶ κραταιώθητε,[1]
ζητήσατε τὸ πρόσωπον αὐτοῦ διὰ παντός.
5 μνήσθητε[2] τῶν θαυμασίων[3] αὐτοῦ, ὧν ἐποίησεν,
τὰ τέρατα[4] αὐτοῦ καὶ τὰ κρίματα[5] τοῦ στόματος αὐτοῦ,
6 σπέρμα Αβρααμ δοῦλοι αὐτοῦ,
υἱοὶ Ιακωβ ἐκλεκτοὶ[6] αὐτοῦ.

7 αὐτὸς κύριος ὁ θεὸς ἡμῶν,
ἐν πάσῃ τῇ γῇ τὰ κρίματα[7] αὐτοῦ.
8 ἐμνήσθη[8] εἰς τὸν αἰῶνα διαθήκης αὐτοῦ,
λόγου, οὗ ἐνετείλατο[9] εἰς χιλίας[10] γενεάς,
9 ὃν διέθετο[11] τῷ Αβρααμ,
καὶ τοῦ ὅρκου[12] αὐτοῦ τῷ Ισαακ
10 καὶ ἔστησεν αὐτὴν τῷ Ιακωβ εἰς πρόσταγμα[13]
καὶ τῷ Ισραηλ διαθήκην αἰώνιον
11 λέγων Σοὶ δώσω τὴν γῆν Χανααν
σχοίνισμα[14] κληρονομίας[15] ὑμῶν.

12 ἐν τῷ εἶναι αὐτοὺς ἀριθμῷ[16] βραχεῖς,[17]
ὀλιγοστοὺς[18] καὶ παροίκους[19] ἐν αὐτῇ
13 καὶ διῆλθον ἐξ ἔθνους εἰς ἔθνος,
ἐκ βασιλείας εἰς λαὸν ἕτερον·
14 οὐκ ἀφῆκεν ἄνθρωπον ἀδικῆσαι[20] αὐτοὺς
καὶ ἤλεγξεν[21] ὑπὲρ αὐτῶν βασιλεῖς
15 Μὴ ἅπτεσθε[22] τῶν χριστῶν μου
καὶ ἐν τοῖς προφήταις μου μὴ πονηρεύεσθε.[23]

16 καὶ ἐκάλεσεν λιμὸν[24] ἐπὶ τὴν γῆν,
πᾶν στήριγμα[25] ἄρτου συνέτριψεν·[26]
17 ἀπέστειλεν ἔμπροσθεν αὐτῶν ἄνθρωπον,
εἰς δοῦλον ἐπράθη[27] Ιωσηφ.

1 κραταιόω, *aor pas impv 2p*, strengthen
2 μιμνῄσκομαι, *aor pas impv 2p*, remember
3 θαυμάσιος, marvelous (deed)
4 τέρας, sign, wonder
5 κρίμα, judgment
6 ἐκλεκτός, elect, chosen
7 κρίμα, judgment
8 μιμνῄσκομαι, *aor pas ind 3s*, remember
9 ἐντέλλομαι, *aor mid ind 3s*, command
10 χίλιοι, thousand
11 διατίθημι, *aor mid ind 3s*, arrange, establish
12 ὅρκος, oath
13 πρόσταγμα, ordinance
14 σχοίνισμα, allotment, portion
15 κληρονομία, inheritance
16 ἀριθμός, number
17 βραχύς, small
18 ὀλίγος, *sup*, fewest
19 πάροικος, foreigner, sojourner
20 ἀδικέω, *aor act inf*, wrong, harm
21 ἐλέγχω, *aor act ind 3s*, reproach
22 ἅπτω, *pres mid impv 2p*, touch
23 πονηρεύομαι, *pres mid ind 2p*, act wickedly toward
24 λιμός, famine
25 στήριγμα, provision
26 συντρίβω, *aor act ind 3s*, break into pieces
27 πιπράσκω, *aor pas ind 3s*, sell (as a slave)

18 ἐταπείνωσαν[1] ἐν πέδαις[2] τοὺς πόδας αὐτοῦ,
σίδηρον[3] διῆλθεν ἡ ψυχὴ αὐτοῦ
19 μέχρι[4] τοῦ ἐλθεῖν τὸν λόγον αὐτοῦ,
τὸ λόγιον[5] κυρίου ἐπύρωσεν[6] αὐτόν.
20 ἀπέστειλεν βασιλεὺς καὶ ἔλυσεν αὐτόν,
ἄρχων λαῶν, καὶ ἀφῆκεν αὐτόν·
21 κατέστησεν[7] αὐτὸν κύριον τοῦ οἴκου αὐτοῦ
καὶ ἄρχοντα πάσης τῆς κτήσεως[8] αὐτοῦ
22 τοῦ παιδεῦσαι[9] τοὺς ἄρχοντας αὐτοῦ ὡς ἑαυτὸν
καὶ τοὺς πρεσβυτέρους αὐτοῦ σοφίσαι.[10]

23 καὶ εἰσῆλθεν Ισραηλ εἰς Αἴγυπτον,
καὶ Ιακωβ παρῴκησεν[11] ἐν γῇ Χαμ·
24 καὶ ηὔξησεν[12] τὸν λαὸν αὐτοῦ σφόδρα[13]
καὶ ἐκραταίωσεν[14] αὐτὸν ὑπὲρ τοὺς ἐχθροὺς αὐτοῦ.
25 μετέστρεψεν[15] τὴν καρδίαν αὐτῶν τοῦ μισῆσαι τὸν λαὸν αὐτοῦ,
τοῦ δολιοῦσθαι[16] ἐν τοῖς δούλοις αὐτοῦ.

26 ἐξαπέστειλεν[17] Μωυσῆν τὸν δοῦλον αὐτοῦ,
Ααρων, ὃν ἐξελέξατο[18] αὐτόν·
27 ἔθετο ἐν αὐτοῖς τοὺς λόγους τῶν σημείων αὐτοῦ
καὶ τῶν τεράτων[19] ἐν γῇ Χαμ.
28 ἐξαπέστειλεν[20] σκότος, καὶ ἐσκότασεν,[21]
καὶ παρεπίκραναν[22] τοὺς λόγους αὐτοῦ.
29 μετέστρεψεν[23] τὰ ὕδατα αὐτῶν εἰς αἷμα
καὶ ἀπέκτεινεν τοὺς ἰχθύας[24] αὐτῶν.
30 ἐξῆρψεν[25] ἡ γῆ αὐτῶν βατράχους[26]
ἐν τοῖς ταμιείοις[27] τῶν βασιλέων αὐτῶν.

1 ταπεινόω, *aor act ind 3p*, humble, debase
2 πέδη, shackle, chain
3 σίδηρος, iron
4 μέχρι, until
5 λόγιον, word, saying
6 πυρόω, *aor act ind 3s*, purge
7 καθίστημι, *aor act ind 3s*, set over, appoint over
8 κτῆσις, possession
9 παιδεύω, *aor act inf*, instruct
10 σοφίζω, *aor act inf*, make wise
11 παροικέω, *aor act ind 3s*, live as a foreigner
12 αὐξάνω, *aor act ind 3s*, cause to increase
13 σφόδρα, very much
14 κραταιόω, *aor act ind 3s*, strengthen
15 μεταστρέφω, *aor act ind 3s*, alter, change
16 δολιόω, *pres mid inf*, deal treacherously
17 ἐξαποστέλλω, *aor act ind 3s*, send forth
18 ἐκλέγω, *aor mid ind 3s*, choose
19 τέρας, sign, wonder
20 ἐξαποστέλλω, *aor act ind 3s*, send forth
21 σκοτάζω, *aor act ind 3s*, become dark
22 παραπικραίνω, *aor act ind 3p*, rebel against
23 μεταστρέφω, *aor act ind 3s*, change, alter
24 ἰχθύς, fish
25 ἐξέρπω, *aor act ind 3s*, swarm with
26 βάτραχος, frog
27 ταμιεῖον, room, chamber

31 εἶπεν, καὶ ἦλθεν κυνόμυια[1]
καὶ σκνῖπες[2] ἐν πᾶσι τοῖς ὁρίοις[3] αὐτῶν.
32 ἔθετο τὰς βροχὰς[4] αὐτῶν χάλαζαν,[5]
πῦρ καταφλέγον[6] ἐν τῇ γῇ αὐτῶν,
33 καὶ ἐπάταξεν[7] τὰς ἀμπέλους[8] αὐτῶν καὶ τὰς συκᾶς[9] αὐτῶν
καὶ συνέτριψεν[10] πᾶν ξύλον[11] ὁρίου[12] αὐτῶν.
34 εἶπεν, καὶ ἦλθεν ἀκρὶς[13]
καὶ βροῦχος,[14] οὗ οὐκ ἦν ἀριθμός,[15]
35 καὶ κατέφαγεν[16] πάντα τὸν χόρτον[17] ἐν τῇ γῇ αὐτῶν
καὶ κατέφαγεν τὸν καρπὸν τῆς γῆς αὐτῶν.
36 καὶ ἐπάταξεν[18] πᾶν πρωτότοκον[19] ἐν τῇ γῇ αὐτῶν,
ἀπαρχὴν[20] παντὸς πόνου[21] αὐτῶν,
37 καὶ ἐξήγαγεν[22] αὐτοὺς ἐν ἀργυρίῳ[23] καὶ χρυσίῳ[24]
καὶ οὐκ ἦν ἐν ταῖς φυλαῖς αὐτῶν ἀσθενῶν.[25]

38 εὐφράνθη[26] Αἴγυπτος ἐν τῇ ἐξόδῳ[27] αὐτῶν,
ὅτι ἐπέπεσεν[28] ὁ φόβος αὐτῶν ἐπ᾽ αὐτούς.
39 διεπέτασεν[29] νεφέλην[30] εἰς σκέπην[31] αὐτοῖς
καὶ πῦρ τοῦ φωτίσαι[32] αὐτοῖς τὴν νύκτα.
40 ᾔτησαν,[33] καὶ ἦλθεν ὀρτυγομήτρα,[34]
καὶ ἄρτον οὐρανοῦ ἐνέπλησεν[35] αὐτούς·
41 διέρρηξεν[36] πέτραν,[37] καὶ ἐρρύησαν[38] ὕδατα,
ἐπορεύθησαν ἐν ἀνύδροις[39] ποταμοί.[40]
42 ὅτι ἐμνήσθη[41] τοῦ λόγου τοῦ ἁγίου αὐτοῦ
τοῦ πρὸς Αβρααμ τὸν δοῦλον αὐτοῦ

1 κυνόμυια, dog fly
2 σκνίψ, gnat
3 ὅριον, territory, region
4 βροχή, downpour, shower
5 χάλαζα, hail
6 καταφλέγω, *pres act ptc acc s n*, burn up
7 πατάσσω, *aor act ind 3s*, strike, smite
8 ἄμπελος, vine
9 συκῆ, fig tree
10 συντρίβω, *aor act ind 3s*, crush, shatter
11 ξύλον, tree
12 ὅριον, territory, region
13 ἀκρίς, grasshopper
14 βροῦχος, locust
15 ἀριθμός, number
16 κατεσθίω, *aor act ind 3s*, devour
17 χόρτος, grass
18 πατάσσω, *aor act ind 3s*, strike, smite
19 πρωτότοκος, firstborn
20 ἀπαρχή, firstfruits
21 πόνος, toil, labor
22 ἐξάγω, *aor act ind 3s*, bring out
23 ἀργύριον, silver
24 χρυσίον, gold
25 ἀσθενέω, *pres act ptc nom s m*, be weak
26 εὐφραίνω, *aor pas ind 3s*, be glad, rejoice
27 ἔξοδος, departure, exodus
28 ἐπιπίπτω, *aor act ind 3s*, fall upon
29 διαπετάννυμι, *aor act ind 3s*, spread out
30 νεφέλη, cloud
31 σκέπη, covering
32 φωτίζω, *aor act inf*, give light
33 αἰτέω, *aor act ind 3p*, ask for, demand
34 ὀρτυγομήτρα, quail
35 ἐμπίμπλημι, *aor act ind 3s*, fill
36 διαρρήγνυμι, *aor act ind 3s*, split, break in two
37 πέτρα, rock
38 ῥέω, *aor act ind 3p*, flow, stream forth
39 ἄνυδρος, waterless
40 ποταμός, river, (terrain)
41 μιμνήσκομαι, *aor pas ind 3s*, remember

43 καὶ ἐξήγαγεν[1] τὸν λαὸν αὐτοῦ ἐν ἀγαλλιάσει[2]
καὶ τοὺς ἐκλεκτοὺς[3] αὐτοῦ ἐν εὐφροσύνῃ.[4]
44 καὶ ἔδωκεν αὐτοῖς χώρας[5] ἐθνῶν,
καὶ πόνους[6] λαῶν ἐκληρονόμησαν,[7]
45 ὅπως ἂν φυλάξωσιν τὰ δικαιώματα[8] αὐτοῦ
καὶ τὸν νόμον αὐτοῦ ἐκζητήσωσιν.[9]

105 Αλληλουια.[10]

Ἐξομολογεῖσθε[11] τῷ κυρίῳ, ὅτι χρηστός,[12]
ὅτι εἰς τὸν αἰῶνα τὸ ἔλεος[13] αὐτοῦ.
2 τίς λαλήσει τὰς δυναστείας[14] τοῦ κυρίου,
ἀκουστὰς[15] ποιήσει πάσας τὰς αἰνέσεις[16] αὐτοῦ;
3 μακάριοι[17] οἱ φυλάσσοντες κρίσιν
καὶ ποιοῦντες δικαιοσύνην ἐν παντὶ καιρῷ.

4 μνήσθητι[18] ἡμῶν, κύριε, ἐν τῇ εὐδοκίᾳ[19] τοῦ λαοῦ σου,
ἐπίσκεψαι[20] ἡμᾶς ἐν τῷ σωτηρίῳ[21] σου
5 τοῦ ἰδεῖν ἐν τῇ χρηστότητι[22] τῶν ἐκλεκτῶν[23] σου,
τοῦ εὐφρανθῆναι[24] ἐν τῇ εὐφροσύνῃ[25] τοῦ ἔθνους σου,
τοῦ ἐπαινεῖσθαι[26] μετὰ τῆς κληρονομίας[27] σου.
6 ἡμάρτομεν μετὰ τῶν πατέρων ἡμῶν,
ἠνομήσαμεν,[28] ἠδικήσαμεν.[29]
7 οἱ πατέρες ἡμῶν ἐν Αἰγύπτῳ οὐ συνῆκαν[30] τὰ θαυμάσιά[31] σου
οὐκ ἐμνήσθησαν[32] τοῦ πλήθους τοῦ ἐλέους[33] σου
καὶ παρεπίκραναν[34] ἀναβαίνοντες ἐν τῇ ἐρυθρᾷ[35] θαλάσσῃ.

1 ἐξάγω, *aor act ind 3s*, bring out
2 ἀγαλλίασις, great joy, exultation
3 ἐκλεκτός, elect, chosen
4 εὐφροσύνη, joy, gladness
5 χώρα, land, territory
6 πόνος, (product of) labor
7 κληρονομέω, *aor act ind 3p*, acquire, inherit
8 δικαίωμα, ordinance
9 ἐκζητέω, *aor act sub 3p*, seek out
10 αλληλουια, hallelujah, *translit.*
11 ἐξομολογέομαι, *pres mid impv 2p*, praise, give thanks
12 χρηστός, good, kind
13 ἔλεος, mercy
14 δυναστεία, dominion, lordship
15 ἀκουστός, heard, audible
16 αἴνεσις, praise
17 μακάριος, blessed, happy
18 μιμνῄσκομαι, *aor pas impv 2s*, remember
19 εὐδοκία, pleasure, goodwill
20 ἐπισκέπτομαι, *aor mid impv 2s*, visit
21 σωτήριον, salvation
22 χρηστότης, goodness, kindness
23 ἐκλεκτός, elect, chosen
24 εὐφραίνω, *aor pas inf*, be glad, rejoice
25 εὐφροσύνη, joy, gladness
26 ἐπαινέω, *pres pas inf*, praise, commend
27 κληρονομία, possession, inheritance
28 ἀνομέω, *aor act ind 1p*, act lawlessly
29 ἀδικέω, *aor act ind 1p*, act unjustly
30 συνίημι, *aor act ind 3p*, notice, consider
31 θαυμάσιος, marvelous (deed)
32 μιμνῄσκομαι, *aor act ind 3p*, remember
33 ἔλεος, mercy
34 παραπικραίνω, *aor act ind 3p*, provoke (God)
35 ἐρυθρός, red

8 καὶ ἔσωσεν αὐτοὺς ἕνεκεν[1] τοῦ ὀνόματος αὐτοῦ
τοῦ γνωρίσαι[2] τὴν δυναστείαν[3] αὐτοῦ·
9 καὶ ἐπετίμησεν[4] τῇ ἐρυθρᾷ[5] θαλάσσῃ, καὶ ἐξηράνθη,[6]
καὶ ὡδήγησεν[7] αὐτοὺς ἐν ἀβύσσῳ[8] ὡς ἐν ἐρήμῳ·
10 καὶ ἔσωσεν αὐτοὺς ἐκ χειρὸς μισούντων
καὶ ἐλυτρώσατο[9] αὐτοὺς ἐκ χειρὸς ἐχθροῦ·
11 καὶ ἐκάλυψεν[10] ὕδωρ τοὺς θλίβοντας[11] αὐτούς,
εἷς ἐξ αὐτῶν οὐχ ὑπελείφθη.[12]
12 καὶ ἐπίστευσαν ἐν τοῖς λόγοις αὐτοῦ
καὶ ᾖσαν[13] τὴν αἴνεσιν[14] αὐτοῦ.

13 ἐτάχυναν[15] ἐπελάθοντο[16] τῶν ἔργων αὐτοῦ,
οὐχ ὑπέμειναν[17] τὴν βουλὴν[18] αὐτοῦ·
14 καὶ ἐπεθύμησαν[19] ἐπιθυμίαν[20] ἐν τῇ ἐρήμῳ
καὶ ἐπείρασαν[21] τὸν θεὸν ἐν ἀνύδρῳ.[22]
15 καὶ ἔδωκεν αὐτοῖς τὸ αἴτημα[23] αὐτῶν
καὶ ἐξαπέστειλεν[24] πλησμονὴν[25] εἰς τὰς ψυχὰς αὐτῶν.

16 καὶ παρώργισαν[26] Μωυσῆν ἐν τῇ παρεμβολῇ[27]
καὶ Ααρων τὸν ἅγιον κυρίου·
17 ἠνοίχθη ἡ γῆ καὶ κατέπιεν[28] Δαθαν
καὶ ἐκάλυψεν[29] ἐπὶ τὴν συναγωγὴν Αβιρων·
18 καὶ ἐξεκαύθη[30] πῦρ ἐν τῇ συναγωγῇ αὐτῶν,
φλὸξ[31] κατέφλεξεν[32] ἁμαρτωλούς.

19 καὶ ἐποίησαν μόσχον[33] ἐν Χωρηβ
καὶ προσεκύνησαν τῷ γλυπτῷ·[34]

1 ἕνεκα, for the sake of
2 γνωρίζω, *aor act inf*, make known
3 δυναστεία, dominion, lordship
4 ἐπιτιμάω, *aor act ind 3s*, rebuke
5 ἐρυθρός, red
6 ξηραίνω, *aor pas ind 3s*, dry up
7 ὁδηγέω, *aor act ind 3s*, lead, guide
8 ἄβυσσος, deep, abyss
9 λυτρόω, *aor mid ind 3s*, redeem, ransom
10 καλύπτω, *aor act ind 3s*, cover, flood
11 θλίβω, *pres act ptc acc p m*, afflict, oppress
12 ὑπολείπω, *aor pas ind 3s*, remain, leave behind
13 ᾄδω, *aor act ind 3p*, sing
14 αἴνεσις, praise
15 ταχύνω, *aor act ind 3p*, hurry
16 ἐπιλανθάνω, *aor mid ind 3p*, forget
17 ὑπομένω, *aor act ind 3p*, wait on
18 βουλή, counsel, guidance
19 ἐπιθυμέω, *aor act ind 3p*, long for, desire
20 ἐπιθυμία, desire, yearning
21 πειράζω, *aor act ind 3p*, put to the test
22 ἄνυδρος, waterless (place)
23 αἴτημα, demand, request
24 ἐξαποστέλλω, *aor act ind 3s*, send forth
25 πλησμονή, abundance, plenty
26 παροργίζω, *aor act ind 3p*, cause to be angry
27 παρεμβολή, camp
28 καταπίνω, *aor act ind 3s*, swallow
29 καλύπτω, *aor act ind 3s*, cover, envelop
30 ἐκκαίω, *aor pas ind 3s*, kindle, inflame
31 φλόξ, flame
32 καταφλέγω, *aor act ind 3s*, burn up
33 μόσχος, calf
34 γλυπτός, graven image

20 καὶ ἠλλάξαντο[1] τὴν δόξαν αὐτῶν
ἐν ὁμοιώματι[2] μόσχου[3] ἔσθοντος[4] χόρτον.[5]
21 ἐπελάθοντο[6] τοῦ θεοῦ τοῦ σῴζοντος αὐτούς,
τοῦ ποιήσαντος μεγάλα ἐν Αἰγύπτῳ,
22 θαυμαστὰ[7] ἐν γῇ Χαμ,
φοβερὰ[8] ἐπὶ θαλάσσης ἐρυθρᾶς.[9]
23 καὶ εἶπεν τοῦ ἐξολεθρεῦσαι[10] αὐτούς,
εἰ μὴ Μωυσῆς ὁ ἐκλεκτὸς[11] αὐτοῦ
ἔστη ἐν τῇ θραύσει[12] ἐνώπιον αὐτοῦ
τοῦ ἀποστρέψαι[13] τὴν ὀργὴν αὐτοῦ τοῦ μὴ ἐξολεθρεῦσαι.

24 καὶ ἐξουδένωσαν[14] γῆν ἐπιθυμητήν,[15]
οὐκ ἐπίστευσαν τῷ λόγῳ αὐτοῦ·
25 καὶ ἐγόγγυσαν[16] ἐν τοῖς σκηνώμασιν[17] αὐτῶν,
οὐκ εἰσήκουσαν[18] τῆς φωνῆς κυρίου.
26 καὶ ἐπῆρεν[19] τὴν χεῖρα αὐτοῦ αὐτοῖς
τοῦ καταβαλεῖν[20] αὐτοὺς ἐν τῇ ἐρήμῳ
27 καὶ τοῦ καταβαλεῖν[21] τὸ σπέρμα αὐτῶν ἐν τοῖς ἔθνεσιν
καὶ διασκορπίσαι[22] αὐτοὺς ἐν ταῖς χώραις.[23]

28 καὶ ἐτελέσθησαν[24] τῷ Βεελφεγωρ
καὶ ἔφαγον θυσίας[25] νεκρῶν·[26]
29 καὶ παρώξυναν[27] αὐτὸν ἐν τοῖς ἐπιτηδεύμασιν[28] αὐτῶν,
καὶ ἐπληθύνθη[29] ἐν αὐτοῖς ἡ πτῶσις.[30]
30 καὶ ἔστη Φινεες καὶ ἐξιλάσατο,[31]
καὶ ἐκόπασεν[32] ἡ θραῦσις·[33]

1 ἀλλάσσω, *aor mid ind 3p*, exchange, swap
2 ὁμοίωμα, likeness, image
3 μόσχος, calf
4 ἔσθω, *pres act ptc gen s m*, eat
5 χόρτος, grass
6 ἐπιλανθάνω, *aor mid ind 3p*, forget
7 θαυμαστός, marvelous (deed)
8 φοβερός, fearful, terrifying
9 ἐρυθρός, red
10 ἐξολεθρεύω, *aor act inf*, utterly destroy
11 ἐκλεκτός, elect, chosen
12 θραῦσις, place of destruction, (breach)
13 ἀποστρέφω, *aor act inf*, turn aside
14 ἐξουδενόω, *aor act ind 3p*, disdain, scorn
15 ἐπιθυμητός, desirable
16 γογγύζω, *aor act ind 3p*, grumble, complain
17 σκήνωμα, tent, habitation
18 εἰσακούω, *aor act ind 3p*, hear, listen to
19 ἐπαίρω, *aor act ind 3s*, raise up
20 καταβάλλω, *aor act inf*, strike down, cast away
21 καταβάλλω, *aor act inf*, scatter
22 διασκορπίζω, *aor act inf*, disperse
23 χώρα, land, territory
24 τελέω, *aor pas ind 3p*, consecrate, initiate (into a cult)
25 θυσία, sacrifice
26 νεκρός, dead
27 παροξύνω, *aor act ind 3p*, provoke
28 ἐπιτήδευμα, ritual
29 πληθύνω, *aor pas ind 3s*, grow, multiply
30 πτῶσις, downfall, falling
31 ἐξιλάσκομαι, *aor mid ind 3s*, make atonement, propitiate
32 κοπάζω, *aor act ind 3s*, cease
33 θραῦσις, slaughter

31 καὶ ἐλογίσθη[1] αὐτῷ εἰς δικαιοσύνην
εἰς γενεὰν καὶ γενεὰν ἕως τοῦ αἰῶνος.

32 καὶ παρώργισαν[2] αὐτὸν ἐφ᾽ ὕδατος ἀντιλογίας.[3]
καὶ ἐκακώθη[4] Μωυσῆς δι᾽ αὐτούς,
33 ὅτι παρεπίκραναν[5] τὸ πνεῦμα αὐτοῦ,
καὶ διέστειλεν[6] ἐν τοῖς χείλεσιν[7] αὐτοῦ.
34 οὐκ ἐξωλέθρευσαν[8] τὰ ἔθνη,
ἃ εἶπεν κύριος αὐτοῖς,
35 καὶ ἐμίγησαν[9] ἐν τοῖς ἔθνεσιν
καὶ ἔμαθον[10] τὰ ἔργα αὐτῶν·
36 καὶ ἐδούλευσαν[11] τοῖς γλυπτοῖς[12] αὐτῶν,
καὶ ἐγενήθη αὐτοῖς εἰς σκάνδαλον·[13]
37 καὶ ἔθυσαν[14] τοὺς υἱοὺς αὐτῶν
καὶ τὰς θυγατέρας[15] αὐτῶν τοῖς δαιμονίοις[16]
38 καὶ ἐξέχεαν[17] αἷμα ἀθῷον,[18]
αἷμα υἱῶν αὐτῶν καὶ θυγατέρων,[19]
ὧν ἔθυσαν[20] τοῖς γλυπτοῖς[21] Χανααν,
καὶ ἐφονοκτονήθη[22] ἡ γῆ ἐν τοῖς αἵμασιν
39 καὶ ἐμιάνθη[23] ἐν τοῖς ἔργοις αὐτῶν,
καὶ ἐπόρνευσαν[24] ἐν τοῖς ἐπιτηδεύμασιν[25] αὐτῶν.

40 καὶ ὠργίσθη[26] θυμῷ[27] κύριος ἐπὶ τὸν λαὸν αὐτοῦ
καὶ ἐβδελύξατο[28] τὴν κληρονομίαν[29] αὐτοῦ·
41 καὶ παρέδωκεν αὐτοὺς εἰς χεῖρας ἐθνῶν,
καὶ ἐκυρίευσαν[30] αὐτῶν οἱ μισοῦντες αὐτούς·

1 λογίζομαι, *aor pas ind 3s*, reckon, count
2 παροργίζω, *aor act ind 3p*, cause to be angry
3 ἀντιλογία, controversy, quarrel
4 κακόω, *aor pas ind 3s*, deal harshly
5 παραπικραίνω, *aor act ind 3p*, make bitter
6 διαστέλλω, *aor act ind 3s*, separate, divide
7 χεῖλος, lip
8 ἐξολεθρεύω, *aor act ind 3p*, utterly destroy
9 μίγνυμι, *aor pas ind 3p*, mix together, comingle
10 μανθάνω, *aor act ind 3p*, learn
11 δουλεύω, *aor act ind 3p*, serve
12 γλυπτός, graven image
13 σκάνδαλον, offense, cause of stumbling
14 θύω, *aor act ind 3p*, sacrifice
15 θυγάτηρ, daughter
16 δαιμόνιον, demon, pagan god
17 ἐκχέω, *aor act ind 3p*, spill
18 ἀθῷος, innocent
19 θυγάτηρ, daughter
20 θύω, *aor act ind 3p*, sacrifice
21 γλυπτός, graven image
22 φονοκτονέω, *aor pas ind 3s*, defile
23 μιαίνω, *aor pas ind 3s*, profane, pollute
24 πορνεύω, *aor act ind 3p*, fornicate
25 ἐπιτήδευμα, ritual, custom
26 ὀργίζω, *aor pas ind 3s*, enrage
27 θυμός, anger, wrath
28 βδελύσσω, *aor mid ind 3s*, detest
29 κληρονομία, possession, inheritance
30 κυριεύω, *aor act ind 3p*, dominate, rule over

42 καὶ ἔθλιψαν[1] αὐτοὺς οἱ ἐχθροὶ αὐτῶν,
καὶ ἐταπεινώθησαν[2] ὑπὸ τὰς χεῖρας αὐτῶν.
43 πλεονάκις[3] ἐρρύσατο[4] αὐτούς,
αὐτοὶ δὲ παρεπίκραναν[5] αὐτὸν ἐν τῇ βουλῇ[6] αὐτῶν
καὶ ἐταπεινώθησαν[7] ἐν ταῖς ἀνομίαις[8] αὐτῶν.
44 καὶ εἶδεν ἐν τῷ θλίβεσθαι[9] αὐτοὺς
ἐν τῷ αὐτὸν εἰσακοῦσαι[10] τῆς δεήσεως[11] αὐτῶν·
45 καὶ ἐμνήσθη[12] τῆς διαθήκης αὐτοῦ
καὶ μετεμελήθη[13] κατὰ τὸ πλῆθος τοῦ ἐλέους[14] αὐτοῦ
46 καὶ ἔδωκεν αὐτοὺς εἰς οἰκτιρμοὺς[15]
ἐναντίον[16] πάντων τῶν αἰχμαλωτισάντων[17] αὐτούς.

47 σῶσον ἡμᾶς, κύριε ὁ θεὸς ἡμῶν,
καὶ ἐπισυνάγαγε[18] ἡμᾶς ἐκ τῶν ἐθνῶν
τοῦ ἐξομολογήσασθαι[19] τῷ ὀνόματι τῷ ἁγίῳ σου,
τοῦ ἐγκαυχᾶσθαι[20] ἐν τῇ αἰνέσει[21] σου.

48 Εὐλογητὸς[22] κύριος ὁ θεὸς Ισραηλ
ἀπὸ τοῦ αἰῶνος καὶ ἕως τοῦ αἰῶνος.
καὶ ἐρεῖ πᾶς ὁ λαός
Γένοιτο[23] γένοιτο.

1 θλίβω, *aor act ind 3p*, afflict, oppress
2 ταπεινόω, *aor pas ind 3p*, bring low
3 πλεονάκις, many times, frequently
4 ῥύομαι, *aor mid ind 3s*, rescue, deliver
5 παραπικραίνω, *aor act ind 3p*, provoke, make bitter
6 βουλή, intention
7 ταπεινόω, *aor pas ind 3p*, bring low, abase
8 ἀνομία, transgression, lawlessness
9 θλίβω, *pres mid inf*, afflict, oppress
10 εἰσακούω, *aor act inf*, hear, listen
11 δέησις, supplication, entreaty
12 μιμνῄσκομαι, *aor pas ind 3s*, remember
13 μεταμέλομαι, *aor pas ind 3s*, repent
14 ἔλεος, mercy
15 οἰκτιρμός, compassion
16 ἐναντίον, before
17 αἰχμαλωτίζω, *aor act ptc gen p m*, take captive
18 ἐπισυνάγω, *aor act impv 2s*, gather together
19 ἐξομολογέομαι, *aor mid inf*, praise, profess
20 ἐγκαυχάομαι, *pres mid inf*, boast in, exult in
21 αἴνεσις, praise
22 εὐλογητός, blessed
23 γίνομαι, *aor mid opt 3s*, be

ΨΑΛΜΟΙ Ε′
Psalms (Book V)

106 Αλληλουια.[1]

Ἐξομολογεῖσθε[2] τῷ κυρίῳ, ὅτι χρηστός,[3]
ὅτι εἰς τὸν αἰῶνα τὸ ἔλεος[4] αὐτοῦ
2 εἰπάτωσαν οἱ λελυτρωμένοι[5] ὑπὸ κυρίου,
οὓς ἐλυτρώσατο[6] ἐκ χειρὸς ἐχθροῦ.
3 ἐκ τῶν χωρῶν[7] συνήγαγεν αὐτοὺς
ἀπὸ ἀνατολῶν[8] καὶ δυσμῶν[9] καὶ βορρᾶ[10] καὶ θαλάσσης.[11]

4 ἐπλανήθησαν ἐν τῇ ἐρήμῳ ἐν ἀνύδρῳ,[12]
ὁδὸν πόλεως κατοικητηρίου[13] οὐχ εὗρον
5 πεινῶντες[14] καὶ διψῶντες,[15]
ἡ ψυχὴ αὐτῶν ἐν αὐτοῖς ἐξέλιπεν·[16]
6 καὶ ἐκέκραξαν πρὸς κύριον ἐν τῷ θλίβεσθαι[17] αὐτούς,
καὶ ἐκ τῶν ἀναγκῶν[18] αὐτῶν ἐρρύσατο[19] αὐτοὺς
7 καὶ ὡδήγησεν[20] αὐτοὺς εἰς ὁδὸν εὐθεῖαν[21]
τοῦ πορευθῆναι εἰς πόλιν κατοικητηρίου.[22]
8 ἐξομολογησάσθωσαν[23] τῷ κυρίῳ τὰ ἐλέη[24] αὐτοῦ
καὶ τὰ θαυμάσια[25] αὐτοῦ τοῖς υἱοῖς τῶν ἀνθρώπων,

1 αλληλουια, hallelujah, *translit.*
2 ἐξομολογέομαι, *pres mid impv 2p*, praise, give thanks
3 χρηστός, good, kind
4 ἔλεος, mercy
5 λυτρόω, *perf pas ptc nom p m*, ransom, redeem
6 λυτρόω, *aor mid ind 3s*, ransom, redeem
7 χώρα, land, territory
8 ἀνατολή, east
9 δυσμή, west
10 βορρᾶς, north
11 θάλασσα, (direction of the) sea
12 ἄνυδρος, waterless (place)
13 κατοικητήριον, dwelling, habitation
14 πεινάω, *pres act ptc nom p m*, be hungry
15 διψάω, *pres act ptc nom p m*, be thirsty
16 ἐκλείπω, *aor act ind 3s*, faint, fail
17 θλίβω, *pres pas inf*, afflict, oppress
18 ἀνάγκη, tribulation
19 ῥύομαι, *aor mid ind 3s*, rescue, deliver
20 ὁδηγέω, *aor act ind 3s*, guide, lead
21 εὐθύς, straight
22 κατοικητήριον, dwelling, habitation
23 ἐξομολογέομαι, *aor mid impv 3p*, praise, acknowledge
24 ἔλεος, mercy
25 θαυμάσιος, marvelous (deed)

9 ὅτι ἐχόρτασεν[1] ψυχὴν κενὴν[2]
καὶ ψυχὴν πεινῶσαν[3] ἐνέπλησεν[4] ἀγαθῶν.
10 καθημένους ἐν σκότει καὶ σκιᾷ[5] θανάτου,
πεπεδημένους[6] ἐν πτωχείᾳ[7] καὶ σιδήρῳ,[8]
11 ὅτι παρεπίκραναν[9] τὰ λόγια[10] τοῦ θεοῦ
καὶ τὴν βουλὴν[11] τοῦ ὑψίστου[12] παρώξυναν,[13]
12 καὶ ἐταπεινώθη[14] ἐν κόποις[15] ἡ καρδία αὐτῶν,
ἠσθένησαν,[16] καὶ οὐκ ἦν ὁ βοηθῶν·[17]
13 καὶ ἐκέκραξαν πρὸς κύριον ἐν τῷ θλίβεσθαι[18] αὐτούς,
καὶ ἐκ τῶν ἀναγκῶν[19] αὐτῶν ἔσωσεν αὐτοὺς
14 καὶ ἐξήγαγεν[20] αὐτοὺς ἐκ σκότους καὶ σκιᾶς[21] θανάτου
καὶ τοὺς δεσμοὺς[22] αὐτῶν διέρρηξεν.[23]
15 ἐξομολογησάσθωσαν[24] τῷ κυρίῳ τὰ ἐλέη[25] αὐτοῦ
καὶ τὰ θαυμάσια[26] αὐτοῦ τοῖς υἱοῖς τῶν ἀνθρώπων,
16 ὅτι συνέτριψεν[27] πύλας[28] χαλκᾶς[29]
καὶ μοχλοὺς[30] σιδηροῦς[31] συνέκλασεν.[32]

17 ἀντελάβετο[33] αὐτῶν ἐξ ὁδοῦ ἀνομίας[34] αὐτῶν,
διὰ γὰρ τὰς ἀνομίας αὐτῶν ἐταπεινώθησαν·[35]
18 πᾶν βρῶμα[36] ἐβδελύξατο[37] ἡ ψυχὴ αὐτῶν,
καὶ ἤγγισαν ἕως τῶν πυλῶν[38] τοῦ θανάτου·
19 καὶ ἐκέκραξαν πρὸς κύριον ἐν τῷ θλίβεσθαι[39] αὐτούς,
καὶ ἐκ τῶν ἀναγκῶν[40] αὐτῶν ἔσωσεν αὐτούς,

1 χορτάζω, *aor act ind 3s*, feed, satisfy
2 κενός, empty
3 πεινάω, *pres act ptc acc s f*, be hungry
4 ἐμπίμπλημι, *aor act ind 3s*, fill up
5 σκιά, shadow
6 πεδάω, *perf pas ptc acc p m*, bind
7 πτωχεία, poverty
8 σίδηρος, iron (chain)
9 παραπικραίνω, *aor act ind 3p*, rebel against
10 λόγιον, word, oracle
11 βουλή, counsel
12 ὕψιστος, *sup*, Most High
13 παροξύνω, *aor act ind 3p*, exasperate
14 ταπεινόω, *aor pas ind 3s*, bring low, abase
15 κόπος, difficulty
16 ἀσθενέω, *aor act ind 3p*, weaken
17 βοηθέω, *pres act ptc nom s m*, help, aid
18 θλίβω, *pres pas inf*, afflict, oppress
19 ἀνάγκη, tribulation
20 ἐξάγω, *aor act ind 3s*, bring out
21 σκιά, shadow
22 δεσμός, bonds, chains
23 διαρρήγνυμι, *aor act ind 3s*, split, break
24 ἐξομολογέομαι, *aor mid impv 3p*, praise, acknowledge
25 ἔλεος, mercy
26 θαυμάσιος, marvelous (deed)
27 συντρίβω, *aor act ind 3s*, crush, shatter
28 πύλη, gate
29 χαλκοῦς, bronze
30 μοχλός, bar
31 σιδηροῦς, iron
32 συγκλάω, *aor act ind 3s*, break
33 ἀντιλαμβάνομαι, *aor mid ind 3s*, take hold of
34 ἀνομία, transgression, lawlessness
35 ταπεινόω, *aor pas ind 3p*, bring low, humble
36 βρῶμα, food
37 βδελύσσω, *aor mid ind 3s*, treat as abominable
38 πύλη, gate
39 θλίβω, *pres mid inf*, afflict, oppress
40 ἀνάγκη, tribulation

20 ἀπέστειλεν τὸν λόγον αὐτοῦ καὶ ἰάσατο[1] αὐτοὺς
καὶ ἐρρύσατο[2] αὐτοὺς ἐκ τῶν διαφθορῶν[3] αὐτῶν.
21 ἐξομολογησάσθωσαν[4] τῷ κυρίῳ τὰ ἐλέη[5] αὐτοῦ
καὶ τὰ θαυμάσια[6] αὐτοῦ τοῖς υἱοῖς τῶν ἀνθρώπων
22 καὶ θυσάτωσαν[7] θυσίαν[8] αἰνέσεως[9]
καὶ ἐξαγγειλάτωσαν[10] τὰ ἔργα αὐτοῦ ἐν ἀγαλλιάσει.[11]

23 οἱ καταβαίνοντες εἰς τὴν θάλασσαν ἐν πλοίοις[12]
ποιοῦντες ἐργασίαν[13] ἐν ὕδασι πολλοῖς,
24 αὐτοὶ εἴδοσαν τὰ ἔργα κυρίου
καὶ τὰ θαυμάσια[14] αὐτοῦ ἐν τῷ βυθῷ·[15]
25 εἶπεν, καὶ ἔστη πνεῦμα καταιγίδος,[16]
καὶ ὑψώθη[17] τὰ κύματα[18] αὐτῆς·
26 ἀναβαίνουσιν ἕως τῶν οὐρανῶν
καὶ καταβαίνουσιν ἕως τῶν ἀβύσσων,[19]
ἡ ψυχὴ αὐτῶν ἐν κακοῖς ἐτήκετο,[20]
27 ἐταράχθησαν,[21] ἐσαλεύθησαν[22] ὡς ὁ μεθύων,[23]
καὶ πᾶσα ἡ σοφία αὐτῶν κατεπόθη·[24]
28 καὶ ἐκέκραξαν πρὸς κύριον ἐν τῷ θλίβεσθαι[25] αὐτούς,
καὶ ἐκ τῶν ἀναγκῶν[26] αὐτῶν ἐξήγαγεν[27] αὐτοὺς
29 καὶ ἐπέταξεν[28] τῇ καταιγίδι,[29] καὶ ἔστη εἰς αὔραν,[30]
καὶ ἐσίγησαν[31] τὰ κύματα[32] αὐτῆς·
30 καὶ εὐφράνθησαν,[33] ὅτι ἡσύχασαν,[34]
καὶ ὡδήγησεν[35] αὐτοὺς ἐπὶ λιμένα[36] θελήματος[37] αὐτῶν.

1 ἰάομαι, *aor mid ind 3s*, heal, restore
2 ῥύομαι, *aor mid ind 3s*, rescue, deliver
3 διαφθορά, destruction
4 ἐξομολογέομαι, *aor mid impv 3p*, praise, acknowledge
5 ἔλεος, mercy
6 θαυμάσιος, marvelous (deed)
7 θύω, *aor act impv 3p*, sacrifice
8 θυσία, sacrifice
9 αἴνεσις, praise
10 ἐξαγγέλλω, *aor act impv 3p*, proclaim, make known
11 ἀγαλλίασις, great joy, exultation
12 πλοῖον, ship
13 ἐργασία, work
14 θαυμάσιος, marvelous (deed)
15 βυθός, depths, deep
16 καταιγίς, storm, squall
17 ὑψόω, *aor pas ind 3s*, rise
18 κῦμα, wave
19 ἄβυσσος, deep, abyss
20 τήκω, *impf pas ind 3s*, waste away, melt
21 ταράσσω, *aor pas ind 3p*, trouble, unsettle
22 σαλεύω, *aor pas ind 3p*, rock, sway
23 μεθύω, *pres act ptc nom s m*, become drunk
24 καταπίνω, *aor pas ind 3s*, swallow up
25 θλίβω, *pres pas inf*, afflict, oppress
26 ἀνάγκη, tribulation
27 ἐξάγω, *aor act ind 3s*, bring out
28 ἐπιτάσσω, *aor act ind 3s*, order, command
29 καταιγίς, storm, squall
30 αὔρα, breeze
31 σιγάω, *aor act ind 3p*, become silent
32 κῦμα, wave
33 εὐφραίνω, *aor pas ind 3p*, be glad, rejoice
34 ἡσυχάζω, *aor act ind 3p*, be at rest
35 ὁδηγέω, *aor act ind 3s*, guide, lead
36 λιμήν, harbor
37 θέλημα, will, desire

31 ἐξομολογησάσθωσαν[1] τῷ κυρίῳ τὰ ἐλέη[2] αὐτοῦ
καὶ τὰ θαυμάσια[3] αὐτοῦ τοῖς υἱοῖς τῶν ἀνθρώπων,
32 ὑψωσάτωσαν[4] αὐτὸν ἐν ἐκκλησίᾳ λαοῦ
καὶ ἐν καθέδρᾳ[5] πρεσβυτέρων αἰνεσάτωσαν[6] αὐτόν.

33 ἔθετο ποταμοὺς[7] εἰς ἔρημον
καὶ διεξόδους[8] ὑδάτων εἰς δίψαν,[9]
34 γῆν καρποφόρον[10] εἰς ἅλμην[11]
ἀπὸ κακίας[12] τῶν κατοικούντων ἐν αὐτῇ.
35 ἔθετο ἔρημον εἰς λίμνας[13] ὑδάτων
καὶ γῆν ἄνυδρον[14] εἰς διεξόδους[15] ὑδάτων
36 καὶ κατῴκισεν[16] ἐκεῖ πεινῶντας,[17]
καὶ συνεστήσαντο[18] πόλιν κατοικεσίας[19]
37 καὶ ἔσπειραν[20] ἀγροὺς καὶ ἐφύτευσαν[21] ἀμπελῶνας[22]
καὶ ἐποίησαν καρπὸν γενήματος,[23]
38 καὶ εὐλόγησεν αὐτούς, καὶ ἐπληθύνθησαν[24] σφόδρα,[25]
καὶ τὰ κτήνη[26] αὐτῶν οὐκ ἐσμίκρυνεν.[27]

39 καὶ ὠλιγώθησαν[28] καὶ ἐκακώθησαν[29]
ἀπὸ θλίψεως κακῶν καὶ ὀδύνης.[30]
40 ἐξεχύθη[31] ἐξουδένωσις[32] ἐπ᾽ ἄρχοντας,
καὶ ἐπλάνησεν αὐτοὺς ἐν ἀβάτῳ[33] καὶ οὐχ ὁδῷ.
41 καὶ ἐβοήθησεν[34] πένητι[35] ἐκ πτωχείας[36]
καὶ ἔθετο ὡς πρόβατα πατριάς.[37]

1 ἐξομολογέομαι, *aor mid impv 3p*, praise, acknowledge
2 ἔλεος, mercy
3 θαυμάσιος, marvelous (deed)
4 ὑψόω, *aor act impv 3p*, lift high, exalt
5 καθέδρα, session, seat
6 αἰνέω, *aor act impv 3p*, praise
7 ποταμός, river
8 διέξοδος, stream, spring
9 δίψα, thirst
10 καρποφόρος, fruitful
11 ἅλμη, salt marsh
12 κακία, wickedness
13 λίμνη, lake
14 ἄνυδρος, waterless
15 διέξοδος, stream, spring
16 κατοικίζω, *aor act ind 3s*, settle, cause to dwell
17 πεινάω, *pres act ptc acc p m*, be hungry
18 συνίστημι, *aor mid ind 3p*, set up
19 κατοικεσία, dwelling, habitation
20 σπείρω, *aor act ind 3p*, sow
21 φυτεύω, *aor act ind 3p*, plant
22 ἀμπελών, vineyard
23 γένημα, produce, yield
24 πληθύνω, *aor pas ind 3p*, multiply
25 σφόδρα, profusely
26 κτῆνος, animal, (*p*) herd
27 σμικρύνω, *aor act ind 3s*, diminish
28 ὀλιγόω, *aor pas ind 3p*, make few, decrease
29 κακόω, *aor pas ind 3p*, afflict, treat wrongly
30 ὀδύνη, grief, pain
31 ἐκχέω, *aor pas ind 3s*, pour out
32 ἐξουδένωσις, scorn
33 ἄβατος, impassable (place), wasteland
34 βοηθέω, *aor act ind 3s*, help, aid
35 πένης, poor
36 πτωχεία, poverty
37 πατριά, paternal lineage

42 ὄψονται εὐθεῖς[1] καὶ εὐφρανθήσονται,[2]
καὶ πᾶσα ἀνομία[3] ἐμφράξει[4] τὸ στόμα αὐτῆς.
43 τίς σοφὸς[5] καὶ φυλάξει ταῦτα
καὶ συνήσουσιν[6] τὰ ἐλέη[7] τοῦ κυρίου;

107 Ὠιδὴ[8] ψαλμοῦ τῷ Δαυιδ.

2 Ἑτοίμη[9] ἡ καρδία μου, ὁ θεός, ἑτοίμη ἡ καρδία μου,
ᾄσομαι[10] καὶ ψαλῶ[11] ἐν τῇ δόξῃ μου.
3 ἐξεγέρθητι,[12] ψαλτήριον[13] καὶ κιθάρα·[14]
ἐξεγερθήσομαι[15] ὄρθρου.[16]
4 ἐξομολογήσομαί[17] σοι ἐν λαοῖς, κύριε,
καὶ ψαλῶ[18] σοι ἐν ἔθνεσιν,
5 ὅτι μέγα ἐπάνω[19] τῶν οὐρανῶν τὸ ἔλεός[20] σου
καὶ ἕως τῶν νεφελῶν[21] ἡ ἀλήθειά σου.

6 ὑψώθητι[22] ἐπὶ τοὺς οὐρανούς, ὁ θεός,
καὶ ἐπὶ πᾶσαν τὴν γῆν ἡ δόξα σου.
7 ὅπως ἂν ῥυσθῶσιν[23] οἱ ἀγαπητοί[24] σου,
σῶσον τῇ δεξιᾷ σου καὶ ἐπάκουσόν[25] μου.

8 ὁ θεὸς ἐλάλησεν ἐν τῷ ἁγίῳ αὐτοῦ
Ὑψωθήσομαι[26] καὶ διαμεριῶ[27] Σικιμα
καὶ τὴν κοιλάδα[28] τῶν σκηνῶν[29] διαμετρήσω·[30]
9 ἐμός ἐστιν Γαλααδ, καὶ ἐμός ἐστιν Μανασση,
καὶ Εφραιμ ἀντίλημψις[31] τῆς κεφαλῆς μου,
Ιουδας βασιλεύς μου·

1 εὐθύς, upright (one)
2 εὐφραίνω, *fut pas ind 3p*, be glad, rejoice
3 ἀνομία, transgression, lawlessness
4 ἐμφράσσω, *fut act ind 3s*, stop up
5 σοφός, wise
6 συνίημι, *fut act ind 3p*, consider, comprehend
7 ἔλεος, mercy
8 ᾠδή, song
9 ἕτοιμος, prepared
10 ᾄδω, *fut mid ind 1s*, sing
11 ψάλλω, *fut act ind 1s*, play music, sing (with an instrument)
12 ἐξεγείρω, *aor pas impv 2s*, awaken, stir up
13 ψαλτήριον, harp
14 κιθάρα, lyre
15 ἐξεγείρω, *fut pas ind 1s*, awaken, stir up
16 ὄρθρος, early morning
17 ἐξομολογέομαι, *fut mid ind 1s*, confess, acknowledge
18 ψάλλω, *fut act ind 1s*, play music, sing (with an instrument)
19 ἐπάνω, over, above
20 ἔλεος, mercy
21 νεφέλη, cloud
22 ὑψόω, *aor pas impv 2s*, lift high, exalt
23 ῥύομαι, *aor pas sub 3p*, rescue, deliver
24 ἀγαπητός, beloved
25 ἐπακούω, *aor act impv 2s*, hear, listen to
26 ὑψόω, *fut pas ind 1s*, lift high, exalt
27 διαμερίζω, *fut act ind 1s*, divide
28 κοιλάς, valley
29 σκηνή, tent
30 διαμετρέω, *fut act ind 1s*, measure out
31 ἀντίλημψις, support

10 Μωαβ λέβης[1] τῆς ἐλπίδος μου,
ἐπὶ τὴν Ιδουμαίαν ἐκτενῶ[2] τὸ ὑπόδημά[3] μου,
ἐμοὶ ἀλλόφυλοι[4] ὑπετάγησαν.[5]

11 τίς ἀπάξει[6] με εἰς πόλιν περιοχῆς;[7]
τίς ὁδηγήσει[8] με ἕως τῆς Ιδουμαίας;
12 οὐχὶ σύ, ὁ θεός, ὁ ἀπωσάμενος[9] ἡμᾶς;
καὶ οὐκ ἐξελεύσῃ, ὁ θεός, ἐν ταῖς δυνάμεσιν ἡμῶν.
13 δὸς ἡμῖν βοήθειαν[10] ἐκ θλίψεως·
καὶ ματαία[11] σωτηρία ἀνθρώπου.
14 ἐν τῷ θεῷ ποιήσομεν δύναμιν,
καὶ αὐτὸς ἐξουδενώσει[12] τοὺς ἐχθροὺς ἡμῶν.

108 Εἰς τὸ τέλος· τῷ Δαυιδ ψαλμός.

Ὁ θεός, τὴν αἴνεσίν[13] μου μὴ παρασιωπήσῃς,[14]

2 ὅτι στόμα ἁμαρτωλοῦ καὶ στόμα δολίου[15] ἐπ᾽ ἐμὲ ἠνοίχθη,
ἐλάλησαν κατ᾽ ἐμοῦ γλώσσῃ δολίᾳ
3 καὶ λόγοις μίσους[16] ἐκύκλωσάν[17] με
καὶ ἐπολέμησάν με δωρεάν.[18]
4 ἀντὶ[19] τοῦ ἀγαπᾶν με ἐνδιέβαλλόν[20] με,
ἐγὼ δὲ προσευχόμην·
5 καὶ ἔθεντο κατ᾽ ἐμοῦ κακὰ ἀντὶ[21] ἀγαθῶν
καὶ μῖσος[22] ἀντὶ τῆς ἀγαπήσεώς[23] μου.

6 κατάστησον[24] ἐπ᾽ αὐτὸν ἁμαρτωλόν,
καὶ διάβολος[25] στήτω ἐκ δεξιῶν αὐτοῦ·
7 ἐν τῷ κρίνεσθαι αὐτὸν ἐξέλθοι[26] καταδεδικασμένος,[27]
καὶ ἡ προσευχὴ αὐτοῦ γενέσθω εἰς ἁμαρτίαν.

1 λέβης, kettle, cauldron
2 ἐκτείνω, *fut act ind 1s*, put forth
3 ὑπόδημα, sandal
4 ἀλλόφυλος, foreign
5 ὑποτάσσω, *aor pas ind 3p*, subject to
6 ἀπάγω, *fut act ind 3s*, lead away
7 περιοχή, fortified
8 ὁδηγέω, *fut act ind 3s*, guide, lead
9 ἀπωθέω, *aor mid ptc nom s m*, thrust away
10 βοήθεια, help, aid
11 μάταιος, useless, vain
12 ἐξουδενόω, *fut act ind 3s*, disdain, scorn
13 αἴνεσις, praise
14 παρασιωπάω, *aor act sub 2s*, pass over in silence
15 δόλιος, deceitful
16 μῖσος, hatred
17 κυκλόω, *aor act ind 3p*, encircle
18 δωρεάν, without cause
19 ἀντί, in return for
20 ἐνδιαβάλλω, *impf act ind 3p*, accuse falsely, slander
21 ἀντί, in return for
22 μῖσος, hatred
23 ἀγάπησις, affection, love
24 καθίστημι, *aor act impv 2s*, set in place, appoint
25 διάβολος, accuser, adversary
26 ἐξέρχομαι, *aor act opt 3s*, go out
27 καταδικάζω, *perf pas ptc nom s m*, judge guilty

8 γενηθήτωσαν αἱ ἡμέραι αὐτοῦ ὀλίγαι,[1]
καὶ τὴν ἐπισκοπὴν[2] αὐτοῦ λάβοι[3] ἕτερος·
9 γενηθήτωσαν οἱ υἱοὶ αὐτοῦ ὀρφανοὶ[4]
καὶ ἡ γυνὴ αὐτοῦ χήρα·[5]
10 σαλευόμενοι[6] μεταναστήτωσαν[7] οἱ υἱοὶ αὐτοῦ καὶ ἐπαιτησάτωσαν,[8]
ἐκβληθήτωσαν ἐκ τῶν οἰκοπέδων[9] αὐτῶν.
11 ἐξερευνησάτω[10] δανειστὴς[11] πάντα, ὅσα ὑπάρχει αὐτῷ,
διαρπασάτωσαν[12] ἀλλότριοι[13] τοὺς πόνους[14] αὐτοῦ·
12 μὴ ὑπαρξάτω αὐτῷ ἀντιλήμπτωρ,[15]
μηδὲ γενηθήτω οἰκτίρμων[16] τοῖς ὀρφανοῖς[17] αὐτοῦ·
13 γενηθήτω τὰ τέκνα αὐτοῦ εἰς ἐξολέθρευσιν,[18]
ἐν γενεᾷ μιᾷ ἐξαλειφθήτω[19] τὸ ὄνομα αὐτοῦ.
14 ἀναμνησθείη[20] ἡ ἀνομία[21] τῶν πατέρων αὐτοῦ ἔναντι[22] κυρίου,
καὶ ἡ ἁμαρτία τῆς μητρὸς αὐτοῦ μὴ ἐξαλειφθείη·[23]
15 γενηθήτωσαν ἔναντι[24] κυρίου διὰ παντός,
καὶ ἐξολεθρευθείη[25] ἐκ γῆς τὸ μνημόσυνον[26] αὐτῶν,
16 ἀνθ᾿ ὧν[27] οὐκ ἐμνήσθη[28] τοῦ ποιῆσαι ἔλεος[29]
καὶ κατεδίωξεν[30] ἄνθρωπον πένητα[31] καὶ πτωχὸν[32]
καὶ κατανενυγμένον[33] τῇ καρδίᾳ τοῦ θανατῶσαι.[34]
17 καὶ ἠγάπησεν κατάραν,[35]
καὶ ἥξει[36] αὐτῷ·
καὶ οὐκ ἠθέλησεν εὐλογίαν,[37]
καὶ μακρυνθήσεται[38] ἀπ᾿ αὐτοῦ.

1 ὀλίγος, few
2 ἐπισκοπή, (office of) oversight
3 λαμβάνω, *aor act opt 3s*, take
4 ὀρφανός, orphan
5 χήρα, widow
6 σαλεύω, *pres pas ptc nom p m*, shake, sway
7 μετανίστημι, *aor act impv 3p*, wander around
8 ἐπαιτέω, *aor act impv 3p*, beg
9 οἰκόπεδον, homestead
10 ἐξερευνάω, *aor act impv 3s*, examine, investigate
11 δανειστής, creditor
12 διαρπάζω, *aor act impv 3p*, plunder
13 ἀλλότριος, stranger
14 πόνος, (product of) labor
15 ἀντιλήμπτωρ, help, aid
16 οἰκτίρμων, (one who is) merciful
17 ὀρφανός, orphan
18 ἐξολέθρευσις, destruction
19 ἐξαλείφω, *aor pas impv 3s*, wipe out
20 ἀναμιμνῄσκω, *aor pas opt 3s*, recall to memory
21 ἀνομία, transgression, lawlessness
22 ἔναντι, in the presence of
23 ἐξαλείφω, *aor pas opt 3s*, wipe out
24 ἔναντι, in the presence of
25 ἐξολεθρεύω, *aor pas opt 3s*, utterly destroy
26 μνημόσυνον, memory
27 ἀνθ᾿ ὧν, because
28 μιμνῄσκομαι, *aor pas ind 3s*, remember
29 ἔλεος, mercy
30 καταδιώκω, *aor act ind 3s*, chase down, pursue closely
31 πένης, needy, poor
32 πτωχός, poor
33 κατανύσσω, *perf pas ptc acc s m*, pierce with sorrow
34 θανατόω, *aor act inf*, put to death
35 κατάρα, curse
36 ἥκω, *fut act ind 3s*, come
37 εὐλογία, blessing
38 μακρύνω, *fut pas ind 3s*, be far away

18 καὶ ἐνεδύσατο[1] κατάραν[2] ὡς ἱμάτιον,
καὶ εἰσῆλθεν ὡς ὕδωρ εἰς τὰ ἔγκατα[3] αὐτοῦ
καὶ ὡσεὶ[4] ἔλαιον[5] ἐν τοῖς ὀστέοις[6] αὐτοῦ·
19 γενηθήτω αὐτῷ ὡς ἱμάτιον, ὃ περιβάλλεται,[7]
καὶ ὡσεὶ[8] ζώνη,[9] ἣν διὰ παντὸς περιζώννυται.[10]

20 τοῦτο τὸ ἔργον τῶν ἐνδιαβαλλόντων[11] με παρὰ κυρίου
καὶ τῶν λαλούντων πονηρὰ κατὰ τῆς ψυχῆς μου.
21 καὶ σύ, κύριε κύριε,
ποίησον μετ᾽ ἐμοῦ ἔλεος[12] ἕνεκεν[13] τοῦ ὀνόματός σου,
ὅτι χρηστὸν[14] τὸ ἔλεός σου.
22 ῥῦσαί[15] με, ὅτι πτωχὸς[16] καὶ πένης[17] ἐγώ εἰμι,
καὶ ἡ καρδία μου τετάρακται[18] ἐντός[19] μου.
23 ὡσεὶ[20] σκιὰ[21] ἐν τῷ ἐκκλῖναι[22] αὐτὴν ἀντανῃρέθην,[23]
ἐξετινάχθην[24] ὡσεὶ[25] ἀκρίδες.[26]
24 τὰ γόνατά[27] μου ἠσθένησαν[28] ἀπὸ νηστείας,[29]
καὶ ἡ σάρξ μου ἠλλοιώθη[30] δι᾽ ἔλαιον.[31]
25 καὶ ἐγὼ ἐγενήθην ὄνειδος[32] αὐτοῖς·
εἴδοσάν με, ἐσάλευσαν[33] κεφαλὰς αὐτῶν.

26 βοήθησόν[34] μοι, κύριε ὁ θεός μου,
σῶσόν με κατὰ τὸ ἔλεός[35] σου,
27 καὶ γνώτωσαν ὅτι ἡ χείρ σου αὕτη
καὶ σύ, κύριε, ἐποίησας αὐτήν.

1 ἐνδύω, *aor mid ind 3s*, clothe in, put on
2 κατάρα, curse
3 ἔγκατα, entrails, inner body
4 ὡσεί, like, as
5 ἔλαιον, oil
6 ὀστέον, bone
7 περιβάλλω, *pres mid ind 3s*, cover with, clothe with
8 ὡσεί, like, as
9 ζωνή, belt
10 περιζώννυμι, *pres mid ind 3s*, gird oneself with
11 ἐνδιαβάλλω, *pres act ptc gen p m*, accuse falsely, slander
12 ἔλεος, mercy
13 ἕνεκα, on behalf of
14 χρηστός, good, bountiful
15 ῥύομαι, *aor mid impv 2s*, rescue, deliver
16 πτωχός, poor
17 πένης, needy
18 ταράσσω, *perf pas ind 3s*, trouble, unsettle
19 ἐντός, within
20 ὡσεί, like, as
21 σκιά, shadow
22 ἐκκλίνω, *aor act inf*, turn aside, (fade)
23 ἀνταναιρέω, *aor pas ind 1s*, bring to an end
24 ἐκτινάσσω, *aor pas ind 1s*, shake off
25 ὡσεί, like, as
26 ἀκρίς, locust
27 γόνυ, knee
28 ἀσθενέω, *aor act ind 3p*, weaken
29 νηστεία, fasting
30 ἀλλοιόω, *aor pas ind 3s*, change, alter
31 ἔλαιον, oil
32 ὄνειδος, disgrace, object of reproach
33 σαλεύω, *aor act ind 3p*, shake
34 βοηθέω, *aor act impv 2s*, help, aid
35 ἔλεος, mercy

28 καταράσονται[1] αὐτοί, καὶ σὺ εὐλογήσεις·[2]
οἱ ἐπανιστανόμενοί[3] μοι αἰσχυνθήτωσαν,[4]
ὁ δὲ δοῦλός σου εὐφρανθήσεται.[5]
29 ἐνδυσάσθωσαν[6] οἱ ἐνδιαβάλλοντές[7] με ἐντροπὴν[8]
καὶ περιβαλέσθωσαν[9] ὡσεὶ[10] διπλοΐδα[11] αἰσχύνην[12] αὐτῶν.
30 ἐξομολογήσομαι[13] τῷ κυρίῳ σφόδρα[14] ἐν τῷ στόματί μου
καὶ ἐν μέσῳ πολλῶν αἰνέσω[15] αὐτόν,
31 ὅτι παρέστη[16] ἐκ δεξιῶν πένητος[17]
τοῦ σῶσαι ἐκ τῶν καταδιωκόντων[18] τὴν ψυχήν μου.

109 Τῷ Δαυιδ ψαλμός.

Εἶπεν ὁ κύριος τῷ κυρίῳ μου Κάθου ἐκ δεξιῶν μου,
ἕως ἂν θῶ τοὺς ἐχθρούς σου ὑποπόδιον[19] τῶν ποδῶν σου.
2 ῥάβδον[20] δυνάμεώς σου ἐξαποστελεῖ[21] κύριος ἐκ Σιων,
καὶ κατακυρίευε[22] ἐν μέσῳ τῶν ἐχθρῶν σου.
3 μετὰ σοῦ ἡ ἀρχὴ ἐν ἡμέρᾳ τῆς δυνάμεώς σου
ἐν ταῖς λαμπρότησιν[23] τῶν ἁγίων·
ἐκ γαστρὸς[24] πρὸ ἑωσφόρου[25] ἐξεγέννησά[26] σε.
4 ὤμοσεν[27] κύριος καὶ οὐ μεταμεληθήσεται[28]
Σὺ εἶ ἱερεὺς εἰς τὸν αἰῶνα κατὰ τὴν τάξιν[29] Μελχισεδεκ.
5 κύριος ἐκ δεξιῶν σου συνέθλασεν[30] ἐν ἡμέρᾳ ὀργῆς αὐτοῦ βασιλεῖς·

1 καταράομαι, *fut mid ind 3p*, curse
2 εὐλογέω, *fut act ind 2s*, bless
3 ἐπανίστημι, *pres mid ptc nom p m*, rise against
4 αἰσχύνω, *aor pas impv 3p*, put to shame
5 εὐφραίνω, *fut pas ind 3s*, rejoice
6 ἐνδύω, *aor mid impv 3p*, put on, clothe in
7 ἐνδιαβάλλω, *pres act ptc nom p m*, accuse falsely, slander
8 ἐντροπή, shame
9 περιβάλλω, *aor mid impv 3p*, cover with, clothe with
10 ὡσεί, like, as
11 διπλοΐς, double cloak
12 αἰσχύνη, dishonor, humiliation
13 ἐξομολογέομαι, *fut mid ind 1s*, praise, give thanks
14 σφόδρα, greatly
15 αἰνέω, *fut act ind 1s*, praise
16 παρίστημι, *aor act ind 3s*, stand near
17 πένης, poor, needy
18 καταδιώκω, *pres act ptc gen p m*, pursue closely
19 ὑποπόδιον, footstool
20 ῥάβδος, rod, staff
21 ἐξαποστέλλω, *fut act ind 3s*, send forth
22 κατακυριεύω, *pres act impv 2s*, exercise dominion
23 λαμπρότης, splendor, brightness
24 γαστήρ, womb
25 ἑωσφόρος, morning (star)
26 ἐκγεννάω, *aor act ind 1s*, beget
27 ὄμνυμι, *aor act ind 3s*, swear an oath
28 μεταμέλομαι, *fut pas ind 3s*, change one's mind
29 τάξις, order, line
30 συνθλάω, *aor act ind 3s*, crush, break into pieces

6 κρινεῖ ἐν τοῖς ἔθνεσιν,
πληρώσει πτώματα,[1]
συνθλάσει[2] κεφαλὰς ἐπὶ γῆς πολλῶν.
7 ἐκ χειμάρρου[3] ἐν ὁδῷ πίεται·
διὰ τοῦτο ὑψώσει[4] κεφαλήν.

110

Αλληλουια.[5]

Ἐξομολογήσομαί[6] σοι, κύριε, ἐν ὅλῃ καρδίᾳ μου
ἐν βουλῇ[7] εὐθείων[8] καὶ συναγωγῇ.
2 μεγάλα τὰ ἔργα κυρίου,
ἐξεζητημένα[9] εἰς πάντα τὰ θελήματα[10] αὐτοῦ·
3 ἐξομολόγησις[11] καὶ μεγαλοπρέπεια[12] τὸ ἔργον αὐτοῦ,
καὶ ἡ δικαιοσύνη αὐτοῦ μένει εἰς τὸν αἰῶνα τοῦ αἰῶνος.
4 μνείαν[13] ἐποιήσατο τῶν θαυμασίων[14] αὐτοῦ,
ἐλεήμων[15] καὶ οἰκτίρμων[16] ὁ κύριος·
5 τροφὴν[17] ἔδωκεν τοῖς φοβουμένοις αὐτόν,
μνησθήσεται[18] εἰς τὸν αἰῶνα διαθήκης αὐτοῦ.
6 ἰσχὺν[19] ἔργων αὐτοῦ ἀνήγγειλεν[20] τῷ λαῷ αὐτοῦ
τοῦ δοῦναι αὐτοῖς κληρονομίαν[21] ἐθνῶν.
7 ἔργα χειρῶν αὐτοῦ ἀλήθεια καὶ κρίσις·
πισταὶ πᾶσαι αἱ ἐντολαὶ αὐτοῦ,
8 ἐστηριγμέναι[22] εἰς τὸν αἰῶνα τοῦ αἰῶνος,
πεποιημέναι ἐν ἀληθείᾳ καὶ εὐθύτητι.[23]
9 λύτρωσιν[24] ἀπέστειλεν τῷ λαῷ αὐτοῦ,
ἐνετείλατο[25] εἰς τὸν αἰῶνα διαθήκην αὐτοῦ·
ἅγιον καὶ φοβερὸν[26] τὸ ὄνομα αὐτοῦ.

1 πτῶμα, corpse
2 συνθλάω, *fut act ind 3s*, crush, break into pieces
3 χείμαρρος, brook
4 ὑψόω, *fut act ind 3s*, lift up
5 αλληλουια, hallelujah, *translit.*
6 ἐξομολογέομαι, *fut mid ind 1s*, praise, give thanks
7 βουλή, council
8 εὐθύς, upright
9 ἐκζητέω, *perf pas ptc nom p n*, search out
10 θέλημα, will, desire
11 ἐξομολόγησις, confession (of praise)
12 μεγαλοπρέπεια, majesty
13 μνεία, mention
14 θαυμάσιος, marvelous (deed)
15 ἐλεήμων, merciful
16 οἰκτίρμων, compassionate
17 τροφή, provision
18 μιμνῄσκομαι, *fut pas ind 3s*, remember
19 ἰσχύς, strength
20 ἀναγγέλλω, *aor act ind 3s*, declare, proclaim
21 κληρονομία, inheritance
22 στηρίζω, *perf pas ptc nom p f*, establish
23 εὐθύτης, uprightness
24 λύτρωσις, ransom, redemption
25 ἐντέλλομαι, *aor mid ind 3s*, command
26 φοβερός, fearful

10 ἀρχὴ σοφίας φόβος κυρίου,
σύνεσις[1] ἀγαθὴ πᾶσι τοῖς ποιοῦσιν αὐτήν.
ἡ αἴνεσις[2] αὐτοῦ μένει εἰς τὸν αἰῶνα τοῦ αἰῶνος.

111 Αλληλουια.[3]

Μακάριος[4] ἀνὴρ ὁ φοβούμενος τὸν κύριον,
ἐν ταῖς ἐντολαῖς αὐτοῦ θελήσει σφόδρα·[5]
2 δυνατὸν ἐν τῇ γῇ ἔσται τὸ σπέρμα αὐτοῦ,
γενεὰ εὐθείων[6] εὐλογηθήσεται·
3 δόξα καὶ πλοῦτος[7] ἐν τῷ οἴκῳ αὐτοῦ,
καὶ ἡ δικαιοσύνη αὐτοῦ μένει εἰς τὸν αἰῶνα τοῦ αἰῶνος.
4 ἐξανέτειλεν[8] ἐν σκότει φῶς τοῖς εὐθέσιν[9]
ἐλεήμων[10] καὶ οἰκτίρμων[11] καὶ δίκαιος.
5 χρηστὸς[12] ἀνὴρ ὁ οἰκτίρων[13] καὶ κιχρῶν,[14]
οἰκονομήσει[15] τοὺς λόγους αὐτοῦ ἐν κρίσει·
6 ὅτι εἰς τὸν αἰῶνα οὐ σαλευθήσεται,[16]
εἰς μνημόσυνον[17] αἰώνιον ἔσται δίκαιος.
7 ἀπὸ ἀκοῆς[18] πονηρᾶς οὐ φοβηθήσεται·
ἑτοίμη[19] ἡ καρδία αὐτοῦ ἐλπίζειν ἐπὶ κύριον.
8 ἐστήρικται[20] ἡ καρδία αὐτοῦ, οὐ μὴ φοβηθῇ,
ἕως οὗ ἐπίδῃ[21] ἐπὶ τοὺς ἐχθροὺς αὐτοῦ
9 ἐσκόρπισεν,[22] ἔδωκεν τοῖς πένησιν·[23]
ἡ δικαιοσύνη αὐτοῦ μένει εἰς τὸν αἰῶνα τοῦ αἰῶνος,
τὸ κέρας[24] αὐτοῦ ὑψωθήσεται[25] ἐν δόξῃ.
10 ἁμαρτωλὸς ὄψεται καὶ ὀργισθήσεται,[26]
τοὺς ὀδόντας[27] αὐτοῦ βρύξει[28] καὶ τακήσεται·[29]
ἐπιθυμία[30] ἁμαρτωλῶν ἀπολεῖται.

1 σύνεσις, understanding
2 αἴνεσις, praise
3 αλληλουια, hallelujah, *translit.*
4 μακάριος, blessed, happy
5 σφόδρα, greatly, very much
6 εὐθύς, upright
7 πλοῦτος, wealth, riches
8 ἐξανατέλλω, *aor act ind 3s*, come forth, arise
9 εὐθύς, upright
10 ἐλεήμων, merciful
11 οἰκτίρμων, compassionate
12 χρηστός, good, kind
13 οἰκτίρω, *pres act ptc nom s m*, have compassion
14 κιχράω, *pres act ptc nom s m*, lend (money)
15 οἰκονομέω, *fut act ind 3s*, conduct
16 σαλεύω, *fut pas ind 3s*, shake, disturb
17 μνημόσυνον, remembrance
18 ἀκοή, news, report
19 ἕτοιμος, prepared, ready
20 στηρίζω, *perf pas ind 3s*, strengthen, make firm
21 ἐφοράω, *aor act sub 3s*, look upon, behold
22 σκορπίζω, *aor act ind 3s*, scatter
23 πένης, needy, poor
24 κέρας, horn
25 ὑψόω, *fut pas ind 3s*, lift high
26 ὀργίζω, *fut pas ind 3s*, make angry
27 ὀδούς, tooth
28 βρύχω, *fut act ind 3s*, grind
29 τήκω, *fut pas ind 3s*, waste away, melt
30 ἐπιθυμία, desire, longing

112 Αλληλουια.[1]

Αἰνεῖτε,[2] παῖδες,[3] κύριον,
αἰνεῖτε τὸ ὄνομα κυρίου·
2 εἴη[4] τὸ ὄνομα κυρίου εὐλογημένον
ἀπὸ τοῦ νῦν καὶ ἕως τοῦ αἰῶνος·
3 ἀπὸ ἀνατολῶν[5] ἡλίου μέχρι[6] δυσμῶν[7]
αἰνεῖτε[8] τὸ ὄνομα κυρίου.
4 ὑψηλὸς[9] ἐπὶ πάντα τὰ ἔθνη ὁ κύριος,
ἐπὶ τοὺς οὐρανοὺς ἡ δόξα αὐτοῦ.

5 τίς ὡς κύριος ὁ θεὸς ἡμῶν
ὁ ἐν ὑψηλοῖς[10] κατοικῶν
6 καὶ τὰ ταπεινὰ[11] ἐφορῶν[12]
ἐν τῷ οὐρανῷ καὶ ἐν τῇ γῇ;
7 ὁ ἐγείρων[13] ἀπὸ γῆς πτωχὸν[14]
καὶ ἀπὸ κοπρίας[15] ἀνυψῶν[16] πένητα[17]
8 τοῦ καθίσαι αὐτὸν μετὰ ἀρχόντων,
μετὰ ἀρχόντων λαοῦ αὐτοῦ·
9 ὁ κατοικίζων[18] στεῖραν[19] ἐν οἴκῳ
μητέρα τέκνων εὐφραινομένην.[20]

113 Αλληλουια.[21]

Ἐν ἐξόδῳ[22] Ισραηλ ἐξ Αἰγύπτου,
οἴκου Ιακωβ ἐκ λαοῦ βαρβάρου[23]
2 ἐγενήθη Ιουδαία ἁγίασμα[24] αὐτοῦ,
Ισραηλ ἐξουσία[25] αὐτοῦ.

3 ἡ θάλασσα εἶδεν καὶ ἔφυγεν,[26]
ὁ Ιορδάνης ἐστράφη[27] εἰς τὰ ὀπίσω·

1 αλληλουια, hallelujah, *translit.*
2 αἰνέω, *pres act impv 2p*, praise
3 παῖς, servant
4 εἰμί, *pres act opt 3s*, be
5 ἀνατολή, rising
6 μέχρι, until, to
7 δυσμή, setting
8 αἰνέω, *pres act impv 2p*, praise
9 ὑψηλός, exalted, high
10 ὑψηλός, high (place)
11 ταπεινός, lowly, humble
12 ἐφοράω, *pres act ptc nom s m*, look upon
13 ἐγείρω, *pres act ptc nom s m*, raise up
14 πτωχός, poor
15 κοπρία, dung heap, refuse pile
16 ἀνυψόω, *pres act ptc nom s m*, lift up
17 πένης, needy
18 κατοικίζω, *pres act ptc nom s m*, cause to dwell
19 στεῖρα, barren
20 εὐφραίνω, *pres pas ptc acc s f*, be joyful
21 αλληλουια, hallelujah, *translit.*
22 ἔξοδος, exodus, departure
23 βάρβαρος, foreign, barbarous
24 ἁγίασμα, sanctuary
25 ἐξουσία, authority
26 φεύγω, *aor act ind 3s*, flee
27 στρέφω, *aor pas ind 3s*, turn

4 τὰ ὄρη ἐσκίρτησαν[1] ὡσεὶ[2] κριοὶ[3]
καὶ οἱ βουνοὶ[4] ὡς ἀρνία[5] προβάτων.

5 τί σοί ἐστιν, θάλασσα, ὅτι ἔφυγες,[6]
καὶ σοί, Ιορδάνη, ὅτι ἀνεχώρησας[7] εἰς τὰ ὀπίσω;
6 τὰ ὄρη, ὅτι ἐσκιρτήσατε[8] ὡσεὶ[9] κριοί,[10]
καὶ οἱ βουνοὶ[11] ὡς ἀρνία[12] προβάτων;

7 ἀπὸ προσώπου κυρίου ἐσαλεύθη[13] ἡ γῆ,
ἀπὸ προσώπου τοῦ θεοῦ Ιακωβ
8 τοῦ στρέψαντος[14] τὴν πέτραν[15] εἰς λίμνας[16] ὑδάτων
καὶ τὴν ἀκρότομον[17] εἰς πηγὰς[18] ὑδάτων.

9 μὴ ἡμῖν, κύριε, μὴ ἡμῖν,
ἀλλ᾽ ἢ τῷ ὀνόματί σου δὸς δόξαν
ἐπὶ τῷ ἐλέει[19] σου καὶ τῇ ἀληθείᾳ σου,
10 μήποτε[20] εἴπωσιν τὰ ἔθνη
Ποῦ ἐστιν ὁ θεὸς αὐτῶν;

11 ὁ δὲ θεὸς ἡμῶν ἐν τῷ οὐρανῷ ἄνω·[21]
ἐν τοῖς οὐρανοῖς καὶ ἐν τῇ γῇ
πάντα, ὅσα ἠθέλησεν, ἐποίησεν.
12 τὰ εἴδωλα[22] τῶν ἐθνῶν ἀργύριον[23] καὶ χρυσίον,[24]
ἔργα χειρῶν ἀνθρώπων·
13 στόμα ἔχουσιν καὶ οὐ λαλήσουσιν,
ὀφθαλμοὺς ἔχουσιν καὶ οὐκ ὄψονται,
14 ὦτα ἔχουσιν καὶ οὐκ ἀκούσονται,
ῥῖνας[25] ἔχουσιν καὶ οὐκ ὀσφρανθήσονται,[26]
15 χεῖρας ἔχουσιν καὶ οὐ ψηλαφήσουσιν,[27]
πόδας ἔχουσιν καὶ οὐ περιπατήσουσιν,
οὐ φωνήσουσιν[28] ἐν τῷ λάρυγγι[29] αὐτῶν.

1 σκιρτάω, *aor act ind 3p*, leap, bound
2 ὡσεί, like, as
3 κριός, ram
4 βουνός, hill
5 ἀρνίον, lamb
6 φεύγω, *aor act ind 2s*, flee
7 ἀναχωρέω, *aor act ind 2s*, withdraw, recoil
8 σκιρτάω, *aor act ind 2p*, leap, bound
9 ὡσεί, like, as
10 κριός, ram
11 βουνός, hill
12 ἀρνίον, lamb
13 σαλεύω, *aor pas ind 3s*, shake, cause to tremble
14 στρέφω, *aor act ptc gen s m*, change
15 πέτρα, rock
16 λίμνη, pool
17 ἀκρότομος, flint
18 πηγή, spring
19 ἔλεος, mercy
20 μήποτε, lest
21 ἄνω, above
22 εἴδωλον, image, idol
23 ἀργύριον, silver
24 χρυσίον, gold
25 ῥίς, nose
26 ὀσφραίνομαι, *fut pas ind 3p*, smell
27 ψηλαφάω, *fut act ind 3p*, touch, feel
28 φωνέω, *fut act ind 3p*, make a sound, utter
29 λάρυγξ, throat

16 ὅμοιοι[1] αὐτοῖς γένοιντο[2] οἱ ποιοῦντες αὐτὰ
καὶ πάντες οἱ πεποιθότες ἐπ᾽ αὐτοῖς.

17 οἶκος Ισραηλ ἤλπισεν ἐπὶ κύριον·
βοηθὸς[3] αὐτῶν καὶ ὑπερασπιστὴς[4] αὐτῶν ἐστιν.
18 οἶκος Ααρων ἤλπισεν ἐπὶ κύριον·
βοηθὸς[5] αὐτῶν καὶ ὑπερασπιστὴς[6] αὐτῶν ἐστιν.
19 οἱ φοβούμενοι τὸν κύριον ἤλπισαν ἐπὶ κύριον·
βοηθὸς[7] αὐτῶν καὶ ὑπερασπιστὴς[8] αὐτῶν ἐστιν.

20 κύριος ἐμνήσθη[9] ἡμῶν καὶ εὐλόγησεν ἡμᾶς,
εὐλόγησεν τὸν οἶκον Ισραηλ,
εὐλόγησεν τὸν οἶκον Ααρων,
21 εὐλόγησεν τοὺς φοβουμένους τὸν κύριον,
τοὺς μικροὺς μετὰ τῶν μεγάλων.

22 προσθείη[10] κύριος ἐφ᾽ ὑμᾶς,
ἐφ᾽ ὑμᾶς καὶ ἐπὶ τοὺς υἱοὺς ὑμῶν·
23 εὐλογημένοι ὑμεῖς τῷ κυρίῳ
τῷ ποιήσαντι τὸν οὐρανὸν καὶ τὴν γῆν.

24 ὁ οὐρανὸς τοῦ οὐρανοῦ τῷ κυρίῳ,
τὴν δὲ γῆν ἔδωκεν τοῖς υἱοῖς τῶν ἀνθρώπων.
25 οὐχ οἱ νεκροὶ[11] αἰνέσουσίν[12] σε, κύριε,
οὐδὲ πάντες οἱ καταβαίνοντες εἰς ᾅδου,[13]
26 ἀλλ᾽ ἡμεῖς οἱ ζῶντες εὐλογήσομεν τὸν κύριον
ἀπὸ τοῦ νῦν καὶ ἕως τοῦ αἰῶνος.

114 Αλληλουια.[14]

Ἠγάπησα, ὅτι εἰσακούσεται[15] κύριος
τῆς φωνῆς τῆς δεήσεώς[16] μου,
2 ὅτι ἔκλινεν[17] τὸ οὖς αὐτοῦ ἐμοί,
καὶ ἐν ταῖς ἡμέραις μου ἐπικαλέσομαι.[18]

1 ὅμοιος, like, similar to
2 γίνομαι, *aor mid opt 3p*, be, become
3 βοηθός, helper
4 ὑπερασπιστής, protector, one who holds a shield
5 βοηθός, helper
6 ὑπερασπιστής, protector, one who holds a shield
7 βοηθός, helper
8 ὑπερασπιστής, protector, one who holds a shield
9 μιμνήσκομαι, *aor pas ind 3s*, remember
10 προστίθημι, *aor act opt 3s*, add to
11 νεκρός, dead
12 αἰνέω, *fut act ind 3p*, praise
13 ᾅδης, Hades, underworld
14 αλληλουια, hallelujah, *translit.*
15 εἰσακούω, *fut mid ind 3s*, hear, listen
16 δέησις, supplication, entreaty
17 κλίνω, *aor act ind 3s*, incline
18 ἐπικαλέω, *fut mid ind 1s*, call upon

3 περιέσχον[1] με ὠδῖνες[2] θανάτου,
κίνδυνοι[3] ᾅδου[4] εὕροσάν με·
θλῖψιν καὶ ὀδύνην[5] εὗρον.
4 καὶ τὸ ὄνομα κυρίου ἐπεκαλεσάμην[6]
Ὦ[7] κύριε, ῥῦσαι[8] τὴν ψυχήν μου.

5 ἐλεήμων[9] ὁ κύριος καὶ δίκαιος,
καὶ ὁ θεὸς ἡμῶν ἐλεᾷ.[10]
6 φυλάσσων τὰ νήπια[11] ὁ κύριος·
ἐταπεινώθην,[12] καὶ ἔσωσέν με.
7 ἐπίστρεψον, ἡ ψυχή μου, εἰς τὴν ἀνάπαυσίν[13] σου,
ὅτι κύριος εὐηργέτησέν[14] σε,
8 ὅτι ἐξείλατο[15] τὴν ψυχήν μου ἐκ θανάτου,
τοὺς ὀφθαλμούς μου ἀπὸ δακρύων[16]
καὶ τοὺς πόδας μου ἀπὸ ὀλισθήματος.[17]
9 εὐαρεστήσω[18] ἐναντίον[19] κυρίου ἐν χώρᾳ[20] ζώντων.

115 Αλληλουια.[21]

Ἐπίστευσα, διὸ[22] ἐλάλησα·
ἐγὼ δὲ ἐταπεινώθην[23] σφόδρα.[24]
2 ἐγὼ εἶπα ἐν τῇ ἐκστάσει[25] μου
Πᾶς ἄνθρωπος ψεύστης.[26]

3 τί ἀνταποδώσω[27] τῷ κυρίῳ
περὶ πάντων, ὧν ἀνταπέδωκέν[28] μοι;

1 περιέχω, *aor act ind 3p*, surround, encompass
2 ὠδίν, pain
3 κίνδυνος, danger, distress
4 ᾅδης, Hades, underworld
5 ὀδύνη, grief, anguish
6 ἐπικαλέω, *aor mid ind 1s*, call upon
7 ὦ, O!
8 ῥύομαι, *aor mid impv 2s*, rescue, deliver
9 ἐλεήμων, merciful
10 ἐλεάω, *pres act ind 3s*, show mercy to
11 νήπιος, infant
12 ταπεινόω, *aor pas ind 1s*, bring low, debase
13 ἀνάπαυσις, rest
14 εὐεργετέω, *aor act ind 3s*, show kindness to
15 ἐξαιρέω, *aor mid ind 3s*, rescue, deliver
16 δάκρυον, tear
17 ὀλίσθημα, slipping, falling
18 εὐαρεστέω, *fut act ind 1s*, be pleasing
19 ἐναντίον, before
20 χώρα, land, territory
21 αλληλουια, hallelujah, *translit.*
22 διό, therefore
23 ταπεινόω, *aor pas ind 1s*, bring low, humble
24 σφόδρα, very much, greatly
25 ἔκστασις, dismay, astonishment
26 ψεύστης, liar
27 ἀνταποδίδωμι, *fut act ind 1s*, render in return, repay
28 ἀνταποδίδωμι, *aor act ind 3s*, recompense

4 ποτήριον[1] σωτηρίου[2] λήμψομαι
καὶ τὸ ὄνομα κυρίου ἐπικαλέσομαι.[3]
6 τίμιος[4] ἐναντίον[5] κυρίου
ὁ θάνατος τῶν ὁσίων[6] αὐτοῦ.
7 ὦ[7] κύριε, ἐγὼ δοῦλος σός,[8]
ἐγὼ δοῦλος σὸς καὶ υἱὸς τῆς παιδίσκης[9] σου.
διέρρηξας[10] τοὺς δεσμούς[11] μου,
8 σοὶ θύσω[12] θυσίαν[13] αἰνέσεως·[14]
9 τὰς εὐχάς[15] μου τῷ κυρίῳ ἀποδώσω
ἐναντίον[16] παντὸς τοῦ λαοῦ αὐτοῦ
10 ἐν αὐλαῖς[17] οἴκου κυρίου
ἐν μέσῳ σου, Ιερουσαλημ.

116 Αλληλουια.[18]

Αἰνεῖτε[19] τὸν κύριον, πάντα τὰ ἔθνη,
ἐπαινέσατε[20] αὐτόν, πάντες οἱ λαοί,
2 ὅτι ἐκραταιώθη[21] τὸ ἔλεος[22] αὐτοῦ ἐφ᾽ ἡμᾶς,
καὶ ἡ ἀλήθεια τοῦ κυρίου μένει εἰς τὸν αἰῶνα.

117 Αλληλουια.[23]

Ἐξομολογεῖσθε[24] τῷ κυρίῳ, ὅτι ἀγαθός,
ὅτι εἰς τὸν αἰῶνα τὸ ἔλεος[25] αὐτοῦ.

2 εἰπάτω δὴ[26] οἶκος Ισραηλ ὅτι ἀγαθός,
ὅτι εἰς τὸν αἰῶνα τὸ ἔλεος[27] αὐτοῦ·

1 ποτήριον, cup
2 σωτήριον, salvation
3 ἐπικαλέω, *fut mid ind 1s*, call upon
4 τίμιος, precious, valuable
5 ἐναντίον, before
6 ὅσιος, holy (one)
7 ὦ, O!
8 σός, your
9 παιδίσκη, female servant
10 διαρρήγνυμι, *aor act ind 2s*, split, break
11 δεσμός, bonds, chains
12 θύω, *fut act ind 1s*, sacrifice
13 θυσία, sacrifice
14 αἴνεσις, praise
15 εὐχή, vow
16 ἐναντίον, before
17 αὐλή, court
18 αλληλουια, hallelujah, *translit.*
19 αἰνέω, *pres act impv 2p*, praise
20 ἐπαινέω, *aor act impv 2p*, laud
21 κραταιόω, *aor pas ind 3s*, (confirm), strengthen
22 ἔλεος, mercy
23 αλληλουια, hallelujah, *translit.*
24 ἐξομολογέομαι, *pres mid impv 2p*, praise, give thanks
25 ἔλεος, mercy
26 δή, indeed, now
27 ἔλεος, mercy

3 εἰπάτω δὴ[1] οἶκος Ααρων ὅτι ἀγαθός,
ὅτι εἰς τὸν αἰῶνα τὸ ἔλεος[2] αὐτοῦ·
4 εἰπάτωσαν δὴ[3] πάντες οἱ φοβούμενοι τὸν κύριον ὅτι ἀγαθός,
ὅτι εἰς τὸν αἰῶνα τὸ ἔλεος[4] αὐτοῦ.

5 ἐν θλίψει ἐπεκαλεσάμην[5] τὸν κύριον,
καὶ ἐπήκουσέν[6] μου εἰς πλατυσμόν.[7]
6 κύριος ἐμοὶ βοηθός,[8]
οὐ φοβηθήσομαι τί ποιήσει μοι ἄνθρωπος.
7 κύριος ἐμοὶ βοηθός,[9]
κἀγὼ[10] ἐπόψομαι[11] τοὺς ἐχθρούς μου.
8 ἀγαθὸν πεποιθέναι ἐπὶ κύριον
ἢ πεποιθέναι ἐπ᾽ ἄνθρωπον·
9 ἀγαθὸν ἐλπίζειν ἐπὶ κύριον
ἢ ἐλπίζειν ἐπ᾽ ἄρχοντας.

10 πάντα τὰ ἔθνη ἐκύκλωσάν[12] με,
καὶ τῷ ὀνόματι κυρίου ἠμυνάμην[13] αὐτούς·
11 κυκλώσαντες[14] ἐκύκλωσάν[15] με,
καὶ τῷ ὀνόματι κυρίου ἠμυνάμην[16] αὐτούς·
12 ἐκύκλωσάν[17] με ὡσεὶ[18] μέλισσαι[19] κηρίον[20]
καὶ ἐξεκαύθησαν[21] ὡσεὶ πῦρ ἐν ἀκάνθαις,[22]
καὶ τῷ ὀνόματι κυρίου ἠμυνάμην[23] αὐτούς.
13 ὠσθεὶς[24] ἀνετράπην[25] τοῦ πεσεῖν,
καὶ ὁ κύριος ἀντελάβετό[26] μου.
14 ἰσχύς[27] μου καὶ ὕμνησίς[28] μου ὁ κύριος
καὶ ἐγένετό μοι εἰς σωτηρίαν.[29]

1 δή, indeed, now
2 ἔλεος, mercy
3 δή, indeed, now
4 ἔλεος, mercy
5 ἐπικαλέω, *aor mid ind 1s*, call upon
6 ἐπακούω, *aor act ind 3s*, listen to
7 εἰς πλατυσμόν, at length
8 βοηθός, helper
9 βοηθός, helper
10 κἀγώ, I also, *cr.* καὶ ἐγώ
11 ἐφοράω, *fut mid ind 1s*, look upon
12 κυκλόω, *aor act ind 3p*, encircle, surround
13 ἀμύνω, *aor mid ind 1s*, defend against
14 κυκλόω, *aor act ptc nom p m*, encircle, surround
15 κυκλόω, *aor act ind 3p*, encircle, surround
16 ἀμύνω, *aor mid ind 1s*, defend against
17 κυκλόω, *aor act ind 3p*, encircle, surround
18 ὡσεί, like, as
19 μέλισσα, bee
20 κηρίον, honeycomb
21 ἐκκαίω, *aor pas ind 3p*, inflame, burn up
22 ἄκανθα, thorny plant
23 ἀμύνω, *aor mid ind 1s*, defend against
24 ὠθέω, *aor pas ptc nom s m*, shove
25 ἀνατρέπω, *aor pas ind 1s*, overthrow
26 ἀντιλαμβάνομαι, *aor mid ind 3s*, support, take hold of
27 ἰσχύς, strength
28 ὕμνησις, praise
29 σωτηρία, salvation

15 φωνὴ ἀγαλλιάσεως[1] καὶ σωτηρίας
ἐν σκηναῖς[2] δικαίων
Δεξιὰ κυρίου ἐποίησεν δύναμιν,
16 δεξιὰ κυρίου ὕψωσέν[3] με,
δεξιὰ κυρίου ἐποίησεν δύναμιν.
17 οὐκ ἀποθανοῦμαι, ἀλλὰ ζήσομαι
καὶ ἐκδιηγήσομαι[4] τὰ ἔργα κυρίου.
18 παιδεύων[5] ἐπαίδευσέν[6] με ὁ κύριος
καὶ τῷ θανάτῳ οὐ παρέδωκέν με.

19 ἀνοίξατέ μοι πύλας[7] δικαιοσύνης·
εἰσελθὼν ἐν αὐταῖς
ἐξομολογήσομαι[8] τῷ κυρίῳ.

20 αὕτη ἡ πύλη[9] τοῦ κυρίου,
δίκαιοι εἰσελεύσονται ἐν αὐτῇ.

21 ἐξομολογήσομαί[10] σοι, ὅτι ἐπήκουσάς μου
καὶ ἐγένου μοι εἰς σωτηρίαν.
22 λίθον, ὃν ἀπεδοκίμασαν[11] οἱ οἰκοδομοῦντες,
οὗτος ἐγενήθη εἰς κεφαλὴν γωνίας·[12]
23 παρὰ κυρίου ἐγένετο αὕτη
καὶ ἔστιν θαυμαστὴ[13] ἐν ὀφθαλμοῖς ἡμῶν.
24 αὕτη ἡ ἡμέρα, ἣν ἐποίησεν ὁ κύριος·
ἀγαλλιασώμεθα[14] καὶ εὐφρανθῶμεν[15] ἐν αὐτῇ.
25 ὦ[16] κύριε, σῶσον δή,[17]
ὦ κύριε, εὐόδωσον[18] δή.
26 εὐλογημένος ὁ ἐρχόμενος ἐν ὀνόματι κυρίου·
εὐλογήκαμεν ὑμᾶς ἐξ οἴκου κυρίου.

1 ἀγαλλίασις, great joy, exultation
2 σκηνή, tent
3 ὑψόω, *aor act ind 3s*, lift high, exalt
4 ἐκδιηγέομαι, *fut mid ind 1s*, recount, describe
5 παιδεύω, *pres act ptc nom s m*, discipline, correct
6 παιδεύω, *aor act ind 3s*, discipline, correct
7 πύλη, gate
8 ἐξομολογέομαι, *fut mid ind 1s*, praise, give thanks
9 πύλη, gate
10 ἐξομολογέομαι, *fut mid ind 1s*, praise, give thanks
11 ἀποδοκιμάζω, *aor act ind 3p*, reject (as unfit)
12 γωνία, corner
13 θαυμαστός, wonderful, marvelous
14 ἀγαλλιάω, *aor mid sub 1p*, exult
15 εὐφραίνω, *aor pas sub 1p*, be glad, rejoice
16 ὦ, O!
17 δή, indeed, now
18 εὐοδόω, *aor act impv 2s*, make prosperous

27 θεὸς κύριος καὶ ἐπέφανεν[1] ἡμῖν·
συστήσασθε[2] ἑορτὴν[3] ἐν τοῖς πυκάζουσιν[4]
ἕως τῶν κεράτων[5] τοῦ θυσιαστηρίου.[6]
28 θεός μου εἶ σύ, καὶ ἐξομολογήσομαί[7] σοι·
θεός μου εἶ σύ, καὶ ὑψώσω[8] σε·
ἐξομολογήσομαί σοι, ὅτι ἐπήκουσάς[9] μου
καὶ ἐγένου μοι εἰς σωτηρίαν.

29 ἐξομολογεῖσθε[10] τῷ κυρίῳ, ὅτι ἀγαθός,
ὅτι εἰς τὸν αἰῶνα τὸ ἔλεος[11] αὐτοῦ.

118 Αλληλουια.[12]

α′ αλφ[13]

Μακάριοι[14] οἱ ἄμωμοι[15] ἐν ὁδῷ
οἱ πορευόμενοι ἐν νόμῳ κυρίου.
2 μακάριοι[16] οἱ ἐξερευνῶντες[17] τὰ μαρτύρια[18] αὐτοῦ·
ἐν ὅλῃ καρδίᾳ ἐκζητήσουσιν[19] αὐτόν.
3 οὐ γὰρ οἱ ἐργαζόμενοι τὴν ἀνομίαν[20]
ἐν ταῖς ὁδοῖς αὐτοῦ ἐπορεύθησαν.
4 σὺ ἐνετείλω[21] τὰς ἐντολάς σου
φυλάξασθαι σφόδρα.[22]
5 ὄφελον[23] κατευθυνθείησαν[24] αἱ ὁδοί μου
τοῦ φυλάξασθαι τὰ δικαιώματά[25] σου.
6 τότε οὐ μὴ ἐπαισχυνθῶ[26]
ἐν τῷ με ἐπιβλέπειν[27] ἐπὶ πάσας τὰς ἐντολάς σου.

1 ἐπιφαίνω, *aor act ind 3s*, appear
2 συνίστημι, *aor mid impv 2p*, appoint, establish
3 ἑορτή, feast
4 πυκάζω, *pres act ptc dat p m*, crown with garlands
5 κέρας, horn
6 θυσιαστήριον, altar
7 ἐξομολογέομαι, *fut mid ind 1s*, praise, give thanks
8 ὑψόω, *fut act ind 1s*, lift high, exalt
9 ἐπακούω, *aor act ind 2s*, hear, listen to
10 ἐξομολογέομαι, *pres mid impv 2p*, praise, give thanks
11 ἔλεος, mercy
12 αλληλουια, hallelujah, *translit.*
13 αλφ, aleph, *translit.*
14 μακάριος, blessed, happy
15 ἄμωμος, blameless, unblemished
16 μακάριος, blessed, happy
17 ἐξερευνάω, *pres act ptc nom p m*, search out
18 μαρτύριον, testimony
19 ἐκζητέω, *fut act ind 3p*, seek out
20 ἀνομία, transgression, lawlessness
21 ἐντέλλομαι, *aor mid ind 2s*, command
22 σφόδρα, very much, (diligently)
23 ὄφελον, would that (*unfulfilled wish*)
24 κατευθύνω, *aor pas opt 3p*, guide, direct
25 δικαίωμα, ordinance
26 ἐπαισχύνω, *aor pas sub 1s*, be ashamed
27 ἐπιβλέπω, *pres act inf*, observe, look upon

7 ἐξομολογήσομαί[1] σοι, κύριε, ἐν εὐθύτητι[2] καρδίας
ἐν τῷ μεμαθηκέναι[3] με τὰ κρίματα[4] τῆς δικαιοσύνης σου.
8 τὰ δικαιώματά[5] σου φυλάξω·
μή με ἐγκαταλίπῃς[6] ἕως σφόδρα.[7]

β′ βηθ[8]

9 Ἐν τίνι κατορθώσει[9] ὁ νεώτερος[10] τὴν ὁδὸν αὐτοῦ;
ἐν τῷ φυλάσσεσθαι τοὺς λόγους σου.
10 ἐν ὅλῃ καρδίᾳ μου ἐξεζήτησά[11] σε·
μὴ ἀπώσῃ[12] με ἀπὸ τῶν ἐντολῶν σου.
11 ἐν τῇ καρδίᾳ μου ἔκρυψα[13] τὰ λόγιά[14] σου,
ὅπως ἂν μὴ ἁμάρτω σοι.
12 εὐλογητὸς[15] εἶ, κύριε·
δίδαξόν με τὰ δικαιώματά[16] σου.
13 ἐν τοῖς χείλεσίν[17] μου ἐξήγγειλα[18]
πάντα τὰ κρίματα[19] τοῦ στόματός σου.
14 ἐν τῇ ὁδῷ τῶν μαρτυρίων[20] σου ἐτέρφθην[21]
ὡς ἐπὶ παντὶ πλούτῳ.[22]
15 ἐν ταῖς ἐντολαῖς σου ἀδολεσχήσω[23]
καὶ κατανοήσω[24] τὰς ὁδούς σου.
16 ἐν τοῖς δικαιώμασίν[25] σου μελετήσω,[26]
οὐκ ἐπιλήσομαι[27] τῶν λόγων σου.

γ′ γιμαλ[28]

17 Ἀνταπόδος[29] τῷ δούλῳ σου·
ζήσομαι καὶ φυλάξω τοὺς λόγους σου.

1 ἐξομολογέομαι, *fut mid ind 1s*, praise, give thanks
2 εὐθύτης, uprightness
3 μανθάνω, *perf act inf*, learn
4 κρίμα, judgment
5 δικαίωμα, ordinance
6 ἐγκαταλείπω, *aor act sub 2s*, leave behind, abandon
7 ἕως σφόδρα, completely, utterly
8 βηθ, beth, *translit.*
9 κατορθόω, *fut act ind 3s*, go the right way, keep straight
10 νέος, *comp*, younger (man)
11 ἐκζητέω, *aor act ind 1s*, seek out
12 ἀπωθέω, *aor mid ind 2s*, reject, drive away
13 κρύπτω, *aor act ind 1s*, hide
14 λόγιον, teaching, word
15 εὐλογητός, blessed
16 δικαίωμα, ordinance
17 χεῖλος, lip, (speech)
18 ἐξαγγέλλω, *aor act ind 1s*, proclaim
19 κρίμα, judgment
20 μαρτύριον, testimony
21 τέρπω, *aor pas ind 1s*, delight
22 πλοῦτος, wealth, riches
23 ἀδολεσχέω, *fut act ind 1s*, meditate
24 κατανοέω, *fut act ind 1s*, observe, think upon
25 δικαίωμα, ordinance
26 μελετάω, *fut act ind 1s*, ponder, think about
27 ἐπιλανθάνω, *fut mid ind 1s*, forget
28 γιμαλ, gimel, *translit.*
29 ἀνταποδίδωμι, *aor act impv 2s*, reward

18 ἀποκάλυψον[1] τοὺς ὀφθαλμούς μου,
καὶ κατανοήσω[2] τὰ θαυμάσιά[3] σου ἐκ τοῦ νόμου σου.
19 πάροικος[4] ἐγώ εἰμι ἐν τῇ γῇ·
μὴ ἀποκρύψῃς[5] ἀπ᾽ ἐμοῦ τὰς ἐντολάς σου.
20 ἐπεπόθησεν[6] ἡ ψυχή μου τοῦ ἐπιθυμῆσαι[7]
τὰ κρίματά[8] σου ἐν παντὶ καιρῷ.
21 ἐπετίμησας[9] ὑπερηφάνοις·[10]
ἐπικατάρατοι[11] οἱ ἐκκλίνοντες[12] ἀπὸ τῶν ἐντολῶν σου.
22 περίελε[13] ἀπ᾽ ἐμοῦ ὄνειδος[14] καὶ ἐξουδένωσιν,[15]
ὅτι τὰ μαρτύριά[16] σου ἐξεζήτησα.[17]
23 καὶ γὰρ ἐκάθισαν ἄρχοντες καὶ κατ᾽ ἐμοῦ κατελάλουν,[18]
ὁ δὲ δοῦλός σου ἠδολέσχει[19] ἐν τοῖς δικαιώμασίν[20] σου.
24 καὶ γὰρ τὰ μαρτύριά[21] σου μελέτη[22] μού ἐστιν,
καὶ αἱ συμβουλίαι[23] μου τὰ δικαιώματά[24] σου.

δʹ δελθ[25]

25 Ἐκολλήθη[26] τῷ ἐδάφει[27] ἡ ψυχή μου
ζῆσόν με κατὰ τὸν λόγον σου.
26 τὰς ὁδούς μου ἐξήγγειλα,[28] καὶ ἐπήκουσάς[29] μου·
δίδαξόν με τὰ δικαιώματά[30] σου.
27 ὁδὸν δικαιωμάτων[31] σου συνέτισόν[32] με,
καὶ ἀδολεσχήσω[33] ἐν τοῖς θαυμασίοις[34] σου.
28 ἔσταξεν[35] ἡ ψυχή μου ἀπὸ ἀκηδίας·[36]
βεβαίωσόν[37] με ἐν τοῖς λόγοις σου.

1 ἀποκαλύπτω, *aor act impv 2s*, uncover
2 κατανοέω, *fut act ind 1s*, observe, think upon
3 θαυμάσιος, marvelous (deed)
4 πάροικος, foreigner, noncitizen
5 ἀποκρύπτω, *aor act sub 2s*, keep hidden
6 ἐπιποθέω, *aor act ind 3s*, desire
7 ἐπιθυμέω, *aor act inf*, yearn for
8 κρίμα, judgment
9 ἐπιτιμάω, *aor act ind 2s*, rebuke, censure
10 ὑπερήφανος, haughty, proud
11 ἐπικατάρατος, cursed
12 ἐκκλίνω, *pres act ptc nom p m*, turn away
13 περιαιρέω, *aor act impv 2s*, remove
14 ὄνειδος, disgrace
15 ἐξουδένωσις, contempt, scorn
16 μαρτύριον, testimony
17 ἐκζητέω, *aor act ind 1s*, seek out
18 καταλαλέω, *impf act ind 3p*, speak against
19 ἀδολεσχέω, *impf act ind 3s*, meditate
20 δικαίωμα, ordinance
21 μαρτύριον, testimony
22 μελέτη, object of meditation
23 συμβουλία, counsel
24 δικαίωμα, ordinance
25 δελθ, dalet, *translit.*
26 κολλάω, *aor pas ind 3s*, cleave
27 ἔδαφος, ground
28 ἐξαγγέλλω, *aor act ind 1s*, proclaim
29 ἐπακούω, *aor act ind 2s*, hear, listen to
30 δικαίωμα, ordinance
31 δικαίωμα, ordinance
32 συνετίζω, *aor act impv 2s*, instruct
33 ἀδολεσχέω, *fut act ind 1s*, meditate
34 θαυμάσιος, marvelous (deed)
35 στάζω, *aor act ind 3s*, fall, droop
36 ἀκηδία, weariness
37 βεβαιόω, *aor act impv 2s*, establish, strengthen

29 ὁδὸν ἀδικίας[1] ἀπόστησον[2] ἀπ᾽ ἐμοῦ
καὶ τῷ νόμῳ σου ἐλέησόν[3] με.
30 ὁδὸν ἀληθείας ᾑρετισάμην,[4]
τὰ κρίματά[5] σου οὐκ ἐπελαθόμην.[6]
31 ἐκολλήθην[7] τοῖς μαρτυρίοις[8] σου·
κύριε, μή με καταισχύνῃς.[9]
32 ὁδὸν ἐντολῶν σου ἔδραμον,[10]
ὅταν ἐπλάτυνας[11] τὴν καρδίαν μου.

ε′ η[12]

33 Νομοθέτησόν[13] με, κύριε, τὴν ὁδὸν τῶν δικαιωμάτων[14] σου,
καὶ ἐκζητήσω[15] αὐτὴν διὰ παντός.
34 συνέτισόν[16] με, καὶ ἐξερευνήσω[17] τὸν νόμον σου
καὶ φυλάξω αὐτὸν ἐν ὅλῃ καρδίᾳ μου.
35 ὁδήγησόν[18] με ἐν τρίβῳ[19] τῶν ἐντολῶν σου,
ὅτι αὐτὴν ἠθέλησα.
36 κλῖνον[20] τὴν καρδίαν μου εἰς τὰ μαρτύριά[21] σου
καὶ μὴ εἰς πλεονεξίαν.[22]
37 ἀπόστρεψον[23] τοὺς ὀφθαλμούς μου τοῦ μὴ ἰδεῖν ματαιότητα,[24]
ἐν τῇ ὁδῷ σου ζῆσόν με.
38 στῆσον τῷ δούλῳ σου τὸ λόγιόν[25] σου
εἰς τὸν φόβον σου.
39 περίελε[26] τὸν ὀνειδισμόν[27] μου, ὃν ὑπώπτευσα·[28]
τὰ γὰρ κρίματά[29] σου χρηστά.[30]

1 ἀδικία, wrongdoing
2 ἀφίστημι, *aor act impv 2s*, send away, remove
3 ἐλεέω, *aor act impv 2s*, show mercy to
4 αἱρετίζω, *aor mid ind 1s*, choose
5 κρίμα, judgment
6 ἐπιλανθάνω, *aor mid ind 1s*, forget
7 κολλάω, *aor pas ind 1s*, cleave
8 μαρτύριον, testimony
9 καταισχύνω, *pres act sub 2s*, put to shame
10 τρέχω, *aor act ind 1s*, run (after)
11 πλατύνω, *aor act ind 2s*, enlarge, make wide
12 η, heh, *translit.*
13 νομοθετέω, *aor act impv 2s*, instruct in the law
14 δικαίωμα, ordinance
15 ἐκζητέω, *fut act ind 1s*, seek out
16 συνετίζω, *aor act impv 2s*, cause to understand
17 ἐξερευνάω, *fut act ind 1s*, search out
18 ὁδηγέω, *aor act impv 2s*, lead, guide
19 τρίβος, path, way
20 κλίνω, *aor act impv 2s*, incline, turn
21 μαρτύριον, testimony
22 πλεονεξία, covetousness, greed
23 ἀποστρέφω, *aor act impv 2s*, turn away
24 ματαιότης, vanity, folly
25 λόγιον, word, saying, teaching
26 περιαιρέω, *aor act impv 2s*, remove
27 ὀνειδισμός, reproach, disgrace
28 ὑποπτεύω, *aor act ind 1s*, look upon with anxiety
29 κρίμα, judgment
30 χρηστός, good, kind

40 ἰδοὺ ἐπεθύμησα[1] τὰς ἐντολάς σου·
ἐν τῇ δικαιοσύνῃ σου ζῆσόν με.

ϝʹ ουαυ[2]

41 Καὶ ἔλθοι[3] ἐπ᾽ ἐμὲ τὸ ἔλεός[4] σου, κύριε,
τὸ σωτήριόν[5] σου κατὰ τὸ λόγιόν[6] σου.
42 καὶ ἀποκριθήσομαι τοῖς ὀνειδίζουσί[7] με λόγον,
ὅτι ἤλπισα ἐπὶ τοὺς λόγους σου.
43 καὶ μὴ περιέλῃς[8] ἐκ τοῦ στόματός μου λόγον ἀληθείας ἕως σφόδρα,[9]
ὅτι ἐπὶ τὰ κρίματά[10] σου ἐπήλπισα.[11]
44 καὶ φυλάξω τὸν νόμον σου διὰ παντός,
εἰς τὸν αἰῶνα καὶ εἰς τὸν αἰῶνα τοῦ αἰῶνος.
45 καὶ ἐπορευόμην ἐν πλατυσμῷ,[12]
ὅτι τὰς ἐντολάς σου ἐξεζήτησα.[13]
46 καὶ ἐλάλουν ἐν τοῖς μαρτυρίοις[14] σου
ἐναντίον[15] βασιλέων καὶ οὐκ ᾐσχυνόμην.[16]
47 καὶ ἐμελέτων[17] ἐν ταῖς ἐντολαῖς σου,
αἷς ἠγάπησα σφόδρα.[18]
48 καὶ ἦρα τὰς χεῖράς μου πρὸς τὰς ἐντολάς σου, ἃς ἠγάπησα,
καὶ ἠδολέσχουν[19] ἐν τοῖς δικαιώμασίν[20] σου.

ζʹ ζα[21]

49 Μνήσθητι[22] τὸν λόγον σου τῷ δούλῳ σου,
ᾧ ἐπήλπισάς[23] με.
50 αὕτη με παρεκάλεσεν ἐν τῇ ταπεινώσει[24] μου,
ὅτι τὸ λόγιόν[25] σου ἔζησέν με.

1 ἐπιθυμέω, *aor act ind 1s*, long for, desire
2 ουαυ, waw, *translit.*
3 ἔρχομαι, *aor act opt 3s*, come
4 ἔλεος, mercy
5 σωτήριον, salvation
6 λόγιον, word, saying, teaching
7 ὀνειδίζω, *pres act ptc dat p m*, reproach, revile
8 περιαιρέω, *aor act sub 2s*, remove, take away
9 ἕως σφόδρα, completely, utterly
10 κρίμα, judgment
11 ἐπελπίζω, *aor act ind 1s*, place hope in
12 πλατυσμός, broad space
13 ἐκζητέω, *aor act ind 1s*, seek out
14 μαρτύριον, testimony
15 ἐναντίον, before
16 αἰσχύνω, *impf pas ind 1s*, put to shame, be ashamed
17 μελετάω, *impf act ind 1s*, ponder, think upon
18 σφόδρα, exceedingly, intensely
19 ἀδολεσχέω, *impf act ind 1s*, meditate
20 δικαίωμα, ordinance
21 ζα, zayin, *translit.*
22 μιμνήσκομαι, *aor pas impv 2s*, remember
23 ἐπελπίζω, *aor act ind 2s*, give hope to
24 ταπείνωσις, humiliation, abasement
25 λόγιον, word, saying, teaching

51 ὑπερήφανοι[1] παρηνόμουν[2] ἕως σφόδρα,[3]
ἀπὸ δὲ τοῦ νόμου σου οὐκ ἐξέκλινα.[4]
52 ἐμνήσθην[5] τῶν κριμάτων[6] σου ἀπ᾽ αἰῶνος, κύριε,
καὶ παρεκλήθην.
53 ἀθυμία[7] κατέσχεν[8] με ἀπὸ ἁμαρτωλῶν
τῶν ἐγκαταλιμπανόντων[9] τὸν νόμον σου.
54 ψαλτὰ[10] ἦσάν μοι τὰ δικαιώματά[11] σου
ἐν τόπῳ παροικίας[12] μου.
55 ἐμνήσθην[13] ἐν νυκτὶ τοῦ ὀνόματός σου, κύριε,
καὶ ἐφύλαξα τὸν νόμον σου.
56 αὕτη ἐγενήθη μοι,
ὅτι τὰ δικαιώματά[14] σου ἐξεζήτησα.[15]

η´ ηθ[16]

57 Μερίς[17] μου κύριε,
εἶπα φυλάξασθαι τὸν νόμον σου.
58 ἐδεήθην[18] τοῦ προσώπου σου ἐν ὅλῃ καρδίᾳ μου·
ἐλέησόν[19] με κατὰ τὸ λόγιόν[20] σου.
59 διελογισάμην[21] τὰς ὁδούς σου
καὶ ἐπέστρεψα[22] τοὺς πόδας μου εἰς τὰ μαρτύριά[23] σου.
60 ἡτοιμάσθην καὶ οὐκ ἐταράχθην[24]
τοῦ φυλάξασθαι τὰς ἐντολάς σου.
61 σχοινία[25] ἁμαρτωλῶν περιεπλάκησάν[26] μοι,
καὶ τοῦ νόμου σου οὐκ ἐπελαθόμην.[27]
62 μεσονύκτιον[28] ἐξηγειρόμην[29] τοῦ ἐξομολογεῖσθαί[30] σοι
ἐπὶ τὰ κρίματα[31] τῆς δικαιοσύνης σου.

1 ὑπερήφανος, proud, haughty
2 παρανομέω, *impf act ind 3p*, transgress the law
3 ἕως σφόδρα, completely, utterly
4 ἐκκλίνω, *aor act ind 1s*, turn aside
5 μιμνῄσκομαι, *aor pas ind 1s*, remember
6 κρίμα, judgment
7 ἀθυμία, discouragement
8 κατέχω, *aor act ind 3s*, take hold of
9 ἐγκαταλιμπάνω, *pres act ptc gen p m*, forsake
10 ψαλτός, musical, sung as a psalm
11 δικαίωμα, ordinance
12 παροικία, temporary residence
13 μιμνῄσκομαι, *aor pas ind 1s*, remember
14 δικαίωμα, ordinance
15 ἐκζητέω, *aor act ind 1s*, seek out
16 ηθ, chet, *translit.*
17 μερίς, portion
18 δέομαι, *aor pas ind 1s*, supplicate
19 ἐλεέω, *aor act impv 2s*, show mercy to
20 λόγιον, word, saying, teaching
21 διαλογίζομαι, *aor mid ind 1s*, think upon, consider
22 ἐπιστρέφω, *aor act ind 1s*, turn
23 μαρτύριον, testimony
24 ταράσσω, *aor pas ind 1s*, trouble, unsettle
25 σχοινίον, rope, cord
26 περιπλέκω, *aor pas ind 3p*, bind, entangle
27 ἐπιλανθάνω, *aor mid ind 1s*, forget
28 μεσονύκτιον, midnight
29 ἐξεγείρω, *impf mid ind 1s*, awaken, stir up
30 ἐξομολογέομαι, *pres mid inf*, praise, acknowledge
31 κρίμα, judgment

63 μέτοχος[1] ἐγώ εἰμι πάντων τῶν φοβουμένων σε
καὶ τῶν φυλασσόντων τὰς ἐντολάς σου.
64 τοῦ ἐλέους[2] σου, κύριε, πλήρης[3] ἡ γῆ·
τὰ δικαιώματά[4] σου δίδαξόν με.

θʹ τηθ[5]

65 Χρηστότητα[6] ἐποίησας μετὰ τοῦ δούλου σου,
κύριε, κατὰ τὸν λόγον σου.
66 χρηστότητα[7] καὶ παιδείαν[8] καὶ γνῶσιν[9] δίδαξόν με,
ὅτι ταῖς ἐντολαῖς σου ἐπίστευσα.
67 πρὸ τοῦ με ταπεινωθῆναι[10] ἐγὼ ἐπλημμέλησα,[11]
διὰ τοῦτο τὸ λόγιόν[12] σου ἐφύλαξα.
68 χρηστὸς[13] εἶ σύ, κύριε, καὶ ἐν τῇ χρηστότητί[14] σου
δίδαξόν με τὰ δικαιώματά[15] σου.
69 ἐπληθύνθη[16] ἐπ᾽ ἐμὲ ἀδικία[17] ὑπερηφάνων,[18]
ἐγὼ δὲ ἐν ὅλῃ καρδίᾳ μου ἐξερευνήσω[19] τὰς ἐντολάς σου.
70 ἐτυρώθη[20] ὡς γάλα[21] ἡ καρδία αὐτῶν,
ἐγὼ δὲ τὸν νόμον σου ἐμελέτησα.[22]
71 ἀγαθόν μοι ὅτι ἐταπείνωσάς[23] με,
ὅπως ἂν μάθω[24] τὰ δικαιώματά[25] σου.
72 ἀγαθόν μοι ὁ νόμος τοῦ στόματός σου
ὑπὲρ χιλιάδας[26] χρυσίου[27] καὶ ἀργυρίου.[28]

ιʹ ιωθ[29]

73 Αἱ χεῖρές σου ἐποίησάν με καὶ ἔπλασάν[30] με·
συνέτισόν[31] με, καὶ μαθήσομαι[32] τὰς ἐντολάς σου.

1 μέτοχος, companion
2 ἔλεος, mercy
3 πλήρης, abundant, full
4 δικαίωμα, ordinance
5 τηθ, tet, *translit.*
6 χρηστότης, goodness, kindness
7 χρηστότης, goodness, kindness
8 παιδεία, discipline, instruction
9 γνῶσις, knowledge
10 ταπεινόω, *aor pas inf*, humble, bring low
11 πλημμελέω, *aor act ind 1s*, offend, trespass
12 λόγιον, word, saying, teaching
13 χρηστός, kind
14 χρηστότης, goodness, kindness
15 δικαίωμα, ordinance
16 πληθύνω, *aor pas ind 3s*, multiply, increase
17 ἀδικία, injustice, wrongdoing
18 ὑπερήφανος, arrogant, proud
19 ἐξερευνάω, *fut act ind 1s*, examine, search out
20 τυρόω, *aor pas ind 3s*, curdle
21 γάλα, milk
22 μελετάω, *aor act ind 1s*, think upon
23 ταπεινόω, *aor act ind 2s*, humble, bring low
24 μανθάνω, *aor act sub 1s*, learn
25 δικαίωμα, ordinance
26 χιλιάς, thousand
27 χρυσίον, gold
28 ἀργύριον, silver
29 ιωθ, yod, *translit.*
30 πλάσσω, *aor act ind 3p*, form, mold
31 συνετίζω, *aor act impv 2s*, instruct
32 μανθάνω, *fut mid ind 1s*, learn

74 οἱ φοβούμενοί σε ὄψονταί με καὶ εὐφρανθήσονται,[1]
ὅτι εἰς τοὺς λόγους σου ἐπήλπισα.[2]
75 ἔγνων, κύριε, ὅτι δικαιοσύνη τὰ κρίματά[3] σου,
καὶ ἀληθείᾳ ἐταπείνωσάς[4] με.
76 γενηθήτω δὴ[5] τὸ ἔλεός[6] σου τοῦ παρακαλέσαι με
κατὰ τὸ λόγιόν[7] σου τῷ δούλῳ σου.
77 ἐλθέτωσάν μοι οἱ οἰκτιρμοί[8] σου, καὶ ζήσομαι,
ὅτι ὁ νόμος σου μελέτη[9] μού ἐστιν.
78 αἰσχυνθήτωσαν[10] ὑπερήφανοι,[11]
ὅτι ἀδίκως[12] ἠνόμησαν[13] εἰς ἐμέ·
ἐγὼ δὲ ἀδολεσχήσω[14] ἐν ταῖς ἐντολαῖς σου.
79 ἐπιστρεψάτωσάν μοι οἱ φοβούμενοί σε
καὶ οἱ γινώσκοντες τὰ μαρτύριά[15] σου.
80 γενηθήτω ἡ καρδία μου ἄμωμος[16] ἐν τοῖς δικαιώμασίν[17] σου,
ὅπως ἂν μὴ αἰσχυνθῶ.[18]

ια′ χαφ[19]

81 Ἐκλείπει[20] εἰς τὸ σωτήριόν[21] σου ἡ ψυχή μου,
καὶ εἰς τὸν λόγον σου ἐπήλπισα.[22]
82 ἐξέλιπον[23] οἱ ὀφθαλμοί μου εἰς τὸ λόγιόν[24] σου
λέγοντες Πότε[25] παρακαλέσεις με;
83 ὅτι ἐγενήθην ὡς ἀσκὸς[26] ἐν πάχνῃ·[27]
τὰ δικαιώματά[28] σου οὐκ ἐπελαθόμην.[29]
84 πόσαι[30] εἰσὶν αἱ ἡμέραι τοῦ δούλου σου;
πότε[31] ποιήσεις μοι ἐκ τῶν καταδιωκόντων[32] με κρίσιν;

1 εὐφραίνω, *fut pas ind 3p*, be glad, rejoice
2 ἐπελπίζω, *aor act ind 1s*, place hope in
3 κρίμα, judgment
4 ταπεινόω, *aor act ind 2s*, humble, bring low
5 δή, indeed, now
6 ἔλεος, mercy
7 λόγιον, word, saying, teaching
8 οἰκτιρμός, compassion
9 μελέτη, object of meditation
10 αἰσχύνω, *aor pas impv 3p*, put to shame
11 ὑπερήφανος, arrogant, proud
12 ἀδίκως, unjustly
13 ἀνομέω, *aor act ind 3p*, do wrong
14 ἀδολεσχέω, *fut act ind 1s*, meditate
15 μαρτύριον, testimony
16 ἄμωμος, blameless
17 δικαίωμα, ordinance
18 αἰσχύνω, *aor pas sub 1s*, put to shame, be ashamed
19 χαφ, kaph, *translit.*
20 ἐκλείπω, *pres act ind 3s*, fail, faint
21 σωτήριον, salvation
22 ἐπελπίζω, *aor act ind 1s*, place hope in
23 ἐκλείπω, *aor act ind 1s*, fail, faint
24 λόγιον, word, saying, teaching
25 πότε, when
26 ἀσκός, bag made from animal hide, (wine)skin
27 πάχνη, frost
28 δικαίωμα, ordinance
29 ἐπιλανθάνω, *aor mid ind 1s*, forget
30 πόσος, how many
31 πότε, when
32 καταδιώκω, *pres act ptc gen p m*, pursue closely

85 διηγήσαντό[1] μοι παράνομοι[2] ἀδολεσχίας,[3]
ἀλλ᾽ οὐχ ὡς ὁ νόμος σου, κύριε.
86 πᾶσαι αἱ ἐντολαί σου ἀλήθεια·
ἀδίκως[4] κατεδίωξάν[5] με, βοήθησόν[6] μοι.
87 παρὰ βραχὺ[7] συνετέλεσάν[8] με ἐν τῇ γῇ,
ἐγὼ δὲ οὐκ ἐγκατέλιπον[9] τὰς ἐντολάς σου.
88 κατὰ τὸ ἔλεός[10] σου ζῆσόν με,
καὶ φυλάξω τὰ μαρτύρια[11] τοῦ στόματός σου.

ιβʹ λαβδ[12]

89 Εἰς τὸν αἰῶνα, κύριε,
ὁ λόγος σου διαμένει[13] ἐν τῷ οὐρανῷ.
90 εἰς γενεὰν καὶ γενεὰν ἡ ἀλήθειά σου·
ἐθεμελίωσας[14] τὴν γῆν, καὶ διαμένει.[15]
91 τῇ διατάξει[16] σου διαμένει[17] ἡ ἡμέρα,
ὅτι τὰ σύμπαντα[18] δοῦλα σά.[19]
92 εἰ μὴ ὅτι ὁ νόμος σου μελέτη[20] μού ἐστιν,
τότε ἂν ἀπωλόμην[21] ἐν τῇ ταπεινώσει[22] μου.
93 εἰς τὸν αἰῶνα οὐ μὴ ἐπιλάθωμαι[23] τῶν δικαιωμάτων[24] σου
ὅτι ἐν αὐτοῖς ἔζησάς με, κύριε.
94 σός[25] εἰμι ἐγώ, σῶσόν με,
ὅτι τὰ δικαιώματά[26] σου ἐξεζήτησα.[27]
95 ἐμὲ ὑπέμειναν[28] ἁμαρτωλοὶ τοῦ ἀπολέσαι με·
τὰ μαρτύριά[29] σου συνῆκα.[30]
96 πάσης συντελείας[31] εἶδον πέρας·[32]
πλατεῖα[33] ἡ ἐντολή σου σφόδρα.[34]

1 διηγέομαι, *aor mid ind 3p*, tell, describe
2 παράνομος, transgressor
3 ἀδολεσχία, idle tales
4 ἀδίκως, unjustly
5 καταδιώκω, *aor act ind 3p*, hunt down
6 βοηθέω, *aor act impv 2s*, help, aid
7 βραχύς, short (period of time)
8 συντελέω, *aor act ind 3p*, bring to an end
9 ἐγκαταλείπω, *aor act ind 1s*, leave behind, forsake
10 ἔλεος, mercy
11 μαρτύριον, testimony
12 λαβδ, lamed, *translit.*
13 διαμένω, *pres act ind 3s*, endure, abide
14 θεμελιόω, *aor act ind 2s*, build a foundation for
15 διαμένω, *pres act ind 3s*, endure, remain
16 διάταξις, plan, arrangement
17 διαμένω, *pres act ind 3s*, endure, abide
18 σύμπας, all things, whole world
19 σός, your
20 μελέτη, object of meditation
21 ἀπόλλυμι, *aor mid ind 1s*, perish
22 ταπείνωσις, humiliation, abasement
23 ἐπιλανθάνω, *aor mid sub 1s*, forget
24 δικαίωμα, ordinance
25 σός, your
26 δικαίωμα, ordinance
27 ἐκζητέω, *aor act ind 1s*, seek out
28 ὑπομένω, *aor act ind 3p*, remain
29 μαρτύριον, testimony
30 συνίημι, *aor act ind 1s*, consider
31 συντέλεια, perfection, consummation
32 πέρας, conclusion, end
33 πλατύς, broad, spacious
34 σφόδρα, very

ιγ′ μημ[1]

97 Ὡς ἠγάπησα τὸν νόμον σου, κύριε·
ὅλην τὴν ἡμέραν μελέτη[2] μού ἐστιν.
98 ὑπὲρ τοὺς ἐχθρούς μου ἐσόφισάς[3] με τὴν ἐντολήν σου,
ὅτι εἰς τὸν αἰῶνά μοί ἐστιν.
99 ὑπὲρ πάντας τοὺς διδάσκοντάς με συνῆκα,[4]
ὅτι τὰ μαρτύριά[5] σου μελέτη[6] μού ἐστιν.
100 ὑπὲρ πρεσβυτέρους συνῆκα,[7]
ὅτι τὰς ἐντολάς σου ἐξεζήτησα.[8]
101 ἐκ πάσης ὁδοῦ πονηρᾶς ἐκώλυσα[9] τοὺς πόδας μου,
ὅπως ἂν φυλάξω τοὺς λόγους σου.
102 ἀπὸ τῶν κριμάτων[10] σου οὐκ ἐξέκλινα,[11]
ὅτι σὺ ἐνομοθέτησάς[12] μοι.
103 ὡς γλυκέα[13] τῷ λάρυγγί[14] μου τὰ λόγιά[15] σου,
ὑπὲρ μέλι[16] καὶ κηρίον[17] τῷ στόματί μου.
104 ἀπὸ τῶν ἐντολῶν σου συνῆκα·[18]
διὰ τοῦτο ἐμίσησα πᾶσαν ὁδὸν ἀδικίας.[19]
[ὅτι σὺ ἐνομοθέτησάς[20] μοι.]

ιδ′ νουν[21]

105 Λύχνος[22] τοῖς ποσίν μου ὁ λόγος σου
καὶ φῶς ταῖς τρίβοις[23] μου.
106 ὀμώμοκα[24] καὶ ἔστησα
τοῦ φυλάξασθαι τὰ κρίματα[25] τῆς δικαιοσύνης σου.
107 ἐταπεινώθην[26] ἕως σφόδρα·[27]
κύριε, ζῆσόν με κατὰ τὸν λόγον σου.
108 τὰ ἑκούσια[28] τοῦ στόματός μου εὐδόκησον δή,[29] κύριε,
καὶ τὰ κρίματά[30] σου δίδαξόν με.

1 μημ, mem, *translit.*
2 μελέτη, object of meditation
3 σοφίζω, *aor act ind 2s*, make wise to
4 συνίημι, *aor act ind 1s*, understand
5 μαρτύριον, testimony
6 μελέτη, object of meditation
7 συνίημι, *aor act ind 1s*, understand
8 ἐκζητέω, *aor act ind 1s*, seek out
9 κωλύω, *aor act ind 1s*, restrain, keep back
10 κρίμα, judgment
11 ἐκκλίνω, *aor act ind 1s*, turn aside
12 νομοθετέω, *aor act ind 2s*, instruct in the law
13 γλυκύς, sweet, pleasant
14 λάρυγξ, throat
15 λόγιον, word, saying, teaching
16 μέλι, honey
17 κηρίον, honeycomb, delicacy
18 συνίημι, *aor act ind 1s*, understand
19 ἀδικία, wrongdoing, injustice
20 νομοθετέω, *aor act ind 2s*, instruct in the law
21 νουν, nun, *translit.*
22 λύχνος, lamp
23 τρίβος, path
24 ὄμνυμι, *perf act ind 1s*, swear an oath
25 κρίμα, judgment
26 ταπεινόω, *aor pas ind 1s*, humble, bring low
27 ἕως σφόδρα, completely, utterly
28 ἑκούσιος, voluntary (offering)
29 δή, now, indeed
30 κρίμα, judgment

109 ἡ ψυχή μου ἐν ταῖς χερσίν μου διὰ παντός,
καὶ τοῦ νόμου σου οὐκ ἐπελαθόμην[1]
110 ἔθεντο ἁμαρτωλοὶ παγίδα[2] μοι,
καὶ ἐκ τῶν ἐντολῶν σου οὐκ ἐπλανήθην.[3]
111 ἐκληρονόμησα[4] τὰ μαρτύριά[5] σου εἰς τὸν αἰῶνα,
ὅτι ἀγαλλίαμα[6] τῆς καρδίας μού εἰσιν.
112 ἔκλινα[7] τὴν καρδίαν μου τοῦ ποιῆσαι τὰ δικαιώματά[8] σου
εἰς τὸν αἰῶνα δι᾽ ἀντάμειψιν.[9]

ιε′ σαμχ[10]

113 Παρανόμους[11] ἐμίσησα
καὶ τὸν νόμον σου ἠγάπησα.
114 βοηθός[12] μου καὶ ἀντιλήμπτωρ[13] μου εἶ σύ·
εἰς τὸν λόγον σου ἐπήλπισα.[14]
115 ἐκκλίνατε[15] ἀπ᾽ ἐμοῦ, πονηρευόμενοι,[16]
καὶ ἐξερευνήσω[17] τὰς ἐντολὰς τοῦ θεοῦ μου.
116 ἀντιλαβοῦ[18] μου κατὰ τὸ λόγιόν[19] σου, καὶ ζήσομαι,
καὶ μὴ καταισχύνῃς[20] με ἀπὸ τῆς προσδοκίας[21] μου.
117 βοήθησόν[22] μοι, καὶ σωθήσομαι
καὶ μελετήσω[23] ἐν τοῖς δικαιώμασίν[24] σου διὰ παντός.
118 ἐξουδένωσας[25] πάντας τοὺς ἀποστατοῦντας[26] ἀπὸ τῶν δικαιωμάτων[27] σου,
ὅτι ἄδικον[28] τὸ ἐνθύμημα[29] αὐτῶν.
119 παραβαίνοντας[30] ἐλογισάμην πάντας τοὺς ἁμαρτωλοὺς τῆς γῆς·
διὰ τοῦτο ἠγάπησα τὰ μαρτύριά[31] σου διὰ παντός.

1 ἐπιλανθάνω, *aor mid ind 1s*, forget
2 παγίς, trap, snare
3 πλανάω, *aor pas ind 1s*, lead astray
4 κληρονομέω, *aor act ind 1s*, obtain as inheritance
5 μαρτύριον, testimony
6 ἀγαλλίαμα, joy, rejoicing
7 κλίνω, *aor act ind 1s*, incline, turn
8 δικαίωμα, ordinance
9 ἀντάμειψις, exchange, requital
10 σαμχ, samek, *translit.*
11 παράνομος, transgressor
12 βοηθός, helper
13 ἀντιλήμπτωρ, protector
14 ἐπελπίζω, *aor act ind 1s*, place hope in
15 ἐκκλίνω, *aor act impv 2p*, turn away
16 πονηρεύομαι, *pres mid ptc nom p m*, act wickedly
17 ἐξερευνάω, *fut act ind 1s*, examine, search out
18 ἀντιλαμβάνομαι, *aor mid impv 2s*, support, take hold of
19 λόγιον, word, saying, teaching
20 καταισχύνω, *pres act sub 2s*, put to shame
21 προσδοκία, anxiety, expectation
22 βοηθέω, *aor act impv 2s*, help, aid
23 μελετάω, *fut act ind 1s*, think upon
24 δικαίωμα, ordinance
25 ἐξουδενόω, *aor act ind 2s*, despise
26 ἀποστατέω, *pres act ptc acc p m*, depart from
27 δικαίωμα, ordinance
28 ἄδικος, unrighteous, unjust
29 ἐνθύμημα, thinking, reasoning
30 παραβαίνω, *pres act ptc acc p m*, transgress
31 μαρτύριον, testimony

120 καθήλωσον[1] ἐκ τοῦ φόβου σου τὰς σάρκας μου·
ἀπὸ γὰρ τῶν κριμάτων[2] σου ἐφοβήθην.

ιϝ′ αιν[3]

121 Ἐποίησα κρίμα[4] καὶ δικαιοσύνην·
μὴ παραδῷς με τοῖς ἀδικοῦσίν[5] με.
122 ἔκδεξαι[6] τὸν δοῦλόν σου εἰς ἀγαθόν·
μὴ συκοφαντησάτωσάν[7] με ὑπερήφανοι.[8]
123 οἱ ὀφθαλμοί μου ἐξέλιπον[9] εἰς τὸ σωτήριόν[10] σου
καὶ εἰς τὸ λόγιον[11] τῆς δικαιοσύνης σου.
124 ποίησον μετὰ τοῦ δούλου σου κατὰ τὸ ἔλεός[12] σου
καὶ τὰ δικαιώματά[13] σου δίδαξόν με.
125 δοῦλός σού εἰμι ἐγώ· συνέτισόν[14] με,
καὶ γνώσομαι[15] τὰ μαρτύριά[16] σου.
126 καιρὸς τοῦ ποιῆσαι τῷ κυρίῳ·
διεσκέδασαν[17] τὸν νόμον σου.
127 διὰ τοῦτο ἠγάπησα τὰς ἐντολάς σου
ὑπὲρ χρυσίον[18] καὶ τοπάζιον.[19]
128 διὰ τοῦτο πρὸς πάσας τὰς ἐντολάς σου κατωρθούμην,[20]
πᾶσαν ὁδὸν ἄδικον[21] ἐμίσησα.

ιζ′ φη[22]

129 Θαυμαστὰ[23] τὰ μαρτύριά[24] σου·
διὰ τοῦτο ἐξηρεύνησεν[25] αὐτὰ ἡ ψυχή μου.
130 ἡ δήλωσις[26] τῶν λόγων σου φωτιεῖ[27]
καὶ συνετιεῖ[28] νηπίους.[29]

1 καθηλόω, *aor act impv 2s*, affix with nails
2 κρίμα, judgment
3 αιν, ayin, *translit.*
4 κρίμα, judgment
5 ἀδικέω, *pres act ptc dat p m*, treat unjustly
6 ἐκδέχομαι, *aor mid impv 2s*, receive, welcome
7 συκοφαντέω, *aor act impv 3p*, denounce, harass
8 ὑπερήφανος, arrogant, proud
9 ἐκλείπω, *aor act ind 3p*, fail, faint
10 σωτήριον, salvation
11 λόγιον, word, saying, teaching
12 ἔλεος, mercy
13 δικαίωμα, ordinance
14 συνετίζω, *aor act impv 2s*, instruct
15 γινώσκω, *fut mid ind 1s*, come to know, acknowledge
16 μαρτύριον, testimony
17 διασκεδάζω, *aor act ind 3p*, scatter
18 χρυσίον, gold
19 τοπάζιον, topaz
20 κατορθόω, *impf mid ind 1s*, keep straight
21 ἄδικος, unrighteous, unjust
22 φη, pe, *translit.*
23 θαυμαστός, wonderful, marvelous
24 μαρτύριον, testimony
25 ἐξερευνάω, *aor act ind 3s*, examine, search out
26 δήλωσις, interpretation, explanation
27 φωτίζω, *fut act ind 3s*, give light, illuminate
28 συνετίζω, *fut act ind 3s*, give understanding to
29 νήπιος, infant

131 τὸ στόμα μου ἤνοιξα καὶ εἵλκυσα[1] πνεῦμα,
ὅτι τὰς ἐντολάς σου ἐπεπόθουν.[2]
132 ἐπίβλεψον ἐπ᾽ ἐμὲ καὶ ἐλέησόν[3] με
κατὰ τὸ κρίμα[4] τῶν ἀγαπώντων τὸ ὄνομά σου.
133 τὰ διαβήματά[5] μου κατεύθυνον[6] κατὰ τὸ λόγιόν[7] σου,
καὶ μὴ κατακυριευσάτω[8] μου πᾶσα ἀνομία.[9]
134 λύτρωσαί[10] με ἀπὸ συκοφαντίας[11] ἀνθρώπων,
καὶ φυλάξω τὰς ἐντολάς σου.
135 τὸ πρόσωπόν σου ἐπίφανον[12] ἐπὶ τὸν δοῦλόν σου
καὶ δίδαξόν με τὰ δικαιώματά[13] σου.
136 διεξόδους[14] ὑδάτων κατέβησαν οἱ ὀφθαλμοί μου,
ἐπεὶ[15] οὐκ ἐφύλαξαν τὸν νόμον σου.

ιη′ σαδη[16]

137 Δίκαιος εἶ, κύριε,
καὶ εὐθὴς[17] ἡ κρίσις σου.
138 ἐνετείλω[18] δικαιοσύνην τὰ μαρτύριά[19] σου
καὶ ἀλήθειαν σφόδρα.[20]
139 ἐξέτηξέν[21] με ὁ ζῆλος[22] τοῦ οἴκου σου,
ὅτι ἐπελάθοντο[23] τῶν λόγων σου οἱ ἐχθροί μου.
140 πεπυρωμένον[24] τὸ λόγιόν[25] σου σφόδρα,[26]
καὶ ὁ δοῦλός σου ἠγάπησεν αὐτό.
141 νεώτερός[27] εἰμι ἐγὼ καὶ ἐξουδενωμένος·[28]
τὰ δικαιώματά[29] σου οὐκ ἐπελαθόμην.[30]

1 ἑλκύω, *aor act ind 1s*, draw, inhale
2 ἐπιποθέω, *impf act ind 3p*, yearn, desire
3 ἐλεέω, *aor act impv 2s*, show mercy to
4 κρίμα, judgment
5 διάβημα, (foot)step
6 κατευθύνω, *aor act impv 2s*, direct, keep straight
7 λόγιον, word, saying, teaching
8 κατακυριεύω, *aor act impv 3s*, exercise dominion
9 ἀνομία, transgression, lawlessness
10 λυτρόω, *aor mid impv 2s*, redeem, ransom
11 συκοφαντία, false accusation
12 ἐπιφαίνω, *aor act impv 2s*, show forth, cause to appear
13 δικαίωμα, ordinance
14 διέξοδος, outlet, stream
15 ἐπεί, because, since
16 σαδη, tsade, *translit.*
17 εὐθής, upright
18 ἐντέλλομαι, *aor mid ind 2s*, command
19 μαρτύριον, testimony
20 σφόδρα, very much
21 ἐκτήκω, *aor act ind 3s*, cause to melt, waste away
22 ζῆλος, zeal
23 ἐπιλανθάνω, *aor mid ind 3p*, forget
24 πυρόω, *perf pas ptc nom s n*, purge by fire
25 λόγιον, word, saying, teaching
26 σφόδρα, thoroughly
27 νέος, *comp*, younger
28 ἐξουδενόω, *pres pas ptc nom s m*, disdain, scorn
29 δικαίωμα, ordinance
30 ἐπιλανθάνω, *aor mid ind 1s*, forget

142 ἡ δικαιοσύνη σου δικαιοσύνη εἰς τὸν αἰῶνα,
καὶ ὁ νόμος σου ἀλήθεια.
143 θλῖψις καὶ ἀνάγκη[1] εὕροσάν με·
αἱ ἐντολαί σου μελέτη[2] μου.
144 δικαιοσύνη τὰ μαρτύριά[3] σου εἰς τὸν αἰῶνα·
συνέτισόν[4] με, καὶ ζήσομαι.

ιθ΄ κωφ[5]

145 Ἐκέκραξα ἐν ὅλῃ καρδίᾳ μου· ἐπάκουσόν[6] μου, κύριε·
τὰ δικαιώματά[7] σου ἐκζητήσω.[8]
146 ἐκέκραξά σε· σῶσόν με,
καὶ φυλάξω τὰ μαρτύριά[9] σου.
147 προέφθασα[10] ἐν ἀωρίᾳ[11] καὶ ἐκέκραξα,
εἰς τοὺς λόγους σου ἐπήλπισα.[12]
148 προέφθασαν[13] οἱ ὀφθαλμοί μου πρὸς ὄρθρον[14]
τοῦ μελετᾶν[15] τὰ λόγιά[16] σου.
149 τῆς φωνῆς μου ἄκουσον, κύριε,
κατὰ τὸ ἔλεός[17] σου, κατὰ τὸ κρίμα[18] σου ζῆσόν με.
150 προσήγγισαν[19] οἱ καταδιώκοντές[20] με ἀνομίᾳ,[21]
ἀπὸ δὲ τοῦ νόμου σου ἐμακρύνθησαν.[22]
151 ἐγγὺς[23] εἶ σύ, κύριε,
καὶ πᾶσαι αἱ ἐντολαί σου ἀλήθεια.
152 κατ᾽ ἀρχὰς ἔγνων ἐκ τῶν μαρτυρίων[24] σου,
ὅτι εἰς τὸν αἰῶνα ἐθεμελίωσας[25] αὐτά.

1 ἀνάγκη, tribulation, distress
2 μελέτη, object of meditation
3 μαρτύριον, testimony
4 συνετίζω, *aor act impv 2s*, instruct
5 κωφ, qoph, *translit.*
6 ἐπακούω, *aor act impv 2s*, hear, listen to
7 δικαίωμα, ordinance
8 ἐκζητέω, *fut act ind 1s*, seek out
9 μαρτύριον, testimony
10 προφθάνω, *aor act ind 1s*, go out in front
11 ἀωρία, night hour
12 ἐπελπίζω, *aor act ind 1s*, place hope in
13 προφθάνω, *aor act ind 1s*, go out in front
14 ὄρθρος, dawn, early morning
15 μελετάω, *pres act inf*, think upon, ponder
16 λόγιον, word, saying, teaching
17 ἔλεος, mercy
18 κρίμα, judgment
19 προσεγγίζω, *aor act ind 3p*, draw near
20 καταδιώκω, *pres act ptc nom p m*, pursue closely
21 ἀνομία, transgression, lawlessness
22 μακρύνω, *aor pas ind 3p*, remove far from
23 ἐγγύς, near
24 μαρτύριον, testimony
25 θεμελιόω, *aor act ind 2s*, build a foundation for

κʹ ρης[1]

153 Ἰδὲ τὴν ταπείνωσίν[2] μου καὶ ἐξελοῦ[3] με,
ὅτι τὸν νόμον σου οὐκ ἐπελαθόμην.[4]
154 κρῖνον τὴν κρίσιν μου καὶ λύτρωσαί[5] με·
διὰ τὸν λόγον σου ζῆσόν με.
155 μακρὰν[6] ἀπὸ ἁμαρτωλῶν σωτηρία,
ὅτι τὰ δικαιώματά[7] σου οὐκ ἐξεζήτησαν.[8]
156 οἱ οἰκτιρμοί[9] σου πολλοί, κύριε·
κατὰ τὸ κρίμα[10] σου ζῆσόν με.
157 πολλοὶ οἱ ἐκδιώκοντές[11] με καὶ ἐκθλίβοντές[12] με·
ἐκ τῶν μαρτυρίων[13] σου οὐκ ἐξέκλινα.[14]
158 εἶδον ἀσυνθετοῦντας[15] καὶ ἐξετηκόμην,[16]
ὅτι τὰ λόγιά[17] σου οὐκ ἐφυλάξαντο.
159 ἰδὲ ὅτι τὰς ἐντολάς σου ἠγάπησα·
κύριε, ἐν τῷ ἐλέει[18] σου ζῆσόν με.
160 ἀρχὴ τῶν λόγων σου ἀλήθεια,
καὶ εἰς τὸν αἰῶνα πάντα τὰ κρίματα[19] τῆς δικαιοσύνης σου.

καʹ σεν[20]

161 Ἄρχοντες κατεδίωξάν[21] με δωρεάν,[22]
καὶ ἀπὸ τῶν λόγων σου ἐδειλίασεν[23] ἡ καρδία μου.
162 ἀγαλλιάσομαι[24] ἐγὼ ἐπὶ τὰ λόγιά[25] σου
ὡς ὁ εὑρίσκων σκῦλα[26] πολλά.
163 ἀδικίαν[27] ἐμίσησα καὶ ἐβδελυξάμην,[28]
τὸν δὲ νόμον σου ἠγάπησα.

1 ρης, resh, *translit.*
2 ταπείνωσις, humiliation, abasement
3 ἐξαιρέω, *aor mid impv 2s*, rescue, deliver
4 ἐπιλανθάνω, *aor mid ind 1s*, forget
5 λυτρόω, *aor mid impv 2s*, redeem, ransom
6 μακράν, far away
7 δικαίωμα, ordinance
8 ἐκζητέω, *aor act ind 3p*, seek out
9 οἰκτιρμός, compassion
10 κρίμα, judgment
11 ἐκδιώκω, *pres act ptc nom p m*, persecute
12 ἐκθλίβω, *pres act ptc nom p m*, afflict
13 μαρτύριον, testimony
14 ἐκκλίνω, *aor act ind 1s*, turn aside
15 ἀσυνθετέω, *pres act ptc acc p m*, be faithless
16 ἐκτήκω, *impf mid ind 1s*, waste away, melt away
17 λόγιον, word, saying, teaching
18 ἔλεος, mercy
19 κρίμα, judgment
20 σεν, sin/shin, *translit.*
21 καταδιώκω, *aor act ind 3p*, pursue closely
22 δωρεάν, without cause
23 δειλιάω, *aor act ind 3s*, be afraid
24 ἀγαλλιάω, *fut mid ind 1s*, rejoice, exult
25 λόγιον, word, saying, teaching
26 σκῦλον, spoils, booty
27 ἀδικία, wrongdoing
28 βδελύσσω, *aor mid ind 1s*, treat as abominable

164 ἑπτάκις[1] τῆς ἡμέρας ᾔνεσά[2] σοι
ἐπὶ τὰ κρίματα[3] τῆς δικαιοσύνης σου.
165 εἰρήνη πολλὴ τοῖς ἀγαπῶσιν τὸν νόμον σου,
καὶ οὐκ ἔστιν αὐτοῖς σκάνδαλον.[4]
166 προσεδόκων[5] τὸ σωτήριόν[6] σου, κύριε,
καὶ τὰς ἐντολάς σου ἠγάπησα.
167 ἐφύλαξεν ἡ ψυχή μου τὰ μαρτύριά[7] σου
καὶ ἠγάπησεν αὐτὰ σφόδρα.[8]
168 ἐφύλαξα τὰς ἐντολάς σου καὶ τὰ μαρτύριά[9] σου,
ὅτι πᾶσαι αἱ ὁδοί μου ἐναντίον[10] σου, κύριε.

κβ′ ταυ[11]

169 Ἐγγισάτω ἡ δέησίς[12] μου ἐνώπιόν σου, κύριε·
κατὰ τὸ λόγιόν[13] σου συνέτισόν[14] με.
170 εἰσέλθοι[15] τὸ ἀξίωμά[16] μου ἐνώπιόν σου·
κατὰ τὸ λόγιόν[17] σου ῥῦσαί[18] με.
171 ἐξερεύξαιντο[19] τὰ χείλη[20] μου ὕμνον,[21]
ὅταν διδάξῃς με τὰ δικαιώματά[22] σου.
172 φθέγξαιτο[23] ἡ γλῶσσά μου τὸ λόγιόν[24] σου,
ὅτι πᾶσαι αἱ ἐντολαί σου δικαιοσύνη.
173 γενέσθω ἡ χείρ σου τοῦ σῶσαί με,
ὅτι τὰς ἐντολάς σου ᾑρετισάμην.[25]
174 ἐπεπόθησα[26] τὸ σωτήριόν[27] σου, κύριε,
καὶ ὁ νόμος σου μελέτη[28] μού ἐστιν.
175 ζήσεται ἡ ψυχή μου καὶ αἰνέσει[29] σε,
καὶ τὰ κρίματά[30] σου βοηθήσει[31] μοι.

1 ἑπτάκις, seven times
2 αἰνέω, *aor act ind 1s*, praise
3 κρίμα, judgment
4 σκάνδαλον, offense, cause of stumbling
5 προσδοκάω, *impf act ind 1s*, expect, wait upon
6 σωτήριον, salvation
7 μαρτύριον, testimony
8 σφόδρα, very much
9 μαρτύριον, testimony
10 ἐναντίον, before
11 θαυ, tau, *translit.*
12 δέησις, supplication, entreaty
13 λόγιον, word, saying, teaching
14 συνετίζω, *aor act impv 2s*, instruct
15 εἰσέρχομαι, *aor act opt 3s*, enter
16 ἀξίωμα, request
17 λόγιον, word, saying, teaching
18 ῥύομαι, *aor mid impv 2s*, rescue, deliver
19 ἐξερεύγομαι, *aor mid ind 3p*, overflow with
20 χεῖλος, lip, (speech)
21 ὕμνος, hymn
22 δικαίωμα, ordinance
23 φθέγγομαι, *aor mid opt 3s*, utter
24 λόγιον, word, saying, teaching
25 αἱρετίζω, *aor mid ind 1s*, choose
26 ἐπιποθέω, *aor act ind 1s*, yearn after
27 σωτήριον, salvation
28 μελέτη, object of meditation
29 αἰνέω, *fut act ind 3s*, praise
30 κρίμα, judgment
31 βοηθέω, *fut act ind 3s*, help, aid

176 ἐπλανήθην ὡς πρόβατον ἀπολωλός·[1]
ζήτησον τὸν δοῦλόν σου, ὅτι τὰς ἐντολάς σου οὐκ ἐπελαθόμην.[2]

119 Ὠιδὴ[3] τῶν ἀναβαθμῶν.[4]

Πρὸς κύριον ἐν τῷ θλίβεσθαί[5] με ἐκέκραξα,
καὶ εἰσήκουσέν[6] μου.
2 κύριε, ῥῦσαι[7] τὴν ψυχήν μου ἀπὸ χειλέων[8] ἀδίκων[9]
καὶ ἀπὸ γλώσσης δολίας.[10]

3 τί δοθείη[11] σοι καὶ τί προστεθείη[12] σοι
πρὸς γλῶσσαν δολίαν;[13]
4 τὰ βέλη[14] τοῦ δυνατοῦ ἠκονημένα[15]
σὺν τοῖς ἄνθραξιν[16] τοῖς ἐρημικοῖς.[17]

5 οἴμμοι,[18] ὅτι ἡ παροικία[19] μου ἐμακρύνθη,[20]
κατεσκήνωσα[21] μετὰ τῶν σκηνωμάτων[22] Κηδαρ.
6 πολλὰ παρῴκησεν[23] ἡ ψυχή μου.

7 μετὰ τῶν μισούντων τὴν εἰρήνην ἤμην εἰρηνικός·[24]
ὅταν ἐλάλουν αὐτοῖς, ἐπολέμουν με δωρεάν.[25]

120 Ὠιδὴ[26] τῶν ἀναβαθμῶν.[27]

Ἦρα τοὺς ὀφθαλμούς μου εἰς τὰ ὄρη
Πόθεν[28] ἥξει[29] ἡ βοήθειά[30] μου;
2 ἡ βοήθειά[31] μου παρὰ κυρίου
τοῦ ποιήσαντος τὸν οὐρανὸν καὶ τὴν γῆν.

1 ἀπόλλυμι, *perf act ptc nom s n*, lose
2 ἐπιλανθάνω, *aor mid ind 1s*, forget
3 ᾠδή, song
4 ἀναβαθμός, flight of steps, (ascent)
5 θλίβω, *pres pas inf*, afflict
6 εἰσακούω, *aor act ind 3s*, hear, listen to
7 ῥύομαι, *aor mid impv 2s*, rescue, deliver
8 χεῖλος, lip, (speech)
9 ἄδικος, unjust
10 δόλιος, deceitful, false
11 δίδωμι, *aor pas opt 3s*, give
12 προστίθημι, *aor pas opt 3s*, add to
13 δόλιος, deceitful, false
14 βέλος, arrow
15 ἀκονάω, *perf pas ptc nom p n*, sharpen
16 ἄνθραξ, coal
17 ἐρημικός, of the desert
18 οἴμμοι, alas!, woe!
19 παροικία, temporary residence
20 μακρύνω, *aor pas ind 3s*, prolong, lengthen
21 κατασκηνόω, *aor act ind 1s*, settle, dwell in
22 σκήνωμα, tent
23 παροικέω, *aor act ind 3s*, inhabit as an alien
24 εἰρηνικός, peaceable
25 δωρεάν, without cause
26 ᾠδή, song
27 ἀναβαθμός, flight of steps, (ascent)
28 πόθεν, from where
29 ἥκω, *fut act ind 3s*, come
30 βοήθεια, help, aid
31 βοήθεια, help, aid

3 μὴ δῷς εἰς σάλον[1] τὸν πόδα σου,
μηδὲ νυστάξῃ[2] ὁ φυλάσσων σε.
4 ἰδοὺ οὐ νυστάξει[3] οὐδὲ ὑπνώσει[4]
ὁ φυλάσσων τὸν Ισραηλ.

5 κύριος φυλάξει σε,
κύριος σκέπη[5] σου ἐπὶ χεῖρα δεξιάν σου·
6 ἡμέρας ὁ ἥλιος οὐ συγκαύσει[6] σε
οὐδὲ ἡ σελήνη[7] τὴν νύκτα.

7 κύριος φυλάξει σε ἀπὸ παντὸς κακοῦ,
φυλάξει τὴν ψυχήν σου.
8 κύριος φυλάξει τὴν εἴσοδόν[8] σου καὶ τὴν ἔξοδόν[9] σου
ἀπὸ τοῦ νῦν καὶ ἕως τοῦ αἰῶνος.

121 Ὠιδὴ[10] τῶν ἀναβαθμῶν.[11]

Εὐφράνθην[12] ἐπὶ τοῖς εἰρηκόσιν[13] μοι
Εἰς οἶκον κυρίου πορευσόμεθα.
2 ἑστῶτες ἦσαν οἱ πόδες ἡμῶν
ἐν ταῖς αὐλαῖς[14] σου, Ιερουσαλημ.

3 Ιερουσαλημ οἰκοδομουμένη ὡς πόλις
ἧς ἡ μετοχὴ[15] αὐτῆς ἐπὶ τὸ αὐτό.
4 ἐκεῖ γὰρ ἀνέβησαν αἱ φυλαί,
φυλαὶ κυρίου μαρτύριον[16] τῷ Ισραηλ
τοῦ ἐξομολογήσασθαι[17] τῷ ὀνόματι κυρίου·
5 ὅτι ἐκεῖ ἐκάθισαν θρόνοι εἰς κρίσιν,
θρόνοι ἐπὶ οἶκον Δαυιδ.

6 ἐρωτήσατε δὴ[18] τὰ εἰς εἰρήνην τὴν Ιερουσαλημ,
καὶ εὐθηνία[19] τοῖς ἀγαπῶσίν σε·

1 σάλος, tribulation, shaking
2 νυστάζω, *aor act sub 3s*, slumber, doze
3 νυστάζω, *fut act ind 3s*, slumber, doze
4 ὑπνόω, *fut act ind 3s*, sleep
5 σκέπη, protection, shelter
6 συγκαίω, *fut act ind 3s*, burn
7 σελήνη, moon
8 εἴσοδος, going in, entrance
9 ἔξοδος, going out, exit
10 ᾠδή, song
11 ἀναβαθμός, flight of steps, (ascent)
12 εὐφραίνω, *aor pas ind 1s*, be glad, rejoice
13 λέγω, *perf act ptc dat p m*, say, speak
14 αὐλή, court
15 μετοχή, sharing
16 μαρτύριον, testimony, witness
17 ἐξομολογέομαι, *aor mid inf*, confess, acknowledge
18 δή, surely
19 εὐθηνία, prosperity

7 γενέσθω δὴ[1] εἰρήνη ἐν τῇ δυνάμει σου
καὶ εὐθηνία[2] ἐν ταῖς πυργοβάρεσίν[3] σου.

8 ἕνεκα[4] τῶν ἀδελφῶν μου καὶ τῶν πλησίον[5] μου
ἐλάλουν δὴ[6] εἰρήνην περὶ σοῦ·
9 ἕνεκα[7] τοῦ οἴκου κυρίου τοῦ θεοῦ ἡμῶν
ἐξεζήτησα[8] ἀγαθά σοι.

122 Ὠιδὴ[9] τῶν ἀναβαθμῶν.[10]

Πρὸς σὲ ἦρα[11] τοὺς ὀφθαλμούς μου
τὸν κατοικοῦντα ἐν τῷ οὐρανῷ.
2 ἰδοὺ ὡς ὀφθαλμοὶ δούλων εἰς χεῖρας τῶν κυρίων αὐτῶν,
ὡς ὀφθαλμοὶ παιδίσκης[12] εἰς χεῖρας τῆς κυρίας[13] αὐτῆς,
οὕτως οἱ ὀφθαλμοὶ ἡμῶν πρὸς κύριον τὸν θεὸν ἡμῶν,
ἕως οὗ οἰκτιρῆσαι[14] ἡμᾶς.

3 ἐλέησον[15] ἡμᾶς, κύριε, ἐλέησον ἡμᾶς,
ὅτι ἐπὶ πολὺ ἐπλήσθημεν[16] ἐξουδενώσεως,[17]
4 ἐπὶ πλεῖον[18] ἐπλήσθη[19] ἡ ψυχὴ ἡμῶν.
τὸ ὄνειδος[20] τοῖς εὐθηνοῦσιν,[21]
καὶ ἡ ἐξουδένωσις[22] τοῖς ὑπερηφάνοις.[23]

123 Ὠιδὴ[24] τῶν ἀναβαθμῶν.[25]

Εἰ μὴ ὅτι κύριος ἦν ἐν ἡμῖν,
εἰπάτω δὴ[26] Ισραηλ,
2 εἰ μὴ ὅτι κύριος ἦν ἐν ἡμῖν
ἐν τῷ ἐπαναστῆναι[27] ἀνθρώπους ἐφ᾽ ἡμᾶς,

1 δή, now, indeed
2 εὐθηνία, prosperity
3 πυργόβαρις, citadel, fortress
4 ἕνεκα, on account of, for the sake of
5 πλησίον, neighbor
6 δή, surely
7 ἕνεκα, on account of, for the sake of
8 ἐκζητέω, *aor act ind 1s*, seek out
9 ᾠδή, song
10 ἀναβαθμός, flight of steps, (ascent)
11 αἴρω, *aor act ind 1s*, lift, raise
12 παιδίσκη, female servant
13 κυρία, mistress
14 οἰκτίρω, *aor act opt 3s*, show compassion to
15 ἐλεέω, *aor act impv 2s*, show mercy to
16 πίμπλημι, *aor pas ind 1p*, fill with
17 ἐξουδένωσις, contempt, scorn
18 ἐπὶ πλεῖον, thoroughly
19 πίμπλημι, *aor pas ind 3s*, fill with
20 ὄνειδος, disgrace, reproach
21 εὐθηνέω, *pres act ptc dat p m*, prosper
22 ἐξουδένωσις, contempt, scorn
23 ὑπερήφανος, arrogant, proud
24 ᾠδή, song
25 ἀναβαθμός, flight of steps, (ascent)
26 δή, now, indeed
27 ἐπανίστημι, *aor act inf*, rise against

3 ἄρα ζῶντας ἂν κατέπιον[1] ἡμᾶς
ἐν τῷ ὀργισθῆναι[2] τὸν θυμὸν[3] αὐτῶν ἐφ᾽ ἡμᾶς·
4 ἄρα τὸ ὕδωρ κατεπόντισεν[4] ἡμᾶς,
χείμαρρον[5] διῆλθεν ἡ ψυχὴ ἡμῶν·
5 ἄρα διῆλθεν ἡ ψυχὴ ἡμῶν
τὸ ὕδωρ τὸ ἀνυπόστατον.[6]

6 εὐλογητὸς[7] κύριος, ὃς οὐκ ἔδωκεν ἡμᾶς
εἰς θήραν[8] τοῖς ὀδοῦσιν[9] αὐτῶν.
7 ἡ ψυχὴ ἡμῶν ὡς στρουθίον[10] ἐρρύσθη[11]
ἐκ τῆς παγίδος[12] τῶν θηρευόντων·[13]
ἡ παγὶς συνετρίβη,[14]
καὶ ἡμεῖς ἐρρύσθημεν.[15]

8 ἡ βοήθεια[16] ἡμῶν ἐν ὀνόματι κυρίου
τοῦ ποιήσαντος τὸν οὐρανὸν καὶ τὴν γῆν.

124 Ὠιδὴ[17] τῶν ἀναβαθμῶν.[18]

Οἱ πεποιθότες ἐπὶ κύριον ὡς ὄρος Σιων·
οὐ σαλευθήσεται[19] εἰς τὸν αἰῶνα ὁ κατοικῶν Ιερουσαλημ.
2 ὄρη κύκλῳ[20] αὐτῆς,
καὶ κύριος κύκλῳ τοῦ λαοῦ αὐτοῦ
ἀπὸ τοῦ νῦν καὶ ἕως τοῦ αἰῶνος.
3 ὅτι οὐκ ἀφήσει τὴν ῥάβδον[21] τῶν ἁμαρτωλῶν
ἐπὶ τὸν κλῆρον[22] τῶν δικαίων,
ὅπως ἂν μὴ ἐκτείνωσιν[23] οἱ δίκαιοι
ἐν ἀνομίᾳ[24] χεῖρας αὐτῶν.
4 ἀγάθυνον,[25] κύριε, τοῖς ἀγαθοῖς
καὶ τοῖς εὐθέσι[26] τῇ καρδίᾳ·

1 καταπίνω, *aor act ind 3p*, swallow, consume
2 ὀργίζω, *aor pas inf*, make angry
3 θυμός, anger, wrath
4 καταποντίζω, *aor act ind 3s*, drown
5 χείμαρρος, torrent
6 ἀνυπόστατος, irresistible, overwhelming
7 εὐλογητός, blessed
8 θήρα, prey
9 ὀδούς, tooth
10 στρουθίον, sparrow
11 ῥύομαι, *aor pas ind 3s*, rescue, deliver
12 παγίς, trap, snare
13 θηρεύω, *pres act ptc gen p m*, hunt
14 συντρίβω, *aor pas ind 3s*, break, shatter
15 ῥύομαι, *aor pas ind 1p*, save, deliver
16 βοήθεια, help, aid
17 ᾠδή, song
18 ἀναβαθμός, flight of steps, (ascent)
19 σαλεύω, *fut pas ind 3s*, shake
20 κύκλῳ, all around
21 ῥάβδος, rod
22 κλῆρος, lot, portion
23 ἐκτείνω, *pres act sub 3p*, stretch forth
24 ἀνομία, transgression, lawlessness
25 ἀγαθύνω, *aor act impv 2s*, do good
26 εὐθύς, upright

5 τοὺς δὲ ἐκκλίνοντας[1] εἰς τὰς στραγγαλιὰς[2]
ἀπάξει[3] κύριος μετὰ τῶν ἐργαζομένων τὴν ἀνομίαν.[4]

εἰρήνη ἐπὶ τὸν Ισραηλ.

125 Ὠιδὴ[5] τῶν ἀναβαθμῶν.[6]

Ἐν τῷ ἐπιστρέψαι κύριον τὴν αἰχμαλωσίαν[7] Σιων
ἐγενήθημεν ὡς παρακεκλημένοι.
2 τότε ἐπλήσθη[8] χαρᾶς[9] τὸ στόμα ἡμῶν
καὶ ἡ γλῶσσα ἡμῶν ἀγαλλιάσεως.[10]
τότε ἐροῦσιν ἐν τοῖς ἔθνεσιν
Ἐμεγάλυνεν[11] κύριος τοῦ ποιῆσαι μετ᾽ αὐτῶν.
3 ἐμεγάλυνεν[12] κύριος τοῦ ποιῆσαι μεθ᾽ ἡμῶν,
ἐγενήθημεν εὐφραινόμενοι.[13]

4 ἐπίστρεψον, κύριε, τὴν αἰχμαλωσίαν[14] ἡμῶν
ὡς χειμάρρους[15] ἐν τῷ νότῳ.[16]
5 οἱ σπείροντες[17] ἐν δάκρυσιν[18]
ἐν ἀγαλλιάσει[19] θεριοῦσιν.[20]
6 πορευόμενοι ἐπορεύοντο καὶ ἔκλαιον
αἴροντες τὰ σπέρματα αὐτῶν·
ἐρχόμενοι δὲ ἥξουσιν[21] ἐν ἀγαλλιάσει[22]
αἴροντες τὰ δράγματα[23] αὐτῶν.

126 Ὠιδὴ[24] τῶν ἀναβαθμῶν·[25] τῷ Σαλωμων.

Ἐὰν μὴ κύριος οἰκοδομήσῃ οἶκον,
εἰς μάτην[26] ἐκοπίασαν[27] οἱ οἰκοδομοῦντες αὐτόν·

1 ἐκκλίνω, *pres act ptc acc p m*, keep away from
2 στραγγαλιά, entanglement
3 ἀπάγω, *fut act ind 3s*, lead away
4 ἀνομία, transgression, lawlessness
5 ᾠδή, song
6 ἀναβαθμός, flight of steps, (ascent)
7 αἰχμαλωσία, captivity
8 πίμπλημι, *aor pas ind 3s*, fill up
9 χαρά, joy
10 ἀγαλλίασις, great joy, exultation
11 μεγαλύνω, *aor act ind 3s*, act greatly
12 μεγαλύνω, *aor act ind 3s*, act greatly
13 εὐφραίνω, *pres pas ptc nom p m*, be glad, rejoice
14 αἰχμαλωσία, captivity
15 χείμαρρος, brook
16 νότος, south
17 σπείρω, *pres act ptc nom p m*, sow
18 δάκρυον, tear
19 ἀγαλλίασις, great joy, exultation
20 θερίζω, *fut act ind 3p*, reap
21 ἥκω, *fut act ind 3p*, come
22 ἀγαλλίασις, great joy, exultation
23 δράγμα, sheaf, stalk
24 ᾠδή, song
25 ἀναβαθμός, flight of steps, (ascent)
26 εἰς μάτην, in vain, pointlessly
27 κοπιάω, *aor act ind 3p*, labor, toil

ἐὰν μὴ κύριος φυλάξῃ πόλιν,
εἰς μάτην ἠγρύπνησεν[1] ὁ φυλάσσων.
2 εἰς μάτην[2] ὑμῖν ἐστιν τοῦ ὀρθρίζειν,[3]
ἐγείρεσθαι[4] μετὰ τὸ καθῆσθαι,
οἱ ἔσθοντες[5] ἄρτον ὀδύνης,[6]
ὅταν δῷ τοῖς ἀγαπητοῖς[7] αὐτοῦ ὕπνον.[8]

3 ἰδοὺ ἡ κληρονομία[9] κυρίου υἱοί,
ὁ μισθὸς[10] τοῦ καρποῦ τῆς γαστρός.[11]
4 ὡσεὶ[12] βέλη[13] ἐν χειρὶ δυνατοῦ,
οὕτως οἱ υἱοὶ τῶν ἐκτετιναγμένων.[14]
5 μακάριος[15] ἄνθρωπος,
ὃς πληρώσει τὴν ἐπιθυμίαν[16] αὐτοῦ ἐξ αὐτῶν·
οὐ καταισχυνθήσονται,[17]
ὅταν λαλῶσι τοῖς ἐχθροῖς αὐτῶν ἐν πύλῃ.[18]

127 Ὠιδὴ[19] τῶν ἀναβαθμῶν·[20]

Μακάριοι[21] πάντες οἱ φοβούμενοι τὸν κύριον
οἱ πορευόμενοι ἐν ταῖς ὁδοῖς αὐτοῦ.
2 τοὺς πόνους[22] τῶν καρπῶν σου φάγεσαι·
μακάριος[23] εἶ, καὶ καλῶς[24] σοι ἔσται.

3 ἡ γυνή σου ὡς ἄμπελος[25] εὐθηνοῦσα[26]
ἐν τοῖς κλίτεσι[27] τῆς οἰκίας σου·
οἱ υἱοί σου ὡς νεόφυτα[28] ἐλαιῶν[29]
κύκλῳ[30] τῆς τραπέζης[31] σου.

1 ἀγρυπνέω, *aor act ind 3s*, be watchful, stay awake
2 εἰς μάτην, in vain, pointlessly
3 ὀρθρίζω, *pres act inf*, rise early
4 ἐγείρω, *pres mid inf*, rouse, raise up
5 ἔσθω, *pres act ptc nom p m*, eat
6 ὀδύνη, grief, affliction
7 ἀγαπητός, beloved
8 ὕπνος, sleep
9 κληρονομία, inheritance
10 μισθός, reward, wage
11 γαστήρ, womb
12 ὡσεί, like, as
13 βέλος, arrow
14 ἐκτινάσσω, *perf pas ptc gen p m*, cast out, shake off
15 μακάριος, blessed, happy
16 ἐπιθυμία, desire, yearning
17 καταισχύνω, *fut pas ind 3p*, put to shame
18 πύλη, gate
19 ᾠδή, song
20 ἀναβαθμός, flight of steps, (ascent)
21 μακάριος, blessed, happy
22 πόνος, toil, labor
23 μακάριος, blessed, happy
24 καλῶς, well
25 ἄμπελος, vine
26 εὐθηνέω, *pres act ptc nom s f*, thrive, flourish
27 κλίτος, (environs)
28 νεόφυτος, newly planted
29 ἔλαιον, olive
30 κύκλῳ, around
31 τράπεζα, table

4 ἰδοὺ οὕτως εὐλογηθήσεται ἄνθρωπος
ὁ φοβούμενος τὸν κύριον.

5 εὐλογήσαι[1] σε κύριος ἐκ Σιων,
καὶ ἴδοις[2] τὰ ἀγαθὰ Ιερουσαλημ
πάσας τὰς ἡμέρας τῆς ζωῆς σου·
6 καὶ ἴδοις[3] υἱοὺς τῶν υἱῶν σου.
εἰρήνη ἐπὶ τὸν Ισραηλ.

128 Ὠιδὴ[4] τῶν ἀναβαθμῶν·[5]

Πλεονάκις[6] ἐπολέμησάν με ἐκ νεότητός[7] μου,
εἰπάτω δὴ[8] Ισραηλ,
2 πλεονάκις[9] ἐπολέμησάν με ἐκ νεότητός[10] μου,
καὶ γὰρ οὐκ ἠδυνήθησάν μοι.
3 ἐπὶ τοῦ νώτου[11] μου ἐτέκταινον[12] οἱ ἁμαρτωλοί,
ἐμάκρυναν[13] τὴν ἀνομίαν[14] αὐτῶν·
4 κύριος δίκαιος συνέκοψεν[15] αὐχένας[16] ἁμαρτωλῶν.

5 αἰσχυνθήτωσαν[17] καὶ ἀποστραφήτωσαν[18] εἰς τὰ ὀπίσω
πάντες οἱ μισοῦντες Σιων.
6 γενηθήτωσαν ὡς χόρτος[19] δωμάτων,[20]
ὃς πρὸ τοῦ ἐκσπασθῆναι[21] ἐξηράνθη·[22]
7 οὗ οὐκ ἐπλήρωσεν τὴν χεῖρα αὐτοῦ ὁ θερίζων[23]
καὶ τὸν κόλπον[24] αὐτοῦ ὁ τὰ δράγματα[25] συλλέγων,[26]
8 καὶ οὐκ εἶπαν οἱ παράγοντες[27]
Εὐλογία[28] κυρίου ἐφ᾽ ὑμᾶς,
εὐλογήκαμεν ὑμᾶς ἐν ὀνόματι κυρίου.

1 εὐλογέω, *aor act opt 3s*, bless
2 ὁράω, *aor act opt 2s*, see
3 ὁράω, *aor act opt 2s*, see
4 ᾠδή, song
5 ἀναβαθμός, flight of steps, (ascent)
6 πλεονάκις, many times, frequently
7 νεότης, youth
8 δή, now, indeed
9 πλεονάκις, many times, frequently
10 νεότης, youth
11 νῶτος, back
12 τεκταίνω, *impf act ind 3p*, scheme, devise a plan
13 μακρύνω, *aor act ind 3p*, lengthen, prolong
14 ἀνομία, transgression, lawlessness
15 συγκόπτω, *aor act ind 3s*, chop
16 αὐχήν, neck
17 αἰσχύνω, *aor pas impv 3p*, put to shame
18 ἀποστρέφω, *aor pas impv 3p*, turn away, reject
19 χόρτος, grass
20 δῶμα, roof
21 ἐκσπάω, *aor pas inf*, pull out, pluck up
22 ξηραίνω, *aor pas ind 3s*, wither, dry up
23 θερίζω, *pres act ptc nom s m*, reap
24 κόλπος, bosom, lap
25 δράγμα, sheaf, stalk
26 συλλέγω, *pres act ptc nom s m*, gather
27 παράγω, *pres act ptc nom p m*, pass by
28 εὐλογία, blessing

129 ᾨδὴ[1] τῶν ἀναβαθμῶν·[2]

Ἐκ βαθέων[3] ἐκέκραξά σε, κύριε·
2 κύριε, εἰσάκουσον[4] τῆς φωνῆς μου·
γενηθήτω τὰ ὦτά σου προσέχοντα[5]
εἰς τὴν φωνὴν τῆς δεήσεώς[6] μου.

3 ἐὰν ἀνομίας[7] παρατηρήσῃ,[8] κύριε,
κύριε, τίς ὑποστήσεται;[9]
4 ὅτι παρὰ σοὶ ὁ ἱλασμός[10] ἐστιν.

5 ἕνεκεν[11] τοῦ νόμου σου ὑπέμεινά[12] σε, κύριε,
ὑπέμεινεν[13] ἡ ψυχή μου εἰς τὸν λόγον σου.
6 ἤλπισεν ἡ ψυχή μου ἐπὶ τὸν κύριον
ἀπὸ φυλακῆς πρωίας[14] μέχρι[15] νυκτός·
ἀπὸ φυλακῆς πρωίας ἐλπισάτω Ισραηλ ἐπὶ τὸν κύριον.
7 ὅτι παρὰ τῷ κυρίῳ τὸ ἔλεος,[16]
καὶ πολλὴ παρ᾽ αὐτῷ λύτρωσις,[17]
8 καὶ αὐτὸς λυτρώσεται[18] τὸν Ισραηλ
ἐκ πασῶν τῶν ἀνομιῶν[19] αὐτοῦ.

130 ᾨδὴ[20] τῶν ἀναβαθμῶν·[21] τῷ Δαυιδ.

Κύριε, οὐχ ὑψώθη[22] μου ἡ καρδία,
οὐδὲ ἐμετεωρίσθησαν[23] οἱ ὀφθαλμοί μου,
οὐδὲ ἐπορεύθην ἐν μεγάλοις
οὐδὲ ἐν θαυμασίοις[24] ὑπὲρ ἐμέ.
2 εἰ μὴ ἐταπεινοφρόνουν,[25]
ἀλλὰ ὕψωσα[26] τὴν ψυχήν μου

1 ᾠδή, song
2 ἀναβαθμός, flight of steps, (ascent)
3 βαθύς, deep
4 εἰσακούω, *aor act impv 2s*, hear, listen
5 προσέχω, *pres act ptc nom p n*, be attentive
6 δέησις, supplication, entreaty
7 ἀνομία, transgression, lawlessness
8 παρατηρέω, *aor mid sub 2s*, observe carefully, mark
9 ὑφίστημι, *fut mid ind 3s*, stand, (remain)
10 ἱλασμός, propitiation, atonement
11 ἕνεκα, for the sake of
12 ὑπομένω, *aor act ind 1s*, wait upon
13 ὑπομένω, *aor act ind 3s*, wait upon
14 πρωΐα, morning
15 μέχρι, until
16 ἔλεος, mercy
17 λύτρωσις, ransoming, redemption
18 λυτρόω, *fut mid ind 3s*, ransom, redeem
19 ἀνομία, transgression, lawlessness
20 ᾠδή, song
21 ἀναβαθμός, flight of steps, (ascent)
22 ὑψόω, *aor pas ind 3s*, lift high, exalt
23 μετεωρίζω, *aor pas ind 3p*, raise high
24 θαυμάσιος, marvelous (deed)
25 ταπεινοφρονέω, *impf act ind 1s*, be humble, be modest
26 ὑψόω, *aor act ind 1s*, lift high, exalt

ὡς τὸ ἀπογεγαλακτισμένον[1] ἐπὶ τὴν μητέρα αὐτοῦ,
ὡς ἀνταπόδοσις[2] ἐπὶ τὴν ψυχήν μου.

3 ἐλπισάτω Ισραηλ ἐπὶ τὸν κύριον
ἀπὸ τοῦ νῦν καὶ ἕως τοῦ αἰῶνος.

131 Ὠιδὴ[3] τῶν ἀναβαθμῶν·[4]

Μνήσθητι,[5] κύριε, τοῦ Δαυιδ
καὶ πάσης τῆς πραΰτητος[6] αὐτοῦ,
2 ὡς ὤμοσεν[7] τῷ κυρίῳ,
ηὔξατο[8] τῷ θεῷ Ιακωβ
3 Εἰ εἰσελεύσομαι εἰς σκήνωμα[9] οἴκου μου,
εἰ ἀναβήσομαι ἐπὶ κλίνης[10] στρωμνῆς[11] μου,
4 εἰ δώσω ὕπνον[12] τοῖς ὀφθαλμοῖς μου
καὶ τοῖς βλεφάροις[13] μου νυσταγμὸν[14]
καὶ ἀνάπαυσιν[15] τοῖς κροτάφοις[16] μου,
5 ἕως οὗ εὕρω τόπον τῷ κυρίῳ,
σκήνωμα[17] τῷ θεῷ Ιακωβ.

6 ἰδοὺ ἠκούσαμεν αὐτὴν ἐν Εφραθα,
εὕρομεν αὐτὴν ἐν τοῖς πεδίοις[18] τοῦ δρυμοῦ·[19]
7 εἰσελευσόμεθα εἰς τὰ σκηνώματα[20] αὐτοῦ,
προσκυνήσομεν εἰς τὸν τόπον, οὗ ἔστησαν οἱ πόδες αὐτοῦ.

8 ἀνάστηθι, κύριε, εἰς τὴν ἀνάπαυσίν[21] σου,
σὺ καὶ ἡ κιβωτὸς[22] τοῦ ἁγιάσματός[23] σου·
9 οἱ ἱερεῖς σου ἐνδύσονται[24] δικαιοσύνην,
καὶ οἱ ὅσιοί[25] σου ἀγαλλιάσονται.[26]

1 ἀπογαλακτίζω, *perf pas ptc nom s n*, wean from a mother's milk
2 ἀνταπόδοσις, recompense
3 ᾠδή, song
4 ἀναβαθμός, flight of steps, (ascent)
5 μιμνήσκομαι, *aor pas impv 2s*, remember
6 πραΰτης, gentleness, mildness
7 ὄμνυμι, *aor act ind 3s*, swear an oath
8 εὔχομαι, *aor mid ind 3s*, vow
9 σκήνωμα, dwelling, tent
10 κλίνη, bed, couch
11 στρωμνή, covering, bedding
12 ὕπνος, sleep
13 βλέφαρον, eyelid
14 νυσταγμός, drowsiness, dozing
15 ἀνάπαυσις, rest, repose
16 κρόταφος, temple (of the head)
17 σκήνωμα, dwelling, habitation
18 πεδίον, field, plain
19 δρυμός, forest, thicket
20 σκήνωμα, dwelling, habitation
21 ἀνάπαυσις, rest, repose
22 κιβωτός, chest, ark (of the covenant)
23 ἁγίασμα, holiness
24 ἐνδύω, *fut mid ind 3p*, put on, clothe in
25 ὅσιος, holy (one)
26 ἀγαλλιάω, *fut mid ind 3p*, rejoice, exult

10 ἕνεκεν[1] Δαυιδ τοῦ δούλου σου
μὴ ἀποστρέψῃς[2] τὸ πρόσωπον τοῦ χριστοῦ σου.

11 ὤμοσεν[3] κύριος τῷ Δαυιδ ἀλήθειαν
καὶ οὐ μὴ ἀθετήσει[4] αὐτήν
Ἐκ καρποῦ τῆς κοιλίας[5] σου
θήσομαι ἐπὶ τὸν θρόνον σου·

12 ἐὰν φυλάξωνται οἱ υἱοί σου τὴν διαθήκην μου
καὶ τὰ μαρτύριά[6] μου ταῦτα, ἃ διδάξω αὐτούς,
καὶ οἱ υἱοὶ αὐτῶν ἕως τοῦ αἰῶνος
καθιοῦνται ἐπὶ τοῦ θρόνου σου.

13 ὅτι ἐξελέξατο[7] κύριος τὴν Σιων,
ᾑρετίσατο[8] αὐτὴν εἰς κατοικίαν[9] ἑαυτῷ
14 Αὕτη ἡ κατάπαυσίς[10] μου εἰς αἰῶνα αἰῶνος,
ὧδε[11] κατοικήσω, ὅτι ᾑρετισάμην[12] αὐτήν·
15 τὴν θήραν[13] αὐτῆς εὐλογῶν εὐλογήσω,
τοὺς πτωχοὺς[14] αὐτῆς χορτάσω[15] ἄρτων,
16 τοὺς ἱερεῖς αὐτῆς ἐνδύσω[16] σωτηρίαν,
καὶ οἱ ὅσιοι[17] αὐτῆς ἀγαλλιάσει[18] ἀγαλλιάσονται·[19]
17 ἐκεῖ ἐξανατελῶ[20] κέρας[21] τῷ Δαυιδ,
ἡτοίμασα λύχνον[22] τῷ χριστῷ μου·
18 τοὺς ἐχθροὺς αὐτοῦ ἐνδύσω[23] αἰσχύνην,[24]
ἐπὶ δὲ αὐτὸν ἐξανθήσει[25] τὸ ἁγίασμά[26] μου.

1 ἕνεκα, for the sake of
2 ἀποστρέφω, *aor act sub 2s*, turn away from
3 ὄμνυμι, *aor act ind 3s*, swear an oath
4 ἀθετέω, *fut act ind 3s*, set to naught, abolish
5 κοιλία, (loins)
6 μαρτύριον, testimony
7 ἐκλέγω, *aor mid ind 3s*, choose
8 αἱρετίζω, *aor mid ind 3s*, select, pick out
9 κατοικία, dwelling place, habitation
10 κατάπαυσις, resting place
11 ὧδε, here
12 αἱρετίζω, *aor mid ind 1s*, select, pick out
13 θήρα, pursuit, (*read* provision)
14 πτωχός, poor
15 χορτάζω, *fut act ind 1s*, feed, satisfy
16 ἐνδύω, *fut act ind 1s*, clothe with
17 ὅσιος, holy (one)
18 ἀγαλλίασις, exultation, great joy
19 ἀγαλλιάω, *fut mid ind 3p*, rejoice, exult
20 ἐξανατέλλω, *fut act ind 1s*, cause to spring up
21 κέρας, horn
22 λύχνος, lamp
23 ἐνδύω, *fut act ind 1s*, clothe in
24 αἰσχύνη, shame, dishonor
25 ἐξανθέω, *fut act ind 3s*, flourish, blossom
26 ἁγίασμα, sanctuary, holiness

132 Ὠιδὴ[1] τῶν ἀναβαθμῶν·[2] τῷ Δαυιδ.

Ἰδοὺ δὴ[3] τί καλὸν ἢ τί τερπνὸν[4]
ἀλλ᾽ ἢ τὸ κατοικεῖν ἀδελφοὺς ἐπὶ τὸ αὐτό;
2 ὡς μύρον[5] ἐπὶ κεφαλῆς
τὸ καταβαῖνον ἐπὶ πώγωνα,[6]
τὸν πώγωνα τὸν Ααρων,
τὸ καταβαῖνον ἐπὶ τὴν ᾤαν[7] τοῦ ἐνδύματος[8] αὐτοῦ·

3 ὡς δρόσος[9] Αερμων
ἡ καταβαίνουσα ἐπὶ τὰ ὄρη Σιων·
ὅτι ἐκεῖ ἐνετείλατο[10] κύριος τὴν εὐλογίαν[11]
καὶ ζωὴν ἕως τοῦ αἰῶνος.

133 Ὠιδὴ[12] τῶν ἀναβαθμῶν·[13]

Ἰδοὺ δὴ[14] εὐλογεῖτε τὸν κύριον,
πάντες οἱ δοῦλοι κυρίου
οἱ ἑστῶτες ἐν οἴκῳ κυρίου,
ἐν αὐλαῖς[15] οἴκου θεοῦ ἡμῶν.

2 ἐν ταῖς νυξὶν ἐπάρατε[16] τὰς χεῖρας ὑμῶν εἰς τὰ ἅγια
καὶ εὐλογεῖτε τὸν κύριον.

3 εὐλογήσει σε κύριος ἐκ Σιων
ὁ ποιήσας τὸν οὐρανὸν καὶ τὴν γῆν.

134 Αλληλουια.[17]

Αἰνεῖτε[18] τὸ ὄνομα κυρίου,
αἰνεῖτε, δοῦλοι, κύριον,
2 οἱ ἑστῶτες ἐν οἴκῳ κυρίου,
ἐν αὐλαῖς[19] οἴκου θεοῦ ἡμῶν.

1 ᾠδή, song
2 ἀναβαθμός, flight of steps, (ascent)
3 δή, now
4 τερπνός, delightful, pleasant
5 μύρον, perfume, ointment
6 πώγων, beard
7 ᾤα, border, collar (of a garment)
8 ἔνδυμα, garment
9 δρόσος, dew
10 ἐντέλλομαι, *aor mid ind 3s*, command
11 εὐλογία, blessing
12 ᾠδή, song
13 ἀναβαθμός, flight of steps, (ascent)
14 δή, now
15 αὐλή, court
16 ἐπαίρω, *aor act impv 2p*, lift high
17 αλληλουια, hallelujah, *translit.*
18 αἰνέω, *pres act impv 2p*, praise
19 αὐλή, court

3 αἰνεῖτε[1] τὸν κύριον, ὅτι ἀγαθὸς κύριος·
ψάλατε[2] τῷ ὀνόματι αὐτοῦ, ὅτι καλόν·
4 ὅτι τὸν Ιακωβ ἐξελέξατο[3] ἑαυτῷ ὁ κύριος,
Ισραηλ εἰς περιουσιασμὸν[4] αὐτοῦ.
5 ὅτι ἐγὼ ἔγνων ὅτι μέγας κύριος
καὶ ὁ κύριος ἡμῶν παρὰ πάντας τοὺς θεούς·
6 πάντα, ὅσα ἠθέλησεν ὁ κύριος, ἐποίησεν
ἐν τῷ οὐρανῷ καὶ ἐν τῇ γῇ,
ἐν ταῖς θαλάσσαις καὶ ἐν πάσαις ταῖς ἀβύσσοις·[5]
7 ἀνάγων[6] νεφέλας[7] ἐξ ἐσχάτου[8] τῆς γῆς,
ἀστραπὰς[9] εἰς ὑετὸν[10] ἐποίησεν·
ὁ ἐξάγων[11] ἀνέμους[12] ἐκ θησαυρῶν[13] αὐτοῦ.

8 ὃς ἐπάταξεν[14] τὰ πρωτότοκα[15] Αἰγύπτου
ἀπὸ ἀνθρώπου ἕως κτήνους·[16]
9 ἐξαπέστειλεν[17] σημεῖα καὶ τέρατα[18] ἐν μέσῳ σου, Αἴγυπτε,
ἐν Φαραω καὶ ἐν πᾶσι τοῖς δούλοις αὐτοῦ.
10 ὃς ἐπάταξεν[19] ἔθνη πολλὰ
καὶ ἀπέκτεινεν βασιλεῖς κραταιούς,[20]
11 τὸν Σηων βασιλέα τῶν Αμορραίων
καὶ τὸν Ωγ βασιλέα τῆς Βασαν
καὶ πάσας τὰς βασιλείας Χανααν,
12 καὶ ἔδωκεν τὴν γῆν αὐτῶν κληρονομίαν,[21]
κληρονομίαν Ισραηλ λαῷ αὐτοῦ.

13 κύριε, τὸ ὄνομά σου εἰς τὸν αἰῶνα
κύριε, τὸ μνημόσυνόν[22] σου εἰς γενεὰν καὶ γενεάν.
14 ὅτι κρινεῖ κύριος τὸν λαὸν αὐτοῦ
καὶ ἐπὶ τοῖς δούλοις αὐτοῦ παρακληθήσεται.

15 τὰ εἴδωλα[23] τῶν ἐθνῶν ἀργύριον[24] καὶ χρυσίον,[25]
ἔργα χειρῶν ἀνθρώπων·

1 αἰνέω, *pres act impv 2p*, praise
2 ψάλλω, *aor act impv 2p*, play music, sing (with an instrument)
3 ἐκλέγω, *aor mid ind 3s*, choose, select
4 περιουσιασμός, treasured possession
5 ἄβυσσος, depth
6 ἀνάγω, *pres act ptc nom s m*, bring up
7 νεφέλη, cloud
8 ἔσχατος, end, uttermost (region)
9 ἀστραπή, lightning
10 ὑετός, rain
11 ἐξάγω, *pres act ptc nom s m*, bring out
12 ἄνεμος, wind
13 θησαυρός, treasury, storehouse
14 πατάσσω, *aor act ind 3s*, strike, smite
15 πρωτότοκος, firstborn
16 κτῆνος, animal
17 ἐξαποστέλλω, *aor act ind 3s*, send forth
18 τέρας, wonder
19 πατάσσω, *aor act ind 3s*, strike, smite
20 κραταιός, powerful, mighty
21 κληρονομία, inheritance, possession
22 μνημόσυνον, memory, remembrance
23 εἴδωλον, image, idol
24 ἀργύριον, silver
25 χρυσίον, gold

16 στόμα ἔχουσιν καὶ οὐ λαλήσουσιν,
ὀφθαλμοὺς ἔχουσιν καὶ οὐκ ὄψονται,
17 ὦτα ἔχουσιν καὶ οὐκ ἐνωτισθήσονται,[1]
[ῥῖνας[2] ἔχουσιν καὶ οὐκ ὀσφρανθήσονται,[3]
χεῖρας ἔχουσιν καὶ οὐ ψηλαφήσουσιν,[4]
πόδας ἔχουσιν καὶ οὐ περιπατήσουσιν,
οὐ φωνήσουσιν[5] ἐν τῷ λάρυγγι[6] αὐτῶν,]
οὐδὲ γάρ ἐστιν πνεῦμα ἐν τῷ στόματι αὐτῶν.
18 ὅμοιοι[7] αὐτοῖς γένοιντο[8] οἱ ποιοῦντες αὐτὰ
καὶ πάντες οἱ πεποιθότες ἐπ᾽ αὐτοῖς.

19 οἶκος Ισραηλ, εὐλογήσατε τὸν κύριον·
οἶκος Ααρων, εὐλογήσατε τὸν κύριον·
20 οἶκος Λευι, εὐλογήσατε τὸν κύριον·
οἱ φοβούμενοι τὸν κύριον, εὐλογήσατε τὸν κύριον.
21 εὐλογητὸς[9] κύριος ἐκ Σιων
ὁ κατοικῶν Ιερουσαλημ.

135 Αλληλουια.[10]

Ἐξομολογεῖσθε[11] τῷ κυρίῳ, ὅτι χρηστός,[12]
ὅτι εἰς τὸν αἰῶνα τὸ ἔλεος[13] αὐτοῦ·
2 ἐξομολογεῖσθε[14] τῷ θεῷ τῶν θεῶν,
ὅτι εἰς τὸν αἰῶνα τὸ ἔλεος[15] αὐτοῦ·
3 ἐξομολογεῖσθε[16] τῷ κυρίῳ τῶν κυρίων,
ὅτι εἰς τὸν αἰῶνα τὸ ἔλεος[17] αὐτοῦ·
4 τῷ ποιοῦντι θαυμάσια[18] μεγάλα μόνῳ,
ὅτι εἰς τὸν αἰῶνα τὸ ἔλεος[19] αὐτοῦ·
5 τῷ ποιήσαντι τοὺς οὐρανοὺς ἐν συνέσει,[20]
ὅτι εἰς τὸν αἰῶνα τὸ ἔλεος[21] αὐτοῦ·

1 ἐνωτίζομαι, *fut pas ind 3p*, give ear, listen
2 ῥίς, nose, nostril
3 ὀσφραίνομαι, *fut pas ind 3p*, smell
4 ψηλαφάω, *fut act ind 3p*, touch
5 φωνέω, *fut act ind 3p*, utter a sound
6 λάρυγξ, throat
7 ὅμοιος, like, similar to
8 γίνομαι, *aor mid opt 3p*, become
9 εὐλογητός, blessed
10 αλληλουια, hallelujah, *translit.*
11 ἐξομολογέομαι, *pres mid impv 2p*, praise, give thanks
12 χρηστός, good
13 ἔλεος, mercy
14 ἐξομολογέομαι, *pres mid impv 2p*, praise, give thanks
15 ἔλεος, mercy
16 ἐξομολογέομαι, *pres mid impv 2p*, praise, give thanks
17 ἔλεος, mercy
18 θαυμάσιος, marvelous (deed)
19 ἔλεος, mercy
20 σύνεσις, understanding, knowledge
21 ἔλεος, mercy

6 τῷ στερεώσαντι[1] τὴν γῆν ἐπὶ τῶν ὑδάτων,
ὅτι εἰς τὸν αἰῶνα τὸ ἔλεος[2] αὐτοῦ·
7 τῷ ποιήσαντι φῶτα μεγάλα μόνῳ,
ὅτι εἰς τὸν αἰῶνα τὸ ἔλεος[3] αὐτοῦ,
8 τὸν ἥλιον εἰς ἐξουσίαν[4] τῆς ἡμέρας,
ὅτι εἰς τὸν αἰῶνα τὸ ἔλεος[5] αὐτοῦ,
9 τὴν σελήνην[6] καὶ τὰ ἄστρα[7] εἰς ἐξουσίαν[8] τῆς νυκτός,
ὅτι εἰς τὸν αἰῶνα τὸ ἔλεος[9] αὐτοῦ·

10 τῷ πατάξαντι[10] Αἴγυπτον σὺν τοῖς πρωτοτόκοις[11] αὐτῶν,
ὅτι εἰς τὸν αἰῶνα τὸ ἔλεος[12] αὐτοῦ,
11 καὶ ἐξαγαγόντι[13] τὸν Ισραηλ ἐκ μέσου αὐτῶν,
ὅτι εἰς τὸν αἰῶνα τὸ ἔλεος[14] αὐτοῦ,
12 ἐν χειρὶ κραταιᾷ[15] καὶ ἐν βραχίονι[16] ὑψηλῷ,[17]
ὅτι εἰς τὸν αἰῶνα τὸ ἔλεος[18] αὐτοῦ·
13 τῷ καταδιελόντι[19] τὴν ἐρυθρὰν[20] θάλασσαν εἰς διαιρέσεις,[21]
ὅτι εἰς τὸν αἰῶνα τὸ ἔλεος[22] αὐτοῦ,
14 καὶ διαγαγόντι[23] τὸν Ισραηλ διὰ μέσου αὐτῆς,
ὅτι εἰς τὸν αἰῶνα τὸ ἔλεος[24] αὐτοῦ,
15 καὶ ἐκτινάξαντι[25] Φαραω καὶ τὴν δύναμιν αὐτοῦ εἰς θάλασσαν ἐρυθράν,[26]
ὅτι εἰς τὸν αἰῶνα τὸ ἔλεος[27] αὐτοῦ·
16 τῷ διαγαγόντι[28] τὸν λαὸν αὐτοῦ ἐν τῇ ἐρήμῳ,
ὅτι εἰς τὸν αἰῶνα τὸ ἔλεος[29] αὐτοῦ·
τῷ ἐξαγαγόντι[30] ὕδωρ ἐκ πέτρας[31] ἀκροτόμου,[32]
ὅτι εἰς τὸν αἰῶνα τὸ ἔλεος[33] αὐτοῦ·

1 στερεόω, *aor act ptc dat s m*, make firm, establish
2 ἔλεος, mercy
3 ἔλεος, mercy
4 ἐξουσία, authority
5 ἔλεος, mercy
6 σελήνη, moon
7 ἄστρον, star
8 ἐξουσία, authority
9 ἔλεος, mercy
10 πατάσσω, *aor act ptc dat s m*, strike, smite
11 πρωτότοκος, firstborn
12 ἔλεος, mercy
13 ἐξάγω, *aor act ptc dat s m*, lead out, bring out
14 ἔλεος, mercy
15 κραταιός, strong, mighty
16 βραχίων, arm
17 ὑψηλός, raised, uplifted
18 ἔλεος, mercy
19 καταδιαιρέω, *aor act ptc dat s m*, divide
20 ἐρυθρός, red
21 διαίρεσις, division
22 ἔλεος, mercy
23 διάγω, *aor act ptc dat s m*, cause to pass through
24 ἔλεος, mercy
25 ἐκτινάσσω, *aor act ptc dat s m*, shake off
26 ἐρυθρός, red
27 ἔλεος, mercy
28 διάγω, *aor act ptc dat s m*, bring through
29 ἔλεος, mercy
30 ἐξάγω, *aor act ptc dat s m*, bring out
31 πέτρα, rock
32 ἀκρότομος, rough-cut, sharp
33 ἔλεος, mercy

17 τῷ πατάξαντι[1] βασιλεῖς μεγάλους,
ὅτι εἰς τὸν αἰῶνα τὸ ἔλεος[2] αὐτοῦ,
18 καὶ ἀποκτείναντι βασιλεῖς κραταιούς,[3]
ὅτι εἰς τὸν αἰῶνα τὸ ἔλεος[4] αὐτοῦ,
19 τὸν Σηων βασιλέα τῶν Αμορραίων,
ὅτι εἰς τὸν αἰῶνα τὸ ἔλεος[5] αὐτοῦ,
20 καὶ τὸν Ωγ βασιλέα τῆς Βασαν,
ὅτι εἰς τὸν αἰῶνα τὸ ἔλεος[6] αὐτοῦ,
21 καὶ δόντι τὴν γῆν αὐτῶν κληρονομίαν,[7]
ὅτι εἰς τὸν αἰῶνα τὸ ἔλεος[8] αὐτοῦ,
22 κληρονομίαν[9] Ισραηλ δούλῳ αὐτοῦ,
ὅτι εἰς τὸν αἰῶνα τὸ ἔλεος[10] αὐτοῦ.

23 ὅτι ἐν τῇ ταπεινώσει[11] ἡμῶν ἐμνήσθη[12] ἡμῶν ὁ κύριος,
ὅτι εἰς τὸν αἰῶνα τὸ ἔλεος[13] αὐτοῦ,
24 καὶ ἐλυτρώσατο[14] ἡμᾶς ἐκ τῶν ἐχθρῶν ἡμῶν,
ὅτι εἰς τὸν αἰῶνα τὸ ἔλεος[15] αὐτοῦ·
25 ὁ διδοὺς τροφὴν[16] πάσῃ σαρκί,
ὅτι εἰς τὸν αἰῶνα τὸ ἔλεος[17] αὐτοῦ.
26 ἐξομολογεῖσθε[18] τῷ θεῷ τοῦ οὐρανοῦ,
ὅτι εἰς τὸν αἰῶνα τὸ ἔλεος[19] αὐτοῦ·
ἐξομολογεῖσθε τῷ κυρίῳ τῶν κυρίων,
ὅτι εἰς τὸν αἰῶνα τὸ ἔλεος αὐτοῦ.

136 Τῷ Δαυιδ.

Ἐπὶ τῶν ποταμῶν[20] Βαβυλῶνος
ἐκεῖ ἐκαθίσαμεν καὶ ἐκλαύσαμεν
ἐν τῷ μνησθῆναι[21] ἡμᾶς τῆς Σιων.
2 ἐπὶ ταῖς ἰτέαις[22] ἐν μέσῳ αὐτῆς
ἐκρεμάσαμεν[23] τὰ ὄργανα[24] ἡμῶν·

1 πατάσσω, *aor act ptc dat s m*, strike, smite
2 ἔλεος, mercy
3 κραταιός, strong
4 ἔλεος, mercy
5 ἔλεος, mercy
6 ἔλεος, mercy
7 κληρονομία, inheritance, possession
8 ἔλεος, mercy
9 κληρονομία, inheritance, possession
10 ἔλεος, mercy
11 ταπείνωσις, humiliation, abasement
12 μιμνῄσκομαι, *aor pas ind 3s*, remember
13 ἔλεος, mercy
14 λυτρόω, *aor mid ind 3s*, redeem, ransom
15 ἔλεος, mercy
16 τροφή, food, provision
17 ἔλεος, mercy
18 ἐξομολογέομαι, *pres mid impv 2p*, praise, give thanks
19 ἔλεος, mercy
20 ποταμός, river
21 μιμνῄσκομαι, *aor pas inf*, remember
22 ἰτέα, willow
23 κρεμάννυμι, *aor act ind 1p*, hang up
24 ὄργανον, (musical) instrument

3 ὅτι ἐκεῖ ἐπηρώτησαν[1] ἡμᾶς
οἱ αἰχμαλωτεύσαντες[2] ἡμᾶς λόγους ᾠδῶν[3]
καὶ οἱ ἀπαγαγόντες[4] ἡμᾶς ὕμνον[5]
Ἄισατε[6] ἡμῖν ἐκ τῶν ᾠδῶν Σιων.

4 πῶς ᾄσωμεν[7] τὴν ᾠδὴν[8] κυρίου
ἐπὶ γῆς ἀλλοτρίας;[9]
5 ἐὰν ἐπιλάθωμαί[10] σου, Ιερουσαλημ,
ἐπιλησθείη[11] ἡ δεξιά μου·
6 κολληθείη[12] ἡ γλῶσσά μου τῷ λάρυγγί[13] μου,
ἐὰν μή σου μνησθῶ,[14]
ἐὰν μὴ προανατάξωμαι[15] τὴν Ιερουσαλημ
ἐν ἀρχῇ τῆς εὐφροσύνης[16] μου.

7 μνήσθητι,[17] κύριε, τῶν υἱῶν Εδωμ
τὴν ἡμέραν Ιερουσαλημ
τῶν λεγόντων Ἐκκενοῦτε[18] ἐκκενοῦτε,
ἕως ὁ θεμέλιος[19] ἐν αὐτῇ.
8 θυγάτηρ[20] Βαβυλῶνος ἡ ταλαίπωρος,[21]
μακάριος[22] ὃς ἀνταποδώσει[23] σοι τὸ ἀνταπόδομά[24] σου,
ὃ ἀνταπέδωκας[25] ἡμῖν·
9 μακάριος[26] ὃς κρατήσει καὶ ἐδαφιεῖ[27] τὰ νήπιά[28] σου
πρὸς τὴν πέτραν.[29]

1 ἐπερωτάω, *aor act ind 3p*, inquire of
2 αἰχμαλωτεύω, *aor act ptc nom p m*, take captive
3 ᾠδή, song
4 ἀπάγω, *aor act ptc nom p m*, lead away, carry off
5 ὕμνος, hymn
6 ᾄδω, *aor act impv 2p*, sing
7 ᾄδω, *aor act sub 1p*, sing
8 ᾠδή, song
9 ἀλλότριος, foreign
10 ἐπιλανθάνω, *aor mid sub 1s*, forget
11 ἐπιλανθάνω, *aor pas opt 3s*, forget
12 κολλάω, *aor pas opt 3s*, cling to
13 λάρυγξ, throat, (roof of the mouth)
14 μιμνήσκομαι, *aor pas sub 1s*, remember
15 προανατάσσω, *aor mid sub 1s*, set before
16 εὐφροσύνη, joy, gladness
17 μιμνήσκομαι, *aor pas impv 2s*, remember
18 ἐκκενόω, *pres act impv 2p*, leave desolate, clear out
19 θεμέλιος, foundation
20 θυγάτηρ, daughter
21 ταλαίπωρος, wretched, miserable
22 μακάριος, blessed, happy
23 ἀνταποδίδωμι, *fut act ind 3s*, repay, recompense
24 ἀνταπόδομα, requital, recompense
25 ἀνταποδίδωμι, *aor act ind 2s*, repay, recompense
26 μακάριος, blessed, happy
27 ἐδαφίζω, *fut act ind 3s*, smash, slam
28 νήπιος, infant
29 πέτρα, rock

137 Τῷ Δαυιδ.

Ἐξομολογήσομαί[1] σοι, κύριε, ἐν ὅλῃ καρδίᾳ μου,
ὅτι ἤκουσας τὰ ῥήματα τοῦ στόματός μου,
καὶ ἐναντίον[2] ἀγγέλων ψαλῶ[3] σοι.
2 προσκυνήσω πρὸς ναὸν ἅγιόν σου
καὶ ἐξομολογήσομαι[4] τῷ ὀνόματί σου
ἐπὶ τῷ ἐλέει[5] σου καὶ τῇ ἀληθείᾳ σου,
ὅτι ἐμεγάλυνας[6] ἐπὶ πᾶν ὄνομα τὸ λόγιόν[7] σου.
3 ἐν ᾗ ἂν ἡμέρᾳ ἐπικαλέσωμαί[8] σε, ταχὺ[9] ἐπάκουσόν[10] μου·
πολυωρήσεις[11] με ἐν ψυχῇ μου ἐν δυνάμει.

4 ἐξομολογησάσθωσάν[12] σοι, κύριε, πάντες οἱ βασιλεῖς τῆς γῆς,
ὅτι ἤκουσαν πάντα τὰ ῥήματα τοῦ στόματός σου,
5 καὶ ᾀσάτωσαν[13] ἐν ταῖς ὁδοῖς κυρίου,
ὅτι μεγάλη ἡ δόξα κυρίου,
6 ὅτι ὑψηλὸς[14] κύριος καὶ τὰ ταπεινὰ[15] ἐφορᾷ[16]
καὶ τὰ ὑψηλὰ[17] ἀπὸ μακρόθεν[18] γινώσκει.

7 ἐὰν πορευθῶ ἐν μέσῳ θλίψεως, ζήσεις με·
ἐπ᾽ ὀργὴν ἐχθρῶν μου ἐξέτεινας[19] χεῖρά σου,
καὶ ἔσωσέν με ἡ δεξιά σου.
8 κύριος ἀνταποδώσει[20] ὑπὲρ ἐμοῦ.
κύριε, τὸ ἔλεός[21] σου εἰς τὸν αἰῶνα,
τὰ ἔργα τῶν χειρῶν σου μὴ παρῇς.[22]

1 ἐξομολογέομαι, *fut mid ind 1s*, praise, give thanks
2 ἐναντίον, in the presence of
3 ψάλλω, *fut act ind 1s*, play music, sing (with an instrument)
4 ἐξομολογέομαι, *fut mid ind 1s*, confess, acknowledge
5 ἔλεος, mercy
6 μεγαλύνω, *aor act ind 2s*, make great, magnify
7 λόγιον, word, saying, teaching
8 ἐπικαλέω, *aor mid sub 1s*, call upon
9 ταχύς, soon, quickly
10 ἐπακούω, *aor act impv 2s*, hear, listen to
11 πολυωρέω, *fut act ind 2s*, care greatly for
12 ἐξομολογέομαι, *aor mid impv 3p*, praise, give thanks
13 ᾄδω, *aor act impv 3p*, sing
14 ὑψηλός, high, exalted
15 ταπεινός, lowly
16 ἐφοράω, *pres act ind 3s*, look upon, watch over
17 ὑψηλός, high (place)
18 μακρόθεν, from afar, at a distance
19 ἐκτείνω, *aor act ind 2s*, stretch forth
20 ἀνταποδίδωμι, *fut act ind 3s*, repay
21 ἔλεος, mercy
22 παρίημι, *pres act sub 2s*, neglect, disregard

138 Εἰς τὸ τέλος· ψαλμὸς τῷ Δαυιδ.

Κύριε, ἐδοκίμασάς[1] με καὶ ἔγνως με·
2 σὺ ἔγνως τὴν καθέδραν[2] μου καὶ τὴν ἔγερσίν[3] μου,
σὺ συνῆκας[4] τοὺς διαλογισμούς[5] μου ἀπὸ μακρόθεν·[6]
3 τὴν τρίβον[7] μου καὶ τὴν σχοῖνόν[8] μου σὺ ἐξιχνίασας[9]
καὶ πάσας τὰς ὁδούς μου προεῖδες.[10]
4 ὅτι οὐκ ἔστιν λόγος ἐν γλώσσῃ μου,
5 ἰδού, κύριε, σὺ ἔγνως πάντα,
τὰ ἔσχατα καὶ τὰ ἀρχαῖα·[11]
σὺ ἔπλασάς[12] με καὶ ἔθηκας ἐπ᾽ ἐμὲ τὴν χεῖρά σου.
6 ἐθαυμαστώθη[13] ἡ γνῶσίς[14] σου ἐξ ἐμοῦ·
ἐκραταιώθη,[15] οὐ μὴ δύνωμαι πρὸς αὐτήν.

7 ποῦ πορευθῶ ἀπὸ τοῦ πνεύματός σου
καὶ ἀπὸ τοῦ προσώπου σου ποῦ φύγω;[16]
8 ἐὰν ἀναβῶ εἰς τὸν οὐρανόν, σὺ εἶ ἐκεῖ·
ἐὰν καταβῶ εἰς τὸν ᾅδην,[17] πάρει·[18]
9 ἐὰν ἀναλάβοιμι[19] τὰς πτέρυγάς[20] μου κατ᾽ ὄρθρον[21]
καὶ κατασκηνώσω[22] εἰς τὰ ἔσχατα τῆς θαλάσσης,
10 καὶ γὰρ ἐκεῖ ἡ χείρ σου ὁδηγήσει[23] με,
καὶ καθέξει[24] με ἡ δεξιά σου.
11 καὶ εἶπα Ἄρα σκότος καταπατήσει[25] με,
καὶ νὺξ φωτισμὸς[26] ἐν τῇ τρυφῇ[27] μου·
12 ὅτι σκότος οὐ σκοτισθήσεται[28] ἀπὸ σοῦ,
καὶ νὺξ ὡς ἡμέρα φωτισθήσεται·[29]
ὡς τὸ σκότος αὐτῆς, οὕτως καὶ τὸ φῶς αὐτῆς.

1 δοκιμάζω, *aor act ind 2s*, test
2 καθέδρα, sitting
3 ἔγερσις, rising
4 συνίημι, *aor act ind 2s*, know, be aware of
5 διαλογισμός, thought
6 μακρόθεν, from afar, at a distance
7 τρίβος, path
8 σχοῖνος, (distance, pace)
9 ἐξιχνιάζω, *aor act ind 2s*, trace out, keep track of
10 προοράω, *aor act ind 2s*, foresee
11 ἀρχαῖος, old, ancient
12 πλάσσω, *aor act ind 2s*, form, mold
13 θαυμαστόω, *aor pas ind 3s*, make marvelous
14 γνῶσις, knowledge
15 κραταιόω, *aor pas ind 3s*, strengthen
16 φεύγω, *aor act sub 1s*, flee
17 ᾅδης, Hades, underworld
18 πάρειμι, *pres act ind 2s*, be present
19 ἀναλαμβάνω, *aor act opt 1s*, take up
20 πτέρυξ, wing
21 ὄρθρος, early morning, dawn
22 κατασκηνόω, *aor act sub 1s*, settle, dwell
23 ὁδηγέω, *fut act ind 3s*, guide, lead
24 κατέχω, *fut act ind 3s*, take hold of
25 καταπατέω, *fut act ind 3s*, oppress, trample
26 φωτισμός, light
27 τρυφή, delight
28 σκοτίζω, *fut pas ind 3s*, darken
29 φωτίζω, *fut pas ind 3s*, give light, brighten up

13 ὅτι σὺ ἐκτήσω[1] τοὺς νεφρούς[2] μου, κύριε,
ἀντελάβου[3] μου ἐκ γαστρὸς[4] μητρός μου.
14 ἐξομολογήσομαί[5] σοι, ὅτι φοβερῶς[6] ἐθαυμαστώθην·[7]
θαυμάσια[8] τὰ ἔργα σου, καὶ ἡ ψυχή μου γινώσκει σφόδρα.[9]
15 οὐκ ἐκρύβη[10] τὸ ὀστοῦν[11] μου ἀπὸ σοῦ,
ὃ ἐποίησας ἐν κρυφῇ.[12]
καὶ ἡ ὑπόστασίς[13] μου ἐν τοῖς κατωτάτοις[14] τῆς γῆς·
16 τὸ ἀκατέργαστόν[15] μου εἴδοσαν οἱ ὀφθαλμοί σου,
καὶ ἐπὶ τὸ βιβλίον σου πάντες γραφήσονται·
ἡμέρας πλασθήσονται,[16] καὶ οὐθεὶς[17] ἐν αὐτοῖς.
17 ἐμοὶ δὲ λίαν[18] ἐτιμήθησαν[19] οἱ φίλοι[20] σου, ὁ θεός,
λίαν[21] ἐκραταιώθησαν[22] αἱ ἀρχαὶ αὐτῶν·
18 ἐξαριθμήσομαι[23] αὐτούς, καὶ ὑπὲρ ἄμμον[24] πληθυνθήσονται·[25]
ἐξηγέρθην[26] καὶ ἔτι εἰμὶ μετὰ σοῦ.

19 ἐὰν ἀποκτείνῃς ἁμαρτωλούς, ὁ θεός,
ἄνδρες αἱμάτων, ἐκκλίνατε[27] ἀπ᾿ ἐμοῦ.
20 ὅτι ἐρεῖς εἰς διαλογισμόν·[28]
λήμψονται εἰς ματαιότητα[29] τὰς πόλεις σου.
21 οὐχὶ τοὺς μισοῦντάς σε, κύριε, ἐμίσησα
καὶ ἐπὶ τοῖς ἐχθροῖς σου ἐξετηκόμην;[30]
22 τέλειον[31] μῖσος[32] ἐμίσουν αὐτούς,
εἰς ἐχθροὺς ἐγένοντό μοι.
23 δοκίμασόν[33] με, ὁ θεός, καὶ γνῶθι τὴν καρδίαν μου,
ἔτασόν[34] με καὶ γνῶθι τὰς τρίβους[35] μου

1 κτάομαι, *aor mid ind 2s*, acquire
2 νεφρός, kidney
3 ἀντιλαμβάνομαι, *aor mid ind 2s*, support
4 γαστήρ, womb
5 ἐξομολογέομαι, *fut mid ind 1s*, praise, give thanks
6 φοβερῶς, fearfully
7 θαυμαστόω, *aor pas ind 1s*, make marvelous
8 θαυμάσιος, marvelous
9 σφόδρα, very much
10 κρύπτω, *aor pas ind 3s*, conceal, hide
11 ὀστέον, bone
12 κρυφῇ, in secret
13 ὑπόστασις, form, substance
14 κάτω, *sup*, lowest
15 ἀκατέργαστος, unformed
16 πλάσσω, *fut pas ind 3p*, form, mold
17 οὐθείς, no one
18 λίαν, very
19 τιμάω, *aor pas ind 3p*, honor
20 φίλος, beloved, friend
21 λίαν, very
22 κραταιόω, *aor pas ind 3p*, strengthen
23 ἐξαριθμέω, *fut mid ind 1s*, enumerate, count out
24 ἄμμος, sand
25 πληθύνω, *fut pas ind 3p*, multiply
26 ἐξεγείρω, *aor pas ind 1s*, awaken
27 ἐκκλίνω, *aor act impv 2p*, turn away from
28 διαλογισμός, devising
29 ματαιότης, futility
30 ἐκτήκω, *impf mid ind 1s*, waste away
31 τέλειος, total, utter
32 μῖσος, hatred
33 δοκιμάζω, *aor act impv 2s*, test
34 ἐτάζω, *aor act impv 2s*, examine
35 τρίβος, path

24 καὶ ἰδὲ[1] εἰ ὁδὸς ἀνομίας[2] ἐν ἐμοί,
καὶ ὁδήγησόν[3] με ἐν ὁδῷ αἰωνίᾳ.

139 Εἰς τὸ τέλος· ψαλμὸς τῷ Δαυιδ.

2 Ἐξελοῦ[4] με, κύριε, ἐξ ἀνθρώπου πονηροῦ,
ἀπὸ ἀνδρὸς ἀδίκου[5] ῥῦσαί[6] με,
3 οἵτινες ἐλογίσαντο ἀδικίας[7] ἐν καρδίᾳ,
ὅλην τὴν ἡμέραν παρετάσσοντο[8] πολέμους·
4 ἠκόνησαν[9] γλῶσσαν αὐτῶν ὡσεὶ[10] ὄφεως,[11]
ἰὸς[12] ἀσπίδων[13] ὑπὸ τὰ χείλη[14] αὐτῶν.

διάψαλμα.[15]

5 φύλαξόν με, κύριε, ἐκ χειρὸς ἁμαρτωλοῦ,
ἀπὸ ἀνθρώπων ἀδίκων[16] ἐξελοῦ[17] με,
οἵτινες ἐλογίσαντο ὑποσκελίσαι[18] τὰ διαβήματά[19] μου·
6 ἔκρυψαν[20] ὑπερήφανοι[21] παγίδα[22] μοι
καὶ σχοινία[23] διέτειναν,[24] παγίδας[25] τοῖς ποσίν μου,
ἐχόμενα τρίβου[26] σκάνδαλον[27] ἔθεντό μοι.

διάψαλμα.[28]

7 εἶπα τῷ κυρίῳ Θεός μου εἶ σύ·
ἐνώτισαι,[29] κύριε, τὴν φωνὴν τῆς δεήσεώς[30] μου.
8 κύριε κύριε δύναμις τῆς σωτηρίας μου,
ἐπεσκίασας[31] ἐπὶ τὴν κεφαλήν μου ἐν ἡμέρᾳ πολέμου.

1 ὁράω, *aor act impv 2s*, see
2 ἀνομία, lawlessness
3 ὁδηγέω, *aor act impv 2s*, guide, lead
4 ἐξαιρέω, *aor mid impv 2s*, rescue, deliver
5 ἄδικος, unjust
6 ῥύομαι, *aor mid impv 2s*, save
7 ἀδικία, injustice
8 παρατάσσω, *impf mid ind 3p*, engage in battle
9 ἀκονάω, *aor act ind 3p*, sharpen
10 ὡσεί, as, like
11 ὄφις, serpent
12 ἰός, venom, poison
13 ἀσπίς, asp
14 χεῖλος, lip
15 διάψαλμα, (*musical interlude, renders Heb.* selāh)
16 ἄδικος, unjust
17 ἐξαιρέω, *aor mid impv 2s*, rescue, deliver
18 ὑποσκελίζω, *aor act inf*, trip up
19 διάβημα, step
20 κρύπτω, *aor act ind 3p*, hide
21 ὑπερήφανος, proud, haughty
22 παγίς, trap, snare
23 σχοινίον, cord, rope
24 διατείνω, *aor act ind 3p*, stretch out
25 παγίς, strap, snare
26 τρίβος, path
27 σκάνδαλον, obstacle, cause of stumbling
28 διάψαλμα, (*musical interlude, renders Heb.* selāh)
29 ἐνωτίζομαι, *aor mid impv 2s*, give ear, listen
30 δέησις, supplication, entreaty
31 ἐπισκιάζω, *aor act ind 2s*, overshadow, give shade

9 μὴ παραδῷς με, κύριε, ἀπὸ τῆς ἐπιθυμίας[1] μου ἁμαρτωλῷ·
διελογίσαντο[2] κατ᾽ ἐμοῦ,
μὴ ἐγκαταλίπῃς[3] με, μήποτε[4] ὑψωθῶσιν.[5]

διάψαλμα.[6]

10 ἡ κεφαλὴ τοῦ κυκλώματος[7] αὐτῶν,
κόπος[8] τῶν χειλέων[9] αὐτῶν καλύψει[10] αὐτούς.
11 πεσοῦνται ἐπ᾽ αὐτοὺς ἄνθρακες,[11]
ἐν πυρὶ καταβαλεῖς[12] αὐτούς,
ἐν ταλαιπωρίαις[13] οὐ μὴ ὑποστῶσιν.[14]
12 ἀνὴρ γλωσσώδης[15] οὐ κατευθυνθήσεται[16] ἐπὶ τῆς γῆς,
ἄνδρα ἄδικον[17] κακὰ θηρεύσει[18] εἰς διαφθοράν.[19]

13 ἔγνων ὅτι ποιήσει κύριος τὴν κρίσιν τοῦ πτωχοῦ[20]
καὶ τὴν δίκην[21] τῶν πενήτων.[22]
14 πλὴν δίκαιοι ἐξομολογήσονται[23] τῷ ὀνόματί σου,
καὶ κατοικήσουσιν εὐθεῖς[24] σὺν τῷ προσώπῳ σου.

140 Ψαλμὸς τῷ Δαυιδ.

Κύριε, ἐκέκραξα πρὸς σέ, εἰσάκουσόν[25] μου·
πρόσχες[26] τῇ φωνῇ τῆς δεήσεώς[27] μου ἐν τῷ κεκραγέναι με πρὸς σέ.
2 κατευθυνθήτω[28] ἡ προσευχή μου ὡς θυμίαμα[29] ἐνώπιόν σου,
ἔπαρσις[30] τῶν χειρῶν μου θυσία[31] ἑσπερινή.[32]

1 ἐπιθυμία, desire
2 διαλογίζομαι, *aor mid ind 3p*, scheme
3 ἐγκαταλείπω, *aor act sub 2s*, forsake
4 μήποτε, lest
5 ὑψόω, *aor pas sub 3p*, lift high, exalt
6 διάψαλμα, (*musical interlude, renders Heb.* selāh)
7 κύκλωμα, encircling, surrounding
8 κόπος, trouble, difficulty
9 χεῖλος, lip
10 καλύπτω, *fut act ind 3s*, cover up
11 ἄνθραξ, coal
12 καταβάλλω, *fut act ind 2s*, cast down
13 ταλαιπωρία, distress
14 ὑφίστημι, *aor act sub 3p*, stand firm
15 γλωσσώδης, babbling, argumentative
16 κατευθύνω, *fut pas ind 3s*, remain successful
17 ἄδικος, unjust
18 θηρεύω, *fut act ind 3s*, hunt down, seek after
19 διαφθορά, destruction
20 πτωχός, poor
21 δίκη, just cause
22 πένης, needy, poor
23 ἐξομολογέομαι, *fut mid ind 3p*, praise, give thanks
24 εὐθύς, upright
25 εἰσακούω, *aor act impv 2s*, hear, listen to
26 προσέχω, *aor act impv 2s*, give heed, pay attention
27 δέησις, supplication, entreaty
28 κατευθύνω, *aor pas impv 3s*, direct, lead
29 θυμίαμα, incense
30 ἔπαρσις, lifting up
31 θυσία, sacrifice
32 ἑσπερινός, of the evening

3 θοῦ,[1] κύριε, φυλακὴν τῷ στόματί μου
καὶ θύραν περιοχῆς[2] περὶ τὰ χείλη[3] μου.
4 μὴ ἐκκλίνῃς[4] τὴν καρδίαν μου εἰς λόγους πονηρίας[5]
τοῦ προφασίζεσθαι[6] προφάσεις[7] ἐν ἁμαρτίαις
σὺν ἀνθρώποις ἐργαζομένοις ἀνομίαν,[8]
καὶ οὐ μὴ συνδυάσω[9] μετὰ τῶν ἐκλεκτῶν[10] αὐτῶν.

5 παιδεύσει[11] με δίκαιος ἐν ἐλέει[12] καὶ ἐλέγξει[13] με,
ἔλαιον[14] δὲ ἁμαρτωλοῦ μὴ λιπανάτω[15] τὴν κεφαλήν μου,
ὅτι ἔτι καὶ ἡ προσευχή μου ἐν ταῖς εὐδοκίαις[16] αὐτῶν.
6 κατεπόθησαν[17] ἐχόμενα πέτρας[18] οἱ κριταὶ[19] αὐτῶν·
ἀκούσονται τὰ ῥήματά μου ὅτι ἡδύνθησαν[20].
7 ὡσεὶ[21] πάχος[22] γῆς διερράγη[23] ἐπὶ τῆς γῆς,
διεσκορπίσθη[24] τὰ ὀστᾶ[25] ἡμῶν παρὰ τὸν ᾅδην.[26]
8 ὅτι πρὸς σέ, κύριε κύριε, οἱ ὀφθαλμοί μου·
ἐπὶ σὲ ἤλπισα, μὴ ἀντανέλῃς[27] τὴν ψυχήν μου.
9 φύλαξόν με ἀπὸ παγίδος,[28] ἧς συνεστήσαντό[29] μοι,
καὶ ἀπὸ σκανδάλων[30] τῶν ἐργαζομένων τὴν ἀνομίαν.[31]
10 πεσοῦνται ἐν ἀμφιβλήστρῳ[32] αὐτοῦ ἁμαρτωλοί·
κατὰ μόνας εἰμὶ ἐγὼ ἕως οὗ ἂν παρέλθω.[33]

141

Συνέσεως[34] τῷ Δαυιδ ἐν τῷ εἶναι αὐτὸν ἐν τῷ σπηλαίῳ·[35] προσευχή.

2 Φωνῇ μου πρὸς κύριον ἐκέκραξα,
φωνῇ μου πρὸς κύριον ἐδεήθην.[36]

1 τίθημι, *aor mid impv 2s*, set, put
2 περιοχή, fortification
3 χεῖλος, lip, (speech)
4 ἐκκλίνω, *pres act sub 2s*, turn away, stray
5 πονηρία, wickedness
6 προφασίζομαι, *pres mid inf*, make an excuse
7 πρόφασις, pretense, allegation
8 ἀνομία, transgression, lawlessness
9 συνδυάζω, *aor act sub 1s*, join with, collude with
10 ἐκλεκτός, select, choice
11 παιδεύω, *fut act ind 3s*, discipline
12 ἔλεος, mercy
13 ἐλέγχω, *fut act ind 3s*, reprove, instruct
14 ἔλαιον, oil
15 λιπαίνω, *aor act impv 3s*, anoint
16 εὐδοκία, approval, pleasure
17 καταπίνω, *aor pas ind 3p*, swallow, devour
18 πέτρα, rock
19 κριτής, judge
20 ἡδύνω, *aor pas ind 3p*, sweeten
21 ὡσεί, like, as
22 πάχος, clump
23 διαρρήγνυμι, *aor pas ind 3s*, break up
24 διασκορπίζω, *aor pas ind 3s*, scatter
25 ὀστέον, bone
26 ᾅδης, Hades, underworld
27 ἀνταναιρέω, *aor act sub 2s*, remove, bring to an end
28 παγίς, trap, snare
29 συνίστημι, *aor mid ind 3p*, set up, contrive
30 σκάνδαλον, offense, cause of stumbling
31 ἀνομία, transgression, lawlessness
32 ἀμφίβληστρον, net
33 παρέρχομαι, *aor act sub 1s*, pass by
34 σύνεσις, understanding
35 σπήλαιον, cave
36 δέομαι, *aor pas ind 1s*, supplicate, petition

3 ἐκχεῶ[1] ἐναντίον[2] αὐτοῦ τὴν δέησίν[3] μου,
τὴν θλῖψίν μου ἐνώπιον αὐτοῦ ἀπαγγελῶ.

4 ἐν τῷ ἐκλείπειν[4] ἐξ ἐμοῦ τὸ πνεῦμά μου
καὶ σὺ ἔγνως τὰς τρίβους[5] μου·
ἐν ὁδῷ ταύτῃ, ᾗ ἐπορευόμην,
ἔκρυψαν[6] παγίδα[7] μοι.

5 κατενόουν[8] εἰς τὰ δεξιὰ καὶ ἐπέβλεπον,[9]
ὅτι οὐκ ἦν ὁ ἐπιγινώσκων με·
ἀπώλετο φυγὴ[10] ἀπ᾽ ἐμοῦ,
καὶ οὐκ ἔστιν ὁ ἐκζητῶν[11] τὴν ψυχήν μου.

6 ἐκέκραξα πρὸς σέ, κύριε,
εἶπα Σὺ εἶ ἡ ἐλπίς μου,
μερίς[12] μου ἐν γῇ ζώντων.
7 πρόσχες[13] πρὸς τὴν δέησίν[14] μου,
ὅτι ἐταπεινώθην[15] σφόδρα·[16]
ῥῦσαί[17] με ἐκ τῶν καταδιωκόντων[18] με,
ὅτι ἐκραταιώθησαν[19] ὑπὲρ ἐμέ.
8 ἐξάγαγε[20] ἐκ φυλακῆς τὴν ψυχήν μου
τοῦ ἐξομολογήσασθαι[21] τῷ ὀνόματί σου, κύριε·
ἐμὲ ὑπομενοῦσιν[22] δίκαιοι ἕως οὗ ἀνταποδῷς[23] μοι.

142

Ψαλμὸς τῷ Δαυιδ, ὅτε αὐτὸν ὁ υἱὸς καταδιώκει.[24]

Κύριε, εἰσάκουσον[25] τῆς προσευχῆς μου,
ἐνώτισαι[26] τὴν δέησίν[27] μου ἐν τῇ ἀληθείᾳ σου,
ἐπάκουσόν[28] μου ἐν τῇ δικαιοσύνῃ σου·

1 ἐκχέω, *pres act ind 1s*, pour out
2 ἐναντίον, before
3 δέησις, supplication, entreaty
4 ἐκλείπω, *pres act inf*, faint, fail
5 τρίβος, path
6 κρύπτω, *aor act ind 3p*, hide, conceal
7 παγίς, trap, snare
8 κατανοέω, *impf act ind 1s*, look, perceive
9 ἐπιβλέπω, *impf act ind 1s*, observe, look upon
10 φυγή, way of escape, flight
11 ἐκζητέω, *pres act ptc nom s m*, seek after
12 μερίς, portion
13 προσέχω, *aor act impv 2s*, give heed, pay attention
14 δέησις, supplication, entreaty
15 ταπεινόω, *aor pas ind 1s*, humble, abase
16 σφόδρα, severely, intensely
17 ῥύομαι, *aor mid impv 2s*, rescue, deliver
18 καταδιώκω, *pres act ptc gen p m*, pursue closely
19 κραταιόω, *aor pas ind 3p*, prevail, become strong
20 ἐξάγω, *aor act impv 2s*, bring out
21 ἐξομολογέομαι, *aor mid inf*, praise, give thanks
22 ὑπομένω, *fut act ind 3p*, wait upon
23 ἀνταποδίδωμι, *aor act sub 2s*, reward
24 καταδιώκω, *pres act ind 3s*, pursue closely
25 εἰσακούω, *aor act impv 2s*, hear, listen to
26 ἐνωτίζομαι, *aor mid impv 2s*, give ear, listen
27 δέησις, supplication, entreaty
28 ἐπακούω, *aor act impv 2s*, hear, listen to

2 καὶ μὴ εἰσέλθῃς εἰς κρίσιν μετὰ τοῦ δούλου σου,
ὅτι οὐ δικαιωθήσεται ἐνώπιόν σου πᾶς ζῶν.

3 ὅτι κατεδίωξεν[1] ὁ ἐχθρὸς τὴν ψυχήν μου,
ἐταπείνωσεν[2] εἰς γῆν τὴν ζωήν μου,
ἐκάθισέν με ἐν σκοτεινοῖς[3] ὡς νεκροὺς[4] αἰῶνος·
4 καὶ ἠκηδίασεν[5] ἐπ᾽ ἐμὲ τὸ πνεῦμά μου,
ἐν ἐμοὶ ἐταράχθη[6] ἡ καρδία μου.

5 ἐμνήσθην[7] ἡμερῶν ἀρχαίων[8]
καὶ ἐμελέτησα[9] ἐν πᾶσι τοῖς ἔργοις σου,
ἐν ποιήμασιν[10] τῶν χειρῶν σου ἐμελέτων.[11]
6 διεπέτασα[12] τὰς χεῖράς μου πρὸς σέ,
ἡ ψυχή μου ὡς γῆ ἄνυδρός[13] σοι.

διάψαλμα.[14]

7 ταχὺ[15] εἰσάκουσόν[16] μου, κύριε,
ἐξέλιπεν[17] τὸ πνεῦμά μου·
μὴ ἀποστρέψῃς[18] τὸ πρόσωπόν σου ἀπ᾽ ἐμοῦ,
καὶ ὁμοιωθήσομαι[19] τοῖς καταβαίνουσιν εἰς λάκκον.[20]
8 ἀκουστὸν[21] ποίησόν μοι τὸ πρωὶ[22] τὸ ἔλεός[23] σου,
ὅτι ἐπὶ σοὶ ἤλπισα·
γνώρισόν[24] μοι, κύριε, ὁδὸν ἐν ᾗ πορεύσομαι,
ὅτι πρὸς σὲ ἦρα τὴν ψυχήν μου·

9 ἐξελοῦ[25] με ἐκ τῶν ἐχθρῶν μου, κύριε,
ὅτι πρὸς σὲ κατέφυγον.[26]
10 δίδαξόν με τοῦ ποιεῖν τὸ θέλημά[27] σου, ὅτι σὺ εἶ ὁ θεός μου·
τὸ πνεῦμά σου τὸ ἀγαθὸν ὁδηγήσει[28] με ἐν γῇ εὐθείᾳ.[29]

1 καταδιώκω, *aor act ind 3s*, pursue closely
2 ταπεινόω, *aor act ind 3s*, bring low, humble
3 σκοτεινός, dark (place)
4 νεκρός, dead
5 ἀκηδιάω, *aor act ind 3s*, be weary, languish
6 ταράσσω, *aor pas ind 3s*, trouble, unsettle
7 μιμνῄσκομαι, *aor pas ind 1s*, remember
8 ἀρχαῖος, former, ancient
9 μελετάω, *aor act ind 1s*, think upon
10 ποίημα, work, product
11 μελετάω, *impf act ind 1s*, think upon
12 διαπετάννυμι, *aor act ind 1s*, spread out
13 ἄνυδρος, waterless
14 διάψαλμα, (*musical interlude, renders Heb.* selāh)
15 ταχύς, quickly
16 εἰσακούω, *aor act impv 2s*, hear, listen to
17 ἐκλείπω, *aor act ind 3s*, faint, fail
18 ἀποστρέφω, *aor act sub 2s*, turn away, avert
19 ὁμοιόω, *fut pas ind 1s*, make like
20 λάκκος, pit
21 ἀκουστός, heard, audible
22 πρωί, (in the) morning
23 ἔλεος, mercy
24 γνωρίζω, *aor act impv 2s*, make known
25 ἐξαιρέω, *aor mid impv 2s*, rescue, deliver
26 καταφεύγω, *aor act ind 1s*, flee (for refuge)
27 θέλημα, will, desire
28 ὁδηγέω, *fut act ind 3s*, guide, lead
29 εὐθύς, level, even

11 ἕνεκα[1] τοῦ ὀνόματός σου, κύριε, ζήσεις με,
ἐν τῇ δικαιοσύνῃ σου ἐξάξεις[2] ἐκ θλίψεως τὴν ψυχήν μου·
12 καὶ ἐν τῷ ἐλέει[3] σου ἐξολεθρεύσεις[4] τοὺς ἐχθρούς μου
καὶ ἀπολεῖς πάντας τοὺς θλίβοντας[5] τὴν ψυχήν μου·
ὅτι δοῦλός σού εἰμι ἐγώ.

143 Τῷ Δαυιδ, πρὸς τὸν Γολιαδ.

Εὐλογητὸς[6] κύριος ὁ θεός μου
ὁ διδάσκων τὰς χεῖράς μου εἰς παράταξιν,[7]
τοὺς δακτύλους[8] μου εἰς πόλεμον·
2 ἔλεός[9] μου καὶ καταφυγή[10] μου,
ἀντιλήμπτωρ[11] μου καὶ ῥύστης[12] μου,
ὑπερασπιστής[13] μου, καὶ ἐπ᾽ αὐτῷ ἤλπισα,
ὁ ὑποτάσσων[14] τὸν λαόν μου ὑπ᾽ ἐμέ.

3 κύριε, τί ἐστιν ἄνθρωπος, ὅτι ἐγνώσθης αὐτῷ,
ἢ υἱὸς ἀνθρώπου, ὅτι λογίζῃ αὐτόν;
4 ἄνθρωπος ματαιότητι[15] ὡμοιώθη,[16]
αἱ ἡμέραι αὐτοῦ ὡσεὶ[17] σκιὰ[18] παράγουσιν.[19]

5 κύριε, κλῖνον[20] οὐρανούς σου καὶ κατάβηθι,
ἅψαι τῶν ὀρέων, καὶ καπνισθήσονται·[21]
6 ἄστραψον[22] ἀστραπὴν[23] καὶ σκορπιεῖς[24] αὐτούς,
ἐξαπόστειλον[25] τὰ βέλη[26] σου καὶ συνταράξεις[27] αὐτούς.
7 ἐξαπόστειλον[28] τὴν χεῖρά σου ἐξ ὕψους,[29]

1 ἕνεκα, on behalf of, for the sake of
2 ἐξάγω, *fut act ind 2s*, bring out
3 ἔλεος, mercy
4 ἐξολεθρεύω, *fut act ind 2s*, utterly destroy
5 θλίβω, *pres act ptc acc p m*, afflict, oppress
6 εὐλογητός, blessed
7 παράταξις, battle
8 δάκτυλος, finger
9 ἔλεος, (source of) mercy
10 καταφυγή, refuge
11 ἀντιλήμπτωρ, helper, protector
12 ῥύστης, deliverer
13 ὑπερασπιστής, protector, one who holds a shield
14 ὑποτάσσω, *pres act ptc nom s m*, place under, subject
15 ματαιότης, folly, vanity
16 ὁμοιόω, *aor pas ind 3s*, make like, liken
17 ὡσεί, like, as
18 σκιά, shadow
19 παράγω, *pres act ind 3p*, pass by
20 κλίνω, *aor act impv 2s*, let down, tip
21 καπνίζω, *fut pas ind 3p*, cause to smoke
22 ἀστράπτω, *aor act impv 2s*, flash
23 ἀστραπή, lightning
24 σκορπίζω, *fut act ind 2s*, scatter
25 ἐξαποστέλλω, *aor act impv 2s*, send forth
26 βέλος, arrow
27 συνταράσσω, *fut act ind 2s*, confound, bring disarray
28 ἐξαποστέλλω, *aor act impv 2s*, send forth
29 ὕψος, high

ἐξελοῦ[1] με καὶ ῥῦσαί[2] με ἐξ ὑδάτων πολλῶν,
ἐκ χειρὸς υἱῶν ἀλλοτρίων,[3]
8 ὧν τὸ στόμα ἐλάλησεν ματαιότητα,[4]
καὶ ἡ δεξιὰ αὐτῶν δεξιὰ ἀδικίας.[5]

9 ὁ θεός, ᾠδὴν[6] καινὴν[7] ᾄσομαί[8] σοι,
ἐν ψαλτηρίῳ[9] δεκαχόρδῳ[10] ψαλῶ[11] σοι
10 τῷ διδόντι τὴν σωτηρίαν τοῖς βασιλεῦσιν,
τῷ λυτρουμένῳ[12] Δαυιδ τὸν δοῦλον αὐτοῦ ἐκ ῥομφαίας[13] πονηρᾶς.
11 ῥῦσαί[14] με καὶ ἐξελοῦ[15] με ἐκ χειρὸς υἱῶν ἀλλοτρίων,[16]
ὧν τὸ στόμα ἐλάλησεν ματαιότητα[17]
καὶ ἡ δεξιὰ αὐτῶν δεξιὰ ἀδικίας.[18]
12 ὧν οἱ υἱοὶ ὡς νεόφυτα[19]
ἡδρυμμένα[20] ἐν τῇ νεότητι[21] αὐτῶν,
αἱ θυγατέρες[22] αὐτῶν κεκαλλωπισμέναι[23]
περικεκοσμημέναι[24] ὡς ὁμοίωμα[25] ναοῦ,
13 τὰ ταμιεῖα[26] αὐτῶν πλήρη[27]
ἐξερευγόμενα[28] ἐκ τούτου εἰς τοῦτο,
τὰ πρόβατα αὐτῶν πολυτόκα[29]
πληθύνοντα[30] ἐν ταῖς ἐξόδοις[31] αὐτῶν,
14 οἱ βόες[32] αὐτῶν παχεῖς,[33]
οὐκ ἔστιν κατάπτωμα[34] φραγμοῦ[35] οὐδὲ διέξοδος[36]
οὐδὲ κραυγὴ[37] ἐν ταῖς πλατείαις[38] αὐτῶν,

1 ἐξαιρέω, *aor mid impv 2s*, deliver
2 ῥύομαι, *aor mid impv 2s*, rescue
3 ἀλλότριος, foreign
4 ματαιότης, folly, vanity
5 ἀδικία, wrongdoing, injustice
6 ᾠδή, song, ode
7 καινός, new
8 ᾄδω, *fut mid ind 1s*, sing
9 ψαλτήριον, lyre, harp
10 δεκάχορδος, ten-stringed
11 ψάλλω, *aor act sub 1s*, play music, sing (with an instrument)
12 λυτρόω, *pres mid ptc dat s m*, redeem, ransom
13 ῥομφαία, sword
14 ῥύομαι, *aor mid impv 2s*, rescue
15 ἐξαιρέω, *aor mid impv 2s*, deliver
16 ἀλλότριος, foreign
17 ματαιότης, folly, vanity
18 ἀδικία, wrongdoing, injustice
19 νεόφυτος, newly planted
20 ἁδρύνω, *perf pas ptc nom p n*, bring to maturity
21 νεότης, youth
22 θυγάτηρ, daughter
23 καλλωπίζω, *perf pas ptc nom p f*, adorn, beautify
24 περικοσμέω, *perf pas ptc nom p f*, decorate
25 ὁμοίωμα, likeness
26 ταμιεῖον, storehouse
27 πλήρης, full
28 ἐξερεύγομαι, *pres pas ptc nom p n*, overflow
29 πολυτόκος, prolific
30 πληθύνω, *pres act ptc nom p n*, multiply
31 ἔξοδος, going out, (issue)
32 βοῦς, cow, (*p*) cattle
33 παχύς, stout, fat
34 κατάπτωμα, falling down
35 φραγμός, fence
36 διέξοδος, place of exit
37 κραυγή, crying
38 πλατεῖα, street

15 ἐμακάρισαν[1] τὸν λαόν, ᾧ ταῦτά ἐστιν·
μακάριος[2] ὁ λαός, οὗ κύριος ὁ θεὸς αὐτοῦ.

144 Αἴνεσις[3] τῷ Δαυιδ.

Ὑψώσω[4] σε, ὁ θεός μου ὁ βασιλεύς μου,
καὶ εὐλογήσω τὸ ὄνομά σου εἰς τὸν αἰῶνα
καὶ εἰς τὸν αἰῶνα τοῦ αἰῶνος.
2 καθ᾽ ἑκάστην ἡμέραν εὐλογήσω σε
καὶ αἰνέσω[5] τὸ ὄνομά σου εἰς τὸν αἰῶνα
καὶ εἰς τὸν αἰῶνα τοῦ αἰῶνος.
3 μέγας κύριος καὶ αἰνετὸς[6] σφόδρα,[7]
καὶ τῆς μεγαλωσύνης[8] αὐτοῦ οὐκ ἔστιν πέρας.[9]

4 γενεὰ καὶ γενεὰ ἐπαινέσει[10] τὰ ἔργα σου
καὶ τὴν δύναμίν σου ἀπαγγελοῦσιν.[11]
5 τὴν μεγαλοπρέπειαν[12] τῆς δόξης τῆς ἁγιωσύνης[13] σου λαλήσουσιν
καὶ τὰ θαυμάσιά[14] σου διηγήσονται.[15]
6 καὶ τὴν δύναμιν τῶν φοβερῶν[16] σου ἐροῦσιν
καὶ τὴν μεγαλωσύνην[17] σου διηγήσονται.[18]
7 μνήμην[19] τοῦ πλήθους τῆς χρηστότητός[20] σου ἐξερεύξονται[21]
καὶ τῇ δικαιοσύνῃ σου ἀγαλλιάσονται.[22]

8 οἰκτίρμων[23] καὶ ἐλεήμων[24] ὁ κύριος,
μακρόθυμος[25] καὶ πολυέλεος.[26]
9 χρηστὸς[27] κύριος τοῖς σύμπασιν,[28]
καὶ οἱ οἰκτιρμοὶ[29] αὐτοῦ ἐπὶ πάντα τὰ ἔργα αὐτοῦ.

1 μακαρίζω, *aor act ind 3p*, pronounce blessed
2 μακάριος, blessed, happy
3 αἴνεσις, praise
4 ὑψόω, *fut act ind 1s*, lift high
5 αἰνέω, *fut act ind 1s*, praise
6 αἰνετός, praiseworthy
7 σφόδρα, very, exceedingly
8 μεγαλωσύνη, greatness
9 πέρας, limit, boundary, end
10 ἐπαινέω, *fut act ind 3s*, praise
11 ἀπαγγέλλω, *fut act ind 3p*, announce, declare
12 μεγαλοπρέπεια, majesty
13 ἁγιωσύνη, holiness
14 θαυμάσιος, marvelous (deed)
15 διηγέομαι, *fut mid ind 3p*, tell of, describe
16 φοβερός, fearful
17 μεγαλωσύνη, greatness
18 διηγέομαι, *fut mid ind 3p*, tell of, describe
19 μνήμη, remembrance
20 χρηστότης, goodness, kindness
21 ἐξερεύγομαι, *fut mid ind 3p*, overflow
22 ἀγαλλιάω, *fut mid ind 3p*, rejoice, exult
23 οἰκτίρμων, compassionate
24 ἐλεήμων, merciful
25 μακρόθυμος, patient
26 πολυέλεος, very merciful
27 χρηστός, good, kind
28 σύμπας, everything, all
29 οἰκτιρμός, compassion

10 ἐξομολογησάσθωσάν[1] σοι, κύριε, πάντα τὰ ἔργα σου,
καὶ οἱ ὅσιοί[2] σου εὐλογησάτωσάν σε.
11 δόξαν τῆς βασιλείας σου ἐροῦσιν
καὶ τὴν δυναστείαν[3] σου λαλήσουσιν
12 τοῦ γνωρίσαι[4] τοῖς υἱοῖς τῶν ἀνθρώπων τὴν δυναστείαν[5] σου
καὶ τὴν δόξαν τῆς μεγαλοπρεπείας[6] τῆς βασιλείας σου.
13 ἡ βασιλεία σου βασιλεία πάντων τῶν αἰώνων,
καὶ ἡ δεσποτεία[7] σου ἐν πάσῃ γενεᾷ καὶ γενεᾷ.

13a πιστὸς[8] κύριος ἐν τοῖς λόγοις αὐτοῦ
καὶ ὅσιος[9] ἐν πᾶσι τοῖς ἔργοις αὐτοῦ.
14 ὑποστηρίζει[10] κύριος πάντας τοὺς καταπίπτοντας[11]
καὶ ἀνορθοῖ[12] πάντας τοὺς κατερραγμένους.[13]
15 οἱ ὀφθαλμοὶ πάντων εἰς σὲ ἐλπίζουσιν,
καὶ σὺ δίδως τὴν τροφὴν[14] αὐτῶν ἐν εὐκαιρίᾳ.[15]
16 ἀνοίγεις σὺ τὴν χεῖρά σου
καὶ ἐμπιπλᾷς[16] πᾶν ζῷον[17] εὐδοκίας.[18]
17 δίκαιος κύριος ἐν πάσαις ταῖς ὁδοῖς αὐτοῦ
καὶ ὅσιος[19] ἐν πᾶσιν τοῖς ἔργοις αὐτοῦ.
18 ἐγγὺς[20] κύριος πᾶσιν τοῖς ἐπικαλουμένοις[21] αὐτόν,
πᾶσι τοῖς ἐπικαλουμένοις αὐτὸν ἐν ἀληθείᾳ.
19 θέλημα[22] τῶν φοβουμένων αὐτὸν ποιήσει
καὶ τῆς δεήσεως[23] αὐτῶν ἐπακούσεται[24] καὶ σώσει αὐτούς.
20 φυλάσσει κύριος πάντας τοὺς ἀγαπῶντας αὐτὸν
καὶ πάντας τοὺς ἁμαρτωλοὺς ἐξολεθρεύσει.[25]
21 αἴνεσιν[26] κυρίου λαλήσει τὸ στόμα μου,
καὶ εὐλογείτω πᾶσα σὰρξ τὸ ὄνομα τὸ ἅγιον αὐτοῦ
εἰς τὸν αἰῶνα καὶ εἰς τὸν αἰῶνα τοῦ αἰῶνος.

1 ἐξομολογέομαι, *aor mid impv 3p*, confess, acknowledge
2 ὅσιος, holy (one)
3 δυναστεία, dominion, lordship
4 γνωρίζω, *aor act inf*, make known
5 δυναστεία, dominion, lordship
6 μεγαλοπρέπεια, majesty
7 δεσποτεία, sovereignty
8 πιστός, faithful, trustworthy
9 ὅσιος, holy
10 ὑποστηρίζω, *pres act ind 3s*, support
11 καταπίπτω, *pres act ptc acc p m*, fall down
12 ἀνορθόω, *pres act ind 3s*, restore, rebuild
13 καταράσσω, *perf pas ptc acc p m*, dash down
14 τροφή, food, provision
15 εὐκαιρία, good season, opportune time
16 ἐμπιπλάω, *pres act ind 2s*, fill up, satisfy
17 ζῷον, living being
18 εὐδοκία, pleasure, goodwill
19 ὅσιος, holy
20 ἐγγύς, near
21 ἐπικαλέω, *pres mid ptc dat p m*, call upon
22 θέλημα, will, desire
23 δέησις, supplication, entreaty
24 ἐπακούω, *fut mid ind 3s*, hear, listen to
25 ἐξολεθρεύω, *fut act ind 3s*, utterly destroy
26 αἴνεσις, praise

145 Αλληλουια·[1] Αγγαιου καὶ Ζαχαριου.

Αἴνει,[2] ἡ ψυχή μου, τὸν κύριον.

2 αἰνέσω[3] κύριον ἐν ζωῇ μου,
ψαλῶ[4] τῷ θεῷ μου, ἕως ὑπάρχω.

3 μὴ πεποίθατε ἐπ᾽ ἄρχοντας
καὶ ἐφ᾽ υἱοὺς ἀνθρώπων, οἷς οὐκ ἔστιν σωτηρία.
4 ἐξελεύσεται τὸ πνεῦμα αὐτοῦ, καὶ ἐπιστρέψει εἰς τὴν γῆν αὐτοῦ·
ἐν ἐκείνῃ τῇ ἡμέρᾳ ἀπολοῦνται πάντες οἱ διαλογισμοὶ[5] αὐτῶν.

5 μακάριος[6] οὗ ὁ θεὸς Ιακωβ βοηθός,[7]
ἡ ἐλπὶς αὐτοῦ ἐπὶ κύριον τὸν θεὸν αὐτοῦ
6 τὸν ποιήσαντα τὸν οὐρανὸν καὶ τὴν γῆν,
τὴν θάλασσαν καὶ πάντα τὰ ἐν αὐτοῖς,
τὸν φυλάσσοντα ἀλήθειαν εἰς τὸν αἰῶνα,
7 ποιοῦντα κρίμα[8] τοῖς ἀδικουμένοις,[9]
διδόντα τροφὴν[10] τοῖς πεινῶσιν·[11]

κύριος λύει πεπεδημένους,[12]
8 κύριος ἀνορθοῖ[13] κατερραγμένους,[14]
κύριος σοφοῖ[15] τυφλούς,[16]
κύριος ἀγαπᾷ δικαίους·
9 κύριος φυλάσσει τοὺς προσηλύτους,[17]
ὀρφανὸν[18] καὶ χήραν[19] ἀναλήμψεται[20]
καὶ ὁδὸν ἁμαρτωλῶν ἀφανιεῖ.[21]

10 βασιλεύσει[22] κύριος εἰς τὸν αἰῶνα,
ὁ θεός σου, Σιων, εἰς γενεὰν καὶ γενεάν.

1 αλληλουια, hallelujah, *translit.*
2 αἰνέω, *pres act impv 2s*, praise
3 αἰνέω, *fut act ind 1s*, praise
4 ψάλλω, *fut act ind 1s*, play music, sing (with an instrument)
5 διαλογισμός, devising, scheme
6 μακάριος, blessed, happy
7 βοηθός, helper
8 κρίμα, judgment
9 ἀδικέω, *pres pas ptc dat p m*, act unjustly toward
10 τροφή, food, provision
11 πεινάω, *pres act ptc dat p m*, be hungry
12 πεδάω, *perf pas ptc acc p m*, bind (in fetters)
13 ἀνορθόω, *pres act ind 3s*, restore, rebuild
14 καταράσσω, *perf pas ptc acc p m*, dash down
15 σοφόω, *pres act ind 3s*, make wise, instruct
16 τυφλός, blind
17 προσήλυτος, immigrant, guest
18 ὀρφανός, orphan
19 χήρα, widow
20 ἀναλαμβάνω, *fut mid ind 3s*, lift up, support
21 ἀφανίζω, *fut act ind 3s*, blot out, destroy
22 βασιλεύω, *fut act ind 3s*, reign as king

146 Αλληλουια·[1] Αγγαιου καὶ Ζαχαριου.

Αἰνεῖτε[2] τὸν κύριον, ὅτι ἀγαθὸν ψαλμός·
τῷ θεῷ ἡμῶν ἡδυνθείη[3] αἴνεσις.[4]
2 οἰκοδομῶν Ιερουσαλημ ὁ κύριος
καὶ τὰς διασπορὰς[5] τοῦ Ισραηλ ἐπισυνάξει,[6]
3 ὁ ἰώμενος[7] τοὺς συντετριμμένους[8] τὴν καρδίαν
καὶ δεσμεύων[9] τὰ συντρίμματα[10] αὐτῶν,
4 ὁ ἀριθμῶν[11] πλήθη ἄστρων,[12]
καὶ πᾶσιν αὐτοῖς ὀνόματα καλῶν.
5 μέγας ὁ κύριος ἡμῶν, καὶ μεγάλη ἡ ἰσχὺς[13] αὐτοῦ,
καὶ τῆς συνέσεως[14] αὐτοῦ οὐκ ἔστιν ἀριθμός.[15]
6 ἀναλαμβάνων[16] πραεῖς[17] ὁ κύριος,
ταπεινῶν[18] δὲ ἁμαρτωλοὺς[19] ἕως τῆς γῆς.

7 ἐξάρξατε[20] τῷ κυρίῳ ἐν ἐξομολογήσει,[21]
ψάλατε[22] τῷ θεῷ ἡμῶν ἐν κιθάρᾳ,[23]
8 τῷ περιβάλλοντι[24] τὸν οὐρανὸν ἐν νεφέλαις,[25]
τῷ ἑτοιμάζοντι τῇ γῇ ὑετόν,[26]
τῷ ἐξανατέλλοντι[27] ἐν ὄρεσι χόρτον[28]
[καὶ χλόην[29] τῇ δουλείᾳ[30] τῶν ἀνθρώπων,]
9 διδόντι τοῖς κτήνεσι[31] τροφὴν[32] αὐτῶν
καὶ τοῖς νεοσσοῖς[33] τῶν κοράκων[34] τοῖς ἐπικαλουμένοις[35] αὐτόν.

1 αλληλουια, hallelujah, *translit.*
2 αἰνέω, *pres act impv 2p*, praise
3 ἡδύνω, *aor pas opt 3s*, be gratifying
4 αἴνεσις, praise
5 διασπορά, scattering, dispersion
6 ἐπισυνάγω, *fut act ind 3s*, gather together
7 ἰάομαι, *pres mid ptc nom s m*, heal, restore
8 συντρίβω, *perf pas ptc acc p m*, crush, break
9 δεσμεύω, *pres act ptc nom s m*, bind up, (heal)
10 σύντριμμα, wound, fracture
11 ἀριθμέω, *pres act ptc nom s m*, count, enumerate
12 ἄστρον, star
13 ἰσχύς, strength, might
14 σύνεσις, understanding
15 ἀριθμός, number
16 ἀναλαμβάνω, *pres act ptc nom s m*, lift up, support
17 πραΰς, meek, gentle
18 ταπεινόω, *pres act ptc nom s m*, humble, bring low
19 ἁμαρτωλός, sinful
20 ἐξάρχω, *aor act impv 2p*, begin, lead
21 ἐξομολόγησις, confession (of thanksgiving)
22 ψάλλω, *aor act impv 2p*, play music, sing (with an instrument)
23 κιθάρα, lyre
24 περιβάλλω, *pres act ptc dat s m*, clothe
25 νεφέλη, cloud
26 ὑετός, rain
27 ἐξανατέλλω, *pres act ptc dat s m*, cause to spring up
28 χόρτος, grass
29 χλόη, young green growth
30 δουλεία, labor, toil
31 κτῆνος, animal
32 τροφή, food
33 νεοσσός, young bird
34 κόραξ, raven
35 ἐπικαλέω, *pres mid ptc dat p m*, call upon

10 οὐκ ἐν τῇ δυναστείᾳ[1] τοῦ ἵππου[2] θελήσει
οὐδὲ ἐν ταῖς κνήμαις[3] τοῦ ἀνδρὸς εὐδοκεῖ·[4]
11 εὐδοκεῖ[5] κύριος ἐν τοῖς φοβουμένοις αὐτὸν
καὶ ἐν τοῖς ἐλπίζουσιν ἐπὶ τὸ ἔλεος[6] αὐτοῦ.

147 Αλληλουια·[7] Αγγαιου καὶ Ζαχαριου.

Ἐπαίνει,[8] Ιερουσαλημ, τὸν κύριον,
αἴνει[9] τὸν θεόν σου, Σιων,
2 ὅτι ἐνίσχυσεν[10] τοὺς μοχλοὺς[11] τῶν πυλῶν[12] σου,
εὐλόγησεν τοὺς υἱούς σου ἐν σοί·
3 ὁ τιθεὶς τὰ ὅριά[13] σου εἰρήνην
καὶ στέαρ[14] πυροῦ[15] ἐμπιπλῶν[16] σε·
4 ὁ ἀποστέλλων τὸ λόγιον[17] αὐτοῦ τῇ γῇ,
ἕως τάχους[18] δραμεῖται[19] ὁ λόγος αὐτοῦ
5 τοῦ διδόντος χιόνα[20] ὡσεὶ[21] ἔριον,[22]
ὁμίχλην[23] ὡσεὶ σποδὸν[24] πάσσοντος,[25]
6 βάλλοντος κρύσταλλον[26] αὐτοῦ ὡσεὶ[27] ψωμούς,[28]
κατὰ πρόσωπον ψύχους[29] αὐτοῦ τίς ὑποστήσεται;[30]
7 ἀποστελεῖ τὸν λόγον αὐτοῦ καὶ τήξει[31] αὐτά·
πνεύσει[32] τὸ πνεῦμα αὐτοῦ, καὶ ῥυήσεται[33] ὕδατα.
8 ἀπαγγέλλων τὸν λόγον αὐτοῦ τῷ Ιακωβ,
δικαιώματα[34] καὶ κρίματα[35] αὐτοῦ τῷ Ισραηλ.

1 δυναστεία, dominion, lordship
2 ἵππος, horse
3 κνήμη, calf (of the leg)
4 εὐδοκέω, *pres act ind 3s*, take pleasure
5 εὐδοκέω, *pres act ind 3s*, take pleasure
6 ἔλεος, mercy
7 αλληλουια, hallelujah, *translit.*
8 ἐπαινέω, *pres act impv 2s*, praise
9 αἰνέω, *pres act impv 2s*, praise
10 ἐνισχύω, *aor act ind 3s*, reinforce, make strong
11 μοχλός, bar, bolt
12 πύλη, gate
13 ὅριον, territory, border
14 στέαρ, fat portion
15 πυρός, wheat
16 ἐμπίπλημι, *pres act ptc nom s m*, fill up, satisfy
17 λόγιον, word, saying, teaching
18 τάχος, quickly
19 τρέχω, *fut mid ind 3s*, run
20 χιών, snow
21 ὡσεί, as, like
22 ἔριον, wool
23 ὁμίχλη, fog, mist
24 σποδός, ashes
25 πάσσω, *pres act ptc gen s m*, scatter, spread out
26 κρύσταλλος, ice
27 ὡσεί, as, like
28 ψωμός, morsel (of food)
29 ψῦχος, cold
30 ὑφίστημι, *fut mid ind 3s*, stand against, withstand
31 τήκω, *fut act ind 3s*, dissolve, consume
32 πνέω, *fut act ind 3s*, breathe, blow
33 ῥέω, *fut mid ind 3s*, flow, stream forth
34 δικαίωμα, ordinance
35 κρίμα, judgment

9 οὐκ ἐποίησεν οὕτως παντὶ ἔθνει
καὶ τὰ κρίματα[1] αὐτοῦ οὐκ ἐδήλωσεν[2] αὐτοῖς.

148 Αλληλουια·[3] Αγγαιου καὶ Ζαχαριου.

Αἰνεῖτε[4] τὸν κύριον ἐκ τῶν οὐρανῶν,
αἰνεῖτε αὐτὸν ἐν τοῖς ὑψίστοις.[5]
2 αἰνεῖτε[6] αὐτόν, πάντες οἱ ἄγγελοι αὐτοῦ·
αἰνεῖτε αὐτόν, πᾶσαι αἱ δυνάμεις αὐτοῦ.

3 αἰνεῖτε[7] αὐτόν, ἥλιος καὶ σελήνη·[8]
αἰνεῖτε αὐτόν, πάντα τὰ ἄστρα[9] καὶ τὸ φῶς.
4 αἰνεῖτε[10] αὐτόν, οἱ οὐρανοὶ τῶν οὐρανῶν
καὶ τὸ ὕδωρ τὸ ὑπεράνω[11] τῶν οὐρανῶν.

5 αἰνεσάτωσαν[12] τὸ ὄνομα κυρίου,
ὅτι αὐτὸς εἶπεν, καὶ ἐγενήθησαν,
αὐτὸς ἐνετείλατο,[13] καὶ ἐκτίσθησαν.[14]
6 ἔστησεν αὐτὰ εἰς τὸν αἰῶνα καὶ εἰς τὸν αἰῶνα τοῦ αἰῶνος·
πρόσταγμα[15] ἔθετο, καὶ οὐ παρελεύσεται.[16]

7 αἰνεῖτε[17] τὸν κύριον ἐκ τῆς γῆς,
δράκοντες[18] καὶ πᾶσαι ἄβυσσοι·[19]
8 πῦρ, χάλαζα,[20] χιών,[21] κρύσταλλος,[22]
πνεῦμα καταιγίδος,[23] τὰ ποιοῦντα τὸν λόγον αὐτοῦ·

9 τὰ ὄρη καὶ πάντες οἱ βουνοί,[24]
ξύλα[25] καρποφόρα[26] καὶ πᾶσαι κέδροι·[27]
10 τὰ θηρία καὶ πάντα τὰ κτήνη,[28]
ἑρπετὰ[29] καὶ πετεινὰ[30] πτερωτά·[31]

1 κρίμα, judgment
2 δηλόω, *aor act ind 3s*, make known, reveal
3 αλληλουια, hallelujah, *translit.*
4 αἰνέω, *pres act impv 2p*, praise
5 ὕψιστος, *sup*, highest, most high
6 αἰνέω, *pres act impv 2p*, praise
7 αἰνέω, *pres act impv 2p*, praise
8 σελήνη, moon
9 ἄστρον, star
10 αἰνέω, *pres act impv 2p*, praise
11 ὑπεράνω, above
12 αἰνέω, *aor act impv 3p*, praise
13 ἐντέλλομαι, *aor mid ind 3s*, command
14 κτίζω, *aor pas ind 3p*, create, establish
15 πρόσταγμα, ordinance
16 παρέρχομαι, *fut mid ind 3s*, pass away
17 αἰνέω, *pres act impv 2p*, praise
18 δράκων, dragon, serpent
19 ἄβυσσος, deep, abyss
20 χάλαζα, hail
21 χιών, snow
22 κρύσταλλος, ice
23 καταιγίς, hurricane, storm
24 βουνός, hill
25 ξύλον, tree
26 καρποφόρος, fruit-bearing
27 κέδρος, cedar
28 κτῆνος, animal
29 ἑρπετόν, creeping thing, reptile
30 πετεινός, bird
31 πτερωτός, winged

11 βασιλεῖς τῆς γῆς καὶ πάντες λαοί,
ἄρχοντες καὶ πάντες κριταὶ[1] γῆς·
12 νεανίσκοι[2] καὶ παρθένοι,[3]
πρεσβῦται[4] μετὰ νεωτέρων·[5]

13 αἰνεσάτωσαν[6] τὸ ὄνομα κυρίου,
ὅτι ὑψώθη[7] τὸ ὄνομα αὐτοῦ μόνου·
ἡ ἐξομολόγησις[8] αὐτοῦ ἐπὶ γῆς καὶ οὐρανοῦ.
14 καὶ ὑψώσει[9] κέρας[10] λαοῦ αὐτοῦ·
ὕμνος[11] πᾶσι τοῖς ὁσίοις[12] αὐτοῦ,
τοῖς υἱοῖς Ισραηλ, λαῷ ἐγγίζοντι αὐτῷ.

149 Αλληλουια.[13]

Ἄισατε[14] τῷ κυρίῳ ᾆσμα[15] καινόν,[16]
ἡ αἴνεσις[17] αὐτοῦ ἐν ἐκκλησίᾳ ὁσίων.[18]
2 εὐφρανθήτω[19] Ισραηλ ἐπὶ τῷ ποιήσαντι αὐτόν,
καὶ υἱοὶ Σιων ἀγαλλιάσθωσαν[20] ἐπὶ τῷ βασιλεῖ αὐτῶν·
3 αἰνεσάτωσαν[21] τὸ ὄνομα αὐτοῦ ἐν χορῷ,[22]
ἐν τυμπάνῳ[23] καὶ ψαλτηρίῳ[24] ψαλάτωσαν[25] αὐτῷ,
4 ὅτι εὐδοκεῖ[26] κύριος ἐν λαῷ αὐτοῦ
καὶ ὑψώσει[27] πραεῖς[28] ἐν σωτηρίᾳ.
5 καυχήσονται[29] ὅσιοι[30] ἐν δόξῃ
καὶ ἀγαλλιάσονται[31] ἐπὶ τῶν κοιτῶν[32] αὐτῶν·

1 κριτής, judge
2 νεανίσκος, young man
3 παρθένος, young woman
4 πρεσβύτης, old
5 νέος, *comp*, younger
6 αἰνέω, *aor act impv 3p*, praise
7 ὑψόω, *aor pas ind 3s*, lift high, exalt
8 ἐξομολόγησις, praise, confession (of thanksgiving)
9 ὑψόω, *fut act ind 3s*, lift high
10 κέρας, horn
11 ὕμνος, hymn
12 ὅσιος, holy (one)
13 αλληλουια, hallelujah, *translit.*
14 ᾄδω, *aor act impv 2p*, sing
15 ᾆσμα, song
16 καινός, new
17 αἴνεσις, praise
18 ὅσιος, holy (one)
19 εὐφραίνω, *aor pas impv 3s*, be glad, rejoice
20 ἀγαλλιάω, *pres mid impv 3p*, exult
21 αἰνέω, *aor act impv 3p*, praise
22 χορός, dance
23 τύμπανον, drum
24 ψαλτήριον, harp
25 ψάλλω, *aor act impv 3p*, play music, sing (with an instrument)
26 εὐδοκέω, *pres act ind 3s*, be pleased
27 ὑψόω, *fut act ind 3s*, lift high
28 πραΰς, gentle, meek
29 καυχάομαι, *fut mid ind 3p*, boast
30 ὅσιος, holy (one)
31 ἀγαλλιάω, *fut mid ind 3p*, exult
32 κοίτη, bed

6 αἱ ὑψώσεις[1] τοῦ θεοῦ ἐν τῷ λάρυγγι[2] αὐτῶν,
καὶ ῥομφαῖαι[3] δίστομοι[4] ἐν ταῖς χερσὶν αὐτῶν
7 τοῦ ποιῆσαι ἐκδίκησιν[5] ἐν τοῖς ἔθνεσιν,
ἐλεγμοὺς[6] ἐν τοῖς λαοῖς,
8 τοῦ δῆσαι[7] τοὺς βασιλεῖς αὐτῶν ἐν πέδαις[8]
καὶ τοὺς ἐνδόξους[9] αὐτῶν ἐν χειροπέδαις[10] σιδηραῖς,[11]
9 τοῦ ποιῆσαι ἐν αὐτοῖς κρίμα[12] ἔγγραπτον·[13]
δόξα αὕτη ἐστὶν πᾶσι τοῖς ὁσίοις[14] αὐτοῦ.

150 Αλληλουια.[15]

Αἰνεῖτε[16] τὸν θεὸν ἐν τοῖς ἁγίοις αὐτοῦ,
αἰνεῖτε αὐτὸν ἐν στερεώματι[17] δυνάμεως αὐτοῦ·
2 αἰνεῖτε[18] αὐτὸν ἐπὶ ταῖς δυναστείαις[19] αὐτοῦ,
αἰνεῖτε αὐτὸν κατὰ τὸ πλῆθος τῆς μεγαλωσύνης[20] αὐτοῦ.

3 αἰνεῖτε[21] αὐτὸν ἐν ἤχῳ[22] σάλπιγγος,[23]
αἰνεῖτε αὐτὸν ἐν ψαλτηρίῳ[24] καὶ κιθάρᾳ·[25]
4 αἰνεῖτε[26] αὐτὸν ἐν τυμπάνῳ[27] καὶ χορῷ,[28]
αἰνεῖτε αὐτὸν ἐν χορδαῖς[29] καὶ ὀργάνῳ·[30]
5 αἰνεῖτε[31] αὐτὸν ἐν κυμβάλοις[32] εὐήχοις,[33]
αἰνεῖτε αὐτὸν ἐν κυμβάλοις[34] ἀλαλαγμοῦ.[35]
6 πᾶσα πνοὴ[36] αἰνεσάτω[37] τὸν κύριον.

αλληλουια.[38]

1 ὕψωσις, exaltation
2 λάρυγξ, throat
3 ῥομφαία, sword
4 δίστομος, two-edged
5 ἐκδίκησις, vengeance
6 ἐλεγμός, reproof, rebuke
7 δέω, *aor act inf*, bind
8 πέδη, shackle, fetter
9 ἔνδοξος, noble (one)
10 χειροπέδη, handcuff, shackle
11 σιδηροῦς, iron
12 κρίμα, judgment
13 ἔγγραπτος, written, inscribed
14 ὅσιος, holy (one)
15 αλληλουια, hallelujah, *translit.*
16 αἰνέω, *pres act impv 2p*, praise
17 στερέωμα, firmament
18 αἰνέω, *pres act impv 2p*, praise
19 δυναστεία, dominion, lordship
20 μεγαλωσύνη, greatness
21 αἰνέω, *pres act impv 2p*, praise
22 ἦχος, sound
23 σάλπιγξ, trumpet
24 ψαλτήριον, harp
25 κιθάρα, lyre
26 αἰνέω, *pres act impv 2p*, praise
27 τύμπανον, drum
28 χορός, dance
29 χορδή, stringed instrument
30 ὄργανον, (musical) instrument
31 αἰνέω, *pres act impv 2p*, praise
32 κύμβαλον, cymbal
33 εὐήχος, melodious
34 κύμβαλον, cymbal
35 ἀλαλαγμός, loud
36 πνοή, breath
37 αἰνέω, *aor act impv 3s*, praise
38 αλληλουια, hallelujah, *translit.*

151 Οὗτος ὁ ψαλμὸς ἰδιόγραφος[1] εἰς Δαυιδ καὶ ἔξωθεν[2] τοῦ ἀριθμοῦ·[3] ὅτε ἐμονομάχησεν[4] τῷ Γολιαδ.

Μικρὸς ἤμην ἐν τοῖς ἀδελφοῖς μου
καὶ νεώτερος[5] ἐν τῷ οἴκῳ τοῦ πατρός μου·
ἐποίμαινον[6] τὰ πρόβατα τοῦ πατρός μου.

2 αἱ χεῖρές μου ἐποίησαν ὄργανον,[7]
οἱ δάκτυλοί[8] μου ἥρμοσαν[9] ψαλτήριον.[10]

3 καὶ τίς ἀναγγελεῖ[11] τῷ κυρίῳ μου;
αὐτὸς κύριος, αὐτὸς εἰσακούει.[12]

4 αὐτὸς ἐξαπέστειλεν[13] τὸν ἄγγελον αὐτοῦ
καὶ ἦρέν[14] με ἐκ τῶν προβάτων τοῦ πατρός μου
καὶ ἔχρισέν[15] με ἐν τῷ ἐλαίῳ[16] τῆς χρίσεως[17] αὐτοῦ.

5 οἱ ἀδελφοί μου καλοὶ καὶ μεγάλοι,
καὶ οὐκ εὐδόκησεν[18] ἐν αὐτοῖς κύριος.

6 ἐξῆλθον εἰς συνάντησιν[19] τῷ ἀλλοφύλῳ,[20]
καὶ ἐπικατηράσατό[21] με ἐν τοῖς εἰδώλοις[22] αὐτοῦ·

7 ἐγὼ δὲ σπασάμενος[23] τὴν παρ᾽ αὐτοῦ μάχαιραν[24]
ἀπεκεφάλισα[25] αὐτὸν
καὶ ἦρα[26] ὄνειδος[27] ἐξ υἱῶν Ισραηλ.

1 ἰδιόγραφος, genuine, written with one's own hand
2 ἔξωθεν, outside
3 ἀριθμός, number
4 μονομαχέω, *aor act ind 3s*, engage in combat
5 νέος, *comp*, younger
6 ποιμαίνω, *impf act ind 1s*, shepherd
7 ὄργανον, (musical) instrument
8 δάκτυλος, finger
9 ἁρμόζω, *aor act ind 3p*, tune
10 ψαλτήριον, harp
11 ἀναγγέλλω, *fut act ind 3s*, report, declare
12 εἰσακούω, *pres act ind 3s*, hear, listen
13 ἐξαποστέλλω, *aor act ind 3s*, send forth
14 αἴρω, *aor act ind 3s*, (extract, pick out)
15 χρίω, *aor act ind 3s*, anoint
16 ἔλαιον, oil
17 χρῖσις, anointing
18 εὐδοκέω, *aor act ind 3s*, be pleased
19 συνάντησις, confrontation
20 ἀλλόφυλος, foreign
21 ἐπικαταράομαι, *aor mid ind 3s*, call down a curse
22 εἴδωλον, image, idol
23 σπάω, *aor mid ptc nom s m*, draw (a sword)
24 μάχαιρα, sword
25 ἀποκεφαλίζω, *aor act ind 1s*, behead
26 αἴρω, *aor act ind 1s*, remove
27 ὄνειδος, disgrace, reproach

ΠΡΟΣΕΥΧΗ ΜΑΝΑΣΣΗ
Prayer of Manasseh

12 Προσευχὴ Μανασση.

Κύριε παντοκράτωρ,[1]
ὁ θεὸς τῶν πατέρων ἡμῶν,
τοῦ Αβρααμ καὶ Ισαακ καὶ Ιακωβ
καὶ τοῦ σπέρματος αὐτῶν τοῦ δικαίου,
2 ὁ ποιήσας τὸν οὐρανὸν καὶ τὴν γῆν
σὺν παντὶ τῷ κόσμῳ[2] αὐτῶν,
3 ὁ πεδήσας[3] τὴν θάλασσαν τῷ λόγῳ τοῦ προστάγματός[4] σου,
ὁ κλείσας[5] τὴν ἄβυσσον[6]
καὶ σφραγισάμενος[7] τῷ φοβερῷ[8] καὶ ἐνδόξῳ[9] ὀνόματί σου·
4 ὃν πάντα φρίττει[10]
καὶ τρέμει[11] ἀπὸ προσώπου δυνάμεώς σου,
5 ὅτι ἄστεκτος[12] ἡ μεγαλοπρέπεια[13] τῆς δόξης σου,
καὶ ἀνυπόστατος[14] ἡ ὀργὴ τῆς ἐπὶ ἁμαρτωλοὺς ἀπειλῆς[15] σου,
6 ἀμέτρητόν[16] τε καὶ ἀνεξιχνίαστον[17] τὸ ἔλεος[18] τῆς ἐπαγγελίας[19] σου,
7 ὅτι σὺ εἶ κύριος ὕψιστος,[20]
εὔσπλαγχνος,[21] μακρόθυμος[22] καὶ πολυέλεος[23]
καὶ μετανοῶν[24] ἐπὶ κακίαις[25] ἀνθρώπων·

1 παντοκράτωρ, almighty, ruler of all
2 κόσμος, adornment, orderly arrangement
3 πεδάω, *aor act ptc nom s m*, delimit, hem in
4 πρόσταγμα, ordinance, command
5 κλείω, *aor act ptc nom s m*, close up
6 ἄβυσσος, abyss, deep
7 σφραγίζω, *aor mid ptc nom s m*, seal
8 φοβερός, fearful, terrible
9 ἔνδοξος, glorious
10 φρίττω, *pres act ind 3s*, shudder
11 τρέμω, *pres act ind 3s*, tremble
12 ἄστεκτος, unbearable
13 μεγαλοπρέπεια, magnificence, majesty
14 ἀνυπόστατος, overwhelming
15 ἀπειλή, threat
16 ἀμέτρητος, immeasurable
17 ἀνεξιχνίαστος, inscrutable
18 ἔλεος, mercy
19 ἐπαγγελία, promise
20 ὕψιστος, *sup*, Most High
21 εὔσπλαγχνος, compassionate
22 μακρόθυμος, patient
23 πολυέλεος, very merciful
24 μετανοέω, *pres act ptc nom s m*, change one's mind, repent
25 κακία, wickedness

8 σὺ οὖν, κύριε ὁ θεὸς τῶν δικαίων,
οὐκ ἔθου μετάνοιαν[1] δικαίοις,
τῷ Αβρααμ καὶ Ισαακ καὶ Ιακωβ τοῖς οὐχ ἡμαρτηκόσιν σοι,
ἀλλ᾽ ἔθου μετάνοιαν[2] ἐμοὶ τῷ ἁμαρτωλῷ,

9 διότι[3] ἥμαρτον ὑπὲρ ἀριθμὸν[4] ψάμμου[5] θαλάσσης,
ἐπλήθυναν[6] αἱ ἀνομίαι[7] μου, κύριε, ἐπλήθυναν,
καὶ οὐκ εἰμὶ ἄξιος[8] ἀτενίσαι[9] καὶ ἰδεῖν τὸ ὕψος[10] τοῦ οὐρανοῦ
ἀπὸ πλήθους τῶν ἀδικιῶν[11] μου
10 κατακαμπτόμενος[12] πολλῷ δεσμῷ[13] σιδήρου[14]
εἰς τὸ ἀνανεῦσαί[15] με ὑπὲρ ἁμαρτιῶν μου,
καὶ οὐκ ἔστιν μοι ἄνεσις,[16]
διότι[17] παρώργισα[18] τὸν θυμόν[19] σου
καὶ τὸ πονηρὸν ἐνώπιόν σου ἐποίησα
στήσας βδελύγματα[20] καὶ πληθύνας[21] προσοχθίσματα.[22]

11 καὶ νῦν κλίνω[23] γόνυ[24] καρδίας
δεόμενος[25] τῆς παρὰ σοῦ χρηστότητος[26]
12 Ἡμάρτηκα, κύριε, ἡμάρτηκα
καὶ τὰς ἀνομίας[27] μου ἐγὼ γινώσκω.
13 αἰτοῦμαι[28] δεόμενός[29] σου
Ἄνες[30] μοι, κύριε, ἄνες μοι,
μὴ συναπολέσῃς[31] με ταῖς ἀνομίαις[32] μου
μηδὲ εἰς τὸν αἰῶνα μηνίσας[33] τηρήσῃς[34] τὰ κακά μοι
μηδὲ καταδικάσῃς[35] με ἐν τοῖς κατωτάτοις[36] τῆς γῆς.

1 μετάνοια, repentance
2 μετάνοια, repentance
3 διότι, for, because
4 ἀριθμός, amount, number
5 ψάμμος, sand
6 πληθύνω, *aor act ind 3p*, multiply
7 ἀνομία, lawlessness
8 ἄξιος, worthy
9 ἀτενίζω, *aor act inf*, look intently
10 ὕψος, height
11 ἀδικία, offense, injustice
12 κατακάμπτω, *pres pas ptc nom s m*, bow over, bend down
13 δεσμός, chain
14 σίδηρος, iron
15 ἀνανεύω, *aor act inf*, refuse, disclaim
16 ἄνεσις, remission, release
17 διότι, for
18 παροργίζω, *aor act ind 1s*, provoke
19 θυμός, anger, wrath
20 βδέλυγμα, abomination
21 πληθύνω, *aor act ptc nom s m*, increase, multiply
22 προσόχθισμα, offense, provocation
23 κλίνω, *pres act ind 1s*, bend
24 γόνυ, knee
25 δέομαι, *pres mid ptc nom s m*, beseech
26 χρηστότης, kindness, generosity
27 ἀνομία, lawlessness
28 αἰτέω, *pres mid ind 1s*, beg
29 δέομαι, *pres mid ptc nom s m*, beseech
30 ἀνίημι, *aor act impv 2s*, forgive
31 συναπόλλυμι, *aor act sub 2s*, destroy together
32 ἀνομία, lawlessness
33 μηνίω, *aor act ptc nom s m*, bear a grudge
34 τηρέω, *aor act sub 2s*, preserve, keep
35 καταδικάζω, *aor act sub 2s*, pronounce guilty, pass judgment
36 κάτω, *sup*, lowest (part)

ὅτι σὺ εἶ, κύριε, ὁ θεὸς τῶν μετανοούντων,[1]
14 καὶ ἐν ἐμοὶ δείξῃς τὴν ἀγαθωσύνην[2] σου·
ὅτι ἀνάξιον[3] ὄντα σώσεις με κατὰ τὸ πολὺ ἔλεός[4] σου,
15 καὶ αἰνέσω[5] σε διὰ παντὸς ἐν ταῖς ἡμέραις τῆς ζωῆς μου.

ὅτι σὲ ὑμνεῖ[6] πᾶσα ἡ δύναμις τῶν οὐρανῶν,
καὶ σοῦ ἐστιν ἡ δόξα εἰς τοὺς αἰῶνας.

αμην.[7]

1 μετανοέω, *pres act ptc gen p m*, repent
2 ἀγαθωσύνη, goodness, kindness
3 ἀνάξιος, unworthy
4 ἔλεος, mercy
5 αἰνέω, *fut act ind 1s*, praise
6 ὑμνέω, *pres act ind 3s*, sing praise, make music
7 αμην, amen, *translit.*

ΠΑΡΟΙΜΙΑΙ
Proverbs

1 Παροιμίαι[1] Σαλωμῶντος υἱοῦ Δαυιδ, ὃς ἐβασίλευσεν[2] ἐν Ισραηλ,

2 γνῶναι σοφίαν καὶ παιδείαν[3]
νοῆσαί[4] τε λόγους φρονήσεως[5]
3 δέξασθαί[6] τε στροφὰς[7] λόγων
νοῆσαί[8] τε δικαιοσύνην ἀληθῆ[9]
καὶ κρίμα[10] κατευθύνειν,[11]
4 ἵνα δῷ ἀκάκοις[12] πανουργίαν,[13]
παιδὶ[14] δὲ νέῳ[15] αἴσθησίν[16] τε καὶ ἔννοιαν·[17]
5 τῶνδε[18] γὰρ ἀκούσας σοφὸς[19] σοφώτερος[20] ἔσται,
ὁ δὲ νοήμων[21] κυβέρνησιν[22] κτήσεται[23]
6 νοήσει[24] τε παραβολὴν[25] καὶ σκοτεινὸν[26] λόγον
ῥήσεις[27] τε σοφῶν[28] καὶ αἰνίγματα.[29]

7 Ἀρχὴ σοφίας φόβος θεοῦ,
σύνεσις[30] δὲ ἀγαθὴ πᾶσι τοῖς ποιοῦσιν αὐτήν·
εὐσέβεια[31] δὲ εἰς θεὸν ἀρχὴ αἰσθήσεως,[32]
σοφίαν δὲ καὶ παιδείαν[33] ἀσεβεῖς[34] ἐξουθενήσουσιν.[35]

1 παροιμία, proverb
2 βασιλεύω, *aor act ind 3s*, reign as king
3 παιδεία, discipline, instruction
4 νοέω, *aor act inf*, comprehend, perceive
5 φρόνησις, insight, intelligence
6 δέχομαι, *aor mid inf*, accept, receive
7 στροφή, subtlety
8 νοέω, *aor act inf*, comprehend, perceive
9 ἀληθής, true
10 κρίμα, judgment, decision
11 κατευθύνω, *pres act inf*, direct, lead
12 ἄκακος, simple, innocent
13 πανουργία, prudence, craftiness
14 παῖς, child
15 νέος, young
16 αἴσθησις, discernment, perception
17 ἔννοια, knowledge, insight
18 ὅδε, these (things)
19 σοφός, wise, prudent
20 σοφός, *comp*, wiser, more prudent
21 νοήμων, intelligent, thoughtful
22 κυβέρνησις, direction
23 κτάομαι, *fut mid ind 3s*, gain, acquire
24 νοέω, *fut act ind 3s*, comprehend, perceive
25 παραβολή, parable, illustration
26 σκοτεινός, obscure
27 ῥῆσις, word, expression
28 σοφός, clever, wise
29 αἴνιγμα, riddle
30 σύνεσις, understanding, intelligence
31 εὐσέβεια, godliness, piety
32 αἴσθησις, knowledge, perception
33 παιδεία, discipline, instruction
34 ἀσεβής, ungodly, impious
35 ἐξουθενέω, *fut act ind 3p*, despise, disdain

8 ἄκουε, υἱέ, παιδείαν[1] πατρός σου
καὶ μὴ ἀπώσῃ[2] θεσμοὺς[3] μητρός σου·
9 στέφανον[4] γὰρ χαρίτων δέξῃ[5] σῇ[6] κορυφῇ[7]
καὶ κλοιὸν[8] χρύσεον[9] περὶ σῷ[10] τραχήλῳ.[11]
10 υἱέ, μή σε πλανήσωσιν ἄνδρες ἀσεβεῖς,[12]
μηδὲ βουληθῇς, ἐὰν παρακαλέσωσί σε λέγοντες
11 Ἐλθὲ μεθ᾽ ἡμῶν, κοινώνησον[13] αἵματος,
κρύψωμεν[14] δὲ εἰς γῆν ἄνδρα δίκαιον ἀδίκως,[15]
12 καταπίωμεν[16] δὲ αὐτὸν ὥσπερ ᾅδης[17] ζῶντα
καὶ ἄρωμεν αὐτοῦ τὴν μνήμην[18] ἐκ γῆς·
13 τὴν κτῆσιν[19] αὐτοῦ τὴν πολυτελῆ[20] καταλαβώμεθα,[21]
πλήσωμεν[22] δὲ οἴκους ἡμετέρους[23] σκύλων·[24]
14 τὸν δὲ σὸν[25] κλῆρον[26] βάλε[27] ἐν ἡμῖν,
κοινὸν[28] δὲ βαλλάντιον[29] κτησώμεθα[30] πάντες,
καὶ μαρσίππιον[31] ἓν γενηθήτω ἡμῖν.
15 μὴ πορευθῇς ἐν ὁδῷ μετ᾽ αὐτῶν,
ἔκκλινον[32] δὲ τὸν πόδα σου ἐκ τῶν τρίβων[33] αὐτῶν·
16 οἱ γὰρ πόδες αὐτῶν εἰς κακίαν[34] τρέχουσιν[35]
καὶ ταχινοὶ[36] τοῦ ἐκχέαι[37] αἷμα·
17 οὐ γὰρ ἀδίκως[38] ἐκτείνεται[39]
δίκτυα[40] πτερωτοῖς.[41]

1 παιδεία, discipline, instruction
2 ἀπωθέω, *aor mid sub 2s*, reject
3 θεσμός, rule, law
4 στέφανος, crown
5 δέχομαι, *fut mid ind 2s*, receive
6 σός, your
7 κορυφή, top (of the head)
8 κλοιός, collar, neck
9 χρύσεος, golden
10 σός, your
11 τράχηλος, neck
12 ἀσεβής, ungodly, impious
13 κοινωνέω, *aor act impv 2s*, partake, participate in
14 κρύπτω, *aor act sub 1p*, hide
15 ἀδίκως, unjustly
16 καταπίνω, *aor act sub 1p*, swallow up
17 ᾅδης, Hades, underworld
18 μνήμη, memory
19 κτῆσις, possession, property
20 πολυτελής, valuable, costly
21 καταλαμβάνω, *aor mid sub 1p*, lay hold of
22 πίμπλημι, *aor act sub 1p*, fill
23 ἡμέτερος, our
24 σκῦλον, spoils, plunder
25 σός, your
26 κλῆρος, lot
27 βάλλω, *aor act impv 2s*, cast
28 κοινός, common, shared
29 βαλλάντιον, purse
30 κτάομαι, *aor mid sub 1p*, get, acquire
31 μαρσίππιον, *dim of* μάρσιππος, wallet
32 ἐκκλίνω, *aor act impv 2s*, steer clear
33 τρίβος, path, way
34 κακία, evil, wickedness
35 τρέχω, *pres act ind 3p*, rush
36 ταχινός, quick
37 ἐκχέω, *aor act inf*, shed
38 ἀδίκως, unjustly
39 ἐκτείνω, *pres pas ind 3s*, spread out
40 δίκτυον, net
41 πτερωτός, (bird), winged (creatures)

18 αὐτοὶ γὰρ οἱ φόνου[1] μετέχοντες[2] θησαυρίζουσιν[3] ἑαυτοῖς κακά,
ἡ δὲ καταστροφὴ[4] ἀνδρῶν παρανόμων[5] κακή.
19 αὗται αἱ ὁδοί εἰσιν πάντων τῶν συντελούντων[6] τὰ ἄνομα·[7]
τῇ γὰρ ἀσεβείᾳ[8] τὴν ἑαυτῶν ψυχὴν ἀφαιροῦνται.[9]

20 Σοφία ἐν ἐξόδοις[10] ὑμνεῖται,[11]
ἐν δὲ πλατείαις[12] παρρησίαν[13] ἄγει,
21 ἐπ᾽ ἄκρων[14] δὲ τειχέων[15] κηρύσσεται,[16]
ἐπὶ δὲ πύλαις[17] δυναστῶν[18] παρεδρεύει,[19]
ἐπὶ δὲ πύλαις πόλεως θαρροῦσα[20] λέγει
22 Ὅσον ἂν χρόνον ἄκακοι[21] ἔχωνται τῆς δικαιοσύνης,
οὐκ αἰσχυνθήσονται·[22]
οἱ δὲ ἄφρονες,[23]
τῆς ὕβρεως[24] ὄντες ἐπιθυμηταί,[25]
ἀσεβεῖς[26] γενόμενοι ἐμίσησαν αἴσθησιν[27]
23 καὶ ὑπεύθυνοι[28] ἐγένοντο ἐλέγχοις.[29]
ἰδοὺ προήσομαι[30] ὑμῖν ἐμῆς πνοῆς[31] ῥῆσιν,[32]
διδάξω δὲ ὑμᾶς τὸν ἐμὸν λόγον.
24 ἐπειδὴ[33] ἐκάλουν καὶ οὐχ ὑπηκούσατε[34]
καὶ ἐξέτεινον[35] λόγους καὶ οὐ προσείχετε,[36]
25 ἀλλὰ ἀκύρους[37] ἐποιεῖτε ἐμὰς βουλάς,[38]
τοῖς δὲ ἐμοῖς ἐλέγχοις[39] ἠπειθήσατε,[40]

1 φόνος, murder
2 μετέχω, *pres act ptc nom p m*, participate in
3 θησαυρίζω, *pres act ind 3p*, store up
4 καταστροφή, destruction
5 παράνομος, lawless
6 συντελέω, *pres act ptc gen p m*, undertake, accomplish
7 ἄνομος, lawless (action)
8 ἀσέβεια, ungodly, impious
9 ἀφαιρέω, *pres mid ind 3p*, cut off, do away with
10 ἔξοδος, (street), way out
11 ὑμνέω, *pres mid ind 3s*, sing praise
12 πλατύς, (square), open (space)
13 παρρησία, boldness, confidence
14 ἄκρος, top
15 τεῖχος, wall
16 κηρύσσω, *pres mid ind 3s*, proclaim
17 πύλη, gate
18 δυνάστης, ruler, official
19 παρεδρεύω, *pres act ind 3s*, sit near
20 θαρσέω, *pres act ptc nom s f*, be courageous
21 ἄκακος, innocent, simple
22 αἰσχύνω, *fut pas ind 3p*, put to shame
23 ἄφρων, foolish
24 ὕβρις, pride, arrogance
25 ἐπιθυμητής, one who lusts for
26 ἀσεβής, ungodly, impious
27 αἴσθησις, knowledge, perception
28 ὑπεύθυνος, subject, liable
29 ἔλεγχος, rebuke
30 προΐημι, *fut mid ind 1s*, utter, issue forth
31 πνοή, breath
32 ῥῆσις, speech, word
33 ἐπειδή, since
34 ὑπακούω, *aor act ind 2p*, obey, take heed
35 ἐκτείνω, *impf act ind 1s*, stretch out
36 προσέχω, *impf act ind 2p*, pay attention
37 ἄκυρος, invalid, pointless
38 βουλή, counsel, advice
39 ἔλεγχος, rebuke
40 ἀπειθέω, *aor act ind 2p*, disregard, disbelieve

26 τοιγαροῦν[1] κἀγὼ[2] τῇ ὑμετέρᾳ[3] ἀπωλείᾳ[4] ἐπιγελάσομαι,[5]
καταχαροῦμαι[6] δέ, ἡνίκα[7] ἂν ἔρχηται ὑμῖν ὄλεθρος,[8]
27 καὶ ὡς ἂν ἀφίκηται[9] ὑμῖν ἄφνω[10] θόρυβος,[11]
ἡ δὲ καταστροφὴ[12] ὁμοίως[13] καταιγίδι[14] παρῇ,[15]
καὶ ὅταν ἔρχηται ὑμῖν θλῖψις καὶ πολιορκία,[16]
ἢ ὅταν ἔρχηται ὑμῖν ὄλεθρος.[17]
28 ἔσται γὰρ ὅταν ἐπικαλέσησθέ[18] με,
ἐγὼ δὲ οὐκ εἰσακούσομαι[19] ὑμῶν·
ζητήσουσίν με κακοὶ
καὶ οὐχ εὑρήσουσιν.
29 ἐμίσησαν γὰρ σοφίαν,
τὸν δὲ φόβον τοῦ κυρίου οὐ προείλαντο[20]
30 οὐδὲ ἤθελον ἐμαῖς προσέχειν[21] βουλαῖς,[22]
ἐμυκτήριζον[23] δὲ ἐμοὺς ἐλέγχους.[24]
31 τοιγαροῦν[25] ἔδονται[26] τῆς ἑαυτῶν ὁδοῦ τοὺς καρποὺς
καὶ τῆς ἑαυτῶν ἀσεβείας[27] πλησθήσονται·[28]
32 ἀνθ᾽ ὧν[29] γὰρ ἠδίκουν[30] νηπίους,[31] φονευθήσονται,[32]
καὶ ἐξετασμὸς[33] ἀσεβεῖς[34] ὀλεῖ.[35]
33 ὁ δὲ ἐμοῦ ἀκούων κατασκηνώσει[36] ἐπ᾽ ἐλπίδι
καὶ ἡσυχάσει[37] ἀφόβως[38] ἀπὸ παντὸς κακοῦ.

1 τοιγαροῦν, for that reason
2 κἀγώ, I also, *cr.* καὶ ἐγώ
3 ὑμέτερος, your
4 ἀπώλεια, destruction
5 ἐπιγελάω, *fut mid ind 1s*, laugh at
6 καταχαίρω, *fut mid ind 1s*, exult maliciously
7 ἡνίκα, when
8 ὄλεθρος, ruin
9 ἀφικνέομαι, *aor mid sub 3s*, overcome, reach
10 ἄφνω, all of a sudden, unaware
11 θόρυβος, confusion, tumult
12 καταστροφή, destruction
13 ὁμοίως, like
14 καταιγίς, hurricane, squall
15 πάρειμι, *pres act sub 3s*, come about
16 πολιορκία, siege
17 ὄλεθρος, ruin
18 ἐπικαλέω, *aor mid sub 2p*, call upon
19 εἰσακούω, *fut mid ind 1s*, listen to
20 προαιρέω, *aor mid ind 3p*, prefer, choose
21 προσέχω, *pres act inf*, pay attention to
22 βουλή, advice, counsel
23 μυκτηρίζω, *impf act ind 3p*, sneer at, mock
24 ἔλεγχος, rebuke
25 τοιγαροῦν, for that reason
26 ἐσθίω, *fut mid ind 3p*, eat
27 ἀσέβεια, ungodliness, impiety
28 πίμπλημι, *fut pas ind 3p*, fill up, satisfy
29 ἀνθ᾽ ὧν, because
30 ἀδικέω, *impf act ind 3p*, harm
31 νήπιος, child, infant
32 φονεύω, *fut pas ind 3p*, kill
33 ἐξετασμός, trial, scrutiny
34 ἀσεβής, ungodly, impious
35 ὄλλυμι, *fut act ind 3s*, destroy
36 κατασκηνόω, *fut act ind 3s*, dwell, abide
37 ἡσυχάζω, *fut act ind 3s*, be at rest
38 ἀφόβως, without fear

2 Υἱέ, ἐὰν δεξάμενος[1] ῥῆσιν[2] ἐμῆς ἐντολῆς
κρύψῃς[3] παρὰ σεαυτῷ,
2 ὑπακούσεται[4] σοφίας τὸ οὖς σου,
καὶ παραβαλεῖς[5] καρδίαν σου εἰς σύνεσιν,[6]
παραβαλεῖς δὲ αὐτὴν ἐπὶ νουθέτησιν[7] τῷ υἱῷ σου.
3 ἐὰν γὰρ τὴν σοφίαν ἐπικαλέσῃ[8]
καὶ τῇ συνέσει[9] δῷς φωνήν σου,
τὴν δὲ αἴσθησιν[10] ζητήσῃς μεγάλῃ τῇ φωνῇ,
4 καὶ ἐὰν ζητήσῃς αὐτὴν ὡς ἀργύριον[11]
καὶ ὡς θησαυροὺς[12] ἐξερευνήσῃς[13] αὐτήν,
5 τότε συνήσεις[14] φόβον κυρίου
καὶ ἐπίγνωσιν[15] θεοῦ εὑρήσεις.
6 ὅτι κύριος δίδωσιν σοφίαν,
καὶ ἀπὸ προσώπου αὐτοῦ γνῶσις[16] καὶ σύνεσις·[17]
7 καὶ θησαυρίζει[18] τοῖς κατορθοῦσι[19] σωτηρίαν,
ὑπερασπιεῖ[20] τὴν πορείαν[21] αὐτῶν
8 τοῦ φυλάξαι ὁδοὺς δικαιωμάτων[22]
καὶ ὁδὸν εὐλαβουμένων[23] αὐτὸν διαφυλάξει.[24]
9 τότε συνήσεις[25] δικαιοσύνην καὶ κρίμα[26]
καὶ κατορθώσεις[27] πάντας ἄξονας[28] ἀγαθούς.
10 ἐὰν γὰρ ἔλθῃ ἡ σοφία εἰς σὴν[29] διάνοιαν,[30]
ἡ δὲ αἴσθησις[31] τῇ σῇ ψυχῇ καλὴ εἶναι δόξῃ,[32]

1 δέχομαι, *aor mid ptc nom s m*, receive, accept
2 ῥῆσις, words, saying
3 κρύπτω, *aor act sub 2s*, hide
4 ὑπακούω, *fut mid ind 3s*, listen to
5 παραβάλλω, *fut act ind 2s*, expose, present
6 σύνεσις, intelligence, understanding
7 νουθέτησις, instruction, exhortation
8 ἐπικαλέω, *aor act sub 3s*, call upon
9 σύνεσις, intelligence, understanding
10 αἴσθησις, perception, knowledge
11 ἀργύριον, silver, money
12 θησαυρός, treasure
13 ἐξερευνάω, *aor act sub 2s*, search out
14 συνίημι, *fut act ind 2s*, understand, comprehend
15 ἐπίγνωσις, recognition
16 γνῶσις, knowledge
17 σύνεσις, intelligence, understanding
18 θησαυρίζω, *pres act ind 3s*, store up
19 κατορθόω, *pres act ptc dat p m*, keep straight
20 ὑπερασπίζω, *fut act ind 3s*, protect
21 πορεία, way, journey
22 δικαίωμα, commandment, righteous deed
23 εὐλαβέομαι, *pres mid ptc gen p m*, pay respect, fear
24 διαφυλάσσω, *fut act ind 3s*, guard
25 συνίημι, *fut act ind 2s*, understand, comprehend
26 κρίμα, judgment
27 κατορθόω, *fut act ind 2s*, keep straight
28 ἄξων, path (of action)
29 σός, your
30 διάνοια, mind, understanding
31 αἴσθησις, perception, knowledge
32 δοκέω, *aor act sub 3s*, seem

11 βουλή[1] καλὴ φυλάξει σε,
ἔννοια[2] δὲ ὁσία[3] τηρήσει[4] σε,
12 ἵνα ῥύσηταί[5] σε ἀπὸ ὁδοῦ κακῆς
καὶ ἀπὸ ἀνδρὸς λαλοῦντος μηδὲν[6] πιστόν.[7]
13 ὢ[8] οἱ ἐγκαταλείποντες[9] ὁδοὺς εὐθείας[10]
τοῦ πορεύεσθαι ἐν ὁδοῖς σκότους,
14 οἱ εὐφραινόμενοι[11] ἐπὶ κακοῖς
καὶ χαίροντες[12] ἐπὶ διαστροφῇ[13] κακῇ,
15 ὧν αἱ τρίβοι[14] σκολιαὶ[15]
καὶ καμπύλαι[16] αἱ τροχιαὶ[17] αὐτῶν
16 τοῦ μακράν[18] σε ποιῆσαι ἀπὸ ὁδοῦ εὐθείας[19]
καὶ ἀλλότριον[20] τῆς δικαίας γνώμης.[21]

17 υἱέ, μή σε καταλάβῃ[22] κακὴ βουλὴ[23]
ἡ ἀπολείπουσα[24] διδασκαλίαν[25] νεότητος[26]
καὶ διαθήκην θείαν[27] ἐπιλελησμένη·[28]
18 ἔθετο γὰρ παρὰ τῷ θανάτῳ τὸν οἶκον αὐτῆς
καὶ παρὰ τῷ ᾅδῃ[29] μετὰ τῶν γηγενῶν[30] τοὺς ἄξονας[31] αὐτῆς·
19 πάντες οἱ πορευόμενοι ἐν αὐτῇ οὐκ ἀναστρέψουσιν[32]
οὐδὲ μὴ καταλάβωσιν[33] τρίβους[34] εὐθείας·[35]
οὐ γὰρ καταλαμβάνονται[36] ὑπὸ ἐνιαυτῶν[37] ζωῆς.
20 εἰ γὰρ ἐπορεύοντο τρίβους[38] ἀγαθάς,
εὕροσαν ἂν τρίβους δικαιοσύνης λείους.[39]

1 βουλή, advice, counsel
2 ἔννοια, reflection
3 ὅσιος, pious, holy
4 τηρέω, *fut act ind 3s*, guard, take care of
5 ῥύομαι, *aor mid sub 3s*, deliver, save
6 μηδείς, nothing
7 πιστός, credible, trustworthy
8 ὢ, Oh!
9 ἐγκαταλείπω, *pres act ptc nom p m*, abandon
10 εὐθύς, straight
11 εὐφραίνω, *pres pas ptc nom p m*, be glad
12 χαίρω, *pres act ptc nom p m*, rejoice
13 διαστροφή, perversion
14 τρίβος, path
15 σκολιός, crooked
16 καμπύλος, winding, bend
17 τροχιά, course, way
18 μακράν, distant, remote
19 εὐθύς, straight
20 ἀλλότριος, unfamiliar
21 γνώμη, decision, judgment
22 καταλαμβάνω, *aor act sub 3s*, seize onto, take up
23 βουλή, advice, counsel
24 ἀπολείπω, *pres act ptc nom s f*, abandon
25 διδασκαλία, teaching, instruction
26 νεότης, youth
27 θεῖος, divine
28 ἐπιλανθάνω, *perf mid ptc nom s f*, forget
29 ᾅδης, Hades, underworld
30 γηγενής, born in Gaia, (shade?)
31 ἄξων, path
32 ἀναστρέφω, *fut act ind 3p*, return again
33 καταλαμβάνω, *aor act sub 3p*, seize onto, take up
34 τρίβος, path, way
35 εὐθύς, straight
36 καταλαμβάνω, *pres pas ind 3p*, seize onto, take up
37 ἐνιαυτός, year
38 τρίβος, path, way
39 λεῖος, smooth, level

21 χρηστοὶ[1] ἔσονται οἰκήτορες[2] γῆς,
ἄκακοι[3] δὲ ὑπολειφθήσονται[4] ἐν αὐτῇ,
ὅτι εὐθεῖς[5] κατασκηνώσουσι[6] γῆν,
καὶ ὅσιοι[7] ὑπολειφθήσονται ἐν αὐτῇ·
22 ὁδοὶ ἀσεβῶν[8] ἐκ γῆς ὀλοῦνται,[9]
οἱ δὲ παράνομοι[10] ἐξωσθήσονται[11] ἀπ᾿ αὐτῆς.

3 Υἱέ, ἐμῶν νομίμων[12] μὴ ἐπιλανθάνου,[13]
τὰ δὲ ῥήματά μου τηρείτω[14] σὴ[15] καρδία·
2 μῆκος[16] γὰρ βίου[17] καὶ ἔτη ζωῆς
καὶ εἰρήνην προσθήσουσίν[18] σοι.
3 ἐλεημοσύναι[19] καὶ πίστεις μὴ ἐκλιπέτωσάν[20] σε,
ἄφαψαι[21] δὲ αὐτὰς ἐπὶ σῷ[22] τραχήλῳ,[23] καὶ εὑρήσεις χάριν·
4 καὶ προνοοῦ[24] καλὰ
ἐνώπιον κυρίου καὶ ἀνθρώπων.
5 ἴσθι πεποιθὼς ἐν ὅλῃ καρδίᾳ ἐπὶ θεῷ,
ἐπὶ δὲ σῇ[25] σοφίᾳ μὴ ἐπαίρου·[26]
6 ἐν πάσαις ὁδοῖς σου γνώριζε[27] αὐτήν,
ἵνα ὀρθοτομῇ[28] τὰς ὁδούς σου,
[ὁ δὲ πούς σου οὐ μὴ προσκόπτῃ.[29]]
7 μὴ ἴσθι φρόνιμος[30] παρὰ σεαυτῷ,
φοβοῦ δὲ τὸν θεὸν καὶ ἔκκλινε[31] ἀπὸ παντὸς κακοῦ·
8 τότε ἴασις[32] ἔσται τῷ σώματί σου
καὶ ἐπιμέλεια[33] τοῖς ὀστέοις[34] σου.

1 χρηστός, good, kind
2 οἰκήτωρ, inhabitant
3 ἄκακος, innocent
4 ὑπολείπω, *fut pas ind 3p*, leave behind
5 εὐθύς, upright
6 κατασκηνόω, *fut act ind 3p*, inhabit
7 ὅσιος, holy, pious
8 ἀσεβής, wicked, ungodly
9 ὄλλυμι, *fut mid ind 3p*, destroy
10 παράνομος, lawless
11 ἐξωθέω, *fut pas ind 3p*, drive out
12 νόμιμος, legal statute
13 ἐπιλανθάνω, *pres mid impv 2s*, forget
14 τηρέω, *pres act impv 3s*, guard, keep
15 σός, your
16 μῆκος, length
17 βίος, life
18 προστίθημι, *fut act ind 3p*, add to
19 ἐλεημοσύνη, mercy
20 ἐκλείπω, *aor act impv 3p*, abandon
21 ἀφάπτω, *aor mid impv 2s*, fasten
22 σός, your
23 τράχηλος, neck
24 προνοέω, *pres mid impv 2s*, have regard for, consider
25 σός, your
26 ἐπαίρω, *pres mid impv 2s*, exalt
27 γνωρίζω, *pres act impv 2s*, make known
28 ὀρθοτομέω, *pres act sub 3s*, make straight
29 προσκόπτω, *pres act sub 3s*, stumble
30 φρόνιμος wise
31 ἐκκλίνω, *pres act impv 2s*, turn away
32 ἴασις, healing
33 ἐπιμέλεια, care, comfort
34 ὀστέον, bone

9 τίμα[1] τὸν κύριον ἀπὸ σῶν[2] δικαίων πόνων[3]
καὶ ἀπάρχου[4] αὐτῷ ἀπὸ σῶν καρπῶν δικαιοσύνης,
10 ἵνα πίμπληται[5] τὰ ταμιεῖά[6] σου πλησμονῆς[7] σίτου,[8]
οἴνῳ δὲ αἱ ληνοί[9] σου ἐκβλύζωσιν.[10]
11 Υἱέ, μὴ ὀλιγώρει[11] παιδείας[12] κυρίου
μηδὲ ἐκλύου[13] ὑπ᾽ αὐτοῦ ἐλεγχόμενος·[14]
12 ὃν γὰρ ἀγαπᾷ κύριος παιδεύει,[15]
μαστιγοῖ[16] δὲ πάντα υἱὸν ὃν παραδέχεται.[17]
13 μακάριος[18] ἄνθρωπος ὃς εὗρεν σοφίαν
καὶ θνητὸς[19] ὃς εἶδεν φρόνησιν·[20]
14 κρεῖττον[21] γὰρ αὐτὴν ἐμπορεύεσθαι[22]
ἢ χρυσίου[23] καὶ ἀργυρίου[24] θησαυρούς.[25]
15 τιμιωτέρα[26] δέ ἐστιν λίθων πολυτελῶν,[27]
οὐκ ἀντιτάξεται[28] αὐτῇ οὐδὲν πονηρόν·
εὔγνωστός[29] ἐστιν πᾶσιν τοῖς ἐγγίζουσιν αὐτῇ,
πᾶν δὲ τίμιον[30] οὐκ ἄξιον[31] αὐτῆς ἐστιν.
16 μῆκος[32] γὰρ βίου[33] καὶ ἔτη ζωῆς ἐν τῇ δεξιᾷ αὐτῆς,
ἐν δὲ τῇ ἀριστερᾷ[34] αὐτῆς πλοῦτος[35] καὶ δόξα·
16a ἐκ τοῦ στόματος αὐτῆς ἐκπορεύεται δικαιοσύνη,
νόμον δὲ καὶ ἔλεον[36] ἐπὶ γλώσσης φορεῖ.[37]
17 αἱ ὁδοὶ αὐτῆς ὁδοὶ καλαί,
καὶ πάντες οἱ τρίβοι[38] αὐτῆς ἐν εἰρήνῃ·

1 τιμάω, *pres act impv 2s*, honor
2 σός, your
3 πόνος, toil, affliction
4 ἀπάρχομαι, *pres mid impv 2s*, offer the firstfruits
5 πίμπλημι, *pres pas sub 3s*, fill up
6 ταμιεῖον, storehouse
7 πλησμονή, abundance
8 σῖτος, grain
9 ληνός, vat, winepress
10 ἐκβλύζω, *pres act sub 3p*, gush out
11 ὀλιγωρέω, *pres act impv 2s*, despise
12 παιδεία, discipline, correction
13 ἐκλύω, *pres pas impv 2s*, weaken, fail
14 ἐλέγχω, *pres pas ptc nom s m*, reprove, reproach
15 παιδεύω, *pres act ind 3s*, discipline
16 μαστιγόω, *pres act ind 3s*, chastise
17 παραδέχομαι, *pres mid ind 3s*, accept
18 μακάριος, blessed
19 θνητός, mortal (person)
20 φρόνησις, insight, intelligence
21 κρείττων (σσ), *comp of* ἀγαθός, better
22 ἐμπορεύομαι, *pres mid inf*, trade (as a merchant)
23 χρυσίον, gold
24 ἀργύριον, silver
25 θησαυρός, treasure
26 τίμιος, *comp*, more honorable
27 πολυτελής, costly, valuable
28 ἀντιτάσσω, *fut mid ind 3s*, oppose, resist
29 εὔγνωστος, well-known
30 τίμιος, honorable
31 ἄξιος, worthy of
32 μῆκος, length
33 βίος, life
34 ἀριστερός, right (hand)
35 πλοῦτος, wealth
36 ἔλεος, mercy
37 φορέω, *pres act ind 3s*, carry
38 τρίβος, path, way

18 ξύλον[1] ζωῆς ἐστι πᾶσι τοῖς ἀντεχομένοις[2] αὐτῆς,
καὶ τοῖς ἐπερειδομένοις[3] ἐπ᾽ αὐτὴν ὡς ἐπὶ κύριον ἀσφαλής.[4]

19 ὁ θεὸς τῇ σοφίᾳ ἐθεμελίωσεν[5] τὴν γῆν,
ἡτοίμασεν[6] δὲ οὐρανοὺς ἐν φρονήσει·[7]
20 ἐν αἰσθήσει[8] ἄβυσσοι[9] ἐρράγησαν,[10]
νέφη[11] δὲ ἐρρύησαν[12] δρόσους.[13]
21 Υἱέ, μὴ παραρρυῇς,[14]
τήρησον[15] δὲ ἐμὴν βουλὴν[16] καὶ ἔννοιαν,[17]
22 ἵνα ζήσῃ ἡ ψυχή σου,
καὶ χάρις ᾖ περὶ σῷ[18] τραχήλῳ.[19]
22a ἔσται δὲ ἴασις[20] ταῖς σαρξί σου
καὶ ἐπιμέλεια[21] τοῖς σοῖς[22] ὀστέοις,[23]
23 ἵνα πορεύῃ πεποιθὼς ἐν εἰρήνῃ πάσας τὰς ὁδούς σου,
ὁ δὲ πούς σου οὐ μὴ προσκόψῃ.[24]
24 ἐὰν γὰρ κάθῃ, ἄφοβος[25] ἔσῃ,
ἐὰν δὲ καθεύδῃς,[26] ἡδέως[27] ὑπνώσεις·[28]
25 καὶ οὐ φοβηθήσῃ πτόησιν[29] ἐπελθοῦσαν[30]
οὐδὲ ὁρμὰς[31] ἀσεβῶν[32] ἐπερχομένας·[33]
26 ὁ γὰρ κύριος ἔσται ἐπὶ πασῶν ὁδῶν σου
καὶ ἐρείσει[34] σὸν[35] πόδα, ἵνα μὴ σαλευθῇς.[36]

27 μὴ ἀπόσχῃ[37] εὖ[38] ποιεῖν ἐνδεῆ,[39]
ἡνίκα[40] ἂν ἔχῃ ἡ χείρ σου βοηθεῖν·[41]

1 ξύλον, tree
2 ἀντέχω, *pres mid ptc dat p m*, withstand
3 ἐπερείδω, *pres pas ptc dat p m*, lean upon
4 ἀσφαλής, steadfast, unmovable
5 θεμελιόω, *aor act ind 3s*, lay the foundation of
6 ἑτοιμάζω, *aor act ind 3s*, prepare
7 φρόνησις, insight, intelligence
8 αἴσθησις, knowledge
9 ἄβυσσος, abyss, deep
10 ῥήγνυμι, *aor pas ind 3p*, burst forth
11 νέφος, cloud
12 ῥέω, *aor pas ind 3p*, flow out
13 δρόσος, dew
14 παραρρέω, *pres act sub 2s*, be neglectful
15 τηρέω, *aor act impv 2s*, observe, guard
16 βουλή, counsel
17 ἔννοια, reflection, cognition
18 σός, your
19 τράχηλος, neck
20 ἴασις, healing
21 ἐπιμέλεια, care, comfort
22 σός, your
23 ὀστέον, bone
24 προσκόπτω, *aor act sub 3s*, stumble
25 ἄφοβος, fearless
26 καθεύδω, *pres act sub 2s*, lie down to sleep
27 ἡδέως, pleasantly
28 ὑπνόω, *fut act ind 2s*, sleep
29 πτόησις, terror
30 ἐπέρχομαι, *aor act ptc acc s f*, come upon
31 ὁρμή, onrush, assault
32 ἀσεβής, ungodly, impious
33 ἐπέρχομαι, *pres mid ptc acc p f*, come upon
34 ἐρείδω, *fut act ind 3s*, uphold, support
35 σός, your
36 σαλεύω, *aor pas sub 2s*, shake, disturb
37 ἀπέχω, *aor act sub 3s*, abstain from
38 εὖ, good, well
39 ἐνδεής, poor, needy
40 ἡνίκα, when
41 βοηθέω, *pres act inf*, help, aid

28 μὴ εἴπης Ἐπανελθὼν[1] ἐπάνηκε[2] καὶ αὔριον[3] δώσω,
δυνατοῦ σου ὄντος εὖ[4] ποιεῖν·
οὐ γὰρ οἶδας τί τέξεται[5] ἡ ἐπιοῦσα.[6]
29 μὴ τεκτήνῃ[7] ἐπὶ σὸν[8] φίλον[9] κακὰ
παροικοῦντα[10] καὶ πεποιθότα ἐπὶ σοί.
30 μὴ φιλεχθρήσῃς[11] πρὸς ἄνθρωπον μάτην,[12]
μή τι εἰς σὲ ἐργάσηται κακόν.
31 μὴ κτήσῃ[13] κακῶν ἀνδρῶν ὀνείδη[14]
μηδὲ ζηλώσῃς[15] τὰς ὁδοὺς αὐτῶν·
32 ἀκάθαρτος γὰρ ἔναντι[16] κυρίου πᾶς παράνομος,[17]
ἐν δὲ δικαίοις οὐ συνεδριάζει.[18]
33 κατάρα[19] θεοῦ ἐν οἴκοις ἀσεβῶν,[20]
ἐπαύλεις[21] δὲ δικαίων εὐλογοῦνται.
34 κύριος ὑπερηφάνοις[22] ἀντιτάσσεται,[23]
ταπεινοῖς[24] δὲ δίδωσιν χάριν.
35 δόξαν σοφοὶ[25] κληρονομήσουσιν,[26]
οἱ δὲ ἀσεβεῖς[27] ὕψωσαν[28] ἀτιμίαν.[29]

4

Ἀκούσατε, παῖδες,[30] παιδείαν[31] πατρὸς
καὶ προσέχετε[32] γνῶναι ἔννοιαν·[33]
2 δῶρον[34] γὰρ ἀγαθὸν δωροῦμαι[35] ὑμῖν,
τὸν ἐμὸν[36] νόμον μὴ ἐγκαταλίπητε.[37]

1 ἐπανέρχομαι, *aor act ptc nom p m*, go back
2 ἐπανήκω, *pres act impv 2s*, return
3 αὔριον, tomorrow
4 εὖ, good, well
5 τίκτω, *fut mid ind 3s*, produce, bring forth
6 ἔπειμι, *pres act ptc nom s f*, be present, (next day?)
7 τεκταίνω, *aor mid sub 2s*, devise, scheme
8 σός, your
9 φίλος, friend
10 παροικέω, *pres act ptc acc s m*, dwell near
11 φιλεχθρέω, *aor act sub 2s*, quarrel
12 μάτην, without reason
13 κτάομαι, *aor mid sub 2s*, acquire
14 ὄνειδος, disgrace
15 ζηλόω, *aor act sub 2s*, strive after, be jealous of
16 ἔναντι, before
17 παράνομος, transgressor
18 συνεδριάζω, *pres act ind 3s*, sit among
19 κατάρα, curse
20 ἀσεβής, ungodly, impious
21 ἔπαυλις, dwelling
22 ὑπερήφανος, arrogant, proud
23 ἀντιτάσσομαι, *pres mid ind 3s*, oppose
24 ταπεινός, humble
25 σοφός, wise
26 κληρονομέω, *fut act ind 3p*, inherit
27 ἀσεβής, ungodly, impious
28 ὑψόω, *aor act ind 3p*, elevate, lift high
29 ἀτιμία, dishonor, disgrace
30 παῖς, child
31 παιδεία, teaching, instruction
32 προσέχω, *pres act impv 2p*, pay attention
33 ἔννοια, insight, knowledge
34 δῶρον, gift
35 δωρέομαι, *pres mid ind 1s*, present, give
36 ἐμός, my
37 ἐγκαταλείπω, *aor act sub 2p*, forsake

3 υἱὸς γὰρ ἐγενόμην κἀγὼ[1] πατρὶ ὑπήκοος[2]
καὶ ἀγαπώμενος ἐν προσώπῳ μητρός,
4 οἳ ἔλεγον καὶ ἐδίδασκόν με
Ἐρειδέτω[3] ὁ ἡμέτερος[4] λόγος εἰς σὴν[5] καρδίαν·
5 φύλασσε ἐντολάς, μὴ ἐπιλάθῃ[6]
μηδὲ παρίδῃς[7] ῥῆσιν[8] ἐμοῦ στόματος
6 μηδὲ ἐγκαταλίπῃς[9] αὐτήν, καὶ ἀνθέξεταί[10] σου·
ἐράσθητι[11] αὐτῆς, καὶ τηρήσει[12] σε·
8 περιχαράκωσον[13] αὐτήν, καὶ ὑψώσει[14] σε·
τίμησον[15] αὐτήν, ἵνα σε περιλάβῃ[16],
9 ἵνα δῷ τῇ σῇ[17] κεφαλῇ στέφανον[18] χαρίτων,
στεφάνῳ δὲ τρυφῆς[19] ὑπερασπίσῃ[20] σου.

10 Ἄκουε, υἱέ, καὶ δέξαι[21] ἐμοὺς λόγους,
καὶ πληθυνθήσεται[22] ἔτη ζωῆς σου,
ἵνα σοι γένωνται πολλαὶ ὁδοὶ βίου·[23]
11 ὁδοὺς γὰρ σοφίας διδάσκω σε,
ἐμβιβάζω[24] δέ σε τροχιαῖ[25]ς ὀρθαῖς.[26]
12 ἐὰν γὰρ πορεύῃ, οὐ συγκλεισθήσεταί[27] σου τὰ διαβήματα·[28]
ἐὰν δὲ τρέχῃς,[29] οὐ κοπιάσεις.[30]
13 ἐπιλαβοῦ[31] ἐμῆς παιδείας,[32] μὴ ἀφῇς,
ἀλλὰ φύλαξον αὐτὴν σεαυτῷ εἰς ζωήν σου.
14 ὁδοὺς ἀσεβῶν[33] μὴ ἐπέλθῃς[34]
μηδὲ ζηλώσῃς[35] ὁδοὺς παρανόμων·[36]

1 κἀγώ, I also, *cr.* καὶ ἐγώ
2 ὑπήκοος, obedient
3 ἐρείδω, *pres act impv 3s*, plant in, press into
4 ἡμέτερος, our
5 σός, your
6 ἐπιλανθάνομαι, *aor mid sub 2s*, forget
7 παροράω, *aor act sub 2s*, disregard
8 ῥῆσις, word
9 ἐγκαταλείπω, *aor act sub 2s*, abandon
10 ἀντέχω, *fut mid ind 3s*, hold fast to, cling to
11 ἐράω, *aor pas impv 2s*, love
12 τηρέω, *fut act ind 3s*, protect
13 περιχαρακόω, *aor act impv 2s*, secure
14 ὑψόω, *fut act ind 3s*, lift up, exalt
15 τιμάω, *aor act impv 2s*, honor
16 περιλαμβάνω, *aor act sub 3s*, embrace, surround
17 σός, your
18 στέφανος, crown
19 τρυφή, luxury
20 ὑπερασπίζω, *aor act sub 3s*, defend, protect
21 δέχομαι, *aor mid impv 2s*, receive, accept
22 πληθύνω, *fut pas ind 3s*, increase, multiply
23 βίος, life
24 ἐμβιβάζω, *pres act ind 1s*, put on
25 τροχιά, path
26 ὀρθός, straight
27 συγκλείω, *fut pas ind 3s*, shut in, confine
28 διάβημα, (foot)step
29 τρέχω, *pres act sub 2s*, run
30 κοπιάω, *fut act ind 2s*, grow weary
31 ἐπιλαμβάνω, *aor mid impv 2s*, take hold of
32 παιδεία, teaching, instruction
33 ἀσεβής, ungodly, impious
34 ἐπέρχομαι, *aor act sub 2s*, approach
35 ζηλόω, *aor act sub 2s*, envy
36 παράνομος, lawless

15 ἐν ᾧ ἂν τόπῳ στρατοπεδεύσωσιν,[1] μὴ ἐπέλθῃς[2] ἐκεῖ,
ἔκκλινον[3] δὲ ἀπ᾽ αὐτῶν καὶ παράλλαξον[4].
16 οὐ γὰρ μὴ ὑπνώσωσιν,[5] ἐὰν μὴ κακοποιήσωσιν[6]·
ἀφῄρηται[7] ὁ ὕπνος[8] αὐτῶν, καὶ οὐ κοιμῶνται·[9]
17 οἵδε[10] γὰρ σιτοῦνται[11] σῖτα[12] ἀσεβείας,[13]
οἴνῳ δὲ παρανόμῳ[14] μεθύσκονται.[15]
18 αἱ δὲ ὁδοὶ τῶν δικαίων ὁμοίως[16] φωτὶ λάμπουσιν[17],
προπορεύονται[18] καὶ φωτίζουσιν,[19] ἕως κατορθώσῃ[20] ἡ ἡμέρα·
19 αἱ δὲ ὁδοὶ τῶν ἀσεβῶν[21] σκοτειναί[22],
οὐκ οἴδασιν πῶς προσκόπτουσιν.[23]
20 Υἱέ, ἐμῇ ῥήσει[24] πρόσεχε[25],
τοῖς δὲ ἐμοῖς λόγοις παράβαλε[26] σὸν[27] οὖς,
21 ὅπως μὴ ἐκλίπωσίν[28] σε αἱ πηγαί[29] σου,
φύλασσε αὐτὰς ἐν σῇ[30] καρδίᾳ·
22 ζωὴ γάρ ἐστιν τοῖς εὑρίσκουσιν αὐτὰς
καὶ πάσῃ σαρκὶ ἴασις.[31]
23 πάσῃ φυλακῇ τήρει[32] σὴν[33] καρδίαν·
ἐκ γὰρ τούτων ἔξοδοι[34] ζωῆς.
24 περίελε[35] σεαυτοῦ σκολιὸν[36] στόμα
καὶ ἄδικα[37] χείλη[38] μακρὰν[39] ἀπὸ σοῦ ἄπωσαι.[40]
25 οἱ ὀφθαλμοί σου ὀρθὰ[41] βλεπέτωσαν,
τὰ δὲ βλέφαρά[42] σου νευέτω[43] δίκαια.

1 στρατοπεδεύω, *aor act sub 3p*, set up camp
2 ἐπέρχομαι, *aor act sub 2s*, approach
3 ἐκκλίνω, *aor act impv 2s*, turn away
4 παραλλάσσω, *aor act impv 2s*, pass aside, change (direction)
5 ὑπνόω, *aor act sub 3p*, sleep
6 κακοποιέω, *aor act sub 3p*, do evil
7 ἀφαιρέω, *perf pas ind 3s*, remove
8 ὕπνος, sleep
9 κοιμάω, *pres mid ind 3p*, fall asleep
10 ὅδε, these (here)
11 σιτέομαι, *pres mid ind 3p*, feed on
12 σῖτος, grain, (bread)
13 ἀσέβεια, ungodliness, impiety
14 παράνομος, lawless
15 μεθύσκω, *pres pas ind 3p*, become drunk
16 ὁμοίως, like
17 λάμπω, *pres act ind 3p*, shine
18 προπορεύομαι, *pres mid ind 3p*, go before, proceed
19 φωτίζω, *pres act ind 3p*, shine light
20 κατορθόω, *aor act sub 3s*, fully complete
21 ἀσεβής, ungodly, impious
22 σκοτεινός, dark
23 προσκόπτω, *pres act ind 3p*, stumble, trip
24 ῥῆσις, speech, words
25 προσέχω, *pres act impv 2s*, pay attention
26 παραβάλλω, *aor act impv 2s*, expose, set beside
27 σός, your
28 ἐκλείπω, *aor act sub 3p*, abandon
29 πηγή, spring, fountain
30 σός, your
31 ἴασις, healing
32 τηρέω, *pres act impv 2s*, guard, protect
33 σός, your
34 ἔξοδος, procession, end
35 περιαιρέω, *aor act impv 2s*, remove
36 σκολιός, crooked
37 ἄδικος, unjust
38 χεῖλος, lip, (speech)
39 μακράν, far away
40 ἀπωθέω, *aor mid impv 2s*, thrust away
41 ὀρθός, straight
42 βλέφαρον, eyelid
43 νεύω, *pres act impv 3s*, indicate approval

26 ὀρθὰς[1] τροχιὰς[2] ποίει σοῖς[3] ποσὶν
καὶ τὰς ὁδούς σου κατεύθυνε.[4]
27 μὴ ἐκκλίνῃς[5] εἰς τὰ δεξιὰ μηδὲ εἰς τὰ ἀριστερά,[6]
ἀπόστρεψον[7] δὲ σὸν[8] πόδα ἀπὸ ὁδοῦ κακῆς·
27a ὁδοὺς γὰρ τὰς ἐκ δεξιῶν οἶδεν ὁ θεός,
διεστραμμέναι[9] δέ εἰσιν αἱ ἐξ ἀριστερῶν·[10]
27b αὐτὸς δὲ ὀρθὰς[11] ποιήσει τὰς τροχιάς[12] σου,
τὰς δὲ πορείας[13] σου ἐν εἰρήνῃ προάξει.[14]

5 Υἱέ, ἐμῇ σοφίᾳ πρόσεχε,[15]
ἐμοῖς δὲ λόγοις παράβαλλε[16] σὸν[17] οὖς,
2 ἵνα φυλάξῃς ἔννοιαν[18] ἀγαθήν·
αἴσθησιν[19] δὲ ἐμῶν χειλέων[20] ἐντέλλομαί[21] σοι.
3 μὴ πρόσεχε[22] φαύλῃ[23] γυναικί·
μέλι[24] γὰρ ἀποστάζει[25] ἀπὸ χειλέων[26] γυναικὸς πόρνης,[27]
ἣ πρὸς καιρὸν λιπαίνει[28] σὸν[29] φάρυγγα,[30]
4 ὕστερον[31] μέντοι[32] πικρότερον[33] χολῆς[34] εὑρήσεις
καὶ ἠκονημένον[35] μᾶλλον[36] μαχαίρας[37] διστόμου.[38]
5 τῆς γὰρ ἀφροσύνης[39] οἱ πόδες κατάγουσιν[40]
τοὺς χρωμένους[41] αὐτῇ μετὰ θανάτου εἰς τὸν ᾅδην,[42]
τὰ δὲ ἴχνη[43] αὐτῆς οὐκ ἐρείδεται·[44]

1 ὀρθός, straight
2 τροχιά, course, path
3 σός, your
4 κατευθύνω, *pres act impv 2s*, direct
5 ἐκκλίνω, *pres act sub 2s*, turn aside
6 ἀριστερός, left
7 ἀποστρέφω, *aor act impv 2s*, turn away
8 σός, your
9 διαστρέφω, *perf pas ptc nom p f*, corrupt, deform, pervert
10 ἀριστερός, left
11 ὀρθός, straight
12 τροχιά, path, way
13 πορεία, journey, pursuit
14 προάγω, *fut act ind 3s*, lead, go before
15 προσέχω, *pres act impv 2s*, pay attention
16 παραβάλλω, *pres act impv 2s*, expose, present
17 σός, your
18 ἔννοια, thought, insight
19 αἴσθησις, perception, knowledge
20 χεῖλος, lip, (speech)
21 ἐντέλλομαι, *pres mid ind 1s*, command
22 προσέχω, *pres act impv 2s*, pay attention
23 φαῦλος, worthless, bad
24 μέλι, honey
25 ἀποστάζω, *pres act ind 3s*, drip, trickle
26 χεῖλος, lip
27 πόρνη, prostitute
28 λιπαίνω, *pres act ind 3s*, (please), enrich
29 σός, your
30 φάρυγξ, (palate), throat
31 ὕστερον, later
32 μέντοι, however
33 πικρός, *comp*, more bitter
34 χολή, gall
35 ἀκονάω, *perf pas ptc acc s n*, sharpen
36 μᾶλλον, more than
37 μάχαιρα, sword
38 δίστομος, two-edged
39 ἀφροσύνη, folly
40 κατάγω, *pres act ind 3p*, lead down
41 χράω, *pres mid ptc acc p m*, deal with
42 ᾅδης, Hades, underworld
43 ἴχνος, footstep, track
44 ἐρείδω, *pres pas ind 3s*, plant firmly, set securely

6 ὁδοὺς γὰρ ζωῆς οὐκ ἐπέρχεται,[1]
σφαλεραὶ[2] δὲ αἱ τροχιαὶ[3] αὐτῆς καὶ οὐκ εὔγνωστοι.[4]

7 νῦν οὖν, υἱέ, ἄκουέ μου
καὶ μὴ ἀκύρους[5] ποιήσῃς ἐμοὺς λόγους·
8 μακρὰν[6] ποίησον ἀπ᾽ αὐτῆς σὴν[7] ὁδόν,
μὴ ἐγγίσῃς πρὸς θύραις οἴκων αὐτῆς,
9 ἵνα μὴ πρόῃ[8] ἄλλοις ζωήν σου
καὶ σὸν[9] βίον[10] ἀνελεήμοσιν,[11]
10 ἵνα μὴ πλησθῶσιν[12] ἀλλότριοι[13] σῆς[14] ἰσχύος,[15]
οἱ δὲ σοὶ πόνοι[16] εἰς οἴκους ἀλλοτρίων εἰσέλθωσιν,
11 καὶ μεταμεληθήσῃ[17] ἐπ᾽ ἐσχάτων,
ἡνίκα[18] ἂν κατατριβῶσιν[19] σάρκες σώματός σου,
12 καὶ ἐρεῖς Πῶς ἐμίσησα παιδείαν,[20]
καὶ ἐλέγχους[21] ἐξέκλινεν[22] ἡ καρδία μου·
13 οὐκ ἤκουον φωνὴν παιδεύοντός[23] με καὶ διδάσκοντός με
οὐδὲ παρέβαλλον[24] τὸ οὖς μου·
14 παρ᾽ ὀλίγον[25] ἐγενόμην ἐν παντὶ κακῷ
ἐν μέσῳ ἐκκλησίας καὶ συναγωγῆς.

15 πῖνε ὕδατα ἀπὸ σῶν[26] ἀγγείων[27]
καὶ ἀπὸ σῶν φρεάτων[28] πηγῆς.[29]
16 μὴ ὑπερεκχείσθω[30] σοι τὰ ὕδατα ἐκ τῆς σῆς[31] πηγῆς,[32]
εἰς δὲ σὰς πλατείας[33] διαπορευέσθω[34] τὰ σὰ ὕδατα·
17 ἔστω σοι μόνῳ ὑπάρχοντα,
καὶ μηδεὶς[35] ἀλλότριος[36] μετασχέτω[37] σοι·

1 ἐπέρχομαι, *pres mid ind 3s*, come to
2 σφαλερός, slippery
3 τροχιά, course, path
4 εὔγνωστος, familiar, well-known
5 ἄκυρος, void, pointless
6 μακράν, distant, far away
7 σός, your
8 προΐημι, *pres act sub 3s*, let loose, give up
9 σός, your
10 βίος, life
11 ἀνελεήμων, merciless
12 πίμπλημι, *aor pas sub 3p*, fill up
13 ἀλλότριος, foreign, strange
14 σός, your
15 ἰσχύς, strength
16 πόνος, labor, trouble
17 μεταμέλομαι, *fut pas ind 2s*, regret
18 ἡνίκα, when
19 κατατρίβω, *aor pas sub 3p*, wear out, waste away
20 παιδεία, discipline, instruction
21 ἔλεγχος, rebuke
22 ἐκκλίνω, *aor act ind 3s*, shun, turn away
23 παιδεύω, *pres act ptc gen s m*, teach, instruct
24 παραβάλλω, *impf act ind 1s*, expose, present
25 παρ᾽ ὀλίγον, almost, nearly
26 σός, your
27 ἀγγεῖον, vessel
28 φρέαρ, well, cistern
29 πηγή, fountain
30 ὑπερεκχέω, *pres pas impv 3s*, overflow
31 σός, your
32 πηγή, fountain
33 πλατεῖα, street
34 διαπορεύομαι, *pres mid impv 3s*, pass into
35 μηδείς, no
36 ἀλλότριος, strange, foreign
37 μετέχω, *aor act impv 3s*, share

18 ἡ πηγή[1] σου τοῦ ὕδατος ἔστω σοι ἰδία,[2]
καὶ συνευφραίνου[3] μετὰ γυναικὸς τῆς ἐκ νεότητός[4] σου.
19 ἔλαφος[5] φιλίας[6] καὶ πῶλος[7] σῶν[8] χαρίτων ὁμιλείτω[9] σοι,
ἡ δὲ ἰδία[10] ἡγείσθω[11] σου καὶ συνέστω[12] σοι ἐν παντὶ καιρῷ·
ἐν γὰρ τῇ ταύτης φιλίᾳ[13] συμπεριφερόμενος[14] πολλοστὸς[15] ἔσῃ.
20 μὴ πολὺς ἴσθι πρὸς ἀλλοτρίαν[16]
μηδὲ συνέχου[17] ἀγκάλαις[18] τῆς μὴ ἰδίας·[19]
21 ἐνώπιον γάρ εἰσιν τῶν τοῦ θεοῦ ὀφθαλμῶν ὁδοὶ ἀνδρός,
εἰς δὲ πάσας τὰς τροχιὰς[20] αὐτοῦ σκοπεύει.[21]
22 παρανομίαι[22] ἄνδρα ἀγρεύουσιν,[23]
σειραῖς[24] δὲ τῶν ἑαυτοῦ ἁμαρτιῶν ἕκαστος σφίγγεται·[25]
23 οὗτος τελευτᾷ[26] μετὰ ἀπαιδεύτων,[27]
ἐκ δὲ πλήθους τῆς ἑαυτοῦ βιότητος[28] ἐξερρίφη[29]
καὶ ἀπώλετο δι᾽ ἀφροσύνην.[30]

6

Υἱέ, ἐὰν ἐγγυήσῃ[31] σὸν[32] φίλον,[33]
παραδώσεις σὴν χεῖρα ἐχθρῷ·
2 παγὶς[34] γὰρ ἰσχυρὰ[35] ἀνδρὶ τὰ ἴδια[36] χείλη,[37]
καὶ ἁλίσκεται[38] χείλεσιν ἰδίου[39] στόματος.

1 πηγή, fountain
2 ἴδιος, one's own
3 συνευφραίνομαι, *pres mid impv 2s*, rejoice with
4 νεότης, youth
5 ἔλαφος, deer
6 φιλία, love
7 πῶλος, colt
8 σός, your
9 ὁμιλέω, *pres act impv 3s*, converse with, keep company
10 ἴδιος, one's own
11 ἡγέομαι, *pres mid impv 3s*, regard, consider
12 σύνειμι, *pres act impv 3s*, be with
13 φιλία, affection, love
14 συμπεριφέρω, *pres pas ptc nom s m*, indulge in intercourse
15 πολλοστός, abounding
16 ἀλλότριος, foreign, strange
17 συνέχω, *pres pas impv 2s*, be absorbed in
18 ἀγκάλη, arm
19 ἴδιος, one's own
20 τροχιά, course, path
21 σκοπεύω, *pres act ind 3s*, observe closely
22 παρανομία, transgression, lawlessness
23 ἀγρεύω, *pres act ind 3p*, trap, ensnare
24 σειρά, rope, chain
25 σφίγγω, *pres pas ind 3s*, bind up in a bundle
26 τελευτάω, *pres act ind 3s*, die
27 ἀπαίδευτος, ignorant, unruly
28 βιότης, substance, sustenance
29 ἐκρίπτω, *aor pas ind 3s*, cast forth
30 ἀφροσύνη, foolishness
31 ἐγγυάω, *aor mid sub 2s*, pledge oneself for, give security for
32 σός, your
33 φίλος, friend
34 παγίς, trap
35 ἰσχυρός, strong
36 ἴδιος, one's own
37 χεῖλος, lip, (speech)
38 ἁλίσκω, *pres pas ind 3s*, take, conquer
39 ἴδιος, one's own

3 ποίει, υἱέ, ἃ ἐγώ σοι ἐντέλλομαι,[1] καὶ σῴζου
— ἥκεις[2] γὰρ εἰς χεῖρας κακῶν διὰ σὸν[3] φίλον[4] —
ἴθι[5] μὴ ἐκλυόμενος,[6]
παρόξυνε[7] δὲ καὶ τὸν φίλον σου, ὃν ἐνεγυήσω·[8]
4 μὴ δῷς ὕπνον[9] σοῖς[10] ὄμμασιν[11]
μηδὲ ἐπινυστάξῃς[12] σοῖς βλεφάροις,[13]
5 ἵνα σῴζῃ ὥσπερ δορκὰς[14] ἐκ βρόχων[15]
καὶ ὥσπερ ὄρνεον[16] ἐκ παγίδος.[17]

6 Ἴθι[18] πρὸς τὸν μύρμηκα,[19] ὦ[20] ὀκνηρέ,[21]
καὶ ζήλωσον[22] ἰδὼν τὰς ὁδοὺς αὐτοῦ
καὶ γενοῦ ἐκείνου σοφώτερος·[23]
7 ἐκείνῳ γὰρ γεωργίου[24] μὴ ὑπάρχοντος
μηδὲ τὸν ἀναγκάζοντα[25] ἔχων
μηδὲ ὑπὸ δεσπότην[26] ὢν
8 ἑτοιμάζεται θέρους[27] τὴν τροφὴν[28]
πολλήν τε ἐν τῷ ἀμήτῳ[29] ποιεῖται τὴν παράθεσιν.[30]
8a ἢ πορεύθητι πρὸς τὴν μέλισσαν[31]
καὶ μάθε[32] ὡς ἐργάτις[33] ἐστὶν
τήν τε ἐργασίαν[34] ὡς σεμνὴν[35] ποιεῖται,
8b ἧς τοὺς πόνους[36] βασιλεῖς καὶ ἰδιῶται[37] πρὸς ὑγίειαν[38] προσφέρονται,
ποθεινὴ[39] δέ ἐστιν πᾶσιν καὶ ἐπίδοξος·[40]

1 ἐντέλλομαι, *pres mid ind 1s*, command
2 ἥκω, *pres act ind 2s*, have come
3 σός, your
4 φίλος, friend
5 εἶμι, *pres act impv 2s*, go
6 ἐκλύω, *pres pas ptc nom s m*, falter, fail
7 παροξύνω, *pres act impv 2s*, encourage, spur on
8 ἐγγυάω, *aor mid ind 2s*, pledge oneself for, give security for
9 ὕπνος, sleep
10 σός, you
11 ὄμμα, eye
12 ἐπινυστάζω, *aor act sub 2s*, fall asleep
13 βλέφαρον, eyelid
14 δορκάς, deer, gazelle
15 βρόχος, snare
16 ὄρνεον, bird
17 παγίς, trap
18 εἶμι, *pres act impv 2s*, go
19 μύρμηξ, ant
20 ὦ, O!
21 ὀκνηρός, lazy
22 ζηλόω, *aor act impv 2s*, be dedicated, exert oneself
23 σοφός, *comp*, wiser, more skilled
24 γεώργιον, tilled land
25 ἀναγκάζω, *pres act ptc acc s m*, force, compel
26 δεσπότης, master
27 θέρος, summer
28 τροφή, food
29 ἄμητος, harvest
30 παράθεσις, (crops) set aside, provisions
31 μέλισσα, bee
32 μανθάνω, *aor act impv 2s*, learn
33 ἐργάτις, female worker
34 ἐργασία, work
35 σεμνός, serious, earnest
36 πόνος, labor, toil
37 ἰδιώτης, common person, private citizen
38 ὑγίεια, health
39 ποθεινός, desired
40 ἐπίδοξος, honorable

8c καίπερ[1] οὖσα τῇ ῥώμῃ[2] ἀσθενής,[3]
τὴν σοφίαν τιμήσασα[4] προήχθη.[5]
9 ἕως τίνος, ὀκνηρέ,[6] κατάκεισαι;[7]
πότε[8] δὲ ἐξ ὕπνου[9] ἐγερθήσῃ;[10]
10 ὀλίγον[11] μὲν ὑπνοῖς,[12] ὀλίγον δὲ κάθησαι, μικρὸν δὲ νυστάζεις,[13]
ὀλίγον δὲ ἐναγκαλίζῃ[14] χερσὶν στήθη·[15]
11 εἶτ᾽[16] ἐμπαραγίνεταί[17] σοι ὥσπερ κακὸς ὁδοιπόρος[18] ἡ πενία[19]
καὶ ἡ ἔνδεια[20] ὥσπερ ἀγαθὸς δρομεύς.[21]
11a ἐὰν δὲ ἄοκνος[22] ᾖς, ἥξει[23] ὥσπερ πηγὴ[24] ὁ ἀμητός[25] σου,
ἡ δὲ ἔνδεια[26] ὥσπερ κακὸς[27] δρομεὺς[28] ἀπαυτομολήσει.[29]

12 Ἀνὴρ ἄφρων[30] καὶ παράνομος[31]
πορεύεται ὁδοὺς οὐκ ἀγαθάς·
13 ὁ δ᾽ αὐτὸς ἐννεύει[32] ὀφθαλμῷ, σημαίνει[33] δὲ ποδί,
διδάσκει δὲ ἐννεύμασιν[34] δακτύλων,[35]
14 διεστραμμένῃ[36] δὲ καρδίᾳ τεκταίνεται[37] κακὰ ἐν παντὶ καιρῷ·
ὁ τοιοῦτος[38] ταραχὰς[39] συνίστησιν[40] πόλει.
15 διὰ τοῦτο ἐξαπίνης[41] ἔρχεται ἡ ἀπώλεια[42] αὐτοῦ,
διακοπὴ[43] καὶ συντριβὴ[44] ἀνίατος.[45]

1 καίπερ, although
2 ῥώμη, physical power
3 ἀσθενής, helpless
4 τιμάω, *aor act ptc nom s f*, honor
5 προάγω, *aor pas ind 3s*, advance, promote
6 ὀκνηρός, lazy, sluggish
7 κατάκειμαι, *pres pas ind 2s*, lie down, recline (at table)
8 πότε, when
9 ὕπνος, sleep
10 ἐγείρω, *fut pas ind 2s*, awake, get up
11 ὀλίγος, little
12 ὕπνος, sleep
13 νυστάζω, *pres act ind 2s*, doze
14 ἐναγκαλίζομαι, *pres mid ind 2s*, fold up
15 στῆθος, breast, lap
16 εἶτα, then
17 ἐμπαραγίνομαι, *pres mid ind 3s*, come upon
18 ὁδοιπόρος, traveler
19 πενία, poverty
20 ἔνδεια, need, lack
21 δρομεύς, runner
22 ἄοκνος, resolute, determined
23 ἥκω, *fut act ind 3s*, have come
24 πηγή, spring, fountain
25 ἄμητος, reaping, harvest
26 ἔνδεια, need, lack
27 κακός, evil, bad
28 δρομεύς, runner
29 ἀπαυτομολέω, *fut act ind 3s*, desert
30 ἄφρων, foolish
31 παράνομος, lawless
32 ἐννεύω, *pres act ind 3s*, signal
33 σημαίνω, *pres act ind 3s*, indicate
34 ἔννευμα, motion, movement
35 δάκτυλος, finger
36 διαστρέφω, *perf pas ptc dat s f*, distort, corrupt
37 τεκταίνω, *pres mid ind 3s*, contrive, scheme
38 τοιοῦτος, such
39 ταραχή, trouble, disturbance
40 συνίστημι, *pres act ind 3s*, produce, concoct
41 ἐξαπίνης, suddenly
42 ἀπώλεια, destruction
43 διακοπή, disaster
44 συντριβή, ruin
45 ἀνίατος, beyond remedy, irreparable

16 ὅτι χαίρει[1] πᾶσιν, οἷς μισεῖ ὁ κύριος,
συντρίβεται[2] δὲ δι᾽ ἀκαθαρσίαν[3] ψυχῆς·
17 ὀφθαλμὸς ὑβριστοῦ,[4] γλῶσσα ἄδικος,[5]
χεῖρες ἐκχέουσαι[6] αἷμα δικαίου
18 καὶ καρδία τεκταινομένη[7] λογισμοὺς[8] κακοὺς
καὶ πόδες ἐπισπεύδοντες[9] κακοποιεῖν·[10]
19 ἐκκαίει[11] ψεύδη[12] μάρτυς[13] ἄδικος[14]
καὶ ἐπιπέμπει[15] κρίσεις[16] ἀνὰ μέσον[17] ἀδελφῶν.

20 Υἱέ, φύλασσε νόμους πατρός σου
καὶ μὴ ἀπώσῃ[18] θεσμοὺς[19] μητρός σου·
21 ἄφαψαι[20] δὲ αὐτοὺς ἐπὶ σῇ[21] ψυχῇ διὰ παντὸς
καὶ ἐγκλοίωσαι[22] ἐπὶ σῷ τραχήλῳ.[23]
22 ἡνίκα[24] ἂν περιπατῇς,[25] ἐπάγου[26] αὐτήν, καὶ μετὰ σοῦ ἔστω·
ὡς δ᾽ ἂν καθεύδῃς,[27] φυλασσέτω σε,
ἵνα ἐγειρομένῳ[28] συλλαλῇ[29] σοι·
23 ὅτι λύχνος[30] ἐντολὴ νόμου καὶ φῶς,
καὶ ὁδὸς ζωῆς ἔλεγχος[31] καὶ παιδεία[32]
24 τοῦ διαφυλάσσειν[33] σε ἀπὸ γυναικὸς ὑπάνδρου[34]
καὶ ἀπὸ διαβολῆς[35] γλώσσης ἀλλοτρίας.[36]

1 χαίρω, *pres act ind 3s*, rejoice
2 συντρίβω, *pres pas ind 3s*, ruin
3 ἀκαθαρσία, impurity
4 ὕβριστος, haughty, insolent
5 ἄδικος, unjust, unrighteous
6 ἐκχέω, *pres act ptc nom p f*, shed
7 τεκταίνω, *pres mid ptc nom s f*, contrive, scheme
8 λογισμός, plan
9 ἐπισπεύδω, *pres act ptc nom p m*, hasten to
10 κακοποιέω, *pres act inf*, do evil
11 ἐκκαίω, *pres act ind 3s*, kindle, inflame
12 ψευδής, lying, false
13 μάρτυς, witness
14 ἄδικος, unjust, unrighteous
15 ἐπιπέμπω, *pres act ind 3s*, set loose
16 κρίσις, dispute
17 ἀνὰ μέσον, between
18 ἀπωθέω, *aor mid sub 2s*, reject
19 θεσμός, rule
20 ἀφάπτω, *aor mid impv 2s*, fasten on
21 σός, your
22 ἐγκλοιόομαι, *aor mid impv 2s*, enclose in a collar
23 τράχηλος, neck
24 ἡνίκα, when
25 περιπατέω, *pres act sub 2s*, walk
26 ἐπάγω, *pres mid impv 2s*, bring along
27 καθεύδω, *pres act sub 2s*, lie down
28 ἐγείρω, *pres mid ptc dat s m*, wake up
29 συλλαλέω, *pres act sub 3s*, converse, communicate
30 λύχνος, lamp
31 ἔλεγχος, rebuke, reproof
32 παιδεία, discipline, instruction
33 διαφυλάσσω, *pres act inf*, keep, guard
34 ὕπανδρος, married
35 διαβολή, slander
36 ἀλλότριος, strange, foreign

25 μή σε νικήσῃ[1] κάλλους[2] ἐπιθυμία,[3]
μηδὲ ἀγρευθῇς[4] σοῖς[5] ὀφθαλμοῖς
μηδὲ συναρπασθῇς[6] ἀπὸ τῶν αὐτῆς βλεφάρων·[7]
26 τιμὴ[8] γὰρ πόρνης[9] ὅση καὶ ἑνὸς ἄρτου,
γυνὴ δὲ ἀνδρῶν τιμίας[10] ψυχὰς ἀγρεύει.[11]
27 ἀποδήσει[12] τις πῦρ ἐν κόλπῳ,[13]
τὰ δὲ ἱμάτια οὐ κατακαύσει;[14]
28 ἢ περιπατήσει[15] τις ἐπ᾽ ἀνθράκων[16] πυρός,
τοὺς δὲ πόδας οὐ κατακαύσει;[17]
29 οὕτως ὁ εἰσελθὼν πρὸς γυναῖκα ὕπανδρον,[18]
οὐκ ἀθῳωθήσεται[19] οὐδὲ πᾶς ὁ ἁπτόμενος αὐτῆς.
30 οὐ θαυμαστὸν[20] ἐὰν ἁλῷ[21] τις κλέπτων,[22]
κλέπτει γὰρ ἵνα ἐμπλήσῃ[23] τὴν ψυχὴν πεινῶν·[24]
31 ἐὰν δὲ ἁλῷ,[25] ἀποτείσει[26] ἑπταπλάσια[27]
καὶ πάντα τὰ ὑπάρχοντα αὐτοῦ δοὺς ῥύσεται[28] ἑαυτόν.
32 ὁ δὲ μοιχὸς[29] δι᾽ ἔνδειαν[30] φρενῶν[31]
ἀπώλειαν[32] τῇ ψυχῇ αὐτοῦ περιποιεῖται,[33]
33 ὀδύνας[34] τε καὶ ἀτιμίας[35] ὑποφέρει,[36]
τὸ δὲ ὄνειδος[37] αὐτοῦ οὐκ ἐξαλειφθήσεται[38] εἰς τὸν αἰῶνα.
34 μεστὸς[39] γὰρ ζήλου[40] θυμὸς[41] ἀνδρὸς αὐτῆς·
οὐ φείσεται[42] ἐν ἡμέρᾳ κρίσεως,

1 νικάω, *aor act sub 3s*, defeat, conquer
2 κάλλος, beauty
3 ἐπιθυμία, desire, lust
4 ἀγρεύω, *aor pas sub 2s*, ensnare, catch
5 σός, your
6 συναρπάζω, *aor pas sub 2s*, capture, seize
7 βλέφαρον, eyelid
8 τιμή, price, value
9 πόρνη, prostitute
10 τίμιος, precious, valuable
11 ἀγρεύω, *pres act ind 3s*, hunt
12 ἀποδέω, *fut act ind 3s*, hold down, bind
13 κόλπος, lap
14 κατακαίω, *fut act ind 3s*, burn completely
15 περιπατέω, *fut act ind 3s*, walk around
16 ἄνθραξ, coal
17 κατακαίω, *fut act ind 3s*, burn completely
18 ὕπανδρος, married
19 ἀθῳόω, *fut pas ind 3s*, leave unpunished
20 θαυμαστός, surprising, remarkable
21 ἁλίσκω, *aor act sub 3s*, be caught
22 κλέπτω, *pres act ptc nom s m*, steal
23 ἐμπίμπλημι, *aor act sub 3s*, satisfy
24 πεινάω, *pres act ptc nom s m*, be hungry
25 ἁλίσκω, *aor act sub 3s*, be caught
26 ἀποτίνω, *fut act ind 3s*, repay
27 ἑπταπλάσιος, sevenfold
28 ῥύομαι, *fut mid ind 3s*, save, rescue
29 μοιχός, adulterer
30 ἔνδεια, deficiency, lack
31 φρήν, understanding, thinking
32 ἀπώλεια, destruction
33 περιποιέω, *pres mid ind 3s*, acquire, obtain
34 ὀδύνη, pain
35 ἀτιμία, dishonor
36 ὑποφέρω, *pres act ind 3s*, endure
37 ὄνειδος, disgrace
38 ἐξαλείφω, *fut pas ind 3s*, wipe out, erase
39 μεστός, full
40 ζῆλος, jealousy
41 θυμός, anger, wrath
42 φείδομαι, *fut mid ind 3s*, refrain

35 οὐκ ἀνταλλάξεται[1] οὐδενὸς λύτρου[2] τὴν ἔχθραν[3]
οὐδὲ μὴ διαλυθῇ[4] πολλῶν δώρων.[5]

7 Υἱέ, φύλασσε ἐμοὺς λόγους,
τὰς δὲ ἐμὰς ἐντολὰς κρύψον[6] παρὰ σεαυτῷ·
1a υἱέ, τίμα[7] τὸν κύριον, καὶ ἰσχύσεις,[8]
πλὴν δὲ αὐτοῦ μὴ φοβοῦ ἄλλον.
2 φύλαξον ἐμὰς ἐντολάς, καὶ βιώσεις,[9]
τοὺς δὲ ἐμοὺς λόγους ὥσπερ κόρας[10] ὀμμάτων·[11]
3 περίθου[12] δὲ αὐτοὺς σοῖς[13] δακτύλοις,[14]
ἐπίγραψον[15] δὲ ἐπὶ τὸ πλάτος[16] τῆς καρδίας σου.
4 εἰπὸν τὴν σοφίαν σὴν[17] ἀδελφὴν εἶναι,
τὴν δὲ φρόνησιν[18] γνώριμον[19] περιποίησαι[20] σεαυτῷ,
5 ἵνα σε τηρήσῃ[21] ἀπὸ γυναικὸς ἀλλοτρίας[22] καὶ πονηρᾶς,
ἐάν σε λόγοις τοῖς πρὸς χάριν ἐμβάληται.[23]
6 ἀπὸ γὰρ θυρίδος[24] ἐκ τοῦ οἴκου αὐτῆς
εἰς τὰς πλατείας[25] παρακύπτουσα,[26]
7 ὃν ἂν ἴδῃ τῶν ἀφρόνων[27] τέκνων νεανίαν[28] ἐνδεῆ[29] φρενῶν[30]
8 παραπορευόμενον[31] παρὰ γωνίαν[32] ἐν διόδοις[33] οἴκων αὐτῆς
9 καὶ λαλοῦντα ἐν σκότει ἑσπερινῷ,[34]
ἡνίκα[35] ἂν ἡσυχία[36] νυκτερινὴ[37] ᾖ καὶ γνοφώδης,[38]

1 ἀνταλλάσσω, *fut mid ind 3s*, accept compensation
2 λύτρον, price of release
3 ἔχθρα, hatred
4 διαλύω, *aor pas sub 3s*, be reconciled
5 δῶρον, gift
6 κρύπτω, *aor act impv 2s*, hide
7 τιμάω, *pres act impv 2s*, honor
8 ἰσχύω, *fut act ind 2s*, grow strong, become capable
9 βιόω, *fut act ind 2s*, live
10 κόρη, pupil
11 ὄμμα, eye
12 περιτίθημι, *aor mid impv 2s*, put on
13 σός, your
14 δάκτυλος, finger
15 ἐπιγράφω, *aor act impv 2s*, write, inscribe
16 πλάτος, (surface), breadth, width
17 σός, your
18 φρόνησις, wisdom, insight
19 γνώριμος, well-known (friend)
20 περιποιέω, *aor mid impv 2s*, acquire, attain
21 τηρέω, *aor act sub 3s*, guard, keep
22 ἀλλότριος, foreign, strange
23 ἐμβάλλω, *aor mid sub 3s*, cast upon
24 θυρίς, window
25 πλατεῖα, street
26 παρακύπτω, *pres act ptc nom s f*, look through
27 ἄφρων, foolish
28 νεανίας, young man
29 ἐνδεής, lacking
30 φρήν, sense
31 παραπορεύομαι, *pres mid ptc acc s m*, walk by
32 γωνία, corner
33 δίοδος, passage, street
34 ἑσπερινός, near evening
35 ἡνίκα, when
36 ἡσυχία, silence, quiet
37 νυκτερινός, of night
38 γνοφώδης, dark

10 ἡ δὲ γυνὴ συναντᾷ[1] αὐτῷ, εἶδος[2] ἔχουσα πορνικόν,[3]
ἣ ποιεῖ νέων[4] ἐξίπτασθαι[5] καρδίας.
11 ἀνεπτερωμένη[6] δέ ἐστιν καὶ ἄσωτος,[7]
ἐν οἴκῳ δὲ οὐχ ἡσυχάζουσιν[8] οἱ πόδες αὐτῆς·
12 χρόνον γάρ τινα ἔξω ῥέμβεται,[9]
χρόνον δὲ ἐν πλατείαις[10] παρὰ πᾶσαν γωνίαν[11] ἐνεδρεύει.[12]
13 εἶτα[13] ἐπιλαβομένη[14] ἐφίλησεν[15] αὐτόν,
ἀναιδεῖ[16] δὲ προσώπῳ προσεῖπεν[17] αὐτῷ
14 Θυσία[18] εἰρηνική[19] μοί ἐστιν,
σήμερον ἀποδίδωμι τὰς εὐχάς[20] μου·
15 ἕνεκα[21] τούτου ἐξῆλθον εἰς συνάντησίν[22] σοι,
ποθοῦσα[23] τὸ σὸν[24] πρόσωπον εὕρηκά σε·
16 κειρίαις[25] τέτακα[26] τὴν κλίνην[27] μου,
ἀμφιτάποις[28] δὲ ἔστρωκα[29] τοῖς ἀπ᾽ Αἰγύπτου·
17 διέρραγκα[30] τὴν κοίτην[31] μου κρόκῳ,[32]
τὸν δὲ οἶκόν μου κινναμώμῳ·[33]
18 ἐλθὲ καὶ ἀπολαύσωμεν[34] φιλίας[35] ἕως ὄρθρου,[36]
δεῦρο[37] καὶ ἐγκυλισθῶμεν[38] ἔρωτι·[39]
19 οὐ γὰρ πάρεστιν[40] ὁ ἀνήρ μου ἐν οἴκῳ,
πεπόρευται δὲ ὁδὸν μακρὰν[41]
20 ἔνδεσμον[42] ἀργυρίου[43] λαβὼν ἐν χειρὶ αὐτοῦ,
δι᾽ ἡμερῶν πολλῶν ἐπανήξει[44] εἰς τὸν οἶκον αὐτοῦ.

1 συναντάω, *pres act ind 3s*, meet
2 εἶδος, appearance
3 πορνικός, of prostitution
4 νέος, young (man)
5 ἐξίπταμαι, *pres mid inf*, flutter
6 ἀναπτερόω, *aor mid ptc nom s f*, excite
7 ἄσωτος, debauched
8 ἡσυχάζω, *pres act ind 3p*, stay still, be at rest
9 ῥέμβομαι, *pres mid ind 3s*, wander, roam
10 πλατεῖα, street
11 γωνία, corner
12 ἐνεδρεύω, *pres act ind 3s*, lie in wait
13 εἶτα, then
14 ἐπιλαμβάνω, *aor mid ptc nom s f*, seize, lay hold of
15 φιλέω, *aor act ind 3s*, kiss
16 ἀναιδής, shameless, bold
17 προσλέγω, *aor act ind 3s*, accost
18 θυσία, sacrifice
19 εἰρηνικός, peaceful
20 εὐχή, prayer, vow
21 ἕνεκα, therefore
22 συνάντησις, meeting
23 ποθέω, *pres act ptc nom s f*, yearn for
24 σός, your
25 κειρία, sheet
26 τείνω, *perf act ind 1s*, spread out
27 κλίνη, bed
28 ἀμφίταπος, double-sided tapestry
29 στρώννυμι, *perf act ind 1s*, lay out
30 διαρραίνω, *perf act ind 1s*, sprinkle
31 κοίτη, bed
32 κρόκος, saffron, *Heb. LW*
33 κιννάμωμον, cinnamon, *Heb. LW*
34 ἀπολαύω, *aor act sub 1p*, enjoy
35 φιλία, love
36 ὄρθρος, dawn
37 δεῦρο, come!
38 ἐγκυλίω, *aor pas sub 1p*, become absorbed in
39 ἔρως, sex
40 πάρειμι, *pres act ind 3s*, be
41 μακρός, far away
42 ἔνδεσμος, money bag
43 ἀργύριον, silver
44 ἐπανήκω, *fut act ind 3s*, return

21 ἀπεπλάνησεν[1] δὲ αὐτὸν πολλῇ ὁμιλίᾳ[2]
βρόχοις[3] τε τοῖς ἀπὸ χειλέων[4] ἐξώκειλεν[5] αὐτόν.
22 ὁ δὲ ἐπηκολούθησεν[6] αὐτῇ κεπφωθείς,[7]
ὥσπερ δὲ βοῦς[8] ἐπὶ σφαγὴν[9] ἄγεται
καὶ ὥσπερ κύων[10] ἐπὶ δεσμοὺς[11]
23 ἢ ὡς ἔλαφος[12] τοξεύματι[13] πεπληγὼς[14] εἰς τὸ ἧπαρ,[15]
σπεύδει[16] δὲ ὥσπερ ὄρνεον[17] εἰς παγίδα[18]
οὐκ εἰδὼς ὅτι περὶ ψυχῆς τρέχει.[19]

24 νῦν οὖν, υἱέ, ἄκουέ μου
καὶ πρόσεχε[20] ῥήμασιν στόματός μου·
25 μὴ ἐκκλινάτω[21] εἰς τὰς ὁδοὺς αὐτῆς ἡ καρδία σου·
26 πολλοὺς γὰρ τρώσασα[22] καταβέβληκεν,[23]
καὶ ἀναρίθμητοί[24] εἰσιν οὓς πεφόνευκεν·[25]
27 ὁδοὶ ᾄδου[26] ὁ οἶκος αὐτῆς
κατάγουσαι[27] εἰς τὰ ταμιεῖα[28] τοῦ θανάτου.

8 Σὺ τὴν σοφίαν κηρύξεις,[29]
ἵνα φρόνησίς[30] σοι ὑπακούσῃ·[31]
2 ἐπὶ γὰρ τῶν ὑψηλῶν[32] ἄκρων[33] ἐστίν,
ἀνὰ μέσον[34] δὲ τῶν τρίβων[35] ἕστηκεν·
3 παρὰ γὰρ πύλαις[36] δυναστῶν[37] παρεδρεύει,[38]
ἐν δὲ εἰσόδοις[39] ὑμνεῖται[40]

1 ἀποπλανάω, *aor act ind 3s*, mislead
2 ὁμιλία, engaging conversation
3 βρόχος, snare
4 χεῖλος, lip, (speech)
5 ἐξοκέλλω, *aor act ind 3s*, compel
6 ἐπακολουθέω, *aor act ind 3s*, follow
7 κεπφόω, *aor pas ptc nom s m*, easily convince
8 βοῦς, ox
9 σφαγή, slaughter
10 κύων, dog
11 δεσμός, collar, chain
12 ἔλαφος, deer
13 τόξευμα, arrow
14 πλήσσω, *perf act ptc nom s m*, pierce, shoot
15 ἧπαρ, liver
16 σπεύδω, *pres act ind 3s*, hurry
17 ὄρνεον, bird
18 παγίς, trap
19 τρέχω, *pres act ind 3s*, run
20 προσέχω, *pres act impv 2s*, pay attention
21 ἐκκλίνω, *aor act impv 3s*, turn aside, bend toward
22 τιτρώσκω, *aor act ptc nom s f*, damage, wound
23 καταβάλλω, *perf act ind 3s*, strike down, fell
24 ἀναρίθμητος, countless
25 φονεύω, *perf act ind 3s*, destroy
26 ᾄδης, Hades, underworld
27 κατάγω, *pres act ptc nom p f*, lead down
28 ταμιεῖον, inner room
29 κηρύσσω, *fut act ind 2s*, proclaim
30 φρόνησις, insight, intelligence
31 ὑπακούω, *aor act sub 3s*, obey, follow
32 ὑψηλός, high (place)
33 ἄκρος, peak, top
34 ἀνὰ μέσον, between
35 τρίβος, path, way
36 πύλη, gate
37 δυνάστης, ruler, prince
38 παρεδρεύω, *pres act ind 3s*, wait beside
39 εἴσοδος, entrance
40 ὑμνέω, *pres mid ind 3s*, sing songs

4 Ὑμᾶς, ὦ[1] ἄνθρωποι, παρακαλῶ
καὶ προΐεμαι[2] ἐμὴν φωνὴν υἱοῖς ἀνθρώπων·
5 νοήσατε,[3] ἄκακοι,[4] πανουργίαν,[5]
οἱ δὲ ἀπαίδευτοι,[6] ἔνθεσθε[7] καρδίαν.
6 εἰσακούσατέ[8] μου, σεμνὰ[9] γὰρ ἐρῶ
καὶ ἀνοίσω[10] ἀπὸ χειλέων[11] ὀρθά·[12]
7 ὅτι ἀλήθειαν μελετήσει[13] ὁ φάρυγξ[14] μου,
ἐβδελυγμένα[15] δὲ ἐναντίον[16] ἐμοῦ χείλη[17] ψευδῆ.[18]
8 μετὰ δικαιοσύνης πάντα τὰ ῥήματα τοῦ στόματός μου,
οὐδὲν ἐν αὐτοῖς σκολιὸν[19] οὐδὲ στραγγαλῶδες·[20]
9 πάντα ἐνώπια[21] τοῖς συνιοῦσιν[22]
καὶ ὀρθὰ[23] τοῖς εὑρίσκουσι γνῶσιν.[24]
10 λάβετε παιδείαν[25] καὶ μὴ ἀργύριον[26]
καὶ γνῶσιν[27] ὑπὲρ χρυσίον[28] δεδοκιμασμένον[29]
ἀνθαιρεῖσθε[30] δὲ αἴσθησιν[31] χρυσίου[32] καθαροῦ·[33]
11 κρείσσων[34] γὰρ σοφία λίθων πολυτελῶν,[35]
πᾶν δὲ τίμιον[36] οὐκ ἄξιον[37] αὐτῆς ἐστιν.
12 ἐγὼ ἡ σοφία κατεσκήνωσα[38] βουλήν,[39]
καὶ γνῶσιν[40] καὶ ἔννοιαν[41] ἐγὼ ἐπεκαλεσάμην.[42]

1 ὦ, O!
2 προΐημι, *pres mid ind 1s*, let loose, bring forth
3 νοέω, *aor act impv 2p*, perceive, be aware of
4 ἄκακος, simple
5 πανουργία, craftiness, trickery
6 ἀπαίδευτος, uneducated, ignorant
7 ἐντίθημι, *aor mid impv 2p*, store up, (fortify)
8 εἰσακούω, *aor act impv 2p*, listen
9 σεμνός, solemn, serious
10 ἀναφέρω, *fut act ind 1s*, bring forth
11 χεῖλος, lip, (speech)
12 ὀρθός, right, upright
13 μελετάω, *fut act ind 3s*, cultivate, practice
14 φάρυγξ, throat
15 βδελύσσω, *perf mid ptc nom p n*, detest
16 ἐναντίον, before
17 χεῖλος, lip, (speech)
18 ψευδής, false, lying
19 σκολιός, crooked
20 στραγγαλώδης, twisted
21 ἐνώπιος, evident, obvious
22 συνίημι, *pres act ptc dat p m*, understand
23 ὀρθός, right, upright
24 γνῶσις, knowledge
25 παιδεία, discipline, instruction
26 ἀργύριον, silver
27 γνῶσις, knowledge
28 χρυσίον, gold
29 δοκιμάζω, *perf pas ptc acc s n*, verify, test
30 ἀνθαιρέομαι, *pres mid impv 2p*, choose instead, favor
31 αἴσθησις, perception, feeling
32 χρυσίον, gold
33 καθαρός, pure
34 κρείσσων (ττ), *comp of* ἀγαθός, better
35 πολυτελής, costly
36 τίμιος, precious, valuable
37 ἄξιος, worthy
38 κατασκηνόω, *aor act ind 1s*, abide, dwell
39 βουλή, counsel, advice
40 γνῶσις, knowledge
41 ἔννοια, reflection, thought
42 ἐπικαλέω, *aor mid ind 1s*, call upon

13 φόβος κυρίου μισεῖ ἀδικίαν,[1]
ὕβριν[2] τε καὶ ὑπερηφανίαν[3] καὶ ὁδοὺς πονηρῶν·
μεμίσηκα δὲ ἐγὼ διεστραμμένας[4] ὁδοὺς κακῶν.
14 ἐμὴ βουλὴ[5] καὶ ἀσφάλεια,[6]
ἐμὴ[7] φρόνησις,[8] ἐμὴ δὲ ἰσχύς·[9]
15 δι᾽ ἐμοῦ βασιλεῖς βασιλεύουσιν,[10]
καὶ οἱ δυνάσται[11] γράφουσιν δικαιοσύνην·
16 δι᾽ ἐμοῦ μεγιστᾶνες[12] μεγαλύνονται,[13]
καὶ τύραννοι[14] δι᾽ ἐμοῦ κρατοῦσι γῆς.
17 ἐγὼ τοὺς ἐμὲ φιλοῦντας[15] ἀγαπῶ,
οἱ δὲ ἐμὲ ζητοῦντες εὑρήσουσιν.
18 πλοῦτος[16] καὶ δόξα ἐμοὶ ὑπάρχει
καὶ κτῆσις[17] πολλῶν καὶ δικαιοσύνη·
19 βέλτιον[18] ἐμὲ καρπίζεσθαι[19] ὑπὲρ χρυσίον[20] καὶ λίθον τίμιον,[21]
τὰ δὲ ἐμὰ γενήματα[22] κρείσσω[23] ἀργυρίου[24] ἐκλεκτοῦ.[25]
20 ἐν ὁδοῖς δικαιοσύνης περιπατῶ[26]
καὶ ἀνὰ μέσον[27] τρίβων[28] δικαιώματος[29] ἀναστρέφομαι,[30]
21 ἵνα μερίσω[31] τοῖς ἐμὲ ἀγαπῶσιν ὕπαρξιν[32]
καὶ τοὺς θησαυροὺς[33] αὐτῶν ἐμπλήσω[34] ἀγαθῶν.
21a ἐὰν ἀναγγείλω[35] ὑμῖν τὰ καθ᾽ ἡμέραν γινόμενα,
μνημονεύσω[36] τὰ ἐξ αἰῶνος ἀριθμῆσαι.[37]
22 κύριος ἔκτισέν[38] με ἀρχὴν ὁδῶν αὐτοῦ εἰς ἔργα αὐτοῦ,
23 πρὸ τοῦ αἰῶνος ἐθεμελίωσέν[39] με ἐν ἀρχῇ,

1 ἀδικία, injustice
2 ὕβρις, pride, arrogance
3 ὑπερηφανία, pride, haughtiness
4 διαστρέφω, *perf pas ptc acc p f*, pervert, corrupt
5 βουλή, counsel, advice
6 ἀσφάλεια, safety, certainty
7 ἐμός, mine
8 φρόνησις, wisdom, insight
9 ἰσχύς, strength
10 βασιλεύω, *pres act ind 3p*, rule as king
11 δυνάστης, ruler
12 μεγιστάν, influential person
13 μεγαλύνω, *pres pas ind 3p*, make great, advance
14 τύραννος, king
15 φιλέω, *pres act ptc acc p m*, love
16 πλοῦτος, wealth, riches
17 κτῆσις, possession, property
18 βελτίων, *comp of* ἀγαθός, better
19 καρπίζομαι, *pres mid inf*, enjoy the fruits
20 χρυσίον, gold
21 τίμιος, precious, valuable
22 γένημα, produce, yield
23 κρείσσων (ττ), *comp of* ἀγαθός, better
24 ἀργύριον, silver
25 ἐκλεκτός, select, choice
26 περιπατέω, *pres act ind 1s*, walk about
27 ἀνὰ μέσον, between
28 τρίβος, path, track
29 δικαίωμα, regulation, ordinance
30 ἀναστρέφω, *pres pas ind 1s*, stay, conduct oneself
31 μερίζω, *aor act sub 1s*, distribute
32 ὕπαρξις, property
33 θησαυρός, treasury
34 ἐμπίμπλημι, *fut act ind 1s*, fill up
35 ἀναγγέλλω, *aor act sub 1s*, declare
36 μνημονεύω, *fut act ind 1s*, remember
37 ἀριθμέω, *aor act inf*, recount
38 κτίζω, *aor act ind 3s*, create, found
39 θεμελιόω, *aor act ind 3s*, lay the foundation

24 πρὸ τοῦ τὴν γῆν ποιῆσαι καὶ πρὸ τοῦ τὰς ἀβύσσους[1] ποιῆσαι,
πρὸ τοῦ προελθεῖν[2] τὰς πηγὰς[3] τῶν ὑδάτων,
25 πρὸ τοῦ ὄρη ἑδρασθῆναι,[4]
πρὸ δὲ πάντων βουνῶν[5] γεννᾷ με.
26 κύριος ἐποίησεν χώρας[6] καὶ ἀοικήτους[7]
καὶ ἄκρα[8] οἰκούμενα[9] τῆς ὑπ᾽ οὐρανόν.
27 ἡνίκα[10] ἡτοίμαζεν τὸν οὐρανόν, συμπαρήμην[11] αὐτῷ,
καὶ ὅτε ἀφώριζεν[12] τὸν ἑαυτοῦ θρόνον ἐπ᾽ ἀνέμων.[13]
28 ἡνίκα[14] ἰσχυρὰ[15] ἐποίει τὰ ἄνω[16] νέφη,[17]
καὶ ὡς ἀσφαλεῖς[18] ἐτίθει πηγὰς[19] τῆς ὑπ᾽ οὐρανὸν
29 καὶ ἰσχυρὰ[20] ἐποίει τὰ θεμέλια[21] τῆς γῆς,
30 ἤμην παρ᾽ αὐτῷ ἁρμόζουσα,[22]
ἐγὼ ἤμην ᾗ προσέχαιρεν.[23]
καθ᾽ ἡμέραν δὲ εὐφραινόμην[24] ἐν προσώπῳ αὐτοῦ ἐν παντὶ καιρῷ,
31 ὅτε εὐφραίνετο[25] τὴν οἰκουμένην[26] συντελέσας[27]
καὶ ἐνευφραίνετο[28] ἐν υἱοῖς ἀνθρώπων.

32 νῦν οὖν, υἱέ, ἄκουέ μου.

34 μακάριος[29] ἀνήρ, ὃς εἰσακούσεταί[30] μου,
καὶ ἄνθρωπος, ὃς τὰς ἐμὰς ὁδοὺς φυλάξει
ἀγρυπνῶν[31] ἐπ᾽ ἐμαῖς θύραις καθ᾽ ἡμέραν
τηρῶν[32] σταθμοὺς[33] ἐμῶν εἰσόδων·[34]
35 αἱ γὰρ ἔξοδοί[35] μου ἔξοδοι ζωῆς,
καὶ ἑτοιμάζεται θέλησις[36] παρὰ κυρίου.

1 ἄβυσσος, depth, abyss
2 προέρχομαι, *aor act inf*, go before, precede
3 πηγή, spring, fountain
4 ἑδράζω, *aor pas inf*, establish, settle
5 βουνός, hill
6 χώρα, region, country
7 ἀοίκητος, uninhabited (place)
8 ἄκρος, highest
9 οἰκέω, *pres pas ptc acc p n*, inhabit
10 ἡνίκα, when
11 συμπάρειμι, *impf mid ind 1s*, be present with
12 ἀφορίζω, *impf act ind 3s*, mark off
13 ἄνεμος, wind
14 ἡνίκα, when
15 ἰσχυρός, strong
16 ἄνω, above
17 νέφος, cloud
18 ἀσφαλής, steady, secure
19 πηγή, spring, fountain
20 ἰσχυρός, strong
21 θεμέλιον, foundation
22 ἁρμόζω, *pres act ptc nom s f*, join, tune (an instrument)
23 προσχαίρω, *impf act ind 3s*, rejoice in
24 εὐφραίνω, *impf pas ind 1s*, be glad, rejoice
25 εὐφραίνω, *impf mid ind 3s*, be glad, rejoice
26 οἰκουμένη, inhabited world
27 συντελέω, *aor act ptc nom s m*, finish, complete
28 ἐνευφραίνομαι, *impf mid ind 3s*, rejoice
29 μακάριος, blessed
30 εἰσακούω, *fut mid ind 3s*, listen to
31 ἀγρυπνέω, *pres act ptc nom s m*, keep watch
32 τηρέω, *pres act ptc nom s m*, guard
33 σταθμός, doorway
34 εἴσοδος, entrance
35 ἔξοδος, course, exit
36 θέλησις, favor

36 οἱ δὲ εἰς ἐμὲ ἁμαρτάνοντες ἀσεβοῦσιν[1] τὰς ἑαυτῶν ψυχάς,
καὶ οἱ μισοῦντές με ἀγαπῶσιν θάνατον.

9

Ἡ σοφία ᾠκοδόμησεν ἑαυτῇ οἶκον
καὶ ὑπήρεισεν[2] στύλους[3] ἑπτά·
2 ἔσφαξεν[4] τὰ ἑαυτῆς θύματα,[5]
ἐκέρασεν[6] εἰς κρατῆρα[7] τὸν ἑαυτῆς οἶνον
καὶ ἡτοιμάσατο τὴν ἑαυτῆς τράπεζαν·[8]
3 ἀπέστειλεν τοὺς ἑαυτῆς δούλους
συγκαλοῦσα[9] μετὰ ὑψηλοῦ[10] κηρύγματος[11] ἐπὶ κρατῆρα[12] λέγουσα
4 Ὅς ἐστιν ἄφρων,[13] ἐκκλινάτω[14] πρός με·
καὶ τοῖς ἐνδεέσι[15] φρενῶν[16] εἶπεν
5 Ἔλθατε φάγετε τῶν ἐμῶν ἄρτων
καὶ πίετε οἶνον, ὃν ἐκέρασα[17] ὑμῖν·
6 ἀπολείπετε[18] ἀφροσύνην,[19] καὶ ζήσεσθε,
καὶ ζητήσατε φρόνησιν,[20] ἵνα βιώσητε,[21]
καὶ κατορθώσατε[22] ἐν γνώσει[23] σύνεσιν.[24]

7 Ὁ παιδεύων[25] κακοὺς λήμψεται ἑαυτῷ ἀτιμίαν,[26]
ἐλέγχων[27] δὲ τὸν ἀσεβῆ[28] μωμήσεται[29] ἑαυτόν.
8 μὴ ἔλεγχε[30] κακούς, ἵνα μὴ μισῶσίν σε·
ἔλεγχε σοφόν,[31] καὶ ἀγαπήσει σε.
9 δίδου σοφῷ[32] ἀφορμήν,[33] καὶ σοφώτερος[34] ἔσται·
γνώριζε[35] δικαίῳ, καὶ προσθήσει[36] τοῦ δέχεσθαι.[37]

1 ἀσεβέω, *pres act ind 3p*, act wickedly
2 ὑπερείδω, *aor act ind 3s*, support, prop up
3 στῦλος, pillar, column
4 σφάζω, *aor act ind 3s*, slaughter
5 θῦμα, sacrifice
6 κεράννυμι, *aor act ind 3s*, mix
7 κρατήρ, bowl
8 τράπεζα, table
9 συγκαλέω, *pres act ptc nom s f*, call together, convene
10 ὑψηλός, lofty, elevated
11 κήρυγμα, proclamation
12 κρατήρ, bowl, (party)
13 ἄφρων, foolish
14 ἐκκλίνω, *aor act impv 3s*, turn aside
15 ἐνδεής, in need
16 φρήν, understanding, thinking
17 κεράννυμι, *aor act ind 1s*, mix
18 ἀπολείπω, *pres act impv 2p*, abandon
19 ἀφροσύνη, folly, foolishness
20 φρόνησις, insight, intelligence
21 βιόω, *aor act sub 2p*, live
22 κατορθόω, *aor act impv 2p*, straighten out
23 γνῶσις, knowledge
24 σύνεσις, understanding
25 παιδεύω, *pres act ptc nom s m*, teach, instruct
26 ἀτιμία, dishonor, disgrace
27 ἐλέγχω, *pres act ptc nom s m*, rebuke
28 ἀσεβής, ungodly, impious
29 μωμάομαι, *fut mid ind 3s*, blame, criticize
30 ἐλέγχω, *pres act impv 2s*, rebuke
31 σοφός, wise (person)
32 σοφός, wise (person)
33 ἀφορμή, occasion, opportunity
34 σοφός, *comp*, wiser
35 γνωρίζω, *pres act impv 2s*, inform
36 προστίθημι, *fut act ind 3s*, increase
37 δέχομαι, *pres mid inf*, accept

10 ἀρχὴ σοφίας φόβος κυρίου,
καὶ βουλὴ[1] ἁγίων σύνεσις·[2]
10a τὸ γὰρ γνῶναι νόμον διανοίας[3] ἐστὶν ἀγαθῆς·
11 τούτῳ γὰρ τῷ τρόπῳ[4] πολὺν ζήσεις χρόνον,
καὶ προστεθήσεταί[5] σοι ἔτη ζωῆς σου.
12 υἱέ, ἐὰν σοφὸς[6] γένῃ σεαυτῷ, σοφὸς ἔσῃ καὶ τοῖς πλησίον·[7]
ἐὰν δὲ κακὸς ἀποβῇς,[8] μόνος ἀναντλήσεις[9] κακά.
12a ὃς ἐρείδεται[10] ἐπὶ ψεύδεσιν,[11] οὗτος ποιμανεῖ[12] ἀνέμους,[13]
ὁ δ᾽ αὐτὸς διώξεται ὄρνεα[14] πετόμενα[15]·
12b ἀπέλιπεν[16] γὰρ ὁδοὺς τοῦ ἑαυτοῦ ἀμπελῶνος,[17]
τοὺς δὲ ἄξονας[18] τοῦ ἰδίου[19] γεωργίου[20] πεπλάνηται·[21]
12c διαπορεύεται[22] δὲ δι᾽ ἀνύδρου[23] ἐρήμου
καὶ γῆν διατεταγμένην[24] ἐν διψώδεσιν,[25]
συνάγει δὲ χερσὶν ἀκαρπίαν.[26]

13 Γυνὴ ἄφρων[27] καὶ θρασεῖα[28] ἐνδεὴς[29] ψωμοῦ[30] γίνεται,
ἣ οὐκ ἐπίσταται[31] αἰσχύνην·[32]
14 ἐκάθισεν ἐπὶ θύραις τοῦ ἑαυτῆς οἴκου
ἐπὶ δίφρου[33] ἐμφανῶς[34] ἐν πλατείαις[35]
15 προσκαλουμένη[36] τοὺς παριόντας[37]
καὶ κατευθύνοντας[38] ἐν ταῖς ὁδοῖς αὐτῶν

1 βουλή, counsel, advice
2 σύνεσις, intelligence, understanding
3 διάνοια, mind, understanding
4 τρόπος, way, manner
5 προστίθημι, *fut pas ind 3s*, add to
6 σοφός, wise
7 πλησίον, companion, neighbor
8 ἀποβαίνω, *aor act sub 2s*, turn out, wind up
9 ἀναντλέω, *fut act ind 2s*, go through, endure
10 ἐρείδω, *pres pas ind 3s*, prop up with
11 ψεῦδος, lie
12 ποιμαίνω, *fut act ind 3s*, herd, control
13 ἄνεμος, wind
14 ὄρνεον, bird
15 πέτομαι, *pres mid ptc acc p n*, fly
16 ἀπολείπω, *aor act ind 3s*, leave behind, abandon
17 ἀμπελών, vineyard
18 ἄξων, axle
19 ἴδιος, one's own
20 γεώργιον, field
21 πλανάω, *perf pas ind 3s*, lead off course
22 διαπορεύομαι, *pres mid ind 3s*, pass through
23 ἄνυδρος, waterless
24 διατάσσω, *perf pas ptc acc s f*, dispose, destine
25 διψώδης, drought
26 ἀκαρπία, barrenness
27 ἄφρων, foolish
28 θρασύς, rash, arrogant
29 ἐνδεής, lacking
30 ψωμός, morsel (to eat)
31 ἐπίσταμαι, *pres mid ind 3s*, know
32 αἰσχύνη, shame
33 δίφρος, seat, stool
34 ἐμφανῶς, openly
35 πλατεῖα, street
36 προσκαλέω, *pres mid ptc nom s f*, invite
37 πάρειμι, *pres act ptc acc p m*, be present
38 κατευθύνω, *pres act ptc acc p m*, keep straight

16 Ὅς ἐστιν ὑμῶν ἀφρονέστατος,[1] ἐκκλινάτω[2] πρός με·
ἐνδεέσι[3] δὲ φρονήσεως[4] παρακελεύομαι[5] λέγουσα
17 Ἄρτων κρυφίων[6] ἡδέως[7] ἅψασθε
καὶ ὕδατος κλοπῆς[8] γλυκεροῦ.[9]
18 ὁ δὲ οὐκ οἶδεν ὅτι γηγενεῖς[10] παρ᾽ αὐτῇ ὄλλυνται,[11]
καὶ ἐπὶ πέτευρον[12] ᾅδου[13] συναντᾷ.[14]
18a ἀλλὰ ἀποπήδησον,[15] μὴ ἐγχρονίσῃς[16] ἐν τῷ τόπῳ
μηδὲ ἐπιστήσῃς[17] τὸ σὸν[18] ὄμμα[19] πρὸς αὐτήν·
18b οὕτως γὰρ διαβήσῃ[20] ὕδωρ ἀλλότριον[21]
καὶ ὑπερβήσῃ[22] ποταμὸν[23] ἀλλότριον·
18c ἀπὸ δὲ ὕδατος ἀλλοτρίου[24] ἀπόσχου[25]
καὶ ἀπὸ πηγῆς[26] ἀλλοτρίας μὴ πίῃς,[27]
18d ἵνα πολὺν ζήσῃς χρόνον,
προστεθῇ[28] δέ σοι ἔτη ζωῆς.

10 Υἱὸς σοφὸς[29] εὐφραίνει[30] πατέρα,
υἱὸς δὲ ἄφρων[31] λύπη[32] τῇ μητρί.
2 οὐκ ὠφελήσουσιν[33] θησαυροὶ[34] ἀνόμους,[35]
δικαιοσύνη δὲ ῥύσεται[36] ἐκ θανάτου.
3 οὐ λιμοκτονήσει[37] κύριος ψυχὴν δικαίαν,
ζωὴν δὲ ἀσεβῶν[38] ἀνατρέψει.[39]

1 ἄφρων, *sup*, most foolish
2 ἐκκλίνω, *aor act impv 3s*, turn aside
3 ἐνδεής, lacking
4 φρόνησις, insight, intelligence
5 παρακελεύω, *pres mid ind 1s*, cajole, urge
6 κρύφιος, secret
7 ἡδέως, gladly
8 κλοπή, theft
9 γλυκερός, sweet
10 γηγενής, born in Gaia, (shade?)
11 ὄλλυμι, *pres mid ind 3p*, perish
12 πέτευρον, trap door?
13 ᾅδης, Hades, underworld
14 συναντάω, *pres act ind 3s*, meet with
15 ἀποπηδάω, *aor act impv 2s*, leap off
16 ἐγχρονίζω, *aor act sub 2s*, wait around, linger
17 ἐφίστημι, *aor act sub 2s*, set upon
18 σός, your
19 ὄμμα, eye
20 διαβαίνω, *fut mid ind 2s*, cross over
21 ἀλλότριος, strange
22 ὑπερβαίνω, *fut mid ind 2s*, get across
23 ποταμός, river
24 ἀλλότριος, strange
25 ἀπέχω, *aor mid impv 2s*, keep away from
26 πηγή, spring, fountain
27 πίνω, *aor act sub 2s*, drink
28 προστίθημι, *aor pas sub 3s*, add to
29 σοφός, wise
30 εὐφραίνω, *pres act ind 3s*, cheer, make glad
31 ἄφρων, foolish
32 λύπη, grief, sorrow
33 ὠφελέω, *fut act ind 3p*, profit
34 θησαυρός, treasure
35 ἄνομος, lawless
36 ῥύομαι, *fut mid ind 3s*, rescue, deliver
37 λιμοκτονέω, *fut act ind 3s*, allow to starve
38 ἀσεβής, ungodly, impious
39 ἀνατρέπω, *fut act ind 3s*, overthrow

4 πενία[1] ἄνδρα ταπεινοῖ,[2]
χεῖρες δὲ ἀνδρείων[3] πλουτίζουσιν.[4]
4a υἱὸς πεπαιδευμένος[5] σοφὸς[6] ἔσται,
τῷ δὲ ἄφρονι[7] διακόνῳ[8] χρήσεται.[9]
5 διεσώθη[10] ἀπὸ καύματος[11] υἱὸς νοήμων,[12]
ἀνεμόφθορος[13] δὲ γίνεται ἐν ἀμήτῳ[14] υἱὸς παράνομος.[15]
6 εὐλογία[16] κυρίου ἐπὶ κεφαλὴν δικαίου,
στόμα δὲ ἀσεβῶν[17] καλύψει[18] πένθος[19] ἄωρον.[20]
7 μνήμη[21] δικαίων μετ᾽ ἐγκωμίων,[22]
ὄνομα δὲ ἀσεβοῦς[23] σβέννυται.[24]
8 σοφὸς[25] καρδίᾳ δέξεται[26] ἐντολάς,
ὁ δὲ ἄστεγος[27] χείλεσιν[28] σκολιάζων[29] ὑποσκελισθήσεται.[30]
9 ὃς πορεύεται ἁπλῶς,[31] πορεύεται πεποιθώς,
ὁ δὲ διαστρέφων[32] τὰς ὁδοὺς αὐτοῦ γνωσθήσεται.
10 ὁ ἐννεύων[33] ὀφθαλμοῖς μετὰ δόλου[34] συνάγει ἀνδράσι λύπας,[35]
ὁ δὲ ἐλέγχων[36] μετὰ παρρησίας[37] εἰρηνοποιεῖ.[38]
11 πηγὴ[39] ζωῆς ἐν χειρὶ δικαίου,
στόμα δὲ ἀσεβοῦς[40] καλύψει[41] ἀπώλεια.[42]

1 πενία, poverty
2 ταπεινόω, *pres act ind 3s*, humble
3 ἀνδρεῖος, vigorous
4 πλουτίζω, *pres act ind 3p*, make wealthy, enrich
5 παιδεύω, *perf pas ptc nom s m*, instruct, teach
6 σοφός, wise
7 ἄφρων, foolish
8 διάκονος, servant
9 χράω, *fut mid ind 3s*, use
10 διασῴζω, *aor pas ind 3s*, preserve
11 καῦμα, heat
12 νοήμων, intelligent, discerning
13 ἀνεμόφθορος, blasted by wind
14 ἄμητος, harvest
15 παράνομος, lawless
16 εὐλογία, blessing
17 ἀσεβής, wicked, ungodly
18 καλύπτω, *fut act ind 3s*, cover up
19 πένθος, grief, sorrow
20 ἄωρος, untimely
21 μνήμη, memory
22 ἐγκώμιον, eulogy
23 ἀσεβής, wicked, ungodly
24 σβέννυμι, *pres pas ind 3s*, suppress
25 σοφός, wise
26 δέχομαι, *fut mid ind 3s*, accept, receive
27 ἄστεγος, uncovered
28 χεῖλος, lip
29 σκολιάζω, *pres act ptc nom s m*, be crooked
30 ὑποσκελίζω, *fut pas ind 3s*, overthrow
31 ἁπλῶς, sincerely, with integrity
32 διαστρέφω, *pres act ptc nom s m*, pervert, distort
33 ἐννεύω, *pres act ptc nom s m*, make signals
34 δόλος, deceit, trickery
35 λύπη, grief, pain
36 ἐλέγχω, *pres act ptc nom s m*, reprove, rebuke
37 παρρησία, openly
38 εἰρηνοποιέω, *pres act ind 3s*, make peace
39 πηγή, spring, fountain
40 ἀσεβής, ungodly, impious
41 καλύπτω, *fut act ind 3s*, cover up
42 ἀπώλεια, destruction, loss

12 μῖσος[1] ἐγείρει[2] νεῖκος,[3]
πάντας δὲ τοὺς μὴ φιλονεικοῦντας[4] καλύπτει[5] φιλία.[6]
13 ὃς ἐκ χειλέων[7] προφέρει[8] σοφίαν,
ῥάβδῳ[9] τύπτει[10] ἄνδρα ἀκάρδιον.[11]
14 σοφοὶ[12] κρύψουσιν[13] αἴσθησιν,[14]
στόμα δὲ προπετοῦς[15] ἐγγίζει συντριβῇ.[16]
15 κτῆσις[17] πλουσίων[18] πόλις ὀχυρά,[19]
συντριβὴ[20] δὲ ἀσεβῶν[21] πενία.[22]
16 ἔργα δικαίων ζωὴν ποιεῖ,
καρποὶ δὲ ἀσεβῶν[23] ἁμαρτίας.
17 ὁδοὺς δικαίας ζωῆς φυλάσσει παιδεία,[24]
παιδεία δὲ ἀνεξέλεγκτος[25] πλανᾶται.
18 καλύπτουσιν[26] ἔχθραν[27] χείλη[28] δίκαια,
οἱ δὲ ἐκφέροντες[29] λοιδορίας[30] ἀφρονέστατοί[31] εἰσιν.
19 ἐκ πολυλογίας[32] οὐκ ἐκφεύξῃ[33] ἁμαρτίαν,
φειδόμενος[34] δὲ χειλέων[35] νοήμων[36] ἔσῃ.
20 ἄργυρος[37] πεπυρωμένος[38] γλῶσσα δικαίου,
καρδία δὲ ἀσεβοῦς[39] ἐκλείψει.[40]
21 χείλη[41] δικαίων ἐπίσταται[42] ὑψηλά,[43]
οἱ δὲ ἄφρονες[44] ἐν ἐνδείᾳ[45] τελευτῶσιν.[46]

1 μῖσος, hatred
2 ἐγείρω, *pres act ind 3s*, stir up, rouse
3 νεῖκος, strife, quarreling
4 φιλονεικέω, *pres act ptc acc p m*, be contentious, love conflict
5 καλύπτω, *pres act ind 3s*, cover up
6 φιλία, friendship, love
7 χεῖλος, lip, (speech)
8 προφέρω, *pres act ind 3s*, produce
9 ῥάβδος, rod, stick
10 τύπτω, *pres act ind 3s*, beat, strike
11 ἀκάρδιος, foolish, senseless
12 σοφός, wise
13 κρύπτω, *fut act ind 3p*, conceal
14 αἴσθησις, perception, knowledge
15 προπετής, rash, reckless
16 συντριβή, destruction, ruin
17 κτῆσις, possessions
18 πλούσιος, rich
19 ὀχυρός, lasting, strong
20 συντριβή, ruin, destruction
21 ἀσεβής, ungodly, impious
22 πενία, poverty
23 ἀσεβής, ungodly, impious
24 παιδεία, instruction, discipline
25 ἀνεξέλεγκτος, unchastened, impervious to criticism
26 καλύπτω, *pres act ind 3p*, cover up
27 ἔχθρα, hatred
28 χεῖλος, lip, (speech)
29 ἐκφέρω, *pres act ptc nom p m*, produce
30 λοιδορία, (verbal) abuse
31 ἄφρων, *sup*, most foolish
32 πολυλογία, wordiness
33 ἐκφεύγω, *fut mid ind 2s*, escape
34 φείδομαι, *pres mid ptc nom s m*, restrain
35 χεῖλος, lip, (speech)
36 νοήμων, discerning, intelligent
37 ἄργυρος, silver
38 πυρόω, *perf pas ptc nom s m*, purify by fire
39 ἀσεβής, ungodly, impious
40 ἐκλείπω, *fut act ind 3s*, come to an end, fail
41 χεῖλος, lip, (speech)
42 ἐπίσταμαι, *pres mid ind 3s*, be capable, understand
43 ὑψηλός, lofty, elevated
44 ἄφρων, foolish
45 ἔνδεια, lack, poverty
46 τελευτάω, *pres act ind 3p*, die

22 εὐλογία[1] κυρίου ἐπὶ κεφαλὴν δικαίου·
αὕτη πλουτίζει,[2] καὶ οὐ μὴ προστεθῇ[3] αὐτῇ λύπη[4] ἐν καρδίᾳ.
23 ἐν γέλωτι[5] ἄφρων[6] πράσσει[7] κακά,
ἡ δὲ σοφία ἀνδρὶ τίκτει[8] φρόνησιν.[9]
24 ἐν ἀπωλείᾳ[10] ἀσεβὴς[11] περιφέρεται,[12]
ἐπιθυμία[13] δὲ δικαίου δεκτή.[14]
25 παραπορευομένης[15] καταιγίδος[16] ἀφανίζεται[17] ἀσεβής,[18]
δίκαιος δὲ ἐκκλίνας[19] σῴζεται εἰς τὸν αἰῶνα.
26 ὥσπερ ὄμφαξ[20] ὀδοῦσι[21] βλαβερὸν[22] καὶ καπνὸς[23] ὄμμασιν,[24]
οὕτως παρανομία[25] τοῖς χρωμένοις[26] αὐτήν.
27 φόβος κυρίου προστίθησιν[27] ἡμέρας,
ἔτη δὲ ἀσεβῶν[28] ὀλιγωθήσεται.[29]
28 ἐγχρονίζει[30] δικαίοις εὐφροσύνη,[31]
ἐλπὶς δὲ ἀσεβῶν[32] ὄλλυται.[33]
29 ὀχύρωμα[34] ὁσίου[35] φόβος κυρίου,
συντριβὴ[36] δὲ τοῖς ἐργαζομένοις κακά.
30 δίκαιος τὸν αἰῶνα οὐκ ἐνδώσει,[37]
ἀσεβεῖς[38] δὲ οὐκ οἰκήσουσιν[39] γῆν.
31 στόμα δικαίου ἀποστάζει[40] σοφίαν,
γλῶσσα δὲ ἀδίκου[41] ἐξολεῖται.[42]

1 εὐλογία, blessing
2 πλουτίζω, *pres act ind 3s*, enrich
3 προστίθημι, *aor pas sub 3s*, add to
4 λύπη, pain, grief
5 γέλως, laughter
6 ἄφρων, foolish
7 πράσσω, *pres act ind 3s*, do, practice
8 τίκτω, *pres act ind 3s*, bear
9 φρόνησις, wisdom, insight
10 ἀπώλεια, destruction
11 ἀσεβής, ungodly, impious
12 περιφέρω, *pres pas ind 3s*, overturn, make dizzy
13 ἐπιθυμία, desire
14 δεκτός, acceptable
15 παραπορεύομαι, *pres mid ptc gen s f*, pass by
16 καταιγίς, storm, squall
17 ἀφανίζω, *pres pas ind 3s*, perish, disappear
18 ἀσεβής, ungodly, impious
19 ἐκκλίνω, *aor act ptc nom s m*, turn aside
20 ὄμφαξ, unripe grape
21 ὀδούς, tooth
22 βλαβερός, harmful
23 καπνός, smoke
24 ὄμμα, eye
25 παρανομία, lawlessness, iniquity
26 χράω, *pres mid ptc dat p m*, make use of, employ
27 προστίθημι, *pres act ind 3s*, add to
28 ἀσεβής, ungodly, impious
29 ὀλιγόω, *fut pas ind 3s*, diminish
30 ἐγχρονίζω, *pres act ind 3s*, hang around, linger
31 εὐφροσύνη, gladness
32 ἀσεβής, ungodly, impious
33 ὄλλυμι, *pres mid ind 3s*, perish
34 ὀχύρωμα, stronghold
35 ὅσιος, holy, pious
36 συντριβή, destruction
37 ἐνδίδωμι, *fut act ind 3s*, give up
38 ἀσεβής, ungodly, wicked
39 οἰκέω, *fut act ind 3p*, dwell in
40 ἀποστάζω, *pres act ind 3s*, distill
41 ἄδικος, unrighteous, unjust
42 ἐξόλλυμι, *fut mid ind 3s*, utterly destroy

32 χείλη[1] ἀνδρῶν δικαίων ἀποστάζει[2] χάριτας,
στόμα δὲ ἀσεβῶν[3] ἀποστρέφεται.[4]

11 ζυγοὶ[5] δόλιοι[6] βδέλυγμα[7] ἐνώπιον κυρίου,
στάθμιον[8] δὲ δίκαιον δεκτὸν[9] αὐτῷ.
2 οὗ[10] ἐὰν εἰσέλθῃ ὕβρις,[11] ἐκεῖ καὶ ἀτιμία·[12]
στόμα δὲ ταπεινῶν[13] μελετᾷ[14] σοφίαν.
3 ἀποθανὼν δίκαιος ἔλιπεν[15] μετάμελον,[16]
πρόχειρος[17] δὲ γίνεται καὶ ἐπίχαρτος[18] ἀσεβῶν[19] ἀπώλεια.[20]
5 δικαιοσύνη ἀμώμους[21] ὀρθοτομεῖ[22] ὁδούς,
ἀσέβεια[23] δὲ περιπίπτει[24] ἀδικίᾳ.[25]
6 δικαιοσύνη ἀνδρῶν ὀρθῶν[26] ῥύεται[27] αὐτούς,
τῇ δὲ ἀπωλείᾳ[28] αὐτῶν ἁλίσκονται[29] παράνομοι.[30]
7 τελευτήσαντος[31] ἀνδρὸς δικαίου οὐκ ὄλλυται[32] ἐλπίς,
τὸ δὲ καύχημα[33] τῶν ἀσεβῶν[34] ὄλλυται.
8 δίκαιος ἐκ θήρας[35] ἐκδύνει,[36]
ἀντ᾽[37] αὐτοῦ δὲ παραδίδοται ὁ ἀσεβής.[38]
9 ἐν στόματι ἀσεβῶν[39] παγὶς[40] πολίταις,[41]
αἴσθησις[42] δὲ δικαίων εὔοδος.[43]

1 χεῖλος, lip, (speech)
2 ἀποστάζω, *pres act ind 3s*, distill
3 ἀσεβής, ungodly, wicked
4 ἀποστρέφω, *pres pas ind 3s*, turn away
5 ζυγός, balance, scale
6 δόλιος, deceitful
7 βδέλυγμα, abomination
8 στάθμιον, weight
9 δεκτός, acceptable
10 οὗ, where
11 ὕβρις, pride, arrogance
12 ἀτιμία, dishonor
13 ταπεινός, humble
14 μελετάω, *pres act ind 3s*, think about, meditate upon
15 λείπω, *aor act ind 3s*, leave behind
16 μετάμελος, regret
17 πρόχειρος, quick, speedy
18 ἐπίχαρτος, maliciously pleasurable
19 ἀσεβής, ungodly, wicked
20 ἀπώλεια, destruction
21 ἄμωμος, blameless
22 ὀρθοτομέω, *pres act ind 3s*, pursue directly, follow straightly
23 ἀσέβεια, impiety, ungodliness
24 περιπίπτω, *pres act ind 3s*, encounter
25 ἀδικία, injustice, wrongdoing
26 ὀρθός, upright
27 ῥύομαι, *pres mid ind 3s*, rescue, deliver
28 ἀπώλεια, destruction
29 ἁλίσκω, *pres pas ind 3p*, conquer, take captive
30 παράνομος, lawless
31 τελευτάω, *aor act ptc gen s m*, die
32 ὄλλυμι, *pres mid ind 3s*, perish
33 καύχημα, boast
34 ἀσεβής, ungodly, wicked
35 θήρα, pit, snare
36 ἐκδύνω, *pres act ind 3s*, get out of
37 ἀντί, in place of
38 ἀσεβής, ungodly, wicked
39 ἀσεβής, ungodly, wicked
40 παγίς, trap
41 πολίτης, compatriot, fellow citizen
42 αἴσθησις, perception, knowledge
43 εὔοδος, easy, simple

10 ἐν ἀγαθοῖς δικαίων κατώρθωσεν[1] πόλις,
11 στόμασιν δὲ ἀσεβῶν[2] κατεσκάφη.[3]
12 μυκτηρίζει[4] πολίτας[5] ἐνδεὴς[6] φρενῶν,[7]
ἀνὴρ δὲ φρόνιμος[8] ἡσυχίαν[9] ἄγει.
13 ἀνὴρ δίγλωσσος[10] ἀποκαλύπτει[11] βουλὰς[12] ἐν συνεδρίῳ,[13]
πιστὸς[14] δὲ πνοῇ[15] κρύπτει[16] πράγματα.[17]
14 οἷς μὴ ὑπάρχει κυβέρνησις,[18] πίπτουσιν ὥσπερ φύλλα,[19]
σωτηρία δὲ ὑπάρχει ἐν πολλῇ βουλῇ.[20]
15 πονηρὸς κακοποιεῖ,[21] ὅταν συμμείξῃ[22] δικαίῳ,
μισεῖ δὲ ἦχον[23] ἀσφαλείας.[24]
16 γυνὴ εὐχάριστος[25] ἐγείρει[26] ἀνδρὶ δόξαν,
θρόνος δὲ ἀτιμίας[27] γυνὴ μισοῦσα δίκαια.
πλούτου[28] ὀκνηροὶ[29] ἐνδεεῖς[30] γίνονται,
οἱ δὲ ἀνδρεῖοι[31] ἐρείδονται[32] πλούτῳ.
17 τῇ ψυχῇ αὐτοῦ ἀγαθὸν ποιεῖ ἀνὴρ ἐλεήμων,[33]
ἐξολλύει[34] δὲ αὐτοῦ σῶμα ὁ ἀνελεήμων.[35]
18 ἀσεβὴς[36] ποιεῖ ἔργα ἄδικα,[37]
σπέρμα δὲ δικαίων μισθὸς[38] ἀληθείας.
19 υἱὸς δίκαιος γεννᾶται εἰς ζωήν,
διωγμὸς[39] δὲ ἀσεβοῦς[40] εἰς θάνατον.
20 βδέλυγμα[41] κυρίῳ διεστραμμέναι[42] ὁδοί,
προσδεκτοὶ[43] δὲ αὐτῷ πάντες ἄμωμοι[44] ἐν ταῖς ὁδοῖς αὐτῶν.

1 κατορθόω, *aor act ind 3s*, complete successfully
2 ἀσεβής, ungodly, wicked
3 κατασκάπτω, *aor pas ind 3s*, raze, level
4 μυκτηρίζω, *pres act ind 3s*, treat contemptuously
5 πολίτης, compatriot, fellow citizen
6 ἐνδεής, lacking
7 φρήν, understanding
8 φρόνιμος, prudent, wise
9 ἡσυχία, quiet
10 δίγλωσσος, loose-tongued
11 ἀποκαλύπτω, *pres act ind 3s*, reveal
12 βουλή, plan
13 συνέδριον, assembly
14 πιστός, trustworthy
15 πνοή, breath
16 κρύπτω, *pres act ind 3s*, keep private
17 πρᾶγμα, matter
18 κυβέρνησις, oversight, direction
19 φύλλον, leaf
20 βουλή, counsel, advice
21 κακοποιέω, *pres act ind 3s*, do evil
22 συμμείγνυμι, *aor act sub 3s*, mingle with, converse with
23 ἦχος, sound
24 ἀσφάλεια, safety
25 εὐχάριστος, agreeable
26 ἐγείρω, *pres act ind 3s*, bring about, restore
27 ἀτιμία, dishonor
28 πλοῦτος, wealth, riches
29 ὀκνηρός, lazy, idle
30 ἐνδεής, needy
31 ἀνδρεῖος, virtuous
32 ἐρείδω, *pres pas ind 3p*, support, maintain
33 ἐλεήμων, merciful
34 ἐξόλλυμι, *pres act ind 3s*, utterly ruin
35 ἀνελεήμων, merciless
36 ἀσεβής, ungodly, wicked
37 ἄδικος, unjust, unrighteous
38 μισθός, wages, reward
39 διωγμός, pursuit
40 ἀσεβής, ungodly, wicked
41 βδέλυγμα, abomination
42 διαστρέφω, *perf pas ptc nom p f*, pervert, mislead
43 προσδεκτός, acceptable
44 ἄμωμος, blameless

21 χειρὶ χεῖρας ἐμβαλὼν[1] ἀδίκως[2] οὐκ ἀτιμώρητος[3] ἔσται,
ὁ δὲ σπείρων[4] δικαιοσύνην λήμψεται μισθὸν[5] πιστόν.[6]

22 ὥσπερ ἐνώτιον[7] ἐν ῥινὶ[8] ὑός,[9]
οὕτως γυναικὶ κακόφρονι[10] κάλλος.

23 ἐπιθυμία[11] δικαίων πᾶσα ἀγαθή,
ἐλπὶς δὲ ἀσεβῶν[12] ἀπολεῖται.

24 εἰσὶν οἳ τὰ ἴδια[13] σπείροντες[14] πλείονα[15] ποιοῦσιν,
εἰσὶν καὶ οἳ συνάγοντες ἐλαττονοῦνται.[16]

25 ψυχὴ εὐλογουμένη πᾶσα ἁπλῆ,[17]
ἀνὴρ δὲ θυμώδης[18] οὐκ εὐσχήμων.[19]

26 ὁ συνέχων[20] σῖτον[21] ὑπολίποιτο[22] αὐτὸν τοῖς ἔθνεσιν,
εὐλογία[23] δὲ εἰς κεφαλὴν τοῦ μεταδιδόντος.[24]

27 τεκταινόμενος[25] ἀγαθὰ ζητεῖ χάριν ἀγαθήν·
ἐκζητοῦντα[26] δὲ κακά, καταλήμψεται[27] αὐτόν.

28 ὁ πεποιθὼς ἐπὶ πλούτῳ,[28] οὗτος πεσεῖται·
ὁ δὲ ἀντιλαμβανόμενος[29] δικαίων, οὗτος ἀνατελεῖ.[30]

29 ὁ μὴ συμπεριφερόμενος[31] τῷ ἑαυτοῦ οἴκῳ κληρονομήσει[32] ἄνεμον,[33]
δουλεύσει[34] δὲ ἄφρων[35] φρονίμῳ.[36]

30 ἐκ καρποῦ δικαιοσύνης φύεται[37] δένδρον[38] ζωῆς,
ἀφαιροῦνται[39] δὲ ἄωροι[40] ψυχαὶ παρανόμων.[41]

1 ἐμβάλλω, *aor act ptc nom s m*, join up
2 ἀδίκως, unjustly
3 ἀτιμώρητος, unpunished
4 σπείρω, *pres act ptc nom s m*, sow
5 μισθός, wages, reward
6 πιστός, sure, trustworthy
7 ἐνώτιον, ring
8 ῥίς, nose
9 ὗς, pig
10 κακόφρων, ill-minded
11 ἐπιθυμία, desire
12 ἀσεβής, ungodly, wicked
13 ἴδιος, one's own
14 σπείρω, *pres act ptc nom p m*, sow
15 πλείων/πλεῖον, *comp of* πολύς, more, greater
16 ἐλαττονέω, *pres mid ind 3p*, have less
17 ἁπλοῦς, sincere
18 θυμώδης, angry, wrathful
19 εὐσχήμων, respectable, reputable
20 συνέχω, *pres act ptc nom s m*, hold in excess
21 σῖτος, grain
22 ὑπολείπω, *aor mid opt 3s*, spare, leave for
23 εὐλογία, blessing
24 μεταδίδωμι, *pres act ptc gen s m*, share, distribute
25 τεκταίνω, *perf mid ptc nom s m*, plan, contrive
26 ἐκζητέω, *pres act ptc acc s m*, seek out
27 καταλαμβάνω, *fut mid ind 3s*, overtake
28 πλοῦτος, wealth, riches
29 ἀντιλαμβάνομαι, *pres mid ptc nom s m*, come to the aid of, support
30 ἀνατέλλω, *fut act ind 3s*, rise, advance
31 συμπεριφέρω, *pres pas ptc nom s m*, accommodate
32 κληρονομέω, *fut act ind 3s*, inherit
33 ἄνεμος, wind
34 δουλεύω, *fut act ind 3s*, serve
35 ἄφρων, foolish
36 φρόνιμος, prudent, thoughtful
37 φύω, *pres mid ind 3s*, spring up, grow
38 δένδρον, tree
39 ἀφαιρέω, *pres pas ind 3p*, cut off, remove
40 ἄωρος, untimely, before ripeness
41 παράνομος, lawless

31 εἰ ὁ μὲν δίκαιος μόλις[1] σῴζεται,
ὁ ἀσεβὴς[2] καὶ ἁμαρτωλὸς ποῦ φανεῖται;[3]

12 ὁ ἀγαπῶν παιδείαν[4] ἀγαπᾷ αἴσθησιν,[5]
ὁ δὲ μισῶν ἐλέγχους[6] ἄφρων.[7]
2 κρείσσων[8] ὁ εὑρὼν χάριν παρὰ κυρίῳ,
ἀνὴρ δὲ παράνομος[9] παρασιωπηθήσεται.[10]
3 οὐ κατορθώσει[11] ἄνθρωπος ἐξ ἀνόμου,[12]
αἱ δὲ ῥίζαι[13] τῶν δικαίων οὐκ ἐξαρθήσονται.[14]
4 γυνὴ ἀνδρεία[15] στέφανος[16] τῷ ἀνδρὶ αὐτῆς·
ὥσπερ δὲ ἐν ξύλῳ[17] σκώληξ,[18]
οὕτως ἄνδρα ἀπόλλυσιν γυνὴ κακοποιός.[19]
5 λογισμοὶ[20] δικαίων κρίματα,[21]
κυβερνῶσιν[22] δὲ ἀσεβεῖς[23] δόλους.[24]
6 λόγοι ἀσεβῶν[25] δόλιοι,[26]
στόμα δὲ ὀρθῶν[27] ῥύσεται[28] αὐτούς.
7 οὗ[29] ἐὰν στραφῇ,[30] ἀσεβὴς[31] ἀφανίζεται,[32]
οἶκοι δὲ δικαίων παραμένουσιν.[33]
8 στόμα συνετοῦ[34] ἐγκωμιάζεται[35] ὑπὸ ἀνδρός,
νωθροκάρδιος[36] δὲ μυκτηρίζεται.[37]

1 μόλις, barely, not usually
2 ἀσεβής, ungodly, wicked
3 φαίνω, *fut mid ind 3s*, show oneself, end up
4 παιδεία, instruction, discipline
5 αἴσθησις, perception, thought
6 ἔλεγχος, reproof, rebuttal
7 ἄφρων, foolish
8 κρείσσων (ττ), *comp of* ἀγαθός, better
9 παράνομος, lawless
10 παρασιωπάω, *fut pas ind 3s*, pass over silently
11 κατορθόω, *fut act ind 3s*, set straight, end up well
12 ἄνομος, lawless
13 ῥίζα, root
14 ἐξαίρω, *fut pas ind 3p*, rip out, remove
15 ἀνδρεῖος, courageous, virtuous
16 στέφανος, crown
17 ξύλον, wood
18 σκώληξ, worm
19 κακοποιός, doing evil
20 λογισμός, reason, thought
21 κρίμα, judgment, decision
22 κυβερνάω, *pres act ind 3p*, govern
23 ἀσεβής, ungodly, wicked
24 δόλος, deceit, treachery
25 ἀσεβής, ungodly, wicked
26 δόλιος, deceitful, treacherous
27 ὀρθός, upright
28 ῥύομαι, *fut mid ind 3s*, deliver, save
29 οὗ, where
30 στρέφω, *aor pas sub 3s*, turn
31 ἀσεβής, wicked, ungodly
32 ἀφανίζω, *pres pas ind 3s*, perish, disappear
33 παραμένω, *pres act ind 3p*, remain, continue on
34 συνετός, prudent, intelligent
35 ἐγκωμιάζω, *pres pas ind 3s*, praise
36 νωθροκάρδιος, slow of heart, dull of heart
37 μυκτηρίζω, *pres pas ind 3s*, mock

9 κρείσσων[1] ἀνὴρ ἐν ἀτιμίᾳ[2] δουλεύων[3] ἑαυτῷ
ἢ τιμὴν[4] ἑαυτῷ περιτιθεὶς[5] καὶ προσδεόμενος[6] ἄρτου.
10 δίκαιος οἰκτίρει[7] ψυχὰς κτηνῶν[8] αὐτοῦ,
τὰ δὲ σπλάγχνα[9] τῶν ἀσεβῶν[10] ἀνελεήμονα.[11]
11 ὁ ἐργαζόμενος τὴν ἑαυτοῦ γῆν ἐμπλησθήσεται[12] ἄρτων,
οἱ δὲ διώκοντες μάταια[13] ἐνδεεῖς[14] φρενῶν.[15]
11a ὅς ἐστιν ἡδὺς[16] ἐν οἴνων διατριβαῖς,[17]
ἐν τοῖς ἑαυτοῦ ὀχυρώμασιν[18] καταλείψει[19] ἀτιμίαν.[20]
12 ἐπιθυμίαι[21] ἀσεβῶν[22] κακαί,
αἱ δὲ ῥίζαι[23] τῶν εὐσεβῶν[24] ἐν ὀχυρώμασιν.[25]
13 δι᾽ ἁμαρτίαν χειλέων[26] ἐμπίπτει[27] εἰς παγίδας[28] ἁμαρτωλός,
ἐκφεύγει[29] δὲ ἐξ αὐτῶν δίκαιος.
13a ὁ βλέπων λεῖα[30] ἐλεηθήσεται,[31]
ὁ δὲ συναντῶν[32] ἐν πύλαις[33] ἐκθλίψει[34] ψυχάς.
14 ἀπὸ καρπῶν στόματος ψυχὴ ἀνδρὸς πλησθήσεται[35] ἀγαθῶν,
ἀνταπόδομα[36] δὲ χειλέων[37] αὐτοῦ δοθήσεται αὐτῷ.
15 ὁδοὶ ἀφρόνων[38] ὀρθαὶ[39] ἐνώπιον αὐτῶν,
εἰσακούει[40] δὲ συμβουλίας[41] σοφός.[42]
16 ἄφρων[43] αὐθημερὸν[44] ἐξαγγέλλει[45] ὀργὴν αὐτοῦ,
κρύπτει[46] δὲ τὴν ἑαυτοῦ ἀτιμίαν[47] πανοῦργος.[48]

1 κρείσσων (ττ), *comp of* ἀγαθός, better
2 ἀτιμία, dishonor, disgrace
3 δουλεύω, *pres act ptc nom s m*, be a slave
4 τιμή, honor
5 περιτίθημι, *pres act ptc nom s m*, grant, ascribe
6 προσδέομαι, *pres mid ptc nom s m*, need, lack
7 οἰκτίρω, *pres act ind 3s*, have compassion
8 κτῆνος, animal
9 σπλάγχνον, affections, feelings
10 ἀσεβής, ungodly, wicked
11 ἀνελεήμων, merciless
12 ἐμπίμπλημι, *fut pas ind 3s*, satisfy
13 μάταιος, worthless, pointless
14 ἐνδεής, lacking
15 φρήν, understanding, sense
16 ἡδύς, well pleased, content
17 διατριβή, pastime, amusement
18 ὀχύρωμα, stronghold, fortress
19 καταλείπω, *fut act ind 3s*, leave behind
20 ἀτιμία, disgrace
21 ἐπιθυμία, desire
22 ἀσεβής, ungodly, wicked
23 ῥίζα, root
24 εὐσεβής, pious, holy
25 ὀχύρωμα, stronghold, fortress
26 χεῖλος, lip, (speech)
27 ἐμπίπτω, *pres act ind 3s*, fall into
28 παγίς, trap
29 ἐκφεύγω, *pres act ind 3s*, escape, get out of
30 λεῖος, gentle
31 ἐλεέω, *fut pas ind 3s*, show mercy
32 συναντάω, *pres act ptc nom s m*, meet (in conflict)
33 πύλη, gate
34 ἐκθλίβω, *fut act ind 3s*, afflict
35 πίμπλημι, *fut pas ind 3s*, satisfy
36 ἀνταπόδομα, reward
37 χεῖλος, lip, (speech)
38 ἄφρων, foolish
39 ὀρθός, upright
40 εἰσακούω, *pres act ind 3s*, listen to
41 συμβουλία, advice, counsel
42 σοφός, wise (person)
43 ἄφρων, foolish
44 αὐθημερόν, immediately
45 ἐξαγγέλλω, *pres act ind 3s*, proclaim, declare
46 κρύπτω, *pres act ind 3s*, conceal
47 ἀτιμία, dishonor, disgrace
48 πανοῦργος, prudent

17 ἐπιδεικνυμένην[1] πίστιν ἀπαγγέλλει δίκαιος,
ὁ δὲ μάρτυς[2] τῶν ἀδίκων[3] δόλιος.[4]
18 εἰσὶν οἳ λέγοντες τιτρώσκουσιν[5] μαχαίρᾳ,[6]
γλῶσσαι δὲ σοφῶν[7] ἰῶνται.[8]
19 χείλη[9] ἀληθινὰ[10] κατορθοῖ[11] μαρτυρίαν,[12]
μάρτυς[13] δὲ ταχὺς[14] γλῶσσαν ἔχει ἄδικον.[15]
20 δόλος[16] ἐν καρδίᾳ τεκταινομένου[17] κακά,
οἱ δὲ βουλόμενοι εἰρήνην εὐφρανθήσονται.[18]
21 οὐκ ἀρέσει[19] τῷ δικαίῳ οὐδὲν ἄδικον,[20]
οἱ δὲ ἀσεβεῖς[21] πλησθήσονται[22] κακῶν.
22 βδέλυγμα[23] κυρίῳ χείλη[24] ψευδῆ,[25]
ὁ δὲ ποιῶν πίστεις δεκτὸς[26] παρ᾽ αὐτῷ.
23 ἀνὴρ συνετὸς[27] θρόνος αἰσθήσεως,[28]
καρδία δὲ ἀφρόνων[29] συναντήσεται[30] ἀραῖς.
24 χεὶρ ἐκλεκτῶν[31] κρατήσει εὐχερῶς,[32]
δόλιοι[33] δὲ ἔσονται εἰς προνομήν.[34]
25 φοβερὸς[35] λόγος καρδίαν ταράσσει[36] ἀνδρὸς δικαίου,
ἀγγελία[37] δὲ ἀγαθὴ εὐφραίνει[38] αὐτόν.
26 ἐπιγνώμων[39] δίκαιος ἑαυτοῦ φίλος[40] ἔσται,
αἱ δὲ γνῶμαι[41] τῶν ἀσεβῶν[42] ἀνεπιεικεῖς.[43]

1 ἐπιδείκνυμι, *pres mid ptc acc s f*, demonstrate, point out
2 μάρτυς, witness
3 ἄδικος, unrighteous, unjust
4 δόλιος, deceitful, treacherous
5 τιτρώσκω, *pres act ind 3p*, wound, pierce
6 μάχαιρα, sword
7 σοφός, wise
8 ἰάομαι, *pres mid ind 3p*, heal
9 χεῖλος, lip, (speech)
10 ἀληθινός, trustworthy, truthful
11 κατορθόω, *pres act ind 3s*, set straight, establish
12 μαρτυρία, testimony
13 μάρτυς, witness
14 ταχύς, hasty
15 ἄδικος, unrighteous, unjust
16 δόλος, deceit, treachery
17 τεκταίνω, *pres mid ptc gen s m*, design, scheme
18 εὐφραίνω, *fut pas ind 3p*, rejoice
19 ἀρέσκω, *fut act ind 3s*, please
20 ἄδικος, unrighteous, unjust
21 ἀσεβής, ungodly, wicked
22 πίμπλημι, *fut pas ind 3p*, satisfy
23 βδέλυγμα, abomination
24 χεῖλος, lip, (speech)
25 ψευδής, lying, false
26 δεκτός, acceptable
27 συνετός, intelligent, sensible
28 αἴσθησις, discernment, perception
29 ἄφρων, foolish
30 συναντάω, *fut mid ind 3s*, meet, encounter
31 ἐκλεκτός, chosen
32 εὐχερῶς, easily, capably
33 δόλιος, deceitful, treacherous
34 προνομή, slavery, captivity
35 φοβερός, terrible, fearful
36 ταράσσω, *pres act ind 3s*, upset, trouble
37 ἀγγελία, news, report
38 εὐφραίνω, *pres act ind 3s*, gladden, cheer
39 ἐπιγνώμων, arbiter, judge
40 φίλος, friend, ally
41 γνώμη, judgment, opinion
42 ἀσεβής, ungodly, wicked
43 ἀνεπιεικής, unreasonable

ἁμαρτάνοντας καταδιώξεται[1] κακά,
ἡ δὲ ὁδὸς τῶν ἀσεβῶν[2] πλανήσει αὐτούς.
27 οὐκ ἐπιτεύξεται[3] δόλιος[4] θήρας,[5]
κτῆμα[6] δὲ τίμιον[7] ἀνὴρ καθαρός.[8]
28 ἐν ὁδοῖς δικαιοσύνης ζωή,
ὁδοὶ δὲ μνησικάκων[9] εἰς θάνατον.

13 υἱὸς πανοῦργος[10] ὑπήκοος[11] πατρί,
υἱὸς δὲ ἀνήκοος[12] ἐν ἀπωλείᾳ.[13]
2 ἀπὸ καρπῶν δικαιοσύνης φάγεται ἀγαθός,
ψυχαὶ δὲ παρανόμων[14] ὀλοῦνται[15] ἄωροι.[16]
3 ὃς φυλάσσει τὸ ἑαυτοῦ στόμα, τηρεῖ[17] τὴν ἑαυτοῦ ψυχήν·
ὁ δὲ προπετὴς[18] χείλεσιν[19] πτοήσει[20] ἑαυτόν.
4 ἐν ἐπιθυμίαις[21] ἐστὶν πᾶς ἀεργός,[22]
χεῖρες δὲ ἀνδρείων[23] ἐν ἐπιμελείᾳ.[24]
5 λόγον ἄδικον[25] μισεῖ δίκαιος,
ἀσεβὴς[26] δὲ αἰσχύνεται[27] καὶ οὐχ ἕξει παρρησίαν.[28]
6 δικαιοσύνη φυλάσσει ἀκάκους,[29]
τοὺς δὲ ἀσεβεῖς[30] φαύλους[31] ποιεῖ ἁμαρτία.
7 εἰσὶν οἱ πλουτίζοντες[32] ἑαυτοὺς μηδὲν[33] ἔχοντες,
καὶ εἰσὶν οἱ ταπεινοῦντες[34] ἑαυτοὺς ἐν πολλῷ πλούτῳ.[35]
8 λύτρον[36] ἀνδρὸς ψυχῆς ὁ ἴδιος[37] πλοῦτος,[38]
πτωχὸς δὲ οὐχ ὑφίσταται[39] ἀπειλήν.[40]

1 καταδιώκω, *fut mid ind 3s*, pursue closely
2 ἀσεβής, ungodly, wicked
3 ἐπιτυγχάνω, *fut mid ind 3s*, obtain, procure
4 δόλιος, deceitful, treacherous
5 θήρα, prey, game
6 κτῆμα, possession, property
7 τίμιος, honorable
8 καθαρός, pure
9 μνησίκακος, vengeful
10 πανοῦργος, prudent
11 ὑπήκοος, obedient
12 ἀνήκοος, disobedient
13 ἀπώλεια, destruction, ruin
14 παράνομος, lawless
15 ὄλλυμι, *fut mid ind 3p*, perish
16 ἄωρος, too soon, in an untimely way
17 τηρέω, *pres act impv 2s*, keep, guard
18 προπετής, rash, reckless
19 χεῖλος, lip, (speech)
20 πτοέω, *fut act ind 3s*, terrorize
21 ἐπιθυμία, desire
22 ἀεργός, lazy (person)
23 ἀνδρεῖος, virtuous
24 ἐπιμέλεια, diligence, attention
25 ἄδικος, unrighteous
26 ἀσεβής, ungodly, wicked
27 αἰσχύνω, *pres pas ind 3s*, dishonor
28 παρρησία, confidence
29 ἄκακος, innocent
30 ἀσεβής, ungodly, wicked
31 φαῦλος, worthless
32 πλουτίζω, *pres act ptc nom p m*, enrich
33 μηδείς, nothing
34 ταπεινόω, *pres act ptc nom p m*, humble
35 πλοῦτος, wealth
36 λύτρον, ransom
37 ἴδιος, one's own
38 πλοῦτος, wealth
39 ὑφίστημι, *pres mid ind 3s*, face, undergo
40 ἀπειλή, threat

9 φῶς δικαίοις διὰ παντός,
φῶς δὲ ἀσεβῶν[1] σβέννυται.[2]
9a ψυχαὶ δόλιαι[3] πλανῶνται ἐν ἁμαρτίαις,
δίκαιοι δὲ οἰκτίρουσιν[4] καὶ ἐλεῶσιν.[5]
10 κακὸς μεθ᾽ ὕβρεως[6] πράσσει[7] κακά,
οἱ δὲ ἑαυτῶν ἐπιγνώμονες[8] σοφοί.[9]
11 ὕπαρξις[10] ἐπισπουδαζομένη[11] μετὰ ἀνομίας[12] ἐλάσσων[13] γίνεται,
ὁ δὲ συνάγων ἑαυτῷ μετ᾽ εὐσεβείας[14] πληθυνθήσεται·[15]
δίκαιος οἰκτίρει[16] καὶ κιχρᾷ.[17]
12 κρείσσων[18] ἐναρχόμενος[19] βοηθῶν[20] καρδίᾳ
τοῦ ἐπαγγελλομένου[21] καὶ εἰς ἐλπίδα ἄγοντος·
δένδρον[22] γὰρ ζωῆς ἐπιθυμία[23] ἀγαθή.
13 ὃς καταφρονεῖ[24] πράγματος,[25] καταφρονηθήσεται[26] ὑπ᾽ αὐτοῦ·
ὁ δὲ φοβούμενος ἐντολήν, οὗτος ὑγιαίνει.[27]
13a υἱῷ δολίῳ[28] οὐδὲν ἔσται ἀγαθόν,
οἰκέτῃ[29] δὲ σοφῷ[30] εὔοδοι[31] ἔσονται πράξεις,[32]
καὶ κατευθυνθήσεται[33] ἡ ὁδὸς αὐτοῦ.
14 νόμος σοφοῦ[34] πηγὴ[35] ζωῆς,
ὁ δὲ ἄνους[36] ὑπὸ παγίδος[37] θανεῖται.[38]
15 σύνεσις[39] ἀγαθὴ δίδωσιν χάριν,
τὸ δὲ γνῶναι νόμον διανοίας[40] ἐστὶν ἀγαθῆς,
ὁδοὶ δὲ καταφρονούντων[41] ἐν ἀπωλείᾳ.[42]

1 ἀσεβής, ungodly, wicked
2 σβέννυμι, *pres pas ind 3s*, put out
3 δόλιος, deceitful, treacherous
4 οἰκτίρω, *pres act ind 3p*, have compassion
5 ἐλεάω, *pres act sub 3p*, show mercy
6 ὕβρις, pride, arrogance
7 πράσσω, *pres act ind 3s*, practice, do
8 ἐπιγνώμων, judge
9 σοφός, wise
10 ὕπαρξις, property
11 ἐπισπουδάζω, *pres pas ptc nom s f*, do in haste
12 ἀνομία, wickedness
13 ἐλάσσων (ττ), *comp of* μικρός, *from* ἐλαχύς, less, reduced
14 εὐσέβεια, piety, godliness
15 πληθύνω, *fut pas ind 3s*, increase
16 οἰκτίρω, *pres act ind 3s*, have pity
17 κιχράω, *pres act ind 3s*, lend (money)
18 κρείσσων (ττ), *comp of* ἀγαθός, better
19 ἐνάρχομαι, *pres mid ptc nom s m*, begin
20 βοηθέω, *pres act ptc nom s m*, help
21 ἐπαγγέλλω, *pres mid ptc gen s m*, promise
22 δένδρον, tree
23 ἐπιθυμία, desire
24 καταφρονέω, *pres act ind 3s*, despise
25 πρᾶγμα, matter, issue
26 καταφρονέω, *fut pas ind 3s*, despise
27 ὑγιαίνω, *pres act ind 3s*, be well, prosper
28 δόλιος, deceitful, treacherous
29 οἰκέτης, household servant
30 σοφός, wise
31 εὔοδος, favorable, easy
32 πρᾶξις, business, dealing
33 κατευθύνω, *fut pas ind 3s*, keep straight
34 σοφός, wise, prudent
35 πηγή, fountain
36 ἄνους, senseless
37 παγίς, trap
38 θνῄσκω, *fut mid ind 3s*, die
39 σύνεσις, intelligence, discretion
40 διάνοια, mind
41 καταφρονέω, *pres act ptc gen p m*, scorn, scoff
42 ἀπώλεια, destruction, ruin

16 πᾶς πανοῦργος[1] πράσσει[2] μετὰ γνώσεως,[3]
ὁ δὲ ἄφρων[4] ἐξεπέτασεν[5] ἑαυτοῦ κακίαν.[6]
17 βασιλεὺς θρασὺς[7] ἐμπεσεῖται[8] εἰς κακά,
ἄγγελος δὲ πιστὸς[9] ῥύσεται[10] αὐτόν.
18 πενίαν[11] καὶ ἀτιμίαν[12] ἀφαιρεῖται[13] παιδεία,[14]
ὁ δὲ φυλάσσων ἐλέγχους[15] δοξασθήσεται.
19 ἐπιθυμίαι[16] εὐσεβῶν[17] ἡδύνουσιν[18] ψυχήν,
ἔργα δὲ ἀσεβῶν[19] μακρὰν[20] ἀπὸ γνώσεως.[21]
20 ὁ συμπορευόμενος[22] σοφοῖς[23] σοφὸς ἔσται,
ὁ δὲ συμπορευόμενος ἄφροσι[24] γνωσθήσεται.
21 ἁμαρτάνοντας καταδιώξεται[25] κακά,
τοὺς δὲ δικαίους καταλήμψεται[26] ἀγαθά.
22 ἀγαθὸς ἀνὴρ κληρονομήσει[27] υἱοὺς υἱῶν,
θησαυρίζεται[28] δὲ δικαίοις πλοῦτος[29] ἀσεβὼν.[30]
23 δίκαιοι ποιήσουσιν ἐν πλούτῳ[31] ἔτη πολλά,
ἄδικοι[32] δὲ ἀπολοῦνται συντόμως.[33]
24 ὃς φείδεται[34] τῆς βακτηρίας,[35] μισεῖ τὸν υἱὸν αὐτοῦ·
ὁ δὲ ἀγαπῶν ἐπιμελῶς[36] παιδεύει.[37]
25 δίκαιος ἔσθων[38] ἐμπιπλᾷ[39] τὴν ψυχὴν αὐτοῦ,
ψυχαὶ δὲ ἀσεβῶν[40] ἐνδεεῖς.[41]

1 πανοῦργος, prudent
2 πράσσω, *pres act ind 3s*, act
3 γνῶσις, knowledge
4 ἄφρων, foolish
5 ἐκπετάννυμι, *aor act ind 3s*, display, unfurl
6 κακία, wickedness, evil
7 θρασύς, insolent, rash
8 ἐμπίπτω, *fut mid ind 3s*, fall into
9 πιστός, trustworthy, reliable
10 ῥύομαι, *fut mid ind 3s*, rescue, save
11 πενία, poverty
12 ἀτιμία, dishonor, disgrace
13 ἀφαιρέω, *pres mid ind 3s*, remove
14 παιδεία, instruction, discipline
15 ἔλεγχος, reproof, rebuke
16 ἐπιθυμία, desire
17 εὐσεβής, pious, godly
18 ἡδύνω, *pres act ind 3p*, gladden
19 ἀσεβής, ungodly, wicked
20 μακράν, far away
21 γνῶσις, knowledge
22 συμπορεύομαι, *pres mid ptc nom s m*, go along with, walk beside
23 σοφός, wise
24 ἄφρων, fool
25 καταδιώκω, *fut mid ind 3s*, pursue closely
26 καταλαμβάνω, *fut mid ind 3s*, befall
27 κληρονομέω, *fut act ind 3s*, bequeath an inheritance
28 θησαυρίζω, *pres pas ind 3s*, store up
29 πλοῦτος, wealth
30 ἀσεβής, ungodly, wicked
31 πλοῦτος, wealth
32 ἄδικος, unrighteous, unjust
33 συντόμως, quickly, suddenly
34 φείδομαι, *pres mid ind 3s*, spare, avoid
35 βακτηρία, rod
36 ἐπιμελῶς, carefully
37 παιδεύω, *pres act ind 3s*, instruct, discipline
38 ἔσθω, *pres act ptc nom s m*, eat
39 ἐμπίπλημι, *pres act ind 3s*, satisfy
40 ἀσεβής, ungodly, wicked
41 ἐνδεής, lacking

14 σοφαὶ[1] γυναῖκες ᾠκοδόμησαν οἴκους,
ἡ δὲ ἄφρων[2] κατέσκαψεν[3] ταῖς χερσὶν αὐτῆς.
2 ὁ πορευόμενος ὀρθῶς[4] φοβεῖται τὸν κύριον,
ὁ δὲ σκολιάζων[5] ταῖς ὁδοῖς αὐτοῦ ἀτιμασθήσεται.[6]
3 ἐκ στόματος ἀφρόνων[7] βακτηρία[8] ὕβρεως,[9]
χείλη[10] δὲ σοφῶν[11] φυλάσσει αὐτούς.
4 οὗ[12] μή εἰσιν βόες,[13] φάτναι[14] καθαραί·[15]
οὗ δὲ πολλὰ γενήματα,[16] φανερὰ[17] βοὸς[18] ἰσχύς.[19]
5 μάρτυς[20] πιστὸς[21] οὐ ψεύδεται,[22]
ἐκκαίει[23] δὲ ψεύδη[24] μάρτυς ἄδικος.[25]
6 ζητήσεις σοφίαν παρὰ κακοῖς καὶ οὐχ εὑρήσεις,
αἴσθησις[26] δὲ παρὰ φρονίμοις[27] εὐχερής.[28]
7 πάντα ἐναντία[29] ἀνδρὶ ἄφρονι,[30]
ὅπλα[31] δὲ αἰσθήσεως[32] χείλη[33] σοφά.[34]
8 σοφία πανούργων[35] ἐπιγνώσεται τὰς ὁδοὺς αὐτῶν,
ἄνοια[36] δὲ ἀφρόνων[37] ἐν πλάνῃ.[38]
9 οἰκίαι παρανόμων[39] ὀφειλήσουσιν[40] καθαρισμόν,[41]
οἰκίαι δὲ δικαίων δεκταί.[42]
10 καρδία ἀνδρὸς αἰσθητική,[43] λυπηρὰ[44] ψυχὴ αὐτοῦ·
ὅταν δὲ εὐφραίνηται,[45] οὐκ ἐπιμείγνυται[46] ὕβρει.[47]

1 σοφός, wise
2 ἄφρων, foolish
3 κατασκάπτω, *aor act ind 3s*, tear down, level
4 ὀρθῶς, rightly, uprightly
5 σκολιάζω, *pres act ptc nom s m*, be crooked
6 ἀτιμάζω, *fut pas ind 3s*, dishonor
7 ἄφρων, fool
8 βακτηρία, rod
9 ὕβρις, arrogance, pride
10 χεῖλος, lip, (speech)
11 σοφός, wise
12 οὗ, where
13 βοῦς, cow, (*p*) cattle
14 φάτνη, stall, manger
15 καθαρός, clean
16 γένημα, produce, yield
17 φανερός, evident, obvious
18 βοῦς, ox
19 ἰσχύς, strength
20 μάρτυς, witness
21 πιστός, trustworthy, credible
22 ψεύδομαι, *pres mid ind 3s*, lie
23 ἐκκαίω, *pres act ind 3s*, kindle
24 ψεῦδος, lie, falsehood
25 ἄδικος, unjust
26 αἴσθησις, sense, perception
27 φρόνιμος, prudent, clever
28 εὐχερής, easy (to find)
29 ἐναντίος, opposing
30 ἄφρων, foolish
31 ὅπλον, weapon, armor
32 αἴσθησις, sense, perception
33 χεῖλος, lip, (speech)
34 σοφός, wise
35 πανοῦργος, prudent
36 ἄνοια, folly, stupidity
37 ἄφρων, foolish (person)
38 πλάνη, error, delusion
39 παράνομος, lawless
40 ὀφείλω, *fut act ind 3p*, owe, be subject to
41 καθαρισμός, purification
42 δεκτός, acceptable
43 αἰσθητικός, sensitive
44 λυπηρός, sorrowful, grieved
45 εὐφραίνω, *pres mid sub 3s*, rejoice
46 ἐπιμείγνυμι, *pres pas ind 3s*, mingle with
47 ὕβρις, pride, arrogance

11 οἰκίαι ἀσεβῶν[1] ἀφανισθήσονται,[2]
σκηναὶ[3] δὲ κατορθούντων[4] στήσονται.
12 ἔστιν ὁδὸς ἣ δοκεῖ[5] ὀρθὴ[6] εἶναι παρὰ ἀνθρώποις,
τὰ δὲ τελευταῖα[7] αὐτῆς ἔρχεται εἰς πυθμένα[8] ᾅδου.[9]
13 ἐν εὐφροσύναις[10] οὐ προσμείγνυται[11] λύπη,[12]
τελευταία[13] δὲ χαρὰ[14] εἰς πένθος[15] ἔρχεται.
14 τῶν ἑαυτοῦ ὁδῶν πλησθήσεται[16] θρασυκάρδιος,[17]
ἀπὸ δὲ τῶν διανοημάτων[18] αὐτοῦ ἀνὴρ ἀγαθός.
15 ἄκακος[19] πιστεύει[20] παντὶ λόγῳ,
πανοῦργος[21] δὲ ἔρχεται εἰς μετάνοιαν.[22]
16 σοφὸς[23] φοβηθεὶς ἐξέκλινεν[24] ἀπὸ κακοῦ,
ὁ δὲ ἄφρων[25] ἑαυτῷ πεποιθὼς[26] μείγνυται[27] ἀνόμῳ.[28]
17 ὀξύθυμος[29] πράσσει[30] μετὰ ἀβουλίας,[31]
ἀνὴρ δὲ φρόνιμος[32] πολλὰ ὑποφέρει.[33]
18 μεριοῦνται[34] ἄφρονες[35] κακίαν,[36]
οἱ δὲ πανοῦργοι[37] κρατήσουσιν αἰσθήσεως.[38]
19 ὀλισθήσουσιν[39] κακοὶ ἔναντι[40] ἀγαθῶν,
καὶ ἀσεβεῖς[41] θεραπεύσουσιν[42] θύρας δικαίων.
20 φίλοι[43] μισήσουσιν φίλους πτωχούς,[44]
φίλοι δὲ πλουσίων[45] πολλοί.

1 ἀσεβής, ungodly, wicked
2 ἀφανίζω, *fut pas ind 3p*, destroy
3 σκηνή, tent
4 κατορθόω, *pres act ptc gen p m*, keep upright
5 δοκέω, *pres act ind 3s*, seem, appear
6 ὀρθός, right
7 τελευταῖος, final (part), last (portion)
8 πυθμήν, depth
9 ᾅδης, Hades, underworld
10 εὐφροσύνη, gladness
11 προσμείγνυμι, *pres mid ind 3s*, have communion with, associate with
12 λύπη, grief, sorrow
13 τελευταῖος, (at last, in the end)
14 χαρά, joy
15 πένθος, grief, sorrow
16 πίμπλημι, *fut pas ind 3s*, fill
17 θρασυκάρδιος, bold-hearted
18 διανόημα, thought
19 ἄκακος, innocent
20 πιστεύω, *pres act ind 3s*, believe
21 πανοῦργος, prudent
22 μετάνοια, change of mind, (second thought)
23 σοφός, wise
24 ἐκκλίνω, *aor act ind 3s*, turn away
25 ἄφρων, foolish
26 πείθω, *perf act ptc nom s m*, trust in
27 μείγνυμι, *pres mid ind 3s*, mingle
28 ἄνομος, lawless
29 ὀξύθυμος, passionate
30 πράσσω, *pres act ind 3s*, act
31 ἀβουλία, recklessness
32 φρόνιμος, prudent
33 ὑποφέρω, *pres act ind 3s*, bear up under
34 μερίζω, *fut mid ind 3p*, apportion
35 ἄφρων, foolish
36 κακία, evil, wickedness
37 πανοῦργος, prudent
38 αἴσθησις, sense, perception
39 ὀλισθάνω, *fut act ind 3p*, be liable to slip
40 ἔναντι, before
41 ἀσεβής, ungodly, wicked
42 θεραπεύω, *fut act ind 3p*, serve
43 φίλος, friend
44 πτωχός, poor
45 πλούσιος, rich

21 ὁ ἀτιμάζων[1] πένητας[2] ἁμαρτάνει,
ἐλεῶν[3] δὲ πτωχοὺς μακαριστός.[4]
22 πλανώμενοι τεκταίνουσι[5] κακά,
ἔλεον[6] δὲ καὶ ἀλήθειαν τεκταίνουσιν ἀγαθοί.
οὐκ ἐπίστανται[7] ἔλεον καὶ πίστιν τέκτονες[8] κακῶν,
ἐλεημοσύναι[9] δὲ καὶ πίστεις παρὰ τέκτοσιν ἀγαθοῖς.
23 ἐν παντὶ μεριμνῶντι[10] ἔνεστιν[11] περισσόν,[12]
ὁ δὲ ἡδὺς[13] καὶ ἀνάλγητος[14] ἐν ἐνδείᾳ[15] ἔσται.
24 στέφανος[16] σοφῶν[17] πανοῦργος,[18]
ἡ δὲ διατριβὴ[19] ἀφρόνων[20] κακή.
25 ῥύσεται[21] ἐκ κακῶν ψυχὴν μάρτυς[22] πιστός,[23]
ἐκκαίει[24] δὲ ψεύδη[25] δόλιος.[26]
26 ἐν φόβῳ κυρίου ἐλπὶς ἰσχύος,[27]
τοῖς δὲ τέκνοις αὐτοῦ καταλείπει[28] ἔρεισμα.[29]
27 πρόσταγμα[30] κυρίου πηγὴ[31] ζωῆς,
ποιεῖ δὲ ἐκκλίνειν[32] ἐκ παγίδος[33] θανάτου.
28 ἐν πολλῷ ἔθνει δόξα βασιλέως,
ἐν δὲ ἐκλείψει[34] λαοῦ συντριβὴ[35] δυνάστου.[36]
29 μακρόθυμος[37] ἀνὴρ πολὺς ἐν φρονήσει,[38]
ὁ δὲ ὀλιγόψυχος[39] ἰσχυρῶς[40] ἄφρων.[41]

1 ἀτιμάζω, *pres act ptc nom s m*, dishonor, shame
2 πένης, needy
3 ἐλεέω, *pres act ptc nom s m*, show mercy to
4 μακαριστός, most blessed
5 τεκταίνω, *pres act ind 3p*, contrive, devise
6 ἔλεος, mercy, compassion
7 ἐπίσταμαι, *pres mid ind 3p*, understand
8 τέκτων, worker
9 ἐλεημοσύνη, charity
10 μεριμνάω, *pres act ptc dat s m*, take care, be careful
11 ἔνειμι, *pres act ind 3s*, be present
12 περισσός, (abundance)
13 ἡδύς, pleasant
14 ἀνάλγητος, fool
15 ἔνδεια, lack, poverty
16 στέφανος, crown
17 σοφός, wise
18 πανοῦργος, sense, perception
19 διατριβή, amusement, pastime
20 ἄφρων, foolish
21 ῥύομαι, *fut mid ind 3s*, rescue, save
22 μάρτυς, witness
23 πιστός, faithful, trustworthy
24 ἐκκαίω, *pres act ind 3s*, kindle
25 ψεῦδος, lie, falsehood
26 δόλιος, deceitful (person)
27 ἰσχύς, strength
28 καταλείπω, *pres act ind 3s*, leave behind
29 ἔρεισμα, support
30 πρόσταγμα, commandment
31 πηγή, fountain
32 ἐκκλίνω, *pres act inf*, turn away
33 παγίς, trap, snare
34 ἔκλειψις, failure
35 συντριβή, ruin, destruction
36 δυνάστης, ruler
37 μακρόθυμος, patient
38 φρόνησις, prudence
39 ὀλιγόψυχος, fainthearted, despondent
40 ἰσχυρῶς, exceedingly
41 ἄφρων, foolish

30 πραΰθυμος[1] ἀνὴρ καρδίας ἰατρός,[2]
σὴς[3] δὲ ὀστέων[4] καρδία αἰσθητική.[5]
31 ὁ συκοφαντῶν[6] πένητα[7] παροξύνει[8] τὸν ποιήσαντα αὐτόν,
ὁ δὲ τιμῶν[9] αὐτὸν ἐλεᾷ[10] πτωχόν.
32 ἐν κακίᾳ[11] αὐτοῦ ἀπωσθήσεται[12] ἀσεβής,[13]
ὁ δὲ πεποιθὼς τῇ ἑαυτοῦ ὁσιότητι[14] δίκαιος.
33 ἐν καρδίᾳ ἀγαθῇ ἀνδρὸς σοφία,
ἐν δὲ καρδίᾳ ἀφρόνων[15] οὐ διαγινώσκεται.[16]
34 δικαιοσύνη ὑψοῖ[17] ἔθνος,
ἐλασσονοῦσι[18] δὲ φυλὰς ἁμαρτίαι.
35 δεκτὸς[19] βασιλεῖ ὑπηρέτης[20] νοήμων,[21]
τῇ δὲ ἑαυτοῦ εὐστροφίᾳ[22] ἀφαιρεῖται[23] ἀτιμίαν.[24]

15 ὀργὴ ἀπόλλυσιν καὶ φρονίμους,[25]
ἀπόκρισις[26] δὲ ὑποπίπτουσα[27] ἀποστρέφει[28] θυμόν,[29]
λόγος δὲ λυπηρὸς[30] ἐγείρει[31] ὀργάς.
2 γλῶσσα σοφῶν[32] καλὰ ἐπίσταται,[33]
στόμα δὲ ἀφρόνων[34] ἀναγγελεῖ[35] κακά.
3 ἐν παντὶ τόπῳ ὀφθαλμοὶ κυρίου,
σκοπεύουσιν[36] κακούς τε καὶ ἀγαθούς.
4 ἴασις[37] γλώσσης δένδρον[38] ζωῆς,
ὁ δὲ συντηρῶν[39] αὐτὴν πλησθήσεται[40] πνεύματος.

1 πραΰθυμος, meek, of quiet spirit
2 ἰατρός, physician
3 σής, (corruption), moth
4 ὀστέον, bone
5 αἰσθητικός, sensitive
6 συκοφαντέω, *pres act ptc nom s m*, defraud, extort
7 πένης, poor
8 παροξύνω, *pres act ind 3s*, provoke
9 τιμάω, *pres act ptc nom s m*, show honor to
10 ἐλεάω, *pres act ind 3s*, have mercy on
11 κακία, evil, wickedness
12 ἀπωθέω, *fut pas ind 3s*, thrust away
13 ἀσεβής, ungodly, wicked
14 ὁσιότης, piety, holiness
15 ἄφρων, foolish
16 διαγινώσκω, *pres pas ind 3s*, discern
17 ὑψόω, *pres act ind 3s*, lift up, exalt
18 ἐλασσονόω, *pres act ind 3p*, diminish
19 δεκτός, acceptable
20 ὑπηρέτης, servant
21 νοήμων, thoughtful, discerning
22 εὐστροφία, versatility
23 ἀφαιρέω, *pres mid ind 3s*, remove
24 ἀτιμία, dishonor
25 φρόνιμος, prudent
26 ἀπόκρισις, answer, decision
27 ὑποπίπτω, *pres act ptc nom s f*, be submissive, be deferential
28 ἀποστρέφω, *pres act ind 3s*, avert, turn away
29 θυμός, anger, wrath
30 λυπηρός, harsh
31 ἐγείρω, *pres act ind 3s*, rouse, stir up
32 σοφός, wise
33 ἐπίσταμαι, *pres mid ind 3s*, understand
34 ἄφρων, foolish
35 ἀναγγέλλω, *fut act ind 3s*, declare, proclaim
36 σκοπεύω, *pres act ind 3p*, notice, pay attention to
37 ἴασις, healing
38 δένδρον, tree
39 συντηρέω, *pres act ptc nom s m*, guard, keep
40 πίμπλημι, *fut pas ind 3s*, fill up

5 ἄφρων[1] μυκτηρίζει[2] παιδείαν[3] πατρός,
ὁ δὲ φυλάσσων ἐντολὰς πανουργότερος.[4]
6 ἐν πλεοναζούσῃ[5] δικαιοσύνῃ ἰσχὺς[6] πολλή,
οἱ δὲ ἀσεβεῖς[7] ὁλόρριζοι[8] ἐκ γῆς ὀλοῦνται.[9]
οἴκοις δικαίων ἰσχὺς πολλή,
καρποὶ δὲ ἀσεβῶν[10] ἀπολοῦνται.
7 χείλη[11] σοφῶν[12] δέδεται[13] αἰσθήσει,[14]
καρδίαι δὲ ἀφρόνων[15] οὐκ ἀσφαλεῖς.[16]
8 θυσίαι[17] ἀσεβῶν[18] βδέλυγμα[19] κυρίῳ,
εὐχαὶ[20] δὲ κατευθυνόντων[21] δεκταὶ[22] παρ᾽ αὐτῷ.
9 βδέλυγμα[23] κυρίῳ ὁδοὶ ἀσεβοῦς,[24]
διώκοντας δὲ δικαιοσύνην ἀγαπᾷ.
10 παιδεία[25] ἀκάκου[26] γνωρίζεται[27] ὑπὸ τῶν παριόντων,[28]
οἱ δὲ μισοῦντες ἐλέγχους[29] τελευτῶσιν[30] αἰσχρῶς.[31]
11 ᾅδης[32] καὶ ἀπώλεια[33] φανερὰ[34] παρὰ τῷ κυρίῳ,
πῶς οὐχὶ καὶ αἱ καρδίαι τῶν ἀνθρώπων;
12 οὐκ ἀγαπήσει ἀπαίδευτος[35] τοὺς ἐλέγχοντας[36] αὐτόν,
μετὰ δὲ σοφῶν[37] οὐχ ὁμιλήσει.[38]
13 καρδίας εὐφραινομένης[39] πρόσωπον θάλλει,[40]
ἐν δὲ λύπαις[41] οὔσης σκυθρωπάζει.[42]

1 ἄφρων, foolish
2 μυκτηρίζω, *pres act ind 3s*, mock, treat with contempt
3 παιδεία, teaching, instruction
4 πανοῦργος, *comp*, wiser
5 πλεονάζω, *pres act ptc dat s f*, be abundant
6 ἰσχύς, strength
7 ἀσεβής, ungodly, wicked
8 ὁλόρριζος, with the entire root
9 ὄλλυμι, *fut mid ind 3p*, eradicate, remove
10 ἀσεβής, ungodly, wicked
11 χεῖλος, lip, (speech)
12 σοφός, wise
13 δέω, *perf pas ind 3s*, bind, tie up with
14 αἴσθησις, perception, sense
15 ἄφρων, foolish
16 ἀσφαλής, safe
17 θυσία, sacrifice
18 ἀσεβής, ungodly, wicked
19 βδέλυγμα, abomination
20 εὐχή, prayer
21 κατευθύνω, *pres act ptc gen p m*, keep straight, be upright
22 δεκτός, acceptable
23 βδέλυγμα, abomination
24 ἀσεβής, ungodly, wicked
25 παιδεία, instruction, discipline
26 ἄκακος, innocent
27 γνωρίζω, *pres pas ind 3s*, find out
28 πάρειμι, *pres act ptc gen p m*, be nearby
29 ἔλεγχος, rebuke, reproof
30 τελευτάω, *pres act ind 3p*, die
31 αἰσχρῶς, shamefully
32 ᾅδης, Hades, underworld
33 ἀπώλεια, destruction
34 φανερός, obvious, evident
35 ἀπαίδευτος, ignorant, undisciplined
36 ἐλέγχω, *pres act ptc acc p m*, rebuke, reprove
37 σοφός, wise
38 ὁμιλέω, *fut act ind 3s*, associate with
39 εὐφραίνω, *pres pas ptc gen s f*, rejoice
40 θάλλω, *pres act ind 3s*, thrive, (become radiant)
41 λύπη, grief, sorrow
42 σκυθρωπάζω, *pres act ind 3s*, look sullen

14 καρδία ὀρθὴ[1] ζητεῖ αἴσθησιν,[2]
στόμα δὲ ἀπαιδεύτων[3] γνώσεται κακά.
15 πάντα τὸν χρόνον οἱ ὀφθαλμοὶ τῶν κακῶν προσδέχονται[4] κακά,
οἱ δὲ ἀγαθοὶ ἡσυχάζουσιν[5] διὰ παντός.
16 κρείσσων[6] μικρὰ μερὶς[7] μετὰ φόβου κυρίου
ἢ θησαυροὶ[8] μεγάλοι μετὰ ἀφοβίας.[9]
17 κρείσσων[10] ξενισμὸς[11] λαχάνων[12] πρὸς φιλίαν[13] καὶ χάριν
ἢ παράθεσις[14] μόσχων[15] μετὰ ἔχθρας.[16]
18 ἀνὴρ θυμώδης[17] παρασκευάζει[18] μάχας,[19]
μακρόθυμος[20] δὲ καὶ τὴν μέλλουσαν[21] καταπραΰνει.[22]
18a μακρόθυμος[23] ἀνὴρ κατασβέσει[24] κρίσεις,[25]
ὁ δὲ ἀσεβὴς[26] ἐγείρει[27] μᾶλλον.[28]
19 ὁδοὶ ἀεργῶν[29] ἐστρωμέναι[30] ἀκάνθαις,[31]
αἱ δὲ τῶν ἀνδρείων[32] τετριμμέναι.[33]
20 υἱὸς σοφὸς[34] εὐφραίνει[35] πατέρα,
υἱὸς δὲ ἄφρων[36] μυκτηρίζει[37] μητέρα αὐτοῦ.
21 ἀνοήτου[38] τρίβοι[39] ἐνδεεῖς[40] φρενῶν,[41]
ἀνὴρ δὲ φρόνιμος[42] κατευθύνων[43] πορεύεται.

1 ὀρθός, upright
2 αἴσθησις, perception, sense
3 ἀπαίδευτος, ignorant, undisciplined
4 προσδέχομαι, *pres mid ind 3p*, welcome, await
5 ἡσυχάζω, *pres act ind 3p*, be at rest
6 κρείσσων (ττ), *comp of* ἀγαθός, better
7 μερίς, portion
8 θησαυρός, treasure
9 ἀφοβία, incaution, (recklessness)
10 κρείσσων (ττ), *comp of* ἀγαθός, better
11 ξενισμός, novelty
12 λάχανον, vegetable
13 φιλία, friendship
14 παράθεσις, serving, provision
15 μόσχος, veal
16 ἔχθρα, hatred, enmity
17 θυμώδης, passionate, angry
18 παρασκευάζω, *pres act ind 3s*, prepare
19 μάχη, combat, fight
20 μακρόθυμος, patient
21 μέλλω, *pres act ptc acc s f*, be on the verge
22 καταπραΰνω, *pres act ind 3s*, placate, calm
23 μακρόθυμος, patient
24 κατασβέννυμι, *fut act ind 3s*, resolve, mollify
25 κρίσις, dispute
26 ἀσεβής, ungodly, wicked
27 ἐγείρω, *pres act ind 3s*, stir up, arouse
28 μᾶλλον, even more
29 ἀεργός, idle, unemployed
30 στρώννυμι, *perf pas ptc nom p f*, cover
31 ἄκανθα, thorny plant
32 ἀνδρεῖος, virtuous
33 τρίβω, *perf pas ptc nom p f*, make smooth
34 σοφός, wise
35 εὐφραίνω, *pres act ind 3s*, make glad, cheer
36 ἄφρων, foolish
37 μυκτηρίζω, *pres act ind 3s*, sneer at, scorn
38 ἀνόητος, stupid, senseless
39 τρίβος, path, way
40 ἐνδεής, lacking
41 φρήν, understanding
42 φρόνιμος, prudent
43 κατευθύνω, *pres act ptc nom s m*, keep straight, be upright

22 ὑπερτίθενται[1] λογισμοὺς[2] οἱ μὴ τιμῶντες[3] συνέδρια,[4]
ἐν δὲ καρδίαις βουλευομένων[5] μένει[6] βουλή.[7]
23 οὐ μὴ ὑπακούσῃ[8] ὁ κακὸς αὐτῇ
οὐδὲ μὴ εἴπῃ καίριόν[9] τι καὶ καλὸν τῷ κοινῷ.[10]
24 ὁδοὶ ζωῆς διανοήματα[11] συνετοῦ,[12]
ἵνα ἐκκλίνας[13] ἐκ τοῦ ᾅδου[14] σωθῇ.
25 οἴκους ὑβριστῶν[15] κατασπᾷ[16] κύριος,
ἐστήρισεν[17] δὲ ὅριον[18] χήρας.[19]
26 βδέλυγμα[20] κυρίῳ λογισμὸς[21] ἄδικος,[22]
ἁγνῶν[23] δὲ ῥήσεις[24] σεμναί.[25]
27 ἐξόλλυσιν[26] ἑαυτὸν ὁ δωρολήμπτης,[27]
ὁ δὲ μισῶν δώρων[28] λήμψεις[29] σῴζεται.
27a ἐλεημοσύναις[30] καὶ πίστεσιν[31] ἀποκαθαίρονται[32] ἁμαρτίαι,
τῷ δὲ φόβῳ κυρίου ἐκκλίνει[33] πᾶς ἀπὸ κακοῦ.
28 καρδίαι δικαίων μελετῶσιν[34] πίστεις,[35]
στόμα δὲ ἀσεβῶν[36] ἀποκρίνεται κακά.
28a δεκταὶ[37] παρὰ κυρίῳ ὁδοὶ ἀνθρώπων δικαίων,
διὰ δὲ αὐτῶν καὶ οἱ ἐχθροὶ φίλοι[38] γίνονται.
29 μακρὰν[39] ἀπέχει[40] ὁ θεὸς ἀπὸ ἀσεβῶν,[41]
εὐχαῖς[42] δὲ δικαίων ἐπακούει.[43]

1 ὑπερτίθημι, *pres mid ind 3p*, set aside, delay
2 λογισμός, reflection, deliberation
3 τιμάω, *pres act ptc nom p m*, hold in respect, honor
4 συνέδριον, council
5 βουλεύω, *pres mid ptc gen p m*, consider, take counsel
6 μένω, *pres act ind 3s*, abide, prevail
7 βουλή, resolution, decision
8 ὑπακούω, *aor act sub 3s*, hear, listen to
9 καίριος, timely, appropriate
10 κοινός, public
11 διανόημα, thought
12 συνετός, intelligent
13 ἐκκλίνω, *aor act ptc nom s m*, turn away
14 ᾅδης, Hades, underworld
15 ὑβριστής, prideful, arrogant
16 κατασπάω, *pres act ind 3s*, destroy, tear down
17 στηρίζω, *aor act ind 3s*, establish, reinforce
18 ὅριον, domain, border
19 χήρα, widow
20 βδέλυγμα, abomination
21 λογισμός, thought
22 ἄδικος, unrighteous, unjust
23 ἁγνός, holy, pure
24 ῥῆσις, expression, saying
25 σεμνός, worthy, respectable
26 ἐξόλλυμι, *pres act ind 3p*, utterly destroy
27 δωρολήμπτης, one who takes bribes
28 δῶρον, bribe
29 λῆμψις, acceptance
30 ἐλεημοσύνη, mercy, charity
31 πίστις, faithfulness
32 ἀποκαθαίρω, *pres pas ind 3p*, cleanse, purge
33 ἐκκλίνω, *pres act ind 3s*, turn away
34 μελετάω, *pres act ind 3p*, cultivate, practice
35 πίστις, faithfulness
36 ἀσεβής, ungodly, wicked
37 δεκτός, acceptable
38 φίλος, friend
39 μακράν, distant, far
40 ἀπέχω, *pres act ind 3s*, be far away
41 ἀσεβής, ungodly, wicked
42 εὐχή, prayer
43 ἐπακούω, *pres act ind 3s*, hear

29a κρείσσων[1] ὀλίγη[2] λῆμψις[3] μετὰ δικαιοσύνης
ἢ πολλὰ γενήματα[4] μετὰ ἀδικίας.[5]
29b καρδία ἀνδρὸς λογιζέσθω[6] δίκαια,
ἵνα ὑπὸ τοῦ θεοῦ διορθωθῇ[7] τὰ διαβήματα[8] αὐτοῦ.
30 θεωρῶν[9] ὀφθαλμὸς καλὰ εὐφραίνει[10] καρδίαν,
φήμη[11] δὲ ἀγαθὴ πιαίνει[12] ὀστᾶ.[13]
31 ὃς ἀπωθεῖται[14] παιδείαν,[15] μισεῖ ἑαυτόν·
ὁ δὲ τηρῶν[16] ἐλέγχους[17] ἀγαπᾷ ψυχὴν αὐτοῦ.
33 φόβος θεοῦ παιδεία[18] καὶ σοφία,
καὶ ἀρχὴ δόξης ἀποκριθήσεται αὐτῇ.

16 πάντα τὰ ἔργα τοῦ ταπεινοῦ[19] φανερὰ[20] παρὰ τῷ θεῷ,
οἱ δὲ ἀσεβεῖς[21] ἐν ἡμέρᾳ κακῇ ὀλοῦνται.[22]
5 ἀκάθαρτος παρὰ θεῷ πᾶς ὑψηλοκάρδιος,[23]
χειρὶ δὲ χεῖρας ἐμβαλὼν[24] ἀδίκως[25] οὐκ ἀθῳωθήσεται.[26]
6 ἀρχὴ ὁδοῦ ἀγαθῆς τὸ ποιεῖν τὰ δίκαια,
δεκτὰ[27] δὲ παρὰ θεῷ μᾶλλον[28] ἢ θύειν[29] θυσίας.[30]
8 ὁ ζητῶν τὸν κύριον εὑρήσει γνῶσιν[31] μετὰ δικαιοσύνης,
οἱ δὲ ὀρθῶς[32] ζητοῦντες αὐτὸν εὑρήσουσιν εἰρήνην.
9 πάντα τὰ ἔργα τοῦ κυρίου μετὰ δικαιοσύνης,
φυλάσσεται δὲ ὁ ἀσεβὴς[33] εἰς ἡμέραν κακήν.
10 μαντεῖον[34] ἐπὶ χείλεσιν[35] βασιλέως,
ἐν δὲ κρίσει οὐ μὴ πλανηθῇ τὸ στόμα αὐτοῦ.

1 κρείσσων (ττ), *comp of* ἀγαθός, better
2 ὀλίγος, a little
3 λῆμψις, something received
4 γένημα, produce
5 ἀδικία, injustice
6 λογίζομαι, *pres mid impv 3s*, consider, dwell upon
7 διορθόω, *aor pas sub 3s*, set straight
8 διάβημα, step, track
9 θεωρέω, *pres act ptc nom s m*, perceive, observe
10 εὐφραίνω, *pres act ind 3s*, cheer, make glad
11 φήμη, report, news
12 πιαίνω, *pres act ind 3s*, enrich, (fortify)
13 ὀστέον, bone
14 ἀπωθέω, *pres mid ind 3s*, reject
15 παιδεία, discipline, instruction
16 τηρέω, *pres act ptc nom s m*, preserve, guard
17 ἔλεγχος, rebuke
18 παιδεία, discipline, instruction
19 ταπεινός, humble
20 φανερός, clear, manifest
21 ἀσεβής, ungodly, wicked
22 ὄλλυμι, *fut mid ind 3p*, perish
23 ὑψηλοκάρδιος, haughty
24 ἐμβάλλω, *aor act ptc nom s m*, join up
25 ἀδίκως, unjustly
26 ἀθῳόω, *fut pas ind 3s*, leave unpunished
27 δεκτός, acceptable
28 μᾶλλον, even more
29 θύω, *pres act inf*, offer, sacrifice
30 θυσία, sacrifice
31 γνῶσις, knowledge
32 ὀρθῶς, rightly
33 ἀσεβής, ungodly, wicked
34 μαντεῖον, prophetic power, power of divination
35 χεῖλος, lip

11 ῥοπὴ[1] ζυγοῦ[2] δικαιοσύνη παρὰ κυρίῳ,
τὰ δὲ ἔργα αὐτοῦ στάθμια[3] δίκαια.
12 βδέλυγμα[4] βασιλεῖ ὁ ποιῶν κακά,
μετὰ γὰρ δικαιοσύνης ἑτοιμάζεται θρόνος ἀρχῆς.
13 δεκτὰ[5] βασιλεῖ χείλη[6] δίκαια,
λόγους δὲ ὀρθοὺς[7] ἀγαπᾷ.
14 θυμὸς[8] βασιλέως ἄγγελος θανάτου,
ἀνὴρ δὲ σοφὸς[9] ἐξιλάσεται[10] αὐτόν.
15 ἐν φωτὶ ζωῆς υἱὸς βασιλέως,
οἱ δὲ προσδεκτοὶ[11] αὐτῷ ὥσπερ νέφος[12] ὄψιμον.[13]
16 νοσσιαὶ[14] σοφίας αἱρετώτεραι[15] χρυσίου,[16]
νοσσιαὶ δὲ φρονήσεως[17] αἱρετώτεραι ὑπὲρ ἀργύριον.[18]
17 τρίβοι[19] ζωῆς ἐκκλίνουσιν[20] ἀπὸ κακῶν,
μῆκος[21] δὲ βίου[22] ὁδοὶ δικαιοσύνης.
ὁ δεχόμενος[23] παιδείαν[24] ἐν ἀγαθοῖς ἔσται,
ὁ δὲ φυλάσσων ἐλέγχους[25] σοφισθήσεται.[26]
ὃς φυλάσσει τὰς ἑαυτοῦ ὁδούς, τηρεῖ[27] τὴν ἑαυτοῦ ψυχήν·
ἀγαπῶν δὲ ζωὴν αὐτοῦ φείσεται[28] στόματος αὐτοῦ.
18 πρὸ συντριβῆς[29] ἡγεῖται[30] ὕβρις,[31]
πρὸ δὲ πτώματος[32] κακοφροσύνη.[33]
19 κρείσσων[34] πραΰθυμος[35] μετὰ ταπεινώσεως[36]
ἢ ὃς διαιρεῖται[37] σκῦλα[38] μετὰ ὑβριστῶν.[39]

1 ῥοπή, tipping, (balance)
2 ζυγός, scale
3 στάθμιον, weight (of a scale)
4 βδέλυγμα, abomination
5 δεκτός, acceptable
6 χεῖλος, lip, (speech)
7 ὀρθός, right, upright
8 θυμός, anger, wrath
9 σοφός, wise
10 ἐξιλάσκομαι, *fut mid ind 3s*, appease
11 προσδεκτός, acceptable, favorable
12 νέφος, cloud
13 ὄψιμος, late rain (in the season)
14 νοσσιά, nestling, (young offspring?)
15 αἱρετός, *comp*, more desirable
16 χρυσίον, gold
17 φρόνησις, prudence
18 ἀργύριον, silver
19 τρίβος, path, way
20 ἐκκλίνω, *pres act ind 3p*, turn away
21 μῆκος, length, extent
22 βίος, life, lifetime
23 δέχομαι, *pres mid ptc nom s m*, accept, receive
24 παιδεία, discipline, instruction
25 ἔλεγχος, rebuke, reproof
26 σοφίζω, *fut pas ind 3s*, make wise
27 τηρέω, *pres act ind 3s*, guard, preserve
28 φείδομαι, *fut mid ind 3s*, spare
29 συντριβή, destruction, ruin
30 ἡγέομαι, *pres mid ind 3s*, precede, go before
31 ὕβρις, pride, arrogance
32 πτῶμα, disaster, misfortune
33 κακοφροσύνη, folly
34 κρείσσων (ττ), *comp of* ἀγαθός, better
35 πραΰθυμος, of gentle disposition
36 ταπείνωσις, humility
37 διαιρέω, *pres mid ind 3s*, divide
38 σκῦλον, plunder, spoils
39 ὑβριστής, haughty, proud

20 συνετὸς[1] ἐν πράγμασιν[2] εὑρετὴς[3] ἀγαθῶν,
πεποιθὼς δὲ ἐπὶ θεῷ μακαριστός.[4]
21 τοὺς σοφοὺς[5] καὶ συνετοὺς[6] φαύλους[7] καλοῦσιν,
οἱ δὲ γλυκεῖς[8] ἐν λόγῳ πλείονα[9] ἀκούσονται.
22 πηγὴ[10] ζωῆς ἔννοια[11] τοῖς κεκτημένοις,[12]
παιδεία[13] δὲ ἀφρόνων[14] κακή.
23 καρδία σοφοῦ[15] νοήσει[16] τὰ ἀπὸ τοῦ ἰδίου[17] στόματος,
ἐπὶ δὲ χείλεσιν[18] φορέσει[19] ἐπιγνωμοσύνην.[20]
24 κηρία[21] μέλιτος[22] λόγοι καλοί,
γλύκασμα[23] δὲ αὐτῶν ἴασις[24] ψυχῆς.
25 εἰσὶν ὁδοὶ δοκοῦσαι[25] εἶναι ὀρθαὶ[26] ἀνδρί,
τὰ μέντοι[27] τελευταῖα[28] αὐτῶν βλέπει εἰς πυθμένα[29] ᾅδου.[30]
26 ἀνὴρ ἐν πόνοις[31] πονεῖ[32] ἑαυτῷ καὶ ἐκβιάζεται[33] ἑαυτοῦ τὴν ἀπώλειαν,[34]
ὁ μέντοι[35] σκολιὸς[36] ἐπὶ τῷ ἑαυτοῦ στόματι φορεῖ[37] τὴν ἀπώλειαν.
27 ἀνὴρ ἄφρων[38] ὀρύσσει[39] ἑαυτῷ κακά,
ἐπὶ δὲ τῶν ἑαυτοῦ χειλέων[40] θησαυρίζει[41] πῦρ.
28 ἀνὴρ σκολιὸς[42] διαπέμπεται[43] κακὰ
καὶ λαμπτῆρα[44] δόλου[45] πυρσεύει[46] κακοῖς
καὶ διαχωρίζει[47] φίλους.[48]

1 συνετός, intelligent
2 πρᾶγμα, business, dealing
3 εὑρετής, one who discovers
4 μακαριστός, most blessed
5 σοφός, wise
6 συνετός, intelligent
7 φαῦλος, worthless
8 γλυκύς, delightful
9 πλείων/πλεῖον, *comp of* πολύς, more
10 πηγή, spring, fountain
11 ἔννοια, insight, understanding
12 κτάομαι, *perf mid ptc dat p m*, acquire, get
13 παιδεία, discipline, instruction
14 ἄφρων, foolish
15 σοφός, wise
16 νοέω, *fut act ind 3s*, perceive, apprehend
17 ἴδιος, one's own
18 χεῖλος, lip
19 φορέω, *fut act ind 3s*, wear, bear
20 ἐπιγνωμοσύνη, prudence
21 κηρίον, honeycomb
22 μέλι, honey
23 γλύκασμα, sweetness
24 ἴασις, healing
25 δοκέω, *pres act ptc nom p f*, seem, appear
26 ὀρθός, right, upright
27 μέντοι, however, though
28 τελευταῖος, end, outcome
29 πυθμήν, depth, bottom
30 ᾅδης, Hades, underworld
31 πόνος, labor, work
32 πονέω, *pres act ind 3s*, toil, be employed
33 ἐκβιάζω, *pres mid ind 3s*, constrain, expel
34 ἀπώλεια, destruction
35 μέντοι, but, however
36 σκολιός, perverse, crooked
37 φορέω, *pres act ind 3s*, carry, bear
38 ἄφρων, foolish
39 ὀρύσσω, *pres act ind 3s*, dig up
40 χεῖλος, lip
41 θησαυρίζω, *pres act ind 3s*, treasure, store up
42 σκολιός, perverse, crooked
43 διαπέμπω, *pres mid ind 3s*, disperse, distribute
44 λαμπτήρ, lantern, torch
45 δόλος, deceit
46 πυρσεύω, *pres act ind 3s*, light, ignite
47 διαχωρίζω, *pres act ind 3s*, separate
48 φίλος, friend

29 ἀνὴρ παράνομος[1] ἀποπειρᾶται[2] φίλων[3]
καὶ ἀπάγει[4] αὐτοὺς ὁδοὺς οὐκ ἀγαθάς.
30 στηρίζων[5] ὀφθαλμοὺς αὐτοῦ λογίζεται διεστραμμένα,[6]
ὁρίζει[7] δὲ τοῖς χείλεσιν[8] αὐτοῦ πάντα τὰ κακά,
οὗτος κάμινός[9] ἐστιν κακίας.[10]
31 στέφανος[11] καυχήσεως[12] γῆρας,[13]
ἐν δὲ ὁδοῖς δικαιοσύνης εὑρίσκεται.
32 κρείσσων[14] ἀνὴρ μακρόθυμος[15] ἰσχυροῦ,[16]
ὁ δὲ κρατῶν ὀργῆς κρείσσων καταλαμβανομένου[17] πόλιν.
33 εἰς κόλπους[18] ἐπέρχεται[19] πάντα τοῖς ἀδίκοις,[20]
παρὰ δὲ κυρίου πάντα τὰ δίκαια.

17

κρείσσων[21] ψωμὸς[22] μεθ᾽ ἡδονῆς[23] ἐν εἰρήνῃ
ἢ οἶκος πλήρης[24] πολλῶν ἀγαθῶν καὶ ἀδίκων[25] θυμάτων[26] μετὰ μάχης.[27]
2 οἰκέτης[28] νοήμων[29] κρατήσει δεσποτῶν[30] ἀφρόνων,[31]
ἐν δὲ ἀδελφοῖς διελεῖται[32] μέρη.
3 ὥσπερ δοκιμάζεται[33] ἐν καμίνῳ[34] ἄργυρος[35] καὶ χρυσός,[36]
οὕτως ἐκλεκταὶ[37] καρδίαι παρὰ κυρίῳ.
4 κακὸς ὑπακούει[38] γλώσσης παρανόμων,[39]
δίκαιος δὲ οὐ προσέχει[40] χείλεσιν[41] ψευδέσιν.[42]

1 παράνομος, lawless
2 ἀποπειράομαι, *pres mid ind 3s*, make a trial of, (entrap?)
3 φίλος, friend
4 ἀπάγω, *pres act ind 3s*, lead away
5 στηρίζω, *pres act ptc nom s m*, fix, pause
6 διαστρέφω, *perf pas ptc acc p n*, pervert, corrupt
7 ὁρίζω, *pres act ind 3s*, determine, appoint
8 χεῖλος, lip, (speech)
9 κάμινος, furnace, forge
10 κακία, vice, evil
11 στέφανος, crown
12 καύχησις, pride, boasting
13 γῆρας, old age
14 κρείσσων (ττ), *comp of* ἀγαθός, better
15 μακρόθυμος, patient
16 ἰσχυρός, strong
17 καταλαμβάνω, *pres mid ptc gen s m*, capture, take
18 κόλπος, lap, bosom
19 ἐπέρχομαι, *pres mid ind 3s*, come upon, befall
20 ἄδικος, unrighteous, unjust
21 κρείσσων (ττ), *comp of* ἀγαθός, better
22 ψωμός, morsel, bit
23 ἡδονή, pleasure
24 πλήρης, full
25 ἄδικος, unjust, unrighteous
26 θῦμα, sacrifice
27 μάχη, conflict
28 οἰκέτης, servant
29 νοήμων, intelligent
30 δεσπότης, master
31 ἄφρων, foolish
32 διαιρέω, *fut mid ind 3s*, distribute
33 δοκιμάζω, *pres pas ind 3s*, test, prove
34 κάμινος, furnace
35 ἄργυρος, silver
36 χρυσός, gold
37 ἐκλεκτός, choice, select
38 ὑπακούω, *pres act ind 3s*, listen to
39 παράνομος, lawless (person)
40 προσέχω, *pres act ind 3s*, pay attention to
41 χεῖλος, lip, (speech)
42 ψευδής, lying, false

5 ὁ καταγελῶν[1] πτωχοῦ παροξύνει[2] τὸν ποιήσαντα αὐτόν,
ὁ δὲ ἐπιχαίρων[3] ἀπολλυμένῳ οὐκ ἀθῳωθήσεται·[4]
ὁ δὲ ἐπισπλαγχνιζόμενος[5] ἐλεηθήσεται.[6]
6 στέφανος[7] γερόντων[8] τέκνα τέκνων,
καύχημα[9] δὲ τέκνων πατέρες αὐτῶν.
6a τοῦ πιστοῦ[10] ὅλος ὁ κόσμος τῶν χρημάτων,[11]
τοῦ δὲ ἀπίστου[12] οὐδὲ ὀβολός.[13]
7 οὐχ ἁρμόσει[14] ἄφρονι[15] χείλη[16] πιστὰ[17]
οὐδὲ δικαίῳ χείλη ψευδῆ.[18]
8 μισθὸς[19] χαρίτων ἡ παιδεία[20] τοῖς χρωμένοις,[21]
οὗ δ᾽ ἂν ἐπιστρέψῃ, εὐοδωθήσεται.[22]
9 ὃς κρύπτει[23] ἀδικήματα,[24] ζητεῖ φιλίαν·[25]
ὃς δὲ μισεῖ κρύπτειν,[26] διίστησιν[27] φίλους[28] καὶ οἰκείους.[29]
10 συντρίβει[30] ἀπειλὴ[31] καρδίαν φρονίμου,[32]
ἄφρων[33] δὲ μαστιγωθεὶς[34] οὐκ αἰσθάνεται.[35]
11 ἀντιλογίας[36] ἐγείρει[37] πᾶς κακός,
ὁ δὲ κύριος ἄγγελον ἀνελεήμονα[38] ἐκπέμψει[39] αὐτῷ.
12 ἐμπεσεῖται[40] μέριμνα[41] ἀνδρὶ νοήμονι,[42]
οἱ δὲ ἄφρονες[43] διαλογιοῦνται[44] κακά.

1 καταγελάω, *pres act ptc nom s m*, laugh at
2 παροξύνω, *pres act ind 3s*, provoke, irritate
3 ἐπιχαίρω, *pres act ptc nom s m*, rejoice
4 ἀθῳόω, *fut pas ind 3s*, leave unpunished
5 ἐπισπλαγχνίζομαι, *pres mid ptc nom s m*, have compassion
6 ἐλεέω, *fut pas ind 3s*, show mercy
7 στέφανος, crown
8 γέρων, old man
9 καύχημα, source of pride
10 πιστός, faithful, trustworthy
11 χρῆμα, wealth, goods
12 ἄπιστος, unfaithful
13 ὀβολός, obol (one-fifth of a drachma)
14 ἁρμόζω, *fut act ind 3s*, suit, be fitting
15 ἄφρων, fool
16 χεῖλος, lip, (speech)
17 πιστός, faithful
18 ψευδής, lying, false
19 μισθός, wage
20 παιδεία, discipline, instruction
21 χράω, *pres mid ptc dat p m*, use
22 εὐοδόω, *fut pas ind 3s*, succeed, prosper
23 κρύπτω, *pres act ind 3s*, conceal, hide
24 ἀδίκημα, injustice
25 φιλία, favor, amiability
26 κρύπτω, *pres act inf*, conceal, hide
27 διΐστημι, *pres act ind 3s*, separate
28 φίλος, friend, companion
29 οἰκεῖος, (family member)
30 συντρίβω, *pres act ind 3s*, crush, shatter
31 ἀπειλή, threat
32 φρόνιμος, prudent
33 ἄφρων, foolish
34 μαστιγόω, *aor pas ptc nom s m*, whip, flog
35 αἰσθάνομαι, *pres mid ind 3s*, notice, understand
36 ἀντιλογία, dispute
37 ἐγείρω, *pres act ind 3s*, stir up
38 ἀνελεήμων, unmerciful
39 ἐκπέμπω, *fut act ind 3s*, dispatch
40 ἐμπίπτω, *fut mid ind 3s*, occur to, come to
41 μέριμνα, concern, care
42 νοήμων, reflective, thoughtful
43 ἄφρων, foolish
44 διαλογίζομαι, *fut mid ind 3p*, consider

13 ὃς ἀποδίδωσιν κακὰ ἀντὶ[1] ἀγαθῶν,
οὐ κινηθήσεται[2] κακὰ ἐκ τοῦ οἴκου αὐτοῦ.
14 ἐξουσίαν[3] δίδωσιν λόγοις ἀρχὴ δικαιοσύνης,
προηγεῖται[4] δὲ τῆς ἐνδείας[5] στάσις[6] καὶ μάχη.[7]
15 ὃς δίκαιον κρίνει τὸν ἄδικον,[8] ἄδικον δὲ τὸν δίκαιον,
ἀκάθαρτος καὶ βδελυκτὸς[9] παρὰ θεῷ.
16 ἵνα τί ὑπῆρξεν χρήματα[10] ἄφρονι;[11]
κτήσασθαι[12] γὰρ σοφίαν ἀκάρδιος[13] οὐ δυνήσεται.
16a ὃς ὑψηλὸν[14] ποιεῖ τὸν ἑαυτοῦ οἶκον, ζητεῖ συντριβήν·[15]
ὁ δὲ σκολιάζων[16] τοῦ μαθεῖν[17] ἐμπεσεῖται[18] εἰς κακά.
17 εἰς πάντα καιρὸν φίλος[19] ὑπαρχέτω σοι,
ἀδελφοὶ δὲ ἐν ἀνάγκαις[20] χρήσιμοι[21] ἔστωσαν·
τούτου γὰρ χάριν γεννῶνται.
18 ἀνὴρ ἄφρων[22] ἐπικροτεῖ[23] καὶ ἐπιχαίρει[24] ἑαυτῷ
ὡς καὶ ὁ ἐγγυώμενος[25] ἐγγύῃ[26] τὸν ἑαυτοῦ φίλον.[27]
19 φιλαμαρτήμων[28] χαίρει[29] μάχαις,[30]
20 ὁ δὲ σκληροκάρδιος[31] οὐ συναντᾷ[32] ἀγαθοῖς.
ἀνὴρ εὐμετάβολος[33] γλώσσῃ ἐμπεσεῖται[34] εἰς κακά,
21 καρδία δὲ ἄφρονος[35] ὀδύνη[36] τῷ κεκτημένῳ[37] αὐτήν.
οὐκ εὐφραίνεται[38] πατὴρ ἐπὶ υἱῷ ἀπαιδεύτῳ,[39]
υἱὸς δὲ φρόνιμος[40] εὐφραίνει[41] μητέρα αὐτοῦ.

1 ἀντί, in exchange for
2 κινέω, *fut pas ind 3s*, move, remove
3 ἐξουσία, rule, power
4 προηγέομαι, *pres mid ind 3s*, precede
5 ἔνδεια, poverty, lack
6 στάσις, rebellion, sedition
7 μάχη, contention
8 ἄδικος, unjust, unrighteous
9 βδελυκτός, disgusting, abhorrent
10 χρῆμα, money, wealth
11 ἄφρων, foolish
12 κτάομαι, *aor mid inf*, acquire, get
13 ἀκάρδιος, heartless
14 ὑψηλός, elevated, high
15 συντριβή, ruin, destruction
16 σκολιάζω, *pres act ptc nom s m*, be crooked, perverse
17 μανθάνω, *aor act inf*, learn
18 ἐμπίπτω, *fut mid ind 3s*, fall into
19 φίλος, friend
20 ἀνάγκη, distress
21 χρήσιμος, useful, helpful
22 ἄφρων, foolish
23 ἐπικροτέω, *pres act ind 3s*, applaud
24 ἐπιχαίρω, *pres act ind 3s*, rejoice
25 ἐγγυάω, *pres mid ptc nom s m*, pledge
26 ἐγγύη, surety, security
27 φίλος, friend
28 φιλαμαρτήμων, sin-loving
29 χαίρω, *pres act ind 3s*, take pleasure in
30 μάχη, contention
31 σκληροκάρδιος, hard-hearted
32 συναντάω, *pres act ind 3s*, meet, come across
33 εὐμετάβολος, easily changed, fickle
34 ἐμπίπτω, *fut mid ind 3s*, fall into
35 ἄφρων, foolish
36 ὀδύνη, grief, pain
37 κτάομαι, *perf mid ptc dat s m*, possess
38 εὐφραίνω, *pres pas ind 3s*, rejoice
39 ἀπαίδευτος, ignorant, undisciplined
40 φρόνιμος, prudent
41 εὐφραίνω, *pres act ind 3s*, cheer, make glad

22 καρδία εὐφραινομένη[1] εὐεκτεῖν[2] ποιεῖ,
ἀνδρὸς δὲ λυπηροῦ[3] ξηραίνεται[4] τὰ ὀστᾶ.[5]
23 λαμβάνοντος δῶρα[6] ἐν κόλπῳ[7] ἀδίκως[8] οὐ κατευοδοῦνται[9] ὁδοί,
ἀσεβὴς[10] δὲ ἐκκλίνει[11] ὁδοὺς δικαιοσύνης.
24 πρόσωπον συνετὸν[12] ἀνδρὸς σοφοῦ,[13]
οἱ δὲ ὀφθαλμοὶ τοῦ ἄφρονος[14] ἐπ᾽ ἄκρα[15] γῆς.
25 ὀργὴ πατρὶ υἱὸς ἄφρων[16]
καὶ ὀδύνη[17] τῇ τεκούσῃ[18] αὐτοῦ.
26 ζημιοῦν[19] ἄνδρα δίκαιον οὐ καλόν,
οὐδὲ ὅσιον[20] ἐπιβουλεύειν[21] δυνάσταις[22] δικαίοις.
27 ὃς φείδεται[23] ῥῆμα προέσθαι[24] σκληρόν,[25] ἐπιγνώμων·[26]
μακρόθυμος[27] δὲ ἀνὴρ φρόνιμος.[28]
28 ἀνοήτῳ[29] ἐπερωτήσαντι[30] σοφίαν σοφία λογισθήσεται,
ἐνεὸν[31] δέ τις ἑαυτὸν ποιήσας δόξει[32] φρόνιμος[33] εἶναι.

18 προφάσεις[34] ζητεῖ ἀνὴρ βουλόμενος χωρίζεσθαι[35] ἀπὸ φίλων,[36]
ἐν παντὶ δὲ καιρῷ ἐπονείδιστος[37] ἔσται.
2 οὐ χρείαν[38] ἔχει σοφίας ἐνδεὴς[39] φρενῶν·[40]
μᾶλλον[41] γὰρ ἄγεται ἀφροσύνῃ.[42]

1 εὐφραίνω, *pres pas ptc nom s f*, rejoice
2 εὐεκτέω, *pres act inf*, be in good health
3 λυπηρός, sorrowful, downcast
4 ξηραίνω, *pres pas ind 3s*, dry up
5 ὀστέον, bone
6 δῶρον, gift, bribe
7 κόλπος, (pocket), fold (of a garment)
8 ἀδίκως, unjustly, wrongfully
9 κατευοδόω, *pres pas ind 3p*, prosper
10 ἀσεβής, ungodly, wicked
11 ἐκκλίνω, *pres act ind 3s*, bend
12 συνετός, intelligent
13 σοφός, wise
14 ἄφρων, foolish
15 ἄκρος, end
16 ἄφρων, foolish
17 ὀδύνη, grief
18 τίκτω, *aor act ptc dat s f*, give birth to
19 ζημιόω, *pres act inf*, penalize, fine
20 ὅσιος, holy, pious
21 ἐπιβουλεύω, *pres act inf*, plot against
22 δυνάστης, ruler
23 φείδομαι, *pres mid ind 3s*, refrain
24 προΐημι, *aor mid inf*, express
25 σκληρός, unpleasant, harsh
26 ἐπιγνώμων, intelligent
27 μακρόθυμος, patient
28 φρόνιμος, prudent
29 ἀνόητος, dim-witted (person)
30 ἐπερωτάω, *aor act ptc dat s m*, guarantee
31 ἐνεός, speechless
32 δοκέω, *fut act ind 3s*, seem
33 φρόνιμος, prudent
34 πρόφασις, reason, excuse
35 χωρίζω, *pres pas inf*, depart, separate
36 φίλος, friend
37 ἐπονείδιστος, reproachable
38 χρεία, need
39 ἐνδεής, lacking
40 φρήν, understanding
41 μᾶλλον, more so, rather
42 ἀφροσύνη, foolishness

3 ὅταν ἔλθῃ ἀσεβὴς[1] εἰς βάθος[2] κακῶν, καταφρονεῖ,[3]
ἐπέρχεται[4] δὲ αὐτῷ ἀτιμία[5] καὶ ὄνειδος.[6]
4 ὕδωρ βαθὺ[7] λόγος ἐν καρδίᾳ ἀνδρός,
ποταμὸς[8] δὲ ἀναπηδύει[9] καὶ πηγὴ[10] ζωῆς.[11]
5 θαυμάσαι[12] πρόσωπον ἀσεβοῦς[13] οὐ καλόν,
οὐδὲ ὅσιον[14] ἐκκλίνειν[15] τὸ δίκαιον ἐν κρίσει.
6 χείλη[16] ἄφρονος[17] ἄγουσιν αὐτὸν εἰς κακά,
τὸ δὲ στόμα αὐτοῦ τὸ θρασὺ[18] θάνατον ἐπικαλεῖται.[19]
7 στόμα ἄφρονος[20] συντριβὴ[21] αὐτῷ,
τὰ δὲ χείλη[22] αὐτοῦ παγὶς[23] τῇ ψυχῇ αὐτοῦ.
8 ὀκνηροὺς[24] καταβάλλει[25] φόβος,
ψυχαὶ δὲ ἀνδρογύνων[26] πεινάσουσιν.[27]
9 ὁ μὴ ἰώμενος[28] ἑαυτὸν ἐν τοῖς ἔργοις αὐτοῦ
ἀδελφός ἐστιν τοῦ λυμαινομένου[29] ἑαυτόν.
10 ἐκ μεγαλωσύνης[30] ἰσχύος[31] ὄνομα κυρίου,
αὐτῷ δὲ προσδραμόντες[32] δίκαιοι ὑψοῦνται.[33]
11 ὕπαρξις[34] πλουσίου[35] ἀνδρὸς πόλις ὀχυρά,[36]
ἡ δὲ δόξα αὐτῆς μέγα ἐπισκιάζει.[37]
12 πρὸ συντριβῆς[38] ὑψοῦται[39] καρδία ἀνδρός,
καὶ πρὸ δόξης ταπεινοῦται.[40]

1 ἀσεβής, ungodly, wicked
2 βάθος, depth
3 καταφρονέω, *pres act ind 3s*, show disrespect
4 ἐπέρχομαι, *pres mid ind 3s*, come upon
5 ἀτιμία, dishonor
6 ὄνειδος, disgrace
7 βαθύς, deep
8 ποταμός, river
9 ἀναπηδύω, *pres act ind 3s*, spring up, well up
10 πηγή, spring, fountain
11 ζωή, life
12 θαυμάζω, *aor act inf*, be impressed with
13 ἀσεβής, ungodly, wicked
14 ὅσιος, holy, pious
15 ἐκκλίνω, *pres act inf*, bend, twist
16 χεῖλος, lip, (speech)
17 ἄφρων, foolish
18 θρασύς, rash, bold
19 ἐπικαλέω, *pres mid ind 3s*, call out, appeal to
20 ἄφρων, foolish
21 συντριβή, ruin
22 χεῖλος, lip, (speech)
23 παγίς, trap
24 ὀκνηρός, lazy, idle
25 καταβάλλω, *pres act ind 3s*, overthrow, strike down
26 ἀνδρόγυνος, effeminate
27 πεινάω, *fut act ind 3p*, hunger, crave
28 ἰάομαι, *pres mid ptc nom s m*, restore, heal
29 λυμαίνομαι, *pres mid ptc gen s m*, injure, damage
30 μεγαλωσύνη, majesty, greatness
31 ἰσχύς, strength, power
32 προστρέχω, *aor act ptc nom p m*, run to
33 ὑψόω, *pres pas ind 3p*, raise up, exalt
34 ὕπαρξις, property, possessions
35 πλούσιος, rich
36 ὀχυρός, fortified, secure
37 ἐπισκιάζω, *pres act ind 3s*, cast a shadow
38 συντριβή, ruin
39 ὑψόω, *pres mid ind 3s*, make lofty, exalt
40 ταπεινόω, *pres pas ind 3s*, humble, lower

13 ὃς ἀποκρίνεται λόγον πρὶν[1] ἀκοῦσαι,
ἀφροσύνη[2] αὐτῷ ἐστιν καὶ ὄνειδος.[3]
14 θυμὸν[4] ἀνδρὸς πραΰνει[5] θεράπων[6] φρόνιμος·[7]
ὀλιγόψυχον[8] δὲ ἄνδρα τίς ὑποίσει;[9]
15 καρδία φρονίμου[10] κτᾶται[11] αἴσθησιν,[12]
ὦτα δὲ σοφῶν[13] ζητεῖ ἔννοιαν.[14]
16 δόμα[15] ἀνθρώπου ἐμπλατύνει[16] αὐτὸν
καὶ παρὰ δυνάσταις[17] καθιζάνει[18] αὐτόν.
17 δίκαιος ἑαυτοῦ κατήγορος[19] ἐν πρωτολογίᾳ·[20]
ὡς δ᾽ ἂν ἐπιβάλῃ[21] ὁ ἀντίδικος,[22] ἐλέγχεται.[23]
18 ἀντιλογίας[24] παύει[25] κλῆρος,[26]
ἐν δὲ δυνάσταις[27] ὁρίζει.[28]
19 ἀδελφὸς ὑπὸ ἀδελφοῦ βοηθούμενος[29] ὡς πόλις ὀχυρὰ[30] καὶ ὑψηλή,[31]
ἰσχύει[32] δὲ ὥσπερ τεθεμελιωμένον[33] βασίλειον.[34]
20 ἀπὸ καρπῶν στόματος ἀνὴρ πίμπλησιν[35] κοιλίαν[36] αὐτοῦ,
ἀπὸ δὲ καρπῶν χειλέων[37] αὐτοῦ ἐμπλησθήσεται.[38]
21 θάνατος καὶ ζωὴ ἐν χειρὶ γλώσσης,
οἱ δὲ κρατοῦντες αὐτῆς ἔδονται[39] τοὺς καρποὺς αὐτῆς.
22 ὃς εὗρεν γυναῖκα ἀγαθήν, εὗρεν χάριτας,
ἔλαβεν δὲ παρὰ θεοῦ ἱλαρότητα.[40]

1 πρίν, before
2 ἀφροσύνη, foolish
3 ὄνειδος, disgrace
4 θυμός, anger, wrath
5 πραΰνω, *pres act ind 3s*, calm
6 θεράπων, servant
7 φρόνιμος, prudent
8 ὀλιγόψυχος, fainthearted
9 ὑποφέρω, *fut act ind 3s*, bear, endure
10 φρόνιμος, prudent
11 κτάομαι, *pres mid ind 3s*, procure, acquire
12 αἴσθησις, sense, perception
13 σοφός, wise
14 ἔννοια, knowledge
15 δόμα, gift
16 ἐμπλατύνω, *pres act ind 3s*, enlarge, augment
17 δυνάστης, ruler, powerful person
18 καθιζάνω, *pres act ind 3s*, seat, give a seat to
19 κατήγορος, accuser
20 πρωτολογία, prosecutorial introduction
21 ἐπιβάλλω, *aor act sub 3s*, engage, undertake
22 ἀντίδικος, adversary, defendant
23 ἐλέγχω, *pres pas ind 3s*, convict, refute
24 ἀντιλογία, dispute
25 παύω, *pres act ind 3s*, bring to an end, stop
26 κλῆρος, (casting a) lot
27 δυνάστης, ruler, powerful person
28 ὁρίζω, *pres act ind 3s*, distinguish, determine
29 βοηθέω, *pres pas ptc nom s m*, help
30 ὀχυρός, fortified, strong
31 ὑψηλός, elevated, high
32 ἰσχύω, *pres act ind 3s*, be strong
33 θεμελιόω, *perf pas ptc nom s n*, establish, lay a foundation
34 βασίλειον, palace
35 πίμπλημι, *pres act ind 3s*, fill
36 κοιλία, belly
37 χεῖλος, lip, (speech)
38 ἐμπίμπλημι, *fut pas ind 3s*, satisfy
39 ἐσθίω, *fut mid ind 3p*, eat
40 ἱλαρότης, cheerfulness

22a ὃς ἐκβάλλει γυναῖκα ἀγαθήν, ἐκβάλλει τὰ ἀγαθά·
ὁ δὲ κατέχων[1] μοιχαλίδα[2] ἄφρων[3] καὶ ἀσεβής.[4]

19 ἀφροσύνη[5] ἀνδρὸς λυμαίνεται[6] τὰς ὁδοὺς αὐτοῦ,
τὸν δὲ θεὸν αἰτιᾶται[7] τῇ καρδίᾳ αὐτοῦ.
4 πλοῦτος[8] προστίθησιν[9] φίλους[10] πολλούς,
ὁ δὲ πτωχὸς καὶ ἀπὸ τοῦ ὑπάρχοντος φίλου λείπεται.[11]
5 μάρτυς[12] ψευδὴς[13] οὐκ ἀτιμώρητος[14] ἔσται,
ὁ δὲ ἐγκαλῶν[15] ἀδίκως[16] οὐ διαφεύξεται.[17]
6 πολλοὶ θεραπεύουσιν[18] πρόσωπα βασιλέων,
πᾶς δὲ ὁ κακὸς γίνεται ὄνειδος[19] ἀνδρί.
7 πᾶς, ὃς ἀδελφὸν πτωχὸν μισεῖ,
καὶ φιλίας[20] μακρὰν[21] ἔσται.
ἔννοια[22] ἀγαθὴ τοῖς εἰδόσιν αὐτὴν ἐγγιεῖ,
ἀνὴρ δὲ φρόνιμος[23] εὑρήσει αὐτήν.
ὁ πολλὰ κακοποιῶν[24] τελεσιουργεῖ[25] κακίαν·[26]
ὃς δὲ ἐρεθίζει[27] λόγους, οὐ σωθήσεται.
8 ὁ κτώμενος[28] φρόνησιν[29] ἀγαπᾷ ἑαυτόν·
ὃς δὲ φυλάσσει φρόνησιν, εὑρήσει ἀγαθά.
9 μάρτυς[30] ψευδὴς[31] οὐκ ἀτιμώρητος[32] ἔσται·
ὃς δ᾽ ἂν ἐκκαύσῃ[33] κακίαν,[34] ἀπολεῖται ὑπ᾽ αὐτῆς.

1 κατέχω, *pres act ptc nom s m*, keep, maintain
2 μοιχαλίς, adulteress
3 ἄφρων, foolish
4 ἀσεβής, ungodly, wicked
5 ἀφροσύνη, foolishness
6 λυμαίνω, *pres mid ind 3s*, bring ruin upon
7 αἰτιάομαι, *pres mid ind 3s*, blame
8 πλοῦτος, wealth
9 προστίθημι, *pres act ind 3s*, add to
10 φίλος, friend
11 λείπω, *pres pas ind 3s*, forsake
12 μάρτυς, witness
13 ψευδής, false, lying
14 ἀτιμώρητος, unpunished
15 ἐγκαλέω, *pres act ptc nom s m*, accuse
16 ἀδίκως, unjustly
17 διαφεύγω, *fut mid ind 3s*, escape
18 θεραπεύω, *pres act ind 3p*, give homage
19 ὄνειδος, reproach
20 φιλία, friendship
21 μακράν, far away
22 ἔννοια, understanding
23 φρόνιμος, prudent
24 κακοποιέω, *pres act ptc nom s m*, do evil
25 τελεσιουργέω, *pres act ind 3s*, perfect
26 κακία, wickedness
27 ἐρεθίζω, *pres act ind 3s*, (use to provoke)
28 κτάομαι, *pres mid ptc nom s m*, acquire, get
29 φρόνησις, insight, intelligence
30 μάρτυς, witness
31 ψευδής, false, lying
32 ἀτιμώρητος, unpunished
33 ἐκκαίω, *aor act sub 3s*, kindle up
34 κακία, wickedness

10 οὐ συμφέρει[1] ἄφρονι[2] τρυφή,[3]
καὶ ἐὰν οἰκέτης[4] ἄρξηται μεθ᾽ ὕβρεως[5] δυναστεύειν.[6]
11 ἐλεήμων[7] ἀνὴρ μακροθυμεῖ,[8]
τὸ δὲ καύχημα[9] αὐτοῦ ἐπέρχεται[10] παρανόμοις.[11]
12 βασιλέως ἀπειλὴ[12] ὁμοία[13] βρυγμῷ[14] λέοντος·[15]
ὥσπερ δὲ δρόσος[16] ἐπὶ χόρτῳ,[17] οὕτως τὸ ἱλαρὸν[18] αὐτοῦ.
13 αἰσχύνη[19] πατρὶ υἱὸς ἄφρων,[20]
καὶ οὐχ ἁγναὶ[21] εὐχαὶ[22] ἀπὸ μισθώματος[23] ἑταίρας.[24]
14 οἶκον καὶ ὕπαρξιν[25] μερίζουσιν[26] πατέρες παισίν,[27]
παρὰ δὲ θεοῦ ἁρμόζεται[28] γυνὴ ἀνδρί.
15 δειλία[29] κατέχει[30] ἀνδρογύναιον,[31]
ψυχὴ δὲ ἀεργοῦ[32] πεινάσει.[33]
16 ὃς φυλάσσει ἐντολήν,[34] τηρεῖ[35] τὴν ἑαυτοῦ ψυχήν·
ὁ δὲ καταφρονῶν[36] τῶν ἑαυτοῦ ὁδῶν ἀπολεῖται.
17 δανίζει[37] θεῷ ὁ ἐλεῶν[38] πτωχόν,
κατὰ δὲ τὸ δόμα[39] αὐτοῦ ἀνταποδώσει[40] αὐτῷ.
18 παίδευε[41] υἱόν σου, οὕτως γὰρ ἔσται εὔελπις·[42]
εἰς δὲ ὕβριν[43] μὴ ἐπαίρου[44] τῇ ψυχῇ σου.

1 συμφέρω, *pres act ind 3s*, suit, fit
2 ἄφρων, fool
3 τρυφή, luxury
4 οἰκέτης, servant
5 ὕβρις, arrogance, insolence
6 δυναστεύω, *pres act inf*, dominate, overpower
7 ἐλεήμων, merciful
8 μακροθυμέω, *pres act ind 3s*, have patience
9 καύχημα, source of pride
10 ἐπέρχομαι, *pres mid ind 3s*, come against
11 παράνομος, lawless
12 ἀπειλή, threat, anger
13 ὅμοιος, like, similar to
14 βρυγμός, roaring
15 λέων, lion
16 δρόσος, dew
17 χόρτος, grass
18 ἱλαρός, happiness
19 αἰσχύνη, shame, dishonor
20 ἄφρων, foolish
21 ἁγνός, sincere, honored
22 εὐχή, vow
23 μίσθωμα, contract-price, rent
24 ἑταίρα, prostitute
25 ὕπαρξις, property
26 μερίζω, *pres act ind 3p*, distribute
27 παῖς, child
28 ἁρμόζω, *pres pas ind 3s*, join (in marriage)
29 δειλία, cowardice, misery
30 κατέχω, *pres act ind 3s*, restrain
31 ἀνδρογύναιος, effeminate
32 ἀεργός, idle
33 πεινάω, *fut act ind 3s*, be hungry
34 ἐντολή, commandment
35 τηρέω, *pres act impv 2s*, guard
36 καταφρονέω, *pres act ptc nom s m*, lightly esteem, scorn
37 δανείζω, *pres act ind 3s*, lend (money)
38 ἐλεέω, *pres act ptc nom s m*, have mercy
39 δόμα, donation, gift
40 ἀνταποδίδωμι, *fut act ind 3s*, repay, give back
41 παιδεύω, *pres act impv 2s*, discipline, instruct
42 εὔελπις, hopeful
43 ὕβρις, arrogance, insolence
44 ἐπαίρω, *pres mid impv 2s*, inflate, lift up

19 κακόφρων[1] ἀνὴρ πολλὰ ζημιωθήσεται·[2]
ἐὰν δὲ λοιμεύηται,[3] καὶ τὴν ψυχὴν αὐτοῦ προσθήσει.[4]
20 ἄκουε, υἱέ, παιδείαν[5] πατρός σου,
ἵνα σοφὸς[6] γένῃ ἐπ᾽ ἐσχάτων σου.
21 πολλοὶ λογισμοὶ[7] ἐν καρδίᾳ ἀνδρός,
ἡ δὲ βουλὴ[8] τοῦ κυρίου εἰς τὸν αἰῶνα μένει.[9]
22 καρπὸς[10] ἀνδρὶ ἐλεημοσύνη,[11]
κρείσσων[12] δὲ πτωχὸς δίκαιος ἢ πλούσιος[13] ψεύστης.[14]
23 φόβος κυρίου εἰς ζωὴν ἀνδρί,
ὁ δὲ ἄφοβος[15] αὐλισθήσεται[16] ἐν τόποις, οὗ οὐκ ἐπισκοπεῖται[17] γνῶσις.[18]
24 ὁ ἐγκρύπτων[19] εἰς τὸν κόλπον[20] αὐτοῦ χεῖρας ἀδίκως,[21]
οὐδὲ τῷ στόματι οὐ μὴ προσαγάγῃ[22] αὐτάς.
25 λοιμοῦ[23] μαστιγουμένου[24] ἄφρων[25] πανουργότερος[26] γίνεται·
ἐὰν δὲ ἐλέγχῃς[27] ἄνδρα φρόνιμον,[28] νοήσει[29] αἴσθησιν.[30]
26 ὁ ἀτιμάζων[31] πατέρα καὶ ἀπωθούμενος[32] μητέρα αὐτοῦ
καταισχυνθήσεται[33] καὶ ἐπονείδιστος[34] ἔσται.
27 υἱὸς ἀπολειπόμενος[35] φυλάξαι παιδείαν[36] πατρὸς
μελετήσει[37] ῥήσεις[38] κακάς.

1 κακόφρων, malicious
2 ζημιόω, *fut pas ind 3s*, punish
3 λοιμεύομαι, *pres pas sub 3s*, be pestilent
4 προστίθημι, *fut act ind 3s*, involve, impose upon
5 παιδεία, instruction, training
6 σοφός, wise
7 λογισμός, thought, plan
8 βουλή, counsel
9 μένω, *pres act ind 3s*, endure, last
10 καρπός, profit
11 ἐλεημοσύνη, mercy, compassion
12 κρείσσων (ττ), *comp of* ἀγαθός, better
13 πλούσιος, rich
14 ψεύστης, liar
15 ἄφοβος, without fear
16 αὐλίζω, *fut pas ind 3s*, stay overnight, lodge
17 ἐπισκοπέω, *pres pas ind 3s*, oversee, keep watch
18 γνῶσις, knowledge
19 ἐγκρύπτω, *pres act ptc nom s m*, hide
20 κόλπος, (pocket), fold (of a garment)
21 ἀδίκως, unjust
22 προσάγω, *aor act sub 3s*, bring into
23 λοιμός, pest
24 μαστιγόω, *pres mid ptc gen s m*, flog
25 ἄφρων, foolish
26 πανοῦργος, *comp*, wiser
27 ἐλέγχω, *pres act sub 2s*, reprove
28 φρόνιμος, prudent
29 νοέω, *fut act ind 3s*, gain insight upon
30 αἴσθησις, sense, perception
31 ἀτιμάζω, *pres act ptc nom s m*, dishonor
32 ἀπωθέω, *pres mid ptc nom s m*, reject, repudiate
33 καταισχύνω, *fut pas ind 3s*, put to shame
34 ἐπονείδιστος, rebuked, shameful
35 ἀπολείπω, *pres mid ptc nom s m*, abandon
36 παιδεία, discipline, instruction
37 μελετάω, *fut act ind 3s*, contemplate, think about
38 ῥῆσις, saying, report

28 ὁ ἐγγυώμενος[1] παῖδα[2] ἄφρονα[3] καθυβρίζει[4] δικαίωμα,[5]
στόμα δὲ ἀσεβῶν[6] καταπίεται[7] κρίσεις.
29 ἑτοιμάζονται ἀκολάστοις[8] μάστιγες[9]
καὶ τιμωρίαι[10] ὤμοις[11] ἀφρόνων.[12]

20 ἀκόλαστον[13] οἶνος καὶ ὑβριστικὸν[14] μέθη,[15]
πᾶς δὲ ὁ συμμειγνύμενος[16] αὐτῇ οὐκ ἔσται σοφός.[17]
2 οὐ διαφέρει[18] ἀπειλὴ[19] βασιλέως θυμοῦ[20] λέοντος,[21]
ὁ δὲ παροξύνων[22] αὐτὸν ἁμαρτάνει εἰς τὴν ἑαυτοῦ ψυχήν.
3 δόξα ἀνδρὶ ἀποστρέφεσθαι[23] λοιδορίας,[24]
πᾶς δὲ ἄφρων[25] τοιούτοις[26] συμπλέκεται.[27]
4 ὀνειδιζόμενος[28] ὀκνηρὸς[29] οὐκ αἰσχύνεται,[30]
ὡσαύτως[31] καὶ ὁ δανιζόμενος[32] σῖτον[33] ἐν ἀμήτῳ.[34]
5 ὕδωρ βαθὺ[35] βουλὴ[36] ἐν καρδίᾳ ἀνδρός,
ἀνὴρ δὲ φρόνιμος[37] ἐξαντλήσει[38] αὐτήν.
6 μέγα ἄνθρωπος καὶ τίμιον[39] ἀνὴρ ἐλεήμων,[40]
ἄνδρα δὲ πιστὸν[41] ἔργον εὑρεῖν.
7 ὃς ἀναστρέφεται[42] ἄμωμος[43] ἐν δικαιοσύνῃ,
μακαρίους[44] τοὺς παῖδας[45] αὐτοῦ καταλείψει.[46]

1 ἐγγυάω, *pres mid ptc nom s m*, give surety
2 παῖς, child
3 ἄφρων, foolish
4 καθυβρίζω, *pres act ind 3s*, insult, dishonor
5 δικαίωμα, custom, regulation
6 ἀσεβής, ungodly, wicked
7 καταπίνω, *fut mid ind 3s*, drink up, swallow
8 ἀκόλαστος, intemperate, licentious
9 μάστιξ, lash, punishment
10 τιμωρία, punishment
11 ὦμος, back, shoulder
12 ἄφρων, foolish
13 ἀκόλαστος, intemperate, licentious
14 ὑβριστικός, prone to violence
15 μέθη, drunkenness
16 συμμείγνυμι, *pres pas ptc nom s m*, mingle with
17 σοφός, wise
18 διαφέρω, *pres act ind 3s*, differ
19 ἀπειλή, anger, threat
20 θυμός, rage, fury
21 λέων, lion
22 παροξύνω, *pres act ptc nom s m*, provoke
23 ἀποστρέφω, *pres mid inf*, turn away from, restrain from
24 λοιδορία, abuse
25 ἄφρων, foolish
26 τοιοῦτος, such
27 συμπλέκω, *pres pas ind 3s*, entangle in
28 ὀνειδίζω, *pres pas ptc nom s m*, reproach
29 ὀκνηρός, lazy
30 αἰσχύνω, *pres mid ind 3s*, feel ashamed
31 ὡσαύτως, likewise
32 δανείζω, *pres mid ptc nom s m*, borrow
33 σῖτος, grain
34 ἄμητος, harvest
35 βαθύς, deep
36 βουλή, counsel
37 φρόνιμος, prudent
38 ἐξαντλέω, *fut act ind 3s*, draw out
39 τίμιος, honorable
40 ἐλεήμων, merciful
41 πιστός, trustworthy, faithful
42 ἀναστρέφω, *pres pas ind 3s*, live, behave
43 ἄμωμος, blameless
44 μακάριος, blessed
45 παῖς, child
46 καταλείπω, *fut act ind 3s*, leave

8 ὅταν βασιλεὺς δίκαιος καθίσῃ ἐπὶ θρόνου,
οὐκ ἐναντιοῦται[1] ἐν ὀφθαλμοῖς αὐτοῦ πᾶν πονηρόν.
9 τίς καυχήσεται[2] ἁγνὴν[3] ἔχειν τὴν καρδίαν;
ἢ τίς παρρησιάσεται[4] καθαρὸς[5] εἶναι ἀπὸ ἁμαρτιῶν;
9a κακολογοῦντος[6] πατέρα ἢ μητέρα σβεσθήσεται[7] λαμπτήρ,[8]
αἱ δὲ κόραι[9] τῶν ὀφθαλμῶν αὐτοῦ ὄψονται σκότος.
9b μερὶς[10] ἐπισπουδαζομένη[11] ἐν πρώτοις
ἐν τοῖς τελευταίοις[12] οὐκ εὐλογηθήσεται.
9c μὴ εἴπῃς Τείσομαι[13] τὸν ἐχθρόν·
ἀλλὰ ὑπόμεινον[14] τὸν κύριον, ἵνα σοι βοηθήσῃ.[15]
10 στάθμιον[16] μέγα καὶ μικρὸν καὶ μέτρα[17] δισσά,[18]
ἀκάθαρτα ἐνώπιον κυρίου καὶ ἀμφότερα.[19]
11 καὶ ὁ ποιῶν αὐτὰ ἐν τοῖς ἐπιτηδεύμασιν[20] αὐτοῦ συμποδισθήσεται,[21]
νεανίσκος[22] μετὰ ὁσίου,[23] καὶ εὐθεῖα[24] ἡ ὁδὸς αὐτοῦ.
12 οὖς ἀκούει καὶ ὀφθαλμὸς ὁρᾷ·
κυρίου ἔργα καὶ ἀμφότερα.[25]
13 μὴ ἀγάπα καταλαλεῖν,[26] ἵνα μὴ ἐξαρθῇς·[27]
διάνοιξον[28] τοὺς ὀφθαλμούς σου καὶ ἐμπλήσθητι[29] ἄρτων.
23 βδέλυγμα[30] κυρίῳ δισσὸν[31] στάθμιον,[32]
καὶ ζυγὸς[33] δόλιος[34] οὐ καλὸν ἐνώπιον αὐτοῦ.
24 παρὰ κυρίου εὐθύνεται[35] τὰ διαβήματα[36] ἀνδρί·
θνητὸς[37] δὲ πῶς ἂν νοήσαι[38] τὰς ὁδοὺς αὐτοῦ;

1 ἐναντιόομαι, *pres mid ind 3s*, oppose
2 καυχάομαι, *fut mid ind 3s*, boast
3 ἁγνός, pure, holy
4 παρρησιάζομαι, *fut mid ind 3s*, openly declare
5 καθαρός, clean
6 κακολογέω, *pres act ptc gen s m*, insult
7 σβέννυμι, *fut pas ind 3s*, put out, extinguish
8 λαμπτήρ, lamp, torch
9 κόρη, pupil
10 μερίς, portion
11 ἐπισπουδάζω, *pres pas ptc nom s f*, get hastily
12 τελευταῖος, end, last
13 τίνω, *fut mid ind 1s*, pay (a penalty) to
14 ὑπομένω, *aor act impv 2s*, wait on
15 βοηθέω, *aor act sub 3s*, help
16 στάθμιον, weight
17 μέτρον, measure
18 δισσός, double
19 ἀμφότεροι, both
20 ἐπιτήδευμα, habit, pursuit
21 συμποδίζω, *fut pas ind 3s*, tie up, hinder
22 νεανίσκος, young man
23 ὅσιος, holy, pious
24 εὐθύς, straight, upright
25 ἀμφότεροι, both
26 καταλαλέω, *pres act inf*, slander
27 ἐξαίρω, *aor pas sub 2s*, drive away, destroy
28 διανοίγω, *aor act impv 2s*, open fully
29 ἐμπίμπλημι, *aor pas impv 2s*, satisfy
30 βδέλυγμα, abomination
31 δισσός, double
32 στάθμιον, weight
33 ζυγός, scale
34 δόλιος, false
35 εὐθύνω, *pres pas ind 3s*, guide correctly
36 διάβημα, step
37 θνητός, mortal
38 νοέω, *aor act opt 3s*, understand

25 παγὶς[1] ἀνδρὶ ταχύ[2] τι τῶν ἰδίων[3] ἁγιάσαι·[4]
μετὰ γὰρ τὸ εὔξασθαι[5] μετανοεῖν[6] γίνεται.
26 λικμήτωρ[7] ἀσεβῶν[8] βασιλεὺς σοφὸς[9]
καὶ ἐπιβαλεῖ[10] αὐτοῖς τροχόν.[11]
27 φῶς κυρίου πνοὴ[12] ἀνθρώπων,
ὃς ἐρευνᾷ[13] ταμιεῖα[14] κοιλίας.[15]
28 ἐλεημοσύνη[16] καὶ ἀλήθεια φυλακὴ βασιλεῖ
καὶ περικυκλώσουσιν[17] ἐν δικαιοσύνῃ τὸν θρόνον αὐτοῦ.
29 κόσμος[18] νεανίαις[19] σοφία,
δόξα δὲ πρεσβυτέρων πολιαί.[20]
30 ὑπώπια[21] καὶ συντρίμματα[22] συναντᾷ[23] κακοῖς,
πληγαὶ[24] δὲ εἰς ταμιεῖα[25] κοιλίας.[26]

21 ὥσπερ ὁρμὴ[27] ὕδατος, οὕτως καρδία βασιλέως ἐν χειρὶ θεοῦ·
οὗ[28] ἐὰν θέλων νεύσῃ,[29] ἐκεῖ ἔκλινεν[30] αὐτήν.
2 πᾶς ἀνὴρ φαίνεται[31] ἑαυτῷ δίκαιος,
κατευθύνει[32] δὲ καρδίας κύριος.
3 ποιεῖν δίκαια καὶ ἀληθεύειν[33]
ἀρεστὰ[34] παρὰ θεῷ μᾶλλον[35] ἢ θυσιῶν[36] αἷμα.
4 μεγαλόφρων[37] ἐφ᾽ ὕβρει[38] θρασυκάρδιος,[39]
λαμπτὴρ[40] δὲ ἀσεβῶν[41] ἁμαρτία.

1 παγίς, trap
2 ταχύς, quickly
3 ἴδιος, one's own
4 ἁγιάζω, *aor mid impv 2s*, consecrate
5 εὔχομαι, *aor mid inf*, vow
6 μετανοέω, *pres act inf*, change one's mind, repent
7 λικμήτωρ, winnower
8 ἀσεβής, ungodly, wicked
9 σοφός, wise
10 ἐπιβάλλω, *fut act ind 3s*, put upon
11 τροχός, wheel (of torture)
12 πνοή, breath
13 ἐρευνάω, *pres act ind 3s*, search
14 ταμιεῖον, inner area
15 κοιλία, belly
16 ἐλεημοσύνη, mercy
17 περικυκλόω, *fut act ind 3p*, surround, encircle
18 κόσμος, ornament, decoration
19 νεανίας, young man
20 πολιά, gray hairs
21 ὑπώπιον, bruise
22 σύντριμμα, ruin
23 συναντάω, *pres act ind 3s*, come upon
24 πληγή, wound
25 ταμιεῖον, inner area
26 κοιλία, belly
27 ὁρμή, rush, gush
28 οὗ, where
29 νεύω, *aor act sub 3s*, tip, turn
30 κλίνω, *aor act ind 3s*, tip over, pour
31 φαίνω, *pres pas ind 3s*, appear
32 κατευθύνω, *pres act ind 3s*, direct, lead
33 ἀληθεύω, *pres act inf*, speak truthfully
34 ἀρεστός, pleasing
35 μᾶλλον, more than, rather than
36 θυσία, sacrifice
37 μεγαλόφρων, big-headed, inflated
38 ὕβρις, arrogance, pride
39 θρασυκάρδιος, bold-hearted
40 λαμπτήρ, lamp, torch
41 ἀσεβής, ungodly, wicked

6 ὁ ἐνεργῶν[1] θησαυρίσματα[2] γλώσσῃ ψευδεῖ[3]
μάταια[4] διώκει ἐπὶ παγίδας[5] θανάτου.
7 ὄλεθρος[6] ἀσεβέσιν[7] ἐπιξενωθήσεται·[8]
οὐ γὰρ βούλονται πράσσειν[9] τὰ δίκαια.
8 πρὸς τοὺς σκολιοὺς[10] σκολιὰς ὁδοὺς ἀποστέλλει ὁ θεός·
ἁγνὰ[11] γὰρ καὶ ὀρθὰ[12] τὰ ἔργα αὐτοῦ.
9 κρεῖσσον[13] οἰκεῖν[14] ἐπὶ γωνίας[15] ὑπαίθρου[16]
ἢ ἐν κεκονιαμένοις[17] μετὰ ἀδικίας[18] καὶ ἐν οἴκῳ κοινῷ.[19]
10 ψυχὴ ἀσεβοῦς[20]
οὐκ ἐλεηθήσεται[21] ὑπ᾽ οὐδενὸς τῶν ἀνθρώπων.
11 ζημιουμένου[22] ἀκολάστου[23] πανουργότερος[24] γίνεται ὁ ἄκακος,[25]
συνίων[26] δὲ σοφὸς[27] δέξεται[28] γνῶσιν.[29]
12 συνίει[30] δίκαιος καρδίας ἀσεβῶν[31]
καὶ φαυλίζει[32] ἀσεβεῖς ἐν κακοῖς.
13 ὃς φράσσει[33] τὰ ὦτα τοῦ μὴ ἐπακοῦσαι[34] ἀσθενοῦς,[35]
καὶ αὐτὸς ἐπικαλέσεται,[36] καὶ οὐκ ἔσται ὁ εἰσακούων.[37]
14 δόσις[38] λάθριος[39] ἀνατρέπει[40] ὀργάς,
δώρων[41] δὲ ὁ φειδόμενος[42] θυμὸν[43] ἐγείρει[44] ἰσχυρόν.[45]

1 ἐνεργέω, *pres act ptc nom s m*, produce, work for
2 θησαύρισμα, treasure
3 ψευδής, false
4 μάταιος, worthless, vain
5 παγίς, trap, snare
6 ὄλεθρος, ruin
7 ἀσεβής, ungodly, wicked
8 ἐπιξενόομαι, *fut pas ind 3s*, entertain (as a guest)
9 πράσσω, *pres act inf*, do, carry out
10 σκολιός, crooked
11 ἁγνός, pure, holy
12 ὀρθός, upright
13 κρείσσων (ττ), *comp of* ἀγαθός, better
14 οἰκέω, *pres act inf*, dwell
15 γωνία, corner
16 ὕπαιθρος, under the sky, out in the open
17 κονιάω, *perf pas ptc dat p n*, whitewash, plaster
18 ἀδικία, unrighteousness
19 κοινός, common, public
20 ἀσεβής, ungodly, wicked
21 ἐλεέω, *fut pas ind 3s*, show pity
22 ζημιόω, *pres pas ptc gen s m*, punish
23 ἀκόλαστος, intemperate, licentious
24 πανοῦργος, *comp*, clever, sly
25 ἄκακος, innocent
26 συνίημι, *pres act ptc nom s m*, understand
27 σοφός, wise
28 δέχομαι, *fut mid ind 3s*, accept, receive
29 γνῶσις, knowledge
30 συνίημι, *pres act ind 3s*, understand
31 ἀσεβής, ungodly, wicked
32 φαυλίζω, *pres act ind 3s*, consider worthless
33 φράσσω, *pres act ind 3s*, stop up, shut
34 ἐπακούω, *aor act inf*, listen to, hear
35 ἀσθενής, poor, helpless
36 ἐπικαλέω, *fut mid ind 3s*, appeal (for help)
37 εἰσακούω, *pres act ptc nom s m*, hear
38 δόσις, gift
39 λάθριος, secret
40 ἀνατρέπω, *pres act ind 3s*, nullify, disrupt
41 δῶρον, gift
42 φείδομαι, *pres mid ptc nom s m*, refrain
43 θυμός, wrath, anger
44 ἐγείρω, *pres act ind 3s*, stir up
45 ἰσχυρός, vehement, fierce

15 εὐφροσύνη[1] δικαίων ποιεῖν κρίμα,[2]
ὅσιος[3] δὲ ἀκάθαρτος παρὰ κακούργοις.[4]
16 ἀνὴρ πλανώμενος ἐξ ὁδοῦ δικαιοσύνης
ἐν συναγωγῇ γιγάντων[5] ἀναπαύσεται.[6]
17 ἀνὴρ ἐνδεὴς[7] ἀγαπᾷ εὐφροσύνην[8]
φιλῶν[9] οἶνον καὶ ἔλαιον[10] εἰς πλοῦτον·[11]
18 περικάθαρμα[12] δὲ δικαίου ἄνομος.[13]
19 κρεῖσσον[14] οἰκεῖν[15] ἐν γῇ ἐρήμῳ
ἢ μετὰ γυναικὸς μαχίμου[16] καὶ γλωσσώδους[17] καὶ ὀργίλου.[18]
20 θησαυρὸς[19] ἐπιθυμητὸς[20] ἀναπαύσεται[21] ἐπὶ στόματος σοφοῦ,[22]
ἄφρονες[23] δὲ ἄνδρες καταπίονται[24] αὐτόν.
21 ὁδὸς δικαιοσύνης καὶ ἐλεημοσύνης[25]
εὑρήσει ζωὴν καὶ δόξαν.
22 πόλεις ὀχυρὰς[26] ἐπέβη[27] σοφὸς[28]
καὶ καθεῖλεν[29] τὸ ὀχύρωμα,[30] ἐφ᾽ ᾧ ἐπεποίθεισαν[31] οἱ ἀσεβεῖς.[32]
23 ὃς φυλάσσει τὸ στόμα αὐτοῦ καὶ τὴν γλῶσσαν,
διατηρεῖ[33] ἐκ θλίψεως τὴν ψυχὴν αὐτοῦ.
24 θρασὺς[34] καὶ αὐθάδης[35] καὶ ἀλαζὼν[36] λοιμὸς[37] καλεῖται·
ὃς δὲ μνησικακεῖ,[38] παράνομος.[39]
25 ἐπιθυμίαι[40] ὀκνηρὸν[41] ἀποκτείνουσιν·
οὐ γὰρ προαιροῦνται[42] αἱ χεῖρες αὐτοῦ ποιεῖν τι.

1 εὐφροσύνη, gladness
2 κρίμα, judgment, decision
3 ὅσιος, holy, devout
4 κακοῦργος, evildoer, criminal
5 γίγας, mighty one, giant
6 ἀναπαύω, *fut mid ind 3s*, come to a stop, take a rest
7 ἐνδεής, in need
8 εὐφροσύνη, gladness
9 φιλέω, *pres act ptc nom s m*, love
10 ἔλαιον, oil
11 πλοῦτος, abundance
12 περικάθαρμα, refuse, garbage
13 ἄνομος, lawless
14 κρείσσων (ττ), *comp of* ἀγαθός, better
15 οἰκέω, *pres act inf*, dwell
16 μάχιμος, contentious, quarrelsome
17 γλωσσώδης, talkative, blabbing
18 ὀργίλος, irritable, fickle
19 θησαυρός, treasure
20 ἐπιθυμητός, desirable
21 ἀναπαύω, *fut mid ind 3s*, rest in place
22 σοφός, wise
23 ἄφρων, foolish
24 καταπίνω, *fut mid ind 3p*, gulp down, swallow up
25 ἐλεημοσύνη, mercy, charity
26 ὀχυρός, secure, fortified
27 ἐπιβαίνω, *aor act ind 3s*, set foot in
28 σοφός, wise
29 καθαιρέω, *aor act ind 3s*, pull down, destroy
30 ὀχύρωμα, fortification
31 πείθω, *plpf act ind 3p*, rely upon, trust in
32 ἀσεβής, ungodly, wicked
33 διατηρέω, *pres act ind 3s*, keep free from
34 θρασύς, rash
35 αὐθάδης, arrogant
36 ἀλαζών, pretentious
37 λοιμός, pest
38 μνησικακέω, *pres act ind 3s*, bear a grudge
39 παράνομος, lawless (person)
40 ἐπιθυμία, desire
41 ὀκνηρός, lazy
42 προαιρέω, *pres mid ind 3p*, prefer

26 ἀσεβὴς[1] ἐπιθυμεῖ[2] ὅλην τὴν ἡμέραν ἐπιθυμίας[3] κακάς,
ὁ δὲ δίκαιος ἐλεᾷ[4] καὶ οἰκτίρει[5] ἀφειδῶς.[6]
27 θυσίαι[7] ἀσεβῶν[8] βδέλυγμα[9] κυρίῳ·
καὶ γὰρ παρανόμως[10] προσφέρουσιν αὐτάς.
28 μάρτυς[11] ψευδὴς[12] ἀπολεῖται,
ἀνὴρ δὲ ὑπήκοος[13] φυλασσόμενος λαλήσει.
29 ἀσεβὴς[14] ἀνὴρ ἀναιδῶς[15] ὑφίσταται[16] προσώπῳ,
ὁ δὲ εὐθὴς[17] αὐτὸς συνίει[18] τὰς ὁδοὺς αὐτοῦ.
30 οὐκ ἔστιν σοφία, οὐκ ἔστιν ἀνδρεία,[19]
οὐκ ἔστιν βουλὴ[20] πρὸς τὸν ἀσεβῆ.[21]
31 ἵππος[22] ἑτοιμάζεται εἰς ἡμέραν πολέμου,
παρὰ δὲ κυρίου ἡ βοήθεια.[23]

22 αἱρετώτερον[24] ὄνομα καλὸν ἢ πλοῦτος[25] πολύς,
ὑπὲρ δὲ ἀργύριον[26] καὶ χρυσίον[27] χάρις ἀγαθή.
2 πλούσιος[28] καὶ πτωχὸς συνήντησαν[29] ἀλλήλοις,[30]
ἀμφοτέρους[31] δὲ ὁ κύριος ἐποίησεν.
3 πανοῦργος[32] ἰδὼν πονηρὸν τιμωρούμενον[33] κραταιῶς[34] αὐτὸς παιδεύεται,[35]
οἱ δὲ ἄφρονες[36] παρελθόντες[37] ἐζημιώθησαν.[38]
4 γενεὰ σοφίας φόβος κυρίου
καὶ πλοῦτος[39] καὶ δόξα καὶ ζωή.

1 ἀσεβής, ungodly, wicked
2 ἐπιθυμέω, *pres act ind 3s*, desire
3 ἐπιθυμία, desire
4 ἐλεάω, *pres act ind 3s*, have pity, show mercy
5 οἰκτίρω, *pres act ind 3s*, have compassion
6 ἀφειδῶς, unsparingly, lavishly
7 θυσία, sacrifice
8 ἀσεβής, ungodly, wicked
9 βδέλυγμα, abomination
10 παρανόμως, unlawfully
11 μάρτυς, witness
12 ψευδής, false, lying
13 ὑπήκοος, obedient
14 ἀσεβής, ungodly, wicked
15 ἀναιδῶς, shamelessly
16 ὑφίστημι, *pres mid ind 3s*, resist
17 εὐθής, upright
18 συνίημι, *pres act ind 3s*, understand
19 ἀνδρεία, virtue, courage
20 βουλή, counsel, advice
21 ἀσεβής, ungodly, wicked
22 ἵππος, horse
23 βοήθεια, help, reinforcement
24 αἱρετός, *comp*, more desirable
25 πλοῦτος, wealth, riches
26 ἀργύριον, silver
27 χρυσίον, gold
28 πλούσιος, rich
29 συναντάω, *aor act ind 3p*, meet
30 ἀλλήλων, one another
31 ἀμφότεροι, both
32 πανοῦργος, prudent
33 τιμωρέω, *pres pas ptc acc s m*, punish
34 κραταιῶς, severely
35 παιδεύω, *pres pas ind 3s*, instruct, educate
36 ἄφρων, foolish
37 παρέρχομαι, *aor act ptc nom p m*, pass by
38 ζημιόω, *aor pas ind 3p*, forfeit, pass up
39 πλοῦτος, riches

5 τρίβολοι[1] καὶ παγίδες[2] ἐν ὁδοῖς σκολιαῖς,[3]
ὁ δὲ φυλάσσων τὴν ἑαυτοῦ ψυχὴν ἀφέξεται[4] αὐτῶν.
7 πλούσιοι[5] πτωχῶν ἄρξουσιν,
καὶ οἰκέται[6] ἰδίοις[7] δεσπόταις[8] δανιοῦσιν.[9]
8 ὁ σπείρων[10] φαῦλα[11] θερίσει[12] κακά,
πληγὴν[13] δὲ ἔργων αὐτοῦ συντελέσει.[14]
8a ἄνδρα ἱλαρὸν[15] καὶ δότην[16] εὐλογεῖ ὁ θεός,
ματαιότητα[17] δὲ ἔργων αὐτοῦ συντελέσει.[18]
9 ὁ ἐλεῶν[19] πτωχὸν αὐτὸς διατραφήσεται·[20]
τῶν γὰρ ἑαυτοῦ ἄρτων ἔδωκεν τῷ πτωχῷ.
9a νίκην[21] καὶ τιμὴν[22] περιποιεῖται[23] ὁ δῶρα[24] δούς,[25]
τὴν μέντοι[26] ψυχὴν ἀφαιρεῖται[27] τῶν κεκτημένων.[28]
10 ἔκβαλε ἐκ συνεδρίου[29] λοιμόν,[30] καὶ συνεξελεύσεται[31] αὐτῷ νεῖκος·[32]
ὅταν γὰρ καθίσῃ ἐν συνεδρίῳ,[33] πάντας ἀτιμάζει.[34]
11 ἀγαπᾷ κύριος ὁσίας[35] καρδίας,
δεκτοὶ[36] δὲ αὐτῷ πάντες ἄμωμοι·[37]
χείλεσιν[38] ποιμαίνει[39] βασιλεύς.
12 οἱ δὲ ὀφθαλμοὶ κυρίου διατηροῦσιν[40] αἴσθησιν,[41]
φαυλίζει[42] δὲ λόγους παράνομος.[43]

1 τρίβολος, thorn, thistle
2 παγίς, trap, snare
3 σκολιός, crooked
4 ἀπέχω, *fut mid ind 3s*, keep away, stay far off
5 πλούσιος, rich
6 οἰκέτης, servant
7 ἴδιος, one's own
8 δεσπότης, master
9 δανείζω, *fut act ind 3p*, lend (money)
10 σπείρω, *pres act ptc nom s m*, sow
11 φαῦλος, worthless, cheap
12 θερίζω, *fut act ind 3s*, reap
13 πληγή, wound, blow
14 συντελέω, *fut act ind 3s*, complete, accomplish
15 ἱλαρός, cheerful
16 δότης, one who gives
17 ματαιότης, futility, worthlessness
18 συντελέω, *fut act ind 3s*, complete, finish off
19 ἐλεέω, *pres act ptc nom s m*, show mercy
20 διατρέφω, *fut pas ind 3s*, maintain, support
21 νίκη, victory, success
22 τιμή, honor, value
23 περιποιέω, *pres mid ind 3s*, procure, obtain
24 δῶρον, gift
25 δίδωμι, *aor act ptc nom s m*, give
26 μέντοι, however
27 ἀφαιρέω, *pres mid ind 3s*, take away
28 κτάομαι, *perf mid ptc gen p m*, possess, acquire
29 συνέδριον, assembly
30 λοιμός, pest
31 συνεξέρχομαι, *fut mid ind 3s*, exit along with
32 νεῖκος, strife, conflict
33 συνέδριον, council
34 ἀτιμάζω, *pres act ind 3s*, disgrace
35 ὅσιος, pious, holy
36 δεκτός, acceptable
37 ἄμωμος, blameless
38 χεῖλος, lip, (speech)
39 ποιμαίνω, *pres act ind 3s*, tend, shepherd
40 διατηρέω, *pres act ind 3p*, retain, maintain
41 αἴσθησις, perception, sense
42 φαυλίζω, *pres act ind 3s*, consider worthless
43 παράνομος, lawless

13 προφασίζεται[1] καὶ λέγει ὀκνηρός[2]
Λέων[3] ἐν ταῖς ὁδοῖς, ἐν δὲ ταῖς πλατείαις[4] φονευταί.[5]
14 βόθρος[6] βαθὺς[7] στόμα παρανόμου,[8]
ὁ δὲ μισηθεὶς ὑπὸ κυρίου ἐμπεσεῖται[9] εἰς αὐτόν.
14a εἰσὶν ὁδοὶ κακαὶ ἐνώπιον ἀνδρός,
καὶ οὐκ ἀγαπᾷ τοῦ ἀποστρέψαι[10] ἀπ᾽ αὐτῶν·
ἀποστρέφειν[11] δὲ δεῖ[12] ἀπὸ ὁδοῦ σκολιᾶς[13] καὶ κακῆς.
15 ἄνοια[14] ἐξῆπται[15] καρδίας νέου,[16]
ῥάβδος[17] δὲ καὶ παιδεία[18] μακρὰν[19] ἀπ᾽ αὐτοῦ.
16 ὁ συκοφαντῶν[20] πένητα[21] πολλὰ ποιεῖ τὰ ἑαυτοῦ·
δίδωσιν δὲ πλουσίῳ[22] ἐπ᾽ ἐλάσσονι.[23]

17 Λόγοις σοφῶν[24] παράβαλλε[25] σὸν[26] οὖς καὶ ἄκουε ἐμὸν λόγον,
τὴν δὲ σὴν καρδίαν ἐπίστησον,[27] ἵνα γνῷς ὅτι καλοί εἰσιν·
18 καὶ ἐὰν ἐμβάλῃς[28] αὐτοὺς εἰς τὴν καρδίαν σου,
εὐφρανοῦσίν[29] σε ἅμα[30] ἐπὶ σοῖς[31] χείλεσιν,[32]
19 ἵνα σου γένηται ἐπὶ κύριον ἡ ἐλπὶς
καὶ γνωρίσῃ[33] σοι τὴν ὁδὸν αὐτοῦ.
20 καὶ σὺ δὲ ἀπόγραψαι[34] αὐτὰ σεαυτῷ τρισσῶς[35]
εἰς βουλὴν[36] καὶ γνῶσιν[37] ἐπὶ τὸ πλάτος[38] τῆς καρδίας σου.

1 προφασίζομαι, *pres mid ind 3s*, make excuses
2 ὀκνηρός, lazy
3 λέων, lion
4 πλατεῖα, street
5 φονευτής, murderer
6 βόθρος, pit, trench
7 βαθύς, deep
8 παράνομος, lawless
9 ἐμπίπτω, *fut mid ind 3s*, fall down into
10 ἀποστρέφω, *aor act inf*, avoid, turn from
11 ἀποστρέφω, *pres act inf*, avoid, turn from
12 δεῖ, *pres act ind 3s*, it is necessary
13 σκολιός, crooked
14 ἄνοια, foolishness, stupidity
15 ἐξάπτω, *perf pas ind 3s*, fasten to
16 νέος, young (person)
17 ῥάβδος, rod
18 παιδεία, instruction, discipline
19 μακράν, far
20 συκοφαντέω, *pres act ptc nom s m*, oppress
21 πένης, poor, needy
22 πλούσιος, rich
23 ἐλάσσων (ττ), *comp of* μικρός, *from* ἐλαχύς, less
24 σοφός, wise
25 παραβάλλω, *pres act impv 2s*, expose, present
26 σός, your
27 ἐφίστημι, *aor act impv 2s*, be attentive to
28 ἐμβάλλω, *aor act sub 2s*, lay in, put in (place)
29 εὐφραίνω, *fut act ind 3p*, cheer, make glad
30 ἅμα, at the same time
31 σός, your
32 χεῖλος, lip
33 γνωρίζω, *aor act sub 3s*, make known
34 ἀπογράφω, *aor mid impv 2s*, register, write on a list
35 τρισσῶς, three times over
36 βουλή, counsel
37 γνῶσις, knowledge
38 πλάτος, breadth, width, surface

21 διδάσκω οὖν σε ἀληθῆ[1] λόγον καὶ γνῶσιν[2] ἀγαθὴν ὑπακούειν[3]
τοῦ ἀποκρίνεσθαι λόγους ἀληθείας τοῖς προβαλλομένοις[4] σοι.

22 Μὴ ἀποβιάζου[5] πένητα,[6] πτωχὸς γάρ ἐστιν,
καὶ μὴ ἀτιμάσῃς[7] ἀσθενῆ[8] ἐν πύλαις·[9]
23 ὁ γὰρ κύριος κρινεῖ αὐτοῦ τὴν κρίσιν,
καὶ ῥύσῃ[10] σὴν[11] ἄσυλον[12] ψυχήν.
24 μὴ ἴσθι ἑταῖρος[13] ἀνδρὶ θυμώδει,[14]
φίλῳ[15] δὲ ὀργίλῳ[16] μὴ συναυλίζου,[17]
25 μήποτε[18] μάθῃς[19] τῶν ὁδῶν αὐτοῦ
καὶ λάβῃς βρόχους[20] τῇ σῇ[21] ψυχῇ.
26 μὴ δίδου σεαυτὸν εἰς ἐγγύην[22]
αἰσχυνόμενος[23] πρόσωπον·
27 ἐὰν γὰρ μὴ ἔχῃς πόθεν[24] ἀποτείσῃς,[25]
λήμψονται τὸ στρῶμα[26] τὸ ὑπὸ τὰς πλευράς[27] σου.
28 μὴ μέταιρε[28] ὅρια[29] αἰώνια,
ἃ ἔθεντο οἱ πατέρες σου.
29 ὁρατικὸν[30] ἄνδρα καὶ ὀξὺν[31] ἐν τοῖς ἔργοις αὐτοῦ
βασιλεῦσι δεῖ[32] παρεστάναι[33]
καὶ μὴ παρεστάναι ἀνδράσι νωθροῖς.[34]

1 ἀληθής, true
2 γνῶσις, knowledge
3 ὑπακούω, *pres act inf*, obey, listen to
4 προβάλλω, *pres mid ptc dat p m*, posit, put forth
5 ἀποβιάζομαι, *pres mid impv 2s*, treat violently
6 πένης, poor
7 ἀτιμάζω, *aor act sub 2s*, dishonor
8 ἀσθενής, helpless
9 πύλη, gate
10 ῥύομαι, *fut mid ind 2s*, rescue, deliver
11 σός, your
12 ἄσυλος, safe, unharmed
13 ἑταῖρος, companion, friend
14 θυμώδης, wrathful
15 φίλος, friend
16 ὀργίλος, quick-tempered
17 συναυλίζομαι, *pres mid impv 2s*, associate with
18 μήποτε, lest
19 μανθάνω, *aor act sub 2s*, learn
20 βρόχος, snare
21 σός, your
22 ἐγγύη, security, guarantee
23 αἰσχύνω, *pres mid ptc nom s m*, put to shame
24 πόθεν, from which
25 ἀποτίνω, *aor act sub 2s*, make payment
26 στρῶμα, mattress
27 πλευρά, side (of the body)
28 μεταίρω, *pres act impv 2s*, remove
29 ὅριον, boundary, landmark
30 ὁρατικός, observant, prescient
31 ὀξύς, incisive, sharp
32 δεῖ, *pres act ind 3s*, be fitting, be proper
33 παρίστημι, *perf act inf*, stand by, wait on
34 νωθρός, lazy

23 ἐὰν καθίσῃς δειπνεῖν[1] ἐπὶ τραπέζης[2] δυναστῶν,[3]
νοητῶς[4] νόει[5] τὰ παρατιθέμενά[6] σοι
2 καὶ ἐπίβαλλε[7] τὴν χεῖρά σου
εἰδὼς ὅτι τοιαῦτά[8] σε δεῖ[9] παρασκευάσαι·[10]
3 εἰ δὲ ἀπληστότερος[11] εἶ, μὴ ἐπιθύμει[12] τῶν ἐδεσμάτων[13] αὐτοῦ,
ταῦτα γὰρ ἔχεται ζωῆς ψευδοῦς.[14]
4 μὴ παρεκτείνου[15] πένης[16] ὢν πλουσίῳ,[17]
τῇ δὲ σῇ[18] ἐννοίᾳ[19] ἀπόσχου·[20]
5 ἐὰν ἐπιστήσῃς[21] τὸ σὸν[22] ὄμμα[23] πρὸς αὐτόν, οὐδαμοῦ[24] φανεῖται,[25]
κατεσκεύασται[26] γὰρ αὐτῷ πτέρυγες[27] ὥσπερ ἀετοῦ,[28]
καὶ ὑποστρέφει[29] εἰς τὸν οἶκον τοῦ προεστηκότος[30] αὐτοῦ.
6 μὴ συνδείπνει[31] ἀνδρὶ βασκάνῳ[32]
μηδὲ ἐπιθύμει[33] τῶν βρωμάτων[34] αὐτοῦ·
7 ὃν τρόπον[35] γὰρ εἴ τις καταπίοι[36] τρίχα,[37]
οὕτως ἐσθίει καὶ πίνει.
8 μηδὲ πρὸς σὲ εἰσαγάγῃς[38] αὐτὸν καὶ φάγῃς τὸν ψωμόν[39] σου μετ᾽ αὐτοῦ·
ἐξεμέσει[40] γὰρ αὐτὸν καὶ λυμανεῖται[41] τοὺς λόγους σου τοὺς καλούς.
9 εἰς ὦτα ἄφρονος[42] μηδὲν[43] λέγε,
μήποτε[44] μυκτηρίσῃ[45] τοὺς συνετοὺς[46] λόγους σου.

1 δειπνέω, *pres act inf*, eat, dine
2 τράπεζα, table
3 δυνάστης, ruler
4 νοητῶς, carefully
5 νοέω, *pres act impv 2s*, note, observe
6 παρατίθημι, *pres pas ptc acc p n*, place before
7 ἐπιβάλλω, *pres act impv 2s*, put out, lay on
8 τοιοῦτος, such
9 δεῖ, *pres act ind 3s*, be necessary
10 παρασκευάζω, *aor act inf*, prepare
11 ἄπληστος, *comp*, more greedy, more insatiable
12 ἐπιθυμέω, *pres act impv 2s*, crave
13 ἔδεσμα, delicacies
14 ψευδής, false
15 παρεκτείνω, *pres mid impv 2s*, compare
16 πένης, poor
17 πλούσιος, rich
18 σός, your
19 ἔννοια, thought, purpose
20 ἀπέχω, *aor mid impv 2s*, be restrained
21 ἐφίστημι, *aor act sub 2s*, fix (attention) on
22 σός, your
23 ὄμμα, eye
24 οὐδαμοῦ, nowhere
25 φαίνω, *fut mid ind 3s*, appear
26 κατασκευάζω, *perf pas ind 3s*, prepare, make ready
27 πτέρυξ, wing
28 ἀετός, eagle
29 ὑποστρέφω, *pres act ind 3s*, return
30 προΐστημι, *perf act ptc gen s m*, set over, be in charge
31 συνδειπνέω, *pres act impv 2s*, dine with
32 βάσκανος, envious, begrudging
33 ἐπιθυμέω, *pres act impv 2s*, crave
34 βρῶμα, food
35 ὃν τρόπον, in the same way
36 καταπίνω, *aor act opt 3s*, swallow
37 θρίξ, hair
38 εἰσάγω, *aor act sub 2s*, ingest, introduce
39 ψωμός, bit, fragment
40 ἐξεμέω, *fut act ind 3s*, vomit
41 λυμαίνομαι, *fut mid ind 3s*, ruin
42 ἄφρων, foolish
43 μηδείς, nothing
44 μήποτε, lest
45 μυκτηρίζω, *aor act sub 3s*, despise, sneer at
46 συνετός, intelligent, shrewd

10 μὴ μεταθῇς[1] ὅρια[2] αἰώνια,
εἰς δὲ κτῆμα[3] ὀρφανῶν[4] μὴ εἰσέλθῃς·
11 ὁ γὰρ λυτρούμενος[5] αὐτοὺς κύριος κραταιός[6] ἐστιν
καὶ κρινεῖ τὴν κρίσιν αὐτῶν μετὰ σοῦ.
12 δὸς εἰς παιδείαν[7] τὴν καρδίαν σου,
τὰ δὲ ὦτά σου ἑτοίμασον λόγοις αἰσθήσεως.[8]
13 μὴ ἀπόσχῃ[9] νήπιον[10] παιδεύειν,[11]
ὅτι ἐὰν πατάξῃς[12] αὐτὸν ῥάβδῳ,[13] οὐ μὴ ἀποθάνῃ·
14 σὺ μὲν γὰρ πατάξεις[14] αὐτὸν ῥάβδῳ,[15]
τὴν δὲ ψυχὴν αὐτοῦ ἐκ θανάτου ῥύσῃ.[16]
15 υἱέ, ἐὰν σοφὴ[17] γένηταί σου ἡ καρδία,
εὐφρανεῖς[18] καὶ τὴν ἐμὴν καρδίαν,
16 καὶ ἐνδιατρίψει[19] λόγοις τὰ σὰ[20] χείλη[21]
πρὸς τὰ ἐμὰ χείλη, ἐὰν ὀρθὰ[22] ὦσιν.
17 μὴ ζηλούτω[23] ἡ καρδία σου ἁμαρτωλούς,
ἀλλὰ ἐν φόβῳ κυρίου ἴσθι ὅλην τὴν ἡμέραν·
18 ἐὰν γὰρ τηρήσῃς[24] αὐτά, ἔσται σοι ἔκγονα,[25]
ἡ δὲ ἐλπίς σου οὐκ ἀποστήσεται.[26]

19 ἄκουε, υἱέ, καὶ σοφὸς[27] γίνου
καὶ κατεύθυνε[28] ἐννοίας[29] σῆς[30] καρδίας·
20 μὴ ἴσθι οἰνοπότης[31]
μηδὲ ἐκτείνου[32] συμβολαῖς[33] κρεῶν[34] τε ἀγορασμοῖς·[35]

1 μετατίθημι, *aor act sub 2s*, shift, change
2 ὅριον, boundary, border
3 κτῆμα, possession, property
4 ὀρφανός, orphaned (person)
5 λυτρόω, *pres mid ptc nom s m*, redeem
6 κραταιός, mighty, severe
7 παιδεία, discipline, instruction
8 αἴσθησις, perception, sense
9 ἀπέχω, *aor act sub 3s*, refrain from, abstain
10 νήπιος, toddler, child
11 παιδεύω, *pres act inf*, correct, discipline
12 πατάσσω, *aor act sub 2s*, strike
13 ῥάβδος, rod, stick
14 πατάσσω, *fut act ind 2s*, strike
15 ῥάβδος, rod, stick
16 ῥύομαι, *fut mid ind 2s*, rescue, save
17 σοφός, wise
18 εὐφραίνω, *fut act ind 2s*, make glad
19 ἐνδιατρίβω, *fut act ind 3s*, dwell on, linger with
20 σός, your
21 χεῖλος, lip, (speech)
22 ὀρθός, upright
23 ζηλόω, *pres act impv 3s*, envy
24 τηρέω, *aor act sub 2s*, keep, maintain
25 ἔκγονος, descendant
26 ἀφίστημι, *fut mid ind 3s*, remove
27 σοφός, wise
28 κατευθύνω, *pres act impv 2s*, direct, guide
29 ἔννοια, reflection, thinking
30 σός, your
31 οἰνοπότης, wine drinker, drunkard
32 ἐκτείνω, *pres mid impv 2s*, prolong, drag out
33 συμβολή, feast, shared meal
34 κρέας, meat
35 ἀγορασμός, sale, purchase

21 πᾶς γὰρ μέθυσος[1] καὶ πορνοκόπος[2] πτωχεύσει,[3]
καὶ ἐνδύσεται[4] διερρηγμένα[5] καὶ ῥακώδη[6] πᾶς ὑπνώδης.[7]

22 ἄκουε, υἱέ, πατρὸς τοῦ γεννήσαντός σε
καὶ μὴ καταφρόνει[8] ὅτι γεγήρακέν[9] σου ἡ μήτηρ.
24 καλῶς[10] ἐκτρέφει[11] πατὴρ δίκαιος,
ἐπὶ δὲ υἱῷ σοφῷ[12] εὐφραίνεται[13] ἡ ψυχὴ αὐτοῦ·
25 εὐφραινέσθω[14] ὁ πατὴρ καὶ ἡ μήτηρ ἐπὶ σοί,
καὶ χαιρέτω[15] ἡ τεκοῦσά[16] σε.

26 δός μοι, υἱέ, σὴν[17] καρδίαν,
οἱ δὲ σοὶ ὀφθαλμοὶ ἐμὰς ὁδοὺς τηρείτωσαν·[18]
27 πίθος[19] γὰρ τετρημένος[20] ἐστὶν ἀλλότριος[21] οἶκος,
καὶ φρέαρ[22] στενὸν[23] ἀλλότριον·
28 οὗτος γὰρ συντόμως[24] ἀπολεῖται,
καὶ πᾶς παράνομος[25] ἀναλωθήσεται.[26]

29 τίνι οὐαί; τίνι θόρυβος;[27] τίνι κρίσις;
τίνι ἀηδίαι[28] καὶ λέσχαι;[29]
τίνι συντρίμματα[30] διὰ κενῆς;[31]
τίνος πέλιοι[32] οἱ ὀφθαλμοί;
30 οὐ τῶν ἐγχρονιζόντων[33] ἐν οἴνοις;
οὐ τῶν ἰχνευόντων[34] ποῦ πότοι[35] γίνονται;

1 μέθυσος, drunk (person)
2 πορνοκόπος, fornicator
3 πτωχεύω, *fut act ind 3s*, become poor
4 ἐνδύω, *fut mid ind 3s*, clothe
5 διαρρήγνυμι, *perf pas ptc acc p n*, tear, rip
6 ῥακώδης, ragged
7 ὑπνώδης, sluggish (person)
8 καταφρονέω, *pres act impv 2s*, despise, treat with contempt
9 γηράσκω, *perf act ind 3s*, grow old, age
10 καλώς, well
11 ἐκτρέφω, *pres act ind 3s*, raise (children)
12 σοφός, wise
13 εὐφραίνω, *pres mid ind 3s*, be glad, rejoice
14 εὐφραίνω, *pres mid impv 3s*, be glad, rejoice
15 χαίρω, *pres act impv 3s*, rejoice
16 τίκτω, *aor act ptc nom s f*, give birth to
17 σός, your
18 τηρέω, *pres act impv 3p*, keep, watch over
19 πίθος, jar
20 τετραίνω, *perf pas ptc nom s m*, pierce (a hole), drill (through)
21 ἀλλότριος, strange
22 φρέαρ, pit
23 στενός, narrow
24 συντόμως, suddenly
25 παράνομος, lawless
26 ἀναλίσκω, *fut pas ind 3s*, destroy
27 θόρυβος, tumult, trouble
28 ἀηδία, unpleasantness
29 λέσχη, slander, gossip
30 σύντριμμα, wound, ruin
31 κενός, pointless, without result
32 πέλειος, blood-shot
33 ἐγχρονίζω, *pres act ptc gen p m*, waste time, linger over
34 ἰχνεύω, *pres act ptc gen p m*, seek
35 πότος, drinking party

31 μὴ μεθύσκεσθε[1] οἴνῳ, ἀλλὰ ὁμιλεῖτε[2] ἀνθρώποις δικαίοις
καὶ ὁμιλεῖτε[3] ἐν περιπάτοις·[4]
ἐὰν γὰρ εἰς τὰς φιάλας[5] καὶ τὰ ποτήρια[6] δῷς τοὺς ὀφθαλμούς σου,
ὕστερον[7] περιπατήσεις[8] γυμνότερος[9] ὑπέρου,[10]
32 τὸ δὲ ἔσχατον ὥσπερ ὑπὸ ὄφεως[11] πεπληγὼς[12] ἐκτείνεται[13]
καὶ ὥσπερ ὑπὸ κεράστου[14] διαχεῖται[15] αὐτῷ ὁ ἰός.[16]
33 οἱ ὀφθαλμοί σου ὅταν ἴδωσιν ἀλλοτρίαν,[17]
τὸ στόμα σου τότε λαλήσει σκολιά,[18]
34 καὶ κατακείσῃ[19] ὥσπερ ἐν καρδίᾳ θαλάσσης
καὶ ὥσπερ κυβερνήτης[20] ἐν πολλῷ κλύδωνι·[21]
35 ἐρεῖς δέ Τύπτουσίν[22] με, καὶ οὐκ ἐπόνεσα,[23]
καὶ ἐνέπαιξάν[24] μοι, ἐγὼ δὲ οὐκ ᾔδειν·[25]
πότε[26] ὄρθρος[27] ἔσται,
ἵνα ἐλθὼν ζητήσω μεθ᾽ ὧν συνελεύσομαι;[28]

Some witnesses to the Greek version of Proverbs contain portions of chs. 30–31 inserted within ch. 24, as reflected in Rahlfs-Hanhart. The reason for this textual divergence remains unclear, and we have retained the versification of the Masoretic Text for simplicity.

24 υἱέ, μὴ ζηλώσῃς[29] κακοὺς ἄνδρας
μηδὲ ἐπιθυμήσῃς[30] εἶναι μετ᾽ αὐτῶν·
2 ψεύδη[31] γὰρ μελετᾷ[32] ἡ καρδία αὐτῶν,
καὶ πόνους[33] τὰ χείλη[34] αὐτῶν λαλεῖ.

3 μετὰ σοφίας οἰκοδομεῖται οἶκος
καὶ μετὰ συνέσεως[35] ἀνορθοῦται·[36]

1 μεθύσκω, *pres pas impv 2p*, be drunk
2 ὁμιλέω, *pres act impv 2p*, keep company, be friends
3 ὁμιλέω, *pres act impv 2p*, have conversation
4 περίπατος, (public) walk
5 φιάλη, glass
6 ποτήριον, tumbler
7 ὕστερον, later
8 περιπατέω, *fut act ind 2s*, walk about
9 γυμνός, *comp*, more naked
10 ὕπερον, pestle
11 ὄφις, snake
12 πλήσσω, *perf act ptc nom s m*, strike, bite
13 ἐκτείνω, *pres mid ind 3s*, stretch out
14 κεράστης, horned serpent
15 διαχέω, *pres pas ind 3s*, diffuse, inject
16 ἰός, venom
17 ἀλλότριος, strange
18 σκολιός, dishonest, perverse
19 κατάκειμαι, *fut mid ind 2s*, recline
20 κυβερνήτης, captain (of a ship)
21 κλύδων, rough water
22 τύπτω, *pres act ind 3p*, beat, strike
23 πονέω, *aor act ind 1s*, be bothered, be wounded
24 ἐμπαίζω, *aor act ind 3p*, mock
25 οἶδα, *plpf act ind 1s*, realize
26 πότε, when
27 ὄρθρος, (early) morning
28 συνέρχομαι, *fut mid ind 1s*, gather, hang out
29 ζηλόω, *aor act sub 2s*, envy
30 ἐπιθυμέω, *aor act sub 2s*, desire
31 ψεῦδος, lie
32 μελετάω, *pres act ind 3s*, practice
33 πόνος, pain, distress
34 χεῖλος, lip, (speech)
35 σύνεσις, understanding
36 ἀνορθόω, *pres pas ind 3s*, establish, reinforce

4 μετὰ αἰσθήσεως[1] ἐμπίμπλαται[2] ταμιεῖα[3]
ἐκ παντὸς πλούτου[4] τιμίου[5] καὶ καλοῦ.
5 κρείσσων[6] σοφὸς[7] ἰσχυροῦ[8]
καὶ ἀνὴρ φρόνησιν[9] ἔχων γεωργίου[10] μεγάλου·
6 μετὰ κυβερνήσεως[11] γίνεται πόλεμος,
βοήθεια[12] δὲ μετὰ καρδίας βουλευτικῆς.[13]
7 σοφία καὶ ἔννοια[14] ἀγαθὴ ἐν πύλαις[15] σοφῶν·[16]
σοφοὶ οὐκ ἐκκλίνουσιν[17] ἐκ στόματος κυρίου,
8 ἀλλὰ λογίζονται ἐν συνεδρίοις.[18]
ἀπαιδεύτοις[19] συναντᾷ[20] θάνατος,
9 ἀποθνῄσκει δὲ ἄφρων[21] ἐν ἁμαρτίαις·
ἀκαθαρσία[22] δὲ ἀνδρὶ λοιμῷ[23] ἐμμολυνθήσεται[24]
10 ἐν ἡμέρᾳ κακῇ καὶ ἐν ἡμέρᾳ θλίψεως,
ἕως ἂν ἐκλίπῃ.[25]
11 ῥῦσαι[26] ἀγομένους εἰς θάνατον
καὶ ἐκπρίου[27] κτεινομένους,[28] μὴ φείσῃ·[29]
12 ἐὰν δὲ εἴπῃς Οὐκ οἶδα τοῦτον,
γίνωσκε ὅτι κύριος καρδίας πάντων γινώσκει,
καὶ ὁ πλάσας[30] πνοὴν[31] πᾶσιν αὐτὸς οἶδεν πάντα,
ὃς ἀποδίδωσιν ἑκάστῳ κατὰ τὰ ἔργα αὐτοῦ.

13 φάγε μέλι,[32] υἱέ, ἀγαθὸν γὰρ κηρίον,[33]
ἵνα γλυκανθῇ[34] σου ὁ φάρυγξ·[35]
14 οὕτως αἰσθήσῃ[36] σοφίαν τῇ σῇ[37] ψυχῇ·
ἐὰν γὰρ εὕρῃς, ἔσται καλὴ ἡ τελευτή[38] σου,
καὶ ἐλπίς σε οὐκ ἐγκαταλείψει.[39]

1 αἴσθησις, perception, sense
2 ἐμπίμπλημι, *pres pas ind 3s*, fill up
3 ταμιεῖον, store room
4 πλοῦτος, riches
5 τίμιος, valuable
6 κρείσσων (ττ), *comp of* ἀγαθός, better
7 σοφός, wise
8 ἰσχυρός, strong, powerful
9 φρόνησις, wisdom, intelligence
10 γεώργιον, cultivated field
11 κυβέρνησις, administration, strategy
12 βοήθεια, help, reinforcements
13 βουλευτικός, (one who is) able to advise
14 ἔννοια, insight, knowledge
15 πύλη, gate
16 σοφός, wise
17 ἐκκλίνω, *pres act ind 3p*, deviate from
18 συνέδριον, assembly
19 ἀπαίδευτος, undisciplined, ignorant
20 συναντάω, *pres act ind 3s*, meet with
21 ἄφρων, foolish
22 ἀκαθαρσία, impurity
23 λοιμός, pestilent, pernicious
24 ἐμμολύνω, *fut pas ind 3s*, pollute
25 ἐκλείπω, *aor act sub 3s*, come to an end
26 ῥύομαι, *aor mid impv 2s*, rescue, save
27 ἐκπρίω, *pres mid impv 2s*, extract?
28 κτείνω, *pres pas ptc acc p m*, kill
29 φείδομαι, *aor mid sub 2s*, stop, hold back
30 πλάσσω, *aor act ptc nom s m*, form, create
31 πνοή, breath
32 μέλι, honey
33 κηρίον, honeycomb
34 γλυκαίνω, *aor pas sub 3s*, sweeten
35 φάρυγξ, throat
36 αἰσθάνομαι, *fut mid ind 2s*, perceive, notice
37 σός, your
38 τελευτή, end (of life)
39 ἐγκαταλείπω, *fut act ind 3s*, abandon

15 μὴ προσαγάγῃς[1] ἀσεβῆ[2] νομῇ[3] δικαίων
μηδὲ ἀπατηθῇς[4] χορτασίᾳ[5] κοιλίας·[6]
16 ἑπτάκι[7] γὰρ πεσεῖται ὁ δίκαιος καὶ ἀναστήσεται,
οἱ δὲ ἀσεβεῖς[8] ἀσθενήσουσιν[9] ἐν κακοῖς.

17 ἐὰν πέσῃ ὁ ἐχθρός σου, μὴ ἐπιχαρῇς[10] αὐτῷ,
ἐν δὲ τῷ ὑποσκελίσματι[11] αὐτοῦ μὴ ἐπαίρου·[12]
18 ὅτι ὄψεται κύριος, καὶ οὐκ ἀρέσει[13] αὐτῷ,
καὶ ἀποστρέψει[14] τὸν θυμὸν[15] αὐτοῦ ἀπ᾽ αὐτοῦ.

19 μὴ χαῖρε[16] ἐπὶ κακοποιοῖς[17]
μηδὲ ζήλου[18] ἁμαρτωλούς·
20 οὐ γὰρ μὴ γένηται ἔκγονα[19] πονηρῶν,
λαμπτὴρ[20] δὲ ἀσεβῶν[21] σβεσθήσεται.[22]

21 φοβοῦ τὸν θεόν, υἱέ, καὶ βασιλέα
καὶ μηθετέρῳ[23] αὐτῶν ἀπειθήσῃς·[24]
22 ἐξαίφνης[25] γὰρ τείσονται[26] τοὺς ἀσεβεῖς,[27]
τὰς δὲ τιμωρίας[28] ἀμφοτέρων[29] τίς γνώσεται;
22a λόγον φυλασσόμενος υἱὸς ἀπωλείας[30] ἐκτὸς[31] ἔσται,
δεχόμενος[32] δὲ ἐδέξατο[33] αὐτόν.
22b μηδὲν[34] ψεῦδος[35] ἀπὸ γλώσσης βασιλεῖ λεγέσθω,
καὶ οὐδὲν ψεῦδος ἀπὸ γλώσσης αὐτοῦ οὐ μὴ ἐξέλθῃ.
22c μάχαιρα[36] γλῶσσα βασιλέως καὶ οὐ σαρκίνη,[37]
ὃς δ᾽ ἂν παραδοθῇ, συντριβήσεται·[38]

1 προσάγω, *aor act sub 2s*, lead on, bring forward
2 ἀσεβής, ungodly, wicked
3 νομή, pasture
4 ἀπατάω, *aor pas sub 2s*, deceive, mislead
5 χορτασία, satisfaction
6 κοιλία, belly
7 ἑπτάκις, seven times
8 ἀσεβής, ungodly, wicked
9 ἀσθενέω, *fut act ind 3p*, be in need, be incapacitated
10 ἐπιχαίρω, *aor pas sub 2s*, rejoice
11 ὑποσκέλισμα, stumbling
12 ἐπαίρω, *pres mid impv 2s*, be elated
13 ἀρέσκω, *fut act ind 3s*, please
14 ἀποστρέφω, *fut act ind 3s*, divert, turn
15 θυμός, anger, wrath
16 χαίρω, *pres act impv 2s*, rejoice
17 κακοποιός, evildoer
18 ζηλόω, *pres act impv 2s*, envy
19 ἔκγονος, descendants
20 λαμπτήρ, lamp, torch
21 ἀσεβής, ungodly, wicked
22 σβέννυμι, *fut pas ind 3s*, extinguish, put out
23 μηθέτερος, neither
24 ἀπειθέω, *aor act sub 2s*, disobey
25 ἐξαίφνης, suddenly
26 τίνω, *fut mid ind 3p*, penalize
27 ἀσεβής, ungodly, wicked
28 τιμωρία, punishment
29 ἀμφότεροι, both
30 ἀπώλεια, ruin, destruction
31 ἐκτός, beyond, out of reach
32 δέχομαι, *pres mid ptc nom s m*, receive, accept
33 δέχομαι, *aor mid ind 3s*, receive, accept
34 μηδείς, not one
35 ψεῦδος, lie
36 μάχαιρα, sword
37 σάρκινος, of flesh
38 συντρίβω, *fut pas ind 3s*, crush, ruin

22d ἐὰν γὰρ ὀξυνθῇ[1] ὁ θυμὸς[2] αὐτοῦ,
σὺν νεύροις[3] ἀνθρώπους ἀναλίσκει[4]
22e καὶ ὀστᾶ[5] ἀνθρώπων κατατρώγει[6]
καὶ συγκαίει[7] ὥσπερ φλὸξ[8]
ὥστε ἄβρωτα[9] εἶναι νεοσσοῖς[10] ἀετῶν.[11]

23 Ταῦτα δὲ λέγω ὑμῖν τοῖς σοφοῖς[12] ἐπιγινώσκειν·
αἰδεῖσθαι[13] πρόσωπον ἐν κρίσει οὐ καλόν·
24 ὁ εἰπὼν τὸν ἀσεβῆ[14] Δίκαιός ἐστιν,
ἐπικατάρατος[15] λαοῖς ἔσται καὶ μισητὸς[16] εἰς ἔθνη·
25 οἱ δὲ ἐλέγχοντες[17] βελτίους[18] φανοῦνται,[19]
ἐπ᾿ αὐτοὺς δὲ ἥξει[20] εὐλογία[21] ἀγαθή·
26 χείλη[22] δὲ φιλήσουσιν[23]
ἀποκρινόμενα λόγους ἀγαθούς.

27 ἑτοίμαζε εἰς τὴν ἔξοδον[24] τὰ ἔργα σου
καὶ παρασκευάζου[25] εἰς τὸν ἀγρὸν
καὶ πορεύου κατόπισθέν[26] μου
καὶ ἀνοικοδομήσεις[27] τὸν οἶκόν σου.

28 μὴ ἴσθι ψευδὴς[28] μάρτυς[29] ἐπὶ σὸν[30] πολίτην[31]
μηδὲ πλατύνου[32] σοῖς χείλεσιν·[33]
29 μὴ εἴπῃς Ὃν τρόπον[34] ἐχρήσατό[35] μοι χρήσομαι[36] αὐτῷ,
τείσομαι[37] δὲ αὐτὸν ἅ με ἠδίκησεν.[38]

1 ὀξύνω, *aor pas sub 3s*, sharpen
2 θυμός, anger, wrath
3 νεῦρον, cord
4 ἀναλίσκω, *pres act ind 3s*, destroy
5 ὀστέον, bone
6 κατατρώγω, *pres act ind 3s*, eat up
7 συγκαίω, *pres act ind 3s*, burn up
8 φλόξ, flame
9 ἄβρωτος, inedible
10 νεοσσός, fledgling, little bird
11 ἀετός, eagle
12 σοφός, wise
13 αἰδέομαι, *pres mid inf*, show respect
14 ἀσεβής, ungodly, wicked
15 ἐπικατάρατος, cursed
16 μισητός, hated
17 ἐλέγχω, *pres act ptc nom p m*, rebuke
18 βελτίων, *comp of* ἀγαθός, better
19 φαίνω, *fut mid ind 3p*, appear
20 ἥκω, *fut act ind 3s*, come
21 εὐλογία, blessing
22 χεῖλος, lip
23 φιλέω, *fut act ind 3p*, kiss
24 ἔξοδος, departure, exit
25 παρασκευάζω, *pres mid impv 2s*, prepare
26 κατόπισθεν, behind
27 ἀνοικοδομέω, *fut act ind 2s*, refurnish, construct
28 ψευδής, false
29 μάρτυς, witness
30 σός, your
31 πολίτης, (fellow) citizen
32 πλατύνω, *pres mid impv 2s*, overstate, exaggerate
33 χεῖλος, lip, (speech)
34 ὃν τρόπον, in the manner
35 χράω, *aor mid ind 3s*, treat
36 χράω, *fut mid ind 1s*, treat
37 τίνω, *fut mid ind 1s*, avenge
38 ἀδικέω, *aor act ind 3s*, wrong, injure

30 ὥσπερ γεώργιον[1] ἀνὴρ ἄφρων,[2]
καὶ ὥσπερ ἀμπελὼν[3] ἄνθρωπος ἐνδεὴς[4] φρενῶν·[5]
31 ἐὰν ἀφῇς αὐτόν, χερσωθήσεται[6]
καὶ χορτομανήσει[7] ὅλος καὶ γίνεται ἐκλελειμμένος,[8]
οἱ δὲ φραγμοὶ[9] τῶν λίθων αὐτοῦ κατασκάπτονται.[10]
32 ὕστερον[11] ἐγὼ μετενόησα,[12]
ἐπέβλεψα[13] τοῦ ἐκλέξασθαι[14] παιδείαν.[15]
33 ὀλίγον[16] νυστάζω,[17] ὀλίγον δὲ καθυπνῶ,[18]
ὀλίγον δὲ ἐναγκαλίζομαι[19] χερσὶν στήθη·[20]
34 ἐὰν δὲ τοῦτο ποιῇς, ἥξει[21] προπορευομένη[22] ἡ πενία[23] σου
καὶ ἡ ἔνδειά[24] σου ὥσπερ ἀγαθὸς δρομεύς.[25]

25 Αὗται αἱ παιδεῖαι[26] Σαλωμῶντος αἱ ἀδιάκριτοι,[27] ἃς ἐξεγράψαντο[28] οἱ φίλοι[29]
Εζεκιου τοῦ βασιλέως τῆς Ιουδαίας.

2 Δόξα θεοῦ κρύπτει[30] λόγον,
δόξα δὲ βασιλέως τιμᾷ[31] πράγματα.[32]
3 οὐρανὸς ὑψηλός,[33] γῆ δὲ βαθεῖα,[34]
καρδία δὲ βασιλέως ἀνεξέλεγκτος.[35]
4 τύπτε[36] ἀδόκιμον[37] ἀργύριον,[38]
καὶ καθαρισθήσεται καθαρὸν[39] ἅπαν·[40]

1 γεώργιον, cultivated field
2 ἄφρων, foolish
3 ἀμπελών, vineyard
4 ἐνδεής, lacking
5 φρήν, sense
6 χερσόομαι, *fut pas ind 3s*, become barren
7 χορτομανέω, *fut act ind 3s*, become overgrown
8 ἐκλείπω, *perf pas ptc nom s m*, die out
9 φραγμός, border, wall
10 κατασκάπτω, *pres pas ind 3p*, destroy, raze
11 ὕστερον, thereafter
12 μετανοέω, *aor act ind 1s*, change one's ways, repent
13 ἐπιβλέπω, *aor act ind 1s*, look around
14 ἐκλέγω, *aor mid inf*, gather
15 παιδεία, discipline, instruction
16 ὀλίγος, little
17 νυστάζω, *pres act ind 1s*, nap, doze
18 καθυπνόω, *pres act ind 1s*, sleep
19 ἐναγκαλίζομαι, *pres mid ind 1s*, fold up (one's arms)
20 στῆθος, lap, chest
21 ἥκω, *fut act ind 3s*, be present, come
22 προπορεύομαι, *pres mid ptc nom s f*, come near, advance
23 πενία, poverty
24 ἔνδεια, need
25 δρομεύς, swift courier
26 παιδεία, training, instruction
27 ἀδιάκριτος, various, miscellaneous
28 ἐκγράφω, *aor mid ind 3p*, write out
29 φίλος, associate
30 κρύπτω, *pres act ind 3s*, conceal
31 τιμάω, *pres act ind 3s*, value, honor
32 πρᾶγμα, action, undertaking
33 ὑψηλός, high
34 βαθύς, deep
35 ἀνεξέλεγκτος, inscrutable, incomprehensible
36 τύπτω, *pres act impv 2s*, strike
37 ἀδόκιμος, unproven, unrefined
38 ἀργύριον, silver
39 καθαρός, pure
40 ἅπας, all, everything

5 κτεῖνε[1] ἀσεβεῖς[2] ἐκ προσώπου βασιλέως,
καὶ κατορθώσει[3] ἐν δικαιοσύνῃ ὁ θρόνος αὐτοῦ.
6 μὴ ἀλαζονεύου[4] ἐνώπιον βασιλέως
μηδὲ ἐν τόποις δυναστῶν[5] ὑφίστασο·[6]
7 κρεῖσσον[7] γάρ σοι τὸ ῥηθῆναι Ἀνάβαινε πρός με,
ἢ ταπεινῶσαί[8] σε ἐν προσώπῳ δυνάστου.[9]
ἃ εἶδον οἱ ὀφθαλμοί σου, λέγε.
8 μὴ πρόσπιπτε[10] εἰς μάχην[11] ταχέως,[12]
ἵνα μὴ μεταμεληθῇς[13] ἐπ᾽ ἐσχάτων.
ἡνίκα[14] ἄν σε ὀνειδίσῃ[15] ὁ σὸς[16] φίλος,[17]
9 ἀναχώρει[18] εἰς τὰ ὀπίσω, μὴ καταφρόνει,[19]
10 μή σε ὀνειδίσῃ[20] μὲν ὁ φίλος,[21]
ἡ δὲ μάχη[22] σου καὶ ἡ ἔχθρα[23] οὐκ ἀπέσται,[24]
ἀλλ᾽ ἔσται σοι ἴση[25] θανάτῳ.
10a χάρις καὶ φιλία[26] ἐλευθεροῖ,[27]
ἃς τήρησον[28] σεαυτῷ, ἵνα μὴ ἐπονείδιστος[29] γένῃ,
ἀλλὰ φύλαξον τὰς ὁδούς σου εὐσυναλλάκτως.[30]

11 μῆλον[31] χρυσοῦν[32] ἐν ὁρμίσκῳ[33] σαρδίου,[34]
οὕτως εἰπεῖν λόγον.
12 εἰς ἐνώτιον[35] χρυσοῦν[36] σάρδιον[37] πολυτελὲς[38] δέδεται,[39]
λόγος σοφὸς[40] εἰς εὐήκοον[41] οὖς.

1 κτείνω, *pres act impv 2s*, slay
2 ἀσεβής, ungodly, wicked
3 κατορθόω, *fut act ind 3s*, prosper, succeed
4 ἀλαζονεύομαι, *pres mid impv 2s*, boast
5 δυνάστης, ruler
6 ὑφίστημι, *pres mid impv 2s*, remain, settle in place
7 κρείσσων (ττ), *comp of* ἀγαθός, better
8 ταπεινόω, *aor act inf*, humble
9 δυνάστης, ruler
10 προσπίπτω, *pres act impv 2s*, fall into
11 μάχη, fight, conflict
12 ταχέως, hastily
13 μεταμέλομαι, *aor pas sub 2s*, regret
14 ἡνίκα, when
15 ὀνειδίζω, *aor act sub 3s*, reproach, rebuke
16 σός, your
17 φίλος, friend
18 ἀναχωρέω, *pres act impv 2s*, depart, withdraw
19 καταφρονέω, *pres act impv 2s*, show contempt
20 ὀνειδίζω, *aor act sub 3s*, reproach, rebuke
21 φίλος, friend
22 μάχη, conflict
23 ἔχθρα, enmity
24 ἄπειμι, *fut mid ind 3s*, be absent
25 ἴσος, equal
26 φιλία, friendship
27 ἐλευθερόω, *pres act ind 3s*, grant freedom
28 τηρέω, *aor act impv 2s*, maintain, guard
29 ἐπονείδιστος, reproached, rebuked
30 εὐσυναλλάκτως, conscientiously, honestly
31 μῆλον, apple
32 χρυσοῦς, gold
33 ὁρμίσκος, small necklace
34 σάρδιον, sardius, (ruby?)
35 ἐνώτιον, earring
36 χρυσοῦς, gold
37 σάρδιον, sardius, (ruby?)
38 πολυτελής, very costly
39 δέω, *perf pas ind 3s*, mount, fasten
40 σοφός, wise
41 εὐήκοος, obedient

13 ὥσπερ ἔξοδος[1] χιόνος[2] ἐν ἀμήτῳ[3] κατὰ καῦμα[4] ὠφελεῖ,[5]
οὕτως ἄγγελος πιστὸς[6] τοὺς ἀποστείλαντας αὐτόν·
ψυχὰς γὰρ τῶν αὐτῷ χρωμένων[7] ὠφελεῖ.
14 ὥσπερ ἄνεμοι[8] καὶ νέφη[9] καὶ ὑετοὶ[10] ἐπιφανέστατοι,[11]
οὕτως οἱ καυχώμενοι[12] ἐπὶ δόσει[13] ψευδεῖ.[14]
15 ἐν μακροθυμίᾳ[15] εὐοδία[16] βασιλεῦσιν,
γλῶσσα δὲ μαλακὴ[17] συντρίβει[18] ὀστᾶ.[19]
16 μέλι[20] εὑρὼν φάγε τὸ ἱκανόν,[21]
μήποτε[22] πλησθεὶς[23] ἐξεμέσῃς.[24]
17 σπάνιον[25] εἴσαγε[26] σὸν[27] πόδα πρὸς τὸν σεαυτοῦ φίλον,[28]
μήποτε[29] πλησθείς[30] σου μισήσῃ σε.
18 ῥόπαλον[31] καὶ μάχαιρα[32] καὶ τόξευμα[33] ἀκιδωτόν,[34]
οὕτως καὶ ἀνὴρ ὁ καταμαρτυρῶν[35] τοῦ φίλου[36] αὐτοῦ μαρτυρίαν[37]
ψευδῆ.[38]
19 ὀδοὺς[39] κακοῦ καὶ ποὺς παρανόμου[40]
ὀλεῖται[41] ἐν ἡμέρᾳ κακῇ.
20 ὥσπερ ὄξος[42] ἕλκει[43] ἀσύμφορον,[44]
οὕτως προσπεσὸν[45] πάθος[46] ἐν σώματι καρδίαν λυπεῖ.[47]

1 ἔξοδος, release, deposit
2 χιών, snow
3 ἄμητος, harvest
4 καῦμα, heat
5 ὠφελέω, *pres act ind 3s*, profit, benefit
6 πιστός, faithful, trustworthy
7 χράω, *pres mid ptc gen p m*, employ, use
8 ἄνεμος, wind
9 νέφος, cloud
10 ὑετός, rain
11 ἐπιφανής, *sup*, completely obvious
12 καυχάομαι, *pres mid ptc nom p m*, boast
13 δόσις, gift
14 ψευδής, false
15 μακροθυμία, patience
16 εὐοδία, success, safe journey
17 μαλακός, mild
18 συντρίβω, *pres act ind 3s*, crush, break
19 ὀστέον, bone
20 μέλι, honey
21 ἱκανός, what is sufficient, enough
22 μήποτε, lest
23 πίμπλημι, *aor pas ptc nom s m*, satisfy
24 ἐξεμέω, *aor act sub 2s*, vomit
25 σπάνιος, rarely, seldom
26 εἰσάγω, *pres act impv 2s*, lead before
27 σός, your
28 φίλος, friend
29 μήποτε, lest
30 πίμπλημι, *aor pas ptc nom s m*, fill
31 ῥόπαλον, mace, club
32 μάχαιρα, sword
33 τόξευμα, arrow
34 ἀκιδωτός, pointy
35 καταμαρτυρέω, *pres act ptc nom s m*, testify against
36 φίλος, friend
37 μαρτυρία, testimony
38 ψευδής, false
39 ὀδούς, tooth
40 παράνομος, lawless
41 ὄλλυμι, *fut mid ind 3s*, destroy, ruin
42 ὄξος, vinegar
43 ἕλκω, *pres act ind 3s*, draw out
44 ἀσύμφορος, bad, harmful
45 προσπίπτω, *aor act ptc nom s n*, befall
46 πάθος, trouble
47 λυπέω, *pres act ind 3s*, pain, distress

20a ὥσπερ σὴς[1] ἱματίῳ καὶ σκώληξ[2] ξύλῳ,[3]
οὕτως λύπη[4] ἀνδρὸς βλάπτει[5] καρδίαν.
21 ἐὰν πεινᾷ[6] ὁ ἐχθρός σου, τρέφε[7] αὐτόν,
ἐὰν διψᾷ,[8] πότιζε[9] αὐτόν·
22 τοῦτο γὰρ ποιῶν ἄνθρακας[10] πυρὸς σωρεύσεις[11] ἐπὶ τὴν κεφαλὴν αὐτοῦ,
ὁ δὲ κύριος ἀνταποδώσει[12] σοι ἀγαθά.
23 ἄνεμος[13] βορέας[14] ἐξεγείρει[15] νέφη,[16]
πρόσωπον δὲ ἀναιδὲς[17] γλῶσσαν ἐρεθίζει.[18]
24 κρεῖττον[19] οἰκεῖν[20] ἐπὶ γωνίας[21] δώματος[22]
ἢ μετὰ γυναικὸς λοιδόρου[23] ἐν οἰκίᾳ κοινῇ.[24]
25 ὥσπερ ὕδωρ ψυχρὸν[25] ψυχῇ διψώσῃ[26] προσηνές,[27]
οὕτως ἀγγελία[28] ἀγαθὴ ἐκ γῆς μακρόθεν.[29]
26 ὥσπερ εἴ τις πηγὴν[30] φράσσοι[31] καὶ ὕδατος ἔξοδον[32] λυμαίνοιτο,[33]
οὕτως ἄκοσμον[34] δίκαιον πεπτωκέναι ἐνώπιον ἀσεβοῦς.[35]
27 ἐσθίειν[36] μέλι[37] πολὺ οὐ καλόν,
τιμᾶν[38] δὲ χρὴ[39] λόγους ἐνδόξους.[40]
28 ὥσπερ πόλις τὰ τείχη[41] καταβεβλημένη[42] καὶ ἀτείχιστος,[43]
οὕτως ἀνὴρ ὃς οὐ μετὰ βουλῆς[44] τι πράσσει.[45]

1 σής, moth
2 σκώληξ, worm
3 ξύλον, wood
4 λύπη, pain, sorrow
5 βλάπτω, *pres act ind 3s*, hurt
6 πεινάω, *pres act sub 3s*, be hungry
7 τρέφω, *pres act impv 2s*, nourish
8 διψάω, *pres act sub 3s*, be thirsty
9 ποτίζω, *pres act impv 2s*, provide drink
10 ἄνθραξ, coal
11 σωρεύω, *fut act ind 2s*, heap on
12 ἀνταποδίδωμι, *fut act ind 3s*, repay, reward
13 ἄνεμος, wind
14 βορρᾶς, north
15 ἐξεγείρω, *pres act ind 3s*, raise
16 νέφος, cloud
17 ἀναιδής, shameless
18 ἐρεθίζω, *pres act ind 3s*, provoke
19 κρείττων (σσ), *comp of* ἀγαθός, better
20 οἰκέω, *pres act inf*, live, dwell
21 γωνία, corner
22 δῶμα, rooftop
23 λοίδορος, abusive
24 κοινός, shared
25 ψυχρός, cold
26 διψάω, *pres act ptc dat s f*, be thirsty
27 προσηνής, agreeable, relieving
28 ἀγγελία, news, report
29 μακρόθεν, distant, far away
30 πηγή, fountain
31 φράσσω, *pres act opt 3s*, stop up, block
32 ἔξοδος, spout, outlet
33 λυμαίνομαι, *pres mid opt 3s*, damage
34 ἄκοσμος, out of order
35 ἀσεβής, ungodly, wicked
36 ἐσθίω, *pres act inf*, eat
37 μέλι, honey
38 τιμάω, *pres act inf*, honor
39 χρή, *pres act ind 3s*, it is necessary
40 ἔνδοξος, estimable, venerable
41 τεῖχος, wall
42 καταβάλλω, *perf pas ptc nom s f*, tear down, overthrow
43 ἀτείχιστος, unwalled, unprotected
44 βουλή, counsel, purpose
45 πράσσω, *pres act ind 3s*, do

26 ὥσπερ δρόσος[1] ἐν ἀμήτῳ[2] καὶ ὥσπερ ὑετὸς[3] ἐν θέρει,[4]
οὕτως οὐκ ἔστιν ἄφρονι[5] τιμή.[6]
2 ὥσπερ ὄρνεα[7] πέταται[8] καὶ στρουθοί,[9]
οὕτως ἀρὰ ματαία[10] οὐκ ἐπελεύσεται[11] οὐδενί.
3 ὥσπερ μάστιξ[12] ἵππῳ[13] καὶ κέντρον[14] ὄνῳ,[15]
οὕτως ῥάβδος[16] ἔθνει παρανόμῳ.[17]
4 μὴ ἀποκρίνου ἄφρονι[18] πρὸς τὴν ἐκείνου ἀφροσύνην,[19]
ἵνα μὴ ὅμοιος[20] γένῃ αὐτῷ·
5 ἀλλὰ ἀποκρίνου ἄφρονι[21] κατὰ τὴν ἀφροσύνην[22] αὐτοῦ,
ἵνα μὴ φαίνηται[23] σοφὸς[24] παρ᾽ ἑαυτῷ.
6 ἐκ τῶν ἑαυτοῦ ποδῶν ὄνειδος[25] πίεται[26]
ὁ ἀποστείλας δι᾽ ἀγγέλου ἄφρονος[27] λόγον.
7 ἀφελοῦ[28] πορείαν[29] σκελῶν[30]
καὶ παροιμίαν[31] ἐκ στόματος ἀφρόνων.[32]
8 ὃς ἀποδεσμεύει[33] λίθον ἐν σφενδόνῃ,[34]
ὅμοιός[35] ἐστιν τῷ διδόντι ἄφρονι[36] δόξαν.
9 ἄκανθαι[37] φύονται[38] ἐν χειρὶ τοῦ μεθύσου,[39]
δουλεία[40] δὲ ἐν χειρὶ τῶν ἀφρόνων.[41]
10 πολλὰ χειμάζεται[42] πᾶσα σὰρξ ἀφρόνων·[43]
συντρίβεται[44] γὰρ ἡ ἔκστασις[45] αὐτῶν.

1 δρόσος, dew
2 ἄμητος, harvest
3 ὑετός, rain
4 θέρος, summer
5 ἄφρων, foolish
6 τιμή, honor
7 ὄρνεον, bird
8 πέταμαι, *pres mid ind 3s*, fly
9 στρουθός, sparrow
10 μάταιος, worthless, meaningless
11 ἐπέρχομαι, *fut mid ind 3s*, come upon
12 μάστιξ, whip, switch
13 ἵππος, horse
14 κέντρον, goad
15 ὄνος, donkey
16 ῥάβδος, rod
17 παράνομος, lawless
18 ἄφρων, foolish
19 ἀφροσύνη, foolishness
20 ὅμοιος, similar, like
21 ἄφρων, foolish
22 ἀφροσύνη, foolishness
23 φαίνω, *pres mid sub 3s*, appear
24 σοφός, wise
25 ὄνειδος, disgrace, reproach
26 πίνω, *fut mid ind 3s*, drink
27 ἄφρων, foolish
28 ἀφαιρέω, *aor mid impv 2s*, do away with
29 πορεία, march, journey
30 σκέλος, leg
31 παροιμία, proverb
32 ἄφρων, foolish
33 ἀποδεσμεύω, *pres act ind 3s*, bind fast
34 σφενδόνη, sling
35 ὅμοιος, like, similar to
36 ἄφρων, foolish
37 ἄκανθα, thorny plant
38 φύω, *pres mid ind 3p*, grow
39 μέθυσος, drunk (person)
40 δουλεία, bondage, slavery
41 ἄφρων, foolish
42 χειμάζω, *pres pas ind 3s*, expose to winter conditions
43 ἄφρων, foolish
44 συντρίβω, *pres pas ind 3s*, shatter, break
45 ἔκστασις, distraction

11 ὥσπερ κύων[1] ὅταν ἐπέλθῃ[2] ἐπὶ τὸν ἑαυτοῦ ἔμετον[3] καὶ μισητὸς[4] γένηται,
οὕτως ἄφρων[5] τῇ ἑαυτοῦ κακίᾳ[6] ἀναστρέψας[7] ἐπὶ τὴν ἑαυτοῦ ἁμαρτίαν.
11a ἔστιν αἰσχύνη[8] ἐπάγουσα[9] ἁμαρτίαν,
καὶ ἔστιν αἰσχύνη[10] δόξα καὶ χάρις.
12 εἶδον ἄνδρα δόξαντα[11] παρ᾽ ἑαυτῷ σοφὸν[12] εἶναι,
ἐλπίδα μέντοι[13] ἔσχεν μᾶλλον[14] ἄφρων[15] αὐτοῦ.
13 λέγει ὀκνηρὸς[16] ἀποστελλόμενος εἰς ὁδόν
Λέων[17] ἐν ταῖς ὁδοῖς.
14 ὥσπερ θύρα στρέφεται[18] ἐπὶ τοῦ στρόφιγγος,[19]
οὕτως ὀκνηρὸς[20] ἐπὶ τῆς κλίνης[21] αὐτοῦ.
15 κρύψας[22] ὀκνηρὸς[23] τὴν χεῖρα ἐν τῷ κόλπῳ[24] αὐτοῦ
οὐ δυνήσεται ἐπενεγκεῖν[25] ἐπὶ τὸ στόμα.
16 σοφώτερος[26] ἑαυτῷ ὀκνηρὸς[27] φαίνεται[28]
τοῦ ἐν πλησμονῇ[29] ἀποκομίζοντος[30] ἀγγελίαν.[31]
17 ὥσπερ ὁ κρατῶν κέρκου[32] κυνός,[33]
οὕτως ὁ προεστὼς[34] ἀλλοτρίας[35] κρίσεως.
18 ὥσπερ οἱ ἰώμενοι[36] προβάλλουσιν[37] λόγους εἰς ἀνθρώπους,
ὁ δὲ ἀπαντήσας[38] τῷ λόγῳ πρῶτος ὑποσκελισθήσεται,[39]
19 οὕτως πάντες οἱ ἐνεδρεύοντες[40] τοὺς ἑαυτῶν φίλους,[41]
ὅταν δὲ φωραθῶσιν,[42] λέγουσιν ὅτι Παίζων[43] ἔπραξα.[44]

1 κύων, dog
2 ἐπέρχομαι, *aor act sub 3s*, come to
3 ἔμετος, vomiting
4 μισητός, hated
5 ἄφρων, foolish
6 κακία, wickedness, evil
7 ἀναστρέφω, *aor act ptc nom s m*, return
8 αἰσχύνη, dishonor, disgrace
9 ἐπάγω, *pres act ptc nom s f*, bring upon
10 αἰσχύνη, dishonor, disgrace
11 δοκέω, *aor act ptc acc s m*, think
12 σοφός, wise
13 μέντοι, but, however
14 μᾶλλον, more
15 ἄφρων, foolish
16 ὀκνηρός, lazy
17 λέων, lion
18 στρέφω, *pres mid ind 3s*, turn
19 στρόφιγξ, hinge
20 ὀκνηρός, lazy
21 κλίνη, bed
22 κρύπτω, *aor act ptc nom s m*, hide
23 ὀκνηρός, lazy
24 κόλπος, lap, bosom
25 ἐπιφέρω, *aor act inf*, take to, bring to
26 σοφός, *comp*, wiser
27 ὀκνηρός, lazy
28 φαίνω, *pres pas ind 3s*, appear
29 πλησμονή, satisfaction, gratification
30 ἀποκομίζω, *pres act ptc gen s m*, carry back, return
31 ἀγγελία, news, message
32 κέρκος, tail
33 κύων, dog
34 προΐστημι, *perf act ptc nom s m*, direct, show concern for
35 ἀλλότριος, of another
36 ἰάομαι, *pres mid ptc nom p m*, heal
37 προβάλλω, *pres act ind 3p*, (tell), put forward
38 ἀπαντάω, *aor act ptc nom s m*, meet, encounter
39 ὑποσκελίζω, *fut pas ind 3s*, overthrow
40 ἐνεδρεύω, *pres act ptc nom p m*, set a trap
41 φίλος, friend
42 φωράω, *aor pas sub 3p*, discover, detect
43 παίζω, *pres act ptc nom s m*, play a joke
44 πράσσω, *aor act ind 1s*, do

20 ἐν πολλοῖς ξύλοις[1] θάλλει[2] πῦρ,
ὅπου[3] δὲ οὐκ ἔστιν δίθυμος,[4] ἡσυχάζει[5] μάχη.[6]
21 ἐσχάρα[7] ἄνθραξιν[8] καὶ ξύλα[9] πυρί,
ἀνὴρ δὲ λοίδορος[10] εἰς ταραχὴν[11] μάχης.[12]
22 λόγοι κερκώπων[13] μαλακοί,[14]
οὗτοι δὲ τύπτουσιν[15] εἰς ταμιεῖα[16] σπλάγχνων.[17]
23 ἀργύριον[18] διδόμενον μετὰ δόλου[19] ὥσπερ ὄστρακον[20] ἡγητέον.[21]
χείλη[22] λεῖα[23] καρδίαν καλύπτει[24] λυπηράν.[25]
24 χείλεσιν[26] πάντα ἐπινεύει[27] ἀποκλαιόμενος[28] ἐχθρός,
ἐν δὲ τῇ καρδίᾳ τεκταίνεται[29] δόλους·[30]
25 ἐάν σου δέηται[31] ὁ ἐχθρὸς μεγάλῃ τῇ φωνῇ, μὴ πεισθῇς·
ἑπτὰ γάρ εἰσιν πονηρίαι[32] ἐν τῇ ψυχῇ αὐτοῦ.
26 ὁ κρύπτων[33] ἔχθραν[34] συνίστησιν[35] δόλον,[36]
ἐκκαλύπτει[37] δὲ τὰς ἑαυτοῦ ἁμαρτίας εὔγνωστος[38] ἐν συνεδρίοις.[39]
27 ὁ ὀρύσσων[40] βόθρον[41] τῷ πλησίον[42] ἐμπεσεῖται[43] εἰς αὐτόν,
ὁ δὲ κυλίων[44] λίθον ἐφ᾽ ἑαυτὸν κυλίει.[45]
28 γλῶσσα ψευδὴς[46] μισεῖ ἀλήθειαν,
στόμα δὲ ἄστεγον[47] ποιεῖ ἀκαταστασίας.[48]

1 ξύλον, wood, timber
2 θάλλω, *pres act ind 3s*, thrive, rage
3 ὅπου, wherever
4 δίθυμος, one who dissents
5 ἡσυχάζω, *pres act ind 3s*, quiet down
6 μάχη, quarrel, contention
7 ἐσχάρα, hearth
8 ἄνθραξ, coal
9 ξύλον, wood
10 λοίδορος, abusive
11 ταραχή, churning, disturbance
12 μάχη, quarrel, contention
13 κέρκωψ, man-monkey, (knave?)
14 μαλακός, mild
15 τύπτω, *pres act ind 3p*, strike
16 ταμιεῖον, inner part
17 σπλάγχνον, bowels, emotions
18 ἀργύριον, silver
19 δόλος, deceit
20 ὄστρακον, broken pot
21 ἡγητέον, one must consider
22 χεῖλος, lip, (speech)
23 λεῖος, smooth
24 καλύπτω, *pres act ind 3s*, cover, conceal
25 λυπηρός, painful, sorrowful
26 χεῖλος, lip
27 ἐπινεύω, *pres act ind 3s*, consent to
28 ἀποκλαίω, *pres mid ptc nom s m*, weep
29 τεκταίνω, *pres mid ind 3s*, contrive, scheme
30 δόλος, treachery
31 δέομαι, *pres mid sub 3s*, beg
32 πονηρία, iniquity, wickedness
33 κρύπτω, *pres act ptc nom s m*, conceal
34 ἔχθρα, enmity
35 συνίστημι, *pres act ind 3s*, introduce, prepare
36 δόλος, deceit, treachery
37 ἐκκαλύπτω, *pres act ind 3s*, reveal
38 εὔγνωστος, familiar, known
39 συνέδριον, assembly
40 ὀρύσσω, *pres act ptc nom s m*, dig
41 βόθρος, pit
42 πλησίον, neighbor
43 ἐμπίπτω, *fut mid ind 3s*, fall into
44 κυλίω, *pres act ptc nom s m*, roll
45 κυλίω, *pres act ind 3s*, roll
46 ψευδής, false, lying
47 ἄστεγος, unguarded, exposed
48 ἀκαταστασία, disturbance, disorder

27 μὴ καυχῶ[1] τὰ εἰς αὔριον·[2]
οὐ γὰρ γινώσκεις τί τέξεται[3] ἡ ἐπιοῦσα.[4]
2 ἐγκωμιαζέτω[5] σε ὁ πέλας[6] καὶ μὴ τὸ σὸν[7] στόμα,
ἀλλότριος[8] καὶ μὴ τὰ σὰ χείλη.[9]
3 βαρὺ[10] λίθος καὶ δυσβάστακτον[11] ἄμμος,[12]
ὀργὴ δὲ ἄφρονος[13] βαρυτέρα[14] ἀμφοτέρων.[15]
4 ἀνελεήμων[16] θυμὸς[17] καὶ ὀξεῖα[18] ὀργή,
ἀλλ᾽ οὐδένα ὑφίσταται[19] ζῆλος.[20]
5 κρείσσους[21] ἔλεγχοι[22] ἀποκεκαλυμμένοι[23]
κρυπτομένης[24] φιλίας.[25]
6 ἀξιοπιστότερά[26] ἐστιν τραύματα[27] φίλου[28]
ἢ ἑκούσια[29] φιλήματα[30] ἐχθροῦ.
7 ψυχὴ ἐν πλησμονῇ[31] οὖσα κηρίοις[32] ἐμπαίζει,[33]
ψυχῇ δὲ ἐνδεεῖ[34] καὶ τὰ πικρὰ[35] γλυκεῖα[36] φαίνεται.[37]
8 ὥσπερ ὅταν ὄρνεον[38] καταπετασθῇ[39] ἐκ τῆς ἰδίας[40] νοσσιᾶς,[41]
οὕτως ἄνθρωπος δουλοῦται,[42] ὅταν ἀποξενωθῇ[43] ἐκ τῶν ἰδίων τόπων.
9 μύροις[44] καὶ οἴνοις καὶ θυμιάμασιν[45] τέρπεται[46] καρδία,
καταρρήγνυται[47] δὲ ὑπὸ συμπτωμάτων[48] ψυχή.

1 καυχάομαι, *pres mid impv 2s*, boast
2 αὔριον, tomorrow
3 τίκτω, *fut mid ind 3s*, bear, bring about
4 ἔπειμι, *pres act ptc nom s f*, approach (in time)
5 ἐγκωμιάζω, *pres act impv 3s*, praise
6 πέλας, neighbor
7 σός, your (own)
8 ἀλλότριος, of another
9 χεῖλος, lip, (speech)
10 βαρύς, heavy
11 δυσβάστακτος, cumbersome
12 ἄμμος, sand
13 ἄφρων, foolish
14 βαρύς, *comp*, heavier
15 ἀμφότεροι, both
16 ἀνελεήμων, merciless
17 θυμός, anger, wrath
18 ὀξύς, sharp, fierce
19 ὑφίστημι, *pres mid ind 3s*, endure, resist
20 ζῆλος, jealousy
21 κρείσσων (ττ), *comp of* ἀγαθός, better
22 ἔλεγχος, rebuke
23 ἀποκαλύπτω, *perf pas ptc nom p m*, open, reveal
24 κρύπτω, *pres mid ptc gen s f*, hide, conceal
25 φιλία, friendship
26 ἀξιόπιστος, *comp*, more trustworthy
27 τραῦμα, wound
28 φίλος, friend
29 ἑκούσιος, willing
30 φίλημα, kiss
31 πλησμονή, plenty, surplus
32 κηρίον, honeycomb
33 ἐμπαίζω, *pres act ind 3s*, mock, joke about
34 ἐνδεής, in need
35 πικρός, bitter
36 γλυκύς, sweet
37 φαίνω, *pres pas ind 3s*, appear
38 ὄρνεον, bird
39 καταπετάννυμι, *aor pas sub 3s*, fly down
40 ἴδιος, one's own
41 νοσσιά, nest
42 δουλόω, *pres pas ind 3s*, enslave
43 ἀποξενόω, *aor pas sub 3s*, drive away, banish
44 μύρον, ointment, perfume
45 θυμίαμα, incense
46 τέρπω, *pres mid ind 3s*, delight
47 καταρρήγνυμι, *pres pas ind 3s*, tear up, break
48 σύμπτωμα, misfortune, mishap

10 φίλον[1] σὸν[2] ἢ φίλον πατρῷον[3] μὴ ἐγκαταλίπῃς,[4]
εἰς δὲ τὸν οἶκον τοῦ ἀδελφοῦ σου μὴ εἰσέλθῃς ἀτυχῶν·[5]
κρείσσων[6] φίλος[7] ἐγγὺς[8]
ἢ ἀδελφὸς μακρὰν[9] οἰκῶν.[10]
11 σοφὸς[11] γίνου, υἱέ, ἵνα εὐφραίνηταί[12] μου ἡ καρδία,
καὶ ἀπόστρεψον[13] ἀπὸ σοῦ ἐπονειδίστους[14] λόγους.
12 πανοῦργος[15] κακῶν ἐπερχομένων[16] ἀπεκρύβη,[17]
ἄφρονες[18] δὲ ἐπελθόντες[19] ζημίαν[20] τείσουσιν.[21]
13 ἀφελοῦ[22] τὸ ἱμάτιον αὐτοῦ, παρῆλθεν[23] γάρ·
ὑβριστὴς[24] ὅστις τὰ ἀλλότρια[25] λυμαίνεται.[26]
14 ὃς ἂν εὐλογῇ φίλον[27] τὸ πρωὶ[28] μεγάλῃ τῇ φωνῇ,
καταρωμένου[29] οὐδὲν διαφέρειν[30] δόξει.[31]
15 σταγόνες[32] ἐκβάλλουσιν ἄνθρωπον ἐν ἡμέρᾳ χειμερινῇ[33] ἐκ τοῦ οἴκου
αὐτοῦ,
ὡσαύτως[34] καὶ γυνὴ λοίδορος[35] ἐκ τοῦ ἰδίου[36] οἴκου.
16 βορέας[37] σκληρὸς[38] ἄνεμος,[39]
ὀνόματι δὲ ἐπιδέξιος[40] καλεῖται.
17 σίδηρος[41] σίδηρον ὀξύνει,[42]
ἀνὴρ δὲ παροξύνει[43] πρόσωπον ἑταίρου.[44]

1 φίλος, friend
2 σός, your
3 πατρῷος, of one's father
4 ἐγκαταλείπω, *aor act sub 2s*, abandon
5 ἀτυχέω, *pres act ptc nom s m*, fail, meet misfortune
6 κρείσσων (ττ), *comp of* ἀγαθός, better
7 φίλος, friend
8 ἐγγύς, nearby
9 μακράν, far away
10 οἰκέω, *pres act ptc nom s m*, live, dwell
11 σοφός, wise
12 εὐφραίνω, *pres mid sub 3s*, cheer, delight
13 ἀποστρέφω, *aor act impv 2s*, turn away
14 ἐπονείδιστος, disgraceful, shameful
15 πανοῦργος, prudent
16 ἐπέρχομαι, *pres mid ptc gen p n*, approach
17 ἀποκρύπτω, *aor pas ind 3s*, hide
18 ἄφρων, foolish
19 ἐπέρχομαι, *aor act ptc nom p m*, proceed
20 ζημία, penalty
21 τίνω, *fut act ind 3p*, pay, incur
22 ἀφαιρέω, *aor mid impv 2s*, remove
23 παρέρχομαι, *aor act ind 3s*, pass by, go by
24 ὑβριστής, insolent person, haughty person
25 ἀλλότριος, of another
26 λυμαίνομαι, *pres mid ind 3s*, cause ruin, harm
27 φίλος, friend
28 πρωί, (in the) morning
29 καταράομαι, *pres mid ptc gen s m*, curse
30 διαφέρω, *pres act inf*, differ
31 δοκέω, *fut act ind 3s*, seem
32 σταγών, water drop
33 χειμερινός, wintry, stormy
34 ὡσαύτως, in like manner, similarly
35 λοίδορος, abusive
36 ἴδιος, one's own
37 βορέας, north wind
38 σκληρός, harsh
39 ἄνεμος, wind
40 ἐπιδέξιος, clever, auspicious
41 σίδηρος, iron
42 ὀξύνω, *pres act ind 3s*, sharpen
43 παροξύνω, *pres act ind 3s*, urge on, irritate
44 ἑταῖρος, companion

18 ὃς φυτεύει[1] συκῆν,[2] φάγεται τοὺς καρποὺς αὐτῆς·
ὃς δὲ φυλάσσει τὸν ἑαυτοῦ κύριον, τιμηθήσεται.[3]
19 ὥσπερ οὐχ ὅμοια[4] πρόσωπα προσώποις,
οὕτως οὐδὲ αἱ καρδίαι τῶν ἀνθρώπων.
20 ᾅδης[5] καὶ ἀπώλεια[6] οὐκ ἐμπίμπλανται,[7]
ὡσαύτως[8] καὶ οἱ ὀφθαλμοὶ τῶν ἀνθρώπων ἄπληστοι.[9]
20a βδέλυγμα[10] κυρίῳ στηρίζων[11] ὀφθαλμόν,
καὶ οἱ ἀπαίδευτοι[12] ἀκρατεῖς[13] γλώσσῃ.
21 δοκίμιον[14] ἀργύρῳ[15] καὶ χρυσῷ[16] πύρωσις,[17]
ἀνὴρ δὲ δοκιμάζεται[18] διὰ στόματος ἐγκωμιαζόντων[19] αὐτόν.
21a καρδία ἀνόμου[20] ἐκζητεῖ[21] κακά,
καρδία δὲ εὐθὴς[22] ἐκζητεῖ γνῶσιν.[23]
22 ἐὰν μαστιγοῖς[24] ἄφρονα[25] ἐν μέσῳ συνεδρίου[26] ἀτιμάζων,[27]
οὐ μὴ περιέλῃς[28] τὴν ἀφροσύνην[29] αὐτοῦ.
23 γνωστῶς[30] ἐπιγνώσῃ ψυχὰς ποιμνίου[31] σου
καὶ ἐπιστήσεις[32] καρδίαν σου σαῖς[33] ἀγέλαις·[34]
24 ὅτι οὐ τὸν αἰῶνα ἀνδρὶ κράτος[35] καὶ ἰσχύς,[36]
οὐδὲ παραδίδωσιν ἐκ γενεᾶς εἰς γενεάν.
25 ἐπιμελοῦ[37] τῶν ἐν τῷ πεδίῳ[38] χλωρῶν[39] καὶ κερεῖς[40] πόαν[41]
καὶ σύναγε χόρτον[42] ὀρεινόν,[43]
26 ἵνα ἔχῃς πρόβατα εἰς ἱματισμόν·[44]
τίμα[45] πεδίον,[46] ἵνα ὦσίν σοι ἄρνες.[47]

1 φυτεύω, *pres act ind 3s*, plant
2 συκῆ, fig tree
3 τιμάω, *fut pas ind 3s*, honor
4 ὅμοιος, similar
5 ᾅδης, Hades, underworld
6 ἀπώλεια, destruction
7 ἐμπίμπλημι, *pres pas ind 3p*, satisfy
8 ὡσαύτως, in like manner, similarly
9 ἄπληστος, greedy
10 βδέλυγμα, abomination
11 στηρίζω, *pres act ptc nom s m*, fixate
12 ἀπαίδευτος, uneducated, undisciplined
13 ἀκρατής, uncontrolled, intemperate
14 δοκίμιον, (annealing?), means of testing
15 ἄργυρος, silver
16 χρυσός, gold
17 πύρωσις, purification
18 δοκιμάζω, *pres pas ind 3s*, prove, test
19 ἐγκωμιάζω, *pres act ptc gen p m*, praise
20 ἄνομος, lawless
21 ἐκζητέω, *pres act ind 3s*, seek out
22 εὐθής, upright
23 γνῶσις, knowledge
24 μαστιγόω, *pres act ind 2s*, flog, whip
25 ἄφρων, foolish
26 συνέδριον, assembly
27 ἀτιμάζω, *pres act ptc nom s m*, disgrace
28 περιαιρέω, *aor act sub 2s*, remove, take away
29 ἀφροσύνη, foolishness
30 γνωστῶς, clearly known
31 ποίμνιον, flock
32 ἐφίστημι, *fut act ind 2s*, set over
33 σός, your
34 ἀγέλη, herd
35 κράτος, power, might
36 ἰσχύς, strength
37 ἐπιμελέομαι, *pres mid impv 2s*, take care of
38 πεδίον, field, plain
39 χλωρός, green (plant)
40 κείρω, *fut act ind 2s*, cut, trim
41 πόα, grass, herb
42 χόρτος, hay, straw
43 ὀρεινός, hilly (country)
44 ἱματισμός, clothing
45 τιμάω, *pres act impv 2s*, honor, value
46 πεδίον, field, plain
47 ἀρήν, lamb

27 υἱέ, παρ᾽ ἐμοῦ ἔχεις ῥήσεις[1] ἰσχυρὰς[2] εἰς τὴν ζωήν σου
καὶ εἰς τὴν ζωὴν σῶν[3] θεραπόντων.[4]

28 φεύγει[5] ἀσεβὴς[6] μηδενὸς[7] διώκοντος,
δίκαιος δὲ ὥσπερ λέων[8] πέποιθεν.
2 δι᾽ ἁμαρτίας ἀσεβῶν[9] κρίσεις ἐγείρονται,[10]
ἀνὴρ δὲ πανοῦργος[11] κατασβέσει[12] αὐτάς.
3 ἀνδρεῖος[13] ἐν ἀσεβείαις[14] συκοφαντεῖ[15] πτωχούς.[16]
ὥσπερ ὑετὸς[17] λάβρος[18] καὶ ἀνωφελής,[19]
4 οὕτως οἱ ἐγκαταλείποντες[20] τὸν νόμον ἐγκωμιάζουσιν[21] ἀσέβειαν,[22]
οἱ δὲ ἀγαπῶντες τὸν νόμον περιβάλλουσιν[23] ἑαυτοῖς τεῖχος.[24]
5 ἄνδρες κακοὶ οὐ νοήσουσιν[25] κρίμα,[26]
οἱ δὲ ζητοῦντες τὸν κύριον συνήσουσιν[27] ἐν παντί.
6 κρείσσων[28] πτωχὸς πορευόμενος ἐν ἀληθείᾳ
πλουσίου[29] ψευδοῦς.[30]
7 φυλάσσει νόμον υἱὸς συνετός·[31]
ὃς δὲ ποιμαίνει[32] ἀσωτίαν,[33] ἀτιμάζει[34] πατέρα.
8 ὁ πληθύνων[35] τὸν πλοῦτον[36] αὐτοῦ μετὰ τόκων[37] καὶ πλεονασμῶν[38]
τῷ ἐλεῶντι[39] πτωχοὺς συνάγει αὐτόν.

1 ῥῆσις, word, saying
2 ἰσχυρός, important, influential
3 σός, your
4 θεράπων, servant
5 φεύγω, *pres act ind 3s*, flee
6 ἀσεβής, ungodly, wicked
7 μηδείς, no one
8 λέων, lion
9 ἀσεβής, ungodly, wicked
10 ἐγείρω, *pres pas ind 3p*, stir up, raise
11 πανοῦργος, prudent
12 κατασβέννυμι, *fut act ind 3s*, extinguish, resolve
13 ἀνδρεῖος, brash, bold
14 ἀσέβεια, ungodliness, wickedness
15 συκοφαντέω, *pres act ind 3s*, defraud, cheat
16 πτωχός, poor
17 ὑετός, rain
18 λάβρος, severe, violent
19 ἀνωφελής, pointless, useless
20 ἐγκαταλείπω, *pres act ptc nom p m*, abandon
21 ἐγκωμιάζω, *pres act ind 3p*, praise, laud
22 ἀσέβεια, ungodliness, wickedness
23 περιβάλλω, *pres act ind 3p*, surround
24 τεῖχος, wall
25 νοέω, *fut act ind 3p*, comprehend, understand
26 κρίμα, judgment
27 συνίημι, *fut act ind 3p*, understand
28 κρείσσων (ττ), *comp of* ἀγαθός, better
29 πλούσιος, rich
30 ψευδής, lying (person)
31 συνετός, intelligent
32 ποιμαίνω, *pres act ind 3s*, tend to, corral
33 ἀσωτία, debauchery
34 ἀτιμάζω, *pres act ind 3s*, dishonor
35 πληθύνω, *pres act ptc nom s m*, increase, multiply
36 πλοῦτος, wealth
37 τόκος, usury
38 πλεονασμός, unjust profit
39 ἐλεάω, *pres act ptc dat s m*, have mercy on

9 ὁ ἐκκλίνων[1] τὸ οὖς αὐτοῦ τοῦ μὴ εἰσακοῦσαι[2] νόμου
καὶ αὐτὸς τὴν προσευχὴν αὐτοῦ ἐβδέλυκται.[3]
10 ὃς πλανᾷ εὐθεῖς[4] ἐν ὁδῷ κακῇ,
εἰς διαφθορὰν[5] αὐτὸς ἐμπεσεῖται·[6]
οἱ δὲ ἄνομοι[7] διελεύσονται ἀγαθὰ
καὶ οὐκ εἰσελεύσονται εἰς αὐτά.
11 σοφὸς[8] παρ᾽ ἑαυτῷ ἀνὴρ πλούσιος,[9]
πένης[10] δὲ νοήμων[11] καταγνώσεται[12] αὐτοῦ.
12 διὰ βοήθειαν[13] δικαίων πολλὴ γίνεται δόξα,
ἐν δὲ τόποις ἀσεβῶν[14] ἁλίσκονται[15] ἄνθρωποι.
13 ὁ ἐπικαλύπτων[16] ἀσέβειαν[17] ἑαυτοῦ οὐκ εὐοδωθήσεται,[18]
ὁ δὲ ἐξηγούμενος[19] ἐλέγχους[20] ἀγαπηθήσεται.
14 μακάριος[21] ἀνήρ, ὃς καταπτήσσει[22] πάντα δι᾽ εὐλάβειαν,[23]
ὁ δὲ σκληρὸς[24] τὴν καρδίαν ἐμπεσεῖται[25] κακοῖς.
15 λέων[26] πεινῶν[27] καὶ λύκος[28] διψῶν[29]
ὃς τυραννεῖ[30] πτωχὸς ὢν ἔθνους πενιχροῦ.[31]
16 βασιλεὺς ἐνδεὴς[32] προσόδων[33] μέγας συκοφάντης,[34]
ὁ δὲ μισῶν ἀδικίαν[35] μακρὸν[36] χρόνον ζήσεται.
17 ἄνδρα τὸν ἐν αἰτίᾳ[37] φόνου[38] ὁ ἐγγυώμενος[39]
φυγὰς[40] ἔσται καὶ οὐκ ἐν ἀσφαλείᾳ.[41]

1 ἐκκλίνω, *pres act ptc nom s m*, turn away
2 εἰσακούω, *aor act inf*, listen to
3 βδελύσσω, *perf mid ind 3s*, make repulsive
4 εὐθύς, upright
5 διαφθορά, destruction, ruin
6 ἐμπίπτω, *fut mid ind 3s*, fall into
7 ἄνομος, lawless, evil
8 σοφός, wise
9 πλούσιος, rich
10 πένης, poor
11 νοήμων, thoughtful, intelligent
12 καταγινώσκω, *fut mid ind 3s*, disapprove of, condemn
13 βοήθεια, help
14 ἀσεβής, ungodly, wicked
15 ἁλίσκω, *pres pas ind 3p*, catch, trap
16 ἐπικαλύπτω, *pres act ptc nom s m*, cover up
17 ἀσέβεια, ungodliness, wickedness
18 εὐοδόω, *fut pas ind 3s*, prosper
19 ἐξηγέομαι, *pres mid ptc nom s m*, give in detail, relay
20 ἔλεγχος, rebuke
21 μακάριος, blessed
22 καταπτήσσω, *pres act ind 3s*, respect
23 εὐλάβεια, caution
24 σκληρός, coarse, hard
25 ἐμπίπτω, *fut mid ind 3s*, fall into
26 λέων, lion
27 πεινάω, *pres act ptc nom s m*, be hungry
28 λύκος, wolf
29 διψάω, *pres act ptc nom s m*, be thirsty
30 τυραννέω, *pres act ind 3s*, tyrannize
31 πενιχρός, poor
32 ἐνδεής, lacking, deficient in
33 πρόσοδος, revenue, fund
34 συκοφάντης, oppressor
35 ἀδικία, injustice
36 μακρός, long (time)
37 αἰτία, accusation, charge
38 φόνος, murder
39 ἐγγυάω, *pres mid ptc nom s m*, give surety for
40 φυγάς, fugitive
41 ἀσφάλεια, safety, stability

17a παίδευε[1] υἱόν, καὶ ἀγαπήσει σε
καὶ δώσει κόσμον[2] τῇ σῇ ψυχῇ·
οὐ μὴ ὑπακούσῃς[3] ἔθνει παρανόμῳ.[4]
18 ὁ πορευόμενος δικαίως[5] βεβοήθηται,[6]
ὁ δὲ σκολιαῖς[7] ὁδοῖς πορευόμενος ἐμπλακήσεται.[8]
19 ὁ ἐργαζόμενος τὴν ἑαυτοῦ γῆν πλησθήσεται[9] ἄρτων,
ὁ δὲ διώκων σχολὴν[10] πλησθήσεται πενίας.[11]
20 ἀνὴρ ἀξιόπιστος[12] πολλὰ εὐλογηθήσεται,
ὁ δὲ κακὸς οὐκ ἀτιμώρητος[13] ἔσται.
21 ὃς οὐκ αἰσχύνεται[14] πρόσωπα δικαίων, οὐκ ἀγαθός·
ὁ τοιοῦτος[15] ψωμοῦ[16] ἄρτου ἀποδώσεται ἄνδρα.
22 σπεύδει[17] πλουτεῖν[18] ἀνὴρ βάσκανος[19]
καὶ οὐκ οἶδεν ὅτι ἐλεήμων[20] κρατήσει αὐτοῦ.
23 ὁ ἐλέγχων[21] ἀνθρώπου ὁδοὺς
χάριτας ἕξει μᾶλλον[22] τοῦ γλωσσοχαριτοῦντος.[23]
24 ὃς ἀποβάλλεται[24] πατέρα ἢ μητέρα καὶ δοκεῖ[25] μὴ ἁμαρτάνειν,
οὗτος κοινωνός[26] ἐστιν ἀνδρὸς ἀσεβοῦς.[27]
25 ἄπληστος[28] ἀνὴρ κρίνει εἰκῇ·[29]
ὃς δὲ πέποιθεν ἐπὶ κύριον, ἐν ἐπιμελείᾳ[30] ἔσται.
26 ὃς πέποιθεν θρασείᾳ[31] καρδίᾳ, ὁ τοιοῦτος[32] ἄφρων·[33]
ὃς δὲ πορεύεται σοφίᾳ, σωθήσεται.
27 ὃς δίδωσιν πτωχοῖς, οὐκ ἐνδεηθήσεται·[34]
ὃς δὲ ἀποστρέφει[35] τὸν ὀφθαλμὸν αὐτοῦ, ἐν πολλῇ ἀπορίᾳ[36] ἔσται.

1 παιδεύω, *pres act impv 2s*, instruct, rear
2 κόσμος, ornament
3 ὑπακούω, *aor act sub 2s*, follow, listen to
4 παράνομος, lawless
5 δικαίως, justly
6 βοηθέω, *perf pas ind 3s*, help
7 σκολιός, crooked, perverse
8 ἐμπλέκω, *fut pas ind 3s*, trip up, entangle
9 πίμπλημι, *fut pas ind 3s*, satisfy
10 σχολή, idleness
11 πενία, poverty
12 ἀξιόπιστος, trustworthy
13 ἀτιμώρητος, unpunished
14 αἰσχύνω, *pres mid ind 3s*, feel ashamed
15 τοιοῦτος, such
16 ψωμός, bit, chunk
17 σπεύδω, *pres act ind 3s*, hurry
18 πλουτέω, *pres act inf*, be rich
19 βάσκανος, envious
20 ἐλεήμων, merciful
21 ἐλέγχω, *pres act ptc nom s m*, rebuke
22 μᾶλλον, more
23 γλωσσοχαριτόω, *pres act ptc gen s m*, flatter
24 ἀποβάλλω, *pres mid ind 3s*, reject
25 δοκέω, *pres act ind 3s*, think
26 κοινωνός, partner
27 ἀσεβής, ungodly, wicked
28 ἄπληστος, greedy
29 εἰκῇ, randomly, without reason
30 ἐπιμέλεια, attention, care
31 θρασύς, rash, arrogant
32 τοιοῦτος, such
33 ἄφρων, foolish
34 ἐνδέω, *fut pas ind 3s*, be in want
35 ἀποστρέφω, *pres act ind 3s*, turn away
36 ἀπορία, anxiety, distress

28 ἐν τόποις ἀσεβῶν[1] στένουσι[2] δίκαιοι,
ἐν δὲ τῇ ἐκείνων ἀπωλείᾳ[3] πληθυνθήσονται[4] δίκαιοι.

29 κρείσσων[5] ἀνὴρ ἐλέγχων[6] ἀνδρὸς σκληροτραχήλου·[7]
ἐξαπίνης[8] γὰρ φλεγομένου[9] αὐτοῦ οὐκ ἔστιν ἴασις.[10]
2 ἐγκωμιαζομένων[11] δικαίων εὐφρανθήσονται[12] λαοί,
ἀρχόντων δὲ ἀσεβῶν[13] στένουσιν[14] ἄνδρες.
3 ἀνδρὸς φιλοῦντος[15] σοφίαν εὐφραίνεται[16] πατὴρ αὐτοῦ·
ὃς δὲ ποιμαίνει[17] πόρνας,[18] ἀπολεῖ πλοῦτον.[19]
4 βασιλεὺς δίκαιος ἀνίστησιν χώραν,[20]
ἀνὴρ δὲ παράνομος[21] κατασκάπτει.[22]
5 ὃς παρασκευάζεται[23] ἐπὶ πρόσωπον τοῦ ἑαυτοῦ φίλου[24] δίκτυον,[25]
περιβάλλει[26] αὐτὸ τοῖς ἑαυτοῦ ποσίν.
6 ἁμαρτάνοντι ἀνδρὶ μεγάλη παγίς,[27]
δίκαιος δὲ ἐν χαρᾷ[28] καὶ ἐν εὐφροσύνῃ[29] ἔσται.
7 ἐπίσταται[30] δίκαιος κρίνειν πενιχροῖς,[31]
ὁ δὲ ἀσεβὴς[32] οὐ συνήσει[33] γνῶσιν,[34]
καὶ πτωχῷ οὐχ ὑπάρχει νοῦς[35] ἐπιγνώμων.[36]
8 ἄνδρες λοιμοὶ[37] ἐξέκαυσαν[38] πόλιν,
σοφοὶ[39] δὲ ἀπέστρεψαν[40] ὀργήν.

1 ἀσεβής, ungodly, wicked
2 στένω, *pres act ind 3p*, sigh, lament
3 ἀπώλεια, destruction
4 πληθύνω, *fut pas ind 3p*, multiply
5 κρείσσων (ττ), *comp of* ἀγαθός, better
6 ἐλέγχω, *pres act ptc nom s m*, rebuke
7 σκληροτράχηλος, stiff-necked
8 ἐξαπίνης, suddenly
9 φλέγω, *pres pas ptc gen s m*, be on fire
10 ἴασις, remedy
11 ἐγκωμιάζω, *pres pas ptc gen p m*, praise
12 εὐφραίνω, *fut pas ind 3p*, rejoice
13 ἀσεβής, ungodly, wicked
14 στένω, *pres act ind 3p*, groan, lament
15 φιλέω, *pres act ptc gen s m*, love
16 εὐφραίνω, *pres mid ind 3s*, make glad
17 ποιμαίνω, *pres act ind 3s*, maintain
18 πόρνη, prostitute
19 πλοῦτος, wealth, riches
20 χώρα, country, land
21 παράνομος, lawless
22 κατασκάπτω, *pres act ind 3s*, tear down
23 παρασκευάζω, *pres mid ind 3s*, prepare
24 φίλος, friend
25 δίκτυον, net
26 περιβάλλω, *pres act ind 3s*, spread over
27 παγίς, trap
28 χαρά, joy
29 εὐφροσύνη, gladness
30 ἐπίσταμαι, *pres mid ind 3s*, know
31 πενιχρός, poor
32 ἀσεβής, ungodly, wicked
33 συνίημι, *fut act ind 3s*, understand, comprehend
34 γνῶσις, knowledge
35 νοῦς, mind
36 ἐπιγνώμων, discriminating, perceptive
37 λοιμός, pestilent
38 ἐκκαίω, *aor act ind 3p*, set on fire
39 σοφός, wise
40 ἀποστρέφω, *aor act ind 3p*, divert, turn away

9 ἀνὴρ σοφὸς[1] κρίνει ἔθνη,
ἀνὴρ δὲ φαῦλος[2] ὀργιζόμενος[3] καταγελᾶται[4] καὶ οὐ καταπτήσσει.[5]
10 ἄνδρες αἱμάτων μέτοχοι[6] μισήσουσιν ὅσιον,[7]
οἱ δὲ εὐθεῖς[8] ἐκζητήσουσιν[9] ψυχὴν αὐτοῦ.
11 ὅλον τὸν θυμὸν[10] αὐτοῦ ἐκφέρει[11] ἄφρων,[12]
σοφὸς[13] δὲ ταμιεύεται[14] κατὰ μέρος.
12 βασιλέως ὑπακούοντος[15] λόγον ἄδικον[16]
πάντες οἱ ὑπ᾽ αὐτὸν παράνομοι.[17]
13 δανιστοῦ[18] καὶ χρεοφειλέτου[19] ἀλλήλοις[20] συνελθόντων[21]
ἐπισκοπὴν[22] ποιεῖται ἀμφοτέρων[23] ὁ κύριος.
14 βασιλέως ἐν ἀληθείᾳ κρίνοντος πτωχοὺς
ὁ θρόνος αὐτοῦ εἰς μαρτύριον[24] κατασταθήσεται.[25]
15 πληγαὶ[26] καὶ ἔλεγχοι[27] διδόασιν σοφίαν,
παῖς[28] δὲ πλανώμενος αἰσχύνει[29] γονεῖς[30] αὐτοῦ.
16 πολλῶν ὄντων ἀσεβῶν[31] πολλαὶ γίνονται ἁμαρτίαι,
οἱ δὲ δίκαιοι ἐκείνων πιπτόντων κατάφοβοι[32] γίνονται.
17 παίδευε[33] υἱόν σου, καὶ ἀναπαύσει[34] σε
καὶ δώσει κόσμον[35] τῇ ψυχῇ σου.
18 οὐ μὴ ὑπάρξῃ ἐξηγητὴς[36] ἔθνει παρανόμῳ,[37]
ὁ δὲ φυλάσσων τὸν νόμον μακαριστός.[38]
19 λόγοις οὐ παιδευθήσεται[39] οἰκέτης[40] σκληρός·[41]
ἐὰν γὰρ καὶ νοήσῃ,[42] ἀλλ᾽ οὐχ ὑπακούσεται.[43]

1 σοφός, wise
2 φαῦλος, worthless
3 ὀργίζω, *pres pas ptc nom s m*, make angry
4 καταγελάω, *pres mid ind 3s*, mock, ridicule
5 καταπτήσσω, *pres act ind 3s*, hold back
6 μέτοχος, partner, accomplice
7 ὅσιος, righteous, devout
8 εὐθύς, upright
9 ἐκζητέω, *fut act ind 3p*, seek out
10 θυμός, anger, wrath
11 ἐκφέρω, *pres act ind 3s*, bring out, (expose)
12 ἄφρων, foolish
13 σοφός, wise
14 ταμιεύομαι, *pres mid ind 3s*, restrain
15 ὑπακούω, *pres act ptc gen s m*, listen to
16 ἄδικος, unjust, unrighteous
17 παράνομος, lawless
18 δανιστής, creditor
19 χρεοφειλέτης, debtor
20 ἀλλήλων, one another
21 συνέρχομαι, *aor act ptc gen p m*, meet together
22 ἐπισκοπή, examination, inspection
23 ἀμφότεροι, both
24 μαρτύριον, testimony
25 καθίστημι, *fut pas ind 3s*, establish
26 πληγή, wound, blow
27 ἔλεγχος, rebuke, rebuttal
28 παῖς, child
29 αἰσχύνω, *pres act ind 3s*, put to shame
30 γονεύς, parent
31 ἀσεβής, ungodly, wicked
32 κατάφοβος, fearful, cautious
33 παιδεύω, *pres act impv 2s*, discipline, instruct
34 ἀναπαύω, *fut act ind 3s*, give rest
35 κόσμος, decoration, ornament
36 ἐξηγητής, interpreter
37 παράνομος, lawless
38 μακαριστός, most blessed, happiest
39 παιδεύω, *fut pas ind 3s*, discipline, instruct
40 οἰκέτης, servant
41 σκληρός, difficult, unpleasant
42 νοέω, *aor act sub 3s*, understand
43 ὑπακούω, *fut mid ind 3s*, listen, obey

20 ἐὰν ἴδῃς ἄνδρα ταχὺν[1] ἐν λόγοις,
γίνωσκε ὅτι ἐλπίδα ἔχει μᾶλλον[2] ἄφρων[3] αὐτοῦ.
21 ὃς κατασπαταλᾷ[4] ἐκ παιδός,[5] οἰκέτης[6] ἔσται,
ἔσχατον δὲ ὀδυνηθήσεται[7] ἐφ' ἑαυτῷ.
22 ἀνὴρ θυμώδης[8] ὀρύσσει[9] νεῖκος,[10]
ἀνὴρ δὲ ὀργίλος[11] ἐξώρυξεν[12] ἁμαρτίας.
23 ὕβρις[13] ἄνδρα ταπεινοῖ,[14]
τοὺς δὲ ταπεινόφρονας[15] ἐρείδει[16] δόξῃ κύριος.
24 ὃς μερίζεται[17] κλέπτῃ,[18] μισεῖ τὴν ἑαυτοῦ ψυχήν·
ἐὰν δὲ ὅρκου[19] προτεθέντος[20] ἀκούσαντες μὴ ἀναγγείλωσιν,[21]
25 φοβηθέντες καὶ αἰσχυνθέντες[22] ἀνθρώπους ὑπεσκελίσθησαν·[23]
ὁ δὲ πεποιθὼς ἐπὶ κύριον εὐφρανθήσεται.[24]
ἀσέβεια[25] ἀνδρὶ δίδωσιν σφάλμα·[26]
ὃς δὲ πέποιθεν ἐπὶ τῷ δεσπότῃ,[27] σωθήσεται.
26 πολλοὶ θεραπεύουσιν[28] πρόσωπα ἡγουμένων,[29]
παρὰ δὲ κυρίου γίνεται τὸ δίκαιον ἀνδρί.
27 βδέλυγμα[30] δικαίοις ἀνὴρ ἄδικος,[31]
βδέλυγμα δὲ ἀνόμῳ[32] κατευθύνουσα[33] ὁδός.

30 Τοὺς ἐμοὺς λόγους, υἱέ, φοβήθητι
καὶ δεξάμενος[34] αὐτοὺς μετανόει·[35]
τάδε[36] λέγει ὁ ἀνὴρ τοῖς πιστεύουσιν θεῷ,
καὶ παύομαι·[37]

1 ταχύς, quick
2 μᾶλλον, more
3 ἄφρων, foolish
4 κατασπαταλάω, *pres act ind 3s*, live frivolously
5 παῖς, (childhood)
6 οἰκέτης, servant
7 ὀδυνάω, *fut pas ind 3s*, grieve
8 θυμώδης, angry, passionate
9 ὀρύσσω, *pres act ind 3s*, dig up, excavate
10 νεῖκος, strife
11 ὀργίλος, quick-tempered
12 ἐξορύσσω, *aor act ind 3s*, dig out
13 ὕβρις, pride, arrogance
14 ταπεινόω, *pres act ind 3s*, humble
15 ταπεινόφρων, humbly minded
16 ἐρείδω, *pres act ind 3s*, support
17 μερίζω, *pres mid ind 3s*, divide, share
18 κλέπτης, thief
19 ὅρκος, oath
20 προτίθημι, *aor pas ptc gen s m*, propose, set out
21 ἀναγγέλλω, *aor act sub 3p*, report, tell
22 αἰσχύνω, *aor pas ptc nom p m*, feel shame
23 ὑποσκελίζω, *aor pas ind 3p*, trip up
24 εὐφραίνω, *fut pas ind 3s*, be glad, rejoice
25 ἀσέβεια, ungodliness, impiety
26 σφάλμα, stumble
27 δεσπότης, master
28 θεραπεύω, *pres act ind 3p*, serve
29 ἡγέομαι, *pres mid ptc gen p m*, lead
30 βδέλυγμα, abomination
31 ἄδικος, unrighteous
32 ἄνομος, lawless, evil
33 κατευθύνω, *pres act ptc nom s f*, be straight
34 δέχομαι, *aor mid ptc nom s m*, receive
35 μετανοέω, *pres act impv 2s*, repent
36 ὅδε, this (here)
37 παύω, *pres mid ind 1s*, stop, cease

2 ἀφρονέστατος[1] γάρ εἰμι πάντων ἀνθρώπων,
καὶ φρόνησις[2] ἀνθρώπων οὐκ ἔστιν ἐν ἐμοί·
3 θεὸς δεδίδαχέν με σοφίαν,
καὶ γνῶσιν[3] ἁγίων ἔγνωκα.
4 τίς ἀνέβη εἰς τὸν οὐρανὸν καὶ κατέβη;
τίς συνήγαγεν ἀνέμους[4] ἐν κόλπῳ;[5]
τίς συνέστρεψεν[6] ὕδωρ ἐν ἱματίῳ;
τίς ἐκράτησεν πάντων τῶν ἄκρων[7] τῆς γῆς;
τί ὄνομα αὐτῷ,
ἢ τί ὄνομα τοῖς τέκνοις αὐτοῦ, ἵνα γνῷς;

5 πάντες λόγοι θεοῦ πεπυρωμένοι,[8]
ὑπερασπίζει[9] δὲ αὐτὸς τῶν εὐλαβουμένων[10] αὐτόν·
6 μὴ προσθῇς[11] τοῖς λόγοις αὐτοῦ,
ἵνα μὴ ἐλέγξῃ[12] σε καὶ ψευδὴς[13] γένῃ.

7 δύο αἰτοῦμαι[14] παρὰ σοῦ,
μὴ ἀφέλῃς[15] μου χάριν πρὸ τοῦ ἀποθανεῖν με·
8 μάταιον[16] λόγον καὶ ψευδῆ[17] μακράν[18] μου ποίησον,
πλοῦτον[19] δὲ καὶ πενίαν[20] μή μοι δῷς,
σύνταξον[21] δέ μοι τὰ δέοντα[22] καὶ τὰ αὐτάρκη,[23]
9 ἵνα μὴ πλησθεὶς[24] ψευδὴς[25] γένωμαι καὶ εἴπω Τίς με ὁρᾷ;
ἢ πενηθεὶς[26] κλέψω[27] καὶ ὀμόσω[28] τὸ ὄνομα τοῦ θεοῦ.

10 μὴ παραδῷς οἰκέτην[29] εἰς χεῖρας δεσπότου.[30]
μήποτε[31] καταράσηταί[32] σε καὶ ἀφανισθῇς.[33]

1 ἄφρων, *sup*, most foolish
2 φρόνησις, insight, prudence
3 γνῶσις, knowledge
4 ἄνεμος, wind
5 κόλπος, lap, bosom
6 συστρέφω, *aor act ind 3s*, gather up, collect
7 ἄκρος, end
8 πυρόω, *perf pas ptc nom p m*, refine
9 ὑπερασπίζω, *pres act ind 3s*, shield, defend
10 εὐλαβέομαι, *pres mid ptc gen p m*, respect, revere
11 προστίθημι, *aor act sub 2s*, add to
12 ἐλέγχω, *aor act sub 3s*, rebuke
13 ψευδής, false
14 αἰτέω, *pres mid ind 1s*, request
15 ἀφαιρέω, *aor act sub 2s*, take away, remove
16 μάταιος, worthless, meaningless
17 ψευδής, false, lying
18 μακράν, far away
19 πλοῦτος, wealth, riches
20 πενία, poverty
21 συντάσσω, *aor act impv 2s*, arrange, appoint
22 δεῖ, *pres act ptc acc p n*, be necessary
23 αὐτάρκης, sufficient
24 πίμπλημι, *aor pas ptc nom s m*, fill, satisfy
25 ψευδής, false
26 πενέω, *aor pas ptc nom s m*, become poor
27 κλέπτω, *fut act ind 1s*, steal
28 ὄμνυμι, *fut act ind 1s*, swear by
29 οἰκέτης, servant
30 δεσπότης, master
31 μήποτε, lest
32 καταράομαι, *aor mid sub 3s*, curse
33 ἀφανίζω, *aor pas sub 2s*, disappear, vanish

11 ἔκγονον[1] κακὸν πατέρα καταρᾶται,[2]
τὴν δὲ μητέρα οὐκ εὐλογεῖ·
12 ἔκγονον[3] κακὸν δίκαιον ἑαυτὸν κρίνει,
τὴν δὲ ἔξοδον[4] αὐτοῦ οὐκ ἀπένιψεν·[5]
13 ἔκγονον[6] κακὸν ὑψηλοὺς[7] ὀφθαλμοὺς ἔχει,
τοῖς δὲ βλεφάροις[8] αὐτοῦ ἐπαίρεται·[9]
14 ἔκγονον[10] κακὸν μαχαίρας[11] τοὺς ὀδόντας[12] ἔχει
καὶ τὰς μύλας[13] τομίδας,[14] ὥστε ἀναλίσκειν[15]
καὶ κατεσθίειν[16] τοὺς ταπεινοὺς[17] ἀπὸ τῆς γῆς
καὶ τοὺς πένητας[18] αὐτῶν ἐξ ἀνθρώπων.

15 Τῇ βδέλλῃ[19] τρεῖς θυγατέρες[20] ἦσαν ἀγαπήσει[21] ἀγαπώμεναι,
καὶ αἱ τρεῖς αὗται οὐκ ἐνεπίμπλασαν[22] αὐτήν,
καὶ ἡ τετάρτη[23] οὐκ ἠρκέσθη[24] εἰπεῖν Ἱκανόν·[25]
16 ᾅδης[26] καὶ ἔρως[27] γυναικὸς
καὶ τάρταρος[28] καὶ γῆ οὐκ ἐμπιπλαμένη[29] ὕδατος
καὶ ὕδωρ καὶ πῦρ οὐ μὴ εἴπωσιν Ἀρκεῖ.[30]
17 ὀφθαλμὸν καταγελῶντα[31] πατρὸς καὶ ἀτιμάζοντα[32] γῆρας[33] μητρός,
ἐκκόψαισαν[34] αὐτὸν κόρακες[35] ἐκ τῶν φαράγγων,[36]
καὶ καταφάγοισαν[37] αὐτὸν νεοσσοὶ[38] ἀετῶν.[39]

18 τρία δέ ἐστιν ἀδύνατά[40] μοι νοῆσαι,[41]
καὶ τὸ τέταρτον[42] οὐκ ἐπιγινώσκω·

1 ἔκγονος, descendants, progeny
2 καταράομαι, *pres mid ind 3s*, curse
3 ἔκγονος, descendants, progeny
4 ἔξοδος, way of departure
5 ἀπονίπτω, *aor act ind 3s*, clean, wash
6 ἔκγονος, descendants, progeny
7 ὑψηλός, upraised, haughty
8 βλέφαρον, eyelid
9 ἐπαίρω, *pres pas ind 3s*, lift up, raise
10 ἔκγονος, descendants, progeny
11 μάχαιρα, sword
12 ὀδούς, tooth
13 μύλαι, tooth, (molar)
14 τομίς, knife
15 ἀναλίσκω, *pres act inf*, consume
16 κατεσθίω, *pres act inf*, devour
17 ταπεινός, humble
18 πένης, needy, poor
19 βδέλλα, leech
20 θυγάτηρ, daughter
21 ἀγάπησις, love
22 ἐμπίμπλημι, *impf act ind 3p*, satisfy
23 τέταρτος, fourth
24 ἀρκέω, *aor pas ind 3s*, be content
25 ἱκανός, sufficient, enough
26 ᾅδης, Hades, underworld
27 ἔρως, love
28 τάρταρος, lowest part of the earth
29 ἐμπιπλάω, *pres pas ptc nom s f*, fill up
30 ἀρκέω, *pres act ind 3s*, be enough
31 καταγελάω, *pres act ptc acc s m*, scorn, mock
32 ἀτιμάζω, *pres act ptc acc s m*, dishonor
33 γῆρας, old age
34 ἐκκόπτω, *aor act opt 3p*, hack out
35 κόραξ, raven
36 φάραγξ, ravine
37 κατεσθίω, *aor act opt 3p*, devour
38 νεοσσός, young
39 ἀετός, eagle
40 ἀδύνατος, impossible
41 νοέω, *aor act inf*, understand
42 τέταρτος, fourth

19 ἴχνη[1] ἀετοῦ[2] πετομένου[3]
καὶ ὁδοὺς ὄφεως[4] ἐπὶ πέτρας[5]
καὶ τρίβους[6] νηὸς[7] ποντοπορούσης[8]
καὶ ὁδοὺς ἀνδρὸς ἐν νεότητι.[9]

20 τοιαύτη[10] ὁδὸς γυναικὸς μοιχαλίδος,[11]
ἥ, ὅταν πράξῃ,[12] ἀπονιψαμένη[13] οὐδέν φησιν[14] πεπραχέναι[15] ἄτοπον.[16]

21 διὰ τριῶν σείεται[17] ἡ γῆ,
τὸ δὲ τέταρτον[18] οὐ δύναται φέρειν·
22 ἐὰν οἰκέτης[19] βασιλεύσῃ,[20]
καὶ ἄφρων[21] πλησθῇ[22] σιτίων,[23]
23 καὶ οἰκέτις[24] ἐὰν ἐκβάλῃ τὴν ἑαυτῆς κυρίαν,[25]
καὶ μισητὴ[26] γυνὴ ἐὰν τύχῃ[27] ἀνδρὸς ἀγαθοῦ.

24 τέσσαρα δέ ἐστιν ἐλάχιστα[28] ἐπὶ τῆς γῆς,
ταῦτα δέ ἐστιν σοφώτερα[29] τῶν σοφῶν·[30]
25 οἱ μύρμηκες,[31] οἷς μὴ ἔστιν ἰσχὺς[32]
καὶ ἑτοιμάζονται θέρους[33] τὴν τροφήν·[34]
26 καὶ οἱ χοιρογρύλλιοι,[35] ἔθνος οὐκ ἰσχυρόν,[36]
οἳ ἐποιήσαντο ἐν πέτραις[37] τοὺς ἑαυτῶν οἴκους·
27 ἀβασίλευτόν[38] ἐστιν ἡ ἀκρὶς[39]
καὶ ἐκστρατεύει[40] ἀφ᾽ ἑνὸς κελεύσματος[41] εὐτάκτως·[42]

1 ἴχνος, track, course
2 ἀετός, eagle
3 πέτομαι, *pres mid ptc gen s m*, fly
4 ὄφις, snake
5 πέτρα, rock
6 τρίβος, path
7 ναῦς, ship
8 ποντοπορέω, *pres act ptc gen s f*, sail through
9 νεότης, youth
10 τοιοῦτος, such
11 μοιχαλίς, adulteress
12 πράσσω, *aor act sub 3s*, act, take action
13 ἀπονίπτω, *aor mid ptc nom s f*, wash off
14 φημί, *pres act ind 3s*, say, assert
15 πράσσω, *perf act inf*, do
16 ἄτοπος, wrong, inappropriate
17 σείω, *pres pas ind 3s*, shake
18 τέταρτος, fourth
19 οἰκέτης, servant
20 βασιλεύω, *aor act sub 3s*, become king
21 ἄφρων, foolish
22 πίμπλημι, *aor pas sub 3s*, fill up
23 σιτίον, provisions, food
24 οἰκέτις, (female) servant
25 κυρία, (female) master, mistress
26 μισητός, hateful
27 τυγχάνω, *aor act sub 3s*, find, obtain
28 ἐλάχιστος, *sup of* μικρός, *from* ἐλαχύς, smallest, least
29 σοφός, *comp*, wiser
30 σοφός, wise
31 μύρμηξ, ant
32 ἰσχύς, strength
33 θέρος, summer
34 τροφή, food
35 χοιρογρύλλιος, rabbit
36 ἰσχυρός, powerful, strong
37 πέτρα, rock
38 ἀβασίλευτος, without a king
39 ἀκρίς, locust
40 ἐκστρατεύω, *pres act ind 3s*, march out
41 κέλευσμα, command
42 εὐτάκτως, in an orderly fashion

28 καὶ καλαβώτης[1] χερσὶν ἐρειδόμενος[2] καὶ εὐάλωτος[3] ὢν
κατοικεῖ ἐν ὀχυρώμασιν[4] βασιλέως.
29 τρία δέ ἐστιν, ἃ εὐόδως[5] πορεύεται,
καὶ τὸ τέταρτον,[6] ὃ καλῶς[7] διαβαίνει·[8]
30 σκύμνος[9] λέοντος[10] ἰσχυρότερος[11] κτηνῶν,[12]
ὃς οὐκ ἀποστρέφεται[13] οὐδὲ καταπτήσσει[14] κτῆνος,
31 καὶ ἀλέκτωρ[15] ἐμπεριπατῶν[16] θηλείαις[17] εὔψυχος[18]
καὶ τράγος[19] ἡγούμενος[20] αἰπολίου[21]
καὶ βασιλεὺς δημηγορῶν[22] ἐν ἔθνει.

32 ἐὰν πρόῃ[23] σεαυτὸν εἰς εὐφροσύνην[24]
καὶ ἐκτείνῃς[25] τὴν χεῖρά σου μετὰ μάχης,[26] ἀτιμασθήσῃ.[27]
33 ἄμελγε[28] γάλα,[29] καὶ ἔσται βούτυρον·[30]
ἐὰν δὲ ἐκπιέζῃς[31] μυκτῆρας,[32] ἐξελεύσεται αἷμα·
ἐὰν δὲ ἐξέλκῃς[33] λόγους, ἐξελεύσονται κρίσεις καὶ μάχαι.[34]

31 Οἱ ἐμοὶ λόγοι εἴρηνται ὑπὸ θεοῦ, βασιλέως χρηματισμός,[35] ὃν ἐπαίδευσεν[36]
ἡ μήτηρ αὐτοῦ.

2 τί, τέκνον, τηρήσεις;[37] τί; ῥήσεις[38] θεοῦ·
πρωτογενές,[39] σοὶ λέγω, υἱέ·
τί, τέκνον ἐμῆς κοιλίας;[40]
τί, τέκνον ἐμῶν εὐχῶν;[41]

1 καλαβώτης, lizard, gecko
2 ἐρείδω, *pres mid ptc nom s m*, plant firmly
3 εὐάλωτος, easily caught
4 ὀχύρωμα, fortress
5 εὐόδως, easily
6 τέταρτος, fourth
7 καλῶς, well
8 διαβαίνω, *pres act ind 3s*, proceed (by walking)
9 σκύμνος, cub
10 λέων, lion
11 ἰσχυρός, *comp*, stronger, mightier
12 κτῆνος, animal
13 ἀποστρέφω, *pres mid ind 3s*, turn away, (flee)
14 καταπτήσσω, *pres act ind 3s*, fear
15 ἀλέκτωρ, rooster
16 ἐμπεριπατέω, *pres act ptc nom s m*, walk about
17 θῆλυς, female (hen)
18 εὔψυχος, boldly, stoutly
19 τράγος, male goat
20 ἡγέομαι, *pres mid ptc nom s m*, lead
21 αἰπόλιον, flock
22 δημηγορέω, *pres act ptc nom s m*, deliver an address
23 προΐημι, *pres act sub 3s*, let loose, abandon oneself
24 εὐφροσύνη, gladness
25 ἐκτείνω, *pres act sub 2s*, stretch out
26 μάχη, conflict, fight
27 ἀτιμάζω, *fut pas ind 2s*, dishonor
28 ἀμέλγω, *pres act impv 2s*, press, squeeze
29 γάλα, milk
30 βούτυρον, butter
31 ἐκπιέζω, *pres act sub 2s*, squeeze, pinch
32 μυκτήρ, nostril
33 ἐξέλκω, *pres act sub 2s*, drag out, draw out
34 μάχη, conflict
35 χρηματισμός, oracular response
36 παιδεύω, *aor act ind 3s*, instruct, teach
37 τηρέω, *fut act ind 2s*, keep, observe
38 ῥῆσις, sayings, words
39 πρωτογενής, firstborn
40 κοιλία, womb
41 εὐχή, vow

3 μὴ δῷς γυναιξὶ σὸν[1] πλοῦτον[2]
καὶ τὸν σὸν νοῦν[3] καὶ βίον[4] εἰς ὑστεροβουλίαν.[5]
4 μετὰ βουλῆς[6] πάντα ποίει,
μετὰ βουλῆς οἰνοπότει·[7]
οἱ δυνάσται[8] θυμώδεις[9] εἰσίν,
οἶνον δὲ μὴ πινέτωσαν,
5 ἵνα μὴ πιόντες ἐπιλάθωνται[10] τῆς σοφίας
καὶ ὀρθὰ[11] κρῖναι οὐ μὴ δύνωνται τοὺς ἀσθενεῖς.[12]
6 δίδοτε μέθην[13] τοῖς ἐν λύπαις[14]
καὶ οἶνον πίνειν τοῖς ἐν ὀδύναις,[15]
7 ἵνα ἐπιλάθωνται[16] τῆς πενίας[17]
καὶ τῶν πόνων[18] μὴ μνησθῶσιν[19] ἔτι.
8 ἄνοιγε σὸν[20] στόμα λόγῳ θεοῦ
καὶ κρῖνε πάντας ὑγιῶς·[21]
9 ἄνοιγε σὸν[22] στόμα καὶ κρῖνε δικαίως,[23]
διάκρινε[24] δὲ πένητα[25] καὶ ἀσθενῆ.[26]

10 Γυναῖκα ἀνδρείαν[27] τίς εὑρήσει;
τιμιωτέρα[28] δέ ἐστιν λίθων πολυτελῶν[29] ἡ τοιαύτη.[30]
11 θαρσεῖ[31] ἐπ᾽ αὐτῇ ἡ καρδία τοῦ ἀνδρὸς αὐτῆς,
ἡ τοιαύτη[32] καλῶν σκύλων[33] οὐκ ἀπορήσει·[34]
12 ἐνεργεῖ[35] γὰρ τῷ ἀνδρὶ ἀγαθὰ
πάντα τὸν βίον.[36]

1 σός, your
2 πλοῦτος, wealth
3 νοῦς, mind
4 βίος, life
5 ὑστεροβουλία, remorse
6 βουλή, counsel
7 οἰνοποτέω, *pres act impv 2s*, drink wine
8 δυνάστης, leader, ruler
9 θυμώδης, passionate, wrathful
10 ἐπιλανθάνω, *aor mid sub 3p*, forget
11 ὀρθός, (uprightly)
12 ἀσθενής, poor
13 μέθη, strong drink
14 λύπη, grief, sorrow
15 ὀδύνη, pain
16 ἐπιλανθάνω, *aor mid sub 3p*, forget
17 πενία, poverty
18 πόνος, affliction, distress
19 μιμνήσκομαι, *aor pas sub 3p*, remember
20 σός, your
21 ὑγιῶς, fairly
22 σός, your
23 δικαίως, rightly
24 διακρίνω, *pres act impv 2s*, evaluate, give judgment on
25 πένης, poor
26 ἀσθενής, poor
27 ἀνδρεῖος, virtuous
28 τίμιος, *comp*, more valuable
29 πολυτελής, very costly
30 τοιοῦτος, such
31 θαρσέω, *pres act ind 3s*, be confident
32 τοιοῦτος, such
33 σκῦλον, spoils, plunder
34 ἀπορέω, *fut act ind 3s*, be uncertain, be in want
35 ἐνεργέω, *pres act ind 3s*, work, toil
36 βίος, life

13 μηρυομένη[1] ἔρια[2] καὶ λίνον[3]
ἐποίησεν εὔχρηστον[4] ταῖς χερσὶν αὐτῆς.
14 ἐγένετο ὡσεὶ[5] ναῦς[6] ἐμπορευομένη[7] μακρόθεν,[8]
συνάγει δὲ αὕτη τὸν βίον.[9]
15 καὶ ἀνίσταται ἐκ νυκτῶν
καὶ ἔδωκεν βρώματα[10] τῷ οἴκῳ
καὶ ἔργα ταῖς θεραπαίναις.[11]
16 θεωρήσασα[12] γεώργιον[13] ἐπρίατο,[14]
ἀπὸ δὲ καρπῶν χειρῶν αὐτῆς κατεφύτευσεν[15] κτῆμα.[16]
17 ἀναζωσαμένη[17] ἰσχυρῶς[18] τὴν ὀσφὺν[19] αὐτῆς
ἤρεισεν[20] τοὺς βραχίονας[21] αὐτῆς εἰς ἔργον.
18 ἐγεύσατο[22] ὅτι καλόν ἐστιν τὸ ἐργάζεσθαι,
καὶ οὐκ ἀποσβέννυται[23] ὅλην τὴν νύκτα ὁ λύχνος[24] αὐτῆς.
19 τοὺς πήχεις[25] αὐτῆς ἐκτείνει[26] ἐπὶ τὰ συμφέροντα,[27]
τὰς δὲ χεῖρας αὐτῆς ἐρείδει[28] εἰς ἄτρακτον.[29]
20 χεῖρας δὲ αὐτῆς διήνοιξεν[30] πένητι,[31]
καρπὸν δὲ ἐξέτεινεν[32] πτωχῷ.
21 οὐ φροντίζει[33] τῶν ἐν οἴκῳ ὁ ἀνὴρ αὐτῆς, ὅταν που χρονίζῃ·[34]
πάντες γὰρ οἱ παρ᾽ αὐτῆς ἐνδιδύσκονται.[35]
22 δισσὰς[36] χλαίνας[37] ἐποίησεν τῷ ἀνδρὶ αὐτῆς,
ἐκ δὲ βύσσου[38] καὶ πορφύρας[39] ἑαυτῇ ἐνδύματα.[40]

1 μηρύομαι, *pres mid ptc nom s f*, spin, wind
2 ἔριον, wool
3 λίνον, linen
4 εὔχρηστος, useful
5 ὡσεί, like
6 ναῦς, ship
7 ἐμπορεύομαι, *pres mid ptc nom s f*, trade, travel for business
8 μακρόθεν, far away
9 βίος, livelihood
10 βρῶμα, food
11 θεράπαινα, servant, attendant
12 θεωρέω, *aor act ptc nom s f*, inspect, evaluate
13 γεώργιον, field
14 πρίαμαι, *aor mid ind 3s*, purchase, settle (a deal)
15 καταφυτεύω, *aor act ind 3s*, plant
16 κτῆμα, plot, ground
17 ἀναζώννυμι, *aor mid ptc nom s f*, gird
18 ἰσχυρῶς, firmly
19 ὀσφύς, loins
20 ἐρείδω, *aor act ind 3s*, apply, fix firmly
21 βραχίων, arm
22 γεύω, *aor mid ind 3s*, realize
23 ἀποσβέννυμι, *pres pas ind 3s*, extinguish, put out
24 λύχνος, lamp, light
25 πῆχυς, arm
26 ἐκτείνω, *pres act ind 3s*, stretch out
27 συμφέρω, *pres act ptc acc p n*, be profitable
28 ἐρείδω, *pres act ind 3s*, apply, fix firmly
29 ἄτρακτος, spindle
30 διανοίγω, *aor act ind 3s*, open up
31 πένης, poor, needy
32 ἐκτείνω, *aor act ind 3s*, extend, (offer)
33 φροντίζω, *pres act ind 3s*, be concerned
34 χρονίζω, *pres act sub 3s*, spend time
35 ἐνδιδύσκω, *pres mid ind 3p*, clothe
36 δισσός, doubled, twice
37 χλαῖνα, shirt
38 βύσσος, fine linen
39 πορφύρα, purple
40 ἔνδυμα, clothing

23 περίβλεπτος[1] δὲ γίνεται ἐν πύλαις[2] ὁ ἀνὴρ αὐτῆς,
ἡνίκα[3] ἂν καθίσῃ ἐν συνεδρίῳ[4] μετὰ τῶν γερόντων[5] κατοίκων[6] τῆς γῆς.
24 σινδόνας[7] ἐποίησεν καὶ ἀπέδοτο,
περιζώματα[8] δὲ τοῖς Χαναναίοις.
25 στόμα αὐτῆς διήνοιξεν[9] προσεχόντως[10] καὶ ἐννόμως[11]
καὶ τάξιν[12] ἐστείλατο[13] τῇ γλώσσῃ αὐτῆς.
26 ἰσχὺν[14] καὶ εὐπρέπειαν[15] ἐνεδύσατο[16]
καὶ εὐφράνθη[17] ἐν ἡμέραις ἐσχάταις.
27 στεγναὶ[18] διατριβαὶ[19] οἴκων αὐτῆς,
σῖτα[20] δὲ ὀκνηρὰ[21] οὐκ ἔφαγεν.
28 τὸ στόμα δὲ ἀνοίγει σοφῶς[22] καὶ νομοθέσμως,[23]
ἡ δὲ ἐλεημοσύνη[24] αὐτῆς ἀνέστησεν τὰ τέκνα αὐτῆς, καὶ ἐπλούτησαν,[25]
καὶ ὁ ἀνὴρ αὐτῆς ᾔνεσεν[26] αὐτήν
29 Πολλαὶ θυγατέρες[27] ἐκτήσαντο[28] πλοῦτον,[29]
πολλαὶ ἐποίησαν δυνατά,
σὺ δὲ ὑπέρκεισαι[30] καὶ ὑπερῆρας[31] πάσας.
30 ψευδεῖς[32] ἀρέσκειαι[33] καὶ μάταιον[34] κάλλος γυναικός·
γυνὴ γὰρ συνετὴ[35] εὐλογεῖται,
φόβον δὲ κυρίου αὕτη αἰνείτω.[36]
31 δότε αὐτῇ ἀπὸ καρπῶν χειρῶν αὐτῆς,
καὶ αἰνείσθω[37] ἐν πύλαις[38] ὁ ἀνὴρ αὐτῆς.

1 περίβλεπτος, respected, admired
2 πύλη, gate
3 ἡνίκα, when
4 συνέδριον, assembly
5 γέρων, elder
6 κάτοικος, inhabitant
7 σινδών, fine linen, *Heb. LW*
8 περίζωμα, skirt, apron
9 διανοίγω, *aor act ind 3s*, open
10 προσεχόντως, cautiously, prudently
11 ἐννόμως, lawfully
12 τάξις, position, status
13 στέλλω, *aor mid ind 3s*, engage, restrict
14 ἰσχύς, strength
15 εὐπρέπεια, dignity
16 ἐνδύω, *aor mid ind 3s*, clothe in
17 εὐφραίνω, *aor pas ind 3s*, be glad, rejoice
18 στεγνός, watertight, (meticulous)
19 διατριβή, manner of operation
20 σῖτος, grain
21 ὀκνηρός, idle
22 σοφῶς, wisely
23 νομοθέσμως, according to the law
24 ἐλεημοσύνη, compassion, charity
25 πλουτέω, *aor act ind 3p*, become wealthy
26 αἰνέω, *aor act ind 3s*, praise
27 θυγάτηρ, daughter
28 κτάομαι, *aor mid ind 3p*, obtain, acquire
29 πλοῦτος, riches
30 ὑπέρκειμαι, *pres pas ind 2s*, excel
31 ὑπεραίρω, *aor act ind 2s*, surpass
32 ψευδής, false
33 ἀρέσκεια, desire to please, pandering
34 μάταιος, worthless, vain
35 συνετός, intelligent
36 αἰνέω, *pres act impv 3s*, praise
37 αἰνέω, *pres pas impv 3s*, praise
38 πύλη, gate

ΕΚΚΛΗΣΙΑΣΤΗΣ
Ecclesiastes

All Is Meaningless

1 Ῥήματα Ἐκκλησιαστοῦ[1] υἱοῦ Δαυιδ βασιλέως Ισραηλ ἐν Ιερουσαλημ.

2 Ματαιότης[2] ματαιοτήτων, εἶπεν ὁ Ἐκκλησιαστής,[3]
  ματαιότης ματαιοτήτων, τὰ πάντα ματαιότης.
3 τίς περισσεία[4] τῷ ἀνθρώπῳ
  ἐν παντὶ μόχθῳ[5] αὐτοῦ, ᾧ μοχθεῖ[6] ὑπὸ τὸν ἥλιον;
4 γενεὰ πορεύεται καὶ γενεὰ ἔρχεται,
  καὶ ἡ γῆ εἰς τὸν αἰῶνα ἕστηκεν.
5 καὶ ἀνατέλλει[7] ὁ ἥλιος καὶ δύνει[8] ὁ ἥλιος
  καὶ εἰς τὸν τόπον αὐτοῦ ἕλκει·[9]
6 ἀνατέλλων[10] αὐτὸς ἐκεῖ πορεύεται πρὸς νότον[11]
  καὶ κυκλοῖ[12] πρὸς βορρᾶν·[13]
κυκλοῖ κυκλῶν,[14] πορεύεται τὸ πνεῦμα,
  καὶ ἐπὶ κύκλους[15] αὐτοῦ ἐπιστρέφει τὸ πνεῦμα.
7 πάντες οἱ χείμαρροι,[16] πορεύονται εἰς τὴν θάλασσαν,
  καὶ ἡ θάλασσα οὐκ ἔσται ἐμπιμπλαμένη·[17]
εἰς τόπον, οὗ οἱ χείμαρροι πορεύονται,
  ἐκεῖ αὐτοὶ ἐπιστρέφουσιν τοῦ πορευθῆναι.
8 πάντες οἱ λόγοι ἔγκοποι·[18]
  οὐ δυνήσεται ἀνὴρ τοῦ λαλεῖν,
καὶ οὐκ ἐμπλησθήσεται[19] ὀφθαλμὸς τοῦ ὁρᾶν,
  καὶ οὐ πληρωθήσεται οὖς ἀπὸ ἀκροάσεως.[20]

1 ἐκκλησιαστής, convener of an assembly, (preacher), (*Heb. Qohelet*)
2 ματαιότης, meaninglessness, vanity, folly
3 ἐκκλησιαστής, convener of an assembly, (preacher), (*Heb. Qohelet*)
4 περισσεία, advantage, gain
5 μόχθος, labor, toil
6 μοχθέω, *pres act ind 3s*, labor, toil
7 ἀνατέλλω, *pres act ind 3s*, rise
8 δύω, *pres act ind 3s*, set
9 ἕλκω, *pres act ind 3s*, draw along
10 ἀνατέλλω, *pres act ptc nom s m*, rise
11 νότος, south
12 κυκλόω, *pres act ind 3s*, circle around
13 βορρᾶς, north
14 κύκλος, circuit, course
15 κύκλος, circuit, course
16 χείμαρρος, brook
17 ἐμπίμπλημι, *pres pas ptc nom s f*, fill up
18 ἔγκοπος, weary
19 ἐμπίπλημι, *fut pas ind 3s*, fill up, satisfy
20 ἀκρόασις, hearing

9 τί τὸ γεγονός, αὐτὸ τὸ γενησόμενον·
καὶ τί τὸ πεποιημένον, αὐτὸ τὸ ποιηθησόμενον·
καὶ οὐκ ἔστιν πᾶν πρόσφατον[1] ὑπὸ τὸν ἥλιον.
10 ὃς λαλήσει καὶ ἐρεῖ Ἰδὲ τοῦτο καινόν[2] ἐστιν,
ἤδη[3] γέγονεν ἐν τοῖς αἰῶσιν
τοῖς γενομένοις ἀπὸ ἔμπροσθεν ἡμῶν.
11 οὐκ ἔστιν μνήμη[4] τοῖς πρώτοις,
καί γε τοῖς ἐσχάτοις γενομένοις
οὐκ ἔσται αὐτοῖς μνήμη
μετὰ τῶν γενησομένων εἰς τὴν ἐσχάτην.

Seeking Wisdom Is Meaningless

12 Ἐγὼ Ἐκκλησιαστὴς[5] ἐγενόμην βασιλεὺς ἐπὶ Ισραηλ ἐν Ιερουσαλημ· **13** καὶ ἔδωκα
τὴν καρδίαν μου τοῦ ἐκζητῆσαι[6] καὶ τοῦ κατασκέψασθαι[7] ἐν τῇ σοφίᾳ περὶ πάντων
τῶν γινομένων ὑπὸ τὸν οὐρανόν· ὅτι περισπασμὸν[8] πονηρὸν ἔδωκεν ὁ θεὸς τοῖς
υἱοῖς τοῦ ἀνθρώπου τοῦ περισπᾶσθαι[9] ἐν αὐτῷ. **14** εἶδον σὺν πάντα τὰ ποιήματα[10]
τὰ πεποιημένα ὑπὸ τὸν ἥλιον, καὶ ἰδοὺ τὰ πάντα ματαιότης[11] καὶ προαίρεσις[12]
πνεύματος.

15 διεστραμμένον[13] οὐ δυνήσεται τοῦ ἐπικοσμηθῆναι,[14]
καὶ ὑστέρημα[15] οὐ δυνήσεται τοῦ ἀριθμηθῆναι.[16]

16 ἐλάλησα ἐγὼ ἐν καρδίᾳ μου τῷ λέγειν Ἐγὼ ἰδοὺ ἐμεγαλύνθην[17] καὶ προσέθηκα[18]
σοφίαν ἐπὶ πᾶσιν, οἳ ἐγένοντο ἔμπροσθέν μου ἐν Ιερουσαλημ, καὶ καρδία μου
εἶδεν πολλά, σοφίαν καὶ γνῶσιν. **17** καὶ ἔδωκα καρδίαν μου τοῦ γνῶναι σοφίαν καὶ
γνῶσιν,[19] παραβολὰς[20] καὶ ἐπιστήμην[21] ἔγνων, ὅτι καί γε τοῦτ᾽ ἔστιν προαίρεσις[22]
πνεύματος·

18 ὅτι ἐν πλήθει σοφίας πλῆθος γνώσεως,[23]
καὶ ὁ προστιθεὶς[24] γνῶσιν προσθήσει[25] ἄλγημα.[26]

1 πρόσφατος, new, novel
2 καινός, new
3 ἤδη, already
4 μνήμη, recollection, memory
5 ἐκκλησιαστής, convener of an assembly, (preacher), (*Heb. Qohelet*)
6 ἐκζητέω, *aor act inf*, seek out
7 κατασκέπτομαι, *aor mid inf*, inspect, examine
8 περισπασμός, preoccupation, distraction
9 περισπάω, *pres pas inf*, be distracted by, be preoccupied with
10 ποίημα, work, deed
11 ματαιότης, meaninglessness, vanity, folly
12 προαίρεσις, inclination, desire, (pursuit)
13 διαστρέφω, *perf pas ptc acc s n*, distort, divert, twist
14 ἐπικοσμέω, *aor pas inf*, adorn
15 ὑστέρημα, shortcoming, deficiency
16 ἀριθμέω, *aor pas inf*, count
17 μεγαλύνω, *aor pas ind 1s*, make great
18 προστίθημι, *aor act ind 1s*, add to
19 γνῶσις, knowledge
20 παραβολή, proverb, parable
21 ἐπιστήμη, understanding
22 προαίρεσις, inclination, desire, (pursuit)
23 γνῶσις, knowledge
24 προστίθημι, *pres act ptc nom s m*, add to
25 προστίθημι, *fut act ind 3s*, add to
26 ἄλγημα, pain, grief

Self-Indulgence Is Meaningless

2 Εἶπον ἐγὼ ἐν καρδίᾳ μου Δεῦρο[1] δὴ[2] πειράσω[3] σε ἐν εὐφροσύνῃ,[4] καὶ ἰδὲ ἐν
ἀγαθῷ· καὶ ἰδοὺ καί γε τοῦτο ματαιότης.[5] **2** τῷ γέλωτι[6] εἶπα περιφορὰν[7] καὶ τῇ
εὐφροσύνῃ[8] Τί τοῦτο ποιεῖς; **3** κατεσκεψάμην[9] ἐν καρδίᾳ μου τοῦ ἑλκύσαι[10] εἰς οἶνον
τὴν σάρκα μου — καὶ καρδία μου ὡδήγησεν[11] ἐν σοφίᾳ — καὶ τοῦ κρατῆσαι ἐπ'
ἀφροσύνῃ,[12] ἕως οὗ ἴδω ποῖον[13] τὸ ἀγαθὸν τοῖς υἱοῖς τοῦ ἀνθρώπου, ὃ ποιήσουσιν
ὑπὸ τὸν ἥλιον ἀριθμὸν[14] ἡμερῶν ζωῆς αὐτῶν.

4 ἐμεγάλυνα[15] ποίημά[16] μου, ᾠκοδόμησά μοι οἴκους, ἐφύτευσά[17] μοι ἀμπελῶνας,[18]
5 ἐποίησά μοι κήπους[19] καὶ παραδείσους[20] καὶ ἐφύτευσα[21] ἐν αὐτοῖς ξύλον[22] πᾶν
καρποῦ· **6** ἐποίησά μοι κολυμβήθρας[23] ὑδάτων τοῦ ποτίσαι[24] ἀπ' αὐτῶν δρυμὸν[25]
βλαστῶντα[26] ξύλα·[27] **7** ἐκτησάμην[28] δούλους καὶ παιδίσκας,[29] καὶ οἰκογενεῖς[30]
ἐγένοντό μοι, καί γε κτῆσις[31] βουκολίου[32] καὶ ποιμνίου[33] πολλὴ ἐγένετό μοι ὑπὲρ
πάντας τοὺς γενομένους ἔμπροσθέν μου ἐν Ιερουσαλημ· **8** συνήγαγόν μοι καί γε
ἀργύριον[34] καὶ χρυσίον[35] καὶ περιουσιασμοὺς[36] βασιλέων καὶ τῶν χωρῶν·[37] ἐποίησά
μοι ᾄδοντας[38] καὶ ᾀδούσας[39] καὶ ἐντρυφήματα[40] υἱῶν τοῦ ἀνθρώπου οἰνοχόον[41] καὶ
οἰνοχόας·[42] **9** καὶ ἐμεγαλύνθην[43] καὶ προσέθηκα[44] παρὰ πάντας τοὺς γενομένους
ἔμπροσθέν μου ἐν Ιερουσαλημ· καί γε σοφία μου ἐστάθη μοι. **10** καὶ πᾶν, ὃ ᾔτησαν[45] οἱ
ὀφθαλμοί μου, οὐχ ὑφεῖλον[46] ἀπ' αὐτῶν, οὐκ ἀπεκώλυσα[47] τὴν καρδίαν μου ἀπὸ πάσης

1 δεῦρο, come!
2 δή, now, indeed
3 πειράζω, *fut act ind 1s*, test, put to trial
4 εὐφροσύνη, joy, gladness
5 ματαιότης, meaninglessness, vanity, folly
6 γέλως, laughter
7 περιφορά, madness
8 εὐφροσύνη, joy, gladness
9 κατασκέπτομαι, *aor mid ind 1s*, inspect, examine
10 ἕλκω, *aor act inf*, draw along
11 ὁδηγέω, *aor act ind 3s*, guide, lead
12 ἀφροσύνη, folly, foolishness
13 ποῖος, what (kind of), which
14 ἀριθμός, number
15 μεγαλύνω, *aor act ind 1s*, make great
16 ποίημα, work, deed
17 φυτεύω, *aor act ind 1s*, plant
18 ἀμπελών, vineyard
19 κῆπος, orchard
20 παράδεισος, garden
21 φυτεύω, *aor act ind 1s*, plant
22 ξύλον, tree
23 κολυμβήθρα, pool, reservoir
24 ποτίζω, *aor act inf*, irrigate, water
25 δρυμός, thicket, forest
26 βλαστάω, *pres act ptc acc s m*, sprout, blossom
27 ξύλον, tree
28 κτάομαι, *aor mid ind 1s*, acquire
29 παιδίσκη, maidservant
30 οἰκογενής, household servant
31 κτῆσις, property, possession
32 βουκόλιον, herd (of cattle)
33 ποίμνιον, flock (of sheep)
34 ἀργύριον, silver
35 χρυσίον, gold
36 περιουσιασμός, wealth, treasure
37 χώρα, territory, land
38 ᾄδω, *pres act ptc acc p m*, sing
39 ᾄδω, *pres act ptc acc p f*, sing
40 ἐντρύφημα, delight, pleasure
41 οἰνοχόος, cupbearer
42 οἰνοχόη, vessel (for wine)
43 μεγαλύνω, *aor pas ind 1s*, make great
44 προστίθημι, *aor act ind 1s*, add to
45 αἰτέω, *aor act ind 3p*, ask for
46 ὑφαιρέω, *aor act ind 3p*, deprive, take away
47 ἀποκωλύω, *aor act ind 1s*, withhold, hinder

εὐφροσύνης,[1] ὅτι καρδία μου εὐφράνθη[2] ἐν παντὶ μόχθῳ[3] μου, καὶ τοῦτο ἐγένετο
μερίς[4] μου ἀπὸ παντὸς μόχθου μου. **11** καὶ ἐπέβλεψα[5] ἐγὼ ἐν πᾶσιν ποιήμασίν[6] μου,
οἷς ἐποίησαν αἱ χεῖρές μου, καὶ ἐν μόχθῳ,[7] ᾧ ἐμόχθησα[8] τοῦ ποιεῖν, καὶ ἰδοὺ τὰ πάντα
ματαιότης[9] καὶ προαίρεσις[10] πνεύματος, καὶ οὐκ ἔστιν περισσεία[11] ὑπὸ τὸν ἥλιον.

Wisdom and Foolishness Are Meaningless

12 Καὶ ἐπέβλεψα[12] ἐγὼ τοῦ ἰδεῖν σοφίαν καὶ περιφορὰν[13] καὶ ἀφροσύνην·[14] ὅτι τίς
ὁ ἄνθρωπος, ὃς ἐπελεύσεται[15] ὀπίσω τῆς βουλῆς[16] τὰ ὅσα ἐποίησεν αὐτήν; **13** καὶ
εἶδον ἐγὼ ὅτι ἔστιν περισσεία[17] τῇ σοφίᾳ ὑπὲρ τὴν ἀφροσύνην[18] ὡς περισσεία τοῦ
φωτὸς ὑπὲρ τὸ σκότος·

14 τοῦ σοφοῦ[19] οἱ ὀφθαλμοὶ αὐτοῦ ἐν κεφαλῇ αὐτοῦ,
καὶ ὁ ἄφρων[20] ἐν σκότει πορεύεται.
καὶ ἔγνων καί γε ἐγὼ
ὅτι συνάντημα[21] ἓν συναντήσεται[22] τοῖς πᾶσιν αὐτοῖς.

15 καὶ εἶπα ἐγὼ ἐν καρδίᾳ μου Ὡς συνάντημα[23] τοῦ ἄφρονος[24] καί γε ἐμοὶ συν-
αντήσεταί[25] μοι, καὶ ἵνα τί ἐσοφισάμην;[26] ἐγὼ τότε περισσὸν ἐλάλησα ἐν καρδίᾳ
μου, διότι[27] ἄφρων[28] ἐκ περισσεύματος[29] λαλεῖ, ὅτι καί γε τοῦτο ματαιότης.[30] **16** ὅτι
οὐκ ἔστιν μνήμη[31] τοῦ σοφοῦ[32] μετὰ τοῦ ἄφρονος[33] εἰς αἰῶνα, καθότι[34] ἤδη[35] αἱ
ἡμέραι αἱ ἐρχόμεναι τὰ πάντα ἐπελήσθη·[36] καὶ πῶς ἀποθανεῖται ὁ σοφὸς[37] μετὰ
τοῦ ἄφρονος;[38] **17** καὶ ἐμίσησα σὺν τὴν ζωήν, ὅτι πονηρὸν ἐπ᾽ ἐμὲ τὸ ποίημα[39] τὸ
πεποιημένον ὑπὸ τὸν ἥλιον, ὅτι τὰ πάντα ματαιότης[40] καὶ προαίρεσις[41] πνεύματος.

1 εὐφροσύνη, joy, gladness
2 εὐφραίνω, *aor pas ind 3s*, be glad, rejoice
3 μόχθος, labor, toil
4 μερίς, portion
5 ἐπιβλέπω, *aor act ind 1s*, look upon, observe
6 ποίημα, work, deed
7 μόχθος, labor, toil
8 μοχθέω, *aor act ind 1s*, labor, toil
9 ματαιότης, meaninglessness, vanity, folly
10 προαίρεσις, inclination, desire, (pursuit)
11 περισσεία, advantage, gain
12 ἐπιβλέπω, *aor act ind 1s*, look upon, observe
13 περιφορά, madness
14 ἀφροσύνη, folly, foolishness
15 ἐπέρχομαι, *fut mid ind 3s*, come to
16 βουλή, counsel, advice
17 περισσεία, advantage, gain
18 ἀφροσύνη, folly, foolishness
19 σοφός, wise
20 ἄφρων, foolish
21 συνάντημα, incident, occurrence, (fate)
22 συναντάω, *fut mid ind 3s*, befall, happen to
23 συνάντημα, incident, occurrence, (fate)
24 ἄφρων, foolish
25 συναντάω, *fut mid ind 3s*, befall, happen to
26 σοφίζω, *aor mid ind 1s*, make wise, instruct
27 διότι, for, since
28 ἄφρων, foolish
29 περίσσευμα, abundance
30 ματαιότης, meaninglessness, vanity, folly
31 μνήμη, remembrance, memory
32 σοφός, wise
33 ἄφρων, foolish
34 καθότι, just as
35 ἤδη, already
36 ἐπιλανθάνω, *aor pas ind 3s*, forget
37 σοφός, wise
38 ἄφρων, foolish
39 ποίημα, work, deed
40 ματαιότης, meaninglessness, vanity, folly
41 προαίρεσις, inclination, desire, (pursuit)

Labor Is Meaningless

18 καὶ ἐμίσησα ἐγὼ σὺν πάντα μόχθον[1] μου, ὃν ἐγὼ μοχθῶ[2] ὑπὸ τὸν ἥλιον, ὅτι ἀφίω[3]
αὐτὸν τῷ ἀνθρώπῳ τῷ γινομένῳ μετ᾽ ἐμέ· **19** καὶ τίς οἶδεν εἰ σοφὸς[4] ἔσται ἢ ἄφρων;[5]
καὶ ἐξουσιάζεται[6] ἐν παντὶ μόχθῳ[7] μου, ᾧ ἐμόχθησα[8] καὶ ᾧ ἐσοφισάμην[9] ὑπὸ τὸν
ἥλιον. καί γε τοῦτο ματαιότης.[10] **20** καὶ ἐπέστρεψα ἐγὼ τοῦ ἀποτάξασθαι[11] τῇ καρδίᾳ
μου ἐπὶ παντὶ τῷ μόχθῳ,[12] ᾧ ἐμόχθησα[13] ὑπὸ τὸν ἥλιον, **21** ὅτι ἔστιν ἄνθρωπος, οὗ
μόχθος[14] αὐτοῦ ἐν σοφίᾳ καὶ ἐν γνώσει[15] καὶ ἐν ἀνδρείᾳ,[16] καὶ ἄνθρωπος, ὃς οὐκ
ἐμόχθησεν[17] ἐν αὐτῷ, δώσει αὐτῷ μερίδα[18] αὐτοῦ. καί γε τοῦτο ματαιότης[19] καὶ
πονηρία[20] μεγάλη. **22** ὅτι τί γίνεται τῷ ἀνθρώπῳ ἐν παντὶ μόχθῳ[21] αὐτοῦ καὶ ἐν
προαιρέσει[22] καρδίας αὐτοῦ, ᾧ αὐτὸς μοχθεῖ[23] ὑπὸ τὸν ἥλιον; **23** ὅτι πᾶσαι αἱ ἡμέραι
αὐτοῦ ἀλγημάτων[24] καὶ θυμοῦ[25] περισπασμὸς[26] αὐτοῦ, καί γε ἐν νυκτὶ οὐ κοιμᾶται[27]
ἡ καρδία αὐτοῦ. καί γε τοῦτο ματαιότης[28] ἐστίν.

24 Οὐκ ἔστιν ἀγαθὸν ἐν ἀνθρώπῳ· ὃ φάγεται καὶ ὃ πίεται καὶ ὃ δείξει τῇ ψυχῇ
αὐτοῦ, ἀγαθὸν ἐν μόχθῳ[29] αὐτοῦ. καί γε τοῦτο εἶδον ἐγὼ ὅτι ἀπὸ χειρὸς τοῦ θεοῦ
ἐστιν· **25** ὅτι τίς φάγεται καὶ τίς φείσεται[30] πάρεξ[31] αὐτοῦ; **26** ὅτι τῷ ἀνθρώπῳ
τῷ ἀγαθῷ πρὸ προσώπου αὐτοῦ ἔδωκεν σοφίαν καὶ γνῶσιν[32] καὶ εὐφροσύνην·[33]
καὶ τῷ ἁμαρτάνοντι ἔδωκεν περισπασμὸν[34] τοῦ προσθεῖναι[35] καὶ τοῦ συναγαγεῖν
τοῦ δοῦναι τῷ ἀγαθῷ πρὸ προσώπου τοῦ θεοῦ· ὅτι καί γε τοῦτο ματαιότης[36] καὶ
προαίρεσις[37] πνεύματος.

A Time for Everything

3 Τοῖς πᾶσιν χρόνος,
καὶ καιρὸς τῷ παντὶ πράγματι[38] ὑπὸ τὸν οὐρανόν.

1 μόχθος, labor, toil
2 μοχθέω, *pres act ind 1s*, labor, toil
3 ἀφίημι, *pres act ind 1s*, leave, grant
4 σοφός, wise
5 ἄφρων, foolish
6 ἐξουσιάζω, *pres mid ind 3s*, exercise authority
7 μόχθος, (result of) labor, toil
8 μοχθέω, *aor act ind 1s*, labor, toil
9 σοφίζω, *aor mid ind 1s*, gain wisdom
10 ματαιότης, meaninglessness, vanity, folly
11 ἀποτάσσω, *aor mid inf*, detach from
12 μόχθος, labor, toil
13 μοχθέω, *aor act ind 1s*, labor, toil
14 μόχθος, labor, toil
15 γνῶσις, knowledge
16 ἀνδρεία, masculinity, virtue
17 μοχθέω, *aor act ind 3s*, labor, toil
18 μερίς, portion
19 ματαιότης, meaninglessness, vanity, folly
20 πονηρία, evil
21 μόχθος, labor, toil
22 προαίρεσις, inclination, desire, (pursuit)
23 μοχθέω, *pres act ind 3s*, labor, toil
24 ἄλγημα, pain, grief
25 θυμός, sorrow, anger
26 περισπασμός, preoccupation, distraction
27 κοιμάω, *pres mid ind 3s*, sleep
28 ματαιότης, meaninglessness, vanity, folly
29 μόχθος, labor, toil
30 φείδομαι, *fut mid ind 3s*, restrain
31 πάρεξ, apart from, aside from
32 γνῶσις, knowledge
33 εὐφροσύνη, joy, gladness
34 περισπασμός, preoccupation, distraction
35 προστίθημι, *aor act inf*, add to
36 ματαιότης, meaninglessness, vanity, folly
37 προαίρεσις, inclination, desire, (pursuit)
38 πρᾶγμα, thing, matter, deed

2 καιρὸς τοῦ τεκεῖν[1] καὶ καιρὸς τοῦ ἀποθανεῖν,
καιρὸς τοῦ φυτεῦσαι[2] καὶ καιρὸς τοῦ ἐκτῖλαι[3] πεφυτευμένον,[4]
3 καιρὸς τοῦ ἀποκτεῖναι καὶ καιρὸς τοῦ ἰάσασθαι,[5]
καιρὸς τοῦ καθελεῖν[6] καὶ καιρὸς τοῦ οἰκοδομῆσαι,
4 καιρὸς τοῦ κλαῦσαι καὶ καιρὸς τοῦ γελάσαι,[7]
καιρὸς τοῦ κόψασθαι[8] καὶ καιρὸς τοῦ ὀρχήσασθαι,[9]
5 καιρὸς τοῦ βαλεῖν[10] λίθους καὶ καιρὸς τοῦ συναγαγεῖν λίθους,
καιρὸς τοῦ περιλαβεῖν[11] καὶ καιρὸς τοῦ μακρυνθῆναι[12] ἀπὸ
περιλήμψεως,[13]
6 καιρὸς τοῦ ζητῆσαι καὶ καιρὸς τοῦ ἀπολέσαι,
καιρὸς τοῦ φυλάξαι καὶ καιρὸς τοῦ ἐκβαλεῖν,
7 καιρὸς τοῦ ῥῆξαι[14] καὶ καιρὸς τοῦ ῥάψαι,[15]
καιρὸς τοῦ σιγᾶν[16] καὶ καιρὸς τοῦ λαλεῖν,
8 καιρὸς τοῦ φιλῆσαι[17] καὶ καιρὸς τοῦ μισῆσαι,
καιρὸς πολέμου καὶ καιρὸς εἰρήνης.

Eternity in the Heart of Humankind

9 τίς περισσεία[18] τοῦ ποιοῦντος ἐν οἷς αὐτὸς μοχθεῖ;[19] **10** εἶδον σὺν τὸν περισπα-
σμόν,[20] ὃν ἔδωκεν ὁ θεὸς τοῖς υἱοῖς τοῦ ἀνθρώπου τοῦ περισπᾶσθαι[21] ἐν αὐτῷ. **11** σὺν
τὰ πάντα ἐποίησεν καλὰ ἐν καιρῷ αὐτοῦ καί γε σὺν τὸν αἰῶνα ἔδωκεν ἐν καρδίᾳ
αὐτῶν, ὅπως μὴ εὕρῃ ὁ ἄνθρωπος τὸ ποίημα,[22] ὃ ἐποίησεν ὁ θεός, ἀπ᾽ ἀρχῆς καὶ
μέχρι[23] τέλους. **12** ἔγνων ὅτι οὐκ ἔστιν ἀγαθὸν ἐν αὐτοῖς εἰ μὴ τοῦ εὐφρανθῆναι[24] καὶ
τοῦ ποιεῖν ἀγαθὸν ἐν ζωῇ αὐτοῦ· **13** καί γε πᾶς ὁ ἄνθρωπος, ὃς φάγεται καὶ πίεται
καὶ ἴδῃ ἀγαθὸν ἐν παντὶ μόχθῳ[25] αὐτοῦ, δόμα[26] θεοῦ ἐστιν. **14** ἔγνων ὅτι πάντα, ὅσα
ἐποίησεν ὁ θεός, αὐτὰ ἔσται εἰς τὸν αἰῶνα· ἐπ᾽ αὐτῷ οὐκ ἔστιν προσθεῖναι,[27] καὶ
ἀπ᾽ αὐτοῦ οὐκ ἔστιν ἀφελεῖν,[28] καὶ ὁ θεὸς ἐποίησεν, ἵνα φοβηθῶσιν ἀπὸ προσώπου
αὐτοῦ. **15** τὸ γενόμενον ἤδη[29] ἐστίν, καὶ ὅσα τοῦ γίνεσθαι, ἤδη γέγονεν, καὶ ὁ θεὸς
ζητήσει τὸν διωκόμενον.

1 τίκτω, *aor act inf*, give birth
2 φυτεύω, *aor act inf*, plant
3 ἐκτίλλω, *aor act inf*, pick, pluck up
4 φυτεύω, *perf pas ptc acc s n*, plant
5 ἰάομαι, *aor mid inf*, heal
6 καθαιρέω, *aor act inf*, tear down, destroy
7 γελάω, *aor act inf*, laugh
8 κόπτω, *aor mid inf*, mourn, grieve
9 ὀρχέομαι, *aor mid inf*, dance
10 βάλλω, *aor act inf*, throw
11 περιλαμβάνω, *aor act inf*, embrace
12 μακρύνω, *aor pas inf*, be at a distance
13 περίλημψις, embracing
14 ῥήγνυμι, *aor act inf*, tear, rend
15 ῥάπτω, *aor act inf*, sew
16 σιγάω, *pres act inf*, keep silent
17 φιλέω, *aor act inf*, love
18 περισσεία, advantage, gain
19 μοχθέω, *pres act ind 3s*, labor, toil
20 περισπασμός, preoccupation, distraction
21 περισπάω, *pres pas inf*, be distracted by, be preoccupied with
22 ποίημα, work, deed
23 μέχρι, until
24 εὐφραίνω, *aor pas inf*, be glad, rejoice
25 μόχθος, labor, toil
26 δόμα, gift
27 προστίθημι, *aor act inf*, add to
28 ἀφαιρέω, *aor act inf*, take away, remove
29 ἤδη, already

From Dust to Dust

16 Καὶ ἔτι εἶδον ὑπὸ τὸν ἥλιον τόπον τῆς κρίσεως, ἐκεῖ ὁ ἀσεβής,[1] καὶ τόπον τοῦ δικαίου, ἐκεῖ ὁ ἀσεβής. **17** εἶπα ἐγὼ ἐν καρδίᾳ μου Σὺν τὸν δίκαιον καὶ σὺν τὸν ἀσεβῆ[2] κρινεῖ ὁ θεός, ὅτι καιρὸς τῷ παντὶ πράγματι[3] καὶ ἐπὶ παντὶ τῷ ποιήματι.[4]
18 ἐκεῖ εἶπα ἐγὼ ἐν καρδίᾳ μου περὶ λαλιᾶς[5] υἱῶν τοῦ ἀνθρώπου, ὅτι διακρινεῖ[6] αὐτοὺς ὁ θεός, καὶ τοῦ δεῖξαι ὅτι αὐτοὶ κτήνη[7] εἰσὶν καί γε αὐτοῖς. **19** ὅτι συνάντημα[8] υἱῶν τοῦ ἀνθρώπου καὶ συνάντημα τοῦ κτήνους,[9] συνάντημα ἓν αὐτοῖς· ὡς ὁ θάνατος τούτου, οὕτως ὁ θάνατος τούτου, καὶ πνεῦμα ἓν τοῖς πᾶσιν· καὶ τί ἐπερίσσευσεν[10] ὁ ἄνθρωπος παρὰ τὸ κτῆνος; οὐδέν,[11] ὅτι τὰ πάντα ματαιότης.[12]
20 τὰ πάντα πορεύεται εἰς τόπον ἕνα· τὰ πάντα ἐγένετο ἀπὸ τοῦ χοός,[13] καὶ τὰ πάντα ἐπιστρέφει εἰς τὸν χοῦν·[14] **21** καὶ τίς οἶδεν πνεῦμα υἱῶν τοῦ ἀνθρώπου εἰ ἀναβαίνει αὐτὸ εἰς ἄνω,[15] καὶ πνεῦμα τοῦ κτήνους[16] εἰ καταβαίνει αὐτὸ κάτω[17] εἰς γῆν; **22** καὶ εἶδον ὅτι οὐκ ἔστιν ἀγαθὸν εἰ μὴ ὃ εὐφρανθήσεται[18] ὁ ἄνθρωπος ἐν ποιήμασιν[19] αὐτοῦ, ὅτι αὐτὸ μερὶς[20] αὐτοῦ· ὅτι τίς ἄξει αὐτὸν τοῦ ἰδεῖν ἐν ᾧ ἐὰν γένηται μετ᾽ αὐτόν;

Oppression under the Sun

4 Καὶ ἐπέστρεψα ἐγὼ καὶ εἶδον σὺν πάσας τὰς συκοφαντίας[21] τὰς γινομένας ὑπὸ τὸν ἥλιον· καὶ ἰδοὺ δάκρυον[22] τῶν συκοφαντουμένων,[23] καὶ οὐκ ἔστιν αὐτοῖς παρακαλῶν, καὶ ἀπὸ χειρὸς συκοφαντούντων αὐτοὺς ἰσχύς,[24] καὶ οὐκ ἔστιν αὐτοῖς παρακαλῶν. **2** καὶ ἐπῄνεσα[25] ἐγὼ σὺν τοὺς τεθνηκότας[26] τοὺς ἤδη[27] ἀποθανόντας ὑπὲρ τοὺς ζῶντας, ὅσοι αὐτοὶ ζῶσιν ἕως τοῦ νῦν· **3** καὶ ἀγαθὸς ὑπὲρ τοὺς δύο τούτους ὅστις οὔπω[28] ἐγένετο, ὃς οὐκ εἶδεν σὺν τὸ ποίημα[29] τὸ πονηρὸν τὸ πεποιημένον ὑπὸ τὸν ἥλιον.

1 ἀσεβής, ungodly, wicked
2 ἀσεβής, ungodly, wicked
3 πρᾶγμα, thing, matter, deed
4 ποίημα, work, deed
5 λαλιά, talk, speech, chatter
6 διακρίνω, *pres act ind 3s*, discern, give judgment
7 κτῆνος, animal
8 συνάντημα, incident, occurrence, (fate)
9 κτῆνος, animal
10 περισσεύω, *aor act ind 3s*, be superior to
11 οὐδείς, nothing
12 ματαιότης, meaninglessness, vanity, folly
13 χοῦς, dust
14 χοῦς, dust
15 ἄνω, upward, above
16 κτῆνος, animal
17 κάτω, downward, below
18 εὐφραίνω, *fut pas ind 3s*, be glad, rejoice
19 ποίημα, work, deed
20 μερίς, portion
21 συκοφαντία, oppression, (extortion)
22 δάκρυον, tear
23 συκοφαντέω, *pres pas ptc gen p m*, oppress
24 ἰσχύς, strength, might
25 ἐπαινέω, *aor act ind 1s*, commend, praise
26 θνῄσκω, *perf act ptc acc p m*, die
27 ἤδη, already
28 οὔπω, not yet
29 ποίημα, work, deed

4 Καὶ εἶδον ἐγὼ σὺν πάντα τὸν μόχθον[1] καὶ σὺν πᾶσαν ἀνδρείαν[2] τοῦ ποιήματος,[3]
ὅτι αὐτὸ ζῆλος[4] ἀνδρὸς ἀπὸ τοῦ ἑταίρου[5] αὐτοῦ· καί γε τοῦτο ματαιότης[6] καὶ προ-
αίρεσις[7] πνεύματος.

5 ὁ ἄφρων[8] περιέλαβεν[9] τὰς χεῖρας αὐτοῦ
καὶ ἔφαγεν τὰς σάρκας αὐτοῦ.
6 ἀγαθὸν πλήρωμα[10] δρακὸς[11] ἀναπαύσεως[12]
ὑπὲρ πλήρωμα[13] δύο δρακῶν[14] μόχθου[15]
καὶ προαιρέσεως[16] πνεύματος.

7 Καὶ ἐπέστρεψα ἐγὼ καὶ εἶδον ματαιότητα[17] ὑπὸ τὸν ἥλιον. **8** ἔστιν εἷς, καὶ οὐκ
ἔστιν δεύτερος, καί γε υἱὸς καὶ ἀδελφὸς οὐκ ἔστιν αὐτῷ· καὶ οὐκ ἔστιν περασμὸς[18]
τῷ παντὶ μόχθῳ[19] αὐτοῦ, καί γε ὀφθαλμὸς αὐτοῦ οὐκ ἐμπίπλαται[20] πλούτου.[21] καὶ
τίνι ἐγὼ μοχθῶ[22] καὶ στερίσκω[23] τὴν ψυχήν μου ἀπὸ ἀγαθωσύνης;[24] καί γε τοῦτο
ματαιότης[25] καὶ περισπασμὸς[26] πονηρός ἐστιν.

9 ἀγαθοὶ οἱ δύο ὑπὲρ τὸν ἕνα, οἷς ἔστιν αὐτοῖς μισθὸς[27] ἀγαθὸς ἐν μόχθῳ[28]
αὐτῶν· **10** ὅτι ἐὰν πέσωσιν, ὁ εἷς ἐγερεῖ[29] τὸν μέτοχον[30] αὐτοῦ, καὶ οὐαὶ αὐτῷ τῷ
ἑνί, ὅταν πέσῃ καὶ μὴ ᾖ δεύτερος τοῦ ἐγεῖραι[31] αὐτόν. **11** καί γε ἐὰν κοιμηθῶσιν[32]
δύο, καὶ θέρμη[33] αὐτοῖς· καὶ ὁ εἷς πῶς θερμανθῇ;[34] **12** καὶ ἐὰν ἐπικραταιωθῇ[35] ὁ εἷς,
οἱ δύο στήσονται κατέναντι[36] αὐτοῦ, καὶ τὸ σπαρτίον[37] τὸ ἔντριτον[38] οὐ ταχέως[39]
ἀπορραγήσεται.[40]

1 μόχθος, labor, toil
2 ἀνδρεία, masculinity, virtue
3 ποίημα, work, deed
4 ζῆλος, jealousy
5 ἑταῖρος, friend, comrade
6 ματαιότης, meaninglessness, vanity, folly
7 προαίρεσις, inclination, desire, (pursuit)
8 ἄφρων, foolish
9 περιλαμβάνω, *aor act ind 3s*, grasp
10 πλήρωμα, fullness
11 δράξ, hand(ful)
12 ἀνάπαυσις, rest, repose
13 πλήρωμα, fullness
14 δράξ, hand(ful)
15 μόχθος, labor, toil
16 προαίρεσις, inclination, desire, (pursuit)
17 ματαιότης, meaninglessness, vanity, folly
18 περασμός, end
19 μόχθος, labor, toil
20 ἐμπίπλημι, *pres pas ind 3s*, satisfy
21 πλοῦτος, wealth, riches
22 μοχθέω, *pres act ind 1s*, labor, toil
23 στερίσκω, *pres act ind 1s*, deprive
24 ἀγαθωσύνη, goodness
25 ματαιότης, meaninglessness, vanity, folly
26 περισπασμός, preoccupation, distraction
27 μισθός, reward, wages
28 μόχθος, labor, toil
29 ἐγείρω, *fut act ind 3s*, raise up
30 μέτοχος, companion
31 ἐγείρω, *aor act inf*, raise up
32 κοιμάω, *aor pas sub 3p*, sleep
33 θέρμη, heat, warmth
34 θερμαίνω, *aor pas sub 3s*, warm up
35 ἐπικραταιόω, *aor pas sub 3s*, strengthen, prevail
36 κατέναντι, against, opposite
37 σπαρτίον, cord
38 ἔντριτος, of three strands
39 ταχέως, easily, quickly
40 ἀπορρήγνυμι, *fut pas ind 3s*, break

Advancement Is Meaningless

13 Ἀγαθὸς παῖς[1] πένης[2] καὶ σοφὸς[3] ὑπὲρ βασιλέα πρεσβύτερον[4] καὶ ἄφρονα,[5] ὃς οὐκ
ἔγνω τοῦ προσέχειν[6] ἔτι· **14** ὅτι ἐξ οἴκου τῶν δεσμίων[7] ἐξελεύσεται τοῦ βασιλεῦσαι,[8]
ὅτι καί γε ἐν βασιλείᾳ αὐτοῦ ἐγεννήθη πένης.[9] **15** εἶδον σὺν πάντας τοὺς ζῶντας
τοὺς περιπατοῦντας ὑπὸ τὸν ἥλιον μετὰ τοῦ νεανίσκου[10] τοῦ δευτέρου, ὃς στήσεται
ἀντ᾽[11] αὐτοῦ, **16** οὐκ ἔστιν περασμὸς[12] τῷ παντὶ λαῷ, τοῖς πᾶσιν, ὅσοι ἐγένοντο
ἔμπροσθεν αὐτῶν· καί γε οἱ ἔσχατοι οὐκ εὐφρανθήσονται[13] ἐν αὐτῷ· ὅτι καί γε
τοῦτο ματαιότης[14] καὶ προαίρεσις[15] πνεύματος. **17** Φύλαξον πόδα σου, ἐν ᾧ ἐὰν
πορεύῃ εἰς οἶκον τοῦ θεοῦ, καὶ ἐγγὺς[16] τοῦ ἀκούειν· ὑπὲρ δόμα[17] τῶν ἀφρόνων[18]
θυσία[19] σου, ὅτι οὔκ εἰσιν εἰδότες τοῦ ποιῆσαι κακόν.

Caution in God's Presence

5 μὴ σπεῦδε[20] ἐπὶ στόματί σου, καὶ καρδία σου μὴ ταχυνάτω[21] τοῦ ἐξενέγκαι[22]
λόγον πρὸ προσώπου τοῦ θεοῦ· ὅτι ὁ θεὸς ἐν τῷ οὐρανῷ, καὶ σὺ ἐπὶ τῆς γῆς,
ἐπὶ τούτῳ ἔστωσαν οἱ λόγοι σου ὀλίγοι.[23] **2** ὅτι παραγίνεται ἐνύπνιον[24] ἐν πλήθει
περισπασμοῦ[25] καὶ φωνὴ ἄφρονος[26] ἐν πλήθει λόγων.

3 καθὼς ἂν εὔξῃ[27] εὐχὴν[28] τῷ θεῷ, μὴ χρονίσῃς[29] τοῦ ἀποδοῦναι αὐτήν· ὅτι οὐκ ἔστιν
θέλημα[30] ἐν ἄφροσιν,[31] σὺν ὅσα ἐὰν εὔξῃ[32] ἀπόδος. **4** ἀγαθὸν τὸ μὴ εὔξασθαί[33] σε
ἢ τὸ εὔξασθαί σε καὶ μὴ ἀποδοῦναι. **5** μὴ δῷς τὸ στόμα σου τοῦ ἐξαμαρτῆσαι[34] τὴν
σάρκα σου καὶ μὴ εἴπῃς πρὸ προσώπου τοῦ θεοῦ ὅτι Ἄγνοιά[35] ἐστιν, ἵνα μὴ ὀργισθῇ[36]
ὁ θεὸς ἐπὶ φωνῇ σου καὶ διαφθείρῃ[37] τὰ ποιήματα[38] χειρῶν σου.

6 ὅτι ἐν πλήθει ἐνυπνίων[39] καὶ ματαιότητες[40] καὶ λόγοι πολλοί· ὅτι σὺν τὸν θεὸν
φοβοῦ.

1 παῖς, young boy
2 πένης, poor
3 σοφός, wise
4 πρέσβυς, *comp*, older
5 ἄφρων, foolish
6 προσέχω, *pres act inf*, regard, give heed
7 δέσμιος, captive, prisoner
8 βασιλεύω, *aor act inf*, reign as king
9 πένης, poor
10 νεανίσκος, youth
11 ἀντί, in place of
12 περασμός, end
13 εὐφραίνω, *fut pas ind 3p*, rejoice
14 ματαιότης, meaninglessness, vanity, folly
15 προαίρεσις, inclination, desire, (pursuit)
16 ἐγγύς, near
17 δόμα, gift
18 ἄφρων, fool
19 θυσία, sacrifice
20 σπεύδω, *pres act impv 2s*, hasten, hurry
21 ταχύνω, *aor act impv 3s*, be quick
22 ἐκφέρω, *aor act inf*, bring forth
23 ὀλίγος, few
24 ἐνύπνιον, dream
25 περισπασμός, preoccupation, distraction
26 ἄφρων, foolish
27 εὔχομαι, *aor mid sub 2s*, vow
28 εὐχή, vow
29 χρονίζω, *aor act sub 2s*, delay, tarry
30 θέλημα, (force of) will
31 ἄφρων, foolish
32 εὔχομαι, *aor mid sub 2s*, vow
33 εὔχομαι, *aor mid inf*, vow
34 ἐξαμαρτάνω, *aor act inf*, commit sin
35 ἄγνοια, ignorance
36 ὀργίζω, *aor pas sub 3s*, provoke to anger
37 διαφθείρω, *pres act sub 3s*, utterly destroy
38 ποίημα, work, undertaking
39 ἐνύπνιον, dream
40 ματαιότης, meaninglessness, vanity, folly

7 Ἐὰν συκοφαντίαν[1] πένητος[2] καὶ ἁρπαγὴν[3] κρίματος[4] καὶ δικαιοσύνης ἴδῃς ἐν χώρᾳ,[5]
μὴ θαυμάσῃς[6] ἐπὶ τῷ πράγματι·[7] ὅτι ὑψηλὸς[8] ἐπάνω[9] ὑψηλοῦ φυλάξαι καὶ ὑψηλοὶ ἐπ᾽
αὐτούς. **8** καὶ περισσεία[10] γῆς ἐν παντί ἐστι, βασιλεὺς τοῦ ἀγροῦ εἰργασμένου.

Wealth Is Meaningless

9 Ἀγαπῶν ἀργύριον[11] οὐ πλησθήσεται[12] ἀργυρίου· καὶ τίς ἠγάπησεν ἐν πλήθει αὐτῶν
γένημα;[13] καί γε τοῦτο ματαιότης.[14]

10 ἐν πλήθει τῆς ἀγαθωσύνης[15] ἐπληθύνθησαν[16] ἔσθοντες[17] αὐτήν· καὶ τί ἀνδρεία[18]
τῷ παρ᾽ αὐτῆς ὅτι ἀλλ᾽ ἢ τοῦ ὁρᾶν ὀφθαλμοῖς αὐτοῦ;

11 γλυκὺς[19] ὕπνος[20] τοῦ δούλου, εἰ ὀλίγον[21] καὶ εἰ πολὺ φάγεται· καὶ τῷ ἐμπλησθέντι[22]
τοῦ πλουτῆσαι[23] οὐκ ἔστιν ἀφίων αὐτὸν τοῦ ὑπνῶσαι.[24]

12 ἔστιν ἀρρωστία,[25] ἣν εἶδον ὑπὸ τὸν ἥλιον, πλοῦτον[26] φυλασσόμενον τῷ παρ᾽
αὐτοῦ εἰς κακίαν[27] αὐτοῦ, **13** καὶ ἀπολεῖται ὁ πλοῦτος[28] ἐκεῖνος ἐν περισπασμῷ[29]
πονηρῷ, καὶ ἐγέννησεν υἱόν, καὶ οὐκ ἔστιν ἐν χειρὶ αὐτοῦ οὐδέν. **14** καθὼς ἐξῆλθεν
ἀπὸ γαστρὸς[30] μητρὸς αὐτοῦ γυμνός,[31] ἐπιστρέψει τοῦ πορευθῆναι ὡς ἥκει[32] καὶ
οὐδὲν οὐ λήμψεται ἐν μόχθῳ[33] αὐτοῦ, ἵνα πορευθῇ ἐν χειρὶ αὐτοῦ. **15** καί γε τοῦτο
πονηρὰ ἀρρωστία·[34] ὥσπερ[35] γὰρ παρεγένετο, οὕτως καὶ ἀπελεύσεται, καὶ τίς περισ-
σεία[36] αὐτῷ, ᾗ μοχθεῖ[37] εἰς ἄνεμον;[38] **16** καί γε πᾶσαι αἱ ἡμέραι αὐτοῦ ἐν σκότει καὶ
πένθει[39] καὶ θυμῷ[40] πολλῷ καὶ ἀρρωστίᾳ[41] καὶ χόλῳ.[42]

1 συκοφαντία, oppression, extortion
2 πένης, poor, needy
3 ἁρπαγή, removal, (deprivation)
4 κρίμα, justice
5 χώρα, territory, country
6 θαυμάζω, *aor act sub 2s*, be astonished
7 πρᾶγμα, action, deed
8 ὑψηλός, high (official)
9 ἐπάνω, above
10 περισσεία, abundance, surplus
11 ἀργύριον, money
12 πίμπλημι, *fut pas ind 3s*, satisfy
13 γένημα, yield, produce
14 ματαιότης, meaninglessness, vanity, folly
15 ἀγαθωσύνη, goodness
16 πληθύνω, *aor pas ind 3p*, multiply, increase
17 ἔσθω, *pres act ptc nom p m*, eat
18 ἀνδρεῖος, masculinity, manfulness
19 γλυκύς, sweet, pleasant
20 ὕπνος, sleep
21 ὀλίγος, little
22 ἐμπίμπλημι, *aor pas ptc dat s m*, satisfy, fill up
23 πλουτέω, *aor act inf*, be rich
24 ὑπνόω, *aor act inf*, sleep
25 ἀρρωστία, disease, sickness
26 πλοῦτος, wealth, riches
27 κακία, harm, misfortune
28 πλοῦτος, wealth, riches
29 περισπασμός, preoccupation, distraction
30 γαστήρ, womb
31 γυμνός, naked
32 ἥκω, *pres act ind 3s*, come
33 μόχθος, labor, toil
34 ἀρρωστία, disease, sickness
35 ὥσπερ, like, as
36 περισσεία, gain, advantage
37 μοχθέω, *pres act ind 3s*, labor, toil
38 ἄνεμος, wind
39 πένθος, mourning, grief
40 θυμός, anger
41 ἀρρωστία, disease, sickness
42 χόλος, bitterness

17 Ἰδοὺ ὃ εἶδον ἐγὼ ἀγαθόν, ὅ ἐστιν καλόν, τοῦ φαγεῖν καὶ τοῦ πιεῖν καὶ τοῦ ἰδεῖν
ἀγαθωσύνην[1] ἐν παντὶ μόχθῳ[2] αὐτοῦ, ᾧ ἐὰν μοχθῇ[3] ὑπὸ τὸν ἥλιον ἀριθμὸν[4] ἡμερῶν
ζωῆς αὐτοῦ, ὧν ἔδωκεν αὐτῷ ὁ θεός· ὅτι αὐτὸ μερὶς[5] αὐτοῦ. **18** καί γε πᾶς ὁ ἄνθρω-
πος, ᾧ ἔδωκεν αὐτῷ ὁ θεὸς πλοῦτον[6] καὶ ὑπάρχοντα καὶ ἐξουσίασεν[7] αὐτὸν τοῦ
φαγεῖν ἀπ᾽ αὐτοῦ καὶ τοῦ λαβεῖν τὸ μέρος αὐτοῦ καὶ τοῦ εὐφρανθῆναι[8] ἐν μόχθῳ[9]
αὐτοῦ, τοῦτο δόμα[10] θεοῦ ἐστιν. **19** ὅτι οὐ πολλὰ μνησθήσεται[11] τὰς ἡμέρας τῆς ζωῆς
αὐτοῦ· ὅτι ὁ θεὸς περισπᾷ[12] αὐτὸν ἐν εὐφροσύνῃ[13] καρδίας αὐτοῦ.

Meaninglessness in Life

6 Ἔστιν πονηρία,[14] ἣν εἶδον ὑπὸ τὸν ἥλιον, καὶ πολλή ἐστιν ἐπὶ τὸν ἄνθρωπον·
2 ἀνήρ, ᾧ δώσει αὐτῷ ὁ θεὸς πλοῦτον[15] καὶ ὑπάρχοντα καὶ δόξαν, καὶ οὐκ ἔστιν
ὑστερῶν[16] τῇ ψυχῇ αὐτοῦ ἀπὸ πάντων, ὧν ἐπιθυμήσει,[17] καὶ οὐκ ἐξουσιάσει[18] αὐτῷ
ὁ θεὸς τοῦ φαγεῖν ἀπ᾽ αὐτοῦ, ὅτι ἀνὴρ ξένος[19] φάγεται αὐτόν· τοῦτο ματαιότης[20]
καὶ ἀρρωστία[21] πονηρά ἐστιν. **3** ἐὰν γεννήσῃ ἀνὴρ ἑκατὸν[22] καὶ ἔτη πολλὰ ζήσεται,
καὶ πλῆθος ὅ τι ἔσονται ἡμέραι ἐτῶν αὐτοῦ, καὶ ψυχὴ αὐτοῦ οὐκ ἐμπλησθήσεται[23]
ἀπὸ τῆς ἀγαθωσύνης,[24] καί γε ταφὴ[25] οὐκ ἐγένετο αὐτῷ, εἶπα Ἀγαθὸν ὑπὲρ αὐτὸν
τὸ ἔκτρωμα,[26] **4** ὅτι ἐν ματαιότητι[27] ἦλθεν καὶ ἐν σκότει πορεύεται, καὶ ἐν σκότει
ὄνομα αὐτοῦ καλυφθήσεται,[28] **5** καί γε ἥλιον οὐκ εἶδεν καὶ οὐκ ἔγνω, ἀνάπαυσις[29]
τούτῳ ὑπὲρ τοῦτον. **6** καὶ εἰ ἔζησεν χιλίων[30] ἐτῶν καθόδους[31] καὶ ἀγαθωσύνην[32] οὐκ
εἶδεν, μὴ οὐκ εἰς τόπον ἕνα τὰ πάντα πορεύεται;

7 Πᾶς μόχθος[33] τοῦ ἀνθρώπου εἰς στόμα αὐτοῦ, καί γε ἡ ψυχὴ οὐ πληρωθήσεται.
8 ὅτι τίς περισσεία[34] τῷ σοφῷ[35] ὑπὲρ τὸν ἄφρονα;[36] διότι[37] ὁ πένης[38] οἶδεν πορευθῆναι

1 ἀγαθωσύνη, goodness
2 μόχθος, labor, toil
3 μοχθέω, *pres act sub 3s*, labor, toil
4 ἀριθμός, number
5 μερίς, portion
6 πλοῦτος, wealth, riches
7 ἐξουσιάζω, *aor act ind 3s*, have authority over
8 εὐφραίνω, *aor pas inf*, be glad, rejoice
9 μόχθος, labor, toil
10 δόμα, gift
11 μιμνήσκομαι, *fut pas ind 3s*, remember
12 περισπάω, *pres act ind 3s*, distract, keep occupied
13 εὐφροσύνη, joy, gladness
14 πονηρία, evil
15 πλοῦτος, wealth, riches
16 ὑστερέω, *pres act ptc nom s m*, lack, be in want
17 ἐπιθυμέω, *fut act ind 3s*, desire
18 ἐξουσιάζω, *fut act ind 3s*, give authority
19 ξένος, strange
20 ματαιότης, meaninglessness, vanity, folly
21 ἀρρωστία, disease, sickness
22 ἑκατόν, hundred
23 ἐμπίμπλημι, *fut pas ind 3s*, satisfy
24 ἀγαθωσύνη, goodness
25 ταφή, burial, grave
26 ἔκτρωμα, stillbirth
27 ματαιότης, meaninglessness, vanity, folly
28 καλύπτω, *fut pas ind 3s*, cover, conceal
29 ἀνάπαυσις, rest, repose
30 χίλιοι, thousand
31 κάθοδος, cycle, recurrence
32 ἀγαθωσύνη, goodness
33 μόχθος, labor, toil
34 περισσεία, gain, advantage
35 σοφός, wise
36 ἄφρων, foolish
37 διότι, for, since
38 πένης, poor

κατέναντι[1] τῆς ζωῆς. **9** ἀγαθὸν ὅραμα[2] ὀφθαλμῶν ὑπὲρ πορευόμενον ψυχῇ. καί γε
τοῦτο ματαιότης[3] καὶ προαίρεσις[4] πνεύματος.

10 Εἴ τι ἐγένετο, ἤδη[5] κέκληται ὄνομα αὐτοῦ, καὶ ἐγνώσθη ὅ ἐστιν ἄνθρωπος, καὶ
οὐ δυνήσεται τοῦ κριθῆναι μετὰ τοῦ ἰσχυροῦ[6] ὑπὲρ αὐτόν· **11** ὅτι εἰσὶν λόγοι πολλοὶ
πληθύνοντες[7] ματαιότητα.[8] τί περισσὸν[9] τῷ ἀνθρώπῳ; **12** ὅτι τίς οἶδεν τί ἀγαθὸν
τῷ ἀνθρώπῳ ἐν τῇ ζωῇ ἀριθμὸν[10] ἡμερῶν ζωῆς ματαιότητος[11] αὐτοῦ; καὶ ἐποίησεν
αὐτὰς ἐν σκιᾷ·[12] ὅτι τίς ἀπαγγελεῖ τῷ ἀνθρώπῳ τί ἔσται ὀπίσω αὐτοῦ ὑπὸ τὸν ἥλιον;

Wisdom and Foolishness Contrasted

7 Ἀγαθὸν ὄνομα ὑπὲρ ἔλαιον[13] ἀγαθὸν
καὶ ἡμέρα τοῦ θανάτου ὑπὲρ ἡμέραν γενέσεως[14] αὐτοῦ.
2 ἀγαθὸν πορευθῆναι εἰς οἶκον πένθους[15]
ἢ ὅτι πορευθῆναι εἰς οἶκον πότου,[16]
καθότι[17] τοῦτο τέλος παντὸς τοῦ ἀνθρώπου,
καὶ ὁ ζῶν δώσει εἰς καρδίαν αὐτοῦ.
3 ἀγαθὸν θυμὸς[18] ὑπὲρ γέλωτα,[19]
ὅτι ἐν κακίᾳ[20] προσώπου ἀγαθυνθήσεται[21] καρδία.
4 καρδία σοφῶν[22] ἐν οἴκῳ πένθους,[23]
καὶ καρδία ἀφρόνων[24] ἐν οἴκῳ εὐφροσύνης.[25]
5 ἀγαθὸν τὸ ἀκοῦσαι ἐπιτίμησιν[26] σοφοῦ[27]
ὑπὲρ ἄνδρα ἀκούοντα ᾆσμα[28] ἀφρόνων·[29]
6 ὅτι ὡς φωνὴ τῶν ἀκανθῶν[30] ὑπὸ τὸν λέβητα,[31]
οὕτως γέλως[32] τῶν ἀφρόνων·[33]
καί γε τοῦτο ματαιότης.[34]

1 κατέναντι, before
2 ὅραμα, sight
3 ματαιότης, meaninglessness, vanity, folly
4 προαίρεσις, inclination, desire, (pursuit)
5 ἤδη, already
6 ἰσχυρός, strong
7 πληθύνω, *pres act ptc nom p m*, multiply, increase
8 ματαιότης, meaninglessness, vanity, folly
9 περισσός, left over, remainder
10 ἀριθμός, number
11 ματαιότης, meaninglessness, vanity, folly
12 σκιά, shadow
13 ἔλαιον, oil
14 γένεσις, birth
15 πένθος, mourning, grief
16 πότος, drinking (party)
17 καθότι, just as
18 θυμός, anger
19 γέλως, laughter
20 κακία, evil, malice
21 ἀγαθύνω, *fut pas ind 3s*, do good to, cheer
22 σοφός, wise
23 πένθος, mourning, grief
24 ἄφρων, foolish
25 εὐφροσύνη, joy, gladness
26 ἐπιτίμησις, censure, rebuke
27 σοφός, wise
28 ᾆσμα, song
29 ἄφρων, foolish
30 ἄκανθα, thorny plant
31 λέβης, kettle
32 γέλως, laughter
33 ἄφρων, foolish
34 ματαιότης, meaninglessness, vanity, folly

7 ὅτι ἡ συκοφαντία[1] περιφέρει[2] σοφὸν[3]
καὶ ἀπόλλυσι τὴν καρδίαν εὐτονίας[4] αὐτοῦ.
8 ἀγαθὴ ἐσχάτη λόγων ὑπὲρ ἀρχὴν αὐτοῦ,
ἀγαθὸν μακρόθυμος[5] ὑπὲρ ὑψηλὸν[6] πνεύματι.
9 μὴ σπεύσῃς[7] ἐν πνεύματί σου τοῦ θυμοῦσθαι,[8]
ὅτι θυμὸς[9] ἐν κόλπῳ[10] ἀφρόνων[11] ἀναπαύσεται.[12]
10 μὴ εἴπῃς Τί ἐγένετο ὅτι αἱ ἡμέραι αἱ πρότεραι[13] ἦσαν ἀγαθαὶ ὑπὲρ ταύτας;
ὅτι οὐκ ἐν σοφίᾳ ἐπηρώτησας[14] περὶ τούτου.
11 ἀγαθὴ σοφία μετὰ κληροδοσίας[15]
καὶ περισσεία[16] τοῖς θεωροῦσιν τὸν ἥλιον·
12 ὅτι ἐν σκιᾷ[17] αὐτῆς ἡ σοφία ὡς σκιὰ τοῦ ἀργυρίου,[18]
καὶ περισσεία[19] γνώσεως[20] τῆς σοφίας ζωοποιήσει[21] τὸν παρ᾽ αὐτῆς.
13 ἰδὲ τὰ ποιήματα[22] τοῦ θεοῦ· ὅτι τίς δυνήσεται τοῦ κοσμῆσαι[23]
ὃν ἂν ὁ θεὸς διαστρέψῃ[24] αὐτόν;

14 ἐν ἡμέρᾳ ἀγαθωσύνης[25] ζῆθι[26] ἐν ἀγαθῷ καὶ ἐν ἡμέρᾳ κακίας[27] ἰδέ· καί γε σὺν τοῦτο σύμφωνον[28] τούτῳ ἐποίησεν ὁ θεὸς περὶ λαλιᾶς,[29] ἵνα μὴ εὕρῃ ὁ ἄνθρωπος ὀπίσω αὐτοῦ μηδέν.[30]

15 Σὺν τὰ πάντα εἶδον ἐν ἡμέραις ματαιότητός[31] μου· ἔστιν δίκαιος ἀπολλύμενος
ἐν δικαίῳ αὐτοῦ, καὶ ἔστιν ἀσεβὴς[32] μένων ἐν κακίᾳ[33] αὐτοῦ. **16** μὴ γίνου δίκαιος
πολὺ καὶ μὴ σοφίζου[34] περισσά,[35] μήποτε[36] ἐκπλαγῇς.[37] **17** μὴ ἀσεβήσῃς[38] πολὺ καὶ

1 συκοφαντία, oppression, extortion
2 περιφέρω, *pres act ind 3s*, make dizzy, make mad
3 σοφός, wise
4 εὐτονία, vigor, courage
5 μακρόθυμος, patient
6 ὑψηλός, proud, exalted
7 σπεύδω, *aor act sub 2s*, hasten
8 θυμόω, *pres mid inf*, be angry
9 θυμός, anger, wrath
10 κόλπος, bosom
11 ἄφρων, foolish
12 ἀναπαύω, *fut mid ind 3s*, rest, settle
13 πρότερος, former
14 ἐπερωτάω, *aor act ind 2s*, ask, inquire
15 κληροδοσία, inheritance of land
16 περισσεία, gain, advantage
17 σκιά, shade
18 ἀργύριον, money
19 περισσεία, gain, advantage
20 γνῶσις, knowledge
21 ζῳοποιέω, *fut act ind 3s*, preserve alive
22 ποίημα, work, deed
23 κοσμέω, *aor act inf*, arrange, set in order
24 διαστρέφω, *aor act sub 3s*, disrupt, deform
25 ἀγαθωσύνη, goodness
26 ζάω, *pres act impv 2s*, live
27 κακία, misfortune, evil
28 σύμφωνος, corresponding to, proportional
29 λαλιά, talk, speech
30 μηδείς, nothing
31 ματαιότης, meaningless, vanity, folly
32 ἀσεβής, ungodly
33 κακία, wickedness
34 σοφίζω, *pres mid impv 2s*, gain wisdom
35 περισσός, greater, excessive
36 μήποτε, lest
37 ἐκπλήσσω, *aor pas sub 2s*, confound
38 ἀσεβέω, *aor act sub 2s*, act ungodly

μὴ γίνου σκληρός,[1] ἵνα μὴ ἀποθάνῃς ἐν οὐ καιρῷ σου. **18** ἀγαθὸν τὸ ἀντέχεσθαί[2]
σε ἐν τούτῳ, καί γε ἀπὸ τούτου μὴ ἀνῇς[3] τὴν χεῖρά σου, ὅτι φοβούμενος τὸν θεὸν
ἐξελεύσεται τὰ πάντα.

19 Ἡ σοφία βοηθήσει[4] τῷ σοφῷ[5] ὑπὲρ δέκα[6] ἐξουσιάζοντας[7] τοὺς ὄντας ἐν τῇ
πόλει· **20** ὅτι ἄνθρωπος οὐκ ἔστιν δίκαιος ἐν τῇ γῇ, ὃς ποιήσει ἀγαθὸν καὶ οὐχ
ἁμαρτήσεται.

21 καί γε εἰς πάντας τοὺς λόγους, οὓς λαλήσουσιν, μὴ θῇς καρδίαν σου, ὅπως μὴ
ἀκούσῃς τοῦ δούλου σου καταρωμένου[8] σε, **22** ὅτι πλειστάκις[9] πονηρεύσεταί[10] σε
καὶ καθόδους[11] πολλὰς κακώσει[12] καρδίαν σου, ὅπως καί γε σὺ κατηράσω[13] ἑτέρους.

23 Πάντα ταῦτα ἐπείρασα[14] ἐν τῇ σοφίᾳ· εἶπα Σοφισθήσομαι,[15] **24** καὶ αὐτὴ ἐμα-
κρύνθη[16] ἀπ᾽ ἐμοῦ μακρὰν[17] ὑπὲρ ὃ ἦν, καὶ βαθὺ[18] βάθος,[19] τίς εὑρήσει αὐτό; **25** ἐκύ-
κλωσα[20] ἐγώ, καὶ ἡ καρδία μου τοῦ γνῶναι καὶ τοῦ κατασκέψασθαι[21] καὶ ζητῆσαι
σοφίαν καὶ ψῆφον[22] καὶ τοῦ γνῶναι ἀσεβοῦς[23] ἀφροσύνην[24] καὶ σκληρίαν[25] καὶ
περιφοράν.[26] **26** καὶ εὑρίσκω ἐγὼ πικρότερον[27] ὑπὲρ θάνατον, σὺν τὴν γυναῖκα, ἥτις
ἐστὶν θηρεύματα[28] καὶ σαγῆναι[29] καρδία αὐτῆς, δεσμοὶ[30] χεῖρες αὐτῆς· ἀγαθὸς πρὸ
προσώπου τοῦ θεοῦ ἐξαιρεθήσεται[31] ἀπ᾽ αὐτῆς, καὶ ἁμαρτάνων συλλημφθήσεται[32] ἐν
αὐτῇ. **27** ἰδὲ τοῦτο εὗρον, εἶπεν ὁ Ἐκκλησιαστής,[33] μία τῇ μιᾷ τοῦ εὑρεῖν λογισμόν,[34]
28 ὃν ἔτι ἐζήτησεν ἡ ψυχή μου καὶ οὐχ εὗρον· ἄνθρωπον ἕνα ἀπὸ χιλίων[35] εὗρον καὶ
γυναῖκα ἐν πᾶσι τούτοις οὐχ εὗρον. **29** πλὴν ἰδὲ τοῦτο εὗρον, ὃ ἐποίησεν ὁ θεὸς σὺν
τὸν ἄνθρωπον εὐθῆ,[36] καὶ αὐτοὶ ἐζήτησαν λογισμοὺς[37] πολλούς.

1 σκληρός, hardened
2 ἀντέχω, *pres mid inf*, cleave to
3 ἀνίημι, *aor act sub 2s*, loosen
4 βοηθέω, *fut act ind 3s*, help, aid
5 σοφός, wise
6 δέκα, ten
7 ἐξουσιάζω, *pres act ptc acc p m*, have authority over
8 καταράομαι, *pres mid ptc gen s m*, curse
9 πλειστάκις, very often
10 πονηρεύομαι, *fut mid ind 3s*, act wickedly toward
11 κάθοδος, cycle, recurrence
12 κακόω, *fut act ind 3s*, do harm
13 καταράομαι, *aor mid ind 2s*, curse
14 πειράζω, *aor act ind 1s*, test, put to trial
15 σοφίζω, *fut pas ind 1s*, become wise
16 μακρύνω, *aor pas ind 3s*, remove
17 μακράν, at a distance
18 βαθύς, deep
19 βάθος, depth
20 κυκλόω, *aor act ind 1s*, circle around
21 κατασκέπτομαι, *aor mid inf*, inspect, examine
22 ψῆφος, outcome (of an investigation)
23 ἀσεβής, ungodly, wicked
24 ἀφροσύνη, foolishness
25 σκληρία, hardness
26 περιφορά, madness
27 πικρός, *comp*, more bitter
28 θήρευμα, snare, trap
29 σαγήνη, dragnet
30 δεσμός, bond, chain
31 ἐξαιρέω, *fut pas ind 3s*, deliver, rescue
32 συλλαμβάνω, *fut pas ind 3s*, capture
33 ἐκκλησιαστής, convener of an assembly, (preacher), (*Heb. Qohelet*)
34 λογισμός, reasoning, conclusion
35 χίλιοι, thousand
36 εὐθής, upright
37 λογισμός, reasoning, plan, scheme

8 Τίς οἶδεν σοφούς;[1] καὶ τίς οἶδεν λύσιν[2] ῥήματος; σοφία ἀνθρώπου φωτιεῖ[3] πρό-
σωπον αὐτοῦ, καὶ ἀναιδὴς[4] προσώπῳ αὐτοῦ μισηθήσεται.

Obedience to the King

2 στόμα βασιλέως φύλαξον καὶ περὶ λόγου ὅρκου[5] θεοῦ μὴ σπουδάσῃς·[6] **3** ἀπὸ προ-
σώπου αὐτοῦ πορεύσῃ, μὴ στῇς[7] ἐν λόγῳ πονηρῷ· ὅτι πᾶν, ὃ ἐὰν θελήσῃ, ποιήσει,
4 καθὼς λαλεῖ βασιλεὺς ἐξουσιάζων,[8] καὶ τίς ἐρεῖ αὐτῷ Τί ποιήσεις; **5** ὁ φυλάσσων
ἐντολὴν οὐ γνώσεται ῥῆμα πονηρόν, καὶ καιρὸν κρίσεως γινώσκει καρδία σοφοῦ·[9]
6 ὅτι παντὶ πράγματι[10] ἔστιν καιρὸς καὶ κρίσις, ὅτι γνῶσις[11] τοῦ ἀνθρώπου πολλὴ
ἐπ᾽ αὐτόν· **7** ὅτι οὐκ ἔστιν γινώσκων τί τὸ ἐσόμενον, ὅτι καθὼς ἔσται τίς ἀναγγελεῖ[12]
αὐτῷ; **8** οὐκ ἔστιν ἄνθρωπος ἐξουσιάζων[13] ἐν πνεύματι τοῦ κωλῦσαι[14] σὺν τὸ
πνεῦμα· καὶ οὐκ ἔστιν ἐξουσία[15] ἐν ἡμέρᾳ τοῦ θανάτου, καὶ οὐκ ἔστιν ἀποστολὴ[16]
ἐν τῷ πολέμῳ, καὶ οὐ διασώσει[17] ἀσέβεια[18] τὸν παρ᾽ αὐτῆς. **9** καὶ σὺν πᾶν τοῦτο
εἶδον καὶ ἔδωκα τὴν καρδίαν μου εἰς πᾶν ποίημα,[19] ὃ πεποίηται ὑπὸ τὸν ἥλιον, τὰ
ὅσα ἐξουσιάσατο[20] ὁ ἄνθρωπος ἐν ἀνθρώπῳ τοῦ κακῶσαι[21] αὐτόν·

10 καὶ τότε εἶδον ἀσεβεῖς[22] εἰς τάφους[23] εἰσαχθέντας,[24] καὶ ἐκ τόπου ἁγίου ἐπορεύ-
θησαν καὶ ἐπῃνέθησαν[25] ἐν τῇ πόλει, ὅτι οὕτως ἐποίησαν. καί γε τοῦτο ματαιότης.[26]
11 ὅτι οὐκ ἔστιν γινομένη ἀντίρρησις[27] ἀπὸ τῶν ποιούντων τὸ πονηρὸν ταχύ·[28]
διὰ τοῦτο ἐπληροφορήθη[29] καρδία υἱῶν τοῦ ἀνθρώπου ἐν αὐτοῖς τοῦ ποιῆσαι τὸ
πονηρόν. **12** ὃς ἥμαρτεν, ἐποίησεν τὸ πονηρὸν ἀπὸ τότε καὶ ἀπὸ μακρότητος[30]
αὐτῷ· ὅτι καί γε γινώσκω ἐγὼ ὅτι ἔσται ἀγαθὸν τοῖς φοβουμένοις τὸν θεόν, ὅπως
φοβῶνται ἀπὸ προσώπου αὐτοῦ· **13** καὶ ἀγαθὸν οὐκ ἔσται τῷ ἀσεβεῖ,[31] καὶ οὐ μα-
κρυνεῖ[32] ἡμέρας ἐν σκιᾷ[33] ὃς οὐκ ἔστιν φοβούμενος ἀπὸ προσώπου τοῦ θεοῦ.

1 σοφός, wise
2 λύσις, interpretation
3 φωτίζω, *fut act ind 3s*, illuminate, enlighten
4 ἀναιδής, shameless
5 ὅρκος, oath
6 σπουδάζω, *aor act sub 2s*, hasten
7 ἵστημι, *aor act sub 2s*, propose, uphold
8 ἐξουσιάζω, *pres act ptc nom s m*, have authority
9 σοφός, wise
10 πρᾶγμα, deed, action, thing
11 γνῶσις, knowledge
12 ἀναγγέλλω, *fut act ind 3s*, declare, announce
13 ἐξουσιάζω, *pres act ptc nom s m*, exercise authority
14 κωλύω, *aor act inf*, hinder, prevent
15 ἐξουσία, authority
16 ἀποστολή, dismissal, discharge
17 διασῴζω, *fut act ind 3s*, preserve, keep safe
18 ἀσέβεια, ungodliness, wickedness
19 ποίημα, work, deed
20 ἐξουσιάζω, *aor mid ind 3s*, have authority over
21 κακόω, *aor act inf*, do harm, mistreat
22 ἀσεβής, ungodly, wicked
23 τάφος, grave
24 εἰσάγω, *aor pas ptc acc p m*, carry into
25 ἐπαινέω, *aor pas ind 3p*, commend, praise
26 ματαιότης, meaninglessness, vanity, folly
27 ἀντίρρησις, opposition, refusal
28 ταχύς, quickly
29 πληροφορέω, *aor pas ind 3s*, be fully set upon
30 μακρότης, length (of life)
31 ἀσεβής, ungodly, wicked
32 μακρύνω, *fut act ind 3s*, prolong, lengthen
33 σκιά, shadow

14 ἔστιν ματαιότης,[1] ἣ πεποίηται ἐπὶ τῆς γῆς, ὅτι εἰσὶ δίκαιοι ὅτι φθάνει[2] πρὸς αὐτοὺς
ὡς ποίημα[3] τῶν ἀσεβῶν,[4] καὶ εἰσὶν ἀσεβεῖς ὅτι φθάνει πρὸς αὐτοὺς ὡς ποίημα τῶν
δικαίων· εἶπα ὅτι καί γε τοῦτο ματαιότης.

15 καὶ ἐπῄνεσα[5] ἐγὼ σὺν τὴν εὐφροσύνην,[6] ὅτι οὐκ ἔστιν ἀγαθὸν τῷ ἀνθρώπῳ
ὑπὸ τὸν ἥλιον ὅτι εἰ μὴ τοῦ φαγεῖν καὶ τοῦ πιεῖν καὶ τοῦ εὐφρανθῆναι,[7] καὶ αὐτὸ
συμπροσέσται[8] αὐτῷ ἐν μόχθῳ[9] αὐτοῦ ἡμέρας ζωῆς αὐτοῦ, ὅσας ἔδωκεν αὐτῷ ὁ
θεὸς ὑπὸ τὸν ἥλιον.

16 Ἐν οἷς ἔδωκα τὴν καρδίαν μου τοῦ γνῶναι σοφίαν καὶ τοῦ ἰδεῖν τὸν περισπασμὸν[10]
τὸν πεποιημένον ἐπὶ τῆς γῆς, ὅτι καί γε ἐν ἡμέρᾳ καὶ ἐν νυκτὶ ὕπνον[11] ἐν ὀφθαλμοῖς
αὐτοῦ οὐκ ἔστιν βλέπων, **17** καὶ εἶδον σὺν πάντα τὰ ποιήματα[12] τοῦ θεοῦ, ὅτι οὐ
δυνήσεται ἄνθρωπος τοῦ εὑρεῖν σὺν τὸ ποίημα τὸ πεποιημένον ὑπὸ τὸν ἥλιον·
ὅσα ἂν μοχθήσῃ[13] ὁ ἄνθρωπος τοῦ ζητῆσαι, καὶ οὐχ εὑρήσει· καί γε ὅσα ἂν εἴπῃ ὁ
σοφὸς[14] τοῦ γνῶναι, οὐ δυνήσεται τοῦ εὑρεῖν.

Death Is Common to All

9 Ὅτι σὺν πᾶν τοῦτο ἔδωκα εἰς καρδίαν μου, καὶ καρδία μου σὺν πᾶν εἶδεν
τοῦτο, ὡς οἱ δίκαιοι καὶ οἱ σοφοὶ[15] καὶ ἐργασίαι[16] αὐτῶν ἐν χειρὶ τοῦ θεοῦ, καί
γε ἀγάπην καί γε μῖσος[17] οὐκ ἔστιν εἰδὼς[18] ὁ ἄνθρωπος· τὰ πάντα πρὸ προσώπου
αὐτῶν, **2** ματαιότης[19] ἐν τοῖς πᾶσιν. συνάντημα[20] ἓν τῷ δικαίῳ καὶ τῷ ἀσεβεῖ,[21] τῷ
ἀγαθῷ καὶ τῷ κακῷ καὶ τῷ καθαρῷ[22] καὶ τῷ ἀκαθάρτῳ καὶ τῷ θυσιάζοντι[23] καὶ
τῷ μὴ θυσιάζοντι· ὡς ὁ ἀγαθός, ὣς ὁ ἁμαρτάνων· ὣς ὁ ὀμνύων,[24] καθὼς ὁ τὸν
ὅρκον[25] φοβούμενος. **3** τοῦτο πονηρὸν ἐν παντὶ πεποιημένῳ ὑπὸ τὸν ἥλιον, ὅτι
συνάντημα[26] ἓν τοῖς πᾶσιν· καί γε καρδία υἱῶν τοῦ ἀνθρώπου ἐπληρώθη πονηροῦ,
καὶ περιφέρεια[27] ἐν καρδίᾳ αὐτῶν ἐν ζωῇ αὐτῶν, καὶ ὀπίσω αὐτῶν πρὸς τοὺς νε-
κρούς. **4** ὅτι τίς ὃς κοινωνεῖ[28] πρὸς πάντας τοὺς ζῶντας; ἔστιν ἐλπίς, ὅτι ὁ κύων[29] ὁ
ζῶν, αὐτὸς ἀγαθὸς ὑπὲρ τὸν λέοντα[30] τὸν νεκρόν.[31] **5** ὅτι οἱ ζῶντες γνώσονται ὅτι

1 ματαιότης, meaninglessness, vanity, folly
2 φθάνω, *pres act ind 3s*, befall
3 ποίημα, work, deed
4 ἀσεβής, ungodly
5 ἐπαινέω, *aor act ind 1s*, commend, praise
6 εὐφροσύνη, joy, gladness
7 εὐφραίνω, *aor pas inf*, be glad, rejoice
8 συμπρόσειμι, *fut mid ind 3s*, be present with
9 μόχθος, labor, toil
10 περισπασμός, preoccupation, distraction
11 ὕπνος, sleep
12 ποίημα, work, deed
13 μοχθέω, *aor act sub 3s*, labor, toil
14 σοφός, wise
15 σοφός, wise
16 ἐργασία, work
17 μῖσος, hatred
18 οἶδα, *perf act ptc nom s m*, know
19 ματαιότης, meaninglessness, vanity, folly
20 συνάντημα, incident, occurrence, (fate)
21 ἀσεβής, ungodly, wicked
22 καθαρός, clean
23 θυσιάζω, *pres act ptc dat s m*, sacrifice
24 ὄμνυμι, *pres act ptc nom s m*, swear
25 ὅρκος, oath
26 συνάντημα, incident, occurrence, (fate)
27 περιφέρεια, madness
28 κοινωνέω, *pres act ind 3s*, take part in
29 κύων, dog
30 λέων, lion
31 νεκρός, dead

ἀποθανοῦνται, καὶ οἱ νεκροὶ[1] οὔκ εἰσιν γινώσκοντες οὐδέν· καὶ οὐκ ἔστιν αὐτοῖς ἔτι
μισθός,[2] ὅτι ἐπελήσθη[3] ἡ μνήμη[4] αὐτῶν· **6** καί γε ἀγάπη αὐτῶν καί γε μῖσος[5] αὐτῶν
καί γε ζῆλος[6] αὐτῶν ἤδη[7] ἀπώλετο, καὶ μερὶς[8] οὐκ ἔστιν αὐτοῖς ἔτι εἰς αἰῶνα ἐν παντὶ
τῷ πεποιημένῳ ὑπὸ τὸν ἥλιον.

Enjoyment of Life

7 Δεῦρο[9] φάγε ἐν εὐφροσύνῃ[10] ἄρτον σου καὶ πίε ἐν καρδίᾳ ἀγαθῇ οἶνόν σου, ὅτι
ἤδη[11] εὐδόκησεν[12] ὁ θεὸς τὰ ποιήματά[13] σου. **8** ἐν παντὶ καιρῷ ἔστωσαν ἱμάτιά σου
λευκά,[14] καὶ ἔλαιον[15] ἐπὶ κεφαλήν σου μὴ ὑστερησάτω.[16] **9** ἰδὲ ζωὴν μετὰ γυναικός,
ἧς ἠγάπησας, πάσας ἡμέρας ζωῆς ματαιότητός[17] σου τὰς δοθείσας σοι ὑπὸ τὸν
ἥλιον, πάσας ἡμέρας ματαιότητός σου, ὅτι αὐτὸ μερίς[18] σου ἐν τῇ ζωῇ σου καὶ ἐν
τῷ μόχθῳ[19] σου, ᾧ σὺ μοχθεῖς[20] ὑπὸ τὸν ἥλιον. **10** πάντα, ὅσα ἂν εὕρῃ ἡ χείρ σου
τοῦ ποιῆσαι, ὡς ἡ δύναμίς σου ποίησον, ὅτι οὐκ ἔστιν ποίημα[21] καὶ λογισμὸς[22] καὶ
γνῶσις[23] καὶ σοφία ἐν ᾅδῃ,[24] ὅπου[25] σὺ πορεύῃ ἐκεῖ.

Wisdom Is Superior

11 Ἐπέστρεψα καὶ εἶδον ὑπὸ τὸν ἥλιον ὅτι οὐ τοῖς κούφοις[26] ὁ δρόμος[27] καὶ οὐ τοῖς
δυνατοῖς ὁ πόλεμος καί γε οὐ τοῖς σοφοῖς[28] ἄρτος καί γε οὐ τοῖς συνετοῖς[29] πλοῦτος[30]
καί γε οὐ τοῖς γινώσκουσιν χάρις, ὅτι καιρὸς καὶ ἀπάντημα[31] συναντήσεται[32] τοῖς
πᾶσιν αὐτοῖς. **12** ὅτι καί γε οὐκ ἔγνω ὁ ἄνθρωπος τὸν καιρὸν αὐτοῦ· ὡς οἱ ἰχθύες[33] οἱ
θηρευόμενοι[34] ἐν ἀμφιβλήστρῳ[35] κακῷ καὶ ὡς ὄρνεα[36] τὰ θηρευόμενα[37] ἐν παγίδι,[38]
ὡς αὐτὰ παγιδεύονται[39] οἱ υἱοὶ τοῦ ἀνθρώπου εἰς καιρὸν πονηρόν, ὅταν ἐπιπέσῃ[40]
ἐπ᾽ αὐτοὺς ἄφνω.[41]

1 νεκρός, dead
2 μισθός, reward
3 ἐπιλανθάνω, *aor pas ind 3s*, forget
4 μνήμη, remembrance, memory
5 μῖσος, hatred
6 ζῆλος, zeal, jealousy
7 ἤδη, already
8 μερίς, portion
9 δεῦρο, go!
10 εὐφροσύνη, joy, gladness
11 ἤδη, already
12 εὐδοκέω, *aor act ind 3s*, approve, be pleased with
13 ποίημα, work, deed
14 λευκός, white
15 ἔλαιον, oil
16 ὑστερέω, *aor act impv 3s*, lack
17 ματαιότης, meaninglessness, vanity, folly
18 μερίς, portion
19 μόχθος, labor, toil
20 μοχθέω, *pres act ind 2s*, labor, toil
21 ποίημα, work
22 λογισμός, deliberation, reasoning
23 γνῶσις, knowledge
24 ᾅδης, Hades, underworld
25 ὅπου, where
26 κοῦφος, swift
27 δρόμος, race
28 σοφός, wise
29 συνετός, intelligent
30 πλοῦτος, wealth, riches
31 ἀπάντημα, chance
32 συναντάω, *fut mid ind 3s*, meet, (befall)
33 ἰχθύς, fish
34 θηρεύω, *pres pas ptc nom p m*, hunt, catch
35 ἀμφίβληστρον, (casting) net
36 ὄρνεον, bird
37 θηρεύω, *pres pas ptc nom p n*, hunt, catch
38 παγίς, trap
39 παγιδεύω, *pres mid ind 3p*, spread a snare for
40 ἐπιπίπτω, *aor act sub 3s*, fall upon
41 ἄφνω, suddenly

13 Καί γε τοῦτο εἶδον σοφίαν ὑπὸ τὸν ἥλιον, καὶ μεγάλη ἐστὶν πρός με· **14** πόλις
μικρὰ καὶ ἄνδρες ἐν αὐτῇ ὀλίγοι,[1] καὶ ἔλθῃ ἐπ᾽ αὐτὴν βασιλεὺς μέγας καὶ κυκλώσῃ[2]
αὐτὴν καὶ οἰκοδομήσῃ ἐπ᾽ αὐτὴν χάρακας[3] μεγάλους· **15** καὶ εὕρῃ ἐν αὐτῇ ἄνδρα
πένητα[4] σοφόν,[5] καὶ διασώσει[6] αὐτὸς τὴν πόλιν ἐν τῇ σοφίᾳ αὐτοῦ· καὶ ἄνθρωπος
οὐκ ἐμνήσθη[7] σὺν τοῦ ἀνδρὸς τοῦ πένητος[8] ἐκείνου. **16** καὶ εἶπα ἐγώ Ἀγαθὴ σοφία
ὑπὲρ δύναμιν· καὶ σοφία τοῦ πένητος[9] ἐξουδενωμένη,[10] καὶ λόγοι αὐτοῦ οὔκ εἰσιν
ἀκουόμενοι.

17 λόγοι σοφῶν[11] ἐν ἀναπαύσει[12] ἀκούονται
ὑπὲρ κραυγὴν[13] ἐξουσιαζόντων[14] ἐν ἀφροσύναις.[15]
18 ἀγαθὴ σοφία ὑπὲρ σκεύη[16] πολέμου,
καὶ ἁμαρτάνων εἷς ἀπολέσει ἀγαθωσύνην[17] πολλήν.

Wisdom and Foolishness Contrasted

10 Μυῖαι[18] θανατοῦσαι[19] σαπριοῦσιν[20] σκευασίαν[21] ἐλαίου[22] ἡδύσματος·[23]
τίμιον[24] ὀλίγον[25] σοφίας ὑπὲρ δόξαν ἀφροσύνης[26] μεγάλης.
2 καρδία σοφοῦ[27] εἰς δεξιὸν αὐτοῦ,
καὶ καρδία ἄφρονος[28] εἰς ἀριστερὸν[29] αὐτοῦ·
3 καί γε ἐν ὁδῷ ὅταν ἄφρων[30] πορεύηται, καρδία αὐτοῦ ὑστερήσει,[31]
καὶ ἃ λογιεῖται πάντα ἀφροσύνη[32] ἐστίν.
4 ἐὰν πνεῦμα τοῦ ἐξουσιάζοντος[33] ἀναβῇ ἐπὶ σέ,
τόπον σου μὴ ἀφῇς,
ὅτι ἴαμα[34] καταπαύσει[35] ἁμαρτίας μεγάλας.

1 ὀλίγος, few
2 κυκλόω, *aor act sub 3s*, encircle, surround
3 χάραξ, palisade, siege work
4 πένης, poor
5 σοφός, wise
6 διασῴζω, *fut act ind 3s*, preserve, keep safe
7 μιμνήσκομαι, *aor pas ind 3s*, remember
8 πένης, poor
9 πένης, poor
10 ἐξουδενόω, *pres pas ptc nom s f*, disdain, despise
11 σοφός, wise
12 ἀνάπαυσις, rest, repose
13 κραυγή, outcry
14 ἐξουσιάζω, *pres act ptc gen p m*, exercise authority
15 ἀφροσύνη, folly, foolishness
16 σκεῦος, equipment, instrument
17 ἀγαθωσύνη, goodness
18 μυῖα, fly
19 θανατόω, *pres act ptc nom p f*, put to death
20 σαπρίζω, *fut act ind 3p*, cause to stink
21 σκευασία, preparation (of something)
22 ἔλαιον, oil
23 ἥδυσμα, aromatic
24 τίμιος, worthy, costly
25 ὀλίγος, little
26 ἀφροσύνη, folly, foolishness
27 σοφός, wise
28 ἄφρων, foolish
29 ἀριστερός, left
30 ἄφρων, foolish
31 ὑστερέω, *fut act ind 3s*, lack, be in want
32 ἀφροσύνη, folly, foolishness
33 ἐξουσιάζω, *pres act ptc gen s m*, have authority
34 ἴαμα, healing
35 καταπαύω, *fut act ind 3s*, cause to stop

5 ἔστιν πονηρία,[1] ἣν εἶδον ὑπὸ τὸν ἥλιον, ὡς ἀκούσιον,[2] ὃ ἐξῆλθεν ἀπὸ προσώπου
τοῦ ἐξουσιάζοντος·[3] **6** ἐδόθη ὁ ἄφρων[4] ἐν ὕψεσι[5] μεγάλοις, καὶ πλούσιοι[6] ἐν ταπεινῷ[7] καθήσονται· **7** εἶδον δούλους ἐφ᾽ ἵππους[8] καὶ ἄρχοντας πορευομένους ὡς δούλους ἐπὶ τῆς γῆς.

8 ὁ ὀρύσσων[9] βόθρον[10] ἐν αὐτῷ ἐμπεσεῖται,[11]
καὶ καθαιροῦντα[12] φραγμόν,[13] δήξεται[14] αὐτὸν ὄφις·[15]
9 ἐξαίρων[16] λίθους διαπονηθήσεται[17] ἐν αὐτοῖς,
σχίζων[18] ξύλα[19] κινδυνεύσει[20] ἐν αὐτοῖς.
10 ἐὰν ἐκπέσῃ[21] τὸ σιδήριον,[22]
καὶ αὐτὸς πρόσωπον ἐτάραξεν,[23]
καὶ δυνάμεις δυναμώσει,[24]
καὶ περισσεία[25] τοῦ ἀνδρείου[26] σοφία.
11 ἐὰν δάκῃ[27] ὁ ὄφις[28] ἐν οὐ ψιθυρισμῷ,[29]
καὶ οὐκ ἔστιν περισσεία[30] τῷ ἐπᾴδοντι.[31]

12 λόγοι στόματος σοφοῦ[32] χάρις,
καὶ χείλη[33] ἄφρονος[34] καταποντιοῦσιν[35] αὐτόν·
13 ἀρχὴ λόγων στόματος αὐτοῦ ἀφροσόνη,[36]
καὶ ἐσχάτη στόματος αὐτοῦ περιφέρεια[37] πονηρά·
14 καὶ ὁ ἄφρων[38] πληθύνει[39] λόγους.
οὐκ ἔγνω ὁ ἄνθρωπος τί τὸ γενόμενον,
καὶ τί τὸ ἐσόμενον ὀπίσω αὐτοῦ, τίς ἀναγγελεῖ[40] αὐτῷ;

1 πονηρία, evil
2 ἀκούσιος, involuntary, inadvertent offense
3 ἐξουσιάζω, *pres act ptc gen s m*, have authority
4 ἄφρων, foolish
5 ὕψος, height
6 πλούσιος, rich, wealthy
7 ταπεινός, humble, low
8 ἵππος, horse
9 ὀρύσσω, *pres act ptc nom s m*, dig
10 βόθρος, pit, trench
11 ἐμπίπτω, *fut mid ind 3s*, fall into
12 καθαιρέω, *pres act ptc acc s m*, break down
13 φραγμός, fence, wall
14 δάκνω, *fut mid ind 3s*, bite
15 ὄφις, snake
16 ἐξαίρω, *pres act ptc nom s m*, lift up
17 διαπονέω, *fut pas ind 3s*, become tired
18 σχίζω, *pres act ptc nom s m*, split
19 ξύλον, wood
20 κινδυνεύω, *fut act ind 3s*, be in danger
21 ἐκπίπτω, *aor act sub 3s*, fall off
22 σιδήριον, axe head, iron blade
23 ταράσσω, *aor act ind 3s*, trouble, (exert?)
24 δυναμόω, *fut act ind 3s*, strengthen
25 περισσεία, surplus, advantage
26 ἀνδρεῖος, masculinity, manfulness
27 δάκνω, *aor act sub 3s*, bite
28 ὄφις, snake
29 ψιθυρισμός, whispering, (charming?)
30 περισσεία, gain, advantage
31 ἐπᾴδω, *pres act ptc dat s m*, act as an enchanter
32 σοφός, wise
33 χεῖλος, lip
34 ἄφρων, foolish
35 καταποντίζω, *fut act ind 3p*, cast into the sea
36 ἀφροσύνη, foolishness
37 περιφέρεια, madness
38 ἄφρων, foolish
39 πληθύνω, *pres act ind 3s*, multiply
40 ἀναγγέλλω, *fut act ind 3s*, declare

15 μόχθος[1] τῶν ἀφρόνων[2] κοπώσει[3] αὐτούς,
ὃς οὐκ ἔγνω τοῦ πορευθῆναι εἰς πόλιν.

16 οὐαί σοι, πόλις, ἧς ὁ βασιλεύς σου νεώτερος[4]
καὶ οἱ ἄρχοντές σου ἐν πρωίᾳ[5] ἐσθίουσιν·
17 μακαρία[6] σύ, γῆ, ἧς ὁ βασιλεύς σου υἱὸς ἐλευθέρων[7]
καὶ οἱ ἄρχοντές σου πρὸς καιρὸν φάγονται ἐν δυνάμει
καὶ οὐκ αἰσχυνθήσονται.[8]
18 ἐν ὀκνηρίαις[9] ταπεινωθήσεται[10] ἡ δόκωσις,[11]
καὶ ἐν ἀργίᾳ[12] χειρῶν στάξει[13] ἡ οἰκία.
19 εἰς γέλωτα[14] ποιοῦσιν ἄρτον,
καὶ οἶνος εὐφραίνει[15] ζῶντας,
καὶ τοῦ ἀργυρίου[16] ἐπακούσεται[17] σὺν τὰ πάντα.
20 καί γε ἐν συνειδήσει[18] σου βασιλέα μὴ καταράσῃ,[19]
καὶ ἐν ταμιείοις[20] κοιτώνων[21] σου μὴ καταράσῃ[22] πλούσιον·[23]
ὅτι πετεινὸν[24] τοῦ οὐρανοῦ ἀποίσει[25] σὺν τὴν φωνήν,
καὶ ὁ ἔχων τὰς πτέρυγας[26] ἀπαγγελεῖ[27] λόγον.

Bread upon the Water

11 Ἀπόστειλον τὸν ἄρτον σου ἐπὶ πρόσωπον τοῦ ὕδατος,
ὅτι ἐν πλήθει τῶν ἡμερῶν εὑρήσεις αὐτόν·
2 δὸς μερίδα[28] τοῖς ἑπτὰ[29] καί γε τοῖς ὀκτώ,[30]
ὅτι οὐ γινώσκεις τί ἔσται πονηρὸν ἐπὶ τὴν γῆν.
3 ἐὰν πληρωθῶσιν τὰ νέφη[31] ὑετοῦ,[32]
ἐπὶ τὴν γῆν ἐκχέουσιν·[33]

1 μόχθος, labor, toil
2 ἄφρων, foolish
3 κοπόω, *fut act ind 3s*, exhaust, make weary
4 νέος, *comp*, younger
5 πρωΐα, morning
6 μακάριος, blessed
7 ἐλεύθερος, free
8 αἰσχύνω, *fut pas ind 3p*, dishonor, shame
9 ὀκνηρία, sluggishness
10 ταπεινόω, *fut pas ind 3s*, humble, bring low
11 δόκωσις, roofing
12 ἀργία, idleness
13 στάζω, *fut act ind 3s*, drip (water)
14 γέλως, laughter
15 εὐφραίνω, *pres act ind 3s*, cheer, gladden
16 ἀργύριον, money
17 ἐπακούω, *fut mid ind 3s*, listen, obey
18 συνείδησις, conscience
19 καταράομαι, *aor mid sub 2s*, curse
20 ταμιεῖον, chamber
21 κοιτών, bedroom
22 καταράομαι, *aor mid sub 2s*, curse
23 πλούσιος, rich, wealthy
24 πετεινόν, bird
25 ἀποφέρω, *fut act ind 3s*, carry away
26 πτέρυξ, wing
27 ἀπαγγέλλω, *fut act ind 3s*, report
28 μερίς, portion
29 ἑπτά, seven
30 ὀκτώ, eight
31 νέφος, cloud
32 ὑετός, rain
33 ἐκχέω, *pres act ind 3p*, pour out

καὶ ἐὰν πέσῃ ξύλον[1] ἐν τῷ νότῳ[2] καὶ ἐὰν ἐν τῷ βορρᾷ,[3]
τόπῳ, οὗ πεσεῖται τὸ ξύλον,[4] ἐκεῖ ἔσται.
4 τηρῶν[5] ἄνεμον[6] οὐ σπερεῖ,[7]
καὶ βλέπων ἐν ταῖς νεφέλαις[8] οὐ θερίσει,[9]
5 ἐν οἷς οὐκ ἔστιν γινώσκων τίς ἡ ὁδὸς τοῦ πνεύματος.

ὡς ὀστᾶ[10] ἐν γαστρὶ[11] τῆς κυοφορούσης,[12] οὕτως οὐ γνώσῃ τὰ ποιήματα[13] τοῦ θεοῦ,
ὅσα ποιήσει σὺν τὰ πάντα. **6** ἐν πρωίᾳ[14] σπεῖρον[15] τὸ σπέρμα σου, καὶ εἰς ἑσπέραν[16]
μὴ ἀφέτω ἡ χείρ σου, ὅτι οὐ γινώσκεις ποῖον[17] στοιχήσει,[18] ἢ τοῦτο ἢ τοῦτο, καὶ ἐὰν
τὰ δύο ἐπὶ τὸ αὐτὸ ἀγαθά.

Living Joyfully

7 καὶ γλυκὺ[19] τὸ φῶς καὶ ἀγαθὸν τοῖς ὀφθαλμοῖς τοῦ βλέπειν σὺν τὸν ἥλιον **8** ὅτι
καὶ ἐὰν ἔτη πολλὰ ζήσεται ὁ ἄνθρωπος, ἐν πᾶσιν αὐτοῖς εὐφρανθήσεται[20] καὶ
μνησθήσεται[21] τὰς ἡμέρας τοῦ σκότους, ὅτι πολλαὶ ἔσονται· πᾶν τὸ ἐρχόμενον
ματαιότης.[22]

9 Εὐφραίνου,[23] νεανίσκε,[24] ἐν νεότητί[25] σου, καὶ ἀγαθυνάτω[26] σε ἡ καρδία σου ἐν ἡμέραις νεότητός[27] σου, καὶ περιπάτει ἐν ὁδοῖς καρδίας σου καὶ ἐν ὁράσει[28] ὀφθαλμῶν σου καὶ γνῶθι ὅτι ἐπὶ πᾶσι τούτοις ἄξει σε ὁ θεὸς ἐν κρίσει.

10 καὶ ἀπόστησον[29] θυμὸν[30] ἀπὸ καρδίας σου καὶ παράγαγε[31] πονηρίαν ἀπὸ σαρκός σου, ὅτι ἡ νεότης[32] καὶ ἡ ἄνοια[33] ματαιότης.[34]

1 ξύλον, tree
2 νότος, south
3 βορρᾶς, north
4 ξύλον, tree
5 τηρέω, *pres act ptc nom s m*, observe
6 ἄνεμος, wind
7 σπείρω, *fut act ind 3s*, sow
8 νεφέλη, cloud
9 θερίζω, *fut act ind 3s*, reap
10 ὀστέον, bone
11 γαστήρ, womb
12 κυοφορέω, *pres act ptc gen s f*, be pregnant
13 ποίημα, work, deed
14 πρωΐα, in the morning
15 σπείρω, *aor act impv 2s*, sow
16 ἑσπέρα, evening
17 ποῖος, what kind
18 στοιχέω, *fut act ind 3s*, produce a crop
19 γλυκύς, pleasant, delightful
20 εὐφραίνω, *fut pas ind 3s*, be glad, rejoice
21 μιμνῄσκομαι, *fut pas ind 3s*, remember
22 ματαιότης, meaninglessness, vanity, folly
23 εὐφραίνω, *pres mid impv 2s*, rejoice
24 νεανίσκος, young man
25 νεότης, youth
26 ἀγαθύνω, *aor act impv 3s*, do good
27 νεότης, youth
28 ὅρασις, sight, vision
29 ἀφίστημι, *aor act impv 2s*, put off, remove
30 θυμός, anger
31 παράγω, *aor act impv 2s*, turn aside
32 νεότης, youth
33 ἄνοια, ignorance
34 ματαιότης, meaninglessness, vanity, folly

Remember Your Creator

12 καὶ μνήσθητι[1] τοῦ κτίσαντός[2] σε ἐν ἡμέραις νεότητός[3] σου, ἕως ὅτου μὴ
ἔλθωσιν ἡμέραι τῆς κακίας[4] καὶ φθάσωσιν[5] ἔτη, ἐν οἷς ἐρεῖς Οὐκ ἔστιν μοι
ἐν αὐτοῖς θέλημα·[6] **2** ἕως οὗ μὴ σκοτισθῇ[7] ὁ ἥλιος καὶ τὸ φῶς καὶ ἡ σελήνη[8] καὶ οἱ
ἀστέρες,[9] καὶ ἐπιστρέψωσιν τὰ νέφη[10] ὀπίσω τοῦ ὑετοῦ·[11] **3** ἐν ἡμέρᾳ, ᾗ ἐὰν σα-
λευθῶσιν[12] φύλακες[13] τῆς οἰκίας καὶ διαστραφῶσιν[14] ἄνδρες τῆς δυνάμεως, καὶ
ἤργησαν[15] αἱ ἀλήθουσαι,[16] ὅτι ὠλιγώθησαν,[17] καὶ σκοτάσουσιν[18] αἱ βλέπουσαι ἐν
ταῖς ὀπαῖς[19] **4** καὶ κλείσουσιν[20] θύρας ἐν ἀγορᾷ[21] ἐν ἀσθενείᾳ[22] φωνῆς τῆς ἀλη-
θούσης,[23] καὶ ἀναστήσεται εἰς φωνὴν τοῦ στρουθίου,[24] καὶ ταπεινωθήσονται[25] πᾶσαι
αἱ θυγατέρες[26] τοῦ ᾄσματος·[27] **5** καί γε ἀπὸ ὕψους[28] ὄψονται, καὶ θάμβοι[29] ἐν τῇ
ὁδῷ· καὶ ἀνθήσῃ[30] τὸ ἀμύγδαλον,[31] καὶ παχυνθῇ[32] ἡ ἀκρίς,[33] καὶ διασκεδασθῇ[34] ἡ
κάππαρις,[35] ὅτι ἐπορεύθη ὁ ἄνθρωπος εἰς οἶκον αἰῶνος αὐτοῦ, καὶ ἐκύκλωσαν[36] ἐν
ἀγορᾷ[37] οἱ κοπτόμενοι·[38] **6** ἕως ὅτου μὴ ἀνατραπῇ[39] σχοινίον[40] τοῦ ἀργυρίου,[41] καὶ
συνθλιβῇ[42] ἀνθέμιον[43] τοῦ χρυσίου,[44] καὶ συντριβῇ[45] ὑδρία[46] ἐπὶ τὴν πηγήν,[47] καὶ
συντροχάσῃ[48] ὁ τροχὸς[49] ἐπὶ τὸν λάκκον,[50] **7** καὶ ἐπιστρέψῃ ὁ χοῦς[51] ἐπὶ τὴν γῆν,
ὡς ἦν, καὶ τὸ πνεῦμα ἐπιστρέψῃ πρὸς τὸν θεόν, ὃς ἔδωκεν αὐτό. **8** ματαιότης[52]
ματαιοτήτων, εἶπεν ὁ Ἐκκλησιαστής,[53] τὰ πάντα ματαιότης.

1 μιμνῄσκομαι, *aor pas impv 2s*, remember
2 κτίζω, *aor act ptc gen s m*, create
3 νεότης, youth
4 κακία, trouble, evil
5 φθάνω, *aor act sub 3p*, arrive
6 θέλημα, will, desire
7 σκοτίζω, *aor pas sub 3s*, darken
8 σελήνη, moon
9 ἀστήρ, star
10 νέφος, cloud
11 ὑετός, rain
12 σαλεύω, *aor pas sub 3p*, cause to shake
13 φύλαξ, watcher, guard, sentinel
14 διαστρέφω, *aor pas sub 3p*, twist, distort
15 ἀργέω, *aor act ind 3p*, cease
16 ἀλήθω, *pres act ptc nom p f*, grind
17 ὀλιγόω, *aor pas ind 3p*, make few
18 σκοτάζω, *fut act ind 3p*, grow dim, darken
19 ὀπή, window
20 κλείω, *fut act ind 3p*, shut, close
21 ἀγορά, marketplace
22 ἀσθένεια, weakness
23 ἀλήθω, *pres act ptc gen s f*, grind
24 στρουθίον, sparrow
25 ταπεινόω, *fut pas ind 3p*, humble, abase
26 θυγάτηρ, daughter
27 ᾆσμα, song
28 ὕψος, height
29 θάμβος, fear, terror
30 ἀνθέω, *aor act sub 3s*, blossom
31 ἀμύγδαλον, almond tree
32 παχύνω, *aor pas sub 3s*, grow fat
33 ἀκρίς, locust, grasshopper
34 διασκεδάζω, *aor pas sub 3s*, scatter
35 κάππαρις, caper plant
36 κυκλόω, *aor act ind 3p*, circle around
37 ἀγορά, marketplace
38 κόπτω, *pres mid ptc nom p m*, mourn, grieve
39 ἀνατρέπω, *aor pas sub 3s*, ruin
40 σχοινίον, cord, rope
41 ἀργύριον, silver
42 συνθλίβω, *aor pas sub 3s*, crush
43 ἀνθέμιον, blossom, flower
44 χρυσίον, gold
45 συντρίβω, *aor pas sub 3s*, shatter
46 ὑδρία, pitcher
47 πηγή, spring, well
48 συντροχάζω, *aor act sub 3s*, run together
49 τροχός, wheel
50 λάκκος, cistern
51 χοῦς, dust
52 ματαιότης, meaninglessness, vanity, folly
53 ἐκκλησιαστής, convener of an assembly, (preacher), (*Heb. Qohelet*)

Conclusion

9 Καὶ περισσὸν[1] ὅτι ἐγένετο Ἐκκλησιαστὴς[2] σοφός,[3] ἔτι ἐδίδαξεν γνῶσιν[4] σὺν
τὸν λαόν, καὶ οὖς ἐξιχνιάσεται[5] κόσμιον[6] παραβολῶν.[7] **10** πολλὰ ἐζήτησεν Ἐκκλη-
σιαστὴς[8] τοῦ εὑρεῖν λόγους θελήματος[9] καὶ γεγραμμένον εὐθύτητος,[10] λόγους
ἀληθείας.

11 Λόγοι σοφῶν[11] ὡς τὰ βούκεντρα[12] καὶ ὡς ἧλοι[13] πεφυτευμένοι,[14] οἳ παρὰ τῶν
συναγμάτων[15] ἐδόθησαν ἐκ ποιμένος[16] ἑνὸς καὶ περισσὸν[17] ἐξ αὐτῶν. **12** υἱέ μου,
φύλαξαι ποιῆσαι βιβλία πολλά· οὐκ ἔστιν περασμός,[18] καὶ μελέτη[19] πολλὴ κόπωσις[20]
σαρκός.

13 Τέλος λόγου τὸ πᾶν ἀκούεται Τὸν θεὸν φοβοῦ καὶ τὰς ἐντολὰς αὐτοῦ φύλασσε,
ὅτι τοῦτο πᾶς ὁ ἄνθρωπος. **14** ὅτι σὺν πᾶν τὸ ποίημα[21] ὁ θεὸς ἄξει ἐν κρίσει ἐν παντὶ
παρεωραμένῳ,[22] ἐὰν ἀγαθὸν καὶ ἐὰν πονηρόν.

1 περισσός, furthermore, moreover
2 ἐκκλησιαστής, convener of an assembly, (preacher), (*Heb. Qohelet*)
3 σοφός, wise
4 γνῶσις, knowledge
5 ἐξιχνιάζω, *fut mid ind 3s*, search out
6 κόσμιον, set, (shrewd arrangement)
7 παραβολή, parable, proverb
8 ἐκκλησιαστής, convener of an assembly, (preacher), (*Heb. Qohelet*)
9 θέλημα, will, desire
10 εὐθύτης, directness, straightness
11 σοφός, wise
12 βούκεντρον, ox goad
13 ἧλος, nail
14 φυτεύω, *perf pas ptc nom p m*, (fix), plant
15 σύναγμα, collection
16 ποιμήν, shepherd
17 περισσός, surplus, abundance
18 περασμός, end
19 μελέτη, study
20 κόπωσις, weariness
21 ποίημα, work, deed
22 παροράω, *pres pas ptc dat s n*, overlook, disregard

ΑΙΣΜΑ ΑΙΣΜΑΤΩΝ
Song of Songs

1 Ἆισμα[1] ᾀσμάτων, ὅ ἐστιν τῷ Σαλωμων.

She Confesses Her Love

2 Φιλησάτω[2] με ἀπὸ φιλημάτων[3] στόματος αὐτοῦ,
ὅτι ἀγαθοὶ μαστοί[4] σου ὑπὲρ οἶνον,
3 καὶ ὀσμὴ[5] μύρων[6] σου ὑπὲρ πάντα τὰ ἀρώματα,[7]
μύρον ἐκκενωθὲν[8] ὄνομά σου.
διὰ τοῦτο νεάνιδες[9] ἠγάπησάν σε,
4 εἵλκυσάν[10] σε,
ὀπίσω σου εἰς ὀσμὴν[11] μύρων[12] σου δραμοῦμεν.[13]
Εἰσήνεγκέν[14] με ὁ βασιλεὺς
εἰς τὸ ταμιεῖον[15] αὐτοῦ.
Ἀγαλλιασώμεθα[16] καὶ εὐφρανθῶμεν[17] ἐν σοί,
ἀγαπήσομεν μαστούς[18] σου ὑπὲρ οἶνον·
εὐθύτης[19] ἠγάπησέν σε.

5 Μέλαινά[20] εἰμι καὶ καλή,
θυγατέρες[21] Ιερουσαλημ,
ὡς σκηνώματα[22] Κηδαρ,
ὡς δέρρεις[23] Σαλωμων.

1 ᾆσμα, song
2 φιλέω, *aor act impv 3s*, kiss
3 φίλημα, kiss
4 μαστός, breast
5 ὀσμή, scent
6 μύρον, perfume, aromatic oil
7 ἄρωμα, aromatic spice
8 ἐκκενόω, *aor pas ptc nom s n*, empty out
9 νεᾶνις, maiden, young girl
10 ἕλκω, *aor act ind 3p*, draw in, attract
11 ὀσμή, scent
12 μύρον, perfume, aromatic oil
13 τρέχω, *fut act ind 1p*, run
14 εἰσφέρω, *aor act ind 3s*, bring in
15 ταμιεῖον, chamber
16 ἀγαλλιάομαι, *aor mid sub 1p*, exult
17 εὐφραίνω, *aor pas sub 1p*, rejoice, enjoy oneself
18 μαστός, breast
19 εὐθύτης, uprightness, righteousness
20 μέλας, dark, black
21 θυγάτηρ, daughter
22 σκήνωμα, tent
23 δέρρις, curtain (of animal hide)

6 μὴ βλέψητέ με, ὅτι ἐγώ εἰμι μεμελανωμένη,[1]
ὅτι παρέβλεψέν[2] με ὁ ἥλιος·
υἱοὶ μητρός μου ἐμαχέσαντο[3] ἐν ἐμοί,
ἔθεντό με φυλάκισσαν[4] ἐν ἀμπελῶσιν·[5]
ἀμπελῶνα ἐμὸν οὐκ ἐφύλαξα.
7 Ἀπάγγειλόν μοι, ὃν ἠγάπησεν ἡ ψυχή μου,
ποῦ ποιμαίνεις,[6] ποῦ κοιτάζεις[7] ἐν μεσημβρίᾳ,[8]
μήποτε[9] γένωμαι ὡς περιβαλλομένη[10]
ἐπ᾽ ἀγέλαις[11] ἑταίρων[12] σου.

He and She Delight in One Another

8 Ἐὰν μὴ γνῷς σεαυτήν, ἡ καλὴ ἐν γυναιξίν,
ἔξελθε σὺ ἐν πτέρναις[13] τῶν ποιμνίων[14]
καὶ ποίμαινε[15] τὰς ἐρίφους[16] σου
ἐπὶ σκηνώμασιν[17] τῶν ποιμένων.[18]

9 Τῇ ἵππῳ[19] μου ἐν ἅρμασιν[20] Φαραω
ὡμοίωσά[21] σε, ἡ πλησίον[22] μου.
10 τί ὡραιώθησαν[23] σιαγόνες[24] σου ὡς τρυγόνες,[25]
τράχηλός[26] σου ὡς ὁρμίσκοι;[27]
11 ὁμοιώματα[28] χρυσίου[29] ποιήσομέν σοι
μετὰ στιγμάτων[30] τοῦ ἀργυρίου.[31]

12 Ἕως οὗ ὁ βασιλεὺς ἐν ἀνακλίσει[32] αὐτοῦ,
νάρδος[33] μου ἔδωκεν ὀσμὴν[34] αὐτοῦ.

1 μελανόομαι, *perf pas ptc nom s f*, blacken
2 παραβλέπω, *aor act ind 3s*, (shine down on), look upon
3 μάχομαι, *aor mid ind 3p*, quarrel, fight
4 φυλάκισσα, keeper
5 ἀμπελών, vineyard
6 ποιμαίνω, *pres act ind 2s*, tend (flocks), shepherd
7 κοιτάζω, *pres act ind 2s*, provide pasture
8 μεσημβρία, midday
9 μήποτε, lest
10 περιβάλλω, *pres pas ptc nom s f*, cover with
11 ἀγέλη, herd, flock
12 ἑταῖρος, comrade, friend
13 πτέρνα, footstep
14 ποίμνιον, flock
15 ποιμαίνω, *pres act impv 2s*, tend (flocks), shepherd
16 ἔριφος, kid
17 σκήνωμα, tent
18 ποιμήν, shepherd
19 ἵππος, horse
20 ἅρμα, chariot
21 ὁμοιόω, *aor act ind 1s*, liken, compare
22 πλησίον, companion
23 ὡραιόομαι, *aor pas ind 3p*, be beautiful
24 σιαγών, cheek
25 τρυγών, turtledove
26 τράχηλος, neck
27 ὁρμίσκος, small necklace
28 ὁμοίωμα, likeness, image
29 χρυσίον, gold
30 στίγμα, ornament
31 ἀργύριον, silver
32 ἀνάκλισις, reclining
33 νάρδος, nard
34 ὀσμή, scent

13 ἀπόδεσμος[1] τῆς στακτῆς[2] ἀδελφιδός[3] μου ἐμοί,
ἀνὰ μέσον[4] τῶν μαστῶν[5] μου αὐλισθήσεται·[6]
14 βότρυς[7] τῆς κύπρου[8] ἀδελφιδός[9] μου ἐμοὶ
ἐν ἀμπελῶσιν[10] Εγγαδδι.

15 Ἰδοὺ εἶ καλή, ἡ πλησίον[11] μου,
ἰδοὺ εἶ καλή, ὀφθαλμοί σου περιστεραί.[12]

16 Ἰδοὺ εἶ καλός, ὁ ἀδελφιδός[13] μου, καί γε ὡραῖος·[14]
πρὸς κλίνη[15] ἡμῶν σύσκιος,[16]
17 δοκοὶ[17] οἴκων ἡμῶν κέδροι,[18]
φατνώματα[19] ἡμῶν κυπάρισσοι.[20]

2 Ἐγὼ ἄνθος[21] τοῦ πεδίου,[22]
κρίνον[23] τῶν κοιλάδων.[24]

2 Ὡς κρίνον[25] ἐν μέσῳ ἀκανθῶν,[26]
οὕτως ἡ πλησίον[27] μου ἀνὰ μέσον[28] τῶν θυγατέρων.[29]

3 Ὡς μῆλον[30] ἐν τοῖς ξύλοις[31] τοῦ δρυμοῦ,[32]
οὕτως ἀδελφιδός[33] μου ἀνὰ μέσον[34] τῶν υἱῶν·
ἐν τῇ σκιᾷ[35] αὐτοῦ ἐπεθύμησα[36] καὶ ἐκάθισα,
καὶ καρπὸς αὐτοῦ γλυκὺς[37] ἐν λάρυγγί[38] μου.

4 Εἰσαγάγετέ[39] με εἰς οἶκον τοῦ οἴνου,
τάξατε[40] ἐπ᾽ ἐμὲ ἀγάπην.

1 ἀπόδεσμος, bundle, cluster
2 στακτή, (oil of) myrrh
3 ἀδελφιδός, kinsman, beloved one
4 ἀνὰ μέσον, between
5 μαστός, breast
6 αὐλίζομαι, *fut pas ind 3s*, spend the night
7 βότρυς, cluster
8 κύπρος, henna, *Heb. LW*
9 ἀδελφιδός, kinsman, beloved one
10 ἀμπελών, vineyard
11 πλησίον, companion
12 περιστερά, dove
13 ἀδελφιδός, kinsman, beloved one
14 ὡραῖος, beautiful, lovely
15 κλίνη, bed, couch
16 σύσκιος, shaded
17 δοκός, beam
18 κέδρος, cedar
19 φάτνωμα, rafter
20 κυπάρισσος, cypress
21 ἄνθος, blossom, flower
22 πεδίον, field
23 κρίνον, lily
24 κοιλάς, valley
25 κρίνον, lily
26 ἄκανθα, thorn, bramble
27 πλησίον, companion
28 ἀνὰ μέσον, among
29 θυγάτηρ, daughter
30 μῆλον, apple tree
31 ξύλον, tree
32 δρυμός, forest
33 ἀδελφιδός, kinsman, beloved one
34 ἀνὰ μέσον, among
35 σκιά, shadow
36 ἐπιθυμέω, *aor act ind 1s*, desire, long for
37 γλυκύς, sweet, pleasant
38 λάρυγξ, throat
39 εἰσάγω, *aor act impv 2p*, bring to
40 τάσσω, *aor act impv 2p*, set, place

5 στηρίσατέ[1] με ἐν ἀμόραις,[2]
στοιβάσατέ[3] με ἐν μήλοις,[4] ὅτι τετρωμένη[5] ἀγάπης ἐγώ.
6 εὐώνυμος[6] αὐτοῦ ὑπὸ τὴν κεφαλήν μου,
καὶ ἡ δεξιὰ αὐτοῦ περιλήμψεταί[7] με.
7 ὥρκισα[8] ὑμᾶς, θυγατέρες[9] Ιερουσαλημ,
ἐν ταῖς δυνάμεσιν καὶ ἐν ταῖς ἰσχύσεσιν[10] τοῦ ἀγροῦ,
ἐὰν ἐγείρητε[11] καὶ ἐξεγείρητε[12] τὴν ἀγάπην,
ἕως οὗ θελήσῃ.

She Adores Her Beloved

8 Φωνὴ ἀδελφιδοῦ[13] μου·
ἰδοὺ οὗτος ἥκει[14] πηδῶν[15] ἐπὶ τὰ ὄρη
διαλλόμενος[16] ἐπὶ τοὺς βουνούς.[17]
9 ὅμοιός[18] ἐστιν ἀδελφιδός[19] μου τῇ δορκάδι[20]
ἢ νεβρῷ[21] ἐλάφων[22] ἐπὶ τὰ ὄρη Βαιθηλ.
ἰδοὺ οὗτος ἕστηκεν ὀπίσω τοῦ τοίχου[23] ἡμῶν
παρακύπτων[24] διὰ τῶν θυρίδων[25]
ἐκκύπτων[26] διὰ τῶν δικτύων.[27]
10 ἀποκρίνεται ἀδελφιδός[28] μου καὶ λέγει μοι
Ἀνάστα ἐλθέ, ἡ πλησίον[29] μου, καλή μου, περιστερά[30] μου,
11 ὅτι ἰδοὺ ὁ χειμὼν[31] παρῆλθεν,[32]
ὁ ὑετὸς[33] ἀπῆλθεν, ἐπορεύθη ἑαυτῷ,
12 τὰ ἄνθη[34] ὤφθη ἐν τῇ γῇ,
καιρὸς τῆς τομῆς[35] ἔφθακεν,[36]

1 στηρίζω, *aor act impv 2p*, (sustain), support
2 ἀμόρα, sweet cake
3 στοιβάζω, *aor act impv 2p*, fill up
4 μῆλον, apple
5 τιτρώσκω, *perf pas ptc nom s f*, slay, pierce
6 εὐώνυμος, left (hand)
7 περιλαμβάνω, *fut mid ind 3s*, embrace
8 ὁρκίζω, *aor act ind 1s*, bind by oath, adjure
9 θυγάτηρ, daughter
10 ἰσχύς, strength
11 ἐγείρω, *pres act sub 2p*, rouse, stir up
12 ἐξεγείρω, *pres act sub 2p*, awaken
13 ἀδελφιδός, kinsman, beloved one
14 ἥκω, *pres act ind 3s*, come
15 πηδάω, *pres act ptc nom s m*, leap
16 διάλλομαι, *pres mid ptc nom s m*, jump over
17 βουνός, hill
18 ὅμοιος, like
19 ἀδελφιδός, kinsman, beloved one
20 δορκάς, gazelle
21 νεβρός, young deer
22 ἔλαφος, deer
23 τοῖχος, wall
24 παρακύπτω, *pres act ptc nom s m*, peer, look
25 θυρίς, window
26 ἐκκύπτω, *pres act ptc nom s m*, peep
27 δίκτυον, lattice
28 ἀδελφιδός, kinsman, beloved one
29 πλησίον, companion
30 περιστερά, dove
31 χειμών, winter
32 παρέρχομαι, *aor act ind 3s*, pass by
33 ὑετός, rain
34 ἄνθος, flower, blossom
35 τομή, pruning
36 φθάνω, *perf act ind 3s*, arrive

φωνὴ τοῦ τρυγόνος[1]
ἠκούσθη ἐν τῇ γῇ ἡμῶν,
13 ἡ συκῆ[2] ἐξήνεγκεν[3] ὀλύνθους[4] αὐτῆς,
αἱ ἄμπελοι[5] κυπρίζουσιν,[6] ἔδωκαν ὀσμήν.[7]
ἀνάστα ἐλθέ, ἡ πλησίον[8] μου,
καλή μου, περιστερά[9] μου,
14 καὶ ἐλθὲ σύ, περιστερά[10] μου ἐν σκέπῃ[11] τῆς πέτρας[12]
ἐχόμενα τοῦ προτειχίσματος,[13]
δεῖξόν μοι τὴν ὄψιν[14] σου
καὶ ἀκούτισόν[15] με τὴν φωνήν σου,
ὅτι ἡ φωνή σου ἡδεῖα,[16]
καὶ ἡ ὄψις[17] σου ὡραία.[18]
15 Πιάσατε[19] ἡμῖν ἀλώπεκας[20]
μικροὺς ἀφανίζοντας[21] ἀμπελῶνας,[22]
καὶ αἱ ἄμπελοι[23] ἡμῶν κυπρίζουσιν.[24]

16 Ἀδελφιδός[25] μου ἐμοί, κἀγὼ[26] αὐτῷ,
ὁ ποιμαίνων[27] ἐν τοῖς κρίνοις,[28]
17 ἕως οὗ διαπνεύσῃ[29] ἡ ἡμέρα καὶ κινηθῶσιν[30] αἱ σκιαί.[31]
ἀπόστρεψον[32] ὁμοιώθητι[33] σύ, ἀδελφιδέ[34] μου,
τῷ δόρκωνι[35] ἢ νεβρῷ[36] ἐλάφων[37]
ἐπὶ ὄρη κοιλωμάτων.[38]

1 τρυγών, turtledove
2 συκῆ, fig tree
3 ἐκφέρω, *aor act ind 3s*, bring forth
4 ὄλυνθος, fig
5 ἄμπελος, vine
6 κυπρίζω, *pres act ind 3p*, blossom
7 ὀσμή, scent
8 πλησίον, companion
9 περιστερά, dove
10 περιστερά, dove
11 σκέπη, shelter
12 πέτρα, rock
13 προτείχισμα, fortification
14 ὄψις, face
15 ἀκουτίζω, *aor act impv 2s*, cause to hear
16 ἡδύς, pleasant
17 ὄψις, face
18 ὡραῖος, beautiful, graceful
19 πιάζω, *aor act impv 2p*, catch, seize
20 ἀλώπηξ, fox
21 ἀφανίζω, *pres act ptc acc p m*, destroy
22 ἀμπελών, vineyard
23 ἄμπελος, vine
24 κυπρίζω, *pres act ind 3p*, blossom
25 ἀδελφιδός, kinsman, beloved one
26 κἀγώ, and I, *cr.* καὶ ἐγώ
27 ποιμαίνω, *pres act ptc nom s m*, tend (flocks), shepherd
28 κρίνον, lily
29 διαπνέω, *aor act sub 3s*, dissipate
30 κινέω, *aor pas sub 3p*, disappear
31 σκιά, shadow
32 ἀποστρέφω, *aor act impv 2s*, turn back
33 ὁμοιόω, *aor pas impv 2s*, become like
34 ἀδελφιδός, kinsman, beloved one
35 δόρκων, gazelle
36 νεβρός, young deer
37 ἔλαφος, deer
38 κοίλωμα, valley

Her Dream

3 Ἐπὶ κοίτην[1] μου ἐν νυξὶν
ἐζήτησα ὃν ἠγάπησεν ἡ ψυχή μου,
ἐζήτησα αὐτὸν καὶ οὐχ εὗρον αὐτόν,
ἐκάλεσα αὐτόν, καὶ οὐχ ὑπήκουσέν[2] μου.
2 ἀναστήσομαι δὴ[3] καὶ κυκλώσω[4] ἐν τῇ πόλει
ἐν ταῖς ἀγοραῖς[5] καὶ ἐν ταῖς πλατείαις[6]
καὶ ζητήσω ὃν ἠγάπησεν ἡ ψυχή μου·
ἐζήτησα αὐτὸν καὶ οὐχ εὗρον αὐτόν.
3 εὕροσάν με οἱ τηροῦντες[7] οἱ κυκλοῦντες[8] ἐν τῇ πόλει
Μὴ ὃν ἠγάπησεν ἡ ψυχή μου εἴδετε;
4 ὡς μικρὸν ὅτε παρῆλθον[9] ἀπ᾽ αὐτῶν,
ἕως οὗ εὗρον ὃν ἠγάπησεν ἡ ψυχή μου·
ἐκράτησα αὐτὸν καὶ οὐκ ἀφήσω[10] αὐτόν,
ἕως οὗ εἰσήγαγον[11] αὐτὸν εἰς οἶκον μητρός μου
καὶ εἰς ταμιεῖον[12] τῆς συλλαβούσης[13] με.
5 ὥρκισα[14] ὑμᾶς, θυγατέρες[15] Ιερουσαλημ,
ἐν ταῖς δυνάμεσιν καὶ ἐν ταῖς ἰσχύσεσιν[16] τοῦ ἀγροῦ,
ἐὰν ἐγείρητε[17] καὶ ἐξεγείρητε[18] τὴν ἀγάπην,
ἕως ἂν θελήσῃ.

He Arrives for a Wedding

6 Τίς αὕτη ἡ ἀναβαίνουσα ἀπὸ τῆς ἐρήμου
ὡς στελέχη[19] καπνοῦ[20]
τεθυμιαμένη[21] σμύρναν[22] καὶ λίβανον[23]
ἀπὸ πάντων κονιορτῶν[24] μυρεψοῦ;[25]
7 ἰδοὺ ἡ κλίνη[26] τοῦ Σαλωμων,
ἑξήκοντα[27] δυνατοὶ κύκλῳ[28] αὐτῆς
ἀπὸ δυνατῶν Ισραηλ,

1 κοίτη, bed
2 ὑπακούω, *aor act ind 3s*, hear, answer
3 δή, now
4 κυκλόω, *fut act ind 1s*, go around
5 ἀγορά, marketplace
6 πλατεῖα, broad street
7 τηρέω, *pres act ptc nom p m*, guard
8 κυκλόω, *pres act ptc nom p m*, go around
9 παρέρχομαι, *aor act ind 1s*, pass by
10 ἀφίημι, *fut act ind 1s*, leave, send away
11 εἰσάγω, *aor act ind 1s*, bring into
12 ταμιεῖον, chamber
13 συλλαμβάνω, *aor act ptc gen s f*, conceive
14 ὁρκίζω, *aor act ind 1s*, bind by oath, adjure
15 θυγάτηρ, daughter
16 ἰσχύς, strength
17 ἐγείρω, *pres act sub 2p*, rouse, stir up
18 ἐξεγείρω, *pres act sub 2p*, awaken
19 στέλεχος, pillar
20 καπνός, smoke
21 θυμιάω, *perf pas ptc nom s f*, make fragrant
22 σμύρνα, myrrh
23 λίβανος, frankincense, *Heb. LW*
24 κονιορτός, powder
25 μυρεψός, perfumer
26 κλίνη, bed, couch
27 ἑξήκοντα, sixty
28 κύκλῳ, all around

8 πάντες κατέχοντες[1] ῥομφαίαν[2]
δεδιδαγμένοι[3] πόλεμον,
ἀνὴρ ῥομφαία αὐτοῦ ἐπὶ μηρὸν[4] αὐτοῦ
ἀπὸ θάμβους[5] ἐν νυξίν.
9 φορεῖον[6] ἐποίησεν ἑαυτῷ ὁ βασιλεὺς Σαλωμων
ἀπὸ ξύλων[7] τοῦ Λιβάνου,
10 στύλους[8] αὐτοῦ ἐποίησεν ἀργύριον[9]
καὶ ἀνάκλιτον[10] αὐτοῦ χρύσεον,[11]
ἐπίβασις[12] αὐτοῦ πορφυρᾶ,[13]
ἐντὸς[14] αὐτοῦ λιθόστρωτον,[15]
ἀγάπην ἀπὸ θυγατέρων[16] Ιερουσαλημ.
11 ἐξέλθατε καὶ ἴδετε
ἐν τῷ βασιλεῖ Σαλωμων
ἐν τῷ στεφάνῳ,[17] ᾧ ἐστεφάνωσεν[18] αὐτὸν ἡ μήτηρ αὐτοῦ
ἐν ἡμέρᾳ νυμφεύσεως[19] αὐτοῦ
καὶ ἐν ἡμέρᾳ εὐφροσύνης[20] καρδίας αὐτοῦ.

He Admires Her Beauty

4 Ἰδοὺ εἶ καλή, ἡ πλησίον[21] μου,
ἰδοὺ εἶ καλή.
ὀφθαλμοί σου περιστεραὶ[22]
ἐκτὸς[23] τῆς σιωπήσεώς[24] σου.
τρίχωμά[25] σου ὡς ἀγέλαι[26] τῶν αἰγῶν,[27]
αἳ ἀπεκαλύφθησαν[28] ἀπὸ τοῦ Γαλααδ.
2 ὀδόντες[29] σου ὡς ἀγέλαι[30] τῶν κεκαρμένων,[31]
αἳ ἀνέβησαν ἀπὸ τοῦ λουτροῦ,[32]

1 κατέχω, *pres act ptc nom p m*, hold, possess
2 ῥομφαία, sword
3 διδάσκω, *perf pas ptc nom p m*, teach, train in
4 μηρός, thigh
5 θάμβος, fear, amazement
6 φορεῖον, litter, sedan chair
7 ξύλον, wood
8 στῦλος, pole, post
9 ἀργύριον, silver
10 ἀνάκλιτον, back of a chair
11 χρύσεος, golden
12 ἐπίβασις, step
13 πορφυροῦς, purple
14 ἐντός, inside, interior
15 λιθόστρωτος, inlaid with stones
16 θυγάτηρ, daughter
17 στέφανος, crown
18 στεφανόω, *aor act ind 3s*, crown
19 νύμφευσις, wedding
20 εὐφροσύνη, joy, gladness
21 πλησίον, companion
22 περιστερά, dove
23 ἐκτός, free from, outside of
24 σιώπησις, covering, veil
25 τρίχωμα, hair
26 ἀγέλη, herd, flock
27 αἴξ, goat
28 ἀποκαλύπτω, *aor pas ind 3p*, come into the open
29 ὀδούς, tooth
30 ἀγέλη, herd, flock
31 κείρω, *perf pas ptc gen p f*, shear
32 λουτρόν, washing

αἱ πᾶσαι διδυμεύουσαι,[1]
καὶ ἀτεκνοῦσα[2] οὐκ ἔστιν ἐν αὐταῖς.
3 ὡς σπαρτίον[3] τὸ κόκκινον[4] χείλη[5] σου,
καὶ ἡ λαλιά[6] σου ὡραία.[7]
ὡς λέπυρον[8] τῆς ῥόας[9] μῆλόν[10] σου
ἐκτὸς[11] τῆς σιωπήσεώς[12] σου.

4 ὡς πύργος[13] Δαυιδ τράχηλός[14] σου
ὁ ᾠκοδομημένος εἰς θαλπιωθ·[15]
χίλιοι[16] θυρεοὶ[17] κρέμανται[18] ἐπ᾽ αὐτόν,
πᾶσαι βολίδες[19] τῶν δυνατῶν.
5 δύο μαστοί[20] σου ὡς δύο νεβροὶ[21] δίδυμοι[22] δορκάδος[23]
οἱ νεμόμενοι[24] ἐν κρίνοις.[25]
6 ἕως οὗ διαπνεύσῃ[26] ἡ ἡμέρα
καὶ κινηθῶσιν[27] αἱ σκιαί,[28]
πορεύσομαι ἐμαυτῷ[29] πρὸς τὸ ὄρος τῆς σμύρνης[30]
καὶ πρὸς τὸν βουνὸν[31] τοῦ Λιβάνου.
7 ὅλη καλὴ εἶ, ἡ πλησίον[32] μου,
καὶ μῶμος[33] οὐκ ἔστιν ἐν σοί.
8 Δεῦρο[34] ἀπὸ Λιβάνου, νύμφη,[35] δεῦρο ἀπὸ Λιβάνου·
ἐλεύσῃ καὶ διελεύσῃ ἀπὸ ἀρχῆς πίστεως,
ἀπὸ κεφαλῆς Σανιρ καὶ Ερμων,
ἀπὸ μανδρῶν[36] λεόντων,[37] ἀπὸ ὀρέων παρδάλεων.[38]

1 διδυμεύω, *pres act ptc nom p f*, bear twins
2 ἀτεκνόω, *pres act ptc nom s f*, be barren
3 σπαρτίον, cord, thread
4 κόκκινος, scarlet
5 χεῖλος, lip
6 λαλιά, speech
7 ὡραῖος, beautiful
8 λέπυρον, rind
9 ῥόα, pomegranate
10 μῆλον, cheek
11 ἐκτός, free from, outside of
12 σιώπησις, covering, veil
13 πύργος, tower
14 τράχηλος, neck
15 θαλπιωθ, courses of stones (of buildings), *translit.*
16 χίλιοι, thousand
17 θυρεός, shield
18 κρεμάννυμι, *pres pas ind 3p*, hang
19 βολίς, javelin
20 μαστός, breast
21 νεβρός, fawn
22 δίδυμος, twin
23 δορκάς, gazelle
24 νέμω, *pres mid ptc nom p m*, graze, pasture
25 κρίνον, lily
26 διαπνέω, *aor act sub 3s*, dissipate
27 κινέω, *aor pas sub 3p*, disappear
28 σκιά, shadow
29 ἐμαυτοῦ, by myself
30 σμύρνα, myrrh
31 βουνός, hill
32 πλησίον, companion
33 μῶμος, blemish
34 δεῦρο, come!
35 νύμφη, bride
36 μάνδρα, den
37 λέων, lion
38 πάρδαλις, leopard

9 Ἐκαρδίωσας[1] ἡμᾶς, ἀδελφή[2] μου νύμφη,[3]
ἐκαρδίωσας ἡμᾶς ἑνὶ ἀπὸ ὀφθαλμῶν σου,
ἐν μιᾷ ἐνθέματι[4] τραχήλου[5] σου.
10 τί ἐκαλλιώθησαν[6] μαστοί[7] σου, ἀδελφή[8] μου νύμφη,[9]
τί ἐκαλλιώθησαν μαστοί σου ἀπὸ οἴνου;
καὶ ὀσμὴ[10] ἱματίων[11] σου ὑπὲρ πάντα τὰ ἀρώματα.[12]
11 κηρίον[13] ἀποστάζουσιν[14] χείλη[15] σου, νύμφη,[16]
μέλι[17] καὶ γάλα[18] ὑπὸ τὴν γλῶσσάν σου,
καὶ ὀσμὴ[19] ἱματίων σου ὡς ὀσμὴ[20] Λιβάνου.[21]
12 Κῆπος[22] κεκλεισμένος[23] ἀδελφή[24] μου νύμφη,[25]
κῆπος[26] κεκλεισμένος,[27] πηγὴ[28] ἐσφραγισμένη·[29]
13 ἀποστολαί[30] σου παράδεισος[31] ῥοῶν[32] μετὰ καρποῦ ἀκροδρύων,[33]
κύπροι[34] μετὰ νάρδων,[35]
14 νάρδος[36] καὶ κρόκος,[37]
κάλαμος[38] καὶ κιννάμωμον[39]
μετὰ πάντων ξύλων[40] τοῦ Λιβάνου,
σμύρνα[41] αλωθ[42] μετὰ πάντων πρώτων μύρων,[43]
15 πηγὴ[44] κήπων,[45] φρέαρ[46] ὕδατος ζῶντος
καὶ ῥοιζοῦντος[47] ἀπὸ τοῦ Λιβάνου.

1 καρδιόω, *aor act ind 2s*, strengthen the heart
2 ἀδελφή, sister
3 νύμφη, bride
4 ἔνθεμα, ornament
5 τράχηλος, neck
6 καλλιόω, *aor pas ind 3p*, become beautiful
7 μαστός, breast
8 ἀδελφή, sister
9 νύμφη, bride
10 ὀσμή, scent
11 ἱμάτιον, garment
12 ἄρωμα, aromatic spice
13 κηρίον, honeycomb
14 ἀποστάζω, *pres act ind 3p*, let fall drop by drop
15 χεῖλος, lip
16 νύμφη, bride
17 μέλι, honey
18 γάλα, milk
19 ὀσμή, scent
20 ὀσμή, scent
21 λίβανος, frankincense, *Heb. LW*
22 κῆπος, orchard, garden
23 κλείω, *perf pas ptc nom s m*, shut up, close
24 ἀδελφή, sister
25 νύμφη, bride
26 κῆπος, orchard, garden
27 κλείω, *perf pas ptc nom s m*, shut up, close
28 πηγή, spring
29 σφραγίζω, *perf pas ptc nom s f*, seal up
30 ἀποστολή, shoot
31 παράδεισος, garden, paradise
32 ῥόα, pomegranate
33 ἀκρόδρυα, fruit tree
34 κύπρος, henna, *Heb. LW*
35 νάρδος, nard
36 νάρδος, nard
37 κρόκος, saffron, *Heb. LW*
38 κάλαμος, calamus reed
39 κιννάμωμον, cinnamon, *Heb. LW*
40 ξύλον, tree
41 σμύρνα, myrrh
42 αλωθ, aloes, *translit.*
43 μύρον, perfume
44 πηγή, spring
45 κῆπος, orchard, garden
46 φρέαρ, well
47 ῥοιζέω, *pres act ptc gen s n*, ripple, flow

Together in the Garden

16 Ἐξεγέρθητι,[1] βορρᾶ,[2] καὶ ἔρχου, νότε,[3]
διάπνευσον[4] κῆπόν[5] μου, καὶ ῥευσάτωσαν[6] ἀρώματά[7] μου·
καταβήτω ἀδελφιδός[8] μου εἰς κῆπον[9] αὐτοῦ
καὶ φαγέτω καρπὸν ἀκροδρύων[10] αὐτοῦ.

5 Εἰσῆλθον εἰς κῆπόν[11] μου, ἀδελφή μου νύμφη,[12]
ἐτρύγησα[13] σμύρναν[14] μου μετὰ ἀρωμάτων[15] μου,
ἔφαγον ἄρτον μου μετὰ μέλιτός[16] μου,
ἔπιον οἶνόν μου μετὰ γάλακτός[17] μου·

She Searches for Him

φάγετε, πλησίοι,[18] καὶ πίετε
καὶ μεθύσθητε,[19] ἀδελφοί,

2 Ἐγὼ καθεύδω,[20] καὶ ἡ καρδία μου ἀγρυπνεῖ.[21]
φωνὴ ἀδελφιδοῦ[22] μου, κρούει[23] ἐπὶ τὴν θύραν
Ἄνοιξόν μοι, ἀδελφή μου, ἡ πλησίον[24] μου,
περιστερά[25] μου, τελεία[26] μου,
ὅτι ἡ κεφαλή μου ἐπλήσθη[27] δρόσου[28]
καὶ οἱ βόστρυχοί[29] μου ψεκάδων[30] νυκτός.
3 Ἐξεδυσάμην[31] τὸν χιτῶνά[32] μου, πῶς ἐνδύσωμαι[33] αὐτόν;
ἐνιψάμην[34] τοὺς πόδας μου, πῶς μολυνῶ[35] αὐτούς;
4 ἀδελφιδός[36] μου ἀπέστειλεν χεῖρα αὐτοῦ ἀπὸ τῆς ὀπῆς,[37]
καὶ ἡ κοιλία[38] μου ἐθροήθη[39] ἐπ᾽ αὐτόν.

1 ἐξεγείρω, *aor pas impv 2s*, awaken
2 βορέας, north (wind)
3 νότος, south (wind)
4 διαπνέω, *aor act impv 2s*, blow through
5 κῆπος, orchard, garden
6 ῥέω, *aor act impv 3p*, flow out
7 ἄρωμα, aromatic spice
8 ἀδελφιδός, kinsman, beloved one
9 κῆπος, orchard, garden
10 ἀκρόδρυα, fruit tree
11 κῆπος, orchard, garden
12 νύμφη, bride
13 τρυγάω, *aor act ind 1s*, gather in
14 σμύρνα, myrrh
15 ἄρωμα, aromatic spice
16 μέλι, honey
17 γάλα, milk
18 πλησίος, friend
19 μεθύσκω, *aor pas impv 2p*, be drunk
20 καθεύδω, *pres act ind 1s*, sleep
21 ἀγρυπνέω, *pres act ind 3s*, lie awake
22 ἀδελφιδός, kinsman, beloved one
23 κρούω, *pres act ind 3s*, knock
24 πλησίον, companion
25 περιστερά, dove
26 τέλειος, perfect
27 πίμπλημι, *aor pas ind 3s*, fill with, (cover with)
28 δρόσος, dew
29 βόστρυχος, lock of hair
30 ψεκάς, drop (of rain)
31 ἐκδύω, *aor mid ind 1s*, take off
32 χιτών, tunic
33 ἐνδύω, *aor mid sub 1s*, put on
34 νίπτω, *aor mid ind 1s*, wash
35 μολύνω, *fut act ind 1s*, soil, dirty
36 ἀδελφιδός, kinsman, beloved one
37 ὀπή, opening, hole
38 κοιλία, abdomen
39 θροέω, *aor pas ind 3s*, stir, move

5 ἀνέστην ἐγὼ ἀνοῖξαι τῷ ἀδελφιδῷ[1] μου,
χεῖρές μου ἔσταξαν[2] σμύρναν,[3]
δάκτυλοί[4] μου σμύρναν πλήρη[5]
ἐπὶ χεῖρας τοῦ κλείθρου.[6]
6 ἤνοιξα ἐγὼ τῷ ἀδελφιδῷ[7] μου,
ἀδελφιδός μου παρῆλθεν·[8]
ψυχή μου ἐξῆλθεν ἐν λόγῳ αὐτοῦ,
ἐζήτησα αὐτὸν καὶ οὐχ εὗρον αὐτόν,
ἐκάλεσα αὐτόν, καὶ οὐχ ὑπήκουσέν[9] μου.
7 εὕροσάν με οἱ φύλακες[10] οἱ κυκλοῦντες[11] ἐν τῇ πόλει,
ἐπάταξάν[12] με, ἐτραυμάτισάν[13] με,
ἦραν τὸ θέριστρόν[14] μου ἀπ᾿ ἐμοῦ φύλακες[15] τῶν τειχέων.[16]
8 ὥρκισα[17] ὑμᾶς, θυγατέρες[18] Ιερουσαλημ,
ἐν ταῖς δυνάμεσιν καὶ ἐν ταῖς ἰσχύσεσιν[19] τοῦ ἀγροῦ,
ἐὰν εὕρητε τὸν ἀδελφιδόν[20] μου, τί ἀπαγγείλητε αὐτῷ;
ὅτι τετρωμένη[21] ἀγάπης εἰμὶ ἐγώ.

9 Τί ἀδελφιδός[22] σου ἀπὸ ἀδελφιδοῦ, ἡ καλὴ ἐν γυναιξίν,
τί ἀδελφιδός σου ἀπὸ ἀδελφιδοῦ, ὅτι οὕτως ὥρκισας[23] ἡμᾶς;

She Praises Him

10 Ἀδελφιδός[24] μου λευκὸς[25] καὶ πυρρός,[26]
ἐκλελοχισμένος[27] ἀπὸ μυριάδων·[28]
11 κεφαλὴ αὐτοῦ χρυσίον[29] καὶ φαζ,[30]
βόστρυχοι[31] αὐτοῦ ἐλάται,[32] μέλανες[33] ὡς κόραξ,[34]

1 ἀδελφιδός, kinsman, beloved one
2 στάζω, *aor act ind 3p*, drop, trickle
3 σμύρνα, myrrh
4 δάκτυλος, finger
5 πλήρης, full of
6 κλεῖθρον, bar or bolt (of a door)
7 ἀδελφιδός, kinsman, beloved one
8 παρέρχομαι, *aor act ind 3s*, pass by
9 ὑπακούω, *aor act ind 3s*, hear, answer
10 φύλαξ, sentinel, guard
11 κυκλόω, *pres act ptc nom p m*, go around
12 πατάσσω, *aor act ind 3p*, strike, beat
13 τραυματίζω, *aor act ind 3p*, wound
14 θέριστρον, light summer garment, veil
15 φύλαξ, sentinel, guard
16 τεῖχος, (city) wall
17 ὁρκίζω, *aor act ind 1s*, bind by oath, adjure
18 θυγάτηρ, daughter
19 ἰσχύς, strength
20 ἀδελφιδός, kinsman, beloved one
21 τιτρώσκω, *perf pas ptc nom s f*, wound, pierce
22 ἀδελφιδός, kinsman, beloved one
23 ὁρκίζω, *aor act ind 2s*, bind by oath, adjure
24 ἀδελφιδός, kinsman, beloved one
25 λευκός, light in color, white
26 πυρρός, red, ruddy
27 ἐκλοχίζω, *perf pas ptc nom s m*, pick out
28 μυριάς, ten thousand, myriad
29 χρυσίον, gold
30 φαζ, refined gold, *translit.*
31 βόστρυχος, lock of hair
32 ἐλάτη, fir tree
33 μέλας, black, dark
34 κόραξ, raven

12 ὀφθαλμοὶ αὐτοῦ ὡς περιστεραὶ[1] ἐπὶ πληρώματα[2] ὑδάτων
λελουσμέναι[3] ἐν γάλακτι[4]
καθήμεναι ἐπὶ πληρώματα[5] ὑδάτων,
13 σιαγόνες[6] αὐτοῦ ὡς φιάλαι[7] τοῦ ἀρώματος[8] φύουσαι[9] μυρεψικά,[10]
χείλη[11] αὐτοῦ κρίνα[12] στάζοντα[13] σμύρναν[14] πλήρη,[15]
14 χεῖρες αὐτοῦ τορευταὶ[16] χρυσαῖ[17] πεπληρωμέναι[18] θαρσις,[19]
κοιλία[20] αὐτοῦ πυξίον[21] ἐλεφάντινον[22] ἐπὶ λίθου σαπφείρου,[23]
15 κνῆμαι[24] αὐτοῦ στῦλοι[25] μαρμάρινοι[26]
τεθεμελιωμένοι[27] ἐπὶ βάσεις[28] χρυσᾶς,[29]
εἶδος[30] αὐτοῦ ὡς Λίβανος,
ἐκλεκτὸς[31] ὡς κέδροι,[32]
16 φάρυγξ[33] αὐτοῦ γλυκασμοὶ[34]
καὶ ὅλος ἐπιθυμία·[35]
οὗτος ἀδελφιδός[36] μου,
καὶ οὗτος πλησίον[37] μου,
θυγατέρες[38] Ιερουσαλημ.

6

Ποῦ ἀπῆλθεν ὁ ἀδελφιδός[39] σου,
ἡ καλὴ ἐν γυναιξίν;
ποῦ ἀπέβλεψεν[40] ὁ ἀδελφιδός σου;
καὶ ζητήσομεν αὐτὸν μετὰ σοῦ.

1 περιστερά, dove
2 πλήρωμα, fullness
3 λούω, *perf pas ptc nom p f*, wash, bathe
4 γάλα, milk
5 πλήρωμα, fullness
6 σιαγών, cheekbone
7 φιάλη, shallow bowl
8 ἄρωμα, aromatic spice
9 φύω, *pres act ptc nom p f*, rise up from, spring forth
10 μυρεψικός, aroma
11 χεῖλος, lip
12 κρίνον, lily
13 στάζω, *pres act ptc nom p n*, let fall drop by drop
14 σμύρνα, myrrh
15 πλήρης, abundant
16 τορευτός, carved
17 χρυσοῦς, gold
18 πληρόω, *perf pas ptc nom p f*, finish
19 θαρσις, precious stone, *translit.*
20 κοιλία, abdomen
21 πυξίον, tablet
22 ἐλεφάντινος, ivory
23 σάπφειρος, sapphire
24 κνήμη, leg
25 στῦλος, pillar, column
26 μαρμάρινος, marble
27 θεμελιόω, *perf pas ptc nom p m*, establish the foundation
28 βάσις, base, pedestal
29 χρυσοῦς, gold
30 εἶδος, form, appearance
31 ἐκλεκτός, choice, select
32 κέδρος, cedar
33 φάρυγξ, throat
34 γλυκασμός, sweetness
35 ἐπιθυμία, desire, yearning
36 ἀδελφιδός, kinsman, beloved one
37 πλησίον, companion
38 θυγάτηρ, daughter
39 ἀδελφιδός, kinsman, beloved one
40 ἀποβλέπω, *aor act ind 3s*, turn attention to

Together in the Garden

2 Ἀδελφιδός[1] μου κατέβη εἰς κῆπον[2] αὐτοῦ
εἰς φιάλας[3] τοῦ ἀρώματος[4]
ποιμαίνειν[5] ἐν κήποις[6] καὶ συλλέγειν[7] κρίνα·[8]
3 ἐγὼ τῷ ἀδελφιδῷ[9] μου, καὶ ἀδελφιδός μου ἐμοὶ
ὁ ποιμαίνων[10] ἐν τοῖς κρίνοις.[11]

He and She Delight in One Another

4 Καλὴ εἶ, ἡ πλησίον[12] μου, ὡς εὐδοκία,[13]
ὡραία[14] ὡς Ιερουσαλημ,
θάμβος[15] ὡς τεταγμέναι.[16]
5 ἀπόστρεψον[17] ὀφθαλμούς σου ἀπεναντίον[18] μου,
ὅτι αὐτοὶ ἀνεπτέρωσάν[19] με.
τρίχωμά[20] σου ὡς ἀγέλαι[21] τῶν αἰγῶν,[22]
αἳ ἀνεφάνησαν[23] ἀπὸ τοῦ Γαλααδ.
6 ὀδόντες[24] σου ὡς ἀγέλαι[25] τῶν κεκαρμένων,[26]
αἳ ἀνέβησαν ἀπὸ τοῦ λουτροῦ,[27]
αἱ πᾶσαι διδυμεύουσαι,[28]
καὶ ἀτεκνοῦσα[29] οὐκ ἔστιν ἐν αὐταῖς.
7 ὡς σπαρτίον[30] τὸ κόκκινον[31] χείλη[32] σου,
καὶ ἡ λαλιά[33] σου ὡραία.[34]
ὡς λέπυρον[35] τῆς ῥόας[36] μῆλόν[37] σου
ἐκτὸς[38] τῆς σιωπήσεώς[39] σου.

1 ἀδελφιδός, kinsman, beloved one
2 κῆπος, orchard, garden
3 φιάλη, shallow bowl
4 ἄρωμα, aromatic spice
5 ποιμαίνω, *pres act inf*, tend (flocks), shepherd
6 κῆπος, orchard, garden
7 συλλέγω, *pres act inf*, gather
8 κρίνον, lily
9 ἀδελφιδός, kinsman, beloved one
10 ποιμαίνω, *pres act ptc nom s m*, tend (flocks), shepherd
11 κρίνον, lily
12 πλησίον, companion
13 εὐδοκία, goodwill
14 ὡραῖος, beautiful, lovely
15 θάμβος, amazing, astonishing
16 τάσσω, *perf pas ptc nom p f*, array (for battle)
17 ἀποστρέφω, *aor act impv 2s*, avert, turn away
18 ἀπεναντίον, away from
19 ἀναπτερόω, *aor act ind 3p*, excite
20 τρίχωμα, hair
21 ἀγέλη, herd, flock
22 αἴξ, goat
23 ἀναφαίνω, *aor pas ind 3p*, appear
24 ὀδούς, tooth
25 ἀγέλη, herd, flock
26 κείρω, *perf pas ptc gen p f*, shear
27 λουτρόν, washing
28 διδυμεύω, *pres act ptc nom p f*, bear twins
29 ἀτεκνόω, *pres act ptc nom s f*, be barren
30 σπαρτίον, string, cord
31 κόκκινος, scarlet
32 χεῖλος, lip
33 λαλιά, speech
34 ὡραῖος, beautiful
35 λέπυρον, rind
36 ῥόα, pomegranate
37 μῆλον, apple
38 ἐκτός, free from, outside of
39 σιώπησις, covering, veil

8 Ἑξήκοντά[1] εἰσιν βασίλισσαι,[2] καὶ ὀγδοήκοντα[3] παλλακαί,[4]
καὶ νεάνιδες[5] ὧν οὐκ ἔστιν ἀριθμός.[6]
9 μία ἐστὶν περιστερά[7] μου, τελεία[8] μου,
μία ἐστὶν τῇ μητρὶ αὐτῆς,
ἐκλεκτή[9] ἐστιν τῇ τεκούσῃ[10] αὐτῆς.
εἴδοσαν αὐτὴν θυγατέρες[11] καὶ μακαριοῦσιν[12] αὐτήν,
βασίλισσαι[13] καὶ παλλακαὶ[14] καὶ αἰνέσουσιν[15] αὐτήν.
10 Τίς αὕτη ἡ ἐκκύπτουσα[16] ὡσεὶ[17] ὄρθρος,[18]
καλὴ ὡς σελήνη,[19] ἐκλεκτὴ[20] ὡς ὁ ἥλιος,
θάμβος[21] ὡς τεταγμέναι;[22]

11 Εἰς κῆπον[23] καρύας[24] κατέβην ἰδεῖν ἐν γενήμασιν[25] τοῦ χειμάρρου,[26]
ἰδεῖν εἰ ἤνθησεν[27] ἡ ἄμπελος,[28]
ἐξήνθησαν[29] αἱ ῥόαι·[30]
ἐκεῖ δώσω τοὺς μαστούς[31] μου σοί.
12 οὐκ ἔγνω ἡ ψυχή μου·
ἔθετό με ἅρματα[32] Αμιναδαβ.

7 Ἐπίστρεφε ἐπίστρεφε, ἡ Σουλαμῖτις,
ἐπίστρεφε ἐπίστρεφε, καὶ ὀψόμεθα ἐν σοί.

Τί ὄψεσθε ἐν τῇ Σουλαμίτιδι;
ἡ ἐρχομένη ὡς χοροὶ[33] τῶν παρεμβολῶν.[34]

2 Τί ὡραιώθησαν[35] διαβήματά[36] σου ἐν ὑποδήμασιν,[37]
θύγατερ[38] Ναδαβ;

1 ἑξήκοντα, sixty
2 βασίλισσα, queen
3 ὀγδοήκοντα, eighty
4 παλλακή, concubine
5 νεᾶνις, young maiden
6 ἀριθμός, number
7 περιστερά, dove
8 τέλειος, perfect
9 ἐκλεκτός, choice, select
10 τίκτω, *aor act ptc dat s f*, give birth
11 θυγάτηρ, daughter
12 μακαρίζω, *fut act ind 3p*, pronounce blessing on
13 βασίλισσα, queen
14 παλλακή, concubine
15 αἰνέω, *fut act ind 3p*, praise
16 ἐκκύπτω, *pres act ptc nom s f*, peek, peer out
17 ὡσεί, as
18 ὄρθρος, dawn, early morning
19 σελήνη, moon
20 ἐκλεκτός, choice, select
21 θάμβος, amazing, astonishing
22 τάσσω, *perf pas ptc nom p f*, array (for battle)
23 κῆπος, orchard, garden
24 καρύα, nut tree
25 γένημα, produce
26 χείμαρρος, brook, wadi
27 ἀνθέω, *aor act ind 3s*, blossom
28 ἄμπελος, vine
29 ἐξανθέω, *aor act ind 3p*, bloom, flourish
30 ῥόα, pomegranate
31 μαστός, breast
32 ἅρμα, chariot
33 χορός, band of dancers
34 παρεμβολή, army, company, encampment
35 ὡραιόομαι, *aor pas ind 3p*, become beautiful
36 διάβημα, (foot)step
37 ὑπόδημα, sandal
38 θυγάτηρ, daughter

ῥυθμοὶ[1] μηρῶν[2] σου ὅμοιοι[3] ὁρμίσκοις[4]
ἔργῳ χειρῶν τεχνίτου·[5]
3 ὀμφαλός[6] σου κρατὴρ[7] τορευτὸς[8]
μὴ ὑστερούμενος[9] κρᾶμα·[10]
κοιλία[11] σου θημωνιὰ[12] σίτου[13]
πεφραγμένη[14] ἐν κρίνοις·[15]
4 δύο μαστοί[16] σου ὡς δύο νεβροὶ[17]
δίδυμοι[18] δορκάδος·[19]
5 τράχηλός[20] σου ὡς πύργος[21] ἐλεφάντινος·[22]
ὀφθαλμοί σου ὡς λίμναι[23] ἐν Εσεβων
ἐν πύλαις[24] θυγατρὸς[25] πολλῶν·
μυκτήρ[26] σου ὡς πύργος τοῦ Λιβάνου
σκοπεύων[27] πρόσωπον Δαμασκοῦ·
6 κεφαλή σου ἐπὶ σὲ ὡς Κάρμηλος,
καὶ πλόκιον[28] κεφαλῆς σου ὡς πορφύρα,[29]
βασιλεὺς δεδεμένος[30] ἐν παραδρομαῖς.[31]

7 Τί ὡραιώθης[32] καὶ τί ἡδύνθης,[33]
ἀγάπη, ἐν τρυφαῖς[34] σου;
8 τοῦτο μέγεθός[35] σου ὡμοιώθη[36] τῷ φοίνικι[37]
καὶ οἱ μαστοί[38] σου τοῖς βότρυσιν.[39]
9 εἶπα Ἀναβήσομαι ἐν τῷ φοίνικι,[40]
κρατήσω τῶν ὕψεων[41] αὐτοῦ,

1 ῥυθμός, form, shape
2 μηρός, thigh
3 ὅμοιος, like, similar to
4 ὁρμίσκος, necklace
5 τεχνίτης, craftsman
6 ὀμφαλός, navel
7 κρατήρ, bowl
8 τορευτός, carved
9 ὑστερέω, *pres mid ptc nom s m*, lack
10 κρᾶμα, mixed wine
11 κοιλία, abdomen, belly
12 θημωνιά, heap
13 σῖτος, grain
14 φράσσω, *perf mid ptc nom s f*, hedge around
15 κρίνον, lily
16 μαστός, breast
17 νεβρός, fawn
18 δίδυμος, twin
19 δορκάς, gazelle
20 τράχηλος, neck
21 πύργος, tower
22 ἐλεφάντινος, ivory
23 λίμνη, pool
24 πύλη, gate
25 θυγάτηρ, daughter
26 μυκτήρ, nostril, (nose)
27 σκοπεύω, *pres act ptc nom s m*, watch closely
28 πλόκιον, plait of hair
29 πορφύρα, purple
30 δέω, *perf pas ptc nom s m*, bind (one's attention), hold captive
31 παραδρομή, wrap, train (of a garment)
32 ὡραιόομαι, *aor pas ind 2s*, be beautiful
33 ἡδύνω, *aor pas ind 2s*, be pleasing
34 τρυφή, delight
35 μέγεθος, stature
36 ὁμοιόω, *aor pas ind 3s*, become like
37 φοῖνιξ, date palm tree
38 μαστός, breast
39 βότρυς, cluster (of grapes)
40 φοῖνιξ, date palm tree
41 ὕψος, top, height

καὶ ἔσονται δὴ[1] μαστοί[2] σου ὡς βότρυες[3] τῆς ἀμπέλου[4]
καὶ ὀσμὴ[5] ῥινός[6] σου ὡς μῆλα[7]
10 καὶ λάρυγξ[8] σου ὡς οἶνος ὁ ἀγαθὸς
πορευόμενος τῷ ἀδελφιδῷ[9] μου εἰς εὐθύτητα[10]
ἱκανούμενος[11] χείλεσίν[12] μου καὶ ὀδοῦσιν.[13]

She Gives Herself to Him

11 Ἐγὼ τῷ ἀδελφιδῷ[14] μου,
καὶ ἐπ᾽ ἐμὲ ἡ ἐπιστροφὴ[15] αὐτοῦ.
12 ἐλθέ, ἀδελφιδέ[16] μου, ἐξέλθωμεν εἰς ἀγρόν,
αὐλισθῶμεν[17] ἐν κώμαις·[18]
13 ὀρθρίσωμεν[19] εἰς ἀμπελῶνας,[20]
ἴδωμεν εἰ ἤνθησεν[21] ἡ ἄμπελος,[22]
ἤνθησεν ὁ κυπρισμός,[23] ἤνθησαν[24] αἱ ῥόαι·[25]
ἐκεῖ δώσω τοὺς μαστούς[26] μου σοί.
14 οἱ μανδραγόραι[27] ἔδωκαν ὀσμήν,[28]
καὶ ἐπὶ θύραις ἡμῶν πάντα ἀκρόδρυα,[29]
νέα[30] πρὸς παλαιά,[31] ἀδελφιδέ[32] μου,
ἐτήρησά[33] σοι.

She Longs for Him

8 Τίς δῴη[34] σε ἀδελφιδόν[35] μου
θηλάζοντα[36] μαστοὺς[37] μητρός μου;
εὑροῦσά σε ἔξω φιλήσω[38] σε,
καί γε οὐκ ἐξουδενώσουσίν[39] μοι.

1 δή, indeed
2 μαστός, breast
3 βότρυς, cluster (of grapes)
4 ἄμπελος, vine
5 ὀσμή, scent
6 ῥίς, nose
7 μῆλον, apple
8 λάρυγξ, throat
9 ἀδελφιδός, kinsman, beloved one
10 εὐθύτης, uprightness, righteousness
11 ἱκανόω, *pres mid ptc nom s m*, be sufficient, satisfy
12 χεῖλος, lip
13 ὀδούς, tooth
14 ἀδελφιδός, kinsman, beloved one
15 ἐπιστροφή, attention
16 ἀδελφιδός, kinsman, beloved one
17 αὐλίζομαι, *aor pas sub 1p*, spend the night
18 κώμη, village
19 ὀρθρίζω, *aor act sub 1p*, rise early
20 ἀμπελών, vineyard
21 ἀνθέω, *aor act ind 3s*, blossom
22 ἄμπελος, vine
23 κυπρισμός, bloom, bud
24 ἀνθέω, *aor act ind 3p*, blossom
25 ῥόα, pomegranate
26 μαστός, breast
27 μανδραγόρας, mandrake
28 ὀσμή, scent
29 ἀκρόδρυα, fruit
30 νέος, new
31 παλαιός, old
32 ἀδελφιδός, kinsman, beloved one
33 τηρέω, *aor act ind 1s*, preserve
34 δίδωμι, *aor act opt 3s*, give
35 ἀδελφιδός, kinsman, beloved one
36 θηλάζω, *pres act ptc acc s m*, suckle
37 μαστός, breast
38 φιλέω, *aor act sub 1s*, kiss
39 ἐξουδενόω, *fut act ind 3p*, disdain, scorn

2 παραλήμψομαί[1] σε, εἰσάξω[2] σε εἰς οἶκον μητρός μου
καὶ εἰς ταμιεῖον[3] τῆς συλλαβούσης[4] με·
ποτιῶ[5] σε ἀπὸ οἴνου τοῦ μυρεψικοῦ,[6]
ἀπὸ νάματος[7] ῥοῶν[8] μου.
3 Εὐώνυμος[9] αὐτοῦ ὑπὸ τὴν κεφαλήν μου,
καὶ ἡ δεξιὰ αὐτοῦ περιλήμψεταί[10] με.
4 ὥρκισα[11] ὑμᾶς, θυγατέρες[12] Ιερουσαλημ,
ἐν ταῖς δυνάμεσιν καὶ ἐν ταῖς ἰσχύσεσιν[13] τοῦ ἀγροῦ,
τί ἐγείρητε[14] καὶ τί ἐξεγείρητε[15] τὴν ἀγάπην,
ἕως ἂν θελήσῃ.

5 Τίς αὕτη ἡ ἀναβαίνουσα λελευκανθισμένη[16]
ἐπιστηριζομένη[17] ἐπὶ τὸν ἀδελφιδὸν[18] αὐτῆς;
Ὑπὸ μῆλον[19] ἐξήγειρά[20] σε·
ἐκεῖ ὠδίνησέν[21] σε ἡ μήτηρ σου,
ἐκεῖ ὠδίνησέν σε ἡ τεκοῦσά[22] σου.

6 Θές[23] με ὡς σφραγῖδα[24] ἐπὶ τὴν καρδίαν σου,
ὡς σφραγῖδα ἐπὶ τὸν βραχίονά[25] σου·
ὅτι κραταιὰ[26] ὡς θάνατος ἀγάπη,
σκληρὸς[27] ὡς ᾅδης[28] ζῆλος·[29]
περίπτερα[30] αὐτῆς περίπτερα πυρός,
φλόγες[31] αὐτῆς·
7 ὕδωρ πολὺ οὐ δυνήσεται σβέσαι[32] τὴν ἀγάπην,
καὶ ποταμοὶ[33] οὐ συγκλύσουσιν[34] αὐτήν·

1 παραλαμβάνω, *fut mid ind 1s*, take along
2 εἰσάγω, *fut act ind 1s*, bring into
3 ταμιεῖον, chamber
4 συλλαμβάνω, *pres act ptc gen s f*, conceive
5 ποτίζω, *fut act ind 1s*, provide drink to
6 μυρεψικός, spiced (wine)
7 νᾶμα, juice
8 ῥόα, pomegranate
9 εὐώνυμος, left (hand)
10 περιλαμβάνω, *fut mid ind 3s*, embrace
11 ὁρκίζω, *aor act ind 1s*, bind by oath, adjure
12 θυγάτηρ, daughter
13 ἰσχύς, strength, force
14 ἐγείρω, *pres act sub 2p*, rouse, stir up
15 ἐξεγείρω, *pres act sub 2p*, awaken
16 λευκανθίζω, *perf pas ptc nom s f*, be (dressed in) white
17 ἐπιστηρίζω, *pres pas ptc nom s f*, cause to rest upon
18 ἀδελφιδός, kinsman, beloved one
19 μῆλον, apple tree
20 ἐξεγείρω, *aor act ind 1s*, awaken
21 ὠδίνω, *aor act ind 3s*, be in labor (with child)
22 τίκτω, *aor act ptc nom s f*, give birth
23 τίθημι, *aor act impv 2s*, set
24 σφραγίς, seal
25 βραχίων, arm
26 κραταιός, strong
27 σκληρός, severe
28 ᾅδης, Hades, underworld
29 ζῆλος, zeal, fervor
30 περίπτερος, spark (of fire)
31 φλόξ, flame
32 σβέννυμι, *aor act inf*, quell, extinguish
33 ποταμός, river
34 συγκλύζω, *fut act ind 3p*, overwhelm

ἐὰν δῷ ἀνὴρ τὸν πάντα βίον[1] αὐτοῦ ἐν τῇ ἀγάπῃ,
ἐξουδενώσει[2] ἐξουδενώσουσιν[3] αὐτόν.

They Offer Advice

8 Ἀδελφὴ ἡμῖν μικρὰ καὶ μαστοὺς[4] οὐκ ἔχει·
τί ποιήσωμεν τῇ ἀδελφῇ ἡμῶν
ἐν ἡμέρᾳ, ᾗ ἐὰν λαληθῇ ἐν αὐτῇ;
9 εἰ τεῖχός[5] ἐστιν,
οἰκοδομήσωμεν ἐπ᾽ αὐτὴν ἐπάλξεις[6] ἀργυρᾶς·[7]
καὶ εἰ θύρα ἐστίν,
διαγράψωμεν[8] ἐπ᾽ αὐτὴν σανίδα[9] κεδρίνην.[10]

She and He Respond

10 Ἐγὼ τεῖχος,[11] καὶ μαστοί[12] μου ὡς πύργοι·[13]
ἐγὼ ἤμην ἐν ὀφθαλμοῖς αὐτοῦ ὡς εὑρίσκουσα εἰρήνην.
11 Ἀμπελὼν[14] ἐγενήθη τῷ Σαλωμων ἐν Βεελαμων·
ἔδωκεν τὸν ἀμπελῶνα αὐτοῦ τοῖς τηροῦσιν,[15]
ἀνὴρ οἴσει[16] ἐν καρπῷ αὐτοῦ χιλίους[17] ἀργυρίου.[18]
12 ἀμπελών[19] μου ἐμὸς ἐνώπιόν μου·
οἱ χίλιοι[20] σοί, Σαλωμων,
καὶ οἱ διακόσιοι[21] τοῖς τηροῦσι[22] τὸν καρπὸν αὐτοῦ.

13 Ὁ καθήμενος ἐν κήποις,[23]
ἑταῖροι[24] προσέχοντες[25] τῇ φωνῇ σου· ἀκούτισόν[26] με.

14 Φύγε,[27] ἀδελφιδέ[28] μου, καὶ ὁμοιώθητι[29] τῇ δορκάδι[30]
ἢ τῷ νεβρῷ[31] τῶν ἐλάφων[32] ἐπὶ ὄρη ἀρωμάτων.[33]

1 βίος, livelihood
2 ἐξουδένωσις, contempt, scorn
3 ἐξουδενόω, *fut act ind 3p*, disdain, scorn
4 μαστός, breast
5 τεῖχος, wall
6 ἔπαλξις, bulwark, defense
7 ἀργυροῦς, silver
8 διαγράφω, *aor act sub 1p*, carve
9 σανίς, plank, board
10 κέδρινος, cedar
11 τεῖχος, wall
12 μαστός, breast
13 πύργος, tower
14 ἀμπελών, vineyard
15 τηρέω, *pres act ptc dat p m*, guard, protect
16 φέρω, *fut act ind 3s*, bring
17 χίλιοι, thousand
18 ἀργύριον, (piece of) silver
19 ἀμπελών, vineyard
20 χίλιοι, thousand
21 διακόσιοι, two hundred
22 τηρέω, *pres act ptc dat p m*, guard, protect
23 κῆπος, orchard, garden
24 ἑταῖρος, comrade, friend
25 προσέχω, *pres act ptc nom p m*, give heed, pay attention
26 ἀκουτίζω, *aor act impv 2s*, cause to hear
27 φεύγω, *aor act impv 2s*, flee
28 ἀδελφιδός, kinsman, beloved one
29 ὁμοιόω, *aor pas impv 2s*, become like
30 δορκάς, gazelle
31 νεβρός, fawn
32 ἔλαφος, deer
33 ἄρωμα, aromatic spice

ΙΩΒ
Job

Job's Background and Family

1 Ἄνθρωπός τις ἦν ἐν χώρᾳ[1] τῇ Αυσίτιδι, ᾧ ὄνομα Ιωβ, καὶ ἦν ὁ ἄνθρωπος ἐκεῖνος ἀληθινός,[2] ἄμεμπτος,[3] δίκαιος, θεοσεβής,[4] ἀπεχόμενος[5] ἀπὸ παντὸς πονηροῦ πράγματος.[6] **2** ἐγένοντο δὲ αὐτῷ υἱοὶ ἑπτὰ καὶ θυγατέρες[7] τρεῖς. **3** καὶ ἦν τὰ κτήνη[8] αὐτοῦ πρόβατα ἑπτακισχίλια,[9] κάμηλοι[10] τρισχίλιαι,[11] ζεύγη[12] βοῶν[13] πεντακόσια,[14] ὄνοι[15] θήλειαι[16] νομάδες[17] πεντακόσιαι,[18] καὶ ὑπηρεσία[19] πολλὴ σφόδρα[20] καὶ ἔργα μεγάλα ἦν αὐτῷ ἐπὶ τῆς γῆς· καὶ ἦν ὁ ἄνθρωπος ἐκεῖνος εὐγενὴς[21] τῶν ἀφ᾽ ἡλίου ἀνατολῶν.[22]

4 συμπορευόμενοι[23] δὲ οἱ υἱοὶ αὐτοῦ πρὸς ἀλλήλους[24] ἐποιοῦσαν πότον[25] καθ᾽ ἑκάστην ἡμέραν συμπαραλαμβάνοντες[26] ἅμα[27] καὶ τὰς τρεῖς ἀδελφὰς αὐτῶν ἐσθίειν καὶ πίνειν μετ᾽ αὐτῶν. **5** καὶ ὡς ἂν συνετελέσθησαν[28] αἱ ἡμέραι τοῦ πότου,[29] ἀπέστελλεν Ιωβ καὶ ἐκαθάριζεν αὐτοὺς ἀνιστάμενος τὸ πρωὶ[30] καὶ προσέφερεν περὶ αὐτῶν θυσίας[31] κατὰ τὸν ἀριθμὸν[32] αὐτῶν καὶ μόσχον[33] ἕνα περὶ ἁμαρτίας περὶ τῶν ψυχῶν αὐτῶν· ἔλεγεν γὰρ Ιωβ Μήποτε[34] οἱ υἱοί μου ἐν τῇ διανοίᾳ[35] αὐτῶν κακὰ ἐνενόησαν[36] πρὸς θεόν. οὕτως οὖν ἐποίει Ιωβ πάσας τὰς ἡμέρας.

1 χώρα, country, land
2 ἀληθινός, trustworthy, genuine
3 ἄμεμπτος, blameless
4 θεοσεβής, God-fearing
5 ἀπέχω, *pres mid ptc nom s m*, keep distant
6 πρᾶγμα, action, deed
7 θυγάτηρ, daughter
8 κτῆνος, animal, (*p*) herd
9 ἑπτακισχίλιος, seven thousand
10 κάμηλος, camel
11 τρισχίλιοι, three thousand
12 ζεῦγος, pair
13 βοῦς, ox
14 πεντακόσιοι, five hundred
15 ὄνος, donkey
16 θῆλυς, female
17 νομάς, grazing, roaming
18 πεντακόσιοι, five hundred
19 ὑπηρεσία, service
20 σφόδρα, exceedingly
21 εὐγενής, well born
22 ἀνατολή, east
23 συμπορεύομαι, *pres mid ptc nom p m*, come together
24 ἀλλήλων, one another
25 πότος, party, feast
26 συμπαραλαμβάνω, *pres act ptc nom p m*, take along with
27 ἅμα, together
28 συντελέω, *aor pas ind 3p*, come to an end
29 πότος, party, feast
30 πρωί, (in the) morning
31 θυσία, sacrifice
32 ἀριθμός, number
33 μόσχος, calf
34 μήποτε, lest
35 διάνοια, thought, mind
36 ἐννοέω, *aor act ind 3p*, consider, have in mind

Satan's First Test

6 Καὶ ὡς ἐγένετο ἡ ἡμέρα αὕτη, καὶ ἰδοὺ ἦλθον οἱ ἄγγελοι τοῦ θεοῦ παραστῆναι[1]
ἐνώπιον τοῦ κυρίου, καὶ ὁ διάβολος[2] ἦλθεν μετ᾽ αὐτῶν. **7** καὶ εἶπεν ὁ κύριος τῷ
διαβόλῳ[3] Πόθεν[4] παραγέγονας; καὶ ἀποκριθεὶς ὁ διάβολος τῷ κυρίῳ εἶπεν Περι-
ελθὼν[5] τὴν γῆν καὶ ἐμπεριπατήσας[6] τὴν ὑπ᾽ οὐρανὸν πάρειμι.[7] **8** καὶ εἶπεν αὐτῷ ὁ
κύριος Προσέσχες[8] τῇ διανοίᾳ[9] σου κατὰ τοῦ παιδός[10] μου Ιωβ, ὅτι οὐκ ἔστιν κατ᾽
αὐτὸν τῶν ἐπὶ τῆς γῆς ἄνθρωπος ἄμεμπτος,[11] ἀληθινός,[12] θεοσεβής,[13] ἀπεχόμενος[14]
ἀπὸ παντὸς πονηροῦ πράγματος;[15] **9** ἀπεκρίθη δὲ ὁ διάβολος[16] καὶ εἶπεν ἐναντίον[17]
τοῦ κυρίου Μὴ δωρεὰν[18] σέβεται[19] Ιωβ τὸν θεόν; **10** οὐ σὺ περιέφραξας[20] τὰ ἔξω
αὐτοῦ καὶ τὰ ἔσω[21] τῆς οἰκίας αὐτοῦ καὶ τὰ ἔξω πάντων τῶν ὄντων αὐτῷ κύκλῳ;[22]
τὰ ἔργα τῶν χειρῶν αὐτοῦ εὐλόγησας καὶ τὰ κτήνη[23] αὐτοῦ πολλὰ ἐποίησας ἐπὶ
τῆς γῆς. **11** ἀλλὰ ἀπόστειλον τὴν χεῖρά σου καὶ ἅψαι πάντων, ὧν ἔχει· εἰ μὴν[24] εἰς
πρόσωπόν σε εὐλογήσει. **12** τότε εἶπεν ὁ κύριος τῷ διαβόλῳ[25] Ἰδοὺ πάντα, ὅσα
ἔστιν αὐτῷ, δίδωμι ἐν τῇ χειρί σου, ἀλλὰ αὐτοῦ μὴ ἅψῃ. καὶ ἐξῆλθεν ὁ διάβολος
παρὰ τοῦ κυρίου.

13 Καὶ ἦν ὡς ἡ ἡμέρα αὕτη, οἱ υἱοὶ Ιωβ καὶ αἱ θυγατέρες[26] αὐτοῦ ἔπινον οἶνον ἐν τῇ
οἰκίᾳ τοῦ ἀδελφοῦ αὐτῶν τοῦ πρεσβυτέρου.[27] **14** καὶ ἰδοὺ ἄγγελος ἦλθεν πρὸς Ιωβ
καὶ εἶπεν αὐτῷ Τὰ ζεύγη[28] τῶν βοῶν[29] ἠροτρία,[30] καὶ αἱ θήλειαι[31] ὄνοι[32] ἐβόσκοντο[33]
ἐχόμεναι αὐτῶν· **15** καὶ ἐλθόντες οἱ αἰχμαλωτεύοντες[34] ᾐχμαλώτευσαν[35] αὐτὰς καὶ
τοὺς παῖδας[36] ἀπέκτειναν ἐν μαχαίραις·[37] σωθεὶς δὲ ἐγὼ μόνος ἦλθον τοῦ ἀπαγ-
γεῖλαί σοι. **16** Ἔτι τούτου λαλοῦντος ἦλθεν ἕτερος ἄγγελος καὶ εἶπεν πρὸς Ιωβ
Πῦρ ἔπεσεν ἐκ τοῦ οὐρανοῦ καὶ κατέκαυσεν[38] τὰ πρόβατα καὶ τοὺς ποιμένας[39]

1 παρίστημι, *aor act inf*, be present
2 διάβολος, adversary, devil
3 διάβολος, adversary, devil
4 πόθεν, from where
5 περιέρχομαι, *aor act ptc nom s m*, roam around
6 ἐμπεριπατέω, *aor act ptc nom s m*, walking about
7 πάρειμι, *pres act ind 1s*, be present, exist
8 προσέχω, *aor act ind 2s*, consider, evaluate
9 διάνοια, thought, mind
10 παῖς, servant
11 ἄμεμπτος, blameless
12 ἀληθινός, trustworthy, genuine
13 θεοσεβής, God-fearing
14 ἀπέχω, *pres mid ptc nom s m*, keep distant
15 πρᾶγμα, action, deed
16 διάβολος, adversary, devil
17 ἐναντίον, before
18 δωρεάν, without purpose
19 σέβομαι, *pres mid ind 3s*, worship
20 περιφράσσω, *aor act ind 2s*, enclose
21 ἔσω, within, inside
22 κύκλῳ, around
23 κτῆνος, animal, (*p*) herd
24 εἰ μήν, indeed, surely
25 διάβολος, adversary, devil
26 θυγάτηρ, daughter
27 πρέσβυς, *comp*, older
28 ζεῦγος, pair
29 βοῦς, ox
30 ἀροτριάω, *impf act ind 3s*, plow
31 θῆλυς, female
32 ὄνος, donkey
33 βόσκω, *impf mid ind 3p*, graze
34 αἰχμαλωτεύω, *pres act ptc nom p m*, maraud
35 αἰχμαλωτεύω, *aor act ind 3p*, take captive
36 παῖς, servant
37 μάχαιρα, sword
38 κατακαίω, *aor act ind 3s*, scorch, burn completely
39 ποιμήν, shepherd

κατέφαγεν[1] ὁμοίως·[2] καὶ σωθεὶς ἐγὼ μόνος ἦλθον τοῦ ἀπαγγεῖλαί σοι. **17** Ἔτι
τούτου λαλοῦντος ἦλθεν ἕτερος ἄγγελος καὶ εἶπεν πρὸς Ιωβ Οἱ ἱππεῖς[3] ἐποίησαν
ἡμῖν κεφαλὰς τρεῖς καὶ ἐκύκλωσαν[4] τὰς καμήλους[5] καὶ ᾐχμαλώτευσαν[6] αὐτὰς
καὶ τοὺς παῖδας[7] ἀπέκτειναν ἐν μαχαίραις·[8] ἐσώθην δὲ ἐγὼ μόνος καὶ ἦλθον τοῦ
ἀπαγγεῖλαί σοι. **18** Ἔτι τούτου λαλοῦντος ἄλλος ἄγγελος ἔρχεται λέγων τῷ Ιωβ
Τῶν υἱῶν σου καὶ τῶν θυγατέρων[9] σου ἐσθιόντων καὶ πινόντων παρὰ τῷ ἀδελφῷ
αὐτῶν τῶν πρεσβυτέρῳ[10] **19** ἐξαίφνης[11] πνεῦμα μέγα ἐπῆλθεν[12] ἐκ τῆς ἐρήμου καὶ
ἥψατο τῶν τεσσάρων γωνιῶν[13] τῆς οἰκίας, καὶ ἔπεσεν ἡ οἰκία ἐπὶ τὰ παιδία σου, καὶ
ἐτελεύτησαν·[14] ἐσώθην δὲ ἐγὼ μόνος καὶ ἦλθον τοῦ ἀπαγγεῖλαί σοι.

20 Οὕτως ἀναστὰς Ιωβ διέρρηξεν[15] τὰ ἱμάτια αὐτοῦ καὶ ἐκείρατο[16] τὴν κόμην[17] τῆς
κεφαλῆς αὐτοῦ καὶ πεσὼν χαμαὶ[18] προσεκύνησεν καὶ εἶπεν

21 Αὐτὸς γυμνὸς[19] ἐξῆλθον ἐκ κοιλίας[20] μητρός μου,
    γυμνὸς καὶ ἀπελεύσομαι ἐκεῖ·
ὁ κύριος ἔδωκεν,
    ὁ κύριος ἀφείλατο·[21]
ὡς τῷ κυρίῳ ἔδοξεν,[22] οὕτως καὶ ἐγένετο·
    εἴη[23] τὸ ὄνομα κυρίου εὐλογημένον.

22 Ἐν τούτοις πᾶσιν τοῖς συμβεβηκόσιν[24] αὐτῷ οὐδὲν ἥμαρτεν Ιωβ ἐναντίον[25] τοῦ
κυρίου καὶ οὐκ ἔδωκεν ἀφροσύνην[26] τῷ θεῷ.

Satan's Second Test

2 Ἐγένετο δὲ ὡς ἡ ἡμέρα αὕτη καὶ ἦλθον οἱ ἄγγελοι τοῦ θεοῦ παραστῆναι[27]
ἔναντι[28] κυρίου, καὶ ὁ διάβολος[29] ἦλθεν ἐν μέσῳ αὐτῶν ※ παραστῆναι ἐναντίον[30]
τοῦ κυρίου.↙ **2** καὶ εἶπεν ὁ κύριος τῷ διαβόλῳ[31] Πόθεν[32] σὺ ἔρχῃ; τότε εἶπεν ὁ

1 κατεσθίω, *aor act ind 3s*, consume
2 ὁμοίως, likewise
3 ἱππεύς, horseman, cavalryman
4 κυκλόω, *aor act ind 3p*, surround
5 κάμηλος, camel
6 αἰχμαλωτεύω, *aor act ind 3p*, capture
7 παῖς, servant
8 μάχαιρα, sword
9 θυγάτηρ, daughter
10 πρέσβυς, *comp*, older
11 ἐξαίφνης, suddenly
12 ἐπέρχομαι, *aor act ind 3s*, come on, arrive
13 γωνία, corner
14 τελευτάω, *aor act ind 3p*, die
15 διαρρήγνυμι, *aor act ind 3s*, tear
16 κείρω, *aor mid ind 3s*, shear
17 κόμη, hair
18 χαμαί, on the ground
19 γυμνός, naked
20 κοιλία, womb
21 ἀφαιρέω, *aor mid ind 3s*, take away
22 δοκέω, *aor act ind 3s*, seem
23 εἰμί, *pres act opt 3s*, be
24 συμβαίνω, *perf act ptc dat p n*, come to pass
25 ἐναντίον, before
26 ἀφροσύνη, folly, lack of judgment
27 παρίστημι, *aor act inf*, be present
28 ἔναντι, before
29 διάβολος, adversary, devil
30 ἐναντίον, before
31 διάβολος, adversary, devil
32 πόθεν, from where

διάβολος ἐνώπιον τοῦ κυρίου Διαπορευθεὶς[1] τὴν ὑπ᾽ οὐρανὸν καὶ ἐμπεριπατήσας[2] τὴν σύμπασαν[3] πάρειμι.[4]

3 εἶπεν δὲ ὁ κύριος πρὸς τὸν διάβολον[5] Προσέσχες[6] οὖν τῷ θεράποντί[7] μου Ιωβ, ὅτι οὐκ ἔστιν κατ᾽ αὐτὸν τῶν ἐπὶ τῆς γῆς ἄνθρωπος ἄκακος,[8] ἀληθινός,[9] ἄμεμπτος,[10] θεοσεβής,[11] ἀπεχόμενος[12] ἀπὸ παντὸς κακοῦ; ἔτι δὲ ἔχεται ἀκακίας·[13] σὺ δὲ εἶπας τὰ ὑπάρχοντα αὐτοῦ διὰ κενῆς[14] ἀπολέσαι. **4** ὑπολαβὼν[15] δὲ ὁ διάβολος[16] εἶπεν τῷ κυρίῳ Δέρμα[17] ὑπὲρ δέρματος· ὅσα ὑπάρχει ἀνθρώπῳ, ὑπὲρ τῆς ψυχῆς αὐτοῦ ἐκτείσει·[18] **5** οὐ μὴν[19] δὲ ἀλλὰ ἀποστείλας τὴν χεῖρά σου ἅψαι τῶν ὀστῶν[20] αὐτοῦ καὶ τῶν σαρκῶν αὐτοῦ· εἰ μὴν[21] εἰς πρόσωπόν σε εὐλογήσει. **6** εἶπεν δὲ ὁ κύριος τῷ διαβόλῳ[22] Ἰδοὺ παραδίδωμί σοι αὐτόν, μόνον τὴν ψυχὴν αὐτοῦ διαφύλαξον.[23]

7 Ἐξῆλθεν δὲ ὁ διάβολος[24] ἀπὸ τοῦ κυρίου καὶ ἔπαισεν[25] τὸν Ιωβ ἕλκει[26] πονηρῷ ἀπὸ ποδῶν ἕως κεφαλῆς. **8** καὶ ἔλαβεν ὄστρακον,[27] ἵνα τὸν ἰχῶρα[28] ξύῃ,[29] καὶ ἐκάθητο ἐπὶ τῆς κοπρίας[30] ἔξω τῆς πόλεως.

9 Χρόνου δὲ πολλοῦ προβεβηκότος[31] εἶπεν αὐτῷ ἡ γυνὴ αὐτοῦ Μέχρι[32] τίνος καρτερήσεις[33] λέγων **9a** Ἰδοὺ ἀναμένω[34] χρόνον ἔτι μικρὸν προσδεχόμενος[35] τὴν ἐλπίδα τῆς σωτηρίας μου; **9b** ἰδοὺ γὰρ ἠφάνισταί[36] σου τὸ μνημόσυνον[37] ἀπὸ τῆς γῆς, υἱοὶ καὶ θυγατέρες,[38] ἐμῆς κοιλίας[39] ὠδῖνες[40] καὶ πόνοι,[41] οὓς εἰς τὸ κενὸν[42] ἐκοπίασα[43] μετὰ μόχθων.[44] **9c** σύ τε αὐτὸς ἐν σαπρίᾳ[45] σκωλήκων[46] κάθησαι διανυκτερεύων[47]

1 διαπορεύομαι, *aor pas ptc nom s m*, pass through
2 ἐμπεριπατέω, *aor act ptc nom s m*, walk about
3 σύμπας, all, whole
4 πάρειμι, *pres act ind 1s*, be present, exist
5 διάβολος, adversary, devil
6 προσέχω, *aor act ind 2s*, consider, notice
7 θεράπων, servant
8 ἄκακος, innocent
9 ἀληθινός, trustworthy, genuine
10 ἄμεμπτος, blameless
11 θεοσεβής, God-fearing
12 ἀπέχω, *pres mid ptc nom s m*, keep distant
13 ἀκακία, innocent
14 κενός, pointless, without reason
15 ὑπολαμβάνω, *aor act ptc nom s m*, reply
16 διάβολος, adversary, devil
17 δέρμα, skin
18 ἐκτίνω, *fut act ind 3s*, pay off
19 μήν, yet, however
20 ὀστέον, bone
21 εἰ μήν, surely, indeed
22 διάβολος, adversary, devil
23 διαφυλάσσω, *aor act impv 2s*, preserve, protect
24 διάβολος, adversary, devil
25 παίω, *aor act ind 3s*, strike
26 ἕλκος, sore, wound
27 ὄστρακον, potsherd
28 ἰχώρ, pus
29 ξύω, *pres act sub 3s*, scrape off
30 κοπρία, dunghill, trash heap
31 προβαίνω, *perf act ptc gen s m*, go on
32 μέχρι, until
33 καρτερέω, *fut act ind 2s*, persist
34 ἀναμένω, linger
35 προσδέχομαι, *pres mid ptc nom s m*, wait for
36 ἀφανίζω, *perf pas ind 3s*, vanish, disappear
37 μνημόσυνον, memory
38 θυγάτηρ, daughter
39 κοιλία, womb
40 ὠδίν, labor pang
41 πόνος, pain
42 κενός, pointless, without reason
43 κοπιάω, *aor act ind 1s*, labor
44 μόχθος, toil, trouble
45 σαπρία, refuse, detritus
46 σκώληξ, worm
47 διανυκτερεύω, *pres act ptc nom s m*, spend the night

αἴθριος·[1] **9d** κἀγὼ[2] πλανῆτις[3] καὶ λάτρις[4] τόπον ἐκ τόπου περιερχομένη[5] καὶ οἰκίαν
ἐξ οἰκίας προσδεχομένη[6] τὸν ἥλιον πότε[7] δύσεται,[8] ἵνα ἀναπαύσωμαι[9] τῶν μόχθων[10]
καὶ τῶν ὀδυνῶν,[11] αἵ με νῦν συνέχουσιν.[12] **9e** ἀλλὰ εἰπόν τι ῥῆμα εἰς κύριον καὶ
τελεύτα.[13] **10** ὁ δὲ ἐμβλέψας[14] εἶπεν αὐτῇ Ὥσπερ μία τῶν ἀφρόνων[15] γυναικῶν ἐλά-
λησας· εἰ τὰ ἀγαθὰ ἐδεξάμεθα[16] ἐκ χειρὸς κυρίου, τὰ κακὰ οὐχ ὑποίσομεν;[17] ἐν πᾶσιν
τούτοις τοῖς συμβεβηκόσιν[18] αὐτῷ οὐδὲν ἥμαρτεν Ιωβ τοῖς χείλεσιν[19] ἐναντίον[20]
τοῦ θεοῦ.

Visit of the Three Friends

11 Ἀκούσαντες δὲ οἱ τρεῖς φίλοι[21] αὐτοῦ τὰ κακὰ πάντα τὰ ἐπελθόντα[22] αὐτῷ παρ-
εγένοντο ἕκαστος ἐκ τῆς ἰδίας[23] χώρας[24] πρὸς αὐτόν, Ελιφας ὁ Θαιμανων βασιλεύς,
Βαλδαδ ὁ Σαυχαίων τύραννος,[25] Σωφαρ ὁ Μιναίων βασιλεύς, καὶ παρεγένοντο
πρὸς αὐτὸν ὁμοθυμαδὸν[26] τοῦ παρακαλέσαι καὶ ἐπισκέψασθαι[27] αὐτόν. **12** ἰδόντες
δὲ αὐτὸν πόρρωθεν[28] οὐκ ἐπέγνωσαν καὶ βοήσαντες[29] φωνῇ μεγάλῃ ἔκλαυσαν
ῥήξαντες[30] ἕκαστος τὴν ἑαυτοῦ στολὴν[31] καὶ καταπασάμενοι[32] γῆν. **13** παρεκάθισαν[33]
αὐτῷ ἑπτὰ ἡμέρας καὶ ἑπτὰ νύκτας, καὶ οὐδεὶς αὐτῶν ἐλάλησεν· ἑώρων γὰρ τὴν
πληγὴν[34] δεινὴν[35] οὖσαν καὶ μεγάλην σφόδρα.[36]

Job's Introductory Speech

3 Μετὰ τοῦτο ἤνοιξεν Ιωβ τὸ στόμα αὐτοῦ καὶ κατηράσατο[37] τὴν ἡμέραν αὐτοῦ
2 λέγων

1 αἴθριος, in the open
2 κἀγώ, but I, *cr.* καὶ ἐγώ
3 πλανῆτις, wanderer
4 λάτρις, hired servant
5 περιέρχομαι, *pres mid ptc nom s f*, go around
6 προσδέχομαι, *pres mid ptc nom s f*, wait for
7 πότε, when
8 δύω, *fut mid ind 3s*, go down, set
9 ἀναπαύω, *aor mid sub 1s*, take rest from
10 μόχθος, toil, hardship
11 ὀδύνη, pain, grief
12 συνέχω, *pres act ind 3p*, surround, press upon
13 τελευτάω, *pres act impv 2s*, die
14 ἐμβλέπω, *aor act ptc nom s m*, look at
15 ἄφρων, foolish
16 δέχομαι, *aor mid ind 1p*, receive
17 ὑποφέρω, *fut act ind 1p*, endure
18 συμβαίνω, *perf act ptc dat p n*, come about
19 χεῖλος, lip, (speech)
20 ἐναντίον, before
21 φίλος, friend
22 ἐπέρχομαι, *aor act ptc acc p n*, come upon
23 ἴδιος, one's own
24 χώρα, land, country
25 τύραννος, sovereign, ruler
26 ὁμοθυμαδόν, with one accord
27 ἐπισκέπτομαι, *aor mid inf*, visit
28 πόρρωθεν, from a distance
29 βοάω, *aor act ptc nom p m*, cry out
30 ῥήγνυμι, *aor act ptc nom p m*, rip apart
31 στολή, garment
32 καταπάσσω, *aor mid ptc nom p m*, sprinkle with
33 παρακαθίζω, *aor act ind 3p*, sit around
34 πληγή, affliction, misfortune
35 δεινός, terrible, serious
36 σφόδρα, exceedingly
37 καταράομαι, *aor mid ind 3s*, curse

3 Ἀπόλοιτο[1] ἡ ἡμέρα, ἐν ᾗ ἐγεννήθην,
καὶ ἡ νύξ, ἐν ᾗ εἶπαν Ἰδοὺ ἄρσεν.[2]
4 ἡ ἡμέρα ἐκείνη εἴη[3] σκότος,
καὶ μὴ ἀναζητήσαι[4] αὐτὴν ὁ κύριος ἄνωθεν,[5]
μηδὲ ἔλθοι[6] εἰς αὐτὴν φέγγος·[7]
5 ἐκλάβοι[8] δὲ αὐτὴν σκότος καὶ σκιὰ[9] θανάτου,
ἐπέλθοι[10] ἐπ᾽ αὐτὴν γνόφος.[11]
6 καταραθείη[12] ἡ ἡμέρα καὶ ἡ νὺξ ἐκείνη,
ἀπενέγκαιτο[13] αὐτὴν σκότος·
μὴ εἴη[14] εἰς ἡμέρας ἐνιαυτοῦ[15]
μηδὲ ἀριθμηθείη[16] εἰς ἡμέρας μηνῶν·[17]
7 ἀλλὰ ἡ νὺξ ἐκείνη εἴη[18] ὀδύνη,[19]
καὶ μὴ ἔλθοι[20] ἐπ᾽ αὐτὴν εὐφροσύνη[21] μηδὲ χαρμονή·[22]
8 ἀλλὰ καταράσαιτο[23] αὐτὴν ὁ καταρώμενος[24] τὴν ἡμέραν ἐκείνην
ὁ μέλλων[25] τὸ μέγα κῆτος[26] χειρώσασθαι.[27]
9 σκοτωθείη[28] τὰ ἄστρα[29] τῆς νυκτὸς ἐκείνης,
ὑπομείναι[30] καὶ εἰς φωτισμὸν[31] μὴ ἔλθοι[32]
καὶ μὴ ἴδοι[33] ἑωσφόρον[34] ἀνατέλλοντα,[35]
10 ὅτι οὐ συνέκλεισεν[36] πύλας[37] γαστρὸς[38] μητρός μου·
ἀπήλλαξεν[39] γὰρ ἂν πόνον[40] ἀπὸ ὀφθαλμῶν μου.

11 διὰ τί γὰρ ἐν κοιλίᾳ[41] οὐκ ἐτελεύτησα,[42]
ἐκ γαστρὸς[43] δὲ ἐξῆλθον καὶ οὐκ εὐθὺς[44] ἀπωλόμην;

1 ἀπολλύμι, *aor mid opt 3s*, perish
2 ἄρσην, male
3 εἰμί, *pres act opt 3s*, be
4 ἀναζητέω, *aor act opt 3s*, search out
5 ἄνωθεν, above
6 ἔρχομαι, *aor act opt 3s*, come
7 φέγγος, light
8 ἐκλαμβάνω, *aor act opt 3s*, seize
9 σκιά, shadow
10 ἐπέρχομαι, *aor act opt 3s*, come upon
11 γνόφος, gloominess, darkness
12 καταράομαι, *aor pas opt 3s*, curse
13 ἀποφέρω, *aor mid opt 3s*, carry away
14 εἰμί, *pres act opt 3s*, be
15 ἐνιαυτός, year
16 ἀριθμέω, *aor pas opt 3s*, count, number
17 μήν, month
18 εἰμί, *pres act opt 3s*, be
19 ὀδύνη, grief
20 ἔρχομαι, *aor act opt 3s*, come
21 εὐφροσύνη, rejoicing, joy
22 χαρμονή, delight
23 καταράομαι, *aor mid opt 3s*, curse
24 καταράομαι, *pres mid ptc nom s m*, curse
25 μέλλω, *pres act ptc nom s m*, be about to
26 κῆτος, sea monster, giant fish
27 χειρόω, *aor mid inf*, subdue, overpower
28 σκοτόω, *aor pas opt 3s*, darken
29 ἄστρον, star
30 ὑπομένω, *aor act opt 3s*, remain, linger
31 φωτισμός, light, illumination
32 ἔρχομαι, *aor act opt 3s*, come
33 ὁράω, *aor act opt 3s*, see
34 ἑωσφόρος, morning star
35 ἀνατέλλω, *pres act ptc acc s m*, rise up
36 συγκλείω, *aor act ind 3s*, shut, close
37 πύλη, gate
38 γαστήρ, womb
39 ἀπαλλάσσω, *aor act ind 3s*, release, remove
40 πόνος, affliction, distress
41 κοιλία, belly
42 τελευτάω, *aor act ind 1s*, die
43 γαστήρ, womb
44 εὐθύς, immediately

12 ἵνα τί δὲ συνήντησάν[1] μοι γόνατα;[2]
ἵνα τί δὲ μαστοὺς[3] ἐθήλασα;[4]
13 νῦν ἂν κοιμηθεὶς[5] ἡσύχασα,[6]
ὑπνώσας[7] δὲ ἀνεπαυσάμην[8]
14 μετὰ βασιλέων βουλευτῶν[9] γῆς,
οἳ ἠγαυριῶντο[10] ἐπὶ ξίφεσιν,[11]
15 ἢ μετὰ ἀρχόντων, ὧν πολὺς ὁ χρυσός,[12]
οἳ ἔπλησαν[13] τοὺς οἴκους αὐτῶν ἀργυρίου,[14]
16 ἢ ὥσπερ ἔκτρωμα[15] ἐκπορευόμενον ἐκ μήτρας[16] μητρὸς
ἢ ὥσπερ νήπιοι,[17] οἳ οὐκ εἶδον φῶς.
17 ἐκεῖ ἀσεβεῖς[18] ἐξέκαυσαν[19] θυμὸν[20] ὀργῆς,
ἐκεῖ ἀνεπαύσαντο[21] κατάκοποι[22] τῷ σώματι·
18 ὁμοθυμαδὸν[23] δὲ οἱ αἰώνιοι
οὐκ ἤκουσαν φωνὴν φορολόγου·[24]
19 μικρὸς καὶ μέγας ἐκεῖ ἐστιν
καὶ θεράπων[25] οὐ δεδοικὼς[26] τὸν κύριον αὐτοῦ.

20 ἵνα τί γὰρ δέδοται τοῖς ἐν πικρίᾳ[27] φῶς,
ζωὴ δὲ ταῖς ἐν ὀδύναις[28] ψυχαῖς;
21 οἳ ὁμείρονται[29] τοῦ θανάτου καὶ οὐ τυγχάνουσιν[30]
ἀνορύσσοντες[31] ὥσπερ θησαυρούς,[32]
22 περιχαρεῖς[33] δὲ ἐγένοντο,
ἐὰν κατατύχωσιν.[34]
23 θάνατος ἀνδρὶ ἀνάπαυμα,[35]
συνέκλεισεν[36] γὰρ ὁ θεὸς κατ᾽ αὐτοῦ·

1 συναντάω, *aor act ind 3p*, meet
2 γόνυ, knee
3 μαστός, breast
4 θηλάζω, *aor act ind 1s*, nurse
5 κοιμάω, *aor pas ptc nom s m*, go to bed
6 ἡσυχάζω, *aor act ind 1s*, be still
7 ὑπνόω, *aor act ptc nom s m*, sleep
8 ἀναπαύω, *aor mid ind 1s*, be at rest
9 βουλευτής, counselor
10 ἀγαυριάομαι, *impf mid ind 3p*, be insolent
11 ξίφος, sword
12 χρυσός, gold
13 πίμπλημι, *aor act ind 3p*, fill up
14 ἀργύριον, silver, money
15 ἔκτρωμα, untimely birth
16 μήτρα, womb
17 νήπιος, infant
18 ἀσεβής, ungodly, wicked
19 ἐκκαίω, *aor act ind 3p*, kindle up
20 θυμός, anger, wrath
21 ἀναπαύω, *aor mid ind 3p*, be at rest
22 κατάκοπος, weary
23 ὁμοθυμαδόν, with one accord
24 φορολόγος, tax collector
25 θεράπων, servant
26 δείδω, *perf act ptc nom s m*, fear
27 πικρία, bitterness
28 ὀδύνη, grief, pain
29 ὁμείρομαι, *pres mid ind 3p*, earnestly desire
30 τυγχάνω, *pres act ind 3p*, obtain
31 ἀνορύσσω, *pres act ptc nom p m*, dig for
32 θησαυρός, treasure
33 περιχαρής, very glad
34 κατατυγχάνω, *aor act sub 3p*, be successful
35 ἀνάπαυμα, rest
36 συγκλείω, *aor act ind 3s*, confine, imprison

24 πρὸ γὰρ τῶν σίτων[1] μου στεναγμός[2] μοι ἥκει,[3]
δακρύω[4] δὲ ἐγὼ συνεχόμενος[5] φόβῳ·
25 φόβος γάρ, ὃν ἐφρόντισα,[6] ἦλθέν μοι,
καὶ ὃν ἐδεδοίκειν,[7] συνήντησέν[8] μοι.
26 οὔτε εἰρήνευσα[9] οὔτε ἡσύχασα[10] οὔτε ἀνεπαυσάμην,[11]
ἦλθεν δέ μοι ὀργή.

First Series: Eliphaz's Speech

4 Ὑπολαβὼν[12] δὲ Ελιφας ὁ Θαιμανίτης λέγει

2 Μὴ πολλάκις[13] σοι λελάληται ἐν κόπῳ;[14]
ἰσχὺν[15] δὲ ῥημάτων σου τίς ὑποίσει;[16]
3 εἰ γὰρ σὺ ἐνουθέτησας[17] πολλοὺς
καὶ χεῖρας ἀσθενοῦς[18] παρεκάλεσας
4 ἀσθενοῦντάς[19] τε ἐξανέστησας[20] ῥήμασιν
γόνασίν[21] τε ἀδυνατοῦσιν[22] θάρσος[23] περιέθηκας,[24]
5 νῦν δὲ ἥκει[25] ἐπὶ σὲ πόνος[26] καὶ ἥψατό σου,
σὺ δὲ ἐσπούδασας.[27]
6 πότερον[28] οὐχ ὁ φόβος σού ἐστιν ἐν ἀφροσύνῃ[29]
καὶ ἡ ἐλπίς σου καὶ ἡ ἀκακία[30] τῆς ὁδοῦ σου;
7 μνήσθητι[31] οὖν τίς καθαρὸς[32] ὢν ἀπώλετο
ἢ πότε[33] ἀληθινοὶ[34] ὁλόρριζοι[35] ἀπώλοντο.

1 σῖτος, grain, (food)
2 στεναγμός, groaning
3 ἥκω, *pres act ind 3s*, have come
4 δακρύω, *pres act ind 1s*, weep
5 συνέχω, *pres pas ptc nom s m*, seize, beset
6 φροντίζω, *aor act ind 1s*, be concerned about
7 δείδω, *plpf act ind 1s*, fear
8 συναντάω, *aor act ind 3s*, come upon, befall
9 εἰρηνεύω, *aor act ind 1s*, be at peace
10 ἡσυχάζω, *aor act ind 1s*, be still
11 ἀναπαύω, *aor mid ind 1s*, be at rest
12 ὑπολαμβάνω, *aor act ptc nom s m*, reply
13 πολλάκις, often
14 κόπος, trouble, distress
15 ἰσχύς, power, force
16 ὑποφέρω, *fut act ind 3s*, withstand, endure
17 νουθετέω, *aor act ind 2s*, admonish, exhort
18 ἀσθενής, helpless
19 ἀσθενέω, *pres act ptc acc p m*, be helpless
20 ἐξανίστημι, *aor act ind 2s*, raise up
21 γόνυ, knee
22 ἀδυνατέω, *pres act ptc dat p n*, be weak
23 θάρσος, courage
24 περιτίθημι, *aor act ind 2s*, put on, clothe
25 ἥκω, *pres act ind 3s*, come
26 πόνος, affliction, distress
27 σπουδάζω, *aor act ind 2s*, hurry
28 πότερον, whether
29 ἀφροσύνη, foolishness
30 ἀκακία, innocence
31 μιμνῄσκομαι, *aor pas impv 2s*, recollect, recall
32 καθαρός, pure
33 πότε, when
34 ἀληθινός, true
35 ὁλόρριζος, with the root

8 καθ᾽ ὃν τρόπον[1] εἶδον τοὺς ἀροτριῶντας[2] τὰ ἄτοπα,[3]
οἱ δὲ σπείροντες[4] αὐτὰ ὀδύνας[5] θεριοῦσιν[6] ἑαυτοῖς.
9 ἀπὸ προστάγματος[7] κυρίου ἀπολοῦνται,
ἀπὸ δὲ πνεύματος ὀργῆς αὐτοῦ ἀφανισθήσονται.[8]
10 σθένος[9] λέοντος,[10] φωνὴ δὲ λεαίνης,[11]
γαυρίαμα[12] δὲ δρακόντων[13] ἐσβέσθη·[14]
11 μυρμηκολέων[15] ὤλετο[16] παρὰ τὸ μὴ ἔχειν βοράν,[17]
σκύμνοι[18] δὲ λεόντων[19] ἔλιπον[20] ἀλλήλους.[21]
12 εἰ δέ τι ῥῆμα ἀληθινὸν[22] ἐγεγόνει[23] ἐν λόγοις σου,
οὐθὲν[24] ἄν σοι τούτων κακὸν ἀπήντησεν.[25]
πότερον[26] οὐ δέξεταί[27] μου τὸ οὖς ἐξαίσια[28] παρ᾽ αὐτοῦ;

13 φόβοι δὲ καὶ ἠχὼ[29] νυκτερινή,[30]
ἐπιπίπτων[31] φόβος ἐπ᾽ ἀνθρώπους,
14 φρίκη[32] δέ μοι συνήντησεν[33] καὶ τρόμος[34]
καὶ μεγάλως[35] μου τὰ ὀστᾶ[36] συνέσεισεν,[37]
15 καὶ πνεῦμα ἐπὶ πρόσωπόν μου ἐπῆλθεν,[38]
ἔφριξαν[39] δέ μου τρίχες[40] καὶ σάρκες.
16 ἀνέστην, καὶ οὐκ ἐπέγνων·
εἶδον, καὶ οὐκ ἦν μορφὴ[41] πρὸ ὀφθαλμῶν μου,
ἀλλ᾽ ἢ αὔραν[42] καὶ φωνὴν ἤκουον

1 καθ᾽ ὃν τρόπον, just as
2 ἀροτριάω, *pres act ptc acc p m*, plow
3 ἄτοπος, out of place
4 σπείρω, *pres act ptc nom p m*, sow
5 ὀδύνη, pain, grief
6 θερίζω, *fut act ind 3p*, reap
7 πρόσταγμα, command, order
8 ἀφανίζω, *fut pas ind 3p*, remove, destroy
9 σθένος, strength
10 λέων, lion
11 λέαινα, lioness
12 γαυρίαμα, arrogance, pride
13 δράκων, dragon
14 σβέννυμι, *aor pas ind 3s*, suppress, extinguish
15 μυρμηκολέων, ant lion?
16 ὄλλυμι, *aor mid ind 3s*, perish
17 βορά, food
18 σκύμνος, cub
19 λέων, lion
20 λείπω, *aor act ind 3p*, abandon
21 ἀλλήλων, one another
22 ἀληθινός, truthful
23 γίνομαι, *plpf act ind 3s*, be
24 οὐθείς, nothing
25 ἀπαντάω, *aor act ind 3s*, meet with
26 πότερον, whether
27 δέχομαι, *fut mid ind 3s*, accept
28 ἐξαίσιος, extraordinary, remarkable
29 ἠχώ, sound
30 νυκτερινός, at night
31 ἐπιπίπτω, *pres act ptc nom s m*, fall upon
32 φρίκη, trembling, shaking fear
33 συναντάω, *aor act ind 3s*, meet
34 τρόμος, quaking
35 μεγάλως, drastically, greatly
36 ὀστέον, bone
37 συσσείω, *aor act ind 3s*, shake
38 ἐπέρχομαι, *aor act ind 3s*, come upon
39 φρίσσω, *aor act ind 3p*, tremble, shiver
40 θρίξ, hair
41 μορφή, form, shape
42 αὔρα, breath, breeze

17 Τί γάρ; μὴ καθαρὸς[1] ἔσται βροτὸς[2] ἐναντίον[3] κυρίου
ἢ ἀπὸ τῶν ἔργων αὐτοῦ ἄμεμπτος[4] ἀνήρ;
18 εἰ κατὰ παίδων[5] αὐτοῦ οὐ πιστεύει,
κατὰ δὲ ἀγγέλων αὐτοῦ σκολιόν[6] τι ἐπενόησεν,[7]
19 τοὺς δὲ κατοικοῦντας οἰκίας πηλίνας,[8]
ἐξ ὧν καὶ αὐτοὶ ἐκ τοῦ αὐτοῦ πηλοῦ[9] ἐσμεν,
ἔπαισεν[10] αὐτοὺς σητὸς[11] τρόπον·[12]
20 καὶ ἀπὸ πρωίθεν[13] ἕως ἑσπέρας[14] οὐκέτι εἰσίν,
παρὰ τὸ μὴ δύνασθαι αὐτοὺς ἑαυτοῖς βοηθῆσαι[15] ἀπώλοντο·
21 ἐνεφύσησεν[16] γὰρ αὐτοῖς καὶ ἐξηράνθησαν,[17]
ἀπώλοντο παρὰ τὸ μὴ ἔχειν αὐτοὺς σοφίαν.

5 ἐπικάλεσαι[18] δέ, εἴ τίς σοι ὑπακούσεται,[19]
ἢ εἴ τινα ἀγγέλων ἁγίων ὄψῃ.
2 καὶ γὰρ ἄφρονα[20] ἀναιρεῖ[21] ὀργή,
πεπλανημένον δὲ θανατοῖ[22] ζῆλος.[23]
3 ἐγὼ δὲ ἑώρακα ἄφρονας[24] ῥίζαν[25] βάλλοντας,[26]
ἀλλ᾿ εὐθέως[27] ἐβρώθη[28] αὐτῶν ἡ δίαιτα.[29]
4 πόρρω[30] γένοιντο[31] οἱ υἱοὶ αὐτῶν ἀπὸ σωτηρίας,
κολαβρισθείησαν[32] δὲ ἐπὶ θύραις ἡσσόνων,[33]
καὶ οὐκ ἔσται ὁ ἐξαιρούμενος·[34]
5 ἃ γὰρ ἐκεῖνοι συνήγαγον, δίκαιοι ἔδονται,
αὐτοὶ δὲ ἐκ κακῶν οὐκ ἐξαίρετοι[35] ἔσονται,
ἐκσιφωνισθείη[36] αὐτῶν ἡ ἰσχύς.[37]

1 καθαρός, pure
2 βροτός, mortal (man)
3 ἐναντίον, before
4 ἄμεμπτος, blameless
5 παῖς, servant
6 σκολιός, dishonest, crooked
7 ἐπινοέω, *aor act ind 3s*, notice, perceive
8 πήλινος, of clay
9 πηλός, clay
10 παίω, *aor act ind 3s*, strike
11 σής, moth
12 τρόπος, manner
13 πρωΐθεν, morning
14 ἑσπέρα, evening
15 βοηθέω, *aor act inf*, help
16 ἐμφυσάω, *aor act ind 3s*, breath on
17 ξηραίνω, *aor pas ind 3p*, dry up, wither
18 ἐπικαλέω, *aor mid impv 2s*, call
19 ὑπακούω, *fut mid ind 3s*, listen
20 ἄφρων, foolish
21 ἀναιρέω, *pres act ind 3s*, kill, slay
22 θανατόω, *pres act ind 3s*, put to death
23 ζῆλος, jealousy
24 ἄφρων, foolish
25 ῥίζα, root
26 βάλλω, *pres act ptc acc p m*, put down, thrust in
27 εὐθέως, immediately
28 βιβρώσκω, *aor pas ind 3s*, devour
29 δίαιτα, means of existence, way of living
30 πόρρω, far away
31 γίνομαι, *aor mid opt 3p*, be
32 κολαβρίζω, *aor pas opt 3p*, ridicule
33 ἥσσων (ττ), *comp of* κακός, inferior
34 ἐξαιρέω, *pres mid ptc nom s m*, deliver
35 ἐξαίρετος, excepted, exempt
36 ἐκσιφωνίζω, *aor pas opt 3s*, drain, exhaust
37 ἰσχύς, strength

6 οὐ γὰρ μὴ ἐξέλθῃ ἐκ τῆς γῆς κόπος,[1]
οὐδὲ ἐξ ὀρέων ἀναβλαστήσει[2] πόνος·[3]
7 ἀλλὰ ἄνθρωπος γεννᾶται κόπῳ,[4]
νεοσσοὶ[5] δὲ γυπὸς[6] τὰ ὑψηλὰ[7] πέτονται.[8]

8 οὐ μὴν[9] δὲ ἀλλὰ ἐγὼ δεηθήσομαι[10] κυρίου,
κύριον δὲ τὸν πάντων δεσπότην[11] ἐπικαλέσομαι[12]
9 τὸν ποιοῦντα μεγάλα καὶ ἀνεξιχνίαστα,[13]
ἔνδοξά[14] τε καὶ ἐξαίσια,[15] ὧν οὐκ ἔστιν ἀριθμός·[16]
10 τὸν διδόντα ὑετὸν[17] ἐπὶ τὴν γῆν,
ἀποστέλλοντα ὕδωρ ἐπὶ τὴν ὑπ᾽ οὐρανόν·
11 τὸν ποιοῦντα ταπεινοὺς[18] εἰς ὕψος[19]
καὶ ἀπολωλότας ἐξεγείροντα·[20]
12 διαλλάσσοντα[21] βουλὰς[22] πανούργων,[23]
καὶ οὐ μὴ ποιήσουσιν αἱ χεῖρες αὐτῶν ἀληθές.[24]
13 ὁ καταλαμβάνων[25] σοφοὺς[26] ἐν τῇ φρονήσει,[27]
βουλὴν[28] δὲ πολυπλόκων[29] ἐξέστησεν·[30]
14 ἡμέρας συναντήσεται[31] αὐτοῖς σκότος,
τὸ δὲ μεσημβρινὸν[32] ψηλαφήσαισαν[33] ἴσα[34] νυκτί.
15 ἀπόλοιντο[35] δὲ ἐν πολέμῳ,
ἀδύνατος[36] δὲ ἐξέλθοι[37] ἐκ χειρὸς δυνάστου·[38]
16 εἴη[39] δὲ ἀδυνάτῳ[40] ἐλπίς,
ἀδίκου[41] δὲ στόμα ἐμφραχθείη.[42]

1 κόπος, trouble, difficulty
2 ἀναβλαστάνω, *fut act ind 3s*, sprout up
3 πόνος, labor, affliction
4 κόπος, trouble, difficulty
5 νεοσσός, young bird
6 γύψ, vulture
7 ὑψηλός, high, elevated
8 πέτομαι, *pres mid ind 3p*, fly
9 μήν, nevertheless
10 δέομαι, *fut pas ind 1s*, supplicate, entreat
11 δεσπότης, ruler, master
12 ἐπικαλέω, *fut mid ind 1s*, call on
13 ἀνεξιχνίαστος, inscrutable
14 ἔνδοξος, honorable, glorious
15 ἐξαίσιος, extraordinary, marvelous
16 ἀριθμός, number
17 ὑετός, rain
18 ταπεινός, humble, lowly
19 ὕψος, high place, height
20 ἐξεγείρω, *pres act ptc acc s m*, raise up
21 διαλλάσσω, *pres act ptc acc s m*, change, alter
22 βουλή, purpose, counsel
23 πανοῦργος, crafty
24 ἀληθής, genuine, true
25 καταλαμβάνω, *pres act ptc nom s m*, catch
26 σοφός, wise, clever
27 φρόνησις, intelligence, craftiness
28 βουλή, purpose, counsel
29 πολύπλοκος, crafty, scheming
30 ἐξίστημι, *aor act ind 3s*, confound, subvert
31 συναντάω, *fut mid ind 3s*, meet
32 μεσημβρινός, at noon
33 ψηλαφάω, *aor act opt 3p*, grope, feel around
34 ἴσος, like, equally
35 ἀπόλλυμι, *aor mid opt 3p*, perish
36 ἀδύνατος, powerless, weak
37 ἐξέρχομαι, *aor act opt 3s*, come out, get away
38 δυνάστης, mighty
39 εἰμί, *pres act opt 3s*, be
40 ἀδύνατος, powerless, weak
41 ἄδικος, unjust
42 ἐμφράσσω, *aor pas opt 3s*, block, shut up

17 μακάριος[1] δὲ ἄνθρωπος, ὃν ἤλεγξεν[2] ὁ κύριος·
νουθέτημα[3] δὲ παντοκράτορος[4] μὴ ἀπαναίνου.[5]
18 αὐτὸς γὰρ ἀλγεῖν[6] ποιεῖ καὶ πάλιν[7] ἀποκαθίστησιν·[8]
ἔπαισεν,[9] καὶ αἱ χεῖρες αὐτοῦ ἰάσαντο.[10]
19 ἑξάκις[11] ἐξ ἀναγκῶν[12] σε ἐξελεῖται,[13]
ἐν δὲ τῷ ἑβδόμῳ[14] οὐ μὴ ἅψηταί σου κακόν.
20 ἐν λιμῷ[15] ῥύσεταί[16] σε ἐκ θανάτου,
ἐν πολέμῳ δὲ ἐκ χειρὸς σιδήρου[17] λύσει σε.
21 ἀπὸ μάστιγος[18] γλώσσης σε κρύψει,[19]
καὶ οὐ μὴ φοβηθῇς ἀπὸ κακῶν ἐρχομένων.
22 ἀδίκων[20] καὶ ἀνόμων[21] καταγελάσῃ,[22]
ἀπὸ δὲ θηρίων ἀγρίων[23] οὐ μὴ φοβηθῇς·
23 θῆρες[24] γὰρ ἄγριοι[25] εἰρηνεύσουσίν[26] σοι.

24 εἶτα[27] γνώσῃ ὅτι εἰρηνεύσει[28] σου ὁ οἶκος,
ἡ δὲ δίαιτα[29] τῆς σκηνῆς[30] σου οὐ μὴ ἁμάρτῃ.
25 γνώσῃ δὲ ὅτι πολὺ τὸ σπέρμα σου,
τὰ δὲ τέκνα σου ἔσται ὥσπερ τὸ παμβότανον[31] τοῦ ἀγροῦ.
26 ἐλεύσῃ δὲ ἐν τάφῳ[32] ὥσπερ σῖτος[33] ὥριμος[34]
κατὰ καιρὸν θεριζόμενος[35]
ἢ ὥσπερ θημωνιὰ[36] ἅλωνος[37]
καθ᾽ ὥραν[38] συγκομισθεῖσα.[39]

1 μακάριος, blessed
2 ἐλέγχω, *aor act ind 3s*, reprove, reproach
3 νουθέτημα, admonition
4 παντοκράτωρ, almighty, ruler of all
5 ἀπαναίνομαι, *pres mid impv 2s*, reject
6 ἀλγέω, *pres act inf*, feel pain
7 πάλιν, again
8 ἀποκαθίστημι, *pres act ind 3s*, restore, alleviate
9 παίω, *aor act ind 3s*, strike, hit
10 ἰάομαι, *aor mid ind 3p*, heal, repair
11 ἑξάκις, six times
12 ἀνάγκη, distress
13 ἐξαιρέω, *fut mid ind 3s*, deliver
14 ἕβδομος, seventh
15 λιμός, hunger, famine
16 ῥύομαι, *fut mid ind 3s*, deliver, rescue
17 σίδηρος, iron
18 μάστιξ, whip, scourge
19 κρύπτω, *fut act ind 3s*, hide
20 ἄδικος, unjust
21 ἄνομος, lawless
22 καταγελάω, *fut mid ind 2s*, mock, laugh at
23 ἄγριος, wild (animal)
24 θήρ, animal
25 ἄγριος, wild
26 εἰρηνεύω, *fut act ind 3p*, be at peace
27 εἶτα, then
28 εἰρηνεύω, *fut act ind 3s*, be at peace
29 δίαιτα, means of existence, provisions
30 σκηνή, tent
31 παμβότανον, grass, flora
32 τάφος, grave
33 σῖτος, grain
34 ὥριμος, in season
35 θερίζω, *pres pas ptc nom s m*, reap, harvest
36 θημωνιά, heap
37 ἅλων, threshing floor
38 ὥρα, season
39 συγκομίζω, *aor pas ptc nom s f*, gather, collect

27 ἰδοὺ ταῦτα οὕτως ἐξιχνιάσαμεν,[1]
ταῦτά ἐστιν ἃ ἀκηκόαμεν·
σὺ δὲ γνῶθι σεαυτῷ εἴ τι ἔπραξας.[2]

Job's Reply to Eliphaz

6 Ὑπολαβὼν[3] δὲ Ιωβ λέγει

2 Εἰ γάρ τις ἱστῶν στήσαι[4] μου τὴν ὀργήν,
τὰς δὲ ὀδύνας[5] μου ἄραι ἐν ζυγῷ[6] ὁμοθυμαδόν,[7]
3 καὶ δὴ[8] ἄμμου[9] παραλίας[10] βαρυτέρα[11] ἔσται·
ἀλλ᾽ ὡς ἔοικεν,[12] τὰ ῥήματά μού ἐστιν φαῦλα.[13]
4 βέλη[14] γὰρ κυρίου ἐν τῷ σώματί μού ἐστιν,
ὧν ὁ θυμὸς[15] αὐτῶν ἐκπίνει[16] μου τὸ αἷμα·
ὅταν ἄρξωμαι λαλεῖν, κεντοῦσί[17] με.
5 τί γάρ; μὴ διὰ κενῆς[18] κεκράξεται ὄνος[19] ἄγριος,[20]
ἀλλ᾽ ἢ τὰ σῖτα[21] ζητῶν;
εἰ δὲ καὶ ῥήξει[22] φωνὴν βοῦς[23] ἐπὶ φάτνης[24]
ἔχων τὰ βρώματα;[25]
6 εἰ βρωθήσεται[26] ἄρτος ἄνευ[27] ἁλός;[28]
εἰ δὲ καὶ ἔστιν γεῦμα[29] ἐν ῥήμασιν κενοῖς;[30]
7 οὐ δύναται γὰρ παύσασθαί[31] μου ἡ ψυχή·
βρόμον[32] γὰρ ὁρῶ τὰ σῖτά[33] μου ὥσπερ ὀσμὴν[34] λέοντος.[35]

8 εἰ γὰρ δῴη,[36] καὶ ἔλθοι[37] μου ἡ αἴτησις,[38]
καὶ τὴν ἐλπίδα μου δῴη[39] ὁ κύριος.

1 ἐξιχνιάζω, *aor act ind 1p*, search out, track down
2 πράσσω, *aor act ind 2s*, do
3 ὑπολαμβάνω, *aor act ptc nom s m*, reply
4 ἵστημι, *aor act opt 3s*, weigh out
5 ὀδύνη, pain, sorrow
6 ζυγός, balance, scale
7 ὁμοθυμαδόν, together
8 δή, indeed
9 ἄμμος, sand
10 παράλιος, by the sea
11 βαρύς, *comp*, heavier
12 ἔοικα, *perf act ind 3s*, seem, be like
13 φαῦλος, worthless
14 βέλος, arrow
15 θυμός, anger, wrath
16 ἐκπίνω, *pres act ind 3s*, drink
17 κεντέω, *pres act ind 3p*, stab, pierce
18 κενός, pointless
19 ὄνος, donkey
20 ἄγριος, wild
21 σῖτος, grain
22 ῥήγνυμι, *fut act ind 3s*, burst out, break into
23 βοῦς, ox, cow
24 φάτνη, stall, manger
25 βρῶμα, food
26 βιβρώσκω, *fut pas ind 3s*, eat
27 ἄνευ, without
28 ἅλς, salt
29 γεῦμα, taste
30 κενός, empty, pointless
31 παύω, *aor mid inf*, stop, cease
32 βρόμος, wild oats
33 σῖτος, grain
34 ὀσμή, odor, smell
35 λέων, lion
36 δίδωμι, *aor act opt 3s*, grant, give
37 ἔρχομαι, *aor act opt 3s*, arrive, proceed
38 αἴτησις, request
39 δίδωμι, *aor act opt 3s*, grant

9 ἀρξάμενος ὁ κύριος τρωσάτω[1] με,
εἰς τέλος δὲ μή με ἀνελέτω.[2]
10 εἴη[3] δέ μου πόλις τάφος,[4] ἐφ᾽ ἧς ἐπὶ τειχέων[5] ἡλλόμην[6] ἐπ᾽ αὐτῆς,
οὐ μὴ φείσωμαι·[7]
οὐ γὰρ ἐψευσάμην[8] ῥήματα ἅγια θεοῦ μου.
11 τίς γάρ μου ἡ ἰσχύς,[9] ὅτι ὑπομένω;[10]
ἢ τίς μου ὁ χρόνος, ὅτι ἀνέχεταί[11] μου ἡ ψυχή;
12 μὴ ἰσχὺς[12] λίθων ἡ ἰσχύς μου;
ἢ αἱ σάρκες μού εἰσιν χάλκειαι;[13]
13 ἢ οὐκ ἐπ᾽ αὐτῷ ἐπεποίθειν;[14]
βοήθεια[15] δὲ ἀπ᾽ ἐμοῦ ἄπεστιν.[16]

14 ἀπείπατό[17] με ἔλεος,[18]
ἐπισκοπὴ[19] δὲ κυρίου ὑπερεῖδέν[20] με.
15 οὐ προσεῖδόν[21] με οἱ ἐγγύτατοί[22] μου·
ὥσπερ χειμάρρους[23] ἐκλείπων[24]
ἢ ὥσπερ κῦμα[25] παρῆλθόν[26] με·
16 οἵτινές με διευλαβοῦντο,[27] νῦν ἐπιπεπτώκασίν[28] μοι
ὥσπερ χιὼν[29] ἢ κρύσταλλος[30] πεπηγώς·[31]
17 καθὼς τακεῖσα[32] θέρμης[33] γενομένης
οὐκ ἐπεγνώσθη ὅπερ[34] ἦν,
18 οὕτως κἀγὼ[35] κατελείφθην[36] ὑπὸ πάντων,
ἀπωλόμην δὲ καὶ ἔξοικος[37] ἐγενόμην.

1 τιτρώσκω, *aor act impv 3s*, wound
2 ἀναιρέω, *aor act impv 3s*, kill, destroy
3 εἰμί, *pres act opt 3s*, be
4 τάφος, grave, tomb
5 τεῖχος, wall
6 ἅλλομαι, *impf mid ind 1s*, leap on, jump over
7 φείδομαι, *aor mid sub 1s*, spare
8 ψεύδομαι, *aor mid ind 1s*, misrepresent, speak falsely about
9 ἰσχύς, strength
10 ὑπομένω, *pres act ind 1s*, remain, endure
11 ἀνέχω, *pres mid ind 3s*, hold out, bear up
12 ἰσχύς, strength
13 χάλκειος, of bronze
14 πείθω, *plpf act ind 1s*, trust
15 βοήθεια, help
16 ἄπειμι, *pres act ind 3s*, be far away
17 ἀπαγορεύω, *aor mid ind 3s*, renounce
18 ἔλεος, mercy
19 ἐπισκοπή, visitation
20 ὑπεροράω, *aor act ind 3s*, disregard
21 προσοράω, *aor act ind 3p*, look at
22 ἐγγύς, *sup*, nearest, closest
23 χείμαρρος, torrent, wadi
24 ἐκλείπω, *pres act ptc nom s m*, run out, come to an end
25 κῦμα, wave (of water)
26 παρέρχομαι, *aor act ind 3p*, pass by
27 διευλαβέομαι, *impf mid ind 3p*, beware of
28 ἐπιπίπτω, *perf act ind 3p*, fall upon
29 χιών, snow
30 κρύσταλλος, ice
31 πήγνυμι, *perf act ptc nom s m*, (be frozen), be firm
32 τήκω, *aor pas ptc nom s f*, melt
33 θέρμη, heat
34 ὅσπερ, which, what
35 κἀγώ, I too, *cr.* καὶ ἐγώ
36 καταλείπω, *aor pas ind 1s*, abandon
37 ἔξοικος, homeless

19 ἴδετε ὁδοὺς Θαιμανων,
ἀτραποὺς[1] Σαβων, οἱ διορῶντες·[2]
20 καὶ αἰσχύνην[3] ὀφειλήσουσιν[4]
οἱ ἐπὶ πόλεσιν καὶ χρήμασιν[5] πεποιθότες.
21 ἀτὰρ[6] δὲ καὶ ὑμεῖς ἐπέβητέ[7] μοι ἀνελεημόνως,[8]
ὥστε ἰδόντες τὸ ἐμὸν τραῦμα[9] φοβήθητε.
22 τί γάρ; μή τι ὑμᾶς ᾔτησα[10]
ἢ τῆς παρ᾽ ὑμῶν ἰσχύος[11] ἐπιδέομαι[12]
23 ὥστε σῶσαί με ἐξ ἐχθρῶν
ἢ ἐκ χειρὸς δυναστῶν[13] ῥύσασθαί[14] με;

24 διδάξατέ με, ἐγὼ δὲ κωφεύσω·[15]
εἴ τι πεπλάνημαι, φράσατέ[16] μοι.
25 ἀλλ᾽ ὡς ἔοικεν,[17] φαῦλα[18] ἀληθινοῦ[19] ῥήματα,
οὐ γὰρ παρ᾽ ὑμῶν ἰσχὺν[20] αἰτοῦμαι·[21]
26 οὐδὲ ὁ ἔλεγχος[22] ὑμῶν ῥήμασίν με παύσει,[23]
οὐδὲ γὰρ ὑμῶν φθέγμα[24] ῥήματος ἀνέξομαι.[25]
27 πλὴν ὅτι ἐπ᾽ ὀρφανῷ[26] ἐπιπίπτετε,[27]
ἐνάλλεσθε[28] δὲ ἐπὶ φίλῳ[29] ὑμῶν.

28 νυνὶ[30] δὲ εἰσβλέψας[31] εἰς πρόσωπα ὑμῶν
οὐ ψεύσομαι.[32]
29 καθίσατε δὴ[33] καὶ μὴ εἴη[34] ἄδικον,[35]
καὶ πάλιν[36] τῷ δικαίῳ συνέρχεσθε.[37]

1 ἀτραπός, pathway, roadway
2 διοράω, *pres act ptc nom p m*, mark out, see clearly
3 αἰσχύνη, shame
4 ὀφείλω, *fut act ind 3p*, be bound to, incur
5 χρῆμα, wealth, riches
6 ἀτάρ, yet
7 ἐπιβαίνω, *aor act ind 2p*, walk over, tread upon
8 ἀνελεημόνως, mercilessly
9 τραῦμα, trauma
10 αἰτέω, *aor act ind 1s*, ask
11 ἰσχύς, strength
12 ἐπιδέομαι, *pres mid ind 1s*, need
13 δυνάστης, ruler
14 ῥύομαι, *aor mid inf*, save, rescue
15 κωφεύω, *fut act ind 1s*, keep quiet
16 φράζω, *aor act impv 2p*, explain, demonstrate
17 ἔοικα, *perf act ind 3s*, seem, be like
18 φαῦλος, worthless
19 ἀληθινός, trustworthy
20 ἰσχύς, power, strength
21 αἰτέω, *pres mid ind 1s*, demand, ask for
22 ἔλεγχος, rebuke, reproof
23 παύω, *fut act ind 3s*, cease, stop
24 φθέγμα, sound
25 ἀνέχω, *fut mid ind 1s*, tolerate
26 ὀρφανός, orphaned
27 ἐπιπίπτω, *pres act ind 2p*, fall upon
28 ἐνάλλομαι, *pres mid ind 2p*, jump on
29 φίλος, friend
30 νυνί, now
31 εἰσβλέπω, *aor act ptc nom s m*, look upon
32 ψεύδομαι, *fut mid ind 1s*, like
33 δή, now, then
34 εἰμί, *pres act opt 3s*, be
35 ἄδικος, unjust
36 πάλιν, again
37 συνέρχομαι, *pres mid ind 2p*, unite

30 οὐ γάρ ἐστιν ἐν γλώσσῃ μου ἄδικον·[1]
ἢ ὁ λάρυγξ[2] μου οὐχὶ σύνεσιν[3] μελετᾷ;[4]

7 πότερον[5] οὐχὶ πειρατήριόν[6] ἐστιν ὁ βίος[7] ἀνθρώπου ἐπὶ τῆς γῆς
καὶ ὥσπερ μισθίου[8] αὐθημερινοῦ[9] ἡ ζωὴ αὐτοῦ;
2 ἢ ὥσπερ θεράπων[10] δεδοικὼς[11] τὸν κύριον αὐτοῦ καὶ τετευχὼς[12] σκιᾶς[13]
ἢ ὥσπερ μισθωτὸς[14] ἀναμένων[15] τὸν μισθὸν[16] αὐτοῦ.
3 οὕτως κἀγὼ[17] ὑπέμεινα[18] μῆνας[19] κενούς,[20]
νύκτες δὲ ὀδυνῶν[21] δεδομέναι μοί εἰσιν.
4 ἐὰν κοιμηθῶ,[22] λέγω Πότε[23] ἡμέρα;
ὡς δ᾽ ἂν ἀναστῶ, πάλιν[24] Πότε ἑσπέρα;[25]
πλήρης[26] δὲ γίνομαι ὀδυνῶν[27] ἀπὸ ἑσπέρας ἕως πρωί.[28]
5 φύρεται[29] δέ μου τὸ σῶμα ἐν σαπρίᾳ[30] σκωλήκων,[31]
τήκω[32] δὲ βώλακας[33] γῆς ἀπὸ ἰχῶρος[34] ξύων.[35]
6 ὁ δὲ βίος[36] μού ἐστιν ἐλαφρότερος[37] λαλιᾶς,[38]
ἀπόλωλεν δὲ ἐν κενῇ[39] ἐλπίδι.

7 μνήσθητι[40] οὖν ὅτι πνεῦμά μου ἡ ζωὴ
καὶ οὐκέτι ἐπανελεύσεται[41] ὁ ὀφθαλμός μου ἰδεῖν ἀγαθόν.
8 ※οὐ περιβλέψεταί[42] με ὀφθαλμὸς ὁρῶντός με·
※οἱ ὀφθαλμοί σου ἐν ἐμοί, καὶ οὐκέτι εἰμί.↙

1 ἄδικος, unjust
2 λάρυγξ, throat
3 σύνεσις, understanding
4 μελετάω, *pres act ind 3s*, strive toward, cultivate
5 πότερον, is not
6 πειρατήριον, trial, test
7 βίος, life
8 μίσθιος, hired laborer
9 αὐθημερινός, daily, short-term
10 θεράπων, servant
11 δείδω, *perf act ptc nom s m*, fear, respect
12 τυγχάνω, *perf act ptc nom s m*, meet, obtain, find
13 σκιά, (obscurity), shadow
14 μισθωτός, hired
15 ἀναμένω, *pres act ptc nom s m*, wait for
16 μισθός, wages, pay
17 κἀγώ, I too, *cr.* καὶ ἐγώ
18 ὑπομένω, *aor act ind 1s*, hold out, endure
19 μήν, month
20 κενός, worthless, pointless
21 ὀδύνη, pain, grief
22 κοιμάω, *aor pas sub 1s*, lie down
23 πότε, when
24 πάλιν, again
25 ἑσπέρα, evening
26 πλήρης, full
27 ὀδύνη, pain, grief
28 πρωί, morning
29 φύρω, *pres pas ind 3s*, spoil
30 σαπρία, decay
31 σκώληξ, worm
32 τήκω, *pres act ind 1s*, consume
33 βῶλαξ, clod
34 ἰχώρ, pus, dried blood
35 ξύω, *pres act ptc nom s m*, scrape off
36 βίος, life
37 ἐλαφρός, *comp*, lighter
38 λαλιά, chatter, conversation
39 κενός, empty, pointless
40 μιμνῄσκομαι, *aor pas impv 2s*, remember
41 ἐπανέρχομαι, *fut mid ind 3s*, come around, return
42 περιβλέπω, *fut mid ind 3s*, look for

9 ὥσπερ νέφος[1] ἀποκαθαρθὲν[2] ἀπ᾽ οὐρανοῦ.
ἐὰν γὰρ ἄνθρωπος καταβῇ εἰς ᾅδην,[3] οὐκέτι μὴ ἀναβῇ
10 οὐδ᾽ οὐ μὴ ἐπιστρέψῃ ἔτι εἰς τὸν ἴδιον[4] οἶκον,
οὐδὲ μὴ ἐπιγνῷ αὐτὸν ἔτι ὁ τόπος αὐτοῦ.

11 ἀτὰρ οὖν οὐδὲ ἐγὼ φείσομαι[5] τῷ στόματί μου,
λαλήσω ἐν ἀνάγκῃ[6] ὤν,
ἀνοίξω πικρίαν[7] ψυχῆς μου συνεχόμενος.[8]
12 πότερον[9] θάλασσά εἰμι ἢ δράκων,[10]
ὅτι κατέταξας[11] ἐπ᾽ ἐμὲ φυλακήν;
13 εἶπα ὅτι Παρακαλέσει με ἡ κλίνη[12] μου,
ἀνοίσω[13] δὲ πρὸς ἐμαυτὸν[14] ἰδίᾳ[15] λόγον τῇ κοίτῃ[16] μου·
14 ἐκφοβεῖς[17] με ἐνυπνίοις
καὶ ἐν ὁράμασίν[18] με καταπλήσσεις.[19]
15 ἀπαλλάξεις[20] ἀπὸ πνεύματός μου τὴν ψυχήν μου,
ἀπὸ δὲ θανάτου τὰ ὀστᾶ[21] μου.
16 οὐ γὰρ εἰς τὸν αἰῶνα ζήσομαι, ἵνα μακροθυμήσω·[22]
ἀπόστα[23] ἀπ᾽ ἐμοῦ, κενὸς[24] γάρ μου ὁ βίος.[25]
17 τί γάρ ἐστιν ἄνθρωπος, ὅτι ἐμεγάλυνας[26] αὐτὸν
ἢ ὅτι προσέχεις[27] τὸν νοῦν[28] εἰς αὐτὸν
18 ἢ ἐπισκοπὴν[29] αὐτοῦ ποιήσῃ ἕως τὸ πρωὶ[30]
καὶ εἰς ἀνάπαυσιν[31] αὐτὸν κρινεῖς;
19 ἕως τίνος οὐκ ἐᾷς[32] με
οὐδὲ προΐῃ[33] με, ἕως ἂν καταπίω[34] τὸν πτύελόν[35] μου ἐν ὀδύνῃ;[36]

1 νέφος, cloud
2 ἀποκαθαίρω, *aor pas ptc nom s n*, clear away
3 ᾅδης, Hades, underworld
4 ἴδιος, one's own
5 φείδομαι, *fut mid ind 1s*, refrain
6 ἀνάγκη, distress
7 πικρία, bitterness
8 συνέχω, *pres pas ptc nom s m*, enclose, oppress
9 πότερον, (either of the two), whether
10 δράκων, dragon, serpent
11 κατατάσσω, *aor act ind 2s*, set, appoint
12 κλίνη, bed
13 ἀναφέρω, *fut act ind 1s*, mull things over (*with* λόγον)
14 ἐμαυτοῦ, myself
15 ἴδιος, one's own
16 κοίτη, bed
17 ἐκφοβέω, *pres act ind 2s*, scare, alarm
18 ὅραμα, vision, apparition
19 καταπλήσσω, *pres act ind 2s*, terrify
20 ἀπαλλάσσω, *fut act ind 2s*, release, deliver
21 ὀστέον, bone
22 μακροθυμέω, *aor act sub 1s*, be patient
23 ἀφίστημι, *aor act impv 2s*, depart
24 κενός, empty, pointless
25 βίος, life, existence
26 μεγαλύνω, *aor act ind 2s*, magnify
27 προσέχω, *pres act ind 2s*, focus
28 νοῦς, mind
29 ἐπισκοπή, visitation
30 πρωί, morning
31 ἀνάπαυσις, rest
32 ἐάω, *pres act ind 2s*, leave alone
33 προΐημι, *pres mid ind 2s*, dismiss
34 καταπίνω, *aor act sub 1s*, swallow
35 πτύελος, saliva, spit
36 ὀδύνη, pain

20 εἰ ἐγὼ ἥμαρτον, τί δύναμαί σοι πρᾶξαι,[1]
ὁ ἐπιστάμενος[2] τὸν νοῦν[3] τῶν ἀνθρώπων;
διὰ τί ἔθου με κατεντευκτήν[4] σου,
εἰμὶ δὲ ἐπὶ σοὶ φορτίον;[5]
21 καὶ διὰ τί οὐκ ἐποιήσω τῆς ἀνομίας[6] μου λήθην[7]
καὶ καθαρισμὸν[8] τῆς ἁμαρτίας μου;
νυνὶ[9] δὲ εἰς γῆν ἀπελεύσομαι,
ὀρθρίζων[10] δὲ οὐκέτι εἰμί.

First Series: Bildad's Speech

8 Ὑπολαβὼν[11] δὲ Βαλδαδ ὁ Σαυχίτης λέγει

2 Μέχρι[12] τίνος λαλήσεις ταῦτα;
πνεῦμα πολυρῆμον[13] τοῦ στόματός σου.
3 μὴ ὁ κύριος ἀδικήσει[14] κρίνων
ἢ ὁ τὰ πάντα ποιήσας ταράξει[15] τὸ δίκαιον;
4 εἰ οἱ υἱοί σου ἥμαρτον ἐναντίον[16] αὐτοῦ,
ἀπέστειλεν ἐν χειρὶ ἀνομίας[17] αὐτῶν.
5 σὺ δὲ ὄρθριζε[18] πρὸς κύριον παντοκράτορα[19] δεόμενος.[20]
6 εἰ καθαρὸς[21] εἶ καὶ ἀληθινός,[22] δεήσεως[23] ἐπακούσεταί[24] σου,
ἀποκαταστήσει[25] δέ σοι δίαιταν[26] δικαιοσύνης·
7 ἔσται οὖν τὰ μὲν πρῶτά σου ὀλίγα,[27]
τὰ δὲ ἔσχατά σου ἀμύθητα.[28]

8 ἐπερώτησον[29] γὰρ γενεὰν πρώτην,
ἐξιχνίασον[30] δὲ κατὰ γένος[31] πατέρων·

1 πράσσω, *aor act inf*, do
2 ἐπίσταμαι, *pres mid ptc nom s m*, know, understand
3 νοῦς, mind
4 κατεντευκτής, accuser
5 φορτίον, burden
6 ἀνομία, lawlessneess
7 λήθη, oblivion
8 καθαρισμός, purification
9 νυνί, now
10 ὀρθρίζω, *pres act ptc nom s m*, (become morning)
11 ὑπολαμβάνω, *aor act ptc nom s m*, reply
12 μέχρι, until
13 πολυρρήμων, wordy
14 ἀδικέω, *fut act ind 3s*, act unjustly
15 ταράσσω, *fut act ind 3s*, disturb, confuse
16 ἐναντίον, before
17 ἀνομία, lawlessness
18 ὀρθρίζω, *pres act impv 2s*, rise up early
19 παντοκράτωρ, almighty, ruler of all
20 δέομαι, *pres mid ptc nom s m*, pray, supplicate
21 καθαρός, pure
22 ἀληθινός, trustworthy, genuine
23 δέησις, petition
24 ἐπακούω, *fut mid ind 3s*, hear
25 ἀποκαθίστημι, *fut act ind 3s*, restore
26 δίαιτα, mode of life
27 ὀλίγος, few
28 ἀμύθητος, incredibly great
29 ἐπερωτάω, *aor act impv 2s*, consult, ask
30 ἐξιχνιάζω, *aor act impv 2s*, trace back
31 γένος, family

9 χθιζοὶ[1] γάρ ἐσμεν καὶ οὐκ οἴδαμεν,
σκιὰ[2] γάρ ἐστιν ἡμῶν ἐπὶ τῆς γῆς ὁ βίος.[3]
10 ἢ οὐχ οὗτοί σε διδάξουσιν καὶ ἀναγγελοῦσιν[4]
καὶ ἐκ καρδίας ἐξάξουσιν[5] ῥήματα;

11 μὴ θάλλει[6] πάπυρος[7] ἄνευ[8] ὕδατος
ἢ ὑψωθήσεται[9] βούτομον[10] ἄνευ πότου;[11]
12 ἔτι ὂν ἐπὶ ῥίζης[12] καὶ οὐ μὴ θερισθῇ,[13]
πρὸ τοῦ πιεῖν πᾶσα βοτάνη[14] οὐχὶ ξηραίνεται.[15]
13 οὕτως τοίνυν[16] ἔσται τὰ ἔσχατα
πάντων τῶν ἐπιλανθανομένων[17] τοῦ κυρίου·
ἐλπὶς γὰρ ἀσεβοῦς[18] ἀπολεῖται.
14 ἀοίκητος[19] γὰρ αὐτοῦ ἔσται ὁ οἶκος,
ἀράχνη[20] δὲ αὐτοῦ ἀποβήσεται[21] ἡ σκηνή.[22]
15 ἐὰν ὑπερείσῃ[23] τὴν οἰκίαν αὐτοῦ, οὐ μὴ στῇ·
ἐπιλαβομένου[24] δὲ αὐτοῦ οὐ μὴ ὑπομείνῃ·[25]
16 ὑγρὸς[26] γάρ ἐστιν ὑπὸ ἡλίου,
καὶ ἐκ σαπρίας[27] αὐτοῦ ὁ ῥάδαμνος[28] αὐτοῦ ἐξελεύσεται.
17 ἐπὶ συναγωγὴν λίθων κοιμᾶται,[29]
ἐν δὲ μέσῳ χαλίκων[30] ζήσεται.
18 ἐὰν καταπίῃ,[31] ὁ τόπος ψεύσεται[32] αὐτόν·
οὐχ ἑόρακας τοιαῦτα.[33]
19 ὅτι καταστροφὴ[34] ἀσεβοῦς[35] τοιαύτη,[36]
ἐκ δὲ γῆς ἄλλον ἀναβλαστήσει.[37]

1 χθιζός, of yesterday
2 σκιά, shadow
3 βίος, life, existence
4 ἀναγγέλλω, *fut act ind 3p*, announce, declare
5 ἐξάγω, *fut act ind 3p*, bring out
6 θάλλω, *pres act ind 3s*, grow
7 πάπυρος, papyrus
8 ἄνευ, without
9 ὑψόω, *fut pas ind 3s*, raise up
10 βούτομον, reed
11 πότος, drinking
12 ῥίζα, root
13 θερίζω, *aor pas sub 3s*, cut down
14 βοτάνη, plant
15 ξηραίνω, *pres pas ind 3s*, dry up
16 τοίνυν, accordingly
17 ἐπιλανθάνω, *pres mid ptc gen p m*, forget
18 ἀσεβής, ungodly, wicked
19 ἀοίκητος, uninhabited
20 ἀράχνη, spiderweb
21 ἀποβαίνω, *fut mid ind 3s*, prove to be
22 σκηνή, tent
23 ὑπερείδω, *aor act sub 3s*, support
24 ἐπιλαμβάνω, *aor mid ptc gen s m*, take hold of
25 ὑπομένω, *aor act sub 3s*, stand, remain
26 ὑγρός, green, supple
27 σαπρία, decay
28 ῥάδαμνος, shoot, twig
29 κοιμάω, *fut mid ind 3s*, go to sleep
30 χάλιξ, pebble
31 καταπίνω, *aor act sub 3s*, swallow up
32 ψεύδομαι, *fut mid ind 3s*, defame, deceive
33 τοιοῦτος, such
34 καταστροφή, destruction, ruin
35 ἀσεβής, ungodly, wicked
36 τοιοῦτος, such
37 ἀναβλαστάνω, *fut act ind 3s*, sprout up

20 ὁ γὰρ κύριος οὐ μὴ ἀποποιήσηται[1] τὸν ἄκακον,[2]
πᾶν δὲ δῶρον[3] ἀσεβοῦς[4] οὐ δέξεται.[5]
21 ἀληθινῶν[6] δὲ στόμα ἐμπλήσει[7] γέλωτος,[8]
τὰ δὲ χείλη[9] αὐτῶν ἐξομολογήσεως·[10]
22 οἱ δὲ ἐχθροὶ αὐτῶν ἐνδύσονται[11] αἰσχύνην,[12]
δίαιτα[13] δὲ ἀσεβοῦς[14] οὐκ ἔσται.

Job's Reply to Bildad

9 Ὑπολαβὼν[15] δὲ Ιωβ λέγει

2 Ἐπ᾽ ἀληθείας οἶδα ὅτι οὕτως ἐστίν·
πῶς γὰρ ἔσται δίκαιος βροτὸς[16] παρὰ κυρίῳ;
3 ἐὰν γὰρ βούληται κριθῆναι αὐτῷ,
οὐ μὴ ὑπακούσῃ[17] αὐτῷ,
ἵνα μὴ ἀντείπῃ[18] πρὸς ἕνα λόγον αὐτοῦ ἐκ χιλίων.[19]
4 σοφὸς[20] γάρ ἐστιν διανοίᾳ,[21] κραταιός[22] τε καὶ μέγας·
τίς σκληρὸς[23] γενόμενος ἐναντίον[24] αὐτοῦ ὑπέμεινεν;[25]
5 ὁ παλαιῶν[26] ὄρη καὶ οὐκ οἴδασιν,
ὁ καταστρέφων[27] αὐτὰ ὀργῇ·
6 ὁ σείων[28] τὴν ὑπ᾽ οὐρανὸν ἐκ θεμελίων,[29]
οἱ δὲ στῦλοι[30] αὐτῆς σαλεύονται·[31]
7 ὁ λέγων τῷ ἡλίῳ καὶ οὐκ ἀνατέλλει,[32]
κατὰ δὲ ἄστρων[33] κατασφραγίζει·[34]
8 ὁ τανύσας[35] τὸν οὐρανὸν μόνος
καὶ περιπατῶν[36] ὡς ἐπ᾽ ἐδάφους[37] ἐπὶ θαλάσσης·

1 ἀποποιέω, *aor mid sub 3s*, reject
2 ἄκακος, innocent
3 δῶρον, bribe, gift
4 ἀσεβής, ungodly, wicked
5 δέχομαι, *fut mid ind 3s*, accept
6 ἀληθινός, sincere, trustworthy
7 ἐμπίμπλημι, *fut act ind 3s*, fill
8 γέλως, laughter
9 χεῖλος, lip, (speech)
10 ἐξομολόγησις, thanksgiving
11 ἐνδύω, *fut mid ind 3p*, clothe, put on
12 αἰσχύνη, shame, disgrace
13 δίαιτα, way of life
14 ἀσεβής, ungodly, wicked
15 ὑπολαμβάνω, *aor act ptc nom s m*, reply
16 βροτός, mortal
17 ὑπακούω, *aor act sub 3s*, listen
18 ἀντιλέγω, *aor act sub 3s*, contest, oppose
19 χίλιοι, thousand
20 σοφός, wise, clever
21 διάνοια, mind
22 κραταιός, powerful, strong
23 σκληρός, hard, (stubborn)
24 ἐναντίον, before
25 ὑπομένω, *aor act ind 3s*, remain, endure
26 παλαιόω, *pres act ptc nom s m*, make old
27 καταστρέφω, *pres act ptc nom s m*, turn upside down
28 σείω, *pres act ptc nom s m*, shake
29 θεμέλιον, foundation
30 στῦλος, pillar
31 σαλεύω, *pres pas ind 3p*, rock, sway
32 ἀνατέλλω, *pres act ind 3s*, rise
33 ἄστρον, star
34 κατασφραγίζω, *pres act ind 3s*, seal up
35 τανύω, *aor act ptc nom s m*, stretch out
36 περιπατέω, *pres act ptc nom s m*, walk around
37 ἔδαφος, ground

9 ὁ ποιῶν Πλειάδα καὶ Ἕσπερον
καὶ Ἀρκτοῦρον καὶ ταμιεῖα[1] νότου·[2]
10 ὁ ποιῶν μεγάλα καὶ ἀνεξιχνίαστα,[3]
ἔνδοξά[4] τε καὶ ἐξαίσια,[5] ὧν οὐκ ἔστιν ἀριθμός.[6]
11 ἐὰν ὑπερβῇ[7] με, οὐ μὴ ἴδω·
καὶ ἐὰν παρέλθῃ[8] με, οὐδ᾽ ὧς ἔγνων.
12 ἐὰν ἀπαλλάξῃ,[9] τίς ἀποστρέψει;[10]
ἢ τίς ἐρεῖ αὐτῷ Τί ἐποίησας;
13 αὐτὸς γὰρ ἀπέστραπται[11] ὀργήν,
ὑπ᾽ αὐτοῦ ἐκάμφθησαν[12] κήτη[13] τὰ ὑπ᾽ οὐρανόν.

14 ἐὰν δέ μου ὑπακούσηται,[14]
ἢ διακρινεῖ[15] τὰ ῥήματά μου.
15 ἐάν τε γὰρ ὦ δίκαιος, οὐκ εἰσακούσεταί[16] μου,
※τοῦ κρίματος[17] αὐτοῦ δεηθήσομαι·[18]↙
16 ἐάν τε καλέσω καὶ ὑπακούσῃ,[19]
οὐ πιστεύω ὅτι εἰσακήκοέν[20] μου.
17 μὴ γνόφῳ[21] με ἐκτρίψῃ;[22]
πολλὰ δέ μου τὰ συντρίμματα[23] πεποίηκεν διὰ κενῆς.[24]
18 οὐκ ἐᾷ[25] γάρ με ἀναπνεῦσαι,[26]
ἐνέπλησεν[27] δέ με πικρίας.[28]
19 ὅτι μὲν γὰρ ἰσχύι[29] κρατεῖ·
τίς οὖν κρίματι[30] αὐτοῦ ἀντιστήσεται;[31]
20 ἐὰν γὰρ ὦ[32] δίκαιος, τὸ στόμα μου ἀσεβήσει·[33]
ἐάν τε ὦ ἄμεμπτος,[34] σκολιὸς[35] ἀποβήσομαι.[36]

1 ταμιεῖον, inner chamber
2 νότος, south
3 ἀνεξιχνίαστος, incomprehensible
4 ἔνδοξος, reputable, glorious
5 ἐξαίσιος, remarkable, extraordinary
6 ἀριθμός, number
7 ὑπερβαίνω, *aor act sub 3s*, pass over, step across
8 παρέρχομαι, *aor act sub 3s*, pass by
9 ἀπαλλάσσω, *aor act sub 3s*, remove, take away
10 ἀποστρέφω, *fut act ind 3s*, return
11 ἀποστρέφω, *perf mid ind 3s*, turn away
12 κάμπτω, *aor pas ind 3p*, bend down
13 κῆτος, sea monster, giant fish
14 ὑπακούω, *aor mid sub 3s*, listen
15 διακρίνω, *fut act ind 3s*, pass judgment on
16 εἰσακούω, *fut mid ind 3s*, listen
17 κρίμα, judgment
18 δέομαι, *fut pas ind 1s*, request, entreat
19 ὑπακούω, *aor act sub 3s*, respond
20 εἰσακούω, *perf act ind 3s*, hear
21 γνόφος, darkness
22 ἐκτρίβω, *aor act sub 3s*, erase, wipe out
23 σύντριμμα, affliction, wound
24 κενός, worthless, pointless
25 ἐάω, *pres act ind 3s*, permit, let
26 ἀναπνέω, *aor act inf*, catch one's breath, recover
27 ἐμπίμπλημι, *aor act ind 3s*, fill up
28 πικρία, bitterness
29 ἰσχύς, might, force
30 κρίμα, decision, judgment
31 ἀνθίστημι, *fut mid ind 3s*, resist, withstand
32 εἰμί, *pres act sub 1s*, be
33 ἀσεβέω, *fut act ind 3s*, be sinful, be ungodly
34 ἄμεμπτος, blameless
35 σκολιός, crooked, perverse
36 ἀποβαίνω, *fut mid ind 1s*, prove, turn out

21 εἴτε[1] γὰρ ἠσέβησα,[2] οὐκ οἶδα τῇ ψυχῇ,
πλὴν ὅτι ἀφαιρεῖταί[3] μου ἡ ζωή.
22 διὸ[4] εἶπον Μέγαν καὶ δυνάστην[5] ἀπολλύει ὀργή,
23 ὅτι φαῦλοι[6] ἐν θανάτῳ ἐξαισίῳ,[7]
ἀλλὰ δίκαιοι καταγελῶνται·[8]
24 παραδέδονται γὰρ εἰς χεῖρας ἀσεβοῦς.[9]
※πρόσωπα κριτῶν[10] αὐτῆς συγκαλύπτει·[11]
※εἰ δὲ μὴ αὐτός, τίς ἐστιν;↙

25 ὁ δὲ βίος[12] μού ἐστιν ἐλαφρότερος[13] δρομέως·[14]
ἀπέδρασαν[15] καὶ οὐκ εἴδοσαν.
26 ἢ καὶ ἔστιν ναυσὶν[16] ἴχνος[17] ὁδοῦ
ἢ ἀετοῦ[18] πετομένου[19] ζητοῦντος βοράν;[20]
27 ἐάν τε γὰρ εἴπω, ἐπιλήσομαι[21] λαλῶν,
συγκύψας[22] τῷ προσώπῳ στενάξω.[23]
28 σείομαι[24] πᾶσιν τοῖς μέλεσιν,[25]
οἶδα γὰρ ὅτι οὐκ ἀθῷόν[26] με ἐάσεις.[27]
29 ἐπειδὴ[28] δέ εἰμι ἀσεβής,[29]
διὰ τί οὐκ ἀπέθανον;
30 ἐὰν γὰρ ἀπολούσωμαι[30] χιόνι[31]
καὶ ἀποκαθάρωμαι[32] χερσὶν καθαραῖς,[33]
31 ἱκανῶς[34] ἐν ῥύπῳ[35] με ἔβαψας,[36]
ἐβδελύξατο[37] δέ με ἡ στολή.[38]

1 εἴτε, even if
2 ἀσεβέω, *aor act ind 1s*, be sinful, be ungodly
3 ἀφαιρέω, *pres pas ind 3s*, take away
4 διό, for that reason
5 δυνάστης, ruler
6 φαῦλος, worthless
7 ἐξαίσιος, remarkable, extraordinary
8 καταγελάω, *pres pas ind 3p*, scorn, deride
9 ἀσεβής, ungodly, wicked
10 κριτής, judge
11 συγκαλύπτω, *pres act ind 3s*, cover
12 βίος, life
13 ἐλαφρός, *comp*, swifter, more nimble
14 δρομεύς, runner
15 ἀποδιδράσκω, *aor act ind 3p*, run away
16 ναῦς, ship
17 ἴχνος, route
18 ἀετός, eagle
19 πέτομαι, *pres mid ptc gen s m*, fly
20 βορά, food
21 ἐπιλανθάνομαι, *fut mid ind 1s*, forget
22 συγκύπτω, *aor act ptc nom s m*, bend over
23 στενάζω, *fut act ind 1s*, sigh, groan
24 σείω, *pres pas ind 1s*, shake, shiver
25 μέλος, limb
26 ἀθῷος, innocent
27 ἐάω, *fut act ind 2s*, permit
28 ἐπειδή, since
29 ἀσεβής, ungodly, wicked
30 ἀπολούω, *aor mid sub 1s*, wash
31 χιών, snow
32 ἀποκαθαίρω, *aor mid sub 1s*, cleanse
33 καθαρός, pure, clean
34 ἱκανῶς, completely, fully
35 ῥύπος, filth, dirt
36 βάπτω, *aor act ind 2s*, immerse
37 βδελύσσω, *aor mid ind 3s*, detest
38 στολή, clothing

32 οὐ γὰρ εἶ ἄνθρωπος κατ᾽ ἐμέ,
ᾧ ἀντικρινοῦμαι,[1]
ἵνα ἔλθωμεν ὁμοθυμαδὸν[2] εἰς κρίσιν.
33 εἴθε[3] ἦν ὁ μεσίτης[4] ἡμῶν καὶ ἐλέγχων[5]
καὶ διακούων[6] ἀνὰ μέσον[7] ἀμφοτέρων·[8]
34 ἀπαλλαξάτω[9] ἀπ᾽ ἐμοῦ τὴν ῥάβδον,[10]
ὁ δὲ φόβος αὐτοῦ μή με στροβείτω,[11]
35 καὶ οὐ μὴ φοβηθῶ, ἀλλὰ λαλήσω·
οὐ γὰρ οὕτω συνεπίσταμαι.[12]

10 κάμνων[13] τῇ ψυχῇ μου,
στένων[14] ἐπαφήσω[15] ἐπ᾽ αὐτὸν τὰ ῥήματά μου·
λαλήσω πικρίᾳ[16] ψυχῆς μου συνεχόμενος[17]
2 καὶ ἐρῶ πρὸς κύριον Μή με ἀσεβεῖν[18] δίδασκε·
καὶ διὰ τί με οὕτως ἔκρινας;
3 ἦ καλόν σοι, ἐὰν ἀδικήσω,[19]
ὅτι ἀπείπω[20] ἔργα χειρῶν σου,
βουλῇ[21] δὲ ἀσεβῶν[22] προσέσχες;[23]
4 ἦ ὥσπερ βροτὸς[24] ὁρᾷ καθορᾷς[25]
※ἦ καθὼς ὁρᾷ ἄνθρωπος βλέψῃ;↙
5 ἦ ὁ βίος[26] σου ἀνθρώπινός[27] ἐστιν
ἢ τὰ ἔτη σου ἀνδρός;
6 ὅτι ἀνεζήτησας[28] τὴν ἀνομίαν[29] μου
καὶ τὰς ἁμαρτίας μου ἐξιχνίασας.[30]

1 ἀντικρίνομαι, *fut mid ind 1s*, resist, contend against
2 ὁμοθυμαδόν, together
3 εἴθε, would that
4 μεσίτης, mediator
5 ἐλέγχω, *pres act ptc nom s m*, investigate, arbitrate
6 διακούω, *pres act ptc nom s m*, hear a case
7 ἀνὰ μέσον, between
8 ἀμφότεροι, both
9 ἀπαλλάσσω, *aor act impv 3s*, remove
10 ῥάβδος, rod
11 στροβέω, *pres act impv 3s*, distress
12 συνεπίσταμαι, *pres mid ind 1s*, know perfectly well
13 κάμνω, *pres act ptc nom s m*, be weary
14 στένω, *pres act ptc nom s m*, groan, sigh
15 ἐπαφίημι, *fut act ind 1s*, set loose upon
16 πικρία, bitterness
17 συνέχω, *pres pas ptc nom s m*, constrain, oppress
18 ἀσεβέω, *pres act inf*, ungodly, wicked
19 ἀδικέω, *aor act sub 1s*, do wrong
20 ἀπαγορεύω, *aor mid ind 2s*, denounce, disown
21 βουλή, counsel, advice
22 ἀσεβής, ungodly, wicked
23 προσέχω, *aor act ind 2s*, care about
24 βροτός, mortal
25 καθοράω, *pres act ind 2s*, see, perceive
26 βίος, life
27 ἀνθρώπινος, human
28 ἀναζητέω, *aor act ind 2s*, investigate
29 ἀνομία, lawlessness
30 ἐξιχνιάζω, *aor act ind 2s*, track down

7 οἶδας γὰρ ὅτι οὐκ ἠσέβησα·[1]
ἀλλὰ τίς ἐστιν ὁ ἐκ τῶν χειρῶν σου ἐξαιρούμενος;[2]
8 αἱ χεῖρές σου ἔπλασάν[3] με καὶ ἐποίησάν με,
μετὰ ταῦτα μεταβαλών[4] με ἔπαισας.[5]

9 μνήσθητι[6] ὅτι πηλόν[7] με ἔπλασας,[8]
εἰς δὲ γῆν με πάλιν[9] ἀποστρέφεις.[10]
10 ἢ οὐχ ὥσπερ γάλα[11] με ἤμελξας,[12]
ἐτύρωσας[13] δέ με ἴσα[14] τυρῷ;[15]
11 δέρμα[16] καὶ κρέας[17] με ἐνέδυσας,[18]
ὀστέοις[19] δὲ καὶ νεύροις[20] με ἐνεῖρας.[21]
12 ζωὴν δὲ καὶ ἔλεος[22] ἔθου παρ᾽ ἐμοί,
ἡ δὲ ἐπισκοπή[23] σου ἐφύλαξέν μου τὸ πνεῦμα.
13 ταῦτα ἔχων ἐν σεαυτῷ οἶδα ὅτι πάντα δύνασαι,
ἀδυνατεῖ[24] δέ σοι οὐθέν.[25]
14 ἐάν τε γὰρ ἁμάρτω, φυλάσσεις με,
ἀπὸ δὲ ἀνομίας[26] οὐκ ἀθῷόν[27] με πεποίηκας.
15 ἐάν τε γὰρ ἀσεβὴς[28] ὦ,[29] οἴμμοι·[30]
ἐάν τε ὦ δίκαιος, οὐ δύναμαι ἀνακύψαι,[31]
πλήρης[32] γὰρ ἀτιμίας[33] εἰμί.
16 ἀγρεύομαι[34] γὰρ ὥσπερ λέων[35] εἰς σφαγήν,[36]
πάλιν[37] δὲ μεταβαλὼν[38] δεινῶς[39] με ὀλέκεις[40]

1 ἀσεβέω, *aor act ind 1s*, act sinfully, commit sacrilege
2 ἐξαιρέω, *pres mid ptc nom s m*, deliver, rescue
3 πλάσσω, *aor act ind 3p*, form, mold
4 μεταβάλλω, *aor act ptc nom s m*, change one's mind
5 παίω, *aor act ind 2s*, strike
6 μιμνῄσκομαι, *aor pas impv 2s*, remember
7 πηλός, clay, mud
8 πλάσσω, *aor act ind 2s*, form, mold
9 πάλιν, again
10 ἀποστρέφω, *pres act ind 2s*, return, restore
11 γάλα, milk
12 ἀμέλγω, *aor act ind 2s*, press out, squeeze out
13 τυρόω, *aor act ind 2s*, curdle
14 ἴσος, like
15 τυρός, cheese
16 δέρμα, skin
17 κρέας, flesh
18 ἐνδύω, *aor act ind 2s*, put on
19 ὀστέον, bone
20 νεῦρον, sinew, nerve
21 ἐνείρω, *aor act ind 2s*, thread, knit
22 ἔλεος, mercy, compassion
23 ἐπισκοπή, supervision
24 ἀδυνατέω, *pres act ind 3s*, be unable
25 οὐθείς, nothing
26 ἀνομία, lawlessness
27 ἀθῷος, innocent
28 ἀσεβής, ungodly, wicked
29 εἰμί, *pres act sub 1s*, be
30 οἴμμοι, alas!, woe!
31 ἀνακύπτω, *aor act inf*, raise one's head
32 πλήρης, full
33 ἀτιμία, shame, disgrace
34 ἀγρεύω, *pres pas ind 1s*, hunt
35 λέων, lion
36 σφαγή, killing
37 πάλιν, again
38 μεταβάλλω, *aor act ptc nom s m*, change one's mind
39 δεινῶς, severely, vehemently
40 ὀλέκω, *pres act ind 2s*, ruin

17 ἐπανακαινίζων[1] ἐπ᾽ ἐμὲ τὴν ἔτασίν[2] μου·
ὀργῇ δὲ μεγάλῃ μοι ἐχρήσω,[3]
ἐπήγαγες[4] δὲ ἐπ᾽ ἐμὲ πειρατήρια.[5]

18 ἵνα τί οὖν ἐκ κοιλίας[6] με ἐξήγαγες,[7]
καὶ οὐκ ἀπέθανον, ὀφθαλμὸς δέ με οὐκ εἶδεν,
19 καὶ ὥσπερ οὐκ ὢν ἐγενόμην;
διὰ τί γὰρ ἐκ γαστρὸς[8] εἰς μνῆμα[9] οὐκ ἀπηλλάγην;[10]
20 ἦ οὐκ ὀλίγος[11] ἐστὶν ὁ χρόνος τοῦ βίου[12] μου;
ἔασόν[13] με ἀναπαύσασθαι[14] μικρὸν
21 πρὸ τοῦ με πορευθῆναι ὅθεν[15] οὐκ ἀναστρέψω,[16]
εἰς γῆν σκοτεινὴν[17] καὶ γνοφεράν,[18]
22 εἰς γῆν σκότους αἰωνίου,
οὗ[19] οὐκ ἔστιν φέγγος[20] οὐδὲ ὁρᾶν ζωὴν βροτῶν.[21]

First Series: Zophar's Speech

11 Ὑπολαβὼν[22] δὲ Σωφαρ ὁ Μιναῖος λέγει

2 Ὁ τὰ πολλὰ λέγων καὶ ἀντακούσεται·[23]
ἢ καὶ ὁ εὔλαλος[24] οἴεται[25] εἶναι δίκαιος;
εὐλογημένος γεννητὸς[26] γυναικὸς ὀλιγόβιος.[27]
3 μὴ πολὺς ἐν ῥήμασιν γίνου,
οὐ γάρ ἐστιν ὁ ἀντικρινόμενός[28] σοι.
4 μὴ γὰρ λέγε ὅτι Καθαρός[29] εἰμι τοῖς ἔργοις
καὶ ἄμεμπτος[30] ἐναντίον[31] αὐτοῦ.
5 ἀλλὰ πῶς ἂν ὁ κύριος λαλῆσαι[32] πρὸς σέ;
※καὶ ἀνοίξει χείλη[33] αὐτοῦ μετὰ σοῦ.↙

1 ἐπανακαινίζω, *pres act ptc nom s m*, renew
2 ἔτασις, affliction
3 χράω, *aor mid ind 2s*, treat, deal with
4 ἐπάγω, *aor act ind 2s*, bring upon
5 πειρατήριον, trial, gang of pirates
6 κοιλία, womb
7 ἐξάγω, *aor act ind 2s*, bring out
8 γαστήρ, belly
9 μνῆμα, tomb
10 ἀπαλλάσσω, *aor pas ind 1s*, transfer
11 ὀλίγος, short
12 βίος, life
13 ἐάω, *aor act impv 2s*, permit
14 ἀναπαύω, *aor mid inf*, rest
15 ὅθεν, from where
16 ἀναστρέφω, *fut act ind 1s*, return
17 σκοτεινός, dark
18 γνοφερός, gloomy
19 οὗ, where
20 φέγγος, light
21 βροτός, mortal
22 ὑπολαμβάνω, *aor act ptc nom s m*, reply
23 ἀντακούω, *fut mid ind 3s*, listen in turn
24 εὔλαλος, eloquent
25 οἴομαι, *pres mid ind 3s*, think, expect
26 γεννητός, born
27 ὀλιγόβιος, short-lived
28 ἀντικρίνομαι, *pres mid ptc nom s m*, contend
29 καθαρός, pure
30 ἄμεμπτος, blameless
31 ἐναντίον, before
32 λαλέω, *aor act opt 3s*, speak
33 χεῖλος, lip

6 εἶτα[1] ἀναγγελεῖ[2] σοι δύναμιν σοφίας,
ὅτι διπλοῦς[3] ἔσται τῶν κατὰ σέ·
καὶ τότε γνώσῃ ὅτι ἄξιά[4] σοι ἀπέβη[5] ἀπὸ κυρίου ὧν ἡμάρτηκας.

7 ἢ ἴχνος[6] κυρίου εὑρήσεις ἢ εἰς τὰ ἔσχατα ἀφίκου,[7]
ἃ ἐποίησεν ὁ παντοκράτωρ;[8]
8 ὑψηλὸς[9] ὁ οὐρανός, καὶ τί ποιήσεις;
βαθύτερα[10] δὲ τῶν ἐν ᾅδου[11] τί οἶδας;
9 ἢ μακρότερα[12] μέτρου γῆς
ἢ εὔρους[13] θαλάσσης;
10 ἐὰν δὲ καταστρέψῃ[14] τὰ πάντα,
τίς ἐρεῖ αὐτῷ Τί ἐποίησας;
11 αὐτὸς γὰρ οἶδεν ἔργα ἀνόμων,[15]
ἰδὼν δὲ ἄτοπα[16] οὐ παρόψεται.[17]
12 ἄνθρωπος δὲ ἄλλως[18] νήχεται[19] λόγοις,
βροτὸς[20] δὲ γεννητὸς[21] γυναικὸς ἴσα[22] ὄνῳ[23] ἐρημίτῃ.[24]

13 εἰ γὰρ σὺ καθαρὰν[25] ἔθου τὴν καρδίαν σου,
ὑπτιάζεις[26] δὲ χεῖρας πρὸς αὐτόν,
14 εἰ ἄνομόν[27] τί ἐστιν ἐν χερσίν σου,
πόρρω[28] ποίησον αὐτὸ ἀπὸ σοῦ,
ἀδικία[29] δὲ ἐν διαίτῃ[30] σου μὴ αὐλισθήτω.[31]
15 οὕτως γὰρ ἀναλάμψει[32] σου τὸ πρόσωπον ὥσπερ ὕδωρ καθαρόν,[33]
ἐκδύσῃ[34] δὲ ῥύπον[35] καὶ οὐ μὴ φοβηθῇς·

1 εἶτα, then
2 ἀναγγέλλω, *fut act ind 3s*, tell, declare
3 διπλοῦς, double, twice
4 ἄξιος, worthy of
5 ἀποβαίνω, *aor act ind 3s*, prove, turn out
6 ἴχνος, traces, tracks
7 ἀφικνέομαι, *aor mid ind 2s*, reach
8 παντοκράτωρ, almighty, ruler of all
9 ὑψηλός, high
10 βαθύς, *comp*, deeper
11 ᾅδης, Hades, underworld
12 μακρός, *comp*, farther
13 εὖρος, breadth
14 καταστρέφω, *aor act sub 3s*, turn over, overthrow
15 ἄνομος, lawless
16 ἄτοπος, wrong
17 παροράω, *fut mid ind 3s*, look away, take no notice
18 ἄλλως, in another way, otherwise
19 νήχω, *pres mid ind 3s*, keep afloat
20 βροτός, mortal
21 γεννητός, born
22 ἴσος, like
23 ὄνος, donkey
24 ἐρημίτης, of the desert
25 καθαρός, pure
26 ὑπτιάζω, *pres act ind 2s*, stretch out
27 ἄνομος, lawless, wicked
28 πόρρω, far away
29 ἀδικία, injustice
30 δίαιτα, dwelling place
31 αὐλίζω, *aor pas impv 3s*, spend the night, lodge
32 ἀναλάμπω, *fut act ind 3s*, shine out
33 καθαρός, pure, clean
34 ἐκδύω, *fut mid ind 2s*, remove, strip off
35 ῥύπος, dirt, filth

16 καὶ τὸν κόπον[1] ἐπιλήσῃ[2] ὥσπερ κῦμα[3] παρελθὸν[4]
καὶ οὐ πτοηθήσῃ·[5]
17 ἡ δὲ εὐχή[6] σου ὥσπερ ἑωσφόρος,[7]
ἐκ δὲ μεσημβρίας[8] ἀνατελεῖ[9] σοι ζωή·
18 πεποιθώς τε ἔσῃ ὅτι ἔστιν σοι ἐλπίς,
ἐκ δὲ μερίμνης[10] καὶ φροντίδος[11] ἀναφανεῖταί[12] σοι εἰρήνη.
19 ἡσυχάσεις[13] γάρ, καὶ οὐκ ἔσται ὁ πολεμῶν σε·
μεταβαλόμενοι[14] δὲ πολλοί σου δεηθήσονται.[15]
20 σωτηρία δὲ αὐτοὺς ἀπολείψει·[16]
ἡ γὰρ ἐλπὶς αὐτῶν ἀπώλεια,[17]
ὀφθαλμοὶ δὲ ἀσεβῶν[18] τακήσονται.[19]

Job's Reply to Zophar

12 Ὑπολαβὼν[20] δὲ Ιωβ λέγει

2 Εἶτα[21] ὑμεῖς ἐστε ἄνθρωποι·
ἦ μεθ᾽ ὑμῶν τελευτήσει[22] σοφία.
3 κἀμοὶ[23] μὲν καρδία καθ᾽ ὑμᾶς ἐστιν.

4 δίκαιος γὰρ ἀνὴρ καὶ ἄμεμπτος[24]
ἐγενήθη εἰς χλεύασμα·[25]
5 εἰς χρόνον γὰρ τακτὸν[26] ἡτοίμαστο[27] πεσεῖν ὑπὸ ἄλλους
οἴκους τε αὐτοῦ ἐκπορθεῖσθαι[28] ὑπὸ ἀνόμων.[29]
6 οὐ μὴν[30] δὲ ἀλλὰ μηδεὶς[31] πεποιθέτω πονηρὸς ὢν ἀθῷος[32] ἔσεσθαι,
ὅσοι παροργίζουσιν[33] τὸν κύριον,
ὡς οὐχὶ καὶ ἔτασις[34] αὐτῶν ἔσται.

1 κόπος, trouble
2 ἐπιλανθάνω, *fut mid ind 2s*, forget
3 κῦμα, wave
4 παρέρχομαι, *aor act ptc acc s n*, pass
5 πτοέω, *fut pas ind 2s*, frighten, terrify
6 εὐχή, prayer
7 ἑωσφόρος, morning star
8 μεσημβρία, midday
9 ἀνατέλλω, *fut act ind 3s*, rise up
10 μέριμνα, worry
11 φροντίς, care
12 ἀναφαίνω, *fut mid ind 3s*, appear
13 ἡσυχάζω, *fut act ind 2s*, be at rest
14 μεταβάλλω, *aor mid ptc nom p m*, change one's mind
15 δέομαι, *fut pas ind 3p*, plead, beg
16 ἀπολείπω, *fut act ind 3s*, abandon
17 ἀπώλεια, destruction
18 ἀσεβής, godly, wicked
19 τήκω, *fut pas ind 3p*, dissolve, melt
20 ὑπολαμβάνω, *aor act ptc nom s m*, reply
21 εἶτα, so, then
22 τελευτάω, *fut act ind 3s*, die
23 κἀμοί, I also, *cr.* καὶ ἐμοί
24 ἄμεμπτος, blameless
25 χλεύασμα, laughingstock
26 τακτός, appointed, fixed
27 ἑτοιμάζω, *plpf pas ind 3s*, destine
28 ἐκπορθέω, *pres pas inf*, plunder
29 ἄνομος, lawless, evil
30 μήν, yet, on the other hand
31 μηδείς, none, nobody
32 ἀθῷος, innocent
33 παροργίζω, *pres act ind 3p*, provoke to anger
34 ἔτασις, investigation, scrutiny

7 ἀλλὰ δὴ[1] ἐπερώτησον[2] τετράποδα[3] ἐάν σοι εἴπωσιν,
πετεινὰ[4] δὲ οὐρανοῦ ἐάν σοι ἀπαγγείλωσιν·
8 ἐκδιήγησαι[5] δὲ γῇ ἐάν σοι φράσῃ,[6]
※καὶ ἐξηγήσονταί[7] σοι οἱ ἰχθύες[8] τῆς θαλάσσης.
9 ※τίς οὐκ ἔγνω ἐν πᾶσι τούτοις
※ὅτι χεὶρ κυρίου ἐποίησεν ταῦτα;✓
10 εἰ μὴ ἐν χειρὶ αὐτοῦ ψυχὴ πάντων τῶν ζώντων
καὶ πνεῦμα παντὸς ἀνθρώπου;
11 οὖς μὲν γὰρ ῥήματα διακρίνει,[9]
λάρυγξ[10] δὲ σῖτα[11] γεύεται.[12]
12 ἐν πολλῷ χρόνῳ σοφία,
ἐν δὲ πολλῷ βίῳ[13] ἐπιστήμη.[14]

13 παρ᾽ αὐτῷ σοφία καὶ δύναμις,
αὐτῷ βουλὴ[15] καὶ σύνεσις.[16]
14 ἐὰν καταβάλῃ,[17] τίς οἰκοδομήσει;
ἐὰν κλείσῃ[18] κατὰ ἀνθρώπων, τίς ἀνοίξει;
15 ἐὰν κωλύσῃ[19] τὸ ὕδωρ, ξηρανεῖ[20] τὴν γῆν·
ἐὰν δὲ ἐπαφῇ,[21] ἀπώλεσεν αὐτὴν καταστρέψας.[22]
16 παρ᾽ αὐτῷ κράτος[23] καὶ ἰσχύς,[24]
αὐτῷ ἐπιστήμη[25] καὶ σύνεσις.[26]
17 διάγων[27] βουλευτὰς[28] αἰχμαλώτους,[29]
κριτὰς[30] δὲ γῆς ἐξέστησεν.[31]
18 καθιζάνων[32] βασιλεῖς ἐπὶ θρόνους
※καὶ περιέδησεν[33] ζώνῃ[34] ὀσφύας[35] αὐτῶν.✓

1 δή, now, then
2 ἐπερωτάω, *aor act impv 2s*, ask
3 τετράπους, four-footed (animal)
4 πετεινόν, bird
5 ἐκδιηγέομαι, *aor mid impv 2s*, describe in detail
6 φράζω, *aor act sub 3s*, explain
7 ἐξηγέομαι, *fut mid ind 3p*, relate in full
8 ἰχθύς, fish
9 διακρίνω, *pres act ind 3s*, judge, discriminate
10 λάρυγξ, throat
11 σῖτος, food
12 γεύω, *pres mid ind 3s*, taste
13 βίος, life
14 ἐπιστήμη, knowledge
15 βουλή, purpose
16 σύνεσις, intelligence
17 καταβάλλω, *aor act sub 3s*, rip down, tear down
18 κλείω, *aor act sub 3s*, exclude, shut out
19 κωλύω, *aor act sub 3s*, shut off, block
20 ξηραίνω, *fut act ind 3s*, dry up
21 ἐπαφίημι, *aor act sub 3s*, release, let loose
22 καταστρέφω, *aor act ptc nom s m*, destroy
23 κράτος, might
24 ἰσχύς, strength
25 ἐπιστήμη, understanding
26 σύνεσις, intelligence
27 διάγω, *pres act ptc nom s m*, carry across, spend time
28 βουλευτής, counselor
29 αἰχμάλωτος, captive, prisoner
30 κριτής, judge
31 ἐξίστημι, *aor act ind 3s*, confuse, confound
32 καθιζάνω, *pres act ptc nom s m*, cause to sit
33 περιδέω, *aor act ind 3s*, wrap around
34 ζωνή, belt
35 ὀσφύς, waist

19 ἐξαποστέλλων[1] ἱερεῖς αἰχμαλώτους,[2]
δυνάστας[3] δὲ γῆς κατέστρεψεν.[4]
20 διαλλάσσων[5] χείλη[6] πιστῶν,[7]
σύνεσιν[8] δὲ πρεσβυτέρων ἔγνω.
21 ※ἐκχέων[9] ἀτιμίαν[10] ἐπ᾽ ἄρχοντας,↙
ταπεινοὺς[11] δὲ ἰάσατο.[12]
22 ἀνακαλύπτων[13] βαθέα[14] ἐκ σκότους,
ἐξήγαγεν[15] δὲ εἰς φῶς σκιὰν[16] θανάτου.
23 ※πλανῶν ἔθνη καὶ ἀπολλύων αὐτά,↙
καταστρωννύων[17] ἔθνη καὶ καθοδηγῶν[18] αὐτά.
24 διαλλάσσων[19] καρδίας ἀρχόντων γῆς,
ἐπλάνησεν δὲ αὐτοὺς ὁδῷ, ᾗ οὐκ ᾔδεισαν·[20]
25 ψηλαφήσαισαν[21] σκότος καὶ μὴ φῶς,
πλανηθείησαν[22] δὲ ὥσπερ ὁ μεθύων.[23]

13 ἰδοὺ ταῦτα ἑώρακέν μου ὁ ὀφθαλμὸς
καὶ ἀκήκοέν μου τὸ οὖς·
2 καὶ οἶδα ὅσα καὶ ὑμεῖς ἐπίστασθε,[24]
καὶ οὐκ ἀσυνετώτερός[25] εἰμι ὑμῶν.
3 οὐ μὴν[26] δὲ ἀλλ᾽ ἐγὼ πρὸς κύριον λαλήσω,
ἐλέγξω[27] δὲ ἐναντίον[28] αὐτοῦ ἐὰν βούληται.
4 ὑμεῖς δέ ἐστε ἰατροὶ[29] ἄδικοι[30]
καὶ ἰαταὶ[31] κακῶν πάντες.

1 ἐξαποστέλλω, *pres act ptc nom s m*, send away
2 αἰχμάλωτος, captive, prisoner
3 δυνάστης, mighty one, ruler
4 καταστρέφω, *aor act ind 3s*, overthrow, destroy
5 διαλλάσσω, *pres act ptc nom s m*, alter, change
6 χεῖλος, lip, (speech)
7 πιστός, trustworthy, faithful
8 σύνεσις, intelligence
9 ἐκχέω, *pres act ptc nom s m*, pour out
10 ἀτιμία, disgrace
11 ταπεινός, humble, downcast
12 ἰάομαι, *aor mid ind 3s*, heal
13 ἀνακαλύπτω, *pres act ptc nom s m*, uncover, disclose
14 βαθύς, deep
15 ἐξάγω, *aor act ind 3s*, bring out
16 σκιά, shadow
17 καταστρώννυμι, *pres act ptc nom s m*, overthrow, lay low
18 καθοδηγέω, *pres act ptc nom s m*, lead away
19 διαλλάσσω, *pres act ptc nom s m*, change, alter
20 οἶδα, *plpf act ind 3p*, know
21 ψηλαφάω, *aor act opt 3p*, group, feel around
22 πλανάω, *aor pas opt 3p*, wander aimlessly
23 μεθύω, *pres act ptc nom s m*, be drunk
24 ἐπίσταμαι, *pres mid ind 2p*, understand
25 ἀσύνετος, *comp*, more foolish
26 μήν, surely
27 ἐλέγχω, *fut act ind 1s*, prosecute
28 ἐναντίον, before
29 ἰατρός, physician
30 ἄδικος, unjust, crooked
31 ἰατής, healer

5 εἴη[1] δὲ ὑμῖν κωφεῦσαι,[2]
καὶ ἀποβήσεται[3] ὑμῖν εἰς σοφίαν.
6 ἀκούσατε ἔλεγχον[4] στόματός μου,
κρίσιν δὲ χειλέων[5] μου προσέχετε.[6]
7 πότερον[7] οὐκ ἔναντι[8] κυρίου λαλεῖτε,
ἔναντι δὲ αὐτοῦ φθέγγεσθε[9] δόλον;[10]
8 ἦ[11] ὑποστελεῖσθε;[12]
ὑμεῖς δὲ αὐτοὶ κριταὶ[13] γένεσθε.
9 καλόν γε, ἐὰν ἐξιχνιάσῃ[14] ὑμᾶς·
εἰ γὰρ τὰ πάντα ποιοῦντες προστεθήσεσθε[15] αὐτῷ,
10 οὐθὲν[16] ἧττον[17] ἐλέγξει[18] ὑμᾶς·
εἰ δὲ καὶ κρυφῇ[19] πρόσωπα θαυμάσετε,[20]
11 πότερον[21] οὐχὶ δεινὰ[22] αὐτοῦ στροβήσει[23] ὑμᾶς,
φόβος δὲ παρ᾽ αὐτοῦ ἐπιπεσεῖται[24] ὑμῖν;
12 ἀποβήσεται[25] δὲ ὑμῶν τὸ ἀγαυρίαμα[26] ἴσα[27] σποδῷ,[28]
τὸ δὲ σῶμα πήλινον.[29]

13 κωφεύσατε,[30] ἵνα λαλήσω καὶ ἀναπαύσωμαι[31] θυμοῦ[32]
14 ἀναλαβὼν[33] τὰς σάρκας μου τοῖς ὀδοῦσιν,[34]
ψυχὴν δέ μου θήσω ἐν χειρί.
15 ἐάν με χειρώσηται[35] ὁ δυνάστης,[36] ἐπεὶ[37] καὶ ἦρκται,
ἦ μὴν[38] λαλήσω καὶ ἐλέγξω[39] ἐναντίον[40] αὐτοῦ·
16 καὶ τοῦτό μοι ἀποβήσεται[41] εἰς σωτηρίαν,
οὐ γὰρ ἐναντίον[42] αὐτοῦ δόλος[43] εἰσελεύσεται.

1 εἰμί, *pres act opt 3s*, be
2 κωφεύω, *aor act inf*, keep quiet
3 ἀποβαίνω, *fut mid ind 3s*, turn out, lead to
4 ἔλεγχος, rebuke
5 χεῖλος, lip, (speech)
6 προσέχω, *pres act impv 2p*, pay attention to
7 πότερον, are not
8 ἔναντι, before
9 φθέγγομαι, *pres mid ind 2p*, utter
10 δόλος, deceit
11 ἦ, really, truly
12 ὑποστέλλω, *fut mid ind 2p*, withdraw
13 κριτής, judge
14 ἐξιχνιάζω, *aor act sub 3s*, track down
15 προστίθημι, *fut pas ind 2p*, add to, put with
16 οὐθείς, nothing
17 ἥττων (σσ), *comp of* κακός, less
18 ἐλέγχω, *fut act ind 3s*, convict
19 κρυφῇ, secretly
20 θαυμάζω, *fut act ind 2p*, be astonished
21 πότερον, will not
22 δεινός, awful, terrible
23 στροβέω, *fut act ind 3s*, distress
24 ἐπιπίπτω, *fut mid ind 3s*, fall upon
25 ἀποβαίνω, *fut mid ind 3s*, prove to be
26 ἀγαυρίαμα, pridefulness
27 ἴσος, equal to
28 σποδός, ashes
29 πήλινος, of clay
30 κωφεύω, *aor act impv 2p*, keep quiet
31 ἀναπαύω, *aor mid sub 1s*, relieve, cause to cease
32 θυμός, anger, wrath
33 ἀναλαμβάνω, *aor act ptc nom s m*, take
34 ὀδούς, tooth
35 χειρόω, *aor mid sub 3s*, overpower
36 δυνάστης, ruler
37 ἐπεί, since, insofar
38 μήν, surely
39 ἐλέγχω, *fut act ind 1s*, prosecute
40 ἐναντίον, before
41 ἀποβαίνω, *fut mid ind 3s*, lead, turn out
42 ἐναντίον, before
43 δόλος, deceit

17 ἀκούσατε ἀκούσατε τὰ ῥήματά μου·
ἀναγγελῶ[1] γὰρ ὑμῶν ἀκουόντων.
18 ἰδοὺ ἐγὼ ἐγγύς[2] εἰμι τοῦ κρίματός[3] μου,
οἶδα ἐγὼ ὅτι δίκαιος ἀναφανοῦμαι.[4]
19 τίς γάρ ἐστιν ὁ κριθησόμενός μοι;
※ὅτι νῦν κωφεύσω[5] καὶ ἐκλείψω[6].↙
20 δυεῖν δέ μοι χρήσῃ·[7]
※τότε ἀπὸ τοῦ προσώπου σου οὐ κρυβήσομαι·[8]↙
21 τὴν χεῖρα ἀπ᾽ ἐμοῦ ἄπεχου,[9]
καὶ ὁ φόβος σου μή με καταπλησσέτω.[10]
22 εἶτα[11] καλέσεις, ἐγὼ δέ σοι ὑπακούσομαι[12]·
ἢ λαλήσεις, ἐγὼ δέ σοι δώσω ἀνταπόκρισιν.[13]
23 πόσαι[14] εἰσὶν αἱ ἁμαρτίαι μου καὶ αἱ ἀνομίαι[15] μου;
δίδαξόν με τίνες εἰσίν.
24 διὰ τί ἀπ᾽ ἐμοῦ κρύπτῃ,[16]
ἥγησαι[17] δέ με ὑπεναντίον[18] σοι;
25 ἦ[19] ὡς φύλλον[20] κινούμενον[21] ὑπὸ ἀνέμου[22] εὐλαβηθήσῃ[23]
ἢ ὡς χόρτῳ[24] φερομένῳ ὑπὸ πνεύματος ἀντίκεισαί[25] μοι;
26 ὅτι κατέγραψας[26] κατ᾽ ἐμοῦ κακά,
περιέθηκας[27] δέ μοι νεότητος[28] ἁμαρτίας,
27 ἔθου δέ μου τὸν πόδα ἐν κωλύματι,[29]
ἐφύλαξας δέ μου πάντα τὰ ἔργα,
εἰς δὲ ῥίζας[30] τῶν ποδῶν μου ἀφίκου·[31]
28 ὃ παλαιοῦται[32] ἴσα[33] ἀσκῷ[34]
ἢ ὥσπερ ἱμάτιον σητόβρωτον.[35]

1 ἀναγγέλλω, *fut act ind 1s*, declare
2 ἐγγύς, near
3 κρίμα, judgment, trial
4 ἀναφαίνω, *fut mid ind 1s*, appear
5 κωφεύω, *fut act ind 1s*, keep quiet
6 ἐκλείπω, *fut act ind 1s*, give out, fail
7 χράω, *fut mid ind 2s*, proceed
8 κρύπτω, *fut pas ind 1s*, conceal
9 ἀπέχω, *pres mid impv 2s*, keep distant
10 καταπλήσσω, *pres act impv 3s*, terrify
11 εἶτα, then
12 ὑπακούω, *fut mid ind 1s*, listen to, be subject to
13 ἀνταπόκρισις, answer, response
14 πόσος, how many
15 ἀνομία, lawlessness
16 κρύπτω, *pres pas ind 2s*, hide
17 ἡγέομαι, *perf mid ind 2s*, regard, consider
18 ὑπεναντίος, opposed, hostile
19 ἦ, really, truly
20 φύλλον, leaf
21 κινέω, *pres pas ptc acc s n*, stir, shake
22 ἄνεμος, wind
23 εὐλαβέομαι, *fut pas ind 2s*, be anxious, be concerned
24 χόρτος, grass
25 ἀντίκειμαι, *pres mid ind 2s*, resist, oppose
26 καταγράφω, *aor act ind 2s*, write
27 περιτίθημι, *aor act ind 2s*, surround
28 νεότης, youth
29 κώλυμα, stocks, shackles
30 ῥίζα, heel, (bottom)
31 ἀφικνέομαι, *aor mid ind 2s*, reach
32 παλαιόω, *pres pas ind 3s*, become old
33 ἴσος, like
34 ἀσκός, (leather) sack, wineskin
35 σητόβρωτος, moth-eaten

14 βροτὸς[1] γὰρ γεννητὸς[2] γυναικὸς
ὀλιγόβιος[3] καὶ πλήρης[4] ὀργῆς
2 ἢ ὥσπερ ἄνθος[5] ἀνθῆσαν[6] ἐξέπεσεν,[7]
ἀπέδρα[8] δὲ ὥσπερ σκιὰ[9] καὶ οὐ μὴ στῇ.
3 οὐχὶ καὶ τούτου λόγον ἐποιήσω
καὶ τοῦτον ἐποίησας εἰσελθεῖν ἐν κρίματι[10] ἐνώπιόν σου;
4 τίς γὰρ καθαρὸς[11] ἔσται ἀπὸ ῥύπου;[12]
ἀλλ᾽ οὐθείς.[13]
5 ἐὰν καὶ μία ἡμέρα ὁ βίος[14] αὐτοῦ ἐπὶ τῆς γῆς,
ἀριθμητοὶ[15] δὲ μῆνες[16] αὐτοῦ παρὰ σοί,
εἰς χρόνον ἔθου,
καὶ οὐ μὴ ὑπερβῇ.[17]
6 ἀπόστα[18] ἀπ᾽ αὐτοῦ, ἵνα ἡσυχάσῃ[19]
καὶ εὐδοκήσῃ[20] τὸν βίον[21] ὥσπερ ὁ μισθωτός.[22]

7 ἔστιν γὰρ δένδρῳ[23] ἐλπίς·
ἐὰν γὰρ ἐκκοπῇ,[24] ἔτι ἐπανθήσει,[25]
καὶ ὁ ῥάδαμνος[26] αὐτοῦ οὐ μὴ ἐκλίπῃ·[27]
8 ἐὰν γὰρ γηράσῃ[28] ἐν γῇ ἡ ῥίζα[29] αὐτοῦ,
ἐν δὲ πέτρᾳ[30] τελευτήσῃ[31] τὸ στέλεχος[32] αὐτοῦ,
9 ἀπὸ ὀσμῆς[33] ὕδατος ἀνθήσει,[34]
ποιήσει δὲ θερισμὸν[35] ὥσπερ νεόφυτον.[36]
10 ἀνὴρ δὲ τελευτήσας[37] ᾤχετο,[38]
πεσὼν δὲ βροτὸς[39] οὐκέτι ἔστιν.

1 βροτός, mortal
2 γεννητός, born
3 ὀλιγόβιος, short-lived
4 πλήρης, full
5 ἄνθος, flower
6 ἀνθέω, *aor act ptc nom s n*, bloom
7 ἐκπίπτω, *aor act ind 3s*, fall off, droop
8 ἀποδιδράσκω, *aor act ind 3s*, run off, flee
9 σκιά, shadow
10 κρίμα, judgment
11 καθαρός, pure, clean
12 ῥύπος, dirt, uncleanness
13 οὐθείς, no one
14 βίος, life
15 ἀριθμητός, numbered
16 μήν, month
17 ὑπερβαίνω, *aor act sub 3s*, step over, go beyond
18 ἀφίστημι, *aor act impv 2s*, draw away from
19 ἡσυχάζω, *aor act sub 3s*, be at rest
20 εὐδοκέω, *aor act sub 3s*, enjoy
21 βίος, life
22 μισθωτός, worker, hired servant
23 δένδρον, tree
24 ἐκκόπτω, *aor pas sub 3s*, cut down
25 ἐπανθέω, *fut act ind 3s*, bloom (again)
26 ῥάδαμνος, branch
27 ἐκλείπω, *aor act sub 3s*, fail, die
28 γηράσκω, *aor act sub 3s*, age, grow old
29 ῥίζα, root
30 πέτρα, rock
31 τελευτάω, *aor act sub 3s*, die
32 στέλεχος, trunk
33 ὀσμή, scent
34 ἀνθέω, *fut act ind 3s*, flourish
35 θερισμός, crop
36 νεόφυτος, newly planted
37 τελευτάω, *aor act ptc nom s m*, die
38 οἴχομαι, *impf mid ind 3s*, go, depart
39 βροτός, mortal

11 χρόνῳ γὰρ σπανίζεται[1] θάλασσα,
ποταμὸς[2] δὲ ἐρημωθεὶς[3] ἐξηράνθη·[4]
12 ἄνθρωπος δὲ κοιμηθεὶς[5] οὐ μὴ ἀναστῇ,
ἕως ἂν ὁ οὐρανὸς οὐ μὴ συρραφῇ·[6]
※καὶ οὐκ ἐξυπνισθήσονται[7] ἐξ ὕπνου[8] αὐτῶν.↙
13 εἰ γὰρ ὄφελον[9] ἐν ᾅδῃ[10] με ἐφύλαξας,
ἔκρυψας[11] δέ με, ἕως ἂν παύσηταί[12] σου ἡ ὀργὴ
καὶ τάξῃ[13] μοι χρόνον, ἐν ᾧ μνείαν[14] μου ποιήσῃ.
14 ἐὰν γὰρ ἀποθάνῃ ἄνθρωπος,
ζήσεται συντελέσας[15] ἡμέρας τοῦ βίου[16] αὐτοῦ·
ὑπομενῶ,[17] ἕως ἂν πάλιν[18] γένωμαι.
15 εἶτα[19] καλέσεις, ἐγὼ δέ σοι ὑπακούσομαι,[20]
τὰ δὲ ἔργα τῶν χειρῶν σου μὴ ἀποποιοῦ.[21]
16 ἠρίθμησας[22] δέ μου τὰ ἐπιτηδεύματα,[23]
καὶ οὐ μὴ παρέλθῃ[24] σε οὐδὲν τῶν ἁμαρτιῶν μου·
17 ἐσφράγισας[25] δέ μου τὰς ἀνομίας[26] ἐν βαλλαντίῳ,[27]
ἐπεσημήνω[28] δέ, εἴ τι ἄκων[29] παρέβην.[30]
18 ※καὶ πλὴν ὄρος πῖπτον διαπεσεῖται,[31]
※καὶ πέτρα[32] παλαιωθήσεται[33] ἐκ τοῦ τόπου αὐτῆς·
19 ※λίθους ἐλέαναν[34] ὕδατα,
※καὶ κατέκλυσεν[35] ὕδατα ὕπτια[36] τοῦ χώματος[37] τῆς γῆς·
※καὶ ὑπομονὴν[38] ἀνθρώπου ἀπώλεσας.↙

1 σπανίζω, *pres pas ind 3s*, retreat, recede
2 ποταμός, river
3 ἐρημόω, *aor pas ptc nom s m*, desolate
4 ξηραίνω, *aor pas ind 3s*, dry up
5 κοιμάω, *aor pas ptc nom s m*, lay down
6 συρράπτω, *aor pas sub 3s*, sew together
7 ἐξυπνίζω, *fut pas ind 3s*, wake up
8 ὕπνος, sleep
9 ὄφελον, would that
10 ᾅδης, Hades, underworld
11 κρύπτω, *aor act ind 2s*, conceal
12 παύω, *aor mid sub 3s*, quiet, stop
13 τάσσω, *aor act sub 3s*, arrange, set
14 μνεία, remembrance
15 συντελέω, *aor act ptc nom s m*, complete, finish
16 βίος, life
17 ὑπομένω, *fut act ind 1s*, remain, endure
18 πάλιν, again
19 εἶτα, then
20 ὑπακούω, *fut mid ind 1s*, answer
21 ἀποποιέω, *pres mid impv 2s*, reject
22 ἀριθμέω, *aor act ind 2s*, count, number
23 ἐπιτήδευμα, pursuit, business
24 παρέρχομαι, *aor act sub 3s*, pass by
25 σφραγίζω, *aor act ind 2s*, seal
26 ἀνομία, lawlessness
27 βαλλάντιον, bag, purse
28 ἐπισημαίνω, *aor mid ind 2s*, mark
29 ἄκων, involuntarily, unwittingly
30 παραβαίνω, *aor act ind 1s*, transgress
31 διαπίπτω, *fut mid ind 3s*, crumble
32 πέτρα, rock
33 παλαιόω, *fut pas ind 3s*, wear away
34 λεαίνω, *aor act ind 3p*, smooth, polish
35 κατακλύζω, *aor act ind 3s*, overflow
36 ὕπτιος, calmly flowing
37 χῶμα, dam, mound (acting as a dyke)
38 ὑπομονή, perseverance, endurance

20 ὤσας[1] αὐτὸν εἰς τέλος, καὶ ᾤχετο·[2]
ἐπέστησας[3] αὐτῷ τὸ πρόσωπον καὶ ἐξαπέστειλας·[4]
21 πολλῶν δὲ γενομένων τῶν υἱῶν αὐτοῦ οὐκ οἶδεν,
ἐὰν δὲ ὀλίγοι[5] γένωνται, οὐκ ἐπίσταται·[6]
22 ἀλλ᾽ ἢ αἱ σάρκες αὐτοῦ ἤλγησαν,[7]
ἡ δὲ ψυχὴ αὐτοῦ ἐπένθησεν.[8]

Second Series: Eliphaz's Speech

15 Ὑπολαβὼν[9] δὲ Ελιφας ὁ Θαιμανίτης λέγει

2 Πότερον[10] σοφὸς[11] ἀπόκρισιν[12] δώσει συνέσεως[13] πνεύματος
καὶ ἐνέπλησεν[14] πόνον[15] γαστρὸς[16]
3 ἐλέγχων[17] ἐν ῥήμασιν, οἷς οὐ δεῖ,[18]
ἐν λόγοις, οἷς οὐδὲν ὄφελος;[19]
4 οὐ καὶ σὺ ἀπεποιήσω[20] φόβον,
συνετελέσω[21] δὲ ῥήματα τοιαῦτα[22] ἔναντι[23] τοῦ κυρίου;
5 ἔνοχος[24] εἶ ῥήμασιν στόματός σου
οὐδὲ διέκρινας[25] ῥήματα δυναστῶν·[26]
6 ἐλέγξαι[27] σε τὸ σὸν[28] στόμα καὶ μὴ ἐγώ,
τὰ δὲ χείλη[29] σου καταμαρτυρήσουσίν[30] σου.

7 τί γάρ; μὴ πρῶτος ἀνθρώπων ἐγενήθης;
ἢ πρὸ θινῶν[31] ἐπάγης;[32]
8 ἢ σύνταγμα[33] κυρίου ἀκήκοας,
εἰς δὲ σὲ ἀφίκετο[34] σοφία;

1 ὠθέω, *aor act ind 2s*, shove, thrust aside
2 οἴχομαι, *impf mid ind 3s*, remove, be undone
3 ἐφίστημι, *aor act ind 2s*, set, place
4 ἐξαποστέλλω, *aor act ind 2s*, send away
5 ὀλίγος, few
6 ἐπίσταμαι, *pres mid ind 3s*, be aware
7 ἀλγέω, *aor act ind 3p*, suffer, be in pain
8 πενθέω, *aor act ind 3s*, mourn
9 ὑπολαμβάνω, *aor act ptc nom s m*, reply
10 πότερον, whether
11 σοφός, wise
12 ἀπόκρισις, answer
13 σύνεσις, understanding, insight
14 ἐμπίμπλημι, *aor act ind 3s*, satisfy
15 πόνος, (hunger) pain
16 γαστήρ, belly
17 ἐλέγχω, *pres act ptc nom s m*, rebuke
18 δεῖ, *pres act ind 3s*, it is fitting, it is proper
19 ὄφελος, benefit, profit
20 ἀποποιέω, *aor mid ind 2s*, reject
21 συντελέω, *aor mid ind 2s*, accomplish, carry out
22 τοιοῦτος, such
23 ἔναντι, before
24 ἔνοχος, guilty
25 διακρίνω, *aor act ind 2s*, evaluate, distinguish
26 δυνάστης, ruler, official
27 ἐλέγχω, *aor act opt 3s*, refute
28 σός, your
29 χεῖλος, lip, (speech)
30 καταμαρτυρέω, *fut act ind 3p*, testify against
31 θίς, sand dune, hill
32 πήγνυμι, *aor pas ind 2s*, establish
33 σύνταγμα, constitution, treatise
34 ἀφικνέομαι, *aor mid ind 3s*, reach

9 τί γὰρ οἶδας, ὃ οὐκ οἴδαμεν;
ἢ τί συνίεις,[1] ὃ οὐχὶ καὶ ἡμεῖς;
10 ※καί γε πρεσβύτης[2] καί γε παλαιὸς[3] ἐν ἡμῖν
※βαρύτερος[4] τοῦ πατρός σου ἡμέραις.↙
11 ὀλίγα[5] ὧν ἡμάρτηκας μεμαστίγωσαι,[6]
μεγάλως[7] ὑπερβαλλόντως[8] λελάληκας.
12 τί ἐτόλμησεν[9] ἡ καρδία σου,
ἢ τί ἐπήνεγκαν[10] οἱ ὀφθαλμοί σου,
13 ὅτι θυμὸν[11] ἔρρηξας[12] ἔναντι[13] κυρίου,
ἐξήγαγες[14] δὲ ἐκ στόματος ῥήματα τοιαῦτα;[15]
14 τίς γὰρ ὢν βροτός,[16] ὅτι ἔσται ἄμεμπτος,[17]
ἢ ὡς ἐσόμενος δίκαιος γεννητὸς[18] γυναικός;
15 εἰ κατὰ ἁγίων οὐ πιστεύει,
οὐρανὸς δὲ οὐ καθαρὸς[19] ἐναντίον[20] αὐτοῦ.
16 ἔα[21] δὲ ἐβδελυγμένος[22] καὶ ἀκάθαρτος,
ἀνὴρ πίνων ἀδικίας[23] ἴσα[24] ποτῷ.[25]
17 ἀναγγελῶ[26] δέ σοι, ἄκουέ μου·
ἃ δὴ[27] ἑώρακα, ἀναγγελῶ σοι,
18 ἃ σοφοὶ[28] ἐροῦσιν
καὶ οὐκ ἔκρυψαν[29] πατέρας αὐτῶν·
19 αὐτοῖς μόνοις ἐδόθη ἡ γῆ,
καὶ οὐκ ἐπῆλθεν[30] ἀλλογενὴς[31] ἐπ᾽ αὐτούς.
20 πᾶς ὁ βίος[32] ἀσεβοῦς[33] ἐν φροντίδι,[34]
ἔτη δὲ ἀριθμητὰ[35] δεδομένα δυνάστῃ,[36]

1 συνίημι, *impf act ind 2s*, understand
2 πρεσβύτης, old
3 παλαιός, elderly
4 βαρύς, *comp*, more burdened
5 ὀλίγος, few
6 μαστιγόω, *perf pas ind 2s*, torment, scourge
7 μεγάλως, greatly
8 ὑπερβαλλόντως, exceedingly
9 τολμάω, *aor act ind 3s*, dare
10 ἐπιφέρω, *aor act ind 3p*, bring against, inflict
11 θυμός, wrath, anger
12 ῥήγνυμι, *aor act ind 2s*, burst out
13 ἔναντι, before
14 ἐξάγω, *aor act ind 2s*, bring out
15 τοιοῦτος, such
16 βροτός, mortal
17 ἄμεμπτος, blameless
18 γεννητός, born
19 καθαρός, pure
20 ἐναντίον, before
21 ἔα, aha!
22 βδελύσσω, *perf pas ptc nom s m*, abominate
23 ἀδικία, injustice
24 ἴσος, like
25 πότος, (beverage)
26 ἀναγγέλλω, *fut act ind 1s*, tell, report
27 δή, now
28 σοφός, wise
29 κρύπτω, *aor act ind 3p*, hide
30 ἐπέρχομαι, *aor act ind 3s*, come upon
31 ἀλλογενής, strange, foreign
32 βίος, life
33 ἀσεβής, ungodly, wicked
34 φροντίς, anxiety
35 ἀριθμητός, numbered
36 δυνάστης, ruler, mighty one

21 ὁ δὲ φόβος αὐτοῦ ἐν ὠσὶν αὐτοῦ·
ὅταν δοκῇ[1] ἤδη[2] εἰρηνεύειν,[3] ἥξει[4] αὐτοῦ ἡ καταστροφή.[5]
22 μὴ πιστευέτω ἀποστραφῆναι[6] ἀπὸ σκότους·
ἐντέταλται[7] γὰρ ἤδη[8] εἰς χεῖρας σιδήρου,[9]
23 κατατέτακται[10] δὲ εἰς σῖτα[11] γυψίν·[12]
οἶδεν δὲ ἐν ἑαυτῷ ὅτι μένει[13] εἰς πτῶμα.[14]
ἡμέρα δὲ αὐτὸν σκοτεινὴ[15] στροβήσει,[16]
24 ἀνάγκη[17] δὲ καὶ θλῖψις[18] αὐτὸν καθέξει[19]
ὥσπερ στρατηγὸς[20] πρωτοστάτης[21] πίπτων.
25 ὅτι ἦρκεν χεῖρας ἐναντίον[22] τοῦ κυρίου,
ἔναντι[23] δὲ κυρίου παντοκράτορος[24] ἐτραχηλίασεν,[25]
26 ἔδραμεν[26] δὲ ἐναντίον[27] αὐτοῦ ὕβρει[28]
※ἐν πάχει[29] νώτου[30] ἀσπίδος[31] αὐτοῦ,
27 ※ὅτι ἐκάλυψεν[32] τὸ πρόσωπον αὐτοῦ ἐν στέατι[33] αὐτοῦ
※καὶ ἐποίησεν περιστόμιον[34] ἐπὶ τῶν μηρίων.[35]↙
28 αὐλισθείη[36] δὲ πόλεις ἐρήμους,
εἰσέλθοι[37] δὲ εἰς οἴκους ἀοικήτους·[38]
ἃ δὲ ἐκεῖνοι ἡτοίμασαν, ἄλλοι ἀποίσονται.[39]
29 οὔτε μὴ πλουτισθῇ,[40] οὔτε μὴ μείνῃ[41] αὐτοῦ τὰ ὑπάρχοντα·
οὐ μὴ βάλῃ[42] ἐπὶ τὴν γῆν σκιὰν[43]

1 δοκέω, *pres act sub 3s*, think
2 ἤδη, now, actually
3 εἰρηνεύω, *pres act inf*, be at peace
4 ἥκω, *fut act ind 3s*, have come
5 καταστροφή, destruction, ruin
6 ἀποστρέφω, *aor pas inf*, return
7 ἐντέλλομαι, *perf pas ind 3s*, sentence
8 ἤδη, already
9 σίδηρος, sword
10 κατατάσσω, *perf pas ind 3s*, designate, consign
11 σῖτος, food
12 γύψ, vulture
13 μένω, *pres act ind 3s*, remain
14 πτῶμα, corpse
15 σκοτεινός, dark
16 στροβέω, *fut act ind 3s*, distress
17 ἀνάγκη, distress
18 θλῖψις, oppression
19 κατέχω, *fut act ind 3s*, hold down, restrain
20 στρατηγός, commander, general
21 πρωτοστάτης, leader
22 ἐναντίον, against
23 ἔναντι, before
24 παντοκράτωρ, almighty, ruler of all
25 τραχηλιάω, *aor act ind 3s*, stiffen one's neck
26 τρέχω, *aor act ind 3s*, run
27 ἐναντίον, against
28 ὕβρις, arrogance, pride
29 πάχος, width, firmness
30 νῶτος, back side
31 ἀσπίς, shield
32 καλύπτω, *aor act ind 3s*, cover
33 στέαρ, fat
34 περιστόμιον, layer, roll
35 μηρία, thigh
36 αὐλίζω, *aor pas opt 3s*, lodge
37 εἰσέρχομαι, *aor act opt 3s*, enter into
38 ἀοίκητος, uninhabited
39 ἀποφέρω, *fut mid ind 3p*, carry off
40 πλουτίζω, *aor pas sub 3s*, become rich
41 μένω, *aor act sub 3s*, remain, last
42 βάλλω, *aor act sub 3s*, cast
43 σκιά, shadow

30 οὐδὲ μὴ ἐκφύγῃ[1] τὸ σκότος·
τὸν βλαστὸν[2] αὐτοῦ μαράναι[3] ἄνεμος,[4]
ἐκπέσοι[5] δὲ αὐτοῦ τὸ ἄνθος.[6]
31 μὴ πιστευέτω ὅτι ὑπομενεῖ,[7]
κενὰ[8] γὰρ ἀποβήσεται[9] αὐτῷ·
32 ἡ τομὴ[10] αὐτοῦ πρὸ ὥρας[11] φθαρήσεται,[12]
καὶ ὁ ῥάδαμνος[13] αὐτοῦ οὐ μὴ πυκάσῃ·[14]
33 τρυγηθείη[15] δὲ ὥσπερ ὄμφαξ[16] πρὸ ὥρας,[17]
ἐκπέσοι[18] δὲ ὡς ἄνθος[19] ἐλαίας.[20]
34 μαρτύριον[21] γὰρ ἀσεβοῦς[22] θάνατος,
πῦρ δὲ καύσει[23] οἴκους δωροδεκτῶν.[24]
35 ἐν γαστρὶ[25] δὲ λήμψεται ὀδύνας,[26]
ἀποβήσεται[27] δὲ αὐτῷ κενά,[28]
ἡ δὲ κοιλία[29] αὐτοῦ ὑποίσει[30] δόλον.[31]

Job's Second Reply to Eliphaz

16 Ὑπολαβὼν[32] δὲ Ιωβ λέγει

2 Ἀκήκοα τοιαῦτα[33] πολλά·
παρακλήτορες[34] κακῶν πάντες.
3 τί γάρ; μὴ τάξις[35] ἐστὶν ῥήμασιν πνεύματος;
※ἢ τί παρενοχλήσει[36] σοι, ὅτι ἀποκρίνῃ;↙
4 κἀγὼ[37] καθ᾽ ὑμᾶς λαλήσω,
εἰ ὑπέκειτό[38] γε ἡ ψυχὴ ὑμῶν ἀντὶ[39] τῆς ἐμῆς·

1 ἐκφεύγω, *aor act sub 3s*, escape
2 βλαστός, blossom
3 μαραίνω, *aor act opt 3s*, wither
4 ἄνεμος, wind
5 ἐκπίπτω, *fut act opt 3s*, fall off
6 ἄνθος, flower
7 ὑπομένω, *fut act ind 3s*, remain
8 κενός, empty, pointless
9 ἀποβαίνω, *fut mid ind 3s*, prove to be
10 τομή, stump, stub
11 ὥρα, time, season
12 φθείρω, *fut pas ind 3s*, destroy
13 ῥάδαμνος, branch
14 πυκάζω, *aor act sub 3s*, give shade, protect
15 τρυγάω, *aor pas opt 3s*, pick, strip
16 ὄμφαξ, unripe grape
17 ὥρα, time, season
18 ἐκπίπτω, *fut act opt 3s*, fall off
19 ἄνθος, bud, shoot
20 ἐλαία, olive tree
21 μαρτύριον, testimony
22 ἀσεβής, ungodly, wicked
23 καίω, *fut act ind 3s*, burn
24 δωροδέκτης, one that takes bribes
25 γαστήρ, belly
26 ὀδύνη, grief, sorrow
27 ἀποβαίνω, *fut mid ind 3s*, prove to be
28 κενός, empty, pointless
29 κοιλία, stomach
30 ὑποφέρω, *fut act ind 3s*, endure
31 δόλος, deceit
32 ὑπολαμβάνω, *aor act ptc nom s m*, reply
33 τοιοῦτος, such
34 παρακλήτωρ, comforter
35 τάξις, propriety, order
36 παρενοχλέω, *fut act ind 3s*, prevent
37 κἀγώ, I also, *cr.* καὶ ἐγώ
38 ὑπόκειμαι, *impf pas ind 3s*, stand in place
39 ἀντί, in exchange for

εἶτ᾽[1] ἐναλοῦμαι[2] ὑμῖν ῥήμασιν,
κινήσω[3] δὲ καθ᾽ ὑμῶν κεφαλήν·
5 εἴη[4] δὲ ἰσχὺς[5] ἐν τῷ στόματί μου,
κίνησιν[6] δὲ χειλέων[7] οὐ φείσομαι[8].
6 ἐὰν γὰρ λαλήσω, οὐκ ἀλγήσω[9] τὸ τραῦμα·[10]
ἐὰν δὲ καὶ σιωπήσω,[11] τί ἔλαττον[12] τρωθήσομαι;[13]

7 νῦν δὲ κατάκοπόν[14] με πεποίηκεν,
μωρόν,[15] σεσηπότα,[16]
8 ※καὶ ἐπελάβου[17] μου, εἰς μαρτύριον[18] ἐγενήθη·
※καὶ ἀνέστη ἐν ἐμοὶ τὸ ψεῦδός[19] μου,
※κατὰ πρόσωπόν μου ἀνταπεκρίθη.[20]↙
9 ὀργῇ χρησάμενος[21] κατέβαλέν[22] με,
ἔβρυξεν[23] ἐπ᾽ ἐμὲ τοὺς ὀδόντας,[24]
βέλη[25] πειρατῶν[26] αὐτοῦ ἐπ᾽ ἐμοὶ ἔπεσεν.
10 ἀκίσιν[27] ὀφθαλμῶν ἐνήλατο,[28]
ὀξεῖ[29] ἔπαισέν[30] με εἰς σιαγόνα,[31]
ὁμοθυμαδὸν[32] δὲ κατέδραμον[33] ἐπ᾽ ἐμοί.
11 παρέδωκεν γάρ με ὁ κύριος εἰς χεῖρας ἀδίκου,[34]
ἐπὶ δὲ ἀσεβέσιν[35] ἔρριψέν[36] με·
12 εἰρηνεύοντα[37] διεσκέδασέν[38] με,
λαβών με τῆς κόμης[39] διέτιλεν,[40]
κατέστησέν[41] με ὥσπερ σκοπόν.[42]

1 εἶτα, then
2 ἐνάλλομαι, *fut mid ind 1s*, pounce on
3 κινέω, *fut act ind 1s*, shake
4 εἰμί, *pres act opt 3s*, be
5 ἰσχύς, power, potency
6 κίνησις, movement
7 χεῖλος, lip
8 φείδομαι, *fut mid ind 1s*, spare
9 ἀλγέω, *fut act ind 1s*, suffer
10 τραῦμα, trauma
11 σιωπάω, *fut act ind 1s*, keep silent
12 ἐλάττων (σσ), *comp of* μικρός, *from* ἐλαχύς, less
13 τιτρώσκω, *fut pas ind 1s*, damage, traumatize
14 κατάκοπος, weary
15 μωρός, stupid
16 σήπω, *perf act ptc acc s m*, rot, waste away
17 ἐπιλαμβάνω, *aor mid ind 2s*, take hold of
18 μαρτύριον, testimony, witness
19 ψεῦδος, falsehood
20 ἀνταποκρίνομαι, *aor pas ind 3s*, argue against, counter
21 χράω, *aor mid ptc nom s m*, deal, act
22 καταβάλλω, *aor act ind 3s*, throw down
23 βρύχω, *aor act ind 3s*, gnash
24 ὀδούς, tooth
25 βέλος, arrow
26 πειρατής, bandit, thug
27 ἀκίς, dart
28 ἐνάλλομαι, *aor mid ind 3s*, pounce on
29 ὄξος, sharp
30 παίω, *aor act ind 3s*, hit
31 σιαγών, cheek, jaw
32 ὁμοθυμαδόν, together, at once
33 κατατρέχω, *aor act ind 3p*, run upon, attack
34 ἄδικος, unjust
35 ἀσεβής, ungodly, wicked
36 ῥίπτω, *aor act ind 3s*, throw, cast
37 εἰρηνεύω, *pres act ptc acc s m*, be at peace
38 διασκεδάζω, *aor act ind 3s*, scatter, shatter
39 κόμη, hair (of the head)
40 διατίλλω, *aor act ind 3s*, pull out
41 καθίστημι, *aor act ind 3s*, set in place, set up
42 σκοπός, target

13 ἐκύκλωσάν[1] με λόγχαις[2]
βάλλοντες[3] εἰς νεφρούς[4] μου οὐ φειδόμενοι,[5]
ἐξέχεαν[6] εἰς τὴν γῆν τὴν χολήν[7] μου·
14 κατέβαλόν[8] με πτῶμα[9] ἐπὶ πτώματι,
ἔδραμον[10] πρός με δυνάμενοι.
15 σάκκον[11] ἔρραψα[12] ἐπὶ βύρσης[13] μου,
τὸ δὲ σθένος[14] μου ἐν γῇ ἐσβέσθη.[15]
16 ἡ γαστήρ[16] μου συγκέκαυται[17] ἀπὸ κλαυθμοῦ,[18]
ἐπὶ δὲ βλεφάροις[19] μου σκιά.[20]
17 ἄδικον[21] δὲ οὐδὲν ἦν ἐν χερσίν μου,
εὐχὴ[22] δέ μου καθαρά.[23]

18 γῆ, μὴ ἐπικαλύψῃς[24] ἐφ᾽ αἵματι τῆς σαρκός μου,
μηδὲ εἴη[25] τόπος τῇ κραυγῇ[26] μου.
19 καὶ νῦν ἰδοὺ ἐν οὐρανοῖς ὁ μάρτυς[27] μου,
ὁ δὲ συνίστωρ[28] μου ἐν ὑψίστοις.[29]
20 ἀφίκοιτό[30] μου ἡ δέησις[31] πρὸς κύριον,
ἔναντι[32] δὲ αὐτοῦ στάζοι[33] μου ὁ ὀφθαλμός.
21 εἴη[34] δὲ ἔλεγχος[35] ἀνδρὶ ἔναντι[36] κυρίου
※καὶ υἱὸς ἀνθρώπου τῷ πλησίον[37] αὐτοῦ.↙
22 ἔτη δὲ ἀριθμητὰ[38] ἥκασιν,[39]
ὁδῷ δέ, ᾗ οὐκ ἐπαναστραφήσομαι,[40] πορεύσομαι.

1 κυκλόω, *aor act ind 3p*, surround
2 λόγχη, spear
3 βάλλω, *pres act ptc nom p m*, throw, hurl
4 νεφρός, kidney
5 φείδομαι, *pres mid ptc nom p m*, refrain, spare
6 ἐκχέω, *aor act ind 3p*, pour out
7 χολή, gall
8 καταβάλλω, *aor act ind 3p*, throw down
9 πτῶμα, fall, misfortune
10 τρέχω, *aor act ind 3p*, rush at
11 σάκκος, sackcloth, *Heb. LW*
12 ῥάπτω, *aor act ind 1s*, sew
13 βύρσα, skin
14 σθένος, vigor, strength
15 σβέννυμι, *aor pas ind 3s*, quench, extinguish
16 γαστήρ, stomach
17 συγκαίω, *perf pas ind 3s*, burn up
18 κλαυθμός, weeping
19 βλέφαρον, eyelid
20 σκιά, shadow
21 ἄδικος, unjust
22 εὐχή, vow, prayer
23 καθαρός, pure
24 ἐπικαλύπτω, *aor act sub 2s*, cover up
25 εἰμί, *pres act opt 3s*, be
26 κραυγή, outcry
27 μάρτυς, witness
28 συνίστωρ, collaborator, advocate
29 ὕψιστος, *sup*, most high
30 ἀφικνέομαι, *aor mid opt 3s*, reach
31 δέησις, entreaty
32 ἔναντι, before
33 στάζω, *pres act opt 3s*, drip, (shed tears)
34 εἰμί, *pres act opt 3s*, be
35 ἔλεγχος, rebuke
36 ἔναντι, before
37 πλησίον, neighbor
38 ἀριθμητός, numbered
39 ἥκω, *perf act ind 3p*, come
40 ἐπαναστρέφω, *fut pas ind 1s*, return again

17 ὀλέκομαι[1] πνεύματι φερόμενος,
δέομαι[2] δὲ ταφῆς[3] καὶ οὐ τυγχάνω.[4]
2 λίσσομαι[5] κάμνων,[6] καὶ τί ποιήσας;
3 ἔκλεψαν[7] δέ μου τὰ ὑπάρχοντα ἀλλότριοι.[8]
※τίς ἐστιν οὗτος; τῇ χειρί μου συνδεθήτω.[9]
4 ※ὅτι καρδίαν αὐτῶν ἔκρυψας[10] ἀπὸ φρονήσεως,[11]
※διὰ τοῦτο οὐ μὴ ὑψώσῃς[12] αὐτούς.
5 ※τῇ μερίδι[13] ἀναγγελεῖ[14] κακίας,[15]↙
ὀφθαλμοὶ δέ μου ἐφ᾽ υἱοῖς ἐτάκησαν.[16]

6 ἔθου δέ με θρύλημα[17] ἐν ἔθνεσιν,
γέλως[18] δὲ αὐτοῖς ἀπέβην·[19]
7 πεπώρωνται[20] γὰρ ἀπὸ ὀργῆς οἱ ὀφθαλμοί μου,
πεπολιόρκημαι[21] μεγάλως[22] ὑπὸ πάντων.
8 θαῦμα[23] ἔσχεν ἀληθινοὺς[24] ἐπὶ τούτῳ·
δίκαιος δὲ ἐπὶ παρανόμῳ[25] ἐπανασταίη·[26]
9 σχοίη[27] δὲ πιστὸς[28] τὴν ἑαυτοῦ ὁδόν,
καθαρὸς[29] δὲ χεῖρας ἀναλάβοι[30] θάρσος.[31]
10 οὐ μὴν[32] δὲ ἀλλὰ πάντες ἐρείδετε,[33]
※καὶ δεῦτε[34] δή·[35]↙
οὐ γὰρ εὑρίσκω ἐν ὑμῖν ἀληθές.[36]
11 αἱ ἡμέραι μου παρῆλθον[37] ἐν βρόμῳ,[38]
ἐρράγη[39] δὲ τὰ ἄρθρα[40] τῆς καρδίας μου.

1 ὀλέκω, *pres pas ind 1s*, destroy
2 δέομαι, *pres mid ind 1s*, entreat
3 ταφή, burial
4 τυγχάνω, *pres act ind 1s*, obtain, acquire
5 λίσσομαι, *pres mid ind 1s*, beg
6 κάμνω, *pres act ptc nom s m*, be weary
7 κλέπτω, *aor act ind 3p*, steal
8 ἀλλότριος, strange, foreign
9 συνδέω, *aor pas impv 3s*, join together
10 κρύπτω, *aor act ind 2s*, hide
11 φρόνησις, insight, intelligence
12 ὑψόω, *aor act sub 2s*, raise up, exalt
13 μερίς, portion, share
14 ἀναγγέλλω, *fut act ind 3s*, declare
15 κακία, malice, wickedness
16 τήκω, *aor pas ind 3p*, pine away
17 θρύλημα, byword
18 γέλως, laughingstock
19 ἀποβαίνω, *aor act ind 1s*, turn out, prove to be
20 πωρόω, *perf pas ind 3p*, become hard
21 πολιορκέω, *perf pas ind 1s*, besiege
22 μεγάλως, severely, grievously
23 θαῦμα, astonishment
24 ἀληθινός, trustworthy, truthful
25 παράνομος, lawless
26 ἐπανίστημι, *aor act opt 3s*, rise up against
27 ἔχω, *aor act opt 3s*, hold, maintain
28 πιστός, faithful, trustworthy
29 καθαρός, pure
30 ἀναλαμβάνω, *aor act opt 3s*, take up
31 θάρσος, courage
32 μήν, indeed
33 ἐρείδω, *pres act ind 2p*, stand fast, become fixed
34 δεῦτε, come!
35 δή, now, then
36 ἀληθής, genuine, true
37 παρέρχομαι, *aor act ind 3p*, pass away
38 βρόμος, groaning
39 ῥήγνυμι, *aor pas ind 3s*, break, snap
40 ἄρθρον, string

12 ※νύκτα εἰς ἡμέραν ἔθηκαν,
※φῶς ἐγγὺς[1] ἀπὸ προσώπου σκότους.↙
13 ἐὰν γὰρ ὑπομείνω,[2] ᾅδης[3] μου ὁ οἶκος,
ἐν δὲ γνόφῳ[4] ἔστρωταί[5] μου ἡ στρωμνή.[6]
14 θάνατον ἐπεκαλεσάμην[7] πατέρα μου εἶναι,
μητέρα δέ μου καὶ ἀδελφὴν[8] σαπρίαν.[9]
15 ποῦ οὖν μου ἔτι ἐστὶν ἡ ἐλπίς;
ἢ τὰ ἀγαθά μου ὄψομαι;
16 ἢ μετ᾽ ἐμοῦ εἰς ᾅδην[10] καταβήσονται,
※ἢ ὁμοθυμαδὸν[11] ἐπὶ χώματος[12] καταβησόμεθα;↙

Second Series: Bildad's Speech

18 Ὑπολαβὼν[13] δὲ Βαλδαδ ὁ Σαυχίτης λέγει

2 Μέχρι[14] τίνος οὐ παύσῃ;[15]
ἐπίσχες,[16] ἵνα καὶ αὐτοὶ λαλήσωμεν.
3 διὰ τί ὥσπερ τετράποδα[17]
σεσιωπήκαμεν[18] ἐναντίον[19] σου;
4 κέχρηταί[20] σοι ὀργή.
τί γάρ; ἐὰν σὺ ἀποθάνῃς, ἀοίκητος[21] ἡ ὑπ᾽ οὐρανόν;
ἢ καταστραφήσεται[22] ὄρη ἐκ θεμελίων;[23]

5 καὶ φῶς ἀσεβῶν[24] σβεσθήσεται,[25]
καὶ οὐκ ἀποβήσεται[26] αὐτῶν ἡ φλόξ·[27]
6 τὸ φῶς αὐτοῦ σκότος ἐν διαίτῃ,[28]
ὁ δὲ λύχνος[29] ἐπ᾽ αὐτῷ σβεσθήσεται.[30]

1 ἐγγύς, at hand, near
2 ὑπομένω, *aor act sub 1s*, remain
3 ᾅδης, Hades, underworld
4 γνόφος, darkness
5 στρώννυμι, *perf pas ind 3s*, spread, make (a bed)
6 στρωμνή, bedding
7 ἐπικαλέω, *aor mid ind 1s*, call upon
8 ἀδελφή, sister
9 σαπρία, decay
10 ᾅδης, Hades, underworld
11 ὁμοθυμαδόν, together, at once
12 χῶμα, sepulchral mound
13 ὑπολαμβάνω, *aor act ptc nom s m*, reply
14 μέχρι, until
15 παύω, *fut mid ind 3s*, stop, cease
16 ἐπέχω, *aor act impv 2s*, refrain
17 τετράπους, four-footed (animal)
18 σιωπάω, *perf act ind 1p*, keep silent
19 ἐναντίον, before
20 χράω, *perf mid ind 3s*, use
21 ἀοίκητος, uninhabited
22 καταστρέφω, *fut pas ind 3s*, overturn
23 θεμέλιον, foundation
24 ἀσεβής, ungodly, wicked
25 σβέννυμι, *fut pas ind 3s*, extinguish
26 ἀποβαίνω, *fut mid ind 3s*, succeed
27 φλόξ, flame
28 δίαιτα, dwelling place
29 λύχνος, lamp
30 σβέννυμι, *fut pas ind 3s*, extinguish

7 θηρεύσαισαν[1] ἐλάχιστοι[2] τὰ ὑπάρχοντα αὐτοῦ,
σφάλαι[3] δὲ αὐτοῦ ἡ βουλή.[4]
8 ἐμβέβληται[5] δὲ ὁ ποὺς αὐτοῦ ἐν παγίδι·[6]
ἐν δικτύῳ[7] ἑλιχθείη.[8]
9 ἔλθοισαν[9] δὲ ἐπ᾽ αὐτὸν παγίδες·[10]
※κατισχύσει[11] ἐπ᾽ αὐτὸν διψῶντας.[12]
10 ※κέκρυπται[13] ἐν τῇ γῇ σχοινίον[14] αὐτοῦ
※καὶ ἡ σύλλημψις[15] αὐτοῦ ἐπὶ τρίβων.[16]↙
11 κύκλῳ[17] ὀλέσαισαν[18] αὐτὸν ὀδύναι,[19]
πολλοὶ δὲ περὶ πόδας αὐτοῦ ἔλθοισαν[20] ἐν λιμῷ[21] στενῷ.[22]
12 πτῶμα[23] δὲ αὐτῷ ἡτοίμασται ἐξαίσιον.[24]
13 βρωθείησαν[25] αὐτοῦ κλῶνες[26] ποδῶν,
κατέδεται[27] δὲ τὰ ὡραῖα[28] αὐτοῦ θάνατος.
14 ἐκραγείη[29] δὲ ἐκ διαίτης[30] αὐτοῦ ἴασις,[31]
σχοίη[32] δὲ αὐτὸν ἀνάγκη[33] αἰτίᾳ[34] βασιλικῇ.[35]
15 ※κατασκηνώσει[36] ἐν τῇ σκηνῇ[37] αὐτοῦ ἐν νυκτὶ αὐτοῦ,
※κατασπαρήσονται[38] τὰ εὐπρεπῆ[39] αὐτοῦ θείῳ.[40]
16 ※ὑποκάτωθεν[41] αἱ ῥίζαι[42] αὐτοῦ ξηρανθήσονται,[43]
※καὶ ἐπάνωθεν[44] ἐπιπεσεῖται[45] θερισμὸς[46] αὐτοῦ.↙

1 θηρεύω, *aor act opt 3p*, hunt, chase down
2 ἐλάχιστος, *sup of* μικρός, *from* ἐλαχύς, least
3 σφάλλω, *aor act opt 3s*, cause to stumble
4 βουλή, counsel, plan
5 ἐμβάλλω, *perf pas ind 3s*, thrust into, catch
6 παγίς, trap, snare
7 δίκτυον, net
8 ἑλίσσω, *aor pas opt 3s*, entangle
9 ἔρχομαι, *aor act opt 3p*, come
10 παγίς, trap, snare
11 κατισχύω, *fut act ind 3s*, overpower
12 διψάω, *pres act ptc acc p m*, be thirsty
13 κρύπτω, *perf pas ind 3s*, hide
14 σχοινίον, rope, cord
15 σύλλημψις, apprehending, seizing
16 τρίβος, path
17 κύκλῳ, around
18 ὄλλυμι, *aor act opt 3p*, destroy
19 ὀδύνη, pain
20 ἔρχομαι, *aor act opt 3p*, arrive
21 λιμός, famine
22 στενός, severe
23 πτῶμα, disaster, misfortune
24 ἐξαίσιος, extraordinary, remarkable
25 βιβρώσκω, *aor pas opt 3p*, devour, eat up
26 κλών, tendon?
27 κατεσθίω, *fut mid ind 3s*, consume
28 ὡραῖος, beautiful, well formed
29 ἐκρήγνυμι, *aor pas opt 3s*, break off
30 δίαιτα, dwelling place, way of life
31 ἴασις, health, healing
32 ἔχω, *aor act opt 3s*, seize
33 ἀνάγκη, tribulation, distress
34 αἰτία, charge, accusation
35 βασιλικός, royal
36 κατασκηνόω, *fut act ind 3s*, dwell
37 σκηνή, tent
38 κατασπείρω, *fut pas ind 3p*, sow
39 εὐπρεπής, attractive, suitable
40 θεῖον, brimstone
41 ὑποκάτωθεν, from below
42 ῥίζα, root
43 ξηραίνω, *fut pas ind 3p*, dry up
44 ἐπάνωθεν, from above
45 ἐπιπίπτω, *fut mid ind 3s*, fall upon
46 θερισμός, harvest, crop

17 τὸ μνημόσυνον[1] αὐτοῦ ἀπόλοιτο[2] ἐκ γῆς,
※καὶ ὑπάρχει ὄνομα αὐτῷ ἐπὶ πρόσωπον ἐξωτέρω.[3]↙
18 ἀπώσειεν[4] αὐτὸν ἐκ φωτὸς εἰς σκότος.
19 οὐκ ἔσται ἐπίγνωστος[5] ἐν λαῷ αὐτοῦ,
οὐδὲ σεσῳσμένος ἐν τῇ ὑπ᾽ οὐρανὸν ὁ οἶκος αὐτοῦ,
ἀλλ᾽ ἐν τοῖς αὐτοῦ ζήσονται ἕτεροι.
20 ἐπ᾽ αὐτῷ ἐστέναξαν[6] ἔσχατοι,
πρώτους δὲ ἔσχεν θαῦμα.[7]
21 οὗτοί εἰσιν οἶκοι ἀδίκων,[8]
οὗτος δὲ ὁ τόπος τῶν μὴ εἰδότων τὸν κύριον.

Job's Second Reply to Bildad

19 Ὑπολαβὼν[9] δὲ Ιωβ λέγει

2 Ἕως τίνος ἔγκοπον[10] ποιήσετε ψυχήν μου
καὶ καθαιρεῖτέ[11] με λόγοις;
3 γνῶτε μόνον ὅτι ὁ κύριος ἐποίησέ με οὕτως·
καταλαλεῖτέ[12] μου, οὐκ αἰσχυνόμενοί[13] με ἐπίκεισθέ[14] μοι.
4 ναὶ[15] δὴ[16] ἐπ᾽ ἀληθείας ἐγὼ ἐπλανήθην,
παρ᾽ ἐμοὶ δὲ αὐλίζεται[17] πλάνος[18]
4a λαλῆσαι ῥῆμα, ὃ οὐκ ἔδει,[19]
τὰ δὲ ῥήματά μου πλανᾶται καὶ οὐκ ἐπὶ καιροῦ.
5 ἔα[20] δὲ ὅτι ἐπ᾽ ἐμοὶ μεγαλύνεσθε,[21]
ἐνάλλεσθε[22] δέ μοι ὀνείδει.[23]
6 γνῶτε οὖν ὅτι ὁ κύριός ἐστιν ὁ ταράξας,[24]
ὀχύρωμα[25] δὲ αὐτοῦ ἐπ᾽ ἐμὲ ὕψωσεν.[26]

1 μνημόσυνον, memory
2 ἀπόλλυμι, *aor mid opt 3s*, perish
3 ἔξω, *comp*, outer
4 ἀπωθέω, *aor pas opt 3s*, drive back, push away
5 ἐπίγνωστος, known
6 στενάζω, *aor act ind 3p*, groan
7 θαῦμα, astonishment, wonder
8 ἄδικος, unjust, unrighteous
9 ὑπολαμβάνω, *aor act ptc nom s m*, reply
10 ἔγκοπος, weary
11 καθαιρέω, *pres act ind 2p*, break down
12 καταλαλέω, *pres act ind 2p*, speak ill of, talk down
13 αἰσχύνω, *pres mid ptc nom p m*, dishonor
14 ἐπίκειμαι, *pres pas ind 2p*, confront, bear down on
15 ναί, yes
16 δή, indeed
17 αὐλίζω, *pres mid ind 3s*, lodge
18 πλάνος, error
19 δεῖ, *impf act ind 3s*, be fitting
20 ἔα, alas!, ah!
21 μεγαλύνω, *pres mid impv 2p*, increase, magnify
22 ἐνάλλομαι, *pres mid ind 2p*, jump on, attack
23 ὄνειδος, insult
24 ταράσσω, *aor act ptc nom s m*, trouble, disturb
25 ὀχύρωμα, fortress
26 ὑψόω, *aor act ind 3s*, raise up

7 ἰδοὺ γελῶ[1] ὀνείδει[2] καὶ οὐ λαλήσω·
κεκράξομαι, καὶ οὐδαμοῦ[3] κρίμα.[4]
8 κύκλῳ[5] περιῳκοδόμημαι[6] καὶ οὐ μὴ διαβῶ,[7]
ἐπὶ πρόσωπόν μου σκότος ἔθετο.
9 τὴν δὲ δόξαν ἀπ᾽ ἐμοῦ ἐξέδυσεν,[8]
ἀφεῖλεν[9] δὲ στέφανον[10] ἀπὸ κεφαλῆς μου.
10 διέσπασέν[11] με κύκλῳ,[12] καὶ ᾠχόμην·[13]
ἐξέκοψεν[14] δὲ ὥσπερ δένδρον[15] τὴν ἐλπίδα μου.
11 δεινῶς[16] δέ μοι ὀργῇ ἐχρήσατο,[17]
ἡγήσατο[18] δέ με ὥσπερ ἐχθρόν.
12 ὁμοθυμαδὸν[19] δὲ ἦλθον τὰ πειρατήρια[20] αὐτοῦ ἐπ᾽ ἐμοὶ ταῖς ὁδοῖς μου,
ἐκύκλωσάν[21] με ἐγκάθετοι.[22]

13 ἀπ᾽ ἐμοῦ δὲ ἀδελφοί μου ἀπέστησαν,[23]
ἔγνωσαν ἀλλοτρίους[24] ἢ ἐμέ·
φίλοι[25] δέ μου ἀνελεήμονες[26] γεγόνασιν.
14 οὐ προσεποιήσαντό[27] με οἱ ἐγγύτατοί[28] μου,
καὶ οἱ εἰδότες μου τὸ ὄνομα ἐπελάθοντό[29] μου.
15 γείτονες[30] οἰκίας θεράπαιναί[31] τέ μου,
ἀλλογενὴς[32] ἤμην ἐναντίον[33] αὐτῶν.
16 θεράποντά[34] μου ἐκάλεσα, καὶ οὐχ ὑπήκουσεν·[35]
στόμα δέ μου ἐδέετο.[36]
17 καὶ ἱκέτευον[37] τὴν γυναῖκά μου,
προσεκαλούμην[38] δὲ κολακεύων[39] υἱοὺς παλλακίδων[40] μου·

1 γελάω, *pres act ind 1s*, laugh at
2 ὄνειδος, insult
3 οὐδαμοῦ, nowhere
4 κρίμα, judgment
5 κύκλῳ, all around
6 περιοικοδομέω, *perf pas ind 1s*, enclose, fence in
7 διαβαίνω, *aor act sub 1s*, get through
8 ἐκδύω, *aor act ind 3s*, take off
9 ἀφαιρέω, *aor act ind 3s*, remove
10 στέφανος, crown
11 διασπάω, *aor act ind 3s*, pull apart
12 κύκλῳ, all around
13 οἴχομαι, *impf mid ind 1s*, be gone
14 ἐκκόπτω, *aor act ind 3s*, cut down
15 δένδρον, tree
16 δεινῶς, harshly, fearfully
17 χράω, *aor mid ind 3s*, handle, make use of
18 ἡγέομαι, *aor mid ind 3s*, regard, consider
19 ὁμοθυμαδόν, together
20 πειρατήριον, gang of thugs
21 κυκλόω, *aor act ind 3p*, surround
22 ἐγκάθετος, hired to set an ambush
23 ἀφίστημι, *aor act ind 3p*, withdraw
24 ἀλλότριος, strange, foreign
25 φίλος, friend
26 ἀνελεήμων, merciless
27 προσποιέω, *aor mid ind 3p*, take notice of
28 ἐγγύς, *sup*, nearest
29 ἐπιλανθάνω, *aor mid ind 3p*, forget
30 γείτων, neighbor
31 θεράπαινα, female servant
32 ἀλλογενής, foreign, strange
33 ἐναντίον, in front of, before
34 θεράπων, servant
35 ὑπακούω, *aor act ind 3s*, listen, obey
36 δέομαι, *impf mid ind 3s*, beg
37 ἱκετεύω, *impf act ind 1s*, entreat, implore
38 προσκαλέω, *impf mid ind 1s*, summon, call upon
39 κολακεύω, *pres act ptc nom s m*, flatter, entice
40 παλλακίς, concubine

18 οἱ δὲ εἰς τὸν αἰῶνά με ἀπεποιήσαντο·[1]
ὅταν ἀναστῶ, κατ᾽ ἐμοῦ λαλοῦσιν.
19 ἐβδελύξαντο[2] δέ με οἱ εἰδότες με·
οὓς δὴ[3] ἠγαπήκειν,[4] ἐπανέστησάν[5] μοι.
20 ἐν δέρματί[6] μου ἐσάπησαν[7] αἱ σάρκες μου,
τὰ δὲ ὀστᾶ[8] μου ἐν ὀδοῦσιν[9] ἔχεται.
21 ἐλεήσατέ[10] με, ἐλεήσατέ με, ὦ[11] φίλοι·[12]
χεὶρ γὰρ κυρίου ἡ ἁψαμένη μού ἐστιν.
22 διὰ τί δέ με διώκετε ὥσπερ καὶ ὁ κύριος,
ἀπὸ δὲ σαρκῶν μου οὐκ ἐμπίπλασθε;[13]

23 τίς γὰρ ἂν δῴη[14] γραφῆναι τὰ ῥήματά μου,
τεθῆναι δὲ αὐτὰ ἐν βιβλίῳ εἰς τὸν αἰῶνα
24 ※ἐν γραφείῳ[15] σιδηρῷ[16] καὶ μολίβῳ[17]↙
ἢ ἐν πέτραις[18] ἐγγλυφῆναι;[19]
25 οἶδα γὰρ ὅτι ἀέναός[20] ἐστιν ὁ ἐκλύειν[21] με μέλλων[22] ἐπὶ γῆς.
26 ἀναστῆσαι[23] τὸ δέρμα[24] μου τὸ ἀνατλῶν[25] ταῦτα·
παρὰ γὰρ κυρίου ταῦτά μοι συνετελέσθη,[26]
27 ἃ ἐγὼ ἐμαυτῷ[27] συνεπίσταμαι,[28]
ἃ ὁ ὀφθαλμός μου ἑόρακεν καὶ οὐκ ἄλλος·
πάντα δέ μοι συντετέλεσται[29] ἐν κόλπῳ.[30]
28 εἰ δὲ καὶ ἐρεῖτε Τί ἐροῦμεν ἔναντι[31] αὐτοῦ;
※καὶ ῥίζαν[32] λόγου εὑρήσομεν ἐν αὐτῷ·↙
29 εὐλαβήθητε[33] δὴ[34] καὶ ὑμεῖς ἀπὸ ἐπικαλύμματος·[35]
θυμὸς[36] γὰρ ἐπ᾽ ἀνόμους[37] ἐπελεύσεται,[38]
καὶ τότε γνώσονται ποῦ ἐστιν αὐτῶν ἡ ὕλη.[39]

1 ἀποποιέω, *aor mid ind 3p*, reject, disavow
2 βδελύσσω, *aor mid ind 3p*, detest
3 δή, then
4 ἀγαπάω, *plpf act ind 1s*, love
5 ἐπανίστημι, *aor act ind 3p*, rise up against
6 δέρμα, skin
7 σήπω, *aor pas ind 3p*, rot, decay
8 ὀστέον, bone
9 ὀδούς, tooth
10 ἐλεέω, *aor act impv 2p*, have pity on
11 ὦ, O!
12 φίλος, friend
13 ἐμπιπλάω, *pres pas ind 2p*, satisfy
14 δίδωμι, *aor act opt 3s*, grant
15 γραφεῖον, stylus, pen
16 σίδηρος, iron
17 μόλιβος, lead
18 πέτρα, rock
19 ἐγγλύφω, *aor pas inf*, carve
20 ἀέναος, eternal
21 ἐκλύω, *pres act inf*, finish off
22 μέλλω, *pres act ptc nom s m*, be about to
23 ἀνίστημι, *aor act opt 3s*, arise
24 δέρμα, skin
25 ἀνέτλην, *aor act ptc acc s n*, endure, bear
26 συντελέω, *aor pas ind 3s*, carry out
27 ἐμαυτοῦ, of myself
28 συνεπίσταμαι, be well aware of
29 συντελέω, *perf pas ind 3s*, finish, complete
30 κόλπος, breast, (person)
31 ἔναντι, before
32 ῥίζα, root
33 εὐλαβέομαι, *aor pas impv 2p*, be concerned about
34 δή, now
35 ἐπικάλυμμα, (deceit?), cover
36 θυμός, wrath
37 ἄνομος, lawless
38 ἐπέρχομαι, *fut mid ind 3s*, come upon
39 ὕλη, matter, substance

Second Series: Zophar's Speech

20 Ὑπολαβὼν[1] δὲ Σωφαρ ὁ Μιναῖος λέγει

2 Οὐχ οὕτως ὑπελάμβανον[2] ἀντερεῖν[3] σε ταῦτα,
καὶ οὐχὶ συνίετε[4] μᾶλλον[5] ἢ καὶ ἐγώ.
3 ※παιδείαν[6] ἐντροπῆς[7] μου ἀκούσομαι,
※καὶ πνεῦμα ἐκ τῆς συνέσεως[8] ἀποκρίνεταί μοι.
4 ※μὴ ταῦτα ἔγνως ἀπὸ τοῦ ἔτι↙
ἀφ᾽ οὗ ἐτέθη ἄνθρωπος ἐπὶ τῆς γῆς;
5 εὐφροσύνη[9] γὰρ ἀσεβῶν[10] πτῶμα[11] ἐξαίσιον,[12]
χαρμονὴ[13] δὲ παρανόμων[14] ἀπώλεια,[15]
6 ἐὰν ἀναβῇ εἰς οὐρανὸν αὐτοῦ τὰ δῶρα,[16]
ἡ δὲ θυσία[17] αὐτοῦ νεφῶν[18] ἅψηται.
7 ὅταν γὰρ δοκῇ[19] ἤδη[20] κατεστηρίχθαι,[21] τότε εἰς τέλος ἀπολεῖται·
οἱ δὲ ἰδόντες αὐτὸν ἐροῦσιν Ποῦ ἐστιν;
8 ὥσπερ ἐνύπνιον ἐκπετασθὲν[22] οὐ μὴ εὑρεθῇ,
ἔπτη[23] δὲ ὥσπερ φάσμα[24] νυκτερινόν.[25]
9 ※ὀφθαλμὸς παρέβλεψεν[26] καὶ οὐ προσθήσει,[27]
※καὶ οὐκέτι προσνοήσει[28] αὐτὸν ὁ τόπος αὐτοῦ.↙

10 τοὺς υἱοὺς αὐτοῦ ὀλέσαισαν[29] ἥττονες,[30]
αἱ δὲ χεῖρες αὐτοῦ πυρσεύσαισαν[31] ὀδύνας.[32]
11 ※ὀστᾶ[33] αὐτοῦ ἐνεπλήσθησαν[34] νεότητος[35] αὐτοῦ,
※καὶ μετ᾽ αὐτοῦ ἐπὶ χώματος[36] κοιμηθήσεται.[37]

1 ὑπολαμβάνω, *aor act ptc nom s m*, reply
2 ὑπολαμβάνω, *impf act ind 1s*, reply
3 ἀντιλέγω, *fut act inf*, speak against, counter
4 συνίημι, *pres act ind 2p*, understand
5 μᾶλλον, more, (better)
6 παιδεία, discipline
7 ἐντροπή, humiliation
8 σύνεσις, understanding
9 εὐφροσύνη, gladness
10 ἀσεβής, ungodly, wicked
11 πτῶμα, disaster, misfortune
12 ἐξαίσιος, extraordinary, distinctive
13 χαρμονή, enjoyment
14 παράνομος, lawless
15 ἀπώλεια, destruction
16 δῶρον, gift
17 θυσία, sacrifice
18 νέφος, cloud
19 δοκέω, *pres act sub 3s*, think
20 ἤδη, now, at this point
21 καταστηρίζω, *perf pas inf*, establish
22 ἐκπετάννυμι, *aor pas ptc nom s n*, extend, stretch out
23 πέτομαι, *aor mid ind 3s*, fly
24 φάσμα, apparition, delusion
25 νυκτερινός, nocturnal, nighttime
26 παραβλέπω, *aor act ind 3s*, look at
27 προστίθημι, *fut act ind 3s*, continue, (do again)
28 προσνοέω, *fut act ind 3s*, notice
29 ὄλλυμι, *aor act opt 3p*, destroy, be rid of
30 ἥττων (σσ), *comp of* κακός, lesser, inferior
31 πυρσεύω, *aor act opt 3p*, kindle, flame up
32 ὀδύνη, pain, grief
33 ὀστέον, bone
34 ἐμπίμπλημι, *aor pas ind 3p*, fill up
35 νεότης, youth
36 χῶμα, sepulchral mound, heap
37 κοιμάω, *fut pas ind 3s*, sleep

12 ※ἐὰν γλυκανθῇ[1] ἐν στόματι αὐτοῦ κακία,[2]
※κρύψει[3] αὐτὴν ὑπὸ τὴν γλῶσσαν αὐτοῦ·
13 ※οὐ φείσεται[4] αὐτῆς καὶ οὐκ ἐγκαταλείψει[5] αὐτὴν
※καὶ συνέξει[6] αὐτὴν ἐν μέσῳ τοῦ λάρυγγος[7] αὐτοῦ.↙
14 καὶ οὐ μὴ δυνηθῇ βοηθῆσαι[8] ἑαυτῷ·
※χολὴ[9] ἀσπίδος[10] ἐν γαστρὶ[11] αὐτοῦ.↙

15 πλοῦτος[12] ἀδίκως[13] συναγόμενος ἐξεμεσθήσεται,[14]
ἐξ οἰκίας αὐτοῦ ἐξελκύσει[15] αὐτὸν ἄγγελος.
16 θυμὸν[16] δὲ δρακόντων[17] θηλάσειεν,[18]
ἀνέλοι[19] δὲ αὐτὸν γλῶσσα ὄφεως.[20]
17 μὴ ἴδοι[21] ἄμελξιν[22] νομάδων[23]
μηδὲ νομὰς[24] μέλιτος[25] καὶ βουτύρου.[26]
18 εἰς κενὰ[27] καὶ μάταια[28] ἐκοπίασεν[29] πλοῦτον,[30] ἐξ οὗ οὐ γεύσεται,[31]
ὥσπερ στρίφνος[32] ἀμάσητος[33] ἀκατάποτος.[34]
19 πολλῶν γὰρ ἀδυνάτων[35] οἴκους ἔθλασεν,[36]
δίαιταν[37] δὲ ἥρπασεν[38] καὶ οὐκ ἔστησεν.
20 οὐκ ἔστιν αὐτοῦ σωτηρία τοῖς ὑπάρχουσιν,
※ἐν ἐπιθυμίᾳ[39] αὐτοῦ οὐ σωθήσεται.
21 ※οὐκ ἔστιν ὑπόλειμμα[40] τοῖς βρώμασιν[41] αὐτοῦ·↙
διὰ τοῦτο οὐκ ἀνθήσει[42] αὐτοῦ τὰ ἀγαθά.

1 γλυκαίνω, *aor pas sub 3s*, be sweet
2 κακία, wickedness
3 κρύπτω, *fut act ind 3s*, conceal
4 φείδομαι, *fut mid ind 3s*, stop, restrain
5 ἐγκαταλείπω, *fut act ind 3s*, give up, leave
6 συνέχω, *fut act ind 3s*, hold fast, cling to
7 λάρυγξ, throat
8 βοηθέω, *aor act inf*, help
9 χολή, (poison?), gall
10 ἀσπίς, asp, serpent
11 γαστήρ, stomach
12 πλοῦτος, riches
13 ἀδίκως, unjustly
14 ἐξεμέω, *fut pas ind 3s*, spit out, vomit
15 ἐξέλκω, *fut act ind 3s*, drag out, remove
16 θυμός, wrath, anger
17 δράκων, dragon, serpent
18 θηλάζω, *aor act opt 3s*, suck
19 ἀναιρέω, *aor act opt 3s*, destroy
20 ὄφις, snake
21 ὁράω, *aor act opt 3s*, see
22 ἄμελξις, milking
23 νομάς, (*p*) nomads
24 νομή, spread
25 μέλι, honey
26 βούτυρον, butter
27 κενός, pointless
28 μάταιος, worthless, useless
29 κοπιάω, *aor act ind 3s*, labor for, strive for
30 πλοῦτος, wealth
31 γεύω, *fut mid ind 3s*, taste
32 στρίφνος, gristly meat
33 ἀμάσητος, unchewable
34 ἀκατάποτος, unpalatable, impossible to swallow
35 ἀδύνατος, powerless
36 θλάω, *aor act ind 3s*, tear down
37 δίαιτα, dwelling
38 ἁρπάζω, *aor act ind 3s*, plunder, loot
39 ἐπιθυμία, desire
40 ὑπόλειμμα, remainder, leftover
41 βρῶμα, food, provision
42 ἀνθέω, *fut act ind 3s*, flourish

22 ὅταν δὲ δοκῇ[1] ἤδη[2] πεπληρῶσθαι, θλιβήσεται,[3]
πᾶσα δὲ ἀνάγκη[4] ἐπ᾿ αὐτὸν ἐπελεύσεται.[5]
23 ※εἴ πως πληρώσαι[6] γαστέρα[7] αὐτοῦ,⸔
ἐπαποστείλαι[8] ἐπ᾿ αὐτὸν θυμὸν[9] ὀργῆς,[10]
νίψαι[11] ἐπ᾿ αὐτὸν ὀδύνας·[12]
24 καὶ οὐ μὴ σωθῇ ἐκ χειρὸς σιδήρου,[13]
τρώσαι[14] αὐτὸν τόξον[15] χάλκειον·[16]
25 διεξέλθοι[17] δὲ διὰ σώματος αὐτοῦ βέλος,[18]
ἀστραπαὶ[19] δὲ ἐν διαίταις[20] αὐτοῦ περιπατήσαισαν·[21]
※ἐπ᾿ αὐτῷ φόβοι.⸔
26 πᾶν δὲ σκότος αὐτῷ ὑπομείναι·[22]
κατέδεται[23] αὐτὸν πῦρ ἄκαυστον,[24]
κακώσαι[25] δὲ αὐτοῦ ἐπήλυτος[26] τὸν οἶκον.
27 ἀνακαλύψαι[27] δὲ αὐτοῦ ὁ οὐρανὸς τὰς ἀνομίας,[28]
γῆ δὲ ἐπανασταίη[29] αὐτῷ.
28 ἑλκύσαι[30] τὸν οἶκον αὐτοῦ ἀπώλεια[31] εἰς τέλος,
ἡμέρα ὀργῆς ἐπέλθοι[32] αὐτῷ.
29 αὕτη ἡ μερὶς[33] ἀνθρώπου ἀσεβοῦς[34] παρὰ κυρίου
καὶ κτῆμα[35] ὑπαρχόντων αὐτῷ παρὰ τοῦ ἐπισκόπου.[36]

Job's Second Reply to Zophar

21 Ὑπολαβὼν[37] δὲ Ιωβ λέγει

2 Ἀκούσατε ἀκούσατέ μου τῶν λόγων,
ἵνα μὴ ᾖ μοι παρ᾿ ὑμῶν αὕτη ἡ παράκλησις.[38]

1 δοκέω, *pres act sub 3s*, think
2 ἤδη, now, just
3 θλίβω, *fut pas ind 3s*, afflict, oppress
4 ἀνάγκη, tribulation, distress
5 ἐπέρχομαι, *fut mid ind 3s*, come upon
6 πληρόω, *aor act opt 3s*, fill
7 γαστήρ, stomach
8 ἐπαποστέλλω, *aor act inf*, send upon
9 θυμός, anger
10 ὀργή, wrath
11 νίπτω, *aor act opt 3s*, pour
12 ὀδύνη, pain, grief
13 σίδηρος, (blade)
14 τιτρώσκω, *aor act opt 3s*, wound
15 τόξον, bow
16 χάλκειος, bronze
17 διεξέρχομαι, *aor act opt 3s*, pierce
18 βέλος, arrow
19 ἀστραπή, lightning
20 δίαιτα, dwelling
21 περιπατέω, *aor act opt 3p*, go around
22 ὑπομένω, *aor act opt 3s*, remain
23 κατεσθίω, *fut mid ind 3s*, consume
24 ἄκαυστος, inextinguishable
25 κακόω, *aor act opt 3s*, do harm, damage
26 ἐπήλυτος, foreigner, stranger
27 ἀνακαλύπτω, *aor act inf*, reveal, disclose
28 ἀνομία, lawlessness
29 ἐπανίστημι, *aor act opt 3s*, rise up against
30 ἑλκύω, *aor act inf*, drag
31 ἀπώλεια, loss, ruin
32 ἐπέρχομαι, *aor act opt 3s*, come upon
33 μερίς, lot, portion
34 ἀσεβής, ungodly, wicked
35 κτῆμα, possession
36 ἐπίσκοπος, guardian, overseer
37 ὑπολαμβάνω, *aor act ptc nom s m*, reply
38 παράκλησις, comfort, consolation

3 ἄρατέ με, ἐγὼ δὲ λαλήσω,
εἶτ᾿[1] οὐ καταγελάσετέ[2] μου.
4 τί γάρ; μὴ ἀνθρώπου μου ἡ ἔλεγξις;[3]
ἢ διὰ τί οὐ θυμωθήσομαι;[4]
5 εἰσβλέψαντες[5] εἰς ἐμὲ θαυμάσατε[6]
χεῖρα θέντες ἐπὶ σιαγόνι.[7]
6 ἐάν τε γὰρ μνησθῶ,[8] ἐσπούδακα,[9]
ἔχουσιν δέ μου τὰς σάρκας ὀδύναι.[10]
7 διὰ τί ἀσεβεῖς[11] ζῶσιν,
πεπαλαίωνται[12] δὲ καὶ ἐν πλούτῳ;[13]
8 ὁ σπόρος[14] αὐτῶν κατὰ ψυχήν,
τὰ δὲ τέκνα αὐτῶν ἐν ὀφθαλμοῖς.
9 οἱ οἶκοι αὐτῶν εὐθηνοῦσιν,[15] φόβος δὲ οὐδαμοῦ,[16]
μάστιξ[17] δὲ παρὰ κυρίου οὐκ ἔστιν ἐπ᾿ αὐτοῖς.
10 ἡ βοῦς[18] αὐτῶν οὐκ ὠμοτόκησεν,[19]
διεσώθη[20] δὲ αὐτῶν ἐν γαστρὶ[21] ἔχουσα καὶ οὐκ ἔσφαλεν.[22]
11 μένουσιν[23] δὲ ὡς πρόβατα αἰώνια,
τὰ δὲ παιδία αὐτῶν προσπαίζουσιν[24]
12 ἀναλαβόντες[25] ψαλτήριον[26] καὶ κιθάραν[27]
καὶ εὐφραίνονται[28] φωνῇ ψαλμοῦ.[29]
13 συνετέλεσαν[30] δὲ ἐν ἀγαθοῖς τὸν βίον[31] αὐτῶν,
ἐν δὲ ἀναπαύσει[32] ᾅδου[33] ἐκοιμήθησαν.[34]
14 λέγει δὲ κυρίῳ Ἀπόστα[35] ἀπ᾿ ἐμοῦ,
ὁδούς σου εἰδέναι οὐ βούλομαι·

1 εἶτα, then
2 καταγελάω, *fut act ind 2p*, mock, ridicule
3 ἔλεγξις, reproof
4 θυμόω, *fut pas ind 1s*, provoke, make angry
5 εἰσβλέπω, *aor act ptc nom p m*, look at
6 θαυμάζω, *aor act impv 2p*, be astonished
7 σιαγών, cheek
8 μιμνῄσκομαι, *aor pas sub 1s*, remember
9 σπουδάζω, *perf act ind 1s*, hurry
10 ὀδύνη, pain
11 ἀσεβής, ungodly, wicked
12 παλαιόω, *perf pas ind 3p*, grow old
13 πλοῦτος, wealth
14 σπόρος, progeny, seed
15 εὐθηνέω, *pres act ind 3p*, flourish, prosper
16 οὐδαμοῦ, none at all
17 μάστιξ, whip, scourge
18 βοῦς, cow
19 ὠμοτοκέω, *aor act ind 3s*, miscarry
20 διασῴζω, *aor pas ind 3s*, come safely through
21 γαστήρ, womb
22 σφάλλω, *aor act ind 3s*, stumble, falter
23 μένω, *pres act ind 3p*, remain, stick around
24 προσπαίζω, *pres act ind 3p*, play
25 ἀναλαμβάνω, *aor act ptc nom p m*, take up
26 ψαλτήριον, lyre, harp
27 κιθάρα, cithara
28 εὐφραίνω, *pres pas ind 3p*, enjoy oneself
29 ψαλμός, song
30 συντελέω, *aor act ind 3p*, complete, end
31 βίος, life
32 ἀνάπαυσις, rest
33 ᾅδης, Hades, underworld
34 κοιμάω, *aor pas ind 3p*, go to sleep
35 ἀφίστημι, *aor act impv 2s*, keep away

15 ※τί ἱκανός,[1] ὅτι δουλεύσομεν[2] αὐτῷ;
※καὶ τίς ὠφέλεια,[3] ὅτι ἀπαντήσομεν[4] αὐτῷ;↙
16 ἐν χερσὶν γὰρ ἦν αὐτῶν τὰ ἀγαθά,
ἔργα δὲ ἀσεβῶν[5] οὐκ ἐφορᾷ.[6]
17 οὐ μὴν δὲ ἀλλὰ[7] καὶ ἀσεβῶν[8] λύχνος[9] σβεσθήσεται,[10]
ἐπελεύσεται[11] δὲ αὐτοῖς ἡ καταστροφή,[12]
ὠδῖνες[13] δὲ αὐτοὺς ἕξουσιν ἀπὸ ὀργῆς.
18 ἔσονται δὲ ὥσπερ ἄχυρα[14] πρὸ ἀνέμου[15]
ἢ ὥσπερ κονιορτός,[16] ὃν ὑφείλατο[17] λαῖλαψ.[18]
19 ἐκλίποι[19] υἱοὺς τὰ ὑπάρχοντα αὐτοῦ·
※ἀνταποδώσει[20] πρὸς αὐτὸν καὶ γνώσεται.↙
20 ἴδοισαν[21] οἱ ὀφθαλμοὶ αὐτοῦ τὴν ἑαυτοῦ σφαγήν,[22]
ἀπὸ δὲ κυρίου μὴ διασωθείη·[23]
21 ※ὅτι τί θέλημα[24] αὐτοῦ ἐν οἴκῳ αὐτοῦ μετ᾽ αὐτόν;
※καὶ ἀριθμοὶ[25] μηνῶν[26] αὐτοῦ διῃρέθησαν.[27]↙
22 πότερον[28] οὐχὶ ὁ κύριός ἐστιν ὁ διδάσκων σύνεσιν[29] καὶ ἐπιστήμην;[30]
αὐτὸς δὲ φόνους[31] διακρινεῖ.[32]
23 ※οὗτος ἀποθανεῖται ἐν κράτει[33] ἁπλοσύνης[34] αὐτοῦ,
※ὅλος δὲ εὐπαθῶν[35] καὶ εὐθηνῶν·[36]↙
24 τὰ δὲ ἔγκατα[37] αὐτοῦ πλήρη[38] στέατος,[39]
μυελὸς[40] δὲ αὐτοῦ διαχεῖται.[41]

1 ἱκανός, sufficient
2 δουλεύω, *fut act ind 1p*, serve
3 ὠφέλεια, profit, gain
4 ἀπαντάω, *fut act ind 1p*, meet
5 ἀσεβής, ungodly, wicked
6 ἐφοράω, *pres act ind 3s*, observe, look on
7 οὐ μὴν δὲ ἀλλὰ, nevertheless
8 ἀσεβής, ungodly, wicked
9 λύχνος, lamp
10 σβέννυμι, *fut pas ind 3s*, extinguish, put out
11 ἐπέρχομαι, *fut mid ind 3s*, come upon
12 καταστροφή, ruin, catastrophe
13 ὠδίν, pain, birth pang
14 ἄχυρον, chaff, straw
15 ἄνεμος, wind
16 κονιορτός, dust
17 ὑφαιρέω, *aor mid ind 3s*, draw away, snatch
18 λαῖλαψ, whirlwind
19 ἐκλείπω, *aor act opt 3s*, fail, forsake
20 ἀνταποδίδωμι, *fut act ind 3s*, repay
21 ὁράω, *aor act opt 3p*, see
22 σφαγή, slaughter, destruction
23 διασῴζω, *aor pas opt 3s*, preserve, save
24 θέλημα, desire, wish
25 ἀριθμός, amount, number
26 μήν, month
27 διαιρέω, *aor pas ind 3p*, divide, cut back
28 πότερον, is not
29 σύνεσις, understanding
30 ἐπιστήμη, knowledge
31 φόνος, murder
32 διακρίνω, *fut act ind 3s*, judge
33 κράτος, strength, might
34 ἁπλοσύνη, singularity, honesty
35 εὐπαθέω, *pres act ptc nom s m*, be comfortable
36 εὐθηνέω, *pres act ptc nom s m*, be prosperous
37 ἔγκατα, innards, entrails
38 πλήρης, full
39 στέαρ, fat
40 μυελός, marrow
41 διαχέω, *pres pas ind 3s*, spread

25 ὁ δὲ τελευτᾷ[1] ὑπὸ πικρίας[2] ψυχῆς
οὐ φαγὼν οὐδὲν ἀγαθόν.
26 ὁμοθυμαδὸν[3] δὲ ἐπὶ γῆς κοιμῶνται,[4]
σαπρία[5] δὲ αὐτοὺς ἐκάλυψεν.[6]
27 ὥστε οἶδα ὑμᾶς ὅτι τόλμῃ[7] ἐπίκεισθέ[8] μοι·
28 ※ὅτι ἐρεῖτε Ποῦ ἐστιν οἶκος ἄρχοντος;
※καὶ ποῦ ἐστιν ἡ σκέπη[9] τῶν σκηνωμάτων[10] τῶν ἀσεβῶν;[11]
29 ※ἐρωτήσατε[12] παραπορευομένους[13] ὁδόν,
※καὶ τὰ σημεῖα αὐτῶν οὐκ ἀπαλλοτριώσετε·[14]
30 ※ὅτι εἰς ἡμέραν ἀπωλείας[15] κουφίζεται[16] ὁ πονηρός,
※εἰς ἡμέραν ὀργῆς αὐτοῦ ἀπαχθήσονται.[17]
31 ※τίς ἀπαγγελεῖ ἐπὶ προσώπου αὐτοῦ τὴν ὁδὸν αὐτοῦ;
※καὶ αὐτὸς ἐποίησεν, τίς ἀνταποδώσει[18] αὐτῷ;
32 ※καὶ αὐτὸς εἰς τάφους[19] ἀπηνέχθη[20]
※καὶ ἐπὶ σορῷ[21] ἠγρύπνησεν.[22]
33 ※ἐγλυκάνθησαν[23] αὐτῷ χάλικες[24] χειμάρρου,[25]
※καὶ ὀπίσω αὐτοῦ πᾶς ἄνθρωπος ἀπελεύσεται,
※καὶ ἔμπροσθεν αὐτοῦ ἀναρίθμητοι.[26]↙
34 πῶς δὲ παρακαλεῖτέ με κενά;[27]
τὸ δὲ ἐμὲ καταπαύσασθαι[28] ἀφ᾽ ὑμῶν οὐδέν.

Third Series: Eliphaz's Speech

22 Ὑπολαβὼν[29] δὲ Ελιφας ὁ Θαιμανίτης λέγει

2 Πότερον[30] οὐχὶ ὁ κύριός ἐστιν ὁ διδάσκων σύνεσιν[31] καὶ ἐπιστήμην;[32]

1 τελευτάω, *pres act ind 3s*, die
2 πικρία, bitterness
3 ὁμοθυμαδόν, together, at once
4 κοιμάω, *pres mid ind 3p*, lie down
5 σαπρία, detritus, decayed matter
6 καλύπτω, *aor act ind 3s*, cover
7 τόλμα, boldness, daring
8 ἐπίκειμαι, *pres pas ind 2p*, confront
9 σκέπη, covering
10 σκήνωμα, dwelling, tent
11 ἀσεβής, ungodly, wicked
12 ἐρωτάω, *aor act impv 2p*, ask
13 παραπορεύομαι, *pres mid ptc acc p m*, walk by, cross
14 ἀπαλλοτριόω, *fut act ind 2s*, disown
15 ἀπώλεια, destruction
16 κουφίζω, *pres pas ind 3s*, speed up, lighten a ship (to go faster)
17 ἀπάγω, *fut pas ind 3p*, lead away
18 ἀνταποδίδωμι, *fut act ind 3s*, repay
19 τάφος, tomb
20 ἀποφέρω, *aor pas ind 3s*, carry off
21 σορός, coffin
22 ἀγρυπνέω, *aor act ind 3s*, keep watch
23 γλυκαίνω, *aor pas ind 3p*, seem sweet
24 χάλιξ, pebble
25 χείμαρρος, brook, wadi
26 ἀναρίθμητος, innumerable
27 κενός, pointless, empty
28 καταπαύω, *aor mid inf*, be at rest
29 ὑπολαμβάνω, *aor act ptc nom s m*, reply
30 πότερον, is not
31 σύνεσις, intelligence, understanding
32 ἐπιστήμη, knowledge, insight

3 τί γὰρ μέλει[1] τῷ κυρίῳ,
ἐὰν σὺ ἦσθα τοῖς ἔργοις ἄμεμπτος;[2]
※ἢ ὠφέλεια[3] ὅτι ἁπλώσῃς[4] τὴν ὁδόν σου;↙
4 ἢ λόγον σου ποιούμενος ἐλέγξει[5] σε
καὶ συνεισελεύσεταί[6] σοι εἰς κρίσιν;
5 πότερον[7] οὐχ ἡ κακία[8] σού ἐστιν πολλή,
ἀναρίθμητοι[9] δέ σού εἰσιν αἱ ἁμαρτίαι;
6 ἠνεχύραζες[10] δὲ τοὺς ἀδελφούς σου διὰ κενῆς,[11]
ἀμφίασιν[12] δὲ γυμνῶν[13] ἀφείλου·[14]
7 οὐδὲ ὕδωρ διψῶντας[15] ἐπότισας,[16]
ἀλλὰ πεινώντων[17] ἐστέρησας[18] ψωμόν·[19]
8 ἐθαύμασας[20] δέ τινων πρόσωπον,
ᾤκισας[21] δὲ τοὺς ἐπὶ τῆς γῆς·
9 χήρας[22] δὲ ἐξαπέστειλας[23] κενάς,[24]
ὀρφανοὺς[25] δὲ ἐκάκωσας.[26]
10 τοιγαροῦν[27] ἐκύκλωσάν[28] σε παγίδες,[29]
καὶ ἐσπούδασέν[30] σε πόλεμος ἐξαίσιος·[31]
11 τὸ φῶς σοι σκότος ἀπέβη,[32]
κοιμηθέντα[33] δὲ ὕδωρ σε ἐκάλυψεν.[34]
12 μὴ οὐχὶ ὁ τὰ ὑψηλὰ[35] ναίων[36] ἐφορᾷ,[37]
τοὺς δὲ ὕβρει[38] φερομένους ἐταπείνωσεν;[39]

1 μέλω, *pres act ind 3s*, be a concern, matter
2 ἄμεμπτος, blameless
3 ὠφέλεια, advantage, profit
4 ἁπλόω, *aor act sub 2s*, simplify
5 ἐλέγχω, *fut act ind 3s*, reprove
6 συνεισέρχομαι, *fut mid ind 3s*, enter with
7 πότερον, is not
8 κακία, wickedness
9 ἀναρίθμητος, immeasurable
10 ἐνεχυράζω, *impf act ind 2s*, take in pledge
11 κενός, pointless, empty
12 ἀμφίασις, clothing
13 γυμνός, naked
14 ἀφαιρέω, *aor mid ind 2s*, remove
15 διψάω, *pres act ptc acc p m*, be thirsty
16 ποτίζω, *aor act ind 2s*, give drink
17 πεινάω, *pres act ptc gen p m*, be hungry
18 στερέω, *aor act ind 2s*, deprive of, withhold
19 ψωμός, scrap, morsel
20 θαυμάζω, *aor act ind 2s*, be impressed with
21 οἰκίζω, *aor act ind 2s*, settle, cause to dwell
22 χήρα, widow
23 ἐξαποστέλλω, *aor act ind 2s*, send away, dismiss
24 κενός, empty
25 ὀρφανός, orphaned
26 κακόω, *aor act ind 2s*, harm, mistreat
27 τοιγαροῦν, consequently
28 κυκλόω, *aor act ind 3p*, surround
29 παγίς, trap, snare
30 σπουδάζω, *aor act ind 3s*, become anxious for, strive for
31 ἐξαίσιος, extraordinary, remarkable
32 ἀποβαίνω, *aor act ind 3s*, turn out, prove to be
33 κοιμάω, *aor pas ptc acc s m*, lie down
34 καλύπτω, *aor act ind 3s*, cover
35 ὑψηλός, high
36 ναίω, *pres act ptc nom s m*, dwell
37 ἐφοράω, *pres act ind 3s*, watch, supervise
38 ὕβρις, pride, arrogance
39 ταπεινόω, *aor act ind 3s*, humble

13 ※καὶ εἶπας Τί ἔγνω ὁ ἰσχυρός;[1]
※ἢ κατὰ τοῦ γνόφου[2] κρινεῖ;
14 ※νέφη[3] ἀποκρυφὴ[4] αὐτοῦ, καὶ οὐχ ὁραθήσεται
※καὶ γῦρον[5] οὐρανοῦ διαπορεύσεται.[6]
15 ※μὴ τρίβον[7] αἰώνιον φυλάξεις,
※ἣν ἐπάτησαν[8] ἄνδρες ἄδικοι,[9]
16 ※οἳ συνελήμφθησαν[10] ἄωροι;[11]
※ποταμὸς[12] ἐπιρρέων[13] οἱ θεμέλιοι[14] αὐτῶν↙
17 οἱ λέγοντες Κύριος τί ποιήσει ἡμῖν;
ἢ τί ἐπάξεται[15] ἡμῖν ὁ παντοκράτωρ;[16]
18 ὃς δὲ ἐνέπλησεν[17] τοὺς οἴκους αὐτῶν ἀγαθῶν,
βουλὴ[18] δὲ ἀσεβῶν[19] πόρρω[20] ἀπ᾽ αὐτοῦ.
19 ἰδόντες δίκαιοι ἐγέλασαν,[21]
ἄμεμπτος[22] δὲ ἐμυκτήρισεν.[23]
20 ※εἰ μὴ ἠφανίσθη[24] ἡ ὑπόστασις[25] αὐτῶν,
※καὶ τὸ κατάλειμμα[26] αὐτῶν καταφάγεται[27] πῦρ.↙
21 γενοῦ[28] δὴ[29] σκληρός,[30] ἐὰν ὑπομείνῃς·[31]
εἶτ᾽[32] ὁ καρπός σου ἔσται ἐν ἀγαθοῖς.
22 ἔκλαβε[33] δὲ ἐκ στόματος αὐτοῦ ἐξηγορίαν[34]
καὶ ἀνάλαβε[35] τὰ ῥήματα αὐτοῦ ἐν καρδίᾳ σου.
23 ἐὰν δὲ ἐπιστραφῇς καὶ ταπεινώσῃς[36] σεαυτὸν ἔναντι[37] κυρίου,
πόρρω[38] ἐποίησας ἀπὸ διαίτης[39] σου τὸ ἄδικον.[40]

1 ἰσχυρός, mighty, powerful
2 γνόφος, darkness
3 νέφος, cloud
4 ἀποκρυφή, hiding place
5 γῦρος, circle, ring
6 διαπορεύομαι, *fut mid ind 3s*, pass through
7 τρίβος, path, way
8 πατέω, *aor act ind 3p*, trample on
9 ἄδικος, unrighteous
10 συλλαμβάνω, *aor pas ind 3p*, seize, take
11 ἄωρος, out of season
12 ποταμός, river
13 ἐπιρρέω, *pres act ptc nom s m*, overflow
14 θεμέλιος, foundation
15 ἐπάγω, *fut mid ind 3s*, bring upon
16 παντοκράτωρ, almighty, ruler of all
17 ἐμπίμπλημι, *aor act ind 3s*, fill up
18 βουλή, counsel, advice
19 ἀσεβής, ungodly, wicked
20 πόρρω, far away
21 γελάω, *aor act ind 3p*, laugh
22 ἄμεμπτος, blameless
23 μυκτηρίζω, *aor act ind 3s*, scorn, mock
24 ἀφανίζω, *aor pas ind 3s*, destroy
25 ὑπόστασις, existence, origin, assurance
26 κατάλειμμα, remainder
27 κατεσθίω, *fut mid ind 3s*, consume
28 γίνομαι, *aor mid impv 2s*, become
29 δή, now, then
30 σκληρός, tough, stubborn
31 ὑπομένω, *aor act sub 2s*, stand firm, endure
32 εἶτα, then
33 ἐκλαμβάνω, *aor act impv 2s*, receive, accept
34 ἐξηγορία, statement
35 ἀναλαμβάνω, *aor act impv 2s*, accept
36 ταπεινόω, *aor act sub 2s*, bring low, abase
37 ἔναντι, before
38 πόρρω, far away
39 δίαιτα, dwelling, way of life
40 ἄδικος, unjust

24 ※θήσῃ ἐπὶ χώματι[1] ἐν πέτρᾳ[2]
※καὶ ὡς πέτρᾳ χειμάρρους[3] Ωφιρ.⸔
25 ἔσται οὖν σου ὁ παντοκράτωρ[4] βοηθὸς[5] ἀπὸ ἐχθρῶν,
καθαρὸν[6] δὲ ἀποδώσει σε ὥσπερ ἀργύριον[7] πεπυρωμένον.[8]
26 εἶτα[9] παρρησιασθήσῃ[10] ἔναντι[11] κυρίου
ἀναβλέψας[12] εἰς τὸν οὐρανὸν ἱλαρῶς·[13]
27 εὐξαμένου[14] δέ σου πρὸς αὐτὸν εἰσακούσεταί[15] σου,
δώσει δέ σοι ἀποδοῦναι τὰς εὐχάς·[16]
28 ἀποκαταστήσει[17] δέ σοι δίαιταν[18] δικαιοσύνης,
ἐπὶ δὲ ὁδοῖς σου ἔσται φέγγος.[19]
29 ※ὅτι ἐταπείνωσεν[20] αὐτόν, καὶ ἐρεῖς Ὑπερηφανεύσατο,[21]
※καὶ κύφοντα[22] ὀφθαλμοῖς σώσει·
30 ※ῥύσεται[23] ἀθῷον,[24]
※καὶ διασώθητι[25] ἐν καθαραῖς[26] χερσίν σου.⸔

Job's Third Reply to Eliphaz

23 Ὑπολαβὼν[27] δὲ Ιωβ λέγει

2 Καὶ δὴ[28] οἶδα ὅτι ἐκ χειρός μου ἡ ἔλεγξίς[29] ἐστιν,
καὶ ἡ χεὶρ αὐτοῦ βαρεῖα[30] γέγονεν ἐπ᾽ ἐμῷ στεναγμῷ.[31]
3 τίς δ᾽ ἄρα γνοίη[32] ὅτι εὕροιμι[33] αὐτὸν
καὶ ἔλθοιμι[34] εἰς τέλος;
4 εἴποιμι[35] δὲ ἐμαυτοῦ[36] κρίμα,[37]
τὸ δὲ στόμα μου ἐμπλήσαιμι[38] ἐλέγχων·[39]

1 χῶμα, heap, mound
2 πέτρα, rock
3 χείμαρρος, brook
4 παντοκράτωρ, almighty, ruler of all
5 βοηθός, help, assistance
6 καθαρός, pure
7 ἀργύριον, silver
8 πυρόω, *perf pas ptc acc s n*, heat red hot
9 εἶτα, then
10 παρρησιάζομαι, *fut pas ind 2s*, speak openly, speak boldly
11 ἔναντι, before
12 ἀναβλέπω, *aor act ptc nom s m*, look up
13 ἱλαρῶς, cheerfully
14 εὔχομαι, *aor mid ptc gen s m*, pray
15 εἰσακούω, *fut mid ind 3s*, listen
16 εὐχή, vow
17 ἀποκαθίστημι, *fut act ind 3s*, restore, return
18 δίαιτα, way of life
19 φέγγος, splendor, light
20 ταπεινόω, *aor act ind 3s*, abase, humble
21 ὑπερηφανεύω, *aor mid ind 3s*, behave arrogantly
22 κύφω, *pres act ptc acc s m*, turn down
23 ῥύομαι, *fut mid ind 3s*, save, deliver
24 ἀθῷος, innocent
25 διασῴζω, *aor pas impv 2s*, preserve
26 καθαρός, pure
27 ὑπολαμβάνω, *aor act ptc nom s m*, reply
28 δή, indeed
29 ἔλεγξις, disapproval, disagreement
30 βαρύς, heavy, weighty
31 στεναγμός, groaning
32 γινώσκω, *aor act opt 3s*, know
33 εὑρίσκω, *aor act opt 1s*, find
34 ἔρχομαι, *aor act opt 1s*, arrive, come to
35 λέγω, *aor act opt 1s*, state, speak
36 ἐμαυτοῦ, of me
37 κρίμα, case, dispute
38 ἐμπίμπλημι, *aor act opt 1s*, satisfy
39 ἔλεγχος, refutation, rebuttal

5 γνῴην[1] δὲ ῥήματα, ἅ μοι ἐρεῖ,
αἰσθοίμην[2] δὲ τίνα μοι ἀπαγγελεῖ.
6 καὶ εἰ ἐν πολλῇ ἰσχύι[3] ἐπελεύσεταί[4] μοι,
εἶτα[5] ἐν ἀπειλῇ[6] μοι οὐ χρήσεται·[7]
7 ἀλήθεια γὰρ καὶ ἔλεγχος[8] παρ᾽ αὐτοῦ,
ἐξαγάγοι[9] δὲ εἰς τέλος τὸ κρίμα[10] μου.
8 εἰς γὰρ πρῶτα πορεύσομαι καὶ οὐκέτι εἰμί·
τὰ δὲ ἐπ᾽ ἐσχάτοις τί οἶδα;
9 ※ἀριστερὰ[11] ποιήσαντος αὐτοῦ καὶ οὐ κατέσχον·[12]
※περιβαλεῖ[13] δεξιά, καὶ οὐκ ὄψομαι.↙

10 οἶδεν γὰρ ἤδη[14] ὁδόν μου,
διέκρινεν[15] δέ με ὥσπερ τὸ χρυσίον.[16]
11 ἐξελεύσομαι δὲ ἐν ἐντάλμασιν[17] αὐτοῦ·
ὁδοὺς γὰρ αὐτοῦ ἐφύλαξα καὶ οὐ μὴ ἐκκλίνω.[18]
12 ἀπὸ ἐνταλμάτων[19] αὐτοῦ καὶ οὐ μὴ παρέλθω,[20]
ἐν δὲ κόλπῳ[21] μου ἔκρυψα[22] ῥήματα αὐτοῦ.
13 εἰ δὲ καὶ αὐτὸς ἔκρινεν οὕτως, τίς ἐστιν ὁ ἀντειπὼν[23] αὐτῷ;
ὃ γὰρ αὐτὸς ἠθέλησεν, καὶ ἐποίησεν.
15 διὰ τοῦτο ἐπ᾽ αὐτῷ ἐσπούδακα·[24]
νουθετούμενος[25] δὲ ἐφρόντισα[26] αὐτοῦ.
15a ※ἐπὶ τούτῳ ἀπὸ προσώπου αὐτοῦ κατασπουδασθῶ·[27]
※κατανοήσω[28] καὶ πτοηθήσομαι[29] ἐξ αὐτοῦ.↙
16 κύριος δὲ ἐμαλάκυνεν[30] τὴν καρδίαν μου,
ὁ δὲ παντοκράτωρ[31] ἐσπούδασέν[32] με.

1 γινώσκω, *aor act opt 1s*, know
2 αἰσθάνομαι, *aor mid opt 1s*, understand
3 ἰσχύς, power
4 ἐπέρχομαι, *fut mid ind 3s*, come upon
5 εἶτα, then
6 ἀπειλή, threat
7 χράω, *fut mid ind 3s*, apply, use
8 ἔλεγχος, rebuke
9 ἐξάγω, *aor act opt 3s*, bring along, (facilitate)
10 κρίμα, legal case
11 ἀριστερός, left
12 κατέχω, *aor act ind 1s*, prevent, hold fast
13 περιβάλλω, *fut act ind 3s*, enclose
14 ἤδη, already, presently
15 διακρίνω, *aor act ind 3s*, pass judgment on
16 χρυσίον, gold
17 ἔνταλμα, command
18 ἐκκλίνω, *pres act ind 1s*, turn away, deviate
19 ἐντάλματα, command
20 παρέρχομαι, *aor act sub 1s*, pass by
21 κόλπος, arms, bosom
22 κρύπτω, *aor act ind 1s*, hide
23 ἀντιλέγω, *aor act ptc nom s m*, oppose
24 σπουδάζω, *perf act ind 1s*, be zealous, be busy
25 νουθετέω, *pres mid ptc nom s m*, admonish, warn
26 φροντίζω, *aor act ind 1s*, pay attention to, consider
27 κατασπουδάζω, *aor pas sub 1s*, be earnest
28 κατανοέω, *fut act ind 1s*, contemplate, think about
29 πτοέω, *fut pas ind 1s*, scare, frighten
30 μαλακύνω, *impf act ind 3s*, soften
31 παντοκράτωρ, almighty, ruler of all
32 σπουδάζω, *aor act ind 3s*, make earnest?

17 οὐ γὰρ ᾔδειν[1] ὅτι ἐπελεύσεταί[2] μοι σκότος,
πρὸ προσώπου δέ μου ἐκάλυψεν[3] γνόφος.[4]

24 διὰ τί δὲ κύριον ἔλαθον[5] ὧραι,[6]
2 ἀσεβεῖς[7] δὲ ὅριον[8] ὑπερέβησαν[9]
ποίμνιον[10] σὺν ποιμένι[11] ἁρπάσαντες;[12]
3 ὑποζύγιον[13] ὀρφανῶν[14] ἀπήγαγον[15]
καὶ βοῦν[16] χήρας[17] ἠνεχύρασαν.[18]
4 ἐξέκλιναν[19] ἀδυνάτους[20] ἐξ ὁδοῦ δικαίας,
※ὁμοθυμαδὸν[21] ἐκρύβησαν[22] πραεῖς[23] γῆς.↙
5 ἀπέβησαν[24] δὲ ὥσπερ ὄνοι[25] ἐν ἀγρῷ
ὑπὲρ ἐμοῦ ἐξελθόντες τὴν ἑαυτῶν πρᾶξιν·[26]
※ἡδύνθη[27] αὐτῷ ἄρτος εἰς νεωτέρους.[28]↙
6 ἀγρὸν πρὸ ὥρας[29] οὐκ αὐτῶν ὄντα ἐθέρισαν·[30]
ἀδύνατοι[31] δὲ ἀμπελῶνας[32] ἀσεβῶν[33] ἀμισθὶ[34] καὶ ἀσιτὶ[35] ἠργάσαντο.
7 γυμνοὺς[36] πολλοὺς ἐκοίμισαν[37] ἄνευ[38] ἱματίων,
ἀμφίασιν[39] δὲ ψυχῆς αὐτῶν ἀφείλαντο.[40]
8 ※ἀπὸ ψεκάδων[41] ὀρέων ὑγραίνονται,[42]↙
παρὰ τὸ μὴ ἔχειν αὐτοὺς σκέπην[43] πέτραν[44] περιεβάλοντο.[45]

1 οἶδα, *plpf act ind 1s*, know
2 ἐπέρχομαι, *fut mid ind 3s*, come upon
3 καλύπτω, *aor act ind 3s*, cover
4 γνόφος, darkness
5 λανθάνω, *aor act ind 3p*, go unnoticed, be hidden
6 ὥρα, season, time
7 ἀσεβής, ungodly, wicked
8 ὅριον, boundary, limit
9 ὑπερβαίνω, *aor act ind 3p*, overstep, cross over
10 ποίμνιον, flock
11 ποιμήν, shepherd
12 ἁρπάζω, *aor act ptc nom p m*, carry off, seize
13 ὑποζύγιον, donkey
14 ὀρφανός, orphan
15 ἀπάγω, *aor act ind 3p*, lead away
16 βοῦς, cow, ox
17 χήρα, widow
18 ἐνεχυράζω, *aor act ind 3p*, seize as security, force as payment
19 ἐκκλίνω, *aor act ind 3p*, turn away, shun
20 ἀδύνατος, powerless, weak
21 ὁμοθυμαδόν, together
22 κρύπτω, *aor pas ind 3p*, hide, conceal
23 πραΰς, humble
24 ἀποβαίνω, *aor act ind 3p*, turn out, prove to be
25 ὄνος, donkey
26 πρᾶξις, thing, deed, action
27 ἡδύνω, *aor pas ind 3s*, please
28 νέος, *comp*, newer, younger
29 ὥρα, season, proper time
30 θερίζω, *aor act ind 3p*, reap, harvest
31 ἀδύνατος, powerless, weak
32 ἀμπελών, vineyard
33 ἀσεβής, ungodly, wicked
34 ἀμισθί, without pay
35 ἀσιτί, without food
36 γυμνός, bare
37 κοιμίζω, *aor act ind 3p*, go to bed
38 ἄνευ, without
39 ἀμφίασις, garment
40 ἀφαιρέω, *aor mid ind 3p*, remove, confiscate
41 ψεκάς, drop
42 ὑγραίνω, *pres pas ind 3p*, be wet
43 σκέπη, shelter, covering
44 πέτρα, rock, cave
45 περιβάλλω, *aor mid ind 3p*, embrace

9 ἥρπασαν[1] ὀρφανὸν[2] ἀπὸ μαστοῦ,[3]
ἐκπεπτωκότα[4] δὲ ἐταπείνωσαν.[5]
10 γυμνοὺς[6] δὲ ἐκοίμισαν[7] ἀδίκως,[8]
πεινώντων[9] δὲ τὸν ψωμὸν[10] ἀφείλαντο.[11]
11 ἐν στενοῖς[12] ἀδίκως[13] ἐνήδρευσαν,[14]
ὁδὸν δὲ δικαίαν οὐκ ᾔδεισαν.[15]
12 οἳ ἐκ πόλεως καὶ οἴκων ἰδίων[16] ἐξεβάλλοντο,
ψυχὴ δὲ νηπίων[17] ἐστέναξεν[18] μέγα,
αὐτὸς δὲ διὰ τί τούτων ἐπισκοπὴν[19] οὐ πεποίηται;
13 ἐπὶ γῆς ὄντων αὐτῶν καὶ οὐκ ἐπέγνωσαν,
ὁδὸν δὲ δικαιοσύνης οὐκ ᾔδεισαν[20]
οὐδὲ ἀτραποὺς[21] αὐτῆς ἐπορεύθησαν.
14 γνοὺς δὲ αὐτῶν τὰ ἔργα παρέδωκεν αὐτοὺς εἰς σκότος,
※καὶ νυκτὸς ἔσται ὡς κλέπτης.[22]
15 ※καὶ ὀφθαλμὸς μοιχοῦ[23] ἐφύλαξεν σκότος
※λέγων Οὐ προσνοήσει[24] με ὀφθαλμός,
※καὶ ἀποκρυβὴν[25] προσώπου ἔθετο.
16 ※διώρυξεν[26] ἐν σκότει οἰκίας·
※ἡμέρας ἐσφράγισαν[27] ἑαυτούς,
※οὐκ ἐπέγνωσαν φῶς·
17 ※ὅτι ὁμοθυμαδὸν[28] τὸ πρωὶ[29] αὐτοῖς σκιὰ[30] θανάτου,
※ὅτι ἐπιγνώσεται ταραχὰς[31] σκιᾶς θανάτου.
18 ※ἐλαφρός[32] ἐστιν ἐπὶ πρόσωπον ὕδατος·↙
καταραθείη[33] ἡ μερὶς[34] αὐτῶν ἐπὶ γῆς.

1 ἁρπάζω, *aor act ind 3p*, snatch away, apprehend
2 ὀρφανός, orphan
3 μαστός, breast
4 ἐκπίπτω, *perf act ptc acc s m*, fall away
5 ταπεινόω, *aor act ind 3p*, humble, humiliate
6 γυμνός, bare
7 κοιμίζω, *aor act ind 3p*, go to bed
8 ἀδίκως, unjustly, wrongfully
9 πεινάω, *pres act ptc gen p m*, be hungry
10 ψωμός, scrap, morsel
11 ἀφαιρέω, *aor mid ind 3p*, take away
12 στενός, narrow
13 ἀδίκως, unjustly, wrongfully
14 ἐνεδρεύω, *aor act ind 3p*, lay traps, lie in wait
15 οἶδα, *plpf act ind 3p*, know
16 ἴδιος, one's own
17 νήπιος, infant
18 στενάζω, *aor act ind 3s*, cry, groan
19 ἐπισκοπή, assignment?, responsibility?
20 οἶδα, *plpf act ind 3p*, know
21 ἀτραπός, path
22 κλέπτης, thief
23 μοιχός, adulterer
24 προσνοέω, *fut act ind 3s*, notice, perceive
25 ἀποκρυβή, covering
26 διορύσσω, *aor act ind 3s*, break into
27 σφραγίζω, *aor act ind 3p*, conceal, shut in
28 ὁμοθυμαδόν, together
29 πρωί, (in the) morning
30 σκιά, shadow
31 ταραχή, trouble, anxiety
32 ἐλαφρός, swift, nimble
33 καταράομαι, *aor pas opt 3s*, curse
34 μερίς, portion, lot

19 ἀναφανείη[1] δὲ τὰ φυτὰ[2] αὐτῶν ἐπὶ γῆς ξηρά·[3]
ἀγκαλίδα[4] γὰρ ὀρφανῶν[5] ἥρπασαν.[6]
20 εἶτ᾽[7] ἀνεμνήσθη[8] αὐτοῦ ἡ ἁμαρτία,
ὥσπερ δὲ ὁμίχλη[9] δρόσου[10] ἀφανὴς[11] ἐγένετο·
ἀποδοθείη[12] δὲ αὐτῷ ἃ ἔπραξεν,[13]
συντριβείη[14] δὲ πᾶς ἄδικος[15] ἴσα[16] ξύλῳ[17] ἀνιάτῳ.[18]

21 στεῖραν[19] γὰρ οὐκ εὖ[20] ἐποίησεν
καὶ γύναιον[21] οὐκ ἠλέησεν,[22]
22 θυμῷ[23] δὲ κατέστρεψεν[24] ἀδυνάτους.[25]
ἀναστὰς τοιγαροῦν[26] οὐ μὴ πιστεύσῃ[27] κατὰ τῆς ἑαυτοῦ ζωῆς·
23 μαλακισθεὶς[28] μὴ ἐλπιζέτω ὑγιασθῆναι,[29]
ἀλλὰ πεσεῖται νόσῳ.[30]
24 πολλοὺς γὰρ ἐκάκωσεν[31] τὸ ὕψωμα[32] αὐτοῦ·
ἐμαράνθη[33] δὲ ὥσπερ μολόχη[34] ἐν καύματι[35]
ἢ ὥσπερ στάχυς[36] ἀπὸ καλάμης[37] αὐτόματος[38] ἀποπεσών.[39]
25 εἰ δὲ μή, τίς ἐστιν ὁ φάμενος[40] ψευδῆ[41] με λέγειν
※καὶ θήσει εἰς οὐδὲν τὰ ῥήματά μου;↙

1 ἀναφαίνω, *aor pas opt 3s*, cause to appear
2 φυτόν, plant
3 ξηρός, bare, dry
4 ἀγκαλίς, bundle, sheaf
5 ὀρφανός, orphan
6 ἁρπάζω, *aor act ind 3p*, snatch away, seize
7 εἶτα, then
8 ἀναμιμνῄσκω, *aor pas ind 3s*, remember, recall
9 ὁμίχλη, fog, mist
10 δρόσος, dew
11 ἀφανής, unseen, obscure
12 ἀποδίδωμι, *aor pas opt 3s*, restore, pay back
13 πράσσω, *aor act ind 3s*, do
14 συντρίβω, *aor pas opt 3s*, break up, crush
15 ἄδικος, unjust
16 ἴσος, like
17 ξύλον, wood
18 ἀνίατος, diseased
19 στεῖρα, barren, infertile
20 εὖ, well, good
21 γύναιον, weak woman
22 ἐλεέω, *aor act ind 3s*, show mercy to
23 θυμός, wrath, anger
24 καταστρέφω, *aor act ind 3s*, overturn, ruin
25 ἀδύνατος, powerless, weak
26 τοιγαροῦν, therefore
27 πιστεύω, *aor act sub 3s*, trust, consider secure
28 μαλακίζομαι, *aor pas ptc nom s m*, be sick
29 ὑγιάζω, *aor pas inf*, heal, recover
30 νόσος, disease
31 κακόω, *aor act ind 3s*, harm, mistreat
32 ὕψωμα, arrogance
33 μαραίνω, *aor pas ind 3s*, fade, disappear
34 μολόχη, mallow
35 καῦμα, heat
36 στάχυς, head of grain
37 καλάμη, stalk
38 αὐτόματος, spontaneously, by itself
39 ἀποπίπτω, *aor act ptc nom s m*, fall off
40 φημί, *pres mid ptc nom s m*, assert, say
41 ψευδής, false

Third Series: Bildad's Speech

25 Ὑπολαβὼν[1] δὲ Βαλδαδ ὁ Σαυχίτης λέγει

2 Τί γὰρ προοίμιον[2] ἢ φόβος παρ᾽ αὐτοῦ,
ὁ ποιῶν τὴν σύμπασαν[3] ἐν ὑψίστῳ;[4]
3 μὴ γάρ τις ὑπολάβοι[5] ὅτι ἔστιν παρέλκυσις[6] πειραταῖς;[7]
ἐπὶ τίνας δὲ οὐκ ἐπελεύσεται[8] ἔνεδρα[9] παρ᾽ αὐτοῦ;
4 πῶς γὰρ ἔσται δίκαιος βροτὸς[10] ἔναντι[11] κυρίου;
ἢ τίς ἂν ἀποκαθαρίσαι[12] ἑαυτὸν γεννητὸς[13] γυναικός;
5 εἰ σελήνη[14] συντάσσει,[15] καὶ οὐκ ἐπιφαύσκει·[16]
ἄστρα[17] δὲ οὐ καθαρὰ[18] ἐναντίον[19] αὐτοῦ.
6 ἔα[20] δέ, ἄνθρωπος σαπρία[21]
καὶ υἱὸς ἀνθρώπου σκώληξ.[22]

Job's Third Reply to Bildad

26 Ὑπολαβὼν[23] δὲ Ιωβ λέγει

2 Τίνι πρόσκεισαι[24] ἢ τίνι μέλλεις[25] βοηθεῖν;[26]
πότερον[27] οὐχ ᾧ πολλὴ ἰσχὺς[28] καὶ ᾧ βραχίων[29] κραταιός[30] ἐστιν;
3 τίνι συμβεβούλευσαι;[31] οὐχ ᾧ πᾶσα σοφία;
ἢ τίνι ἐπακολουθήσεις;[32] οὐχ ᾧ μεγίστη[33] δύναμις;
4 τίνι ἀνήγγειλας[34] ῥήματα;
πνοὴ[35] δὲ τίνος ἐστὶν ἡ ἐξελθοῦσα ἐκ σοῦ;

1 ὑπολαμβάνω, *aor act ptc nom s m*, reply
2 προοίμιον, prelude, preamble
3 σύμπας, whole, entire
4 ὕψιστος, *sup*, highest
5 ὑπολαμβάνω, *aor act opt 3s*, assume, suppose
6 παρέλκυσις, delay, respite
7 πειρατής, bandit, thug
8 ἐπέρχομαι, *fut mid ind 3s*, come upon
9 ἔνεδρον, ambush, attack
10 βροτός, mortal
11 ἔναντι, before
12 ἀποκαθαρίζω, *aor act opt 3s*, cleanse, purify
13 γεννητός, born
14 σελήνη, moon
15 συντάσσω, *pres act ind 3s*, appoint, direct
16 ἐπιφαύσκω, *pres act ind 3s*, shine
17 ἄστρον, star
18 καθαρός, clear
19 ἐναντίον, before
20 ἔα, alas!, ah!
21 σαπρία, rubbish, waste
22 σκώληξ, worm
23 ὑπολαμβάνω, *aor act ptc nom s m*, reply
24 πρόσκειμαι, *pres pas ind 2s*, be devoted to
25 μέλλω, *pres act ind 2s*, be about to
26 βοηθέω, *pres act inf*, help
27 πότερον, is not
28 ἰσχύς, might
29 βραχίων, arm
30 κραταιός, strong
31 συμβουλεύω, *perf mid ind 2s*, counsel, advise
32 ἐπακολουθέω, *fut act ind 2s*, follow
33 μέγας, *sup*, greatest
34 ἀναγγέλλω, *aor act ind 2s*, tell, declare
35 πνοή, breath

5 ※μὴ γίγαντες[1] μαιωθήσονται[2]
※ὑποκάτωθεν[3] ὕδατος καὶ τῶν γειτόνων[4] αὐτοῦ;
6 ※γυμνὸς[5] ὁ ᾅδης[6] ἐνώπιον αὐτοῦ,
※καὶ οὐκ ἔστιν περιβόλαιον[7] τῇ ἀπωλείᾳ.[8]
7 ※ἐκτείνων[9] βορέαν[10] ἐπ᾽ οὐδέν,
※κρεμάζων[11] γῆν ἐπὶ οὐδενός·
8 ※δεσμεύων[12] ὕδωρ ἐν νεφέλαις[13] αὐτοῦ,
※καὶ οὐκ ἐρράγη[14] νέφος[15] ὑποκάτω[16] αὐτοῦ·
9 ※ὁ κρατῶν πρόσωπον θρόνου,
※ἐκπετάζων[17] ἐπ᾽ αὐτὸν νέφος[18] αὐτοῦ.
10 ※πρόσταγμα[19] ἐγύρωσεν[20] ἐπὶ πρόσωπον ὕδατος
※μέχρι[21] συντελείας[22] φωτὸς μετὰ σκότους.
11 ※στῦλοι[23] οὐρανοῦ ἐπετάσθησαν[24]
※καὶ ἐξέστησαν[25] ἀπὸ τῆς ἐπιτιμήσεώς[26] αὐτοῦ.↙
12 ἰσχύι[27] κατέπαυσεν[28] τὴν θάλασσαν,
ἐπιστήμῃ[29] δὲ ἔτρωσε[30] τὸ κῆτος·[31]
13 κλεῖθρα[32] δὲ οὐρανοῦ δεδοίκασιν[33] αὐτόν,
προστάγματι[34] δὲ ἐθανάτωσεν[35] δράκοντα[36] ἀποστάτην.[37]
14 ※ἰδοὺ ταῦτα μέρη ὁδοῦ αὐτοῦ,
※καὶ ἐπὶ ἰκμάδα[38] λόγου ἀκουσόμεθα ἐν αὐτῷ·↙
σθένος[39] δὲ βροντῆς[40] αὐτοῦ τίς οἶδεν ὁπότε[41] ποιήσει;

1 γίγας, giant
2 μαιόομαι, *fut pas ind 3p*, be born
3 ὑποκάτωθεν, underneath
4 γείτων, neighbor
5 γυμνός, bare
6 ᾅδης, Hades, underworld
7 περιβόλαιον, cloak, covering
8 ἀπώλεια, destruction
9 ἐκτείνω, *pres act ptc nom s m*, stretch out
10 βορέας, north
11 κρεμάζω, *pres act ptc nom s m*, hang
12 δεσμεύω, *pres act ptc nom s m*, bind up
13 νεφέλη, cloud
14 ῥήγνυμι, *aor pas ind 3s*, burst, rip
15 νέφος, cloud
16 ὑποκάτω, under
17 ἐκπετάζω, *pres act ptc nom s m*, stretch out
18 νέφος, cloud
19 πρόσταγμα, command
20 γυρόω, *aor act ind 3s*, circle, encompass
21 μέχρι, until
22 συντέλεια, end
23 στῦλος, column, pillar
24 πετάννυμι, *aor pas ind 3p*, scatter
25 ἐξίστημι, *aor act ind 3p*, astonish
26 ἐπιτίμησις, rebuke, criticism
27 ἰσχύς, power, force
28 καταπαύω, *aor act ind 3s*, bring to rest
29 ἐπιστήμη, knowledge
30 τιτρώσκω, *aor act ind 3s*, wound
31 κῆτος, sea monster, huge fish
32 κλεῖθρον, bar, barrier
33 δείδω, *perf act ind 3p*, fear
34 πρόσταγμα, command
35 θανατόω, *aor act ind 3s*, destroy
36 δράκων, dragon
37 ἀποστάτης, rebel, deserter
38 ἰκμάς, juice, humor, moisture
39 σθένος, strength
40 βροντή, thunder
41 ὁπότε, when

27 Ἔτι δὲ προσθεὶς[1] Ιωβ εἶπεν τῷ προοιμίῳ[2]

2 Ζῇ κύριος, ὅς οὕτω με κέκρικεν,
καὶ ὁ παντοκράτωρ[3] ὁ πικράνας[4] μου τὴν ψυχήν,
3 ἦ[5] μὴν[6] ἔτι τῆς πνοῆς[7] μου ἐνούσης,[8]
πνεῦμα δὲ θεῖον[9] τὸ περιόν[10] μοι ἐν ῥισίν,[11]
4 μὴ λαλήσειν τὰ χείλη[12] μου ἄνομα,[13]
οὐδὲ ἡ ψυχή μου μελετήσει[14] ἄδικα.[15]
5 μή μοι εἴη[16] δικαίους ὑμᾶς ἀποφῆναι,[17] ἕως ἂν ἀποθάνω·
οὐ γὰρ ἀπαλλάξω[18] μου τὴν ἀκακίαν.[19]
6 δικαιοσύνῃ δὲ προσέχων[20] οὐ μὴ προῶμαι·[21]
οὐ γὰρ σύνοιδα[22] ἐμαυτῷ[23] ἄτοπα[24] πράξας.[25]
7 οὐ μὴν δὲ ἀλλὰ[26] εἴησαν[27] οἱ ἐχθροί μου
ὥσπερ ἡ καταστροφὴ[28] τῶν ἀσεβῶν,[29]
καὶ οἱ ἐπ᾽ ἐμὲ ἐπανιστανόμενοι[30]
ὥσπερ ἡ ἀπώλεια[31] τῶν παρανόμων.[32]
8 καὶ τίς γάρ ἐστιν ἐλπὶς ἀσεβεῖ[33] ὅτι ἐπέχει;[34]
πεποιθὼς ἐπὶ κύριον ἆρα σωθήσεται;
9 ἦ[35] τὴν δέησιν[36] αὐτοῦ εἰσακούσεται[37] κύριος;
ἢ ἐπελθούσης[38] αὐτῷ ἀνάγκης[39]

1 προστίθημι, *aor act ptc nom s m*, continue, add to
2 προοίμιον, prelude, preamble
3 παντοκράτωρ, almighty, ruler of all
4 πικραίνω, *aor act ptc nom s m*, make bitter
5 ἦ, truly
6 μήν, indeed
7 πνοή, breath
8 ἔνειμι, *pres act ptc gen s f*, be in place
9 θεῖος, divine
10 περίειμι, *pres act ptc nom s n*, remain, persist
11 ῥίς, nostril
12 χεῖλος, lip
13 ἄνομος, lawless, evil
14 μελετάω, *fut act ind 3s*, practice, cultivate
15 ἄδικος, unjust
16 εἰμί, *pres act opt 3s*, be
17 ἀποφαίνω, *aor act inf*, declare
18 ἀπαλλάσσω, *fut act ind 1s*, give up, relinquish
19 ἀκακία, innocence
20 προσέχω, *pres act ptc nom s m*, pay attention to, be concerned for
21 προΐημι, *aor mid sub 1s*, dismiss, let go
22 σύνοιδα, *perf act ind 1s*, be aware
23 ἐμαυτοῦ, of myself
24 ἄτοπος, wrong, inappropriate
25 πράσσω, *aor act ptc nom s m*, do
26 οὐ μὴν δὲ ἀλλὰ, nevertheless
27 εἰμί, *pres act opt 3p*, be
28 καταστροφή, destruction, ruin
29 ἀσεβής, ungodly, wicked
30 ἐπανιστάνω, *pres mid ptc nom p m*, rise up against
31 ἀπώλεια, annihilation
32 παράνομος, lawless
33 ἀσεβής, ungodly, wicked
34 ἐπέχω, *pres act ind 3s*, hold fast, remain
35 ἦ, really
36 δέησις, petition, prayer
37 εἰσακούω, *fut mid ind 3s*, listen to
38 ἐπέρχομαι, *aor act ptc gen s f*, come upon
39 ἀνάγκη, distress, problem

10 μὴ ἔχει τινὰ παρρησίαν[1] ἔναντι[2] αὐτοῦ;
ἢ ὡς ἐπικαλεσαμένου[3] αὐτοῦ εἰσακούσεται[4] αὐτοῦ;
11 ἀλλὰ δὴ[5] ἀναγγελῶ[6] ὑμῖν τί ἐστιν ἐν χειρὶ κυρίου·
ἅ ἐστιν παρὰ παντοκράτορι,[7] οὐ ψεύσομαι.[8]
12 ἰδοὺ δὴ[9] πάντες οἴδατε
ὅτι κενὰ[10] κενοῖς ἐπιβάλλετε.[11]

13 αὕτη ἡ μερὶς[12] ἀνθρώπου ἀσεβοῦς[13] παρὰ κυρίου,
κτῆμα[14] δὲ δυναστῶν[15] ἐλεύσεται παρὰ παντοκράτορος[16] ἐπ᾽ αὐτούς.
14 ἐὰν δὲ πολλοὶ γένωνται οἱ υἱοὶ αὐτοῦ, εἰς σφαγὴν[17] ἔσονται·
ἐὰν δὲ καὶ ἀνδρωθῶσιν,[18] προσαιτήσουσιν·[19]
15 οἱ δὲ περιόντες[20] αὐτοῦ ἐν θανάτῳ τελευτήσουσιν,[21]
χήρας[22] δὲ αὐτῶν οὐθεὶς[23] ἐλεήσει.[24]
16 ἐὰν συναγάγῃ ὥσπερ γῆν ἀργύριον,[25]
ἴσα[26] δὲ πηλῷ[27] ἑτοιμάσῃ χρυσίον,[28]
17 ταῦτα πάντα δίκαιοι περιποιήσονται,[29]
τὰ δὲ χρήματα[30] αὐτοῦ ἀληθινοὶ[31] καθέξουσιν.[32]
18 ἀπέβη[33] δὲ ὁ οἶκος αὐτοῦ ὥσπερ σῆτες[34]
καὶ ὥσπερ ἀράχνη.[35]
19 πλούσιος[36] κοιμηθεὶς[37] καὶ οὐ προσθήσει,[38]
※ὀφθαλμοὺς αὐτοῦ διήνοιξεν[39] καὶ οὐκ ἔστιν.↙

1 παρρησία, confidence
2 ἔναντι, before
3 ἐπικαλέω, *aor mid ptc gen s m*, call upon
4 εἰσακούω, *fut mid ind 3s*, listen to
5 δή, then
6 ἀναγγέλλω, *fut act ind 1s*, tell, declare
7 παντοκράτωρ, almighty, ruler of all
8 ψεύδομαι, *fut mid ind 1s*, lie
9 δή, now, then
10 κενός, empty, pointless
11 ἐπιβάλλω, *pres act ind 2p*, layer on, stack up
12 μερίς, lot, portion
13 ἀσεβής, ungodly, wicked
14 κτῆμα, possession
15 δυνάστης, ruler, influential person
16 παντοκράτωρ, almighty, ruler of all
17 σφαγή, slaughter
18 ἀνδρόω, *aor pas sub 3p*, become a man, grow up
19 προσαιτέω, *fut act ind 3p*, beg
20 περίειμι, *pres act ptc nom p m*, survive, remain alive
21 τελευτάω, *fut act ind 3p*, die
22 χήρα, widow
23 οὐθείς, no one
24 ἐλεέω, *fut act ind 3s*, have pity on
25 ἀργύριον, silver
26 ἴσος, like
27 πηλός, clay
28 χρυσίον, gold
29 περιποιέω, *fut mid ind 3p*, gain, profit
30 χρῆμα, wealth, means
31 ἀληθινός, truthful, genuine
32 κατέχω, *fut act ind 3p*, lay hold on, possess
33 ἀποβαίνω, *aor act ind 3s*, prove to be
34 σής, moth
35 ἀράχνη, spiderweb
36 πλούσιος, rich
37 κοιμάω, *aor pas ptc nom s m*, go to bed, fall asleep
38 προστίθημι, *fut act ind 3s*, continue
39 διανοίγω, *aor act ind 3s*, open

20 συνήντησαν[1] αὐτῷ ὥσπερ ὕδωρ αἱ ὀδύναι,[2]
νυκτὶ δὲ ὑφείλατο[3] αὐτὸν γνόφος·[4]
21 ※ἀναλήμψεται[5] αὐτὸν καύσων[6] καὶ ἀπελεύσεται
※καὶ λικμήσει[7] αὐτὸν ἐκ τοῦ τόπου αὐτοῦ.
22 ※καὶ ἐπιρρίψει[8] ἐπ᾽ αὐτὸν καὶ οὐ φείσεται·[9]
※ἐκ χειρὸς αὐτοῦ φυγῇ[10] φεύξεται·[11]
23 ※κροτήσει[12] ἐπ᾽ αὐτοῦ χεῖρας αὐτοῦ
※καὶ συριεῖ[13] αὐτὸν ἐκ τοῦ τόπου αὐτοῦ.⸔

Interlude: A Hymn of Wisdom

28 ἔστιν γὰρ ἀργυρίῳ[14] τόπος, ὅθεν[15] γίνεται,
τόπος δὲ χρυσίῳ,[16] ὅθεν[17] διηθεῖται.[18]
2 σίδηρος[19] μὲν γὰρ ἐκ γῆς γίνεται,
χαλκὸς[20] δὲ ἴσα[21] λίθῳ λατομεῖται.[22]
3 τάξιν[23] ἔθετο σκότει,
※καὶ πᾶν πέρας[24] αὐτὸς ἐξακριβάζεται·[25]
※λίθος σκοτία[26] καὶ σκιὰ[27] θανάτου,
4 ※διακοπὴ[28] χειμάρρου[29] ἀπὸ κονίας·[30]⸔
οἱ δὲ ἐπιλανθανόμενοι[31] ὁδὸν δικαίαν ἠσθένησαν[32] ἐκ βροτῶν.[33]
5 ※γῆ, ἐξ αὐτῆς ἐξελεύσεται ἄρτος,
※ὑποκάτω[34] αὐτῆς ἐστράφη[35] ὡσεὶ[36] πῦρ.
6 ※τόπος σαπφείρου[37] οἱ λίθοι αὐτῆς,
※καὶ χῶμα,[38] χρυσίον[39] αὐτῷ.

1 συναντάω, *aor act ind 3p*, come upon
2 ὀδύνη, pain, grief
3 ὑφαιρέω, *aor mid ind 3s*, reduce, steal away
4 γνόφος, darkness
5 ἀναλαμβάνω, *fut mid ind 3s*, take up, carry up
6 καίω, *fut act ptc nom s m*, burn
7 λικμάω, *fut act ind 3s*, scatter
8 ἐπιρρίπτω, *fut act ind 3s*, throw upon
9 φείδομαι, *fut mid ind 3s*, spare, restrain
10 φυγή, flight
11 φεύγω, *fut mid ind 3s*, flee
12 κροτέω, *fut act ind 3s*, clap
13 συρίζω, *fut act ind 3s*, whistle, hiss
14 ἀργύριον, silver
15 ὅθεν, from where
16 χρυσίον, gold
17 ὅθεν, from where
18 διηθέω, *aor mid ind 3s*, pan, sift
19 σίδηρος, iron
20 χαλκός, copper
21 ἴσος, like
22 λατομέω, *pres pas ind 3s*, quarry, hew out
23 τάξις, order
24 πέρας, limit, boundary
25 ἐξακριβάζομαι, *pres mid ind 3s*, examine closely
26 σκοτία, darkness
27 σκιά, shadow
28 διακοπή, cutting, severing
29 χείμαρρος, wadi, seasonal stream
30 κονία, lime, sand
31 ἐπιλανθάνω, *pres mid ptc nom p m*, forget
32 ἀσθενέω, *aor act ind 3p*, become weak
33 βροτός, mortal
34 ὑποκάτω, under, below
35 στρέφω, *aor pas ind 3s*, transform, change
36 ὡσεί, like
37 σάπφειρος, sapphire
38 χῶμα, heap of soil, promontory
39 χρυσίον, gold

7 ※τρίβος,[1] οὐκ ἔγνω αὐτὴν πετεινόν[2],
※καὶ οὐ παρέβλεψεν[3] αὐτὴν ὀφθαλμὸς γυπός·[4]
8 ※οὐκ ἐπάτησαν[5] αὐτὴν υἱοὶ ἀλαζόνων,[6]
※οὐ παρῆλθεν[7] ἐπ᾽ αὐτῆς λέων.[8] ※
9 ※ἐν ἀκροτόμῳ[9] ἐξέτεινεν[10] χεῖρα αὐτοῦ,↙
κατέστρεψεν[11] δὲ ἐκ ῥιζῶν[12] ὄρη·
10 δίνας[13] δὲ ποταμῶν[14] ἔρρηξεν,[15]
πᾶν δὲ ἔντιμον[16] εἶδέν μου ὁ ὀφθαλμός·
11 βάθη[17] δὲ ποταμῶν[18] ἀνεκάλυψεν,[19]
ἔδειξεν δὲ ἑαυτοῦ δύναμιν εἰς φῶς.

12 ἡ δὲ σοφία πόθεν[20] εὑρέθη;
ποῖος[21] δὲ τόπος ἐστὶν τῆς ἐπιστήμης;[22]
13 οὐκ οἶδεν βροτὸς[23] ὁδὸν αὐτῆς,
οὐδὲ μὴ εὑρεθῇ ἐν ἀνθρώποις.
14 ※ἄβυσσος[24] εἶπεν Οὐκ ἔστιν ἐν ἐμοί·
※καὶ θάλασσα εἶπεν Οὐκ ἔστιν μετ᾽ ἐμοῦ.
15 ※οὐ δώσει συγκλεισμὸν[25] ἀντ᾽[26] αὐτῆς,
※καὶ οὐ σταθήσεται ἀργύριον[27] ἀντάλλαγμα[28] αὐτῆς·
16 ※καὶ οὐ συμβασταχθήσεται[29] χρυσίῳ[30] Ωφιρ,
※ἐν ὄνυχι[31] τιμίῳ[32] καὶ σαπφείρῳ·[33]
17 ※οὐκ ἰσωθήσεται[34] αὐτῇ χρυσίον[35] καὶ ὕαλος[36]
※καὶ τὸ ἄλλαγμα[37] αὐτῆς σκεύη[38] χρυσᾶ·[39]

1 τρίβος, path, track
2 πετεινόν, bird
3 παραβλέπω, *aor act ind 3s*, take notice of
4 γύψ, vulture
5 πατέω, *aor act ind 3p*, set foot on, walk on
6 ἀλαζών, braggart
7 παρέρχομαι, *aor act ind 3s*, pass by
8 λέων, lion
9 ἀκρότομος, sharp?, flinty?
10 ἐκτείνω, *aor act ind 3s*, stretch out
11 καταστρέφω, *aor act ind 3s*, overturn, upset
12 ῥίζα, base, root
13 δίνη, whirlpool
14 ποταμός, river
15 ῥήγνυμι, *aor act ind 3s*, interrupt, break up
16 ἔντιμος, valuable, precious
17 βάθος, bottom, depth
18 ποταμός, river
19 ἀνακαλύπτω, *aor act ind 3s*, unveil
20 πόθεν, from where
21 ποῖος, what sort of
22 ἐπιστήμη, understanding
23 βροτός, mortal
24 ἄβυσσος, deep
25 συγκλεισμός, confinement
26 ἀντί, in place of
27 ἀργύριον, silver
28 ἀντάλλαγμα, (price of) exchange
29 συμβαστάζω, *fut pas ind 3s*, compare with
30 χρυσίον, gold
31 ὄνυξ, onyx
32 τίμιος, costly, precious
33 σάπφειρος, sapphire
34 ἰσόω, *fut pas ind 3s*, consider equal
35 χρυσίον, gold
36 ὕαλος, crystal
37 ἄλλαγμα, (price of) exchange
38 σκεῦος, item, object
39 χρυσοῦς, gold

18 ※μετέωρα[1] καὶ γαβις[2] οὐ μνησθήσεται,[3]
※καὶ ἕλκυσον[4] σοφίαν ὑπὲρ τὰ ἐσώτατα·[5]
19 ※οὐκ ἰσωθήσεται[6] αὐτῇ τοπάζιον[7] Αἰθιοπίας,
※χρυσίῳ[8] καθαρῷ[9] οὐ συμβασταχθήσεται.[10]↙

20 ἡ δὲ σοφία πόθεν[11] εὑρέθη;
ποῖος[12] δὲ τόπος ἐστὶν τῆς συνέσεως;[13]
21 λέληθεν[14] πάντα ἄνθρωπον
※καὶ ἀπὸ πετεινῶν[15] τοῦ οὐρανοῦ ἐκρύβη·[16]
22 ※ἡ ἀπώλεια[17] καὶ ὁ θάνατος εἶπαν↙
Ἀκηκόαμεν δὲ αὐτῆς τὸ κλέος.[18]

23 ὁ θεὸς εὖ[19] συνέστησεν[20] αὐτῆς τὴν ὁδόν,
αὐτὸς δὲ οἶδεν τὸν τόπον αὐτῆς·
24 αὐτὸς γὰρ τὴν ὑπ᾽ οὐρανὸν πᾶσαν ἐφορᾷ[21]
εἰδὼς τὰ ἐν τῇ γῇ πάντα, ἃ ἐποίησεν,
25 ἀνέμων[22] σταθμὸν[23] ὕδατός τε μέτρα·[24]
26 ὅτε ἐποίησεν οὕτως, ὑετὸν[25] ἠρίθμησεν[26]
※καὶ ὁδὸν ἐν τινάγματι[27] φωνάς·
27 ※τότε εἶδεν αὐτὴν καὶ ἐξηγήσατο[28] αὐτήν,↙
ἑτοιμάσας ἐξιχνίασεν.[29]
28 εἶπεν δὲ ἀνθρώπῳ Ἰδοὺ ἡ θεοσέβειά[30] ἐστιν σοφία,
τὸ δὲ ἀπέχεσθαι[31] ἀπὸ κακῶν ἐστιν ἐπιστήμη.[32]

1 μετέωρος, elevated, (*read* coral)
2 γαβις, crystal, *translit.*
3 μιμνῄσκομαι, *fut pas ind 3s*, recall
4 ἑλκύω, *aor act impv 2s*, attract
5 ἔσω, *sup*, innermost
6 ἰσόω, *fut pas ind 3s*, consider equal
7 τοπάζιον, topaz
8 χρυσίον, gold
9 καθαρός, pure
10 συμβαστάζω, *fut pas ind 3s*, compare with
11 πόθεν, from where
12 ποῖος, what sort of
13 σύνεσις, intelligence
14 λανθάνω, *perf act ind 3s*, escape notice
15 πετεινόν, bird
16 κρύπτω, *aor pas ind 3s*, conceal, hide
17 ἀπώλεια, destruction
18 κλέος, report, news
19 εὖ, well
20 συνίστημι, *aor act ind 3s*, unite, order
21 ἐφοράω, *pres act ind 3s*, observe
22 ἄνεμος, wind
23 σταθμός, weight
24 μέτρον, measure
25 ὑετός, rain
26 ἀριθμέω, *aor act ind 3s*, number, quantify
27 τινάγμα, shaking
28 ἐξηγέομαι, *aor mid ind 3s*, explain in detail
29 ἐξιχνιάζω, *aor act ind 3s*, track down, trace out
30 θεοσέβεια, fear of God
31 ἀπέχω, *pres mid inf*, keep distant
32 ἐπιστήμη, understanding

Fourth Series: Job's Final Statement of Innocence

29 Ἔτι δὲ προσθεὶς[1] Ιωβ εἶπεν τῷ προοιμίῳ[2]

2 Τίς ἄν με θείη[3] κατὰ μῆνα[4] ἔμπροσθεν ἡμερῶν,
ὧν με ὁ θεὸς ἐφύλαξεν;
3 ὡς ὅτε ηὔγει[5] ὁ λύχνος[6] αὐτοῦ ὑπὲρ κεφαλῆς μου,
ὅτε τῷ φωτὶ αὐτοῦ ἐπορευόμην ἐν σκότει·
4 ὅτε ἤμην[7] ἐπιβρίθων[8] ὁδοῖς,
ὅτε ὁ θεὸς ἐπισκοπὴν[9] ἐποιεῖτο τοῦ οἴκου μου·
5 ὅτε ἤμην ὑλώδης[10] λίαν,[11]
κύκλῳ[12] δέ μου οἱ παῖδες·[13]
6 ὅτε ἐχέοντό[14] μου αἱ ὁδοὶ βουτύρῳ,[15]
τὰ δὲ ὄρη μου ἐχέοντο γάλακτι·[16]
7 ὅτε ἐξεπορευόμην ὄρθριος[17] ἐν πόλει,
ἐν δὲ πλατείαις[18] ἐτίθετό μου ὁ δίφρος.[19]
8 ἰδόντες με νεανίσκοι[20] ἐκρύβησαν,[21]
πρεσβῦται[22] δὲ πάντες ἔστησαν·
9 ἁδροὶ[23] δὲ ἐπαύσαντο[24] λαλοῦντες
δάκτυλον[25] ἐπιθέντες ἐπὶ στόματι.
10 οἱ δὲ ἀκούσαντες ἐμακάρισάν[26] με,
※καὶ γλῶσσα αὐτῶν τῷ λάρυγγι[27] αὐτῶν ἐκολλήθη·[28]
11 ※ὅτι οὖς ἤκουσεν καὶ ἐμακάρισέν[29] με,↙
ὀφθαλμὸς δὲ ἰδών με ἐξέκλινεν.[30]
12 διέσωσα[31] γὰρ πτωχὸν ἐκ χειρὸς δυνάστου[32]
καὶ ὀρφανῷ,[33] ᾧ οὐκ ἦν βοηθός,[34] ἐβοήθησα·[35]

1 προστίθημι, *aor act ptc nom s m*, continue
2 προοίμιον, prelude, preamble
3 τίθημι, *aor act opt 3s*, place, set
4 μήν, month
5 αὐγέω, *impf act ind 3s*, shine
6 λύχνος, lamp
7 εἰμί, *impf mid ind 1s*, be
8 ἐπιβρίθω, *pres act ptc nom s m*, press tenaciously
9 ἐπισκοπή, visitation, oversight
10 ὑλώδης, substantial?, fruitful?
11 λίαν, extremely
12 κύκλῳ, around
13 παῖς, child, servant
14 χέω, *impf mid ind 3p*, gush with
15 βούτυρον, butter
16 γάλα, milk
17 ὄρθριος, early in the morning
18 πλατεῖα, square, street
19 δίφρος, chair, stool
20 νεανίσκος, young man, official functionary
21 κρύπτω, *aor pas ind 3p*, hide
22 πρεσβύτης, old man, ambassador
23 ἁδρός, prominent
24 παύω, *aor mid ind 3p*, cease, stop
25 δάκτυλος, finger
26 μακαρίζω, *aor act ind 3p*, consider blessed
27 λάρυγξ, throat
28 κολλάω, *aor pas ind 3s*, stick, cling
29 μακαρίζω, *aor act ind 3s*, bless
30 ἐκκλίνω, *aor act ind 3s*, move aside, get out of the way
31 διασῴζω, *aor act ind 1s*, save, deliver
32 δυνάστης, ruler, official
33 ὀρφανός, orphaned
34 βοηθός, help, helper
35 βοηθέω, *aor act ind 1s*, help

13 ※εὐλογία[1] ἀπολλυμένου ἐπ᾽ ἐμὲ ἔλθοι,[2]↙
στόμα δὲ χήρας[3] με εὐλόγησεν.
14 δικαιοσύνην δὲ ἐνεδεδύκειν,[4]
ἠμφιασάμην[5] δὲ κρίμα[6] ἴσα[7] διπλοΐδι.[8]
15 ὀφθαλμὸς ἤμην τυφλῶν,[9]
ποὺς δὲ χωλῶν.[10]
16 ἐγὼ ἤμην πατὴρ ἀδυνάτων,[11]
δίκην[12] δέ, ἣν οὐκ ᾔδειν,[13] ἐξιχνίασα·[14]
17 συνέτριψα[15] δὲ μύλας[16] ἀδίκων,[17]
ἐκ δὲ μέσου τῶν ὀδόντων[18] αὐτῶν ἅρπαγμα[19] ἐξέσπασα.[20]
18 εἶπα δέ Ἡ ἡλικία[21] μου γηράσει,[22]
ὥσπερ στέλεχος[23] φοίνικος[24] πολὺν χρόνον βιώσω·[25]
19 ※ἡ ῥίζα[26] μου διήνοικται[27] ἐπὶ ὕδατος,
※καὶ δρόσος[28] αὐλισθήσεται[29] ἐν τῷ θερισμῷ[30] μου·
20 ※ἡ δόξα μου καινὴ[31] μετ᾽ ἐμοῦ,
※καὶ τὸ τόξον[32] μου ἐν χειρὶ αὐτοῦ πορεύσεται.↙
21 ἐμοῦ ἀκούσαντες προσέσχον,[33]
ἐσιώπησαν[34] δὲ ἐπὶ τῇ ἐμῇ βουλῇ·[35]
22 ἐπὶ δὲ τῷ ἐμῷ ῥήματι οὐ προσέθεντο,[36]
περιχαρεῖς[37] δὲ ἐγίνοντο, ὁπόταν[38] αὐτοῖς ἐλάλουν·
23 ὥσπερ γῆ διψῶσα[39] προσδεχομένη[40] τὸν ὑετόν,[41]
οὕτως οὗτοι τὴν ἐμὴν λαλιάν.[42]

1 εὐλογία, blessing
2 ἔρχομαι, *aor act opt 3s*, come
3 χήρα, widow
4 ἐνδύω, *plpf act ind 1s*, put on
5 ἀμφιάζω, *aor mid ind 1s*, clothe
6 κρίμα, judgment
7 ἴσος, like
8 διπλοΐς, double cloak
9 τυφλός, blind
10 χωλός, lame
11 ἀδύνατος, powerless, weak
12 δίκη, cause
13 οἶδα, *plpf act ind 1s*, know
14 ἐξιχνιάζω, *aor act ind 1s*, search out
15 συντρίβω, *aor act ind 1s*, break
16 μύλη, molar
17 ἄδικος, unjust
18 ὀδούς, tooth
19 ἅρπαγμα, spoil, plunder
20 ἐκσπάω, *aor act ind 1s*, extract, remove
21 ἡλικία, maturity, prime of life
22 γηράσκω, *fut act ind 3s*, carry on, continue to old age
23 στέλεχος, trunk
24 φοῖνιξ, palm tree
25 βιόω, *fut act ind 1s*, pass one's life
26 ῥίζα, root
27 διανοίγω, *perf pas ind 3s*, open completely
28 δρόσος, dew
29 αὐλίζω, *fut pas ind 3s*, spend the night
30 θερισμός, crop
31 καινός, new, fresh
32 τόξον, bow
33 προσέχω, *aor act ind 3p*, pay attention, give heed
34 σιωπάω, *aor act ind 3p*, keep quiet
35 βουλή, counsel, advice
36 προστίθημι, *aor mid ind 3p*, add to
37 περιχαρής, exceedingly glad
38 ὁπόταν, whenever, *cr.* ὁπότε ἄν
39 διψάω, *pres act ptc nom s f*, be thirsty
40 προσδέχομαι, *pres mid ptc nom s f*, welcome, accept
41 ὑετός, rain
42 λαλιά, speech, conversation

24 ἐὰν γελάσω[1] πρὸς αὐτούς, οὐ μὴ πιστεύσωσιν,
※καὶ φῶς τοῦ προσώπου μου οὐκ ἀπέπιπτεν·[2]
25 ※ἐξελεξάμην[3] ὁδὸν αὐτῶν καὶ ἐκάθισα ἄρχων
※καὶ κατεσκήνουν[4] ὡσεὶ[5] βασιλεὺς ἐν μονοζώνοις[6]
※ὃν τρόπον[7] παθεινοὺς[8] παρακαλῶν.⸔

30 νυνὶ[9] δὲ κατεγέλασάν[10] μου,
ἐλάχιστοι[11] νῦν νουθετοῦσίν[12] με ἐν μέρει,
※ὧν ἐξουδένουν[13] πατέρας αὐτῶν,⸔
οὓς οὐχ ἡγησάμην[14] εἶναι ἀξίους[15] κυνῶν[16] τῶν ἐμῶν νομάδων.[17]
2 ※καί γε ἰσχὺς[18] χειρῶν αὐτῶν ἵνα τί μοι;
※ἐπ᾽ αὐτοὺς ἀπώλετο συντέλεια[19] ※
3 ※ἐν ἐνδείᾳ[20] καὶ λιμῷ[21] ἄγονος·[22]
※οἱ φεύγοντες[23] ἄνυδρον[24] ἐχθὲς[25] συνοχὴν[26] καὶ ταλαιπωρίαν,[27]
4 ※οἱ περικλῶντες[28] ἅλιμα[29] ἐπὶ ἠχοῦντι,[30]⸔
οἵτινες ἅλιμα ἦν αὐτῶν τὰ σῖτα,[31]
ἄτιμοι[32] δὲ καὶ πεφαυλισμένοι,[33] ἐνδεεῖς[34] παντὸς ἀγαθοῦ,
οἳ καὶ ῥίζας[35] ξύλων[36] ἐμασῶντο[37] ὑπὸ λιμοῦ[38] μεγάλου.
5 ἐπανέστησάν[39] μοι κλέπται,[40]
6 ὧν οἱ οἶκοι αὐτῶν ἦσαν τρῶγλαι[41] πετρῶν·[42]

1 γελάω, *aor act sub 1s*, laugh at
2 ἀποπίπτω, *impf act ind 3s*, drop down
3 ἐκλέγω, *aor mid ind 1s*, choose
4 κατασκηνόω, *impf act ind 1s*, settle
5 ὡσεί, as if
6 μονόζωνος, body guard
7 ὃν τρόπον, just as
8 παθεινός, mournful, suffering
9 νυνί, now
10 καταγελάω, *aor act ind 3p*, mock, deride
11 ἐλάχιστος, *sup of* μικρός, *from* ἐλαχύς, smallest, least
12 νουθετέω, *pres act ind 3p*, admonish, warn
13 ἐξουδενέω, *impf act ind 1s*, disdain
14 ἡγέομαι, *aor mid ind 1s*, regard, consider
15 ἄξιος, worthy of
16 κύων, dog
17 νομάς, shepherding, herding
18 ἰσχύς, power, strength
19 συντέλεια, end, completion
20 ἔνδεια, want, need
21 λιμός, hunger, famine
22 ἄγονος, childless
23 φεύγω, *pres act ptc nom p m*, flee
24 ἄνυδρος, dry (land)
25 ἐχθές, recently, yesterday
26 συνοχή, distress
27 ταλαιπωρία, wretchedness
28 περικλάω, *pres act ptc nom p m*, twist and break off
29 ἅλιμον, salty plant?
30 ἠχέω, *pres act ptc dat s m*, roar, sound
31 σῖτος, food
32 ἄτιμος, dishonored
33 φαυλίζω, *perf mid ptc nom p m*, consider worthless
34 ἐνδεής, in need, lacking
35 ῥίζα, root
36 ξύλον, tree
37 μασάομαι, *impf mid ind 3p*, chew
38 λιμός, hunger, famine
39 ἐπανίστημι, *aor act ind 3p*, rise up against
40 κλέπτης, thief
41 τρώγλη, cavern
42 πέτρος, rock

7 ※ἀνὰ μέσον[1] εὐήχων[2] βοήσονται·[3]↙
οἳ ὑπὸ φρύγανα[4] ἄγρια[5] διῃτῶντο,[6]
8 ἀφρόνων[7] υἱοὶ καὶ ἀτίμων[8] ὄνομα
καὶ κλέος[9] ἐσβεσμένον[10] ἀπὸ γῆς.

9 νυνὶ[11] δὲ κιθάρα[12] ἐγώ εἰμι αὐτῶν,
καὶ ἐμὲ θρύλημα[13] ἔχουσιν·
10 ἐβδελύξαντο[14] δέ με ἀποστάντες[15] μακράν,[16]
ἀπὸ δὲ προσώπου μου οὐκ ἐφείσαντο[17] πτύελον.[18]
11 ἀνοίξας γὰρ φαρέτραν[19] αὐτοῦ ἐκάκωσέν[20] με,
※καὶ χαλινὸν[21] τοῦ προσώπου μου ἐξαπέστειλαν.[22]
12 ※ἐπὶ δεξιῶν βλαστοῦ[23] ἐπανέστησαν,[24]
※πόδα αὐτῶν ἐξέτειναν[25]
※καὶ ὡδοποίησαν[26] ἐπ᾽ ἐμὲ τρίβους[27] ἀπωλείας[28] αὐτῶν.
13 ※ἐξετρίβησαν[29] τρίβοι[30] μου,↙
ἐξέδυσεν[31] γάρ μου τὴν στολήν·[32]
14 βέλεσιν[33] αὐτοῦ κατηκόντισέν[34] με,
κέχρηταί[35] μοι ὡς βούλεται, ἐν ὀδύναις[36] πέφυρμαι.[37]
15 ἐπιστρέφονται δέ μου αἱ ὀδύναι,[38]
ᾤχετό[39] μου ἡ ἐλπὶς ὥσπερ πνεῦμα
καὶ ὥσπερ νέφος[40] ἡ σωτηρία μου.
16 ※καὶ νῦν ἐπ᾽ ἐμὲ ἐκχυθήσεται[41] ἡ ψυχή μου,↙
ἔχουσιν δέ με ἡμέραι ὀδυνῶν·[42]

1 ἀνὰ μέσον, amid
2 εὐήχος, melodious
3 βοάω, *fut mid ind 3p*, cry out
4 φρύγανον, brush, shrub
5 ἄγριος, wild
6 διαιτάω, *impf mid ind 3p*, pass one's life
7 ἄφρων, foolish
8 ἄτιμος, dishonorable
9 κλέος, reputation
10 σβέννυμι, *perf pas ptc nom s n*, extinguish
11 νυνί, now
12 κιθάρα, lyre, cithara
13 θρύλημα, byword
14 βδελύσσω, *aor mid ind 3p*, abhor
15 ἀφίστημι, *aor act ptc nom p m*, draw away from
16 μακράν, at a distance
17 φείδομαι, *aor mid ind 3p*, spare
18 πτύελος, spit
19 φαρέτρα, quiver
20 κακόω, *aor act ind 3s*, wound, harm
21 χαλινός, bit, bridle
22 ἐξαποστέλλω, *aor act ind 3p*, release, cast off
23 βλαστός, bud, sprout
24 ἐπανίστημι, *aor act ind 3p*, shoot up
25 ἐκτείνω, *aor act ind 3p*, stretch out
26 ὁδοποιέω, *aor act ind 3p*, prepare a path
27 τρίβος, way, path
28 ἀπώλεια, destruction, ruin
29 ἐκτρίβω, *aor pas ind 3p*, ruin, destroy
30 τρίβος, way, path
31 ἐκδύω, *aor act ind 3s*, take off, strip
32 στολή, clothing, garment
33 βέλος, arrow
34 κατακοντίζω, *aor act ind 3s*, shoot down
35 χράω, *perf mid ind 3s*, treat, use
36 ὀδύνη, pain, grief
37 φύρω, *perf pas ind 1s*, mix, jumble up
38 ὀδύνη, pain, grief
39 οἴχομαι, *impf mid ind 3s*, depart
40 νέφος, cloud
41 ἐκχέω, *fut pas ind 3s*, pour out
42 ὀδύνη, pain, grief

17 νυκτὶ δέ μου τὰ ὀστᾶ[1] συγκέκαυται,[2]
τὰ δὲ νεῦρά[3] μου διαλέλυται.[4]
18 ἐν πολλῇ ἰσχύι[5] ἐπελάβετό[6] μου τῆς στολῆς,[7]
※ὥσπερ τὸ περιστόμιον[8] τοῦ χιτῶνός[9] μου περιέσχεν[10] με.↙
19 ἥγησαι[11] δέ με ἴσα[12] πηλῷ,[13]
ἐν γῇ καὶ σποδῷ[14] μου ἡ μερίς·[15]
20 κέκραγα δὲ πρὸς σὲ καὶ οὐκ εἰσακούεις[16] μου,
※ἔστησαν καὶ κατενόησάν[17] με·↙
21 ἐπέβης[18] δέ μοι ἀνελεημόνως,[19]
χειρὶ κραταιᾷ[20] με ἐμαστίγωσας·[21]
22 ἔταξας[22] δέ με ἐν ὀδύναις[23]
※καὶ ἀπέρριψάς[24] με ἀπὸ σωτηρίας.↙
23 οἶδα γὰρ ὅτι θάνατός με ἐκτρίψει·[25]
οἰκία γὰρ παντὶ θνητῷ[26] γῆ.

24 εἰ γὰρ ὄφελον[27] δυναίμην[28] ἐμαυτὸν[29] χειρώσασθαι,[30]
ἢ δεηθείς[31] γε ἑτέρου, καὶ ποιήσει μοι τοῦτο.
25 ἐγὼ δὲ ἐπὶ παντὶ ἀδυνάτῳ[32] ἔκλαυσα,
ἐστέναξα[33] δὲ ἰδὼν ἄνδρα ἐν ἀνάγκαις.[34]
26 ἐγὼ δὲ ἐπέχων[35] ἀγαθοῖς,
ἰδοὺ συνήντησάν[36] μοι μᾶλλον[37] ἡμέραι κακῶν.

1 ὀστέον, bone
2 συγκαίω, *perf pas ind 3s*, overheat, smolder
3 νεῦρον, nerve
4 διαλύω, *perf pas ind 3s*, frazzle, fray
5 ἰσχύς, power, force
6 ἐπιλαμβάνω, *aor mid ind 3s*, take hold of
7 στολή, clothing, garment
8 περιστόμιον, collar
9 χιτών, tunic
10 περιέχω, *aor act ind 3s*, encompass
11 ἡγέομαι, *perf mid ind 2s*, regard, consider
12 ἴσος, like
13 πηλός, mud, clay
14 σποδός, ashes
15 μερίς, lot, portion
16 εἰσακούω, *pres act ind 2s*, listen to
17 κατανοέω, *aor act ind 3p*, observe, evaluate
18 ἐπιβαίνω, *aor act ind 2s*, walk over, tread on
19 ἀνελεημόνως, ruthlessly
20 κραταιός, severe, vehement
21 μαστιγόω, *aor act ind 2s*, punish, chastise
22 τάσσω, *aor act ind 2s*, appoint, arrange
23 ὀδύνη, pain, grief
24 ἀπορρίπτω, *aor act ind 2s*, cast away, reject
25 ἐκτρίβω, *fut act ind 3s*, destroy, crush
26 θνητός, mortal
27 ὄφελον, would that
28 δύναμαι, *pres mid opt 1s*, be able
29 ἐμαυτοῦ, myself
30 χειρόω, *aor mid inf*, overpower, lay hands upon
31 δέομαι, *aor pas ptc nom s m*, beseech, supplicate
32 ἀδύνατος, powerless
33 στενάζω, *aor act ind 1s*, lament, groan
34 ἀνάγκη, tribulation, distress
35 ἐπέχω, *pres act ptc nom s m*, hold fast
36 συναντάω, *aor act ind 3p*, meet with
37 μᾶλλον, even more

27 ※ἡ κοιλία[1] μου ἐξέζεσεν[2] καὶ οὐ σιωπήσεται,[3]
※προέφθασάν[4] με ἡμέραι πτωχείας.[5]↙
28 στένων[6] πεπόρευμαι ἄνευ[7] φιμοῦ,[8]
ἕστηκα δὲ ἐν ἐκκλησίᾳ κεκραγώς.
29 ἀδελφὸς γέγονα σειρήνων,[9]
ἑταῖρος[10] δὲ στρουθῶν.[11]
30 τὸ δὲ δέρμα[12] μου ἐσκότωται[13] μεγάλως,[14]
τὰ δὲ ὀστᾶ[15] μου ἀπὸ καύματος.[16]
31 ἀπέβη[17] δὲ εἰς πάθος[18] μου ἡ κιθάρα,[19]
ὁ δὲ ψαλμός[20] μου εἰς κλαυθμὸν[21] ἐμοί.

31 ※διαθήκην ἐθέμην τοῖς ὀφθαλμοῖς μου
※καὶ οὐ συνήσω[22] ἐπὶ παρθένον.[23]
2 ※καὶ τί ἐμέρισεν[24] ὁ θεὸς ἀπάνωθεν[25]
※καὶ κληρονομία[26] ἱκανοῦ[27] ἐξ ὑψίστων;[28]
3 ※οὐχὶ ἀπώλεια[29] τῷ ἀδίκῳ[30]
※καὶ ἀπαλλοτρίωσις[31] τοῖς ποιοῦσιν ἀνομίαν;[32]
4 ※οὐχὶ αὐτὸς ὄψεται ὁδόν μου
※καὶ πάντα τὰ διαβήματά[33] μου ἐξαριθμήσεται;[34]↙
5 εἰ δὲ ἤμην πεπορευμένος μετὰ γελοιαστῶν,[35]
εἰ δὲ καὶ ἐσπούδασεν[36] ὁ πούς μου εἰς δόλον,[37]
6 ἱσταίη[38] με ἄρα ἐν ζυγῷ[39] δικαίῳ,
οἶδεν δὲ ὁ κύριος τὴν ἀκακίαν[40] μου.

1 κοιλία, belly
2 ἐκζέω, *aor act ind 3s*, boil
3 σιωπάω, *fut mid ind 3s*, be still, keep silent
4 προφθάνω, *aor act ind 3p*, anticipate, precede
5 πτωχεία, poverty
6 στένω, *pres act ptc nom s m*, sigh, groan
7 ἄνευ, without
8 φιμός, muzzle, gag
9 σειρήν, siren, demon
10 ἑταῖρος, companion
11 στρουθός, sparrow
12 δέρμα, skin
13 σκοτόω, *perf pas ind 3s*, become black
14 μεγάλως, exceedingly
15 ὀστέον, bone
16 καῦμα, heat
17 ἀποβαίνω, *aor act ind 3s*, prove, turn out
18 πάθος, suffering, calamity
19 κιθάρα, lyre, cithara
20 ψαλμός, song
21 κλαυθμός, weeping, wailing
22 συνίημι, *fut act ind 1s*, think about
23 παρθένος, take notice of
24 μερίζω, *aor act ind 3s*, apportion, assign
25 ἀπάνωθεν, from above
26 κληρονομία, inheritance
27 ἱκανός, considerable, sufficient
28 ὕψιστος, *sup*, most high
29 ἀπώλεια, destruction, loss
30 ἄδικος, unrighteous
31 ἀπαλλοτρίωσις, exclusion, rejection
32 ἀνομία, lawlessness
33 διάβημα, step
34 ἐξαριθμέω, *fut mid ind 3s*, count up, number
35 γελοιαστής, joker, buffoon
36 σπουδάζω, *aor act ind 3s*, hurry, hasten
37 δόλος, treachery, deceit
38 ἵστημι, *pres act opt 3s*, set down
39 ζυγός, balance, scale
40 ἀκακία, innocence

7 εἰ ἐξέκλινεν[1] ὁ πούς μου ἐκ τῆς ὁδοῦ,
εἰ δὲ καὶ τῷ ὀφθαλμῷ ἐπηκολούθησεν[2] ἡ καρδία μου,
εἰ δὲ καὶ ταῖς χερσίν μου ἡψάμην δώρων,[3]
8 σπείραιμι[4] ἄρα καὶ ἄλλοι φάγοισαν,[5]
ἄρριζος[6] δὲ γενοίμην[7] ἐπὶ γῆς.

9 εἰ ἐξηκολούθησεν[8] ἡ καρδία μου γυναικὶ ἀνδρὸς ἑτέρου,
εἰ καὶ ἐγκάθετος[9] ἐγενόμην ἐπὶ θύραις αὐτῆς,
10 ἀρέσαι[10] ἄρα καὶ ἡ γυνή μου ἑτέρῳ,
τὰ δὲ νήπιά[11] μου ταπεινωθείη·[12]
11 θυμὸς[13] γὰρ ὀργῆς ἀκατάσχετος[14]
τὸ μιᾶναι[15] ἀνδρὸς γυναῖκα·
12 πῦρ γάρ ἐστιν καιόμενον[16] ἐπὶ πάντων τῶν μερῶν,
οὗ[17] δ᾽ ἂν ἐπέλθῃ,[18] ἐκ ῥιζῶν[19] ἀπώλεσεν.

13 εἰ δὲ καὶ ἐφαύλισα[20] κρίμα[21] θεράποντός[22] μου ἢ θεραπαίνης[23]
κρινομένων αὐτῶν πρός με,
14 τί γὰρ ποιήσω, ἐὰν ἔτασίν[24] μου ποιήσηται ὁ κύριος;
ἐὰν δὲ καὶ ἐπισκοπήν,[25] τίνα ἀπόκρισιν[26] ποιήσομαι;
15 πότερον[27] οὐχ ὡς καὶ ἐγὼ ἐγενόμην ἐν γαστρί,[28]
καὶ ἐκεῖνοι γεγόνασιν; γεγόναμεν δὲ ἐν τῇ αὐτῇ κοιλίᾳ.[29]

16 ἀδύνατοι[30] δὲ χρείαν,[31] ἥν ποτ᾽[32] εἶχον, οὐκ ἀπέτυχον,[33]
χήρας[34] δὲ τὸν ὀφθαλμὸν οὐκ ἐξέτηξα.[35]

1 ἐκκλίνω, *aor act ind 3s*, turn away
2 ἐπακολουθέω, *aor act ind 3s*, follow after
3 δῶρον, gift
4 σπείρω, *aor act opt 1s*, sow
5 ἐσθίω, *aor act opt 3p*, eat
6 ἄρριζος, uprooted
7 γίνομαι, *aor mid opt 1s*, become
8 ἐξακολουθέω, *aor act ind 3s*, follow after
9 ἐγκάθετος, lying in wait, prepared to ambush
10 ἀρέσκω, *aor act opt 3s*, please
11 νήπιος, child
12 ταπεινόω, *aor pas opt 3s*, humble, humiliate
13 θυμός, anger, wrath
14 ἀκατάσχετος, uncontrollable
15 μιαίνω, *aor act inf*, defile, stain
16 καίω, *pres pas ptc nom s n*, kindle, set on fire
17 οὗ, where
18 ἐπέρχομαι, *aor act sub 3s*, come upon, (attack)
19 ῥίζα, root
20 φαυλίζω, *aor act ind 1s*, despise
21 κρίμα, cause, judgment
22 θεράπων, servant
23 θεράπαινα, female servant
24 ἔτασις, exertion, examination
25 ἐπισκοπή, visitation
26 ἀπόκρισις, answer, decision
27 πότερον, were not
28 γαστήρ, belly
29 κοιλία, womb
30 ἀδύνατος, powerless
31 χρεία, need
32 ποτέ, whatever
33 ἀποτυγχάνω, *aor act ind 1s*, fail to notice
34 χήρα, widow
35 ἐκτήκω, *aor act ind 1s*, cause to waste away

17 εἰ δὲ καὶ τὸν ψωμόν[1] μου ἔφαγον μόνος
καὶ οὐχὶ ὀρφανῷ[2] μετέδωκα·[3]
18 ※ὅτι ἐκ νεότητός[4] μου ἐξέτρεφον[5] ὡς πατὴρ
※καὶ ἐκ γαστρὸς[6] μητρός μου ὡδήγησα·[7]↙
19 εἰ δὲ καὶ ὑπερεῖδον[8] γυμνὸν ἀπολλύμενον
καὶ οὐκ ἠμφίασα,[9]
20 ἀδύνατοι[10] δὲ εἰ μὴ εὐλόγησάν με,
ἀπὸ δὲ κουρᾶς[11] ἀμνῶν[12] μου ἐθερμάνθησαν[13] οἱ ὦμοι[14] αὐτῶν,
21 εἰ ἐπῆρα[15] ὀρφανῷ[16] χεῖρα
πεποιθὼς ὅτι πολλή μοι βοήθεια[17] περίεστιν,[18]
22 ἀποσταίη[19] ἄρα ὁ ὦμός[20] μου ἀπὸ τῆς κλειδός,[21]
ὁ δὲ βραχίων[22] μου ἀπὸ τοῦ ἀγκῶνός[23] μου συντριβείη.[24]
23 φόβος γὰρ κυρίου συνέσχεν[25] με,
※καὶ ἀπὸ τοῦ λήμματος[26] αὐτοῦ οὐχ ὑποίσω.[27]
24 ※εἰ ἔταξα[28] χρυσίον[29] ἰσχύν[30] μου,↙
εἰ δὲ καὶ λίθῳ πολυτελεῖ[31] ἐπεποίθησα,

25 εἰ δὲ καὶ εὐφράνθην[32] πολλοῦ πλούτου[33] μοι γενομένου,
εἰ δὲ καὶ ἐπ᾽ ἀναριθμήτοις[34] ἔθεμην χεῖρά μου,
26 ἢ οὐχ ὁρῶ μὲν ἥλιον τὸν ἐπιφαύσκοντα[35] ἐκλείποντα,[36]
σελήνην[37] δὲ φθίνουσαν;[38] οὐ γὰρ ἐπ᾽ αὐτοῖς ἐστιν.
27 ※καὶ εἰ ἠπατήθη[39] λάθρᾳ[40] ἡ καρδία μου,↙
εἰ δὲ καὶ χεῖρά μου ἐπιθεὶς ἐπὶ στόματί μου ἐφίλησα,[41]

1 ψωμός, scrap, morsel
2 ὀρφανός, orphaned
3 μεταδίδωμι, *aor act ind 1s*, share, give a portion
4 νεότης, youth
5 ἐκτρέφω, *impf act ind 1s*, rear, nourish
6 γαστήρ, belly
7 ὁδηγέω, *aor act ind 1s*, guide, lead
8 ὑπεροράω, *aor act ind 1s*, overlook, disregard
9 ἀμφιάζω, *aor act ind 1s*, clothe
10 ἀδύνατος, powerless
11 κουρά, wool, fleece
12 ἀμνός, lamb
13 θερμαίνω, *aor pas ind 3p*, warm
14 ὦμος, shoulder
15 ἐπαίρω, *aor act ind 1s*, raise up
16 ὀρφανός, orphaned
17 βοήθεια, help
18 περίειμι, *pres act ind 3s*, be present, be available
19 ἀφίστημι, *aor act opt 3s*, fall away, separate
20 ὦμος, shoulder
21 κλείς, socket, joint
22 βραχίων, arm
23 ἀγκών, elbow
24 συντρίβω, *aor pas opt 3s*, crush, shatter
25 συνέχω, *aor act ind 3s*, detain, confine
26 λῆμμα, argument, premise
27 ὑποφέρω, *fut act ind 1s*, bear, endure
28 τάσσω, *aor act ind 1s*, arrange, order
29 χρυσίον, gold
30 ἰσχύς, potency, strength
31 πολυτελής, valuable, costly
32 εὐφραίνω, *aor pas ind 1s*, rejoice
33 πλοῦτος, wealth
34 ἀναρίθμητος, immeasurable, countless
35 ἐπιφαύσκω, *pres act ptc acc s m*, shine
36 ἐκλείπω, *pres act ptc acc s m*, be gone, (be eclipsed)
37 σελήνη, moon
38 φθίνω, *pres act ptc acc s f*, wane
39 ἀπατάω, *aor pas ind 3s*, deceive, cheat
40 λάθρᾳ, secretly
41 φιλέω, *aor act ind 1s*, kiss

28 καὶ τοῦτό μοι ἄρα ἀνομία[1] ἡ μεγίστη[2] λογισθείη,[3]
ὅτι ἐψευσάμην[4] ἐναντίον[5] κυρίου τοῦ ὑψίστου.[6]

29 εἰ δὲ καὶ ἐπιχαρὴς[7] ἐγενόμην πτώματι[8] ἐχθρῶν μου
καὶ εἶπεν ἡ καρδία μου Εὖγε,[9]
30 ἀκούσαι[10] ἄρα τὸ οὖς μου τὴν κατάραν[11] μου,
θρυληθείην[12] δὲ ἄρα ὑπὸ λαοῦ μου κακούμενος.[13]
31 εἰ δὲ καὶ πολλάκις[14] εἶπον αἱ θεράπαιναί[15] μου
Τίς ἂν δῴη[16] ἡμῖν τῶν σαρκῶν αὐτοῦ πλησθῆναι;[17]
λίαν[18] μου χρηστοῦ[19] ὄντος·
32 ἔξω δὲ οὐκ ηὐλίζετο[20] ξένος,[21]
ἡ δὲ θύρα μου παντὶ ἐλθόντι ἀνέῳκτο.[22]
33 εἰ δὲ καὶ ἁμαρτὼν ἀκουσίως[23]
ἔκρυψα[24] τὴν ἁμαρτίαν μου,
34 οὐ γὰρ διετράπην[25] πολυοχλίαν[26] πλήθους τοῦ μὴ ἐξαγορεῦσαι[27] ἐνώπιον αὐτῶν,
εἰ δὲ καὶ εἴασα[28] ἀδύνατον[29] ἐξελθεῖν θύραν μου κόλπῳ[30] κενῷ,[31]
35 ※τίς δῴη[32] ἀκούοντά μου;✓
χεῖρα δὲ κυρίου εἰ μὴ ἐδεδοίκειν,[33]
συγγραφὴν[34] δέ, ἣν εἶχον κατά τινος,
36 ἐπ᾽ ὤμοις[35] ἂν περιθέμενος[36] στέφανον[37] ἀνεγίνωσκον,[38]
37 καὶ εἰ μὴ ῥήξας[39] αὐτὴν ἀπέδωκα
οὐθὲν[40] λαβὼν παρὰ χρεοφειλέτου,[41]

1 ἀνομία, lawlessness, transgression
2 μέγας, *sup*, greatest
3 λογίζομαι, *aor pas opt 3s*, consider, reckon
4 ψεύδομαι, *aor mid ind 1s*, speak falsely
5 ἐναντίον, before
6 ὕψιστος, *sup*, most high
7 ἐπιχαρής, glad, gratified
8 πτῶμα, disaster, misfortune
9 εὖγε, good, excellent
10 ἀκούω, *aor act opt 3s*, hear
11 κατάρα, curse
12 θρυλέω, *aor pas opt 1s*, become common gossip
13 κακόω, *pres pas ptc nom s m*, mistreat, harm
14 πολλάκις, often
15 θεράπαινα, female servant
16 δίδωμι, *aor act opt 3s*, grant, give
17 πίμπλημι, *aor pas inf*, fill
18 λίαν, very
19 χρηστός, good, kind
20 αὐλίζω, *impf pas ind 3s*, lodge, stay overnight
21 ξένος, stranger
22 ἀνοίγω, *plpf pas ind 3s*, open
23 ἀκουσίως, unwittingly
24 κρύπτω, *aor act ind 1s*, hide
25 διατρέπω, *aor pas ind 1s*, distract, deter
26 πολυοχλία, great multitude
27 ἐξαγορεύω, *aor act inf*, confess, speak out
28 ἐάω, *aor act ind 1s*, permit
29 ἀδύνατος, powerless
30 κόλπος, fold (of a garment), (purse)
31 κενός, empty
32 δίδωμι, *aor act opt 3s*, grant
33 δείδω, *plpf act ind 1s*, fear
34 συγγραφή, document, contract
35 ὦμος, shoulder
36 περιτίθημι, *aor mid ptc nom s m*, set upon
37 στέφανος, crown
38 ἀναγινώσκω, *impf act ind 1s*, read aloud
39 ῥήγνυμι, *aor act ptc nom s m*, tear up
40 οὐθείς, nothing
41 χρεοφειλέτης, debtor

38 εἰ ἐπ᾽ ἐμοί ποτε[1] ἡ γῆ ἐστέναξεν,[2]
εἰ δὲ καὶ οἱ αὔλακες[3] αὐτῆς ἔκλαυσαν ὁμοθυμαδόν,[4]
39 εἰ δὲ καὶ τὴν ἰσχὺν[5] αὐτῆς ἔφαγον μόνος ἄνευ[6] τιμῆς,[7]
εἰ δὲ καὶ ψυχὴν κυρίου τῆς γῆς ἐκβαλὼν ἐλύπησα,[8]
40 ἀντὶ[9] πυροῦ[10] ἄρα ἐξέλθοι[11] μοι κνίδη,[12]
ἀντὶ δὲ κριθῆς[13] βάτος.[14]

Καὶ ἐπαύσατο[15] Ιωβ ῥήμασιν.

Elihu's Response to Job's Friends

32 Ἡσύχασαν[16] δὲ καὶ οἱ τρεῖς φίλοι[17] αὐτοῦ ἔτι ἀντειπεῖν[18] Ιωβ· ἦν γὰρ Ιωβ
δίκαιος ἐναντίον[19] αὐτῶν. **2** ὠργίσθη[20] δὲ Ελιους ὁ τοῦ Βαραχιηλ ὁ Βουζίτης
ἐκ τῆς συγγενείας[21] Ραμ τῆς Αυσίτιδος χώρας,[22] ὠργίσθη[23] δὲ τῷ Ιωβ σφόδρα,[24]
διότι[25] ἀπέφηνεν[26] ἑαυτὸν δίκαιον ἐναντίον[27] κυρίου· **3** καὶ κατὰ τῶν τριῶν δὲ
φίλων[28] ὠργίσθη[29] σφόδρα,[30] διότι[31] οὐκ ἠδυνήθησαν ἀποκριθῆναι ἀντίθετα[32] Ιωβ
καὶ ἔθεντο αὐτὸν εἶναι ἀσεβῆ.[33]

4 Ελιους δὲ ὑπέμεινεν[34] δοῦναι ἀπόκρισιν[35] Ιωβ, ※ὅτι πρεσβύτεροι αὐτοῦ εἰσιν
ἡμέραις. **5** ※καὶ εἶδεν Ελιους ὅτι οὐκ ἔστιν ἀπόκρισις[36] ἐν στόματι τῶν τριῶν ἀν-
δρῶν, καὶ ἐθυμώθη[37] ὀργὴ αὐτοῦ.↙

6 ὑπολαβὼν[38] δὲ Ελιους ὁ τοῦ Βαραχιηλ ὁ Βουζίτης εἶπεν

Νεώτερος[39] μέν εἰμι τῷ χρόνῳ, ὑμεῖς δέ ἐστε πρεσβύτεροι·
διὸ[40] ἡσύχασα[41] φοβηθεὶς τοῦ ὑμῖν ἀναγγεῖλαι[42] τὴν ἐμαυτοῦ[43] ἐπιστήμην·[44]

1 ποτέ, at some time
2 στενάζω, *aor act ind 3s*, sigh, complain
3 αὖλαξ, furrow
4 ὁμοθυμαδόν, together
5 ἰσχύς, power, strength
6 ἄνευ, without
7 τιμή, price, value
8 λυπέω, *aor act ind 1s*, grieve, vex
9 ἀντί, instead of
10 πυρός, wheat
11 ἐξέρχομαι, *aor act opt 3s*, come up
12 κνίδη, nettle
13 κριθή, barley
14 βάτος, bramble
15 παύω, *aor mid ind 3s*, finish, end
16 ἡσυχάζω, *aor act ind 3p*, be silent
17 φίλος, friend
18 ἀντιλέγω, *aor act inf*, refute, oppose
19 ἐναντίον, before
20 ὀργίζω, *aor pas ind 3s*, make angry
21 συγγένεια, family
22 χώρα, territory, region
23 ὀργίζω, *aor pas ind 3s*, make angry
24 σφόδρα, exceedingly
25 διότι, since
26 ἀποφαίνω, *aor act ind 3s*, declare
27 ἐναντίον, before
28 φίλος, friend
29 ὀργίζω, *aor pas ind 3s*, make angry
30 σφόδρα, exceedingly
31 διότι, since
32 ἀντίθετος, contrary to, opposed
33 ἀσεβής, ungodly, wicked
34 ὑπομένω, *aor act ind 3s*, wait
35 ἀπόκρισις, answer, reply
36 ἀπόκρισις, answer, reply
37 θυμόω, *aor pas ind 3s*, provoke
38 ὑπολαμβάνω, *aor act ptc nom s m*, reply
39 νέος, *comp*, younger
40 διό, so, therefore
41 ἡσυχάζω, *aor act ind 1s*, keep quiet
42 ἀναγγέλλω, *aor act inf*, declare, tell
43 ἐμαυτοῦ, of myself
44 ἐπιστήμη, knowledge

7 εἶπα δὲ ὅτι Ὁ χρόνος ἐστὶν ὁ λαλῶν,
ἐν πολλοῖς δὲ ἔτεσιν οἴδασιν σοφίαν.
8 ἀλλὰ πνεῦμά ἐστιν ἐν βροτοῖς,[1]
πνοὴ[2] δὲ παντοκράτορός[3] ἐστιν ἡ διδάσκουσα·
9 οὐχ οἱ πολυχρόνιοί[4] εἰσιν σοφοί,[5]
οὐδ᾽ οἱ γέροντες[6] οἴδασιν κρίμα.[7]
10 διὸ[8] εἶπα Ἀκούσατέ μου,
καὶ ἀναγγελῶ[9] ὑμῖν ἃ οἶδα·
11 ἐνωτίζεσθέ[10] μου τὰ ῥήματα· ἐρῶ γὰρ ὑμῶν ἀκουόντων,
※ἄχρι[11] οὗ[12] ἐτάσητε[13] λόγους.
12 ※καὶ μέχρι[14] ὑμῶν συνήσω,[15]
※καὶ ἰδοὺ οὐκ ἦν τῷ Ιωβ ἐλέγχων,[16]
※ἀνταποκρινόμενος[17] ῥήματα αὐτοῦ ἐξ ὑμῶν,↙
13 ἵνα μὴ εἴπητε Εὕρομεν σοφίαν κυρίῳ προσθέμενοι·[18]
14 ἀνθρώπῳ δὲ ἐπετρέψατε[19] λαλῆσαι τοιαῦτα[20] ῥήματα.
15 ※ἐπτοήθησαν,[21] οὐκ ἀπεκρίθησαν ἔτι,
※ἐπαλαίωσαν[22] ἐξ αὐτῶν λόγους.
16 ※ὑπέμεινα,[23] οὐ γὰρ ἐλάλησαν·
※ὅτι ἔστησαν, οὐκ ἀπεκρίθησαν.↙

17 Ὑπολαβὼν[24] δὲ Ελιους λέγει

18 Πάλιν[25] λαλήσω· πλήρης[26] γάρ εἰμι ῥημάτων,
ὀλέκει[27] γάρ με τὸ πνεῦμα τῆς γαστρός·[28]
19 ἡ δὲ γαστήρ[29] μου ὥσπερ ἀσκὸς[30] γλεύκους[31] ζέων[32] δεδεμένος[33]
ἢ ὥσπερ φυσητὴρ[34] χαλκέως[35] ἐρρηγώς.[36]

1 βροτός, mortal
2 πνοή, breath
3 παντοκράτωρ, almighty, ruler of all
4 πολυχρόνιος, long-living
5 σοφός, wise
6 γέρων, old man
7 κρίμα, judgment
8 διό, so, therefore
9 ἀναγγέλλω, *fut act ind 1s*, declare, tell
10 ἐνωτίζομαι, *pres mid impv 2p*, give ear
11 ἄχρι, until
12 οὗ, which
13 ἐτάζω, *aor act sub 2p*, examine, test
14 μέχρι, until
15 συνίημι, *fut act ind 1s*, understand
16 ἐλέγχω, *pres act ptc nom s m*, rebuke
17 ἀνταποκρίνομαι, *pres mid ptc nom s m*, answer in turn
18 προστίθημι, *aor mid ptc nom p m*, contribute, add
19 ἐπιτρέπω, *aor act ind 2p*, allow, permit
20 τοιοῦτος, such
21 πτοέω, *aor pas ind 3p*, dismay, offend
22 παλαιόω, *aor act ind 3p*, consider null
23 ὑπομένω, *aor act ind 1s*, wait
24 ὑπολαμβάνω, *aor act ptc nom s m*, reply
25 πάλιν, again
26 πλήρης, full
27 ὀλέκω, *pres act ind 3s*, kill, destroy
28 γαστήρ, gut, belly
29 γαστήρ, gut, belly
30 ἀσκός, pouch, bag
31 γλεύκος, new wine
32 ζέω, *pres act ptc nom s m*, ferment, bubble
33 δέω, *perf pas ptc nom s m*, (seal), bind
34 φυσητήρ, bellows
35 χαλκεύς, metalworker
36 ῥήγνυμι, *perf act ptc nom s m*, burst, rip

20 λαλήσω, ἵνα ἀναπαύσωμαι[1] ἀνοίξας τὰ χείλη·[2]
21 ἄνθρωπον γὰρ οὐ μὴ αἰσχυνθῶ,[3]
ἀλλὰ μὴν[4] οὐδὲ βροτὸν[5] οὐ μὴ ἐντραπῶ·[6]
22 οὐ γὰρ ἐπίσταμαι[7] θαυμάσαι[8] πρόσωπον·
εἰ δὲ μή,[9] καὶ ἐμὲ σῆτες[10] ἔδονται.

Elihu's Response to Job

33 οὐ μὴν δὲ ἀλλὰ[11] ἄκουσον, Ιωβ, τὰ ῥήματά μου
καὶ λαλιὰν[12] ἐνωτίζου[13] μου·
2 ἰδοὺ γὰρ ἤνοιξα τὸ στόμα μου,
καὶ ἐλάλησεν ἡ γλῶσσά μου.
3 καθαρά[14] μου ἡ καρδία ῥήμασιν,
σύνεσις[15] δὲ χειλέων[16] μου καθαρὰ νοήσει.[17]
4 πνεῦμα θεῖον[18] τὸ ποιῆσάν με,
πνοὴ[19] δὲ παντοκράτορος[20] ἡ διδάσκουσά με.
5 ἐὰν δύνῃ, δός μοι ἀπόκρισιν[21] πρὸς ταῦτα·
ὑπόμεινον,[22] στῆθι κατ᾽ ἐμὲ καὶ ἐγὼ κατὰ σέ.
6 ἐκ πηλοῦ[23] διήρτισαι[24] σὺ ὡς καὶ ἐγώ,
ἐκ τοῦ αὐτοῦ διηρτίσμεθα.[25]
7 οὐχ ὁ φόβος μού σε στροβήσει,[26]
οὐδὲ ἡ χείρ μου βαρεῖα[27] ἔσται ἐπὶ σοί.

8 ※πλὴν εἶπας ἐν ὠσίν μου,↙
φωνὴν ῥημάτων σου ἀκήκοα·
9 διότι[28] λέγεις Καθαρός[29] εἰμι οὐχ ἁμαρτών,
ἄμεμπτος[30] δέ εἰμι, οὐ γὰρ ἠνόμησα·[31]

1 ἀναπαύω, *aor mid sub 1s*, refresh, revive
2 χεῖλος, lip
3 αἰσχύνω, *aor pas sub 1s*, dishonor, disgrace
4 μήν, indeed
5 βροτός, mortal
6 ἐντρέπω, *aor pas sub 1s*, feel respect, show regard
7 ἐπίσταμαι, *pres mid ind 1s*, know
8 θαυμάζω, *aor act inf*, admire
9 εἰ δὲ μή, if otherwise, if not so
10 σής, moth
11 οὐ μὴν δὲ ἀλλὰ, nevertheless
12 λαλιά, speech
13 ἐνωτίζομαι, *pres mid impv 2s*, give hear
14 καθαρός, pure
15 σύνεσις, understanding
16 χεῖλος, lip, (speech)
17 νοέω, *fut act ind 3s*, think, notice
18 θεῖος, divine
19 πνοή, breath
20 παντοκράτωρ, almighty, ruler of all
21 ἀπόκρισις, answer
22 ὑπομένω, *aor act impv 2s*, hold out, stand one's ground
23 πηλός, mud, clay
24 διαρτίζω, *perf mid ind 2s*, form
25 διαρτίζω, *perf pas ind 1p*, form
26 στροβέω, *fut act ind 3s*, distress
27 βαρύς, heavy
28 διότι, since
29 καθαρός, pure
30 ἄμεμπτος, blameless
31 ἀνομέω, *aor act ind 1s*, act wickedly

10 μέμψιν[1] δὲ κατ᾽ ἐμοῦ εὗρεν,
ἥγηται[2] δέ με ὥσπερ ὑπεναντίον·[3]
11 ἔθετο δὲ ἐν ξύλῳ[4] τὸν πόδα μου,
ἐφύλαξεν δέ μου πάσας τὰς ὁδούς.
12 πῶς γὰρ λέγεις Δίκαιός εἰμι, καὶ οὐκ ἐπακήκοέν[5] μου;
αἰώνιος γάρ ἐστιν ὁ ἐπάνω[6] βροτῶν.[7]
13 λέγεις δέ Διὰ τί τῆς δίκης[8] μου οὐκ ἐπακήκοεν[9] πᾶν ῥῆμα;

14 ἐν γὰρ τῷ ἅπαξ[10] λαλῆσαι[11] ὁ κύριος,
ἐν δὲ τῷ δευτέρῳ ἐνύπνιον,
15 ἢ ἐν μελέτῃ[12] νυκτερινῇ,[13]
ὡς ὅταν ἐπιπίπτῃ[14] δεινὸς[15] φόβος ἐπ᾽ ἀνθρώπους
ἐπὶ νυσταγμάτων[16] ἐπὶ κοίτης·[17]
16 τότε ἀνακαλύπτει[18] νοῦν[19] ἀνθρώπων,
ἐν εἴδεσιν[20] φόβου τοιούτοις[21] αὐτοὺς ἐξεφόβησεν[22]
17 ἀποστρέψαι[23] ἄνθρωπον ἐξ ἀδικίας,[24]
τὸ δὲ σῶμα αὐτοῦ ἀπὸ πτώματος[25] ἐρρύσατο.[26]
18 ἐφείσατο[27] δὲ τῆς ψυχῆς αὐτοῦ ἀπὸ θανάτου
καὶ μὴ πεσεῖν αὐτὸν ἐν πολέμῳ.
19 πάλιν[28] δὲ ἤλεγξεν[29] αὐτὸν ἐν μαλακίᾳ[30] ἐπὶ κοίτης[31]
※καὶ πλῆθος ὀστῶν[32] αὐτοῦ ἐνάρκησεν,[33]↙
20 πᾶν δὲ βρωτὸν[34] σίτου[35] οὐ μὴ δύνηται προσδέξασθαι[36]
※καὶ ἡ ψυχὴ αὐτοῦ βρῶσιν[37] ἐπιθυμήσει,[38]↙

1 μέμψις, grounds for complaint
2 ἡγέομαι, *perf mid ind 3s*, consider, regard
3 ὑπεναντίος, opposed
4 ξύλον, (stocks)
5 ἐπακούω, *perf act ind 3s*, pay attention
6 ἐπάνω, above, over
7 βροτός, mortal
8 δίκη, legal case
9 ἐπακούω, *perf act ind 3s*, hear, listen to
10 ἅπαξ, once
11 λαλέω, *aor act opt 3s*, speak
12 μελέτη, thought, reflection
13 νυκτερινός, nocturnal
14 ἐπιπίπτω, *pres act sub 3s*, fall upon
15 δεινός, terrible
16 νύσταγμα, slumber
17 κοίτη, bed
18 ἀνακαλύπτω, *pres act ind 3s*, open, disclose
19 νοῦς, mind
20 εἶδος, sight, apparition
21 τοιοῦτος, such
22 ἐκφοβέω, *aor act ind 3s*, terrify
23 ἀποστρέφω, *aor act inf*, turn away
24 ἀδικία, injustice
25 πτῶμα, misfortune, disaster
26 ῥύομαι, *aor mid ind 3s*, rescue
27 φείδομαι, *aor mid ind 3s*, spare
28 πάλιν, again
29 ἐλέγχω, *aor act ind 3s*, reprove
30 μαλακία, sickness, debility
31 κοίτη, bed
32 ὀστέον, bone
33 ναρκάω, *aor act ind 3s*, become numb
34 βρωτόν, food
35 σῖτος, wheat
36 προσδέχομαι, *aor mid inf*, receive, take in
37 βρῶσις, eating
38 ἐπιθυμέω, *fut act ind 3s*, desire

21 ἕως ἂν σαπῶσιν[1] αὐτοῦ αἱ σάρκες
καὶ ἀποδείξῃ[2] τὰ ὀστᾶ[3] αὐτοῦ κενά·[4]
22 ἤγγισεν δὲ εἰς θάνατον ἡ ψυχὴ αὐτοῦ,
ἡ δὲ ζωὴ αὐτοῦ ἐν ᾅδῃ.[5]
23 ἐὰν ὦσιν χίλιοι[6] ἄγγελοι θανατηφόροι,[7]
εἷς αὐτῶν οὐ μὴ τρώσῃ[8] αὐτόν·
ἐὰν νοήσῃ[9] τῇ καρδίᾳ ἐπιστραφῆναι ἐπὶ κύριον,
ἀναγγείλῃ[10] δὲ ἀνθρώπῳ τὴν ἑαυτοῦ μέμψιν,[11]
τὴν δὲ ἄνοιαν[12] αὐτοῦ δείξῃ,
24 ἀνθέξεται[13] τοῦ μὴ πεσεῖν αὐτὸν εἰς θάνατον,
ἀνανεώσει[14] δὲ αὐτοῦ τὸ σῶμα ὥσπερ ἀλοιφὴν[15] ἐπὶ τοίχου,[16]
τὰ δὲ ὀστᾶ[17] αὐτοῦ ἐμπλήσει[18] μυελοῦ·[19]
25 ἁπαλυνεῖ[20] δὲ αὐτοῦ τὰς σάρκας ὥσπερ νηπίου,[21]
ἀποκαταστήσει[22] δὲ αὐτὸν ἀνδρωθέντα[23] ἐν ἀνθρώποις.
26 εὐξάμενος[24] δὲ πρὸς κύριον, καὶ δεκτὰ[25] αὐτῷ ἔσται,
εἰσελεύσεται δὲ προσώπῳ καθαρῷ[26] σὺν ἐξηγορίᾳ[27]
ἀποδώσει δὲ ἀνθρώποις δικαιοσύνην.
27 εἶτα[28] τότε ἀπομέμψεται[29] ἄνθρωπος αὐτὸς ἑαυτῷ λέγων
Οἷα[30] συνετέλουν,[31] καὶ οὐκ ἄξια[32] ἤτασέν[33] με ὧν ἥμαρτον.
28 ※σῶσον ψυχήν μου τοῦ μὴ ἐλθεῖν εἰς διαφθοράν,[34]
※καὶ ἡ ζωή μου φῶς ὄψεται.
29 ※ἰδοὺ πάντα ταῦτα ἐργᾶται ὁ ἰσχυρὸς[35]
※ὁδοὺς τρεῖς μετὰ ἀνδρός.↙

1 σήπω, *aor pas sub 3p*, decay
2 ἀποδείκνυμι, *aor act sub 3s*, protrude, show
3 ὀστέον, bone
4 κενός, bare
5 ᾅδης, Hades, underworld
6 χίλιοι, one thousand
7 θανατηφόρος, deadly, fatal
8 τιτρώσκω, *aor act sub 3s*, wound
9 νοέω, *aor act sub 3s*, intend
10 ἀναγγέλλω, *aor act sub 3s*, announce, declare
11 μέμψις, grounds for complaint
12 ἄνοια, folly, stupidity
13 ἀντέχω, *fut mid ind 3s*, help, support
14 ἀνανεόω, *fut act ind 3s*, renew
15 ἀλοιφή, plaster, paint
16 τοῖχος, wall
17 ὀστέον, bone
18 ἐμπίμπλημι, *fut act ind 3s*, fill up
19 μυελός, marrow
20 ἁπαλύνω, *pres act ind 3s*, make soft
21 νήπιος, baby, infant
22 ἀποκαθίστημι, *fut act ind 3s*, restore
23 ἀνδρόω, *aor pas ptc acc s m*, become mature
24 εὔχομαι, *aor mid ptc nom s m*, vow
25 δεκτός, acceptable
26 καθαρός, pure
27 ἐξηγορία, expression, declaration
28 εἶτα, then
29 ἀπομέμφομαι, *fut mid ind 3s*, blame
30 οἷος, such, sort, kind
31 συντελέω, *impf act ind 3p*, accomplish, carry out
32 ἄξιος, equivalent, corresponding
33 ἐτάζω, *aor act ind 3s*, test, examine
34 διαφθορά, corruption
35 ἰσχυρός, powerful, mighty

30 ἀλλ᾽ ἐρρύσατο[1] τὴν ψυχήν μου ἐκ θανάτου,
ἵνα ἡ ζωή μου ἐν φωτὶ αἰνῇ[2] αὐτόν.
31 ἐνωτίζου,[3] Ιωβ, καὶ ἄκουέ μου·
※κώφευσον,[4] καὶ ἐγώ εἰμι λαλήσω.
32 ※εἰ εἰσὶν λόγοι, ἀποκρίθητί μοι·
※λάλησον, θέλω γὰρ δικαιωθῆναί[5] σε.
33 ※εἰ μή, σὺ ἄκουσόν μου·
※κώφευσον,[6] καὶ διδάξω σε σοφίαν.↙

Elihu Defends God

34 Ὑπολαβὼν[7] δὲ Ελιους λέγει

2 Ἀκούσατέ μου, σοφοί·[8]
ἐπιστάμενοι,[9] ἐνωτίζεσθε[10] τὸ καλόν·
3 ※ὅτι οὖς λόγους δοκιμάζει,[11]
※καὶ λάρυγξ[12] γεύεται[13] βρῶσιν.[14]
4 ※κρίσιν ἑλώμεθα[15] ἑαυτοῖς,
※γνῶμεν ἀνὰ μέσον[16] ἑαυτῶν ὅ τι καλόν.↙
5 ὅτι εἴρηκεν Ιωβ Δίκαιός εἰμι,
ὁ κύριος ἀπήλλαξέν[17] μου τὸ κρίμα,[18]
6 ἐψεύσατο[19] δὲ τῷ κρίματί[20] μου,
※βίαιον[21] τὸ βέλος[22] μου ἄνευ[23] ἀδικίας.[24]
7 ※τίς ἀνὴρ ὥσπερ Ιωβ
※πίνων μυκτηρισμὸν[25] ὥσπερ ὕδωρ↙
8 οὐχ ἁμαρτὼν οὐδὲ ἀσεβήσας[26]
ἢ ὁδοῦ κοινωνήσας[27] μετὰ ποιούντων τὰ ἄνομα[28]
τοῦ πορευθῆναι μετὰ ἀσεβῶν;[29]

1 ῥύομαι, *aor mid ind 3s*, rescue, save
2 αἰνέω, *pres act sub 3s*, praise
3 ἐνωτίζομαι, *pres mid impv 2s*, listen
4 κωφεύω, *aor act impv 2s*, keep quiet
5 δικαιόω, *aor pas inf*, justify, proclaim righteous
6 κωφεύω, *aor act impv 2s*, keep quiet
7 ὑπολαμβάνω, *aor act ptc nom s m*, reply
8 σοφός, wise
9 ἐπίσταμαι, *pres mid ptc nom p m*, know
10 ἐνωτίζομαι, *pres mid impv 2p*, listen
11 δοκιμάζω, *pres act ind 3s*, test, prove
12 λάρυγξ, throat
13 γεύω, *pres mid ind 3s*, taste
14 βρῶσις, food
15 αἱρέω, *aor mid sub 1p*, choose
16 ἀνὰ μέσον, among
17 ἀπαλλάσσω, *aor act ind 3s*, dismiss
18 κρίμα, (legal) case
19 ψεύδομαι, *aor mid ind 3s*, speak falsely
20 κρίμα, judgment
21 βίαιος, forceful
22 βέλος, arrow, dart
23 ἄνευ, without
24 ἀδικία, injustice
25 μυκτηρισμός, contempt
26 ἀσεβέω, *aor act ptc nom s m*, act profanely, commit sacrilege
27 κοινωνέω, *aor act ptc nom s m*, share
28 ἄνομος, lawless, evil
29 ἀσεβής, ungodly, wicked

9 μὴ γὰρ εἴπῃς ὅτι Οὐκ ἔσται ἐπισκοπὴ[1] ἀνδρός·
καὶ ἐπισκοπὴ αὐτῷ παρὰ κυρίου.

10 διό,[2] συνετοὶ[3] καρδίας, ἀκούσατέ μου
Μή μοι εἴη[4] ἔναντι κυρίου ἀσεβῆσαι[5]
καὶ ἔναντι[6] παντοκράτορος[7] ταράξαι[8] τὸ δίκαιον·
11 ἀλλὰ ἀποδιδοῖ[9] ἀνθρώπῳ καθὰ[10] ποιεῖ ἕκαστος αὐτῶν,
※καὶ ἐν τρίβῳ[11] ἀνδρὸς εὑρήσει αὐτόν.↙
12 οἴῃ[12] δὲ τὸν κύριον ἄτοπα[13] ποιήσειν;
ἢ ὁ παντοκράτωρ[14] ταράξει[15] κρίσιν;
13 ὃς ἐποίησεν τὴν γῆν·
τίς δέ ἐστιν ὁ ποιῶν τὴν ὑπ᾽ οὐρανὸν καὶ τὰ ἐνόντα[16] πάντα;
14 εἰ γὰρ βούλοιτο[17] συνέχειν[18]
καὶ τὸ πνεῦμα παρ᾽ αὐτῷ κατασχεῖν,[19]
15 τελευτήσει[20] πᾶσα σὰρξ ὁμοθυμαδόν,[21]
πᾶς δὲ βροτὸς[22] εἰς γῆν ἀπελεύσεται, ὅθεν[23] καὶ ἐπλάσθη.[24]

16 εἰ δὲ μὴ νουθετῇ,[25] ἄκουε ταῦτα,
ἐνωτίζου[26] φωνὴν ῥημάτων.
17 ἰδὲ σὺ τὸν μισοῦντα ἄνομα[27]
καὶ τὸν ὀλλύντα[28] τοὺς πονηροὺς
ὄντα αἰώνιον δίκαιον.
18 ἀσεβὴς[29] ὁ λέγων βασιλεῖ Παρανομεῖς,[30]
※ἀσεβέστατε[31] τοῖς ἄρχουσιν·↙

1 ἐπισκοπή, visitation, examination
2 διό, therefore
3 συνετός, intelligent
4 εἰμί, *pres act opt 3s*, be
5 ἀσεβέω, *aor act inf*, act profanely, commit sacrilege
6 ἔναντι, before
7 παντοκράτωρ, almighty, ruler of all
8 ταράσσω, *aor act inf*, disturb, pervert
9 ἀποδίδωμι, *pres act opt 3s*, repay, render in kind
10 καθά, just as
11 τρίβος, path, track
12 οἴομαι, *pres mid ind 2s*, suppose, expect
13 ἄτοπος, improper, amiss
14 παντοκράτωρ, almighty, ruler of all
15 ταράσσω, *fut act ind 3s*, disturb, pervert
16 ἔνειμι, *pres act ptc acc p n*, be inside
17 βούλομαι, *pres mid opt 3s*, wish, desire
18 συνέχω, *pres act inf*, (determine), constrain
19 κατέχω, *aor act inf*, restrain
20 τελευτάω, *fut act ind 3s*, die
21 ὁμοθυμαδόν, together
22 βροτός, mortal
23 ὅθεν, from where
24 πλάσσω, *aor pas ind 3s*, form
25 νουθετέω, *pres act sub 3s*, rebuke, admonish
26 ἐνωτίζομαι, *pres mid impv 2s*, listen to
27 ἄνομος, lawless, evil
28 ὄλλυμι, *pres act ptc acc s m*, destroy
29 ἀσεβής, ungodly, wicked
30 παρανομέω, *pres act ind 2s*, transgress the law
31 ἀσεβής, *sup*, most ungodly, most wicked

19 ὃς οὐκ ἐπῃσχύνθη[1] πρόσωπον ἐντίμου[2]
οὐδὲ οἶδεν τιμὴν[3] θέσθαι ἁδροῖς[4]
θαυμασθῆναι[5] πρόσωπα αὐτῶν.
20 κενὰ[6] δὲ αὐτοῖς ἀποβήσεται[7] τὸ κεκραγέναι καὶ δεῖσθαι[8] ἀνδρός·
ἐχρήσαντο[9] γὰρ παρανόμως[10] ἐκκλινομένων[11] ἀδυνάτων.[12]

21 αὐτὸς γὰρ ὁρατής[13] ἐστιν ἔργων ἀνθρώπων,
λέληθεν[14] δὲ αὐτὸν οὐδὲν ὧν πράσσουσιν,[15]
22 οὐδὲ ἔσται τόπος
τοῦ κρυβῆναι[16] τοὺς ποιοῦντας τὰ ἄνομα·[17]
23 ※ὅτι οὐκ ἐπ᾽ ἄνδρα θήσει ἔτι·↙
ὁ γὰρ κύριος πάντας ἐφορᾷ[18]
24 ὁ καταλαμβάνων[19] ἀνεξιχνίαστα,[20]
ἔνδοξά[21] τε καὶ ἐξαίσια,[22] ὧν οὐκ ἔστιν ἀριθμός·[23]
25 ὁ γνωρίζων[24] αὐτῶν τὰ ἔργα
※καὶ στρέψει[25] νύκτα, καὶ ταπεινωθήσονται.[26]↙
26 ἔσβεσεν[27] δὲ ἀσεβεῖς,[28]
ὁρατοὶ[29] δὲ ἐναντίον[30] αὐτοῦ,
27 ὅτι ἐξέκλιναν[31] ἐκ νόμου θεοῦ,
δικαιώματα[32] δὲ αὐτοῦ οὐκ ἐπέγνωσαν
28 ※τοῦ ἐπαγαγεῖν[33] ἐπ᾽ αὐτὸν κραυγὴν[34] πένητος,[35]
※καὶ κραυγὴν πτωχῶν εἰσακούσεται.[36]

1 ἐπαισχύνω, *aor pas ind 3s*, feel ashamed, act reservedly
2 ἔντιμος, honorable
3 τιμή, honor
4 ἁδρός, prominent, powerful
5 θαυμάζω, *aor pas inf*, admire
6 κενός, worthless, pointless
7 ἀποβαίνω, *fut mid ind 3s*, prove to be, turn out as
8 δέομαι, *pres mid inf*, beseech, beg
9 χράω, *aor mid ind 3p*, use, manipulate
10 παρανόμως, lawlessly
11 ἐκκλίνω, *pres pas ptc gen p m*, turn away
12 ἀδύνατος, powerless
13 ὁρατής, observer
14 λανθάνω, *perf act ind 3s*, escape notice
15 πράσσω, *pres act ind 3p*, do
16 κρύπτω, *aor pas inf*, hide
17 ἄνομος, lawless, evil
18 ἐφοράω, *pres act ind 3s*, oversee, look upon
19 καταλαμβάνω, *pres act ptc nom s m*, apprehend
20 ἀνεξιχνίαστος, inscrutable
21 ἔνδοξος, notable, glorious
22 ἐξαίσιος, remarkable, extraordinary
23 ἀριθμός, number
24 γνωρίζω, *pres act ptc nom s m*, make known, point out
25 στρέφω, *fut act ind 3s*, bring back
26 ταπεινόω, *fut pas ind 3p*, abase, humble
27 σβέννυμι, *aor act ind 3s*, extinguish
28 ἀσεβής, ungodly, wicked
29 ὁρατός, visible
30 ἐναντίον, before
31 ἐκκλίνω, *aor act ind 3p*, turn aside
32 δικαίωμα, ordinance, decree
33 ἐπάγω, *aor act inf*, bring on
34 κραυγή, outcry
35 πένης, poor
36 εἰσακούω, *fut mid ind 3s*, listen to

29 ※καὶ αὐτὸς ἡσυχίαν[1] παρέξει,[2] καὶ τίς καταδικάσεται;[3]
※καὶ κρύψει[4] πρόσωπον, καὶ τίς ὄψεται αὐτόν;
※καὶ κατὰ ἔθνους καὶ κατὰ ἀνθρώπου ὁμοῦ[5]
30 ※βασιλεύων[6] ἄνθρωπον ὑποκριτὴν[7]
※ἀπὸ δυσκολίας[8] λαοῦ.
31 ※ὅτι πρὸς τὸν ἰσχυρὸν[9] ὁ λέγων
※Εἴληφα,[10] οὐκ ἐνεχυράσω·[11]
32 ※ἄνευ[12] ἐμαυτοῦ[13] ὄψομαι, σὺ δεῖξόν μοι·
※εἰ ἀδικίαν[14] ἠργασάμην, οὐ μὴ προσθήσω.[15]
33 ※μὴ παρὰ σοῦ ἀποτείσει[16] αὐτήν;
※ὅτι ἀπώσῃ,[17] ὅτι σὺ ἐκλέξῃ[18] καὶ οὐκ ἐγώ·
※καὶ τί ἔγνως λάλησον.↙

34 διὸ[19] συνετοὶ[20] καρδίας ἐροῦσιν ταῦτα,
ἀνὴρ δὲ σοφὸς[21] ἀκήκοέν μου τὸ ῥῆμα.
35 Ιωβ δὲ οὐκ ἐν συνέσει[22] ἐλάλησεν,
τὰ δὲ ῥήματα αὐτοῦ οὐκ ἐν ἐπιστήμῃ.[23]
36 οὐ μὴν δὲ ἀλλὰ[24] μάθε,[25] Ιωβ,
μὴ δῷς ἔτι ἀνταπόκρισιν[26] ὥσπερ οἱ ἄφρονες,[27]
37 ἵνα μὴ προσθῶμεν[28] ἐφ᾽ ἁμαρτίαις ἡμῶν,
ἀνομία[29] δὲ ἐφ᾽ ἡμῖν λογισθήσεται
πολλὰ λαλούντων ῥήματα ἐναντίον[30] τοῦ κυρίου.

Elihu Rebukes Self-Righteousness

35 Ὑπολαβὼν[31] δὲ Ελιους λέγει

2 Τί τοῦτο ἡγήσω[32] ἐν κρίσει;
σὺ τίς εἶ ὅτι εἶπας Δίκαιός εἰμι ἔναντι[33] κυρίου;

1 ἡσυχία, silence, quiet
2 παρέχω, *fut act ind 3s*, provide
3 καταδικάζω, *fut mid ind 3s*, condemn
4 κρύπτω, *fut act ind 3s*, hide
5 ὁμοῦ, together
6 βασιλεύω, *pres act ptc nom s m*, make king
7 ὑποκριτής, hypocrite
8 δυσκολία, discontent
9 ἰσχυρός, powerful, strong
10 λαμβάνω, *perf act ind 1s*, receive
11 ἐνεχυράζω, *fut act ind 1s*, take in pledge, take collateral
12 ἄνευ, without
13 ἐμαυτοῦ, of myself
14 ἀδικία, injustice
15 προστίθημι, *fut act ind 1s*, continue
16 ἀποτίνω, *fut act ind 3s*, pay back
17 ἀπωθέω, *aor mid sub 2s*, repel, push back
18 ἐκλέγω, *fut mid ind 2s*, choose, select
19 διό, therefore
20 συνετός, prudent, intelligent
21 σοφός, wise
22 σύνεσις, intelligence
23 ἐπιστήμη, knowledge
24 οὐ μὴν δὲ ἀλλὰ, nevertheless
25 μανθάνω, *aor act impv 2s*, learn
26 ἀνταπόκρισις, answer, response
27 ἄφρων, foolish
28 προστίθημι, *aor act sub 1p*, add
29 ἀνομία, lawlessness, evil
30 ἐναντίον, before
31 ὑπολαμβάνω, *aor act ptc nom s m*, reply
32 ἡγέομαι, *aor mid ind 2s*, think, regard
33 ἔναντι, before

3 ἢ ἐρεῖς Τί ποιήσω ἁμαρτών;

4 ἐγὼ σοὶ δώσω ἀπόκρισιν[1]
καὶ τοῖς τρισὶν φίλοις[2] σου.
5 ἀνάβλεψον[3] εἰς τὸν οὐρανὸν καὶ ἰδέ,
κατάμαθε[4] δὲ νέφη[5] ὡς ὑψηλὰ[6] ἀπὸ σοῦ.
6 εἰ ἥμαρτες, τί πράξεις;[7]
εἰ δὲ καὶ πολλὰ ἠνόμησας,[8] τί δύνασαι ποιῆσαι;
7 ἐπεὶ[9] δὲ οὖν δίκαιος εἶ, τί δώσεις αὐτῷ;
※ἢ τί ἐκ χειρός σου λήμψεται;
8 ※ἀνδρὶ τῷ ὁμοίῳ[10] σου ἡ ἀσέβειά[11] σου,
※καὶ υἱῷ ἀνθρώπου ἡ δικαιοσύνη σου.

9 ※ἀπὸ πλήθους συκοφαντούμενοι[12] κεκράξονται,
※βοήσονται[13] ἀπὸ βραχίονος[14] πολλῶν.
10 ※καὶ οὐκ εἶπεν Ποῦ ἐστιν ὁ θεὸς ὁ ποιήσας με,↙
ὁ κατατάσσων[15] φυλακὰς νυκτερινάς,[16]
11 ὁ διορίζων[17] με ἀπὸ τετραπόδων[18] γῆς,
ἀπὸ δὲ πετεινῶν[19] οὐρανοῦ;
12 ※ἐκεῖ κεκράξονται, καὶ οὐ μὴ εἰσακούσῃ[20]↙
καὶ ἀπὸ ὕβρεως[21] πονηρῶν.
13 ἄτοπα[22] γὰρ οὐ βούλεται ὁ κύριος ἰδεῖν·
αὐτὸς γὰρ ὁ παντοκράτωρ[23] ὁρατής[24] ἐστιν
14 τῶν συντελούντων[25] τὰ ἄνομα[26] καὶ σώσει με.
κρίθητι δὲ ἐναντίον[27] αὐτοῦ,
εἰ δύνασαι αἰνέσαι[28] αὐτόν, ὡς ἔστιν.
15 ※καὶ νῦν, ὅτι οὐκ ἔστιν ἐπισκεπτόμενος,[29] ὀργὴν αὐτοῦ
※καὶ οὐκ ἔγνω παραπτώματι[30] σφόδρα·[31]

1 ἀπόκρισις, answer
2 φίλος, friend
3 ἀναβλέπω, *aor act impv 2s*, look up
4 καταμανθάνω, *aor act impv 2s*, examine closely
5 νέφος, cloud
6 ὑψηλός, high
7 πράσσω, *fut act ind 2s*, do
8 ἀνομέω, *aor act ind 2s*, sin, act lawlessly
9 ἐπεί, for, since
10 ὅμοιος, like
11 ἀσέβεια, ungodliness, impiety
12 συκοφαντέω, *pres pas ptc nom p m*, defraud
13 βοάω, *fut mid ind 3p*, cry out
14 βραχίων, strength
15 κατατάσσω, *pres act ptc nom s m*, appoint
16 νυκτερινός, nocturnal, nighttime
17 διορίζω, *pres act ptc nom s m*, separate
18 τετράπους, four-footed (animal)
19 πετεινόν, bird
20 εἰσακούω, *aor act sub 3s*, listen
21 ὕβρις, pride, arrogance
22 ἄτοπος, wrong
23 παντοκράτωρ, almighty, ruler of all
24 ὁρατής, observer
25 συντελέω, *pres act ptc gen p m*, carry out
26 ἄνομος, lawless, evil
27 ἐναντίον, before
28 αἰνέω, *aor act inf*, praise
29 ἐπισκέπτομαι, *pres mid ptc nom s m*, watch over, oversee
30 παράπτωμα, trespass
31 σφόδρα, markedly, noticeably

16 ※καὶ Ιωβ ματαίως[1] ἀνοίγει τὸ στόμα αὐτοῦ,
※ἐν ἀγνωσίᾳ[2] ῥήματα βαρύνει.[3]↙

Elihu Praises God's Righteousness

36 Προσθεὶς[4] δὲ Ελιους ἔτι λέγει

2 Μεῖνόν[5] με μικρὸν ἔτι, ἵνα διδάξω σε·
ἔτι γὰρ ἐν ἐμοί ἐστιν λέξις.[6]
3 ἀναλαβὼν[7] τὴν ἐπιστήμην[8] μου μακρὰν[9]
ἔργοις δέ μου δίκαια ἐρῶ
4 ἐπ᾽ ἀληθείας καὶ οὐκ ἄδικα[10] ῥήματα·
ἀδίκως[11] συνίεις.[12]
5 γίγνωσκε δὲ ὅτι ὁ κύριος οὐ μὴ ἀποποιήσηται[13] τὸν ἄκακον.[14]
※δυνατὸς ἰσχύι[15] καρδίας
6 ※ἀσεβῆ[16] οὐ μὴ ζωοποιήσει[17]
※καὶ κρίμα[18] πτωχῶν δώσει.
7 ※οὐκ ἀφελεῖ[19] ἀπὸ δικαίου ὀφθαλμοὺς αὐτοῦ·
※καὶ μετὰ βασιλέων εἰς θρόνον
※καὶ καθιεῖ αὐτοὺς εἰς νῖκος,[20] καὶ ὑψωθήσονται.[21]
8 ※καὶ εἰ πεπεδημένοι[22] ἐν χειροπέδαις[23]
※συσχεθήσονται[24] ἐν σχοινίοις[25] πενίας,[26]
9 ※καὶ ἀναγγελεῖ[27] αὐτοῖς τὰ ἔργα αὐτῶν
※καὶ τὰ παραπτώματα[28] αὐτῶν, ὅτι ἰσχύσουσιν.[29]↙
10 ἀλλὰ τοῦ δικαίου εἰσακούσεται·[30]
※καὶ εἶπεν ὅτι ἐπιστραφήσονται ἐξ ἀδικίας.[31]

1 ματαίως, in vain
2 ἀγνωσία, ignorance
3 βαρύνω, *pres act ind 3s*, weigh down
4 προστίθημι, *aor act ptc nom s m*, continue
5 μένω, *aor act impv 2s*, wait, stay
6 λέξις, conversation
7 ἀναλαμβάνω, *aor act ptc nom s m*, adopt, take up
8 ἐπιστήμη, knowledge
9 μακράν, far away
10 ἄδικος, unjust
11 ἀδίκως, unjustly
12 συνίημι, *pres act ind 2s*, understand
13 ἀποποιέω, *aor mid sub 3s*, reject
14 ἄκακος, innocent
15 ἰσχύς, power, strength
16 ἀσεβής, ungodly, wicked
17 ζωοποιέω, *fut act ind 3s*, keep alive
18 κρίμα, judgment, decision
19 ἀφαιρέω, *fut act ind 3s*, take away, move away
20 νῖκος, victory
21 ὑψόω, *fut pas ind 3p*, raise up, exalt
22 πεδάω, *perf pas ptc nom p m*, bind
23 χειροπέδη, handcuff
24 συνέχω, *fut pas ind 3p*, confine
25 σχοινίον, rope, cord
26 πενία, poverty
27 ἀναγγέλλω, *fut act ind 3s*, tell, recount
28 παράπτωμα, transgression
29 ἰσχύω, *fut act ind 3p*, be capable, be able
30 εἰσακούω, *fut mid ind 3s*, listen to
31 ἀδικία, injustice

11 ※ἐὰν ἀκούσωσιν καὶ δουλεύσωσιν,[1]
※συντελέσουσιν[2] τὰς ἡμέρας αὐτῶν ἐν ἀγαθοῖς[3]
※καὶ τὰ ἔτη αὐτῶν ἐν εὐπρεπείαις.[4]↙
12 ἀσεβεῖς[5] δὲ οὐ διασῴζει[6]
παρὰ τὸ μὴ βούλεσθαι εἰδέναι αὐτοὺς τὸν κύριον
καὶ διότι[7] νουθετούμενοι[8] ἀνήκοοι[9] ἦσαν.
13 ※καὶ ὑποκριταὶ[10] καρδίᾳ τάξουσιν[11] θυμόν·[12]
※οὐ βοήσονται,[13] ὅτι ἔδησεν[14] αὐτούς.↙

14 ἀποθάνοι[15] τοίνυν[16] ἐν νεότητι[17] ἡ ψυχὴ αὐτῶν,
ἡ δὲ ζωὴ αὐτῶν τιτρωσκομένη[18] ὑπὸ ἀγγέλων,
15 ἀνθ᾽ ὧν[19] ἔθλιψαν[20] ἀσθενῆ[21] καὶ ἀδύνατον·[22]
κρίμα[23] δὲ πραέων[24] ἐκθήσει.[25]
16 ※καὶ προσέτι[26] ἠπάτησέν[27] σε ἐκ στόματος ἐχθροῦ·
※ἄβυσσος,[28] κατάχυσις[29] ὑποκάτω[30] αὐτῆς·
※καὶ κατέβη τράπεζά[31] σου πλήρης[32] πιότητος.[33]↙

17 οὐχ ὑστερήσει[34] δὲ ἀπὸ δικαίων κρίμα,[35]
18 θυμὸς[36] δὲ ἐπ᾽ ἀσεβεῖς[37] ἔσται
δι᾽ ἀσέβειαν[38] δώρων,[39] ὧν ἐδέχοντο[40] ἐπ᾽ ἀδικίαις.[41]

1 δουλεύω, *aor act sub 3p*, serve
2 συντελέω, *fut act ind 3p*, finish off, spend
3 ἀγαθός, possessions, (prosperity)
4 εὐπρέπεια, dignity
5 ἀσεβής, ungodly, wicked
6 διασῴζω, *pres act ind 3s*, save, deliver
7 διότι, because
8 νουθετέω, *pres pas ptc nom p m*, admonish, warn
9 ἀνήκοος, disobedient, not listening
10 ὑποκριτής, hypocrite
11 τάσσω, *fut act ind 3p*, arrange, put in place
12 θυμός, wrath, anger
13 βοάω, *fut mid ind 3p*, cry out
14 δέω, *aor act ind 3s*, bind
15 ἀποθνήσκω, *aor act opt 3s*, die
16 τοίνυν, so, thus
17 νεότης, youth
18 τιτρώσκω, *pres pas ptc nom s f*, injure, wound
19 ἀνθ᾽ ὧν, because
20 θλίβω, *aor act ind 3p*, afflict, oppress
21 ἀσθενής, weak, helpless
22 ἀδύνατος, powerless
23 κρίμα, judgment, case
24 πραΰς, humble
25 ἐκτίθημι, *fut act ind 3s*, expose, set out
26 προσέτι, more than that
27 ἀπατάω, *aor act ind 3s*, mislead
28 ἄβυσσος, deep
29 κατάχυσις, rushing stream
30 ὑποκάτω, below, beneath
31 τράπεζα, table
32 πλήρης, full
33 πιότης, abundance
34 ὑστερέω, *fut act ind 3s*, be lacking, be absent
35 κρίμα, justice
36 θυμός, wrath, anger
37 ἀσεβής, ungodly, wicked
38 ἀσέβεια, ungodliness, wickedness
39 δῶρον, gift
40 δέχομαι, *impf mid ind 3p*, receive
41 ἀδικία, injustice

19 μή σε ἐκκλινάτω[1] ἑκὼν[2] ὁ νοῦς[3]
δεήσεως[4] ἐν ἀνάγκῃ[5] ὄντων ἀδυνάτων,[6]
※καὶ πάντας τοὺς κραταιοῦντας[7] ἰσχύν.[8]

20 ※μὴ ἐξελκύσῃς[9] τὴν νύκτα
※τοῦ ἀναβῆναι λαοὺς ἀντ᾽[10] αὐτῶν·✓

21 ἀλλὰ φύλαξαι μὴ πράξῃς[11] ἄτοπα·[12]
※ἐπὶ τοῦτον γὰρ ἐξείλω[13] ἀπὸ πτωχείας.[14]

22 ※ἰδοὺ ὁ ἰσχυρὸς[15] κραταιώσει[16] ἐν ἰσχύι[17] αὐτοῦ·✓
τίς γάρ ἐστιν κατ᾽ αὐτὸν δυνάστης;[18]

23 τίς δέ ἐστιν ὁ ἐτάζων[19] αὐτοῦ τὰ ἔργα;
ἢ τίς ὁ εἴπας Ἔπραξεν[20] ἄδικα;[21]

24 μνήσθητι[22] ὅτι μεγάλα ἐστὶν αὐτοῦ τὰ ἔργα,
※ὧν ἦρξαν ἄνδρες·

25 ※πᾶς ἄνθρωπος εἶδεν ἐν ἑαυτῷ,✓
ὅσοι τιτρωσκόμενοί[23] εἰσιν βροτοί.[24]

26 ※ἰδοὺ ὁ ἰσχυρὸς[25] πολύς, καὶ οὐ γνωσόμεθα·
※ἀριθμὸς[26] ἐτῶν αὐτοῦ καὶ ἀπέραντος.[27]✓

27 ἀριθμηταὶ[28] δὲ αὐτῷ σταγόνες[29] ὑετοῦ,[30]
※καὶ ἐπιχυθήσονται[31] ὑετῷ εἰς νεφέλην·[32]

28 ※ῥυήσονται[33] παλαιώματα,[34]✓
ἐσκίασεν[35] δὲ νέφη[36] ἐπὶ ἀμυθήτων[37] βροτῶν.[38]

28a ὥραν ἔθετο κτήνεσιν,[39]
οἴδασιν δὲ κοίτης[40] τάξιν.[41]

1 ἐκκλίνω, *aor act impv 3s*, turn away
2 ἑκών, willingly
3 νοῦς, mind
4 δέησις, petition, request
5 ἀνάγκη, necessity, distress
6 ἀδύνατος, powerless
7 κραταιόω, *pres act ptc acc p m*, prevail against
8 ἰσχύς, power, strength
9 ἐξέλκω, *aor act sub 2s*, drag out
10 ἀντί, instead of
11 πράσσω, *aor act sub 2s*, do
12 ἄτοπος, wrong
13 ἐξαιρέω, *aor mid ind 2s*, deliver
14 πτωχεία, poverty
15 ἰσχυρός, mighty, strong
16 κραταιόω, *fut act ind 3s*, prevail over
17 ἰσχύς, strength, might
18 δυνάστης, mighty one
19 ἐτάζω, *pres act ptc nom s m*, examine
20 πράσσω, *aor act ind 3s*, do
21 ἄδικος, unjust
22 μιμνήσκομαι, *aor pas impv 2s*, remember
23 τιτρώσκω, *pres pas ptc nom p m*, wound
24 βροτός, mortal
25 ἰσχυρός, mighty, strong
26 ἀριθμός, number
27 ἀπέραντος, infinite
28 ἀριθμέω, *pres pas sub 3s*, number
29 σταγών, drop
30 ὑετός, rain
31 ἐπιχέω, *fut pas ind 3p*, pour out
32 νεφέλη, cloud
33 ῥέω, *fut mid ind 3p*, overflow
34 παλαίωμα, ancient place
35 σκιάζω, *aor act ind 3s*, overshadow, darken
36 νέφος, cloud
37 ἀμύθητος, innumerable
38 βροτός, mortal
39 κτῆνος, animal, (*p*) cattle
40 κοίτη, bed
41 τάξις, appointed place

28b ἐπὶ τούτοις πᾶσιν οὐκ ἐξίσταταί[1] σου ἡ διάνοια[2]
οὐδὲ διαλλάσσεταί[3] σου ἡ καρδία ἀπὸ σώματος;
29 ※καὶ ἐὰν συνῇ[4] ἀπεκτάσεις[5] νεφέλης,[6]
※ἰσότητα[7] σκηνῆς[8] αὐτοῦ,
30 ※ἰδοὺ ἐκτείνει[9] ἐπ᾽ αὐτὸν ηδω[10]
※καὶ ῥιζώματα[11] τῆς θαλάσσης ἐκάλυψεν.[12]
31 ※ἐν γὰρ αὐτοῖς κρινεῖ λαούς,
※δώσει τροφὴν[13] τῷ ἰσχύοντι.[14]
32 ※ἐπὶ χειρῶν ἐκάλυψεν[15] φῶς
※καὶ ἐνετείλατο[16] περὶ αὐτῆς ἐν ἀπαντῶντι·[17]
33 ※ἀναγγελεῖ[18] περὶ αὐτοῦ φίλον[19] αὐτοῦ·
※κτῆσις[20] καὶ περὶ ἀδικίας.[21]

37

※καὶ ταύτης ἐταράχθη[22] ἡ καρδία μου
※καὶ ἀπερρύη[23] ἐκ τοῦ τόπου αὐτῆς.
2 ※ἄκουε ἀκοὴν[24] ἐν ὀργῇ θυμοῦ[25] κυρίου,
※καὶ μελέτη[26] ἐκ στόματος αὐτοῦ ἐξελεύσεται.
3 ※ὑποκάτω[27] παντὸς τοῦ οὐρανοῦ ἀρχὴ αὐτοῦ,
※καὶ τὸ φῶς αὐτοῦ ἐπὶ πτερύγων[28] τῆς γῆς.
4 ※ὀπίσω αὐτοῦ βοήσεται[29] φωνή,
※βροντήσει[30] ἐν φωνῇ ὕβρεως[31] αὐτοῦ,
※καὶ οὐκ ἀνταλλάξει[32] αὐτούς, ὅτι ἀκούσει φωνὴν αὐτοῦ.
5 ※βροντήσει[33] ὁ ἰσχυρὸς[34] ἐν φωνῇ αὐτοῦ θαυμάσια·[35]↙
ἐποίησεν γὰρ μεγάλα, ἃ οὐκ ᾔδειμεν,[36]

1 ἐξίστημι, *pres mid ind 3s*, astonish
2 διάνοια, mind
3 διαλλάσσω, *pres pas ind 3s*, change, alter
4 συνίημι, *aor act sub 3s*, understand
5 ἀπέκτασις, spreading
6 νεφέλη, cloud
7 ἰσότης, equiformity?
8 σκηνή, tabernacle
9 ἐκτείνω, *pres act ind 3s*, stretch
10 ηδω, his disaster, *translit.*, (*read* his lightning?)
11 ῥίζωμα, floor
12 καλύπτω, *aor act ind 3s*, cover, flood
13 τροφή, food
14 ἰσχύω, *pres act ptc dat s m*, have strength
15 καλύπτω, *aor act ind 3s*, hide
16 ἐντέλλομαι, *aor mid ind 3s*, command
17 ἀπαντάω, *pres act ptc dat s n*, meet
18 ἀναγγέλλω, *fut act ind 3s*, declare, report
19 φίλος, friend
20 κτῆσις, portion
21 ἀδικία, injustice
22 ταράσσω, *aor pas ind 3s*, trouble
23 ἀπορρέω, *aor pas ind 3s*, separate
24 ἀκοή, report, news
25 θυμός, wrath
26 μελέτη, discourse, thought
27 ὑποκάτω, under, below
28 πτέρυξ, (far edge)
29 βοάω, *fut mid ind 3s*, cry out
30 βροντάω, *fut act ind 3s*, thunder
31 ὕβρις, outrage
32 ἀνταλλάσσω, *fut act ind 3s*, give in exchange
33 βροντάω, *fut act ind 3s*, thunder
34 ἰσχυρός, mighty, strong
35 θαυμάσιος, remarkable, marvelous
36 οἶδα, *plpf act ind 1p*, know

6 συντάσσων[1] χιόνι[2] Γίνου ἐπὶ τῆς γῆς·
※καὶ χειμὼν[3] ὑετός,[4] καὶ χειμὼν ὑετῶν δυναστείας[5] αὐτοῦ.
7 ※ἐν χειρὶ παντὸς ἀνθρώπου κατασφραγίζει,[6]↙
ἵνα γνῷ πᾶς ἄνθρωπος τὴν ἑαυτοῦ ἀσθένειαν.[7]
8 εἰσῆλθεν δὲ θηρία ὑπὸ σκέπην,[8]
ἡσύχασαν[9] δὲ ἐπὶ κοίτης.[10]
9 ἐκ ταμιείων[11] ἐπέρχονται[12] δῖναι,[13]
ἀπὸ δὲ ἀκρωτηρίων[14] ψῦχος.[15]
10 ※καὶ ἀπὸ πνοῆς[16] ἰσχυροῦ[17] δώσει πάγος,[18]↙
οἰακίζει[19] δὲ τὸ ὕδωρ ὡς ἐὰν βούληται·
11 ※καὶ ἐκλεκτὸν[20] καταπλάσσει[21] νεφέλη,[22]
※διασκορπιεῖ[23] νέφος[24] φῶς αὐτοῦ.
12 ※καὶ αὐτὸς κυκλώματα[25] διαστρέψει[26]
※ἐν θεεβουλαθω[27] εἰς ἔργα αὐτῶν·
※πάντα, ὅσα ἂν ἐντείληται[28] αὐτοῖς,↙
ταῦτα συντέτακται[29] παρ᾽ αὐτοῦ ἐπὶ τῆς γῆς,
13 ※ἐὰν εἰς παιδείαν,[30] ἐὰν εἰς τὴν γῆν αὐτοῦ,
※ἐὰν εἰς ἔλεος[31] εὑρήσει αὐτόν.↙

14 ἐνωτίζου[32] ταῦτα, Ιωβ·
στῆθι νουθετοῦ[33] δύναμιν κυρίου.
15 οἴδαμεν ὅτι ὁ θεὸς ἔθετο ἔργα αὐτοῦ
φῶς ποιήσας ἐκ σκότους.
16 ἐπίσταται[34] δὲ διάκρισιν[35] νεφῶν,[36]
ἐξαίσια[37] δὲ πτώματα[38] πονηρῶν.

1 συντάσσω, *pres act ptc nom s m*, command, order
2 χιών, snow
3 χειμών, storm
4 ὑετός, rain
5 δυναστεία, power, dominion
6 κατασφραγίζω, *pres act ind 3s*, seal up
7 ἀσθένεια, weakness
8 σκέπη, protection
9 ἡσυχάζω, *aor act ind 3p*, be at rest
10 κοίτη, bed
11 ταμιεῖον, storehouse, chambers
12 ἐπέρχομαι, *pres mid ind 3p*, come forth
13 δίνη, whirlwind
14 ἀκρωτήριον, mountain peak
15 ψῦχος, cold
16 πνοή, wind
17 ἰσχυρός, powerful
18 πάγος, frost
19 οἰακίζω, *pres act ind 3s*, govern
20 ἐκλεκτός, chosen, select
21 καταπλάσσω, *pres act ind 3s*, cover over
22 νεφέλη, cloud
23 διασκορπίζω, *fut act ind 3s*, scatter, disperse
24 νέφος, cloud
25 κύκλωμα, roundish thing
26 διαστρέφω, *fut act ind 3s*, manipulate, twist around
27 θεεβουλαθω, his guidance, *translit.*
28 ἐντέλλομαι, *aor mid sub 3s*, command
29 συντάσσω, *perf pas ind 3s*, direct, order
30 παιδεία, instruction
31 ἔλεος, mercy
32 ἐνωτίζομαι, *pres mid impv 2s*, listen
33 νουθετέω, *pres mid impv 2s*, admonish
34 ἐπίσταμαι, *pres mid ind 3s*, understand
35 διάκρισις, separation, division
36 νέφος, cloud
37 ἐξαίσιος, disastrous, remarkable
38 πτῶμα, downfall, misfortune

17 σοῦ δὲ ἡ στολὴ[1] θερμή·[2]
ἡσυχάζεται[3] δὲ ἐπὶ τῆς γῆς.
18 ※στερεώσεις[4] μετ᾽ αὐτοῦ εἰς παλαιώματα,[5]
※ἰσχυραὶ[6] ὡς ὅρασις[7] ἐπιχύσεως.[8]↙
19 διὰ τί; δίδαξόν με τί ἐροῦμεν αὐτῷ·
καὶ παυσώμεθα[9] πολλὰ λέγοντες.
20 μὴ βίβλος[10] ἢ γραμματεύς[11] μοι παρέστηκεν,[12]
ἵνα ἄνθρωπον ἑστηκὼς κατασιωπήσω;[13]
21 πᾶσιν δ᾽ οὐχ ὁρατὸν[14] τὸ φῶς,
※τηλαυγές[15] ἐστιν ἐν τοῖς παλαιώμασιν,[16]↙
ὥσπερ τὸ παρ᾽ αὐτοῦ ἐπὶ νεφῶν.[17]
22 ἀπὸ βορρᾶ[18] νέφη[19] χρυσαυγοῦντα·[20]
ἐπὶ τούτοις μεγάλη ἡ δόξα καὶ τιμὴ[21] παντοκράτορος.[22]
23 καὶ οὐχ εὑρίσκομεν ἄλλον ὅμοιον[23] τῇ ἰσχύι[24] αὐτοῦ·
ὁ τὰ δίκαια κρίνων, οὐκ οἴει[25] ἐπακούειν[26] αὐτόν;
24 διὸ[27] φοβηθήσονται αὐτὸν οἱ ἄνθρωποι,
φοβηθήσονται δὲ αὐτὸν καὶ οἱ σοφοὶ[28] καρδίᾳ.

Finale: God Speaks

38 Μετὰ δὲ τὸ παύσασθαι[29] Ελιουν τῆς λέξεως[30] εἶπεν ὁ κύριος τῷ Ιωβ διὰ
λαίλαπος[31] καὶ νεφῶν[32]

2 Τίς οὗτος ὁ κρύπτων[33] με βουλήν,[34]
συνέχων[35] δὲ ῥήματα ἐν καρδίᾳ, ἐμὲ δὲ οἴεται[36] κρύπτειν;[37]

1 στολή, garment, clothing
2 θερμός, warm
3 ἡσυχάζω, *pres pas ind 3s*, be quiet
4 στερεόω, *fut act ind 2s*, solidify, fix in place
5 παλαίωμα, ancient place
6 ἰσχυρός, strong, powerful
7 ὅρασις, vision, dream
8 ἐπίχυσις, influx, flood
9 παύω, *aor mid sub 1p*, cease
10 βίβλος, book
11 γραμματεύς, scribe
12 παρίστημι, *perf act ind 3s*, be present
13 κατασιωπάω, *aor act sub 1s*, silence
14 ὁρατός, visible
15 τηλαυγής, clear, conspicuous
16 παλαίωμα, ancient place
17 νέφος, cloud
18 βορρᾶς, north
19 νέφος, cloud
20 χρυσαυγέω, *pres act ptc nom p n*, shine like gold
21 τιμή, honor
22 παντοκράτωρ, almighty, ruler of all
23 ὅμοιος, like
24 ἰσχύς, strength
25 οἴομαι, *pres mid ind 2s*, think, suppose
26 ἐπακούω, *pres act inf*, listen
27 διό, therefore
28 σοφός, wise
29 παύω, *aor mid inf*, finish, cease
30 λέξις, speech, conversation
31 λαῖλαψ, hurricane, gale
32 νέφος, cloud
33 κρύπτω, *pres act ptc nom s m*, hide, conceal
34 βουλή, counsel
35 συνέχω, *pres act ptc nom s m*, retain, guard
36 οἴομαι, *pres mid ind 3s*, expect
37 κρύπτω, *pres act inf*, hide

3 ζῶσαι[1] ὥσπερ ἀνὴρ τὴν ὀσφύν[2] σου,
ἐρωτήσω[3] δέ σε, σὺ δέ μοι ἀποκρίθητι.

4 ποῦ ἦς ἐν τῷ θεμελιοῦν[4] με τὴν γῆν;
ἀπάγγειλον δέ μοι, εἰ ἐπίστῃ[5] σύνεσιν.[6]
5 τίς ἔθετο τὰ μέτρα[7] αὐτῆς, εἰ οἶδας;
ἢ τίς ὁ ἐπαγαγὼν[8] σπαρτίον[9] ἐπ᾽ αὐτῆς;
6 ἐπὶ τίνος οἱ κρίκοι[10] αὐτῆς πεπήγασιν;[11]
τίς δέ ἐστιν ὁ βαλὼν[12] λίθον γωνιαῖον[13] ἐπ᾽ αὐτῆς;
7 ὅτε ἐγενήθησαν ἄστρα,[14]
ᾔνεσάν[15] με φωνῇ μεγάλῃ πάντες ἄγγελοί μου.

8 ἔφραξα[16] δὲ θάλασσαν πύλαις,[17]
ὅτε ἐμαίμασσεν[18] ἐκ κοιλίας[19] μητρὸς αὐτῆς ἐκπορευομένη·
9 ἐθέμην δὲ αὐτῇ νέφος[20] ἀμφίασιν,[21]
ὁμίχλῃ[22] δὲ αὐτὴν ἐσπαργάνωσα·[23]
10 ἐθέμην δὲ αὐτῇ ὅρια[24]
περιθεὶς[25] κλεῖθρα[26] καὶ πύλας·[27]
11 εἶπα δὲ αὐτῇ Μέχρι[28] τούτου ἐλεύσῃ καὶ οὐχ ὑπερβήσῃ,[29]
ἀλλ᾽ ἐν σεαυτῇ συντριβήσεταί[30] σου τὰ κύματα.[31]

12 ἦ[32] ἐπὶ σοῦ συντέταχα[33] φέγγος[34] πρωινόν,[35]
ἑωσφόρος[36] δὲ εἶδεν τὴν ἑαυτοῦ τάξιν[37]

1 ζώννυμι, *aor mid impv 2s*, gird up
2 ὀσφύς, loins
3 ἐρωτάω, *fut act ind 1s*, question, examine
4 θεμελιόω, *pres act inf*, lay a foundation
5 ἐπίσταμαι, *pres mid ind 2s*, be acquainted with
6 σύνεσις, understanding
7 μέτρον, dimension, measurement
8 ἐπάγω, *aor act ptc nom s m*, lay upon
9 σπαρτίον, measuring line
10 κρίκος, link, ring
11 πήγνυμι, *perf act ind 3p*, link, fasten together
12 βάλλω, *aor act ptc nom s m*, install
13 γωνιαῖος, (cornerstone)
14 ἄστρον, star
15 αἰνέω, *aor act ind 3p*, praise
16 φράσσω, *aor act ind 1s*, enclose, block
17 πύλη, gate
18 μαιμάσσω, *impf act ind 3s*, surge, stir
19 κοιλία, belly
20 νέφος, cloud
21 ἀμφίασις, garment, clothing
22 ὁμίχλη, fog, mist
23 σπαργανόω, *aor act ind 1s*, wrap in cloths, swaddle
24 ὅριον, limit, boundary
25 περιτίθημι, *aor act ptc nom s m*, place around
26 κλεῖθρον, barrier, bar
27 πύλη, gate
28 μέχρι, until
29 ὑπερβαίνω, *fut mid ind 2s*, cross over, go beyond
30 συντρίβω, *fut pas ind 3s*, crash, break
31 κῦμα, wave
32 ἦ, (was it) truly
33 συντάσσω, *perf act ind 1s*, direct, arrange
34 φέγγος, light
35 πρωϊνός, early
36 ἑωσφόρος, morning star
37 τάξις, position, rank

13 ἐπιλαβέσθαι[1] πτερύγων[2] γῆς,
ἐκτινάξαι[3] ἀσεβεῖς[4] ἐξ αὐτῆς;
14 ἦ[5] σὺ λαβὼν γῆν πηλὸν[6] ἔπλασας[7] ζῷον[8]
καὶ λαλητὸν[9] αὐτὸν ἔθου ἐπὶ γῆς;
15 ἀφεῖλας[10] δὲ ἀπὸ ἀσεβῶν[11] τὸ φῶς,
βραχίονα[12] δὲ ὑπερηφάνων[13] συνέτριψας;[14]

16 ἦλθες δὲ ἐπὶ πηγὴν[15] θαλάσσης,
ἐν δὲ ἴχνεσιν[16] ἀβύσσου[17] περιεπάτησας;[18]
17 ἀνοίγονται δέ σοι φόβῳ πύλαι[19] θανάτου,
πυλωροὶ[20] δὲ ᾅδου[21] ἰδόντες σε ἔπτηξαν;[22]
18 νενουθέτησαι[23] δὲ τὸ εὖρος[24] τῆς ὑπ᾽ οὐρανόν;
ἀνάγγειλον[25] δή[26] μοι πόση[27] τίς ἐστιν.

19 ποίᾳ[28] δὲ γῇ αὐλίζεται[29] τὸ φῶς,
σκότους δὲ ποῖος[30] ὁ τόπος;
20 εἰ ἀγάγοις[31] με εἰς ὅρια[32] αὐτῶν;
εἰ δὲ καὶ ἐπίστασαι[33] τρίβους[34] αὐτῶν;
21 οἶδα ἄρα ὅτι τότε γεγέννησαι,
ἀριθμὸς[35] δὲ ἐτῶν σου πολύς.

22 ἦλθες δὲ ἐπὶ θησαυροὺς[36] χιόνος,[37]
θησαυροὺς δὲ χαλάζης[38] ἑόρακας.
23 ἀπόκειται[39] δέ σοι εἰς ὥραν[40] ἐχθρῶν,
εἰς ἡμέραν πολέμου καὶ μάχης.[41]

1 ἐπιλαμβάνω, *aor mid inf*, grasp, lay hold of
2 πτέρυξ, wing, (edge)
3 ἐκτινάσσω, *aor mid impv 2s*, shake off
4 ἀσεβής, ungodly, wicked
5 ἦ, (was it) truly
6 πηλός, mud, clay
7 πλάσσω, *aor act ind 2s*, form
8 ζῷον, living thing
9 λαλητός, able to speak
10 ἀφαιρέω, *aor act ind 2s*, take away
11 ἀσεβής, ungodly, wicked
12 βραχίων, strength
13 ὑπερήφανος, arrogant, proud
14 συντρίβω, *aor act ind 2s*, break
15 πηγή, fountain, source
16 ἴχνος, channel
17 ἄβυσσος, deep
18 περιπατέω, *aor act ind 2s*, walk about in
19 πύλη, gate
20 πυλωρός, gatekeeper, porter
21 ᾅδης, Hades, underworld
22 πτήσσω, *aor act ind 3p*, cower in fear
23 νουθετέω, *perf pas ind 2s*, instruct, inform
24 εὖρος, width
25 ἀναγγέλλω, *aor act impv 2s*, report, tell
26 δή, then, now
27 πόσος, how great, how much
28 ποῖος, what kind
29 αὐλίζω, *pres mid ind 3s*, spend the night
30 ποῖος, what kind
31 ἄγω, *aor act opt 2s*, lead
32 ὅριον, boundary, region
33 ἐπίσταμαι, *pres mid ind 2s*, know
34 τρίβος, path, track
35 ἀριθμός, number, amount
36 θησαυρός, storehouse
37 χιών, snow
38 χάλαζα, hail
39 ἀπόκειμαι, *pres pas ind 3s*, reserve, lay up
40 ὥρα, time, occasion
41 μάχη, battle

24 πόθεν[1] δὲ ἐκπορεύεται πάχνη[2]
ἢ διασκεδάννυται[3] νότος[4] εἰς τὴν ὑπ᾽ οὐρανόν;

25 τίς δὲ ἡτοίμασεν ὑετῷ[5] λάβρῳ[6] ῥύσιν,[7]
ὁδὸν δὲ κυδοιμῶν[8]
26 ※τοῦ ὑετίσαι[9] ἐπὶ γῆν, οὗ[10] οὐκ ἀνήρ,
※ἔρημον, οὗ οὐχ ὑπάρχει ἄνθρωπος ἐν αὐτῇ,
27 ※τοῦ χορτάσαι[11] ἄβατον[12] καὶ ἀοίκητον[13]
※καὶ τοῦ ἐκβλαστῆσαι[14] ἔξοδον[15] χλόης;[16]↙

28 τίς ἐστιν ὑετοῦ[17] πατήρ;
τίς δέ ἐστιν ὁ τετοκὼς[18] βώλους[19] δρόσου;[20]
29 ἐκ γαστρὸς[21] δὲ τίνος ἐκπορεύεται ὁ κρύσταλλος;[22]
πάχνην[23] δὲ ἐν οὐρανῷ τίς τέτοκεν,[24]
30 ἣ καταβαίνει ὥσπερ ὕδωρ ῥέον;[25]
πρόσωπον δὲ ἀβύσσου[26] τίς ἔπηξεν;[27]

31 συνῆκας[28] δὲ δεσμὸν[29] Πλειάδος
καὶ φραγμὸν[30] Ὠρίωνος ἤνοιξας;
32 ※ἦ[31] διανοίξεις[32] μαζουρωθ[33] ἐν καιρῷ αὐτοῦ
※καὶ Ἕσπερον ἐπὶ κόμης[34] αὐτοῦ ἄξεις αὐτά;↙
33 ἐπίστασαι[35] δὲ τροπὰς[36] οὐρανοῦ
ἢ τὰ ὑπ᾽ οὐρανὸν ὁμοθυμαδὸν[37] γινόμενα;

34 καλέσεις δὲ νέφος[38] φωνῇ,
καὶ τρόμῳ[39] ὕδατος λάβρῳ[40] ὑπακούσεταί[41] σου;

1 πόθεν, from where
2 πάχνη, frost
3 διασκεδάζω, *pres pas ind 3s*, disperse
4 νότος, south wind
5 ὑετός, rain
6 λάβρος, heavy, driving
7 ῥύσις, course
8 κυδοιμός, (thunder), stormy uproar
9 ὑετίζω, *aor act inf*, cause rain
10 οὗ, where
11 χορτάζω, *aor act inf*, satisfy
12 ἄβατος, desolate, inaccessible
13 ἀοίκητος, uninhabited
14 ἐκβλαστάνω, *aor act inf*, sprout
15 ἔξοδος, product, (crop)
16 χλόη, shoots, young grass
17 ὑετός, rain
18 τίκτω, *perf act ptc nom s m*, give birth to
19 βῶλος, drop
20 δρόσος, dew
21 γαστήρ, womb
22 κρύσταλλος, ice
23 πάχνη, frost
24 τίκτω, *perf act ind 3s*, give birth to
25 ῥέω, *pres act ptc nom s n*, flow, run
26 ἄβυσσος, deep
27 πήγνυμι, *aor act ind 3s*, fix, freeze
28 συνίημι, *aor act ind 2s*, understand
29 δεσμός, band, chain
30 φραγμός, barrier, partition
31 ἦ, (was it) truly
32 διανοίγω, *fut act ind 2s*, reveal, lay open
33 μαζουρωθ, Mazuroth (constellation), *translit*.
34 κόμη, tail (of a comet), (ray?)
35 ἐπίσταμαι, *pres mid ind 2s*, know
36 τροπή, change, turn
37 ὁμοθυμαδόν, at once, together
38 νέφος, cloud
39 τρόμος, trembling
40 λάβρος, violent
41 ὑπακούω, *fut mid ind 3s*, obey

35 ἀποστελεῖς δὲ κεραυνοὺς[1] καὶ πορεύσονται;
ἐροῦσιν δέ σοι Τί ἐστιν;
36 τίς δὲ ἔδωκεν γυναιξὶν ὑφάσματος[2] σοφίαν
ἢ ποικιλτικὴν[3] ἐπιστήμην;[4]
37 τίς δὲ ὁ ἀριθμῶν[5] νέφη[6] σοφίᾳ,
οὐρανὸν δὲ εἰς γῆν ἔκλινεν;[7]
38 κέχυται[8] δὲ ὥσπερ γῆ κονία,[9]
κεκόλληκα[10] δὲ αὐτὸν ὥσπερ λίθῳ κύβον.[11]

39 θηρεύσεις[12] δὲ λέουσιν[13] βοράν,[14]
ψυχὰς δὲ δρακόντων[15] ἐμπλήσεις;[16]
40 δεδοίκασιν[17] γὰρ ἐν κοίταις[18] αὐτῶν,
κάθηνται δὲ ἐν ὕλαις[19] ἐνεδρεύοντες.[20]
41 τίς δὲ ἡτοίμασεν κόρακι[21] βοράν;[22]
νεοσσοὶ[23] γὰρ αὐτοῦ πρὸς κύριον κεκράγασιν
πλανώμενοι τὰ σῖτα[24] ζητοῦντες.

39 ※εἰ ἔγνως καιρὸν τοκετοῦ[25] τραγελάφων[26] πέτρας,[27]↙
ἐφύλαξας δὲ ὠδῖνας[28] ἐλάφων;[29]
2 ἠρίθμησας[30] δὲ αὐτῶν μῆνας[31] πλήρεις[32] τοκετοῦ,[33]
ὠδῖνας[34] δὲ αὐτῶν ἔλυσας;
3 ἐξέθρεψας[35] δὲ αὐτῶν τὰ παιδία ἔξω φόβου;
※ὠδῖνας[36] αὐτῶν ἐξαποστελεῖς;[37]

1 κεραυνός, thunderbolt
2 ὕφασμα, woven cloth
3 ποικιλτικός, embroidered
4 ἐπιστήμη, skill
5 ἀριθμέω, *pres act ptc nom s m*, number, count
6 νέφος, cloud
7 κλίνω, *aor act ind 3s*, tip, incline
8 χέω, *perf pas ind 3s*, pour
9 κονία, dust, dirt
10 κολλάω, *perf act ind 1s*, cement, join
11 κύβος, block
12 θηρεύω, *fut act ind 2s*, hunt
13 λέων, lion
14 βορά, food
15 δράκων, dragon, serpent
16 ἐμπίμπλημι, *fut act ind 2s*, satisfy
17 δείδω, *perf act ind 3p*, be anxious, be fearful
18 κοίτη, lair
19 ὕλη, woods, brush
20 ἐνεδρεύω, *pres act ptc nom p m*, lie in wait
21 κόραξ, raven
22 βορά, food
23 νεοσσός, young bird
24 σῖτος, grain
25 τοκετός, childbearing
26 τραγέλαφος, wild goat
27 πέτρα, rock
28 ὠδίν, labor pain
29 ἔλαφος, deer
30 ἀριθμέω, *aor act ind 2s*, number
31 μήν, month
32 πλήρης, full
33 τοκετός, (pregnancy), childbearing
34 ὠδίν, labor pain
35 ἐκτρέφω, *aor act ind 2s*, rear, bring up
36 ὠδίν, labor pain
37 ἐξαποστέλλω, *fut act ind 2s*, dispatch, send away

4 ※ἀπορρήξουσιν[1] τὰ τέκνα αὐτῶν, πληθυνθήσονται[2] ἐν γενήματι,[3]
※ἐξελεύσονται καὶ οὐ μὴ ἀνακάμψουσιν[4] αὐτοῖς.↙
5 τίς δέ ἐστιν ὁ ἀφεὶς ὄνον[5] ἄγριον[6] ἐλεύθερον,[7]
δεσμοὺς[8] δὲ αὐτοῦ τίς ἔλυσεν;
6 ἐθέμην δὲ τὴν δίαιταν[9] αὐτοῦ ἔρημον
※καὶ τὰ σκηνώματα[10] αὐτοῦ ἁλμυρίδα·[11]↙
7 καταγελῶν[12] πολυοχλίας[13] πόλεως,
μέμψιν[14] δὲ φορολόγου[15] οὐκ ἀκούων
8 ※κατασκέψεται[16] ὄρη νομὴν[17] αὐτοῦ
※καὶ ὀπίσω παντὸς χλωροῦ[18] ζητεῖ.↙

9 βουλήσεται δέ σοι μονόκερως[19] δουλεῦσαι[20]
ἢ κοιμηθῆναι[21] ἐπὶ φάτνης[22] σου;
10 δήσεις[23] δὲ ἐν ἱμᾶσι[24] ζυγὸν[25] αὐτοῦ,
ἢ ἑλκύσει[26] σου αὔλακας[27] ἐν πεδίῳ;[28]
11 πέποιθας δὲ ἐπ᾽ αὐτῷ, ὅτι πολλὴ ἡ ἰσχὺς[29] αὐτοῦ,
ἐπαφήσεις[30] δὲ αὐτῷ τὰ ἔργα σου;
12 πιστεύσεις δὲ ὅτι ἀποδώσει σοι τὸν σπόρον,[31]
εἰσοίσει[32] δέ σου τὸν ἅλωνα;[33]
13 ※πτέρυξ[34] τερπομένων[35] νεελασα,[36]
※ἐὰν συλλάβῃ[37] ασιδα[38] καὶ νεσσα·[39]
14 ※ὅτι ἀφήσει εἰς γῆν τὰ ᾠὰ[40] αὐτῆς
※καὶ ἐπὶ χοῦν[41] θάλψει[42]

1 ἀπορρήγνυμι, *fut act ind 3p*, break forth
2 πληθύνω, *fut pas ind 3p*, multiply
3 γένημα, offspring
4 ἀνακάμπτω, *fut act ind 3p*, turn back
5 ὄνος, donkey
6 ἄγριος, wild
7 ἐλεύθερος, free
8 δεσμός, chains
9 δίαιτα, dwelling place, way of life
10 σκήνωμα, habitation
11 ἁλμυρίς, salt land
12 καταγελάω, *pres act ptc nom s m*, mock, scorn
13 πολυοχλία, crowd, multitude
14 μέμψις, censure, charge
15 φορολόγος, tax collector
16 κατασκέπτομαι, *fut mid ind 3s*, survey, investigate
17 νομή, pasture
18 χλωρός, green
19 μονόκερως, unicorn, one-horned beast
20 δουλεύω, *aor act inf*, serve as slave
21 κοιμάω, *aor pas inf*, lie down
22 φάτνη, stall, manger
23 δέω, *fut act ind 2s*, chain up
24 ἱμάς, rein, strap
25 ζυγός, yoke
26 ἑλκύω, *fut act ind 3s*, draw, pull
27 αὖλαξ, furrow
28 πεδίον, plain, field
29 ἰσχύς, strength, might
30 ἐπαφίημι, *fut act ind 2s*, dump on
31 σπόρος, seed
32 εἰσφέρω, *fut act ind 3s*, bring in
33 ἅλων, threshing floor
34 πτέρυξ, wing
35 τέρπω, *pres mid ptc gen p n*, delight
36 νεελασα, (joyful?), *translit.*
37 συλλαμβάνω, *aor act sub 3s*, seize
38 ασιδα, stork, *translit.*
39 νεσσα, feather?, *translit.*
40 ᾠόν, egg
41 χοῦς, dust
42 θάλπω, *fut act ind 3s*, warm

15 ※καὶ ἐπελάθετο[1] ὅτι ποὺς σκορπιεῖ[2]
※καὶ θηρία ἀγροῦ καταπατήσει·[3]
16 ※ἀπεσκλήρυνεν[4] τὰ τέκνα αὐτῆς ὥστε μὴ ἑαυτῇ,
※εἰς κενὸν[5] ἐκοπίασεν[6] ἄνευ[7] φόβου·
17 ※ὅτι κατεσιώπησεν[8] αὐτῇ ὁ θεὸς σοφίαν
※καὶ οὐκ ἐμέρισεν[9] αὐτῇ ἐν τῇ συνέσει.[10]
18 ※κατὰ καιρὸν ἐν ὕψει[11] ὑψώσει,[12]
※καταγελάσεται[13] ἵππου[14] καὶ τοῦ ἐπιβάτου[15] αὐτοῦ.✓

19 ἦ[16] σὺ περιέθηκας[17] ἵππῳ[18] δύναμιν,
ἐνέδυσας[19] δὲ τραχήλῳ[20] αὐτοῦ φόβον;
20 περιέθηκας[21] δὲ αὐτῷ πανοπλίαν,[22]
δόξαν δὲ στηθέων[23] αὐτοῦ τόλμῃ;[24]
21 ἀνορύσσων[25] ἐν πεδίῳ[26] γαυριᾷ,[27]
ἐκπορεύεται δὲ εἰς πεδίον[28] ἐν ἰσχύι·[29]
22 συναντῶν[30] βέλει[31] καταγελᾷ[32]
καὶ οὐ μὴ ἀποστραφῇ[33] ἀπὸ σιδήρου·[34]
23 ἐπ᾽ αὐτῷ γαυριᾷ[35] τόξον[36] καὶ μάχαιρα,[37]
24 καὶ ὀργῇ ἀφανιεῖ[38] τὴν γῆν
καὶ οὐ μὴ πιστεύσῃ, ἕως ἂν σημάνῃ[39] σάλπιγξ·[40]
25 σάλπιγγος[41] δὲ σημαινούσης[42] λέγει Εὖγε,[43]
πόρρωθεν[44] δὲ ὀσφραίνεται[45] πολέμου σὺν ἅλματι[46] καὶ κραυγῇ.[47]

1 ἐπιλανθάνω, *aor mid ind 3s*, forget
2 σκορπίζω, *fut act ind 3s*, scatter
3 καταπατέω, *fut act ind 3s*, trample
4 ἀποσκληρύνω, *impf act ind 3s*, act harshly toward
5 κενός, vain, pointless
6 κοπιάω, *aor act ind 3s*, toil, labor
7 ἄνευ, without
8 κατασιωπάω, *aor act ind 3s*, silence
9 μερίζω, *aor act ind 3s*, assign a portion
10 σύνεσις, understanding, intelligence
11 ὕψος, high place
12 ὑψόω, *fut act ind 3s*, raise up
13 καταγελάω, *fut mid ind 3s*, mock, deride
14 ἵππος, horse
15 ἐπιβάτης, rider
16 ἦ, (was it) truly
17 περιτίθημι, *aor act ind 2s*, endow, equip
18 ἵππος, horse
19 ἐνδύω, *aor act ind 2s*, wrap, clothe
20 τράχηλος, neck
21 περιτίθημι, *aor act ind 2s*, endow, equip
22 πανοπλία, full armor
23 στῆθος, breast, chest
24 τόλμα, courage
25 ἀνορύσσω, *pres act ptc nom s m*, paw at, dig up
26 πεδίον, field, (ground)
27 γαυριάω, *pres act ind 3s*, be proud
28 πεδίον, plain, field
29 ἰσχύς, strength, power
30 συναντάω, *pres act ptc nom s m*, meet
31 βέλος, arrow
32 καταγελάω, *pres act ind 3s*, laugh
33 ἀποστρέφω, *aor pas sub 3s*, turn away
34 σίδηρος, iron, (blade)
35 γαυριάω, *pres act ind 3s*, exult
36 τόξον, bow
37 μάχαιρα, sword
38 ἀφανίζω, *fut act ind 3s*, obscure, obliterate
39 σημαίνω, *aor act sub 3s*, sound, give a sign
40 σάλπιγξ, trumpet
41 σάλπιγξ, trumpet
42 σημαίνω, *pres act ptc gen s f*, sound, give a sign
43 εὖγε, good
44 πόρρωθεν, from a distance
45 ὀσφραίνομαι, *pres mid ind 3s*, smell
46 ἅλμα, spring, leap
47 κραυγή, bray, neigh

26 ἐκ δὲ τῆς σῆς[1] ἐπιστήμης[2] ἕστηκεν ἱέραξ[3]
ἀναπετάσας[4] τὰς πτέρυγας[5] ἀκίνητος[6] καθορῶν[7] τὰ πρὸς νότον;[8]
27 ἐπὶ δὲ σῷ[9] προστάγματι[10] ὑψοῦται[11] ἀετός,[12]
γὺψ[13] δὲ ἐπὶ νοσσιᾶς[14] αὐτοῦ καθεσθεὶς[15] αὐλίζεται[16]
28 ※ἐπ᾽ ἐξοχῇ[17] πέτρας[18] καὶ ἀποκρύφῳ;[19]✓
29 ἐκεῖσε[20] ὢν ζητεῖ τὰ σῖτα,[21]
※πόρρωθεν[22] οἱ ὀφθαλμοὶ αὐτοῦ σκοπεύουσιν·[23]✓
30 νεοσσοὶ[24] δὲ αὐτοῦ φύρονται[25] ἐν αἵματι,
οὗ[26] δ᾽ ἂν ὦσι τεθνεῶτες,[27] παραχρῆμα[28] εὑρίσκονται.

40

※Καὶ ἀπεκρίθη κύριος ὁ θεὸς τῷ Ιωβ καὶ εἶπεν

2 ※Μὴ κρίσιν μετὰ ἱκανοῦ[29] ἐκκλινεῖ,[30]
※ἐλέγχων[31] θεὸν ἀποκριθήσεται αὐτήν;✓

Job's Reply to God

3 Ὑπολαβὼν[32] δὲ Ιωβ λέγει τῷ κυρίῳ

4 Τί ἔτι ἐγὼ κρίνομαι νουθετούμενος[33] καὶ ἐλέγχων[34] κύριον
ἀκούων τοιαῦτα[35] οὐθὲν[36] ὤν;
ἐγὼ δὲ τίνα ἀπόκρισιν[37] δῶ πρὸς ταῦτα;
χεῖρα θήσω ἐπὶ στόματί μου·

1 σός, your
2 ἐπιστήμη, understanding
3 ἱέραξ, hawk, falcon
4 ἀναπετάννυμι, *aor act ptc nom s m*, spread open
5 πτέρυξ, wing
6 ἀκίνητος, motionless
7 καθοράω, *pres act ptc nom s m*, look down
8 νότος, south
9 σός, your
10 πρόσταγμα, command
11 ὑψόω, *pres mid ind 3s*, rise up
12 ἀετός, eagle
13 γύψ, vulture
14 νοσσιά, nest
15 καθέζομαι, *aor pas ptc nom s m*, sit
16 αὐλίζω, *pres mid ind 3s*, dwell, spend the night
17 ἐξοχή, crag, precipice
18 πέτρα, rock
19 ἀπόκρυφος, hidden
20 ἐκεῖσε, from there
21 σῖτος, food
22 πόρρωθεν, from a distance
23 σκοπεύω, *pres act ind 3p*, keep watch
24 νεοσσός, young bird
25 φύρω, *pres pas ind 3p*, soak
26 οὗ, where
27 θνήσκω, *perf act ptc nom p m*, die
28 παραχρῆμα, immediately
29 ἱκανός, (mighty one), sufficient
30 ἐκκλίνω, *fut act ind 3s*, twist, pervert
31 ἐλέγχω, *pres act ptc nom s m*, reprove, reproach
32 ὑπολαμβάνω, *aor act ptc nom s m*, reply
33 νουθετέω, *pres pas ptc nom s m*, rebuke, instruct
34 ἐλέγχω, *pres act ptc nom s m*, reprove, reproach
35 τοιοῦτος, such, like this
36 οὐθείς, nothing
37 ἀπόκρισις, answer

5 ἅπαξ[1] λελάληκα,
ἐπὶ δὲ τῷ δευτέρῳ οὐ προσθήσω.[2]

God's Second Answer

6 Ἔτι δὲ ὑπολαβὼν[3] ὁ κύριος εἶπεν τῷ Ιωβ ἐκ τοῦ νέφους[4]

7 Μή, ἀλλὰ ζῶσαι[5] ὥσπερ ἀνὴρ τὴν ὀσφύν[6] σου,
ἐρωτήσω[7] δέ σε, σὺ δέ μοι ἀποκρίθητι·
8 μὴ ἀποποιοῦ[8] μου τὸ κρίμα.[9]
οἴει[10] δέ με ἄλλως[11] σοι κεχρηματικέναι[12]
ἢ ἵνα ἀναφανῇς[13] δίκαιος;
9 ἦ[14] βραχίων[15] σοί ἐστιν κατὰ τοῦ κυρίου,
ἢ φωνῇ κατ᾽ αὐτὸν βροντᾷς;[16]

10 ἀνάλαβε[17] δὴ[18] ὕψος[19] καὶ δύναμιν,
δόξαν δὲ καὶ τιμὴν[20] ἀμφίεσαι·[21]
11 ἀπόστειλον δὲ ἀγγέλους ὀργῇ,
πᾶν δὲ ὑβριστὴν[22] ταπείνωσον,[23]
12 ὑπερήφανον[24] δὲ σβέσον,[25]
σῆψον[26] δὲ ἀσεβεῖς[27] παραχρῆμα,[28]
13 κρύψον[29] δὲ εἰς γῆν ἔξω ὁμοθυμαδόν,[30]
τὰ δὲ πρόσωπα αὐτῶν ἀτιμίας[31] ἔμπλησον·[32]
14 ὁμολογήσω[33] ἄρα ὅτι δύναται ἡ δεξιά σου σῶσαι.

1 ἅπαξ, once
2 προστίθημι, *fut act ind 1s*, continue, do again
3 ὑπολαμβάνω, *aor act ptc nom s m*, reply
4 νέφος, cloud
5 ζώννυμι, *aor mid impv 2s*, gird
6 ὀσφύς, loins
7 ἐρωτάω, *aor act sub 1s*, question, examine
8 ἀποποιέω, *pres mid impv 2s*, reject, ignore
9 κρίμα, decision, judgment
10 οἴομαι, *pres mid ind 2s*, suppose, think
11 ἄλλως, otherwise
12 χρηματίζω, *perf act inf*, deal with
13 ἀναφαίνω, *aor pas sub 2s*, appear
14 ἦ, (was it) truly
15 βραχίων, arm
16 βροντάω, *pres act ind 2s*, thunder
17 ἀναλαμβάνω, *aor act impv 2s*, take up
18 δή, now, then
19 ὕψος, height, haughtiness
20 τιμή, honor, glory
21 ἀμφιέννυμι, *aor mid impv 2s*, put on
22 ὑβριστής, insolent person, prideful man
23 ταπεινόω, *aor act impv 2s*, humble, bring low
24 ὑπερήφανος, arrogant, proud
25 σβέννυμι, *aor act impv 2s*, extinguish, smother
26 σήπω, *aor act impv 2s*, (cause to) rot
27 ἀσεβής, ungodly, wicked
28 παραχρῆμα, promptly, immediately
29 κρύπτω, *aor act impv 2s*, hide
30 ὁμοθυμαδόν, together
31 ἀτιμία, disgrace, shame
32 ἐμπίμπλημι, *aor act impv 2s*, overwhelm
33 ὁμολογέω, *fut act ind 1s*, confess, acknowledge

15 ἀλλὰ δή[1] ἰδοὺ θηρία παρὰ σοί·
χόρτον[2] ἴσα[3] βουσὶν[4] ἐσθίει.
16 ἰδοὺ δὴ[5] ἰσχὺς[6] αὐτοῦ ἐπ᾽ ὀσφύι,[7]
ἡ δὲ δύναμις ἐπ᾽ ὀμφαλοῦ[8] γαστρός·[9]
17 ἔστησεν οὐρὰν[10] ὡς κυπάρισσον,[11]
τὰ δὲ νεῦρα[12] αὐτοῦ συμπέπλεκται·[13]
18 αἱ πλευραὶ[14] αὐτοῦ πλευραὶ χάλκειαι,[15]
ἡ δὲ ῥάχις[16] αὐτοῦ σίδηρος[17] χυτός.[18]
19 τοῦτ᾽ ἔστιν ἀρχὴ πλάσματος[19] κυρίου,
πεποιημένον ἐγκαταπαίζεσθαι[20] ὑπὸ τῶν ἀγγέλων αὐτοῦ.
20 ἐπελθὼν[21] δὲ ἐπ᾽ ὄρος ἀκρότομον[22]
ἐποίησεν χαρμονὴν[23] τετράποσιν[24] ἐν τῷ ταρτάρῳ·[25]
21 ὑπὸ παντοδαπὰ[26] δένδρα[27] κοιμᾶται[28]
παρὰ πάπυρον[29] καὶ κάλαμον[30] καὶ βούτομον·[31]
22 σκιάζονται[32] δὲ ἐν αὐτῷ δένδρα[33] μεγάλα
σὺν ῥαδάμνοις[34] καὶ κλῶνες[35] ἄγνου.[36]
23 ἐὰν γένηται πλήμμυρα,[37] οὐ μὴ αἰσθηθῇ,[38]
※πέποιθεν ὅτι προσκρούσει[39] ὁ Ιορδάνης εἰς τὸ στόμα αὐτοῦ.
24 ※ἐν τῷ ὀφθαλμῷ αὐτοῦ δέξεται[40] αὐτόν,
※ἐνσκολιευόμενος[41] τρήσει[42] ῥῖνα;[43]↙

1 δή, now, then
2 χόρτος, grass
3 ἴσος, like
4 βοῦς, cow, (*p*) cattle
5 δή, now, then
6 ἰσχύς, power, strength
7 ὀσφύς, loins
8 ὀμφαλός, core
9 γαστήρ, belly, (abdomen)
10 οὐρά, tail
11 κυπάρισσος, cypress
12 νεῦρον, tendon, sinew
13 συμπλέκω, *perf pas ind 3s*, intertwine
14 πλευρά, side, flank
15 χάλκειος, bronze, brass
16 ῥάχις, backbone, spine
17 σίδηρος, iron
18 χυτός, cast
19 πλάσμα, handiwork, craftsmanship
20 ἐγκαταπαίζω, *pres pas inf*, ridicule
21 ἐπέρχομαι, *aor act ptc nom s m*, come upon
22 ἀκρότομος, jagged
23 χαρμονή, delight, happiness
24 τετράπους, four-footed animal
25 τάρταρος, Tartarus, (netherworld)
26 παντοδαπός, of every kind
27 δένδρον, tree
28 κοιμάω, *pres mid ind 3s*, fall asleep, lie down
29 πάπυρος, papyrus
30 κάλαμος, reed
31 βούτομον, rush, sedge
32 σκιάζω, *pres mid ind 3p*, shelter, shade
33 δένδρον, tree
34 ῥάδαμνος, branch, limb
35 κλών, twig
36 ἄγνος, willow
37 πλήμμυρα, flood
38 αἰσθάνομαι, *aor pas sub 3s*, become aware, notice
39 προσκρούω, *fut act ind 3s*, strike against
40 δέχομαι, *fut mid ind 3s*, approve, accept
41 ἐνσκολιεύομαι, *pres mid ptc nom s m*, twist and turn, (*read* ἐν σκώλοις, with pointed stakes?)
42 τετραίνω, *fut act ind 3s*, pierce
43 ῥίς, nose, nostril

25 ἄξεις δὲ δράκοντα[1] ἐν ἀγκίστρῳ,[2]
περιθήσεις[3] δὲ φορβεὰν[4] περὶ ῥῖνα[5] αὐτοῦ;
26 ※εἰ δήσεις[6] κρίκον[7] ἐν τῷ μυκτῆρι[8] αὐτοῦ,↙
ψελίῳ[9] δὲ τρυπήσεις[10] τὸ χεῖλος[11] αὐτοῦ;
27 λαλήσει δέ σοι δεήσει,[12]
ἱκετηρίᾳ[13] μαλακῶς;[14]
28 θήσεται δὲ διαθήκην μετὰ σοῦ,
λήμψῃ δὲ αὐτὸν δοῦλον αἰώνιον;
29 παίξῃ[15] δὲ ἐν αὐτῷ ὥσπερ ὀρνέῳ[16]
ἢ δήσεις[17] αὐτὸν ὥσπερ στρουθίον[18] παιδίῳ;
30 ἐνσιτοῦνται[19] δὲ ἐν αὐτῷ ἔθνη,
μεριτεύονται[20] δὲ αὐτὸν Φοινίκων γένη;[21]
31 πᾶν δὲ πλωτὸν[22] συνελθὸν[23] οὐ μὴ ἐνέγκωσιν βύρσαν[24] μίαν οὐρᾶς[25] αὐτοῦ
※καὶ ἐν πλοίοις[26] ἁλιέων[27] κεφαλὴν αὐτοῦ.↙
32 ἐπιθήσεις δὲ αὐτῷ χεῖρα
μνησθεὶς[28] πόλεμον τὸν γινόμενον ἐν σώματι αὐτοῦ,
καὶ μηκέτι[29] γινέσθω.

41 οὐχ ἑόρακας αὐτὸν
οὐδὲ ἐπὶ τοῖς λεγομένοις τεθαύμακας;[30]
2 οὐ δέδοικας[31] ὅτι ἡτοίμασταί μοι;
τίς γάρ ἐστιν ὁ ἐμοὶ ἀντιστάς;[32]
3 ἢ τίς ἀντιστήσεταί[33] μοι καὶ ὑπομενεῖ,[34]
εἰ πᾶσα ἡ ὑπ᾽ οὐρανὸν ἐμή ἐστιν;

1 δράκων, dragon, serpent
2 ἄγκιστρον, (fish)hook
3 περιτίθημι, *fut act ind 2s*, put on
4 φορβεά, strap, halter
5 ῥίς, nose
6 δέω, *fut act ind 2s*, fasten
7 κρίκος, ring
8 μυκτήρ, nostril
9 ψέλιον, clasp, ornament
10 τρυπάω, *fut act ind 2s*, pierce
11 χεῖλος, lip
12 δέησις, petition, entreaty
13 ἱκετηρία, supplication
14 μαλακῶς, softly, gently
15 παίζω, *fut mid ind 2s*, play
16 ὄρνεον, bird
17 δέω, *fut act ind 2s*, bind
18 στρουθίον, sparrow
19 ἐνσιτέομαι, *pres mid ind 3p*, feed on
20 μεριτεύομαι, *pres mid ind 3p*, allocate, divide up
21 γένος, nation, family
22 πλωτός, (fleet), floating
23 συνέρχομαι, *aor act ptc nom s n*, gather, assemble
24 βύρσα, hide, skin
25 οὐρά, tail
26 πλοῖον, ship
27 ἁλιεύς, fisherman
28 μιμνήσκομαι, *aor pas ptc nom s m*, remember
29 μηκέτι, no longer
30 θαυμάζω, *perf act ind 2s*, marvel, be astonished
31 δείδω, *perf act ind 2s*, fear, be anxious
32 ἀνθίστημι, *aor act ptc nom s m*, oppose, resist
33 ἀνθίστημι, *fut mid ind 3s*, oppose, resist
34 ὑπομένω, *pres act ind 3s*, endure, persist

4 ※οὐ σιωπήσομαι[1] δι᾽ αὐτόν,
※καὶ λόγον δυνάμεως ἐλεήσει[2] τὸν ἴσον[3] αὐτοῦ.↙

5 τίς ἀποκαλύψει[4] πρόσωπον ἐνδύσεως[5] αὐτοῦ;
εἰς δὲ πτύξιν[6] θώρακος[7] αὐτοῦ τίς ἂν εἰσέλθοι;[8]
6 πύλας[9] προσώπου αὐτοῦ τίς ἀνοίξει;
κύκλῳ[10] ὀδόντων[11] αὐτοῦ φόβος.
7 τὰ ἔγκατα[12] αὐτοῦ ἀσπίδες[13] χάλκειαι,[14]
σύνδεσμος[15] δὲ αὐτοῦ ὥσπερ σμιρίτης[16] λίθος·
8 ※εἷς τοῦ ἑνὸς κολλῶνται,[17]↙
πνεῦμα δὲ οὐ μὴ διέλθῃ αὐτόν·
9 ※ἀνὴρ τῷ ἀδελφῷ αὐτοῦ προσκολληθήσεται,[18]
※συνέχονται[19] καὶ οὐ μὴ ἀποσπασθῶσιν.[20]↙
10 ἐν πταρμῷ[21] αὐτοῦ ἐπιφαύσκεται[22] φέγγος,[23]
οἱ δὲ ὀφθαλμοὶ αὐτοῦ εἶδος[24] ἑωσφόρου.[25]
11 ἐκ στόματος αὐτοῦ ἐκπορεύονται λαμπάδες[26] καιόμεναι[27]
καὶ διαρριπτοῦνται[28] ἐσχάραι[29] πυρός·
12 ἐκ μυκτήρων[30] αὐτοῦ ἐκπορεύεται καπνὸς[31]
καμίνου[32] καιομένης[33] πυρὶ ἀνθράκων·[34]
13 ἡ ψυχὴ αὐτοῦ ἄνθρακες,[35]
φλὸξ[36] δὲ ἐκ στόματος αὐτοῦ ἐκπορεύεται.
14 ἐν δὲ τραχήλῳ[37] αὐτοῦ αὐλίζεται[38] δύναμις,
ἔμπροσθεν αὐτοῦ τρέχει[39] ἀπώλεια.[40]

1 σιωπάω, *fut mid ind 1s*, be silent
2 ἐλεέω, *fut act ind 3s*, show mercy, pity
3 ἴσος, equal
4 ἀποκαλύπτω, *fut act ind 3s*, open, uncover
5 ἔνδυσις, clothing
6 πτύξις, front fold (of a garment)?
7 θώραξ, breastplate
8 εἰσέρχομαι, *aor act opt 3s*, enter into
9 πύλη, gate
10 κύκλῳ, around
11 ὀδούς, tooth
12 ἔγκατα, insides, innards
13 ἀσπίς, shield, plate
14 χάλκειος, bronze
15 σύνδεσμος, ligament, joint
16 σμιρίτης, smyrite?, *translit.*
17 κολλάω, *pres pas ind 3p*, cling to, attach to
18 προσκολλάω, *fut pas ind 3s*, cleave together
19 συνέχω, *pres pas ind 3p*, hold fast
20 ἀποσπάω, *aor pas sub 3p*, separate, detach
21 πταρμός, sneezing?
22 ἐπιφαύσκω, *pres mid ind 3s*, shine, appear
23 φέγγος, light
24 εἶδος, appearance, look
25 ἑωσφόρος, morning star
26 λαμπάς, torch, lamp
27 καίω, *pres pas ptc nom p f*, burn
28 διαρριπτέω, *pres mid ind 3p*, fling, toss
29 ἐσχάρα, grate, fireplace
30 μυκτήρ, nostril
31 καπνός, smoke
32 κάμινος, furnace, oven
33 καίω, *pres pas ptc gen s f*, burn
34 ἄνθραξ, coal
35 ἄνθραξ, coal
36 φλόξ, flame
37 τράχηλος, neck
38 αὐλίζω, *pres mid ind 3s*, lodge, dwell
39 τρέχω, *pres act ind 3s*, run
40 ἀπώλεια, destruction, ruin

15 σάρκες δὲ σώματος αὐτοῦ κεκόλληνται·[1]
※καταχέει[2] ἐπ᾽ αὐτόν, οὐ σαλευθήσεται.[3]↙
16 ἡ καρδία αὐτοῦ πέπηγεν[4] ὡς λίθος,
ἕστηκεν δὲ ὥσπερ ἄκμων[5] ἀνήλατος.[6]
17 στραφέντος[7] δὲ αὐτοῦ φόβος θηρίοις τετράποσιν[8]
ἐπὶ γῆς ἁλλομένοις.[9]
18 ἐὰν συναντήσωσιν[10] αὐτῷ λόγχαι,[11] οὐδὲν μὴ ποιήσωσιν
※δόρυ[12] ἐπηρμένον[13] καὶ θώρακα·[14]↙
19 ἥγηται[15] μὲν γὰρ σίδηρον[16] ἄχυρα,[17]
χαλκὸν[18] δὲ ὥσπερ ξύλον[19] σαθρόν·[20]
20 οὐ μὴ τρώσῃ[21] αὐτὸν τόξον[22] χάλκειον,[23]
ἥγηται[24] μὲν πετροβόλον[25] χόρτον·[26]
21 ※ὡς καλάμη[27] ἐλογίσθησαν σφῦραι,[28]↙
καταγελᾷ[29] δὲ σεισμοῦ[30] πυρφόρου.[31]
22 ἡ στρωμνὴ[32] αὐτοῦ ὀβελίσκοι[33] ὀξεῖς,[34]
πᾶς δὲ χρυσὸς[35] θαλάσσης ὑπ᾽ αὐτὸν ὥσπερ πηλὸς[36] ἀμύθητος.[37]
23 ἀναζεῖ[38] τὴν ἄβυσσον[39] ὥσπερ χαλκεῖον,[40]
ἥγηται[41] δὲ τὴν θάλασσαν ὥσπερ ἐξάλειπτρον,[42]
24 τὸν δὲ τάρταρον[43] τῆς ἀβύσσου[44] ὥσπερ αἰχμάλωτον·[45]
※ἐλογίσατο ἄβυσσον εἰς περίπατον.[46]↙

1 κολλάω, *perf pas ind 3p*, join, unite
2 καταχέω, *pres act ind 3s*, pour on
3 σαλεύω, *fut pas ind 3s*, shake, disturb
4 πήγνυμι, *perf act ind 3s*, establish, be firm
5 ἄκμων, anvil
6 ἀνήλατος, not malleable, unyielding
7 στρέφω, *aor pas ptc gen s m*, turn (around)
8 τετράπους, four-footed
9 ἅλλομαι, *pres mid ptc dat p n*, leap
10 συναντάω, *aor act sub 3p*, meet
11 λόγχη, lance
12 δόρυ, spear
13 ἐπαίρω, *perf pas ptc acc s n*, raise, lift up
14 θώραξ, breastplate
15 ἡγέομαι, *perf mid ind 3s*, consider, regard
16 σίδηρος, iron
17 ἄχυρον, straw, chaff
18 χαλκός, brass, bronze
19 ξύλον, wood
20 σαθρός, rotten
21 τιτρώσκω, *aor act sub 3s*, damage
22 τόξον, bow
23 χάλκειος, brass, bronze
24 ἡγέομαι, *perf mid ind 3s*, consider, regard
25 πετροβόλος, war engine, catapult
26 χόρτος, grass
27 καλάμη, stubble, straw
28 σφῦρα, hammer, maul
29 καταγελάω, *pres act ind 3s*, scorn, mock
30 σεισμός, rattling, waving
31 πυρφόρος, (flaming weapon)
32 στρωμνή, bed
33 ὀβελίσκος, skewer
34 ὀξύς, sharp
35 χρυσός, gold
36 πηλός, clay, mud
37 ἀμύθητος, unspeakably great
38 ἀναζέω, *pres act ind 3s*, boil up
39 ἄβυσσος, abyss, deep
40 χαλκεῖον, copper pot
41 ἡγέομαι, *perf mid ind 3s*, consider, regard
42 ἐξάλειπτρον, bottle of ointment
43 τάρταρος, lowest part
44 ἄβυσσος, abyss, deep
45 αἰχμάλωτος, prisoner, captive
46 περίπατος, place for walking about

25 οὐκ ἔστιν οὐδὲν ἐπὶ τῆς γῆς ὅμοιον[1] αὐτῷ
πεποιημένον ἐγκαταπαίζεσθαι[2] ὑπὸ τῶν ἀγγέλων μου·
26 πᾶν ὑψηλὸν[3] ὁρᾷ,
αὐτὸς δὲ βασιλεὺς πάντων τῶν ἐν τοῖς ὕδασιν.

Job's Second Reply to God

42 Ὑπολαβὼν[4] δὲ Ιωβ λέγει τῷ κυρίῳ

2 Οἶδα ὅτι πάντα δύνασαι,
ἀδυνατεῖ[5] δέ σοι οὐθέν.[6]
3 τίς γάρ ἐστιν ὁ κρύπτων[7] σε βουλήν;[8]
φειδόμενος[9] δὲ ῥημάτων καὶ σὲ οἴεται[10] κρύπτειν;[11]
τίς δὲ ἀναγγελεῖ[12] μοι ἃ οὐκ ᾔδειν,[13]
μεγάλα καὶ θαυμαστὰ[14] ἃ οὐκ ἠπιστάμην;[15]
4 ἄκουσον δέ μου, κύριε, ἵνα κἀγὼ[16] λαλήσω·\
ἐρωτήσω[17] δέ σε, σὺ δέ με δίδαξον.
5 ἀκοὴν[18] μὲν ὠτὸς ἤκουόν σου τὸ πρότερον,[19]
νυνὶ[20] δὲ ὁ ὀφθαλμός μου ἑόρακέν σε·
6 διὸ[21] ἐφαύλισα[22] ἐμαυτὸν[23] καὶ ἐτάκην,[24]
ἥγημαι[25] δὲ ἐμαυτὸν γῆν καὶ σποδόν.[26]

God Rebukes Job's Friends

7 Ἐγένετο δὲ μετὰ τὸ λαλῆσαι τὸν κύριον πάντα τὰ ῥήματα ταῦτα τῷ Ιωβ εἶπεν ὁ
κύριος Ελιφας τῷ Θαιμανίτῃ Ἥμαρτες σὺ καὶ οἱ δύο φίλοι[27] σου· οὐ γὰρ ἐλαλήσατε
ἐνώπιόν μου ἀληθὲς[28] οὐδὲν ὥσπερ ὁ θεράπων[29] μου Ιωβ. **8** νῦν δὲ λάβετε ἑπτὰ
μόσχους[30] καὶ ἑπτὰ κριοὺς[31] καὶ πορεύθητε πρὸς τὸν θεράποντά[32] μου Ιωβ, καὶ

1 ὅμοιος, like
2 ἐγκαταπαίζω, *pres pas inf*, ridicule, mock
3 ὑψηλός, high
4 ὑπολαμβάνω, *aor act ptc nom s m*, reply
5 ἀδυνατέω, *pres act ind 3s*, be impossible
6 οὐθείς, nothing
7 κρύπτω, *pres act ptc nom s m*, hide, conceal
8 βουλή, counsel
9 φείδομαι, *pres mid ptc nom s m*, spare, withhold
10 οἴομαι, *pres mid ind 3s*, suppose, expect
11 κρύπτω, *pres act inf*, hide, conceal
12 ἀναγγέλλω, *fut act ind 3s*, report, tell
13 οἶδα, *plpf act ind 1s*, know
14 θαυμαστός, wonderful
15 ἐπίσταμαι, *impf mid ind 1s*, understand
16 κἀγώ, I also, *cr.* καὶ ἐγώ
17 ἐρωτάω, *aor act sub 1s*, ask, question
18 ἀκοή, news, report
19 πρότερος, formerly, earlier
20 νυνί, now
21 διό, therefore, thus
22 φαυλίζω, *aor act ind 1s*, consider worthless, despise
23 ἐμαυτοῦ, myself
24 τήκω, *aor pas ind 1s*, disappear, waste away
25 ἡγέομαι, *perf mid ind 1s*, consider, regard
26 σποδός, ashes
27 φίλος, friend
28 ἀληθής, truthful
29 θεράπων, servant
30 μόσχος, calf
31 κριός, ram
32 θεράπων, servant

ποιήσει κάρπωσιν[1] περὶ ὑμῶν· Ιωβ δὲ ὁ θεράπων μου εὔξεται[2] περὶ ὑμῶν, ※ὅτι εἰ
μὴ πρόσωπον αὐτοῦ λήμψομαι·↙ εἰ μὴ γὰρ δι᾽ αὐτόν, ἀπώλεσα ἂν ὑμᾶς· οὐ γὰρ
ἐλαλήσατε ἀληθὲς[3] κατὰ τοῦ θεράποντός μου Ιωβ. — **9** ἐπορεύθη δὲ Ελιφας ὁ
Θαιμανίτης καὶ Βαλδαδ ὁ Σαυχίτης καὶ Σωφαρ ὁ Μιναῖος καὶ ἐποίησαν καθὼς
συνέταξεν[4] αὐτοῖς ὁ κύριος, καὶ ἔλυσεν[5] τὴν ἁμαρτίαν αὐτοῖς διὰ Ιωβ.

Job Is Restored

10 ὁ δὲ κύριος ηὔξησεν[6] τὸν Ιωβ· εὐξαμένου[7] δὲ αὐτοῦ καὶ περὶ τῶν φίλων[8] αὐτοῦ
ἀφῆκεν αὐτοῖς τὴν ἁμαρτίαν· ἔδωκεν δὲ ὁ κύριος διπλᾶ[9] ὅσα ἦν ἔμπροσθεν Ιωβ εἰς
διπλασιασμόν.[10]

11 ἤκουσαν δὲ πάντες οἱ ἀδελφοὶ αὐτοῦ καὶ αἱ ἀδελφαὶ αὐτοῦ πάντα τὰ συμ-
βεβηκότα[11] αὐτῷ καὶ ἦλθον πρὸς αὐτὸν καὶ πάντες ὅσοι ᾔδεισαν[12] αὐτὸν ἐκ πρώ-
του· φαγόντες δὲ καὶ πιόντες παρ᾽ αὐτῷ παρεκάλεσαν αὐτόν, καὶ ἐθαύμασαν[13] ἐπὶ
πᾶσιν, οἷς ἐπήγαγεν[14] αὐτῷ ὁ κύριος· ἔδωκεν δὲ αὐτῷ ἕκαστος ἀμνάδα[15] μίαν καὶ
τετράδραχμον[16] χρυσοῦν[17] ἄσημον.[18] **12** ὁ δὲ κύριος εὐλόγησεν τὰ ἔσχατα Ιωβ ἢ
τὰ ἔμπροσθεν· ἦν δὲ τὰ κτήνη[19] αὐτοῦ πρόβατα μύρια[20] τετρακισχίλια,[21] κάμηλοι[22]
ἑξακισχίλιαι,[23] ζεύγη[24] βοῶν[25] χίλια,[26] ὄνοι[27] θήλειαι[28] νομάδες[29] χίλιαι.[30] **13** γεννῶνται
δὲ αὐτῷ υἱοὶ ἑπτὰ καὶ θυγατέρες[31] τρεῖς· **14** καὶ ἐκάλεσεν τὴν μὲν πρώτην Ἡμέραν,
τὴν δὲ δευτέραν Κασίαν, τὴν δὲ τρίτην Ἀμαλθείας κέρας·[32] **15** καὶ οὐχ εὑρέθησαν
κατὰ τὰς θυγατέρας[33] Ιωβ βελτίους[34] αὐτῶν ἐν τῇ ὑπ᾽ οὐρανόν· ἔδωκεν δὲ αὐταῖς
ὁ πατὴρ κληρονομίαν[35] ἐν τοῖς ἀδελφοῖς. **16** ἔζησεν δὲ Ιωβ μετὰ τὴν πληγὴν[36] ἔτη
ἑκατὸν[37] ἑβδομήκοντα,[38] τὰ δὲ πάντα ἔζησεν ἔτη διακόσια[39] τεσσαράκοντα[40] ὀκτώ·[41]

1 κάρπωσις, burnt offering
2 εὔχομαι, *fut mid ind 3s*, pray
3 ἀληθής, truthful
4 συντάσσω, *aor act ind 3s*, order, command
5 λύω, *aor act ind 3s*, forgive, pardon
6 αὐξάνω, *aor act ind 3s*, increase
7 εὔχομαι, *aor mid ptc gen s m*, pray
8 φίλος, friend
9 διπλοῦς, twice
10 διπλασιασμός, double
11 συμβαίνω, *perf act ptc acc p n*, happen, come to pass
12 οἶδα, *plpf act ind 3p*, know
13 θαυμάζω, *aor act ind 3p*, be amazed
14 ἐπάγω, *aor act ind 3s*, bring upon
15 ἀμνάς, lamb
16 τετράδραχμον, coin of four drachmas
17 χρυσοῦς, gold
18 ἄσημος, uncoined
19 κτῆνος, animal, (*p*) livestock
20 μύριοι, ten thousand
21 τετρακισχίλιοι, four thousand
22 κάμηλος, camel
23 ἑξακισχίλιοι, six thousand
24 ζεῦγος, pair
25 βοῦς, ox
26 χίλιοι, one thousand
27 ὄνος, donkey
28 θῆλυς, female
29 νομάς, grazing, roaming
30 χίλιοι, one thousand
31 θυγάτηρ, daughter
32 κέρας, horn
33 θυγάτηρ, daughter
34 βελτίων, *comp of* ἀγαθός, better
35 κληρονομία, inheritance
36 πληγή, misfortune
37 ἑκατόν, one hundred
38 ἑβδομήκοντα, seventy
39 διακόσιοι, two hundred
40 τεσσαράκοντα, forty
41 ὀκτώ, eight

※καὶ εἶδεν Ιωβ τοὺς υἱοὺς αὐτοῦ καὶ τοὺς υἱοὺς τῶν υἱῶν αὐτοῦ τετάρτην[1] γενεάν·
17 ※καὶ ἐτελεύτησεν[2] Ιωβ πρεσβύτερος[3] καὶ πλήρης[4] ἡμερῶν.⸔ **17a** γέγραπται δὲ
αὐτὸν πάλιν[5] ἀναστήσεσθαι μεθ' ὧν ὁ κύριος ἀνίστησιν.

17b Οὗτος ἑρμηνεύεται[6] ἐκ τῆς Συριακῆς βίβλου[7] ἐν μὲν γῇ κατοικῶν τῇ Αυσίτιδι
ἐπὶ τοῖς ὁρίοις[8] τῆς Ιδουμαίας καὶ Ἀραβίας, προϋπῆρχεν[9] δὲ αὐτῷ ὄνομα Ιωβαβ·
17c λαβὼν δὲ γυναῖκα Ἀράβισσαν γεννᾷ υἱόν, ᾧ ὄνομα Εννων, ἦν δὲ αὐτὸς πατρὸς
μὲν Ζαρε, τῶν Ησαυ υἱῶν υἱός, μητρὸς δὲ Βοσορρας, ὥστε εἶναι αὐτὸν πέμπτον[10]
ἀπὸ Αβρααμ. **17d** καὶ οὗτοι οἱ βασιλεῖς οἱ βασιλεύσαντες[11] ἐν Εδωμ, ἧς καὶ αὐτὸς
ἦρξεν χώρας·[12] πρῶτος Βαλακ ὁ τοῦ Βεωρ, καὶ ὄνομα τῇ πόλει αὐτοῦ Δενναβα· μετὰ
δὲ Βαλακ Ιωβαβ ὁ καλούμενος Ιωβ· μετὰ δὲ τοῦτον Ασομ ὁ ὑπάρχων ἡγεμὼν[13] ἐκ
τῆς Θαιμανίτιδος χώρας·[14] μετὰ δὲ τοῦτον Αδαδ υἱὸς Βαραδ ὁ ἐκκόψας[15] Μαδιαμ
ἐν τῷ πεδίῳ[16] Μωαβ, καὶ ὄνομα τῇ πόλει αὐτοῦ Γεθθαιμ. **17e** οἱ δὲ ἐλθόντες πρὸς
αὐτὸν φίλοι·[17] Ελιφας τῶν Ησαυ υἱῶν Θαιμανων βασιλεύς, Βαλδαδ ὁ Σαυχαίων
τύραννος,[18] Σωφαρ ὁ Μιναίων βασιλεύς.

1 τέταρτος, fourth
2 τελευτάω, *aor act ind 3s*, die
3 πρεσβεύτερος, old (man)
4 πλήρης, full
5 πάλιν, again
6 ἑρμηνεύω, *pres pas ind 3s*, describe
7 βίβλος, book
8 ὅριον, territory, region
9 προϋπάρχω, *impf act ind 3s*, be beforehand
10 πέμπτος, fifth
11 βασιλεύω, *aor act ptc nom p m*, rule, reign
12 χώρα, country, land
13 ἡγεμών, leader
14 χώρα, country, land
15 ἐκκόπτω, *aor act ptc nom s m*, destroy
16 πεδίον, field, plain
17 φίλος, friend
18 τύραννος, sovereign, despot

ΣΟΦΙΑ ΣΑΛΩΜΩΝΟΣ
Wisdom of Solomon

Call to Love Righteousness

1 Ἀγαπήσατε δικαιοσύνην, οἱ κρίνοντες τὴν γῆν,
φρονήσατε[1] περὶ τοῦ κυρίου ἐν ἀγαθότητι[2]
καὶ ἐν ἁπλότητι[3] καρδίας ζητήσατε αὐτόν.
2 ὅτι εὑρίσκεται τοῖς μὴ πειράζουσιν[4] αὐτόν,
ἐμφανίζεται[5] δὲ τοῖς μὴ ἀπιστοῦσιν[6] αὐτῷ.
3 σκολιοὶ[7] γὰρ λογισμοὶ[8] χωρίζουσιν[9] ἀπὸ θεοῦ,
δοκιμαζομένη[10] τε ἡ δύναμις ἐλέγχει[11] τοὺς ἄφρονας.[12]
4 ὅτι εἰς κακότεχνον[13] ψυχὴν οὐκ εἰσελεύσεται σοφία
οὐδὲ κατοικήσει ἐν σώματι κατάχρεῳ[14] ἁμαρτίας.
5 ἅγιον γὰρ πνεῦμα παιδείας[15] φεύξεται[16] δόλον[17]
καὶ ἀπαναστήσεται[18] ἀπὸ λογισμῶν[19] ἀσυνέτων[20]
καὶ ἐλεγχθήσεται[21] ἐπελθούσης[22] ἀδικίας.[23]

6 φιλάνθρωπον[24] γὰρ πνεῦμα σοφία
καὶ οὐκ ἀθῳώσει[25] βλάσφημον[26] ἀπὸ χειλέων[27] αὐτοῦ·
ὅτι τῶν νεφρῶν[28] αὐτοῦ μάρτυς[29] ὁ θεός
καὶ τῆς καρδίας αὐτοῦ ἐπίσκοπος[30] ἀληθής[31]
καὶ τῆς γλώσσης ἀκουστής.[32]

1 φρονέω, *aor act impv 2p*, understand, deliberate
2 ἀγαθότης, goodness
3 ἁπλότης, integrity, sincerity
4 πειράζω, *pres act ptc dat p m*, test, put to trial
5 ἐμφανίζω, *pres pas ind 3s*, show forth, manifest
6 ἀπιστέω, *pres act ptc dat p m*, disbelieve
7 σκολιός, unjust, crooked
8 λογισμός, thought, plan, scheme
9 χωρίζω, *pres act ind 3p*, separate
10 δοκιμάζω, *pres pas ptc nom s f*, prove, test
11 ἐλέγχω, *pres act ind 3s*, reprove, reproach
12 ἄφρων, foolish
13 κακότεχνος, scheming, plotting evil
14 κατάχρεος, involved in
15 παιδεία, instruction, discipline
16 φεύγω, *fut mid ind 3s*, flee from
17 δόλος, deceit, treachery
18 ἀπανίστημι, *fut mid ind 3s*, depart from
19 λογισμός, thought, plan, scheme
20 ἀσύνετος, foolish, senseless
21 ἐλέγχω, *fut pas ind 3s*, reprove, put to shame
22 ἐπέρχομαι, *aor act ptc gen s f*, come upon
23 ἀδικία, injustice, wrongdoing
24 φιλάνθρωπος, kind, benevolent
25 ἀθῳόω, *fut act ind 3s*, let go unpunished
26 βλάσφημος, blasphemous
27 χεῖλος, lip, (speech)
28 νεφρός, kidneys, (seat of emotion)
29 μάρτυς, witness
30 ἐπίσκοπος, overseer
31 ἀληθής, honest, truthful
32 ἀκουστός, (hearer)

7 ὅτι πνεῦμα κυρίου πεπλήρωκεν τὴν οἰκουμένην,[1]
καὶ τὸ συνέχον[2] τὰ πάντα γνῶσιν[3] ἔχει φωνῆς.
8 διὰ τοῦτο φθεγγόμενος[4] ἄδικα[5] οὐδεὶς μὴ λάθῃ,[6]
οὐδὲ μὴ παροδεύσῃ[7] αὐτὸν ἐλέγχουσα[8] ἡ δίκη.[9]
9 ἐν γὰρ διαβουλίοις[10] ἀσεβοῦς[11] ἐξέτασις[12] ἔσται,
λόγων δὲ αὐτοῦ ἀκοὴ[13] πρὸς κύριον ἥξει[14]
εἰς ἔλεγχον[15] ἀνομημάτων[16] αὐτοῦ·
10 ὅτι οὖς ζηλώσεως[17] ἀκροᾶται[18] τὰ πάντα,
καὶ θροῦς[19] γογγυσμῶν[20] οὐκ ἀποκρύπτεται.[21]
11 Φυλάξασθε τοίνυν[22] γογγυσμὸν[23] ἀνωφελῆ[24]
καὶ ἀπὸ καταλαλιᾶς[25] φείσασθε[26] γλώσσης·
ὅτι φθέγμα[27] λαθραῖον[28] κενὸν[29] οὐ πορεύσεται,
στόμα δὲ καταψευδόμενον[30] ἀναιρεῖ[31] ψυχήν.

12 μὴ ζηλοῦτε[32] θάνατον ἐν πλάνῃ[33] ζωῆς ὑμῶν
μηδὲ ἐπισπᾶσθε[34] ὄλεθρον[35] ἐν ἔργοις χειρῶν ὑμῶν·
13 ὅτι ὁ θεὸς θάνατον οὐκ ἐποίησεν
οὐδὲ τέρπεται[36] ἐπ᾽ ἀπωλείᾳ[37] ζώντων.
14 ἔκτισεν[38] γὰρ εἰς τὸ εἶναι τὰ πάντα,
καὶ σωτήριοι[39] αἱ γενέσεις[40] τοῦ κόσμου,

1 οἰκουμένη, (inhabited) world
2 συνέχω, *pres act ptc nom s n*, hold together
3 γνῶσις, knowledge
4 φθέγγομαι, *pres mid ptc nom s m*, utter, speak
5 ἄδικος, unjust
6 λανθάνω, *aor act sub 3s*, escape detection
7 παροδεύω, *aor act sub 3s*, disregard, pass by
8 ἐλέγχω, *pres act ptc nom s f*, reprove, reproach
9 δίκη, justice
10 διαβούλιον, counsel, deliberation
11 ἀσεβής, ungodly, wicked
12 ἐξέτασις, scrutiny, examination
13 ἀκοή, report, news
14 ἥκω, *fut act ind 3s*, come
15 ἔλεγχος, reproach, rebuke
16 ἀνόμημα, transgression of the law
17 ζήλωσις, zeal
18 ἀκροάομαι, *pres mid ind 3s*, listen to
19 θροῦς, noise
20 γογγυσμός, murmuring, grumbling
21 ἀποκρύπτω, *pres pas ind 3s*, conceal, hide
22 τοίνυν, hence, indeed
23 γογγυσμός, murmuring, grumbling
24 ἀνωφελής, unprofitable, useless
25 καταλαλιά, slander
26 φείδομαι, *aor mid impv 2p*, refrain, restrain
27 φθέγμα, utterance
28 λαθραῖος, secret
29 κενός, empty, void
30 καταψεύδομαι, *pres mid ptc nom s n*, speak falsely
31 ἀναιρέω, *pres act ind 3s*, destroy
32 ζηλόω, *pres act impv 2p*, be zealous for, strive for
33 πλάνη, deceit
34 ἐπισπάομαι, *pres mid impv 2p*, draw upon
35 ὄλεθρος, ruin
36 τέρπω, *pres mid ind 3s*, delight in
37 ἀπώλεια, destruction
38 κτίζω, *aor act ind 3s*, create
39 σωτήριος, delivering, saving
40 γένεσις, generation

καὶ οὐκ ἔστιν ἐν αὐταῖς φάρμακον[1] ὀλέθρου[2]
οὔτε ᾄδου[3] βασίλειον[4] ἐπὶ γῆς.
15 δικαιοσύνη γὰρ ἀθάνατός[5] ἐστιν.

Deliberations of the Ungodly

16 Ἀσεβεῖς[6] δὲ ταῖς χερσὶν καὶ τοῖς λόγοις προσεκαλέσαντο[7] αὐτόν,
φίλον[8] ἡγησάμενοι[9] αὐτὸν ἐτάκησαν[10]
καὶ συνθήκην[11] ἔθεντο πρὸς αὐτόν,
ὅτι ἄξιοί[12] εἰσιν τῆς ἐκείνου μερίδος[13] εἶναι.

2 εἶπον γὰρ ἐν ἑαυτοῖς λογισάμενοι οὐκ ὀρθῶς[14]
Ὀλίγος[15] ἐστὶν καὶ λυπηρὸς[16] ὁ βίος[17] ἡμῶν,
καὶ οὐκ ἔστιν ἴασις[18] ἐν τελευτῇ[19] ἀνθρώπου,
καὶ οὐκ ἐγνώσθη ὁ ἀναλύσας[20] ἐξ ᾄδου.[21]
2 ὅτι αὐτοσχεδίως[22] ἐγενήθημεν
καὶ μετὰ τοῦτο ἐσόμεθα ὡς οὐχ ὑπάρξαντες·[23]
ὅτι καπνὸς[24] ἡ πνοὴ[25] ἐν ῥισὶν[26] ἡμῶν,
καὶ ὁ λόγος σπινθὴρ[27] ἐν κινήσει[28] καρδίας ἡμῶν,
3 οὗ[29] σβεσθέντος[30] τέφρα[31] ἀποβήσεται[32] τὸ σῶμα
καὶ τὸ πνεῦμα διαχυθήσεται[33] ὡς χαῦνος[34] ἀήρ.[35]
4 καὶ τὸ ὄνομα ἡμῶν ἐπιλησθήσεται[36] ἐν χρόνῳ,
καὶ οὐθεὶς[37] μνημονεύσει[38] τῶν ἔργων ἡμῶν·

1 φάρμακον, poison
2 ὄλεθρος, destruction, ruin
3 ᾄδης, Hades, underworld
4 βασίλειον, kingdom, royal dwelling
5 ἀθάνατος, immortal
6 ἀσεβής, ungodly, wicked
7 προσκαλέομαι, *aor mid ind 3p*, call upon, summon
8 φίλος, friend
9 ἡγέομαι, *aor mid ptc nom p m*, consider
10 τήκω, *aor pas ind 3p*, bring to nothing, melt away
11 συνθήκη, agreement, pact, covenant
12 ἄξιος, worthy
13 μερίς, portion, share
14 ὀρθῶς, rightly, correctly
15 ὀλίγος, short
16 λυπηρός, painful, grievous
17 βίος, life
18 ἴασις, healing, remedy
19 τελευτή, death
20 ἀναλύω, *aor act ptc nom s m*, be set free
21 ᾄδης, Hades, underworld
22 αὐτοσχεδίως, by chance, accidentally
23 ὑπάρχω, *aor act ptc nom p m*, be present, exist
24 καπνός, smoke
25 πνοή, breath
26 ῥίς, nose, nostril
27 σπινθήρ, spark
28 κίνησις, beating
29 οὗ, where, (in the case that)
30 σβέννυμι, *aor pas ptc gen s m*, extinguish, snuff out
31 τέφρα, ashes
32 ἀποβαίνω, *fut mid ind 3s*, depart, go away
33 διαχέω, *fut pas ind 3s*, diffuse, scatter
34 χαῦνος, thin
35 ἀήρ, air
36 ἐπιλανθάνομαι, *fut pas ind 3s*, forget
37 οὐθείς, no one
38 μνημονεύω, *fut act ind 3s*, remember

καὶ παρελεύσεται[1] ὁ βίος[2] ἡμῶν ὡς ἴχνη[3] νεφέλης[4]
καὶ ὡς ὁμίχλη[5] διασκεδασθήσεται[6]
διωχθεῖσα ὑπὸ ἀκτίνων[7] ἡλίου
καὶ ὑπὸ θερμότητος[8] αὐτοῦ βαρυνθεῖσα.[9]
5 σκιᾶς[10] γὰρ πάροδος[11] ὁ καιρὸς ἡμῶν,
καὶ οὐκ ἔστιν ἀναποδισμὸς[12] τῆς τελευτῆς[13] ἡμῶν,
ὅτι κατεσφραγίσθη[14] καὶ οὐδεὶς ἀναστρέφει.[15]

6 δεῦτε[16] οὖν καὶ ἀπολαύσωμεν[17] τῶν ὄντων ἀγαθῶν
καὶ χρησώμεθα[18] τῇ κτίσει[19] ὡς ἐν νεότητι[20] σπουδαίως·[21]
7 οἴνου πολυτελοῦς[22] καὶ μύρων[23] πλησθῶμεν,[24]
καὶ μὴ παροδευσάτω[25] ἡμᾶς ἄνθος[26] ἔαρος·[27]
8 στεψώμεθα[28] ῥόδων[29] κάλυξιν[30] πρὶν[31] ἢ μαρανθῆναι·[32]
9 μηδεὶς[33] ἡμῶν ἄμοιρος[34] ἔστω τῆς ἡμετέρας[35] ἀγερωχίας,[36]
πανταχῇ[37] καταλίπωμεν[38] σύμβολα[39] τῆς εὐφροσύνης,[40]
ὅτι αὕτη ἡ μερὶς[41] ἡμῶν καὶ ὁ κλῆρος[42] οὗτος.
10 καταδυναστεύσωμεν[43] πένητα[44] δίκαιον,
μὴ φεισώμεθα[45] χήρας[46]
μηδὲ πρεσβύτου[47] ἐντραπῶμεν[48] πολιὰς[49] πολυχρονίους·[50]

1 παρέρχομαι, *fut mid ind 3s*, pass by
2 βίος, life
3 ἴχνος, trace
4 νεφέλη, cloud
5 ὁμίχλη, mist, fog
6 διασκεδάζω, *fut pas ind 3s*, dissipate
7 ἀκτίς, ray, beam
8 θερμότης, heat
9 βαρύνω, *aor pas ptc nom s f*, make weary
10 σκιά, shadow
11 πάροδος, way, passing
12 ἀναποδισμός, undoing, reversal
13 τελευτή, death
14 κατασφραγίζω, *aor pas ind 3s*, seal up
15 ἀναστρέφω, *pres act ind 3s*, return
16 δεῦτε, come!
17 ἀπολαύω, *aor act sub 1p*, enjoy
18 χράω, *aor mid sub 1p*, put to use
19 κτίσις, creation
20 νεότης, youth
21 σπουδαίως, earnestly, ardently
22 πολυτελής, costly, valuable
23 μύρον, perfume
24 πίμπλημι, *aor pas sub 1p*, satisfy, fill up
25 παροδεύω, *aor act impv 3s*, pass by
26 ἄνθος, flower, blossom
27 ἔαρ, spring
28 στέφω, *aor mid sub 1p*, crown oneself
29 ῥόδον, rose
30 κάλυξ, bud
31 πρίν, before
32 μαραίνω, *aor pas inf*, wither
33 μηδείς, no one
34 ἄμοιρος, without a share
35 ἡμέτερος, our
36 ἀγερωχία, revelry
37 πανταχῇ, everywhere
38 καταλείπω, *aor act sub 1p*, leave behind
39 σύμβολον, sign, token
40 εὐφροσύνη, joy, gladness
41 μερίς, portion
42 κλῆρος, lot, share
43 καταδυναστεύω, *aor act sub 1p*, oppress, subjugate
44 πένης, poor, needy
45 φείδομαι, *aor mid sub 1p*, spare
46 χήρα, widow
47 πρεσβύτης, older
48 ἐντρέπω, *aor pas sub 1p*, show reverence to
49 πολιά, gray hairs
50 πολυχρόνιος, long-lived

11 ἔστω δὲ ἡμῶν ἡ ἰσχὺς[1] νόμος τῆς δικαιοσύνης,
τὸ γὰρ ἀσθενὲς[2] ἄχρηστον[3] ἐλέγχεται.[4]

12 ἐνεδρεύσωμεν[5] τὸν δίκαιον, ὅτι δύσχρηστος[6] ἡμῖν ἐστιν
καὶ ἐναντιοῦται[7] τοῖς ἔργοις ἡμῶν
καὶ ὀνειδίζει[8] ἡμῖν ἁμαρτήματα[9] νόμου
καὶ ἐπιφημίζει[10] ἡμῖν ἁμαρτήματα[11] παιδείας[12] ἡμῶν·
13 ἐπαγγέλλεται[13] γνῶσιν[14] ἔχειν θεοῦ
καὶ παῖδα[15] κυρίου ἑαυτὸν ὀνομάζει·[16]
14 ἐγένετο ἡμῖν εἰς ἔλεγχον[17] ἐννοιῶν[18] ἡμῶν,
βαρύς[19] ἐστιν ἡμῖν καὶ βλεπόμενος,
15 ὅτι ἀνόμοιος[20] τοῖς ἄλλοις ὁ βίος[21] αὐτοῦ,
καὶ ἐξηλλαγμέναι[22] αἱ τρίβοι[23] αὐτοῦ·
16 εἰς κίβδηλον[24] ἐλογίσθημεν αὐτῷ,
καὶ ἀπέχεται[25] τῶν ὁδῶν ἡμῶν ὡς ἀπὸ ἀκαθαρσιῶν·[26]
μακαρίζει[27] ἔσχατα δικαίων
καὶ ἀλαζονεύεται[28] πατέρα θεόν.
17 ἴδωμεν εἰ οἱ λόγοι αὐτοῦ ἀληθεῖς,[29]
καὶ πειράσωμεν[30] τὰ ἐν ἐκβάσει[31] αὐτοῦ·
18 εἰ γάρ ἐστιν ὁ δίκαιος υἱὸς θεοῦ, ἀντιλήμψεται[32] αὐτοῦ
καὶ ῥύσεται[33] αὐτὸν ἐκ χειρὸς ἀνθεστηκότων.[34]
19 ὕβρει[35] καὶ βασάνῳ[36] ἐτάσωμεν[37] αὐτόν,
ἵνα γνῶμεν τὴν ἐπιείκειαν[38] αὐτοῦ
καὶ δοκιμάσωμεν[39] τὴν ἀνεξικακίαν[40] αὐτοῦ·

1 ἰσχύς, strength
2 ἀσθενής, weak
3 ἄχρηστος, useless
4 ἐλέγχω, *pres pas ind 3s*, reprove, reproach
5 ἐνεδρεύω, *aor act sub 1p*, ambush, lie in wait for
6 δύσχρηστος, burdensome, inconvenient
7 ἐναντιόομαι, *pres mid ind 3s*, stand against
8 ὀνειδίζω, *pres act ind 3s*, reproach
9 ἁμάρτημα, offense, sin
10 ἐπιφημίζω, *pres act ind 3s*, assign, ascribe
11 ἁμάρτημα, offense, sin
12 παιδεία, instruction, discipline
13 ἐπαγγέλλομαι, *pres mid ind 3s*, profess
14 γνῶσις, knowledge
15 παῖς, servant
16 ὀνομάζω, *pres act ind 3s*, call, name
17 ἔλεγχος, reproach, rebuke
18 ἔννοια, idea, act of thinking
19 βαρύς, heavy, burdensome
20 ἀνόμοιος, unlike
21 βίος, life
22 ἐξαλλάσσω, *perf pas ptc nom p f*, be different from
23 τρίβος, path, behavior
24 κίβδηλος, fraudulent, dishonest
25 ἀπέχω, *pres mid ind 3s*, keep away from
26 ἀκαθαρσία, ritual impurity
27 μακαρίζω, *pres act ind 3s*, bless, pronounce happy
28 ἀλαζονεύομαι, *pres mid ind 3s*, boast, brag
29 ἀληθής, truthful, genuine
30 πειράζω, *aor act sub 1p*, test, put to trial
31 ἔκβασις, end of life
32 ἀντιλαμβάνομαι, *fut mid ind 3s*, support
33 ῥύομαι, *fut mid ind 3s*, deliver, rescue
34 ἀνθίστημι, *perf act ptc gen p m*, oppose, stand against
35 ὕβρις, hardship
36 βάσανος, torture
37 ἐτάζω, *aor act sub 1p*, afflict
38 ἐπιείκεια, equity, reasonableness
39 δοκιμάζω, *aor act sub 1p*, prove, test
40 ἀνεξικακία, forbearance, patient endurance

20 θανάτῳ ἀσχήμονι[1] καταδικάσωμεν[2] αὐτόν,
ἔσται γὰρ αὐτοῦ ἐπισκοπὴ[3] ἐκ λόγων αὐτοῦ.

Error of the Ungodly

21 Ταῦτα ἐλογίσαντο, καὶ ἐπλανήθησαν·[4]
ἀπετύφλωσεν[5] γὰρ αὐτοὺς ἡ κακία[6] αὐτῶν,
22 καὶ οὐκ ἔγνωσαν μυστήρια[7] θεοῦ
οὐδὲ μισθὸν[8] ἤλπισαν ὁσιότητος[9]
οὐδὲ ἔκριναν γέρας[10] ψυχῶν ἀμώμων.[11]
23 ὅτι ὁ θεὸς ἔκτισεν[12] τὸν ἄνθρωπον ἐπ᾽ ἀφθαρσίᾳ[13]
καὶ εἰκόνα[14] τῆς ἰδίας[15] ἀϊδιότητος[16] ἐποίησεν αὐτόν·
24 φθόνῳ[17] δὲ διαβόλου[18] θάνατος εἰσῆλθεν εἰς τὸν κόσμον,
πειράζουσιν[19] δὲ αὐτὸν οἱ τῆς ἐκείνου μερίδος[20] ὄντες.

Future of the Righteous

3 Δικαίων δὲ ψυχαὶ ἐν χειρὶ θεοῦ,
καὶ οὐ μὴ ἅψηται αὐτῶν βάσανος.[21]
2 ἔδοξαν[22] ἐν ὀφθαλμοῖς ἀφρόνων[23] τεθνάναι,[24]
καὶ ἐλογίσθη κάκωσις[25] ἡ ἔξοδος[26] αὐτῶν
3 καὶ ἡ ἀφ᾽ ἡμῶν πορεία[27] σύντριμμα,[28]
οἱ δέ εἰσιν ἐν εἰρήνῃ.
4 καὶ γὰρ ἐν ὄψει[29] ἀνθρώπων ἐὰν κολασθῶσιν,[30]
ἡ ἐλπὶς αὐτῶν ἀθανασίας[31] πλήρης·[32]

1 ἀσχήμων, shameful
2 καταδικάζω, *aor act sub 1p*, condemn
3 ἐπισκοπή, watching, overseeing
4 πλανάω, *aor pas ind 3p*, lead astray, cause to wander
5 ἀποτυφλόω, *aor act ind 3s*, make blind
6 κακία, wickedness
7 μυστήριον, mystery
8 μισθός, wages, earnings
9 ὁσιότης, piety, holiness
10 γέρας, honor, reward
11 ἄμωμος, unblemished
12 κτίζω, *aor act ind 3s*, create
13 ἀφθαρσία, integrity, immortality, incorruption
14 εἰκών, image
15 ἴδιος, one's own
16 ἀϊδιότης, eternal nature
17 φθόνος, envy
18 διάβολος, enemy, adversary, devil
19 πειράζω, *pres act ind 3p*, test, put to trial
20 μερίς, portion, (party, faction)
21 βάσανος, misfortune, torment
22 δοκέω, *aor act ind 3p*, seem
23 ἄφρων, foolish
24 θνήσκω, *perf act inf*, die
25 κάκωσις, affliction, distress
26 ἔξοδος, going out, departure
27 πορεία, journey, going
28 σύντριμμα, affliction, ruin
29 ὄψις, sight
30 κολάζω, *aor pas sub 3p*, chastise, punish
31 ἀθανασία, immortality
32 πλήρης, full

5 καὶ ὀλίγα[1] παιδευθέντες[2] μεγάλα εὐεργετηθήσονται,[3]
ὅτι ὁ θεὸς ἐπείρασεν[4] αὐτοὺς
καὶ εὗρεν αὐτοὺς ἀξίους[5] ἑαυτοῦ·
6 ὡς χρυσὸν[6] ἐν χωνευτηρίῳ[7] ἐδοκίμασεν[8] αὐτούς
καὶ ὡς ὁλοκάρπωμα[9] θυσίας[10] προσεδέξατο[11] αὐτούς.
7 καὶ ἐν καιρῷ ἐπισκοπῆς[12] αὐτῶν ἀναλάμψουσιν[13]
καὶ ὡς σπινθῆρες[14] ἐν καλάμῃ[15] διαδραμοῦνται·[16]
8 κρινοῦσιν ἔθνη καὶ κρατήσουσιν λαῶν,
καὶ βασιλεύσει[17] αὐτῶν κύριος εἰς τοὺς αἰῶνας.
9 οἱ πεποιθότες ἐπ᾽ αὐτῷ συνήσουσιν[18] ἀλήθειαν,
καὶ οἱ πιστοὶ[19] ἐν ἀγάπῃ προσμενοῦσιν[20] αὐτῷ·
ὅτι χάρις καὶ ἔλεος[21] τοῖς ἐκλεκτοῖς[22] αὐτοῦ.

Future of the Ungodly

10 Οἱ δὲ ἀσεβεῖς[23] καθὰ[24] ἐλογίσαντο ἕξουσιν ἐπιτιμίαν[25]
οἱ ἀμελήσαντες[26] τοῦ δικαίου
καὶ τοῦ κυρίου ἀποστάντες·[27]
11 σοφίαν γὰρ καὶ παιδείαν[28] ὁ ἐξουθενῶν[29] ταλαίπωρος,[30]
καὶ κενὴ[31] ἡ ἐλπὶς αὐτῶν,
καὶ οἱ κόποι[32] ἀνόνητοι,[33]
καὶ ἄχρηστα[34] τὰ ἔργα αὐτῶν·
12 αἱ γυναῖκες αὐτῶν ἄφρονες,[35]
καὶ πονηρὰ τὰ τέκνα αὐτῶν,
ἐπικατάρατος[36] ἡ γένεσις[37] αὐτῶν.

1 ὀλίγος, a little
2 παιδεύω, *aor pas ptc nom p m*, discipline
3 εὐεργετέω, *fut pas ind 3p*, benefit
4 πειράζω, *aor act ind 3s*, test, put to trial
5 ἄξιος, worthy
6 χρυσός, gold
7 χωνευτήριον, smelting furnace
8 δοκιμάζω, *aor act ind 3s*, prove, test
9 ὁλοκάρπωμα, whole burnt offering
10 θυσία, sacrifice
11 προσδέχομαι, *aor mid ind 3s*, accept
12 ἐπισκοπή, visitation
13 ἀναλάμπω, *fut act ind 3p*, shine out
14 σπινθήρ, spark
15 καλάμη, straw, stubble
16 διατρέχω, *fut mid ind 3p*, run through, (spread) across
17 βασιλεύω, *fut act ind 3s*, reign as king
18 συνίημι, *fut act ind 3p*, understand
19 πιστός, faithful
20 προσμένω, *fut act ind 3p*, abide with
21 ἔλεος, mercy
22 ἐκλεκτός, chosen
23 ἀσεβής, ungodly, wicked
24 καθά, just as
25 ἐπιτιμία, punishment, penalty
26 ἀμελέω, *aor act ptc nom p m*, neglect
27 ἀφίστημι, *aor act ptc nom p m*, depart from
28 παιδεία, instruction, discipline
29 ἐξουθενέω, *pres act ptc nom s m*, disdain
30 ταλαίπωρος, wretched, miserable
31 κενός, empty, vain
32 κόπος, labor
33 ἀνόνητος, unprofitable
34 ἄχρηστος, useless
35 ἄφρων, foolish
36 ἐπικατάρατος, cursed
37 γένεσις, generation

On Barrenness

13 ὅτι μακαρία[1] στεῖρα[2] ἡ ἀμίαντος,[3]
ἥτις οὐκ ἔγνω κοίτην[4] ἐν παραπτώματι,[5]
ἕξει καρπὸν ἐν ἐπισκοπῇ[6] ψυχῶν,
14 καὶ εὐνοῦχος[7] ὁ μὴ ἐργασάμενος ἐν χειρὶ ἀνόμημα[8]
μηδὲ ἐνθυμηθεὶς[9] κατὰ τοῦ κυρίου πονηρά,
δοθήσεται γὰρ αὐτῷ τῆς πίστεως χάρις ἐκλεκτὴ[10]
καὶ κλῆρος[11] ἐν ναῷ κυρίου θυμηρέστερος.[12]
15 ἀγαθῶν γὰρ πόνων[13] καρπὸς εὐκλεής,[14]
καὶ ἀδιάπτωτος[15] ἡ ῥίζα[16] τῆς φρονήσεως.[17]
16 τέκνα δὲ μοιχῶν[18] ἀτέλεστα[19] ἔσται,
καὶ ἐκ παρανόμου[20] κοίτης[21] σπέρμα ἀφανισθήσεται.[22]
17 ἐάν τε γὰρ μακρόβιοι[23] γένωνται,
εἰς οὐθὲν[24] λογισθήσονται,
καὶ ἄτιμον[25] ἐπ᾽ ἐσχάτων τὸ γῆρας[26] αὐτῶν·
18 ἐάν τε ὀξέως[27] τελευτήσωσιν,[28] οὐχ ἕξουσιν ἐλπίδα
οὐδὲ ἐν ἡμέρᾳ διαγνώσεως[29] παραμύθιον·[30]
19 γενεᾶς γὰρ ἀδίκου[31] χαλεπὰ[32] τὰ τέλη.

4 κρείσσων[33] ἀτεκνία[34] μετὰ ἀρετῆς·[35]
ἀθανασία[36] γάρ ἐστιν ἐν μνήμῃ[37] αὐτῆς,
ὅτι καὶ παρὰ θεῷ γινώσκεται καὶ παρὰ ἀνθρώποις.
2 παροῦσάν[38] τε μιμοῦνται[39] αὐτήν
καὶ ποθοῦσιν[40] ἀπελθοῦσαν·[41]

1 μακάριος, blessed, happy
2 στεῖρα, barren, sterile
3 ἀμίαντος, undefiled
4 κοίτη, sexual intercourse
5 παράπτωμα, transgression, trespass
6 ἐπισκοπή, visitation
7 εὐνοῦχος, eunuch
8 ἀνόμημα, lawless act, legal transgression
9 ἐνθυμέομαι, *aor pas ptc nom s m*, ponder, deliberate upon
10 ἐκλεκτός, select, choice
11 κλῆρος, lot, share
12 θυμήρης, *comp*, more pleasing
13 πόνος, labor
14 εὐκλεής, renowned
15 ἀδιάπτωτος, infallible
16 ῥίζα, root
17 φρόνησις, insight, intelligence
18 μοιχός, adulterer
19 ἀτέλεστος, immature
20 παράνομος, unlawful, wicked
21 κοίτη, sexual intercourse
22 ἀφανίζω, *fut pas ind 3s*, blot out, destroy
23 μακρόβιος, long-lived
24 οὐθείς, nothing
25 ἄτιμος, not honorable
26 γῆρας, old age
27 ὀξέως, quickly, early
28 τελευτάω, *aor act sub 3p*, die
29 διάγνωσις, decision
30 παραμύθιον, comfort
31 ἄδικος, unrighteous
32 χαλεπός, cruel, grievous
33 κρείσσων (ττ), *comp of* ἀγαθός, better
34 ἀτεκνία, childlessness
35 ἀρετή, virtue
36 ἀθανασία, immortality
37 μνήμη, remembrance, memory
38 πάρειμι, *pres act ptc acc s f*, be present
39 μιμέομαι, *pres mid ind 3p*, imitate
40 ποθέω, *pres act ind 3p*, desire for
41 ἀπέρχομαι, *aor act ptc acc s f*, depart

καὶ ἐν τῷ αἰῶνι στεφανηφοροῦσα[1] πομπεύει[2]
τὸν τῶν ἀμιάντων[3] ἄθλων[4] ἀγῶνα[5] νικήσασα.[6]
3 πολύγονον[7] δὲ ἀσεβῶν[8] πλῆθος[9] οὐ χρησιμεύσει[10]
καὶ ἐκ νόθων[11] μοσχευμάτων[12] οὐ δώσει ῥίζαν[13] εἰς βάθος[14]
οὐδὲ ἀσφαλῆ[15] βάσιν[16] ἑδράσει·[17]
4 κἂν[18] γὰρ ἐν κλάδοις[19] πρὸς καιρὸν ἀναθάλῃ,[20]
ἐπισφαλῶς[21] βεβηκότα[22] ὑπὸ ἀνέμου[23] σαλευθήσεται[24]
καὶ ὑπὸ βίας[25] ἀνέμων ἐκριζωθήσεται.[26]
5 περικλασθήσονται[27] κλῶνες[28] ἀτέλεστοι,[29]
καὶ ὁ καρπὸς αὐτῶν ἄχρηστος,[30] ἄωρος[31] εἰς βρῶσιν[32]
καὶ εἰς οὐθὲν[33] ἐπιτήδειος·[34]
6 ἐκ γὰρ ἀνόμων[35] ὕπνων[36] τέκνα γεννώμενα
μάρτυρές[37] εἰσιν πονηρίας[38] κατὰ γονέων[39] ἐν ἐξετασμῷ[40] αὐτῶν.

Longevity of the Righteous

7 Δίκαιος δὲ ἐὰν φθάσῃ[41] τελευτῆσαι,[42]
ἐν ἀναπαύσει[43] ἔσται·
8 γῆρας[44] γὰρ τίμιον[45] οὐ τὸ πολυχρόνιον[46]
οὐδὲ ἀριθμῷ[47] ἐτῶν μεμέτρηται,[48]

1 στεφανηφορέω, *pres act ptc nom s f*, wear a crown or wreath
2 πομπεύω, *pres act ind 3s*, march in procession
3 ἀμίαντος, undefiled
4 ἆθλον, contest
5 ἀγών, battle
6 νικάω, *aor act ptc nom s f*, achieve victory
7 πολύγονος, prolific (in bearing children)
8 ἀσεβής, ungodly, wicked
9 πλῆθος, multitude
10 χρησιμεύω, *fut act ind 3s*, be useful
11 νόθος, illegitimate
12 μόσχευμα, seedling
13 ῥίζα, root
14 βάθος, depth
15 ἀσφαλής, steadfast
16 βάσις, foothold
17 ἑδράζω, *fut act ind 3s*, establish, lay
18 κἄν, and if, *cr.* καὶ ἐάν or καὶ ἄν
19 κλάδος, branch
20 ἀναθάλλω, *aor act sub 3s*, sprout afresh
21 ἐπισφαλῶς, unstable
22 βαίνω, *perf act ptc nom s n*, become
23 ἄνεμος, wind
24 σαλεύω, *fut pas ind 3s*, shake
25 βία, force
26 ἐκριζόω, *fut pas ind 3s*, uproot
27 περικλάω, *fut pas ind 3p*, break off
28 κλών, twig, branch
29 ἀτέλεστος, unable to reach maturity
30 ἄχρηστος, useless
31 ἄωρος, unripe
32 βρῶσις, food
33 οὐθείς, nothing
34 ἐπιτήδειος, suitable, useful
35 ἄνομος, unlawful, evil
36 ὕπνος, sleep, (union, intercourse)
37 μάρτυς, witness
38 πονηρία, wickedness, evil
39 γονεύς, parent
40 ἐξετασμός, examination, trial
41 φθάνω, *aor act sub 3s*, precede, do early
42 τελευτάω, *aor act inf*, die
43 ἀνάπαυσις, rest
44 γῆρας, old age
45 τίμιος, noble, honorable
46 πολυχρόνιος, long-lived
47 ἀριθμός, number
48 μετρέω, *perf pas ind 3s*, measure

9 πολιά[1] δέ ἐστιν φρόνησις[2] ἀνθρώποις
καὶ ἡλικία[3] γήρως[4] βίος[5] ἀκηλίδωτος.[6]

10 εὐάρεστος[7] θεῷ γενόμενος ἠγαπήθη
καὶ ζῶν μεταξὺ[8] ἁμαρτωλῶν μετετέθη·[9]

11 ἡρπάγη,[10] μὴ κακία[11] ἀλλάξῃ[12] σύνεσιν[13] αὐτοῦ
ἢ δόλος[14] ἀπατήσῃ[15] ψυχὴν αὐτοῦ·

12 βασκανία[16] γὰρ φαυλότητος[17] ἀμαυροῖ[18] τὰ καλά,
καὶ ῥεμβασμὸς[19] ἐπιθυμίας[20] μεταλλεύει[21] νοῦν[22] ἄκακον.[23]

13 τελειωθεὶς[24] ἐν ὀλίγῳ[25] ἐπλήρωσεν χρόνους μακρούς·[26]

14 ἀρεστὴ[27] γὰρ ἦν κυρίῳ ἡ ψυχὴ αὐτοῦ,
διὰ τοῦτο ἔσπευσεν[28] ἐκ μέσου πονηρίας·[29]
οἱ δὲ λαοὶ ἰδόντες καὶ μὴ νοήσαντες[30]
μηδὲ θέντες ἐπὶ διανοίᾳ[31] τὸ τοιοῦτο,[32]

15 ὅτι χάρις καὶ ἔλεος[33] ἐν τοῖς ἐκλεκτοῖς[34] αὐτοῦ
καὶ ἐπισκοπὴ[35] ἐν τοῖς ὁσίοις[36] αὐτοῦ.

Vindication of the Righteous at the Judgment

16 κατακρινεῖ[37] δὲ δίκαιος καμὼν[38] τοὺς ζῶντας ἀσεβεῖς[39]
καὶ νεότης[40] τελεσθεῖσα[41] ταχέως[42] πολυετὲς[43] γῆρας[44] ἀδίκου·[45]

1 πολιά, gray hairs
2 φρόνησις, insight, intelligence
3 ἡλικία, time of life
4 γῆρας, old age
5 βίος, life
6 ἀκηλίδωτος, spotless
7 εὐάρεστος, pleasing, acceptable
8 μεταξύ, among
9 μετατίθημι, *aor pas ind 3s*, remove
10 ἁρπάζω, *aor pas ind 3s*, snatch away, seize
11 κακία, wickedness
12 ἀλλάσσω, *aor act sub 3s*, change
13 σύνεσις, understanding
14 δόλος, deceit, treachery
15 ἀπατάω, *aor act sub 3s*, seduce, deceive
16 βασκανία, evil influence
17 φαυλότης, frivolity
18 ἀμαυρόω, *pres act ind 3s*, make dim, darken
19 ῥεμβασμός, whirling, roving
20 ἐπιθυμία, desire, yearning
21 μεταλλεύω, *pres act ind 3s*, undermine
22 νοῦς, mind
23 ἄκακος, innocent
24 τελειόω, *aor pas ptc nom s m*, complete, perfect
25 ὀλίγος, short
26 μακρός, lengthy
27 ἀρεστός, pleasing
28 σπεύδω, *aor act ind 3s*, hasten
29 πονηρία, wickedness, evil
30 νοέω, *aor act ptc nom p m*, perceive, understand
31 διάνοια, thinking, understanding
32 τοιοῦτος, such (a thing)
33 ἔλεος, mercy
34 ἐκλεκτός, chosen
35 ἐπισκοπή, watching, overseeing
36 ὅσιος, holy
37 κατακρίνω, *fut act ind 3s*, condemn
38 κάμνω, *aor act ptc nom s m*, be deceased
39 ἀσεβής, ungodly, wicked
40 νεότης, youth
41 τελέω, *aor pas ptc nom s f*, make perfect
42 ταχέως, quickly
43 πολυετής, prolonged
44 γῆρας, old age
45 ἄδικος, unrighteous

17 ὄψονται γὰρ τελευτὴν[1] σοφοῦ[2]
καὶ οὐ νοήσουσιν[3] τί ἐβουλεύσατο[4] περὶ αὐτοῦ
καὶ εἰς τί ἠσφαλίσατο[5] αὐτὸν ὁ κύριος.
18 ὄψονται καὶ ἐξουθενήσουσιν·[6]
αὐτοὺς δὲ ὁ κύριος ἐκγελάσεται,[7]
19 καὶ ἔσονται μετὰ τοῦτο εἰς πτῶμα[8] ἄτιμον[9]
καὶ εἰς ὕβριν[10] ἐν νεκροῖς δι᾽ αἰῶνος,
ὅτι ῥήξει[11] αὐτοὺς ἀφώνους[12] πρηνεῖς[13]
καὶ σαλεύσει[14] αὐτοὺς ἐκ θεμελίων,[15]
καὶ ἕως ἐσχάτου χερσωθήσονται[16] καὶ ἔσονται ἐν ὀδύνῃ,[17]
καὶ ἡ μνήμη[18] αὐτῶν ἀπολεῖται.

20 ἐλεύσονται ἐν συλλογισμῷ[19] ἁμαρτημάτων[20] αὐτῶν δειλοί,[21]
καὶ ἐλέγξει[22] αὐτοὺς ἐξ ἐναντίας[23] τὰ ἀνομήματα[24] αὐτῶν.

5

Τότε στήσεται ἐν παρρησίᾳ[25] πολλῇ ὁ δίκαιος
κατὰ πρόσωπον τῶν θλιψάντων[26] αὐτὸν
καὶ τῶν ἀθετούντων[27] τοὺς πόνους[28] αὐτοῦ.
2 ἰδόντες ταραχθήσονται[29] φόβῳ δεινῷ[30]
καὶ ἐκστήσονται[31] ἐπὶ τῷ παραδόξῳ[32] τῆς σωτηρίας·
3 ἐροῦσιν ἐν ἑαυτοῖς μετανοοῦντες[33]
καὶ διὰ στενοχωρίαν[34] πνεύματος στενάξονται[35] καὶ ἐροῦσιν
4 Οὗτος ἦν, ὃν ἔσχομέν ποτε[36] εἰς γέλωτα[37]
καὶ εἰς παραβολὴν[38] ὀνειδισμοῦ[39] οἱ ἄφρονες·[40]

1 τελευτή, end, death
2 σοφός, wise
3 νοέω, *fut act ind 3p*, perceive, understand
4 βουλεύω, *aor mid ind 3s*, determine, devise
5 ἀσφαλίζω, *aor mid ind 3s*, secure
6 ἐξουθενέω, *fut act ind 3p*, scorn, disdain
7 ἐκγελάω, *fut mid ind 3s*, laugh at
8 πτῶμα, corpse
9 ἄτιμος, not honorable
10 ὕβρις, insult, shame
11 ῥήγνυμι, *fut act ind 3s*, break, shatter
12 ἄφωνος, speechless
13 πρηνής, to the ground
14 σαλεύω, *fut act ind 3s*, shake
15 θεμέλιον, foundation
16 χερσόομαι, *fut pas ind 3p*, leave dry and barren
17 ὀδύνη, grief, pain
18 μνήμη, remembrance, memory
19 συλλογισμός, reckoning, calculation
20 ἁμάρτημα, offense, sin
21 δειλός, cowardly, fearful
22 ἐλέγχω, *fut act ind 3s*, reprove, reproach
23 ἐναντίος, facing, in front of
24 ἀνόμημα, transgression of the law
25 παρρησία, boldness, confidence
26 θλίβω, *aor act ptc gen p m*, afflict, trouble
27 ἀθετέω, *pres act ptc gen p m*, reject, declare invalid
28 πόνος, work, labor
29 ταράσσω, *fut pas ind 3p*, trouble, stir up
30 δεινός, awful, terrible
31 ἐξίστημι, *fut mid ind 3p*, be astonished
32 παράδοξος, surprising, unexpected
33 μετανοέω, *pres act ptc nom p m*, repent
34 στενοχωρία, distress
35 στενάζω, *fut mid ind 3p*, sigh, lament, groan
36 ποτέ, at one time
37 γέλως, derision, mockery
38 παραβολή, byword, taunt
39 ὀνειδισμός, insult, disgrace
40 ἄφρων, foolish

τὸν βίον[1] αὐτοῦ ἐλογισάμεθα μανίαν[2]
καὶ τὴν τελευτὴν[3] αὐτοῦ ἄτιμον.[4]
5 πῶς κατελογίσθη[5] ἐν υἱοῖς θεοῦ
καὶ ἐν ἁγίοις ὁ κλῆρος[6] αὐτοῦ ἐστιν;
6 ἄρα ἐπλανήθημεν ἀπὸ ὁδοῦ ἀληθείας,
καὶ τὸ τῆς δικαιοσύνης φῶς οὐκ ἐπέλαμψεν[7] ἡμῖν,
καὶ ὁ ἥλιος οὐκ ἀνέτειλεν[8] ἡμῖν·
7 ἀνομίας[9] ἐνεπλήσθημεν[10] τρίβοις[11] καὶ ἀπωλείας[12]
καὶ διωδεύσαμεν[13] ἐρήμους ἀβάτους,[14]
τὴν δὲ ὁδὸν κυρίου οὐκ ἐπέγνωμεν.
8 τί ὠφέλησεν[15] ἡμᾶς ἡ ὑπερηφανία;[16]
καὶ τί πλοῦτος[17] μετὰ ἀλαζονείας[18] συμβέβληται[19] ἡμῖν;

9 παρῆλθεν[20] ἐκεῖνα πάντα ὡς σκιά[21]
καὶ ὡς ἀγγελία[22] παρατρέχουσα·[23]
10 ὡς ναῦς[24] διερχομένη[25] κυμαινόμενον[26] ὕδωρ,
ἧς διαβάσης[27] οὐκ ἔστιν ἴχνος[28] εὑρεῖν
οὐδὲ ἀτραπὸν[29] τρόπιος[30] αὐτῆς ἐν κύμασιν·[31]
11 ἢ ὡς ὀρνέου[32] διιπτάντος[33] ἀέρα[34]
οὐθὲν[35] εὑρίσκεται τεκμήριον[36] πορείας,[37]
πληγῇ[38] δὲ μαστιζόμενον[39] ταρσῶν[40] πνεῦμα κοῦφον[41]
καὶ σχιζόμενον[42] βίᾳ[43] ῥοίζου[44]

1 βίος, life
2 μανία, madness
3 τελευτή, end of life, death
4 ἄτιμος, not honorable
5 καταλογίζομαι, *aor pas ind 3s*, count, reckon
6 κλῆρος, lot, share
7 ἐπιλάμπω, *aor act ind 3s*, shine upon
8 ἀνατέλλω, *aor act ind 3s*, rise
9 ἀνομία, transgression
10 ἐμπίμπλημι, *aor pas ind 1p*, fill up
11 τρίβος, behavior, path
12 ἀπώλεια, destruction
13 διοδεύω, *aor act ind 1p*, pass through
14 ἄβατος, desolate
15 ὠφελέω, *aor act ind 3s*, benefit, profit
16 ὑπερηφανία, arrogance, pride
17 πλοῦτος, wealth, riches
18 ἀλαζονεία, boastfulness
19 συμβάλλω, *perf mid ind 3s*, contribute to
20 παρέρχομαι, *aor act ind 3s*, pass away
21 σκιά, shadow
22 ἀγγελία, message, report, news
23 παρατρέχω, *pres act ptc nom s f*, run by
24 ναῦς, ship
25 διέρχομαι, *pres mid ptc nom s f*, pass through
26 κυμαίνω, *pres mid ptc acc s n*, rise in waves or swells
27 διαβαίνω, *aor act ptc gen s f*, pass over
28 ἴχνος, trace
29 ἀτραπός, path
30 τρόπις, ship's keel
31 κῦμα, wave
32 ὄρνεον, bird
33 διίπταμαι, *pres act ptc gen s m*, fly about
34 ἀήρ, air
35 οὐθείς, nothing
36 τεκμήριον, sign, proof
37 πορεία, journey, course
38 πληγή, beating, blow
39 μαστίζω, *pres pas ptc nom s n*, lash, strike
40 ταρσός, wing, pinion
41 κοῦφος, light
42 σχίζω, *pres pas ptc nom s n*, split, divide
43 βία, forceful
44 ῥοῖζος, motion, rushing

κινουμένων[1] πτερύγων[2] διωδεύθη,[3]
καὶ μετὰ τοῦτο οὐχ εὑρέθη σημεῖον ἐπιβάσεως[4] ἐν αὐτῷ·
12 ἢ ὡς βέλους[5] βληθέντος[6] ἐπὶ σκοπόν[7]
τμηθεὶς[8] ὁ ἀὴρ[9] εὐθέως[10] εἰς ἑαυτὸν ἀνελύθη[11]
ὡς ἀγνοῆσαι[12] τὴν δίοδον[13] αὐτοῦ·
13 οὕτως καὶ ἡμεῖς γεννηθέντες ἐξελίπομεν[14]
καὶ ἀρετῆς[15] μὲν σημεῖον οὐδὲν ἔσχομεν δεῖξαι,
ἐν δὲ τῇ κακίᾳ[16] ἡμῶν κατεδαπανήθημεν.[17]
14 ὅτι ἐλπὶς ἀσεβοῦς[18] ὡς φερόμενος χνοῦς[19] ὑπὸ ἀνέμου[20]
καὶ ὡς πάχνη[21] ὑπὸ λαίλαπος[22] διωχθεῖσα[23] λεπτή[24]
καὶ ὡς καπνὸς[25] ὑπὸ ἀνέμου[26] διεχύθη[27]
καὶ ὡς μνεία[28] καταλύτου[29] μονοημέρου[30] παρώδευσεν.[31]

Eternal Reward for the Righteous

15 Δίκαιοι δὲ εἰς τὸν αἰῶνα ζῶσιν,
καὶ ἐν κυρίῳ ὁ μισθὸς[32] αὐτῶν,
καὶ ἡ φροντὶς[33] αὐτῶν παρὰ ὑψίστῳ.[34]
16 διὰ τοῦτο λήμψονται τὸ βασίλειον[35] τῆς εὐπρεπείας[36]
καὶ τὸ διάδημα[37] τοῦ κάλλους[38] ἐκ χειρὸς κυρίου,
ὅτι τῇ δεξιᾷ σκεπάσει[39] αὐτοὺς
καὶ τῷ βραχίονι[40] ὑπερασπιεῖ[41] αὐτῶν.

1 κινέω, *pres pas ptc gen p f*, stir, move
2 πτέρυξ, wing
3 διοδεύω, *aor pas ind 3s*, pass through
4 ἐπίβασις, approach
5 βέλος, arrow
6 βάλλω, *aor pas ptc gen s n*, aim at, shoot
7 σκοπός, target, mark
8 τέμνω, *aor pas ptc nom s m*, cleave
9 ἀήρ, air
10 εὐθέως, immediately
11 ἀναλύω, *aor pas ind 3s*, return again
12 ἀγνοέω, *aor act inf*, fail to discern
13 δίοδος, way through, passage
14 ἐκλείπω, *aor act ind 1p*, fail, faint, cease
15 ἀρετή, virtue
16 κακία, wickedness
17 καταδαπανάω, *aor pas ind 1p*, consume
18 ἀσεβής, ungodly, wicked
19 χνοῦς, dust, chaff
20 ἄνεμος, wind
21 πάχνη, frost
22 λαῖλαψ, whirlwind
23 διώκω, *aor pas ptc nom s f*, pursue, (drive away)
24 λεπτός, fine, light
25 καπνός, smoke
26 ἄνεμος, wind
27 διαχέω, *aor pas ind 3s*, diffuse, spread out
28 μνεία, memory
29 καταλύτης, lodger
30 μονοήμερος, staying one day (as a guest)
31 παροδεύω, *aor act ind 3s*, pass away
32 μισθός, reward
33 φροντίς, thought, attention
34 ὕψιστος, *sup*, Most High
35 βασίλειον, royal (crown)
36 εὐπρέπεια, majesty
37 διάδημα, diadem
38 κάλλος, beauty
39 σκεπάζω, *fut act ind 3s*, shelter, protect
40 βραχίων, arm
41 ὑπερασπίζω, *fut act ind 3s*, shield, defend

17 λήμψεται πανοπλίαν[1] τὸν ζῆλον[2] αὐτοῦ
καὶ ὁπλοποιήσει[3] τὴν κτίσιν[4] εἰς ἄμυναν[5] ἐχθρῶν·
18 ἐνδύσεται[6] θώρακα[7] δικαιοσύνην
καὶ περιθήσεται[8] κόρυθα[9] κρίσιν ἀνυπόκριτον·[10]
19 λήμψεται ἀσπίδα[11] ἀκαταμάχητον[12] ὁσιότητα,[13]
20 ὀξυνεῖ[14] δὲ ἀπότομον[15] ὀργὴν εἰς ῥομφαίαν,[16]
συνεκπολεμήσει[17] δὲ αὐτῷ ὁ κόσμος ἐπὶ τοὺς παράφρονας.[18]
21 πορεύσονται εὔστοχοι[19] βολίδες[20] ἀστραπῶν[21]
καὶ ὡς ἀπὸ εὐκύκλου[22] τόξου[23] τῶν νεφῶν[24] ἐπὶ σκοπὸν[25] ἁλοῦνται,[26]
22 καὶ ἐκ πετροβόλου[27] θυμοῦ[28] πλήρεις[29] ῥιφήσονται[30] χάλαζαι·[31]
ἀγανακτήσει[32] κατ᾽ αὐτῶν ὕδωρ θαλάσσης,
ποταμοὶ[33] δὲ συγκλύσουσιν[34] ἀποτόμως·[35]
23 ἀντιστήσεται[36] αὐτοῖς πνεῦμα δυνάμεως
καὶ ὡς λαῖλαψ[37] ἐκλικμήσει[38] αὐτούς·
καὶ ἐρημώσει[39] πᾶσαν τὴν γῆν ἀνομία,[40]
καὶ ἡ κακοπραγία[41] περιτρέψει[42] θρόνους δυναστῶν.[43]

Exhortation to Kings

6 Ἀκούσατε οὖν, βασιλεῖς, καὶ σύνετε·[44]
μάθετε,[45] δικασταὶ[46] περάτων[47] γῆς·

1 πανοπλία, complete armor
2 ζῆλος, zeal
3 ὁπλοποιέω, *fut act ind 3s*, turn into a weapon or armor
4 κτίσις, creation, product
5 ἄμυνα, revenge, defense against
6 ἐνδύω, *fut mid ind 3s*, put on, clothe in
7 θώραξ, breastplate
8 περιτίθημι, *fut mid ind 3s*, place upon
9 κόρυς, helmet
10 ἀνυπόκριτος, without hypocrisy
11 ἀσπίς, shield
12 ἀκαταμάχητος, unconquerable
13 ὁσιότης, holiness
14 ὀξύνω, *fut act ind 3s*, sharpen
15 ἀπότομος, relentless, severe
16 ῥομφαία, sword
17 συνεκπολεμέω, *fut act ind 3s*, fight on behalf of someone
18 παράφρων, senseless
19 εὔστοχος, well-aimed
20 βολίς, dart, shaft
21 ἀστραπή, lightning
22 εὔκυκλος, well-drawn
23 τόξον, bow
24 νέφος, cloud
25 σκοπός, target, mark
26 ἅλλομαι, *fut mid ind 3p*, spring upon
27 πετροβόλος, device for throwing stones
28 θυμός, wrath
29 πλήρης, full
30 ῥίπτω, *fut pas ind 3p*, fling, throw
31 χάλαζα, hailstone
32 ἀγανακτέω, *fut act ind 3s*, rage, ferment (angrily)
33 ποταμός, river
34 συγκλύζω, *fut act ind 3p*, overwhelm, flood over
35 ἀποτόμως, severely
36 ἀνθίστημι, *fut mid ind 3s*, oppose, stand against
37 λαῖλαψ, whirlwind
38 ἐκλικμάω, *fut act ind 3s*, winnow
39 ἐρημόω, *fut act ind 3s*, make desolate
40 ἀνομία, wickedness, lawlessness
41 κακοπραγία, wrongdoing
42 περιτρέπω, *fut act ind 3s*, overturn
43 δυνάστης, master, ruler
44 συνίημι, *aor act impv 2p*, understand
45 μανθάνω, *aor act impv 2p*, learn
46 δικαστής, judge
47 πέρας, end, limit

2 ἐνωτίσασθε,[1] οἱ κρατοῦντες πλήθους
καὶ γεγαυρωμένοι[2] ἐπὶ ὄχλοις ἐθνῶν·
3 ὅτι ἐδόθη παρὰ κυρίου ἡ κράτησις[3] ὑμῖν
καὶ ἡ δυναστεία[4] παρὰ ὑψίστου,[5]
ὃς ἐξετάσει[6] ὑμῶν τὰ ἔργα
καὶ τὰς βουλὰς[7] διερευνήσει·[8]
4 ὅτι ὑπηρέται[9] ὄντες τῆς αὐτοῦ βασιλείας οὐκ ἐκρίνατε ὀρθῶς[10]
οὐδὲ ἐφυλάξατε νόμον
οὐδὲ κατὰ τὴν βουλὴν[11] τοῦ θεοῦ ἐπορεύθητε.
5 φρικτῶς[12] καὶ ταχέως[13] ἐπιστήσεται[14] ὑμῖν,
ὅτι κρίσις ἀπότομος[15] ἐν τοῖς ὑπερέχουσιν[16] γίνεται.
6 ὁ γὰρ ἐλάχιστος[17] συγγνωστός[18] ἐστιν ἐλέους,[19]
δυνατοὶ δὲ δυνατῶς[20] ἐτασθήσονται·[21]
7 οὐ γὰρ ὑποστελεῖται[22] πρόσωπον ὁ πάντων δεσπότης[23]
οὐδὲ ἐντραπήσεται[24] μέγεθος,[25]
ὅτι μικρὸν καὶ μέγαν αὐτὸς ἐποίησεν
ὁμοίως[26] τε προνοεῖ[27] περὶ πάντων,
8 τοῖς δὲ κραταιοῖς[28] ἰσχυρὰ[29] ἐφίσταται[30] ἔρευνα.[31]

9 πρὸς ὑμᾶς οὖν, ὦ[32] τύραννοι,[33] οἱ λόγοι μου,
ἵνα μάθητε[34] σοφίαν καὶ μὴ παραπέσητε·[35]
10 οἱ γὰρ φυλάξαντες ὁσίως[36] τὰ ὅσια[37] ὁσιωθήσονται,[38]
καὶ οἱ διδαχθέντες αὐτὰ εὑρήσουσιν ἀπολογίαν.[39]

1 ἐνωτίζομαι, *aor mid impv 2p*, give ear, listen up
2 γαυρόω, *perf pas ptc nom p m*, exalt oneself
3 κράτησις, might, dominion
4 δυναστεία, lordship
5 ὕψιστος, *sup*, highest, Most High
6 ἐξετάζω, *fut act ind 3s*, investigate
7 βουλή, advice, counsel
8 διερευνάω, *fut act ind 3s*, search, examine
9 ὑπηρέτης, servant
10 ὀρθῶς, correctly, rightly
11 βουλή, counsel
12 φρικτῶς, awfully, terribly
13 ταχέως, quickly
14 ἐφίστημι, *fut mid ind 3s*, set oneself against, come upon
15 ἀπότομος, severe
16 ὑπερέχω, *pres act ptc dat p m*, be prominent, exercise power over
17 ἐλάχιστος, *sup of* μικρός, *from* ἐλαχύς, least, lowliest
18 συγγνωστός, excused, pardoned
19 ἔλεος, mercy
20 δυνατῶς, strongly
21 ἐτάζω, *fut pas ind 3p*, test, try, afflict
22 ὑποστέλλω, *fut mid ind 3s*, draw back, shrink away
23 δεσπότης, master
24 ἐντρέπω, *fut pas ind 3s*, show regard for
25 μέγεθος, significance, stature
26 ὁμοίως, likewise
27 προνοέω, *pres act ind 3s*, take thought of
28 κραταιός, strong
29 ἰσχυρός, mighty
30 ἐφίστημι, *pres mid ind 3s*, set up over, come upon
31 ἔρευνα, inquiry
32 ὦ, O!
33 τύραννος, absolute ruler
34 μανθάνω, *aor act sub 2p*, learn
35 παραπίπτω, *aor act sub 2p*, fall away
36 ὁσίως, in holiness
37 ὅσιος, holy (thing)
38 ὁσιόω, *fut pas ind 3p*, make holy
39 ἀπολογία, defense

11 ἐπιθυμήσατε[1] οὖν τῶν λόγων μου,
ποθήσατε[2] καὶ παιδευθήσεσθε.[3]

Radiance of Wisdom

12 Λαμπρὰ[4] καὶ ἀμάραντός[5] ἐστιν ἡ σοφία
καὶ εὐχερῶς[6] θεωρεῖται[7] ὑπὸ τῶν ἀγαπώντων αὐτὴν
καὶ εὑρίσκεται ὑπὸ τῶν ζητούντων αὐτήν,
13 φθάνει[8] τοὺς ἐπιθυμοῦντας[9] προγνωσθῆναι.[10]
14 ὁ ὀρθρίσας[11] πρὸς αὐτὴν οὐ κοπιάσει·[12]
πάρεδρον[13] γὰρ εὑρήσει τῶν πυλῶν[14] αὐτοῦ.
15 τὸ γὰρ ἐνθυμηθῆναι[15] περὶ αὐτῆς φρονήσεως[16] τελειότης,[17]
καὶ ὁ ἀγρυπνήσας[18] δι᾽ αὐτὴν ταχέως[19] ἀμέριμνος[20] ἔσται·
16 ὅτι τοὺς ἀξίους[21] αὐτῆς αὐτὴ περιέρχεται[22] ζητοῦσα
καὶ ἐν ταῖς τρίβοις[23] φαντάζεται[24] αὐτοῖς εὐμενῶς[25]
καὶ ἐν πάσῃ ἐπινοίᾳ[26] ὑπαντᾷ[27] αὐτοῖς.

17 ἀρχὴ γὰρ αὐτῆς ἡ ἀληθεστάτη[28] παιδείας[29] ἐπιθυμία,[30]
φροντὶς[31] δὲ παιδείας ἀγάπη,
18 ἀγάπη δὲ τήρησις[32] νόμων αὐτῆς,
προσοχὴ[33] δὲ νόμων βεβαίωσις[34] ἀφθαρσίας,[35]
19 ἀφθαρσία[36] δὲ ἐγγὺς[37] εἶναι ποιεῖ θεοῦ·
20 ἐπιθυμία[38] ἄρα σοφίας ἀνάγει[39] ἐπὶ βασιλείαν.

1 ἐπιθυμέω, *aor act impv 2p*, desire, long for
2 ποθέω, *aor act impv 2p*, yearn
3 παιδεύω, *fut pas ind 2p*, instruct
4 λαμπρός, radiant, bright
5 ἀμάραντος, unfading
6 εὐχερῶς, easily
7 θεωρέω, *pres pas ind 3s*, behold
8 φθάνω, *pres act ind 3s*, go before, anticipate
9 ἐπιθυμέω, *pres act ptc acc p m*, desire, long for
10 προγινώσκω, *aor pas inf*, make known in advance
11 ὀρθρίζω, *aor act ptc nom s m*, rise early
12 κοπιάω, *fut act ind 3s*, toil, work hard
13 πάρεδρος, sitting at
14 πύλη, gate
15 ἐνθυμέομαι, *aor pas inf*, ponder, think upon
16 φρόνησις, insight, intelligence
17 τελειότης, perfect
18 ἀγρυπνέω, *aor act ptc nom s m*, lie awake (at night)
19 ταχέως, soon, quickly
20 ἀμέριμνος, worry-free
21 ἄξιος, worthy of
22 περιέρχομαι, *pres mid ind 3s*, go around
23 τρίβος, path
24 φαντάζω, *pres pas ind 3s*, appear
25 εὐμενῶς, favorably, graciously
26 ἐπίνοια, thought
27 ὑπαντάω, *pres act ind 3s*, meet, come upon
28 ἀληθής, *sup*, most true
29 παιδεία, discipline, instruction
30 ἐπιθυμία, desire, yearning
31 φροντίς, concern for
32 τήρησις, guarding, preserving
33 προσοχή, attention
34 βεβαίωσις, assurance
35 ἀφθαρσία, incorruption, integrity
36 ἀφθαρσία, incorruption, integrity
37 ἐγγύς, nearby
38 ἐπιθυμία, desire, yearning
39 ἀνάγω, *pres act ind 3s*, lead to

21 εἰ οὖν ἥδεσθε[1] ἐπὶ θρόνοις καὶ σκήπτροις,[2] τύραννοι[3] λαῶν,
τιμήσατε[4] σοφίαν, ἵνα εἰς τὸν αἰῶνα βασιλεύσητε.[5]
22 τί δέ ἐστιν σοφία καὶ πῶς ἐγένετο, ἀπαγγελῶ
καὶ οὐκ ἀποκρύψω[6] ὑμῖν μυστήρια,[7]
ἀλλὰ ἀπ᾽ ἀρχῆς γενέσεως[8] ἐξιχνιάσω[9]
καὶ θήσω εἰς τὸ ἐμφανὲς[10] τὴν γνῶσιν[11] αὐτῆς
καὶ οὐ μὴ παροδεύσω[12] τὴν ἀλήθειαν.
23 οὔτε μὴν[13] φθόνῳ[14] τετηκότι[15] συνοδεύσω,[16]
ὅτι οὗτος οὐ κοινωνήσει[17] σοφίᾳ.
24 πλῆθος δὲ σοφῶν[18] σωτηρία κόσμου,
καὶ βασιλεὺς φρόνιμος[19] εὐστάθεια[20] δήμου.[21]
25 ὥστε παιδεύεσθε[22] τοῖς ῥήμασίν μου,
καὶ ὠφεληθήσεσθε.[23]

Mortal like Other Men

7 Εἰμὶ μὲν κἀγὼ[24] θνητὸς[25] ἄνθρωπος ἴσος[26] ἅπασιν[27]
καὶ γηγενοῦς[28] ἀπόγονος[29] πρωτοπλάστου·[30]
καὶ ἐν κοιλίᾳ[31] μητρὸς ἐγλύφην[32] σὰρξ
2 δεκαμηνιαίῳ[33] χρόνῳ παγεὶς[34] ἐν αἵματι ἐκ σπέρματος ἀνδρὸς
καὶ ἡδονῆς[35] ὕπνῳ[36] συνελθούσης.[37]

1 ἥδομαι, *pres mid ind 2p*, rejoice in, delight in
2 σκῆπτρον, scepter
3 τύραννος, absolute ruler
4 τιμάω, *aor act impv 2p*, honor
5 βασιλεύω, *aor act sub 2p*, reign as king
6 ἀποκρύπτω, *fut act ind 1s*, conceal, keep hidden
7 μυστήριον, mystery
8 γένεσις, generation, beginning
9 ἐξιχνιάζω, *fut act ind 1s*, trace out
10 ἐμφανής, manifest, visible
11 γνῶσις, knowledge
12 παροδεύω, *aor act sub 1s*, pass by, disregard
13 μήν, indeed
14 φθόνος, envy
15 τήκω, *perf act ptc dat s m*, consume
16 συνοδεύω, *fut act ind 1s*, travel together with
17 κοινωνέω, *fut act ind 3s*, have fellowship with
18 σοφός, wise
19 φρόνιμος, prudent
20 εὐστάθεια, stability
21 δῆμος, people
22 παιδεύω, *pres pas impv 2p*, instruct
23 ὠφελέω, *fut pas ind 2p*, benefit, profit
24 κἀγώ, I also, *cr.* καὶ ἐγώ
25 θνητός, mortal
26 ἴσος, equal to
27 ἅπας, all
28 γηγενής, earth-born
29 ἀπόγονος, offspring
30 πρωτόπλαστος, first-formed, first-created
31 κοιλία, womb
32 γλύφω, *aor pas ind 1s*, mold, shape
33 δεκαμηνιαῖος, consisting of ten months
34 πήγνυμι, *aor pas ptc nom s m*, congeal, firm up
35 ἡδονή, (sexual) pleasure
36 ὕπνος, sleep
37 συνέρχομαι, *aor act ptc gen s f*, go together with

3 καὶ ἐγὼ δὲ γενόμενος ἔσπασα[1] τὸν κοινὸν[2] ἀέρα[3]
καὶ ἐπὶ τὴν ὁμοιοπαθῆ[4] κατέπεσον[5] γῆν
πρώτην φωνὴν τὴν ὁμοίαν[6] πᾶσιν ἴσα[7] κλαίων·
4 ἐν σπαργάνοις[8] ἀνετράφην[9] καὶ φροντίσιν.[10]
5 οὐδεὶς γὰρ βασιλέων ἑτέραν ἔσχεν γενέσεως[11] ἀρχήν,
6 μία δὲ πάντων εἴσοδος[12] εἰς τὸν βίον[13] ἔξοδός[14] τε ἴση.[15]

Prayer for Wisdom

7 διὰ τοῦτο εὐξάμην,[16] καὶ φρόνησις[17] ἐδόθη μοι·
ἐπεκαλεσάμην,[18] καὶ ἦλθέν μοι πνεῦμα σοφίας.
8 προέκρινα[19] αὐτὴν σκήπτρων[20] καὶ θρόνων
καὶ πλοῦτον[21] οὐδὲν ἡγησάμην[22] ἐν συγκρίσει[23] αὐτῆς·
9 οὐδὲ ὡμοίωσα[24] αὐτῇ λίθον ἀτίμητον,[25]
ὅτι ὁ πᾶς χρυσὸς[26] ἐν ὄψει[27] αὐτῆς ψάμμος[28] ὀλίγη,[29]
καὶ ὡς πηλὸς[30] λογισθήσεται ἄργυρος[31] ἐναντίον[32] αὐτῆς·
10 ὑπὲρ ὑγίειαν[33] καὶ εὐμορφίαν[34] ἠγάπησα αὐτήν
καὶ προειλόμην[35] αὐτὴν ἀντὶ[36] φωτὸς ἔχειν,
ὅτι ἀκοίμητον[37] τὸ ἐκ ταύτης φέγγος.[38]
11 ἦλθεν δέ μοι τὰ ἀγαθὰ ὁμοῦ[39] πάντα μετ᾽ αὐτῆς
καὶ ἀναρίθμητος[40] πλοῦτος[41] ἐν χερσὶν αὐτῆς·
12 εὐφράνθην[42] δὲ ἐπὶ πᾶσιν, ὅτι αὐτῶν ἡγεῖται[43] σοφία,
ἠγνόουν[44] δὲ αὐτὴν γενέτιν[45] εἶναι τούτων.

1 σπάω, *aor act ind 1s*, draw in
2 κοινός, common
3 ἀήρ, air
4 ὁμοιοπαθής, of the same nature
5 καταπίπτω, *aor act ind 3p*, fall upon
6 ὅμοιος, like, similar to
7 ἴσος, equal to
8 σπάργανον, swaddling clothes
9 ἀνατρέφω, *aor pas ind 1s*, nurture, bring up (as a child)
10 φροντίς, care
11 γένεσις, beginning
12 εἴσοδος, entrance, coming in
13 βίος, life, existence
14 ἔξοδος, exit, going out
15 ἴσος, equal
16 εὔχομαι, *aor mid ind 1s*, pray
17 φρόνησις, insight, intelligence
18 ἐπικαλέω, *aor mid ind 1s*, call upon
19 προκρίνω, *aor act ind 1s*, prefer
20 σκῆπτρον, scepter
21 πλοῦτος, wealth
22 ἡγέομαι, *aor mid ind 1s*, consider
23 σύγκρισις, comparison
24 ὁμοιόω, *aor act ind 1s*, liken, compare
25 ἀτίμητος, invaluable, priceless
26 χρυσός, gold
27 ὄψις, face, appearance, sight
28 ψάμμος, sand
29 ὀλίγος, of a small amount
30 πηλός, mud, clay
31 ἄργυρος, silver
32 ἐναντίον, before, in sight of
33 ὑγίεια, health
34 εὐμορφία, beauty
35 προαιρέω, *aor mid ind 1s*, choose, prefer
36 ἀντί, instead of
37 ἀκοίμητος, unresting
38 φέγγος, light, splendor
39 ὁμοῦ, together
40 ἀναρίθμητος, innumerable, uncountable
41 πλοῦτος, wealth
42 εὐφραίνω, *aor pas ind 1s*, rejoice, be glad
43 ἡγέομαι, *pres mid ind 3s*, go before, lead the way
44 ἀγνοέω, *impf act ind 1s*, be ignorant
45 γενέτις, mother

13 ἀδόλως[1] τε ἔμαθον[2] ἀφθόνως[3] τε μεταδίδωμι,[4]
τὸν πλοῦτον[5] αὐτῆς οὐκ ἀποκρύπτομαι·[6]
14 ἀνεκλιπὴς[7] γὰρ θησαυρός[8] ἐστιν ἀνθρώποις,
ὃν οἱ κτησάμενοι[9] πρὸς θεὸν ἐστείλαντο[10] φιλίαν[11]
διὰ τὰς ἐκ παιδείας[12] δωρεὰς[13] συσταθέντες.[14]

Wisdom the Emanation of the Glory of God

15 Ἐμοὶ δὲ δῴη[15] ὁ θεὸς εἰπεῖν κατὰ γνώμην[16]
καὶ ἐνθυμηθῆναι[17] ἀξίως[18] τῶν δεδομένων,
ὅτι αὐτὸς καὶ τῆς σοφίας ὁδηγός[19] ἐστιν
καὶ τῶν σοφῶν[20] διορθωτής.[21]
16 ἐν γὰρ χειρὶ αὐτοῦ καὶ ἡμεῖς καὶ οἱ λόγοι ἡμῶν
πᾶσά τε φρόνησις[22] καὶ ἐργατειῶν[23] ἐπιστήμη.[24]
17 αὐτὸς γάρ μοι ἔδωκεν τῶν ὄντων γνῶσιν[25] ἀψευδῆ[26]
εἰδέναι σύστασιν[27] κόσμου καὶ ἐνέργειαν[28] στοιχείων,[29]
18 ἀρχὴν καὶ τέλος καὶ μεσότητα[30] χρόνων,
τροπῶν[31] ἀλλαγὰς[32] καὶ μεταβολὰς[33] καιρῶν,
19 ἐνιαυτοῦ[34] κύκλους[35] καὶ ἄστρων[36] θέσεις,[37]
20 φύσεις[38] ζῴων[39] καὶ θυμοὺς[40] θηρίων,
πνευμάτων βίας[41] καὶ διαλογισμοὺς[42] ἀνθρώπων,
διαφορὰς[43] φυτῶν[44] καὶ δυνάμεις ῥιζῶν,[45]

1 ἀδόλως, without deceit, honestly
2 μανθάνω, *aor act ind 1s*, learn
3 ἀφθόνως, ungrudgingly
4 μεταδίδωμι, *pres act ind 1s*, share, distribute
5 πλοῦτος, wealth
6 ἀποκρύπτω, *pres mid ind 1s*, keep hidden, conceal
7 ἀνεκλιπής, unfailing
8 θησαυρός, treasure
9 κτάομαι, *aor mid ptc nom p m*, acquire
10 στέλλω, *aor mid ind 3p*, obtain
11 φιλία, friendship
12 παιδεία, instruction, discipline
13 δωρεά, gift
14 συνίστημι, *aor pas ptc nom p m*, commend
15 δίδωμι, *aor act opt 3s*, give
16 γνώμη, judgment, discernment
17 ἐνθυμέομαι, *aor pas inf*, ponder, think deeply
18 ἀξίως, fittingly, worthily
19 ὁδηγός, leader, guide
20 σοφός, wise
21 διορθωτής, corrector
22 φρόνησις, insight, intelligence
23 ἐργατεία, labor, craftsmanship
24 ἐπιστήμη, skill, knowledge
25 γνῶσις, knowledge
26 ἀψευδής, without deception, truthful
27 σύστασις, composition
28 ἐνέργεια, operation
29 στοιχεῖον, elements
30 μεσότης, middle
31 τροπή, solstice
32 ἀλλαγή, change
33 μεταβολή, alteration
34 ἐνιαυτός, year
35 κύκλος, cycle
36 ἄστρον, star
37 θέσις, constellation
38 φύσις, nature
39 ζῷον, living creature, animal
40 θυμός, rage, temper
41 βία, violence
42 διαλογισμός, thought, contrivance
43 διαφορά, diversity
44 φυτόν, plant
45 ῥίζα, root

21 ὅσα τέ ἐστιν κρυπτὰ[1] καὶ ἐμφανῆ[2] ἔγνων·
ἡ γὰρ πάντων τεχνῖτις[3] ἐδίδαξέν με σοφία.

22 Ἔστιν γὰρ ἐν αὐτῇ πνεῦμα νοερόν,[4] ἅγιον,
μονογενές,[5] πολυμερές,[6] λεπτόν,[7] εὐκίνητον,[8] τρανόν,[9]
ἀμόλυντον,[10] σαφές,[11] ἀπήμαντον,[12] φιλάγαθον,[13] ὀξύ,[14]
23 ἀκώλυτον,[15] εὐεργετικόν,[16] φιλάνθρωπον,[17] βέβαιον,[18]
ἀσφαλές,[19] ἀμέριμνον,[20] παντοδύναμον,[21] πανεπίσκοπον[22]
καὶ διὰ πάντων χωροῦν[23] πνευμάτων νοερῶν[24] καθαρῶν[25]
λεπτοτάτων.[26]
24 πάσης γὰρ κινήσεως[27] κινητικώτερον[28] σοφία,
διήκει[29] δὲ καὶ χωρεῖ[30] διὰ πάντων διὰ τὴν καθαρότητα·[31]
25 ἀτμὶς[32] γάρ ἐστιν τῆς τοῦ θεοῦ δυνάμεως
καὶ ἀπόρροια[33] τῆς τοῦ παντοκράτορος[34] δόξης εἰλικρινής·[35]
διὰ τοῦτο οὐδὲν μεμιαμμένον[36] εἰς αὐτὴν παρεμπίπτει.[37]
26 ἀπαύγασμα[38] γάρ ἐστιν φωτὸς ἀιδίου[39]
καὶ ἔσοπτρον[40] ἀκηλίδωτον[41] τῆς τοῦ θεοῦ ἐνεργείας[42]
καὶ εἰκὼν[43] τῆς ἀγαθότητος[44] αὐτοῦ.
27 μία δὲ οὖσα πάντα δύναται
καὶ μένουσα ἐν αὐτῇ τὰ πάντα καινίζει[45]

1 κρυπτός, hidden
2 ἐμφανής, manifest, visible
3 τεχνῖτις, craftsman, fashioner
4 νοερός, intelligent
5 μονογενής, one of a kind, unique
6 πολυμερής, manifold
7 λεπτός, gentle
8 εὐκίνητος, free-moving
9 τρανός, clear
10 ἀμόλυντος, undefiled
11 σαφής, plain
12 ἀπήμαντος, invulnerable
13 φιλάγαθος, loving goodness
14 ὀξύς, quick
15 ἀκώλυτος, unhindered
16 εὐεργετικός, beneficent
17 φιλάνθρωπος, humanity-loving
18 βέβαιος, steadfast
19 ἀσφαλής, unfailing
20 ἀμέριμνος, free from care
21 παντοδύναμος, all-powerful
22 πανεπίσκοπος, all-surveying
23 χωρέω, *pres act ptc nom s n*, penetrate, contain
24 νοερός, intelligent
25 καθαρός, pure, clean
26 λεπτός, fine, subtle
27 κίνησις, movement
28 κινητικός, *comp*, more mobile
29 διήκω, *pres act ind 3s*, pervade
30 χωρέω, *pres act ind 3s*, penetrate
31 καθαρότης, purity
32 ἀτμίς, vapor, (breath)
33 ἀπόρροια, effluence, emanation
34 παντοκράτωρ, almighty, ruler of all
35 εἰλικρινής, pure
36 μιαίνω, *perf pas ptc nom s n*, defile, pollute
37 παρεμπίπτω, *pres act ind 3s*, enter into
38 ἀπαύγασμα, radiance
39 ἀΐδιος, eternal
40 ἔσοπτρον, mirror
41 ἀκηλίδωτος, spotless
42 ἐνέργεια, activity
43 εἰκών, image
44 ἀγαθότης, goodness
45 καινίζω, *pres act ind 3s*, renew

καὶ κατὰ γενεὰς εἰς ψυχὰς ὁσίας[1] μεταβαίνουσα[2]
φίλους[3] θεοῦ καὶ προφήτας κατασκευάζει·[4]
28 οὐθὲν[5] γὰρ ἀγαπᾷ ὁ θεός
εἰ μὴ τὸν σοφίᾳ συνοικοῦντα.[6]
29 ἔστιν γὰρ αὕτη εὐπρεπεστέρα[7] ἡλίου
καὶ ὑπὲρ πᾶσαν ἄστρων[8] θέσιν.[9]
φωτὶ συγκρινομένη[10] εὑρίσκεται προτέρα·[11]
30 τοῦτο μὲν γὰρ διαδέχεται[12] νύξ,
σοφίας δὲ οὐ κατισχύει[13] κακία.[14]

8 διατείνει[15] δὲ ἀπὸ πέρατος[16] ἐπὶ πέρας εὐρώστως[17]
καὶ διοικεῖ[18] τὰ πάντα χρηστῶς.[19]

Love for Wisdom

2 Ταύτην ἐφίλησα[20] καὶ ἐξεζήτησα[21] ἐκ νεότητός[22] μου
καὶ ἐζήτησα νύμφην[23] ἀγαγέσθαι ἐμαυτῷ[24]
καὶ ἐραστὴς[25] ἐγενόμην τοῦ κάλλους[26] αὐτῆς.
3 εὐγένειαν[27] δοξάζει συμβίωσιν[28] θεοῦ ἔχουσα,
καὶ ὁ πάντων δεσπότης[29] ἠγάπησεν αὐτήν·
4 μύστις[30] γάρ ἐστιν τῆς τοῦ θεοῦ ἐπιστήμης[31]
καὶ αἱρετὶς[32] τῶν ἔργων αὐτοῦ.
5 εἰ δὲ πλοῦτός[33] ἐστιν ἐπιθυμητὸν[34] κτῆμα[35] ἐν βίῳ,[36]
τί σοφίας πλουσιώτερον[37] τῆς τὰ πάντα ἐργαζομένης;

1 ὅσιος, holy
2 μεταβαίνω, *pres act ptc nom s f*, pass into
3 φίλος, beloved, friend
4 κατασκευάζω, *pres act ind 3s*, make, create
5 οὐθείς, nothing
6 συνοικέω, *pres act ptc acc s m*, live together with
7 εὐπρεπής, *comp*, more beautiful
8 ἄστρον, star
9 θέσις, constellation
10 συγκρίνω, *pres pas ptc nom s f*, measure with
11 πρότερος, above, foremost
12 διαδέχομαι, *pres mid ind 3s*, succeed, be next
13 κατισχύω, *pres act ind 3s*, prevail over
14 κακία, wickedness
15 διατείνω, *pres act ind 3s*, extend, reach
16 πέρας, limit, boundary, end
17 εὐρώστως, mightily
18 διοικέω, *pres act ind 3s*, govern, administer
19 χρηστῶς, well
20 φιλέω, *aor act ind 1s*, love
21 ἐκζητέω, *aor act ind 1s*, seek out
22 νεότης, youth
23 νύμφη, bride
24 ἐμαυτοῦ, myself
25 ἐραστής, admirer
26 κάλλος, beauty
27 εὐγένεια, nobility (of birth)
28 συμβίωσις, shared life
29 δεσπότης, master
30 μύστις, one who is initiated
31 ἐπιστήμη, knowledge
32 αἱρετίς, one who chooses
33 πλοῦτος, wealth
34 ἐπιθυμητός, to be desired
35 κτῆμα, possession
36 βίος, life
37 πλούσιος, *comp*, richer

6 εἰ δὲ φρόνησις[1] ἐργάζεται,
τίς αὐτῆς τῶν ὄντων μᾶλλόν[2] ἐστιν τεχνῖτις;[3]
7 καὶ εἰ δικαιοσύνην ἀγαπᾷ τις,
οἱ πόνοι[4] ταύτης εἰσὶν ἀρεταί·[5]
σωφροσύνην[6] γὰρ καὶ φρόνησιν[7] ἐκδιδάσκει,[8]
δικαιοσύνην καὶ ἀνδρείαν,[9]
ὧν χρησιμώτερον[10] οὐδέν ἐστιν ἐν βίῳ[11] ἀνθρώποις.
8 εἰ δὲ καὶ πολυπειρίαν[12] ποθεῖ[13] τις,
οἶδεν τὰ ἀρχαῖα[14] καὶ τὰ μέλλοντα[15] εἰκάζει,[16]
ἐπίσταται[17] στροφὰς[18] λόγων καὶ λύσεις[19] αἰνιγμάτων,[20]
σημεῖα καὶ τέρατα[21] προγινώσκει[22]
καὶ ἐκβάσεις[23] καιρῶν καὶ χρόνων.

Wisdom for Rulers

9 ἔκρινα τοίνυν[24] ταύτην ἀγαγέσθαι πρὸς συμβίωσιν[25]
εἰδὼς ὅτι ἔσται μοι σύμβουλος[26] ἀγαθῶν
καὶ παραίνεσις[27] φροντίδων[28] καὶ λύπης.[29]
10 ἕξω δι᾽ αὐτὴν δόξαν ἐν ὄχλοις[30]
καὶ τιμὴν[31] παρὰ πρεσβυτέροις ὁ νέος·[32]
11 ὀξὺς[33] εὑρεθήσομαι ἐν κρίσει
καὶ ἐν ὄψει[34] δυναστῶν[35] θαυμασθήσομαι·[36]
12 σιγῶντά[37] με περιμενοῦσιν[38]
καὶ φθεγγομένῳ[39] προσέξουσιν[40]

1 φρόνησις, insight, intelligence
2 μᾶλλον, more, rather
3 τεχνῖτις, craftsman, fashioner
4 πόνος, (result of) labor
5 ἀρετή, virtue, praise
6 σωφροσύνη, prudence
7 φρόνησις, insight, intelligence
8 ἐκδιδάσκω, *pres act ind 3s*, teach (thoroughly)
9 ἀνδρεῖος, bravery
10 χρήσιμος, *comp*, more useful
11 βίος, life, existence
12 πολυπειρία, extensive experience
13 ποθέω, *pres act ind 3s*, desire
14 ἀρχαῖος, former, old
15 μέλλω, *pres act ptc acc p n*, be about (to take place)
16 εἰκάζω, *pres act ind 3s*, conjecture, foresee
17 ἐπίσταμαι, *pres mid ind 3s*, know
18 στροφή, subtlety
19 λύσις, solution
20 αἴνιγμα, obscure saying, riddle
21 τέρας, wonder
22 προγινώσκω, *pres act ind 3s*, foresee, know beforehand
23 ἔκβασις, result
24 τοίνυν, indeed, then
25 συμβίωσις, shared life
26 σύμβουλος, advisor
27 παραίνεσις, encouragement, comfort
28 φροντίς, anxiety
29 λύπη, pain, grief, sorrow
30 ὄχλος, crowd
31 τιμή, honor
32 νέος, young
33 ὀξύς, sharp, quick
34 ὄψις, face, sight
35 δυνάστης, mighty one
36 θαυμάζω, *fut pas ind 1s*, admire
37 σιγάω, *pres act ptc acc s m*, keep silent
38 περιμένω, *fut act ind 3p*, wait for
39 φθέγγομαι, *pres mid ptc dat s m*, speak
40 προσέχω, *fut act ind 3p*, give heed, pay attention

καὶ λαλοῦντος ἐπὶ πλεῖον[1]
χεῖρα ἐπιθήσουσιν[2] ἐπὶ στόμα αὐτῶν.
13 ἕξω δι᾽ αὐτὴν ἀθανασίαν[3]
καὶ μνήμην[4] αἰώνιον τοῖς μετ᾽ ἐμὲ ἀπολείψω.[5]
14 διοικήσω[6] λαούς,
καὶ ἔθνη ὑποταγήσεταί[7] μοι·
15 φοβηθήσονταί με ἀκούσαντες τύραννοι[8] φρικτοί,[9]
ἐν πλήθει[10] φανοῦμαι[11] ἀγαθὸς καὶ ἐν πολέμῳ ἀνδρεῖος.[12]
16 εἰσελθὼν εἰς τὸν οἶκόν μου προσαναπαύσομαι[13] αὐτῇ·
οὐ γὰρ ἔχει πικρίαν[14] ἡ συναναστροφὴ[15] αὐτῆς
οὐδὲ ὀδύνην[16] ἡ συμβίωσις[17] αὐτῆς,
ἀλλὰ εὐφροσύνην[18] καὶ χαράν.[19]
17 ταῦτα λογισάμενος ἐν ἐμαυτῷ[20]
καὶ φροντίσας[21] ἐν καρδίᾳ μου
ὅτι ἀθανασία[22] ἐστὶν ἐν συγγενείᾳ[23] σοφίας
18 καὶ ἐν φιλίᾳ[24] αὐτῆς τέρψις[25] ἀγαθὴ
καὶ ἐν πόνοις[26] χειρῶν αὐτῆς πλοῦτος[27] ἀνεκλιπὴς[28]
καὶ ἐν συγγυμνασίᾳ[29] ὁμιλίας[30] αὐτῆς φρόνησις[31]
καὶ εὔκλεια[32] ἐν κοινωνίᾳ[33] λόγων αὐτῆς,
περιῄειν[34] ζητῶν ὅπως λάβω αὐτὴν εἰς ἐμαυτόν.[35]
19 παῖς[36] δὲ ἤμην εὐφυὴς[37] ψυχῆς τε ἔλαχον[38] ἀγαθῆς,
20 μᾶλλον[39] δὲ ἀγαθὸς ὢν ἦλθον εἰς σῶμα ἀμίαντον.[40]

1 πλείων/πλεῖον, *comp of* πολύς, greater, more
2 ἐπιτίθημι, *fut act ind 3p*, place upon
3 ἀθανασία, immortality
4 μνήμη, remembrance
5 ἀπολείπω, *fut act ind 1s*, leave behind
6 διοικέω, *fut act ind 1s*, govern, administer
7 ὑποτάσσω, *fut pas ind 3s*, submit to, be subject to
8 τύραννος, absolute ruler
9 φρικτός, horrible, dreadful
10 πλῆθος, multitude
11 φαίνω, *fut mid ind 1s*, appear
12 ἀνδρεῖος, brave, courageous
13 προσαναπαύω, *fut mid ind 1s*, find rest
14 πικρία, bitterness
15 συναναστροφή, association, companionship
16 ὀδύνη, pain, grief
17 συμβίωσις, shared life
18 εὐφροσύνη, gladness
19 χαρά, joy, delight
20 ἐμαυτοῦ, myself
21 φροντίζω, *aor act ptc nom s m*, consider
22 ἀθανασία, immortality
23 συγγένεια, kinship
24 φιλία, friendship
25 τέρψις, enjoyment
26 πόνος, labor, toil
27 πλοῦτος, wealth
28 ἀνεκλιπής, unfailing
29 συγγυμνασία, shared training
30 ὁμιλία, intimacy
31 φρόνησις, insight, intelligence
32 εὔκλεια, good repute
33 κοινωνία, fellowship
34 περίειμι, *impf act ind 1s*, go around
35 ἐμαυτοῦ, myself
36 παῖς, servant
37 εὐφυής, naturally clever
38 λαγχάνω, *aor act ind 1s*, obtain
39 μᾶλλον, rather
40 ἀμίαντος, undefiled

21 γνοὺς δὲ ὅτι οὐκ ἄλλως[1] ἔσομαι ἐγκρατής,[2]
ἐὰν μὴ ὁ θεὸς δῷ
καὶ τοῦτο δ᾽ ἦν φρονήσεως[3] τὸ εἰδέναι τίνος ἡ χάρις,
ἐνέτυχον[4] τῷ κυρίῳ καὶ ἐδεήθην[5] αὐτοῦ
καὶ εἶπον ἐξ ὅλης τῆς καρδίας μου

Prayer to God for Wisdom

9 Θεὲ πατέρων καὶ κύριε τοῦ ἐλέους[6]
ὁ ποιήσας τὰ πάντα ἐν λόγῳ σου
2 καὶ τῇ σοφίᾳ σου κατασκευάσας[7] ἄνθρωπον,
ἵνα δεσπόζῃ[8] τῶν ὑπὸ σοῦ γενομένων κτισμάτων[9]
3 καὶ διέπῃ[10] τὸν κόσμον ἐν ὁσιότητι[11] καὶ δικαιοσύνῃ
καὶ ἐν εὐθύτητι[12] ψυχῆς κρίσιν κρίνῃ,
4 δός μοι τὴν τῶν σῶν[13] θρόνων πάρεδρον[14] σοφίαν
καὶ μή με ἀποδοκιμάσῃς[15] ἐκ παίδων[16] σου.
5 ὅτι ἐγὼ δοῦλος σὸς[17] καὶ υἱὸς τῆς παιδίσκης[18] σου,
ἄνθρωπος ἀσθενὴς[19] καὶ ὀλιγοχρόνιος[20]
καὶ ἐλάσσων[21] ἐν συνέσει[22] κρίσεως καὶ νόμων·
6 κἂν[23] γάρ τις ᾖ τέλειος[24] ἐν υἱοῖς ἀνθρώπων,
τῆς ἀπὸ σοῦ σοφίας ἀπούσης[25] εἰς οὐδὲν λογισθήσεται.
7 σύ με προείλω[26] βασιλέα λαοῦ σου
καὶ δικαστὴν[27] υἱῶν σου καὶ θυγατέρων·[28]
8 εἶπας οἰκοδομῆσαι ναὸν ἐν ὄρει ἁγίῳ σου
καὶ ἐν πόλει κατασκηνώσεώς[29] σου θυσιαστήριον,[30]
μίμημα[31] σκηνῆς[32] ἁγίας, ἣν προητοίμασας[33] ἀπ᾽ ἀρχῆς.

1 ἄλλως, otherwise
2 ἐγκρατής, having possession
3 φρόνησις, insight, intelligence
4 ἐντυγχάνω, *aor act ind 1s*, converse with, supplicate
5 δέομαι, *aor pas ind 1s*, beseech
6 ἔλεος, mercy
7 κατασκευάζω, *aor act ptc nom s m*, make, create
8 δεσπόζω, *pres act sub 3s*, be master over
9 κτίσμα, creature
10 διέπω, *pres act sub 3s*, order, manage
11 ὁσιότης, holiness
12 εὐθύτης, uprightness
13 σός, your
14 πάρεδρος, sitting by
15 ἀποδοκιμάζω, *aor act sub 2s*, reject, cast away
16 παῖς, servant
17 σός, your
18 παιδίσκη, female servant
19 ἀσθενής, weak
20 ὀλιγοχρόνιος, short-lived
21 ἐλάσσων (ττ), *comp of* μικρός, *from* ἐλαχύς, smaller, less
22 σύνεσις, understanding
23 κἄν, and if, *cr.* καὶ ἐάν or καὶ ἄν
24 τέλειος, complete, perfect
25 ἄπειμι, *pres act ptc gen s f*, be far from
26 προαιρέω, *aor mid ind 2s*, prefer, choose
27 δικαστής, judge
28 θυγάτηρ, daughter
29 κατασκήνωσις, habitation
30 θυσιαστήριον, altar
31 μίμημα, copy
32 σκηνή, tent
33 προετοιμάζω, *aor act ind 2s*, prepare beforehand

9 καὶ μετὰ σοῦ ἡ σοφία ἡ εἰδυῖα[1] τὰ ἔργα σου
καὶ παροῦσα,[2] ὅτε ἐποίεις τὸν κόσμον,
καὶ ἐπισταμένη[3] τί ἀρεστὸν[4] ἐν ὀφθαλμοῖς σου
καὶ τί εὐθὲς[5] ἐν ἐντολαῖς σου.
10 ἐξαπόστειλον[6] αὐτὴν ἐξ ἁγίων οὐρανῶν
καὶ ἀπὸ θρόνου δόξης σου πέμψον αὐτήν,
ἵνα συμπαροῦσά[7] μοι κοπιάσῃ,[8]
καὶ γνῶ τί εὐάρεστόν[9] ἐστιν παρὰ σοί.
11 οἶδε γὰρ ἐκείνη πάντα καὶ συνίει[10]
καὶ ὁδηγήσει[11] με ἐν ταῖς πράξεσί[12] μου σωφρόνως[13]
καὶ φυλάξει με ἐν τῇ δόξῃ αὐτῆς·
12 καὶ ἔσται προσδεκτὰ[14] τὰ ἔργα μου,
καὶ διακρινῶ[15] τὸν λαόν σου δικαίως[16]
καὶ ἔσομαι ἄξιος[17] θρόνων πατρός μου.
13 τίς γὰρ ἄνθρωπος γνώσεται βουλὴν[18] θεοῦ;
ἢ τίς ἐνθυμηθήσεται[19] τί θέλει ὁ κύριος;
14 λογισμοὶ[20] γὰρ θνητῶν[21] δειλοί,[22]
καὶ ἐπισφαλεῖς[23] αἱ ἐπίνοιαι[24] ἡμῶν·
15 φθαρτὸν[25] γὰρ σῶμα βαρύνει[26] ψυχήν,
καὶ βρίθει[27] τὸ γεῶδες[28] σκῆνος[29] νοῦν[30] πολυφρόντιδα.[31]
16 καὶ μόλις[32] εἰκάζομεν[33] τὰ ἐπὶ γῆς
καὶ τὰ ἐν χερσὶν εὑρίσκομεν μετὰ πόνου·[34]
τὰ δὲ ἐν οὐρανοῖς τίς ἐξιχνίασεν;[35]

1 οἶδα, *perf act ptc nom s f*, know
2 πάρειμι, *pres act ptc nom s f*, be present
3 ἐπίσταμαι, *pres mid ptc nom s f*, know
4 ἀρεστός, pleasing
5 εὐθής, right
6 ἐξαποστέλλω, *aor act impv 2s*, send forth
7 συμπάρειμι, *pres act ptc nom s f*, be present with
8 κοπιάω, *aor act sub 3s*, toil, work hard
9 εὐάρεστος, acceptable
10 συνίημι, *pres act ind 3s*, understand
11 ὁδηγέω, *fut act ind 3s*, guide, lead
12 πρᾶξις, deed, action
13 σωφρόνως, wisely, prudently
14 προσδεκτός, acceptable
15 διακρίνω, *fut act ind 1s*, give judgment
16 δικαίως, justly
17 ἄξιος, worthy
18 βουλή, counsel
19 ἐνθυμέομαι, *fut pas ind 3s*, ponder, think deeply about
20 λογισμός, reasoning, thought, scheme
21 θνητός, mortal
22 δειλός, wretched
23 ἐπισφαλής, unstable, prone to fall
24 ἐπίνοια, thought, device
25 φθαρτός, perishable
26 βαρύνω, *pres act ind 3s*, make heavy, burden
27 βρίθω, *pres act ind 3s*, weigh down
28 γεώδης, earthly
29 σκῆνος, tent
30 νοῦς, mind
31 πολυφροντίς, full of cares
32 μόλις, with difficulty
33 εἰκάζω, *pres act ind 1p*, conjecture, infer
34 πόνος, toil, labor
35 ἐξιχνιάζω, *aor act ind 3s*, trace out

17 βουλὴν[1] δέ σου τίς ἔγνω,
εἰ μὴ σὺ ἔδωκας σοφίαν
καὶ ἔπεμψας τὸ ἅγιόν σου πνεῦμα ἀπὸ ὑψίστων;[2]
18 καὶ οὕτως διωρθώθησαν[3] αἱ τρίβοι[4] τῶν ἐπὶ γῆς,
καὶ τὰ ἀρεστά[5] σου ἐδιδάχθησαν ἄνθρωποι,
καὶ τῇ σοφίᾳ ἐσώθησαν.

Wisdom's Work from Adam to Moses

10 Αὕτη πρωτόπλαστον[6] πατέρα κόσμου μόνον κτισθέντα[7] διεφύλαξεν[8]
καὶ ἐξείλατο[9] αὐτὸν ἐκ παραπτώματος[10] ἰδίου[11]
2 ἔδωκέν τε αὐτῷ ἰσχὺν[12] κρατῆσαι ἁπάντων.[13]
3 ἀποστὰς[14] δὲ ἀπ᾽ αὐτῆς ἄδικος[15] ἐν ὀργῇ αὐτοῦ
ἀδελφοκτόνοις[16] συναπώλετο[17] θυμοῖς.[18]
4 δι᾽ ὃν κατακλυζομένην[19] γῆν πάλιν[20] ἔσωσεν σοφία
δι᾽ εὐτελοῦς[21] ξύλου[22] τὸν δίκαιον κυβερνήσασα.[23]

5 αὕτη καὶ ἐν ὁμονοίᾳ[24] πονηρίας[25] ἐθνῶν συγχυθέντων[26]
ἔγνω τὸν δίκαιον καὶ ἐτήρησεν[27] αὐτὸν ἄμεμπτον[28] θεῷ
καὶ ἐπὶ τέκνου σπλάγχνοις[29] ἰσχυρὸν[30] ἐφύλαξεν.
6 αὕτη δίκαιον ἐξαπολλυμένων[31] ἀσεβῶν[32] ἐρρύσατο[33]
φυγόντα[34] καταβάσιον[35] πῦρ Πενταπόλεως,

1 βουλή, counsel
2 ὕψιστος, *sup*, highest, most high
3 διορθόω, *aor pas ind 3p*, make straight, establish
4 τρίβος, path
5 ἀρεστός, pleasing
6 πρωτόπλαστος, first-created, first-formed
7 κτίζω, *aor pas ptc acc s m*, create
8 διαφυλάσσω, *aor act ind 3s*, guard
9 ἐξαιρέω, *aor mid ind 3s*, deliver
10 παράπτωμα, transgression, trespass
11 ἴδιος, one's own
12 ἰσχύς, strength
13 ἅπας, all
14 ἀφίστημι, *aor act ptc nom s m*, depart
15 ἄδικος, unrighteous
16 ἀδελφοκτόνος, fratricidal, murdering a brother
17 συναπόλλυμι, *aor mid ind 3s*, perish (together)
18 θυμός, fury, rage
19 κατακλύζω, *pres pas ptc acc s f*, inundate, flood
20 πάλιν, once again
21 εὐτελής, worthless
22 ξύλον, (vessel of) wood
23 κυβερνάω, *aor act ptc nom s f*, guide, steer
24 ὁμόνοια, concord, harmony
25 πονηρία, wickedness
26 συγχέω, *aor pas ptc gen p n*, confound
27 τηρέω, *aor act ind 3s*, keep, guard
28 ἄμεμπτος, blameless, without reproach
29 σπλάγχνον, affection, (inward parts)
30 ἰσχυρός, strong, powerful
31 ἐξαπόλλυμι, *pres pas ptc gen p m*, utterly perish
32 ἀσεβής, ungodly, wicked
33 ῥύομαι, *aor mid ind 3s*, deliver, rescue
34 φεύγω, *aor act ptc acc s m*, flee
35 καταβάσιος, descending

7 ἧς ἔτι μαρτύριον[1] τῆς πονηρίας[2]
καπνιζομένη[3] καθέστηκε[4] χέρσος,[5]
καὶ ἀτελέσιν[6] ὥραις καρποφοροῦντα[7] φυτά,[8]
ἀπιστούσης[9] ψυχῆς μνημεῖον[10] ἑστηκυῖα στήλη[11] ἁλός.[12]
8 σοφίαν γὰρ παροδεύσαντες[13]
οὐ μόνον ἐβλάβησαν[14] τοῦ μὴ γνῶναι τὰ καλά,
ἀλλὰ καὶ τῆς ἀφροσύνης[15] ἀπέλιπον[16] τῷ βίῳ[17] μνημόσυνον,[18]
ἵνα ἐν οἷς ἐσφάλησαν[19] μηδὲ λαθεῖν[20] δυνηθῶσιν.[21]

9 σοφία δὲ τοὺς θεραπεύοντας[22] αὐτὴν ἐκ πόνων[23] ἐρρύσατο.[24]
10 αὕτη φυγάδα[25] ὀργῆς ἀδελφοῦ δίκαιον
ὡδήγησεν[26] ἐν τρίβοις[27] εὐθείαις·[28]
ἔδειξεν αὐτῷ βασιλείαν θεοῦ
καὶ ἔδωκεν αὐτῷ γνῶσιν[29] ἁγίων·
εὐπόρησεν[30] αὐτὸν ἐν μόχθοις[31]
καὶ ἐπλήθυνεν[32] τοὺς πόνους[33] αὐτοῦ·
11 ἐν πλεονεξίᾳ[34] κατισχυόντων[35] αὐτόν
παρέστη[36] καὶ ἐπλούτισεν[37] αὐτόν·
12 διεφύλαξεν[38] αὐτὸν ἀπὸ ἐχθρῶν
καὶ ἀπὸ ἐνεδρευόντων[39] ἠσφαλίσατο·[40]

1 μαρτύριον, witness, testimony
2 πονηρία, wickedness
3 καπνίζω, *pres mid ptc nom s f*, make smoke
4 καθίστημι, *perf act ind 3s*, appoint, set over
5 χέρσος, dry, barren (land)
6 ἀτελής, incomplete, (unripe)
7 καρποφορέω, *pres act ptc nom p n*, bear fruit
8 φυτόν, plant
9 ἀπιστέω, *pres act ptc gen s f*, disbelieve
10 μνημεῖον, memorial, monument
11 στήλη, pillar
12 ἅλς, salt
13 παροδεύω, *aor act ptc nom p m*, pass by, disregard
14 βλάπτω, *aor pas ind 3p*, hinder
15 ἀφροσύνη, foolishness
16 ἀπολείπω, *aor act ind 3p*, abandon, forsake
17 βίος, life
18 μνημόσυνον, memorial
19 σφάλλω, *aor pas ind 3p*, err, fall, fail
20 λανθάνω, *aor act inf*, go unnoticed, escape detection
21 δύναμαι, *aor pas sub 3p*, be able to
22 θεραπεύω, *pres act ptc acc p m*, serve
23 πόνος, affliction, distress
24 ῥύομαι, *aor mid ind 3s*, deliver, rescue
25 φυγάς, one who flees
26 ὁδηγέω, *aor act ind 3s*, guide, lead
27 τρίβος, path
28 εὐθύς, straight
29 γνῶσις, knowledge
30 εὐπορέω, *aor act ind 3s*, cause to prosper
31 μόχθος, labor
32 πληθύνω, *aor act ind 3s*, multiply
33 πόνος, (product of) labor
34 πλεονεξία, greed
35 κατισχύω, *pres act ptc gen p m*, overpower, prevail over
36 παρίστημι, *aor act ind 3s*, be present with, stand near
37 πλουτίζω, *aor act ind 3s*, enrich
38 διαφυλάσσω, *aor act ind 3s*, guard
39 ἐνεδρεύω, *pres act ptc gen p m*, lie in wait for
40 ἀσφαλίζω, *aor mid ind 3s*, keep safe

καὶ ἀγῶνα[1] ἰσχυρὸν[2] ἐβράβευσεν[3] αὐτῷ,
ἵνα γνῷ ὅτι παντὸς δυνατωτέρα[4] ἐστὶν εὐσέβεια.[5]

13 αὕτη πραθέντα[6] δίκαιον οὐκ ἐγκατέλιπεν,[7]
ἀλλὰ ἐξ ἁμαρτίας ἐρρύσατο[8] αὐτόν·
14 συγκατέβη[9] αὐτῷ εἰς λάκκον[10]
καὶ ἐν δεσμοῖς[11] οὐκ ἀφῆκεν αὐτόν,
ἕως ἤνεγκεν αὐτῷ σκῆπτρα[12] βασιλείας
καὶ ἐξουσίαν[13] τυραννούντων[14] αὐτοῦ·
ψευδεῖς[15] τε ἔδειξεν τοὺς μωμησαμένους[16] αὐτόν
καὶ ἔδωκεν αὐτῷ δόξαν αἰώνιον.

Wisdom and the Exodus from Egypt

15 Αὕτη λαὸν ὅσιον[17] καὶ σπέρμα ἄμεμπτον[18]
ἐρρύσατο[19] ἐξ ἔθνους θλιβόντων·[20]
16 εἰσῆλθεν εἰς ψυχὴν θεράποντος[21] κυρίου
καὶ ἀντέστη[22] βασιλεῦσιν φοβεροῖς[23] ἐν τέρασι[24] καὶ σημείοις.
17 ἀπέδωκεν[25] ὁσίοις[26] μισθὸν[27] κόπων[28] αὐτῶν,
ὡδήγησεν[29] αὐτοὺς ἐν ὁδῷ θαυμαστῇ[30]
καὶ ἐγένετο αὐτοῖς εἰς σκέπην[31] ἡμέρας
καὶ εἰς φλόγα[32] ἄστρων[33] τὴν νύκτα.
18 διεβίβασεν[34] αὐτοὺς θάλασσαν ἐρυθράν[35]
καὶ διήγαγεν[36] αὐτοὺς δι᾽ ὕδατος πολλοῦ·

1 ἀγών, battle
2 ἰσχυρός, severe
3 βραβεύω, *aor act ind 3s*, judge in favor of
4 δυνατός, *comp*, mightier
5 εὐσέβεια, godliness, piety
6 πιπράσκω, *aor pas ptc acc s m*, sell
7 ἐγκαταλείπω, *aor act ind 3s*, abandon, forsake
8 ῥύομαι, *aor mid ind 3s*, deliver, rescue
9 συγκαταβαίνω, *aor act ind 3s*, descend with
10 λάκκος, pit, dungeon
11 δεσμός, chains, bonds
12 σκῆπτρον, scepter
13 ἐξουσία, authority
14 τυραννέω, *pres act ptc gen p m*, rule over
15 ψευδής, lying, false
16 μωμάομαι, *aor mid ptc acc p m*, blame, find fault with
17 ὅσιος, holy
18 ἄμεμπτος, blameless
19 ῥύομαι, *aor mid ind 3s*, deliver, rescue
20 θλίβω, *pres act ptc gen p m*, afflict, oppress
21 θεράπων, servant
22 ἀνθίστημι, *aor act ind 3s*, oppose, stand against
23 φοβερός, fearful
24 τέρας, wonder
25 ἀποδίδωμι, *aor act ind 3s*, repay, recompense
26 ὅσιος, holy
27 μισθός, reward
28 κόπος, labor, toil
29 ὁδηγέω, *aor act ind 3s*, guide, lead
30 θαυμαστός, marvelous
31 σκέπη, shelter, protection
32 φλόξ, flame, blaze
33 ἄστρον, star
34 διαβιβάζω, *aor act ind 3s*, transport across
35 ἐρυθρός, red
36 διάγω, *aor act ind 3s*, bring through

19 τοὺς δὲ ἐχθροὺς αὐτῶν κατέκλυσεν[1]
καὶ ἐκ βάθους[2] ἀβύσσου[3] ἀνέβρασεν[4] αὐτούς.
20 διὰ τοῦτο δίκαιοι ἐσκύλευσαν[5] ἀσεβεῖς[6]
καὶ ὕμνησαν,[7] κύριε, τὸ ὄνομα τὸ ἅγιόν σου
τήν τε ὑπέρμαχόν[8] σου χεῖρα ᾔνεσαν[9] ὁμοθυμαδόν·[10]
21 ὅτι ἡ σοφία ἤνοιξεν στόμα κωφῶν[11]
καὶ γλώσσας νηπίων[12] ἔθηκεν τρανάς.[13]

Wisdom and the Wilderness Journey

11 Εὐόδωσεν[14] τὰ ἔργα αὐτῶν
ἐν χειρὶ προφήτου ἁγίου.
2 διώδευσαν[15] ἔρημον ἀοίκητον[16]
καὶ ἐν ἀβάτοις[17] ἔπηξαν[18] σκηνάς·[19]
3 ἀντέστησαν[20] πολεμίοις[21]
καὶ ἐχθροὺς ἠμύναντο.[22]
4 ἐδίψησαν[23] καὶ ἐπεκαλέσαντό[24] σε,
καὶ ἐδόθη αὐτοῖς ἐκ πέτρας[25] ἀκροτόμου[26] ὕδωρ
καὶ ἴαμα[27] δίψης[28] ἐκ λίθου σκληροῦ.[29]
5 δι᾽ ὧν γὰρ ἐκολάσθησαν[30] οἱ ἐχθροὶ αὐτῶν,
διὰ τούτων αὐτοὶ ἀποροῦντες[31] εὐεργετήθησαν.[32]
6 ἀντὶ[33] μὲν πηγῆς[34] ἀενάου[35] ποταμοῦ[36]
αἵματι λυθρώδει[37] ταραχθέντος[38]
7 εἰς ἔλεγχον[39] νηπιοκτόνου[40] διατάγματος[41]
ἔδωκας αὐτοῖς δαψιλὲς[42] ὕδωρ ἀνελπίστως[43]

1 κατακλύζω, *aor act ind 3s*, inundate, flood
2 βάθος, depth
3 ἄβυσσος, abyss, deeps
4 ἀναβράσσω, *aor act ind 3s*, toss up
5 σκυλεύω, *aor act ind 3p*, plunder
6 ἀσεβής, ungodly
7 ὑμνέω, *aor act ind 3p*, sing hymns
8 ὑπέρμαχος, defending, vindicating
9 αἰνέω, *aor act ind 3p*, praise
10 ὁμοθυμαδόν, together
11 κωφός, dumb, mute
12 νήπιος, infant
13 τρανός, articulate, clear (in speech)
14 εὐοδόω, *aor act ind 3s*, make prosperous
15 διοδεύω, *aor act ind 3p*, travel through
16 ἀοίκητος, uninhabited
17 ἄβατος, desolate
18 πήγνυμι, *aor act ind 3p*, pitch, erect
19 σκηνή, tent
20 ἀνθίστημι, *aor act ind 3p*, oppose, stand against
21 πολέμιος, adversary
22 ἀμύνω, *aor mid ind 3p*, defend against
23 διψάω, *aor act ind 3p*, be thirsty
24 ἐπικαλέω, *aor mid ind 3p*, call upon
25 πέτρα, rock
26 ἀκρότομος, jagged
27 ἴαμα, remedy
28 δίψα, thirst
29 σκληρός, hard, solid
30 κολάζω, *aor pas ind 3p*, chastise, punish
31 ἀπορέω, *pres act ptc nom p m*, be in need
32 εὐεργετέω, *aor pas ind 3p*, benefit from
33 ἀντί, instead of
34 πηγή, spring
35 ἀέναος, ever-flowing
36 ποταμός, river
37 λυθρώδης, defiled
38 ταράσσω, *aor pas ptc gen s m*, stir up
39 ἔλεγχος, rebuke
40 νηπιοκτόνος, slaying of children
41 διάταγμα, ordinance
42 δαψιλής, plentiful
43 ἀνελπίστως, unexpected

8 δείξας διὰ τοῦ τότε δίψους[1]
πῶς τοὺς ὑπεναντίους[2] ἐκόλασας.[3]
9 ὅτε γὰρ ἐπειράσθησαν,[4] καίπερ[5] ἐν ἐλέει[6] παιδευόμενοι,[7]
ἔγνωσαν πῶς μετ᾽ ὀργῆς κρινόμενοι ἀσεβεῖς[8] ἐβασανίζοντο·[9]
10 τούτους μὲν γὰρ ὡς πατὴρ νουθετῶν[10] ἐδοκίμασας,[11]
ἐκείνους δὲ ὡς ἀπότομος[12] βασιλεὺς καταδικάζων[13] ἐξήτασας.[14]
11 καὶ ἀπόντες[15] δὲ καὶ παρόντες[16] ὁμοίως[17] ἐτρύχοντο·[18]
12 διπλῆ[19] γὰρ αὐτοὺς ἔλαβεν λύπη[20]
καὶ στεναγμὸς[21] μνημῶν[22] τῶν παρελθόντων·[23]
13 ὅτε γὰρ ἤκουσαν διὰ τῶν ἰδίων[24] κολάσεων[25] εὐεργετημένους[26] αὐτούς,
ᾔσθοντο[27] τοῦ κυρίου.
14 ὃν γὰρ ἐν ἐκθέσει[28] πάλαι[29] ῥιφέντα[30] ἀπεῖπον[31] χλευάζοντες,[32]
ἐπὶ τέλει[33] τῶν ἐκβάσεων[34] ἐθαύμασαν[35]
οὐχ ὅμοια[36] δικαίοις διψήσαντες.[37]

1 δίψος, thirst
2 ὑπεναντίος, opponent
3 κολάζω, *aor act ind 2s*, chastise, punish
4 πειράζω, *aor pas ind 3p*, test, put to trial
5 καίπερ, although
6 ἔλεος, mercy
7 παιδεύω, *pres pas ptc nom p m*, instruct, discipline
8 ἀσεβής, ungodly
9 βασανίζω, *impf pas ind 3p*, torture
10 νουθετέω, *pres act ptc nom s m*, admonish, warn
11 δοκιμάζω, *aor act ind 2s*, examine, test
12 ἀπότομος, severe
13 καταδικάζω, *pres act ptc nom s m*, give judgment
14 ἐξετάζω, *aor act ind 2s*, scrutinize
15 ἄπειμι, *pres act ptc nom p m*, be away from
16 πάρειμι, *pres act ptc nom p m*, be near
17 ὁμοίως, likewise
18 τρύχω, *impf pas ind 3p*, vex, distress, afflict
19 διπλοῦς, double
20 λύπη, grief
21 στεναγμός, sighing, groaning
22 μνήμη, remembrance
23 παρέρχομαι, *aor act ptc gen p n*, pass by, happen
24 ἴδιος, one's own
25 κόλασις, chastisement, punishment
26 εὐεργετέω, *perf pas ptc acc p m*, benefit
27 αἰσθάνομαι, *aor mid ind 3p*, notice, perceive
28 ἔκθεσις, exposure (of children)
29 πάλαι, long before
30 ῥίπτω, *aor pas ptc acc s m*, cast out
31 ἀπαγορεύω, *aor act ind 3p*, bid farewell to
32 χλευάζω, *pres act ptc nom p m*, mock, scoff
33 τέλος, conclusion
34 ἔκβασις, event
35 θαυμάζω, *aor act ind 3p*, be astonished, marvel
36 ὅμοιος, like, similar to
37 διψάω, *aor act ptc nom p m*, be thirsty

Punishment for the Unjust

15 ἀντὶ[1] δὲ λογισμῶν[2] ἀσυνέτων[3] ἀδικίας[4] αὐτῶν,
ἐν οἷς πλανηθέντες ἐθρήσκευον[5] ἄλογα[6] ἑρπετὰ[7] καὶ κνώδαλα[8] εὐτελῆ,[9]
ἐπαπέστειλας[10] αὐτοῖς πλῆθος ἀλόγων[11] ζῴων[12] εἰς ἐκδίκησιν,[13]
16 ἵνα γνῶσιν ὅτι, δι᾿ ὧν τις ἁμαρτάνει,
διὰ τούτων κολάζεται.[14]
17 οὐ γὰρ ἠπόρει[15] ἡ παντοδύναμός[16] σου χεὶρ
καὶ κτίσασα[17] τὸν κόσμον ἐξ ἀμόρφου[18] ὕλης[19]
ἐπιπέμψαι[20] αὐτοῖς πλῆθος ἄρκων[21] ἢ θρασεῖς[22] λέοντας[23]
18 ἢ νεοκτίστους[24] θυμοῦ[25] πλήρεις[26] θῆρας[27] ἀγνώστους[28]
ἤτοι[29] πυρπνόον[30] φυσῶντας[31] ἄσθμα[32]
ἢ βρόμον[33] λικμωμένους[34] καπνοῦ[35]
ἢ δεινοὺς[36] ἀπ᾿ ὀμμάτων[37] σπινθῆρας[38] ἀστράπτοντας,[39]
19 ὧν οὐ μόνον ἡ βλάβη[40] ἠδύνατο συνεκτρῖψαι[41] αὐτούς,
ἀλλὰ καὶ ἡ ὄψις[42] ἐκφοβήσασα[43] διολέσαι.[44]
20 καὶ χωρὶς[45] δὲ τούτων ἑνὶ πνεύματι πεσεῖν ἐδύναντο
ὑπὸ τῆς δίκης[46] διωχθέντες[47]
καὶ λικμηθέντες[48] ὑπὸ πνεύματος δυνάμεώς σου·
ἀλλὰ πάντα μέτρῳ[49] καὶ ἀριθμῷ[50] καὶ σταθμῷ[51] διέταξας.[52]

1 ἀντί, in exchange for, in place of
2 λογισμός, deliberation, thought
3 ἀσύνετος, unintelligent
4 ἀδικία, wrongdoing, injustice
5 θρησκεύω, *impf act ind 3p*, worship
6 ἄλογος, unreasoning, senseless
7 ἑρπετόν, creeping thing
8 κνώδαλον, wild animal, vermin
9 εὐτελής, vile
10 ἐπαποστέλλω, *aor act ind 2s*, send after
11 ἄλογος, unreasoning, senseless
12 ζῷον, creature
13 ἐκδίκησις, vengeance
14 κολάζω, *pres mid ind 3s*, chastise, punish
15 ἀπορέω, *impf act ind 3s*, be at a loss
16 παντοδύναμος, all-powerful
17 κτίζω, *aor act ptc nom s f*, create
18 ἄμορφος, without form
19 ὕλη, matter
20 ἐπιπέμπω, *aor act inf*, send upon
21 ἄρκος, bear
22 θρασύς, fierce
23 λέων, lion
24 νεόκτιστος, newly created, novel
25 θυμός, wrath, anger
26 πλήρης, full
27 θήρα, hunting (beast)
28 ἄγνωστος, unknown
29 ἤτοι, either…or
30 πυρπνόος, fire-breathing
31 φυσάω, *pres act ptc acc p m*, blow
32 ἄσθμα, breath
33 βρόμος, roar, loud noise
34 λικμάω, *pres mid ptc acc p m*, scatter
35 καπνός, smoke
36 δεινός, fearful
37 ὄμμα, eye
38 σπινθήρ, spark
39 ἀστράπτω, *pres act ptc acc p m*, flash lightning
40 βλάβη, harm
41 συνεκτρίβω, *aor act inf*, destroy together
42 ὄψις, outward appearance
43 ἐκφοβέω, *aor act ptc nom s f*, frighten
44 διόλλυμι, *aor act inf*, utterly destroy
45 χωρίς, otherwise, without
46 δίκη, justice, vengeance
47 διώκω, *aor pas ptc nom p m*, pursue
48 λικμάω, *aor pas ptc nom p m*, scatter
49 μέτρον, measure
50 ἀριθμός, number
51 σταθμός, weight
52 διατάσσω, *aor act ind 2s*, arrange, appoint

God's Power and Mercy

21 τὸ γὰρ μεγάλως[1] ἰσχύειν[2] σοὶ πάρεστιν[3] πάντοτε,[4]
καὶ κράτει[5] βραχίονός[6] σου τίς ἀντιστήσεται;[7]
22 ὅτι ὡς ῥοπὴ[8] ἐκ πλαστίγγων[9] ὅλος ὁ κόσμος ἐναντίον[10] σου
καὶ ὡς ῥανὶς[11] δρόσου[12] ὀρθρινὴ[13] κατελθοῦσα[14] ἐπὶ γῆν.
23 ἐλεεῖς[15] δὲ πάντας, ὅτι πάντα δύνασαι,
καὶ παρορᾷς[16] ἁμαρτήματα[17] ἀνθρώπων εἰς μετάνοιαν.[18]
24 ἀγαπᾷς γὰρ τὰ ὄντα πάντα
καὶ οὐδὲν βδελύσσῃ[19] ὧν ἐποίησας·
οὐδὲ γὰρ ἂν μισῶν τι κατεσκεύασας.[20]
25 πῶς δὲ διέμεινεν[21] ἄν τι, εἰ μὴ σὺ ἠθέλησας,
ἢ τὸ μὴ κληθὲν ὑπὸ σοῦ διετηρήθη;[22]
26 φείδῃ[23] δὲ πάντων, ὅτι σά[24] ἐστιν,
δέσποτα[25] φιλόψυχε·[26]

12 τὸ γὰρ ἄφθαρτόν[27] σου πνεῦμά ἐστιν ἐν πᾶσιν.
2 Διὸ[28] τοὺς παραπίπτοντας[29] κατ᾿ ὀλίγον[30] ἐλέγχεις[31]
καὶ ἐν οἷς ἁμαρτάνουσιν ὑπομιμνῄσκων[32] νουθετεῖς,[33]
ἵνα ἀπαλλαγέντες[34] τῆς κακίας[35] πιστεύσωσιν ἐπὶ σέ, κύριε.

1 μεγάλως, very much
2 ἰσχύω, *pres act inf*, be strong
3 πάρειμι, *pres act ind 3s*, be present
4 πάντοτε, at all times
5 κράτος, might
6 βραχίων, arm
7 ἀνθίστημι, *fut mid ind 3s*, oppose, stand against
8 ῥοπή, small additional weight
9 πλάστιγξ, scale, balance
10 ἐναντίον, before
11 ῥανίς, drop
12 δρόσος, dew
13 ὀρθρινός, in the morning
14 κατέρχομαι, *aor act ptc nom s f*, fall down upon
15 ἐλεέω, *pres act ind 2s*, show mercy
16 παροράω, *pres act ind 2s*, disregard, overlook
17 ἁμάρτημα, offense, sin
18 μετάνοια, repentance
19 βδελύσσω, *pres mid ind 2s*, abominate, abhor
20 κατασκευάζω, *aor act ind 2s*, make, create
21 διαμένω, *aor act ind 3s*, continue, remain
22 διατηρέω, *aor pas ind 3s*, preserve
23 φείδομαι, *pres mid ind 2s*, spare
24 σός, your
25 δεσπότης, master
26 φιλόψυχος, loving human beings
27 ἄφθαρτος, incorruptible
28 διό, therefore
29 παραπίπτω, *pres act ptc acc p m*, fall away
30 ὀλίγος, a little
31 ἐλέγχω, *pres act ind 2s*, reprove, reproach
32 ὑπομιμνῄσκω, *pres act ptc nom s m*, remind
33 νουθετέω, *pres act ind 2s*, admonish, warn
34 ἀπαλλάσσω, *aor pas ptc nom p m*, remove from
35 κακία, wickedness

Abominations of the Land's Inhabitants

3 καὶ γὰρ τοὺς πάλαι[1] οἰκήτορας[2] τῆς ἁγίας σου γῆς
4 μισήσας ἐπὶ τῷ ἔχθιστα[3] πράσσειν,[4]
ἔργα φαρμακειῶν[5] καὶ τελετὰς[6] ἀνοσίους[7]
5 τέκνων τε φονὰς[8] ἀνελεήμονας[9]
καὶ σπλαγχνοφάγον[10] ἀνθρωπίνων[11] σαρκῶν θοῖναν[12] καὶ αἵματος,
ἐκ μέσου μύστας[13] θιάσου[14]
6 καὶ αὐθέντας[15] γονεῖς[16] ψυχῶν ἀβοηθήτων,[17]
ἐβουλήθης ἀπολέσαι διὰ χειρῶν πατέρων ἡμῶν,
7 ἵνα ἀξίαν[18] ἀποικίαν[19] δέξηται[20] θεοῦ παίδων[21]
ἡ παρὰ σοὶ πασῶν τιμιωτάτη[22] γῆ.
8 ἀλλὰ καὶ τούτων ὡς ἀνθρώπων ἐφείσω[23]
ἀπέστειλάς τε προδρόμους[24] τοῦ στρατοπέδου[25] σου σφῆκας,[26]
ἵνα αὐτοὺς κατὰ βραχὺ[27] ἐξολεθρεύσωσιν.[28]
9 οὐκ ἀδυνατῶν[29] ἐν παρατάξει[30] ἀσεβεῖς[31] δικαίοις ὑποχειρίους[32] δοῦναι
ἢ θηρίοις δεινοῖς[33] ἢ λόγῳ ἀποτόμῳ[34] ὑφ᾽ ἓν ἐκτρῖψαι,[35]
10 κρίνων δὲ κατὰ βραχὺ[36] ἐδίδους τόπον[37] μετανοίας[38]
οὐκ ἀγνοῶν[39] ὅτι πονηρὰ ἡ γένεσις[40] αὐτῶν
καὶ ἔμφυτος[41] ἡ κακία[42] αὐτῶν
καὶ ὅτι οὐ μὴ ἀλλαγῇ[43] ὁ λογισμὸς[44] αὐτῶν εἰς τὸν αἰῶνα.

1 πάλαι, old, ancient
2 οἰκήτωρ, inhabitant
3 ἐχθρός, *sup*, most hostile, most abominable
4 πράσσω, *pres act inf*, practice, commit
5 φαρμακεία, sorcery, magic
6 τελετή, cultic rite
7 ἀνόσιος, unholy, profane
8 φονεύς, murder
9 ἀνελεήμων, without mercy
10 σπλαγχνοφάγος, eating the organs of a sacrificial victim
11 ἀνθρώπινος, human
12 θοῖνα, meal
13 μύστης, one initiated
14 θίασος, feast, ceremony
15 αὐθέντης, murderer
16 γονεύς, parent
17 ἀβοήθητος, helpless
18 ἄξιος, worthy
19 ἀποικία, colony (of exiles)
20 δέχομαι, *aor mid sub 3s*, receive
21 παῖς, servant
22 τίμιος, *sup*, most valuable
23 φείδομαι, *aor mid ind 2s*, spare
24 πρόδρομος, forerunner
25 στρατόπεδον, army
26 σφήξ, wasp
27 βραχύς, a little (at a time)
28 ἐξολεθρεύω, *aor act sub 3p*, utterly destroy
29 ἀδυνατέω, *pres act ptc nom s m*, be unable to
30 παράταξις, battle
31 ἀσεβής, ungodly, wicked
32 ὑποχείριος, into one's hands
33 δεινός, fearful, terrible
34 ἀπότομος, severe
35 ἐκτρίβω, *aor act inf*, wipe out, destroy
36 βραχύς, a little (at a time)
37 τόπος, occasion, opportunity
38 μετάνοια, repentance
39 ἀγνοέω, *pres act ptc nom s m*, be ignorant of, not know
40 γένεσις, generation
41 ἔμφυτος, inborn, natural
42 κακία, wickedness
43 ἀλλάσσω, *aor pas sub 3s*, alter, change
44 λογισμός, thought, reasoning

11 σπέρμα γὰρ ἦν κατηραμένον[1] ἀπ᾽ ἀρχῆς,
οὐδὲ εὐλαβούμενός[2] τινα ἐφ᾽ οἷς ἡμάρτανον ἄδειαν[3] ἐδίδους.

God's Righteousness and Sovereignty

12 τίς γὰρ ἐρεῖ Τί ἐποίησας;
ἢ τίς ἀντιστήσεται[4] τῷ κρίματί[5] σου;
τίς δὲ ἐγκαλέσει[6] σοι κατὰ ἐθνῶν ἀπολωλότων ἃ σὺ ἐποίησας;
ἢ τίς εἰς κατάστασίν[7] σοι ἐλεύσεται ἔκδικος[8] κατὰ ἀδίκων[9] ἀνθρώπων;
13 οὔτε γὰρ θεός ἐστιν πλὴν σοῦ, ᾧ μέλει[10] περὶ πάντων,
ἵνα δείξῃς ὅτι οὐκ ἀδίκως[11] ἔκρινας,
14 οὔτε βασιλεὺς ἢ τύραννος[12] ἀντοφθαλμῆσαι[13] δυνήσεταί σοι
περὶ ὧν ἐκόλασας.[14]
15 δίκαιος δὲ ὢν δικαίως[15] τὰ πάντα διέπεις[16]
αὐτὸν τὸν μὴ ὀφείλοντα[17] κολασθῆναι[18] καταδικάσαι[19]
ἀλλότριον[20] ἡγούμενος[21] τῆς σῆς[22] δυνάμεως.
16 ἡ γὰρ ἰσχύς[23] σου δικαιοσύνης ἀρχή,
καὶ τὸ πάντων σε δεσπόζειν[24] πάντων φείδεσθαί[25] σε ποιεῖ.
17 ἰσχὺν[26] γὰρ ἐνδείκνυσαι[27] ἀπιστούμενος[28] ἐπὶ δυνάμεως τελειότητι[29]
καὶ ἐν τοῖς εἰδόσι[30] τὸ θράσος[31] ἐξελέγχεις·[32]
18 σὺ δὲ δεσπόζων[33] ἰσχύος[34] ἐν ἐπιεικείᾳ[35] κρίνεις
καὶ μετὰ πολλῆς φειδοῦς[36] διοικεῖς[37] ἡμᾶς·
πάρεστιν[38] γάρ σοι, ὅταν θέλῃς, τὸ δύνασθαι.

1 καταράομαι, *perf pas ptc nom s n*, curse
2 εὐλαβέομαι, *pres mid ptc nom s m*, fear
3 ἄδεια, amnesty, pardon
4 ἀνθίστημι, *fut mid ind 3s*, oppose, resist
5 κρίμα, judgment
6 ἐγκαλέω, *fut act ind 3s*, bring charges
7 κατάστασις, juridical confrontation
8 ἔκδικος, advocate
9 ἄδικος, unrighteous
10 μέλω, *pres act ind 3s*, care for
11 ἀδίκως, unjustly
12 τύραννος, absolute ruler
13 ἀντοφθαλμέω, *aor act inf*, meet face-to-face
14 κολάζω, *aor act ind 2s*, chastise, punish
15 δικαίως, justly
16 διέπω, *pres act ind 2s*, order, manage
17 ὀφείλω, *pres act ptc acc s m*, deserve to
18 κολάζω, *aor pas inf*, chastise, punish
19 καταδικάζω, *aor act inf*, pronounce guilty
20 ἀλλότριος, foreign
21 ἡγέομαι, *pres mid ptc nom s m*, consider, deem
22 σός, your
23 ἰσχύς, strength
24 δεσπόζω, *pres act inf*, be master over
25 φείδομαι, *pres mid inf*, spare
26 ἰσχύς, strength
27 ἐνδείκνυμι, *pres mid ind 2s*, exhibit, display
28 ἀπιστέω, *pres mid ptc nom s m*, disbelieve
29 τελειότης, completeness, perfection
30 οἶδα, *perf act ptc dat p m*, know
31 θράσος, audacity
32 ἐξελέγχω, *pres act ind 2s*, reprove, rebuff
33 δεσπόζω, *pres act ptc nom s m*, be master over
34 ἰσχύς, strength
35 ἐπιείκεια, equity, fairness
36 φειδώ, sparing
37 διοικέω, *pres act ind 2s*, govern, manage
38 πάρειμι, *pres act ind 3s*, be present

God Teaches Israel

19 Ἐδίδαξας δέ σου τὸν λαὸν διὰ τῶν τοιούτων[1] ἔργων
ὅτι δεῖ[2] τὸν δίκαιον εἶναι φιλάνθρωπον,[3]
καὶ εὐέλπιδας[4] ἐποίησας τοὺς υἱούς σου
ὅτι διδοῖς ἐπὶ ἁμαρτήμασιν[5] μετάνοιαν.[6]
20 εἰ γὰρ ἐχθροὺς παίδων[7] σου καὶ ὀφειλομένους[8] θανάτῳ
μετὰ τοσαύτης[9] ἐτιμωρήσω[10] προσοχῆς[11] καὶ διέσεως[12]
δοὺς χρόνους καὶ τόπον,[13]
δι᾽ ὧν ἀπαλλαγῶσι[14] τῆς κακίας,[15]
21 μετὰ πόσης[16] ἀκριβείας[17] ἔκρινας τοὺς υἱούς σου,
ὧν τοῖς πατράσιν ὅρκους[18] καὶ συνθήκας[19] ἔδωκας ἀγαθῶν
ὑποσχέσεων;[20]
22 Ἡμᾶς οὖν παιδεύων[21] τοὺς ἐχθροὺς ἡμῶν ἐν μυριότητι[22] μαστιγοῖς,[23]
ἵνα σου τὴν ἀγαθότητα[24] μεριμνῶμεν[25] κρίνοντες,
κρινόμενοι δὲ προσδοκῶμεν[26] ἔλεος.[27]

Judgment on the Egyptians

23 ὅθεν[28] καὶ τοὺς ἐν ἀφροσύνῃ[29] ζωῆς βιώσαντας[30] ἀδίκως[31]
διὰ τῶν ἰδίων[32] ἐβασάνισας[33] βδελυγμάτων·[34]
24 καὶ γὰρ τῶν πλάνης[35] ὁδῶν μακρότερον[36] ἐπλανήθησαν[37]
θεοὺς ὑπολαμβάνοντες[38] τὰ καὶ ἐν ζῴοις[39] τῶν αἰσχρῶν[40] ἄτιμα[41]
νηπίων[42] δίκην[43] ἀφρόνων[44] ψευσθέντες.[45]

1 τοιοῦτος, such
2 δεῖ, *pres act ind 3s*, be necessary
3 φιλάνθρωπος, loving toward humans
4 εὔελπις, hopeful
5 ἁμάρτημα, offense, sin
6 μετάνοια, repentance
7 παῖς, servant
8 ὀφείλω, *pres pas ptc acc p m*, deserve
9 τοσοῦτος, such
10 τιμωρέω, *aor mid ind 2s*, punish, exact vengeance
11 προσοχή, attention, care
12 δίεσις, deliberation
13 τόπος, occasion, opportunity
14 ἀπαλλάσσω, *aor pas sub 3p*, remove from
15 κακία, wickedness
16 πόσος, how much
17 ἀκρίβεια, precision
18 ὅρκος, oath
19 συνθήκη, agreement, covenant
20 ὑπόσχεσις, promise
21 παιδεύω, *pres act ptc nom s m*, discipline
22 μυριότης, ten thousand
23 μαστιγόω, *pres act ind 2s*, punish, scourge
24 ἀγαθότης, goodness
25 μεριμνάω, *pres act sub 1p*, ponder, meditate upon
26 προσδοκάω, *pres act sub 1p*, wait upon, expect
27 ἔλεος, mercy
28 ὅθεν, therefore, hence
29 ἀφροσύνη, foolishness
30 βιόω, *aor act ptc acc p m*, live life
31 ἀδίκως, unjustly
32 ἴδιος, one's own
33 βασανίζω, *aor act ind 2s*, torture
34 βδέλυγμα, abomination
35 πλάνη, error, deception
36 μακρός, *comp*, farther away, more distant
37 πλανάω, *aor pas ind 3p*, lead astray
38 ὑπολαμβάνω, *pres act ptc nom p m*, take up
39 ζῷον, creature
40 αἰσχρός, shameful, horrible
41 ἄτιμος, dishonorable
42 νήπιος, infant
43 δίκη, cause, penalty, vengeance
44 ἄφρων, foolish
45 ψεύδομαι, *aor pas ptc nom p m*, deceive

25 διὰ τοῦτο ὡς παισὶν[1] ἀλογίστοις[2]
τὴν κρίσιν εἰς ἐμπαιγμὸν[3] ἔπεμψας.
26 οἱ δὲ παιγνίοις[4] ἐπιτιμήσεως[5] μὴ νουθετηθέντες[6]
ἀξίαν[7] θεοῦ κρίσιν πειράσουσιν.[8]
27 ἐφ᾽ οἷς γὰρ αὐτοὶ πάσχοντες[9] ἠγανάκτουν,[10]
ἐπὶ τούτοις, οὓς ἐδόκουν[11] θεούς, ἐν αὐτοῖς κολαζόμενοι[12]
ἰδόντες, ὃν πάλαι[13] ἠρνοῦντο[14] εἰδέναι, θεὸν ἐπέγνωσαν[15] ἀληθῆ·[16]
διὸ[17] καὶ τὸ τέρμα[18] τῆς καταδίκης[19] ἐπ᾽ αὐτοὺς ἐπῆλθεν.[20]

Folly of Nature Worship

13 Μάταιοι[21] μὲν γὰρ πάντες ἄνθρωποι φύσει,[22]
οἷς παρῆν[23] θεοῦ ἀγνωσία[24]
καὶ ἐκ τῶν ὁρωμένων ἀγαθῶν οὐκ ἴσχυσαν[25] εἰδέναι τὸν ὄντα
οὔτε τοῖς ἔργοις προσέχοντες[26] ἐπέγνωσαν[27] τὸν τεχνίτην,[28]
2 ἀλλ᾽ ἢ πῦρ ἢ πνεῦμα ἢ ταχινὸν[29] ἀέρα[30]
ἢ κύκλον[31] ἄστρων[32] ἢ βίαιον[33] ὕδωρ ἢ φωστῆρας[34] οὐρανοῦ
πρυτάνεις[35] κόσμου θεοὺς ἐνόμισαν.[36]
3 ὧν εἰ μὲν τῇ καλλονῇ[37] τερπόμενοι[38] ταῦτα θεοὺς ὑπελάμβανον,[39]
γνώτωσαν πόσῳ[40] τούτων ὁ δεσπότης[41] ἐστὶ βελτίων,[42]
ὁ γὰρ τοῦ κάλλους γενεσιάρχης[43] ἔκτισεν[44] αὐτά·

1 παῖς, child, servant
2 ἀλόγιστος, unreasoning, irrational
3 ἐμπαιγμός, mocking
4 παίγνιον, playful gesture
5 ἐπιτίμησις, rebuke, censure
6 νουθετέω, *aor pas ptc nom p m*, admonish, warn
7 ἄξιος, worthy
8 πειράζω, *fut act ind 3p*, be tested by, be proved with
9 πάσχω, *pres act ptc nom p m*, suffer
10 ἀγανακτέω, *impf act ind 3p*, become indignant
11 δοκέω, *impf act ind 3p*, deem, think to be
12 κολάζω, *pres pas ptc nom p m*, chastise, punish
13 πάλαι, long before
14 ἀρνέομαι, *impf mid ind 3p*, disown, deny
15 ἐπιγινώσκω, *aor act ind 3p*, recognize, acknowledge
16 ἀληθής, true
17 διό, therefore
18 τέρμα, utmost
19 καταδίκη, condemnation, judgment
20 ἐπέρχομαι, *aor act ind 3s*, come upon
21 μάταιος, foolish, futile
22 φύσις, nature
23 πάρειμι, *impf act ind 3s*, be present
24 ἀγνωσία, ignorance
25 ἰσχύω, *aor act ind 3p*, be able to
26 προσέχω, *pres act ptc nom p m*, give heed to, regard
27 ἐπιγινώσκω, *aor act ind 3p*, recognize, acknowledge
28 τεχνίτης, craftsman
29 ταχινός, swift
30 ἀήρ, air
31 κύκλος, vault (of heaven), circuit
32 ἄστρον, star
33 βίαιος, turbulent
34 φωστήρ, light, luminary
35 πρύτανις, ruler
36 νομίζω, *aor act ind 3p*, consider, suppose
37 καλλονή, excellence, beauty
38 τέρπω, *pres pas ptc nom p m*, delight, please
39 ὑπολαμβάνω, *impf act ind 3p*, hold a notion, think
40 πόσος, how much
41 δεσπότης, master
42 βελτίων, *comp of* ἀγαθός, better
43 γενεσιάρχης, creator
44 κτίζω, *aor act ind 3s*, create, make

4 εἰ δὲ δύναμιν καὶ ἐνέργειαν[1] ἐκπλαγέντες,[2]
νοησάτωσαν[3] ἀπ᾽ αὐτῶν πόσῳ[4] ὁ κατασκευάσας[5] αὐτὰ δυνατώτερός[6]
ἐστιν·
5 ἐκ γὰρ μεγέθους[7] καὶ καλλονῆς[8] κτισμάτων[9]
ἀναλόγως[10] ὁ γενεσιουργὸς[11] αὐτῶν θεωρεῖται.[12]
6 ἀλλ᾽ ὅμως[13] ἐπὶ τούτοις μέμψις[14] ἐστὶν ὀλίγη,[15]
καὶ γὰρ αὐτοὶ τάχα[16] πλανῶνται
θεὸν ζητοῦντες καὶ θέλοντες εὑρεῖν·
7 ἐν γὰρ τοῖς ἔργοις αὐτοῦ ἀναστρεφόμενοι[17] διερευνῶσιν[18]
καὶ πείθονται τῇ ὄψει,[19] ὅτι καλὰ τὰ βλεπόμενα.
8 πάλιν[20] δ᾽ οὐδ᾽ αὐτοὶ συγγνωστοί·[21]
9 εἰ γὰρ τοσοῦτον[22] ἴσχυσαν[23] εἰδέναι
ἵνα δύνωνται στοχάσασθαι[24] τὸν αἰῶνα,
τὸν τούτων δεσπότην[25] πῶς τάχιον[26] οὐχ εὗρον;

Folly of Idolatry

10 Ταλαίπωροι[27] δὲ καὶ ἐν νεκροῖς[28] αἱ ἐλπίδες αὐτῶν,
οἵτινες ἐκάλεσαν θεοὺς ἔργα χειρῶν ἀνθρώπων,
χρυσὸν[29] καὶ ἄργυρον[30] τέχνης[31] ἐμμελέτημα[32]
καὶ ἀπεικάσματα[33] ζῴων[34] ἢ λίθον ἄχρηστον[35] χειρὸς ἔργον ἀρχαίας.[36]
11 εἰ δὲ καί τις ὑλοτόμος τέκτων[37] εὐκίνητον[38] φυτὸν[39] ἐκπρίσας[40]
περιέξυσεν[41] εὐμαθῶς[42] πάντα τὸν φλοιὸν[43] αὐτοῦ

1 ἐνέργεια, activity
2 ἐκπλήσσω, *aor pas ptc nom p m*, marvel at
3 νοέω, *aor act impv 3p*, comprehend
4 πόσος, how much
5 κατασκευάζω, *aor act ptc nom s m*, make, form
6 δυνατός, *comp*, stronger, mightier
7 μέγεθος, greatness (of stature)
8 καλλονή, beauty
9 κτίσμα, creation, creature
10 ἀναλόγως, proportionally
11 γενεσιουργός, creator, author
12 θεωρέω, *pres pas ind 3s*, behold
13 ὅμως, yet, nevertheless
14 μέμψις, fault, blame
15 ὀλίγος, little
16 τάχα, perhaps
17 ἀναστρέφω, *pres pas ptc nom p m*, engage in
18 διερευνάω, *pres act ind 3p*, search, inquire
19 ὄψις, sight, appearance
20 πάλιν, again
21 συγγνωστός, excusable, pardonable
22 τοσοῦτος, such, so much
23 ἰσχύω, *aor act ind 3p*, be able to
24 στοχάζομαι, *aor mid inf*, reckon, calculate
25 δεσπότης, master
26 ταχύς, *comp*, more quickly
27 ταλαίπωρος, miserable, wretched
28 νεκρός, dead
29 χρυσός, gold
30 ἄργυρος, silver
31 τέχνη, works (of craftsmanship)
32 ἐμμελέτημα, object on which a skill is practiced
33 ἀπείκασμα, representation, likeness
34 ζῷον, living creature, animal
35 ἄχρηστος, useless
36 ἀρχαῖος, ancient
37 ὑλοτόμος τέκτων, carpenter
38 εὐκίνητος, easily moved
39 φυτόν, plant, tree
40 ἐκπρίω, *aor act ptc nom s m*, saw off
41 περιξύω, *aor act ind 3s*, scrape off (bark)
42 εὐμαθῶς, skillfully
43 φλοιός, bark

καὶ τεχνησάμενος[1] εὐπρεπῶς[2]
κατεσκεύασεν[3] χρήσιμον[4] σκεῦος[5] εἰς ὑπηρεσίαν[6] ζωῆς,
12 τὰ δὲ ἀποβλήματα[7] τῆς ἐργασίας[8]
εἰς ἑτοιμασίαν[9] τροφῆς[10] ἀναλώσας[11] ἐνεπλήσθη,[12]
13 τὸ δὲ ἐξ αὐτῶν ἀπόβλημα[13] εἰς οὐθὲν[14] εὔχρηστον,[15]
ξύλον[16] σκολιὸν[17] καὶ ὄζοις[18] συμπεφυκός,[19]
λαβὼν ἔγλυψεν[20] ἐν ἐπιμελείᾳ[21] ἀργίας[22] αὐτοῦ
καὶ ἐμπειρίᾳ[23] συνέσεως[24] ἐτύπωσεν[25] αὐτό,
ἀπείκασεν[26] αὐτὸ εἰκόνι[27] ἀνθρώπου
14 ἢ ζῴῳ[28] τινὶ εὐτελεῖ[29] ὡμοίωσεν[30] αὐτὸ καταχρίσας[31] μίλτῳ[32]
καὶ φύκει[33] ἐρυθήνας[34] χρόαν[35] αὐτοῦ
καὶ πᾶσαν κηλῖδα[36] τὴν ἐν αὐτῷ καταχρίσας[37]
15 καὶ ποιήσας αὐτῷ αὐτοῦ ἄξιον[38] οἴκημα[39]
ἐν τοίχῳ[40] ἔθηκεν αὐτὸ ἀσφαλισάμενος[41] σιδήρῳ.[42]
16 ἵνα μὲν οὖν μὴ καταπέσῃ,[43] προενόησεν[44] αὐτοῦ
εἰδὼς ὅτι ἀδυνατεῖ[45] ἑαυτῷ βοηθῆσαι·[46]
καὶ γάρ ἐστιν εἰκὼν[47] καὶ χρείαν[48] ἔχει βοηθείας.[49]

1 τεχνάομαι, *aor mid ptc nom s m*, work with craftsmanship
2 εὐπρεπῶς, elegantly
3 κατασκευάζω, *aor act ind 3s*, fabricate, create
4 χρήσιμος, useful
5 σκεῦος, vessel
6 ὑπηρεσία, (domestic) service
7 ἀπόβλημα, anything cast away, refuse
8 ἐργασία, work, production
9 ἑτοιμασία, preparation
10 τροφή, food
11 ἀναλίσκω, *aor act ptc nom s m*, consume, use up
12 ἐμπίμπλημι, *aor pas ind 3s*, fill, satisfy
13 ἀπόβλημα, anything cast away, refuse
14 οὐθείς, nothing
15 εὔχρηστος, useful, serviceable
16 ξύλον, piece of wood
17 σκολιός, crooked
18 ὄζος, knot (on a piece of wood)
19 συμφύω, *perf act ptc acc s n*, grow up with
20 γλύφω, *aor act ind 3s*, carve
21 ἐπιμέλεια, care, diligence
22 ἀργία, leisure (time)
23 ἐμπειρία, experience
24 σύνεσις, understanding
25 τυπόω, *aor act ind 3s*, form, shape
26 ἀπεικάζω, *aor act ind 3s*, fashion, fabricate
27 εἰκών, image
28 ζῷον, living creature, animal
29 εὐτελής, worthless, vile
30 ὁμοιόω, *aor act ind 3s*, make like
31 καταχρίω, *aor act ptc nom s m*, smear with
32 μίλτος, red earth
33 φῦκος, rouge
34 ἐρυθαίνω, *aor act ptc nom s m*, dye red
35 χρόα, color (of the face)
36 κηλίς, spot, blemish
37 καταχρίω, *aor act ptc nom s m*, smear
38 ἄξιος, worthy of
39 οἴκημα, room, chamber
40 τοῖχος, wall
41 ἀσφαλίζω, *aor mid ptc nom s m*, fasten securely
42 σίδηρος, iron
43 καταπίπτω, *aor act sub 3s*, fall down
44 προνοέω, *aor act ind 3s*, carefully consider
45 ἀδυνατέω, *pres act ind 3s*, be unable
46 βοηθέω, *aor act inf*, help
47 εἰκών, image
48 χρεία, need
49 βοήθεια, help, aid

17 περὶ δὲ κτημάτων[1] καὶ γάμων[2] αὐτοῦ καὶ τέκνων προσευχόμενος
οὐκ αἰσχύνεται[3] τῷ ἀψύχῳ[4] προσλαλῶν[5]
καὶ περὶ μὲν ὑγιείας[6] τὸ ἀσθενὲς[7] ἐπικαλεῖται,[8]
18 περὶ δὲ ζωῆς τὸ νεκρὸν[9] ἀξιοῖ,[10]
περὶ δὲ ἐπικουρίας[11] τὸ ἀπειρότατον[12] ἱκετεύει,[13]
περὶ δὲ ὁδοιπορίας[14] τὸ μηδὲ βάσει[15] χρῆσθαι[16] δυνάμενον,
19 περὶ δὲ πορισμοῦ[17] καὶ ἐργασίας[18] καὶ χειρῶν ἐπιτυχίας[19]
τὸ ἀδρανέστατον[20] ταῖς χερσὶν εὐδράνειαν[21] αἰτεῖται.[22]

Folly of a Sailor Praying to an Idol

14 Πλοῦν[23] τις πάλιν[24] στελλόμενος[25] καὶ ἄγρια[26] μέλλων[27] διοδεύειν[28] κύματα[29]
τοῦ φέροντος αὐτὸν πλοίου[30] σαθρότερον[31] ξύλον[32] ἐπιβοᾶται.[33]
2 ἐκεῖνο μὲν γὰρ ὄρεξις[34] πορισμῶν[35] ἐπενόησεν,[36]
τεχνῖτις[37] δὲ σοφία κατεσκεύασεν·[38]
3 ἡ δὲ σή,[39] πάτερ, διακυβερνᾷ[40] πρόνοια,[41]
ὅτι ἔδωκας καὶ ἐν θαλάσσῃ ὁδὸν
καὶ ἐν κύμασι[42] τρίβον[43] ἀσφαλῆ[44]
4 δεικνὺς[45] ὅτι δύνασαι ἐκ παντὸς σῴζειν,
ἵνα κἂν[46] ἄνευ[47] τέχνης[48] τις ἐπιβῇ.[49]

1 κτῆμα, possession
2 γάμος, marriage
3 αἰσχύνω, *pres mid ind 3s*, be ashamed
4 ἄψυχος, inanimate
5 προσλαλέω, *pres act ptc nom s m*, speak to
6 ὑγίεια, health
7 ἀσθενής, weak
8 ἐπικαλέω, *pres mid ind 3s*, call upon
9 νεκρός, dead
10 ἀξιόω, *pres act ind 3s*, make a claim, petition
11 ἐπικουρία, aid, assistance
12 ἄπειρος, *sup*, most unskillful
13 ἱκετεύω, *pres act ind 3s*, entreat
14 ὁδοιπορία, journey
15 βάσις, (foot)step
16 χράω, *pres mid inf*, take, use
17 πορισμός, means of livelihood
18 ἐργασία, work
19 ἐπιτυχία, success
20 ἀδρανής, *sup*, utterly impotent
21 εὐδράνεια, bodily strength
22 αἰτέω, *pres mid ind 3s*, make a request
23 πλόος, sailing voyage
24 πάλιν, again
25 στέλλω, *pres mid ptc nom s m*, prepare
26 ἄγριος, wild, raging
27 μέλλω, *pres act ptc nom s m*, be about to
28 διοδεύω, *pres act inf*, travel through
29 κῦμα, wave
30 πλοῖον, ship
31 σαθρός, *comp*, more fragile
32 ξύλον, (piece of) wood
33 ἐπιβοάω, *pres mid ind 3s*, invoke, call upon
34 ὄρεξις, desire for
35 πορισμός, means of gain
36 ἐπινοέω, *aor act ind 3s*, contrive
37 τεχνῖτις, craftsman, designer
38 κατασκευάζω, *aor act ind 3s*, fabricate, create
39 σός, your
40 διακυβερνάω, *pres act ind 3s*, steer through
41 πρόνοια, providence
42 κῦμα, wave
43 τρίβος, path
44 ἀσφαλής, safe
45 δείκνυμι, *pres act ptc nom s m*, show, make known
46 κἄν, even, *cr.* καὶ ἐάν or καὶ ἄν
47 ἄνευ, without
48 τέχνη, craftsmanship, skill
49 ἐπιβαίνω, *aor act sub 3s*, set out upon (the sea)

5 θέλεις δὲ μὴ ἀργὰ[1] εἶναι τὰ τῆς σοφίας σου ἔργα·
διὰ τοῦτο καὶ ἐλαχίστῳ[2] ξύλῳ[3] πιστεύουσιν ἄνθρωποι ψυχάς
καὶ διελθόντες κλύδωνα[4] σχεδίᾳ[5] διεσώθησαν.[6]
6 καὶ ἀρχῆς γὰρ ἀπολλυμένων ὑπερηφάνων[7] γιγάντων[8]
ἡ ἐλπὶς τοῦ κόσμου ἐπὶ σχεδίας[9] καταφυγοῦσα[10]
ἀπέλιπεν[11] αἰῶνι σπέρμα γενέσεως[12] τῇ σῇ[13] κυβερνηθεῖσα[14] χειρί.
7 εὐλόγηται γὰρ ξύλον,[15] δι᾽ οὗ γίνεται δικαιοσύνη·

8 τὸ χειροποίητον[16] δέ, ἐπικατάρατον[17] αὐτὸ καὶ ὁ ποιήσας αὐτό,
ὅτι ὁ μὲν ἠργάζετο, τὸ δὲ φθαρτὸν[18] θεὸς ὠνομάσθη.[19]
9 ἐν ἴσῳ[20] γὰρ μισητὰ[21] θεῷ καὶ ὁ ἀσεβῶν[22] καὶ ἡ ἀσέβεια[23] αὐτοῦ·
10 καὶ γὰρ τὸ πραχθὲν[24] σὺν τῷ δράσαντι[25] κολασθήσεται.[26]
11 διὰ τοῦτο καὶ ἐν εἰδώλοις[27] ἐθνῶν ἐπισκοπὴ[28] ἔσται,
ὅτι ἐν κτίσματι[29] θεοῦ εἰς βδέλυγμα[30] ἐγενήθησαν
καὶ εἰς σκάνδαλα[31] ψυχαῖς ἀνθρώπων
καὶ εἰς παγίδα[32] ποσὶν ἀφρόνων.[33]

Origins and Extent of Idolatry

12 Ἀρχὴ γὰρ πορνείας[34] ἐπίνοια[35] εἰδώλων,[36]
εὕρεσις[37] δὲ αὐτῶν φθορὰ[38] ζωῆς.
13 οὔτε γὰρ ἦν ἀπ᾽ ἀρχῆς
οὔτε εἰς τὸν αἰῶνα ἔσται·
14 κενοδοξίᾳ[39] γὰρ ἀνθρώπων εἰσῆλθεν εἰς τὸν κόσμον,
καὶ διὰ τοῦτο σύντομον[40] αὐτῶν τὸ τέλος ἐπενοήθη.[41]

1 ἀργός, idle
2 ἐλάχιστος, *sup of* μικρός, *from* ἐλαχύς, smallest, lowliest
3 ξύλον, (piece of) wood
4 κλύδων, billow (of waves)
5 σχεδία, raft
6 διασῴζω, *aor pas ind 3p*, preserve, keep safe
7 ὑπερήφανος, arrogant, proud
8 γίγας, giant
9 σχεδία, raft
10 καταφεύγω, *aor act ptc nom s f*, flee for refuge
11 ἀπολείπω, *aor act ind 3s*, leave behind
12 γένεσις, generation
13 σός, your
14 κυβερνάω, *aor pas ptc nom s f*, steer
15 ξύλον, wood
16 χειροποίητος, man-made (idol)
17 ἐπικατάρατος, accursed
18 φθαρτός, perishable
19 ὀνομάζω, *aor pas ind 3s*, name
20 ἴσος, equal to
21 μισητός, despicable, hateful
22 ἀσεβέω, *pres act ptc nom s m*, act wickedly
23 ἀσέβεια, wickedness, ungodliness
24 πράσσω, *aor pas ptc nom s n*, do, practice
25 δράω, *aor act ptc dat s m*, do, accomplish
26 κολάζω, *fut pas ind 3s*, punish
27 εἴδωλον, image, idol
28 ἐπισκοπή, visitation (for punishment)
29 κτίσμα, creation
30 βδέλυγμα, abomination
31 σκάνδαλον, cause of stumbling, offense
32 παγίς, trap, snare
33 ἄφρων, foolish
34 πορνεία, fornication
35 ἐπίνοια, invention, devising
36 εἴδωλον, idol
37 εὕρεσις, conception
38 φθορά, ruin, destruction
39 κενοδοξία, conceit, boasting
40 σύντομος, speedy
41 ἐπινοέω, *aor pas ind 3s*, contrive

15 ἀώρῳ[1] γὰρ πένθει[2] τρυχόμενος[3] πατὴρ
τοῦ ταχέως[4] ἀφαιρεθέντος[5] τέκνου εἰκόνα[6] ποιήσας
τόν ποτε[7] νεκρὸν[8] ἄνθρωπον νῦν ὡς θεὸν ἐτίμησεν[9]
καὶ παρέδωκεν τοῖς ὑποχειρίοις[10] μυστήρια[11] καὶ τελετάς·[12]
16 εἶτα[13] ἐν χρόνῳ κρατυνθὲν[14] τὸ ἀσεβὲς[15] ἔθος[16]
ὡς νόμος ἐφυλάχθη.
17 καὶ τυράννων[17] ἐπιταγαῖς[18] ἐθρησκεύετο[19] τὰ γλυπτά,[20]
οὓς ἐν ὄψει[21] μὴ δυνάμενοι τιμᾶν[22] ἄνθρωποι διὰ τὸ μακρὰν[23] οἰκεῖν
τὴν πόρρωθεν[24] ὄψιν[25] ἀνατυπωσάμενοι[26]
ἐμφανῆ[27] εἰκόνα[28] τοῦ τιμωμένου[29] βασιλέως ἐποίησαν,
ἵνα ὡς παρόντα[30] τὸν ἀπόντα[31] κολακεύωσιν[32] διὰ τῆς σπουδῆς.[33]

18 εἰς ἐπίτασιν[34] δὲ θρησκείας[35] καὶ τοὺς ἀγνοοῦντας[36]
ἡ τοῦ τεχνίτου[37] προετρέψατο[38] φιλοτιμία·[39]
19 ὁ μὲν γὰρ τάχα[40] κρατοῦντι βουλόμενος ἀρέσαι[41]
ἐξεβιάσατο[42] τῇ τέχνῃ[43] τὴν ὁμοιότητα[44] ἐπὶ τὸ κάλλιον·[45]
20 τὸ δὲ πλῆθος ἐφελκόμενον[46] διὰ τὸ εὔχαρι[47] τῆς ἐργασίας[48]
τὸν πρὸ ὀλίγου[49] τιμηθέντα[50] ἄνθρωπον νῦν σέβασμα[51] ἐλογίσαντο.

1 ἄωρος, untimely
2 πένθος, grief
3 τρύχω, *pres pas ptc nom s m*, torment
4 ταχέως, quickly, hastily
5 ἀφαιρέω, *aor pas ptc gen s n*, remove, take away
6 εἰκών, image
7 ποτέ, when
8 νεκρός, dead
9 τιμάω, *aor act ind 3s*, honor
10 ὑποχείριος, dependent
11 μυστήριον, (religious) mystery
12 τελετή, cultic rite
13 εἶτα, furthermore
14 κρατύνω, *aor pas ptc nom s n*, increase in strength
15 ἀσεβής, impious
16 ἔθος, custom
17 τύραννος, absolute ruler
18 ἐπιταγή, command
19 θρησκεύω, *impf pas ind 3s*, worship
20 γλυπτός, carved image
21 ὄψις, appearance
22 τιμάω, *pres act inf*, honor
23 μακράν, long distance, far away
24 πόρρωθεν, at a distance
25 ὄψις, appearance
26 ἀνατυπόω, *aor mid ptc nom p m*, imagine
27 ἐμφανής, visible
28 εἰκών, image
29 τιμάω, *pres pas ptc gen s m*, honor
30 πάρειμι, *pres act ptc acc s m*, be present
31 ἄπειμι, *pres act ptc acc s m*, be absent
32 κολακεύω, *pres act sub 3p*, flatter
33 σπουδή, haste, diligence (of effort)
34 ἐπίτασις, increase (of intensity)
35 θρησκεία, cultic worship
36 ἀγνοέω, *pres act ptc acc p m*, be ignorant of
37 τεχνίτης, craftsman
38 προτρέπω, *aor mid ind 3s*, encourage, exhort
39 φιλοτιμία, ambition, love of honor
40 τάχα, perhaps
41 ἀρέσκω, *aor act inf*, please
42 ἐκβιάζω, *aor mid ind 3s*, force
43 τέχνη, craftsmanship, skill
44 ὁμοιότης, likeness
45 καλός, *comp*, more beautiful
46 ἐφέλκω, *pres pas ptc nom s n*, draw, attract to
47 εὔχαρις, charm, grace
48 ἐργασία, work, production
49 ὀλίγος, short, little time
50 τιμάω, *aor pas ptc acc s m*, honor
51 σέβασμα, object of worship

21 καὶ τοῦτο ἐγένετο τῷ βίῳ[1] εἰς ἔνεδρον,[2]
ὅτι ἢ συμφορᾷ[3] ἢ τυραννίδι[4] δουλεύσαντες[5] ἄνθρωποι
τὸ ἀκοινώνητον[6] ὄνομα λίθοις καὶ ξύλοις[7] περιέθεσαν.[8]

22 Εἶτ᾽[9] οὐκ ἤρκεσεν[10] τὸ πλανᾶσθαι περὶ τὴν τοῦ θεοῦ γνῶσιν,[11]
ἀλλὰ καὶ ἐν μεγάλῳ ζῶντες ἀγνοίας[12] πολέμῳ
τὰ τοσαῦτα[13] κακὰ εἰρήνην προσαγορεύουσιν.[14]
23 ἢ γὰρ τεκνοφόνους[15] τελετὰς[16] ἢ κρύφια[17] μυστήρια[18]
ἢ ἐμμανεῖς[19] ἐξάλλων[20] θεσμῶν[21] κώμους[22] ἄγοντες
24 οὔτε βίους[23] οὔτε γάμους[24] καθαροὺς[25] ἔτι φυλάσσουσιν,
ἕτερος δ᾽ ἕτερον ἢ λοχῶν[26] ἀναιρεῖ[27] ἢ νοθεύων[28] ὀδυνᾷ.[29]
25 πάντα δ᾽ ἐπιμὶξ[30] ἔχει αἷμα καὶ φόνος,[31] κλοπὴ[32] καὶ δόλος,[33]
φθορά,[34] ἀπιστία,[35] τάραχος,[36] ἐπιορκία,[37]
26 θόρυβος[38] ἀγαθῶν, χάριτος ἀμνηστία,[39]
ψυχῶν μιασμός,[40] γενέσεως[41] ἐναλλαγή,[42]
γάμων[43] ἀταξία,[44] μοιχεία[45] καὶ ἀσέλγεια.[46]
27 ἡ γὰρ τῶν ἀνωνύμων[47] εἰδώλων[48] θρησκεία[49]
παντὸς ἀρχὴ κακοῦ καὶ αἰτία[50] καὶ πέρας[51] ἐστίν·

1 βίος, life
2 ἔνεδρον, ambush, trap
3 συμφορά, misfortune, calamity
4 τυραννίς, tyranny
5 δουλεύω, *aor act ptc nom p m*, be a slave
6 ἀκοινώνητος, incommunicable
7 ξύλον, wood
8 περιτίθημι, *aor act ind 3s*, put upon
9 εἶτα, then
10 ἀρκέω, *aor act ind 3s*, suffice, be enough
11 γνῶσις, knowledge
12 ἄγνοια, ignorance
13 τοσοῦτος, such
14 προσαγορεύω, *pres act ind 3p*, call
15 τεκνοφόνος, child-sacrificing
16 τελετή, cultic ritual
17 κρύφιος, secret
18 μυστήριον, mystery
19 ἐμμανής, frantic
20 ἔξαλλος, strange
21 θεσμός, rite
22 κῶμος, revel
23 βίος, life
24 γάμος, marriage
25 καθαρός, pure
26 λόχος, ambush
27 ἀναιρέω, *pres act ind 3s*, kill
28 νοθεύω, *pres act ptc nom s m*, corrupt a marriage
29 ὀδυνάω, *pres act ind 3s*, cause grief
30 ἐπιμίξ, mixedly, confusedly
31 φόνος, murder
32 κλοπή, theft
33 δόλος, deceit
34 φθορά, depravity
35 ἀπιστία, unbelief, unfaithfulness
36 τάραχος, disturbance, upheaval
37 ἐπιορκία, false swearing
38 θόρυβος, tumult
39 ἀμνηστία, forgetfulness
40 μιασμός, corruption
41 γένεσις, offspring
42 ἐναλλαγή, inversion, interchange
43 γάμος, marriage
44 ἀταξία, disorder
45 μοιχεία, adultery
46 ἀσέλγεια, licentiousness
47 ἀνώνυμος, nameless
48 εἴδωλον, idol, image
49 θρησκεία, cultic service
50 αἰτία, cause
51 πέρας, end, conclusion

28 ἢ γὰρ εὐφραινόμενοι[1] μεμήνασιν[2] ἢ προφητεύουσιν[3] ψευδῆ[4]
ἢ ζῶσιν ἀδίκως[5] ἢ ἐπιορκοῦσιν[6] ταχέως·[7]
29 ἀψύχοις[8] γὰρ πεποιθότες εἰδώλοις[9]
κακῶς[10] ὀμόσαντες[11] ἀδικηθῆναι[12] οὐ προσδέχονται.[13]
30 ἀμφότερα[14] δὲ αὐτοὺς μετελεύσεται[15] τὰ δίκαια,
ὅτι κακῶς[16] ἐφρόνησαν[17] περὶ θεοῦ προσέχοντες[18] εἰδώλοις[19]
καὶ ἀδίκως[20] ὤμοσαν[21] ἐν δόλῳ[22] καταφρονήσαντες[23] ὁσιότητος·[24]
31 οὐ γὰρ ἡ τῶν ὀμνυμένων[25] δύναμις,
ἀλλ᾽ ἡ τῶν ἁμαρτανόντων δίκη[26]
ἐπεξέρχεται[27] ἀεὶ[28] τὴν τῶν ἀδίκων[29] παράβασιν.[30]

Worship of the True God

15 Σὺ δέ, ὁ θεὸς ἡμῶν, χρηστὸς[31] καὶ ἀληθής,[32]
μακρόθυμος[33] καὶ ἐλέει[34] διοικῶν[35] τὰ πάντα.
2 καὶ γὰρ ἐὰν ἁμάρτωμεν, σοί ἐσμεν, εἰδότες σου τὸ κράτος·[36]
οὐχ ἁμαρτησόμεθα δέ, εἰδότες ὅτι σοὶ λελογίσμεθα.
3 τὸ γὰρ ἐπίστασθαί[37] σε ὁλόκληρος[38] δικαιοσύνη,
καὶ εἰδέναι σου τὸ κράτος[39] ῥίζα[40] ἀθανασίας.[41]

1 εὐφραίνω, *pres pas ptc nom p m*, rejoice
2 μαίνομαι, *perf act ind 3p*, rage, rave
3 προφητεύω, *pres act ind 3p*, prophesy
4 ψευδής, false, untrue
5 ἀδίκως, unjustly
6 ἐπιορκέω, *pres act ind 3p*, swear falsely
7 ταχέως, easily, quickly
8 ἄψυχος, inanimate, lifeless
9 εἴδωλον, idol, image
10 κακῶς, wrongly
11 ὄμνυμι, *aor act ptc nom p m*, swear an oath
12 ἀδικέω, *aor pas inf*, treat unjustly
13 προσδέχομαι, *pres mid ind 3p*, expect, anticipate
14 ἀμφότεροι, on both accounts
15 μετέρχομαι, *fut mid ind 3s*, come upon
16 κακῶς, wrongly
17 φρονέω, *aor act ind 3p*, think
18 προσέχω, *pres act ptc nom p m*, attach to, devote oneself to
19 εἴδωλον, idol
20 ἀδίκως, unjustly
21 ὄμνυμι, *aor act ind 3p*, swear an oath
22 δόλος, deceit
23 καταφρονέω, *aor act ptc nom p m*, despise
24 ὁσιότης, holiness, piety
25 ὄμνυμι, *pres mid ptc gen p n*, swear an oath
26 δίκη, justice
27 ἐπεξέρχομαι, *pres mid ind 3s*, proceed against, prosecute
28 ἀεί, always
29 ἄδικος, unrighteous, unjust
30 παράβασις, transgression
31 χρηστός, good, kind
32 ἀληθής, true
33 μακρόθυμος, patient
34 ἔλεος, compassion, mercy
35 διοικέω, *pres act ptc nom s m*, govern, administer
36 κράτος, strength, power
37 ἐπίσταμαι, *pres mid inf*, know, understand
38 ὁλόκληρος, whole, perfect
39 κράτος, strength, power
40 ῥίζα, root
41 ἀθανασία, immortality

4 οὔτε γὰρ ἐπλάνησεν[1] ἡμᾶς ἀνθρώπων κακότεχνος[2] ἐπίνοια[3]
οὐδὲ σκιαγράφων[4] πόνος[5] ἄκαρπος,[6]
εἶδος[7] σπιλωθὲν[8] χρώμασιν[9] διηλλαγμένοις,[10]
5 ὧν ὄψις[11] ἄφροσιν[12] εἰς ὄρεξιν[13] ἔρχεται,
ποθεῖ[14] τε νεκρᾶς[15] εἰκόνος[16] εἶδος[17] ἄπνουν.[18]
6 κακῶν ἐρασταὶ[19] ἄξιοί[20] τε τοιούτων[21] ἐλπίδων
καὶ οἱ δρῶντες[22] καὶ οἱ ποθοῦντες[23] καὶ οἱ σεβόμενοι.[24]

Folly of Worshiping Clay Idols

7 Καὶ γὰρ κεραμεὺς[25] ἁπαλὴν[26] γῆν θλίβων[27] ἐπίμοχθον[28]
πλάσσει[29] πρὸς ὑπηρεσίαν[30] ἡμῶν ἓν ἕκαστον·
ἀλλ᾽ ἐκ τοῦ αὐτοῦ πηλοῦ[31] ἀνεπλάσατο[32]
τά τε τῶν καθαρῶν[33] ἔργων δοῦλα σκεύη[34]
τά τε ἐναντία,[35] πάντα ὁμοίως·[36]
τούτων δὲ ἑτέρου τίς ἑκάστου ἐστὶν ἡ χρῆσις,[37]
κριτὴς[38] ὁ πηλουργός.[39]
8 καὶ κακόμοχθος[40] θεὸν μάταιον[41] ἐκ τοῦ αὐτοῦ πλάσσει[42] πηλοῦ[43]
ὃς πρὸ μικροῦ ἐκ γῆς γενηθεὶς
μετ᾽ ὀλίγον[44] πορεύεται ἐξ ἧς ἐλήμφθη,
τὸ τῆς ψυχῆς ἀπαιτηθεὶς[45] χρέος.[46]

1 πλανάω, *aor act ind 3s*, lead astray
2 κακότεχνος, treacherous
3 ἐπίνοια, invention, device
4 σκιαγράφος, scene painter
5 πόνος, work, labor
6 ἄκαρπος, fruitless
7 εἶδος, form, figure
8 σπιλόω, *aor pas ptc nom s n*, stain
9 χρῶμα, color
10 διαλλάσσω, *perf pas ptc dat p n*, vary, change
11 ὄψις, appearance
12 ἄφρων, foolish
13 ὄρεξις, longing, lust, appetite
14 ποθέω, *pres act ind 3s*, desire, long for
15 νεκρός, dead
16 εἰκών, image, idol
17 εἶδος, form, figure
18 ἄπνοος, unbreathing, lifeless
19 ἐραστής, lover
20 ἄξιος, worthy
21 τοιοῦτος, such, like this
22 δράω, *pres act ptc nom p m*, do, make
23 ποθέω, *pres act ptc nom p m*, desire, long for
24 σέβομαι, *pres mid ptc nom p m*, worship
25 κεραμεύς, potter
26 ἁπαλός, delicate, soft
27 θλίβω, *pres act ptc nom s m*, squeeze, press, (knead)
28 ἐπίμοχθος, laborious
29 πλάσσω, *pres act ind 3s*, form, mold
30 ὑπηρεσία, service
31 πηλός, clay
32 ἀναπλάσσω, *aor mid ind 3s*, shape, form
33 καθαρός, clean
34 σκεῦος, object, item
35 ἐναντίος, opposite
36 ὁμοίως, in like manner, likewise
37 χρῆσις, usefulness
38 κριτής, judge
39 πηλουργός, one who works with clay
40 κακόμοχθος, working with evil intention
41 μάταιος, vain, worthless
42 πλάσσω, *pres act ind 3s*, form, mold
43 πηλός, clay
44 ὀλίγος, little (while)
45 ἀπαιτέω, *aor pas ptc nom s m*, demand back
46 χρέος, debt

9 ἀλλ᾿ ἔστιν αὐτῷ φροντὶς[1] οὐχ ὅτι μέλλει[2] κάμνειν[3]
οὐδ᾿ ὅτι βραχυτελῆ[4] βίον[5] ἔχει,
ἀλλ᾿ ἀντερείδεται[6] μὲν χρυσουργοῖς[7] καὶ ἀργυροχόοις[8]
χαλκοπλάστας[9] τε μιμεῖται[10]
καὶ δόξαν ἡγεῖται[11] ὅτι κίβδηλα[12] πλάσσει.[13]
10 σποδὸς[14] ἡ καρδία αὐτοῦ, καὶ γῆς εὐτελεστέρα[15] ἡ ἐλπὶς αὐτοῦ,
πηλοῦ[16] τε ἀτιμότερος[17] ὁ βίος[18] αὐτοῦ,
11 ὅτι ἠγνόησεν[19] τὸν πλάσαντα[20] αὐτόν
καὶ τὸν ἐμπνεύσαντα[21] αὐτῷ ψυχὴν ἐνεργοῦσαν[22]
καὶ ἐμφυσήσαντα[23] πνεῦμα ζωτικόν,[24]
12 ἀλλ᾿ ἐλογίσαντο παίγνιον[25] εἶναι τὴν ζωὴν ἡμῶν
καὶ τὸν βίον[26] πανηγυρισμὸν[27] ἐπικερδῆ,[28]
δεῖν[29] γάρ φησιν[30] ὅθεν[31] δή,[32] κἂν[33] ἐκ κακοῦ, πορίζειν.[34]
13 οὗτος γὰρ παρὰ πάντας οἶδεν ὅτι ἁμαρτάνει
ὕλης[35] γεώδους[36] εὔθραυστα[37] σκεύη[38] καὶ γλυπτὰ[39] δημιουργῶν.[40]

14 πάντες δὲ ἀφρονέστατοι[41] καὶ τάλανες[42] ὑπὲρ ψυχὴν νηπίου[43]
οἱ ἐχθροὶ τοῦ λαοῦ σου καταδυναστεύσαντες[44] αὐτόν,
15 ὅτι καὶ πάντα τὰ εἴδωλα[45] τῶν ἐθνῶν ἐλογίσαντο θεούς,
οἷς οὔτε ὀμμάτων[46] χρῆσις[47] εἰς ὅρασιν[48]

1 φροντίς, care, anxiety
2 μέλλω, *pres act ind 3s*, be about to
3 κάμνω, *pres act inf*, weaken, (die)
4 βραχυτελής, brief, curtailed
5 βίος, life
6 ἀντερείδω, *pres mid ind 3s*, resist, oppose
7 χρυσουργός, goldsmith
8 ἀργυροχόος, silversmith
9 χαλκοπλάστης, coppersmith
10 μιμέομαι, *pres mid ind 3s*, imitate
11 ἡγέομαι, *pres mid ind 3s*, go before, lead
12 κίβδηλος, false, (counterfeit)
13 πλάσσω, *pres act ind 3s*, form, mold
14 σποδός, ashes
15 εὐτελής, *comp*, more worthless
16 πηλός, clay
17 ἄτιμος, *comp*, more dishonorable
18 βίος, life
19 ἀγνοέω, *aor act ind 3s*, be ignorant of
20 πλάσσω, *aor act ptc acc s m*, form, mold
21 ἐμπνέω, *aor act ptc acc s m*, infuse with
22 ἐνεργέω, *pres act ptc acc s f*, be active
23 ἐμφυσάω, *aor act ptc acc s m*, breathe into
24 ζωτικός, living, life-giving
25 παίγνιον, child's game
26 βίος, life
27 πανηγυρισμός, feast, festival
28 ἐπικερδής, profitable
29 δεῖ, *pres act inf*, be necessary
30 φημί, *pres act ind 3s*, say
31 ὅθεν, wherever
32 δή, at this point, then
33 κἄν, even if, *cr.* καὶ ἐάν or καὶ ἄν
34 πορίζω, *pres act inf*, make a profit
35 ὕλη, material, stuff
36 γεώδης, earthly
37 εὔθραυστος, easily broken
38 σκεῦος, object, item
39 γλυπτός, carved image
40 δημιουργέω, *pres act ptc nom s m*, make, produce
41 ἄφρων, *sup*, most foolish
42 τάλας, wretched
43 νήπιος, infant
44 καταδυναστεύω, *aor act ptc nom p m*, oppress
45 εἴδωλον, idol
46 ὄμμα, eye
47 χρῆσις, use
48 ὅρασις, seeing, sight

οὔτε ῥῖνες[1] εἰς συνολκὴν[2] ἀέρος[3]
οὔτε ὦτα ἀκούειν
οὔτε δάκτυλοι[4] χειρῶν εἰς ψηλάφησιν[5]
καὶ οἱ πόδες αὐτῶν ἀργοὶ[6] πρὸς ἐπίβασιν.[7]
16 ἄνθρωπος γὰρ ἐποίησεν αὐτούς,
καὶ τὸ πνεῦμα δεδανεισμένος[8] ἔπλασεν[9] αὐτούς·
οὐδεὶς γὰρ αὐτῷ ὅμοιον[10] ἄνθρωπος ἰσχύει[11] πλάσαι[12] θεόν·
17 θνητὸς[13] δὲ ὢν νεκρὸν[14] ἐργάζεται χερσὶν ἀνόμοις·[15]
κρείττων[16] γάρ ἐστιν τῶν σεβασμάτων[17] αὐτοῦ,
ὧν αὐτὸς μὲν ἔζησεν, ἐκεῖνα δὲ οὐδέποτε.[18]

Punishment for Idolatry in the Wilderness

18 καὶ τὰ ζῷα[19] δὲ τὰ ἔχθιστα[20] σέβονται·[21]
ἀνοίᾳ[22] γὰρ συγκρινόμενα[23] τῶν ἄλλων ἐστὶ χείρονα·[24]
19 οὐδ᾽ ὅσον ἐπιποθῆσαι[25] ὡς ἐν ζῴων[26] ὄψει[27] καλὰ[28] τυγχάνει,[29]
ἐκπέφευγεν[30] δὲ καὶ τὸν τοῦ θεοῦ ἔπαινον[31] καὶ τὴν εὐλογίαν[32] αὐτοῦ.

16

Διὰ τοῦτο δι᾽ ὁμοίων[33] ἐκολάσθησαν[34] ἀξίως[35]
καὶ διὰ πλήθους κνωδάλων[36] ἐβασανίσθησαν.[37]

1 ῥίς, nose
2 συνολκή, inhalation
3 ἀήρ, air, (breath)
4 δάκτυλος, finger
5 ψηλάφησις, touching, feeling
6 ἀργός, idle, useless
7 ἐπίβασις, step(ping), (walking)
8 δανείζω, *perf mid ptc nom s m*, borrow
9 πλάσσω, *aor act ind 3s*, form, mold
10 ὅμοιος, like, similar to
11 ἰσχύω, *pres act ind 3s*, be able to
12 πλάσσω, *aor act inf*, form, mold
13 θνητός, mortal
14 νεκρός, dead
15 ἄνομος, evil, lawless
16 κρείττων (σσ), *comp of* ἀγαθός, better
17 σέβασμα, object of worship
18 οὐδέποτε, never
19 ζῷον, living creature, animal
20 ἐχθρός, *sup*, most hostile, most abominable
21 σέβομαι, *pres mid ind 3p*, worship
22 ἄνοια, folly, stupidity
23 συγκρίνω, *pres pas ptc nom p n*, compare with, measure against
24 χείρων, *comp of* κακός, worse
25 ἐπιποθέω, *aor act inf*, desire, yearn for
26 ζῷον, living creature, animal
27 ὄψις, appearance
28 καλός, beautiful
29 τυγχάνω, *pres act ind 3s*, be
30 ἐκφεύγω, *perf act ind 3s*, flee from, escape from
31 ἔπαινος, praise
32 εὐλογία, blessing
33 ὅμοιος, similar (thing)
34 κολάζω, *aor pas ind 3p*, punish
35 ἀξίως, fittingly
36 κνώδαλον, wild animal, vermin
37 βασανίζω, *aor pas ind 3p*, torment

2 ἀνθ᾽[1] ἧς κολάσεως[2] εὐεργετήσας[3] τὸν λαόν σου
εἰς ἐπιθυμίαν[4] ὀρέξεως[5] ξένην[6] γεῦσιν[7]
τροφὴν[8] ἡτοίμασας ὀρτυγομήτραν,[9]
3 ἵνα ἐκεῖνοι μὲν ἐπιθυμοῦντες[10] τροφήν[11]
διὰ τὴν εἰδέχθειαν[12] τῶν ἐπαπεσταλμένων[13]
καὶ τὴν ἀναγκαίαν[14] ὄρεξιν[15] ἀποστρέφωνται,[16]
αὐτοὶ δὲ ἐπ᾽ ὀλίγον[17] ἐνδεεῖς[18] γενόμενοι
καὶ ξένης[19] μετάσχωσι[20] γεύσεως.[21]
4 ἔδει[22] γὰρ ἐκείνοις μὲν ἀπαραίτητον[23] ἔνδειαν[24] ἐπελθεῖν[25] τυραννοῦσιν,[26]
τούτοις δὲ μόνον δειχθῆναι πῶς οἱ ἐχθροὶ αὐτῶν ἐβασανίζοντο.[27]

5 Καὶ γὰρ ὅτε αὐτοῖς δεινὸς[28] ἐπῆλθεν[29] θηρίων θυμός[30]
δήγμασίν[31] τε σκολιῶν[32] διεφθείροντο[33] ὄφεων,[34]
οὐ μέχρι[35] τέλους ἔμεινεν ἡ ὀργή σου·
6 εἰς νουθεσίαν[36] δὲ πρὸς ὀλίγον[37] ἐταράχθησαν[38]
σύμβολον[39] ἔχοντες σωτηρίας εἰς ἀνάμνησιν[40] ἐντολῆς νόμου σου·
7 ὁ γὰρ ἐπιστραφεὶς οὐ διὰ τὸ θεωρούμενον[41] ἐσῴζετο,
ἀλλὰ διὰ σὲ τὸν πάντων σωτῆρα.[42]
8 καὶ ἐν τούτῳ δὲ ἔπεισας[43] τοὺς ἐχθροὺς ἡμῶν
ὅτι σὺ εἶ ὁ ῥυόμενος[44] ἐκ παντὸς κακοῦ·

1 ἀντί, instead of, for the sake of
2 κόλασις, punishment
3 εὐεργετέω, *aor act ptc nom s m*, show kindness to
4 ἐπιθυμία, yearning, desire
5 ὄρεξις, appetite
6 ξένος, foreign
7 γεῦσις, taste
8 τροφή, food
9 ὀρτυγομήτρα, bird that migrates with quails
10 ἐπιθυμέω, *pres act ptc nom p m*, long for, desire
11 τροφή, food
12 εἰδέχθεια, odious look
13 ἐπαποστέλλω, *perf pas ptc gen p n*, send upon
14 ἀναγκαῖος, necessary
15 ὄρεξις, appetite
16 ἀποστρέφω, *pres mid sub 3p*, turn away
17 ὀλίγος, little (while)
18 ἐνδεής, wanting, lacking
19 ξένος, foreign
20 μετέχω, *aor act sub 3p*, partake in
21 γεῦσις, taste
22 δεῖ, *impf act ind 3s*, be necessary
23 ἀπαραίτητος, inevitable
24 ἔνδεια, deficiency, want, lack
25 ἐπέρχομαι, *aor act inf*, come against
26 τυραννέω, *pres act ptc dat p m*, rule over
27 βασανίζω, *impf pas ind 3p*, torment
28 δεινός, awful, fearful
29 ἐπέρχομαι, *aor act ind 3s*, come upon
30 θυμός, rage
31 δῆγμα, bite
32 σκολιός, twisted
33 διαφθείρω, *impf pas ind 3p*, perish, destroy
34 ὄφις, snake
35 μέχρι, until
36 νουθεσία, admonition, warning
37 ὀλίγος, little (while)
38 ταράσσω, *aor pas ind 3p*, stir up, trouble
39 σύμβολον, token, symbol
40 ἀνάμνησις, remembrance
41 θεωρέω, *pres pas ptc acc s n*, behold, look at
42 σωτήρ, savior
43 πείθω, *aor act ind 2s*, persuade
44 ῥύομαι, *pres mid ptc nom s m*, deliver, rescue

9 οὓς μὲν γὰρ ἀκρίδων[1] καὶ μυιῶν[2] ἀπέκτεινεν δήγματα,[3]
καὶ οὐχ εὑρέθη ἴαμα[4] τῇ ψυχῇ αὐτῶν,
ὅτι ἄξιοι[5] ἦσαν ὑπὸ τοιούτων κολασθῆναι·[6]
10 τοὺς δὲ υἱούς σου οὐδὲ ἰοβόλων[7] δρακόντων[8] ἐνίκησαν[9] ὀδόντες,[10]
τὸ ἔλεος[11] γάρ σου ἀντιπαρῆλθεν[12] καὶ ἰάσατο[13] αὐτούς.
11 εἰς γὰρ ὑπόμνησιν[14] τῶν λογίων[15] σου ἐνεκεντρίζοντο[16]
καὶ ὀξέως[17] διεσῴζοντο,[18]
ἵνα μὴ εἰς βαθεῖαν[19] ἐμπεσόντες[20] λήθην[21]
ἀπερίσπαστοι[22] γένωνται τῆς σῆς[23] εὐεργεσίας.[24]
12 καὶ γὰρ οὔτε βοτάνη[25] οὔτε μάλαγμα[26] ἐθεράπευσεν[27] αὐτούς,
ἀλλὰ ὁ σός,[28] κύριε, λόγος ὁ πάντας ἰώμενος.[29]
13 σὺ γὰρ ζωῆς καὶ θανάτου ἐξουσίαν[30] ἔχεις
καὶ κατάγεις[31] εἰς πύλας[32] ᾅδου[33] καὶ ἀνάγεις·[34]
14 ἄνθρωπος δὲ ἀποκτέννει μὲν τῇ κακίᾳ[35] αὐτοῦ,
ἐξελθὸν δὲ πνεῦμα οὐκ ἀναστρέφει[36]
οὐδὲ ἀναλύει[37] ψυχὴν παραλημφθεῖσαν.[38]

Judgment on the Egyptians

15 Τὴν δὲ σὴν[39] χεῖρα φυγεῖν[40] ἀδύνατόν[41] ἐστιν·
16 ἀρνούμενοι[42] γάρ σε εἰδέναι ἀσεβεῖς[43]
ἐν ἰσχύι[44] βραχίονός[45] σου ἐμαστιγώθησαν[46]

1 ἀκρίς, locust
2 μυῖα, fly
3 δῆγμα, bite
4 ἴαμα, healing, remedy
5 ἄξιος, worthy
6 κολάζω, *aor pas inf*, punish
7 ἰοβόλος, venomous
8 δράκων, dragon, serpent
9 νικάω, *aor act ind 3p*, prevail (in battle)
10 ὀδούς, tooth
11 ἔλεος, mercy
12 ἀντιπαρέρχομαι, *aor act ind 3s*, help against an enemy
13 ἰάομαι, *aor mid ind 3s*, heal
14 ὑπόμνησις, reminder
15 λόγιον, word, teaching
16 ἐγκεντρίζω, *impf pas ind 3p*, goad, spur on
17 ὀξέως, quickly
18 διασῴζω, *impf pas ind 3p*, preserve alive
19 βαθύς, deep
20 ἐμπίπτω, *aor act ptc nom p m*, fall into
21 λήθη, forgetfulness
22 ἀπερίσπαστος, undistracted, mindful
23 σός, your
24 εὐεργεσία, kindness, well-doing
25 βοτάνη, herb, plant
26 μάλαγμα, medicinal poultice
27 θεραπεύω, *aor act ind 3s*, heal, treat
28 σός, your
29 ἰάομαι, *pres mid ptc nom s m*, heal, restore
30 ἐξουσία, authority
31 κατάγω, *pres act ind 2s*, lead down
32 πύλη, gate
33 ᾅδης, underworld, Hades
34 ἀνάγω, *pres act ind 2s*, lead up
35 κακία, wickedness
36 ἀναστρέφω, *pres act ind 3s*, bring back, return
37 ἀναλύω, *pres act ind 3s*, set free
38 παραλαμβάνω, *aor pas ptc acc s f*, take away
39 σός, your
40 φεύγω, *aor act inf*, flee
41 ἀδύνατος, impossible, incapable
42 ἀρνέομαι, *pres mid ptc nom p m*, deny
43 ἀσεβής, ungodly, wicked
44 ἰσχύς, strength, might
45 βραχίων, arm
46 μαστιγόω, *aor pas ind 3p*, flog, scourge

ξένοις[1] ὑετοῖς[2] καὶ χαλάζαις[3] καὶ ὄμβροις[4] διωκόμενοι ἀπαραιτήτοις[5]
καὶ πυρὶ καταναλισκόμενοι.[6]
17 τὸ γὰρ παραδοξότατον,[7] ἐν τῷ πάντα σβεννύντι[8] ὕδατι
πλεῖον[9] ἐνήργει[10] τὸ πῦρ,
ὑπέρμαχος[11] γὰρ ὁ κόσμος ἐστὶν δικαίων·
18 ποτὲ[12] μὲν γὰρ ἡμεροῦτο[13] φλόξ,[14]
ἵνα μὴ καταφλέξῃ[15] τὰ ἐπ᾽ ἀσεβεῖς[16] ἀπεσταλμένα ζῷα,[17]
ἀλλ᾽ αὐτοὶ βλέποντες εἰδῶσιν
ὅτι θεοῦ κρίσει ἐλαύνονται·[18]
19 ποτὲ[19] δὲ καὶ μεταξὺ[20] ὕδατος ὑπὲρ τὴν πυρὸς δύναμιν φλέγει,[21]
ἵνα ἀδίκου[22] γῆς γενήματα[23] διαφθείρῃ.[24]

Manna for Israel

20 ἀνθ᾽ ὧν[25] ἀγγέλων τροφὴν[26] ἐψώμισας[27] τὸν λαόν σου
καὶ ἕτοιμον[28] ἄρτον ἀπ᾽ οὐρανοῦ παρέσχες[29] αὐτοῖς ἀκοπιάτως[30]
πᾶσαν ἡδονὴν[31] ἰσχύοντα[32] καὶ πρὸς πᾶσαν ἁρμόνιον[33] γεῦσιν·[34]
21 ἡ μὲν γὰρ ὑπόστασίς[35] σου τὴν σήν[36] πρὸς τέκνα ἐνεφάνιζεν[37] γλυκύτητα,[38]
τῇ δὲ τοῦ προσφερομένου[39] ἐπιθυμίᾳ[40] ὑπηρετῶν[41]
πρὸς ὅ τις ἐβούλετο μετεκιρνᾶτο.[42]

1 ξένος, strange
2 ὑετός, rain
3 χάλαζα, hail
4 ὄμβρος, rainstorm
5 ἀπαραίτητος, unavoidable, inexorable
6 καταναλίσκω, *pres pas ptc nom p m*, consume
7 παράδοξος, *sup*, most unexpected, strangest
8 σβέννυμι, *pres act ptc dat s n*, quench, extinguish
9 πλείων/πλεῖον, *comp of* πολύς, more
10 ἐνεργέω, *impf act ind 3s*, be in action
11 ὑπέρμαχος, defending, fighting for
12 ποτέ, when
13 ἡμερόω, *impf pas ind 3s*, restrain
14 φλόξ, flame
15 καταφλέγω, *aor act sub 3s*, burn up
16 ἀσεβής, ungodly, wicked
17 ζῷον, living creature
18 ἐλαύνω, *pres pas ind 3p*, drive, set in motion
19 ποτέ, when
20 μεταξύ, in the midst of
21 φλέγω, *pres act ind 3s*, burn
22 ἄδικος, unrighteous
23 γένημα, fruit, yield, produce
24 διαφθείρω, *pres act sub 3s*, cause to perish, destroy
25 ἀνθ᾽ ὧν, instead of, because
26 τροφή, food
27 ψωμίζω, *aor act ind 2s*, feed
28 ἕτοιμος, prepared
29 παρέχω, *aor act ind 2s*, provide
30 ἀκοπιάτως, untiringly
31 ἡδονή, pleasure
32 ἰσχύω, *pres act ptc acc s m*, be able to
33 ἁρμόνιος, agreeable, harmonious
34 γεῦσις, taste
35 ὑπόστασις, substance
36 σός, your
37 ἐμφανίζω, *impf act ind 3s*, exhibit, manifest
38 γλυκύτης, sweetness
39 προσφέρω, *pres mid ptc gen s m*, take (food)
40 ἐπιθυμία, desire
41 ὑπηρετέω, *pres act ptc nom s m*, serve
42 μετακιρνάομαι, *impf mid ind 3s*, change into

22 χιὼν[1] δὲ καὶ κρύσταλλος[2] ὑπέμεινε[3] πῦρ καὶ οὐκ ἐτήκετο,[4]
ἵνα γνῶσιν ὅτι τοὺς τῶν ἐχθρῶν καρποὺς κατέφθειρε[5] πῦρ
φλεγόμενον[6] ἐν τῇ χαλάζῃ[7]
καὶ ἐν τοῖς ὑετοῖς[8] διαστράπτον·[9]
23 τοῦτο πάλιν[10] δ᾽, ἵνα τραφῶσιν[11] δίκαιοι,
καὶ τῆς ἰδίας[12] ἐπιλέλησται[13] δυνάμεως.

24 Ἡ γὰρ κτίσις[14] σοὶ τῷ ποιήσαντι ὑπηρετοῦσα[15]
ἐπιτείνεται[16] εἰς κόλασιν[17] κατὰ τῶν ἀδίκων[18]
καὶ ἀνίεται[19] εἰς εὐεργεσίαν[20] ὑπὲρ τῶν ἐπὶ σοὶ πεποιθότων.
25 διὰ τοῦτο καὶ τότε εἰς πάντα μεταλλευομένη[21]
τῇ παντοτρόφῳ[22] σου δωρεᾷ[23] ὑπηρέτει[24]
πρὸς τὴν τῶν δεομένων[25] θέλησιν,[26]
26 ἵνα μάθωσιν[27] οἱ υἱοί σου, οὓς ἠγάπησας, κύριε,
ὅτι οὐχ αἱ γενέσεις[28] τῶν καρπῶν τρέφουσιν[29] ἄνθρωπον,
ἀλλὰ τὸ ῥῆμά σου τοὺς σοὶ πιστεύοντας διατηρεῖ.[30]
27 τὸ γὰρ ὑπὸ πυρὸς μὴ φθειρόμενον[31]
ἁπλῶς[32] ὑπὸ βραχείας[33] ἀκτῖνος[34] ἡλίου θερμαινόμενον[35] ἐτήκετο,[36]
28 ὅπως γνωστὸν[37] ᾖ ὅτι δεῖ[38] φθάνειν[39] τὸν ἥλιον ἐπ᾽ εὐχαριστίαν[40] σου
καὶ πρὸς ἀνατολὴν[41] φωτὸς ἐντυγχάνειν[42] σοι·

1 χιών, snow
2 κρύσταλλος, (ice) crystal
3 ὑπομένω, *aor act ind 3s*, endure through
4 τήκω, *impf pas ind 3s*, melt
5 καταφθείρω, *aor act ind 3s*, destroy
6 φλέγω, *pres mid ptc nom s n*, set on fire, burn
7 χάλαζα, hail
8 ὑετός, rain
9 διαστράπτω, *pres act ptc nom s n*, flash like lightning
10 πάλιν, once more
11 τρέφω, *aor pas sub 3p*, feed
12 ἴδιος, one's own
13 ἐπιλανθάνομαι, *perf mid ind 3s*, forget
14 κτίσις, creation
15 ὑπηρετέω, *pres act ptc nom s f*, serve
16 ἐπιτείνω, *pres mid ind 3s*, stretch, strain
17 κόλασις, chastisement, punishment
18 ἄδικος, unrighteous
19 ἀνίημι, *pres mid ind 3s*, loosen, leave unpunished
20 εὐεργεσία, kindness
21 μεταλλεύω, *pres pas ptc nom s f*, pervert
22 παντοτρόφος, all-nourishing
23 δωρεά, gift
24 ὑπηρετέω, *impf act ind 3s*, serve
25 δέομαι, *pres mid ptc gen p m*, be in need
26 θέλησις, wish, prayer
27 μανθάνω, *aor act sub 3p*, learn
28 γένεσις, generation, production
29 τρέφω, *pres act ind 3p*, nourish, feed
30 διατηρέω, *pres act ind 3s*, care for, preserve
31 φθείρω, *pres pas ptc nom s n*, destroy
32 ἁπλῶς, simply
33 βραχύς, small
34 ἀκτίς, beam, ray
35 θερμαίνω, *pres pas ptc nom s n*, warm
36 τήκω, *impf pas ind 3s*, melt
37 γνωστός, known
38 δεῖ, *pres act ind 3s*, be necessary
39 φθάνω, *pres act inf*, come before, precede
40 εὐχαριστία, gratitude
41 ἀνατολή, rising, dawning
42 ἐντυγχάνω, *pres act inf*, supplicate

29 ἀχαρίστου[1] γὰρ ἐλπὶς ὡς χειμέριος[2] πάχνη[3] τακήσεται[4]
καὶ ῥυήσεται[5] ὡς ὕδωρ ἄχρηστον.[6]

Egyptians Struck with Fear at Night

17 Μεγάλαι γάρ σου αἱ κρίσεις καὶ δυσδιήγητοι·[7]
διὰ τοῦτο ἀπαίδευτοι[8] ψυχαὶ ἐπλανήθησαν.
2 ὑπειληφότες[9] γὰρ καταδυναστεύειν[10] ἔθνος ἅγιον ἄνομοι[11]
δέσμιοι[12] σκότους καὶ μακρᾶς[13] πεδῆται[14] νυκτός
κατακλεισθέντες[15] ὀρόφοις[16] φυγάδες[17] τῆς αἰωνίου προνοίας[18]
ἔκειντο.[19]
3 λανθάνειν[20] γὰρ νομίζοντες[21] ἐπὶ κρυφαίοις[22] ἁμαρτήμασιν[23]
ἀφεγγεῖ[24] λήθης[25] παρακαλύμματι[26]
ἐσκορπίσθησαν[27] θαμβούμενοι[28] δεινῶς[29]
καὶ ἰνδάλμασιν[30] ἐκταρασσόμενοι.[31]
4 οὐδὲ γὰρ ὁ κατέχων[32] αὐτοὺς μυχὸς[33] ἀφόβους[34] διεφύλαττεν,[35]
ἦχοι[36] δ᾽ ἐκταράσσοντες[37] αὐτοὺς περιεκόμπουν,[38]
καὶ φάσματα[39] ἀμειδήτοις[40] κατηφῆ[41] προσώποις ἐνεφανίζετο.[42]

1 ἀχάριστος, ungrateful
2 χειμέριος, wintry
3 πάχνη, frost
4 τήκω, *fut pas ind 3s*, melt
5 ῥέω, *fut mid ind 3s*, flow, stream
6 ἄχρηστος, useless
7 δυσδιήγητος, difficult to explain
8 ἀπαίδευτος, untrained, not educated
9 ὑπολαμβάνω, *perf act ptc nom p m*, think about, consider
10 καταδυναστεύω, *pres act inf*, oppress
11 ἄνομος, evil, lawless
12 δέσμιος, captive
13 μακρός, lengthy
14 πεδήτης, prisoner
15 κατακλείω, *aor pas ptc nom p m*, enclose
16 ὄροφος, roof
17 φυγάς, fugitive, outcast
18 πρόνοια, providence
19 κεῖμαι, *impf pas ind 3p*, set, be, become
20 λανθάνω, *pres act inf*, go unnoticed
21 νομίζω, *pres act ptc nom p m*, suppose
22 κρυφαῖος, secret
23 ἁμάρτημα, sin, offense
24 ἀφεγγής, dark
25 λήθη, forgetfulness
26 παρακάλυμμα, curtain, veil
27 σκορπίζω, *aor pas ind 3p*, scatter, disperse
28 θαμβέω, *pres pas ptc nom p m*, be astounded
29 δεινῶς, dreadfully, terribly
30 ἴνδαλμα, appearance, apparition
31 ἐκταράσσω, *pres pas ptc nom p m*, be troubled
32 κατέχω, *pres act ptc nom s m*, detain, hold
33 μυχός, deep recess
34 ἄφοβος, without fear
35 διαφυλάττω (σσ), *impf act ind 3s*, guard, protect
36 ἦχος, sound
37 ἐκταράσσω, *pres act ptc nom p m*, throw into confusion
38 περικομπέω, *impf act ind 3p*, reverberate all around
39 φάσμα, phantom
40 ἀμείδητος, gloomy
41 κατηφής, sorrowful
42 ἐμφανίζω, *impf mid ind 3s*, become visible

5 καὶ πυρὸς μὲν οὐδεμία βία[1] κατίσχυεν[2] φωτίζειν,[3]
οὔτε ἄστρων[4] ἔκλαμπροι[5] φλόγες[6]
καταυγάζειν[7] ὑπέμενον[8] τὴν στυγνὴν[9] ἐκείνην νύκτα.
6 διεφαίνετο[10] δ᾽ αὐτοῖς μόνον αὐτομάτη[11] πυρὰ[12] φόβου πλήρης,[13]
ἐκδειματούμενοι[14] δὲ τῆς μὴ θεωρουμένης[15] ἐκείνης ὄψεως[16]
ἡγοῦντο[17] χείρω[18] τὰ βλεπόμενα.
7 μαγικῆς[19] δὲ ἐμπαίγματα[20] κατέκειτο[21] τέχνης,[22]
καὶ τῆς ἐπὶ φρονήσει[23] ἀλαζονείας[24] ἔλεγχος[25] ἐφύβριστος·[26]
8 οἱ γὰρ ὑπισχνούμενοι[27] δείματα[28] καὶ ταραχὰς[29] ἀπελαύνειν[30] ψυχῆς
νοσούσης,[31]
οὗτοι καταγέλαστον[32] εὐλάβειαν[33] ἐνόσουν.[34]
9 καὶ γὰρ εἰ μηδὲν[35] αὐτοὺς ταραχῶδες[36] ἐφόβει,
κνωδάλων[37] παρόδοις[38] καὶ ἑρπετῶν[39] συριγμοῖς[40] ἐκσεσοβημένοι[41]
διώλλυντο[42] ἔντρομοι[43]
καὶ τὸν μηδαμόθεν[44] φευκτὸν[45] ἀέρα[46] προσιδεῖν[47] ἀρνούμενοι.[48]

1 βία, force
2 κατισχύω, *impf act ind 3s*, be able to
3 φωτίζω, *pres act inf*, give light
4 ἄστρον, star
5 ἔκλαμπρος, very bright
6 φλόξ, flame
7 καταυγάζω, *pres act inf*, illumine
8 ὑπομένω, *impf act ind 3p*, endure
9 στυγνός, horrible, gloomy
10 διαφαίνω, *impf mid ind 3s*, shine through
11 αὐτόματος, self-acting
12 πυρά, burning mass
13 πλήρης, full
14 ἐκδειματόω, *pres pas ptc nom p m*, greatly terrify
15 θεωρέω, *pres pas ptc gen s f*, behold, see
16 ὄψις, appearance, sight
17 ἡγέομαι, *impf mid ind 3p*, consider
18 χείρων, *comp of* κακός, worse
19 μαγικός, magical
20 ἔμπαιγμα, delusion
21 κατάκειμαι, *impf pas ind 3s*, make ineffective
22 τέχνη, art, craft
23 φρόνησις, insight, intelligence
24 ἀλαζονεία, boastfulness
25 ἔλεγχος, reproach, rebuke
26 ἐφύβριστος, insolent
27 ὑπισχνέομαι, *pres mid ptc nom p m*, promise to do (something)
28 δεῖμα, terror
29 ταραχή, trouble, distress
30 ἀπελαύνω, *pres act inf*, drive away
31 νοσέω, *pres act ptc gen s f*, be sick (with)
32 καταγέλαστος, laughable
33 εὐλάβεια, fear, caution
34 νοσέω, *impf act ind 3p*, be sick (with)
35 μηδείς, nothing
36 ταραχώδης, dreadful, distressful
37 κνώδαλον, wild animal, vermin
38 πάροδος, passing by
39 ἑρπετόν, reptile, creeping thing
40 συριγμός, hissing
41 ἐκσοβέω, *perf pas ptc nom p m*, frighten
42 διόλλυμι, *impf pas ind 3p*, perish
43 ἔντρομος, trembling
44 μηδαμόθεν, from nowhere
45 φευκτός, avoidable
46 ἀήρ, air, (fog, cloud)
47 προσοράω, *aor act inf*, look at
48 ἀρνέομαι, *pres mid ptc nom p m*, refuse

10 δειλὸν[1] γὰρ ἰδίῳ[2] πονηρία[3] μάρτυρι[4] καταδικαζομένη,[5]
ἀεὶ[6] δὲ προσείληφεν[7] τὰ χαλεπὰ[8] συνεχομένη[9] τῇ συνειδήσει·[10]
11 οὐθὲν[11] γάρ ἐστιν φόβος εἰ μὴ προδοσία[12] τῶν ἀπὸ λογισμοῦ[13]
βοηθημάτων,[14]
12 ἔνδοθεν[15] δὲ οὖσα ἥττων[16] ἡ προσδοκία[17]
πλείονα[18] λογίζεται τὴν ἄγνοιαν[19] τῆς παρεχούσης[20] τὴν βάσανον[21]
αἰτίας.[22]
13 οἱ δὲ τὴν ἀδύνατον[23] ὄντως[24] νύκτα
καὶ ἐξ ἀδυνάτου ᾅδου[25] μυχῶν[26] ἐπελθοῦσαν[27]
τὸν αὐτὸν ὕπνον[28] κοιμώμενοι[29]
14 τὰ μὲν τέρασιν[30] ἠλαύνοντο[31] φαντασμάτων,[32]
τὰ δὲ τῆς ψυχῆς παρελύοντο[33] προδοσίᾳ·[34]
αἰφνίδιος[35] γὰρ αὐτοῖς καὶ ἀπροσδόκητος[36] φόβος ἐπεχύθη.[37]
15 εἶθ᾽[38] οὕτως, ὃς δή[39] ποτ᾽ οὖν ἦν ἐκεῖ καταπίπτων,[40]
ἐφρουρεῖτο[41] εἰς τὴν ἀσίδηρον[42] εἱρκτὴν[43] κατακλεισθείς·[44]
16 εἴ τε γὰρ γεωργὸς[45] ἦν τις ἢ ποιμὴν[46]
ἢ τῶν κατ᾽ ἐρημίαν[47] ἐργάτης[48] μόχθων,[49]

1 δειλός, cowardly, fearful
2 ἴδιος, one's own
3 πονηρία, wickedness, iniquity
4 μάρτυς, witness
5 καταδικάζω, *pres pas ptc nom s f*, condemn
6 ἀεί, always
7 προσλαμβάνω, *perf act ind 3s*, increase, multiply
8 χαλεπός, danger, difficulty
9 συνέχω, *pres pas ptc nom s f*, confine, hinder
10 συνείδησις, conscience
11 οὐθείς, nothing
12 προδοσία, abandonment
13 λογισμός, (faculty of) reason
14 βοήθημα, help
15 ἔνδοθεν, within, inner
16 ἥττων (σσ), *comp of* κακός, inferior, weaker
17 προσδοκία, expectation
18 πλείων/πλεῖον, *comp of* πολύς, more
19 ἄγνοια, ignorance
20 παρέχω, *pres act ptc gen s f*, provide, bring forth
21 βάσανος, torment, misfortune
22 αἰτία, cause
23 ἀδύνατος, powerless
24 ὄντως, really, in truth
25 ᾅδης, underworld, Hades
26 μυχός, deep cavity
27 ἐπέρχομαι, *aor act ptc acc s f*, come upon
28 ὕπνος, sleep
29 κοιμάομαι, *pres mid ptc nom p m*, fall asleep
30 τέρας, wonder
31 ἐλαύνω, *impf pas ind 3p*, vex, drive
32 φάντασμα, apparition, delusion
33 παραλύω, *impf pas ind 3p*, weaken, paralyze
34 προδοσία, abandonment
35 αἰφνίδιος, unforeseen, sudden
36 ἀπροσδόκητος, unexpected
37 ἐπιχέω, *aor pas ind 3s*, pour over
38 εἶτα, then
39 δή, at this point
40 καταπίπτω, *pres act ptc nom s m*, fall down
41 φρουρέω, *impf pas ind 3s*, keep bound
42 ἀσίδηρος, without iron (bars)
43 εἱρκτή, prison
44 κατακλείω, *aor pas ptc nom s m*, shut up in
45 γεωργός, farmer
46 ποιμήν, shepherd
47 ἐρημία, wilderness
48 ἐργάτης, worker
49 μόχθος, toil, labor

προλημφθεὶς[1] τὴν δυσάλυκτον[2] ἔμενεν ἀνάγκην,[3]
μιᾷ γὰρ ἁλύσει[4] σκότους πάντες ἐδέθησαν·[5]
17 εἴ τε πνεῦμα συρίζον[6]
ἢ περὶ ἀμφιλαφεῖς[7] κλάδους[8] ὀρνέων[9] ἦχος[10] εὐμελὴς[11]
ἢ ῥυθμὸς[12] ὕδατος πορευομένου βίᾳ[13]
ἢ κτύπος[14] ἀπηνὴς[15] καταρριπτομένων[16] πετρῶν[17]
18 ἢ σκιρτώντων[18] ζῴων[19] δρόμος[20] ἀθεώρητος[21]
ἢ ὠρυομένων[22] ἀπηνεστάτων[23] θηρίων φωνή
ἢ ἀντανακλωμένη[24] ἐκ κοιλότητος[25] ὀρέων ἠχώ,[26]
παρέλυεν[27] αὐτοὺς ἐκφοβοῦντα.[28]
19 ὅλος γὰρ ὁ κόσμος λαμπρῷ[29] κατελάμπετο[30] φωτί
καὶ ἀνεμποδίστοις[31] συνείχετο[32] ἔργοις·
20 μόνοις δὲ ἐκείνοις ἐπετέτατο[33] βαρεῖα[34] νὺξ
εἰκὼν[35] τοῦ μέλλοντος[36] αὐτοὺς διαδέχεσθαι[37] σκότους,
ἑαυτοῖς δὲ ἦσαν βαρύτεροι[38] σκότους.

Light Shines upon the Holy Ones of Israel

18 Τοῖς δὲ ὁσίοις[39] σου μέγιστον[40] ἦν φῶς·
ὧν φωνὴν μὲν ἀκούοντες μορφὴν[41] δὲ οὐχ ὁρῶντες,
ὅτι μὲν οὐ κἀκεῖνοι[42] ἐπεπόνθεισαν,[43] ἐμακάριζον,[44]

1 προλαμβάνω, *aor pas ptc nom s m*, overtake
2 δυσάλυκτος, inescapable
3 ἀνάγκη, destiny
4 ἅλυσις, chain
5 δέω, *aor pas ind 3p*, bind
6 συρίζω, *pres act ptc nom s n*, whistle
7 ἀμφιλαφής, thick with leaves
8 κλάδος, branch
9 ὄρνεον, bird
10 ἦχος, sound
11 εὐμελής, melodious
12 ῥυθμός, rhythm
13 βία, violence, force
14 κτύπος, crash
15 ἀπηνής, harsh
16 καταρρίπτω, *pres pas ptc gen p m*, cast down
17 πέτρος, stone
18 σκιρτάω, *pres act ptc gen p n*, leap, bound
19 ζῷον, animal
20 δρόμος, running
21 ἀθεώρητος, unseen
22 ὠρύομαι, *pres mid ptc gen p n*, roar
23 ἀπηνής, *sup*, most wild
24 ἀντανακλάω, *pres pas ptc nom s f*, reflect, reverberate
25 κοιλότης, hollow
26 ἠχώ, echo
27 παραλύω, *impf act ind 3s*, weaken, paralyze
28 ἐκφοβέω, *pres act ptc nom p n*, be frightened
29 λαμπρός, radiant
30 καταλάμπω, *impf pas ind 3s*, shine
31 ἀνεμπόδιστος, unimpeded
32 συνέχω, *impf mid ind 3s*, conduct, maintain
33 ἐπιτείνω, *plpf pas ind 3s*, spread over
34 βαρύς, heavy
35 εἰκών, image
36 μέλλω, *pres act ptc gen s n*, be about to
37 διαδέχομαι, *pres mid inf*, receive
38 βαρύς, *comp*, heavier
39 ὅσιος, holy
40 μέγας, *sup*, greatest, very great
41 μορφή, form
42 κἀκεῖνοι, and those, *cr.* καὶ ἐκεῖνοι
43 πάσχω, *plpf act ind 3p*, suffer
44 μακαρίζω, *impf act ind 3p*, consider blessed

2 ὅτι δ᾽ οὐ βλάπτουσιν[1] προηδικημένοι,[2]
ηὐχαρίστουν[3] καὶ τοῦ διενεχθῆναι[4] χάριν ἐδέοντο.[5]
3 ἀνθ᾽ ὧν[6] πυριφλεγῆ[7] στῦλον[8] ὁδηγὸν[9] μὲν ἀγνώστου[10] ὁδοιπορίας,[11]
ἥλιον δὲ ἀβλαβῆ[12] φιλοτίμου[13] ξενιτείας[14] παρέσχες.[15]
4 ἄξιοι[16] μὲν γὰρ ἐκεῖνοι στερηθῆναι[17] φωτός καὶ φυλακισθῆναι[18] σκότει
οἱ κατακλείστους[19] φυλάξαντες τοὺς υἱούς σου,
δι᾽ ὧν ἤμελλεν[20] τὸ ἄφθαρτον[21] νόμου φῶς τῷ αἰῶνι δίδοσθαι.

Plague of Death on the Firstborn

5 Βουλευσαμένους[22] δ᾽ αὐτοὺς τὰ τῶν ὁσίων[23] ἀποκτεῖναι νήπια[24]
καὶ ἑνὸς ἐκτεθέντος[25] τέκνου καὶ σωθέντος
εἰς ἔλεγχον[26] τὸ αὐτῶν ἀφείλω[27] πλῆθος τέκνων
καὶ ὁμοθυμαδὸν[28] ἀπώλεσας ἐν ὕδατι σφοδρῷ.[29]
6 ἐκείνη ἡ νὺξ προεγνώσθη[30] πατράσιν ἡμῶν,
ἵνα ἀσφαλῶς[31] εἰδότες οἷς ἐπίστευσαν ὅρκοις[32] ἐπευθυμήσωσιν.[33]
7 προσεδέχθη[34] ὑπὸ λαοῦ σου σωτηρία μὲν δικαίων,
ἐχθρῶν δὲ ἀπώλεια·[35]
8 ᾧ γὰρ ἐτιμωρήσω[36] τοὺς ὑπεναντίους,[37]
τούτῳ ἡμᾶς προσκαλεσάμενος[38] ἐδόξασας.

1 βλάπτω, *pres act ind 3p*, hurt, harm
2 προαδικέω, *perf pas ptc nom p m*, do wrong to someone previously
3 εὐχαριστέω, *impf act ind 3p*, give thanks
4 διαφέρω, *aor pas inf*, quarrel
5 δέομαι, *impf mid ind 3p*, entreat, ask for
6 ἀνθ᾽ ὧν, instead, rather
7 πυριφλεγής, flaming with fire
8 στῦλος, pillar
9 ὁδηγός, guide
10 ἄγνωστος, unknown
11 ὁδοιπορία, march, journey
12 ἀβλαβής, harmless
13 φιλότιμος, marvelous
14 ξενιτεία, living abroad
15 παρέχω, *aor act ind 2s*, provide
16 ἄξιος, worthy of
17 στερέω, *aor pas inf*, deprive
18 φυλακίζω, *aor pas inf*, imprison
19 κατάκλειστος, confined, shut up
20 μέλλω, *impf act ind 3s*, be about to
21 ἄφθαρτος, incorruptible
22 βουλεύω, *aor mid ptc acc p m*, determine
23 ὅσιος, holy
24 νήπιος, infant
25 ἐκτίθημι, *aor pas ptc gen s n*, expose
26 ἔλεγχος, recompense, (punishment)
27 ἀφαιρέω, *aor mid ind 2s*, take away, remove
28 ὁμοθυμαδόν, together
29 σφοδρός, mighty
30 προγινώσκω, *aor pas ind 3s*, make known in advance
31 ἀσφαλῶς, assuredly
32 ὅρκος, oath
33 ἐπευθυμέω, *aor act sub 3p*, rejoice at
34 προσδέχομαι, *aor pas ind 3s*, wait for, anticipate
35 ἀπώλεια, destruction
36 τιμωρέω, *aor mid ind 2s*, take vengeance on
37 ὑπεναντίος, opponent
38 προσκαλέω, *aor mid ptc nom s m*, summon

9 κρυφῇ[1] γὰρ ἐθυσίαζον[2] ὅσιοι[3] παῖδες[4] ἀγαθῶν
καὶ τὸν τῆς θειότητος[5] νόμον ἐν ὁμονοίᾳ[6] διέθεντο[7]
τῶν αὐτῶν ὁμοίως[8] καὶ ἀγαθῶν καὶ κινδύνων[9] μεταλήμψεσθαι[10]
τοὺς ἁγίους πατέρων ἤδη[11] προαναμέλποντες[12] αἴνους.[13]
10 ἀντήχει[14] δ᾽ ἀσύμφωνος[15] ἐχθρῶν ἡ βοή,[16]
καὶ οἰκτρὰ[17] διεφέρετο[18] φωνὴ θρηνουμένων[19] παίδων·[20]
11 ὁμοίᾳ[21] δὲ δίκῃ[22] δοῦλος ἅμα[23] δεσπότῃ[24] κολασθείς[25]
καὶ δημότης[26] βασιλεῖ τὰ αὐτὰ πάσχων,[27]
12 ὁμοθυμαδὸν[28] δὲ πάντες ἐν ἑνὶ ὀνόματι θανάτου
νεκροὺς[29] εἶχον ἀναριθμήτους·[30]
οὐδὲ γὰρ πρὸς τὸ θάψαι[31] οἱ ζῶντες ἦσαν ἱκανοί,[32]
ἐπεὶ[33] πρὸς μίαν ῥοπὴν[34] ἡ ἐντιμοτέρα[35] γένεσις[36] αὐτῶν διέφθαρτο.[37]
13 πάντα γὰρ ἀπιστοῦντες[38] διὰ τὰς φαρμακείας[39]
ἐπὶ τῷ τῶν πρωτοτόκων[40] ὀλέθρῳ[41] ὡμολόγησαν[42] θεοῦ υἱὸν λαὸν εἶναι.
14 ἡσύχου[43] γὰρ σιγῆς[44] περιεχούσης[45] τὰ πάντα
καὶ νυκτὸς ἐν ἰδίῳ[46] τάχει[47] μεσαζούσης[48]

1 κρυφῇ, secretly
2 θυσιάζω, *impf act ind 3p*, offer a sacrifice
3 ὅσιος, holy
4 παῖς, child
5 θειότης, divine
6 ὁμόνοια, harmony, concord
7 διατίθημι, *aor mid ind 3p*, establish
8 ὁμοίως, alike
9 κίνδυνος, danger
10 μεταλαμβάνω, *fut mid inf*, share
11 ἤδη, already
12 προαναμέλπω, *pres act ptc nom p m*, sing first
13 αἶνος, praise
14 ἀντηχέω, *impf act ind 3s*, resound
15 ἀσύμφωνος, unharmonious
16 βοή, outcry
17 οἰκτρός, lamentable
18 διαφέρω, *impf pas ind 3s*, spread abroad
19 θρηνέω, *pres mid ptc gen p m*, wail, mourn
20 παῖς, child
21 ὅμοιος, alike
22 δίκη, just penalty
23 ἅμα, together
24 δεσπότης, master
25 κολάζω, *aor pas ptc nom s m*, punish
26 δημότης, commoner
27 πάσχω, *pres act ptc nom s m*, suffer
28 ὁμοθυμαδόν, together
29 νεκρός, dead
30 ἀναρίθμητος, countless
31 θάπτω, *aor act inf*, bury
32 ἱκανός, sufficient
33 ἐπεί, given that, for, since
34 ῥοπή, decisive moment
35 ἔντιμος, *comp*, more valuable
36 γένεσις, offspring
37 διαφθείρω, *plpf pas ind 3s*, destroy, cause to perish
38 ἀπιστέω, *pres act ptc nom p m*, be unbelieving
39 φαρμακεία, sorcery, magic
40 πρωτότοκος, firstborn
41 ὄλεθρος, destruction
42 ὁμολογέω, *aor act ind 3p*, acknowledge, confess
43 ἥσυχος, quiet
44 σιγή, silence
45 περιέχω, *pres act ptc gen s f*, encompass, encircle
46 ἴδιος, one's own
47 τάχος, swift course
48 μεσάζω, *pres act ptc gen s f*, be in the middle of

15 ὁ παντοδύναμός[1] σου λόγος ἀπ᾽ οὐρανῶν ἐκ θρόνων βασιλείων[2]
ἀπότομος[3] πολεμιστὴς[4] εἰς μέσον τῆς ὀλεθρίας[5] ἥλατο[6] γῆς
ξίφος[7] ὀξὺ[8] τὴν ἀνυπόκριτον[9] ἐπιταγήν[10] σου φέρων
16 καὶ στὰς[11] ἐπλήρωσεν τὰ πάντα θανάτου
καὶ οὐρανοῦ μὲν ἥπτετο, βεβήκει[12] δ᾽ ἐπὶ γῆς.
17 τότε παραχρῆμα[13] φαντασίαι[14] μὲν ὀνείρων[15] δεινῶν[16] ἐξετάραξαν[17] αὐτούς,
φόβοι δὲ ἐπέστησαν[18] ἀδόκητοι,[19]
18 καὶ ἄλλος ἀλλαχῇ[20] ῥιφεὶς[21] ἡμίθνητος[22]
δι᾽ ἣν ἔθνῃσκον[23] αἰτίαν[24] ἐνεφάνιζεν·[25]
19 οἱ γὰρ ὄνειροι[26] θορυβήσαντες[27] αὐτοὺς τοῦτο προεμήνυσαν,[28]
ἵνα μὴ ἀγνοοῦντες[29] δι᾽ ὃ κακῶς[30] πάσχουσιν[31] ἀπόλωνται.

Threat of Punishment in the Desert

20 Ἥψατο δὲ καὶ δικαίων πεῖρα[32] θανάτου,
καὶ θραῦσις[33] ἐν ἐρήμῳ ἐγένετο πλήθους.
ἀλλ᾽ οὐκ ἐπὶ πολὺ ἔμεινεν ἡ ὀργή·
21 σπεύσας[34] γὰρ ἀνὴρ ἄμεμπτος[35] προεμάχησεν[36]
τὸ τῆς ἰδίας[37] λειτουργίας[38] ὅπλον[39]
προσευχὴν καὶ θυμιάματος[40] ἐξιλασμὸν[41] κομίσας·[42]

1 παντοδύναμος, all-powerful
2 βασίλειος, royal
3 ἀπότομος, severe, mighty
4 πολεμιστής, warrior
5 ὀλέθριος, destined for destruction
6 ἅλλομαι, *aor mid ind 3s*, spring forth, leap
7 ξίφος, sword
8 ὀξύς, sharp
9 ἀνυπόκριτος, irrevocable
10 ἐπιταγή, commandment
11 ἵστημι, *aor act ptc nom s m*, stand
12 βαίνω, *plpf act ind 3s*, stand
13 παραχρῆμα, immediately
14 φαντασία, appearance, vision
15 ὄνειρος, dream
16 δεινός, fearful
17 ἐκταράσσω, *aor act ind 3p*, throw into confusion, agitate
18 ἐφίστημι, *aor act ind 3p*, stand over
19 ἀδόκητος, unexpected
20 ἄλλος ἀλλαχῇ one here, another there
21 ῥίπτω, *aor pas ptc nom s m*, cast, throw (down)
22 ἡμίθνητος, half dead
23 θνῄσκω, *impf act ind 3p*, die
24 αἰτία, reason
25 ἐμφανίζω, *impf act ind 3s*, make clear, exhibit
26 ὄνειρος, dream
27 θορυβέω, *aor act ptc nom p m*, bewilder, trouble
28 προμηνύω, *aor act ind 3p*, predict, presage
29 ἀγνοέω, *pres act ptc nom p m*, be ignorant
30 κακῶς, badly
31 πάσχω, *pres act ind 3p*, suffer
32 πεῖρα, experience
33 θραῦσις, destruction, plague
34 σπεύδω, *aor act ptc nom s m*, hasten
35 ἄμεμπτος, blameless
36 προμαχέω, *aor act ind 3s*, fight as the champion
37 ἴδιος, one's own
38 λειτουργία, ministry
39 ὅπλον, weapon, armor
40 θυμίαμα, incense
41 ἐξιλασμός, propitiation, atonement
42 κομίζω, *aor act ptc nom s m*, bring, carry

ἀντέστη[1] τῷ θυμῷ[2] καὶ πέρας[3] ἐπέθηκε τῇ συμφορᾷ[4]
δεικνὺς ὅτι σός[5] ἐστιν θεράπων·[6]
22 ἐνίκησεν[7] δὲ τὸν χόλον[8] οὐκ ἰσχύι[9] τοῦ σώματος,
οὐχ ὅπλων[10] ἐνεργείᾳ,[11]
ἀλλὰ λόγῳ τὸν κολάζοντα[12] ὑπέταξεν[13]
ὅρκους[14] πατέρων καὶ διαθήκας ὑπομνήσας.[15]
23 σωρηδὸν[16] γὰρ ἤδη[17] πεπτωκότων ἐπ᾽ ἀλλήλων[18] νεκρῶν[19]
μεταξὺ[20] στὰς[21] ἀνέκοψε[22] τὴν ὀργήν
καὶ διέσχισεν[23] τὴν πρὸς τοὺς ζῶντας ὁδόν.
24 ἐπὶ γὰρ ποδήρους[24] ἐνδύματος[25] ἦν ὅλος ὁ κόσμος,
καὶ πατέρων δόξαι ἐπὶ τετραστίχου[26] λίθων γλυφῆς,[27]
καὶ μεγαλωσύνη[28] σου ἐπὶ διαδήματος[29] κεφαλῆς αὐτοῦ.
25 τούτοις εἶξεν[30] ὁ ὀλεθρεύων,[31] ταῦτα δὲ ἐφοβήθη·
ἦν γὰρ μόνη ἡ πεῖρα[32] τῆς ὀργῆς ἱκανή.[33]

Egyptians Perish in Pursuit of the Israelites

19 Τοῖς δὲ ἀσεβέσιν[34] μέχρι[35] τέλους ἀνελεήμων[36] θυμὸς[37] ἐπέστη·[38]
προῄδει[39] γὰρ αὐτῶν καὶ τὰ μέλλοντα,[40]
2 ὅτι αὐτοὶ ἐπιτρέψαντες[41] τοῦ ἀπιέναι[42]
καὶ μετὰ σπουδῆς[43] προπέμψαντες[44] αὐτούς
διώξουσιν μεταμεληθέντες.[45]

1 ἀνθίστημι, *aor act ind 3s*, stand against
2 θυμός, wrath
3 πέρας, end, conclusion
4 συμφορά, calamity
5 σός, your
6 θεράπων, servant
7 νικάω, *aor act ind 3s*, conquer
8 χόλος, bitter anger
9 ἰσχύς, strength
10 ὅπλον, weapon, armor
11 ἐνέργεια, activity, force
12 κολάζω, *pres act ptc acc s m*, chastise
13 ὑποτάσσω, *aor act ind 3s*, subdue, cause to submit
14 ὅρκος, oath
15 ὑπομιμνήσκω, *aor act ptc nom s m*, call to memory
16 σωρηδόν, in heaps
17 ἤδη, already
18 ἀλλήλων, one another
19 νεκρός, dead
20 μεταξύ, between
21 ἵστημι, *aor act ptc nom s m*, stand
22 ἀνακόπτω, *aor act ind 3s*, restrain
23 διασχίζω, *aor act ind 3s*, cut off
24 ποδήρης, full-length
25 ἔνδυμα, garment, robe
26 τετράστιχος, arranged in four rows
27 γλυφή, carving, engraving
28 μεγαλωσύνη, majesty
29 διάδημα, crown, diadem
30 εἴκω, *aor act ind 3s*, withdraw
31 ὀλεθρεύω, *pres act ptc nom s m*, destroy
32 πεῖρα, experience
33 ἱκανός, sufficient
34 ἀσεβής, ungodly, wicked
35 μέχρι, until, as far as
36 ἀνελεήμων, merciless
37 θυμός, wrath
38 ἐφίστημι, *aor act ind 3s*, set against
39 πρόοιδα, *plpf act ind 3s*, know beforehand
40 μέλλω, *pres act ptc acc p n*, be about to (happen)
41 ἐπιτρέπω, *aor act ptc nom p m*, permit
42 ἄπειμι, *pres act inf*, be absent, be away
43 σπουδή, haste
44 προπέμπω, *aor act ptc nom p m*, send away
45 μεταμέλομαι, *aor pas ptc nom p m*, change one's mind

3 ἔτι γὰρ ἐν χερσὶν ἔχοντες τὰ πένθη[1]
καὶ προσοδυρόμενοι[2] τάφοις[3] νεκρῶν[4]
ἕτερον ἐπεσπάσαντο[5] λογισμὸν[6] ἀνοίας[7]
καὶ οὓς ἱκετεύοντες[8] ἐξέβαλον, τούτους ὡς φυγάδας[9] ἐδίωκον.
4 εἷλκεν[10] γὰρ αὐτοὺς ἡ ἀξία[11] ἐπὶ τοῦτο τὸ πέρας[12] ἀνάγκη[13]
καὶ τῶν συμβεβηκότων[14] ἀμνηστίαν[15] ἐνέβαλεν,[16]
ἵνα τὴν λείπουσαν[17] ταῖς βασάνοις[18] προσαναπληρώσωσιν[19] κόλασιν,[20]
5 καὶ ὁ μὲν λαός σου παράδοξον[21] ὁδοιπορίαν[22] πειράσῃ,[23]
ἐκεῖνοι δὲ ξένον[24] εὕρωσι θάνατον.

God Protects His People

6 ὅλη γὰρ ἡ κτίσις[25] ἐν ἰδίῳ[26] γένει[27] πάλιν[28] ἄνωθεν[29] διετυποῦτο[30]
ὑπηρετοῦσα[31] ταῖς σαῖς[32] ἐπιταγαῖς,[33]
ἵνα οἱ σοὶ παῖδες[34] φυλαχθῶσιν ἀβλαβεῖς.[35]
7 ἡ τὴν παρεμβολὴν[36] σκιάζουσα[37] νεφέλη,[38]
ἐκ δὲ προϋφεστῶτος[39] ὕδατος ξηρᾶς[40] ἀνάδυσις[41] γῆς ἐθεωρήθη,[42]

1 πένθος, grief, mourning
2 προσοδύρομαι, *pres mid ptc nom p m*, lament
3 τάφος, grave, tomb
4 νεκρός, dead
5 ἐπισπάω, *aor mid ind 3p*, bring up, induce, invite
6 λογισμός, plan, scheme
7 ἄνοια, folly, ignorance
8 ἱκετεύω, *pres act ptc nom p m*, supplicate
9 φυγάς, fugitive
10 ἕλκω, *impf act ind 3s*, draw, pull, incite
11 ἄξιος, deserving of
12 πέρας, end
13 ἀνάγκη, destiny
14 συμβαίνω, *perf act ptc gen p n*, happen, befall
15 ἀμνηστία, forgetting
16 ἐμβάλλω, *aor act ind 3s*, set upon (someone)
17 λείπω, *pres act ptc acc s f*, lack, be in want
18 βάσανος, misfortune, torment
19 προσαναπληρόω, *aor act sub 3p*, bring to completion
20 κόλασις, punishment
21 παράδοξος, wonderful, unexpected
22 ὁδοιπορία, journey
23 πειράζω, *aor act sub 3s*, make a trial of, attempt
24 ξένος, strange
25 κτίσις, creation
26 ἴδιος, peculiar, proper
27 γένος, kind, nature
28 πάλιν, again
29 ἄνωθεν, anew
30 διατυπόω, *impf pas ind 3s*, form, fashion
31 ὑπηρετέω, *pres act ptc nom s f*, serve
32 σός, your
33 ἐπιταγή, commandment
34 παῖς, servant, child
35 ἀβλαβής, unhurt
36 παρεμβολή, encampment, company
37 σκιάζω, *pres act ptc nom s f*, overshadow, cover over
38 νεφέλη, cloud
39 προϋφίστημι, *perf act ptc gen s n*, be present beforehand
40 ξηρός, dry
41 ἀνάδυσις, emergence (of land from water)
42 θεωρέω, *aor pas ind 3s*, see, behold

ἐξ ἐρυθρᾶς[1] θαλάσσης ὁδὸς ἀνεμπόδιστος[2]
καὶ χλοηφόρον[3] πεδίον[4] ἐκ κλύδωνος[5] βιαίου·[6]
8 δι᾽ οὗ πανεθνεὶ[7] διῆλθον[8] οἱ τῇ σῇ[9] σκεπαζόμενοι[10] χειρί
θεωρήσαντες[11] θαυμαστὰ[12] τέρατα.[13]
9 ὡς γὰρ ἵπποι[14] ἐνεμήθησαν[15]
καὶ ὡς ἀμνοὶ[16] διεσκίρτησαν[17]
αἰνοῦντές[18] σε, κύριε, τὸν ῥυσάμενον[19] αὐτούς.
10 ἐμέμνηντο[20] γὰρ ἔτι τῶν ἐν τῇ παροικίᾳ[21] αὐτῶν,
πῶς ἀντὶ[22] μὲν γενέσεως[23] ζῴων[24] ἐξήγαγεν[25] ἡ γῆ σκνῖπα,[26]
ἀντὶ[27] δὲ ἐνύδρων[28] ἐξηρεύξατο[29] ὁ ποταμὸς[30] πλῆθος βατράχων.[31]
11 ἐφ᾽ ὑστέρῳ[32] δὲ εἶδον καὶ γένεσιν[33] νέαν[34] ὀρνέων,[35]
ὅτε ἐπιθυμίᾳ[36] προαχθέντες[37] ᾐτήσαντο[38] ἐδέσματα[39] τρυφῆς·[40]
12 εἰς γὰρ παραμυθίαν[41] ἐκ θαλάσσης ἀνέβη αὐτοῖς ὀρτυγομήτρα.[42]

Punishment on the Egyptians

13 Καὶ αἱ τιμωρίαι[43] τοῖς ἁμαρτωλοῖς ἐπῆλθον[44]
οὐκ ἄνευ[45] τῶν προγεγονότων[46] τεκμηρίων[47] τῇ βίᾳ[48] τῶν κεραυνῶν·[49]

1 ἐρυθρός, red
2 ἀνεμπόδιστος, unimpeded
3 χλοηφόρος, green, grassy
4 πεδίον, level place, plain
5 κλύδων, wave, billow
6 βίαιος, forceful, violent
7 πανεθνεί, as a whole nation
8 διέρχομαι, *aor act ind 3p*, pass through
9 σός, your
10 σκεπάζω, *pres pas ptc nom p m*, shelter
11 θεωρέω, *aor act ptc nom p m*, behold
12 θαυμαστός, marvelous
13 τέρας, wonder
14 ἵππος, horse
15 νέμω, *aor pas ind 3p*, pasture, graze
16 ἀμνός, lamb
17 διασκιρτάω, *aor act ind 3p*, leap about
18 αἰνέω, *pres act ptc nom p m*, praise
19 ῥύομαι, *aor mid ptc acc s m*, deliver, rescue
20 μιμνῄσκομαι, *plpf mid ind 3p*, remember
21 παροικία, sojourn in a foreign country
22 ἀντί, instead of
23 γένεσις, offspring, produce
24 ζῷον, animal
25 ἐξάγω, *aor act ind 3s*, bring forth
26 σκνίψ, gnat
27 ἀντί, instead of
28 ἔνυδρος, living in water, (fish)
29 ἐξερεύγομαι, *aor mid ind 3s*, vomit forth
30 ποταμός, river
31 βάτραχος, frog
32 ὕστερος, *comp*, later
33 γένεσις, offspring, produce
34 νέος, new
35 ὄρνεον, bird
36 ἐπιθυμία, longing, desire
37 προάγω, *aor pas ptc nom p m*, press forward, induce
38 αἰτέω, *aor mid ind 3p*, ask for, demand
39 ἔδεσμα, delicacies, choice foods
40 τρυφή, luxury
41 παραμυθία, consolation
42 ὀρτυγομήτρα, bird that migrates with quails
43 τιμωρία, retribution, punishment
44 ἐπέρχομαι, *aor act ind 3p*, come upon
45 ἄνευ, without
46 προγίνομαι, *perf act ptc gen p n*, happen beforehand
47 τεκμήριον, sign, proof
48 βία, force, violence
49 κεραυνός, thunderbolt, lightning

δικαίως[1] γὰρ ἔπασχον[2] ταῖς ἰδίαις[3] αὐτῶν πονηρίαις,[4]
καὶ γὰρ χαλεπωτέραν[5] μισοξενίαν[6] ἐπετήδευσαν.[7]
14 οἱ μὲν γὰρ τοὺς ἀγνοοῦντας[8] οὐκ ἐδέχοντο[9] παρόντας·[10]
οὗτοι δὲ εὐεργέτας[11] ξένους[12] ἐδουλοῦντο.[13]
15 καὶ οὐ μόνον, ἀλλ᾽ ἥ τις ἐπισκοπὴ[14] ἔσται αὐτῶν,
ἐπεὶ[15] ἀπεχθῶς[16] προσεδέχοντο[17] τοὺς ἀλλοτρίους·[18]
16 οἱ δὲ μετὰ ἑορτασμάτων[19] εἰσδεξάμενοι[20]
τοὺς ἤδη[21] τῶν αὐτῶν μετεσχηκότας[22]
δικαίων δεινοῖς[23] ἐκάκωσαν[24] πόνοις.[25]
17 ἐπλήγησαν[26] δὲ καὶ ἀορασίᾳ[27]
ὥσπερ ἐκεῖνοι ἐπὶ ταῖς τοῦ δικαίου θύραις,
ὅτε ἀχανεῖ[28] περιβληθέντες[29] σκότει
ἕκαστος τῶν ἑαυτοῦ θυρῶν τὴν δίοδον[30] ἐζήτει.

Transformation of Nature

18 Δι᾽ ἑαυτῶν γὰρ τὰ στοιχεῖα[31] μεθαρμοζόμενα,[32]
ὥσπερ ἐν ψαλτηρίῳ[33] φθόγγοι[34] τοῦ ῥυθμοῦ[35] τὸ ὄνομα
διαλλάσσουσιν,[36]
πάντοτε[37] μένοντα[38] ἤχῳ,[39]
ὅπερ[40] ἐστὶν εἰκάσαι[41] ἐκ τῆς τῶν γεγονότων ὄψεως[42] ἀκριβῶς·[43]

1 δικαίως, justly
2 πάσχω, *impf act ind 3p*, suffer
3 ἴδιος, one's own
4 πονηρία, wickedness, iniquity
5 χαλεπός, *comp*, more grievous
6 μισοξενία, hatred of guests or strangers
7 ἐπιτηδεύω, *aor act ind 3p*, practice
8 ἀγνοέω, *pres act ptc acc p m*, be ignorant, not know
9 δέχομαι, *impf mid ind 3p*, receive, accept
10 πάρειμι, *pres act ptc acc p m*, be present
11 εὐεργέτης, benefactor
12 ξένος, guest, stranger
13 δουλόω, *impf pas ind 3p*, enslave
14 ἐπισκοπή, visitation, punishment
15 ἐπεί, since, because
16 ἀπεχθῶς, hatefully
17 προσδέχομαι, *impf mid ind 3p*, receive
18 ἀλλότριος, foreign
19 ἑόρτασμα, festival, feasting
20 εἰσδέχομαι, *aor mid ptc nom p m*, receive
21 ἤδη, already
22 μετέχω, *perf act ptc acc p m*, partake with
23 δεινός, terrible
24 κακόω, *aor act ind 3p*, maltreat
25 πόνος, labor, toil
26 πλήσσω, *aor pas ind 3p*, smite, strike
27 ἀορασία, blindness
28 ἀχανής, dense, thick
29 περιβάλλω, *aor pas ptc nom p m*, cover over, surround
30 δίοδος, way through
31 στοιχεῖον, natural elements
32 μεθαρμόζω, *pres mid ptc nom p n*, change order
33 ψαλτήριον, stringed instrument, harp
34 φθόγγος, sound, tone
35 ῥυθμός, rhythm
36 διαλλάσσω, *pres act ind 3p*, change
37 πάντοτε, always
38 μένω, *pres act ptc nom p n*, maintain, adhere to
39 ἦχος, sound
40 ὅσπερ, thus, so
41 εἰκάζω, *aor act inf*, conjecture, infer
42 ὄψις, appearance
43 ἀκριβῶς, precisely

19 χερσαῖα[1] γὰρ εἰς ἔνυδρα[2] μετεβάλλετο,[3]
καὶ νηκτὰ[4] μετέβαινεν[5] ἐπὶ γῆς·
20 πῦρ ἴσχυεν[6] ἐν ὕδατι τῆς ἰδίας[7] δυνάμεως,
καὶ ὕδωρ τῆς σβεστικῆς[8] φύσεως[9] ἐπελανθάνετο·[10]
21 φλόγες[11] ἀνάπαλιν[12] εὐφθάρτων[13] ζῴων[14] οὐκ ἐμάραναν[15] σάρκας
ἐμπεριπατούντων,[16]
οὐδὲ τηκτὸν[17] κρυσταλλοειδὲς[18] εὔτηκτον[19] γένος[20] ἀμβροσίας[21]
τροφῆς.[22]

Conclusion

22 Κατὰ πάντα γάρ, κύριε, ἐμεγάλυνας[23] τὸν λαόν σου καὶ ἐδόξασας
καὶ οὐχ ὑπερεῖδες[24] ἐν παντὶ καιρῷ καὶ τόπῳ παριστάμενος.[25]

1 χερσαῖος, living on land, (land animal)
2 ἔνυδρος, living in water, (fish)
3 μεταβάλλω, *impf pas ind 3s*, change, transform
4 νηκτός, swimming (creature)
5 μεταβαίνω, *impf act ind 3s*, pass from one state to another
6 ἰσχύω, *impf act ind 3s*, (preserve)
7 ἴδιος, one's own, particular
8 σβεστικός, quenching
9 φύσις, natural disposition
10 ἐπιλανθάνομαι, *impf mid ind 3s*, forget
11 φλόξ, flame
12 ἀνάπαλιν, on the other hand
13 εὔφθαρτος, perishable
14 ζῷον, living creature
15 μαραίνω, *aor act ind 3p*, consume
16 ἐμπεριπατέω, *pres act ptc gen p m*, walk among
17 τηκτός, capable of being melted
18 κρυσταλλοειδής, ice-like
19 εὔτηκτος, easily melted
20 γένος, kind
21 ἀμβρόσιος, divine, heavenly
22 τροφή, food
23 μεγαλύνω, *aor act ind 2s*, magnify, make great
24 ὑπεροράω, *aor act ind 2s*, neglect, despise, overlook
25 παρίστημι, *pres mid ptc nom s m*, stand by

ΣΟΦΙΑ ΣΙΡΑΧ
Wisdom of Ben Sira (Sirach / Ecclesiasticus)

Prologue

1 Πολλῶν καὶ μεγάλων ἡμῖν διὰ τοῦ νόμου καὶ τῶν προφητῶν
καὶ τῶν ἄλλων τῶν κατ᾽ αὐτοὺς ἠκολουθηκότων[1] δεδομένων,
ὑπὲρ ὧν δέον[2] ἐστὶν ἐπαινεῖν[3] τὸν Ισραηλ παιδείας[4] καὶ σοφίας,
καὶ ὡς οὐ μόνον αὐτοὺς τοὺς ἀναγινώσκοντας[5] δέον[6] ἐστὶν
ἐπιστήμονας[7] γίνεσθαι,
5 ἀλλὰ καὶ τοῖς ἐκτὸς[8] δύνασθαι τοὺς φιλομαθοῦντας[9] χρησίμους[10] εἶναι
καὶ λέγοντας καὶ γράφοντας,
ὁ πάππος[11] μου Ἰησοῦς ἐπὶ πλεῖον ἑαυτὸν δοὺς
εἴς τε τὴν τοῦ νόμου
καὶ τῶν προφητῶν
10 καὶ τῶν ἄλλων πατρίων[12] βιβλίων ἀνάγνωσιν[13]
καὶ ἐν τούτοις ἱκανὴν[14] ἕξιν[15] περιποιησάμενος[16]
προήχθη[17] καὶ αὐτὸς συγγράψαι[18] τι τῶν εἰς παιδείαν[19] καὶ σοφίαν
ἀνηκόντων,[20]
ὅπως οἱ φιλομαθεῖς[21] καὶ τούτων ἔνοχοι[22] γενόμενοι
πολλῷ μᾶλλον[23] ἐπιπροσθῶσιν[24] διὰ τῆς ἐννόμου[25] βιώσεως.[26]

1 ἀκολουθέω, *perf act ptc gen p m*, follow
2 δεῖ, *pres act ptc nom s n*, be necessary
3 ἐπαινέω, *pres act inf*, praise, commend
4 παιδεία, education, discipline
5 ἀναγινώσκω, *pres act ptc acc p m*, read (aloud)
6 δεῖ, *pres act ptc nom s n*, be necessary
7 ἐπιστήμων, skilled, learned
8 ἐκτός, excepted from
9 φιλομαθέω, *pres act ptc acc p m*, love learning
10 χρήσιμος, useful, beneficial
11 πάππος, grandfather
12 πάτριος, ancestral
13 ἀνάγνωσις, public reading
14 ἱκανός, adequate, sufficient
15 ἕξις, capability, proficiency
16 περιποιέω, *aor mid ptc nom s m*, acquire, obtain
17 προάγω, *aor pas ind 3s*, lead, go ahead
18 συγγράφω, *aor act inf*, write down, record
19 παιδεία, teaching, training
20 ἀνήκω, *pres act ptc gen p n*, relate to, pertain to
21 φιλομαθής, one who loves learning
22 ἔνοχος, subject to, influenced by
23 μᾶλλον, more
24 ἐπιπροστίθημι, *aor act sub 3p*, make progress, gain
25 ἔννομος, lawful
26 βίωσις, way of life

Παρακέκλησθε οὖν
μετ᾽ εὐνοίας[1] καὶ προσοχῆς[2]
τὴν ἀνάγνωσιν[3] ποιεῖσθαι
καὶ συγγνώμην[4] ἔχειν
ἐφ᾽ οἷς ἂν δοκῶμεν[5]
τῶν κατὰ τὴν ἑρμηνείαν[6] πεφιλοπονημένων[7] τισὶν τῶν λέξεων[8] ἀδυναμεῖν·[9]
οὐ γὰρ ἰσοδυναμεῖ[10]
αὐτὰ ἐν ἑαυτοῖς Εβραϊστὶ[11] λεγόμενα καὶ ὅταν μεταχθῇ[12] εἰς ἑτέραν γλῶσσαν·
οὐ μόνον δὲ ταῦτα,
ἀλλὰ καὶ αὐτὸς ὁ νόμος καὶ αἱ προφητεῖαι[13]
καὶ τὰ λοιπὰ τῶν βιβλίων
οὐ μικρὰν ἔχει τὴν διαφορὰν[14] ἐν ἑαυτοῖς λεγόμενα.

Ἐν γὰρ τῷ ὀγδόῳ[15] καὶ τριακοστῷ[16] ἔτει ἐπὶ τοῦ Εὐεργέτου βασιλέως
παραγενηθεὶς εἰς Αἴγυπτον καὶ συγχρονίσας[17]
εὑρὼν οὐ μικρᾶς παιδείας[18] ἀφόμοιον[19]
ἀναγκαιότατον[20] ἐθέμην καὶ αὐτός τινα προσενέγκασθαι[21] σπουδὴν[22]
καὶ φιλοπονίαν[23] τοῦ μεθερμηνεῦσαι[24] τήνδε[25] τὴν βίβλον[26]
πολλὴν ἀγρυπνίαν[27] καὶ ἐπιστήμην[28] προσενεγκάμενος
ἐν τῷ διαστήματι[29] τοῦ χρόνου
πρὸς τὸ ἐπὶ πέρας[30] ἀγαγόντα τὸ βιβλίον ἐκδόσθαι[31]
καὶ τοῖς ἐν τῇ παροικίᾳ[32] βουλομένοις φιλομαθεῖν[33]

1 εὔνοια, willingness, favor
2 προσοχή, diligence, attention
3 ἀνάγνωσις, public reading
4 συγγνώμη, patience, forbearing
5 δοκέω, *pres act sub 1p*, think
6 ἑρμηνεία, interpretation, translation
7 φιλοπονέω, *perf mid ptc gen p n*, carefully work over
8 λέξις, expression, phrase
9 ἀδυναμέω, *pres act inf*, be incapable, be lacking
10 ἰσοδυναμέω, *pres act ind 3s*, have the same power
11 Εβραϊστί, Hebrew (language)
12 μετάγω, *aor pas sub 3s*, convey
13 προφητεία, prophecy
14 διαφορά, difference
15 ὄγδοος, eight
16 τριακοστός, thirtieth
17 συγχρονίζω, *aor act ptc nom s m*, spend time, stay (in a place)
18 παιδεία, instruction, education
19 ἀφόμοιον, exemplar, copy (of a text)
20 ἀναγκαῖος, *sup*, most necessary
21 προσφέρω, *aor mid inf*, bring
22 σπουδή, haste, speed
23 φιλοπονία, industry
24 μεθερμηνεύω, *aor act inf*, translate
25 ὅδε, this
26 βίβλος, book
27 ἀγρυπνία, sleeplessness
28 ἐπιστήμη, knowledge, skill
29 διάστημα, period, space
30 πέρας, end, (completion)
31 ἐκδίδωμι, *aor mid inf*, publish
32 παροικία, stay out of country, time living abroad
33 φιλομαθέω, *pres act inf*, love learning

35 προκατασκευαζομένους[1] τὰ ἤθη[2]
ἐννόμως[3] βιοτεύειν.[4]

Praise of Wisdom

1 Πᾶσα σοφία παρὰ κυρίου
καὶ μετ᾽ αὐτοῦ ἐστιν εἰς τὸν αἰῶνα.
2 ἄμμον[5] θαλασσῶν καὶ σταγόνας[6] ὑετοῦ[7]
καὶ ἡμέρας αἰῶνος τίς ἐξαριθμήσει;[8]
3 ὕψος[9] οὐρανοῦ καὶ πλάτος[10] γῆς
καὶ ἄβυσσον[11] καὶ σοφίαν τίς ἐξιχνιάσει;[12]
4 προτέρα[13] πάντων ἔκτισται[14] σοφία
καὶ σύνεσις[15] φρονήσεως[16] ἐξ αἰῶνος.
6 ῥίζα[17] σοφίας τίνι ἀπεκαλύφθη;[18]
καὶ τὰ πανουργεύματα[19] αὐτῆς τίς ἔγνω;
8 εἷς ἐστιν σοφός,[20] φοβερὸς[21] σφόδρα,[22]
καθήμενος ἐπὶ τοῦ θρόνου αὐτοῦ.
9 κύριος αὐτὸς ἔκτισεν[23] αὐτὴν
καὶ εἶδεν καὶ ἐξηρίθμησεν[24] αὐτὴν
καὶ ἐξέχεεν[25] αὐτὴν ἐπὶ πάντα τὰ ἔργα αὐτοῦ,
10 μετὰ πάσης σαρκὸς κατὰ τὴν δόσιν[26] αὐτοῦ,
καὶ ἐχορήγησεν[27] αὐτὴν τοῖς ἀγαπῶσιν αὐτόν.

Wisdom and the Fear of the Lord

11 Φόβος κυρίου δόξα καὶ καύχημα[28]
καὶ εὐφροσύνη[29] καὶ στέφανος[30] ἀγαλλιάματος.[31]

1 προκατασκευάζω, *pres mid ptc acc p m*, prepare ahead
2 ἦθος, disposition, character
3 ἐννόμως, lawfully
4 βιοτεύω, *pres act inf*, live
5 ἄμμος, sand
6 σταγών, drop
7 ὑετός, rain
8 ἐξαριθμέω, *fut act ind 3s*, calculate, count up
9 ὕψος, height
10 πλάτος, breadth
11 ἄβυσσος, deep, abyss
12 ἐξιχνιάζω, *fut act ind 3s*, explore, search through
13 πρότερος, before, prior to
14 κτίζω, *perf pas ind 3s*, found, establish
15 σύνεσις, understanding, insight
16 φρόνησις, intelligence
17 ῥίζα, root
18 ἀποκαλύπτω, *aor pas ind 3s*, disclose, uncover
19 πανούργευμα, remarkable acts
20 σοφός, wise
21 φοβερός, fearful, inspiring awe
22 σφόδρα, exceedingly
23 κτίζω, *aor act ind 3s*, found, establish
24 ἐξαριθμέω, *aor act ind 3s*, calculate, count up
25 ἐκχέω, *impf act ind 3s*, pour out
26 δόσις, gift, giving
27 χορηγέω, *aor act ind 3s*, provide for, supply
28 καύχημα, grounds for boasting, source of pride
29 εὐφροσύνη, gladness
30 στέφανος, crown
31 ἀγαλλίαμα, joy, rejoicing

12 φόβος κυρίου τέρψει[1] καρδίαν
καὶ δώσει εὐφροσύνην[2] καὶ χαρὰν[3] καὶ μακροημέρευσιν.[4]
13 τῷ φοβουμένῳ τὸν κύριον εὖ[5] ἔσται ἐπ᾽ ἐσχάτων,
καὶ ἐν ἡμέρᾳ τελευτῆς[6] αὐτοῦ εὐλογηθήσεται.

14 Ἀρχὴ σοφίας φοβεῖσθαι τὸν κύριον,
καὶ μετὰ πιστῶν[7] ἐν μήτρᾳ[8] συνεκτίσθη[9] αὐτοῖς.
15 μετὰ ἀνθρώπων θεμέλιον[10] αἰῶνος ἐνόσσευσεν[11]
καὶ μετὰ τοῦ σπέρματος αὐτῶν ἐμπιστευθήσεται.[12]
16 πλησμονὴ[13] σοφίας φοβεῖσθαι τὸν κύριον
καὶ μεθύσκει[14] αὐτοὺς ἀπὸ τῶν καρπῶν αὐτῆς·
17 πάντα τὸν οἶκον αὐτῶν ἐμπλήσει[15] ἐπιθυμημάτων[16]
καὶ τὰ ἀποδοχεῖα[17] ἀπὸ τῶν γενημάτων[18] αὐτῆς.
18 στέφανος[19] σοφίας φόβος κυρίου
ἀναθάλλων[20] εἰρήνην καὶ ὑγίειαν[21] ἰάσεως.[22]
19 καὶ εἶδεν καὶ ἐξηρίθμησεν[23] αὐτήν,
ἐπιστήμην[24] καὶ γνῶσιν[25] συνέσεως[26] ἐξώμβρησεν[27]
καὶ δόξαν κρατούντων αὐτῆς ἀνύψωσεν.[28]
20 ῥίζα[29] σοφίας φοβεῖσθαι τὸν κύριον,
καὶ οἱ κλάδοι[30] αὐτῆς μακροημέρευσις.[31]

22 Οὐ δυνήσεται θυμὸς[32] ἄδικος[33] δικαιωθῆναι·[34]
ἡ γὰρ ῥοπὴ[35] τοῦ θυμοῦ αὐτοῦ πτῶσις[36] αὐτῷ.
23 ἕως καιροῦ ἀνθέξεται[37] μακρόθυμος,[38]
καὶ ὕστερον[39] αὐτῷ ἀναδώσει[40] εὐφροσύνη·[41]

1 τέρπω, *fut act ind 3s*, delight
2 εὐφροσύνη, gladness
3 χαρά, joy
4 μακροημέρευσις, longevity
5 εὖ, good, well
6 τελευτή, end (of life)
7 πιστός, faithful, trustworthy
8 μήτρα, womb
9 συγκτίζω, *aor pas ind 3s*, create with
10 θεμέλιον, foundation
11 νοσσεύω, *aor act ind 3s*, build (a nest)
12 ἐμπιστεύω, *fut pas ind 3s*, trust in
13 πλησμονή, satisfaction, gratification
14 μεθύσκω, *pres act ind 3s*, make drunk
15 ἐμπίμπλημι, *fut act ind 3s*, fill up
16 ἐπιθύμημα, object of desire
17 ἀποδοχεῖον, storehouse
18 γένημα, yield, produce
19 στέφανος, crown
20 ἀναθάλλω, *pres act ptc nom s m*, sprout again, revive
21 ὑγίεια, health
22 ἴασις, healing
23 ἐξαριθμέω, *aor act ind 3s*, count up
24 ἐπιστήμη, understanding
25 γνῶσις, knowledge
26 σύνεσις, understanding, insight
27 ἐξομβρέω, *aor act ind 3s*, pour out like rain
28 ἀνυψόω, *aor act ind 3s*, lift up, exalt
29 ῥίζα, root
30 κλάδος, branch
31 μακροημέρευσις, longevity
32 θυμός, anger, rage
33 ἄδικος, unrighteous
34 δικαιόω, *aor pas inf*, justify
35 ῥοπή, tipping (of a scale)
36 πτῶσις, downfall, ruin
37 ἀντέχω, *fut mid ind 3s*, hold out
38 μακρόθυμος, patient
39 ὕστερον, afterward, later
40 ἀναδίδωμι, *fut act ind 3s*, deliver, hand over
41 εὐφροσύνη, gladness

24 ἕως καιροῦ κρύψει[1] τοὺς λόγους αὐτοῦ,
καὶ χείλη[2] πολλῶν ἐκδιηγήσεται[3] σύνεσιν[4] αὐτοῦ.

25 Ἐν θησαυροῖς[5] σοφίας παραβολαὶ[6] ἐπιστήμης,[7]
βδέλυγμα δὲ ἁμαρτωλῷ θεοσέβεια.[8]
26 ἐπιθυμήσας[9] σοφίαν διατήρησον[10] ἐντολάς,
καὶ κύριος χορηγήσει[11] σοι αὐτήν.
27 σοφία γὰρ καὶ παιδεία[12] φόβος κυρίου,
καὶ ἡ εὐδοκία[13] αὐτοῦ πίστις καὶ πραότης.[14]
28 μὴ ἀπειθήσῃς[15] φόβῳ κυρίου
καὶ μὴ προσέλθῃς αὐτῷ ἐν καρδίᾳ δισσῇ.[16]
29 μὴ ὑποκριθῇς[17] ἐν στόμασιν ἀνθρώπων
καὶ ἐν τοῖς χείλεσίν[18] σου πρόσεχε.[19]
30 μὴ ἐξύψου[20] σεαυτόν, ἵνα μὴ πέσῃς
καὶ ἐπαγάγῃς[21] τῇ ψυχῇ σου ἀτιμίαν,[22]
καὶ ἀποκαλύψει[23] κύριος τὰ κρυπτά[24] σου
καὶ ἐν μέσῳ συναγωγῆς καταβαλεῖ[25] σε,
ὅτι οὐ προσῆλθες φόβῳ κυρίου
καὶ ἡ καρδία σου πλήρης[26] δόλου.[27]

Trusting in the Lord

2 Τέκνον, εἰ προσέρχῃ δουλεύειν[28] κυρίῳ,
ἑτοίμασον τὴν ψυχήν σου εἰς πειρασμόν·[29]
2 εὔθυνον[30] τὴν καρδίαν σου καὶ καρτέρησον[31]
καὶ μὴ σπεύσῃς[32] ἐν καιρῷ ἐπαγωγῆς·[33]

1 κρύπτω, *fut act ind 3s*, hide
2 χεῖλος, lip, (speech)
3 ἐκδιηγέομαι, *fut mid ind 3s*, describe
4 σύνεσις, understanding, insight
5 θησαυρός, treasure
6 παραβολή, parable, illustration
7 ἐπιστήμη, understanding
8 θεοσέβεια, fear of God
9 ἐπιθυμέω, *aor act ptc nom s m*, desire
10 διατηρέω, *aor act impv 2s*, maintain, preserve
11 χορηγέω, *fut act ind 3s*, supply
12 παιδεία, instruction, training
13 εὐδοκία, pleasure
14 πραότης, humility, gentleness
15 ἀπειθέω, *aor act sub 2s*, disobey
16 δισσός, double
17 ὑποκρίνομαι, *aor pas sub 2s*, feign, pretend
18 χεῖλος, lip, (speech)
19 προσέχω, *pres act impv 2s*, be concerned, take care
20 ἐξυψόω, *pres act impv 2s*, exalt
21 ἐπάγω, *aor act sub 2s*, bring upon
22 ἀτιμία, dishonor
23 ἀποκαλύπτω, *fut act ind 3s*, reveal, disclose
24 κρυπτός, secret (thing)
25 καταβάλλω, *fut act ind 3s*, overthrow
26 πλήρης, full
27 δόλος, treachery
28 δουλεύω, *pres act inf*, serve
29 πειρασμός, trial, testing
30 εὐθύνω, *aor act impv 2s*, correct, set straight
31 καρτερέω, *aor act impv 2s*, be steadfast, endure
32 σπεύδω, *aor act sub 2s*, be hasty
33 ἐπαγωγή, trouble, misery

3 κολλήθητι[1] αὐτῷ καὶ μὴ ἀποστῇς,[2]
ἵνα αὐξηθῇς[3] ἐπ᾽ ἐσχάτων σου.
4 πᾶν, ὃ ἐὰν ἐπαχθῇ[4] σοι, δέξαι[5]
καὶ ἐν ἀλλάγμασιν[6] ταπεινώσεώς[7] σου μακροθύμησον·[8]
5 ὅτι ἐν πυρὶ δοκιμάζεται[9] χρυσὸς[10]
καὶ ἄνθρωποι δεκτοὶ[11] ἐν καμίνῳ[12] ταπεινώσεως.[13]
6 πίστευσον αὐτῷ, καὶ ἀντιλήμψεταί[14] σου·
εὔθυνον[15] τὰς ὁδούς σου καὶ ἔλπισον ἐπ᾽ αὐτόν.

7 Οἱ φοβούμενοι τὸν κύριον, ἀναμείνατε[16] τὸ ἔλεος[17] αὐτοῦ
καὶ μὴ ἐκκλίνητε,[18] ἵνα μὴ πέσητε.
8 οἱ φοβούμενοι κύριον, πιστεύσατε αὐτῷ,
καὶ οὐ μὴ πταίσῃ[19] ὁ μισθὸς[20] ὑμῶν.
9 οἱ φοβούμενοι κύριον, ἐλπίσατε εἰς ἀγαθὰ
καὶ εἰς εὐφροσύνην[21] αἰῶνος καὶ ἔλεος.[22]
10 ἐμβλέψατε[23] εἰς ἀρχαίας[24] γενεὰς καὶ ἴδετε·
τίς ἐνεπίστευσεν[25] κυρίῳ καὶ κατῃσχύνθη;[26]
ἢ τίς ἐνέμεινεν[27] τῷ φόβῳ αὐτοῦ καὶ ἐγκατελείφθη;[28]
ἢ τίς ἐπεκαλέσατο[29] αὐτόν, καὶ ὑπερεῖδεν[30] αὐτόν;
11 διότι[31] οἰκτίρμων[32] καὶ ἐλεήμων[33] ὁ κύριος
καὶ ἀφίησιν ἁμαρτίας καὶ σῴζει ἐν καιρῷ θλίψεως.

12 Οὐαὶ καρδίαις δειλαῖς[34] καὶ χερσὶν παρειμέναις[35]
καὶ ἁμαρτωλῷ ἐπιβαίνοντι[36] ἐπὶ δύο τρίβους.[37]

1 κολλάω, *aor pas impv 2s*, cleave to
2 ἀφίστημι, *aor act sub 2s*, turn away, depart
3 αὐξάνω, *aor pas sub 2s*, increase, (improve)
4 ἐπάγω, *aor pas sub 3s*, come upon
5 δέχομαι, *aor mid impv 2s*, accept, receive
6 ἄλλαγμα, something changed, vicissitude
7 ταπείνωσις, abasement, humbling
8 μακροθυμέω, *aor act impv 2s*, have patience
9 δοκιμάζω, *pres pas ind 3s*, test, refine
10 χρυσός, gold
11 δεκτός, acceptable
12 κάμινος, furnace
13 ταπείνωσις, abasement, humbling
14 ἀντιλαμβάνομαι, *fut mid ind 3s*, support, help
15 εὐθύνω, *aor act impv 2s*, set straight
16 ἀναμένω, *aor act impv 2p*, wait for
17 ἔλεος, mercy, compassion
18 ἐκκλίνω, *pres act sub 2p*, veer off
19 πταίω, *aor act sub 3s*, lose
20 μισθός, wages, payment
21 εὐφροσύνη, gladness
22 ἔλεος, mercy, compassion
23 ἐμβλέπω, *aor act impv 2p*, look at
24 ἀρχαῖος, former
25 ἐμπιστεύω, *aor act ind 3s*, trust in
26 καταισχύνω, *aor pas ind 3s*, dishonor, disgrace
27 ἐμμένω, *aor act ind 3s*, persevere, persist
28 ἐγκαταλείπω, *aor pas ind 3s*, forsake
29 ἐπικαλέω, *aor mid ind 3s*, call upon
30 ὑπεροράω, *aor act ind 3s*, ignore
31 διότι, for
32 οἰκτίρμων, compassionate
33 ἐλεήμων, merciful
34 δειλός, fearful
35 παρίημι, *perf pas ptc dat p f*, weaken, idle
36 ἐπιβαίνω, *pres act ptc dat s m*, walk on
37 τρίβος, path, way

13 οὐαὶ καρδίᾳ παρειμένῃ,[1] ὅτι οὐ πιστεύει·
διὰ τοῦτο οὐ σκεπασθήσεται.[2]
14 οὐαὶ ὑμῖν τοῖς ἀπολωλεκόσιν τὴν ὑπομονήν·[3]
καὶ τί ποιήσετε ὅταν ἐπισκέπτηται[4] ὁ κύριος;
15 οἱ φοβούμενοι κύριον οὐκ ἀπειθήσουσιν[5] ῥημάτων αὐτοῦ,
καὶ οἱ ἀγαπῶντες αὐτὸν συντηρήσουσιν[6] τὰς ὁδοὺς αὐτοῦ.
16 οἱ φοβούμενοι κύριον ζητήσουσιν εὐδοκίαν[7] αὐτοῦ,
καὶ οἱ ἀγαπῶντες αὐτὸν ἐμπλησθήσονται[8] τοῦ νόμου.
17 οἱ φοβούμενοι κύριον ἑτοιμάσουσιν καρδίας αὐτῶν
καὶ ἐνώπιον αὐτοῦ ταπεινώσουσιν[9] τὰς ψυχὰς αὐτῶν.
18 ἐμπεσούμεθα[10] εἰς χεῖρας κυρίου
καὶ οὐκ εἰς χεῖρας ἀνθρώπων·
ὡς γὰρ ἡ μεγαλωσύνη[11] αὐτοῦ,
οὕτως καὶ τὸ ἔλεος[12] αὐτοῦ.

On Obedience to Parents

3 Ἐμοῦ τοῦ πατρὸς ἀκούσατε, τέκνα,
καὶ οὕτως ποιήσατε, ἵνα σωθῆτε·
2 ὁ γὰρ κύριος ἐδόξασεν πατέρα ἐπὶ τέκνοις
καὶ κρίσιν μητρὸς ἐστερέωσεν[13] ἐφ᾽ υἱοῖς.
3 ὁ τιμῶν[14] πατέρα ἐξιλάσκεται[15] ἁμαρτίας,
4 καὶ ὡς ὁ ἀποθησαυρίζων[16] ὁ δοξάζων μητέρα αὐτοῦ.
5 ὁ τιμῶν[17] πατέρα εὐφρανθήσεται[18] ὑπὸ τέκνων
καὶ ἐν ἡμέρᾳ προσευχῆς αὐτοῦ εἰσακουσθήσεται.[19]
6 ὁ δοξάζων πατέρα μακροημερεύσει,[20]
καὶ ὁ εἰσακούων[21] κυρίου ἀναπαύσει[22] μητέρα αὐτοῦ·
7 καὶ ὡς δεσπόταις[23] δουλεύσει[24] ἐν τοῖς γεννήσασιν αὐτόν.

1 παρίημι, *perf pas ptc dat s f*, be careless
2 σκεπάζω, *fut pas ind 3s*, protect
3 ὑπομονή, perseverance
4 ἐπισκέπτομαι, *pres mid sub 3s*, visit, inspect
5 ἀπειθέω, *fut act ind 3p*, disobey
6 συντηρέω, *fut act ind 3p*, maintain, defend
7 εὐδοκία, approval, pleasure
8 ἐμπίμπλημι, *fut pas ind 3p*, satisfy
9 ταπεινόω, *fut act ind 3p*, humble
10 ἐμπίπτω, *fut mid ind 1p*, fall into
11 μεγαλωσύνη, majesty, greatness
12 ἔλεος, mercy, compassion
13 στερεόω, *aor act ind 3s*, confirm, establish
14 τιμάω, *pres act ptc nom s m*, honor
15 ἐξιλάσκομαι, *pres mid ind 3s*, make atonement
16 ἀποθησαυρίζω, *pres act ptc nom s m*, save up (money)
17 τιμάω, *pres act ptc nom s m*, honor
18 εὐφραίνω, *fut pas ind 3s*, be glad, rejoice
19 εἰσακούω, *fut pas ind 3s*, hear
20 μακροημερεύω, *fut act ind 3s*, prolong life, extend days
21 εἰσακούω, *pres act ptc nom s m*, listen
22 ἀναπαύω, *fut act ind 3s*, refresh, give rest
23 δεσπότης, master
24 δουλεύω, *fut act ind 3s*, be a slave

8 ἐν ἔργῳ καὶ λόγῳ τίμα[1] τὸν πατέρα σου,
ἵνα ἐπέλθῃ[2] σοι εὐλογία[3] παρ᾽ αὐτοῦ·
9 εὐλογία[4] γὰρ πατρὸς στηρίζει[5] οἴκους τέκνων,
κατάρα[6] δὲ μητρὸς ἐκριζοῖ[7] θεμέλια.[8]
10 μὴ δοξάζου ἐν ἀτιμίᾳ[9] πατρός σου,
οὐ γάρ ἐστίν σοι δόξα πατρὸς ἀτιμία·
11 ἡ γὰρ δόξα ἀνθρώπου ἐκ τιμῆς[10] πατρὸς αὐτοῦ,
καὶ ὄνειδος[11] τέκνοις μήτηρ ἐν ἀδοξίᾳ.[12]

12 τέκνον, ἀντιλαβοῦ[13] ἐν γήρᾳ[14] πατρός σου
καὶ μὴ λυπήσῃς[15] αὐτὸν ἐν τῇ ζωῇ αὐτοῦ·
13 κἂν[16] ἀπολείπῃ[17] σύνεσιν,[18] συγγνώμην[19] ἔχε
καὶ μὴ ἀτιμάσῃς[20] αὐτὸν ἐν πάσῃ ἰσχύι[21] σου.
14 ἐλεημοσύνη[22] γὰρ πατρὸς οὐκ ἐπιλησθήσεται[23]
καὶ ἀντὶ[24] ἁμαρτιῶν προσανοικοδομηθήσεταί[25] σοι.
15 ἐν ἡμέρᾳ θλίψεώς σου ἀναμνησθήσεταί[26] σου·
ὡς εὐδία[27] ἐπὶ παγετῷ,[28] οὕτως ἀναλυθήσονταί[29] σου αἱ ἁμαρτίαι.
16 ὡς βλάσφημος[30] ὁ ἐγκαταλιπὼν[31] πατέρα,
καὶ κεκατηραμένος[32] ὑπὸ κυρίου ὁ παροργίζων[33] μητέρα αὐτοῦ.

On Humility

17 Τέκνον, ἐν πραΰτητι[34] τὰ ἔργα σου διέξαγε,[35]
καὶ ὑπὸ ἀνθρώπου δεκτοῦ[36] ἀγαπηθήσῃ.

1 τιμάω, *pres act impv 2s*, honor
2 ἐπέρχομαι, *aor act sub 3s*, come upon
3 εὐλογία, blessing
4 εὐλογία, blessing
5 στηρίζω, *pres act ind 3s*, establish, support
6 κατάρα, curse
7 ἐκριζόω, *pres act ind 3s*, rip up
8 θεμέλιον, foundation
9 ἀτιμία, dishonor
10 τιμή, honor
11 ὄνειδος, disgrace
12 ἀδοξία, ill repute, contempt
13 ἀντιλαμβάνομαι, *aor mid impv 2s*, support, help
14 γῆρας, old age
15 λυπέω, *aor act sub 2s*, vex, trouble, grieve
16 κἄν, and if, *cr.* καὶ ἐάν or καὶ ἄν
17 ἀπολείπω, *pres act sub 3s*, (lose), depart from
18 σύνεσις, (sanity), faculty of comprehension
19 συγγνώμη, indulgence, concession
20 ἀτιμάζω, *aor act sub 2s*, dishonor
21 ἰσχύς, (full health), strength
22 ἐλεημοσύνη, pity, mercy
23 ἐπιλανθάνομαι, *fut pas ind 3s*, forget
24 ἀντί, instead of
25 προσανοικοδομέω, *fut pas ind 3s*, (credit an account), build up in addition
26 ἀναμιμνήσκω, *fut pas ind 3s*, recall
27 εὐδία, fair weather
28 παγετός, frost
29 ἀναλύω, *fut pas ind 3p*, undo, (cancel)
30 βλάσφημος, blasphemous
31 ἐγκαταλείπω, *aor act ptc nom s m*, abandon, neglect
32 καταράομαι, *perf pas ptc nom s m*, curse
33 παροργίζω, *pres act ptc nom s m*, provoke
34 πραΰτης, gentleness, courtesy
35 διεξάγω, *pres act impv 2s*, arrange, manage
36 δεκτός, welcome, accepted

18 ὅσῳ μέγας εἶ, τοσούτῳ[1] ταπείνου[2] σεαυτόν,
καὶ ἔναντι[3] κυρίου εὑρήσεις χάριν·
20 ὅτι μεγάλη ἡ δυναστεία[4] τοῦ κυρίου
καὶ ὑπὸ τῶν ταπεινῶν[5] δοξάζεται.
21 χαλεπώτερά[6] σου μὴ ζήτει
καὶ ἰσχυρότερά[7] σου μὴ ἐξέταζε·[8]
22 ἃ προσετάγη[9] σοι, ταῦτα διανοοῦ,[10]
οὐ γάρ ἐστίν σοι χρεία[11] τῶν κρυπτῶν.[12]
23 ἐν τοῖς περισσοῖς[13] τῶν ἔργων σου μὴ περιεργάζου·[14]
πλείονα[15] γὰρ συνέσεως[16] ἀνθρώπων ὑπεδείχθη[17] σοι.
24 πολλοὺς γὰρ ἐπλάνησεν ἡ ὑπόλημψις[18] αὐτῶν,
καὶ ὑπόνοια[19] πονηρὰ ὠλίσθησεν[20] διανοίας[21] αὐτῶν.

26 καρδία σκληρὰ[22] κακωθήσεται[23] ἐπ᾽ ἐσχάτων,
καὶ ὁ ἀγαπῶν κίνδυνον[24] ἐν αὐτῷ ἀπολεῖται.
27 καρδία σκληρὰ[25] βαρυνθήσεται[26] πόνοις,[27]
καὶ ὁ ἁμαρτωλὸς προσθήσει[28] ἁμαρτίαν ἐφ᾽ ἁμαρτίαις.
28 ἐπαγωγῇ[29] ὑπερηφάνου[30] οὐκ ἔστιν ἴασις·[31]
φυτὸν[32] γὰρ πονηρίας[33] ἐρρίζωκεν[34] ἐν αὐτῷ.
29 καρδία συνετοῦ[35] διανοηθήσεται[36] παραβολήν,[37]
καὶ οὖς ἀκροατοῦ[38] ἐπιθυμία[39] σοφοῦ.[40]

1 τοσοῦτος, so much
2 ταπεινόω, *pres act impv 2s*, humble, abase
3 ἔναντι, before
4 δυναστεία, lordship
5 ταπεινός, humble
6 χαλεπός, *comp*, more difficult
7 ἰσχυρός, *comp*, stronger
8 ἐξετάζω, *pres act impv 2s*, search out
9 προστάσσω, *aor pas ind 3s*, command
10 διανοέομαι, *pres mid impv 2s*, consider, keep in mind
11 χρεία, need
12 κρυπτός, secret
13 περισσός, beyond, exceeding
14 περιεργάζομαι, *pres mid impv 2s*, meddle with
15 πλείων/πλεῖον, *comp of* πολύς, greater
16 σύνεσις, understanding
17 ὑποδείκνυμι, *aor pas ind 3s*, show, demonstrate
18 ὑπόλημψις, assumption, prejudice
19 ὑπόνοια, suspicion, conjecture
20 ὀλισθαίνω, *aor act ind 3s*, trip up, (obstruct)
21 διάνοια, thinking
22 σκληρός, hard
23 κακόω, *fut pas ind 3s*, harm
24 κίνδυνος, danger
25 σκληρός, hard
26 βαρύνω, *fut pas ind 3s*, weigh down
27 πόνος, affliction, distress
28 προστίθημι, *fut act ind 3s*, add to
29 ἐπαγωγή, distress, misery
30 ὑπερήφανος, proud, arrogant
31 ἴασις, cure, remedy
32 φυτόν, plant, shoot
33 πονηρία, evil, wickedness
34 ῥιζόω, *perf act ind 3s*, take root
35 συνετός, prudent, intelligent
36 διανοέομαι, *fut pas ind 3s*, come up with, call to mind
37 παραβολή, proverb, illustration
38 ἀκροατής, hearer
39 ἐπιθυμία, desire
40 σοφός, wise

Duties toward the Poor

30 πῦρ φλογιζόμενον[1] ἀποσβέσει[2] ὕδωρ,
καὶ ἐλεημοσύνη[3] ἐξιλάσεται[4] ἁμαρτίας.
31 ὁ ἀνταποδιδοὺς[5] χάριτας μέμνηται[6] εἰς τὰ μετὰ ταῦτα
καὶ ἐν καιρῷ πτώσεως[7] αὐτοῦ εὑρήσει στήριγμα.[8]

4 Τέκνον, τὴν ζωὴν τοῦ πτωχοῦ[9] μὴ ἀποστερήσῃς[10]
καὶ μὴ παρελκύσῃς[11] ὀφθαλμοὺς ἐπιδεεῖς.[12]
2 ψυχὴν πεινῶσαν[13] μὴ λυπήσῃς[14]
καὶ μὴ παροργίσῃς[15] ἄνδρα ἐν ἀπορίᾳ[16] αὐτοῦ.
3 καρδίαν παρωργισμένην[17] μὴ προσταράξῃς[18]
καὶ μὴ παρελκύσῃς[19] δόσιν[20] προσδεομένου.[21]
4 ἱκέτην[22] θλιβόμενον[23] μὴ ἀπαναίνου[24]
καὶ μὴ ἀποστρέψῃς[25] τὸ πρόσωπόν σου ἀπὸ πτωχοῦ.
5 ἀπὸ δεομένου[26] μὴ ἀποστρέψῃς[27] ὀφθαλμὸν
καὶ μὴ δῷς τόπον ἀνθρώπῳ καταράσασθαί[28] σε·
6 καταρωμένου[29] γάρ σε ἐν πικρίᾳ[30] ψυχῆς αὐτοῦ
τῆς δεήσεως[31] αὐτοῦ ἐπακούσεται[32] ὁ ποιήσας αὐτόν.

7 προσφιλῆ[33] συναγωγῇ σεαυτὸν ποίει
καὶ μεγιστᾶνι[34] ταπείνου[35] τὴν κεφαλήν σου.
8 κλῖνον[36] πτωχῷ τὸ οὖς σου
καὶ ἀποκρίθητι αὐτῷ εἰρηνικὰ[37] ἐν πραΰτητι.[38]

1 φλογίζω, *pres mid ptc acc s n*, burn
2 ἀποσβέννυμι, *fut act ind 3s*, quench
3 ἐλεημοσύνη, mercy, pity
4 ἐξιλάσκομαι, *fut mid ind 3s*, make atonement
5 ἀνταποδίδωμι, *pres act ptc nom s m*, pay back
6 μιμνῄσκομαι, *perf mid ind 3s*, remember
7 πτῶσις, downfall, calamity
8 στήριγμα, support
9 πτωχός, poor
10 ἀποστερέω, *aor act sub 2s*, rob, deprive
11 παρέλκω, *aor act sub 2s*, deflect, waylay
12 ἐπιδεής, needy
13 πεινάω, *pres act ptc acc s f*, be hungry
14 λυπέω, *aor act sub 2s*, vex, grieve
15 παροργίζω, *aor act sub 2s*, make angry
16 ἀπορία, distress, embarrassment
17 παροργίζω, *perf pas ptc acc s f*, make angry
18 προσταράσσω, *aor act sub 2s*, trouble further
19 παρέλκω, *aor act sub 2s*, delay, put off
20 δόσις, giving
21 προσδέομαι, *pres mid ptc gen s m*, need
22 ἱκέτης, suppliant
23 θλίβω, *pres pas ptc acc s m*, afflict, oppress
24 ἀπαναίνομαι, *pres mid impv 2s*, reject
25 ἀποστρέφω, *aor act sub 2s*, turn away
26 δέομαι, *pres mid ptc gen s m*, beg
27 ἀποστρέφω, *aor act sub 2s*, avert, turn away
28 καταράομαι, *aor mid inf*, curse
29 καταράομαι, *pres mid ptc gen s m*, curse
30 πικρία, bitterness
31 δέησις, request, entreaty
32 ἐπακούω, *fut mid ind 3s*, hear
33 προσφιλής, beloved
34 μεγιστάν, magnate, influential person
35 ταπεινόω, *pres act impv 2s*, bow
36 κλίνω, *aor act impv 2s*, incline
37 εἰρηνικός, peaceful
38 πραΰτης, gentleness

9 ἐξελοῦ[1] ἀδικούμενον[2] ἐκ χειρὸς ἀδικοῦντος[3]
καὶ μὴ ὀλιγοψυχήσῃς[4] ἐν τῷ κρίνειν σε.
10 γίνου ὀρφανοῖς[5] ὡς πατὴρ
καὶ ἀντὶ[6] ἀνδρὸς τῇ μητρὶ αὐτῶν·
καὶ ἔσῃ ὡς υἱὸς ὑψίστου,[7]
καὶ ἀγαπήσει σε μᾶλλον[8] ἢ μήτηρ σου.

Benefits of Wisdom

11 Ἡ σοφία υἱοὺς αὐτῆς ἀνύψωσεν[9]
καὶ ἐπιλαμβάνεται[10] τῶν ζητούντων αὐτήν.
12 ὁ ἀγαπῶν αὐτὴν ἀγαπᾷ ζωήν,
καὶ οἱ ὀρθρίζοντες[11] πρὸς αὐτὴν ἐμπλησθήσονται[12] εὐφροσύνης.[13]
13 ὁ κρατῶν αὐτῆς κληρονομήσει[14] δόξαν,
καὶ οὗ εἰσπορεύεται,[15] εὐλογεῖ κύριος.
14 οἱ λατρεύοντες[16] αὐτῇ λειτουργήσουσιν[17] ἁγίῳ,
καὶ τοὺς ἀγαπῶντας αὐτὴν ἀγαπᾷ ὁ κύριος.
15 ὁ ὑπακούων[18] αὐτῆς κρινεῖ ἔθνη,
καὶ ὁ προσέχων[19] αὐτῇ κατασκηνώσει[20] πεποιθώς.
16 ἐὰν ἐμπιστεύσῃ,[21] κατακληρονομήσει[22] αὐτήν,
καὶ ἐν κατασχέσει[23] ἔσονται αἱ γενεαὶ αὐτοῦ·
17 ὅτι διεστραμμένως[24] πορεύσεται μετ᾽ αὐτοῦ ἐν πρώτοις,
φόβον καὶ δειλίαν[25] ἐπάξει[26] ἐπ᾽ αὐτὸν
καὶ βασανίσει[27] αὐτὸν ἐν παιδείᾳ[28] αὐτῆς,
ἕως οὗ ἐμπιστεύσῃ[29] τῇ ψυχῇ αὐτοῦ,
καὶ πειράσει[30] αὐτὸν ἐν τοῖς δικαιώμασιν[31] αὐτῆς·

1 ἐξαιρέω, *aor mid impv 2s*, rescue, set free
2 ἀδικέω, *pres pas ptc acc s m*, do wrong
3 ἀδικέω, *pres act ptc gen s m*, do wrong
4 ὀλιγοψυχέω, *aor act sub 2s*, be discouraged
5 ὀρφανός, orphaned
6 ἀντί, instead of
7 ὕψιστος, *sup*, highest
8 μᾶλλον, more
9 ἀνυψόω, *aor act ind 3s*, exalt
10 ἐπιλαμβάνω, *pres mid ind 3s*, grasp, overtake
11 ὀρθρίζω, *pres act ptc nom p m*, rise early
12 ἐμπίμπλημι, *fut pas ind 3p*, fill up
13 εὐφροσύνη, gladness
14 κληρονομέω, *fut act ind 3s*, inherit
15 εἰσπορεύομαι, *pres mid ind 3s*, enter
16 λατρεύω, *pres act ptc nom p m*, minister, serve
17 λειτουργέω, *fut act ind 3p*, minister, serve
18 ὑπακούω, *pres act ptc nom s m*, listen to, obey
19 προσέχω, *pres act ptc nom s m*, pay attention to
20 κατασκηνόω, *fut act ind 3s*, settle down, dwell
21 ἐμπιστεύω, *aor act sub 3s*, trust in
22 κατακληρονομέω, *fut act ind 3s*, take possession of
23 κατάσχεσις, possession
24 διεστραμμένως, to and fro, erratically
25 δειλία, cowardice, misery
26 ἐπάγω, *fut act ind 3s*, bring upon
27 βασανίζω, *fut act ind 3s*, torture
28 παιδεία, discipline, instruction
29 ἐμπιστεύω, *aor act sub 3s*, trust in
30 πειράζω, *fut act ind 3s*, test
31 δικαίωμα, regulation, requirement

18 καὶ πάλιν[1] ἐπανήξει[2] κατ᾽ εὐθεῖαν[3] πρὸς αὐτὸν καὶ εὐφρανεῖ[4] αὐτὸν
καὶ ἀποκαλύψει[5] αὐτῷ τὰ κρυπτὰ[6] αὐτῆς.
19 ἐὰν ἀποπλανηθῇ,[7] ἐγκαταλείψει[8] αὐτὸν
καὶ παραδώσει αὐτὸν εἰς χεῖρας πτώσεως[9] αὐτοῦ.

20 Συντήρησον[10] καιρὸν καὶ φύλαξαι ἀπὸ πονηροῦ
καὶ περὶ τῆς ψυχῆς σου μὴ αἰσχυνθῇς·[11]
21 ἔστιν γὰρ αἰσχύνη[12] ἐπάγουσα[13] ἁμαρτίαν,
καὶ ἔστιν αἰσχύνη δόξα καὶ χάρις.
22 μὴ λάβῃς πρόσωπον κατὰ τῆς ψυχῆς σου
καὶ μὴ ἐντραπῇς[14] εἰς πτῶσίν[15] σου.
23 μὴ κωλύσῃς[16] λόγον ἐν καιρῷ χρείας·[17]
24 ἐν γὰρ λόγῳ γνωσθήσεται σοφία
καὶ παιδεία[18] ἐν ῥήματι γλώσσης.
25 μὴ ἀντίλεγε[19] τῇ ἀληθείᾳ
καὶ περὶ τῆς ἀπαιδευσίας[20] σου ἐντράπηθι.[21]
26 μὴ αἰσχυνθῇς[22] ὁμολογῆσαι[23] ἐφ᾽ ἁμαρτίαις σου
καὶ μὴ βιάζου[24] ῥοῦν[25] ποταμοῦ.[26]
27 καὶ μὴ ὑποστρώσῃς[27] ἀνθρώπῳ μωρῷ[28] σεαυτὸν
καὶ μὴ λάβῃς πρόσωπον δυνάστου.[29]
28 ἕως θανάτου ἀγώνισαι[30] περὶ τῆς ἀληθείας,
καὶ κύριος ὁ θεὸς πολεμήσει ὑπὲρ σοῦ.

29 μὴ γίνου θρασὺς[31] ἐν γλώσσῃ σου
καὶ νωθρὸς[32] καὶ παρειμένος[33] ἐν τοῖς ἔργοις σου.

1 πάλιν, again
2 ἐπανήκω, *fut act ind 3s*, return
3 εὐθύς, immediately, straightaway
4 εὐφραίνω, *fut act ind 3s*, cheer up, make glad
5 ἀποκαλύπτω, *fut act ind 3s*, uncover, disclose
6 κρυπτός, secret
7 ἀποπλανάω, *aor pas sub 3s*, wander, go astray
8 ἐγκαταλείπω, *fut act ind 3s*, forsake
9 πτῶσις, ruin, calamity
10 συντηρέω, *aor act impv 2s*, observe, maintain
11 αἰσχύνω, *aor pas sub 2s*, shame
12 αἰσχύνη, shame, dishonor
13 ἐπάγω, *pres act ptc nom s f*, bring upon
14 ἐντρέπω, *aor pas sub 2s*, feel shame
15 πτῶσις, fall, calamity
16 κωλύω, *aor act sub 2s*, hold back, restrain
17 χρεία, need
18 παιδεία, discipline, instruction
19 ἀντιλέγω, *pres act impv 2s*, contradict, speak against
20 ἀπαιδευσία, ignorance, miseducation
21 ἐντρέπω, *aor pas impv 2s*, put to shame
22 αἰσχύνω, *aor pas sub 2s*, be ashamed
23 ὁμολογέω, *aor act inf*, admit, confess
24 βιάζομαι, *pres mid impv 2s*, constrain, restrict
25 ῥοῦς, stream, flow, course
26 ποταμός, river
27 ὑποστρώννυμι, *aor act sub 2s*, be subject
28 μωρός, stupid
29 δυνάστης, ruler
30 ἀγωνίζομαι, *aor mid impv 2s*, struggle, fight
31 θρασύς, rash, arrogant
32 νωθρός, lazy
33 παρίημι, *perf mid ptc nom s m*, neglect

30 μὴ ἴσθι ὡς λέων[1] ἐν τῷ οἴκῳ σου
καὶ φαντασιοκοπῶν[2] ἐν τοῖς οἰκέταις[3] σου.
31 μὴ ἔστω ἡ χείρ σου ἐκτεταμένη[4] εἰς τὸ λαβεῖν
καὶ ἐν τῷ ἀποδιδόναι συνεσταλμένη.[5]

General Principles for Life

5 Μὴ ἔπεχε[6] ἐπὶ τοῖς χρήμασίν[7] σου
καὶ μὴ εἴπῃς Αὐτάρκη[8] μοί ἐστιν.
2 μὴ ἐξακολούθει[9] τῇ ψυχῇ σου καὶ τῇ ἰσχύι[10] σου
πορεύεσθαι ἐν ἐπιθυμίαις[11] καρδίας σου·
3 καὶ μὴ εἴπῃς Τίς με δυναστεύσει;[12]
ὁ γὰρ κύριος ἐκδικῶν[13] ἐκδικήσει.[14]

4 μὴ εἴπῃς Ἥμαρτον, καὶ τί μοι ἐγένετο;
ὁ γὰρ κύριός ἐστιν μακρόθυμος.[15]
5 περὶ ἐξιλασμοῦ[16] μὴ ἄφοβος[17] γίνου
προσθεῖναι[18] ἁμαρτίαν ἐφ᾽ ἁμαρτίαις·
6 καὶ μὴ εἴπῃς Ὁ οἰκτιρμὸς[19] αὐτοῦ πολύς,
τὸ πλῆθος τῶν ἁμαρτιῶν μου ἐξιλάσεται·[20]
ἔλεος[21] γὰρ καὶ ὀργὴ παρ᾽ αὐτῷ,
καὶ ἐπὶ ἁμαρτωλοὺς καταπαύσει[22] ὁ θυμὸς[23] αὐτοῦ.
7 μὴ ἀνάμενε[24] ἐπιστρέψαι πρὸς κύριον
καὶ μὴ ὑπερβάλλου[25] ἡμέραν ἐξ ἡμέρας·
ἐξάπινα[26] γὰρ ἐξελεύσεται ὀργὴ κυρίου,
καὶ ἐν καιρῷ ἐκδικήσεως[27] ἐξολῇ.[28]

8 Μὴ ἔπεχε[29] ἐπὶ χρήμασιν[30] ἀδίκοις·[31]
οὐδὲν γὰρ ὠφελήσει[32] σε ἐν ἡμέρᾳ ἐπαγωγῆς.[33]

1 λέων, lion
2 φαντασιοκοπέω, *pres act ptc nom s m*, show off?, indulge fancies?
3 οἰκέτης, household servant
4 ἐκτείνω, *perf pas ptc nom s f*, extend
5 συστέλλω, *perf pas ptc nom s f*, withdraw
6 ἐπέχω, *pres act impv 2s*, hold on
7 χρῆμα, wealth
8 αὐτάρκης, content, self-sufficient
9 ἐξακολουθέω, *pres act impv 2s*, follow
10 ἰσχύς, power, strength
11 ἐπιθυμία, lust, desire
12 δυναστεύω, *fut act ind 3s*, rule over
13 ἐκδικέω, *pres act ptc nom s m*, punish
14 ἐκδικέω, *fut act ind 3s*, punish
15 μακρόθυμος, patient
16 ἐξιλασμός, atonement, propitiation
17 ἄφοβος, fearless
18 προστίθημι, *aor act inf*, increase, add to
19 οἰκτιρμός, compassion
20 ἐξιλάσκομαι, *fut mid ind 3s*, propitiate, make atonement
21 ἔλεος, mercy, compassion
22 καταπαύω, *fut act ind 3s*, come to rest
23 θυμός, anger, wrath
24 ἀναμένω, *pres act impv 2s*, wait for
25 ὑπερβάλλω, *pres mid impv 2s*, put off, postpone
26 ἐξάπινα, suddenly, all at once
27 ἐκδίκησις, punishment
28 ἐξόλλυμι, *fut mid ind 2s*, utterly perish
29 ἐπέχω, *pres act impv 2s*, hold on
30 χρῆμα, wealth
31 ἄδικος, (dishonest)
32 ὠφελέω, *fut act ind 3s*, benefit
33 ἐπαγωγή, trouble

9 μὴ λίκμα[1] ἐν παντὶ ἀνέμῳ[2]
καὶ μὴ πορεύου ἐν πάσῃ ἀτραπῷ·[3]
οὕτως ὁ ἁμαρτωλὸς ὁ δίγλωσσος.[4]
10 ἴσθι ἐστηριγμένος[5] ἐν συνέσει[6] σου,
καὶ εἷς ἔστω σου ὁ λόγος.
11 Γίνου ταχὺς[7] ἐν ἀκροάσει[8] σου
καὶ ἐν μακροθυμίᾳ[9] φθέγγου[10] ἀπόκρισιν.[11]
12 εἰ ἔστιν σοι σύνεσις,[12] ἀποκρίθητι τῷ πλησίον·[13]
εἰ δὲ μή, ἡ χείρ σου ἔστω ἐπὶ τῷ στόματί σου.
13 δόξα καὶ ἀτιμία[14] ἐν λαλιᾷ,[15]
καὶ γλῶσσα ἀνθρώπου πτῶσις[16] αὐτῷ.

14 Μὴ κληθῇς ψίθυρος[17]
καὶ τῇ γλώσσῃ σου μὴ ἐνέδρευε[18]
ἐπὶ γὰρ τῷ κλέπτῃ[19] ἐστὶν αἰσχύνη[20]
καὶ κατάγνωσις[21] πονηρὰ ἐπὶ διγλώσσου.[22]
15 ἐν μεγάλῳ καὶ ἐν μικρῷ μὴ ἀγνόει[23]
καὶ ἀντὶ[24] φίλου[25] μὴ γίνου ἐχθρός·
ὄνομα γὰρ πονηρὸν αἰσχύνην[26] καὶ ὄνειδος[27] κληρονομήσει·[28]
οὕτως ὁ ἁμαρτωλὸς ὁ δίγλωσσος.[29]

6

Μὴ ἐπάρῃς[30] σεαυτὸν ἐν βουλῇ[31] ψυχῆς σου,
ἵνα μὴ διαρπαγῇ[32] ὡς ταῦρος[33] ἡ ψυχή σου·
3 τὰ φύλλα[34] σου καταφάγεσαι[35] καὶ τοὺς καρπούς σου ἀπολέσεις
καὶ ἀφήσεις σεαυτὸν ὡς ξύλον[36] ξηρόν.[37]

1 λικμάω, *pres act impv 2s*, winnow (grain)
2 ἄνεμος, wind
3 ἀτραπός, pathway, alley
4 δίγλωσσος, deceitful
5 στηρίζω, *perf mid ptc nom s m*, be settled, be firm
6 σύνεσις, understanding
7 ταχύς, swift
8 ἀκρόασις, obedience, listening
9 μακροθυμία, patience
10 φθέγγομαι, *pres mid impv 2s*, speak
11 ἀπόκρισις, answer
12 σύνεσις, understanding
13 πλησίον, neighbor, companion
14 ἀτιμία, disgrace, dishonor
15 λαλιά, talk, conversation
16 πτῶσις, ruin, destruction
17 ψίθυρος, slanderous
18 ἐνεδρεύω, *pres act impv 2s*, lay a trap
19 κλέπτης, thief
20 αἰσχύνη, shame, dishonor
21 κατάγνωσις, condemnation
22 δίγλωσσος, deceitful
23 ἀγνοέω, *pres act impv 2s*, be ignorant
24 ἀντί, instead of
25 φίλος, friend
26 αἰσχύνη, shame, dishonor
27 ὄνειδος, disgrace
28 κληρονομέω, *fut act ind 3s*, inherit
29 δίγλωσσος, deceitful
30 ἐπαίρω, *aor act sub 2s*, exalt
31 βουλή, resolution, purpose
32 διαρπάζω, *aor pas sub 3s*, tear to pieces
33 ταῦρος, bull
34 φύλλον, leaf
35 κατεσθίω, *fut mid ind 2s*, consume, devour
36 ξύλον, tree
37 ξηρός, dry

4 ψυχὴ πονηρὰ ἀπολεῖ τὸν κτησάμενον[1] αὐτὴν
καὶ ἐπίχαρμα[2] ἐχθρῶν ποιήσει αὐτόν.

On Friendship

5 Λάρυγξ[3] γλυκὺς[4] πληθυνεῖ[5] φίλους[6] αὐτοῦ,
καὶ γλῶσσα εὔλαλος[7] πληθυνεῖ[8] εὐπροσήγορα.[9]
6 οἱ εἰρηνεύοντές[10] σοι ἔστωσαν πολλοί,
οἱ δὲ σύμβουλοί[11] σου εἷς ἀπὸ χιλίων.[12]
7 εἰ κτᾶσαι[13] φίλον,[14] ἐν πειρασμῷ[15] κτῆσαι[16] αὐτὸν
καὶ μὴ ταχὺ[17] ἐμπιστεύσῃς[18] αὐτῷ.
8 ἔστιν γὰρ φίλος[19] ἐν καιρῷ αὐτοῦ
καὶ οὐ μὴ παραμείνῃ[20] ἐν ἡμέρᾳ θλίψεώς σου.
9 καὶ ἔστιν φίλος[21] μετατιθέμενος[22] εἰς ἔχθραν[23]
καὶ μάχην[24] ὀνειδισμοῦ[25] σου ἀποκαλύψει.[26]
10 καὶ ἔστιν φίλος[27] κοινωνὸς[28] τραπεζῶν[29]
καὶ οὐ μὴ παραμείνῃ[30] ἐν ἡμέρᾳ θλίψεώς σου·
11 καὶ ἐν τοῖς ἀγαθοῖς σου ἔσται ὡς σὺ
καὶ ἐπὶ τοὺς οἰκέτας[31] σου παρρησιάσεται·[32]
12 ἐὰν ταπεινωθῇς,[33] ἔσται κατὰ σοῦ
καὶ ἀπὸ τοῦ προσώπου σου κρυβήσεται.[34]
13 ἀπὸ τῶν ἐχθρῶν σου διαχωρίσθητι[35]
καὶ ἀπὸ τῶν φίλων[36] σου πρόσεχε.[37]

1 κτάομαι, *aor mid ptc acc s m*, acquire, gain
2 ἐπίχαρμα, guilty pleasure
3 λάρυγξ, throat, (utterance)
4 γλυκύς, pleasant
5 πληθύνω, *fut act ind 3s*, multiply
6 φίλος, friend
7 εὔλαλος, eloquent
8 πληθύνω, *fut act ind 3s*, increase
9 εὐπροσήγορος, courteous, pleasant
10 εἰρηνεύω, *pres act ptc nom p m*, be at peace
11 σύμβουλος, counselor
12 χίλιοι, one thousand
13 κτάομαι, *pres mid ind 2s*, acquire, gain
14 φίλος, friend
15 πειρασμός, trial
16 κτάομαι, *aor mid impv 2s*, acquire, gain
17 ταχύς, hastily
18 ἐμπιστεύω, *aor act sub 2s*, place faith in
19 φίλος, friend
20 παραμένω, *aor act sub 3s*, stay around, remain
21 φίλος, friend
22 μετατίθημι, *pres pas ptc nom s m*, switch, turn
23 ἔχθρα, enmity
24 μάχη, quarreling
25 ὀνειδισμός, disgrace
26 ἀποκαλύπτω, *fut act ind 3s*, reveal, disclose
27 φίλος, friend
28 κοινωνός, sharer, partaker
29 τράπεζα, table
30 παραμένω, *aor act sub 3s*, stay around, remain
31 οἰκέτης, household servant
32 παρρησιάζομαι, *fut mid ind 3s*, speak openly
33 ταπεινόω, *aor pas sub 2s*, humiliate
34 κρύπτω, *fut pas ind 3s*, hide
35 διαχωρίζω, *aor pas impv 2s*, separate
36 φίλος, friend
37 προσέχω, *pres act impv 2s*, take notice

14 φίλος[1] πιστὸς[2] σκέπη[3] κραταιά,[4]
ὁ δὲ εὑρὼν αὐτὸν εὗρεν θησαυρόν.[5]
15 φίλου[6] πιστοῦ[7] οὐκ ἔστιν ἀντάλλαγμα,[8]
καὶ οὐκ ἔστιν σταθμὸς[9] τῆς καλλονῆς[10] αὐτοῦ.
16 φίλος[11] πιστὸς[12] φάρμακον[13] ζωῆς,
καὶ οἱ φοβούμενοι κύριον εὑρήσουσιν αὐτόν.
17 ὁ φοβούμενος κύριον εὐθυνεῖ[14] φιλίαν[15] αὐτοῦ,
ὅτι κατ᾽ αὐτὸν οὕτως καὶ ὁ πλησίον[16] αὐτοῦ.

Blessings of Pursuing Wisdom and Instruction

18 Τέκνον, ἐκ νεότητός[17] σου ἐπίλεξαι[18] παιδείαν,[19]
καὶ ἕως πολιῶν[20] εὑρήσεις σοφίαν.
19 ὡς ὁ ἀροτριῶν[21] καὶ ὁ σπείρων[22] πρόσελθε αὐτῇ
καὶ ἀνάμενε[23] τοὺς ἀγαθοὺς καρποὺς αὐτῆς·
ἐν γὰρ τῇ ἐργασίᾳ[24] αὐτῆς ὀλίγον[25] κοπιάσεις[26]
καὶ ταχὺ[27] φάγεσαι τῶν γενημάτων[28] αὐτῆς.
20 ὡς τραχεῖά[29] ἐστιν σφόδρα[30] τοῖς ἀπαιδεύτοις,[31]
καὶ οὐκ ἐμμενεῖ[32] ἐν αὐτῇ ἀκάρδιος·[33]
21 ὡς λίθος δοκιμασίας[34] ἰσχυρὸς[35] ἔσται ἐπ᾽ αὐτῷ,
καὶ οὐ χρονιεῖ[36] ἀπορρῖψαι[37] αὐτήν.
22 σοφία γὰρ κατὰ τὸ ὄνομα αὐτῆς ἐστιν
καὶ οὐ πολλοῖς ἐστιν φανερά.[38]

1 φίλος, friend
2 πιστός, faithful, trustworthy
3 σκέπη, protection, shelter
4 κραταιός, strong, sturdy
5 θησαυρός, treasure
6 φίλος, friend
7 πιστός, faithful, trustworthy
8 ἀντάλλαγμα, (price of) exchange
9 σταθμός, weight (of measure)
10 καλλονή, excellence
11 φίλος, friend
12 πιστός, faithful, trustworthy
13 φάρμακον, magic potion
14 εὐθύνω, *fut act ind 3s*, direct, guide
15 φιλία, friendship, affection
16 πλησίον, neighbor, companion
17 νεότης, youth
18 ἐπιλέγω, *aor mid impv 2s*, choose
19 παιδεία, discipline, education
20 πολιά, old age
21 ἀροτριάω, *pres act ptc nom s m*, plow
22 σπείρω, *pres act ptc nom s m*, sow
23 ἀναμένω, *pres act impv 2s*, wait for
24 ἐργασία, profit, gain
25 ὀλίγος, little
26 κοπιάω, *fut act ind 2s*, labor, toil
27 ταχύς, quickly
28 γένημα, yield, produce
29 τραχύς, rough, uneven
30 σφόδρα, exceedingly
31 ἀπαίδευτος, untrained, uninstructed
32 ἐμμένω, *fut act ind 3s*, remain with
33 ἀκάρδιος, heartless, cowardly
34 δοκιμασία, testing
35 ἰσχυρός, (massive)
36 χρονίζω, *fut act ind 3s*, delay, hesitate
37 ἀπορρίπτω, *aor act inf*, cast aside
38 φανερός, obvious, clear

23 Ἄκουσον, τέκνον, καὶ ἔκδεξαι[1] γνώμην[2] μου
καὶ μὴ ἀπαναίνου[3] τὴν συμβουλίαν[4] μου·
24 καὶ εἰσένεγκον[5] τοὺς πόδας σου εἰς τὰς πέδας[6] αὐτῆς
καὶ εἰς τὸν κλοιὸν[7] αὐτῆς τὸν τράχηλόν[8] σου·
25 ὑπόθες[9] τὸν ὦμόν[10] σου καὶ βάσταξον[11] αὐτὴν
καὶ μὴ προσοχθίσῃς[12] τοῖς δεσμοῖς[13] αὐτῆς·
26 ἐν πάσῃ ψυχῇ σου πρόσελθε αὐτῇ
καὶ ἐν ὅλῃ δυνάμει σου συντήρησον[14] τὰς ὁδοὺς αὐτῆς·
27 ἐξίχνευσον[15] καὶ ζήτησον, καὶ γνωσθήσεταί σοι,
καὶ ἐγκρατὴς[16] γενόμενος μὴ ἀφῇς[17] αὐτήν·
28 ἐπ᾽ ἐσχάτων γὰρ εὑρήσεις τὴν ἀνάπαυσιν[18] αὐτῆς,
καὶ στραφήσεταί[19] σοι εἰς εὐφροσύνην·[20]
29 καὶ ἔσονταί σοι αἱ πέδαι[21] εἰς σκέπην[22] ἰσχύος[23]
καὶ οἱ κλοιοὶ[24] αὐτῆς εἰς στολὴν[25] δόξης.
30 κόσμος[26] γὰρ χρύσεός[27] ἐστιν ἐπ᾽ αὐτῆς,
καὶ οἱ δεσμοὶ[28] αὐτῆς κλῶσμα[29] ὑακίνθινον·[30]
31 στολὴν[31] δόξης ἐνδύσῃ[32] αὐτὴν
καὶ στέφανον[33] ἀγαλλιάματος[34] περιθήσεις[35] σεαυτῷ.

32 Ἐὰν θέλῃς, τέκνον, παιδευθήσῃ,[36]
καὶ ἐὰν ἐπιδῷς[37] τὴν ψυχήν σου, πανοῦργος[38] ἔσῃ·
33 ἐὰν ἀγαπήσῃς ἀκούειν, ἐκδέξῃ,[39]
καὶ ἐὰν κλίνῃς[40] τὸ οὖς σου, σοφὸς[41] ἔσῃ.

1 ἐκδέχομαι, *aor mid impv 2s*, receive, accept
2 γνώμη, counsel, opinion
3 ἀπαναίνομαι, *pres mid impv 2s*, reject
4 συμβουλία, advice
5 εἰσφέρω, *aor act impv 2s*, put in
6 πέδη, shackle
7 κλοιός, yoke, collar
8 τράχηλος, neck
9 ὑποτίθημι, *aor act impv 2s*, bring down (to offer)
10 ὦμος, shoulder
11 βαστάζω, *aor act impv 2s*, bear, carry
12 προσοχθίζω, *aor act sub 2s*, be upset, be irritated
13 δεσμός, chains
14 συντηρέω, *aor act impv 2s*, treasure, protect
15 ἐξιχνεύω, *aor act impv 2s*, track down
16 ἐγκρατής, disciplined
17 ἀφίημι, *aor act sub 2s*, release, give up
18 ἀνάπαυσις, rest
19 στρέφω, *fut pas ind 3s*, turn into, change
20 εὐφροσύνη, gladness, rejoicing
21 πέδη, shackle
22 σκέπη, protection, shelter
23 ἰσχύς, (sturdy)
24 κλοιός, yoke, collar
25 στολή, cloak, garment
26 κόσμος, ornament, decoration
27 χρύσεος, gold
28 δεσμός, chains
29 κλῶσμα, thread, (lace?)
30 ὑακίνθινος, blue
31 στολή, cloak, garment
32 ἐνδύω, *fut mid ind 2s*, put on
33 στέφανος, crown
34 ἀγαλλίαμα, rejoicing
35 περιτίθημι, *fut act ind 2s*, place on
36 παιδεύω, *fut pas ind 2s*, teach, instruct
37 ἐπιδίδωμι, *aor act sub 2s*, give up, surrender
38 πανοῦργος, prudent
39 ἐκδέχομαι, *fut mid ind 2s*, receive
40 κλίνω, *pres act sub 2s*, incline
41 σοφός, wise

34 ἐν πλήθει πρεσβυτέρων στῆθι·
καὶ τίς σοφός;[1] αὐτῷ προσκολλήθητι.[2]
35 πᾶσαν διήγησιν[3] θείαν[4] θέλε ἀκροᾶσθαι,[5]
καὶ παροιμίαι[6] συνέσεως[7] μὴ ἐκφευγέτωσάν[8] σε.
36 ἐὰν ἴδῃς συνετόν,[9] ὄρθριζε[10] πρὸς αὐτόν,
καὶ βαθμοὺς[11] θυρῶν αὐτοῦ ἐκτριβέτω[12] ὁ πούς σου.
37 διανοοῦ[13] ἐν τοῖς προστάγμασιν[14] κυρίου
καὶ ἐν ταῖς ἐντολαῖς αὐτοῦ μελέτα[15] διὰ παντός·
αὐτὸς στηριεῖ[16] τὴν καρδίαν σου,
καὶ ἡ ἐπιθυμία[17] τῆς σοφίας δοθήσεταί σοι.

Instructions for Wise Living

7 Μὴ ποίει κακά, καὶ οὐ μή σε καταλάβῃ[18] κακόν·
2 ἀπόστηθι[19] ἀπὸ ἀδίκου,[20] καὶ ἐκκλινεῖ[21] ἀπὸ σοῦ.
3 υἱέ, μὴ σπεῖρε[22] ἐπ᾽ αὔλακας[23] ἀδικίας,[24]
καὶ οὐ μὴ θερίσῃς[25] αὐτὰ ἑπταπλασίως.[26]

4 μὴ ζήτει παρὰ κυρίου ἡγεμονίαν[27]
μηδὲ παρὰ βασιλέως καθέδραν[28] δόξης.
5 μὴ δικαιοῦ[29] ἔναντι[30] κυρίου
καὶ παρὰ βασιλεῖ μὴ σοφίζου.[31]
6 μὴ ζήτει γενέσθαι κριτής,[32]
μὴ οὐκ ἰσχύσεις[33] ἐξᾶραι[34] ἀδικίας,[35]

1 σοφός, wise
2 προσκολλάω, *aor pas impv 2s*, cling to, stick with
3 διήγησις, discourse
4 θεῖος, godly
5 ἀκροάομαι, *pres mid inf*, listen to
6 παροιμία, proverb, illustration
7 σύνεσις, intelligence, understanding
8 ἐκφεύγω, *pres act impv 3p*, escape from
9 συνετός, intelligent
10 ὀρθρίζω, *pres act impv 2s*, get up early
11 βαθμός, threshold
12 ἐκτρίβω, *pres act impv 3s*, wear down
13 διανοέομαι, *pres mid impv 2s*, set one's mind, focus
14 πρόσταγμα, commandment
15 μελετάω, *pres act impv 2s*, meditate
16 στηρίζω, *fut act ind 3s*, fix, establish
17 ἐπιθυμία, desire
18 καταλαμβάνω, *aor act sub 3s*, take hold of
19 ἀφίστημι, *aor act impv 2s*, depart
20 ἄδικος, unrighteous
21 ἐκκλίνω, *fut act ind 3s*, turn away
22 σπείρω, *pres act impv 2s*, sow
23 αὖλαξ, furrow
24 ἀδικία, injustice
25 θερίζω, *aor act sub 2s*, reap
26 ἑπταπλασίως, sevenfold
27 ἡγεμονία, command, ruling authority
28 καθέδρα, seat
29 δικαιόω, *pres mid impv 2s*, pronounce a verdict, justify (oneself)
30 ἔναντι, before
31 σοφίζω, *pres mid impv 2s*, contrive a scheme, feign wisdom
32 κριτής, judge
33 ἰσχύω, *fut act ind 2s*, be able
34 ἐξαίρω, *aor act inf*, remove
35 ἀδικία, injustice

μήποτε[1] εὐλαβηθῇς[2] ἀπὸ προσώπου δυνάστου[3]
καὶ θήσεις σκάνδαλον[4] ἐν εὐθύτητί[5] σου.
7 μὴ ἁμάρτανε εἰς πλῆθος πόλεως
καὶ μὴ καταβάλῃς[6] σεαυτὸν ἐν ὄχλῳ.[7]

8 μὴ καταδεσμεύσῃς[8] δὶς[9] ἁμαρτίαν·
ἐν γὰρ τῇ μιᾷ οὐκ ἀθῷος[10] ἔσῃ.
9 μὴ εἴπῃς Τῷ πλήθει τῶν δώρων[11] μου ἐπόψεται[12]
καὶ ἐν τῷ προσενέγκαι με θεῷ ὑψίστῳ[13] προσδέξεται.[14]
10 μὴ ὀλιγοψυχήσῃς[15] ἐν τῇ προσευχῇ σου
καὶ ἐλεημοσύνην[16] ποιῆσαι μὴ παρίδῃς.[17]

11 μὴ καταγέλα[18] ἄνθρωπον ὄντα ἐν πικρίᾳ[19] ψυχῆς αὐτοῦ·
ἔστιν γὰρ ὁ ταπεινῶν[20] καὶ ἀνυψῶν.[21]
12 μὴ ἀροτρία[22] ψεῦδος[23] ἐπ᾽ ἀδελφῷ σου
μηδὲ φίλῳ[24] τὸ ὅμοιον[25] ποίει.
13 μὴ θέλε ψεύδεσθαι[26] πᾶν ψεῦδος·[27]
ὁ γὰρ ἐνδελεχισμὸς[28] αὐτοῦ οὐκ εἰς ἀγαθόν.
14 μὴ ἀδολέσχει[29] ἐν πλήθει πρεσβυτέρων
καὶ μὴ δευτερώσῃς[30] λόγον ἐν προσευχῇ σου.

15 μὴ μισήσῃς ἐπίπονον[31] ἐργασίαν[32]
καὶ γεωργίαν[33] ὑπὸ ὑψίστου[34] ἐκτισμένην.[35]
16 μὴ προσλογίζου[36] σεαυτὸν ἐν πλήθει ἁμαρτωλῶν·
μνήσθητι[37] ὅτι ὀργὴ οὐ χρονιεῖ.[38]

1 μήποτε, lest
2 εὐλαβέομαι, *aor pas sub 2s*, be afraid
3 δυνάστης, mighty one
4 σκάνδαλον, snare, obstacle
5 εὐθύτης, uprightness
6 καταβάλλω, *aor act sub 2s*, throw down
7 ὄχλος, crowd
8 καταδεσμεύω, *aor act sub 2s*, bind up, (double down?)
9 δίς, twice
10 ἀθῷος, innocent
11 δῶρον, gift
12 ἐφοράω, *fut mid ind 3s*, oversee, look upon
13 ὕψιστος, *sup*, Most High
14 προσδέχομαι, *fut mid ind 3s*, accept
15 ὀλιγοψυχέω, *aor act sub 2s*, be discouraged
16 ἐλεημοσύνη, mercy
17 παροράω, *aor act sub 2s*, disregard, neglect
18 καταγελάω, *pres act impv 2s*, mock, ridicule
19 πικρία, bitterness
20 ταπεινόω, *pres act ptc nom s m*, humble
21 ἀνυψόω, *pres act ptc nom s m*, exalt
22 ἀροτριάω, *pres act impv 2s*, plow, (devise?)
23 ψεῦδος, lie, falsehood
24 φίλος, friend
25 ὅμοιος, likewise
26 ψεύδομαι, *pres mid inf*, lie
27 ψεῦδος, lie
28 ἐνδελεχισμός, persistence
29 ἀδολεσχέω, *pres act impv 2s*, chatter, gossip
30 δευτερόω, *aor act sub 2s*, do again, repeat
31 ἐπίπονος, laborious
32 ἐργασία, work
33 γεωργία, agriculture
34 ὕψιστος, *sup*, Most High
35 κτίζω, *perf pas ptc acc s f*, create
36 προσλογίζομαι, *pres mid impv 2s*, reckon
37 μιμνῄσκομαι, *aor pas impv 2s*, remember
38 χρονίζω, *fut act ind 3s*, delay

17 ταπείνωσον[1] σφόδρα[2] τὴν ψυχήν σου,
ὅτι ἐκδίκησις[3] ἀσεβοῦς[4] πῦρ καὶ σκώληξ.[5]

On Friends, Households, and the Poor

18 Μὴ ἀλλάξῃς[6] φίλον[7] ἕνεκεν[8] διαφόρου[9]
μηδὲ ἀδελφὸν γνήσιον[10] ἐν χρυσίῳ[11] Σουφιρ.
19 μὴ ἀστόχει[12] γυναικὸς σοφῆς[13] καὶ ἀγαθῆς·
ἡ γὰρ χάρις αὐτῆς ὑπὲρ τὸ χρυσίον.[14]
20 μὴ κακώσῃς[15] οἰκέτην[16] ἐργαζόμενον ἐν ἀληθείᾳ
μηδὲ μίσθιον[17] διδόντα τὴν ψυχὴν αὐτοῦ·
21 οἰκέτην[18] συνετὸν[19] ἀγαπάτω σου ἡ ψυχή,
μὴ στερήσῃς[20] αὐτὸν ἐλευθερίας.[21]

22 κτήνη[22] σοί ἐστιν; ἐπισκέπτου[23] αὐτά·
καὶ εἰ ἔστιν σοι χρήσιμα,[24] ἐμμενέτω[25] σοι.
23 τέκνα σοί ἐστιν; παίδευσον[26] αὐτὰ
καὶ κάμψον[27] ἐκ νεότητος[28] τὸν τράχηλον[29] αὐτῶν.
24 θυγατέρες[30] σοί εἰσιν; πρόσεχε[31] τῷ σώματι αὐτῶν
καὶ μὴ ἱλαρώσῃς[32] πρὸς αὐτὰς τὸ πρόσωπόν σου.
25 ἔκδου[33] θυγατέρα,[34] καὶ ἔσῃ τετελεκὼς[35] ἔργον μέγα,
καὶ ἀνδρὶ συνετῷ[36] δώρησαι[37] αὐτήν.

26 γυνή σοί ἐστιν κατὰ ψυχήν; μὴ ἐκβάλῃς αὐτήν·
καὶ μισουμένῃ μὴ ἐμπιστεύσῃς[38] σεαυτόν.

1 ταπεινόω, *aor act impv 2s*, humble
2 σφόδρα, thoroughly
3 ἐκδίκησις, punishment
4 ἀσεβής, ungodly, wicked
5 σκώληξ, worm
6 ἀλλάσσω, *aor act sub 2s*, exchange
7 φίλος, friend
8 ἕνεκα, for the sake of
9 διάφορος, profit
10 γνήσιος, genuine
11 χρυσίον, gold
12 ἀστοχέω, *pres act impv 2s*, fail
13 σοφός, prudent, wise
14 χρυσίον, gold
15 κακόω, *aor act sub 2s*, mistreat, harm
16 οἰκέτης, household servant
17 μίσθιος, hired laborer
18 οἰκέτης, household servant
19 συνετός, intelligent
20 στερέω, *aor act sub 2s*, deprive
21 ἐλευθερία, freedom
22 κτῆνος, domestic animal
23 ἐπισκέπτομαι, *pres mid impv 2s*, oversee, inspect
24 χρήσιμος, useful
25 ἐμμένω, *pres act impv 3s*, stay, remain
26 παιδεύω, *aor act impv 2s*, instruct, train
27 κάμπτω, *aor act impv 2s*, bend down
28 νεότης, youth
29 τράχηλος, neck
30 θυγάτηρ, daughter
31 προσέχω, *pres act impv 2s*, pay attention
32 ἱλαρόω, *aor act sub 2s*, show a pleasant expression?
33 ἐκδίδωμι, *pres mid impv 2s*, (give in marriage)
34 θυγάτηρ, daughter
35 τελέω, *perf act ptc nom s m*, finish, complete
36 συνετός, intelligent, understanding
37 δωρέομαι, *aor mid impv 2s*, present, give
38 ἐμπιστεύω, *aor act sub 2s*, entrust

27 Ἐν ὅλῃ καρδίᾳ σου δόξασον τὸν πατέρα σου
καὶ μητρὸς ὠδῖνας[1] μὴ ἐπιλάθῃ·[2]
28 μνήσθητι[3] ὅτι δι᾽ αὐτῶν ἐγεννήθης,
καὶ τί ἀνταποδώσεις[4] αὐτοῖς καθὼς αὐτοὶ σοί;

29 ἐν ὅλῃ ψυχῇ σου εὐλαβοῦ[5] τὸν κύριον
καὶ τοὺς ἱερεῖς αὐτοῦ θαύμαζε.[6]
30 ἐν ὅλῃ δυνάμει ἀγάπησον τὸν ποιήσαντά σε
καὶ τοὺς λειτουργοὺς[7] αὐτοῦ μὴ ἐγκαταλίπῃς.[8]
31 φοβοῦ τὸν κύριον καὶ δόξασον ἱερέα
καὶ δὸς τὴν μερίδα[9] αὐτῷ, καθὼς ἐντέταλταί[10] σοι,
ἀπαρχὴν[11] καὶ περὶ πλημμελείας[12] καὶ δόσιν[13] βραχιόνων[14]
καὶ θυσίαν[15] ἁγιασμοῦ[16] καὶ ἀπαρχὴν[17] ἁγίων.

32 Καὶ πτωχῷ ἔκτεινον[18] τὴν χεῖρά σου,
ἵνα τελειωθῇ[19] ἡ εὐλογία[20] σου.
33 χάρις δόματος[21] ἔναντι[22] παντὸς ζῶντος,
καὶ ἐπὶ νεκρῷ[23] μὴ ἀποκωλύσῃς[24] χάριν.
34 μὴ ὑστέρει[25] ἀπὸ κλαιόντων
καὶ μετὰ πενθούντων[26] πένθησον.[27]
35 μὴ ὄκνει[28] ἐπισκέπτεσθαι[29] ἄρρωστον[30] ἄνθρωπον·
ἐκ γὰρ τῶν τοιούτων[31] ἀγαπηθήσῃ.
36 ἐν πᾶσι τοῖς λόγοις σου μιμνῄσκου[32] τὰ ἔσχατά σου,
καὶ εἰς τὸν αἰῶνα οὐχ ἁμαρτήσεις.

1 ὠδίν, labor pain
2 ἐπιλανθάνομαι, *aor mid sub 2s*, forget
3 μιμνῄσκομαι, *aor pas impv 2s*, remember
4 ἀνταποδίδωμι, *fut act ind 2s*, repay
5 εὐλαβέομαι, *pres mid impv 2s*, show respect to
6 θαυμάζω, *pres act impv 2s*, honor, admire
7 λειτουργός, minister, servant
8 ἐγκαταλείπω, *aor act sub 2s*, forsake, neglect
9 μερίς, portion
10 ἐντέλλομαι, *perf pas ind 3s*, command
11 ἀπαρχή, first portion
12 πλημμέλεια, (offering for) offense
13 δόσις, gift
14 βραχίων, shoulder
15 θυσία, sacrifice
16 ἁγιασμός, consecration, sanctification
17 ἀπαρχή, first portion
18 ἐκτείνω, *aor act impv 2s*, stretch out
19 τελειόω, *aor pas sub 3s*, finish, complete
20 εὐλογία, blessing
21 δόμα, present, gift
22 ἔναντι, before
23 νεκρός, dead
24 ἀποκωλύω, *aor act sub 2s*, prevent, hinder
25 ὑστερέω, *pres act impv 2s*, fall short, lack
26 πενθέω, *pres act ptc gen p m*, mourn
27 πενθέω, *aor act impv 2s*, mourn
28 ὀκνέω, *pres act impv 2s*, delay
29 ἐπισκέπτομαι, *pres mid inf*, visit
30 ἄρρωστος, sick
31 τοιοῦτος, such
32 μιμνῄσκομαι, *pres mid impv 2s*, remember

Miscellaneous Instructions

8 Μὴ διαμάχου[1] μετὰ ἀνθρώπου δυνάστου,[2]
μήποτε[3] ἐμπέσῃς[4] εἰς τὰς χεῖρας αὐτοῦ.
2 μὴ ἔριζε[5] μετὰ ἀνθρώπου πλουσίου,[6]
μήποτε[7] ἀντιστήσῃ[8] σου τὴν ὁλκήν·[9]
πολλοὺς γὰρ ἀπώλεσεν τὸ χρυσίον[10]
καὶ καρδίας βασιλέων ἐξέκλινεν.[11]
3 μὴ διαμάχου[12] μετὰ ἀνθρώπου γλωσσώδους[13]
καὶ μὴ ἐπιστοιβάσῃς[14] ἐπὶ τὸ πῦρ αὐτοῦ ξύλα.[15]

4 μὴ πρόσπαιζε[16] ἀπαιδεύτῳ,[17]
ἵνα μὴ ἀτιμάζωνται[18] οἱ πρόγονοί[19] σου.
5 μὴ ὀνείδιζε[20] ἄνθρωπον ἀποστρέφοντα[21] ἀπὸ ἁμαρτίας·
μνήσθητι[22] ὅτι πάντες ἐσμὲν ἐν ἐπιτίμοις.[23]
6 μὴ ἀτιμάσῃς[24] ἄνθρωπον ἐν γήρᾳ[25] αὐτοῦ·
καὶ γὰρ ἐξ ἡμῶν γηράσκουσιν.[26]
7 μὴ ἐπίχαιρε[27] ἐπὶ νεκρῷ·[28]
μνήσθητι[29] ὅτι πάντες τελευτῶμεν.[30]

8 μὴ παρίδῃς[31] διήγημα[32] σοφῶν[33]
καὶ ἐν ταῖς παροιμίαις[34] αὐτῶν ἀναστρέφου·[35]
ὅτι παρ᾽ αὐτῶν μαθήσῃ[36] παιδείαν[37]
καὶ λειτουργῆσαι[38] μεγιστᾶσιν.[39]

1 διαμάχομαι, *pres mid impv 2s*, contend
2 δυνάστης, ruler
3 μήποτε, lest
4 ἐμπίπτω, *aor act sub 2s*, fall into
5 ἐρίζω, *pres act impv 2s*, argue, quarrel
6 πλούσιος, rich
7 μήποτε, lest
8 ἀνθίστημι, *aor act sub 3s*, oppose, counter
9 ὁλκή, weight
10 χρυσίον, gold
11 ἐκκλίνω, *aor act ind 3s*, twist, pervert
12 διαμάχομαι, *pres mid impv 2s*, contend
13 γλωσσώδης, talkative
14 ἐπιστοιβάζω, *aor act sub 2s*, pile up
15 ξύλον, wood
16 προσπαίζω, *pres act impv 2s*, make fun of
17 ἀπαίδευτος, uneducated
18 ἀτιμάζω, *pres pas sub 3p*, dishonor
19 πρόγονοι, ancestors
20 ὀνειδίζω, *pres act impv 2s*, reproach
21 ἀποστρέφω, *pres act ptc acc s m*, turn away
22 μιμνῄσκομαι, *aor pas impv 2s*, remember
23 ἐπίτιμος, default?
24 ἀτιμάζω, *aor act sub 2s*, dishonor
25 γῆρας, old age
26 γηράσκω, *pres act ind 3p*, age, grow old
27 ἐπιχαίρω, *pres act impv 2s*, rejoice
28 νεκρός, dead
29 μιμνῄσκομαι, *aor pas impv 2s*, remember
30 τελευτάω, *pres act ind 1p*, die
31 παροράω, *aor act sub 2s*, overlook, disregard
32 διήγημα, discourse
33 σοφός, wise
34 παροιμία, proverb, illustration
35 ἀναστρέφω, *pres mid impv 2s*, return
36 μανθάνω, *fut mid ind 2s*, learn
37 παιδεία, discipline, instruction
38 λειτουργέω, *aor act inf*, minister to, serve
39 μεγιστάν, noble, important person

9 μὴ ἀστόχει[1] διηγήματος[2] γερόντων,[3]
καὶ γὰρ αὐτοὶ ἔμαθον[4] παρὰ τῶν πατέρων αὐτῶν·
ὅτι παρ᾽ αὐτῶν μαθήσῃ[5] σύνεσιν[6]
καὶ ἐν καιρῷ χρείας[7] δοῦναι ἀπόκρισιν.[8]

10 μὴ ἔκκαιε[9] ἄνθρακας[10] ἁμαρτωλοῦ,
μὴ ἐμπυρισθῇς[11] ἐν πυρὶ φλογὸς[12] αὐτοῦ.
11 μὴ ἐξαναστῇς[13] ἀπὸ προσώπου ὑβριστοῦ,[14]
ἵνα μὴ ἐγκαθίσῃ[15] ὡς ἔνεδρον[16] τῷ στόματί σου.
12 μὴ δανείσῃς[17] ἀνθρώπῳ ἰσχυροτέρῳ[18] σου·
καὶ ἐὰν δανείσῃς,[19] ὡς ἀπολωλεκὼς[20] γίνου.
13 μὴ ἐγγυήσῃ[21] ὑπὲρ δύναμίν σου·
καὶ ἐὰν ἐγγυήσῃ, ὡς ἀποτείσων[22] φρόντιζε.[23]

14 μὴ δικάζου[24] μετὰ κριτοῦ·[25]
κατὰ γὰρ τὴν δόξαν αὐτοῦ κρινοῦσιν αὐτῷ.
15 μετὰ τολμηροῦ[26] μὴ πορεύου ἐν ὁδῷ,
ἵνα μὴ βαρύνηται[27] κατὰ σοῦ·
αὐτὸς γὰρ κατὰ τὸ θέλημα[28] αὐτοῦ ποιήσει,
καὶ τῇ ἀφροσύνῃ[29] αὐτοῦ συναπολῇ.[30]
16 μετὰ θυμώδους[31] μὴ ποιήσῃς μάχην[32]
καὶ μὴ διαπορεύου[33] μετ᾽ αὐτοῦ τὴν ἔρημον·
ὅτι ὡς οὐδὲν ἐν ὀφθαλμοῖς αὐτοῦ αἷμα,
καὶ ὅπου[34] οὐκ ἔστιν βοήθεια,[35] καταβαλεῖ[36] σε.

1 ἀστοχέω, *pres act impv 2s*, depart from
2 διήγημα, discourse
3 γέρων, old man
4 μανθάνω, *aor act ind 3p*, learn
5 μανθάνω, *fut mid ind 2s*, learn
6 σύνεσις, understanding
7 χρεία, need
8 ἀπόκρισις, answer, decision
9 ἐκκαίω, *pres act impv 2s*, kindle, inflame
10 ἄνθραξ, coal, ember
11 ἐμπυρίζω, *aor pas sub 2s*, set on fire
12 φλόξ, flame
13 ἐξανίστημι, *aor act sub 2s*, rise up, (stand)
14 ὑβριστής, insolent person
15 ἐγκαθίζω, *aor act sub 3s*, sit
16 ἔνεδρον, ambush
17 δανείζω, *aor act sub 2s*, lend money
18 ἰσχυρός, *comp*, more powerful
19 δανείζω, *aor act sub 2s*, lend money
20 ἀπόλλυμι, *perf act ptc nom s m*, (take a loss)
21 ἐγγυάω, *aor mid sub 2s*, give surety
22 ἀποτίνω, *fut act ptc nom s m*, repay
23 φροντίζω, *pres act impv 2s*, consider, regard
24 δικάζω, *pres mid impv 2s*, go to court
25 κριτής, judge
26 τολμηρός, audacious, reckless
27 βαρύνω, *pres mid sub 3s*, weigh upon
28 θέλημα, wish, desire
29 ἀφροσύνη, folly, thoughtlessness
30 συναπόλλυμι, *fut mid ind 2s*, perish together
31 θυμώδης, wrathful, anger-prone
32 μάχη, fight
33 διαπορεύομαι, *pres mid impv 2s*, travel through
34 ὅπου, where
35 βοήθεια, help
36 καταβάλλω, *fut act ind 3s*, overthrow

17 μετὰ μωροῦ[1] μὴ συμβουλεύου·[2]
οὐ γὰρ δυνήσεται λόγον στέξαι.[3]
18 ἐνώπιον ἀλλοτρίου[4] μὴ ποιήσῃς κρυπτόν·[5]
οὐ γὰρ γινώσκεις τί τέξεται.[6]
19 παντὶ ἀνθρώπῳ μὴ ἔκφαινε[7] σὴν[8] καρδίαν,
καὶ μὴ ἀναφερέτω[9] σοι χάριν.

On Women

9 Μὴ ζήλου[10] γυναῖκα τοῦ κόλπου[11] σου
μηδὲ διδάξῃς ἐπὶ σεαυτὸν παιδείαν[12] πονηράν.
2 μὴ δῷς γυναικὶ τὴν ψυχήν σου
ἐπιβῆναι[13] αὐτὴν ἐπὶ τὴν ἰσχύν[14] σου.
3 μὴ ὑπάντα[15] γυναικὶ ἑταιριζομένῃ,[16]
μήποτε[17] ἐμπέσῃς[18] εἰς τὰς παγίδας[19] αὐτῆς.
4 μετὰ ψαλλούσης[20] μὴ ἐνδελέχιζε,[21]
μήποτε[22] ἁλῷς[23] ἐν τοῖς ἐπιχειρήμασιν[24] αὐτῆς.
5 παρθένον[25] μὴ καταμάνθανε,[26]
μήποτε[27] σκανδαλισθῇς[28] ἐν τοῖς ἐπιτιμίοις[29] αὐτῆς.
6 μὴ δῷς πόρναις[30] τὴν ψυχήν σου,
ἵνα μὴ ἀπολέσῃς τὴν κληρονομίαν[31] σου.
7 μὴ περιβλέπου[32] ἐν ῥύμαις[33] πόλεως
καὶ ἐν ταῖς ἐρήμοις αὐτῆς μὴ πλανῶ.

1 μωρός, stupid
2 συμβουλεύω, *pres mid impv 2s*, take counsel
3 στέγω, *aor act inf*, conceal
4 ἀλλότριος, strange, foreign
5 κρυπτός, private, secret
6 τίκτω, *fut mid ind 3s*, bring forth
7 ἐκφαίνω, *pres act impv 2s*, reveal
8 σός, your
9 ἀναφέρω, *pres act impv 3s*, offer
10 ζηλόω, *pres act impv 2s*, envy
11 κόλπος, bosom, breast
12 παιδεία, instruction, training
13 ἐπιβαίνω, *aor act inf*, walk all over, trample on
14 ἰσχύς, strength, fortitude
15 ὑπαντάω, *pres act impv 2s*, meet
16 ἑταιρίζω, *pres mid ptc dat s f*, be a prostitute
17 μήποτε, lest
18 ἐμπίπτω, *aor act sub 2s*, fall into
19 παγίς, snare, trap
20 ψάλλω, *pres act ptc gen s f*, play an instrument, make music
21 ἐνδελεχίζω, *pres act impv 2s*, continue, persist
22 μήποτε, lest
23 ἁλίσκω, *aor act sub 2s*, be taken, be conquered
24 ἐπιχείρημα, attempt, endeavor
25 παρθένος, virgin
26 καταμανθάνω, *pres act impv 2s*, take notice of, stare at
27 μήποτε, lest
28 σκανδαλίζω, *aor pas sub 2s*, trip
29 ἐπιτίμιον, penalty
30 πόρνη, prostitute
31 κληρονομία, inheritance
32 περιβλέπω, *pres mid impv 2s*, look around
33 ῥύμη, alley, back street

8 ἀπόστρεψον[1] ὀφθαλμὸν ἀπὸ γυναικὸς εὐμόρφου[2]
καὶ μὴ καταμάνθανε[3] κάλλος ἀλλότριον·[4]
ἐν κάλλει γυναικὸς πολλοὶ ἐπλανήθησαν,
καὶ ἐκ τούτου φιλία[5] ὡς πῦρ ἀνακαίεται.[6]
9 μετὰ ὑπάνδρου[7] γυναικὸς μὴ κάθου τὸ σύνολον[8]
καὶ μὴ συμβολοκοπήσῃς[9] μετ᾽ αὐτῆς ἐν οἴνῳ,
μήποτε[10] ἐκκλίνῃ[11] ἡ ψυχή σου ἐπ᾽ αὐτὴν
καὶ τῷ πνεύματί σου ὀλίσθῃς[12] εἰς ἀπώλειαν.[13]

On Friends

10 Μὴ ἐγκαταλίπῃς[14] φίλον[15] ἀρχαῖον,[16]
ὁ γὰρ πρόσφατος[17] οὐκ ἔστιν ἔφισος[18] αὐτῷ·
οἶνος νέος[19] φίλος[20] νέος·
ἐὰν παλαιωθῇ,[21] μετ᾽ εὐφροσύνης[22] πίεσαι αὐτόν.

11 μὴ ζηλώσῃς[23] δόξαν ἁμαρτωλοῦ·
οὐ γὰρ οἶδας τί ἔσται ἡ καταστροφὴ[24] αὐτοῦ.
12 μὴ εὐδοκήσῃς[25] ἐν εὐδοκίᾳ[26] ἀσεβῶν·[27]
μνήσθητι[28] ὅτι ἕως ᾄδου[29] οὐ μὴ δικαιωθῶσιν.

13 μακρὰν[30] ἄπεχε[31] ἀπὸ ἀνθρώπου, ὃς ἔχει ἐξουσίαν[32] τοῦ φονεύειν,[33]
καὶ οὐ μὴ ὑποπτεύσῃς[34] φόβον θανάτου·
κἂν[35] προσέλθῃς, μὴ πλημμελήσῃς,[36]
ἵνα μὴ ἀφέληται[37] τὴν ζωήν σου·

1 ἀποστρέφω, *aor act impv 2s*, turn away
2 εὔμορφος, well formed, shapely
3 καταμανθάνω, *pres act impv 2s*, take notice of, stare at
4 ἀλλότριος, belonging to another
5 φιλία, love
6 ἀνακαίω, *pres pas ind 3s*, kindle
7 ὕπανδρος, married
8 τὸ σύνολον, not at all, without exception
9 συμβολοκοπέω, *aor act sub 2s*, share a meal, join a party
10 μήποτε, lest
11 ἐκκλίνω, *pres act sub 3s*, deviate, swerve
12 ὀλισθάνω, *aor act sub 2s*, fall down, slip
13 ἀπώλεια, ruin, destruction
14 ἐγκαταλείπω, *aor act sub 2s*, abandon
15 φίλος, friend
16 ἀρχαῖος, old
17 πρόσφατος, newer
18 ἔφισος, equal
19 νέος, new
20 φίλος, friend
21 παλαιόω, *aor pas sub 3s*, age, grow old
22 εὐφροσύνη, pleasure, gladness
23 ζηλόω, *aor act sub 2s*, envy
24 καταστροφή, destruction, downfall
25 εὐδοκέω, *aor act sub 2s*, be pleased with
26 εὐδοκία, goodwill, favor
27 ἀσεβής, ungodly, wicked
28 μιμνήσκομαι, *aor pas impv 2s*, remember
29 ᾅδης, Hades, underworld
30 μακράν, far
31 ἀπέχω, *pres act impv 2s*, be distant
32 ἐξουσία, authority, license
33 φονεύω, *pres act inf*, kill
34 ὑποπτεύω, *aor act sub 2s*, be anxious about
35 κἄν, and if, *cr.* καὶ ἐάν or καὶ ἄν
36 πλημμελέω, *aor act sub 2s*, offend, make an error
37 ἀφαιρέω, *aor mid sub 3s*, take away

ἐπίγνωθι ὅτι ἐν μέσῳ παγίδων[1] διαβαίνεις[2]
καὶ ἐπὶ ἐπάλξεων[3] πόλεως περιπατεῖς.[4]

14 κατὰ τὴν ἰσχύν[5] σου στόχασαι[6] τοὺς πλησίον[7]
καὶ μετὰ σοφῶν[8] συμβουλεύου.[9]
15 μετὰ συνετῶν[10] ἔστω ὁ διαλογισμός[11] σου
καὶ πᾶσα διήγησίς[12] σου ἐν νόμῳ ὑψίστου.[13]
16 ἄνδρες δίκαιοι ἔστωσαν σύνδειπνοί[14] σου,
καὶ ἐν φόβῳ κυρίου ἔστω τὸ καύχημά[15] σου.

On Rulers

17 ἐν χειρὶ τεχνιτῶν[16] ἔργον ἐπαινεσθήσεται,[17]
καὶ ὁ ἡγούμενος[18] λαοῦ σοφὸς[19] ἐν λόγῳ αὐτοῦ.
18 φοβερὸς[20] ἐν πόλει αὐτοῦ ἀνὴρ γλωσσώδης,[21]
καὶ ὁ προπετὴς[22] ἐν λόγῳ αὐτοῦ μισηθήσεται.

10 Κριτὴς[23] σοφὸς[24] παιδεύσει[25] τὸν λαὸν αὐτοῦ,
καὶ ἡγεμονία[26] συνετοῦ[27] τεταγμένη[28] ἔσται.
2 κατὰ τὸν κριτὴν[29] τοῦ λαοῦ οὕτως καὶ οἱ λειτουργοὶ[30] αὐτοῦ,
καὶ κατὰ τὸν ἡγούμενον[31] τῆς πόλεως πάντες οἱ κατοικοῦντες αὐτήν.
3 βασιλεὺς ἀπαίδευτος[32] ἀπολεῖ τὸν λαὸν αὐτοῦ,
καὶ πόλις οἰκισθήσεται[33] ἐν συνέσει[34] δυναστῶν.[35]

1 παγίς, trap, snare
2 διαβαίνω, *pres act ind 2s*, pass through
3 ἔπαλξις, bulwark, parapet
4 περιπατέω, *pres act ind 2s*, walk about
5 ἰσχύς, capability
6 στοχάζομαι, *aor mid impv 2s*, evaluate
7 πλησίον, companion, neighbor
8 σοφός, wise
9 συμβουλεύω, *pres mid impv 2s*, take counsel
10 συνετός, clever, intelligent
11 διαλογισμός, conversation, discussion
12 διήγησις, dialogue, discourse
13 ὕψιστος, *sup*, Most High
14 σύνδειπνος, companion at a meal
15 καύχημα, pride, boasting
16 τεχνίτης, craftsman
17 ἐπαινέω, *fut pas ind 3s*, praise
18 ἡγέομαι, *pres mid ptc nom s m*, leader
19 σοφός, wise
20 φοβερός, feared, dreadful
21 γλωσσώδης, babbling, talkative
22 προπετής, thoughtless, reckless
23 κριτής, judge
24 σοφός, wise
25 παιδεύω, *fut act ind 3s*, instruct, teach
26 ἡγεμονία, rule, authority
27 συνετός, prudent, intelligent
28 τάσσω, *perf pas ptc nom s f*, order
29 κριτής, judge
30 λειτουργός, (public) servant, official
31 ἡγέομαι, *pres mid ptc acc s m*, ruler, leader
32 ἀπαίδευτος, uneducated, undisciplined
33 οἰκίζω, *fut pas ind 3s*, build up, establish
34 σύνεσις, intelligence, understanding
35 δυνάστης, ruler

4 ἐν χειρὶ κυρίου ἡ ἐξουσία[1] τῆς γῆς,
καὶ τὸν χρήσιμον[2] ἐγερεῖ[3] εἰς καιρὸν ἐπ᾽ αὐτῆς.
5 ἐν χειρὶ κυρίου εὐοδία[4] ἀνδρός,
καὶ προσώπῳ γραμματέως[5] ἐπιθήσει δόξαν αὐτοῦ.

On Pride and Arrogance

6 Ἐπὶ παντὶ ἀδικήματι[6] μὴ μηνιάσῃς[7] τῷ πλησίον[8]
καὶ μὴ πρᾶσσε[9] μηδὲν[10] ἐν ἔργοις ὕβρεως.[11]
7 μισητὴ[12] ἔναντι[13] κυρίου καὶ ἀνθρώπων ὑπερηφανία,[14]
καὶ ἐξ ἀμφοτέρων[15] πλημμελὴς[16] ἡ ἀδικία.[17]
8 βασιλεία ἀπὸ ἔθνους εἰς ἔθνος μετάγεται[18]
διὰ ἀδικίας[19] καὶ ὕβρεις[20] καὶ χρήματα.[21]
9 τί ὑπερηφανεύεται[22] γῆ καὶ σποδός;[23]
ὅτι ἐν ζωῇ ἔρριψα[24] τὰ ἐνδόσθια[25] αὐτοῦ.
10 μακρὸν[26] ἀρρώστημα,[27] σκώπτει[28] ἰατρός·[29]
καὶ βασιλεὺς σήμερον, καὶ αὔριον[30] τελευτήσει.[31]
11 ἐν γὰρ τῷ ἀποθανεῖν ἄνθρωπον
κληρονομήσει[32] ἑρπετὰ[33] καὶ θηρία καὶ σκώληκας.[34]
12 Ἀρχὴ ὑπερηφανίας[35] ἀνθρώπου ἀφίστασθαι[36] ἀπὸ κυρίου,
καὶ ἀπὸ τοῦ ποιήσαντος αὐτὸν ἀπέστη[37] ἡ καρδία αὐτοῦ.
13 ὅτι ἀρχὴ ὑπερηφανίας[38] ἁμαρτία,
καὶ ὁ κρατῶν αὐτῆς ἐξομβρήσει[39] βδέλυγμα·[40]

1 ἐξουσία, authority, control
2 χρήσιμος, useful (person)
3 ἐγείρω, *fut act ind 3s*, raise up
4 εὐοδία, success
5 γραμματεύς, scribe
6 ἀδίκημα, injustice
7 μηνιάω, *aor act sub 2s*, rage, bear a grudge
8 πλησίον, neighbor, companion
9 πράσσω, *pres act impv 2s*, do
10 μηδείς, anything
11 ὕβρις, pride, arrogance
12 μισητός, despicable, worthy of hate
13 ἔναντι, before
14 ὑπερηφανία, haughtiness, arrogance
15 ἀμφότεροι, both
16 πλημμελής, fault
17 ἀδικία, wrongdoing, injustice
18 μετάγω, *pres pas ind 3s*, move, transfer
19 ἀδικία, injustice
20 ὕβρις, pride, arrogance
21 χρῆμα, money
22 ὑπερηφανεύομαι, *pres mid ind 3s*, be arrogant
23 σποδός, ashes
24 ῥίπτω, *aor act ind 1s*, throw away, cast off
25 ἐνδόσθια, innards, entrails
26 μακρός, long, prolonged
27 ἀρρώστημα, sickness, illness
28 σκώπτω, *pres act ind 3s*, mock
29 ἰατρός, doctor, physician
30 αὔριον, tomorrow
31 τελευτάω, *fut act ind 3s*, die
32 κληρονομέω, *fut act ind 3s*, inherit
33 ἑρπετόν, creeping thing, reptile
34 σκώληξ, worm
35 ὑπερηφανία, arrogance, pride
36 ἀφίστημι, *pres mid inf*, withdraw
37 ἀφίστημι, *aor act ind 3s*, withdraw
38 ὑπερηφανία, arrogance, pride
39 ἐξομβρέω, *fut act ind 3s*, pour out
40 βδέλυγμα, abomination

διὰ τοῦτο παρεδόξασεν[1] κύριος τὰς ἐπαγωγὰς[2]
καὶ κατέστρεψεν[3] εἰς τέλος αὐτούς.
14 θρόνους ἀρχόντων καθεῖλεν[4] ὁ κύριος
καὶ ἐκάθισεν πραεῖς[5] ἀντ᾽[6] αὐτῶν·
15 ῥίζας[7] ἐθνῶν ἐξέτιλεν[8] ὁ κύριος
καὶ ἐφύτευσεν[9] ταπεινοὺς[10] ἀντ᾽[11] αὐτῶν·
16 χώρας[12] ἐθνῶν κατέστρεψεν[13] ὁ κύριος
καὶ ἀπώλεσεν αὐτὰς ἕως θεμελίων[14] γῆς·
17 ἐξῆρεν[15] ἐξ αὐτῶν καὶ ἀπώλεσεν αὐτοὺς
καὶ κατέπαυσεν[16] ἀπὸ γῆς τὸ μνημόσυνον[17] αὐτῶν.
18 οὐκ ἔκτισται[18] ἀνθρώποις ὑπερηφανία[19]
οὐδὲ ὀργὴ θυμοῦ[20] γεννήμασιν[21] γυναικῶν.

On Honor

19 Σπέρμα ἔντιμον[22] ποῖον;[23] σπέρμα ἀνθρώπου.
σπέρμα ἔντιμον ποῖον; οἱ φοβούμενοι τὸν κύριον.
σπέρμα ἄτιμον[24] ποῖον; σπέρμα ἀνθρώπου.
σπέρμα ἄτιμον ποῖον; οἱ παραβαίνοντες[25] ἐντολάς.
20 ἐν μέσῳ ἀδελφῶν ὁ ἡγούμενος[26] αὐτῶν ἔντιμος,[27]
καὶ οἱ φοβούμενοι κύριον ἐν ὀφθαλμοῖς αὐτοῦ.
22 πλούσιος[28] καὶ ἔνδοξος[29] καὶ πτωχός,[30]
τὸ καύχημα[31] αὐτῶν φόβος κυρίου.
23 οὐ δίκαιον ἀτιμάσαι[32] πτωχὸν συνετόν,[33]
καὶ οὐ καθήκει[34] δοξάσαι ἄνδρα ἁμαρτωλόν.

1 παραδοξάζω, *aor act ind 3s*, bring about something astonishing
2 ἐπαγωγή, distress, misery
3 καταστρέφω, *aor act ind 3s*, overturn, overthrow
4 καθαιρέω, *aor act ind 3s*, pull down, bring down
5 πραΰς, gentle
6 ἀντί, in place of
7 ῥίζα, root
8 ἐκτίλλω, *aor act ind 3s*, rip up
9 φυτεύω, *aor act ind 3s*, plant
10 ταπεινός, humble
11 ἀντί, in place of
12 χώρα, country, land
13 καταστρέφω, *aor act ind 3s*, overturn, overthrow
14 θεμέλιον, foundation
15 ἐξαίρω, *aor act ind 3s*, remove
16 καταπαύω, *aor act ind 3s*, bring to an end
17 μνημόσυνον, memory, remembrance
18 κτίζω, *perf pas ind 3s*, create
19 ὑπερηφανία, arrogance, pride
20 θυμός, anger, wrath
21 γέννημα, offspring
22 ἔντιμος, valued, honorable
23 ποῖος, what kind of
24 ἄτιμος, worthless, dishonorable
25 παραβαίνω, *pres act ptc nom p m*, transgress, break
26 ἡγέομαι, *pres mid ptc nom s m*, lead
27 ἔντιμος, valued, honorable
28 πλούσιος, rich
29 ἔνδοξος, noble
30 πτωχός, poor
31 καύχημα, glory, pride
32 ἀτιμάζω, *aor act inf*, dishonor, shame
33 συνετός, intelligent, prudent
34 καθήκω, *pres act ind 3s*, be fitting, be proper

24 μεγιστὰν[1] καὶ κριτὴς[2] καὶ δυνάστης[3] δοξασθήσεται,
καὶ οὐκ ἔστιν αὐτῶν τις μείζων[4] τοῦ φοβουμένου τὸν κύριον.
25 οἰκέτῃ[5] σοφῷ[6] ἐλεύθεροι[7] λειτουργήσουσιν,[8]
καὶ ἀνὴρ ἐπιστήμων[9] οὐ γογγύσει.[10]

On Humility

26 Μὴ σοφίζου[11] ποιῆσαι τὸ ἔργον σου
καὶ μὴ δοξάζου ἐν καιρῷ στενοχωρίας[12] σου.
27 κρείσσων[13] ἐργαζόμενος καὶ περισσεύων[14] ἐν πᾶσιν
ἢ περιπατῶν[15] δοξαζόμενος καὶ ἀπορῶν[16] ἄρτων.
28 τέκνον, ἐν πραΰτητι[17] δόξασον τὴν ψυχήν σου
καὶ δὸς αὐτῇ τιμὴν[18] κατὰ τὴν ἀξίαν[19] αὐτῆς.
29 τὸν ἁμαρτάνοντα εἰς τὴν ψυχὴν αὐτοῦ τίς δικαιώσει;
καὶ τίς δοξάσει τὸν ἀτιμάζοντα[20] τὴν ζωὴν αὐτοῦ;
30 πτωχὸς δοξάζεται δι᾽ ἐπιστήμην[21] αὐτοῦ,
καὶ πλούσιος[22] δοξάζεται διὰ τὸν πλοῦτον[23] αὐτοῦ.
31 ὁ δεδοξασμένος ἐν πτωχείᾳ,[24] καὶ ἐν πλούτῳ[25] ποσαχῶς;[26]
καὶ ὁ ἄδοξος[27] ἐν πλούτῳ, καὶ ἐν πτωχείᾳ ποσαχῶς;[28]

11 σοφία ταπεινοῦ[29] ἀνυψώσει[30] κεφαλὴν αὐτοῦ
καὶ ἐν μέσῳ μεγιστάνων[31] καθίσει αὐτόν.

On Appearances

2 Μὴ αἰνέσῃς[32] ἄνδρα ἐν κάλλει αὐτοῦ
καὶ μὴ βδελύξῃ[33] ἄνθρωπον ἐν ὁράσει[34] αὐτοῦ.

1 μεγιστάν, noble, influential person
2 κριτής, judge
3 δυνάστης, ruler
4 μείζων, *comp of* μέγας, greater
5 οἰκέτης, household servant
6 σοφός, wise
7 ἐλεύθερος, free
8 λειτουργέω, *fut act ind 3p*, serve
9 ἐπιστήμων, learned, skilled
10 γογγύζω, *fut act ind 3s*, complain, grumble
11 σοφίζω, *pres mid impv 2s*, deceive cleverly
12 στενοχωρία, distress, difficulty
13 κρείσσων (ττ), *comp of* ἀγαθός, better
14 περισσεύω, *pres act ptc nom s m*, excel
15 περιπατέω, *pres act ptc nom s m*, wander around
16 ἀπορέω, *pres act ptc nom s m*, lack, need
17 πραΰτης, gentleness
18 τιμή, honor
19 ἀξία, value
20 ἀτιμάζω, *pres act ptc acc s m*, dishonor
21 ἐπιστήμη, knowledge, understanding
22 πλούσιος, rich
23 πλοῦτος, wealth
24 πτωχεία, poverty
25 πλοῦτος, wealth
26 ποσαχῶς, how much more
27 ἄδοξος, disreputable
28 ποσαχῶς, how much more
29 ταπεινός, humble
30 ἀνυψόω, *fut act ind 3s*, lift up
31 μεγιστάν, noble, influential person
32 αἰνέω, *aor act sub 2s*, praise
33 βδελύσσω, *aor act sub 3s*, abominate, detest
34 ὅρασις, appearance

3 μικρὰ ἐν πετεινοῖς[1] μέλισσα,[2]
καὶ ἀρχὴ γλυκασμάτων[3] ὁ καρπὸς αὐτῆς.
4 ἐν περιβολῇ[4] ἱματίων μὴ καυχήσῃ[5]
καὶ ἐν ἡμέρᾳ δόξης μὴ ἐπαίρου·[6]
ὅτι θαυμαστὰ[7] τὰ ἔργα κυρίου,
καὶ κρυπτὰ[8] τὰ ἔργα αὐτοῦ ἀνθρώποις.
5 πολλοὶ τύραννοι[9] ἐκάθισαν ἐπὶ ἐδάφους,[10]
ὁ δὲ ἀνυπονόητος[11] ἐφόρεσεν[12] διάδημα.[13]
6 πολλοὶ δυνάσται[14] ἠτιμάσθησαν[15] σφόδρα,[16]
καὶ ἔνδοξοι[17] παρεδόθησαν εἰς χεῖρας ἑτέρων.

On Prudence in All Things

7 Πρὶν[18] ἐξετάσῃς,[19] μὴ μέμψῃ·[20]
νόησον[21] πρῶτον καὶ τότε ἐπιτίμα.[22]
8 πρὶν[23] ἢ ἀκοῦσαι μὴ ἀποκρίνου
καὶ ἐν μέσῳ λόγων μὴ παρεμβάλλου[24].
9 περὶ πράγματος,[25] οὗ οὐκ ἔστιν σοι χρεία,[26] μὴ ἔριζε[27]
καὶ ἐν κρίσει ἁμαρτωλῶν μὴ συνέδρευε.[28]

10 Τέκνον, μὴ περὶ πολλὰ ἔστωσαν αἱ πράξεις[29] σου·
ἐὰν πληθύνῃς,[30] οὐκ ἀθῳωθήσῃ·[31]
καὶ ἐὰν διώκῃς, οὐ μὴ καταλάβῃς·[32]
καὶ οὐ μὴ ἐκφύγῃς[33] διαδράς.[34]

1 πετεινόν, bird
2 μέλισσα, bee
3 γλύκασμα, (something) sweet
4 περιβολή, covering
5 καυχάομαι, *aor mid sub 3s*, boast, brag
6 ἐπαίρω, *pres mid impv 2s*, exalt
7 θαυμαστός, remarkable, amazing
8 κρυπτός, hidden
9 τύραννος, ruler, tyrant
10 ἔδαφος, floor, ground
11 ἀνυπονόητος, unexpected
12 φορέω, *aor act ind 3s*, wear
13 διάδημα, crown
14 δυνάστης, master, ruler
15 ἀτιμάζω, *aor pas ind 3p*, dishonor
16 σφόδρα, exceedingly
17 ἔνδοξος, honorable, esteemed
18 πρίν, before
19 ἐξετάζω, *aor act sub 2s*, examine, raise questions
20 μέμφομαι, *aor mid sub 2s*, find fault, place blame
21 νοέω, *aor act impv 2s*, determine, understand
22 ἐπιτιμάω, *pres act impv 2s*, rebuke
23 πρίν, before
24 παρεμβάλλω, *pres mid impv 2s*, interpose, intervene
25 πρᾶγμα, business, matter
26 χρεία, need, something useful
27 ἐρίζω, *pres act impv 2s*, argue
28 συνεδρεύω, *pres act impv 2s*, deliberate
29 πρᾶξις, undertaking, task
30 πληθύνω, *pres act sub 2s*, multiply
31 ἀθῳόω, *fut mid ind 2s*, leave unaccountable
32 καταλαμβάνω, *aor act sub 2s*, capture, overtake
33 ἐκφεύγω, *aor act sub 2s*, escape
34 διαδιδράσκω, *aor act ptc nom s m*, run away

11 ἔστιν κοπιῶν[1] καὶ πονῶν[2] καὶ σπεύδων,[3]
καὶ τόσῳ[4] μᾶλλον[5] ὑστερεῖται.[6]
12 ἔστιν νωθρὸς[7] προσδεόμενος[8] ἀντιλήμψεως,[9]
ὑστερῶν[10] ἰσχύι[11] καὶ πτωχείᾳ[12] περισσεύει·[13]
καὶ οἱ ὀφθαλμοὶ κυρίου ἐπέβλεψαν[14] αὐτῷ εἰς ἀγαθά,
καὶ ἀνώρθωσεν[15] αὐτὸν ἐκ ταπεινώσεως[16] αὐτοῦ
13 καὶ ἀνύψωσεν[17] κεφαλὴν αὐτοῦ,
καὶ ἀπεθαύμασαν[18] ἐπ᾽ αὐτῷ πολλοί.

14 ἀγαθὰ καὶ κακά, ζωὴ καὶ θάνατος,
πτωχεία[19] καὶ πλοῦτος[20] παρὰ κυρίου ἐστίν.
17 δόσις[21] κυρίου παραμένει[22] εὐσεβέσιν,[23]
καὶ ἡ εὐδοκία[24] αὐτοῦ εἰς τὸν αἰῶνα εὐοδωθήσεται.[25]
18 ἔστιν πλουτῶν[26] ἀπὸ προσοχῆς[27] καὶ σφιγγίας[28] αὐτοῦ,
καὶ αὕτη ἡ μερὶς[29] τοῦ μισθοῦ[30] αὐτοῦ·
19 ἐν τῷ εἰπεῖν αὐτόν Εὗρον ἀνάπαυσιν[31]
καὶ νῦν φάγομαι ἐκ τῶν ἀγαθῶν μου,
καὶ οὐκ οἶδεν τίς καιρὸς παρελεύσεται[32]
καὶ καταλείψει[33] αὐτὰ ἑτέροις καὶ ἀποθανεῖται.

20 Στῆθι ἐν διαθήκῃ σου καὶ ὁμίλει[34] ἐν αὐτῇ
καὶ ἐν τῷ ἔργῳ σου παλαιώθητι.[35]
21 μὴ θαύμαζε[36] ἐν ἔργοις ἁμαρτωλοῦ,
πίστευε δὲ κυρίῳ καὶ ἔμμενε[37] τῷ πόνῳ[38] σου·

1 κοπιάω, *pres act ptc nom s m*, labor
2 πονέω, *pres act ptc nom s m*, toil
3 σπεύδω, *pres act ptc nom s m*, strive
4 τόσος, just so much
5 μᾶλλον, more
6 ὑστερέω, *pres mid ind 3s*, be late, come up short
7 νωθρός, lazy
8 προσδέομαι, *pres mid ptc nom s m*, need
9 ἀντίλημψις, help
10 ὑστερέω, *pres act ptc nom s m*, lack
11 ἰσχύς, strength, capability
12 πτωχεία, poverty
13 περισσεύω, *pres act ind 3s*, abound
14 ἐπιβλέπω, *aor act ind 3p*, look upon
15 ἀνορθόω, *aor act ind 3s*, restore, set upright
16 ταπείνωσις, humiliation
17 ἀνυψόω, *aor act ind 3s*, lift up
18 ἀποθαυμάζω, *aor act ind 3p*, be astounded
19 πτωχεία, poverty
20 πλοῦτος, wealth
21 δόσις, gift
22 παραμένω, *pres act ind 3s*, stay, remain
23 εὐσεβής, godly, devout
24 εὐδοκία, approval, goodwill
25 εὐοδόω, *fut pas ind 3s*, bring prosperity
26 πλουτέω, *pres act ptc nom s m*, get rich
27 προσοχή, diligence
28 σφιγγία, penny-pinching?
29 μερίς, portion
30 μισθός, reward
31 ἀνάπαυσις, rest
32 παρέρχομαι, *fut mid ind 3s*, pass by
33 καταλείπω, *fut act ind 3s*, leave behind
34 ὁμιλέω, *pres act impv 2s*, be familiar, be conversant
35 παλαιόω, *aor pas impv 2s*, mature
36 θαυμάζω, *pres act impv 2s*, be astonished, wonder
37 ἐμμένω, *pres act impv 2s*, persist
38 πόνος, labor

ὅτι κοῦφον[1] ἐν ὀφθαλμοῖς κυρίου
διὰ τάχους[2] ἐξάπινα[3] πλουτίσαι[4] πένητα.[5]

22 εὐλογία[6] κυρίου ἐν μισθῷ[7] εὐσεβοῦς,[8]
καὶ ἐν ὥρᾳ[9] ταχινῇ[10] ἀναθάλλει[11] εὐλογίαν αὐτοῦ.

23 μὴ εἴπῃς Τίς ἐστίν μου χρεία,[12]
καὶ τίνα ἀπὸ τοῦ νῦν ἔσται μου τὰ ἀγαθά;

24 μὴ εἴπῃς Αὐτάρκη[13] μοί ἐστιν,
καὶ τί ἀπὸ τοῦ νῦν κακωθήσομαι;[14]

25 ἐν ἡμέρᾳ ἀγαθῶν ἀμνησία[15] κακῶν,
καὶ ἐν ἡμέρᾳ κακῶν οὐ μνησθήσεται[16] ἀγαθῶν·

26 ὅτι κοῦφον[17] ἔναντι[18] κυρίου ἐν ἡμέρᾳ τελευτῆς[19]
ἀποδοῦναι ἀνθρώπῳ κατὰ τὰς ὁδοὺς αὐτοῦ.

27 κάκωσις[20] ὥρας[21] ἐπιλησμονὴν[22] ποιεῖ τρυφῆς,[23]
καὶ ἐν συντελείᾳ[24] ἀνθρώπου ἀποκάλυψις[25] ἔργων αὐτοῦ.

28 πρὸ τελευτῆς[26] μὴ μακάριζε[27] μηδένα,[28]
καὶ ἐν τέκνοις αὐτοῦ γνωσθήσεται ἀνήρ.

On Friends and Enemies

29 Μὴ πάντα ἄνθρωπον εἴσαγε[29] εἰς τὸν οἶκόν σου·
πολλὰ γὰρ τὰ ἔνεδρα[30] τοῦ δολίου.[31]

30 πέρδιξ[32] θηρευτὴς[33] ἐν καρτάλλῳ,[34] οὕτως καρδία ὑπερηφάνου,[35]
καὶ ὡς ὁ κατάσκοπος[36] ἐπιβλέπει[37] πτῶσιν·[38]

1 κοῦφος, easy
2 διὰ τάχους, suddenly, quickly
3 ἐξάπινα, unexpectedly
4 πλουτίζω, *aor act inf*, make rich
5 πένης, poor man
6 εὐλογία, blessing
7 μισθός, wages, reward
8 εὐσεβής, godly, devout
9 ὥρα, time
10 ταχινός, brief
11 ἀναθάλλω, *pres act ind 3s*, revive, flourish
12 χρεία, something lacking, want
13 αὐτάρκης, sufficient, content
14 κακόω, *fut pas ind 1s*, suffer
15 ἀμνησία, forgetfulness
16 μιμνῄσκομαι, *fut pas ind 3s*, remember
17 κοῦφος, simply, easy
18 ἔναντι, before
19 τελευτή, death
20 κάκωσις, affliction
21 ὥρα, season, time
22 ἐπιλησμονή, forgetfulness
23 τρυφή, luxury, ease
24 συντέλεια, end, conclusion
25 ἀποκάλυψις, revelation, discovery
26 τελευτή, death
27 μακαρίζω, *pres act impv 2s*, consider blessed
28 μηδείς, anyone
29 εἰσάγω, *pres act impv 2s*, bring in
30 ἔνεδρον, ambush
31 δόλιος, deceitful
32 πέρδιξ, partridge
33 θηρευτής, hunter
34 κάρταλλος, wicker cage
35 ὑπερήφανος, arrogant, haughty
36 κατάσκοπος, spy
37 ἐπιβλέπω, *pres act ind 3s*, watch
38 πτῶσις, destruction, ruin

31 τὰ γὰρ ἀγαθὰ εἰς κακὰ μεταστρέφων[1] ἐνεδρεύει[2]
καὶ ἐν τοῖς αἱρετοῖς[3] ἐπιθήσει μῶμον.[4]
32 ἀπὸ σπινθῆρος[5] πυρὸς πληθύνεται[6] ἀνθρακιά,[7]
καὶ ἄνθρωπος ἁμαρτωλὸς εἰς αἷμα ἐνεδρεύει.[8]
33 πρόσεχε[9] ἀπὸ κακούργου,[10] πονηρὰ γὰρ τεκταίνει,[11]
μήποτε[12] μῶμον[13] εἰς τὸν αἰῶνα δῷ σοι.
34 ἐνοίκισον[14] ἀλλότριον,[15] καὶ διαστρέψει[16] σε ἐν ταραχαῖς[17]
καὶ ἀπαλλοτριώσει[18] σε τῶν ἰδίων[19] σου.

12 Ἐὰν εὖ[20] ποιῇς, γνῶθι τίνι ποιεῖς,
καὶ ἔσται χάρις τοῖς ἀγαθοῖς σου.
2 εὖ[21] ποίησον εὐσεβεῖ,[22] καὶ εὑρήσεις ἀνταπόδομα,[23]
καὶ εἰ μὴ παρ᾽ αὐτοῦ, ἀλλὰ παρὰ τοῦ ὑψίστου.[24]
3 οὐκ ἔσται ἀγαθὰ τῷ ἐνδελεχίζοντι[25] εἰς κακὰ
καὶ τῷ ἐλεημοσύνην[26] μὴ χαριζομένῳ.[27]
4 δὸς τῷ εὐσεβεῖ[28] καὶ μὴ ἀντιλάβῃ[29] τοῦ ἁμαρτωλοῦ.
5 εὖ[30] ποίησον ταπεινῷ[31] καὶ μὴ δῷς ἀσεβεῖ·[32]
ἐμπόδισον[33] τοὺς ἄρτους αὐτοῦ καὶ μὴ δῷς αὐτῷ,
ἵνα μὴ ἐν αὐτοῖς σε δυναστεύσῃ·[34]
διπλάσια[35] γὰρ κακὰ εὑρήσεις
ἐν πᾶσιν ἀγαθοῖς, οἷς ἂν ποιήσῃς αὐτῷ.
6 ὅτι καὶ ὁ ὕψιστος[36] ἐμίσησεν ἁμαρτωλοὺς
καὶ τοῖς ἀσεβέσιν[37] ἀποδώσει ἐκδίκησιν.[38]

1 μεταστρέφω, *pres act ptc nom s m*, change into
2 ἐνεδρεύω, *pres act ind 3s*, lie in wait
3 αἱρετός, chosen, selected
4 μῶμος, defect, flaw
5 σπινθήρ, spark
6 πληθύνω, *pres pas ind 3s*, multiply
7 ἀνθρακιά, charcoal fire
8 ἐνεδρεύω, *pres act ind 3s*, lie in wait
9 προσέχω, *pres act impv 2s*, take notice
10 κακοῦργος, mischievous, troublesome
11 τεκταίνω, *pres act ind 3s*, contrive, plan
12 μήποτε, lest
13 μῶμος, reproach, disgrace
14 ἐνοικίζω, *aor act impv 2s*, receive
15 ἀλλότριος, strange, foreign
16 διαστρέφω, *fut act ind 3s*, tangle up
17 ταραχή, trouble, anxiety
18 ἀπαλλοτριόω, *fut act ind 3s*, estrange, alienate
19 ἴδιος, one's own
20 εὖ, well
21 εὖ, well
22 εὐσεβής, religious, godly
23 ἀνταπόδομα, repayment
24 ὕψιστος, *sup*, Most High
25 ἐνδελεχίζω, *pres act ptc dat s m*, continue
26 ἐλεημοσύνη, charitable donation
27 χαρίζομαι, *pres mid ptc dat s m*, freely give
28 εὐσεβής, religious, godly
29 ἀντιλαμβάνομαι, *aor act sub 3s*, support, help
30 εὖ, well
31 ταπεινός, humble, lowly
32 ἀσεβής, ungodly, wicked
33 ἐμποδίζω, *aor act impv 2s*, withhold
34 δυναστεύω, *aor act sub 3s*, overpower, oppress
35 διπλάσιος, double
36 ὕψιστος, *sup*, Most High
37 ἀσεβής, ungodly, wicked
38 ἐκδίκησις, punishment

7 δὸς τῷ ἀγαθῷ καὶ μὴ ἀντιλάβῃ[1] τοῦ ἁμαρτωλοῦ.

8 Οὐκ ἐκδικηθήσεται[2] ἐν ἀγαθοῖς ὁ φίλος,[3]
καὶ οὐ κρυβήσεται[4] ἐν κακοῖς ὁ ἐχθρός.
9 ἐν ἀγαθοῖς ἀνδρὸς οἱ ἐχθροὶ αὐτοῦ ἐν λύπῃ,[5]
καὶ ἐν τοῖς κακοῖς αὐτοῦ καὶ ὁ φίλος[6] διαχωρισθήσεται.[7]
10 μὴ πιστεύσῃς[8] τῷ ἐχθρῷ σου εἰς τὸν αἰῶνα·
ὡς γὰρ ὁ χαλκὸς[9] ἰοῦται,[10] οὕτως ἡ πονηρία[11] αὐτοῦ·
11 καὶ ἐὰν ταπεινωθῇ[12] καὶ πορεύηται συγκεκυφώς,[13]
ἐπίστησον[14] τὴν ψυχήν σου καὶ φύλαξαι ἀπ᾽ αὐτοῦ
καὶ ἔσῃ αὐτῷ ὡς ἐκμεμαχὼς[15] ἔσοπτρον[16]
καὶ γνώσῃ ὅτι οὐκ εἰς τέλος κατίωσεν.[17]
12 μὴ στήσῃς αὐτὸν παρὰ σεαυτῷ,
μὴ ἀνατρέψας[18] σε στῇ[19] ἐπὶ τὸν τόπον σου·
μὴ καθίσῃς αὐτὸν ἐκ δεξιῶν σου,
μήποτε[20] ζητήσῃ τὴν καθέδραν[21] σου
καὶ ἐπ᾽ ἐσχάτων ἐπιγνώσῃ τοὺς λόγους μου
καὶ ἐπὶ τῶν ῥημάτων μου κατανυγήσῃ.[22]

13 τίς ἐλεήσει[23] ἐπαοιδὸν[24] ὀφιόδηκτον[25]
καὶ πάντας τοὺς προσάγοντας[26] θηρίοις;
14 οὕτως τὸν προσπορευόμενον[27] ἀνδρὶ ἁμαρτωλῷ
καὶ συμφυρόμενον[28] ἐν ταῖς ἁμαρτίαις αὐτοῦ.
15 ὥραν[29] μετὰ σοῦ διαμενεῖ,[30]
καὶ ἐὰν ἐκκλίνῃς,[31] οὐ μὴ καρτερήσῃ.[32]

1 ἀντιλαμβάνομαι, *aor act sub 3s*, support, help
2 ἐκδικέω, *fut pas ind 3s*, avenge, punish
3 φίλος, friend
4 κρύπτω, *fut pas ind 3s*, hide
5 λύπη, sorrow, pain
6 φίλος, friend
7 διαχωρίζω, *fut pas ind 3s*, distinguish, go away
8 πιστεύω, *aor act sub 2s*, entrust
9 χαλκός, brass, copper
10 ἰόομαι, *pres mid ind 3s*, tarnish
11 πονηρία, wickedness
12 ταπεινόω, *aor pas sub 3s*, abase, humble
13 συγκύπτω, *perf act ptc nom s m*, bend over, stoop
14 ἐφίστημι, *aor act impv 2s*, keep watch over
15 ἐκμάσσω, *perf act ptc nom s m*, wipe off, clean
16 ἔσοπτρον, mirror
17 κατιόω, *aor act ind 3s*, become rusty
18 ἀνατρέπω, *aor act ptc nom s m*, overthrow
19 ἵστημι, *aor act sub 3s*, stand
20 μήποτε, lest
21 καθέδρα, seat
22 κατανύσσω, *fut pas ind 2s*, deeply move, prick
23 ἐλεέω, *fut act ind 3s*, pity, show mercy
24 ἐπαοιδός, charmer
25 ὀφιόδηκτος, bitten by a snake
26 προσάγω, *pres act ptc acc p m*, come near, approach
27 προσπορεύομαι, *pres mid ptc acc s m*, move toward, go to
28 συμφύρω, *pres pas ptc acc s m*, become involved
29 ὥρα, time
30 διαμένω, *fut act ind 3s*, stay, remain
31 ἐκκλίνω, *pres act sub 2s*, turn away
32 καρτερέω, *aor act sub 3s*, be patient

16 καὶ ἐν τοῖς χείλεσιν[1] αὐτοῦ γλυκανεῖ[2] ὁ ἐχθρὸς
καὶ ἐν τῇ καρδίᾳ αὐτοῦ βουλεύσεται[3] ἀνατρέψαι[4] σε εἰς βόθρον·[5]
ἐν ὀφθαλμοῖς αὐτοῦ δακρύσει[6] ὁ ἐχθρός,
καὶ ἐὰν εὕρῃ καιρόν, οὐκ ἐμπλησθήσεται[7] ἀφ᾽ αἵματος.
17 κακὰ ἐὰν ὑπαντήσῃ[8] σοι, εὑρήσεις αὐτὸν πρότερον[9] ἐκεῖ σου,
καὶ ὡς βοηθῶν[10] ὑποσχάσει[11] πτέρναν[12] σου·
18 τὴν κεφαλὴν αὐτοῦ κινήσει[13] καὶ ἐπικροτήσει[14] ταῖς χερσὶν αὐτοῦ
καὶ πολλὰ διαψιθυρίσει[15] καὶ ἀλλοιώσει[16] τὸ πρόσωπον αὐτοῦ.

On Associates, Neighbors, and Wealth

13 Ὁ ἁπτόμενος πίσσης[17] μολυνθήσεται,[18]
καὶ ὁ κοινωνῶν[19] ὑπερηφάνῳ[20] ὁμοιωθήσεται[21] αὐτῷ.
2 βάρος[22] ὑπὲρ σὲ μὴ ἄρῃς
καὶ ἰσχυροτέρῳ[23] σου καὶ πλουσιωτέρῳ[24] μὴ κοινώνει.[25]
τί κοινωνήσει[26] χύτρα[27] πρὸς λέβητα;[28]
αὕτη προσκρούσει,[29] καὶ αὕτη συντριβήσεται.[30]
3 πλούσιος[31] ἠδίκησεν,[32] καὶ αὐτὸς προσενεβριμήσατο·[33]
πτωχὸς ἠδίκηται,[34] καὶ αὐτὸς προσδεηθήσεται.[35]
4 ἐὰν χρησιμεύσῃς,[36] ἐργᾶται ἐν σοί·
καὶ ἐὰν ὑστερήσῃς,[37] καταλείψει[38] σε.
5 ἐὰν ἔχῃς, συμβιώσεταί[39] σοι
καὶ ἀποκενώσει[40] σε, καὶ αὐτὸς οὐ πονέσει.[41]

1 χεῖλος, lip, (speech)
2 γλυκαίνω, *fut act ind 3s*, sweeten
3 βουλεύω, *fut mid ind 3s*, determine, resolve
4 ἀνατρέπω, *aor act inf*, throw
5 βόθρος, pit
6 δακρύω, *fut act ind 3s*, weep, cry
7 ἐμπίμπλημι, *fut pas ind 3s*, satisfy
8 ὑπαντάω, *aor act sub 3s*, meet
9 πρότερος, earlier, before
10 βοηθέω, *pres act ptc nom s m*, help, aid
11 ὑποσχάζω, *fut act ind 3s*, trip up
12 πτέρνα, heel
13 κινέω, *fut act ind 3s*, shake
14 ἐπικροτέω, *fut act ind 3s*, clap
15 διαψιθυρίζω, *fut act ind 3s*, whisper
16 ἀλλοιόω, *fut act ind 3s*, distort, change
17 πίσσα, pitch, resin
18 μολύνω, *fut pas ind 3s*, stain
19 κοινωνέω, *pres act ptc nom s m*, associate, spend time
20 ὑπερήφανος, arrogant, proud
21 ὁμοιόω, *fut pas ind 3s*, make like
22 βάρος, load, burden
23 ἰσχυρός, *comp*, stronger
24 πλούσιος, *comp*, richer
25 κοινωνέω, *pres act impv 2s*, associate, spend time
26 κοινωνέω, *fut act ind 3s*, have in common
27 χύτρα, clay pot
28 λέβης, iron kettle
29 προσκρούω, *fut act ind 3s*, knock against
30 συντρίβω, *fut pas ind 3s*, break, shatter
31 πλούσιος, rich
32 ἀδικέω, *aor act ind 3s*, do wrong
33 προσεμβριμάομαι, *aor mid ind 3s*, carry on indignantly
34 ἀδικέω, *perf pas ind 3s*, do wrong
35 προσδέομαι, *fut pas ind 3s*, beg (pardon)
36 χρησιμεύω, *aor act sub 2s*, be useful
37 ὑστερέω, *aor act sub 2s*, be late, fall short
38 καταλείπω, *fut act ind 3s*, abandon
39 συμβιόω, *fut mid ind 3s*, be a partner
40 ἀποκενόω, *fut act ind 3s*, exhaust
41 πονέω, *fut act ind 3s*, be troubled, (feel sorry)

6 χρείαν[1] ἔσχηκέν[2] σου, καὶ ἀποπλανήσει[3] σε
καὶ προσγελάσεταί[4] σοι καὶ δώσει σοι ἐλπίδα·
λαλήσει σοι καλὰ καὶ ἐρεῖ Τίς ἡ χρεία[5] σου;
7 καὶ αἰσχυνεῖ[6] σε ἐν τοῖς βρώμασιν[7] αὐτοῦ,
ἕως οὗ ἀποκενώσῃ[8] σε δὶς[9] ἢ τρίς,[10]
καὶ ἐπ᾽ ἐσχάτων καταμωκήσεταί[11] σου·
μετὰ ταῦτα ὄψεταί σε καὶ καταλείψει[12] σε
καὶ τὴν κεφαλὴν αὐτοῦ κινήσει[13] ἐπὶ σοί.

8 πρόσεχε[14] μὴ ἀποπλανηθῇς[15]
καὶ μὴ ταπεινωθῇς[16] ἐν ἀφροσύνῃ[17] σου.
9 Προσκαλεσαμένου[18] σε δυνάστου[19] ὑποχωρῶν[20] γίνου,
καὶ τόσῳ[21] μᾶλλόν[22] σε προσκαλέσεται·[23]
10 μὴ ἔμπιπτε,[24] μὴ ἀπωσθῇς,[25]
καὶ μὴ μακρὰν[26] ἀφίστω,[27] ἵνα μὴ ἐπιλησθῇς.[28]
11 μὴ ἔπεχε[29] ἰσηγορεῖσθαι[30] μετ᾽ αὐτοῦ
καὶ μὴ πίστευε τοῖς πλείοσιν[31] λόγοις αὐτοῦ·
ἐκ πολλῆς γὰρ λαλιᾶς[32] πειράσει[33] σε
καὶ ὡς προσγελῶν[34] ἐξετάσει[35] σε.
12 ἀνελεήμων[36] ὁ μὴ συντηρῶν[37] λόγους
καὶ οὐ μὴ φείσηται[38] περὶ κακώσεως[39] καὶ δεσμῶν.[40]

1 χρεία, need
2 ἔχω, *perf act ind 3s*, have
3 ἀποπλανάω, *fut act ind 3s*, trick, mislead
4 προσγελάω, *fut mid ind 3s*, smile at
5 χρεία, need
6 αἰσχύνω, *fut act ind 3s*, put to shame
7 βρῶμα, food
8 ἀποκενόω, *aor act sub 3s*, exhaust, deplete
9 δίς, twice
10 τρίς, three times
11 καταμωκάομαι, *fut mid ind 3s*, mock, laugh at
12 καταλείπω, *fut act ind 3s*, abandon
13 κινέω, *fut act ind 3s*, shake
14 προσέχω, *pres act impv 2s*, watch out, beware
15 ἀποπλανάω, *aor pas sub 2s*, lead astray
16 ταπεινόω, *aor pas sub 2s*, humiliate, abase
17 ἀφροσύνη, foolishness, thoughtlessness
18 προσκαλέω, *aor mid ptc gen s m*, summon, invite
19 δυνάστης, ruler
20 ὑποχωρέω, *pres act ptc nom s m*, defer, withdraw
21 τόσος, so much
22 μᾶλλον, more
23 προσκαλέω, *fut mid ind 3s*, summon, invite
24 ἐμπίπτω, *pres act impv 2s*, insert (oneself), push forward
25 ἀπωθέω, *aor pas sub 2s*, push back, reject
26 μακράν, far off, at a distance
27 ἀφίστημι, *pres mid impv 2s*, withdraw, depart
28 ἐπιλανθάνομαι, *aor pas sub 2s*, forget
29 ἐπέχω, *pres act impv 2s*, intend
30 ἰσηγορέομαι, *pres mid inf*, speak as an equal
31 πλείων/πλεῖον, *comp of* πολύς, very many
32 λαλιά, conversation, talking
33 πειράζω, *fut act ind 3s*, test
34 προσγελάω, *pres act ptc nom s m*, smile at
35 ἐξετάζω, *fut act ind 3s*, scrutinize, examine
36 ἀνελεήμων, merciless
37 συντηρέω, *pres act ptc nom s m*, keep in mind, take note of
38 φείδομαι, *aor mid sub 3s*, refrain, hold back
39 κάκωσις, mistreatment
40 δεσμός, chain, (imprisonment)

13 συντήρησον[1] καὶ πρόσεχε[2] σφοδρῶς,[3]
ὅτι μετὰ τῆς πτώσεώς[4] σου περιπατεῖς.[5]

15 Πᾶν ζῷον[6] ἀγαπᾷ τὸ ὅμοιον[7] αὐτῷ
καὶ πᾶς ἄνθρωπος τὸν πλησίον[8] αὐτοῦ·
16 πᾶσα σὰρξ κατὰ γένος[9] συνάγεται,
καὶ τῷ ὁμοίῳ[10] αὐτοῦ προσκολληθήσεται[11] ἀνήρ.
17 τί κοινωνήσει[12] λύκος[13] ἀμνῷ;[14]
οὕτως ἁμαρτωλὸς πρὸς εὐσεβῆ.[15]
18 τίς εἰρήνη ὑαίνῃ[16] πρὸς κύνα;[17]
καὶ τίς εἰρήνη πλουσίῳ[18] πρὸς πένητα;[19]
19 κυνήγια[20] λεόντων[21] ὄναγροι[22] ἐν ἐρήμῳ·
οὕτως νομαὶ[23] πλουσίων[24] πτωχοί.
20 βδέλυγμα[25] ὑπερηφάνῳ[26] ταπεινότης·[27]
οὕτως βδέλυγμα πλουσίῳ[28] πτωχός.

21 πλούσιος[29] σαλευόμενος[30] στηρίζεται[31] ὑπὸ φίλων,[32]
ταπεινὸς[33] δὲ πεσὼν[34] προσαπωθεῖται[35] ὑπὸ φίλων.
22 πλουσίου[36] σφαλέντος[37] πολλοὶ ἀντιλήμπτορες·[38]
ἐλάλησεν ἀπόρρητα,[39] καὶ ἐδικαίωσαν αὐτόν.
ταπεινὸς[40] ἔσφαλεν,[41] καὶ προσεπετίμησαν[42] αὐτῷ·
ἐφθέγξατο[43] σύνεσιν,[44] καὶ οὐκ ἐδόθη αὐτῷ τόπος.

1 συντηρέω, *aor act impv 2s*, keep watch
2 προσέχω, *pres act impv 2s*, pay attention
3 σφοδρῶς, with diligence
4 πτῶσις, downfall, calamity
5 περιπατέω, *pres act ind 2s*, walk around
6 ζῷον, living being
7 ὅμοιος, like, similar
8 πλησίον, close, near
9 γένος, kind, family
10 ὅμοιος, like, similar
11 προσκολλάω, *fut pas ind 3s*, stick to, join with
12 κοινωνέω, *fut act ind 3s*, have in common
13 λύκος, wolf
14 ἀμνός, lamb
15 εὐσεβής, godly, pious
16 ὕαινα, hyena
17 κύων, dog
18 πλούσιος, rich
19 πένης, poor man
20 κυνήγιον, prey
21 λέων, lion
22 ὄναγρος, onager, (*read* ὄνος ἄγριος, wild donkey?)
23 νομή, pasturage, grazing
24 πλούσιος, rich
25 βδέλυγμα, abomination
26 ὑπερήφανος, arrogant, proud
27 ταπεινότης, humility
28 πλούσιος, rich
29 πλούσιος, rich
30 σαλεύω, *pres pas ptc nom s m*, shake, cause to waver
31 στηρίζω, *pres pas ind 3s*, support
32 φίλος, friend
33 ταπεινός, humble, oppressed
34 πίπτω, *aor act ptc nom s m*, fall
35 προσαπωθέω, *pres pas ind 3s*, push away
36 πλούσιος, rich
37 σφάλλω, *aor pas ptc gen s m*, cause to stumble
38 ἀντιλήμπτωρ, helper
39 ἀπόρρητος, forbidden, prohibited
40 ταπεινός, humble, oppressed
41 σφάλλω, *aor act ind 3s*, cause to stumble
42 προσεπιτιμάω, *aor act ind 3p*, criticize further
43 φθέγγομαι, *aor mid ind 3s*, utter
44 σύνεσις, intelligence, understanding

23 πλούσιος[1] ἐλάλησεν, καὶ πάντες ἐσίγησαν[2]
καὶ τὸν λόγον αὐτοῦ ἀνύψωσαν[3] ἕως τῶν νεφελῶν.[4]
πτωχὸς ἐλάλησεν καὶ εἶπαν Τίς οὗτος;
κἂν[5] προσκόψῃ,[6] προσανατρέψουσιν[7] αὐτόν.

24 ἀγαθὸς ὁ πλοῦτος,[8] ᾧ μή ἐστιν ἁμαρτία,
καὶ πονηρὰ ἡ πτωχεία[9] ἐν στόματι ἀσεβοῦς.[10]

25 Καρδία ἀνθρώπου ἀλλοιοῖ[11] τὸ πρόσωπον αὐτοῦ,
ἐάν τε εἰς ἀγαθὰ ἐάν τε εἰς κακά.

26 ἴχνος[12] καρδίας ἐν ἀγαθοῖς πρόσωπον ἱλαρόν,[13]
καὶ εὕρεσις[14] παραβολῶν[15] διαλογισμοὶ[16] μετὰ κόπων.[17]

14 μακάριος[18] ἀνήρ, ὃς οὐκ ὠλίσθησεν[19] ἐν τῷ στόματι αὐτοῦ
καὶ οὐ κατενύγη[20] ἐν λύπῃ[21] ἁμαρτιῶν·

2 μακάριος[22] οὗ οὐ κατέγνω[23] ἡ ψυχὴ αὐτοῦ,
καὶ ὃς οὐκ ἔπεσεν ἀπὸ τῆς ἐλπίδος αὐτοῦ.

Wisdom in Using Wealth

3 Ἀνδρὶ μικρολόγῳ[24] οὐ καλὸς ὁ πλοῦτος,[25]
καὶ ἀνθρώπῳ βασκάνῳ[26] ἵνα τί χρήματα;[27]

4 ὁ συνάγων ἀπὸ τῆς ψυχῆς αὐτοῦ συνάγει ἄλλοις,
καὶ ἐν τοῖς ἀγαθοῖς αὐτοῦ τρυφήσουσιν[28] ἕτεροι.

5 ὁ πονηρὸς ἑαυτῷ τίνι ἀγαθὸς ἔσται;
καὶ οὐ μὴ εὐφρανθήσεται[29] ἐν τοῖς χρήμασιν[30] αὐτοῦ.

6 τοῦ βασκαίνοντος[31] ἑαυτὸν οὐκ ἔστιν πονηρότερος,[32]
καὶ τοῦτο ἀνταπόδομα[33] τῆς κακίας[34] αὐτοῦ·

1 πλούσιος, rich
2 σιγάω, *aor act ind 3p*, keep quiet
3 ἀνυψόω, *aor act ind 3p*, lift up, exalt
4 νεφέλη, cloud
5 κἄν, and if, *cr.* καὶ ἐάν or καὶ ἄν
6 προσκόπτω, *aor act sub 3s*, trip, stumble
7 προσανατρέπω, *fut act ind 3p*, overthrow further
8 πλοῦτος, wealth
9 πτωχεία, poverty
10 ἀσεβής, ungodly, wicked
11 ἀλλοιόω, *pres act ind 3s*, alter, change
12 ἴχνος, route, footstep
13 ἱλαρός, cheerful
14 εὕρεσις, invention
15 παραβολή, parable, illustration
16 διαλογισμός, thought, reasoning
17 κόπος, labor, difficulty
18 μακάριος, blessed, happy
19 ὀλισθαίνω, *aor act ind 3s*, trip up
20 κατανύσσω, *aor pas ind 3s*, deeply pain, prick
21 λύπη, sorrow
22 μακάριος, blessed, happy
23 καταγινώσκω, *aor act ind 3s*, condemn
24 μικρολόγος, nitpicky, small-minded
25 πλοῦτος, wealth
26 βάσκανος, grudging, envious
27 χρῆμα, money, means
28 τρυφάω, *fut act ind 3s*, live for pleasure, revel
29 εὐφραίνω, *fut pas ind 3s*, rejoice, be glad
30 χρῆμα, money, means
31 βασκαίνω, *pres act ptc gen s m*, begrudge, envy
32 πονηρός, *comp*, worse
33 ἀνταπόδομα, recompense, reward
34 κακία, wickedness, wrongdoing

7 κἂν[1] εὖ[2] ποιῇ, ἐν λήθῃ[3] ποιεῖ,
καὶ ἐπ᾽ ἐσχάτων ἐκφαίνει[4] τὴν κακίαν[5] αὐτοῦ.
8 πονηρὸς ὁ βασκαίνων[6] ὀφθαλμῷ,
ἀποστρέφων[7] πρόσωπον καὶ ὑπερορῶν[8] ψυχάς.
9 πλεονέκτου[9] ὀφθαλμὸς οὐκ ἐμπίπλαται[10] μερίδι,[11]
καὶ ἀδικία[12] πονηρὰ ἀναξηραίνει[13] ψυχήν.
10 ὀφθαλμὸς πονηρὸς φθονερὸς[14] ἐπ᾽ ἄρτῳ
καὶ ἐλλιπὴς[15] ἐπὶ τῆς τραπέζης[16] αὐτοῦ.

11 Τέκνον, καθὼς ἐὰν ἔχῃς, εὖ[17] ποίει σεαυτὸν
καὶ προσφορὰς[18] κυρίῳ ἀξίως[19] πρόσαγε·[20]
12 μνήσθητι[21] ὅτι θάνατος οὐ χρονιεῖ[22]
καὶ διαθήκη ᾅδου[23] οὐχ ὑπεδείχθη[24] σοι·
13 πρίν[25] σε τελευτῆσαι[26] εὖ[27] ποίει φίλῳ[28]
καὶ κατὰ τὴν ἰσχύν[29] σου ἔκτεινον[30] καὶ δὸς[31] αὐτῷ.
14 μὴ ἀφυστερήσῃς[32] ἀπὸ ἀγαθῆς ἡμέρας,
καὶ μερὶς[33] ἐπιθυμίας[34] ἀγαθῆς μή σε παρελθάτω.[35]
15 οὐχὶ ἑτέρῳ καταλείψεις[36] τοὺς πόνους[37] σου
καὶ τοὺς κόπους[38] σου εἰς διαίρεσιν[39] κλήρου;[40]
16 δὸς[41] καὶ λαβὲ καὶ ἀπάτησον[42] τὴν ψυχήν σου,
ὅτι οὐκ ἔστιν ἐν ᾅδου[43] ζητῆσαι τρυφήν.[44]

1 κἄν, even if, *cr.* καὶ ἐάν or καὶ ἄν
2 εὖ, well
3 λήθη, forgetfulness
4 ἐκφαίνω, *pres act ind 3s,* disclose, reveal
5 κακία, wickedness, wrongdoing
6 βασκαίνω, *pres act ptc nom s m,* begrudge, envy
7 ἀποστρέφω, *pres act ptc nom s m,* turn away
8 ὑπεροράω, *pres act ptc nom s m,* disregard, ignore
9 πλεονέκτης, greedy
10 ἐμπιπλάω, *pres pas ind 3s,* satisfy
11 μερίς, part, portion
12 ἀδικία, injustice
13 ἀναξηραίνω, *pres act ind 3s,* dry up
14 φθονερός, envious
15 ἐλλιπής, absent, lacking
16 τράπεζα, table
17 εὖ, well
18 προσφορά, offering
19 ἀξίως, in a fitting way, properly
20 προσάγω, *pres act impv 2s,* offer, bring
21 μιμνῄσκομαι, *aor pas impv 2s,* remember
22 χρονίζω, *fut act ind 3s,* delay
23 ᾅδης, Hades, underworld
24 ὑποδείκνυμι, *aor pas ind 3s,* show
25 πρίν, before
26 τελευτάω, *aor act inf,* die
27 εὖ, well
28 φίλος, friend
29 ἰσχύς, power, capability
30 ἐκτείνω, *aor act impv 2s,* reach out
31 δίδωμι, *aor act impv 2s,* give
32 ἀφυστερέω, *aor act sub 2s,* withhold
33 μερίς, part
34 ἐπιθυμία, desire
35 παρέρχομαι, *aor act impv 3s,* pass by
36 καταλείπω, *fut act ind 2s,* leave behind
37 πόνος, affliction, pain
38 κόπος, labor, trouble
39 διαίρεσις, distribution
40 κλῆρος, lot, portion
41 δίδωμι, *aor act impv 2s,* give
42 ἀπατάω, *aor act impv 2s,* mislead, deceive
43 ᾅδης, Hades, underworld
44 τρυφή, luxury, comfort

17 πᾶσα σὰρξ ὡς ἱμάτιον παλαιοῦται·[1]
ἡ γὰρ διαθήκη ἀπ᾽ αἰῶνος Θανάτῳ ἀποθανῇ.
18 ὡς φύλλον[2] θάλλον[3] ἐπὶ δένδρου[4] δασέος,[5]
τὰ μὲν καταβάλλει,[6] ἄλλα δὲ φύει,[7]
οὕτως γενεὰ σαρκὸς καὶ αἵματος,
ἡ μὲν τελευτᾷ,[8] ἑτέρα δὲ γεννᾶται.
19 πᾶν ἔργον σηπόμενον[9] ἐκλείπει,[10]
καὶ ὁ ἐργαζόμενος αὐτὸ μετ᾽ αὐτοῦ ἀπελεύσεται.

Blessings of Seeking Wisdom

20 Μακάριος[11] ἀνήρ, ὃς ἐν σοφίᾳ μελετήσει[12]
καὶ ὃς ἐν συνέσει[13] αὐτοῦ διαλεχθήσεται,[14]
21 ὁ διανοούμενος[15] τὰς ὁδοὺς αὐτῆς ἐν καρδίᾳ αὐτοῦ
καὶ ἐν τοῖς ἀποκρύφοις[16] αὐτῆς ἐννοηθήσεται.[17]
22 ἔξελθε ὀπίσω αὐτῆς ὡς ἰχνευτὴς[18]
καὶ ἐν ταῖς ὁδοῖς αὐτῆς ἐνέδρευε.[19]
23 ὁ παρακύπτων[20] διὰ τῶν θυρίδων[21] αὐτῆς
καὶ ἐπὶ τῶν θυρωμάτων[22] αὐτῆς ἀκροάσεται,[23]
24 ὁ καταλύων[24] σύνεγγυς[25] τοῦ οἴκου αὐτῆς
καὶ πήξει[26] πάσσαλον[27] ἐν τοῖς τοίχοις[28] αὐτῆς,
25 στήσει τὴν σκηνὴν[29] αὐτοῦ κατὰ χεῖρας αὐτῆς
καὶ καταλύσει[30] ἐν καταλύματι[31] ἀγαθῶν,
26 θήσει τὰ τέκνα αὐτοῦ ἐν τῇ σκέπῃ[32] αὐτῆς
καὶ ὑπὸ τοὺς κλάδους[33] αὐτῆς αὐλισθήσεται,[34]

1 παλαιόω, *pres pas ind 3s*, age, wear out
2 φύλλον, leaf
3 θάλλω, *pres act ptc nom s n*, grow
4 δένδρον, tree
5 δασύς, bushy, full
6 καταβάλλω, *pres act ind 3s*, shed
7 φύω, *pres act ind 3s*, sprout
8 τελευτάω, *pres act ind 3s*, die
9 σήπω, *pres pas ptc nom s n*, decay, rot
10 ἐκλείπω, *pres act ind 3s*, come to an end
11 μακάριος, blessed, happy
12 μελετάω, *fut act ind 3s*, meditate
13 σύνεσις, understanding, comprehension
14 διαλέγομαι, *fut pas ind 3s*, discuss, hold conversation
15 διανοέομαι, *pres mid ptc nom s m*, ponder, consider
16 ἀπόκρυφος, secret
17 ἐννοέω, *fut pas ind 3s*, ponder, reflect
18 ἰχνευτής, hunter, tracker
19 ἐνεδρεύω, *pres act impv 2s*, lie in wait
20 παρακύπτω, *pres act ptc nom s m*, look through
21 θυρίς, window
22 θύρωμα, doorway
23 ἀκροάομαι, *fut mid ind 3s*, listen, keep an ear out
24 καταλύω, *pres act ptc nom s m*, unroll (a tent to lodge)
25 σύνεγγυς, nearby
26 πήγνυμι, *fut act ind 3s*, fix, drive
27 πάσσαλος, peg
28 τοῖχος, wall
29 σκηνή, tent
30 καταλύω, *fut act ind 3s*, unroll (a tent to lodge)
31 κατάλυμα, lodging place
32 σκέπη, protection, shelter
33 κλάδος, branch
34 αὐλίζω, *fut pas ind 3s*, spend the night

27 σκεπασθήσεται[1] ὑπ᾽ αὐτῆς ἀπὸ καύματος[2]
καὶ ἐν τῇ δόξῃ αὐτῆς καταλύσει.[3]

15 Ὁ φοβούμενος κύριον ποιήσει αὐτό,
καὶ ὁ ἐγκρατὴς[4] τοῦ νόμου καταλήμψεται[5] αὐτήν·
2 καὶ ὑπαντήσεται[6] αὐτῷ ὡς μήτηρ
καὶ ὡς γυνὴ παρθενίας[7] προσδέξεται[8] αὐτόν·
3 ψωμιεῖ[9] αὐτὸν ἄρτον συνέσεως[10]
καὶ ὕδωρ σοφίας ποτίσει[11] αὐτόν·
4 στηριχθήσεται[12] ἐπ᾽ αὐτὴν καὶ οὐ μὴ κλιθῇ,[13]
καὶ ἐπ᾽ αὐτῆς ἐφέξει[14] καὶ οὐ μὴ καταισχυνθῇ·[15]
5 καὶ ὑψώσει[16] αὐτὸν παρὰ τοὺς πλησίον[17] αὐτοῦ
καὶ ἐν μέσῳ ἐκκλησίας ἀνοίξει τὸ στόμα αὐτοῦ·
6 εὐφροσύνην[18] καὶ στέφανον[19] ἀγαλλιάματος[20] εὑρήσει
καὶ ὄνομα αἰῶνος κατακληρονομήσει.[21]
7 οὐ μὴ καταλήμψονται[22] αὐτὴν ἄνθρωποι ἀσύνετοι,[23]
καὶ ἄνδρες ἁμαρτωλοὶ οὐ μὴ ἴδωσιν αὐτήν·
8 μακράν[24] ἐστιν ὑπερηφανίας,[25]
καὶ ἄνδρες ψεῦσται[26] οὐ μὴ μνησθήσονται[27] αὐτῆς.
9 Οὐχ ὡραῖος[28] αἶνος[29] ἐν στόματι ἁμαρτωλοῦ,
ὅτι οὐ παρὰ κυρίου ἀπεστάλη·
10 ἐν γὰρ σοφίᾳ ῥηθήσεται αἶνος,[30]
καὶ ὁ κύριος εὐοδώσει[31] αὐτόν.

1 σκεπάζω, *fut pas ind 3s*, cover, protect
2 καῦμα, heat
3 καταλύω, *fut act ind 3s*, unroll (a tent to lodge)
4 ἐγκρατής, having possession
5 καταλαμβάνω, *fut mid ind 3s*, lay hold of
6 ὑπαντάω, *fut mid ind 3s*, meet
7 παρθένια, virginity
8 προσδέχομαι, *fut mid ind 3s*, welcome, receive
9 ψωμίζω, *fut act ind 3s*, feed
10 σύνεσις, intelligence, understanding
11 ποτίζω, *fut act ind 3s*, give to drink
12 στηρίζω, *fut pas ind 3s*, support, establish
13 κλίνω, *aor pas sub 3s*, tip over, fall away
14 ἐπέχω, *fut act ind 3s*, hold
15 καταισχύνω, *aor pas sub 3s*, put to shame
16 ὑψόω, *fut act ind 3s*, lift high, exalt
17 πλησίον, neighbor, comrade
18 εὐφροσύνη, joy, gladness
19 στέφανος, crown
20 ἀγαλλίαμα, rejoicing
21 κατακληρονομέω, *fut act ind 3s*, inherit
22 καταλαμβάνω, *fut mid ind 3p*, overtake, lay hold of
23 ἀσύνετος, unintelligent, without understanding
24 μακράν, far away
25 ὑπερηφανία, arrogance
26 ψεύστης, liar
27 μιμνήσκομαι, *fut pas ind 3p*, remember
28 ὡραῖος, beautiful
29 αἶνος, praise
30 αἶνος, praise
31 εὐοδόω, *fut act ind 3s*, cause to prosper

Sovereignty and Agency

11 μὴ εἴπῃς ὅτι Διὰ κύριον ἀπέστην·[1]
ἃ γὰρ ἐμίσησεν, οὐ ποιήσει.
12 μὴ εἴπῃς ὅτι Αὐτός με ἐπλάνησεν·
οὐ γὰρ χρείαν[2] ἔχει ἀνδρὸς ἁμαρτωλοῦ.
13 πᾶν βδέλυγμα[3] ἐμίσησεν ὁ κύριος,
καὶ οὐκ ἔστιν ἀγαπητὸν[4] τοῖς φοβουμένοις αὐτόν.
14 αὐτὸς ἐξ ἀρχῆς ἐποίησεν ἄνθρωπον
καὶ ἀφῆκεν αὐτὸν ἐν χειρὶ διαβουλίου[5] αὐτοῦ.
15 ἐὰν θέλῃς, συντηρήσεις[6] ἐντολὰς
καὶ πίστιν ποιῆσαι εὐδοκίας.[7]
16 παρέθηκέν[8] σοι πῦρ καὶ ὕδωρ·
οὗ ἐὰν θέλῃς, ἐκτενεῖς[9] τὴν χεῖρά σου.
17 ἔναντι[10] ἀνθρώπων ἡ ζωὴ καὶ ὁ θάνατος,
καὶ ὃ ἐὰν εὐδοκήσῃ,[11] δοθήσεται αὐτῷ.
18 ὅτι πολλὴ ἡ σοφία τοῦ κυρίου·
ἰσχυρὸς[12] ἐν δυναστείᾳ[13] καὶ βλέπων τὰ πάντα,
19 καὶ οἱ ὀφθαλμοὶ αὐτοῦ ἐπὶ τοὺς φοβουμένους αὐτόν,
καὶ αὐτὸς ἐπιγνώσεται πᾶν ἔργον ἀνθρώπου.
20 οὐκ ἐνετείλατο[14] οὐδενὶ ἀσεβεῖν[15]
καὶ οὐκ ἔδωκεν ἄνεσιν[16] οὐδενὶ ἁμαρτάνειν.

Punishment for Sinners

16 Μὴ ἐπιθύμει[17] τέκνων πλῆθος ἀχρήστων[18]
μηδὲ εὐφραίνου[19] ἐπὶ υἱοῖς ἀσεβέσιν·[20]
2 ἐὰν πληθύνωσιν,[21] μὴ εὐφραίνου[22] ἐπ᾽ αὐτοῖς,
εἰ μή ἐστιν φόβος κυρίου μετ᾽ αὐτῶν.
3 μὴ ἐμπιστεύσῃς[23] τῇ ζωῇ αὐτῶν
καὶ μὴ ἔπεχε[24] ἐπὶ τὸ πλῆθος αὐτῶν·

1 ἀφίστημι, *aor act ind 1s*, depart
2 χρεία, need
3 βδέλυγμα, abomination
4 ἀγαπητός, beloved
5 διαβούλιον, plotting, deliberation
6 συντηρέω, *fut act ind 2s*, observe, keep
7 εὐδοκία, approval, pleasure
8 παρατίθημι, *aor act ind 3s*, set before
9 ἐκτείνω, *fut act ind 2s*, stretch forth
10 ἔναντι, in the presence of, before
11 εὐδοκέω, *aor act sub 3s*, be pleasing
12 ἰσχυρός, strong
13 δυναστεία, lordship, dominion
14 ἐντέλλομαι, *aor mid ind 3s*, command
15 ἀσεβέω, *pres act inf*, act profanely
16 ἄνεσις, license, indulgence
17 ἐπιθυμέω, *pres act impv 2s*, desire
18 ἄχρηστος, worthless, pointless
19 εὐφραίνω, *pres mid impv 2s*, rejoice
20 ἀσεβής, ungodly, wicked
21 πληθύνω, *pres act sub 3p*, multiply
22 εὐφραίνω, *pres mid impv 2s*, rejoice
23 ἐμπιστεύω, *aor act sub 2s*, trust in
24 ἐπέχω, *pres act impv 2s*, fix attention upon

κρείσσων[1] γὰρ εἷς ἢ χίλιοι[2]
καὶ ἀποθανεῖν ἄτεκνον[3] ἢ ἔχειν τέκνα ἀσεβῆ.[4]
4 ἀπὸ γὰρ ἑνὸς συνετοῦ[5] συνοικισθήσεται[6] πόλις,
φυλὴ δὲ ἀνόμων[7] ἐρημωθήσεται.[8]
5 Πολλὰ τοιαῦτα[9] ἑόρακεν ὁ ὀφθαλμός μου,
καὶ ἰσχυρότερα[10] τούτων ἀκήκοεν τὸ οὖς μου.

6 ἐν συναγωγῇ ἁμαρτωλῶν ἐκκαυθήσεται[11] πῦρ,
καὶ ἐν ἔθνει ἀπειθεῖ[12] ἐξεκαύθη[13] ὀργή.
7 οὐκ ἐξιλάσατο[14] περὶ τῶν ἀρχαίων[15] γιγάντων,[16]
οἳ ἀπέστησαν[17] τῇ ἰσχύι[18] αὐτῶν·
8 οὐκ ἐφείσατο[19] περὶ τῆς παροικίας[20] Λωτ,
οὓς ἐβδελύξατο[21] διὰ τὴν ὑπερηφανίαν[22] αὐτῶν·
9 οὐκ ἠλέησεν[23] ἔθνος ἀπωλείας[24]
τοὺς ἐξηρμένους[25] ἐν ἁμαρτίαις αὐτῶν
10 καὶ οὕτως ἑξακοσίας[26] χιλιάδας[27] πεζῶν[28]
τοὺς ἐπισυναχθέντας[29] ἐν σκληροκαρδίᾳ[30] αὐτῶν.

11 Κἂν[31] ᾖ εἷς σκληροτράχηλος,[32]
θαυμαστὸν[33] τοῦτο εἰ ἀθῳωθήσεται·[34]
ἔλεος[35] γὰρ καὶ ὀργὴ παρ᾽ αὐτῷ,
δυνάστης[36] ἐξιλασμῶν[37] καὶ ἐκχέων[38] ὀργήν.
12 κατὰ τὸ πολὺ ἔλεος[39] αὐτοῦ, οὕτως καὶ πολὺς ὁ ἔλεγχος[40] αὐτοῦ·
ἄνδρα κατὰ τὰ ἔργα αὐτοῦ κρινεῖ.

1 κρείσσων (ττ), *comp of* ἀγαθός, better
2 χίλιοι, one thousand
3 ἄτεκνος, childless
4 ἀσεβής, ungodly, wicked
5 συνετός, clever, intelligent
6 συνοικίζω, *fut pas ind 3s*, populate
7 ἄνομος, wicked, evil
8 ἐρημόω, *fut pas ind 3s*, desolate
9 τοιοῦτος, such
10 ἰσχυρός, *comp*, harsher, more severe
11 ἐκκαίω, *fut pas ind 3s*, light up, kindle
12 ἀπειθής, disobedient
13 ἐκκαίω, *aor pas ind 3s*, light up, kindle
14 ἐξιλάσκομαι, *aor mid ind 3s*, make atonement
15 ἀρχαῖος, ancient
16 γίγας, giant
17 ἀφίστημι, *aor act ind 3p*, withdraw, revolt
18 ἰσχύς, strength, power
19 φείδομαι, *aor mid ind 3s*, spare
20 παροικία, foreign land
21 βδελύσσω, *aor mid ind 3s*, detest
22 ὑπερηφανία, arrogance, pride
23 ἐλεέω, *aor act ind 3s*, have mercy on
24 ἀπώλεια, destruction
25 ἐξαίρω, *perf pas ptc acc p m*, remove, drive away
26 ἑξακόσιοι, six hundred
27 χιλιάς, thousand
28 πεζός, (soldier) on foot
29 ἐπισυνάγω, *aor pas ptc acc p m*, gather, assemble
30 σκληροκαρδία, hardness of heart
31 κἄν, and if, *cr.* καὶ ἐάν or καὶ ἄν
32 σκληροτράχηλος, stiff-necked
33 θαυμαστός, incredible, astounding
34 ἀθῳόω, *fut pas ind 3s*, go unpunished
35 ἔλεος, mercy, pity
36 δυνάστης, ruler, mighty one
37 ἐξιλασμός, propitiation, atonement
38 ἐκχέω, *pres act ptc nom s m*, pour out
39 ἔλεος, mercy, pity
40 ἔλεγχος, rebuke, reproof

13 οὐκ ἐκφεύξεται[1] ἐν ἁρπάγματι[2] ἁμαρτωλός,
καὶ οὐ μὴ καθυστερήσει[3] ὑπομονὴ[4] εὐσεβοῦς.[5]
14 πάσῃ ἐλεημοσύνῃ[6] ποιήσει τόπον,
ἕκαστος κατὰ τὰ ἔργα αὐτοῦ εὑρήσει.

17 Μὴ εἴπῃς ὅτι Ἀπὸ κυρίου κρυβήσομαι,[7]
καὶ ἐξ ὕψους[8] τίς μου μνησθήσεται;[9]
ἐν λαῷ πλείονι[10] οὐ μὴ γνωσθῶ,
τίς γὰρ ἡ ψυχή μου ἐν ἀμετρήτῳ[11] κτίσει;[12]
18 ἰδοὺ ὁ οὐρανὸς καὶ ὁ οὐρανὸς τοῦ οὐρανοῦ,
ἄβυσσος[13] καὶ γῆ ἐν τῇ ἐπισκοπῇ[14] αὐτοῦ σαλευθήσονται·[15]
19 ἅμα[16] τὰ ὄρη καὶ τὰ θεμέλια[17] τῆς γῆς
ἐν τῷ ἐπιβλέψαι[18] εἰς αὐτὰ τρόμῳ[19] συσσείονται.[20]
20 καὶ ἐπ᾽ αὐτοῖς οὐ διανοηθήσεται[21] καρδία,
καὶ τὰς ὁδοὺς αὐτοῦ τίς ἐνθυμηθήσεται;[22]
21 καὶ καταιγίς,[23] ἣν οὐκ ὄψεται ἄνθρωπος,
τὰ δὲ πλείονα[24] τῶν ἔργων αὐτοῦ ἐν ἀποκρύφοις.[25]
22 ἔργα δικαιοσύνης τίς ἀναγγελεῖ;[26]
ἢ τίς ὑπομενεῖ;[27] μακρὰν[28] γὰρ ἡ διαθήκη.
23 ἐλαττούμενος[29] καρδίᾳ διανοεῖται[30] ταῦτα,
καὶ ἀνὴρ ἄφρων[31] καὶ πλανώμενος διανοεῖται[32] μωρά.[33]

Wisdom and Creation

24 Ἄκουσόν μου, τέκνον, καὶ μάθε[34] ἐπιστήμην[35]
καὶ ἐπὶ τῶν λόγων μου πρόσεχε[36] τῇ καρδίᾳ σου·

1 ἐκφεύγω, *fut mid ind 3s*, escape
2 ἅρπαγμα, plunder, spoil
3 καθυστερέω, *fut act ind 3s*, come up short, fail
4 ὑπομονή, endurance, perseverance
5 εὐσεβής, godly, pious
6 ἐλεημοσύνη, mercy, pity
7 κρύπτω, *fut pas ind 1s*, hide
8 ὕψος, high place
9 μιμνήσκομαι, *fut pas ind 3s*, remember
10 πλείων/πλεῖον, *comp of* πολύς, more (numerous)
11 ἀμέτρητος, immeasurable
12 κτίσις, creature
13 ἄβυσσος, abyss, deep
14 ἐπισκοπή, visitation (in judgment)
15 σαλεύω, *fut pas ind 3p*, shake, quake
16 ἅμα, together, at once
17 θεμέλιον, foundation
18 ἐπιβλέπω, *aor act inf*, look upon
19 τρόμος, quaking, trembling
20 συσσείω, *pres mid ind 3p*, cause to shake
21 διανοέομαι, *fut pas ind 3s*, think about, consider
22 ἐνθυμέομαι, *fut pas ind 3s*, ponder, reflect on
23 καταιγίς, severe storm, squall
24 πλείων/πλεῖον, *comp of* πολύς, most
25 ἀπόκρυφος, hidden, secret
26 ἀναγγέλλω, *fut act ind 3s*, report, announce
27 ὑπομένω, *fut act ind 3s*, wait for
28 μακράν, far away, removed
29 ἐλαττόω, *pres pas ptc nom s m*, diminish, lack
30 διανοέομαι, *pres mid ind 3s*, think about, consider
31 ἄφρων, foolish
32 διανοέομαι, *pres mid ind 3s*, ponder, plan on
33 μωρός, stupid
34 μανθάνω, *aor act impv 2s*, learn
35 ἐπιστήμη, knowledge
36 προσέχω, *pres act impv 2s*, pay attention

25 ἐκφανῶ[1] ἐν σταθμῷ[2] παιδείαν[3]
καὶ ἐν ἀκριβείᾳ[4] ἀπαγγελῶ ἐπιστήμην.[5]

26 Ἐν κρίσει κυρίου τὰ ἔργα αὐτοῦ ἀπ᾽ ἀρχῆς,
καὶ ἀπὸ ποιήσεως[6] αὐτῶν διέστειλεν[7] μερίδας[8] αὐτῶν.
27 ἐκόσμησεν[9] εἰς αἰῶνα τὰ ἔργα αὐτοῦ
καὶ τὰς ἀρχὰς αὐτῶν εἰς γενεὰς αὐτῶν·
οὔτε ἐπείνασαν[10] οὔτε ἐκοπίασαν[11]
καὶ οὐκ ἐξέλιπον[12] ἀπὸ τῶν ἔργων αὐτῶν·
28 ἕκαστος τὸν πλησίον[13] αὐτοῦ οὐκ ἐξέθλιψεν,[14]
καὶ ἕως αἰῶνος οὐκ ἀπειθήσουσιν[15] τοῦ ῥήματος αὐτοῦ.
29 καὶ μετὰ ταῦτα κύριος εἰς τὴν γῆν ἐπέβλεψεν[16]
καὶ ἐνέπλησεν[17] αὐτὴν τῶν ἀγαθῶν αὐτοῦ·
30 ψυχῇ παντὸς ζῴου[18] ἐκάλυψεν[19] τὸ πρόσωπον αὐτῆς,
καὶ εἰς αὐτὴν ἡ ἀποστροφὴ[20] αὐτῶν.

17 Κύριος ἔκτισεν[21] ἐκ γῆς ἄνθρωπον
καὶ πάλιν[22] ἀπέστρεψεν[23] αὐτὸν εἰς αὐτήν.
2 ἡμέρας ἀριθμοῦ[24] καὶ καιρὸν ἔδωκεν αὐτοῖς
καὶ ἔδωκεν αὐτοῖς ἐξουσίαν[25] τῶν ἐπ᾽ αὐτῆς.
3 καθ᾽ ἑαυτὸν ἐνέδυσεν[26] αὐτοὺς ἰσχὺν[27]
καὶ κατ᾽ εἰκόνα[28] αὐτοῦ ἐποίησεν αὐτούς.
4 ἔθηκεν τὸν φόβον αὐτοῦ ἐπὶ πάσης σαρκὸς
καὶ κατακυριεύειν[29] θηρίων καὶ πετεινῶν.[30]
6 διαβούλιον[31] καὶ γλῶσσαν καὶ ὀφθαλμούς,[32]
ὦτα καὶ καρδίαν ἔδωκεν διανοεῖσθαι[33] αὐτοῖς.

1 ἐκφαίνω, *fut act ind 1s*, reveal, disclose
2 σταθμός, weight, (relief?, contrast?)
3 παιδεία, discipline, training
4 ἀκρίβεια, precision, accuracy
5 ἐπιστήμη, knowledge
6 ποίησις, creation, making
7 διαστέλλω, *aor act ind 3s*, divide up, set out
8 μερίς, portion, lot
9 κοσμέω, *aor act ind 3s*, arrange, put in order
10 πεινάω, *aor act ind 3p*, grow hungry
11 κοπιάω, *aor act ind 3p*, grow tired
12 ἐκλείπω, *aor act ind 3p*, forsake, desert
13 πλησίον, companion
14 ἐκθλίβω, *aor act ind 3s*, hinder, annoy
15 ἀπειθέω, *fut act ind 3p*, disobey
16 ἐπιβλέπω, *aor act ind 3s*, look upon
17 ἐμπίμπλημι, *aor act ind 3s*, fill up
18 ζῷον, living thing
19 καλύπτω, *aor act ind 3s*, cover
20 ἀποστροφή, return
21 κτίζω, *aor act ind 3s*, create, make
22 πάλιν, again
23 ἀποστρέφω, *aor act ind 3s*, return
24 ἀριθμός, number
25 ἐξουσία, authority
26 ἐνδύω, *aor act ind 3s*, clothe
27 ἰσχύς, strength, capability
28 εἰκών, image
29 κατακυριεύω, *pres act inf*, exercise dominion over
30 πετεινόν, bird
31 διαβούλιον, (power of) deliberation
32 ὀφθαλμός, eye
33 διανοέομαι, *pres mid inf*, understand

7 ἐπιστήμην[1] συνέσεως[2] ἐνέπλησεν[3] αὐτοὺς
καὶ ἀγαθὰ καὶ κακὰ ὑπέδειξεν[4] αὐτοῖς.
8 ἔθηκεν τὸν ὀφθαλμὸν αὐτοῦ ἐπὶ τὰς καρδίας αὐτῶν
δεῖξαι αὐτοῖς τὸ μεγαλεῖον[5] τῶν ἔργων αὐτοῦ,
10 καὶ ὄνομα ἁγιασμοῦ[6] αἰνέσουσιν,[7]
ἵνα διηγῶνται[8] τὰ μεγαλεῖα[9] τῶν ἔργων αὐτοῦ.
11 προσέθηκεν[10] αὐτοῖς ἐπιστήμην[11]
καὶ νόμον ζωῆς ἐκληροδότησεν[12] αὐτοῖς.
12 διαθήκην αἰῶνος ἔστησεν μετ᾽ αὐτῶν
καὶ τὰ κρίματα[13] αὐτοῦ ὑπέδειξεν[14] αὐτοῖς.
13 μεγαλεῖον[15] δόξης εἶδον οἱ ὀφθαλμοὶ αὐτῶν,
καὶ δόξαν φωνῆς αὐτοῦ ἤκουσεν τὸ οὖς αὐτῶν.
14 καὶ εἶπεν αὐτοῖς Προσέχετε[16] ἀπὸ παντὸς ἀδίκου·[17]
καὶ ἐνετείλατο[18] αὐτοῖς ἑκάστῳ περὶ τοῦ πλησίον.[19]

15 Αἱ ὁδοὶ αὐτῶν ἐναντίον[20] αὐτοῦ διὰ παντός,
οὐ κρυβήσονται[21] ἀπὸ τῶν ὀφθαλμῶν αὐτοῦ.
17 ἑκάστῳ ἔθνει κατέστησεν[22] ἡγούμενον,[23]
καὶ μερὶς[24] κυρίου Ισραηλ ἐστίν.
19 ἅπαντα[25] τὰ ἔργα αὐτῶν ὡς ὁ ἥλιος ἐναντίον[26] αὐτοῦ,
καὶ οἱ ὀφθαλμοὶ αὐτοῦ ἐνδελεχεῖς[27] ἐπὶ τὰς ὁδοὺς αὐτῶν.
20 οὐκ ἐκρύβησαν[28] αἱ ἀδικίαι[29] αὐτῶν ἀπ᾽ αὐτοῦ,
καὶ πᾶσαι αἱ ἁμαρτίαι αὐτῶν ἔναντι[30] κυρίου.
22 ἐλεημοσύνη[31] ἀνδρὸς ὡς σφραγὶς[32] μετ᾽ αὐτοῦ,
καὶ χάριν ἀνθρώπου ὡς κόρην[33] συντηρήσει.[34]

1 ἐπιστήμη, knowledge
2 σύνεσις, understanding
3 ἐμπίμπλημι, *aor act ind 3s*, fill up
4 ὑποδείκνυμι, *aor act ind 3s*, show
5 μεγαλεῖος, greatness, majesty
6 ἁγιασμός, holiness
7 αἰνέω, *fut act ind 3p*, praise
8 διηγέομαι, *pres mid sub 3p*, describe, speak about
9 μεγαλεῖος, greatness, majesty
10 προστίθημι, *aor act ind 3s*, set out
11 ἐπιστήμη, knowledge
12 κληροδοτέω, *aor act ind 3s*, apportion, give as inheritance
13 κρίμα, decision, judgment
14 ὑποδείκνυμι, *aor act ind 3s*, show
15 μεγαλεῖος, greatness, majesty
16 προσέχω, *pres act impv 2p*, beware
17 ἄδικος, unrighteousness, injustice
18 ἐντέλλομαι, *aor mid ind 3s*, command
19 πλησίον, companion, neighbor
20 ἐναντίον, before
21 κρύπτω, *fut pas ind 3p*, hide, conceal
22 καθίστημι, *aor act ind 3s*, set up, establish
23 ἡγέομαι, *pres mid ptc acc s m*, lead
24 μερίς, portion, part
25 ἅπας, all
26 ἐναντίον, before
27 ἐνδελεχής, continually, consistently
28 κρύπτω, *aor pas ind 3p*, hide, conceal
29 ἀδικία, unrighteousness, injustice
30 ἔναντι, before
31 ἐλεημοσύνη, mercy, pity
32 σφραγίς, seal, signet
33 κόρη, pupil, (apple of the eye)
34 συντηρέω, *fut act ind 3s*, preserve

23 μετὰ ταῦτα ἐξαναστήσεται[1] καὶ ἀνταποδώσει[2] αὐτοῖς
καὶ τὸ ἀνταπόδομα[3] αὐτῶν εἰς κεφαλὴν αὐτῶν ἀποδώσει·
24 πλὴν μετανοοῦσιν[4] ἔδωκεν ἐπάνοδον[5]
καὶ παρεκάλεσεν ἐκλείποντας[6] ὑπομονήν.[7]

A Call to Turn from Sin

25 Ἐπίστρεφε ἐπὶ κύριον καὶ ἀπόλειπε[8] ἁμαρτίας,
δεήθητι[9] κατὰ πρόσωπον καὶ σμίκρυνον[10] πρόσκομμα·[11]
26 ἐπάναγε[12] ἐπὶ ὕψιστον[13] καὶ ἀπόστρεφε[14] ἀπὸ ἀδικίας[15]
καὶ σφόδρα[16] μίσησον βδέλυγμα.[17]
27 ὑψίστῳ[18] τίς αἰνέσει[19] ἐν ᾅδου[20]
ἀντὶ[21] ζώντων καὶ διδόντων ἀνθομολόγησιν;[22]
28 ἀπὸ νεκροῦ[23] ὡς μηδὲ ὄντος ἀπόλλυται ἐξομολόγησις·[24]
ζῶν καὶ ὑγιὴς[25] αἰνέσει[26] τὸν κύριον.
29 ὡς μεγάλη ἡ ἐλεημοσύνη[27] τοῦ κυρίου
καὶ ἐξιλασμὸς[28] τοῖς ἐπιστρέφουσιν ἐπ᾽ αὐτόν.
30 οὐ γὰρ δύναται πάντα εἶναι ἐν ἀνθρώποις,
ὅτι οὐκ ἀθάνατος[29] υἱὸς ἀνθρώπου.
31 τί φωτεινότερον[30] ἡλίου; καὶ τοῦτο ἐκλείπει·[31]
καὶ πονηρὸν ἐνθυμηθήσεται[32] σὰρξ καὶ αἷμα.
32 δύναμιν ὕψους[33] οὐρανοῦ αὐτὸς ἐπισκέπτεται,[34]
καὶ ἄνθρωποι πάντες γῆ καὶ σποδός.[35]

1 ἐξανίστημι, *fut mid ind 3s*, rise up
2 ἀνταποδίδωμι, *fut act ind 3s*, repay
3 ἀνταπόδομα, repayment
4 μετανοέω, *pres act ind 3p*, repent
5 ἐπάνοδος, return
6 ἐκλείπω, *pres act ptc acc p m*, forsake, abandon
7 ὑπομονή, endurance, perseverance
8 ἀπολείπω, *pres act impv 2s*, desert, leave behind
9 δέομαι, *aor pas impv 2s*, petition
10 σμικρύνω, *aor act impv 2s*, reduce, diminish
11 πρόσκομμα, obstacle, offense
12 ἐπανάγω, *pres act impv 2s*, return
13 ὕψιστος, *sup*, Most High
14 ἀποστρέφω, *pres act impv 2s*, turn from
15 ἀδικία, unrighteousness, injustice
16 σφόδρα, severely, intensely
17 βδέλυγμα, abomination
18 ὕψιστος, *sup*, Most High
19 αἴνεσις, praise
20 ᾅδης, Hades, underworld
21 ἀντί, instead of
22 ἀνθομολόγησις, thanksgiving
23 νεκρός, dead
24 ἐξομολόγησις, confession of gratitude
25 ὑγιής, healthy
26 αἰνέω, *fut act ind 3s*, praise
27 ἐλεημοσύνη, mercy, pity
28 ἐξιλασμός, propitiation, atonement
29 ἀθάνατος, immortal
30 φωτεινός, *comp*, brighter
31 ἐκλείπω, *pres act ind 3s*, cease, come to an end
32 ἐνθυμέομαι, *fut pas ind 3s*, ponder, think upon
33 ὕψος, height
34 ἐπισκέπτομαι, *pres mid ind 3s*, show concern for, examine
35 σποδός, ashes

God's Majesty and Compassion

18 Ὁ ζῶν εἰς τὸν αἰῶνα ἔκτισεν[1] τὰ πάντα κοινῇ·[2]
2 κύριος μόνος δικαιωθήσεται.
4 οὐθενὶ[3] ἐξεποίησεν[4] ἐξαγγεῖλαι[5] τὰ ἔργα αὐτοῦ·
καὶ τίς ἐξιχνεύσει[6] τὰ μεγαλεῖα[7] αὐτοῦ;
5 κράτος[8] μεγαλωσύνης[9] αὐτοῦ τίς ἐξαριθμήσεται;[10]
καὶ τίς προσθήσει[11] ἐκδιηγήσασθαι[12] τὰ ἐλέη[13] αὐτοῦ;
6 οὐκ ἔστιν ἐλαττῶσαι[14] οὐδὲ προσθεῖναι,[15]
καὶ οὐκ ἔστιν ἐξιχνιάσαι[16] τὰ θαυμάσια[17] τοῦ κυρίου·
7 ὅταν συντελέσῃ[18] ἄνθρωπος, τότε ἄρχεται·
καὶ ὅταν παύσηται,[19] τότε ἀπορηθήσεται.[20]
8 Τί ἄνθρωπος, καὶ τί ἡ χρῆσις[21] αὐτοῦ;
τί τὸ ἀγαθὸν αὐτοῦ, καὶ τί τὸ κακὸν αὐτοῦ;
9 ἀριθμὸς[22] ἡμερῶν ἀνθρώπου
πολλὰ ἔτη ἑκατόν·[23]
10 ὡς σταγὼν[24] ὕδατος ἀπὸ θαλάσσης καὶ ψῆφος[25] ἄμμου,[26]
οὕτως ὀλίγα[27] ἔτη ἐν ἡμέρᾳ αἰῶνος.
11 διὰ τοῦτο ἐμακροθύμησεν[28] κύριος ἐπ᾽ αὐτοῖς
καὶ ἐξέχεεν[29] ἐπ᾽ αὐτοὺς τὸ ἔλεος[30] αὐτοῦ.
12 εἶδεν καὶ ἐπέγνω τὴν καταστροφὴν[31] αὐτῶν ὅτι πονηρά·
διὰ τοῦτο ἐπλήθυνεν[32] τὸν ἐξιλασμὸν[33] αὐτοῦ.
13 ἔλεος[34] ἀνθρώπου ἐπὶ τὸν πλησίον[35] αὐτοῦ,
ἔλεος δὲ κυρίου ἐπὶ πᾶσαν σάρκα·

1 κτίζω, *aor act ind 3s*, create, make
2 κοινῇ, in common, in general
3 οὐθείς, no one
4 ἐκποιέω, *aor act ind 3s*, permit
5 ἐξαγγέλλω, *aor act inf*, proclaim, announce
6 ἐξιχνεύω, *fut act ind 3s*, trace out, (fathom)
7 μεγαλεῖος, greatness, majesty
8 κράτος, power, strength
9 μεγαλωσύνη, greatness
10 ἐξαριθμέω, *fut mid ind 3s*, account for
11 προστίθημι, *fut act ind 3s*, continue
12 ἐκδιηγέομαι, *aor mid inf*, tell in detail
13 ἔλεος, mercy, compassion
14 ἐλαττόω, *aor act inf*, diminish, make less
15 προστίθημι, *aor act inf*, add to
16 ἐξιχνιάζω, *aor act inf*, search out, track down
17 θαυμάσιος, marvelous, wonderful
18 συντελέω, *aor act sub 3s*, finish
19 παύω, *aor mid sub 3s*, cease, stop
20 ἀπορέω, *fut pas ind 3s*, be at a loss, be stumped
21 χρῆσις, function, purpose
22 ἀριθμός, number
23 ἑκατόν, one hundred
24 σταγών, drop
25 ψῆφος, grain
26 ἄμμος, sand
27 ὀλίγος, few
28 μακροθυμέω, *aor act ind 3s*, be patient
29 ἐκχέω, *aor act ind 3s*, pour out
30 ἔλεος, mercy
31 καταστροφή, destruction, ruin
32 πληθύνω, *aor act ind 3s*, multiply, increase
33 ἐξιλασμός, propitiation, atonement
34 ἔλεος, mercy, compassion
35 πλησίον, companion, neighbor

ἐλέγχων[1] καὶ παιδεύων[2] καὶ διδάσκων
καὶ ἐπιστρέφων ὡς ποιμὴν[3] τὸ ποίμνιον[4] αὐτοῦ.
14 τοὺς ἐκδεχομένους[5] παιδείαν[6] ἐλεᾷ[7]
καὶ τοὺς κατασπεύδοντας[8] ἐπὶ τὰ κρίματα[9] αὐτοῦ.

On Alms

15 Τέκνον, ἐν ἀγαθοῖς μὴ δῷς μῶμον[10]
καὶ ἐν πάσῃ δόσει[11] λύπην[12] λόγων.
16 οὐχὶ καύσωνα[13] ἀναπαύσει[14] δρόσος;[15]
οὕτως κρείσσων[16] λόγος ἢ δόσις.[17]
17 οὐκ ἰδοὺ λόγος ὑπὲρ δόμα[18] ἀγαθόν;
καὶ ἀμφότερα[19] παρὰ ἀνδρὶ κεχαριτωμένῳ.[20]
18 μωρὸς[21] ἀχαρίστως[22] ὀνειδιεῖ,[23]
καὶ δόσις[24] βασκάνου[25] ἐκτήκει[26] ὀφθαλμούς.

On Self-Control

19 Πρὶν[27] ἢ λαλῆσαι μάνθανε[28]
καὶ πρὸ ἀρρωστίας[29] θεραπεύου.[30]
20 πρὸ κρίσεως ἐξέταζε[31] σεαυτόν,
καὶ ἐν ὥρᾳ[32] ἐπισκοπῆς[33] εὑρήσεις ἐξιλασμόν.[34]
21 πρὶν[35] ἀρρωστῆσαί[36] σε ταπεινώθητι[37]
καὶ ἐν καιρῷ ἁμαρτημάτων[38] δεῖξον ἐπιστροφήν.[39]

1 ἐλέγχω, *pres act ptc nom s m*, refute, rebuke
2 παιδεύω, *pres act ptc nom s m*, discipline, train
3 ποιμήν, shepherd
4 ποίμνιον, flock
5 ἐκδέχομαι, *pres mid ptc acc p m*, accept
6 παιδεία, discipline, training
7 ἐλεάω, *pres act ind 3s*, show mercy to
8 κατασπεύδω, *pres act ptc acc p m*, hasten, hurry
9 κρίμα, decision, judgment
10 μῶμος, defect
11 δόσις, giving
12 λύπη, pain, sorrow
13 καύσων, burning heat
14 ἀναπαύω, *fut act ind 3s*, give relief
15 δρόσος, dew
16 κρείσσων (ττ), *comp of* ἀγαθός, better
17 δόσις, giving
18 δόμα, gift
19 ἀμφότεροι, both
20 χαριτόω, *perf pas ptc dat s m*, show favor
21 μωρός, stupid
22 ἀχαρίστως, ungratefully, tactlessly
23 ὀνειδίζω, *fut act ind 3s*, reproach
24 δόσις, giving
25 βάσκανος, envious, begrudging
26 ἐκτήκω, *pres act ind 3s*, consume, melt
27 πρίν, before
28 μανθάνω, *pres act impv 2s*, learn
29 ἀρρωστία, sickness, illness
30 θεραπεύω, *pres mid impv 2s*, take care of one's own health
31 ἐξετάζω, *pres act impv 2s*, examine
32 ὥρα, time
33 ἐπισκοπή, examination, visitation
34 ἐξιλασμός, propitiation, atonement
35 πρίν, before
36 ἀρρωστέω, *aor act inf*, be unwell
37 ταπεινόω, *aor pas impv 2s*, be humble
38 ἁμάρτημα, sin
39 ἐπιστροφή, attention, repentance

22 μὴ ἐμποδισθῇς[1] τοῦ ἀποδοῦναι εὐχὴν[2] εὐκαίρως[3]
καὶ μὴ μείνῃς[4] ἕως θανάτου δικαιωθῆναι.
23 πρὶν[5] εὔξασθαι[6] ἑτοίμασον σεαυτὸν
καὶ μὴ γίνου ὡς ἄνθρωπος πειράζων[7] τὸν κύριον.
24 μνήσθητι[8] θυμοῦ[9] ἐν ἡμέραις τελευτῆς[10]
καὶ καιρὸν ἐκδικήσεως[11] ἐν ἀποστροφῇ[12] προσώπου.
25 μνήσθητι[13] καιρὸν λιμοῦ[14] ἐν καιρῷ πλησμονῆς,[15]
πτωχείαν[16] καὶ ἔνδειαν[17] ἐν ἡμέραις πλούτου.[18]
26 ἀπὸ πρωίθεν[19] ἕως ἑσπέρας[20] μεταβάλλει[21] καιρός,
καὶ πάντα ἐστὶν ταχινὰ[22] ἔναντι[23] κυρίου.

27 Ἄνθρωπος σοφὸς[24] ἐν παντὶ εὐλαβηθήσεται[25]
καὶ ἐν ἡμέραις ἁμαρτιῶν προσέξει[26] ἀπὸ πλημμελείας.[27]
28 πᾶς συνετὸς[28] ἔγνω σοφίαν
καὶ τῷ εὑρόντι αὐτὴν δώσει ἐξομολόγησιν.[29]
29 συνετοὶ[30] ἐν λόγοις καὶ αὐτοὶ ἐσοφίσαντο[31]
καὶ ἀνώμβρησαν[32] παροιμίας[33] ἀκριβεῖς.[34]

30 Ὀπίσω τῶν ἐπιθυμιῶν[35] σου μὴ πορεύου
καὶ ἀπὸ τῶν ὀρέξεών[36] σου κωλύου·[37]
31 ἐὰν χορηγήσῃς[38] τῇ ψυχῇ σου εὐδοκίαν[39] ἐπιθυμίας,[40]
ποιήσει σε ἐπίχαρμα[41] τῶν ἐχθρῶν σου.

1 ἐμποδίζω, *aor pas sub 2s*, hinder
2 εὐχή, vow
3 εὐκαίρως, suitably, appropriately
4 μένω, *aor act sub 2s*, wait
5 πρίν, before
6 εὔχομαι, *aor mid inf*, (make a) vow
7 πειράζω, *pres act ptc nom s m*, test
8 μιμνῄσκομαι, *aor pas impv 2s*, remember
9 θυμός, anger, wrath
10 τελευτή, death
11 ἐκδίκησις, vengeance
12 ἀποστροφή, turning away, aversion
13 μιμνῄσκομαι, *aor pas impv 2s*, remember
14 λιμός, hunger, famine
15 πλησμονή, surplus, plenty
16 πτωχεία, poverty
17 ἔνδεια, lack, want
18 πλοῦτος, wealth
19 πρωΐθεν, early, morning
20 ἑσπέρα, evening
21 μεταβάλλω, *pres act ind 3s*, change, shift
22 ταχινός, quick, brief
23 ἔναντι, before
24 σοφός, wise
25 εὐλαβέομαι, *fut pas ind 3s*, be cautious
26 προσέχω, *fut act ind 3s*, beware
27 πλημμέλεια, trespass, sin
28 συνετός, intelligent
29 ἐξομολόγησις, confession of gratitude
30 συνετός, intelligent
31 σοφίζω, *aor mid ind 3p*, become wise
32 ἀνομβρέω, *aor act ind 3p*, pour out, burst with
33 παροιμία, proverb, allegory
34 ἀκριβής, accurate, exact
35 ἐπιθυμία, desire
36 ὄρεξις, longing
37 κωλύω, *pres mid impv 2s*, restrain, forbid
38 χορηγέω, *aor act sub 2s*, supply, furnish
39 εὐδοκία, pleasure
40 ἐπιθυμία, desire
41 ἐπίχαρμα, object of scorn, guilty pleasure

32 μὴ εὐφραίνου[1] ἐπὶ πολλῇ τρυφῇ,[2]
μὴ προσδεθῇς[3] συμβολῇ[4] αὐτῆς.
33 μὴ γίνου πτωχὸς συμβολοκοπῶν[5] ἐκ δανεισμοῦ,[6]
καὶ οὐδέν σοί ἐστιν ἐν μαρσιππίῳ.[7]

19 ἐργάτης[8] μέθυσος[9] οὐ πλουτισθήσεται·[10]
ὁ ἐξουθενῶν[11] τὰ ὀλίγα[12] κατὰ μικρὸν πεσεῖται.
2 οἶνος καὶ γυναῖκες ἀποστήσουσιν[13] συνετούς,[14]
καὶ ὁ κολλώμενος[15] πόρναις[16] τολμηρότερος[17] ἔσται·
3 σήπη[18] καὶ σκώληκες[19] κληρονομήσουσιν[20] αὐτόν,
καὶ ψυχὴ τολμηρὰ[21] ἐξαρθήσεται.[22]

On How We Use Our Words

4 Ὁ ταχὺ[23] ἐμπιστεύων[24] κοῦφος[25] καρδίᾳ,
καὶ ὁ ἁμαρτάνων εἰς ψυχὴν αὐτοῦ πλημμελήσει.[26]
5 ὁ εὐφραινόμενος[27] καρδίᾳ καταγνωσθήσεται,[28]
6 καὶ ὁ μισῶν λαλιὰν[29] ἐλαττονοῦται[30] κακίᾳ.[31]
7 μηδέποτε[32] δευτερώσῃς[33] λόγον,
καὶ οὐθέν[34] σοι οὐ μὴ ἐλαττονωθῇ.[35]
8 ἐν φίλῳ[36] καὶ ἐχθρῷ μὴ διηγοῦ,[37]
καὶ εἰ μή ἐστίν σοι ἁμαρτία, μὴ ἀποκάλυπτε·[38]

1 εὐφραίνω, *pres mid impv 2s*, rejoice
2 τρυφή, luxury, indulgence
3 προσδέω, *aor pas sub 2s*, bind, constrain
4 συμβολή, expense
5 συμβολοκοπέω, *pres act ptc nom s m*, join in revelry
6 δανεισμός, borrowing of money
7 μαρσίππιον, pocket, purse
8 ἐργάτης, workman
9 μέθυσος, drunk
10 πλουτίζω, *fut pas ind 3s*, become wealthy
11 ἐξουθενέω, *pres act ptc nom s m*, ignore, disdain
12 ὀλίγος, small, minor
13 ἀφίστημι, *fut act ind 3p*, mislead
14 συνετός, intelligent, prudent
15 κολλάω, *pres mas ptc nom s m*, join
16 πόρνη, prostitute
17 τολμηρός, *comp*, more reckless
18 σήπη, decay
19 σκώληξ, worm
20 κληρονομέω, *fut act ind 3p*, take possession of
21 τολμηρός, reckless
22 ἐξαίρω, *fut pas ind 3s*, drive away, remove
23 ταχύς, hastily, quickly
24 ἐμπιστεύω, *pres act ptc nom s m*, trust in
25 κοῦφος, meager, flimsy
26 πλημμελέω, *fut act ind 3s*, offend, trespass against
27 εὐφραίνω, *pres pas ptc nom s m*, rejoice
28 καταγινώσκω, *fut pas ind 3s*, condemn
29 λαλιά, conversation
30 ἐλαττονόω, *pres pas ind 3s*, lack
31 κακία, wickedness, malice
32 μηδέποτε, never
33 δευτερόω, *aor act sub 2s*, repeat
34 οὐθείς, nothing
35 ἐλαττονόω, *aor pas sub 3s*, be missing
36 φίλος, friend
37 διηγέομαι, *pres mid impv 2s*, speak in great detail
38 ἀποκαλύπτω, *pres act impv 2s*, disclose

9 ἀκήκοεν γάρ σου καὶ ἐφυλάξατό σε,
καὶ ἐν καιρῷ μισήσει σε.
10 ἀκήκοας λόγον; συναποθανέτω[1] σοι·
θάρσει,[2] οὐ μή σε ῥήξει.[3]
11 ἀπὸ προσώπου λόγου ὠδινήσει[4] μωρὸς[5]
ὡς ἀπὸ προσώπου βρέφους[6] ἡ τίκτουσα.[7]
12 βέλος[8] πεπηγὸς[9] ἐν μηρῷ[10] σαρκός,
οὕτως λόγος ἐν κοιλίᾳ[11] μωροῦ.[12]

13 Ἔλεγξον[13] φίλον,[14] μήποτε[15] οὐκ ἐποίησεν,
καὶ εἴ τι ἐποίησεν, μήποτε προσθῇ.[16]
14 ἔλεγξον[17] τὸν πλησίον,[18] μήποτε[19] οὐκ εἶπεν,
καὶ εἰ εἴρηκεν, ἵνα μὴ δευτερώσῃ.[20]
15 ἔλεγξον[21] φίλον,[22] πολλάκις[23] γὰρ γίνεται διαβολή,[24]
καὶ μὴ παντὶ λόγῳ πίστευε.
16 ἔστιν ὀλισθάνων[25] καὶ οὐκ ἀπὸ ψυχῆς,
καὶ τίς οὐχ ἥμαρτεν ἐν τῇ γλώσσῃ αὐτοῦ;
17 ἔλεγξον[26] τὸν πλησίον[27] σου πρὶν[28] ἢ ἀπειλῆσαι[29]
καὶ δὸς τόπον νόμῳ ὑψίστου.[30]

On the Wise and the Unwise

20 Πᾶσα σοφία φόβος κυρίου,
καὶ ἐν πάσῃ σοφίᾳ ποίησις[31] νόμου·
22 καὶ οὐκ ἔστιν σοφία πονηρίας[32] ἐπιστήμη,[33]
καὶ οὐκ ἔστιν ὅπου[34] βουλὴ[35] ἁμαρτωλῶν φρόνησις.[36]

1 συναποθνήσκω, *aor act impv 3s*, die with
2 θαρσέω, *pres act impv 2s*, be brave
3 ῥήγνυμι, *fut act ind 3s*, break
4 ὠδίνω, *fut act ind 3s*, suffer badly
5 μωρός, stupid
6 βρέφος, baby
7 τίκτω, *pres act ptc nom s f*, give birth
8 βέλος, arrow
9 πήγνυμι, *perf act ptc nom s n*, fix, stick
10 μηρός, thigh
11 κοιλία, belly
12 μωρός, stupid
13 ἐλέγχω, *aor act impv 2s*, convict, rebuke
14 φίλος, friend
15 μήποτε, perhaps, probably
16 προστίθημι, *aor act sub 3s*, continue
17 ἐλέγχω, *aor act impv 2s*, convict, rebuke
18 πλησίον, companion, neighbor
19 μήποτε, perhaps, probably
20 δευτερόω, *aor act sub 3s*, repeat
21 ἐλέγχω, *aor act impv 2s*, convict, rebuke
22 φίλος, friend
23 πολλάκις, many times, often
24 διαβολή, false accusation
25 ὀλισθάνω, *pres act ptc nom s m*, slip
26 ἐλέγχω, *aor act impv 2s*, convict, rebuke
27 πλησίον, companion, neighbor
28 πρίν, before
29 ἀπειλέω, *aor act inf*, threaten
30 ὕψιστος, *sup*, Most High
31 ποίησις, performance
32 πονηρία, wickedness, evil
33 ἐπιστήμη, knowledge, understanding
34 ὅπου, where, whenever
35 βουλή, counsel
36 φρόνησις, intelligence, insight

23 ἔστιν πανουργία[1] καὶ αὕτη βδέλυγμα,[2]
καὶ ἔστιν ἄφρων[3] ἐλαττούμενος[4] σοφίᾳ·
24 κρείττων[5] ἡττώμενος[6] ἐν συνέσει[7] ἔμφοβος[8]
ἢ περισσεύων[9] ἐν φρονήσει[10] καὶ παραβαίνων[11] νόμον.
25 ἔστιν πανουργία[12] ἀκριβὴς[13] καὶ αὕτη ἄδικος,[14]
καὶ ἔστιν διαστρέφων[15] χάριν τοῦ ἐκφᾶναι[16] κρίμα.[17]
26 ἔστιν πονηρευόμενος[18] συγκεκυφὼς[19] μελανίᾳ,[20]
καὶ τὰ ἐντὸς[21] αὐτοῦ πλήρη[22] δόλου·[23]
27 συγκρύφων[24] πρόσωπον καὶ ἐθελοκωφῶν,[25]
ὅπου[26] οὐκ ἐπεγνώσθη,[27] προφθάσει[28] σε·
28 καὶ ἐὰν ὑπὸ ἐλαττώματος[29] ἰσχύος[30] κωλυθῇ[31] ἁμαρτεῖν,
ἐὰν εὕρῃ καιρόν, κακοποιήσει.[32]
29 ἀπὸ ὁράσεως[33] ἐπιγνωσθήσεται ἀνήρ,
καὶ ἀπὸ ἀπαντήσεως[34] προσώπου ἐπιγνωσθήσεται νοήμων·[35]
30 στολισμὸς[36] ἀνδρὸς καὶ γέλως[37] ὀδόντων[38]
καὶ βήματα[39] ἀνθρώπου ἀναγγελεῖ[40] τὰ περὶ αὐτοῦ.

Wisdom in Speaking and Not Speaking

20 Ἔστιν ἔλεγχος[41] ὃς οὐκ ἔστιν ὡραῖος,[42]
καὶ ἔστιν σιωπῶν[43] καὶ αὐτὸς φρόνιμος.[44]

1 πανουργία, craftiness, trickery
2 βδέλυγμα, abomination
3 ἄφρων, foolish
4 ἐλαττόω, *pres mid ptc nom s m*, be lacking
5 κρείττων (σσ), *comp of* ἀγαθός, better
6 ἡττάω, *pres mid ptc nom s m*, be inferior
7 σύνεσις, understanding, intelligence
8 ἔμφοβος, fearful, afraid
9 περισσεύω, *pres act ptc nom s m*, be superior
10 φρόνησις, intelligence, insight
11 παραβαίνω, *pres act ptc nom s m*, transgress
12 πανουργία, cleverness, trickery
13 ἀκριβής, precise, exacting
14 ἄδικος, unrighteous, unjust
15 διαστρέφω, *pres act ptc nom s m*, distort, twist
16 ἐκφαίνω, *aor act inf*, disclose
17 κρίμα, decision, judgment
18 πονηρεύομαι, *pres mid ptc nom s m*, do wrong, be wicked
19 συγκύπτω, *perf act ptc nom s m*, bend over
20 μελανία, mourning
21 ἐντός, inside
22 πλήρης, full
23 δόλος, deceit, treachery
24 συγκρύπτω, *aor act ptc nom s m*, cover up
25 ἐθελοκωφέω, *pres act ptc nom s m*, pretend to be deaf
26 ὅπου, when
27 ἐπιγινώσκω, *aor pas ind 3s*, realize, recognize
28 προφθάνω, *fut act ind 3s*, take advantage of, overtake
29 ἐλάττωμα, deficiency, defect
30 ἰσχύς, strength, power
31 κωλύω, *aor pas sub 3s*, prevent, restrain
32 κακοποιέω, *fut act ind 3s*, do wrong, do evil
33 ὅρασις, appearance
34 ἀπάντησις, meeting
35 νοήμων, discerning, thoughtful
36 στολισμός, clothing
37 γέλως, laughter
38 ὀδούς, tooth
39 βῆμα, gait, pace
40 ἀναγγέλλω, *fut act ind 3s*, declare, tell
41 ἔλεγχος, accusation, reproof
42 ὡραῖος, proper, timely
43 σιωπάω, *pres act ptc nom s m*, keep quiet
44 φρόνιμος, prudent

2 ὡς καλὸν ἐλέγξαι[1] ἢ θυμοῦσθαι,[2]
3 καὶ ὁ ἀνθομολογούμενος[3] ἀπὸ ἐλαττώσεως[4] κωλυθήσεται.[5]
4 ἐπιθυμία[6] εὐνούχου[7] ἀποπαρθενῶσαι[8] νεάνιδα,[9]
οὕτως ὁ ποιῶν ἐν βίᾳ[10] κρίματα.[11]
5 ἔστιν σιωπῶν[12] εὑρισκόμενος σοφός,[13]
καὶ ἔστιν μισητὸς[14] ἀπὸ πολλῆς λαλιᾶς.[15]
6 ἔστιν σιωπῶν,[16] οὐ γὰρ ἔχει ἀπόκρισιν,[17]
καὶ ἔστιν σιωπῶν εἰδὼς καιρόν.
7 ἄνθρωπος σοφὸς[18] σιγήσει[19] ἕως καιροῦ,
ὁ δὲ λαπιστὴς[20] καὶ ἄφρων[21] ὑπερβήσεται[22] καιρόν.
8 ὁ πλεονάζων[23] λόγῳ βδελυχθήσεται,[24]
καὶ ὁ ἐνεξουσιαζόμενος[25] μισηθήσεται.

On Paradoxes in Life

9 Ἔστιν εὐοδία[26] ἐν κακοῖς ἀνδρί,
καὶ ἔστιν εὕρεμα[27] εἰς ἐλάττωσιν.[28]
10 ἔστιν δόσις,[29] ἣ οὐ λυσιτελήσει[30] σοι,
καὶ ἔστιν δόσις, ἧς τὸ ἀνταπόδομα[31] διπλοῦν.[32]
11 ἔστιν ἐλάττωσις[33] ἕνεκεν[34] δόξης,
καὶ ἔστιν ὃς ἀπὸ ταπεινώσεως[35] ἦρεν κεφαλήν.
12 ἔστιν ἀγοράζων[36] πολλὰ ὀλίγου[37]
καὶ ἀποτιννύων[38] αὐτὰ ἑπταπλάσιον.[39]

1 ἐλέγχω, *aor act inf*, accuse, reprove
2 θυμόω, *pres mid inf*, provoke to anger
3 ἀνθομολογέομαι, *pres mid ptc nom s m*, freely admit
4 ἐλάττωσις, loss
5 κωλύω, *fut pas ind 3s*, prevent
6 ἐπιθυμία, desire
7 εὐνοῦχος, eunuch
8 ἀποπαρθενόω, *aor act inf*, violate, take the virginity of
9 νεᾶνις, young woman
10 βία, force
11 κρίμα, decision, ruling
12 σιωπάω, *pres act ptc nom s m*, keep quiet
13 σοφός, wise
14 μισητός, hated
15 λαλιά, chatter, idle talk
16 σιωπάω, *pres act ptc nom s m*, keep quiet
17 ἀπόκρισις, decision, answer
18 σοφός, wise
19 σιγάω, *fut act ind 3s*, be quiet
20 λαπιστής, arrogant person
21 ἄφρων, fool
22 ὑπερβαίνω, *fut mid ind 3s*, go beyond
23 πλεονάζω, *pres act ptc nom s m*, abound
24 βδελύσσω, *fut pas ind 3s*, detest
25 ἐνεξουσιάζομαι, *pres mid ptc nom s m*, feign importance, insert oneself
26 εὐοδία, success
27 εὕρεμα, gain, (profit)
28 ἐλάττωσις, loss
29 δόσις, giving
30 λυσιτελέω, *fut act ind 3s*, profit
31 ἀνταπόδομα, repayment
32 διπλοῦς, double
33 ἐλάττωσις, loss
34 ἕνεκα, on account of
35 ταπείνωσις, humiliation
36 ἀγοράζω, *pres act ptc nom s m*, buy
37 ὀλίγος, little
38 ἀποτιννύω, *pres act ptc nom s m*, pay for
39 ἑπταπλάσιος, sevenfold

13 ὁ σοφὸς[1] ἐν λόγοις ἑαυτὸν προσφιλῆ[2] ποιήσει,
χάριτες δὲ μωρῶν[3] ἐκχυθήσονται.[4]
14 δόσις[5] ἄφρονος[6] οὐ λυσιτελήσει[7] σοι,
οἱ γὰρ ὀφθαλμοὶ αὐτοῦ ἀνθ᾽[8] ἑνὸς πολλοί
15 ὀλίγα[9] δώσει καὶ πολλὰ ὀνειδίσει[10]
καὶ ἀνοίξει τὸ στόμα αὐτοῦ ὡς κῆρυξ·[11]
σήμερον δανιεῖ[12] καὶ αὔριον[13] ἀπαιτήσει,[14]
μισητὸς[15] ἄνθρωπος ὁ τοιοῦτος.[16]
16 μωρὸς[17] ἐρεῖ Οὐχ ὑπάρχει μοι φίλος,[18]
καὶ οὐκ ἔστιν χάρις τοῖς ἀγαθοῖς μου·
17 οἱ ἔσθοντες[19] τὸν ἄρτον αὐτοῦ φαῦλοι[20] γλώσσῃ,
ποσάκις[21] καὶ ὅσοι καταγελάσονται[22] αὐτοῦ;

More on the Use of Our Words

18 Ὀλίσθημα[23] ἀπὸ ἐδάφους[24] μᾶλλον[25] ἢ ἀπὸ γλώσσης,
οὕτως πτῶσις[26] κακῶν κατὰ σπουδὴν[27] ἥξει.[28]
19 ἄνθρωπος ἄχαρις,[29] μῦθος[30] ἄκαιρος·[31]
ἐν στόματι ἀπαιδεύτων[32] ἐνδελεχισθήσεται.[33]
20 ἀπὸ στόματος μωροῦ[34] ἀποδοκιμασθήσεται[35] παραβολή·[36]
οὐ γὰρ μὴ εἴπῃ αὐτὴν ἐν καιρῷ αὐτῆς.

21 Ἔστιν κωλυόμενος[37] ἁμαρτάνειν ἀπὸ ἐνδείας,[38]
καὶ ἐν τῇ ἀναπαύσει[39] αὐτοῦ οὐ κατανυγήσεται.[40]

1 σοφός, wise
2 προσφιλής, amicable
3 μωρός, foolish
4 ἐκχέω, *fut pas ind 3p*, exhaust
5 δόσις, giving
6 ἄφρων, foolish
7 λυσιτελέω, *fut act ind 3s*, profit
8 ἀντί, instead of
9 ὀλίγος, little
10 ὀνειδίζω, *fut act ind 3s*, provoke, reproach
11 κῆρυξ, preacher, announcer
12 δανείζω, *fut act ind 3s*, lend
13 αὔριον, tomorrow
14 ἀπαιτέω, *fut act ind 3s*, demand back
15 μισητός, despicable
16 τοιοῦτος, such, like this
17 μωρός, foolish
18 φίλος, friend
19 ἔσθω, *pres act ptc nom p m*, eat
20 φαῦλος, evil, bad
21 ποσάκις, how often
22 καταγελάω, *fut mid ind 3p*, mock, ridicule
23 ὀλίσθημα, fall, slip
24 ἔδαφος, floor, ground
25 μᾶλλον, rather
26 πτῶσις, downfall, calamity
27 σπουδή, quickly
28 ἥκω, *fut act ind 3s*, come
29 ἄχαρις, unpleasant
30 μῦθος, story
31 ἄκαιρος, ill-fitting
32 ἀπαίδευτος, uneducated, stupid
33 ἐνδελεχίζω, *fut pas ind 3s*, preserve
34 μωρός, foolish
35 ἀποδοκιμάζω, *fut pas ind 3s*, reject
36 παραβολή, proverb, illustration
37 κωλύω, *pres pas ptc nom s m*, keep, forbid
38 ἔνδεια, poverty
39 ἀνάπαυσις, rest, repose
40 κατανύσσω, *fut pas ind 3s*, prick (in conscience)

22 ἔστιν ἀπολλύων τὴν ψυχὴν αὐτοῦ δι᾿ αἰσχύνην,[1]
καὶ ἀπὸ ἄφρονος[2] προσώπου ἀπολεῖ αὐτήν.
23 ἔστιν χάριν[3] αἰσχύνης[4] ἐπαγγελλόμενος[5] φίλῳ,[6]
καὶ ἐκτήσατο[7] αὐτὸν ἐχθρὸν δωρεάν.[8]

24 Μῶμος[9] πονηρὸς ἐν ἀνθρώπῳ ψεῦδος,[10]
ἐν στόματι ἀπαιδεύτων[11] ἐνδελεχισθήσεται.[12]
25 αἱρετὸν[13] κλέπτης[14] ἢ ὁ ἐνδελεχίζων[15] ψεύδει,[16]
ἀμφότεροι[17] δὲ ἀπώλειαν[18] κληρονομήσουσιν.[19]
26 ἦθος[20] ἀνθρώπου ψευδοῦς[21] ἀτιμία,[22]
καὶ ἡ αἰσχύνη[23] αὐτοῦ μετ᾿ αὐτοῦ ἐνδελεχῶς.[24]

Miscellaneous Proverbs

27 Ὁ σοφὸς[25] ἐν λόγοις προάξει[26] ἑαυτόν,
καὶ ἄνθρωπος φρόνιμος[27] ἀρέσει[28] μεγιστᾶσιν.[29]
28 ὁ ἐργαζόμενος γῆν ἀνυψώσει[30] θημωνιὰν[31] αὐτοῦ,
καὶ ὁ ἀρέσκων[32] μεγιστᾶσιν[33] ἐξιλάσεται[34] ἀδικίαν.[35]
29 ξένια[36] καὶ δῶρα[37] ἀποτυφλοῖ[38] ὀφθαλμοὺς σοφῶν[39]
καὶ ὡς φιμὸς[40] ἐν στόματι ἀποτρέπει[41] ἐλεγμούς.[42]
30 σοφία κεκρυμμένη[43] καὶ θησαυρὸς[44] ἀφανής,[45]
τίς ὠφέλεια[46] ἐν ἀμφοτέροις;[47]

1 αἰσχύνη, shame, dishonor
2 ἄφρων, foolish
3 χάριν, on account of
4 αἰσχύνη, shame, dishonor
5 ἐπαγγέλλομαι, *pres mid ptc nom s m*, promise
6 φίλος, friend
7 κτάομαι, *aor mid ind 3s*, acquire, gain
8 δωρεάν, without reason
9 μῶμος, blot, blemish
10 ψεῦδος, lie
11 ἀπαίδευτος, uneducated, stupid
12 ἐνδελεχίζω, *fut pas ind 3s*, preserve
13 αἱρετός, desirable, preferable
14 κλέπτης, thief
15 ἐνδελεχίζω, *pres act ptc nom s m*, persist, continue
16 ψεῦδος, lie
17 ἀμφότεροι, both
18 ἀπώλεια, destruction
19 κληρονομέω, *fut act ind 3p*, inherit
20 ἦθος, habit
21 ψευδής, lying
22 ἀτιμία, dishonor, disgrace
23 αἰσχύνη, shame
24 ἐνδελεχῶς, consistently
25 σοφός, wise
26 προάγω, *fut act ind 3s*, promote, advance
27 φρόνιμος, prudent, clever
28 ἀρέσκω, *fut act ind 3s*, please
29 μεγιστάν, noble, influential person
30 ἀνυψόω, *fut act ind 3s*, increase
31 θημωνιά, heap (of crops)
32 ἀρέσκω, *pres act ptc nom s m*, please
33 μεγιστάν, noble, influential person
34 ἐξιλάσκομαι, *fut mid ind 3s*, make atonement
35 ἀδικία, injustice
36 ξένια, friendly gifts
37 δῶρον, gift, bribe
38 ἀποτυφλόω, *pres act ind 3s*, make blind
39 σοφός, wise
40 φιμός, bridle, bit
41 ἀποτρέπω, *pres act ind 3s*, turn away
42 ἐλεγμός, refutation, rebuke
43 κρύπτω, *perf pas ptc nom s f*, hide
44 θησαυρός, treasure
45 ἀφανής, unseen
46 ὠφέλεια, profit
47 ἀμφότεροι, both

31 κρείσσων[1] ἄνθρωπος ἀποκρύπτων[2] τὴν μωρίαν[3] αὐτοῦ
ἢ ἄνθρωπος ἀποκρύπτων τὴν σοφίαν αὐτοῦ.

Sin's Allure and Consequences

21 Τέκνον, ἥμαρτες; μὴ προσθῇς[4] μηκέτι[5]
καὶ περὶ τῶν προτέρων[6] σου δεήθητι.[7]
2 ὡς ἀπὸ προσώπου ὄφεως[8] φεῦγε[9] ἀπὸ ἁμαρτίας·
ἐὰν γὰρ προσέλθῃς, δήξεταί[10] σε·
ὀδόντες[11] λέοντος[12] οἱ ὀδόντες αὐτῆς
ἀναιροῦντες[13] ψυχὰς ἀνθρώπων.
3 ὡς ῥομφαία[14] δίστομος[15] πᾶσα ἀνομία,[16]
τῇ πληγῇ[17] αὐτῆς οὐκ ἔστιν ἴασις.[18]

4 καταπληγμὸς[19] καὶ ὕβρις[20] ἐρημώσουσιν[21] πλοῦτον·[22]
οὕτως οἶκος ὑπερηφάνου[23] ἐρημωθήσεται.[24]
5 δέησις[25] πτωχοῦ ἐκ στόματος ἕως ὠτίων[26] αὐτοῦ,
καὶ τὸ κρίμα[27] αὐτοῦ κατὰ σπουδὴν[28] ἔρχεται.
6 μισῶν ἐλεγμὸν[29] ἐν ἴχνει[30] ἁμαρτωλοῦ,
καὶ ὁ φοβούμενος κύριον ἐπιστρέψει ἐν καρδίᾳ.
7 γνωστὸς[31] μακρόθεν[32] ὁ δυνατὸς ἐν γλώσσῃ,
ὁ δὲ νοήμων[33] οἶδεν ἐν τῷ ὀλισθάνειν[34] αὐτόν.

8 ὁ οἰκοδομῶν τὴν οἰκίαν αὐτοῦ ἐν χρήμασιν[35] ἀλλοτρίοις[36]
ὡς συνάγων αὐτοῦ τοὺς λίθους εἰς χειμῶνα.[37]

1 κρείσσων (ττ), *comp of* ἀγαθός, better
2 ἀποκρύπτω, *pres act ptc nom s m*, conceal, hide
3 μωρία, folly
4 προστίθημι, *aor act sub 2s*, continue
5 μηκέτι, no longer
6 πρότερος, former, previous
7 δέομαι, *aor pas impv 2s*, petition, pray
8 ὄφις, snake
9 φεύγω, *pres act impv 2s*, flee
10 δάκνω, *fut mid ind 3s*, bite
11 ὀδούς, tooth
12 λέων, lion
13 ἀναιρέω, *pres act ptc nom p m*, destroy
14 ῥομφαία, sword
15 δίστομος, two-edged
16 ἀνομία, lawlessness
17 πληγή, blow, sting
18 ἴασις, healing, recovery
19 καταπληγμός, panic
20 ὕβρις, pride
21 ἐρημόω, *fut act ind 3p*, make desolate, destroy
22 πλοῦτος, riches
23 ὑπερήφανος, arrogant
24 ἐρημόω, *fut pas ind 3s*, make desolate, destroy
25 δέησις, petition, entreaty
26 ὠτίον, ear
27 κρίμα, judgment, decision
28 σπουδή, speed, haste
29 ἐλεγμός, rebuke, reproach
30 ἴχνος, track, footstep
31 γνωστός, known, recognizable
32 μακρόθεν, from a distance
33 νοήμων, sensible, discerning
34 ὀλισθάνω, *pres act inf*, slip, trip
35 χρῆμα, money, wealth
36 ἀλλότριος, of another
37 χειμών, winter, (*read* burial mound?)

9 στιππύον[1] συνηγμένον συναγωγὴ ἀνόμων,[2]
καὶ ἡ συντέλεια[3] αὐτῶν φλὸξ[4] πυρός.
10 ὁδὸς ἁμαρτωλῶν ὡμαλισμένη[5] ἐκ λίθων,
καὶ ἐπ᾽ ἐσχάτων αὐτῆς βόθρος[6] ᾅδου.[7]

Wisdom and Foolishness

11 Ὁ φυλάσσων νόμον κατακρατεῖ[8] τοῦ ἐννοήματος[9] αὐτοῦ,
καὶ συντέλεια[10] τοῦ φόβου κυρίου σοφία.
12 οὐ παιδευθήσεται[11] ὃς οὐκ ἔστιν πανοῦργος,[12]
ἔστιν δὲ πανουργία[13] πληθύνουσα[14] πικρίαν.[15]
13 γνῶσις[16] σοφοῦ[17] ὡς κατακλυσμὸς[18] πληθυνθήσεται[19]
καὶ ἡ βουλὴ[20] αὐτοῦ ὡς πηγὴ[21] ζωῆς.
14 ἔγκατα[22] μωροῦ[23] ὡς ἀγγεῖον[24] συντετριμμένον[25]
καὶ πᾶσαν γνῶσιν[26] οὐ κρατήσει.

15 λόγον σοφὸν[27] ἐὰν ἀκούσῃ ἐπιστήμων,[28]
αἰνέσει[29] αὐτὸν καὶ ἐπ᾽ αὐτὸν προσθήσει·[30]
ἤκουσεν ὁ σπαταλῶν,[31] καὶ ἀπήρεσεν[32] αὐτῷ,
καὶ ἀπέστρεψεν[33] αὐτὸν ὀπίσω τοῦ νώτου[34] αὐτοῦ.
16 ἐξήγησις[35] μωροῦ[36] ὡς ἐν ὁδῷ φορτίον,[37]
ἐπὶ δὲ χείλους[38] συνετοῦ[39] εὑρεθήσεται χάρις.
17 στόμα φρονίμου[40] ζητηθήσεται ἐν ἐκκλησίᾳ,
καὶ τοὺς λόγους αὐτοῦ διανοηθήσονται[41] ἐν καρδίᾳ.

1 στιππύον, hemp, flax
2 ἄνομος, wicked, lawless
3 συντέλεια, conclusion, end
4 φλόξ, flame
5 ὁμαλίζω, *perf pas ptc nom s f*, level, even out
6 βόθρος, pit
7 ᾅδης, Hades, underworld
8 κατακρατέω, *pres act ind 3s*, gain control, master
9 ἐννόημα, idea, concept
10 συντέλεια, conclusion, end
11 παιδεύω, *fut pas ind 3s*, discipline, instruct
12 πανοῦργος, prudent, clever
13 πανουργία, prudence, cleverness
14 πληθύνω, *pres act ptc nom s f*, increase
15 πικρία, bitterness
16 γνῶσις, knowledge
17 σοφός, wise
18 κατακλυσμός, flood
19 πληθύνω, *fut pas ind 3s*, increase
20 βουλή, counsel, advice
21 πηγή, fountain
22 ἔγκατα, innards, insides
23 μωρός, stupid
24 ἀγγεῖον, container, flask
25 συντρίβω, *perf pas ptc nom s n*, smash, break
26 γνῶσις, knowledge
27 σοφός, wise
28 ἐπιστήμων, understanding
29 αἰνέω, *fut act ind 3s*, praise
30 προστίθημι, *fut act ind 3s*, increase, add
31 σπαταλάω, *pres act ptc nom s m*, live luxuriously
32 ἀπαρέσκω, *aor act ind 3s*, displease
33 ἀποστρέφω, *aor act ind 3s*, turn away
34 νῶτος, rear, back
35 ἐξήγησις, statement, explanation
36 μωρός, stupid
37 φορτίον, load, burden
38 χεῖλος, lip
39 συνετός, intelligent
40 φρόνιμος, prudent, clever
41 διανοέομαι, *fut pas ind 3p*, consider, reflect on

18 Ὡς οἶκος ἠφανισμένος[1] οὕτως μωρῷ[2] σοφία,
καὶ γνῶσις[3] ἀσυνέτου[4] ἀδιεξέταστοι[5] λόγοι.
19 πέδαι[6] ἐν ποσὶν ἀνοήτου[7] παιδεία[8]
καὶ ὡς χειροπέδαι[9] ἐπὶ χειρὸς δεξιᾶς.
20 μωρὸς[10] ἐν γέλωτι[11] ἀνυψοῖ[12] φωνὴν αὐτοῦ,
ἀνὴρ δὲ πανοῦργος[13] μόλις[14] ἡσυχῇ[15] μειδιάσει.[16]
21 ὡς κόσμος[17] χρυσοῦς[18] φρονίμῳ[19] παιδεία[20]
καὶ ὡς χλιδὼν[21] ἐπὶ βραχίονι[22] δεξιῷ.

22 ποὺς μωροῦ[23] ταχὺς[24] εἰς οἰκίαν,
ἄνθρωπος δὲ πολύπειρος[25] αἰσχυνθήσεται[26] ἀπὸ προσώπου.
23 ἄφρων[27] ἀπὸ θύρας παρακύπτει[28] εἰς οἰκίαν,
ἀνὴρ δὲ πεπαιδευμένος[29] ἔξω στήσεται.
24 ἀπαιδευσία[30] ἀνθρώπου ἀκροᾶσθαι[31] παρὰ θύραν,
ὁ δὲ φρόνιμος[32] βαρυνθήσεται[33] ἀτιμίᾳ.[34]
25 χείλη[35] ἀλλοτρίων[36] ἐν τούτοις διηγήσονται,[37]
λόγοι δὲ φρονίμων[38] ἐν ζυγῷ[39] σταθήσονται.
26 ἐν στόματι μωρῶν[40] ἡ καρδία αὐτῶν,
καρδία δὲ σοφῶν[41] στόμα αὐτῶν.
27 ἐν τῷ καταρᾶσθαι[42] ἀσεβῆ[43] τὸν σατανᾶν[44]
αὐτὸς καταρᾶται[45] τὴν ἑαυτοῦ ψυχήν.

1 ἀφανίζω, *perf pas ptc nom s m*, destroy
2 μωρός, stupid
3 γνῶσις, knowledge
4 ἀσύνετος, ignorant, unintelligent
5 ἀδιεξέταστος, senseless, meaningless
6 πέδη, shackle
7 ἀνόητος, uneducated
8 παιδεία, education, teaching
9 χειροπέδη, handcuff
10 μωρός, stupid
11 γέλως, laughter
12 ἀνυψόω, *pres act ind 3s*, raise
13 πανοῦργος, prudent, clever
14 μόλις, hardly, barely
15 ἡσυχῇ, quietly
16 μειδιάω, *fut act ind 3s*, smile, grin
17 κόσμος, ornament, decoration
18 χρυσοῦς, golden
19 φρόνιμος, prudent, clever
20 παιδεία, discipline, instruction
21 χλιδών, bracelet
22 βραχίων, arm
23 μωρός, stupid
24 ταχύς, hasty, quick
25 πολύπειρος, trained, experienced
26 αἰσχύνω, *fut pas ind 3s*, disgrace, shame
27 ἄφρων, foolish
28 παρακύπτω, *pres act ind 3s*, stoop to look
29 παιδεύω, *perf pas ptc nom s m*, educate
30 ἀπαιδευσία, ignorance, miseducation
31 ἀκροάομαι, *pres mid inf*, listen
32 φρόνιμος, prudent, clever
33 βαρύνω, *fut pas ind 3s*, burden, weigh down
34 ἀτιμία, dishonor, disgrace
35 χεῖλος, lip, (speech)
36 ἀλλότριος, strange, foreign
37 διηγέομαι, *fut mid ind 3p*, describe in detail
38 φρόνιμος, prudent, clever
39 ζυγός, scale
40 μωρός, stupid
41 σοφός, wise
42 καταράομαι, *pres mid inf*, curse
43 ἀσεβής, ungodly, wicked
44 σατανᾶς, adversary, accuser
45 καταράομαι, *pres mid ind 3s*, curse

28 μολύνει[1] τὴν ἑαυτοῦ ψυχὴν ὁ ψιθυρίζων[2]
καὶ ἐν παροικήσει[3] μισηθήσεται.

22 Λίθῳ ἠρδαλωμένῳ[4] συνεβλήθη[5] ὀκνηρός,[6]
καὶ πᾶς ἐκσυριεῖ[7] ἐπὶ τῇ ἀτιμίᾳ[8] αὐτοῦ.
2 βολβίτῳ[9] κοπρίων[10] συνεβλήθη[11] ὀκνηρός,[12]
πᾶς ὁ ἀναιρούμενος[13] αὐτὸν ἐκτινάξει[14] χεῖρα.

On Undisciplined Children

3 αἰσχύνη[15] πατρὸς ἐν γεννήσει[16] ἀπαιδεύτου,[17]
θυγάτηρ[18] δὲ ἐπ᾽ ἐλαττώσει[19] γίνεται.
4 θυγάτηρ[20] φρονίμη[21] κληρονομήσει[22] ἄνδρα αὐτῆς,
καὶ ἡ καταισχύνουσα[23] εἰς λύπην[24] γεννήσαντος·
5 πατέρα καὶ ἄνδρα καταισχύνει[25] ἡ θρασεῖα[26]
καὶ ὑπὸ ἀμφοτέρων[27] ἀτιμασθήσεται.[28]
6 μουσικὰ[29] ἐν πένθει[30] ἄκαιρος[31] διήγησις,[32]
μάστιγες[33] δὲ καὶ παιδεία[34] ἐν παντὶ καιρῷ σοφίας.

More on Wisdom and Foolishness

9 συγκολλῶν[35] ὄστρακον[36] ὁ διδάσκων μωρόν,[37]
ἐξεγείρων[38] καθεύδοντα[39] ἐκ βαθέος[40] ὕπνου.[41]

1 μολύνω, *pres act ind 3s*, stain, defile
2 ψιθυρίζω, *pres act ptc nom s m*, whisper
3 παροίκησις, neighborhood
4 ἀρδαλόω, *pres pas ptc dat s m*, smear (with dirt)
5 συμβάλλω, *aor pas ind 3s*, compare with
6 ὀκνηρός, lazy, idle
7 ἐκσυρίζω, *fut act ind 3s*, hiss
8 ἀτιμία, dishonor, disgrace
9 βόλβιτον, filth
10 κόπριον, manure
11 συμβάλλω, *aor pas ind 3s*, compare with
12 ὀκνηρός, lazy, idle
13 ἀναιρέω, *pres mid ptc nom s m*, take up
14 ἐκτινάσσω, *fut act ind 3s*, shake off
15 αἰσχύνη, shame, dishonor
16 γέννησις, offspring
17 ἀπαίδευτος, uneducated, ignorant
18 θυγάτηρ, daughter
19 ἐλάττωσις, loss
20 θυγάτηρ, daughter
21 φρόνιμος, prudent
22 κληρονομέω, *fut act ind 3s*, acquire
23 καταισχύνω, *pres act ptc nom s f*, dishonor, shame
24 λύπη, grief
25 καταισχύνω, *pres act ind 3s*, dishonor, shame
26 θρασύς, rash, bold
27 ἀμφότεροι, both
28 ἀτιμάζω, *fut pas ind 3s*, dishonor
29 μουσικά, musician
30 πένθος, mourning, sorrow
31 ἄκαιρος, untimely, ill-fitting
32 διήγησις, discussion, conversation
33 μάστιξ, whip, lash
34 παιδεία, discipline, training
35 συγκολλάω, *pres act ptc nom s m*, cement together, glue together
36 ὄστρακον, potsherd
37 μωρός, stupid
38 ἐξεγείρω, *pres act ptc nom s m*, wake up
39 καθεύδω, *pres act ptc acc s m*, sleep
40 βαθύς, deep
41 ὕπνος, sleep

10 διηγούμενος[1] νυστάζοντι[2] ὁ διηγούμενος μωρῷ,[3]
καὶ ἐπὶ συντελείᾳ[4] ἐρεῖ Τί ἐστιν;
11 ἐπὶ νεκρῷ[5] κλαῦσον, ἐξέλιπεν[6] γὰρ φῶς,
καὶ ἐπὶ μωρῷ[7] κλαῦσον, ἐξέλιπεν[8] γὰρ σύνεσιν·[9]
ἥδιον[10] κλαῦσον ἐπὶ νεκρῷ,[11] ὅτι ἀνεπαύσατο,[12]
τοῦ δὲ μωροῦ[13] ὑπὲρ θάνατον ἡ ζωὴ πονηρά.
12 πένθος[14] νεκροῦ[15] ἑπτὰ ἡμέραι,
μωροῦ[16] δὲ καὶ ἀσεβοῦς[17] πᾶσαι αἱ ἡμέραι τῆς ζωῆς αὐτοῦ.

13 μετὰ ἄφρονος[18] μὴ πληθύνῃς[19] λόγον
καὶ πρὸς ἀσύνετον[20] μὴ πορεύου·
φύλαξαι ἀπ᾽ αὐτοῦ, ἵνα μὴ κόπον[21] ἔχῃς
καὶ οὐ μὴ μολυνθῇς[22] ἐν τῷ ἐντιναγμῷ[23] αὐτοῦ·
ἔκκλινον[24] ἀπ᾽ αὐτοῦ καὶ εὑρήσεις ἀνάπαυσιν[25]
καὶ οὐ μὴ ἀκηδιάσῃς[26] ἐν τῇ ἀπονοίᾳ[27] αὐτοῦ.
14 ὑπὲρ μόλιβον[28] τί βαρυνθήσεται;[29]
καὶ τί αὐτῷ ὄνομα ἀλλ᾽ ἢ μωρός;[30]
15 ἄμμον[31] καὶ ἅλα[32] καὶ βῶλον[33] σιδήρου[34]
εὔκοπον[35] ὑπενεγκεῖν[36] ἢ ἄνθρωπον ἀσύνετον.[37]

16 Ἱμάντωσις[38] ξυλίνη[39] ἐνδεδεμένη[40] εἰς οἰκοδομὴν[41]
ἐν συσσεισμῷ[42] οὐ διαλυθήσεται·[43]

1 διηγέομαι, *pres mid ptc nom s m*, describe in detail
2 νυστάζω, *pres act ptc dat s m*, become drowsy
3 μωρός, stupid
4 συντέλεια, end, completion
5 νεκρός, dead
6 ἐκλείπω, *aor act ind 3s*, leave behind
7 μωρός, stupid
8 ἐκλείπω, *aor act ind 3s*, leave behind
9 σύνεσις, understanding, sensibility
10 ἡδύς, *comp*, more gladly
11 νεκρός, dead
12 ἀναπαύω, *aor mid ind 3s*, take rest, (die)
13 μωρός, stupid
14 πένθος, mourning, sorrow
15 νεκρός, dead
16 μωρός, stupid
17 ἀσεβής, ungodly, wicked
18 ἄφρων, foolish
19 πληθύνω, *pres act sub 2s*, proliferate, multiply
20 ἀσύνετος, senseless, unintelligent
21 κόπος, trouble
22 μολύνω, *aor pas sub 2s*, stain, defile
23 ἐντιναγμός, shaking
24 ἐκκλίνω, *aor act impv 2s*, turn away
25 ἀνάπαυσις, rest
26 ἀκηδιάω, *aor act sub 2s*, grow weary
27 ἀπόνοια, desperation, madness
28 μόλιβος, lead
29 βαρύνω, *fut pas ind 3s*, weigh
30 μωρός, stupid
31 ἄμμος, sand
32 ἅλς, salt
33 βῶλος, lump
34 σίδηρος, iron
35 εὔκοπος, easier
36 ὑποφέρω, *aor act inf*, endure, bear up
37 ἀσύνετος, senseless, without understanding
38 ἱμάντωσις, timber
39 ξύλινος, wooden
40 ἐνδέω, *perf pas ptc nom s f*, join in, bind in
41 οἰκοδομή, building
42 συσσεισμός, earthquake
43 διαλύω, *fut pas ind 3s*, break up

οὕτως καρδία ἐστηριγμένη[1] ἐπὶ διανοήματος[2] βουλῆς[3]
ἐν καιρῷ οὐ δειλιάσει.[4]
17 καρδία ἡδρασμένη[5] ἐπὶ διανοίας[6] συνέσεως[7]
ὡς κόσμος[8] ψαμμωτὸς[9] τοίχου[10] ξυστοῦ.[11]
18 χάρακες[12] ἐπὶ μετεώρου[13] κείμενοι[14]
κατέναντι[15] ἀνέμου[16] οὐ μὴ ὑπομείνωσιν·[17]
οὕτως καρδία δειλὴ[18] ἐπὶ διανοήματος[19] μωροῦ[20]
κατέναντι[21] παντὸς φόβου οὐ μὴ ὑπομείνῃ.[22]

On Friendship

19 Ὁ νύσσων[23] ὀφθαλμὸν κατάξει[24] δάκρυα,[25]
καὶ νύσσων[26] καρδίαν ἐκφαίνει[27] αἴσθησιν.[28]
20 βάλλων[29] λίθον ἐπὶ πετεινὰ[30] ἀποσοβεῖ[31] αὐτά,
καὶ ὁ ὀνειδίζων[32] φίλον[33] διαλύσει[34] φιλίαν.[35]
21 ἐπὶ φίλον[36] ἐὰν σπάσῃς[37] ῥομφαίαν,[38]
μὴ ἀφελπίσῃς,[39] ἔστιν γὰρ ἐπάνοδος·[40]
22 ἐπὶ φίλον[41] ἐὰν ἀνοίξῃς στόμα,
μὴ εὐλαβηθῇς,[42] ἔστιν γὰρ διαλλαγή·[43]

1 στηρίζω, *perf pas ptc nom s f*, fix, establish
2 διανόημα, consideration, thought
3 βουλή, counsel, plan
4 δειλιάω, *fut act ind 3s*, be afraid
5 ἑδράζω, *perf pas ptc nom s f*, settle
6 διάνοια, understanding
7 σύνεσις, insight
8 κόσμος, ornament, decoration
9 ψαμμωτός, (made of) plaster
10 τοῖχος, wall
11 ξυστός, smooth
12 χάραξ, stake, fencepost
13 μετέωρος, raised from the ground
14 κεῖμαι, *pres pas ptc nom p m*, set in place
15 κατέναντι, before, against
16 ἄνεμος, wind
17 ὑπομένω, *aor act sub 3p*, remain, stay in place
18 δειλός, fearful
19 διανόημα, thought
20 μωρός, stupid
21 κατέναντι, before, against
22 ὑπομένω, *aor act sub 3s*, endure
23 νύσσω, *pres act ptc nom s m*, poke, prick
24 κατάγω, *fut act ind 3s*, (prompt), bring down
25 δάκρυον, tear
26 νύσσω, *pres act ptc nom s m*, poke, prick
27 ἐκφαίνω, *pres act ind 3s*, disclose, reveal
28 αἴσθησις, feeling
29 βάλλω, *pres act ptc nom s m*, throw
30 πετεινόν, bird
31 ἀποσοβέω, *pres act ind 3s*, scare off
32 ὀνειδίζω, *pres act ptc nom s m*, revile, insult
33 φίλος, friend
34 διαλύω, *fut act ind 3s*, dissolve
35 φιλία, friendship
36 φίλος, friend
37 σπάω, *aor act sub 2s*, draw
38 ῥομφαία, sword
39 ἀφελπίζω, *aor act sub 2s*, despair
40 ἐπάνοδος, return
41 φίλος, friend
42 εὐλαβέομαι, *aor pas sub 2s*, be anxious
43 διαλλαγή, reconciliation

πλὴν ὀνειδισμοῦ[1] καὶ ὑπερηφανίας[2]
καὶ μυστηρίου[3] ἀποκαλύψεως[4] καὶ πληγῆς[5] δολίας,[6]
ἐν τούτοις ἀποφεύξεται[7] πᾶς φίλος.[8]

23 πίστιν κτῆσαι[9] ἐν πτωχείᾳ[10] μετὰ τοῦ πλησίον,[11]
ἵνα ἐν τοῖς ἀγαθοῖς αὐτοῦ ὁμοῦ[12] πλησθῇς·[13]
ἐν καιρῷ θλίψεως διάμενε[14] αὐτῷ,
ἵνα ἐν τῇ κληρονομίᾳ[15] αὐτοῦ συγκληρονομήσῃς.[16]
24 πρὸ πυρὸς ἀτμὶς[17] καμίνου[18] καὶ καπνός·[19]
οὕτως πρὸ αἱμάτων λοιδορίαι.[20]
25 φίλον[21] σκεπάσαι[22] οὐκ αἰσχυνθήσομαι[23]
καὶ ἀπὸ προσώπου αὐτοῦ οὐ μὴ κρυβῶ,[24]
26 καὶ εἰ κακά μοι συμβήσεται[25] δι᾿ αὐτόν,
πᾶς ὁ ἀκούων φυλάξεται ἀπ᾿ αὐτοῦ.

Prayer for Mercy in Sin

27 Τίς δώσει ἐπὶ στόμα μου φυλακὴν
καὶ ἐπὶ τῶν χειλέων[26] μου σφραγῖδα[27] πανοῦργον,[28]
ἵνα μὴ πέσω ἀπ᾿ αὐτῆς
καὶ ἡ γλῶσσά μου ἀπολέσῃ με;

23 κύριε πάτερ καὶ δέσποτα[29] ζωῆς μου,
μὴ ἐγκαταλίπῃς[30] με ἐν βουλῇ[31] αὐτῶν,
μὴ ἀφῇς με πεσεῖν ἐν αὐτοῖς.
2 τίς ἐπιστήσει[32] ἐπὶ τοῦ διανοήματός[33] μου μάστιγας[34]
καὶ ἐπὶ τῆς καρδίας μου παιδείαν[35] σοφίας,

1 ὀνειδισμός, insult, reproach
2 ὑπερηφανία, arrogance
3 μυστήριον, secret
4 ἀποκάλυψις, uncovering, disclosing
5 πληγή, blow, wound
6 δόλιος, treacherous
7 ἀποφεύγω, *fut mid ind 3s*, avoid
8 φίλος, friend
9 κτάομαι, *aor mid impv 2s*, acquire, gain
10 πτωχεία, poverty
11 πλησίον, companion, neighbor
12 ὁμοῦ, together
13 πίμπλημι, *aor pas sub 2s*, fill up
14 διαμένω, *pres act impv 2s*, continue, persevere
15 κληρονομία, inheritance
16 συγκληρονομέω, *aor act sub 2s*, be joint heir
17 ἀτμίς, vapor
18 κάμινος, furnace
19 καπνός, smoke
20 λοιδορία, abuse, insult
21 φίλος, friend
22 σκεπάζω, *aor act inf*, protect, shelter
23 αἰσχύνω, *fut pas ind 1s*, feel shame
24 κρύπτω, *aor pas sub 1s*, hide
25 συμβαίνω, *fut mid ind 3s*, happen
26 χεῖλος, lip
27 σφραγίς, seal
28 πανοῦργος, prudent
29 δεσπότης, master
30 ἐγκαταλείπω, *aor act sub 2s*, forsake, abandon
31 βουλή, purpose, plan
32 ἐφίστημι, *fut act ind 3s*, come upon, attack
33 διανόημα, thought
34 μάστιξ, whip
35 παιδεία, training, discipline

ἵνα ἐπὶ τοῖς ἀγνοήμασίν[1] μου μὴ φείσωνται[2]
καὶ οὐ μὴ παρῇ[3] τὰ ἁμαρτήματα[4] αὐτῶν,
3 ὅπως μὴ πληθυνθῶσιν[5] αἱ ἄγνοιαί[6] μου
καὶ αἱ ἁμαρτίαι μου πλεονάσωσιν[7]
καὶ πεσοῦμαι ἔναντι[8] τῶν ὑπεναντίων[9]
καὶ ἐπιχαρεῖταί[10] μοι ὁ ἐχθρός μου;
4 κύριε πάτερ καὶ θεὲ ζωῆς μου,
μετεωρισμὸν[11] ὀφθαλμῶν μὴ δῷς μοι
5 καὶ ἐπιθυμίαν[12] ἀπόστρεψον[13] ἀπ᾽ ἐμοῦ·
6 κοιλίας[14] ὄρεξις[15] καὶ συνουσιασμὸς[16] μὴ καταλαβέτωσάν[17] με,
καὶ ψυχῇ ἀναιδεῖ[18] μὴ παραδῷς με.

Disciplining the Tongue

7 Παιδείαν[19] στόματος ἀκούσατε, τέκνα,
καὶ ὁ φυλάσσων οὐ μὴ ἁλῷ.[20]
8 ἐν τοῖς χείλεσιν[21] αὐτοῦ καταληφθήσεται[22] ἁμαρτωλός,
καὶ λοίδορος[23] καὶ ὑπερήφανος[24] σκανδαλισθήσονται[25] ἐν αὐτοῖς.
9 ὅρκῳ[26] μὴ ἐθίσῃς[27] τὸ στόμα σου
καὶ ὀνομασίᾳ[28] τοῦ ἁγίου μὴ συνεθισθῇς·[29]
10 ὥσπερ γὰρ οἰκέτης[30] ἐξεταζόμενος[31] ἐνδελεχῶς[32]
ἀπὸ μώλωπος[33] οὐκ ἐλαττωθήσεται,[34]
οὕτως καὶ ὁ ὀμνύων[35] καὶ ὀνομάζων[36] διὰ παντὸς
ἀπὸ ἁμαρτίας οὐ μὴ καθαρισθῇ.

1 ἀγνόημα, unintentional error
2 φείδομαι, *aor mid sub 3p*, spare
3 παρίημι, *pres act sub 3s*, neglect
4 ἁμάρτημα, sin
5 πληθύνω, *aor pas sub 3p*, increase, multiply
6 ἄγνοια, mistake, (act of) ignorance
7 πλεονάζω, *aor act sub 3p*, be abundant
8 ἔναντι, before
9 ὑπεναντίος, opposing
10 ἐπιχαίρω, *fut mid ind 3s*, exult over
11 μετεωρισμός, lifting up
12 ἐπιθυμία, desire
13 ἀποστρέφω, *aor act impv 2s*, turn away
14 κοιλία, belly
15 ὄρεξις, craving, longing
16 συνουσιασμός, sexual intercourse
17 καταλαμβάνω, *aor act impv 3p*, overtake, apprehend
18 ἀναιδής, shameless
19 παιδεία, discipline, instruction
20 ἁλίσκομαι, *aor act sub 3s*, be taken, be caught
21 χεῖλος, lip, (speech)
22 καταλαμβάνω, *fut pas ind 3s*, overtake, lay hold of
23 λοίδορος, abusive
24 ὑπερήφανος, arrogant
25 σκανδαλίζω, *fut pas ind 3p*, trip up
26 ὅρκος, oath
27 ἐθίζω, *aor act sub 2s*, conform, accustom
28 ὀνομασία, act of naming
29 συνεθίζω, *aor pas sub 2s*, make customary, form a habit
30 οἰκέτης, household servant
31 ἐξετάζω, *pres pas ptc nom s m*, scrutinize
32 ἐνδελεχῶς, continually
33 μώλωψ, wound, welt
34 ἐλαττόω, *fut pas ind 3s*, be in need
35 ὄμνυμι, *pres act ptc nom s m*, swear an oath
36 ὀνομάζω, *pres act ptc nom s m*, name (God's name)

11 ἀνὴρ πολύορκος[1] πλησθήσεται[2] ἀνομίας,[3]
καὶ οὐκ ἀποστήσεται[4] ἀπὸ τοῦ οἴκου αὐτοῦ μάστιξ·[5]
ἐὰν πλημμελήσῃ,[6] ἁμαρτία αὐτοῦ ἐπ᾽ αὐτῷ,
κἂν[7] ὑπερίδῃ,[8] ἥμαρτεν δισσῶς·[9]
καὶ εἰ διὰ κενῆς[10] ὤμοσεν,[11] οὐ δικαιωθήσεται,
πλησθήσεται[12] γὰρ ἐπαγωγῶν[13] ὁ οἶκος αὐτοῦ.

12 Ἔστιν λέξις[14] ἀντιπαραβεβλημένη[15] θανάτῳ,
μὴ εὑρεθήτω ἐν κληρονομίᾳ[16] Ιακωβ·
ἀπὸ γὰρ εὐσεβῶν[17] ταῦτα πάντα ἀποστήσεται,[18]
καὶ ἐν ἁμαρτίαις οὐκ ἐγκυλισθήσονται.[19]
13 ἀπαιδευσίαν[20] ἀσυρῆ[21] μὴ συνεθίσῃς[22] τὸ στόμα σου·
ἔστιν γὰρ ἐν αὐτῇ λόγος ἁμαρτίας.
14 μνήσθητι[23] πατρὸς καὶ μητρός σου,
ἀνὰ μέσον[24] γὰρ μεγιστάνων[25] συνεδρεύεις,[26]
μήποτε[27] ἐπιλάθῃ[28] ἐνώπιον αὐτῶν
καὶ τῷ ἐθισμῷ[29] σου μωρανθῇς[30]
καὶ θελήσεις εἰ μὴ ἐγεννήθης
καὶ τὴν ἡμέραν τοῦ τοκετοῦ[31] σου καταράσῃ.[32]
15 ἄνθρωπος συνεθιζόμενος[33] λόγοις ὀνειδισμοῦ[34]
ἐν πάσαις ταῖς ἡμέραις αὐτοῦ οὐ μὴ παιδευθῇ.[35]

On Sexual Sin

16 Δύο εἴδη[36] πληθύνουσιν[37] ἁμαρτίας,
καὶ τὸ τρίτον ἐπάξει[38] ὀργήν·

1 πολύορκος, often swearing
2 πίμπλημι, *fut pas ind 3s*, fill up
3 ἀνομία, lawlessness
4 ἀφίστημι, *fut mid ind 3s*, turn away
5 μάστιξ, whip, lash
6 πλημμελέω, *aor act sub 3s*, offend, err
7 κἄν, *and if*, *cr.* καὶ ἐάν or καὶ ἄν
8 ὑπεροράω, *aor act sub 3s*, overlook, ignore
9 δισσῶς, in two ways
10 κενός, pointless
11 ὄμνυμι, *aor act ind 3s*, swear an oath
12 πίμπλημι, *fut pas ind 3s*, fill up
13 ἐπαγωγή, misery
14 λέξις, speech, expression
15 ἀντιπαραβάλλω, *perf pas ptc nom s f*, compare with
16 κληρονομία, inheritance
17 εὐσεβής, godly, pious
18 ἀφίστημι, *fut mid ind 3s*, keep away
19 ἐγκυλίομαι, *fut pas ind 3p*, wrap up in
20 ἀπαιδευσία, miseducation, ignorance
21 ἀσυρής, lewd
22 συνεθίζω, *aor act sub 2s*, grow accustomed
23 μιμνῄσκομαι, *aor pas impv 2s*, remember
24 ἀνὰ μέσον, in the midst
25 μεγιστάν, noble, influential person
26 συνεδρεύω, *pres act ind 2s*, sit in counsel
27 μήποτε, lest
28 ἐπιλανθάνομαι, *aor mid sub 2s*, forget
29 ἐθισμός, habit
30 μωραίνω, *aor pas sub 2s*, act foolishly
31 τοκετός, delivery, birth
32 καταράομαι, *fut mid ind 2s*, curse
33 συνεθίζω, *pres pas ptc nom s m*, grow accustomed
34 ὀνειδισμός, insult
35 παιδεύω, *aor pas sub 3s*, train, instruct
36 εἶδος, type, kind
37 πληθύνω, *pres act ind 3p*, multiply
38 ἐπάγω, *fut act ind 3s*, bring on

17 ψυχὴ θερμὴ[1] ὡς πῦρ καιόμενον,[2]
οὐ μὴ σβεσθῇ[3] ἕως ἂν καταποθῇ·[4]
ἄνθρωπος πόρνος[5] ἐν σώματι σαρκὸς αὐτοῦ,
οὐ μὴ παύσηται[6] ἕως ἂν ἐκκαύσῃ[7] πῦρ·
ἀνθρώπῳ πόρνῳ πᾶς ἄρτος ἡδύς,[8]
οὐ μὴ κοπάσῃ[9] ἕως ἂν τελευτήσῃ.[10]

18 ἄνθρωπος παραβαίνων[11] ἀπὸ τῆς κλίνης[12] αὐτοῦ
λέγων ἐν τῇ ψυχῇ αὐτοῦ Τίς με ὁρᾷ;
σκότος κύκλῳ[13] μου, καὶ οἱ τοῖχοί[14] με καλύπτουσιν,[15]
καὶ οὐθείς[16] με ὁρᾷ· τί εὐλαβοῦμαι;[17]
τῶν ἁμαρτιῶν μου οὐ μὴ μνησθήσεται[18] ὁ ὕψιστος.[19]

19 καὶ ὀφθαλμοὶ ἀνθρώπων ὁ φόβος αὐτοῦ,
καὶ οὐκ ἔγνω ὅτι ὀφθαλμοὶ κυρίου
μυριοπλασίως[20] ἡλίου φωτεινότεροι[21]
ἐπιβλέποντες[22] πάσας ὁδοὺς ἀνθρώπων
καὶ κατανοοῦντες[23] εἰς ἀπόκρυφα[24] μέρη.[25]

20 πρὶν[26] ἢ κτισθῆναι[27] τὰ πάντα ἔγνωσται αὐτῷ,
οὕτως καὶ μετὰ τὸ συντελεσθῆναι.[28]
21 οὗτος ἐν πλατείαις[29] πόλεως ἐκδικηθήσεται,[30]
καὶ οὗ οὐχ ὑπενόησεν,[31] πιασθήσεται.[32]

22 Οὕτως καὶ γυνὴ καταλιποῦσα[33] τὸν ἄνδρα
καὶ παριστῶσα[34] κληρονόμον[35] ἐξ ἀλλοτρίου.[36]

1 θέρμη, heat
2 καίω, *pres pas ptc nom s n*, burn
3 σβέννυμι, *aor pas sub 3s*, extinguish
4 καταπίνω, *aor pas sub 3s*, deplete, consume
5 πόρνος, fornicator
6 παύω, *aor mid sub 3s*, cease, come to a stop
7 ἐκκαίω, *aor act sub 3s*, burn out
8 ἡδύς, pleasant
9 κοπάζω, *aor act sub 3s*, cease
10 τελευτάω, *aor act sub 3s*, die
11 παραβαίνω, *pres act ptc nom s m*, turn aside
12 κλίνη, (marriage) bed
13 κύκλῳ, around
14 τοῖχος, wall
15 καλύπτω, *pres act ind 3p*, conceal
16 οὐθείς, no one
17 εὐλαβέομαι, *pres mid ind 1s*, be anxious, be cautious
18 μιμνήσκομαι, *fut pas ind 3s*, remember
19 ὕψιστος, *sup*, Most High
20 μυριοπλασίως, ten thousand times
21 φωτεινός, *comp*, brighter
22 ἐπιβλέπω, *pres act ptc nom p m*, look upon
23 κατανοέω, *pres act ptc nom p m*, observe, notice
24 ἀπόκρυφος, secret, hidden
25 μέρος, part
26 πρίν, before
27 κτίζω, *aor pas inf*, create, make
28 συντελέω, *aor pas inf*, finish, complete
29 πλατεῖα, street
30 ἐκδικέω, *fut pas ind 3s*, punish
31 ὑπονοέω, *aor act ind 3s*, expect
32 πιάζω, *fut pas ind 3s*, arrest, seize
33 καταλείπω, *aor act ptc nom s f*, abandon, leave
34 παριστάω, *pres act ptc nom s f*, provide
35 κληρονόμος, heir
36 ἀλλότριος, strange (man)

23 πρῶτον μὲν γὰρ ἐν νόμῳ ὑψίστου[1] ἠπείθησεν,[2]
καὶ δεύτερον εἰς ἄνδρα αὐτῆς ἐπλημμέλησεν,[3]
καὶ τὸ τρίτον ἐν πορνείᾳ[4] ἐμοιχεύθη[5]
καὶ ἐξ ἀλλοτρίου[6] ἀνδρὸς τέκνα παρέστησεν.[7]
24 αὕτη εἰς ἐκκλησίαν ἐξαχθήσεται,[8]
καὶ ἐπὶ τὰ τέκνα αὐτῆς ἐπισκοπὴ[9] ἔσται.
25 οὐ διαδώσουσιν[10] τὰ τέκνα αὐτῆς εἰς ῥίζαν,[11]
καὶ οἱ κλάδοι[12] αὐτῆς οὐκ οἴσουσιν καρπόν.
26 καταλείψει[13] εἰς κατάραν[14] τὸ μνημόσυνον[15] αὐτῆς,
καὶ τὸ ὄνειδος[16] αὐτῆς οὐκ ἐξαλειφθήσεται,[17]
27 καὶ ἐπιγνώσονται οἱ καταλειφθέντες[18]
ὅτι οὐθὲν[19] κρεῖττον[20] φόβου κυρίου
καὶ οὐθὲν γλυκύτερον[21] τοῦ προσέχειν[22] ἐντολαῖς κυρίου.

In Praise of Wisdom

24 Ἡ σοφία αἰνέσει[23] ψυχὴν αὐτῆς
καὶ ἐν μέσῳ λαοῦ αὐτῆς καυχήσεται·[24]
2 ἐν ἐκκλησίᾳ ὑψίστου[25] στόμα αὐτῆς ἀνοίξει
καὶ ἔναντι[26] δυνάμεως αὐτοῦ καυχήσεται[27]
3 Ἐγὼ ἀπὸ στόματος ὑψίστου[28] ἐξῆλθον
καὶ ὡς ὁμίχλη[29] κατεκάλυψα[30] γῆν·
4 ἐγὼ ἐν ὑψηλοῖς[31] κατεσκήνωσα,[32]
καὶ ὁ θρόνος μου ἐν στύλῳ[33] νεφέλης·[34]

1 ὕψιστος, *sup*, Most High
2 ἀπειθέω, *aor act ind 3s*, disobey
3 πλημμελέω, *aor act ind 3s*, offend, do wrong
4 πορνεία, fornication
5 μοιχεύω, *aor pas ind 3s*, commit adultery
6 ἀλλότριος, strange (man)
7 παρίστημι, *aor act ind 3s*, provide
8 ἐξάγω, *fut pas ind 3s*, lead out
9 ἐπισκοπή, inspection, visitation
10 διαδίδωμι, *fut act ind 3p*, spread, pass on
11 ῥίζα, root
12 κλάδος, branch
13 καταλείπω, *fut act ind 3s*, abandon, forsake
14 κατάρα, curse
15 μνημόσυνον, memory
16 ὄνειδος, disgrace
17 ἐξαλείφω, *fut pas ind 3s*, wipe away, erase
18 καταλείπω, *aor pas ptc nom p m*, leave behind
19 οὐθείς, nothing
20 κρείττων (σσ), *comp of* ἀγαθός, better
21 γλυκύς, *comp*, more pleasant
22 προσέχω, *pres act inf*, give heed to
23 αἰνέω, *fut act ind 3s*, praise
24 καυχάομαι, *fut mid ind 3s*, boast
25 ὕψιστος, *sup*, Most High
26 ἔναντι, before
27 καυχάομαι, *fut mid ind 3s*, boast
28 ὕψιστος, *sup*, Most High
29 ὁμίχλη, fog, mist
30 κατακαλύπτω, *aor act ind 1s*, cover
31 ὑψηλός, high (place)
32 κατασκηνόω, *aor act ind 1s*, dwell, settle
33 στῦλος, pillar
34 νεφέλη, cloud

5 γῦρον[1] οὐρανοῦ ἐκύκλωσα[2] μόνη
καὶ ἐν βάθει[3] ἀβύσσων[4] περιεπάτησα·[5]
6 ἐν κύμασιν[6] θαλάσσης καὶ ἐν πάσῃ τῇ γῇ
καὶ ἐν παντὶ λαῷ καὶ ἔθνει ἐκτησάμην.[7]
7 μετὰ τούτων πάντων ἀνάπαυσιν[8] ἐζήτησα
καὶ ἐν κληρονομίᾳ[9] τίνος αὐλισθήσομαι.[10]

8 τότε ἐνετείλατό[11] μοι ὁ κτίστης[12] ἁπάντων,[13]
καὶ ὁ κτίσας[14] με κατέπαυσεν[15] τὴν σκηνήν[16] μου
καὶ εἶπεν Ἐν Ιακωβ κατασκήνωσον[17]
καὶ ἐν Ισραηλ κατακληρονομήθητι.[18]
9 πρὸ τοῦ αἰῶνος ἀπ᾽ ἀρχῆς ἔκτισέν[19] με,
καὶ ἕως αἰῶνος οὐ μὴ ἐκλίπω.[20]
10 ἐν σκηνῇ[21] ἁγίᾳ ἐνώπιον αὐτοῦ ἐλειτούργησα[22]
καὶ οὕτως ἐν Σιων ἐστηρίχθην·[23]
11 ἐν πόλει ἠγαπημένῃ ὁμοίως[24] με κατέπαυσεν,[25]
καὶ ἐν Ιερουσαλημ ἡ ἐξουσία[26] μου·
12 καὶ ἐρρίζωσα[27] ἐν λαῷ δεδοξασμένῳ,
ἐν μερίδι[28] κυρίου, κληρονομίας[29] αὐτοῦ.

13 ὡς κέδρος[30] ἀνυψώθην[31] ἐν τῷ Λιβάνῳ
καὶ ὡς κυπάρισσος[32] ἐν ὄρεσιν Αερμων·
14 ὡς φοῖνιξ[33] ἀνυψώθην[34] ἐν Αιγγαδοις
καὶ ὡς φυτὰ[35] ῥόδου[36] ἐν Ιεριχω,

1 γῦρος, circle
2 κυκλόω, *aor act ind 1s*, move around, circle
3 βάθος, depth
4 ἄβυσσος, deep, abyss
5 περιπατέω, *aor act ind 1s*, walk around
6 κῦμα, wave
7 κτάομαι, *aor mid ind 1s*, acquire, possess
8 ἀνάπαυσις, rest
9 κληρονομία, inheritance
10 αὐλίζω, *fut pas ind 1s*, spend the night, lodge
11 ἐντέλλομαι, *aor mid ind 3s*, command, order
12 κτίστης, creator
13 ἅπας, all
14 κτίζω, *aor act ptc nom s m*, create
15 καταπαύω, *aor act ind 3s*, settle, bring to rest
16 σκηνή, tent
17 κατασκηνόω, *aor act impv 2s*, live, dwell
18 κατακληρονομέω, *aor pas impv 2s*, receive one's inheritance
19 κτίζω, *aor act ind 3s*, create
20 ἐκλείπω, *aor act sub 1s*, fail, faint
21 σκηνή, tent
22 λειτουργέω, *aor act ind 1s*, serve, minister
23 στηρίζω, *aor pas ind 1s*, establish
24 ὁμοίως, likewise, similarly
25 καταπαύω, *aor act ind 3s*, cause to rest
26 ἐξουσία, power, authority
27 ῥιζόω, *aor act ind 1s*, become fixed, take root
28 μερίς, portion
29 κληρονομία, inheritance
30 κέδρος, cedar
31 ἀνυψόω, *aor pas ind 1s*, raise up, grow
32 κυπάρισσος, cypress
33 φοῖνιξ, palm tree
34 ἀνυψόω, *aor pas ind 1s*, raise up, grow
35 φυτόν, bush, thicket
36 ῥόδον, rose

ὡς ἐλαία[1] εὐπρεπὴς[2] ἐν πεδίῳ,[3]
καὶ ἀνυψώθην[4] ὡς πλάτανος.[5]
15 ὡς κιννάμωμον[6] καὶ ἀσπάλαθος[7] ἀρωμάτων[8] δέδωκα ὀσμὴν[9]
καὶ ὡς σμύρνα[10] ἐκλεκτὴ[11] διέδωκα[12] εὐωδίαν,[13]
ὡς χαλβάνη[14] καὶ ὄνυξ[15] καὶ στακτὴ[16]
καὶ ὡς λιβάνου[17] ἀτμὶς[18] ἐν σκηνῇ.[19]
16 ἐγὼ ὡς τερέμινθος[20] ἐξέτεινα[21] κλάδους[22] μου,
καὶ οἱ κλάδοι μου κλάδοι δόξης καὶ χάριτος.
17 ἐγὼ ὡς ἄμπελος[23] ἐβλάστησα[24] χάριν,
καὶ τὰ ἄνθη[25] μου καρπὸς δόξης καὶ πλούτου.[26]

Wisdom's Invitation

19 προσέλθετε πρός με, οἱ ἐπιθυμοῦντές[27] μου,
καὶ ἀπὸ τῶν γενημάτων[28] μου ἐμπλήσθητε·[29]
20 τὸ γὰρ μνημόσυνόν[30] μου ὑπὲρ τὸ μέλι[31] γλυκύ,[32]
καὶ ἡ κληρονομία[33] μου ὑπὲρ μέλιτος κηρίον.[34]
21 οἱ ἐσθίοντές με ἔτι πεινάσουσιν,[35]
καὶ οἱ πίνοντές με ἔτι διψήσουσιν.[36]
22 ὁ ὑπακούων[37] μου οὐκ αἰσχυνθήσεται,[38]
καὶ οἱ ἐργαζόμενοι ἐν ἐμοὶ οὐχ ἁμαρτήσουσιν.

1 ἐλαία, olive tree
2 εὐπρεπής, attractive, healthy-looking
3 πεδίον, plain, field
4 ἀνυψόω, *aor pas ind 1s*, raise up, grow
5 πλάτανος, plane tree
6 κιννάμωμον, cinnamon, *Heb. LW*
7 ἀσπάλαθος, thorny shrub
8 ἄρωμα, spice
9 ὀσμή, smell, scent
10 σμύρνα, myrrh
11 ἐκλεκτός, choice, select
12 διαδίδωμι, *aor act ind 1s*, give, spread
13 εὐωδία, sweet smell, fragrance
14 χαλβάνη, galbanum, *Heb. LW*
15 ὄνυξ, onyx
16 στακτή, oil of myrrh
17 λίβανος, frankincense, *Heb. LW*
18 ἀτμίς, vapor, smoke
19 σκηνή, tent
20 τερέμινθος, terebinth tree
21 ἐκτείνω, *aor act ind 1s*, stretch out
22 κλάδος, branch
23 ἄμπελος, vine
24 βλαστέω, *aor act ind 1s*, sprout
25 ἄνθος, flower, blossom
26 πλοῦτος, wealth, riches
27 ἐπιθυμέω, *pres act ptc nom p m*, desire
28 γένημα, harvest, yield
29 ἐμπίμπλημι, *aor pas impv 2p*, fill up
30 μνημόσυνον, memory
31 μέλι, honey
32 γλυκύς, sweet
33 κληρονομία, inheritance
34 κηρίον, honeycomb
35 πεινάω, *fut act ind 3p*, be hungry
36 διψάω, *fut act ind 3p*, be thirsty
37 ὑπακούω, *pres act ptc nom s m*, obey
38 αἰσχύνω, *fut pas ind 3s*, put to shame

Wisdom and the Law

23 Ταῦτα πάντα βίβλος[1] διαθήκης θεοῦ ὑψίστου,[2]
νόμον ὃν ἐνετείλατο[3] ἡμῖν Μωυσῆς κληρονομίαν[4] συναγωγαῖς Ιακωβ,
25 ὁ πιμπλῶν[5] ὡς Φισων σοφίαν
καὶ ὡς Τίγρις ἐν ἡμέραις νέων,[6]
26 ὁ ἀναπληρῶν[7] ὡς Εὐφράτης σύνεσιν[8]
καὶ ὡς Ιορδάνης ἐν ἡμέραις θερισμοῦ,[9]
27 ὁ ἐκφαίνων[10] ὡς φῶς παιδείαν,[11]
ὡς Γηων ἐν ἡμέραις τρυγήτου.[12]
28 οὐ συνετέλεσεν[13] ὁ πρῶτος γνῶναι αὐτήν,
καὶ οὕτως ὁ ἔσχατος οὐκ ἐξιχνίασεν[14] αὐτήν·
29 ἀπὸ γὰρ θαλάσσης ἐπληθύνθη[15] διανόημα[16] αὐτῆς
καὶ ἡ βουλὴ[17] αὐτῆς ἀπὸ ἀβύσσου[18] μεγάλης.

30 Κἀγὼ[19] ὡς διῶρυξ[20] ἀπὸ ποταμοῦ[21]
καὶ ὡς ὑδραγωγὸς[22] ἐξῆλθον εἰς παράδεισον·[23]
31 εἶπα Ποτιῶ[24] μου τὸν κῆπον[25]
καὶ μεθύσω[26] μου τὴν πρασιάν·[27]
καὶ ἰδοὺ ἐγένετό μοι ἡ διῶρυξ[28] εἰς ποταμόν,[29]
καὶ ὁ ποταμός μου ἐγένετο εἰς θάλασσαν.
32 ἔτι παιδείαν[30] ὡς ὄρθρον[31] φωτιῶ[32]
καὶ ἐκφανῶ[33] αὐτὰ ἕως εἰς μακράν·[34]
33 ἔτι διδασκαλίαν[35] ὡς προφητείαν[36] ἐκχεῶ[37]
καὶ καταλείψω[38] αὐτὴν εἰς γενεὰς αἰώνων.

1 βίβλος, book
2 ὕψιστος, *sup*, Most High
3 ἐντέλλομαι, *aor mid ind 3s*, command, order
4 κληρονομία, inheritance
5 πίμπλημι, *pres act ptc nom s m*, fill
6 νέος, new
7 ἀναπληρόω, *pres act ptc nom s m*, complete, fulfill
8 σύνεσις, understanding
9 θερισμός, harvest
10 ἐκφαίνω, *pres act ptc nom s m*, shine out, display
11 παιδεία, instruction, education
12 τρύγητος, harvest, vintage
13 συντελέω, *aor act ind 3s*, finish, complete
14 ἐξιχνιάζω, *aor act ind 3s*, search out, track down
15 πληθύνω, *aor pas ind 3s*, increase, multiply
16 διανόημα, thought
17 βουλή, counsel, advice
18 ἄβυσσος, deep, abyss
19 κἀγώ, I also, *cr.* καὶ ἐγώ
20 διῶρυξ, canal
21 ποταμός, river
22 ὑδραγωγός, aqueduct
23 παράδεισος, garden, orchard
24 ποτίζω, *fut act ind 1s*, give water to
25 κῆπος, garden
26 μεθύω, *fut act ind 1s*, saturate
27 πρασιά, garden plot
28 διῶρυξ, canal
29 ποταμός, river
30 παιδεία, instruction, education
31 ὄρθρος, early morning, dawn
32 φωτίζω, *fut act ind 1s*, make bright, illuminate
33 ἐκφαίνω, *fut act ind 1s*, bring to light, reveal
34 μακράν, far away
35 διδασκαλία, teaching, instruction
36 προφητεία, prophecy
37 ἐκχέω, *fut act ind 1s*, issue, pour forth
38 καταλείπω, *fut act ind 1s*, leave behind, leave over

34 ἴδετε ὅτι οὐκ ἐμοὶ μόνῳ ἐκοπίασα,[1]
ἀλλ᾽ ἅπασιν[2] τοῖς ἐκζητοῦσιν[3] αὐτήν.

Thoughts That Please the Heart

25 Ἐν τρισὶν ὡραΐσθην[4] καὶ ἀνέστην ὡραία[5]
ἔναντι[6] κυρίου καὶ ἀνθρώπων·
ὁμόνοια[7] ἀδελφῶν, καὶ φιλία[8] τῶν πλησίον,[9]
καὶ γυνὴ καὶ ἀνὴρ ἑαυτοῖς συμπεριφερόμενοι.[10]
2 τρία δὲ εἴδη[11] ἐμίσησεν ἡ ψυχή μου
καὶ προσώχθισα[12] σφόδρα[13] τῇ ζωῇ αὐτῶν·
πτωχὸν ὑπερήφανον,[14] καὶ πλούσιον[15] ψεύστην,[16]
γέροντα[17] μοιχὸν[18] ἐλαττούμενον[19] συνέσει.[20]

3 Ἐν νεότητι[21] οὐ συναγείοχας,
καὶ πῶς ἂν εὕροις[22] ἐν τῷ γήρᾳ[23] σου;
4 ὡς ὡραῖον[24] πολιαῖς[25] κρίσις
καὶ πρεσβυτέροις ἐπιγνῶναι βουλήν.[26]
5 ὡς ὡραία[27] γερόντων[28] σοφία
καὶ δεδοξασμένοις διανόημα[29] καὶ βουλή.[30]
6 στέφανος[31] γερόντων[32] πολυπειρία,[33]
καὶ τὸ καύχημα[34] αὐτῶν φόβος κυρίου.

7 Ἐννέα[35] ὑπονοήματα[36] ἐμακάρισα[37] ἐν καρδίᾳ
καὶ τὸ δέκατον[38] ἐρῶ ἐπὶ γλώσσης·

1 κοπιάω, *aor act ind 1s*, labor, work
2 ἅπας, all
3 ἐκζητέω, *pres act ptc dat p m*, seek out
4 ὡραΐζομαι, *aor pas ind 1s*, find delight
5 ὡραῖος, beautiful
6 ἔναντι, before
7 ὁμόνοια, harmony, concord
8 φιλία, friendship
9 πλησίον, companion, neighbor
10 συμπεριφέρω, *pres mid ptc nom p m*, accommodate
11 εἶδος, kind, type
12 προσοχθίζω, *aor act ind 1s*, become angry
13 σφόδρα, exceedingly
14 ὑπερήφανος, arrogant
15 πλούσιος, rich
16 ψεύστης, liar
17 γέρων, old man
18 μοιχός, adulterer
19 ἐλαττόω, *pres mid ptc acc s m*, lack
20 σύνεσις, intelligence, understanding
21 νεότης, youth
22 εὑρίσκω, *aor act opt 2s*, obtain
23 γῆρας, old age
24 ὡραῖος, beautiful
25 πολιά, old age
26 βουλή, counsel, advice
27 ὡραῖος, beautiful
28 γέρων, old man
29 διανόημα, thought
30 βουλή, counsel, advice
31 στέφανος, crown
32 γέρων, old man
33 πολυπειρία, extensive experience
34 καύχημα, source of pride
35 ἐννέα, nine
36 ὑπονόημα, consideration, presupposition
37 μακαρίζω, *aor act ind 1s*, consider blessed
38 δέκατος, tenth

ἄνθρωπος εὐφραινόμενος[1] ἐπὶ τέκνοις,
ζῶν καὶ βλέπων ἐπὶ πτώσει[2] ἐχθρῶν·
8 μακάριος[3] ὁ συνοικῶν[4] γυναικὶ συνετῇ,[5]
καὶ ὃς ἐν γλώσσῃ οὐκ ὠλίσθησεν,[6]
καὶ ὃς οὐκ ἐδούλευσεν[7] ἀναξίῳ[8] ἑαυτοῦ·
9 μακάριος[9] ὃς εὗρεν φρόνησιν,[10]
καὶ ὁ διηγούμενος[11] εἰς ὦτα ἀκουόντων·
10 ὡς μέγας ὁ εὑρὼν σοφίαν·
ἀλλ' οὐκ ἔστιν ὑπὲρ τὸν φοβούμενον τὸν κύριον·
11 φόβος κυρίου ὑπὲρ πᾶν ὑπερέβαλεν,[12]
ὁ κρατῶν αὐτοῦ τίνι ὁμοιωθήσεται;[13]

On Wickedness

13 Πᾶσαν πληγὴν[14] καὶ μὴ πληγὴν καρδίας,
καὶ πᾶσαν πονηρίαν[15] καὶ μὴ πονηρίαν γυναικός·
14 πᾶσαν ἐπαγωγὴν[16] καὶ μὴ ἐπαγωγὴν μισούντων,
καὶ πᾶσαν ἐκδίκησιν[17] καὶ μὴ ἐκδίκησιν ἐχθρῶν.
15 οὐκ ἔστιν κεφαλὴ ὑπὲρ κεφαλὴν ὄφεως,[18]
καὶ οὐκ ἔστιν θυμὸς[19] ὑπὲρ θυμὸν ἐχθροῦ.
16 συνοικῆσαι[20] λέοντι[21] καὶ δράκοντι[22] εὐδοκήσω[23]
ἢ συνοικῆσαι[24] μετὰ γυναικὸς πονηρᾶς.
17 πονηρία[25] γυναικὸς ἀλλοιοῖ[26] τὴν ὅρασιν[27] αὐτῆς
καὶ σκοτοῖ[28] τὸ πρόσωπον αὐτῆς ὡς ἄρκος·[29]

1 εὐφραίνω, *pres pas ptc nom s m*, rejoice
2 πτῶσις, destruction, downfall
3 μακάριος, happy, content
4 συνοικέω, *pres act ptc nom s m*, live with
5 συνετός, intelligent
6 ὀλισθάνω, *aor act ind 3s*, slip up
7 δουλεύω, *aor act ind 3s*, serve
8 ἀνάξιος, worthless
9 μακάριος, happy, content
10 φρόνησις, prudence, insight
11 διηγέομαι, *pres mid ptc nom s m*, describe in detail
12 ὑπερβάλλω, *aor act ind 3s*, go beyond, surpass
13 ὁμοιόω, *fut pas ind 3s*, compare
14 πληγή, wound, blow
15 πονηρία, evil, wickedness
16 ἐπαγωγή, distress, misery
17 ἐκδίκησις, punishment
18 ὄφις, snake
19 θυμός, anger, wrath
20 συνοικέω, *aor act inf*, live with
21 λέων, lion
22 δράκων, dragon
23 εὐδοκέω, *fut act ind 1s*, consent, consider acceptable
24 συνοικέω, *aor act inf*, live with
25 πονηρία, evil, wickedness
26 ἀλλοιόω, *pres act ind 3s*, change
27 ὅρασις, appearance
28 σκοτόω, *pres act ind 3s*, darken
29 ἄρκος, bear

18 ἀνὰ μέσον[1] τῶν πλησίον[2] αὐτοῦ ἀναπεσεῖται[3] ὁ ἀνὴρ αὐτῆς
καὶ ἀκουσίως[4] ἀνεστέναξεν[5] πικρά.[6]
19 μικρὰ πᾶσα κακία[7] πρὸς κακίαν γυναικός,
κλῆρος[8] ἁμαρτωλοῦ ἐπιπέσοι[9] αὐτῇ.
20 ἀνάβασις[10] ἀμμώδης[11] ἐν ποσὶν πρεσβυτέρου,[12]
οὕτως γυνὴ γλωσσώδης[13] ἀνδρὶ ἡσύχῳ.[14]
21 μὴ προσπέσῃς[15] ἐπὶ κάλλος γυναικὸς
καὶ γυναῖκα μὴ ἐπιποθήσῃς.[16]
22 ὀργὴ καὶ ἀναίδεια[17] καὶ αἰσχύνη[18] μεγάλη
γυνὴ ἐὰν ἐπιχορηγῇ[19] τῷ ἀνδρὶ αὐτῆς.
23 καρδία ταπεινὴ[20] καὶ πρόσωπον σκυθρωπὸν[21]
καὶ πληγὴ[22] καρδίας γυνὴ πονηρά·
χεῖρες παρειμέναι[23] καὶ γόνατα[24] παραλελυμένα[25]
ἥτις οὐ μακαριεῖ[26] τὸν ἄνδρα αὐτῆς.
24 ἀπὸ γυναικὸς ἀρχὴ ἁμαρτίας,
καὶ δι᾽ αὐτὴν ἀποθνῄσκομεν πάντες.
25 μὴ δῷς ὕδατι διέξοδον[27]
μηδὲ γυναικὶ πονηρᾷ παρρησίαν·[28]
26 εἰ μὴ πορεύεται κατὰ χεῖράς σου,
ἀπὸ τῶν σαρκῶν σου ἀπότεμε[29] αὐτήν.

Joys of a Good Wife

26 Γυναικὸς ἀγαθῆς μακάριος[30] ὁ ἀνήρ,
καὶ ἀριθμὸς[31] τῶν ἡμερῶν αὐτοῦ διπλάσιος.[32]
2 γυνὴ ἀνδρεία[33] εὐφραίνει[34] τὸν ἄνδρα αὐτῆς,
καὶ τὰ ἔτη αὐτοῦ πληρώσει ἐν εἰρήνῃ.

1 ἀνὰ μέσον, among, amid
2 πλησίον, companion, neighbor
3 ἀναπίπτω, *fut mid ind 3s*, sit back, relax
4 ἀκουσίως, involuntarily, unintentionally
5 ἀναστενάζω, *aor act ind 3s*, gripe about, complain about
6 πικρός, bitter
7 κακία, evil, malice
8 κλῆρος, lot, share
9 ἐπιπίπτω, *aor act opt 3s*, fall upon
10 ἀνάβασις, incline, ascent
11 ἀμμώδης, sandy
12 πρέσβυς, *comp*, older (person)
13 γλωσσώδης, talkative, gossipy
14 ἥσυχος, quiet, sullen
15 προσπίπτω, *aor act sub 2s*, fall over
16 ἐπιποθέω, *aor act sub 2s*, desire, long for
17 ἀναίδεια, impudence, audacity
18 αἰσχύνη, shame
19 ἐπιχορηγέω, *aor act sub 3s*, provide for
20 ταπεινός, afflicted, downcast
21 σκυθρωπός, gloomy
22 πληγή, wound, blow
23 παρίημι, *perf pas ptc nom p f*, be neglectful, be lax
24 γόνυ, knees
25 παραλύω, *perf pas ptc nom p n*, be weak
26 μακαρίζω, *fut act ind 3s*, bless, make happy
27 διέξοδος, way out, outlet
28 παρρησία, boldness, outspokenness
29 ἀποτέμνω, *aor act impv 2s*, cut off
30 μακάριος, blessed, happy
31 ἀριθμός, number, sum
32 διπλάσιος, double
33 ἀνδρεῖος, virtuous, courageous
34 εὐφραίνω, *pres act ind 3s*, cheer, make glad

3 γυνὴ ἀγαθὴ μερὶς[1] ἀγαθή,
ἐν μερίδι φοβουμένων κύριον δοθήσεται·
4 πλουσίου[2] δὲ καὶ πτωχοῦ καρδία ἀγαθή,
ἐν παντὶ καιρῷ πρόσωπον ἱλαρόν.[3]

Evils of a Bad Wife

5 Ἀπὸ τριῶν εὐλαβήθη[4] ἡ καρδία μου,
καὶ ἐπὶ τῷ τετάρτῳ[5] προσώπῳ ἐδεήθην·[6]
διαβολὴν[7] πόλεως, καὶ ἐκκλησίαν ὄχλου,[8]
καὶ καταψευσμόν,[9] ὑπὲρ θάνατον πάντα μοχθηρά.[10]
6 ἄλγος[11] καρδίας καὶ πένθος[12] γυνὴ ἀντίζηλος[13] ἐπὶ γυναικὶ
καὶ μάστιξ[14] γλώσσης πᾶσιν ἐπικοινωνοῦσα.[15]
7 βοοζύγιον[16] σαλευόμενον[17] γυνὴ πονηρά,
ὁ κρατῶν αὐτῆς ὡς ὁ δρασσόμενος[18] σκορπίου.[19]
8 ὀργὴ μεγάλη γυνὴ μέθυσος[20]
καὶ ἀσχημοσύνην[21] αὐτῆς οὐ συγκαλύψει.[22]
9 πορνεία[23] γυναικὸς ἐν μετεωρισμοῖς[24] ὀφθαλμῶν
καὶ ἐν τοῖς βλεφάροις[25] αὐτῆς γνωσθήσεται.
10 ἐπὶ θυγατρὶ[26] ἀδιατρέπτῳ[27] στερέωσον[28] φυλακήν,
ἵνα μὴ εὑροῦσα ἄνεσιν[29] ἑαυτῇ χρήσηται·[30]
11 ὀπίσω ἀναιδοῦς[31] ὀφθαλμοῦ φύλαξαι
καὶ μὴ θαυμάσῃς,[32] ἐὰν εἰς σὲ πλημμελήσῃ·[33]
12 ὡς διψῶν[34] ὁδοιπόρος[35] τὸ στόμα ἀνοίξει
καὶ ἀπὸ παντὸς ὕδατος τοῦ σύνεγγυς[36] πίεται,

1 μερίς, portion
2 πλούσιος, rich
3 ἱλαρός, happy, glad
4 εὐλαβέομαι, *aor pas ind 3s*, show concern for
5 τέταρτος, fourth
6 δέομαι, *aor pas ind 1s*, beseech
7 διαβολή, false accusation
8 ὄχλος, crowd
9 καταψευσμός, slander
10 μοχθηρός, distressing, grievous
11 ἄλγος, pain
12 πένθος, sorrow
13 ἀντίζηλος, adversary, rival
14 μάστιξ, whip, lash
15 ἐπικοινωνέω, *pres act ptc nom s f*, speak with, associate with
16 βοοζύγιον, ox yoke
17 σαλεύω, *pres pas ptc nom s n*, agitate
18 δράσσομαι, *pres mid ptc nom s m*, grab
19 σκορπίος, scorpion
20 μέθυσος, drunk
21 ἀσχημοσύνη, shame
22 συγκαλύπτω, *fut act ind 3s*, cover, conceal
23 πορνεία, fornication
24 μετεωρισμός, lifting up
25 βλέφαρον, eyelid
26 θυγάτηρ, daughter
27 ἀδιάτρεπτος, uncontrollable
28 στερεόω, *aor act impv 2s*, establish, fix
29 ἄνεσις, license, liberty
30 χράω, *aor mid sub 3s*, use
31 ἀναιδής, shameless, impudent
32 θαυμάζω, *aor act sub 2s*, be surprised
33 πλημμελέω, *aor act sub 3s*, offend
34 διψάω, *pres act ptc nom s m*, be thirsty
35 ὁδοιπόρος, traveler
36 σύνεγγυς, nearby

κατέναντι[1] παντὸς πασσάλου[2] καθήσεται
καὶ ἔναντι[3] βέλους[4] ἀνοίξει φαρέτραν.[5]

Blessings of a Good Wife

13 Χάρις γυναικὸς τέρψει[6] τὸν ἄνδρα αὐτῆς,
καὶ τὰ ὀστᾶ[7] αὐτοῦ πιανεῖ[8] ἡ ἐπιστήμη[9] αὐτῆς.
14 δόσις[10] κυρίου γυνὴ σιγηρά,[11]
καὶ οὐκ ἔστιν ἀντάλλαγμα[12] πεπαιδευμένης[13] ψυχῆς·
15 χάρις ἐπὶ χάριτι γυνὴ αἰσχυντηρά,[14]
καὶ οὐκ ἔστιν σταθμὸς[15] πᾶς ἄξιος[16] ἐγκρατοῦς[17] ψυχῆς.
16 ἥλιος ἀνατέλλων[18] ἐν ὑψίστοις[19] κυρίου
καὶ κάλλος ἀγαθῆς γυναικὸς ἐν κόσμῳ[20] οἰκίας αὐτῆς·
17 λύχνος[21] ἐκλάμπων[22] ἐπὶ λυχνίας[23] ἁγίας
καὶ κάλλος προσώπου ἐπὶ ἡλικίᾳ[24] στασίμῃ·[25]
18 στῦλοι[26] χρύσεοι[27] ἐπὶ βάσεως[28] ἀργυρᾶς[29]
καὶ πόδες ὡραῖοι[30] ἐπὶ στέρνοις[31] εὐσταθοῦς.[32]

Three Grievous Things

28 Ἐπὶ δυσὶ λελύπηται[33] ἡ καρδία μου,
καὶ ἐπὶ τῷ τρίτῳ θυμός[34] μοι ἐπῆλθεν·[35]
ἀνὴρ πολεμιστὴς[36] ὑστερῶν[37] δι᾽ ἔνδειαν,[38]
καὶ ἄνδρες συνετοὶ[39] ἐὰν σκυβαλισθῶσιν,[40]

1 κατέναντι, in front of
2 πάσσαλος, tent peg
3 ἔναντι, before
4 βέλος, arrow
5 φαρέτρα, quiver
6 τέρπω, *fut act ind 3s*, delight, cheer
7 ὀστέον, bone
8 πιαίνω, *fut act ind 3s*, fatten up
9 ἐπιστήμη, skill, knowledge
10 δόσις, gift
11 σιγηρός, silent
12 ἀντάλλαγμα, price, substitute
13 παιδεύω, *perf pas ptc gen s f*, discipline, train
14 αἰσχυντηρός, modest, decent
15 σταθμός, weight
16 ἄξιος, comparable, worthy
17 ἐγκρατής, self-controlled
18 ἀνατέλλω, *pres act ptc nom s m*, rise
19 ὕψιστος, *sup*, highest (place)
20 κόσμος, ornament, decoration
21 λύχνος, lamp
22 ἐκλάμπω, *pres act ptc nom s m*, shine
23 λυχνία, lampstand
24 ἡλικία, age
25 στάσιμος, steady
26 στῦλος, pillar, column
27 χρύσεος, gold
28 βάσις, pedestal
29 ἀργυροῦς, silver
30 ὡραῖος, beautiful
31 στέρνον, chest, (heart)
32 εὐσταθής, firm
33 λυπέω, *perf pas ind 3s*, vex
34 θυμός, anger, rage
35 ἐπέρχομαι, *aor act ind 3s*, come upon
36 πολεμιστής, warrior
37 ὑστερέω, *pres act ptc nom s m*, be lacking
38 ἔνδεια, defect, deficiency
39 συνετός, intelligent
40 σκυβαλίζω, *aor pas sub 3p*, treat with contempt

ἐπανάγων[1] ἀπὸ δικαιοσύνης ἐπὶ ἁμαρτίαν·
ὁ κύριος ἑτοιμάσει εἰς ῥομφαίαν[2] αὐτόν.

On Temptations in Commerce

29 Μόλις[3] ἐξελεῖται[4] ἔμπορος[5] ἀπὸ πλημμελείας,[6]
καὶ οὐ δικαιωθήσεται κάπηλος[7] ἀπὸ ἁμαρτίας.

27 χάριν[8] διαφόρου[9] πολλοὶ ἥμαρτον,
καὶ ὁ ζητῶν πληθῦναι[10] ἀποστρέψει[11] ὀφθαλμόν.
2 ἀνὰ μέσον[12] ἁρμῶν[13] λίθων παγήσεται[14] πάσσαλος,[15]
καὶ ἀνὰ μέσον πράσεως[16] καὶ ἀγορασμοῦ[17] συντριβήσεται[18] ἁμαρτία.
3 ἐὰν μὴ ἐν φόβῳ κυρίου κρατήσῃ κατὰ σπουδήν,[19]
ἐν τάχει[20] καταστραφήσεται[21] αὐτοῦ ὁ οἶκος.

Testing of a Man's Reason

4 Ἐν σείσματι[22] κοσκίνου[23] διαμένει[24] κοπρία,[25]
οὕτως σκύβαλα[26] ἀνθρώπου ἐν λογισμῷ[27] αὐτοῦ.
5 σκεύη[28] κεραμέως[29] δοκιμάζει[30] κάμινος,[31]
καὶ πειρασμὸς[32] ἀνθρώπου ἐν διαλογισμῷ[33] αὐτοῦ.
6 γεώργιον[34] ξύλου[35] ἐκφαίνει[36] ὁ καρπὸς αὐτοῦ,
οὕτως λόγος ἐνθυμήματος[37] καρδίας ἀνθρώπου.
7 πρὸ λογισμοῦ[38] μὴ ἐπαινέσῃς[39] ἄνδρα·
οὗτος γὰρ πειρασμὸς[40] ἀνθρώπων.

1 ἐπανάγω, *pres act ptc nom s m*, return
2 ῥομφαία, sword
3 μόλις, with difficulty
4 ἐξαιρέω, *fut mid ind 3s*, remove, rescue
5 ἔμπορος, merchant
6 πλημμέλεια, error, deceit
7 κάπηλος, retailer
8 χάριν, for the sake of, on account of
9 διάφορος, (profit, trifle)
10 πληθύνω, *aor act infs*, increase, multiply
11 ἀποστρέφω, *fut act ind 3s*, turn away, avert
12 ἀνὰ μέσον, between
13 ἁρμός, crack
14 πήγνυμι, *fut pas ind 3s*, fix, drive
15 πάσσαλος, peg, pin
16 πρᾶσις, sale
17 ἀγορασμός, purchase
18 συντρίβω, *fut pas ind 3s*, squeeze, wedge
19 σπουδή, earnestness, diligence
20 τάχος, haste, speed
21 καταστρέφω, *fut pas ind 3s*, overturn
22 σεῖσμα, shaking
23 κόσκινον, sieve
24 διαμένω, *pres act ind 3s*, remain, stay
25 κόπριον, waste, dirt
26 σκύβαλον, garbage, junk
27 λογισμός, reasoning, thought
28 σκεῦος, vessel, pot
29 κεραμεύς, potter
30 δοκιμάζω, *pres act ind 3s*, (harden with fire)
31 κάμινος, furnace, kiln
32 πειρασμός, test, trial
33 διαλογισμός, debate, reasoning
34 γεώργιον, cultivation
35 ξύλον, tree
36 ἐκφαίνω, *pres act ind 3s*, shed light on, demonstrate
37 ἐνθύμημα, argument, reasoning
38 λογισμός, deliberation, rationale
39 ἐπαινέω, *aor act sub 2s*, praise
40 πειρασμός, test, trial

Miscellaneous Teachings

8 Ἐὰν διώκῃς τὸ δίκαιον, καταλήμψῃ[1]
καὶ ἐνδύσῃ[2] αὐτὸ ὡς ποδήρη[3] δόξης.
9 πετεινὰ[4] πρὸς τὰ ὅμοια[5] αὐτοῖς καταλύσει,[6]
καὶ ἀλήθεια πρὸς τοὺς ἐργαζομένους αὐτὴν ἐπανήξει.[7]
10 λέων[8] θήραν[9] ἐνεδρεύει,[10]
οὕτως ἁμαρτία ἐργαζομένους ἄδικα.[11]

11 διήγησις[12] εὐσεβοῦς[13] διὰ παντὸς σοφία,
ὁ δὲ ἄφρων[14] ὡς σελήνη[15] ἀλλοιοῦται.[16]
12 εἰς μέσον ἀσυνέτων[17] συντήρησον[18] καιρόν,
εἰς μέσον δὲ διανοουμένων[19] ἐνδελέχιζε.[20]
13 διήγησις[21] μωρῶν[22] προσόχθισμα,[23]
καὶ ὁ γέλως[24] αὐτῶν ἐν σπατάλῃ[25] ἁμαρτίας.
14 λαλιὰ[26] πολυόρκου[27] ἀνορθώσει[28] τρίχας,[29]
καὶ ἡ μάχη[30] αὐτῶν ἐμφραγμὸς[31] ὠτίων.[32]
15 ἔκχυσις[33] αἵματος μάχη[34] ὑπερηφάνων,[35]
καὶ ἡ διαλοιδόρησις[36] αὐτῶν ἀκοὴ[37] μοχθηρά.[38]

16 Ὁ ἀποκαλύπτων[39] μυστήρια[40] ἀπώλεσεν πίστιν
καὶ οὐ μὴ εὕρῃ φίλον[41] πρὸς τὴν ψυχὴν αὐτοῦ.

1 καταλαμβάνω, *fut mid ind 2s*, obtain, take hold
2 ἐνδύω, *fut mid ind 2s*, put on, wear
3 ποδήρης, long robe
4 πετεινόν, bird
5 ὅμοιος, like
6 καταλύω, *fut act ind 3s*, nest, live
7 ἐπανήκω, *fut act ind 3s*, return
8 λέων, lion
9 θήρα, prey
10 ἐνεδρεύω, *pres act ind 3s*, lie in wait
11 ἄδικος, unrighteousness, injustice
12 διήγησις, account, narration
13 εὐσεβής, godly, pious
14 ἄφρων, foolish
15 σελήνη, moon
16 ἀλλοιόω, *pres pas ind 3s*, change
17 ἀσύνετος, senseless, unintelligent
18 συντηρέω, *aor act impv 2s*, be concerned about
19 διανοέομαι, *pres mid ptc gen p m*, be considerate
20 ἐνδελεχίζω, *pres act impv 2s*, continue, remain
21 διήγησις, discourse, narration
22 μωρός, stupid
23 προσόχθισμα, offense
24 γέλως, laughter
25 σπατάλη, wantonness
26 λαλιά, speech, conversation
27 πολύορκος, full of swearing, profane
28 ἀνορθόω, *fut act ind 3s*, cause to stand upright
29 θρίξ, hair
30 μάχη, quarrel, argument
31 ἐμφραγμός, barrier, obstacle
32 ὠτίον, ear
33 ἔκχυσις, pouring out, shedding
34 μάχη, fight, strife
35 ὑπερήφανος, arrogant, proud
36 διαλοιδόρησις, abuse
37 ἀκοή, sound
38 μοχθηρός, grievous
39 ἀποκαλύπτω, *pres act ptc nom s m*, reveal, uncover
40 μυστήριον, secret
41 φίλος, friend

17 στέρξον[1] φίλον[2] καὶ πιστώθητι[3] μετ᾽ αὐτοῦ·
ἐὰν δὲ ἀποκαλύψῃς[4] τὰ μυστήρια[5] αὐτοῦ, μὴ καταδιώξῃς[6] ὀπίσω αὐτοῦ.
18 καθὼς γὰρ ἀπώλεσεν ἄνθρωπος τὸν νεκρὸν[7] αὐτοῦ,
οὕτως ἀπώλεσας τὴν φιλίαν[8] τοῦ πλησίον·[9]
19 καὶ ὡς πετεινὸν[10] ἐκ χειρός σου ἀπέλυσας,[11]
οὕτως ἀφῆκας τὸν πλησίον[12] καὶ οὐ θηρεύσεις[13] αὐτόν.
20 μὴ αὐτὸν διώξῃς, ὅτι μακρὰν[14] ἀπέστη[15]
καὶ ἐξέφυγεν[16] ὡς δορκὰς[17] ἐκ παγίδος.[18]
21 ὅτι τραῦμα[19] ἔστιν καταδῆσαι,[20]
καὶ λοιδορίας[21] ἔστιν διαλλαγή,[22]
ὁ δὲ ἀποκαλύψας[23] μυστήρια[24] ἀφήλπισεν.[25]

22 Διανεύων[26] ὀφθαλμῷ τεκταίνει[27] κακά,
καὶ οὐδεὶς αὐτὰ ἀποστήσει[28] ἀπ᾽ αὐτοῦ·
23 ἀπέναντι[29] τῶν ὀφθαλμῶν σου γλυκανεῖ[30] τὸ στόμα αὐτοῦ
καὶ ἐπὶ τῶν λόγων σου ἐκθαυμάσει,[31]
ὕστερον[32] δὲ διαστρέψει[33] τὸ στόμα αὐτοῦ
καὶ ἐν τοῖς λόγοις σου δώσει σκάνδαλον.[34]
24 πολλὰ ἐμίσησα καὶ οὐχ ὡμοίωσα[35] αὐτῷ,
καὶ ὁ κύριος μισήσει αὐτόν.

25 ὁ βάλλων[36] λίθον εἰς ὕψος[37] ἐπὶ κεφαλὴν αὐτοῦ βάλλει,[38]
καὶ πληγὴ[39] δολία[40] διελεῖ[41] τραύματα.[42]

1 στέργω, *aor act impv 2s*, love, have affection for
2 φίλος, friend
3 πιστόω, *aor pas impv 2s*, be steadfast, remain faithful
4 ἀποκαλύπτω, *aor act sub 2s*, reveal, uncover
5 μυστήριον, secret
6 καταδιώκω, *aor act sub 2s*, pursue
7 νεκρός, dead, (corpse)
8 φιλία, friendship, affection
9 πλησίον, companion, neighbor
10 πετεινόν, bird
11 ἀπολύω, *aor act ind 2s*, release, loose
12 πλησίον, companion, neighbor
13 θηρεύω, *fut act ind 2s*, catch
14 μακράν, far away
15 ἀφίστημι, *aor act ind 3s*, withdraw, retreat
16 ἐκφεύγω, *aor act ind 3s*, escape
17 δορκάς, deer, gazelle
18 παγίς, trap
19 τραῦμα, wound
20 καταδέω, *aor act inf*, bandage, bind up
21 λοιδορία, abuse
22 διαλλαγή, reconciliation
23 ἀποκαλύπτω, *aor act ptc nom s m*, uncover, reveal
24 μυστήριον, secret
25 ἀπελπίζω, *aor act ind 3s*, despair
26 διανεύω, *pres act ptc nom s m*, wink
27 τεκταίνω, *pres act ind 3s*, scheme, devise
28 ἀφίστημι, *fut act ind 3s*, withdraw from, depart from
29 ἀπέναντι, before
30 γλυκαίνω, *fut act ind 3s*, sweeten
31 ἐκθαυμάζω, *fut act ind 3s*, marvel
32 ὕστερον, later
33 διαστρέφω, *fut act ind 3s*, pervert
34 σκάνδαλον, trap, cause of stumbling
35 ὁμοιόω, *aor act ind 1s*, compare, be like
36 βάλλω, *pres act ptc nom s m*, throw
37 ὕψος, high (place)
38 βάλλω, *pres act ind 3s*, throw
39 πληγή, blow
40 δόλιος, treacherous
41 διαιρέω, *fut act ind 3s*, split (open)
42 τραῦμα, wound

26 ὁ ὀρύσσων[1] βόθρον[2] εἰς αὐτὸν ἐμπεσεῖται,[3]
καὶ ὁ ἱστῶν παγίδα[4] ἐν αὐτῇ ἁλώσεται.[5]
27 ὁ ποιῶν πονηρά, εἰς αὐτὸν κυλισθήσεται,[6]
καὶ οὐ μὴ ἐπιγνῷ πόθεν[7] ἥκει[8] αὐτῷ.
28 ἐμπαιγμὸς[9] καὶ ὀνειδισμὸς[10] ὑπερηφάνῳ,[11]
καὶ ἡ ἐκδίκησις[12] ὡς λέων[13] ἐνεδρεύσει[14] αὐτόν.
29 παγίδι[15] ἁλώσονται[16] οἱ εὐφραινόμενοι[17] πτώσει[18] εὐσεβῶν,[19]
καὶ ὀδύνη[20] καταναλώσει[21] αὐτοὺς πρὸ τοῦ θανάτου αὐτῶν.

On Anger and Wrath

30 Μῆνις[22] καὶ ὀργή, καὶ ταῦτά ἐστιν βδελύγματα,[23]
καὶ ἀνὴρ ἁμαρτωλὸς ἐγκρατὴς[24] ἔσται αὐτῶν.

28 ὁ ἐκδικῶν[25] παρὰ κυρίου εὑρήσει ἐκδίκησιν,[26]
καὶ τὰς ἁμαρτίας αὐτοῦ διατηρῶν[27] διατηρήσει.[28]
2 ἄφες ἀδίκημα[29] τῷ πλησίον[30] σου,
καὶ τότε δεηθέντος[31] σου αἱ ἁμαρτίαι σου λυθήσονται.[32]
3 ἄνθρωπος ἀνθρώπῳ συντηρεῖ[33] ὀργήν,
καὶ παρὰ κυρίου ζητεῖ ἴασιν;[34]
4 ἐπ᾽ ἄνθρωπον ὅμοιον[35] αὐτῷ οὐκ ἔχει ἔλεος,[36]
καὶ περὶ τῶν ἁμαρτιῶν αὐτοῦ δεῖται;[37]

1 ὀρύσσω, *pres act ptc nom s m*, dig
2 βόθρος, pit
3 ἐμπίπτω, *fut mid ind 3s*, fall in
4 παγίς, trap
5 ἁλίσκω, *fut mid ind 3s*, be taken
6 κυλίω, *fut pas ind 3s*, roll over, roll back
7 πόθεν, from where
8 ἥκω, *pres act ind 3s*, come
9 ἐμπαιγμός, mockery
10 ὀνειδισμός, insult
11 ὑπερήφανος, arrogant, proud
12 ἐκδίκησις, punishment, vengeance
13 λέων, lion
14 ἐνεδρεύω, *fut act ind 3s*, lie in wait
15 παγίς, trap
16 ἁλίσκω, *fut mid ind 3p*, be taken
17 εὐφραίνω, *pres pas ptc nom p m*, make happy
18 πτῶσις, downfall, misfortune
19 εὐσεβής, godly, pious
20 ὀδύνη, pain, sorrow
21 καταναλίσκω, *fut act ind 3s*, consume
22 μῆνις, wrath
23 βδέλυγμα, abomination
24 ἐγκρατής, disciplined, under control
25 ἐκδικέω, *pres act ptc nom s m*, avenge, punish
26 ἐκδίκησις, vengeance, punishment
27 διατηρέω, *pres act ptc nom s m*, watch closely
28 διατηρέω, *fut act ind 3s*, watch closely
29 ἀδίκημα, injustice, wrong
30 πλησίον, companion, neighbor
31 δέομαι, *aor pas ptc gen s m*, ask, request
32 λύω, *fut pas ind 3p*, forgive, pardon
33 συντηρέω, *pres act ind 3s*, maintain
34 ἴασις, remedy, healing
35 ὅμοιος, like
36 ἔλεος, mercy, compassion
37 δέομαι, *pres mid ind 3s*, ask, request

5 αὐτὸς σὰρξ ὢν διατηρεῖ[1] μῆνιν,[2]
τίς ἐξιλάσεται[3] τὰς ἁμαρτίας αὐτοῦ;
6 μνήσθητι[4] τὰ ἔσχατα καὶ παῦσαι[5] ἐχθραίνων,[6]
καταφθορὰν[7] καὶ θάνατον, καὶ ἔμμενε[8] ἐντολαῖς.
7 μνήσθητι[9] ἐντολῶν καὶ μὴ μηνίσῃς[10] τῷ πλησίον,[11]
καὶ διαθήκην ὑψίστου[12] καὶ πάριδε[13] ἄγνοιαν.[14]

8 Ἀπόσχου[15] ἀπὸ μάχης,[16] καὶ ἐλαττώσεις[17] ἁμαρτίας·
ἄνθρωπος γὰρ θυμώδης[18] ἐκκαύσει[19] μάχην,[20]
9 καὶ ἀνὴρ ἁμαρτωλὸς ταράξει[21] φίλους[22]
καὶ ἀνὰ μέσον[23] εἰρηνευόντων[24] ἐμβαλεῖ[25] διαβολήν.[26]
10 κατὰ τὴν ὕλην[27] τοῦ πυρὸς οὕτως ἐκκαυθήσεται,[28]
καὶ κατὰ τὴν στερέωσιν[29] τῆς μάχης[30] ἐκκαυθήσεται·
κατὰ τὴν ἰσχὺν[31] τοῦ ἀνθρώπου ὁ θυμὸς[32] αὐτοῦ ἔσται,
καὶ κατὰ τὸν πλοῦτον[33] ἀνυψώσει[34] ὀργὴν αὐτοῦ.
11 ἔρις[35] κατασπευδομένη[36] ἐκκαίει[37] πῦρ,
καὶ μάχη[38] κατασπεύδουσα[39] ἐκχέει[40] αἷμα.

1 διατηρέω, *pres act ind 3s*, keep, watch closely
2 μῆνις, wrath
3 ἐξιλάσκομαι, *fut mid ind 3s*, make atonement
4 μιμνῄσκομαι, *aor pas impv 2s*, remember
5 παύω, *aor mid impv 2s*, cease
6 ἐχθραίνω, *pres act ptc nom s m*, be an enemy
7 καταφθορά, destruction, ruin
8 ἐμμένω, *pres act impv 2s*, abide by, remain in
9 μιμνῄσκομαι, *aor pas impv 2s*, remember
10 μηνίω, *aor act sub 2s*, bear a grudge
11 πλησίον, companion, neighbor
12 ὕψιστος, *sup*, Most High
13 παροράω, *aor act impv 2s*, disregard, ignore
14 ἄγνοια, mistake, sin
15 ἀπέχω, *aor mid impv 2s*, keep from, stay away
16 μάχη, contention, argument
17 ἐλαττόω, *fut act ind 2s*, diminish, reduce
18 θυμώδης, wrathful, given to anger
19 ἐκκαίω, *fut act ind 3s*, kindle
20 μάχη, fight, strife
21 ταράσσω, *fut act ind 3s*, trouble, annoy
22 φίλος, friend
23 ἀνὰ μέσον, among
24 εἰρηνεύω, *pres act ptc gen p m*, live in community, be at peace with
25 ἐμβάλλω, *fut act ind 3s*, toss in, (contribute)
26 διαβολή, slander, quarrel
27 ὕλη, wood, timber
28 ἐκκαίω, *fut pas ind 3s*, burn
29 στερέωσις, obstinacy
30 μάχη, fight, conflict
31 ἰσχύς, power, strength
32 θυμός, anger, wrath
33 πλοῦτος, wealth, riches
34 ἀνυψόω, *fut act ind 3s*, augment, raise
35 ἔρις, quarrel, strife
36 κατασπεύδω, *pres mid ptc nom s f*, prompt, urge
37 ἐκκαίω, *pres act ind 3s*, kindle
38 μάχη, argument, contention
39 κατασπεύδω, *pres act ptc nom s f*, be hasty, be swift
40 ἐκχέω, *pres act ind 3s*, spill

On the Evils of the Tongue

12 ἐὰν φυσήσῃς[1] εἰς σπινθῆρα,[2] ἐκκαήσεται,[3]
καὶ ἐὰν πτύσῃς[4] ἐπ᾽ αὐτόν, σβεσθήσεται·[5]
καὶ ἀμφότερα[6] ἐκ τοῦ στόματός σου ἐκπορεύεται.

13 Ψίθυρον[7] καὶ δίγλωσσον[8] καταράσασθε·[9]
πολλοὺς γὰρ εἰρηνεύοντας[10] ἀπώλεσεν.
14 γλῶσσα τρίτη πολλοὺς ἐσάλευσεν[11]
καὶ διέστησεν[12] αὐτοὺς ἀπὸ ἔθνους εἰς ἔθνος
καὶ πόλεις ὀχυρὰς[13] καθεῖλεν[14]
καὶ οἰκίας μεγιστάνων[15] κατέστρεψεν.[16]
15 γλῶσσα τρίτη γυναῖκας ἀνδρείας[17] ἐξέβαλεν
καὶ ἐστέρεσεν[18] αὐτὰς τῶν πόνων[19] αὐτῶν.
16 ὁ προσέχων[20] αὐτῇ οὐ μὴ εὕρῃ ἀνάπαυσιν[21]
οὐδὲ κατασκηνώσει[22] μεθ᾽ ἡσυχίας.[23]
17 πληγὴ[24] μάστιγος[25] ποιεῖ μώλωπα,[26]
πληγὴ[27] δὲ γλώσσης συγκλάσει[28] ὀστᾶ.[29]
18 πολλοὶ ἔπεσαν ἐν στόματι μαχαίρας,[30]
καὶ οὐχ ὡς οἱ πεπτωκότες διὰ γλῶσσαν.
19 μακάριος[31] ὁ σκεπασθεὶς[32] ἀπ᾽ αὐτῆς,
ὃς οὐ διῆλθεν ἐν τῷ θυμῷ[33] αὐτῆς,
ὃς οὐχ εἵλκυσεν[34] τὸν ζυγὸν[35] αὐτῆς
καὶ ἐν τοῖς δεσμοῖς[36] αὐτῆς οὐκ ἐδέθη·[37]

1 φυσάω, *aor act sub 2s*, blow
2 σπινθήρ, spark
3 ἐκκαίω, *fut pas ind 3s*, kindle, inflame
4 πτύω, *aor act sub 2s*, spit
5 σβέννυμι, *fut pas ind 3s*, extinguish
6 ἀμφότεροι, both
7 ψίθυρος, slanderous
8 δίγλωσσος, deceitful
9 καταράομαι, *aor mid impv 2p*, curse
10 εἰρηνεύω, *pres act ptc acc p m*, live in community, be at peace with
11 σαλεύω, *aor act ind 3s*, disrupt, shake
12 διΐστημι, *aor act ind 3s*, divide, separate
13 ὀχυρός, fortified, strong
14 καθαιρέω, *aor act ind 3s*, destroy
15 μεγιστάν, noble, important person
16 καταστρέφω, *aor act ind 3s*, overthrow
17 ἀνδρεῖος, courageous, virtuous
18 στερέω, *aor act ind 3s*, deprive
19 πόνος, labor, toil
20 προσέχω, *pres act ptc nom s m*, pay attention
21 ἀνάπαυσις, rest
22 κατασκηνόω, *fut act ind 3s*, live, dwell
23 ἡσυχία, quiet, silence
24 πληγή, stroke, blow
25 μάστιξ, whip, scourge
26 μώλωψ, wound, bruise
27 πληγή, blow
28 συγκλάω, *fut act ind 3s*, break
29 ὀστέον, bone
30 μάχαιρα, sword
31 μακάριος, blessed, happy
32 σκεπάζω, *aor pas ptc nom s m*, shelter, protect
33 θυμός, wrath, anger
34 ἑλκύω, *aor act ind 3s*, drag, pull
35 ζυγός, yoke
36 δεσμός, chain
37 δέω, *aor pas ind 3s*, bind

20 ὁ γὰρ ζυγὸς[1] αὐτῆς ζυγὸς σιδηροῦς,[2]
καὶ οἱ δεσμοὶ[3] αὐτῆς δεσμοὶ χάλκειοι·[4]
21 θάνατος πονηρὸς ὁ θάνατος αὐτῆς,
καὶ λυσιτελὴς[5] μᾶλλον[6] ὁ ᾅδης[7] αὐτῆς.
22 οὐ μὴ κρατήσῃ εὐσεβῶν,[8]
καὶ ἐν τῇ φλογὶ[9] αὐτῆς οὐ καήσονται.[10]
23 οἱ καταλείποντες[11] κύριον ἐμπεσοῦνται[12] εἰς αὐτήν,
καὶ ἐν αὐτοῖς ἐκκαήσεται[13] καὶ οὐ μὴ σβεσθῇ·[14]
ἐπαποσταλήσεται[15] αὐτοῖς ὡς λέων[16]
καὶ ὡς πάρδαλις[17] λυμανεῖται[18] αὐτούς.
24 ἰδὲ περίφραξον[19] τὸ κτῆμά[20] σου ἀκάνθαις,[21]
τὸ ἀργύριόν[22] σου καὶ τὸ χρυσίον[23] κατάδησον·[24]
25 καὶ τοῖς λόγοις σου ποίησον ζυγὸν[25] καὶ σταθμὸν[26]
καὶ τῷ στόματί σου ποίησον θύραν καὶ μοχλόν.[27]
26 πρόσεχε[28] μήπως[29] ὀλίσθῃς[30] ἐν αὐτῇ,
μὴ πέσῃς κατέναντι[31] ἐνεδρεύοντος.[32]

On Debts, Lending, and Borrowing

29 Ὁ ποιῶν ἔλεος[33] δανιεῖ[34] τῷ πλησίον,[35]
καὶ ὁ ἐπισχύων[36] τῇ χειρὶ αὐτοῦ τηρεῖ[37] ἐντολάς.
2 δάνεισον[38] τῷ πλησίον[39] ἐν καιρῷ χρείας[40] αὐτοῦ
καὶ πάλιν[41] ἀπόδος[42] τῷ πλησίον εἰς τὸν καιρόν·

1 ζυγός, yoke
2 σιδηροῦς, iron
3 δεσμός, chain
4 χάλκειος, bronze
5 λυσιτελής, useful, profitable
6 μᾶλλον, more
7 ᾅδης, Hades, underworld
8 εὐσεβής, godly, pious
9 φλόξ, flame
10 καίω, *fut pas ind 3p*, burn
11 καταλείπω, *pres act ptc nom p m*, abandon, forsake
12 ἐμπίπτω, *fut mid ind 3p*, fall in
13 ἐκκαίω, *fut pas ind 3s*, burn
14 σβέννυμι, *aor pas sub 3s*, extinguish
15 ἐπαποστέλλω, *fut pas ind 3s*, send after
16 λέων, lion
17 πάρδαλις, leopard, panther
18 λυμαίνομαι, *fut mid ind 3s*, ravage
19 περιφράσσω, *aor act impv 2s*, fortify all around
20 κτῆμα, property
21 ἄκανθα, thorny plant
22 ἀργύριον, silver
23 χρυσίον, gold
24 καταδέω, *aor act impv 2s*, lock up
25 ζυγός, scale
26 σταθμός, weight
27 μοχλός, bar, bolt
28 προσέχω, *pres act impv 2s*, look out, take care
29 μήπως, lest in some way
30 ὀλισθάνω, *aor act sub 2s*, trip up, slip and fall
31 κατέναντι, in front of
32 ἐνεδρεύω, *pres act ptc gen s m*, lie in wait
33 ἔλεος, mercy, compassion
34 δανείζω, *fut act ind 3s*, lend (money)
35 πλησίον, companion, neighbor
36 ἐπισχύω, *pres act ptc nom s m*, grow strong, become capable
37 τηρέω, *pres act ind 3s*, keep
38 δανείζω, *aor act impv 2s*, lend (money)
39 πλησίον, companion, neighbor
40 χρεία, need
41 πάλιν, again
42 ἀποδίδωμι, *aor act impv 2s*, pay back

3 στερέωσον[1] λόγον καὶ πιστώθητι[2] μετ᾽ αὐτοῦ,
καὶ ἐν παντὶ καιρῷ εὑρήσεις τὴν χρείαν[3] σου.
4 πολλοὶ ὡς εὕρεμα[4] ἐνόμισαν[5] δάνος[6]
καὶ παρέσχον[7] κόπον[8] τοῖς βοηθήσασιν[9] αὐτοῖς.
5 ἕως οὗ λάβῃ, καταφιλήσει[10] χεῖρας αὐτοῦ
καὶ ἐπὶ τῶν χρημάτων[11] τοῦ πλησίον[12] ταπεινώσει[13] φωνήν·
καὶ ἐν καιρῷ ἀποδόσεως[14] παρελκύσει[15] χρόνον
καὶ ἀποδώσει λόγους ἀκηδίας[16]
καὶ τὸν καιρὸν αἰτιάσεται.[17]
6 ἐὰν ἰσχύσῃ,[18] μόλις[19] κομίσεται[20] τὸ ἥμισυ[21]
καὶ λογιεῖται αὐτὸ ὡς εὕρεμα·[22]
εἰ δὲ μή, ἀπεστέρησεν[23] αὐτὸν τῶν χρημάτων[24] αὐτοῦ,
καὶ ἐκτήσατο[25] αὐτὸν ἐχθρὸν δωρεάν·[26]
κατάρας[27] καὶ λοιδορίας[28] ἀποδώσει αὐτῷ
καὶ ἀντὶ[29] δόξης ἀποδώσει αὐτῷ ἀτιμίαν.[30]
7 πολλοὶ οὐ χάριν[31] πονηρίας[32] ἀπέστρεψαν,[33]
ἀποστερηθῆναι[34] δωρεὰν[35] εὐλαβήθησαν.[36]

8 Πλὴν ἐπὶ ταπεινῷ[37] μακροθύμησον[38]
καὶ ἐπ᾽ ἐλεημοσύνῃ[39] μὴ παρελκύσῃς[40] αὐτόν.

1 στερεόω, *aor act impv 2s*, make firm, reinforce
2 πιστόω, *aor pas impv 2s*, be trustworthy
3 χρεία, need
4 εὕρεμα, unexpected profit
5 νομίζω, *aor act ind 3p*, regard, consider
6 δάνος, loan
7 παρέχω, *aor act ind 3p*, bring about, cause
8 κόπος, trouble, difficulty
9 βοηθέω, *aor act ptc dat p m*, assist, aid
10 καταφιλέω, *fut act ind 3s*, kiss
11 χρῆμα, means, money
12 πλησίον, companion, neighbor
13 ταπεινόω, *fut act ind 3s*, make low
14 ἀπόδοσις, repayment
15 παρέλκω, *fut act ind 3s*, put off, delay
16 ἀκηδία, apathy, indifference
17 αἰτιάομαι, *fut mid ind 3s*, blame
18 ἰσχύω, *aor act sub 3s*, be capable
19 μόλις, hardly, barely
20 κομίζω, *fut mid ind 3s*, receive, recover
21 ἥμισυς, half
22 εὕρεμα, unexpected profit
23 ἀποστερέω, *aor act ind 3s*, defraud, rob
24 χρῆμα, means, money
25 κτάομαι, *aor mid ind 3s*, obtain, acquire
26 δωρεάν, needlessly, without reason
27 κατάρα, curse
28 λοιδορία, abuse
29 ἀντί, instead of
30 ἀτιμία, disgrace
31 χάριν, on account of
32 πονηρία, wickedness, evil
33 ἀποστρέφω, *aor act ind 3p*, turn away
34 ἀποστερέω, *aor pas inf*, defraud, rob
35 δωρεάν, needlessly, without reason
36 εὐλαβέομαι, *aor pas ind 3p*, be anxious about
37 ταπεινός, downcast, humble
38 μακροθυμέω, *aor act impv 2s*, have patience
39 ἐλεημοσύνη, charity, alms
40 παρέλκω, *aor act sub 2s*, put off, delay

9 χάριν[1] ἐντολῆς ἀντιλαβοῦ[2] πένητος[3]
καὶ κατὰ τὴν ἔνδειαν[4] αὐτοῦ μὴ ἀποστρέψῃς[5] αὐτὸν κενόν.[6]
10 ἀπόλεσον ἀργύριον[7] δι᾽ ἀδελφὸν καὶ φίλον,[8]
καὶ μὴ ἰωθήτω[9] ὑπὸ τὸν λίθον εἰς ἀπώλειαν.[10]
11 θὲς[11] τὸν θησαυρόν[12] σου κατ᾽ ἐντολὰς ὑψίστου,[13]
καὶ λυσιτελήσει[14] σοι μᾶλλον[15] ἢ τὸ χρυσίον.[16]
12 σύγκλεισον[17] ἐλεημοσύνην[18] ἐν τοῖς ταμιείοις[19] σου,
καὶ αὕτη ἐξελεῖταί[20] σε ἐκ πάσης κακώσεως·[21]
13 ὑπὲρ ἀσπίδα[22] κράτους[23] καὶ ὑπὲρ δόρυ[24] ὁλκῆς[25]
κατέναντι[26] ἐχθροῦ πολεμήσει ὑπὲρ σοῦ.

14 Ἀνὴρ ἀγαθὸς ἐγγυήσεται[27] τὸν πλησίον,[28]
καὶ ὁ ἀπολωλεκὼς αἰσχύνην[29] ἐγκαταλείψει[30] αὐτόν.
15 χάριτας ἐγγύου[31] μὴ ἐπιλάθῃ·[32]
ἔδωκεν γὰρ τὴν ψυχὴν αὐτοῦ ὑπὲρ σοῦ.
16 ἀγαθὰ ἐγγύου[33] ἀνατρέψει[34] ἁμαρτωλός,
καὶ ἀχάριστος[35] ἐν διανοίᾳ[36] ἐγκαταλείψει[37] ῥυσάμενον.[38]
17 ἐγγύη[39] πολλοὺς ἀπώλεσεν κατευθύνοντας[40]
καὶ ἐσάλευσεν[41] αὐτοὺς ὡς κῦμα[42] θαλάσσης·
18 ἄνδρας δυνατοὺς ἀπῴκισεν,[43]
καὶ ἐπλανήθησαν ἐν ἔθνεσιν ἀλλοτρίοις.[44]

1 χάριν, on account of
2 ἀντιλαμβάνομαι, *aor mid impv 2s*, help
3 πένης, poor person
4 ἔνδεια, need, lack
5 ἀποστρέφω, *aor act sub 2s*, turn away
6 κενός, empty
7 ἀργύριον, money
8 φίλος, friend
9 ἰόομαι, *aor pas impv 3s*, tarnish
10 ἀπώλεια, waste
11 τίθημι, *aor act impv 2s*, place, (store)
12 θησαυρός, treasure
13 ὕψιστος, *sup*, Most High
14 λυσιτελέω, *fut act ind 3s*, profit
15 μᾶλλον, more
16 χρυσίον, gold
17 συγκλείω, *aor act impv 2s*, lock up, store up
18 ἐλεημοσύνη, charity, mercy
19 ταμιεῖον, storehouse
20 ἐξαιρέω, *fut mid ind 3s*, rescue, deliver
21 κάκωσις, affliction, distress
22 ἀσπίς, shield
23 κράτος, strength, power
24 δόρυ, spear
25 ὁλκή, weight, heft
26 κατέναντι, over against
27 ἐγγυάω, *fut mid ind 3s*, provide collateral
28 πλησίον, companion, neighbor
29 αἰσχύνη, disgrace, shame
30 ἐγκαταλείπω, *fut act ind 3s*, abandon, forsake
31 ἔγγυος, (guarantor)
32 ἐπιλανθάνομαι, *aor mid sub 2s*, forget
33 ἔγγυος, (guarantor)
34 ἀνατρέπω, *fut act ind 3s*, ruin
35 ἀχάριστος, ungrateful
36 διάνοια, mind, thought
37 ἐγκαταλείπω, *fut act ind 3s*, forsake, abandon
38 ῥύομαι, *aor mid ptc acc s m*, rescue, deliver
39 ἐγγύη, collateral, security
40 κατευθύνω, *pres act ptc acc p m*, (succeed), keep straight
41 σαλεύω, *aor act ind 3s*, disrupt, rock
42 κῦμα, wave
43 ἀποικίζω, *aor act ind 3s*, carry away
44 ἀλλότριος, foreign, strange

19 ἁμαρτωλὸς ἐμπεσὼν[1] εἰς ἐγγύην[2]
καὶ διώκων ἐργολαβίας[3] ἐμπεσεῖται[4] εἰς κρίσεις.[5]
20 ἀντιλαβοῦ[6] τοῦ πλησίον[7] κατὰ δύναμίν σου
καὶ πρόσεχε[8] σεαυτῷ μὴ ἐμπέσῃς.[9]

On Hospitality and the Home

21 Ἀρχὴ ζωῆς ὕδωρ καὶ ἄρτος καὶ ἱμάτιον
καὶ οἶκος καλύπτων[10] ἀσχημοσύνην.[11]
22 κρείσσων[12] βίος[13] πτωχοῦ ὑπὸ σκέπην[14] δοκῶν[15]
ἢ ἐδέσματα[16] λαμπρὰ[17] ἐν ἀλλοτρίοις.[18]
23 ἐπὶ μικρῷ καὶ μεγάλῳ εὐδοκίαν[19] ἔχε,
καὶ ὀνειδισμὸν[20] παροικίας[21] οὐ μὴ ἀκούσῃς.
24 ζωὴ πονηρὰ ἐξ οἰκίας εἰς οἰκίαν,
καὶ οὗ[22] παροικήσεις,[23] οὐκ ἀνοίξεις στόμα·
25 ξενιεῖς[24] καὶ ποτιεῖς[25] εἰς ἀχάριστα[26]
καὶ πρὸς ἐπὶ τούτοις πικρὰ[27] ἀκούσῃ
26 Πάρελθε,[28] πάροικε,[29] κόσμησον[30] τράπεζαν,[31]
καὶ εἴ τι ἐν τῇ χειρί σου, ψώμισόν[32] με·
27 ἔξελθε, πάροικε,[33] ἀπὸ προσώπου δόξης,
ἐπεξένωταί[34] μοι ὁ ἀδελφός, χρεία[35] τῆς οἰκίας.
28 βαρέα[36] ταῦτα ἀνθρώπῳ ἔχοντι φρόνησιν,[37]
ἐπιτίμησις[38] οἰκίας καὶ ὀνειδισμὸς[39] δανειστοῦ.[40]

1 ἐμπίπτω, *aor act ptc nom s m*, fall into
2 ἐγγύη, collateral, security
3 ἐργολαβία, profiteering
4 ἐμπίπτω, *fut mid ind 3s*, fall into
5 κρίσις, suit, (legal) case
6 ἀντιλαμβάνομαι, *aor mid impv 2s*, help
7 πλησίον, companion, neighbor
8 προσέχω, *pres act impv 2s*, watch carefully
9 ἐμπίπτω, *aor act sub 2s*, fall in
10 καλύπτω, *pres act ptc nom s m*, cover, hide
11 ἀσχημοσύνη, shameful deed, disgraceful action
12 κρείσσων (ττ), *comp of* ἀγαθός, better
13 βίος, life
14 σκέπη, shelter, protection
15 δοκός, (roof) beam
16 ἔδεσμα, choice food, delicacy
17 λαμπρός, glistening, splendid
18 ἀλλότριος, strange, foreign
19 εὐδοκία, contentment
20 ὀνειδισμός, insult
21 παροικία, migrant, visitor
22 οὗ, where
23 παροικέω, *fut act ind 2s*, live as a foreigner, be a visitor
24 ξενίζω, *fut act ind 2s*, entertain, host
25 ποτίζω, *fut act ind 2s*, provide drink
26 ἀχάριστος, ungrateful
27 πικρός, bitter
28 παρέρχομαι, *aor act impv 2s*, come by
29 πάροικος, migrant, visitor
30 κοσμέω, *aor act impv 2s*, set out, prepare
31 τράπεζα, table, meal
32 ψωμίζω, *aor act impv 2s*, feed
33 πάροικος, migrant, visitor
34 ἐπιξενόομαι, *perf mid ind 3s*, visit as a guest
35 χρεία, need
36 βαρύς, burdensome
37 φρόνησις, understanding, insight
38 ἐπιτίμησις, criticism
39 ὀνειδισμός, insult
40 δανειστής, creditor

On Wise and Foolish Parenting

30 Ὁ ἀγαπῶν τὸν υἱὸν αὐτοῦ ἐνδελεχήσει[1] μάστιγας[2] αὐτῷ,
ἵνα εὐφρανθῇ[3] ἐπ᾽ ἐσχάτων αὐτοῦ·
2 ὁ παιδεύων[4] τὸν υἱὸν αὐτοῦ ὀνήσεται[5] ἐπ᾽ αὐτῷ
καὶ ἀνὰ μέσον[6] γνωρίμων[7] ἐπ᾽ αὐτῷ καυχήσεται·[8]
3 ὁ διδάσκων τὸν υἱὸν αὐτοῦ παραζηλώσει[9] τὸν ἐχθρὸν
καὶ ἔναντι[10] φίλων[11] ἐπ᾽ αὐτῷ ἀγαλλιάσεται.[12]
4 ἐτελεύτησεν[13] αὐτοῦ ὁ πατήρ, καὶ ὡς οὐκ ἀπέθανεν·
ὅμοιον[14] γὰρ αὐτῷ κατέλιπεν[15] μετ᾽ αὐτόν.
5 ἐν τῇ ζωῇ αὐτοῦ εἶδεν καὶ εὐφράνθη[16]
καὶ ἐν τῇ τελευτῇ[17] αὐτοῦ οὐκ ἐλυπήθη·[18]
6 ἐναντίον[19] ἐχθρῶν κατέλιπεν[20] ἔκδικον[21]
καὶ τοῖς φίλοις[22] ἀνταποδιδόντα[23] χάριν.

7 περιψύχων[24] υἱὸν καταδεσμεύσει[25] τραύματα[26] αὐτοῦ,
καὶ ἐπὶ πάσῃ βοῇ[27] ταραχθήσεται[28] σπλάγχνα[29] αὐτοῦ.
8 ἵππος[30] ἀδάμαστος[31] ἐκβαίνει[32] σκληρός,[33]
καὶ υἱὸς ἀνειμένος[34] ἐκβαίνει προαλής.[35]
9 τιθήνησον[36] τέκνον, καὶ ἐκθαμβήσει[37] σε·
σύμπαιξον[38] αὐτῷ, καὶ λυπήσει[39] σε.

1 ἐνδελεχέω, *fut act ind 3s*, continue
2 μάστιξ, whip, lash
3 εὐφραίνω, *aor pas sub 3s*, be glad, rejoice
4 παιδεύω, *pres act ptc nom s m*, instruct, discipline
5 ὀνίνημι, *fut mid ind 3s*, enjoy, have an advantage
6 ἀνὰ μέσον, among
7 γνώριμος, (acquaintance, friend)
8 καυχάομαι, *fut mid ind 3s*, boast, speak favorably
9 παραζηλόω, *fut act ind 3s*, make jealous
10 ἔναντι, in the presence
11 φίλος, friend
12 ἀγαλλιάω, *fut mid ind 3s*, rejoice
13 τελευτάω, *aor act ind 3s*, die
14 ὅμοιος, like
15 καταλείπω, *aor act ind 3s*, leave behind
16 εὐφραίνω, *aor pas ind 3s*, be glad, rejoice
17 τελευτή, end (of life)
18 λυπέω, *aor pas ind 3s*, be sorrowful
19 ἐναντίον, in front of
20 καταλείπω, *aor act ind 3s*, leave in place
21 ἔκδικος, avenger
22 φίλος, friend
23 ἀνταποδίδωμι, *pres act ptc acc s m*, repay, render in kind
24 περιψύχω, *pres act ptc nom s m*, cherish, coddle
25 καταδεσμεύω, *fut act ind 3s*, bandage
26 τραῦμα, wound
27 βοή, cry
28 ταράσσω, *fut pas ind 3s*, stir, upset
29 σπλάγχνον, insides, (compassion)
30 ἵππος, horse
31 ἀδάμαστος, untamed, unbroken
32 ἐκβαίνω, *pres act ind 3s*, turn out, prove to be
33 σκληρός, tough, stubborn
34 ἀνίημι, *perf pas ptc nom s m*, leave alone
35 προαλής, rash, heedless
36 τιθηνέω, *aor act impv 2s*, foster, tend
37 ἐκθαμβέω, *fut act ind 3s*, amaze, surprise
38 συμπαίζω, *aor act impv 2s*, play with
39 λυπέω, *fut act ind 3s*, vex, annoy

10 μὴ συγγελάσῃς[1] αὐτῷ, ἵνα μὴ συνοδυνηθῇς,[2]
καὶ ἐπ᾽ ἐσχάτων γομφιάσεις[3] τοὺς ὀδόντας[4] σου.
11 μὴ δῷς αὐτῷ ἐξουσίαν[5] ἐν νεότητι·[6]
12 θλάσον[7] τὰς πλευρὰς[8] αὐτοῦ, ὡς ἔστιν νήπιος,[9]
μήποτε[10] σκληρυνθεὶς[11] ἀπειθήσῃ[12] σοι.
13 παίδευσον[13] τὸν υἱόν σου καὶ ἔργασαι ἐν αὐτῷ,
ἵνα μὴ ἐν τῇ ἀσχημοσύνῃ[14] αὐτοῦ προσκόψῃς.[15]

14 Κρείσσων[16] πτωχὸς ὑγιὴς[17] καὶ ἰσχύων[18] τῇ ἕξει[19]
ἢ πλούσιος[20] μεμαστιγωμένος[21] εἰς σῶμα αὐτοῦ.
15 ὑγίεια[22] καὶ εὐεξία[23] βελτίων[24] παντὸς χρυσίου,[25]
καὶ σῶμα εὔρωστον[26] ἢ ὄλβος[27] ἀμέτρητος.[28]
16 οὐκ ἔστιν πλοῦτος[29] βελτίων[30] ὑγιείας[31] σώματος,
καὶ οὐκ ἔστιν εὐφροσύνη[32] ὑπὲρ χαρὰν[33] καρδίας.
17 κρείσσων[34] θάνατος ὑπὲρ ζωὴν πικρὰν[35]
καὶ ἀνάπαυσις[36] αἰῶνος ἢ ἀρρώστημα[37] ἔμμονον.[38]

On Foods and Good Cheer

18 ἀγαθὰ ἐκκεχυμένα[39] ἐπὶ στόματι κεκλεισμένῳ[40]
θέματα[41] βρωμάτων[42] παρακείμενα[43] ἐπὶ τάφῳ.[44]

1 συγγελάω, *aor act sub 2s*, laugh with
2 συνοδυνάομαι, *aor pas sub 2s*, suffer together
3 γομφιάζω, *fut act ind 2s*, grind, gnash
4 ὀδούς, tooth
5 ἐξουσία, (independence), freedom
6 νεότης, youth
7 θλάω, *aor act impv 2s*, bruise
8 πλευρά, side (of the body)
9 νήπιος, child
10 μήποτε, lest
11 σκληρύνω, *aor pas ptc nom s m*, harden
12 ἀπειθέω, *aor act sub 3s*, disobey
13 παιδεύω, *aor act impv 2s*, instruct, discipline
14 ἀσχημοσύνη, shameful act, disgraceful deed
15 προσκόπτω, *aor act sub 2s*, offend
16 κρείσσων (ττ), *comp of* ἀγαθός, better
17 ὑγιής, healthy, sound
18 ἰσχύω, *pres act ptc nom s m*, be strong
19 ἕξις, (bodily) condition, constitution
20 πλούσιος, rich
21 μαστιγόω, *perf pas ptc nom s m*, afflict
22 ὑγίεια, health
23 εὐεξία, vigor
24 βελτίων, *comp of* ἀγαθός, better
25 χρυσίον, gold
26 εὔρωστος, stout
27 ὄλβος, prosperity
28 ἀμέτρητος, immeasurable
29 πλοῦτος, wealth
30 βελτίων, *comp of* ἀγαθός, better
31 ὑγίεια, health
32 εὐφροσύνη, cheerfulness, gladness
33 χαρά, joy, delight
34 κρείσσων (ττ), *comp of* ἀγαθός, better
35 πικρός, bitter
36 ἀνάπαυσις, rest
37 ἀρρώστημα, illness
38 ἔμμονος, chronic
39 ἐκχέω, *perf pas ptc nom p n*, pour out
40 κλείω, *perf pas ptc dat s n*, close, shut
41 θέμα, pile, offering
42 βρῶμα, food
43 παράκειμαι, *pres pas ptc nom p n*, set before
44 τάφος, grave

19 τί συμφέρει[1] κάρπωσις[2] εἰδώλῳ;[3]
οὔτε γὰρ ἔδεται οὔτε μὴ ὀσφρανθῇ·[4]
οὕτως ὁ ἐκδιωκόμενος[5] ὑπὸ κυρίου.
20 βλέπων ἐν ὀφθαλμοῖς καὶ στενάζων[6]
ὥσπερ εὐνοῦχος[7] περιλαμβάνων[8] παρθένον[9] καὶ στενάζων.

21 Μὴ δῷς εἰς λύπην[10] τὴν ψυχήν σου
καὶ μὴ θλίψῃς[11] σεαυτὸν ἐν βουλῇ[12] σου.
22 εὐφροσύνη[13] καρδίας ζωὴ ἀνθρώπου,
καὶ ἀγαλλίαμα[14] ἀνδρὸς μακροημέρευσις.[15]
23 ἀπάτα[16] τὴν ψυχήν σου καὶ παρακάλει τὴν καρδίαν σου
καὶ λύπην[17] μακρὰν[18] ἀπόστησον[19] ἀπὸ σοῦ·
πολλοὺς γὰρ ἀπώλεσεν ἡ λύπη,
καὶ οὐκ ἔστιν ὠφέλεια[20] ἐν αὐτῇ.
24 ζῆλος[21] καὶ θυμὸς[22] ἐλαττοῦσιν[23] ἡμέρας,
καὶ πρὸ καιροῦ γῆρας[24] ἄγει μέριμνα.[25]
25 λαμπρὰ[26] καρδία καὶ ἀγαθὴ ἐπὶ ἐδέσμασιν[27]
τῶν βρωμάτων[28] αὐτῆς ἐπιμελήσεται.[29]

Wisdom about Wealth

31 Ἀγρυπνία[30] πλούτου[31] ἐκτήκει[32] σάρκας,
καὶ ἡ μέριμνα[33] αὐτοῦ ἀφιστᾷ[34] ὕπνον.[35]

1 συμφέρω, *pres act ind 3s*, benefit, use
2 κάρπωσις, fruit offering, burnt offering
3 εἴδωλον, idol
4 ὀσφραίνομαι, *aor pas sub 3s*, smell
5 ἐκδιώκω, *pres pas ptc nom s m*, banish
6 στενάζω, *pres act ptc nom s m*, sigh, groan
7 εὐνοῦχος, eunuch
8 περιλαμβάνω, *pres act ptc nom s m*, embrace
9 παρθένος, virgin
10 λύπη, sorrow, grief
11 θλίβω, *aor act sub 2s*, afflict
12 βουλή, purpose, plan
13 εὐφροσύνη, cheerfulness, gladness
14 ἀγαλλίαμα, rejoicing, exultation
15 μακροημέρευσις, something life-giving
16 ἀπατάω, *pres act impv 2s*, cheat, deceive
17 λύπη, sorrow, grief
18 μακράν, far away
19 ἀφίστημι, *aor act impv 2s*, remove
20 ὠφέλεια, profit, gain
21 ζῆλος, jealousy
22 θυμός, anger
23 ἐλαττόω, *pres act ind 3p*, diminish, shorten
24 γῆρας, old age
25 μέριμνα, worry, anxiety
26 λαμπρός, bright
27 ἔδεσμα, delicacies, meats
28 βρῶμα, food
29 ἐπιμελέομαι, *fut mid ind 3s*, be concerned, care about
30 ἀγρυπνία, sleeplessness
31 πλοῦτος, wealth
32 ἐκτήκω, *pres act ind 3s*, cause to waste away
33 μέριμνα, worry, anxiety
34 ἀφίστημι, *pres act ind 3s*, depart, go away
35 ὕπνος, sleep

2 μέριμνα[1] ἀγρυπνίας[2] ἀποστήσει[3] νυσταγμόν,[4]
καὶ ἀρρώστημα[5] βαρὺ[6] ἐκνήψει[7] ὕπνον.[8]
3 ἐκοπίασεν[9] πλούσιος[10] ἐν συναγωγῇ χρημάτων[11]
καὶ ἐν τῇ ἀναπαύσει[12] ἐμπίμπλαται[13] τῶν τρυφημάτων[14] αὐτοῦ.
4 ἐκοπίασεν[15] πτωχὸς ἐν ἐλαττώσει[16] βίου[17]
καὶ ἐν τῇ ἀναπαύσει[18] ἐπιδεὴς[19] γίνεται.

5 Ὁ ἀγαπῶν χρυσίον[20] οὐ δικαιωθήσεται,
καὶ ὁ διώκων διάφορα[21] ἐν αὐτοῖς πλανηθήσεται.
6 πολλοὶ ἐδόθησαν εἰς πτῶμα[22] χάριν[23] χρυσίου,[24]
καὶ ἐγενήθη ἡ ἀπώλεια[25] αὐτῶν κατὰ πρόσωπον αὐτῶν.
7 ξύλον[26] προσκόμματός[27] ἐστιν τοῖς ἐνθουσιάζουσιν[28] αὐτῷ,
καὶ πᾶς ἄφρων[29] ἁλώσεται[30] ἐν αὐτῷ.
8 μακάριος[31] πλούσιος,[32] ὃς εὑρέθη ἄμωμος[33]
καὶ ὃς ὀπίσω χρυσίου[34] οὐκ ἐπορεύθη·
9 τίς ἐστιν; καὶ μακαριοῦμεν[35] αὐτόν·
ἐποίησεν γὰρ θαυμάσια[36] ἐν λαῷ αὐτοῦ.
10 τίς ἐδοκιμάσθη[37] ἐν αὐτῷ καὶ ἐτελειώθη;[38]
καὶ ἔσται αὐτῷ εἰς καύχησιν.[39]
τίς ἐδύνατο παραβῆναι[40] καὶ οὐ παρέβη,[41]
καὶ ποιῆσαι κακὰ καὶ οὐκ ἐποίησεν;

1 μέριμνα, worry, anxiety
2 ἀγρυπνία, sleeplessness
3 ἀφίστημι, *fut act ind 3s*, drive away
4 νυσταγμός, dozing, slumbering
5 ἀρρώστημα, sickness, illness
6 βαρύς, severe
7 ἐκνήφω, *fut act ind 3s*, bring to an end?
8 ὕπνος, sleep
9 κοπιάω, *aor act ind 3s*, grow weary, labor
10 πλούσιος, rich
11 χρῆμα, wealth
12 ἀνάπαυσις, rest
13 ἐμπίμπλημι, *pres mid ind 3s*, fill up
14 τρύφημα, treat, delicacy
15 κοπιάω, *aor act ind 3s*, grow weary, labor
16 ἐλάττωσις, shortening, curtailing
17 βίος, life
18 ἀνάπαυσις, rest
19 ἐπιδεής, needy
20 χρυσίον, gold
21 διάφορος, advantage, profit
22 πτῶμα, misfortune, ruin
23 χάριν, on account of
24 χρυσίον, gold
25 ἀπώλεια, destruction, loss
26 ξύλον, plank, beam
27 πρόσκομμα, stumbling
28 ἐνθουσιάζω, *pres act ptc dat p m*, be enthralled
29 ἄφρων, foolish
30 ἁλίσκω, *fut mid ind 3s*, conquer, take
31 μακάριος, happy, blessed
32 πλούσιος, rich
33 ἄμωμος, blameless
34 χρυσίον, gold
35 μακαρίζω, *fut act ind 1p*, consider blessed, call happy
36 θαυμάσιος, remarkable, admirable
37 δοκιμάζω, *aor pas ind 3s*, test, prove
38 τελειόω, *aor pas ind 3s*, complete, perfect
39 καύχησις, source of pride
40 παραβαίνω, *aor act inf*, turn aside
41 παραβαίνω, *aor act ind 3s*, turn aside

11 στερεωθήσεται[1] τὰ ἀγαθὰ αὐτοῦ,
καὶ τὰς ἐλεημοσύνας[2] αὐτοῦ ἐκδιηγήσεται[3] ἐκκλησία.

On Table Etiquette

12 Ἐπὶ τραπέζης[4] μεγάλης ἐκάθισας;
μὴ ἀνοίξῃς ἐπ᾽ αὐτῆς φάρυγγά[5] σου
καὶ μὴ εἴπῃς Πολλά γε τὰ ἐπ᾽ αὐτῆς·
13 μνήσθητι[6] ὅτι κακὸν ὀφθαλμὸς πονηρός.
πονηρότερον[7] ὀφθαλμοῦ τί ἔκτισται;[8]
διὰ τοῦτο ἀπὸ παντὸς προσώπου δακρύει.[9]
14 οὗ[10] ἐὰν ἐπιβλέψῃ,[11] μὴ ἐκτείνῃς[12] χεῖρα
καὶ μὴ συνθλίβου[13] αὐτῷ ἐν τρυβλίῳ.[14]
15 νόει[15] τὰ τοῦ πλησίον[16] ἐκ σεαυτοῦ
καὶ ἐπὶ παντὶ πράγματι[17] διανοοῦ.[18]
16 φάγε ὡς ἄνθρωπος τὰ παρακείμενά[19] σοι
καὶ μὴ διαμασῶ,[20] μὴ μισηθῇς.
17 παῦσαι[21] πρῶτος χάριν[22] παιδείας[23]
καὶ μὴ ἀπληστεύου,[24] μήποτε[25] προσκόψῃς·[26]
18 καὶ εἰ ἀνὰ μέσον[27] πλειόνων[28] ἐκάθισας,
πρότερος[29] αὐτῶν μὴ ἐκτείνῃς[30] τὴν χεῖρά σου.

19 Ὡς ἱκανὸν[31] ἀνθρώπῳ πεπαιδευμένῳ[32] τὸ ὀλίγον,[33]
καὶ ἐπὶ τῆς κοίτης[34] αὐτοῦ οὐκ ἀσθμαίνει.[35]

1 στερεόω, *fut pas ind 3s*, establish, confirm
2 ἐλεημοσύνη, charitable act
3 ἐκδιηγέομαι, *fut mid ind 3s*, recount, tell in detail
4 τράπεζα, table, meal
5 φάρυγξ, throat
6 μιμνῄσκομαι, *aor pas impv 2s*, remember
7 πονηρός, *comp*, more wicked
8 κτίζω, *perf pas ind 3s*, create, make
9 δακρύω, *pres act ind 3s*, weep, cry
10 οὗ, where
11 ἐπιβλέπω, *aor mid sub 2s*, look at, regard
12 ἐκτείνω, *aor act sub 2s*, reach out
13 συνθλίβω, *pres mid impv 2s*, press, squeeze
14 τρυβλίον, cup
15 νοέω, *pres act impv 2s*, understand, consider
16 πλησίον, companion, neighbor
17 πρᾶγμα, matter, item
18 διανοέομαι, *pres mid impv 2s*, think carefully
19 παράκειμαι, *pres pas ptc acc p n*, be at hand, be available
20 διαμασάομαι, *pres mid impv 2s*, slurp, chomp (noisily)
21 παύω, *aor mid impv 2s*, stop, finish
22 χάριν, on account of
23 παιδεία, discipline, training
24 ἀπληστεύομαι, *pres mid impv 2s*, be ravenous, be insatiable
25 μήποτε, lest
26 προσκόπτω, *aor act sub 2s*, offend, prompt repugnance
27 ἀνὰ μέσον, among
28 πλείων/πλεῖον, *comp of* πολύς, many
29 πρότερος, before
30 ἐκτείνω, *aor act sub 2s*, extend, reach out
31 ἱκανός, enough
32 παιδεύω, *perf pas ptc dat s m*, teach, educate
33 ὀλίγος, little
34 κοίτη, bed
35 ἀσθμαίνω, *pres act ind 3s*, pant (for something)

20 ὕπνος[1] ὑγιείας[2] ἐπὶ ἐντέρῳ[3] μετρίῳ·[4]
ἀνέστη πρωί,[5] καὶ ἡ ψυχὴ αὐτοῦ μετ᾽ αὐτοῦ.
πόνος[6] ἀγρυπνίας[7] καὶ χολέρας[8]
καὶ στρόφος[9] μετὰ ἀνδρὸς ἀπλήστου·[10]
21 καὶ εἰ ἐβιάσθης[11] ἐν ἐδέσμασιν,[12]
ἀνάστα ἔμεσον[13] πόρρω,[14] καὶ ἀναπαύσῃ.[15]
22 ἄκουσόν μου, τέκνον, καὶ μὴ ἐξουδενήσῃς[16] με,
καὶ ἐπ᾽ ἐσχάτων εὑρήσεις τοὺς λόγους μου·
ἐν πᾶσι τοῖς ἔργοις σου γίνου ἐντρεχής,[17]
καὶ πᾶν ἀρρώστημα[18] οὐ μή σοι ἀπαντήσῃ.[19]

23 λαμπρὸν[20] ἐπ᾽ ἄρτοις εὐλογήσει χείλη,[21]
καὶ ἡ μαρτυρία[22] τῆς καλλονῆς[23] αὐτοῦ πιστή.[24]
24 πονηρῷ ἐπ᾽ ἄρτῳ διαγογγύσει[25] πόλις,
καὶ ἡ μαρτυρία[26] τῆς πονηρίας[27] αὐτοῦ ἀκριβής.[28]

On Drinking

25 Ἐν οἴνῳ μὴ ἀνδρίζου·[29]
πολλοὺς γὰρ ἀπώλεσεν ὁ οἶνος.
26 κάμινος[30] δοκιμάζει[31] στόμωμα[32] ἐν βαφῇ,[33]
οὕτως οἶνος καρδίας ἐν μάχῃ[34] ὑπερηφάνων.[35]
27 ἔφισον[36] ζωῆς οἶνος ἀνθρώποις,
ἐὰν πίνῃς αὐτὸν ἐν μέτρῳ[37] αὐτοῦ.

1 ὕπνος, sleep
2 ὑγίεια, health
3 ἔντερον, gut, bowel
4 μέτριος, moderate
5 πρωί, (in the) morning
6 πόνος, distress, affliction
7 ἀγρυπνία, sleeplessness
8 χολέρα, nausea, dysentery
9 στρόφος, colic, constipation
10 ἄπληστος, insatiable
11 βιάζομαι, *aor pas ind 2s*, overpower, dominate
12 ἔδεσμα, food
13 ἐμέω, *aor act impv 2s*, vomit
14 πόρρω, at a distance
15 ἀναπαύω, *fut mid ind 2s*, have relief
16 ἐξουδενέω, *aor act sub 2s*, treat with contempt
17 ἐντρεχής, skillful
18 ἀρρώστημα, illness, sickness
19 ἀπαντάω, *aor act sub 3s*, come at
20 λαμπρός, well-known, munificent, (generous)
21 χεῖλος, lip, (speech)
22 μαρτυρία, testimony
23 καλλονή, excellence
24 πιστός, trustworthy
25 διαγογγύζω, *fut act ind 3s*, grumble, complain
26 μαρτυρία, testimony
27 πονηρία, evil, wickedness
28 ἀκριβής, precise, accurate
29 ἀνδρίζομαι, *pres mid impv 2s*, (be overly aggressive)
30 κάμινος, furnace
31 δοκιμάζω, *pres act ind 3s*, test, refine
32 στόμωμα, iron, steel
33 βαφή, dipping, plunging
34 μάχη, conflict, fighting
35 ὑπερήφανος, arrogant, proud
36 ἔφισος, equal
37 μέτρον, measure, amount

τίς ζωὴ ἐλασσουμένῳ[1] οἴνῳ;
καὶ αὐτὸς ἔκτισται[2] εἰς εὐφροσύνην[3] ἀνθρώποις.
28 ἀγαλλίαμα[4] καρδίας καὶ εὐφροσύνη[5] ψυχῆς
οἶνος πινόμενος ἐν καιρῷ αὐτάρκης·[6]
29 πικρία[7] ψυχῆς οἶνος πινόμενος πολὺς
ἐν ἐρεθισμῷ[8] καὶ ἀντιπτώματι.[9]
30 πληθύνει[10] μέθη[11] θυμὸν[12] ἄφρονος[13] εἰς πρόσκομμα[14]
ἐλαττῶν[15] ἰσχὺν[16] καὶ προσποιῶν[17] τραύματα.[18]

31 ἐν συμποσίῳ[19] οἴνου μὴ ἐλέγξῃς[20] τὸν πλησίον[21]
καὶ μὴ ἐξουθενήσῃς[22] αὐτὸν ἐν εὐφροσύνῃ[23] αὐτοῦ·
λόγον ὀνειδισμοῦ[24] μὴ εἴπῃς αὐτῷ
καὶ μὴ αὐτὸν θλίψῃς[25] ἐν ἀπαιτήσει[26].

On Banqueting

32 Ἡγούμενόν[27] σε κατέστησαν;[28] μὴ ἐπαίρου·[29]
γίνου ἐν αὐτοῖς ὡς εἷς ἐξ αὐτῶν,
φρόντισον[30] αὐτῶν καὶ οὕτω κάθισον·
2 καὶ πᾶσαν τὴν χρείαν[31] σου ποιήσας ἀνάπεσε,[32]
ἵνα εὐφρανθῇς[33] δι' αὐτοὺς
καὶ εὐκοσμίας[34] χάριν[35] λάβῃς στέφανον.[36]

3 Λάλησον, πρεσβύτερε,[37] πρέπει[38] γάρ σοι,
ἐν ἀκριβεῖ[39] ἐπιστήμῃ[40] καὶ μὴ ἐμποδίσῃς[41] μουσικά.[42]

1 ἐλασσόω, *pres mid ptc dat s m*, lack, be without
2 κτίζω, *perf pas ind 3s*, create, make
3 εὐφροσύνη, gladness
4 ἀγαλλίαμα, rejoicing
5 εὐφροσύνη, gladness
6 αὐτάρκης, sufficient
7 πικρία, bitterness
8 ἐρεθισμός, irritation
9 ἀντίπτωμα, conflict
10 πληθύνω, *pres act ind 3s*, increase
11 μέθη, drunkenness
12 θυμός, anger, wrath
13 ἄφρων, foolish
14 πρόσκομμα, cause of falling, offense
15 ἐλαττόω, *pres act ptc nom s m*, diminish, reduce
16 ἰσχύς, strength
17 προσποιέω, *pres act ptc nom s m*, add more
18 τραῦμα, wound
19 συμπόσιον, drinking party
20 ἐλέγχω, *aor act sub 2s*, reproach
21 πλησίον, companion, neighbor
22 ἐξουθενέω, *aor act sub 2s*, disdain, scorn
23 εὐφροσύνη, gladness
24 ὀνειδισμός, insult, reproach
25 θλίβω, *aor act sub 2s*, press upon
26 ἀπαίτησις, demand for repayment
27 ἡγέομαι, *pres mid ptc acc s m*, lead
28 καθίστημι, *aor act ind 3p*, appoint, install
29 ἐπαίρω, *pres mid impv 2s*, magnify, exalt
30 φροντίζω, *aor act impv 2s*, be careful of, be concerned for
31 χρεία, necessary thing
32 ἀναπίπτω, *aor act impv 2s*, sit down
33 εὐφραίνω, *aor pas sub 2s*, be glad
34 εὐκοσμία, orderly behavior
35 χάρις, on account of
36 στέφανος, crown, (prize)
37 πρέσβυς, *comp*, older
38 πρέπω, *pres act ind 3s*, be fitting, be suitable
39 ἀκριβής, precise, exact
40 ἐπιστήμη, knowledge, understanding
41 ἐμποδίζω, *aor act sub 2s*, hinder, interrupt
42 μουσικά, music

4 ὅπου[1] ἀκρόαμα,[2] μὴ ἐκχέῃς[3] λαλιὰν[4]
καὶ ἀκαίρως[5] μὴ σοφίζου.[6]
5 σφραγὶς[7] ἄνθρακος[8] ἐπὶ κόσμῳ[9] χρυσῷ[10]
σύγκριμα[11] μουσικῶν[12] ἐν συμποσίῳ[13] οἴνου·
6 ἐν κατασκευάσματι[14] χρυσῷ[15] σφραγὶς[16] σμαράγδου[17]
μέλος[18] μουσικῶν[19] ἐφ᾽ ἡδεῖ[20] οἴνῳ.

7 Λάλησον, νεανίσκε,[21] εἰ χρεία[22] σου,
μόλις[23] δὶς[24] ἐὰν ἐπερωτηθῇς·[25]
8 κεφαλαίωσον[26] λόγον, ἐν ὀλίγοις[27] πολλά·
γίνου ὡς γινώσκων καὶ ἅμα[28] σιωπῶν.[29]
9 ἐν μέσῳ μεγιστάνων[30] μὴ ἐξισάζου[31]
καὶ ἑτέρου λέγοντος μὴ πολλὰ ἀδολέσχει.[32]

10 πρὸ βροντῆς[33] κατασπεύδει[34] ἀστραπή,[35]
καὶ πρὸ αἰσχυντηροῦ[36] προελεύσεται[37] χάρις.
11 ἐν ὥρᾳ[38] ἐξεγείρου[39] καὶ μὴ οὐράγει,[40]
ἀπότρεχε[41] εἰς οἶκον καὶ μὴ ῥᾴθύμει·[42]
12 ἐκεῖ παῖζε[43] καὶ ποίει τὰ ἐνθυμήματά[44] σου
καὶ μὴ ἁμάρτῃς λόγῳ ὑπερηφάνῳ.[45]

1 ὅπου, where
2 ἀκρόαμα, players, singers, (entertainment)
3 ἐκχέω, *pres act sub 2s*, pour out
4 λαλιά, chatter
5 ἀκαίρως, untimely, ill-fitting
6 σοφίζω, *pres mid impv 2s*, show off, be smart
7 σφραγίς, seal, signet
8 ἄνθραξ, ruby
9 κόσμος, ornament, decoration
10 χρυσός, gold
11 σύγκριμα, concert
12 μουσικός, musical
13 συμπόσιον, party, banquet
14 κατασκεύασμα, work of art
15 χρυσός, gold
16 σφραγίς, seal, signet
17 σμάραγδος, emerald
18 μέλος, part
19 μουσικός, musician
20 ἡδύς, sweet
21 νεανίσκος, young man
22 χρεία, need, occasion
23 μόλις, selectively, rarely
24 δίς, twice
25 ἐπερωτάω, *aor pas sub 2s*, ask
26 κεφαλαιόω, *aor act impv 2s*, abbreviate, summarize
27 ὀλίγος, few, little
28 ἅμα, at once, simultaneously
29 σιωπάω, *pres act ptc nom s m*, be quiet, stay silent
30 μεγιστάν, noble, influential person
31 ἐξισάζω, *pres mid impv 2s*, act as an equal
32 ἀδολεσχέω, *pres act impv 2s*, chatter, drone on about
33 βροντή, thunder
34 κατασπεύδω, *pres act ind 3s*, hurry, speed
35 ἀστραπή, lightning
36 αἰσχυντηρός, modest
37 προέρχομαι, *fut mid ind 3s*, preceed, go before
38 ὥρα, time
39 ἐξεγείρω, *pres mid impv 2s*, wake up
40 οὐραγέω, *pres act impv 2s*, be last, lag behind
41 ἀποτρέχω, *pres act impv 2s*, run off
42 ῥᾳθυμέω, *pres act impv 2s*, be lazy, delay
43 παίζω, *pres act impv 2s*, amuse oneself
44 ἐνθύμημα, something desired
45 ὑπερήφανος, arrogant, proud

13 καὶ ἐπὶ τούτοις εὐλόγησον τὸν ποιήσαντά σε
καὶ μεθύσκοντά[1] σε ἀπὸ τῶν ἀγαθῶν αὐτοῦ.

Discipline of the Lord

14 Ὁ φοβούμενος κύριον ἐκδέξεται[2] παιδείαν,[3]
καὶ οἱ ὀρθρίζοντες[4] εὑρήσουσιν εὐδοκίαν.[5]
15 ὁ ζητῶν νόμον ἐμπλησθήσεται[6] αὐτοῦ,
καὶ ὁ ὑποκρινόμενος[7] σκανδαλισθήσεται[8] ἐν αὐτῷ.
16 οἱ φοβούμενοι κύριον εὑρήσουσιν κρίμα[9]
καὶ δικαιώματα[10] ὡς φῶς ἐξάψουσιν.[11]
17 ἄνθρωπος ἁμαρτωλὸς ἐκκλινεῖ[12] ἐλεγμὸν[13]
καὶ κατὰ τὸ θέλημα[14] αὐτοῦ εὑρήσει σύγκριμα.[15]

18 Ἀνὴρ βουλῆς[16] οὐ μὴ παρίδῃ[17] διανόημα,[18]
ἀλλότριος[19] καὶ ὑπερήφανος[20] οὐ καταπτήξει[21] φόβον.
19 ἄνευ[22] βουλῆς[23] μηθὲν[24] ποιήσῃς
καὶ ἐν τῷ ποιῆσαί σε μὴ μεταμελοῦ.[25]
20 ἐν ὁδῷ ἀντιπτώματος[26] μὴ πορεύου
καὶ μὴ προσκόψῃς[27] ἐν λιθώδεσιν.[28]
21 μὴ πιστεύσῃς ἐν ὁδῷ ἀπροσκόπῳ[29]
22 καὶ ἀπὸ τῶν τέκνων σου φύλαξαι.
23 ἐν παντὶ ἔργῳ πίστευε τῇ ψυχῇ σου·
καὶ γὰρ τοῦτό ἐστιν τήρησις[30] ἐντολῶν.
24 ὁ πιστεύων νόμῳ προσέχει[31] ἐντολαῖς,
καὶ ὁ πεποιθὼς κυρίῳ οὐκ ἐλαττωθήσεται.[32]

1 μεθύσκω, *pres act ptc acc s m*, make drunk
2 ἐκδέχομαι, *fut mid ind 3s*, accept, receive
3 παιδεία, discipline, instruction
4 ὀρθρίζω, *pres act ptc nom p m*, rise early
5 εὐδοκία, approval
6 ἐμπίμπλημι, *fut pas ind 3s*, satisfy
7 ὑποκρίνομαι, *pres mid ptc nom s m*, act falsely, put up a front
8 σκανδαλίζω, *fut pas ind 3s*, trip up, entrap
9 κρίμα, decision, judgment
10 δικαίωμα, righteous act
11 ἐξάπτω, *fut act ind 3p*, kindle
12 ἐκκλίνω, *fut act ind 3s*, divert
13 ἐλεγμός, rebuttal
14 θέλημα, will, desire
15 σύγκριμα, judgment
16 βουλή, advice, counsel
17 παροράω, *aor act sub 3s*, overlook, ignore
18 διανόημα, thought
19 ἀλλότριος, foreign, strange
20 ὑπερήφανος, arrogant, proud
21 καταπτήσσω, *fut act ind 3s*, tremble before
22 ἄνευ, without
23 βουλή, counsel, advice
24 μηθείς, nothing, anything
25 μεταμελέω, *pres mid impv 2s*, regret
26 ἀντίπτωμα, accident, hazard
27 προσκόπτω, *aor act sub 2s*, stumble
28 λιθώδης, rocky
29 ἀπρόσκοπος, (unexplored)
30 τήρησις, keeping
31 προσέχω, *pres act ind 3s*, pay attention to
32 ἐλαττόω, *fut pas ind 3s*, diminish, reduce

33 Τῷ φοβουμένῳ κύριον οὐκ ἀπαντήσει[1] κακόν,
ἀλλ᾽ ἐν πειρασμῷ[2] καὶ πάλιν[3] ἐξελεῖται.[4]
2 ἀνὴρ σοφὸς[5] οὐ μισήσει νόμον,
ὁ δὲ ὑποκρινόμενος[6] ἐν αὐτῷ ὡς ἐν καταιγίδι[7] πλοῖον.[8]
3 ἄνθρωπος συνετὸς[9] ἐμπιστεύσει[10] νόμῳ,
καὶ ὁ νόμος αὐτῷ πιστὸς[11] ὡς ἐρώτημα[12] δήλων.[13]

4 ἑτοίμασον λόγον καὶ οὕτως ἀκουσθήσῃ,
σύνδησον[14] παιδείαν[15] καὶ ἀποκρίθητι.
5 τροχὸς[16] ἁμάξης[17] σπλάγχνα[18] μωροῦ,[19]
καὶ ὡς ἄξων[20] στρεφόμενος[21] ὁ διαλογισμὸς[22] αὐτοῦ.
6 ἵππος[23] εἰς ὀχείαν[24] ὡς φίλος[25] μωκός,[26]
ὑποκάτω[27] παντὸς ἐπικαθημένου[28] χρεμετίζει.[29]

God's Control over Man and Nature

7 Διὰ τί ἡμέρα ἡμέρας ὑπερέχει,[30]
καὶ πᾶν φῶς ἡμέρας ἐνιαυτοῦ[31] ἀφ᾽ ἡλίου;
8 ἐν γνώσει[32] κυρίου διεχωρίσθησαν,[33]
καὶ ἠλλοίωσεν[34] καιροὺς καὶ ἑορτάς·[35]
9 ἀπ᾽ αὐτῶν ἀνύψωσεν[36] καὶ ἡγίασεν[37]
καὶ ἐξ αὐτῶν ἔθηκεν εἰς ἀριθμὸν[38] ἡμερῶν.
10 καὶ ἄνθρωποι πάντες ἀπὸ ἐδάφους,[39]
καὶ ἐκ γῆς ἐκτίσθη[40] Αδαμ·

1 ἀπαντάω, *fut act ind 3s*, meet with
2 πειρασμός, trial, test
3 πάλιν, once more, again
4 ἐξαιρέω, *fut mid ind 3s*, deliver, rescue
5 σοφός, wise
6 ὑποκρίνομαι, *pres mid ptc nom s m*, be a hypocrite
7 καταιγίς, squall, storm
8 πλοῖον, boat
9 συνετός, intelligent
10 ἐμπιστεύω, *fut act ind 3s*, give credence to, trust in
11 πιστός, faithful, trustworthy
12 ἐρώτημα, question
13 δῆλος, plain, obvious
14 συνδέω, *aor act impv 2s*, bind up
15 παιδεία, training, instruction
16 τροχός, wheel
17 ἅμαξα, wagon
18 σπλάγχνον, inner parts, emotions
19 μωρός, stupid
20 ἄξων, axel
21 στρέφω, *pres mid ptc nom s m*, turn
22 διαλογισμός, thought
23 ἵππος, horse
24 ὀχεία, breeding
25 φίλος, friend
26 μωκός, mocking
27 ὑποκάτω, under
28 ἐπικάθημαι, *pres mid ptc gen s m*, mount upon
29 χρεμετίζω, *pres act ind 3s*, neigh, whinny
30 ὑπερέχω, *pres act ind 3s*, surpass, be superior to
31 ἐνιαυτός, year
32 γνῶσις, knowledge
33 διαχωρίζω, *aor pas ind 3p*, set apart, distinguish
34 ἀλλοιόω, *aor act ind 3s*, change
35 ἑορτή, festival, holiday
36 ἀνυψόω, *aor act ind 3s*, lift up, exalt
37 ἁγιάζω, *aor act ind 3s*, make sacred, consecrate
38 ἀριθμός, number
39 ἔδαφος, ground
40 κτίζω, *aor pas ind 3s*, create

11 ἐν πλήθει ἐπιστήμης[1] κύριος διεχώρισεν[2] αὐτοὺς
καὶ ἠλλοίωσεν[3] τὰς ὁδοὺς αὐτῶν·
12 ἐξ αὐτῶν εὐλόγησεν καὶ ἀνύψωσεν[4]
καὶ ἐξ αὐτῶν ἡγίασεν[5] καὶ πρὸς αὐτὸν ἤγγισεν·
ἀπ᾽ αὐτῶν κατηράσατο[6] καὶ ἐταπείνωσεν[7]
καὶ ἀνέστρεψεν[8] αὐτοὺς ἀπὸ στάσεως[9] αὐτῶν.
13 ὡς πηλὸς[10] κεραμέως[11] ἐν χειρὶ αὐτοῦ
— πᾶσαι αἱ ὁδοὶ αὐτοῦ κατὰ τὴν εὐδοκίαν[12] αὐτοῦ —
οὕτως ἄνθρωποι ἐν χειρὶ τοῦ ποιήσαντος αὐτοὺς
ἀποδοῦναι αὐτοῖς κατὰ τὴν κρίσιν αὐτοῦ.

14 ἀπέναντι[13] τοῦ κακοῦ τὸ ἀγαθόν,
καὶ ἀπέναντι τοῦ θανάτου ἡ ζωή,
οὕτως ἀπέναντι εὐσεβοῦς[14] ἁμαρτωλός·
15 καὶ οὕτως ἔμβλεψον[15] εἰς πάντα τὰ ἔργα τοῦ ὑψίστου,[16]
δύο δύο, ἓν κατέναντι[17] τοῦ ἑνός.

16 Κἀγὼ[18] ἔσχατος ἠγρύπνησα[19]
ὡς καλαμώμενος[20] ὀπίσω τρυγητῶν·[21]
17 ἐν εὐλογίᾳ[22] κυρίου ἔφθασα[23]
καὶ ὡς τρυγῶν[24] ἐπλήρωσα ληνόν.[25]
18 κατανοήσατε[26] ὅτι οὐκ ἐμοὶ μόνῳ ἐκοπίασα,[27]
ἀλλὰ πᾶσιν τοῖς ζητοῦσιν παιδείαν.[28]
19 ἀκούσατέ μου, μεγιστᾶνες[29] λαοῦ,
καὶ οἱ ἡγούμενοι[30] ἐκκλησίας, ἐνωτίσασθε.[31]

1 ἐπιστήμη, understanding, knowledge
2 διαχωρίζω, *aor act ind 3s*, set apart, distinguish
3 ἀλλοιόω, *aor act ind 3s*, make different
4 ἀνυψόω, *aor act ind 3s*, lift up, exalt
5 ἁγιάζω, *aor act ind 3s*, make sacred, consecrate
6 καταράομαι, *aor mid ind 3s*, curse
7 ταπεινόω, *aor act ind 3s*, bring low, humble
8 ἀναστρέφω, *aor act ind 3s*, dump out, overturn
9 στάσις, position, place
10 πηλός, clay
11 κεραμεύς, potter
12 εὐδοκία, pleasure, desire
13 ἀπέναντι, opposite
14 εὐσεβής, godly, pious
15 ἐμβλέπω, *aor act impv 2s*, look at, examine
16 ὕψιστος, *sup*, Most High
17 κατέναντι, compared with
18 κἀγώ, and I, *cr.* καὶ ἐγώ
19 ἀγρυπνέω, *aor act ind 1s*, keep watch, be alert
20 καλαμάομαι, *pres mid ptc nom s m*, gather, collect
21 τρύγητος, harvest
22 εὐλογία, blessing, gift
23 φθάνω, *aor act ind 1s*, be first, excel
24 τρυγάω, *pres act ptc nom s m*, gather (the harvest)
25 ληνός, wine vat, winepress
26 κατανοέω, *aor act impv 2p*, understand, consider
27 κοπιάω, *aor act ind 1s*, work hard
28 παιδεία, discipline, instruction
29 μεγιστάν, noble, important person
30 ἡγέομαι, *pres mid ptc nom p m*, lead
31 ἐνωτίζομαι, *aor mid impv 2p*, listen up

On Independence

20 Υἱῷ καὶ γυναικί, ἀδελφῷ καὶ φίλῳ[1]
μὴ δῷς ἐξουσίαν[2] ἐπὶ σὲ ἐν ζωῇ σου·
καὶ μὴ δῷς ἑτέρῳ τὰ χρήματά[3] σου,
ἵνα μὴ μεταμεληθεὶς[4] δέῃ[5] περὶ αὐτῶν.
21 ἕως ἔτι ζῇς καὶ πνοὴ[6] ἐν σοί,
μὴ ἀλλάξῃς[7] σεαυτὸν ἐν πάσῃ σαρκί·
22 κρεῖσσον[8] γάρ ἐστιν τὰ τέκνα δεηθῆναί[9] σου
ἢ σὲ ἐμβλέπειν[10] εἰς χεῖρας υἱῶν σου.
23 ἐν πᾶσι τοῖς ἔργοις σου γίνου ὑπεράγων,[11]
μὴ δῷς μῶμον[12] ἐν τῇ δόξῃ σου.
24 ἐν ἡμέρᾳ συντελείας[13] ἡμερῶν ζωῆς σου
καὶ ἐν καιρῷ τελευτῆς[14] διάδος[15] κληρονομίαν.[16]

On the Treatment of Servants

25 Χορτάσματα[17] καὶ ῥάβδος[18] καὶ φορτία[19] ὄνῳ,[20]
ἄρτος καὶ παιδεία[21] καὶ ἔργον οἰκέτῃ.[22]
26 ἔργασαι ἐν παιδί,[23] καὶ εὑρήσεις ἀνάπαυσιν·[24]
ἄνες[25] χεῖρας αὐτῷ, καὶ ζητήσει ἐλευθερίαν.[26]
27 ζυγὸς[27] καὶ ἱμὰς[28] τράχηλον[29] κάμψουσιν,[30]
καὶ οἰκέτῃ[31] κακούργῳ[32] στρέβλαι[33] καὶ βάσανοι·[34]
28 ἔμβαλε[35] αὐτὸν εἰς ἐργασίαν[36], ἵνα μὴ ἀργῇ,[37]
πολλὴν γὰρ κακίαν[38] ἐδίδαξεν ἡ ἀργία·[39]

1 φίλος, friend
2 ἐξουσία, authority
3 χρῆμα, wealth
4 μεταμελέω, *aor pas ptc nom s m*, regret, change one's mind
5 δέομαι, *pres act sub 3s*, beg, ask
6 πνοή, breath
7 ἀλλάσσω, *aor act sub 2s*, exchange
8 κρείσσων (ττ), *comp of* ἀγαθός, better
9 δέομαι, *aor pas inf*, ask
10 ἐμβλέπω, *pres act inf*, look to
11 ὑπεράγω, *pres act ptc nom s m*, be preeminent
12 μῶμος, disgrace, defect
13 συντέλεια, completion, endpoint
14 τελευτή, death
15 διαδίδωμι, *aor act impv 2s*, pass on
16 κληρονομία, inheritance
17 χόρτασμα, fodder
18 ῥάβδος, rod
19 φορτίον, burden, load
20 ὄνος, donkey
21 παιδεία, training, discipline
22 οἰκέτης, household servant
23 παῖς, servant
24 ἀνάπαυσις, rest
25 ἀνίημι, *aor act impv 2s*, release
26 ἐλευθερία, freedom
27 ζυγός, yoke
28 ἱμάς, rein
29 τράχηλος, neck
30 κάμπτω, *fut act ind 3s*, bend down
31 οἰκέτης, household servant
32 κακοῦργος, criminal
33 στρέβλη, rack
34 βάσανος, torture
35 ἐμβάλλω, *aor act impv 2s*, put to
36 ἐργασία, labor, work
37 ἀργέω, *pres act sub 3s*, do nothing, be idle
38 κακία, wickedness
39 ἀργία, idleness

29 εἰς ἔργα κατάστησον,[1] καθὼς πρέπει[2] αὐτῷ,
κἂν[3] μὴ πειθαρχῇ,[4] βάρυνον[5] τὰς πέδας[6] αὐτοῦ.
30 καὶ μὴ περισσεύσῃς[7] ἐπὶ πάσῃ σαρκὶ
καὶ ἄνευ[8] κρίσεως μὴ ποιήσῃς μηδέν.[9]

31 Εἰ ἔστιν σοι οἰκέτης,[10] ἔστω ὡς σύ,
ὅτι ἐν αἵματι ἐκτήσω[11] αὐτόν·
32 εἰ ἔστιν σοι οἰκέτης,[12] ἄγε αὐτὸν ὡς ἀδελφόν,
ὅτι ὡς ἡ ψυχή σου ἐπιδεήσεις[13] αὐτῷ·
33 ἐὰν κακώσῃς[14] αὐτὸν καὶ ἀπάρας[15] ἀποδρᾷ,[16]
ἐν ποίᾳ[17] ὁδῷ ζητήσεις αὐτόν;

On Divinations, Omens, and Dreams

34 Κεναὶ[18] ἐλπίδες καὶ ψευδεῖς[19] ἀσυνέτῳ[20] ἀνδρί,
καὶ ἐνύπνια ἀναπτεροῦσιν[21] ἄφρονας.[22]
2 ὡς δρασσόμενος[23] σκιᾶς[24] καὶ διώκων ἄνεμον[25]
οὕτως ὁ ἐπέχων[26] ἐνυπνίοις·
3 τοῦτο κατὰ τούτου ὅρασις[27] ἐνυπνίων,
κατέναντι[28] προσώπου ὁμοίωμα[29] προσώπου.
4 ἀπὸ ἀκαθάρτου τί καθαρισθήσεται;
καὶ ἀπὸ ψευδοῦς[30] τί ἀληθεύσει;[31]
5 μαντεῖαι[32] καὶ οἰωνισμοὶ[33] καὶ ἐνύπνια μάταιά[34] ἐστιν,
καὶ ὡς ὠδινούσης[35] φαντάζεται[36] καρδία·

1 καθίστημι, *aor act impv 2s*, put to, set to
2 πρέπω, *pres act ind 3s*, be fitting, be suitable
3 κἄν, and if, *cr.* καὶ ἐάν or καὶ ἄν
4 πειθαρχέω, *pres act sub 3s*, obey
5 βαρύνω, *aor act impv 2s*, make heavy
6 πέδη, shackle
7 περισσεύω, *aor act sub 2s*, be gratuitous
8 ἄνευ, without
9 μηδείς, nothing
10 οἰκέτης, household servant
11 κτάομαι, *aor mid ind 2s*, acquire
12 οἰκέτης, household servant
13 ἐπιδέω, *fut act ind 2s*, be in need
14 κακόω, *aor act sub 2s*, mistreat
15 ἀπαίρω, *aor act ptc nom s m*, depart
16 ἀποδιδράσκω, *aor act sub 3s*, run away
17 ποῖος, which one
18 κενός, empty, void
19 ψευδής, false
20 ἀσύνετος, unintelligent, senseless
21 ἀναπτερόω, *pres act ind 3p*, excite
22 ἄφρων, foolish
23 δράσσομαι, *pres mid ptc nom s m*, snatch for, grab at
24 σκιά, shadow
25 ἄνεμος, wind
26 ἐπέχω, *pres act ptc nom s m*, hold out for, fix attention on
27 ὅρασις, resemblance
28 κατέναντι, in front of, opposite
29 ὁμοίωμα, likeness
30 ψευδής, false
31 ἀληθεύω, *fut act ind 3s*, prove true
32 μαντεία, oracle, divination
33 οἰωνισμός, omen (from birds)
34 μάταιος, vain
35 ὠδίνω, *pres act ptc gen s f*, be in labor
36 φαντάζω, *pres pas ind 3s*, appear

6 ἐὰν μὴ παρὰ ὑψίστου[1] ἀποσταλῇ ἐν ἐπισκοπῇ,[2]
μὴ δῷς εἰς αὐτὰ τὴν καρδίαν σου·
7 πολλοὺς γὰρ ἐπλάνησεν τὰ ἐνύπνια,
καὶ ἐξέπεσον[3] ἐλπίζοντες ἐπ᾽ αὐτοῖς.
8 ἄνευ[4] ψεύδους[5] συντελεσθήσεται[6] νόμος,
καὶ σοφία στόματι πιστῷ[7] τελείωσις.[8]

Experience and Inexperience

9 Ἀνὴρ πεπλανημένος ἔγνω πολλά,
καὶ ὁ πολύπειρος[9] ἐκδιηγήσεται[10] σύνεσιν·[11]
10 ὃς οὐκ ἐπειράθη,[12] ὀλίγα[13] οἶδεν,
ὁ δὲ πεπλανημένος πληθυνεῖ[14] πανουργίαν.[15]
11 πολλὰ ἑώρακα ἐν τῇ ἀποπλανήσει[16] μου,
καὶ πλείονα[17] τῶν λόγων μου σύνεσίς[18] μου·
12 πλεονάκις[19] ἕως θανάτου ἐκινδύνευσα[20]
καὶ διεσώθην[21] τούτων χάριν.[22]

Those Who Fear the Lord Will Live

13 πνεῦμα φοβουμένων κύριον ζήσεται·
ἡ γὰρ ἐλπὶς αὐτῶν ἐπὶ τὸν σῴζοντα αὐτούς.
14 ὁ φοβούμενος κύριον οὐδὲν εὐλαβηθήσεται[23]
καὶ οὐ μὴ δειλιάσῃ,[24] ὅτι αὐτὸς ἐλπὶς αὐτοῦ.
15 φοβουμένου τὸν κύριον μακαρία[25] ἡ ψυχή·
τίνι ἐπέχει;[26] καὶ τίς αὐτοῦ στήριγμα;[27]
16 οἱ ὀφθαλμοὶ κυρίου ἐπὶ τοὺς ἀγαπῶντας αὐτόν,
ὑπερασπισμὸς[28] δυναστείας[29] καὶ στήριγμα[30] ἰσχύος,[31]

1 ὕψιστος, *sup*, Most High
2 ἐπισκοπή, visitation, inspection
3 ἐκπίπτω, *aor act ind 3p*, fall away
4 ἄνευ, without
5 ψεῦδος, lie
6 συντελέω, *fut pas ind 3s*, accomplish, complete
7 πιστός, faithful, trustworthy
8 τελείωσις, completion, perfection
9 πολύπειρος, highly experienced
10 ἐκδιηγέομαι, *fut mid ind 3s*, describe in detail
11 σύνεσις, understanding, intelligence
12 πειράω, *aor pas ind 3s*, experience, attempt
13 ὀλίγος, little
14 πληθύνω, *fut act ind 3s*, fill up
15 πανουργία, prudence
16 ἀποπλάνησις, wandering
17 πλείων/πλεῖον, *comp of* πολύς, more
18 σύνεσις, understanding
19 πλεονάκις, many times
20 κινδυνεύω, *aor act ind 1s*, be in danger
21 διασῴζω, *aor pas ind 1s*, preserve, save
22 χάριν, on account of
23 εὐλαβέομαι, *fut pas ind 3s*, be afraid
24 δειλιάω, *aor act sub 3s*, fear
25 μακάριος, blessed, happy
26 ἐπέχω, *pres act ind 3s*, hold out (in expectation)
27 στήριγμα, support, provision
28 ὑπερασπισμός, protection
29 δυναστεία, dominion, lordship
30 στήριγμα, support, provision
31 ἰσχύς, might, power

σκέπη[1] ἀπὸ καύσωνος[2] καὶ σκέπη ἀπὸ μεσημβρίας,[3]
φυλακὴ ἀπὸ προσκόμματος[4] καὶ βοήθεια[5] ἀπὸ πτώσεως,[6]
17 ἀνυψῶν[7] ψυχὴν καὶ φωτίζων[8] ὀφθαλμούς,
ἴασιν[9] διδούς, ζωὴν καὶ εὐλογίαν.[10]

On Sacrifices

18 Θυσιάζων[11] ἐξ ἀδίκου[12] προσφορὰ[13] μεμωμημένη,[14]
καὶ οὐκ εἰς εὐδοκίαν[15] δωρήματα[16] ἀνόμων.[17]
19 οὐκ εὐδοκεῖ[18] ὁ ὕψιστος[19] ἐν προσφοραῖς[20] ἀσεβῶν[21]
οὐδὲ ἐν πλήθει θυσιῶν[22] ἐξιλάσκεται[23] ἁμαρτίας.
20 θύων[24] υἱὸν ἔναντι[25] τοῦ πατρὸς αὐτοῦ
ὁ προσάγων[26] θυσίαν[27] ἐκ χρημάτων[28] πενήτων.[29]
21 ἄρτος ἐπιδεομένων[30] ζωὴ πτωχῶν,
ὁ ἀποστερῶν[31] αὐτὴν ἄνθρωπος αἱμάτων.
22 φονεύων[32] τὸν πλησίον[33] ὁ ἀφαιρούμενος[34] ἐμβίωσιν,[35]
καὶ ἐκχέων[36] αἷμα ὁ ἀποστερῶν[37] μισθὸν[38] μισθίου.[39]

23 εἷς οἰκοδομῶν, καὶ εἷς καθαιρῶν·[40]
τί ὠφέλησαν[41] πλεῖον[42] ἢ κόπους;[43]

1 σκέπη, shelter
2 καύσων, summer heat
3 μεσημβρία, midday
4 πρόσκομμα, obstacle
5 βοήθεια, help
6 πτῶσις, falling, calamity
7 ἀνυψόω, *pres act ptc nom s m*, lift up
8 φωτίζω, *pres act ptc nom s m*, give light to
9 ἴασις, health
10 εὐλογία, blessing, gift
11 θυσιάζω, *pres act ptc nom s m*, sacrifice
12 ἄδικος, unrighteous
13 προσφορά, offering
14 μωμάομαι, *perf pas ptc nom s f*, criticize, fault
15 εὐδοκία, approval
16 δώρημα, gift
17 ἄνομος, evil, wicked
18 εὐδοκέω, *pres act ind 3s*, approve, consent to
19 ὕψιστος, *sup*, Most High
20 προσφορά, offering
21 ἀσεβής, ungodly, wicked
22 θυσία, sacrifice
23 ἐξιλάσκομαι, *pres mid ind 3s*, make atonement, propitiate
24 θύω, *pres act ptc nom s m*, sacrifice
25 ἔναντι, before
26 προσάγω, *pres act ptc nom s m*, bring, offer
27 θυσία, sacrifice
28 χρῆμα, wealth
29 πένης, poor
30 ἐπιδέομαι, *pres mid ptc gen p m*, be in need
31 ἀποστερέω, *pres act ptc nom s m*, defraud
32 φονεύω, *pres act ptc nom s m*, murder
33 πλησίον, companion, neighbor
34 ἀφαιρέω, *pres mid ptc nom s m*, take away
35 ἐμβίωσις, living wage
36 ἐκχέω, *pres act ptc nom s m*, pour out, spill
37 ἀποστερέω, *pres act ptc nom s m*, rob, defraud
38 μισθός, pay, wages
39 μίσθιος, hired worker
40 καθαιρέω, *pres act ptc nom s m*, tear down
41 ὠφελέω, *aor act ind 3p*, benefit, profit
42 πλείων/πλεῖον, *comp of* πολύς, more
43 κόπος, work, labor

24 εἷς εὐχόμενος,[1] καὶ εἷς καταρώμενος·[2]
τίνος φωνῆς εἰσακούσεται[3] ὁ δεσπότης;[4]
25 βαπτιζόμενος[5] ἀπὸ νεκροῦ[6] καὶ πάλιν[7] ἁπτόμενος αὐτοῦ,
τί ὠφέλησεν[8] ἐν τῷ λουτρῷ[9] αὐτοῦ;
26 οὕτως ἄνθρωπος νηστεύων[10] ἐπὶ τῶν ἁμαρτιῶν αὐτοῦ
καὶ πάλιν[11] πορευόμενος καὶ τὰ αὐτὰ ποιῶν·
τῆς προσευχῆς αὐτοῦ τίς εἰσακούσεται;[12]
καὶ τί ὠφέλησεν[13] ἐν τῷ ταπεινωθῆναι[14] αὐτόν;

35

Ὁ συντηρῶν[15] νόμον πλεονάζει[16] προσφοράς,[17]
θυσιάζων[18] σωτηρίου[19] ὁ προσέχων[20] ἐντολαῖς.
2 ἀνταποδιδοὺς[21] χάριν προσφέρων σεμίδαλιν,[22]
καὶ ὁ ποιῶν ἐλεημοσύνην[23] θυσιάζων[24] αἰνέσεως.[25]
3 εὐδοκία[26] κυρίου ἀποστῆναι[27] ἀπὸ πονηρίας,[28]
καὶ ἐξιλασμὸς[29] ἀποστῆναι[30] ἀπὸ ἀδικίας.[31]
4 μὴ ὀφθῇς ἐν προσώπῳ κυρίου κενός·[32]
πάντα γὰρ ταῦτα χάριν[33] ἐντολῆς.
5 προσφορὰ[34] δικαίου λιπαίνει[35] θυσιαστήριον,[36]
καὶ ἡ εὐωδία[37] αὐτῆς ἔναντι[38] ὑψίστου.[39]
6 θυσία[40] ἀνδρὸς δικαίου δεκτή,[41]
καὶ τὸ μνημόσυνον[42] αὐτῆς οὐκ ἐπιλησθήσεται.[43]

1 εὔχομαι, *pres mid ptc nom s m*, pray
2 καταράομαι, *pres mid ptc nom s m*, curse
3 εἰσακούω, *fut mid ind 3s*, listen to
4 δεσπότης, master
5 βαπτίζω, *pres mid ptc nom s m*, wash, purify
6 νεκρός, dead
7 πάλιν, again
8 ὠφελέω, *aor act ind 3s*, benefit, profit
9 λουτρόν, bathing, washing
10 νηστεύω, *pres act ptc nom s m*, keep a fast
11 πάλιν, again
12 εἰσακούω, *fut mid ind 3s*, listen to
13 ὠφελέω, *aor act ind 3s*, benefit, profit
14 ταπεινόω, *aor pas inf*, humble
15 συντηρέω, *pres act ptc nom s m*, keep
16 πλεονάζω, *pres act ind 3s*, be abundant in
17 προσφορά, offering
18 θυσιάζω, *pres act ptc nom s m*, sacrifice
19 σωτήριον, deliverance
20 προσέχω, *pres act ptc nom s m*, give heed to
21 ἀνταποδίδωμι, *pres act ptc nom s m*, return in kind
22 σεμίδαλις, fine flour
23 ἐλεημοσύνη, charity
24 θυσιάζω, *pres act ptc nom s m*, sacrifice
25 αἴνεσις, praise
26 εὐδοκία, approval
27 ἀφίστημι, *aor act inf*, depart from
28 πονηρία, wickedness, evil
29 ἐξιλασμός, propitiation, atonement
30 ἀφίστημι, *aor act inf*, depart from
31 ἀδικία, injustice
32 κενός, empty(-handed)
33 χάριν, on account of
34 προσφορά, offering
35 λιπαίνω, *pres act ind 3s*, enrich
36 θυσιαστήριον, altar
37 εὐωδία, sweet smell
38 ἔναντι, before
39 ὕψιστος, *sup*, Most High
40 θυσία, sacrifice
41 δεκτός, acceptable
42 μνημόσυνον, memorial
43 ἐπιλανθάνομαι, *fut pas ind 3s*, forget

7 ἐν ἀγαθῷ ὀφθαλμῷ δόξασον τὸν κύριον
καὶ μὴ σμικρύνῃς[1] ἀπαρχὴν[2] χειρῶν σου.
8 ἐν πάσῃ δόσει[3] ἱλάρωσον[4] τὸ πρόσωπόν σου
καὶ ἐν εὐφροσύνῃ[5] ἁγίασον[6] δεκάτην.[7]
9 δὸς ὑψίστῳ[8] κατὰ τὴν δόσιν[9] αὐτοῦ
καὶ ἐν ἀγαθῷ ὀφθαλμῷ καθ᾽ εὕρεμα[10] χειρός·
10 ὅτι κύριος ἀνταποδιδούς[11] ἐστιν
καὶ ἑπταπλάσια[12] ἀνταποδώσει[13] σοι.

God's Justice Never Fails

11 Μὴ δωροκόπει,[14] οὐ γὰρ προσδέξεται,[15]
καὶ μὴ ἔπεχε[16] θυσίᾳ[17] ἀδίκῳ·[18]
12 ὅτι κύριος κριτής[19] ἐστιν,
καὶ οὐκ ἔστιν παρ᾽ αὐτῷ δόξα προσώπου.
13 οὐ λήμψεται πρόσωπον ἐπὶ πτωχοῦ
καὶ δέησιν[20] ἠδικημένου[21] εἰσακούσεται·[22]
14 οὐ μὴ ὑπερίδῃ[23] ἱκετείαν[24] ὀρφανοῦ[25]
καὶ χήραν,[26] ἐὰν ἐκχέῃ[27] λαλιάν·[28]
15 οὐχὶ δάκρυα[29] χήρας[30] ἐπὶ σιαγόνα[31] καταβαίνει
καὶ ἡ καταβόησις[32] ἐπὶ τῷ καταγαγόντι[33] αὐτά;
16 θεραπεύων[34] ἐν εὐδοκίᾳ[35] δεχθήσεται,[36]
καὶ ἡ δέησις[37] αὐτοῦ ἕως νεφελῶν[38] συνάψει·[39]

1 σμικρύνω, *pres act sub 2s*, diminish, minimize
2 ἀπαρχή, first portion
3 δόσις, gift
4 ἱλαρόω, *aor act impv 2s*, express gladness on
5 εὐφροσύνη, gladness
6 ἁγιάζω, *aor act impv 2s*, sanctify
7 δέκατος, tenth (part), (offering)
8 ὕψιστος, *sup*, Most High
9 δόσις, gift
10 εὕρεμα, (unexpected) profit
11 ἀνταποδίδωμι, *pres act ptc nom s m*, repay
12 ἑπταπλάσιος, sevenfold
13 ἀνταποδίδωμι, *fut act ind 3s*, repay
14 δωροκοπέω, *pres act impv 2s*, bribe
15 προσδέχομαι, *fut mid ind 3s*, receive
16 ἐπέχω, *pres act impv 2s*, hold out for
17 θυσία, sacrifice
18 ἄδικος, unrighteous
19 κριτής, judge
20 δέησις, prayer, entreaty
21 ἀδικέω, *perf pas ptc gen s m*, wrong, harm
22 εἰσακούω, *fut mid ind 3s*, listen to
23 ὑπεροράω, *aor act sub 3s*, disregard, ignore
24 ἱκετεία, supplication
25 ὀρφανός, orphaned
26 χήρα, widow
27 ἐκχέω, *pres act sub 3s*, pour out
28 λαλιά, speech
29 δάκρυον, tear
30 χήρα, widow
31 σιαγών, cheek
32 καταβόησις, outcry
33 κατάγω, *aor act ptc dat s m*, bring down, cause to fall
34 θεραπεύω, *pres act ptc nom s m*, serve
35 εὐδοκία, pleasure, approval
36 δέχομαι, *fut pas ind 3s*, receive, accept
37 δέησις, petition, prayer
38 νεφέλη, cloud
39 συνάπτω, *fut act ind 3s*, reach (up to)

17 προσευχὴ ταπεινοῦ[1] νεφέλας[2] διῆλθεν,[3]
καὶ ἕως συνεγγίσῃ,[4] οὐ μὴ παρακληθῇ·
18 καὶ οὐ μὴ ἀποστῇ,[5] ἕως ἐπισκέψηται[6] ὁ ὕψιστος[7]
καὶ κρινεῖ δικαίοις καὶ ποιήσει κρίσιν.
19 καὶ ὁ κύριος οὐ μὴ βραδύνῃ[8]
οὐδὲ μὴ μακροθυμήσῃ[9] ἐπ᾽ αὐτοῖς,
20 ἕως ἂν συντρίψῃ[10] ὀσφὺν[11] ἀνελεημόνων[12]
καὶ τοῖς ἔθνεσιν ἀνταποδώσει[13] ἐκδίκησιν,[14]
21 ἕως ἐξάρῃ[15] πλῆθος ὑβριστῶν[16]
καὶ σκῆπτρα[17] ἀδίκων[18] συντρίψει,[19]
22 ἕως ἀνταποδῷ[20] ἀνθρώπῳ κατὰ τὰς πράξεις[21] αὐτοῦ
καὶ τὰ ἔργα τῶν ἀνθρώπων κατὰ τὰ ἐνθυμήματα[22] αὐτῶν,
23 ἕως κρίνῃ τὴν κρίσιν τοῦ λαοῦ αὐτοῦ
καὶ εὐφρανεῖ[23] αὐτοὺς ἐν τῷ ἐλέει[24] αὐτοῦ.
24 ὡραῖον[25] ἔλεος[26] ἐν καιρῷ θλίψεως αὐτοῦ
ὡς νεφέλαι[27] ὑετοῦ[28] ἐν καιρῷ ἀβροχίας.[29]

Supplications to God

36 Ἐλέησον[30] ἡμᾶς, δέσποτα[31] ὁ θεὸς πάντων, καὶ ἐπίβλεψον[32]
καὶ ἐπίβαλε[33] τὸν φόβον σου ἐπὶ πάντα τὰ ἔθνη·
2 ἔπαρον[34] τὴν χεῖρά σου ἐπὶ ἔθνη ἀλλότρια,[35]
καὶ ἰδέτωσαν τὴν δυναστείαν[36] σου.

1 ταπεινός, humble
2 νεφέλη, cloud
3 διέρχομαι, *aor act ind 3s*, pass through
4 συνεγγίζω, *aor act sub 3s*, draw near
5 ἀφίστημι, *aor act sub 3s*, go away
6 ἐπισκέπτομαι, *aor mid sub 3s*, visit (in judgment), examine
7 ὕψιστος, *sup*, Most High
8 βραδύνω, *aor act sub 3s*, delay
9 μακροθυμέω, *aor act sub 3s*, have patience
10 συντρίβω, *aor act sub 3s*, break into pieces
11 ὀσφύς, loins
12 ἀνελεήμων, merciless
13 ἀνταποδίδωμι, *fut act ind 3s*, repay
14 ἐκδίκησις, vengeance, punishment
15 ἐξαίρω, *aor act sub 3s*, remove
16 ὑβριστής, insolent, haughty
17 σκῆπτρον, scepter
18 ἄδικος, unjust
19 συντρίβω, *fut act ind 3s*, break into pieces
20 ἀνταποδίδωμι, *aor act sub 3s*, repay
21 πρᾶξις, deed, action
22 ἐνθύμημα, thought, reasoning
23 εὐφραίνω, *fut act ind 3s*, rejoice
24 ἔλεος, mercy
25 ὡραῖος, timely
26 ἔλεος, mercy
27 νεφέλη, cloud
28 ὑετός, rain
29 ἀβροχία, drought
30 ἐλεέω, *aor act impv 2s*, have mercy on
31 δεσπότης, master
32 ἐπιβλέπω, *aor act impv 2s*, look
33 ἐπιβάλλω, *aor act impv 2s*, cast on
34 ἐπαίρω, *aor act impv 2s*, lift up
35 ἀλλότριος, foreign, strange
36 δυναστεία, lordship, dominion

3 ὥσπερ ἐνώπιον αὐτῶν ἡγιάσθης[1] ἐν ἡμῖν,
οὕτως ἐνώπιον ἡμῶν μεγαλυνθείης[2] ἐν αὐτοῖς·
4 καὶ ἐπιγνώτωσάν σε, καθάπερ[3] καὶ ἡμεῖς ἐπέγνωμεν
ὅτι οὐκ ἔστιν θεὸς πλὴν σοῦ, κύριε.
5 ἐγκαίνισον[4] σημεῖα καὶ ἀλλοίωσον[5] θαυμάσια,[6]
δόξασον χεῖρα καὶ βραχίονα[7] δεξιόν·
6 ἔγειρον[8] θυμὸν[9] καὶ ἔκχεον[10] ὀργήν,
ἔξαρον[11] ἀντίδικον[12] καὶ ἔκτριψον[13] ἐχθρόν.
7 σπεῦσον[14] καιρὸν καὶ μνήσθητι[15] ὁρκισμοῦ,[16]
καὶ ἐκδιηγησάσθωσαν[17] τὰ μεγαλεῖά[18] σου.
8 ἐν ὀργῇ πυρὸς καταβρωθήτω[19] ὁ σῳζόμενος,
καὶ οἱ κακοῦντες[20] τὸν λαόν σου εὕροισαν[21] ἀπώλειαν.[22]

9 σύντριψον[23] κεφαλὰς ἀρχόντων ἐχθρῶν
λεγόντων Οὐκ ἔστιν πλὴν ἡμῶν.
10 συνάγαγε πάσας φυλὰς Ιακωβ
καὶ κατακληρονόμησον[24] αὐτοὺς καθὼς ἀπ᾽ ἀρχῆς.
11 ἐλέησον[25] λαόν, κύριε, κεκλημένον ἐπ᾽ ὀνόματί σου
καὶ Ισραηλ, ὃν πρωτογόνῳ[26] ὡμοίωσας.[27]
12 οἰκτίρησον[28] πόλιν ἁγιάσματός[29] σου,
Ιερουσαλημ τόπον καταπαύματός[30] σου·
13 πλῆσον[31] Σιων ἀρεταλογίας[32] σου
καὶ ἀπὸ τῆς δόξης σου τὸν λαόν σου.

1 ἁγιάζω, *aor pas ind 2s*, sanctify, consecrate
2 μεγαλύνω, *aor pas opt 2s*, magnify
3 καθάπερ, just as
4 ἐγκαινίζω, *aor act impv 2s*, inaugurate, renew
5 ἀλλοιόω, *aor act impv 2s*, change, make different
6 θαυμάσιος, wonderful (thing)
7 βραχίων, arm
8 ἐγείρω, *aor act impv 2s*, stir up
9 θυμός, anger, fury
10 ἐκχέω, *aor act impv 2s*, pour out
11 ἐξαίρω, *aor act impv 2s*, remove
12 ἀντίδικος, opponent
13 ἐκτρίβω, *aor act impv 2s*, destroy
14 σπεύδω, *aor act impv 2s*, hurry
15 μιμνήσκομαι, *aor pas impv 2s*, remember
16 ὁρκισμός, administration of an oath
17 ἐκδιηγέομαι, *aor mid impv 3p*, describe
18 μεγαλεῖος, magnificent (deed)
19 καταβιβρώσκω, *aor pas impv 3s*, consume
20 κακόω, *pres act ptc nom p m*, mistreat, harm
21 εὑρίσκω, *aor act opt 3p*, find
22 ἀπώλεια, destruction
23 συντρίβω, *aor act impv 2s*, shatter, crush
24 κατακληρονομέω, *aor act impv 2s*, give an inheritance
25 ἐλεέω, *aor act impv 2s*, have mercy on
26 πρωτόγονος, firstborn
27 ὁμοιόω, *aor act ind 2s*, compare, make like
28 οἰκτίρω, *aor act impv 2s*, have compassion on
29 ἁγίασμα, sanctuary
30 κατάπαυμα, rest
31 πίμπλημι, *aor act impv 2s*, fill up
32 ἀρεταλογία, celebration of divine wonders

14 δὸς μαρτύριον[1] τοῖς ἐν ἀρχῇ κτίσμασίν[2] σου
καὶ ἔγειρον[3] προφητείας[4] τὰς ἐπ᾽ ὀνόματί σου·
15 δὸς μισθὸν[5] τοῖς ὑπομένουσίν[6] σε,
καὶ οἱ προφῆταί σου ἐμπιστευθήτωσαν.[7]
16 εἰσάκουσον,[8] κύριε, δεήσεως[9] τῶν ἱκετῶν[10] σου
κατὰ τὴν εὐλογίαν[11] Ααρων περὶ τοῦ λαοῦ σου,
17 καὶ γνώσονται πάντες οἱ ἐπὶ τῆς γῆς
ὅτι κύριος εἶ ὁ θεὸς τῶν αἰώνων.

On Discernment

18 Πᾶν βρῶμα[12] φάγεται κοιλία,[13]
ἔστιν δὲ βρῶμα βρώματος κάλλιον.[14]
19 φάρυγξ[15] γεύεται[16] βρώματα[17] θήρας,[18]
οὕτως καρδία συνετὴ[19] λόγους ψευδεῖς.[20]
20 καρδία στρεβλὴ[21] δώσει λύπην,[22]
καὶ ἄνθρωπος πολύπειρος[23] ἀνταποδώσει[24] αὐτῷ.
21 πάντα ἄρρενα[25] ἐπιδέξεται[26] γυνή,
ἔστιν δὲ θυγάτηρ[27] θυγατρὸς κρείσσων.[28]
22 κάλλος γυναικὸς ἱλαρύνει[29] πρόσωπον
καὶ ὑπὲρ πᾶσαν ἐπιθυμίαν[30] ἀνθρώπου ὑπεράγει·[31]
23 εἰ ἔστιν ἐπὶ γλώσσης αὐτῆς ἔλεος[32] καὶ πραΰτης,[33]
οὐκ ἔστιν ὁ ἀνὴρ αὐτῆς καθ᾽ υἱοὺς ἀνθρώπων.
24 ὁ κτώμενος[34] γυναῖκα ἐνάρχεται[35] κτήσεως,[36]
βοηθὸν[37] κατ᾽ αὐτὸν καὶ στῦλον[38] ἀναπαύσεως.[39]

1 μαρτύριον, testimony, proof
2 κτίσμα, creation
3 ἐγείρω, *aor act impv 2s*, raise up
4 προφητεία, prophecy
5 μισθός, wage, reward
6 ὑπομένω, *pres act ptc dat p m*, wait upon
7 ἐμπιστεύω, *aor pas impv 3p*, trust in
8 εἰσακούω, *aor act impv 2s*, listen to
9 δέησις, prayer, supplication
10 ἱκέτης, suppliant, one who seeks aid
11 εὐλογία, blessing
12 βρῶμα, food
13 κοιλία, stomach
14 καλός, *comp*, more appealing
15 φάρυγξ, throat
16 γεύω, *pres mid ind 3s*, taste
17 βρῶμα, food
18 θήρα, prey, game
19 συνετός, intelligent, prudent
20 ψευδής, lying
21 στρεβλός, perverse, twisted
22 λύπη, sorrow, grief
23 πολύπειρος, very experienced
24 ἀνταποδίδωμι, *fut act ind 3s*, pay back
25 ἄρσην, man
26 ἐπιδέχομαι, *fut mid ind 3s*, welcome, receive
27 θυγάτηρ, daughter
28 κρείσσων (ττ), *comp of* ἀγαθός, better
29 ἱλαρύνω, *pres act ind 3s*, cheer up
30 ἐπιθυμία, desire
31 ὑπεράγω, *pres act ind 3s*, surpass
32 ἔλεος, mercy
33 πραΰτης, gentleness
34 κτάομαι, *pres mid ptc nom s m*, gain, acquire
35 ἐνάρχομαι, *pres mid ind 3s*, begin, (obtain?)
36 κτῆσις, acquisition, (possession)
37 βοηθός, help
38 στῦλος, pillar, support
39 ἀνάπαυσις, rest, repose

25 οὗ[1] οὐκ ἔστιν φραγμός,[2] διαρπαγήσεται[3] κτῆμα·[4]
καὶ οὗ οὐκ ἔστιν γυνή, στενάξει[5] πλανώμενος.
26 τίς γὰρ πιστεύσει εὐζώνῳ[6] λῃστῇ[7]
ἀφαλλομένῳ[8] ἐκ πόλεως εἰς πόλιν;
27 οὕτως ἀνθρώπῳ μὴ ἔχοντι νοσσιὰν[9]
καὶ καταλύοντι[10] οὗ[11] ἐὰν ὀψίσῃ.[12]

Warnings about False Friends

37 Πᾶς φίλος[13] ἐρεῖ Ἐφιλίασα[14] κἀγώ·[15]
ἀλλ᾽ ἔστιν φίλος ὀνόματι μόνον φίλος.
2 οὐχὶ λύπη[16] ἔνι[17] ἕως θανάτου
ἑταῖρος[18] καὶ φίλος[19] τρεπόμενος[20] εἰς ἔχθραν;[21]
3 ὦ[22] πονηρὸν ἐνθύμημα,[23] πόθεν[24] ἐνεκυλίσθης[25]
καλύψαι[26] τὴν ξηρὰν[27] ἐν δολιότητι;[28]
4 ἑταῖρος[29] φίλου[30] ἐν εὐφροσύνῃ[31] ἥδεται[32]
καὶ ἐν καιρῷ θλίψεως ἔσται ἀπέναντι.[33]
5 ἑταῖρος[34] φίλῳ[35] συμπονεῖ[36] χάριν[37] γαστρός,[38]
ἔναντι[39] πολέμου λήμψεται ἀσπίδα.[40]
6 μὴ ἐπιλάθῃ[41] φίλου[42] ἐν τῇ ψυχῇ σου
καὶ μὴ ἀμνημονήσῃς[43] αὐτοῦ ἐν χρήμασίν[44] σου.

1 οὗ, where
2 φραγμός, hedge, fence
3 διαρπάζω, *fut pas ind 3s*, plunder
4 κτῆμα, property
5 στενάζω, *fut act ind 3s*, moan, groan
6 εὔζωνος, well equipped
7 λῃστής, robber, thief
8 ἀφάλλομαι, *pres mid ptc dat s m*, skip around, jump repeatedly
9 νοσσιά, dwelling
10 καταλύω, *pres act ptc dat s m*, bring to a stop
11 οὗ, where
12 ὀψίζω, *aor act sub 3s*, arrive at night
13 φίλος, friend
14 φιλιάζω, *aor act ind 1s*, be friendly
15 κἀγώ, I too, *cr.* καὶ ἐγώ
16 λύπη, sorrow, pain
17 ἔνειμι, *pres act ind 3s*, be possible
18 ἑταῖρος, companion
19 φίλος, friend
20 τρέπω, *pres mid ptc nom s m*, turn, change
21 ἔχθρα, enemy
22 ὦ, O!
23 ἐνθύμημα, thought, reasoning
24 πόθεν, from where
25 ἐγκυλίω, *aor pas ind 2s*, entangle in, wrap up
26 καλύπτω, *aor act inf*, cover
27 ξηρός, dry (area)
28 δολιότης, deceit
29 ἑταῖρος, companion
30 φίλος, friend
31 εὐφροσύνη, gladness
32 ἥδομαι, *pres mid ind 3s*, rejoice
33 ἀπέναντι, against, contrary
34 ἑταῖρος, companion
35 φίλος, friend
36 συμπονέω, *pres act ind 3s*, commiserate
37 χάριν, on account of
38 γαστήρ, belly, stomach
39 ἔναντι, in the presence of, before
40 ἀσπίς, armor, shield
41 ἐπιλανθάνομαι, *aor mid sub 2s*, forget
42 φίλος, friend
43 ἀμνημονέω, *aor act sub 2s*, neglect, lose track of
44 χρῆμα, wealth

Warnings about Receiving Counsel

7 Πᾶς σύμβουλος[1] ἐξαίρει[2] βουλήν,[3]
ἀλλ' ἔστιν συμβουλεύων[4] εἰς ἑαυτόν.
8 ἀπὸ συμβούλου[5] φύλαξον τὴν ψυχήν σου
καὶ γνῶθι πρότερον[6] τίς αὐτοῦ χρεία[7]
καὶ γὰρ αὐτὸς ἑαυτῷ βουλεύσεται[8] —
μήποτε[9] βάλῃ[10] ἐπὶ σοὶ κλῆρον[11]
9 καὶ εἴπῃ σοι Καλὴ ἡ ὁδός σου,
καὶ στήσεται ἐξ ἐναντίας[12] ἰδεῖν τὸ συμβησόμενόν[13] σοι.
10 μὴ βουλεύου[14] μετὰ τοῦ ὑποβλεπομένου[15] σε
καὶ ἀπὸ τῶν ζηλούντων[16] σε κρύψον[17] βουλήν,[18]
11 μετὰ γυναικὸς περὶ τῆς ἀντιζήλου[19] αὐτῆς
καὶ μετὰ δειλοῦ[20] περὶ πολέμου,
μετὰ ἐμπόρου[21] περὶ μεταβολίας[22]
καὶ μετὰ ἀγοράζοντος[23] περὶ πράσεως,[24]
μετὰ βασκάνου[25] περὶ εὐχαριστίας[26]
καὶ μετὰ ἀνελεήμονος[27] περὶ χρηστοηθείας,[28]
μετὰ ὀκνηροῦ[29] περὶ παντὸς ἔργου
καὶ μετὰ μισθίου[30] ἐφετείου[31] περὶ συντελείας,[32]
οἰκέτῃ[33] ἀργῷ[34] περὶ πολλῆς ἐργασίας,[35]
μὴ ἔπεχε[36] ἐπὶ τούτοις περὶ πάσης συμβουλίας·[37]
12 ἀλλ' ἢ μετὰ ἀνδρὸς εὐσεβοῦς[38] ἐνδελέχιζε,[39]
ὃν ἂν ἐπιγνῷς συντηροῦντα[40] ἐντολάς,

1 σύμβουλος, counselor
2 ἐξαίρω, *pres act ind 3s*, extol
3 βουλή, counsel, advice
4 συμβουλεύω, *pres act ptc nom s m*, counsel
5 σύμβουλος, counselor
6 πρότερος, previously, in advance
7 χρεία, need
8 βουλεύω, *fut mid ind 3s*, deliberate
9 μήποτε, lest
10 βάλλω, *aor act sub 3s*, cast, throw
11 κλῆρος, lot
12 ἐναντίος, opposite, contrary
13 συμβαίνω, *fut mid ptc acc s n*, happen
14 βουλεύω, *pres mid impv 2s*, take counsel
15 ὑποβλέπω, *pres mid ptc gen s m*, view suspiciously, stare menacingly at
16 ζηλόω, *pres act ptc gen p m*, be jealous of
17 κρύπτω, *aor act impv 2s*, keep secret, conceal
18 βουλή, advice, counsel
19 ἀντίζηλος, adversary, rival
20 δειλός, cowardly
21 ἔμπορος, merchant
22 μεταβολία, exchange, barter
23 ἀγοράζω, *pres act ptc gen s m*, buy
24 πρᾶσις, transaction, sale
25 βάσκανος, cheap, grudging
26 εὐχαριστία, gratitude
27 ἀνελεήμων, merciless
28 χρηστοήθεια, generosity
29 ὀκνηρός, idle, lazy
30 μίσθιος, hired worker
31 ἐφέτιος, annual
32 συντέλεια, completion (of a project)
33 οἰκέτης, household servant
34 ἀργός, idle, lazy
35 ἐργασία, work
36 ἐπέχω, *pres act impv 2s*, be mindful of
37 συμβουλία, advice, counsel
38 εὐσεβής, godly, pious
39 ἐνδελεχίζω, *pres act impv 2s*, continue
40 συντηρέω, *pres act ptc acc s m*, closely keep

ὅς ἐν τῇ ψυχῇ αὐτοῦ κατὰ τὴν ψυχήν σου,
καὶ ἐὰν πταίσῃς,[1] συναλγήσει[2] σοι.
13 καὶ βουλὴν[3] καρδίας στῆσον,
οὐ γὰρ ἔστιν σοι πιστότερος[4] αὐτῆς·
14 ψυχὴ γὰρ ἀνδρὸς ἀπαγγέλλειν ἐνίοτε[5] εἴωθεν[6]
ἢ ἑπτὰ σκοποὶ[7] ἐπὶ μετεώρου[8] καθήμενοι ἐπὶ σκοπῆς.[9]
15 καὶ ἐπὶ πᾶσι τούτοις δεήθητι[10] ὑψίστου,[11]
ἵνα εὐθύνῃ[12] ἐν ἀληθείᾳ τὴν ὁδόν σου.

On Practical Wisdom

16 Ἀρχὴ παντὸς ἔργου λόγος,
καὶ πρὸ πάσης πράξεως[13] βουλή.[14]
17 ἴχνος[15] ἀλλοιώσεως[16] καρδίας
τέσσαρα μέρη ἀνατέλλει,[17]
18 ἀγαθὸν καὶ κακόν, ζωὴ καὶ θάνατος,
καὶ ἡ κυριεύουσα[18] ἐνδελεχῶς[19] αὐτῶν γλῶσσά ἐστιν.
19 ἔστιν ἀνὴρ πανοῦργος[20] πολλῶν παιδευτής,[21]
καὶ τῇ ἰδίᾳ[22] ψυχῇ ἐστιν ἄχρηστος.[23]
20 ἔστιν σοφιζόμενος[24] ἐν λόγοις μισητός,[25]
οὗτος πάσης τροφῆς[26] καθυστερήσει·[27]
21 οὐ γὰρ ἐδόθη αὐτῷ παρὰ κυρίου χάρις,
ὅτι πάσης σοφίας ἐστερήθη.[28]
22 ἔστιν σοφὸς[29] τῇ ἰδίᾳ[30] ψυχῇ,
καὶ οἱ καρποὶ τῆς συνέσεως[31] αὐτοῦ ἐπὶ στόματος πιστοί.[32]

1 πταίω, *aor act sub 2s*, stumble, trip
2 συναλγέω, *fut act ind 3s*, share in suffering
3 βουλή, counsel, advice
4 πιστός, *comp*, more trustworthy
5 ἐνίοτε, sometimes, occasionally
6 ἔθω, *perf act ind 3s*, be accustomed to
7 σκοπός, watchman, sentry
8 μετέωρος, high up
9 σκοπή, watchtower
10 δέομαι, *aor pas impv 2s*, beg, supplicate
11 ὕψιστος, *sup*, Most High
12 εὐθύνω, *pres act sub 3s*, direct, straighten
13 πρᾶξις, action, deed
14 βουλή, counsel, advice
15 ἴχνος, track, route
16 ἀλλοίωσις, change
17 ἀνατέλλω, *pres act ind 3s*, appear, spring up
18 κυριεύω, *pres act ptc nom s f*, dominate, rule
19 ἐνδελεχῶς, continually
20 πανοῦργος, prudent, crafty
21 παιδευτής, teacher, instructor
22 ἴδιος, one's own
23 ἄχρηστος, useless
24 σοφίζω, *pres mid ptc nom s m*, be shrewd, be clever
25 μισητός, hated
26 τροφή, provisions
27 καθυστερέω, *fut act ind 3s*, be short of, lack
28 στερέω, *aor pas ind 3s*, deprive of
29 σοφός, wise
30 ἴδιος, one's own
31 σύνεσις, understanding
32 πιστός, trustworthy, credible

23 ἀνὴρ σοφὸς[1] τὸν ἑαυτοῦ λαὸν παιδεύσει,[2]
καὶ οἱ καρποὶ τῆς συνέσεως[3] αὐτοῦ πιστοί.[4]
24 ἀνὴρ σοφὸς[5] πλησθήσεται[6] εὐλογίας,[7]
καὶ μακαριοῦσιν[8] αὐτὸν πάντες οἱ ὁρῶντες.
25 ζωὴ ἀνδρὸς ἐν ἀριθμῷ[9] ἡμερῶν,
καὶ αἱ ἡμέραι τοῦ Ισραηλ ἀναρίθμητοι.[10]
26 ὁ σοφὸς[11] ἐν τῷ λαῷ αὐτοῦ κληρονομήσει[12] πίστιν,
καὶ τὸ ὄνομα αὐτοῦ ζήσεται εἰς τὸν αἰῶνα.

Not Everything Is Good for Everyone

27 Τέκνον, ἐν ζωῇ σου πείρασον[13] τὴν ψυχήν σου
καὶ ἰδὲ τί πονηρὸν αὐτῇ καὶ μὴ δῷς αὐτῇ·
28 οὐ γὰρ πάντα πᾶσιν συμφέρει,[14]
καὶ οὐ πᾶσα ψυχὴ ἐν παντὶ εὐδοκεῖ.[15]
29 μὴ ἀπληστεύου[16] ἐν πάσῃ τρυφῇ[17]
καὶ μὴ ἐκχυθῇς[18] ἐπὶ ἐδεσμάτων·[19]
30 ἐν πολλοῖς γὰρ βρώμασιν[20] ἔσται νόσος,[21]
καὶ ἡ ἀπληστία[22] ἐγγιεῖ ἕως χολέρας·[23]
31 δι᾽ ἀπληστίαν[24] πολλοὶ ἐτελεύτησαν,[25]
ὁ δὲ προσέχων[26] προσθήσει[27] ζωήν.

On Doctors, Illness, and Health

38 Τίμα[28] ἰατρὸν[29] πρὸς τὰς χρείας[30] αὐτοῦ τιμαῖς[31] αὐτοῦ,
καὶ γὰρ αὐτὸν ἔκτισεν[32] κύριος·

1 σοφός, wise
2 παιδεύω, *fut act ind 3s*, teach, instruct
3 σύνεσις, understanding
4 πιστός, trustworthy, credible
5 σοφός, wise
6 πίμπλημι, *fut pas ind 3s*, fill up
7 εὐλογία, blessing
8 μακαρίζω, *fut act ind 3p*, consider blessed
9 ἀριθμός, number
10 ἀναρίθμητος, countless
11 σοφός, wise
12 κληρονομέω, *fut act ind 3s*, inherit
13 πειράζω, *aor act impv 2s*, test
14 συμφέρω, *pres act ind 3s*, be profitable
15 εὐδοκέω, *pres act ind 3s*, be pleased, consider good
16 ἀπληστεύομαι, *pres mid impv 2s*, be insatiable
17 τρυφή, treat, delicacy
18 ἐκχέω, *aor pas sub 2s*, devote oneself
19 ἔδεσμα, choice food
20 βρῶμα, food
21 νόσος, disease
22 ἀπληστία, gluttony
23 χολέρα, diarrhea, cholera
24 ἀπληστία, gluttony
25 τελευτάω, *aor act ind 3p*, die
26 προσέχω, *pres act ptc nom s m*, take care, pay attention
27 προστίθημι, *fut act ind 3s*, prolong, add to
28 τιμάω, *pres act impv 2s*, honor
29 ἰατρός, doctor, physician
30 χρεία, duty, necessity
31 τιμή, honor
32 κτίζω, *aor act ind 3s*, create

2 παρὰ γὰρ ὑψίστου[1] ἐστὶν ἴασις,[2]
καὶ παρὰ βασιλέως λήμψεται δόμα.[3]
3 ἐπιστήμη[4] ἰατροῦ[5] ἀνυψώσει[6] κεφαλὴν αὐτοῦ,
καὶ ἔναντι[7] μεγιστάνων[8] θαυμασθήσεται.[9]
4 κύριος ἔκτισεν[10] ἐκ γῆς φάρμακα,[11]
καὶ ἀνὴρ φρόνιμος[12] οὐ προσοχθιεῖ[13] αὐτοῖς.
5 οὐκ ἀπὸ ξύλου[14] ἐγλυκάνθη[15] ὕδωρ
εἰς τὸ γνωσθῆναι τὴν ἰσχὺν[16] αὐτοῦ;
6 καὶ αὐτὸς ἔδωκεν ἀνθρώποις ἐπιστήμην[17]
ἐνδοξάζεσθαι[18] ἐν τοῖς θαυμασίοις[19] αὐτοῦ·
7 ἐν αὐτοῖς ἐθεράπευσεν[20] καὶ ἦρεν τὸν πόνον[21] αὐτοῦ,
μυρεψὸς[22] ἐν τούτοις ποιήσει μεῖγμα,[23]
8 καὶ οὐ μὴ συντελεσθῇ[24] ἔργα αὐτοῦ,
καὶ εἰρήνη παρ᾽ αὐτοῦ ἐστιν ἐπὶ προσώπου τῆς γῆς.

9 Τέκνον, ἐν ἀρρωστήματί[25] σου μὴ παράβλεπε,[26]
ἀλλ᾽ εὖξαι[27] κυρίῳ, καὶ αὐτὸς ἰάσεταί[28] σε·
10 ἀπόστησον[29] πλημμέλειαν[30] καὶ εὔθυνον[31] χεῖρας
καὶ ἀπὸ πάσης ἁμαρτίας καθάρισον καρδίαν·
11 δὸς εὐωδίαν[32] καὶ μνημόσυνον[33] σεμιδάλεως[34]
καὶ λίπανον[35] προσφορὰν[36] ὡς μὴ ὑπάρχων.
12 καὶ ἰατρῷ[37] δὸς τόπον, καὶ γὰρ αὐτὸν ἔκτισεν[38] κύριος,
καὶ μὴ ἀποστήτω[39] σου, καὶ γὰρ αὐτοῦ χρεία.[40]

1 ὕψιστος, *sup*, Most High
2 ἴασις, cure, healing
3 δόμα, gift
4 ἐπιστήμη, knowledge, skill
5 ἰατρός, doctor, physician
6 ἀνυψόω, *fut act ind 3s*, lift up
7 ἔναντι, before, in the presence of
8 μεγιστάν, noble, influential person
9 θαυμάζω, *fut pas ind 3s*, admire
10 κτίζω, *aor act ind 3s*, create
11 φάρμακον, remedy, medicine
12 φρόνιμος, prudent, wise
13 προσοχθίζω, *fut act ind 3s*, be offended, be irritated
14 ξύλον, wood
15 γλυκαίνω, *aor pas ind 3s*, sweeten
16 ἰσχύς, power, strength
17 ἐπιστήμη, knowledge, skill
18 ἐνδοξάζω, *pres pas inf*, glorify
19 θαυμάσιος, remarkable, wonderful
20 θεραπεύω, *aor act ind 3s*, cure, heal
21 πόνος, pain
22 μυρεψός, pharmacist
23 μεῖγμα, compound, mixture
24 συντελέω, *aor pas sub 3s*, finish
25 ἀρρώστημα, illness, sickness
26 παραβλέπω, *pres act impv 2s*, be negligent
27 εὔχομαι, *aor mid impv 2s*, pray
28 ἰάομαι, *fut mid ind 3s*, heal, restore
29 ἀφίστημι, *aor act impv 2s*, draw away from
30 πλημμέλεια, sin, offense
31 εὐθύνω, *aor act impv 2s*, straighten out, guide
32 εὐωδία, fragrance
33 μνημόσυνον, memorial (offering)
34 σεμίδαλις, fine flour
35 λιπαίνω, *aor act impv 2s*, enrich, pour oil on
36 προσφορά, offering
37 ἰατρός, physician
38 κτίζω, *aor act ind 3s*, create
39 ἀφίστημι, *aor act impv 3s*, draw away from, leave
40 χρεία, need

13 ἔστιν καιρὸς ὅτε καὶ ἐν χερσὶν αὐτῶν εὐοδία·[1]
14 καὶ γὰρ αὐτοὶ κυρίου δεηθήσονται,[2]
ἵνα εὐοδώσῃ[3] αὐτοῖς ἀνάπαυσιν[4]
καὶ ἴασιν[5] χάριν[6] ἐμβιώσεως.[7]
15 ὁ ἁμαρτάνων ἔναντι[8] τοῦ ποιήσαντος αὐτὸν
ἐμπέσοι[9] εἰς χεῖρας ἰατροῦ.[10]

On Death and Grieving

16 Τέκνον, ἐπὶ νεκρῷ[11] κατάγαγε[12] δάκρυα[13]
καὶ ὡς δεινὰ[14] πάσχων[15] ἔναρξαι[16] θρήνου,[17]
κατὰ δὲ τὴν κρίσιν αὐτοῦ περίστειλον[18] τὸ σῶμα αὐτοῦ
καὶ μὴ ὑπερίδῃς[19] τὴν ταφὴν[20] αὐτοῦ.
17 πίκρανον[21] κλαυθμὸν[22] καὶ θέρμανον[23] κοπετὸν[24]
καὶ ποίησον τὸ πένθος[25] κατὰ τὴν ἀξίαν[26] αὐτοῦ
ἡμέραν μίαν καὶ δύο χάριν[27] διαβολῆς[28]
καὶ παρακλήθητι λύπης[29] ἕνεκα·[30]
18 ἀπὸ λύπης[31] γὰρ ἐκβαίνει[32] θάνατος,
καὶ λύπη καρδίας κάμψει[33] ἰσχύν.[34]
19 ἐν ἐπαγωγῇ[35] παραμένει[36] καὶ λύπη,[37]
καὶ βίος[38] πτωχοῦ κατὰ καρδίας.
20 μὴ δῷς εἰς λύπην[39] τὴν καρδίαν σου,
ἀπόστησον[40] αὐτὴν μνησθεὶς[41] τὰ ἔσχατα·

1 εὐοδία, success
2 δέομαι, *fut pas ind 3p*, beseech
3 εὐοδόω, *aor act sub 3s*, help along with
4 ἀνάπαυσις, rest
5 ἴασις, healing
6 χάριν, for the sake of
7 ἐμβίωσις, preservation of life
8 ἔναντι, before
9 ἐμπίπτω, *aor act opt 3s*, fall into
10 ἰατρός, physician
11 νεκρός, dead
12 κατάγω, *aor act impv 2s*, drop down
13 δάκρυον, tear
14 δεινός, awful
15 πάσχω, *pres act ptc nom s m*, suffer
16 ἐνάρχομαι, *aor mid impv 2s*, begin, start
17 θρῆνος, lamentation, wailing
18 περιστέλλω, *aor act impv 2s*, wrap up
19 ὑπεροράω, *aor act sub 2s*, disregard, overlook
20 ταφή, burial
21 πικραίνω, *aor act impv 2s*, embitter
22 κλαυθμός, weeping
23 θερμαίνω, *aor act impv 2s*, intensify
24 κοπετός, mourning, lamentation
25 πένθος, sorrow, grief
26 ἄξιος, worthy, deserving
27 χάριν, on account of
28 διαβολή, criticism, slander
29 λύπη, pain, sorrow
30 ἕνεκα, for the sake of
31 λύπη, pain, sorrow
32 ἐκβαίνω, *pres act ind 3s*, emerge from
33 κάμπτω, *fut act ind 3s*, bend, (impede)
34 ἰσχύς, capability, strength
35 ἐπαγωγή, distress, misery
36 παραμένω, *pres act ind 3s*, remain, endure
37 λύπη, pain, sorrow
38 βίος, life
39 λύπη, pain, sorrow
40 ἀφίστημι, *aor act impv 2s*, draw away from, leave
41 μιμνῄσκομαι, *aor pas ptc nom s m*, remember

21 μὴ ἐπιλάθῃ,[1] οὐ γάρ ἐστιν ἐπάνοδος,[2]
καὶ τοῦτον οὐκ ὠφελήσεις[3] καὶ σεαυτὸν κακώσεις.[4]
22 μνήσθητι[5] τὸ κρίμα[6] μου, ὅτι οὕτως καὶ τὸ σόν·[7]
ἐμοὶ ἐχθὲς[8] καὶ σοὶ σήμερον.
23 ἐν ἀναπαύσει[9] νεκροῦ[10] κατάπαυσον[11] τὸ μνημόσυνον[12] αὐτοῦ
καὶ παρακλήθητι ἐν αὐτῷ ἐν ἐξόδῳ[13] πνεύματος αὐτοῦ.

Wisdom in Workmanship

24 Σοφία γραμματέως[14] ἐν εὐκαιρίᾳ[15] σχολῆς,[16]
καὶ ὁ ἐλασσούμενος[17] πράξει[18] αὐτοῦ σοφισθήσεται.[19]
25 τί σοφισθήσεται[20] ὁ κρατῶν ἀρότρου[21]
καὶ καυχώμενος[22] ἐν δόρατι[23] κέντρου,[24]
βόας[25] ἐλαύνων[26] καὶ ἀναστρεφόμενος[27] ἐν ἔργοις αὐτῶν,
καὶ ἡ διήγησις[28] αὐτοῦ ἐν υἱοῖς ταύρων;[29]
26 καρδίαν αὐτοῦ δώσει ἐκδοῦναι[30] αὔλακας,[31]
καὶ ἡ ἀγρυπνία[32] αὐτοῦ εἰς χορτάσματα[33] δαμάλεων.[34]
27 οὕτως πᾶς τέκτων[35] καὶ ἀρχιτέκτων,[36]
ὅστις νύκτωρ[37] ὡς ἡμέρας διάγει·[38]
οἱ γλύφοντες[39] γλύμματα[40] σφραγίδων,[41]
καὶ ἡ ἐπιμονὴ[42] αὐτοῦ ἀλλοιῶσαι[43] ποικιλίαν·[44]

1 ἐπιλανθάνομαι, *aor mid sub 2s*, forget
2 ἐπάνοδος, return
3 ὠφελέω, *fut act ind 2s*, profit, benefit
4 κακόω, *fut act ind 2s*, harm, injure
5 μιμνήσκομαι, *aor pas impv 2s*, remember
6 κρίμα, judgment, decision
7 σός, yours
8 ἐχθές, yesterday
9 ἀνάπαυσις, rest
10 νεκρός, dead
11 καταπαύω, *aor act impv 2s*, bring to an end
12 μνημόσυνον, remembrance, memory
13 ἔξοδος, departure
14 γραμματεύς, scribe
15 εὐκαιρία, fitting time, opportunity
16 σχολή, leisure
17 ἐλασσόω, *pres mid ptc nom s m*, lack, have less
18 πρᾶξις, business, activity
19 σοφίζω, *fut pas ind 3s*, instruct, make wise
20 σοφίζω, *fut pas ind 3s*, instruct, make wise
21 ἄροτρον, plow
22 καυχάομαι, *pres mid ptc nom s m*, boast
23 δόρυ, handle, shaft
24 κέντρον, goad, switch
25 βοῦς, cow, (*p*) cattle
26 ἐλαύνω, *pres act ptc nom s m*, drive, goad
27 ἀναστρέφω, *pres pas ptc nom s m*, be engaged, occupy oneself
28 διήγησις, conversation
29 ταῦρος, bull, ox
30 ἐκδίδωμι, *aor act inf*, deliver, produce
31 αὖλαξ, furrow
32 ἀγρυπνία, lack of sleep
33 χόρτασμα, fodder, feed
34 δάμαλις, calf, young cow
35 τέκτων, craftsman
36 ἀρχιτέκτων, architect
37 νύκτωρ, at night
38 διάγω, *pres act ind 3s*, carry on
39 γλύφω, *pres act ptc nom p m*, engrave
40 γλύμμα, inscription
41 σφραγίς, seal
42 ἐπιμονή, steady, diligent
43 ἀλλοιόω, *aor act inf*, modify, diversify
44 ποικιλία, variety

καρδίαν αὐτοῦ δώσει εἰς ὁμοιῶσαι[1] ζωγραφίαν,[2]
καὶ ἡ ἀγρυπνία[3] αὐτοῦ τελέσαι[4] ἔργον.
28 οὕτως χαλκεὺς[5] καθήμενος ἐγγὺς[6] ἄκμονος[7]
καὶ καταμανθάνων[8] ἔργα σιδήρου·[9]
ἀτμὶς[10] πυρὸς τήξει[11] σάρκας αὐτοῦ,
καὶ ἐν θέρμῃ[12] καμίνου[13] διαμαχήσεται·[14]
φωνῇ σφύρης[15] κλινεῖ[16] τὸ οὖς αὐτοῦ,
καὶ κατέναντι[17] ὁμοιώματος[18] σκεύους[19] οἱ ὀφθαλμοὶ αὐτοῦ·
καρδίαν αὐτοῦ δώσει εἰς συντέλειαν[20] ἔργων,
καὶ ἡ ἀγρυπνία[21] αὐτοῦ κοσμῆσαι[22] ἐπὶ συντελείας.[23]
29 οὕτως κεραμεὺς[24] καθήμενος ἐν ἔργῳ αὐτοῦ
καὶ συστρέφων[25] ἐν ποσὶν αὐτοῦ τροχόν,[26]
ὃς ἐν μερίμνῃ[27] κεῖται[28] διὰ παντὸς ἐπὶ τὸ ἔργον αὐτοῦ,
καὶ ἐναρίθμιος[29] πᾶσα ἡ ἐργασία[30] αὐτοῦ·
30 ἐν βραχίονι[31] αὐτοῦ τυπώσει[32] πηλὸν[33]
καὶ πρὸ ποδῶν κάμψει[34] ἰσχὺν[35] αὐτοῦ·
καρδίαν ἐπιδώσει[36] συντελέσαι[37] τὸ χρῖσμα,[38]
καὶ ἡ ἀγρυπνία[39] αὐτοῦ καθαρίσαι κάμινον.[40]

31 Πάντες οὗτοι εἰς χεῖρας αὐτῶν ἐνεπίστευσαν,[41]
καὶ ἕκαστος ἐν τῷ ἔργῳ αὐτοῦ σοφίζεται·[42]

1 ὁμοιόω, *aor act inf*, be like, be similar
2 ζωγραφία, painting
3 ἀγρυπνία, lack of sleep
4 τελέω, *aor act inf*, complete, finish
5 χαλκεύς, metalworker
6 ἐγγύς, near
7 ἄκμων, anvil
8 καταμανθάνω, *pres act ptc nom s m*, focus closely on
9 σίδηρος, iron
10 ἀτμίς, smoke
11 τήκω, *fut act ind 3s*, wither
12 θέρμη, heat
13 κάμινος, furnace
14 διαμάχομαι, *fut pas ind 3s*, contend with, resist
15 σφῦρα, hammer
16 κλίνω, *fut act ind 3s*, turn away
17 κατέναντι, in front of
18 ὁμοίωμα, image, form
19 σκεῦος, item, thing
20 συντέλεια, completion
21 ἀγρυπνία, lack of sleep
22 κοσμέω, *aor act inf*, make tidy, (polish)
23 συντέλεια, completion
24 κεραμεύς, potter
25 συστρέφω, *pres act ptc nom s m*, turn together
26 τροχός, wheel
27 μέριμνα, concentration, focus
28 κεῖμαι, *pres pas ind 3s*, be situated, be present
29 ἐναρίθμιος, accounted for
30 ἐργασία, work, product
31 βραχίων, arm
32 τυπόω, *fut act ind 3s*, form
33 πηλός, clay
34 κάμπτω, *fut act ind 3s*, press
35 ἰσχύς, strength, power
36 ἐπιδίδωμι, *fut act ind 3s*, devote, give over
37 συντελέω, *aor act inf*, finish, complete
38 χρῖσμα, glazing, coating
39 ἀγρυπνία, lack of sleep
40 κάμινος, furnace
41 ἐμπιστεύω, *aor act ind 3p*, trust in, rely upon
42 σοφίζω, *pres mid ind 3s*, be skillful

32 ἄνευ[1] αὐτῶν οὐκ οἰκισθήσεται[2] πόλις,
καὶ οὐ παροικήσουσιν[3] οὐδὲ περιπατήσουσιν.[4]
33 ἀλλ᾽ εἰς βουλὴν[5] λαοῦ οὐ ζητηθήσονται
καὶ ἐν ἐκκλησίᾳ οὐχ ὑπεραλοῦνται·[6]
ἐπὶ δίφρον[7] δικαστοῦ[8] οὐ καθιοῦνται
καὶ διαθήκην κρίματος[9] οὐ διανοηθήσονται.[10]
34 οὐδὲ μὴ ἐκφάνωσιν[11] παιδείαν[12] καὶ κρίμα[13]
καὶ ἐν παραβολαῖς[14] οὐχ εὑρεθήσονται,
ἀλλὰ κτίσμα[15] αἰῶνος στηρίσουσιν,[16]
καὶ ἡ δέησις[17] αὐτῶν ἐν ἐργασίᾳ[18] τέχνης.[19]

On the Work of Scribes

39 Πλὴν τοῦ ἐπιδιδόντος[20] τὴν ψυχὴν αὐτοῦ
καὶ διανοουμένου[21] ἐν νόμῳ ὑψίστου,[22]
σοφίαν πάντων ἀρχαίων[23] ἐκζητήσει[24]
καὶ ἐν προφητείαις[25] ἀσχοληθήσεται,[26]
2 διήγησιν[27] ἀνδρῶν ὀνομαστῶν[28] συντηρήσει[29]
καὶ ἐν στροφαῖς[30] παραβολῶν[31] συνεισελεύσεται,[32]
3 ἀπόκρυφα[33] παροιμιῶν[34] ἐκζητήσει[35]
καὶ ἐν αἰνίγμασι[36] παραβολῶν[37] ἀναστραφήσεται.[38]

1 ἄνευ, without
2 οἰκίζω, *fut pas ind 3s*, settle, inhabit
3 παροικέω, *fut act ind 3p*, live near
4 περιπατέω, *fut act ind 3p*, walk around
5 βουλή, council
6 ὑπεράλλομαι, *fut mid ind 3p*, advance (in status)
7 δίφρος, seat
8 δικαστής, judge
9 κρίμα, decision, judgment
10 διανοέομαι, *fut pas ind 3p*, comprehend
11 ἐκφαίνω, *aor act sub 3p*, explain
12 παιδεία, discipline
13 κρίμα, decision, judgment
14 παραβολή, illustration, parable
15 κτίσμα, creation
16 στηρίζω, *fut act ind 3p*, establish, contribute to
17 δέησις, prayer, entreaty
18 ἐργασία, work, product
19 τέχνη, craft, trade
20 ἐπιδίδωμι, *pres act ptc gen s m*, fully surrender
21 διανοέομαι, *pres mid ptc gen s m*, set one's mind
22 ὕψιστος, *sup*, Most High
23 ἀρχαῖος, ancient
24 ἐκζητέω, *fut act ind 3s*, seek out
25 προφητεία, prophecy
26 ἀσχολέω, *fut pas ind 3s*, be occupied
27 διήγησις, account, discourse
28 ὀνομαστός, famous
29 συντηρέω, *fut act ind 3s*, keep closely
30 στροφή, subtlety
31 παραβολή, proverb, saying
32 συνεισέρχομαι, *fut mid ind 3s*, proceed together with
33 ἀπόκρυφος, secret
34 παροιμία, proverb, illustration
35 ἐκζητέω, *fut act ind 3s*, seek out
36 αἴνιγμα, riddle
37 παραβολή, parable, saying
38 ἀναστρέφω, *fut pas ind 3s*, dwell upon

4 ἀνὰ μέσον[1] μεγιστάνων[2] ὑπηρετήσει[3]
καὶ ἔναντι[4] ἡγουμένων[5] ὀφθήσεται·
ἐν γῇ ἀλλοτρίων[6] ἐθνῶν διελεύσεται,
ἀγαθὰ γὰρ καὶ κακὰ ἐν ἀνθρώποις ἐπείρασεν.[7]
5 τὴν καρδίαν αὐτοῦ ἐπιδώσει[8] ὀρθρίσαι[9]
πρὸς κύριον τὸν ποιήσαντα αὐτὸν
καὶ ἔναντι[10] ὑψίστου[11] δεηθήσεται·[12]
καὶ ἀνοίξει στόμα αὐτοῦ ἐν προσευχῇ
καὶ περὶ τῶν ἁμαρτιῶν αὐτοῦ δεηθήσεται.

6 ἐὰν κύριος ὁ μέγας θελήσῃ,
πνεύματι συνέσεως[13] ἐμπλησθήσεται·[14]
αὐτὸς ἀνομβρήσει[15] ῥήματα σοφίας αὐτοῦ
καὶ ἐν προσευχῇ ἐξομολογήσεται[16] κυρίῳ·
7 αὐτὸς κατευθυνεῖ[17] βουλὴν[18] αὐτοῦ καὶ ἐπιστήμην[19]
καὶ ἐν τοῖς ἀποκρύφοις[20] αὐτοῦ διανοηθήσεται·[21]
8 αὐτὸς ἐκφανεῖ[22] παιδείαν[23] διδασκαλίας[24] αὐτοῦ
καὶ ἐν νόμῳ διαθήκης κυρίου καυχήσεται.[25]
9 αἰνέσουσιν[26] τὴν σύνεσιν[27] αὐτοῦ πολλοί,
καὶ ἕως τοῦ αἰῶνος οὐκ ἐξαλειφθήσεται·[28]
οὐκ ἀποστήσεται[29] τὸ μνημόσυνον[30] αὐτοῦ,
καὶ τὸ ὄνομα αὐτοῦ ζήσεται εἰς γενεὰς γενεῶν·
10 τὴν σοφίαν αὐτοῦ διηγήσονται[31] ἔθνη,
καὶ τὸν ἔπαινον[32] αὐτοῦ ἐξαγγελεῖ[33] ἐκκλησία·

1 ἀνὰ μέσον, among
2 μεγιστάν, noble, influential person
3 ὑπηρετέω, *fut act ind 3s*, serve
4 ἔναντι, before
5 ἡγέομαι, *pres mid ptc gen p m*, lead
6 ἀλλότριος, foreign
7 πειράζω, *aor act ind 3s*, test, (attempt)
8 ἐπιδίδωμι, *fut act ind 3s*, fully surrender
9 ὀρθρίζω, *aor act inf*, rise early
10 ἔναντι, before
11 ὕψιστος, *sup*, Most High
12 δέομαι, *fut pas ind 3s*, pray
13 σύνεσις, understanding
14 ἐμπίμπλημι, *fut pas ind 3s*, fill up
15 ἀνομβρέω, *fut act ind 3s*, pour out
16 ἐξομολογέομαι, *fut mid ind 3s*, give thanks, confess
17 κατευθύνω, *fut act ind 3s*, direct
18 βουλή, advice, counsel
19 ἐπιστήμη, understanding
20 ἀπόκρυφος, secret
21 διανοέομαι, *fut pas ind 3s*, set one's mind
22 ἐκφαίνω, *fut act ind 3s*, explain
23 παιδεία, training, discipline
24 διδασκαλία, teaching, instruction
25 καυχάομαι, *fut mid ind 3s*, take pride
26 αἰνέω, *fut act ind 3p*, praise, commend
27 σύνεσις, understanding, intelligence
28 ἐξαλείφω, *fut pas ind 3s*, erase, blot out
29 ἀφίστημι, *fut mid ind 3s*, fall away, disappear
30 μνημόσυνον, memory
31 διηγέομαι, *fut mid ind 3p*, describe in detail
32 ἔπαινος, praise
33 ἐξαγγέλλω, *fut act ind 3s*, declare

11 ἐὰν ἐμμείνῃ,[1] ὄνομα καταλείψει[2] ἢ χίλιοι,[3]
καὶ ἐὰν ἀναπαύσηται,[4] ἐκποιεῖ[5] αὐτῷ.

A Hymn of Praise

12 Ἔτι διανοηθεὶς[6] ἐκδιηγήσομαι[7]
καὶ ὡς διχομηνία[8] ἐπληρώθην.
13 εἰσακούσατέ[9] μου, υἱοὶ ὅσιοι,[10] καὶ βλαστήσατε[11]
ὡς ῥόδον[12] φυόμενον[13] ἐπὶ ῥεύματος[14] ὑγροῦ[15]
14 καὶ ὡς λίβανος[16] εὐωδιάσατε[17] ὀσμὴν[18]
καὶ ἀνθήσατε[19] ἄνθος[20] ὡς κρίνον.[21]
διάδοτε[22] ὀσμὴν καὶ αἰνέσατε[23] ᾆσμα,[24]
εὐλογήσατε κύριον ἐπὶ πᾶσιν τοῖς ἔργοις,
15 δότε τῷ ὀνόματι αὐτοῦ μεγαλωσύνην[25]
καὶ ἐξομολογήσασθε[26] ἐν αἰνέσει[27] αὐτοῦ
ἐν ᾠδαῖς[28] χειλέων[29] καὶ ἐν κινύραις[30]
καὶ οὕτως ἐρεῖτε ἐν ἐξομολογήσει[31]

16 Τὰ ἔργα κυρίου πάντα ὅτι καλὰ σφόδρα,[32]
καὶ πᾶν πρόσταγμα[33] ἐν καιρῷ αὐτοῦ ἔσται·
οὐκ ἔστιν εἰπεῖν Τί τοῦτο; εἰς τί τοῦτο;
πάντα γὰρ ἐν καιρῷ αὐτοῦ ζητηθήσεται.
17 ἐν λόγῳ αὐτοῦ ἔστη ὡς θημωνιὰ[34] ὕδωρ
καὶ ἐν ῥήματι στόματος αὐτοῦ ἀποδοχεῖα[35] ὑδάτων.

1 ἐμμένω, *aor act sub 3s*, endure, carry on
2 καταλείπω, *fut act ind 3s*, leave
3 χίλιοι, a thousand
4 ἀναπαύω, *aor mid sub 3s*, rest (in death)
5 ἐκποιέω, *pres act ind 3s*, be sufficient
6 διανοέομαι, *aor pas ptc nom s m*, intend
7 ἐκδιηγέομαι, *fut mid ind 1s*, tell in detail
8 διχομηνία, full moon
9 εἰσακούω, *aor act impv 2p*, listen to
10 ὅσιος, holy
11 βλαστέω, *aor act impv 2p*, sprout
12 ῥόδον, rose
13 φύω, *pres mid ptc nom s n*, come up, grow
14 ῥεῦμα, stream
15 ὑγρός, wet
16 λίβανος, frankincense, *Heb. LW*
17 εὐωδιάζω, *aor act impv 2p*, smell pleasant
18 ὀσμή, fragrance
19 ἀνθέω, *aor act impv 2p*, bloom
20 ἄνθος, flower
21 κρίνον, lily
22 διαδίδωμι, *aor act impv 2p*, spread around, emit
23 αἰνέω, *aor act impv 2p*, (sing) praise
24 ᾆσμα, song
25 μεγαλωσύνη, greatness, majesty
26 ἐξομολογέομαι, *aor mid impv 2p*, acknowledge, confess
27 αἴνεσις, praise
28 ᾠδή, song
29 χεῖλος, lip
30 κινύρα, stringed instrument, *Heb. LW*
31 ἐξομολόγησις, thanksgiving
32 σφόδρα, exceedingly
33 πρόσταγμα, commandment, ordinance
34 θημωνιά, heap
35 ἀποδοχεῖον, reservoir, cistern

18 ἐν προστάγματι[1] αὐτοῦ πᾶσα ἡ εὐδοκία,[2]
καὶ οὐκ ἔστιν ὃς ἐλαττώσει[3] τὸ σωτήριον[4] αὐτοῦ.
19 ἔργα πάσης σαρκὸς ἐνώπιον αὐτοῦ,
καὶ οὐκ ἔστιν κρυβῆναι[5] ἀπὸ τῶν ὀφθαλμῶν αὐτοῦ·
20 ἀπὸ τοῦ αἰῶνος εἰς τὸν αἰῶνα ἐπέβλεψεν,[6]
καὶ οὐθέν[7] ἐστιν θαυμάσιον[8] ἐναντίον[9] αὐτοῦ.
21 οὐκ ἔστιν εἰπεῖν Τί τοῦτο; εἰς τί τοῦτο;
πάντα γὰρ εἰς χρείας[10] αὐτῶν ἔκτισται.[11]

22 Ἡ εὐλογία[12] αὐτοῦ ὡς ποταμὸς[13] ἐπεκάλυψεν[14]
καὶ ὡς κατακλυσμὸς[15] ξηρὰν[16] ἐμέθυσεν·[17]
23 οὕτως ὀργὴν αὐτοῦ ἔθνη κληρονομήσει,[18]
ὡς μετέστρεψεν[19] ὕδατα εἰς ἅλμην.[20]
24 αἱ ὁδοὶ αὐτοῦ τοῖς ὁσίοις[21] εὐθεῖαι,[22]
οὕτως τοῖς ἀνόμοις[23] προσκόμματα·[24]
25 ἀγαθὰ τοῖς ἀγαθοῖς ἔκτισται[25] ἀπ᾽ ἀρχῆς,
οὕτως τοῖς ἁμαρτωλοῖς κακά.
26 ἀρχὴ πάσης χρείας[26] εἰς ζωὴν ἀνθρώπου,
ὕδωρ καὶ πῦρ καὶ σίδηρος[27] καὶ ἅλας[28]
καὶ σεμίδαλις[29] πυροῦ[30] καὶ γάλα[31] καὶ μέλι,[32]
αἷμα σταφυλῆς[33] καὶ ἔλαιον[34] καὶ ἱμάτιον·
27 ταῦτα πάντα τοῖς εὐσεβέσιν[35] εἰς ἀγαθά,
οὕτως τοῖς ἁμαρτωλοῖς τραπήσεται[36] εἰς κακά.

28 Ἔστιν πνεύματα, ἃ εἰς ἐκδίκησιν[37] ἔκτισται[38]
καὶ ἐν θυμῷ[39] αὐτοῦ ἐστερέωσεν[40] μάστιγας[41] αὐτῶν·

1 πρόσταγμα, commandment, ordinance
2 εὐδοκία, pleasure
3 ἐλαττόω, *fut act ind 3s*, diminish
4 σωτήριον, deliverance
5 κρύπτω, *aor pas inf*, hide
6 ἐπιβλέπω, *aor act ind 3s*, watch closely
7 οὐθείς, nothing
8 θαυμάσιος, surprising
9 ἐναντίον, before
10 χρεία, need, purpose
11 κτίζω, *perf pas ind 3s*, create, make
12 εὐλογία, blessing
13 ποταμός, river
14 ἐπικαλύπτω, *aor act ind 3s*, cover
15 κατακλυσμός, flood
16 ξηρός, dry
17 μεθύω, *aor act ind 3s*, saturate
18 κληρονομέω, *fut act ind 3s*, inherit
19 μεταστρέφω, *aor act ind 3s*, transform
20 ἅλμη, brine
21 ὅσιος, holy
22 εὐθύς, straight, proper
23 ἄνομος, evil, wicked
24 πρόσκομμα, obstacle
25 κτίζω, *perf pas ind 3s*, create, make
26 χρεία, need
27 σίδηρος, iron
28 ἅλς, salt
29 σεμίδαλις, fine flour
30 πυρός, wheat
31 γάλα, milk
32 μέλι, honey
33 σταφυλή, grapes
34 ἔλαιον, oil
35 εὐσεβής, pious, godly
36 τρέπω, *fut pas ind 3s*, change, transform
37 ἐκδίκησις, vengeance
38 κτίζω, *perf pas ind 3s*, create, make
39 θυμός, anger, wrath
40 στερεόω, *aor act ind 3s*, intensify
41 μάστιξ, scourge, affliction

ἐν καιρῷ συντελείας[1] ἰσχὺν[2] ἐκχεοῦσιν[3]
καὶ τὸν θυμὸν τοῦ ποιήσαντος αὐτοὺς κοπάσουσιν.[4]
29 πῦρ καὶ χάλαζα[5] καὶ λιμὸς[6] καὶ θάνατος,
πάντα ταῦτα εἰς ἐκδίκησιν[7] ἔκτισται·[8]
30 θηρίων ὀδόντες[9] καὶ σκορπίοι[10] καὶ ἔχεις[11]
καὶ ῥομφαία[12] ἐκδικοῦσα[13] εἰς ὄλεθρον[14] ἀσεβεῖς·[15]
31 ἐν τῇ ἐντολῇ αὐτοῦ εὐφρανθήσονται[16]
καὶ ἐπὶ τῆς γῆς εἰς χρείας[17] ἑτοιμασθήσονται
καὶ ἐν καιροῖς αὐτῶν οὐ παραβήσονται[18] λόγον.

32 Διὰ τοῦτο ἐξ ἀρχῆς ἐστηρίχθην[19]
καὶ διενοήθην[20] καὶ ἐν γραφῇ[21] ἀφῆκα[22]
33 Τὰ ἔργα κυρίου πάντα ἀγαθὰ
καὶ πᾶσαν χρείαν[23] ἐν ὥρᾳ[24] αὐτῆς χορηγήσει,[25]
34 καὶ οὐκ ἔστιν εἰπεῖν Τοῦτο τούτου πονηρότερον,[26]
πάντα γὰρ ἐν καιρῷ εὐδοκιμηθήσεται.[27]
35 καὶ νῦν ἐν πάσῃ καρδίᾳ καὶ στόματι ὑμνήσατε[28]
καὶ εὐλογήσατε τὸ ὄνομα κυρίου.

On the Futility of the Human Condition

40 Ἀσχολία[29] μεγάλη ἔκτισται[30] παντὶ ἀνθρώπῳ
καὶ ζυγὸς[31] βαρὺς[32] ἐπὶ υἱοὺς Αδαμ
ἀφ᾽ ἡμέρας ἐξόδου[33] ἐκ γαστρὸς[34] μητρὸς αὐτῶν
ἕως ἡμέρας ἐπιστροφῆς[35] εἰς μητέρα πάντων·
2 τοὺς διαλογισμοὺς[36] αὐτῶν καὶ φόβον καρδίας,
ἐπίνοια[37] προσδοκίας,[38] ἡμέρα τελευτῆς.[39]

1 συντέλεια, end, destruction
2 ἰσχύς, strength, power
3 ἐκχέω, *fut act ind 3p*, pour out
4 κοπάζω, *fut act ind 3p*, calm, alleviate
5 χάλαζα, hail
6 λιμός, famine
7 ἐκδίκησις, vengeance
8 κτίζω, *perf pas ind 3s*, create, make
9 ὀδούς, tooth
10 σκορπίος, scorpion
11 ἔχις, viper
12 ῥομφαία, sword
13 ἐκδικέω, *pres act ptc nom s f*, punish
14 ὄλεθρος, ruin, destruction
15 ἀσεβής, ungodly, wicked
16 εὐφραίνω, *fut pas ind 3p*, rejoice
17 χρεία, purpose
18 παραβαίνω, *fut mid ind 3p*, deviate from
19 στηρίζω, *aor pas ind 1s*, establish, resolve
20 διανοέομαι, *aor pas ind 1s*, consider
21 γραφή, writing
22 ἀφίημι, *aor act ind 1s*, set out
23 χρεία, necessity
24 ὥρα, time, season
25 χορηγέω, *fut act ind 3s*, supply, provide
26 πονηρός, *comp*, more wicked
27 εὐδοκιμέω, *fut pas ind 3s*, approve, esteem
28 ὑμνέω, *aor act impv 2p*, sing praise
29 ἀσχολία, occupation, busyness
30 κτίζω, *perf pas ind 3s*, establish, furnish
31 ζυγός, yoke
32 βαρύς, heavy
33 ἔξοδος, departure
34 γαστήρ, belly
35 ἐπιστροφή, return
36 διαλογισμός, thought, consideration
37 ἐπίνοια, notion
38 προσδοκία, expectation
39 τελευτή, death

3 ἀπὸ καθημένου ἐπὶ θρόνου ἐνδόξου[1]
καὶ ἕως τεταπεινωμένου[2] ἐν γῇ καὶ σποδῷ,[3]
4 ἀπὸ φοροῦντος[4] ὑακίνθινον[5] καὶ στέφανον[6]
καὶ ἕως περιβαλλομένου[7] ὠμόλινον[8]
θυμὸς[9] καὶ ζῆλος[10] καὶ ταραχὴ[11] καὶ σάλος[12]
καὶ φόβος θανάτου καὶ μηνίαμα[13] καὶ ἔρις.[14]
5 καὶ ἐν καιρῷ ἀναπαύσεως[15] ἐπὶ κοίτης[16]
ὕπνος[17] νυκτὸς ἀλλοιοῖ[18] γνῶσιν[19] αὐτοῦ·
6 ὀλίγον[20] ὡς οὐδὲν ἐν ἀναπαύσει,[21]
καὶ ἀπ᾽ ἐκείνου ἐν ὕπνοις[22] ὡς ἐν ἡμέρᾳ σκοπιᾶς[23]
τεθορυβημένος[24] ἐν ὁράσει[25] καρδίας αὐτοῦ
ὡς ἐκπεφευγὼς[26] ἀπὸ προσώπου πολέμου·
7 ἐν καιρῷ χρείας[27] αὐτοῦ ἐξηγέρθη[28]
καὶ ἀποθαυμάζων[29] εἰς οὐδένα φόβον.

8 μετὰ πάσης σαρκὸς ἀπὸ ἀνθρώπου ἕως κτήνους,[30]
καὶ ἐπὶ ἁμαρτωλῶν ἑπταπλάσια[31] πρὸς ταῦτα·
9 θάνατος καὶ αἷμα καὶ ἔρις[32] καὶ ῥομφαία,[33]
ἐπαγωγαί,[34] λιμὸς[35] καὶ σύντριμμα[36] καὶ μάστιξ.[37]
10 ἐπὶ τοὺς ἀνόμους[38] ἐκτίσθη[39] ταῦτα πάντα,
καὶ δι᾽ αὐτοὺς ἐγένετο ὁ κατακλυσμός.[40]
11 πάντα, ὅσα ἀπὸ γῆς, εἰς γῆν ἀναστρέφει,[41]
καὶ ἀπὸ ὑδάτων, εἰς θάλασσαν ἀνακάμπτει.[42]

1 ἔνδοξος, reputable, estimable
2 ταπεινόω, *perf pas ptc gen s m*, humble
3 σποδός, ashes
4 φορέω, *pres act ptc gen s m*, wear
5 ὑακίνθινος, dark blue
6 στέφανος, crown
7 περιβάλλω, *pres mid ptc gen s m*, clothe
8 ὠμόλινον, towel, rough cloth
9 θυμός, anger, fury
10 ζῆλος, fervor
11 ταραχή, trouble, tumult
12 σάλος, restlessness
13 μηνίαμα, disturbance, disquiet
14 ἔρις, quarrel, strife
15 ἀνάπαυσις, rest
16 κοίτη, bed
17 ὕπνος, sleep
18 ἀλλοιόω, *pres act ind 3s*, change, alter
19 γνῶσις, understanding, knowledge
20 ὀλίγος, little
21 ἀνάπαυσις, rest
22 ὕπνος, sleep
23 σκοπιά, lookout, watch
24 θορυβέω, *perf pas ptc nom s m*, trouble, disturb
25 ὅρασις, vision, perception
26 ἐκφεύγω, *perf act ptc nom s m*, escape
27 χρεία, need
28 ἐξεγείρω, *aor pas ind 3s*, stir up, awake
29 ἀποθαυμάζω, *pres act ptc nom s m*, gape, be astonished
30 κτῆνος, animal
31 ἑπταπλάσιος, sevenfold
32 ἔρις, quarrel, strife
33 ῥομφαία, sword
34 ἐπαγωγή, distress, misery
35 λιμός, famine
36 σύντριμμα, affliction, injury
37 μάστιξ, plague
38 ἄνομος, lawless, wicked
39 κτίζω, *aor pas ind 3s*, create, make
40 κατακλυσμός, flood
41 ἀναστρέφω, *pres act ind 3s*, return
42 ἀνακάμπτω, *pres act ind 3s*, turn back

Generosity Prevails over Ill-Gotten Gain

12 Πᾶν δῶρον[1] καὶ ἀδικία[2] ἐξαλειφθήσεται,[3]
καὶ πίστις εἰς τὸν αἰῶνα στήσεται.
13 χρήματα[4] ἀδίκων[5] ὡς ποταμὸς[6] ξηρανθήσεται[7]
καὶ ὡς βροντὴ[8] μεγάλη ἐν ὑετῷ[9] ἐξηχήσει·[10]
14 ἐν τῷ ἀνοῖξαι αὐτὸν χεῖρας εὐφρανθήσεται,[11]
οὕτως οἱ παραβαίνοντες[12] εἰς συντέλειαν[13] ἐκλείψουσιν.[14]
15 ἔκγονα[15] ἀσεβῶν[16] οὐ πληθυνεῖ[17] κλάδους,[18]
καὶ ῥίζαι[19] ἀκάθαρτοι ἐπ᾿ ἀκροτόμου[20] πέτρας·[21]
16 ἄχι[22] ἐπὶ παντὸς ὕδατος καὶ χείλους[23] ποταμοῦ[24]
πρὸ παντὸς χόρτου[25] ἐκτιλήσεται.[26]
17 χάρις ὡς παράδεισος[27] ἐν εὐλογίαις,[28]
καὶ ἐλεημοσύνη[29] εἰς τὸν αἰῶνα διαμενεῖ.[30]

On the Joys of Daily Life

18 Ζωὴ αὐτάρκους[31] καὶ ἐργάτου[32] γλυκανθήσεται,[33]
καὶ ὑπὲρ ἀμφότερα[34] ὁ εὑρίσκων θησαυρόν.[35]
19 τέκνα καὶ οἰκοδομὴ[36] πόλεως στηρίζουσιν[37] ὄνομα,
καὶ ὑπὲρ ἀμφότερα[38] γυνὴ ἄμωμος[39] λογίζεται.
20 οἶνος καὶ μουσικὰ[40] εὐφραίνουσιν[41] καρδίαν,
καὶ ὑπὲρ ἀμφότερα[42] ἀγάπησις[43] σοφίας.

1 δῶρον, bribe
2 ἀδικία, injustice
3 ἐξαλείφω, *fut pas ind 3s*, wipe out, destroy
4 χρῆμα, wealth, money
5 ἄδικος, unjust, unrighteous
6 ποταμός, river
7 ξηραίνω, *fut pas ind 3s*, dry up
8 βροντή, thunder
9 ὑετός, rain
10 ἐξηχέω, *fut act ind 3s*, boom, ring out
11 εὐφραίνω, *fut pas ind 3s*, be glad, rejoice
12 παραβαίνω, *pres act ptc nom p m*, turn away, transgress
13 συντέλεια, end
14 ἐκλείπω, *fut act ind 3p*, fail
15 ἔκγονος, descendant
16 ἀσεβής, ungodly, wicked
17 πληθύνω, *fut act ind 3s*, increase in
18 κλάδος, branch
19 ῥίζα, root
20 ἀκρότομος, jagged, sheer
21 πέτρα, rock
22 ἄχι, reed, grass (*translit.* of Egyptian loanword)
23 χεῖλος, edge, bank
24 ποταμός, river
25 χόρτος, grass
26 ἐκτίλλω, *fut mid ind 3s*, pluck, pick
27 παράδεισος, garden, paradise
28 εὐλογία, blessing
29 ἐλεημοσύνη, mercy
30 διαμένω, *fut act ind 3s*, continue, endure
31 αὐτάρκης, self-sufficient
32 ἐργάτης, laborer
33 γλυκαίνω, *fut pas ind 3s*, be sweet
34 ἀμφότεροι, both
35 θησαυρός, treasure
36 οἰκοδομή, construction
37 στηρίζω, *pres act ind 3p*, establish
38 ἀμφότεροι, both
39 ἄμωμος, blameless, without blemish
40 μουσικά, musician
41 εὐφραίνω, *pres act ind 3p*, cheer up
42 ἀμφότεροι, both
43 ἀγάπησις, love

21 αὐλὸς[1] καὶ ψαλτήριον[2] ἡδύνουσιν[3] μέλη,[4]
καὶ ὑπὲρ ἀμφότερα[5] γλῶσσα ἡδεῖα.[6]
22 χάριν καὶ κάλλος ἐπιθυμήσει[7] ὀφθαλμός
καὶ ὑπὲρ ἀμφότερα[8] χλόην[9] σπόρου.[10]
23 φίλος[11] καὶ ἑταῖρος[12] εἰς καιρὸν ἀπαντῶντες,[13]
καὶ ὑπὲρ ἀμφότερα[14] γυνὴ μετὰ ἀνδρός.
24 ἀδελφοὶ καὶ βοήθεια[15] εἰς καιρὸν θλίψεως,
καὶ ὑπὲρ ἀμφότερα[16] ἐλεημοσύνη[17] ῥύσεται.[18]
25 χρυσίον[19] καὶ ἀργύριον[20] ἐπιστήσουσιν[21] πόδα,
καὶ ὑπὲρ ἀμφότερα[22] βουλὴ[23] εὐδοκιμεῖται.[24]
26 χρήματα[25] καὶ ἰσχὺς[26] ἀνυψώσουσιν[27] καρδίαν,
καὶ ὑπὲρ ἀμφότερα[28] φόβος κυρίου·
οὐκ ἔστιν ἐν φόβῳ κυρίου ἐλάττωσις,[29]
καὶ οὐκ ἔστιν ἐπιζητῆσαι[30] ἐν αὐτῷ βοήθειαν·[31]
27 φόβος κυρίου ὡς παράδεισος[32] εὐλογίας,[33]
καὶ ὑπὲρ πᾶσαν δόξαν ἐκάλυψεν[34] αὐτόν.

Warnings about Begging

28 Τέκνον, ζωὴν ἐπαιτήσεως[35] μὴ βιώσῃς·[36]
κρεῖσσον[37] ἀποθανεῖν ἢ ἐπαιτεῖν.[38]
29 ἀνὴρ βλέπων εἰς τράπεζαν[39] ἀλλοτρίαν,[40]
οὐκ ἔστιν αὐτοῦ ὁ βίος[41] ἐν λογισμῷ[42] ζωῆς,

1 αὐλός, pipe, flute
2 ψαλτήριον, lyre, harp
3 ἡδύνω, *pres act ind 3p*, (pleasantly produce)
4 μέλος, melody
5 ἀμφότεροι, both
6 ἡδύς, pleasant
7 ἐπιθυμέω, *fut act ind 3s*, desire
8 ἀμφότεροι, both
9 χλόη, sprout
10 σπόρος, seed
11 φίλος, friend
12 ἑταῖρος, companion
13 ἀπαντάω, *pres act ptc nom p m*, meet
14 ἀμφότεροι, both
15 βοήθεια, help
16 ἀμφότεροι, both
17 ἐλεημοσύνη, (act of) charity
18 ῥύομαι, *fut mid ind 3s*, rescue
19 χρυσίον, gold
20 ἀργύριον, silver
21 ἐφίστημι, *fut act ind 3p*, establish
22 ἀμφότεροι, both
23 βουλή, counsel, advice
24 εὐδοκιμέω, *pres pas ind 3s*, value, esteem
25 χρῆμα, wealth, money
26 ἰσχύς, capability, strength
27 ἀνυψόω, *fut act ind 3p*, exalt, lift up
28 ἀμφότεροι, both
29 ἐλάττωσις, loss, drawback
30 ἐπιζητέω, *aor act inf*, seek out
31 βοήθεια, help
32 παράδεισος, garden, paradise
33 εὐλογία, blessing
34 καλύπτω, *aor act ind 3s*, cover
35 ἐπαίτησις, begging
36 βιόω, *aor act sub 2s*, live
37 κρείσσων (ττ), *comp of* ἀγαθός, better
38 ἐπαιτέω, *pres act inf*, beg
39 τράπεζα, table
40 ἀλλότριος, of another, unfamiliar
41 βίος, life
42 λογισμός, reasoning, reflection

ἀλισγήσει[1] ψυχὴν αὐτοῦ ἐν ἐδέσμασιν[2] ἀλλοτρίοις·[3]
ἀνὴρ δὲ ἐπιστήμων[4] καὶ πεπαιδευμένος[5] φυλάξεται.
30 ἐν στόματι ἀναιδοῦς[6] γλυκανθήσεται[7] ἐπαίτησις,[8]
καὶ ἐν κοιλίᾳ[9] αὐτοῦ πῦρ καήσεται.[10]

On Death

41 Ὦ[11] θάνατε, ὡς πικρόν[12] σου τὸ μνημόσυνόν[13] ἐστιν
ἀνθρώπῳ εἰρηνεύοντι[14] ἐν τοῖς ὑπάρχουσιν αὐτοῦ,
ἀνδρὶ ἀπερισπάστῳ[15] καὶ εὐοδουμένῳ[16] ἐν πᾶσιν
καὶ ἔτι ἰσχύοντι[17] ἐπιδέξασθαι[18] τροφήν.[19]
2 ὦ[20] θάνατε, καλόν σου τὸ κρίμα[21] ἐστὶν
ἀνθρώπῳ ἐπιδεομένῳ[22] καὶ ἐλασσουμένῳ[23] ἰσχύι,[24]
ἐσχατογήρῳ[25] καὶ περισπωμένῳ[26] περὶ πάντων
καὶ ἀπειθοῦντι[27] καὶ ἀπολωλεκότι[28] ὑπομονήν.[29]
3 μὴ εὐλαβοῦ[30] κρίμα[31] θανάτου,
μνήσθητι[32] προτέρων[33] σου καὶ ἐσχάτων·
4 τοῦτο τὸ κρίμα[34] παρὰ κυρίου πάσῃ σαρκί,
καὶ τί ἀπαναίνῃ[35] ἐν εὐδοκίᾳ[36] ὑψίστου;[37]
εἴτε[38] δέκα[39] εἴτε ἑκατὸν[40] εἴτε χίλια[41] ἔτη,
οὐκ ἔστιν ἐν ᾅδου[42] ἐλεγμὸς[43] ζωῆς.

1 ἀλισγέω, *fut act ind 3s*, pollute
2 ἔδεσμα, food
3 ἀλλότριος, of another, unfamiliar
4 ἐπιστήμων, knowing, learned
5 παιδεύω, *perf pas ptc nom s m*, instruct, discipline
6 ἀναιδής, shameless
7 γλυκαίνω, *fut pas ind 3s*, be sweet
8 ἐπαίτησις, begging
9 κοιλία, belly
10 καίω, *fut pas ind 3s*, burn
11 ὦ, O!
12 πικρός, bitter
13 μνημόσυνον, memory
14 εἰρηνεύω, *pres act ptc dat s m*, be at peace
15 ἀπερίσπαστος, undistracted
16 εὐοδόω, *pres pas ptc dat s m*, succeed, prosper
17 ἰσχύω, *pres act ptc dat s m*, be able
18 ἐπιδέχομαι, *aor mid inf*, accept, welcome
19 τροφή, food
20 ὦ, O!
21 κρίμα, judgment
22 ἐπιδέομαι, *pres mid ptc dat s m*, be in need
23 ἐλασσόω, *pres mid ptc dat s m*, be deficient
24 ἰσχύς, strength, ability
25 ἐσχατογήρως, in extreme old age
26 περισπάω, *pres pas ptc dat s m*, distract
27 ἀπειθέω, *pres act ptc dat s m*, refuse to comply, be stubborn
28 ἀπόλλυμι, *perf act ptc dat s m*, lose
29 ὑπομονή, endurance
30 εὐλαβέομαι, *pres mid impv 2s*, be afraid of
31 κρίμα, judgment
32 μιμνήσκομαι, *aor pas impv 2s*, remember
33 πρότερος, before
34 κρίμα, judgment
35 ἀπαναίνομαι, *pres mid sub 2s*, reject
36 εὐδοκία, blessing
37 ὕψιστος, *sup*, Most High
38 εἴτε… εἴτε, whether…or
39 δέκα, ten
40 ἑκατόν, one hundred
41 χίλιοι, one thousand
42 ᾅδης, Hades, underworld
43 ἐλεγμός, rebuke, reproof

Destiny of the Ungodly

5 Τέκνα βδελυρὰ[1] γίνεται τέκνα ἁμαρτωλῶν
καὶ συναναστρεφόμενα[2] παροικίαις[3] ἀσεβῶν·[4]
6 τέκνων ἁμαρτωλῶν ἀπολεῖται κληρονομία,[5]
καὶ μετὰ τοῦ σπέρματος αὐτῶν ἐνδελεχιεῖ[6] ὄνειδος.[7]
7 πατρὶ ἀσεβεῖ[8] μέμψεται[9] τέκνα,
ὅτι δι᾽ αὐτὸν ὀνειδισθήσονται.[10]
8 οὐαὶ ὑμῖν, ἄνδρες ἀσεβεῖς,[11]
οἵτινες ἐγκατελίπετε[12] νόμον θεοῦ ὑψίστου·[13]
9 καὶ ἐὰν γεννηθῆτε, εἰς κατάραν[14] γεννηθήσεσθε,
καὶ ἐὰν ἀποθάνητε, εἰς κατάραν μερισθήσεσθε.[15]
10 πάντα, ὅσα ἐκ γῆς, εἰς γῆν ἀπελεύσεται,
οὕτως ἀσεβεῖς[16] ἀπὸ κατάρας[17] εἰς ἀπώλειαν.[18]

11 Πένθος[19] ἀνθρώπων ἐν σώμασιν αὐτῶν,
ὄνομα δὲ ἁμαρτωλῶν οὐκ ἀγαθὸν ἐξαλειφθήσεται.[20]
12 φρόντισον[21] περὶ ὀνόματος, αὐτὸ γάρ σοι διαμενεῖ[22]
ἢ χίλιοι[23] μεγάλοι θησαυροὶ[24] χρυσίου·[25]
13 ἀγαθῆς ζωῆς ἀριθμὸς[26] ἡμερῶν,
καὶ ἀγαθὸν ὄνομα εἰς αἰῶνα διαμενεῖ.[27]

14 παιδείαν[28] ἐν εἰρήνῃ συντηρήσατε,[29] τέκνα·
σοφία δὲ κεκρυμμένη[30] καὶ θησαυρὸς[31] ἀφανής,[32]
τίς ὠφέλεια[33] ἐν ἀμφοτέροις;[34]
15 κρείσσων[35] ἄνθρωπος ἀποκρύπτων[36] τὴν μωρίαν[37] αὐτοῦ
ἢ ἄνθρωπος ἀποκρύπτων τὴν σοφίαν αὐτοῦ.

1 βδελυρός, loathsome, coarse
2 συναναστρέφω, *pres mid ptc nom p n*, live together
3 παροικία, gathering place
4 ἀσεβής, ungodly, wicked
5 κληρονομία, inheritance
6 ἐνδελεχίζω, *fut act ind 3s*, persist as
7 ὄνειδος, disgrace
8 ἀσεβής, ungodly, wicked
9 μέμφομαι, *fut mid ind 3s*, blame
10 ὀνειδίζω, *fut pas ind 3p*, reproach
11 ἀσεβής, ungodly, wicked
12 ἐγκαταλείπω, *aor act ind 2p*, forsake, abandon
13 ὕψιστος, *sup*, Most High
14 κατάρα, curse
15 μερίζω, *fut pas ind 2p*, assign, apportion
16 ἀσεβής, ungodly, wicked
17 κατάρα, curse
18 ἀπώλεια, destruction
19 πένθος, sorrow, grief
20 ἐξαλείφω, *fut pas ind 3s*, erase, blot out
21 φροντίζω, *aor act impv 2s*, be concerned
22 διαμένω, *fut act ind 3s*, endure
23 χίλιοι, one thousand
24 θησαυρός, treasury
25 χρυσίον, gold
26 ἀριθμός, number
27 διαμένω, *fut act ind 3s*, endure
28 παιδεία, discipline, instruction
29 συντηρέω, *aor act impv 2p*, preserve carefully
30 κρύπτω, *perf mid ptc nom s f*, hide
31 θησαυρός, treasure
32 ἀφανής, invisible, unseen
33 ὠφέλεια, profit, gain
34 ἀμφότεροι, both
35 κρείσσων (ττ), *comp of* ἀγαθός, better
36 ἀποκρύπτω, *pres act ptc nom s m*, hide
37 μωρία, stupidity, folly

On Being Ashamed and Not Being Ashamed

16 Τοιγαροῦν[1] ἐντράπητε[2] ἐπὶ τῷ ῥήματί μου·
οὐ γάρ ἐστιν πᾶσαν αἰσχύνην[3] διαφυλάξαι[4] καλόν,
καὶ οὐ πάντα πᾶσιν ἐν πίστει εὐδοκιμεῖται.[5]
17 αἰσχύνεσθε[6] ἀπὸ πατρὸς καὶ μητρὸς περὶ πορνείας[7]
καὶ ἀπὸ ἡγουμένου[8] καὶ δυνάστου[9] περὶ ψεύδους,[10]
18 ἀπὸ κριτοῦ[11] καὶ ἄρχοντος περὶ πλημμελείας[12]
καὶ ἀπὸ συναγωγῆς καὶ λαοῦ περὶ ἀνομίας,[13]
19 ἀπὸ κοινωνοῦ[14] καὶ φίλου[15] περὶ ἀδικίας[16]
καὶ ἀπὸ τόπου, οὗ παροικεῖς,[17] περὶ κλοπῆς,[18]
20 ἀπὸ ἀληθείας θεοῦ καὶ διαθήκης
καὶ ἀπὸ πήξεως[19] ἀγκῶνος[20] ἐπ᾽ ἄρτοις,[21]
21 ἀπὸ σκορακισμοῦ[22] λήμψεως[23] καὶ δόσεως[24]
καὶ ἀπὸ ἀσπαζομένων[25] περὶ σιωπῆς,[26]
22 ἀπὸ ὁράσεως[27] γυναικὸς ἑταίρας[28]
καὶ ἀπὸ ἀποστροφῆς[29] προσώπου συγγενοῦς,[30]
23 ἀπὸ ἀφαιρέσεως[31] μερίδος[32] καὶ δόσεως[33]
καὶ ἀπὸ κατανοήσεως[34] γυναικὸς ὑπάνδρου,[35]
24 ἀπὸ περιεργίας[36] παιδίσκης[37] αὐτοῦ
καὶ μὴ ἐπιστῇς[38] ἐπὶ τὴν κοίτην[39] αὐτῆς,
25 ἀπὸ φίλων[40] περὶ λόγων ὀνειδισμοῦ[41]
καὶ μετὰ τὸ δοῦναι μὴ ὀνείδιζε,[42]

1 τοιγαροῦν, consequently
2 ἐντρέπω, *aor pas impv 2p*, respect
3 αἰσχύνη, shame
4 διαφυλάσσω, *aor act inf*, protect against
5 εὐδοκιμέω, *pres pas ind 3s*, esteem
6 αἰσχύνω, *pres mid impv 2p*, feel ashamed
7 πορνεία, fornication
8 ἡγέομαι, *pres mid ptc gen s m*, lead
9 δυνάστης, ruler, lord
10 ψεῦδος, lie, deception
11 κριτής, judge
12 πλημμέλεια, error, sin
13 ἀνομία, lawlessness
14 κοινωνός, accomplice, partner
15 φίλος, friend
16 ἀδικία, injustice
17 παροικέω, *pres act ind 2s*, live as a foreigner
18 κλοπή, theft
19 πῆξις, stiffness
20 ἀγκών, arm
21 ἄρτος, bread
22 σκορακισμός, contemptuous behavior
23 λῆμψις, accepting
24 δόσις, giving
25 ἀσπάζομαι, *pres mid ptc gen p m*, greet
26 σιωπή, silence
27 ὅρασις, appearance
28 ἑταίρα, seeing, glance
29 ἀποστροφή, rejecting
30 συγγενής, related (by family)
31 ἀφαίρεσις, taking away
32 μερίς, portion
33 δόσις, gift
34 κατανόησις, staring, gaping
35 ὕπανδρος, married
36 περιεργία, meddling
37 παιδίσκη, female servant
38 ἐφίστημι, *aor act sub 2s*, stand near, be present at
39 κοίτη, bed
40 φίλος, friend
41 ὀνειδισμός, insult
42 ὀνειδίζω, *pres act impv 2s*, insult, reproach

26 ἀπὸ δευτερώσεως[1] καὶ λόγου ἀκοῆς[2]
καὶ ἀπὸ καλύψεως[3] λόγων κρυφίων·[4]
27 καὶ ἔσῃ[5] αἰσχυντηρὸς[6] ἀληθινῶς[7]
καὶ εὑρίσκων χάριν ἔναντι[8] παντὸς ἀνθρώπου.

42 Μὴ περὶ τούτων αἰσχυνθῇς[9]
καὶ μὴ λάβῃς πρόσωπον τοῦ ἁμαρτάνειν·
2 περὶ νόμου ὑψίστου[10] καὶ διαθήκης
καὶ περὶ κρίματος[11] δικαιῶσαι τὸν ἀσεβῆ,[12]
3 περὶ λόγου κοινωνοῦ[13] καὶ ὁδοιπόρων[14]
καὶ περὶ δόσεως[15] κληρονομίας[16] ἑταίρων,[17]
4 περὶ ἀκριβείας[18] ζυγοῦ[19] καὶ σταθμίων[20]
καὶ περὶ κτήσεως[21] πολλῶν καὶ ὀλίγων,[22]
5 περὶ διαφόρου[23] πράσεως[24] ἐμπόρων[25]
καὶ περὶ παιδείας[26] τέκνων πολλῆς
καὶ οἰκέτῃ[27] πονηρῷ πλευρὰν[28] αἱμάξαι·[29]
6 ἐπὶ γυναικὶ πονηρᾷ καλὸν σφραγίς,[30]
καὶ ὅπου[31] χεῖρες πολλαί, κλεῖσον·[32]
7 ὃ ἐὰν παραδιδῷς, ἐν ἀριθμῷ[33] καὶ σταθμῷ,[34]
καὶ δόσις[35] καὶ λῆμψις,[36] πάντα ἐν γραφῇ·[37]
8 περὶ παιδείας[38] ἀνοήτου[39] καὶ μωροῦ[40]
καὶ ἐσχατογήρως[41] κρινομένου πρὸς νέους·[42]

1 δευτέρωσις, redundancy
2 ἀκοή, news, gossip
3 κάλυψις, concealment
4 κρύφιος, secret
5 εἰμί, *fut mid ind 2s*, be
6 αἰσχυντηρός, modest, decent
7 ἀληθινῶς, genuinely, really
8 ἔναντι, before
9 αἰσχύνω, *aor pas sub 2s*, feel shame
10 ὕψιστος, *sup*, Most High
11 κρίμα, judgment, decision
12 ἀσεβής, ungodly, wicked
13 κοινωνός, partner
14 ὁδοιπόρος, traveler
15 δόσις, giving
16 κληρονομία, inheritance
17 ἑταῖρος, companion
18 ἀκρίβεια, precision, accuracy
19 ζυγός, scale
20 στάθμιον, weight
21 κτῆσις, acquisition
22 ὀλίγος, little
23 διάφορος, profit
24 πρᾶσις, transaction, sale
25 ἔμπορος, merchant
26 παιδεία, discipline, instruction
27 οἰκέτης, household servant
28 πλευρά, side (of the body)
29 αἱμάσσω, *aor act inf*, cause to bleed, draw blood
30 σφραγίς, seal
31 ὅπου, where
32 κλείω, *aor act impv 2s*, shut up, lock up
33 ἀριθμός, amount
34 σταθμός, weight
35 δόσις, giving
36 λῆμψις, receiving
37 γραφή, writing
38 παιδεία, discipline, instruction
39 ἀνόητος, senseless
40 μωρός, stupid
41 ἐσχατογήρως, very old
42 νέος, young

καὶ ἔσῃ πεπαιδευμένος[1] ἀληθινῶς[2]
καὶ δεδοκιμασμένος[3] ἔναντι[4] παντὸς ζῶντος.

On Fathers and Daughters

9 Θυγάτηρ[5] πατρὶ ἀπόκρυφος[6] ἀγρυπνία,[7]
καὶ ἡ μέριμνα[8] αὐτῆς ἀφιστᾷ[9] ὕπνον·[10]
ἐν νεότητι[11] αὐτῆς, μήποτε[12] παρακμάσῃ,[13]
καὶ συνῳκηκυῖα,[14] μήποτε μισηθῇ·
10 ἐν παρθενίᾳ,[15] μήποτε[16] βεβηλωθῇ[17]
καὶ ἐν τοῖς πατρικοῖς[18] αὐτῆς ἔγκυος[19] γένηται·
μετὰ ἀνδρὸς οὖσα, μήποτε παραβῇ,[20]
καὶ συνῳκηκυῖα,[21] μήποτε στειρωθῇ.[22]
11 ἐπὶ θυγατρὶ[23] ἀδιατρέπτῳ[24] στερέωσον[25] φυλακήν,[26]
μήποτε[27] ποιήσῃ σε ἐπίχαρμα[28] ἐχθροῖς,
λαλιὰν[29] ἐν πόλει καὶ ἔκκλητον[30] λαοῦ,
καὶ καταισχύνῃ[31] σε ἐν πλήθει πολλῶν.

12 παντὶ ἀνθρώπῳ μὴ ἔμβλεπε[32] ἐν κάλλει
καὶ ἐν μέσῳ γυναικῶν μὴ συνέδρευε·[33]
13 ἀπὸ γὰρ ἱματίων ἐκπορεύεται σὴς[34]
καὶ ἀπὸ γυναικὸς πονηρία[35] γυναικός.
14 κρείσσων[36] πονηρία[37] ἀνδρὸς ἢ ἀγαθοποιὸς[38] γυνή,
καὶ γυνὴ καταισχύνουσα[39] εἰς ὀνειδισμόν.[40]

1 παιδεύω, *perf pas ptc nom s m*, educate, train
2 ἀληθινῶς, genuinely, truly
3 δοκιμάζω, *perf pas ptc nom s m*, prove
4 ἔναντι, before
5 θυγάτηρ, daughter
6 ἀπόκρυφος, hidden, (unexpected)
7 ἀγρυπνία, (source of) sleeplessness
8 μέριμνα, concern, anxiety
9 ἀφίστημι, *pres act ind 3s*, turn away, dismiss
10 ὕπνος, sleep
11 νεότης, youth
12 μήποτε, lest
13 παρακμάζω, *aor act sub 3s*, pass one's prime
14 συνοικέω, *perf act ptc nom s f*, be married
15 παρθένια, virginity
16 μήποτε, lest
17 βεβηλόω, *aor pas sub 3s*, violate, defile
18 πατρικός, of one's father
19 ἔγκυος, pregnant
20 παραβαίνω, *aor act sub 3s*, wander away, (transgress)
21 συνοικέω, *perf act ptc nom s f*, be married
22 στειρόω, *aor pas sub 3s*, be barren
23 θυγάτηρ, daughter
24 ἀδιάτρεπτος, headstrong
25 στερεόω, *aor act impv 2s*, shore up, make strict
26 φυλακή, guard, watch
27 μήποτε, lest
28 ἐπίχαρμα, object of ridicule
29 λαλιά, gossip
30 ἔκκλητος, judging, (*read* ἐκκλησίᾳ, assembly?)
31 καταισχύνω, *pres act sub 3s*, put to shame
32 ἐμβλέπω, *pres act impv 2s*, look at
33 συνεδρεύω, *pres act impv 2s*, sit in counsel
34 σής, moth
35 πονηρία, vice, wickedness
36 κρείσσων (ττ), *comp of* ἀγαθός, better
37 πονηρία, vice, wickedness
38 ἀγαθοποιός, philanthropic, upright
39 καταισχύνω, *pres act ptc nom s f*, disgrace
40 ὀνειδισμός, reproach, insult

God's Works in Creation

15 Μνησθήσομαι[1] δὴ[2] τὰ ἔργα κυρίου,
καὶ ἃ ἑόρακα, ἐκδιηγήσομαι·[3]
ἐν λόγοις κυρίου τὰ ἔργα αὐτοῦ.
16 ἥλιος φωτίζων[4] κατὰ πᾶν ἐπέβλεψεν,[5]
καὶ τῆς δόξης κυρίου πλῆρες[6] τὸ ἔργον αὐτοῦ.
17 οὐκ ἐξεποίησεν[7] τοῖς ἁγίοις κυρίου
ἐκδιηγήσασθαι[8] πάντα τὰ θαυμάσια[9] αὐτοῦ,
ἃ ἐστερέωσεν[10] κύριος ὁ παντοκράτωρ[11]
στηριχθῆναι[12] ἐν δόξῃ αὐτοῦ τὸ πᾶν.
18 ἄβυσσον[13] καὶ καρδίαν ἐξίχνευσεν[14]
καὶ ἐν πανουργεύμασιν[15] αὐτῶν διενοήθη·[16]
ἔγνω γὰρ ὁ ὕψιστος[17] πᾶσαν εἴδησιν[18]
καὶ ἐνέβλεψεν[19] εἰς σημεῖον αἰῶνος
19 ἀπαγγέλλων τὰ παρεληλυθότα[20] καὶ τὰ ἐσόμενα
καὶ ἀποκαλύπτων[21] ἴχνη[22] ἀποκρύφων·[23]
20 οὐ παρῆλθεν[24] αὐτὸν πᾶν διανόημα,[25]
οὐκ ἐκρύβη[26] ἀπ᾽ αὐτοῦ οὐδὲ εἷς λόγος.
21 τὰ μεγαλεῖα[27] τῆς σοφίας αὐτοῦ ἐκόσμησεν,[28]
ὡς ἔστιν πρὸ τοῦ αἰῶνος καὶ εἰς τὸν αἰῶνα·
οὔτε προσετέθη[29] οὔτε ἠλαττώθη,[30]
καὶ οὐ προσεδεήθη[31] οὐδενὸς συμβούλου.[32]

22 ὡς πάντα τὰ ἔργα αὐτοῦ ἐπιθυμητὰ[33]
καὶ ὡς σπινθῆρός[34] ἐστιν θεωρῆσαι·[35]

1 μιμνῄσκομαι, *fut pas ind 1s*, recall, recount
2 δή, now, then
3 ἐκδιηγέομαι, *fut mid ind 1s*, describe in detail
4 φωτίζω, *pres act ptc nom s m*, shine
5 ἐπιβλέπω, *aor act ind 3s*, look down on
6 πλήρης, full of
7 ἐκποιέω, *aor act ind 3s*, allow, permit
8 ἐκδιηγέομαι, *aor mid inf*, describe in detail
9 θαυμάσιος, marvelous, wonderful
10 στερεόω, *aor act ind 3s*, establish
11 παντοκράτωρ, almighty, ruler of all
12 στηρίζω, *aor pas inf*, support, make sturdy
13 ἄβυσσος, abyss, deep
14 ἐξιχνεύω, *aor act ind 3s*, examine, trace out
15 πανούργευμα, great action, remarkable feat
16 διανοέομαι, *aor pas ind 3s*, ponder, evaluate
17 ὕψιστος, *sup*, Most High
18 εἴδησις, knowledge
19 ἐμβλέπω, *aor act ind 3s*, consider, look at
20 παρέρχομαι, *perf act ptc acc p n*, pass by
21 ἀποκαλύπτω, *pres act ptc nom s m*, disclose, reveal
22 ἴχνος, route, track
23 ἀπόκρυφος, concealed, secret
24 παρέρχομαι, *aor act ind 3s*, pass by, (elude)
25 διανόημα, thought
26 κρύπτω, *aor pas ind 3s*, hide, conceal
27 μεγαλεῖος, greatness
28 κοσμέω, *aor act ind 3s*, design
29 προστίθημι, *aor pas ind 3s*, add to
30 ἐλαττόω, *aor pas ind 3s*, diminish
31 προσδέομαι, *aor pas ind 3s*, require
32 σύμβουλος, adviser
33 ἐπιθυμητός, desirable
34 σπινθήρ, spark
35 θεωρέω, *aor act inf*, see, observe

23 πάντα ταῦτα ζῇ καὶ μένει εἰς τὸν αἰῶνα
ἐν πάσαις χρείαις,[1] καὶ πάντα ὑπακούει.[2]
24 πάντα δισσά,[3] ἓν κατέναντι[4] τοῦ ἑνός,
καὶ οὐκ ἐποίησεν οὐδὲν ἐλλεῖπον·[5]
25 ἓν τοῦ ἑνὸς ἐστερέωσεν[6] τὰ ἀγαθά,
καὶ τίς πλησθήσεται[7] ὁρῶν δόξαν αὐτοῦ;

Greatness of the Sun, Moon, Stars, and Rainbow

43 Γαυρίαμα[8] ὕψους[9] στερέωμα[10] καθαριότητος,[11]
εἶδος[12] οὐρανοῦ ἐν ὁράματι[13] δόξης.
2 ἥλιος ἐν ὀπτασίᾳ[14] διαγγέλλων[15] ἐν ἐξόδῳ[16]
σκεῦος[17] θαυμαστόν,[18] ἔργον ὑψίστου·[19]
3 ἐν μεσημβρίᾳ[20] αὐτοῦ ἀναξηραίνει[21] χώραν,[22]
καὶ ἐναντίον[23] καύματος[24] αὐτοῦ τίς ὑποστήσεται;[25]
4 κάμινον[26] φυσῶν[27] ἐν ἔργοις καύματος,[28]
τριπλασίως[29] ἥλιος ἐκκαίων[30] ὄρη·
ἀτμίδας[31] πυρώδεις[32] ἐκφυσῶν[33]
καὶ ἐκλάμπων[34] ἀκτῖνας[35] ἀμαυροῖ[36] ὀφθαλμούς.
5 μέγας κύριος ὁ ποιήσας αὐτόν,
καὶ ἐν λόγοις αὐτοῦ κατέσπευσεν[37] πορείαν.[38]

6 Καὶ ἡ σελήνη[39] ἐν πᾶσιν εἰς καιρὸν αὐτῆς,
ἀνάδειξιν[40] χρόνων καὶ σημεῖον αἰῶνος·

1 χρεία, purpose, function
2 ὑπακούω, *pres act ind 3s*, obey
3 δισσός, double
4 κατέναντι, in front of, opposite
5 ἐλλείπω, *pres act ptc acc s n*, be incomplete, be deficient
6 στερεόω, *aor act ind 3s*, reinforce
7 πίμπλημι, *fut pas ind 3s*, satisfy, fill up
8 γαυρίαμα, pride
9 ὕψος, height
10 στερέωμα, firmament
11 καθαριότης, clear
12 εἶδος, appearance
13 ὅραμα, sight, spectacle
14 ὀπτασία, sight
15 διαγγέλλω, *pres act ptc nom s m*, proclaim
16 ἔξοδος, coming out
17 σκεῦος, thing
18 θαυμαστός, wonderful, amazing
19 ὕψιστος, *sup*, Most High
20 μεσημβρία, midday
21 ἀναξηραίνω, *pres act ind 3s*, dry up
22 χώρα, countryside
23 ἐναντίον, in the face of
24 καῦμα, heat
25 ὑφίστημι, *fut mid ind 3s*, stand, endure
26 κάμινος, furnace
27 φυσάω, *pres act ptc nom s m*, blow
28 καῦμα, heat
29 τριπλασίως, three times more
30 ἐκκαίω, *pres act ptc nom s m*, scorch
31 ἀτμίς, vapor, smoke
32 πυρώδης, fiery
33 ἐκφυσάω, *pres act ptc nom s m*, blow out, spout
34 ἐκλάμπω, *pres act ptc nom s m*, flash forth
35 ἀκτίς, beam, ray
36 ἀμαυρόω, *pres act ind 3s*, obscure, make blind
37 κατασπεύδω, *aor act ind 3s*, hurry along
38 πορεία, course, journey
39 σελήνη, moon
40 ἀνάδειξις, public declaration

7 ἀπὸ σελήνης[1] σημεῖον ἑορτῆς,[2]
φωστὴρ[3] μειούμενος[4] ἐπὶ συντελείας.[5]
8 μὴν[6] κατὰ τὸ ὄνομα αὐτῆς ἐστιν
αὐξανόμενος[7] θαυμαστῶς[8] ἐν ἀλλοιώσει,[9]
σκεῦος[10] παρεμβολῶν[11] ἐν ὕψει,[12]
ἐν στερεώματι[13] οὐρανοῦ ἐκλάμπων.[14]

9 κάλλος οὐρανοῦ δόξα ἄστρων,[15]
κόσμος[16] φωτίζων[17] ἐν ὑψίστοις[18] κυρίου·
10 ἐν λόγοις ἁγίου στήσονται κατὰ κρίμα[19]
καὶ οὐ μὴ ἐκλυθῶσιν[20] ἐν φυλακαῖς αὐτῶν.
11 ἰδὲ τόξον[21] καὶ εὐλόγησον τὸν ποιήσαντα αὐτὸ
σφόδρα[22] ὡραῖον[23] ἐν τῷ αὐγάσματι[24] αὐτοῦ·
12 ἐγύρωσεν[25] οὐρανὸν ἐν κυκλώσει[26] δόξης,
χεῖρες ὑψίστου[27] ἐτάνυσαν[28] αὐτό.

God's Glory in Creation

13 Προστάγματι[29] αὐτοῦ κατέσπευσεν[30] χιόνα[31]
καὶ ταχύνει[32] ἀστραπὰς[33] κρίματος[34] αὐτοῦ·
14 διὰ τοῦτο ἠνεῴχθησαν θησαυροί,[35]
καὶ ἐξέπτησαν[36] νεφέλαι[37] ὡς πετεινά·[38]
15 ἐν μεγαλείῳ[39] αὐτοῦ ἴσχυσεν[40] νεφέλας,[41]
καὶ διεθρύβησαν[42] λίθοι χαλάζης·[43]

1 σελήνη, moon
2 ἑορτή, festival
3 φωστήρ, luminary, light
4 μειόω, *pres pas ptc nom s m*, wane, decrease
5 συντέλεια, end, completion
6 μήν, month
7 αὐξάνω, *pres pas ptc nom s m*, increase
8 θαυμαστῶς, remarkably
9 ἀλλοίωσις, change (of phase)
10 σκεῦος, object, thing
11 παρεμβολή, army, host
12 ὕψος, height
13 στερέωμα, firmament
14 ἐκλάμπω, *pres act ptc nom s m*, shine forth
15 ἄστρον, star
16 κόσμος, decoration, ornament
17 φωτίζω, *pres act ptc nom s m*, shine
18 ὕψιστος, *sup*, highest (place)
19 κρίμα, decree
20 ἐκλύω, *aor pas sub 3p*, grow weary
21 τόξον, rainbow
22 σφόδρα, exceedingly
23 ὡραῖος, beautiful
24 αὔγασμα, brightness
25 γυρόω, *aor act ind 3s*, circle, ring
26 κύκλωσις, circle
27 ὕψιστος, *sup*, Most High
28 τανύω, *aor act ind 3p*, string (a bow)
29 πρόσταγμα, command, ordinance
30 κατασπεύδω, *aor act ind 3s*, expedite
31 χιών, snow
32 ταχύνω, *pres act ind 3s*, dispatch
33 ἀστραπή, lightning
34 κρίμα, decree
35 θησαυρός, storehouse
36 ἐκπέτομαι, *aor pas ind 3p*, fly out
37 νεφέλη, cloud
38 πετεινόν, bird
39 μεγαλεῖος, majesty
40 ἰσχύω, *aor act ind 3s*, bulk up
41 νεφέλη, cloud
42 διαθρύπτω, *aor pas ind 3p*, break into bits, pulverize
43 χάλαζα, hail

16 καὶ ἐν ὀπτασίᾳ[1] αὐτοῦ σαλευθήσεται[2] ὄρη,
ἐν θελήματι[3] αὐτοῦ πνεύσεται[4] νότος.[5]
17 φωνὴ βροντῆς[6] αὐτοῦ ὠνείδισεν[7] γῆν
καὶ καταιγὶς[8] βορέου[9] καὶ συστροφὴ[10] πνεύματος.[11]
18 ὡς πετεινὰ[12] καθιπτάμενα[13] πάσσει[14] χιόνα,[15]
καὶ ὡς ἀκρὶς[16] καταλύουσα[17] ἡ κατάβασις[18] αὐτῆς·
κάλλος λευκότητος[19] αὐτῆς ἐκθαυμάσει[20] ὀφθαλμός,
καὶ ἐπὶ τοῦ ὑετοῦ[21] αὐτῆς ἐκστήσεται[22] καρδία.
19 καὶ πάχνην[23] ὡς ἅλα[24] ἐπὶ γῆς χέει,[25]
καὶ παγεῖσα[26] γίνεται σκολόπων[27] ἄκρα.[28]
20 ψυχρὸς[29] ἄνεμος[30] βορέης[31] πνεύσει,[32]
καὶ παγήσεται[33] κρύσταλλος[34] ἐφ᾽ ὕδατος·
ἐπὶ πᾶσαν συναγωγὴν ὕδατος καταλύσει,[35]
καὶ ὡς θώρακα[36] ἐνδύσεται[37] τὸ ὕδωρ.
21 καταφάγεται[38] ὄρη καὶ ἔρημον ἐκκαύσει[39]
καὶ ἀποσβέσει[40] χλόην[41] ὡς πῦρ.
22 ἴασις[42] πάντων κατὰ σπουδὴν[43] ὁμίχλη,[44]
δρόσος[45] ἀπαντῶσα[46] ἀπὸ καύσωνος[47] ἱλαρώσει.[48]

1 ὀπτασία, appearance
2 σαλεύω, *fut pas ind 3s*, shake
3 θέλημα, wish, will
4 πνέω, *fut mid ind 3s*, blow
5 νότος, south wind
6 βροντή, thunder
7 ὀνειδίζω, *aor act ind 3s*, mock
8 καταιγίς, squall, storm
9 βορέας, north
10 συστροφή, commotion
11 πνεῦμα, wind
12 πετεινόν, bird
13 καθίπταμαι, *perf mid ptc acc p n*, fly down
14 πάσσω, *pres act ind 3s*, scatter, distribute
15 χιών, snow
16 ἀκρίς, locust
17 καταλύω, *pres act ptc nom s f*, consume, destroy
18 κατάβασις, descent
19 λευκότης, whiteness
20 ἐκθαυμάζω, *fut act ind 3s*, marvel at
21 ὑετός, (shower, descent)
22 ἐξίστημι, *fut mid ind 3s*, be astounded
23 πάχνη, frost
24 ἅλς, salt
25 χέω, *pres act ind 3s*, dump out
26 πήγνυμι, *aor pas ptc nom s f*, become solid, (freeze)
27 σκόλοψ, (icicle)
28 ἄκρα, point, tip
29 ψυχρός, cold
30 ἄνεμος, wind
31 βορέας, north
32 πνέω, *fut act ind 3s*, blow
33 πήγνυμι, *fut pas ind 3s*, become solid, (freeze)
34 κρύσταλλος, ice
35 κατάλυσις, resting, settling
36 θώραξ, breastplate
37 ἐνδύω, *fut mid ind 3s*, put on
38 κατεσθίω, *fut mid ind 3s*, consume
39 ἐκκαίω, *fut act ind 3s*, burn up
40 ἀποσβέννυμι, *fut act ind 3s*, wither
41 χλόη, grass sprout
42 ἴασις, remedy
43 σπουδή, speed, efficiency
44 ὁμίχλη, mist
45 δρόσος, dew
46 ἀπαντάω, *pres act ptc nom s f*, emerge
47 καύσων, (summer) heat
48 ἱλαρόω, *fut act ind 3s*, refresh

23 Λογισμῷ[1] αὐτοῦ ἐκόπασεν[2] ἄβυσσον[3]
καὶ ἐφύτευσεν[4] ἐν αὐτῇ νήσους.[5]
24 οἱ πλέοντες[6] τὴν θάλασσαν διηγοῦνται[7] τὸν κίνδυνον[8] αὐτῆς,
καὶ ἀκοαῖς[9] ὠτίων[10] ἡμῶν θαυμάζομεν·[11]
25 καὶ ἐκεῖ τὰ παράδοξα[12] καὶ θαυμάσια[13] ἔργα,
ποικιλία[14] παντὸς ζῴου,[15] κτίσις[16] κητῶν.[17]
26 δι᾽ αὐτὸν εὐοδοῖ[18] ἄγγελος αὐτοῦ,
καὶ ἐν λόγῳ αὐτοῦ σύγκειται[19] τὰ πάντα.

27 Πολλὰ ἐροῦμεν καὶ οὐ μὴ ἀφικώμεθα,[20]
καὶ συντέλεια[21] λόγων Τὸ πᾶν ἐστιν αὐτός.
28 δοξάζοντες ποῦ ἰσχύσομεν;[22]
αὐτὸς γὰρ ὁ μέγας παρὰ πάντα τὰ ἔργα αὐτοῦ.
29 φοβερὸς[23] κύριος καὶ σφόδρα[24] μέγας,
καὶ θαυμαστὴ[25] ἡ δυναστεία[26] αὐτοῦ.
30 δοξάζοντες κύριον ὑψώσατε[27]
καθ᾽ ὅσον ἂν δύνησθε, ὑπερέξει[28] γὰρ καὶ ἔτι·
καὶ ὑψοῦντες[29] αὐτὸν πληθύνατε[30] ἐν ἰσχύι,[31]
μὴ κοπιᾶτε,[32] οὐ γὰρ μὴ ἀφίκησθε.[33]
31 τίς ἑόρακεν αὐτὸν καὶ ἐκδιηγήσεται;[34]
καὶ τίς μεγαλυνεῖ[35] αὐτὸν καθώς ἐστιν;
32 πολλὰ ἀπόκρυφά[36] ἐστιν μείζονα[37] τούτων,
ὀλίγα[38] γὰρ ἑωράκαμεν τῶν ἔργων αὐτοῦ·
33 πάντα γὰρ ἐποίησεν ὁ κύριος
καὶ τοῖς εὐσεβέσιν[39] ἔδωκεν σοφίαν

1 λογισμός, reasoning
2 κοπάζω, *aor act ind 3s*, calm, bring to rest
3 ἄβυσσος, abyss, deep
4 φυτεύω, *aor act ind 3s*, plant
5 νῆσος, island
6 πλέω, *pres act ptc nom p m*, sail
7 διηγέομαι, *pres mid ind 3p*, describe
8 κίνδυνος, hazard, danger
9 ἀκοή, news, report
10 ὠτίον, ear
11 θαυμάζω, *pres act ind 1p*, be astonished
12 παράδοξος, bizarre, strange
13 θαυμάσιος, marvelous, wonderful
14 ποικιλία, diversity
15 ζῷον, living thing
16 κτίσις, creation
17 κῆτος, large sea creature
18 εὐοδόω, *pres act ind 3s*, prosper, succeed
19 σύγκειμαι, *pres pas ind 3s*, hang together, intertwine
20 ἀφικνέομαι, *aor mid sub 1p*, arrive
21 συντέλεια, end
22 ἰσχύω, *fut mid ind 1p*, be able, have power
23 φοβερός, fearful
24 σφόδρα, exceedingly
25 θαυμαστός, marvelous
26 δυναστεία, dominion, lordship
27 ὑψόω, *aor act impv 2p*, exalt
28 ὑπερέχω, *fut act ind 3s*, excel, surpass
29 ὑψόω, *pres act ptc nom p m*, exalt
30 πληθύνω, *aor act impv 2p*, increase
31 ἰσχύς, vigor
32 κοπιάω, *pres act impv 2s*, tire out, grow weary
33 ἀφικνέομαι, *aor mid sub 2p*, reach an end
34 ἐκδιηγέομαι, *fut mid ind 3s*, describe
35 μεγαλύνω, *fut act ind 3s*, magnify
36 ἀπόκρυφος, secret, hidden
37 μείζων, *comp of* μέγας, greater
38 ὀλίγος, few
39 εὐσεβής, godly, pious

Song of Praise for Israel's Forefathers

44 Αἰνέσωμεν[1] δὴ[2] ἄνδρας ἐνδόξους[3]
καὶ τοὺς πατέρας ἡμῶν τῇ γενέσει·[4]
2 πολλὴν δόξαν ἔκτισεν[5] ὁ κύριος,
τὴν μεγαλωσύνην[6] αὐτοῦ ἀπ᾽ αἰῶνος.
3 κυριεύοντες[7] ἐν ταῖς βασιλείαις αὐτῶν
καὶ ἄνδρες ὀνομαστοὶ[8] ἐν δυνάμει·
βουλεύοντες[9] ἐν συνέσει[10] αὐτῶν,
ἀπηγγελκότες ἐν προφητείαις·[11]
4 ἡγούμενοι[12] λαοῦ ἐν διαβουλίοις[13]
καὶ συνέσει[14] γραμματείας[15] λαοῦ,
σοφοὶ[16] λόγοι ἐν παιδείᾳ[17] αὐτῶν·
5 ἐκζητοῦντες[18] μέλη[19] μουσικῶν[20]
καὶ διηγούμενοι[21] ἔπη[22] ἐν γραφῇ·[23]
6 ἄνδρες πλούσιοι[24] κεχορηγημένοι[25] ἰσχύι,[26]
εἰρηνεύοντες[27] ἐν κατοικίαις[28] αὐτῶν·
7 πάντες οὗτοι ἐν γενεαῖς ἐδοξάσθησαν,
καὶ ἐν ταῖς ἡμέραις αὐτῶν καύχημα.[29]
8 εἰσὶν αὐτῶν οἳ κατέλιπον[30] ὄνομα
τοῦ ἐκδιηγήσασθαι[31] ἐπαίνους·[32]
9 καὶ εἰσὶν ὧν οὐκ ἔστιν μνημόσυνον[33]
καὶ ἀπώλοντο ὡς οὐχ ὑπάρξαντες
καὶ ἐγένοντο ὡς οὐ γεγονότες
καὶ τὰ τέκνα αὐτῶν μετ᾽ αὐτούς.

1 αἰνέω, *aor act sub 1p*, praise
2 δή, now
3 ἔνδοξος, notable, famous
4 γένεσις, genealogy
5 κτίζω, *aor act ind 3s*, create
6 μεγαλωσύνη, greatness, majesty
7 κυριεύω, *pres act ptc nom p m*, rule
8 ὀνομαστός, famous, renowned
9 βουλεύω, *pres act ptc nom p m*, advise, give counsel
10 σύνεσις, understanding
11 προφητεία, prophecy
12 ἡγέομαι, *pres mid ptc nom p m*, lead
13 διαβούλιον, counsel, deliberation
14 σύνεσις, understanding
15 γραμματεία, learning
16 σοφός, wise
17 παιδεία, education, instruction
18 ἐκζητέω, *pres act ptc nom p m*, search out
19 μέλος, part, melody
20 μουσικός, musical (tune)
21 διηγέομαι, *pres mid ptc nom p m*, describe
22 ἔπος, song, verse
23 γραφή, writing
24 πλούσιος, rich
25 χορηγέω, *perf pas ptc nom p m*, supply, equip
26 ἰσχύς, strength
27 εἰρηνεύω, *pres act ptc nom p m*, live in prosperity, be at peace
28 κατοικία, dwelling place
29 καύχημα, source of pride
30 καταλείπω, *aor act ind 3p*, leave
31 ἐκδιηγέομαι, *aor mid inf*, describe in detail
32 ἔπαινος, recognition, notoriety
33 μνημόσυνον, memory

10 ἀλλ᾽ ἢ οὗτοι ἄνδρες ἐλέους,[1]
ὧν αἱ δικαιοσύναι οὐκ ἐπελήσθησαν·[2]
11 μετὰ τοῦ σπέρματος αὐτῶν διαμενεῖ,[3]
ἀγαθὴ κληρονομία[4] ἔκγονα[5] αὐτῶν·
12 ἐν ταῖς διαθήκαις ἔστη τὸ σπέρμα αὐτῶν
καὶ τὰ τέκνα αὐτῶν δι᾽ αὐτούς·
13 ἕως αἰῶνος μενεῖ σπέρμα αὐτῶν,
καὶ ἡ δόξα αὐτῶν οὐκ ἐξαλειφθήσεται·[6]
14 τὰ σώματα αὐτῶν ἐν εἰρήνῃ ἐτάφη,[7]
καὶ τὸ ὄνομα αὐτῶν ζῇ εἰς γενεάς·
15 σοφίαν αὐτῶν διηγήσονται[8] λαοί,
καὶ τὸν ἔπαινον[9] ἐξαγγέλλει[10] ἐκκλησία.

Enoch

16 Ενωχ εὐηρέστησεν[11] κυρίῳ καὶ μετετέθη[12]
ὑπόδειγμα[13] μετανοίας[14] ταῖς γενεαῖς.

Noah

17 Νωε εὑρέθη τέλειος[15] δίκαιος,
ἐν καιρῷ ὀργῆς ἐγένετο ἀντάλλαγμα·[16]
διὰ τοῦτον ἐγενήθη κατάλειμμα[17] τῇ γῇ,
ὅτε ἐγένετο κατακλυσμός·[18]
18 διαθῆκαι αἰῶνος ἐτέθησαν πρὸς αὐτόν,
ἵνα μὴ ἐξαλειφθῇ[19] κατακλυσμῷ[20] πᾶσα σάρξ.

Abraham

19 Αβρααμ μέγας πατὴρ πλήθους ἐθνῶν,
καὶ οὐχ εὑρέθη ὅμοιος[21] ἐν τῇ δόξῃ·

1 ἔλεος, mercy, compassion
2 ἐπιλανθάνω, *aor pas ind 3p*, forget
3 διαμένω, *pres act ind 3s*, abide, remain
4 κληρονομία, inheritance
5 ἔκγονος, descendant
6 ἐξαλείφω, *fut pas ind 3s*, erase, wipe out
7 θάπτω, *aor pas ind 3s*, bury
8 διηγέομαι, *fut mid ind 3p*, describe
9 ἔπαινος, recognition, notoriety
10 ἐξαγγέλλω, *pres act ind 3s*, proclaim, talk about
11 εὐαρεστέω, *aor act ind 3s*, please
12 μετατίθημι, *aor pas ind 3s*, transform, transplant
13 ὑπόδειγμα, example
14 μετάνοια, repentance
15 τέλειος, complete, perfect
16 ἀντάλλαγμα, bargain, something exchanged
17 κατάλειμμα, remnant
18 κατακλυσμός, flood
19 ἐξαλείφω, *aor pas sub 3s*, wipe out
20 κατακλυσμός, flood
21 ὅμοιος, like

20 ὃς συνετήρησεν[1] νόμον ὑψίστου[2]
καὶ ἐγένετο ἐν διαθήκῃ μετ᾽ αὐτοῦ·
ἐν σαρκὶ αὐτοῦ ἔστησεν διαθήκην
καὶ ἐν πειρασμῷ[3] εὑρέθη πιστός·[4]
21 διὰ τοῦτο ἐν ὅρκῳ[5] ἔστησεν αὐτῷ
ἐνευλογηθῆναι[6] ἔθνη ἐν σπέρματι αὐτοῦ,
πληθῦναι[7] αὐτὸν ὡς χοῦν[8] τῆς γῆς
καὶ ὡς ἄστρα[9] ἀνυψῶσαι[10] τὸ σπέρμα αὐτοῦ
καὶ κατακληρονομῆσαι[11] αὐτοὺς
ἀπὸ θαλάσσης ἕως θαλάσσης
καὶ ἀπὸ ποταμοῦ[12] ἕως ἄκρου[13] τῆς γῆς.

Isaac and Jacob

22 καὶ ἐν τῷ Ισαακ ἔστησεν οὕτως
δι᾽ Αβρααμ τὸν πατέρα αὐτοῦ.
23 εὐλογίαν[14] πάντων ἀνθρώπων καὶ διαθήκην
κατέπαυσεν[15] ἐπὶ κεφαλὴν Ιακωβ·
ἐπέγνω αὐτὸν ἐν εὐλογίαις αὐτοῦ
καὶ ἔδωκεν αὐτῷ ἐν κληρονομίᾳ·[16]
καὶ διέστειλεν[17] μερίδας[18] αὐτοῦ,
ἐν φυλαῖς ἐμέρισεν[19] δέκα[20] δύο.

Moses

45 Καὶ ἐξήγαγεν[21] ἐξ αὐτοῦ ἄνδρα ἐλέους[22]
εὑρίσκοντα χάριν ἐν ὀφθαλμοῖς πάσης σαρκὸς
ἠγαπημένον ὑπὸ θεοῦ καὶ ἀνθρώπων
Μωυσῆν, οὗ τὸ μνημόσυνον[23] ἐν εὐλογίαις·[24]
2 ὡμοίωσεν[25] αὐτὸν δόξῃ ἁγίων
καὶ ἐμεγάλυνεν[26] αὐτὸν ἐν φόβοις ἐχθρῶν·

1 συντηρέω, *aor act ind 3s*, keep
2 ὕψιστος, *sup*, Most High
3 πειρασμός, test, trial
4 πιστός, faithful
5 ὅρκος, oath
6 ἐνευλογέω, *aor pas inf*, bless in
7 πληθύνω, *aor act inf*, multiply
8 χοῦς, dust
9 ἄστρον, star
10 ἀνυψόω, *aor act inf*, exalt
11 κατακληρονομέω, *aor act inf*, give as inheritance
12 ποταμός, river
13 ἄκρος, end
14 εὐλογία, blessing
15 καταπαύω, *aor act ind 3s*, rest
16 κληρονομία, inheritance
17 διαστέλλω, *aor act ind 3s*, divide up
18 μερίς, portion, lot
19 μερίζω, *aor act ind 3s*, distribute
20 δέκα, ten
21 ἐξάγω, *aor act ind 3s*, bring forth
22 ἔλεος, mercy, compassion
23 μνημόσυνον, memory
24 εὐλογία, blessing
25 ὁμοιόω, *aor act ind 3s*, make equal
26 μεγαλύνω, *aor act ind 3s*, magnify, intensify

3 ἐν λόγοις αὐτοῦ σημεῖα κατέπαυσεν,[1]
ἐδόξασεν αὐτὸν κατὰ πρόσωπον βασιλέων·
ἐνετείλατο[2] αὐτῷ πρὸς λαὸν αὐτοῦ
καὶ ἔδειξεν αὐτῷ τῆς δόξης αὐτοῦ·
4 ἐν πίστει καὶ πραΰτητι[3] αὐτὸν ἡγίασεν,[4]
ἐξελέξατο[5] αὐτὸν ἐκ πάσης σαρκός·
5 ἠκούτισεν[6] αὐτὸν τῆς φωνῆς αὐτοῦ
καὶ εἰσήγαγεν[7] αὐτὸν εἰς τὸν γνόφον[8]
καὶ ἔδωκεν αὐτῷ κατὰ πρόσωπον ἐντολάς,
νόμον ζωῆς καὶ ἐπιστήμης,[9]
διδάξαι τὸν Ιακωβ διαθήκην
καὶ κρίματα[10] αὐτοῦ τὸν Ισραηλ.

Aaron

6 Ααρων ὕψωσεν[11] ἅγιον ὅμοιον[12] αὐτῷ
ἀδελφὸν αὐτοῦ ἐκ φυλῆς Λευι·
7 ἔστησεν αὐτὸν διαθήκην αἰῶνος
καὶ ἔδωκεν αὐτῷ ἱερατείαν[13] λαοῦ·
ἐμακάρισεν[14] αὐτὸν ἐν εὐκοσμίᾳ[15]
καὶ περιέζωσεν[16] αὐτὸν περιστολὴν[17] δόξης·
8 ἐνέδυσεν[18] αὐτὸν συντέλειαν[19] καυχήματος[20]
καὶ ἐστερέωσεν[21] αὐτὸν σκεύεσιν[22] ἰσχύος,[23]
περισκελῆ[24] καὶ ποδήρη[25] καὶ ἐπωμίδα·[26]
9 καὶ ἐκύκλωσεν[27] αὐτὸν ῥοΐσκοις,[28]
χρυσοῖς[29] κώδωσιν[30] πλείστοις[31] κυκλόθεν,[32]
ἠχῆσαι[33] φωνὴν ἐν βήμασιν[34] αὐτοῦ,

1 καταπαύω, *aor act ind 3s*, stop, end
2 ἐντέλλομαι, *aor mid ind 3s*, command
3 πραΰτης, gentleness
4 ἁγιάζω, *aor act ind 3s*, consecrate, sanctify
5 ἐκλέγω, *aor mid ind 3s*, choose
6 ἀκουτίζω, *aor act ind 3s*, cause to hear
7 εἰσάγω, *aor act ind 3s*, bring in, lead in
8 γνόφος, darkness
9 ἐπιστήμη, knowledge, understanding
10 κρίμα, judgment, rule
11 ὑψόω, *aor act ind 3s*, exalt, promote
12 ὅμοιος, like
13 ἱερατεία, priesthood
14 μακαρίζω, *aor act ind 3s*, bless
15 εὐκοσμία, decorum
16 περιζώννυμι, *aor act ind 3s*, enrobe, clothe
17 περιστολή, robe, garment
18 ἐνδύω, *aor act ind 3s*, put on
19 συντέλεια, completion, accomplishment
20 καύχημα, (source of) pride
21 στερεόω, *aor act ind 3s*, confirm
22 σκεῦος, object, thing
23 ἰσχύς, power
24 περισκελής, (leg) wrapping, (pants)
25 ποδήρης, full-length (robe)
26 ἐπωμίς, shoulder (piece), (*read* ephod?)
27 κυκλόω, *aor act ind 3s*, wrap around
28 ῥοΐσκος, pomegranate-shaped tassel
29 χρυσοῦς, golden
30 κώδων, bell
31 πλεῖστος, *sup of* πολύς, most
32 κυκλόθεν, all around
33 ἠχέω, *aor act inf*, ring, dingle
34 βῆμα, (foot)step

ἀκουστὸν[1] ποιῆσαι ἦχον[2] ἐν ναῷ
εἰς μνημόσυνον[3] υἱοῖς λαοῦ αὐτοῦ·
10 στολῇ[4] ἁγίᾳ, χρυσῷ[5] καὶ ὑακίνθῳ[6]
καὶ πορφύρᾳ,[7] ἔργῳ ποικιλτοῦ,[8]
λογείῳ[9] κρίσεως, δήλοις[10] ἀληθείας,[11]
κεκλωσμένῃ[12] κόκκῳ,[13] ἔργῳ τεχνίτου,[14]
11 λίθοις πολυτελέσιν[15] γλύμματος[16] σφραγῖδος[17]
ἐν δέσει[18] χρυσίου,[19] ἔργῳ λιθουργοῦ,[20]
εἰς μνημόσυνον[21] ἐν γραφῇ[22] κεκολαμμένῃ[23]
κατ' ἀριθμὸν[24] φυλῶν Ισραηλ·
12 στέφανον[25] χρυσοῦν[26] ἐπάνω[27] κιδάρεως,[28]
ἐκτύπωμα[29] σφραγῖδος[30] ἁγιάσματος,[31]
καύχημα[32] τιμῆς,[33] ἔργον ἰσχύος,[34]
ἐπιθυμήματα[35] ὀφθαλμῶν κοσμούμενα·[36]
13 ὡραῖα[37] πρὸ αὐτοῦ οὐ γέγονεν τοιαῦτα,[38]
ἕως αἰῶνος οὐκ ἐνεδύσατο[39] ἀλλογενὴς[40]
πλὴν τῶν υἱῶν αὐτοῦ μόνον
καὶ τὰ ἔκγονα[41] αὐτοῦ διὰ παντός.
14 θυσίαι[42] αὐτοῦ ὁλοκαρπωθήσονται[43]
καθ' ἡμέραν ἐνδελεχῶς[44] δίς.[45]

1 ἀκουστός, audible
2 ἦχος, sound
3 μνημόσυνον, reminder
4 στολή, robe
5 χρυσός, gold
6 ὑάκινθος, deep blue
7 πορφύρα, purple
8 ποικιλτής, embroiderer
9 λογεῖον, oracular breast pouch
10 δῆλος, disclosure, (Urim)
11 ἀλήθεια, truth, (Thummim)
12 κλώθω, *perf pas ptc dat s f*, spin, twist
13 κόκκος, scarlet (thread)
14 τεχνίτης, artist, craftsman
15 πολυτελής, very costly
16 γλύμμα, engraving
17 σφραγίς, seal
18 δέσις, setting
19 χρυσίον, gold
20 λιθουργός, gem cutter, engraver
21 μνημόσυνον, reminder
22 γραφή, (engraved) writing
23 κολάπτω, *perf pas ptc dat s f*, cut, inscribe
24 ἀριθμός, number
25 στέφανος, crown
26 χρυσοῦς, golden
27 ἐπάνω, on top
28 κίδαρις, turban, headdress
29 ἐκτύπωμα, inscribed in relief
30 σφραγίς, seal
31 ἁγίασμα, holy item
32 καύχημα, source of pride
33 τιμή, honor
34 ἰσχύς, might, ability
35 ἐπιθύμημα, object of desire
36 κοσμέω, *pres pas ptc acc p n*, embellish, make ornate
37 ὡραῖος, beautiful
38 τοιοῦτος, such
39 ἐνδύω, *aor mid ind 3s*, put on
40 ἀλλογενής, foreign
41 ἔκγονος, descendant
42 θυσία, sacrifice
43 ὁλοκαρπόω, *fut pas ind 3p*, offer as a whole burnt offering
44 ἐνδελεχῶς, continually
45 δίς, twice

15 ἐπλήρωσεν Μωυσῆς τὰς χεῖρας
καὶ ἔχρισεν[1] αὐτὸν ἐν ἐλαίῳ[2] ἁγίῳ·
ἐγενήθη αὐτῷ εἰς διαθήκην αἰῶνος
καὶ τῷ σπέρματι αὐτοῦ ἐν ἡμέραις οὐρανοῦ
λειτουργεῖν[3] αὐτῷ ἅμα[4] καὶ ἱερατεύειν[5]
καὶ εὐλογεῖν τὸν λαὸν αὐτοῦ ἐν τῷ ὀνόματι.
16 ἐξελέξατο[6] αὐτὸν ἀπὸ παντὸς ζῶντος
προσαγαγεῖν[7] κάρπωσιν[8] κυρίῳ,
θυμίαμα[9] καὶ εὐωδίαν[10] εἰς μνημόσυνον,[11]
ἐξιλάσκεσθαι[12] περὶ τοῦ λαοῦ σου.
17 ἔδωκεν αὐτῷ ἐν ἐντολαῖς αὐτοῦ
ἐξουσίαν[13] ἐν διαθήκαις κριμάτων[14]
διδάξαι τὸν Ιακωβ τὰ μαρτύρια[15]
καὶ ἐν νόμῳ αὐτοῦ φωτίσαι[16] Ισραηλ.
18 ἐπισυνέστησαν[17] αὐτῷ ἀλλότριοι[18]
καὶ ἐζήλωσαν[19] αὐτὸν ἐν τῇ ἐρήμῳ,
ἄνδρες οἱ περὶ Δαθαν καὶ Αβιρων
καὶ ἡ συναγωγὴ Κορε ἐν θυμῷ[20] καὶ ὀργῇ·
19 εἶδεν κύριος καὶ οὐκ εὐδόκησεν,[21]
καὶ συνετελέσθησαν[22] ἐν θυμῷ[23] ὀργῆς·
ἐποίησεν αὐτοῖς τέρατα[24]
καταναλῶσαι[25] ἐν πυρὶ φλογὸς[26] αὐτοῦ.
20 καὶ προσέθηκεν[27] Αρων δόξαν
καὶ ἔδωκεν αὐτῷ κληρονομίαν·[28]
ἀπαρχὰς[29] πρωτογενημάτων[30] ἐμέρισεν[31] αὐτῷ,
ἄρτον πρώτοις ἡτοίμασεν πλησμονήν·[32]

1 χρίω, *aor act ind 3s*, anoint
2 ἔλαιον, oil
3 λειτουργέω, *pres act inf*, serve, minister
4 ἅμα, at the same time
5 ἱερατεύω, *pres act inf*, act as priest
6 ἐκλέγω, *aor mid ind 3s*, choose
7 προσάγω, *aor act inf*, offer, bring
8 κάρπωσις, offering
9 θυμίαμα, incense
10 εὐωδία, fragrance
11 μνημόσυνον, reminder, memorial
12 ἐξιλάσκομαι, *pres mid inf*, make atonement, propitiate
13 ἐξουσία, authority
14 κρίμα, decision, judgment
15 μαρτύριον, testimony
16 φωτίζω, *aor act inf*, enlighten
17 ἐπισυνίστημι, *aor act ind 3p*, rise up against
18 ἀλλότριος, foreign
19 ζηλόω, *aor act ind 3p*, envy
20 θυμός, anger, fury
21 εὐδοκέω, *aor act ind 3s*, be pleased
22 συντελέω, *aor pas ind 3p*, bring to an end, finish off
23 θυμός, anger, fury
24 τέρας, wonder
25 καταναλίσκω, *aor act inf*, consume
26 φλόξ, flame
27 προστίθημι, *aor act ind 3s*, increase
28 κληρονομία, inheritance
29 ἀπαρχή, first portion
30 πρωτογένημα, firstfruit
31 μερίζω, *aor act ind 3s*, divide, distribute
32 πλησμονή, plenty

21 καὶ γὰρ θυσίας[1] κυρίου φάγονται,
ἃς ἔδωκεν αὐτῷ τε καὶ τῷ σπέρματι αὐτοῦ.
22 πλὴν ἐν γῇ λαοῦ οὐ κληρονομήσει,[2]
καὶ μερὶς[3] οὐκ ἔστιν αὐτῷ ἐν λαῷ·
αὐτὸς γὰρ μερίς σου καὶ κληρονομία.[4]

Phinehas

23 Καὶ Φινεες υἱὸς Ελεαζαρ τρίτος εἰς δόξαν
ἐν τῷ ζηλῶσαι[5] αὐτὸν ἐν φόβῳ κυρίου
καὶ στῆναι αὐτὸν ἐν τροπῇ[6] λαοῦ
ἐν ἀγαθότητι[7] προθυμίας[8] ψυχῆς αὐτοῦ·
καὶ ἐξιλάσατο[9] περὶ τοῦ Ισραηλ.
24 διὰ τοῦτο ἐστάθη αὐτῷ διαθήκη εἰρήνης
προστατεῖν[10] ἁγίων καὶ λαοῦ αὐτοῦ,
ἵνα αὐτῷ ᾖ καὶ τῷ σπέρματι αὐτοῦ
ἱερωσύνης[11] μεγαλεῖον[12] εἰς τοὺς αἰῶνας.
25 καὶ διαθήκη τῷ Δαυιδ
υἱῷ Ιεσσαι ἐκ φυλῆς Ιουδα
κληρονομία[13] βασιλέως υἱοῦ ἐξ υἱοῦ μόνου·
κληρονομία Ααρων καὶ τῷ σπέρματι αὐτοῦ.
26 δῴη[14] ὑμῖν σοφίαν ἐν καρδίᾳ ὑμῶν
κρίνειν τὸν λαὸν αὐτοῦ ἐν δικαιοσύνῃ,
ἵνα μὴ ἀφανισθῇ[15] τὰ ἀγαθὰ αὐτῶν
καὶ τὴν δόξαν αὐτῶν εἰς γενεὰς αὐτῶν.

Joshua

46 Κραταιὸς[16] ἐν πολέμῳ Ἰησοῦς Ναυη
καὶ διάδοχος[17] Μωυσῆ ἐν προφητείαις,[18]
ὃς ἐγένετο κατὰ τὸ ὄνομα αὐτοῦ μέγας
ἐπὶ σωτηρίᾳ ἐκλεκτῶν[19] αὐτοῦ

1 θυσία, sacrifice
2 κληρονομέω, *fut act ind 3s*, inherit
3 μερίς, portion
4 κληρονομία, inheritance
5 ζηλόω, *aor act inf*, be zealous
6 τροπή, turning (away)
7 ἀγαθότης, goodness
8 προθυμία, eagerness
9 ἐξιλάσκομαι, *aor mid ind 3s*, make atonement, propitiate
10 προστατέω, *pres act inf*, rule
11 ἱερωσύνη, priesthood
12 μεγαλεῖος, greatness, magnificence
13 κληρονομία, inheritance
14 δίδωμι, *aor act opt 3s*, grant
15 ἀφανίζω, *aor pas sub 3s*, perish, vanish
16 κραταιός, mighty
17 διάδοχος, successor
18 προφητεία, prophecy
19 ἐκλεκτός, chosen

ἐκδικῆσαι[1] ἐπεγειρομένους[2] ἐχθρούς,
ὅπως κατακληρονομήσῃ[3] τὸν Ισραηλ.
2 ὡς ἐδοξάσθη ἐν τῷ ἐπᾶραι[4] χεῖρας αὐτοῦ
καὶ ἐν τῷ ἐκτεῖναι[5] ῥομφαίαν[6] ἐπὶ πόλεις.
3 τίς πρότερος[7] αὐτοῦ οὕτως ἔστη;
τοὺς γὰρ πολέμους κυρίου αὐτὸς ἐπήγαγεν.[8]
4 οὐχὶ ἐν χειρὶ αὐτοῦ ἐνεποδίσθη[9] ὁ ἥλιος
καὶ μία ἡμέρα ἐγενήθη πρὸς δύο;
5 ἐπεκαλέσατο[10] τὸν ὕψιστον[11] δυνάστην[12]
ἐν τῷ θλῖψαι[13] αὐτὸν ἐχθροὺς κυκλόθεν,[14]
καὶ ἐπήκουσεν[15] αὐτοῦ μέγας κύριος
ἐν λίθοις χαλάζης[16] δυνάμεως κραταιᾶς·[17]
6 κατέρραξεν[18] ἐπ᾽ ἔθνος πόλεμον
καὶ ἐν καταβάσει[19] ἀπώλεσεν ἀνθεστηκότας,[20]
ἵνα γνῶσιν ἔθνη πανοπλίαν[21] αὐτοῦ
ὅτι ἐναντίον[22] κυρίου ὁ πόλεμος αὐτοῦ.

Caleb

7 Καὶ γὰρ ἐπηκολούθησεν[23] ὀπίσω δυνάστου[24]
καὶ ἐν ἡμέραις Μωυσέως ἐποίησεν ἔλεος[25]
αὐτὸς καὶ Χαλεβ υἱὸς Ιεφοννη
ἀντιστῆναι[26] ἔναντι[27] ἐκκλησίας
κωλῦσαι[28] λαὸν ἀπὸ ἁμαρτίας
καὶ κοπάσαι[29] γογγυσμὸν[30] πονηρίας.[31]
8 καὶ αὐτοὶ δύο ὄντες διεσώθησαν[32]
ἀπὸ ἑξακοσίων[33] χιλιάδων[34] πεζῶν[35]

1 ἐκδικέω, *aor act inf*, punish, avenge
2 ἐπεγείρω, *pres mid ptc acc p m*, rise up against
3 κατακληρονομέω, *aor act sub 3s*, grant an inheritance
4 ἐπαίρω, *aor act inf*, raise, lift up
5 ἐκτείνω, *aor act inf*, reach out
6 ῥομφαία, sword
7 πρότερος, before
8 ἐπάγω, *aor act ind 3s*, bring about
9 ἐμποδίζω, *aor pas ind 3s*, delay, hold back
10 ἐπικαλέω, *aor mid ind 3s*, call upon
11 ὕψιστος, *sup*, Most High
12 δυνάστης, lord, ruler
13 θλίβω, *aor act inf*, press upon
14 κυκλόθεν, all around
15 ἐπακούω, *aor act ind 3s*, hear
16 χάλαζα, hail
17 κραταιός, severe, powerful
18 καταράσσω, *aor act ind 3s*, break down
19 κατάβασις, descent
20 ἀνθίστημι, *perf act ptc acc p m*, oppose
21 πανοπλία, complete armor, full defense
22 ἐναντίον, before
23 ἐπακολουθέω, *aor act ind 3s*, follow after
24 δυνάστης, ruler, leader
25 ἔλεος, mercy, compassion
26 ἀνθίστημι, *aor act inf*, stand in opposition
27 ἔναντι, before
28 κωλύω, *aor act inf*, forbid, restrain
29 κοπάζω, *aor act inf*, bring to an end
30 γογγυσμός, grumbling, complaining
31 πονηρία, wickedness
32 διασῴζω, *aor pas ind 3p*, deliver, save
33 ἑξακόσιοι, six hundred
34 χιλιάς, thousand
35 πεζός, (soldier) on foot

εἰσαγαγεῖν[1] αὐτοὺς εἰς κληρονομίαν[2]
εἰς γῆν ῥέουσαν[3] γάλα[4] καὶ μέλι.[5]
9 καὶ ἔδωκεν ὁ κύριος τῷ Χαλεβ ἰσχύν,[6]
καὶ ἕως γήρους[7] διέμεινεν[8] αὐτῷ,
ἐπιβῆναι[9] αὐτὸν ἐπὶ τὸ ὕψος[10] τῆς γῆς,
καὶ τὸ σπέρμα αὐτοῦ κατέσχεν[11] κληρονομίαν,[12]
10 ὅπως ἴδωσιν πάντες οἱ υἱοὶ Ισραηλ
ὅτι καλὸν τὸ πορεύεσθαι ὀπίσω κυρίου.

The Judges

11 Καὶ οἱ κριταί,[13] ἕκαστος τῷ αὐτοῦ ὀνόματι,
ὅσων οὐκ ἐξεπόρνευσεν[14] ἡ καρδία
καὶ ὅσοι οὐκ ἀπεστράφησαν[15] ἀπὸ κυρίου,
εἴη[16] τὸ μνημόσυνον[17] αὐτῶν ἐν εὐλογίαις·[18]
12 τὰ ὀστᾶ[19] αὐτῶν ἀναθάλοι[20] ἐκ τοῦ τόπου αὐτῶν
καὶ τὸ ὄνομα αὐτῶν ἀντικαταλλασσόμενον[21]
ἐφ᾽ υἱοῖς δεδοξασμένων αὐτῶν.

Samuel

13 Ἠγαπημένος ὑπὸ κυρίου αὐτοῦ Σαμουηλ
προφήτης κυρίου κατέστησεν[22] βασιλείαν
καὶ ἔχρισεν[23] ἄρχοντας ἐπὶ τὸν λαὸν αὐτοῦ·
14 ἐν νόμῳ κυρίου ἔκρινεν συναγωγήν,
καὶ ἐπεσκέψατο[24] κύριος τὸν Ιακωβ·
15 ἐν πίστει αὐτοῦ ἠκριβάσθη[25] προφήτης
καὶ ἐγνώσθη ἐν ῥήμασιν αὐτοῦ πιστὸς[26] ὁράσεως.[27]

1 εἰσάγω, *aor act inf*, lead in, bring in
2 κληρονομία, inheritance
3 ῥέω, *pres act ptc acc s f*, gush, flow
4 γάλα, milk
5 μέλι, honey
6 ἰσχύς, strength, ability
7 γῆρας, old age
8 διαμένω, *aor act ind 3s*, remain
9 ἐπιβαίνω, *aor act inf*, enter into
10 ὕψος, height
11 κατέχω, *aor act ind 3s*, obtain
12 κληρονομία, inheritance
13 κριτής, judge
14 ἐκπορνεύω, *aor act ind 3s*, fornicate
15 ἀποστρέφω, *aor pas ind 3p*, turn away
16 εἰμί, *pres act opt 3s*, be
17 μνημόσυνον, memory
18 εὐλογία, blessing
19 ὀστέον, bone
20 ἀναθάλλω, *aor act opt 3s*, revive, sprout again
21 ἀντικαταλλάσσομαι, *pres pas ptc nom s n*, pay in exchange
22 καθίστημι, *aor act ind 3s*, establish
23 χρίω, *aor act ind 3s*, anoint
24 ἐπισκέπτομαι, *aor mid ind 3s*, watch over
25 ἀκριβάζω, *aor pas ind 3s*, prove reliable
26 πιστός, faithful, trustworthy
27 ὅρασις, vision

16 καὶ ἐπεκαλέσατο[1] τὸν κύριον δυνάστην[2]
ἐν τῷ θλῖψαι[3] ἐχθροὺς αὐτοῦ κυκλόθεν[4]
ἐν προσφορᾷ[5] ἀρνὸς[6] γαλαθηνοῦ·[7]
17 καὶ ἐβρόντησεν[8] ἀπ᾽ οὐρανοῦ ὁ κύριος
καὶ ἐν ἤχῳ[9] μεγάλῳ ἀκουστὴν[10] ἐποίησεν τὴν φωνὴν αὐτοῦ
18 καὶ ἐξέτριψεν[11] ἡγουμένους[12] Τυρίων
καὶ πάντας ἄρχοντας Φυλιστιιμ.
19 καὶ πρὸ καιροῦ κοιμήσεως[13] αἰῶνος
ἐπεμαρτύρατο[14] ἔναντι[15] κυρίου καὶ χριστοῦ αὐτοῦ
Χρήματα[16] καὶ ἕως ὑποδημάτων[17]
ἀπὸ πάσης σαρκὸς οὐκ εἴληφα·
καὶ οὐκ ἐνεκάλεσεν[18] αὐτῷ ἄνθρωπος.
20 καὶ μετὰ τὸ ὑπνῶσαι[19] αὐτὸν προεφήτευσεν[20]
καὶ ὑπέδειξεν[21] βασιλεῖ τὴν τελευτὴν[22] αὐτοῦ
καὶ ἀνύψωσεν[23] ἐκ γῆς τὴν φωνὴν αὐτοῦ
ἐν προφητείᾳ[24] ἐξαλεῖψαι[25] ἀνομίαν[26] λαοῦ.

Nathan

47 Καὶ μετὰ τοῦτον ἀνέστη Ναθαν
προφητεύειν[27] ἐν ἡμέραις Δαυιδ.

David

2 ὥσπερ στέαρ[28] ἀφωρισμένον[29] ἀπὸ σωτηρίου,[30]
οὕτως Δαυιδ ἀπὸ τῶν υἱῶν Ισραηλ.

1 ἐπικαλέω, *aor mid ind 3s*, call upon
2 δυνάστης, lord, ruler
3 θλίβω, *aor act inf*, press upon
4 κυκλόθεν, all around
5 προσφορά, offering
6 ἀρήν, lamb
7 γαλαθηνός, nursing
8 βροντάω, *aor act ind 3s*, thunder
9 ἦχος, sound
10 ἀκουστός, audible
11 ἐκτρίβω, *aor act ind 3s*, drive out
12 ἡγέομαι, *pres mid ptc acc p m*, lead
13 κοίμησις, rest
14 ἐπιμαρτυρέομαι, *aor mid ind 3s*, call to witness
15 ἔναντι, before
16 χρῆμα, wealth, means
17 ὑπόδημα, sandal
18 ἐγκαλέω, *aor act ind 3s*, accuse, bring a charge against
19 ὑπνόω, *aor act inf*, sleep
20 προφητεύω, *aor act ind 3s*, prophesy
21 ὑποδείκνυμι, *aor act ind 3s*, indicate, show
22 τελευτή, death
23 ἀνυψόω, *aor act ind 3s*, lift up
24 προφητεία, prophecy
25 ἐξαλείφω, *aor act inf*, wipe out, erase
26 ἀνομία, lawlessness
27 προφητεύω, *pres act inf*, prophesy
28 στέαρ, fat
29 ἀφορίζω, *perf pas ptc nom s n*, set aside
30 σωτήριον, (sacrifice of) deliverance

3 ἐν λέουσιν[1] ἔπαιξεν[2] ὡς ἐν ἐρίφοις[3]
καὶ ἐν ἄρκοις[4] ὡς ἐν ἄρνασι[5] προβάτων.
4 ἐν νεότητι[6] αὐτοῦ οὐχὶ ἀπέκτεινεν γίγαντα[7]
καὶ ἐξῆρεν[8] ὀνειδισμὸν[9] ἐκ λαοῦ
ἐν τῷ ἐπᾶραι[10] χεῖρα ἐν λίθῳ σφενδόνης[11]
καὶ καταβαλεῖν[12] γαυρίαμα[13] τοῦ Γολιαθ;
5 ἐπεκαλέσατο[14] γὰρ κύριον τὸν ὕψιστον,[15]
καὶ ἔδωκεν ἐν τῇ δεξιᾷ αὐτοῦ κράτος[16]
ἐξᾶραι[17] ἄνθρωπον δυνατὸν ἐν πολέμῳ
ἀνυψῶσαι[18] κέρας λαοῦ αὐτοῦ.
6 οὕτως ἐν μυριάσιν[19] ἐδόξασαν αὐτὸν
καὶ ᾔνεσαν[20] αὐτὸν ἐν εὐλογίαις[21] κυρίου
ἐν τῷ φέρεσθαι αὐτῷ διάδημα[22] δόξης·
7 ἐξέτριψεν[23] γὰρ ἐχθροὺς κυκλόθεν[24]
καὶ ἐξουδένωσεν[25] Φυλιστιιμ τοὺς ὑπεναντίους,[26]
ἕως σήμερον συνέτριψεν[27] αὐτῶν κέρας.[28]
8 ἐν παντὶ ἔργῳ αὐτοῦ ἔδωκεν ἐξομολόγησιν[29]
ἁγίῳ ὑψίστῳ[30] ῥήματι δόξης·
ἐν πάσῃ καρδίᾳ αὐτοῦ ὕμνησεν[31]
καὶ ἠγάπησεν τὸν ποιήσαντα αὐτόν.
9 καὶ ἔστησεν ψαλτῳδοὺς[32] κατέναντι[33] τοῦ θυσιαστηρίου[34]
καὶ ἐξ ἤχους[35] αὐτῶν γλυκαίνειν[36] μέλη·[37]

1 λέων, lion
2 παίζω, *aor act ind 3s*, play around with
3 ἔριφος, young goat
4 ἄρκος, bear
5 ἀρήν, lamb
6 νεότης, youth
7 γίγας, giant
8 ἐξαίρω, *aor act ind 3s*, remove
9 ὀνειδισμός, disgrace
10 ἐπαίρω, *aor act inf*, life up
11 σφενδόνη, sling
12 καταβάλλω, *aor act inf*, strike down
13 γαυρίαμα, arrogance
14 ἐπικαλέω, *aor mid ind 3s*, call upon
15 ὕψιστος, *sup*, Most High
16 κράτος, strength, might
17 ἐξαίρω, *aor act inf*, kill
18 ἀνυψόω, *aor act inf*, exalt
19 μυριάς, ten thousand
20 αἰνέω, *aor act ind 3p*, praise
21 εὐλογία, blessing
22 διάδημα, crown, diadem
23 ἐκτρίβω, *aor act ind 3s*, drive out
24 κυκλόθεν, all around
25 ἐξουδενόω, *aor act ind 3s*, treat contemptuously
26 ὑπεναντίος, opposing
27 συντρίβω, *aor act ind 3s*, break
28 κέρας, horn
29 ἐξομολόγησις, praise, confession of gratitude
30 ὕψιστος, *sup*, Most High
31 ὑμνέω, *aor act ind 3s*, sing praise
32 ψαλτῳδός, psalm singer
33 κατέναντι, before
34 θυσιαστήριον, altar
35 ἠχώ, sound
36 γλυκαίνω, *pres act inf*, sweeten
37 μέλος, melody

10 ἔδωκεν ἐν ἑορταῖς[1] εὐπρέπειαν[2]
καὶ ἐκόσμησεν[3] καιροὺς μέχρι[4] συντελείας[5]
ἐν τῷ αἰνεῖν[6] αὐτοὺς τὸ ἅγιον ὄνομα αὐτοῦ
καὶ ἀπὸ πρωίας[7] ἠχεῖν[8] τὸ ἁγίασμα.[9]
11 κύριος ἀφεῖλεν[10] τὰς ἁμαρτίας αὐτοῦ
καὶ ἀνύψωσεν[11] εἰς αἰῶνα τὸ κέρας[12] αὐτοῦ
καὶ ἔδωκεν αὐτῷ διαθήκην βασιλέων
καὶ θρόνον δόξης ἐν τῷ Ισραηλ.

Solomon

12 Μετὰ τοῦτον ἀνέστη υἱὸς ἐπιστήμων[13]
καὶ δι᾽ αὐτὸν κατέλυσεν[14] ἐν πλατυσμῷ·[15]
13 Σαλωμων ἐβασίλευσεν[16] ἐν ἡμέραις εἰρήνης,
ᾧ ὁ θεὸς κατέπαυσεν[17] κυκλόθεν,[18]
ἵνα στήσῃ οἶκον ἐπ᾽ ὀνόματι αὐτοῦ
καὶ ἑτοιμάσῃ ἁγίασμα[19] εἰς τὸν αἰῶνα.
14 ὡς ἐσοφίσθης[20] ἐν νεότητί[21] σου
καὶ ἐνεπλήσθης[22] ὡς ποταμὸς[23] συνέσεως.[24]
15 γῆν ἐπεκάλυψεν[25] ἡ ψυχή σου,
καὶ ἐνέπλησας[26] ἐν παραβολαῖς[27] αἰνιγμάτων·[28]
16 εἰς νήσους[29] πόρρω[30] ἀφίκετο[31] τὸ ὄνομά σου,
καὶ ἠγαπήθης ἐν τῇ εἰρήνῃ σου·
17 ἐν ᾠδαῖς[32] καὶ παροιμίαις[33] καὶ παραβολαῖς[34]
καὶ ἐν ἑρμηνείαις[35] ἀπεθαύμασάν[36] σε χῶραι.[37]

1 ἑορτή, feast, holiday
2 εὐπρέπεια, dignity, attractiveness
3 κοσμέω, *aor act ind 3s*, set in order, establish
4 μέχρι, until
5 συντέλεια, conclusion, year
6 αἰνέω, *pres act inf*, praise
7 πρώϊος, early morning
8 ἠχέω, *pres act inf*, ring out
9 ἁγίασμα, sanctuary
10 ἀφαιρέω, *aor act ind 3s*, remove, take away
11 ἀνυψόω, *aor act ind 3s*, exalt
12 κέρας, horn
13 ἐπιστήμων, understanding, wise
14 καταλύω, *aor act ind 3s*, settle
15 πλατυσμός, wide (space)
16 βασιλεύω, *aor act ind 3s*, reign as king
17 καταπαύω, *aor act ind 3s*, give rest
18 κυκλόθεν, all around
19 ἁγίασμα, sanctuary
20 σοφίζω, *aor pas ind 2s*, make wise
21 νεότης, youth
22 ἐμπίμπλημι, *aor pas ind 2s*, fill up
23 ποταμός, river
24 σύνεσις, understanding, intelligence
25 ἐπικαλύπτω, *aor act ind 3s*, cover
26 ἐμπίμπλημι, *aor act ind 2s*, fill up
27 παραβολή, parable, illustration
28 αἴνιγμα, riddle
29 νῆσος, island
30 πόρρω, far away, distant
31 ἀφικνέομαι, *aor mid ind 3s*, reach
32 ᾠδή, song
33 παροιμία, proverb
34 παραβολή, parable, illustration
35 ἑρμηνεία, interpretation, explanation
36 ἀποθαυμάζω, *aor act ind 3p*, be astonished with
37 χώρα, country

18 ἐν ὀνόματι κυρίου τοῦ θεοῦ
τοῦ ἐπικεκλημένου[1] θεοῦ Ισραηλ
συνήγαγες ὡς κασσίτερον[2] τὸ χρυσίον[3]
καὶ ὡς μόλιβον[4] ἐπλήθυνας[5] ἀργύριον.[6]
19 παρανέκλινας[7] τὰς λαγόνας[8] σου γυναιξὶν
καὶ ἐνεξουσιάσθης[9] ἐν τῷ σώματί σου·
20 ἔδωκας μῶμον[10] ἐν τῇ δόξῃ σου
καὶ ἐβεβήλωσας[11] τὸ σπέρμα σου
ἐπαγαγεῖν[12] ὀργὴν ἐπὶ τὰ τέκνα σου
καὶ κατανυγῆναι[13] ἐπὶ τῇ ἀφροσύνῃ[14] σου
21 γενέσθαι δίχα[15] τυραννίδα[16]
καὶ ἐξ Εφραιμ ἄρξαι βασιλείαν ἀπειθῆ.[17]
22 ὁ δὲ κύριος οὐ μὴ καταλίπῃ[18] τὸ ἔλεος[19] αὐτοῦ
καὶ οὐ μὴ διαφθείρῃ[20] ἀπὸ τῶν λόγων αὐτοῦ
οὐδὲ μὴ ἐξαλείψῃ[21] ἐκλεκτοῦ[22] αὐτοῦ ἔκγονα[23]
καὶ σπέρμα τοῦ ἀγαπήσαντος αὐτὸν οὐ μὴ ἐξάρῃ·[24]
καὶ τῷ Ιακωβ ἔδωκεν κατάλειμμα[25]
καὶ τῷ Δαυιδ ἐξ αὐτοῦ ῥίζαν.[26]

Rehoboam and Jeroboam

23 Καὶ ἀνεπαύσατο[27] Σαλωμων μετὰ τῶν πατέρων αὐτοῦ
καὶ κατέλιπεν[28] μετ᾽ αὐτὸν ἐκ τοῦ σπέρματος αὐτοῦ
λαοῦ ἀφροσύνην[29] καὶ ἐλασσούμενον[30] συνέσει[31]
Ροβοαμ, ὃς ἀπέστησεν[32] λαὸν ἐκ βουλῆς[33] αὐτοῦ.

1 ἐπικαλέω, *perf pas ptc gen s m*, call
2 κασσίτερος, tin
3 χρυσίον, gold
4 μόλιβος, lead
5 πληθύνω, *aor act ind 2s*, multiply
6 ἀργύριον, silver
7 παρανακλίνω, *aor act ind 2s*, lay beside
8 λαγών, side, flank
9 ἐνεξουσιάζομαι, *aor pas ind 2s*, make submissive
10 μῶμος, blemish, disgrace
11 βεβηλόω, *aor act ind 2s*, profane, pollute
12 ἐπάγω, *aor act inf*, bring upon
13 κατανύσσομαι, *aor pas inf*, be pained, grieve
14 ἀφροσύνη, foolishness
15 δίχα, in two
16 τυραννίς, rule, sovereignty
17 ἀπειθής, disobedient
18 καταλείπω, *aor act sub 3s*, abandon
19 ἔλεος, mercy, compassion
20 διαφθείρω, *pres act sub 3s*, spoil, perish
21 ἐξαλείφω, *aor act sub 3s*, blot out, erase
22 ἐκλεκτός, chosen
23 ἔκγονος, descendant
24 ἐξαίρω, *aor act sub 3s*, drive away
25 κατάλειμμα, remnant
26 ῥίζα, root
27 ἀναπαύω, *aor mid ind 3s*, rest
28 καταλείπω, *aor act ind 3s*, leave behind
29 ἀφροσύνη, foolishness
30 ἐλασσόω, *pres mid ptc acc s m*, lack, be deficient
31 σύνεσις, understanding
32 ἀφίστημι, *aor act ind 3s*, fall away
33 βουλή, counsel

24 καὶ Ιεροβοαμ υἱὸς Ναβατ, ὃς ἐξήμαρτεν[1] τὸν Ισραηλ
καὶ ἔδωκεν τῷ Εφραιμ ὁδὸν ἁμαρτίας·
καὶ ἐπληθύνθησαν[2] αἱ ἁμαρτίαι αὐτῶν σφόδρα[3]
ἀποστῆσαι[4] αὐτοὺς ἀπὸ τῆς γῆς αὐτῶν·
25 καὶ πᾶσαν πονηρίαν[5] ἐξεζήτησαν,[6]
ἕως ἐκδίκησις[7] ἔλθῃ ἐπ᾽ αὐτούς.

Elijah

48 Καὶ ἀνέστη Ηλιας προφήτης ὡς πῦρ,
καὶ ὁ λόγος αὐτοῦ ὡς λαμπὰς[8] ἐκαίετο·[9]
2 ὃς ἐπήγαγεν[10] ἐπ᾽ αὐτοὺς λιμὸν[11]
καὶ τῷ ζήλῳ[12] αὐτοῦ ὠλιγοποίησεν[13] αὐτούς·
3 ἐν λόγῳ κυρίου ἀνέσχεν[14] οὐρανόν,
κατήγαγεν[15] οὕτως τρὶς[16] πῦρ.
4 ὡς ἐδοξάσθης, Ηλια, ἐν θαυμασίοις[17] σου·
καὶ τίς ὅμοιός[18] σοι καυχᾶσθαι;[19]
5 ὁ ἐγείρας[20] νεκρὸν[21] ἐκ θανάτου
καὶ ἐξ ᾅδου[22] ἐν λόγῳ ὑψίστου·[23]
6 ὁ καταγαγὼν[24] βασιλεῖς εἰς ἀπώλειαν[25]
καὶ δεδοξασμένους ἀπὸ κλίνης[26] αὐτῶν·
7 ἀκούων ἐν Σινα ἐλεγμὸν[27]
καὶ ἐν Χωρηβ κρίματα[28] ἐκδικήσεως·[29]
8 ὁ χρίων[30] βασιλεῖς εἰς ἀνταπόδομα[31]
καὶ προφήτας διαδόχους[32] μετ᾽ αὐτόν·
9 ὁ ἀναλημφθεὶς[33] ἐν λαίλαπι[34] πυρὸς
ἐν ἅρματι[35] ἵππων[36] πυρίνων·[37]

1 ἐξαμαρτάνω, *aor act ind 3s*, cause to sin
2 πληθύνω, *aor pas ind 3p*, multiply
3 σφόδρα, exceedingly
4 ἀφίστημι, *aor act inf*, remove
5 πονηρία, wickedness, evil
6 ἐκζητέω, *aor act ind 3p*, seek out
7 ἐκδίκησις, punishment
8 λαμπάς, torch, lamp
9 καίω, *impf mid ind 3s*, burn
10 ἐπάγω, *aor act ind 3s*, bring upon
11 λιμός, famine
12 ζῆλος, fervor, zeal
13 ὀλιγοποιέω, *aor act ind 3s*, make fewer
14 ἀνέχω, *aor act ind 3s*, prop up
15 κατάγω, *aor act ind 3s*, bring down
16 τρίς, three times
17 θαυμάσιος, wonderful, remarkable
18 ὅμοιος, like
19 καυχάομαι, *pres mid inf*, boast
20 ἐγείρω, *aor act ptc nom s m*, raise
21 νεκρός, dead
22 ᾅδης, Hades, underworld
23 ὕψιστος, *sup*, Most High
24 κατάγω, *aor act ptc nom s m*, bring down
25 ἀπώλεια, destruction
26 κλίνη, bed
27 ἐλεγμός, reproach, rebuke
28 κρίμα, judgment, ruling
29 ἐκδίκησις, punishment, vengeance
30 χρίω, *pres act ptc nom s m*, anoint
31 ἀνταπόδομα, retribution, repayment
32 διάδοχος, successor
33 ἀναλαμβάνω, *aor pas ptc nom s m*, take up
34 λαῖλαψ, whirlwind
35 ἅρμα, chariot
36 ἵππος, horse
37 πύρινος, fiery

10 ὁ καταγραφεὶς[1] ἐν ἐλεγμοῖς[2] εἰς καιροὺς
κοπάσαι[3] ὀργὴν πρὸ θυμοῦ,[4]
ἐπιστρέψαι καρδίαν πατρὸς πρὸς υἱὸν
καὶ καταστῆσαι[5] φυλὰς Ιακωβ.
11 μακάριοι[6] οἱ ἰδόντες σε
καὶ οἱ ἐν ἀγαπήσει[7] κεκοιμημένοι·[8]
καὶ γὰρ ἡμεῖς ζωῇ ζησόμεθα.

Elisha

12 Ηλιας ὃς ἐν λαίλαπι[9] ἐσκεπάσθη,[10]
καὶ Ελισαιε ἐνεπλήσθη[11] πνεύματος αὐτοῦ·
καὶ ἐν ἡμέραις αὐτοῦ οὐκ ἐσαλεύθη[12] ὑπὸ ἄρχοντος,
καὶ οὐ κατεδυνάστευσεν[13] αὐτὸν οὐδείς.
13 πᾶς λόγος οὐχ ὑπερῆρεν[14] αὐτόν,
καὶ ἐν κοιμήσει[15] ἐπροφήτευσεν[16] τὸ σῶμα αὐτοῦ·
14 καὶ ἐν ζωῇ αὐτοῦ ἐποίησεν τέρατα,[17]
καὶ ἐν τελευτῇ[18] θαυμάσια[19] τὰ ἔργα αὐτοῦ.
15 Ἐν πᾶσιν τούτοις οὐ μετενόησεν[20] ὁ λαὸς
καὶ οὐκ ἀπέστησαν[21] ἀπὸ τῶν ἁμαρτιῶν αὐτῶν,
ἕως ἐπρονομεύθησαν[22] ἀπὸ γῆς αὐτῶν
καὶ διεσκορπίσθησαν[23] ἐν πάσῃ τῇ γῇ.
16 καὶ κατελείφθη[24] ὁ λαὸς ὀλιγοστός,[25]
καὶ ἄρχων ἐν τῷ οἴκῳ Δαυιδ·
τινὲς μὲν αὐτῶν ἐποίησαν τὸ ἀρεστόν,[26]
τινὲς δὲ ἐπλήθυναν[27] ἁμαρτίας.

1 καταγράφω, *aor pas ptc nom s m*, write, record
2 ἐλεγμός, rebuke, reproach
3 κοπάζω, *aor act inf*, calm, bring to an end
4 θυμός, anger, wrath
5 καθίστημι, *aor act inf*, set in order, establish
6 μακάριος, blessed
7 ἀγάπησις, affection
8 κοιμάω, *perf mid ptc nom p m*, fall asleep, sleep
9 λαῖλαψ, whirlwind
10 σκεπάζω, *aor pas ind 3s*, shelter
11 ἐμπίμπλημι, *aor pas ind 3s*, fill up
12 σαλεύω, *aor pas ind 3s*, shake, tremble
13 καταδυναστεύω, *aor act ind 3s*, conquer, put into subjection
14 ὑπεραίρω, *aor act ind 3s*, be beyond, surpass
15 κοίμησις, sleep
16 προφητεύω, *aor act ind 3s*, prophesy
17 τέρας, wonder, sign
18 τελευτή, death
19 θαυμάσιος, marvelous, remarkable
20 μετανοέω, *aor act ind 3s*, repent
21 ἀφίστημι, *aor act ind 3p*, turn away from
22 προνομεύω, *aor pas ind 3p*, take as captive
23 διασκορπίζω, *aor pas ind 3p*, scatter
24 καταλείπω, *aor pas ind 3s*, leave behind
25 ὀλίγος, *sup*, very few, fewest
26 ἀρεστός, pleasing
27 πληθύνω, *aor act ind 3p*, increase

Hezekiah

17 Εζεκιας ὠχύρωσεν[1] τὴν πόλιν αὐτοῦ
καὶ εἰσήγαγεν[2] εἰς μέσον αὐτῆς ὕδωρ,
ὤρυξεν[3] σιδήρῳ[4] ἀκρότομον[5]
καὶ ᾠκοδόμησεν κρήνας[6] εἰς ὕδατα.
18 ἐν ἡμέραις αὐτοῦ ἀνέβη Σενναχηριμ
καὶ ἀπέστειλεν Ραψακην, καὶ ἀπῆρεν·[7]
καὶ ἐπῆρεν[8] χεῖρα αὐτοῦ ἐπὶ Σιων
καὶ ἐμεγαλαύχησεν[9] ἐν ὑπερηφανίᾳ[10] αὐτοῦ.
19 τότε ἐσαλεύθησαν[11] καρδίαι καὶ χεῖρες αὐτῶν,
καὶ ὠδίνησαν[12] ὡς αἱ τίκτουσαι·[13]
20 καὶ ἐπεκαλέσαντο[14] τὸν κύριον τὸν ἐλεήμονα[15]
ἐκπετάσαντες[16] τὰς χεῖρας αὐτῶν πρὸς αὐτόν.
καὶ ὁ ἅγιος ἐξ οὐρανοῦ ταχὺ[17] ἐπήκουσεν[18] αὐτῶν
καὶ ἐλυτρώσατο[19] αὐτοὺς ἐν χειρὶ Ησαιου·
21 ἐπάταξεν[20] τὴν παρεμβολὴν[21] τῶν Ἀσσυρίων,
καὶ ἐξέτριψεν[22] αὐτοὺς ὁ ἄγγελος αὐτοῦ.
22 ἐποίησεν γὰρ Εζεκιας τὸ ἀρεστὸν[23] κυρίῳ
καὶ ἐνίσχυσεν[24] ἐν ὁδοῖς Δαυιδ τοῦ πατρὸς αὐτοῦ,
ἃς ἐνετείλατο[25] Ησαιας ὁ προφήτης
ὁ μέγας καὶ πιστὸς[26] ἐν ὁράσει[27] αὐτοῦ.

Isaiah

23 ἐν ταῖς ἡμέραις αὐτοῦ ἀνεπόδισεν[28] ὁ ἥλιος
καὶ προσέθηκεν[29] ζωὴν βασιλεῖ.

1 ὀχυρόω, *aor act ind 3s*, fortify, make stronger
2 εἰσάγω, *aor act ind 3s*, bring in
3 ὀρύσσω, *aor act ind 3s*, dig out, (tunnel)
4 σίδηρος, iron (tool)
5 ἀκρότομος, sharp
6 κρήνη, spring, well
7 ἀπαίρω, *aor act ind 3s*, depart
8 ἐπαίρω, *aor act ind 3s*, lift up
9 μεγαλαυχέω, *aor act ind 3s*, become proud
10 ὑπερηφανία, arrogance
11 σαλεύω, *aor pas ind 3p*, shake
12 ὠδίνω, *aor act ind 3p*, be in labor pains
13 τίκτω, *pres act ptc nom p f*, bear a child
14 ἐπικαλέω, *aor mid ind 3p*, call upon
15 ἐλεήμων, merciful
16 ἐκπετάννυμι, *aor act ptc nom p m*, reach out, stretch out
17 ταχύς, promptly
18 ἐπακούω, *aor act ind 3s*, listen
19 λυτρόω, *aor mid ind 3s*, redeem
20 πατάσσω, *aor act ind 3s*, strike, (defeat)
21 παρεμβολή, camp, army
22 ἐκτρίβω, *aor act ind 3s*, destroy
23 ἀρεστός, pleasing
24 ἐνισχύω, *aor act ind 3s*, be firm
25 ἐντέλλομαι, *aor mid ind 3s*, command, order
26 πιστός, faithful
27 ὅρασις, vision
28 ἀναποδίζω, *aor act ind 3s*, move backward
29 προστίθημι, *aor act ind 3s*, prolong, add to

24 πνεύματι μεγάλῳ εἶδεν τὰ ἔσχατα
καὶ παρεκάλεσεν τοὺς πενθοῦντας[1] ἐν Σιων.
25 ἕως τοῦ αἰῶνος ὑπέδειξεν[2] τὰ ἐσόμενα
καὶ τὰ ἀπόκρυφα[3] πρὶν[4] ἢ παραγενέσθαι αὐτά.

Josiah and Others

49 Μνημόσυνον[5] Ιωσιου εἰς σύνθεσιν[6] θυμιάματος[7]
ἐσκευασμένον[8] ἔργῳ μυρεψοῦ·[9]
ἐν παντὶ στόματι ὡς μέλι[10] γλυκανθήσεται[11]
καὶ ὡς μουσικὰ[12] ἐν συμποσίῳ[13] οἴνου.
2 αὐτὸς κατευθύνθη[14] ἐν ἐπιστροφῇ[15] λαοῦ
καὶ ἐξῆρεν[16] βδελύγματα[17] ἀνομίας·[18]
3 κατεύθυνεν[19] πρὸς κύριον τὴν καρδίαν αὐτοῦ,
ἐν ἡμέραις ἀνόμων[20] κατίσχυσεν[21] τὴν εὐσέβειαν.[22]

4 Πάρεξ[23] Δαυιδ καὶ Εζεκιου καὶ Ιωσιου
πάντες πλημμέλειαν[24] ἐπλημμέλησαν·[25]
κατέλιπον[26] γὰρ τὸν νόμον τοῦ ὑψίστου,[27]
οἱ βασιλεῖς Ιουδα ἐξέλιπον·[28]
5 ἔδωκαν γὰρ τὸ κέρας[29] αὐτῶν ἑτέροις
καὶ τὴν δόξαν αὐτῶν ἔθνει ἀλλοτρίῳ.[30]
6 ἐνεπύρισαν[31] ἐκλεκτὴν[32] πόλιν ἁγιάσματος[33]
καὶ ἠρήμωσαν[34] τὰς ὁδοὺς αὐτῆς
7 ἐν χειρὶ Ιερεμιου· ἐκάκωσαν[35] γὰρ αὐτόν,
καὶ αὐτὸς ἐν μήτρᾳ[36] ἡγιάσθη[37] προφήτης

1 πενθέω, *pres act ptc acc p m*, mourn
2 ὑποδείκνυμι, *aor act ind 3s*, indicate, show
3 ἀπόκρυφος, hidden
4 πρίν, before
5 μνημόσυνον, memory
6 σύνθεσις, mixture, composition
7 θυμίαμα, incense
8 σκευάζω, *perf pas ptc nom s n*, prepare
9 μυρεψός, perfumer, apothecary
10 μέλι, honey
11 γλυκαίνω, *fut pas ind 3s*, taste sweet
12 μουσικά, music, musician
13 συμπόσιον, party, banquet
14 κατευθύνω, *aor pas ind 3s*, direct, lead
15 ἐπιστροφή, attention, conversion
16 ἐξαίρω, *aor act ind 3s*, remove
17 βδέλυγμα, abomination
18 ἀνομία, lawlessness
19 κατευθύνω, *aor act ind 3s*, direct, guide
20 ἄνομος, wicked, lawless
21 κατισχύω, *aor act ind 3s*, reinforce
22 εὐσέβεια, godliness, piety
23 πάρεξ, except
24 πλημμέλεια, trespass, offense
25 πλημμελέω, *aor act ind 3p*, commit a trespass
26 καταλείπω, *aor act ind 3p*, forsake
27 ὕψιστος, *sup*, Most High
28 ἐκλείπω, *aor act ind 3p*, fail
29 κέρας, horn
30 ἀλλότριος, foreign
31 ἐμπυρίζω, *aor act ind 3p*, set on fire
32 ἐκλεκτός, chosen
33 ἁγίασμα, sanctuary
34 ἐρημόω, *aor act ind 3p*, lay waste, desolate
35 κακόω, *aor act ind 3p*, harm
36 μήτρα, womb
37 ἁγιάζω, *aor pas ind 3s*, consecrate

ἐκριζοῦν[1] καὶ κακοῦν[2] καὶ ἀπολλύειν,
ὡσαύτως[3] οἰκοδομεῖν καὶ καταφυτεύειν.[4]

8 Ιεζεκιηλ ὃς εἶδεν ὅρασιν[5] δόξης,
ἣν ὑπέδειξεν[6] αὐτῷ ἐπὶ ἅρματος[7] χερουβιν·[8]
9 καὶ γὰρ ἐμνήσθη[9] τῶν ἐχθρῶν ἐν ὄμβρῳ[10]
καὶ ἀγαθῶσαι[11] τοὺς εὐθύνοντας[12] ὁδούς.

10 καὶ τῶν δώδεκα[13] προφητῶν τὰ ὀστᾶ[14]
ἀναθάλοι[15] ἐκ τοῦ τόπου αὐτῶν·
παρεκάλεσαν γὰρ τὸν Ιακωβ
καὶ ἐλυτρώσαντο[16] αὐτοὺς ἐν πίστει ἐλπίδος.

11 Πῶς μεγαλύνωμεν[17] τὸν Ζοροβαβελ;
καὶ αὐτὸς ὡς σφραγὶς[18] ἐπὶ δεξιᾶς χειρός,
12 οὕτως Ἰησοῦς υἱὸς Ιωσεδεκ,
οἳ ἐν ἡμέραις αὐτῶν ᾠκοδόμησαν οἶκον
καὶ ἀνύψωσαν[19] ναὸν ἅγιον κυρίῳ
ἡτοιμασμένον εἰς δόξαν αἰῶνος.
13 καὶ Νεεμιου ἐπὶ πολὺ τὸ μνημόσυνον[20]
τοῦ ἐγείραντος[21] ἡμῖν τείχη[22] πεπτωκότα
καὶ στήσαντος πύλας[23] καὶ μοχλοὺς[24]
καὶ ἀνεγείραντος[25] τὰ οἰκόπεδα[26] ἡμῶν.

14 Οὐδεὶς ἐκτίσθη[27] ἐπὶ τῆς γῆς τοιοῦτος[28] οἷος[29] Ενωχ·
καὶ γὰρ αὐτὸς ἀνελήμφθη[30] ἀπὸ τῆς γῆς.
15 οὐδὲ ὡς Ιωσηφ ἐγεννήθη ἀνὴρ
ἡγούμενος[31] ἀδελφῶν, στήριγμα[32] λαοῦ,
καὶ τὰ ὀστᾶ[33] αὐτοῦ ἐπεσκέπησαν.[34]

1 ἐκριζόω, *pres act inf*, root out
2 κακόω, *pres act inf*, be severe
3 ὡσαύτως, similarly
4 καταφυτεύω, *pres act inf*, plant, settle
5 ὅρασις, vision
6 ὑποδείκνυμι, *aor act ind 3s*, show
7 ἅρμα, chariot
8 χερουβιν, cherubim, *translit.*
9 μιμνῄσκομαι, *aor pas ind 3s*, remember
10 ὄμβρος, thunderstorm
11 ἀγαθόω, *aor act inf*, benefit, do good to
12 εὐθύνω, *pres act ptc acc p m*, keep straight
13 δώδεκα, twelve
14 ὀστέον, bone
15 ἀναθάλλω, *aor act opt 3s*, revive, sprout up again
16 λυτρόω, *aor mid ind 3p*, redeem
17 μεγαλύνω, *aor act sub 1p*, magnify
18 σφραγίς, seal, signet
19 ἀνυψόω, *aor act ind 3p*, raise up, erect
20 μνημόσυνον, memory
21 ἐγείρω, *aor act ptc and n gen s m*, set up
22 τεῖχος, wall
23 πύλη, gate
24 μοχλός, bar, bolt
25 ἀνεγείρω, *aor act ptc gen s m*, rebuild
26 οἰκόπεδον, house, building
27 κτίζω, *aor pas ind 3s*, create, make
28 τοιοῦτος, one like
29 οἷος, such as
30 ἀναλαμβάνω, *aor pas ind 3s*, take up
31 ἡγέομαι, *pres mid ptc nom s m*, lead
32 στήριγμα, helper, support
33 ὀστέον, bone
34 ἐπισκέπτομαι, *aor pas ind 3p*, visit

16 Σημ καὶ Σηθ ἐν ἀνθρώποις ἐδοξάσθησαν,
καὶ ὑπὲρ πᾶν ζῷον[1] ἐν τῇ κτίσει[2] Αδαμ.

Simon Son of Onias

50 Σιμων Ονιου υἱὸς ἱερεὺς ὁ μέγας,
ὃς ἐν ζωῇ αὐτοῦ ὑπέρραψεν[3] οἶκον
καὶ ἐν ἡμέραις αὐτοῦ ἐστερέωσεν[4] ναόν·
2 καὶ ὑπ᾽ αὐτοῦ ἐθεμελιώθη[5] ὕψος[6] διπλῆς,[7]
ἀνάλημμα[8] ὑψηλὸν[9] περιβόλου[10] ἱεροῦ·
3 ἐν ἡμέραις αὐτοῦ ἐλατομήθη[11] ἀποδοχεῖον[12] ὑδάτων,
λάκκος[13] ὡσεὶ[14] θαλάσσης τὸ περίμετρον·[15]
4 ὁ φροντίζων[16] τοῦ λαοῦ αὐτοῦ ἀπὸ πτώσεως[17]
καὶ ἐνισχύσας[18] πόλιν ἐν πολιορκήσει.[19]

5 ὡς ἐδοξάσθη ἐν περιστροφῇ[20] λαοῦ,
ἐν ἐξόδῳ[21] οἴκου καταπετάσματος·[22]
6 ὡς ἀστὴρ[23] ἑωθινὸς[24] ἐν μέσῳ νεφελῶν,[25]
ὡς σελήνη[26] πλήρης[27] ἐν ἡμέραις,
7 ὡς ἥλιος ἐκλάμπων[28] ἐπὶ ναὸν ὑψίστου[29]
καὶ ὡς τόξον[30] φωτίζον[31] ἐν νεφέλαις[32] δόξης,
8 ὡς ἄνθος[33] ῥόδων[34] ἐν ἡμέραις νέων,[35]
ὡς κρίνα[36] ἐπ᾽ ἐξόδῳ[37] ὕδατος,
ὡς βλαστὸς[38] Λιβάνου ἐν ἡμέραις θέρους,[39]

1 ζῷον, living creature
2 κτίσις, creation
3 ὑπορράπτω, *aor act ind 3s*, repair, mend
4 στερεόω, *aor act ind 3s*, reinforce, fix
5 θεμελιόω, *aor pas ind 3s*, lay a foundation
6 ὕψος, height
7 διπλοῦς, double
8 ἀνάλημμα, fortified wall
9 ὑψηλός, high
10 περίβολος, enclosure
11 λατομέω, *aor pas ind 3s*, hew (out of rock), bore
12 ἀποδοχεῖον, well, cistern
13 λάκκος, cavity, cavern
14 ὡσεί, like
15 περίμετρον, circumference
16 φροντίζω, *pres act ptc nom s m*, ponder, consider
17 πτῶσις, destruction, calamity
18 ἐνισχύω, *aor act ptc nom s m*, reinforce, fortify
19 πολιόρκησις, siege
20 περιστροφή, surrounding, coming around
21 ἔξοδος, exit, departure
22 καταπέτασμα, (temple) curtain
23 ἀστήρ, star
24 ἑωθινός, morning
25 νεφέλη, cloud
26 σελήνη, moon
27 πλήρης, full
28 ἐκλάμπω, *pres act ptc nom s m*, shine
29 ὕψιστος, *sup*, highest
30 τόξον, (rain)bow
31 φωτίζω, *pres act ptc nom s n*, illuminate, shimmer
32 νεφέλη, cloud
33 ἄνθος, flower
34 ῥόδον, rose
35 νέος, new, fresh
36 κρίνον, lily
37 ἔξοδος, (spring), outlet
38 βλαστός, bud
39 θέρος, summer

9 ὡς πῦρ καὶ λίβανος[1] ἐπὶ πυρείου,[2]
ὡς σκεῦος[3] χρυσίου[4] ὁλοσφύρητον[5]
κεκοσμημένον[6] παντὶ λίθῳ πολυτελεῖ,[7]
10 ὡς ἐλαία[8] ἀναθάλλουσα[9] καρποὺς
καὶ ὡς κυπάρισσος[10] ὑψουμένη[11] ἐν νεφέλαις.[12]
11 ἐν τῷ ἀναλαμβάνειν[13] αὐτὸν στολὴν[14] δόξης
καὶ ἐνδιδύσκεσθαι[15] αὐτὸν συντέλειαν[16] καυχήματος,[17]
ἐν ἀναβάσει[18] θυσιαστηρίου[19] ἁγίου
ἐδόξασεν περιβολὴν[20] ἁγιάσματος·[21]
12 ἐν δὲ τῷ δέχεσθαι[22] μέλη[23] ἐκ χειρῶν ἱερέων,
καὶ αὐτὸς ἑστὼς παρ᾽ ἐσχάρᾳ[24] βωμοῦ,[25]
κυκλόθεν[26] αὐτοῦ στέφανος[27] ἀδελφῶν
ὡς βλάστημα[28] κέδρων[29] ἐν τῷ Λιβάνῳ
καὶ ἐκύκλωσαν[30] αὐτὸν ὡς στελέχη[31] φοινίκων,[32]
13 καὶ πάντες οἱ υἱοὶ Ααρων ἐν δόξῃ αὐτῶν
καὶ προσφορὰ[33] κυρίου ἐν χερσὶν αὐτῶν
ἔναντι[34] πάσης ἐκκλησίας Ισραηλ,
14 καὶ συντέλειαν[35] λειτουργῶν[36] ἐπὶ βωμῶν[37]
κοσμῆσαι[38] προσφορὰν[39] ὑψίστου[40] παντοκράτορος,[41]
15 ἐξέτεινεν[42] ἐπὶ σπονδείου[43] χεῖρα αὐτοῦ
καὶ ἔσπεισεν[44] ἐξ αἵματος σταφυλῆς,[45]

1 λίβανος, frankincense, *Heb. LW*
2 πυρεῖον, censer
3 σκεῦος, object, item
4 χρυσίον, gold
5 ὁλοσφύρητος, hammered
6 κοσμέω, *perf pas ptc nom s n*, embellish, adorn
7 πολυτελής, costly, precious
8 ἐλαία, olive tree
9 ἀναθάλλω, *pres act ptc nom s f*, sprout again
10 κυπάρισσος, cypress tree
11 ὑψόω, *pres pas ptc nom s f*, raise high
12 νεφέλη, cloud
13 ἀναλαμβάνω, *pres act inf*, lift up
14 στολή, garment
15 ἐνδιδύσκω, *pres mid inf*, put on
16 συντέλεια, completion
17 καύχημα, (source of) pride
18 ἀνάβασις, ascent, going up
19 θυσιαστήριον, altar
20 περιβολή, covering
21 ἁγίασμα, sanctuary
22 δέχομαι, *pres mid inf*, receive
23 μέλος, portion
24 ἐσχάρα, grill, hearth
25 βωμός, altar
26 κυκλόθεν, all around
27 στέφανος, crown
28 βλάστημα, shoot
29 κέδρος, cedar
30 κυκλόω, *aor act ind 3p*, encircle, surround
31 στέλεχος, branch
32 φοῖνιξ, date palm
33 προσφορά, offering
34 ἔναντι, before
35 συντέλεια, completion
36 λειτουργός, priestly service
37 βωμός, altar
38 κοσμέω, *aor act inf*, set out, arrange
39 προσφορά, offering
40 ὕψιστος, *sup*, Most High
41 παντοκράτωρ, almighty, ruler of all
42 ἐκτείνω, *aor act ind 3s*, reach out
43 σπονδεῖον, cup (for the drink offering)
44 σπένδω, *aor act ind 3s*, offer (a drink offering)
45 σταφυλή, grapes

ἐξέχεεν[1] εἰς θεμέλια[2] θυσιαστηρίου[3]
ὀσμὴν[4] εὐωδίας[5] ὑψίστῳ[6] παμβασιλεῖ.[7]

16 τότε ἀνέκραγον[8] οἱ υἱοὶ Ααρων,
ἐν σάλπιγξιν[9] ἐλαταῖς[10] ἤχησαν,[11]
ἀκουστὴν[12] ἐποίησαν φωνὴν μεγάλην
εἰς μνημόσυνον[13] ἔναντι[14] ὑψίστου·[15]
17 τότε πᾶς ὁ λαὸς κοινῇ[16] κατέσπευσαν[17]
καὶ ἔπεσαν ἐπὶ πρόσωπον ἐπὶ τὴν γῆν
προσκυνῆσαι τῷ κυρίῳ αὐτῶν
παντοκράτορι[18] θεῷ ὑψίστῳ.[19]
18 καὶ ᾔνεσαν[20] οἱ ψαλτῳδοὶ[21] ἐν φωναῖς αὐτῶν,
ἐν πλείστῳ[22] ἤχῳ[23] ἐγλυκάνθη[24] μέλος·[25]
19 καὶ ἐδεήθη[26] ὁ λαὸς κυρίου ὑψίστου[27]
ἐν προσευχῇ κατέναντι[28] ἐλεήμονος,[29]
ἕως συντελεσθῇ[30] κόσμος[31] κυρίου
καὶ τὴν λειτουργίαν[32] αὐτοῦ ἐτελείωσαν.[33]
20 τότε καταβὰς ἐπῆρεν[34] χεῖρας αὐτοῦ
ἐπὶ πᾶσαν ἐκκλησίαν υἱῶν Ισραηλ
δοῦναι εὐλογίαν[35] κυρίου ἐκ χειλέων[36] αὐτοῦ
καὶ ἐν ὀνόματι αὐτοῦ καυχήσασθαι·[37]
21 καὶ ἐδευτέρωσαν[38] ἐν προσκυνήσει[39]
ἐπιδέξασθαι[40] τὴν εὐλογίαν[41] παρὰ ὑψίστου.[42]

1 ἐκχέω, *impf act ind 3s*, pour out
2 θεμέλιον, base, bottom
3 θυσιαστήριον, altar
4 ὀσμή, scent, smell
5 εὐωδία, fragrance
6 ὕψιστος, *sup*, Most High
7 παμβασιλεύς, universal king
8 ἀνακράζω, *aor act ind 3p*, cry out, shout
9 σάλπιγξ, trumpet
10 ἐλατός, beaten (metal)
11 ἠχέω, *aor act ind 3p*, sound, blow
12 ἀκουστός, audible
13 μνημόσυνον, memorial, reminder
14 ἔναντι, before
15 ὕψιστος, *sup*, Most High
16 κοινός, public, common
17 κατασπεύδω, *aor act ind 3p*, hurry
18 παντοκράτωρ, almighty, ruler of all
19 ὕψιστος, *sup*, Most High
20 αἰνέω, *aor act ind 3p*, praise
21 ψαλτῳδός, psalm singer
22 πλεῖστος, *sup of* πολύς, (loudest)
23 ἦχος, sound
24 γλυκαίνω, *aor pas ind 3s*, make sweet
25 μέλος, melody
26 δέομαι, *aor pas ind 3s*, beseech, petition
27 ὕψιστος, *sup*, Most High
28 κατέναντι, before
29 ἐλεήμων, merciful, compassionate
30 συντελέω, *aor pas sub 3s*, finish, complete
31 κόσμος, order (of service)
32 λειτουργία, public service
33 τελειόω, *aor act ind 3p*, bring to an end
34 ἐπαίρω, *aor act ind 3s*, raise, lift up
35 εὐλογία, blessing
36 χεῖλος, lip
37 καυχάομαι, *aor mid inf*, boast, take pride in
38 δευτερόω, *aor act ind 3p*, do a second time
39 προσκύνησις, bowing in worship
40 ἐπιδέχομαι, *aor mid inf*, receive
41 εὐλογία, blessing
42 ὕψιστος, *sup*, Most High

Benediction

22 Καὶ νῦν εὐλογήσατε τὸν θεὸν πάντων
τὸν μεγάλα ποιοῦντα πάντῃ,[1]
τὸν ὑψοῦντα[2] ἡμέρας ἡμῶν ἐκ μήτρας[3]
καὶ ποιοῦντα μεθ᾿ ἡμῶν κατὰ τὸ ἔλεος[4] αὐτοῦ.
23 δῴη[5] ἡμῖν εὐφροσύνην[6] καρδίας
καὶ γενέσθαι εἰρήνην ἐν ἡμέραις ἡμῶν
ἐν Ισραηλ κατὰ τὰς ἡμέρας τοῦ αἰῶνος·
24 ἐμπιστεῦσαι[7] μεθ᾿ ἡμῶν τὸ ἔλεος[8] αὐτοῦ
καὶ ἐν ταῖς ἡμέραις ἡμῶν λυτρωσάσθω[9] ἡμᾶς.

25 Ἐν δυσὶν ἔθνεσιν προσώχθισεν[10] ἡ ψυχή μου,
καὶ τὸ τρίτον οὐκ ἔστιν ἔθνος·
26 οἱ καθήμενοι ἐν ὄρει Σαμαρείας καὶ Φυλιστιιμ
καὶ ὁ λαὸς ὁ μωρὸς[11] ὁ κατοικῶν ἐν Σικιμοις.

Epilogue

27 Παιδείαν[12] συνέσεως[13] καὶ ἐπιστήμης[14]
ἐχάραξεν[15] ἐν τῷ βιβλίῳ τούτῳ
Ἰησοῦς υἱὸς Σιραχ Ελεαζαρ ὁ Ιεροσολυμίτης,
ὃς ἀνώμβρησεν[16] σοφίαν ἀπὸ καρδίας αὐτοῦ.
28 μακάριος[17] ὃς ἐν τούτοις ἀναστραφήσεται,[18]
καὶ θεὶς αὐτὰ ἐπὶ καρδίαν αὐτοῦ σοφισθήσεται·[19]
29 ἐὰν γὰρ αὐτὰ ποιήσῃ, πρὸς πάντα ἰσχύσει·[20]
ὅτι φῶς κυρίου τὸ ἴχνος[21] αὐτοῦ.

51 Ἐξομολογήσομαί[22] σοι, κύριε βασιλεῦ,
καὶ αἰνέσω[23] σε θεὸν τὸν σωτῆρά[24] μου,
ἐξομολογοῦμαι τῷ ὀνόματί σου,

1 πάντῃ, in every way
2 ὑψόω, *pres act ptc acc s m*, raise up, exalt
3 μήτρα, womb
4 ἔλεος, mercy, compassion
5 δίδωμι, *aor act opt 3s*, give
6 εὐφροσύνη, gladness, cheerfulness
7 ἐμπιστεύω, *aor act opt 3s*, place trust
8 ἔλεος, mercy, compassion
9 λυτρόω, *aor mid impv 3s*, redeem
10 προσοχθίζω, *aor act ind 3s*, irritate, trouble
11 μωρός, stupid
12 παιδεία, discipline, instruction
13 σύνεσις, understanding, intelligence
14 ἐπιστήμη, knowledge, skill
15 χαράσσω, *aor act ind 3s*, write
16 ἀνομβρέω, *aor act ind 3s*, pour out
17 μακάριος, blessed
18 ἀναστρέφω, *fut pas ind 3s*, concern oneself, engage oneself
19 σοφίζω, *fut pas ind 3s*, instruct, make wise
20 ἰσχύω, *fut act ind 3s*, be able, be competent
21 ἴχνος, path
22 ἐξομολογέω, *fut mid ind 1s*, give thanks
23 αἰνέω, *fut act ind 1s*, praise
24 σωτήρ, savior

2 ὅτι σκεπαστὴς[1] καὶ βοηθὸς[2] ἐγένου μοι
καὶ ἐλυτρώσω[3] τὸ σῶμά μου ἐξ ἀπωλείας[4]
καὶ ἐκ παγίδος[5] διαβολῆς[6] γλώσσης,
ἀπὸ χειλέων[7] ἐργαζομένων ψεῦδος[8]
καὶ ἔναντι[9] τῶν παρεστηκότων[10]
ἐγένου βοηθὸς[11] καὶ ἐλυτρώσω με
3 κατὰ τὸ πλῆθος ἐλέους[12] καὶ ὀνόματός σου
ἐκ βρυγμῶν[13] ἕτοιμον[14] εἰς βρῶμα,[15]
ἐκ χειρὸς ζητούντων τὴν ψυχήν μου,
ἐκ πλειόνων[16] θλίψεων, ὧν ἔσχον,
4 ἀπὸ πνιγμοῦ[17] πυρᾶς[18] κυκλόθεν[19]
καὶ ἐκ μέσου πυρός, οὗ οὐκ ἐξέκαυσα,[20]
5 ἐκ βάθους[21] κοιλίας[22] ᾄδου[23]
καὶ ἀπὸ γλώσσης ἀκαθάρτου καὶ λόγου ψευδοῦς.[24]
6 βασιλεῖ διαβολὴ[25] γλώσσης ἀδίκου.[26]
ἤγγισεν ἕως θανάτου ἡ ψυχή μου,
καὶ ἡ ζωή μου ἦν σύνεγγυς[27] ᾄδου[28] κάτω.[29]

7 περιέσχον[30] με πάντοθεν,[31] καὶ οὐκ ἦν ὁ βοηθῶν·[32]
ἐνέβλεπον[33] εἰς ἀντίλημψιν[34] ἀνθρώπων, καὶ οὐκ ἦν.
8 καὶ ἐμνήσθην[35] τοῦ ἐλέους[36] σου, κύριε,
καὶ τῆς ἐργασίας[37] σου τῆς ἀπ᾽ αἰῶνος,
ὅτι ἐξαιρῇ[38] τοὺς ὑπομένοντάς[39] σε
καὶ σῴζεις αὐτοὺς ἐκ χειρὸς ἐχθρῶν.

1 σκεπαστής, defender
2 βοηθός, helper
3 λυτρόω, *aor mid ind 2s*, redeem
4 ἀπώλεια, destruction
5 παγίς, trap, snare
6 διαβολή, slander
7 χεῖλος, lip, (speech)
8 ψεῦδος, lie
9 ἔναντι, before
10 παρίστημι, *perf act ptc gen p m*, be present
11 βοηθός, helper
12 ἔλεος, mercy, compassion
13 βρυγμός, gnashing (teeth)
14 ἕτοιμος, ready
15 βρῶμα, food
16 πλείων/πλεῖον, *comp of* πολύς, many
17 πνιγμός, suffocation
18 πυρά, pyre, watch-fire
19 κυκλόθεν, all around
20 ἐκκαίω, *aor act ind 1s*, set on fire
21 βάθος, depth
22 κοιλία, belly
23 ᾄδης, Hades, underworld
24 ψευδής, false, lying
25 διαβολή, slander
26 ἄδικος, unjust
27 σύνεγγυς, near
28 ᾄδης, Hades, underworld
29 κάτω, underneath, below
30 περιέχω, *aor act ind 3p*, surround
31 πάντοθεν, on all sides
32 βοηθέω, *pres act ptc nom s m*, help, aid
33 ἐμβλέπω, *impf act ind 1s*, look out
34 ἀντίληψις, assistance
35 μιμνήσκομαι, *aor pas ind 1s*, remember
36 ἔλεος, mercy, compassion
37 ἐργασία, work, effort
38 ἐξαίρω, *pres mid ind 2s*, deliver
39 ὑπομένω, *pres act ptc acc p m*, wait for

9 καὶ ἀνύψωσα[1] ἀπὸ γῆς ἱκετείαν[2] μου
καὶ ὑπὲρ θανάτου ῥύσεως[3] ἐδεήθην·[4]
10 ἐπεκαλεσάμην[5] κύριον πατέρα κυρίου μου
μή με ἐγκαταλιπεῖν[6] ἐν ἡμέραις θλίψεως,
ἐν καιρῷ ὑπερηφανιῶν[7] ἀβοηθησίας·[8]
αἰνέσω[9] τὸ ὄνομά σου ἐνδελεχῶς[10]
καὶ ὑμνήσω[11] ἐν ἐξομολογήσει.[12]

11 καὶ εἰσηκούσθη[13] ἡ δέησίς[14] μου·
ἔσωσας γάρ με ἐξ ἀπωλείας[15]
καὶ ἐξείλου[16] με ἐκ καιροῦ πονηροῦ.
12 διὰ τοῦτο ἐξομολογήσομαί[17] σοι καὶ αἰνέσω[18] σε
καὶ εὐλογήσω τῷ ὀνόματι κυρίου.

Poem on Wisdom

13 Ἔτι ὢν νεώτερος[19] πρὶν[20] ἢ πλανηθῆναί με
ἐζήτησα σοφίαν προφανῶς[21] ἐν προσευχῇ μου.
14 ἔναντι[22] ναοῦ ἠξίουν[23] περὶ αὐτῆς
καὶ ἕως ἐσχάτων ἐκζητήσω[24] αὐτήν.
15 ἐξ ἄνθους[25] ὡς περκαζούσης[26] σταφυλῆς[27]
εὐφράνθη[28] ἡ καρδία μου ἐν αὐτῇ.
ἐπέβη[29] ὁ πούς μου ἐν εὐθύτητι,[30]
ἐκ νεότητός[31] μου ἴχνευον[32] αὐτήν.
16 ἔκλινα[33] ὀλίγον[34] τὸ οὖς μου καὶ ἐδεξάμην[35]
καὶ πολλὴν εὗρον ἐμαυτῷ[36] παιδείαν.[37]

1 ἀνυψόω, *aor act ind 1s*, raise up
2 ἱκετεία, supplication, entreaty
3 ῥύσις, (removal, deliverance)
4 δέομαι, *aor pas ind 1s*, pray for
5 ἐπικαλέω, *aor mid ind 1s*, call upon
6 ἐγκαταλείπω, *aor act inf*, abandon, forsake
7 ὑπερηφανία, arrogance, pride
8 ἀβοηθησία, helplessness
9 αἰνέω, *fut act ind 1s*, praise
10 ἐνδελεχῶς, continually
11 ὑμνέω, *fut act ind 1s*, sing praise
12 ἐξομολόγησις, confession of thanksgiving
13 εἰσακούω, *aor pas ind 3s*, listen to
14 δέησις, prayer, request
15 ἀπώλεια, destruction
16 ἐξειλέω, *pres mid impv 2s*, rescue, cause to escape
17 ἐξομολογέομαι, *fut mid ind 1s*, give thanks
18 αἰνέω, *fut act ind 1s*, praise
19 νέος, *comp*, younger
20 πρίν, previously
21 προφανῶς, explicitly, overtly
22 ἔναντι, before
23 ἀξιόω, *impf act ind 1s*, ask for
24 ἐκζητέω, *fut act ind 1s*, seek out
25 ἄνθος, blossom
26 περκάζω, *pres act ptc gen s f*, grow dark with ripeness
27 σταφυλή, grapes
28 εὐφραίνω, *aor pas ind 3s*, rejoice
29 ἐπιβαίνω, *aor act ind 3s*, walk in (a path)
30 εὐθύτης, uprightness
31 νεότης, youth
32 ἰχνεύω, *aor act ind 1s*, track down
33 κλίνω, *aor act ind 1s*, incline, tip toward
34 ὀλίγος, little
35 δέχομαι, *aor mid ind 1s*, receive
36 ἐμαυτοῦ, myself
37 παιδεία, teaching, instruction

17 προκοπὴ[1] ἐγένετό μοι ἐν αὐτῇ·
τῷ διδόντι μοι σοφίαν δώσω δόξαν.
18 διενοήθην[2] γὰρ τοῦ ποιῆσαι αὐτὴν
καὶ ἐζήλωσα[3] τὸ ἀγαθὸν καὶ οὐ μὴ αἰσχυνθῶ.[4]
19 διαμεμάχισται[5] ἡ ψυχή μου ἐν αὐτῇ
καὶ ἐν ποιήσει[6] νόμου διηκριβασάμην.[7]
τὰς χεῖράς μου ἐξεπέτασα[8] πρὸς ὕψος[9]
καὶ τὰ ἀγνοήματα[10] αὐτῆς ἐπένθησα.[11]
20 τὴν ψυχήν μου κατεύθυνα[12] εἰς αὐτὴν
καὶ ἐν καθαρισμῷ[13] εὗρον αὐτήν.
καρδίαν ἐκτησάμην[14] μετ᾽ αὐτῆς ἀπ᾽ ἀρχῆς·
διὰ τοῦτο οὐ μὴ ἐγκαταλειφθῶ.[15]
21 καὶ ἡ κοιλία[16] μου ἐταράχθη[17] τοῦ ἐκζητῆσαι[18] αὐτήν·
διὰ τοῦτο ἐκτησάμην[19] ἀγαθὸν κτῆμα.[20]
22 ἔδωκεν κύριος γλῶσσάν μοι μισθόν[21] μου,
καὶ ἐν αὐτῇ αἰνέσω[22] αὐτόν.

23 ἐγγίσατε πρός με, ἀπαίδευτοι,[23]
καὶ αὐλίσθητε[24] ἐν οἴκῳ παιδείας.[25]
24 τί ὅτι ὑστερεῖσθαι[26] λέγετε ἐν τούτοις
καὶ αἱ ψυχαὶ ὑμῶν διψῶσι[27] σφόδρα;[28]
25 ἤνοιξα τὸ στόμα μου καὶ ἐλάλησα
Κτήσασθε[29] ἑαυτοῖς ἄνευ[30] ἀργυρίου.[31]

1 προκοπή, progress
2 διανοέομαι, *aor pas ind 1s*, determine, resolve
3 ζηλόω, *aor act ind 1s*, be zealous
4 αἰσχύνω, *aor pas sub 1s*, be ashamed
5 διαμαχίζομαι, *perf mid ind 3s*, strive
6 ποίησις, activity, conduct
7 διακριβόω, *aor mid ind 1s*, be exacting, be strict
8 ἐκπετάννυμι, *aor act ind 1s*, stretch out
9 ὕψος, height
10 ἀγνόημα, ignorance, lack of knowledge
11 πενθέω, *aor act ind 1s*, grieve, regret
12 κατευθύνω, *aor act ind 1s*, guide, lead
13 καθαρισμός, purification
14 κτάομαι, *aor mid ind 1s*, acquire, gain
15 ἐγκαταλείπω, *aor pas sub 1s*, leave behind
16 κοιλία, gut, belly
17 ταράσσω, *aor pas ind 3s*, stir up, shake up
18 ἐκζητέω, *aor act inf*, seek out
19 κτάομαι, *aor mid ind 1s*, acquire, gain
20 κτῆμα, possession
21 μισθός, wages, reward
22 αἰνέω, *fut act ind 1s*, praise
23 ἀπαίδευτος, uneducated
24 αὐλίζω, *aor pas impv 2p*, spend the night, lodge
25 παιδεία, teaching, instruction
26 ὑστερέω, *pres pas inf*, be inferior, lack
27 διψάω, *pres act ind 3p*, be thirsty
28 σφόδρα, exceedingly
29 κτάομαι, *aor mid impv 2p*, acquire, gain
30 ἄνευ, without
31 ἀργύριον, money

26 τὸν τράχηλον[1] ὑμῶν ὑπόθετε[2] ὑπὸ ζυγόν,[3]
καὶ ἐπιδεξάσθω[4] ἡ ψυχὴ ὑμῶν παιδείαν.[5]
ἐγγύς[6] ἐστιν εὑρεῖν αὐτήν.
27 ἴδετε ἐν ὀφθαλμοῖς ὑμῶν ὅτι ὀλίγον[7] ἐκοπίασα[8]
καὶ εὗρον ἐμαυτῷ[9] πολλὴν ἀνάπαυσιν.[10]
28 μετάσχετε[11] παιδείας[12] ἐν πολλῷ ἀριθμῷ[13] ἀργυρίου[14]
καὶ πολὺν χρυσὸν[15] κτήσασθε[16] ἐν αὐτῇ.
29 εὐφρανθείη[17] ἡ ψυχὴ ὑμῶν ἐν τῷ ἐλέει[18] αὐτοῦ,
καὶ μὴ αἰσχυνθείητε[19] ἐν αἰνέσει[20] αὐτοῦ.
30 ἐργάζεσθε τὸ ἔργον ὑμῶν πρὸ καιροῦ,
καὶ δώσει τὸν μισθὸν[21] ὑμῶν ἐν καιρῷ αὐτοῦ.

1 τράχηλος, neck
2 ὑποτίθημι, *aor act impv 2p*, put under
3 ζυγός, yoke
4 ἐπιδέχομαι, *aor mid impv 3s*, welcome, undertake
5 παιδεία, teaching, instruction
6 ἐγγύς, nearby, close
7 ὀλίγος, little
8 κοπιάω, *aor act ind 1s*, labor, work
9 ἐμαυτοῦ, myself
10 ἀνάπαυσις, rest
11 μετέχω, *aor act impv 2p*, partake in
12 παιδεία, teaching, instruction
13 ἀριθμός, amount, sum
14 ἀργύριον, money
15 χρυσός, gold
16 κτάομαι, *aor mid impv 2p*, acquire, gain
17 εὐφραίνω, *aor pas opt 3s*, rejoice
18 ἔλεος, mercy, compassion
19 αἰσχύνω, *aor pas opt 2p*, disgrace, shame
20 αἴνεσις, praise
21 μισθός, wages, reward

ΨΑΛΜΟΙ ΣΟΛΟΜΩΝΤΟΣ
Psalms of Solomon

God Hears the Psalmist's Cry

1 Ἐβόησα[1] πρὸς κύριον ἐν τῷ θλίβεσθαί[2] με εἰς τέλος,
πρὸς τὸν θεὸν ἐν τῷ ἐπιθέσθαι ἁμαρτωλούς·
2 ἐξάπινα[3] ἠκούσθη κραυγὴ[4] πολέμου ἐνώπιόν μου·
εἶπα Ἐπακούσεταί[5] μου, ὅτι ἐπλήσθην[6] δικαιοσύνης.
3 ἐλογισάμην ἐν καρδίᾳ μου ὅτι ἐπλήσθην[7] δικαιοσύνης
ἐν τῷ εὐθηνῆσαί[8] με καὶ πολλὴν γενέσθαι ἐν τέκνοις.

4 ὁ πλοῦτος[9] αὐτῶν διεδόθη[10] εἰς πᾶσαν τὴν γῆν
καὶ ἡ δόξα αὐτῶν ἕως ἐσχάτου τῆς γῆς.
5 ὑψώθησαν[11] ἕως τῶν ἄστρων,[12]
εἶπαν Οὐ μὴ πέσωσιν·
6 καὶ ἐξύβρισαν[13] ἐν τοῖς ἀγαθοῖς αὐτῶν
καὶ οὐκ ἤνεγκαν.[14]
7 αἱ ἁμαρτίαι αὐτῶν ἐν ἀποκρύφοις,[15]
καὶ ἐγὼ οὐκ ᾔδειν·[16]
8 αἱ ἀνομίαι[17] αὐτῶν ὑπὲρ τὰ πρὸ αὐτῶν ἔθνη,
ἐβεβήλωσαν[18] τὰ ἅγια κυρίου ἐν βεβηλώσει.[19]

1 βοάω, *aor act ind 1s*, cry out
2 θλίβω, *pres pas inf*, afflict
3 ἐξάπινα, suddenly
4 κραυγή, cry
5 ἐπακούω, *fut mid ind 3s*, listen to
6 πίμπλημι, *aor pas ind 1s*, fill
7 πίμπλημι, *aor pas ind 1s*, fill
8 εὐθηνέω, *aor act inf*, thrive, prosper
9 πλοῦτος, wealth
10 διαδίδωμι, *aor pas ind 3s*, distribute, spread
11 ὑψόω, *aor pas ind 3p*, lift high, exalt
12 ἄστρον, star
13 ἐξυβρίζω, *aor act ind 3p*, be insolent
14 φέρω, *aor act ind 3p*, bring (something)
15 ἀπόκρυφος, secret, concealed
16 οἶδα, *plpf act ind 1s*, know
17 ἀνομία, transgression, lawlessness
18 βεβηλόω, *aor act ind 3p*, pollute, defile
19 βεβήλωσις, pollution, defilement

God's Care for Jerusalem

2 Ψαλμὸς τῷ Σαλωμων· περὶ Ιερουσαλημ.

Ἐν τῷ ὑπερηφανεύεσθαι[1] τὸν ἁμαρτωλὸν ἐν κριῷ[2] κατέβαλε[3] τείχη[4] ὀχυρά,[5]
καὶ οὐκ ἐκώλυσας.[6]
2 ἀνέβησαν ἐπὶ τὸ θυσιαστήριόν[7] σου ἔθνη ἀλλότρια,[8]
κατεπατοῦσαν[9] ἐν ὑποδήμασιν[10] αὐτῶν ἐν ὑπερηφανίᾳ,[11]
3 ἀνθ᾽ ὧν[12] οἱ υἱοὶ Ιερουσαλημ ἐμίαναν[13] τὰ ἅγια κυρίου,
ἐβεβηλοῦσαν[14] τὰ δῶρα[15] τοῦ θεοῦ ἐν ἀνομίαις.[16]
4 ἕνεκεν[17] τούτων εἶπεν Ἀπορρίψατε[18] αὐτὰ μακρὰν[19] ἀπ᾽ ἐμοῦ,
οὐκ εὐδοκῶ[20] ἐν αὐτοῖς.
5 τὸ κάλλος τῆς δόξης αὐτῆς ἐξουθενώθη[21] ἐνώπιον τοῦ θεοῦ,
ἠτιμώθη[22] ἕως εἰς τέλος.
6 οἱ υἱοὶ καὶ αἱ θυγατέρες[23] ἐν αἰχμαλωσίᾳ[24] πονηρᾷ,[25]
ἐν σφραγῖδι[26] ὁ τράχηλος[27] αὐτῶν, ἐν ἐπισήμῳ[28] ἐν τοῖς ἔθνεσιν.
7 Κατὰ τὰς ἁμαρτίας αὐτῶν ἐποίησεν αὐτοῖς,
ὅτι ἐγκατέλιπεν[29] αὐτοὺς εἰς χεῖρας κατισχυόντων.[30]
8 ἀπέστρεψεν[31] γὰρ τὸ πρόσωπον αὐτοῦ ἀπὸ ἐλέους[32] αὐτῶν,
νέον[33] καὶ πρεσβύτην[34] καὶ τέκνα αὐτῶν εἰς ἅπαξ,[35]
ὅτι πονηρὰ ἐποίησαν εἰς ἅπαξ τοῦ μὴ ἀκούειν.
9 καὶ ὁ οὐρανὸς ἐβαρυθύμησεν,[36] καὶ ἡ γῆ ἐβδελύξατο[37] αὐτούς,
ὅτι οὐκ ἐποίησε πᾶς ἄνθρωπος ἐπ᾽ αὐτῆς ὅσα ἐποίησαν.

1 ὑπερηφανεύω, *pres mid inf*, become arrogant
2 κριός, (battering) ram
3 καταβάλλω, *aor act ind 3s*, strike down
4 τεῖχος, city wall
5 ὀχυρός, fortified
6 κωλύω, *aor act ind 2s*, hinder, prevent
7 θυσιαστήριον, altar
8 ἀλλότριος, foreign
9 καταπατέω, *impf act ind 3p*, trample
10 ὑπόδημα, sandal
11 ὑπερηφανία, arrogance
12 ἀνθ᾽ ὧν, because
13 μιαίνω, *aor act ind 3p*, defile, pollute
14 βεβηλόω, *impf act ind 3p*, profane
15 δῶρον, gift
16 ἀνομία, transgression, lawlessness
17 ἕνεκα, due to, because
18 ἀπορρίπτω, *aor act impv 2p*, cast out
19 μακράν, far away
20 εὐδοκέω, *pres act ind 1s*, be pleased
21 ἐξουθενόω, *aor pas ind 3s*, disdain, despise
22 ἀτιμόω, *aor pas ind 3s*, dishonor
23 θυγάτηρ, daughter
24 αἰχμαλωσία, captivity
25 πονηρός, severe
26 σφραγίς, seal, signet
27 τράχηλος, neck
28 ἐπίσημος, marked, conspicuous
29 ἐγκαταλείπω, *aor act ind 3s*, forsake, desert
30 κατισχύω, *pres act ptc gen p m*, overpower, prevail over
31 ἀποστρέφω, *aor act ind 3s*, avert, turn away
32 ἔλεος, mercy
33 νέος, young
34 πρεσβύτης, old
35 ἅπαξ, once (more)
36 βαρυθυμέω, *aor act ind 3s*, weigh down, become indignant
37 βδελύσσω, *aor mid ind 3s*, loathe, treat as abominable

10 καὶ γνώσεται ἡ γῆ τὰ κρίματά[1] σου πάντα τὰ δίκαια, ὁ θεός.

11 Ἔστησαν τοὺς υἱοὺς Ιερουσαλημ εἰς ἐμπαιγμὸν[2] ἀντὶ[3] πορνῶν[4] ἐν αὐτῇ·
πᾶς ὁ παραπορευόμενος[5] εἰσεπορεύετο[6] κατέναντι[7] τοῦ ἡλίου.
12 ἐνέπαιζον[8] ταῖς ἀνομίαις[9] αὐτῶν καθὰ[10] ἐποίουν αὐτοί,
ἀπέναντι[11] τοῦ ἡλίου παρεδειγμάτισαν[12] ἀδικίας[13] αὐτῶν.
13 καὶ θυγατέρες[14] Ιερουσαλημ βέβηλοι[15] κατὰ τὸ κρίμα[16] σου,
ἀνθ᾽ ὧν[17] αὐταὶ ἐμιαίωσαν[18] αὐτὰς ἐν φυρμῷ[19] ἀναμείξεως.[20]
14 τὴν κοιλίαν[21] μου καὶ τὰ σπλάγχνα[22] μου πονῶ[23] ἐπὶ τούτοις.

15 Ἐγὼ δικαιώσω σε, ὁ θεός, ἐν εὐθύτητι[24] καρδίας,
ὅτι ἐν τοῖς κρίμασίν[25] σου ἡ δικαιοσύνη σου, ὁ θεός.
16 ὅτι ἀπέδωκας τοῖς ἁμαρτωλοῖς κατὰ τὰ ἔργα αὐτῶν
καὶ κατὰ τὰς ἁμαρτίας αὐτῶν τὰς πονηρὰς σφόδρα.[26]
17 ἀνεκάλυψας[27] τὰς ἁμαρτίας αὐτῶν, ἵνα φανῇ[28] τὸ κρίμα[29] σου,
ἐξήλειψας[30] τὸ μνημόσυνον[31] αὐτῶν ἀπὸ τῆς γῆς.
18 ὁ θεὸς κριτὴς[32] δίκαιος καὶ οὐ θαυμάσει[33] πρόσωπον.

19 Ὠνείδισαν[34] γὰρ ἔθνη Ιερουσαλημ ἐν καταπατήσει,[35]
κατεσπάσθη[36] τὸ κάλλος αὐτῆς ἀπὸ θρόνου δόξης.
20 περιεζώσατο[37] σάκκον[38] ἀντὶ[39] ἐνδύματος[40] εὐπρεπείας,[41]
σχοινίον[42] περὶ τὴν κεφαλὴν αὐτῆς ἀντὶ στεφάνου.[43]

1 κρίμα, judgment
2 ἐμπαιγμός, mockery
3 ἀντί, in return for
4 πόρνη, prostitute
5 παραπορεύομαι, *pres mid ptc nom s m*, pass by
6 εἰσπορεύομαι, *impf mid ind 3s*, enter, go into
7 κατέναντι, before
8 ἐμπαίζω, *impf act ind 3p*, mock, abuse
9 ἀνομία, transgression, lawlessness
10 καθά, just as
11 ἀπέναντι, before
12 παραδειγματίζω, *aor act ind 3p*, display in open shame
13 ἀδικία, wrongdoing
14 θυγάτηρ, daughter
15 βέβηλος, profane
16 κρίμα, judgment
17 ἀνθ᾽ ὧν, because
18 μιαιόω, *aor act ind 3p*, defile
19 φυρμός, disorder
20 ἀνάμειξις, mingling, sexual intercourse
21 κοιλία, stomach
22 σπλάγχνον, bowels
23 πονέω, *pres act ind 1s*, suffer, be afflicted
24 εὐθύτης, uprightness
25 κρίμα, judgment
26 σφόδρα, very
27 ἀνακαλύπτω, *aor act ind 2s*, disclose, uncover, expose
28 φαίνω, *aor act sub 3s*, appear, be evident
29 κρίμα, judgment
30 ἐξαλείφω, *aor act ind 2s*, destroy, wipe out
31 μνημόσυνον, memory
32 κριτής, judge
33 θαυμάζω, *fut act ind 3s*, wonder at, be astonished at
34 ὀνειδίζω, *aor act ind 3p*, reproach, revile
35 καταπάτησις, trampling
36 κατασπάω, *aor pas ind 3s*, pull down
37 περιζώννυμι, *aor mid ind 3s*, put on, gird up
38 σάκκος, sackcloth, *Heb. LW*
39 ἀντί, instead of
40 ἔνδυμα, garment
41 εὐπρέπεια, beauty, dignity
42 σχοινίον, rope
43 στέφανος, crown

21 περιείλατο[1] μίτραν[2] δόξης, ἣν περιέθηκεν[3] αὐτῇ ὁ θεός·
ἐν ἀτιμίᾳ[4] τὸ κάλλος αὐτῆς, ἀπερρίφη[5] ἐπὶ τὴν γῆν.

22 Καὶ ἐγὼ εἶδον καὶ ἐδεήθην[6] τοῦ προσώπου κυρίου καὶ εἶπον
Ἱκάνωσον,[7] κύριε, τοῦ βαρύνεσθαι[8] χεῖρά σου ἐπὶ Ιερουσαλημ ἐν
ἐπαγωγῇ[9] ἐθνῶν·
23 ὅτι ἐνέπαιξαν[10] καὶ οὐκ ἐφείσαντο[11] ἐν ὀργῇ καὶ θυμῷ[12] μετὰ μηνίσεως·[13]
καὶ συντελεσθήσονται,[14] ἐὰν μὴ σύ, κύριε, ἐπιτιμήσῃς[15] αὐτοῖς ἐν ὀργῇ
σου.
24 ὅτι οὐκ ἐν ζήλει[16] ἐποίησαν, ἀλλ᾽ ἐν ἐπιθυμίᾳ[17] ψυχῆς
ἐκχέαι[18] τὴν ὀργὴν αὐτῶν εἰς ἡμᾶς ἐν ἁρπάγματι.[19]
25 μὴ χρονίσῃς,[20] ὁ θεός, τοῦ ἀποδοῦναι[21] αὐτοῖς εἰς κεφαλάς,
τοῦ εἰπεῖν τὴν ὑπερηφανίαν[22] τοῦ δράκοντος[23] ἐν ἀτιμίᾳ.[24]
26 Καὶ οὐκ ἐχρόνισα[25] ἕως ἔδειξέν μοι ὁ θεὸς τὴν ὕβριν[26] αὐτοῦ,
ἐκκεκεντημένον[27] ἐπὶ τῶν ὀρέων Αἰγύπτου
ὑπὲρ ἐλάχιστον[28] ἐξουδενωμένον[29] ἐπὶ γῆς καὶ θαλάσσης·
27 τὸ σῶμα αὐτοῦ διαφερόμενον[30] ἐπὶ κυμάτων[31] ἐν ὕβρει[32] πολλῇ,
καὶ οὐκ ἦν ὁ θάπτων,[33]
ὅτι ἐξουθένωσεν[34] αὐτὸν ἐν ἀτιμίᾳ.[35]
28 Οὐκ ἐλογίσατο ὅτι ἄνθρωπός ἐστιν,
καὶ τὸ ὕστερον[36] οὐκ ἐλογίσατο.
29 εἶπεν Ἐγὼ κύριος γῆς καὶ θαλάσσης ἔσομαι·
καὶ οὐκ ἐπέγνω ὅτι ὁ θεὸς μέγας,
κραταιὸς[37] ἐν ἰσχύι[38] αὐτοῦ τῇ μεγάλῃ.

1 περιαιρέω, *aor mid ind 3s*, remove
2 μίτρα, headdress
3 περιτίθημι, *aor act ind 3s*, put on
4 ἀτιμία, dishonor, disgrace
5 ἀπορρίπτω, *aor pas ind 3s*, cast out, throw down
6 δέομαι, *aor pas ind 1s*, beseech, supplicate
7 ἱκανόω, *aor act impv 2s*, be satisfied
8 βαρύνω, *pres mid inf*, press down
9 ἐπαγωγή, distress, misery
10 ἐμπαίζω, *aor act ind 3p*, mock, abuse
11 φείδομαι, *aor mid ind 3p*, restrain, spare
12 θυμός, wrath
13 μήνισις, anger
14 συντελέω, *fut pas ind 3p*, bring to completion
15 ἐπιτιμάω, *aor act sub 2s*, rebuke, censure
16 ζῆλος, zeal
17 ἐπιθυμία, longing, desire
18 ἐκχέω, *aor act inf*, pour out
19 ἅρπαγμα, booty, plunder, spoil
20 χρονίζω, *aor act sub 2s*, delay
21 ἀποδίδωμι, *aor act inf*, repay, recompense
22 ὑπερηφανία, arrogance
23 δράκων, dragon, serpent
24 ἀτιμία, dishonor, disgrace
25 χρονίζω, *aor act ind 1s*, delay
26 ὕβρις, insolence, pride
27 ἐκκεντέω, *perf pas ptc acc s m*, pierce
28 ἐλάχιστος, *sup of* μικρός, *from* ἐλαχύς, least, lowliest
29 ἐξουδενόω, *pres pas ptc acc s m*, disdain, scorn
30 διαφέρω, *pres pas ptc acc s m*, carry across
31 κῦμα, wave
32 ὕβρις, insolence, pride
33 θάπτω, *pres act ptc nom s m*, bury
34 ἐξουθενόω, *aor act ind 3s*, reject
35 ἀτιμία, dishonor, disgrace
36 ὕστερον, afterward, hereafter
37 κραταιός, strong
38 ἰσχύς, power, might

30 αὐτὸς βασιλεὺς ἐπὶ τῶν οὐρανῶν
καὶ κρίνων βασιλεῖς καὶ ἀρχάς·
31 ὁ ἀνιστῶν[1] ἐμὲ εἰς δόξαν
καὶ κοιμίζων[2] ὑπερηφάνους[3] εἰς ἀπώλειαν[4] αἰῶνος ἐν ἀτιμίᾳ,[5]
ὅτι οὐκ ἔγνωσαν αὐτόν.
32 Καὶ νῦν ἴδετε, οἱ μεγιστᾶνες[6] τῆς γῆς, τὸ κρίμα[7] τοῦ κυρίου,
ὅτι μέγας βασιλεὺς καὶ δίκαιος κρίνων τὴν ὑπ᾽ οὐρανόν.
33 εὐλογεῖτε τὸν θεόν, οἱ φοβούμενοι τὸν κύριον ἐν ἐπιστήμῃ,[8]
ὅτι τὸ ἔλεος[9] κυρίου ἐπὶ τοὺς φοβουμένους αὐτὸν μετὰ κρίματος[10]
34 τοῦ διαστεῖλαι[11] ἀνὰ μέσον[12] δικαίου καὶ ἁμαρτωλοῦ
ἀποδοῦναι[13] ἁμαρτωλοῖς εἰς τὸν αἰῶνα κατὰ τὰ ἔργα αὐτῶν
35 καὶ ἐλεῆσαι[14] δίκαιον ἀπὸ ταπεινώσεως[15] ἁμαρτωλοῦ
καὶ ἀποδοῦναι ἁμαρτωλῷ ἀνθ᾽ ὧν[16] ἐποίησεν δικαίῳ.

36 ὅτι χρηστὸς[17] ὁ κύριος τοῖς ἐπικαλουμένοις[18] αὐτὸν ἐν ὑπομονῇ[19]
ποιῆσαι κατὰ τὸ ἔλεος[20] αὐτοῦ τοῖς ὁσίοις[21] αὐτοῦ
παρεστάναι[22] διὰ παντὸς ἐνώπιον αὐτοῦ ἐν ἰσχύι.[23]

37 εὐλογητὸς[24] κύριος εἰς τὸν αἰῶνα ἐνώπιον δούλων αὐτοῦ.

God's Favor for the Righteous

3 Ψαλμὸς τῷ Σαλωμων· περὶ δικαίων.

Ἵνα τί ὑπνοῖς,[25] ψυχή, καὶ οὐκ εὐλογεῖς τὸν κύριον;
ὕμνον[26] καινὸν[27] ψάλατε[28] τῷ θεῷ τῷ αἰνετῷ.[29]
2 ψάλλε[30] καὶ γρηγόρησον[31] ἐπὶ τὴν γρηγόρησιν[32] αὐτοῦ,
ὅτι ἀγαθὸς ψαλμὸς τῷ θεῷ ἐξ ἀγαθῆς καρδίας.

1 ἀνίστημι, *pres act ptc nom s m*, raise up
2 κοιμίζω, *pres act ptc nom s m*, lay to rest, put to sleep
3 ὑπερήφανος, arrogant, haughty
4 ἀπώλεια, destruction
5 ἀτιμία, dishonor, disgrace
6 μεγιστάν, noble, magistrate
7 κρίμα, judgment
8 ἐπιστήμη, knowledge
9 ἔλεος, mercy
10 κρίμα, judgment
11 διαστέλλω, *aor act inf*, separate, distinguish
12 ἀνὰ μέσον, between
13 ἀποδίδωμι, *aor act inf*, repay, recompense
14 ἐλεέω, *aor act inf*, show mercy
15 ταπείνωσις, humiliation, abasement
16 ἀνθ᾽ ὧν, because, for
17 χρηστός, good, kind
18 ἐπικαλέω, *pres mid ptc dat p m*, call upon
19 ὑπομονή, perseverance, endurance
20 ἔλεος, mercy
21 ὅσιος, holy
22 παρίστημι, *perf act inf*, set nearby
23 ἰσχύς, might, strength
24 εὐλογητός, blessed
25 ὑπνόω, *pres act ind 2s*, sleep, slumber
26 ὕμνος, hymn
27 καινός, new
28 ψάλλω, *aor act impv 2p*, play music, sing (with an instrument)
29 αἰνετός, praiseworthy
30 ψάλλω, *pres act impv 2s*, play music, sing (with an instrument)
31 γρηγορέω, *aor act impv 2s*, be awake, be watchful
32 γρηγόρησις, wakefulness, watchfulness

3 δίκαιοι μνημονεύουσιν[1] διὰ παντὸς τοῦ κυρίου,
ἐν ἐξομολογήσει[2] καὶ δικαιώσει[3] τὰ κρίματα[4] κυρίου.
4 οὐκ ὀλιγωρήσει[5] δίκαιος παιδευόμενος[6] ὑπὸ κυρίου,
ἡ εὐδοκία[7] αὐτοῦ διὰ παντὸς ἔναντι[8] κυρίου.

5 Προσέκοψεν[9] ὁ δίκαιος καὶ ἐδικαίωσεν τὸν κύριον,
ἔπεσεν καὶ ἀποβλέπει[10] τί ποιήσει αὐτῷ ὁ θεός,
ἀποσκοπεύει[11] ὅθεν[12] ἥξει[13] σωτηρία αὐτοῦ.
6 ἀλήθεια τῶν δικαίων παρὰ θεοῦ σωτῆρος[14] αὐτῶν,
οὐκ αὐλίζεται[15] ἐν οἴκῳ δικαίου ἁμαρτία ἐφ᾽ ἁμαρτίαν·
7 ἐπισκέπτεται[16] διὰ παντὸς τὸν οἶκον αὐτοῦ ὁ δίκαιος
τοῦ ἐξᾶραι[17] ἀδικίαν[18] ἐν παραπτώματι[19] αὐτοῦ.
8 ἐξιλάσατο[20] περὶ ἀγνοίας[21] ἐν νηστείᾳ[22] καὶ ταπεινώσει[23] ψυχῆς αὐτοῦ,
καὶ ὁ κύριος καθαρίζει πᾶν ἄνδρα ὅσιον[24] καὶ τὸν οἶκον αὐτοῦ.

9 Προσέκοψεν[25] ἁμαρτωλὸς καὶ καταρᾶται[26] ζωὴν αὐτοῦ,
τὴν ἡμέραν γενέσεως[27] αὐτοῦ καὶ ὠδῖνας[28] μητρός.
10 προσέθηκεν[29] ἁμαρτίας ἐφ᾽ ἁμαρτίας τῇ ζωῇ αὐτοῦ·
ἔπεσεν, ὅτι πονηρὸν τὸ πτῶμα[30] αὐτοῦ, καὶ οὐκ ἀναστήσεται.
11 ἡ ἀπώλεια[31] τοῦ ἁμαρτωλοῦ εἰς τὸν αἰῶνα,
καὶ οὐ μνησθήσεται,[32] ὅταν ἐπισκέπτηται[33] δικαίους.
12 αὕτη ἡ μερὶς[34] τῶν ἁμαρτωλῶν εἰς τὸν αἰῶνα·
οἱ δὲ φοβούμενοι τὸν κύριον ἀναστήσονται εἰς ζωὴν αἰώνιον,
καὶ ἡ ζωὴ αὐτῶν ἐν φωτὶ κυρίου καὶ οὐκ ἐκλείψει[35] ἔτι.

1 μνημονεύω, *pres act ind 3p*, remember
2 ἐξομολόγησις, confession of gratitude, thanksgiving
3 δικαίωσις, justification, vindication
4 κρίμα, judgment
5 ὀλιγωρέω, *fut act ind 3s*, despise
6 παιδεύω, *pres pas ptc nom s m*, discipline, instruct
7 εὐδοκία, pleasure, good will
8 ἔναντι, before, in the presence of
9 προσκόπτω, *aor act ind 3s*, stumble, strike against
10 ἀποβλέπω, *pres act ind 3s*, turn attention to, watch
11 ἀποσκοπεύω, *pres act ind 3s*, look out for
12 ὅθεν, from where
13 ἥκω, *fut act ind 3s*, come
14 σωτήρ, savior
15 αὐλίζομαι, *pres mid ind 3s*, stay (overnight)
16 ἐπισκέπτομαι, *pres mid ind 3s*, inspect, examine
17 ἐξαίρω, *aor act inf*, remove
18 ἀδικία, wrongdoing, injustice
19 παράπτωμα, transgression, trespass
20 ἐξιλάσκομαι, *aor mid ind 3s*, propitiate, make atonement
21 ἄγνοια, (sin committed in) ignorance
22 νηστεία, fasting
23 ταπείνωσις, humiliation
24 ὅσιος, holy
25 προσκόπτω, *aor act ind 3s*, stumble, strike against
26 καταράομαι, *pres mid ind 3s*, curse
27 γένεσις, birth
28 ὠδίν, pang (of childbirth)
29 προστίθημι, *aor act ind 3s*, add to
30 πτῶμα, fall, misfortune
31 ἀπώλεια, destruction
32 μιμνήσκομαι, *fut pas ind 3s*, remember
33 ἐπισκέπτομαι, *pres mid sub 3s*, visit
34 μερίς, portion
35 ἐκλείπω, *fut act ind 3s*, cease, fail

Concerning People Pleasers

4 Διαλογὴ[1] τοῦ Σαλωμων· τοῖς ἀνθρωπαρέσκοις.[2]

Ἵνα τί[3] σύ, βέβηλε,[4] κάθησαι ἐν συνεδρίῳ[5] ὁσίων[6]
καὶ ἡ καρδία σου μακρὰν[7] ἀφέστηκεν[8] ἀπὸ τοῦ κυρίου
ἐν παρανομίαις[9] παροργίζων[10] τὸν θεὸν Ισραηλ;
2 περισσὸς[11] ἐν λόγοις, περισσὸς ἐν σημειώσει[12] ὑπὲρ πάντας,
ὁ σκληρὸς[13] ἐν λόγοις κατακρῖναι[14] ἁμαρτωλοὺς ἐν κρίσει·
3 καὶ ἡ χεὶρ αὐτοῦ ἐν πρώτοις ἐπ᾽ αὐτὸν ὡς ἐν ζήλει,[15]
καὶ αὐτὸς ἔνοχος[16] ἐν ποικιλίᾳ[17] ἁμαρτιῶν καὶ ἐν ἀκρασίαις.[18]
4 οἱ ὀφθαλμοὶ αὐτοῦ ἐπὶ πᾶσαν γυναῖκα ἄνευ[19] διαστολῆς,[20]
ἡ γλῶσσα αὐτοῦ ψευδὴς[21] ἐν συναλλάγματι[22] μεθ᾽ ὅρκου.[23]
5 ἐν νυκτὶ καὶ ἐν ἀποκρύφοις[24] ἁμαρτάνει ὡς οὐχ ὁρώμενος,
ἐν ὀφθαλμοῖς αὐτοῦ λαλεῖ πάσῃ γυναικὶ ἐν συνταγῇ[25] κακίας·[26]
ταχὺς[27] εἰσόδῳ[28] εἰς πᾶσαν οἰκίαν ἐν ἱλαρότητι[29] ὡς ἄκακος.[30]
6 Ἐξάραι[31] ὁ θεὸς τοὺς ἐν ὑποκρίσει[32] ζῶντας μετὰ ὁσίων,[33]
ἐν φθορᾷ[34] σαρκὸς αὐτοῦ καὶ πενίᾳ[35] τὴν ζωὴν αὐτοῦ·
7 ἀνακαλύψαι[36] ὁ θεὸς τὰ ἔργα ἀνθρώπων ἀνθρωπαρέσκων,[37]
ἐν καταγέλωτι[38] καὶ μυκτηρισμῷ[39] τὰ ἔργα αὐτοῦ.
8 καὶ δικαιώσαισαν[40] ὅσιοι[41] τὸ κρίμα[42] τοῦ θεοῦ αὐτῶν
ἐν τῷ ἐξαίρεσθαι[43] ἁμαρτωλοὺς ἀπὸ προσώπου δικαίου,
ἀνθρωπάρεσκον[44] λαλοῦντα νόμον μετὰ δόλου.[45]

1 διαλογή, discourse
2 ἀνθρωπάρεσκος, people pleaser
3 ἵνα τί, why
4 βέβηλος, profane
5 συνέδριον, council, assembly
6 ὅσιος, holy
7 μακράν, far away
8 ἀφίστημι, *perf act ind 3s*, turn away
9 παρανομία, lawlessness, iniquity
10 παροργίζω, *pres act ptc nom s m*, provoke to anger
11 περισσός, excessive, gratuitous
12 σημείωσις, appearance
13 σκληρός, severe, harsh
14 κατακρίνω, *aor act inf*, condemn
15 ζῆλος, zeal
16 ἔνοχος, liable, guilty
17 ποικιλία, variety
18 ἀκρασία, lack of self control
19 ἄνευ, without
20 διαστολή, discrimination
21 ψευδής, false, lying
22 συνάλλαγμα, contract, transaction
23 ὅρκος, oath
24 ἀπόκρυφος, secret
25 συνταγή, premeditated signal
26 κακία, wickedness
27 ταχύς, quick
28 εἴσοδος, entrance
29 ἱλαρότης, cheerfulness
30 ἄκακος, innocent
31 ἐξαίρω, *aor act opt 3s*, remove
32 ὑπόκρισις, hypocrisy
33 ὅσιος, holy
34 φθορά, decay, corruption
35 πενία, poverty
36 ἀνακαλύπτω, *aor act opt 3s*, uncover, disclose
37 ἀνθρωπάρεσκος, people pleaser
38 κατάγελως, derision
39 μυκτηρισμός, scorn, contempt
40 δικαιόω, *aor act opt 3p*, justify, vindicate
41 ὅσιος, holy (one)
42 κρίμα, judgment
43 ἐξαίρω, *pres pas inf*, remove
44 ἀνθρωπάρεσκος, people pleaser
45 δόλος, deceit

9 καὶ οἱ ὀφθαλμοὶ αὐτῶν ἐπ᾽ οἶκον ἀνδρὸς ἐν εὐσταθείᾳ[1]
ὡς ὄφις[2] διαλῦσαι[3] σοφίαν ἀλλήλων[4] ἐν λόγοις παρανόμων.[5]
10 οἱ λόγοι αὐτοῦ παραλογισμοὶ[6] εἰς πρᾶξιν[7] ἐπιθυμίας[8] ἀδίκου,[9]
οὐκ ἀπέστη,[10] ἕως ἐνίκησεν[11] σκορπίσαι[12] ὡς ἐν ὀρφανίᾳ·[13]
11 καὶ ἠρήμωσεν[14] οἶκον ἕνεκεν[15] ἐπιθυμίας[16] παρανόμου,[17]
παρελογίσατο[18] ἐν λόγοις, ὅτι οὐκ ἔστιν ὁρῶν καὶ κρίνων·
12 ἐπλήσθη[19] ἐν παρανομίᾳ[20] ἐν ταύτῃ,
καὶ οἱ ὀφθαλμοὶ αὐτοῦ ἐπ᾽ οἶκον ἕτερον
ὀλεθρεῦσαι[21] ἐν λόγοις ἀναπτερώσεως.[22]
13 οὐκ ἐμπίπλαται[23] ἡ ψυχὴ αὐτοῦ ὡς ᾅδης[24] ἐν πᾶσι τούτοις.

14 Γένοιτο,[25] κύριε, ἡ μερὶς[26] αὐτοῦ ἐν ἀτιμίᾳ[27] ἐνώπιόν σου,
ἡ ἔξοδος[28] αὐτοῦ ἐν στεναγμοῖς[29] καὶ ἡ εἴσοδος[30] αὐτοῦ ἐν ἀρᾷ·[31]
15 ἐν ὀδύναις[32] καὶ πενίᾳ[33] καὶ ἀπορίᾳ[34] ἡ ζωὴ αὐτοῦ, κύριε,
ὁ ὕπνος[35] αὐτοῦ ἐν λύπαις[36] καὶ ἡ ἐξέγερσις[37] αὐτοῦ ἐν ἀπορίαις.[38]
16 ἀφαιρεθείη[39] ὕπνος[40] ἀπὸ κροτάφων[41] αὐτοῦ ἐν νυκτί,
ἀποπέσοι[42] ἀπὸ παντὸς ἔργου χειρῶν αὐτοῦ ἐν ἀτιμίᾳ.[43]
17 κενὸς[44] χερσὶν αὐτοῦ εἰσέλθοι[45] εἰς τὸν οἶκον αὐτοῦ,
καὶ ἐλλιπὴς[46] ὁ οἶκος αὐτοῦ ἀπὸ παντός, οὗ ἐμπλήσει[47] ψυχὴν αὐτοῦ·

1 εὐστάθεια, stability
2 ὄφις, snake, serpent
3 διαλύω, *aor act inf*, bring to an end, break up
4 ἀλλήλων, of one another
5 παράνομος, lawless
6 παραλογισμός, deception
7 πρᾶξις, pursuit, endeavor
8 ἐπιθυμία, longing, desire
9 ἄδικος, wrongdoing
10 ἀφίστημι, *aor act ind 3s*, cease, draw away from
11 νικάω, *aor act ind 3s*, triumph, succeed
12 σκορπίζω, *aor act inf*, scatter
13 ὀρφανία, orphanhood
14 ἐρημόω, *aor act ind 3s*, make desolate, lay waste
15 ἕνεκα, on account of
16 ἐπιθυμία, longing, desire
17 παράνομος, lawless
18 παραλογίζομαι, *aor mid ind 3s*, defraud, deceive
19 πίμπλημι, *aor pas ind 3s*, fill up
20 παρανομία, lawlessness
21 ὀλεθρεύω, *aor act inf*, destroy
22 ἀναπτέρωσις, clamorous, importunate
23 ἐμπιπλάω, *pres pas ind 3s*, satisfy
24 ᾅδης, underworld, Hades
25 γίνομαι, *aor mid opt 3s*, be
26 μερίς, portion
27 ἀτιμία, dishonor, disgrace
28 ἔξοδος, exit, going out
29 στεναγμός, sighing, groaning
30 εἴσοδος, entrance, going in
31 ἀρά, curse
32 ὀδύνη, grief, pain
33 πενία, poverty
34 ἀπορία, distress
35 ὕπνος, sleep, slumber
36 λύπη, sorrow
37 ἐξέγερσις, awakening
38 ἀπορία, anxiety
39 ἀφαιρέω, *aor pas opt 3s*, remove, take away
40 ὕπνος, sleep, slumber
41 κρόταφος, temple (of the head)
42 ἀποπίπτω, *aor act opt 3s*, fail
43 ἀτιμία, dishonor, disgrace
44 κενός, empty-handed
45 εἰσέρχομαι, *aor act opt 3s*, enter
46 ἐλλιπής, wanting, lacking
47 ἐμπίμπλημι, *fut act ind 3s*, satisfy

18 ἐν μονώσει[1] ἀτεκνίας[2] τὸ γῆρας[3] αὐτοῦ εἰς ἀνάλημψιν.[4]

19 Σκορπισθείησαν[5] σάρκες ἀνθρωπαρέσκων[6] ὑπὸ θηρίων,
καὶ ὀστᾶ[7] παρανόμων[8] κατέναντι[9] τοῦ ἡλίου ἐν ἀτιμίᾳ.[10]
20 ὀφθαλμοὺς ἐκκόψαισαν[11] κόρακες[12] ὑποκρινομένων,[13]
ὅτι ἠρήμωσαν[14] οἴκους πολλοὺς ἀνθρώπων ἐν ἀτιμίᾳ[15]
καὶ ἐσκόρπισαν[16] ἐν ἐπιθυμίᾳ[17]
21 καὶ οὐκ ἐμνήσθησαν[18] θεοῦ
καὶ οὐκ ἐφοβήθησαν τὸν θεὸν ἐν ἅπασι[19] τούτοις
καὶ παρώργισαν[20] τὸν θεὸν καὶ παρώξυναν.[21]
22 ἐξάραι[22] αὐτοὺς ἀπὸ τῆς γῆς,
ὅτι ψυχὰς ἀκάκων[23] παραλογισμῷ[24] ὑπεκρίνοντο.[25]

23 Μακάριοι[26] οἱ φοβούμενοι τὸν κύριον ἐν ἀκακίᾳ[27] αὐτῶν·
ὁ κύριος ῥύσεται[28] αὐτοὺς ἀπὸ ἀνθρώπων δολίων[29] καὶ ἁμαρτωλῶν
καὶ ῥύσεται[30] ἡμᾶς ἀπὸ παντὸς σκανδάλου[31] παρανόμου.[32]
24 ἐξάραι[33] ὁ θεὸς τοὺς ποιοῦντας ἐν ὑπερηφανίᾳ[34] πᾶσαν ἀδικίαν,[35]
ὅτι κριτὴς[36] μέγας καὶ κραταιὸς[37] κύριος ὁ θεὸς ἡμῶν ἐν δικαιοσύνῃ.
25 γένοιτο,[38] κύριε, τὸ ἔλεός[39] σου ἐπὶ πάντας τοὺς ἀγαπῶντάς σε.

1 μόνωσις, solitude
2 ἀτεκνία, childlessness
3 γῆρας, old age
4 ἀνάλημψις, removal, taking away
5 σκορπίζω, *aor pas opt 3p*, scatter
6 ἀνθρωπάρεσκος, people pleaser
7 ὀστέον, bone
8 παράνομος, lawless
9 κατέναντι, before, in the presence of
10 ἀτιμία, dishonor, disgrace
11 ἐκκόπτω, *aor act opt 3p*, cut out, peck out
12 κόραξ, raven
13 ὑποκρίνομαι, *pres mid ptc gen p m*, be a hypocrite
14 ἐρημόω, *aor act ind 3p*, make desolate, lay waste
15 ἀτιμία, dishonor, disgrace
16 σκορπίζω, *aor act ind 3p*, scatter
17 ἐπιθυμία, longing, desire
18 μιμνῄσκομαι, *aor pas ind 3p*, remember
19 ἅπας, all
20 παροργίζω, *aor act ind 3p*, provoke to anger
21 παροξύνω, *aor act ind 3p*, irritate, infuriate
22 ἐξαίρω, *aor act opt 3s*, remove
23 ἄκακος, innocent
24 παραλογισμός, deception
25 ὑποκρίνομαι, *impf mid ind 3p*, treat hypocritically
26 μακάριος, blessed
27 ἀκακία, innocence
28 ῥύομαι, *fut mid ind 3s*, deliver, rescue
29 δόλιος, deceitful
30 ῥύομαι, *fut mid ind 3s*, deliver, rescue
31 σκάνδαλον, offense, stumbling block
32 παράνομος, lawless
33 ἐξαίρω, *aor act opt 3s*, remove
34 ὑπερηφανία, arrogance
35 ἀδικία, wrongdoing, injustice
36 κριτής, judge
37 κραταιός, strong, mighty
38 γίνομαι, *aor mid opt 3s*, be
39 ἔλεος, mercy

In Praise of God's Kindness and Provision

5 Ψαλμὸς τῷ Σαλωμων.

Κύριε ὁ θεός, αἰνέσω[1] τῷ ὀνόματί σου ἐν ἀγαλλιάσει,[2]
ἐν μέσῳ ἐπισταμένων[3] τὰ κρίματά[4] σου τὰ δίκαια·
2 ὅτι σὺ χρηστὸς[5] καὶ ἐλεήμων,[6] ἡ καταφυγὴ[7] τοῦ πτωχοῦ·[8]
ἐν τῷ κεκραγέναι με πρὸς σὲ μὴ παρασιωπήσῃς[9] ἀπ᾽ ἐμοῦ.
3 οὐ γὰρ λήψεταί τις σκῦλα[10] παρὰ ἀνδρὸς δυνατοῦ·
καὶ τίς λήψεται ἀπὸ πάντων, ὧν ἐποίησας, ἐὰν μὴ σὺ δῷς;
4 ὅτι ἄνθρωπος καὶ ἡ μερὶς[11] αὐτοῦ παρὰ σοῦ ἐν σταθμῷ·[12]
οὐ προσθήσει[13] τοῦ πλεονάσαι[14] παρὰ τὸ κρίμα[15] σου, ὁ θεός.

5 Ἐν τῷ θλίβεσθαι[16] ἡμᾶς ἐπικαλεσόμεθά[17] σε εἰς βοήθειαν,[18]
καὶ σὺ οὐκ ἀποστρέψῃ[19] τὴν δέησιν[20] ἡμῶν, ὅτι σὺ ὁ θεὸς ἡμῶν εἶ.
6 μὴ βαρύνῃς[21] τὴν χεῖρά σου ἐφ᾽ ἡμᾶς,
ἵνα μὴ δι᾽ ἀνάγκην[22] ἁμάρτωμεν.
7 καὶ ἐὰν μὴ ἐπιστρέψῃς ἡμᾶς, οὐκ ἀφεξόμεθα,[23]
ἀλλ᾽ ἐπὶ σὲ ἥξομεν.[24]

8 ἐὰν γὰρ πεινάσω,[25] πρὸς σὲ κεκράξομαι, ὁ θεός,
καὶ σὺ δώσεις μοι.
9 Τὰ πετεινὰ[26] καὶ τοὺς ἰχθύας[27] σὺ τρέφεις[28]
ἐν τῷ διδόναι σε ὑετὸν[29] ἐρήμοις εἰς ἀνατολὴν[30] χλόης·[31]
10 ἡτοίμασας χορτάσματα[32] ἐν ἐρήμῳ παντὶ ζῶντι,
καὶ ἐὰν πεινάσωσιν,[33] πρὸς σὲ ἀροῦσιν πρόσωπον αὐτῶν.
11 τοὺς βασιλεῖς καὶ ἄρχοντας καὶ λαοὺς σὺ τρέφεις,[34] ὁ θεός,
καὶ πτωχοῦ καὶ πένητος[35] ἡ ἐλπὶς τίς ἐστιν εἰ μὴ σύ, κύριε;

1 αἰνέω, *fut act ind 1s*, praise
2 ἀγαλλίασις, great joy, exultation
3 ἐπίσταμαι, *pres mid ptc gen p m*, have knowledge
4 κρίμα, judgment
5 χρηστός, good, kind
6 ἐλεήμων, merciful
7 καταφυγή, refuge
8 πτωχός, poor, needy
9 παρασιωπάω, *aor act sub 2s*, pass by in silence
10 σκῦλον, spoils
11 μερίς, portion
12 σταθμός, balance
13 προστίθημι, *fut act ind 3s*, increase
14 πλεονάζω, *aor act inf*, exceed, increase
15 κρίμα, judgment
16 θλίβω, *pres pas inf*, afflict, oppress
17 ἐπικαλέω, *fut mid ind 1p*, call upon
18 βοήθεια, help, aid
19 ἀποστρέφω, *fut mid ind 2s*, turn away
20 δέησις, entreaty, supplication
21 βαρύνω, *pres act sub 2s*, make heavy
22 ἀνάγκη, distress, pressure
23 ἀπέχω, *fut mid ind 1p*, hold back, remain far away
24 ἥκω, *fut act ind 1p*, come
25 πεινάω, *aor act sub 1s*, be hungry
26 πετεινός, bird
27 ἰχθύς, fish
28 τρέφω, *pres act ind 2s*, feed, nourish
29 ὑετός, rain
30 ἀνατολή, sprouting
31 χλόη, young green grass
32 χόρτασμα, fodder
33 πεινάω, *aor act sub 3p*, be hungry
34 τρέφω, *pres act ind 2s*, feed, nourish
35 πένης, needy

12 καὶ σὺ ἐπακούσῃ·[1] ὅτι τίς χρηστὸς[2] καὶ ἐπιεικὴς[3] ἀλλ᾽ ἢ σύ
εὐφρᾶναι[4] ψυχὴν ταπεινοῦ[5] ἐν τῷ ἀνοῖξαι χεῖρά σου ἐν ἐλέει;[6]

13 Ἡ χρηστότης[7] ἀνθρώπου ἐν φειδοῖ[8] καὶ ἡ αὔριον,[9]
καὶ ἐὰν δευτερώσῃ[10] ἄνευ[11] γογγυσμοῦ,[12] καὶ τοῦτο θαυμάσειας.[13]
14 τὸ δὲ δόμα[14] σου πολὺ μετὰ χρηστότητος[15] καὶ πλούσιον,[16]
καὶ οὗ ἐστιν ἡ ἐλπὶς ἐπὶ σέ, οὐ φείσεται[17] ἐν δόματι.[18]
15 ἐπὶ πᾶσαν τὴν γῆν τὸ ἔλεός[19] σου, κύριε, ἐν χρηστότητι.[20]

16 Μακάριος[21] οὗ μνημονεύει[22] ὁ θεὸς ἐν συμμετρίᾳ[23] αὐταρκείας·[24]
ἐὰν ὑπερπλεονάσῃ[25] ὁ ἄνθρωπος, ἐξαμαρτάνει.[26]
17 ἱκανὸν[27] τὸ μέτριον[28] ἐν δικαιοσύνῃ,
καὶ ἐν τούτῳ ἡ εὐλογία[29] κυρίου εἰς πλησμονὴν[30] ἐν δικαιοσύνῃ.
18 εὐφρανθείησαν[31] οἱ φοβούμενοι κύριον ἐν ἀγαθοῖς,
καὶ ἡ χρηστότης[32] σου ἐπὶ Ισραηλ ἐν τῇ βασιλείᾳ σου.

19 εὐλογημένη ἡ δόξα κυρίου, ὅτι αὐτὸς βασιλεὺς ἡμῶν.

Blessings for the One Who Calls upon the Lord

6 Ἐν ἐλπίδι· τῷ Σαλωμων.

Μακάριος[33] ἀνήρ, οὗ ἡ καρδία αὐτοῦ ἑτοίμη[34] ἐπικαλέσασθαι[35] τὸ ὄνομα κυρίου·
ἐν τῷ μνημονεύειν[36] αὐτὸν τὸ ὄνομα κυρίου σωθήσεται.
2 αἱ ὁδοὶ αὐτοῦ κατευθύνονται[37] ὑπὸ κυρίου,
καὶ πεφυλαγμένα[38] ἔργα χειρῶν αὐτοῦ ὑπὸ κυρίου θεοῦ αὐτοῦ.

1 ἐπακούω, *fut mid ind 2s*, hear, listen
2 χρηστός, good, kind
3 ἐπιεικής, fair, equitable
4 εὐφραίνω, *aor act inf*, make glad
5 ταπεινός, humble
6 ἔλεος, mercy
7 χρηστότης, goodness, kindness
8 φειδώ, sparing, (begrudging)
9 αὔριον, tomorrow, (delayed)
10 δευτερόω, *aor act sub 3s*, repeat
11 ἄνευ, without
12 γογγυσμός, grumbling, murmuring
13 θαυμάζω, *aor act opt 2s*, be astonished
14 δόμα, gift
15 χρηστότης, goodness, kindness
16 πλούσιος, rich
17 φείδομαι, *fut mid ind 3s*, restrain
18 δόμα, gift
19 ἔλεος, mercy
20 χρηστότης, goodness, kindness
21 μακάριος, blessed
22 μνημονεύω, *pres act ind 3s*, remember
23 συμμετρία, due proportion
24 αὐτάρκεια, moderation, sufficiency
25 ὑπερπλεονάζω, *aor act sub 3s*, abound exceedingly
26 ἐξαμαρτάνω, *pres act ind 3s*, commit sin
27 ἱκανός, adequate
28 μέτριος, moderate (portion)
29 εὐλογία, blessing
30 πλησμονή, surfeit, abundance
31 εὐφραίνω, *aor pas opt 3p*, rejoice
32 χρηστότης, goodness, kindness
33 μακάριος, blessed
34 ἕτοιμος, ready
35 ἐπικαλέω, *aor mid inf*, call upon
36 μνημονεύω, *pres act inf*, remember
37 κατευθύνω, *pres pas ind 3p*, guide, direct
38 φυλάσσω, *perf pas ptc nom p n*, guard, protect

3 ἀπὸ ὁράσεως[1] πονηρῶν ἐνυπνίων[2] αὐτοῦ οὐ ταραχθήσεται[3] ἡ ψυχὴ αὐτοῦ,
ἐν διαβάσει[4] ποταμῶν[5] καὶ σάλῳ[6] θαλασσῶν οὐ πτοηθήσεται.[7]
4 ἐξανέστη[8] ἐξ ὕπνου[9] αὐτοῦ καὶ ηὐλόγησεν τῷ ὀνόματι κυρίου,
ἐπ᾽ εὐσταθείᾳ[10] καρδίας αὐτοῦ ἐξύμνησεν[11] τῷ ὀνόματι τοῦ θεοῦ αὐτοῦ·
5 καὶ ἐδεήθη[12] τοῦ προσώπου κυρίου περὶ παντὸς τοῦ οἴκου αὐτοῦ,
καὶ κύριος εἰσήκουσεν[13] προσευχὴν παντὸς ἐν φόβῳ θεοῦ.
6 καὶ πᾶν αἴτημα[14] ψυχῆς ἐλπιζούσης πρὸς αὐτὸν ἐπιτελεῖ[15] ὁ κύριος·
εὐλογητὸς[16] κύριος ὁ ποιῶν ἔλεος[17] τοῖς ἀγαπῶσιν αὐτὸν ἐν ἀληθείᾳ.

Protection from the Nations

7 Τῷ Σαλωμων· ἐπιστροφῆς.[18]

Μὴ ἀποσκηνώσῃς[19] ἀφ᾽ ἡμῶν, ὁ θεός,
ἵνα μὴ ἐπιθῶνται[20] ἡμῖν οἳ ἐμίσησαν ἡμᾶς δωρεάν.[21]
2 ὅτι ἀπώσω[22] αὐτούς, ὁ θεός·
μὴ πατησάτω[23] ὁ ποὺς αὐτῶν κληρονομίαν[24] ἁγιάσματός[25] σου.
3 σὺ ἐν θελήματί[26] σου παίδευσον[27] ἡμᾶς
καὶ μὴ δῷς ἔθνεσιν.
4 ἐὰν γὰρ ἀποστείλῃς θάνατον,
σὺ ἐντελῇ[28] αὐτῷ περὶ ἡμῶν·
5 ὅτι σὺ ἐλεήμων[29]
καὶ οὐκ ὀργισθήσῃ[30] τοῦ συντελέσαι[31] ἡμᾶς.

6 Ἐν τῷ κατασκηνοῦν[32] τὸ ὄνομά σου ἐν μέσῳ ἡμῶν ἐλεηθησόμεθα,[33]
καὶ οὐκ ἰσχύσει[34] πρὸς ἡμᾶς ἔθνος.

1 ὅρασις, sight
2 ἐνύπνιον, dream
3 ταράσσω, *fut pas ind 3s*, trouble, disturb
4 διάβασις, crossing over
5 ποταμός, river
6 σάλος, rolling swell, surge
7 πτοέω, *fut pas ind 3s*, terrify
8 ἐξανίστημι, *aor act ind 3s*, arise
9 ὕπνος, sleep, slumber
10 εὐστάθεια, stability
11 ἐξυμνέω, *aor act ind 3s*, praise, sing a hymn
12 δέομαι, *aor pas ind 3s*, beseech, supplicate
13 εἰσακούω, *aor act ind 3s*, hear, listen
14 αἴτημα, request
15 ἐπιτελέω, *pres act ind 3s*, complete, fulfill
16 εὐλογητός, blessed
17 ἔλεος, mercy
18 ἐπιστροφή, return, turning
19 ἀποσκηνόω, *aor act sub 2s*, remove one's tent
20 ἐπιτίθημι, *aor mid sub 3p*, set against
21 δωρεάν, without cause
22 ἀπωθέω, *aor mid ind 2s*, thrust away, reject
23 πατέω, *aor act impv 3s*, tread
24 κληρονομία, inheritance
25 ἁγίασμα, sanctuary
26 θέλημα, will, desire
27 παιδεύω, *aor act impv 2s*, discipline
28 ἐντέλλομαι, *fut mid ind 2s*, command
29 ἐλεήμων, merciful
30 ὀργίζω, *fut pas ind 2s*, be angry
31 συντελέω, *aor act inf*, bring to an end
32 κατασκηνόω, *pres act inf*, dwell
33 ἐλεέω, *fut pas ind 1p*, show mercy
34 ἰσχύω, *fut act ind 3s*, prevail, overpower

7 ὅτι σὺ ὑπερασπιστὴς[1] ἡμῶν,
καὶ ἡμεῖς ἐπικαλεσόμεθά[2] σε,
καὶ σὺ ἐπακούσῃ[3] ἡμῶν.
8 ὅτι σὺ οἰκτιρήσεις[4] τὸ γένος[5] Ισραηλ εἰς τὸν αἰῶνα
καὶ οὐκ ἀπώσῃ.[6]
9 καὶ ἡμεῖς ὑπὸ ζυγόν[7] σου τὸν αἰῶνα
καὶ μάστιγα[8] παιδείας[9] σου.
10 κατευθυνεῖς[10] ἡμᾶς ἐν καιρῷ ἀντιλήψεώς[11] σου
τοῦ ἐλεῆσαι[12] τὸν οἶκον Ιακωβ εἰς ἡμέραν ἐν ᾗ ἐπηγγείλω[13] αὐτοῖς.

Exile and Restoration

8 Τῷ Σαλωμων· εἰς νεῖκος.[14]

Θλῖψιν καὶ φωνὴν πολέμου ἤκουσεν τὸ οὖς μου,
φωνὴν σάλπιγγος[15] ἠχούσης[16] σφαγὴν[17] καὶ ὄλεθρον·[18]
2 φωνὴ λαοῦ πολλοῦ ὡς ἀνέμου[19] πολλοῦ σφόδρα,[20]
ὡς καταιγὶς[21] πυρὸς πολλοῦ φερομένου δι᾽ ἐρήμου.
3 καὶ εἶπα ἐν τῇ καρδίᾳ μου
Ποῦ ἄρα κρινεῖ αὐτὸν ὁ θεός;
4 φωνὴν ἤκουσα εἰς Ιερουσαλημ πόλιν ἁγιάσματος·[22]
5 συνετρίβη[23] ἡ ὀσφύς[24] μου ἀπὸ ἀκοῆς,[25]
παρελύθη[26] γόνατά[27] μου, ἐφοβήθη ἡ καρδία μου,
ἐταράχθη[28] τὰ ὀστᾶ[29] μου ὡς λίνον.[30]
6 εἶπα Κατευθυνοῦσιν[31] ὁδοὺς αὐτῶν ἐν δικαιοσύνῃ.

7 Ἀνελογισάμην[32] τὰ κρίματα[33] τοῦ θεοῦ ἀπὸ κτίσεως[34] οὐρανοῦ καὶ γῆς,
ἐδικαίωσα τὸν θεὸν ἐν τοῖς κρίμασιν αὐτοῦ τοῖς ἀπ᾽ αἰῶνος.

1 ὑπερασπιστής, one who shields, protector
2 ἐπικαλέω, *fut mid ind 1p*, call upon
3 ἐπακούω, *aor act sub 3s*, hear, listen
4 οἰκτίρω, *fut act ind 2s*, show compassion
5 γένος, nation, family, race
6 ἀπωθέω, *aor act sub 3s*, thrust away, reject
7 ζυγός, yoke
8 μάστιξ, whip
9 παιδεία, discipline, instruction
10 κατευθύνω, *fut act ind 2s*, direct, keep straight
11 ἀντίληψις, help
12 ἐλεέω, *aor act inf*, show mercy
13 ἐπαγγέλλω, *aor mid ind 2s*, promise
14 νεῖκος, quarrel, (victory?)
15 σάλπιγξ, trumpet
16 ἠχέω, *pres act ptc gen s f*, make sound
17 σφαγή, slaughter
18 ὄλεθρος, destruction
19 ἄνεμος, wind
20 σφόδρα, very
21 καταιγίς, storm
22 ἁγίασμα, sanctuary
23 συντρίβω, *aor pas ind 3s*, crush
24 ὀσφύς, waist, lower back
25 ἀκοή, news, report
26 παραλύω, *aor pas ind 3s*, weaken, enfeeble
27 γόνυ, knee
28 ταράσσω, *aor pas ind 3s*, shake, disturb
29 ὀστέον, bone
30 λίνον, flax
31 κατευθύνω, *fut act ind 3p*, direct, go straight
32 ἀναλογίζομαι, *aor mid ind 1s*, consider
33 κρίμα, judgment
34 κτίσις, creation

8 ἀνεκάλυψεν[1] ὁ θεὸς τὰς ἁμαρτίας αὐτῶν ἐναντίον[2] τοῦ ἡλίου,
ἔγνω πᾶσα ἡ γῆ τὰ κρίματα[3] τοῦ θεοῦ τὰ δίκαια.
9 ἐν καταγαίοις[4] κρυφίοις[5] αἱ παρανομίαι[6] αὐτῶν ἐν παροργισμῷ·[7]
υἱὸς μετὰ μητρὸς καὶ πατὴρ μετὰ θυγατρὸς[8] συνεφύροντο.[9]
10 ἐμοιχῶντο[10] ἕκαστος τὴν γυναῖκα τοῦ πλησίον[11] αὐτοῦ,
συνέθεντο[12] αὐτοῖς συνθήκας[13] μετὰ ὅρκου[14] περὶ τούτων.

11 τὰ ἅγια τοῦ θεοῦ διηρπάζοσαν[15]
ὡς μὴ ὄντος κληρονόμου[16] λυτρουμένου.[17]
12 ἐπατοῦσαν[18] τὸ θυσιαστήριον[19] κυρίου ἀπὸ πάσης ἀκαθαρσίας[20]
καὶ ἐν ἀφέδρῳ[21] αἵματος ἐμίαναν[22] τὰς θυσίας[23] ὡς κρέα[24] βέβηλα.[25]
13 οὐ παρέλιπον[26] ἁμαρτίαν, ἣν οὐκ ἐποίησαν ὑπὲρ τὰ ἔθνη.

14 Διὰ τοῦτο ἐκέρασεν[27] αὐτοῖς ὁ θεὸς πνεῦμα πλανήσεως,[28]
ἐπότισεν[29] αὐτοὺς ποτήριον[30] οἴνου ἀκράτου[31] εἰς μέθην.[32]
15 ἤγαγεν τὸν ἀπ᾽ ἐσχάτου τῆς γῆς, τὸν παίοντα[33] κραταιῶς,[34]
ἔκρινεν τὸν πόλεμον ἐπὶ Ιερουσαλημ καὶ τὴν γῆν αὐτῆς.
16 ἀπήντησαν[35] αὐτῷ οἱ ἄρχοντες τῆς γῆς μετὰ χαρᾶς,[36]
εἶπαν αὐτῷ Ἐπευκτὴ[37] ἡ ὁδός σου, δεῦτε[38] εἰσέλθατε μετ᾽ εἰρήνης.
17 ὡμάλισαν[39] ὁδοὺς τραχείας[40] ἀπὸ εἰσόδου[41] αὐτοῦ,
ἤνοιξαν πύλας[42] ἐπὶ Ιερουσαλημ, ἐστεφάνωσαν[43] τείχη[44] αὐτῆς.

1 ἀνακαλύπτω, *aor act ind 3s*, uncover, disclose
2 ἐναντίον, before
3 κρίμα, judgment
4 κατάγαιος, under the earth
5 κρύφιος, secret (place)
6 παρανομία, (act of) lawlessness, transgression
7 παροργισμός, provocation
8 θυγάτηρ, daughter
9 συμφύρω, *impf mid ind 3p*, mingle with (sexually)
10 μοιχάω, *impf mid ind 3p*, commit adultery
11 πλησίον, neighbor
12 συντίθημι, *aor mid ind 3p*, agree to, arrange
13 συνθήκη, agreement, contract
14 ὅρκος, oath
15 διαρπάζω, *impf act ind 3p*, plunder
16 κληρονόμος, heir
17 λυτρόω, *pres mid ptc gen s m*, redeem
18 πατέω, *impf act ind 3p*, tread, trample
19 θυσιαστήριον, altar
20 ἀκαθαρσία, impurity
21 ἄφεδρος, menstruation
22 μιαίνω, *aor act ind 3p*, defile, pollute
23 θυσία, sacrifice
24 κρέας, meat
25 βέβηλος, profane
26 παραλείπω, *aor act ind 3p*, neglect, leave
27 κεράννυμι, *aor act ind 3s*, mix, prepare
28 πλάνησις, deception, error
29 ποτίζω, *aor act ind 3s*, give drink to
30 ποτήριον, cup
31 ἄκρατος, unmixed, very strong
32 μέθη, drunkenness
33 παίω, *pres act ptc acc s m*, strike, hit, wound
34 κραταιῶς, forcefully, severely
35 ἀπαντάω, *aor act ind 3p*, meet, encounter
36 χαρά, joy
37 ἐπευκτός, longed for
38 δεῦτε, come!
39 ὁμαλίζω, *aor act ind 3p*, make level
40 τραχύς, rough, uneven
41 εἴσοδος, entrance
42 πύλη, gate
43 στεφανόω, *aor act ind 3p*, crown
44 τεῖχος, city wall

18 Εἰσῆλθεν ὡς πατὴρ εἰς οἶκον υἱῶν αὐτοῦ μετ᾽ εἰρήνης,
ἔστησεν τοὺς πόδας αὐτοῦ μετὰ ἀσφαλείας[1] πολλῆς.
19 κατελάβετο[2] τὰς πυργοβάρεις[3] αὐτῆς καὶ τὸ τεῖχος[4] Ιερουσαλημ,
ὅτι ὁ θεὸς ἤγαγεν αὐτὸν μετὰ ἀσφαλείας[5] ἐν τῇ πλανήσει[6] αὐτῶν.
20 ἀπώλεσεν ἄρχοντας αὐτῶν καὶ πᾶν σοφὸν[7] ἐν βουλῇ,[8]
ἐξέχεεν[9] τὸ αἷμα τῶν οἰκούντων Ιερουσαλημ ὡς ὕδωρ ἀκαθαρσίας.[10]
21 ἀπήγαγεν[11] τοὺς υἱοὺς καὶ τὰς θυγατέρας[12] αὐτῶν,
ἃ ἐγέννησαν ἐν βεβηλώσει.[13]
22 Ἐποίησαν κατὰ τὰς ἀκαθαρσίας[14] αὐτῶν καθὼς οἱ πατέρες αὐτῶν,
ἐμίαναν[15] Ιερουσαλημ καὶ τὰ ἡγιασμένα[16] τῷ ὀνόματι τοῦ θεοῦ.

23 ἐδικαιώθη ὁ θεὸς ἐν τοῖς κρίμασιν[17] αὐτοῦ ἐν τοῖς ἔθνεσιν τῆς γῆς,
καὶ οἱ ὅσιοι[18] τοῦ θεοῦ ὡς ἀρνία[19] ἐν ἀκακίᾳ[20] ἐν μέσῳ αὐτῶν.
24 αἰνετὸς[21] κύριος ὁ κρίνων πᾶσαν τὴν γῆν ἐν δικαιοσύνῃ αὐτοῦ.

25 Ἰδοὺ δή,[22] ὁ θεός, ἔδειξας ἡμῖν τὸ κρίμα[23] σου ἐν τῇ δικαιοσύνῃ σου,
εἴδοσαν οἱ ὀφθαλμοὶ ἡμῶν τὰ κρίματά σου, ὁ θεός.
26 ἐδικαιώσαμεν τὸ ὄνομά σου τὸ ἔντιμον[24] εἰς αἰῶνας,
ὅτι σὺ ὁ θεὸς τῆς δικαιοσύνης κρίνων τὸν Ισραηλ ἐν παιδείᾳ.[25]
27 ἐπίστρεψον, ὁ θεός, τὸ ἔλεός[26] σου ἐφ᾽ ἡμᾶς
καὶ οἰκτίρησον[27] ἡμᾶς·
28 συνάγαγε τὴν διασπορὰν[28] Ισραηλ μετὰ ἐλέους[29] καὶ χρηστότητος,[30]
ὅτι ἡ πίστις σου μεθ᾽ ἡμῶν.
29 καὶ ἡμεῖς ἐσκληρύναμεν[31] τὸν τράχηλον[32] ἡμῶν,
καὶ σὺ παιδευτὴς[33] ἡμῶν εἶ.
30 μὴ ὑπερίδῃς[34] ἡμᾶς, ὁ θεὸς ἡμῶν,
ἵνα μὴ καταπίωσιν[35] ἡμᾶς ἔθνη ὡς μὴ ὄντος λυτρουμένου.[36]

1 ἀσφάλεια, security, stability
2 καταλαμβάνω, *aor mid ind 3s*, overtake
3 πυργόβαρις, citadel, fortified tower
4 τεῖχος, city wall
5 ἀσφάλεια, security, stability
6 πλάνησις, deception, straying
7 σοφός, wise
8 βουλή, counsel
9 ἐκχέω, *aor act ind 3s*, pour out
10 ἀκαθαρσία, impurity
11 ἀπάγω, *aor act ind 3s*, carry off
12 θυγάτηρ, daughter
13 βεβήλωσις, profanation
14 ἀκαθαρσία, impurity
15 μιαίνω, *aor act ind 3p*, defile, pollute
16 ἁγιάζω, *perf pas ptc acc p n*, sanctify, consecrate
17 κρίμα, judgment
18 ὅσιος, holy
19 ἀρνίον, lamb
20 ἀκακία, innocence
21 αἰνετός, praiseworthy
22 δή, indeed, now
23 κρίμα, judgment
24 ἔντιμος, honorable
25 παιδεία, discipline, instruction
26 ἔλεος, mercy
27 οἰκτίρω, *aor act impv 2s*, show compassion
28 διασπορά, dispersion
29 ἔλεος, mercy
30 χρηστότης, goodness, kindness
31 σκληρύνω, *aor act ind 1p*, harden, stiffen
32 τράχηλος, neck
33 παιδευτής, corrector, discipliner
34 ὑπεροράω, *aor act sub 2s*, disregard, overlook
35 καταπίνω, *aor act sub 3p*, swallow
36 λυτρόω, *pres mid ptc gen s m*, redeem

31 καὶ σὺ ὁ θεὸς ἡμῶν ἀπ᾿ ἀρχῆς,
καὶ ἐπὶ σὲ ἡ ἐλπὶς ἡμῶν, κύριε·
32 καὶ ἡμεῖς οὐκ ἀφεξόμεθά[1] σου,
ὅτι χρηστὰ[2] τὰ κρίματά[3] σου ἐφ᾿ ἡμᾶς.

33 ἡμῖν καὶ τοῖς τέκνοις ἡμῶν ἡ εὐδοκία[4] εἰς τὸν αἰῶνα·
κύριε σωτὴρ[5] ἡμῶν, οὐ σαλευθησόμεθα[6] ἔτι τὸν αἰῶνα χρόνον.
34 αἰνετὸς[7] κύριος ἐν τοῖς κρίμασιν[8] αὐτοῦ ἐν στόματι ὁσίων,[9]
καὶ εὐλογημένος Ισραηλ ὑπὸ κυρίου εἰς τὸν αἰῶνα.

God Restores Those Who Call upon His Name

9 Τῷ Σαλωμων· εἰς ἔλεγχον.[10]

Ἐν τῷ ἀπαχθῆναι[11] Ισραηλ ἐν ἀποικεσίᾳ[12] εἰς γῆν ἀλλοτρίαν[13]
ἐν τῷ ἀποστῆναι[14] αὐτοὺς ἀπὸ κυρίου τοῦ λυτρωσαμένου[15] αὐτοὺς
ἀπερρίφησαν[16] ἀπὸ κληρονομίας,[17] ἧς ἔδωκεν αὐτοῖς κύριος.
2 ἐν παντὶ ἔθνει ἡ διασπορὰ[18] τοῦ Ισραηλ κατὰ τὸ ῥῆμα τοῦ θεοῦ,
ἵνα δικαιωθῇς, ὁ θεός, ἐν τῇ δικαιοσύνῃ σου ἐν ταῖς ἀνομίαις[19] ἡμῶν,
ὅτι σὺ κριτὴς[20] δίκαιος ἐπὶ πάντας τοὺς λαοὺς τῆς γῆς.
3 οὐ γὰρ κρυβήσεται[21] ἀπὸ τῆς γνώσεώς[22] σου πᾶς ποιῶν ἄδικα,[23]
καὶ αἱ δικαιοσύναι τῶν ὁσίων[24] σου ἐνώπιόν σου, κύριε·
καὶ ποῦ κρυβήσεται[25] ἄνθρωπος ἀπὸ τῆς γνώσεώς[26] σου, ὁ θεός;

4 Τὰ ἔργα ἡμῶν ἐν ἐκλογῇ[27] καὶ ἐξουσίᾳ[28] τῆς ψυχῆς ἡμῶν
τοῦ ποιῆσαι δικαιοσύνην καὶ ἀδικίαν[29] ἐν ἔργοις χειρῶν ἡμῶν·
καὶ ἐν τῇ δικαιοσύνῃ σου ἐπισκέπτῃ[30] υἱοὺς ἀνθρώπων.

1 ἀπέχω, *fut mid ind 1p*, hold back, remain far away
2 χρηστός, good, kind
3 κρίμα, judgment
4 εὐδοκία, pleasure, good will
5 σωτήρ, savior
6 σαλεύω, *fut pas ind 1p*, shake, stir up
7 αἰνετός, praiseworthy
8 κρίμα, judgment
9 ὅσιος, holy
10 ἔλεγχος, rebuke
11 ἀπάγω, *aor pas inf*, carry off
12 ἀποικεσία, captivity, exile
13 ἀλλότριος, foreign, strange
14 ἀφίστημι, *aor act inf*, turn away
15 λυτρόω, *aor mid ptc gen s m*, redeem
16 ἀπορρίπτω, *aor pas ind 3p*, cast out
17 κληρονομία, inheritance
18 διασπορά, dispersion
19 ἀνομία, transgression
20 κριτής, judge
21 κρύπτω, *fut pas ind 3s*, hide, conceal
22 γνῶσις, knowledge
23 ἄδικος, unrighteous
24 ὅσιος, holy
25 κρύπτω, *fut pas ind 3s*, hide, conceal
26 γνῶσις, knowledge
27 ἐκλογή, choice
28 ἐξουσία, authority, control
29 ἀδικία, wrongdoing, injustice
30 ἐπισκέπτομαι, *pres mid ind 2s*, visit (with judgment)

5 ὁ ποιῶν δικαιοσύνην θησαυρίζει[1] ζωὴν αὐτῷ παρὰ κυρίῳ,
καὶ ὁ ποιῶν ἀδικίαν[2] αὐτὸς αἴτιος[3] τῆς ψυχῆς ἐν ἀπωλείᾳ·[4]
τὰ γὰρ κρίματα[5] κυρίου ἐν δικαιοσύνῃ κατ᾽ ἄνδρα καὶ οἶκον.

6 Τίνι χρηστεύσῃ,[6] ὁ θεός, εἰ μὴ τοῖς ἐπικαλουμένοις[7] τὸν κύριον;
καθαριεῖς[8] ἐν ἁμαρτίαις ψυχὴν ἐν ἐξομολογήσει,[9]
ἐν ἐξαγορίαις,[10] ὅτι αἰσχύνη[11] ἡμῖν καὶ τοῖς προσώποις ἡμῶν περὶ ἁπάντων.[12]
7 καὶ τίνι ἀφήσεις ἁμαρτίας εἰ μὴ τοῖς ἡμαρτηκόσιν;
δικαίους εὐλογήσεις καὶ οὐκ εὐθυνεῖς[13] περὶ ὧν ἡμάρτοσαν,
καὶ ἡ χρηστότης[14] σου ἐπὶ ἁμαρτάνοντας ἐν μεταμελείᾳ.[15]

8 Καὶ νῦν σὺ ὁ θεός, καὶ ἡμεῖς λαός, ὃν ἠγάπησας·
ἰδὲ καὶ οἰκτίρησον,[16] ὁ θεὸς Ισραηλ, ὅτι σοί ἐσμεν,
καὶ μὴ ἀποστήσῃς[17] ἔλεός[18] σου ἀφ᾽ ἡμῶν, ἵνα μὴ ἐπιθῶνται[19] ἡμῖν.
9 ὅτι σὺ ᾑρετίσω[20] τὸ σπέρμα Αβρααμ παρὰ πάντα τὰ ἔθνη
καὶ ἔθου τὸ ὄνομά σου ἐφ᾽ ἡμᾶς, κύριε,
καὶ οὐκ ἀπώσῃ[21] εἰς τὸν αἰῶνα.
10 ἐν διαθήκῃ διέθου[22] τοῖς πατράσιν ἡμῶν περὶ ἡμῶν,
καὶ ἡμεῖς ἐλπιοῦμεν ἐπὶ σὲ ἐν ἐπιστροφῇ[23] ψυχῆς ἡμῶν.
11 τοῦ κυρίου ἡ ἐλεημοσύνη[24] ἐπὶ οἶκον Ισραηλ εἰς τὸν αἰῶνα καὶ ἔτι.

Discipline from the Lord

10 Ἐν ὕμνοις·[25] τῷ Σαλωμων.

Μακάριος[26] ἀνήρ, οὗ ὁ κύριος ἐμνήσθη[27] ἐν ἐλεγμῷ,[28]
καὶ ἐκυκλώθη[29] ἀπὸ ὁδοῦ πονηρᾶς ἐν μάστιγι[30]
καθαρισθῆναι[31] ἀπὸ ἁμαρτίας τοῦ μὴ πληθῦναι.[32]

1 θησαυρίζω, *pres act ind 3s*, store up
2 ἀδικία, wrongdoing, injustice
3 αἴτιος, responsible for
4 ἀπώλεια, destruction
5 κρίμα, judgment
6 χρηστεύομαι, *fut mid ind 2s*, be kind to
7 ἐπικαλέω, *pres mid ptc dat p m*, call upon
8 καθαρίζω, *fut act ind 2s*, purify
9 ἐξομολόγησις, acknowledgment
10 ἐξαγορία, confession
11 αἰσχύνη, shame
12 ἅπας, all (things)
13 εὐθύνω, *fut act ind 2s*, (chastise)
14 χρηστότης, goodness, kindness
15 μεταμέλεια, repentance
16 οἰκτίρω, *aor act impv 2s*, show compassion
17 ἀφίστημι, *aor act sub 2s*, remove, draw away
18 ἔλεος, mercy
19 ἐπιτίθημι, *aor mid sub 3p*, set against, attack
20 αἱρετίζω, *aor mid ind 2s*, choose
21 ἀπωθέω, *fut mid ind 2s*, thrust away, reject
22 διατίθημι, *aor mid ind 2s*, arrange, establish
23 ἐπιστροφή, return, turning
24 ἐλεημοσύνη, mercy
25 ὕμνος, hymn
26 μακάριος, blessed
27 μιμνῄσκομαι, *aor pas ind 3s*, remember
28 ἐλεγμός, reproof
29 κυκλόω, *aor pas ind 3s*, encompass, circle about
30 μάστιξ, whip
31 καθαρίζω, *aor pas inf*, purify
32 πληθύνω, *aor act inf*, multiply, increase

2 ὁ ἑτοιμάζων νῶτον[1] εἰς μάστιγας[2] καθαρισθήσεται·[3]
χρηστὸς[4] γὰρ ὁ κύριος τοῖς ὑπομένουσιν[5] παιδείαν.[6]
3 ὀρθώσει[7] γὰρ ὁδοὺς δικαίων καὶ οὐ διαστρέψει[8] ἐν παιδείᾳ,[9]
καὶ τὸ ἔλεος[10] κυρίου ἐπὶ τοὺς ἀγαπῶντας αὐτὸν ἐν ἀληθείᾳ.
4 καὶ μνησθήσεται[11] κύριος τῶν δούλων αὐτοῦ ἐν ἐλέει·[12]
ἡ γὰρ μαρτυρία[13] ἐν νόμῳ διαθήκης αἰωνίου,
ἡ μαρτυρία κυρίου ἐπὶ ὁδοὺς ἀνθρώπων ἐν ἐπισκοπῇ.[14]

5 Δίκαιος καὶ ὅσιος[15] ὁ κύριος ἡμῶν ἐν κρίμασιν[16] αὐτοῦ εἰς τὸν αἰῶνα,
καὶ Ισραηλ αἰνέσει[17] τῷ ὀνόματι κυρίου ἐν εὐφροσύνῃ.[18]
6 καὶ ὅσιοι[19] ἐξομολογήσονται[20] ἐν ἐκκλησίᾳ λαοῦ,
καὶ πτωχοὺς ἐλεήσει[21] ὁ θεὸς ἐν εὐφροσύνῃ[22] Ισραηλ·
7 ὅτι χρηστὸς[23] καὶ ἐλεήμων[24] ὁ θεὸς εἰς τὸν αἰῶνα,
καὶ συναγωγαὶ Ισραηλ δοξάσουσιν τὸ ὄνομα κυρίου.

8 τοῦ κυρίου ἡ σωτηρία ἐπὶ οἶκον Ισραηλ εἰς εὐφροσύνην[25] αἰώνιον.

Gathering of the Children of Jerusalem

11 Τῷ Σαλωμων· εἰς προσδοκίαν.[26]

Σαλπίσατε[27] ἐν Σιων ἐν σάλπιγγι[28] σημασίας[29] ἁγίων,
κηρύξατε[30] ἐν Ιερουσαλημ φωνὴν εὐαγγελιζομένου·[31]
ὅτι ἠλέησεν[32] ὁ θεὸς Ισραηλ ἐν τῇ ἐπισκοπῇ[33] αὐτῶν.
2 στῆθι, Ιερουσαλημ, ἐφ᾽ ὑψηλοῦ[34] καὶ ἰδὲ τὰ τέκνα σου
ἀπὸ ἀνατολῶν[35] καὶ δυσμῶν[36] συνηγμένα εἰς ἅπαξ[37] ὑπὸ κυρίου.

1 νῶτον, back
2 μάστιξ, whip
3 καθαρίζω, *fut pas ind 3s*, purify
4 χρηστός, good, kind
5 ὑπομένω, *pres act ptc dat p m*, endure
6 παιδεία, discipline
7 ὀρθόω, *fut act ind 3s*, straighten, make upright
8 διαστρέφω, *fut act ind 3s*, pervert, turn aside
9 παιδεία, discipline
10 ἔλεος, mercy
11 μιμνῄσκομαι, *fut pas ind 3s*, remember
12 ἔλεος, mercy
13 μαρτυρία, testimony
14 ἐπισκοπή, visitation
15 ὅσιος, holy
16 κρίμα, judgment
17 αἰνέω, *fut act ind 3s*, praise
18 εὐφροσύνη, joy, gladness
19 ὅσιος, holy
20 ἐξομολογέομαι, *fut mid ind 3p*, confess, acknowledge
21 ἐλεέω, *fut act ind 3s*, show mercy
22 εὐφροσύνη, joy, gladness
23 χρηστός, good, kind
24 ἐλεήμων, merciful
25 εὐφροσύνη, joy, gladness
26 προσδοκία, expectation
27 σαλπίζω, *aor act impv 2p*, sound, blow
28 σάλπιγξ, trumpet
29 σημασία, signal
30 κηρύσσω, *aor act impv 2p*, announce, declare
31 εὐαγγελίζομαι, *pres mid ptc gen s m*, proclaim good news
32 ἐλεέω, *aor act ind 3s*, show mercy
33 ἐπισκοπή, visitation
34 ὑψηλός, high place
35 ἀνατολή, east
36 δυσμή, west
37 ἅπαξ, once (again)

3 ἀπὸ βορρᾶ[1] ἔρχονται τῇ εὐφροσύνῃ[2] τοῦ θεοῦ αὐτῶν,
ἐκ νήσων[3] μακρόθεν[4] συνήγαγεν αὐτοὺς ὁ θεός.
4 ὄρη ὑψηλὰ[5] ἐταπείνωσεν[6] εἰς ὁμαλισμὸν[7] αὐτοῖς,
οἱ βουνοὶ[8] ἐφύγοσαν[9] ἀπὸ εἰσόδου[10] αὐτῶν·
5 οἱ δρυμοὶ[11] ἐσκίασαν[12] αὐτοῖς ἐν τῇ παρόδῳ[13] αὐτῶν,
πᾶν ξύλον[14] εὐωδίας[15] ἀνέτειλεν[16] αὐτοῖς ὁ θεός,
6 ἵνα παρέλθῃ[17] Ισραηλ ἐν ἐπισκοπῇ[18] δόξης θεοῦ αὐτῶν.

7 Ἔνδυσαι,[19] Ιερουσαλημ, τὰ ἱμάτια τῆς δόξης σου,
ἑτοίμασον τὴν στολὴν[20] τοῦ ἁγιάσματός[21] σου·
ὅτι ὁ θεὸς ἐλάλησεν ἀγαθὰ Ισραηλ εἰς τὸν αἰῶνα καὶ ἔτι.
8 ποιήσαι[22] κύριος ἃ ἐλάλησεν ἐπὶ Ισραηλ καὶ Ιερουσαλημ,
ἀναστήσαι[23] κύριος τὸν Ισραηλ ἐν ὀνόματι δόξης αὐτοῦ·

9 τοῦ κυρίου τὸ ἔλεος[24] ἐπὶ τὸν Ισραηλ εἰς τὸν αἰῶνα καὶ ἔτι.

Deliverance from Transgressors of the Law

12 Τῷ Σαλωμων· ἐν γλώσσῃ παρανόμων.[25]

Κύριε, ῥῦσαι[26] τὴν ψυχήν μου ἀπὸ ἀνδρὸς παρανόμου[27] καὶ πονηροῦ,
ἀπὸ γλώσσης παρανόμου καὶ ψιθύρου[28]
καὶ λαλούσης ψευδῆ[29] καὶ δόλια.[30]
2 ἐν ποικιλίᾳ[31] στροφῆς[32] οἱ λόγοι τῆς γλώσσης ἀνδρὸς πονηροῦ
ὥσπερ ἐν λαῷ πῦρ ἀνάπτον[33] καλλονὴν[34] αὐτοῦ.

1 βορρᾶς, north
2 εὐφροσύνη, joy, gladness
3 νῆσος, island
4 μακρόθεν, from afar
5 ὑψηλός, high
6 ταπεινόω, *aor act ind 3s*, bring low
7 ὁμαλισμός, level (place)
8 βουνός, hill
9 φεύγω, *aor act ind 3p*, flee
10 εἴσοδος, entering
11 δρυμός, forest
12 σκιάζω, *aor act ind 3p*, cover, shade
13 πάροδος, passing by
14 ξύλον, tree
15 εὐωδία, sweet smell
16 ἀνατέλλω, *aor act ind 3s*, sprout, spring up
17 παρέρχομαι, *aor act sub 3s*, pass by
18 ἐπισκοπή, visitation
19 ἐνδύω, *aor mid impv 2s*, put on
20 στολή, garment
21 ἁγίασμα, holiness
22 ποιέω, *aor mid opt 3s*, do
23 ἀνίστημι, *aor act opt 3s*, establish, raise up
24 ἔλεος, mercy
25 παράνομος, lawless (one)
26 ῥύομαι, *aor mid impv 2s*, deliver, rescue
27 παράνομος, lawless
28 ψίθυρος, slanderous
29 ψευδής, lying, false
30 δόλιος, deceitful, treacherous
31 ποικιλία, various, manifold
32 στροφή, twisting, turning
33 ἀνάπτω, *pres act ptc nom s n*, burn
34 καλλονή, beauty, excellence

3 ἡ παροικία[1] αὐτοῦ ἐμπρῆσαι[2] οἴκους ἐν γλώσσῃ ψευδεῖ,[3]
ἐκκόψαι[4] δένδρα[5] εὐφροσύνης[6] φλογιζούσης[7] παρανόμους,[8]
συγχέαι[9] οἴκους ἐν πολέμῳ χείλεσιν[10] ψιθύροις.[11]

4 Μακρύναι[12] ὁ θεὸς ἀπὸ ἀκάκων[13] χείλη[14] παρανόμων[15] ἐν ἀπορίᾳ,[16]
καὶ σκορπισθείησαν[17] ὀστᾶ[18] ψιθύρων[19] ἀπὸ φοβουμένων κύριον·
ἐν πυρὶ φλογὸς[20] γλῶσσα ψίθυρος ἀπόλοιτο[21] ἀπὸ ὁσίων.[22]
5 φυλάξαι[23] κύριος ψυχὴν ἡσύχιον[24] μισοῦσαν ἀδίκους,[25]
καὶ κατευθύναι[26] κύριος ἄνδρα ποιοῦντα εἰρήνην ἐν οἴκῳ.
6 τοῦ κυρίου ἡ σωτηρία ἐπὶ Ισραηλ παῖδα[27] αὐτοῦ εἰς τὸν αἰῶνα·
καὶ ἀπόλοιντο[28] οἱ ἁμαρτωλοὶ ἀπὸ προσώπου κυρίου ἅπαξ,[29]
καὶ ὅσιοι[30] κυρίου κληρονομήσαισαν[31] ἐπαγγελίας[32] κυρίου.

Discipline and Comfort for the Righteous

13 Τῷ Σαλωμων ψαλμός· παράκλησις[33] τῶν δικαίων.

Δεξιὰ κυρίου ἐσκέπασέν[34] με,
δεξιὰ κυρίου ἐφείσατο[35] ἡμῶν·
2 ὁ βραχίων[36] κυρίου ἔσωσεν ἡμᾶς ἀπὸ ῥομφαίας[37] διαπορευομένης,[38]
ἀπὸ λιμοῦ[39] καὶ θανάτου ἁμαρτωλῶν.
3 θηρία ἐπεδράμοσαν[40] αὐτοῖς πονηρά·
ἐν τοῖς ὀδοῦσιν[41] αὐτῶν ἐτίλλοσαν[42] σάρκας αὐτῶν

1 παροικία, sojourn, dwelling in a foreign land
2 ἐμπίμπρημι, *aor act inf*, set on fire
3 ψευδής, lying, false
4 ἐκκόπτω, *aor act inf*, cut down
5 δένδρον, tree
6 εὐφροσύνη, joy, gladness
7 φλογίζω, *pres act ptc gen s f*, consume by fire
8 παράνομος, lawless
9 συγχέω, *aor act inf*, trouble, confound
10 χεῖλος, lip
11 ψίθυρος, slanderous
12 μακρύνω, *aor act opt 3s*, remove to a distance
13 ἄκακος, innocent
14 χεῖλος, lip
15 παράνομος, lawless
16 ἀπορία, distress, anxiety
17 σκορπίζω, *aor pas opt 3p*, scatter, disperse
18 ὀστέον, bone
19 ψίθυρος, slanderous
20 φλόξ, flame
21 ἀπόλλυμι, *aor mid opt 3s*, perish
22 ὅσιος, holy
23 φυλάσσω, *aor act opt 3s*, guard, protect
24 ἡσύχιος, quiet
25 ἄδικος, unrighteous
26 κατευθύνω, *aor act opt 3s*, guide, keep straight
27 παῖς, servant
28 ἀπόλλυμι, *aor mid opt 3p*, perish
29 ἅπαξ, once (for all), at once
30 ὅσιος, holy
31 κληρονομέω, *aor act opt 3p*, inherit
32 ἐπαγγελία, promise
33 παράκλησις, comfort, consolation
34 σκεπάζω, *aor act ind 3s*, cover, overshadow
35 φείδομαι, *aor mid ind 3s*, spare
36 βραχίων, arm
37 ῥομφαία, sword
38 διαπορεύομαι, *pres mid ptc gen s f*, go through
39 λιμός, famine
40 ἐπιτρέχω, *aor act ind 3p*, rush upon
41 ὀδούς, tooth
42 τίλλω, *impf act ind 3p*, tear

καὶ ἐν ταῖς μύλαις[1] ἔθλων ὀστᾶ[2] αὐτῶν·
4 καὶ ἐκ τούτων ἁπάντων[3] ἐρρύσατο[4] ἡμᾶς κύριος.

5 Ἐταράχθη[5] ὁ εὐσεβὴς[6] διὰ τὰ παραπτώματα[7] αὐτοῦ,
μήποτε[8] συμπαραληφθῇ[9] μετὰ τῶν ἁμαρτωλῶν·
6 ὅτι δεινὴ[10] ἡ καταστροφὴ[11] τοῦ ἁμαρτωλοῦ,
καὶ οὐχ ἅψεται δικαίου οὐδὲν ἐκ πάντων τούτων.
7 ὅτι οὐχ ὁμοία[12] ἡ παιδεία[13] τῶν δικαίων ἐν ἀγνοίᾳ[14]
καὶ ἡ καταστροφὴ[15] τῶν ἁμαρτωλῶν.
8 ἐν περιστολῇ[16] παιδεύεται[17] δίκαιος,
ἵνα μὴ ἐπιχαρῇ[18] ὁ ἁμαρτωλὸς τῷ δικαίῳ·
9 ὅτι νουθετήσει[19] δίκαιον ὡς υἱὸν ἀγαπήσεως,[20]
καὶ ἡ παιδεία[21] αὐτοῦ ὡς πρωτοτόκου.[22]
10 ὅτι φείσεται[23] κύριος τῶν ὁσίων[24] αὐτοῦ
καὶ τὰ παραπτώματα[25] αὐτῶν ἐξαλείψει[26] ἐν παιδείᾳ.[27]
11 ἡ γὰρ ζωὴ τῶν δικαίων εἰς τὸν αἰῶνα·
ἁμαρτωλοὶ δὲ ἀρθήσονται εἰς ἀπώλειαν,[28]
καὶ οὐχ εὑρεθήσεται μνημόσυνον[29] αὐτῶν ἔτι·
12 ἐπὶ δὲ τοὺς ὁσίους[30] τὸ ἔλεος[31] κυρίου,
καὶ ἐπὶ τοὺς φοβουμένους αὐτὸν τὸ ἔλεος αὐτοῦ.

Faithfulness of the Lord

14 Ὕμνος[32] τῷ Σαλωμων.

Πιστὸς[33] κύριος τοῖς ἀγαπῶσιν αὐτὸν ἐν ἀληθείᾳ,
τοῖς ὑπομένουσιν[34] παιδείαν[35] αὐτοῦ,

1 μύλη, molar
2 ὀστέον, bone
3 ἅπας, all
4 ῥύομαι, *aor mid ind 3s*, deliver, rescue
5 ταράσσω, *aor pas ind 3s*, disturb, trouble
6 εὐσεβής, pious
7 παράπτωμα, transgression, trespass
8 μήποτε, lest
9 συμπαραλαμβάνω, *aor pas sub 3s*, overtake together with someone else
10 δεινός, awful, terrible
11 καταστροφή, destruction, ruin
12 ὅμοιος, like, same
13 παιδεία, discipline, chastisement
14 ἄγνοια, ignorance
15 καταστροφή, destruction, ruin
16 περιστολή, adornment
17 παιδεύω, *pres pas ind 3s*, discipline, chastise
18 ἐπιχαίρω, *aor pas sub 3s*, rejoice
19 νουθετέω, *fut act ind 3s*, warn, admonish
20 ἀγάπησις, affection, love
21 παιδεία, discipline, chastisement
22 πρωτότοκος, firstborn
23 φείδομαι, *fut mid ind 3s*, spare
24 ὅσιος, holy
25 παράπτωμα, transgression, trespass
26 ἐξαλείφω, *fut act ind 3s*, wipe out
27 παιδεία, discipline, chastisement
28 ἀπώλεια, destruction
29 μνημόσυνον, remembrance
30 ὅσιος, holy
31 ἔλεος, mercy
32 ὕμνος, hymn
33 πιστός, faithful
34 ὑπομένω, *pres act ptc dat p m*, stand firm in, endure
35 παιδεία, discipline, instruction

2 τοῖς πορευομένοις ἐν δικαιοσύνῃ προσταγμάτων[1] αὐτοῦ,
ἐν νόμῳ, ᾧ ἐνετείλατο[2] ἡμῖν εἰς ζωὴν ἡμῶν.
3 ὅσιοι[3] κυρίου ζήσονται ἐν αὐτῷ εἰς τὸν αἰῶνα·
ὁ παράδεισος[4] τοῦ κυρίου, τὰ ξύλα[5] τῆς ζωῆς, ὅσιοι αὐτοῦ.
4 ἡ φυτεία[6] αὐτῶν ἐρριζωμένη[7] εἰς τὸν αἰῶνα,
οὐκ ἐκτιλήσονται[8] πάσας τὰς ἡμέρας τοῦ οὐρανοῦ·
5 ὅτι ἡ μερὶς[9] καὶ κληρονομία[10] τοῦ θεοῦ ἐστιν Ισραηλ.

6 Καὶ οὐχ οὕτως οἱ ἁμαρτωλοὶ καὶ παράνομοι,[11]
οἳ ἠγάπησαν ἡμέραν ἐν μετοχῇ[12] ἁμαρτίας αὐτῶν·
7 ἐν μικρότητι[13] σαπρίας[14] ἡ ἐπιθυμία[15] αὐτῶν,
καὶ οὐκ ἐμνήσθησαν[16] τοῦ θεοῦ.
8 ὅτι ὁδοὶ ἀνθρώπων γνωσταὶ[17] ἐνώπιον αὐτοῦ διὰ παντός,
καὶ ταμιεῖα[18] καρδίας ἐπίσταται[19] πρὸ τοῦ γενέσθαι.
9 διὰ τοῦτο ἡ κληρονομία[20] αὐτῶν ᾅδης[21] καὶ σκότος καὶ ἀπώλεια,[22]
καὶ οὐχ εὑρεθήσονται ἐν ἡμέρᾳ ἐλέους[23] δικαίων·
10 οἱ δὲ ὅσιοι[24] κυρίου κληρονομήσουσιν[25] ζωὴν ἐν εὐφροσύνῃ.[26]

Fate of the Righteous and Fate of the Sinner

15 Ψαλμὸς τῷ Σαλωμων μετὰ ᾠδῆς.[27]
Ἐν τῷ θλίβεσθαί[28] με ἐπεκαλεσάμην[29] τὸ ὄνομα κυρίου,
εἰς βοήθειαν[30] ἤλπισα τοῦ θεοῦ Ιακωβ καὶ ἐσώθην·
ὅτι ἐλπὶς καὶ καταφυγὴ[31] τῶν πτωχῶν σύ, ὁ θεός.
2 τίς γὰρ ἰσχύει,[32] ὁ θεός,
εἰ μὴ ἐξομολογήσασθαί[33] σοι ἐν ἀληθείᾳ;
καὶ τί δυνατὸς ἄνθρωπος
εἰ μὴ ἐξομολογήσασθαι τῷ ὀνόματί σου;

1 πρόσταγμα, ordinance
2 ἐντέλλομαι, *aor mid ind 3s*, command
3 ὅσιος, holy
4 παράδεισος, paradise
5 ξύλον, tree
6 φυτεία, planting
7 ῥιζόω, *perf act ptc nom s f*, take root
8 ἐκτίλλω, *fut mid ind 3p*, be plucked
9 μερίς, portion
10 κληρονομία, inheritance
11 παράνομος, lawless
12 μετοχή, sharing in, participation in
13 μικρότης, smallness
14 σαπρία, decay, corruption
15 ἐπιθυμία, desire, longing
16 μιμνήσκομαι, *aor pas ind 3p*, remember
17 γνωστός, known
18 ταμιεῖον, chamber
19 ἐπίσταμαι, *pres mid ind 3s*, know
20 κληρονομία, inheritance
21 ᾅδης, underworld, Hades
22 ἀπώλεια, destruction
23 ἔλεος, mercy
24 ὅσιος, holy
25 κληρονομέω, *fut act ind 3p*, inherit
26 εὐφροσύνη, joy, gladness
27 ᾠδή, ode
28 θλίβω, *pres mid inf*, be afflicted
29 ἐπικαλέω, *aor mid ind 1s*, call upon
30 βοήθεια, help, aid
31 καταφυγή, refuge
32 ἰσχύω, *pres act ind 3s*, be strong
33 ἐξομολογέομαι, *aor mid inf*, confess, acknowledge

3 ψαλμὸν καινὸν[1] μετὰ ᾠδῆς[2] ἐν εὐφροσύνῃ[3] καρδίας,
καρπὸν χειλέων[4] ἐν ὀργάνῳ[5] ἡρμοσμένῳ[6] γλώσσης,
ἀπαρχὴν[7] χειλέων[8] ἀπὸ καρδίας ὁσίας[9] καὶ δικαίας,
4 ὁ ποιῶν ταῦτα οὐ σαλευθήσεται[10] εἰς τὸν αἰῶνα ἀπὸ κακοῦ,
φλὸξ[11] πυρὸς καὶ ὀργὴ ἀδίκων[12] οὐχ ἅψεται αὐτοῦ,
5 ὅταν ἐξέλθῃ ἐπὶ ἁμαρτωλοὺς ἀπὸ προσώπου κυρίου
ὀλεθρεῦσαι[13] πᾶσαν ὑπόστασιν[14] ἁμαρτωλῶν·
6 ὅτι τὸ σημεῖον τοῦ θεοῦ ἐπὶ δικαίους εἰς σωτηρίαν.

7 Λιμὸς[15] καὶ ῥομφαία[16] καὶ θάνατος ἀπὸ δικαίων μακράν,[17]
φεύξονται[18] γὰρ ὡς διωκόμενοι πολέμου ἀπὸ ὁσίων·[19]
8 καταδιώξονται[20] δὲ ἁμαρτωλοὺς καὶ καταλήμψονται,[21]
καὶ οὐκ ἐκφεύξονται[22] οἱ ποιοῦντες ἀνομίαν[23] τὸ κρίμα[24] κυρίου·
9 ὡς ὑπὸ πολεμίων[25] ἐμπείρων[26] καταλημφθήσονται,[27]
τὸ γὰρ σημεῖον τῆς ἀπωλείας[28] ἐπὶ τοῦ μετώπου[29] αὐτῶν.
10 καὶ ἡ κληρονομία[30] τῶν ἁμαρτωλῶν ἀπώλεια[31] καὶ σκότος,
καὶ αἱ ἀνομίαι[32] αὐτῶν διώξονται αὐτοὺς ἕως ᾅδου[33] κάτω.[34]
11 ἡ κληρονομία[35] αὐτῶν οὐχ εὑρεθήσεται τοῖς τέκνοις αὐτῶν,
αἱ γὰρ ἁμαρτίαι ἐξερημώσουσιν[36] οἴκους ἁμαρτωλῶν·
12 καὶ ἀπολοῦνται ἁμαρτωλοὶ ἐν ἡμέρᾳ κρίσεως κυρίου εἰς τὸν αἰῶνα,
ὅταν ἐπισκέπτηται[37] ὁ θεὸς τὴν γῆν ἐν κρίματι[38] αὐτοῦ·
13 οἱ δὲ φοβούμενοι τὸν κύριον ἐλεηθήσονται[39] ἐν αὐτῇ
καὶ ζήσονται ἐν τῇ ἐλεημοσύνῃ[40] τοῦ θεοῦ αὐτῶν·
καὶ ἁμαρτωλοὶ ἀπολοῦνται εἰς τὸν αἰῶνα χρόνον.

1 καινός, new
2 ᾠδή, ode
3 εὐφροσύνη, joy, gladness
4 χεῖλος, lip
5 ὄργανον, musical instrument
6 ἁρμόζω, *perf pas ptc dat s n*, tune
7 ἀπαρχή, firstfruit
8 χεῖλος, lip
9 ὅσιος, pious, holy
10 σαλεύω, *fut pas ind 3s*, shake, move
11 φλόξ, flame
12 ἄδικος, unrighteous
13 ὀλεθρεύω, *aor act inf*, destroy
14 ὑπόστασις, existence, substance
15 λιμός, famine
16 ῥομφαία, sword
17 μακράν, distant, far off
18 φεύγω, *fut mid ind 3p*, flee
19 ὅσιος, holy
20 καταδιώκω, *fut mid ind 3p*, pursue
21 καταλαμβάνω, *fut mid ind 3p*, overtake
22 ἐκφεύγω, *fut mid ind 3p*, escape
23 ἀνομία, transgression, lawlessness
24 κρίμα, judgment
25 πολέμιος, of warring activities
26 ἔμπειρος, acquainted
27 καταλαμβάνω, *fut pas ind 3p*, overtake
28 ἀπώλεια, destruction
29 μέτωπον, forehead
30 κληρονομία, inheritance
31 ἀπώλεια, destruction
32 ἀνομία, transgression, lawlessness
33 ᾅδης, underworld, Hades
34 κάτω, below
35 κληρονομία, inheritance
36 ἐξερημόω, *fut act ind 3p*, devastate, make desolate
37 ἐπισκέπτομαι, *pres mid sub 3s*, visit
38 κρίμα, judgment
39 ἐλεέω, *fut pas ind 3p*, show mercy
40 ἐλεημοσύνη, mercy

Help for the Holy Ones

16 Ὕμνος[1] τῷ Σαλωμων· εἰς ἀντίλημψιν[2] ὁσίοις.[3]

Ἐν τῷ νυστάξαι[4] ψυχήν μου ἀπὸ κυρίου παρὰ μικρὸν ὠλίσθησα[5]
ἐν καταφορᾷ[6] ὑπνούντων[7] μακρὰν[8] ἀπὸ θεοῦ,
2 παρ᾽ ὀλίγον[9] ἐξεχύθη[10] ἡ ψυχή μου εἰς θάνατον
σύνεγγυς[11] πυλῶν[12] ᾅδου[13] μετὰ ἁμαρτωλοῦ
3 ἐν τῷ διενεχθῆναι[14] ψυχήν μου ἀπὸ κυρίου θεοῦ Ισραηλ,
εἰ μὴ ὁ κύριος ἀντελάβετό[15] μου τῷ ἐλέει[16] αὐτοῦ εἰς τὸν αἰῶνα.
4 ἔνυξέν[17] με ὡς κέντρον[18] ἵππου[19] ἐπὶ τὴν γρηγόρησιν[20] αὐτοῦ,
ὁ σωτὴρ[21] καὶ ἀντιλήπτωρ[22] μου ἐν παντὶ καιρῷ ἔσωσέν με.

5 Ἐξομολογήσομαί[23] σοι, ὁ θεός, ὅτι ἀντελάβου[24] μου εἰς σωτηρίαν
καὶ οὐκ ἐλογίσω με μετὰ τῶν ἁμαρτωλῶν εἰς ἀπώλειαν.[25]
6 μὴ ἀποστήσῃς[26] τὸ ἔλεός[27] σου ἀπ᾽ ἐμοῦ, ὁ θεός,
μηδὲ τὴν μνήμην[28] σου ἀπὸ καρδίας μου ἕως θανάτου.
7 ἐπικράτησόν[29] μου, ὁ θεός, ἀπὸ ἁμαρτίας πονηρᾶς
καὶ ἀπὸ πάσης γυναικὸς πονηρᾶς σκανδαλιζούσης[30] ἄφρονα.[31]
8 καὶ μὴ ἀπατησάτω[32] με κάλλος γυναικὸς παρανομούσης[33]
καὶ παντὸς ὑποκειμένου[34] ἀπὸ ἁμαρτίας ἀνωφελοῦς.[35]

9 Τὰ ἔργα τῶν χειρῶν μου κατεύθυνον[36] ἐν τόπῳ σου
καὶ τὰ διαβήματά[37] μου ἐν τῇ μνήμῃ[38] σου διαφύλαξον.[39]

1 ὕμνος, hymn
2 ἀντίλημψις, help
3 ὅσιος, holy
4 νυστάζω, *aor act inf*, slumber, snooze
5 ὀλισθαίνω, *aor act ind 1s*, slip, fall
6 καταφορά, descent, (lethargy)
7 ὑπνόω, *pres act ptc gen p m*, sleep
8 μακράν, distant, far off
9 ὀλίγος, little (while)
10 ἐκχέω, *aor pas ind 3s*, pour out
11 σύνεγγυς, near
12 πύλη, gate
13 ᾅδης, underworld, Hades
14 διαφέρω, *aor pas inf*, separate
15 ἀντιλαμβάνομαι, *aor mid ind 3s*, lay hold of
16 ἔλεος, mercy
17 νύσσω, *aor act ind 3s*, prick
18 κέντρον, goad, stick
19 ἵππος, horse
20 γρηγόρησις, wakefulness
21 σωτήρ, savior
22 ἀντιλήμπτωρ, protector, defender
23 ἐξομολογέομαι, *fut mid ind 1s*, confess, acknowledge
24 ἀντιλαμβάνομαι, *aor mid ind 2s*, lay hold of
25 ἀπώλεια, destruction
26 ἀφίστημι, *aor act sub 2s*, remove
27 ἔλεος, mercy
28 μνήμη, remembrance
29 ἐπικρατέω, *aor act impv 2s*, hold power over, prevail over
30 σκανδαλίζω, *pres act ptc gen s f*, cause to stumble
31 ἄφρων, foolish
32 ἀπατάω, *aor act impv 3s*, seduce, deceive
33 παρανομέω, *pres act ptc gen s f*, transgress the law
34 ὑπόκειμαι, *pres pas ptc gen s m*, be liable to
35 ἀνωφελής, useless, unprofitable
36 κατευθύνω, *aor act impv 2s*, guide, direct
37 διάβημα, (foot)step
38 μνήμη, remembrance
39 διαφυλάσσω, *aor act impv 2s*, guard, protect

10 τὴν γλῶσσάν μου καὶ τὰ χείλη[1] μου ἐν λόγοις ἀληθείας περίστειλον,[2]
ὀργὴν καὶ θυμὸν[3] ἄλογον[4] μακρὰν[5] ποίησον ἀπ᾽ ἐμοῦ.
11 γογγυσμὸν[6] καὶ ὀλιγοψυχίαν[7] ἐν θλίψει μάκρυνον[8] ἀπ᾽ ἐμοῦ,
ἐὰν ἁμαρτήσω ἐν τῷ σε παιδεύειν[9] εἰς ἐπιστροφήν.[10]

12 εὐδοκίᾳ[11] δὲ μετὰ ἱλαρότητος[12] στήρισον[13] τὴν ψυχήν μου·
ἐν τῷ ἐνισχῦσαί[14] σε τὴν ψυχήν μου ἀρκέσει[15] μοι τὸ δοθέν.[16]
13 ὅτι ἐὰν μὴ σὺ ἐνισχύσῃς,[17]
τίς ὑφέξεται[18] παιδείαν[19] ἐν πενίᾳ;[20]
14 ἐν τῷ ἐλέγχεσθαι[21] ψυχὴν ἐν χειρὶ σαπρίας[22] αὐτοῦ
ἡ δοκιμασία[23] σου ἐν σαρκὶ αὐτοῦ καὶ ἐν θλίψει πενίας·[24]
15 ἐν τῷ ὑπομεῖναι[25] δίκαιον ἐν τούτοις
ἐλεηθήσεται[26] ὑπὸ κυρίου.

Messiah from the Line of David

17 Ψαλμὸς τῷ Σαλωμων μετὰ ᾠδῆς·[27] τῷ βασιλεῖ.

Κύριε, σὺ αὐτὸς βασιλεὺς ἡμῶν εἰς τὸν αἰῶνα καὶ ἔτι·
ὅτι ἐν σοί, ὁ θεός, καυχήσεται[28] ἡ ψυχὴ ἡμῶν.
2 καὶ τίς ὁ χρόνος ζωῆς ἀνθρώπου ἐπὶ τῆς γῆς;
κατὰ τὸν χρόνον αὐτοῦ καὶ ἡ ἐλπὶς αὐτοῦ ἐπ᾽ αὐτόν.
3 ἡμεῖς δὲ ἐλπιοῦμεν ἐπὶ τὸν θεὸν σωτῆρα[29] ἡμῶν·
ὅτι τὸ κράτος[30] τοῦ θεοῦ ἡμῶν εἰς τὸν αἰῶνα μετ᾽ ἐλέους,[31]
καὶ ἡ βασιλεία τοῦ θεοῦ ἡμῶν εἰς τὸν αἰῶνα ἐπὶ τὰ ἔθνη ἐν κρίσει.

1 χεῖλος, lip
2 περιστέλλω, *aor act impv 2s*, cover, clothe
3 θυμός, wrath
4 ἄλογος, unreasonable
5 μακράν, far away
6 γογγυσμός, grumbling, murmuring
7 ὀλιγοψυχία, loss of heart, discouragement
8 μακρύνω, *aor act impv 2s*, remove at a distance
9 παιδεύω, *pres act inf*, discipline
10 ἐπιστροφή, return, turning
11 εὐδοκία, pleasure, good will
12 ἱλαρότης, cheerfulness
13 στηρίζω, *aor act impv 2s*, uphold, support
14 ἐνισχύω, *aor act inf*, strengthen
15 ἀρκέω, *fut act ind 3s*, be sufficient
16 δίδωμι, *aor pas ptc nom s n*, give
17 ἐνισχύω, *aor act sub 2s*, strengthen
18 ὑπέχω, *fut mid ind 3s*, bear, undergo
19 παιδεία, discipline
20 πενία, poverty, need
21 ἐλέγχω, *pres pas inf*, reproach, reprove
22 σαπρία, decay, corruption
23 δοκιμασία, testing, trial
24 πενία, poverty
25 ὑπομένω, *aor act inf*, endure
26 ἐλεέω, *fut pas ind 3s*, show mercy
27 ᾠδή, ode
28 καυχάομαι, *fut mid ind 3s*, boast
29 σωτήρ, savior
30 κράτος, strength, might
31 ἔλεος, mercy

4 Σύ, κύριε, ᾑρετίσω[1] τὸν Δαυιδ βασιλέα ἐπὶ Ισραηλ,
καὶ σὺ ὤμοσας[2] αὐτῷ περὶ τοῦ σπέρματος αὐτοῦ εἰς τὸν αἰῶνα
τοῦ μὴ ἐκλείπειν[3] ἀπέναντί[4] σου βασίλειον[5] αὐτοῦ.
5 καὶ ἐν ταῖς ἁμαρτίαις ἡμῶν ἐπανέστησαν[6] ἡμῖν ἁμαρτωλοί·
ἐπέθεντο ἡμῖν καὶ ἔξωσαν[7] ἡμᾶς οἷς οὐκ ἐπηγγείλω,[8]
μετὰ βίας[9] ἀφείλαντο[10] καὶ οὐκ ἐδόξασαν τὸ ὄνομά σου τὸ ἔντιμον.[11]
6 ἐν δόξῃ ἔθεντο βασίλειον[12] ἀντὶ[13] ὕψους[14] αὐτῶν,
ἠρήμωσαν[15] τὸν θρόνον Δαυιδ ἐν ὑπερηφανίᾳ[16] ἀλλάγματος.[17]

7 Καὶ σύ, ὁ θεός, καταβαλεῖς[18] αὐτοὺς
καὶ ἀρεῖς τὸ σπέρμα αὐτῶν ἀπὸ τῆς γῆς
ἐν τῷ ἐπαναστῆναι[19] αὐτοῖς ἄνθρωπον ἀλλότριον[20] γένους[21] ἡμῶν.
8 κατὰ τὰ ἁμαρτήματα[22] αὐτῶν ἀποδώσεις[23] αὐτοῖς, ὁ θεός,
εὑρεθῆναι αὐτοῖς κατὰ τὰ ἔργα αὐτῶν.
9 οὐκ ἠλέησεν[24] αὐτοὺς ὁ θεός,
ἐξηρεύνησεν[25] τὸ σπέρμα αὐτῶν καὶ οὐκ ἀφῆκεν αὐτῶν ἕνα.
10 πιστὸς[26] ὁ κύριος ἐν πᾶσι τοῖς κρίμασιν[27] αὐτοῦ,
οἷς ποιεῖ ἐπὶ τὴν γῆν.

11 Ἠρήμωσεν[28] ὁ ἄνομος[29] τὴν γῆν ἡμῶν ἀπὸ ἐνοικούντων[30] αὐτήν,
ἠφάνισαν[31] νέον[32] καὶ πρεσβύτην[33] καὶ τέκνα αὐτῶν ἅμα·[34]
12 ἐν ὀργῇ κάλλους αὐτοῦ ἐξαπέστειλεν[35] αὐτὰ ἕως ἐπὶ δυσμῶν[36]
καὶ τοὺς ἄρχοντας τῆς γῆς εἰς ἐμπαιγμὸν[37] καὶ οὐκ ἐφείσατο.[38]

1 αἱρετίζω, *aor mid ind 2s*, choose
2 ὄμνυμι, *aor act ind 2s*, swear an oath
3 ἐκλείπω, *pres act inf*, cease, fail
4 ἀπέναντι, before
5 βασίλειον, royal dwelling
6 ἐπανίστημι, *aor act ind 3p*, rise up against
7 ἐξωθέω, *aor act ind 3p*, force out, expel
8 ἐπαγγέλλομαι, *aor mid ind 2s*, promise
9 βία, violence, force
10 ἀφαιρέω, *aor mid ind 3p*, take away
11 ἔντιμος, honorable
12 βασίλειον, royal dwelling
13 ἀντί, for the sake of
14 ὕψος, haughtiness
15 ἐρημόω, *aor act ind 3p*, make desolate, lay waste
16 ὑπερηφανία, arrogance
17 ἄλλαγμα, reward, price
18 καταβάλλω, *fut act ind 2s*, throw down
19 ἐπανίστημι, *aor act inf*, rise up against
20 ἀλλότριος, foreign
21 γένος, race, nation
22 ἁμάρτημα, sin, offense
23 ἀποδίδωμι, *fut act ind 2s*, recompense, repay
24 ἐλεέω, *aor act ind 3s*, show mercy
25 ἐξερευνάω, *aor act ind 3s*, search out
26 πιστός, trustworthy, faithful
27 κρίμα, judgment
28 ἐρημόω, *aor act ind 3s*, make desolate, lay waste
29 ἄνομος, evil, wicked
30 ἐνοικέω, *pres act ptc gen p m*, dwell in, inhabit
31 ἀφανίζω, *aor act ind 3p*, remove, destroy
32 νέος, young
33 πρεσβύτης, old
34 ἅμα, together
35 ἐξαποστέλλω, *aor act ind 3s*, send forth
36 δυσμή, west
37 ἐμπαιγμός, mockery
38 φείδομαι, *aor mid ind 3s*, spare

13 ἐν ἀλλοτριότητι[1] ὁ ἐχθρὸς ἐποίησεν ὑπερηφανίαν,[2]
καὶ ἡ καρδία αὐτοῦ ἀλλοτρία[3] ἀπὸ τοῦ θεοῦ ἡμῶν.
14 καὶ πάντα, ὅσα ἐποίησεν ἐν Ιερουσαλημ,
καθὼς καὶ τὰ ἔθνη ἐν ταῖς πόλεσι τοῦ σθένους[4] αὐτῶν.

15 Καὶ ἐπεκρατοῦσαν[5] αὐτῶν οἱ υἱοὶ τῆς διαθήκης ἐν μέσῳ ἐθνῶν συμμίκτων,[6]
οὐκ ἦν ἐν αὐτοῖς ὁ ποιῶν ἐν Ιερουσαλημ ἔλεος[7] καὶ ἀλήθειαν.
16 ἐφύγοσαν[8] ἀπ᾽ αὐτῶν οἱ ἀγαπῶντες συναγωγὰς ὁσίων,[9]
ὡς στρουθία[10] ἐξεπετάσθησαν[11] ἀπὸ κοίτης[12] αὐτῶν.
17 ἐπλανῶντο ἐν ἐρήμοις σωθῆναι ψυχὰς αὐτῶν ἀπὸ κακοῦ,
καὶ τίμιον[13] ἐν ὀφθαλμοῖς παροικίας[14] ψυχὴ σεσῳσμένη ἐξ αὐτῶν.
18 εἰς πᾶσαν τὴν γῆν ἐγενήθη ὁ σκορπισμὸς[15] αὐτῶν ὑπὸ ἀνόμων,[16]
ὅτι ἀνέσχεν[17] ὁ οὐρανὸς τοῦ στάξαι[18] ὑετὸν[19] ἐπὶ τὴν γῆν.
19 πηγαὶ[20] συνεσχέθησαν[21] αἰώνιοι ἐξ ἀβύσσων[22] ἀπὸ ὀρέων ὑψηλῶν,[23]
ὅτι οὐκ ἦν ἐν αὐτοῖς ποιῶν δικαιοσύνην καὶ κρίμα.[24]
20 ἀπὸ ἄρχοντος αὐτῶν καὶ λαοῦ ἐλαχίστου[25] ἐν πάσῃ ἁμαρτίᾳ,
ὁ βασιλεὺς ἐν παρανομίᾳ[26] καὶ ὁ κριτὴς[27] ἐν ἀπειθείᾳ[28]
καὶ ὁ λαὸς ἐν ἁμαρτίᾳ.

21 Ἰδέ, κύριε, καὶ ἀνάστησον αὐτοῖς τὸν βασιλέα αὐτῶν υἱὸν Δαυιδ
εἰς τὸν καιρόν,
ὃν εἵλου[29] σύ, ὁ θεός, τοῦ βασιλεῦσαι[30] ἐπὶ Ισραηλ παῖδά[31] σου·
22 καὶ ὑπόζωσον[32] αὐτὸν ἰσχὺν[33] τοῦ θραῦσαι[34] ἄρχοντας ἀδίκους,[35]
καθαρίσαι[36] Ιερουσαλημ ἀπὸ ἐθνῶν καταπατούντων[37] ἐν ἀπωλείᾳ,[38]

1 ἀλλοτριότης, alien, foreigner
2 ὑπερηφανία, arrogance
3 ἀλλότριος, hostile, estranged
4 σθένος, strength
5 ἐπικρατέω, *impf act ind 3p*, prevail over
6 σύμμικτος, from several nations
7 ἔλεος, mercy
8 φεύγω, *aor act ind 3p*, flee
9 ὅσιος, pious, holy
10 στρουθίον, sparrow
11 ἐκπετάννυμι, *aor pas ind 3p*, scatter
12 κοίτη, nest
13 τίμιος, honor
14 παροικία, sojourn, dwelling in a foreign land
15 σκορπισμός, scattering
16 ἄνομος, evil, wicked
17 ἀνέχω, *aor act ind 3s*, withhold
18 στάζω, *aor act inf*, let fall, drop
19 ὑετός, rain
20 πηγή, spring
21 συνέχω, *aor pas ind 3p*, hold back
22 ἄβυσσος, deeps, abyss
23 ὑψηλός, high
24 κρίμα, judgment
25 ἐλάχιστος, *sup of* μικρός, *from* ἐλαχύς, least, lowest
26 παρανομία, transgression
27 κριτής, judge
28 ἀπείθεια, disobedience
29 αἱρέω, *aor mid ind 2s*, choose
30 βασιλεύω, *aor act inf*, reign as king
31 παῖς, servant
32 ὑποζώννυμι, *aor act impv 2s*, gird
33 ἰσχύς, strength
34 θραύω, *aor act inf*, strike, shatter
35 ἄδικος, unrighteous
36 καθαρίζω, *aor act inf*, purify
37 καταπατέω, *pres act ptc gen p n*, trample down
38 ἀπώλεια, destruction

23 ἐν σοφίᾳ δικαιοσύνης ἐξῶσαι[1] ἁμαρτωλοὺς ἀπὸ κληρονομίας,[2]
ἐκτρῖψαι[3] ὑπερηφανίαν[4] ἁμαρτωλοῦ ὡς σκεύη[5] κεραμέως,[6]
24 ἐν ῥάβδῳ[7] σιδηρᾷ[8] συντρῖψαι[9] πᾶσαν ὑπόστασιν[10] αὐτῶν,
ὀλεθρεῦσαι[11] ἔθνη παράνομα[12] ἐν λόγῳ στόματος αὐτοῦ,
25 ἐν ἀπειλῇ[13] αὐτοῦ φυγεῖν[14] ἔθνη ἀπὸ προσώπου αὐτοῦ
καὶ ἐλέγξαι[15] ἁμαρτωλοὺς ἐν λόγῳ καρδίας αὐτῶν.

26 Καὶ συνάξει λαὸν ἅγιον, οὗ ἀφηγήσεται[16] ἐν δικαιοσύνῃ,
καὶ κρινεῖ φυλὰς λαοῦ ἡγιασμένου[17] ὑπὸ κυρίου θεοῦ αὐτοῦ·
27 καὶ οὐκ ἀφήσει ἀδικίαν[18] ἐν μέσῳ αὐτῶν αὐλισθῆναι[19] ἔτι,
καὶ οὐ κατοικήσει πᾶς ἄνθρωπος μετ᾽ αὐτῶν εἰδὼς κακίαν·
γνώσεται γὰρ αὐτοὺς ὅτι πάντες υἱοὶ θεοῦ εἰσιν αὐτῶν.
28 καὶ καταμερίσει[20] αὐτοὺς ἐν ταῖς φυλαῖς αὐτῶν ἐπὶ τῆς γῆς,
καὶ πάροικος[21] καὶ ἀλλογενὴς[22] οὐ παροικήσει[23] αὐτοῖς ἔτι·
29 κρινεῖ λαοὺς καὶ ἔθνη ἐν σοφίᾳ δικαιοσύνης αὐτοῦ.

διάψαλμα.[24]

30 Καὶ ἕξει λαοὺς ἐθνῶν δουλεύειν[25] αὐτῷ ὑπὸ τὸν ζυγὸν[26] αὐτοῦ
καὶ τὸν κύριον δοξάσει ἐν ἐπισήμῳ[27] πάσης τῆς γῆς
καὶ καθαριεῖ[28] Ιερουσαλημ ἐν ἁγιασμῷ[29] ὡς καὶ τὸ ἀπ᾽ ἀρχῆς
31 ἔρχεσθαι ἔθνη ἀπ᾽ ἄκρου[30] τῆς γῆς ἰδεῖν τὴν δόξαν αὐτοῦ
φέροντες δῶρα[31] τοὺς ἐξησθενηκότας[32] υἱοὺς αὐτῆς
καὶ ἰδεῖν τὴν δόξαν κυρίου, ἣν ἐδόξασεν αὐτὴν ὁ θεός.
32 καὶ αὐτὸς βασιλεὺς δίκαιος διδακτὸς[33] ὑπὸ θεοῦ ἐπ᾽ αὐτούς,
καὶ οὐκ ἔστιν ἀδικία[34] ἐν ταῖς ἡμέραις αὐτοῦ ἐν μέσῳ αὐτῶν,
ὅτι πάντες ἅγιοι, καὶ βασιλεὺς αὐτῶν χριστὸς κυρίου.

1 ἐξωθέω, *aor act inf*, force out, expel
2 κληρονομία, inheritance
3 ἐκτρίβω, *aor act inf*, destroy, crush
4 ὑπερηφανία, arrogance
5 σκεῦος, vessel
6 κεραμεύς, potter
7 ῥάβδος, rod
8 σιδηροῦς, iron
9 συντρίβω, *aor act inf*, break, shatter
10 ὑπόστασις, existence, substance
11 ὀλεθρεύω, *aor act inf*, destroy
12 παράνομος, lawless
13 ἀπειλή, threat, anger
14 φεύγω, *aor act inf*, flee
15 ἐλέγχω, *aor act inf*, reproach, reprove
16 ἀφηγέομαι, *fut mid ind 3s*, lead
17 ἁγιάζω, *perf pas ptc gen s m*, sanctify, consecrate
18 ἀδικία, wrongdoing, injustice
19 αὐλίζομαι, *aor pas inf*, lodge
20 καταμερίζω, *fut act ind 3s*, distribute
21 πάροικος, sojourner, alien
22 ἀλλογενής, foreign
23 παροικέω, *fut act ind 3s*, sojourn, reside as an alien
24 διάψαλμα, (*musical interlude, renders Heb*. selāh)
25 δουλεύω, *pres act inf*, serve, be subject to
26 ζυγός, yoke
27 ἐπίσημος, notability, conspicuousness
28 καθαρίζω, *fut act ind 3s*, purify
29 ἁγιασμός, holiness, sanctification
30 ἄκρος, end
31 δῶρον, gift
32 ἐξασθενέω, *perf act ptc acc p m*, be weak
33 διδακτός, taught, instructed
34 ἀδικία, wrongdoing, injustice

33 οὐ γὰρ ἐλπιεῖ ἐπὶ ἵππον[1] καὶ ἀναβάτην[2] καὶ τόξον[3]
οὐδὲ πληθυνεῖ[4] αὐτῷ χρυσίον[5] οὐδὲ ἀργύριον[6] εἰς πόλεμον
καὶ πολλοῖς λαοῖς οὐ συνάξει ἐλπίδας εἰς ἡμέραν πολέμου.

34 Κύριος αὐτὸς βασιλεὺς αὐτοῦ, ἐλπὶς τοῦ δυνατοῦ ἐλπίδι θεοῦ,
καὶ ἐλεήσει[7] πάντα τὰ ἔθνη ἐνώπιον αὐτοῦ ἐν φόβῳ.
35 πατάξει[8] γὰρ γῆν τῷ λόγῳ τοῦ στόματος αὐτοῦ εἰς αἰῶνα,
εὐλογήσει λαὸν κυρίου ἐν σοφίᾳ μετ᾽ εὐφροσύνης·[9]
36 καὶ αὐτὸς καθαρὸς[10] ἀπὸ ἁμαρτίας τοῦ ἄρχειν λαοῦ μεγάλου,
ἐλέγξαι[11] ἄρχοντας καὶ ἐξᾶραι[12] ἁμαρτωλοὺς ἐν ἰσχύι[13] λόγου.
37 καὶ οὐκ ἀσθενήσει[14] ἐν ταῖς ἡμέραις αὐτοῦ ἐπὶ θεῷ αὐτοῦ·
ὅτι ὁ θεὸς κατειργάσατο[15] αὐτὸν δυνατὸν ἐν πνεύματι ἁγίῳ
καὶ σοφὸν[16] ἐν βουλῇ[17] συνέσεως[18] μετὰ ἰσχύος[19] καὶ δικαιοσύνης.
38 καὶ εὐλογία[20] κυρίου μετ᾽ αὐτοῦ ἐν ἰσχύι,[21]
καὶ οὐκ ἀσθενήσει.[22]

39 Ἡ ἐλπὶς αὐτοῦ ἐπὶ κύριον,
καὶ τίς δύναται πρὸς αὐτόν;
40 ἰσχυρὸς[23] ἐν ἔργοις αὐτοῦ καὶ κραταιὸς[24] ἐν φόβῳ θεοῦ
ποιμαίνων[25] τὸ ποίμνιον[26] κυρίου ἐν πίστει καὶ δικαιοσύνῃ
καὶ οὐκ ἀφήσει ἀσθενῆσαι[27] ἐν αὐτοῖς ἐν τῇ νομῇ[28] αὐτῶν.
41 ἐν ἰσότητι[29] πάντας αὐτοὺς ἄξει,
καὶ οὐκ ἔσται ἐν αὐτοῖς ὑπερηφανία[30]
τοῦ καταδυναστευθῆναι[31] ἐν αὐτοῖς.

42 Αὕτη ἡ εὐπρέπεια[32] τοῦ βασιλέως Ισραηλ, ἣν ἔγνω ὁ θεός,
ἀναστῆσαι αὐτὸν ἐπ᾽ οἶκον Ισραηλ παιδεῦσαι[33] αὐτόν.

1 ἵππος, horse
2 ἀναβάτης, rider
3 τόξον, bow
4 πληθύνω, *fut act ind 3s*, multiply
5 χρυσίον, gold
6 ἀργύριον, silver
7 ἐλεέω, *fut act ind 3s*, show mercy
8 πατάσσω, *fut act ind 3s*, strike, smite
9 εὐφροσύνη, joy, gladness
10 καθαρός, pure, clean
11 ἐλέγχω, *aor act inf*, reproach, reprove
12 ἐξαίρω, *aor act inf*, remove
13 ἰσχύς, strength
14 ἀσθενέω, *fut act ind 3s*, weaken
15 κατεργάζομαι, *aor mid ind 3s*, make
16 σοφός, wise
17 βουλή, counsel
18 σύνεσις, understanding
19 ἰσχύς, strength
20 εὐλογία, blessing
21 ἰσχύς, strength
22 ἀσθενέω, *fut act ind 3s*, weaken
23 ἰσχυρός, strong
24 κραταιός, powerful
25 ποιμαίνω, *pres act ptc nom s m*, tend flocks, shepherd
26 ποίμνιον, flock
27 ἀσθενέω, *aor act inf*, weaken
28 νομή, pasture
29 ἰσότης, equality
30 ὑπερηφανία, arrogance
31 καταδυναστεύω, *aor pas inf*, oppress
32 εὐπρέπεια, beauty, dignity
33 παιδεύω, *aor act inf*, discipline

43 τὰ ῥήματα αὐτοῦ πεπυρωμένα[1] ὑπὲρ χρυσίον[2] τὸ πρῶτον τίμιον,[3]
ἐν συναγωγαῖς διακρινεῖ[4] λαοῦ φυλὰς ἡγιασμένου,[5]
οἱ λόγοι αὐτοῦ ὡς λόγοι ἁγίων ἐν μέσῳ λαῶν ἡγιασμένων.[6]
44 μακάριοι[7] οἱ γενόμενοι ἐν ταῖς ἡμέραις ἐκείναις
ἰδεῖν τὰ ἀγαθὰ Ισραηλ ἐν συναγωγῇ φυλῶν,
ἃ ποιήσει ὁ θεός.
45 ταχύναι[8] ὁ θεὸς ἐπὶ Ισραηλ τὸ ἔλεος[9] αὐτοῦ,
ῥύσαιτο[10] ἡμᾶς ἀπὸ ἀκαθαρσίας[11] ἐχθρῶν βεβήλων.[12]

46 κύριος αὐτὸς βασιλεὺς ἡμῶν εἰς τὸν αἰῶνα καὶ ἔτι.

Blessings for Those Who Live in the Days of the Messiah

18 Ψαλμὸς τῷ Σαλωμων· ἔτι τοῦ χριστοῦ κυρίου.

Κύριε, τὸ ἔλεός[13] σου ἐπὶ τὰ ἔργα τῶν χειρῶν σου εἰς τὸν αἰῶνα,
ἡ χρηστότης[14] σου μετὰ δόματος[15] πλουσίου[16] ἐπὶ Ισραηλ·
2 οἱ ὀφθαλμοί σου ἐπιβλέποντες[17] ἐπ᾽ αὐτά,
καὶ οὐχ ὑστερήσει[18] ἐξ αὐτῶν·
τὰ ὦτά[19] σου ἐπακούει[20] εἰς δέησιν[21] πτωχοῦ ἐν ἐλπίδι.
3 τὰ κρίματά[22] σου ἐπὶ πᾶσαν τὴν γῆν μετὰ ἐλέους,[23]
καὶ ἡ ἀγάπη σου ἐπὶ σπέρμα Αβρααμ υἱοὺς Ισραηλ.
4 ἡ παιδεία[24] σου ἐφ᾽ ἡμᾶς ὡς υἱὸν πρωτότοκον[25] μονογενῆ[26]
ἀποστρέψαι[27] ψυχὴν εὐήκοον[28] ἀπὸ ἀμαθίας[29] ἐν ἀγνοίᾳ.[30]
5 καθαρίσαι[31] ὁ θεὸς Ισραηλ εἰς ἡμέραν ἐλέους[32] ἐν εὐλογίᾳ,[33]
εἰς ἡμέραν ἐκλογῆς[34] ἐν ἀνάξει[35] χριστοῦ αὐτοῦ.

1 πυρόω, *perf pas ptc nom p n*, refine by fire
2 χρυσίον, gold
3 τίμιος, precious, costly
4 διακρίνω, *pres act ind 3s*, give judgment
5 ἁγιάζω, *perf pas ptc gen s m*, sanctify, consecrate
6 ἁγιάζω, *perf pas ptc gen p m*, sanctify, consecrate
7 μακάριος, blessed
8 ταχύνω, *aor act opt 3s*, hasten
9 ἔλεος, mercy
10 ῥύομαι, *aor mid opt 3s*, deliver, rescue
11 ἀκαθαρσία, impurity
12 βέβηλος, profane
13 ἔλεος, mercy
14 χρηστότης, goodness, kindness
15 δόμα, gift
16 πλούσιος, rich
17 ἐπιβλέπω, *pres act ptc nom p m*, look upon
18 ὑστερέω, *fut act ind 3s*, be in want
19 οὖς, ear
20 ἐπακούω, *pres act ind 3s*, hear, listen
21 δέησις, entreaty, supplication
22 κρίμα, judgment
23 ἔλεος, mercy
24 παιδεία, discipline
25 πρωτότοκος, firstborn
26 μονογενής, only, unique
27 ἀποστρέφω, *aor act inf*, turn away
28 εὐήκοος, obedient
29 ἀμαθία, stupidity
30 ἄγνοια, ignorance
31 καθαρίζω, *aor act opt 3s*, purify
32 ἔλεος, mercy
33 εὐλογία, blessing
34 ἐκλογή, election
35 ἄναξις, raising up, bringing up

6 Μακάριοι[1] οἱ γενόμενοι ἐν ταῖς ἡμέραις ἐκείναις
ἰδεῖν τὰ ἀγαθὰ κυρίου, ἃ ποιήσει γενεᾷ τῇ ἐρχομένῃ
7 ὑπὸ ῥάβδον[2] παιδείας[3] χριστοῦ κυρίου ἐν φόβῳ θεοῦ αὐτοῦ
ἐν σοφίᾳ πνεύματος καὶ δικαιοσύνης καὶ ἰσχύος[4]
8 κατευθῦναι[5] ἄνδρα ἐν ἔργοις δικαιοσύνης φόβῳ θεοῦ
καταστῆσαι[6] πάντας αὐτοὺς ἐνώπιον κυρίου
9 γενεὰ ἀγαθὴ ἐν φόβῳ θεοῦ ἐν ἡμέραις ἐλέους.[7]

διάψαλμα.[8]

10 Μέγας ἡμῶν ὁ θεὸς καὶ ἔνδοξος[9] ἐν ὑψίστοις[10] κατοικῶν
ὁ διατάξας[11] ἐν πορείᾳ[12] φωστῆρας[13] εἰς καιροὺς ὡρῶν
ἀφ᾽ ἡμερῶν εἰς ἡμέρας
καὶ οὐ παρέβησαν[14] ἀπὸ ὁδοῦ, ἧς ἐνετείλω[15] αὐτοῖς·
11 ἐν φόβῳ θεοῦ ἡ ὁδὸς αὐτῶν καθ᾽ ἑκάστην ἡμέραν
ἀφ᾽ ἧς ἡμέρας ἔκτισεν[16] αὐτοὺς ὁ θεὸς καὶ ἕως αἰῶνος·
12 καὶ οὐκ ἐπλανήθησαν ἀφ᾽ ἧς ἡμέρας ἔκτισεν[17] αὐτούς,
ἀπὸ γενεῶν ἀρχαίων[18] οὐκ ἀπέστησαν[19] ὁδῶν αὐτῶν,
εἰ μὴ ὁ θεὸς ἐνετείλατο[20] αὐτοῖς ἐν ἐπιταγῇ[21] δούλων αὐτοῦ.

1 μακάριος, blessed
2 ῥάβδος, rod, staff
3 παιδεία, discipline, chastisement
4 ἰσχύς, strength
5 κατευθύνω, *aor act inf*, guide, direct
6 καθίστημι, *aor act inf*, set up, establish
7 ἔλεος, mercy
8 διάψαλμα, (*musical interlude, renders Heb*. selāh)
9 ἔνδοξος, glorious
10 ὕψιστος, *sup*, highest, most high
11 διατάσσω, *aor act ptc nom s m*, assign, appoint
12 πορεία, journey, course
13 φωστήρ, luminary
14 παραβαίνω, *aor act ind 3p*, deviate, turn aside
15 ἐντέλλομαι, *aor mid ind 2s*, command
16 κτίζω, *aor act ind 3s*, create
17 κτίζω, *aor act ind 3s*, create
18 ἀρχαῖος, old, ancient
19 ἀφίστημι, *aor act ind 3p*, turn away
20 ἐντέλλομαι, *aor mid ind 3s*, command
21 ἐπιταγή, commandment

ΩΣΗΕ
Hosea

1 Λόγος κυρίου, ὃς ἐγενήθη πρὸς Ωσηε τὸν τοῦ Βεηρι ἐν ἡμέραις Οζιου καὶ Ιωα-
θαμ καὶ Αχαζ καὶ Εζεκιου βασιλέων Ιουδα καὶ ἐν ἡμέραις Ιεροβοαμ υἱοῦ Ιωας
βασιλέως Ισραηλ.

Hosea's Wife and Children

2 Ἀρχὴ λόγου κυρίου πρὸς Ωσηε· καὶ εἶπεν κύριος πρὸς Ωσηε Βάδιζε[1] λαβὲ σεαυτῷ
γυναῖκα πορνείας[2] καὶ τέκνα πορνείας, διότι[3] ἐκπορνεύουσα[4] ἐκπορνεύσει[5] ἡ γῆ ἀπὸ
ὄπισθεν[6] τοῦ κυρίου. **3** καὶ ἐπορεύθη καὶ ἔλαβεν τὴν Γομερ θυγατέρα[7] Δεβηλαιμ,
καὶ συνέλαβεν[8] καὶ ἔτεκεν[9] αὐτῷ υἱόν. **4** καὶ εἶπεν κύριος πρὸς αὐτόν Κάλεσον τὸ
ὄνομα αὐτοῦ Ιεζραελ, διότι[10] ἔτι μικρὸν καὶ ἐκδικήσω[11] τὸ αἷμα τοῦ Ιεζραελ ἐπὶ τὸν
οἶκον Ιου καὶ καταπαύσω[12] βασιλείαν οἴκου Ισραηλ· **5** καὶ ἔσται ἐν τῇ ἡμέρᾳ ἐκείνῃ
συντρίψω[13] τὸ τόξον[14] τοῦ Ισραηλ ἐν τῇ κοιλάδι[15] τοῦ Ιεζραελ.

6 καὶ συνέλαβεν[16] ἔτι καὶ ἔτεκεν[17] θυγατέρα.[18] καὶ εἶπεν αὐτῷ Κάλεσον τὸ ὄνομα
αὐτῆς Οὐκ-ἠλεημένη,[19] διότι[20] οὐ μὴ προσθήσω[21] ἔτι ἐλεῆσαι[22] τὸν οἶκον τοῦ Ισραηλ,
ἀλλ᾽ ἢ ἀντιτασσόμενος[23] ἀντιτάξομαι[24] αὐτοῖς. **7** τοὺς δὲ υἱοὺς Ιουδα ἐλεήσω[25] καὶ
σώσω αὐτοὺς ἐν κυρίῳ θεῷ αὐτῶν καὶ οὐ σώσω αὐτοὺς ἐν τόξῳ[26] οὐδὲ ἐν ῥομφαίᾳ[27]
οὐδὲ ἐν πολέμῳ οὐδὲ ἐν ἅρμασιν[28] οὐδὲ ἐν ἵπποις[29] οὐδὲ ἐν ἱππεῦσιν.[30]

1 βαδίζω, *pres act impv 2s*, go
2 πορνεία, prostitution, fornication
3 διότι, for
4 ἐκπορνεύω, *pres act ptc nom s f*, act as a prostitute, fornicate
5 ἐκπορνεύω, *fut act ind 3s*, act as a prostitute, fornicate
6 ὄπισθε(ν), (following) after
7 θυγάτηρ, daughter
8 συλλαμβάνω, *aor act ind 3s*, conceive
9 τίκτω, *aor act ind 3s*, bear (a child)
10 διότι, for
11 ἐκδικέω, *fut act ind 1s*, punish
12 καταπαύω, *fut act ind 1s*, bring to an end, finish off
13 συντρίβω, *fut act ind 1s*, break
14 τόξον, bow
15 κοιλάς, valley
16 συλλαμβάνω, *aor act ind 3s*, conceive
17 τίκτω, *aor act ind 3s*, bear (a child)
18 θυγάτηρ, daughter
19 ἐλεέω, *perf pas ptc nom s f*, show mercy
20 διότι, for
21 προστίθημι, *fut act ind 1s*, continue
22 ἐλεέω, *aor act inf*, show mercy
23 ἀντιτάσσω, *pres mid ptc nom s m*, oppose
24 ἀντιτάσσομαι, *fut mid ind 1s*, oppose
25 ἐλεέω, *fut act ind 1s*, show mercy
26 τόξον, bow
27 ῥομφαία, sword
28 ἅρμα, chariot
29 ἵππος, horse
30 ἱππεύς, rider, horseman

8 καὶ ἀπεγαλάκτισεν[1] τὴν Οὐκ-ἠλεημένην[2] καὶ συνέλαβεν[3] ἔτι καὶ ἔτεκεν[4] υἱόν.
9 καὶ εἶπεν Κάλεσον τὸ ὄνομα αὐτοῦ Οὐ-λαός-μου, διότι[5] ὑμεῖς οὐ λαός μου, καὶ
ἐγὼ οὔκ εἰμι ὑμῶν.

2 Καὶ ἦν ὁ ἀριθμὸς[6] τῶν υἱῶν Ισραηλ ὡς ἡ ἄμμος[7] τῆς θαλάσσης, ἣ οὐκ ἐκμετρη-
θήσεται[8] οὐδὲ ἐξαριθμηθήσεται·[9] καὶ ἔσται ἐν τῷ τόπῳ, οὗ ἐρρέθη αὐτοῖς Οὐ
λαός μου ὑμεῖς, ἐκεῖ κληθήσονται υἱοὶ θεοῦ ζῶντος. **2** καὶ συναχθήσονται οἱ υἱοὶ
Ιουδα καὶ οἱ υἱοὶ Ισραηλ ἐπὶ τὸ αὐτὸ καὶ θήσονται ἑαυτοῖς ἀρχὴν μίαν καὶ ἀνα-
βήσονται ἐκ τῆς γῆς, ὅτι μεγάλη ἡ ἡμέρα τοῦ Ιεζραελ.

Israel's Unfaithfulness Punished

3 εἴπατε τῷ ἀδελφῷ ὑμῶν Λαός-μου
καὶ τῇ ἀδελφῇ ὑμῶν Ἠλεημένη.[10]
4 Κρίθητε πρὸς τὴν μητέρα ὑμῶν κρίθητε,
ὅτι αὐτὴ οὐ γυνή μου, καὶ ἐγὼ οὐκ ἀνὴρ αὐτῆς·
καὶ ἐξαρῶ[11] τὴν πορνείαν[12] αὐτῆς ἐκ προσώπου μου
καὶ τὴν μοιχείαν[13] αὐτῆς ἐκ μέσου μαστῶν[14] αὐτῆς,
5 ὅπως ἂν ἐκδύσω[15] αὐτὴν γυμνὴν[16]
καὶ ἀποκαταστήσω[17] αὐτὴν καθὼς ἡμέρᾳ γενέσεως[18] αὐτῆς·
καὶ θήσομαι αὐτὴν ὡς ἔρημον καὶ τάξω[19] αὐτὴν ὡς γῆν ἄνυδρον[20]
καὶ ἀποκτενῶ αὐτὴν ἐν δίψει·[21]
6 καὶ τὰ τέκνα αὐτῆς οὐ μὴ ἐλεήσω,[22]
ὅτι τέκνα πορνείας[23] ἐστίν.
7 ὅτι ἐξεπόρνευσεν[24] ἡ μήτηρ αὐτῶν, κατῄσχυνεν[25] ἡ τεκοῦσα[26] αὐτά·
εἶπεν γάρ Ἀκολουθήσω[27] ὀπίσω τῶν ἐραστῶν[28] μου

1 ἀπογαλακτίζω, *aor act ind 3s*, wean
2 ἐλεέω, *perf pas ptc acc s f*, show mercy
3 συλλαμβάνω, *aor act ind 3s*, conceive
4 τίκτω, *aor act ind 3s*, bear (a child)
5 διότι, for
6 ἀριθμός, number
7 ἄμμος, sand
8 ἐκμετρέω, *fut pas ind 3s*, measure, calculate
9 ἐξαριθμέω, *fut pas ind 3s*, count out
10 ἐλεέω, *perf pas ptc nom s f*, show mercy
11 ἐξαίρω, *fut act ind 1s*, (do away with)
12 πορνεία, prostitution, fornication
13 μοιχεία, adultery
14 μαστός, breast
15 ἐκδύω, *fut act ind 1s*, strip
16 γυμνός, naked, bare
17 ἀποκαθίστημι, *fut act ind 1s*, change back, return
18 γένεσις, birth
19 τάσσω, *fut act ind 1s*, situate, fix
20 ἄνυδρος, waterless, dry
21 δίψος, thirst
22 ἐλεέω, *fut act ind 1s*, show mercy
23 πορνεία, prostitution, fornication
24 ἐκπορνεύω, *aor act ind 3s*, act as a prostitute, fornicate
25 καταισχύνω, *impf act ind 3s*, disgrace, put to shame
26 τίκτω, *aor act ptc nom s f*, give birth to
27 ἀκολουθέω, *fut act ind 1s*, pursue, follow after
28 ἐραστής, lover

τῶν διδόντων μοι τοὺς ἄρτους μου καὶ τὸ ὕδωρ μου
καὶ τὰ ἱμάτιά μου καὶ τὰ ὀθόνιά[1] μου
καὶ τὸ ἔλαιόν[2] μου καὶ πάντα ὅσα μοι καθήκει.[3]
8 διὰ τοῦτο ἰδοὺ ἐγὼ φράσσω[4] τὴν ὁδὸν αὐτῆς ἐν σκόλοψιν[5]
καὶ ἀνοικοδομήσω[6] τὰς ὁδοὺς αὐτῆς,
καὶ τὴν τρίβον[7] αὐτῆς οὐ μὴ εὕρῃ·
9 καὶ καταδιώξεται[8] τοὺς ἐραστὰς[9] αὐτῆς καὶ οὐ μὴ καταλάβῃ[10] αὐτούς·
καὶ ζητήσει αὐτοὺς καὶ οὐ μὴ εὕρῃ αὐτούς·
καὶ ἐρεῖ Πορεύσομαι καὶ ἐπιστρέψω πρὸς τὸν ἄνδρα μου τὸν πρότερον,[11]
ὅτι καλῶς[12] μοι ἦν τότε ἢ νῦν.
10 καὶ αὐτὴ οὐκ ἔγνω ὅτι ἐγὼ δέδωκα αὐτῇ τὸν σῖτον[13]
καὶ τὸν οἶνον καὶ τὸ ἔλαιον,[14] καὶ ἀργύριον[15] ἐπλήθυνα[16] αὐτῇ·
αὐτὴ δὲ ἀργυρᾶ[17] καὶ χρυσᾶ[18] ἐποίησεν τῇ Βααλ.
11 διὰ τοῦτο ἐπιστρέψω καὶ κομιοῦμαι[19] τὸν σῖτόν[20] μου καθ᾽ ὥραν[21] αὐτοῦ
καὶ τὸν οἶνόν μου ἐν καιρῷ αὐτοῦ
καὶ ἀφελοῦμαι[22] τὰ ἱμάτιά μου καὶ τὰ ὀθόνιά[23] μου
τοῦ μὴ καλύπτειν[24] τὴν ἀσχημοσύνην[25] αὐτῆς·
12 καὶ νῦν ἀποκαλύψω[26] τὴν ἀκαθαρσίαν[27] αὐτῆς ἐνώπιον τῶν ἐραστῶν[28] αὐτῆς,
καὶ οὐδεὶς οὐ μὴ ἐξέληται[29] αὐτὴν ἐκ χειρός μου·
13 καὶ ἀποστρέψω[30] πάσας τὰς εὐφροσύνας[31] αὐτῆς,
ἑορτὰς[32] αὐτῆς καὶ τὰς νουμηνίας[33] αὐτῆς καὶ τὰ σάββατα αὐτῆς
καὶ πάσας τὰς πανηγύρεις[34] αὐτῆς·

1 ὀθόνιον, linen
2 ἔλαιον, oil
3 καθήκω, *pres act ind 3s*, be suitable, be proper
4 φράσσω, *pres act ind 1s*, confine, hedge in
5 σκόλοψ, thorn, briar
6 ἀνοικοδομέω, *fut act ind 1s*, build again
7 τρίβος, path, way
8 καταδιώκω, *fut mid ind 3s*, pursue, follow after
9 ἐραστής, lover
10 καταλαμβάνω, *aor act sub 3s*, take hold of
11 πρότερος, former
12 καλώς, well
13 σῖτος, grain
14 ἔλαιον, oil
15 ἀργύριον, silver
16 πληθύνω, *aor act ind 1s*, increase
17 ἀργυροῦς, silver
18 χρυσοῦς, gold
19 κομίζω, *fut mid ind 1s*, recover
20 σῖτος, grain
21 ὥρα, fitting time, season
22 ἀφαιρέω, *fut mid ind 1s*, remove, take away
23 ὀθόνιον, linen
24 καλύπτω, *pres act inf*, cover
25 ἀσχημοσύνη, disgrace, shame
26 ἀποκαλύπτω, *fut act ind 1s*, uncover
27 ἀκαθαρσία, impurity
28 ἐραστής, lover
29 ἐξαιρέω, *aor mid sub 3s*, deliver, rescue
30 ἀποστρέφω, *fut act ind 1s*, turn away
31 εὐφροσύνη, gladness
32 ἑορτή, festival
33 νουμηνία, new moon
34 πανήγυρις, public assembly

14 καὶ ἀφανιῶ[1] ἄμπελον[2] αὐτῆς καὶ τὰς συκᾶς[3] αὐτῆς,
ὅσα εἶπεν Μισθώματά[4] μου ταῦτά ἐστιν ἃ ἔδωκάν μοι οἱ ἐρασταί[5] μου,
καὶ θήσομαι αὐτὰ εἰς μαρτύριον,[6]
καὶ καταφάγεται[7] αὐτὰ τὰ θηρία τοῦ ἀγροῦ
καὶ τὰ πετεινὰ[8] τοῦ οὐρανοῦ
καὶ τὰ ἑρπετὰ[9] τῆς γῆς·
15 καὶ ἐκδικήσω[10] ἐπ᾽ αὐτὴν τὰς ἡμέρας τῶν Βααλιμ,
ἐν αἷς ἐπέθυεν[11] αὐτοῖς καὶ περιετίθετο[12] τὰ ἐνώτια[13] αὐτῆς
καὶ τὰ καθόρμια[14] αὐτῆς καὶ ἐπορεύετο ὀπίσω τῶν ἐραστῶν[15] αὐτῆς,
ἐμοῦ δὲ ἐπελάθετο,[16] λέγει κύριος.

Restoration of Israel

16 Διὰ τοῦτο ἰδοὺ ἐγὼ πλανῶ αὐτὴν καὶ τάξω[17] αὐτὴν εἰς ἔρημον
καὶ λαλήσω ἐπὶ τὴν καρδίαν αὐτῆς
17 καὶ δώσω αὐτῇ τὰ κτήματα[18] αὐτῆς ἐκεῖθεν[19]
καὶ τὴν κοιλάδα[20] Αχωρ διανοῖξαι[21] σύνεσιν[22] αὐτῆς,
καὶ ταπεινωθήσεται[23] ἐκεῖ κατὰ τὰς ἡμέρας νηπιότητος[24] αὐτῆς
καὶ κατὰ τὰς ἡμέρας ἀναβάσεως[25] αὐτῆς ἐκ γῆς Αἰγύπτου.
18 καὶ ἔσται ἐν ἐκείνῃ τῇ ἡμέρᾳ, λέγει κύριος,
καλέσει με Ὁ ἀνήρ μου, καὶ οὐ καλέσει με ἔτι Βααλιμ·
19 καὶ ἐξαρῶ[26] τὰ ὀνόματα τῶν Βααλιμ ἐκ στόματος αὐτῆς,
καὶ οὐ μὴ μνησθῶσιν[27] οὐκέτι τὰ ὀνόματα αὐτῶν.

20 καὶ διαθήσομαι[28] αὐτοῖς ἐν ἐκείνῃ τῇ ἡμέρᾳ διαθήκην
μετὰ τῶν θηρίων τοῦ ἀγροῦ
καὶ μετὰ τῶν πετεινῶν[29] τοῦ οὐρανοῦ
καὶ μετὰ τῶν ἑρπετῶν[30] τῆς γῆς·

1 ἀφανίζω, *fut act ind 1s*, destroy
2 ἄμπελος, vineyard
3 συκῆ, fig tree
4 μίσθωμα, wages, hire
5 ἐραστής, lover
6 μαρτύριον, proof, testimony
7 κατεσθίω, *fut mid ind 3s*, devour, ruin
8 πετεινόν, bird
9 ἑρπετόν, reptile
10 ἐκδικέω, *fut act ind 1s*, punish
11 ἐπιθύω, *impf act ind 3s*, burn incense
12 περιτίθημι, *impf mid ind 3s*, put on
13 ἐνώτιον, earring
14 καθόρμιον, necklace
15 ἐραστής, lover
16 ἐπιλανθάνω, *aor mid ind 3s*, forget
17 τάσσω, *fut act ind 1s*, situate, fix
18 κτῆμα, landed property, estate
19 ἐκεῖθεν, from there
20 κοιλάς, valley
21 διανοίγω, *aor act inf*, completely reveal
22 σύνεσις, understanding
23 ταπεινόω, *fut pas ind 3s*, humiliate, bring low
24 νηπιότης, infancy
25 ἀνάβασις, coming up, ascent
26 ἐξαίρω, *fut act ind 1s*, remove
27 μιμνήσκομαι, *aor pas sub 3p*, remember
28 διατίθημι, *fut mid ind 1s*, arrange
29 πετεινόν, bird
30 ἑρπετόν, reptile

καὶ τόξον[1] καὶ ῥομφαίαν[2] καὶ πόλεμον συντρίψω[3] ἀπὸ τῆς γῆς
καὶ κατοικιῶ[4] σε ἐπ᾽ ἐλπίδι.
21 καὶ μνηστεύσομαί[5] σε ἐμαυτῷ[6] εἰς τὸν αἰῶνα
καὶ μνηστεύσομαί σε ἐμαυτῷ ἐν δικαιοσύνῃ
καὶ ἐν κρίματι[7] καὶ ἐν ἐλέει[8] καὶ ἐν οἰκτιρμοῖς[9]
22 καὶ μνηστεύσομαί[10] σε ἐμαυτῷ[11] ἐν πίστει,
καὶ ἐπιγνώσῃ τὸν κύριον.

23 καὶ ἔσται ἐν ἐκείνῃ τῇ ἡμέρᾳ, λέγει κύριος,
ἐπακούσομαι[12] τῷ οὐρανῷ, καὶ ὁ οὐρανὸς ἐπακούσεται[13] τῇ γῇ,
24 καὶ ἡ γῆ ἐπακούσεται[14] τὸν σῖτον[15] καὶ τὸν οἶνον καὶ τὸ ἔλαιον,[16]
καὶ αὐτὰ ἐπακούσεται τῷ Ιεζραελ.
25 καὶ σπερῶ[17] αὐτὴν ἐμαυτῷ[18] ἐπὶ τῆς γῆς
καὶ ἐλεήσω[19] τὴν Οὐκ-ἠλεημένην[20]
καὶ ἐρῶ τῷ Οὐ-λαῷ-μου Λαός μου εἶ σύ,
καὶ αὐτὸς ἐρεῖ Κύριος ὁ θεός μου εἶ σύ.

Restoration of Hosea and His Wife

3 Καὶ εἶπεν κύριος πρός με Ἔτι πορεύθητι καὶ ἀγάπησον γυναῖκα ἀγαπῶσαν πο-
νηρὰ καὶ μοιχαλίν,[21] καθὼς ἀγαπᾷ ὁ θεὸς τοὺς υἱοὺς Ισραηλ καὶ αὐτοὶ ἀπο-
βλέπουσιν[22] ἐπὶ θεοὺς ἀλλοτρίους[23] καὶ φιλοῦσιν[24] πέμματα[25] μετὰ σταφίδων[26]
2 καὶ ἐμισθωσάμην[27] ἐμαυτῷ[28] πεντεκαίδεκα[29] ἀργυρίου[30] καὶ γομορ[31] κριθῶν[32] καὶ
νεβελ[33] οἴνου **3** καὶ εἶπα πρὸς αὐτήν Ἡμέρας πολλὰς καθήσῃ ἐπ᾽ ἐμοὶ καὶ οὐ μὴ
πορνεύσῃς[34] οὐδὲ μὴ γένῃ ἀνδρὶ ἑτέρῳ, καὶ ἐγὼ ἐπὶ σοί. **4** διότι[35] ἡμέρας πολλὰς

1 τόξον, bow
2 ῥομφαία, sword
3 συντρίβω, *fut act ind 1s*, break, smash
4 κατοικίζω, *fut act ind 1s*, settle, cause to dwell
5 μνηστεύω, *fut mid ind 1s*, engage in marriage
6 ἐμαυτοῦ, myself
7 κρίμα, ruling, decree
8 ἔλεος, mercy
9 οἰκτιρμός, compassion
10 μνηστεύω, *fut mid ind 1s*, engage in marriage
11 ἐμαυτοῦ, myself
12 ἐπακούω, *fut mid ind 1s*, listen to
13 ἐπακούω, *fut mid ind 3s*, listen to
14 ἐπακούω, *fut mid ind 3s*, listen to
15 σῖτος, grain
16 ἔλαιον, oil
17 σπείρω, *fut act ind 1s*, sow
18 ἐμαυτοῦ, myself
19 ἐλεέω, *fut act ind 1s*, show mercy
20 ἐλεέω, *perf pas ptc acc s f*, show mercy
21 μοιχαλίς, adulteress
22 ἀποβλέπω, *pres act ind 3p*, direct one's attention
23 ἀλλότριος, foreign, strange
24 φιλέω, *pres act ind 3p*, love
25 πέμμα, cake
26 σταφίς, raisin
27 μισθόω, *aor mid ind 1s*, hire
28 ἐμαυτοῦ, myself
29 πεντεκαίδεκα, fifteen
30 ἀργύριον, silver (coin)
31 γομορ, homer, *translit.*
32 κριθή, barley
33 νεβελ, jar, *translit.*
34 πορνεύω, *aor act sub 2s*, act as a prostitute, fornicate
35 διότι, for

καθήσονται οἱ υἱοὶ Ισραηλ οὐκ ὄντος βασιλέως οὐδὲ ὄντος ἄρχοντος οὐδὲ οὔσης
θυσίας[1] οὐδὲ ὄντος θυσιαστηρίου[2] οὐδὲ ἱερατείας[3] οὐδὲ δήλων.[4] **5** καὶ μετὰ ταῦτα
ἐπιστρέψουσιν οἱ υἱοὶ Ισραηλ καὶ ἐπιζητήσουσιν[5] κύριον τὸν θεὸν αὐτῶν καὶ Δαυιδ
τὸν βασιλέα αὐτῶν· καὶ ἐκστήσονται[6] ἐπὶ τῷ κυρίῳ καὶ ἐπὶ τοῖς ἀγαθοῖς αὐτοῦ ἐπ᾽
ἐσχάτων τῶν ἡμερῶν.

Accusation against Israel

4 Ἀκούσατε λόγον κυρίου, υἱοὶ Ισραηλ,
διότι[7] κρίσις τῷ κυρίῳ πρὸς τοὺς κατοικοῦντας τὴν γῆν,
διότι οὐκ ἔστιν ἀλήθεια οὐδὲ ἔλεος[8]
οὐδὲ ἐπίγνωσις[9] θεοῦ ἐπὶ τῆς γῆς·
2 ἀρὰ καὶ ψεῦδος[10] καὶ φόνος[11] καὶ κλοπὴ[12] καὶ μοιχεία[13] κέχυται[14] ἐπὶ τῆς γῆς,
καὶ αἵματα ἐφ᾽ αἵμασιν μίσγουσιν.[15]
3 διὰ τοῦτο πενθήσει[16] ἡ γῆ καὶ σμικρυνθήσεται[17] σὺν πᾶσιν τοῖς
κατοικοῦσιν αὐτήν,
σὺν τοῖς θηρίοις τοῦ ἀγροῦ καὶ σὺν τοῖς ἑρπετοῖς[18] τῆς γῆς
καὶ σὺν τοῖς πετεινοῖς[19] τοῦ οὐρανοῦ,
καὶ οἱ ἰχθύες[20] τῆς θαλάσσης ἐκλείψουσιν,[21]
4 ὅπως μηδεὶς[22] μήτε[23] δικάζηται[24] μήτε ἐλέγχῃ[25] μηδείς·
ὁ δὲ λαός μου ὡς ἀντιλεγόμενος[26] ἱερεύς.
5 καὶ ἀσθενήσεις[27] ἡμέρας, καὶ ἀσθενήσει[28] καὶ προφήτης μετὰ σοῦ·
νυκτὶ ὡμοίωσα[29] τὴν μητέρα σου.
6 ὡμοιώθη[30] ὁ λαός μου ὡς οὐκ ἔχων γνῶσιν·[31]
ὅτι σὺ ἐπίγνωσιν[32] ἀπώσω,[33]
κἀγὼ[34] ἀπώσομαί[35] σε τοῦ μὴ ἱερατεύειν[36] μοι·

1 θυσία, sacrifice
2 θυσιαστήριον, altar
3 ἱερατεία, priesthood
4 δῆλος, disclosure, (Urim)
5 ἐπιζητέω, *fut act ind 3p*, seek after
6 ἐξίστημι, *fut mid ind 3p*, be astonished, be awed
7 διότι, for
8 ἔλεος, mercy, compassion
9 ἐπίγνωσις, knowledge
10 ψεῦδος, lie
11 φόνος, murder
12 κλοπή, theft
13 μοιχεία, adultery
14 χέω, *perf pas ind 3s*, pour freely
15 μίσγω, *pres act ind 3p*, mix, mingle
16 πενθέω, *fut act ind 3s*, mourn
17 σμικρύνω, *fut pas ind 3s*, reduce, diminish
18 ἑρπετόν, reptile
19 πετεινόν, bird
20 ἰχθύς, fish
21 ἐκλείπω, *fut act ind 3p*, come to an end, vanish
22 μηδείς, no one
23 μήτε, neither
24 δικάζω, *pres mid sub 3s*, judge, condemn
25 ἐλέγχω, *pres act sub 3s*, rebuke, accuse
26 ἀντιλέγω, *pres pas ptc nom s m*, oppose, contradict
27 ἀσθενέω, *fut act ind 2s*, be weak, be feeble
28 ἀσθενέω, *fut act ind 3s*, be weak, be feeble
29 ὁμοιόω, *aor act ind 1s*, make like, compare
30 ὁμοιόω, *aor pas ind 3s*, make like, compare
31 γνῶσις, knowledge
32 ἐπίγνωσις, (power of) recognition
33 ἀπωθέω, *aor mid ind 2s*, reject, thrust away
34 κἀγώ, I also, I too, *cr.* καὶ ἐγώ
35 ἀπωθέω, *fut mid ind 1s*, repudiate, refuse
36 ἱερατεύω, *pres act inf*, serve as priest

καὶ ἐπελάθου[1] νόμον θεοῦ σου,
κἀγὼ ἐπιλήσομαι[2] τέκνων σου.

7 κατὰ τὸ πλῆθος αὐτῶν οὕτως ἥμαρτόν μοι·
τὴν δόξαν αὐτῶν εἰς ἀτιμίαν[3] θήσομαι.
8 ἁμαρτίας λαοῦ μου φάγονται
καὶ ἐν ταῖς ἀδικίαις[4] αὐτῶν λήμψονται τὰς ψυχὰς αὐτῶν.
9 καὶ ἔσται καθὼς ὁ λαὸς οὕτως καὶ ὁ ἱερεύς,
καὶ ἐκδικήσω[5] ἐπ᾽ αὐτὸν τὰς ὁδοὺς αὐτοῦ
καὶ τὰ διαβούλια[6] αὐτοῦ ἀνταποδώσω[7] αὐτῷ.
10 καὶ φάγονται καὶ οὐ μὴ ἐμπλησθῶσιν,[8]
ἐπόρνευσαν[9] καὶ οὐ μὴ κατευθύνωσιν,[10]
διότι[11] τὸν κύριον ἐγκατέλιπον[12] τοῦ φυλάξαι.

11 Πορνείαν[13] καὶ οἶνον καὶ μέθυσμα[14]
ἐδέξατο[15] καρδία λαοῦ μου.
12 ἐν συμβόλοις[16] ἐπηρώτων,[17]
καὶ ἐν ῥάβδοις[18] αὐτοῦ ἀπήγγελλον αὐτῷ·
πνεύματι πορνείας[19] ἐπλανήθησαν
καὶ ἐξεπόρνευσαν[20] ἀπὸ τοῦ θεοῦ αὐτῶν.
13 ἐπὶ τὰς κορυφὰς[21] τῶν ὀρέων ἐθυσίαζον[22]
καὶ ἐπὶ τοὺς βουνοὺς[23] ἔθυον,[24]
ὑποκάτω[25] δρυὸς[26] καὶ λεύκης[27] καὶ δένδρου[28] συσκιάζοντος,[29]
ὅτι καλὸν σκέπη.[30]
διὰ τοῦτο ἐκπορνεύσουσιν[31] αἱ θυγατέρες[32] ὑμῶν,
καὶ αἱ νύμφαι[33] ὑμῶν μοιχεύσουσιν·[34]

1 ἐπιλανθάνω, *aor mid ind 2s*, forget
2 ἐπιλανθάνω, *fut mid ind 1s*, forget
3 ἀτιμία, shame, disgrace
4 ἀδικία, injustice, wrongdoing
5 ἐκδικέω, *fut act ind 1s*, punish
6 διαβούλιον, plan, intention
7 ἀνταποδίδωμι, *fut act ind 1s*, repay
8 ἐμπίμπλημι, *aor pas sub 3p*, satisfy
9 πορνεύω, *aor act ind 3p*, act as a prostitute
10 κατευθύνω, *aor act sub 3p*, keep upright, (prosper)
11 διότι, for
12 ἐγκαταλείπω, *aor act ind 3p*, abandon, forsake
13 πορνεία, fornication, prostitution
14 μέθυσμα, strong drink
15 δέχομαι, *aor mid ind 3s*, take up, accept
16 σύμβολον, sign, contract
17 ἐπερωτάω, *impf act ind 3p*, inquire
18 ῥάβδος, staff, scepter
19 πορνεία, fornication, prostitution
20 ἐκπορνεύω, *aor act ind 3p*, fornicate, act unfaithfully
21 κορυφή, summit, top
22 θυσιάζω, *impf act ind 3p*, offer sacrifices
23 βουνός, hill
24 θύω, *impf act ind 3p*, sacrifice
25 ὑποκάτω, under, beneath
26 δρῦς, oak
27 λεύκη, poplar
28 δένδρον, tree
29 συσκιάζω, *pres act ptc gen s n*, shade, overshadow
30 σκέπη, shelter, shade
31 ἐκπορνεύω, *fut act ind 3p*, act as a prostitute, fornicate
32 θυγάτηρ, daughter
33 νύμφη, bride
34 μοιχεύω, *fut act ind 3p*, commit adultery

14 καὶ οὐ μὴ ἐπισκέψωμαι[1] ἐπὶ τὰς θυγατέρας[2] ὑμῶν, ὅταν πορνεύωσιν,[3]
καὶ ἐπὶ τὰς νύμφας[4] ὑμῶν, ὅταν μοιχεύωσιν,[5]
διότι[6] καὶ αὐτοὶ μετὰ τῶν πορνῶν[7] συνεφύροντο[8]
καὶ μετὰ τῶν τετελεσμένων[9] ἔθυον,[10]
καὶ ὁ λαὸς ὁ συνίων[11] συνεπλέκετο[12] μετὰ πόρνης.[13]

15 Σὺ δέ, Ισραηλ, μὴ ἀγνόει,[14]
καὶ Ιουδα, μὴ εἰσπορεύεσθε[15] εἰς Γαλγαλα
καὶ μὴ ἀναβαίνετε εἰς τὸν οἶκον Ων
καὶ μὴ ὀμνύετε[16] ζῶντα κύριον.
16 ὅτι ὡς δάμαλις[17] παροιστρῶσα[18] παροίστρησεν[19] Ισραηλ·
νῦν νεμήσει[20] αὐτοὺς κύριος ὡς ἀμνὸν[21] ἐν εὐρυχώρῳ.[22]
17 μέτοχος[23] εἰδώλων[24] Εφραιμ ἔθηκεν ἑαυτῷ σκάνδαλα.[25]
18 ᾑρέτισεν[26] Χαναναίους· πορνεύοντες[27] ἐξεπόρνευσαν,[28]
ἠγάπησαν ἀτιμίαν[29] ἐκ φρυάγματος[30] αὐτῶν.
19 συστροφὴ[31] πνεύματος σὺ εἶ ἐν ταῖς πτέρυξιν[32] αὐτῆς,
καὶ καταισχυνθήσονται[33] ἐκ τῶν θυσιαστηρίων[34] αὐτῶν.

Punishment for Israel and Judah

5 Ἀκούσατε ταῦτα, οἱ ἱερεῖς,
καὶ προσέχετε,[35] οἶκος Ισραηλ,
καὶ ὁ οἶκος τοῦ βασιλέως, ἐνωτίζεσθε,[36]
διότι[37] πρὸς ὑμᾶς ἐστιν τὸ κρίμα,[38]

1 ἐπισκέπτομαι, *aor mid sub 1s*, show concern for
2 θυγάτηρ, daughter
3 πορνεύω, *pres act sub 3p*, act as a prostitute
4 νύμφη, bride
5 μοιχεύω, *pres act sub 3p*, commit adultery
6 διότι, for
7 πόρνη, prostitute
8 συμφύρω, *impf mid ind 3p*, associate with
9 τελέω, *perf pas ptc gen p m*, carry out, finish off
10 θύω, *impf act ind 3p*, sacrifice
11 συνίημι, *pres act ptc nom s m*, understand
12 συμπλέκω, *impf mid ind 3s*, become entangled
13 πόρνη, prostitute
14 ἀγνοέω, *pres act impv 2s*, be ignorant, be unaware
15 εἰσπορεύομαι, *pres mid impv 2p*, go in
16 ὄμνυμι, *pres act impv 2p*, swear an oath
17 δάμαλις, young cow, heifer
18 παροιστράω, *pres act ptc nom s f*, rage, go mad
19 παροιστράω, *aor act ind 3s*, rage, go mad
20 νέμω, *fut act ind 3s*, pasture, tend
21 ἀμνός, lamb
22 εὐρύχωρος, spacious (place)
23 μέτοχος, companion, associate
24 εἴδωλον, image, idol
25 σκάνδαλον, cause of stumbling, obstacle
26 αἱρετίζω, *aor act ind 3s*, choose
27 πορνεύω, *pres act ptc nom p m*, act as a prostitute
28 ἐκπορνεύω, *aor act ind 3p*, fornicate
29 ἀτιμία, shame, disgrace
30 φρύαγμα, insolence
31 συστροφή, commotion, (gust)
32 πτέρυξ, wing
33 καταισχύνω, *fut pas ind 3p*, put to shame
34 θυσιαστήριον, altar
35 προσέχω, *pres act impv 2p*, pay attention
36 ἐνωτίζομαι, *pres mid impv 2p*, listen up
37 διότι, for
38 κρίμα, judgment, sentence

ὅτι παγὶς[1] ἐγενήθητε τῇ σκοπιᾷ[2]
καὶ ὡς δίκτυον[3] ἐκτεταμένον[4] ἐπὶ τὸ Ἰταβύριον,
2 ὃ οἱ ἀγρεύοντες[5] τὴν θήραν[6] κατέπηξαν.[7]
ἐγὼ δὲ παιδευτὴς[8] ὑμῶν·
3 ἐγὼ ἔγνων τὸν Εφραιμ, καὶ Ισραηλ οὐκ ἄπεστιν[9] ἀπ᾽ ἐμοῦ,
διότι[10] νῦν ἐξεπόρνευσεν[11] Εφραιμ, ἐμιάνθη[12] Ισραηλ·
4 οὐκ ἔδωκαν τὰ διαβούλια[13] αὐτῶν τοῦ ἐπιστρέψαι πρὸς τὸν θεὸν αὐτῶν,
ὅτι πνεῦμα πορνείας[14] ἐν αὐτοῖς ἐστιν, τὸν δὲ κύριον οὐκ ἐπέγνωσαν.

5 καὶ ταπεινωθήσεται[15] ἡ ὕβρις[16] τοῦ Ισραηλ εἰς πρόσωπον αὐτοῦ,
καὶ Ισραηλ καὶ Εφραιμ ἀσθενήσουσιν[17] ἐν ταῖς ἀδικίαις[18] αὐτῶν,
καὶ ἀσθενήσει[19] καὶ Ιουδας μετ᾽ αὐτῶν.
6 μετὰ προβάτων καὶ μόσχων[20] πορεύσονται τοῦ ἐκζητῆσαι[21] τὸν κύριον
καὶ οὐ μὴ εὕρωσιν αὐτόν, ὅτι ἐξέκλινεν[22] ἀπ᾽ αὐτῶν,
7 ὅτι τὸν κύριον ἐγκατέλιπον,[23] ὅτι τέκνα ἀλλότρια[24] ἐγεννήθησαν αὐτοῖς·
νῦν καταφάγεται[25] αὐτοὺς ἡ ἐρυσίβη[26] καὶ τοὺς κλήρους[27] αὐτῶν.

8 Σαλπίσατε[28] σάλπιγγι[29] ἐπὶ τοὺς βουνούς,[30] ἠχήσατε[31] ἐπὶ τῶν ὑψηλῶν,[32]
κηρύξατε[33] ἐν τῷ οἴκῳ Ων· ἐξέστη[34] Βενιαμιν,
9 Εφραιμ εἰς ἀφανισμὸν[35] ἐγένετο ἐν ἡμέραις ἐλέγχου·[36]
ἐν ταῖς φυλαῖς τοῦ Ισραηλ ἔδειξα πιστά.[37]
10 ἐγένοντο οἱ ἄρχοντες Ιουδα ὡς μετατιθέντες[38] ὅρια,[39]
ἐπ᾽ αὐτοὺς ἐκχεῶ[40] ὡς ὕδωρ τὸ ὅρμημά[41] μου.

1 παγίς, trap
2 σκοπιά, watch tower, (high place)
3 δίκτυον, net
4 ἐκτείνω, *perf pas ptc nom s n*, stretch over
5 ἀγρεύω, *pres act ptc nom p m*, hunt
6 θήρα, prey, game
7 καταπήγνυμι, *aor act ind 3p*, establish, fix
8 παιδευτής, instructor, disciplinarian
9 ἄπειμι, *pres act ind 3s*, be apart
10 διότι, for
11 ἐκπορνεύω, *aor act ind 3s*, fornicate
12 μιαίνω, *aor pas ind 3s*, defile
13 διαβούλιον, deliberation, planning
14 πορνεία, fornication
15 ταπεινόω, *fut pas ind 3s*, humiliate, bring low
16 ὕβρις, insolence, pride
17 ἀσθενέω, *fut act ind 3p*, become weak, decline
18 ἀδικία, injustice, wrongdoing
19 ἀσθενέω, *fut act ind 3s*, become weak, decline
20 μόσχος, calf
21 ἐκζητέω, *aor act inf*, seek out
22 ἐκκλίνω, *aor act ind 3s*, turn away
23 ἐγκαταλείπω, *aor act ind 3p*, abandon, forsake
24 ἀλλότριος, foreign, strange
25 κατεσθίω, *fut mid ind 3s*, consume, devour
26 ἐρυσίβη, blight, rust
27 κλῆρος, lot
28 σαλπίζω, *aor act impv 2p*, sound, blow
29 σάλπιγξ, trumpet, horn
30 βουνός, hill
31 ἠχέω, *aor act impv 2p*, ring out, resound
32 ὑψηλός, high (place)
33 κηρύσσω, *aor act impv 2p*, announce
34 ἐξίστημι, *aor act ind 3s*, be amazed, be astounded
35 ἀφανισμός, desolation
36 ἔλεγχος, rebuke, accusation
37 πιστός, trustworthy
38 μετατίθημι, *pres act ptc nom p m*, shift, change
39 ὅριον, boundary, border
40 ἐκχέω, *fut act ind 1s*, pour out
41 ὅρμημα, assault, attack

11 κατεδυνάστευσεν[1] Εφραιμ τὸν ἀντίδικον[2] αὐτοῦ, κατεπάτησεν[3] κρίμα,[4]
ὅτι ἤρξατο πορεύεσθαι ὀπίσω τῶν ματαίων.[5]
12 καὶ ἐγὼ ὡς ταραχὴ[6] τῷ Εφραιμ
καὶ ὡς κέντρον[7] τῷ οἴκῳ Ιουδα.

13 καὶ εἶδεν Εφραιμ τὴν νόσον[8] αὐτοῦ καὶ Ιουδας τὴν ὀδύνην[9] αὐτοῦ,
καὶ ἐπορεύθη Εφραιμ πρὸς Ἀσσυρίους
καὶ ἀπέστειλεν πρέσβεις[10] πρὸς βασιλέα Ιαριμ·
καὶ αὐτὸς οὐκ ἠδυνάσθη ἰάσασθαι[11] ὑμᾶς,
καὶ οὐ μὴ διαπαύσῃ[12] ἐξ ὑμῶν ὀδύνη.[13]
14 διότι[14] ἐγώ εἰμι ὡς πανθὴρ[15] τῷ Εφραιμ καὶ ὡς λέων[16] τῷ οἴκῳ Ιουδα·
καὶ ἐγὼ ἁρπῶμαι[17] καὶ πορεύσομαι καὶ λήμψομαι,
καὶ οὐκ ἔσται ὁ ἐξαιρούμενος.[18]
15 πορεύσομαι καὶ ἐπιστρέψω εἰς τὸν τόπον μου,
ἕως οὗ ἀφανισθῶσιν·[19]
καὶ ἐπιζητήσουσιν[20] τὸ πρόσωπόν μου,
ἐν θλίψει αὐτῶν ὀρθριοῦσι[21] πρός με λέγοντες

Lack of Repentance in Response to God's Rebuke

6 Πορευθῶμεν καὶ ἐπιστρέψωμεν πρὸς κύριον τὸν θεὸν ἡμῶν,
ὅτι αὐτὸς ἥρπακεν[22] καὶ ἰάσεται[23] ἡμᾶς,
πατάξει[24] καὶ μοτώσει[25] ἡμᾶς·
2 ὑγιάσει[26] ἡμᾶς μετὰ δύο ἡμέρας,
ἐν τῇ ἡμέρᾳ τῇ τρίτῃ ἀναστησόμεθα
καὶ ζησόμεθα ἐνώπιον αὐτοῦ·

1 καταδυναστεύω, *aor act ind 3s*, prevail over, conquer
2 ἀντίδικος, adversary
3 καταπατέω, *aor act ind 3s*, trample
4 κρίμα, decree, judgment
5 μάταιος, meaningless, worthless
6 ταραχή, anxiety, disturbance
7 κέντρον, goad, switch
8 νόσος, disease
9 ὀδύνη, pain
10 πρέσβις, ambassador
11 ἰάομαι, *aor mid inf*, heal, cure
12 διαπαύω, *aor act sub 3s*, come to an end, cease
13 ὀδύνη, pain
14 διότι, for
15 πανθήρ, panther
16 λέων, lion
17 ἁρπάζω, *fut mid ind 1s*, carry of, snatch away
18 ἐξαιρέω, *pres mid ptc nom s m*, deliver, rescue
19 ἀφανίζω, *aor pas sub 3p*, destroy
20 ἐπιζητέω, *fut act ind 3p*, seek out
21 ὀρθρίζω, *fut act ind 3p*, rise early
22 ἁρπάζω, *perf act ind 3s*, carry off, snatch up
23 ἰάομαι, *fut mid ind 3s*, restore
24 πατάσσω, *fut act ind 3s*, strike
25 μοτόω, *fut act ind 3s*, bandage
26 ὑγιάζω, *fut act ind 3s*, restore to health

3 καὶ γνωσόμεθα διώξομεν τοῦ γνῶναι τὸν κύριον,
ὡς ὄρθρον[1] ἕτοιμον[2] εὑρήσομεν αὐτόν,
καὶ ἥξει[3] ὡς ὑετὸς[4] ἡμῖν πρόιμος[5] καὶ ὄψιμος[6] τῇ γῇ.

4 τί σοι ποιήσω, Εφραιμ; τί σοι ποιήσω, Ιουδα;
τὸ δὲ ἔλεός[7] ὑμῶν ὡς νεφέλη[8] πρωινὴ[9]
καὶ ὡς δρόσος[10] ὀρθρινὴ[11] πορευομένη.
5 Διὰ τοῦτο ἀπεθέρισα[12] τοὺς προφήτας ὑμῶν,
ἀπέκτεινα αὐτοὺς ἐν ῥήμασιν στόματός μου,
καὶ τὸ κρίμα[13] μου ὡς φῶς ἐξελεύσεται.
6 διότι[14] ἔλεος[15] θέλω καὶ οὐ θυσίαν[16]
καὶ ἐπίγνωσιν[17] θεοῦ ἢ ὁλοκαυτώματα.[18]

7 αὐτοὶ δέ εἰσιν ὡς ἄνθρωπος παραβαίνων[19] διαθήκην·
ἐκεῖ κατεφρόνησέν[20] μου.
8 Γαλααδ πόλις ἐργαζομένη μάταια[21] ταράσσουσα[22] ὕδωρ,
9 καὶ ἡ ἰσχύς[23] σου ἀνδρὸς πειρατοῦ·[24]
ἔκρυψαν[25] ἱερεῖς ὁδὸν κυρίου,
ἐφόνευσαν[26] Σικιμα,
ὅτι ἀνομίαν[27] ἐποίησαν.
10 ἐν τῷ οἴκῳ Ισραηλ εἶδον φρικώδη,[28]
ἐκεῖ πορνείαν[29] τοῦ Εφραιμ·
ἐμιάνθη[30] Ισραηλ καὶ Ιουδα.
11 Ἄρχου τρυγᾶν[31] σεαυτῷ ἐν τῷ ἐπιστρέφειν με
τὴν αἰχμαλωσίαν[32] τοῦ λαοῦ μου,
7 ἐν τῷ ἰάσασθαί[33] με τὸν Ισραηλ.

1 ὄρθρος, dawn
2 ἕτοιμος, ready, prepared
3 ἥκω, *fut act ind 3s*, come
4 ὑετός, rain
5 πρόϊμος, early (in the morning)
6 ὄψιμος, late
7 ἔλεος, mercy, compassion
8 νεφέλη, cloud
9 πρωϊνός, morning
10 δρόσος, dew
11 ὀρθρινός, early
12 ἀποθερίζω, *aor act ind 1s*, cut off
13 κρίμα, decree, rule
14 διότι, for
15 ἔλεος, mercy, compassion
16 θυσία, sacrifice
17 ἐπίγνωσις, knowledge
18 ὁλοκαύτωμα, whole burnt offering
19 παραβαίνω, *pres act ptc nom s m*, transgress
20 καταφρονέω, *aor act ind 3s*, treat contemptuously, disregard
21 μάταιος, meaningless, pointless
22 ταράσσω, *pres act ptc nom s f*, trouble, stir up
23 ἰσχύς, strength, ability
24 πειρατής, bandit, robber
25 κρύπτω, *aor act ind 3p*, hide
26 φονεύω, *aor act ind 3p*, kill, murder
27 ἀνομία, lawlessness, evil
28 φρικώδης, awful, horrifying
29 πορνεία, fornication
30 μιαίνω, *aor pas ind 3s*, defile, taint
31 τρυγάω, *pres act inf*, gather in
32 αἰχμαλωσία, captivity
33 ἰάομαι, *aor mid inf*, heal, restore

Ephraim's Iniquity

καὶ ἀποκαλυφθήσεται[1] ἡ ἀδικία[2] Εφραιμ
καὶ ἡ κακία[3] Σαμαρείας,
ὅτι ἠργάσαντο ψευδῆ·[4]
καὶ κλέπτης[5] πρὸς αὐτὸν εἰσελεύσεται,
ἐκδιδύσκων[6] λῃστὴς[7] ἐν τῇ ὁδῷ αὐτοῦ,
2 ὅπως συνᾴδωσιν[8] ὡς συνᾴδοντες[9] τῇ καρδίᾳ αὐτῶν.
πάσας τὰς κακίας[10] αὐτῶν ἐμνήσθην·[11]
νῦν ἐκύκλωσεν[12] αὐτοὺς τὰ διαβούλια[13] αὐτῶν,
ἀπέναντι[14] τοῦ προσώπου μου ἐγένοντο.
3 ἐν ταῖς κακίαις[15] αὐτῶν εὔφραναν[16] βασιλεῖς
καὶ ἐν τοῖς ψεύδεσιν[17] αὐτῶν ἄρχοντας·
4 πάντες μοιχεύοντες,[18]
ὡς κλίβανος[19] καιόμενος[20] εἰς πέψιν[21] κατακαύματος[22] ἀπὸ τῆς φλογός,[23]
ἀπὸ φυράσεως[24] στέατος[25] ἕως τοῦ ζυμωθῆναι[26] αὐτό.

5 αἱ ἡμέραι τῶν βασιλέων ὑμῶν,
ἤρξαντο οἱ ἄρχοντες θυμοῦσθαι[27] ἐξ οἴνου,
ἐξέτεινεν[28] τὴν χεῖρα αὐτοῦ μετὰ λοιμῶν·[29]
6 διότι[30] ἀνεκαύθησαν[31] ὡς κλίβανος[32] αἱ καρδίαι αὐτῶν
ἐν τῷ καταράσσειν[33] αὐτούς,
ὅλην τὴν νύκτα ὕπνου[34] Εφραιμ ἐνεπλήσθη,[35]
πρωὶ[36] ἐγενήθη ἀνεκαύθη[37] ὡς πυρὸς φέγγος.[38]

1 ἀποκαλύπτω, *fut pas ind 3s*, uncover, disclose
2 ἀδικία, injustice, wrongdoing
3 κακία, wickedness
4 ψευδής, lying
5 κλέπτης, thief
6 ἐκδιδύσκω, *pres act ptc nom s m*, strip, plunder
7 λῃστής, robber
8 συνᾴδω, *pres act sub 3p*, be in agreement
9 συνᾴδω, *pres act ptc nom p m*, be in agreement
10 κακία, wickedness
11 μιμνήσκομαι, *aor pas ind 1s*, remember
12 κυκλόω, *aor act ind 3s*, surround
13 διαβούλιον, plotting, intrigue
14 ἀπέναντι, before
15 κακία, wickedness
16 εὐφραίνω, *aor act ind 3p*, cheer up, encourage
17 ψεῦδος, lie
18 μοιχεύω, *pres act ptc nom p m*, commit adultery
19 κλίβανος, oven
20 καίω, *pres pas ptc nom s m*, burn
21 πέψις, baking
22 κατάκαυμα, burning
23 φλόξ, flame
24 φύρασις, kneading
25 στέαρ, dough
26 ζυμόω, *aor pas inf*, leaven
27 θυμόω, *pres mid inf*, become angry
28 ἐκτείνω, *aor act ind 3s*, reach out
29 λοιμός, problematic, pestilent
30 διότι, for
31 ἀνακαίω, *aor pas ind 3p*, inflame, light up
32 κλίβανος, oven
33 καταράσσω, *pres act inf*, smash to bits
34 ὕπνος, sleep
35 ἐμπίμπλημι, *aor pas ind 3s*, fill up
36 πρωί, morning
37 ἀνακαίω, *aor pas ind 3s*, kindle
38 φέγγος, light

7 πάντες ἐθερμάνθησαν[1] ὡς κλίβανος[2]
καὶ κατέφαγον[3] τοὺς κριτὰς[4] αὐτῶν·
πάντες οἱ βασιλεῖς αὐτῶν ἔπεσαν,
οὐκ ἦν ὁ ἐπικαλούμενος[5] ἐν αὐτοῖς πρός με.

8 Εφραιμ ἐν τοῖς λαοῖς αὐτοῦ συνανεμείγνυτο,[6]
Εφραιμ ἐγένετο ἐγκρυφίας[7] οὐ μεταστρεφόμενος.[8]
9 κατέφαγον[9] ἀλλότριοι[10] τὴν ἰσχὺν[11] αὐτοῦ, αὐτὸς δὲ οὐκ ἐπέγνω·
καὶ πολιαὶ[12] ἐξήνθησαν[13] αὐτῷ, καὶ αὐτὸς οὐκ ἔγνω.
10 καὶ ταπεινωθήσεται[14] ἡ ὕβρις[15] Ισραηλ εἰς πρόσωπον αὐτοῦ,
καὶ οὐκ ἐπέστρεψαν πρὸς κύριον τὸν θεὸν αὐτῶν
καὶ οὐκ ἐξεζήτησαν[16] αὐτὸν ἐν πᾶσι τούτοις.

11 καὶ ἦν Εφραιμ ὡς περιστερὰ[17] ἄνους[18] οὐκ ἔχουσα καρδίαν·
Αἴγυπτον ἐπεκαλεῖτο[19] καὶ εἰς Ἀσσυρίους ἐπορεύθησαν.
12 καθὼς ἂν πορεύωνται, ἐπιβαλῶ[20] ἐπ᾽ αὐτοὺς τὸ δίκτυόν[21] μου·
καθὼς τὰ πετεινὰ[22] τοῦ οὐρανοῦ κατάξω[23] αὐτούς,
παιδεύσω[24] αὐτοὺς ἐν τῇ ἀκοῇ[25] τῆς θλίψεως αὐτῶν.
13 οὐαὶ αὐτοῖς, ὅτι ἀπεπήδησαν[26] ἀπ᾽ ἐμοῦ·
δείλαιοί[27] εἰσιν, ὅτι ἠσέβησαν[28] εἰς ἐμέ·
ἐγὼ δὲ ἐλυτρωσάμην[29] αὐτούς,
αὐτοὶ δὲ κατελάλησαν[30] κατ᾽ ἐμοῦ ψεύδη.[31]

1 θερμαίνω, *aor pas ind 3p*, heat up
2 κλίβανος, oven
3 κατεσθίω, *aor act ind 3p*, consume, devour
4 κριτής, judge, leader
5 ἐπικαλέω, *pres mid ptc nom s m*, call on, invoke
6 συναναμίγνυμι, *impf pas ind 3s*, associate with, become involved with
7 ἐγκρυφίας, baked cake
8 μεταστρέφω, *pres pas ptc nom s m*, turn (over)
9 κατεσθίω, *aor act ind 3p*, consume, devour
10 ἀλλότριος, foreign, strange
11 ἰσχύς, power, strength
12 πολιά, gray hair
13 ἐξανθέω, *aor act ind 3p*, grow, sprout
14 ταπεινόω, *fut pas ind 3s*, bring low, humble
15 ὕβρις, pride, arrogance
16 ἐκζητέω, *aor act ind 3p*, seek out
17 περιστερά, pigeon
18 ἄνους, senseless, silly
19 ἐπικαλέω, *impf mid ind 3s*, call upon
20 ἐπιβάλλω, *fut act ind 1s*, throw upon
21 δίκτυον, net
22 πετεινόν, bird
23 κατάγω, *fut act ind 1s*, bring down
24 παιδεύω, *fut act ind 1s*, discipline, instruct
25 ἀκοή, report, news
26 ἀποπηδάω, *aor act ind 3p*, turn from
27 δείλαιος, sorry, wretched
28 ἀσεβέω, *aor act ind 3p*, commit sacrilege
29 λυτρόω, *aor mid ind 1s*, redeem
30 καταλαλέω, *aor act ind 3p*, speak against
31 ψεῦδος, lie

14 καὶ οὐκ ἐβόησαν[1] πρός με αἱ καρδίαι αὐτῶν,
ἀλλ᾽ ἢ ὠλόλυζον[2] ἐν ταῖς κοίταις[3] αὐτῶν·
ἐπὶ σίτῳ[4] καὶ οἴνῳ κατετέμνοντο.[5]
ἐπαιδεύθησαν[6] ἐν ἐμοί,
15 κἀγὼ[7] κατίσχυσα[8] τοὺς βραχίονας[9] αὐτῶν,
καὶ εἰς ἐμὲ ἐλογίσαντο πονηρά.
16 ἀπεστράφησαν[10] εἰς οὐθέν,[11]
ἐγένοντο ὡς τόξον[12] ἐντεταμένον·[13]
πεσοῦνται ἐν ῥομφαίᾳ[14] οἱ ἄρχοντες αὐτῶν
δι᾽ ἀπαιδευσίαν[15] γλώσσης αὐτῶν·
οὗτος ὁ φαυλισμὸς[16] αὐτῶν ἐν γῇ Αἰγύπτῳ.

Israel to Reap the Whirlwind

8 Εἰς κόλπον[17] αὐτῶν ὡς γῆ,
ὡς ἀετὸς[18] ἐπ᾽ οἶκον κυρίου,
ἀνθ᾽ ὧν[19] παρέβησαν[20] τὴν διαθήκην μου
καὶ κατὰ τοῦ νόμου μου ἠσέβησαν.[21]
2 ἐμὲ κεκράξονται Ὁ θεός, ἐγνώκαμέν σε.
3 ὅτι Ισραηλ ἀπεστρέψατο[22] ἀγαθά, ἐχθρὸν κατεδίωξαν.[23]
4 ἑαυτοῖς ἐβασίλευσαν[24] καὶ οὐ δι᾽ ἐμοῦ,
ἦρξαν καὶ οὐκ ἐγνώρισάν[25] μοι·
τὸ ἀργύριον[26] αὐτῶν καὶ τὸ χρυσίον[27] αὐτῶν ἐποίησαν ἑαυτοῖς εἴδωλα,[28]
ὅπως ἐξολεθρευθῶσιν.[29]
5 ἀπότριψαι[30] τὸν μόσχον[31] σου, Σαμάρεια·
παρωξύνθη[32] ὁ θυμός[33] μου ἐπ᾽ αὐτούς·
ἕως τίνος οὐ μὴ δύνωνται καθαρισθῆναι **6** ἐν τῷ Ισραηλ;

1 βοάω, *aor act ind 3p*, cry out
2 ὀλολύζω, *impf act ind 3p*, howl, wail
3 κοίτη, bed
4 σῖτος, food
5 κατατέμνω, *impf mid ind 3p*, cut, slash
6 παιδεύω, *aor pas ind 3p*, discipline, instruct
7 κἀγώ, I also, *cr.* καὶ ἐγώ
8 κατισχύω, *aor act ind 1s*, strengthen
9 βραχίων, arm
10 ἀποστρέφω, *aor pas ind 3p*, turn away
11 οὐθείς, nothing
12 τόξον, bow
13 ἐντείνω, *perf pas ptc nom s n*, bend taut, stretch tight
14 ῥομφαία, sword
15 ἀπαιδευσία, ignorant, undisciplined
16 φαυλισμός, contempt
17 κόλπος, arms, bosom
18 ἀετός, eagle
19 ἀνθ᾽ ὧν, for, because
20 παραβαίνω, *aor act ind 3p*, deviate from, transgress
21 ἀσεβέω, *aor act ind 3p*, commit sacrilege
22 ἀποστρέφω, *aor mid ind 3s*, turn away
23 καταδιώκω, *aor act ind 3p*, pursue
24 βασιλεύω, *aor act ind 3p*, appoint a king
25 γνωρίζω, *aor act ind 3p*, tell, make known
26 ἀργύριον, silver
27 χρυσίον, gold
28 εἴδωλον, image, idol
29 ἐξολεθρεύω, *aor pas sub 3p*, utterly destroy
30 ἀποτρίβω, *aor mid impv 2s*, reject
31 μόσχος, calf
32 παροξύνω, *aor pas ind 3s*, provoke
33 θυμός, rage, wrath

καὶ αὐτὸ τέκτων[1] ἐποίησεν, καὶ οὐ θεός ἐστιν·
διότι[2] πλανῶν ἦν ὁ μόσχος[3] σου, Σαμάρεια.

7 ὅτι ἀνεμόφθορα[4] ἔσπειραν,[5]
καὶ ἡ καταστροφὴ[6] αὐτῶν ἐκδέξεται[7] αὐτά·
δράγμα[8] οὐκ ἔχον ἰσχὺν[9] τοῦ ποιῆσαι ἄλευρον·[10]
ἐὰν δὲ καὶ ποιήσῃ, ἀλλότριοι[11] καταφάγονται[12] αὐτό.
8 κατεπόθη[13] Ισραηλ,
νῦν ἐγένετο ἐν τοῖς ἔθνεσιν ὡς σκεῦος[14] ἄχρηστον.[15]
9 ὅτι αὐτοὶ ἀνέβησαν εἰς Ἀσσυρίους·
ἀνέθαλεν[16] καθ᾽ ἑαυτὸν Εφραιμ, δῶρα[17] ἠγάπησαν·
10 διὰ τοῦτο παραδοθήσονται ἐν τοῖς ἔθνεσιν.
νῦν εἰσδέξομαι[18] αὐτούς,
καὶ κοπάσουσιν[19] μικρὸν τοῦ χρίειν[20] βασιλέα καὶ ἄρχοντας.

11 ὅτι ἐπλήθυνεν[21] Εφραιμ θυσιαστήρια,[22]
εἰς ἁμαρτίας ἐγένοντο αὐτῷ θυσιαστήρια ἠγαπημένα.
12 καταγράψω[23] αὐτῷ πλῆθος καὶ τὰ νόμιμα[24] αὐτοῦ,
εἰς ἀλλότρια[25] ἐλογίσθησαν θυσιαστήρια[26] τὰ ἠγαπημένα.
13 διότι[27] ἐὰν θύσωσιν[28] θυσίαν[29] καὶ φάγωσιν κρέα,[30]
κύριος οὐ προσδέξεται[31] αὐτά·
νῦν μνησθήσεται[32] τὰς ἀδικίας[33] αὐτῶν
καὶ ἐκδικήσει[34] τὰς ἁμαρτίας αὐτῶν·

1 τέκτων, craftsman, artisan
2 διότι, for
3 μόσχος, calf
4 ἀνεμόφθορος, wind-blown
5 σπείρω, *aor act ind 3p*, sow
6 καταστροφή, destruction, ruin
7 ἐκδέχομαι, *fut mid ind 3s*, receive
8 δράγμα, handful (from harvesting a sheaf)
9 ἰσχύς, capacity, ability
10 ἄλευρον, flour
11 ἀλλότριος, foreign, strange
12 κατεσθίω, *fut mid ind 3p*, consume, devour
13 καταπίνω, *aor pas ind 3s*, swallow up, destroy
14 σκεῦος, object, thing
15 ἄχρηστος, useless, worthless
16 ἀναθάλλω, *aor act ind 3s*, sprout again
17 δῶρον, gift, offering
18 εἰσδέχομαι, *fut mid ind 1s*, receive, welcome
19 κοπάζω, *fut act ind 3p*, have rest, cease
20 χρίω, *pres act inf*, anoint
21 πληθύνω, *impf act ind 3s*, multiply
22 θυσιαστήριον, altar
23 καταγράφω, *fut act ind 1s*, engrave, inscribe
24 νόμιμος, legal ordinance
25 ἀλλότριος, foreign, strange
26 θυσιαστήριον, altar
27 διότι, for
28 θύω, *aor act sub 3p*, sacrifice
29 θυσία, sacrifice
30 κρέας, meat
31 προσδέχομαι, *fut mid ind 3s*, accept
32 μιμνῄσκομαι, *fut pas ind 3s*, remember
33 ἀδικία, injustice, wrongdoing
34 ἐκδικέω, *fut act ind 3s*, punish

αὐτοὶ εἰς Αἴγυπτον ἀπέστρεψαν[1]
καὶ ἐν Ἀσσυρίοις ἀκάθαρτα φάγονται.
14 καὶ ἐπελάθετο[2] Ισραηλ τοῦ ποιήσαντος αὐτὸν καὶ ᾠκοδόμησαν τεμένη,[3]
καὶ Ιουδας ἐπλήθυνεν[4] πόλεις τετειχισμένας·[5]
καὶ ἐξαποστελῶ[6] πῦρ εἰς τὰς πόλεις αὐτοῦ,
καὶ καταφάγεται[7] τὰ θεμέλια[8] αὐτῶν.

Punishment for Israel

9 Μὴ χαῖρε,[9] Ισραηλ,
μηδὲ εὐφραίνου[10] καθὼς οἱ λαοί·
διότι[11] ἐπόρνευσας[12] ἀπὸ τοῦ θεοῦ σου,
ἠγάπησας δόματα[13] ἐπὶ πάντα ἅλωνα[14] σίτου.[15]
2 ἅλων[16] καὶ ληνὸς[17] οὐκ ἔγνω αὐτούς,
καὶ ὁ οἶνος ἐψεύσατο[18] αὐτούς.
3 οὐ κατῴκησαν ἐν τῇ γῇ τοῦ κυρίου·
κατῴκησεν Εφραιμ εἰς Αἴγυπτον,
καὶ ἐν Ἀσσυρίοις ἀκάθαρτα φάγονται.

4 οὐκ ἔσπεισαν[19] τῷ κυρίῳ οἶνον
καὶ οὐχ ἥδυναν[20] αὐτῷ·
αἱ θυσίαι[21] αὐτῶν ὡς ἄρτος πένθους[22] αὐτοῖς,
πάντες οἱ ἔσθοντες[23] αὐτὰ μιανθήσονται,[24]
διότι[25] οἱ ἄρτοι αὐτῶν ταῖς ψυχαῖς αὐτῶν
οὐκ εἰσελεύσονται εἰς τὸν οἶκον κυρίου.
5 τί ποιήσετε ἐν ἡμέρᾳ πανηγύρεως[26]
καὶ ἐν ἡμέρᾳ ἑορτῆς[27] τοῦ κυρίου;

1 ἀποστρέφω, *aor act ind 3p*, turn back, return
2 ἐπιλανθάνω, *aor mid ind 3s*, forget
3 τέμενος, shrine
4 πληθύνω, *aor act ind 3s*, increase, build up
5 τειχίζω, *perf pas ptc acc p f*, fortify, wall in
6 ἐξαποστέλλω, *fut act ind 1s*, send out
7 κατεσθίω, *fut mid ind 3s*, consume, devour
8 θεμέλιον, foundation
9 χαίρω, *pres act impv 2s*, be glad
10 εὐφραίνω, *pres mid impv 2s*, rejoice
11 διότι, for
12 πορνεύω, *aor act ind 2s*, commit adultery, act unfaithfully
13 δόμα, gift, bribe
14 ἅλων, threshing floor
15 σῖτος, grain
16 ἅλων, threshing floor
17 ληνός, wine vat
18 ψεύδομαι, *aor mid ind 3s*, deceive
19 σπένδω, *aor act ind 3p*, pour out
20 ἡδύνω, *aor act ind 3p*, please
21 θυσία, sacrifice
22 πένθος, sorrow, grief
23 ἔσθω, *pres act ptc nom p m*, eat
24 μιαίνω, *fut pas ind 3p*, taint, defile
25 διότι, for
26 πανήγυρις, festive gathering, public festival
27 ἑορτή, feast, holiday

6 διὰ τοῦτο ἰδοὺ πορεύσονται ἐκ ταλαιπωρίας[1] Αἰγύπτου,
καὶ ἐκδέξεται[2] αὐτοὺς Μέμφις, καὶ θάψει[3] αὐτοὺς Μαχμας·
τὸ ἀργύριον[4] αὐτῶν ὄλεθρος[5] κληρονομήσει,[6]
ἄκανθαι[7] ἐν τοῖς σκηνώμασιν[8] αὐτῶν.

7 ἥκασιν[9] αἱ ἡμέραι τῆς ἐκδικήσεως,[10]
ἥκασιν αἱ ἡμέραι τῆς ἀνταποδόσεώς[11] σου,
καὶ κακωθήσεται[12] Ισραηλ ὥσπερ ὁ προφήτης ὁ παρεξεστηκώς,[13]
ἄνθρωπος ὁ πνευματοφόρος·[14]
ὑπὸ τοῦ πλήθους τῶν ἀδικιῶν[15] σου
ἐπληθύνθη[16] μανία[17] σου.
8 σκοπὸς[18] Εφραιμ μετὰ θεοῦ· προφήτης,
παγὶς[19] σκολιὰ[20] ἐπὶ πάσας τὰς ὁδοὺς αὐτοῦ·
μανίαν[21] ἐν οἴκῳ κυρίου κατέπηξαν.[22]
9 ἐφθάρησαν[23] κατὰ τὰς ἡμέρας τοῦ βουνοῦ·[24]
μνησθήσεται[25] ἀδικίας[26] αὐτοῦ, ἐκδικήσει[27] ἁμαρτίας αὐτοῦ.

10 Ὡς σταφυλὴν[28] ἐν ἐρήμῳ εὗρον τὸν Ισραηλ
καὶ ὡς σκοπὸν[29] ἐν συκῇ[30] πρόιμον[31] εἶδον πατέρας αὐτῶν·
αὐτοὶ εἰσῆλθον πρὸς τὸν Βεελφεγωρ καὶ ἀπηλλοτριώθησαν[32] εἰς αἰσχύνην,[33]
καὶ ἐγένοντο οἱ ἠγαπημένοι ὡς οἱ ἐβδελυγμένοι.[34]
11 Εφραιμ ὡς ὄρνεον[35] ἐξεπετάσθη,[36]
αἱ δόξαι αὐτῶν ἐκ τόκων[37] καὶ ὠδίνων[38] καὶ συλλήμψεων·[39]

1 ταλαιπωρία, misery, distress
2 ἐκδέχομαι, *fut mid ind 3s*, receive
3 θάπτω, *fut act ind 3s*, bury
4 ἀργύριον, silver
5 ὄλεθρος, destruction
6 κληρονομέω, *fut act ind 3s*, inherit
7 ἄκανθα, thorny plant
8 σκήνωμα, dwelling place
9 ἥκω, *perf act ind 3p*, come
10 ἐκδίκησις, punishment
11 ἀνταπόδοσις, recompense, repayment
12 κακόω, *fut pas ind 3s*, harass, mistreat
13 παρεξίστημι, *perf act ptc nom s m*, be deranged, be delusional
14 πνευματοφόρος, spirited, (crazed)
15 ἀδικία, injustice, wrongdoing
16 πληθύνω, *aor pas ind 3s*, intensify
17 μανία, madness
18 σκοπός, watchman, lookout
19 παγίς, trap
20 σκολιός, bent, twisted
21 μανία, madness
22 καταπήγνυμι, *aor act ind 3p*, fasten, entrench
23 φθείρω, *aor pas ind 3p*, spoil, corrupt
24 βουνός, hill
25 μιμνῄσκομαι, *fut pas ind 3s*, remember
26 ἀδικία, injustice, wrongdoing
27 ἐκδικέω, *fut act ind 3s*, punish
28 σταφυλή, grapes
29 σκοπός, watchman, lookout
30 συκῆ, fig tree
31 πρόϊμος, in the morning
32 ἀπαλλοτριόω, *aor pas ind 3p*, alienate, estrange
33 αἰσχύνη, disgrace, shame
34 βδελύσσω, *perf mid ptc nom p m*, abhor, detest
35 ὄρνεον, bird
36 ἐκπετάννυμι, *aor pas ind 3s*, spread out (wings to fly)
37 τόκος, birth
38 ὠδίν, labor pain
39 σύλλημψις, conception

12 διότι[1] καὶ ἐὰν ἐκθρέψωσιν[2] τὰ τέκνα αὐτῶν,
ἀτεκνωθήσονται[3] ἐξ ἀνθρώπων·
διότι καὶ οὐαὶ αὐτοῖς ἐστιν,
σάρξ μου ἐξ αὐτῶν.
13 Εφραιμ, ὃν τρόπον[4] εἶδον, εἰς θήραν[5] παρέστησαν[6] τὰ τέκνα αὐτῶν,
καὶ Εφραιμ τοῦ ἐξαγαγεῖν[7] εἰς ἀποκέντησιν[8] τὰ τέκνα αὐτοῦ.
14 δὸς αὐτοῖς, κύριε· τί δώσεις αὐτοῖς;
δὸς αὐτοῖς μήτραν[9] ἀτεκνοῦσαν[10] καὶ μαστοὺς[11] ξηρούς.[12]

15 πᾶσαι αἱ κακίαι[13] αὐτῶν εἰς Γαλγαλ,
ὅτι ἐκεῖ αὐτοὺς ἐμίσησα·
διὰ τὰς κακίας τῶν ἐπιτηδευμάτων[14] αὐτῶν
ἐκ τοῦ οἴκου μου ἐκβαλῶ αὐτούς,
οὐ μὴ προσθήσω[15] τοῦ ἀγαπῆσαι αὐτούς·
πάντες οἱ ἄρχοντες αὐτῶν ἀπειθοῦντες.[16]
16 ἐπόνεσεν[17] Εφραιμ, τὰς ῥίζας[18] αὐτοῦ ἐξηράνθη,[19]
καρπὸν οὐκέτι μὴ ἐνέγκῃ·
διότι[20] καὶ ἐὰν γεννήσωσιν,
ἀποκτενῶ τὰ ἐπιθυμήματα[21] κοιλίας[22] αὐτῶν.
17 ἀπώσεται[23] αὐτοὺς ὁ θεός, ὅτι οὐκ εἰσήκουσαν[24] αὐτοῦ,
καὶ ἔσονται πλανῆται[25] ἐν τοῖς ἔθνεσιν.

Retribution for Israel's Sin

10 Ἄμπελος[26] εὐκληματοῦσα[27] Ισραηλ,
ὁ καρπὸς αὐτῆς εὐθηνῶν·[28]
κατὰ τὸ πλῆθος τῶν καρπῶν αὐτοῦ ἐπλήθυνεν[29] τὰ θυσιαστήρια,[30]
κατὰ τὰ ἀγαθὰ τῆς γῆς αὐτοῦ ᾠκοδόμησεν στήλας.[31]

1 διότι, for
2 ἐκτρέφω, *aor act sub 3p*, rear
3 ἀτεκνόω, *fut pas ind 3p*, make childless, rob of children
4 ὃν τρόπον, as, in the way that
5 θήρα, prey
6 παρίστημι, *aor act ind 3p*, present, place before
7 ἐξάγω, *aor act inf*, lead out
8 ἀποκέντησις, piercing through
9 μήτρα, womb
10 ἀτεκνόω, *pres act ptc acc s f*, make childless, rob of children
11 μαστός, breast
12 ξηρός, dry
13 κακία, evil, wickedness
14 ἐπιτήδευμα, pursuit, dealings
15 προστίθημι, *fut act ind 1s*, continue
16 ἀπειθέω, *pres act ptc nom p m*, disobey
17 πονέω, *aor act ind 3s*, toil, suffer
18 ῥίζα, root
19 ξηραίνω, *aor pas ind 3s*, dry up
20 διότι, for
21 ἐπιθύμημα, something desired
22 κοιλία, womb
23 ἀπωθέω, *fut mid ind 3s*, push away, reject
24 εἰσακούω, *aor act ind 3p*, listen to
25 πλανήτης, wanderer, vagrant
26 ἄμπελος, vine
27 εὐκληματέω, *pres act ptc nom s f*, grow vivaciously
28 εὐθηνέω, *pres act ptc nom s m*, thrive
29 πληθύνω, *aor act ind 3s*, multiply
30 θυσιαστήριον, altar
31 στήλη, stele, cultic pillar

2 ἐμέρισαν[1] καρδίας αὐτῶν,
νῦν ἀφανισθήσονται·[2]
αὐτὸς κατασκάψει[3] τὰ θυσιαστήρια[4] αὐτῶν,
ταλαιπωρήσουσιν[5] αἱ στῆλαι[6] αὐτῶν.

3 διότι[7] νῦν ἐροῦσιν Οὐκ ἔστιν βασιλεὺς ἡμῖν,
ὅτι οὐκ ἐφοβήθημεν τὸν κύριον,
ὁ δὲ βασιλεὺς τί ποιήσει ἡμῖν;
4 λαλῶν ῥήματα προφάσεις[8] ψευδεῖς[9] διαθήσεται[10] διαθήκην·
ἀνατελεῖ[11] ὡς ἄγρωστις[12] κρίμα[13] ἐπὶ χέρσον[14] ἀγροῦ.
5 τῷ μόσχῳ[15] τοῦ οἴκου Ων παροικήσουσιν[16]
οἱ κατοικοῦντες Σαμάρειαν,
ὅτι ἐπένθησεν[17] ὁ λαὸς αὐτοῦ ἐπ᾽ αὐτόν·
καὶ καθὼς παρεπίκραναν[18] αὐτόν,
ἐπιχαροῦνται[19] ἐπὶ τὴν δόξαν αὐτοῦ,
ὅτι μετῳκίσθη[20] ἀπ᾽ αὐτοῦ.
6 καὶ αὐτὸν εἰς Ἀσσυρίους δήσαντες[21] ἀπήνεγκαν[22]
ξένια[23] τῷ βασιλεῖ Ιαριμ·
ἐν δόματι[24] Εφραιμ δέξεται,[25]
καὶ αἰσχυνθήσεται[26] Ισραηλ ἐν τῇ βουλῇ[27] αὐτοῦ.

7 ἀπέρριψεν[28] Σαμάρεια βασιλέα αὐτῆς
ὡς φρύγανον[29] ἐπὶ προσώπου ὕδατος.
8 καὶ ἐξαρθήσονται[30] βωμοὶ Ων, ἁμαρτήματα[31] τοῦ Ισραηλ·
ἄκανθαι[32] καὶ τρίβολοι[33] ἀναβήσονται ἐπὶ τὰ θυσιαστήρια[34] αὐτῶν·

1 μερίζω, *aor act ind 3p*, divide
2 ἀφανίζω, *fut pas ind 3p*, remove, excise
3 κατασκάπτω, *fut act ind 3s*, destroy, smash
4 θυσιαστήριον, altar
5 ταλαιπωρέω, *fut act ind 3p*, suffer distress
6 στήλη, stele, cultic pillar
7 διότι, for
8 πρόφασις, pretense
9 ψευδής, false
10 διατίθημι, *fut mid ind 3s*, grant, arrange
11 ἀνατέλλω, *fut act ind 3s*, appear, spring up
12 ἄγρωστις, weed
13 κρίμα, judgment
14 χέρσος, dry (area)
15 μόσχος, calf, young bull
16 παροικέω, *fut act ind 3p*, live as a foreigner
17 πενθέω, *aor act ind 3s*, mourn
18 παραπικραίνω, *aor act ind 3p*, provoke
19 ἐπιχαίρω, *fut mid ind 3p*, rejoice
20 μετοικίζω, *aor pas ind 3s*, relocate, deport
21 δέω, *aor act ptc nom p m*, bind
22 ἀποφέρω, *aor act ind 3p*, carry off
23 ξένιον, friendly gift
24 δόμα, gift
25 δέχομαι, *fut mid ind 3s*, receive
26 αἰσχύνω, *fut pas ind 3s*, disgrace, put to shame
27 βουλή, advice, counsel
28 ἀπορρίπτω, *aor act ind 3s*, reject, throw away
29 φρύγανον, brushwood
30 ἐξαίρω, *fut pas ind 3p*, remove, (do away with)
31 ἁμάρτημα, sin, offense
32 ἄκανθα, thorny plant
33 τρίβολος, thistle
34 θυσιαστήριον, altar

καὶ ἐροῦσιν τοῖς ὄρεσιν Καλύψατε[1] ἡμᾶς,
καὶ τοῖς βουνοῖς[2] Πέσατε ἐφ᾽ ἡμᾶς.

9 Ἀφ᾽ οὗ οἱ βουνοί,[3] ἥμαρτεν Ισραηλ, ἐκεῖ ἔστησαν·
οὐ μὴ καταλάβῃ[4] αὐτοὺς ἐν τῷ βουνῷ πόλεμος ἐπὶ τὰ τέκνα ἀδικίας;[5]
10 ἦλθεν παιδεῦσαι[6] αὐτούς,
καὶ συναχθήσονται ἐπ᾽ αὐτοὺς λαοί
ἐν τῷ παιδεύεσθαι[7] αὐτοὺς ἐν ταῖς δυσὶν ἀδικίαις[8] αὐτῶν.

11 Εφραιμ δάμαλις[9] δεδιδαγμένη ἀγαπᾶν νεῖκος,[10]
ἐγὼ δὲ ἐπελεύσομαι[11] ἐπὶ τὸ κάλλιστον[12] τοῦ τραχήλου[13] αὐτῆς·
ἐπιβιβῶ[14] Εφραιμ καὶ παρασιωπήσομαι[15] Ιουδαν,
ἐνισχύσει[16] αὐτῷ Ιακωβ.
12 σπείρατε[17] ἑαυτοῖς εἰς δικαιοσύνην,
τρυγήσατε[18] εἰς καρπὸν ζωῆς,
φωτίσατε[19] ἑαυτοῖς φῶς γνώσεως,[20]
ἐκζητήσατε[21] τὸν κύριον ἕως τοῦ ἐλθεῖν γενήματα[22] δικαιοσύνης ὑμῖν.

13 ἵνα τί παρεσιωπήσατε[23] ἀσέβειαν[24]
καὶ τὰς ἀδικίας[25] αὐτῆς ἐτρυγήσατε,[26]
ἐφάγετε καρπὸν ψευδῆ;[27]
ὅτι ἤλπισας ἐν τοῖς ἅρμασίν[28] σου,
ἐν πλήθει δυνάμεώς σου.
14 καὶ ἐξαναστήσεται[29] ἀπώλεια[30] ἐν τῷ λαῷ σου,
καὶ πάντα τὰ περιτετειχισμένα[31] σου οἰχήσεται·[32]
ὡς ἄρχων Σαλαμαν ἐκ τοῦ οἴκου Ιεροβααλ
ἐν ἡμέραις πολέμου μητέρα ἐπὶ τέκνοις ἠδάφισαν.[33]

1 καλύπτω, *aor act impv 2p*, cover
2 βουνός, hill
3 βουνός, hill
4 καταλαμβάνω, *aor act sub 3s*, come upon
5 ἀδικία, injustice, wrongdoing
6 παιδεύω, *aor act inf*, discipline, chastise
7 παιδεύω, *pres pas inf*, discipline, chastise
8 ἀδικία, injustice, wrongdoing
9 δάμαλις, young cow
10 νεῖκος, strife
11 ἐπέρχομαι, *fut mid ind 1s*, confront, attack
12 καλός, *sup*, fairest, most beautiful
13 τράχηλος, neck
14 ἐπιβιβάζω, *fut act ind 1s*, (mount)
15 παρασιωπάω, *fut mid ind 1s*, pass over silently
16 ἐνισχύω, *fut act ind 3s*, prevail against
17 σπείρω, *aor act impv 2p*, sow
18 τρυγάω, *aor act impv 2p*, gather in, harvest
19 φωτίζω, *aor act impv 2p*, enlighten, illuminate
20 γνῶσις, knowledge
21 ἐκζητέω, *aor act impv 2p*, seek out
22 γένημα, results, outcome
23 παρασιωπάω, *aor act ind 2p*, pass over silently
24 ἀσέβεια, impiety, ungodliness
25 ἀδικία, injustice, wrongdoing
26 τρυγάω, *aor act ind 2p*, gather in, harvest
27 ψευδής, false
28 ἅρμα, chariot
29 ἐξανίστημι, *fut mid ind 3s*, rise against
30 ἀπώλεια, destruction
31 περιτειχίζω, *perf pas ptc nom p n*, surround by a wall
32 οἴχομαι, *fut mid ind 3s*, vanish, go away
33 ἐδαφίζω, *aor act ind 3p*, smash on the ground

15 οὕτως ποιήσω ὑμῖν, οἶκος τοῦ Ισραηλ,
ἀπὸ προσώπου κακιῶν[1] ὑμῶν·
ὄρθρου[2] ἀπερρίφησαν,[3]
ἀπερρίφη[4] βασιλεὺς Ισραηλ.

God's Love for Israel, His Son

11 Διότι[5] νήπιος[6] Ισραηλ, καὶ ἐγὼ ἠγάπησα αὐτόν
καὶ ἐξ Αἰγύπτου μετεκάλεσα[7] τὰ τέκνα αὐτοῦ.
2 καθὼς μετεκάλεσα[8] αὐτούς, οὕτως ἀπῴχοντο[9] ἐκ προσώπου μου·
αὐτοὶ τοῖς Βααλιμ ἔθυον[10] καὶ τοῖς γλυπτοῖς[11] ἐθυμίων.[12]

3 καὶ ἐγὼ συνεπόδισα[13] τὸν Εφραιμ,
ἀνέλαβον[14] αὐτὸν ἐπὶ τὸν βραχίονά[15] μου,
καὶ οὐκ ἔγνωσαν ὅτι ἴαμαι[16] αὐτούς.
4 ἐν διαφθορᾷ[17] ἀνθρώπων ἐξέτεινα[18] αὐτοὺς ἐν δεσμοῖς[19] ἀγαπήσεώς[20] μου
καὶ ἔσομαι αὐτοῖς ὡς ῥαπίζων[21] ἄνθρωπος ἐπὶ τὰς σιαγόνας[22] αὐτοῦ·
καὶ ἐπιβλέψομαι[23] πρὸς αὐτόν, δυνήσομαι αὐτῷ.

5 κατῴκησεν Εφραιμ ἐν Αἰγύπτῳ,
καὶ Ασσουρ αὐτὸς βασιλεὺς αὐτοῦ,
ὅτι οὐκ ἠθέλησεν ἐπιστρέψαι.
6 καὶ ἠσθένησεν[24] ῥομφαία[25] ἐν ταῖς πόλεσιν αὐτοῦ
καὶ κατέπαυσεν[26] ἐν ταῖς χερσὶν αὐτοῦ,
καὶ φάγονται ἐκ τῶν διαβουλίων[27] αὐτῶν.
7 καὶ ὁ λαὸς αὐτοῦ ἐπικρεμάμενος[28] ἐκ τῆς κατοικίας[29] αὐτοῦ,
καὶ ὁ θεὸς ἐπὶ τὰ τίμια[30] αὐτοῦ θυμωθήσεται,[31]
καὶ οὐ μὴ ὑψώσῃ[32] αὐτόν.

1 κακία, evil, wickedness
2 ὄρθρος, at dawn
3 ἀπορρίπτω, *aor pas ind 3p*, reject, cast away
4 ἀπορρίπτω, *aor pas ind 3s*, reject, cast away
5 διότι, for
6 νήπιος, infant, child
7 μετακαλέω, *aor act ind 1s*, summon, call back
8 μετακαλέω, *aor act ind 1s*, summon, call back
9 ἀποίχομαι, *impf mid ind 3p*, keep away from
10 θύω, *impf act ind 3p*, sacrifice
11 γλυπτός, carved
12 θυμιάω, *impf act ind 3p*, burn incense
13 συμποδίζω, *aor act ind 1s*, tie up the feet
14 ἀναλαμβάνω, *aor act ind 1s*, take up
15 βραχίων, arm
16 ἰάομαι, *perf pas ind 1s*, heal
17 διαφθορά, destruction, ruin
18 ἐκτείνω, *aor act ind 1s*, reach out
19 δεσμός, bond, band
20 ἀγάπησις, affection, love
21 ῥαπίζω, *pres act ptc nom s m*, slap, strike
22 σιαγών, jaw, cheek
23 ἐπιβλέπω, *fut mid ind 1s*, look at, watch closely
24 ἀσθενέω, *aor act ind 3s*, be weak, be powerless
25 ῥομφαία, sword
26 καταπαύω, *aor act ind 3s*, stop, cease
27 διαβουλία, plan, scheme
28 ἐπικρεμάννυμι, *pres pas ptc nom s m*, hang on, depend on
29 κατοικία, dwelling place
30 τίμιος, costly, valued
31 θυμόω, *fut pas ind 3s*, provoke
32 ὑψόω, *aor act sub 3s*, exalt

8 τί σε διαθῶ,[1] Εφραιμ; ὑπερασπιῶ[2] σου, Ισραηλ;
τί σε διαθῶ; ὡς Αδαμα θήσομαί σε καὶ ὡς Σεβωιμ;
μετεστράφη[3] ἡ καρδία μου ἐν τῷ αὐτῷ,
συνεταράχθη[4] ἡ μεταμέλειά[5] μου.
9 οὐ μὴ ποιήσω κατὰ τὴν ὀργὴν τοῦ θυμοῦ[6] μου,
οὐ μὴ ἐγκαταλίπω[7] τοῦ ἐξαλειφθῆναι[8] τὸν Εφραιμ·
διότι[9] θεὸς ἐγώ εἰμι καὶ οὐκ ἄνθρωπος·
ἐν σοὶ ἅγιος, καὶ οὐκ εἰσελεύσομαι εἰς πόλιν.

10 ὀπίσω κυρίου πορεύσομαι·
ὡς λέων[10] ἐρεύξεται,[11] ὅτι αὐτὸς ὠρύσεται,[12]
καὶ ἐκστήσονται[13] τέκνα ὑδάτων.
11 καὶ ἐκστήσονται[14] ὡς ὄρνεον[15] ἐξ Αἰγύπτου
καὶ ὡς περιστερὰ[16] ἐκ γῆς Ἀσσυρίων·
καὶ ἀποκαταστήσω[17] αὐτοὺς εἰς τοὺς οἴκους αὐτῶν, λέγει κύριος.

Israel's Sins

12 Ἐκύκλωσέν[18] με ἐν ψεύδει[19] Εφραιμ
καὶ ἐν ἀσεβείαις[20] οἶκος Ισραηλ καὶ Ιουδα.
νῦν ἔγνω αὐτοὺς ὁ θεός,
καὶ λαὸς ἅγιος κεκλήσεται θεοῦ.

2 ὁ δὲ Εφραιμ πονηρὸν πνεῦμα,
ἐδίωξεν καύσωνα[21] ὅλην τὴν ἡμέραν·
κενὰ[22] καὶ μάταια[23] ἐπλήθυνεν[24] καὶ
διαθήκην μετὰ Ἀσσυρίων διέθετο,[25]
καὶ ἔλαιον[26] εἰς Αἴγυπτον ἐνεπορεύετο.[27]

1 διατίθημι, *aor act sub 1s*, treat, deal with
2 ὑπερασπίζω, *fut act ind 1s*, protect, defend
3 μεταστρέφω, *aor pas ind 3s*, change into, transform
4 συνταράσσω, *aor pas ind 3s*, confuse, confound
5 μεταμέλεια, repentance
6 θυμός, anger, wrath
7 ἐγκαταλείπω, *aor act sub 1s*, leave behind, abandon
8 ἐξαλείφω, *aor pas inf*, wipe out, destroy
9 διότι, for
10 λέων, lion
11 ἐρεύγομαι, *fut mid ind 3s*, growl
12 ὠρύομαι, *fut mid ind 3s*, roar
13 ἐξίστημι, *fut mid ind 3p*, astonish, startle
14 ἐξίστημι, *fut mid ind 3p*, astonish, startle
15 ὄρνεον, bird
16 περιστερά, pigeon
17 ἀποκαθίστημι, *fut act ind 1s*, return
18 κυκλόω, *aor act ind 3s*, surround
19 ψεῦδος, lie
20 ἀσέβεια, ungodliness, wickedness
21 καύσων, summer heat
22 κενός, pointless, vain
23 μάταιος, worthless, meaningless
24 πληθύνω, *aor act ind 3s*, increase, proliferate
25 διατίθημι, *aor mid ind 3s*, grant, arrange
26 ἔλαιον, oil
27 ἐμπορεύομαι, *impf mid ind 3s*, trade

3 καὶ κρίσις τῷ κυρίῳ πρὸς Ιουδαν
τοῦ ἐκδικῆσαι[1] τὸν Ιακωβ κατὰ τὰς ὁδοὺς αὐτοῦ,
καὶ κατὰ τὰ ἐπιτηδεύματα[2] αὐτοῦ ἀνταποδώσει[3] αὐτῷ.
4 ἐν τῇ κοιλίᾳ[4] ἐπτέρνισεν[5] τὸν ἀδελφὸν αὐτοῦ
καὶ ἐν κόποις[6] αὐτοῦ ἐνίσχυσεν[7] πρὸς θεὸν
5 καὶ ἐνίσχυσεν[8] μετὰ ἀγγέλου καὶ ἠδυνάσθη·
ἔκλαυσαν καὶ ἐδεήθησάν[9] μου,
ἐν τῷ οἴκῳ Ων εὕροσάν με,
καὶ ἐκεῖ ἐλαλήθη πρὸς αὐτόν.
6 ὁ δὲ κύριος ὁ θεὸς ὁ παντοκράτωρ[10] ἔσται μνημόσυνον[11] αὐτοῦ.
7 καὶ σὺ ἐν θεῷ σου ἐπιστρέψεις·
ἔλεον[12] καὶ κρίμα[13] φυλάσσου
καὶ ἔγγιζε πρὸς τὸν θεόν σου διὰ παντός.

8 Χανααν ἐν χειρὶ αὐτοῦ ζυγὸς[14] ἀδικίας,[15]
καταδυναστεύειν[16] ἠγάπησε.
9 καὶ εἶπεν Εφραιμ Πλὴν πεπλούτηκα,[17]
εὕρηκα ἀναψυχὴν[18] ἐμαυτῷ.[19]
πάντες οἱ πόνοι[20] αὐτοῦ οὐχ εὑρεθήσονται αὐτῷ
δι᾽ ἀδικίας,[21] ἃς ἥμαρτεν.
10 ἐγὼ δὲ κύριος ὁ θεός σου ἀνήγαγόν[22] σε ἐκ γῆς Αἰγύπτου,
ἔτι κατοικιῶ[23] σε ἐν σκηναῖς[24] καθὼς ἡμέρᾳ ἑορτῆς.[25]

11 καὶ λαλήσω πρὸς προφήτας,
καὶ ἐγὼ ὁράσεις[26] ἐπλήθυνα[27] καὶ ἐν χερσὶν προφητῶν ὡμοιώθην.[28]
12 εἰ μὴ Γαλααδ ἔστιν·
ἄρα[29] ψευδεῖς[30] ἦσαν ἐν Γαλγαλ ἄρχοντες θυσιάζοντες,[31]
καὶ τὰ θυσιαστήρια[32] αὐτῶν ὡς χελῶναι[33] ἐπὶ χέρσον[34] ἀγροῦ.

1 ἐκδικέω, *aor act inf*, punish
2 ἐπιτήδευμα, pursuit, practice
3 ἀνταποδίδωμι, *fut act ind 3s*, repay, reward
4 κοιλία, womb
5 πτερνίζω, *aor act ind 3s*, outwit
6 κόπος, work, toil
7 ἐνισχύω, *aor act ind 3s*, be strong, prevail
8 ἐνισχύω, *aor act ind 3s*, be strong, prevail
9 δέομαι, *aor pas ind 3p*, beseech, entreat
10 παντοκράτωρ, almighty, ruler of all
11 μνημόσυνον, memorial, monument
12 ἔλεος, mercy, compassion
13 κρίμα, ruling, judgment
14 ζυγός, scale
15 ἀδικία, injustice
16 καταδυναστεύω, *pres act inf*, exploit, oppress
17 πλουτέω, *perf act ind 1s*, be rich
18 ἀναψυχή, relief
19 ἐμαυτοῦ, myself
20 πόνος, labor, toil
21 ἀδικία, injustice, wrongdoing
22 ἀνάγω, *aor act ind 1s*, bring up
23 κατοικίζω, *fut act ind 1s*, settle, establish
24 σκηνή, tent
25 ἑορτή, feast, holiday
26 ὅρασις, vision
27 πληθύνω, *aor act ind 1s*, multiply, intensify
28 ὁμοιόω, *aor pas ind 1s*, (represent?), compare
29 ἄρα, then, therefore
30 ψευδής, false
31 θυσιάζω, *pres act ptc nom p m*, sacrifice
32 θυσιαστήριον, altar
33 χελώνη, heap
34 χέρσος, dry (patch)

13 καὶ ἀνεχώρησεν[1] Ιακωβ εἰς πεδίον[2] Συρίας,
καὶ ἐδούλευσεν[3] Ισραηλ ἐν γυναικὶ καὶ ἐν γυναικὶ ἐφυλάξατο.
14 καὶ ἐν προφήτῃ ἀνήγαγεν[4] κύριος τὸν Ισραηλ ἐξ Αἰγύπτου,
καὶ ἐν προφήτῃ διεφυλάχθη.[5]
15 ἐθύμωσεν[6] Εφραιμ καὶ παρώργισεν,[7]
καὶ τὸ αἷμα αὐτοῦ ἐπ᾽ αὐτὸν ἐκχυθήσεται,[8]
καὶ τὸν ὀνειδισμὸν[9] αὐτοῦ ἀνταποδώσει[10] αὐτῷ κύριος.

God's Relentless Judgment on Israel

13 Κατὰ τὸν λόγον Εφραιμ δικαιώματα[11] αὐτὸς ἔλαβεν ἐν τῷ Ισραηλ
καὶ ἔθετο αὐτὰ τῇ Βααλ καὶ ἀπέθανεν.
2 καὶ προσέθετο[12] τοῦ ἁμαρτάνειν ἔτι,
καὶ ἐποίησαν ἑαυτοῖς χώνευμα[13] ἐκ τοῦ ἀργυρίου[14] αὐτῶν κατ᾽ εἰκόνα[15]
εἰδώλων,[16]
ἔργα τεκτόνων[17] συντετελεσμένα[18] αὐτοῖς·
αὐτοὶ λέγουσιν Θύσατε[19] ἀνθρώπους, μόσχοι[20] γὰρ ἐκλελοίπασιν.[21]
3 διὰ τοῦτο ἔσονται ὡς νεφέλη[22] πρωινὴ[23] καὶ ὡς δρόσος[24] ὀρθρινὴ[25]
πορευομένη,
ὥσπερ χνοῦς[26] ἀποφυσώμενος[27] ἀφ᾽ ἅλωνος[28] καὶ ὡς ἀτμὶς[29] ἀπὸ
ἀκρίδων.[30]

4 ἐγὼ δὲ κύριος ὁ θεός σου στερεῶν[31] οὐρανὸν καὶ κτίζων[32] γῆν,
οὗ αἱ χεῖρες ἔκτισαν[33] πᾶσαν τὴν στρατιὰν[34] τοῦ οὐρανοῦ,
καὶ οὐ παρέδειξά[35] σοι αὐτὰ τοῦ πορεύεσθαι ὀπίσω αὐτῶν·
καὶ ἐγὼ ἀνήγαγόν[36] σε ἐκ γῆς Αἰγύπτου,

1 ἀναχωρέω, *aor act ind 3s*, depart, withdraw
2 πεδίον, plain, field
3 δουλεύω, *aor act ind 3s*, serve
4 ἀνάγω, *aor act ind 3s*, bring up
5 διαφυλάσσω, *aor pas ind 3s*, protect
6 θυμόω, *aor act ind 3s*, make angry
7 παροργίζω, *aor act ind 3s*, provoke
8 ἐκχέω, *fut pas ind 3s*, pour out
9 ὀνειδισμός, disgrace, shame
10 ἀνταποδίδωμι, *fut act ind 3s*, repay, reward
11 δικαίωμα, ordinance, statute
12 προστίθημι, *aor mid ind 3s*, continue
13 χώνευμα, cast metal icon
14 ἀργύριον, silver
15 εἰκών, image, likeness
16 εἴδωλον, idol
17 τέκτων, craftsman, artisan
18 συντελέω, *perf pas ptc acc p n*, accomplish, complete
19 θύω, *aor act impv 2p*, sacrifice
20 μόσχος, calf
21 ἐκλείπω, *perf act ind 3p*, run out, come to an end
22 νεφέλη, cloud
23 πρωϊνός, in the morning
24 δρόσος, dew
25 ὀρθρινός, early
26 χνοῦς, dust
27 ἀποφυσάω, *pres pas ptc nom s m*, blow away
28 ἅλων, threshing floor
29 ἀτμίς, smoke, vapor
30 ἀκρίς, locust, (*read* window)
31 στερεόω, *pres act ptc nom s m*, make firm, strengthen
32 κτίζω, *pres act ptc nom s m*, create, establish
33 κτίζω, *aor act ind 3p*, create, establish
34 στρατιά, company, host
35 παραδείκνυμι, *aor act ind 1s*, indicate, demonstrate
36 ἀνάγω, *aor act ind 1s*, bring up

καὶ θεὸν πλὴν ἐμοῦ οὐ γνώσῃ,
καὶ σῴζων οὐκ ἔστιν πάρεξ[1] ἐμοῦ.
5 ἐγὼ ἐποίμαινόν[2] σε ἐν τῇ ἐρήμῳ ἐν γῇ ἀοικήτῳ[3]
6 κατὰ τὰς νομὰς[4] αὐτῶν.

καὶ ἐνεπλήσθησαν[5] εἰς πλησμονήν,[6]
καὶ ὑψώθησαν[7] αἱ καρδίαι αὐτῶν·
ἕνεκα[8] τούτου ἐπελάθοντό[9] μου.
7 καὶ ἔσομαι αὐτοῖς ὡς πανθὴρ[10]
καὶ ὡς πάρδαλις[11] κατὰ τὴν ὁδὸν Ἀσσυρίων·
8 ἀπαντήσομαι[12] αὐτοῖς ὡς ἄρκος[13] ἀπορουμένη [14]
καὶ διαρρήξω[15] συγκλεισμὸν[16] καρδίας αὐτῶν,
καὶ καταφάγονται[17] αὐτοὺς ἐκεῖ σκύμνοι[18] δρυμοῦ,[19]
θηρία ἀγροῦ διασπάσει[20] αὐτούς.

9 τῇ διαφθορᾷ[21] σου, Ισραηλ, τίς βοηθήσει;[22]
10 ποῦ ὁ βασιλεύς σου οὗτος;
καὶ διασωσάτω[23] σε ἐν πάσαις ταῖς πόλεσίν σου·
κρινάτω σε ὃν εἶπας Δός μοι βασιλέα καὶ ἄρχοντα.
11 καὶ ἔδωκά σοι βασιλέα ἐν ὀργῇ μου
καὶ ἔσχον ἐν τῷ θυμῷ[24] μου **12** συστροφὴν[25] ἀδικίας.[26]

Εφραιμ,
ἐγκεκρυμμένη[27] ἡ ἁμαρτία αὐτοῦ.
13 ὠδῖνες[28] ὡς τικτούσης[29] ἥξουσιν[30] αὐτῷ·
οὗτος ὁ υἱός σου οὐ φρόνιμος,[31]
διότι[32] οὐ μὴ ὑποστῇ[33] ἐν συντριβῇ τέκνων.

1 πάρεξ, besides, except for
2 ποιμαίνω, *impf act ind 1s*, shepherd, tend
3 ἀοίκητος, uninhabitable, desolate
4 νομή, pasture
5 ἐμπίμπλημι, *aor pas ind 3p*, satisfy
6 πλησμονή, satisfaction, plenty
7 ὑψόω, *aor pas ind 3p*, raise up, exalt
8 ἕνεκα, for this reason, on account of this
9 ἐπιλανθάνω, *aor mid ind 3p*, forget
10 πανθήρ, panther
11 πάρδαλις, leopard
12 ἀπαντάω, *fut mid ind 1s*, meet
13 ἄρκος, bear
14 ἀπορέω, *pres pas ptc nom s f*, confuse, be in want
15 διαρρήγνυμι, *fut act ind 1s*, tear, rip
16 συγκλεισμός, cavity
17 κατεσθίω, *fut mid ind 3p*, consume
18 σκύμνος, cub
19 δρυμός, forest, thicket
20 διασπάω, *fut act ind 3s*, shred to bits
21 διαφθορά, destruction
22 βοηθέω, *fut act ind 3s*, help
23 διασῴζω, *aor act impv 3s*, rescue, save
24 θυμός, anger, wrath
25 συστροφή, conspiracy
26 ἀδικία, injustice, wrongdoing
27 ἐγκρύπτω, *perf pas ptc nom s f*, conceal, hide
28 ὠδίν, pain, pang
29 τίκτω, *pres act ptc gen s f*, bear (a child)
30 ἥκω, *fut act ind 3p*, come
31 φρόνιμος, prudent
32 διότι, for
33 ὑφίστημι, *aor act sub 3s*, withstand, resist

14 ἐκ χειρὸς ᾅδου[1] ῥύσομαι[2] αὐτοὺς
καὶ ἐκ θανάτου λυτρώσομαι[3] αὐτούς·
ποῦ ἡ δίκη[4] σου, θάνατε;
ποῦ τὸ κέντρον[5] σου, ᾅδη;[6]
παράκλησις[7] κέκρυπται[8] ἀπὸ ὀφθαλμῶν μου.

15 διότι[9] οὗτος ἀνὰ μέσον[10] ἀδελφῶν διαστελεῖ.[11]
ἐπάξει[12] ἄνεμον[13] καύσωνα[14] κύριος ἐκ τῆς ἐρήμου ἐπ᾽ αὐτόν,
καὶ ἀναξηρανεῖ[15] τὰς φλέβας[16] αὐτοῦ,
ἐξερημώσει[17] τὰς πηγὰς[18] αὐτοῦ·
αὐτὸς καταξηρανεῖ[19] τὴν γῆν αὐτοῦ
καὶ πάντα τὰ σκεύη[20] τὰ ἐπιθυμητὰ[21] αὐτοῦ.

Promise of Future Blessing for Israel

14 ἀφανισθήσεται[22] Σαμάρεια,
ὅτι ἀντέστη[23] πρὸς τὸν θεὸν αὐτῆς·
ἐν ῥομφαίᾳ[24] πεσοῦνται αὐτοί,
καὶ τὰ ὑποτίτθια[25] αὐτῶν ἐδαφισθήσονται,[26]
καὶ αἱ ἐν γαστρὶ[27] ἔχουσαι αὐτῶν διαρραγήσονται.[28]
2 Ἐπιστράφητι, Ισραηλ, πρὸς κύριον τὸν θεόν σου,
διότι[29] ἠσθένησας[30] ἐν ταῖς ἀδικίαις[31] σου.
3 λάβετε μεθ᾽ ἑαυτῶν λόγους
καὶ ἐπιστράφητε πρὸς κύριον τὸν θεὸν ὑμῶν·
εἴπατε αὐτῷ ὅπως μὴ λάβητε ἀδικίαν[32] καὶ λάβητε ἀγαθά,
καὶ ἀνταποδώσομεν[33] καρπὸν χειλέων[34] ἡμῶν.

1 ᾅδης, Hades, underworld
2 ῥύομαι, *fut mid ind 1s*, rescue, save
3 λυτρόω, *fut mid ind 1s*, redeem
4 δίκη, penalty, judgment
5 κέντρον, goad, switch
6 ᾅδης, Hades, underworld
7 παράκλησις, encouragement, comfort
8 κρύπτω, *perf pas ind 3s*, conceal, hide
9 διότι, for
10 ἀνὰ μέσον, among, between
11 διαστέλλω, *fut act ind 3s*, distinguish, divide
12 ἐπάγω, *fut act ind 3s*, bring on
13 ἄνεμος, wind
14 καύσων, scorching, burning
15 ἀναξηραίνω, *fut act ind 3s*, dry up
16 φλέψ, spring
17 ἐξερημόω, *fut act ind 3s*, make desolate
18 πηγή, fountain
19 καταξηραίνω, *fut act ind 3s*, make parched
20 σκεῦος, thing
21 ἐπιθυμητός, desirable
22 ἀφανίζω, *fut pas ind 3s*, destroy, ruin
23 ἀνθίστημι, *aor act ind 3s*, resist, oppose
24 ῥομφαία, sword
25 ὑποτίτθιος, nursing infant
26 ἐδαφίζω, *fut pas ind 3p*, smash on the ground
27 γαστήρ, womb
28 διαρρήγνυμι, *fut pas ind 3p*, rip open
29 διότι, for
30 ἀσθενέω, *aor act ind 2s*, be incapacitated
31 ἀδικία, injustice
32 ἀδικία, injustice
33 ἀνταποδίδωμι, *fut act ind 1p*, repay, give back
34 χεῖλος, lip, (speech)

4 Ασσουρ οὐ μὴ σώσῃ ἡμᾶς,
ἐφ᾽ ἵππον[1] οὐκ ἀναβησόμεθα·
οὐκέτι μὴ εἴπωμεν Θεοὶ ἡμῶν,
τοῖς ἔργοις τῶν χειρῶν ἡμῶν·
ὁ ἐν σοὶ ἐλεήσει[2] ὀρφανόν.

5 ἰάσομαι[3] τὰς κατοικίας[4] αὐτῶν, ἀγαπήσω αὐτοὺς ὁμολόγως,[5]
ὅτι ἀπέστρεψεν[6] ἡ ὀργή μου ἀπ᾽ αὐτῶν.
6 ἔσομαι ὡς δρόσος[7] τῷ Ισραηλ,
ἀνθήσει[8] ὡς κρίνον[9] καὶ βαλεῖ[10] τὰς ῥίζας[11] αὐτοῦ ὡς ὁ Λίβανος·
7 πορεύσονται οἱ κλάδοι[12] αὐτοῦ,
καὶ ἔσται ὡς ἐλαία[13] κατάκαρπος,[14]
καὶ ἡ ὀσφρασία[15] αὐτοῦ ὡς Λιβάνου·
8 ἐπιστρέψουσιν καὶ καθιοῦνται ὑπὸ τὴν σκέπην[16] αὐτοῦ,
ζήσονται καὶ μεθυσθήσονται[17] σίτῳ·[18]
καὶ ἐξανθήσει[19] ὡς ἄμπελος[20] τὸ μνημόσυνον[21] αὐτοῦ,
ὡς οἶνος Λιβάνου.

9 τῷ Εφραιμ, τί αὐτῷ ἔτι καὶ εἰδώλοις;[22]
ἐγὼ ἐταπείνωσα[23] αὐτόν, καὶ ἐγὼ κατισχύσω[24] αὐτόν·
ἐγὼ ὡς ἄρκευθος[25] πυκάζουσα,[26]
ἐξ ἐμοῦ ὁ καρπός σου εὕρηται.
10 τίς σοφὸς[27] καὶ συνήσει[28] ταῦτα; ἢ συνετὸς[29] καὶ ἐπιγνώσεται αὐτά;
διότι[30] εὐθεῖαι[31] αἱ ὁδοὶ τοῦ κυρίου,
καὶ δίκαιοι πορεύσονται ἐν αὐταῖς,
οἱ δὲ ἀσεβεῖς[32] ἀσθενήσουσιν[33] ἐν αὐταῖς.

1 ἵππος, horse
2 ἐλεέω, *fut act ind 3s*, show mercy
3 ἰάομαι, *fut mid ind 1s*, restore, fix
4 κατοικία, community, settlement
5 ὁμολόγως, willingly, openly
6 ἀποστρέφω, *aor act ind 3s*, turn back, turn away
7 δρόσος, dew
8 ἀνθέω, *fut act ind 3s*, bloom
9 κρίνον, lily
10 βάλλω, *fut act ind 3s*, cast out
11 ῥίζα, root
12 κλάδος, branch
13 ἐλαία, olive tree
14 κατάκαρπος, productive, fruitful
15 ὀσφρασία, fragrance, smell
16 σκέπη, covering, shade
17 μεθύω, *fut pas ind 3p*, satiate
18 σῖτος, grain, food
19 ἐξανθέω, *fut act ind 3s*, spread, bloom
20 ἄμπελος, vine
21 μνημόσυνον, memory
22 εἴδωλον, image, idol
23 ταπεινόω, *aor act ind 1s*, bring low, humble
24 κατισχύω, *fut act ind 1s*, make strong
25 ἄρκευθος, juniper tree
26 πυκάζω, *pres act ptc nom s f*, flourish
27 σοφός, wise
28 συνίημι, *fut act ind 3s*, understand
29 συνετός, intelligent, understanding
30 διότι, for
31 εὐθύς, upright, proper
32 ἀσεβής, ungodly, wicked
33 ἀσθενέω, *fut act ind 3p*, be weak, be feeble

ΑΜΩΣ
Amos

Introduction

1 Λόγοι Αμως, οἳ ἐγένοντο ἐν νακκαριμ[1] ἐκ Θεκουε, οὓς εἶδεν ὑπὲρ Ιερουσαλημ
ἐν ἡμέραις Οζιου βασιλέως Ιουδα καὶ ἐν ἡμέραις Ιεροβοαμ τοῦ Ιωας βασιλέως
Ισραηλ πρὸ δύο ἐτῶν τοῦ σεισμοῦ.[2] **2** Καὶ εἶπεν

Κύριος ἐκ Σιων ἐφθέγξατο[3]
  καὶ ἐξ Ιερουσαλημ ἔδωκεν φωνὴν αὐτοῦ,
καὶ ἐπένθησαν[4] αἱ νομαὶ[5] τῶν ποιμένων,[6]
  καὶ ἐξηράνθη[7] ἡ κορυφὴ[8] τοῦ Καρμήλου.

Judgment on Israel's Neighbors

3 Καὶ εἶπεν κύριος

Ἐπὶ ταῖς τρισὶν ἀσεβείαις[9] Δαμασκοῦ
  καὶ ἐπὶ ταῖς τέσσαρσιν οὐκ ἀποστραφήσομαι[10] αὐτόν,
ἀνθ᾽ ὧν[11] ἔπριζον[12] πρίοσιν[13] σιδηροῖς[14]
  τὰς ἐν γαστρὶ[15] ἐχούσας τῶν ἐν Γαλααδ·
4 Καὶ ἐξαποστελῶ[16] πῦρ εἰς τὸν οἶκον Αζαηλ,
  καὶ καταφάγεται[17] θεμέλια[18] υἱοῦ Αδερ·
5 καὶ συντρίψω[19] μοχλοὺς[20] Δαμασκοῦ
  καὶ ἐξολεθρεύσω[21] κατοικοῦντας ἐκ πεδίου[22] Ων

1 νακκαριμ, (sheep breeders), *translit.*
2 σεισμός, earthquake
3 φθέγγομαι, *aor mid ind 3s*, speak, utter
4 πενθέω, *aor act ind 3p*, mourn
5 νομή, pasture
6 ποιμήν, shepherd
7 ξηραίνω, *aor pas ind 3s*, dry up
8 κορυφή, summit
9 ἀσέβεια, ungodliness, wickedness
10 ἀποστρέφω, *fut pas ind 1s*, turn away from
11 ἀνθ᾽ ὧν, for
12 πρίζω, *impf act ind 3p*, saw in two
13 πρίων, saw
14 σιδηροῦς, iron
15 γαστήρ, womb
16 ἐξαποστέλλω, *fut act ind 1s*, send forth
17 κατεσθίω, *fut mid ind 3s*, consume, devour
18 θεμέλιον, foundation
19 συντρίβω, *fut act ind 1s*, smash, break
20 μοχλός, bar, bolt
21 ἐξολεθρεύω, *fut act ind 1s*, utterly destroy
22 πεδίον, plain

καὶ κατακόψω[1] φυλὴν ἐξ ἀνδρῶν Χαρραν,
καὶ αἰχμαλωτευθήσεται[2] λαὸς Συρίας ἐπίκλητος,[3] λέγει κύριος.

6 Τάδε[4] λέγει κύριος

Ἐπὶ ταῖς τρισὶν ἀσεβείαις[5] Γάζης
καὶ ἐπὶ ταῖς τέσσαρσιν οὐκ ἀποστραφήσομαι[6] αὐτούς,
ἕνεκεν[7] τοῦ αἰχμαλωτεῦσαι[8] αὐτοὺς αἰχμαλωσίαν[9] τοῦ Σαλωμων
τοῦ συγκλεῖσαι[10] εἰς τὴν Ιδουμαίαν·
7 καὶ ἐξαποστελῶ[11] πῦρ ἐπὶ τὰ τείχη[12] Γάζης,
καὶ καταφάγεται[13] θεμέλια[14] αὐτῆς·
8 καὶ ἐξολεθρεύσω[15] κατοικοῦντας ἐξ Ἀζώτου,
καὶ ἐξαρθήσεται[16] φυλὴ ἐξ Ἀσκαλῶνος,
καὶ ἐπάξω[17] τὴν χεῖρά μου ἐπὶ Ακκαρων,
καὶ ἀπολοῦνται οἱ κατάλοιποι[18] τῶν ἀλλοφύλων,[19] λέγει κύριος.

9 Τάδε[20] λέγει κύριος

Ἐπὶ ταῖς τρισὶν ἀσεβείαις[21] Τύρου
καὶ ἐπὶ ταῖς τέσσαρσιν οὐκ ἀποστραφήσομαι[22] αὐτήν,
ἀνθ᾽ ὧν[23] συνέκλεισαν[24] αἰχμαλωσίαν[25] τοῦ Σαλωμων εἰς τὴν Ιδουμαίαν
καὶ οὐκ ἐμνήσθησαν[26] διαθήκης ἀδελφῶν·
10 καὶ ἐξαποστελῶ[27] πῦρ ἐπὶ τὰ τείχη[28] Τύρου,
καὶ καταφάγεται[29] θεμέλια[30] αὐτῆς.

11 Τάδε[31] λέγει κύριος

Ἐπὶ ταῖς τρισὶν ἀσεβείαις[32] τῆς Ιδουμαίας
καὶ ἐπὶ ταῖς τέσσαρσιν οὐκ ἀποστραφήσομαι[33] αὐτούς,

1 κατακόπτω, *fut act ind 1s*, cut down
2 αἰχμαλωτεύω, *fut pas ind 3s*, take captive
3 ἐπίκλητος, appointed, designated
4 ὅδε, this
5 ἀσέβεια, ungodliness, wickedness
6 ἀποστρέφω, *fut pas ind 1s*, turn away from
7 ἕνεκεν, on account of
8 αἰχμαλωτεύω, *aor act inf*, take captive
9 αἰχμαλωσία, band of prisoners
10 συγκλείω, *aor act inf*, lock up, confine
11 ἐξαποστέλλω, *fut act ind 1s*, send forth
12 τεῖχος, wall
13 κατεσθίω, *fut mid ind 3s*, consume, devour
14 θεμέλιον, foundation
15 ἐξολεθρεύω, *fut act ind 1s*, utterly destroy
16 ἐξαίρω, *fut pas ind 3s*, remove
17 ἐπάγω, *fut act ind 1s*, lay on, bring against
18 κατάλοιπος, remnant, remainder
19 ἀλλόφυλος, foreign, (Philistine)
20 ὅδε, this
21 ἀσέβεια, ungodliness, wickedness
22 ἀποστρέφω, *fut pas ind 1s*, turn away from
23 ἀνθ᾽ ὧν, for
24 συγκλείω, *aor act ind 3p*, lock up, confine
25 αἰχμαλωσία, band of prisoners
26 μιμνῄσκομαι, *aor act ind 3p*, remember
27 ἐξαποστέλλω, *fut act ind 1s*, send forth
28 τεῖχος, wall
29 κατεσθίω, *fut mid ind 3s*, consume, devour
30 θεμέλιον, foundation
31 ὅδε, this
32 ἀσέβεια, ungodliness, wickedness
33 ἀποστρέφω, *fut pas ind 1s*, turn away from

ἕνεκα[1] τοῦ διῶξαι αὐτοὺς ἐν ῥομφαίᾳ[2] τὸν ἀδελφὸν αὐτοῦ
καὶ ἐλυμήνατο[3] μήτραν[4] ἐπὶ γῆς
καὶ ἥρπασεν[5] εἰς μαρτύριον[6] φρίκην[7] αὐτοῦ
καὶ τὸ ὅρμημα[8] αὐτοῦ ἐφύλαξεν εἰς νῖκος·[9]
12 καὶ ἐξαποστελῶ[10] πῦρ εἰς Θαιμαν,
καὶ καταφάγεται[11] θεμέλια[12] τειχέων[13] αὐτῆς.

13 Τάδε[14] λέγει κύριος

Ἐπὶ ταῖς τρισὶν ἀσεβείαις[15] υἱῶν Αμμων
καὶ ἐπὶ ταῖς τέσσαρσιν οὐκ ἀποστραφήσομαι[16] αὐτόν,
ἀνθ᾽ ὧν[17] ἀνέσχιζον[18] τὰς ἐν γαστρὶ[19] ἐχούσας τῶν Γαλααδιτῶν,
ὅπως ἐμπλατύνωσιν[20] τὰ ὅρια[21] αὐτῶν·
14 καὶ ἀνάψω[22] πῦρ ἐπὶ τὰ τείχη[23] Ραββα,
καὶ καταφάγεται[24] θεμέλια[25] αὐτῆς μετὰ κραυγῆς[26] ἐν ἡμέρᾳ πολέμου,
καὶ σεισθήσεται[27] ἐν ἡμέρᾳ συντελείας[28] αὐτῆς·
15 καὶ πορεύσονται οἱ βασιλεῖς αὐτῆς ἐν αἰχμαλωσίᾳ,[29]
οἱ ἱερεῖς αὐτῶν καὶ οἱ ἄρχοντες αὐτῶν ἐπὶ τὸ αὐτό, λέγει κύριος.

Judgment on Judah and Israel

2 Τάδε[30] λέγει κύριος

Ἐπὶ ταῖς τρισὶν ἀσεβείαις[31] Μωαβ
καὶ ἐπὶ ταῖς τέσσαρσιν οὐκ ἀποστραφήσομαι[32] αὐτόν,
ἀνθ᾽ ὧν[33] κατέκαυσαν[34] τὰ ὀστᾶ[35] βασιλέως τῆς Ιδουμαίας εἰς κονίαν·[36]

1 ἕνεκα, on account of
2 ῥομφαία, sword
3 λυμαίνω, *aor mid ind 3s*, harm, injure
4 μήτρα, womb
5 ἁρπάζω, *aor act ind 3s*, seize, snatch away
6 μαρτύριον, proof
7 φρίκη, fearful shuddering
8 ὅρμημα, assault, attack
9 νῖκος, victory
10 ἐξαποστέλλω, *fut act ind 1s*, send forth
11 κατεσθίω, *fut mid ind 3s*, devour, consume
12 θεμέλιον, foundation
13 τεῖχος, wall
14 ὅδε, this
15 ἀσέβεια, ungodliness, wickedness
16 ἀποστρέφω, *fut pas ind 1s*, turn away from
17 ἀνθ᾽ ὧν, for
18 ἀνασχίζω, *impf act ind 1s*, rip up
19 γαστήρ, womb
20 ἐμπλατύνω, *pres act sub 3p*, expand, enlarge
21 ὅριον, territory, boundary
22 ἀνάπτω, *fut act ind 1s*, kindle
23 τεῖχος, wall
24 κατεσθίω, *fut mid ind 3s*, consume, devour
25 θεμέλιον, foundation
26 κραυγή, outcry
27 σείω, *fut pas ind 3s*, shake
28 συντέλεια, destruction, conclusion
29 αἰχμαλωσία, captivity
30 ὅδε, this
31 ἀσέβεια, ungodliness, wickedness
32 ἀποστρέφω, *fut pas ind 1s*, turn away from
33 ἀνθ᾽ ὧν, for
34 κατακαίω, *aor act ind 3p*, burn up
35 ὀστέον, bone
36 κονία, lime, dust

2 καὶ ἐξαποστελῶ[1] πῦρ ἐπὶ Μωαβ,
καὶ καταφάγεται[2] θεμέλια[3] τῶν πόλεων αὐτῆς,
καὶ ἀποθανεῖται ἐν ἀδυναμίᾳ[4] Μωαβ
μετὰ κραυγῆς[5] καὶ μετὰ φωνῆς σάλπιγγος·[6]
3 καὶ ἐξολεθρεύσω[7] κριτὴν[8] ἐξ αὐτῆς,
καὶ πάντας τοὺς ἄρχοντας αὐτῆς ἀποκτενῶ μετ᾽ αὐτοῦ, λέγει κύριος.

4 Τάδε[9] λέγει κύριος

Ἐπὶ ταῖς τρισὶν ἀσεβείαις[10] υἱῶν Ιουδα
καὶ ἐπὶ ταῖς τέσσαρσιν οὐκ ἀποστραφήσομαι[11] αὐτόν,
ἕνεκα[12] τοῦ ἀπώσασθαι[13] αὐτοὺς τὸν νόμον κυρίου
καὶ τὰ προστάγματα[14] αὐτοῦ οὐκ ἐφυλάξαντο
καὶ ἐπλάνησεν αὐτοὺς τὰ μάταια[15] αὐτῶν, ἃ ἐποίησαν,
οἷς ἐξηκολούθησαν[16] οἱ πατέρες αὐτῶν ὀπίσω αὐτῶν·
5 καὶ ἐξαποστελῶ[17] πῦρ ἐπὶ Ιουδαν,
καὶ καταφάγεται[18] θεμέλια[19] Ιερουσαλημ.

6 Τάδε[20] λέγει κύριος

Ἐπὶ ταῖς τρισὶν ἀσεβείαις[21] Ισραηλ
καὶ ἐπὶ ταῖς τέσσαρσιν οὐκ ἀποστραφήσομαι[22] αὐτόν,
ἀνθ᾽ ὧν[23] ἀπέδοντο ἀργυρίου[24] δίκαιον
καὶ πένητα[25] ἕνεκεν[26] ὑποδημάτων,[27]
7 τὰ πατοῦντα[28] ἐπὶ τὸν χοῦν[29] τῆς γῆς καὶ ἐκονδύλιζον[30] εἰς κεφαλὰς
πτωχῶν
καὶ ὁδὸν ταπεινῶν[31] ἐξέκλιναν,[32]

1 ἐξαποστέλλω, *fut act ind 1s*, send forth
2 κατεσθίω, *fut mid ind 3s*, consume, devour
3 θεμέλιον, foundation
4 ἀδυναμία, incapacity, weakness
5 κραυγή, outcry
6 σάλπιγξ, trumpet
7 ἐξολεθρεύω, *fut act ind 1s*, utterly destroy
8 κριτής, judge
9 ὅδε, this
10 ἀσέβεια, ungodliness, wickedness
11 ἀποστρέφω, *fut pas ind 1s*, turn away from
12 ἕνεκα, on account of
13 ἀπωθέω, *aor mid inf*, reject
14 πρόσταγμα, commandment
15 μάταιος, meaningless, worthless
16 ἐξακολουθέω, *aor act ind 3p*, pursue, follow after
17 ἐξαποστέλλω, *fut act ind 1s*, send forth
18 κατεσθίω, *fut mid ind 3s*, consume, devour
19 θεμέλιον, foundation
20 ὅδε, this
21 ἀσέβεια, ungodliness, wickedness
22 ἀποστρέφω, *fut pas ind 1s*, turn away from
23 ἀνθ᾽ ὧν, for
24 ἀργύριον, silver
25 πένης, poor
26 ἕνεκεν, for the sake of
27 ὑπόδημα, shoe, sandal
28 πατέω, *pres act ptc nom p n*, walk
29 χοῦς, dust
30 κονδυλίζω, *impf act ind 3p*, strike, maltreat
31 ταπεινός, oppressed, humble
32 ἐκκλίνω, *aor act ind 3p*, shun, turn away

καὶ υἱὸς καὶ πατὴρ αὐτοῦ εἰσεπορεύοντο[1] πρὸς τὴν αὐτὴν παιδίσκην,[2]
ὅπως βεβηλώσωσιν[3] τὸ ὄνομα τοῦ θεοῦ αὐτῶν,
8 καὶ τὰ ἱμάτια αὐτῶν δεσμεύοντες[4] σχοινίοις[5]
παραπετάσματα[6] ἐποίουν ἐχόμενα τοῦ θυσιαστηρίου[7]
καὶ οἶνον ἐκ συκοφαντιῶν[8] ἔπινον ἐν τῷ οἴκῳ τοῦ θεοῦ αὐτῶν.

9 ἐγὼ δὲ ἐξῆρα[9] τὸν Αμορραῖον ἐκ προσώπου αὐτῶν,
οὗ ἦν καθὼς ὕψος[10] κέδρου[11] τὸ ὕψος αὐτοῦ καὶ ἰσχυρὸς[12] ἦν ὡς δρῦς,[13]
καὶ ἐξῆρα τὸν καρπὸν αὐτοῦ ἐπάνωθεν[14]
καὶ τὰς ῥίζας[15] αὐτοῦ ὑποκάτωθεν·[16]
10 καὶ ἐγὼ ἀνήγαγον[17] ὑμᾶς ἐκ γῆς Αἰγύπτου
καὶ περιήγαγον[18] ὑμᾶς ἐν τῇ ἐρήμῳ τεσσαράκοντα[19] ἔτη
τοῦ κατακληρονομῆσαι[20] τὴν γῆν τῶν Αμορραίων·
11 καὶ ἔλαβον ἐκ τῶν υἱῶν ὑμῶν εἰς προφήτας
καὶ ἐκ τῶν νεανίσκων[21] ὑμῶν εἰς ἁγιασμόν·[22]
μὴ οὐκ ἔστιν ταῦτα, υἱοὶ Ισραηλ; λέγει κύριος.

12 καὶ ἐποτίζετε[23] τοὺς ἡγιασμένους[24] οἶνον
καὶ τοῖς προφήταις ἐνετέλλεσθε[25] λέγοντες Οὐ μὴ προφητεύσητε.[26]
13 διὰ τοῦτο ἰδοὺ ἐγὼ κυλίω[27] ὑποκάτω[28] ὑμῶν,
ὃν τρόπον[29] κυλίεται[30] ἡ ἅμαξα[31] ἡ γέμουσα[32] καλάμης·[33]
14 καὶ ἀπολεῖται φυγὴ[34] ἐκ δρομέως,[35]
καὶ ὁ κραταιὸς[36] οὐ μὴ κρατήσῃ τῆς ἰσχύος[37] αὐτοῦ,
καὶ ὁ μαχητὴς[38] οὐ μὴ σώσῃ τὴν ψυχὴν αὐτοῦ,

1 εἰσπορεύομαι, *impf mid ind 3p*, go into
2 παιδίσκη, young woman
3 βεβηλόω, *aor act sub 3p*, defile, profane
4 δεσμεύω, *pres act ptc nom p m*, tie together
5 σχοινίον, rope, cord
6 παραπέτασμα, curtain
7 θυσιαστήριον, altar
8 συκοφαντία, extortion, blackmail
9 ἐξαίρω, *aor act ind 1s*, remove
10 ὕψος, height
11 κέδρος, cedar
12 ἰσχυρός, strong, mighty
13 δρῦς, oak
14 ἐπάνωθεν, on top
15 ῥίζα, root
16 ὑποκάτωθεν, underneath
17 ἀνάγω, *aor act ind 1s*, bring up
18 περιάγω, *aor act ind 1s*, lead around
19 τεσσαράκοντα, forty
20 κατακληρονομέω, *aor act inf*, inherit
21 νεανίσκος, young man
22 ἁγιασμός, consecration
23 ποτίζω, *impf act ind 2p*, force to drink
24 ἁγιάζω, *perf pas ptc acc p m*, sanctify
25 ἐντέλλομαι, *impf mid ind 2p*, command
26 προφητεύω, *aor act sub 2p*, prophesy
27 κυλίω, *pres act ind 1s*, roll
28 ὑποκάτω, underneath
29 ὃν τρόπον, like
30 κυλίω, *pres pas ind 3s*, roll
31 ἅμαξα, wagon, cart
32 γέμω, *pres act ptc nom s f*, load with
33 καλάμη, straw
34 φυγή, flight
35 δρομεύς, runner
36 κραταιός, strong
37 ἰσχύς, might, power
38 μαχητής, warrior

15 καὶ ὁ τοξότης[1] οὐ μὴ ὑποστῇ,[2]
καὶ ὁ ὀξὺς[3] τοῖς ποσὶν αὐτοῦ οὐ μὴ διασωθῇ,[4]
οὐδὲ ὁ ἱππεὺς[5] οὐ μὴ σώσῃ τὴν ψυχὴν αὐτοῦ,
16 καὶ εὑρήσει τὴν καρδίαν αὐτοῦ ἐν δυναστείαις,[6]
ὁ γυμνὸς[7] διώξεται ἐν ἐκείνῃ τῇ ἡμέρᾳ, λέγει κύριος.

Witnesses to Israel's Guilt

3 Ἀκούσατε τὸν λόγον τοῦτον, ὃν ἐλάλησεν κύριος ἐφ᾽ ὑμᾶς, οἶκος Ισραηλ, καὶ
κατὰ πάσης φυλῆς, ἧς ἀνήγαγον[8] ἐκ γῆς Αἰγύπτου, λέγων

2 Πλὴν ὑμᾶς ἔγνων ἐκ πασῶν φυλῶν τῆς γῆς·
διὰ τοῦτο ἐκδικήσω[9] ἐφ᾽ ὑμᾶς πάσας τὰς ἁμαρτίας ὑμῶν.
3 εἰ πορεύσονται δύο ἐπὶ τὸ αὐτὸ καθόλου[10]
ἐὰν μὴ γνωρίσωσιν[11] ἑαυτούς;
4 εἰ ἐρεύξεται[12] λέων[13] ἐκ τοῦ δρυμοῦ[14] αὐτοῦ θήραν[15] οὐκ ἔχων;
εἰ δώσει σκύμνος[16] φωνὴν αὐτοῦ ἐκ τῆς μάνδρας[17] αὐτοῦ καθόλου[18]
ἐὰν μὴ ἁρπάσῃ[19] τι;
5 εἰ πεσεῖται ὄρνεον[20] ἐπὶ τὴν γῆν ἄνευ[21] ἰξευτοῦ;[22]
εἰ σχασθήσεται[23] παγὶς[24] ἐπὶ τῆς γῆς ἄνευ τοῦ συλλαβεῖν[25] τι;
6 εἰ φωνήσει[26] σάλπιγξ[27] ἐν πόλει καὶ λαὸς οὐ πτοηθήσεται;[28]
εἰ ἔσται κακία[29] ἐν πόλει ἣν κύριος οὐκ ἐποίησεν;
7 διότι[30] οὐ μὴ ποιήσῃ κύριος ὁ θεὸς πρᾶγμα,[31]
ἐὰν μὴ ἀποκαλύψῃ[32] παιδείαν[33] αὐτοῦ
πρὸς τοὺς δούλους αὐτοῦ τοὺς προφήτας.
8 λέων[34] ἐρεύξεται,[35] καὶ τίς οὐ φοβηθήσεται;
κύριος ὁ θεὸς ἐλάλησεν, καὶ τίς οὐ προφητεύσει;[36]

1 τοξότης, archer
2 ὑφίστημι, *aor act sub 3s*, remain, stand
3 ὀξύς, quick, swift
4 διασῴζω, *aor pas sub 3s*, preserve, save
5 ἱππεύς, horseman
6 δυναστεία, dominance, dominion
7 γυμνός, naked
8 ἀνάγω, *aor act ind 1s*, bring up
9 ἐκδικέω, *fut act ind 1s*, take vengeance
10 καθόλου, in any way
11 γνωρίζω, *aor act sub 3p*, be acquainted with
12 ἐρεύγομαι, *fut mid ind 3s*, roar
13 λέων, lion
14 δρυμός, forest, thicket
15 θήρα, wild animal
16 σκύμνος, cub
17 μάνδρα, den
18 καθόλου, at all
19 ἁρπάζω, *aor act sub 3s*, seize, capture
20 ὄρνεον, bird
21 ἄνευ, without, apart from
22 ἰξευτής, fowler, bird hunter
23 σχάζω, *fut pas ind 3s*, spring up
24 παγίς, snare, trap
25 συλλαμβάνω, *aor act inf*, catch
26 φωνέω, *fut act ind 3s*, sound
27 σάλπιγξ, trumpet
28 πτοέω, *fut pas ind 3s*, scare, terrify
29 κακία, wickedness, evil
30 διότι, for
31 πρᾶγμα, thing, action
32 ἀποκαλύπτω, *aor act sub 3s*, reveal, disclose
33 παιδεία, instruction
34 λέων, lion
35 ἐρεύγομαι, *fut mid ind 3s*, roar
36 προφητεύω, *fut act ind 3s*, prophesy

9 Ἀπαγγείλατε χώραις[1] ἐν Ἀσσυρίοις
καὶ ἐπὶ τὰς χώρας τῆς Αἰγύπτου
καὶ εἴπατε Συνάχθητε ἐπὶ τὸ ὄρος Σαμαρείας
καὶ ἴδετε θαυμαστὰ[2] πολλὰ ἐν μέσῳ αὐτῆς
καὶ τὴν καταδυναστείαν[3] τὴν ἐν αὐτῇ·
10 καὶ οὐκ ἔγνω ἃ ἔσται ἐναντίον[4] αὐτῆς, λέγει κύριος,
οἱ θησαυρίζοντες[5] ἀδικίαν[6] καὶ ταλαιπωρίαν[7] ἐν ταῖς χώραις[8] αὐτῶν.
11 διὰ τοῦτο τάδε[9] λέγει κύριος ὁ θεός
Τύρος, κυκλόθεν[10] ἡ γῆ σου ἐρημωθήσεται,[11]
καὶ κατάξει[12] ἐκ σοῦ ἰσχύν[13] σου,
καὶ διαρπαγήσονται[14] αἱ χῶραί[15] σου.

12 τάδε[16] λέγει κύριος Ὃν τρόπον[17] ὅταν ἐκσπάσῃ[18] ὁ ποιμὴν[19] ἐκ στόματος τοῦ
λέοντος[20] δύο σκέλη[21] ἢ λοβὸν[22] ὠτίου,[23] οὕτως ἐκσπασθήσονται[24] οἱ υἱοὶ Ισραηλ οἱ
κατοικοῦντες ἐν Σαμαρείᾳ κατέναντι[25] φυλῆς καὶ ἐν Δαμασκῷ ἱερεῖς.

13 ἀκούσατε καὶ ἐπιμαρτύρασθε[26] τῷ οἴκῳ Ιακωβ,
λέγει κύριος ὁ θεὸς ὁ παντοκράτωρ,[27]
14 διότι[28] ἐν τῇ ἡμέρᾳ, ὅταν ἐκδικῶ[29] ἀσεβείας[30] τοῦ Ισραηλ ἐπ᾽ αὐτόν,
καὶ ἐκδικήσω[31] ἐπὶ τὰ θυσιαστήρια[32] Βαιθηλ,
καὶ κατασκαφήσεται[33] τὰ κέρατα[34] τοῦ θυσιαστηρίου[35]
καὶ πεσοῦνται ἐπὶ τὴν γῆν·
15 συγχεῶ[36] καὶ πατάξω[37] τὸν οἶκον τὸν περίπτερον[38]
ἐπὶ τὸν οἶκον τὸν θερινόν,[39]

1 χώρα, district, region
2 θαυμαστός, marvelous, remarkable
3 καταδυναστεία, oppression
4 ἐναντίον, before
5 θησαυρίζω, *pres act ptc nom p m*, treasure up, hoard
6 ἀδικία, injustice, wrongdoing
7 ταλαιπωρία, misery, distress
8 χώρα, district, region
9 ὅδε, this
10 κυκλόθεν, all around
11 ἐρημόω, *fut pas ind 3s*, lay waste, make desolate
12 κατάγω, *fut act ind 3s*, bring down
13 ἰσχύς, capability, strength
14 διαρπάζω, *fut pas ind 3p*, plunder
15 χώρα, district, region
16 ὅδε, this
17 ὃν τρόπον, just as
18 ἐκσπάω, *aor act sub 3s*, draw out, remove
19 ποιμήν, lamb
20 λέων, lion
21 σκέλος, leg
22 λοβός, tip, piece
23 ὠτίον, ear
24 ἐκσπάω, *fut pas ind 3p*, draw out, remove
25 κατέναντι, before
26 ἐπιμαρτυρέομαι, *aor mid impv 2p*, bear witness
27 παντοκράτωρ, almighty, ruler of all
28 διότι, for
29 ἐκδικέω, *pres act sub 1s*, punish
30 ἀσέβεια, ungodliness, wickedness
31 ἐκδικέω, *fut act ind 1s*, take vengeance
32 θυσιαστήριον, altar
33 κατασκάπτω, *fut pas ind 3s*, destroy, demolish
34 κέρας, horn
35 θυσιαστήριον, altar
36 συγχέω, *fut act ind 1s*, obliterate
37 πατάσσω, *fut act ind 1s*, defeat
38 περίπτερος, surrounded by a colonnade
39 θερινός, of summer

καὶ ἀπολοῦνται οἶκοι ἐλεφάντινοι,[1]
καὶ προστεθήσονται[2] οἶκοι ἕτεροι πολλοί, λέγει κύριος.

Israel Has Not Returned to God

4 Ἀκούσατε τὸν λόγον τοῦτον, δαμάλεις[3] τῆς Βασανίτιδος
αἱ ἐν τῷ ὄρει τῆς Σαμαρείας αἱ καταδυναστεύουσαι[4] πτωχοὺς
καὶ καταπατοῦσαι[5] πένητας[6]
αἱ λέγουσαι τοῖς κυρίοις αὐτῶν Ἐπίδοτε[7] ἡμῖν ὅπως πίωμεν·
2 ὀμνύει[8] κύριος κατὰ τῶν ἁγίων αὐτοῦ
Διότι[9] ἰδοὺ ἡμέραι ἔρχονται ἐφ᾽ ὑμᾶς,
καὶ λήμψονται ὑμᾶς ἐν ὅπλοις,[10]
καὶ τοὺς μεθ᾽ ὑμῶν εἰς λέβητας[11] ὑποκαιομένους[12] ἐμβαλοῦσιν[13]
ἔμπυροι[14] λοιμοί,[15]
3 καὶ ἐξενεχθήσεσθε[16] γυμναὶ[17] κατέναντι[18] ἀλλήλων[19]
καὶ ἀπορριφήσεσθε[20] εἰς τὸ ὄρος τὸ Ρεμμαν, λέγει κύριος ὁ θεός.

4 Εἰσήλθατε εἰς Βαιθηλ καὶ ἠνομήσατε[21]
καὶ εἰς Γαλγαλα ἐπληθύνατε[22] τοῦ ἀσεβῆσαι[23]
καὶ ἠνέγκατε εἰς τὸ πρωὶ[24] θυσίας[25] ὑμῶν,
εἰς τὴν τριημερίαν[26] τὰ ἐπιδέκατα[27] ὑμῶν·
5 καὶ ἀνέγνωσαν[28] ἔξω νόμον καὶ ἐπεκαλέσαντο[29] ὁμολογίας·[30]
ἀπαγγείλατε ὅτι ταῦτα ἠγάπησαν οἱ υἱοὶ Ισραηλ, λέγει κύριος ὁ θεός.

6 καὶ ἐγὼ δώσω ὑμῖν γομφιασμὸν[31] ὀδόντων[32] ἐν πάσαις ταῖς πόλεσιν ὑμῶν
καὶ ἔνδειαν[33] ἄρτων ἐν πᾶσι τοῖς τόποις ὑμῶν·
καὶ οὐκ ἐπεστρέψατε πρός με, λέγει κύριος.

1 ἐλεφάντινος, of ivory
2 προστίθημι, *fut pas ind 3p*, add to
3 δάμαλις, young cow
4 καταδυναστεύω, *pres act ptc nom p f*, oppress
5 καταπατέω, *pres act ptc nom p f*, exploit, trample
6 πένης, poor
7 ἐπιδίδωμι, *aor act impv 2p*, give
8 ὄμνυμι, *pres act ind 3s*, swear an oath
9 διότι, for, because
10 ὅπλον, weapon
11 λέβης, kettle
12 ὑποκαίω, *pres mid ptc acc p m*, head from under
13 ἐμβάλλω, *fut act ind 3p*, throw in
14 ἔμπυρος, fiery
15 λοιμός, irritation, plague, pest
16 ἐκφέρω, *fut pas ind 2p*, carry off
17 γυμνός, naked
18 κατέναντι, before
19 ἀλλήλων, one another
20 ἀπορρίπτω, *fut pas ind 2p*, put away, cast off
21 ἀνομέω, *aor act ind 2p*, act lawlessly
22 πληθύνω, *aor act ind 2p*, increase
23 ἀσεβέω, *aor act inf*, be sacrilegious, act wickedly
24 πρωί, (in the) morning
25 θυσία, sacrifice
26 τριημερία, period of three days
27 ἐπιδέκατος, tenth part, tithe
28 ἀναγινώσκω, *aor act ind 3p*, read aloud
29 ἐπικαλέω, *aor mid ind 3p*, call for
30 ὁμολογία, confession
31 γομφιασμός, grinding
32 ὀδούς, tooth
33 ἔνδεια, lack, deficiency

7 καὶ ἐγὼ ἀνέσχον[1] ἐξ ὑμῶν τὸν ὑετὸν[2] πρὸ τριῶν μηνῶν[3] τοῦ τρυγήτου·[4]
καὶ βρέξω[5] ἐπὶ πόλιν μίαν, ἐπὶ δὲ πόλιν μίαν οὐ βρέξω·
μερὶς[6] μία βραχήσεται,[7]
καὶ μερίς, ἐφ᾽ ἣν οὐ βρέξω ἐπ᾽ αὐτήν, ξηρανθήσεται·[8]
8 καὶ συναθροισθήσονται[9] δύο καὶ τρεῖς πόλεις εἰς πόλιν μίαν
τοῦ πιεῖν ὕδωρ καὶ οὐ μὴ ἐμπλησθῶσιν·[10]
καὶ οὐκ ἐπεστρέψατε πρός με, λέγει κύριος.

9 ἐπάταξα[11] ὑμᾶς ἐν πυρώσει[12] καὶ ἐν ἰκτέρῳ·[13]
ἐπληθύνατε[14] κήπους[15] ὑμῶν,
ἀμπελῶνας[16] ὑμῶν καὶ συκῶνας[17] ὑμῶν
καὶ ἐλαιῶνας[18] ὑμῶν κατέφαγεν[19] ἡ κάμπη·[20]
καὶ οὐδ᾽ ὧς ἐπεστρέψατε πρός με, λέγει κύριος.

10 ἐξαπέστειλα[21] εἰς ὑμᾶς θάνατον ἐν ὁδῷ Αἰγύπτου
καὶ ἀπέκτεινα ἐν ῥομφαίᾳ[22] τοὺς νεανίσκους[23] ὑμῶν
μετὰ αἰχμαλωσίας[24] ἵππων[25] σου
καὶ ἀνήγαγον[26] ἐν πυρὶ τὰς παρεμβολὰς[27] ὑμῶν ἐν τῇ ὀργῇ μου·
καὶ οὐδ᾽ ὧς ἐπεστρέψατε πρός με, λέγει κύριος.

11 κατέστρεψα[28] ὑμᾶς, καθὼς κατέστρεψεν[29] ὁ θεὸς Σοδομα καὶ Γομορρα,
καὶ ἐγένεσθε ὡς δαλὸς[30] ἐξεσπασμένος[31] ἐκ πυρός·
καὶ οὐδ᾽ ὧς ἐπεστρέψατε πρός με, λέγει κύριος.

12 διὰ τοῦτο οὕτως ποιήσω σοι, Ισραηλ·
πλὴν ὅτι οὕτως ποιήσω σοι,
ἑτοιμάζου τοῦ ἐπικαλεῖσθαι[32] τὸν θεόν σου, Ισραηλ.
13 διότι[33] ἰδοὺ ἐγὼ στερεῶν[34] βροντὴν[35] καὶ κτίζων[36] πνεῦμα
καὶ ἀπαγγέλλων εἰς ἀνθρώπους τὸν χριστὸν αὐτοῦ,

1 ἀνέχω, *aor act ind 1s*, withhold
2 ὑετός, rain
3 μήν, month
4 τρύγητος, harvest
5 βρέχω, *fut act ind 1s*, (cause to) rain
6 μερίς, part
7 βρέχω, *fut pas ind 3s*, drench
8 ξηραίνω, *fut pas ind 3s*, dry up
9 συναθροίζω, *fut pas ind 3p*, gather together
10 ἐμπίμπλημι, *aor pas sub 3p*, satisfy
11 πατάσσω, *aor act ind 1s*, strike
12 πύρωσις, fever
13 ἴκτερος, jaundice
14 πληθύνω, *aor act ind 2p*, multiply
15 κῆπος, orchard
16 ἀμπελών, vineyard
17 συκών, fig yard
18 ἐλαιών, olive grove
19 κατεσθίω, *aor act ind 3s*, consume
20 κάμπη, caterpillar
21 ἐξαποστέλλω, *aor act ind 1s*, send forth
22 ῥομφαία, sword
23 νεανίσκος, young man
24 αἰχμαλωσία, body of captives
25 ἵππος, horse
26 ἀνάγω, *aor act ind 1s*, bring up
27 παρεμβολή, encampment
28 καταστρέφω, *aor act ind 1s*, overthrow
29 καταστρέφω, *aor act ind 3s*, overthrow
30 δαλός, brand, poker
31 ἐκσπάω, *perf pas ptc nom s m*, draw out
32 ἐπικαλέω, *pres mid inf*, call upon
33 διότι, for
34 στερεόω, *pres act ptc nom s m*, intensify
35 βροντή, thunder
36 κτίζω, *pres act ptc nom s m*, create

ποιῶν ὄρθρον[1] καὶ ὁμίχλην[2] καὶ ἐπιβαίνων[3] ἐπὶ τὰ ὕψη[4] τῆς γῆς·
κύριος ὁ θεὸς ὁ παντοκράτωρ[5] ὄνομα αὐτῷ.

Seek the Lord and Live

5 Ἀκούσατε τὸν λόγον κυρίου τοῦτον,
ὃν ἐγὼ λαμβάνω ἐφ' ὑμᾶς θρῆνον,[6] οἶκος Ισραηλ
2 Ἔπεσεν οὐκέτι μὴ προσθῇ[7] τοῦ ἀναστῆναι παρθένος[8] τοῦ Ισραηλ·
ἔσφαλεν[9] ἐπὶ τῆς γῆς αὐτῆς, οὐκ ἔστιν ὁ ἀναστήσων αὐτήν.

3 διότι[10] τάδε[11] λέγει κύριος κύριος

Ἡ πόλις, ἐξ ἧς ἐξεπορεύοντο χίλιοι,[12]
ὑπολειφθήσονται[13] ἑκατόν,[14]
καὶ ἐξ ἧς ἐξεπορεύοντο ἑκατόν,
ὑπολειφθήσονται[15] δέκα[16] τῷ οἴκῳ Ισραηλ.

4 διότι[17] τάδε[18] λέγει κύριος πρὸς τὸν οἶκον Ισραηλ

Ἐκζητήσατέ[19] με καὶ ζήσεσθε·
5 καὶ μὴ ἐκζητεῖτε[20] Βαιθηλ
καὶ εἰς Γαλγαλα μὴ εἰσπορεύεσθε[21]
καὶ ἐπὶ τὸ φρέαρ[22] τοῦ ὅρκου[23] μὴ διαβαίνετε,[24]
ὅτι Γαλγαλα αἰχμαλωτευομένη[25] αἰχμαλωτευθήσεται,[26]
καὶ Βαιθηλ ἔσται ὡς οὐχ ὑπάρχουσα·

6 ἐκζητήσατε[27] τὸν κύριον καὶ ζήσατε,
ὅπως μὴ ἀναλάμψῃ[28] ὡς πῦρ ὁ οἶκος Ιωσηφ,
καὶ καταφάγεται[29] αὐτόν,
καὶ οὐκ ἔσται ὁ σβέσων[30] τῷ οἴκῳ Ισραηλ.

1 ὄρθρος, dawn
2 ὁμίχλη, mist
3 ἐπιβαίνω, *pres act ptc nom s m*, walk upon, mount on
4 ὕψος, high place
5 παντοκράτωρ, almighty, ruler of all
6 θρῆνος, lament
7 προστίθημι, *aor act sub 3s*, continue
8 παρθένος, virgin
9 σφάλλω, *aor act ind 3s*, trip, fall down
10 διότι, for
11 ὅδε, this
12 χίλιοι, one thousand
13 ὑπολείπω, *fut pas ind 3p*, leave behind, spare
14 ἑκατόν, one hundred
15 ὑπολείπω, *fut pas ind 3p*, leave behind, spare
16 δέκα, ten
17 διότι, for
18 ὅδε, this
19 ἐκζητέω, *aor act impv 2p*, seek after
20 ἐκζητέω, *pres act impv 2p*, seek after
21 εἰσπορεύομαι, *pres mid impv 2p*, go into
22 φρέαρ, pit, well
23 ὅρκος, oath
24 διαβαίνω, *pres act ind 2p*, cross over
25 αἰχμαλωτεύω, *pres pas ptc nom s f*, take captive
26 αἰχμαλωτεύω, *fut pas ind 3s*, take captive
27 ἐκζητέω, *aor act impv 2p*, seek after
28 ἀναλάμπω, *aor act sub 3s*, flame up, flare
29 κατεσθίω, *fut mid ind 3s*, consume
30 σβέννυμι, *fut act ptc nom s m*, extinguish

7 κύριος ὁ ποιῶν εἰς ὕψος[1] κρίμα[2]
καὶ δικαιοσύνην εἰς γῆν ἔθηκεν,
8 ποιῶν πάντα καὶ μετασκευάζων[3]
καὶ ἐκτρέπων[4] εἰς τὸ πρωὶ[5] σκιὰν[6] θανάτου
καὶ ἡμέραν εἰς νύκτα συσκοτάζων,[7]
ὁ προσκαλούμενος[8] τὸ ὕδωρ τῆς θαλάσσης
καὶ ἐκχέων[9] αὐτὸ ἐπὶ προσώπου τῆς γῆς,
κύριος ὁ θεὸς ὁ παντοκράτωρ[10] ὄνομα αὐτῷ·
9 ὁ διαιρῶν[11] συντριμμὸν[12] ἐπ᾽ ἰσχὺν[13]
καὶ ταλαιπωρίαν[14] ἐπὶ ὀχύρωμα[15] ἐπάγων.[16]

10 ἐμίσησαν ἐν πύλαις[17] ἐλέγχοντα[18]
καὶ λόγον ὅσιον[19] ἐβδελύξαντο.[20]
11 διὰ τοῦτο ἀνθ᾽ ὧν[21] κατεκονδυλίζετε[22] πτωχοὺς
καὶ δῶρα[23] ἐκλεκτὰ[24] ἐδέξασθε[25] παρ᾽ αὐτῶν,
οἴκους ξυστοὺς[26] ᾠκοδομήσατε
καὶ οὐ μὴ κατοικήσητε ἐν αὐτοῖς,
ἀμπελῶνας[27] ἐπιθυμητοὺς[28] ἐφυτεύσατε[29]
καὶ οὐ μὴ πίητε τὸν οἶνον ἐξ αὐτῶν.
12 ὅτι ἔγνων πολλὰς ἀσεβείας[30] ὑμῶν,
καὶ ἰσχυραὶ[31] αἱ ἁμαρτίαι ὑμῶν,
καταπατοῦντες[32] δίκαιον, λαμβάνοντες ἀλλάγματα[33]
καὶ πένητας[34] ἐν πύλαις ἐκκλίνοντες.[35]

1 ὕψος, height, high place
2 κρίμα, judgment, ruling
3 μετασκευάζω, *pres act ptc nom s m*, refashion, change
4 ἐκτρέπω, *pres act ptc nom s m*, turn
5 πρωί, morning
6 σκιά, shadow
7 συσκοτάζω, *pres act ptc nom s m*, make dark
8 προσκαλέω, *pres mid ptc nom s m*, call upon
9 ἐκχέω, *pres act ptc nom s m*, pour out
10 παντοκράτωρ, almighty, ruler of all
11 διαιρέω, *pres act ptc nom s m*, hand out, dispense
12 συντριμμός, ruin
13 ἰσχύς, power, strength
14 ταλαιπωρία, misery, distress
15 ὀχύρωμα, stronghold, fortress
16 ἐπάγω, *pres act ptc nom s m*, bring on
17 πύλη, gate
18 ἐλέγχω, *pres act ptc acc s m*, rebuke, insult
19 ὅσιος, holy, devout
20 βδελύσσω, *aor mid ind 3p*, detest
21 ἀνθ᾽ ὧν, since
22 κατακονδυλίζω, *impf act ind 2p*, strike forcefully
23 δῶρον, gift, bribe
24 ἐκλεκτός, select, choice
25 δέχομαι, *aor mid ind 2p*, receive
26 ξυστός, trimmed, covered
27 ἀμπελών, vineyard
28 ἐπιθυμητός, desirable
29 φυτεύω, *aor act ind 2p*, plant
30 ἀσέβεια, ungodliness, wickedness
31 ἰσχυρός, severe
32 καταπατέω, *pres act ptc nom p m*, trample
33 ἄλλαγμα, ransom, price
34 πένης, poor person
35 ἐκκλίνω, *pres act ptc nom p m*, turn away

13 διὰ τοῦτο ὁ συνίων[1] ἐν τῷ καιρῷ ἐκείνῳ σιωπήσεται,[2]
ὅτι καιρὸς πονηρός ἐστιν.

14 ἐκζητήσατε[3] τὸ καλὸν καὶ μὴ τὸ πονηρόν, ὅπως ζήσητε·
καὶ ἔσται οὕτως μεθ᾽ ὑμῶν κύριος ὁ θεὸς ὁ παντοκράτωρ,[4]
ὃν τρόπον[5] εἴπατε
15 Μεμισήκαμεν τὰ πονηρὰ καὶ ἠγαπήκαμεν τὰ καλά·
καὶ ἀποκαταστήσατε[6] ἐν πύλαις[7] κρίμα,[8]
ὅπως ἐλεήσῃ[9] κύριος ὁ θεὸς ὁ παντοκράτωρ[10] τοὺς περιλοίπους[11] τοῦ Ιωσηφ.

16 διὰ τοῦτο τάδε[12] λέγει κύριος ὁ θεὸς ὁ παντοκράτωρ[13]

Ἐν πάσαις πλατείαις[14] κοπετός,[15]
καὶ ἐν πάσαις ὁδοῖς ῥηθήσεται Οὐαὶ οὐαί·
κληθήσεται γεωργὸς[16] εἰς πένθος[17]
καὶ κοπετὸν καὶ εἰς εἰδότας θρῆνον,[18]
17 καὶ ἐν πάσαις ὁδοῖς κοπετός,[19]
διότι[20] διελεύσομαι διὰ μέσου σου, εἶπεν κύριος.

Justice on the Day of the Lord

18 Οὐαὶ οἱ ἐπιθυμοῦντες[21] τὴν ἡμέραν κυρίου·
ἵνα τί αὕτη ὑμῖν ἡ ἡμέρα τοῦ κυρίου;
καὶ αὐτή ἐστιν σκότος καὶ οὐ φῶς,
19 ὃν τρόπον[22] ὅταν φύγῃ[23] ἄνθρωπος ἐκ προσώπου τοῦ λέοντος[24]
καὶ ἐμπέσῃ[25] αὐτῷ ἡ ἄρκος,[26]
καὶ εἰσπηδήσῃ[27] εἰς τὸν οἶκον αὐτοῦ
καὶ ἀπερείσηται[28] τὰς χεῖρας αὐτοῦ ἐπὶ τὸν τοῖχον[29]
καὶ δάκῃ[30] αὐτὸν ὁ ὄφις.[31]

1 συνίημι, *pres act ptc nom s m*, understand
2 σιωπάω, *fut mid ind 3s*, keep quiet
3 ἐκζητέω, *aor act impv 2p*, seek after
4 παντοκράτωρ, almighty, ruler of all
5 ὃν τρόπον, in the manner that, as
6 ἀποκαθίστημι, *aor act impv 2p*, reestablish, restore
7 πύλη, gate
8 κρίμα, judgment, ruling
9 ἐλεέω, *aor act sub 3s*, show mercy
10 παντοκράτωρ, almighty, ruler of all
11 περίλοιπος, remainder, left over
12 ὅδε, this
13 παντοκράτωρ, almighty, ruler of all
14 πλατεῖα, street
15 κοπετός, mourning
16 γεωργός, farmer
17 πένθος, sorrow, grief
18 θρῆνος, lament
19 κοπετός, mourning
20 διότι, for
21 ἐπιθυμέω, *pres act ptc nom p m*, long for, desire
22 ὃν τρόπον, in the way that
23 φεύγω, *aor act sub 3s*, flee
24 λέων, lion
25 ἐμπίπτω, *aor act sub 3s*, fall on
26 ἄρκος, bear
27 εἰσπηδάω, *aor act sub 3s*, rush into
28 ἀπερείδομαι, *aor mid sub 3s*, set upon
29 τοῖχος, wall
30 δάκνω, *aor act sub 3s*, bite
31 ὄφις, snake

20 οὐχὶ σκότος ἡ ἡμέρα τοῦ κυρίου καὶ οὐ φῶς;
καὶ γνόφος[1] οὐκ ἔχων φέγγος[2] αὐτῇ.

21 μεμίσηκα ἀπῶσμαι[3] ἑορτὰς[4] ὑμῶν
καὶ οὐ μὴ ὀσφρανθῶ[5] ἐν ταῖς πανηγύρεσιν[6] ὑμῶν·
22 διότι[7] καὶ ἐὰν ἐνέγκητέ μοι ὁλοκαυτώματα[8] καὶ θυσίας[9] ὑμῶν,
οὐ προσδέξομαι[10] αὐτά,
καὶ σωτηρίου[11] ἐπιφανείας[12] ὑμῶν οὐκ ἐπιβλέψομαι.[13]
23 μετάστησον[14] ἀπ᾽ ἐμοῦ ἦχον[15] ᾠδῶν[16] σου,
καὶ ψαλμὸν ὀργάνων[17] σου οὐκ ἀκούσομαι·
24 καὶ κυλισθήσεται[18] ὡς ὕδωρ κρίμα[19]
καὶ δικαιοσύνη ὡς χειμάρρους[20] ἄβατος.[21]

25 μὴ σφάγια[22] καὶ θυσίας[23] προσηνέγκατέ μοι
ἐν τῇ ἐρήμῳ τεσσαράκοντα[24] ἔτη, οἶκος Ισραηλ;
26 καὶ ἀνελάβετε[25] τὴν σκηνὴν[26] τοῦ Μολοχ
καὶ τὸ ἄστρον[27] τοῦ θεοῦ ὑμῶν Ραιφαν,
τοὺς τύπους[28] αὐτῶν, οὓς ἐποιήσατε ἑαυτοῖς.
27 καὶ μετοικιῶ[29] ὑμᾶς ἐπέκεινα[30] Δαμασκοῦ, λέγει κύριος,
ὁ θεὸς ὁ παντοκράτωρ[31] ὄνομα αὐτῷ.

Woe to Those at Ease

6 Οὐαὶ τοῖς ἐξουθενοῦσιν[32] Σιων καὶ τοῖς πεποιθόσιν ἐπὶ τὸ ὄρος Σαμαρείας·
ἀπετρύγησαν[33] ἀρχὰς ἐθνῶν, καὶ εἰσῆλθον αὐτοί.
οἶκος τοῦ Ισραηλ, **2** διάβητε[34] πάντες καὶ ἴδετε
καὶ διέλθατε ἐκεῖθεν[35] εἰς Εμαθ Ραββα

1 γνόφος, darkness
2 φέγγος, light
3 ἀπωθέω, *perf mid ind 1s*, reject, repudiate
4 ἑορτή, feast, holiday
5 ὀσφραίνομαι, *aor pas sub 1s*, smell
6 πανήγυρις, public gathering
7 διότι, for
8 ὁλοκαύτωμα, whole burnt offering
9 θυσία, sacrifice
10 προσδέχομαι, *fut mid ind 1s*, accept, receive
11 σωτήριον, (sacrifice of) deliverance
12 ἐπιφάνεια, (pretense)
13 ἐπιβλέπω, *fut mid ind 1s*, look at
14 μεθίστημι, *aor act impv 2s*, remove
15 ἦχος, sound
16 ᾠδή, song
17 ὄργανον, instrument
18 κυλίω, *fut pas ind 3s*, roll
19 κρίμα, judgment
20 χείμαρρος, torrent
21 ἄβατος, impassable
22 σφάγιον, offering
23 θυσία, sacrifice
24 τεσσαράκοντα, forty
25 ἀναλαμβάνω, *aor act ind 2p*, take up
26 σκηνή, tent
27 ἄστρον, star
28 τύπος, image, statue
29 μετοικίζω, *fut act ind 1s*, resettle, deport
30 ἐπέκεινα, beyond
31 παντοκράτωρ, almighty, ruler of all
32 ἐξουθενέω, *pres act ptc dat p m*, despise, disdain
33 ἀποτρυγάω, *aor act ind 3p*, gather, harvest
34 διαβαίνω, *aor act impv 2p*, cross over
35 ἐκεῖθεν, from there

καὶ κατάβητε ἐκεῖθεν εἰς Γεθ ἀλλοφύλων,[1]
τὰς κρατίστας[2] ἐκ πασῶν τῶν βασιλειῶν τούτων,
εἰ πλέονα[3] τὰ ὅρια[4] αὐτῶν ἐστιν τῶν ὑμετέρων[5] ὁρίων.
3 οἱ ἐρχόμενοι εἰς ἡμέραν κακήν,
οἱ ἐγγίζοντες καὶ ἐφαπτόμενοι[6] σαββάτων ψευδῶν,[7]
4 οἱ καθεύδοντες[8] ἐπὶ κλινῶν[9] ἐλεφαντίνων[10]
καὶ κατασπαταλῶντες[11] ἐπὶ ταῖς στρωμναῖς[12] αὐτῶν
καὶ ἔσθοντες[13] ἐρίφους[14] ἐκ ποιμνίων[15]
καὶ μοσχάρια[16] ἐκ μέσου βουκολίων[17] γαλαθηνά,[18]
5 οἱ ἐπικροτοῦντες[19] πρὸς τὴν φωνὴν τῶν ὀργάνων[20]
ὡς ἑστῶτα ἐλογίσαντο καὶ οὐχ ὡς φεύγοντα·[21]
6 οἱ πίνοντες τὸν διυλισμένον[22] οἶνον καὶ τὰ πρῶτα μύρα[23] χριόμενοι[24]
καὶ οὐκ ἔπασχον[25] οὐδὲν ἐπὶ τῇ συντριβῇ[26] Ιωσηφ.
7 διὰ τοῦτο νῦν αἰχμάλωτοι[27] ἔσονται ἀπ᾽ ἀρχῆς δυναστῶν,[28]
καὶ ἐξαρθήσεται[29] χρεμετισμὸς[30] ἵππων[31] ἐξ Εφραιμ.

Judgment upon Jacob's Pride

8 ὅτι ὤμοσεν[32] κύριος καθ᾽ ἑαυτοῦ
Διότι[33] βδελύσσομαι[34] ἐγὼ πᾶσαν τὴν ὕβριν[35] Ιακωβ
καὶ τὰς χώρας[36] αὐτοῦ μεμίσηκα,
καὶ ἐξαρῶ[37] πόλιν σὺν πᾶσιν τοῖς κατοικοῦσιν αὐτήν·
9 καὶ ἔσται ἐὰν ὑπολειφθῶσιν[38] δέκα[39] ἄνδρες ἐν οἰκίᾳ μιᾷ,
καὶ ἀποθανοῦνται, καὶ ὑπολειφθήσονται[40] οἱ κατάλοιποι,[41]

1 ἀλλόφυλος, foreign, (Philistine)
2 κράτιστος, *sup of* ἀγαθός, best
3 πλείων/πλεῖον, *comp of* πολύς, greater
4 ὅριον, boundary, territory
5 ὑμέτερος, yours
6 ἐφάπτω, *pres mid ptc nom p m*, lay hold of
7 ψευδής, false
8 καθεύδω, *pres act ptc nom p m*, sleep
9 κλίνη, bed
10 ἐλεφάντινος, ivory
11 κατασπαταλάω, *pres act ptc nom p m*, live luxuriously
12 στρωμνή, couch
13 ἔσθω, *pres act ptc nom p m*, eat
14 ἔριφος, young goat
15 ποίμνιον, flock
16 μοσχάριον, little calf
17 βουκόλιον, herd
18 γαλαθηνός, young
19 ἐπικροτέω, *pres act ptc nom p m*, applaud
20 ὄργανον, instrument
21 φεύγω, *pres act ptc acc p n*, be fleeting
22 διϋλίζω, *perf pas ptc acc s m*, filter
23 μύρον, perfume
24 χρίω, *pres mid ptc nom p m*, anoint
25 πάσχω, *impf act ind 3p*, suffer
26 συντριβή, ruin
27 αἰχμάλωτος, captivity
28 δυνάστης, ruler
29 ἐξαίρω, *fut pas ind 3s*, remove
30 χρεμετισμός, neighing
31 ἵππος, horse
32 ὄμνυμι, *aor act ind 3s*, swear an oath
33 διότι, for
34 βδελύσσω, *pres mid ind 1s*, detest
35 ὕβρις, arrogance, pride
36 χώρα, region, territory
37 ἐξαίρω, *fut act ind 1s*, do away with
38 ὑπολείπω, *aor pas sub 3p*, leave behind
39 δέκα, ten
40 ὑπολείπω, *fut pas ind 3p*, leave behind
41 κατάλοιπος, remnant, remainder

10 καὶ λήμψονται οἱ οἰκεῖοι[1] αὐτῶν
καὶ παραβιῶνται[2] τοῦ ἐξενέγκαι[3] τὰ ὀστᾶ[4] αὐτῶν ἐκ τοῦ οἴκου·
καὶ ἐρεῖ τοῖς προεστηκόσι[5] τῆς οἰκίας
Εἰ ἔτι ὑπάρχει παρὰ σοί; καὶ ἐρεῖ Οὐκέτι·
καὶ ἐρεῖ Σίγα,[6] ἕνεκα[7] τοῦ μὴ ὀνομάσαι[8] τὸ ὄνομα κυρίου.

11 διότι[9] ἰδοὺ κύριος ἐντέλλεται[10]
καὶ πατάξει[11] τὸν οἶκον τὸν μέγαν θλάσμασιν[12]
καὶ τὸν οἶκον τὸν μικρὸν ῥάγμασιν.
12 εἰ διώξονται ἐν πέτραις[13] ἵπποι;[14]
εἰ παρασιωπήσονται[15] ἐν θηλείαις;[16]
ὅτι ὑμεῖς ἐξεστρέψατε[17] εἰς θυμὸν[18] κρίμα[19]
καὶ καρπὸν δικαιοσύνης εἰς πικρίαν,[20]
13 οἱ εὐφραινόμενοι[21] ἐπ᾽ οὐδενὶ λόγῳ,
οἱ λέγοντες Οὐκ ἐν τῇ ἰσχύι[22] ἡμῶν ἔσχομεν κέρατα;[23]
14 διότι[24] ἰδοὺ ἐγὼ ἐπεγείρω[25] ἐφ᾽ ὑμᾶς, οἶκος τοῦ Ισραηλ, ἔθνος,
καὶ ἐκθλίψουσιν[26] ὑμᾶς τοῦ μὴ εἰσελθεῖν εἰς Εμαθ
καὶ ἕως τοῦ χειμάρρου[27] τῶν δυσμῶν.[28]

Visions of Locusts, Fire, and a Plumb Line

7 Οὕτως ἔδειξέν μοι κύριος καὶ ἰδοὺ ἐπιγονὴ[29] ἀκρίδων[30] ἐρχομένη ἑωθινή,[31] καὶ
ἰδοὺ βροῦχος[32] εἷς Γωγ ὁ βασιλεύς. **2** καὶ ἔσται ἐὰν συντελέσῃ[33] τοῦ καταφαγεῖν[34]
τὸν χόρτον[35] τῆς γῆς, καὶ εἶπα

1 οἰκεῖος, relative
2 παραβιάζομαι, *pres mid sub 3p*, strive
3 ἐκφέρω, *aor act inf*, carry away
4 ὀστέον, bone
5 προΐστημι, *perf act ptc dat p m*, rule over, be head of
6 σιγάω, *pres act impv 2s*, be quiet
7 ἕνεκα, so that
8 ὀνομάζω, *aor act inf*, (speak the) name
9 διότι, for
10 ἐντέλλομαι, *pres mid ind 3s*, command, order
11 πατάσσω, *fut act ind 3s*, strike
12 θλάσμα, breach
13 πέτρα, rock
14 ἵππος, horse
15 παρασιωπάω, *fut mid ind 3p*, keep quiet
16 θῆλυς, (mare)
17 ἐκστρέφω, *aor act ind 2p*, reverse, turn around
18 θυμός, wrath
19 κρίμα, judgment
20 πικρία, bitterness
21 εὐφραίνω, *pres pas ptc nom p m*, rejoice, be glad
22 ἰσχύς, power
23 κέρας, horn
24 διότι, for
25 ἐπεγείρω, *pres act ind 1s*, raise up against
26 ἐκθλίβω, *fut act ind 3p*, afflict, press
27 χείμαρρος, brook
28 δυσμή, west
29 ἐπιγονή, brood, swarm
30 ἀκρίς, locust
31 ἑωθινός, in the morning
32 βροῦχος, worm, caterpillar
33 συντελέω, *aor act sub 3s*, finish
34 κατεσθίω, *aor act inf*, devour, consume
35 χόρτος, grass

Κύριε κύριε, ἵλεως[1] γενοῦ· τίς ἀναστήσει τὸν Ιακωβ;
ὅτι ὀλιγοστός[2] ἐστιν·
3 μετανόησον,[3] κύριε, ἐπὶ τούτῳ.
Καὶ τοῦτο οὐκ ἔσται, λέγει κύριος.

4 Οὕτως ἔδειξέν μοι κύριος καὶ ἰδοὺ ἐκάλεσεν τὴν δίκην[4] ἐν πυρὶ κύριος, καὶ κατ-
έφαγε[5] τὴν ἄβυσσον[6] τὴν πολλὴν καὶ κατέφαγεν τὴν μερίδα.[7] 5 καὶ εἶπα

Κύριε κύριε, κόπασον[8] δή·[9] τίς ἀναστήσει τὸν Ιακωβ;
ὅτι ὀλιγοστός[10] ἐστιν·
6 μετανόησον,[11] κύριε, ἐπὶ τούτῳ.
Καὶ τοῦτο οὐ μὴ γένηται, λέγει κύριος.

7 Οὕτως ἔδειξέν μοι κύριος καὶ ἰδοὺ ἀνὴρ ἑστηκὼς ἐπὶ τείχους[12] ἀδαμαντίνου,[13] καὶ
ἐν τῇ χειρὶ αὐτοῦ ἀδάμας.[14] 8 καὶ εἶπεν κύριος πρός με Τί σὺ ὁρᾷς, Αμως; καὶ εἶπα
Ἀδάμαντα.[15] καὶ εἶπεν κύριος πρός με

Ἰδοὺ ἐγὼ ἐντάσσω[16] ἀδάμαντα[17] ἐν μέσῳ λαοῦ μου Ισραηλ,
οὐκέτι μὴ προσθῶ[18] τοῦ παρελθεῖν[19] αὐτόν·
9 καὶ ἀφανισθήσονται[20] βωμοὶ[21] τοῦ γέλωτος,[22]
καὶ αἱ τελεταὶ[23] τοῦ Ισραηλ ἐξερημωθήσονται,[24]
καὶ ἀναστήσομαι ἐπὶ τὸν οἶκον Ιεροβοαμ ἐν ῥομφαίᾳ.[25]

10 Καὶ ἐξαπέστειλεν[26] Αμασιας ὁ ἱερεὺς Βαιθηλ πρὸς Ιεροβοαμ βασιλέα Ισραηλ
λέγων Συστροφὰς[27] ποιεῖται κατὰ σοῦ Αμως ἐν μέσῳ οἴκου Ισραηλ· οὐ μὴ δύνηται
ἡ γῆ ὑπενεγκεῖν[28] ἅπαντας[29] τοὺς λόγους αὐτοῦ· 11 διότι[30] τάδε[31] λέγει Αμως

Ἐν ῥομφαίᾳ[32] τελευτήσει[33] Ιεροβοαμ,
ὁ δὲ Ισραηλ αἰχμάλωτος[34] ἀχθήσεται ἀπὸ τῆς γῆς αὐτοῦ.

1 ἵλεως, merciful
2 ὀλίγος, *sup*, least, most insignificant
3 μετανοέω, *aor act impv 2s*, change one's mind, repent
4 δίκη, punishment, penalty
5 κατεσθίω, *aor act ind 3s*, devour, consume
6 ἄβυσσος, abyss, deep
7 μερίς, portion
8 κοπάζω, *aor act impv 2s*, stop, cease
9 δή, already, now
10 ὀλίγος, *sup*, least, most insignificant
11 μετανοέω, *aor act impv 2s*, change one's mind, repent
12 τεῖχος, wall
13 ἀδαμάντινος, unbreakable
14 ἀδάμας, unbreakable object?, adamant?
15 ἀδάμας, unbreakable object?, adamant?
16 ἐντάσσω, *pres act ind 1s*, order
17 ἀδάμας, unbreakable object?, adamant?
18 προστίθημι, *aor act sub 1s*, continue
19 παρέρχομαι, *aor act inf*, (ignore), pass by
20 ἀφανίζω, *fut pas ind 3p*, destroy
21 βωμός, altar
22 γέλως, (mockery)
23 τελετή, ritual, rite
24 ἐξερημόω, *fut pas ind 3p*, devastate
25 ῥομφαία, sword
26 ἐξαποστέλλω, *aor act ind 3s*, send forth
27 συστροφή, conspiracy
28 ὑποφέρω, *aor act inf*, bear, put up with
29 ἅπας, all
30 διότι, for
31 ὅδε, this
32 ῥομφαία, sword
33 τελευτάω, *fut act ind 3s*, die
34 αἰχμάλωτος, captive, prisoner

12 καὶ εἶπεν Αμασιας πρὸς Αμως Ὁ ὁρῶν, βάδιζε[1] ἐκχώρησον[2] εἰς γῆν Ιουδα καὶ
ἐκεῖ καταβίου[3] καὶ ἐκεῖ προφητεύσεις·[4] **13** εἰς δὲ Βαιθηλ οὐκέτι μὴ προσθῇς[5] τοῦ
προφητεῦσαι,[6] ὅτι ἁγίασμα[7] βασιλέως ἐστὶν καὶ οἶκος βασιλείας ἐστίν.

14 καὶ ἀπεκρίθη Αμως καὶ εἶπεν πρὸς Αμασιαν Οὐκ ἤμην προφήτης ἐγὼ οὐδὲ υἱὸς
προφήτου, ἀλλ᾽ ἢ αἰπόλος[8] ἤμην καὶ κνίζων[9] συκάμινα·[10] **15** καὶ ἀνέλαβέν[11] με κύριος
ἐκ τῶν προβάτων, καὶ εἶπεν κύριος πρός με Βάδιζε[12] προφήτευσον[13] ἐπὶ τὸν λαόν
μου Ισραηλ. **16** καὶ νῦν ἄκουε λόγον κυρίου

Σὺ λέγεις Μὴ προφήτευε[14] ἐπὶ τὸν Ισραηλ
  καὶ οὐ μὴ ὀχλαγωγήσῃς[15] ἐπὶ τὸν οἶκον Ιακωβ·

17 διὰ τοῦτο τάδε[16] λέγει κύριος

Ἡ γυνή σου ἐν τῇ πόλει πορνεύσει,[17]
  καὶ οἱ υἱοί σου καὶ αἱ θυγατέρες[18] σου ἐν ῥομφαίᾳ[19] πεσοῦνται,
  καὶ ἡ γῆ σου ἐν σχοινίῳ[20] καταμετρηθήσεται,[21]
καὶ σὺ ἐν γῇ ἀκαθάρτῳ τελευτήσεις,[22]
  ὁ δὲ Ισραηλ αἰχμάλωτος[23] ἀχθήσεται ἀπὸ τῆς γῆς αὐτοῦ.

Vision of a Basket of Ripe Fruit and Israel's Captivity

8 Οὕτως ἔδειξέν μοι κύριος καὶ ἰδοὺ ἄγγος[24] ἰξευτοῦ.[25] **2** καὶ εἶπεν Τί σὺ βλέπεις,
Αμως; καὶ εἶπα Ἄγγος ἰξευτοῦ. καὶ εἶπεν κύριος πρός με

Ἥκει[26] τὸ πέρας[27] ἐπὶ τὸν λαόν μου Ισραηλ,
  οὐκέτι μὴ προσθῶ[28] τοῦ παρελθεῖν[29] αὐτόν·
3 καὶ ὀλολύξει[30] τὰ φατνώματα[31] τοῦ ναοῦ·
  ἐν ἐκείνῃ τῇ ἡμέρᾳ, λέγει κύριος,
πολὺς ὁ πεπτωκὼς ἐν παντὶ τόπῳ, ἐπιρρίψω[32] σιωπήν.[33]

1 βαδίζω, *pres act impv 2s*, go
2 ἐκχωρέω, *aor act impv 2s*, depart
3 καταβιόω, *pres act impv 2s*, live one's life
4 προφητεύω, *fut act ind 2s*, prophesy
5 προστίθημι, *aor act sub 2s*, continue
6 προφητεύω, *aor act inf*, prophesy
7 ἁγίασμα, sanctuary
8 αἰπόλος, goat herder
9 κνίζω, *pres act ptc nom s m*, chop, pound
10 συκάμινον, sycamore (fruit)
11 ἀναλαμβάνω, *aor act ind 3s*, carry away
12 βαδίζω, *pres act impv 2s*, go
13 προφητεύω, *aor act impv 2s*, prophesy
14 προφητεύω, *pres act impv 2s*, prophesy
15 ὀχλαγωγέω, *aor act sub 2s*, stir up a mob
16 ὅδε, this
17 πορνεύω, *fut act ind 3s*, act as a prostitute
18 θυγάτηρ, daughter
19 ῥομφαία, sword
20 σχοινίον, cord, line
21 καταμετρέω, *fut pas ind 3s*, measure
22 τελευτάω, *fut act ind 2s*, die
23 αἰχμάλωτος, captive, prisoner
24 ἄγγος, cage, basket
25 ἰξευτής, bird catcher
26 ἥκω, *pres act ind 3s*, come
27 πέρας, end, limit
28 προστίθημι, *aor act sub 1s*, continue
29 παρέρχομαι, *aor act inf*, (ignore), pass by
30 ὀλολύζω, *fut act ind 3s*, cry out
31 φάτνωμα, rafters, ceiling work
32 ἐπιρρίπτω, *fut act ind 1s*, inflict, (enforce)
33 σιωπή, silence

4 Ἀκούσατε δὴ[1] ταῦτα, οἱ ἐκτρίβοντες[2] εἰς τὸ πρωὶ[3] πένητα[4]
καὶ καταδυναστεύοντες[5] πτωχοὺς ἀπὸ τῆς γῆς,
5 οἱ λέγοντες Πότε[6] διελεύσεται ὁ μὴν[7] καὶ ἐμπολήσομεν[8]
καὶ τὰ σάββατα καὶ ἀνοίξομεν θησαυροὺς[9]
τοῦ ποιῆσαι μικρὸν μέτρον[10] καὶ τοῦ μεγαλῦναι[11] στάθμια[12]
καὶ ποιῆσαι ζυγὸν[13] ἄδικον[14]
6 τοῦ κτᾶσθαι[15] ἐν ἀργυρίῳ[16] πτωχοὺς καὶ ταπεινὸν[17] ἀντὶ[18] ὑποδημάτων[19]
καὶ ἀπὸ παντὸς γενήματος[20] ἐμπορευσόμεθα;[21]

7 ὀμνύει[22] κύριος καθ᾽ ὑπερηφανίας[23] Ιακωβ
Εἰ ἐπιλησθήσεται[24] εἰς νῖκος[25] πάντα τὰ ἔργα ὑμῶν.
8 καὶ ἐπὶ τούτοις οὐ ταραχθήσεται[26] ἡ γῆ,
καὶ πενθήσει[27] πᾶς ὁ κατοικῶν ἐν αὐτῇ,
καὶ ἀναβήσεται ὡς ποταμὸς[28] συντέλεια[29]
καὶ καταβήσεται ὡς ποταμὸς Αἰγύπτου.

9 καὶ ἔσται ἐν ἐκείνῃ τῇ ἡμέρᾳ, λέγει κύριος ὁ θεός,
καὶ δύσεται[30] ὁ ἥλιος μεσημβρίας,[31]
καὶ συσκοτάσει[32] ἐπὶ τῆς γῆς ἐν ἡμέρᾳ τὸ φῶς·
10 καὶ μεταστρέψω[33] τὰς ἑορτὰς[34] ὑμῶν εἰς πένθος[35]
καὶ πάσας τὰς ᾠδὰς[36] ὑμῶν εἰς θρῆνον[37]
καὶ ἀναβιβῶ[38] ἐπὶ πᾶσαν ὀσφὺν[39] σάκκον[40]
καὶ ἐπὶ πᾶσαν κεφαλὴν φαλάκρωμα[41]

1 δή, now, then
2 ἐκτρίβω, *pres act ptc nom p m*, drive out
3 πρωί, morning
4 πένης, poor person
5 καταδυναστεύω, *pres act ptc nom p m*, exploit, oppress
6 πότε, when
7 μήν, month
8 ἐμπολάω, *fut act ind 1p*, trade, do business
9 θησαυρός, treasury, granary
10 μέτρον, measure
11 μεγαλύνω, *aor act inf*, enlarge
12 στάθμιον, weight
13 ζυγός, scale
14 ἄδικος, unjust
15 κτάομαι, *pres mid inf*, get, obtain
16 ἀργύριον, silver, money
17 ταπεινός, lowly, downcast
18 ἀντί, for, in exchange for
19 ὑπόδημα, shoe
20 γένημα, product
21 ἐμπορεύομαι, *fut mid ind 1p*, engage in business
22 ὄμνυμι, *pres act ind 3s*, swear
23 ὑπερηφανία, pride, arrogance
24 ἐπιλανθάνω, *fut pas ind 3s*, forget
25 νῖκος, success
26 ταράσσω, *fut pas ind 3s*, upset, trouble
27 πενθέω, *fut act ind 3s*, mourn, grieve
28 ποταμός, river
29 συντέλεια, destruction
30 δύω, *fut mid ind 3s*, sink, go down
31 μεσημβρία, noon
32 συσκοτάζω, *fut act ind 3s*, become dark
33 μεταστρέφω, *fut act ind 1s*, change, turn
34 ἑορτή, feast, holiday
35 πένθος, mourning, sorrow
36 ᾠδή, song
37 θρῆνος, lament
38 ἀναβιβάζω, *fut act ind 1s*, draw up
39 ὀσφύς, waist, loins
40 σάκκος, sackcloth, *Heb. LW*
41 φαλάκρωμα, baldness

καὶ θήσομαι αὐτὸν ὡς πένθος[1] ἀγαπητοῦ[2]
καὶ τοὺς μετ᾽ αὐτοῦ ὡς ἡμέραν ὀδύνης.[3]

11 ἰδοὺ ἡμέραι ἔρχονται, λέγει κύριος,
καὶ ἐξαποστελῶ[4] λιμὸν[5] ἐπὶ τὴν γῆν,
οὐ λιμὸν ἄρτου οὐδὲ δίψαν[6] ὕδατος,
ἀλλὰ λιμὸν τοῦ ἀκοῦσαι λόγον κυρίου·
12 καὶ σαλευθήσονται[7] ὕδατα ἕως θαλάσσης,
καὶ ἀπὸ βορρᾶ[8] ἕως ἀνατολῶν[9] περιδραμοῦνται[10]
ζητοῦντες τὸν λόγον κυρίου καὶ οὐ μὴ εὕρωσιν.

13 ἐν τῇ ἡμέρᾳ ἐκείνῃ ἐκλείψουσιν[11] αἱ παρθένοι[12] αἱ καλαὶ
καὶ οἱ νεανίσκοι[13] ἐν δίψει[14]
14 οἱ ὀμνύοντες[15] κατὰ τοῦ ἱλασμοῦ[16] Σαμαρείας
καὶ οἱ λέγοντες Ζῇ ὁ θεός σου, Δαν,
καὶ ζῇ ὁ θεός σου, Βηρσαβεε·
καὶ πεσοῦνται καὶ οὐ μὴ ἀναστῶσιν ἔτι.

Destruction of Israel

9 Εἶδον τὸν κύριον ἐφεστῶτα[17] ἐπὶ τοῦ θυσιαστηρίου,[18] καὶ εἶπεν

Πάταξον[19] ἐπὶ τὸ ἱλαστήριον[20] καὶ σεισθήσεται[21] τὰ πρόπυλα[22]
καὶ διάκοψον[23] εἰς κεφαλὰς πάντων·
καὶ τοὺς καταλοίπους[24] αὐτῶν ἐν ῥομφαίᾳ[25] ἀποκτενῶ,
οὐ μὴ διαφύγῃ[26] ἐξ αὐτῶν φεύγων,[27]
καὶ οὐ μὴ διασωθῇ[28] ἐξ αὐτῶν ἀνασῳζόμενος.[29]

2 ἐὰν κατορυγῶσιν[30] εἰς ᾅδου,[31]
ἐκεῖθεν[32] ἡ χείρ μου ἀνασπάσει[33] αὐτούς·

1 πένθος, grief, sorrow
2 ἀγαπητός, beloved
3 ὀδύνη, pain, grief
4 ἐξαποστέλλω, *fut act ind 1s*, sent forth
5 λιμός, famine
6 δίψα, thirst
7 σαλεύω, *fut pas ind 3p*, stir up, churn
8 βορρᾶς, north
9 ἀνατολή, east
10 περιτρέχω, *fut mid ind 3p*, run about
11 ἐκλείπω, *fut act ind 3p*, faint, perish
12 παρθένος, virgin
13 νεανίσκος, young man
14 δίψος, thirst
15 ὄμνυμι, *pres act ptc nom p m*, swear an oath
16 ἱλασμός, propitiation, atonement
17 ἐφίστημι, *perf act ptc acc s m*, stand over
18 θυσιαστήριον, altar
19 πατάσσω, *aor act impv 2s*, hit, strike
20 ἱλαστήριον, mercy seat
21 σείω, *fut pas ind 3s*, shake, upset
22 πρόπυλον, entrance
23 διακόπτω, *aor act impv 2s*, cut in half
24 κατάλοιπος, remnant, remainder
25 ῥομφαία, sword
26 διαφεύγω, *aor act sub 3s*, escape
27 φεύγω, *pres act ptc nom s m*, flee
28 διασῴζω, *aor pas sub 3s*, rescue, save
29 ἀνασῴζω, *pres mid ptc nom s m*, deliver
30 κατορύσσω, *aor pas sub 3p*, bury deeply
31 ᾅδης, Hades, underworld
32 ἐκεῖθεν, from there
33 ἀνασπάω, *fut act ind 3s*, pull up, (dig out)

καὶ ἐὰν ἀναβῶσιν εἰς τὸν οὐρανόν,
ἐκεῖθεν κατάξω[1] αὐτούς·
3 ἐὰν ἐγκρυβῶσιν[2] εἰς τὴν κορυφὴν[3] τοῦ Καρμήλου,
ἐκεῖθεν[4] ἐξερευνήσω[5] καὶ λήμψομαι αὐτούς·
καὶ ἐὰν καταδύσωσιν[6] ἐξ ὀφθαλμῶν μου εἰς τὰ βάθη[7] τῆς θαλάσσης,
ἐκεῖ ἐντελοῦμαι[8] τῷ δράκοντι[9] καὶ δήξεται[10] αὐτούς·
4 καὶ ἐὰν πορευθῶσιν ἐν αἰχμαλωσίᾳ[11] πρὸ προσώπου τῶν ἐχθρῶν αὐτῶν,
ἐκεῖ ἐντελοῦμαι[12] τῇ ῥομφαίᾳ[13] καὶ ἀποκτενεῖ αὐτούς·
καὶ στηριῶ[14] τοὺς ὀφθαλμούς μου ἐπ᾽ αὐτοὺς εἰς κακὰ καὶ οὐκ εἰς
ἀγαθά.

5 καὶ κύριος κύριος ὁ θεὸς ὁ παντοκράτωρ,[15]
ὁ ἐφαπτόμενος[16] τῆς γῆς καὶ σαλεύων[17] αὐτήν,
καὶ πενθήσουσιν[18] πάντες οἱ κατοικοῦντες αὐτήν,
καὶ ἀναβήσεται ὡς ποταμὸς[19] συντέλεια[20] αὐτῆς
καὶ καταβήσεται ὡς ποταμὸς Αἰγύπτου·
6 ὁ οἰκοδομῶν εἰς τὸν οὐρανὸν ἀνάβασιν[21] αὐτοῦ
καὶ τὴν ἐπαγγελίαν[22] αὐτοῦ ἐπὶ τῆς γῆς θεμελιῶν,[23]
ὁ προσκαλούμενος[24] τὸ ὕδωρ τῆς θαλάσσης
καὶ ἐκχέων[25] αὐτὸ ἐπὶ πρόσωπον τῆς γῆς·
κύριος ὁ θεὸς ὁ παντοκράτωρ[26] ὄνομα αὐτῷ.

7 οὐχ ὡς υἱοὶ Αἰθιόπων ὑμεῖς ἐστε ἐμοί,
υἱοὶ Ισραηλ; λέγει κύριος.
οὐ τὸν Ισραηλ ἀνήγαγον[27] ἐκ γῆς Αἰγύπτου
καὶ τοὺς ἀλλοφύλους[28] ἐκ Καππαδοκίας
καὶ τοὺς Σύρους ἐκ βόθρου;[29]

1 κατάγω, *fut act ind 1s*, bring down
2 ἐγκρύπτω, *aor pas sub 3p*, hide
3 κορυφή, summit, top
4 ἐκεῖθεν, from there
5 ἐξερευνάω, *fut act ind 1s*, search out, track down
6 καταδύω, *aor act sub 3p*, sink
7 βάθος, depth
8 ἐντέλλομαι, *fut mid ind 1s*, command, order
9 δράκων, dragon
10 δάκνω, *fut mid ind 3s*, bite
11 αἰχμαλωσία, captivity
12 ἐντέλλομαι, *fut mid ind 1s*, command, order
13 ῥομφαία, sword
14 στηρίζω, *fut act ind 1s*, fix, establish
15 παντοκράτωρ, almighty, ruler of all
16 ἐφάπτω, *pres mid ptc nom s m*, grab, touch
17 σαλεύω, *pres act ptc nom s m*, rock, shake
18 πενθέω, *fut act ind 3p*, mourn, grieve
19 ποταμός, river
20 συντέλεια, destruction
21 ἀνάβασις, ascent, way up
22 ἐπαγγελία, promise
23 θεμελιόω, *pres act ptc nom s m*, lay a foundation
24 προσκαλέω, *pres mid ptc nom s m*, summon
25 ἐκχέω, *pres act ptc nom s m*, pour out
26 παντοκράτωρ, almighty, ruler of all
27 ἀνάγω, *aor act ind 1s*, lead up
28 ἀλλόφυλος, foreign, (Philistine)
29 βόθρος, pit

8 Ἰδοὺ οἱ ὀφθαλμοὶ κυρίου τοῦ θεοῦ ἐπὶ τὴν βασιλείαν τῶν ἁμαρτωλῶν
καὶ ἐξαρῶ[1] αὐτὴν ἀπὸ προσώπου τῆς γῆς·
πλὴν ὅτι οὐκ εἰς τέλος ἐξαρῶ τὸν οἶκον Ιακωβ, λέγει κύριος.

9 διότι[2] ἰδοὺ ἐγὼ ἐντέλλομαι[3]
καὶ λικμιῶ[4] ἐν πᾶσι τοῖς ἔθνεσιν τὸν οἶκον τοῦ Ισραηλ,
ὃν τρόπον[5] λικμᾶται[6] ἐν τῷ λικμῷ[7]
καὶ οὐ μὴ πέσῃ σύντριμμα[8] ἐπὶ τὴν γῆν.
10 ἐν ῥομφαίᾳ[9] τελευτήσουσι[10] πάντες ἁμαρτωλοὶ λαοῦ μου
οἱ λέγοντες Οὐ μὴ ἐγγίσῃ οὐδ᾽ οὐ μὴ γένηται ἐφ᾽ ἡμᾶς τὰ κακά.

Restoration of David's Fallen Tent

11 ἐν τῇ ἡμέρᾳ ἐκείνῃ ἀναστήσω τὴν σκηνὴν[11] Δαυιδ τὴν πεπτωκυῖαν
καὶ ἀνοικοδομήσω[12] τὰ πεπτωκότα αὐτῆς
καὶ τὰ κατεσκαμμένα[13] αὐτῆς ἀναστήσω
καὶ ἀνοικοδομήσω αὐτὴν καθὼς αἱ ἡμέραι τοῦ αἰῶνος,
12 ὅπως ἐκζητήσωσιν[14] οἱ κατάλοιποι[15] τῶν ἀνθρώπων καὶ πάντα τὰ ἔθνη,
ἐφ᾽ οὓς ἐπικέκληται[16] τὸ ὄνομά μου ἐπ᾽ αὐτούς,
λέγει κύριος ὁ θεὸς ὁ ποιῶν ταῦτα.

13 ἰδοὺ ἡμέραι ἔρχονται, λέγει κύριος,
καὶ καταλήμψεται[17] ὁ ἀλοητὸς[18] τὸν τρύγητον,[19]
καὶ περκάσει[20] ἡ σταφυλὴ[21] ἐν τῷ σπόρῳ,[22]
καὶ ἀποσταλάξει[23] τὰ ὄρη γλυκασμόν,[24]
καὶ πάντες οἱ βουνοὶ[25] σύμφυτοι[26] ἔσονται·
14 καὶ ἐπιστρέψω τὴν αἰχμαλωσίαν[27] λαοῦ μου Ισραηλ,
καὶ οἰκοδομήσουσιν πόλεις τὰς ἠφανισμένας[28] καὶ κατοικήσουσιν

1 ἐξαίρω, *fut act ind 1s*, remove
2 διότι, for
3 ἐντέλλομαι, *pres mid ind 1s*, command, order
4 λικμίζω, *fut act ind 1s*, scatter
5 ὃν τρόπον, in the way that
6 λικμάω, *pres pas ind 3s*, scatter
7 λικμός, winnowing basket
8 σύντριμμα, (scattered fragment)
9 ῥομφαία, sword
10 τελευτάω, *fut act ind 3p*, die
11 σκηνή, tent
12 ἀνοικοδομέω, *fut act ind 1s*, rebuild
13 κατασκάπτω, *perf pas ptc acc p n*, destroy, raze
14 ἐκζητέω, *aor act sub 3p*, seek out
15 κατάλοιπος, remnant, remainder
16 ἐπικαλέω, *perf mid ind 3s*, call on
17 καταλαμβάνω, *fut mid ind 3s*, overtake
18 ἀλοητός, season for threshing
19 τρύγητος, season of harvest
20 περκάζω, *fut act ind 3s*, ripen
21 σταφυλή, grapes
22 σπόρος, time for sowing seed
23 ἀποσταλάζω, *fut act ind 3s*, drip
24 γλυκασμός, sweet juice
25 βουνός, hill
26 σύμφυτος, well cultivated
27 αἰχμαλωσία, body of captives
28 ἀφανίζω, *perf pas ptc acc p f*, destroy

καὶ καταφυτεύσουσιν[1] ἀμπελῶνας[2] καὶ πίονται τὸν οἶνον αὐτῶν
καὶ φυτεύσουσιν[3] κήπους[4] καὶ φάγονται τὸν καρπὸν αὐτῶν·
15 καὶ καταφυτεύσω[5] αὐτοὺς ἐπὶ τῆς γῆς αὐτῶν,
καὶ οὐ μὴ ἐκσπασθῶσιν[6] οὐκέτι ἀπὸ τῆς γῆς αὐτῶν, ἧς ἔδωκα αὐτοῖς,
λέγει κύριος ὁ θεὸς ὁ παντοκράτωρ.[7]

1 καταφυτεύω, *fut act ind 3p*, plant
2 ἀμπελών, vineyard
3 φυτεύω, *fut act ind 3p*, plant
4 κῆπος, garden
5 καταφυτεύω, *fut act ind 1s*, plant
6 ἐκσπάω, *aor pas sub 3p*, remove, snatch up
7 παντοκράτωρ, almighty, ruler of all

ΜΙΧΑΙΑΣ
Micah

Destruction Decreed for Samaria and Judah

1 Καὶ ἐγένετο λόγος κυρίου πρὸς Μιχαιαν τὸν τοῦ Μωρασθι ἐν ἡμέραις Ιωαθαμ
καὶ Αχαζ καὶ Εζεκιου βασιλέων Ιουδα, ὑπὲρ ὧν εἶδεν περὶ Σαμαρείας καὶ περὶ
Ιερουσαλημ.

2 Ἀκούσατε, λαοί, λόγους,
καὶ προσεχέτω[1] ἡ γῆ καὶ πάντες οἱ ἐν αὐτῇ,
καὶ ἔσται κύριος ἐν ὑμῖν εἰς μαρτύριον,[2]
κύριος ἐξ οἴκου ἁγίου αὐτοῦ·
3 διότι[3] ἰδοὺ κύριος ἐκπορεύεται ἐκ τοῦ τόπου αὐτοῦ
καὶ καταβήσεται καὶ ἐπιβήσεται[4] ἐπὶ τὰ ὕψη[5] τῆς γῆς,
4 καὶ σαλευθήσεται[6] τὰ ὄρη ὑποκάτωθεν[7] αὐτοῦ,
καὶ αἱ κοιλάδες[8] τακήσονται[9]
ὡς κηρὸς[10] ἀπὸ προσώπου πυρὸς
καὶ ὡς ὕδωρ καταφερόμενον[11] ἐν καταβάσει.[12]

5 διὰ ἀσέβειαν[13] Ιακωβ πάντα ταῦτα
καὶ διὰ ἁμαρτίαν οἴκου Ισραηλ.
τίς ἡ ἀσέβεια τοῦ Ιακωβ; οὐ Σαμάρεια;
καὶ τίς ἡ ἁμαρτία οἴκου Ιουδα; οὐχὶ Ιερουσαλημ;
6 καὶ θήσομαι Σαμάρειαν εἰς ὀπωροφυλάκιον[14] ἀγροῦ
καὶ εἰς φυτείαν[15] ἀμπελῶνος[16]

1 προσέχω, *pres act impv 3s*, pay attention
2 μαρτύριον, testimony, witness
3 διότι, for
4 ἐπιβαίνω, *fut mid ind 3s*, tread upon
5 ὕψος, high place
6 σαλεύω, *fut pas ind 3s*, shake
7 ὑποκάτωθεν, below, under
8 κοιλάς, valley
9 τήκω, *fut pas ind 3p*, melt
10 κηρός, wax
11 καταφέρω, *pres pas ptc nom s n*, carry down
12 κατάβασις, slope
13 ἀσέβεια, ungodliness, wickedness
14 ὀπωροφυλάκιον, hut for a garden watchman
15 φυτεία, planting
16 ἀμπελών, vineyard

καὶ κατασπάσω[1] εἰς χάος[2] τοὺς λίθους αὐτῆς
καὶ τὰ θεμέλια[3] αὐτῆς ἀποκαλύψω·[4]
7 καὶ πάντα τὰ γλυπτὰ[5] αὐτῆς κατακόψουσιν[6]
καὶ πάντα τὰ μισθώματα[7] αὐτῆς ἐμπρήσουσιν[8] ἐν πυρί,
καὶ πάντα τὰ εἴδωλα[9] αὐτῆς θήσομαι εἰς ἀφανισμόν·[10]
διότι[11] ἐκ μισθωμάτων πορνείας[12] συνήγαγεν
καὶ ἐκ μισθωμάτων πορνείας συνέστρεψεν.[13]

8 Ἕνεκεν[14] τούτου κόψεται[15] καὶ θρηνήσει,[16]
πορεύσεται ἀνυπόδετος[17] καὶ γυμνή,[18]
ποιήσεται κοπετὸν[19] ὡς δρακόντων[20]
καὶ πένθος[21] ὡς θυγατέρων[22] σειρήνων·[23]
9 ὅτι κατεκράτησεν[24] ἡ πληγὴ[25] αὐτῆς,
διότι[26] ἦλθεν ἕως Ιουδα
καὶ ἥψατο ἕως πύλης[27] λαοῦ μου, ἕως Ιερουσαλημ.

10 οἱ ἐν Γεθ, μὴ μεγαλύνεσθε·[28]
οἱ ἐν Ακιμ, μὴ ἀνοικοδομεῖτε[29] ἐξ οἴκου κατὰ γέλωτα,[30]
γῆν καταπάσασθε[31] κατὰ γέλωτα ὑμῶν.
11 κατοικοῦσα καλῶς[32] τὰς πόλεις αὐτῆς
οὐκ ἐξῆλθεν κατοικοῦσα Σενναan κόψασθαι[33] οἶκον ἐχόμενον αὐτῆς,
λήμψεται ἐξ ὑμῶν πληγὴν[34] ὀδύνης.[35]
12 τίς ἤρξατο εἰς ἀγαθὰ κατοικούσῃ ὀδύνας;[36]
ὅτι κατέβη κακὰ παρὰ κυρίου ἐπὶ πύλας[37] Ιερουσαλημ,
13 ψόφος[38] ἁρμάτων[39] καὶ ἱππευόντων.[40]

1 κατασπάω, *fut act ind 1s*, destroy
2 χάος, chasm
3 θεμέλιον, foundation
4 ἀποκαλύπτω, *fut act ind 1s*, uncover
5 γλυπτός, graven image
6 κατακόπτω, *fut act ind 3p*, break in pieces
7 μίσθωμα, wages
8 ἐμπίμπρημι, *fut act ind 3p*, burn up
9 εἴδωλον, idol, image
10 ἀφανισμός, destruction
11 διότι, for
12 πορνεία, fornication
13 συστρέφω, *aor act ind 3s*, gather up, collect
14 ἕνεκεν, on account of
15 κόπτω, *fut mid ind 3s*, strike (one's breast in lament), mourn
16 θρηνέω, *fut act ind 3s*, wail
17 ἀνυπόδετος, barefooted
18 γυμνός, naked
19 κοπετός, mourning
20 δράκων, dragon
21 πένθος, grief
22 θυγάτηρ, daughter
23 σειρήν, siren
24 κατακρατέω, *aor act ind 3s*, conquer, prevail
25 πληγή, blow, wound
26 διότι, for
27 πύλη, gate
28 μεγαλύνω, *pres mid impv 2p*, exalt, extol
29 ἀνοικοδομέω, *pres act impv 2p*, restore
30 γέλως, derision, mockery
31 καταπάσσω, *aor mid impv 2p*, sprinkle
32 καλῶς, well
33 κόπτω, *aor mid inf*, strike (one's breast in lament), mourn
34 πληγή, stroke, blow
35 ὀδύνη, pain
36 ὀδύνη, pain
37 πύλη, gate
38 ψόφος, sound
39 ἅρμα, chariot
40 ἱππεύω, *pres act ptc gen p m*, ride a horse

κατοικοῦσα Λαχις, ἀρχηγὸς[1] ἁμαρτίας αὐτή ἐστιν τῇ θυγατρὶ[2] Σιων,
ὅτι ἐν σοὶ εὑρέθησαν ἀσέβειαι[3] τοῦ Ισραηλ.
14 διὰ τοῦτο δώσεις ἐξαποστελλομένους[4] ἕως κληρονομίας[5] Γεθ οἴκους
ματαίους·[6]
εἰς κενὰ[7] ἐγένετο τοῖς βασιλεῦσιν τοῦ Ισραηλ.
15 ἕως τοὺς κληρονόμους[8] ἀγάγω σοι,
κατοικοῦσα Λαχις κληρονομία,[9]
ἕως Οδολλαμ ἥξει[10] ἡ δόξα τῆς θυγατρὸς[11] Ισραηλ.
16 ξύρησαι[12] καὶ κεῖραι[13] ἐπὶ τὰ τέκνα τὰ τρυφερά[14] σου,
ἐμπλάτυνον[15] τὴν χηρείαν[16] σου ὡς ἀετός,[17]
ὅτι ᾐχμαλωτεύθησαν[18] ἀπὸ σοῦ.

Judgment on Oppressors

2 Ἐγένοντο λογιζόμενοι κόπους[19]
καὶ ἐργαζόμενοι κακὰ ἐν ταῖς κοίταις[20] αὐτῶν
καὶ ἅμα[21] τῇ ἡμέρᾳ συνετέλουν[22] αὐτά,
διότι[23] οὐκ ἦραν πρὸς τὸν θεὸν τὰς χεῖρας αὐτῶν·
2 καὶ ἐπεθύμουν[24] ἀγροὺς καὶ διήρπαζον[25] ὀρφανοὺς[26]
καὶ οἴκους κατεδυνάστευον[27]
καὶ διήρπαζον[28] ἄνδρα καὶ τὸν οἶκον αὐτοῦ,
ἄνδρα καὶ τὴν κληρονομίαν[29] αὐτοῦ.

3 διὰ τοῦτο τάδε[30] λέγει κύριος

Ἰδοὺ ἐγὼ λογίζομαι ἐπὶ τὴν φυλὴν ταύτην κακά,
ἐξ ὧν οὐ μὴ ἄρητε τοὺς τραχήλους[31] ὑμῶν
καὶ οὐ μὴ πορευθῆτε ὀρθοὶ[32] ἐξαίφνης,[33]
ὅτι καιρὸς πονηρός ἐστιν.

1 ἀρχηγός, beginning, founder
2 θυγάτηρ, daughter
3 ἀσέβεια, ungodliness, wickedness
4 ἐξαποστέλλω, *pres pas ptc acc p m*, dispatch, send out
5 κληρονομία, inheritance
6 μάταιος, worthless, meaningless
7 κενός, vain, empty
8 κληρονόμος, inheritance
9 κληρονομία, inheritance
10 ἥκω, *fut act ind 3s*, come
11 θυγάτηρ, daughter
12 ξυρέω, *aor mid impv 2s*, shave
13 κείρω, *aor act inf*, cut
14 τρυφερός, spoiled, delicate
15 ἐμπλατύνω, *aor act impv 2s*, increase, broaden
16 χηρεία, widowhood
17 ἀετός, eagle
18 αἰχμαλωτεύω, *aor pas ind 3p*, take captive
19 κόπος, trouble, difficulty
20 κοίτη, bed
21 ἅμα, at once
22 συντελέω, *impf act ind 3p*, carry out
23 διότι, for
24 ἐπιθυμέω, *impf act ind 3p*, desire
25 διαρπάζω, *impf act ind 3p*, kidnap
26 ὀρφανός, orphaned
27 καταδυναστεύω, *impf act ind 3p*, oppress
28 διαρπάζω, *impf act ind 3p*, plunder
29 κληρονομία, inheritance
30 ὅδε, this
31 τράχηλος, neck
32 ὀρθός, straight, upright
33 ἐξαίφνης, suddenly

4 ἐν τῇ ἡμέρᾳ ἐκείνῃ λημφθήσεται ἐφ᾽ ὑμᾶς παραβολή,[1]
καὶ θρηνηθήσεται[2] θρῆνος[3] ἐν μέλει[4]
λέγων Ταλαιπωρίᾳ[5] ἐταλαιπωρήσαμεν·[6]
μερὶς[7] λαοῦ μου κατεμετρήθη[8] ἐν σχοινίῳ,[9]
καὶ οὐκ ἦν ὁ κωλύσων[10] αὐτὸν τοῦ ἀποστρέψαι·[11]
οἱ ἀγροὶ ἡμῶν διεμερίσθησαν.[12]
5 διὰ τοῦτο οὐκ ἔσται σοι βάλλων[13] σχοινίον[14] ἐν κλήρῳ[15]
ἐν ἐκκλησίᾳ κυρίου.

6 μὴ κλαίετε δάκρυσιν,[16] μηδὲ δακρυέτωσαν[17] ἐπὶ τούτοις·
οὐ γὰρ ἀπώσεται[18] ὀνείδη.[19]
7 ὁ λέγων Οἶκος Ιακωβ παρώργισεν[20] πνεῦμα κυρίου·
εἰ ταῦτα τὰ ἐπιτηδεύματα[21] αὐτοῦ ἐστιν;
οὐχ οἱ λόγοι αὐτοῦ εἰσιν καλοὶ μετ᾽ αὐτοῦ
καὶ ὀρθοὶ[22] πεπόρευνται;
8 καὶ ἔμπροσθεν ὁ λαός μου εἰς ἔχθραν[23] ἀντέστη·[24]
κατέναντι[25] τῆς εἰρήνης αὐτοῦ τὴν δορὰν[26] αὐτοῦ ἐξέδειραν[27]
τοῦ ἀφελέσθαι[28] ἐλπίδα συντριμμὸν[29] πολέμου.
9 διὰ τοῦτο ἡγούμενοι[30] λαοῦ μου ἀπορριφήσονται[31]
ἐκ τῶν οἰκιῶν τρυφῆς[32] αὐτῶν,
διὰ τὰ πονηρὰ ἐπιτηδεύματα[33] αὐτῶν ἐξώσθησαν·[34]
ἐγγίσατε ὄρεσιν αἰωνίοις.

10 ἀνάστηθι καὶ πορεύου,
ὅτι οὐκ ἔστιν σοι αὕτη ἡ ἀνάπαυσις[35] ἕνεκεν[36] ἀκαθαρσίας.[37]

1 παραβολή, proverb, parable
2 θρηνέω, *fut pas ind 3s*, wail in lament
3 θρῆνος, lamentation
4 μέλος, (musical) part
5 ταλαιπωρία, misery, distress
6 ταλαιπωρέω, *aor act ind 1p*, be miserable
7 μερίς, part
8 καταμετρέω, *aor pas ind 3s*, measure
9 σχοινίον, cord, line
10 κωλύω, *fut act ptc nom s m*, impede, hinder
11 ἀποστρέφω, *aor act inf*, avert, turn away
12 διαμερίζω, *aor pas ind 3p*, distribute, divide
13 βάλλω, *pres act ptc nom s m*, cast
14 σχοινίον, cord, line
15 κλῆρος, lot
16 δάκρυον, tear
17 δακρύω, *pres act impv 3p*, weep
18 ἀπωθέω, *fut mid ind 3s*, reject, repel
19 ὄνειδος, insult, disgrace
20 παροργίζω, *aor act ind 3s*, provoke
21 ἐπιτήδευμα, doing, practice
22 ὀρθός, upright, correct
23 ἔχθρα, enmity
24 ἀνθίστημι, *aor act ind 3s*, resist
25 κατέναντι, against, contrary to
26 δορά, skin, hide
27 ἐκδέρω, *aor act ind 3p*, strip off, flay
28 ἀφαιρέω, *aor mid inf*, remove
29 συντριμμός, ruin
30 ἡγέομαι, *pres mid ptc nom p m*, lead
31 ἀπορρίπτω, *fut pas ind 3p*, cast away, drive out
32 τρυφή, luxury
33 ἐπιτήδευμα, doing, practice
34 ἐξωθέω, *aor pas ind 3p*, push out
35 ἀνάπαυσις, rest
36 ἕνεκεν, on account of
37 ἀκαθαρσία, impurity, uncleanness

διεφθάρητε[1] φθορᾷ,[2]
11 κατεδιώχθητε[3] οὐδενὸς διώκοντος·
πνεῦμα ἔστησεν ψεῦδος,[4]
ἐστάλαξέν[5] σοι εἰς οἶνον καὶ μέθυσμα.[6]
καὶ ἔσται ἐκ τῆς σταγόνος[7] τοῦ λαοῦ τούτου
12 συναγόμενος συναχθήσεται Ιακωβ σὺν πᾶσιν·
ἐκδεχόμενος[8] ἐκδέξομαι[9] τοὺς καταλοίπους[10] τοῦ Ισραηλ,
ἐπὶ τὸ αὐτὸ θήσομαι τὴν ἀποστροφὴν[11] αὐτῶν·
ὡς πρόβατα ἐν θλίψει,
ὡς ποίμνιον[12] ἐν μέσῳ κοίτης[13] αὐτῶν ἐξαλοῦνται[14] ἐξ ἀνθρώπων.
13 διὰ τῆς διακοπῆς[15] πρὸ προσώπου αὐτῶν διέκοψαν[16]
καὶ διῆλθον πύλην[17] καὶ ἐξῆλθον δι᾽ αὐτῆς,
καὶ ἐξῆλθεν ὁ βασιλεὺς αὐτῶν πρὸ προσώπου αὐτῶν,
ὁ δὲ κύριος ἡγήσεται[18] αὐτῶν.

Judgment on Leaders and Prophets of Israel

3 Καὶ ἐρεῖ Ἀκούσατε δὴ[19] ταῦτα,
αἱ ἀρχαὶ οἴκου Ιακωβ καὶ οἱ κατάλοιποι[20] οἴκου Ισραηλ.
οὐχ ὑμῖν ἐστιν τοῦ γνῶναι τὸ κρίμα;[21]
2 οἱ μισοῦντες τὰ καλὰ καὶ ζητοῦντες τὰ πονηρά,
ἁρπάζοντες[22] τὰ δέρματα[23] αὐτῶν ἀπ᾽ αὐτῶν
καὶ τὰς σάρκας αὐτῶν ἀπὸ τῶν ὀστέων[24] αὐτῶν.
3 ὃν τρόπον[25] κατέφαγον[26] τὰς σάρκας τοῦ λαοῦ μου
καὶ τὰ δέρματα[27] αὐτῶν ἀπὸ τῶν ὀστέων[28] αὐτῶν ἐξέδειραν[29]
καὶ τὰ ὀστέα[30] αὐτῶν συνέθλασαν[31]
καὶ ἐμέλισαν[32] ὡς σάρκας εἰς λέβητα[33] καὶ ὡς κρέα[34] εἰς χύτραν,[35]

1 διαφθείρω, *aor pas ind 2p*, utterly destroy
2 φθορά, corruption
3 καταδιώκω, *aor pas ind 2p*, pursue
4 ψεῦδος, lie
5 σταλάζω, *aor act ind 3s*, drip
6 μέθυσμα, strong drink
7 σταγών, drop
8 ἐκδέχομαι, *pres mid ptc nom s m*, receive
9 ἐκδέχομαι, *fut mid ind 1s*, receive
10 κατάλοιπος, remnant, remainder
11 ἀποστροφή, return
12 ποίμνιον, flock
13 κοίτη, (fold)
14 ἐξάλλομαι, *fut mid ind 3p*, leap up, spring free
15 διακοπή, canal, channel
16 διακόπτω, *aor act ind 3p*, cut through
17 πύλη, gate
18 ἡγέομαι, *fut mid ind 3s*, lead
19 δή, now
20 κατάλοιπος, remnant, remainder
21 κρίμα, judgment, ruling
22 ἁρπάζω, *pres act ptc nom p m*, seize, snatch
23 δέρμα, skin, hide
24 ὀστέον, bone
25 ὃν τρόπον, in the way that
26 κατεσθίω, *aor act ind 3p*, consume, devour
27 δέρμα, skin, hide
28 ὀστέον, bone
29 ἐκδέρω, *aor act ind 3p*, strip off, flay
30 ὀστέον, bone
31 συνθλάω, *aor act ind 3p*, break in pieces
32 μελίζω, *aor act ind 3p*, chop up
33 λέβης, kettle
34 κρέας, meat
35 χύτρα, clay pot

4 οὕτως κεκράξονται πρὸς κύριον,
καὶ οὐκ εἰσακούσεται[1] αὐτῶν·
καὶ ἀποστρέψει[2] τὸ πρόσωπον αὐτοῦ ἀπ᾽ αὐτῶν ἐν τῷ καιρῷ ἐκείνῳ,
ἀνθ᾽ ὧν[3] ἐπονηρεύσαντο[4] ἐν τοῖς ἐπιτηδεύμασιν[5] αὐτῶν ἐπ᾽ αὐτούς.

5 τάδε[6] λέγει κύριος ἐπὶ τοὺς προφήτας τοὺς πλανῶντας τὸν λαόν μου,
τοὺς δάκνοντας[7] ἐν τοῖς ὀδοῦσιν[8] αὐτῶν
καὶ κηρύσσοντας[9] ἐπ᾽ αὐτὸν εἰρήνην,
καὶ οὐκ ἐδόθη εἰς τὸ στόμα αὐτῶν, ἤγειραν[10] ἐπ᾽ αὐτὸν πόλεμον·
6 διὰ τοῦτο νὺξ ὑμῖν ἔσται ἐξ ὁράσεως,[11]
καὶ σκοτία[12] ὑμῖν ἔσται ἐκ μαντείας,[13]
καὶ δύσεται[14] ὁ ἥλιος ἐπὶ τοὺς προφήτας,
καὶ συσκοτάσει[15] ἐπ᾽ αὐτοὺς ἡ ἡμέρα·
7 καὶ καταισχυνθήσονται[16] οἱ ὁρῶντες τὰ ἐνύπνια,
καὶ καταγελασθήσονται[17] οἱ μάντεις,[18]
καὶ καταλαλήσουσιν[19] κατ᾽ αὐτῶν πάντες αὐτοί,
διότι[20] οὐκ ἔσται ὁ εἰσακούων[21] αὐτῶν.
8 ἐὰν μὴ ἐγὼ ἐμπλήσω[22] ἰσχὺν[23] ἐν πνεύματι κυρίου
καὶ κρίματος[24] καὶ δυναστείας[25]
τοῦ ἀπαγγεῖλαι τῷ Ιακωβ ἀσεβείας[26] αὐτοῦ
καὶ τῷ Ισραηλ ἁμαρτίας αὐτοῦ.

9 ἀκούσατε δὴ[27] ταῦτα, οἱ ἡγούμενοι[28] οἴκου Ιακωβ
καὶ οἱ κατάλοιποι[29] οἴκου Ισραηλ
οἱ βδελυσσόμενοι[30] κρίμα[31] καὶ πάντα τὰ ὀρθὰ[32] διαστρέφοντες,[33]
10 οἱ οἰκοδομοῦντες Σιων ἐν αἵμασιν καὶ Ιερουσαλημ ἐν ἀδικίαις·[34]
11 οἱ ἡγούμενοι[35] αὐτῆς μετὰ δώρων[36] ἔκρινον,
καὶ οἱ ἱερεῖς αὐτῆς μετὰ μισθοῦ[37] ἀπεκρίνοντο,

1 εἰσακούω, *fut mid ind 3s*, listen to
2 ἀποστρέφω, *fut act ind 3s*, turn away
3 ἀνθ᾽ ὧν, since
4 πονηρεύομαι, *aor mid ind 3p*, act wickedly
5 ἐπιτήδευμα, doing, practice
6 ὅδε, this
7 δάκνω, *pres act ptc acc p m*, chomp, bite
8 ὀδούς, tooth
9 κηρύσσω, *pres act ptc acc p m*, proclaim
10 ἐγείρω, *aor act ind 3p*, stir up
11 ὅρασις, sight, vision
12 σκοτία, darkness
13 μαντεία, divination
14 δύω, *fut mid ind 3s*, sink, go down
15 συσκοτάζω, *fut act ind 3s*, become dark
16 καταισχύνω, *fut pas ind 3p*, put to shame
17 καταγελάω, *fut pas ind 3p*, mock
18 μάντις, diviner, seer
19 καταλαλέω, *fut act ind 3p*, slander
20 διότι, for
21 εἰσακούω, *pres act ptc nom s m*, listen to
22 ἐμπίμπλημι, *aor act sub 1s*, fill up, fortify
23 ἰσχύς, power, strength
24 κρίμα, judgment
25 δυναστεία, dominion
26 ἀσέβεια, ungodliness, wickedness
27 δή, now
28 ἡγέομαι, *pres mid ptc nom p m*, lead
29 κατάλοιπος, remnant, remainder
30 βδελύσσω, *pres mid ptc nom p m*, detest
31 κρίμα, judgment
32 ὀρθός, upright, correct
33 διαστρέφω, *pres act ptc nom p m*, distort
34 ἀδικία, injustice
35 ἡγέομαι, *pres mid ptc nom p m*, lead
36 δῶρον, bribe
37 μισθός, hire, pay

καὶ οἱ προφῆται αὐτῆς μετὰ ἀργυρίου[1] ἐμαντεύοντο,[2]
καὶ ἐπὶ τὸν κύριον ἐπανεπαύοντο[3] λέγοντες
Οὐχὶ κύριος ἐν ἡμῖν ἐστιν;
οὐ μὴ ἐπέλθῃ[4] ἐφ᾽ ἡμᾶς κακά.

12 διὰ τοῦτο δι᾽ ὑμᾶς Σιων ὡς ἀγρὸς ἀροτριαθήσεται,[5]
καὶ Ιερουσαλημ ὡς ὀπωροφυλάκιον[6] ἔσται
καὶ τὸ ὄρος τοῦ οἴκου ὡς ἄλσος[7] δρυμοῦ.[8]

Transformation of the Mountain of the Lord

4 Καὶ ἔσται ἐπ᾽ ἐσχάτων τῶν ἡμερῶν
ἐμφανὲς[9] τὸ ὄρος τοῦ κυρίου,
ἕτοιμον[10] ἐπὶ τὰς κορυφὰς[11] τῶν ὀρέων,
καὶ μετεωρισθήσεται[12] ὑπεράνω[13] τῶν βουνῶν·[14]
καὶ σπεύσουσιν[15] πρὸς αὐτὸ λαοί,
2 καὶ πορεύσονται ἔθνη πολλὰ καὶ ἐροῦσιν
Δεῦτε[16] ἀναβῶμεν εἰς τὸ ὄρος κυρίου καὶ εἰς τὸν οἶκον τοῦ θεοῦ Ιακωβ,
καὶ δείξουσιν ἡμῖν τὴν ὁδὸν αὐτοῦ,
καὶ πορευσόμεθα ἐν ταῖς τρίβοις[17] αὐτοῦ·
ὅτι ἐκ Σιων ἐξελεύσεται νόμος καὶ λόγος κυρίου ἐξ Ιερουσαλημ.
3 καὶ κρινεῖ ἀνὰ μέσον[18] λαῶν πολλῶν
καὶ ἐξελέγξει[19] ἔθνη ἰσχυρὰ[20] ἕως εἰς γῆν μακράν,[21]
καὶ κατακόψουσιν[22] τὰς ῥομφαίας[23] αὐτῶν εἰς ἄροτρα[24]
καὶ τὰ δόρατα[25] αὐτῶν εἰς δρέπανα,[26]
καὶ οὐκέτι μὴ ἀντάρῃ[27] ἔθνος ἐπ᾽ ἔθνος ῥομφαίαν,[28]
καὶ οὐκέτι μὴ μάθωσιν[29] πολεμεῖν.
4 καὶ ἀναπαύσεται[30] ἕκαστος ὑποκάτω[31] ἀμπέλου[32] αὐτοῦ
καὶ ἕκαστος ὑποκάτω συκῆς[33] αὐτοῦ,

1 ἀργύριον, silver, money
2 μαντεύομαι, *impf mid ind 3p*, divine
3 ἐπαναπαύω, *impf mid ind 3p*, rely upon
4 ἐπέρχομαι, *aor act sub 3s*, come upon
5 ἀροτριάω, *fut pas ind 3s*, plow
6 ὀπωροφυλάκιον, hut for a garden watchman
7 ἄλσος, grove
8 δρυμός, woods
9 ἐμφανής, visible, plain
10 ἕτοιμος, ready, prepared
11 κορυφή, summit, top
12 μετεωρίζω, *fut pas ind 3s*, raise up, lift
13 ὑπεράνω, above
14 βουνός, hill
15 σπεύδω, *fut act ind 3p*, hurry
16 δεῦτε, come!
17 τρίβος, path, way
18 ἀνὰ μέσον, among
19 ἐξελέγχω, *fut act ind 3s*, accuse, rebuke
20 ἰσχυρός, powerful, mighty
21 μακράν, distant, far away
22 κατακόπτω, *fut act ind 3p*, break
23 ῥομφαία, sword
24 ἄροτρον, plow
25 δόρυ, spear
26 δρέπανον, sickle
27 ἀνταίρω, *aor act sub 3s*, rise up against
28 ῥομφαία, sword
29 μανθάνω, *aor act sub 3p*, learn
30 ἀναπαύω, *fut mid ind 3s*, take rest
31 ὑποκάτω, under
32 ἄμπελος, vine
33 συκῆ, fig tree

καὶ οὐκ ἔσται ὁ ἐκφοβῶν,[1]
διότι[2] τὸ στόμα κυρίου παντοκράτορος[3] ἐλάλησεν ταῦτα.

5 ὅτι πάντες οἱ λαοὶ πορεύσονται ἕκαστος τὴν ὁδὸν αὐτοῦ,
ἡμεῖς δὲ πορευσόμεθα ἐν ὀνόματι κυρίου θεοῦ ἡμῶν
εἰς τὸν αἰῶνα καὶ ἐπέκεινα.[4]

Ingathering by the Lord

6 ἐν τῇ ἡμέρᾳ ἐκείνῃ, λέγει κύριος, συνάξω τὴν συντετριμμένην[5]
καὶ τὴν ἐξωσμένην[6] εἰσδέξομαι[7] καὶ οὓς ἀπωσάμην·[8]
7 καὶ θήσομαι τὴν συντετριμμένην[9] εἰς ὑπόλειμμα[10]
καὶ τὴν ἀπωσμένην[11] εἰς ἔθνος ἰσχυρόν,[12]
καὶ βασιλεύσει[13] κύριος ἐπ᾽ αὐτοὺς ἐν ὄρει Σιων
ἀπὸ τοῦ νῦν καὶ ἕως εἰς τὸν αἰῶνα.
8 καὶ σύ, πύργος[14] ποιμνίου[15] αὐχμώδης,[16] θύγατερ[17] Σιων,
ἐπὶ σὲ ἥξει[18] καὶ εἰσελεύσεται ἡ ἀρχὴ ἡ πρώτη,
βασιλεία ἐκ Βαβυλῶνος τῇ θυγατρὶ[19] Ιερουσαλημ.

9 Καὶ νῦν ἵνα τί ἔγνως κακά; μὴ βασιλεὺς οὐκ ἦν σοι;
ἢ ἡ βουλή[20] σου ἀπώλετο ὅτι κατεκράτησάν[21] σου ὠδῖνες[22] ὡς
τικτούσης;[23]
10 ὤδινε[24] καὶ ἀνδρίζου[25] καὶ ἔγγιζε, θύγατερ[26] Σιων, ὡς τίκτουσα·[27]
διότι[28] νῦν ἐξελεύσῃ ἐκ πόλεως καὶ κατασκηνώσεις[29] ἐν πεδίῳ[30]
καὶ ἥξεις[31] ἕως Βαβυλῶνος·
ἐκεῖθεν[32] ῥύσεταί[33] σε καὶ ἐκεῖθεν λυτρώσεταί[34] σε κύριος ὁ θεός σου
ἐκ χειρὸς ἐχθρῶν σου.

1 ἐκφοβέω, *pres act ptc nom s m*, frighten
2 διότι, for
3 παντοκράτωρ, almighty, ruler of all
4 ἐπέκεινα, from now on
5 συντρίβω, *perf pas ptc acc s f*, crush, break into pieces
6 ἐξωθέω, *perf pas ptc acc s f*, drive out
7 εἰσδέχομαι, *fut mid ind 1s*, receive
8 ἀπωθέω, *aor mid ind 1s*, reject, drive away
9 συντρίβω, *perf pas ptc acc s f*, crush, break into pieces
10 ὑπόλειμμα, remnant, remainder
11 ἀπωθέω, *perf pas ptc acc s f*, reject, drive away
12 ἰσχυρός, strong, powerful
13 βασιλεύω, *fut act ind 3s*, rule, reign
14 πύργος, tower
15 ποίμνιον, flock
16 αὐχμώδης, arid, plain
17 θυγάτηρ, daughter
18 ἥκω, *fut act ind 3s*, come
19 θυγάτηρ, daughter
20 βουλή, counsel, advice
21 κατακρατέω, *aor act ind 3p*, overcome
22 ὠδίν, labor pain
23 τίκτω, *pres act ptc gen s f*, give birth
24 ὠδίνω, *pres act impv 2s*, be in labor pain
25 ἀνδρίζομαι, *pres mid impv 2s*, be courageous
26 θυγάτηρ, daughter
27 τίκτω, *pres act ptc nom s f*, give birth
28 διότι, for
29 κατασκηνόω, *fut act ind 2s*, dwell
30 πεδίον, plain, field
31 ἥκω, *fut act ind 2s*, come
32 ἐκεῖθεν, from there
33 ῥύομαι, *fut mid ind 3s*, deliver
34 λυτρόω, *fut mid ind 3s*, redeem

11 καὶ νῦν ἐπισυνήχθη[1] ἐπὶ σὲ ἔθνη πολλὰ οἱ λέγοντες
Ἐπιχαρούμεθα,[2] καὶ ἐπόψονται[3] ἐπὶ Σιων οἱ ὀφθαλμοὶ ἡμῶν.
12 αὐτοὶ δὲ οὐκ ἔγνωσαν τὸν λογισμὸν[4] κυρίου
καὶ οὐ συνῆκαν[5] τὴν βουλὴν[6] αὐτοῦ,
ὅτι συνήγαγεν αὐτοὺς ὡς δράγματα[7] ἅλωνος.[8]
13 ἀνάστηθι καὶ ἀλόα[9] αὐτούς, θύγατερ[10] Σιων,
ὅτι τὰ κέρατά[11] σου θήσομαι σιδηρᾶ[12]
καὶ τὰς ὁπλάς[13] σου θήσομαι χαλκᾶς,[14]
καὶ κατατήξεις[15] ἐν αὐτοῖς ἔθνη καὶ λεπτυνεῖς[16] λαοὺς πολλοὺς
καὶ ἀναθήσεις[17] τῷ κυρίῳ τὸ πλῆθος αὐτῶν
καὶ τὴν ἰσχὺν[18] αὐτῶν τῷ κυρίῳ πάσης τῆς γῆς.
14 νῦν ἐμφραχθήσεται[19] θυγάτηρ[20] Εφραιμ ἐν φραγμῷ,[21]
συνοχὴν[22] ἔταξεν[23] ἐφ᾽ ἡμᾶς,
ἐν ῥάβδῳ[24] πατάξουσιν[25] ἐπὶ σιαγόνα[26] τὰς φυλὰς τοῦ Ισραηλ.

A Ruler to Be Born in Bethlehem

5 Καὶ σύ, Βηθλεεμ οἶκος τοῦ Εφραθα,
ὀλιγοστὸς[27] εἶ τοῦ εἶναι ἐν χιλιάσιν[28] Ιουδα·
ἐκ σοῦ μοι ἐξελεύσεται τοῦ εἶναι εἰς ἄρχοντα ἐν τῷ Ισραηλ,
καὶ αἱ ἔξοδοι[29] αὐτοῦ ἀπ᾽ ἀρχῆς ἐξ ἡμερῶν αἰῶνος.
2 διὰ τοῦτο δώσει αὐτοὺς ἕως καιροῦ τικτούσης[30] τέξεται,[31]
καὶ οἱ ἐπίλοιποι[32] τῶν ἀδελφῶν αὐτῶν ἐπιστρέψουσιν ἐπὶ τοὺς υἱοὺς Ισραηλ.
3 καὶ στήσεται καὶ ὄψεται καὶ ποιμανεῖ[33] τὸ ποίμνιον[34] αὐτοῦ ἐν ἰσχύι[35] κυρίου,
καὶ ἐν τῇ δόξῃ τοῦ ὀνόματος κυρίου τοῦ θεοῦ αὐτῶν ὑπάρξουσιν·
διότι[36] νῦν μεγαλυνθήσεται[37] ἕως ἄκρων[38] τῆς γῆς.

1 ἐπισυνάγω, *aor pas ind 3s*, gather together
2 ἐπιχαίρω, *fut mid ind 1p*, rejoice
3 ἐφοράω, *fut mid ind 3p*, gaze upon
4 λογισμός, reasoning, thought
5 συνίημι, *aor act ind 3p*, understand
6 βουλή, council
7 δράγμα, sheaf (of grain or wheat)
8 ἅλων, threshing floor
9 ἀλοάω, *pres act impv 2s*, thresh
10 θυγάτηρ, daughter
11 κέρας, horn
12 σιδηροῦς, iron
13 ὁπλή, hoof
14 χαλκοῦς, bronze, brass
15 κατατήκω, *fut act ind 2s*, destroy
16 λεπτύνω, *fut act ind 2s*, pulverize
17 ἀνατίθημι, *fut act ind 2s*, declare, attribute
18 ἰσχύς, strength, power
19 ἐμφράσσω, *fut pas ind 3s*, shut in, confine
20 θυγάτηρ, daughter
21 φραγμός, fence, hedge
22 συνοχή, siege
23 τάσσω, *aor act ind 3s*, set up, order
24 ῥάβδος, rod, staff
25 πατάσσω, *fut act ind 3p*, strike
26 σιαγών, jaw
27 ὀλίγος, *sup*, fewest, smallest
28 χιλιάς, thousand
29 ἔξοδος, going out, departure
30 τίκτω, *pres act ptc gen s f*, give birth
31 τίκτω, *fut mid ind 3s*, give birth
32 ἐπίλοιπος, remainder, rest
33 ποιμαίνω, *fut act ind 3s*, shepherd
34 ποίμνιον, flock
35 ἰσχύς, strength, power
36 διότι, for
37 μεγαλύνω, *fut pas ind 3s*, extol, magnify
38 ἄκρος, end

4 καὶ ἔσται αὕτη εἰρήνη·
ὅταν Ἀσσύριος ἐπέλθῃ[1] ἐπὶ τὴν γῆν ὑμῶν
καὶ ὅταν ἐπιβῇ[2] ἐπὶ τὴν χώραν[3] ὑμῶν,
καὶ ἐπεγερθήσονται[4] ἐπ᾽ αὐτὸν ἑπτὰ ποιμένες[5]
καὶ ὀκτὼ[6] δήγματα[7] ἀνθρώπων·
5 καὶ ποιμανοῦσιν[8] τὸν Ασσουρ ἐν ῥομφαίᾳ[9]
καὶ τὴν γῆν τοῦ Νεβρωδ ἐν τῇ τάφρῳ[10] αὐτῆς·
καὶ ῥύσεται[11] ἐκ τοῦ Ασσουρ,
ὅταν ἐπέλθῃ[12] ἐπὶ τὴν γῆν ὑμῶν καὶ ὅταν ἐπιβῇ[13] ἐπὶ τὰ ὅρια[14] ὑμῶν.

Vindication of the Remnant

6 καὶ ἔσται τὸ ὑπόλειμμα[15] τοῦ Ιακωβ ἐν τοῖς ἔθνεσιν ἐν μέσῳ λαῶν πολλῶν
ὡς δρόσος[16] παρὰ κυρίου πίπτουσα καὶ ὡς ἄρνες[17] ἐπὶ ἄγρωστιν,[18]
ὅπως μὴ συναχθῇ μηδεὶς[19] μηδὲ ὑποστῇ[20] ἐν υἱοῖς ἀνθρώπων.
7 καὶ ἔσται τὸ ὑπόλειμμα[21] τοῦ Ιακωβ ἐν τοῖς ἔθνεσιν
ἐν μέσῳ λαῶν πολλῶν
ὡς λέων[22] ἐν κτήνεσιν[23] ἐν τῷ δρυμῷ[24]
καὶ ὡς σκύμνος[25] ἐν ποιμνίοις[26] προβάτων,
ὃν τρόπον[27] ὅταν διέλθῃ καὶ διαστείλας[28] ἁρπάσῃ[29]
καὶ μὴ ᾖ ὁ ἐξαιρούμενος.[30]
8 ὑψωθήσεται[31] ἡ χείρ σου ἐπὶ τοὺς θλίβοντάς[32] σε,
καὶ πάντες οἱ ἐχθροί σου ἐξολεθρευθήσονται.[33]

9 Καὶ ἔσται ἐν ἐκείνῃ τῇ ἡμέρᾳ, λέγει κύριος,
ἐξολεθρεύσω[34] τοὺς ἵππους[35] σου ἐκ μέσου σου
καὶ ἀπολῶ τὰ ἅρματά[36] σου

1 ἐπέρχομαι, *aor act sub 3s*, come upon
2 ἐπιβαίνω, *aor act sub 3s*, walk over, enter into
3 χώρα, territory, region
4 ἐπεγείρω, *fut pas ind 3p*, rouse
5 ποιμήν, shepherd
6 ὀκτώ, eight
7 δῆγμα, bite, (*read* leader)
8 ποιμαίνω, *fut act ind 3p*, shepherd
9 ῥομφαία, sword
10 τάφρος, ditch, trench
11 ῥύομαι, *fut mid ind 3s*, rescue, deliver
12 ἐπέρχομαι, *aor act sub 3s*, come upon
13 ἐπιβαίνω, *aor act sub 3s*, walk over, enter into
14 ὅριον, territory, region
15 ὑπόλειμμα, remnant
16 δρόσος, dew
17 ἀρήν, lamb
18 ἄγρωστις, grass
19 μηδείς, none
20 ὑφίστημι, *aor act sub 3s*, resist
21 ὑπόλειμμα, remainder
22 λέων, lion
23 κτῆνος, animal, (*p*) herd
24 δρυμός, forest
25 σκύμνος, cub
26 ποίμνιον, flock
27 ὃν τρόπον, in the way that
28 διαστέλλω, *aor act ptc nom s m*, separate, draw aside
29 ἁρπάζω, *aor act sub 3s*, carry off
30 ἐξαιρέω, *pres mid ptc nom s m*, rescue
31 ὑψόω, *fut pas ind 3s*, raise up
32 θλίβω, *pres act ptc acc p m*, afflict, oppress
33 ἐξολεθρεύω, *fut pas ind 3p*, utterly destroy
34 ἐξολεθρεύω, *fut act ind 1s*, utterly destroy
35 ἵππος, horse
36 ἅρμα, chariot

10 καὶ ἐξολεθρεύσω[1] τὰς πόλεις τῆς γῆς σου
καὶ ἐξαρῶ[2] πάντα τὰ ὀχυρώματά[3] σου·
11 καὶ ἐξαρῶ[4] τὰ φάρμακά[5] σου ἐκ τῶν χειρῶν σου,
καὶ ἀποφθεγγόμενοι[6] οὐκ ἔσονται ἐν σοί·
12 καὶ ἐξολεθρεύσω[7] τὰ γλυπτά[8] σου καὶ τὰς στήλας[9] σου ἐκ μέσου σου,
καὶ οὐκέτι μὴ προσκυνήσῃς τοῖς ἔργοις τῶν χειρῶν σου·
13 καὶ ἐκκόψω[10] τὰ ἄλση[11] σου ἐκ μέσου σου
καὶ ἀφανιῶ[12] τὰς πόλεις σου·
14 καὶ ποιήσω ἐν ὀργῇ καὶ ἐν θυμῷ[13] ἐκδίκησιν[14] ἐν τοῖς ἔθνεσιν,
ἀνθ᾽ ὧν[15] οὐκ εἰσήκουσαν.[16]

Indictment of the People

6 Ἀκούσατε δὴ[17] λόγον κυρίου· κύριος εἶπεν

Ἀνάστηθι κρίθητι πρὸς τὰ ὄρη,
καὶ ἀκουσάτωσαν οἱ βουνοὶ[18] φωνήν σου.
2 ἀκούσατε, βουνοί,[19] τὴν κρίσιν τοῦ κυρίου,
καὶ αἱ φάραγγες[20] θεμέλια[21] τῆς γῆς,
ὅτι κρίσις τῷ κυρίῳ πρὸς τὸν λαὸν αὐτοῦ,
καὶ μετὰ τοῦ Ισραηλ διελεγχθήσεται.[22]

3 λαός μου, τί ἐποίησά σοι ἢ τί ἐλύπησά[23] σε
ἢ τί παρηνώχλησά[24] σοι; ἀποκρίθητί μοι.
4 διότι[25] ἀνήγαγόν[26] σε ἐκ γῆς Αἰγύπτου
καὶ ἐξ οἴκου δουλείας[27] ἐλυτρωσάμην[28] σε
καὶ ἐξαπέστειλα[29] πρὸ προσώπου σου
τὸν Μωυσῆν καὶ Ααρων καὶ Μαριαμ.

1 ἐξολεθρεύω, *fut act ind 1s*, utterly destroy
2 ἐξαίρω, *fut act ind 1s*, remove
3 ὀχύρωμα, fortress, stronghold
4 ἐξαίρω, *fut act ind 1s*, remove
5 φάρμακον, sorcery, magic potion
6 ἀποφθέγγομαι, *pres mid ptc nom p m*, chant an utterance
7 ἐξολεθρεύω, *fut act ind 1s*, utterly destroy
8 γλυπτός, carved (image)
9 στήλη, cultic pillar, stele
10 ἐκκόπτω, *fut act ind 1s*, chop down
11 ἄλσος, grove
12 ἀφανίζω, *fut act ind 1s*, remove
13 θυμός, wrath
14 ἐκδίκησις, vengeance
15 ἀνθ᾽ ὧν, since
16 εἰσακούω, *aor act ind 3p*, listen
17 δή, now,
18 βουνός, hill
19 βουνός, hill
20 φάραγξ, valley, ravine
21 θεμέλιον, foundation
22 διελέγχω, *fut pas ind 3s*, argue, plead
23 λυπέω, *aor act ind 1s*, offend, grieve
24 παρενοχλέω, *aor act ind 1s*, trouble, annoy
25 διότι, for
26 ἀνάγω, *aor act ind 1s*, bring up
27 δουλεία, slavery
28 λυτρόω, *aor mid ind 1s*, redeem
29 ἐξαποστέλλω, *aor act ind 1s*, send before

5 λαός μου, μνήσθητι[1] δὴ[2] τί ἐβουλεύσατο[3] κατὰ σοῦ Βαλακ βασιλεὺς Μωαβ,
καὶ τί ἀπεκρίθη αὐτῷ Βαλααμ υἱὸς τοῦ Βεωρ
ἀπὸ τῶν σχοίνων[4] ἕως τοῦ Γαλγαλ,
ὅπως γνωσθῇ ἡ δικαιοσύνη τοῦ κυρίου.

What the Lord Requires

6 ἐν τίνι καταλάβω[5] τὸν κύριον,
ἀντιλήμψομαι[6] θεοῦ μου ὑψίστου;[7]
εἰ καταλήμψομαι[8] αὐτὸν ἐν ὁλοκαυτώμασιν,[9]
ἐν μόσχοις[10] ἐνιαυσίοις;[11]
7 εἰ προσδέξεται[12] κύριος ἐν χιλιάσιν[13] κριῶν[14]
ἢ ἐν μυριάσιν[15] χειμάρρων[16] πιόνων;[17]
εἰ δῶ[18] πρωτότοκά[19] μου ἀσεβείας,[20]
καρπὸν κοιλίας[21] μου ὑπὲρ ἁμαρτίας ψυχῆς μου;
8 εἰ ἀνηγγέλη[22] σοι, ἄνθρωπε, τί καλόν;
ἢ τί κύριος ἐκζητεῖ[23] παρὰ σοῦ
ἀλλ᾽ ἢ τοῦ ποιεῖν κρίμα[24] καὶ ἀγαπᾶν ἔλεον[25]
καὶ ἕτοιμον[26] εἶναι τοῦ πορεύεσθαι μετὰ κυρίου θεοῦ σου;

Destruction of the Wicked

9 Φωνὴ κυρίου τῇ πόλει ἐπικληθήσεται,[27]
καὶ σώσει φοβουμένους τὸ ὄνομα αὐτοῦ.
ἄκουε, φυλή, καὶ τίς κοσμήσει[28] πόλιν;
10 μὴ πῦρ καὶ οἶκος ἀνόμου[29] θησαυρίζων[30] θησαυροὺς[31] ἀνόμους[32]
καὶ μετὰ ὕβρεως[33] ἀδικία;[34]

1 μιμνῄσκομαι, *aor pas impv 2s*, remember
2 δή, now, then
3 βουλεύω, *aor mid ind 3s*, devise, plan
4 σχοῖνος, rush, reed
5 καταλαμβάνω, *aor act sub 1s*, understand, grasp
6 ἀντιλαμβάνομαι, *fut mid ind 1s*, lay hold of
7 ὕψιστος, *sup*, most high
8 καταλαμβάνω, *fut mid ind 1s*, take hold of
9 ὁλοκαύτωμα, whole burnt offering
10 μόσχος, young bull
11 ἐνιαύσιος, year-old
12 προσδέχομαι, *fut mid ind 3s*, receive, accept
13 χιλιάς, one thousand
14 κριός, ram
15 μυριάς, ten thousand
16 χείμαρρος, brook, stream
17 πίων, gushing
18 δίδωμι, *aor act sub 1s*, give
19 πρωτότοκος, firstborn
20 ἀσέβεια, ungodliness, wickedness
21 κοιλία, belly, (body)
22 ἀναγγέλλω, *aor pas ind 3s*, declare, tell
23 ἐκζητέω, *pres act ind 3s*, demand
24 κρίμα, judgment, decision
25 ἔλεος, mercy, compassion
26 ἕτοιμος, ready
27 ἐπικαλέω, *fut pas ind 3s*, call upon
28 κοσμέω, *fut act ind 3s*, set in order
29 ἄνομος, lawless
30 θησαυρίζω, *pres act ptc nom s m*, store up
31 θησαυρός, treasure, supplies
32 ἄνομος, lawless
33 ὕβρις, arrogance, pride
34 ἀδικία, injustice

11 εἰ δικαιωθήσεται ἐν ζυγῷ[1] ἄνομος[2]
καὶ ἐν μαρσίππῳ[3] στάθμια[4] δόλου;[5]
12 ἐξ ὧν τὸν πλοῦτον[6] αὐτῶν ἀσεβείας[7] ἔπλησαν,[8]
καὶ οἱ κατοικοῦντες αὐτὴν ἐλάλουν ψευδῆ,[9]
καὶ ἡ γλῶσσα αὐτῶν ὑψώθη[10] ἐν τῷ στόματι αὐτῶν.
13 καὶ ἐγὼ ἄρξομαι τοῦ πατάξαι[11] σε,
ἀφανιῶ[12] σε ἐπὶ ταῖς ἁμαρτίαις σου.
14 σὺ φάγεσαι καὶ οὐ μὴ ἐμπλησθῇς·[13]
καὶ σκοτάσει[14] ἐν σοὶ καὶ ἐκνεύσει,[15] καὶ οὐ μὴ διασωθῇς·[16]
καὶ ὅσοι ἐὰν διασωθῶσιν,[17] εἰς ῥομφαίαν[18] παραδοθήσονται.
15 σὺ σπερεῖς[19] καὶ οὐ μὴ ἀμήσῃς,[20]
σὺ πιέσεις[21] ἐλαίαν[22] καὶ οὐ μὴ ἀλείψῃ[23] ἔλαιον,[24]
καὶ οἶνον καὶ οὐ μὴ πίητε,
καὶ ἀφανισθήσεται[25] νόμιμα[26] λαοῦ μου.
16 καὶ ἐφύλαξας τὰ δικαιώματα[27] Ζαμβρι καὶ πάντα τὰ ἔργα οἴκου Αχααβ
καὶ ἐπορεύθητε ἐν ταῖς βουλαῖς[28] αὐτῶν,
ὅπως παραδῶ σε εἰς ἀφανισμὸν[29] καὶ τοὺς κατοικοῦντας αὐτὴν εἰς
συρισμόν·[30]
καὶ ὀνείδη[31] λαῶν λήμψεσθε.

Awaiting the Salvation of the Lord

7 Οἴμμοι[32] ὅτι ἐγενόμην ὡς συνάγων καλάμην[33] ἐν ἀμήτῳ[34]
καὶ ὡς ἐπιφυλλίδα[35] ἐν τρυγήτῳ[36]

1 ζυγός, scale
2 ἄνομος, lawless
3 μάρσιππος, bag
4 στάθμιον, weight
5 δόλος, deceit
6 πλοῦτος, wealth
7 ἀσέβεια, ungodliness, wickedness
8 πίμπλημι, *aor act ind 3p*, fill
9 ψευδής, false
10 ὑψόω, *aor pas ind 3s*, lift up, exalt
11 πατάσσω, *aor act inf*, strike
12 ἀφανίζω, *fut act ind 1s*, get rid of
13 ἐμπίμπλημι, *aor pas sub 2s*, satisfy
14 σκοτάζω, *fut act ind 3s*, become dark
15 ἐκνεύω, *fut act ind 3s*, turn away, withdraw
16 διασῴζω, *aor pas sub 2s*, save, deliver
17 διασῴζω, *aor pas sub 3p*, save, deliver
18 ῥομφαία, sword
19 σπείρω, *fut act ind 2s*, sow
20 ἀμάω, *aor act sub 2s*, reap
21 πιέζω, *fut act ind 2s*, press
22 ἐλαία, olive
23 ἀλείφω, *aor mid sub 2s*, anoint
24 ἔλαιον, oil
25 ἀφανίζω, *fut pas ind 3s*, abolish
26 νόμιμος, custom, practice
27 δικαίωμα, statute, ordinance
28 βουλή, counsel
29 ἀφανισμός, destruction
30 συρισμός, hissing
31 ὄνειδος, insult, reproach
32 οἴμμοι, woe!, alas!
33 καλάμη, straw, stubble
34 ἄμητος, harvest
35 ἐπιφυλλίς, gleaning
36 τρύγητος, reaping of fruit

οὐχ ὑπάρχοντος βότρυος[1]
τοῦ φαγεῖν τὰ πρωτόγονα.[2]
οἴμμοι,[3] ψυχή, **2** ὅτι ἀπόλωλεν εὐλαβὴς[4] ἀπὸ τῆς γῆς,
καὶ κατορθῶν[5] ἐν ἀνθρώποις οὐχ ὑπάρχει·
πάντες εἰς αἵματα δικάζονται,[6]
ἕκαστος τὸν πλησίον[7] αὐτοῦ ἐκθλίβουσιν[8] ἐκθλιβῇ.[9]
3 ἐπὶ τὸ κακὸν τὰς χεῖρας αὐτῶν ἑτοιμάζουσιν·
ὁ ἄρχων αἰτεῖ,[10]
καὶ ὁ κριτὴς[11] εἰρηνικοὺς[12] λόγους ἐλάλησεν,
καταθύμιον[13] ψυχῆς αὐτοῦ ἐστιν.
καὶ ἐξελοῦμαι[14] **4** τὰ ἀγαθὰ αὐτῶν
ὡς σὴς[15] ἐκτρώγων[16]
καὶ βαδίζων[17] ἐπὶ κανόνος[18] ἐν ἡμέρᾳ σκοπιᾶς.[19]
οὐαὶ οὐαί, αἱ ἐκδικήσεις[20] σου ἥκασιν,[21]
νῦν ἔσονται κλαυθμοὶ[22] αὐτῶν.
5 μὴ καταπιστεύετε[23] ἐν φίλοις[24] καὶ μὴ ἐλπίζετε ἐπὶ ἡγουμένοις,[25]
ἀπὸ τῆς συγκοίτου[26] σου φύλαξαι τοῦ ἀναθέσθαι[27] τι αὐτῇ·
6 διότι[28] υἱὸς ἀτιμάζει[29] πατέρα,
θυγάτηρ[30] ἐπαναστήσεται[31] ἐπὶ τὴν μητέρα αὐτῆς,
νύμφη[32] ἐπὶ τὴν πενθερὰν[33] αὐτῆς,
ἐχθροὶ ἀνδρὸς πάντες οἱ ἄνδρες οἱ ἐν τῷ οἴκῳ αὐτοῦ.
7 Ἐγὼ δὲ ἐπὶ τὸν κύριον ἐπιβλέψομαι,[34]
ὑπομενῶ[35] ἐπὶ τῷ θεῷ τῷ σωτῆρί[36] μου,
εἰσακούσεταί[37] μου ὁ θεός μου.

1 βότρυς, bunch (of grapes)
2 πρωτόγονος, firstfruit
3 οἴμμοι, woe!, alas!
4 εὐλαβής, pious, reverent
5 κατορθόω, *pres act ptc nom s m*, set straight, make correct
6 δικάζω, *pres mid ind 3p*, condemn
7 πλησίον, neighbor, companion
8 ἐκθλίβω, *pres act ind 3p*, harass, afflict
9 ἐκθλιβή, harassment, affliction
10 αἰτέω, *pres act ind 3s*, request
11 κριτής, judge
12 εἰρηνικός, peaceable, agreeable
13 καταθύμιος, in accord with one's desires
14 ἐξαιρέω, *fut mid ind 1s*, remove
15 σής, moth
16 ἐκτρώγω, *pres act ptc nom s m*, devour
17 βαδίζω, *pres act ptc nom s m*, walk
18 κανών, rod, standard
19 σκοπιά, (supervision, inspection)
20 ἐκδίκησις, punishment
21 ἥκω, *perf act ind 3p*, come
22 κλαυθμός, weeping
23 καταπιστεύω, *pres act ind 2p*, place confidence
24 φίλος, friend
25 ἡγέομαι, *pres mid ptc dat p m*, lead
26 σύγκοιτος, bunkmate
27 ἀνατίθημι, *aor mid inf*, declare, tell
28 διότι, for
29 ἀτιμάζω, *pres act ind 3s*, dishonor
30 θυγάτηρ, daughter
31 ἐπανίστημι, *fut mid ind 3s*, rise up against
32 νύμφη, daughter-in-law
33 πενθερά, mother-in-law
34 ἐπιβλέπω, *fut mid ind 1s*, look to, show respect for
35 ὑπομένω, *fut act ind 1s*, wait
36 σωτήρ, savior
37 εἰσακούω, *fut mid ind 3s*, listen to

8 μὴ ἐπίχαιρέ[1] μοι, ἡ ἐχθρά[2] μου,
ὅτι πέπτωκα· καὶ ἀναστήσομαι,
διότι[3] ἐὰν καθίσω ἐν τῷ σκότει,
κύριος φωτιεῖ[4] μοι.
9 ὀργὴν κυρίου ὑποίσω,[5] ὅτι ἥμαρτον αὐτῷ,
ἕως τοῦ δικαιῶσαι[6] αὐτὸν τὴν δίκην[7] μου·
καὶ ποιήσει τὸ κρίμα[8] μου καὶ ἐξάξει[9] με εἰς τὸ φῶς,
ὄψομαι τὴν δικαιοσύνην αὐτοῦ.
10 καὶ ὄψεται ἡ ἐχθρά[10] μου καὶ περιβαλεῖται[11] αἰσχύνην[12]
ἡ λέγουσα πρός με Ποῦ κύριος ὁ θεός σου;
οἱ ὀφθαλμοί μου ἐπόψονται[13] αὐτήν·
νῦν ἔσται εἰς καταπάτημα[14] ὡς πηλὸς[15] ἐν ταῖς ὁδοῖς
11 ἡμέρας ἀλοιφῆς[16] πλίνθου.[17]

ἐξάλειψίς[18] σου ἡ ἡμέρα ἐκείνη,
καὶ ἀποτρίψεται[19] νόμιμά[20] σου **12** ἡ ἡμέρα ἐκείνη·
καὶ αἱ πόλεις σου ἥξουσιν[21] εἰς ὁμαλισμὸν[22]
καὶ εἰς διαμερισμὸν[23] Ἀσσυρίων
καὶ αἱ πόλεις σου αἱ ὀχυραὶ[24] εἰς διαμερισμὸν ἀπὸ Τύρου
ἕως τοῦ ποταμοῦ[25] Συρίας, ἡμέρα ὕδατος καὶ θορύβου·[26]
13 καὶ ἔσται ἡ γῆ εἰς ἀφανισμόν[27]
σὺν τοῖς κατοικοῦσιν αὐτὴν ἐκ καρπῶν ἐπιτηδευμάτων[28] αὐτῶν.

14 Ποίμαινε[29] λαόν σου ἐν ῥάβδῳ[30] σου, πρόβατα κληρονομίας[31] σου,
κατασκηνοῦντας[32] καθ᾽ ἑαυτοὺς δρυμὸν[33] ἐν μέσῳ τοῦ Καρμήλου·
νεμήσονται[34] τὴν Βασανῖτιν καὶ τὴν Γαλααδῖτιν
καθὼς αἱ ἡμέραι τοῦ αἰῶνος.

1 ἐπιχαίρω, *pres act impv 2s*, rejoice
2 ἔχθρα, (one at) enmity
3 διότι, for
4 φωτίζω, *fut act ind 3s*, give light
5 ὑποφέρω, *fut act ind 1s*, bear, endure
6 δικαιόω, *aor act inf*, vindicate
7 δίκη, cause
8 κρίμα, legal case, suit
9 ἐξάγω, *fut act ind 3s*, bring out
10 ἔχθρα, (one at) enmity
11 περιβάλλω, *fut mid ind 3s*, cover over
12 αἰσχύνη, disgrace, shame
13 ἐφοράω, *fut mid ind 3p*, look at
14 καταπάτημα, trampling
15 πηλός, mud
16 ἀλοιφή, plastering
17 πλίνθος, brick
18 ἐξάλειψις, blotting out, erasing
19 ἀποτρίβω, *fut mid ind 3s*, reject
20 νόμιμος, ordinance
21 ἥκω, *fut act ind 3p*, come
22 ὁμαλισμός, leveling, razing
23 διαμερισμός, division, parting
24 ὀχυρός, fortified (city)
25 ποταμός, river
26 θόρυβος, uproar, confusion
27 ἀφανισμός, destruction
28 ἐπιτήδευμα, pursuit, doing
29 ποιμαίνω, *pres act impv 2s*, shepherd
30 ῥάβδος, rod, staff
31 κληρονομία, inheritance
32 κατασκηνόω, *pres act ptc acc p m*, inhabit, dwell
33 δρυμός, forest
34 νέμω, *fut mid ind 3p*, pasture in, graze in

15 καὶ κατὰ τὰς ἡμέρας ἐξοδίας[1] σου ἐξ Αἰγύπτου
ὄψεσθε θαυμαστά.[2]
16 ὄψονται ἔθνη καὶ καταισχυνθήσονται[3] ἐκ πάσης τῆς ἰσχύος[4] αὐτῶν,
ἐπιθήσουσιν χεῖρας ἐπὶ τὸ στόμα αὐτῶν,
τὰ ὦτα[5] αὐτῶν ἀποκωφωθήσονται.[6]
17 λείξουσιν[7] χοῦν[8] ὡς ὄφεις[9] σύροντες[10] γῆν,
συγχυθήσονται[11] ἐν συγκλεισμῷ[12] αὐτῶν·
ἐπὶ τῷ κυρίῳ θεῷ ἡμῶν ἐκστήσονται[13]
καὶ φοβηθήσονται ἀπὸ σοῦ.

Who Is a God like You?

18 τίς θεὸς ὥσπερ σύ;
ἐξαίρων[14] ἀδικίας[15] καὶ ὑπερβαίνων[16] ἀσεβείας[17]
τοῖς καταλοίποις[18] τῆς κληρονομίας[19] αὐτοῦ
καὶ οὐ συνέσχεν[20] εἰς μαρτύριον[21] ὀργὴν αὐτοῦ,
ὅτι θελητὴς[22] ἐλέους[23] ἐστίν.
19 αὐτὸς ἐπιστρέψει καὶ οἰκτιρήσει[24] ἡμᾶς,
καταδύσει[25] τὰς ἀδικίας[26] ἡμῶν
καὶ ἀπορριφήσονται[27] εἰς τὰ βάθη[28] τῆς θαλάσσης,
πάσας τὰς ἁμαρτίας ἡμῶν.
20 δώσεις ἀλήθειαν τῷ Ιακωβ, ἔλεον[29] τῷ Αβρααμ,
καθότι[30] ὤμοσας[31] τοῖς πατράσιν ἡμῶν
κατὰ τὰς ἡμέρας τὰς ἔμπροσθεν.

1 ἐξοδία, departure, exit
2 θαυμαστός, remarkable, wonderful
3 καταισχύνω, *fut pas ind 3p*, put to shame
4 ἰσχύς, power, might
5 οὖς, ear
6 ἀποκωφόομαι, *fut pas ind 3p*, make deaf
7 λείχω, *fut act ind 3p*, lick
8 χοῦς, dust
9 ὄφις, serpent
10 σύρω, *pres act ptc nom p m*, (slither upon)
11 συγχέω, *fut pas ind 3p*, stir, confuse
12 συγκλεισμός, hole, hiding place
13 ἐξίστημι, *fut mid ind 3p*, be amazed
14 ἐξαίρω, *pres act ptc nom s m*, remove
15 ἀδικία, injustice
16 ὑπερβαίνω, *pres act ptc nom s m*, ignore, overlook
17 ἀσέβεια, ungodliness, wickedness
18 κατάλοιπος, remainder, remnant
19 κληρονομία, inheritance
20 συνέχω, *aor act ind 3s*, hold back
21 μαρτύριον, proof, evidence
22 θελητής, one who desires
23 ἔλεος, mercy, compassion
24 οἰκτίρω, *fut act ind 3s*, have compassion on
25 καταδύω, *fut act ind 3s*, submerge
26 ἀδικία, injustice, wrongdoing
27 ἀπορρίπτω, *fut pas ind 3p*, cast away
28 βάθος, depth
29 ἔλεος, mercy, compassion
30 καθότι, as
31 ὄμνυμι, *aor act ind 2s*, swear

ΙΩΗΛ
Joel

1 Λόγος κυρίου, ὃς ἐγενήθη πρὸς Ιωηλ τὸν τοῦ Βαθουηλ.

An Invasion of Locusts

2 Ἀκούσατε δή[1] ταῦτα, οἱ πρεσβύτεροι, καὶ ἐνωτίσασθε,[2]
πάντες οἱ κατοικοῦντες τὴν γῆν.
εἰ γέγονεν τοιαῦτα[3] ἐν ταῖς ἡμέραις ὑμῶν
ἢ ἐν ταῖς ἡμέραις τῶν πατέρων ὑμῶν;
3 ὑπὲρ αὐτῶν τοῖς τέκνοις ὑμῶν διηγήσασθε,[4]
καὶ τὰ τέκνα ὑμῶν τοῖς τέκνοις αὐτῶν,
καὶ τὰ τέκνα αὐτῶν εἰς γενεὰν ἑτέραν.
4 τὰ κατάλοιπα[5] τῆς κάμπης[6] κατέφαγεν[7] ἡ ἀκρίς,[8]
καὶ τὰ κατάλοιπα τῆς ἀκρίδος κατέφαγεν ὁ βροῦχος,[9]
καὶ τὰ κατάλοιπα τοῦ βρούχου κατέφαγεν ἡ ἐρυσίβη.[10]

5 ἐκνήψατε,[11] οἱ μεθύοντες,[12] ἐξ οἴνου αὐτῶν καὶ κλαύσατε·
θρηνήσατε,[13] πάντες οἱ πίνοντες οἶνον, εἰς μέθην,[14]
ὅτι ἐξῆρται[15] ἐκ στόματος ὑμῶν εὐφροσύνη[16] καὶ χαρά.[17]
6 ὅτι ἔθνος ἀνέβη ἐπὶ τὴν γῆν μου ἰσχυρὸν[18] καὶ ἀναρίθμητον,[19]
οἱ ὀδόντες[20] αὐτοῦ ὀδόντες λέοντος,[21]
καὶ αἱ μύλαι[22] αὐτοῦ σκύμνου·[23]

1 δή, now, then
2 ἐνωτίζομαι, *aor mid impv 2p*, listen up
3 τοιοῦτος, such
4 διηγέομαι, *aor mid impv 2p*, describe in detail
5 κατάλοιπος, left behind
6 κάμπη, caterpillar
7 κατεσθίω, *aor act ind 3s*, consume
8 ἀκρίς, locust
9 βροῦχος, worm
10 ἐρυσίβη, mildew
11 ἐκνήφω, *aor act impv 2p*, sober up
12 μεθύω, *pres act ptc nom p m*, be drunk
13 θρηνέω, *aor act impv 2p*, mourn, wail
14 μέθη, drunkenness
15 ἐξαίρω, *perf pas ind 3s*, remove
16 εὐφροσύνη, gladness
17 χαρα, joy, delight
18 ἰσχυρός, mighty, powerful
19 ἀναρίθμητος, innumerable
20 ὀδούς, tooth
21 λέων, lion
22 μύλη, molar
23 σκύμνος, cub

7 ἔθετο τὴν ἄμπελόν[1] μου εἰς ἀφανισμὸν[2]
καὶ τὰς συκᾶς[3] μου εἰς συγκλασμόν·[4]
ἐρευνῶν[5] ἐξηρεύνησεν[6] αὐτὴν καὶ ἔρριψεν,[7]
ἐλεύκανεν[8] κλήματα[9] αὐτῆς.

8 θρήνησον[10] πρός με ὑπὲρ νύμφην[11] περιεζωσμένην[12] σάκκον[13]
ἐπὶ τὸν ἄνδρα αὐτῆς τὸν παρθενικόν.[14]
9 ἐξῆρται[15] θυσία[16] καὶ σπονδὴ[17] ἐξ οἴκου κυρίου.
ενθεῖτε,[18] οἱ ἱερεῖς οἱ λειτουργοῦντες[19] θυσιαστηρίῳ,[20]
10 ὅτι τεταλαιπώρηκεν[21] τὰ πεδία·[22]
πενθείτω[23] ἡ γῆ, ὅτι τεταλαιπώρηκεν σῖτος,[24]
ἐξηράνθη[25] οἶνος, ὠλιγώθη[26] ἔλαιον.[27]

11 ἐξηράνθησαν[28] οἱ γεωργοί·[29]
θρηνεῖτε,[30] κτήματα,[31] ὑπὲρ πυροῦ[32] καὶ κριθῆς,[33]
ὅτι ἀπόλωλεν τρυγητὸς[34] ἐξ ἀγροῦ·
12 ἡ ἄμπελος[35] ἐξηράνθη,[36] καὶ αἱ συκαῖ[37] ὠλιγώθησαν·[38]
ῥόα[39] καὶ φοῖνιξ[40] καὶ μῆλον[41] καὶ πάντα τὰ ξύλα[42] τοῦ ἀγροῦ
ἐξηράνθησαν,[43]
ὅτι ᾔσχυναν[44] χαρὰν[45] οἱ υἱοὶ τῶν ἀνθρώπων.

1 ἄμπελος, vine
2 ἀφανισμός, destruction
3 συκῆ, fig tree
4 συγκλασμός, breaking, snapping
5 ἐρευνάω, *pres act ptc nom s m*, search
6 ἐξερευνάω, *aor act ind 3s*, search out
7 ῥίπτω, *aor act ind 3s*, bring down
8 λευκαίνω, *aor act ind 3s*, (peel)
9 κλῆμα, branch
10 θρηνέω, *aor act impv 2s*, mourn, wail
11 νύμφη, bride
12 περιζώννυμι, *perf pas ptc acc s f*, dress
13 σάκκος, sackcloth, *Heb. LW*
14 παρθενικός, of a virgin
15 ἐξαίρω, *perf mid ind 3s*, remove
16 θυσία, sacrifice
17 σπονδή, drink offering
18 πενθέω, *pres act impv 2p*, mourn
19 λειτουργέω, *pres act ptc nom p m*, minister, serve
20 θυσιαστήριον, altar
21 ταλαιπωρέω, *perf act ind 3s*, endure hardship, be plagued
22 πεδίον, field, plain
23 πενθέω, *pres act impv 3s*, mourn
24 σῖτος, grain
25 ξηραίνω, *aor pas ind 3s*, dry up
26 ὀλιγόω, *aor pas ind 3s*, diminish
27 ἔλαιον, oil
28 ξηραίνω, *aor pas ind 3p*, wither (in shame)
29 γεωργός, farmer
30 θρηνέω, *pres act impv 2p*, mourn, wail
31 κτῆμα, field
32 πυρός, wheat
33 κριθή, barley
34 τρύγητος, vintage, harvest
35 ἄμπελος, vine
36 ξηραίνω, *aor pas ind 3s*, dry up
37 συκῆ, fig tree
38 ὀλιγόω, *aor pas ind 3p*, become scarce
39 ῥόα, pomegranate tree
40 φοῖνιξ, date palm
41 μῆλον, apple (tree)
42 ξύλον, tree
43 ξηραίνω, *aor pas ind 3p*, dry up
44 αἰσχύνω, *aor act ind 3p*, bring shame upon
45 χαρά, joy

13 περιζώσασθε[1] καὶ κόπτεσθε,[2] οἱ ἱερεῖς,
θρηνεῖτε,[3] οἱ λειτουργοῦντες[4] θυσιαστηρίῳ·[5]
εἰσέλθατε ὑπνώσατε[6] ἐν σάκκοις[7] λειτουργοῦντες θεῷ,
ὅτι ἀπέσχηκεν[8] ἐξ οἴκου θεοῦ ὑμῶν θυσία[9] καὶ σπονδή.[10]

Call for Repentance

14 ἁγιάσατε[11] νηστείαν,[12] κηρύξατε[13] θεραπείαν,[14]
συναγάγετε πρεσβυτέρους πάντας κατοικοῦντας γῆν εἰς οἶκον θεοῦ ὑμῶν
καὶ κεκράξατε πρὸς κύριον ἐκτενῶς[15]

15 Οἴμμοι[16] οἴμμοι οἴμμοι εἰς ἡμέραν,
ὅτι ἐγγὺς[17] ἡμέρα κυρίου καὶ ὡς ταλαιπωρία[18] ἐκ ταλαιπωρίας[19] ἥξει.[20]
16 κατέναντι[21] τῶν ὀφθαλμῶν ὑμῶν βρώματα[22] ἐξωλεθρεύθη,[23]
ἐξ οἴκου θεοῦ ὑμῶν εὐφροσύνη[24] καὶ χαρά.[25]
17 ἐσκίρτησαν[26] δαμάλεις[27] ἐπὶ ταῖς φάτναις[28] αὐτῶν,
ἠφανίσθησαν[29] θησαυροί,[30]
κατεσκάφησαν[31] ληνοί,[32]
ὅτι ἐξηράνθη[33] σῖτος.[34]
18 τί ἀποθήσομεν[35] ἑαυτοῖς; ἔκλαυσαν βουκόλια[36] βοῶν,[37]
ὅτι οὐχ ὑπῆρχεν νομὴ[38] αὐτοῖς,
καὶ τὰ ποίμνια[39] τῶν προβάτων ἠφανίσθησαν.[40]

1 περιζώννυμι, *aor mid impv 2p*, gird, (put on clothing)
2 κόπτω, *pres mid impv 2p*, strike (one's breast in lament), mourn
3 θρηνέω, *pres act impv 2p*, mourn, wail
4 λειτουργέω, *pres act ptc nom p m*, minister, serve
5 θυσιαστήριον, altar
6 ὑπνόω, *aor act impv 2p*, sleep
7 σάκκος, sackcloth, *Heb. LW*
8 ἀπέχω, *perf act ind 3s*, keep away
9 θυσία, sacrifice
10 σπονδή, drink offering
11 ἁγιάζω, *aor act impv 2p*, consecrate
12 νηστεία, fast
13 κηρύσσω, *aor act impv 2p*, proclaim, announce
14 θεραπεία, service
15 ἐκτενῶς, fervently, earnestly
16 οἴμμοι, woe!, alas!
17 ἐγγύς, nearby
18 ταλαιπωρία, distress, misery
19 ταλαιπωρία, distress, misery
20 ἥκω, *fut act ind 3s*, come
21 κατέναντι, before, in front
22 βρῶμα, food
23 ἐξολεθρεύω, *aor pas ind 3s*, utterly wipe out
24 εὐφροσύνη, gladness
25 χαρά, joy
26 σκιρτάω, *aor act ind 3p*, leap, jump
27 δάμαλις, young cow
28 φάτνη, stall, manger
29 ἀφανίζω, *aor pas ind 3p*, destroy
30 θησαυρός, storehouse
31 κατασκάπτω, *aor pas ind 3p*, raze
32 ληνός, wine vat
33 ξηραίνω, *aor pas ind 3s*, dry up, (exhaust, use up)
34 σῖτος, grain
35 ἀποτίθημι, *fut act ind 1p*, store up
36 βουκόλιον, herd
37 βοῦς, cow, (*p*) cattle
38 νομή, pasture
39 ποίμνιον, flock
40 ἀφανίζω, *aor pas ind 3p*, wipe out

19 πρὸς σέ, κύριε, βοήσομαι,[1]
ὅτι πῦρ ἀνήλωσεν[2] τὰ ὡραῖα[3] τῆς ἐρήμου,
καὶ φλὸξ[4] ἀνῆψεν[5] πάντα τὰ ξύλα[6] τοῦ ἀγροῦ·
20 καὶ τὰ κτήνη[7] τοῦ πεδίου[8] ἀνέβλεψαν[9] πρὸς σέ,
ὅτι ἐξηράνθησαν[10] ἀφέσεις[11] ὑδάτων
καὶ πῦρ κατέφαγεν[12] τὰ ὡραῖα[13] τῆς ἐρήμου.

Terror of the Day of the Lord

2 Σαλπίσατε[14] σάλπιγγι[15] ἐν Σιων,
κηρύξατε[16] ἐν ὄρει ἁγίῳ μου,
καὶ συγχυθήτωσαν[17] πάντες οἱ κατοικοῦντες τὴν γῆν,
διότι[18] πάρεστιν[19] ἡμέρα κυρίου, ὅτι ἐγγύς,[20]
2 ἡμέρα σκότους καὶ γνόφου,[21] ἡμέρα νεφέλης[22] καὶ ὁμίχλης.[23]
ὡς ὄρθρος[24] χυθήσεται[25] ἐπὶ τὰ ὄρη λαὸς πολὺς καὶ ἰσχυρός·[26]
ὅμοιος[27] αὐτῷ οὐ γέγονεν ἀπὸ τοῦ αἰῶνος
καὶ μετ᾽ αὐτὸν οὐ προστεθήσεται[28] ἕως ἐτῶν εἰς γενεὰς γενεῶν.
3 τὰ ἔμπροσθεν αὐτοῦ πῦρ ἀναλίσκον,[29]
καὶ τὰ ὀπίσω αὐτοῦ ἀναπτομένη[30] φλόξ.[31]
ὡς παράδεισος[32] τρυφῆς[33] ἡ γῆ πρὸ προσώπου αὐτοῦ,
καὶ τὰ ὄπισθεν[34] αὐτοῦ πεδίον[35] ἀφανισμοῦ,[36]
καὶ ἀνασῳζόμενος[37] οὐκ ἔσται αὐτῷ.
4 ὡς ὅρασις[38] ἵππων[39] ἡ ὄψις[40] αὐτῶν,
καὶ ὡς ἱππεῖς[41] οὕτως καταδιώξονται.[42]

1 βοάω, *fut mid ind 1s*, cry out
2 ἀναλίσκω, *aor act ind 3s*, destroy
3 ὡραῖος, seasonable, fair
4 φλόξ, flame
5 ἀνάπτω, *aor act ind 3s*, light on fire
6 ξύλον, tree
7 κτῆνος, animal, (*p*) herd
8 πεδίον, field, plain
9 ἀναβλέπω, *aor act ind 3p*, look up
10 ξηραίνω, *aor pas ind 3p*, dry up
11 ἄφεσις, channel, course
12 κατεσθίω, *aor act ind 3s*, devour
13 ὡραῖος, seasonable (plant?)
14 σαλπίζω, *aor act impv 2p*, blow, sound
15 σάλπιγξ, trumpet
16 κηρύσσω, *aor act impv 2p*, proclaim
17 συγχέω, *aor pas impv 3p*, upset, stir up
18 διότι, for
19 πάρειμι, *pres act ind 3s*, arrive
20 ἐγγύς, near
21 γνόφος, gloom
22 νεφέλη, cloud
23 ὁμίχλη, mist
24 ὄρθρος, dawn
25 χέω, *fut pas ind 3s*, pour
26 ἰσχυρός, powerful
27 ὅμοιος, equal to, similar to
28 προστίθημι, *fut pas ind 3s*, add to, increase
29 ἀναλίσκω, *pres act ptc nom s n*, consume
30 ἀνάπτω, *pres pas ptc nom s f*, light
31 φλόξ, flame
32 παράδεισος, garden
33 τρυφή, delight
34 ὄπισθε(ν), behind
35 πεδίον, field
36 ἀφανισμός, destruction
37 ἀνασῴζω, *pres mid ptc nom s m*, escape
38 ὅρασις, sight
39 ἵππος, horse
40 ὄψις, appearance
41 ἱππεύς, horse
42 καταδιώκω, *fut mid ind 3p*, pursue

5 ὡς φωνὴ ἁρμάτων[1] ἐπὶ τὰς κορυφὰς[2] τῶν ὀρέων ἐξαλοῦνται[3]
καὶ ὡς φωνὴ φλογὸς[4] πυρὸς κατεσθιούσης[5] καλάμην[6]
καὶ ὡς λαὸς πολὺς καὶ ἰσχυρὸς[7] παρατασσόμενος[8] εἰς πόλεμον.

6 ἀπὸ προσώπου αὐτοῦ συντριβήσονται[9] λαοί,
πᾶν πρόσωπον ὡς πρόσκαυμα[10] χύτρας.[11]
7 ὡς μαχηταὶ[12] δραμοῦνται[13]
καὶ ὡς ἄνδρες πολεμισταὶ[14] ἀναβήσονται ἐπὶ τὰ τείχη,[15]
καὶ ἕκαστος ἐν τῇ ὁδῷ αὐτοῦ πορεύσεται,
καὶ οὐ μὴ ἐκκλίνωσιν[16] τὰς τρίβους[17] αὐτῶν,
8 καὶ ἕκαστος ἀπὸ τοῦ ἀδελφοῦ αὐτοῦ οὐκ ἀφέξεται·[18]
καταβαρυνόμενοι[19] ἐν τοῖς ὅπλοις[20] αὐτῶν πορεύσονται
καὶ ἐν τοῖς βέλεσιν[21] αὐτῶν πεσοῦνται
καὶ οὐ μὴ συντελεσθῶσιν.[22]
9 τῆς πόλεως ἐπιλήμψονται[23]
καὶ ἐπὶ τῶν τειχέων[24] δραμοῦνται[25]
καὶ ἐπὶ τὰς οἰκίας ἀναβήσονται
καὶ διὰ θυρίδων[26] εἰσελεύσονται ὡς κλέπται.[27]

10 πρὸ προσώπου αὐτῶν συγχυθήσεται[28] ἡ γῆ
καὶ σεισθήσεται[29] ὁ οὐρανός,
ὁ ἥλιος καὶ ἡ σελήνη[30] συσκοτάσουσιν,[31]
καὶ τὰ ἄστρα[32] δύσουσιν[33] τὸ φέγγος[34] αὐτῶν.
11 καὶ κύριος δώσει φωνὴν αὐτοῦ πρὸ προσώπου δυνάμεως αὐτοῦ,
ὅτι πολλή ἐστιν σφόδρα[35] ἡ παρεμβολὴ[36] αὐτοῦ,

1 ἅρμα, chariot
2 κορυφή, summit, top
3 ἐξάλλομαι, *fut mid ind 3p*, leap up
4 φλόξ, flame
5 κατεσθίω, *pres act ptc gen s f*, consume
6 καλάμη, straw, stubble
7 ἰσχυρός, mighty, strong
8 παρατάσσω, *pres mid ptc nom s m*, arrange into formation, draw up
9 συντρίβω, *fut pas ind 3p*, crush
10 πρόσκαυμα, burn marks, black spots
11 χύτρα, clay pot
12 μαχητής, warrior
13 τρέχω, *fut mid ind 3p*, run, sprint
14 πολεμιστής, of war
15 τεῖχος, wall
16 ἐκκλίνω, *pres act sub 3p*, turn away
17 τρίβος, path, trajectory
18 ἀπέχω, *fut mid ind 3s*, keep distant
19 καταβαρύνω, *pres pas ptc nom p m*, weigh down
20 ὅπλον, weapon
21 βέλος, arrow
22 συντελέω, *aor pas sub 3p*, run out
23 ἐπιλαμβάνω, *fut mid ind 3p*, take, capture
24 τεῖχος, wall
25 τρέχω, *fut mid ind 3p*, run, (advance)
26 θυρίς, window
27 κλέπτης, thief
28 συγχέω, *fut pas ind 3s*, upset
29 σείω, *fut pas ind 3s*, shake
30 σελήνη, moon
31 συσκοτάζω, *fut act ind 3p*, become dark
32 ἄστρον, star
33 δύω, *fut act ind 3p*, set down, withdraw
34 φέγγος, light
35 σφόδρα, exceedingly
36 παρεμβολή, army

ὅτι ἰσχυρὰ[1] ἔργα λόγων αὐτοῦ·
διότι[2] μεγάλη ἡ ἡμέρα τοῦ κυρίου,
μεγάλη καὶ ἐπιφανὴς[3] σφόδρα,
καὶ τίς ἔσται ἱκανὸς[4] αὐτῇ;

Call to Return to the Lord

12 καὶ νῦν λέγει κύριος ὁ θεὸς ὑμῶν

Ἐπιστράφητε πρός με ἐξ ὅλης τῆς καρδίας ὑμῶν
καὶ ἐν νηστείᾳ[5] καὶ ἐν κλαυθμῷ[6] καὶ ἐν κοπετῷ·[7]
13 καὶ διαρρήξατε[8] τὰς καρδίας ὑμῶν καὶ μὴ τὰ ἱμάτια ὑμῶν
καὶ ἐπιστράφητε πρὸς κύριον τὸν θεὸν ὑμῶν,
ὅτι ἐλεήμων[9] καὶ οἰκτίρμων[10] ἐστίν,
μακρόθυμος[11] καὶ πολυέλεος[12] καὶ μετανοῶν[13] ἐπὶ ταῖς κακίαις.[14]
14 τίς οἶδεν εἰ ἐπιστρέψει καὶ μετανοήσει[15]
καὶ ὑπολείψεται[16] ὀπίσω αὐτοῦ εὐλογίαν,[17]
θυσίαν[18] καὶ σπονδὴν[19] κυρίῳ τῷ θεῷ ἡμῶν;

15 σαλπίσατε[20] σάλπιγγι[21] ἐν Σιων,
ἁγιάσατε[22] νηστείαν,[23] κηρύξατε[24] θεραπείαν,[25]
16 συναγάγετε λαόν, ἁγιάσατε[26] ἐκκλησίαν, ἐκλέξασθε[27] πρεσβυτέρους,
συναγάγετε νήπια[28] θηλάζοντα[29] μαστούς,[30]
ἐξελθάτω νυμφίος[31] ἐκ τοῦ κοιτῶνος[32] αὐτοῦ
καὶ νύμφη[33] ἐκ τοῦ παστοῦ[34] αὐτῆς.

1 ἰσχυρός, powerful
2 διότι, for
3 ἐπιφανής, glorious, splendid
4 ἱκανός, sufficient, adequate
5 νηστεία, fasting
6 κλαυθμός, weeping
7 κοπετός, mourning
8 διαρρήγνυμι, *aor act impv 2p*, tear, rend
9 ἐλεήμων, merciful
10 οἰκτίρμων, compassionate
11 μακρόθυμος, patient
12 πολυέλεος, very merciful
13 μετανοέω, *pres act ptc nom s m*, show remorse
14 κακία, wickedess
15 μετανοέω, *fut act ind 3s*, repent, change one's mind
16 ὑπολείπω, *fut mid ind 3s*, leave behind
17 εὐλογία, blessing
18 θυσία, sacrifice
19 σπονδή, drink offering
20 σαλπίζω, *aor act impv 2p*, blow, sound
21 σάλπιγξ, trumpet
22 ἁγιάζω, *aor act impv 2p*, consecrate
23 νηστεία, fast
24 κηρύσσω, *aor act impv 2p*, proclaim, announce
25 θεραπεία, service
26 ἁγιάζω, *aor act impv 2p*, consecrate
27 ἐκλέγω, *aor mid impv 2p*, choose
28 νήπιος, infant
29 θηλάζω, *pres act ptc acc p n*, nurse
30 μαστός, breast
31 νυμφίος, groom
32 κοιτών, bedroom
33 νύμφη, bride
34 παστός, bridal chamber

17 ἀνὰ μέσον[1] τῆς κρηπῖδος[2] τοῦ θυσιαστηρίου[3]
κλαύσονται οἱ ἱερεῖς οἱ λειτουργοῦντες[4] κυρίῳ
καὶ ἐροῦσιν Φεῖσαι,[5] κύριε, τοῦ λαοῦ σου
καὶ μὴ δῷς τὴν κληρονομίαν[6] σου εἰς ὄνειδος[7]
τοῦ κατάρξαι[8] αὐτῶν ἔθνη,
ὅπως μὴ εἴπωσιν ἐν τοῖς ἔθνεσιν
Ποῦ ἐστιν ὁ θεὸς αὐτῶν;

Promise of Deliverance

18 Καὶ ἐζήλωσεν[9] κύριος τὴν γῆν αὐτοῦ
καὶ ἐφείσατο[10] τοῦ λαοῦ αὐτοῦ.
19 καὶ ἀπεκρίθη κύριος καὶ εἶπεν τῷ λαῷ αὐτοῦ
Ἰδοὺ ἐγὼ ἐξαποστέλλω[11] ὑμῖν τὸν σῖτον[12] καὶ τὸν οἶνον καὶ τὸ ἔλαιον,[13]
καὶ ἐμπλησθήσεσθε[14] αὐτῶν,
καὶ οὐ δώσω ὑμᾶς οὐκέτι εἰς ὀνειδισμὸν[15] ἐν τοῖς ἔθνεσι·
20 καὶ τὸν ἀπὸ βορρᾶ[16] ἐκδιώξω[17] ἀφ᾽ ὑμῶν
καὶ ἐξώσω[18] αὐτὸν εἰς γῆν ἄνυδρον[19]
καὶ ἀφανιῶ τὸ πρόσωπον αὐτοῦ εἰς τὴν θάλασσαν τὴν πρώτην
καὶ τὰ ὀπίσω αὐτοῦ εἰς τὴν θάλασσαν τὴν ἐσχάτην,
καὶ ἀναβήσεται ἡ σαπρία[20] αὐτοῦ, καὶ ἀναβήσεται ὁ βρόμος[21] αὐτοῦ,
ὅτι ἐμεγάλυνεν[22] τὰ ἔργα αὐτοῦ.

21 θάρσει,[23] γῆ, χαῖρε[24] καὶ εὐφραίνου,[25]
ὅτι ἐμεγάλυνεν[26] κύριος τοῦ ποιῆσαι.
22 θαρσεῖτε,[27] κτήνη[28] τοῦ πεδίου,[29]
ὅτι βεβλάστηκεν[30] πεδία τῆς ἐρήμου,

1 ἀνὰ μέσον, in the middle
2 κρηπίς, base
3 θυσιαστήριον, altar
4 λειτουργέω, *pres act ptc nom p m*, minister, serve
5 φείδομαι, *aor mid impv 2s*, spare
6 κληρονομία, inheritance
7 ὄνειδος, insult, disgrace
8 κατάρχω, *aor act inf*, rule
9 ζηλόω, *aor act ind 3s*, be jealous of
10 φείδομαι, *aor mid ind 3s*, spare
11 ἐξαποστέλλω, *pres act ind 1s*, send
12 σῖτος, grain
13 ἔλαιον, oil
14 ἐμπίμπλημι, *fut pas ind 2p*, fill up
15 ὀνειδισμός, disgrace, reproach
16 βορρᾶς, north
17 ἐκδιώκω, *fut act ind 1s*, banish, chase off
18 ἐξωθέω, *fut act ind 1s*, expel, drive out
19 ἄνυδρος, waterless
20 σαπρία, rot
21 βρόμος, stink
22 μεγαλύνω, *aor act ind 3s*, magnify
23 θαρσέω, *pres act impv 2s*, have courage
24 χαίρω, *pres act impv 2s*, be glad
25 εὐφραίνω, *pres mid impv 2s*, rejoice
26 μεγαλύνω, *aor act ind 3s*, magnify
27 θαρσέω, *pres act impv 2p*, have courage
28 κτῆνος, animal
29 πεδίον, field
30 βλαστάνω, *perf act ind 3s*, bloom, grow

ὅτι ξύλον[1] ἤνεγκεν τὸν καρπὸν αὐτοῦ,
ἄμπελος[2] καὶ συκῆ[3] ἔδωκαν τὴν ἰσχὺν[4] αὐτῶν.

23 καὶ τὰ τέκνα Σιων,
χαίρετε[5] καὶ εὐφραίνεσθε[6] ἐπὶ τῷ κυρίῳ θεῷ ὑμῶν,
διότι[7] ἔδωκεν ὑμῖν τὰ βρώματα[8] εἰς δικαιοσύνην
καὶ βρέξει[9] ὑμῖν ὑετὸν[10] πρόιμον[11] καὶ ὄψιμον[12] καθὼς ἔμπροσθεν,
24 καὶ πλησθήσονται[13] αἱ ἅλωνες[14] σίτου,[15]
καὶ ὑπερεκχυθήσονται[16] αἱ ληνοὶ[17] οἴνου καὶ ἐλαίου.[18]

25 καὶ ἀνταποδώσω[19] ὑμῖν ἀντὶ[20] τῶν ἐτῶν,
ὧν κατέφαγεν[21] ἡ ἀκρὶς[22]
καὶ ὁ βροῦχος[23] καὶ ἡ ἐρυσίβη[24] καὶ ἡ κάμπη,[25]
ἡ δύναμίς μου ἡ μεγάλη, ἣν ἐξαπέστειλα[26] εἰς ὑμᾶς·
26 καὶ φάγεσθε ἐσθίοντες καὶ ἐμπλησθήσεσθε[27]
καὶ αἰνέσετε[28] τὸ ὄνομα κυρίου τοῦ θεοῦ ὑμῶν,
ἃ ἐποίησεν μεθ᾽ ὑμῶν εἰς θαυμάσια,[29]
καὶ οὐ μὴ καταισχυνθῇ[30] ὁ λαός μου εἰς τὸν αἰῶνα·
27 καὶ ἐπιγνώσεσθε ὅτι ἐν μέσῳ τοῦ Ισραηλ ἐγώ εἰμι,
καὶ ἐγὼ κύριος ὁ θεὸς ὑμῶν,
καὶ οὐκ ἔστιν ἔτι πλὴν ἐμοῦ,
καὶ οὐ μὴ καταισχυνθῶσιν[31] οὐκέτι πᾶς ὁ λαός μου εἰς τὸν αἰῶνα.

Outpouring of the Spirit and the Day of the Lord

3 Καὶ ἔσται μετὰ ταῦτα
καὶ ἐκχεῶ[32] ἀπὸ τοῦ πνεύματός μου ἐπὶ πᾶσαν σάρκα,
καὶ προφητεύσουσιν[33] οἱ υἱοὶ ὑμῶν καὶ αἱ θυγατέρες[34] ὑμῶν,

1 ξύλον, tree
2 ἄμπελος, vine
3 συκῆ, fig tree
4 ἰσχύς, potency, strength
5 χαίρω, *pres act ind 2p*, be glad
6 εὐφραίνω, *pres mid impv 2p*, rejoice
7 διότι, for
8 βρῶμα, food
9 βρέχω, *fut act ind 3s*, drench
10 ὑετός, rain
11 πρόϊμος, early
12 ὄψιμος, late
13 πίμπλημι, *fut pas ind 3p*, fill
14 ἅλων, threshing floor
15 σῖτος, grain
16 ὑπερεκχέω, *fut pas ind 3p*, spill over
17 ληνός, vat
18 ἔλαιον, oil
19 ἀνταποδίδωμι, *fut act ind 1s*, repay
20 ἀντί, for
21 κατεσθίω, *aor act ind 3s*, consume
22 ἀκρίς, locust
23 βροῦχος, worm
24 ἐρυσίβη, mildew
25 κάμπη, caterpillar
26 ἐξαποστέλλω, *aor act ind 1s*, send forth
27 ἐμπίμπλημι, *fut pas ind 2p*, satisfy
28 αἰνέω, *fut act ind 2p*, praise
29 θαυμάσιος, wonderful, marvelous
30 καταισχύνω, *aor pas sub 3s*, disgrace, shame
31 καταισχύνω, *aor pas sub 3p*, disgrace, shame
32 ἐκχέω, *fut act ind 1s*, pour out
33 προφητεύω, *fut act ind 3p*, prophesy
34 θυγάτηρ, daughter

καὶ οἱ πρεσβύτεροι ὑμῶν ἐνύπνια ἐνυπνιασθήσονται,[1]
καὶ οἱ νεανίσκοι[2] ὑμῶν ὁράσεις[3] ὄψονται·
2 καὶ ἐπὶ τοὺς δούλους καὶ ἐπὶ τὰς δούλας[4]
ἐν ταῖς ἡμέραις ἐκείναις ἐκχεῶ[5] ἀπὸ τοῦ πνεύματός μου.

3 καὶ δώσω τέρατα[6] ἐν τῷ οὐρανῷ καὶ ἐπὶ τῆς γῆς,
αἷμα καὶ πῦρ καὶ ἀτμίδα[7] καπνοῦ·[8]
4 ὁ ἥλιος μεταστραφήσεται[9] εἰς σκότος καὶ ἡ σελήνη[10] εἰς αἷμα
πρὶν[11] ἐλθεῖν ἡμέραν κυρίου τὴν μεγάλην καὶ ἐπιφανῆ.[12]
5 καὶ ἔσται πᾶς, ὃς ἂν ἐπικαλέσηται[13] τὸ ὄνομα κυρίου, σωθήσεται·
ὅτι ἐν τῷ ὄρει Σιων καὶ ἐν Ιερουσαλημ ἔσται ἀνασῳζόμενος,[14]
καθότι[15] εἶπεν κύριος, καὶ εὐαγγελιζόμενοι,[16] οὓς κύριος
προσκέκληται.[17]

Judgment on the Nations

4 Διότι[18] ἰδοὺ ἐγὼ ἐν ταῖς ἡμέραις ἐκείναις καὶ ἐν τῷ καιρῷ ἐκείνῳ, ὅταν ἐπι-
στρέψω τὴν αἰχμαλωσίαν[19] Ιουδα καὶ Ιερουσαλημ, **2** καὶ συνάξω πάντα τὰ ἔθνη
καὶ κατάξω[20] αὐτὰ εἰς τὴν κοιλάδα[21] Ιωσαφατ καὶ διακριθήσομαι[22] πρὸς αὐτοὺς
ἐκεῖ ὑπὲρ τοῦ λαοῦ μου καὶ τῆς κληρονομίας[23] μου Ισραηλ, οἳ διεσπάρησαν[24] ἐν
τοῖς ἔθνεσιν· καὶ τὴν γῆν μου καταδιείλαντο[25] **3** καὶ ἐπὶ τὸν λαόν μου ἔβαλον[26]
κλήρους[27] καὶ ἔδωκαν τὰ παιδάρια[28] πόρναις[29] καὶ τὰ κοράσια[30] ἐπώλουν[31] ἀντὶ[32]
οἴνου καὶ ἔπινον.

1 ἐνυπνιάζομαι, *fut pas ind 3p*, dream
2 νεανίσκος, young man
3 ὅρασις, vision
4 δούλη, female servant
5 ἐκχέω, *fut act ind 1s*, pour out
6 τέρας, sign
7 ἀτμίς, vapor
8 καπνός, smoke
9 μεταστρέφω, *fut pas ind 3s*, change, alter
10 σελήνη, moon
11 πρίν, before
12 ἐπιφανής, splendid, glorious
13 ἐπικαλέω, *aor mid sub 3s*, call upon, invoke
14 ἀνασῴζω, *pres pas ptc nom s m*, save, rescue
15 καθότι, as, since
16 εὐαγγελίζομαι, *pres pas ptc nom p m*, proclaim good news
17 προσκαλέω, *perf mid ind 3s*, call upon, summon
18 διότι, for
19 αἰχμαλωσία, body of captives
20 κατάγω, *fut act ind 1s*, bring down
21 κοιλάς, valley
22 διακρίνω, *fut pas ind 1s*, deliver judgment
23 κληρονομία, inheritance
24 διασπείρω, *aor pas ind 3p*, scatter, disperse
25 καταδιαιρέω, *aor mid ind 3p*, divide
26 βάλλω, *aor act ind 3p*, cast
27 κλῆρος, lot
28 παιδάριον, young man
29 πόρνη, prostitute
30 κοράσιον, girl
31 πωλέω, *impf act ind 3p*, sell
32 ἀντί, in exchange for

4 καὶ τί καὶ ὑμεῖς ἐμοί, Τύρος καὶ Σιδὼν καὶ πᾶσα Γαλιλαία ἀλλοφύλων;[1] μὴ ἀντα-
πόδομα[2] ὑμεῖς ἀνταποδίδοτέ[3] μοι; ἢ μνησικακεῖτε[4] ὑμεῖς ἐπ᾽ ἐμοὶ ὀξέως;[5] καὶ ταχέως[6]
ἀνταποδώσω[7] τὸ ἀνταπόδομα[8] ὑμῶν εἰς κεφαλὰς ὑμῶν, **5** ἀνθ᾽ ὧν[9] τὸ ἀργύριόν[10]
μου καὶ τὸ χρυσίον[11] μου ἐλάβετε καὶ τὰ ἐπίλεκτά[12] μου καὶ τὰ καλὰ εἰσηνέγκατε[13]
εἰς τοὺς ναοὺς ὑμῶν **6** καὶ τοὺς υἱοὺς Ιουδα καὶ τοὺς υἱοὺς Ιερουσαλημ ἀπέδοσθε
τοῖς υἱοῖς τῶν Ἑλλήνων, ὅπως ἐξώσητε[14] αὐτοὺς ἐκ τῶν ὁρίων[15] αὐτῶν. **7** ἰδοὺ ἐγὼ
ἐξεγείρω[16] αὐτοὺς ἐκ τοῦ τόπου, οὗ ἀπέδοσθε αὐτοὺς ἐκεῖ, καὶ ἀνταποδώσω[17] τὸ
ἀνταπόδομα[18] ὑμῶν εἰς κεφαλὰς ὑμῶν **8** καὶ ἀποδώσομαι τοὺς υἱοὺς ὑμῶν καὶ τὰς
θυγατέρας[19] ὑμῶν εἰς χεῖρας υἱῶν Ιουδα, καὶ ἀποδώσονται αὐτοὺς εἰς αἰχμαλωσίαν[20]
εἰς ἔθνος μακρὰν[21] ἀπέχον,[22] ὅτι κύριος ἐλάλησεν.

9 Κηρύξατε[23] ταῦτα ἐν τοῖς ἔθνεσιν,
ἁγιάσατε[24] πόλεμον, ἐξεγείρατε[25] τοὺς μαχητάς·[26]
προσαγάγετε[27] καὶ ἀναβαίνετε,
πάντες ἄνδρες πολεμισταί.[28]
10 συγκόψατε[29] τὰ ἄροτρα[30] ὑμῶν εἰς ῥομφαίας[31]
καὶ τὰ δρέπανα[32] ὑμῶν εἰς σειρομάστας·[33]
ὁ ἀδύνατος[34] λεγέτω ὅτι Ἰσχύω[35] ἐγώ.

11 συναθροίζεσθε[36] καὶ εἰσπορεύεσθε,[37]
πάντα τὰ ἔθνη κυκλόθεν,[38]
καὶ συνάχθητε ἐκεῖ· ὁ πραΰς[39] ἔστω μαχητής.[40]

1 ἀλλόφυλος, foreign
2 ἀνταπόδομα, repayment, recompense
3 ἀνταποδίδωμι, *pres act ind 2p*, give back, render
4 μνησικακέω, *pres act ind 2p*, bear a grudge against
5 ὀξέως, swiftly
6 ταχέως, quickly
7 ἀνταποδίδωμι, *fut act ind 1s*, give back render
8 ἀνταπόδομα, repayment, recompense
9 ἀνθ᾽ ὧν, because
10 ἀργύριον, silver
11 χρυσίον, gold
12 ἐπίλεκτος, chosen
13 εἰσφέρω, *aor act ind 2p*, bring in
14 ἐξωθέω, *aor act sub 2p*, drive out
15 ὅριον, territory, region
16 ἐξεγείρω, *pres act ind 1s*, raise up
17 ἀνταποδίδωμι, *fut act ind 1s*, give pack, repay
18 ἀνταπόδομα, repayment, recompense
19 θυγάτηρ, daughter
20 αἰχμαλωσία, captivity
21 μακράν, far away
22 ἀπέχω, *pres act ptc acc s n*, be distant
23 κηρύσσω, *aor act impv 2p*, proclaim
24 ἁγιάζω, *aor act impv 2p*, consecrate, sanctify
25 ἐξεγείρω, *aor act impv 2p*, raise up
26 μαχητής, warrior
27 προσάγω, *aor act impv 2p*, approach, advance
28 πολεμιστής, of war
29 συγκόπτω, *aor act impv 2p*, break
30 ἄροτρον, plow
31 ῥομφαία, sword
32 δρέπανον, sickle
33 σειρομάστης, lance, spear
34 ἀδύνατος, powerless
35 ἰσχύω, *pres act ind 1s*, be strong, be able
36 συναθροίζω, *pres mid impv 2p*, gather together
37 εἰσπορεύομαι, *pres mid impv 2p*, enter in
38 κυκλόθεν, all around
39 πραΰς, gentle, timid
40 μαχητής, warrior

12 ἐξεγειρέσθωσαν[1] καὶ ἀναβαινέτωσαν
πάντα τὰ ἔθνη εἰς τὴν κοιλάδα Ιωσαφατ,
διότι[2] ἐκεῖ καθιῶ[3] τοῦ διακρῖναι[4] πάντα τὰ ἔθνη κυκλόθεν.[5]

13 ἐξαποστείλατε[6] δρέπανα,[7] ὅτι παρέστηκεν[8] τρύγητος·[9]
εἰσπορεύεσθε[10] πατεῖτε,[11] διότι[12] πλήρης[13] ἡ ληνός·[14]
ὑπερεκχεῖται[15] τὰ ὑπολήνια,[16] ὅτι πεπλήθυνται[17] τὰ κακὰ αὐτῶν.
14 ἦχοι[18] ἐξήχησαν[19] ἐν τῇ κοιλάδι[20] τῆς δίκης,[21]
ὅτι ἐγγὺς[22] ἡμέρα κυρίου ἐν τῇ κοιλάδι τῆς δίκης.
15 ὁ ἥλιος καὶ ἡ σελήνη[23] συσκοτάσουσιν,[24]
καὶ οἱ ἀστέρες[25] δύσουσιν[26] φέγγος[27] αὐτῶν.

16 ὁ δὲ κύριος ἐκ Σιων ἀνακεκράξεται[28]
καὶ ἐξ Ιερουσαλημ δώσει φωνὴν αὐτοῦ,
καὶ σεισθήσεται[29] ὁ οὐρανὸς καὶ ἡ γῆ·
ὁ δὲ κύριος φείσεται[30] τοῦ λαοῦ αὐτοῦ,
καὶ ἐνισχύσει[31] κύριος τοὺς υἱοὺς Ισραηλ.

Zion's Glorious Future

17 καὶ ἐπιγνώσεσθε διότι[32] ἐγὼ κύριος ὁ θεὸς ὑμῶν
ὁ κατασκηνῶν[33] ἐν Σιων ἐν ὄρει ἁγίῳ μου·
καὶ ἔσται Ιερουσαλημ πόλις ἁγία,
καὶ ἀλλογενεῖς[34] οὐ διελεύσονται δι᾽ αὐτῆς οὐκέτι.

18 καὶ ἔσται ἐν τῇ ἡμέρᾳ ἐκείνῃ
ἀποσταλάξει[35] τὰ ὄρη γλυκασμόν,[36]

1 ἐξεγείρω, *pres pas impv 3p*, stir up
2 διότι, for
3 καθίζω, *fut act ind 1s*, sit
4 διακρίνω, *aor act inf*, pass judgment on
5 κυκλόθεν, all around
6 ἐξαποστέλλω, *aor act impv 2p*, dispatch
7 δρέπανον, sickle
8 παρίστημι, *perf act ind 3s*, arrive, be at hand
9 τρύγητος, harvest
10 εἰσπορεύομαι, *pres mid impv 2p*, enter in
11 πατέω, *pres act impv 2p*, tred, trample
12 διότι, for
13 πλήρης, full
14 ληνός, winepress
15 ὑπερεκχέω, *pres mid ind 3s*, overflow
16 ὑπολήνιον, wine trough
17 πληθύνω, *perf pas ind 3p*, increase, intensify
18 ἦχος, sound
19 ἐξηχέω, *aor act ind 3p*, echo, ring out
20 κοιλάς, valley
21 δίκη, judgment, punishment
22 ἐγγύς, near
23 σελήνη, moon
24 συσκοτάζω, *fut act ind 3p*, become dark
25 ἀστήρ, star
26 δύω, *fut act ind 3p*, set down, withdraw
27 φέγγος, light
28 ἀνακράζω, *fut perf mid ind 3s*, cry out
29 σείω, *fut pas ind 3s*, shake
30 φείδομαι, *fut mid ind 3s*, spare
31 ἐνισχύω, *fut act ind 3s*, strengthen
32 διότι, that
33 κατασκηνόω, *pres act ptc nom s m*, live, dwell
34 ἀλλογενής, foreign
35 ἀποσταλάζω, *fut act ind 3s*, drip
36 γλυκασμός, sweet juice

καὶ οἱ βουνοὶ[1] ῥυήσονται[2] γάλα,[3]
καὶ πᾶσαι αἱ ἀφέσεις[4] Ιουδα ῥυήσονται ὕδατα,
καὶ πηγὴ[5] ἐξ οἴκου κυρίου ἐξελεύσεται
καὶ ποτιεῖ[6] τὸν χειμάρρουν[7] τῶν σχοίνων.[8]

19 Αἴγυπτος εἰς ἀφανισμὸν[9] ἔσται,
καὶ ἡ Ιδουμαία εἰς πεδίον[10] ἀφανισμοῦ ἔσται ἐξ ἀδικιῶν[11] υἱῶν Ιουδα,
ἀνθ᾽ ὧν[12] ἐξέχεαν[13] αἷμα δίκαιον ἐν τῇ γῇ αὐτῶν.
20 ἡ δὲ Ιουδαία εἰς τὸν αἰῶνα κατοικηθήσεται
καὶ Ιερουσαλημ εἰς γενεὰς γενεῶν.
21 καὶ ἐκδικήσω[14] τὸ αἷμα αὐτῶν καὶ οὐ μὴ ἀθῳώσω.[15]
καὶ κύριος κατασκηνώσει[16] ἐν Σιων.

1 βουνός, hill
2 ῥέω, *fut mid ind 3p*, flow
3 γάλα, milk
4 ἄφεσις, channel, fountain
5 πηγή, spring
6 ποτίζω, *fut act ind 3s*, provide water to
7 χείμαρρος, brook
8 σχοῖνος, reed
9 ἀφανισμός, desolation
10 πεδίον, field, plain
11 ἀδικία, wrongdoing
12 ἀνθ᾽ ὧν, for
13 ἐκχέω, *aor act ind 3p*, shed, spill
14 ἐκδικέω, *fut act ind 1s*, avenge
15 ἀθῳόω, *fut act ind 1s*, leave unpunished
16 κατασκηνόω, *fut act ind 3s*, live, dwell

ΑΒΔΙΟΥ
Obadiah

Obadiah's Vision

1 Ὅρασις[1] Αβδιου.

Τάδε[2] λέγει κύριος ὁ θεὸς τῇ Ιδουμαίᾳ
Ἀκοὴν[3] ἤκουσα παρὰ κυρίου,
καὶ περιοχὴν[4] εἰς τὰ ἔθνη ἐξαπέστειλεν[5]
Ἀνάστητε καὶ ἐξαναστῶμεν[6] ἐπ᾽ αὐτὴν εἰς πόλεμον.
2 ἰδοὺ ὀλιγοστὸν[7] δέδωκά σε ἐν τοῖς ἔθνεσιν,
ἠτιμωμένος[8] σὺ εἶ σφόδρα.[9]
3 ὑπερηφανία[10] τῆς καρδίας σου ἐπῆρέν[11] σε
κατασκηνοῦντα[12] ἐν ταῖς ὀπαῖς[13] τῶν πετρῶν,[14]
ὑψῶν[15] κατοικίαν[16] αὐτοῦ λέγων ἐν καρδίᾳ αὐτοῦ
Τίς με κατάξει[17] ἐπὶ τὴν γῆν;
4 ἐὰν μετεωρισθῇς[18] ὡς ἀετὸς[19]
καὶ ἐὰν ἀνὰ μέσον[20] τῶν ἄστρων[21] θῇς νοσσιάν[22] σου,
ἐκεῖθεν[23] κατάξω[24] σε, λέγει κύριος.

5 εἰ κλέπται[25] εἰσῆλθον πρὸς σὲ ἢ λῃσταὶ[26] νυκτός,
ποῦ ἂν ἀπερρίφης;[27] οὐκ ἂν ἔκλεψαν[28] τὰ ἱκανὰ[29] ἑαυτοῖς;

1 ὅρασις, vision
2 ὅδε, this
3 ἀκοή, report, news
4 περιοχή, siege?
5 ἐξαποστέλλω, *aor act ind 3s*, send forth
6 ἐξανίστημι, *aor act sub 1p*, rise up against
7 ὀλίγος, *sup*, smallest, least
8 ἀτιμόω, *perf pas ptc nom s m*, dishonor
9 σφόδρα, exceedingly
10 ὑπερηφανία, arrogance, pride
11 ἐπαίρω, *aor act ind 3s*, rouse, lift up
12 κατασκηνόω, *pres act ptc acc s m*, live, dwell
13 ὀπή, cleft
14 πέτρος, rock
15 ὑψόω, *pres act ptc nom s m*, erect, exalt
16 κατοικία, habitation
17 κατάγω, *fut act ind 3s*, bring down
18 μετεωρίζω, *aor pas sub 2s*, soar, glide
19 ἀετός, eagle
20 ἀνὰ μέσον, among
21 ἄστρον, star
22 νοσσιά, nest
23 ἐκεῖθεν, from there
24 κατάγω, *fut act ind 1s*, bring down
25 κλέπτης, thief
26 λῃστής, robber
27 ἀπορρίπτω, *aor pas ind 2s*, drive away
28 κλέπτω, *aor act ind 3p*, steal
29 ἱκανός, enough

καὶ εἰ τρυγηταὶ[1] εἰσῆλθον πρὸς σέ,
οὐκ ἂν ὑπελίποντο[2] ἐπιφυλλίδα;[3]
6 πῶς ἐξηρευνήθη[4] Ησαυ
καὶ κατελήμφθη[5] αὐτοῦ τὰ κεκρυμμένα.[6]
7 ἕως τῶν ὁρίων[7] σου ἐξαπέστειλάν[8] σε
πάντες οἱ ἄνδρες τῆς διαθήκης σου,
ἀντέστησάν[9] σοι ἠδυνάσθησαν πρὸς σὲ ἄνδρες εἰρηνικοί[10] σου,
ἔθηκαν ἔνεδρα[11] ὑποκάτω[12] σου, οὐκ ἔστιν σύνεσις[13] αὐτοῖς.
8 ἐν ἐκείνῃ τῇ ἡμέρᾳ, λέγει κύριος,
ἀπολῶ σοφοὺς[14] ἐκ τῆς Ιδουμαίας
καὶ σύνεσιν[15] ἐξ ὄρους Ησαυ·
9 καὶ πτοηθήσονται[16] οἱ μαχηταί[17] σου οἱ ἐκ Θαιμαν,
ὅπως ἐξαρθῇ[18] ἄνθρωπος ἐξ ὄρους Ησαυ
10 διὰ τὴν σφαγὴν[19] καὶ τὴν ἀσέβειαν[20] τὴν εἰς τὸν ἀδελφόν σου Ιακωβ,
καὶ καλύψει[21] σε αἰσχύνη[22] καὶ ἐξαρθήσῃ[23] εἰς τὸν αἰῶνα.

11 Ἀφ᾽ ἧς ἡμέρας ἀντέστης[24] ἐξ ἐναντίας[25]
ἐν ἡμέρᾳ αἰχμαλωτευόντων[26] ἀλλογενῶν[27] δύναμιν αὐτοῦ
καὶ ἀλλότριοι[28] εἰσῆλθον εἰς πύλας[29] αὐτοῦ
καὶ ἐπὶ Ιερουσαλημ ἔβαλον[30] κλήρους,[31]
καὶ σὺ ἦς ὡς εἷς ἐξ αὐτῶν.
12 καὶ μὴ ἐπίδῃς[32] ἡμέραν ἀδελφοῦ σου ἐν ἡμέρᾳ ἀλλοτρίων[33]
καὶ μὴ ἐπιχαρῇς[34] ἐπὶ τοὺς υἱοὺς Ιουδα ἐν ἡμέρᾳ ἀπωλείας[35] αὐτῶν
καὶ μὴ μεγαλορρημονήσῃς[36] ἐν ἡμέρᾳ θλίψεως·

1 τρυγητής, harvester, gatherer
2 ὑπολείπω, *aor mid ind 3p*, leave behind
3 ἐπιφυλλίς, (something for) gleaning
4 ἐξερευνάω, *aor pas ind 3s*, examine
5 καταλαμβάνω, *aor pas ind 3s*, detect
6 κρύπτω, *perf pas ptc nom p n*, hide, conceal
7 ὅριον, border, boundary
8 ἐξαποστέλλω, *aor act ind 3p*, send forth
9 ἀνθίστημι, *aor act ind 3p*, resist, oppose
10 εἰρηνικός, peaceful
11 ἔνεδρον, ambush
12 ὑποκάτω, under
13 σύνεσις, understanding
14 σοφός, wise
15 σύνεσις, understanding
16 πτοέω, *fut pas ind 3p*, terrify, scare
17 μαχητής, warrior
18 ἐξαίρω, *aor pas sub 3s*, remove
19 σφαγή, destruction
20 ἀσέβεια, ungodliness, wickedness
21 καλύπτω, *fut act ind 3s*, envelop, overcome
22 αἰσχύνη, shame, dishonor
23 ἐξαίρω, *fut pas ind 2s*, drive away
24 ἀνθίστημι, *aor act ind 2s*, stand against, oppose
25 ἐναντίος, before, facing
26 αἰχμαλωτεύω, *pres act ptc gen p m*, take captive
27 ἀλλογενής, foreign-born
28 ἀλλότριος, foreign
29 πύλη, gate
30 βάλλω, *aor act ind 3p*, cast
31 κλῆρος, lot
32 ἐφοράω, *aor act sub 2s*, look at, gaze upon
33 ἀλλότριος, strange, foreign
34 ἐπιχαίρω, *aor pas sub 2s*, maliciously rejoice
35 ἀπώλεια, destruction
36 μεγαλορρημονέω, *aor act sub 2s*, boast

13 μηδὲ εἰσέλθῃς εἰς πύλας[1] λαῶν ἐν ἡμέρᾳ πόνων[2] αὐτῶν
μηδὲ ἐπίδῃς[3] καὶ σὺ τὴν συναγωγὴν αὐτῶν ἐν ἡμέρᾳ ὀλέθρου[4] αὐτῶν
μηδὲ συνεπιθῇ[5] ἐπὶ τὴν δύναμιν αὐτῶν ἐν ἡμέρᾳ ἀπωλείας[6] αὐτῶν·
14 μηδὲ ἐπιστῇς[7] ἐπὶ τὰς διεκβολὰς[8] αὐτῶν
τοῦ ἐξολεθρεῦσαι[9] τοὺς ἀνασῳζομένους[10] αὐτῶν
μηδὲ συγκλείσῃς[11] τοὺς φεύγοντας[12] ἐξ αὐτῶν ἐν ἡμέρᾳ θλίψεως.

15 διότι[13] ἐγγὺς[14] ἡμέρα κυρίου ἐπὶ πάντα τὰ ἔθνη·
ὃν τρόπον[15] ἐποίησας, οὕτως ἔσται σοι·
τὸ ἀνταπόδομά[16] σου ἀνταποδοθήσεται[17] εἰς κεφαλήν σου·
16 διότι[18] ὃν τρόπον[19] ἔπιες ἐπὶ τὸ ὄρος τὸ ἅγιόν μου,
πίονται πάντα τὰ ἔθνη οἶνον·
πίονται καὶ καταβήσονται καὶ ἔσονται καθὼς οὐχ ὑπάρχοντες.
17 Ἐν δὲ τῷ ὄρει Σιων ἔσται ἡ σωτηρία, καὶ ἔσται ἅγιον·
καὶ κατακληρονομήσουσιν[20] ὁ οἶκος Ιακωβ
τοὺς κατακληρονομήσαντας[21] αὐτούς.
18 καὶ ἔσται ὁ οἶκος Ιακωβ πῦρ, ὁ δὲ οἶκος Ιωσηφ φλόξ,[22]
ὁ δὲ οἶκος Ησαυ εἰς καλάμην,[23]
καὶ ἐκκαυθήσονται[24] εἰς αὐτοὺς καὶ καταφάγονται[25] αὐτούς,
καὶ οὐκ ἔσται πυροφόρος[26] ἐν τῷ οἴκῳ Ησαυ,
διότι[27] κύριος ἐλάλησεν.
19 καὶ κατακληρονομήσουσιν[28] οἱ ἐν Ναγεβ τὸ ὄρος τὸ Ησαυ
καὶ οἱ ἐν τῇ Σεφηλα τοὺς ἀλλοφύλους[29]
καὶ κατακληρονομήσουσιν τὸ ὄρος Εφραιμ
καὶ τὸ πεδίον[30] Σαμαρείας καὶ Βενιαμιν καὶ τὴν Γαλααδῖτιν.

1 πύλη, gate
2 πόνος, affliction, distress
3 ἐφοράω, *aor act sub 2s*, oversee, look at
4 ὄλεθρος, ruin
5 συνεπιτίθημι, *aor act sub 2s*, join in attack
6 ἀπώλεια, destruction
7 ἐφίστημι, *aor act sub 2s*, stand near, come upon
8 διεκβολή, city gate, way out
9 ἐξολεθρεύω, *aor act inf*, utterly destroy
10 ἀνασῴζω, *pres mid ptc acc p m*, escape
11 συγκλείω, *aor act sub 2s*, surround, imprison
12 φεύγω, *pres act ptc acc p m*, flee
13 διότι, for
14 ἐγγύς, near
15 ὃν τρόπον, just as
16 ἀνταπόδομα, repayment, recompense
17 ἀνταποδίδωμι, *fut pas ind 3s*, repay, render
18 διότι, for
19 ὃν τρόπον, just as
20 κατακληρονομέω, *fut act ind 3p*, take possession of
21 κατακληρονομέω, *aor act ptc acc p m*, take possession of
22 φλόξ, flame
23 καλάμη, straw, stubble
24 ἐκκαίω, *fut pas ind 3p*, light up, kindle
25 κατεσθίω, *fut mid ind 3p*, consume
26 πυροφόρος, bearer of sacrificial fire
27 διότι, for
28 κατακληρονομέω, *fut act ind 3p*, take possession of
29 ἀλλόφυλος, foreign, (Philistine)
30 πεδίον, plain

20 καὶ τῆς μετοικεσίας[1] ἡ ἀρχὴ αὕτη·
τοῖς υἱοῖς Ισραηλ γῆ τῶν Χαναναίων ἕως Σαρεπτων
καὶ ἡ μετοικεσία Ιερουσαλημ ἕως Εφραθα,
καὶ κληρονομήσουσιν[2] τὰς πόλεις τοῦ Ναγεβ.
21 καὶ ἀναβήσονται ἄνδρες σεσῳσμένοι ἐξ ὄρους Σιων
τοῦ ἐκδικῆσαι[3] τὸ ὄρος Ησαυ,
καὶ ἔσται τῷ κυρίῳ ἡ βασιλεία.

1 μετοικεσία, deportation
2 κληρονομέω, *fut act ind 3p*, inherit
3 ἐκδικέω, *aor act inf*, punish, execute justice upon

ΙΩΝΑΣ
Jonah

Jonah Flees from the Lord

1 Καὶ ἐγένετο λόγος κυρίου πρὸς Ιωναν τὸν τοῦ Αμαθι λέγων **2** Ἀνάστηθι καὶ
πορεύθητι εἰς Νινευη τὴν πόλιν τὴν μεγάλην καὶ κήρυξον[1] ἐν αὐτῇ, ὅτι ἀνέβη ἡ
κραυγὴ[2] τῆς κακίας[3] αὐτῆς πρός με. **3** καὶ ἀνέστη Ιωνας τοῦ φυγεῖν[4] εἰς Θαρσις ἐκ
προσώπου κυρίου καὶ κατέβη εἰς Ιοππην καὶ εὗρεν πλοῖον[5] βαδίζον[6] εἰς Θαρσις καὶ
ἔδωκεν τὸ ναῦλον[7] αὐτοῦ καὶ ἐνέβη[8] εἰς αὐτὸ τοῦ πλεῦσαι[9] μετ᾽ αὐτῶν εἰς Θαρσις
ἐκ προσώπου κυρίου.

4 καὶ κύριος ἐξήγειρεν[10] πνεῦμα εἰς τὴν θάλασσαν, καὶ ἐγένετο κλύδων[11] μέγας
ἐν τῇ θαλάσσῃ, καὶ τὸ πλοῖον[12] ἐκινδύνευεν[13] συντριβῆναι.[14] **5** καὶ ἐφοβήθησαν οἱ
ναυτικοὶ[15] καὶ ἀνεβόων[16] ἕκαστος πρὸς τὸν θεὸν αὐτῶν καὶ ἐκβολὴν[17] ἐποιήσαντο
τῶν σκευῶν[18] τῶν ἐν τῷ πλοίῳ[19] εἰς τὴν θάλασσαν τοῦ κουφισθῆναι[20] ἀπ᾽ αὐτῶν·
Ιωνας δὲ κατέβη εἰς τὴν κοίλην[21] τοῦ πλοίου[22] καὶ ἐκάθευδεν[23] καὶ ἔρρεγχεν.[24] **6** καὶ
προσῆλθεν πρὸς αὐτὸν ὁ πρωρεὺς[25] καὶ εἶπεν αὐτῷ Τί σὺ ῥέγχεις;[26] ἀνάστα καὶ
ἐπικαλοῦ[27] τὸν θεόν σου, ὅπως διασώσῃ[28] ὁ θεὸς ἡμᾶς καὶ μὴ ἀπολώμεθα.

1 κηρύσσω, *aor act impv 2s*, preach, proclaim
2 κραυγή, outcry
3 κακία, wickedness
4 φεύγω, *aor act inf*, flee
5 πλοῖον, ship
6 βαδίζω, *pres act ptc acc s n*, go
7 ναῦλον, fare for travel
8 ἐμβαίνω, *aor act ind 3s*, embark
9 πλέω, *aor act inf*, sail
10 ἐξεγείρω, *impf act ind 3s*, stir up
11 κλύδων, wave
12 πλοῖον, ship
13 κινδυνεύω, *impf act ind 3s*, be in danger
14 συντρίβω, *aor pas inf*, break into pieces
15 ναυτικός, sailor
16 ἀναβοάω, *impf act ind 3p*, cry out
17 ἐκβολή, jettisoning
18 σκεῦος, stuff, cargo
19 πλοῖον, ship
20 κουφίζω, *aor pas inf*, lighten
21 κοῖλος, (hold), hollow (area)
22 πλοῖον, ship
23 καθεύδω, *impf act ind 3s*, go to sleep
24 ῥέγχω, *aor act ind 3s*, snore
25 πρωρεύς, captain
26 ῥέγχω, *pres act ind 2s*, snore
27 ἐπικαλέω, *pres mid impv 2s*, call upon, invoke
28 διασῴζω, *aor act sub 3s*, save

Jonah Thrown into the Sea

7 καὶ εἶπεν ἕκαστος πρὸς τὸν πλησίον[1] αὐτοῦ Δεῦτε[2] βάλωμεν[3] κλήρους[4] καὶ ἐπι-
γνῶμεν τίνος ἕνεκεν[5] ἡ κακία[6] αὕτη ἐστὶν ἐν ἡμῖν. καὶ ἔβαλον[7] κλήρους, καὶ ἔπεσεν
ὁ κλῆρος ἐπὶ Ιωναν. **8** καὶ εἶπον πρὸς αὐτόν Ἀπάγγειλον ἡμῖν τίνος ἕνεκεν[8] ἡ κακία[9]
αὕτη ἐστὶν ἐν ἡμῖν. τίς σου ἡ ἐργασία[10] ἐστίν; καὶ πόθεν[11] ἔρχῃ, καὶ ἐκ ποίας[12] χώρας[13]
καὶ ἐκ ποίου λαοῦ εἶ σύ; **9** καὶ εἶπεν πρὸς αὐτούς Δοῦλος κυρίου ἐγώ εἰμι καὶ τὸν
κύριον θεὸν τοῦ οὐρανοῦ ἐγὼ σέβομαι,[14] ὃς ἐποίησεν τὴν θάλασσαν καὶ τὴν ξηράν.[15]
10 καὶ ἐφοβήθησαν οἱ ἄνδρες φόβον μέγαν καὶ εἶπαν πρὸς αὐτόν Τί τοῦτο ἐποίησας;
διότι[16] ἔγνωσαν οἱ ἄνδρες ὅτι ἐκ προσώπου κυρίου ἦν φεύγων,[17] ὅτι ἀπήγγειλεν
αὐτοῖς.

11 καὶ εἶπαν πρὸς αὐτόν Τί σοι ποιήσωμεν καὶ κοπάσει[18] ἡ θάλασσα ἀφ᾽ ἡμῶν; ὅτι
ἡ θάλασσα ἐπορεύετο καὶ ἐξήγειρεν[19] μᾶλλον[20] κλύδωνα.[21] **12** καὶ εἶπεν Ιωνας πρὸς
αὐτούς Ἄρατέ με καὶ ἐμβάλετέ[22] με εἰς τὴν θάλασσαν, καὶ κοπάσει[23] ἡ θάλασσα
ἀφ᾽ ὑμῶν· διότι[24] ἔγνωκα ἐγὼ ὅτι δι᾽ ἐμὲ ὁ κλύδων[25] ὁ μέγας οὗτος ἐφ᾽ ὑμᾶς ἐστιν.
13 καὶ παρεβιάζοντο[26] οἱ ἄνδρες τοῦ ἐπιστρέψαι πρὸς τὴν γῆν καὶ οὐκ ἠδύναντο,
ὅτι ἡ θάλασσα ἐπορεύετο καὶ ἐξηγείρετο[27] μᾶλλον[28] ἐπ᾽ αὐτούς. **14** καὶ ἀνεβόησαν[29]
πρὸς κύριον καὶ εἶπαν Μηδαμῶς,[30] κύριε, μὴ ἀπολώμεθα ἕνεκεν[31] τῆς ψυχῆς τοῦ
ἀνθρώπου τούτου, καὶ μὴ δῷς ἐφ᾽ ἡμᾶς αἷμα δίκαιον, ὅτι σύ, κύριε, ὃν τρόπον[32]
ἐβούλου πεποίηκας. **15** καὶ ἔλαβον τὸν Ιωναν καὶ ἐξέβαλον αὐτὸν εἰς τὴν θάλασσαν,
καὶ ἔστη ἡ θάλασσα ἐκ τοῦ σάλου[33] αὐτῆς. **16** καὶ ἐφοβήθησαν οἱ ἄνδρες φόβῳ
μεγάλῳ τὸν κύριον καὶ ἔθυσαν[34] θυσίαν[35] τῷ κυρίῳ καὶ εὔξαντο[36] εὐχάς.[37]

1 πλησίον, companion
2 δεῦτε, come!
3 βάλλω, *aor act sub 1p*, cast
4 κλῆρος, lot
5 ἕνεκεν, on account of
6 κακία, misfortune, calamity
7 βάλλω, *aor act ind 3p*, cast
8 ἕνεκεν, on account of
9 κακία, misfortune, calamity
10 ἐργασία, business, occupation
11 πόθεν, from where
12 ποῖος, which, what kind of
13 χώρα, country, region
14 σέβομαι, worship
15 ξηρός, dry (land)
16 διότι, for
17 φεύγω, *pres act ptc nom s m*, flee
18 κοπάζω, *fut act ind 3s*, come to rest
19 ἐξεγείρω, *aor act ind 3s*, churn up
20 μᾶλλον, all the more
21 κλύδων, wave
22 ἐμβάλλω, *aor act impv 2p*, throw
23 κοπάζω, *fut act ind 3s*, come to rest
24 διότι, for
25 κλύδων, wave
26 παραβιάζομαι, *impf mid ind 3p*, strive
27 ἐξεγείρω, *impf mid ind 3s*, churn up
28 μᾶλλον, all the more
29 ἀναβοάω, *aor act ind 3p*, cry out
30 μηδαμῶς, certainly not
31 ἕνεκεν, on account of
32 ὃν τρόπον, just as
33 σάλος, rolling, churning
34 θύω, *aor act ind 3p*, sacrifice
35 θυσία, sacrifice
36 εὔχομαι, *aor mid ind 3p*, vow
37 εὐχή, vow

Jonah's Prayer

2 Καὶ προσέταξεν[1] κύριος κήτει[2] μεγάλῳ καταπιεῖν[3] τὸν Ιωναν· καὶ ἦν Ιωνας ἐν
τῇ κοιλίᾳ[4] τοῦ κήτους τρεῖς ἡμέρας καὶ τρεῖς νύκτας. **2** καὶ προσηύξατο Ιωνας
πρὸς κύριον τὸν θεὸν αὐτοῦ ἐκ τῆς κοιλίας τοῦ κήτους[5] **3** καὶ εἶπεν

Ἐβόησα[6] ἐν θλίψει μου πρὸς κύριον τὸν θεόν μου,
καὶ εἰσήκουσέν[7] μου·
ἐκ κοιλίας[8] ᾅδου[9] κραυγῆς[10] μου
ἤκουσας φωνῆς μου.
4 ἀπέρριψάς[11] με εἰς βάθη[12] καρδίας θαλάσσης,
καὶ ποταμοί[13] με ἐκύκλωσαν·[14]
πάντες οἱ μετεωρισμοί[15] σου
καὶ τὰ κύματά[16] σου ἐπ᾽ ἐμὲ διῆλθον.
5 καὶ ἐγὼ εἶπα Ἀπῶσμαι[17] ἐξ ὀφθαλμῶν σου·
ἆρα προσθήσω[18] τοῦ ἐπιβλέψαι[19] πρὸς τὸν ναὸν τὸν ἅγιόν σου;
6 περιεχύθη[20] ὕδωρ μοι ἕως ψυχῆς,
ἄβυσσος[21] ἐκύκλωσέν[22] με ἐσχάτη,
ἔδυ[23] ἡ κεφαλή μου εἰς σχισμὰς[24] ὀρέων.
7 κατέβην εἰς γῆν,
ἧς οἱ μοχλοὶ[25] αὐτῆς κάτοχοι[26] αἰώνιοι,
καὶ ἀναβήτω φθορὰ[27] ζωῆς μου,
κύριε ὁ θεός μου.
8 ἐν τῷ ἐκλείπειν[28] ἀπ᾽ ἐμοῦ τὴν ψυχήν μου
τοῦ κυρίου ἐμνήσθην,[29]
καὶ ἔλθοι[30] πρὸς σὲ ἡ προσευχή μου
εἰς ναὸν ἅγιόν σου.

1 προστάσσω, *aor act ind 3s*, command, order
2 κῆτος, sea monster, huge fish
3 καταπίνω, *aor act inf*, swallow
4 κοιλία, belly
5 κῆτος, sea monster, huge fish
6 βοάω, *aor act ind 1s*, cry out
7 εἰσακούω, *aor act ind 3s*, hear
8 κοιλία, belly
9 ᾅδης, Hades, underworld
10 κραυγή, outcry
11 ἀπορρίπτω, *aor act ind 2s*, throw overboard
12 βάθος, depth
13 ποταμός, stream, current
14 κυκλόω, *aor act ind 3p*, surround
15 μετεωρισμός, billow
16 κῦμα, wave
17 ἀπωθέω, *perf pas ind 1s*, drive away, reject
18 προστίθημι, *fut act ind 1s*, continue
19 ἐπιβλέπω, *aor act inf*, show regard for, gaze at
20 περιχέω, *aor pas ind 3s*, envelop
21 ἄβυσσος, abyss, deep
22 κυκλόω, *aor act ind 3s*, surround
23 δύω, *aor act ind 3s*, sink
24 σχισμή, cleft, fissure
25 μοχλός, bolt, bar
26 κάτοχος, barrier
27 φθορά, corruption, decay
28 ἐκλείπω, *pres act inf*, die out
29 μιμνήσκομαι, *aor pas ind 1s*, remember
30 ἔρχομαι, *aor act opt 3s*, come

9 φυλασσόμενοι μάταια[1] καὶ ψευδῆ[2]
ἔλεος[3] αὐτῶν ἐγκατέλιπον.[4]
10 ἐγὼ δὲ μετὰ φωνῆς αἰνέσεως[5] καὶ ἐξομολογήσεως[6]
θύσω[7] σοι·
ὅσα ηὐξάμην,[8] ἀποδώσω σοι
σωτηρίου[9] τῷ κυρίῳ.

11 καὶ προσετάγη[10] τῷ κήτει,[11] καὶ ἐξέβαλεν τὸν Ιωναν ἐπὶ τὴν ξηράν.[12]

Jonah Goes to Nineveh

3 Καὶ ἐγένετο λόγος κυρίου πρὸς Ιωναν ἐκ δευτέρου λέγων 2 Ἀνάστηθι καὶ
πορεύθητι εἰς Νινευη τὴν πόλιν τὴν μεγάλην καὶ κήρυξον[13] ἐν αὐτῇ κατὰ τὸ
κήρυγμα[14] τὸ ἔμπροσθεν, ὃ ἐγὼ ἐλάλησα πρὸς σέ. 3 καὶ ἀνέστη Ιωνας καὶ ἐπορεύθη
εἰς Νινευη, καθὼς ἐλάλησεν κύριος· ἡ δὲ Νινευη ἦν πόλις μεγάλη τῷ θεῷ ὡσεὶ[15]
πορείας[16] ὁδοῦ ἡμερῶν τριῶν. 4 καὶ ἤρξατο Ιωνας τοῦ εἰσελθεῖν εἰς τὴν πόλιν
ὡσεὶ[17] πορείαν[18] ἡμέρας μιᾶς καὶ ἐκήρυξεν[19] καὶ εἶπεν Ἔτι τρεῖς ἡμέραι καὶ Νινευη
καταστραφήσεται.[20] 5 καὶ ἐνεπίστευσαν[21] οἱ ἄνδρες Νινευη τῷ θεῷ καὶ ἐκήρυξαν[22]
νηστείαν[23] καὶ ἐνεδύσαντο[24] σάκκους[25] ἀπὸ μεγάλου αὐτῶν ἕως μικροῦ αὐτῶν.

6 καὶ ἤγγισεν ὁ λόγος πρὸς τὸν βασιλέα τῆς Νινευη, καὶ ἐξανέστη[26] ἀπὸ τοῦ θρόνου
αὐτοῦ καὶ περιείλατο[27] τὴν στολὴν[28] αὐτοῦ ἀφ᾽ ἑαυτοῦ καὶ περιεβάλετο[29] σάκκον[30]
καὶ ἐκάθισεν ἐπὶ σποδοῦ.[31] 7 καὶ ἐκηρύχθη[32] καὶ ἐρρέθη[33] ἐν τῇ Νινευη παρὰ τοῦ
βασιλέως καὶ παρὰ τῶν μεγιστάνων[34] αὐτοῦ λέγων Οἱ ἄνθρωποι καὶ τὰ κτήνη[35] καὶ

1 μάταιος, worthless, meaningless
2 ψευδής, false
3 ἔλεος, mercy
4 ἐγκαταλείπω, *aor act ind 3p*, abandon, forsake
5 αἴνεσις, praise
6 ἐξομολόγησις, confession, thanksgiving
7 θύω, *fut act ind 1s*, sacrifice
8 εὔχομαι, *aor mid ind 1s*, vow
9 σωτήριον, rescue, deliverance
10 προστάσσω, *aor pas ind 3s*, command, order
11 κῆτος, sea monster, huge fish
12 ξηρός, dry (land)
13 κηρύσσω, *aor act impv 2s*, proclaim, preach
14 κήρυγμα, message, proclamation
15 ὡσεί, about
16 πορεία, journey, trip
17 ὡσεί, about
18 πορεία, journey, trip
19 κηρύσσω, *aor act ind 3s*, proclaim, preach
20 καταστρέφω, *fut pas ind 3s*, overturn, destroy
21 ἐμπιστεύω, *aor act ind 3p*, trust in
22 κηρύσσω, *aor act ind 3p*, announce
23 νηστεία, fast
24 ἐνδύω, *aor mid ind 3p*, put on
25 σάκκος, sackcloth, *Heb. LW*
26 ἐξανίστημι, *aor act ind 3s*, get up
27 περιαιρέω, *aor mid ind 3s*, take off, remove
28 στολή, garment, robe
29 περιβάλλω, *aor mid ind 3s*, put on
30 σάκκος, sackcloth, *Heb. LW*
31 σποδός, ashes
32 κηρύσσω, *aor pas ind 3s*, proclaim, announce
33 λέγω, *aor pas ind 3s*, say
34 μεγιστάν, noble, magistrate
35 κτῆνος, animal, (*p*) herd

οἱ βόες[1] καὶ τὰ πρόβατα[2] μὴ γευσάσθωσαν[3] μηδὲν[4] μηδὲ νεμέσθωσαν[5] μηδὲ ὕδωρ
πιέτωσαν. **8** καὶ περιεβάλοντο[6] σάκκους[7] οἱ ἄνθρωποι καὶ τὰ κτήνη,[8] καὶ ἀνεβόησαν[9]
πρὸς τὸν θεὸν ἐκτενῶς·[10] καὶ ἀπέστρεψαν[11] ἕκαστος ἀπὸ τῆς ὁδοῦ αὐτοῦ τῆς πονηρᾶς
καὶ ἀπὸ τῆς ἀδικίας[12] τῆς ἐν χερσὶν αὐτῶν λέγοντες **9** Τίς οἶδεν εἰ μετανοήσει[13] ὁ θεὸς
καὶ ἀποστρέψει[14] ἐξ ὀργῆς θυμοῦ[15] αὐτοῦ καὶ οὐ μὴ ἀπολώμεθα;

10 καὶ εἶδεν ὁ θεὸς τὰ ἔργα αὐτῶν, ὅτι ἀπέστρεψαν[16] ἀπὸ τῶν ὁδῶν αὐτῶν τῶν
πονηρῶν, καὶ μετενόησεν[17] ὁ θεὸς ἐπὶ τῇ κακίᾳ,[18] ᾗ ἐλάλησεν τοῦ ποιῆσαι αὐτοῖς,
καὶ οὐκ ἐποίησεν.

Jonah's Displeasure and the Lord's Mercy

4 Καὶ ἐλυπήθη[19] Ιωνας λύπην[20] μεγάλην καὶ συνεχύθη.[21] **2** καὶ προσεύξατο πρὸς
κύριον καὶ εἶπεν Ὦ[22] κύριε, οὐχ οὗτοι οἱ λόγοι μου ἔτι ὄντος μου ἐν τῇ γῇ μου;
διὰ τοῦτο προέφθασα[23] τοῦ φυγεῖν[24] εἰς Θαρσις, διότι[25] ἔγνων ὅτι σὺ ἐλεήμων[26] καὶ
οἰκτίρμων,[27] μακρόθυμος[28] καὶ πολυέλεος[29] καὶ μετανοῶν[30] ἐπὶ ταῖς κακίαις.[31] **3** καὶ
νῦν, δέσποτα[32] κύριε, λαβὲ τὴν ψυχήν μου ἀπ᾽ ἐμοῦ, ὅτι καλὸν τὸ ἀποθανεῖν με ἢ
ζῆν με. **4** καὶ εἶπεν κύριος πρὸς Ιωναν Εἰ σφόδρα[33] λελύπησαι[34] σύ; **5** καὶ ἐξῆλθεν
Ιωνας ἐκ τῆς πόλεως καὶ ἐκάθισεν ἀπέναντι[35] τῆς πόλεως· καὶ ἐποίησεν ἑαυτῷ ἐκεῖ
σκηνὴν[36] καὶ ἐκάθητο ὑποκάτω[37] αὐτῆς ἐν σκιᾷ,[38] ἕως οὗ ἀπίδῃ[39] τί ἔσται τῇ πόλει.

6 καὶ προσέταξεν[40] κύριος ὁ θεὸς κολοκύνθῃ,[41] καὶ ἀνέβη ὑπὲρ κεφαλῆς τοῦ Ιωνα
τοῦ εἶναι σκιὰν[42] ὑπεράνω[43] τῆς κεφαλῆς αὐτοῦ τοῦ σκιάζειν[44] αὐτῷ ἀπὸ τῶν κακῶν

1 βοῦς, cow, (*p*) cattle
2 πρόβατον, sheep
3 γεύω, *aor mid impv 3p*, taste
4 μηδείς, anything
5 νέμω, *pres mid impv 3p*, graze
6 περιβάλλω, *aor mid ind 3p*, put on
7 σάκκος, sackcloth, *Heb. LW*
8 κτῆνος, animal, (*p*) herd
9 ἀναβοάω, *aor act ind 3p*, cry out
10 ἐκτενῶς, fervently
11 ἀποστρέφω, *aor act ind 3p*, turn away
12 ἀδικία, injustice, wrongdoing
13 μετανοέω, *fut act ind 3s*, repent, change one's mind
14 ἀποστρέφω, *fut act ind 3s*, turn away
15 θυμός, anger, wrath
16 ἀποστρέφω, *aor act ind 3p*, turn away
17 μετανοέω, *aor act ind 3s*, repent, change one's mind
18 κακία, calamity
19 λυπέω, *aor pas ind 3s*, vex, trouble
20 λύπη, grief, sorrow
21 συγχέω, *aor pas ind 3s*, confuse
22 ὦ, O!
23 προφθάνω, *aor act ind 1s*, anticipate
24 φεύγω, *aor act inf*, flee
25 διότι, for
26 ἐλεήμων, merciful
27 οἰκτίρμων, compassionate
28 μακρόθυμος, patient
29 πολυέλεος, full of mercy
30 μετανοέω, *pres act ptc nom s m*, repent, change one's mind
31 κακία, calamity
32 δεσπότης, master
33 σφόδρα, exceedingly
34 λυπέω, *perf pas ind 2s*, offend, insult
35 ἀπέναντι, before
36 σκηνή, tent
37 ὑποκάτω, under
38 σκιά, shade
39 ἀφοράω, *aor act sub 3s*, observe, monitor
40 προστάσσω, *aor act ind 3s*, command, order
41 κολόκυνθα, gourd vine
42 σκιά, shade
43 ὑπεράνω, above
44 σκιάζω, *pres act inf*, give shade

αὐτοῦ· καὶ ἐχάρη[1] Ιωνας ἐπὶ τῇ κολοκύνθῃ[2] χαρὰν[3] μεγάλην. 7 καὶ προσέταξεν[4]
ὁ θεὸς σκώληκι[5] ἑωθινῇ[6] τῇ ἐπαύριον,[7] καὶ ἐπάταξεν[8] τὴν κολόκυνθαν,[9] καὶ ἀπ-
εξηράνθη.[10] 8 καὶ ἐγένετο ἅμα[11] τῷ ἀνατεῖλαι[12] τὸν ἥλιον καὶ προσέταξεν[13] ὁ
θεὸς πνεύματι καύσωνος[14] συγκαίοντι,[15] καὶ ἐπάταξεν[16] ὁ ἥλιος ἐπὶ τὴν κεφαλὴν
Ιωνα· καὶ ὠλιγοψύχησεν[17] καὶ ἀπελέγετο[18] τὴν ψυχὴν αὐτοῦ καὶ εἶπεν Καλόν μοι
ἀποθανεῖν με ἢ ζῆν.

9 καὶ εἶπεν ὁ θεὸς πρὸς Ιωναν Εἰ σφόδρα[19] λελύπησαι[20] σὺ ἐπὶ τῇ κολοκύνθῃ;[21]
καὶ εἶπεν Σφόδρα λελύπημαι[22] ἐγὼ ἕως θανάτου. 10 καὶ εἶπεν κύριος Σὺ ἐφείσω[23]
ὑπὲρ τῆς κολοκύνθης,[24] ὑπὲρ ἧς οὐκ ἐκακοπάθησας[25] ἐπ' αὐτὴν καὶ οὐκ ἐξέθρεψας[26]
αὐτήν, ἣ ἐγενήθη ὑπὸ νύκτα καὶ ὑπὸ νύκτα ἀπώλετο. 11 ἐγὼ δὲ οὐ φείσομαι[27] ὑπὲρ
Νινευη τῆς πόλεως τῆς μεγάλης, ἐν ᾗ κατοικοῦσιν πλείους[28] ἢ δώδεκα[29] μυριάδες[30]
ἀνθρώπων, οἵτινες οὐκ ἔγνωσαν δεξιὰν αὐτῶν ἢ ἀριστερὰν[31] αὐτῶν, καὶ κτήνη[32]
πολλά;

1 χαίρω, *aor pas ind 3s*, be glad, rejoice
2 κολόκυνθα, gourd vine
3 χαρά, delight, joy
4 προστάσσω, *aor act ind 3s*, command, order
5 σκώληξ, caterpillar
6 ἑωθινός, early
7 ἐπαύριον, the next day
8 πατάσσω, *aor act ind 3s*, strike
9 κολόκυνθα, gourd vine
10 ἀποξηραίνω, *aor pas ind 3s*, wither
11 ἅμα, at once
12 ἀνατέλλω, *aor act inf*, rise
13 προστάσσω, *aor act ind 3s*, command, order
14 καύσων, heat
15 συγκαίω, *pres act ptc dat s n*, burn
16 πατάσσω, *aor act ind 3s*, strike
17 ὀλιγοψυχέω, *aor act ind 3s*, become discouraged, despair
18 ἀπολέγω, *impf mid ind 3s*, give up, renounce
19 σφόδρα, exceedingly
20 λυπέω, *perf pas ind 2s*, vex, trouble
21 κολόκυνθα, gourd vine
22 λυπέω, *perf pas ind 1s*, vex, trouble
23 φείδομαι, *aor mid ind 2s*, hold back, spare
24 κολόκυνθα, gourd plant
25 κακοπαθέω, *aor act ind 2s*, suffer hardship
26 ἐκτρέφω, *aor act ind 2s*, nourish, raise
27 φείδομαι, *fut mid ind 1s*, hold back, spare
28 πλείων/πλεῖον, *comp of* πολύς, more
29 δώδεκα, twelve
30 μυριάς, thousand
31 ἀριστερός, left
32 κτῆνος, animal

ΝΑΟΥΜ
Nahum

1 Λῆμμα[1] Νινευη· βιβλίον ὁράσεως[2] Ναουμ τοῦ Ελκεσαίου.

God's Wrath against Nineveh

2 Θεὸς ζηλωτὴς[3] καὶ ἐκδικῶν[4] κύριος,
ἐκδικῶν κύριος μετὰ θυμοῦ[5] ἐκδικῶν
κύριος τοὺς ὑπεναντίους[6] αὐτοῦ,
καὶ ἐξαίρων[7] αὐτὸς τοὺς ἐχθροὺς αὐτοῦ.
3 κύριος μακρόθυμος,[8] καὶ μεγάλη ἡ ἰσχὺς[9] αὐτοῦ,
καὶ ἀθῳῶν[10] οὐκ ἀθῳώσει[11] κύριος.
ἐν συντελείᾳ[12] καὶ ἐν συσσεισμῷ[13] ἡ ὁδὸς αὐτοῦ,
καὶ νεφέλαι[14] κονιορτὸς[15] ποδῶν αὐτοῦ.

4 ἀπειλῶν[16] θαλάσσῃ καὶ ξηραίνων[17] αὐτὴν
καὶ πάντας τοὺς ποταμοὺς[18] ἐξερημῶν·[19]
ὠλιγώθη[20] ἡ Βασανῖτις καὶ ὁ Κάρμηλος,
καὶ τὰ ἐξανθοῦντα[21] τοῦ Λιβάνου ἐξέλιπεν.[22]
5 τὰ ὄρη ἐσείσθησαν[23] ἀπʼ αὐτοῦ,
καὶ οἱ βουνοὶ[24] ἐσαλεύθησαν·[25]

1 λῆμμα, argument
2 ὅρασις, vision
3 ζηλωτής, jealous
4 ἐκδικέω, *pres act ptc nom s m*, avenge, punish
5 θυμός, wrath, fury
6 ὑπεναντίος, opposed
7 ἐξαίρω, *pres act ptc nom s m*, remove
8 μακρόθυμος, patient
9 ἰσχύς, power, strength
10 ἀθῳόω, *pres act ptc nom s m*, leave unpunished
11 ἀθῳόω, *fut act ind 3s*, leave unpunished
12 συντέλεια, consummation, destruction
13 συσσεισμός, commotion, upheaval
14 νεφέλη, cloud
15 κονιορτός, dust
16 ἀπειλέω, *pres act ptc nom s m*, threaten
17 ξηραίνω, *pres act ptc nom s m*, dry up
18 ποταμός, river
19 ἐξερημόω, *pres act ptc nom s m*, make desolate
20 ὀλιγόω, *aor pas ind 3s*, diminish, decrease
21 ἐξανθέω, *pres act ptc nom p n*, bloom, blossom
22 ἐκλείπω, *aor act ind 3s*, wilt, die
23 σείω, *aor pas ind 3p*, quake
24 βουνός, hill
25 σαλεύω, *aor pas ind 3p*, shake

καὶ ἀνεστάλη[1] ἡ γῆ ἀπὸ προσώπου αὐτοῦ,
ἡ σύμπασα[2] καὶ πάντες οἱ κατοικοῦντες ἐν αὐτῇ.
6 ἀπὸ προσώπου ὀργῆς αὐτοῦ τίς ὑποστήσεται;[3]
καὶ τίς ἀντιστήσεται[4] ἐν ὀργῇ θυμοῦ[5] αὐτοῦ;
ὁ θυμὸς αὐτοῦ τήκει[6] ἀρχάς,
καὶ αἱ πέτραι[7] διεθρύβησαν[8] ἀπ᾽ αὐτοῦ.

7 χρηστὸς[9] κύριος τοῖς ὑπομένουσιν[10] αὐτὸν ἐν ἡμέρᾳ θλίψεως
καὶ γινώσκων τοὺς εὐλαβουμένους[11] αὐτόν·
8 καὶ ἐν κατακλυσμῷ[12] πορείας[13] συντέλειαν[14] ποιήσεται τοὺς
ἐπεγειρομένους,[15]
καὶ τοὺς ἐχθροὺς αὐτοῦ διώξεται σκότος.
9 τί λογίζεσθε ἐπὶ τὸν κύριον;
συντέλειαν[16] αὐτὸς ποιήσεται,
οὐκ ἐκδικήσει[17] δὶς[18] ἐπὶ τὸ αὐτὸ ἐν θλίψει·
10 ὅτι ἕως θεμελίου[19] αὐτῶν χερσωθήσεται[20]
καὶ ὡς σμῖλαξ[21] περιπλεκομένη[22] βρωθήσεται[23]
καὶ ὡς καλάμη[24] ξηρασίας[25] μεστή.[26]
11 ἐκ σοῦ ἐξελεύσεται λογισμὸς[27] κατὰ τοῦ κυρίου
πονηρὰ λογιζόμενος ἐναντία.[28]

12 τάδε[29] λέγει κύριος κατάρχων[30] ὑδάτων πολλῶν

Καὶ οὕτως διασταλήσονται,[31]
καὶ ἡ ἀκοή[32] σου οὐκ ἐνακουσθήσεται[33] ἔτι.
13 καὶ νῦν συντρίψω[34] τὴν ῥάβδον[35] αὐτοῦ ἀπὸ σοῦ
καὶ τοὺς δεσμούς[36] σου διαρρήξω.[37]

1 ἀναστέλλω, *aor pas ind 3s*, withdraw
2 σύμπας, all things
3 ὑφίστημι, *fut mid ind 3s*, remain, stand
4 ἀνθίστημι, *fut mid ind 3s*, resist, oppose
5 θυμός, wrath, fury
6 τήκω, *pres act ind 3s*, consume
7 πέτρα, rock
8 διαθρύπτω, *aor pas ind 3p*, crack, break
9 χρηστός, good
10 ὑπομένω, *pres act ptc dat p m*, stick with, hold out for
11 εὐλαβέομαι, *pres mid ptc acc p m*, revere
12 κατακλυσμός, flood
13 πορεία, passage, procession
14 συντέλεια, consummation, destruction
15 ἐπεγείρω, *pres mid ptc acc p m*, rise up against
16 συντέλεια, consummation, destruction
17 ἐκδικέω, *fut act ind 3s*, avenge, punish
18 δίς, twice
19 θεμέλιον, foundation
20 χερσόομαι, *fut pas ind 3s*, expose, lay bare
21 σμῖλαξ, strangling weed
22 περιπλέκω, *pres pas ptc nom s f*, strangle, twist around
23 βιβρώσκω, *fut pas ind 3s*, devour
24 καλάμη, straw, stubble
25 ξηρασία, dryness
26 μεστός, complete, utter
27 λογισμός, plan
28 ἐναντίος, contrary
29 ὅδε, this
30 κατάρχω, *pres act ptc nom s m*, rule
31 διαστέλλω, *fut pas ind 3p*, split up, divide
32 ἀκοή, report, news
33 ἐνακούω, *fut pas ind 3s*, hear
34 συντρίβω, *fut act ind 1s*, shatter
35 ῥάβδος, rod, staff
36 δεσμός, chain
37 διαρρήγνυμι, *fut act ind 1s*, break

14 καὶ ἐντελεῖται[1] ὑπὲρ σοῦ κύριος,
οὐ σπαρήσεται[2] ἐκ τοῦ ὀνόματός σου ἔτι·
ἐξ οἴκου θεοῦ σου ἐξολεθρεύσω[3] τὰ γλυπτὰ[4] καὶ χωνευτά·[5]
θήσομαι ταφήν[6] σου, ὅτι ταχεῖς.[7]

Overthrow of Nineveh

2 Ἰδοὺ ἐπὶ τὰ ὄρη οἱ πόδες εὐαγγελιζομένου[8]
καὶ ἀπαγγέλλοντος εἰρήνην·
ἑόρταζε,[9] Ιουδα, τὰς ἑορτάς[10] σου, ἀπόδος τὰς εὐχάς[11] σου,
διότι[12] οὐ μὴ προσθήσωσιν[13] ἔτι τοῦ διελθεῖν διὰ σοῦ εἰς παλαίωσιν[14]

Συντετέλεσται,[15] ἐξῆρται.[16]
2 ἀνέβη ἐμφυσῶν[17] εἰς πρόσωπόν σου ἐξαιρούμενος[18] ἐκ θλίψεως·
σκόπευσον[19] ὁδόν, κράτησον ὀσφύος,[20]
ἄνδρισαι[21] τῇ ἰσχύι[22] σφόδρα,[23]

3 διότι[24] ἀπέστρεψεν[25] κύριος τὴν ὕβριν[26] Ιακωβ καθὼς ὕβριν τοῦ Ισραηλ,
διότι ἐκτινάσσοντες[27] ἐξετίναξαν[28] αὐτοὺς καὶ τὰ κλήματα[29] αὐτῶν,
διέφθειραν[30] **4** ὅπλα[31] δυναστείας[32] αὐτῶν ἐξ ἀνθρώπων,
ἄνδρας δυνατοὺς ἐμπαίζοντας[33] ἐν πυρί·
αἱ ἡνίαι τῶν ἁρμάτων[34] αὐτῶν ἐν ἡμέρᾳ ἑτοιμασίας[35] αὐτοῦ,
καὶ οἱ ἱππεῖς[36] θορυβηθήσονται[37] **5** ἐν ταῖς ὁδοῖς,

1 ἐντέλλομαι, *fut mid ind 3s*, command
2 σπείρω, *fut pas ind 3s*, scatter
3 ἐξολεθρεύω, *fut act ind 1s*, utterly destroy
4 γλυπτός, graven (idol)
5 χωνευτός, cast (idol)
6 ταφή, grave, tomb
7 ταχύς, temporary
8 εὐαγγελίζομαι, *pres mid ptc gen s m*, preach good news
9 ἑορτάζω, *pres act impv 2s*, celebrate a festival
10 ἑορτή, festival
11 εὐχή, vow
12 διότι, for
13 προστίθημι, *aor act sub 3p*, continue
14 παλαίω, *aor act sub 3p*, struggle, grow old
15 συντελέω, *perf pas ind 3s*, finish
16 ἐξαίρω, *perf pas ind 3s*, remove
17 ἐμφυσάω, *pres act ptc nom s m*, breathe
18 ἐξαιρέω, *pres pas ptc nom s m*, remove, deliver
19 σκοπεύω, *aor act impv 2s*, watch, pay attention to
20 ὀσφύς, loins
21 ἀνδρίζομαι, *aor mid impv 2s*, be courageous
22 ἰσχύς, strength
23 σφόδρα, exceedingly
24 διότι, for
25 ἀποστρέφω, *aor act ind 3s*, turn away
26 ὕβρις, arrogance, pride
27 ἐκτινάσσω, *pres act ptc nom p m*, shake off
28 ἐκτινάσσω, *aor act ind 3p*, expel
29 κλῆμα, branch
30 διαφθείρω, *aor act ind 3p*, destroy
31 ὅπλον, armor
32 δυναστεία, domination
33 ἐμπαίζω, *pres act ptc acc p m*, ridicule, delude
34 ἅρμα, chariot
35 ἑτοιμασία, preparation
36 ἱππεύς, horseman
37 θορυβέω, *fut pas ind 3p*, trouble, confuse

καὶ συγχυθήσονται[1] τὰ ἅρματα καὶ συμπλακήσονται[2] ἐν ταῖς πλατείαις·[3]
ἡ ὅρασις[4] αὐτῶν ὡς λαμπάδες[5] πυρὸς καὶ ὡς ἀστραπαὶ[6] διατρέχουσαι.[7]
6 καὶ μνησθήσονται[8] οἱ μεγιστᾶνες[9] αὐτῶν καὶ φεύξονται[10] ἡμέρας
καὶ ἀσθενήσουσιν[11] ἐν τῇ πορείᾳ[12] αὐτῶν
καὶ σπεύσουσιν[13] ἐπὶ τὰ τείχη[14]
καὶ ἑτοιμάσουσιν τὰς προφυλακὰς[15] αὐτῶν.
7 πύλαι[16] τῶν ποταμῶν[17] διηνοίχθησαν,[18]
καὶ τὰ βασίλεια[19] διέπεσεν,[20]
8 καὶ ἡ ὑπόστασις[21] ἀπεκαλύφθη,[22] καὶ αὕτη ἀνέβαινεν,
καὶ αἱ δοῦλαι[23] αὐτῆς ἤγοντο καθὼς περιστεραὶ[24] φθεγγόμεναι[25] ἐν
καρδίαις αὐτῶν.
9 καὶ Νινευη, ὡς κολυμβήθρα[26] ὕδατος τὰ ὕδατα αὐτῆς,
καὶ αὐτοὶ φεύγοντες[27] οὐκ ἔστησαν,
καὶ οὐκ ἦν ὁ ἐπιβλέπων.[28]
10 διήρπαζον[29] τὸ ἀργύριον,[30] διήρπαζον τὸ χρυσίον,[31]
καὶ οὐκ ἦν πέρας[32] τοῦ κόσμου[33] αὐτῆς·
βεβάρυνται[34] ὑπὲρ πάντα τὰ σκεύη[35] τὰ ἐπιθυμητὰ[36] αὐτῆς.
11 ἐκτιναγμὸς[37] καὶ ἀνατιναγμὸς[38] καὶ ἐκβρασμὸς[39] καὶ καρδίας θραυσμός[40]
καὶ ὑπόλυσις[41] γονάτων[42] καὶ ὠδῖνες[43] ἐπὶ πᾶσαν ὀσφύν,[44]
καὶ τὸ πρόσωπον πάντων ὡς πρόσκαυμα[45] χύτρας.[46]

1 συγχέω, *fut pas ind 3p*, throw into confusion
2 συμπλέκω, become entangled, become jammed
3 πλατεῖα, street
4 ὅρασις, appearance
5 λαμπάς, lamp, torch
6 ἀστραπή, lightning
7 διατρέχω, *pres act ptc nom p f*, streak across (the sky)
8 μιμνήσκομαι, *fut pas ind 3p*, remember
9 μεγιστάν, nobleman, magistrate
10 φεύγω, *fut mid ind 3p*, flee
11 ἀσθενέω, *fut act ind 3p*, become weak, tire out
12 πορεία, journey
13 σπεύδω, *fut act ind 3p*, hurry
14 τεῖχος, wall
15 προφυλακή, advance guard, sentry
16 πύλη, gate
17 ποταμός, river
18 διανοίγω, *aor pas ind 3p*, open wide
19 βασίλειον, royal dwelling place
20 διαπίπτω, *aor act ind 3s*, collapse
21 ὑπόστασις, structure
22 ἀποκαλύπτω, *aor pas ind 3s*, expose
23 δούλη, female servant
24 περιστερά, pigeon
25 φθέγγομαι, *pres mid ptc nom p f*, make utterances, moan
26 κολυμβήθρα, cistern, pool
27 φεύγω, *pres act ptc nom p m*, flee
28 ἐπιβλέπω, *pres act ptc nom s m*, watch, stare
29 διαρπάζω, *impf act ind 3p*, plunder
30 ἀργύριον, silver
31 χρυσίον, gold
32 πέρας, limit, end
33 κόσμος, decoration, ornamentation
34 βαρύνω, *perf pas ind 3p*, load
35 σκεῦος, stuff, thing
36 ἐπιθυμητός, desirable
37 ἐκτιναγμός, shaking off
38 ἀνατιναγμός, shaking up and down
39 ἐκβρασμός, trembling
40 θραυσμός, shattering
41 ὑπόλυσις, weakening
42 γόνυ, knee
43 ὠδίν, pang
44 ὀσφύς, loins
45 πρόσκαυμα, burn mark
46 χύτρα, clay pot

12 ποῦ ἐστιν τὸ κατοικητήριον[1] τῶν λεόντων[2]
καὶ ἡ νομὴ[3] ἡ οὖσα τοῖς σκύμνοις,[4]
οὗ[5] ἐπορεύθη λέων τοῦ εἰσελθεῖν ἐκεῖ,
σκύμνος λέοντος καὶ οὐκ ἦν ὁ ἐκφοβῶν;[6]
13 λέων[7] ἥρπασεν[8] τὰ ἱκανὰ[9] τοῖς σκύμνοις[10] αὐτοῦ
καὶ ἀπέπνιξεν[11] τοῖς λέουσιν[12] αὐτοῦ
καὶ ἔπλησεν[13] θήρας[14] νοσσιὰν[15] αὐτοῦ
καὶ τὸ κατοικητήριον[16] αὐτοῦ ἁρπαγῆς.[17]

14 ἰδοὺ ἐγὼ ἐπὶ σέ, λέγει κύριος παντοκράτωρ,[18]
καὶ ἐκκαύσω[19] ἐν καπνῷ[20] πλῆθός σου,
καὶ τοὺς λέοντάς[21] σου καταφάγεται[22] ῥομφαία,[23]
καὶ ἐξολεθρεύσω[24] ἐκ τῆς γῆς τὴν θήραν[25] σου,
καὶ οὐ μὴ ἀκουσθῇ οὐκέτι τὰ ἔργα σου.

Woe to Nineveh

3 Ὦ[26] πόλις αἱμάτων ὅλη ψευδὴς[27] ἀδικίας[28] πλήρης,[29]
οὐ ψηλαφηθήσεται[30] θήρα.[31]
2 φωνὴ μαστίγων[32] καὶ φωνὴ σεισμοῦ[33] τροχῶν[34]
καὶ ἵππου[35] διώκοντος καὶ ἅρματος[36] ἀναβράσσοντος[37]
3 καὶ ἱππέως[38] ἀναβαίνοντος καὶ στιλβούσης[39] ῥομφαίας[40]
καὶ ἐξαστραπτόντων[41] ὅπλων[42] καὶ πλήθους τραυματιῶν[43]
καὶ βαρείας[44] πτώσεως.[45]

1 κατοικητήριον, dwelling place
2 λέων, lion
3 νομή, hunting area
4 σκύμνος, cub
5 οὗ, where
6 ἐκφοβέω, *pres act ptc nom s m*, scare, alarm
7 λέων, lion
8 ἁρπάζω, *aor act ind 3s*, catch, snatch
9 ἱκανός, enough
10 σκύμνος, cub
11 ἀποπνίγω, *aor act ind 3s*, thrash, strangle
12 λέων, lion
13 πίμπλημι, *aor act ind 3s*, fill
14 θήρα, prey
15 νοσσιά, den
16 κατοικητήριον, dwelling place
17 ἁρπαγή, things that were caught
18 παντοκράτωρ, almighty, ruler of all
19 ἐκκαίω, *fut act ind 1s*, burn up
20 καπνός, smoke
21 λέων, lion
22 κατεσθίω, *fut mid ind 3s*, devour
23 ῥομφαία, sword
24 ἐξολεθρεύω, *fut act ind 1s*, utterly destroy
25 θήρα, game, prey
26 ὦ, Oh!
27 ψευδής, false
28 ἀδικία, injustice, wrongdoing
29 πλήρης, full
30 ψηλαφάω, *fut pas ind 3s*, grasp after
31 θήρα, game, prey
32 μάστιξ, whip, switch
33 σεισμός, rumbling
34 τροχός, wheel
35 ἵππος, horse
36 ἅρμα, chariot
37 ἀναβράσσω, *pres act ptc gen s n*, jostle
38 ἱππεύς, horseman
39 στίλβω, *pres act ptc gen s f*, gleam, shine
40 ῥομφαία, sword
41 ἐξαστράπτω, *pres act ptc gen p n*, flash, glint
42 ὅπλον, armor
43 τραυματίας, casualty
44 βαρύς, heavy
45 πτῶσις, falling (of soldiers)

καὶ οὐκ ἦν πέρας[1] τοῖς ἔθνεσιν αὐτῆς,
καὶ ἀσθενήσουσιν[2] ἐν τοῖς σώμασιν αὐτῶν **4** ἀπὸ πλήθους πορνείας.[3]
πόρνη[4] καλὴ καὶ ἐπιχαρὴς[5] ἡγουμένη[6] φαρμάκων[7]
ἡ πωλοῦσα[8] ἔθνη ἐν τῇ πορνείᾳ[9] αὐτῆς
καὶ φυλὰς ἐν τοῖς φαρμάκοις αὐτῆς,

5 ἰδοὺ ἐγὼ ἐπὶ σέ, λέγει κύριος ὁ θεὸς ὁ παντοκράτωρ,[10]
καὶ ἀποκαλύψω[11] τὰ ὀπίσω[12] σου ἐπὶ τὸ πρόσωπόν σου
καὶ δείξω ἔθνεσιν τὴν αἰσχύνην[13] σου καὶ βασιλείαις τὴν ἀτιμίαν[14] σου
6 καὶ ἐπιρρίψω[15] ἐπὶ σὲ βδελυγμὸν[16] κατὰ τὰς ἀκαθαρσίας[17] σου
καὶ θήσομαί σε εἰς παράδειγμα,[18]
7 καὶ ἔσται πᾶς ὁ ὁρῶν σε ἀποπηδήσεται[19] ἀπὸ σοῦ
καὶ ἐρεῖ Δειλαία[20] Νινευη· τίς στενάξει[21] αὐτήν;
πόθεν[22] ζητήσω παράκλησιν[23] αὐτῇ;

8 ἑτοίμασαι μερίδα,[24] ἅρμοσαι[25] χορδήν,[26] ἑτοίμασαι μερίδα,
Αμων ἡ κατοικοῦσα ἐν ποταμοῖς,[27] ὕδωρ κύκλῳ[28] αὐτῆς,
ἧς ἡ ἀρχὴ θάλασσα καὶ ὕδωρ τὰ τείχη[29] αὐτῆς,
9 καὶ Αἰθιοπία ἡ ἰσχὺς[30] αὐτῆς καὶ Αἴγυπτος,
καὶ οὐκ ἔστιν πέρας[31] τῆς φυγῆς,[32]
καὶ Λίβυες ἐγένοντο βοηθοὶ[33] αὐτῆς.

10 καὶ αὐτὴ εἰς μετοικεσίαν[34] πορεύσεται αἰχμάλωτος,[35]
καὶ τὰ νήπια[36] αὐτῆς ἐδαφιοῦσιν[37] ἐπ᾽ ἀρχὰς πασῶν τῶν ὁδῶν αὐτῆς,

1 πέρας, limit, end
2 ἀσθενέω, *fut act ind 3p*, become weak, wear out
3 πορνεία, fornication
4 πόρνη, prostitute
5 ἐπιχαρής, gratifying, charming
6 ἡγέομαι, *pres mid ptc nom s f*, lead (in a field or discipline)
7 φάρμακον, magical potion, sorcery
8 πωλέω, *pres act ptc nom s f*, sell
9 πορνεία, fornication
10 παντοκράτωρ, almighty, ruler of all
11 ἀποκαλύπτω, *fut act ind 1s*, uncover
12 ὀπίσω, (rear, rump)
13 αἰσχύνη, shame, disgrace
14 ἀτιμία, dishonor
15 ἐπιρρίπτω, *fut act ind 1s*, throw
16 βδελυγμός, filth
17 ἀκαθαρσία, impurity, uncleanness
18 παράδειγμα, example
19 ἀποπηδάω, *fut mid ind 3s*, turn away from
20 δείλαιος, miserable
21 στενάζω, *fut act ind 3s*, lament over
22 πόθεν, from where
23 παράκλησις, consolation
24 μερίς, part (of a musical piece)
25 ἁρμόζω, *aor mid impv 2s*, tune
26 χορδή, string (of an instrument)
27 ποταμός, river
28 κύκλῳ, around
29 τεῖχος, wall
30 ἰσχύς, might, power
31 πέρας, limit, end
32 φυγή, flight
33 βοηθός, helper, help
34 μετοικεσία, deportation, forced migration
35 αἰχμάλωτος, captive
36 νήπιος, infant
37 ἐδαφίζω, *fut act ind 3p*, smash on the ground

καὶ ἐπὶ πάντα τὰ ἔνδοξα[1] αὐτῆς βαλοῦσιν[2] κλήρους,[3]
καὶ πάντες οἱ μεγιστᾶνες[4] αὐτῆς δεθήσονται[5] χειροπέδαις.[6]
11 καὶ σὺ μεθυσθήσῃ[7] καὶ ἔσῃ ὑπερεωραμένη,[8]
καὶ σὺ ζητήσεις σεαυτῇ στάσιν[9] ἐξ ἐχθρῶν.
12 πάντα τὰ ὀχυρώματά[10] σου συκαῖ[11] σκοποὺς[12] ἔχουσαι·
ἐὰν σαλευθῶσιν,[13] καὶ πεσοῦνται εἰς στόμα ἔσθοντος.[14]
13 ἰδοὺ ὁ λαός σου ὡς γυναῖκες ἐν σοί·
τοῖς ἐχθροῖς σου ἀνοιγόμεναι ἀνοιχθήσονται πύλαι[15] τῆς γῆς σου,
καὶ καταφάγεται[16] πῦρ τοὺς μοχλούς[17] σου.

14 ὕδωρ περιοχῆς[18] ἐπίσπασαι[19] σεαυτῇ
καὶ κατακράτησον[20] τῶν ὀχυρωμάτων[21] σου,
ἔμβηθι[22] εἰς πηλὸν[23] καὶ συμπατήθητι[24] ἐν ἀχύροις,[25]
κατακράτησον[26] ὑπὲρ πλίνθον·[27]
15 ἐκεῖ καταφάγεταί[28] σε πῦρ, ἐξολεθρεύσει[29] σε ῥομφαία,[30]
καταφάγεταί σε ὡς ἀκρίς,[31] καὶ βαρυνθήσῃ[32] ὡς βροῦχος.[33]
16 ἐπλήθυνας[34] τὰς ἐμπορίας[35] σου ὑπὲρ τὰ ἄστρα[36] τοῦ οὐρανοῦ·
βροῦχος[37] ὥρμησεν[38] καὶ ἐξεπετάσθη.[39]
17 ἐξήλατο[40] ὡς ἀττέλεβος[41] ὁ σύμμικτός[42] σου,
ὡς ἀκρὶς[43] ἐπιβεβηκυῖα[44] ἐπὶ φραγμὸν[45] ἐν ἡμέραις πάγους·[46]

1 ἔνδοξος, reputable (thing)
2 βάλλω, *fut act ind 3p*, cast
3 κλῆρος, lot
4 μεγιστάν, nobleman, magistrate
5 δέω, *fut pas ind 3p*, bind, tie up
6 χειροπέδη, handcuff
7 μεθύσκω, *fut pas ind 2s*, become drunk
8 ὑπεροράω, *perf pas ptc nom s f*, ignore, disregard
9 στάσις, position, rank
10 ὀχύρωμα, fortress, stronghold
11 συκῆ, fig tree
12 σκοπός, watchman, sentry
13 σαλεύω, *aor pas sub 3p*, shake
14 ἔσθω, *pres act ptc gen s m*, eat, devour
15 πύλη, gate
16 κατεσθίω, *fut mid ind 3s*, consume
17 μοχλός, bolt, bar
18 περιοχή, enclosure
19 ἐπισπάω, *aor mid impv 2s*, bring upon oneself
20 κατακρατέω, *aor act impv 2s*, reinforce
21 ὀχύρωμα, stronghold
22 ἐμβαίνω, *aor act impv 2s*, tread upon
23 πηλός, mud, clay
24 συμπατέω, *aor pas impv 2s*, trample down
25 ἄχυρον, straw
26 κατακρατέω, *aor act impv 2s*, reinforce
27 πλίνθος, brick
28 κατεσθίω, *fut mid ind 3s*, devour, consume
29 ἐξολεθρεύω, *fut act ind 3s*, utterly destroy
30 ῥομφαία, sword
31 ἀκρίς, locust
32 βαρύνω, *fut pas ind 2s*, become heavy
33 βροῦχος, larva
34 πληθύνω, *aor act ind 2s*, increase, multiply
35 ἐμπορία, business
36 ἄστρον, star
37 βροῦχος, larva
38 ὁρμάω, *aor act ind 3s*, flourish
39 ἐκπετάννυμι, *aor pas ind 3s*, spread out
40 ἐξάλλομαι, *aor mid ind 3s*, leap off, hop out
41 ἀττέλεβος, locust
42 σύμμικτος, mixed (assembly)
43 ἀκρίς, locust
44 ἐπιβαίνω, *perf act ptc nom s f*, walk
45 φραγμός, fence, hedge
46 πάγος, frost

ὁ ἥλιος ἀνέτειλεν,[1] καὶ ἀφήλατο,[2]
καὶ οὐκ ἔγνω τὸν τόπον αὐτῆς· οὐαὶ αὐτοῖς.

18 ἐνύσταξαν[3] οἱ ποιμένες[4] σου,
βασιλεὺς Ἀσσύριος ἐκοίμισεν[5] τοὺς δυνάστας[6] σου·
ἀπῆρεν[7] ὁ λαός σου ἐπὶ τὰ ὄρη,
καὶ οὐκ ἦν ὁ ἐκδεχόμενος.[8]
19 οὐκ ἔστιν ἴασις[9] τῇ συντριβῇ[10] σου, ἐφλέγμανεν[11] ἡ πληγή[12] σου·
πάντες οἱ ἀκούοντες τὴν ἀγγελίαν[13] σου κροτήσουσιν[14] χεῖρας ἐπὶ σέ·
διότι[15] ἐπὶ τίνα οὐκ ἐπῆλθεν[16] ἡ κακία[17] σου διὰ παντός;

1 ἀνατέλλω, *aor act ind 3s*, rise up
2 ἀφάλλομαι, *aor mid ind 3s*, go down
3 νυστάζω, *aor act ind 3p*, slumber, doze
4 ποιμήν, shepherd
5 κοιμίζω, *aor act ind 3s*, put to sleep
6 δυνάστης, ruler, lord
7 ἀπαίρω, *aor act ind 3s*, depart
8 ἐκδέχομαι, *pres mid ptc nom s m*, receive, welcome
9 ἴασις, remedy
10 συντριβή, ruin
11 φλεγμαίνω, *aor act ind 3s*, inflame, swell up
12 πληγή, wound
13 ἀγγελία, report, news
14 κροτέω, *fut act ind 3p*, clap
15 διότι, for
16 ἐπέρχομαι, *aor act ind 3s*, come upon
17 κακία, wickedness

ΑΜΒΑΚΟΥΜ
Habakkuk

1 Τὸ λῆμμα,[1] ὃ εἶδεν Αμβακουμ ὁ προφήτης.

Habakkuk's First Complaint

2 Ἕως τίνος, κύριε, κεκράξομαι καὶ οὐ μὴ εἰσακούσῃς;[2]
βοήσομαι[3] πρὸς σὲ ἀδικούμενος[4] καὶ οὐ σώσεις;
3 ἵνα τί μοι ἔδειξας κόπους[5] καὶ πόνους,[6]
ἐπιβλέπειν[7] ταλαιπωρίαν[8] καὶ ἀσέβειαν;[9]
ἐξ ἐναντίας[10] μου γέγονεν κρίσις,
καὶ ὁ κριτὴς[11] λαμβάνει.
4 διὰ τοῦτο διεσκέδασται[12] νόμος,
καὶ οὐ διεξάγεται[13] εἰς τέλος κρίμα,[14]
ὅτι ὁ ἀσεβὴς[15] καταδυναστεύει[16] τὸν δίκαιον·
ἕνεκεν[17] τούτου ἐξελεύσεται τὸ κρίμα[18] διεστραμμένον.[19]

God's Answer

5 ἴδετε, οἱ καταφρονηταί,[20] καὶ ἐπιβλέψατε[21]
καὶ θαυμάσατε[22] θαυμάσια[23] καὶ ἀφανίσθητε,[24]

1 λῆμμα, argument
2 εἰσακούω, *aor act sub 2s*, listen
3 βοάω, *fut mid ind 1s*, cry out
4 ἀδικέω, *pres pas ptc nom s m*, wrong, injure
5 κόπος, trouble, suffering
6 πόνος, pain, grief
7 ἐπιβλέπω, *pres act inf*, look at
8 ταλαιπωρία, misery
9 ἀσέβεια, wickedness
10 ἐναντίος, against
11 κριτής, judge
12 διασκεδάζω, *perf pas ind 3s*, dispense with, toss away
13 διεξάγω, *pres pas ind 3s*, accomplish
14 κρίμα, judgment
15 ἀσεβής, ungodly, wicked
16 καταδυναστεύω, *pres act ind 3s*, prevail over
17 ἕνεκεν, on account of
18 κρίμα, judgment
19 διαστρέφω, *perf pas ptc nom s n*, distort, twist
20 καταφρονητής, scoffer
21 ἐπιβλέπω, *aor act impv 2p*, look
22 θαυμάζω, *aor act impv 2p*, be astonished
23 θαυμάσιος, wonderful
24 ἀφανίζω, *aor pas impv 2p*, destroy

διότι[1] ἔργον ἐγὼ ἐργάζομαι ἐν ταῖς ἡμέραις ὑμῶν,
ὃ οὐ μὴ πιστεύσητε ἐάν τις ἐκδιηγῆται.[2]
6 διότι[3] ἰδοὺ ἐγὼ ἐξεγείρω[4] ἐφ᾽ ὑμᾶς τοὺς Χαλδαίους τοὺς μαχητάς,[5]
τὸ ἔθνος τὸ πικρὸν[6] καὶ τὸ ταχινόν[7]
τὸ πορευόμενον ἐπὶ τὰ πλάτη[8] τῆς γῆς
τοῦ κατακληρονομῆσαι[9] σκηνώματα[10] οὐκ αὐτοῦ·
7 φοβερὸς[11] καὶ ἐπιφανής[12] ἐστιν,
ἐξ αὐτοῦ τὸ κρίμα[13] αὐτοῦ ἔσται,
καὶ τὸ λῆμμα[14] αὐτοῦ ἐξ αὐτοῦ ἐξελεύσεται·
8 καὶ ἐξαλοῦνται[15] ὑπὲρ παρδάλεις[16] οἱ ἵπποι[17] αὐτοῦ
καὶ ὀξύτεροι[18] ὑπὲρ τοὺς λύκους[19] τῆς Ἀραβίας·
καὶ ἐξιππάσονται[20] οἱ ἱππεῖς[21] αὐτοῦ καὶ ὁρμήσουσιν[22] μακρόθεν[23]
καὶ πετασθήσονται[24] ὡς ἀετὸς[25] πρόθυμος[26] εἰς τὸ φαγεῖν.
9 συντέλεια[27] εἰς ἀσεβεῖς[28] ἥξει[29]
ἀνθεστηκότας[30] προσώποις αὐτῶν ἐξ ἐναντίας[31]
καὶ συνάξει ὡς ἄμμον[32] αἰχμαλωσίαν.[33]
10 καὶ αὐτὸς ἐν βασιλεῦσιν ἐντρυφήσει,[34]
καὶ τύραννοι[35] παίγνια[36] αὐτοῦ,
καὶ αὐτὸς εἰς πᾶν ὀχύρωμα[37] ἐμπαίξεται[38]
καὶ βαλεῖ[39] χῶμα[40] καὶ κρατήσει αὐτοῦ.
11 τότε μεταβαλεῖ[41] τὸ πνεῦμα καὶ διελεύσεται καὶ ἐξιλάσεται·[42]
αὕτη ἡ ἰσχὺς[43] τῷ θεῷ μου.

1 διότι, for
2 ἐκδιηγέομαι, *pres mid sub 3s*, tell, describe in detail
3 διότι, for
4 ἐξεγείρω, *pres act ind 1s*, stir up, agitate
5 μαχητής, warrior
6 πικρός, bitter
7 ταχινός, speedy, hasty
8 πλάτος, breadth
9 κατακληρονομέω, *aor act inf*, take possession of
10 σκήνωμα, dwelling, habitation
11 φοβερός, fearful, terrible
12 ἐπιφανής, distinguished, obvious
13 κρίμα, judgment, decision
14 λῆμμα, unjust profit
15 ἐξάλλομαι, *fut mid ind 3p*, leap up
16 πάρδαλις, leopard
17 ἵππος, horse
18 ὀξύς, *comp*, swifter, quicker
19 λύκος, wolf
20 ἐξιππάζομαι, *fut mid ind 3p*, ride out
21 ἱππεύς, horseman
22 ὁρμάω, *fut act ind 3p*, rush out
23 μακρόθεν, from far away
24 πέταμαι, *fut pas ind 3p*, fly
25 ἀετός, eagle
26 πρόθυμος, eager
27 συντέλεια, destruction
28 ἀσεβής, ungodly, wicked
29 ἥκω, *fut act ind 3s*, come
30 ἀνθίστημι, *perf act ptc acc p m*, set against, resist
31 ἐναντίος, contrary, opposed
32 ἄμμος, sand
33 αἰχμαλωσία, body of captives
34 ἐντρυφάω, *fut act ind 3s*, revel in
35 τύραννος, tyrant, king
36 παίγνιον, toy, plaything
37 ὀχύρωμα, stronghold
38 ἐμπαίζω, *fut mid ind 3s*, ridicule
39 βάλλω, *fut act ind 3s*, throw up
40 χῶμα, (trash) heap, mound (of earth)
41 μεταβάλλω, *fut act ind 3s*, alter, change
42 ἐξιλάσκομαι, *fut mid ind 3s*, make atonement
43 ἰσχύς, power, strength

Habakkuk's Second Complaint

12 οὐχὶ σὺ ἀπ᾽ ἀρχῆς, κύριε, ὁ θεὸς ὁ ἅγιός μου;
καὶ οὐ μὴ ἀποθάνωμεν.
κύριε, εἰς κρίμα[1] τέταχας[2] αὐτόν·
καὶ ἔπλασέν[3] με τοῦ ἐλέγχειν[4] παιδείαν[5] αὐτοῦ.
13 καθαρὸς[6] ὀφθαλμὸς τοῦ μὴ ὁρᾶν πονηρά,
καὶ ἐπιβλέπειν[7] ἐπὶ πόνους[8] οὐ δυνήσῃ·
ἵνα τί ἐπιβλέπεις[9] ἐπὶ καταφρονοῦντας;[10]
παρασιωπήσῃ[11] ἐν τῷ καταπίνειν[12] ἀσεβῆ[13] τὸν δίκαιον;
14 καὶ ποιήσεις τοὺς ἀνθρώπους ὡς τοὺς ἰχθύας[14] τῆς θαλάσσης
καὶ ὡς τὰ ἑρπετὰ[15] τὰ οὐκ ἔχοντα ἡγούμενον.[16]

15 συντέλειαν[17] ἐν ἀγκίστρῳ[18] ἀνέσπασεν[19]
καὶ εἵλκυσεν[20] αὐτὸν ἐν ἀμφιβλήστρῳ[21]
καὶ συνήγαγεν αὐτὸν ἐν ταῖς σαγήναις[22] αὐτοῦ·
ἕνεκεν[23] τούτου εὐφρανθήσεται[24] καὶ χαρήσεται[25] ἡ καρδία αὐτοῦ·
16 ἕνεκεν[26] τούτου θύσει[27] τῇ σαγήνῃ[28] αὐτοῦ
καὶ θυμιάσει[29] τῷ ἀμφιβλήστρῳ[30] αὐτοῦ,
ὅτι ἐν αὐτοῖς ἐλίπανεν[31] μερίδα[32] αὐτοῦ,
καὶ τὰ βρώματα[33] αὐτοῦ ἐκλεκτά·[34]
17 διὰ τοῦτο ἀμφιβαλεῖ[35] τὸ ἀμφίβληστρον[36] αὐτοῦ
καὶ διὰ παντὸς ἀποκτέννειν ἔθνη οὐ φείσεται.[37]

1 κρίμα, judgment
2 τάσσω, *perf act ind 2s*, appoint
3 πλάσσω, *aor act ind 3s*, form
4 ἐλέγχω, *pres act inf*, reproach, chasten
5 παιδεία, instruction, discipline
6 καθαρός, pure
7 ἐπιβλέπω, *pres act inf*, look
8 πόνος, pain, distress
9 ἐπιβλέπω, *pres act ind 2s*, look
10 καταφρονέω, *pres act ptc acc p m*, despise
11 παρασιωπάω, *fut mid ind 2s*, keep silent, ignore
12 καταπίνω, *pres act inf*, swallow up
13 ἀσεβής, ungodly, wicked
14 ἰχθύς, fish
15 ἑρπετόν, reptile
16 ἡγέομαι, *pres mid ptc acc s m*, lead
17 συντέλεια, destruction
18 ἄγκιστρον, hook
19 ἀνασπάω, *aor act ind 3s*, draw up
20 ἑλκύω, *aor act ind 3s*, drag
21 ἀμφίβληστρον, (casting) net
22 σαγήνη, (large) dragnet
23 ἕνεκεν, on account of
24 εὐφραίνω, *fut pas ind 3s*, rejoice
25 χαίρω, *fut mid ind 3s*, be glad
26 ἕνεκεν, on account of
27 θύω, *fut act ind 3s*, sacrifice
28 σαγήνη, (large) dragnet
29 θυμιάω, *fut act ind 3s*, burn incense
30 ἀμφίβληστρον, (casting) net
31 λιπαίνω, *aor act ind 3s*, anoint
32 μερίς, portion
33 βρῶμα, food
34 ἐκλεκτός, select, chosen
35 ἀμφιβάλλω, *fut act ind 3s*, cast out
36 ἀμφίβληστρον, (casting) net
37 φείδομαι, *fut mid ind 3s*, refrain

2 Ἐπὶ τῆς φυλακῆς μου στήσομαι καὶ ἐπιβήσομαι[1] ἐπὶ πέτραν[2]
καὶ ἀποσκοπεύσω[3] τοῦ ἰδεῖν τί λαλήσει ἐν ἐμοὶ
καὶ τί ἀποκριθῶ ἐπὶ τὸν ἔλεγχόν[4] μου.

God's Answer

2 καὶ ἀπεκρίθη πρός με κύριος καὶ εἶπεν

Γράψον ὅρασιν[5] καὶ σαφῶς[6] ἐπὶ πυξίον,[7]
ὅπως διώκῃ ὁ ἀναγινώσκων[8] αὐτά.
3 διότι[9] ἔτι ὅρασις[10] εἰς καιρὸν καὶ ἀνατελεῖ[11] εἰς πέρας[12] καὶ οὐκ εἰς κενόν·[13]
ἐὰν ὑστερήσῃ,[14] ὑπόμεινον[15] αὐτόν,
ὅτι ἐρχόμενος ἥξει[16] καὶ οὐ μὴ χρονίσῃ.[17]
4 ἐὰν ὑποστείληται,[18] οὐκ εὐδοκεῖ[19] ἡ ψυχή μου ἐν αὐτῷ·
ὁ δὲ δίκαιος ἐκ πίστεώς μου ζήσεται.

5 ὁ δὲ κατοινωμένος[20] καὶ καταφρονητὴς[21] ἀνὴρ ἀλαζών[22] οὐδὲν μὴ
περάνῃ,[23]
ὃς ἐπλάτυνεν[24] καθὼς ὁ ᾅδης[25] τὴν ψυχὴν αὐτοῦ,
καὶ οὗτος ὡς θάνατος οὐκ ἐμπιπλάμενος[26]
καὶ ἐπισυνάξει[27] ἐπ᾽ αὐτὸν πάντα τὰ ἔθνη
καὶ εἰσδέξεται[28] πρὸς αὐτὸν πάντας τοὺς λαούς.

6 οὐχὶ ταῦτα πάντα παραβολὴν[29] κατ᾽ αὐτοῦ λήμψονται
καὶ πρόβλημα[30] εἰς διήγησιν[31] αὐτοῦ;
καὶ ἐροῦσιν Οὐαὶ ὁ πληθύνων[32] ἑαυτῷ τὰ οὐκ ὄντα αὐτοῦ — ἕως τίνος; —
καὶ βαρύνων[33] τὸν κλοιὸν[34] αὐτοῦ στιβαρῶς.[35]

1 ἐπιβαίνω, *fut mid ind 1s*, set foot on, tread over
2 πέτρα, rock
3 ἀποσκοπεύω, *fut act ind 1s*, keep watch
4 ἔλεγχος, rebuke, insult
5 ὅρασις, vision
6 σαφῶς, plainly, clearly
7 πυξίον, tablet
8 ἀναγινώσκω, *pres act ptc nom s m*, read
9 διότι, for
10 ὅρασις, vision
11 ἀνατέλλω, *fut act ind 3s*, (appear)
12 πέρας, end, horizon
13 κενός, empty, pointless
14 ὑστερέω, *aor act sub 3s*, be late
15 ὑπομένω, *aor act impv 2s*, wait for
16 ἥκω, *fut act ind 3s*, have come
17 χρονίζω, *aor act sub 3s*, tarry, delay
18 ὑποστέλλω, *aor mid sub 3s*, withdraw, shrink back
19 εὐδοκέω, *pres act ind 3s*, be pleased
20 κατοινόομαι, *pres pas ptc nom s m*, be drunk
21 καταφρονητής, scoffer
22 ἀλαζών, boaster
23 περαίνω, *aor act sub 3s*, achieve, finish
24 πλατύνω, *aor act ind 3s*, enlarge, (puff up)
25 ᾅδης, Hades, underworld
26 ἐμπίπλημι, *pres pas ptc nom s m*, satisfy
27 ἐπισυνάγω, *fut act ind 3s*, gather up
28 εἰσδέχομαι, *fut mid ind 3s*, welcome, receive
29 παραβολή, parable, proverb
30 πρόβλημα, riddle
31 διήγησις, tale, talk
32 πληθύνω, *pres act ptc nom s m*, increase
33 βαρύνω, *pres act ptc nom s m*, make heavy
34 κλοιός, yoke, collar
35 στιβαρῶς, heavily, stoutly

7 ὅτι ἐξαίφνης[1] ἀναστήσονται δάκνοντες[2] αὐτόν,
καὶ ἐκνήψουσιν[3] οἱ ἐπίβουλοί[4] σου,
καὶ ἔσῃ εἰς διαρπαγὴν[5] αὐτοῖς.
8 διότι[6] σὺ ἐσκύλευσας[7] ἔθνη πολλά,
σκυλεύσουσίν[8] σε πάντες οἱ ὑπολελειμμένοι[9] λαοί
δι᾽ αἵματα ἀνθρώπων καὶ ἀσεβείας[10] γῆς
καὶ πόλεως καὶ πάντων τῶν κατοικούντων αὐτήν.

Woe to Enemies

9 ὦ[11] ὁ πλεονεκτῶν[12] πλεονεξίαν[13] κακὴν τῷ οἴκῳ αὐτοῦ
τοῦ τάξαι[14] εἰς ὕψος[15] νοσσιὰν[16] αὐτοῦ
τοῦ ἐκσπασθῆναι[17] ἐκ χειρὸς κακῶν.
10 ἐβουλεύσω[18] αἰσχύνην[19] τῷ οἴκῳ σου,
συνεπέρανας[20] λαοὺς πολλούς,
καὶ ἐξήμαρτεν[21] ἡ ψυχή σου·
11 διότι[22] λίθος ἐκ τοίχου[23] βοήσεται,[24]
καὶ κάνθαρος[25] ἐκ ξύλου[26] φθέγξεται[27] αὐτά.

12 οὐαὶ ὁ οἰκοδομῶν πόλιν ἐν αἵμασιν
καὶ ἑτοιμάζων πόλιν ἐν ἀδικίαις.[28]
13 οὐ ταῦτά ἐστιν παρὰ κυρίου παντοκράτορος;[29]
καὶ ἐξέλιπον[30] λαοὶ ἱκανοὶ[31] ἐν πυρί,
καὶ ἔθνη πολλὰ ὠλιγοψύχησαν.[32]
14 ὅτι πλησθήσεται[33] ἡ γῆ τοῦ γνῶναι τὴν δόξαν κυρίου,
ὡς ὕδωρ κατακαλύψει[34] αὐτούς.

1 ἐξαίφνης, suddenly
2 δάκνω, *pres act ptc nom p m*, sting, bite
3 ἐκνήφω, *fut act ind 3p*, become sober
4 ἐπίβουλος, treacherous
5 διαρπαγή, plunder, spoils
6 διότι, for
7 σκυλεύω, *aor act ind 2s*, plunder
8 σκυλεύω, *fut act ind 3p*, plunder
9 ὑπολείπω, *perf pas ptc nom p m*, leave behind, remain
10 ἀσέβεια, ungodliness, wickedness
11 ὦ, Oh!, alas!
12 πλεονεκτέω, *pres act ptc nom s m*, cheat, defraud
13 πλεονεξία, greed, avarice
14 τάσσω, *aor act inf*, situate
15 ὕψος, high place
16 νοσσιά, dwelling
17 ἐκσπάω, *aor pas inf*, draw out, deliver
18 βουλεύω, *aor mid ind 2s*, devise
19 αἰσχύνη, shame
20 συμπεραίνω, *aor act ind 2s*, completely destroy
21 ἐξαμαρτάνω, *aor act ind 3s*, do wrong, err
22 διότι, for
23 τοῖχος, wall
24 βοάω, *fut mid ind 3s*, cry out
25 κάνθαρος, knot (in wood)
26 ξύλον, beam, timber
27 φθέγγομαι, *fut mid ind 3s*, speak
28 ἀδικία, wrongdoing, injustice
29 παντοκράτωρ, almighty, ruler of all
30 ἐκλείπω, *aor act ind 3p*, come to an end
31 ἱκανός, enough
32 ὀλιγοψυχέω, *aor act ind 3p*, be defeated, be disheartened
33 πίμπλημι, *fut pas ind 3s*, fill up
34 κατακαλύπτω, *fut act ind 3s*, cover over

15 ὢ[1] ὁ ποτίζων[2] τὸν πλησίον[3] αὐτοῦ ἀνατροπῇ[4] θολερᾷ[5] καὶ μεθύσκων,[6]
ὅπως ἐπιβλέπῃ[7] ἐπὶ τὰ σπήλαια[8] αὐτῶν.
16 πλησμονὴν[9] ἀτιμίας[10] ἐκ δόξης πίε καὶ σὺ
καὶ διασαλεύθητι[11] καὶ σείσθητι·[12]
ἐκύκλωσεν[13] ἐπὶ σὲ ποτήριον[14] δεξιᾶς κυρίου,
καὶ συνήχθη ἀτιμία[15] ἐπὶ τὴν δόξαν σου.
17 διότι[16] ἀσέβεια[17] τοῦ Λιβάνου καλύψει[18] σε,
καὶ ταλαιπωρία[19] θηρίων[20] πτοήσει[21] σε διὰ αἵματα ἀνθρώπων
καὶ ἀσεβείας[22] γῆς καὶ πόλεως
καὶ πάντων τῶν κατοικούντων αὐτήν.

18 Τί ὠφελεῖ[23] γλυπτόν,[24] ὅτι ἔγλυψαν[25] αὐτό;
ἔπλασαν[26] αὐτὸ χώνευμα,[27] φαντασίαν[28] ψευδῆ,[29]
ὅτι πέποιθεν ὁ πλάσας[30] ἐπὶ τὸ πλάσμα[31] αὐτοῦ
τοῦ ποιῆσαι εἴδωλα[32] κωφά.[33]
19 οὐαὶ ὁ λέγων τῷ ξύλῳ[34] Ἔκνηψον[35] ἐξεγέρθητι,[36] καὶ τῷ λίθῳ Ὑψώθητι·[37]
καὶ αὐτό ἐστιν φαντασία,[38]
τοῦτο δέ ἐστιν ἔλασμα[39] χρυσίου[40] καὶ ἀργυρίου,[41]
καὶ πᾶν πνεῦμα οὐκ ἔστιν ἐν αὐτῷ.
20 ὁ δὲ κύριος ἐν ναῷ ἁγίῳ αὐτοῦ·
εὐλαβείσθω[42] ἀπὸ προσώπου αὐτοῦ πᾶσα ἡ γῆ.

1 ὢ, Oh!, alas!
2 ποτίζω, *pres act ptc nom s m*, give drink
3 πλησίον, companion, neighbor
4 ἀνατροπή, outpouring
5 θολερός, foul, cloudy
6 μεθύσκω, *pres act ptc nom s m*, make drunk
7 ἐπιβλέπω, *pres act sub 3s*, look at
8 σπήλαιον, (hidden place)
9 πλησμονή, abundance
10 ἀτιμία, shame, disgrace
11 διασαλεύω, *aor pas impv 2s*, shake
12 σείω, *aor pas impv 2s*, quake
13 κυκλόω, *aor act ind 3s*, surround, circle around
14 ποτήριον, cup
15 ἀτιμία, shame, disgrace
16 διότι, for
17 ἀσέβεια, ungodliness, wickedness
18 καλύπτω, *fut act ind 3s*, cover
19 ταλαιπωρία, misery, distress
20 θηρίον, wild animal
21 πτοέω, *fut act ind 3s*, terrify
22 ἀσέβεια, ungodliness, wickedness
23 ὠφελέω, *pres act ind 3s*, be of use, benefit
24 γλυπτός, graven (image)
25 γλύφω, *aor act ind 3p*, engrave
26 πλάσσω, *aor act ind 3p*, form
27 χώνευμα, molten image
28 φαντασία, apparition
29 ψευδής, false
30 πλάσσω, *aor act ptc nom s m*, form
31 πλάσμα, handiwork
32 εἴδωλον, image, idol
33 κωφός, deaf, dumb
34 ξύλον, wood
35 ἐκνήφω, *aor act impv 2s*, sober up
36 ἐξεγείρω, *aor pas impv 2s*, wake up
37 ὑψόω, *aor pas impv 2s*, get up
38 φαντασία, apparition
39 ἔλασμα, beaten metal
40 χρυσίον, gold
41 ἀργύριον, silver
42 εὐλαβέομαι, *pres mid impv 3s*, show respect

Habakkuk's Prayer

3 Προσευχὴ Αμβακουμ τοῦ προφήτου μετὰ ᾠδῆς.[1]

2 Κύριε, εἰσακήκοα[2] τὴν ἀκοήν[3] σου καὶ ἐφοβήθην,
κατενόησα[4] τὰ ἔργα σου καὶ ἐξέστην.[5]
ἐν μέσῳ δύο ζῴων[6] γνωσθήσῃ,
ἐν τῷ ἐγγίζειν τὰ ἔτη ἐπιγνωσθήσῃ,
ἐν τῷ παρεῖναι[7] τὸν καιρὸν ἀναδειχθήσῃ,[8]
ἐν τῷ ταραχθῆναι[9] τὴν ψυχήν μου ἐν ὀργῇ ἐλέους[10] μνησθήσῃ.[11]
3 ὁ θεὸς ἐκ Θαιμαν ἥξει,[12]
καὶ ὁ ἅγιος ἐξ ὄρους κατασκίου[13] δασέος.[14]

διάψαλμα.[15]

ἐκάλυψεν[16] οὐρανοὺς ἡ ἀρετὴ[17] αὐτοῦ,
καὶ αἰνέσεως[18] αὐτοῦ πλήρης[19] ἡ γῆ.
4 καὶ φέγγος[20] αὐτοῦ ὡς φῶς ἔσται,
κέρατα[21] ἐν χερσὶν αὐτοῦ,
καὶ ἔθετο ἀγάπησιν[22] κραταιὰν[23] ἰσχύος[24] αὐτοῦ.
5 πρὸ προσώπου αὐτοῦ πορεύσεται λόγος,
καὶ ἐξελεύσεται, ἐν πεδίλοις[25] οἱ πόδες αὐτοῦ.
6 ἔστη, καὶ ἐσαλεύθη[26] ἡ γῆ·
ἐπέβλεψεν,[27] καὶ διετάκη[28] ἔθνη.
διεθρύβη[29] τὰ ὄρη βίᾳ,[30]
ἐτάκησαν[31] βουνοὶ[32] αἰώνιοι.

1 ᾠδή, song
2 εἰσακούω, *perf act ind 1s*, hear
3 ἀκοή, news, report
4 κατανοέω, *aor act ind 1s*, observe
5 ἐξίστημι, *aor act ind 1s*, be amazed
6 ζῷον, living thing
7 πάρειμι, *pres act inf*, be near
8 ἀναδείκνυμι, *fut pas ind 2s*, clearly demonstrate
9 ταράσσω, *aor pas inf*, trouble
10 ἔλεος, mercy, pity
11 μιμνήσκομαι, *fut pas ind 2s*, remember
12 ἥκω, *fut act ind 3s*, have come
13 κατάσκιος, shady
14 δασύς, wooded
15 διάψαλμα, (*musical interlude, renders Heb.* selāh)
16 καλύπτω, *aor act ind 3s*, cover
17 ἀρετή, majesty, excellence
18 αἴνεσις, praise
19 πλήρης, full
20 φέγγος, splendor
21 κέρας, horn
22 ἀγάπησις, love
23 κραταιός, fierce
24 ἰσχύς, power, might
25 πέδιλον, sandal
26 σαλεύω, *aor pas ind 3s*, shake
27 ἐπιβλέπω, *aor act ind 3s*, look
28 διατήκω, *aor pas ind 3s*, melt
29 διαθρύπτω, *aor pas ind 3s*, break up
30 βία, force
31 τήκω, *aor pas ind 3p*, consume, dissolve
32 βουνός, hill

7 πορείας[1] αἰωνίας αὐτοῦ ἀντὶ[2] κόπων[3] εἶδον·
σκηνώματα[4] Αἰθιόπων πτοηθήσονται[5]
καὶ αἱ σκηναὶ[6] γῆς Μαδιαμ.
8 μὴ ἐν ποταμοῖς[7] ὠργίσθης,[8] κύριε,
ἢ ἐν ποταμοῖς ὁ θυμός[9] σου,
ἢ ἐν θαλάσσῃ τὸ ὅρμημά[10] σου;
ὅτι ἐπιβήσῃ[11] ἐπὶ τοὺς ἵππους[12] σου,
καὶ ἡ ἱππασία[13] σου σωτηρία.
9 ἐντείνων[14] ἐντενεῖς[15] τὸ τόξον[16] σου
ἐπὶ τὰ σκῆπτρα,[17] λέγει κύριος.

διάψαλμα.[18]

ποταμῶν[19] ῥαγήσεται[20] γῆ.
10 ὄψονταί σε καὶ ὠδινήσουσιν[21] λαοί,
σκορπίζων[22] ὕδατα πορείας[23] αὐτοῦ·
ἔδωκεν ἡ ἄβυσσος[24] φωνὴν αὐτῆς,
ὕψος[25] φαντασίας[26] αὐτῆς.
11 ἐπήρθη[27] ὁ ἥλιος, καὶ ἡ σελήνη[28] ἔστη ἐν τῇ τάξει[29] αὐτῆς·
εἰς φῶς βολίδες[30] σου πορεύσονται,
εἰς φέγγος[31] ἀστραπῆς[32] ὅπλων[33] σου.
12 ἐν ἀπειλῇ[34] ὀλιγώσεις[35] γῆν
καὶ ἐν θυμῷ[36] κατάξεις[37] ἔθνη.
13 ἐξῆλθες εἰς σωτηρίαν λαοῦ σου
τοῦ σῶσαι τοὺς χριστούς σου·

1 πορεία, manner, way
2 ἀντί, instead of
3 κόπος, difficulty, trouble
4 σκήνωμα, dwelling
5 πτοέω, *fut pas ind 3p*, scare, terrify
6 σκηνή, tent
7 ποταμός, river
8 ὀργίζω, *aor pas ind 2s*, be angry
9 θυμός, anger, wrath
10 ὅρμημα, fury, attack
11 ἐπιβαίνω, *fut mid ind 2s*, ride upon
12 ἵππος, horse
13 ἱππασία, horsemanship, (cavalry)
14 ἐντείνω, *pres act ptc nom s m*, stretch tight
15 ἐντείνω, *fut act ind 2s*, stretch tight
16 τόξον, bow
17 σκῆπτρον, scepter, staff
18 διάψαλμα, (*musical interlude, renders Heb.* selāh)
19 ποταμός, river
20 ῥήγνυμι, *fut pas ind 3s*, divide in parts, break in pieces
21 ὠδίνω, *fut act ind 3p*, suffer pangs of labor
22 σκορπίζω, *pres act ptc nom s m*, scatter, disperse
23 πορεία, path, course
24 ἄβυσσος, deep, abyss
25 ὕψος, height
26 φαντασία, apparition
27 ἐπαίρω, *aor pas ind 3s*, lift up, raise up
28 σελήνη, moon
29 τάξις, order, place
30 βολίς, dart, arrow
31 φέγγος, glimmer, glint
32 ἀστραπή, flashing, brightness
33 ὅπλον, armor, weapon
34 ἀπειλή, threat
35 ὀλιγόω, *fut act ind 2s*, diminish
36 θυμός, anger, wrath
37 κατάγω, *fut act ind 2s*, bring down

ἔβαλες[1] εἰς κεφαλὰς ἀνόμων[2] θάνατον,
ἐξήγειρας[3] δεσμοὺς[4] ἕως τραχήλου.[5]

διάψαλμα.[6]

14 διέκοψας[7] ἐν ἐκστάσει[8] κεφαλὰς δυναστῶν,[9]
σεισθήσονται[10] ἐν αὐτῇ·
διανοίξουσιν[11] χαλινοὺς[12] αὐτῶν
ὡς ἔσθων[13] πτωχὸς λάθρᾳ.[14]
15 καὶ ἐπεβίβασας[15] εἰς θάλασσαν τοὺς ἵππους[16] σου
ταράσσοντας[17] ὕδωρ πολύ.
16 ἐφυλαξάμην, καὶ ἐπτοήθη[18] ἡ κοιλία[19] μου
ἀπὸ φωνῆς προσευχῆς χειλέων[20] μου,
καὶ εἰσῆλθεν τρόμος[21] εἰς τὰ ὀστᾶ[22] μου,
καὶ ὑποκάτωθέν[23] μου ἐταράχθη[24] ἡ ἕξις[25] μου.
ἀναπαύσομαι[26] ἐν ἡμέρᾳ θλίψεως
τοῦ ἀναβῆναι εἰς λαὸν παροικίας[27] μου.

Rejoicing in the Lord

17 διότι[28] συκῆ[29] οὐ καρποφορήσει,[30]
καὶ οὐκ ἔσται γενήματα[31] ἐν ταῖς ἀμπέλοις·[32]
ψεύσεται[33] ἔργον ἐλαίας,[34]
καὶ τὰ πεδία[35] οὐ ποιήσει βρῶσιν·[36]

1 βάλλω, *aor act ind 2s*, cast
2 ἄνομος, lawless
3 ἐξεγείρω, *aor act ind 2s*, lift up
4 δεσμός, chains
5 τράχηλος, neck
6 διάψαλμα, (*musical interlude, renders Heb.* selāh)
7 διακόπτω, *aor act ind 2s*, cut in half
8 ἔκστασις, excitement, frenzy
9 δυνάστης, ruler
10 σείω, *fut pas ind 3p*, shake
11 διανοίγω, *fut act ind 3p*, lay open, reveal
12 χαλινός, bridle, bit
13 ἔσθω, *pres act ptc nom s m*, eat
14 λάθρᾳ, secretly
15 ἐπιβιβάζω, *aor act ind 2s*, ride upon
16 ἵππος, horse
17 ταράσσω, *pres act ptc acc p m*, churn up
18 πτοέω, *aor pas ind 3s*, terrify
19 κοιλία, gut, belly
20 χεῖλος, lip, (speech)
21 τρόμος, quaking, trembling
22 ὀστέον, bone
23 ὑποκάτωθεν, beneath
24 ταράσσω, *aor pas ind 3s*, upset, disturb
25 ἕξις, constitution, state (of body)
26 ἀναπαύω, *fut mid ind 1s*, take rest
27 παροικία, (noncitizen), dwelling as a stranger
28 διότι, for
29 συκῆ, fig tree
30 καρποφορέω, *fut act ind 3s*, bear fruit
31 γένημα, yield, produce
32 ἄμπελος, vine
33 ψεύδομαι, *fut mid ind 3s*, lie, (misrepresent)
34 ἐλαία, olive tree
35 πεδίον, field
36 βρῶσις, food

ἐξέλιπον[1] ἀπὸ βρώσεως πρόβατα,[2]
καὶ οὐχ ὑπάρχουσιν βόες[3] ἐπὶ φάτναις.[4]
18 ἐγὼ δὲ ἐν τῷ κυρίῳ ἀγαλλιάσομαι,[5]
χαρήσομαι[6] ἐπὶ τῷ θεῷ τῷ σωτῆρί[7] μου.
19 κύριος ὁ θεὸς δύναμίς μου
καὶ τάξει[8] τοὺς πόδας μου εἰς συντέλειαν·[9]
ἐπὶ τὰ ὑψηλὰ[10] ἐπιβιβᾷ[11] με
τοῦ νικῆσαι[12] ἐν τῇ ᾠδῇ[13] αὐτοῦ.

1 ἐκλείπω, *aor act ind 3p*, run out
2 πρόβατον, sheep
3 βοῦς, cow, (*p*) cattle
4 φάτνη, manger, stall
5 ἀγαλλιάομαι, *fut mid ind 1s*, rejoice
6 χαίρω, *fut mid ind 1s*, be glad
7 σωτήρ, savior
8 τάσσω, *fut act ind 3s*, situate, arrange
9 συντέλεια, completion, end
10 ὑψηλός, high (place)
11 ἐπιβιβάζω, *fut act ind 3s*, cause to go up, place upon
12 νικάω, *aor act inf*, defeat, win
13 ᾠδή, song

ΣΟΦΟΝΙΑΣ
Zephaniah

1 Λόγος κυρίου, ὃς ἐγενήθη πρὸς Σοφονιαν τὸν τοῦ Χουσι υἱὸν Γοδολιου τοῦ
Αμαριου τοῦ Εζεκιου ἐν ἡμέραις Ιωσιου υἱοῦ Αμων βασιλέως Ιουδα.

Coming Judgment on Judah

2 Ἐκλείψει[1] ἐκλιπέτω[2] πάντα ἀπὸ προσώπου τῆς γῆς,
λέγει κύριος,
3 ἐκλιπέτω[3] ἄνθρωπος καὶ κτήνη,[4]
ἐκλιπέτω τὰ πετεινὰ[5] τοῦ οὐρανοῦ καὶ οἱ ἰχθύες[6] τῆς θαλάσσης,
καὶ ἐξαρῶ[7] τοὺς ἀνθρώπους ἀπὸ προσώπου τῆς γῆς,
λέγει κύριος.
4 καὶ ἐκτενῶ[8] τὴν χεῖρά μου ἐπὶ Ιουδαν
καὶ ἐπὶ πάντας τοὺς κατοικοῦντας Ιερουσαλημ
καὶ ἐξαρῶ[9] ἐκ τοῦ τόπου τούτου τὰ ὀνόματα τῆς Βααλ
καὶ τὰ ὀνόματα τῶν ἱερέων
5 καὶ τοὺς προσκυνοῦντας ἐπὶ τὰ δώματα[10] τῇ στρατιᾷ[11] τοῦ οὐρανοῦ
καὶ τοὺς ὀμνύοντας[12] κατὰ τοῦ κυρίου
καὶ τοὺς ὀμνύοντας κατὰ τοῦ βασιλέως αὐτῶν
6 καὶ τοὺς ἐκκλίνοντας[13] ἀπὸ τοῦ κυρίου
καὶ τοὺς μὴ ζητήσαντας τὸν κύριον
καὶ τοὺς μὴ ἀντεχομένους[14] τοῦ κυρίου.

Nearness of the Day of the Lord

7 Εὐλαβεῖσθε[15] ἀπὸ προσώπου κυρίου τοῦ θεοῦ,
διότι[16] ἐγγὺς[17] ἡ ἡμέρα τοῦ κυρίου,

1 ἔκλειψις, abandonment, extinction
2 ἐκλείπω, *aor act impv 3s*, come to an end, die out
3 ἐκλείπω, *aor act impv 3s*, come to an end, die out
4 κτῆνος, animal
5 πετεινόν, bird
6 ἰχθύς, fish
7 ἐξαίρω, *fut act ind 1s*, remove
8 ἐκτείνω, *fut act ind 1s*, reach out
9 ἐξαίρω, *fut act ind 1s*, remove
10 δῶμα, housetop, roof
11 στρατιά, host, army
12 ὄμνυμι, *pres act ptc acc p m*, swear an oath
13 ἐκκλίνω, *pres act ptc acc p m*, turn away
14 ἀντέχω, *pres mid ptc acc p m*, hold fast
15 εὐλαβέομαι, *pres mid impv 2p*, revere, pay honor
16 διότι, for
17 ἐγγύς, near

ὅτι ἡτοίμακεν κύριος τὴν θυσίαν[1] αὐτοῦ,
ἡγίακεν[2] τοὺς κλητοὺς[3] αὐτοῦ.
8 καὶ ἔσται ἐν ἡμέρᾳ θυσίας[4] κυρίου
καὶ ἐκδικήσω[5] ἐπὶ τοὺς ἄρχοντας
καὶ ἐπὶ τὸν οἶκον τοῦ βασιλέως
καὶ ἐπὶ πάντας τοὺς ἐνδεδυμένους[6] ἐνδύματα[7] ἀλλότρια·[8]
9 καὶ ἐκδικήσω[9] ἐπὶ πάντας ἐμφανῶς[10] ἐπὶ τὰ πρόπυλα[11] ἐν ἐκείνῃ τῇ ἡμέρᾳ,
τοὺς πληροῦντας τὸν οἶκον κυρίου τοῦ θεοῦ αὐτῶν ἀσεβείας[12] καὶ
δόλου.[13]

10 καὶ ἔσται ἐν ἐκείνῃ τῇ ἡμέρᾳ, λέγει κύριος,
φωνὴ κραυγῆς[14] ἀπὸ πύλης[15] ἀποκεντούντων[16]
καὶ ὀλολυγμὸς[17] ἀπὸ τῆς δευτέρας
καὶ συντριμμὸς[18] μέγας ἀπὸ τῶν βουνῶν.[19]
11 θρηνήσατε,[20] οἱ κατοικοῦντες τὴν κατακεκομμένην,[21]
ὅτι ὡμοιώθη[22] πᾶς ὁ λαὸς Χαναan,
ἐξωλεθρεύθησαν[23] πάντες οἱ ἐπηρμένοι[24] ἀργυρίῳ.[25]
12 καὶ ἔσται ἐν ἐκείνῃ τῇ ἡμέρᾳ ἐξερευνήσω[26] τὴν Ιερουσαλημ μετὰ λύχνου[27]
καὶ ἐκδικήσω[28] ἐπὶ τοὺς ἄνδρας τοὺς καταφρονοῦντας[29] ἐπὶ τὰ
φυλάγματα[30] αὐτῶν,
οἱ λέγοντες ἐν ταῖς καρδίαις αὐτῶν
Οὐ μὴ ἀγαθοποιήσῃ[31] κύριος οὐδ᾽ οὐ μὴ κακώσῃ,[32]
13 καὶ ἔσται ἡ δύναμις αὐτῶν εἰς διαρπαγὴν[33]
καὶ οἱ οἶκοι αὐτῶν εἰς ἀφανισμόν,[34]

1 θυσία, sacrifice
2 ἁγιάζω, *perf act ind 3s*, consecrate
3 κλητός, selected, called
4 θυσία, sacrifice
5 ἐκδικέω, *fut act ind 1s*, punish
6 ἐνδύω, *perf mid ptc acc p m*, put on, clothe
7 ἔνδυμα, clothing
8 ἀλλότριος, foreign, strange
9 ἐκδικέω, *fut act ind 1s*, punish
10 ἐμφανῶς, openly, visibly
11 πρόπυλον, gateway, threshold
12 ἀσέβεια, ungodliness, wickedness
13 δόλος, treachery, deceit
14 κραυγή, outcry
15 πύλη, gate
16 ἀποκεντέω, *pres act ptc gen p m*, pierce through
17 ὀλολυγμός, wailing
18 συντριμμός, clamor (of affliction)
19 βουνός, hill
20 θρηνέω, *aor act impv 2p*, wail, mourn
21 κατακόπτω, *perf pas ptc acc s f*, break in pieces
22 ὁμοιόω, *aor pas ind 3s*, make similar to
23 ἐξολεθρεύω, *aor pas ind 3p*, utterly destroy
24 ἐπαίρω, *perf act ptc nom p m*, exalt, (support)
25 ἀργύριον, silver, money
26 ἐξερευνάω, *fut act ind 1s*, investigate, search through
27 λύχνος, lamp
28 ἐκδικέω, *fut act ind 1s*, punish
29 καταφρονέω, *pres act ptc acc p m*, scorn, despise
30 φύλαγμα, commandment, ordinance
31 ἀγαθοποιέω, *aor act sub 3s*, do good
32 κακόω, *aor act sub 3s*, do evil
33 διαρπαγή, spoils, plunder
34 ἀφανισμός, destruction

καὶ οἰκοδομήσουσιν οἰκίας καὶ οὐ μὴ κατοικήσουσιν ἐν αὐταῖς
καὶ καταφυτεύσουσιν[1] ἀμπελῶνας[2] καὶ οὐ μὴ πίωσιν τὸν οἶνον αὐτῶν.

14 Ὅτι ἐγγὺς[3] ἡ ἡμέρα κυρίου ἡ μεγάλη, ἐγγὺς καὶ ταχεῖα[4] σφόδρα·[5]
φωνὴ ἡμέρας κυρίου πικρὰ[6] καὶ σκληρά,[7] τέτακται[8] δυνατή.
15 ἡμέρα ὀργῆς ἡ ἡμέρα ἐκείνη, ἡμέρα θλίψεως καὶ ἀνάγκης,[9]
ἡμέρα ἀωρίας[10] καὶ ἀφανισμοῦ,[11] ἡμέρα σκότους καὶ γνόφου,[12]
ἡμέρα νεφέλης[13] καὶ ὁμίχλης,[14]
16 ἡμέρα σάλπιγγος[15] καὶ κραυγῆς[16] ἐπὶ τὰς πόλεις τὰς ὀχυρὰς[17]
καὶ ἐπὶ τὰς γωνίας[18] τὰς ὑψηλάς.[19]

17 καὶ ἐκθλίψω[20] τοὺς ἀνθρώπους, καὶ πορεύσονται ὡς τυφλοί,[21]
ὅτι τῷ κυρίῳ ἐξήμαρτον·[22]
καὶ ἐκχεεῖ[23] τὸ αἷμα αὐτῶν ὡς χοῦν[24]
καὶ τὰς σάρκας αὐτῶν ὡς βόλβιτα.[25]
18 καὶ τὸ ἀργύριον[26] αὐτῶν καὶ τὸ χρυσίον[27] αὐτῶν
οὐ μὴ δύνηται ἐξελέσθαι[28] αὐτοὺς ἐν ἡμέρᾳ ὀργῆς κυρίου,
καὶ ἐν πυρὶ ζήλους[29] αὐτοῦ καταναλωθήσεται[30] πᾶσα ἡ γῆ,
διότι[31] συντέλειαν[32] καὶ σπουδὴν[33] ποιήσει ἐπὶ πάντας τοὺς
κατοικοῦντας τὴν γῆν.

Judgment on Judah's Enemies

2 Συνάχθητε καὶ συνδέθητε,[34]
τὸ ἔθνος τὸ ἀπαίδευτον,[35]
2 πρὸ τοῦ γενέσθαι ὑμᾶς ὡς ἄνθος[36] παραπορευόμενον,[37]
πρὸ τοῦ ἐπελθεῖν[38] ἐφ᾽ ὑμᾶς ὀργὴν κυρίου,
πρὸ τοῦ ἐπελθεῖν ἐφ᾽ ὑμᾶς ἡμέραν θυμοῦ[39] κυρίου.

1 καταφυτεύω, *fut act ind 3p*, plant
2 ἀμπελών, vineyard
3 ἐγγύς, near
4 ταχύς, soon
5 σφόδρα, exceedingly
6 πικρός, bitter
7 σκληρός, severe
8 τάσσω, *perf pas ind 3s*, set up, arrange
9 ἀνάγκη, compulsion, distress
10 ἀωρία, untimely season
11 ἀφανισμός, destruction
12 γνόφος, darkness
13 νεφέλη, cloud
14 ὁμίχλη, fog
15 σάλπιγξ, trumpet
16 κραυγή, crying, shouting
17 ὀχυρός, secure
18 γωνία, corner, angle
19 ὑψηλός, high, lofty
20 ἐκθλίβω, *fut act ind 1s*, afflict
21 τυφλός, blind
22 ἐξαμαρτάνω, *aor act ind 3p*, sin
23 ἐκχέω, *fut act ind 3s*, pour out
24 χοῦς, soil, dust
25 βόλβιτον, dung
26 ἀργύριον, silver
27 χρυσίον, gold
28 ἐξαιρέω, *aor mid inf*, remove, deliver
29 ζῆλος, zeal, jealousy
30 καταναλίσκω, *fut pas ind 3s*, consume
31 διότι, for
32 συντέλεια, end, consummation
33 σπουδή, haste
34 συνδέω, *aor pas impv 2p*, join together
35 ἀπαίδευτος, ignorant, undisciplined
36 ἄνθος, flower, blossom
37 παραπορεύομαι, *pres mid ptc nom s n*, pass by, (be temporary)
38 ἐπέρχομαι, *aor act inf*, come upon
39 θυμός, anger, wrath

3 ζητήσατε τὸν κύριον, πάντες ταπεινοὶ[1] γῆς·
κρίμα[2] ἐργάζεσθε καὶ δικαιοσύνην ζητήσατε καὶ ἀποκρίνεσθε αὐτά,
ὅπως σκεπασθῆτε[3] ἐν ἡμέρᾳ ὀργῆς κυρίου.
4 Διότι[4] Γάζα διηρπασμένη[5] ἔσται,
καὶ Ἀσκαλὼν ἔσται εἰς ἀφανισμόν,[6]
καὶ Ἄζωτος μεσημβρίας[7] ἐκριφήσεται,[8]
καὶ Ακκαρων ἐκριζωθήσεται.[9]

5 οὐαὶ οἱ κατοικοῦντες τὸ σχοίνισμα[10] τῆς θαλάσσης, πάροικοι[11] Κρητῶν·
λόγος κυρίου ἐφ᾽ ὑμᾶς, Χαναан γῆ ἀλλοφύλων,[12]
καὶ ἀπολῶ ὑμᾶς ἐκ κατοικίας·[13]
6 καὶ ἔσται Κρήτη νομὴ[14] ποιμνίων[15] καὶ μάνδρα[16] προβάτων,
7 καὶ ἔσται τὸ σχοίνισμα[17] τῆς θαλάσσης τοῖς καταλοίποις[18] οἴκου Ιουδα·
ἐπ᾽ αὐτοὺς νεμήσονται[19] ἐν τοῖς οἴκοις Ἀσκαλῶνος,
δείλης[20] καταλύσουσιν[21] ἀπὸ προσώπου υἱῶν Ιουδα,
ὅτι ἐπέσκεπται[22] αὐτοὺς κύριος ὁ θεὸς αὐτῶν,
καὶ ἀπέστρεψε[23] τὴν αἰχμαλωσίαν[24] αὐτῶν.

8 Ἤκουσα ὀνειδισμοὺς[25] Μωαβ καὶ κονδυλισμοὺς[26] υἱῶν Αμμων,
ἐν οἷς ὠνείδιζον[27] τὸν λαόν μου καὶ ἐμεγαλύνοντο[28] ἐπὶ τὰ ὅριά[29] μου.
9 διὰ τοῦτο ζῶ ἐγώ, λέγει κύριος τῶν δυνάμεων ὁ θεὸς Ισραηλ,
διότι[30] Μωαβ ὡς Σοδομα ἔσται καὶ οἱ υἱοὶ Αμμων ὡς Γομορρα,
καὶ Δαμασκὸς ἐκλελειμμένη[31] ὡς θημωνιὰ[32] ἅλωνος[33]
καὶ ἠφανισμένη[34] εἰς τὸν αἰῶνα·

1 ταπεινός, lowly, humble
2 κρίμα, judgment
3 σκεπάζω, *aor pas sub 2p*, cover, shelter
4 διότι, for
5 διαρπάζω, *perf pas ptc nom s f*, plunder
6 ἀφανισμός, destruction
7 μεσημβρία, noon
8 ἐκρίπτω, *fut pas ind 3s*, drive out
9 ἐκριζόω, *fut pas ind 3s*, uproot
10 σχοίνισμα, spit, narrow strip of land
11 πάροικος, sojourner, noncitizen
12 ἀλλόφυλος, foreign, (Philistine)
13 κατοικία, dwelling place
14 νομή, pasture
15 ποίμνιον, flock
16 μάνδρα, fold
17 σχοίνισμα, spit, narrow strip of land
18 κατάλοιπος, remnant
19 νέμω, *fut mid ind 3p*, graze, pasture
20 δείλη, evening
21 καταλύω, *fut act ind 3p*, unroll (a tent for lodging)
22 ἐπισκέπτομαι, *perf mid ind 3s*, examine, visit
23 ἀποστρέφω, *aor act ind 3s*, turn away, change, restore
24 αἰχμαλωσία, captivity, band of captives
25 ὀνειδισμός, insult, taunt
26 κονδυλισμός, mistreatment
27 ὀνειδίζω, *impf act ind 3p*, revile, mock
28 μεγαλύνω, *impf mid ind 3p*, increase, enlarge
29 ὅριον, territory, region
30 διότι, for
31 ἐκλείπω, *perf pas ptc nom s f*, forsake
32 θημωνιά, heap
33 ἅλων, threshing floor
34 ἀφανίζω, *perf pas ptc nom s f*, remove

καὶ οἱ κατάλοιποι[1] λαοῦ μου διαρπῶνται[2] αὐτούς,
καὶ οἱ κατάλοιποι[3] ἔθνους μου κληρονομήσουσιν[4] αὐτούς.
10 αὕτη αὐτοῖς ἀντὶ[5] τῆς ὕβρεως[6] αὐτῶν,
διότι[7] ὠνείδισαν[8] καὶ ἐμεγαλύνθησαν[9] ἐπὶ τὸν κύριον τὸν
παντοκράτορα.[10]
11 ἐπιφανήσεται[11] κύριος ἐπ᾽ αὐτούς
καὶ ἐξολεθρεύσει[12] πάντας τοὺς θεοὺς τῶν ἐθνῶν τῆς γῆς,
καὶ προσκυνήσουσιν αὐτῷ ἕκαστος ἐκ τοῦ τόπου αὐτοῦ,
πᾶσαι αἱ νῆσοι[13] τῶν ἐθνῶν.

12 Καὶ ὑμεῖς, Αἰθίοπες,
τραυματίαι[14] ῥομφαίας[15] μού ἐστε.

13 καὶ ἐκτενεῖ[16] τὴν χεῖρα αὐτοῦ ἐπὶ βορρᾶν[17] καὶ ἀπολεῖ τὸν Ἀσσύριον
καὶ θήσει τὴν Νινευη εἰς ἀφανισμὸν[18] ἄνυδρον[19] ὡς ἔρημον·
14 καὶ νεμήσονται[20] ἐν μέσῳ αὐτῆς ποίμνια[21] καὶ πάντα τὰ θηρία τῆς γῆς,
καὶ χαμαιλέοντες[22] καὶ ἐχῖνοι[23] ἐν τοῖς φατνώμασιν[24] αὐτῆς
κοιτασθήσονται,[25]
καὶ θηρία φωνήσει[26] ἐν τοῖς διορύγμασιν[27] αὐτῆς,
κόρακες[28] ἐν τοῖς πυλῶσιν[29] αὐτῆς,
διότι[30] κέδρος[31] τὸ ἀνάστημα[32] αὐτῆς.

15 αὕτη ἡ πόλις ἡ φαυλίστρια[33] ἡ κατοικοῦσα ἐπ᾽ ἐλπίδι
ἡ λέγουσα ἐν καρδίᾳ αὐτῆς Ἐγώ εἰμι, καὶ οὐκ ἔστιν μετ᾽ ἐμὲ ἔτι.
πῶς ἐγενήθη εἰς ἀφανισμόν,[34] νομὴ[35] θηρίων·
πᾶς ὁ διαπορευόμενος[36] δι᾽ αὐτῆς συριεῖ[37] καὶ κινήσει[38] τὰς χεῖρας αὐτοῦ.

1 κατάλοιπος, remnant
2 διαρπάζω, *fut mid ind 3p*, plunder
3 κατάλοιπος, remnant
4 κληρονομέω, *fut act ind 3p*, take possession of
5 ἀντί, in exchange for
6 ὕβρις, pride, arrogance
7 διότι, for
8 ὀνειδίζω, *aor act ind 3p*, revile, insult
9 μεγαλύνω, *aor pas ind 3p*, exalt
10 παντοκράτωρ, almighty, ruler of all
11 ἐπιφαίνω, *fut pas ind 3s*, appear
12 ἐξολεθρεύω, *fut act ind 3s*, utterly destroy
13 νῆσος, island
14 τραυματίας, victim, casualty
15 ῥομφαία, sword
16 ἐκτείνω, *fut act ind 3s*, reach out
17 βορρᾶς, north
18 ἀφανισμός, destruction
19 ἄνυδρος, waterless
20 νέμω, *fut mid ind 3p*, graze, pasture
21 ποίμνιον, flock
22 χαμαιλέων, chameleon
23 ἐχῖνος, hedgehog
24 φάτνωμα, capitol (of a pillar), coffer (of a ceiling)
25 κοιτάζω, *fut pas ind 3p*, lie down to sleep
26 φωνέω, *fut act ind 3s*, cry out
27 διόρυγμα, canal, mine, furrow
28 κόραξ, raven
29 πυλών, gate
30 διότι, for
31 κέδρος, cedar
32 ἀνάστημα, height, prominence
33 φαυλίστρια, contemptuous
34 ἀφανισμός, destruction
35 νομή, pasture
36 διαπορεύομαι, *pres mid ptc nom s m*, pass through
37 συρίζω, *fut act ind 3s*, whistle, hiss
38 κινέω, *fut act ind 3s*, move, (gesticulate)

Woe on Unrepentant Jerusalem

3 Ὦ[1] ἡ ἐπιφανὴς[2] καὶ ἀπολελυτρωμένη,[3]
ἡ πόλις ἡ περιστερά·[4]
2 οὐκ εἰσήκουσεν[5] φωνῆς, οὐκ ἐδέξατο[6] παιδείαν,[7]
ἐπὶ τῷ κυρίῳ οὐκ ἐπεποίθει[8]
καὶ πρὸς τὸν θεὸν αὐτῆς οὐκ ἤγγισεν.

3 οἱ ἄρχοντες αὐτῆς ἐν αὐτῇ ὡς λέοντες[9] ὠρυόμενοι·[10]
οἱ κριταὶ[11] αὐτῆς ὡς λύκοι[12] τῆς Ἀραβίας,
οὐχ ὑπελίποντο[13] εἰς τὸ πρωί.[14]
4 οἱ προφῆται αὐτῆς πνευματοφόροι,[15] ἄνδρες καταφρονηταί·[16]
οἱ ἱερεῖς αὐτῆς βεβηλοῦσιν[17] τὰ ἅγια καὶ ἀσεβοῦσιν[18] νόμον.
5 ὁ δὲ κύριος δίκαιος ἐν μέσῳ αὐτῆς καὶ οὐ μὴ ποιήσῃ ἄδικον·[19]
πρωὶ[20] πρωὶ δώσει κρίμα[21] αὐτοῦ εἰς φῶς καὶ οὐκ ἀπεκρύβη[22]
καὶ οὐκ ἔγνω ἀδικίαν[23] ἐν ἀπαιτήσει[24] καὶ οὐκ εἰς νεῖκος[25] ἀδικίαν.

6 ἐν διαφθορᾷ[26] κατέσπασα[27] ὑπερηφάνους,[28] ἠφανίσθησαν[29] γωνίαι[30] αὐτῶν·
ἐξερημώσω[31] τὰς ὁδοὺς αὐτῶν τὸ παράπαν[32] τοῦ μὴ διοδεύειν·[33]
ἐξέλιπον[34] αἱ πόλεις αὐτῶν παρὰ τὸ μηδένα[35] ὑπάρχειν μηδὲ κατοικεῖν.
7 εἶπα Πλὴν φοβεῖσθέ με καὶ δέξασθε[36] παιδείαν,[37]
καὶ οὐ μὴ ἐξολεθρευθῆτε[38] ἐξ ὀφθαλμῶν αὐτῆς,
πάντα ὅσα ἐξεδίκησα[39] ἐπ᾽ αὐτήν·
ἑτοιμάζου ὄρθρισον,[40]
διέφθαρται[41] πᾶσα ἡ ἐπιφυλλὶς[42] αὐτῶν.

1 ὦ, Oh!, (Woe!)
2 ἐπιφανής, remarkable, notable, splendid
3 ἀπολυτρόω, *perf pas ptc nom s f*, ransom
4 περιστερά, dove
5 εἰσακούω, *aor act ind 3s*, listen
6 δέχομαι, *aor mid ind 3s*, accept, receive
7 παιδεία, discipline, instruction
8 πείθω, *plpf act ind 3s*, trust
9 λέων, lion
10 ὠρύομαι, *pres mid ptc nom p m*, roar
11 κριτής, judge, leader
12 λύκος, wolf
13 ὑπολείπω, *aor mid ind 3p*, leave behind
14 πρωί, early morning
15 πνευματοφόρος, moved by spirits
16 καταφρονητής, despiser
17 βεβηλόω, *pres act ind 3p*, defile, profane
18 ἀσεβέω, *pres act ind 3p*, ungodliness, wickedness
19 ἄδικος, injustice
20 πρωί, morning
21 κρίμα, judgment, decision
22 ἀποκρύπτω, *aor pas ind 3s*, hide
23 ἀδικία, injustice
24 ἀπαίτησις, claim, right to demand something
25 νεῖκος, victory
26 διαφθορά, destruction
27 κατασπάω, *aor act ind 1s*, pull down
28 ὑπερήφανος, proud, arrogant
29 ἀφανίζω, *aor pas ind 3p*, remove, destroy
30 γωνία, chief (person), corner (tower)
31 ἐξερημόω, *fut act ind 1s*, desolate
32 παράπαν, completely
33 διοδεύω, *pres act inf*, travel through
34 ἐκλείπω, *aor act ind 3p*, be gone, come to an end
35 μηδείς, no one
36 δέχομαι, *aor mid impv 2p*, accept, receive
37 παιδεία, discipline, instruction
38 ἐξολεθρεύω, *aor pas sub 2p*, utterly destroy
39 ἐκδικέω, *aor act ind 1s*, punish
40 ὀρθρίζω, *aor act impv 2s*, rise up early
41 διαφθείρω, *perf pas ind 3s*, be corrupt
42 ἐπιφυλλίς, gleaning

8 Διὰ τοῦτο ὑπόμεινόν[1] με, λέγει κύριος,
εἰς ἡμέραν ἀναστάσεώς[2] μου εἰς μαρτύριον·[3]
διότι[4] τὸ κρίμα[5] μου εἰς συναγωγὰς ἐθνῶν
τοῦ εἰσδέξασθαι[6] βασιλεῖς
τοῦ ἐκχέαι[7] ἐπ᾽ αὐτοὺς πᾶσαν ὀργὴν θυμοῦ[8] μου·
διότι ἐν πυρὶ ζήλους[9] μου καταναλωθήσεται[10] πᾶσα ἡ γῆ.

Restoration of the Remnant and the Nations

9 ὅτι τότε μεταστρέψω[11] ἐπὶ λαοὺς γλῶσσαν εἰς γενεὰν αὐτῆς
τοῦ ἐπικαλεῖσθαι[12] πάντας τὸ ὄνομα κυρίου
τοῦ δουλεύειν[13] αὐτῷ ὑπὸ ζυγὸν[14] ἕνα.
10 ἐκ περάτων[15] ποταμῶν[16] Αἰθιοπίας οἴσουσιν θυσίας[17] μοι.
11 ἐν τῇ ἡμέρᾳ ἐκείνῃ οὐ μὴ καταισχυνθῇς[18] ἐκ πάντων τῶν ἐπιτηδευμάτων[19] σου,
ὧν ἠσέβησας[20] εἰς ἐμέ·
ὅτι τότε περιελῶ[21] ἀπὸ σοῦ τὰ φαυλίσματα[22] τῆς ὕβρεώς[23] σου,
καὶ οὐκέτι μὴ προσθῇς[24] τοῦ μεγαλαυχῆσαι[25] ἐπὶ τὸ ὄρος τὸ ἅγιόν μου.
12 καὶ ὑπολείψομαι[26] ἐν σοὶ λαὸν πραΰν[27] καὶ ταπεινόν,[28]
καὶ εὐλαβηθήσονται[29] ἀπὸ τοῦ ὀνόματος κυρίου **13** οἱ κατάλοιποι[30] τοῦ Ισραηλ
καὶ οὐ ποιήσουσιν ἀδικίαν[31]
καὶ οὐ λαλήσουσιν μάταια,[32]
καὶ οὐ μὴ εὑρεθῇ ἐν τῷ στόματι αὐτῶν γλῶσσα δολία,[33]
διότι[34] αὐτοὶ νεμήσονται[35] καὶ κοιτασθήσονται,[36]
καὶ οὐκ ἔσται ὁ ἐκφοβῶν[37] αὐτούς.

1 ὑπομένω, *aor act impv 2s*, wait for
2 ἀνάστασις, rising up, resurrection
3 μαρτύριον, proof, witness
4 διότι, for
5 κρίμα, judgment
6 εἰσδέχομαι, *aor mid inf*, receive, welcome
7 ἐκχέω, *aor act inf*, pour out
8 θυμός, anger, wrath
9 ζῆλος, zeal, jealousy
10 καταναλίσκω, *fut pas ind 3s*, consume
11 μεταστρέφω, *fut act ind 1s*, change, transform
12 ἐπικαλέω, *pres mid inf*, call upon, appeal to
13 δουλεύω, *pres act inf*, serve
14 ζυγός, yoke
15 πέρας, end
16 ποταμός, river
17 θυσία, sacrifice
18 καταισχύνω, *fut pas sub 2s*, put to shame
19 ἐπιτήδευμα, pursuit, activity
20 ἀσεβέω, *aor act ind 2s*, act wickedly
21 περιαιρέω, *fut act ind 1s*, take away
22 φαύλισμα, disparagement
23 ὕβρις, insolence, pride
24 προστίθημι, *aor act sub 2s*, continue
25 μεγαλαυχέω, *aor act inf*, boast
26 ὑπολείπω, *fut mid ind 1s*, leave behind
27 πραΰς, gentle, meek
28 ταπεινός, humble, lowly
29 εὐλαβέομαι, *fut pas ind 3p*, become fearful
30 κατάλοιπος, remnant
31 ἀδικία, injustice
32 μάταιος, worthless, pointless
33 δόλιος, deceitful
34 διότι, for
35 νέμω, *fut mid ind 3p*, graze, pasture
36 κοιτάζω, *fut pas ind 3p*, give rest
37 ἐκφοβέω, *pres act ptc nom s m*, frighten

14 Χαῖρε[1] σφόδρα,[2] θύγατερ[3] Σιων,
κήρυσσε,[4] θύγατερ Ιερουσαλημ·
εὐφραίνου[5] καὶ κατατέρπου[6] ἐξ ὅλης τῆς καρδίας σου,
θύγατερ Ιερουσαλημ.
15 περιεῖλεν[7] κύριος τὰ ἀδικήματά[8] σου,
λελύτρωταί[9] σε ἐκ χειρὸς ἐχθρῶν σου·
βασιλεὺς Ισραηλ κύριος ἐν μέσῳ σου,
οὐκ ὄψῃ κακὰ οὐκέτι.
16 ἐν τῷ καιρῷ ἐκείνῳ ἐρεῖ κύριος τῇ Ιερουσαλημ
Θάρσει,[10] Σιων, μὴ παρείσθωσαν[11] αἱ χεῖρές σου·
17 κύριος ὁ θεός σου ἐν σοί, δυνατὸς σώσει σε,
ἐπάξει[12] ἐπὶ σὲ εὐφροσύνην[13] καὶ καινιεῖ[14] σε ἐν τῇ ἀγαπήσει[15] αὐτοῦ
καὶ εὐφρανθήσεται[16] ἐπὶ σὲ ἐν τέρψει[17] ὡς ἐν ἡμέρᾳ ἑορτῆς.[18]
18 καὶ συνάξω τοὺς συντετριμμένους·[19]
οὐαί, τίς ἔλαβεν ἐπ᾽ αὐτὴν ὀνειδισμόν;[20]

19 ἰδοὺ ἐγὼ ποιῶ ἐν σοὶ ἕνεκεν[21] σοῦ ἐν τῷ καιρῷ ἐκείνῳ, λέγει κύριος,
καὶ σώσω τὴν ἐκπεπιεσμένην[22] καὶ τὴν ἀπωσμένην·[23]
εἰσδέξομαι[24] καὶ θήσομαι αὐτοὺς εἰς καύχημα[25]
καὶ ὀνομαστοὺς[26] ἐν πάσῃ τῇ γῇ.
20 καὶ καταισχυνθήσονται[27] ἐν τῷ καιρῷ ἐκείνῳ, ὅταν καλῶς[28] ὑμῖν ποιήσω,
καὶ ἐν τῷ καιρῷ, ὅταν εἰσδέξωμαι[29] ὑμᾶς·
διότι[30] δώσω ὑμᾶς ὀνομαστοὺς[31] καὶ εἰς καύχημα[32] ἐν πᾶσιν τοῖς λαοῖς τῆς γῆς
ἐν τῷ ἐπιστρέφειν με τὴν αἰχμαλωσίαν[33] ὑμῶν ἐνώπιον ὑμῶν, λέγει κύριος.

1 χαίρω, *pres act impv 2s*, rejoice
2 σφόδρα, greatly, exceedingly
3 θυγάτηρ, daughter
4 κηρύσσω, *pres act impv 2s*, preach, proclaim
5 εὐφραίνω, *pres mid impv 2s*, be glad
6 κατατέρπω, *pres mid impv 2s*, delight greatly
7 περιαιρέω, *aor act ind 3s*, take away
8 ἀδίκημα, wrongdoing, trespass
9 λυτρόω, *perf mid ind 3s*, redeem
10 θαρσέω, *pres act impv 2s*, be courageous
11 παρίημι, *perf pas impv 3p*, neglect, weaken
12 ἐπάγω, *fut act ind 3s*, bring upon
13 εὐφροσύνη, rejoicing
14 καινίζω, *fut act ind 3s*, renew
15 ἀγάπησις, affection
16 εὐφραίνω, *fut pas ind 3s*, rejoice
17 τέρψις, enjoyment, delight
18 ἑορτή, festival, feast
19 συντρίβω, *perf pas ptc acc p m*, crush, break into pieces
20 ὀνειδισμός, reproach, insult
21 ἕνεκεν, for the sake of
22 ἐκπιέζω, *perf pas ptc acc s f*, force out, expel
23 ἀπωθέω, *perf pas ptc acc s f*, push away, reject
24 εἰσδέχομαι, *fut mid ind 1s*, receive, welcome
25 καύχημα, source of pride
26 ὀνομαστός, illustrious, renowned
27 καταισχύνω, *fut pas ind 3p*, put to shame
28 καλῶς, well
29 εἰσδέχομαι, *aor mid sub 1s*, receive, welcome
30 διότι, for
31 ὀνομαστός, illustrious, renowned
32 καύχημα, source of pride
33 αἰχμαλωσία, captivity

ΑΓΓΑΙΟΣ
Haggai

A Call to Rebuild the Temple

1 Ἐν τῷ δευτέρῳ ἔτει ἐπὶ Δαρείου τοῦ βασιλέως ἐν τῷ μηνὶ[1] τῷ ἕκτῳ[2] μιᾷ τοῦ μηνὸς
ἐγένετο λόγος κυρίου ἐν χειρὶ Αγγαιου τοῦ προφήτου λέγων Εἰπὸν δή[3] πρὸς
Ζοροβαβελ τὸν τοῦ Σαλαθιηλ ἐκ φυλῆς Ιουδα καὶ πρὸς Ἰησοῦν τὸν τοῦ Ιωσεδεκ
τὸν ἱερέα τὸν μέγαν λέγων **2** Τάδε[4] λέγει κύριος παντοκράτωρ[5] λέγων Ὁ λαὸς οὗτος
λέγουσιν Οὐχ ἥκει[6] ὁ καιρὸς τοῦ οἰκοδομῆσαι τὸν οἶκον κυρίου. **3** καὶ ἐγένετο
λόγος κυρίου ἐν χειρὶ Αγγαιου τοῦ προφήτου λέγων **4** Εἰ καιρὸς ὑμῖν μέν ἐστιν
τοῦ οἰκεῖν[7] ἐν οἴκοις ὑμῶν κοιλοστάθμοις,[8] ὁ δὲ οἶκος οὗτος ἐξηρήμωται;[9] **5** καὶ
νῦν τάδε[10] λέγει κύριος παντοκράτωρ[11] Τάξατε[12] δή[13] τὰς καρδίας ὑμῶν εἰς τὰς
ὁδοὺς ὑμῶν· **6** ἐσπείρατε[14] πολλὰ καὶ εἰσηνέγκατε[15] ὀλίγα,[16] ἐφάγετε καὶ οὐκ εἰς
πλησμονήν,[17] ἐπίετε καὶ οὐκ εἰς μέθην,[18] περιεβάλεσθε[19] καὶ οὐκ ἐθερμάνθητε[20] ἐν
αὐτοῖς, καὶ ὁ τοὺς μισθοὺς[21] συνάγων συνήγαγεν εἰς δεσμὸν[22] τετρυπημένον.[23]

7 τάδε[24] λέγει κύριος παντοκράτωρ[25] Θέσθε τὰς καρδίας ὑμῶν εἰς τὰς ὁδοὺς ὑμῶν·
8 ἀνάβητε ἐπὶ τὸ ὄρος καὶ κόψατε[26] ξύλα[27] καὶ οἰκοδομήσατε τὸν οἶκον, καὶ εὐδο-
κήσω[28] ἐν αὐτῷ καὶ ἐνδοξασθήσομαι,[29] εἶπεν κύριος. **9** ἐπεβλέψατε[30] εἰς πολλά, καὶ
ἐγένετο ὀλίγα·[31] καὶ εἰσηνέχθη[32] εἰς τὸν οἶκον, καὶ ἐξεφύσησα[33] αὐτά. διὰ τοῦτο

1 μήν, month
2 ἕκτος, sixth
3 δή, now, then
4 ὅδε, this
5 παντοκράτωρ, almighty, ruler of all
6 ἥκω, *pres act ind 3s*, come
7 οἰκέω, *pres act inf*, live, dwell
8 κοιλόσταθμος, coffered ceiling
9 ἐξερημόω, *perf pas ind 3s*, devastate, make destitute
10 ὅδε, this
11 παντοκράτωρ, almighty, ruler of all
12 τάσσω, *aor act impv 2p*, order, arrange
13 δή, now, then
14 σπείρω, *aor act ind 2p*, sow
15 εἰσφέρω, *aor act ind 2p*, gather in
16 ὀλίγος, little
17 πλησμονή, satisfaction, abundance
18 μέθη, drunkenness
19 περιβάλλω, *aor mid ind 2p*, cover, clothe
20 θερμαίνω, *aor pas ind 2p*, warm
21 μισθός, wages, payment
22 δεσμός, bond, chains
23 τρυπάω, *perf pas ptc acc s m*, bore through
24 ὅδε, this
25 παντοκράτωρ, almighty, ruler of all
26 κόπτω, *aor act impv 2p*, cut
27 ξύλον, tree
28 εὐδοκέω, *fut act ind 1s*, be pleased
29 ἐνδοξάζομαι, *fut pas ind 1s*, be glorified
30 ἐπιβλέπω, *aor act ind 2p*, look
31 ὀλίγος, little
32 εἰσφέρω, *aor pas ind 3s*, gather in
33 ἐκφυσάω, *aor act ind 1s*, blow away

τάδε[1] λέγει κύριος παντοκράτωρ[2] Ἀνθ᾽ ὧν[3] ὁ οἶκός μού ἐστιν ἔρημος, ὑμεῖς δὲ διώκετε
ἕκαστος εἰς τὸν οἶκον αὐτοῦ, **10** διὰ τοῦτο ἀνέξει[4] ὁ οὐρανὸς ἀπὸ δρόσου,[5] καὶ ἡ γῆ
ὑποστελεῖται[6] τὰ ἐκφόρια[7] αὐτῆς· **11** καὶ ἐπάξω[8] ῥομφαίαν[9] ἐπὶ τὴν γῆν καὶ ἐπὶ τὰ ὄρη
καὶ ἐπὶ τὸν σῖτον[10] καὶ ἐπὶ τὸν οἶνον καὶ ἐπὶ τὸ ἔλαιον[11] καὶ ὅσα ἐκφέρει[12] ἡ γῆ καὶ ἐπὶ
τοὺς ἀνθρώπους καὶ ἐπὶ τὰ κτήνη[13] καὶ ἐπὶ πάντας τοὺς πόνους[14] τῶν χειρῶν αὐτῶν.

Obedience to the Lord's Call

12 καὶ ἤκουσεν Ζοροβαβελ ὁ τοῦ Σαλαθιηλ ἐκ φυλῆς Ιουδα καὶ Ἰησοῦς ὁ τοῦ
Ιωσεδεκ ὁ ἱερεὺς ὁ μέγας καὶ πάντες οἱ κατάλοιποι[15] τοῦ λαοῦ τῆς φωνῆς κυρίου
τοῦ θεοῦ αὐτῶν καὶ τῶν λόγων Αγγαιου τοῦ προφήτου, καθότι[16] ἐξαπέστειλεν[17]
αὐτὸν κύριος ὁ θεὸς αὐτῶν πρὸς αὐτούς, καὶ ἐφοβήθη ὁ λαὸς ἀπὸ προσώπου
κυρίου. **13** καὶ εἶπεν Αγγαιος ὁ ἄγγελος κυρίου τῷ λαῷ Ἐγώ εἰμι μεθ᾽ ὑμῶν, λέγει
κύριος. **14** καὶ ἐξήγειρεν[18] κύριος τὸ πνεῦμα Ζοροβαβελ τοῦ Σαλαθιηλ ἐκ φυλῆς
Ιουδα καὶ τὸ πνεῦμα Ἰησοῦ τοῦ Ιωσεδεκ τοῦ ἱερέως τοῦ μεγάλου καὶ τὸ πνεῦμα τῶν
καταλοίπων[19] παντὸς τοῦ λαοῦ, καὶ εἰσῆλθον καὶ ἐποίουν ἔργα ἐν τῷ οἴκῳ κυρίου
παντοκράτορος[20] θεοῦ αὐτῶν **15** τῇ τετράδι[21] καὶ εἰκάδι[22] τοῦ μηνὸς[23] τοῦ ἕκτου[24]
τῷ δευτέρῳ ἔτει ἐπὶ Δαρείου τοῦ βασιλέως.

Encouragement to the Builders

2 Τῷ ἑβδόμῳ[25] μηνὶ[26] μιᾷ καὶ εἰκάδι[27] τοῦ μηνὸς ἐλάλησεν κύριος ἐν χειρὶ Αγγαιου
τοῦ προφήτου λέγων **2** Εἰπὸν δὴ[28] πρὸς Ζοροβαβελ τὸν τοῦ Σαλαθιηλ ἐκ φυλῆς
Ιουδα καὶ πρὸς Ἰησοῦν τὸν τοῦ Ιωσεδεκ τὸν ἱερέα τὸν μέγαν καὶ πρὸς πάντας
τοὺς καταλοίπους[29] τοῦ λαοῦ λέγων **3** Τίς ἐξ ὑμῶν ὃς εἶδεν τὸν οἶκον τοῦτον ἐν τῇ
δόξῃ αὐτοῦ τῇ ἔμπροσθεν; καὶ πῶς ὑμεῖς βλέπετε αὐτὸν νῦν; καθὼς οὐχ ὑπάρχοντα
ἐνώπιον ὑμῶν. **4** καὶ νῦν κατίσχυε,[30] Ζοροβαβελ, λέγει κύριος, καὶ κατίσχυε, Ἰησοῦ
ὁ τοῦ Ιωσεδεκ ὁ ἱερεὺς ὁ μέγας, καὶ κατισχυέτω[31] πᾶς ὁ λαὸς τῆς γῆς, λέγει κύριος,
καὶ ποιεῖτε· διότι[32] μεθ᾽ ὑμῶν ἐγώ εἰμι, λέγει κύριος παντοκράτωρ,[33] **5** καὶ τὸ πνεῦμά

1 ὅδε, this
2 παντοκράτωρ, almighty, ruler of all
3 ἀνθ᾽ ὧν, on account of
4 ἀνέχω, *fut act ind 3s*, withhold
5 δρόσος, dew
6 ὑποστέλλω, *fut mid ind 3s*, withdraw
7 ἐκφόριον, produce
8 ἐπάγω, *fut act ind 1s*, bring upon
9 ῥομφαία, sword
10 σῖτος, grain
11 ἔλαιον, oil
12 ἐκφέρω, *pres act ind 3s*, bring forth
13 κτῆνος, animal, beast
14 πόνος, pain, toil
15 κατάλοιπος, remnant
16 καθότι, just as
17 ἐξαποστέλλω, *aor act ind 3s*, send forth
18 ἐξεγείρω, *aor act ind 3s*, stir up
19 κατάλοιπος, remnant
20 παντοκράτωρ, almighty, ruler of all
21 τετράς, fourth (day)
22 εἰκάς, twentieth (day)
23 μήν, month
24 ἕκτος, sixth
25 ἕβδομος, seventh
26 μήν, month
27 εἰκάς, twentieth (day)
28 δή, now, then
29 κατάλοιπος, remnant
30 κατισχύω, *pres act impv 2s*, be strong
31 κατισχύω, *pres act impv 3s*, be strong
32 διότι, for
33 παντοκράτωρ, almighty, ruler of all

μου ἐφέστηκεν[1] ἐν μέσῳ ὑμῶν· θαρσεῖτε.[2] **6** διότι[3] τάδε[4] λέγει κύριος παντοκράτωρ[5]
Ἔτι ἅπαξ[6] ἐγὼ σείσω[7] τὸν οὐρανὸν καὶ τὴν γῆν καὶ τὴν θάλασσαν καὶ τὴν ξηράν·[8]
7 καὶ συσσείσω[9] πάντα τὰ ἔθνη, καὶ ἥξει[10] τὰ ἐκλεκτὰ[11] πάντων τῶν ἐθνῶν, καὶ
πλήσω[12] τὸν οἶκον τοῦτον δόξης, λέγει κύριος παντοκράτωρ.[13] **8** ἐμὸν τὸ ἀργύριον[14]
καὶ ἐμὸν τὸ χρυσίον,[15] λέγει κύριος παντοκράτωρ.[16] **9** διότι[17] μεγάλη ἔσται ἡ δόξα
τοῦ οἴκου τούτου ἡ ἐσχάτη ὑπὲρ τὴν πρώτην, λέγει κύριος παντοκράτωρ·[18] καὶ ἐν
τῷ τόπῳ τούτῳ δώσω εἰρήνην, λέγει κύριος παντοκράτωρ, καὶ εἰρήνην ψυχῆς εἰς
περιποίησιν[19] παντὶ τῷ κτίζοντι[20] τοῦ ἀναστῆσαι τὸν ναὸν τοῦτον.

10 Τετράδι[21] καὶ εἰκάδι[22] τοῦ ἐνάτου[23] μηνὸς[24] ἔτους δευτέρου ἐπὶ Δαρείου ἐγένετο
λόγος κυρίου πρὸς Αγγαιον τὸν προφήτην λέγων **11** Τάδε[25] λέγει κύριος παντο-
κράτωρ[26] Ἐπερώτησον[27] τοὺς ἱερεῖς νόμον λέγων **12** Ἐὰν λάβῃ ἄνθρωπος κρέας[28]
ἅγιον ἐν τῷ ἄκρῳ[29] τοῦ ἱματίου αὐτοῦ καὶ ἅψηται τὸ ἄκρον τοῦ ἱματίου αὐτοῦ
ἄρτου ἢ ἑψέματος[30] ἢ οἴνου ἢ ἐλαίου[31] ἢ παντὸς βρώματος,[32] εἰ ἁγιασθήσεται;[33] καὶ
ἀπεκρίθησαν οἱ ἱερεῖς καὶ εἶπαν Οὔ. **13** καὶ εἶπεν Αγγαιος Ἐὰν ἅψηται μεμιαμμένος[34]
ἐπὶ ψυχῇ ἀπὸ παντὸς τούτων, εἰ μιανθήσεται;[35] καὶ ἀπεκρίθησαν οἱ ἱερεῖς καὶ εἶπαν
Μιανθήσεται. **14** καὶ ἀπεκρίθη Αγγαιος καὶ εἶπεν Οὕτως ὁ λαὸς οὗτος καὶ οὕτως
τὸ ἔθνος τοῦτο ἐνώπιον ἐμοῦ, λέγει κύριος, καὶ οὕτως πάντα τὰ ἔργα τῶν χειρῶν
αὐτῶν, καὶ ὃς ἐὰν ἐγγίσῃ ἐκεῖ, μιανθήσεται[36] ἕνεκεν[37] τῶν λημμάτων[38] αὐτῶν
τῶν ὀρθρινῶν,[39] ὀδυνηθήσονται[40] ἀπὸ προσώπου πόνων[41] αὐτῶν· καὶ ἐμισεῖτε ἐν
πύλαις[42] ἐλέγχοντας.[43] **15** καὶ νῦν θέσθε δὴ[44] εἰς τὰς καρδίας ὑμῶν ἀπὸ τῆς ἡμέρας
ταύτης καὶ ὑπεράνω[45] πρὸ τοῦ θεῖναι λίθον ἐπὶ λίθον ἐν τῷ ναῷ κυρίου **16** τίνες

1 ἐφίστημι, *perf act ind 3s*, set near, situate among
2 θαρσέω, *pres act impv 2p*, be brave, have courage
3 διότι, for
4 ὅδε, this
5 παντοκράτωρ, almighty, ruler of all
6 ἅπαξ, once
7 σείω, *fut act ind 1s*, shake
8 ξηρός, dry (land)
9 συσσείω, *fut act ind 1s*, cause to tremble
10 ἥκω, *fut act ind 3s*, come
11 ἐκλεκτός, chosen, select
12 πίμπλημι, *fut act ind 1s*, fill
13 παντοκράτωρ, almighty, ruler of all
14 ἀργύριον, silver
15 χρυσίον, gold
16 παντοκράτωρ, almighty, ruler of all
17 διότι, for
18 παντοκράτωρ, almighty, ruler of all
19 περιποίησις, preservation
20 κτίζω, *pres act ptc dat s m*, build, create
21 τετράς, fourth (day)
22 εἰκάς, twentieth (day)
23 ἔνατος, ninth
24 μήν, month
25 ὅδε, this
26 παντοκράτωρ, almighty, ruler of all
27 ἐπερωτάω, *aor act impv 2s*, ask
28 κρέας, meat
29 ἄκρος, tip, end
30 ἕψεμα, stew, pottage
31 ἔλαιον, oil
32 βρῶμα, food
33 ἁγιάζω, *fut pas ind 3s*, make sacred
34 μιαίνω, *perf pas ptc nom s m*, defile
35 μιαίνω, *fut pas ind 3s*, defile
36 μιαίνω, *fut pas ind 3s*, defile
37 ἕνεκεν, on account of
38 λῆμμα, gain, profit
39 ὀρθρινός, early
40 ὀδυνάω, *fut pas ind 3p*, suffer
41 πόνος, toil, distress
42 πύλη, gate
43 ἐλέγχω, *pres act ptc acc p m*, reprove, rebuke
44 δή, now, then
45 ὑπεράνω, onward, beyond

ἦτε· ὅτε ἐνεβάλλετε[1] εἰς κυψέλην[2] κριθῆς[3] εἴκοσι[4] σάτα,[5] καὶ ἐγένετο κριθῆς δέκα[6]
σάτα· καὶ εἰσεπορεύεσθε[7] εἰς τὸ ὑπολήνιον[8] ἐξαντλῆσαι[9] πεντήκοντα[10] μετρητάς,[11]
καὶ ἐγένοντο εἴκοσι.[12] **17** ἐπάταξα[13] ὑμᾶς ἐν ἀφορίᾳ[14] καὶ ἐν ἀνεμοφθορίᾳ[15] καὶ ἐν
χαλάζῃ[16] πάντα τὰ ἔργα τῶν χειρῶν ὑμῶν, καὶ οὐκ ἐπεστρέψατε πρός με, λέγει
κύριος. **18** ὑποτάξατε[17] δὴ[18] τὰς καρδίας ὑμῶν ἀπὸ τῆς ἡμέρας ταύτης καὶ ἐπέκεινα·[19]
ἀπὸ τῆς τετράδος[20] καὶ εἰκάδος[21] τοῦ ἐνάτου[22] μηνὸς[23] καὶ ἀπὸ τῆς ἡμέρας, ἧς
ἐθεμελιώθη[24] ὁ ναὸς κυρίου, θέσθε ἐν ταῖς καρδίαις ὑμῶν **19** εἰ ἔτι ἐπιγνωσθήσεται
ἐπὶ τῆς ἅλω[25] καὶ εἰ ἔτι ἡ ἄμπελος[26] καὶ ἡ συκῆ[27] καὶ ἡ ῥόα[28] καὶ τὰ ξύλα[29] τῆς ἐλαίας[30]
τὰ οὐ φέροντα καρπόν, ἀπὸ τῆς ἡμέρας ταύτης εὐλογήσω.

Zerubbabel, the Lord's Chosen Signet

20 Καὶ ἐγένετο λόγος κυρίου ἐκ δευτέρου πρὸς Αγγαιον τὸν προφήτην τετράδι[31]
καὶ εἰκάδι[32] τοῦ μηνὸς[33] λέγων **21** Εἰπὸν πρὸς Ζοροβαβελ τὸν τοῦ Σαλαθιηλ ἐκ
φυλῆς Ιουδα λέγων Ἐγὼ σείω[34] τὸν οὐρανὸν καὶ τὴν γῆν καὶ τὴν θάλασσαν καὶ τὴν
ξηρὰν[35] **22** καὶ καταστρέψω[36] θρόνους βασιλέων καὶ ὀλεθρεύσω[37] δύναμιν βασιλέων
τῶν ἐθνῶν καὶ καταστρέψω ἅρματα[38] καὶ ἀναβάτας,[39] καὶ καταβήσονται ἵπποι[40] καὶ
ἀναβάται αὐτῶν ἕκαστος ἐν ῥομφαίᾳ[41] πρὸς τὸν ἀδελφὸν αὐτοῦ. **23** ἐν τῇ ἡμέρᾳ
ἐκείνῃ, λέγει κύριος παντοκράτωρ,[42] λήμψομαί σε Ζοροβαβελ τὸν τοῦ Σαλαθιηλ
τὸν δοῦλόν μου, λέγει κύριος, καὶ θήσομαί σε ὡς σφραγῖδα,[43] διότι[44] σὲ ᾑρέτισα,[45]
λέγει κύριος παντοκράτωρ.

1 ἐμβάλλω, *impf act ind 2p*, throw, cast
2 κυψέλη, bin, container
3 κριθή, barley
4 εἴκοσι, twenty
5 σάτον, dry measure, *Heb. LW*
6 δέκα, ten
7 εἰσπορεύομαι, *impf mid ind 2p*, (dip into)
8 ὑπολήνιον, wine vat
9 ἐξαντλέω, *aor act inf*, draw out
10 πεντήκοντα, fifty
11 μετρητής, measure
12 εἴκοσι, twenty
13 πατάσσω, *aor act ind 1s*, strike
14 ἀφορία, barrenness
15 ἀνεμοφθορία, blight
16 χάλαζα, hail
17 ὑποτάσσω, *aor act impv 2p*, submit, subject
18 δή, now, then
19 ἐπέκεινα, from now on
20 τετράς, fourth (day)
21 εἰκάς, twentieth (day)
22 ἔνατος, ninth
23 μήν, month
24 θεμελιόω, *aor pas ind 3s*, lay the foundation
25 ἅλως, threshing floor
26 ἄμπελος, vine
27 συκῆ, fig tree
28 ῥόα, pomegranate tree
29 ξύλον, tree
30 ἐλαία, olive
31 τετράς, fourth (day)
32 εἰκάς, twentieth (day)
33 μήν, month
34 σείω, *pres act ind 1s*, shake
35 ξηρός, dry (land)
36 καταστρέφω, *fut act ind 1s*, overturn
37 ὀλεθρεύω, *fut act ind 1s*, destroy
38 ἅρμα, chariot
39 ἀναβάτης, horseman
40 ἵππος, horse
41 ῥομφαία, sword
42 παντοκράτωρ, almighty, ruler of all
43 σφραγίς, seal, signet
44 διότι, for
45 αἱρετίζω, *aor act ind 1s*, choose

ΖΑΧΑΡΙΑΣ
Zechariah

A Call to Repentance

1 Ἐν τῷ ὀγδόῳ[1] μηνὶ[2] ἔτους δευτέρου ἐπὶ Δαρείου ἐγένετο λόγος κυρίου πρὸς
Ζαχαριαν τὸν τοῦ Βαραχιου υἱὸν Αδδω τὸν προφήτην λέγων **2** Ὠργίσθη[3] κύριος
ἐπὶ τοὺς πατέρας ὑμῶν ὀργὴν μεγάλην. **3** καὶ ἐρεῖς πρὸς αὐτούς Τάδε[4] λέγει κύριος
παντοκράτωρ[5] Ἐπιστρέψατε πρός με, καὶ ἐπιστραφήσομαι πρὸς ὑμᾶς, λέγει κύριος.
4 καὶ μὴ γίνεσθε καθὼς οἱ πατέρες ὑμῶν, οἷς ἐνεκάλεσαν[6] αὐτοῖς οἱ προφῆται οἱ
ἔμπροσθεν λέγοντες Τάδε[7] λέγει κύριος παντοκράτωρ[8] Ἀποστρέψατε[9] ἀπὸ τῶν
ὁδῶν ὑμῶν τῶν πονηρῶν καὶ ἀπὸ τῶν ἐπιτηδευμάτων[10] ὑμῶν τῶν πονηρῶν, καὶ
οὐ προσέσχον[11] τοῦ εἰσακοῦσαί[12] μου, λέγει κύριος. **5** οἱ πατέρες ὑμῶν ποῦ εἰσιν;
καὶ οἱ προφῆται μὴ τὸν αἰῶνα ζήσονται; **6** πλὴν τοὺς λόγους μου καὶ τὰ νόμιμά[13]
μου δέχεσθε,[14] ὅσα ἐγὼ ἐντέλλομαι[15] ἐν πνεύματί μου τοῖς δούλοις μου τοῖς προ-
φήταις, οἳ κατελάβοσαν[16] τοὺς πατέρας ὑμῶν. καὶ ἀπεκρίθησαν καὶ εἶπαν Καθὼς
παρατέτακται[17] κύριος παντοκράτωρ[18] τοῦ ποιῆσαι κατὰ τὰς ὁδοὺς ὑμῶν καὶ κατὰ
τὰ ἐπιτηδεύματα[19] ὑμῶν, οὕτως ἐποίησεν ὑμῖν.

A Vision of Horsemen

7 Τῇ τετράδι[20] καὶ εἰκάδι[21] τῷ ἑνδεκάτῳ[22] μηνί[23] — οὗτός ἐστιν ὁ μὴν Σαβατ — ἐν τῷ
δευτέρῳ ἔτει ἐπὶ Δαρείου ἐγένετο λόγος κυρίου πρὸς Ζαχαριαν τὸν τοῦ Βαραχιου
υἱὸν Αδδω τὸν προφήτην λέγων **8** Ἑώρακα τὴν νύκτα καὶ ἰδοὺ ἀνὴρ ἐπιβεβηκὼς[24]

1 ὄγδοος, eighth
2 μήν, month
3 ὀργίζω, *aor pas ind 3s*, become angry
4 ὅδε, this
5 παντοκράτωρ, almighty, ruler of all
6 ἐγκαλέω, *aor act ind 3p*, accuse
7 ὅδε, this
8 παντοκράτωρ, almighty, ruler of all
9 ἀποστρέφω, *aor act impv 2p*, turn away
10 ἐπιτήδευμα, pursuit, practice
11 προσέχω, *aor act ind 3p*, take care
12 εἰσακούω, *aor act opt 3s*, listen to
13 νόμιμος, legal ordinance
14 δέχομαι, *pres mid ind 2p*, receive, accept
15 ἐντέλλομαι, *pres mid ind 1s*, command, order
16 καταλαμβάνω, *aor act ind 3p*, take hold of
17 παρατάσσω, *perf mid ind 3s*, arrange
18 παντοκράτωρ, almighty, ruler of all
19 ἐπιτήδευμα, pursuit, practice
20 τετράς, fourth (day)
21 εἰκάς, twentieth (day)
22 ἑνδέκατος, eleventh
23 μήν, month
24 ἐπιβαίνω, *perf act ptc nom s m*, ride upon

ἐπὶ ἵππον[1] πυρρόν,[2] καὶ οὗτος εἱστήκει[3] ἀνὰ μέσον[4] τῶν δύο ὀρέων τῶν κατασκίων,[5]
καὶ ὀπίσω αὐτοῦ ἵπποι πυρροὶ καὶ ψαροὶ[6] καὶ ποικίλοι[7] καὶ λευκοί.[8] **9** καὶ εἶπα Τί
οὗτοι, κύριε; καὶ εἶπεν πρός με ὁ ἄγγελος ὁ λαλῶν ἐν ἐμοί Ἐγὼ δείξω σοι τί ἐστιν
ταῦτα. **10** καὶ ἀπεκρίθη ὁ ἀνὴρ ὁ ἐφεστηκὼς[9] ἀνὰ μέσον[10] τῶν ὀρέων καὶ εἶπεν πρός
με Οὗτοί εἰσιν οὓς ἐξαπέσταλκεν[11] κύριος τοῦ περιοδεῦσαι[12] τὴν γῆν.

11 καὶ ἀπεκρίθησαν τῷ ἀγγέλῳ κυρίου τῷ ἐφεστῶτι[13] ἀνὰ μέσον[14] τῶν ὀρέων καὶ
εἶπον Περιωδεύκαμεν[15] πᾶσαν τὴν γῆν, καὶ ἰδοὺ πᾶσα ἡ γῆ κατοικεῖται καὶ ἡσυ-
χάζει.[16] **12** καὶ ἀπεκρίθη ὁ ἄγγελος κυρίου καὶ εἶπεν Κύριε παντοκράτωρ,[17] ἕως
τίνος οὐ μὴ ἐλεήσῃς[18] τὴν Ιερουσαλημ καὶ τὰς πόλεις Ιουδα, ἃς ὑπερεῖδες[19] τοῦτο
ἑβδομηκοστὸν[20] ἔτος; **13** καὶ ἀπεκρίθη κύριος παντοκράτωρ[21] τῷ ἀγγέλῳ τῷ λα-
λοῦντι ἐν ἐμοὶ ῥήματα καλὰ καὶ λόγους παρακλητικούς.[22] **14** καὶ εἶπεν πρός με ὁ
ἄγγελος ὁ λαλῶν ἐν ἐμοί Ἀνάκραγε[23] λέγων Τάδε[24] λέγει κύριος παντοκράτωρ[25]
Ἐζήλωκα[26] τὴν Ιερουσαλημ καὶ τὴν Σιων ζῆλον[27] μέγαν **15** καὶ ὀργὴν μεγάλην ἐγὼ
ὀργίζομαι[28] ἐπὶ τὰ ἔθνη τὰ συνεπιτιθέμενα[29] ἀνθ᾽ ὧν[30] ἐγὼ μὲν ὠργίσθην[31] ὀλίγα,[32]
αὐτοὶ δὲ συνεπέθεντο[33] εἰς κακά. **16** διὰ τοῦτο τάδε[34] λέγει κύριος Ἐπιστρέψω ἐπὶ
Ιερουσαλημ ἐν οἰκτιρμῷ,[35] καὶ ὁ οἶκός μου ἀνοικοδομηθήσεται[36] ἐν αὐτῇ, λέγει
κύριος παντοκράτωρ,[37] καὶ μέτρον[38] ἐκταθήσεται[39] ἐπὶ Ιερουσαλημ ἔτι. **17** καὶ εἶπεν
πρός με ὁ ἄγγελος ὁ λαλῶν ἐν ἐμοί Ἀνάκραγε[40] λέγων Τάδε[41] λέγει κύριος παντο-
κράτωρ[42] Ἔτι διαχυθήσονται[43] πόλεις ἐν ἀγαθοῖς, καὶ ἐλεήσει[44] κύριος ἔτι τὴν Σιων
καὶ αἱρετιεῖ[45] ἔτι τὴν Ιερουσαλημ.

1 ἵππος, horse
2 πυρρός, red
3 ἵστημι, *plpf act ind 3s*, stand
4 ἀνὰ μέσον, between
5 κατάσκιος, overshadowing
6 ψαρός, dappled
7 ποικίλος, spotted
8 λευκός, white
9 ἐφίστημι, *perf act ptc nom s m*, stand
10 ἀνὰ μέσον, among
11 ἐξαποστέλλω, *perf act ind 3s*, send forth
12 περιοδεύω, *aor act inf*, patrol, travel around
13 ἐφίστημι, *perf act ptc dat s m*, stand
14 ἀνὰ μέσον, among
15 περιοδεύω, *perf act ind 1p*, patrol, travel around
16 ἡσυχάζω, *pres act ind 3s*, be at rest
17 παντοκράτωρ, almighty, ruler of all
18 ἐλεέω, *aor act sub 2s*, show mercy
19 ὑπεροράω, *aor act ind 2s*, disregard, ignore
20 ἑβδομηκοστός, seventieth
21 παντοκράτωρ, almighty, ruler of all
22 παρακλητικός, comforting
23 ἀνακράζω, *aor act impv 2s*, cry out
24 ὅδε, this
25 παντοκράτωρ, almighty, ruler of all
26 ζηλόω, *perf act ind 1s*, be jealous
27 ζῆλος, jealousy, zeal
28 ὀργίζω, *pres pas ind 1s*, become angry
29 συνεπιτίθημι, *pres mid ptc acc p n*, join together
30 ἀνθ᾽ ὧν, since
31 ὀργίζω, *aor pas ind 1s*, become angry
32 ὀλίγος, few, little
33 συνεπιτίθημι, *aor mid ind 3p*, join together
34 ὅδε, this
35 οἰκτιρμός, mercy, compassion
36 ἀνοικοδομέω, *fut pas ind 3s*, rebuild
37 παντοκράτωρ, almighty, ruler of all
38 μέτρον, measure
39 ἐκτείνω, *fut pas ind 3s*, stretch out
40 ἀνακράζω, *aor act impv 2s*, cry out
41 ὅδε, this
42 παντοκράτωρ, almighty, ruler of all
43 διαχέω, *fut pas ind 3p*, distribute
44 ἐλεέω, *fut act ind 3s*, show mercy
45 αἱρετίζω, *fut act ind 3s*, choose

A Vision of Four Horns

2 Καὶ ἦρα τοὺς ὀφθαλμούς μου καὶ εἶδον καὶ ἰδοὺ τέσσαρα κέρατα.[1] **2** καὶ εἶπα
πρὸς τὸν ἄγγελον τὸν λαλοῦντα ἐν ἐμοί Τί ἐστιν ταῦτα, κύριε; καὶ εἶπεν πρός
με Ταῦτα τὰ κέρατα[2] τὰ διασκορπίσαντα[3] τὸν Ιουδαν καὶ τὸν Ισραηλ. **3** καὶ ἔδειξέν
μοι κύριος τέσσαρας τέκτονας.[4] **4** καὶ εἶπα Τί οὗτοι ἔρχονται ποιῆσαι; καὶ εἶπεν πρός
με Ταῦτα τὰ κέρατα[5] τὰ διασκορπίσαντα[6] τὸν Ιουδαν καὶ τὸν Ισραηλ κατέαξαν,[7]
καὶ οὐδεὶς αὐτῶν ἦρεν κεφαλήν· καὶ εἰσῆλθον οὗτοι τοῦ ὀξῦναι[8] αὐτὰ εἰς χεῖρας
αὐτῶν τὰ τέσσαρα κέρατα τὰ ἔθνη τὰ ἐπαιρόμενα[9] κέρας ἐπὶ τὴν γῆν κυρίου τοῦ
διασκορπίσαι[10] αὐτήν.

A Vision of a Man with a Measuring Line

5 Καὶ ἦρα τοὺς ὀφθαλμούς μου καὶ εἶδον καὶ ἰδοὺ ἀνὴρ καὶ ἐν τῇ χειρὶ αὐτοῦ
σχοινίον[11] γεωμετρικόν.[12] **6** καὶ εἶπα πρὸς αὐτόν Ποῦ σὺ πορεύῃ; καὶ εἶπεν πρός
με Διαμετρῆσαι[13] τὴν Ιερουσαλημ τοῦ ἰδεῖν πηλίκον[14] τὸ πλάτος[15] αὐτῆς ἐστιν καὶ
πηλίκον τὸ μῆκος.[16] **7** καὶ ἰδοὺ ὁ ἄγγελος ὁ λαλῶν ἐν ἐμοὶ εἱστήκει,[17] καὶ ἄγγελος
ἕτερος ἐξεπορεύετο εἰς συνάντησιν[18] αὐτῷ **8** καὶ εἶπεν πρὸς αὐτὸν λέγων Δράμε[19]
καὶ λάλησον πρὸς τὸν νεανίαν[20] ἐκεῖνον λέγων Κατακάρπως[21] κατοικηθήσεται
Ιερουσαλημ ἀπὸ πλήθους ἀνθρώπων καὶ κτηνῶν[22] ἐν μέσῳ αὐτῆς· **9** καὶ ἐγὼ ἔσομαι
αὐτῇ, λέγει κύριος, τεῖχος[23] πυρὸς κυκλόθεν[24] καὶ εἰς δόξαν ἔσομαι ἐν μέσῳ αὐτῆς.

10 ὦ[25] ὦ φεύγετε[26] ἀπὸ γῆς βορρᾶ,[27] λέγει κύριος, διότι[28] ἐκ τῶν τεσσάρων ἀνέμων[29]
τοῦ οὐρανοῦ συνάξω ὑμᾶς, λέγει κύριος· **11** εἰς Σιων ἀνασῴζεσθε,[30] οἱ κατοικοῦντες
θυγατέρα[31] Βαβυλῶνος. **12** διότι[32] τάδε[33] λέγει κύριος παντοκράτωρ[34] Ὀπίσω δόξης
ἀπέσταλκέν με ἐπὶ τὰ ἔθνη τὰ σκυλεύσαντα[35] ὑμᾶς, διότι ὁ ἁπτόμενος ὑμῶν ὡς
ἁπτόμενος τῆς κόρης[36] τοῦ ὀφθαλμοῦ αὐτοῦ· **13** διότι[37] ἰδοὺ ἐγὼ ἐπιφέρω[38] τὴν

1 κέρας, horn
2 κέρας, horn
3 διασκορπίζω, *aor act ptc nom p n*, scatter
4 τέκτων, craftsman, workman
5 κέρας, horn
6 διασκορπίζω, *aor act ptc nom p n*, scatter
7 κατάγνυμι, *aor act ind 3p*, shatter
8 ὀξύνω, *aor act inf*, sharpen
9 ἐπαίρω, *pres mid ptc acc p n*, raise
10 διασκορπίζω, *aor act inf*, scatter
11 σχοινίον, cord, line
12 γεωμετρικός, for measuring, for surveying
13 διαμετρέω, *aor act inf*, measure out
14 πηλίκος, how long
15 πλάτος, width
16 μῆκος, height
17 ἵστημι, *plpf act ind 3s*, stand
18 συνάντησις, meeting
19 τρέχω, *aor act impv 2s*, run
20 νεανίας, young man
21 κατακάρπως, fully
22 κτῆνος, animal, (*p*) herd
23 τεῖχος, wall
24 κυκλόθεν, around
25 ὦ, Oh!
26 φεύγω, *pres act impv 2p*, flee
27 βορρᾶς, north
28 διότι, for
29 ἄνεμος, wind
30 ἀνασῴζω, *pres mid impv 2p*, rescue
31 θυγάτηρ, daughter
32 διότι, for
33 ὅδε, this
34 παντοκράτωρ, almighty, ruler of all
35 σκυλεύω, *aor act ptc nom p n*, plunder
36 κόρη, pupil
37 διότι, for
38 ἐπιφέρω, *pres act ind 1s*, bring against

χεῖρά μου ἐπ᾽ αὐτούς, καὶ ἔσονται σκῦλα[1] τοῖς δουλεύουσιν[2] αὐτοῖς, καὶ γνώσεσθε
διότι[3] κύριος παντοκράτωρ[4] ἀπέσταλκέν με. **14** τέρπου[5] καὶ εὐφραίνου,[6] θύγατερ[7]
Σιων, διότι[8] ἰδοὺ ἐγὼ ἔρχομαι καὶ κατασκηνώσω[9] ἐν μέσῳ σου, λέγει κύριος.
15 καὶ καταφεύξονται[10] ἔθνη πολλὰ ἐπὶ τὸν κύριον ἐν τῇ ἡμέρᾳ ἐκείνῃ καὶ ἔσον-
ται αὐτῷ εἰς λαὸν καὶ κατασκηνώσουσιν[11] ἐν μέσῳ σου, καὶ ἐπιγνώσῃ ὅτι κύριος
παντοκράτωρ[12] ἐξαπέσταλκέν[13] με πρὸς σέ. **16** καὶ κατακληρονομήσει[14] κύριος τὸν
Ιουδαν τὴν μερίδα[15] αὐτοῦ ἐπὶ τὴν γῆν τὴν ἁγίαν καὶ αἱρετιεῖ[16] ἔτι τὴν Ιερουσαλημ.
17 εὐλαβείσθω[17] πᾶσα σὰρξ ἀπὸ προσώπου κυρίου, διότι[18] ἐξεγήγερται[19] ἐκ νεφε-
λῶν[20] ἁγίων αὐτοῦ.

A Vision of Joshua, the High Priest

3 Καὶ ἔδειξέν μοι Ἰησοῦν τὸν ἱερέα τὸν μέγαν ἑστῶτα πρὸ προσώπου ἀγγέλου
κυρίου, καὶ ὁ διάβολος[21] εἱστήκει[22] ἐκ δεξιῶν αὐτοῦ τοῦ ἀντικεῖσθαι[23] αὐτῷ.
2 καὶ εἶπεν κύριος πρὸς τὸν διάβολον[24] Ἐπιτιμήσαι[25] κύριος ἐν σοί, διάβολε, καὶ
ἐπιτιμήσαι κύριος ἐν σοὶ ὁ ἐκλεξάμενος[26] τὴν Ιερουσαλημ· οὐκ ἰδοὺ τοῦτο ὡς
δαλὸς[27] ἐξεσπασμένος[28] ἐκ πυρός; **3** καὶ Ἰησοῦς ἦν ἐνδεδυμένος[29] ἱμάτια ῥυπαρὰ[30]
καὶ εἱστήκει[31] πρὸ προσώπου τοῦ ἀγγέλου. **4** καὶ ἀπεκρίθη καὶ εἶπεν πρὸς τοὺς
ἑστηκότας πρὸ προσώπου αὐτοῦ λέγων Ἀφέλετε[32] τὰ ἱμάτια τὰ ῥυπαρὰ[33] ἀπ᾽ αὐτοῦ.
καὶ εἶπεν πρὸς αὐτόν Ἰδοὺ ἀφῄρηκα[34] τὰς ἀνομίας[35] σου, καὶ ἐνδύσατε[36] αὐτὸν
ποδήρη[37] **5** καὶ ἐπίθετε κίδαριν[38] καθαρὰν[39] ἐπὶ τὴν κεφαλὴν αὐτοῦ. καὶ περιέβαλον[40]
αὐτὸν ἱμάτια καὶ ἐπέθηκαν κίδαριν καθαρὰν ἐπὶ τὴν κεφαλὴν αὐτοῦ, καὶ ὁ ἄγγελος
κυρίου εἱστήκει.[41]

1 σκῦλον, plunder, spoils
2 δουλεύω, *pres act ind 3p*, serve
3 διότι, for
4 παντοκράτωρ, almighty, ruler of all
5 τέρπω, *pres mid impv 2s*, be delighted
6 εὐφραίνω, *pres mid impv 2s*, rejoice
7 θυγάτηρ, daughter
8 διότι, for
9 κατασκηνόω, *fut act ind 1s*, dwell
10 καταφεύγω, *fut mid ind 3p*, flee
11 κατασκηνόω, *fut act ind 3p*, dwell
12 παντοκράτωρ, almighty, ruler of all
13 ἐξαποστέλλω, *perf act ind 3s*, send forth
14 κατακληρονομέω, *fut act ind 3s*, take possession
15 μερίς, portion, part
16 αἱρετίζω, *fut act ind 3s*, choose
17 εὐλαβέομαι, *pres mid impv 3s*, become fearful
18 διότι, for
19 ἐξεγείρω, *perf mid ind 3s*, raise up
20 νεφέλη, cloud
21 διάβολος, adversary, accuser
22 ἵστημι, *plpf act ind 3s*, stand
23 ἀντίκειμαι, *pres mid inf*, oppose, antagonize
24 διάβολος, adversary, accuser
25 ἐπιτιμάω, *aor act opt 3s*, rebuke, censure
26 ἐκλέγω, *aor mid ptc nom s m*, select, choose
27 δαλός, firebrand
28 ἐκσπάω, *perf pas ptc nom s m*, withdraw, pull out
29 ἐνδύω, *perf mid ptc nom s m*, clothe
30 ῥυπαρός, dirty
31 ἵστημι, *plpf act ind 3s*, stand
32 ἀφαιρέω, *aor act impv 2p*, remove
33 ῥυπαρός, dirty
34 ἀφαιρέω, *perf act ind 1s*, remove
35 ἀνομία, lawlessness
36 ἐνδύω, *aor act impv 2p*, clothe
37 ποδήρης, full-length (robe)
38 κίδαρις, turban, headdress
39 καθαρός, clean
40 περιβάλλω, *aor act ind 1s*, put on
41 ἵστημι, *plpf act ind 3s*, stand

6 καὶ διεμαρτύρατο[1] ὁ ἄγγελος κυρίου πρὸς Ἰησοῦν λέγων **7** Τάδε[2] λέγει κύριος
παντοκράτωρ[3] Ἐὰν ἐν ταῖς ὁδοῖς μου πορεύῃ καὶ ἐὰν τὰ προστάγματά[4] μου φυ-
λάξῃς, καὶ σὺ διακρινεῖς[5] τὸν οἶκόν μου· καὶ ἐὰν διαφυλάξῃς[6] καί γε τὴν αὐλήν[7]
μου, καὶ δώσω σοι ἀναστρεφομένους[8] ἐν μέσῳ τῶν ἑστηκότων[9] τούτων. **8** ἄκουε
δή,[10] Ἰησοῦ ὁ ἱερεὺς ὁ μέγας, σὺ καὶ οἱ πλησίον[11] σου οἱ καθήμενοι πρὸ προσώπου
σου, διότι[12] ἄνδρες τερατοσκόποι[13] εἰσί· διότι ἰδοὺ ἐγὼ ἄγω τὸν δοῦλόν μου Ἀνα-
τολήν·[14] **9** διότι[15] ὁ λίθος, ὃν ἔδωκα πρὸ προσώπου Ἰησοῦ, ἐπὶ τὸν λίθον τὸν ἕνα
ἑπτὰ ὀφθαλμοί εἰσιν· ἰδοὺ ἐγὼ ὀρύσσω[16] βόθρον,[17] λέγει κύριος παντοκράτωρ,[18]
καὶ ψηλαφήσω[19] πᾶσαν τὴν ἀδικίαν[20] τῆς γῆς ἐκείνης ἐν ἡμέρᾳ μιᾷ. **10** ἐν τῇ ἡμέρᾳ
ἐκείνῃ, λέγει κύριος παντοκράτωρ,[21] συγκαλέσετε[22] ἕκαστος τὸν πλησίον[23] αὐτοῦ
ὑποκάτω[24] ἀμπέλου[25] καὶ ὑποκάτω συκῆς.[26]

A Vision of a Golden Lampstand

4 Καὶ ἐπέστρεψεν ὁ ἄγγελος ὁ λαλῶν ἐν ἐμοὶ καὶ ἐξήγειρέν[27] με ὃν τρόπον[28] ὅταν
ἐξεγερθῇ[29] ἄνθρωπος ἐξ ὕπνου[30] αὐτοῦ **2** καὶ εἶπεν πρός με Τί σὺ βλέπεις; καὶ
εἶπα Ἑώρακα καὶ ἰδοὺ λυχνία[31] χρυσῆ[32] ὅλη, καὶ τὸ λαμπαδεῖον[33] ἐπάνω[34] αὐτῆς,
καὶ ἑπτὰ λύχνοι[35] ἐπάνω αὐτῆς, καὶ ἑπτὰ ἐπαρυστρίδες[36] τοῖς λύχνοις τοῖς ἐπάνω
αὐτῆς· **3** καὶ δύο ἐλαῖαι[37] ἐπάνω[38] αὐτῆς, μία ἐκ δεξιῶν τοῦ λαμπαδείου[39] καὶ μία ἐξ
εὐωνύμων.[40] **4** καὶ ἐπηρώτησα[41] καὶ εἶπον πρὸς τὸν ἄγγελον τὸν λαλοῦντα ἐν ἐμοὶ
λέγων Τί ἐστιν ταῦτα, κύριε; **5** καὶ ἀπεκρίθη ὁ ἄγγελος ὁ λαλῶν ἐν ἐμοὶ καὶ εἶπεν
πρός με Οὐ γινώσκεις τί ἐστιν ταῦτα; καὶ εἶπα Οὐχί, κύριε. **6** καὶ ἀπεκρίθη καὶ εἶπεν

1 διαμαρτυρέω, *aor mid ind 3s*, testify
2 ὅδε, this
3 παντοκράτωρ, almighty, ruler of all
4 πρόσταγμα, ordinance
5 διακρίνω, *fut act ind 2s*, pass judgment on
6 διαφυλάσσω, *aor act sub 2s*, guard, protect
7 αὐλή, court
8 ἀναστρέφω, *pres pas ptc acc p m*, dwell
9 ἵστημι, *perf act ptc gen p m*, stand by
10 δή, now, then
11 πλησίον, companion, neighbor
12 διότι, for
13 τερατοσκόπος, diviner
14 ἀνατολή, rising (one), dawn
15 διότι, for
16 ὀρύσσω, *pres act ind 1s*, dig
17 βόθρος, pit, hole
18 παντοκράτωρ, almighty, ruler of all
19 ψηλαφάω, *fut act ind 1s*, seek out, search for
20 ἀδικία, injustice
21 παντοκράτωρ, almighty, ruler of all
22 συγκαλέω, *fut act ind 2p*, call together, invite
23 πλησίον, companion, neighbor
24 ὑποκάτω, under
25 ἄμπελος, vine
26 συκῆ, fig tree
27 ἐξεγείρω, *impf act ind 3s*, raise up, awaken
28 ὃν τρόπον, in the manner that
29 ἐξεγείρω, *aor pas sub 3s*, raise up, awaken
30 ὕπνος, sleep
31 λυχνία, lampstand
32 χρυσοῦς, gold
33 λαμπάδιον, small lamp
34 ἐπάνω, on top, above
35 λύχνος, lamp
36 ἐπαρυστρίς, vessel for pouring
37 ἐλαία, olive tree
38 ἐπάνω, on top, above
39 λαμπάδιον, small lamp
40 εὐώνυμος, left
41 ἐπερωτάω, *aor act ind 1s*, ask, inquire

πρός με λέγων Οὗτος ὁ λόγος κυρίου πρὸς Ζοροβαβελ λέγων Οὐκ ἐν δυνάμει
μεγάλῃ οὐδὲ ἐν ἰσχύι,[1] ἀλλ᾽ ἢ ἐν πνεύματί μου, λέγει κύριος παντοκράτωρ.[2] **7** τίς εἶ
σύ, τὸ ὄρος τὸ μέγα, πρὸ προσώπου Ζοροβαβελ τοῦ κατορθῶσαι;[3] καὶ ἐξοίσω[4] τὸν
λίθον τῆς κληρονομίας[5] ἰσότητα[6] χάριτος χάριτα αὐτῆς.

8 καὶ ἐγένετο λόγος κυρίου πρός με λέγων **9** Αἱ χεῖρες Ζοροβαβελ ἐθεμελίωσαν[7]
τὸν οἶκον τοῦτον, καὶ αἱ χεῖρες αὐτοῦ ἐπιτελέσουσιν[8] αὐτόν, καὶ ἐπιγνώσῃ διότι[9]
κύριος παντοκράτωρ[10] ἐξαπέσταλκέν[11] με πρὸς σέ. **10** διότι[12] τίς ἐξουδένωσεν[13] εἰς
ἡμέρας μικράς; καὶ χαροῦνται[14] καὶ ὄψονται τὸν λίθον τὸν κασσιτέρινον[15] ἐν χειρὶ
Ζοροβαβελ. ἑπτὰ οὗτοι ὀφθαλμοὶ κυρίου εἰσὶν οἱ ἐπιβλέποντες[16] ἐπὶ πᾶσαν τὴν γῆν.

11 καὶ ἀπεκρίθην καὶ εἶπα πρὸς αὐτόν Τί αἱ δύο ἐλαῖαι[17] αὗται αἱ ἐκ δεξιῶν τῆς
λυχνίας[18] καὶ ἐξ εὐωνύμων;[19] **12** καὶ ἐπηρώτησα[20] ἐκ δευτέρου καὶ εἶπα πρὸς αὐτόν Τί
οἱ δύο κλάδοι[21] τῶν ἐλαιῶν[22] οἱ ἐν ταῖς χερσὶν τῶν δύο μυξωτήρων[23] τῶν χρυσῶν[24]
τῶν ἐπιχεόντων[25] καὶ ἐπαναγόντων[26] τὰς ἐπαρυστρίδας[27] τὰς χρυσᾶς;[28] **13** καὶ εἶπεν
πρός με Οὐκ οἶδας τί ἐστιν ταῦτα; καὶ εἶπα Οὐχί, κύριε. **14** καὶ εἶπεν Οὗτοι οἱ δύο
υἱοὶ τῆς πιότητος[29] παρεστήκασιν[30] τῷ κυρίῳ πάσης τῆς γῆς.

A Vision of a Flying Scroll

5 Καὶ ἐπέστρεψα καὶ ἦρα τοὺς ὀφθαλμούς μου καὶ εἶδον καὶ ἰδοὺ δρέπανον[31]
πετόμενον.[32] **2** καὶ εἶπεν πρός με Τί σὺ βλέπεις; καὶ εἶπα Ἐγὼ ὁρῶ δρέπανον[33]
πετόμενον[34] μῆκος[35] πήχεων[36] εἴκοσι[37] καὶ πλάτος[38] πήχεων δέκα.[39] **3** καὶ εἶπεν πρός
με Αὕτη ἡ ἀρὰ ἡ ἐκπορευομένη ἐπὶ πρόσωπον πάσης τῆς γῆς, διότι[40] πᾶς ὁ κλέπτης[41]

1 ἰσχύς, power, strength
2 παντοκράτωρ, almighty, ruler of all
3 κατορθόω, *aor act inf*, prosper, proceed successfully
4 ἐκφέρω, *fut act ind 1s*, carry out, bring forth
5 κληρονομία, inheritance
6 ἰσότης, equivalence, equality
7 θεμελιόω, *aor act ind 3p*, lay a foundation
8 ἐπιτελέω, *fut act ind 3p*, finish, complete
9 διότι, for
10 παντοκράτωρ, almighty, ruler of all
11 ἐξαποστέλλω, *perf act ind 3s*, send forth
12 διότι, for
13 ἐξουδενόω, *aor act ind 3s*, disregard
14 χαίρω, *fut mid ind 3p*, rejoice
15 κασσιτέρινος, made of tin
16 ἐπιβλέπω, *pres act ptc nom p m*, look at, watch
17 ἐλαία, olive tree
18 λυχνία, lampstand
19 εὐώνυμος, left
20 ἐπερωτάω, *aor act ind 1s*, ask, inquire
21 κλάδος, branch
22 ἔλαιον, olive tree
23 μυξωτήρ, small pouring vessel
24 χρυσοῦς, gold
25 ἐπιχέω, *pres act ptc gen p m*, pour on
26 ἐπανάγω, *pres act ptc gen p m*, return
27 ἐπαρυστρίς, pouring vessel
28 χρυσοῦς, gold
29 πιότης, fatness (of the earth), abundance
30 παρίστημι, *perf act ind 3p*, be present, attend
31 δρέπανον, pruning knife, sickle
32 πέτομαι, *pres mid ptc nom s n*, fly
33 δρέπανον, pruning knife, sickle
34 πέτομαι, *pres mid ptc acc s n*, fly
35 μῆκος, length
36 πῆχυς, cubit
37 εἴκοσι, twenty
38 πλάτος, width
39 δέκα, ten
40 διότι, for
41 κλέπτης, thief

ἐκ τούτου ἕως θανάτου ἐκδικηθήσεται,[1] καὶ πᾶς ὁ ἐπίορκος[2] ἐκ τούτου ἕως θανάτου
ἐκδικηθήσεται·[3] **4** καὶ ἐξοίσω[4] αὐτό, λέγει κύριος παντοκράτωρ,[5] καὶ εἰσελεύσεται
εἰς τὸν οἶκον τοῦ κλέπτου[6] καὶ εἰς τὸν οἶκον τοῦ ὀμνύοντος[7] τῷ ὀνόματί μου ἐπὶ
ψεύδει[8] καὶ καταλύσει[9] ἐν μέσῳ τοῦ οἴκου αὐτοῦ καὶ συντελέσει[10] αὐτὸν καὶ τὰ
ξύλα[11] αὐτοῦ καὶ τοὺς λίθους αὐτοῦ.

A Vision of a Woman in a Basket

5 Καὶ ἐξῆλθεν ὁ ἄγγελος ὁ λαλῶν ἐν ἐμοὶ καὶ εἶπεν πρός με Ἀνάβλεψον[12] τοῖς
ὀφθαλμοῖς σου καὶ ἰδὲ τί τὸ ἐκπορευόμενον τοῦτο. **6** καὶ εἶπα Τί ἐστιν; καὶ εἶπεν
Τοῦτο τὸ μέτρον[13] τὸ ἐκπορευόμενον. καὶ εἶπεν Αὕτη ἡ ἀδικία[14] αὐτῶν ἐν πάσῃ τῇ
γῇ. **7** καὶ ἰδοὺ τάλαντον[15] μολίβου[16] ἐξαιρόμενον,[17] καὶ ἰδοὺ μία γυνὴ ἐκάθητο ἐν
μέσῳ τοῦ μέτρου.[18] **8** καὶ εἶπεν Αὕτη ἐστὶν ἡ ἀνομία·[19] καὶ ἔρριψεν[20] αὐτὴν ἐν μέσῳ
τοῦ μέτρου[21] καὶ ἔρριψεν τὸν λίθον τοῦ μολίβου[22] εἰς τὸ στόμα αὐτῆς. **9** καὶ ἦρα τοὺς
ὀφθαλμούς μου καὶ εἶδον καὶ ἰδοὺ δύο γυναῖκες ἐκπορευόμεναι, καὶ πνεῦμα ἐν ταῖς
πτέρυξιν[23] αὐτῶν, καὶ αὗται εἶχον πτέρυγας ὡς πτέρυγας ἔποπος·[24] καὶ ἀνέλαβον[25]
τὸ μέτρον[26] ἀνὰ μέσον[27] τῆς γῆς καὶ ἀνὰ μέσον τοῦ οὐρανοῦ. **10** καὶ εἶπα πρὸς τὸν
ἄγγελον τὸν λαλοῦντα ἐν ἐμοί Ποῦ αὗται ἀποφέρουσιν[28] τὸ μέτρον;[29] **11** καὶ εἶπεν
πρός με Οἰκοδομῆσαι αὐτῷ οἰκίαν ἐν γῇ Βαβυλῶνος καὶ ἑτοιμάσαι, καὶ θήσουσιν
αὐτὸ ἐκεῖ ἐπὶ τὴν ἑτοιμασίαν[30] αὐτοῦ.

A Vision of Four Chariots

6 Καὶ ἐπέστρεψα καὶ ἦρα τοὺς ὀφθαλμούς μου καὶ εἶδον καὶ ἰδοὺ τέσσαρα ἅρ-
ματα[31] ἐκπορευόμενα ἐκ μέσου δύο ὀρέων, καὶ τὰ ὄρη ἦν ὄρη χαλκᾶ.[32] **2** ἐν τῷ

1 ἐκδικέω, *fut pas ind 3s*, punish
2 ἐπίορκος, perjured, sworn falsely
3 ἐκδικέω, *fut pas ind 3s*, punish
4 ἐκφέρω, *fut act ind 1s*, carry out, bring forth
5 παντοκράτωρ, almighty, ruler of all
6 κλέπτης, thief
7 ὄμνυμι, *pres act ptc gen s m*, swear an oath
8 ψεῦδος, lie
9 καταλύω, *fut act ind 3s*, unravel, (come to) lodge
10 συντελέω, *fut act ind 3s*, destroy, consume
11 ξύλον, wood, timber
12 ἀναβλέπω, *aor act impv 2s*, look up
13 μέτρον, measure
14 ἀδικία, injustice
15 τάλαντον, talent
16 μόλιβος, lead
17 ἐξαίρω, *pres pas ptc nom s n*, raise up, lift up
18 μέτρον, measure
19 ἀνομία, lawlessness
20 ῥίπτω, *aor act ind 3s*, cast, throw
21 μέτρον, measure
22 μόλιβος, lead
23 πτέρυξ, wing
24 ἔποψ, hoopoe (bird)
25 ἀναλαμβάνω, *aor act ind 3p*, grasp, take hold of
26 μέτρον, measure
27 ἀνὰ μέσον, between
28 ἀποφέρω, *pres act ind 3p*, carry off, take away
29 μέτρον, measure
30 ἑτοιμασία, preparation
31 ἅρμα, chariot
32 χαλκοῦς, brass, bronze

ἅρματι[1] τῷ πρώτῳ ἵπποι[2] πυρροί,[3] καὶ ἐν τῷ ἅρματι τῷ δευτέρῳ ἵπποι μέλανες,[4]
3 καὶ ἐν τῷ ἅρματι[5] τῷ τρίτῳ ἵπποι[6] λευκοί,[7] καὶ ἐν τῷ ἅρματι τῷ τετάρτῳ[8] ἵπποι
ποικίλοι[9] ψαροί.[10] **4** καὶ ἀπεκρίθην καὶ εἶπα πρὸς τὸν ἄγγελον τὸν λαλοῦντα ἐν ἐμοί
Τί ἐστιν ταῦτα, κύριε; **5** καὶ ἀπεκρίθη ὁ ἄγγελος ὁ λαλῶν ἐν ἐμοὶ καὶ εἶπεν Ταῦτά
ἐστιν οἱ τέσσαρες ἄνεμοι[11] τοῦ οὐρανοῦ, ἐκπορεύονται παραστῆναι[12] τῷ κυρίῳ
πάσης τῆς γῆς· **6** ἐν ᾧ ἦσαν οἱ ἵπποι[13] οἱ μέλανες,[14] ἐξεπορεύοντο ἐπὶ γῆν βορρᾶ,[15]
καὶ οἱ λευκοὶ[16] ἐξεπορεύοντο κατόπισθεν[17] αὐτῶν, καὶ οἱ ποικίλοι[18] ἐξεπορεύοντο
ἐπὶ γῆν νότου,[19] **7** καὶ οἱ ψαροὶ[20] ἐξεπορεύοντο καὶ ἐπέβλεπον[21] τοῦ πορεύεσθαι
τοῦ περιοδεῦσαι[22] τὴν γῆν. καὶ εἶπεν Πορεύεσθε καὶ περιοδεύσατε[23] τὴν γῆν· καὶ
περιώδευσαν[24] τὴν γῆν. **8** καὶ ἀνεβόησεν[25] καὶ ἐλάλησεν πρός με λέγων Ἰδοὺ οἱ
ἐκπορευόμενοι ἐπὶ γῆν βορρᾶ[26] ἀνέπαυσαν[27] τὸν θυμόν[28] μου ἐν γῇ βορρᾶ.

A Vision of Joshua's Crown and the Temple

9 Καὶ ἐγένετο λόγος κυρίου πρός με λέγων **10** Λαβὲ τὰ ἐκ τῆς αἰχμαλωσίας[29] παρὰ
τῶν ἀρχόντων καὶ παρὰ τῶν χρησίμων[30] αὐτῆς καὶ παρὰ τῶν ἐπεγνωκότων αὐτὴν καὶ
εἰσελεύσῃ σὺ ἐν τῇ ἡμέρᾳ ἐκείνῃ εἰς τὸν οἶκον Ιωσιου τοῦ Σοφονιου τοῦ ἥκοντος[31]
ἐκ Βαβυλῶνος **11** καὶ λήμψῃ ἀργύριον[32] καὶ χρυσίον[33] καὶ ποιήσεις στεφάνους[34] καὶ
ἐπιθήσεις ἐπὶ τὴν κεφαλὴ Ἰησοῦ τοῦ Ιωσεδεκ τοῦ ἱερέως τοῦ μεγάλου **12** καὶ ἐρεῖς
πρὸς αὐτόν Τάδε[35] λέγει κύριος παντοκράτωρ[36] Ἰδοὺ ἀνήρ, Ἀνατολὴ[37] ὄνομα αὐτῷ,
καὶ ὑποκάτωθεν[38] αὐτοῦ ἀνατελεῖ,[39] καὶ οἰκοδομήσει τὸν οἶκον κυρίου· **13** καὶ αὐτὸς
λήμψεται ἀρετὴν[40] καὶ καθίεται καὶ κατάρξει[41] ἐπὶ τοῦ θρόνου αὐτοῦ, καὶ ἔσται ὁ

1 ἅρμα, chariot
2 ἵππος, horse
3 πυρρός, red
4 μέλας, dark
5 ἅρμα, chariot
6 ἵππος, horse
7 λευκός, white
8 τέταρτος, fourth
9 ποικίλος, spotted
10 ψαρός, dappled
11 ἄνεμος, wind
12 παρίστημι, *aor act inf*, be present, attend
13 ἵππος, horse
14 μέλας, black
15 βορρᾶς, north
16 λευκός, white
17 κατόπισθεν, behind
18 ποικίλος, spotted
19 νότος, south
20 ψαρός, dappled
21 ἐπιβλέπω, *impf act ind 3p*, (consider), look at
22 περιοδεύω, *aor act inf*, patrol, travel around
23 περιοδεύω, *aor act impv 2p*, patrol, travel around
24 περιοδεύω, *aor act ind 3p*, patrol, travel around
25 ἀναβοάω, *aor act ind 3s*, cry out
26 βορρᾶς, north
27 ἀναπαύω, *aor act ind 3p*, cease, calm down
28 θυμός, anger, wrath
29 αἰχμαλωσία, captivity
30 χρήσιμος, useful
31 ἥκω, *pres act ptc gen s m*, come
32 ἀργύριον, silver
33 χρυσίον, gold
34 στέφανος, crown
35 ὅδε, this
36 παντοκράτωρ, almighty, ruler of all
37 ἀνατολή, rising (one), dawn
38 ὑποκάτωθεν, below, under
39 ἀνατέλλω, *fut act ind 3s*, spring up, appear
40 ἀρετή, virtue, distinction
41 κατάρχω, *fut act ind 3s*, rule

ἱερεὺς ἐκ δεξιῶν αὐτοῦ, καὶ βουλὴ[1] εἰρηνικὴ[2] ἔσται ἀνὰ μέσον[3] ἀμφοτέρων.[4] **14** ὁ δὲ
στέφανος[5] ἔσται τοῖς ὑπομένουσιν[6] καὶ τοῖς χρησίμοις[7] αὐτῆς καὶ τοῖς ἐπεγνωκόσιν
αὐτὴν καὶ εἰς χάριτα υἱοῦ Σοφονιου καὶ εἰς ψαλμὸν ἐν οἴκῳ κυρίου. **15** καὶ οἱ μακρὰν[8]
ἀπ᾽ αὐτῶν ἥξουσιν[9] καὶ οἰκοδομήσουσιν ἐν τῷ οἴκῳ κυρίου, καὶ γνώσεσθε διότι[10]
κύριος παντοκράτωρ[11] ἀπέσταλκέν με πρὸς ὑμᾶς· καὶ ἔσται, ἐὰν εἰσακούοντες[12]
εἰσακούσητε[13] τῆς φωνῆς κυρίου τοῦ θεοῦ ὑμῶν.

Justice and Mercy, Not Fasting

7 Καὶ ἐγένετο ἐν τῷ τετάρτῳ[14] ἔτει ἐπὶ Δαρείου τοῦ βασιλέως ἐγένετο λόγος
κυρίου πρὸς Ζαχαριαν τετράδι[15] τοῦ μηνὸς[16] τοῦ ἐνάτου,[17] ὅς ἐστιν Χασελευ,
2 καὶ ἐξαπέστειλεν[18] εἰς Βαιθηλ Σαρασαρ καὶ Αρβεσεερ ὁ βασιλεὺς καὶ οἱ ἄνδρες
αὐτοῦ τοῦ ἐξιλάσασθαι[19] τὸν κύριον **3** λέγων πρὸς τοὺς ἱερεῖς τοὺς ἐν τῷ οἴκῳ
κυρίου παντοκράτορος[20] καὶ πρὸς τοὺς προφήτας λέγων Εἰσελήλυθεν ὧδε[21] ἐν τῷ
μηνὶ[22] τῷ πέμπτῳ[23] τὸ ἁγίασμα,[24] καθότι[25] ἐποίησα ἤδη[26] ἱκανὰ[27] ἔτη.

4 καὶ ἐγένετο λόγος κυρίου τῶν δυνάμεων πρός με λέγων **5** Εἰπὸν πρὸς ἅπαντα[28]
τὸν λαὸν τῆς γῆς καὶ πρὸς τοὺς ἱερεῖς λέγων Ἐὰν νηστεύσητε[29] ἢ κόψησθε[30] ἐν ταῖς
πέμπταις[31] ἢ ἐν ταῖς ἑβδόμαις,[32] καὶ ἰδοὺ ἑβδομήκοντα[33] ἔτη μὴ νηστείαν[34] νενη-
στεύκατέ[35] μοι; **6** καὶ ἐὰν φάγητε ἢ πίητε, οὐχ ὑμεῖς ἔσθετε[36] καὶ ὑμεῖς πίνετε; **7** οὐχ
οὗτοι οἱ λόγοι εἰσίν, οὓς ἐλάλησεν κύριος ἐν χερσὶν τῶν προφητῶν τῶν ἔμπροσθεν,
ὅτε ἦν Ιερουσαλημ κατοικουμένη καὶ εὐθηνοῦσα[37] καὶ αἱ πόλεις αὐτῆς κυκλόθεν[38]
καὶ ἡ ὀρεινὴ[39] καὶ ἡ πεδινὴ[40] κατῳκεῖτο;

1 βουλή, counsel
2 εἰρηνικός, peaceful
3 ἀνὰ μέσον, between
4 ἀμφότεροι, both
5 στέφανος, crown
6 ὑπομένω, *pres act ptc dat p m*, persevere, endure
7 χρήσιμος, useful
8 μακράν, far away
9 ἥκω, *fut act ind 3p*, come
10 διότι, for
11 παντοκράτωρ, almighty, ruler of all
12 εἰσακούω, *pres act ptc nom p m*, listen
13 εἰσακούω, *aor act sub 2p*, listen
14 τέταρτος, fourth
15 τετράς, fourth (day)
16 μήν, month
17 ἔνατος, ninth
18 ἐξαποστέλλω, *aor act ind 3s*, send forth
19 ἐξιλάσκομαι, *aor mid inf*, propitiate, appease
20 παντοκράτωρ, almighty, ruler of all
21 ὧδε, here
22 μήν, month
23 πέμπτος, fifth
24 ἁγίασμα, sanctuary
25 καθότι, as
26 ἤδη, already
27 ἱκανός, enough, (many)
28 ἅπας, all
29 νηστεύω, *aor act sub 2p*, fast
30 κόπτω, *aor mid sub 2p*, strike (one's breast in lament), mourn
31 πέμπτος, fifth
32 ἕβδομος, seventh
33 ἑβδομήκοντα, seventy
34 νηστεία, fasting
35 νηστεύω, *perf act ind 2p*, fast
36 ἔσθω, *pres act impv 2p*, eat
37 εὐθηνέω, *pres act ptc nom s f*, thrive
38 κυκλόθεν, all around
39 ὀρεινή, hill country
40 πεδινός, lowland

8 καὶ ἐγένετο λόγος κυρίου πρὸς Ζαχαριαν λέγων **9** Τάδε[1] λέγει κύριος παντο-
κράτωρ[2] Κρίμα[3] δίκαιον κρίνατε καὶ ἔλεος[4] καὶ οἰκτιρμὸν[5] ποιεῖτε ἕκαστος πρὸς
τὸν ἀδελφὸν αὐτοῦ **10** καὶ χήραν[6] καὶ ὀρφανὸν[7] καὶ προσήλυτον[8] καὶ πένητα[9] μὴ
καταδυναστεύετε,[10] καὶ κακίαν[11] ἕκαστος τοῦ ἀδελφοῦ αὐτοῦ μὴ μνησικακείτω[12] ἐν
ταῖς καρδίαις ὑμῶν. **11** καὶ ἠπείθησαν[13] τοῦ προσέχειν[14] καὶ ἔδωκαν νῶτον[15] παρα-
φρονοῦντα[16] καὶ τὰ ὦτα[17] αὐτῶν ἐβάρυναν[18] τοῦ μὴ εἰσακούειν[19] **12** καὶ τὴν καρδίαν
αὐτῶν ἔταξαν[20] ἀπειθῆ[21] τοῦ μὴ εἰσακούειν[22] τοῦ νόμου μου καὶ τοὺς λόγους, οὓς
ἐξαπέστειλεν[23] κύριος παντοκράτωρ[24] ἐν πνεύματι αὐτοῦ ἐν χερσὶν τῶν προφητῶν
τῶν ἔμπροσθεν· καὶ ἐγένετο ὀργὴ μεγάλη παρὰ κυρίου παντοκράτορος. **13** καὶ
ἔσται ὃν τρόπον[25] εἶπεν καὶ οὐκ εἰσήκουσαν[26] αὐτοῦ, οὕτως κεκράξονται καὶ οὐ μὴ
εἰσακούσω,[27] λέγει κύριος παντοκράτωρ.[28] **14** καὶ ἐκβαλῶ αὐτοὺς εἰς πάντα τὰ ἔθνη,
ἃ οὐκ ἔγνωσαν, καὶ ἡ γῆ ἀφανισθήσεται[29] κατόπισθεν[30] αὐτῶν ἐκ διοδεύοντος[31] καὶ
ἐξ ἀναστρέφοντος.[32] καὶ ἔταξαν[33] γῆν ἐκλεκτὴν[34] εἰς ἀφανισμόν.[35]

Coming Peace and Prosperity for Zion

8 Καὶ ἐγένετο λόγος κυρίου παντοκράτορος[36] λέγων **2** Τάδε[37] λέγει κύριος
παντοκράτωρ[38] Ἐζήλωσα[39] τὴν Ιερουσαλημ καὶ τὴν Σιων ζῆλον[40] μέγαν καὶ
θυμῷ[41] μεγάλῳ ἐζήλωσα αὐτήν. **3** τάδε[42] λέγει κύριος Καὶ ἐπιστρέψω ἐπὶ Σιων
καὶ κατασκηνώσω[43] ἐν μέσῳ Ιερουσαλημ, καὶ κληθήσεται ἡ Ιερουσαλημ πόλις ἡ
ἀληθινὴ[44] καὶ τὸ ὄρος κυρίου παντοκράτορος[45] ὄρος ἅγιον. **4** τάδε[46] λέγει κύριος

1 ὅδε, this
2 παντοκράτωρ, almighty, ruler of all
3 κρίμα, judgment
4 ἔλεος, mercy
5 οἰκτιρμός, compassion
6 χήρα, widow
7 ὀρφανός, orphan
8 προσήλυτος, immigrant, guest
9 πένης, poor person
10 καταδυναστεύω, *pres act impv 2p*, oppress
11 κακία, wickedness
12 μνησικακέω, *pres act impv 3s*, bear a grudge against
13 ἀπειθέω, *aor act ind 3p*, refuse
14 προσέχω, *pres act inf*, pay attention
15 νῶτος, back
16 παραφρονέω, *pres act ptc acc s m*, be mad, be disturbed
17 οὖς, ear
18 βαρύνω, *aor act ind 3p*, make heavy
19 εἰσακούω, *pres act inf*, listen
20 τάσσω, *aor act ind 3p*, set in place
21 ἀπειθής, disobedient
22 εἰσακούω, *pres act inf*, listen
23 ἐξαποστέλλω, *aor act ind 3s*, send forth
24 παντοκράτωρ, almighty, ruler of all
25 ὃν τρόπον, in the manner that
26 εἰσακούω, *aor act ind 3p*, listen
27 εἰσακούω, *fut act ind 1s*, listen
28 παντοκράτωρ, almighty, ruler of all
29 ἀφανίζω, *fut pas ind 3s*, destroy
30 κατόπισθεν, behind
31 διοδεύω, *pres act ptc gen s m*, pass through
32 ἀναστρέφω, *pres act ptc gen s m*, return to
33 τάσσω, *aor act ind 3p*, appoint, consign
34 ἐκλεκτός, chosen, select
35 ἀφανισμός, destruction
36 παντοκράτωρ, almighty, ruler of all
37 ὅδε, this
38 παντοκράτωρ, almighty, ruler of all
39 ζηλόω, *aor act ind 1s*, be jealous for, strongly desire
40 ζῆλος, jealousy, zeal
41 θυμός, anger, wrath
42 ὅδε, this
43 κατασκηνόω, *fut act ind 1s*, dwell
44 ἀληθινός, true, genuine
45 παντοκράτωρ, almighty, ruler of all
46 ὅδε, this

παντοκράτωρ[1] Ἔτι καθήσονται πρεσβύτεροι καὶ πρεσβύτεραι[2] ἐν ταῖς πλατείαις[3]
Ιερουσαλημ, ἕκαστος τὴν ῥάβδον[4] αὐτοῦ ἔχων ἐν τῇ χειρὶ αὐτοῦ ἀπὸ πλήθους
ἡμερῶν· **5** καὶ αἱ πλατεῖαι[5] τῆς πόλεως πλησθήσονται[6] παιδαρίων[7] καὶ κορασίων[8]
παιζόντων[9] ἐν ταῖς πλατείαις αὐτῆς. **6** τάδε[10] λέγει κύριος παντοκράτωρ[11] Διότι[12] εἰ
ἀδυνατήσει[13] ἐνώπιον τῶν καταλοίπων[14] τοῦ λαοῦ τούτου ἐν ταῖς ἡμέραις ἐκείναις,
μὴ καὶ ἐνώπιον ἐμοῦ ἀδυνατήσει; λέγει κύριος παντοκράτωρ. **7** τάδε[15] λέγει κύριος
παντοκράτωρ[16] Ἰδοὺ ἐγὼ ἀνασῴζω[17] τὸν λαόν μου ἀπὸ γῆς ἀνατολῶν[18] καὶ ἀπὸ
γῆς δυσμῶν[19] **8** καὶ εἰσάξω[20] αὐτοὺς καὶ κατασκηνώσω[21] ἐν μέσῳ Ιερουσαλημ, καὶ
ἔσονταί μοι εἰς λαόν, καὶ ἐγὼ ἔσομαι αὐτοῖς εἰς θεὸν ἐν ἀληθείᾳ καὶ ἐν δικαιοσύνῃ.

9 τάδε[22] λέγει κύριος παντοκράτωρ[23] Κατισχυέτωσαν[24] αἱ χεῖρες ὑμῶν τῶν ἀκου-
όντων ἐν ταῖς ἡμέραις ταύταις τοὺς λόγους τούτους ἐκ στόματος τῶν προφητῶν,
ἀφ᾽ ἧς ἡμέρας τεθεμελίωται[25] ὁ οἶκος κυρίου παντοκράτορος,[26] καὶ ὁ ναὸς ἀφ᾽ οὗ
ᾠκοδόμηται. **10** διότι[27] πρὸ τῶν ἡμερῶν ἐκείνων ὁ μισθὸς[28] τῶν ἀνθρώπων οὐκ
ἔσται εἰς ὄνησιν,[29] καὶ ὁ μισθὸς τῶν κτηνῶν[30] οὐχ ὑπάρξει, καὶ τῷ ἐκπορευομένῳ
καὶ τῷ εἰσπορευομένῳ[31] οὐκ ἔσται εἰρήνη ἀπὸ τῆς θλίψεως· καὶ ἐξαποστελῶ[32] πάν-
τας τοὺς ἀνθρώπους ἕκαστον ἐπὶ τὸν πλησίον[33] αὐτοῦ. **11** καὶ νῦν οὐ κατὰ τὰς
ἡμέρας τὰς ἔμπροσθεν ἐγὼ ποιῶ τοῖς καταλοίποις[34] τοῦ λαοῦ τούτου, λέγει κύριος
παντοκράτωρ,[35] **12** ἀλλ᾽ ἢ δείξω εἰρήνην· ἡ ἄμπελος[36] δώσει τὸν καρπὸν αὐτῆς,
καὶ ἡ γῆ δώσει τὰ γενήματα[37] αὐτῆς, καὶ ὁ οὐρανὸς δώσει τὴν δρόσον[38] αὐτοῦ,
καὶ κατακληρονομήσω[39] τοῖς καταλοίποις[40] τοῦ λαοῦ μου πάντα ταῦτα. **13** καὶ

1 παντοκράτωρ, almighty, ruler of all
2 πρέσβυς, *comp*, older
3 πλατεῖα, street
4 ῥάβδος, rod, staff
5 πλατεῖα, street
6 πίμπλημι, *fut pas ind 3p*, fill
7 παιδάριον, young man, young servant
8 κοράσιον, young girl, female slave
9 παίζω, *pres act ptc gen p n*, play, enjoy oneself
10 ὅδε, this
11 παντοκράτωρ, almighty, ruler of all
12 διότι, for
13 ἀδυνατέω, *fut act ind 3s*, be impossible
14 κατάλοιπος, remnant
15 ὅδε, this
16 παντοκράτωρ, almighty, ruler of all
17 ἀνασῴζω, *pres act ind 1s*, rescue, save
18 ἀνατολή, east
19 δυσμή, west
20 εἰσάγω, *fut act ind 1s*, lead in, bring in
21 κατασκηνόω, *fut act ind 1s*, dwell
22 ὅδε, this
23 παντοκράτωρ, almighty, ruler of all
24 κατισχύω, *pres act impv 3p*, be dominant, prevail
25 θεμελιόω, *perf pas ind 3s*, lay the foundation
26 παντοκράτωρ, almighty, ruler of all
27 διότι, for
28 μισθός, wage
29 ὄνησις, benefit, enjoyment
30 κτῆνος, animal, (*p*) herd
31 εἰσπορεύομαι, *pres mid ptc dat s m*, come in
32 ἐξαποστέλλω, *fut act ind 1s*, send away
33 πλησίον, companion, neighbor
34 κατάλοιπος, remnant
35 παντοκράτωρ, almighty, ruler of all
36 ἄμπελος, vine
37 γένημα, produce
38 δρόσος, dew
39 κατακληρονομέω, *fut act ind 1s*, give as inheritance
40 κατάλοιπος, remnant

ἔσται ὃν τρόπον[1] ἦτε ἐν κατάρᾳ[2] ἐν τοῖς ἔθνεσιν, οἶκος Ιουδα καὶ οἶκος Ισραηλ, οὕτως διασώσω[3] ὑμᾶς καὶ ἔσεσθε ἐν εὐλογίᾳ.[4] θαρσεῖτε[5] καὶ κατισχύετε[6] ἐν ταῖς χερσὶν ὑμῶν.

14 διότι[7] τάδε[8] λέγει κύριος παντοκράτωρ[9] Ὃν τρόπον[10] διενοήθην[11] τοῦ κακῶσαι[12] ὑμᾶς ἐν τῷ παροργίσαι[13] με τοὺς πατέρας ὑμῶν, λέγει κύριος παντοκράτωρ,[14] καὶ οὐ μετενόησα,[15] **15** οὕτως παρατέταγμαι[16] καὶ διανενόημαι[17] ἐν ταῖς ἡμέραις ταύταις τοῦ καλῶς[18] ποιῆσαι τὴν Ιερουσαλημ καὶ τὸν οἶκον Ιουδα· θαρσεῖτε.[19] **16** οὗτοι οἱ λόγοι, οὓς ποιήσετε· λαλεῖτε ἀλήθειαν ἕκαστος πρὸς τὸν πλησίον[20] αὐτοῦ καὶ κρίμα[21] εἰρηνικὸν[22] κρίνατε ἐν ταῖς πύλαις[23] ὑμῶν **17** καὶ ἕκαστος τὴν κακίαν[24] τοῦ πλησίον[25] αὐτοῦ μὴ λογίζεσθε ἐν ταῖς καρδίαις ὑμῶν καὶ ὅρκον[26] ψευδῆ[27] μὴ ἀγαπᾶτε, διότι[28] ταῦτα πάντα ἐμίσησα, λέγει κύριος παντοκράτωρ.[29]

18 Καὶ ἐγένετο λόγος κυρίου παντοκράτορος[30] πρός με λέγων **19** Τάδε[31] λέγει κύριος παντοκράτωρ[32] Νηστεία[33] ἡ τετρὰς[34] καὶ νηστεία ἡ πέμπτη[35] καὶ νηστεία ἡ ἑβδόμη[36] καὶ νηστεία ἡ δεκάτη[37] ἔσονται τῷ οἴκῳ Ιουδα εἰς χαρὰν[38] καὶ εἰς εὐφροσύνην[39] καὶ εἰς ἑορτὰς[40] ἀγαθὰς καὶ εὐφρανθήσεσθε,[41] καὶ τὴν ἀλήθειαν καὶ τὴν εἰρήνην ἀγαπήσατε.

20 τάδε[42] λέγει κύριος παντοκράτωρ[43] Ἔτι ἥξουσιν[44] λαοὶ πολλοὶ καὶ κατοικοῦντες πόλεις πολλάς· **21** καὶ συνελεύσονται[45] κατοικοῦντες πέντε πόλεις εἰς μίαν πόλιν λέγοντες Πορευθῶμεν δεηθῆναι[46] τοῦ προσώπου κυρίου καὶ ἐκζητῆσαι[47] τὸ

1 ὃν τρόπον, in the manner that
2 κατάρα, cursing
3 διασῴζω, *fut act ind 1s*, save, rescue
4 εὐλογία, blessing
5 θαρσέω, *pres act impv 2p*, be courageous
6 κατισχύω, *pres act impv 2p*, prevail, be strong
7 διότι, for
8 ὅδε, this
9 παντοκράτωρ, almighty, ruler of all
10 ὃν τρόπον, in the manner that
11 διανοέομαι, *aor pas ind 1s*, intend
12 κακόω, *aor act inf*, afflict, mistreat, harm
13 παροργίζω, *aor act inf*, provoke, make angry
14 παντοκράτωρ, almighty, ruler of all
15 μετανοέω, *aor act ind 1s*, change one's mind, feel remorse
16 παρατάσσω, *perf mid ind 1s*, set in order, make arrangements
17 διανοέομαι, *perf mid ind 1s*, intend
18 καλῶς, well
19 θαρσέω, *pres act impv 2p*, be courageous
20 πλησίον, companion, neighbor
21 κρίμα, judgment
22 εἰρηνικός, peaceful
23 πύλη, gate
24 κακία, evil, harm
25 πλησίον, companion, neighbor
26 ὅρκος, oath
27 ψευδής, false
28 διότι, for
29 παντοκράτωρ, almighty, ruler of all
30 παντοκράτωρ, almighty, ruler of all
31 ὅδε, this
32 παντοκράτωρ, almighty, ruler of all
33 νηστεία, fast
34 τετράς, fourth (day)
35 πέμπτος, fifth
36 ἕβδομος, seventh
37 δέκατος, tenth
38 χαρά, joy
39 εὐφροσύνη, gladness
40 ἑορτή, festival, feast
41 εὐφραίνω, *fut pas ind 2p*, be glad
42 ὅδε, this
43 παντοκράτωρ, almighty, ruler of all
44 ἥκω, *fut act ind 3p*, come
45 συνέρχομαι, *fut mid ind 3p*, come together
46 δέομαι, *aor pas inf*, pray
47 ἐκζητέω, *aor act inf*, seek

πρόσωπον κυρίου παντοκράτορος·[1] πορεύσομαι κἀγώ.[2] **22** καὶ ἥξουσιν[3] λαοὶ πολλοὶ
καὶ ἔθνη πολλὰ ἐκζητῆσαι[4] τὸ πρόσωπον κυρίου παντοκράτορος[5] ἐν Ιερουσαλημ καὶ
τοῦ ἐξιλάσκεσθαι[6] τὸ πρόσωπον κυρίου. **23** τάδε[7] λέγει κύριος παντοκράτωρ[8] Ἐν
ταῖς ἡμέραις ἐκείναις ἐὰν ἐπιλάβωνται[9] δέκα[10] ἄνδρες ἐκ πασῶν τῶν γλωσσῶν τῶν
ἐθνῶν καὶ ἐπιλάβωνται τοῦ κρασπέδου[11] ἀνδρὸς Ιουδαίου λέγοντες Πορευσόμεθα
μετὰ σοῦ, διότι[12] ἀκηκόαμεν ὅτι ὁ θεὸς μεθ᾽ ὑμῶν ἐστιν.

Prophecies against Neighboring Nations

9 Λῆμμα[13] λόγου κυρίου·

ἐν γῇ Σεδραχ καὶ Δαμασκοῦ θυσία[14] αὐτοῦ,
διότι[15] κύριος ἐφορᾷ[16] ἀνθρώπους καὶ πάσας φυλὰς τοῦ Ισραηλ.
2 καὶ Εμαθ ἐν τοῖς ὁρίοις[17] αὐτῆς,
Τύρος καὶ Σιδών, διότι[18] ἐφρόνησαν[19] σφόδρα.[20]
3 καὶ ᾠκοδόμησεν Τύρος ὀχυρώματα[21] ἑαυτῇ
καὶ ἐθησαύρισεν[22] ἀργύριον[23] ὡς χοῦν[24]
καὶ συνήγαγεν χρυσίον[25] ὡς πηλὸν[26] ὁδῶν.
4 διὰ τοῦτο κύριος κληρονομήσει[27] αὐτὴν
καὶ πατάξει[28] εἰς θάλασσαν δύναμιν αὐτῆς,
καὶ αὕτη ἐν πυρὶ καταναλωθήσεται.[29]

5 ὄψεται Ἀσκαλὼν καὶ φοβηθήσεται,
καὶ Γάζα καὶ ὀδυνηθήσεται[30] σφόδρα,[31]
καὶ Ακκαρων, ὅτι ᾐσχύνθη[32] ἐπὶ τῷ παραπτώματι[33] αὐτῆς·
καὶ ἀπολεῖται βασιλεὺς ἐκ Γάζης,
καὶ Ἀσκαλὼν οὐ μὴ κατοικηθῇ.

1 παντοκράτωρ, almighty, ruler of all
2 κἀγώ, I too, *cr.* καὶ ἐγώ
3 ἥκω, *fut act ind 3p*, come
4 ἐκζητέω, *aor act inf*, seek
5 παντοκράτωρ, almighty, ruler of all
6 ἐξιλάσκομαι, *pres mid inf*, appease
7 ὅδε, this
8 παντοκράτωρ, almighty, ruler of all
9 ἐπιλαμβάνω, *aor mid sub 3p*, grab hold
10 δέκα, ten
11 κράσπεδον, fringe (of a garment)
12 διότι, for
13 λῆμμα, argument
14 θυσία, sacrifice
15 διότι, for
16 ἐφοράω, *pres act ind 3s*, watch over, supervise
17 ὅριον, territory, region
18 διότι, gor
19 φρονέω, *aor act ind 3p*, be prudent, be clever
20 σφόδρα, exceedingly
21 ὀχύρωμα, fortress, stronghold
22 θησαυρίζω, *aor act ind 3s*, store up
23 ἀργύριον, silver
24 χοῦς, dust, dirt
25 χρυσίον, gold
26 πηλός, mud
27 κληρονομέω, *fut act ind 3s*, inherit
28 πατάσσω, *fut act ind 3s*, hit, strike
29 καταναλίσκω, *fut pas ind 3s*, consume, devour
30 ὀδυνάω, *fut pas ind 3s*, be ashamed
31 σφόδρα, exceedingly
32 αἰσχύνω, *aor pas ind 3s*, dishonor
33 παράπτωμα, transgression, trespass

6 καὶ κατοικήσουσιν ἀλλογενεῖς[1] ἐν Ἀζώτῳ,
καὶ καθελῶ[2] ὕβριν[3] ἀλλοφύλων.[4]
7 καὶ ἐξαρῶ[5] τὸ αἷμα αὐτῶν ἐκ στόματος αὐτῶν
καὶ τὰ βδελύγματα[6] αὐτῶν ἐκ μέσου ὀδόντων[7] αὐτῶν,
καὶ ὑπολειφθήσεται[8] καὶ οὗτος τῷ θεῷ ἡμῶν,
καὶ ἔσονται ὡς χιλίαρχος[9] ἐν Ιουδα καὶ Ακκαρων ὡς ὁ Ιεβουσαῖος.
8 καὶ ὑποστήσομαι[10] τῷ οἴκῳ μου ἀνάστημα[11]
τοῦ μὴ διαπορεύεσθαι[12] μηδὲ ἀνακάμπτειν,[13]
καὶ οὐ μὴ ἐπέλθῃ[14] ἐπ᾽ αὐτοὺς οὐκέτι ἐξελαύνων,[15]
διότι[16] νῦν ἑώρακα ἐν τοῖς ὀφθαλμοῖς μου.

Coming King of Zion

9 Χαῖρε[17] σφόδρα,[18] θύγατερ[19] Σιων·
κήρυσσε,[20] θύγατερ Ιερουσαλημ·
ἰδοὺ ὁ βασιλεύς σου ἔρχεταί σοι, δίκαιος καὶ σῴζων αὐτός,
πραῢς[21] καὶ ἐπιβεβηκὼς[22] ἐπὶ ὑποζύγιον[23] καὶ πῶλον[24] νέον.[25]
10 καὶ ἐξολεθρεύσει[26] ἅρματα[27] ἐξ Εφραιμ καὶ ἵππον[28] ἐξ Ιερουσαλημ,
καὶ ἐξολεθρευθήσεται[29] τόξον[30] πολεμικόν,[31]
καὶ πλῆθος καὶ εἰρήνη ἐξ ἐθνῶν·
καὶ κατάρξει[32] ὑδάτων ἕως θαλάσσης καὶ ποταμῶν[33] διεκβολὰς[34] γῆς.

Deliverance of Judah and Ephraim

11 καὶ σὺ ἐν αἵματι διαθήκης ἐξαπέστειλας[35] δεσμίους[36] σου
ἐκ λάκκου[37] οὐκ ἔχοντος ὕδωρ.

1 ἀλλογενής, foreign
2 καθαιρέω, *fut act ind 1s*, bring down
3 ὕβρις, pride
4 ἀλλόφυλος, foreign, (Philistine)
5 ἐξαίρω, *fut act ind 1s*, remove, extract
6 βδέλυγμα, abomination
7 ὀδούς, tooth
8 ὑπολείπω, *fut pas ind 3s*, leave behind
9 χιλίαρχος, captain over a thousand
10 ὑφίστημι, *fut mid ind 1s*, erect
11 ἀνάστημα, frame, structure
12 διαπορεύομαι, *pres mid inf*, pass by
13 ἀνακάμπτω, *pres act inf*, return
14 ἐπέρχομαι, *aor act sub 3s*, come upon, arrive
15 ἐξελαύνω, *pres act ptc nom s m*, drive away
16 διότι, for
17 χαίρω, *pres act impv 2s*, rejoice
18 σφόδρα, exceedingly
19 θυγάτηρ, daughter
20 κηρύσσω, *pres act impv 2s*, preach, proclaim
21 πραΰς, gentle, mild
22 ἐπιβαίνω, *perf act ptc nom s m*, ride on
23 ὑποζύγιον, donkey
24 πῶλος, foal
25 νέος, young
26 ἐξολεθρεύω, *fut act ind 3s*, utterly destroy
27 ἅρμα, chariot
28 ἵππος, horse, (cavalry)
29 ἐξολεθρεύω, *fut pas ind 3s*, utterly destroy
30 τόξον, bow
31 πολεμικός, of war, martial
32 κατάρχω, *fut act ind 3s*, rule over
33 ποταμός, river
34 διεκβολή, exit, outlet
35 ἐξαποστέλλω, *aor act ind 2s*, send out, dismiss
36 δέσμιος, captive, prisoner
37 λάκκος, prison, dungeon

12 καθήσεσθε ἐν ὀχυρώματι,[1] δέσμιοι[2] τῆς συναγωγῆς,
καὶ ἀντὶ[3] μιᾶς ἡμέρας παροικεσίας[4] σου διπλᾶ[5] ἀνταποδώσω[6] σοι·
13 διότι[7] ἐνέτεινά[8] σε, Ιουδα, ἐμαυτῷ[9] τόξον,[10]
ἔπλησα[11] τὸν Εφραιμ καὶ ἐπεγερῶ[12] τὰ τέκνα σου, Σιων,
ἐπὶ τὰ τέκνα τῶν Ἑλλήνων
καὶ ψηλαφήσω[13] σε ὡς ῥομφαίαν[14] μαχητοῦ·[15]
14 καὶ κύριος ἔσται ἐπ᾽ αὐτοὺς
καὶ ἐξελεύσεται ὡς ἀστραπὴ[16] βολίς,[17]
καὶ κύριος παντοκράτωρ[18] ἐν σάλπιγγι[19] σαλπιεῖ[20]
καὶ πορεύσεται ἐν σάλῳ[21] ἀπειλῆς[22] αὐτοῦ.
15 κύριος παντοκράτωρ[23] ὑπερασπιεῖ[24] αὐτῶν,
καὶ καταναλώσουσιν[25] αὐτούς
καὶ καταχώσουσιν[26] αὐτοὺς ἐν λίθοις σφενδόνης[27]
καὶ ἐκπίονται[28] αὐτοὺς ὡς οἶνον
καὶ πλήσουσιν[29] ὡς φιάλας[30] θυσιαστήριον.[31]

16 καὶ σώσει αὐτοὺς κύριος ἐν τῇ ἡμέρᾳ ἐκείνῃ,
ὡς πρόβατα λαὸν αὐτοῦ,
διότι[32] λίθοι ἅγιοι κυλίονται[33] ἐπὶ τῆς γῆς αὐτοῦ.
17 ὅτι εἴ τι ἀγαθὸν αὐτοῦ καὶ εἴ τι καλὸν παρ᾽ αὐτοῦ,
σῖτος[34] νεανίσκοις[35] καὶ οἶνος εὐωδιάζων[36] εἰς παρθένους.[37]

1 ὀχύρωμα, fortress, stronghold
2 δέσμιος, captive, prisoner
3 ἀντί, instead of
4 παροικεσία, residence as a noncitizen
5 διπλοῦς, double
6 ἀνταποδίδωμι, *fut act ind 1s*, give back, restore
7 διότι, for
8 ἐντείνω, *aor act ind 1s*, stretch tight, pull back
9 ἐμαυτοῦ, myself
10 τόξον, bow
11 πίμπλημι, *aor act ind 1s*, fill
12 ἐπεγείρω, *fut act ind 1s*, stir up, raise up
13 ψηλαφάω, *fut act ind 1s*, handle, manipulate
14 ῥομφαία, sword
15 μαχητής, warrior
16 ἀστραπή, lightning
17 βολίς, bolt, arrow
18 παντοκράτωρ, almighty, ruler of all
19 σάλπιγξ, trumpet
20 σαλπίζω, *fut act ind 3s*, sound, blow
21 σάλος, surge, uproar
22 ἀπειλή, threats
23 παντοκράτωρ, almighty, ruler of all
24 ὑπερασπίζω, *fut act ind 3s*, shield, protect
25 καταναλίσκω, *fut act ind 3p*, consume
26 καταχώννυμι, *fut act ind 3p*, overwhelm, cover over
27 σφενδόνη, sling
28 ἐκπίνω, *fut mid ind 3p*, drink down, swallow
29 πίμπλημι, *fut act ind 3p*, fill
30 φιάλη, dish, cup
31 θυσιαστήριον, altar
32 διότι, for
33 κυλίω, *pres pas ind 3p*, roll
34 σῖτος, grain
35 νεανίσκος, young man
36 εὐωδιάζω, *pres act ptc nom s m*, smell pleasant
37 παρθένος, young woman, virgin

God Will Care for Judah and Ephraim

10 Αἰτεῖσθε[1] ὑετὸν[2] παρὰ κυρίου καθ᾽ ὥραν[3]
πρόιμον[4] καὶ ὄψιμον·[5]
κύριος ἐποίησεν φαντασίας,[6]
καὶ ὑετὸν χειμερινὸν[7] δώσει αὐτοῖς,
ἑκάστῳ βοτάνην[8] ἐν ἀγρῷ.
2 διότι[9] οἱ ἀποφθεγγόμενοι[10] ἐλάλησαν κόπους,[11]
καὶ οἱ μάντεις[12] ὁράσεις[13] ψευδεῖς,[14]
καὶ τὰ ἐνύπνια ψευδῆ ἐλάλουν,
μάταια[15] παρεκάλουν·
διὰ τοῦτο ἐξήρθησαν[16] ὡς πρόβατα καὶ ἐκακώθησαν,[17]
διότι οὐκ ἦν ἴασις.[18]

3 ἐπὶ τοὺς ποιμένας[19] παρωξύνθη[20] ὁ θυμός[21] μου,
καὶ ἐπὶ τοὺς ἀμνοὺς[22] ἐπισκέψομαι·[23]
καὶ ἐπισκέψεται[24] κύριος ὁ θεὸς ὁ παντοκράτωρ[25]
τὸ ποίμνιον[26] αὐτοῦ τὸν οἶκον Ιουδα
καὶ τάξει[27] αὐτοὺς ὡς ἵππον[28] εὐπρεπῆ[29] αὐτοῦ ἐν πολέμῳ.
4 καὶ ἐξ αὐτοῦ ἐπέβλεψεν[30] καὶ ἐξ αὐτοῦ ἔταξεν,[31]
καὶ ἐξ αὐτοῦ τόξον[32] ἐν θυμῷ·[33]
ἐξ αὐτοῦ ἐξελεύσεται πᾶς ὁ ἐξελαύνων[34] ἐν τῷ αὐτῷ.
5 καὶ ἔσονται ὡς μαχηταὶ[35]
πατοῦντες[36] πηλὸν[37] ἐν ταῖς ὁδοῖς ἐν πολέμῳ

1 αἰτέω, *pres mid impv 2p*, request, ask for
2 ὑετός, rain
3 ὥρα, season, time
4 πρόιμος, early
5 ὄψιμος, late
6 φαντασία, apparition, demonstration
7 χειμερινός, wintertime
8 βοτάνη, plants, vegetation
9 διότι, for
10 ἀποφθέγγομαι, *pres mid ptc nom p m*, utter
11 κόπος, suffering, trouble
12 μάντις, diviner
13 ὅρασις, vision
14 ψευδής, false
15 μάταιος, worthless, meaningless
16 ἐξαίρω, *aor pas ind 3p*, extract, remove
17 κακόω, *aor pas ind 3p*, harm
18 ἴασις, remedy, cure
19 ποιμήν, shepherd
20 παροξύνω, *aor pas ind 3s*, provoke
21 θυμός, anger, wrath
22 ἀμνός, lamb
23 ἐπισκέπτομαι, *fut mid ind 1s*, oversee, examine
24 ἐπισκέπτομαι, *fut mid ind 3s*, oversee, examine
25 παντοκράτωρ, almighty, ruler of all
26 ποίμνιον, shepherd
27 τάσσω, *fut act ind 3s*, arrange, establish
28 ἵππος, horse
29 εὐπρεπής, handsome
30 ἐπιβλέπω, *aor act ind 3s*, gaze outward
31 τάσσω, *aor act ind 3s*, put things in order, set up (for battle)
32 τόξον, bow
33 θυμός, anger, wrath
34 ἐξελαύνω, *pres act ptc nom s m*, march out
35 μαχητής, warrior
36 πατέω, *pres act ptc nom p m*, walk over
37 πηλός, mud

καὶ παρατάξονται,[1]
διότι[2] κύριος μετ᾽ αὐτῶν,
καὶ καταισχυνθήσονται[3] ἀναβάται[4] ἵππων.[5]

6 καὶ κατισχύσω[6] τὸν οἶκον Ιουδα καὶ τὸν οἶκον Ιωσηφ σώσω
καὶ κατοικιῶ[7] αὐτούς, ὅτι ἠγάπησα αὐτούς,
καὶ ἔσονται ὃν τρόπον[8] οὐκ ἀπεστρεψάμην[9] αὐτούς,
διότι[10] ἐγὼ κύριος ὁ θεὸς αὐτῶν καὶ ἐπακούσομαι[11] αὐτοῖς.
7 καὶ ἔσονται ὡς μαχηταὶ[12] τοῦ Εφραιμ,
καὶ χαρήσεται[13] ἡ καρδία αὐτῶν ὡς ἐν οἴνῳ·
καὶ τὰ τέκνα αὐτῶν ὄψονται καὶ εὐφρανθήσονται,[14]
καὶ χαρεῖται[15] ἡ καρδία αὐτῶν ἐπὶ τῷ κυρίῳ.

8 σημανῶ[16] αὐτοῖς καὶ εἰσδέξομαι[17] αὐτούς,
διότι[18] λυτρώσομαι[19] αὐτούς,
καὶ πληθυνθήσονται[20] καθότι[21] ἦσαν πολλοί·
9 καὶ σπερῶ[22] αὐτοὺς ἐν λαοῖς,
καὶ οἱ μακρὰν[23] μνησθήσονταί[24] μου,
ἐκθρέψουσιν[25] τὰ τέκνα αὐτῶν καὶ ἐπιστρέψουσιν.
10 καὶ ἐπιστρέψω αὐτοὺς ἐκ γῆς Αἰγύπτου
καὶ ἐξ Ἀσσυρίων εἰσδέξομαι[26] αὐτούς
καὶ εἰς τὴν Γαλααδῖτιν καὶ εἰς τὸν Λίβανον εἰσάξω[27] αὐτούς,
καὶ οὐ μὴ ὑπολειφθῇ[28] ἐξ αὐτῶν οὐδὲ εἷς·
11 καὶ διελεύσονται ἐν θαλάσσῃ στενῇ[29]
καὶ πατάξουσιν[30] ἐν θαλάσσῃ κύματα,[31]
καὶ ξηρανθήσεται[32] πάντα τὰ βάθη[33] ποταμῶν,[34]

1 παρατάσσω, *fut mid ind 3p*, battle
2 διότι, for
3 καταισχύνω, *fut pas ind 3p*, put to shame
4 ἀναβάτης, rider
5 ἵππος, horse
6 κατισχύω, *fut act ind 1s*, reinforce
7 κατοικίζω, *fut act ind 1s*, establish
8 ὃν τρόπον, as if, in the manner that
9 ἀποστρέφω, *aor mid ind 1s*, turn away from
10 διότι, for
11 ἐπακούω, *fut mid ind 1s*, hear, listen to
12 μαχητής, warrior
13 χαίρω, *fut pas ind 3s*, rejoice
14 εὐφραίνω, *fut pas ind 3p*, be glad
15 χαίρω, *fut mid ind 3s*, rejoice
16 σημαίνω, *fut act ind 1s*, give a sign, signal
17 εἰσδέχομαι, *fut mid ind 1s*, welcome, receive
18 διότι, for
19 λυτρόω, *fut mid ind 1s*, redeem
20 πληθύνω, *fut pas ind 3p*, multiply
21 καθότι, like, just as
22 σπείρω, *fut act ind 1s*, sow
23 μακράν, far away, distant
24 μιμνήσκομαι, *fut pas ind 3p*, remember
25 ἐκτρέφω, *fut act ind 3p*, bring up, raise
26 εἰσδέχομαι, *fut mid ind 1s*, welcome, receive
27 εἰσάγω, *fut act ind 1s*, bring in
28 ὑπολείπω, *aor pas sub 3s*, leave behind
29 στενός, narrow
30 πατάσσω, *fut act ind 3p*, strike
31 κῦμα, wave
32 ξηραίνω, *fut pas ind 3s*, dry up
33 βάθος, depth
34 ποταμός, river

καὶ ἀφαιρεθήσεται[1] πᾶσα ὕβρις[2] Ἀσσυρίων,
καὶ σκῆπτρον[3] Αἰγύπτου περιαιρεθήσεται.[4]
12 καὶ κατισχύσω[5] αὐτοὺς ἐν κυρίῳ θεῷ αὐτῶν,
καὶ ἐν τῷ ὀνόματι αὐτοῦ κατακαυχήσονται,[6] λέγει κύριος.

Shepherds of a Flock Destined for Slaughter

11 Διάνοιξον,[7] ὁ Λίβανος, τὰς θύρας σου,
καὶ καταφαγέτω[8] πῦρ τὰς κέδρους[9] σου·
2 ὀλολυξάτω[10] πίτυς,[11]
διότι[12] πέπτωκεν κέδρος,[13]
ὅτι μεγάλως[14] μεγιστᾶνες[15] ἐταλαιπώρησαν·[16]
ὀλολύξατε,[17] δρύες[18] τῆς Βασανίτιδος,
ὅτι κατεσπάσθη[19] ὁ δρυμὸς[20] ὁ σύμφυτος.[21]
3 φωνὴ θρηνούντων[22] ποιμένων,[23]
ὅτι τεταλαιπώρηκεν[24] ἡ μεγαλωσύνη[25] αὐτῶν·
φωνὴ ὠρυομένων[26] λεόντων,[27]
ὅτι τεταλαιπώρηκεν τὸ φρύαγμα[28] τοῦ Ιορδάνου.

4 τάδε[29] λέγει κύριος παντοκράτωρ[30] Ποιμαίνετε[31] τὰ πρόβατα τῆς σφαγῆς,[32] **5** ἃ οἱ
κτησάμενοι[33] κατέσφαζον[34] καὶ οὐ μετεμέλοντο,[35] καὶ οἱ πωλοῦντες[36] αὐτὰ ἔλεγον
Εὐλογητὸς[37] κύριος καὶ πεπλουτήκαμεν,[38] καὶ οἱ ποιμένες[39] αὐτῶν οὐκ ἔπασχον[40]

1 ἀφαιρέω, *fut pas ind 3s*, remove, take away
2 ὕβρις, pride, arrogance
3 σκῆπτρον, scepter, staff
4 περιαιρέω, *fut pas ind 3s*, revoke, take away
5 κατισχύω, *fut act ind 1s*, reinforce, fortify
6 κατακαυχάομαι, *fut mid ind 3p*, boast
7 διανοίγω, *aor act impv 2s*, completely open up
8 κατεσθίω, *aor act impv 3s*, consume
9 κέδρος, cedar
10 ὀλολύζω, *aor act impv 3s*, cry out (in pain)
11 πίτυς, pine tree
12 διότι, for
13 κέδρος, cedar
14 μεγάλως, severely
15 μεγιστάν, nobleman, magistrate
16 ταλαιπωρέω, *aor act ind 3p*, be distressed, suffer
17 ὀλολύζω, *aor act impv 2p*, cry out (in pain)
18 δρῦς, oak, terebinth
19 κατασπάω, *aor pas ind 3s*, pull down
20 δρυμός, thicket
21 σύμφυτος, dense, cultivated
22 θρηνέω, *pres act ptc gen p m*, wail, mourn
23 ποιμήν, shepherd
24 ταλαιπωρέω, *perf act ind 3s*, suffer
25 μεγαλωσύνη, stature, majesty
26 ὠρύομαι, *pres mid ptc gen p m*, roar
27 λέων, lion
28 φρύαγμα, insolence
29 ὅδε, this
30 παντοκράτωρ, almighty, ruler of all
31 ποιμαίνω, *pres act impv 2p*, shepherd, tend
32 σφαγή, slaughter
33 κτάομαι, *aor mid ptc nom p m*, obtain, acquire
34 κατασφάζω, *impf act ind 3p*, slaughter
35 μεταμέλομαι, *impf mid ind 3p*, regret
36 πωλέω, *pres act ptc nom p m*, sell
37 εὐλογητός, blessed
38 πλουτέω, *perf act ind 1p*, become rich
39 ποιμήν, shepherd
40 πάσχω, *impf act ind 3p*, undergo, suffer

οὐδὲν ἐπ᾽ αὐτοῖς. **6** διὰ τοῦτο οὐ φείσομαι[1] οὐκέτι ἐπὶ τοὺς κατοικοῦντας τὴν γῆν, λέγει κύριος, καὶ ἰδοὺ ἐγὼ παραδίδωμι τοὺς ἀνθρώπους ἕκαστον εἰς χεῖρας τοῦ πλησίον[2] αὐτοῦ καὶ εἰς χεῖρας βασιλέως αὐτοῦ, καὶ κατακόψουσιν[3] τὴν γῆν, καὶ οὐ μὴ ἐξέλωμαι[4] ἐκ χειρὸς αὐτῶν.

7 καὶ ποιμανῶ[5] τὰ πρόβατα τῆς σφαγῆς[6] εἰς τὴν Χαναανῖτιν· καὶ λήμψομαι ἐμαυτῷ[7] δύο ῥάβδους[8] — τὴν μίαν ἐκάλεσα Κάλλος καὶ τὴν ἑτέραν ἐκάλεσα Σχοίνισμα[9] — καὶ ποιμανῶ τὰ πρόβατα. **8** καὶ ἐξαρῶ[10] τοὺς τρεῖς ποιμένας[11] ἐν μηνὶ[12] ἑνί, καὶ βαρυνθήσεται[13] ἡ ψυχή μου ἐπ᾽ αὐτούς, καὶ γὰρ αἱ ψυχαὶ αὐτῶν ἐπωρύοντο[14] ἐπ᾽ ἐμέ. **9** καὶ εἶπα Οὐ ποιμανῶ[15] ὑμᾶς· τὸ ἀποθνῇσκον ἀποθνῃσκέτω, καὶ τὸ ἐκλεῖπον[16] ἐκλειπέτω,[17] καὶ τὰ κατάλοιπα[18] κατεσθιέτωσαν[19] ἕκαστος τὰς σάρκας τοῦ πλησίον[20] αὐτοῦ. **10** καὶ λήμψομαι τὴν ῥάβδον[21] μου τὴν καλὴν καὶ ἀπορρίψω[22] αὐτὴν τοῦ διασκεδάσαι[23] τὴν διαθήκην μου, ἣν διεθέμην[24] πρὸς πάντας τοὺς λαούς· **11** καὶ διασκεδασθήσεται[25] ἐν τῇ ἡμέρᾳ ἐκείνῃ, καὶ γνώσονται οἱ Χαναναῖοι τὰ πρόβατα τὰ φυλασσόμενα, διότι[26] λόγος κυρίου ἐστίν. **12** καὶ ἐρῶ πρὸς αὐτούς Εἰ καλὸν ἐνώπιον ὑμῶν ἐστιν, δότε στήσαντες τὸν μισθόν[27] μου ἢ ἀπείπασθε·[28] καὶ ἔστησαν τὸν μισθόν μου τριάκοντα[29] ἀργυροῦς.[30] **13** καὶ εἶπεν κύριος πρός με Κάθες[31] αὐτοὺς εἰς τὸ χωνευτήριον,[32] καὶ σκέψαι[33] εἰ δόκιμόν[34] ἐστιν, ὃν τρόπον[35] ἐδοκιμάσθην[36] ὑπὲρ αὐτῶν. καὶ ἔλαβον τοὺς τριάκοντα[37] ἀργυροῦς[38] καὶ ἐνέβαλον[39] αὐτοὺς εἰς τὸν οἶκον κυρίου εἰς τὸ χωνευτήριον.[40] **14** καὶ ἀπέρριψα[41] τὴν ῥάβδον[42] τὴν δευτέραν, τὸ Σχοίνισμα,[43] τοῦ διασκεδάσαι[44] τὴν κατάσχεσιν[45] ἀνὰ μέσον[46] Ιουδα καὶ ἀνὰ μέσον τοῦ Ισραηλ.

1 φείδομαι, *fut mid ind 1s*, spare, hold back
2 πλησίον, companion, neighbor
3 κατακόπτω, *fut act ind 3p*, wound, harm
4 ἐξαιρέω, *aor mid sub 1s*, deliver, rescue
5 ποιμαίνω, *fut act ind 1s*, shepherd, tend
6 σφαγή, slaughter
7 ἐμαυτοῦ, myself
8 ῥάβδος, rod, staff
9 σχοίνισμα, portioned allotment
10 ἐξαίρω, *fut act ind 1s*, remove
11 ποιμήν, shepherd
12 μήν, month
13 βαρύνω, *fut pas ind 3s*, be heavy
14 ἐπωρύω, *aor mid ind 3p*, howl at
15 ποιμαίνω, *fut act ind 1s*, shepherd, tend
16 ἐκλείπω, *pres act ptc nom s n*, come to an end, die
17 ἐκλείπω, *pres act impv 3s*, come to an end, die
18 κατάλοιπος, leftover, remainder
19 κατεσθίω, *pres act impv 3p*, consume
20 πλησίον, companion, neighbor
21 ῥάβδος, rod, staff
22 ἀπορρίπτω, *fut act ind 1s*, cast away, (reject)
23 διασκεδάζω, *aor act inf*, wreck, (dissolve)
24 διατίθημι, *aor mid ind 1s*, grant, arrange
25 διασκεδάζω, *fut pas ind 3s*, wreck, (dissolve)
26 διότι, for
27 μισθός, wage
28 ἀπαγορεύω, *aor mid ind 2p*, refuse
29 τριάκοντα, thirty
30 ἀργυροῦς, silver (piece)
31 καθίημι, *aor act impv 2s*, lower, place
32 χωνευτήριον, smelting furnace
33 σκέπτομαι, *aor mid impv 2s*, evaluate
34 δόκιμος, genuine, approved
35 ὃν τρόπον, in the manner that
36 δοκιμάζω, *aor pas ind 1s*, prove, test
37 τριάκοντα, thirty
38 ἀργυροῦς, silver (piece)
39 ἐμβάλλω, *aor act ind 1s*, throw in
40 χωνευτήριον, smelting furnace
41 ἀπορρίπτω, *aor act ind 1s*, cast away, reject
42 ῥάβδος, staff, rod
43 σχοίνισμα, portioned allotment
44 διασκεδάζω, *aor act inf*, wreck, (dissolve)
45 κατάσχεσις, relation
46 ἀνὰ μέσον, between

15 Καὶ εἶπεν κύριος πρός με Ἔτι λαβὲ σεαυτῷ σκεύη[1] ποιμενικὰ[2] ποιμένος[3] ἀπείρου.[4]
16 διότι[5] ἰδοὺ ἐγὼ ἐξεγείρω[6] ποιμένα[7] ἐπὶ τὴν γῆν· τὸ ἐκλιμπάνον[8] οὐ μὴ ἐπισκέψη-
ται[9] καὶ τὸ διεσκορπισμένον[10] οὐ μὴ ζητήσῃ καὶ τὸ συντετριμμένον[11] οὐ μὴ ἰάσηται[12]
καὶ τὸ ὁλόκληρον[13] οὐ μὴ κατευθύνῃ[14] καὶ τὰ κρέα[15] τῶν ἐκλεκτῶν[16] καταφάγεται[17]
καὶ τοὺς ἀστραγάλους[18] αὐτῶν ἐκστρέψει.[19]

17 ὦ[20] οἱ ποιμαίνοντες[21] τὰ μάταια[22] καὶ οἱ καταλελοιπότες[23] τὰ πρόβατα·
μάχαιρα[24] ἐπὶ τοὺς βραχίονας[25] αὐτοῦ καὶ ἐπὶ τὸν ὀφθαλμὸν τὸν δεξιὸν
αὐτοῦ·
ὁ βραχίων αὐτοῦ ξηραινόμενος[26] ξηρανθήσεται,[27]
καὶ ὁ ὀφθαλμὸς ὁ δεξιὸς αὐτοῦ ἐκτυφλούμενος[28] ἐκτυφλωθήσεται.[29]

Destruction of Jerusalem's Enemies

12 Λῆμμα[30] λόγου κυρίου ἐπὶ τὸν Ισραηλ· λέγει κύριος ἐκτείνων[31] οὐρανὸν καὶ
θεμελιῶν[32] γῆν καὶ πλάσσων[33] πνεῦμα ἀνθρώπου ἐν αὐτῷ **2** Ἰδοὺ ἐγὼ τίθημι
τὴν Ιερουσαλημ ὡς πρόθυρα[34] σαλευόμενα[35] πᾶσι τοῖς λαοῖς κύκλῳ,[36] καὶ ἐν τῇ
Ιουδαίᾳ ἔσται περιοχὴ[37] ἐπὶ Ιερουσαλημ. **3** καὶ ἔσται ἐν τῇ ἡμέρᾳ ἐκείνῃ θήσομαι
τὴν Ιερουσαλημ λίθον καταπατούμενον[38] πᾶσιν τοῖς ἔθνεσιν· πᾶς ὁ καταπατῶν[39]
αὐτὴν ἐμπαίζων[40] ἐμπαίξεται,[41] καὶ ἐπισυναχθήσονται[42] ἐπ' αὐτὴν πάντα τὰ ἔθνη
τῆς γῆς. **4** ἐν τῇ ἡμέρᾳ ἐκείνῃ, λέγει κύριος παντοκράτωρ,[43] πατάξω[44] πάντα

1 σκεῦος, equipment, object
2 ποιμενικός, of a shepherd
3 ποιμήν, shepherd
4 ἄπειρος, unskilled, ignorant
5 διότι, for
6 ἐξεγείρω, *pres act ind 1s*, raise up
7 ποιμήν, shepherd
8 ἐκλιμπάνω, *pres act ptc nom s n*, fail
9 ἐπισκέπτομαι, *aor mid sub 3s*, oversee, look after
10 διασκορπίζω, *perf pas ptc acc s n*, scatter
11 συντρίβω, *perf pas ptc acc s n*, break
12 ἰάομαι, *aor mid sub 3s*, heal
13 ὁλόκληρος, intact, whole
14 κατευθύνω, *aor act sub 3s*, lead, direct
15 κρέας, meat, flesh
16 ἐκλεκτός, chosen
17 κατεσθίω, *fut mid ind 3s*, consume
18 ἀστράγαλος, joint (of bones)
19 ἐκστρέφω, *fut act ind 3s*, dislocate, twist
20 ὦ, Oh!
21 ποιμαίνω, *pres act ptc nom p m*, shepherd, tend
22 μάταιος, worthless, pointless
23 καταλείπω, *perf act ptc nom p m*, abandon
24 μάχαιρα, sword
25 βραχίων, arm
26 ξηραίνω, *pres pas ptc nom s m*, wither
27 ξηραίνω, *fut pas ind 3s*, wither
28 ἐκτυφλόω, *pres pas ptc nom s m*, make blind
29 ἐκτυφλόω, *fut pas ind 3s*, make blind
30 λῆμμα, argument
31 ἐκτείνω, *pres act ptc nom s m*, stretch out
32 θεμελιόω, *pres act ptc nom s m*, lay the foundation
33 πλάσσω, *pres act ptc nom s m*, form
34 πρόθυρον, doorway, entrance
35 σαλεύω, *pres pas ptc nom p n*, shake, agitate
36 κύκλῳ, all around
37 περιοχή, enclosing, (siege)
38 καταπατέω, *pres pas ptc acc s m*, trample
39 καταπατέω, *pres act ptc nom s m*, trample
40 ἐμπαίζω, *pres act ptc nom s m*, mock
41 ἐμπαίζω, *fut mid ind 3s*, mock
42 ἐπισυνάγω, *fut pas ind 3p*, unite, gather together
43 παντοκράτωρ, almighty, ruler of all
44 πατάσσω, *fut act ind 1s*, strike

ἵππον[1] ἐν ἐκστάσει[2] καὶ τὸν ἀναβάτην[3] αὐτοῦ ἐν παραφρονήσει,[4] ἐπὶ δὲ τὸν οἶκον
Ιουδα διανοίξω[5] τοὺς ὀφθαλμούς μου καὶ πάντας τοὺς ἵππους τῶν λαῶν πα-
τάξω ἐν ἀποτυφλώσει.[6] **5** καὶ ἐροῦσιν οἱ χιλίαρχοι[7] Ιουδα ἐν ταῖς καρδίαις αὐτῶν
Εὑρήσομεν ἑαυτοῖς τοὺς κατοικοῦντας Ιερουσαλημ ἐν κυρίῳ παντοκράτορι[8] θεῷ
αὐτῶν.

6 ἐν τῇ ἡμέρᾳ ἐκείνῃ θήσομαι τοὺς χιλιάρχους[9] Ιουδα ὡς δαλὸν[10] πυρὸς ἐν ξύλοις[11]
καὶ ὡς λαμπάδα[12] πυρὸς ἐν καλάμῃ,[13] καὶ καταφάγονται[14] ἐκ δεξιῶν καὶ ἐξ εὐωνύμων[15]
πάντας τοὺς λαοὺς κυκλόθεν,[16] καὶ κατοικήσει Ιερουσαλημ ἔτι καθ' ἑαυτήν. **7** καὶ
σώσει κύριος τὰ σκηνώματα[17] Ιουδα καθὼς ἀπ' ἀρχῆς, ὅπως μὴ μεγαλύνηται[18] καύ-
χημα[19] οἴκου Δαυιδ καὶ ἔπαρσις[20] τῶν κατοικούντων Ιερουσαλημ ἐπὶ τὸν Ιουδαν.
8 καὶ ἔσται ἐν τῇ ἡμέρᾳ ἐκείνῃ ὑπερασπιεῖ[21] κύριος ὑπὲρ τῶν κατοικούντων Ιερου-
σαλημ, καὶ ἔσται ὁ ἀσθενῶν[22] ἐν αὐτοῖς ἐν ἐκείνῃ τῇ ἡμέρᾳ ὡς οἶκος Δαυιδ, ὁ δὲ
οἶκος Δαυιδ ὡς οἶκος θεοῦ, ὡς ἄγγελος κυρίου ἐνώπιον αὐτῶν. **9** καὶ ἔσται ἐν τῇ
ἡμέρᾳ ἐκείνῃ ζητήσω τοῦ ἐξᾶραι[23] πάντα τὰ ἔθνη τὰ ἐπερχόμενα[24] ἐπὶ Ιερουσαλημ.

A Spirit of Grace and Compassion

10 καὶ ἐκχεῶ[25] ἐπὶ τὸν οἶκον Δαυιδ καὶ ἐπὶ τοὺς κατοικοῦντας Ιερουσαλημ πνεῦμα
χάριτος καὶ οἰκτιρμοῦ,[26] καὶ ἐπιβλέψονται[27] πρός με ἀνθ' ὧν[28] κατωρχήσαντο[29] καὶ
κόψονται[30] ἐπ' αὐτὸν κοπετὸν[31] ὡς ἐπ' ἀγαπητὸν[32] καὶ ὀδυνηθήσονται[33] ὀδύνην[34]
ὡς ἐπὶ πρωτοτόκῳ.[35] **11** ἐν τῇ ἡμέρᾳ ἐκείνῃ μεγαλυνθήσεται[36] ὁ κοπετὸς[37] ἐν Ιερου-
σαλημ ὡς κοπετὸς ῥοῶνος[38] ἐν πεδίῳ[39] ἐκκοπτομένου,[40] **12** καὶ κόψεται[41] ἡ γῆ κατὰ

1 ἵππος, horse
2 ἔκστασις, terror
3 ἀναβάτης, rider
4 παραφρόνησις, frenzy, madness
5 διανοίγω, *fut act ind 1s*, open up
6 ἀποτύφλωσις, blindness
7 χιλίαρχος, captain over a thousand
8 παντοκράτωρ, almighty, ruler of all
9 χιλίαρχος, captain over a thousand
10 δαλός, poker, brand
11 ξύλον, wood
12 λαμπάς, torch
13 καλάμη, straw
14 κατεσθίω, *fut mid ind 3p*, consume
15 εὐώνυμος, left
16 κυκλόθεν, all around
17 σκήνωμα, dwelling
18 μεγαλύνω, *aor pas sub 3s*, magnify, exalt
19 καύχημα, source of pride
20 ἔπαρσις, elation
21 ὑπερασπίζω, *fut act ind 3s*, shield, protect
22 ἀσθενέω, *pres act ptc nom s m*, be weak
23 ἐξαίρω, *aor act inf*, remove
24 ἐπέρχομαι, *pres mid ptc acc p n*, attack, come against
25 ἐκχέω, *fut act ind 1s*, pour out
26 οἰκτιρμός, compassion
27 ἐπιβλέπω, *fut mid ind 3p*, look, gaze
28 ἀνθ' ὧν, since
29 κατορχέομαι, *aor mid ind 3p*, celebrate in triumph
30 κόπτω, *fut mid ind 3p*, strike (one's breast in lament), mourn
31 κοπετός, lamentation
32 ἀγαπητός, friend, loved one
33 ὀδυνάω, *fut pas ind 3p*, be distressed
34 ὀδύνη, sorrow, grief
35 πρωτότοκος, firstborn
36 μεγαλύνω, *fut pas ind 3s*, intensify
37 κοπετός, lamentation
38 ῥοών, pomegranate orchard
39 πεδίον, field, plain
40 ἐκκόπτω, *pres pas ptc gen s m*, cut down
41 κόπτω, *fut mid ind 3s*, strike (one's breast in lament), mourn

φυλὰς φυλάς, φυλὴ καθ᾽ ἑαυτὴν καὶ αἱ γυναῖκες αὐτῶν καθ᾽ ἑαυτάς, φυλὴ οἴκου Δαυιδ καθ᾽ ἑαυτὴν καὶ αἱ γυναῖκες αὐτῶν καθ᾽ ἑαυτάς, φυλὴ οἴκου Ναθαν καθ᾽ ἑαυτὴν καὶ αἱ γυναῖκες αὐτῶν καθ᾽ ἑαυτάς, **13** φυλὴ οἴκου Λευι καθ᾽ ἑαυτὴν καὶ αἱ γυναῖκες αὐτῶν καθ᾽ ἑαυτάς, φυλὴ τοῦ Συμεων καθ᾽ ἑαυτὴν καὶ αἱ γυναῖκες αὐτῶν καθ᾽ ἑαυτάς, **14** πᾶσαι αἱ φυλαὶ αἱ ὑπολελειμμέναι[1] φυλὴ καθ᾽ ἑαυτὴν καὶ αἱ γυναῖκες αὐτῶν καθ᾽ ἑαυτάς.

Cleansing from Idolatry

13 Ἐν τῇ ἡμέρᾳ ἐκείνῃ ἔσται πᾶς τόπος διανοιγόμενος[2] ἐν τῷ οἴκῳ Δαυιδ.
2 καὶ ἔσται ἐν τῇ ἡμέρᾳ ἐκείνῃ, λέγει κύριος, ἐξολεθρεύσω[3] τὰ ὀνόματα τῶν εἰδώλων[4] ἀπὸ τῆς γῆς, καὶ οὐκέτι ἔσται αὐτῶν μνεία·[5] καὶ τοὺς ψευδοπροφήτας[6] καὶ τὸ πνεῦμα τὸ ἀκάθαρτον ἐξαρῶ[7] ἀπὸ τῆς γῆς. **3** καὶ ἔσται ἐὰν προφητεύσῃ[8] ἄνθρωπος ἔτι, καὶ ἐρεῖ πρὸς αὐτὸν ὁ πατὴρ αὐτοῦ καὶ ἡ μήτηρ αὐτοῦ οἱ γεννήσαντες αὐτόν Οὐ ζήσῃ, ὅτι ψευδῆ[9] ἐλάλησας ἐπ᾽ ὀνόματι κυρίου· καὶ συμποδιοῦσιν[10] αὐτὸν ὁ πατὴρ αὐτοῦ καὶ ἡ μήτηρ αὐτοῦ οἱ γεννήσαντες αὐτὸν ἐν τῷ προφητεύειν[11] αὐτόν.
4 καὶ ἔσται ἐν τῇ ἡμέρᾳ ἐκείνῃ καταισχυνθήσονται[12] οἱ προφῆται, ἕκαστος ἐκ τῆς ὁράσεως[13] αὐτοῦ ἐν τῷ προφητεύειν[14] αὐτόν, καὶ ἐνδύσονται[15] δέρριν[16] τριχίνην[17] ἀνθ᾽ ὧν[18] ἐψεύσαντο.[19] **5** καὶ ἐρεῖ Οὔκ εἰμι προφήτης ἐγώ, διότι[20] ἄνθρωπος ἐργαζόμενος τὴν γῆν ἐγώ εἰμι, ὅτι ἄνθρωπος ἐγέννησέν με ἐκ νεότητός[21] μου. **6** καὶ ἐρῶ πρὸς αὐτόν Τί αἱ πληγαὶ[22] αὗται ἀνὰ μέσον[23] τῶν χειρῶν σου; καὶ ἐρεῖ Ἃς ἐπλήγην[24] ἐν τῷ οἴκῳ τῷ ἀγαπητῷ[25] μου.

Strike the Shepherds

7 Ῥομφαία,[26] ἐξεγέρθητι[27] ἐπὶ τοὺς ποιμένας[28] μου
καὶ ἐπ᾽ ἄνδρα πολίτην[29] μου, λέγει κύριος παντοκράτωρ·[30]

1 ὑπολείπω, *perf pas ptc nom p f*, leave behind
2 διανοίγω, *pres pas ptc nom s m*, completely open up
3 ἐξολεθρεύω, *fut act ind 1s*, utterly destroy
4 εἴδωλον, image, idol
5 μνεία, memory
6 ψευδοπροφήτης, false prophet
7 ἐξαίρω, *fut act ind 1s*, remove
8 προφητεύω, *aor act sub 3s*, prophesy
9 ψευδής, false (things)
10 συμποδίζω, *fut act ind 3p*, bind one's feet
11 προφητεύω, *pres act inf*, prophesy
12 καταισχύνω, *fut pas ind 3p*, put to shame, disgrace
13 ὅρασις, vision
14 προφητεύω, *pres act inf*, prophesy
15 ἐνδύω, *fut mid ind 3p*, put on
16 δέρρις, cloak
17 τρίχινος, made of hair
18 ἀνθ᾽ ὧν, since
19 ψεύδομαι, *aor mid ind 3p*, lie
20 διότι, for
21 νεότης, youth
22 πληγή, wound, bruise
23 ἀνὰ μέσον, between
24 πλήσσω, *aor pas ind 1s*, strike
25 ἀγαπητός, beloved
26 ῥομφαία, sword
27 ἐξεγείρω, *aor pas impv 2s*, raise up
28 ποιμήν, shepherd
29 πολίτης, citizen
30 παντοκράτωρ, almighty, ruler of all

πατάξατε[1] τοὺς ποιμένας καὶ ἐκσπάσατε[2] τὰ πρόβατα,[3]
καὶ ἐπάξω[4] τὴν χεῖρά μου ἐπὶ τοὺς ποιμένας.
8 καὶ ἔσται ἐν πάσῃ τῇ γῇ, λέγει κύριος,
τὰ δύο μέρη ἐξολεθρευθήσεται[5] καὶ ἐκλείψει,[6]
τὸ δὲ τρίτον ὑπολειφθήσεται[7] ἐν αὐτῇ·
9 καὶ διάξω[8] τὸ τρίτον διὰ πυρὸς καὶ πυρώσω[9] αὐτούς,
ὡς πυροῦται[10] τὸ ἀργύριον,[11]
καὶ δοκιμῶ[12] αὐτούς,
ὡς δοκιμάζεται[13] τὸ χρυσίον·[14]
αὐτὸς ἐπικαλέσεται[15] τὸ ὄνομά μου,
κἀγὼ[16] ἐπακούσομαι[17] αὐτῷ
καὶ ἐρῶ Λαός μου οὗτός ἐστιν,
καὶ αὐτὸς ἐρεῖ Κύριος ὁ θεός μου.

Coming of the Day of the Lord

14 Ἰδοὺ ἡμέραι ἔρχονται τοῦ κυρίου, καὶ διαμερισθήσεται[18] τὰ σκῦλά[19] σου ἐν σοί.
2 καὶ ἐπισυνάξω[20] πάντα τὰ ἔθνη ἐπὶ Ιερουσαλημ εἰς πόλεμον, καὶ ἁλώσεται[21]
ἡ πόλις, καὶ διαρπαγήσονται[22] αἱ οἰκίαι, καὶ αἱ γυναῖκες μολυνθήσονται,[23] καὶ ἐξελεύ-
σεται τὸ ἥμισυ[24] τῆς πόλεως ἐν αἰχμαλωσίᾳ,[25] οἱ δὲ κατάλοιποι[26] τοῦ λαοῦ μου οὐ
μὴ ἐξολεθρευθῶσιν[27] ἐκ τῆς πόλεως. **3** καὶ ἐξελεύσεται κύριος καὶ παρατάξεται[28]
ἐν τοῖς ἔθνεσιν ἐκείνοις καθὼς ἡμέρα παρατάξεως[29] αὐτοῦ ἐν ἡμέρᾳ πολέμου.
4 καὶ στήσονται οἱ πόδες αὐτοῦ ἐν τῇ ἡμέρᾳ ἐκείνῃ ἐπὶ τὸ ὄρος τῶν ἐλαιῶν[30] τὸ
κατέναντι[31] Ιερουσαλημ ἐξ ἀνατολῶν·[32] καὶ σχισθήσεται[33] τὸ ὄρος τῶν ἐλαιῶν,[34] τὸ
ἥμισυ[35] αὐτοῦ πρὸς ἀνατολὰς[36] καὶ τὸ ἥμισυ αὐτοῦ πρὸς θάλασσαν, χάος[37] μέγα

1 πατάσσω, *aor act impv 2p*, strike
2 ἐκσπάω, *aor act impv 2p*, force out
3 πρόβατον, sheep
4 ἐπάγω, *fut act ind 1s*, bring against
5 ἐξολεθρεύω, *fut pas ind 3s*, utterly destroy
6 ἐκλείπω, *fut act ind 3s*, come to an end
7 ὑπολείπω, *fut pas ind 3s*, leave behind
8 διάγω, *fut act ind 1s*, pass through
9 πυρόω, *fut act ind 1s*, purge, purify
10 πυρόω, *pres pas ind 3s*, purge, purify
11 ἀργύριον, silver
12 δοκιμάζω, *fut act ind 1s*, test, prove
13 δοκιμάζω, *pres pas ind 3s*, test, prove
14 χρυσίον, gold
15 ἐπικαλέω, *fut mid ind 3s*, call upon
16 κἀγώ, and I, *cr.* καὶ ἐγώ
17 ἐπακούω, *fut mid ind 1s*, hear, listen
18 διαμερίζω, *fut pas ind 3s*, distribute, divide
19 σκῦλον, plunder, spoils
20 ἐπισυνάγω, *fut act ind 1s*, gather
21 ἁλίσκομαι, *fut mid ind 3s*, conquer
22 διαρπάζω, *fut pas ind 3p*, plunder, loot
23 μολύνω, *fut pas ind 3p*, (rape), defile
24 ἥμισυς, half
25 αἰχμαλωσία, captivity
26 κατάλοιπος, remnant
27 ἐξολεθρεύω, *aor pas sub 3p*, utterly destroy
28 παρατάσσω, *fut mid ind 3s*, draw up in battle array
29 παράταξις, battle
30 ἔλαιον, olive
31 κατέναντι, in front of, opposite
32 ἀνατολή, east
33 σχίζω, *fut pas ind 3s*, cleave, divide
34 ἐλαία, olive
35 ἥμισυς, half
36 ἀνατολή, east
37 χάος, gaping chasm, abyss

σφόδρα·[1] καὶ κλινεῖ[2] τὸ ἥμισυ τοῦ ὄρους πρὸς βορρᾶν[3] καὶ τὸ ἥμισυ αὐτοῦ πρὸς
νότον.[4] **5** καὶ ἐμφραχθήσεται[5] φάραγξ[6] ὀρέων μου, καὶ ἐγκολληθήσεται[7] φάραγξ
ὀρέων ἕως Ιασολ καὶ ἐμφραχθήσεται καθὼς ἐνεφράγη[8] ἐν ταῖς ἡμέραις τοῦ σεισμοῦ[9]
ἐν ἡμέραις Οζιου βασιλέως Ιουδα· καὶ ἥξει[10] κύριος ὁ θεός μου καὶ πάντες οἱ ἅγιοι
μετ' αὐτοῦ.

6 ἐν ἐκείνῃ τῇ ἡμέρᾳ οὐκ ἔσται φῶς καὶ ψῦχος[11] καὶ πάγος·[12] **7** ἔσται μίαν ἡμέραν,
καὶ ἡ ἡμέρα ἐκείνη γνωστὴ[13] τῷ κυρίῳ, καὶ οὐχ ἡμέρα καὶ οὐ νύξ, καὶ πρὸς ἑσπέραν[14]
ἔσται φῶς.

God Will Be King over All

8 καὶ ἐν τῇ ἡμέρᾳ ἐκείνῃ ἐξελεύσεται ὕδωρ ζῶν ἐξ Ιερουσαλημ, τὸ ἥμισυ[15] αὐτοῦ εἰς
τὴν θάλασσαν τὴν πρώτην καὶ τὸ ἥμισυ αὐτοῦ εἰς τὴν θάλασσαν τὴν ἐσχάτην, καὶ
ἐν θέρει[16] καὶ ἐν ἔαρι[17] ἔσται οὕτως. **9** καὶ ἔσται κύριος εἰς βασιλέα ἐπὶ πᾶσαν τὴν
γῆν· ἐν τῇ ἡμέρᾳ ἐκείνῃ ἔσται κύριος εἷς καὶ τὸ ὄνομα αὐτοῦ ἕν.

10 κυκλῶν[18] πᾶσαν τὴν γῆν καὶ τὴν ἔρημον ἀπὸ Γαβε ἕως Ρεμμων κατὰ νότον[19]
Ιερουσαλημ· Ραμα δὲ ἐπὶ τόπου μενεῖ[20] ἀπὸ τῆς πύλης[21] Βενιαμιν ἕως τοῦ τόπου τῆς
πύλης τῆς πρώτης, ἕως τῆς πύλης τῶν γωνιῶν[22] καὶ ἕως τοῦ πύργου[23] Ανανεηλ, ἕως
τῶν ὑποληνίων[24] τοῦ βασιλέως. **11** κατοικήσουσιν ἐν αὐτῇ, καὶ οὐκ ἔσται ἀνάθεμα[25]
ἔτι, καὶ κατοικήσει Ιερουσαλημ πεποιθότως.[26]

12 Καὶ αὕτη ἔσται ἡ πτῶσις,[27] ἣν κόψει[28] κύριος πάντας τοὺς λαούς, ὅσοι ἐπεστρά-
τευσαν[29] ἐπὶ Ιερουσαλημ· τακήσονται[30] αἱ σάρκες αὐτῶν ἑστηκότων αὐτῶν ἐπὶ
τοὺς πόδας αὐτῶν, καὶ οἱ ὀφθαλμοὶ αὐτῶν ῥυήσονται[31] ἐκ τῶν ὀπῶν[32] αὐτῶν, καὶ ἡ
γλῶσσα αὐτῶν τακήσεται[33] ἐν τῷ στόματι αὐτῶν. **13** καὶ ἔσται ἐν τῇ ἡμέρᾳ ἐκείνῃ
ἔκστασις[34] κυρίου ἐπ' αὐτοὺς μεγάλη, καὶ ἐπιλήμψονται[35] ἕκαστος τῆς χειρὸς τοῦ

1 σφόδρα, exceedingly
2 κλίνω, *fut act ind 3s*, tip, slope
3 βορρᾶς, north
4 νότος, south
5 ἐμφράσσω, *fut pas ind 3s*, block up
6 φάραγξ, ravine, valley
7 ἐγκολλάω, *fut pas ind 3s*, join together
8 ἐμφράσσω, *aor pas ind 3s*, block up
9 σεισμός, earthquake
10 ἥκω, *fut act ind 3s*, come
11 ψῦχος, cold
12 πάγος, frost
13 γνωστός, known
14 ἑσπέρα, evening
15 ἥμισυς, half
16 θέρος, summer
17 ἔαρ, spring
18 κυκλόω, *pres act ptc nom s m*, encircle
19 νότος, south
20 μένω, *fut act ind 3s*, stay, remain
21 πύλη, gate
22 γωνία, corner
23 πύργος, tower
24 ὑπολήνιον, wine vat
25 ἀνάθεμα, accursed (thing)
26 πεποιθότως, confidently
27 πτῶσις, destruction, calamity
28 κόπτω, *fut act ind 3s*, strike
29 ἐπιστρατεύω, *aor act ind 3p*, war against
30 τήκω, *fut pas ind 3p*, consume
31 ῥέω, *fut mid ind 3p*, run, melt
32 ὀπή, socket
33 τήκω, *fut pas ind 3s*, consume
34 ἔκστασις, dismay, panic
35 ἐπιλαμβάνω, *fut mid ind 3p*, grab onto, seize

πλησίον[1] αὐτοῦ, καὶ συμπλακήσεται[2] ἡ χεὶρ αὐτοῦ πρὸς χεῖρα τοῦ πλησίον αὐτοῦ.
14 καὶ ὁ Ιουδας παρατάξεται[3] ἐν Ιερουσαλημ καὶ συνάξει τὴν ἰσχὺν[4] πάντων τῶν
λαῶν κυκλόθεν,[5] χρυσίον[6] καὶ ἀργύριον[7] καὶ ἱματισμὸν[8] εἰς πλῆθος σφόδρα.[9] **15** καὶ
αὕτη ἔσται ἡ πτῶσις[10] τῶν ἵππων[11] καὶ τῶν ἡμιόνων[12] καὶ τῶν καμήλων[13] καὶ τῶν
ὄνων[14] καὶ πάντων τῶν κτηνῶν[15] τῶν ὄντων ἐν ταῖς παρεμβολαῖς[16] ἐκείναις κατὰ
τὴν πτῶσιν[17] ταύτην.

16 καὶ ἔσται ὅσοι ἐὰν καταλειφθῶσιν[18] ἐκ πάντων τῶν ἐθνῶν τῶν ἐλθόντων ἐπὶ
Ιερουσαλημ, καὶ ἀναβήσονται κατʼ ἐνιαυτὸν[19] τοῦ προσκυνῆσαι τῷ βασιλεῖ κυρίῳ
παντοκράτορι[20] καὶ τοῦ ἑορτάζειν[21] τὴν ἑορτὴν[22] τῆς σκηνοπηγίας.[23] **17** καὶ ἔσται
ὅσοι ἐὰν μὴ ἀναβῶσιν ἐκ πασῶν τῶν φυλῶν τῆς γῆς εἰς Ιερουσαλημ τοῦ προσ-
κυνῆσαι τῷ βασιλεῖ κυρίῳ παντοκράτορι,[24] καὶ οὗτοι ἐκείνοις προστεθήσονται.[25]
18 ἐὰν δὲ φυλὴ Αἰγύπτου μὴ ἀναβῇ μηδὲ ἔλθῃ ἐκεῖ, καὶ ἐπὶ τούτοις ἔσται ἡ πτῶσις,[26]
ἣν πατάξει[27] κύριος πάντα τὰ ἔθνη, ὅσα ἐὰν μὴ ἀναβῇ τοῦ ἑορτάσαι[28] τὴν ἑορτὴν[29]
τῆς σκηνοπηγίας.[30] **19** αὕτη ἔσται ἡ ἁμαρτία Αἰγύπτου καὶ ἡ ἁμαρτία πάντων τῶν
ἐθνῶν, ὅσα ἂν μὴ ἀναβῇ τοῦ ἑορτάσαι[31] τὴν ἑορτὴν[32] τῆς σκηνοπηγίας.[33]

20 ἐν τῇ ἡμέρᾳ ἐκείνῃ ἔσται τὸ ἐπὶ τὸν χαλινὸν[34] τοῦ ἵππου[35] ἅγιον τῷ κυρίῳ παντο-
κράτορι,[36] καὶ ἔσονται οἱ λέβητες[37] οἱ ἐν τῷ οἴκῳ κυρίου ὡς φιάλαι[38] πρὸ προσώπου
τοῦ θυσιαστηρίου,[39] **21** καὶ ἔσται πᾶς λέβης[40] ἐν Ιερουσαλημ καὶ ἐν τῷ Ιουδα ἅγιον
τῷ κυρίῳ παντοκράτορι·[41] καὶ ἥξουσιν[42] πάντες οἱ θυσιάζοντες[43] καὶ λήμψονται ἐξ
αὐτῶν καὶ ἑψήσουσιν[44] ἐν αὐτοῖς. καὶ οὐκ ἔσται Χαναναῖος οὐκέτι ἐν τῷ οἴκῳ κυρίου
παντοκράτορος ἐν τῇ ἡμέρᾳ ἐκείνῃ.

1 πλησίον, companion, neighbor
2 συμπλέκω, *fut pas ind 3s*, intertwine, join together
3 παρατάσσω, *fut mid ind 3s*, battle
4 ἰσχύς, strength, force
5 κυκλόθεν, all around
6 χρυσίον, gold
7 ἀργύριον, silver
8 ἱματισμός, clothing
9 σφόδρα, extreme
10 πτῶσις, downfall, destruction
11 ἵππος, horse
12 ἡμίονος, mule
13 κάμηλος, camel
14 ὄνος, donkey
15 κτῆνος, animal, (*p*) herd
16 παρεμβολή, encampment
17 πτῶσις, downfall, destruction
18 καταλείπω, *aor pas sub 3p*, leave behind
19 ἐνιαυτός, year
20 παντοκράτωρ, almighty, ruler of all
21 ἑορτάζω, *pres act inf*, celebrate
22 ἑορτή, festival, holiday
23 σκηνοπηγία, tenting, booth-making
24 παντοκράτωρ, almighty, ruler of all
25 προστίθημι, *fut pas ind 3p*, put with, add to
26 πτῶσις, downfall, destruction
27 πατάσσω, *fut act ind 3s*, strike
28 ἑορτάζω, *aor act inf*, celebrate
29 ἑορτή, festival, holiday
30 σκηνοπηγία, tenting, booth-making
31 ἑορτάζω, *aor act inf*, celebrate
32 ἑορτή, festival, holiday
33 σκηνοπηγία, tenting, booth-making
34 χαλινός, bit, bridle
35 ἵππος, horse
36 παντοκράτωρ, almighty, ruler of all
37 λέβης, pot, kettle
38 φιάλη, cup, dish
39 θυσιαστήριον, altar
40 λέβης, pot, kettle
41 παντοκράτωρ, almighty, ruler of all
42 ἥκω, *fut act ind 3p*, come
43 θυσιάζω, *pres act ptc nom p m*, sacrifice
44 ἕψω, *fut act ind 3p*, boil

ΜΑΛΑΧΙΑΣ
Malachi

1 Λῆμμα[1] λόγου κυρίου ἐπὶ τὸν Ισραηλ ἐν χειρὶ ἀγγέλου αὐτοῦ· θέσθε δὴ[2] ἐπὶ τὰς
καρδίας ὑμῶν.

God's Love for Israel

2 Ἠγάπησα ὑμᾶς, λέγει κύριος. καὶ εἴπατε Ἐν τίνι ἠγάπησας ἡμᾶς; οὐκ ἀδελφὸς
ἦν Ησαυ τοῦ Ιακωβ; λέγει κύριος· καὶ ἠγάπησα τὸν Ιακωβ, **3** τὸν δὲ Ησαυ ἐμί-
σησα καὶ ἔταξα[3] τὰ ὅρια[4] αὐτοῦ εἰς ἀφανισμὸν[5] καὶ τὴν κληρονομίαν[6] αὐτοῦ εἰς
δόματα[7] ἐρήμου. **4** διότι[8] ἐρεῖ ἡ Ιδουμαία Κατέστραπται,[9] καὶ ἐπιστρέψωμεν καὶ
ἀνοικοδομήσωμεν[10] τὰς ἐρήμους· τάδε[11] λέγει κύριος παντοκράτωρ[12] Αὐτοὶ οἰκο-
δομήσουσιν, καὶ ἐγὼ καταστρέψω·[13] καὶ ἐπικληθήσεται[14] αὐτοῖς ὅρια[15] ἀνομίας[16] καὶ
λαὸς ἐφ᾽ ὃν παρατέτακται[17] κύριος ἕως αἰῶνος. **5** καὶ οἱ ὀφθαλμοὶ ὑμῶν ὄψονται,
καὶ ὑμεῖς ἐρεῖτε Ἐμεγαλύνθη[18] κύριος ὑπεράνω[19] τῶν ὁρίων[20] τοῦ Ισραηλ.

Polluted Offerings

6 Υἱὸς δοξάζει πατέρα καὶ δοῦλος τὸν κύριον αὐτοῦ. καὶ εἰ πατήρ εἰμι ἐγώ, ποῦ
ἐστιν ἡ δόξα μου; καὶ εἰ κύριός εἰμι ἐγώ, ποῦ ἐστιν ὁ φόβος μου; λέγει κύριος
παντοκράτωρ.[21] ὑμεῖς οἱ ἱερεῖς οἱ φαυλίζοντες[22] τὸ ὄνομά μου· καὶ εἴπατε Ἐν
τίνι ἐφαυλίσαμεν[23] τὸ ὄνομά σου; **7** προσάγοντες[24] πρὸς τὸ θυσιαστήριόν[25] μου
ἄρτους ἠλισγημένους.[26] καὶ εἴπατε Ἐν τίνι ἠλισγήσαμεν[27] αὐτούς; ἐν τῷ λέγειν ὑμᾶς

1 λῆμμα, argument
2 δή, now, surely
3 τάσσω, *aor act ind 1s*, appoint
4 ὅριον, territory
5 ἀφανισμός, destruction
6 κληρονομία, inheritance
7 δόμα, gift
8 διότι, for
9 καταστρέφω, *perf pas ind 3s*, overthrow, ruin
10 ἀνοικοδομέω, *fut act ind 1p*, rebuild
11 ὅδε, this
12 παντοκράτωρ, almighty, ruler of all
13 καταστρέφω, *fut act ind 1s*, overthrow, ruin
14 ἐπικαλέω, *fut pas ind 3s*, call
15 ὅριον, border, region
16 ἀνομία, lawless
17 παρατάσσω, *perf mid ind 3s*, draw up in battle array
18 μεγαλύνω, *aor pas ind 3s*, exalt, magnify
19 ὑπεράνω, above, beyond
20 ὅριον, border, region
21 παντοκράτωρ, almighty, ruler of all
22 φαυλίζω, *pres act ptc nom p m*, despise
23 φαυλίζω, *aor act ind 1p*, despise
24 προσάγω, *pres act ptc nom p m*, bring forward
25 θυσιαστήριον, altar
26 ἀλισγέω, *perf pas ptc acc p m*, pollute
27 ἀλισγέω, *aor act ind 1p*, pollute

Τράπεζα[1] κυρίου ἐξουδενωμένη[2] ἐστὶν καὶ τὰ ἐπιτιθέμενα βρώματα[3] ἐξουδενωμένα.[4]
8 διότι[5] ἐὰν προσαγάγητε[6] τυφλὸν[7] εἰς θυσίαν,[8] οὐ κακόν; καὶ ἐὰν προσαγάγητε
χωλὸν[9] ἢ ἄρρωστον,[10] οὐ κακόν; προσάγαγε[11] δὴ[12] αὐτὸ τῷ ἡγουμένῳ[13] σου, εἰ προσ-
δέξεται[14] αὐτό, εἰ λήμψεται πρόσωπόν σου, λέγει κύριος παντοκράτωρ.[15] **9** καὶ νῦν
ἐξιλάσκεσθε[16] τὸ πρόσωπον τοῦ θεοῦ ὑμῶν καὶ δεήθητε[17] αὐτοῦ· ἐν χερσὶν ὑμῶν
γέγονεν ταῦτα· εἰ λήμψομαι ἐξ ὑμῶν πρόσωπα ὑμῶν; λέγει κύριος παντοκράτωρ.[18]
10 διότι[19] καὶ ἐν ὑμῖν συγκλεισθήσονται[20] θύραι, καὶ οὐκ ἀνάψετε[21] τὸ θυσιαστή-
ριόν[22] μου δωρεάν·[23] οὐκ ἔστιν μου θέλημα[24] ἐν ὑμῖν, λέγει κύριος παντοκράτωρ,[25]
καὶ θυσίαν[26] οὐ προσδέξομαι[27] ἐκ τῶν χειρῶν ὑμῶν.

11 διότι[28] ἀπ᾽ ἀνατολῶν[29] ἡλίου ἕως δυσμῶν[30] τὸ ὄνομά μου δεδόξασται ἐν τοῖς
ἔθνεσιν, καὶ ἐν παντὶ τόπῳ θυμίαμα[31] προσάγεται[32] τῷ ὀνόματί μου καὶ θυσία[33]
καθαρά,[34] διότι μέγα τὸ ὄνομά μου ἐν τοῖς ἔθνεσιν, λέγει κύριος παντοκράτωρ.[35]
12 ὑμεῖς δὲ βεβηλοῦτε[36] αὐτὸ ἐν τῷ λέγειν ὑμᾶς Τράπεζα[37] κυρίου ἠλισγημένη[38]
ἐστίν, καὶ τὰ ἐπιτιθέμενα ἐξουδένωνται[39] βρώματα[40] αὐτοῦ. **13** καὶ εἴπατε Ταῦτα
ἐκ κακοπαθείας[41] ἐστίν, καὶ ἐξεφύσησα[42] αὐτὰ λέγει κύριος παντοκράτωρ·[43] καὶ
εἰσεφέρετε[44] ἁρπάγματα[45] καὶ τὰ χωλὰ[46] καὶ τὰ ἐνοχλούμενα·[47] καὶ ἐὰν φέρητε τὴν
θυσίαν,[48] εἰ προσδέξομαι[49] αὐτὰ ἐκ τῶν χειρῶν ὑμῶν; λέγει κύριος παντοκράτωρ.

1 τράπεζα, table
2 ἐξουδενόω, *pres pas ptc nom s f*, disdain, ignore
3 βρῶμα, food
4 ἐξουδενόω, *pres pas ptc nom p n*, disdain, ignore
5 διότι, for
6 προσάγω, *aor act sub 2p*, bring forward
7 τυφλός, blind
8 θυσία, sacrifice
9 χωλός, lame
10 ἄρρωστος, sick
11 προσάγω, *aor act impv 2s*, bring forward
12 δή, now, surely
13 ἡγέομαι, *pres mid ptc dat s m*, lead
14 προσδέχομαι, *fut mid ind 3s*, receive, accept
15 παντοκράτωρ, almighty, ruler of all
16 ἐξιλάσκομαι, *pres mid impv 2p*, propitiate, appease
17 δέομαι, *aor pas impv 2p*, beg, beseech
18 παντοκράτωρ, almighty, ruler of all
19 διότι, for
20 συγκλείω, *fut pas ind 3p*, close, shut
21 ἀνάπτω, *fut act ind 2p*, light up, kindle
22 θυσιαστήριον, altar
23 δωρεάν, for nothing, freely
24 θέλημα, desire
25 παντοκράτωρ, almighty, ruler of all
26 θυσία, sacrifice
27 προσδέχομαι, *fut mid ind 1s*, receive, accept
28 διότι, for
29 ἀνατολή, rising
30 δυσμή, setting
31 θυμίαμα, incense
32 προσάγω, *pres pas ind 3s*, bring forward
33 θυσία, sacrifice
34 καθαρός, pure
35 παντοκράτωρ, almighty, ruler of all
36 βεβηλόω, *pres act ind 2p*, profane, defile
37 τράπεζα, table
38 ἀλισγέω, *perf pas ptc nom s f*, pollute
39 ἐξουδενόω, *pres pas ind 3p*, disdain, ignore
40 βρῶμα, food
41 κακοπάθεια, miserable toil
42 ἐκφυσάω, *aor act ind 1s*, snort, scoff
43 παντοκράτωρ, almighty, ruler of all
44 εἰσφέρω, *impf act ind 2p*, bring in
45 ἅρπαγμα, spoils
46 χωλός, lame
47 ἐνοχλέω, *pres pas ptc acc p n*, be unwell, be impaired
48 θυσία, sacrifice
49 προσδέχομαι, *fut mid ind 1s*, receive, accept

14 καὶ ἐπικατάρατος[1] ὃς ἦν δυνατὸς καὶ ὑπῆρχεν ἐν τῷ ποιμνίῳ[2] αὐτοῦ ἄρσεν[3] καὶ
εὐχὴ[4] αὐτοῦ ἐπ' αὐτῷ καὶ θύει[5] διεφθαρμένον[6] τῷ κυρίῳ· διότι[7] βασιλεὺς μέγας ἐγώ
εἰμι, λέγει κύριος παντοκράτωρ,[8] καὶ τὸ ὄνομά μου ἐπιφανὲς[9] ἐν τοῖς ἔθνεσιν.

Rebuke of the Priests

2 Καὶ νῦν ἡ ἐντολὴ αὕτη πρὸς ὑμᾶς, οἱ ἱερεῖς· **2** ἐὰν μὴ ἀκούσητε, καὶ ἐὰν μὴ
θῆσθε εἰς τὴν καρδίαν ὑμῶν τοῦ δοῦναι δόξαν τῷ ὀνόματί μου, λέγει κύριος
παντοκράτωρ,[10] καὶ ἐξαποστελῶ[11] ἐφ' ὑμᾶς τὴν κατάραν[12] καὶ ἐπικαταράσομαι[13] τὴν
εὐλογίαν[14] ὑμῶν καὶ καταράσομαι[15] αὐτήν· καὶ διασκεδάσω[16] τὴν εὐλογίαν ὑμῶν, καὶ
οὐκ ἔσται ἐν ὑμῖν, ὅτι ὑμεῖς οὐ τίθεσθε εἰς τὴν καρδίαν ὑμῶν. **3** ἰδοὺ ἐγὼ ἀφορίζω[17]
ὑμῖν τὸν ὦμον[18] καὶ σκορπιῶ[19] ἤνυστρον[20] ἐπὶ τὰ πρόσωπα ὑμῶν, ἤνυστρον ἑορτῶν[21]
ὑμῶν, καὶ λήμψομαι ὑμᾶς εἰς τὸ αὐτό· **4** καὶ ἐπιγνώσεσθε διότι[22] ἐγὼ ἐξαπέσταλκα[23]
πρὸς ὑμᾶς τὴν ἐντολὴν ταύτην τοῦ εἶναι τὴν διαθήκην μου πρὸς τοὺς Λευίτας, λέγει
κύριος παντοκράτωρ.[24]

5 ἡ διαθήκη μου ἦν μετ' αὐτοῦ τῆς ζωῆς καὶ τῆς εἰρήνης, καὶ ἔδωκα αὐτῷ ἐν φόβῳ
φοβεῖσθαί με καὶ ἀπὸ προσώπου ὀνόματός μου στέλλεσθαι[25] αὐτόν. **6** νόμος
ἀληθείας ἦν ἐν τῷ στόματι αὐτοῦ, καὶ ἀδικία[26] οὐχ εὑρέθη ἐν χείλεσιν[27] αὐτοῦ· ἐν
εἰρήνῃ κατευθύνων[28] ἐπορεύθη μετ' ἐμοῦ καὶ πολλοὺς ἐπέστρεψεν ἀπὸ ἀδικίας.
7 ὅτι χείλη[29] ἱερέως φυλάξεται γνῶσιν,[30] καὶ νόμον ἐκζητήσουσιν[31] ἐκ στόματος
αὐτοῦ, διότι[32] ἄγγελος κυρίου παντοκράτορός[33] ἐστιν. **8** ὑμεῖς δὲ ἐξεκλίνατε[34] ἐκ
τῆς ὁδοῦ καὶ πολλοὺς ἠσθενήσατε[35] ἐν νόμῳ, διεφθείρατε[36] τὴν διαθήκην τοῦ
Λευι, λέγει κύριος παντοκράτωρ.[37] **9** κἀγὼ[38] δέδωκα ὑμᾶς ἐξουδενωμένους[39] καὶ

1 ἐπικατάρατος, cursed
2 ποίμνιον, flock
3 ἄρσην, male
4 εὐχή, vow
5 θύω, *pres act ind 3s*, offer
6 διαφθείρω, *perf pas ptc acc s n*, spoil, corrupt
7 διότι, for
8 παντοκράτωρ, almighty, ruler of all
9 ἐπιφανής, famous, distinguished
10 παντοκράτωρ, almighty, ruler of all
11 ἐξαποστέλλω, *fut act ind 1s*, send
12 κατάρα, curse
13 ἐπικαταράομαι, *fut mid ind 1s*, bring a curse on
14 εὐλογία, blessing
15 καταράομαι, *fut mid ind 1s*, curse
16 διασκεδάζω, *fut act ind 1s*, scatter
17 ἀφορίζω, *pres act ind 1s*, take away
18 ὦμος, shoulder, (*read* offspring)
19 σκορπίζω, *fut act ind 1s*, smear
20 ἤνυστρον, dung
21 ἑορτή, festival
22 διότι, for
23 ἐξαποστέλλω, *perf act ind 1s*, send
24 παντοκράτωρ, almighty, ruler of all
25 στέλλω, *pres mid inf*, keep away, be wary of
26 ἀδικία, injustice
27 χεῖλος, lip, (speech)
28 κατευθύνω, *pres act ptc nom s m*, keep straight
29 χεῖλος, lip, (speech)
30 γνῶσις, wisdom, knowledge
31 ἐκζητέω, *fut act ind 3p*, seek out
32 διότι, for
33 παντοκράτωρ, almighty, ruler of all
34 ἐκκλίνω, *aor act ind 2p*, turn away
35 ἀσθενέω, *aor act ind 2p*, become incapable, weaken
36 διαφθείρω, *aor act ind 2p*, utterly destroy, ruin
37 παντοκράτωρ, almighty, ruler of all
38 κἀγώ, and I, *cr.* καὶ ἐγώ
39 ἐξουδενόω, *pres pas ptc acc p m*, disdain

παρειμένους[1] εἰς πάντα τὰ ἔθνη, ἀνθ᾽ ὧν[2] ὑμεῖς οὐκ ἐφυλάξασθε τὰς ὁδούς μου, ἀλλὰ ἐλαμβάνετε πρόσωπα ἐν νόμῳ.

Judah Has Profaned the Covenant

10 Οὐχὶ θεὸς εἷς ἔκτισεν[3] ὑμᾶς; οὐχὶ πατὴρ εἷς πάντων ὑμῶν; τί ὅτι ἐγκατελίπετε[4] ἕκαστος τὸν ἀδελφὸν αὐτοῦ τοῦ βεβηλῶσαι[5] τὴν διαθήκην τῶν πατέρων ὑμῶν; **11** ἐγκατελείφθη[6] Ιουδας, καὶ βδέλυγμα[7] ἐγένετο ἐν τῷ Ισραηλ καὶ ἐν Ιερουσαλημ, διότι[8] ἐβεβήλωσεν[9] Ιουδας τὰ ἅγια κυρίου, ἐν οἷς ἠγάπησεν, καὶ ἐπετήδευσεν[10] εἰς θεοὺς ἀλλοτρίους.[11] **12** ἐξολεθρεύσει[12] κύριος τὸν ἄνθρωπον τὸν ποιοῦντα ταῦτα, ἕως καὶ ταπεινωθῇ[13] ἐκ σκηνωμάτων[14] Ιακωβ καὶ ἐκ προσαγόντων[15] θυσίαν[16] τῷ κυρίῳ παντοκράτορι.[17]

13 καὶ ταῦτα, ἃ ἐμίσουν, ἐποιεῖτε· ἐκαλύπτετε[18] δάκρυσιν[19] τὸ θυσιαστήριον[20] κυρίου καὶ κλαυθμῷ[21] καὶ στεναγμῷ[22] ἐκ κόπων.[23] ἔτι ἄξιον[24] ἐπιβλέψαι[25] εἰς θυσίαν[26] ἢ λαβεῖν δεκτὸν[27] ἐκ τῶν χειρῶν ὑμῶν; **14** καὶ εἴπατε Ἕνεκεν[28] τίνος; ὅτι κύριος διεμαρτύρατο[29] ἀνὰ μέσον[30] σοῦ καὶ ἀνὰ μέσον γυναικὸς νεότητός[31] σου, ἣν ἐγκατέλιπες,[32] καὶ αὐτὴ κοινωνός[33] σου καὶ γυνὴ διαθήκης σου. **15** καὶ οὐκ ἄλλος ἐποίησεν, καὶ ὑπόλειμμα[34] πνεύματος αὐτοῦ. καὶ εἴπατε Τί ἄλλο ἀλλ᾽ ἢ σπέρμα ζητεῖ ὁ θεός; καὶ φυλάξασθε ἐν τῷ πνεύματι ὑμῶν, καὶ γυναῖκα νεότητός[35] σου μὴ ἐγκαταλίπῃς·[36] **16** ἀλλὰ ἐὰν μισήσας ἐξαποστείλῃς,[37] λέγει κύριος ὁ θεὸς τοῦ Ισραηλ, καὶ καλύψει[38] ἀσέβεια[39]

1 παρίημι, *perf pas ptc acc p m*, neglect
2 ἀνθ᾽ ὧν, since
3 κτίζω, *aor act ind 3s*, create, make
4 ἐγκαταλείπω, *aor act ind 2p*, abandon, forsake
5 βεβηλόω, *aor act inf*, profane, pollute
6 ἐγκαταλείπω, *aor pas ind 3s*, forsake, abandon
7 βδέλυγμα, abomination
8 διότι, for
9 βεβηλόω, *aor act ind 3s*, profane, pollute
10 ἐπιτηδεύω, *aor act ind 3s*, pursue
11 ἀλλότριος, foreign
12 ἐξολεθρεύω, *fut act ind 3s*, utterly destroy
13 ταπεινόω, *aor pas sub 3s*, humble, bring low
14 σκήνωμα, dwelling
15 προσάγω, *pres act ptc gen p m*, bring
16 θυσία, sacrifice
17 παντοκράτωρ, almighty, ruler of all
18 καλύπτω, *impf act ind 2p*, cover
19 δάκρυον, tear
20 θυσιαστήριον, altar
21 κλαυθμός, weeping
22 στεναγμός, groaning
23 κόπος, distress
24 ἄξιος, worthwhile, appropriate
25 ἐπιβλέπω, *aor act inf*, look at
26 θυσία, sacrifice
27 δεκτός, acceptable
28 ἕνεκεν, on account of
29 διαμαρτυρέω, *aor mid ind 3s*, act as witness
30 ἀνὰ μέσον, between
31 νεότης, youth
32 ἐγκαταλείπω, *aor act ind 2s*, abandon, forsake
33 κοινωνός, companion, partner
34 ὑπόλειμμα, remainder
35 νεότης, youth
36 ἐγκαταλείπω, *aor act sub 2s*, abandon, forsake
37 ἐξαποστέλλω, *aor act sub 2s*, send away
38 καλύπτω, *fut act ind 3s*, cover
39 ἀσέβεια, ungodliness, wickedness

ἐπὶ τὰ ἐνθυμήματά[1] σου, λέγει κύριος παντοκράτωρ.[2] καὶ φυλάξασθε ἐν τῷ πνεύματι ὑμῶν καὶ οὐ μὴ ἐγκαταλίπητε.[3]

Messenger of the Covenant

17 Οἱ παροξύνοντες[4] τὸν θεὸν ἐν τοῖς λόγοις ὑμῶν καὶ εἴπατε Ἐν τίνι παρωξύναμεν[5] αὐτόν; ἐν τῷ λέγειν ὑμᾶς Πᾶς ποιῶν πονηρόν, καλὸν ἐνώπιον κυρίου, καὶ ἐν αὐτοῖς αὐτὸς εὐδόκησεν·[6] καί Ποῦ ἐστιν ὁ θεὸς τῆς δικαιοσύνης;

3 ἰδοὺ ἐγὼ ἐξαποστέλλω[7] τὸν ἄγγελόν μου, καὶ ἐπιβλέψεται[8] ὁδὸν πρὸ προσώπου
μου, καὶ ἐξαίφνης[9] ἥξει[10] εἰς τὸν ναὸν ἑαυτοῦ κύριος, ὃν ὑμεῖς ζητεῖτε, καὶ ὁ
ἄγγελος τῆς διαθήκης, ὃν ὑμεῖς θέλετε· ἰδοὺ ἔρχεται, λέγει κύριος παντοκράτωρ.[11]
2 καὶ τίς ὑπομενεῖ[12] ἡμέραν εἰσόδου[13] αὐτοῦ; ἢ τίς ὑποστήσεται[14] ἐν τῇ ὀπτασίᾳ[15]
αὐτοῦ; διότι[16] αὐτὸς εἰσπορεύεται[17] ὡς πῦρ χωνευτηρίου[18] καὶ ὡς πόα[19] πλυνόντων.[20]
3 καὶ καθιεῖται χωνεύων[21] καὶ καθαρίζων ὡς τὸ ἀργύριον[22] καὶ ὡς τὸ χρυσίον·[23] καὶ
καθαρίσει τοὺς υἱοὺς Λευι καὶ χεεῖ[24] αὐτοὺς ὡς τὸ χρυσίον καὶ ὡς τὸ ἀργύριον·
καὶ ἔσονται τῷ κυρίῳ προσάγοντες[25] θυσίαν[26] ἐν δικαιοσύνῃ. **4** καὶ ἀρέσει[27] τῷ
κυρίῳ θυσία[28] Ιουδα καὶ Ιερουσαλημ καθὼς αἱ ἡμέραι τοῦ αἰῶνος καὶ καθὼς
τὰ ἔτη τὰ ἔμπροσθεν. **5** καὶ προσάξω[29] πρὸς ὑμᾶς ἐν κρίσει καὶ ἔσομαι μάρτυς[30]
ταχὺς[31] ἐπὶ τὰς φαρμάκους[32] καὶ ἐπὶ τὰς μοιχαλίδας[33] καὶ ἐπὶ τοὺς ὀμνύοντας[34]
τῷ ὀνόματί μου ἐπὶ ψεύδει καὶ ἐπὶ τοὺς ἀποστεροῦντας[35] μισθὸν[36] μισθωτοῦ[37]
καὶ τοὺς καταδυναστεύοντας[38] χήραν[39] καὶ τοὺς κονδυλίζοντας[40] ὀρφανοὺς[41] καὶ

1 ἐνθύμημα, reasoning, imagination
2 παντοκράτωρ, almighty, ruler of all
3 ἐγκαταλείπω, *aor act sub 2p*, abandon, forsake
4 παροξύνω, *pres act ptc nom p m*, provoke
5 παροξύνω, *aor act ind 1p*, provoke
6 εὐδοκέω, *aor act ind 3s*, be pleased
7 ἐξαποστέλλω, *pres act ind 1s*, send
8 ἐπιβλέπω, *fut mid ind 3s*, survey, pay attention to
9 ἐξαίφνης, immediately, suddenly
10 ἥκω, *fut act ind 3s*, come
11 παντοκράτωρ, almighty, ruler of all
12 ὑπομένω, *fut act ind 3s*, endure
13 εἴσοδος, entrance, coming
14 ὑφίστημι, *fut mid ind 3s*, resist, withstand
15 ὀπτασία, appearance
16 διότι, for
17 εἰσπορεύομαι, *pres mid ind 3s*, come in
18 χωνευτήριον, smelting furnace
19 πόα, (lye)
20 πλύνω, *pres act ptc gen p m*, wash, clean
21 χωνεύω, *pres act ptc nom s m*, cast (metal)
22 ἀργύριον, silver
23 χρυσίον, gold
24 χέω, *fut act ind 3s*, pour out
25 προσάγω, *pres act ptc nom p m*, bring
26 θυσία, silver
27 ἀρέσκω, *fut act ind 3s*, please
28 θυσία, sacrifice
29 προσάγω, *fut act ind 1s*, bring
30 μάρτυς, witness
31 ταχύς, hasty, ready
32 φάρμακος, sorcerer
33 μοιχαλίς, adulteress
34 ὄμνυμι, *pres act ptc acc p m*, swear an oath
35 ἀποστερέω, *pres act ptc acc p m*, defraud
36 μισθός, wages, payment
37 μισθωτός, hired (worker)
38 καταδυναστεύω, *pres act ptc acc p m*, oppress
39 χήρα, widow
40 κονδυλίζω, *pres act ptc acc p m*, smack, mistreat
41 ὀρφανός, orphan

τοὺς ἐκκλίνοντας[1] κρίσιν προσηλύτου[2] καὶ τοὺς μὴ φοβουμένους με, λέγει κύριος
παντοκράτωρ.[3]

Robbing God of Tithes

6 Διότι[4] ἐγὼ κύριος ὁ θεὸς ὑμῶν, καὶ οὐκ ἠλλοίωμαι·[5] καὶ ὑμεῖς, υἱοὶ Ιακωβ, οὐκ
ἀπέχεσθε[6] **7** ἀπὸ τῶν ἀδικιῶν[7] τῶν πατέρων ὑμῶν, ἐξεκλίνατε[8] νόμιμά[9] μου καὶ οὐκ
ἐφυλάξασθε. ἐπιστρέψατε πρός με, καὶ ἐπιστραφήσομαι πρὸς ὑμᾶς, λέγει κύριος
παντοκράτωρ.[10] καὶ εἴπατε Ἐν τίνι ἐπιστρέψωμεν; **8** εἰ πτερνιεῖ[11] ἄνθρωπος θεόν;
διότι[12] ὑμεῖς πτερνίζετέ[13] με. καὶ ἐρεῖτε Ἐν τίνι ἐπτερνίκαμέν[14] σε; ὅτι τὰ ἐπιδέκατα[15]
καὶ αἱ ἀπαρχαὶ[16] μεθ' ὑμῶν εἰσιν· **9** καὶ ἀποβλέποντες[17] ὑμεῖς ἀποβλέπετε,[18] καὶ ἐμὲ
ὑμεῖς πτερνίζετε·[19] τὸ ἔθνος συνετελέσθη.[20] **10** καὶ εἰσηνέγκατε[21] πάντα τὰ ἐκφόρια[22]
εἰς τοὺς θησαυρούς,[23] καὶ ἐν τῷ οἴκῳ αὐτοῦ ἔσται ἡ διαρπαγὴ[24] αὐτοῦ. ἐπισκέψασθε[25]
δὴ[26] ἐν τούτῳ, λέγει κύριος παντοκράτωρ,[27] ἐὰν μὴ ἀνοίξω ὑμῖν τοὺς καταρράκτας[28]
τοῦ οὐρανοῦ καὶ ἐκχεῶ[29] ὑμῖν τὴν εὐλογίαν[30] μου ἕως τοῦ ἱκανωθῆναι·[31] **11** καὶ δια-
στελῶ[32] ὑμῖν εἰς βρῶσιν[33] καὶ οὐ μὴ διαφθείρω[34] ὑμῶν τὸν καρπὸν τῆς γῆς, καὶ οὐ
μὴ ἀσθενήσῃ[35] ὑμῶν ἡ ἄμπελος[36] ἡ ἐν τῷ ἀγρῷ, λέγει κύριος παντοκράτωρ.[37] **12** καὶ
μακαριοῦσιν[38] ὑμᾶς πάντα τὰ ἔθνη, διότι[39] ἔσεσθε ὑμεῖς γῆ θελητή,[40] λέγει κύριος
παντοκράτωρ.[41]

1 ἐκκλίνω, *pres act ptc acc p m*, divert, misdirect
2 προσήλυτος, immigrant, guest
3 παντοκράτωρ, almighty, ruler of all
4 διότι, for
5 ἀλλοιόω, *perf pas ind 1s*, change
6 ἀπέχω, *pres mid ind 2p*, keep away
7 ἀδικία, injustice
8 ἐκκλίνω, *aor act ind 2p*, twist, distort
9 νόμιμος, legal ordinance
10 παντοκράτωρ, almighty, ruler of all
11 πτερνίζω, *fut act ind 3s*, outwit
12 διότι, for
13 πτερνίζω, *pres act ind 2p*, outwit
14 πτερνίζω, *perf act ind 1p*, outwit
15 ἐπιδέκατον, tenth, tithe
16 ἀπαρχή, firstfruit
17 ἀποβλέπω, *pres act ptc nom p m*, look away, disregard, (*read* curse)
18 ἀποβλέπω, *pres act ind 2p*, look away, disregard, (*read* curse)
19 πτερνίζω, *pres act ind 2p*, outwit
20 συντελέω, *aor pas ind 3s*, bring to an end, finish off
21 εἰσφέρω, *aor act ind 2p*, bring in
22 ἐκφόριον, produce
23 θησαυρός, storehouse
24 διαρπαγή, spoil, plunder
25 ἐπισκέπτομαι, *aor mid impv 2p*, attend to, take care, oversee
26 δή, now, indeed
27 παντοκράτωρ, almighty, ruler of all
28 καταρράκτης, waterfall, rush of water
29 ἐκχέω, *fut act ind 1s*, pour out
30 εὐλογία, blessing
31 ἱκανόω, *aor pas inf*, have enough
32 διαστέλλω, *fut act ind 1s*, separate, distinguish
33 βρῶσις, food
34 διαφθείρω, *pres act ind 1s*, utterly destroy
35 ἀσθενέω, *aor act sub 3s*, faint, wither
36 ἄμπελος, vine
37 παντοκράτωρ, almighty, ruler of all
38 μακαρίζω, *fut act ind 3p*, consider happy, pronounce bless
39 διότι, for
40 θελητός, desired
41 παντοκράτωρ, almighty, ruler of all

13 Ἐβαρύνατε[1] ἐπ’ ἐμὲ τοὺς λόγους ὑμῶν, λέγει κύριος, καὶ εἴπατε Ἐν τίνι κατ-
ελαλήσαμεν[2] κατὰ σοῦ; **14** εἴπατε Μάταιος[3] ὁ δουλεύων[4] θεῷ, καὶ τί πλέον[5] ὅτι
ἐφυλάξαμεν τὰ φυλάγματα[6] αὐτοῦ καὶ διότι[7] ἐπορεύθημεν ἱκέται[8] πρὸ προσώπου
κυρίου παντοκράτορος;[9] **15** καὶ νῦν ἡμεῖς μακαρίζομεν[10] ἀλλοτρίους,[11] καὶ ἀνοικο-
δομοῦνται[12] πάντες ποιοῦντες ἄνομα[13] καὶ ἀντέστησαν[14] θεῷ καὶ ἐσώθησαν.

Book of Remembrance

16 Ταῦτα κατελάλησαν[15] οἱ φοβούμενοι τὸν κύριον, ἕκαστος πρὸς τὸν πλησίον[16]
αὐτοῦ· καὶ προσέσχεν[17] κύριος καὶ εἰσήκουσεν[18] καὶ ἔγραψεν βιβλίον μνημοσύνου[19]
ἐνώπιον αὐτοῦ τοῖς φοβουμένοις τὸν κύριον καὶ εὐλαβουμένος[20] τὸ ὄνομα αὐτοῦ.
17 καὶ ἔσονταί μοι, λέγει κύριος παντοκράτωρ,[21] εἰς ἡμέραν, ἣν ἐγὼ ποιῶ εἰς περι-
ποίησιν,[22] καὶ αἱρετιῶ[23] αὐτοὺς ὃν τρόπον[24] αἱρετίζει[25] ἄνθρωπος τὸν υἱὸν αὐτοῦ τὸν
δουλεύοντα[26] αὐτῷ. **18** καὶ ἐπιστραφήσεσθε καὶ ὄψεσθε ἀνὰ μέσον[27] δικαίου καὶ ἀνὰ
μέσον ἀνόμου[28] καὶ ἀνὰ μέσον τοῦ δουλεύοντος[29] θεῷ καὶ τοῦ μὴ δουλεύοντος.

Coming of the Day of the Lord

19 διότι[30] ἰδοὺ ἡμέρα κυρίου ἔρχεται καιομένη[31] ὡς κλίβανος[32] καὶ φλέξει[33] αὐ-
τούς, καὶ ἔσονται πάντες οἱ ἀλλογενεῖς[34] καὶ πάντες οἱ ποιοῦντες ἄνομα[35] κα-
λάμη,[36] καὶ ἀνάψει[37] αὐτοὺς ἡ ἡμέρα ἡ ἐρχομένη, λέγει κύριος παντοκράτωρ,[38]
καὶ οὐ μὴ ὑπολειφθῇ[39] ἐξ αὐτῶν ῥίζα[40] οὐδὲ κλῆμα.[41] **20** καὶ ἀνατελεῖ[42] ὑμῖν τοῖς
φοβουμένοις τὸ ὄνομά μου ἥλιος δικαιοσύνης καὶ ἴασις[43] ἐν ταῖς πτέρυξιν[44] αὐτοῦ,

1 βαρύνω, *aor act ind 2p*, weigh down
2 καταλαλέω, *aor act ind 1p*, slander
3 μάταιος, worthless, pointless
4 δουλεύω, *pres act ptc nom s m*, serve
5 πλείων/πλεῖον, *comp of* πολύς, more
6 φύλαγμα, obligation, commandment
7 διότι, for
8 ἱκέτης, suppliant
9 παντοκράτωρ, almighty, ruler of all
10 μακαρίζω, *pres act ind 1p*, consider happy, pronounced blessed
11 ἀλλότριος, foreign
12 ἀνοικοδομέω, *pres pas ind 3p*, rebuild
13 ἄνομος, lawless
14 ἀνθίστημι, *aor act ind 3p*, oppose, resist
15 καταλαλέω, *aor act ind 3p*, speak against
16 πλησίον, companion, neighbor
17 προσέχω, *aor act ind 3s*, pay attention
18 εἰσακούω, *aor act ind 3s*, listen
19 μνημόσυνον, remembrance, memorial
20 εὐλαβέομαι, *pres mid ptc dat p m*, revere, respect
21 παντοκράτωρ, almighty, ruler of all
22 περιποίησις, possession
23 αἱρετίζω, *fut act ind 1s*, choose
24 ὃν τρόπον, in the way that
25 αἱρετίζω, *pres act ind 3s*, choose
26 δουλεύω, *pres act ptc acc s m*, serve
27 ἀνὰ μέσον, between
28 ἄνομος, lawless
29 δουλεύω, *pres act ptc gen s m*, serve
30 διότι, for
31 καίω, *pres pas ptc nom s f*, burn
32 κλίβανος, oven
33 φλέγω, *fut act ind 3s*, set on fire
34 ἀλλογενής, foreign
35 ἄνομος, lawless
36 καλάμη, straw, stubble
37 ἀνάπτω, *fut act ind 3s*, light up, kindle
38 παντοκράτωρ, almighty, ruler of all
39 ὑπολείπω, *aor pas sub 3s*, leave behind
40 ῥίζα, root
41 κλῆμα, branch
42 ἀνατέλλω, *fut act ind 3s*, rise
43 ἴασις, healing
44 πτέρυξ, wing

καὶ ἐξελεύσεσθε καὶ σκιρτήσετε[1] ὡς μοσχάρια[2] ἐκ δεσμῶν[3] ἀνειμένα.[4] **21** καὶ
καταπατήσετε[5] ἀνόμους,[6] διότι[7] ἔσονται σποδὸς[8] ὑποκάτω[9] τῶν ποδῶν ὑμῶν ἐν
τῇ ἡμέρᾳ, ᾗ ἐγὼ ποιῶ, λέγει κύριος παντοκράτωρ.[10] **22** καὶ ἰδοὺ ἐγὼ ἀποστέλλω
ὑμῖν Ηλιαν τὸν Θεσβίτην πρὶν[11] ἐλθεῖν ἡμέραν κυρίου τὴν μεγάλην καὶ ἐπιφανῆ,[12]
23 ὃς ἀποκαταστήσει[13] καρδίαν πατρὸς πρὸς υἱὸν καὶ καρδίαν ἀνθρώπου πρὸς
τὸν πλησίον[14] αὐτοῦ, μὴ ἔλθω καὶ πατάξω[15] τὴν γῆν ἄρδην.[16] **24** μνήσθητε[17] νόμου
Μωυσῆ τοῦ δούλου μου, καθότι[18] ἐνετειλάμην[19] αὐτῷ ἐν Χωρηβ πρὸς πάντα τὸν
Ισραηλ προστάγματα[20] καὶ δικαιώματα.[21]

1 σκιρτάω, *fut act ind 2p*, leap, skip
2 μοσχάριον, little calf
3 δεσμός, chain, band
4 ἀνίημι, *perf pas ptc nom p n*, let go, release
5 καταπατέω, *fut act ind 2p*, trample
6 ἄνομος, lawless
7 διότι, for
8 σποδός, ashes
9 ὑποκάτω, under
10 παντοκράτωρ, almighty, ruler of all
11 πρίν, before
12 ἐπιφανής, distinguished, notable, manifest
13 ἀποκαθίστημι, *fut act ind 3s*, restore
14 πλησίον, companion, neighbor
15 πατάσσω, *aor act sub 1s*, strike
16 ἄρδην, completely, utterly
17 μιμνήσκομαι, *aor pas impv 2p*, remember
18 καθότι, just as
19 ἐντέλλομαι, *aor mid ind 1s*, command
20 πρόσταγμα, ordinance
21 δικαίωμα, decree

ΗΣΑΙΑΣ
Isaiah

Introduction

1 Ὅρασις,[1] ἣν εἶδεν Ησαιας υἱὸς Αμως, ἣν εἶδεν κατὰ τῆς Ιουδαίας καὶ κατὰ Ιερου-
σαλημ ἐν βασιλείᾳ Οζιου καὶ Ιωαθαμ καὶ Αχαζ καὶ Εζεκιου, οἳ ἐβασίλευσαν[2] τῆς
Ιουδαίας.

Judah, a Wicked and Rebellious Nation

2 Ἄκουε, οὐρανέ, καὶ ἐνωτίζου,[3] γῆ, ὅτι κύριος ἐλάλησεν·
υἱοὺς ἐγέννησα καὶ ὕψωσα,[4] αὐτοὶ δέ με ἠθέτησαν.[5]
3 ἔγνω βοῦς[6] τὸν κτησάμενον[7] καὶ ὄνος[8] τὴν φάτνην[9] τοῦ κυρίου αὐτοῦ·
Ισραηλ δέ με οὐκ ἔγνω, καὶ ὁ λαός με οὐ συνῆκεν.[10]

4 οὐαὶ[11] ἔθνος ἁμαρτωλόν, λαὸς πλήρης[12] ἁμαρτιῶν,
σπέρμα πονηρόν, υἱοὶ ἄνομοι·[13]
ἐγκατελίπατε[14] τὸν κύριον
καὶ παρωργίσατε[15] τὸν ἅγιον τοῦ Ισραηλ.

5 τί ἔτι πληγῆτε[16] προστιθέντες[17] ἀνομίαν;[18]
πᾶσα κεφαλὴ εἰς πόνον[19] καὶ πᾶσα καρδία εἰς λύπην.[20]
6 ἀπὸ ποδῶν ἕως κεφαλῆς οὔτε τραῦμα[21] οὔτε μώλωψ[22] οὔτε πληγὴ[23]
φλεγμαίνουσα,[24]
οὐκ ἔστιν μάλαγμα[25] ἐπιθεῖναι οὔτε ἔλαιον[26] οὔτε καταδέσμους.[27]

1 ὅρασις, vision
2 βασιλεύω, *aor act ind 3p*, reign as king
3 ἐνωτίζομαι, *pres mid impv 2s*, give ear, hearken
4 ὑψόω, *aor act ind 1s*, lift high, exalt
5 ἀθετέω, *aor act ind 3p*, reject
6 βοῦς, cow, ox
7 κτάομαι, *aor mid ptc acc s m*, acquire, own
8 ὄνος, donkey
9 φάτνη, manger, stall
10 συνίημι, *aor act ind 3s*, understand
11 οὐαι, woe, ah!
12 πλήρης, full
13 ἄνομος, wicked, lawless
14 ἐγκαταλείπω, *aor act ind 2p*, desert, forsake
15 παρoργίζω, *aor act ind 2p*, provoke to anger
16 πλήσσω, *aor pas sub 2p*, hit, beat, wound
17 προστίθημι, *pres act ptc nom p m*, add to, continue
18 ἀνομία, transgression
19 πόνος, distress, grief
20 λύπη, sorrow
21 τραῦμα, wound, hurt
22 μώλωψ, stripe, bruise
23 πληγή, blow, stroke
24 φλεγμαίνω, *pres act ptc nom s f*, inflame, fester
25 μάλαγμα, medicinal plaster, emollient
26 ἔλαιον, oil
27 καταδέσμος, tie, (bandage)

7 ἡ γῆ ὑμῶν ἔρημος, αἱ πόλεις ὑμῶν πυρίκαυστοι·[1]
τὴν χώραν[2] ὑμῶν ἐνώπιον ὑμῶν ἀλλότριοι[3] κατεσθίουσιν[4] αὐτήν,
καὶ ἠρήμωται[5] κατεστραμμένη[6] ὑπὸ λαῶν ἀλλοτρίων.[7]
8 ἐγκαταλειφθήσεται[8] ἡ θυγάτηρ[9] Σιων ὡς σκηνὴ[10] ἐν ἀμπελῶνι[11]
καὶ ὡς ὀπωροφυλάκιον[12] ἐν σικυηράτῳ,[13]
ὡς πόλις πολιορκουμένη·[14]
9 καὶ εἰ μὴ κύριος σαβαωθ[15] ἐγκατέλιπεν[16] ἡμῖν σπέρμα,
ὡς Σοδομα ἂν ἐγενήθημεν
καὶ ὡς Γομορρα ἂν ὡμοιώθημεν.[17]

10 Ἀκούσατε λόγον κυρίου, ἄρχοντες Σοδομων·
προσέχετε[18] νόμον θεοῦ, λαὸς Γομορρας.
11 τί μοι πλῆθος τῶν θυσιῶν[19] ὑμῶν; λέγει κύριος·
πλήρης[20] εἰμὶ ὁλοκαυτωμάτων[21] κριῶν[22] καὶ στέαρ[23] ἀρνῶν[24]
καὶ αἷμα ταύρων[25] καὶ τράγων[26] οὐ βούλομαι,
12 οὐδ᾽ ἐὰν ἔρχησθε ὀφθῆναί μοι.
τίς γὰρ ἐξεζήτησεν[27] ταῦτα ἐκ τῶν χειρῶν ὑμῶν;
πατεῖν[28] τὴν αὐλήν[29] μου **13** οὐ προσθήσεσθε·[30]
ἐὰν φέρητε σεμίδαλιν,[31] μάταιον·[32]
θυμίαμα[33] βδέλυγμά[34] μοί ἐστιν·
τὰς νουμηνίας[35] ὑμῶν καὶ τὰ σάββατα καὶ ἡμέραν μεγάλην οὐκ ἀνέχομαι·[36]
νηστείαν[37] καὶ ἀργίαν[38]

1 πυρίκαυστος, burned with fire
2 χώρα, land, territory
3 ἀλλότριος, foreign
4 κατεσθίω, *pres act ind 3p*, devour, consume
5 ἐρημόω, *perf pas ind 3s*, lay waste, make desolate
6 καταστρέφω, *perf pas ptc nom s f*, ruin, overthrow
7 ἀλλότριος, foreign
8 ἐγκαταλείπω, *fut pas ind 3s*, leave behind, forsake
9 θυγάτηρ, daughter
10 σκηνή, tent
11 ἀμπελών, vineyard
12 ὀπωροφυλάκιον, hut for one who guards a garden
13 σικυήρατον, cucumber bed
14 πολιορκέω, *pres mid ptc nom s f*, besiege
15 σαβαωθ, of hosts, *translit.*
16 ἐγκαταλείπω, *aor act ind 3s*, leave
17 ὁμοιόω, *aor pas ind 1p*, make like
18 προσέχω, *pres act impv 2p*, give heed
19 θυσία, sacrifice
20 πλήρης, full
21 ὁλοκαύτωμα, whole burnt offering
22 κριός, ram
23 στέαρ, fat
24 ἀρήν, lamb
25 ταῦρος, bull
26 τράγος, goat
27 ἐκζητέω, *aor act ind 3s*, seek out
28 πατέω, *pres act inf*, tread, walk upon
29 αὐλή, court
30 προστίθημι, *fut mid ind 2p*, add to, continue
31 σεμίδαλις, fine flour
32 μάταιος, futile, vain, empty
33 θυμίαμα, incense
34 βδέλυγμα, abomination
35 νουμηνία, new moon
36 ἀνέχω, *pres mid ind 1s*, tolerate
37 νηστεία, fasting
38 ἀργία, holiday, leisure

14 καὶ τὰς νουμηνίας[1] ὑμῶν καὶ τὰς ἑορτὰς[2] ὑμῶν μισεῖ ἡ ψυχή μου·
ἐγενήθητέ μοι εἰς πλησμονήν,[3] οὐκέτι ἀνήσω[4] τὰς ἁμαρτίας ὑμῶν.
15 ὅταν τὰς χεῖρας ἐκτείνητε[5] πρός με,
ἀποστρέψω[6] τοὺς ὀφθαλμούς μου ἀφ᾽ ὑμῶν,
καὶ ἐὰν πληθύνητε[7] τὴν δέησιν,[8] οὐκ εἰσακούσομαι[9] ὑμῶν·
αἱ γὰρ χεῖρες ὑμῶν αἵματος πλήρεις.

16 λούσασθε,[10] καθαροὶ[11] γένεσθε,
ἀφέλετε[12] τὰς πονηρίας[13] ἀπὸ τῶν ψυχῶν ὑμῶν
ἀπέναντι[14] τῶν ὀφθαλμῶν μου,
παύσασθε[15] ἀπὸ τῶν πονηριῶν ὑμῶν,
17 μάθετε[16] καλὸν ποιεῖν, ἐκζητήσατε[17] κρίσιν,
ῥύσασθε[18] ἀδικούμενον,[19] κρίνατε ὀρφανῷ[20] καὶ δικαιώσατε χήραν·[21]
18 καὶ δεῦτε[22] καὶ διελεγχθῶμεν,[23] λέγει κύριος,
καὶ ἐὰν ὦσιν αἱ ἁμαρτίαι ὑμῶν ὡς φοινικοῦν,[24] ὡς χιόνα[25] λευκανῶ,[26]
ἐὰν δὲ ὦσιν ὡς κόκκινον,[27] ὡς ἔριον[28] λευκανῶ.[29]
19 καὶ ἐὰν θέλητε καὶ εἰσακούσητέ[30] μου,
τὰ ἀγαθὰ τῆς γῆς φάγεσθε·
20 ἐὰν δὲ μὴ θέλητε μηδὲ εἰσακούσητέ[31] μου,
μάχαιρα[32] ὑμᾶς κατέδεται·[33]
τὸ γὰρ στόμα κυρίου ἐλάλησεν ταῦτα.

21 Πῶς ἐγένετο πόρνη[34] πόλις πιστὴ[35] Σιων, πλήρης[36] κρίσεως,
ἐν ᾗ δικαιοσύνη ἐκοιμήθη[37] ἐν αὐτῇ, νῦν δὲ φονευταί.[38]

1 νουμηνία, new moon
2 ἑορτή, feast
3 πλησμονή, satiety, surfeit, fullness
4 ἀνίημι, *fut act ind 1s*, loose, forgive
5 ἐκτείνω, *pres act sub 2p*, spread out
6 ἀποστρέφω, *fut act ind 1s*, avert, turn away
7 πληθύνω, *pres act sub 2p*, multiply
8 δέησις, petition, supplication
9 εἰσακούω, *fut mid ind 1s*, listen to
10 λούω, *aor mid impv 2p*, wash
11 καθαρός, clean, pure
12 ἀφαιρέω, *aor act impv 2p*, remove
13 πονηρία, evil, iniquity
14 ἀπέναντι, before
15 παύω, *aor mid impv 2p*, cease
16 μανθάνω, *aor act impv 2p*, learn
17 ἐκζητέω, *aor act impv 2p*, seek out
18 ῥύομαι, *aor mid impv 2p*, deliver, rescue
19 ἀδικέω, *pres pas ptc acc s m*, wrong, treat unjustly
20 ὀρφανός, orphan
21 χήρα, widow
22 δεῦτε, come!
23 διελέγχω, *aor pas sub 1p*, discuss, argue a case
24 φοινικοῦς, purple, crimson
25 χιών, snow
26 λευκαίνω, *fut act ind 1s*, make white
27 κόκκινος, scarlet
28 ἔριον, wool
29 λευκαίνω, *fut act ind 1s*, make white
30 εἰσακούω, *aor act sub 2p*, listen to
31 εἰσακούω, *aor act sub 2p*, listen to
32 μάχαιρα, sword
33 κατεσθίω, *fut mid ind 3s*, devour, consume
34 πόρνη, harlot, prostitute
35 πιστός, faithful
36 πλήρης, full
37 κοιμάω, *aor pas ind 3s*, dwell, sleep
38 φονευτής, murderer

22 τὸ ἀργύριον[1] ὑμῶν ἀδόκιμον·[2]
οἱ κάπηλοί[3] σου μίσγουσι[4] τὸν οἶνον ὕδατι·
23 οἱ ἄρχοντές σου ἀπειθοῦσιν,[5] κοινωνοὶ[6] κλεπτῶν,[7]
ἀγαπῶντες δῶρα,[8] διώκοντες ἀνταπόδομα,[9]
ὀρφανοῖς[10] οὐ κρίνοντες καὶ κρίσιν χηρῶν[11] οὐ προσέχοντες.[12]

24 διὰ τοῦτο τάδε[13] λέγει ὁ δεσπότης[14] κύριος σαβαωθ[15]
Οὐαὶ οἱ ἰσχύοντες[16] Ισραηλ·
οὐ παύσεται[17] γάρ μου ὁ θυμὸς[18] ἐν τοῖς ὑπεναντίοις,[19]
καὶ κρίσιν ἐκ τῶν ἐχθρῶν μου ποιήσω.
25 καὶ ἐπάξω[20] τὴν χεῖρά μου ἐπὶ σὲ καὶ πυρώσω[21] σε εἰς καθαρόν,[22]
τοὺς δὲ ἀπειθοῦντας[23] ἀπολέσω
καὶ ἀφελῶ[24] πάντας ἀνόμους[25] ἀπὸ σοῦ
καὶ πάντας ὑπερηφάνους[26] ταπεινώσω.[27]
26 καὶ ἐπιστήσω[28] τοὺς κριτάς[29] σου ὡς τὸ πρότερον[30]
καὶ τοὺς συμβούλους[31] σου ὡς τὸ ἀπ᾽ ἀρχῆς·
καὶ μετὰ ταῦτα κληθήσῃ
Πόλις δικαιοσύνης, μητρόπολις[32] πιστὴ[33] Σιων.

27 μετὰ γὰρ κρίματος[34] σωθήσεται ἡ αἰχμαλωσία[35] αὐτῆς
καὶ μετὰ ἐλεημοσύνης·[36]
28 καὶ συντριβήσονται[37] οἱ ἄνομοι[38] καὶ οἱ ἁμαρτωλοὶ ἅμα,[39]
καὶ οἱ ἐγκαταλείποντες[40] τὸν κύριον συντελεσθήσονται.[41]

1 ἀργύριον, silver
2 ἀδόκιμος, without value
3 κάπηλος, innkeeper
4 μίσγω, *pres act ind 3p*, mingle, mix
5 ἀπειθέω, *pres act ind 3p*, disobey
6 κοινωνός, accomplice
7 κλέπτης, thief
8 δῶρον, gift, bribe
9 ἀνταπόδομα, recompense, reward
10 ὀρφανός, orphan
11 χήρα, widow
12 προσέχω, *pres act ptc nom p m*, regard, pay attention to
13 ὅδε, this
14 δεσπότης, master
15 σαβαωθ, of hosts, *translit.*
16 ἰσχύω, *pres act ptc nom p m*, have power over
17 παύω, *fut mid ind 3s*, cease, abate
18 θυμός, wrath
19 ὑπεναντίος, enemy, opponent
20 ἐπάγω, *fut act ind 1s*, bring upon
21 πυρόω, *fut act ind 1s*, burn, purge
22 καθαρός, clean, pure
23 ἀπειθέω, *pres act ptc acc p m*, disobey
24 ἀφαιρέω, *fut act ind 1s*, remove
25 ἄνομος, wicked, lawless
26 ὑπερήφανος, arrogant, proud
27 ταπεινόω, *fut act ind 1s*, humble, bring low
28 ἐφίστημι, *fut act ind 1s*, appoint, set up
29 κριτής, judge
30 πρότερος, formerly, before
31 σύμβουλος, advisor, counselor
32 μητρόπολις, mother-city, metropolis
33 πιστός, faithful
34 κρίμα, justice, judgment
35 αἰχμαλωσία, body of captives
36 ἐλεημοσύνη, mercy
37 συντρίβω, *fut pas ind 3p*, crush, shatter
38 ἄνομος, wicked, lawless
39 ἅμα, together, at the same time
40 ἐγκαταλείπω, *pres act ptc nom p m*, desert, forsake
41 συντελέω, *fut pas ind 3p*, consume, bring to an end

29 διότι[1] αἰσχυνθήσονται[2] ἐπὶ τοῖς εἰδώλοις[3] αὐτῶν,
ἃ αὐτοὶ ἠβούλοντο,
καὶ ἐπησχύνθησαν[4] ἐπὶ τοῖς κήποις[5] αὐτῶν,
ἃ ἐπεθύμησαν·[6]
30 ἔσονται γὰρ ὡς τερέβινθος[7] ἀποβεβληκυῖα[8] τὰ φύλλα[9]
καὶ ὡς παράδεισος[10] ὕδωρ μὴ ἔχων·
31 καὶ ἔσται ἡ ἰσχὺς[11] αὐτῶν ὡς καλάμη[12] στιππύου[13]
καὶ αἱ ἐργασίαι[14] αὐτῶν ὡς σπινθῆρες[15] πυρός,
καὶ κατακαυθήσονται[16] οἱ ἄνομοι[17] καὶ οἱ ἁμαρτωλοὶ ἅμα,[18]
καὶ οὐκ ἔσται ὁ σβέσων.[19]

Nations Shall Come to the Mountain of the Lord

2 Ὁ λόγος ὁ γενόμενος παρὰ κυρίου πρὸς Ησαιαν υἱὸν Αμως περὶ τῆς Ιουδαίας
καὶ περὶ Ιερουσαλημ.

2 Ὅτι ἔσται ἐν ταῖς ἐσχάταις ἡμέραις ἐμφανὲς[20] τὸ ὄρος κυρίου
καὶ ὁ οἶκος τοῦ θεοῦ ἐπ᾽ ἄκρων[21] τῶν ὀρέων
καὶ ὑψωθήσεται[22] ὑπεράνω[23] τῶν βουνῶν·[24]
καὶ ἥξουσιν[25] ἐπ᾽ αὐτὸ πάντα τὰ ἔθνη,
3 καὶ πορεύσονται ἔθνη πολλὰ καὶ ἐροῦσιν
Δεῦτε[26] καὶ ἀναβῶμεν εἰς τὸ ὄρος κυρίου καὶ εἰς τὸν οἶκον τοῦ θεοῦ
Ιακωβ,
καὶ ἀναγγελεῖ[27] ἡμῖν τὴν ὁδὸν αὐτοῦ, καὶ πορευσόμεθα ἐν αὐτῇ·
ἐκ γὰρ Σιων ἐξελεύσεται νόμος καὶ λόγος κυρίου ἐξ Ιερουσαλημ.
4 καὶ κρινεῖ ἀνὰ μέσον[28] τῶν ἐθνῶν καὶ ἐλέγξει[29] λαὸν πολύν,
καὶ συγκόψουσιν[30] τὰς μαχαίρας[31] αὐτῶν εἰς ἄροτρα[32]

1 διότι, wherefore, for
2 αἰσχύνω, *fut pas ind 3p*, dishonor, put to shame
3 εἴδωλον, idol
4 ἐπαισχύνω, *aor pas ind 3p*, be ashamed
5 κῆπος, garden
6 ἐπιθυμέω, *aor act ind 3p*, long for, desire
7 τερέβινθος, terebinth tree
8 ἀποβάλλω, *perf act ptc nom s f*, shed
9 φύλλον, leaf
10 παράδεισος, garden, orchard
11 ἰσχύς, strength
12 καλάμη, stalk
13 στιππύον, flax, hemp
14 ἐργασία, work, production
15 σπινθήρ, spark
16 κατακαίω, *fut pas ind 3p*, burn up
17 ἄνομος, wicked, lawless
18 ἅμα, together, at the same time
19 σβέννυμι, *fut act ptc nom s m*, extinguish
20 ἐμφανής, manifest, visible
21 ἄκρος, top, pinnacle
22 ὑψόω, *fut pas ind 3s*, lift high, raise up
23 ὑπεράνω, above
24 βουνός, hill
25 ἥκω, *fut act ind 3p*, come
26 δεῦτε, come!
27 ἀναγγέλλω, *fut act ind 3s*, announce
28 ἀνὰ μέσον, between
29 ἐλέγχω, *fut act ind 3s*, reprove, reproach
30 συγκόπτω, *fut act ind 3p*, hew down, beat down
31 μάχαιρα, sword
32 ἄροτρον, plowshare

καὶ τὰς ζιβύνας[1] αὐτῶν εἰς δρέπανα,[2]
καὶ οὐ λήμψεται ἔτι ἔθνος ἐπ᾽ ἔθνος μάχαιραν,[3]
καὶ οὐ μὴ μάθωσιν[4] ἔτι πολεμεῖν.

Judgment on the Day of the Lord

5 Καὶ νῦν, ὁ οἶκος τοῦ Ιακωβ,
δεῦτε[5] πορευθῶμεν τῷ φωτὶ κυρίου.
6 ἀνῆκεν[6] γὰρ τὸν λαὸν αὐτοῦ τὸν οἶκον τοῦ Ισραηλ,
ὅτι ἐνεπλήσθη[7] ὡς τὸ ἀπ᾽ ἀρχῆς ἡ χώρα[8] αὐτῶν κληδονισμῶν[9]
ὡς ἡ τῶν ἀλλοφύλων,[10]
καὶ τέκνα πολλὰ ἀλλόφυλα ἐγενήθη αὐτοῖς.
7 ἐνεπλήσθη[11] γὰρ ἡ χώρα[12] αὐτῶν ἀργυρίου[13] καὶ χρυσίου,[14]
καὶ οὐκ ἦν ἀριθμὸς[15] τῶν θησαυρῶν[16] αὐτῶν·
καὶ ἐνεπλήσθη ἡ γῆ ἵππων,[17]
καὶ οὐκ ἦν ἀριθμὸς τῶν ἁρμάτων[18] αὐτῶν·
8 καὶ ἐνεπλήσθη[19] ἡ γῆ βδελυγμάτων[20] τῶν ἔργων τῶν χειρῶν αὐτῶν,
καὶ προσεκύνησαν οἷς ἐποίησαν οἱ δάκτυλοι[21] αὐτῶν·
9 καὶ ἔκυψεν[22] ἄνθρωπος, καὶ ἐταπεινώθη[23] ἀνήρ,
καὶ οὐ μὴ ἀνήσω[24] αὐτούς.
10 καὶ νῦν εἰσέλθετε εἰς τὰς πέτρας[25] καὶ κρύπτεσθε[26] εἰς τὴν γῆν
ἀπὸ προσώπου τοῦ φόβου κυρίου καὶ ἀπὸ τῆς δόξης τῆς ἰσχύος[27] αὐτοῦ,
ὅταν ἀναστῇ θραῦσαι[28] τὴν γῆν.
11 οἱ γὰρ ὀφθαλμοὶ κυρίου ὑψηλοί,[29] ὁ δὲ ἄνθρωπος ταπεινός·[30]
καὶ ταπεινωθήσεται[31] τὸ ὕψος[32] τῶν ἀνθρώπων,
καὶ ὑψωθήσεται[33] κύριος μόνος[34] ἐν τῇ ἡμέρᾳ ἐκείνῃ.

1 ζιβύνη, hunting spear
2 δρέπανον, sickle
3 μάχαιρα, sword
4 μανθάνω, *aor act sub 3p*, learn
5 δεῦτε, come!
6 ἀνίημι, *aor act ind 3s*, forsake, leave
7 ἐμπίμπλημι, *aor pas ind 3s*, fill up
8 χώρα, land, territory
9 κληδονισμός, divination (using omens)
10 ἀλλόφυλος, foreign
11 ἐμπίμπλημι, *aor pas ind 3s*, fill up
12 χώρα, land, territory
13 ἀργύριον, silver
14 χρυσίον, gold
15 ἀριθμός, number
16 θησαυρός, treasure
17 ἵππος, horse
18 ἅρμα, chariot
19 ἐμπίμπλημι, *aor pas ind 3s*, fill up
20 βδέλυγμα, abomination
21 δάκτυλος, finger
22 κύπτω, *aor act ind 3s*, bow down
23 ταπεινόω, *aor pas ind 3s*, humble, bring low
24 ἀνίημι, *fut act ind 1s*, forgive
25 πέτρα, rock
26 κρύπτω, *pres mid impv 2p*, hide
27 ἰσχύς, strength, might
28 θραύω, *aor act inf*, shatter, strike
29 ὑψηλός, high, lofty
30 ταπεινός, low, abased
31 ταπεινόω, *fut pas ind 3s*, humble, bring low
32 ὕψος, exaltation, haughtiness
33 ὑψόω, *fut pas ind 3s*, lift high, exalt
34 μόνος, alone

12 ἡμέρα γὰρ κυρίου σαβαωθ[1] ἐπὶ πάντα ὑβριστὴν[2] καὶ ὑπερήφανον[3]
καὶ ἐπὶ πάντα ὑψηλὸν[4] καὶ μετέωρον,[5] καὶ ταπεινωθήσονται,[6]
13 καὶ ἐπὶ πᾶσαν κέδρον[7] τοῦ Λιβάνου τῶν ὑψηλῶν[8] καὶ μετεώρων[9]
καὶ ἐπὶ πᾶν δένδρον[10] βαλάνου[11] Βασαν
14 καὶ ἐπὶ πᾶν ὄρος καὶ ἐπὶ πάντα βουνὸν[12] ὑψηλὸν[13]
15 καὶ ἐπὶ πάντα πύργον[14] ὑψηλὸν[15] καὶ ἐπὶ πᾶν τεῖχος[16] ὑψηλὸν
16 καὶ ἐπὶ πᾶν πλοῖον[17] θαλάσσης καὶ ἐπὶ πᾶσαν θέαν[18] πλοίων κάλλους·
17 καὶ ταπεινωθήσεται[19] πᾶς ἄνθρωπος, καὶ πεσεῖται ὕψος[20] ἀνθρώπων,
καὶ ὑψωθήσεται[21] κύριος μόνος[22] ἐν τῇ ἡμέρᾳ ἐκείνῃ.
18 καὶ τὰ χειροποίητα[23] πάντα κατακρύψουσιν[24]
19 εἰσενέγκαντες[25] εἰς τὰ σπήλαια[26] καὶ εἰς τὰς σχισμὰς[27] τῶν πετρῶν[28]
καὶ εἰς τὰς τρώγλας[29] τῆς γῆς ἀπὸ προσώπου τοῦ φόβου κυρίου
καὶ ἀπὸ τῆς δόξης τῆς ἰσχύος[30] αὐτοῦ,
ὅταν ἀναστῇ θραῦσαι[31] τὴν γῆν.
20 τῇ γὰρ ἡμέρᾳ ἐκείνῃ ἐκβαλεῖ ἄνθρωπος τὰ βδελύγματα[32] αὐτοῦ
τὰ ἀργυρᾶ[33] καὶ τὰ χρυσᾶ,[34] ἃ ἐποίησαν προσκυνεῖν,
τοῖς ματαίοις[35] καὶ ταῖς νυκτερίσιν[36]
21 τοῦ εἰσελθεῖν εἰς τὰς τρώγλας[37] τῆς στερεᾶς[38] πέτρας[39]
καὶ εἰς τὰς σχισμὰς[40] τῶν πετρῶν ἀπὸ προσώπου τοῦ φόβου κυρίου
καὶ ἀπὸ τῆς δόξης τῆς ἰσχύος[41] αὐτοῦ,
ὅταν ἀναστῇ θραῦσαι[42] τὴν γῆν.

1 σαβαωθ, of hosts, *translit.*
2 ὑβριστής, insolent, haughty
3 ὑπερήφανος, arrogant, proud
4 ὑψηλός, high, lofty
5 μετέωρος, eminent
6 ταπεινόω, *fut pas ind 3p*, humble, bring low
7 κέδρος, cedar
8 ὑψηλός, high, lofty
9 μετέωρος, eminent
10 δένδρον, tree
11 βάλανος, oak
12 βουνός, hill
13 ὑψηλός, high, lofty
14 πύργος, tower
15 ὑψηλός, high, lofty
16 τεῖχος, city wall
17 πλοῖον, ship
18 θέα, sight, spectacle
19 ταπεινόω, *fut pas ind 3s*, humble, bring low
20 ὕψος, exaltation, haughtiness
21 ὑψόω, *fut pas ind 3s*, lift high, exalt
22 μόνος, alone
23 χειροποίητος, handmade (object), (idol)
24 κατακρύπτω, *fut act ind 3p*, hide, conceal
25 εἰσφέρω, *aor act ptc nom p m*, carry in
26 σπήλαιον, cave
27 σχισμή, cleft
28 πέτρος, rock
29 τρώγλη, hole
30 ἰσχύς, strength, might
31 θραύω, *aor act inf*, shatter, strike
32 βδέλυγμα, abomination
33 ἀργυροῦς, silver
34 χρυσοῦς, gold
35 μάταιος, vain, meaningless
36 νυκτερίς, bat
37 τρώγλη, hole
38 στερεός, strong, solid
39 πέτρα, rock
40 σχισμή, cleft
41 ἰσχύς, strength, might
42 θραύω, *aor act inf*, shatter, strike

Judgment on the Leaders of Jerusalem

3 Ἰδοὺ δὴ[1] ὁ δεσπότης[2] κύριος σαβαωθ[3]
ἀφελεῖ[4] ἀπὸ τῆς Ιουδαίας καὶ ἀπὸ Ιερουσαλημ
ἰσχύοντα[5] καὶ ἰσχύουσαν,[6]
ἰσχὺν[7] ἄρτου καὶ ἰσχὺν ὕδατος,
2 γίγαντα[8] καὶ ἰσχύοντα[9] καὶ ἄνθρωπον πολεμιστὴν[10]
καὶ δικαστὴν[11] καὶ προφήτην καὶ στοχαστὴν[12] καὶ πρεσβύτερον
3 καὶ πεντηκόνταρχον[13] καὶ θαυμαστὸν[14] σύμβουλον[15]
καὶ σοφὸν[16] ἀρχιτέκτονα[17] καὶ συνετὸν[18] ἀκροατήν·[19]
4 καὶ ἐπιστήσω[20] νεανίσκους[21] ἄρχοντας αὐτῶν,
καὶ ἐμπαῖκται[22] κυριεύσουσιν[23] αὐτῶν.
5 καὶ συμπεσεῖται[24] ὁ λαός,
ἄνθρωπος πρὸς ἄνθρωπον καὶ ἄνθρωπος πρὸς τὸν πλησίον[25] αὐτοῦ·
προσκόψει[26] τὸ παιδίον πρὸς τὸν πρεσβύτην,[27]
ὁ ἄτιμος[28] πρὸς τὸν ἔντιμον.[29]
6 ὅτι ἐπιλήμψεται[30] ἄνθρωπος τοῦ ἀδελφοῦ αὐτοῦ
ἢ τοῦ οἰκείου[31] τοῦ πατρὸς αὐτοῦ λέγων
Ἱμάτιον ἔχεις, ἀρχηγὸς[32] ἡμῶν γενοῦ,
καὶ τὸ βρῶμα[33] τὸ ἐμὸν ὑπὸ σὲ ἔστω.
7 καὶ ἀποκριθεὶς ἐρεῖ ἐν τῇ ἡμέρᾳ ἐκείνῃ
Οὐκ ἔσομαί σου ἀρχηγός·[34]
οὐ γάρ ἐστιν ἐν τῷ οἴκῳ μου ἄρτος οὐδὲ ἱμάτιον·
οὐκ ἔσομαι ἀρχηγὸς τοῦ λαοῦ τούτου.
8 ὅτι ἀνεῖται[35] Ιερουσαλημ, καὶ ἡ Ιουδαία συμπέπτωκεν,[36]
καὶ αἱ γλῶσσαι αὐτῶν μετὰ ἀνομίας,[37]

1 δή, now
2 δεσπότης, master
3 σαβαωθ, of hosts, *translit.*
4 ἀφαιρέω, *fut act ind 3s*, remove, take away
5 ἰσχύω, *pres act ptc acc s m*, be strong
6 ἰσχύω, *pres act ptc acc s f*, be strong
7 ἰσχύς, strength
8 γίγας, giant, mighty one
9 ἰσχύω, *pres act ptc acc s m*, be strong
10 πολεμιστής, warrior
11 δικαστής, judge
12 στοχαστής, diviner
13 πεντηκόνταρχος, leader of fifty men
14 θαυμαστός, marvelous
15 σύμβουλος, advisor, counselor
16 σοφός, wise
17 ἀρχιτέκτων, master-builder
18 συνετός, intelligent
19 ἀκροατής, hearer, disciple
20 ἐφίστημι, *fut act ind 1s*, appoint, set over
21 νεανίσκος, young man
22 ἐμπαίκτης, mocker, deceiver
23 κυριεύω, *fut act ind 3p*, be lord over, rule
24 συμπίπτω, *fut mid ind 3s*, fall together
25 πλησίον, neighbor
26 προσκόπτω, *fut act ind 3s*, strike against, stumble upon
27 πρεσβύτης, elder
28 ἄτιμος, dishonorable
29 ἔντιμος, honorable
30 ἐπιλαμβάνω, *fut mid ind 3s*, lay hold of
31 οἰκεῖος, kinsman
32 ἀρχηγός, chief, leader
33 βρῶμα, food, provisions
34 ἀρχηγός, chief, leader
35 ἀνίημι, *perf mid ind 3s*, forsake, leave
36 συμπίπτω, *perf act ind 3s*, fall together
37 ἀνομία, transgression

τὰ πρὸς κύριον ἀπειθοῦντες·[1]
διότι[2] νῦν ἐταπεινώθη[3] ἡ δόξα αὐτῶν,

9 καὶ ἡ αἰσχύνη[4] τοῦ προσώπου αὐτῶν ἀντέστη[5] αὐτοῖς·
τὴν δὲ ἁμαρτίαν αὐτῶν ὡς Σοδομων ἀνήγγειλαν[6] καὶ ἐνεφάνισαν.[7]
οὐαὶ τῇ ψυχῇ αὐτῶν,
διότι[8] βεβούλευνται[9] βουλὴν[10] πονηρὰν καθ᾽ ἑαυτῶν
10 εἰπόντες Δήσωμεν[11] τὸν δίκαιον, ὅτι δύσχρηστος[12] ἡμῖν ἐστιν·
τοίνυν[13] τὰ γενήματα[14] τῶν ἔργων αὐτῶν φάγονται.
11 οὐαὶ τῷ ἀνόμῳ·[15]
πονηρὰ κατὰ τὰ ἔργα τῶν χειρῶν αὐτοῦ συμβήσεται[16] αὐτῷ.
12 λαός μου, οἱ πράκτορες[17] ὑμῶν καλαμῶνται[18] ὑμᾶς,
καὶ οἱ ἀπαιτοῦντες[19] κυριεύουσιν[20] ὑμῶν·
λαός μου, οἱ μακαρίζοντες[21] ὑμᾶς πλανῶσιν ὑμᾶς
καὶ τὸν τρίβον[22] τῶν ποδῶν ὑμῶν ταράσσουσιν.[23]

13 ἀλλὰ νῦν καταστήσεται[24] εἰς κρίσιν κύριος
καὶ στήσει εἰς κρίσιν τὸν λαὸν αὐτοῦ,
14 αὐτὸς κύριος εἰς κρίσιν ἥξει[25] μετὰ τῶν πρεσβυτέρων τοῦ λαοῦ
καὶ μετὰ τῶν ἀρχόντων αὐτοῦ
Ὑμεῖς δὲ τί ἐνεπυρίσατε[26] τὸν ἀμπελῶνά[27] μου
καὶ ἡ ἁρπαγὴ[28] τοῦ πτωχοῦ[29] ἐν τοῖς οἴκοις ὑμῶν;
15 τί ὑμεῖς ἀδικεῖτε[30] τὸν λαόν μου
καὶ τὸ πρόσωπον τῶν πτωχῶν[31] καταισχύνετε;[32]

1 ἀπειθέω, *pres act ptc nom p m*, disobey
2 διότι, therefore, for this reason
3 ταπεινόω, *aor pas ind 3s*, humble, bring low
4 αἰσχύνη, shame, disgrace
5 ἀνθίστημι, *aor act ind 3s*, rise against
6 ἀναγγέλλω, *aor act ind 3p*, declare
7 ἐμφανίζω, *aor act ind 3p*, make manifest
8 διότι, because
9 βουλεύω, *perf mid ind 3p*, devise
10 βουλή, counsel
11 δέω, *aor act sub 1p*, bind in chains
12 δύσχρηστος, inconvenient, burdensome
13 τοίνυν, hence, so
14 γένημα, fruit, produce
15 ἄνομος, wicked, lawless
16 συμβαίνω, *fut mid ind 3s*, befall, happen
17 πράκτωρ, exactor
18 καλαμάομαι, *pres mid ind 3p*, glean
19 ἀπαιτέω, *pres act ptc nom p m*, demand in return, (creditor)
20 κυριεύω, *pres act ind 3p*, be lord over, rule
21 μακαρίζω, *pres act ptc nom p m*, pronounce happy
22 τρίβος, path
23 ταράσσω, *pres act ind 3p*, pervert, trouble
24 καθίστημι, *fut mid ind 3s*, commit to, appoint
25 ἥκω, *fut act ind 3s*, come
26 ἐμπυρίζω, *aor act ind 2p*, set on fire
27 ἀμπελών, vineyard
28 ἁρπαγή, thing stolen, plunder
29 πτωχός, poor
30 ἀδικέω, *pres act ind 2p*, treat unjustly
31 πτωχός, poor
32 καταισχύνω, *pres act ind 2p*, dishonor, put to shame

Pride of the Daughters of Zion

16 Τάδε[1] λέγει κύριος

Ἀνθ᾽ ὧν[2] ὑψώθησαν[3] αἱ θυγατέρες[4] Σιων
καὶ ἐπορεύθησαν ὑψηλῷ[5] τραχήλῳ[6] καὶ ἐν νεύμασιν[7] ὀφθαλμῶν
καὶ τῇ πορείᾳ[8] τῶν ποδῶν ἅμα[9] σύρουσαι[10] τοὺς χιτῶνας[11]
καὶ τοῖς ποσὶν ἅμα[12] παίζουσαι,[13]
17 καὶ ταπεινώσει[14] ὁ θεὸς ἀρχούσας θυγατέρας[15] Σιων,
καὶ κύριος ἀποκαλύψει[16] τὸ σχῆμα[17] αὐτῶν

18 ἐν τῇ ἡμέρᾳ ἐκείνῃ καὶ ἀφελεῖ[18] κύριος τὴν δόξαν τοῦ ἱματισμοῦ[19] αὐτῶν
καὶ τοὺς κόσμους[20] αὐτῶν καὶ τὰ ἐμπλόκια[21]
καὶ τοὺς κοσύμβους[22] καὶ τοὺς μηνίσκους[23]
19 καὶ τὸ κάθεμα[24] καὶ τὸν κόσμον[25] τοῦ προσώπου αὐτῶν
20 καὶ τὴν σύνθεσιν[26] τοῦ κόσμου[27] τῆς δόξης
καὶ τοὺς χλιδῶνας[28] καὶ τὰ ψέλια[29] καὶ τὸ ἐμπλόκιον[30]
καὶ τὰ περιδέξια[31] καὶ τοὺς δακτυλίους[32] καὶ τὰ ἐνώτια[33]
21 καὶ τὰ περιπόρφυρα[34] καὶ τὰ μεσοπόρφυρα[35]
22 καὶ τὰ ἐπιβλήματα[36] τὰ κατὰ τὴν οἰκίαν
καὶ τὰ διαφανῆ[37] Λακωνικὰ
23 καὶ τὰ βύσσινα[38] καὶ τὰ ὑακίνθινα[39]
καὶ τὰ κόκκινα[40] καὶ τὴν βύσσον,[41]

1 ὅδε, this
2 ἀνθ᾽ ὧν, because
3 ὑψόω, *aor pas ind 3p*, lift high, exalt
4 θυγάτηρ, daughter
5 ὑψηλός, lofty, haughty
6 τράχηλος, neck
7 νεῦμα, wink
8 πορεία, manner of walking, course
9 ἅμα, at the same time, while
10 σύρω, *pres act ptc nom p f*, sweep along
11 χιτών, tunic
12 ἅμα, at the same time, while
13 παίζω, *pres act ptc nom p f*, dance
14 ταπεινόω, *fut act ind 3s*, humble, bring low
15 θυγάτηρ, daughter
16 ἀποκαλύπτω, *fut act ind 3s*, uncover, reveal
17 σχῆμα, form, appearance
18 ἀφαιρέω, *fut act ind 3s*, remove
19 ἱματισμός, apparel, garment
20 κόσμος, ornamentation
21 ἐμπλόκιον, braid, hair clasp
22 κόσυμβος, tassel, fringe
23 μηνίσκος, crescent-shaped ornament, pendant
24 κάθεμα, necklace
25 κόσμος, ornamentation
26 σύνθεσις, collection
27 κόσμος, ornamentation
28 χλιδών, anklet
29 ψέλιον, armlet, clasp
30 ἐμπλόκιον, braid, hair clasp
31 περιδέξιον, bracelet
32 δακτύλιος, ring
33 ἐνώτιον, earring
34 περιπόρφυρος, purple-trimmed garment
35 μεσοπόρφυρος, garment blended with purple
36 ἐπίβλημα, housecoat
37 διαφανής, translucent
38 βύσσινος, fine linen (garment)
39 ὑακίνθινος, blue
40 κόκκινος, scarlet
41 βύσσος, linen

σὺν χρυσίῳ[1] καὶ ὑακίνθῳ[2] συγκαθυφασμένα[3]
καὶ θέριστρα[4] κατάκλιτα.[5]

24 καὶ ἔσται ἀντὶ[6] ὀσμῆς[7] ἡδείας[8] κονιορτός,[9]
καὶ ἀντὶ ζώνης[10] σχοινίῳ[11] ζώσῃ[12]
καὶ ἀντὶ τοῦ κόσμου[13] τῆς κεφαλῆς τοῦ χρυσίου[14]
φαλάκρωμα[15] ἕξεις διὰ τὰ ἔργα σου
καὶ ἀντὶ τοῦ χιτῶνος[16] τοῦ μεσοπορφύρου[17]
περιζώσῃ[18] σάκκον.[19]
25 καὶ ὁ υἱός σου ὁ κάλλιστος,[20] ὃν ἀγαπᾷς, μαχαίρᾳ[21] πεσεῖται,
καὶ οἱ ἰσχύοντες[22] ὑμῶν μαχαίρᾳ πεσοῦνται.
26 καὶ ταπεινωθήσονται[23] καὶ πενθήσουσιν[24] αἱ θῆκαι[25] τοῦ κόσμου[26] ὑμῶν,
καὶ καταλειφθήσῃ[27] μόνη[28] καὶ εἰς τὴν γῆν ἐδαφισθήσῃ.[29]

4 καὶ ἐπιλήμψονται[30] ἑπτὰ γυναῖκες ἀνθρώπου ἑνὸς λέγουσαι
Τὸν ἄρτον ἡμῶν φαγόμεθα
καὶ τὰ ἱμάτια ἡμῶν περιβαλούμεθα,[31]
πλὴν τὸ ὄνομα τὸ σὸν[32] κεκλήσθω ἐφ᾽ ἡμᾶς,
ἄφελε[33] τὸν ὀνειδισμὸν[34] ἡμῶν.

God Will Shine in Zion Again

2 Τῇ δὲ ἡμέρᾳ ἐκείνῃ ἐπιλάμψει[35] ὁ θεὸς ἐν βουλῇ[36] μετὰ δόξης ἐπὶ τῆς γῆς
τοῦ ὑψῶσαι[37] καὶ δοξάσαι τὸ καταλειφθὲν[38] τοῦ Ισραηλ,

1 χρυσίον, gold
2 ὑάκινθος, blue
3 συγκαθυφαίνω, *perf pas ptc acc p n*, interwoven
4 θέριστρον, light summer garment
5 κατάκλιτος, flowing
6 ἀντί, instead of
7 ὀσμή, aroma
8 ἡδύς, pleasant, sweet
9 κονιορτός, dust
10 ζωνή, belt, girdle
11 σχοινίον, rope
12 ζώννυμι, *fut mid ind 2s*, gird
13 κόσμος, ornamentation
14 χρυσίον, gold
15 φαλάκρωμα, baldness
16 χιτών, tunic
17 μεσοπόρφυρος, mixed with purple
18 περιζώννυμι, *fut mid ind 2s*, gird around
19 σάκκος, sackcloth, *Heb. LW*
20 καλός, *sup*, most beautiful
21 μάχαιρα, sword
22 ἰσχύω, *pres act ptc nom p m*, hold power, be strong
23 ταπεινόω, *fut pas ind 3p*, humble, bring low
24 πενθέω, *fut act ind 3p*, mourn
25 θήκη, case, chest
26 κόσμος, ornamentation
27 καταλείπω, *fut pas ind 2s*, leave behind, abandon
28 μόνος, alone, solitary
29 ἐδαφίζω, *fut pas ind 2s*, level to the ground
30 ἐπιλαμβάνω, *fut mid ind 3p*, lay hold of
31 περιβάλλω, *fut mid ind 1p*, put on, clothe
32 σός, your
33 ἀφαιρέω, *aor act impv 2s*, take away, remove
34 ὀνειδισμός, disgrace, reproach
35 ἐπιλάμπω, *fut act ind 3s*, shine upon
36 βουλή, counsel
37 ὑψόω, *aor act inf*, lift high, exalt
38 καταλείπω, *aor pas ptc acc s n*, leave behind

3 καὶ ἔσται τὸ ὑπολειφθὲν[1] ἐν Σιων
καὶ τὸ καταλειφθὲν[2] ἐν Ιερουσαλημ ἅγιοι κληθήσονται,
πάντες οἱ γραφέντες εἰς ζωὴν ἐν Ιερουσαλημ·
4 ὅτι ἐκπλυνεῖ[3] κύριος τὸν ῥύπον[4] τῶν υἱῶν καὶ τῶν θυγατέρων[5] Σιων
καὶ τὸ αἷμα ἐκκαθαριεῖ[6] ἐκ μέσου αὐτῶν
ἐν πνεύματι κρίσεως καὶ πνεύματι καύσεως.[7]
5 καὶ ἥξει,[8] καὶ ἔσται πᾶς τόπος τοῦ ὄρους Σιων
καὶ πάντα τὰ περικύκλῳ[9] αὐτῆς σκιάσει[10] νεφέλη[11] ἡμέρας
καὶ ὡς καπνοῦ[12] καὶ ὡς φωτὸς πυρὸς καιομένου[13] νυκτός·
πάσῃ τῇ δόξῃ σκεπασθήσεται·[14]
6 καὶ ἔσται εἰς σκιὰν[15] ἀπὸ καύματος[16] καὶ ἐν σκέπῃ[17]
καὶ ἐν ἀποκρύφῳ[18] ἀπὸ σκληρότητος[19] καὶ ὑετοῦ.[20]

Song of the Vineyard

5 Ἄισω[21] δὴ[22] τῷ ἠγαπημένῳ ᾆσμα[23] τοῦ ἀγαπητοῦ[24] τῷ ἀμπελῶνί[25] μου.
ἀμπελὼν ἐγενήθη τῷ ἠγαπημένῳ ἐν κέρατι[26] ἐν τόπῳ πίονι.[27]
2 καὶ φραγμὸν[28] περιέθηκα[29] καὶ ἐχαράκωσα[30] καὶ ἐφύτευσα[31] ἄμπελον[32] σωρηχ[33]
καὶ ᾠκοδόμησα πύργον[34] ἐν μέσῳ αὐτοῦ καὶ προλήνιον[35] ὤρυξα[36] ἐν αὐτῷ·
καὶ ἔμεινα[37] τοῦ ποιῆσαι σταφυλήν,[38] ἐποίησεν δὲ ἀκάνθας.[39]
3 καὶ νῦν, ἄνθρωπος τοῦ Ιουδα καὶ οἱ ἐνοικοῦντες[40] ἐν Ιερουσαλημ,
κρίνατε ἐν ἐμοὶ καὶ ἀνὰ μέσον[41] τοῦ ἀμπελῶνός[42] μου.

1 ὑπολείπω, *aor pas ptc nom s n*, leave, remain
2 καταλείπω, *aor pas ptc nom s n*, leave behind
3 ἐκπλύνω, *fut act ind 3s*, wash away
4 ῥύπος, filth, uncleanness
5 θυγάτηρ, daughter
6 ἐκκαθαρίζω, *fut act ind 3s*, cleanse, purge
7 καῦσις, burning
8 ἥκω, *fut act ind 3s*, come
9 περικύκλῳ, round about
10 σκιάζω, *fut act ind 3s*, overshadow, cover
11 νεφέλη, cloud
12 καπνός, smoke
13 καίω, *pres pas ptc gen s n*, kindle, burn
14 σκεπάζω, *fut pas ind 3s*, cover
15 σκιά, shade
16 καῦμα, heat
17 σκέπη, covering, protection
18 ἀπόκρυφος, hiding place
19 σκληρότης, harshness (of weather)
20 ὑετός, rain
21 ᾄδω, *fut act ind 1s*, sing
22 δή, now
23 ᾆσμα, song
24 ἀγαπητός, beloved
25 ἀμπελών, vineyard
26 κέρας, horn, (pinnacle of a hill)
27 πίων, rich, fertile
28 φραγμός, fence, hedge
29 περιτίθημι, *aor act ind 1s*, place around
30 χαρακόω, *aor act ind 1s*, fence in
31 φυτεύω, *aor act ind 1s*, plant
32 ἄμπελος, vine
33 σωρηχ, sorech, *translit.*, (*read* choice grapes?)
34 πύργος, tower
35 προλήνιον, vat of a winepress
36 ὀρύσσω, *aor act ind 1s*, dig out
37 μένω, *aor act ind 1s*, await
38 σταφυλή, (bunch of) grapes
39 ἄκανθα, thorny plant
40 ἐνοικέω, *pres act ptc nom p m*, reside, inhabit
41 ἀνὰ μέσον, between
42 ἀμπελών, vineyard

4 τί ποιήσω ἔτι τῷ ἀμπελῶνί[1] μου καὶ οὐκ ἐποίησα αὐτῷ;
διότι[2] ἔμεινα[3] τοῦ ποιῆσαι σταφυλήν,[4] ἐποίησεν δὲ ἀκάνθας.[5]

5 νῦν δὲ ἀναγγελῶ[6] ὑμῖν τί ποιήσω τῷ ἀμπελῶνί[7] μου·
ἀφελῶ[8] τὸν φραγμὸν[9] αὐτοῦ καὶ ἔσται εἰς διαρπαγήν,[10]
καὶ καθελῶ[11] τὸν τοῖχον[12] αὐτοῦ καὶ ἔσται εἰς καταπάτημα,[13]
6 καὶ ἀνήσω[14] τὸν ἀμπελῶνά[15] μου
καὶ οὐ μὴ τμηθῇ[16] οὐδὲ μὴ σκαφῇ,[17]
καὶ ἀναβήσεται εἰς αὐτὸν ὡς εἰς χέρσον[18] ἄκανθα·[19]
καὶ ταῖς νεφέλαις[20] ἐντελοῦμαι[21] τοῦ μὴ βρέξαι[22] εἰς αὐτὸν ὑετόν.[23]

7 ὁ γὰρ ἀμπελὼν[24] κυρίου σαβαωθ[25] οἶκος τοῦ Ισραηλ ἐστίν
καὶ ἄνθρωπος τοῦ Ιουδα νεόφυτον[26] ἠγαπημένον·
ἔμεινα[27] τοῦ ποιῆσαι κρίσιν, ἐποίησεν δὲ ἀνομίαν[28]
καὶ οὐ δικαιοσύνην ἀλλὰ κραυγήν.[29]

Woes and Judgments on the Wicked

8 Οὐαὶ οἱ συνάπτοντες[30] οἰκίαν πρὸς οἰκίαν
καὶ ἀγρὸν[31] πρὸς ἀγρὸν ἐγγίζοντες,
ἵνα τοῦ πλησίον[32] ἀφέλωνταί[33] τι·
μὴ οἰκήσετε[34] μόνοι ἐπὶ τῆς γῆς;
9 ἠκούσθη γὰρ εἰς τὰ ὦτα κυρίου σαβαωθ[35] ταῦτα·
ἐὰν γὰρ γένωνται οἰκίαι πολλαί,
εἰς ἔρημον ἔσονται μεγάλαι καὶ καλαί,
καὶ οὐκ ἔσονται οἱ ἐνοικοῦντες[36] ἐν αὐταῖς.

1 ἀμπελών, vineyard
2 διότι, because, wherefore
3 μένω, *aor act ind 1s*, await
4 σταφυλή, (bunch of) grapes
5 ἄκανθα, thorny plant
6 ἀναγγέλλω, *fut act ind 1s*, declare
7 ἀμπελών, vineyard
8 ἀφαιρέω, *fut act ind 1s*, remove, take away
9 φραγμός, fence, hedge
10 διαρπαγή, plunder, spoil
11 καθαιρέω, *fut act ind 1s*, destroy
12 τοῖχος, wall
13 καταπάτημα, trampling
14 ἀνίημι, *fut act ind 1s*, forsake
15 ἀμπελών, vineyard
16 τέμνω, *aor pas sub 3s*, prune
17 σκάπτω, *aor pas sub 3s*, dig, till
18 χέρσος, barren land
19 ἄκανθα, thorny plant
20 νεφέλη, cloud
21 ἐντέλλομαι, *fut mid ind 1s*, command
22 βρέχω, *aor act inf*, send rain
23 ὑετός, rain
24 ἀγαπητός, vineyard
25 σαβαωθ, of hosts, *translit.*
26 νεόφυτος, new planting
27 μένω, *aor act ind 1s*, await
28 ἀνομία, transgression, iniquity
29 κραυγή, outcry
30 συνάπτω, *pres act ptc nom p m*, join together
31 ἀγρός, field
32 πλησίον, neighbor
33 ἀφαιρέω, *aor mid sub 3p*, take away
34 οἰκέω, *fut act ind 2p*, dwell
35 σαβαωθ, of hosts, *translit.*
36 ἐνοικέω, *pres act ptc nom p m*, reside, inhabit

10 οὗ γὰρ ἐργῶνται δέκα[1] ζεύγη[2] βοῶν,[3] ποιήσει κεράμιον[4] ἕν,
καὶ ὁ σπείρων[5] ἀρτάβας[6] ἓξ ποιήσει μέτρα[7] τρία.

11 οὐαὶ οἱ ἐγειρόμενοι[8] τὸ πρωὶ[9] καὶ τὸ σικερα[10] διώκοντες,
οἱ μένοντες[11] τὸ ὀψέ·[12] ὁ γὰρ οἶνος αὐτοὺς συγκαύσει.[13]
12 μετὰ γὰρ κιθάρας[14] καὶ ψαλτηρίου[15]
καὶ τυμπάνων[16] καὶ αὐλῶν[17] τὸν οἶνον πίνουσιν,
τὰ δὲ ἔργα κυρίου οὐκ ἐμβλέπουσιν[18]
καὶ τὰ ἔργα τῶν χειρῶν αὐτοῦ οὐ κατανοοῦσιν.[19]
13 τοίνυν[20] αἰχμάλωτος[21] ὁ λαός μου ἐγενήθη
διὰ τὸ μὴ εἰδέναι αὐτοὺς τὸν κύριον,
καὶ πλῆθος ἐγενήθη νεκρῶν[22] διὰ λιμὸν[23] καὶ δίψαν[24] ὕδατος.

14 καὶ ἐπλάτυνεν[25] ὁ ᾅδης[26] τὴν ψυχὴν αὐτοῦ
καὶ διήνοιξεν[27] τὸ στόμα αὐτοῦ τοῦ μὴ διαλιπεῖν,[28]
καὶ καταβήσονται οἱ ἔνδοξοι[29] καὶ οἱ μεγάλοι
καὶ οἱ πλούσιοι[30] καὶ οἱ λοιμοὶ[31] αὐτῆς.
15 καὶ ταπεινωθήσεται[32] ἄνθρωπος, καὶ ἀτιμασθήσεται[33] ἀνήρ,
καὶ οἱ ὀφθαλμοὶ οἱ μετέωροι[34] ταπεινωθήσονται·[35]
16 καὶ ὑψωθήσεται[36] κύριος σαβαωθ[37] ἐν κρίματι,[38]
καὶ ὁ θεὸς ὁ ἅγιος δοξασθήσεται ἐν δικαιοσύνῃ.

1 δέκα, ten
2 ζεῦγος, yoke
3 βοῦς, cow, (*p*) cattle
4 κεράμιον, jar(ful), measure
5 σπείρω, *pres act ptc nom s m*, sow
6 ἀρτάβη, bushel
7 μέτρον, measure
8 ἐγείρω, *pres mid ptc nom p m*, awaken, arise
9 πρωί, (in the) morning
10 σικερα, fermented drink, *translit.*
11 μένω, *pres act ptc nom p m*, tarry
12 ὀψέ, late in the day, (in the) evening
13 συγκαίω, *fut act ind 3s*, burn, inflame
14 κιθάρα, lyre
15 ψαλτήριον, harp
16 τύμπανον, drum
17 αὐλός, flute
18 ἐμβλέπω, *pres act ind 3p*, look upon, regard
19 κατανοέω, *pres act ind 3p*, perceive, give heed
20 τοίνυν, hence, thus
21 αἰχμάλωτος, captive
22 νεκρός, dead
23 λιμός, hunger, famine
24 δίψα, thirst
25 πλατύνω, *aor act ind 3s*, make large
26 ᾅδης, Hades, underworld
27 διανοίγω, *aor act ind 3s*, open wide
28 διαλείπω, *aor act inf*, cease
29 ἔνδοξος, of high repute, glorious
30 πλούσιος, rich
31 λοιμός, pestilent
32 ταπεινόω, *fut pas ind 3s*, humble, bring low
33 ἀτιμάζω, *fut pas ind 3s*, dishonor
34 μετέωρος, haughty
35 ταπεινόω, *fut pas ind 3p*, humble, bring low
36 ὑψόω, *fut pas ind 3s*, lift high, exalt
37 σαβαωθ, of hosts, *translit.*
38 κρίμα, judgment

17 καὶ βοσκηθήσονται[1] οἱ διηρπασμένοι[2] ὡς ταῦροι,[3]
καὶ τὰς ἐρήμους τῶν ἀπηλειμμένων[4] ἄρνες[5] φάγονται.

18 οὐαὶ οἱ ἐπισπώμενοι[6] τὰς ἁμαρτίας ὡς σχοινίῳ[7] μακρῷ
καὶ ὡς ζυγοῦ[8] ἱμάντι[9] δαμάλεως[10] τὰς ἀνομίας,[11]
19 οἱ λέγοντες Τὸ τάχος[12] ἐγγισάτω ἃ ποιήσει, ἵνα ἴδωμεν,
καὶ ἐλθάτω ἡ βουλὴ[13] τοῦ ἁγίου Ισραηλ, ἵνα γνῶμεν.

20 οὐαὶ οἱ λέγοντες τὸ πονηρὸν καλὸν καὶ τὸ καλὸν πονηρόν,
οἱ τιθέντες τὸ σκότος φῶς καὶ τὸ φῶς σκότος,
οἱ τιθέντες τὸ πικρὸν[14] γλυκὺ[15] καὶ τὸ γλυκὺ πικρόν.
21 οὐαὶ οἱ συνετοὶ[16] ἐν ἑαυτοῖς
καὶ ἐνώπιον ἑαυτῶν ἐπιστήμονες.[17]
22 οὐαὶ οἱ ἰσχύοντες[18] ὑμῶν οἱ τὸν οἶνον πίνοντες
καὶ οἱ δυνάσται[19] οἱ κεραννύντες[20] τὸ σικερα,[21]
23 οἱ δικαιοῦντες τὸν ἀσεβῆ[22] ἕνεκεν[23] δώρων[24]
καὶ τὸ δίκαιον τοῦ δικαίου αἴροντες.[25]
24 διὰ τοῦτο ὃν τρόπον[26] καυθήσεται[27] καλάμη[28] ὑπὸ ἄνθρακος[29] πυρός
καὶ συγκαυθήσεται[30] ὑπὸ φλογὸς[31] ἀνειμένης,[32]
ἡ ῥίζα[33] αὐτῶν ὡς χνοῦς[34] ἔσται,
καὶ τὸ ἄνθος[35] αὐτῶν ὡς κονιορτὸς[36] ἀναβήσεται·
οὐ γὰρ ἠθέλησαν τὸν νόμον κυρίου σαβαωθ,[37]
ἀλλὰ τὸ λόγιον[38] τοῦ ἁγίου Ισραηλ παρώξυναν.[39]

1 βόσκω, *fut pas ind 3p*, graze
2 διαρπάζω, *perf pas ptc nom p m*, spoil, plunder
3 ταῦρος, bull, ox
4 ἀπολαμβάνω, *perf pas ptc gen p m*, displace
5 ἀρήν, lamb
6 ἐπισπάω, *pres mid ptc nom p m*, draw in
7 σχοινίον, rope, cord
8 ζυγός, yoke
9 ἱμάς, halter, rein, strap
10 δάμαλις, young cow, heifer
11 ἀνομία, transgression
12 τάχος, quickly
13 βουλή, counsel
14 πικρός, bitter
15 γλυκύς, sweet
16 συνετός, prudent, intelligent
17 ἐπιστήμων, knowing, wise
18 ἰσχύω, *pres act ptc nom p m*, be strong
19 δυνάστης, mighty one
20 κεράννυμι, *pres act ptc nom p m*, mingle, mix
21 σικερα, fermented drink, *translit.*
22 ἀσεβής, wicked, ungodly
23 ἕνεκα, for the sake of, because of
24 δῶρον, gift, bribe
25 αἴρω, *pres act ptc nom p m*, remove
26 ὃν τρόπον, in like manner
27 καίω, *fut pas ind 3s*, burn, kindle
28 καλάμη, stalk, straw, stubble
29 ἄνθραξ, coal
30 συγκαίω, *fut pas ind 3s*, blaze, inflame
31 φλόξ, flame
32 ἀνίημι, *perf pas ptc gen s f*, (weaken)
33 ῥίζα, root
34 χνοῦς, dust, chaff
35 ἄνθος, blossom, flower
36 κονιορτός, cloud of dust
37 σαβαωθ, of hosts, *translit.*
38 λόγιον, word, saying, teaching
39 παροξύνω, *aor act ind 3p*, provoke

25 καὶ ἐθυμώθη[1] ὀργῇ κύριος σαβαωθ[2] ἐπὶ τὸν λαὸν αὐτοῦ,
καὶ ἐπέβαλεν[3] τὴν χεῖρα αὐτοῦ ἐπ᾽ αὐτοὺς καὶ ἐπάταξεν[4] αὐτούς,
καὶ παρωξύνθη[5] τὰ ὄρη,
καὶ ἐγενήθη τὰ θνησιμαῖα[6] αὐτῶν ὡς κοπρία[7] ἐν μέσῳ ὁδοῦ.
καὶ ἐν πᾶσι τούτοις οὐκ ἀπεστράφη[8] ὁ θυμός,[9]
ἀλλ᾽ ἔτι ἡ χεὶρ ὑψηλή.[10]

26 τοιγαροῦν[11] ἀρεῖ σύσσημον[12] ἐν τοῖς ἔθνεσιν
τοῖς μακρὰν[13] καὶ συριεῖ[14] αὐτοῖς ἀπ᾽ ἄκρου[15] τῆς γῆς,
καὶ ἰδοὺ ταχὺ[16] κούφως[17] ἔρχονται·
27 οὐ πεινάσουσιν[18] οὐδὲ κοπιάσουσιν[19]
οὐδὲ νυστάξουσιν[20] οὐδὲ κοιμηθήσονται[21]
οὐδὲ λύσουσιν τὰς ζώνας[22] αὐτῶν ἀπὸ τῆς ὀσφύος[23] αὐτῶν,
οὐδὲ μὴ ῥαγῶσιν[24] οἱ ἱμάντες[25] τῶν ὑποδημάτων[26] αὐτῶν·
28 ὧν τὰ βέλη[27] ὀξεῖά[28] ἐστιν καὶ τὰ τόξα[29] αὐτῶν ἐντεταμένα,[30]
οἱ πόδες τῶν ἵππων[31] αὐτῶν ὡς στερεὰ[32] πέτρα[33] ἐλογίσθησαν,
οἱ τροχοὶ[34] τῶν ἁρμάτων[35] αὐτῶν ὡς καταιγίς·[36]
29 ὁρμῶσιν[37] ὡς λέοντες[38] καὶ παρέστηκαν[39] ὡς σκύμνος[40] λέοντος·
καὶ ἐπιλήμψεται[41] καὶ βοήσει[42] ὡς θηρίου καὶ ἐκβαλεῖ,
καὶ οὐκ ἔσται ὁ ῥυόμενος[43] αὐτούς.
30 καὶ βοήσει[44] δι᾽ αὐτοὺς ἐν τῇ ἡμέρᾳ ἐκείνῃ
ὡς φωνὴ θαλάσσης κυμαινούσης.[45]

1 θυμόω, *aor pas ind 3s*, become angry
2 σαβαωθ, of hosts, *translit.*
3 ἐπιβάλλω, *aor act ind 3s*, lay upon
4 πατάσσω, *aor act ind 3s*, strike, smite
5 παροξύνω, *aor pas ind 3s*, provoke
6 θνησιμαῖος, carcass
7 κόπριον, filth, dung
8 ἀποστρέφω, *aor pas ind 3s*, turn away, avert
9 θυμός, wrath, fury
10 ὑψηλός, upraised, lifted
11 τοιγαροῦν, therefore, for this reason
12 σύσσημον, signal
13 μακράν, far away, at a distance
14 συρίζω, *fut act ind 3s*, whistle
15 ἄκρος, end, extremity
16 ταχύς, quickly
17 κούφως, nimbly
18 πεινάω, *fut act ind 3p*, hunger
19 κοπιάω, *fut act ind 3p*, grow tired
20 νυστάζω, *fut act ind 3p*, doze, slumber
21 κοιμάω, *fut pas ind 3p*, sleep
22 ζωνή, belt, girdle
23 ὀσφύς, loins, waist
24 ῥήγνυμι, *aor pas sub 3p*, rend, tear
25 ἱμάς, thong
26 ὑπόδημα, sandal
27 βέλος, arrow
28 ὀξύς, sharp
29 τόξον, bow
30 ἐντείνω, *perf pas ptc nom p n*, stretch tight, bend
31 ἵππος, horse
32 στερεός, strong, solid
33 πέτρα, rock
34 τροχός, wheel
35 ἅρμα, chariot
36 καταιγίς, storm
37 ὁρμάω, *pres act ind 3p*, rush forward
38 λέων, lion
39 παρίστημι, *perf act ind 3p*, stand nearby
40 σκύμνος, whelp, cub
41 ἐπιλαμβάνω, *fut mid ind 3s*, take hold of
42 βοάω, *fut act ind 3s*, roar
43 ῥύομαι, *pres mid ptc nom s m*, deliver, rescue
44 βοάω, *fut act ind 3s*, roar
45 κυμαίνω, *pres act ptc gen s f*, swell, roll

καὶ ἐμβλέψονται[1] εἰς τὴν γῆν,
καὶ ἰδοὺ σκότος σκληρὸν[2] ἐν τῇ ἀπορίᾳ[3] αὐτῶν.

Isaiah's Vision and Commissioning

6 Καὶ ἐγένετο τοῦ ἐνιαυτοῦ,[4] οὗ ἀπέθανεν Οζιας ὁ βασιλεύς, εἶδον τὸν κύριον
καθήμενον ἐπὶ θρόνου ὑψηλοῦ[5] καὶ ἐπηρμένου,[6] καὶ πλήρης[7] ὁ οἶκος τῆς δόξης
αὐτοῦ. **2** καὶ σεραφιν[8] εἱστήκεισαν[9] κύκλῳ[10] αὐτοῦ, ἓξ[11] πτέρυγες[12] τῷ ἑνὶ καὶ ἓξ
πτέρυγες τῷ ἑνί, καὶ ταῖς μὲν δυσὶν κατεκάλυπτον[13] τὸ πρόσωπον καὶ ταῖς δυσὶν
κατεκάλυπτον τοὺς πόδας καὶ ταῖς δυσὶν ἐπέταντο.[14]

3 καὶ ἐκέκραγον ἕτερος πρὸς τὸν ἕτερον καὶ ἔλεγον

Ἅγιος ἅγιος ἅγιος κύριος σαβαωθ,[15]
πλήρης[16] πᾶσα ἡ γῆ τῆς δόξης αὐτοῦ.

4 καὶ ἐπήρθη[17] τὸ ὑπέρθυρον[18] ἀπὸ τῆς φωνῆς, ἧς ἐκέκραγον,[19] καὶ ὁ οἶκος
ἐπλήσθη[20] καπνοῦ.[21] **5** καὶ εἶπα Ὦ[22] τάλας[23] ἐγώ, ὅτι κατανένυγμαι,[24] ὅτι
ἄνθρωπος ὢν καὶ ἀκάθαρτα χείλη[25] ἔχων ἐν μέσῳ λαοῦ ἀκάθαρτα χείλη ἔχοντος
ἐγὼ οἰκῶ[26] καὶ τὸν βασιλέα κύριον σαβαωθ[27] εἶδον τοῖς ὀφθαλμοῖς μου.

6 καὶ ἀπεστάλη πρός με ἓν τῶν σεραφιν,[28] καὶ ἐν τῇ χειρὶ εἶχεν ἄνθρακα,[29] ὃν τῇ
λαβίδι[30] ἔλαβεν ἀπὸ τοῦ θυσιαστηρίου,[31] **7** καὶ ἥψατο τοῦ στόματός μου καὶ εἶπεν

Ἰδοὺ ἥψατο τοῦτο τῶν χειλέων[32] σου
καὶ ἀφελεῖ[33] τὰς ἀνομίας[34] σου
καὶ τὰς ἁμαρτίας σου περικαθαριεῖ.[35]

8 καὶ ἤκουσα τῆς φωνῆς κυρίου λέγοντος Τίνα ἀποστείλω, καὶ τίς πορεύσεται πρὸς
τὸν λαὸν τοῦτον; καὶ εἶπα Ἰδού εἰμι ἐγώ· ἀπόστειλόν με. **9** καὶ εἶπεν Πορεύθητι καὶ
εἰπὸν τῷ λαῷ τούτῳ

1 ἐμβλέπω, *fut mid ind 3p*, look upon
2 σκληρός, severe, harsh
3 ἀπορία, distress
4 ἐνιαυτός, year
5 ὑψηλός, high, exalted
6 ἐπαίρω, *perf pas ptc gen s m*, lift high
7 πλήρης, full
8 σεραφιν, seraphim, *translit.*
9 ἵστημι, *plpf act ind 3p*, stand
10 κύκλῳ, around
11 ἕξ, six
12 πτέρυξ, wing
13 κατακαλύπτω, *impf act ind 3p*, cover
14 πέτομαι, *impf mid ind 3p*, fly
15 σαβαωθ, of hosts, *translit.*
16 πλήρης, full
17 ἐπαίρω, *aor pas ind 3s*, lift up
18 ὑπέρθυρον, lintel (of a door)
19 ἐκκράζω, *aor act ind 3p*, cry out
20 πίμπλημι, *aor pas ind 3s*, fill up
21 καπνός, smoke
22 ὦ, Oh!
23 τάλας, wretched
24 κατανύσσω, *perf pas ind 1s*, pierce to the heart
25 χεῖλος, lip
26 οἰκέω, *pres act ind 1s*, dwell
27 σαβαωθ, of hosts, *translit.*
28 σεραφιν, seraphim, *translit.*
29 ἄνθραξ, coal
30 λαβίς, tongs
31 θυσιαστήριον, altar
32 χεῖλος, lip
33 ἀφαιρέω, *fut act ind 3s*, remove, take away
34 ἀνομία, transgression, iniquity
35 περικαθαρίζω, *fut act ind 3s*, cleanse

Ἀκοῇ[1] ἀκούσετε καὶ οὐ μὴ συνῆτε[2]
καὶ βλέποντες βλέψετε καὶ οὐ μὴ ἴδητε·
10 ἐπαχύνθη[3] γὰρ ἡ καρδία τοῦ λαοῦ τούτου,
καὶ τοῖς ὠσὶν αὐτῶν βαρέως[4] ἤκουσαν
καὶ τοὺς ὀφθαλμοὺς αὐτῶν ἐκάμμυσαν,[5]
μήποτε[6] ἴδωσιν τοῖς ὀφθαλμοῖς
καὶ τοῖς ὠσὶν ἀκούσωσιν
καὶ τῇ καρδίᾳ συνῶσιν[7]
καὶ ἐπιστρέψωσιν καὶ ἰάσομαι[8] αὐτούς.

11 καὶ εἶπα Ἕως πότε,[9] κύριε; καὶ εἶπεν

Ἕως ἂν ἐρημωθῶσιν[10] πόλεις παρὰ τὸ μὴ κατοικεῖσθαι
καὶ οἶκοι παρὰ τὸ μὴ εἶναι ἀνθρώπους
καὶ ἡ γῆ καταλειφθήσεται[11] ἔρημος.
12 καὶ μετὰ ταῦτα μακρυνεῖ[12] ὁ θεὸς τοὺς ἀνθρώπους,
καὶ οἱ καταλειφθέντες[13] πληθυνθήσονται[14] ἐπὶ τῆς γῆς·
13 καὶ ἔτι ἐπ᾽ αὐτῆς ἔστιν τὸ ἐπιδέκατον,[15]
καὶ πάλιν[16] ἔσται εἰς προνομὴν[17]
ὡς τερέβινθος[18] καὶ ὡς βάλανος[19]
ὅταν ἐκπέσῃ[20] ἀπὸ τῆς θήκης[21] αὐτῆς.

Sign of Immanuel to Ahaz

7 Καὶ ἐγένετο ἐν ταῖς ἡμέραις Αχαζ τοῦ Ιωαθαμ τοῦ υἱοῦ Οζιου βασιλέως Ιουδα ἀνέβη Ραασσων βασιλεὺς Αραμ καὶ Φακεε υἱὸς Ρομελιου βασιλεὺς Ισραηλ ἐπὶ Ιερουσαλημ πολεμῆσαι αὐτὴν καὶ οὐκ ἠδυνήθησαν πολιορκῆσαι[22] αὐτήν.

1 ἀκοή, report, hearing
2 συνίημι, *aor act sub 2p*, understand, comprehend
3 παχύνω, *aor pas ind 3s*, make heavy, grow fat
4 βαρέως, with difficulty
5 καμμύω, *aor act ind 3p*, close, shut
6 μήποτε, lest, so that not
7 συνίημι, *aor act sub 3p*, understand, comprehend
8 ἰάομαι, *fut mid ind 1s*, heal
9 πότε, when
10 ἐρημόω, *aor pas sub 3p*, make desolate
11 καταλείπω, *fut pas ind 3s*, forsake, leave behind
12 μακρύνω, *fut act ind 3s*, remove far away
13 καταλείπω, *aor pas ptc nom p m*, leave behind
14 πληθύνω, *fut pas ind 3p*, multiply
15 ἐπιδέκατος, tenth (part)
16 πάλιν, again
17 προνομή, plunder, spoil
18 τερέβινθος, terebinth tree
19 βάλανος, acorn tree
20 ἐκπίπτω, *aor act sub 3s*, fall from
21 θήκη, sheath
22 πολιορκέω, *aor act inf*, besiege

2 καὶ ἀνηγγέλη[1] εἰς τὸν οἶκον Δαυιδ λέγοντες Συνεφώνησεν[2] Αραμ πρὸς τὸν Εφραιμ·
καὶ ἐξέστη[3] ἡ ψυχὴ αὐτοῦ καὶ ἡ ψυχὴ τοῦ λαοῦ αὐτοῦ, ὃν τρόπον[4] ὅταν ἐν δρυμῷ[5]
ξύλον[6] ὑπὸ πνεύματος σαλευθῇ.[7]

3 καὶ εἶπεν κύριος πρὸς Ησαιαν Ἔξελθε εἰς συνάντησιν[8] Αχαζ σὺ καὶ ὁ καταλειφθεὶς[9]
Ιασουβ ὁ υἱός σου πρὸς τὴν κολυμβήθραν[10] τῆς ἄνω[11] ὁδοῦ τοῦ ἀγροῦ τοῦ γναφέως[12]
4 καὶ ἐρεῖς αὐτῷ Φύλαξαι τοῦ ἡσυχάσαι[13] καὶ μὴ φοβοῦ, μηδὲ ἡ ψυχή σου ἀσθενείτω[14]
ἀπὸ τῶν δύο ξύλων[15] τῶν δαλῶν[16] τῶν καπνιζομένων[17] τούτων· ὅταν γὰρ ὀργὴ
τοῦ θυμοῦ[18] μου γένηται, πάλιν[19] ἰάσομαι.[20] **5** καὶ ὁ υἱὸς τοῦ Αραμ καὶ ὁ υἱὸς τοῦ
Ρομελιου, ὅτι ἐβουλεύσαντο[21] βουλὴν[22] πονηρὰν περὶ σοῦ λέγοντες **6** Ἀναβησόμεθα
εἰς τὴν Ιουδαίαν καὶ συλλαλήσαντες[23] αὐτοῖς ἀποστρέψομεν[24] αὐτοὺς πρὸς ἡμᾶς καὶ
βασιλεύσομεν[25] αὐτῆς τὸν υἱὸν Ταβεηλ, **7** τάδε[26] λέγει κύριος σαβαωθ[27]

Οὐ μὴ ἐμμείνῃ[28] ἡ βουλὴ[29] αὕτη οὐδὲ ἔσται·
8 ἀλλ᾽ ἡ κεφαλὴ Αραμ Δαμασκός,
ἀλλ᾽ ἔτι ἑξήκοντα[30] καὶ πέντε[31] ἐτῶν ἐκλείψει[32] ἡ βασιλεία Εφραιμ ἀπὸ λαοῦ,
9 καὶ ἡ κεφαλὴ Εφραιμ Σομορων, καὶ ἡ κεφαλὴ Σομορων υἱὸς τοῦ Ρομελιου·
καὶ ἐὰν μὴ πιστεύσητε, οὐδὲ μὴ συνῆτε.[33]

10 Καὶ προσέθετο[34] κύριος λαλῆσαι τῷ Αχαζ λέγων **11** Αἴτησαι[35] σεαυτῷ σημεῖον
παρὰ κυρίου θεοῦ σου εἰς βάθος[36] ἢ εἰς ὕψος.[37] **12** καὶ εἶπεν Αχαζ Οὐ μὴ αἰτήσω[38]
οὐδ᾽ οὐ μὴ πειράσω[39] κύριον. **13** καὶ εἶπεν Ἀκούσατε δή,[40] οἶκος Δαυιδ· μὴ μικρὸν

1 ἀναγγέλλω, *aor pas ind 3s*, report, announce
2 συμφωνέω, *aor act ind 3s*, agree, consent
3 ἐξίστημι, *aor act ind 3s*, be astonished, be confounded
4 ὃν τρόπον, just as
5 δρυμός, forest
6 ξύλον, tree
7 σαλεύω, *aor pas sub 3s*, shake, stir
8 συνάντησις, meeting
9 καταλείπω, *aor pas ptc nom s m*, leave behind
10 κολυμβήθρα, reservoir, pool
11 ἄνω, above
12 γναφεύς, fuller, cloth-dresser
13 ἡσυχάζω, *aor act inf*, keep quiet
14 ἀσθενέω, *pres act impv 3s*, fail, be weak
15 ξύλον, piece of timber
16 δαλός, burnt-out torch
17 καπνίζω, *pres mid ptc gen p m*, smolder, smoke
18 θυμός, wrath
19 πάλιν, once again
20 ἰάομαι, *fut mid ind 1s*, heal, restore
21 βουλεύω, *aor mid ind 3p*, devise
22 βουλή, plan, scheme
23 συλλαλέω, *aor act ptc nom p m*, talk with
24 ἀποστρέφω, *fut act ind 1p*, turn back
25 βασιλεύω, *fut act ind 1p*, reign as king (over)
26 ὅδε, this
27 σαβαωθ, of hosts, *translit.*
28 ἐμμένω, *aor act sub 3s*, stand fast, remain
29 βουλή, plan, scheme
30 ἑξήκοντα, sixty
31 πέντε, five
32 ἐκλείπω, *fut act ind 3s*, fail, cease
33 συνίημι, *aor act sub 2p*, understand, comprehend
34 προστίθημι, *aor mid ind 3s*, add to, continue
35 αἰτέω, *aor mid impv 2s*, ask
36 βάθος, deep, depth
37 ὕψος, high, height
38 αἰτέω, *fut act ind 1s*, ask
39 πειράζω, *fut act ind 1s*, put to trial, test
40 δή, now

ὑμῖν ἀγῶνα[1] παρέχειν[2] ἀνθρώποις; καὶ πῶς κυρίῳ παρέχετε[3] ἀγῶνα; **14** διὰ τοῦτο
δώσει κύριος αὐτὸς ὑμῖν σημεῖον· ἰδοὺ ἡ παρθένος[4] ἐν γαστρὶ[5] ἕξει καὶ τέξεται[6]
υἱόν, καὶ καλέσεις τὸ ὄνομα αὐτοῦ Εμμανουηλ·[7] **15** βούτυρον[8] καὶ μέλι[9] φάγεται·
πρὶν[10] ἢ γνῶναι αὐτὸν ἢ προελέσθαι[11] πονηρὰ ἐκλέξεται[12] τὸ ἀγαθόν· **16** διότι[13]
πρὶν[14] ἢ γνῶναι τὸ παιδίον ἀγαθὸν ἢ κακὸν ἀπειθεῖ[15] πονηρίᾳ[16] τοῦ ἐκλέξασθαι[17] τὸ
ἀγαθόν, καὶ καταλειφθήσεται[18] ἡ γῆ, ἣν σὺ φοβῇ ἀπὸ προσώπου τῶν δύο βασιλέων.
17 ἀλλὰ ἐπάξει[19] ὁ θεὸς ἐπὶ σὲ καὶ ἐπὶ τὸν λαόν σου καὶ ἐπὶ τὸν οἶκον τοῦ πατρός
σου ἡμέρας, αἳ οὔπω[20] ἥκασιν[21] ἀφ᾽ ἧς ἡμέρας ἀφεῖλεν[22] Εφραιμ ἀπὸ Ιουδα, τὸν
βασιλέα τῶν Ἀσσυρίων.

Judgment by Assyria on That Day

18 καὶ ἔσται ἐν τῇ ἡμέρᾳ ἐκείνῃ συριεῖ[23] κύριος μυίαις,[24] ὃ κυριεύει[25] μέρους ποτα-
μοῦ[26] Αἰγύπτου, καὶ τῇ μελίσσῃ,[27] ἥ ἐστιν ἐν χώρᾳ[28] Ἀσσυρίων, **19** καὶ ἐλεύσονται
πάντες καὶ ἀναπαύσονται[29] ἐν ταῖς φάραγξι[30] τῆς χώρας[31] καὶ ἐν ταῖς τρώγλαις[32] τῶν
πετρῶν[33] καὶ εἰς τὰ σπήλαια[34] καὶ εἰς πᾶσαν ῥαγάδα[35] καὶ ἐν παντὶ ξύλῳ.[36]

20 ἐν τῇ ἡμέρᾳ ἐκείνῃ ξυρήσει[37] κύριος τῷ ξυρῷ[38] τῷ μεγάλῳ καὶ μεμεθυσμένῳ,[39]
ὅ ἐστιν πέραν[40] τοῦ ποταμοῦ[41] βασιλέως Ἀσσυρίων, τὴν κεφαλὴν καὶ τὰς τρίχας[42]
τῶν ποδῶν καὶ τὸν πώγωνα[43] ἀφελεῖ.[44]

1 ἀγών, struggle, battle
2 παρέχω, *pres act inf*, bring about, provoke
3 παρέχω, *pres act ind 2p*, bring about, provoke
4 παρθένος, virgin, young woman
5 γαστήρ, womb
6 τίκτω, *fut mid ind 3s*, give birth
7 Εμμανουηλ, Emmanuel, *translit.*
8 βούτυρον, butter
9 μέλι, honey
10 πρίν, before
11 προαιρέω, *aor mid inf*, prefer
12 ἐκλέγω, *fut mid ind 3s*, select, choose
13 διότι, therefore, for
14 πρίν, before
15 ἀπειθέω, *pres act ind 3s*, refuse compliance, defy
16 πονηρία, evil, iniquity
17 ἐκλέγω, *aor mid inf*, select, choose
18 καταλείπω, *fut pas ind 3s*, leave behind, forsake
19 ἐπάγω, *fut act ind 3s*, bring upon
20 οὔπω, not previously, not yet
21 ἥκω, *perf act ind 3p*, come
22 ἀφαιρέω, *aor act ind 3s*, take away
23 συρίζω, *fut act ind 3s*, whistle
24 μυῖα, fly
25 κυριεύω, *pres act ind 3s*, dominate, rule
26 ποταμός, river
27 μέλισσα, bee
28 χώρα, territory, land
29 ἀναπαύω, *fut mid ind 3p*, take rest
30 φάραγξ, ravine
31 χώρα, country, land
32 τρώγλη, cleft, cavern
33 πέτρος, rock
34 σπήλαιον, cave
35 ῥαγάς, crevice
36 ξύλον, tree
37 ξυρέω, *fut act ind 3s*, shave
38 ξυρόν, razor
39 μεθύω, *perf pas ptc dat s n*, be drunk
40 πέραν, beyond
41 ποταμός, river
42 θρίξ, air
43 πώγων, beard
44 ἀφαιρέω, *fut act ind 3s*, remove, take away

21 καὶ ἔσται ἐν τῇ ἡμέρᾳ ἐκείνῃ θρέψει[1] ἄνθρωπος δάμαλιν[2] βοῶν[3] καὶ δύο πρόβατα,
22 καὶ ἔσται ἀπὸ τοῦ πλεῖστον[4] ποιεῖν γάλα[5] βούτυρον[6] καὶ μέλι[7] φάγεται πᾶς ὁ
καταλειφθεὶς[8] ἐπὶ τῆς γῆς.

23 καὶ ἔσται ἐν τῇ ἡμέρᾳ ἐκείνῃ πᾶς τόπος, οὗ[9] ἐὰν ὦσιν χίλιαι[10] ἄμπελοι[11] χιλίων
σίκλων,[12] εἰς χέρσον[13] ἔσονται καὶ εἰς ἄκανθαν·[14] **24** μετὰ βέλους[15] καὶ τοξεύματος[16]
εἰσελεύσονται ἐκεῖ, ὅτι χέρσος[17] καὶ ἄκανθα[18] ἔσται πᾶσα ἡ γῆ. **25** καὶ πᾶν ὄρος
ἀροτριώμενον[19] ἀροτριαθήσεται,[20] καὶ οὐ μὴ ἐπέλθῃ ἐκεῖ φόβος· ἔσται γὰρ ἀπὸ
τῆς χέρσου[21] καὶ ἀκάνθης[22] εἰς βόσκημα[23] προβάτου καὶ εἰς καταπάτημα[24] βοός.[25]

Isaiah and His Children as Signs

8 Καὶ εἶπεν κύριος πρός με Λαβὲ σεαυτῷ τόμον[26] καινοῦ[27] μεγάλου καὶ γράψον εἰς
αὐτὸν γραφίδι[28] ἀνθρώπου Τοῦ ὀξέως[29] προνομὴν[30] ποιῆσαι σκύλων·[31] πάρεστιν[32]
γάρ. **2** καὶ μάρτυράς[33] μοι ποίησον πιστοὺς[34] ἀνθρώπους, τὸν Ουριαν καὶ τὸν Ζαχα-
ριαν υἱὸν Βαραχιου. **3** καὶ προσῆλθον πρὸς τὴν προφῆτιν,[35] καὶ ἐν γαστρὶ[36] ἔλαβεν καὶ
ἔτεκεν[37] υἱόν. καὶ εἶπεν κύριός μοι Κάλεσον τὸ ὄνομα αὐτοῦ Ταχέως[38] σκύλευσον,[39]
ὀξέως[40] προνόμευσον·[41] **4** διότι[42] πρὶν[43] ἢ γνῶναι τὸ παιδίον καλεῖν πατέρα ἢ μητέρα,
λήμψεται δύναμιν Δαμασκοῦ καὶ τὰ σκῦλα[44] Σαμαρείας ἔναντι[45] βασιλέως Ἀσσυρίων.

5 Καὶ προσέθετο[46] κύριος λαλῆσαί μοι ἔτι[47]

1 τρέφω, *fut act ind 3s*, feed, rear, nourish
2 δάμαλις, young cow, heifer
3 βοῦς, cattle
4 πλεῖστος, *sup of* πολύς, most, greatest, (abundance)
5 γάλα, milk
6 βούτυρον, butter
7 μέλι, honey
8 καταλείπω, *aor pas ptc nom s m*, leave behind
9 οὗ, where
10 χίλιοι, thousand
11 ἄμπελος, vine
12 σίκλος, shekel, *Heb. LW*
13 χέρσος, dry, barren (ground)
14 ἄκανθα, thorn
15 βέλος, dart
16 τόξευμα, arrow
17 χέρσος, dry, barren (ground)
18 ἄκανθα, thorn
19 ἀροτριάω, *pres pas ptc nom s n*, plow
20 ἀροτριάω, *fut pas ind 3s*, plow
21 χέρσος, dry, barren (ground)
22 ἄκανθα, thorn
23 βόσκημα, pasture
24 καταπάτημα, treading
25 βοῦς, cow, ox
26 τόμος, scroll
27 καινός, new
28 γραφίς, stylus
29 ὀξέως, swiftly
30 προνομή, plundering
31 σκῦλον, spoils, plunder
32 πάρειμι, *pres act ind 3s*, be near
33 μάρτυς, witness
34 πιστός, faithful
35 προφῆτις, prophetess
36 γαστήρ, womb
37 τίκτω, *aor act ind 3s*, give birth
38 ταχέως, quickly
39 σκυλεύω, *aor act impv 2s*, capture spoils, plunder
40 ὀξέως, swiftly
41 προνομεύω, *aor act impv 2s*, plunder
42 διότι, because, for
43 πρίν, before
44 σκῦλον, spoils, plunder
45 ἔναντι, before, in the presence of
46 προστίθημι, *aor mid ind 3s*, add to, continue
47 ἔτι, yet further, still

6 Διὰ τὸ μὴ βούλεσθαι τὸν λαὸν τοῦτον
τὸ ὕδωρ τοῦ Σιλωαμ τὸ πορευόμενον ἡσυχῇ,[1]
ἀλλὰ βούλεσθαι ἔχειν τὸν Ραασσων
καὶ τὸν υἱὸν Ρομελιου βασιλέα ἐφ᾽ ὑμῶν,
7 διὰ τοῦτο ἰδοὺ ἀνάγει[2] κύριος ἐφ᾽ ὑμᾶς
τὸ ὕδωρ τοῦ ποταμοῦ[3] τὸ ἰσχυρὸν[4] καὶ τὸ πολύ,
τὸν βασιλέα τῶν Ἀσσυρίων καὶ τὴν δόξαν αὐτοῦ,
καὶ ἀναβήσεται ἐπὶ πᾶσαν φάραγγα[5] ὑμῶν
καὶ περιπατήσει[6] ἐπὶ πᾶν τεῖχος[7] ὑμῶν
8 καὶ ἀφελεῖ[8] ἀπὸ τῆς Ιουδαίας ἄνθρωπον
ὃς δυνήσεται κεφαλὴν ἆραι ἢ δυνατὸν συντελέσασθαί[9] τι,
καὶ ἔσται ἡ παρεμβολὴ[10] αὐτοῦ ὥστε πληρῶσαι τὸ πλάτος[11] τῆς χώρας[12] σου·
μεθ᾽ ἡμῶν ὁ θεός.

9 γνῶτε ἔθνη καὶ ἡττᾶσθε,[13]
ἐπακούσατε[14] ἕως ἐσχάτου τῆς γῆς,
ἰσχυκότες[15] ἡττᾶσθε·
ἐὰν γὰρ πάλιν[16] ἰσχύσητε,[17] πάλιν ἡττηθήσεσθε.[18]
10 καὶ ἣν ἂν βουλεύσησθε[19] βουλήν,[20] διασκεδάσει[21] κύριος,
καὶ λόγον ὃν ἐὰν λαλήσητε, οὐ μὴ ἐμμείνῃ[22] ὑμῖν,
ὅτι μεθ᾽ ἡμῶν κύριος ὁ θεός.

Sanctuary of the Lord

11 Οὕτως λέγει κύριος Τῇ ἰσχυρᾷ[23] χειρὶ ἀπειθοῦσιν[24] τῇ πορείᾳ[25] τῆς ὁδοῦ τοῦ λαοῦ
τούτου λέγοντες

12 Μήποτε[26] εἴπητε σκληρόν·[27]
πᾶν γάρ, ὃ ἐὰν εἴπῃ ὁ λαὸς οὗτος, σκληρόν ἐστιν·
τὸν δὲ φόβον αὐτοῦ οὐ μὴ φοβηθῆτε
οὐδὲ μὴ ταραχθῆτε·[28]

1 ἡσυχῇ, quietly, in stillness
2 ἀνάγω, *pres act ind 3s*, bring upon
3 ποταμός, river
4 ἰσχυρός, strong, powerful
5 φάραγξ, ravine
6 περιπατέω, *fut act ind 3s*, walk around
7 τεῖχος, city wall
8 ἀφαιρέω, *fut act ind 3s*, remove, take away
9 συντελέω, *aor mid inf*, finish, accomplish
10 παρεμβολή, encampment, camp
11 πλάτος, breadth
12 χώρα, land, country
13 ἡττάω, *pres pas impv 2p*, overcome, defeat
14 ἐπακούω, *aor act impv 2p*, hear, listen
15 ἰσχύω, *perf act ptc nom p m*, strengthen
16 πάλιν, once more
17 ἰσχύω, *aor act sub 2p*, strengthen
18 ἡττάω, *fut pas ind 2p*, overcome, defeat
19 βουλεύω, *aor mid sub 2p*, devise
20 βουλή, counsel, plan, scheme
21 διασκεδάζω, *fut act ind 3s*, scatter
22 ἐμμένω, *aor act sub 3s*, remain, endure
23 ἰσχυρός, strong, mighty
24 ἀπειθέω, *pres act ind 3p*, refuse compliance, deny
25 πορεία, course
26 μήποτε, lest, (never)
27 σκληρός, severe, hard
28 ταράσσω, *aor pas sub 2p*, trouble, disturb

13 κύριον αὐτὸν ἁγιάσατε,[1]
καὶ αὐτὸς ἔσται σου φόβος.
14 καὶ ἐὰν ἐπ᾽ αὐτῷ πεποιθὼς ᾖς,
ἔσται σοι εἰς ἁγίασμα,[2]
καὶ οὐχ ὡς λίθου προσκόμματι[3] συναντήσεσθε[4] αὐτῷ
οὐδὲ ὡς πέτρας[5] πτώματι·[6]
ὁ δὲ οἶκος Ιακωβ ἐν παγίδι,[7]
καὶ ἐν κοιλάσματι[8] ἐγκαθήμενοι[9] ἐν Ιερουσαλημ.
15 διὰ τοῦτο ἀδυνατήσουσιν[10] ἐν αὐτοῖς πολλοὶ
καὶ πεσοῦνται[11] καὶ συντριβήσονται,[12]
καὶ ἐγγιοῦσιν καὶ ἁλώσονται[13] ἄνθρωποι ἐν ἀσφαλείᾳ[14] ὄντες.

16 Τότε φανεροὶ[15] ἔσονται οἱ σφραγιζόμενοι[16] τὸν νόμον τοῦ μὴ μαθεῖν.[17] **17** καὶ ἐρεῖ
Μενῶ[18] τὸν θεὸν τὸν ἀποστρέψαντα[19] τὸ πρόσωπον αὐτοῦ ἀπὸ τοῦ οἴκου Ιακωβ καὶ
πεποιθὼς ἔσομαι ἐπ᾽ αὐτῷ. **18** ἰδοὺ ἐγὼ καὶ τὰ παιδία, ἅ μοι ἔδωκεν ὁ θεός, καὶ ἔσται
εἰς σημεῖα καὶ τέρατα[20] ἐν τῷ οἴκῳ Ισραηλ παρὰ κυρίου σαβαωθ,[21] ὃς κατοικεῖ ἐν τῷ
ὄρει Σιων. **19** καὶ ἐὰν εἴπωσιν πρὸς ὑμᾶς Ζητήσατε τοὺς ἀπὸ τῆς γῆς φωνοῦντας[22]
καὶ τοὺς ἐγγαστριμύθους,[23] τοὺς κενολογοῦντας[24] οἳ ἐκ τῆς κοιλίας[25] φωνοῦσιν,[26]
οὐκ ἔθνος πρὸς θεὸν αὐτοῦ; τί ἐκζητοῦσιν[27] περὶ τῶν ζώντων τοὺς νεκρούς;[28]
20 νόμον γὰρ εἰς βοήθειαν[29] ἔδωκεν, ἵνα εἴπωσιν οὐχ ὡς τὸ ῥῆμα τοῦτο, περὶ οὗ οὐκ
ἔστιν δῶρα[30] δοῦναι περὶ αὐτοῦ. **21** καὶ ἥξει[31] ἐφ᾽ ὑμᾶς σκληρὰ[32] λιμός,[33] καὶ ἔσται
ὡς ἂν πεινάσητε,[34] λυπηθήσεσθε[35] καὶ κακῶς[36] ἐρεῖτε τὸν ἄρχοντα καὶ τὰ παταχρα,[37]

1 ἁγιάζω, *aor act impv 2p*, hallow, consecrate, sanctify
2 ἁγίασμα, sanctuary
3 πρόσκομμα, stumbling, offense
4 συναντάω, *fut mid ind 2p*, meet, come against
5 πέτρα, rock
6 πτῶμα, falling
7 παγίς, trap, snare
8 κοίλασμα, hollow pit
9 ἐγκάθημαι, *pres mid ptc nom p m*, dwell, sit
10 ἀδυνατέω, *fut act ind 3p*, become weak
11 πίπτω, *fut mid ind 3p*, fall
12 συντρίβω, *fut pas ind 3p*, crush, shatter
13 ἁλίσκομαι, *fut mid ind 3p*, be captured
14 ἀσφάλεια, safety, security
15 φανερός, evident, manifest
16 σφραγίζω, *pres mid ptc nom p m*, seal
17 μανθάνω, *aor act inf*, learn
18 μένω, *fut act ind 1s*, await
19 ἀποστρέφω, *aor act ptc acc s m*, turn away
20 τέρας, sign, wonder
21 σαβαωθ, of hosts, *translit.*
22 φωνέω, *pres act ptc acc p m*, make sounds
23 ἐγγαστρίμυθος, ventriloquist
24 κενολογέω, *pres act ptc acc p m*, speak empty words
25 κοιλία, belly
26 φωνέω, *pres act ind 3p*, make sounds
27 ἐκζητέω, *pres act ind 3p*, seek after
28 νεκρός, dead
29 βοήθεια, help, aid
30 δῶρον, gift
31 ἥκω, *fut act ind 3s*, come
32 σκληρός, severe
33 λιμός, famine
34 πεινάω, *aor act sub 2p*, be hungry
35 λυπέω, *fut pas ind 2p*, grieve, be distressed
36 κακῶς, wrongly
37 παταχρα, idol, *translit.*

καὶ ἀναβλέψονται[1] εἰς τὸν οὐρανὸν ἄνω[2] **22** καὶ εἰς τὴν γῆν κάτω[3] ἐμβλέψονται,[4] καὶ ἰδοὺ θλῖψις καὶ στενοχωρία[5] καὶ σκότος, ἀπορία[6] στενὴ[7] καὶ σκότος ὥστε μὴ βλέπειν, **23** καὶ οὐκ ἀπορηθήσεται[8] ὁ ἐν στενοχωρίᾳ[9] ὢν ἕως καιροῦ.

Darkness to Light in the Birth of a Child

Τοῦτο πρῶτον ποίει, ταχὺ[10] ποίει, χώρα[11] Ζαβουλων, ἡ γῆ Νεφθαλιμ ὁδὸν θαλάσσης καὶ οἱ λοιποὶ[12] οἱ τὴν παραλίαν[13] κατοικοῦντες καὶ πέραν[14] τοῦ Ιορδάνου, Γαλιλαία τῶν ἐθνῶν, τὰ μέρη τῆς Ιουδαίας.

9 ὁ λαὸς ὁ πορευόμενος ἐν σκότει,
ἴδετε φῶς μέγα·
οἱ κατοικοῦντες ἐν χώρᾳ[15] καὶ σκιᾷ[16] θανάτου,
φῶς λάμψει[17] ἐφ᾽ ὑμᾶς.
2 τὸ πλεῖστον[18] τοῦ λαοῦ,
ὃ κατήγαγες[19] ἐν εὐφροσύνῃ[20] σου,
καὶ εὐφρανθήσονται[21] ἐνώπιόν σου
ὡς οἱ εὐφραινόμενοι[22] ἐν ἀμήτῳ[23]
καὶ ὃν τρόπον[24] οἱ διαιρούμενοι[25] σκῦλα.[26]
3 διότι[27] ἀφῄρηται[28] ὁ ζυγὸς[29] ὁ ἐπ᾽ αὐτῶν κείμενος[30]
καὶ ἡ ῥάβδος[31] ἡ ἐπὶ τοῦ τραχήλου[32] αὐτῶν·
τὴν γὰρ ῥάβδον τῶν ἀπαιτούντων[33] διεσκέδασεν[34] κύριος
ὡς τῇ ἡμέρᾳ τῇ ἐπὶ Μαδιαμ.

1 ἀναβλέπω, *fut mid ind 3p*, look up
2 ἄνω, above
3 κάτω, below
4 ἐμβλέπω, *fut mid ind 3p*, look upon, observe
5 στενοχωρία, distress
6 ἀπορία, embarrassment, perplexity, discomfort
7 στενός, hard, severe
8 ἀπορέω, *fut pas ind 3s*, be at a loss, be perplexed
9 στενοχωρία, distress
10 ταχύς, quickly
11 χώρα, region, country
12 λοιπός, remainder
13 παράλιος, seaside
14 πέραν, beyond
15 χώρα, region
16 σκιά, shadow
17 λάμπω, *fut act ind 3s*, shine, give light
18 πλεῖστος, *sup of* πολύς, most
19 κατάγω, *aor act ind 2s*, lead down
20 εὐφροσύνη, joy, gladness
21 εὐφραίνω, *fut pas ind 3p*, be glad, rejoice
22 εὐφραίνω, *pres pas ptc nom p m*, be glad, rejoice
23 ἄμητος, harvest
24 ὃν τρόπον, in the same manner
25 διαιρέω, *pres mid ptc nom p m*, divide
26 σκῦλον, spoils, plunder
27 διότι, because, for
28 ἀφαιρέω, *perf pas ind 3s*, remove, take away
29 ζυγός, yoke
30 κεῖμαι, *pres pas ptc nom s m*, lie upon
31 ῥάβδος, rod, staff
32 τράχηλος, neck
33 ἀπαιτέω, *pres act ptc gen p m*, demand in return, (creditor)
34 διασκεδάζω, *aor act ind 3s*, scatter

4 ὅτι πᾶσαν στολὴν[1] ἐπισυνηγμένην[2] δόλῳ[3]
καὶ ἱμάτιον μετὰ καταλλαγῆς[4] ἀποτείσουσιν[5]
καὶ θελήσουσιν εἰ ἐγενήθησαν πυρίκαυστοι.[6]

5 ὅτι παιδίον ἐγεννήθη ἡμῖν,
υἱὸς καὶ ἐδόθη ἡμῖν,
οὗ ἡ ἀρχὴ ἐγενήθη ἐπὶ τοῦ ὤμου[7] αὐτοῦ,
καὶ καλεῖται τὸ ὄνομα αὐτοῦ Μεγάλης βουλῆς[8] ἄγγελος·
ἐγὼ γὰρ ἄξω εἰρήνην ἐπὶ τοὺς ἄρχοντας,
εἰρήνην καὶ ὑγίειαν[9] αὐτῷ.
6 μεγάλη ἡ ἀρχὴ αὐτοῦ,
καὶ τῆς εἰρήνης αὐτοῦ οὐκ ἔστιν ὅριον[10]
ἐπὶ τὸν θρόνον Δαυιδ καὶ τὴν βασιλείαν αὐτοῦ
κατορθῶσαι[11] αὐτὴν καὶ ἀντιλαβέσθαι[12] αὐτῆς
ἐν δικαιοσύνῃ καὶ ἐν κρίματι[13]
ἀπὸ τοῦ νῦν καὶ εἰς τὸν αἰῶνα χρόνον·
ὁ ζῆλος[14] κυρίου σαβαωθ[15] ποιήσει ταῦτα.

God's Hand of Judgment against Israel

7 Θάνατον ἀπέστειλεν κύριος ἐπὶ Ιακωβ,
καὶ ἦλθεν ἐπὶ Ισραηλ,
8 καὶ γνώσονται πᾶς ὁ λαὸς τοῦ Εφραιμ
καὶ οἱ ἐγκαθήμενοι[16] ἐν Σαμαρείᾳ
ἐφ᾽ ὕβρει[17] καὶ ὑψηλῇ[18] καρδίᾳ λέγοντες
9 Πλίνθοι[19] πεπτώκασιν,
ἀλλὰ δεῦτε[20] λαξεύσωμεν[21] λίθους
καὶ ἐκκόψωμεν[22] συκαμίνους[23] καὶ κέδρους[24]
καὶ οἰκοδομήσωμεν ἑαυτοῖς πύργον.[25]
10 καὶ ῥάξει[26] ὁ θεὸς τοὺς ἐπανιστανομένους[27] ἐπ᾽ ὄρος Σιων ἐπ᾽ αὐτοὺς
καὶ τοὺς ἐχθροὺς αὐτῶν διασκεδάσει,[28]

1 στολή, garment
2 ἐπισυνάγω, *perf pas ptc acc s f*, gather together
3 δόλος, deception
4 καταλλαγή, reconciliation
5 ἀποτίνω, *fut act ind 3p*, repay
6 πυρίκαυστος, burned by fire
7 ὦμος, shoulder
8 βουλή, counsel
9 ὑγίεια, health
10 ὅριον, boundary, limit
11 κατορθόω, *aor act inf*, cause to prosper
12 ἀντιλαμβάνομαι, *aor mid inf*, support
13 κρίμα, judgment
14 ζῆλος, zeal
15 σαβαωθ, of hosts, *translit.*
16 ἐγκάθημαι, *pres mid ptc nom p m*, dwell, sit
17 ὕβρις, insolence, arrogance
18 ὑψηλός, lofty, haughty
19 πλίνθος, brick
20 δεῦτε, come!
21 λαξεύω, *aor act sub 1p*, hew
22 ἐκκόπτω, *aor act sub 1p*, cut down
23 συκάμινος, sycamore, *Heb. LW*
24 κέδρος, cedar
25 πύργος, tower
26 ῥάσσω, *fut act ind 3s*, strike down, dash
27 ἐπανίστημι, *pres mid ptc acc p m*, rise up
28 διασκεδάζω, *fut act ind 3s*, scatter

11 Συρίαν ἀφ᾽ ἡλίου ἀνατολῶν[1]
καὶ τοὺς Ἕλληνας ἀφ᾽ ἡλίου δυσμῶν[2]
τοὺς κατεσθίοντας[3] τὸν Ισραηλ ὅλῳ τῷ στόματι.
ἐπὶ τούτοις πᾶσιν οὐκ ἀπεστράφη[4] ὁ θυμός,[5]
ἀλλ᾽ ἔτι ἡ χεὶρ ὑψηλή.[6]

12 καὶ ὁ λαὸς οὐκ ἀπεστράφη,[7] ἕως ἐπλήγη,[8]
καὶ τὸν κύριον οὐκ ἐξεζήτησαν.[9]
13 καὶ ἀφεῖλεν[10] κύριος ἀπὸ Ισραηλ κεφαλὴν καὶ οὐράν,[11]
μέγαν καὶ μικρὸν ἐν μιᾷ ἡμέρᾳ,
14 πρεσβύτην[12] καὶ τοὺς τὰ πρόσωπα θαυμάζοντας[13]
(αὕτη ἡ ἀρχή)
καὶ προφήτην διδάσκοντα ἄνομα[14]
(οὗτος ἡ οὐρά[15]).
15 καὶ ἔσονται οἱ μακαρίζοντες[16] τὸν λαὸν τοῦτον πλανῶντες
καὶ πλανῶσιν ὅπως καταπίωσιν[17] αὐτούς.
16 διὰ τοῦτο ἐπὶ τοὺς νεανίσκους[18] αὐτῶν οὐκ εὐφρανθήσεται[19] ὁ θεὸς
καὶ τοὺς ὀρφανοὺς[20] αὐτῶν καὶ τὰς χήρας[21] αὐτῶν οὐκ ἐλεήσει,[22]
ὅτι πάντες ἄνομοι[23] καὶ πονηροί,
καὶ πᾶν στόμα λαλεῖ ἄδικα.[24]
ἐπὶ πᾶσιν τούτοις οὐκ ἀπεστράφη[25] ὁ θυμός,[26]
ἀλλ᾽ ἔτι ἡ χεὶρ ὑψηλή.[27]

17 καὶ καυθήσεται[28] ὡς πῦρ ἡ ἀνομία[29]
καὶ ὡς ἄγρωστις[30] ξηρὰ[31] βρωθήσεται[32] ὑπὸ πυρός·

1 ἀνατολή, rising
2 δυσμή, setting
3 κατεσθίω, *pres act ptc acc p m*, devour
4 ἀποστρέφω, *aor pas ind 3s*, turn away, avert
5 θυμός, wrath
6 ὑψηλός, upraised, lifted
7 ἀποστρέφω, *aor pas ind 3s*, turn back
8 πλήσσω, *aor pas ind 3s*, strike, wound, smite
9 ἐκζητέω, *aor act ind 3p*, seek out
10 ἀφαιρέω, *aor act ind 3s*, remove, take away
11 οὐρά, tail
12 πρεσβύτης, old (person)
13 θαυμάζω, *pres act ptc acc p m*, admire, show honor
14 ἄνομος, wicked, lawless
15 οὐρά, tail
16 μακαρίζω, *pres act ptc nom p m*, pronounce happy
17 καταπίνω, *aor act sub 3p*, devour, consume
18 νεανίσκος, young man
19 εὐφραίνω, *fut pas ind 3s*, be glad, rejoice
20 ὀρφανός, orphan
21 χήρα, widow
22 ἐλεέω, *fut act ind 3s*, show mercy
23 ἄνομος, wicked, lawless
24 ἄδικος, unjust
25 ἀποστρέφω, *aor pas ind 3s*, turn back
26 θυμός, wrath
27 ὑψηλός, upraised, lifted
28 καίω, *fut pas ind 3s*, kindle, burn
29 ἀνομία, transgression, iniquity
30 ἄγρωστις, grass
31 ξηρός, dry
32 βιβρώσκω, *fut pas ind 3s*, devour

καὶ καυθήσεται[1] ἐν τοῖς δάσεσι[2] τοῦ δρυμοῦ,[3]
καὶ συγκαταφάγεται[4] τὰ κύκλῳ[5] τῶν βουνῶν[6] πάντα.
18 διὰ θυμὸν[7] ὀργῆς κυρίου συγκέκαυται[8] ἡ γῆ ὅλη,
καὶ ἔσται ὁ λαὸς ὡς ὑπὸ πυρὸς κατακεκαυμένος·[9]
ἄνθρωπος τὸν ἀδελφὸν αὐτοῦ οὐκ ἐλεήσει,[10]
19 ἀλλὰ ἐκκλινεῖ[11] εἰς τὰ δεξιά, ὅτι πεινάσει,[12]
καὶ φάγεται ἐκ τῶν ἀριστερῶν,[13]
καὶ οὐ μὴ ἐμπλησθῇ[14] ἄνθρωπος
ἔσθων[15] τὰς σάρκας τοῦ βραχίονος[16] αὐτοῦ.
20 φάγεται γὰρ Μανασση τοῦ Εφραιμ καὶ Εφραιμ τοῦ Μανασση,
ὅτι ἅμα[17] πολιορκήσουσιν[18] τὸν Ιουδαν.
ἐπὶ τούτοις πᾶσιν οὐκ ἀπεστράφη[19] ὁ θυμός,[20]
ἀλλ᾽ ἔτι ἡ χεὶρ ὑψηλή.[21]

10 οὐαὶ τοῖς γράφουσιν πονηρίαν·[22]
γράφοντες γὰρ πονηρίαν γράφουσιν
2 ἐκκλίνοντες[23] κρίσιν πτωχῶν, ἁρπάζοντες[24] κρίμα[25] πενήτων[26] τοῦ λαοῦ μου
ὥστε εἶναι αὐτοῖς χήραν[27] εἰς ἁρπαγὴν[28] καὶ ὀρφανὸν[29] εἰς προνομήν.[30]
3 καὶ τί ποιήσουσιν ἐν τῇ ἡμέρᾳ τῆς ἐπισκοπῆς;[31]
ἡ γὰρ θλῖψις ὑμῖν πόρρωθεν[32] ἥξει·[33]
καὶ πρὸς τίνα καταφεύξεσθε[34] τοῦ βοηθηθῆναι;[35]
καὶ ποῦ καταλείψετε[36] τὴν δόξαν ὑμῶν
4 τοῦ μὴ ἐμπεσεῖν[37] εἰς ἐπαγωγήν;[38]

1 καίω, *fut pas ind 3s*, kindle, burn
2 δάσος, thicket
3 δρυμός, forest
4 συγκατεσθίω, *fut mid ind 3s*, consume
5 κύκλῳ, around
6 βουνός, hill
7 θυμός, wrath
8 συγκαίω, *perf pas ind 3s*, blaze, burn
9 κατακαίω, *perf pas ptc nom s m*, burn up
10 ἐλεέω, *fut act ind 3s*, show mercy
11 ἐκκλίνω, *fut act ind 3s*, turn aside
12 πεινάω, *fut act ind 3s*, be hungry
13 ἀριστερός, left
14 ἐμπίμπλημι, *aor pas sub 3s*, fill up
15 ἔσθω, *pres act ptc nom s m*, eat
16 βραχίων, arm
17 ἅμα, together
18 πολιορκέω, *fut act ind 3p*, besiege
19 ἀποστρέφω, *aor pas ind 3s*, turn away
20 θυμός, wrath
21 ὑψηλός, upraised, lifted
22 πονηρία, evil, iniquity
23 ἐκκλίνω, *pres act ptc nom p m*, pervert, turn aside
24 ἁρπάζω, *pres act ptc nom p m*, seize
25 κρίμα, judgment
26 πένης, poor
27 χήρα, widow
28 ἁρπαγή, something seized
29 ὀρφανός, orphan
30 προνομή, plunder
31 ἐπισκοπή, visitation (in judgment)
32 πόρρωθεν, from afar
33 ἥκω, *fut act ind 3s*, come
34 καταφεύγω, *fut mid ind 2p*, flee for refuge
35 βοηθέω, *aor pas inf*, aid, help
36 καταλείπω, *fut act ind 2p*, leave
37 ἐμπίπτω, *aor act inf*, fall into
38 ἐπαγωγή, distress, misery

ἐπὶ πᾶσι τούτοις οὐκ ἀπεστράφη[1] ὁ θυμός,[2]
ἀλλ᾽ ἔτι ἡ χεὶρ ὑψηλή.[3]

Assyria, the Rod of Wrath

5 Οὐαὶ Ἀσσυρίοις· ἡ ῥάβδος[4] τοῦ θυμοῦ[5] μου
καὶ ὀργῆς ἐστιν ἐν ταῖς χερσὶν αὐτῶν.
6 τὴν ὀργήν μου εἰς ἔθνος ἄνομον[6] ἀποστελῶ
καὶ τῷ ἐμῷ λαῷ συντάξω[7] ποιῆσαι σκῦλα[8]
καὶ προνομὴν[9] καὶ καταπατεῖν[10] τὰς πόλεις
καὶ θεῖναι αὐτὰς εἰς κονιορτόν.[11]
7 αὐτὸς δὲ οὐχ οὕτως ἐνεθυμήθη[12]
καὶ τῇ ψυχῇ οὐχ οὕτως λελόγισται,
ἀλλὰ ἀπαλλάξει[13] ὁ νοῦς[14] αὐτοῦ
καὶ τοῦ ἔθνη ἐξολεθρεῦσαι[15] οὐκ ὀλίγα.[16]
8 καὶ ἐὰν εἴπωσιν αὐτῷ
Σὺ μόνος εἶ ἄρχων,
9 καὶ ἐρεῖ Οὐκ ἔλαβον τὴν χώραν[17] τὴν ἐπάνω[18] Βαβυλῶνος καὶ Χαλαννη,
οὗ[19] ὁ πύργος[20] ᾠκοδομήθη;
καὶ ἔλαβον Ἀραβίαν καὶ Δαμασκὸν καὶ Σαμάρειαν·
10 ὃν τρόπον[21] ταύτας ἔλαβον ἐν τῇ χειρί μου,
καὶ πάσας τὰς ἀρχὰς λήμψομαι.
ὀλολύξατε,[22] τὰ γλυπτὰ[23] ἐν Ιερουσαλημ
καὶ ἐν Σαμαρείᾳ·
11 ὃν τρόπον[24] γὰρ ἐποίησα Σαμαρείᾳ καὶ τοῖς χειροποιήτοις[25] αὐτῆς,
οὕτως ποιήσω καὶ Ιερουσαλημ καὶ τοῖς εἰδώλοις[26] αὐτῆς.

1 ἀποστρέφω, *aor pas ind 3s*, turn away
2 θυμός, wrath
3 ὑψηλός, upraised, lifted
4 ῥάβδος, rod, scepter
5 θυμός, wrath
6 ἄνομος, evil, lawless
7 συντάσσω, *fut act ind 1s*, order, instruct
8 σκῦλον, spoils
9 προνομή, plunder
10 καταπατέω, *pres act inf*, tread, trample upon
11 κονιορτός, cloud of dust
12 ἐνθυμέομαι, *aor pas ind 3s*, form a plan
13 ἀπαλλάσσω, *fut act ind 3s*, change
14 νοῦς, mind
15 ἐξολεθρεύω, *aor act inf*, utterly destroy
16 ὀλίγος, little, few
17 χώρα, country, territory
18 ἐπάνω, on the upper side of
19 οὗ, where
20 πύργος, tower
21 ὃν τρόπον, just as
22 ὀλολύζω, *aor act impv 2p*, cry aloud, howl
23 γλυπτός, carved image
24 ὃν τρόπον, just as
25 χειροποίητος, handmade (object), (idol)
26 εἴδωλον, idol

God's Judgment on Assyria

12 καὶ ἔσται ὅταν συντελέσῃ[1] κύριος πάντα ποιῶν ἐν τῷ ὄρει Σιων καὶ ἐν Ιερου-
σαλημ, ἐπάξει[2] ἐπὶ τὸν νοῦν[3] τὸν μέγαν, τὸν ἄρχοντα τῶν Ἀσσυρίων, καὶ ἐπὶ τὸ
ὕψος[4] τῆς δόξης τῶν ὀφθαλμῶν αὐτοῦ. **13** εἶπεν γάρ

Τῇ ἰσχύι[5] ποιήσω καὶ τῇ σοφίᾳ τῆς συνέσεως,[6]
ἀφελῶ[7] ὅρια[8] ἐθνῶν καὶ τὴν ἰσχὺν[9] αὐτῶν προνομεύσω[10]
καὶ σείσω[11] πόλεις κατοικουμένας
14 καὶ τὴν οἰκουμένην[12] ὅλην καταλήμψομαι[13] τῇ χειρὶ ὡς νοσσιὰν[14]
καὶ ὡς καταλελειμμένα[15] ᾠὰ[16] ἀρῶ,
καὶ οὐκ ἔστιν ὃς διαφεύξεταί[17] με ἢ ἀντείπῃ[18] μοι.

15 μὴ δοξασθήσεται ἀξίνη[19] ἄνευ[20] τοῦ κόπτοντος[21] ἐν αὐτῇ;
ἢ ὑψωθήσεται[22] πρίων[23] ἄνευ τοῦ ἕλκοντος[24] αὐτόν;
ὡσαύτως[25] ἐάν τις ἄρῃ ῥάβδον[26] ἢ ξύλον.[27]
16 καὶ οὐχ οὕτως, ἀλλὰ ἀποστελεῖ κύριος σαβαωθ[28] εἰς τὴν σὴν[29] τιμὴν[30]
ἀτιμίαν,[31]
καὶ εἰς τὴν σὴν δόξαν πῦρ καιόμενον[32] καυθήσεται·[33]
17 καὶ ἔσται τὸ φῶς τοῦ Ισραηλ εἰς πῦρ
καὶ ἁγιάσει[34] αὐτὸν ἐν πυρὶ καιομένῳ[35]
καὶ φάγεται[36] ὡσεὶ[37] χόρτον[38] τὴν ὕλην.[39]
τῇ ἡμέρᾳ ἐκείνῃ **18** ἀποσβεσθήσεται[40] τὰ ὄρη
καὶ οἱ βουνοὶ[41] καὶ οἱ δρυμοί,[42]

1 συντελέω, *aor act sub 3s*, complete, finish
2 ἐπάγω, *fut act ind 3s*, bring upon
3 νοῦς, mind
4 ὕψος, exaltation, haughtiness
5 ἰσχύς, strength
6 σύνεσις, understanding, intelligence
7 ἀφαιρέω, *fut act ind 1s*, remove, take away
8 ὅριον, boundary, border
9 ἰσχύς, strength
10 προνομεύω, *fut act ind 1s*, plunder
11 σείω, *fut act ind 1s*, shake, agitate
12 οἰκουμένη, inhabited world
13 καταλαμβάνω, *fut mid ind 1s*, take hold of
14 νοσσιά, nest
15 καταλείπω, *perf pas ptc acc p n*, abandon, forsake
16 ᾠόν, egg
17 διαφεύγω, *fut mid ind 3s*, escape from
18 ἀντιλέγω, *aor act sub 3s*, speak against
19 ἀξίνη, axe
20 ἄνευ, without
21 κόπτω, *pres act ptc gen s m*, cut
22 ὑψόω, *fut pas ind 3s*, exalt
23 πρίων, saw
24 ἕλκω, *pres act ptc gen s m*, draw, pull
25 ὡσαύτως, just as
26 ῥάβδος, staff, rod
27 ξύλον, (piece of) wood
28 σαβαωθ, of hosts, *translit.*
29 σός, your
30 τιμή, honor
31 ἀτιμία, dishonor
32 καίω, *pres mid ptc nom s m*, burn
33 καίω, *fut pas ind 3s*, burn
34 ἁγιάζω, *fut act ind 3s*, purify, sanctify
35 καίω, *pres pas ptc dat s n*, burn
36 ἐσθίω, *fut mid ind 3s*, consume
37 ὡσεί, as, like
38 χόρτος, grass, hay, stubble
39 ὕλη, woods
40 ἀποσβέννυμι, *fut pas ind 3s*, wither, vanish
41 βουνός, hill
42 δρυμός, forest

καὶ καταφάγεται[1] ἀπὸ ψυχῆς ἕως σαρκῶν·
καὶ ἔσται ὁ φεύγων[2] ὡς ὁ φεύγων ἀπὸ φλογὸς[3] καιομένης·[4]
19 καὶ οἱ καταλειφθέντες[5] ἀπ᾽ αὐτῶν ἔσονται ἀριθμός,[6]
καὶ παιδίον γράψει αὐτούς.

A Remnant Will Survive

20 Καὶ ἔσται ἐν τῇ ἡμέρᾳ ἐκείνῃ οὐκέτι προστεθήσεται[7] τὸ καταλειφθὲν[8] Ισραηλ,
καὶ οἱ σωθέντες τοῦ Ιακωβ οὐκέτι μὴ πεποιθότες ὦσιν ἐπὶ τοὺς ἀδικήσαντας[9]
αὐτούς, ἀλλὰ ἔσονται πεποιθότες ἐπὶ τὸν θεὸν τὸν ἅγιον τοῦ Ισραηλ τῇ ἀληθείᾳ,

21 καὶ ἔσται τὸ καταλειφθὲν[10] τοῦ Ιακωβ
ἐπὶ θεὸν ἰσχύοντα.[11]
22 καὶ ἐὰν γένηται ὁ λαὸς Ισραηλ ὡς ἡ ἄμμος[12] τῆς θαλάσσης,
τὸ κατάλειμμα[13] αὐτῶν σωθήσεται·
λόγον γὰρ συντελῶν[14] καὶ συντέμνων[15] ἐν δικαιοσύνῃ,
23 ὅτι λόγον συντετμημένον[16] ποιήσει ὁ θεὸς ἐν τῇ οἰκουμένῃ[17] ὅλῃ.

24 Διὰ τοῦτο τάδε[18] λέγει κύριος σαβαωθ[19] Μὴ φοβοῦ, ὁ λαός μου οἱ κατοικοῦντες
ἐν Σιων, ἀπὸ Ἀσσυρίων, ὅτι ἐν ῥάβδῳ[20] πατάξει[21] σε· πληγὴν[22] γὰρ ἐγὼ ἐπάγω[23] ἐπὶ
σὲ τοῦ ἰδεῖν ὁδὸν Αἰγύπτου. **25** ἔτι γὰρ μικρὸν καὶ παύσεται[24] ἡ ὀργή, ὁ δὲ θυμός[25]
μου ἐπὶ τὴν βουλὴν[26] αὐτῶν· **26** καὶ ἐπεγερεῖ[27] ὁ θεὸς ἐπ᾽ αὐτοὺς κατὰ τὴν πληγὴν[28]
τὴν Μαδιαμ ἐν τόπῳ θλίψεως, καὶ ὁ θυμὸς[29] αὐτοῦ τῇ ὁδῷ τῇ κατὰ θάλασσαν εἰς
τὴν ὁδὸν τὴν κατ᾽ Αἴγυπτον.

27 καὶ ἔσται ἐν τῇ ἡμέρᾳ ἐκείνῃ
ἀφαιρεθήσεται[30] ὁ φόβος αὐτοῦ ἀπὸ σοῦ
καὶ ὁ ζυγὸς[31] αὐτοῦ ἀπὸ τοῦ ὤμου[32] σου,
καὶ καταφθαρήσεται[33] ὁ ζυγὸς ἀπὸ τῶν ὤμων ὑμῶν.

1 κατεσθίω, *fut mid ind 3s*, devour
2 φεύγω, *pres act ptc nom s m*, flee
3 φλόξ, flame
4 καίω, *pres pas ptc gen s f*, burn
5 καταλείπω, *aor pas ptc nom p m*, leave behind
6 ἀριθμός, (exact) numbering
7 προστίθημι, *fut pas ind 3s*, add to
8 καταλείπω, *aor pas ptc nom s n*, leave behind
9 ἀδικέω, *aor act ptc acc p m*, wrong, treat unjustly
10 καταλείπω, *aor pas ptc nom s n*, leave behind
11 ἰσχύω, *pres act ptc acc s m*, be strong
12 ἄμμος, sand
13 κατάλειμμα, remnant
14 συντελέω, *pres act ptc nom s m*, complete, finish
15 συντέμνω, *pres act ptc nom s m*, cut short
16 συντέμνω, *perf pas ptc acc s m*, cut short
17 οἰκουμένη, inhabited world
18 ὅδε, this
19 σαβαωθ, of hosts, *translit.*
20 ῥάβδος, rod, scepter
21 πατάσσω, *fut act ind 3s*, strike, smite
22 πληγή, blow, wound
23 ἐπάγω, *pres act ind 1s*, bring upon
24 παύω, *fut mid ind 3s*, cease
25 θυμός, wrath
26 βουλή, counsel, scheme
27 ἐπεγείρω, *fut act ind 3s*, raise up against
28 πληγή, blow, wound
29 θυμός, wrath
30 ἀφαιρέω, *fut pas ind 3s*, remove
31 ζυγός, yoke
32 ὦμος, shoulder
33 καταφθείρω, *fut pas ind 3s*, destroy

28 ἥξει[1] γὰρ εἰς τὴν πόλιν Αγγαι
καὶ παρελεύσεται[2] εἰς Μαγεδω
καὶ ἐν Μαχμας θήσει τὰ σκεύη[3] αὐτοῦ·
29 καὶ παρελεύσεται[4] φάραγγα[5] καὶ ἥξει[6] εἰς Αγγαι,
φόβος λήμψεται Ραμα πόλιν Σαουλ·
φεύξεται[7] **30** ἡ θυγάτηρ[8] Γαλλιμ,
ἐπακούσεται[9] Λαισα, ἐπακούσεται Αναθωθ·
31 ἐξέστη[10] Μαδεβηνα καὶ οἱ κατοικοῦντες Γιββιρ·
παρακαλεῖτε **32** σήμερον ἐν ὁδῷ τοῦ μεῖναι,[11]
τῇ χειρὶ παρακαλεῖτε, τὸ ὄρος, τὴν θυγατέρα[12] Σιων,
καὶ οἱ βουνοὶ[13] οἱ ἐν Ιερουσαλημ.

33 ἰδοὺ γὰρ ὁ δεσπότης[14] κύριος σαβαωθ[15]
συνταράσσει[16] τοὺς ἐνδόξους[17] μετὰ ἰσχύος,[18]
καὶ οἱ ὑψηλοὶ[19] τῇ ὕβρει[20] συντριβήσονται,[21]
καὶ οἱ ὑψηλοὶ ταπεινωθήσονται,[22]
34 καὶ πεσοῦνται οἱ ὑψηλοὶ[23] μαχαίρᾳ,[24]
ὁ δὲ Λίβανος σὺν τοῖς ὑψηλοῖς πεσεῖται.

A Deliverer from the Root of Jesse

11 Καὶ ἐξελεύσεται ῥάβδος[25] ἐκ τῆς ῥίζης[26] Ιεσσαι,
καὶ ἄνθος[27] ἐκ τῆς ῥίζης ἀναβήσεται.
2 καὶ ἀναπαύσεται[28] ἐπ᾽ αὐτὸν πνεῦμα τοῦ θεοῦ,
πνεῦμα σοφίας καὶ συνέσεως,[29]
πνεῦμα βουλῆς[30] καὶ ἰσχύος,[31]
πνεῦμα γνώσεως[32] καὶ εὐσεβείας·[33]

1 ἥκω, *fut act ind 3s*, come
2 παρέρχομαι, *fut mid ind 3s*, pass by, proceed past
3 σκεῦος, thing, equipment
4 παρέρχομαι, *fut mid ind 3s*, pass by, proceed past
5 φάραγξ, ravine
6 ἥκω, *fut act ind 3s*, come
7 φεύγω, *fut mid ind 3s*, flee
8 θυγάτηρ, daughter
9 ἐπακούω, *fut mid ind 3s*, listen
10 ἐξίστημι, *aor act ind 3s*, be amazed
11 μένω, *aor act inf*, remain, continue
12 θυγάτηρ, daughter
13 βουνός, hill
14 δεσπότης, master
15 σαβαωθ, of hosts, *translit.*
16 συνταράσσω, *pres act ind 3s*, trouble, confound
17 ἔνδοξος, noble, held in honor
18 ἰσχύς, strength
19 ὑψηλός, lofty, haughty
20 ὕβρις, insolence, arrogance
21 συντρίβω, *fut pas ind 3p*, crush, shatter
22 ταπεινόω, *fut pas ind 3p*, humble, bring low
23 ὑψηλός, lofty, haughty
24 μάχαιρα, sword
25 ῥάβδος, rod, staff
26 ῥίζα, root
27 ἄνθος, shoot, stem
28 ἀναπαύω, *fut mid ind 3s*, rest, settle
29 σύνεσις, understanding
30 βουλή, counsel
31 ἰσχύς, strength, might
32 γνῶσις, knowledge
33 εὐσέβεια, piety, godliness

3 ἐμπλήσει[1] αὐτὸν πνεῦμα φόβου θεοῦ.

οὐ κατὰ τὴν δόξαν κρινεῖ
οὐδὲ κατὰ τὴν λαλιὰν[2] ἐλέγξει,[3]
4 ἀλλὰ κρινεῖ ταπεινῷ[4] κρίσιν
καὶ ἐλέγξει[5] τοὺς ταπεινοὺς τῆς γῆς·
καὶ πατάξει[6] γῆν τῷ λόγῳ τοῦ στόματος αὐτοῦ
καὶ ἐν πνεύματι διὰ χειλέων[7] ἀνελεῖ[8] ἀσεβῆ·[9]
5 καὶ ἔσται δικαιοσύνῃ ἐζωσμένος[10] τὴν ὀσφὺν[11] αὐτοῦ
καὶ ἀληθείᾳ εἰλημένος[12] τὰς πλευράς.[13]

6 καὶ συμβοσκηθήσεται[14] λύκος[15] μετὰ ἀρνός,[16]
καὶ πάρδαλις[17] συναναπαύσεται[18] ἐρίφῳ,[19]
καὶ μοσχάριον[20] καὶ ταῦρος[21] καὶ λέων[22] ἅμα[23] βοσκηθήσονται,[24]
καὶ παιδίον μικρὸν ἄξει αὐτούς·
7 καὶ βοῦς[25] καὶ ἄρκος[26] ἅμα[27] βοσκηθήσονται,[28]
καὶ ἅμα τὰ παιδία αὐτῶν ἔσονται,
καὶ λέων[29] καὶ βοῦς ἅμα[30] φάγονται ἄχυρα.[31]
8 καὶ παιδίον νήπιον[32] ἐπὶ τρώγλην[33] ἀσπίδων[34]
καὶ ἐπὶ κοίτην[35] ἐκγόνων[36] ἀσπίδων τὴν χεῖρα ἐπιβαλεῖ.[37]
9 καὶ οὐ μὴ κακοποιήσωσιν[38] οὐδὲ μὴ δύνωνται ἀπολέσαι οὐδένα[39]
ἐπὶ τὸ ὄρος τὸ ἅγιόν μου,
ὅτι ἐνεπλήσθη[40] ἡ σύμπασα[41] τοῦ γνῶναι τὸν κύριον
ὡς ὕδωρ πολὺ κατακαλύψαι[42] θαλάσσας.

1 ἐμπίμπλημι, *fut act ind 3s*, fill up
2 λαλιά, chatter, common talk, report
3 ἐλέγχω, *fut act ind 3s*, convict
4 ταπεινός, humble
5 ἐλέγχω, *fut act ind 3s*, convict
6 πατάσσω, *fut act ind 3s*, strike, smite
7 χεῖλος, lip
8 ἀναιρέω, *fut act ind 3s*, destroy, take away
9 ἀσεβής, ungodly
10 ζώννυμι, *perf pas ptc nom s m*, gird
11 ὀσφύς, waist, loins
12 εἰλέω, *perf pas ptc nom s m*, bind, enclose
13 πλευρά, ribcage, sides, (chest)
14 συμβόσκομαι, *fut pas ind 3s*, feed with, graze with
15 λύκος, wolf
16 ἀρήν, lamb
17 πάρδαλις, leopard
18 συναναπαύομαι, *fut mid ind 3s*, lie down with, rest with
19 ἔριφος, kid (of a goat)
20 μοσχάριον, little calf
21 ταῦρος, bull, ox
22 λέων, lion
23 ἅμα, together
24 βόσκω, *fut pas ind 3p*, feed, graze
25 βοῦς, cow
26 ἄρκος, bear
27 ἅμα, together
28 βόσκω, *fut pas ind 3p*, feed, graze
29 λέων, lion
30 ἅμα, together
31 ἄχυρον, grass, straw
32 νήπιος, young
33 τρώγλη, hole
34 ἀσπίς, asp, serpent
35 κοίτη, nest, lair
36 ἔκγονος, offspring
37 ἐπιβάλλω, *fut act ind 3s*, place upon
38 κακοποιέω, *aor act sub 3p*, injure, harm
39 οὐδείς, no one
40 ἐμπίμπλημι, *aor pas ind 3s*, fill up
41 σύμπας, whole (world)
42 κατακαλύπτω, *aor act inf*, cover, flood over

Regathering of Israel

10 Καὶ ἔσται ἐν τῇ ἡμέρᾳ ἐκείνῃ ἡ ῥίζα[1] τοῦ Ιεσσαι καὶ ὁ ἀνιστάμενος ἄρχειν ἐθνῶν,
ἐπ᾽ αὐτῷ ἔθνη ἐλπιοῦσιν, καὶ ἔσται ἡ ἀνάπαυσις[2] αὐτοῦ τιμή.[3] **11** καὶ ἔσται τῇ ἡμέρᾳ
ἐκείνῃ προσθήσει[4] κύριος τοῦ δεῖξαι τὴν χεῖρα αὐτοῦ τοῦ ζηλῶσαι[5] τὸ καταλειφθὲν[6]
ὑπόλοιπον[7] τοῦ λαοῦ, ὃ ἂν καταλειφθῇ[8] ἀπὸ τῶν Ἀσσυρίων καὶ ἀπὸ Αἰγύπτου καὶ
Βαβυλωνίας καὶ Αἰθιοπίας καὶ ἀπὸ Αιλαμιτῶν καὶ ἀπὸ ἡλίου ἀνατολῶν[9] καὶ ἐξ
Ἀραβίας.

12 καὶ ἀρεῖ σημεῖον εἰς τὰ ἔθνη
καὶ συνάξει τοὺς ἀπολομένους Ισραηλ
καὶ τοὺς διεσπαρμένους[10] τοῦ Ιουδα συνάξει
ἐκ τῶν τεσσάρων πτερύγων[11] τῆς γῆς.
13 καὶ ἀφαιρεθήσεται[12] ὁ ζῆλος[13] Εφραιμ,
καὶ οἱ ἐχθροὶ Ιουδα ἀπολοῦνται·
Εφραιμ οὐ ζηλώσει[14] Ιουδαν,
καὶ Ιουδας οὐ θλίψει[15] Εφραιμ.
14 καὶ πετασθήσονται[16] ἐν πλοίοις[17] ἀλλοφύλων[18] θάλασσαν,
ἅμα[19] προνομεύσουσιν[20] καὶ τοὺς ἀφ᾽ ἡλίου ἀνατολῶν[21] καὶ Ιδουμαίαν·
καὶ ἐπὶ Μωαβ πρῶτον τὰς χεῖρας ἐπιβαλοῦσιν,[22]
οἱ δὲ υἱοὶ Αμμων πρῶτοι ὑπακούσονται.[23]
15 καὶ ἐρημώσει[24] κύριος τὴν θάλασσαν Αἰγύπτου
καὶ ἐπιβαλεῖ[25] τὴν χεῖρα αὐτοῦ ἐπὶ τὸν ποταμὸν[26] πνεύματι βιαίῳ[27]
καὶ πατάξει[28] ἑπτὰ φάραγγας[29] ὥστε διαπορεύεσθαι[30] αὐτὸν ἐν
ὑποδήμασιν·[31]
16 καὶ ἔσται δίοδος[32] τῷ καταλειφθέντι[33] μου λαῷ ἐν Αἰγύπτῳ,
καὶ ἔσται τῷ Ισραηλ ὡς ἡ ἡμέρα ὅτε ἐξῆλθεν ἐκ γῆς Αἰγύπτου.

1 ῥίζα, root
2 ἀνάπαυσις, rest, repose
3 τιμή, honor
4 προστίθημι, *fut act ind 3s*, add to, continue
5 ζηλόω, *aor act inf*, be zealous for
6 καταλείπω, *aor pas ptc acc s n*, leave behind
7 ὑπόλοιπος, remaining
8 καταλείπω, *aor pas sub 3s*, leave behind
9 ἀνατολή, rising, (east)
10 διασπείρω, *perf pas ptc acc p m*, scatter
11 πτέρυξ, end, extremity
12 ἀφαιρέω, *fut pas ind 3s*, take away
13 ζῆλος, zeal
14 ζηλόω, *fut act ind 3s*, be zealous for
15 θλίβω, *fut act ind 3s*, afflict
16 πέταμαι, *fut pas ind 3p*, fly away
17 πλοῖον, ship
18 ἀλλόφυλος, foreign
19 ἅμα, together
20 προνομεύω, *fut act ind 3p*, plunder
21 ἀνατολή, rising, (east)
22 ἐπιβάλλω, *fut act ind 3p*, lay upon
23 ὑπακούω, *fut mid ind 3p*, obey
24 ἐρημόω, *fut act ind 3s*, make desolate, lay waste
25 ἐπιβάλλω, *fut act ind 3s*, lay upon
26 ποταμός, river
27 βίαιος, violent, forceful
28 πατάσσω, *fut act ind 3s*, strike, smite
29 φάραγξ, ravine
30 διαπορεύομαι, *pres mid inf*, pass through
31 ὑπόδημα, sandal
32 δίοδος, passage, way through
33 καταλείπω, *aor pas ptc dat s m*, leave behind

A Song of Praise

12 Καὶ ἐρεῖς ἐν τῇ ἡμέρᾳ ἐκείνῃ

Εὐλογήσω σε, κύριε, διότι[1] ὠργίσθης[2] μοι
καὶ ἀπέστρεψας[3] τὸν θυμόν[4] σου καὶ ἠλέησάς[5] με.
2 ἰδοὺ ὁ θεός μου σωτήρ[6] μου κύριος, πεποιθὼς ἔσομαι ἐπ᾽ αὐτῷ
καὶ σωθήσομαι ἐν αὐτῷ καὶ οὐ φοβηθήσομαι,
διότι[7] ἡ δόξα μου καὶ ἡ αἴνεσίς[8] μου κύριος
καὶ ἐγένετό μοι εἰς σωτηρίαν.

3 καὶ ἀντλήσετε[9] ὕδωρ μετ᾽ εὐφροσύνης[10] ἐκ τῶν πηγῶν[11] τοῦ σωτηρίου.[12] **4** καὶ
ἐρεῖς ἐν τῇ ἡμέρᾳ ἐκείνῃ

Ὑμνεῖτε[13] κύριον, βοᾶτε[14] τὸ ὄνομα αὐτοῦ,
ἀναγγείλατε[15] ἐν τοῖς ἔθνεσιν τὰ ἔνδοξα[16] αὐτοῦ,
μιμνῄσκεσθε[17] ὅτι ὑψώθη[18] τὸ ὄνομα αὐτοῦ.
5 ὑμνήσατε[19] τὸ ὄνομα κυρίου, ὅτι ὑψηλὰ[20] ἐποίησεν·
ἀναγγείλατε[21] ταῦτα ἐν πάσῃ τῇ γῇ.
6 ἀγαλλιᾶσθε[22] καὶ εὐφραίνεσθε,[23] οἱ κατοικοῦντες Σιων,
ὅτι ὑψώθη[24] ὁ ἅγιος τοῦ Ισραηλ ἐν μέσῳ αὐτῆς.

Vision against Babylon

13 Ὅρασις,[25] ἣν εἶδεν Ησαιας υἱὸς Αμως κατὰ Βαβυλῶνος.

2 Ἐπ᾽ ὄρους πεδινοῦ[26] ἄρατε σημεῖον,
ὑψώσατε[27] τὴν φωνὴν αὐτοῖς, μὴ φοβεῖσθε,
παρακαλεῖτε τῇ χειρί Ἀνοίξατε, οἱ ἄρχοντες.

1 διότι, because, for
2 ὀργίζω, *aor pas ind 2s*, be angry
3 ἀποστρέφω, *aor act ind 2s*, turn away, avert
4 θυμός, wrath
5 ἐλεέω, *aor act ind 2s*, show mercy
6 σωτήρ, savior
7 διότι, because, for
8 αἴνεσις, praise
9 ἀντλέω, *aor act impv 2p*, draw (water)
10 εὐφροσύνη, joy, gladness
11 πηγή, spring, fountain
12 σωτήριον, salvation
13 ὑμνέω, *pres act impv 2p*, sing (a hymn)
14 βοάω, *pres act impv 2p*, cry aloud
15 ἀναγγέλλω, *aor act impv 2p*, declare, announce
16 ἔνδοξος, glorious (deed)
17 μιμνῄσκομαι, *pres mid impv 2p*, remember
18 ὑψόω, *aor pas ind 3s*, lift high, exalt
19 ὑμνέω, *aor act impv 2p*, sing (a hymn)
20 ὑψηλός, lofty, exalted (deed)
21 ἀναγγέλλω, *aor act impv 2p*, declare, announce
22 ἀγαλλιάω, *pres mid impv 2p*, be joyful
23 εὐφραίνω, *pres mid impv 2p*, rejoice
24 ὑψόω, *aor pas ind 3s*, lift high, exalt
25 ὅρασις, vision
26 πεδινός, plain, level place
27 ὑψόω, *aor act impv 2p*, raise up

3 ἐγὼ συντάσσω,[1] καὶ ἐγὼ ἄγω αὐτούς·
ἡγιασμένοι[2] εἰσίν, καὶ ἐγὼ ἄγω αὐτούς·
γίγαντες[3] ἔρχονται πληρῶσαι τὸν θυμόν[4] μου
χαίροντες[5] ἅμα[6] καὶ ὑβρίζοντες.[7]

4 φωνὴ ἐθνῶν πολλῶν ἐπὶ τῶν ὀρέων ὁμοία[8] ἐθνῶν πολλῶν,
φωνὴ βασιλέων καὶ ἐθνῶν συνηγμένων.
κύριος σαβαωθ[9] ἐντέταλται[10] ἔθνει ὁπλομάχῳ[11]
5 ἔρχεσθαι ἐκ γῆς πόρρωθεν[12] ἀπ᾽ ἄκρου[13] θεμελίου[14] τοῦ οὐρανοῦ,
κύριος καὶ οἱ ὁπλομάχοι[15] αὐτοῦ,
τοῦ καταφθεῖραι[16] τὴν οἰκουμένην[17] ὅλην.

6 ὀλολύζετε,[18] ἐγγὺς[19] γὰρ ἡ ἡμέρα κυρίου,
καὶ συντριβὴ[20] παρὰ τοῦ θεοῦ ἥξει.[21]
7 διὰ τοῦτο πᾶσα χεὶρ ἐκλυθήσεται,[22]
καὶ πᾶσα ψυχὴ ἀνθρώπου δειλιάσει·[23]
8 καὶ ταραχθήσονται[24] οἱ πρέσβεις,[25]
καὶ ὠδῖνες[26] αὐτοὺς ἕξουσιν ὡς γυναικὸς τικτούσης·[27]
καὶ συμφοράσουσιν[28] ἕτερος πρὸς τὸν ἕτερον καὶ ἐκστήσονται[29]
καὶ τὸ πρόσωπον αὐτῶν ὡς φλὸξ[30] μεταβαλοῦσιν.[31]
9 ἰδοὺ γὰρ ἡμέρα κυρίου ἀνίατος[32] ἔρχεται
θυμοῦ[33] καὶ ὀργῆς
θεῖναι τὴν οἰκουμένην[34] ὅλην ἔρημον
καὶ τοὺς ἁμαρτωλοὺς ἀπολέσαι ἐξ αὐτῆς.
10 οἱ γὰρ ἀστέρες[35] τοῦ οὐρανοῦ καὶ ὁ Ὠρίων
καὶ πᾶς ὁ κόσμος τοῦ οὐρανοῦ τὸ φῶς οὐ δώσουσιν,

1 συντάσσω, *pres act ind 1s*, ordain, order, instruct
2 ἁγιάζω, *perf pas ptc nom p m*, sanctify, consecrate
3 γίγας, giant, mighty one
4 θυμός, wrath
5 χαίρω, *pres act ptc nom p m*, rejoice
6 ἅμα, at the same time
7 ὑβρίζω, *pres act ptc nom p m*, insult, boast
8 ὅμοιος, like
9 σαβαωθ, of hosts, *translit.*
10 ἐντέλλομαι, *perf mid ind 3s*, command
11 ὁπλομάχος, equipped for battle
12 πόρρωθεν, from afar
13 ἄκρος, end, extremity
14 θεμέλιον, foundation
15 ὁπλομάχος, equipped for battle
16 καταφθείρω, *aor act inf*, destroy
17 οἰκουμένη, inhabited world
18 ὀλολύζω, *pres act impv 2p*, cry with a loud voice
19 ἐγγύς, near at hand
20 συντριβή, ruin, destruction
21 ἥκω, *fut act ind 3s*, come
22 ἐκλύω, *fut pas ind 3s*, weaken, faint
23 δειλιάω, *fut act ind 3s*, fear
24 ταράσσω, *fut pas ind 3p*, trouble, disturb
25 πρέσβυς, older (person)
26 ὠδίν, labor pain
27 τίκτω, *pres act ptc gen s f*, give birth
28 συμφοράζω, *fut act ind 3p*, wail
29 ἐξίστημι, *fut mid ind 3p*, be confounded
30 φλόξ, flame
31 μεταβάλλω, *fut act ind 3p*, alter, change
32 ἀνίατος, incurable, irremediable
33 θυμός, wrath
34 οἰκουμένη, inhabited world
35 ἀστήρ, star

καὶ σκοτισθήσεται[1] τοῦ ἡλίου ἀνατέλλοντος,[2]
καὶ ἡ σελήνη[3] οὐ δώσει τὸ φῶς αὐτῆς.
11 καὶ ἐντελοῦμαι[4] τῇ οἰκουμένῃ[5] ὅλῃ κακὰ
καὶ τοῖς ἀσεβέσιν[6] τὰς ἁμαρτίας αὐτῶν·
καὶ ἀπολῶ ὕβριν[7] ἀνόμων[8]
καὶ ὕβριν ὑπερηφάνων[9] ταπεινώσω.[10]
12 καὶ ἔσονται οἱ καταλελειμμένοι[11] ἔντιμοι[12] μᾶλλον[13] ἢ τὸ χρυσίον[14] τὸ ἄπυρον,[15]
καὶ ὁ ἄνθρωπος μᾶλλον ἔντιμος ἔσται ἢ ὁ λίθος ὁ ἐκ Σουφιρ.
13 ὁ γὰρ οὐρανὸς θυμωθήσεται[16]
καὶ ἡ γῆ σεισθήσεται[17] ἐκ τῶν θεμελίων[18] αὐτῆς
διὰ θυμὸν[19] ὀργῆς κυρίου σαβαωθ[20]
τῇ ἡμέρᾳ, ᾗ ἂν ἐπέλθῃ[21] ὁ θυμὸς αὐτοῦ.

14 καὶ ἔσονται οἱ καταλελειμμένοι[22] ὡς δορκάδιον[23] φεῦγον[24]
καὶ ὡς πρόβατον πλανώμενον, καὶ οὐκ ἔσται ὁ συνάγων,
ὥστε ἄνθρωπον εἰς τὸν λαὸν αὐτοῦ ἀποστραφῆναι[25]
καὶ ἄνθρωπον εἰς τὴν χώραν[26] αὐτοῦ διῶξαι.
15 ὃς γὰρ ἂν ἁλῷ,[27] ἡττηθήσεται,[28]
καὶ οἵτινες συνηγμένοι εἰσίν, μαχαίρᾳ[29] πεσοῦνται·
16 καὶ τὰ τέκνα αὐτῶν ἐνώπιον αὐτῶν ῥάξουσιν[30]
καὶ τὰς οἰκίας αὐτῶν προνομεύσουσιν[31]
καὶ τὰς γυναῖκας αὐτῶν ἕξουσιν.
17 ἰδοὺ ἐπεγείρω[32] ὑμῖν τοὺς Μήδους,
οἳ οὐ λογίζονται ἀργύριον[33] οὐδὲ χρυσίου[34] χρείαν[35] ἔχουσιν.

1 σκοτίζω, *fut pas ind 3s*, darken
2 ἀνατέλλω, *pres act ptc gen s m*, rise
3 σελήνη, moon
4 ἐντέλλομαι, *fut mid ind 1s*, command
5 οἰκουμένη, inhabited world
6 ἀσεβής, ungodly
7 ὕβρις, insolence, arrogance
8 ἄνομος, evil, lawless
9 ὑπερήφανος, arrogant, proud
10 ταπεινόω, *fut act ind 1s*, humble, bring low
11 καταλείπω, *perf pas ptc nom p m*, leave behind
12 ἔντιμος, honorable
13 μᾶλλον, more
14 χρυσίον, gold
15 ἄπυρος, natural, unsmelted
16 θυμόω, *fut pas ind 3s*, make angry
17 σείω, *fut pas ind 3s*, shake, quake
18 θεμέλιον, foundation
19 θυμός, wrath
20 σαβαωθ, of hosts, *translit.*
21 ἐπέρχομαι, *aor act sub 3s*, be at hand, come
22 καταλείπω, *perf pas ptc nom p m*, leave behind
23 δορκάδιον, gazelle
24 φεύγω, *pres act ptc nom s n*, flee
25 ἀποστρέφω, *aor pas inf*, turn back, return
26 χώρα, place, land
27 ἁλίσκομαι, *aor act sub 3s*, be captured
28 ἡττάω, *fut pas ind 3s*, overcome, defeat
29 μάχαιρα, sword
30 ῥάσσω, *fut act ind 3p*, dash, strike down
31 προνομεύω, *fut act ind 3p*, plunder, capture
32 ἐπεγείρω, *pres act ind 1s*, raise up against
33 ἀργύριον, silver
34 χρυσίον, gold
35 χρεία, need

18 τοξεύματα[1] νεανίσκων[2] συντρίψουσιν[3]
καὶ τὰ τέκνα ὑμῶν οὐ μὴ ἐλεήσωσιν,[4]
οὐδὲ ἐπὶ τοῖς τέκνοις οὐ φείσονται[5] οἱ ὀφθαλμοὶ αὐτῶν.

19 καὶ ἔσται Βαβυλών, ἣ καλεῖται ἔνδοξος[6] ὑπὸ βασιλέως Χαλδαίων,
ὃν τρόπον[7] κατέστρεψεν[8] ὁ θεὸς Σοδομα καὶ Γομορρα·
20 οὐ κατοικηθήσεται εἰς τὸν αἰῶνα χρόνον,
οὐδὲ μὴ εἰσέλθωσιν εἰς αὐτὴν διὰ πολλῶν γενεῶν,
οὐδὲ μὴ διέλθωσιν αὐτὴν Ἄραβες,
οὐδὲ ποιμένες[9] οὐ μὴ ἀναπαύσωνται[10] ἐν αὐτῇ·
21 καὶ ἀναπαύσονται[11] ἐκεῖ θηρία,
καὶ ἐμπλησθήσονται[12] αἱ οἰκίαι ἤχου,[13]
καὶ ἀναπαύσονται ἐκεῖ σειρῆνες,[14]
καὶ δαιμόνια[15] ἐκεῖ ὀρχήσονται,[16]
22 καὶ ὀνοκένταυροι[17] ἐκεῖ κατοικήσουσιν,
καὶ νοσσοποιήσουσιν[18] ἐχῖνοι[19] ἐν τοῖς οἴκοις αὐτῶν·
ταχὺ[20] ἔρχεται καὶ οὐ χρονιεῖ.[21]

Restoration of Jacob

14 Καὶ ἐλεήσει[22] κύριος τὸν Ιακωβ καὶ ἐκλέξεται[23] ἔτι τὸν Ισραηλ, καὶ ἀναπαύ-
σονται[24] ἐπὶ τῆς γῆς αὐτῶν, καὶ ὁ γιώρας[25] προστεθήσεται[26] πρὸς αὐτοὺς καὶ
προστεθήσεται πρὸς τὸν οἶκον Ιακωβ, **2** καὶ λήμψονται αὐτοὺς ἔθνη καὶ εἰσάξουσιν[27]
εἰς τὸν τόπον αὐτῶν, καὶ κατακληρονομήσουσιν[28] καὶ πληθυνθήσονται[29] ἐπὶ τῆς γῆς
τοῦ θεοῦ εἰς δούλους καὶ δούλας·[30] καὶ ἔσονται αἰχμάλωτοι[31] οἱ αἰχμαλωτεύσαντες[32]
αὐτούς, καὶ κυριευθήσονται[33] οἱ κυριεύσαντες[34] αὐτῶν.

1 τόξευμα, arrow
2 νεανίσκος, young man
3 συντρίβω, *fut act ind 3p*, shatter
4 ἐλεέω, *aor act sub 3p*, show mercy
5 φείδομαι, *fut mid ind 3p*, spare, forbear, show pity
6 ἔνδοξος, glorious
7 ὃν τρόπον, in like manner
8 καταστρέφω, *aor act ind 3s*, overturn
9 ποιμήν, shepherd
10 ἀναπαύω, *aor mid sub 3p*, rest
11 ἀναπαύω, *fut mid ind 3p*, rest
12 ἐμπίμπλημι, *fut pas ind 3p*, fill up
13 ἦχος, sound, noise
14 σειρήν, siren, demon of the dead living in the desert
15 δαιμόνιον, demon
16 ὀρχέομαι, *fut mid ind 3p*, dance
17 ὀνοκένταυρος, centaur resembling a donkey
18 νοσσοποιέω, *fut act ind 3p*, make a den
19 ἐχῖνος, hedgehog
20 ταχύς, quickly
21 χρονίζω, *fut act ind 3s*, tarry, delay
22 ἐλεέω, *fut act ind 3s*, show mercy to
23 ἐκλέγω, *fut mid ind 3s*, choose, select
24 ἀναπαύω, *fut mid ind 3p*, rest
25 γιώρας, sojourner, resident alien
26 προστίθημι, *fut pas ind 3s*, add to
27 εἰσάγω, *fut act ind 3p*, bring into
28 κατακληρονομέω, *fut act ind 3p*, acquire possession, inherit
29 πληθύνω, *fut pas ind 3p*, multiply
30 δούλη, female slave
31 αἰχμάλωτος, captive
32 αἰχμαλωτεύω, *aor act ptc nom p m*, capture
33 κυριεύω, *fut pas ind 3p*, dominate, rule
34 κυριεύω, *aor act ptc nom p m*, dominate, rule

3 Καὶ ἔσται ἐν τῇ ἡμέρᾳ ἐκείνῃ ἀναπαύσει[1] σε ὁ θεὸς ἐκ τῆς ὀδύνης[2] καὶ τοῦ θυμοῦ[3]
σου καὶ τῆς δουλείας[4] σου τῆς σκληρᾶς,[5] ἧς ἐδούλευσας[6] αὐτοῖς. **4** καὶ λήμψῃ τὸν
θρῆνον[7] τοῦτον ἐπὶ τὸν βασιλέα Βαβυλῶνος καὶ ἐρεῖς ἐν τῇ ἡμέρᾳ ἐκείνῃ

Πῶς ἀναπέπαυται[8] ὁ ἀπαιτῶν[9]
    καὶ ἀναπέπαυται ὁ ἐπισπουδαστής;[10]
5 συνέτριψεν[11] ὁ θεὸς τὸν ζυγὸν[12] τῶν ἁμαρτωλῶν,
    τὸν ζυγὸν τῶν ἀρχόντων·
6 πατάξας[13] ἔθνος θυμῷ[14] πληγῇ[15] ἀνιάτῳ,[16]
    παίων[17] ἔθνος πληγὴν θυμοῦ, ἣ οὐκ ἐφείσατο,[18]
7 ἀνεπαύσατο[19] πεποιθώς.
πᾶσα ἡ γῆ βοᾷ[20] μετ᾽ εὐφροσύνης,[21]
8 καὶ τὰ ξύλα[22] τοῦ Λιβάνου εὐφράνθησαν[23] ἐπὶ σοὶ
καὶ ἡ κέδρος[24] τοῦ Λιβάνου Ἀφ᾽ οὗ σὺ κεκοίμησαι,[25]
    οὐκ ἀνέβη ὁ κόπτων[26] ἡμᾶς.
9 ὁ ᾅδης[27] κάτωθεν[28] ἐπικράνθη[29] συναντήσας[30] σοι,
    συνηγέρθησάν[31] σοι πάντες οἱ γίγαντες[32] οἱ ἄρξαντες τῆς γῆς
    οἱ ἐγείραντες[33] ἐκ τῶν θρόνων αὐτῶν πάντας βασιλεῖς ἐθνῶν.
10 πάντες ἀποκριθήσονται καὶ ἐροῦσίν σοι
    Καὶ σὺ ἑάλως[34] ὥσπερ[35] καὶ ἡμεῖς, ἐν ἡμῖν δὲ κατελογίσθης.[36]
11 κατέβη δὲ εἰς ᾅδου[37] ἡ δόξα σου,
    ἡ πολλή σου εὐφροσύνη·[38]

1 ἀναπαύω, *fut act ind 3s*, give rest
2 ὀδύνη, pain, grief
3 θυμός, wrath
4 δουλεία, slavery, bondage
5 σκληρός, severe
6 δουλεύω, *aor act ind 2s*, serve as a slave
7 θρῆνος, lamentation
8 ἀναπαύω, *perf mid ind 3s*, halt, cease
9 ἀπαιτέω, *pres act ptc nom s m*, demand in return, (creditor)
10 ἐπισπουδαστής, compeller, taskmaster
11 συντρίβω, *aor act ind 3s*, shatter
12 ζυγός, yoke
13 πατάσσω, *aor act ptc nom s m*, strike, smite
14 θυμός, wrath
15 πληγή, wound, stroke, blow
16 ἀνίατος, incurable, irremediable
17 παίω, *pres act ptc nom s m*, hit, strike
18 φείδομαι, *aor mid ind 3s*, spare
19 ἀναπαύω, *aor mid ind 3s*, rest
20 βοάω, *pres act ind 3s*, cry aloud
21 εὐφροσύνη, joy, gladness
22 ξύλον, tree
23 εὐφραίνω, *aor pas ind 3p*, be glad, rejoice
24 κέδρος, cedar
25 κοιμάω, *perf pas ind 2s*, fall asleep
26 κόπτω, *pres act ptc nom s m*, cut down
27 ᾅδης, Hades, underworld
28 κάτωθεν, below
29 πικραίνω, *aor pas ind 3s*, be embittered
30 συναντάω, *aor act ptc nom s m*, meet together
31 συνεγείρω, *aor pas ind 3p*, raise up together against
32 γίγας, giant, mighty one
33 ἐγείρω, *aor act ptc nom p m*, stir up, rouse
34 ἁλίσκομαι, *aor act ind 2s*, be captured
35 ὥσπερ, just as
36 καταλογίζομαι, *aor pas ind 2s*, reckon among
37 ᾅδης, Hades, underworld
38 εὐφροσύνη, joy, gladness

ὑποκάτω[1] σου στρώσουσιν[2] σῆψιν,[3]
καὶ τὸ κατακάλυμμά[4] σου σκώληξ.[5]

12 πῶς ἐξέπεσεν[6] ἐκ τοῦ οὐρανοῦ ὁ ἑωσφόρος[7] ὁ πρωὶ[8] ἀνατέλλων;[9]
συνετρίβη[10] εἰς τὴν γῆν ὁ ἀποστέλλων πρὸς πάντα τὰ ἔθνη.
13 σὺ δὲ εἶπας ἐν τῇ διανοίᾳ[11] σου Εἰς τὸν οὐρανὸν ἀναβήσομαι,
ἐπάνω[12] τῶν ἄστρων[13] τοῦ οὐρανοῦ θήσω τὸν θρόνον μου,
καθιῶ ἐν ὄρει ὑψηλῷ[14] ἐπὶ τὰ ὄρη τὰ ὑψηλὰ τὰ πρὸς βορρᾶν,[15]
14 ἀναβήσομαι ἐπάνω[16] τῶν νεφελῶν,[17]
ἔσομαι ὅμοιος[18] τῷ ὑψίστῳ.[19]
15 νῦν δὲ εἰς ᾅδου[20] καταβήσῃ
καὶ εἰς τὰ θεμέλια[21] τῆς γῆς.
16 οἱ ἰδόντες σε θαυμάσουσιν[22] ἐπὶ σοὶ καὶ ἐροῦσιν
Οὗτος ὁ ἄνθρωπος ὁ παροξύνων[23] τὴν γῆν, σείων[24] βασιλεῖς;
17 ὁ θεὶς τὴν οἰκουμένην[25] ὅλην ἔρημον καὶ τὰς πόλεις καθεῖλεν,[26]
τοὺς ἐν ἐπαγωγῇ[27] οὐκ ἔλυσεν.
18 πάντες οἱ βασιλεῖς τῶν ἐθνῶν ἐκοιμήθησαν[28] ἐν τιμῇ,[29]
ἄνθρωπος ἐν τῷ οἴκῳ αὐτοῦ·
19 σὺ δὲ ῥιφήσῃ[30] ἐν τοῖς ὄρεσιν
ὡς νεκρὸς[31] ἐβδελυγμένος[32]
μετὰ πολλῶν τεθνηκότων[33] ἐκκεκεντημένων[34] μαχαίραις[35]
καταβαινόντων εἰς ᾅδου.[36]
ὃν τρόπον[37] ἱμάτιον ἐν αἵματι πεφυρμένον[38] οὐκ ἔσται καθαρόν,[39]
20 οὕτως οὐδὲ σὺ ἔσῃ καθαρός,[40]

1 ὑποκάτω, beneath
2 στρώννυμι, *fut act ind 3p*, spread out
3 σῆψις, decay
4 κατακάλυμμα, covering
5 σκώληξ, worm
6 ἐκπίπτω, *aor act ind 3s*, fall down
7 ἑωσφόρος, morning star
8 πρωί, (in the) morning
9 ἀνατέλλω, *pres act ptc nom s m*, rise up
10 συντρίβω, *aor pas ind 3s*, crush, shatter
11 διάνοια, mind
12 ἐπάνω, above
13 ἄστρον, star
14 ὑψηλός, high, lofty
15 βορρᾶς, north
16 ἐπάνω, above
17 νεφέλη, cloud
18 ὅμοιος, like
19 ὕψιστος, *sup*, Most High
20 ᾅδης, Hades, underworld
21 θεμέλιον, foundation
22 θαυμάζω, *fut act ind 3p*, be amazed, wonder
23 παροξύνω, *pres act ptc nom s m*, provoke, trouble
24 σείω, *pres act ptc nom s m*, shake, disturb
25 οἰκουμένη, inhabited world
26 καθαιρέω, *aor act ind 3s*, destroy, remove
27 ἐπαγωγή, distress, misery
28 κοιμάω, *aor pas ind 3p*, fall asleep
29 τιμή, honor
30 ῥίπτω, *fut pas ind 2s*, throw, cast
31 νεκρός, dead
32 βδελύσσω, *perf pas ptc nom s m*, treat as abominable
33 θνῄσκω, *perf act ptc gen p m*, die
34 ἐκκεντέω, *perf mid ptc gen p m*, pierce, stab
35 μάχαιρα, sword
36 ᾅδης, Hades, underworld
37 ὃν τρόπον, in the same manner
38 φύρω, *perf pas ptc nom s n*, steep, soak
39 καθαρός, clean, pure
40 καθαρός, clean, pure

διότι[1] τὴν γῆν μου ἀπώλεσας καὶ τὸν λαόν μου ἀπέκτεινας·
οὐ μὴ μείνῃς[2] εἰς τὸν αἰῶνα χρόνον, σπέρμα πονηρόν.

21 ἑτοίμασον τὰ τέκνα σου σφαγῆναι[3] ταῖς ἁμαρτίαις τοῦ πατρός σου,
ἵνα μὴ ἀναστῶσιν καὶ τὴν γῆν κληρονομήσωσιν[4]
καὶ ἐμπλήσωσι[5] τὴν γῆν πόλεων.

22 Καὶ ἐπαναστήσομαι[6] αὐτοῖς, λέγει κύριος σαβαωθ,[7] καὶ ἀπολῶ αὐτῶν
ὄνομα καὶ κατάλειμμα[8] καὶ σπέρμα — τάδε[9] λέγει κύριος — **23** καὶ θήσω τὴν
Βαβυλωνίαν ἔρημον ὥστε κατοικεῖν ἐχίνους,[10] καὶ ἔσται εἰς οὐδέν· καὶ θήσω
αὐτὴν πηλοῦ[11] βάραθρον[12] εἰς ἀπώλειαν.[13]

Oracle against Assyria

24 τάδε[14] λέγει κύριος σαβαωθ[15]

Ὃν τρόπον[16] εἴρηκα, οὕτως ἔσται,
καὶ ὃν τρόπον βεβούλευμαι,[17] οὕτως μενεῖ,[18]
25 τοῦ ἀπολέσαι τοὺς Ἀσσυρίους ἀπὸ τῆς γῆς τῆς ἐμῆς
καὶ ἀπὸ τῶν ὀρέων μου,
καὶ ἔσονται εἰς καταπάτημα,[19]
καὶ ἀφαιρεθήσεται[20] ἀπ᾽ αὐτῶν ὁ ζυγὸς[21] αὐτῶν,
καὶ τὸ κῦδος[22] αὐτῶν ἀπὸ τῶν ὤμων[23] ἀφαιρεθήσεται.
26 αὕτη ἡ βουλή,[24] ἣν βεβούλευται[25] κύριος ἐπὶ τὴν οἰκουμένην[26] ὅλην,
καὶ αὕτη ἡ χεὶρ ἡ ὑψηλὴ[27] ἐπὶ πάντα τὰ ἔθνη τῆς οἰκουμένης.
27 ἃ γὰρ ὁ θεὸς ὁ ἅγιος βεβούλευται,[28] τίς διασκεδάσει;[29]
καὶ τὴν χεῖρα τὴν ὑψηλὴν[30] τίς ἀποστρέψει;[31]

1 διότι, because
2 μένω, *aor act sub 2s*, remain
3 σφάζω, *aor pas inf*, slaughter
4 κληρονομέω, *aor act sub 3p*, inherit
5 ἐμπίμπλημι, *aor act sub 3p*, fill up
6 ἐπανίστημι, *fut mid ind 1s*, rise up against
7 σαβαωθ, of hosts, *translit.*
8 κατάλειμμα, remnant
9 ὅδε, this
10 ἐχῖνος, hedgehog
11 πηλός, mud, mire
12 βάραθρον, pit
13 ἀπώλεια, destruction
14 ὅδε, this
15 σαβαωθ, of hosts, *translit.*
16 ὃν τρόπον, in such manner
17 βουλεύω, *perf mid ind 1s*, determine, take counsel
18 μένω, *fut act ind 3s*, remain
19 καταπάτημα, trampling
20 ἀφαιρέω, *fut pas ind 3s*, remove, take away
21 ζυγός, yoke
22 κῦδος, burden
23 ὦμος, shoulder
24 βουλή, counsel, plan
25 βουλεύω, *perf mid ind 3s*, take counsel, devise
26 οἰκουμένη, inhabited world
27 ὑψηλός, upraised, lifted
28 βουλεύω, *perf mid ind 3s*, devise, plan
29 διασκεδάζω, *fut act ind 3s*, scatter
30 ὑψηλός, upraised, lofty
31 ἀποστρέφω, *fut act ind 3s*, turn away, avert

Oracle against the Foreigners

28 Τοῦ ἔτους, οὗ ἀπέθανεν Αχαζ ὁ βασιλεύς, ἐγενήθη τὸ ῥῆμα τοῦτο.

29 Μὴ εὐφρανθείητε,[1] πάντες οἱ ἀλλόφυλοι,[2]
συνετρίβη[3] γὰρ ὁ ζυγὸς[4] τοῦ παίοντος[5] ὑμᾶς·
ἐκ γὰρ σπέρματος ὄφεων[6] ἐξελεύσεται ἔκγονα[7] ἀσπίδων,[8]
καὶ τὰ ἔκγονα αὐτῶν ἐξελεύσονται ὄφεις πετόμενοι.[9]
30 καὶ βοσκηθήσονται[10] πτωχοὶ[11] δι᾽ αὐτοῦ,
πτωχοὶ δὲ ἄνδρες ἐπ᾽ εἰρήνης ἀναπαύσονται·[12]
ἀνελεῖ[13] δὲ λιμῷ[14] τὸ σπέρμα σου
καὶ τὸ κατάλειμμά[15] σου ἀνελεῖ.
31 ὀλολύζετε,[16] πύλαι[17] πόλεων,
κεκραγέτωσαν πόλεις τεταραγμέναι,[18] οἱ ἀλλόφυλοι[19] πάντες,
ὅτι καπνὸς[20] ἀπὸ βορρᾶ[21] ἔρχεται,
καὶ οὐκ ἔστιν τοῦ εἶναι.

32 καὶ τί ἀποκριθήσονται βασιλεῖς ἐθνῶν;
ὅτι κύριος ἐθεμελίωσεν[22] Σιων,
καὶ δι᾽ αὐτοῦ σωθήσονται οἱ ταπεινοὶ[23] τοῦ λαοῦ.

Word against the Moabites

15 Τὸ ῥῆμα τὸ κατὰ τῆς Μωαβίτιδος.

Νυκτὸς ἀπολεῖται ἡ Μωαβῖτις,
νυκτὸς γὰρ ἀπολεῖται τὸ τεῖχος[24] τῆς Μωαβίτιδος.
2 λυπεῖσθε[25] ἐφ᾽ ἑαυτοῖς, ἀπολεῖται γὰρ καὶ Δηβων·
οὗ ὁ βωμὸς[26] ὑμῶν, ἐκεῖ ἀναβήσεσθε κλαίειν·
ἐπὶ Ναβαυ τῆς Μωαβίτιδος ὀλολύζετε[27]

1 εὐφραίνω, *aor pas opt 2p*, rejoice
2 ἀλλόφυλος, foreign
3 συντρίβω, *aor pas ind 3s*, shatter
4 ζυγός, yoke
5 παίω, *pres act ptc gen s m*, hit, strike
6 ὄφις, snake
7 ἔκγονος, offspring
8 ἀσπίς, asp, serpent
9 πέτομαι, *pres mid ptc nom p m*, fly
10 βόσκω, *fut pas ind 3p*, feed, graze
11 πτωχός, poor
12 ἀναπαύω, *fut mid ind 3p*, rest
13 ἀναιρέω, *fut act ind 3s*, remove, take away
14 λιμός, hunger, famine
15 κατάλειμμα, remnant
16 ὀλολύζω, *pres act impv 2p*, cry with a loud voice
17 πύλη, gate
18 ταράσσω, *perf pas ptc nom p f*, disturb, agitate
19 ἀλλόφυλος, foreign
20 καπνός, smoke
21 βορρᾶς, north
22 θεμελιόω, *aor act ind 3s*, lay the foundation
23 ταπεινός, humble
24 τεῖχος, city wall
25 λυπέω, *pres mid impv 2p*, grieve, mourn
26 βωμός, (illegitimate) altar
27 ὀλολύζω, *pres act impv 2p*, cry with a loud voice

ἐπὶ πάσης κεφαλῆς φαλάκρωμα,[1]
πάντες βραχίονες[2] κατατετμημένοι·[3]
3 ἐν ταῖς πλατείαις[4] αὐτῆς περιζώσασθε[5] σάκκους[6] καὶ κόπτεσθε,[7]
ἐπὶ τῶν δωμάτων[8] αὐτῆς καὶ ἐν ταῖς ῥύμαις[9] αὐτῆς
πάντες ὀλολύζετε[10] μετὰ κλαυθμοῦ.[11]
4 ὅτι κέκραγεν Εσεβων καὶ Ελεαλη,
ἕως Ιασσα ἠκούσθη ἡ φωνὴ αὐτῶν·
διὰ τοῦτο ἡ ὀσφὺς[12] τῆς Μωαβίτιδος βοᾷ,[13]
ἡ ψυχὴ αὐτῆς γνώσεται.

5 ἡ καρδία τῆς Μωαβίτιδος βοᾷ[14] ἐν αὐτῇ ἕως Σηγωρ,
δάμαλις[15] γάρ ἐστιν τριετής·[16]
ἐπὶ δὲ τῆς ἀναβάσεως[17] τῆς Λουιθ πρὸς σὲ κλαίοντες ἀναβήσονται,
τῇ ὁδῷ Αρωνιιμ βοᾷ σύντριμμα[18] καὶ σεισμός.[19]
6 τὸ ὕδωρ τῆς Νεμριμ ἔρημον ἔσται,
καὶ ὁ χόρτος[20] αὐτῆς ἐκλείψει·[21]
χόρτος γὰρ χλωρὸς[22] οὐκ ἔσται.
7 μὴ καὶ οὕτως μέλλει[23] σωθῆναι;
ἐπάξω[24] γὰρ ἐπὶ τὴν φάραγγα[25] Ἄραβας,
καὶ λήμψονται αὐτήν.
8 συνῆψεν[26] γὰρ ἡ βοὴ[27] τὸ ὅριον[28] τῆς Μωαβίτιδος τῆς Αγαλλιμ,
καὶ ὀλολυγμὸς[29] αὐτῆς ἕως τοῦ φρέατος[30] τοῦ Αιλιμ.
9 τὸ δὲ ὕδωρ τὸ Ρεμμων πλησθήσεται[31] αἵματος·
ἐπάξω[32] γὰρ ἐπὶ Ρεμμων Ἄραβας
καὶ ἀρῶ τὸ σπέρμα Μωαβ καὶ Αριηλ
καὶ τὸ κατάλοιπον[33] Αδαμα.

1 φαλάκρωμα, baldness
2 βραχίων, arm
3 κατατέμνω, *perf mid ptc nom p m*, cut to pieces, gash
4 πλατύς, broad space, (street)
5 περιζώννυμι, *aor mid impv 2p*, clothe with, put on
6 σάκκος, sackcloth, *Heb. LW*
7 κόπτω, *pres mid impv 2p*, beat, strike
8 δῶμα, housetop
9 ῥύμη, street
10 ὀλολύζω, *pres act impv 2p*, cry with a loud voice
11 κλαυθμός, wailing
12 ὀσφύς, loins
13 βοάω, *pres act ind 3s*, cry aloud
14 βοάω, *pres act ind 3s*, cry aloud
15 δάμαλις, young cow
16 τριετής, three years old
17 ἀνάβασις, ascent
18 σύντριμμα, affliction
19 σεισμός, earthquake
20 χόρτος, grass
21 ἐκλείπω, *fut act ind 3s*, cease, fail
22 χλωρός, green
23 μέλλω, *pres act ind 3s*, be about to
24 ἐπάγω, *fut act ind 1s*, bring upon
25 φάραγξ, ravine
26 συνάπτω, *aor act ind 3s*, extend to, reach
27 βοή, outcry
28 ὅριον, border, boundary
29 ὀλολυγμός, wailing, loud cry
30 φρέαρ, well
31 πίμπλημι, *fut pas ind 3s*, fill up
32 ἐπάγω, *fut act ind 1s*, bring upon
33 κατάλοιπος, remnant

16 Ἀποστελῶ ὡς ἑρπετὰ[1] ἐπὶ τὴν γῆν·
μὴ πέτρα[2] ἔρημός ἐστιν τὸ ὄρος Σιων;
2 ἔσῃ γὰρ ὡς πετεινοῦ[3] ἀνιπταμένου[4] νεοσσὸς[5] ἀφῃρημένος,[6]
θύγατερ[7] Μωαβ.
ἔπειτα[8] δέ, Αρνων, **3** πλείονα[9] βουλεύου,[10]
ποιεῖτε σκέπην[11] πένθους[12] αὐτῇ διὰ παντός·
ἐν μεσημβρινῇ[13] σκοτίᾳ[14] φεύγουσιν,[15]
ἐξέστησαν,[16] μὴ ἀπαχθῇς.[17]
4 παροικήσουσίν[18] σοι οἱ φυγάδες[19] Μωαβ,
ἔσονται σκέπη[20] ὑμῖν ἀπὸ προσώπου διώκοντος,
ὅτι ἤρθη ἡ συμμαχία[21] σου,
καὶ ὁ ἄρχων ἀπώλετο ὁ καταπατῶν[22] ἐπὶ τῆς γῆς.
5 καὶ διορθωθήσεται[23] μετ᾽ ἐλέους[24] θρόνος,
καὶ καθίεται ἐπ᾽ αὐτοῦ μετὰ ἀληθείας ἐν σκηνῇ[25] Δαυιδ
κρίνων καὶ ἐκζητῶν[26] κρίμα[27] καὶ σπεύδων[28] δικαιοσύνην.

6 Ἠκούσαμεν τὴν ὕβριν[29] Μωαβ, ὑβριστὴς[30] σφόδρα,[31]
τὴν ὑπερηφανίαν[32] ἐξῆρας.[33] οὐχ οὕτως ἡ μαντεία[34] σου,
7 οὐχ οὕτως. ὀλολύξει[35] Μωαβ, ἐν γὰρ τῇ Μωαβίτιδι πάντες ὀλολύξουσιν·[36]
τοῖς κατοικοῦσιν Δεσεθ μελετήσεις[37] καὶ οὐκ ἐντραπήσῃ.[38]

8 τὰ πεδία[39] Εσεβων πενθήσει,[40] ἄμπελος[41] Σεβαμα·
καταπίνοντες[42] τὰ ἔθνη καταπατήσατε[43] τὰς ἀμπέλους αὐτῆς ἕως Ιαζηρ·

1 ἑρπετόν, creeping thing
2 πέτρα, rock
3 πετεινός, bird
4 ἀνίπταμαι, *pres mid ptc gen s n*, fly
5 νεοσσός, young bird, nestling
6 ἀφαιρέω, *perf pas ptc nom s m*, take away
7 θυγάτηρ, daughter
8 ἔπειτα, thereafter, then
9 πλείων/πλεῖον, *comp of* πολύς, greater, additional
10 βουλεύω, *pres mid impv 2s*, take counsel (with someone)
11 σκέπη, covering, shelter
12 πένθος, grief, mourning
13 μεσημβρινός, midday
14 σκοτία, darkness
15 φεύγω, *pres act ind 3p*, flee
16 ἐξίστημι, *aor act ind 3p*, be confounded
17 ἀπάγω, *aor pas sub 2s*, lead away
18 παροικέω, *fut act ind 3p*, inhabit as an alien
19 φυγάς, fugitive
20 σκέπη, covering, shelter
21 συμμαχία, alliance
22 καταπατέω, *pres act ptc nom s m*, trample
23 διορθόω, *fut pas ind 3s*, restore to order
24 ἔλεος, mercy
25 σκηνή, tent
26 ἐκζητέω, *pres act ptc nom s m*, seek out
27 κρίμα, judgment
28 σπεύδω, *pres act ptc nom s m*, strive after
29 ὕβρις, insolence, arrogance
30 ὑβριστής, insolent, arrogant
31 σφόδρα, exceedingly
32 ὑπερηφανία, pride
33 ἐξαίρω, *aor act ind 2s*, remove
34 μαντεία, divination, oracle
35 ὀλολύζω, *fut act ind 3s*, cry with a loud voice
36 ὀλολύζω, *fut act ind 3p*, cry with a loud voice
37 μελετάω, *fut act ind 2s*, care for
38 ἐντρέπω, *fut pas ind 2s*, feel shame
39 πεδίον, plain, field
40 πενθέω, *fut act ind 3s*, mourn
41 ἄμπελος, vine
42 καταπίνω, *pres act ptc nom p m*, swallow up
43 καταπατέω, *aor act impv 2p*, trample

οὐ μὴ συνάψητε,[1] πλανήθητε τὴν ἔρημον·
οἱ ἀπεσταλμένοι ἐγκατελείφθησαν,[2] διέβησαν[3] γὰρ τὴν ἔρημον.

9 διὰ τοῦτο κλαύσομαι ὡς τὸν κλαυθμὸν[4] Ιαζηρ ἄμπελον[5] Σεβαμα·
τὰ δένδρα[6] σου κατέβαλεν, Εσεβων καὶ Ελεαλη,
ὅτι ἐπὶ τῷ θερισμῷ[7] καὶ ἐπὶ τῷ τρυγήτῳ[8] σου καταπατήσω,[9]
καὶ πάντα πεσοῦνται.

10 καὶ ἀρθήσεται εὐφροσύνη[10] καὶ ἀγαλλίαμα[11] ἐκ τῶν ἀμπελώνων[12] σου,
καὶ ἐν τοῖς ἀμπελῶσίν σου οὐ μὴ εὐφρανθήσονται[13]
καὶ οὐ μὴ πατήσουσιν[14] οἶνον εἰς τὰ ὑπολήνια,[15]
πέπαυται[16] γάρ.

11 διὰ τοῦτο ἡ κοιλία[17] μου ἐπὶ Μωαβ ὡς κιθάρα[18] ἠχήσει,[19]
καὶ τὰ ἐντός[20] μου ὡσεὶ[21] τεῖχος,[22] ὃ ἐνεκαίνισας.[23]

12 καὶ ἔσται εἰς τὸ ἐντραπῆναί[24] σε,
ὅτι ἐκοπίασεν[25] Μωαβ ἐπὶ τοῖς βωμοῖς[26]
καὶ εἰσελεύσεται εἰς τὰ χειροποίητα[27] αὐτῆς ὥστε προσεύξασθαι,
καὶ οὐ μὴ δύνηται ἐξελέσθαι[28] αὐτόν.

13 Τοῦτο τὸ ῥῆμα, ὃ ἐλάλησεν κύριος ἐπὶ Μωαβ, ὁπότε[29] καὶ ἐλάλησεν. **14** καὶ νῦν
λέγω Ἐν τρισὶν[30] ἔτεσιν ἐτῶν μισθωτοῦ[31] ἀτιμασθήσεται[32] ἡ δόξα Μωαβ ἐν παντὶ τῷ
πλούτῳ[33] τῷ πολλῷ, καὶ καταλειφθήσεται[34] ὀλιγοστὸς[35] καὶ οὐκ ἔντιμος.[36]

Word against Damascus

17 Τὸ ῥῆμα τὸ κατὰ Δαμασκοῦ.

Ἰδοὺ Δαμασκὸς ἀρθήσεται ἀπὸ πόλεων
καὶ ἔσται εἰς πτῶσιν,[37]

1 συνάπτω, *aor act sub 2p*, join together
2 ἐγκαταλείπω, *aor pas ind 3p*, leave behind
3 διαβαίνω, *aor act ind 3p*, cross over
4 κλαυθμός, wailing
5 ἄμπελος, vine
6 δένδρον, tree
7 θερισμός, harvest
8 τρύγητος, gathering of fruit, vintage
9 καταπατέω, *fut act ind 1s*, trample
10 εὐφροσύνη, joy, gladness
11 ἀγαλλίαμα, rejoicing
12 ἀμπελών, vineyard
13 εὐφραίνω, *fut pas ind 3p*, be glad, rejoice
14 πατέω, *fut act ind 3p*, tread upon
15 ὑπολήνιον, vat (in a vineyard)
16 παύω, *perf mid ind 3s*, cease, fail
17 κοιλία, belly
18 κιθάρα, lyre
19 ἠχέω, *fut act ind 3s*, make a sound
20 ἐντός, inward (part)
21 ὡσεί, as
22 τεῖχος, city wall
23 ἐγκαινίζω, *aor act ind 2s*, restore, renew
24 ἐντρέπω, *aor pas inf*, feel shame
25 κοπιάω, *aor act ind 3s*, toil, grow weary
26 βωμός, (illegitimate) altar
27 χειροποίητος, handmade (object), (idol)
28 ἐξαιρέω, *aor mid inf*, deliver, rescue
29 ὁπότε, when
30 τρεῖς, three
31 μισθωτός, hired worker
32 ἀτιμάζω, *fut pas ind 3s*, dishonor
33 πλοῦτος, wealth
34 καταλείπω, *fut pas ind 3s*, leave
35 ὀλίγος, *sup*, fewest (in number)
36 ἔντιμος, honorable
37 πτῶσις, calamity, destruction

2 καταλελειμμένη[1] εἰς τὸν αἰῶνα,
εἰς κοίτην[2] ποιμνίων[3] καὶ ἀνάπαυσιν,[4]
καὶ οὐκ ἔσται ὁ διώκων.
3 καὶ οὐκέτι ἔσται ὀχυρὰ[5] τοῦ καταφυγεῖν[6] Εφραιμ,
καὶ οὐκέτι ἔσται βασιλεία ἐν Δαμασκῷ,
καὶ τὸ λοιπὸν[7] τῶν Σύρων ἀπολεῖται·
οὐ γὰρ σὺ βελτίων[8] εἶ τῶν υἱῶν Ισραηλ καὶ τῆς δόξης αὐτῶν·
τάδε[9] λέγει κύριος σαβαωθ.[10]

4 Ἔσται ἐν τῇ ἡμέρᾳ ἐκείνῃ ἔκλειψις[11] τῆς δόξης Ιακωβ,
καὶ τὰ πίονα[12] τῆς δόξης αὐτοῦ σεισθήσεται.[13]
5 καὶ ἔσται ὃν τρόπον[14] ἐάν τις συναγάγῃ ἀμητὸν[15] ἑστηκότα
καὶ σπέρμα σταχύων[16] ἐν τῷ βραχίονι[17] αὐτοῦ ἀμήσῃ,[18]
καὶ ἔσται ὃν τρόπον ἐάν τις συναγάγῃ στάχυν ἐν φάραγγι[19] στερεᾷ[20]
6 καὶ καταλειφθῇ[21] ἐν αὐτῇ καλάμη[22]
ἢ ὡς ῥῶγες[23] ἐλαίας[24] δύο ἢ τρεῖς ἐπ᾽ ἄκρου[25] μετεώρου[26]
ἢ τέσσαρες ἢ πέντε ἐπὶ τῶν κλάδων[27] αὐτῶν καταλειφθῇ·[28]
τάδε[29] λέγει κύριος ὁ θεὸς Ισραηλ.

7 τῇ ἡμέρᾳ ἐκείνῃ πεποιθὼς ἔσται ἄνθρωπος ἐπὶ τῷ ποιήσαντι αὐτόν,
οἱ δὲ ὀφθαλμοὶ αὐτοῦ εἰς τὸν ἅγιον τοῦ Ισραηλ ἐμβλέψονται,[30]
8 καὶ οὐ μὴ πεποιθότες ὦσιν ἐπὶ τοῖς βωμοῖς[31]
οὐδὲ ἐπὶ τοῖς ἔργοις τῶν χειρῶν αὐτῶν,
ἃ ἐποίησαν οἱ δάκτυλοι[32] αὐτῶν,
καὶ οὐκ ὄψονται τὰ δένδρα[33] αὐτῶν οὐδὲ τὰ βδελύγματα[34] αὐτῶν.

1 καταλείπω, *perf pas ptc nom s f*, leave, desert
2 κοίτη, pen, fold (for animals)
3 ποίμνιον, flock (of sheep)
4 ἀνάπαυσις, resting place
5 ὀχυρός, strong, secure
6 καταφεύγω, *aor act inf*, flee for refuge
7 λοιπός, remaining
8 βελτίων, *comp of* ἀγαθός, better
9 ὅδε, this
10 σαβαωθ, of hosts, *translit.*
11 ἔκλειψις, failing, downfall
12 πίων, richness
13 σείω, *fut pas ind 3s*, shake, agitate
14 ὃν τρόπον, in the manner
15 ἀμητός, crop
16 στάχυς, head of grain
17 βραχίων, arm
18 ἀμάω, *aor act sub 3s*, reap, gather
19 φάραγξ, ravine
20 στερεός, severe, (barren)
21 καταλείπω, *aor pas sub 3s*, leave behind
22 καλάμη, stalk
23 ῥώξ, fruit, (olive)
24 ἐλαία, olive tree
25 ἄκρος, topmost
26 μετέωρος, high place
27 κλάδος, branch
28 καταλείπω, *aor pas sub 3s*, leave behind
29 ὅδε, this
30 ἐμβλέπω, *fut mid ind 3p*, look toward
31 βωμός, (illegitimate) altar
32 δάκτυλος, finger
33 δένδρον, tree
34 βδέλυγμα, abomination

9 τῇ ἡμέρᾳ ἐκείνῃ ἔσονται αἱ πόλεις σου ἐγκαταλελειμμέναι,[1]
ὃν τρόπον[2] ἐγκατέλιπον[3] οἱ Αμορραῖοι καὶ οἱ Ευαῖοι
ἀπὸ προσώπου τῶν υἱῶν Ισραηλ, καὶ ἔσονται ἔρημοι,
10 διότι[4] κατέλιπες[5] τὸν θεὸν τὸν σωτῆρά[6] σου
καὶ κυρίου τοῦ βοηθοῦ[7] σου οὐκ ἐμνήσθης.[8]
διὰ τοῦτο φυτεύσεις[9] φύτευμα[10] ἄπιστον[11] καὶ σπέρμα ἄπιστον·
11 τῇ δὲ ἡμέρᾳ, ᾗ ἂν φυτεύσῃς,[12] πλανηθήσῃ·
τὸ δὲ πρωί,[13] ἐὰν σπείρῃς,[14] ἀνθήσει[15] εἰς ἀμητὸν[16] ᾗ ἂν ἡμέρᾳ
κληρώσῃ,[17]
καὶ ὡς πατὴρ ἀνθρώπου κληρώσῃ τοῖς υἱοῖς σου.

12 Οὐαὶ πλῆθος ἐθνῶν πολλῶν·
ὡς θάλασσα κυμαίνουσα[18] οὕτως ταραχθήσεσθε,[19]
καὶ νῶτος[20] ἐθνῶν πολλῶν ὡς ὕδωρ ἠχήσει.[21]
13 ὡς ὕδωρ πολὺ ἔθνη πολλά,
ὡς ὕδατος πολλοῦ βίᾳ[22] καταφερομένου·[23]
καὶ ἀποσκορακιεῖ[24] αὐτὸν καὶ πόρρω[25] αὐτὸν διώξεται
ὡς χνοῦν[26] ἀχύρου[27] λικμώντων[28] ἀπέναντι[29] ἀνέμου[30]
καὶ ὡς κονιορτὸν[31] τροχοῦ[32] καταιγὶς[33] φέρουσα.
14 πρὸς ἑσπέραν[34] ἔσται πένθος,[35]
πρὶν[36] ἢ πρωὶ[37] καὶ οὐκ ἔσται,
αὕτη ἡ μερὶς[38] τῶν ὑμᾶς προνομευσάντων[39]
καὶ κληρονομία[40] τοῖς ὑμᾶς κληρονομήσασιν.[41]

1 ἐγκαταλείπω, *perf pas ptc nom p f*, abandon, forsake
2 ὃν τρόπον, just as
3 ἐγκαταλείπω, *aor act ind 3p*, abandon, forsake
4 διότι, because
5 καταλείπω, *aor act ind 2s*, leave, desert
6 σωτήρ, savior
7 βοηθός, helper
8 μιμνήσκομαι, *aor pas ind 2s*, remember
9 φυτεύω, *fut act ind 2s*, plant
10 φύτευμα, planting
11 ἄπιστος, unfaithful
12 φυτεύω, *aor act sub 2s*, plant
13 πρωί, (in the) morning
14 σπείρω, *aor act sub 2s*, sow
15 ἀνθέω, *fut act ind 3s*, blossom
16 ἀμητός, crop
17 κληρόω, *fut mid ind 2s*, obtain
18 κυμαίνω, *pres act ptc nom s f*, billow, roll
19 ταράσσω, *fut pas ind 2p*, disturb, agitate
20 νῶτος, back
21 ἠχέω, *fut act ind 3s*, roar
22 βία, force, violence
23 καταφέρω, *pres mid ptc gen s m*, rush against
24 ἀποσκορακίζω, *fut act ind 3s*, curse
25 πόρρω, far away
26 χνοῦς, dust
27 ἄχυρον, chaff
28 λικμάω, *pres act ptc gen p m*, winnow
29 ἀπέναντι, before
30 ἄνεμος, wind
31 κονιορτός, cloud of dust
32 τροχός, wheel
33 καταιγίς, storm
34 ἑσπέρα, evening
35 πένθος, grief, mourning
36 πρίν, before
37 πρωί, morning
38 μερίς, portion, lot
39 προνομεύω, *aor act ptc gen p m*, plunder
40 κληρονομία, inheritance
41 κληρονομέω, *aor act ptc dat p m*, inherit, dispossess

Woe to the Land beyond the River of Ethiopia

18 Οὐαὶ γῆς πλοίων[1] πτέρυγες[2]
ἐπέκεινα[3] ποταμῶν[4] Αἰθιοπίας,
2 ὁ ἀποστέλλων ἐν θαλάσσῃ ὅμηρα[5]
καὶ ἐπιστολὰς[6] βυβλίνας[7] ἐπάνω[8] τοῦ ὕδατος·
πορεύσονται γὰρ ἄγγελοι κοῦφοι[9] πρὸς ἔθνος μετέωρον[10]
καὶ ξένον[11] λαὸν καὶ χαλεπόν,[12] τίς αὐτοῦ ἐπέκεινα;[13]
ἔθνος ἀνέλπιστον[14] καὶ καταπεπατημένον.[15]

νῦν οἱ ποταμοὶ[16] τῆς γῆς
3 πάντες ὡς χώρα[17] κατοικουμένη·
κατοικηθήσεται ἡ χώρα αὐτῶν ὡσεὶ[18] σημεῖον ἀπὸ ὄρους ἀρθῇ,
ὡς σάλπιγγος[19] φωνὴ ἀκουστὸν[20] ἔσται.
4 ὅτι οὕτως εἶπέν μοι κύριος
Ἀσφάλεια[21] ἔσται ἐν τῇ ἐμῇ πόλει ὡς φῶς καύματος[22] μεσημβρίας,[23]
καὶ ὡς νεφέλη[24] δρόσου[25] ἡμέρας ἀμήτου[26] ἔσται.
5 πρὸ τοῦ θερισμοῦ,[27] ὅταν συντελεσθῇ[28] ἄνθος[29]
καὶ ὄμφαξ[30] ἀνθήσῃ[31] ἄνθος ὀμφακίζουσα,[32]
καὶ ἀφελεῖ[33] τὰ βοτρύδια[34] τὰ μικρὰ τοῖς δρεπάνοις[35]
καὶ τὰς κληματίδας[36] ἀφελεῖ καὶ κατακόψει[37]
6 καὶ καταλείψει[38] ἅμα[39] τοῖς πετεινοῖς[40] τοῦ οὐρανοῦ
καὶ τοῖς θηρίοις τῆς γῆς,

1 πλοῖον, ship
2 πτέρυξ, wing
3 ἐπέκεινα, beyond, on the other side of
4 ποταμός, river
5 ὅμηρος, hostage
6 ἐπιστολή, letter
7 βύβλινος, made of papyrus paper
8 ἐπάνω, upon
9 κοῦφος, nimble, swift
10 μετέωρος, uplifted
11 ξένος, foreign, strange
12 χαλεπός, cruel, harsh
13 ἐπέκεινα, beyond
14 ἀνέλπιστος, unhoped for
15 καταπατέω, *perf pas ptc nom s n*, trample down, oppress
16 ποταμός, river
17 χώρα, land, country
18 ὡσεί, as
19 σάλπιγξ, trumpet
20 ἀκουστός, audible
21 ἀσφάλεια, security, safety
22 καῦμα, heat
23 μεσημβρία, midday
24 νεφέλη, cloud
25 δρόσος, dew
26 ἄμητος, reaping
27 θερισμός, harvest
28 συντελέω, *aor pas sub 3s*, mature
29 ἄνθος, blossom, flower
30 ὄμφαξ, unripe grape
31 ἀνθέω, *aor act sub 3s*, bloom
32 ὀμφακίζω, *pres act ptc nom s f*, bear sour grapes
33 ἀφαιρέω, *fut act ind 3s*, remove, prune
34 βοτρύδιον, small cluster
35 δρέπανον, pruning knife
36 κληματίς, vine twig
37 κατακόπτω, *fut act ind 3s*, cut down
38 καταλείπω, *fut act ind 3s*, leave
39 ἅμα, together
40 πετεινός, bird

καὶ συναχθήσεται ἐπ᾽ αὐτοὺς τὰ πετεινὰ τοῦ οὐρανοῦ,
καὶ πάντα τὰ θηρία τῆς γῆς ἐπ᾽ αὐτὸν ἥξει.[1]

7 ἐν τῷ καιρῷ ἐκείνῳ ἀνενεχθήσεται[2] δῶρα[3] κυρίῳ σαβαωθ[4] ἐκ λαοῦ τεθλιμμένου[5]
καὶ τετιλμένου[6] καὶ ἀπὸ λαοῦ μεγάλου ἀπὸ τοῦ νῦν καὶ εἰς τὸν αἰῶνα χρόνον· ἔθνος
ἐλπίζον καὶ καταπεπατημένον,[7] ὅ ἐστιν ἐν μέρει ποταμοῦ[8] τῆς χώρας[9] αὐτοῦ, εἰς τὸν
τόπον, οὗ[10] τὸ ὄνομα κυρίου σαβαωθ[11] ἐπεκλήθη,[12] ὄρος Σιων.

Vision concerning Egypt

19 Ὅρασις[13] Αἰγύπτου.

Ἰδοὺ κύριος κάθηται ἐπὶ νεφέλης[14] κούφης[15] καὶ ἥξει[16] εἰς Αἴγυπτον,
καὶ σεισθήσεται[17] τὰ χειροποίητα[18] Αἰγύπτου ἀπὸ προσώπου αὐτοῦ,
καὶ ἡ καρδία αὐτῶν ἡττηθήσεται[19] ἐν αὐτοῖς.
2 καὶ ἐπεγερθήσονται[20] Αἰγύπτιοι ἐπ᾽ Αἰγυπτίους,
καὶ πολεμήσει ἄνθρωπος τὸν ἀδελφὸν αὐτοῦ
καὶ ἄνθρωπος τὸν πλησίον[21] αὐτοῦ,
πόλις ἐπὶ πόλιν καὶ νομὸς ἐπὶ νομόν.
3 καὶ ταραχθήσεται[22] τὸ πνεῦμα τῶν Αἰγυπτίων ἐν αὐτοῖς,
καὶ τὴν βουλὴν[23] αὐτῶν διασκεδάσω,[24]
καὶ ἐπερωτήσουσιν[25] τοὺς θεοὺς αὐτῶν καὶ τὰ ἀγάλματα[26] αὐτῶν
καὶ τοὺς ἐκ τῆς γῆς φωνοῦντας καὶ τοὺς ἐγγαστριμύθους.[27]
4 καὶ παραδώσω Αἴγυπτον εἰς χεῖρας ἀνθρώπων κυρίων σκληρῶν,[28]
καὶ βασιλεῖς σκληροὶ κυριεύσουσιν[29] αὐτῶν·
τάδε[30] λέγει κύριος σαβαωθ.[31]

5 καὶ πίονται οἱ Αἰγύπτιοι ὕδωρ τὸ παρὰ θάλασσαν,
ὁ δὲ ποταμὸς[32] ἐκλείψει[33] καὶ ξηρανθήσεται·[34]

1 ἥκω, *fut act ind 3s*, come
2 ἀναφέρω, *fut pas ind 3s*, bring up
3 δῶρον, gift
4 σαβαωθ, of hosts, *translit.*
5 θλίβω, *perf pas ptc gen s m*, afflict, oppress
6 τίλλω, *perf pas ptc gen s m*, pluck
7 καταπατέω, *perf pas ptc nom s n*, trample down
8 ποταμός, river
9 χώρα, land, region
10 οὗ, where
11 σαβαωθ, of hosts, *translit.*
12 ἐπικαλέω, *aor pas ind 3s*, call upon
13 ὅρασις, vision
14 νεφέλη, cloud
15 κοῦφος, swift
16 ἥκω, *fut act ind 3s*, come
17 σείω, *fut pas ind 3s*, shake, quake
18 χειροποίητος, handmade (object), (idol)
19 ἡττάω, *fut pas ind 3s*, overcome, defeat
20 ἐπεγείρω, *fut pas ind 3p*, raise up against
21 πλησίον, neighbor
22 ταράσσω, *fut pas ind 3s*, disturb, agitate
23 βουλή, counsel
24 διασκεδάζω, *fut act ind 1s*, scatter
25 ἐπερωτάω, *fut act ind 3p*, inquire of
26 ἄγαλμα, statue, image
27 ἐγγαστρίμυθος, ventriloquist
28 σκληρός, severe, harsh
29 κυριεύω, *fut act ind 3p*, rule over, dominate
30 ὅδε, this
31 σαβαωθ, of hosts, *translit.*
32 ποταμός, river
33 ἐκλείπω, *fut act ind 3s*, cease, fail
34 ξηραίνω, *fut pas ind 3s*, dry up

6 καὶ ἐκλείψουσιν[1] οἱ ποταμοὶ[2] καὶ αἱ διώρυγες[3] τοῦ ποταμοῦ,
καὶ ξηρανθήσεται[4] πᾶσα συναγωγὴ ὕδατος
καὶ ἐν παντὶ ἕλει[5] καλάμου[6] καὶ παπύρου·[7]
7 καὶ τὸ ἄχι[8] τὸ χλωρὸν[9] πᾶν τὸ κύκλῳ[10] τοῦ ποταμοῦ[11]
καὶ πᾶν τὸ σπειρόμενον[12] διὰ τοῦ ποταμοῦ ξηρανθήσεται[13]
ἀνεμόφθορον.[14]
8 καὶ στενάξουσιν[15] οἱ ἁλεεῖς,[16]
καὶ στενάξουσιν πάντες οἱ βάλλοντες[17] ἄγκιστρον[18] εἰς τὸν ποταμόν,[19]
καὶ οἱ βάλλοντες σαγήνας[20] καὶ οἱ ἀμφιβολεῖς[21] πενθήσουσιν.[22]
9 καὶ αἰσχύνη[23] λήμψεται τοὺς ἐργαζομένους τὸ λίνον[24] τὸ σχιστόν[25]
καὶ τοὺς ἐργαζομένους τὴν βύσσον,[26]
10 καὶ ἔσονται οἱ διαζόμενοι[27] αὐτὰ ἐν ὀδύνῃ,[28]
καὶ πάντες οἱ τὸν ζῦθον[29] ποιοῦντες λυπηθήσονται[30]
καὶ τὰς ψυχὰς πονέσουσιν.[31]

11 καὶ μωροὶ[32] ἔσονται οἱ ἄρχοντες Τάνεως·
οἱ σοφοὶ[33] σύμβουλοι[34] τοῦ βασιλέως,
ἡ βουλὴ[35] αὐτῶν μωρανθήσεται.[36]
πῶς ἐρεῖτε τῷ βασιλεῖ Υἱοὶ συνετῶν[37] ἡμεῖς,
υἱοὶ βασιλέων τῶν ἐξ ἀρχῆς;
12 ποῦ εἰσιν νῦν οἱ σοφοί[38] σου;
καὶ ἀναγγειλάτωσάν[39] σοι καὶ εἰπάτωσαν
τί βεβούλευται[40] κύριος σαβαωθ[41] ἐπ᾽ Αἴγυπτον.

1 ἐκλείπω, *fut act ind 3p*, cease, fail
2 ποταμός, river
3 διῶρυξ, canal, channel
4 ξηραίνω, *fut pas ind 3s*, dry up
5 ἕλος, marshland
6 κάλαμος, reeds
7 πάπυρος, papyrus
8 ἄχι, grass, sedge weed
9 χλωρός, green
10 κύκλῳ, around
11 ποταμός, river
12 σπείρω, *pres pas ptc nom s n*, disperse
13 ξηραίνω, *fut pas ind 3s*, dry up
14 ἀνεμόφθορος, wind-blasted
15 στενάζω, *fut act ind 3p*, groan
16 ἁλιεύς, fishermen
17 βάλλω, *pres act ptc nom p m*, cast, throw
18 ἄγκιστρον, hook
19 ποταμός, river
20 σαγήνη, fishnet
21 ἀμφιβολεύς, angler
22 πενθέω, *fut act ind 3p*, mourn
23 αἰσχύνη, shame, disgrace
24 λίνον, flax
25 σχιστός, fine
26 βύσσος, linen
27 διάζομαι, *pres mid ptc nom p m*, set the warp in the loom, (weave)
28 ὀδύνη, pain
29 ζῦθος, strong drink
30 λυπέω, *fut pas ind 3p*, be distressed
31 πονέω, *fut act ind 3p*, be afflicted
32 μωρός, foolish
33 σοφός, wise
34 σύμβουλος, advisor
35 βουλή, counsel
36 μωραίνω, *fut pas ind 3s*, make foolish
37 συνετός, prudent
38 σοφός, wise
39 ἀναγγέλλω, *aor act impv 3p*, pronounce
40 βουλεύω, *perf mid ind 3s*, devise
41 σαβαωθ, of hosts, *translit.*

13 ἐξέλιπον[1] οἱ ἄρχοντες Τάνεως,
καὶ ὑψώθησαν[2] οἱ ἄρχοντες Μέμφεως,
καὶ πλανήσουσιν Αἴγυπτον κατὰ φυλάς.
14 κύριος γὰρ ἐκέρασεν[3] αὐτοῖς πνεῦμα πλανήσεως,[4]
καὶ ἐπλάνησαν Αἴγυπτον ἐν πᾶσι τοῖς ἔργοις αὐτῶν,
ὡς πλανᾶται ὁ μεθύων[5] καὶ ὁ ἐμῶν[6] ἅμα.[7]
15 καὶ οὐκ ἔσται τοῖς Αἰγυπτίοις ἔργον,
ὃ ποιήσει κεφαλὴν καὶ οὐράν,[8] ἀρχὴν καὶ τέλος.

Egypt, Assyria, and Israel Will Be Blessed

16 Τῇ δὲ ἡμέρᾳ ἐκείνῃ ἔσονται οἱ Αἰγύπτιοι ὡς γυναῖκες ἐν φόβῳ καὶ ἐν τρόμῳ[9] ἀπὸ
προσώπου τῆς χειρὸς κυρίου σαβαωθ,[10] ἣν αὐτὸς ἐπιβαλεῖ[11] αὐτοῖς. **17** καὶ ἔσται ἡ
χώρα[12] τῶν Ιουδαίων τοῖς Αἰγυπτίοις εἰς φόβητρον·[13] πᾶς, ὃς ἐὰν ὀνομάσῃ[14] αὐτὴν
αὐτοῖς, φοβηθήσονται διὰ τὴν βουλήν,[15] ἣν βεβούλευται[16] κύριος ἐπ᾽ αὐτήν.

18 τῇ ἡμέρᾳ ἐκείνῃ ἔσονται πέντε πόλεις ἐν Αἰγύπτῳ λαλοῦσαι τῇ γλώσσῃ τῇ
Χανανίτιδι καὶ ὀμνύουσαι[17] τῷ ὀνόματι κυρίου· Πόλισ-ασεδεκ κληθήσεται ἡ μία
πόλις.

19 τῇ ἡμέρᾳ ἐκείνῃ ἔσται θυσιαστήριον[18] τῷ κυρίῳ ἐν χώρᾳ[19] Αἰγυπτίων καὶ στήλη[20]
πρὸς τὸ ὅριον[21] αὐτῆς τῷ κυρίῳ **20** καὶ ἔσται εἰς σημεῖον εἰς τὸν αἰῶνα κυρίῳ ἐν
χώρᾳ[22] Αἰγύπτου, ὅτι κεκράξονται πρὸς κύριον διὰ τοὺς θλίβοντας[23] αὐτούς, καὶ
ἀποστελεῖ αὐτοῖς κύριος ἄνθρωπον, ὃς σώσει αὐτούς, κρίνων σώσει αὐτούς. **21** καὶ
γνωστὸς[24] ἔσται κύριος τοῖς Αἰγυπτίοις, καὶ γνώσονται οἱ Αἰγύπτιοι τὸν κύριον
ἐν τῇ ἡμέρᾳ ἐκείνῃ καὶ ποιήσουσιν θυσίας[25] καὶ εὔξονται[26] εὐχὰς[27] τῷ κυρίῳ καὶ
ἀποδώσουσιν. **22** καὶ πατάξει[28] κύριος τοὺς Αἰγυπτίους πληγῇ[29] μεγάλῃ καὶ ἰάσεται[30]
αὐτοὺς ἰάσει,[31] καὶ ἐπιστραφήσονται πρὸς κύριον, καὶ εἰσακούσεται[32] αὐτῶν καὶ
ἰάσεται αὐτούς.

1 ἐκλείπω, *aor act ind 3p*, fail
2 ὑψόω, *aor pas ind 3p*, lift high, exalt
3 κεράννυμι, *aor act ind 3s*, prepare
4 πλάνησις, error, deception
5 μεθύω, *pres act ptc nom s m*, be drunk
6 ἐμέω, *pres act ptc nom s m*, vomit
7 ἅμα, together
8 οὐρά, tail
9 τρόμος, trembling
10 σαβαωθ, of hosts, *translit.*
11 ἐπιβάλλω, *fut act ind 3s*, lay upon
12 χώρα, land
13 φόβητρον, terror
14 ὀνομάζω, *aor act sub 3s*, mention, call to mind
15 βουλή, counsel, plan
16 βουλεύω, *perf mid ind 3s*, devise
17 ὄμνυμι, *pres act ptc nom p f*, swear an oath
18 θυσιαστήριον, altar
19 χώρα, land
20 στήλη, pillar
21 ὅριον, boundary, border
22 χώρα, land
23 θλίβω, *pres act ptc acc p m*, afflict
24 γνωστός, known
25 θυσία, sacrifice
26 εὔχομαι, *fut mid ind 3p*, vow
27 εὐχή, vow
28 πατάσσω, *fut act ind 3s*, strike, smite
29 πληγή, blow, stroke
30 ἰάομαι, *fut mid ind 3s*, heal, restore
31 ἴασις, healing, restoration
32 εἰσακούω, *fut mid ind 3s*, hear, listen

23 τῇ ἡμέρᾳ ἐκείνῃ ἔσται ὁδὸς Αἰγύπτου πρὸς Ἀσσυρίους, καὶ εἰσελεύσονται Ἀσσύ-
ριοι εἰς Αἴγυπτον, καὶ Αἰγύπτιοι πορεύσονται πρὸς Ἀσσυρίους, καὶ δουλεύσουσιν[1]
οἱ Αἰγύπτιοι τοῖς Ἀσσυρίοις.

24 τῇ ἡμέρᾳ ἐκείνῃ ἔσται Ισραηλ τρίτος ἐν τοῖς Ἀσσυρίοις καὶ ἐν τοῖς Αἰγυπτίοις
εὐλογημένος ἐν τῇ γῇ, **25** ἣν εὐλόγησεν κύριος σαβαωθ[2] λέγων Εὐλογημένος ὁ
λαός μου ὁ ἐν Αἰγύπτῳ καὶ ὁ ἐν Ἀσσυρίοις καὶ ἡ κληρονομία[3] μου Ισραηλ.

Oracle against Egypt and Ethiopia

20 Τοῦ ἔτους οὗ εἰσῆλθεν Ταναθαν εἰς Ἄζωτον, ἡνίκα[4] ἀπεστάλη ὑπὸ Αρνα
βασιλέως Ἀσσυρίων καὶ ἐπολέμησεν τὴν Ἄζωτον καὶ κατελάβετο[5] αὐτήν,
2 τότε ἐλάλησεν κύριος πρὸς Ησαιαν λέγων Πορεύου καὶ ἄφελε[6] τὸν σάκκον[7] ἀπὸ
τῆς ὀσφύος[8] σου καὶ τὰ σανδάλιά[9] σου ὑπόλυσαι[10] ἀπὸ τῶν ποδῶν σου· καὶ ἐποίησεν
οὕτως πορευόμενος γυμνὸς[11] καὶ ἀνυπόδετος.[12]

3 καὶ εἶπεν κύριος Ὃν τρόπον[13] πεπόρευται Ησαιας ὁ παῖς[14] μου γυμνὸς[15] καὶ
ἀνυπόδετος[16] τρία ἔτη, ἔσται σημεῖα καὶ τέρατα[17] τοῖς Αἰγυπτίοις καὶ Αἰθίοψιν·
4 ὅτι οὕτως ἄξει βασιλεὺς Ἀσσυρίων τὴν αἰχμαλωσίαν[18] Αἰγύπτου καὶ Αἰθιόπων,
νεανίσκους[19] καὶ πρεσβύτας,[20] γυμνοὺς[21] καὶ ἀνυποδέτους[22] ἀνακεκαλυμμένους[23]
τὴν αἰσχύνην[24] Αἰγύπτου. **5** καὶ αἰσχυνθήσονται[25] ἡττηθέντες[26] οἱ Αἰγύπτιοι ἐπὶ τοῖς
Αἰθίοψιν, ἐφ᾽ οἷς ἦσαν πεποιθότες οἱ Αἰγύπτιοι, ἦσαν γὰρ αὐτοῖς δόξα. **6** καὶ ἐροῦσιν
οἱ κατοικοῦντες ἐν τῇ νήσῳ[27] ταύτῃ Ἰδοὺ ἡμεῖς ἦμεν πεποιθότες τοῦ φυγεῖν[28] εἰς
αὐτοὺς εἰς βοήθειαν,[29] οἳ οὐκ ἐδύναντο σωθῆναι ἀπὸ βασιλέως Ἀσσυρίων· καὶ πῶς
ἡμεῖς σωθησόμεθα;

Vision concerning the Fall of Babylon

21 Τὸ ὅραμα[30] τῆς ἐρήμου.

1 δουλεύω, *fut act ind 3p*, serve
2 σαβαωθ, of hosts, *translit.*
3 κληρονομία, inheritance
4 ἡνίκα, when
5 καταλαμβάνω, *aor mid ind 3s*, capture
6 ἀφαιρέω, *aor act impv 2s*, remove
7 σάκκος, sackcloth, *Heb. LW*
8 ὀσφύς, waist, loins
9 σανδάλιον, sandal
10 ὑπολύω, *aor mid impv 2s*, untie
11 γυμνός, naked
12 ἀνυπόδετος, barefoot
13 ὃν τρόπον, in the same manner
14 παῖς, servant
15 γυμνός, naked
16 ἀνυπόδετος, barefoot
17 τέρας, wonder
18 αἰχμαλωσία, body of captives
19 νεανίσκος, young man
20 πρεσβύτης, old man
21 γυμνός, naked
22 ἀνυπόδετος, barefoot
23 ἀνακαλύπτω, *perf pas ptc acc p m*, uncover, reveal
24 αἰσχύνη, shame
25 αἰσχύνω, *fut pas ind 3p*, put to shame
26 ἡττάω, *aor pas ptc nom p m*, overcome, defeat
27 νῆσος, island
28 φεύγω, *aor act inf*, flee
29 βοήθεια, help
30 ὅραμα, vision

Ὡς καταιγὶς[1] δι᾽ ἐρήμου διέλθοι[2] ἐξ ἐρήμου
ἐρχομένη ἐκ γῆς,
φοβερὸν[3] **2** τὸ ὅραμα[4] καὶ σκληρὸν[5] ἀνηγγέλη[6] μοι.
ὁ ἀθετῶν[7] ἀθετεῖ,[8]
ὁ ἀνομῶν[9] ἀνομεῖ.[10]
ἐπ᾽ ἐμοὶ οἱ Αιλαμῖται,
καὶ οἱ πρέσβεις[11] τῶν Περσῶν ἐπ᾽ ἐμὲ ἔρχονται.
νῦν στενάξω[12]
καὶ παρακαλέσω ἐμαυτόν.[13]
3 διὰ τοῦτο ἐνεπλήσθη[14] ἡ ὀσφύς[15] μου ἐκλύσεως,[16]
καὶ ὠδῖνες[17] ἔλαβόν με ὡς τὴν τίκτουσαν·[18]
ἠδίκησα[19] τὸ μὴ ἀκοῦσαι, ἐσπούδασα[20] τὸ μὴ βλέπειν.
4 ἡ καρδία μου πλανᾶται,
καὶ ἡ ἀνομία[21] με βαπτίζει,[22]
ἡ ψυχή μου ἐφέστηκεν[23] εἰς φόβον.
5 ἑτοίμασον τὴν τράπεζαν·[24]
πίετε, φάγετε·
ἀναστάντες, οἱ ἄρχοντες, ἑτοιμάσατε θυρεούς.[25]
6 ὅτι οὕτως εἶπεν κύριος πρός με
Βαδίσας[26] σεαυτῷ στῆσον σκοπόν[27]
καὶ ὃ ἂν ἴδῃς ἀνάγγειλον·[28]
7 καὶ εἶδον ἀναβάτας[29] ἱππεῖς[30] δύο,
ἀναβάτην[31] ὄνου[32] καὶ ἀναβάτην καμήλου.[33]
ἀκρόασαι[34] ἀκρόασιν[35] πολλὴν

1 καταιγίς, storm
2 διέρχομαι, *aor act opt 3s*, pass through
3 φοβερός, fearful
4 ὅραμα, vision
5 σκληρός, severe, harsh
6 ἀναγγέλλω, *aor pas ind 3s*, declare, reveal
7 ἀθετέω, *pres act ptc nom s m*, deal treacherously
8 ἀθετέω, *pres act ind 3s*, deal treacherously
9 ἀνομέω, *pres act ptc nom s m*, act lawlessly
10 ἀνομέω, *pres act ind 3s*, act lawlessly
11 πρέσβυς, ambassador
12 στενάζω, *fut act ind 1s*, groan
13 ἐμαυτοῦ, myself
14 ἐμπίμπλημι, *aor pas ind 3s*, fill up
15 ὀσφύς, loins
16 ἔκλυσις, faintness
17 ὠδίν, pangs of labor
18 τίκτω, *pres act ptc acc s f*, give birth
19 ἀδικέω, *aor act ind 1s*, act unjustly
20 σπουδάζω, *aor act ind 1s*, hasten
21 ἀνομία, transgression
22 βαπτίζω, *pres act ind 3s*, wash
23 ἐφίστημι, *perf act ind 3s*, set, establish
24 τράπεζα, table
25 θυρεός, oblong shield
26 βαδίζω, *aor act ptc nom s m*, go
27 σκοπός, watchman
28 ἀναγγέλλω, *aor act impv 2s*, announce, declare
29 ἀναβάτης, (mounted)
30 ἱππεύς, horseman
31 ἀναβάτης, rider
32 ὄνος, donkey
33 κάμηλος, camel
34 ἀκροάομαι, *aor mid impv 2s*, listen
35 ἀκρόασις, listening, hearing

8 καὶ κάλεσον Ουριαν εἰς τὴν σκοπιὰν[1] κυρίου.
καὶ εἶπεν Ἔστην διὰ παντὸς ἡμέρας
καὶ ἐπὶ τῆς παρεμβολῆς[2] ἔστην ὅλην τὴν νύκτα,
9 καὶ ἰδοὺ αὐτὸς ἔρχεται ἀναβάτης[3] συνωρίδος.[4]
καὶ ἀποκριθεὶς εἶπεν Πέπτωκεν Βαβυλών,
καὶ πάντα τὰ ἀγάλματα[5] αὐτῆς καὶ τὰ χειροποίητα[6] αὐτῆς
συνετρίβησαν[7] εἰς τὴν γῆν.
10 ἀκούσατε, οἱ καταλελειμμένοι[8] καὶ οἱ ὀδυνώμενοι,[9]
ἀκούσατε ἃ ἤκουσα παρὰ κυρίου σαβαωθ·[10]
ὁ θεὸς τοῦ Ισραηλ ἀνήγγειλεν[11] ἡμῖν.

Vision concerning the Idumeans

11 Τὸ ὅραμα[12] τῆς Ιδουμαίας.

Πρὸς ἐμὲ καλεῖ παρὰ τοῦ Σηιρ
Φυλάσσετε ἐπάλξεις.[13]
12 φυλάσσω τὸ πρωὶ[14] καὶ τὴν νύκτα·
ἐὰν ζητῇς, ζήτει καὶ παρ᾽ ἐμοὶ οἴκει·[15]
13 ἐν τῷ δρυμῷ[16] ἑσπέρας[17] κοιμηθήσῃ[18] ἐν τῇ ὁδῷ Δαιδαν.
14 εἰς συνάντησιν[19] διψῶντι[20] ὕδωρ φέρετε,
οἱ ἐνοικοῦντες[21] ἐν χώρᾳ[22] Θαιμαν,
ἄρτοις συναντᾶτε[23] τοῖς φεύγουσιν
15 διὰ τὸ πλῆθος τῶν φευγόντων[24]
καὶ διὰ τὸ πλῆθος τῶν πλανωμένων
καὶ διὰ τὸ πλῆθος τῆς μαχαίρας[25]
καὶ διὰ τὸ πλῆθος τῶν τοξευμάτων[26] τῶν διατεταμένων[27]
καὶ διὰ τὸ πλῆθος τῶν πεπτωκότων ἐν τῷ πολέμῳ.

1 σκοπιά, lookout point
2 παρεμβολή, encampment
3 ἀναβάτης, rider
4 συνωρίς, team (of horses)
5 ἄγαλμα, statue
6 χειροποίητος, handmade (object), (idol)
7 συντρίβω, *aor pas ind 3p*, shatter, crush
8 καταλείπω, *perf pas ptc nom p m*, leave
9 ὀδυνάω, *pres pas ptc nom p m*, grieve, be in pain
10 σαβαωθ, of hosts, *translit.*
11 ἀναγγέλλω, *aor act ind 3s*, declare, announce
12 ὅραμα, vision
13 ἔπαλξις, bulwark
14 πρωί, (in the) morning
15 οἰκέω, *pres act impv 2s*, dwell
16 δρυμός, forest, thicket
17 ἑσπέρα, (in the) evening
18 κοιμάω, *fut pas ind 2s*, lie down to sleep
19 συνάντησις, meeting
20 διψάω, *pres act ptc dat s m*, be thirsty
21 ἐνοικέω, *pres act ptc nom p m*, dwell, reside
22 χώρα, land, region
23 συναντάω, *pres act impv 2p*, meet
24 φεύγω, *pres act ptc gen p m*, flee
25 μάχαιρα, sword
26 τόξευμα, arrow
27 διατείνω, *perf pas ptc gen p n*, stretch out

16 ὅτι οὕτως εἶπέν μοι κύριος Ἔτι ἐνιαυτὸς[1] ὡς ἐνιαυτὸς μισθωτοῦ,[2] ἐκλείψει[3] ἡ δόξα τῶν υἱῶν Κηδαρ, **17** καὶ τὸ κατάλοιπον[4] τῶν τοξευμάτων[5] τῶν ἰσχυρῶν[6] υἱῶν Κηδαρ ἔσται ὀλίγον,[7] διότι[8] κύριος ἐλάλησεν ὁ θεὸς Ισραηλ.

Word concerning the Valley of Zion

22 Τὸ ῥῆμα τῆς φάραγγος[9] Σιων.

Τί ἐγένετό σοι νῦν,
ὅτι ἀνέβητε πάντες εἰς δώματα[10] **2** μάταια;[11]
ἐνεπλήσθη[12] ἡ πόλις βοώντων·[13]
οἱ τραυματίαι[14] σου οὐ τραυματίαι μαχαίρας,[15]
οὐδὲ οἱ νεκροί[16] σου νεκροὶ πολέμου.
3 πάντες οἱ ἄρχοντές σου πεφεύγασιν,[17]
καὶ οἱ ἁλόντες[18] σκληρῶς[19] δεδεμένοι[20] εἰσίν,
καὶ οἱ ἰσχύοντες[21] ἐν σοὶ πόρρω[22] πεφεύγασιν.[23]
4 διὰ τοῦτο εἶπα Ἄφετέ με πικρῶς[24] κλαύσομαι,
μὴ κατισχύσητε[25] παρακαλεῖν με
ἐπὶ τὸ σύντριμμα[26] τῆς θυγατρὸς[27] τοῦ γένους[28] μου.
5 ὅτι ἡμέρα ταραχῆς[29] καὶ ἀπωλείας[30] καὶ καταπατήματος[31]
καὶ πλάνησις[32] παρὰ κυρίου σαβαωθ[33] ἐν φάραγγι[34] Σιων·
πλανῶνται ἀπὸ μικροῦ ἕως μεγάλου, πλανῶνται ἐπὶ τὰ ὄρη.
6 οἱ δὲ Αιλαμῖται ἔλαβον φαρέτρας,[35]
ἀναβάται[36] ἄνθρωποι ἐφ᾽ ἵπποις[37]
καὶ συναγωγὴ παρατάξεως.[38]

1 ἐνιαυτός, year
2 μισθωτός, hired worker
3 ἐκλείπω, *fut act ind 3s*, cease, fail
4 κατάλοιπος, remnant
5 τόξευμα, arrow
6 ἰσχυρός, strong, mighty
7 ὀλίγος, few
8 διότι, because, for
9 φάραγξ, ravine, valley
10 δῶμα, housetop
11 μάταιος, vain, useless
12 ἐμπίμπλημι, *aor pas ind 3s*, fill up
13 βοάω, *pres act ptc gen p m*, cry out
14 τραυματίας, casualty
15 μάχαιρα, sword
16 νεκρός, dead
17 φεύγω, *perf act ind 3p*, flee
18 ἁλίσκομαι, *aor act ptc nom p m*, be captured
19 σκληρῶς, roughly, severely
20 δέω, *perf pas ptc nom p m*, bind (in chains)
21 ἰσχύω, *pres act ptc nom p m*, be strong
22 πόρρω, far away
23 φεύγω, *perf act ind 3p*, flee
24 πικρῶς, bitterly
25 κατισχύω, *aor act sub 2p*, be stubborn
26 σύντριμμα, affliction, ruin
27 θυγάτηρ, daughter
28 γένος, nation, race
29 ταραχή, upheaval, tumult
30 ἀπώλεια, destruction
31 καταπάτημα, trampling
32 πλάνησις, wandering astray
33 σαβαωθ, of hosts, *translit.*
34 φάραγξ, ravine, valley
35 φαρέτρα, quiver of arrows
36 ἀναβάτης, rider, (mounted)
37 ἵππος, horse
38 παράταξις, line of battle

7 καὶ ἔσονται αἱ ἐκλεκταὶ[1] φάραγγές[2] σου πλησθήσονται[3] ἁρμάτων,[4]
οἱ δὲ ἱππεῖς[5] ἐμφράξουσι[6] τὰς πύλας[7] σου·
8 καὶ ἀνακαλύψουσιν[8] τὰς πύλας[9] Ιουδα
καὶ ἐμβλέψονται[10] τῇ ἡμέρᾳ ἐκείνῃ εἰς τοὺς ἐκλεκτοὺς[11] οἴκους τῆς πόλεως
9 καὶ ἀνακαλύψουσιν[12] τὰ κρυπτὰ[13] τῶν οἴκων τῆς ἄκρας[14] Δαυιδ.

καὶ εἴδοσαν ὅτι πλείους[15] εἰσὶν καὶ ὅτι ἀπέστρεψαν[16] τὸ ὕδωρ τῆς ἀρχαίας[17] κο-
λυμβήθρας[18] εἰς τὴν πόλιν **10** καὶ ὅτι καθείλοσαν[19] τοὺς οἴκους Ιερουσαλημ εἰς
ὀχύρωμα[20] τοῦ τείχους[21] τῇ πόλει. **11** καὶ ἐποιήσατε ἑαυτοῖς ὕδωρ ἀνὰ μέσον[22] τῶν
δύο τειχέων[23] ἐσώτερον[24] τῆς κολυμβήθρας[25] τῆς ἀρχαίας[26] καὶ οὐκ ἐνεβλέψατε[27] εἰς
τὸν ἀπ᾽ ἀρχῆς ποιήσαντα αὐτὴν καὶ τὸν κτίσαντα[28] αὐτὴν οὐκ εἴδετε.

12 καὶ ἐκάλεσεν κύριος σαβαωθ[29] ἐν τῇ ἡμέρᾳ ἐκείνῃ
κλαυθμὸν[30] καὶ κοπετὸν[31] καὶ ξύρησιν[32] καὶ ζῶσιν[33] σάκκων,[34]
13 αὐτοὶ δὲ ἐποιήσαντο εὐφροσύνην[35] καὶ ἀγαλλίαμα[36]
σφάζοντες[37] μόσχους[38] καὶ θύοντες[39] πρόβατα
ὥστε φαγεῖν κρέα[40] καὶ πιεῖν οἶνον λέγοντες
Φάγωμεν καὶ πίωμεν, αὔριον[41] γὰρ ἀποθνῄσκομεν.
14 καὶ ἀνακεκαλυμμένα[42] ταῦτά ἐστιν ἐν τοῖς ὠσὶν κυρίου σαβαωθ,[43]
ὅτι οὐκ ἀφεθήσεται ὑμῖν αὕτη ἡ ἁμαρτία, ἕως ἂν ἀποθάνητε.

1 ἐκλεκτός, choice
2 φάραγξ, ravine, valley
3 πίμπλημι, *fut pas ind 3p*, fill up
4 ἅρμα, chariot
5 ἱππεύς, cavalry, horseman
6 ἐμφράσσω, *fut act ind 3p*, block up
7 πύλη, gate
8 ἀνακαλύπτω, *fut act ind 3p*, uncover
9 πύλη, gate
10 ἐμβλέπω, *fut mid ind 3p*, look upon
11 ἐκλεκτός, choice
12 ἀνακαλύπτω, *fut act ind 3p*, uncover
13 κρυπτός, secret
14 ἄκρα, citadel
15 πλείων/πλεῖον, *comp of* πολύς, more numerous, greater
16 ἀποστρέφω, *aor act ind 3p*, turn back
17 ἀρχαῖος, old, original
18 κολυμβήθρα, reservoir, pool
19 καθαιρέω, *aor act ind 3p*, tear down, destroy
20 ὀχύρωμα, fortification
21 τεῖχος, wall
22 ἀνὰ μέσον, between
23 τεῖχος, wall
24 ἔσω, *comp*, inner
25 κολυμβήθρα, reservoir, pool
26 ἀρχαῖος, old, original
27 ἐμβλέπω, *aor act ind 2p*, look at, consider
28 κτίζω, *aor act ptc acc s m*, create
29 σαβαωθ, of hosts, *translit.*
30 κλαυθμός, weeping
31 κοπετός, mourning, lamentation
32 ξύρησις, shaving (in mourning)
33 ζῶσις, girding on
34 σάκκος, sackcloth, *Heb. LW*
35 εὐφροσύνη, joy, gladness
36 ἀγαλλίαμα, rejoicing
37 σφάζω, *pres act ptc nom p m*, slaughter
38 μόσχος, calf
39 θύω, *pres act ptc nom p m*, sacrifice
40 κρέας, meat
41 αὔριον, tomorrow
42 ἀνακαλύπτω, *perf pas ptc nom p n*, uncover
43 σαβαωθ, of hosts, *translit.*

15 Τάδε[1] λέγει κύριος σαβαωθ[2] Πορεύου εἰς τὸ παστοφόριον[3] πρὸς Σομναν τὸν
ταμίαν[4] καὶ εἰπὸν αὐτῷ **16** Τί σὺ ὧδε[5] καὶ τί σοί ἐστιν ὧδε, ὅτι ἐλατόμησας[6] σεαυτῷ
ὧδε μνημεῖον[7] καὶ ἐποίησας σεαυτῷ ἐν ὑψηλῷ[8] μνημεῖον καὶ ἔγραψας σεαυτῷ ἐν
πέτρᾳ[9] σκηνήν;[10] **17** ἰδοὺ δὴ[11] κύριος σαβαωθ[12] ἐκβαλεῖ καὶ ἐκτρίψει[13] ἄνδρα καὶ
ἀφελεῖ[14] τὴν στολήν[15] σου **18** καὶ τὸν στέφανόν[16] σου τὸν ἔνδοξον[17] καὶ ῥίψει[18] σε
εἰς χώραν[19] μεγάλην καὶ ἀμέτρητον,[20] καὶ ἐκεῖ ἀποθανῇ· καὶ θήσει τὸ ἅρμα[21] σου
τὸ καλὸν εἰς ἀτιμίαν[22] καὶ τὸν οἶκον τοῦ ἄρχοντός σου εἰς καταπάτημα,[23] **19** καὶ
ἀφαιρεθήσῃ[24] ἐκ τῆς οἰκονομίας[25] σου καὶ ἐκ τῆς στάσεώς[26] σου.

20 καὶ ἔσται ἐν τῇ ἡμέρᾳ ἐκείνῃ καλέσω τὸν παῖδά[27] μου Ελιακιμ τὸν τοῦ Χελκιου
21 καὶ ἐνδύσω[28] αὐτὸν τὴν στολήν[29] σου καὶ τὸν στέφανόν[30] σου δώσω αὐτῷ καὶ τὸ
κράτος[31] καὶ τὴν οἰκονομίαν[32] σου δώσω εἰς τὰς χεῖρας αὐτοῦ, καὶ ἔσται ὡς πατὴρ
τοῖς ἐνοικοῦσιν[33] ἐν Ιερουσαλημ καὶ τοῖς ἐνοικοῦσιν ἐν Ιουδα. **22** καὶ δώσω τὴν
δόξαν Δαυιδ αὐτῷ, καὶ ἄρξει, καὶ οὐκ ἔσται ὁ ἀντιλέγων.[34] **23** καὶ στήσω αὐτὸν
ἄρχοντα ἐν τόπῳ πιστῷ,[35] καὶ ἔσται εἰς θρόνον δόξης τοῦ οἴκου τοῦ πατρὸς αὐτοῦ.
24 καὶ ἔσται πεποιθὼς ἐπ' αὐτὸν πᾶς ἔνδοξος[36] ἐν τῷ οἴκῳ τοῦ πατρὸς αὐτοῦ ἀπὸ
μικροῦ ἕως μεγάλου καὶ ἔσονται ἐπικρεμάμενοι[37] αὐτῷ.

25 ἐν τῇ ἡμέρᾳ ἐκείνῃ — τάδε[38] λέγει κύριος σαβαωθ[39] — κινηθήσεται[40] ὁ ἄνθρωπος
ὁ ἐστηριγμένος[41] ἐν τόπῳ πιστῷ[42] καὶ πεσεῖται, καὶ ἀφαιρεθήσεται[43] ἡ δόξα ἡ ἐπ'
αὐτόν, ὅτι κύριος ἐλάλησεν.

1 ὅδε, this
2 σαβαωθ, of hosts, *translit.*
3 παστοφόριον, temple chamber
4 ταμίας, steward, treasurer
5 ὧδε, here
6 λατομέω, *aor act ind 2s*, hew out of rock
7 μνημεῖον, tomb
8 ὑψηλός, high place
9 πέτρα, rock
10 σκηνή, tent
11 δή, now
12 σαβαωθ, of hosts, *translit.*
13 ἐκτρίβω, *fut act ind 3s*, wipe out
14 ἀφαιρέω, *fut act ind 3s*, remove
15 στολή, garment
16 στέφανος, crown
17 ἔνδοξος, glorious
18 ῥίπτω, *fut act ind 3s*, throw, cast
19 χώρα, country, land
20 ἀμέτρητος, immeasurable
21 ἅρμα, chariot
22 ἀτιμία, dishonor
23 καταπάτημα, trampling
24 ἀφαιρέω, *fut pas ind 2s*, remove
25 οἰκονομία, stewardship
26 στάσις, position, status
27 παῖς, servant
28 ἐνδύω, *fut act ind 1s*, clothe
29 στολή, garment
30 στέφανος, crown
31 κράτος, strength, might
32 οἰκονομία, stewardship
33 ἐνοικέω, *pres act ptc dat p m*, reside, inhabit
34 ἀντιλέγω, *pres act ptc nom s m*, oppose, resist
35 πιστός, secure, sure
36 ἔνδοξος, glorious
37 ἐπικρεμάννυμι, *pres mid ptc nom p m*, hang over, threaten, (depend on?)
38 ὅδε, this
39 σαβαωθ, of hosts, *translit.*
40 κινέω, *fut pas ind 3s*, disturb, move
41 στηρίζω, *perf mid ptc nom s m*, be fixed, be established
42 πιστός, secure, sure
43 ἀφαιρέω, *fut pas ind 3s*, remove, take away

Vision concerning Tyre

23 Τὸ ὅραμα[1] Τύρου.

Ὀλολύζετε,[2] πλοῖα[3] Καρχηδόνος, ὅτι ἀπώλετο,
καὶ οὐκέτι ἔρχονται ἐκ γῆς Κιτιαίων· ἦκται[4] αἰχμάλωτος.[5]
2 τίνι ὅμοιοι[6] γεγόνασιν οἱ ἐνοικοῦντες[7] ἐν τῇ νήσῳ[8]
μεταβόλοι[9] Φοινίκης διαπερῶντες[10] τὴν θάλασσαν
3 ἐν ὕδατι πολλῷ, σπέρμα μεταβόλων;[11]
ὡς ἀμητοῦ[12] εἰσφερομένου[13] οἱ μεταβόλοι τῶν ἐθνῶν.
4 αἰσχύνθητι,[14] Σιδών, εἶπεν ἡ θάλασσα·
ἡ δὲ ἰσχὺς[15] τῆς θαλάσσης εἶπεν
Οὐκ ὤδινον[16] οὐδὲ ἔτεκον[17]
οὐδὲ ἐξέθρεψα[18] νεανίσκους[19] οὐδὲ ὕψωσα[20] παρθένους.[21]
5 ὅταν δὲ ἀκουστὸν[22] γένηται Αἰγύπτῳ,
λήμψεται αὐτοὺς ὀδύνη[23] περὶ Τύρου.
6 ἀπέλθατε εἰς Καρχηδόνα,
ὀλολύξατε,[24] οἱ ἐνοικοῦντες[25] ἐν τῇ νήσῳ[26] ταύτῃ.
7 οὐχ αὕτη ἦν ὑμῶν ἡ ὕβρις[27] ἡ ἀπ᾽ ἀρχῆς
πρὶν[28] ἢ παραδοθῆναι αὐτήν;
8 τίς ταῦτα ἐβούλευσεν[29] ἐπὶ Τύρον;
μὴ ἥσσων[30] ἐστὶν ἢ οὐκ ἰσχύει;[31]
οἱ ἔμποροι[32] αὐτῆς ἔνδοξοι,[33]
ἄρχοντες τῆς γῆς.

1 ὅραμα, vision
2 ὀλολύζω, *pres act impv 2p*, cry with a loud voice
3 πλοῖον, ship
4 ἄγω, *perf pas ind 3s*, bring
5 αἰχμάλωτος, captive
6 ὅμοιος, similar to
7 ἐνοικέω, *pres act ptc nom p m*, dwell, reside
8 νῆσος, island
9 μεταβόλος, merchant
10 διαπεράω, *pres act ptc nom p m*, go over
11 μεταβόλος, merchant
12 ἀμητός, crop, harvest
13 εἰσφέρω, *pres pas ptc gen s m*, bring in
14 αἰσχύνω, *aor pas impv 2s*, put to shame
15 ἰσχύς, strength
16 ὠδίνω, *impf act ind 1s*, suffer birth pangs
17 τίκτω, *aor act ind 1s*, give birth
18 ἐκτρέφω, *aor act ind 1s*, rear from childhood
19 νεανίσκος, young man
20 ὑψόω, *aor act ind 1s*, raise up
21 παρθένος, virgin, young woman
22 ἀκουστός, heard
23 ὀδύνη, grief
24 ὀλολύζω, *aor act impv 2p*, cry with a loud voice
25 ἐνοικέω, *pres act ptc nom p m*, dwell, reside
26 νῆσος, island
27 ὕβρις, pride
28 πρίν, before
29 βουλεύω, *aor act ind 3s*, devise, plan
30 ἥσσων (ττ), *comp of* κακός, inferior, lesser
31 ἰσχύω, *pres act ind 3s*, be strong
32 ἔμπορος, merchant, trader
33 ἔνδοξος, glorious

9 κύριος σαβαωθ[1] ἐβουλεύσατο[2] παραλῦσαι[3] πᾶσαν τὴν ὕβριν[4] τῶν
ἐνδόξων[5]
καὶ ἀτιμάσαι[6] πᾶν ἔνδοξον ἐπὶ τῆς γῆς.
10 ἐργάζου τὴν γῆν σου,
καὶ γὰρ πλοῖα[7] οὐκέτι ἔρχεται ἐκ Καρχηδόνος.
11 ἡ δὲ χείρ σου οὐκέτι ἰσχύει[8] κατὰ θάλασσαν,
ἡ παροξύνουσα[9] βασιλεῖς·
κύριος σαβαωθ[10] ἐνετείλατο[11] περὶ Χανααν
ἀπολέσαι αὐτῆς τὴν ἰσχύν.[12]

12 καὶ ἐροῦσιν Οὐκέτι μὴ προσθῆτε[13] τοῦ ὑβρίζειν[14]
καὶ ἀδικεῖν[15] τὴν θυγατέρα[16] Σιδῶνος·
καὶ ἐὰν ἀπέλθῃς εἰς Κιτιεῖς,
οὐδὲ ἐκεῖ σοι ἀνάπαυσις[17] ἔσται·
13 καὶ εἰς γῆν Χαλδαίων, καὶ αὕτη ἠρήμωται[18] ἀπὸ τῶν Ἀσσυρίων,
οὐδὲ ἐκεῖ σοι ἀνάπαυσις[19] ἔσται, ὅτι ὁ τοῖχος[20] αὐτῆς πέπτωκεν.
14 ὀλολύζετε,[21] πλοῖα[22] Καρχηδόνος,
ὅτι ἀπώλετο τὸ ὀχύρωμα[23] ὑμῶν.

15 καὶ ἔσται ἐν τῇ ἡμέρᾳ ἐκείνῃ καταλειφθήσεται[24] Τύρος ἔτη ἑβδομήκοντα[25] ὡς
χρόνος βασιλέως, ὡς χρόνος ἀνθρώπου· καὶ ἔσται μετὰ ἑβδομήκοντα ἔτη ἔσται
Τύρος ὡς ᾆσμα[26] πόρνης[27]

16 Λαβὲ κιθάραν,[28] ῥέμβευσον[29] πόλεις,
πόρνη[30] ἐπιλελησμένη·[31]
καλῶς[32] κιθάρισον,[33] πολλὰ ᾆσον,[34]
ἵνα σου μνεία[35] γένηται.

1 σαβαωθ, of hosts, *translit.*
2 βουλεύω, *aor mid ind 3s*, devise, plan
3 παραλύω, *aor act inf*, bring down
4 ὕβρις, pride
5 ἔνδοξος, glorious
6 ἀτιμάζω, *aor act inf*, hold in dishonor
7 πλοῖον, ship
8 ἰσχύω, *pres act ind 3s*, be strong
9 παροξύνω, *pres act ptc nom s f*, provoke
10 σαβαωθ, of hosts, *translit.*
11 ἐντέλλομαι, *aor mid ind 3s*, command
12 ἰσχύς, strength
13 προστίθημι, *aor act sub 2p*, add to, continue
14 ὑβρίζω, *pres act inf*, boast, be proud
15 ἀδικέω, *pres act inf*, treat wrongly, act unjustly
16 θυγάτηρ, daughter
17 ἀνάπαυσις, resting place
18 ἐρημόω, *aor mid ind 3s*, make desolate, lay waste
19 ἀνάπαυσις, resting place
20 τοῖχος, wall
21 ὀλολύζω, *pres act impv 2p*, cry with a loud voice
22 πλοῖον, ship
23 ὀχύρωμα, stronghold
24 καταλείπω, *fut pas ind 3s*, desert, forsake
25 ἑβδομήκοντα, seventy
26 ᾆσμα, song
27 πόρνη, prostitute
28 κιθάρα, lyre
29 ῥεμβεύω, *aor act impv 2s*, roam, wander
30 πόρνη, prostitute
31 ἐπιλανθάνω, *perf pas ptc nom s f*, forget
32 καλῶς, well
33 κιθαρίζω, *aor act impv 2s*, play the lyre
34 ᾄδω, *aor act impv 2s*, sing
35 μνεία, remembrance

17 καὶ ἔσται μετὰ ἑβδομήκοντα[1] ἔτη ἐπισκοπὴν[2] ποιήσει ὁ θεὸς Τύρου, καὶ πάλιν ἀποκατασταθήσεται[3] εἰς τὸ ἀρχαῖον[4] καὶ ἔσται ἐμπόριον[5] πάσαις ταῖς βασιλείαις τῆς οἰκουμένης.[6] **18** καὶ ἔσται αὐτῆς ἡ ἐμπορία[7] καὶ ὁ μισθὸς[8] ἅγιον τῷ κυρίῳ· οὐκ αὐτοῖς συναχθήσεται, ἀλλὰ τοῖς κατοικοῦσιν ἔναντι[9] κυρίου πᾶσα ἡ ἐμπορία αὐτῆς φαγεῖν καὶ πιεῖν καὶ ἐμπλησθῆναι[10] εἰς συμβολὴν[11] μνημόσυνον[12] ἔναντι[13] κυρίου.

Devastation on the Whole Earth

24 Ἰδοὺ κύριος καταφθείρει[14] τὴν οἰκουμένην[15]
καὶ ἐρημώσει[16] αὐτὴν
καὶ ἀνακαλύψει[17] τὸ πρόσωπον αὐτῆς
καὶ διασπερεῖ[18] τοὺς ἐνοικοῦντας[19] ἐν αὐτῇ.
2 καὶ ἔσται ὁ λαὸς ὡς ὁ ἱερεὺς καὶ ὁ παῖς[20] ὡς ὁ κύριος
καὶ ἡ θεράπαινα[21] ὡς ἡ κυρία,[22]
ἔσται ὁ ἀγοράζων[23] ὡς ὁ πωλῶν[24] καὶ ὁ δανείζων[25] ὡς ὁ δανειζόμενος[26]
καὶ ὁ ὀφείλων[27] ὡς ᾧ ὀφείλει.[28]
3 φθορᾷ[29] φθαρήσεται[30] ἡ γῆ, καὶ προνομῇ[31] προνομευθήσεται[32] ἡ γῆ·
τὸ γὰρ στόμα κυρίου ἐλάλησεν ταῦτα.

4 ἐπένθησεν[33] ἡ γῆ, καὶ ἐφθάρη[34] ἡ οἰκουμένη,[35]
ἐπένθησαν οἱ ὑψηλοὶ[36] τῆς γῆς.
5 ἡ δὲ γῆ ἠνόμησεν[37] διὰ τοὺς κατοικοῦντας αὐτήν,
διότι[38] παρέβησαν[39] τὸν νόμον καὶ ἤλλαξαν[40] τὰ προστάγματα,[41]
διαθήκην αἰώνιον.

1 ἑβδομήκοντα, seventy
2 ἐπισκοπή, visitation
3 ἀποκαθίστημι, *fut pas ind 3s*, reestablish, restore
4 ἀρχαῖος, original, former
5 ἐμπόριον, marketplace
6 οἰκουμένη, inhabited world
7 ἐμπόριον, marketplace
8 μισθός, earnings
9 ἔναντι, in the presence of
10 ἐμπίμπλημι, *aor pas inf*, fill up
11 συμβολή, contribution
12 μνημόσυνον, remembrance, memorial
13 ἔναντι, before
14 καταφθείρω, *pres act ind 3s*, destroy
15 οἰκουμένη, inhabited world
16 ἐρημόω, *fut act ind 3s*, make desolate, lay waste
17 ἀνακαλύπτω, *fut act ind 3s*, reveal
18 διασπείρω, *fut act ind 3s*, scatter
19 ἐνοικέω, *pres act ptc acc p m*, dwell, reside
20 παῖς, servant
21 θεράπαινα, maidservant
22 κυρία, mistress (*f of* κύριος)
23 ἀγοράζω, *pres act ptc nom s m*, buy
24 πωλέω, *pres act ptc nom s m*, sell
25 δανείζω, *pres act ptc nom s m*, lend
26 δανείζω, *pres pas ptc nom s m*, (borrow)
27 ὀφείλω, *pres act ptc nom s m*, owe a debt
28 ὀφείλω, *pres act ind 3s*, owe a debt
29 φθορά, destruction, ruin
30 φθείρω, *fut pas ind 3s*, destroy, ruin
31 προνομή, plunder, spoils
32 προνομεύω, *fut pas ind 3s*, plunder, capture
33 πενθέω, *aor act ind 3s*, mourn
34 φθείρω, *aor pas ind 3s*, destroy, ruin
35 οἰκουμένη, inhabited world
36 ὑψηλός, high place
37 ἀνομέω, *aor act ind 3s*, act lawlessly
38 διότι, because
39 παραβαίνω, *aor act ind 3p*, transgress
40 ἀλλάσσω, *aor act ind 3p*, alter, change
41 πρόσταγμα, ordinance

6 διὰ τοῦτο ἀρὰ ἔδεται τὴν γῆν,
ὅτι ἡμάρτοσαν οἱ κατοικοῦντες αὐτήν·
διὰ τοῦτο πτωχοὶ[1] ἔσονται οἱ ἐνοικοῦντες[2] ἐν τῇ γῇ,
καὶ καταλειφθήσονται[3] ἄνθρωποι ὀλίγοι.[4]
7 πενθήσει[5] οἶνος, πενθήσει ἄμπελος,[6]
στενάξουσιν[7] πάντες οἱ εὐφραινόμενοι[8] τὴν ψυχήν.
8 πέπαυται[9] εὐφροσύνη[10] τυμπάνων,[11]
πέπαυται αὐθάδεια[12] καὶ πλοῦτος[13] ἀσεβῶν,[14]
πέπαυται φωνὴ κιθάρας.[15]
9 ᾐσχύνθησαν,[16] οὐκ ἔπιον οἶνον,
πικρὸν[17] ἐγένετο τὸ σικερα[18] τοῖς πίνουσιν.
10 ἠρημώθη[19] πᾶσα πόλις,
κλείσει[20] οἰκίαν τοῦ μὴ εἰσελθεῖν.
11 ὀλολύζετε[21] περὶ τοῦ οἴνου πανταχῇ·[22]
πέπαυται[23] πᾶσα εὐφροσύνη[24] τῆς γῆς.
12 καὶ καταλειφθήσονται[25] πόλεις ἔρημοι,
καὶ οἶκοι ἐγκαταλελειμμένοι[26] ἀπολοῦνται.
13 ταῦτα πάντα ἔσται ἐν τῇ γῇ ἐν μέσῳ τῶν ἐθνῶν,
ὃν τρόπον[27] ἐάν τις καλαμήσηται[28] ἐλαίαν,[29]
οὕτως καλαμήσονται[30] αὐτούς,
καὶ ἐὰν παύσηται[31] ὁ τρύγητος.[32]

14 οὗτοι φωνῇ βοήσονται,[33]
οἱ δὲ καταλειφθέντες[34] ἐπὶ τῆς γῆς

1 πτωχός, poor
2 ἐνοικέω, *pres act ptc nom p m*, dwell, reside
3 καταλείπω, *fut pas ind 3p*, leave
4 ὀλίγος, few
5 πενθέω, *fut act ind 3s*, mourn for
6 ἄμπελος, vine
7 στενάζω, *fut act ind 3p*, groan
8 εὐφραίνω, *pres pas ptc nom p m*, be glad, rejoice
9 παύω, *perf mid ind 3s*, cease
10 εὐφροσύνη, joy, gladness
11 τύμπανον, drum
12 αὐθάδεια, insolence
13 πλοῦτος, wealth
14 ἀσεβής, ungodly
15 κιθάρα, lyre
16 αἰσχύνω, *aor pas ind 3p*, put to shame
17 πικρός, bitter
18 σικερα, fermented drink, *translit.*
19 ἐρημόω, *aor pas ind 3s*, make desolate
20 κλείω, *fut act ind 3s*, shut, close up
21 ὀλολύζω, *pres act impv 2p*, cry with a loud voice
22 πανταχῇ, everywhere
23 παύω, *perf pas ind 3s*, cease
24 εὐφροσύνη, joy, gladness
25 καταλείπω, *fut pas ind 3p*, leave
26 ἐγκαταλείπω, *perf pas ptc nom p m*, leave behind
27 ὃν τρόπον, just as
28 καλαμάομαι, *aor mid sub 3s*, glean
29 ἐλαία, olive tree
30 καλαμάομαι, *fut mid ind 3p*, glean
31 παύω, *aor mid sub 3s*, cease
32 τρύγητος, harvest
33 βοάω, *fut mid ind 3p*, cry out
34 καταλείπω, *aor pas ptc nom p m*, leave

εὐφρανθήσονται[1] ἅμα[2] τῇ δόξῃ κυρίου.
ταραχθήσεται[3] τὸ ὕδωρ τῆς θαλάσσης·
15 διὰ τοῦτο ἡ δόξα κυρίου ἐν ταῖς νήσοις[4] ἔσται τῆς θαλάσσης,
τὸ ὄνομα κυρίου ἔνδοξον[5] ἔσται Κύριε ὁ θεὸς Ισραηλ.
16 ἀπὸ τῶν πτερύγων[6] τῆς γῆς τέρατα[7] ἠκούσαμεν
Ἐλπὶς τῷ εὐσεβεῖ.[8]
καὶ ἐροῦσιν
Οὐαὶ τοῖς ἀθετοῦσιν,[9] οἱ ἀθετοῦντες[10] τὸν νόμον.

17 φόβος καὶ βόθυνος[11] καὶ παγὶς[12] ἐφ᾽ ὑμᾶς
τοὺς ἐνοικοῦντας[13] ἐπὶ τῆς γῆς·
18 καὶ ἔσται ὁ φεύγων[14] τὸν φόβον ἐμπεσεῖται[15] εἰς τὸν βόθυνον,[16]
ὁ δὲ ἐκβαίνων[17] ἐκ τοῦ βοθύνου ἁλώσεται[18] ὑπὸ τῆς παγίδος,[19]
ὅτι θυρίδες[20] ἐκ τοῦ οὐρανοῦ ἠνεῴχθησαν,
καὶ σεισθήσεται[21] τὰ θεμέλια[22] τῆς γῆς.
19 ταραχῇ[23] ταραχθήσεται[24] ἡ γῆ,
καὶ ἀπορίᾳ[25] ἀπορηθήσεται[26] ἡ γῆ·
20 ἔκλινεν[27] καὶ σεισθήσεται[28] ὡς ὀπωροφυλάκιον[29] ἡ γῆ
ὡς ὁ μεθύων[30] καὶ κραιπαλῶν[31]
καὶ πεσεῖται καὶ οὐ μὴ δύνηται ἀναστῆναι,
κατίσχυσεν[32] γὰρ ἐπ᾽ αὐτῆς ἡ ἀνομία.[33]

21 καὶ ἐπάξει[34] ὁ θεὸς ἐπὶ τὸν κόσμον[35] τοῦ οὐρανοῦ τὴν χεῖρα
καὶ ἐπὶ τοὺς βασιλεῖς τῆς γῆς·

1 εὐφραίνω, *fut pas ind 3p*, be glad, rejoice
2 ἅμα, together
3 ταράσσω, *fut pas ind 3s*, stir up, trouble
4 νῆσος, island
5 ἔνδοξος, glorious
6 πτέρυξ, end, extremity
7 τέρας, wonder
8 εὐσεβής, pious
9 ἀθετέω, *pres act ptc dat p m*, deal treacherously
10 ἀθετέω, *pres act ptc nom p m*, break with
11 βόθυνος, pit
12 παγίς, snare
13 ἐνοικέω, *pres act ptc acc p m*, dwell, reside
14 φεύγω, *pres act ptc nom s m*, flee
15 ἐμπίπτω, *fut mid ind 3s*, fall into
16 βόθυνος, pit
17 ἐκβαίνω, *pres act ptc nom s m*, come out of
18 ἁλίσκομαι, *fut mid ind 3s*, be captured
19 παγίς, snare
20 θυρίς, window
21 σείω, *fut pas ind 3s*, shake, quake
22 θεμέλιον, foundation
23 ταραχή, upheaval, tumult
24 ταράσσω, *fut pas ind 3s*, disturb, agitate
25 ἀπορία, perplexity
26 ἀπορέω, *fut pas ind 3s*, perplex
27 κλίνω, *aor act ind 3s*, bend over, incline
28 σείω, *fut pas ind 3s*, shake, quake
29 ὀπωροφυλάκιον, hut for one who guards a garden
30 μεθύω, *pres act ptc nom s m*, be drunk
31 κραιπαλάω, *pres act ptc nom s m*, be overpowered with wine
32 κατισχύω, *aor act ind 3s*, prevail over, overpower
33 ἀνομία, transgression, lawlessness
34 ἐπάγω, *fut act ind 3s*, bring upon
35 κόσμος, ornamentation

22 καὶ συνάξουσιν καὶ ἀποκλείσουσιν[1] εἰς ὀχύρωμα[2] καὶ εἰς δεσμωτήριον,[3]
διὰ πολλῶν γενεῶν[4] ἐπισκοπὴ[5] ἔσται αὐτῶν.
23 καὶ τακήσεται[6] ἡ πλίνθος,[7] καὶ πεσεῖται τὸ τεῖχος,[8]
ὅτι βασιλεύσει[9] κύριος ἐν Σιων καὶ ἐν Ιερουσαλημ
καὶ ἐνώπιον τῶν πρεσβυτέρων δοξασθήσεται.

God Will Take Away All Tears

25 Κύριε ὁ θεός μου, δοξάσω σε,
ὑμνήσω[10] τὸ ὄνομά σου,
ὅτι ἐποίησας θαυμαστὰ[11] πράγματα,[12]
βουλὴν[13] ἀρχαίαν[14] ἀληθινήν·[15] γένοιτο,[16] κύριε.
2 ὅτι ἔθηκας πόλεις εἰς χῶμα,[17]
πόλεις ὀχυρὰς[18] τοῦ πεσεῖν αὐτῶν τὰ θεμέλια·[19]
τῶν ἀσεβῶν[20] πόλις εἰς τὸν αἰῶνα οὐ μὴ οἰκοδομηθῇ.
3 διὰ τοῦτο εὐλογήσει σε ὁ λαὸς ὁ πτωχός,[21]
καὶ πόλεις ἀνθρώπων ἀδικουμένων[22] εὐλογήσουσίν σε·
4 ἐγένου γὰρ πάσῃ πόλει ταπεινῇ[23]
βοηθὸς[24] καὶ τοῖς ἀθυμήσασιν[25] διὰ ἔνδειαν[26] σκέπη,[27]
ἀπὸ ἀνθρώπων πονηρῶν ῥύσῃ[28] αὐτούς,
σκέπη διψώντων[29] καὶ πνεῦμα ἀνθρώπων ἀδικουμένων.[30]
5 εὐλογήσουσίν σε ὡς ἄνθρωποι ὀλιγόψυχοι[31]
διψῶντες[32] ἐν Σιων ἀπὸ ἀνθρώπων ἀσεβῶν,[33]
οἷς ἡμᾶς παρέδωκας.

6 καὶ ποιήσει κύριος σαβαωθ[34] πᾶσι τοῖς ἔθνεσιν ἐπὶ τὸ ὄρος τοῦτο.
πίονται εὐφροσύνην,[35] πίονται οἶνον, χρίσονται[36] μύρον.[37]

1 ἀποκλείω, *fut act ind 3p*, close up
2 ὀχύρωμα, fortress
3 δεσμωτήριον, prison
4 γενεά, generation
5 ἐπισκοπή, visitation
6 τήκω, *fut pas ind 3s*, melt away
7 πλίνθος, brick
8 τεῖχος, wall
9 βασιλεύω, *fut act ind 3s*, reign as king
10 ὑμνέω, *fut act ind 1s*, sing praise
11 θαυμαστός, marvelous
12 πρᾶγμα, deed
13 βουλή, counsel
14 ἀρχαῖος, ancient, old
15 ἀληθινός, trustworthy, true
16 γίνομαι, *aor mid opt 3s*, be
17 χῶμα, heap of ruins
18 ὀχυρός, fortified
19 θεμέλιον, foundation
20 ἀσεβής, wicked
21 πτωχός, poor
22 ἀδικέω, *pres pas ptc gen p m*, treat unjustly
23 ταπεινός, humble
24 βοηθός, helper
25 ἀθυμέω, *aor act ptc dat p m*, be disheartened
26 ἔνδεια, poverty
27 σκέπη, shelter
28 ῥύομαι, *fut mid ind 2s*, rescue, deliver
29 διψάω, *pres act ptc gen p m*, be thirsty
30 ἀδικέω, *pres pas ptc gen p m*, treat unjustly
31 ὀλιγόψυχος, discouraged
32 διψάω, *pres act ptc nom p m*, be thirsty
33 ἀσεβής, ungodly
34 σαβαωθ, of hosts, *translit.*
35 εὐφροσύνη, joy, gladness
36 χρίω, *fut mid ind 3p*, anoint
37 μύρον, perfume

7 ἐν τῷ ὄρει τούτῳ παράδος ταῦτα πάντα τοῖς ἔθνεσιν·
ἡ γὰρ βουλὴ[1] αὕτη ἐπὶ πάντα τὰ ἔθνη.

8 κατέπιεν[2] ὁ θάνατος ἰσχύσας,[3]
καὶ πάλιν[4] ἀφεῖλεν[5] ὁ θεὸς πᾶν δάκρυον[6] ἀπὸ παντὸς προσώπου·
τὸ ὄνειδος[7] τοῦ λαοῦ ἀφεῖλεν ἀπὸ πάσης τῆς γῆς,
τὸ γὰρ στόμα κυρίου ἐλάλησεν.
9 καὶ ἐροῦσιν τῇ ἡμέρᾳ ἐκείνῃ Ἰδοὺ ὁ θεὸς ἡμῶν,
ἐφ᾽ ᾧ ἠλπίζομεν καὶ ἠγαλλιώμεθα,[8]
καὶ εὐφρανθησόμεθα[9] ἐπὶ τῇ σωτηρίᾳ ἡμῶν.
10 ὅτι ἀνάπαυσιν[10] δώσει ὁ θεὸς ἐπὶ τὸ ὄρος τοῦτο,
καὶ καταπατηθήσεται[11] ἡ Μωαβῖτις,
ὃν τρόπον[12] πατοῦσιν[13] ἅλωνα[14] ἐν ἁμάξαις·[15]
11 καὶ ἀνήσει[16] τὰς χεῖρας αὐτοῦ,
ὃν τρόπον[17] καὶ αὐτὸς ἐταπείνωσεν[18] τοῦ ἀπολέσαι,
καὶ ταπεινώσει[19] τὴν ὕβριν[20] αὐτοῦ
ἐφ᾽ ἃ τὰς χεῖρας ἐπέβαλεν·[21]
12 καὶ τὸ ὕψος[22] τῆς καταφυγῆς[23] τοῦ τοίχου[24] σου ταπεινώσει,[25]
καὶ καταβήσεται ἕως τοῦ ἐδάφους.[26]

A Song of Praise in Judah on That Day

26 Τῇ ἡμέρᾳ ἐκείνῃ ᾄσονται[27] τὸ ᾆσμα[28] τοῦτο ἐπὶ γῆς Ιουδα λέγοντες

Ἰδοὺ πόλις ὀχυρά,[29]
καὶ σωτήριον[30] ἡμῶν θήσει τεῖχος[31] καὶ περίτειχος.[32]

1 βουλή, counsel
2 καταπίνω, *aor act ind 3s*, swallow
3 ἰσχύω, *aor act ptc nom s m*, prevail, overpower
4 πάλιν, again, once more
5 ἀφαιρέω, *aor act ind 3s*, remove, take away
6 δάκρυον, tear
7 ὄνειδος, reproach
8 ἀγαλλιάω, *impf mid ind 1p*, rejoice
9 εὐφραίνω, *fut pas ind 1p*, be glad, rejoice
10 ἀνάπαυσις, rest
11 καταπατέω, *fut pas ind 3s*, trample
12 ὃν τρόπον, in the same manner
13 πατέω, *pres act ind 3p*, tread
14 ἅλων, threshing floor
15 ἅμαξα, wagon
16 ἀνίημι, *fut act ind 3s*, spread forth
17 ὃν τρόπον, just as
18 ταπεινόω, *aor act ind 3s*, humble, bring low
19 ταπεινόω, *fut act ind 3s*, humble, bring low
20 ὕβρις, insolence, arrogance
21 ἐπιβάλλω, *aor act ind 3s*, lay upon
22 ὕψος, height
23 καταφυγή, refuge
24 τοῖχος, wall
25 ταπεινόω, *fut act ind 3s*, bring low
26 ἔδαφος, ground
27 ᾄδω, *fut mid ind 3p*, sing
28 ᾆσμα, song
29 ὀχυρός, fortified, secure
30 σωτήριος, salvation
31 τεῖχος, city wall
32 περίτειχος, surrounding wall

2 ἀνοίξατε πύλας,[1]
εἰσελθάτω λαὸς φυλάσσων δικαιοσύνην
καὶ φυλάσσων ἀλήθειαν,
3 ἀντιλαμβανόμενος[2] ἀληθείας καὶ φυλάσσων εἰρήνην.
ὅτι ἐπὶ σοὶ **4** ἤλπισαν, κύριε, ἕως τοῦ αἰῶνος,
ὁ θεὸς ὁ μέγας ὁ αἰώνιος,
5 ὃς ταπεινώσας[3] κατήγαγες[4] τοὺς ἐνοικοῦντας[5] ἐν ὑψηλοῖς·[6]
πόλεις ὀχυρὰς[7] καταβαλεῖς[8] καὶ κατάξεις[9] ἕως ἐδάφους,[10]
6 καὶ πατήσουσιν[11] αὐτοὺς πόδες πραέων[12] καὶ ταπεινῶν.[13]

7 ὁδὸς εὐσεβῶν[14] εὐθεῖα[15] ἐγένετο,
καὶ παρεσκευασμένη[16] ἡ ὁδὸς τῶν εὐσεβῶν.[17]
8 ἡ γὰρ ὁδὸς κυρίου κρίσις·
ἠλπίσαμεν ἐπὶ τῷ ὀνόματί σου καὶ ἐπὶ τῇ μνείᾳ,[18]
9 ᾗ ἐπιθυμεῖ[19] ἡ ψυχὴ ἡμῶν.
ἐκ νυκτὸς ὀρθρίζει[20] τὸ πνεῦμά μου πρὸς σέ, ὁ θεός,
διότι[21] φῶς τὰ προστάγματά[22] σου ἐπὶ τῆς γῆς.
δικαιοσύνην μάθετε,[23]
οἱ ἐνοικοῦντες[24] ἐπὶ τῆς γῆς.

10 πέπαυται[25] γὰρ ὁ ἀσεβής,[26]
οὐ μὴ μάθῃ[27] δικαιοσύνην ἐπὶ τῆς γῆς,
ἀλήθειαν οὐ μὴ ποιήσῃ·
ἀρθήτω ὁ ἀσεβής, ἵνα μὴ ἴδῃ τὴν δόξαν κυρίου.
11 κύριε, ὑψηλός[28] σου ὁ βραχίων,[29] καὶ οὐκ ᾔδεισαν,[30]
γνόντες δὲ αἰσχυνθήσονται·[31]

1 πύλη, gate
2 ἀντιλαμβάνομαι, *pres mid ptc nom s m*, take hold of
3 ταπεινόω, *aor act ptc nom s m*, humble, bring low
4 κατάγω, *aor act ind 2s*, lead down
5 ἐνοικέω, *pres act ptc acc p m*, reside, inhabit
6 ὑψηλός, high place
7 ὀχυρός, fortified
8 καταβάλλω, *fut act ind 2s*, strike down
9 κατάγω, *fut act ind 2s*, bring down
10 ἔδαφος, ground
11 πατέω, *fut act ind 3p*, tread
12 πραΰς, gentle
13 ταπεινός, humble
14 εὐσεβής, pious
15 εὐθύς, straight, upright
16 παρασκευάζω, *perf pas ptc nom s f*, prepare
17 εὐσεβής, pious
18 μνεία, remembrance
19 ἐπιθυμέω, *pres act ind 3s*, desire, long for
20 ὀρθρίζω, *pres act ind 3s*, rise early
21 διότι, because, for
22 πρόσταγμα, ordinance
23 μανθάνω, *aor act impv 2p*, learn
24 ἐνοικέω, *pres act ptc nom p m*, reside, inhabit
25 παύω, *perf mid ind 3s*, cease, come to an end
26 ἀσεβής, ungodly
27 μανθάνω, *aor act sub 3s*, learn
28 ὑψηλός, upraised, lifted
29 βραχίων, arm
30 οἶδα, *plpf act ind 3p*, know, acknowledge
31 αἰσχύνω, *fut pas ind 3p*, put to shame

ζῆλος[1] λήμψεται λαὸν ἀπαίδευτον,[2]
καὶ νῦν πῦρ τοὺς ὑπεναντίους[3] ἔδεται.[4]

12 κύριε ὁ θεὸς ἡμῶν, εἰρήνην δὸς ἡμῖν,
πάντα γὰρ ἀπέδωκας ἡμῖν.
13 κύριε ὁ θεὸς ἡμῶν, κτῆσαι[5] ἡμᾶς·
κύριε, ἐκτὸς[6] σοῦ ἄλλον οὐκ οἴδαμεν,
τὸ ὄνομά σου ὀνομάζομεν.[7]
14 οἱ δὲ νεκροὶ[8] ζωὴν οὐ μὴ ἴδωσιν,
οὐδὲ ἰατροὶ[9] οὐ μὴ ἀναστήσωσιν·
διὰ τοῦτο ἐπήγαγες[10] καὶ ἀπώλεσας
καὶ ἦρας πᾶν ἄρσεν[11] αὐτῶν.
15 πρόσθες[12] αὐτοῖς κακά, κύριε,
πρόσθες κακὰ πᾶσιν τοῖς ἐνδόξοις[13] τῆς γῆς.

16 κύριε, ἐν θλίψει ἐμνήσθην[14] σου,
ἐν θλίψει μικρᾷ ἡ παιδεία[15] σου ἡμῖν.
17 καὶ ὡς ἡ ὠδίνουσα[16] ἐγγίζει τοῦ τεκεῖν[17]
καὶ ἐπὶ τῇ ὠδῖνι[18] αὐτῆς ἐκέκραξεν,
οὕτως ἐγενήθημεν τῷ ἀγαπητῷ[19] σου
διὰ τὸν φόβον σου, κύριε.
18 ἐν γαστρὶ[20] ἐλάβομεν καὶ ὠδινήσαμεν[21] καὶ ἐτέκομεν·[22]
πνεῦμα σωτηρίας σου ἐποιήσαμεν ἐπὶ τῆς γῆς,
ἀλλὰ πεσοῦνται οἱ ἐνοικοῦντες[23] ἐπὶ τῆς γῆς.
19 ἀναστήσονται οἱ νεκροί,[24] καὶ ἐγερθήσονται[25] οἱ ἐν τοῖς μνημείοις,[26]
καὶ εὐφρανθήσονται[27] οἱ ἐν τῇ γῇ·
ἡ γὰρ δρόσος[28] ἡ παρὰ σοῦ ἴαμα[29] αὐτοῖς ἐστιν,
ἡ δὲ γῆ τῶν ἀσεβῶν[30] πεσεῖται.

1 ζῆλος, jealousy
2 ἀπαίδευτος, unlearned, undisciplined
3 ὑπεναντίος, opponent
4 ἐσθίω, *fut mid ind 3s*, consume
5 κτάομαι, *aor mid impv 2s*, acquire possession
6 ἐκτός, except, besides
7 ὀνομάζω, *pres act ind 1p*, call upon, name
8 νεκρός, dead
9 ἰατρός, physician
10 ἐπάγω, *aor act ind 2s*, bring upon
11 ἄρσην, male
12 προστίθημι, *aor act impv 2s*, add to, increase
13 ἔνδοξος, of high repute, glorious
14 μιμνῄσκομαι, *aor pas ind 1s*, remember
15 παιδεία, discipline
16 ὠδίνω, *pres act ptc nom s f*, suffer birth pangs
17 τίκτω, *aor act inf*, give birth
18 ὠδίν, birth pangs
19 ἀγαπητός, beloved
20 γαστήρ, womb
21 ὠδίνω, *aor act ind 1p*, suffer birth pangs
22 τίκτω, *aor act ind 1p*, give birth
23 ἐνοικέω, *pres act ptc nom p m*, reside, inhabit
24 νεκρός, dead
25 ἐγείρω, *fut pas ind 3p*, raise up
26 μνημεῖον, tomb
27 εὐφραίνω, *fut pas ind 3p*, be glad, rejoice
28 δρόσος, dew
29 ἴαμα, remedy, healing
30 ἀσεβής, ungodly

20 βάδιζε,[1] λαός μου, εἴσελθε εἰς τὰ ταμιεῖά[2] σου,
ἀπόκλεισον[3] τὴν θύραν σου,
ἀποκρύβηθι[4] μικρὸν ὅσον ὅσον,
ἕως ἂν παρέλθῃ[5] ἡ ὀργὴ κυρίου·
21 ἰδοὺ γὰρ κύριος ἀπὸ τοῦ ἁγίου ἐπάγει[6] τὴν ὀργὴν
ἐπὶ τοὺς ἐνοικοῦντας[7] ἐπὶ τῆς γῆς,
καὶ ἀνακαλύψει[8] ἡ γῆ τὸ αἷμα αὐτῆς
καὶ οὐ κατακαλύψει[9] τοὺς ἀνῃρημένους.[10]

Promise of Deliverance for Israel

27 Τῇ ἡμέρᾳ ἐκείνῃ ἐπάξει[11] ὁ θεὸς τὴν μάχαιραν[12] τὴν ἁγίαν καὶ τὴν μεγάλην
καὶ τὴν ἰσχυρὰν[13] ἐπὶ τὸν δράκοντα[14] ὄφιν[15] φεύγοντα,[16] ἐπὶ τὸν δράκοντα
ὄφιν σκολιὸν[17] καὶ ἀνελεῖ[18] τὸν δράκοντα.

2 τῇ ἡμέρᾳ ἐκείνῃ ἀμπελὼν[19] καλός·
ἐπιθύμημα[20] ἐξάρχειν[21] κατ᾽ αὐτῆς.
3 ἐγὼ πόλις ἰσχυρά,[22] πόλις πολιορκουμένη,[23] μάτην[24] ποτιῶ[25] αὐτήν·
ἁλώσεται[26] γὰρ νυκτός, ἡμέρας δὲ πεσεῖται τὸ τεῖχος.[27]
4 οὐκ ἔστιν ἣ οὐκ ἐπελάβετο[28] αὐτῆς·
τίς με θήσει φυλάσσειν καλάμην[29] ἐν ἀγρῷ;[30]
διὰ τὴν πολεμίαν[31] ταύτην ἠθέτηκα[32] αὐτήν.
τοίνυν[33] διὰ τοῦτο ἐποίησεν κύριος ὁ θεὸς πάντα,
ὅσα συνέταξεν.[34]
κατακέκαυμαι,[35] **5** βοήσονται[36] οἱ ἐνοικοῦντες[37] ἐν αὐτῇ,
ποιήσωμεν εἰρήνην αὐτῷ, ποιήσωμεν εἰρήνην.

1 βαδίζω, *pres act impv 2s*, go
2 ταμιεῖον, chamber
3 ἀποκλείω, *aor act impv 2s*, shut
4 ἀποκρύπτω, *aor pas impv 2s*, reveal
5 παρέρχομαι, *aor act sub 3s*, pass by
6 ἐπάγω, *pres act ind 3s*, bring upon
7 ἐνοικέω, *pres act ptc acc p m*, reside, inhabit
8 ἀνακαλύπτω, *fut act ind 3s*, disclose
9 κατακαλύπτω, *fut act ind 3s*, cover, conceal
10 ἀναιρέω, *perf pas ptc acc p m*, kill, slay
11 ἐπάγω, *fut act ind 3s*, bring upon
12 μάχαιρα, sword
13 ἰσχυρός, strong, mighty
14 δράκων, dragon
15 ὄφις, serpent
16 φεύγω, *pres act ptc acc s m*, flee
17 σκολιός, crooked, twisted
18 ἀναιρέω, *fut act ind 3s*, destroy, kill
19 ἀμπελών, vineyard
20 ἐπιθύμημα, desire
21 ἐξάρχω, *pres act inf*, begin (to sing)
22 ἰσχυρός, strong
23 πολιορκέω, *pres pas ptc nom s f*, besiege
24 μάτην, in vain
25 ποτίζω, *fut act ind 1s*, give water to
26 ἁλίσκομαι, *fut mid ind 3s*, be conquered
27 τεῖχος, city wall
28 ἐπιλαμβάνω, *aor mid ind 3s*, lay hold of
29 καλάμη, straw, stubble
30 ἀγρός, field
31 πολέμιος, enmity, hostility
32 ἀθετέω, *perf act ind 1s*, set to naught, reject
33 τοίνυν, hence, so
34 συντάσσω, *aor act ind 3s*, order, appoint
35 κατακαίω, *perf mid ind 1s*, burn up
36 βοάω, *fut mid ind 3p*, cry aloud
37 ἐνοικέω, *pres act ptc nom p m*, reside, inhabit

6 οἱ ἐρχόμενοι, τέκνα Ιακωβ, βλαστήσει[1] καὶ ἐξανθήσει[2] Ισραηλ,
καὶ ἐμπλησθήσεται[3] ἡ οἰκουμένη[4] τοῦ καρποῦ αὐτοῦ.
7 μὴ ὡς αὐτὸς ἐπάταξεν,[5] καὶ αὐτὸς οὕτως πληγήσεται,[6]
καὶ ὡς αὐτὸς ἀνεῖλεν,[7] οὕτως ἀναιρεθήσεται;[8]
8 μαχόμενος[9] καὶ ὀνειδίζων[10] ἐξαποστελεῖ[11] αὐτούς·
οὐ σὺ ἦσθα[12] ὁ μελετῶν[13] τῷ πνεύματι τῷ σκληρῷ[14]
ἀνελεῖν[15] αὐτοὺς πνεύματι θυμοῦ;[16]
9 διὰ τοῦτο ἀφαιρεθήσεται[17] ἡ ἀνομία[18] Ιακωβ,
καὶ τοῦτό ἐστιν ἡ εὐλογία[19] αὐτοῦ,
ὅταν ἀφέλωμαι[20] αὐτοῦ τὴν ἁμαρτίαν,
ὅταν θῶσιν πάντας τοὺς λίθους τῶν βωμῶν[21]
κατακεκομμένους[22] ὡς κονίαν[23] λεπτήν·[24]
καὶ οὐ μὴ μείνῃ[25] τὰ δένδρα[26] αὐτῶν,
καὶ τὰ εἴδωλα[27] αὐτῶν ἐκκεκομμένα[28] ὥσπερ δρυμὸς[29] μακράν.[30]
10 τὸ κατοικούμενον ποίμνιον[31] ἀνειμένον[32] ἔσται
ὡς ποίμνιον καταλελειμμένον·[33]
καὶ ἔσται πολὺν χρόνον εἰς βόσκημα,[34]
καὶ ἐκεῖ ἀναπαύσονται.[35]
11 καὶ μετὰ χρόνον οὐκ ἔσται ἐν αὐτῇ πᾶν χλωρὸν[36]
διὰ τὸ ξηρανθῆναι.[37]
γυναῖκες ἐρχόμεναι ἀπὸ θέας,[38] δεῦτε·[39]
οὐ γὰρ λαός ἐστιν ἔχων σύνεσιν,[40]

1 βλαστάνω, *fut act ind 3s*, bud, shoot forth
2 ἐξανθέω, *fut act ind 3s*, blossom
3 ἐμπίμπλημι, *fut pas ind 3s*, fill up
4 οἰκουμένη, inhabited world
5 πατάσσω, *aor act ind 3s*, strike, smite
6 πλήσσω, *fut pas ind 3s*, wound, beat
7 ἀναιρέω, *aor act ind 3s*, destroy, kill
8 ἀναιρέω, *fut pas ind 3s*, destroy, kill
9 μάχομαι, *pres mid ptc nom s m*, quarrel
10 ὀνειδίζω, *pres act ptc nom s m*, revile
11 ἐξαποστέλλω, *fut act ind 3s*, send away
12 εἰμί, *impf act ind 2s*, be
13 μελετάω, *pres act ptc nom s m*, plot
14 σκληρός, hardened
15 ἀναιρέω, *aor act inf*, destroy, kill
16 θυμός, wrath
17 ἀφαιρέω, *fut pas ind 3s*, remove, take away
18 ἀνομία, transgression, lawlessness
19 εὐλογία, blessing
20 ἀφαιρέω, *aor mid sub 1s*, remove, take away
21 βωμός, (illegitimate) altar
22 κατακόπτω, *perf pas ptc acc p m*, cut into pieces
23 κονία, dust
24 λεπτός, fine, powdery
25 μένω, *aor act sub 3s*, remain
26 δένδρον, tree
27 εἴδωλον, idol
28 ἐκκόπτω, *perf pas ptc acc p n*, cut down
29 δρυμός, forest
30 μακράν, far away
31 ποίμνιον, flock, sheepfold
32 ἀνίημι, *perf pas ptc acc s m*, forsake
33 καταλείπω, *perf pas ptc nom s n*, desert, leave behind
34 βόσκημα, pasture
35 ἀναπαύω, *fut mid ind 3p*, rest
36 χλωρός, green
37 ξηραίνω, *aor pas inf*, dry up
38 θέα, spectacle
39 δεῦτε, come!
40 σύνεσις, understanding

διὰ τοῦτο οὐ μὴ οἰκτιρήσῃ[1] ὁ ποιήσας αὐτούς,
οὐδὲ ὁ πλάσας[2] αὐτοὺς οὐ μὴ ἐλεήσῃ.[3]

12 καὶ ἔσται ἐν τῇ ἡμέρᾳ ἐκείνῃ συμφράξει[4] κύριος ἀπὸ τῆς διώρυγος[5] τοῦ ποταμοῦ[6]
ἕως Ῥινοκορούρων, ὑμεῖς δὲ συναγάγετε τοὺς υἱοὺς Ισραηλ κατὰ ἕνα ἕνα. 13 καὶ
ἔσται ἐν τῇ ἡμέρᾳ ἐκείνῃ σαλπιοῦσιν[7] τῇ σάλπιγγι[8] τῇ μεγάλῃ, καὶ ἥξουσιν[9] οἱ
ἀπολόμενοι ἐν τῇ χώρᾳ[10] τῶν Ἀσσυρίων καὶ οἱ ἀπολόμενοι ἐν Αἰγύπτῳ καὶ προσ-
κυνήσουσιν τῷ κυρίῳ ἐπὶ τὸ ὄρος τὸ ἅγιον ἐν Ιερουσαλημ.

Judgment on the Leaders of Ephraim and Judah

28 Οὐαὶ τῷ στεφάνῳ[11] τῆς ὕβρεως,[12] οἱ μισθωτοὶ[13] Εφραιμ·
τὸ ἄνθος[14] τὸ ἐκπεσὸν[15] ἐκ τῆς δόξης
ἐπὶ τῆς κορυφῆς[16] τοῦ ὄρους τοῦ παχέος,[17]
οἱ μεθύοντες[18] ἄνευ[19] οἴνου.
2 ἰδοὺ ἰσχυρὸν[20] καὶ σκληρὸν[21] ὁ θυμὸς[22] κυρίου
ὡς χάλαζα[23] καταφερομένη[24] οὐκ ἔχουσα σκέπην,[25] βίᾳ[26] καταφερομένη·
ὡς ὕδατος πολὺ πλῆθος σῦρον[27] χώραν[28]
τῇ γῇ ποιήσει ἀνάπαυσιν[29] ταῖς χερσίν.
3 καὶ τοῖς ποσὶν καταπατηθήσεται[30] ὁ στέφανος[31] τῆς ὕβρεως,[32]
οἱ μισθωτοὶ[33] τοῦ Εφραιμ.
4 καὶ ἔσται τὸ ἄνθος[34] τὸ ἐκπεσὸν[35] τῆς ἐλπίδος τῆς δόξης
ἐπ᾽ ἄκρου[36] τοῦ ὄρους τοῦ ὑψηλοῦ[37] ὡς πρόδρομος[38] σύκου,[39]
ὁ ἰδὼν αὐτὸ πρὶν[40] ἢ εἰς τὴν χεῖρα αὐτοῦ λαβεῖν θελήσει αὐτὸ καταπιεῖν.[41]

1 οἰκτίρω, *aor act sub 3s*, have compassion on
2 πλάσσω, *aor act ptc nom s m*, form
3 ἐλεέω, *aor act sub 3s*, show mercy
4 συμφράσσω, *fut act ind 3s*, fence in
5 διῶρυξ, canal, channel
6 ποταμός, river
7 σαλπίζω, *fut act ind 3p*, sound (a trumpet)
8 σάλπιγξ, trumpet
9 ἥκω, *fut act ind 3p*, come
10 χώρα, land, country
11 στέφανος, crown
12 ὕβρις, insolence, arrogance
13 μισθωτός, hired worker
14 ἄνθος, blossom, flower
15 ἐκπίπτω, *aor act ptc nom s n*, fall out
16 κορυφή, summit, peak
17 παχύς, fertile
18 μεθύω, *pres act ptc nom p m*, be drunk
19 ἄνευ, without
20 ἰσχυρός, strong
21 σκληρός, severe
22 θυμός, wrath
23 χάλαζα, hail
24 καταφέρω, *pres pas ptc nom s f*, crash down
25 σκέπη, covering, shelter
26 βία, forcibly, violently
27 σύρω, *pres act ptc acc s n*, rush, sweep
28 χώρα, land
29 ἀνάπαυσις, rest
30 καταπατέω, *fut pas ind 3s*, trample
31 στέφανος, crown
32 ὕβρις, insolence, arrogance
33 μισθωτός, hired worker
34 ἄνθος, blossom, flower
35 ἐκπίπτω, *aor act ptc nom s n*, fall out
36 ἄκρος, top
37 ὑψηλός, high
38 πρόδρομος, early
39 σῦκον, fig
40 πρίν, before
41 καταπίνω, *aor act inf*, devour

5 τῇ ἡμέρᾳ ἐκείνῃ ἔσται κύριος σαβαωθ[1] ὁ στέφανος[2] τῆς ἐλπίδος
ὁ πλακεὶς[3] τῆς δόξης τῷ καταλειφθέντι[4] μου λαῷ·
6 καταλειφθήσονται[5] ἐπὶ πνεύματι κρίσεως ἐπὶ κρίσιν
καὶ ἰσχὺν[6] κωλύων[7] ἀνελεῖν.[8]

7 οὗτοι γὰρ οἴνῳ πεπλανημένοι εἰσίν,
ἐπλανήθησαν διὰ τὸ σικερα·[9]
ἱερεὺς καὶ προφήτης ἐξέστησαν[10] διὰ τὸν οἶνον,
ἐσείσθησαν[11] ἀπὸ τῆς μέθης[12] τοῦ σικερα,
ἐπλανήθησαν· τοῦτ᾽ ἔστι φάσμα.[13]
8 ἀρὰ ἔδεται ταύτην τὴν βουλήν·[14]
αὕτη γὰρ ἡ βουλὴ ἕνεκεν[15] πλεονεξίας.[16]

9 τίνι ἀνηγγείλαμεν[17] κακὰ καὶ τίνι ἀνηγγείλαμεν ἀγγελίαν,[18]
οἱ ἀπογεγαλακτισμένοι[19] ἀπὸ γάλακτος,[20]
οἱ ἀπεσπασμένοι[21] ἀπὸ μαστοῦ;[22]
10 θλῖψιν ἐπὶ θλῖψιν προσδέχου,[23]
ἐλπίδα ἐπ᾽ ἐλπίδι, ἔτι μικρὸν ἔτι μικρὸν
11 διὰ φαυλισμὸν[24] χειλέων[25] διὰ γλώσσης ἑτέρας,
ὅτι λαλήσουσιν τῷ λαῷ τούτῳ
12 λέγοντες αὐτῷ
Τοῦτο τὸ ἀνάπαυμα[26] τῷ πεινῶντι[27]
καὶ τοῦτο τὸ σύντριμμα,[28]
καὶ οὐκ ἠθέλησαν ἀκούειν.
13 καὶ ἔσται αὐτοῖς τὸ λόγιον[29] κυρίου τοῦ θεοῦ
θλῖψις ἐπὶ θλῖψιν, ἐλπὶς ἐπ᾽ ἐλπίδι, ἔτι μικρὸν ἔτι μικρόν,
ἵνα πορευθῶσιν καὶ πέσωσιν εἰς τὰ ὀπίσω
καὶ κινδυνεύσουσιν[30] καὶ συντριβήσονται[31] καὶ ἁλώσονται.[32]

1 σαβαωθ, of hosts, *translit.*
2 στέφανος, crown
3 πλέκω, *aor pas ptc nom s m*, weave into a wreath
4 καταλείπω, *aor pas ptc dat s m*, leave behind
5 καταλείπω, *fut pas ind 3p*, leave behind
6 ἰσχύς, strength
7 κωλύω, *pres act ptc nom s m*, hinder, withhold
8 ἀναιρέω, *aor act inf*, destroy, kill
9 σικερα, fermented drink, *translit.*
10 ἐξίστημι, *aor act ind 3p*, be confounded
11 σείω, *aor pas ind 3p*, agitate, disturb
12 μέθη, drunkenness
13 φάσμα, delusion, (omen?)
14 βουλή, counsel, advice
15 ἕνεκα, for the sake of
16 πλεονεξία, greed
17 ἀναγγέλλω, *aor act ind 1p*, announce
18 ἀγγελία, message
19 ἀπογαλακτίζω, *perf pas ptc nom p m*, wean
20 γάλα, milk
21 ἀποσπάω, *perf pas ptc nom p m*, detach
22 μαστός, breast
23 προσδέχομαι, *pres mid impv 2s*, expect
24 φαυλισμός, contempt
25 χεῖλος, lip
26 ἀνάπαυμα, rest
27 πεινάω, *pres act ptc dat s m*, be hungry
28 σύντριμμα, ruin
29 λόγιον, saying, oracle
30 κινδυνεύω, *fut act ind 3p*, be in danger
31 συντρίβω, *fut pas ind 3p*, crush, shatter
32 ἁλίσκομαι, *fut mid ind 3p*, be captured

A Stone in Zion

14 διὰ τοῦτο ἀκούσατε λόγον κυρίου, ἄνδρες τεθλιμμένοι[1]
καὶ ἄρχοντες τοῦ λαοῦ τούτου τοῦ ἐν Ιερουσαλημ
15 Ὅτι εἴπατε Ἐποιήσαμεν διαθήκην μετὰ τοῦ ᾅδου[2]
καὶ μετὰ τοῦ θανάτου συνθήκας,[3]
καταιγὶς[4] φερομένη ἐὰν παρέλθῃ[5] οὐ μὴ ἔλθῃ ἐφ᾽ ἡμᾶς,
ἐθήκαμεν ψεῦδος[6] τὴν ἐλπίδα ἡμῶν καὶ τῷ ψεύδει σκεπασθησόμεθα,[7]
16 διὰ τοῦτο οὕτως λέγει κύριος
Ἰδοὺ ἐγὼ ἐμβαλῶ[8] εἰς τὰ θεμέλια[9] Σιων λίθον πολυτελῆ[10] ἐκλεκτὸν[11]
ἀκρογωνιαῖον[12] ἔντιμον[13] εἰς τὰ θεμέλια αὐτῆς,
καὶ ὁ πιστεύων ἐπ᾽ αὐτῷ οὐ μὴ καταισχυνθῇ.[14]
17 καὶ θήσω κρίσιν εἰς ἐλπίδα,
ἡ δὲ ἐλεημοσύνη[15] μου εἰς σταθμούς,[16]
καὶ οἱ πεποιθότες μάτην[17] ψεύδει·[18]
ὅτι οὐ μὴ παρέλθῃ[19] ὑμᾶς καταιγίς,[20]
18 μὴ καὶ ἀφέλῃ[21] ὑμῶν τὴν διαθήκην τοῦ θανάτου,
καὶ ἡ ἐλπὶς ὑμῶν ἡ πρὸς τὸν ᾅδην[22] οὐ μὴ ἐμμείνῃ·[23]
καταιγὶς[24] φερομένη ἐὰν ἐπέλθῃ,[25]
ἔσεσθε αὐτῇ εἰς καταπάτημα.[26]
19 ὅταν παρέλθῃ,[27] λήμψεται ὑμᾶς·
πρωὶ[28] πρωὶ παρελεύσεται[29] ἡμέρας,
καὶ ἐν νυκτὶ ἔσται ἐλπὶς πονηρά·
μάθετε[30] ἀκούειν.
20 στενοχωρούμενοι[31] οὐ δυνάμεθα μάχεσθαι,[32]
αὐτοὶ δὲ ἀσθενοῦμεν[33] τοῦ ἡμᾶς συναχθῆναι.

1 θλίβω, *perf pas ptc nom p m*, afflict
2 ᾅδης, Hades, underworld
3 συνθήκη, agreement, pact
4 καταιγίς, storm
5 παρέρχομαι, *aor act sub 3s*, pass by
6 ψεῦδος, lie, deception
7 σκεπάζω, *fut pas ind 1p*, cover, hide
8 ἐμβάλλω, *fut act ind 1s*, place in
9 θεμέλιον, foundation
10 πολυτελής, valuable, costly
11 ἐκλεκτός, choice
12 ἀκρογωνιαῖος, at the corner, (cornerstone)
13 ἔντιμος, highly valued
14 καταισχύνω, *aor pas sub 3s*, put to shame
15 ἐλεημοσύνη, mercy
16 σταθμός, weight (in the scales)
17 μάτην, in vain
18 ψεῦδος, lie, deception
19 παρέρχομαι, *aor act sub 3s*, pass by
20 καταιγίς, storm
21 ἀφαιρέω, *aor act sub 3s*, remove
22 ᾅδης, Hades, underworld
23 ἐμμένω, *aor act sub 3s*, remain, endure
24 καταιγίς, storm
25 ἐπέρχομαι, *aor act sub 3s*, come upon
26 καταπάτημα, trampling
27 παρέρχομαι, *aor act sub 3s*, pass by
28 πρωί, (in the) morning
29 παρέρχομαι, *fut mid ind 3s*, pass by
30 μανθάνω, *aor act impv 2p*, learn
31 στενοχωρέω, *pres pas ptc nom p m*, press hard
32 μάχομαι, *pres mid inf*, fight against
33 ἀσθενέω, *pres act ind 1p*, be weak

21 ὥσπερ[1] ὄρος ἀσεβῶν[2] ἀναστήσεται
καὶ ἔσται ἐν τῇ φάραγγι[3] Γαβαων·
μετὰ θυμοῦ[4] ποιήσει τὰ ἔργα αὐτοῦ, πικρίας[5] ἔργον·
ὁ δὲ θυμὸς αὐτοῦ ἀλλοτρίως[6] χρήσεται,[7]
καὶ ἡ πικρία αὐτοῦ ἀλλοτρία.[8]
22 καὶ ὑμεῖς μὴ εὐφρανθείητε,[9]
μηδὲ ἰσχυσάτωσαν[10] ὑμῶν οἱ δεσμοί·[11]
διότι[12] συντετελεσμένα[13] καὶ συντετμημένα[14] πράγματα[15]
ἤκουσα παρὰ κυρίου σαβαωθ,[16]
ἃ ποιήσει ἐπὶ πᾶσαν τὴν γῆν.

23 Ἐνωτίζεσθε[17] καὶ ἀκούετε τῆς φωνῆς μου,
προσέχετε[18] καὶ ἀκούετε τοὺς λόγους μου.
24 μὴ ὅλην τὴν ἡμέραν μέλλει[19] ὁ ἀροτριῶν[20] ἀροτριᾶν;[21]
ἢ σπόρον[22] προετοιμάσει[23] πρὶν[24] ἐργάσασθαι τὴν γῆν;
25 οὐχ ὅταν ὁμαλίσῃ[25] αὐτῆς τὸ πρόσωπον,
τότε σπείρει[26] μικρὸν μελάνθιον[27] καὶ κύμινον[28]
καὶ πάλιν[29] σπείρει πυρὸν[30] καὶ κριθὴν[31]
καὶ ζέαν[32] ἐν τοῖς ὁρίοις[33] σου;
26 καὶ παιδευθήσῃ[34] κρίματι θεοῦ σου καὶ εὐφρανθήσῃ.[35]

27 οὐ γὰρ μετὰ σκληρότητος[36] καθαίρεται[37] τὸ μελάνθιον,[38]
οὐδὲ τροχὸς[39] ἁμάξης[40] περιάξει[41] ἐπὶ τὸ κύμινον,[42]

1 ὥσπερ, like, as
2 ἀσεβής, impious, ungodly
3 φάραγξ, ravine
4 θυμός, wrath
5 πικρία, bitterness
6 ἀλλοτρίως, hostilely, strangely
7 χράω, *fut mid ind 3s*, do, deal, act
8 ἀλλότριος, hostile, strange
9 εὐφραίνω, *aor pas opt 2p*, rejoice, be glad
10 ἰσχύω, *aor act impv 3p*, strengthen
11 δεσμός, bonds, chains
12 διότι, because
13 συντελέω, *perf pas ptc acc p n*, accomplish
14 συντέμνω, *perf pas ptc acc p n*, shorten
15 πρᾶγμα, thing, deed
16 σαβαωθ, of hosts, *translit.*
17 ἐνωτίζομαι, *pres mid impv 2p*, give ear, hearken
18 προσέχω, *pres act impv 2p*, give heed, pay attention
19 μέλλω, *pres act ind 3s*, be about to
20 ἀροτριάω, *pres act ptc nom s m*, plow
21 ἀροτριάω, *pres act inf*, plow
22 σπόρος, seed
23 προετοιμάζω, *fut act ind 3s*, prepare beforehand
24 πρίν, before, prior to
25 ὁμαλίζω, *aor act sub 3s*, make level
26 σπείρω, *pres act ind 3s*, sow
27 μελάνθιον, black cumin
28 κύμινον, cumin, *Heb. LW*
29 πάλιν, again, once more
30 πυρός, wheat
31 κριθή, barley
32 ζέα, one-seeded wheat
33 ὅριον, boundary, border
34 παιδεύω, *fut pas ind 2s*, discipline, instruct
35 εὐφραίνω, *fut pas ind 2s*, be glad, rejoice
36 σκληρότης, harshness
37 καθαιρέω, *pres pas ind 3s*, break down
38 μελάνθιον, black cumin
39 τροχός, wheel
40 ἅμαξα, wagon
41 περιάγω, *fut act ind 3s*, go around
42 κύμινον, cumin, *Heb. LW*

ἀλλὰ ῥάβδῳ[1] ἐκτινάσσεται[2] τὸ μελάνθιον,
τὸ δὲ κύμινον **28** μετὰ ἄρτου βρωθήσεται.[3]
οὐ γὰρ εἰς τὸν αἰῶνα ἐγὼ ὑμῖν ὀργισθήσομαι,[4]
οὐδὲ φωνὴ τῆς πικρίας[5] μου καταπατήσει[6] ὑμᾶς.
29 καὶ ταῦτα παρὰ κυρίου σαβαωθ[7] ἐξῆλθεν τὰ τέρατα·[8]
βουλεύσασθε,[9] ὑψώσατε[10] ματαίαν[11] παράκλησιν.[12]

Woe to David's City

29 Οὐαὶ πόλις Αριηλ, ἣν Δαυιδ ἐπολέμησεν·
συναγάγετε γενήματα[13] ἐνιαυτὸν[14] ἐπ᾽ ἐνιαυτόν,
φάγεσθε γὰρ σὺν Μωαβ.
2 ἐκθλίψω[15] γὰρ Αριηλ,
καὶ ἔσται αὐτῆς ἡ ἰσχὺς[16] καὶ τὸ πλοῦτος[17] ἐμοί.
3 καὶ κυκλώσω[18] ὡς Δαυιδ ἐπὶ σὲ καὶ βαλῶ[19] περὶ σὲ χάρακα[20]
καὶ θήσω περὶ σὲ πύργους,[21]
4 καὶ ταπεινωθήσονται[22] οἱ λόγοι σου εἰς τὴν γῆν,
καὶ εἰς τὴν γῆν οἱ λόγοι σου δύσονται·[23]
καὶ ἔσται ὡς οἱ φωνοῦντες[24] ἐκ τῆς γῆς ἡ φωνή σου,
καὶ πρὸς τὸ ἔδαφος[25] ἡ φωνή σου ἀσθενήσει.[26]

5 καὶ ἔσται ὡς κονιορτὸς[27] ἀπὸ τροχοῦ[28] ὁ πλοῦτος[29] τῶν ἀσεβῶν[30]
καὶ ὡς χνοῦς[31] φερόμενος, καὶ ἔσται ὡς στιγμὴ[32] παραχρῆμα[33]
6 παρὰ κυρίου σαβαωθ·[34]

1 ῥάβδος, rod
2 ἐκτινάσσω, *pres pas ind 3s*, shake out
3 βιβρώσκω, *fut pas ind 3s*, eat
4 ὀργίζω, *fut pas ind 1s*, be angry
5 πικρία, bitterness
6 καταπατέω, *fut act ind 3s*, trample
7 σαβαωθ, of hosts, *translit.*
8 τέρας, wonder
9 βουλεύω, *aor mid impv 2p*, deliberate, devise
10 ὑψόω, *aor act impv 2p*, lift high
11 μάταιος, foolish, vain, empty
12 παράκλησις, exhortation
13 γένημα, yield, produce
14 ἐνιαυτός, year
15 ἐκθλίβω, *fut act ind 1s*, afflict, press
16 ἰσχύς, strength
17 πλοῦτος, wealth
18 κυκλόω, *fut act ind 1s*, encircle, surround
19 βάλλω, *fut act ind 1s*, place, set up
20 χάραξ, stockade, bulwark
21 πύργος, tower
22 ταπεινόω, *fut pas ind 3p*, humble, bring low
23 δύω, *fut mid ind 3p*, sink
24 φωνέω, *pres act ptc nom p m*, make sound
25 ἔδαφος, ground
26 ἀσθενέω, *fut act ind 3s*, weaken
27 κονιορτός, cloud of dust
28 τροχός, wheel
29 πλοῦτος, wealth
30 ἀσεβής, wicked, ungodly
31 χνοῦς, chaff
32 στιγμή, (a brief) moment
33 παραχρῆμα, immediately
34 σαβαωθ, of hosts, *translit.*

ἐπισκοπὴ[1] γὰρ ἔσται μετὰ βροντῆς[2] καὶ σεισμοῦ[3] καὶ φωνῆς μεγάλης,
καταιγὶς[4] φερομένη καὶ φλὸξ[5] πυρὸς κατεσθίουσα.[6]
7 καὶ ἔσται ὡς ὁ ἐνυπνιαζόμενος[7] ἐν ὕπνῳ[8] ὁ πλοῦτος[9] τῶν ἐθνῶν πάντων,
ὅσοι ἐπεστράτευσαν[10] ἐπὶ Αριηλ,
καὶ πάντες οἱ στρατευσάμενοι[11] ἐπὶ Ιερουσαλημ
καὶ πάντες οἱ συνηγμένοι ἐπ᾽ αὐτὴν καὶ θλίβοντες[12] αὐτήν.
8 καὶ ἔσονται ὡς οἱ ἐν ὕπνῳ[13] πίνοντες καὶ ἔσθοντες,[14]
καὶ ἐξαναστάντων[15] μάταιον[16] αὐτῶν τὸ ἐνύπνιον,
καὶ ὃν τρόπον[17] ἐνυπνιάζεται[18] ὁ διψῶν[19] ὡς πίνων
καὶ ἐξαναστὰς[20] ἔτι διψᾷ,[21]
ἡ δὲ ψυχὴ αὐτοῦ εἰς κενὸν[22] ἤλπισεν,
οὕτως ἔσται ὁ πλοῦτος[23] πάντων τῶν ἐθνῶν,
ὅσοι ἐπεστράτευσαν[24] ἐπὶ τὸ ὄρος Σιων.

9 ἐκλύθητε[25] καὶ ἔκστητε[26] καὶ κραιπαλήσατε[27]
οὐκ ἀπὸ σικερα[28] οὐδὲ ἀπὸ οἴνου·
10 ὅτι πεπότικεν[29] ὑμᾶς κύριος πνεύματι κατανύξεως[30]
καὶ καμμύσει[31] τοὺς ὀφθαλμοὺς αὐτῶν
καὶ τῶν προφητῶν αὐτῶν καὶ τῶν ἀρχόντων αὐτῶν,
οἱ ὁρῶντες τὰ κρυπτά.[32]

11 καὶ ἔσονται ὑμῖν πάντα τὰ ῥήματα ταῦτα ὡς οἱ λόγοι τοῦ βιβλίου τοῦ ἐσφρα-
γισμένου[33] τούτου, ὃ ἐὰν δῶσιν αὐτὸ ἀνθρώπῳ ἐπισταμένῳ[34] γράμματα[35] λέγοντες
Ἀνάγνωθι[36] ταῦτα· καὶ ἐρεῖ Οὐ δύναμαι ἀναγνῶναι,[37] ἐσφράγισται[38] γάρ. **12** καὶ

1 ἐπισκοπή, visitation
2 βροντή, thunder
3 σεισμός, earthquake
4 καταιγίς, storm
5 φλόξ, flame
6 κατεσθίω, *pres act ptc nom s f*, devour
7 ἐνυπνιάζομαι, *pres mid ptc nom s m*, dream
8 ὕπνος, sleep
9 πλοῦτος, wealth
10 ἐπιστρατεύω, *aor act ind 3p*, march against
11 στρατεύω, *aor mid ptc nom p m*, fight against
12 θλίβω, *pres act ptc nom p m*, afflict, press upon
13 ὕπνος, sleep
14 ἔσθω, *pres act ptc nom p m*, eat
15 ἐξανίστημι, *aor act ptc gen p m*, rise up
16 μάταιος, in vain
17 ὃν τρόπον, in like manner
18 ἐνυπνιάζομαι, *pres mid ind 3s*, dream
19 διψάω, *pres act ptc nom s m*, be thirsty
20 ἐξανίστημι, *aor act ptc nom s m*, rise up
21 διψάω, *pres act ind 3s*, be thirsty
22 κενός, without result
23 πλοῦτος, wealth
24 ἐπιστρατεύω, *aor act ind 3p*, march against
25 ἐκλύω, *aor pas impv 2p*, be faint
26 ἐξίστημι, *aor act impv 2p*, be confounded
27 κραιπαλάω, *aor act ind 2p*, become drunk
28 σικερα, fermented drink, *translit.*
29 ποτίζω, *perf act ind 3s*, cause to drink
30 κατάνυξις, numbness, drowsiness
31 καμμύω, *fut act ind 3s*, close, shut
32 κρυπτός, hidden
33 σφραγίζω, *perf pas ptc gen s n*, seal
34 ἐπίσταμαι, *pres mid ptc dat s m*, be knowledgeable
35 γράμμα, letter(s)
36 ἀναγινώσκω, *aor act impv 2s*, read
37 ἀναγινώσκω, *aor act inf*, read
38 σφραγίζω, *perf pas ind 3s*, seal

δοθήσεται τὸ βιβλίον τοῦτο εἰς χεῖρας ἀνθρώπου μὴ ἐπισταμένου[1] γράμματα,[2] καὶ ἐρεῖ αὐτῷ Ἀνάγνωθι[3] τοῦτο· καὶ ἐρεῖ Οὐκ ἐπίσταμαι[4] γράμματα.[5]

13 Καὶ εἶπεν κύριος

Ἐγγίζει μοι ὁ λαὸς οὗτος τοῖς χείλεσιν[6] αὐτῶν τιμῶσίν[7] με,
ἡ δὲ καρδία αὐτῶν πόρρω[8] ἀπέχει[9] ἀπ᾽ ἐμοῦ,
μάτην[10] δὲ σέβονταί[11] με
διδάσκοντες ἐντάλματα[12] ἀνθρώπων καὶ διδασκαλίας.[13]
14 διὰ τοῦτο ἰδοὺ ἐγὼ προσθήσω[14] τοῦ μεταθεῖναι[15] τὸν λαὸν τοῦτον
καὶ μεταθήσω[16] αὐτοὺς καὶ ἀπολῶ τὴν σοφίαν τῶν σοφῶν[17]
καὶ τὴν σύνεσιν[18] τῶν συνετῶν[19] κρύψω.[20]

15 οὐαὶ οἱ βαθέως[21] βουλὴν[22] ποιοῦντες καὶ οὐ διὰ κυρίου·
οὐαὶ οἱ ἐν κρυφῇ[23] βουλὴν ποιοῦντες
καὶ ἔσται ἐν σκότει τὰ ἔργα αὐτῶν καὶ ἐροῦσιν
Τίς ἡμᾶς ἑώρακεν καὶ τίς ἡμᾶς γνώσεται ἢ ἃ ἡμεῖς ποιοῦμεν;
16 οὐχ ὡς ὁ πηλὸς[24] τοῦ κεραμέως[25] λογισθήσεσθε;
μὴ ἐρεῖ τὸ πλάσμα[26] τῷ πλάσαντι[27] Οὐ σύ με ἔπλασας;[28]
ἢ τὸ ποίημα[29] τῷ ποιήσαντι Οὐ συνετῶς[30] με ἐποίησας;

17 οὐκέτι μικρὸν καὶ μετατεθήσεται[31] ὁ Λίβανος ὡς τὸ ὄρος τὸ Χερμελ
καὶ τὸ ὄρος τὸ Χερμελ εἰς δρυμὸν[32] λογισθήσεται;
18 καὶ ἀκούσονται ἐν τῇ ἡμέρᾳ ἐκείνῃ κωφοὶ[33] λόγους βιβλίου,
καὶ οἱ ἐν τῷ σκότει καὶ οἱ ἐν τῇ ὁμίχλῃ[34] ὀφθαλμοὶ τυφλῶν[35] βλέψονται·

1 ἐπίσταμαι, *pres mid ptc gen s m*, be knowledgeable
2 γράμμα, letter(s)
3 ἀναγινώσκω, *aor act impv 2s*, read
4 ἐπίσταμαι, *pres mid ind 1s*, know
5 γράμμα, letter(s)
6 χεῖλος, lip
7 τιμάω, *pres act ind 3p*, honor
8 πόρρω, far away
9 ἀπέχω, *pres act ind 3s*, be far off
10 μάτην, falsely, in vain
11 σέβομαι, *pres mid ind 3p*, worship, revere
12 ἔνταλμα, commands
13 διδασκαλία, teachings
14 προστίθημι, *fut act ind 1s*, add to, continue
15 μετατίθημι, *aor act inf*, remove
16 μετατίθημι, *fut act ind 1s*, remove
17 σοφός, wise
18 σύνεσις, intelligence
19 συνετός, intelligent
20 κρύπτω, *fut act ind 1s*, conceal
21 βαθέως, profoundly, deeply
22 βουλή, counsel, scheme
23 κρυφῇ, secret
24 πηλός, clay
25 κεραμεύς, potter
26 πλάσμα, that which is formed
27 πλάσσω, *aor act ptc dat s m*, form, mold
28 πλάσσω, *aor act ind 2s*, form, mold
29 ποίημα, product, thing made
30 συνετῶς, wisely
31 μετατίθημι, *fut pas ind 3s*, change
32 δρυμός, forest
33 κωφός, deaf
34 ὁμίχλη, gloom
35 τυφλός, blind

19 καὶ ἀγαλλιάσονται[1] πτωχοὶ[2] διὰ κύριον ἐν εὐφροσύνῃ,[3]
καὶ οἱ ἀπηλπισμένοι[4] τῶν ἀνθρώπων ἐμπλησθήσονται[5] εὐφροσύνης.
20 ἐξέλιπεν[6] ἄνομος,[7] καὶ ἀπώλετο ὑπερήφανος,[8]
καὶ ἐξωλεθρεύθησαν[9] οἱ ἀνομοῦντες[10] ἐπὶ κακίᾳ[11]
21 καὶ οἱ ποιοῦντες ἁμαρτεῖν ἀνθρώπους ἐν λόγῳ·
πάντας δὲ τοὺς ἐλέγχοντας[12] ἐν πύλαις[13] πρόσκομμα[14] θήσουσιν
καὶ ἐπλαγίασαν[15] ἐν ἀδίκοις[16] δίκαιον.

22 διὰ τοῦτο τάδε[17] λέγει κύριος ἐπὶ τὸν οἶκον Ιακωβ, ὃν ἀφώρισεν[18] ἐξ Αβρααμ

Οὐ νῦν αἰσχυνθήσεται[19] Ιακωβ
οὐδὲ νῦν τὸ πρόσωπον μεταβαλεῖ[20] Ισραηλ·
23 ἀλλ᾽ ὅταν ἴδωσιν τὰ τέκνα αὐτῶν τὰ ἔργα μου,
δι᾽ ἐμὲ ἁγιάσουσιν[21] τὸ ὄνομά μου
καὶ ἁγιάσουσιν τὸν ἅγιον Ιακωβ
καὶ τὸν θεὸν τοῦ Ισραηλ φοβηθήσονται.
24 καὶ γνώσονται οἱ τῷ πνεύματι πλανώμενοι σύνεσιν,[22]
οἱ δὲ γογγύζοντες[23] μαθήσονται[24] ὑπακούειν,[25]
καὶ αἱ γλῶσσαι αἱ ψελλίζουσαι[26] μαθήσονται λαλεῖν εἰρήνην.

Warning about Trusting in Egypt

30 Οὐαὶ τέκνα ἀποστάται,[27] τάδε[28] λέγει κύριος,

ἐποιήσατε βουλὴν[29] οὐ δι᾽ ἐμοῦ
καὶ συνθήκας[30] οὐ διὰ τοῦ πνεύματός μου
προσθεῖναι[31] ἁμαρτίας ἐφ᾽ ἁμαρτίαις,

1 ἀγαλλιάω, *fut mid ind 3p*, rejoice
2 πτωχός, poor
3 εὐφροσύνη, joy, gladness
4 ἀπελπίζω, *aor mid ptc nom p m*, despair
5 ἐμπίμπλημι, *fut pas ind 3p*, fill up
6 ἐκλείπω, *aor act ind 3s*, fail
7 ἄνομος, evil, lawless
8 ὑπερήφανος, arrogant, proud
9 ἐξολεθρεύω, *aor pas ind 3p*, utterly destroy
10 ἀνομέω, *pres act ptc nom p m*, act lawlessly
11 κακία, wickedness
12 ἐλέγχω, *pres act ptc acc p m*, reproach, deride
13 πύλη, gate
14 πρόσκομμα, stumbling, offense
15 πλαγιάζω, *aor act ind 3p*, lead astray
16 ἄδικος, unrighteous
17 ὅδε, this
18 ἀφορίζω, *aor act ind 3s*, set apart
19 αἰσχύνω, *fut pas ind 3s*, put to shame
20 μεταβάλλω, *fut act ind 3s*, alter
21 ἁγιάζω, *fut act ind 3p*, consecrate, sanctify
22 σύνεσις, understanding
23 γογγύζω, *pres act ptc nom p m*, murmur, grumble
24 μανθάνω, *fut mid ind 3p*, learn
25 ὑπακούω, *pres act inf*, obey
26 ψελλίζω, *pres act ptc nom p f*, stammer
27 ἀποστάτης, rebellious, apostate
28 ὅδε, this
29 βουλή, counsel, scheme
30 συνθήκη, agreement, pact
31 προστίθημι, *aor act inf*, add to

2 οἱ πορευόμενοι καταβῆναι εἰς Αἴγυπτον,
ἐμὲ δὲ οὐκ ἐπηρώτησαν,[1]
τοῦ βοηθηθῆναι[2] ὑπὸ Φαραω
καὶ σκεπασθῆναι[3] ὑπὸ Αἰγυπτίων.
3 ἔσται γὰρ ὑμῖν ἡ σκέπη[4] Φαραω εἰς αἰσχύνην[5]
καὶ τοῖς πεποιθόσιν ἐπ᾽ Αἴγυπτον ὄνειδος.[6]
4 ὅτι εἰσὶν ἐν Τάνει ἀρχηγοὶ[7] ἄγγελοι πονηροί·
μάτην[8] κοπιάσουσιν[9] **5** πρὸς λαόν,
ὃς οὐκ ὠφελήσει[10] αὐτοὺς οὔτε εἰς βοήθειαν[11]
οὔτε εἰς ὠφέλειαν,[12] ἀλλὰ εἰς αἰσχύνην[13] καὶ ὄνειδος.[14]

Vision concerning Beasts in the Wilderness

6 Ἡ ὅρασις[15] τῶν τετραπόδων[16] τῶν ἐν τῇ ἐρήμῳ.

Ἐν τῇ θλίψει καὶ τῇ στενοχωρίᾳ,[17]
λέων[18] καὶ σκύμνος[19] λέοντος
ἐκεῖθεν[20] καὶ ἀσπίδες[21] καὶ ἔκγονα[22] ἀσπίδων πετομένων,[23]
οἳ ἔφερον ἐπ᾽ ὄνων[24] καὶ καμήλων[25] τὸν πλοῦτον[26] αὐτῶν πρὸς ἔθνος
ὃ οὐκ ὠφελήσει[27] αὐτοὺς εἰς βοήθειαν,[28]
ἀλλὰ εἰς αἰσχύνην[29] καὶ ὄνειδος.[30]
7 Αἰγύπτιοι μάταια[31] καὶ κενὰ[32] ὠφελήσουσιν[33] ὑμᾶς·
ἀπάγγειλον αὐτοῖς ὅτι Ματαία ἡ παράκλησις[34] ὑμῶν αὕτη.

A Rebellious People

8 Νῦν οὖν καθίσας γράψον ἐπὶ πυξίου[35] ταῦτα καὶ εἰς βιβλίον,
ὅτι ἔσται εἰς ἡμέρας καιρῶν ταῦτα καὶ ἕως εἰς τὸν αἰῶνα.

1 ἐπερωτάω, *aor act ind 3p*, consult
2 βοηθέω, *aor pas inf*, help, aid
3 σκεπάζω, *aor pas inf*, shelter
4 σκέπη, covering, shelter
5 αἰσχύνη, shame
6 ὄνειδος, reproach, disgrace
7 ἀρχηγός, chief
8 μάτην, in vain
9 κοπιάω, *fut act ind 3p*, toil
10 ὠφελέω, *fut act ind 3s*, be of use, benefit
11 βοήθεια, help, aid
12 ὠφέλεια, profit
13 αἰσχύνη, shame
14 ὄνειδος, reproach, disgrace
15 ὅρασις, vision
16 τετράπους, four-footed animal
17 στενοχωρία, distress
18 λέων, lion
19 σκύμνος, whelp, cub
20 ἐκεῖθεν, from there
21 ἀσπίς, asp, serpent
22 ἔκγονος, offspring
23 πέτομαι, *pres mid ptc gen p f*, flee, (fly?)
24 ὄνος, donkey
25 κάμηλος, camel
26 πλοῦτος, wealth
27 ὠφελέω, *fut act ind 3s*, be of use, benefit
28 βοήθεια, help, aid
29 αἰσχύνη, shame
30 ὄνειδος, reproach, disgrace
31 μάταιος, in vain
32 κενός, worthless, without result
33 ὠφελέω, *fut act ind 3p*, be of use, benefit
34 παράκλησις, comfort, consolation
35 πυξίον, tablet

9 ὅτι λαὸς ἀπειθής[1] ἐστιν, υἱοὶ ψευδεῖς,[2]
οἳ οὐκ ἠβούλοντο ἀκούειν τὸν νόμον τοῦ θεοῦ,
10 οἱ λέγοντες τοῖς προφήταις Μὴ ἀναγγέλλετε[3] ἡμῖν,
καὶ τοῖς τὰ ὁράματα[4] ὁρῶσιν Μὴ λαλεῖτε ἡμῖν,
ἀλλὰ ἡμῖν λαλεῖτε καὶ ἀναγγέλλετε ἡμῖν ἑτέραν πλάνησιν[5]
11 καὶ ἀποστρέψατε[6] ἡμᾶς ἀπὸ τῆς ὁδοῦ ταύτης,
ἀφέλετε[7] ἀφ᾽ ἡμῶν τὸν τρίβον[8] τοῦτον
καὶ ἀφέλετε ἀφ᾽ ἡμῶν τὸν ἅγιον τοῦ Ισραηλ.

12 διὰ τοῦτο οὕτως λέγει κύριος ὁ ἅγιος τοῦ Ισραηλ
Ὅτι ἠπειθήσατε[9] τοῖς λόγοις τούτοις καὶ ἠλπίσατε ἐπὶ ψεύδει[10]
καὶ ὅτι ἐγόγγυσας[11] καὶ πεποιθὼς ἐγένου ἐπὶ τῷ λόγῳ τούτῳ,
13 διὰ τοῦτο ἔσται ὑμῖν ἡ ἁμαρτία αὕτη
ὡς τεῖχος[12] πῖπτον παραχρῆμα[13]
πόλεως ὀχυρᾶς[14] ἑαλωκυίας,[15]
ἧς παραχρῆμα πάρεστιν[16] τὸ πτῶμα,[17]
14 καὶ τὸ πτῶμα[18] αὐτῆς ἔσται ὡς σύντριμμα[19] ἀγγείου[20] ὀστρακίνου,[21]
ἐκ κεραμίου[22] λεπτὰ[23] ὥστε μὴ εὑρεῖν ἐν αὐτοῖς ὄστρακον[24]
ἐν ᾧ πῦρ ἀρεῖς καὶ ἐν ᾧ ἀποσυριεῖς[25] ὕδωρ μικρόν.

15 οὕτω λέγει κύριος ὁ ἅγιος τοῦ Ισραηλ
Ὅταν ἀποστραφεὶς[26] στενάξῃς,[27] τότε σωθήσῃ καὶ γνώσῃ ποῦ ἦσθα·[28]
ὅτε ἐπεποίθεις[29] ἐπὶ τοῖς ματαίοις,[30]
ματαία ἡ ἰσχὺς[31] ὑμῶν ἐγενήθη.
καὶ οὐκ ἠβούλεσθε ἀκούειν, **16** ἀλλ᾽ εἴπατε
Ἐφ᾽ ἵππων[32] φευξόμεθα·[33]

1 ἀπειθής, disobedient
2 ψευδής, lie, deception
3 ἀναγγέλλω, *pres act impv 2p*, declare
4 ὅραμα, vision
5 πλάνησις, error, deception
6 ἀποστρέφω, *aor act impv 2p*, turn away from
7 ἀφαιρέω, *aor act impv 2p*, separate, remove
8 τρίβος, path
9 ἀπειθέω, *aor act ind 2p*, disobey
10 ψεῦδος, lie, deception
11 γογγύζω, *aor act ind 2s*, murmur, grumble
12 τεῖχος, wall
13 παραχρῆμα, suddenly
14 ὀχυρός, fortified
15 ἁλίσκομαι, *perf act ptc gen s f*, be conquered
16 πάρειμι, *pres act ind 3s*, come
17 πτῶμα, misfortune, fall
18 πτῶμα, misfortune, fall
19 σύντριμμα, fracture
20 ἀγγεῖον, vessel
21 ὀστράκινος, earthen, clay
22 κεράμιον, jar
23 λεπτός, small (piece)
24 ὄστρακον, potsherd
25 ἀποσυρίζω, *fut act ind 2s*, skim (water)
26 ἀποστρέφω, *aor pas ptc nom s m*, turn back
27 στενάζω, *aor act sub 2s*, groan
28 εἰμί, *impf act ind 2s*, be
29 πείθω, *plpf act ind 2s*, trust
30 μάταιος, vain, empty
31 ἰσχύς, strength
32 ἵππος, horse
33 φεύγω, *fut mid ind 1p*, flee

διὰ τοῦτο φεύξεσθε·[1] καὶ εἴπατε
Ἐπὶ κούφοις[2] ἀναβάται[3] ἐσόμεθα·
διὰ τοῦτο κοῦφοι ἔσονται οἱ διώκοντες ὑμᾶς.

17 διὰ φωνὴν ἑνὸς φεύξονται[4] χίλιοι,[5]
καὶ διὰ φωνὴν πέντε φεύξονται πολλοί,
ἕως ἂν καταλειφθῆτε[6] ὡς ἱστὸς[7] ἐπ᾽ ὄρους
καὶ ὡς σημαίαν[8] φέρων ἐπὶ βουνοῦ.[9]

18 καὶ πάλιν[10] μενεῖ[11] ὁ θεὸς τοῦ οἰκτιρῆσαι[12] ὑμᾶς
καὶ διὰ τοῦτο ὑψωθήσεται[13] τοῦ ἐλεῆσαι[14] ὑμᾶς·
διότι[15] κριτὴς[16] κύριος ὁ θεὸς ἡμῶν ἐστιν,
καὶ ποῦ καταλείψετε[17] τὴν δόξαν ὑμῶν;
μακάριοι[18] οἱ ἐμμένοντες[19] ἐν αὐτῷ.

19 Διότι[20] λαὸς ἅγιος ἐν Σιων οἰκήσει,[21] καὶ Ιερουσαλημ κλαυθμῷ[22] ἔκλαυσεν Ἐλέ-
ησόν[23] με· ἐλεήσει[24] σε τὴν φωνὴν τῆς κραυγῆς[25] σου· ἡνίκα[26] εἶδεν, ἐπήκουσέν[27] σου.
20 καὶ δώσει κύριος ὑμῖν ἄρτον θλίψεως καὶ ὕδωρ στενόν,[28] καὶ οὐκέτι μὴ ἐγγίσωσίν
σοι οἱ πλανῶντές σε· ὅτι οἱ ὀφθαλμοί σου ὄψονται τοὺς πλανῶντάς σε, **21** καὶ τὰ
ὦτά σου ἀκούσονται τοὺς λόγους τῶν ὀπίσω σε πλανησάντων, οἱ λέγοντες Αὕτη ἡ
ὁδός, πορευθῶμεν ἐν αὐτῇ εἴτε[29] δεξιὰ εἴτε[30] ἀριστερά.[31] **22** καὶ ἐξαρεῖς[32] τὰ εἴδωλα[33]
τὰ περιηργυρωμένα[34] καὶ τὰ περικεχρυσωμένα,[35] λεπτὰ[36] ποιήσεις καὶ λικμήσεις[37]
ὡς ὕδωρ ἀποκαθημένης[38] καὶ ὡς κόπρον[39] ὤσεις[40] αὐτά.

1 φεύγω, *fut mid ind 2p*, flee
2 κοῦφος, swift
3 ἀναβάτης, horseman
4 φεύγω, *fut mid ind 3p*, flee
5 χίλιοι, thousand
6 καταλείπω, *aor pas sub 2p*, leave
7 ἱστός, pole
8 σημαία, military standard, ensign
9 βουνός, hill
10 πάλιν, once more
11 μένω, *fut act ind 3s*, persist, continue
12 οἰκτίρω, *aor act inf*, show compassion to
13 ὑψόω, *fut pas ind 3s*, lift up, exalt
14 ἐλεέω, *aor act inf*, show mercy to
15 διότι, because
16 κριτής, judge
17 καταλείπω, *fut act ind 2p*, leave
18 μακάριος, blessed, happy
19 ἐμμένω, *pres act ptc nom p m*, abide, stand fast
20 διότι, because
21 οἰκέω, *fut act ind 3s*, inhabit
22 κλαυθμός, weeping
23 ἐλεέω, *aor act impv 2s*, show mercy to
24 ἐλεέω, *fut act ind 3s*, show mercy to
25 κραυγή, outcry
26 ἡνίκα, when
27 ἐπακούω, *aor act ind 3s*, hear, listen
28 στενός, anguish
29 εἴτε, either
30 εἴτε, or
31 ἀριστερός, left
32 ἐξαίρω, *fut act ind 2s*, remove
33 εἴδωλον, idol
34 περιαργυρόω, *perf pas ptc acc p n*, overlay with silver
35 περιχρυσόω, *perf pas ptc acc p n*, overlay with gold
36 λεπτός, powdery
37 λικμάω, *fut act ind 2s*, scatter, disperse
38 ἀποκάθημαι, *pres pas ptc gen s f*, be indisposed (during menstruation)
39 κόπρος, excrement
40 ὠθέω, *fut act ind 2s*, throw out

23 τότε ἔσται ὁ ὑετὸς[1] τῷ σπέρματι τῆς γῆς σου, καὶ ὁ ἄρτος τοῦ γενήματος[2]
τῆς γῆς σου ἔσται πλησμονὴ[3] καὶ λιπαρός·[4] καὶ βοσκηθήσεταί[5] σου τὰ κτήνη[6] τῇ
ἡμέρᾳ ἐκείνῃ τόπον πίονα[7] καὶ εὐρύχωρον,[8] **24** οἱ ταῦροι[9] ὑμῶν καὶ οἱ βόες[10] οἱ
ἐργαζόμενοι τὴν γῆν φάγονται ἄχυρα[11] ἀναπεποιημένα[12] ἐν κριθῇ[13] λελικμημένα.[14]
25 καὶ ἔσται ἐπὶ παντὸς ὄρους ὑψηλοῦ[15] καὶ ἐπὶ παντὸς βουνοῦ[16] μετεώρου[17] ὕδωρ
διαπορευόμενον[18] ἐν τῇ ἡμέρᾳ ἐκείνῃ, ὅταν ἀπόλωνται πολλοὶ καὶ ὅταν πέσωσιν
πύργοι.[19] **26** καὶ ἔσται τὸ φῶς τῆς σελήνης[20] ὡς τὸ φῶς τοῦ ἡλίου καὶ τὸ φῶς τοῦ
ἡλίου ἔσται ἑπταπλάσιον[21] ἐν τῇ ἡμέρᾳ, ὅταν ἰάσηται[22] κύριος τὸ σύντριμμα[23] τοῦ
λαοῦ αὐτοῦ, καὶ τὴν ὀδύνην[24] τῆς πληγῆς[25] σου ἰάσεται.[26]

27 Ἰδοὺ τὸ ὄνομα κυρίου διὰ χρόνου ἔρχεται πολλοῦ,
καιόμενος[27] ὁ θυμός,[28] μετὰ δόξης τὸ λόγιον[29] τῶν χειλέων[30] αὐτοῦ,
τὸ λόγιον ὀργῆς πλῆρες,[31]
καὶ ἡ ὀργὴ τοῦ θυμοῦ ὡς πῦρ ἔδεται.
28 καὶ τὸ πνεῦμα αὐτοῦ ὡς ὕδωρ ἐν φάραγγι[32] σῦρον[33]
ἥξει[34] ἕως τοῦ τραχήλου[35] καὶ διαιρεθήσεται[36]
τοῦ ἔθνη ταράξαι[37] ἐπὶ πλανήσει[38] ματαίᾳ,[39]
καὶ διώξεται αὐτοὺς πλάνησις
καὶ λήμψεται αὐτοὺς κατὰ πρόσωπον αὐτῶν.

29 μὴ διὰ παντὸς δεῖ[40] ὑμᾶς εὐφραίνεσθαι[41]
καὶ εἰσπορεύεσθαι[42] εἰς τὰ ἅγιά μου διὰ παντὸς

1 ὑετός, rain
2 γένημα, yield, produce
3 πλησμονή, abundance
4 λιπαρός, rich, fruitful
5 βόσκω, *fut pas ind 3s*, graze
6 κτῆνος, animal, (*p*) herd
7 πίων, fertile
8 εὐρύχωρος, spacious
9 ταῦρος, bull
10 βοῦς, cow, (*p*) cattle
11 ἄχυρον, straw
12 ἀναποιέω, *perf pas ptc acc p n*, prepare
13 κριθή, barley
14 λικμάω, *perf pas ptc acc p n*, winnow
15 ὑψηλός, high
16 βουνός, hill
17 μετέωρος, lofty
18 διαπορεύομαι, *pres mid ptc nom s n*, pass through
19 πύργος, tower
20 σελήνη, moon
21 ἑπταπλάσιος, sevenfold
22 ἰάομαι, *aor mid sub 3s*, heal, restore
23 σύντριμμα, fracture, wound
24 ὀδύνη, pain
25 πληγή, blow, stroke
26 ἰάομαι, *fut mid ind 3s*, heal, restore
27 καίω, *pres pas ptc nom s m*, burn
28 θυμός, wrath
29 λόγιον, word
30 χεῖλος, lip
31 πλήρης, full
32 φάραγξ, ravine
33 σύρω, *pres act ptc nom s n*, rush, sweep
34 ἥκω, *fut act ind 3s*, come
35 τράχηλος, neck
36 διαιρέω, *fut pas ind 3s*, divide
37 ταράσσω, *aor act inf*, disturb, trouble
38 πλάνησις, error, deception
39 μάταιος, vain
40 δεῖ, *pres act ind 3s*, be necessary, must
41 εὐφραίνω, *pres pas inf*, be glad, rejoice
42 εἰσπορεύομαι, *pres mid inf*, enter

ὡσεὶ[1] ἑορτάζοντας[2] καὶ ὡσεὶ εὐφραινομένους[3] εἰσελθεῖν μετὰ αὐλοῦ[4]
εἰς τὸ ὄρος τοῦ κυρίου πρὸς τὸν θεὸν τοῦ Ισραηλ;
30 καὶ ἀκουστὴν[5] ποιήσει ὁ θεὸς τὴν δόξαν τῆς φωνῆς αὐτοῦ
καὶ τὸν θυμὸν[6] τοῦ βραχίονος[7] αὐτοῦ δείξει
μετὰ θυμοῦ καὶ ὀργῆς καὶ φλογὸς[8] κατεσθιούσης·[9]
κεραυνώσει[10] βιαίως[11] καὶ ὡς ὕδωρ καὶ χάλαζα[12] συγκαταφερομένη[13]
βίᾳ.[14]
31 διὰ γὰρ φωνὴν κυρίου ἡττηθήσονται[15] Ἀσσύριοι τῇ πληγῇ,[16]
ᾗ ἂν πατάξῃ[17] αὐτούς.
32 καὶ ἔσται αὐτῷ κυκλόθεν,[18] ὅθεν[19] ἦν αὐτῷ ἡ ἐλπὶς τῆς βοηθείας,[20]
ἐφ᾽ ᾗ αὐτὸς ἐπεποίθει·[21]
αὐτοὶ μετὰ αὐλῶν[22] καὶ κιθάρας[23] πολεμήσουσιν αὐτὸν ἐκ μεταβολῆς.[24]
33 σὺ γὰρ πρὸ ἡμερῶν ἀπαιτηθήσῃ·[25]
μὴ καὶ σοὶ ἡτοιμάσθη βασιλεύειν[26] φάραγγα[27] βαθεῖαν,[28]
ξύλα[29] κείμενα,[30] πῦρ καὶ ξύλα πολλά;
ὁ θυμὸς[31] κυρίου ὡς φάραγξ[32] ὑπὸ θείου[33] καιομένη.[34]

Woe to Those Who Go Down to Egypt

31 Οὐαὶ οἱ καταβαίνοντες εἰς Αἴγυπτον ἐπὶ βοήθειαν,[35]
οἱ ἐφ᾽ ἵπποις[36] πεποιθότες καὶ ἐφ᾽ ἅρμασιν,[37]
ἔστιν γὰρ πολλά, καὶ ἐφ᾽ ἵπποις, πλῆθος σφόδρα,[38]
καὶ οὐκ ἦσαν πεποιθότες ἐπὶ τὸν ἅγιον τοῦ Ισραηλ
καὶ τὸν θεὸν οὐκ ἐξεζήτησαν.[39]

1 ὡσεί, as
2 ἑορτάζω, *pres act ptc acc p m*, celebrate a feast
3 εὐφραίνω, *pres mid ptc acc p m*, rejoice
4 αὐλός, pipe, flute
5 ἀκουστός, audible
6 θυμός, wrath
7 βραχίων, arm
8 φλόξ, flame
9 κατεσθίω, *pres act ptc gen s f*, devour
10 κεραυνόω, *fut act ind 3s*, strike with thunderbolts
11 βιαίως, forcefully, violently
12 χάλαζα, hail
13 συγκαταφέρω, *pres mid ptc nom s f*, gush
14 βία, force, violence
15 ἡττάω, *fut pas ind 3p*, overcome, defeat
16 πληγή, blow, stroke
17 πατάσσω, *aor act sub 3s*, strike, smite
18 κυκλόθεν, all around
19 ὅθεν, from where
20 βοήθεια, help, aid
21 πείθω, *plpf act ind 3s*, trust
22 αὐλός, flute
23 κιθάρα, lyre
24 μεταβολή, succession, sequence
25 ἀπαιτέω, *fut pas ind 2s*, demand in payment
26 βασιλεύω, *pres act inf*, reign as king
27 φάραγξ, ravine
28 βαθύς, deep
29 ξύλον, wood
30 κεῖμαι, *pres pas ptc acc p n*, store
31 θυμός, wrath
32 φάραγξ, ravine
33 θεῖον, sulfur
34 καίω, *pres pas ptc nom s f*, set on fire, burn
35 βοήθεια, help, aid
36 ἵππος, horse
37 ἅρμα, chariot
38 σφόδρα, very great
39 ἐκζητέω, *aor act ind 3p*, seek after

2 καὶ αὐτὸς σοφὸς[1] ἤγεν ἐπ᾽ αὐτοὺς κακά,
καὶ ὁ λόγος αὐτοῦ οὐ μὴ ἀθετηθῇ,[2]
καὶ ἐπαναστήσεται[3] ἐπ᾽ οἴκους ἀνθρώπων πονηρῶν
καὶ ἐπὶ τὴν ἐλπίδα αὐτῶν τὴν ματαίαν,[4]
3 Αἰγύπτιον ἄνθρωπον καὶ οὐ θεόν,
ἵππων[5] σάρκας καὶ οὐκ ἔστιν βοήθεια·[6]
ὁ δὲ κύριος ἐπάξει[7] τὴν χεῖρα αὐτοῦ ἐπ᾽ αὐτούς,
καὶ κοπιάσουσιν[8] οἱ βοηθοῦντες,[9]
καὶ ἅμα[10] πάντες ἀπολοῦνται.

4 ὅτι οὕτως εἶπέν μοι κύριος

Ὃν τρόπον[11] ἐὰν βοήσῃ[12] ὁ λέων[13]
ἢ ὁ σκύμνος[14] ἐπὶ τῇ θήρᾳ,[15] ᾗ ἔλαβεν,
καὶ κεκράξῃ ἐπ᾽ αὐτῇ, ἕως ἂν ἐμπλησθῇ[16] τὰ ὄρη τῆς φωνῆς αὐτοῦ,
καὶ ἡττήθησαν[17] καὶ τὸ πλῆθος τοῦ θυμοῦ[18] ἐπτοήθησαν,[19]
οὕτως καταβήσεται κύριος σαβαωθ[20]
ἐπιστρατεῦσαι[21] ἐπὶ τὸ ὄρος τὸ Σιων ἐπὶ τὰ ὄρη αὐτῆς.
5 ὡς ὄρνεα[22] πετόμενα,[23] οὕτως ὑπερασπιεῖ[24] κύριος ὑπὲρ Ιερουσαλημ
καὶ ἐξελεῖται[25] καὶ περιποιήσεται[26] καὶ σώσει.

6 ἐπιστράφητε, οἱ τὴν βαθεῖαν[27] βουλὴν[28] βουλευόμενοι[29] καὶ ἄνομον.[30] **7** ὅτι τῇ
ἡμέρᾳ ἐκείνῃ ἀπαρνήσονται[31] οἱ ἄνθρωποι τὰ χειροποίητα[32] αὐτῶν τὰ ἀργυρᾶ[33] καὶ
τὰ χρυσᾶ,[34] ἃ ἐποίησαν αἱ χεῖρες αὐτῶν.

8 καὶ πεσεῖται Ασσουρ·
οὐ μάχαιρα[35] ἀνδρὸς οὐδὲ μάχαιρα ἀνθρώπου καταφάγεται[36] αὐτόν,

1 σοφός, wise
2 ἀθετέω, *aor pas sub 3s*, set to naught
3 ἐπανίστημι, *fut mid ind 3s*, rise up against
4 μάταιος, vain, worthless
5 ἵππος, horse
6 βοήθεια, help, aid
7 ἐπάγω, *fut act ind 3s*, bring upon
8 κοπιάω, *fut act ind 3p*, grow weary
9 βοηθέω, *pres act ptc nom p m*, help, aid
10 ἅμα, together
11 ὃν τρόπον, just as
12 βοάω, *aor act sub 3s*, cry out
13 λέων, lion
14 σκύμνος, whelp, cub
15 θήρα, prey
16 ἐμπίμπλημι, *aor pas sub 3s*, fill up
17 ἡττάω, *aor pas ind 3p*, overcome, defeat
18 θυμός, wrath
19 πτοέω, *aor pas ind 3p*, terrify
20 σαβαωθ, of hosts, *translit.*
21 ἐπιστρατεύω, *aor act inf*, march against
22 ὄρνεον, bird
23 πέτομαι, *pres mid ptc nom p n*, fly
24 ὑπερασπίζω, *fut act ind 3s*, protect, shield
25 ἐξαιρέω, *fut mid ind 3s*, deliver, rescue
26 περιποιέω, *fut mid ind 3s*, preserve alive
27 βαθύς, secret, deep
28 βουλή, plan, scheme
29 βουλεύω, *pres mid ptc nom p m*, devise
30 ἄνομος, evil, lawless
31 ἀπαρνέομαι, *fut mid ind 3p*, renounce
32 χειροποίητος, handmade (object), (idol)
33 ἀργυροῦς, silver
34 χρυσοῦς, gold
35 μάχαιρα, sword
36 κατεσθίω, *fut mid ind 3s*, devour

καὶ φεύξεται[1] οὐκ ἀπὸ προσώπου μαχαίρας·
οἱ δὲ νεανίσκοι[2] ἔσονται εἰς ἥττημα,[3]
9 πέτρᾳ[4] γὰρ περιλημφθήσονται[5] ὡς χάρακι[6] καὶ ἡττηθήσονται,[7]
ὁ δὲ φεύγων[8] ἁλώσεται.[9]

Τάδε[10] λέγει κύριος

Μακάριος[11] ὃς ἔχει ἐν Σιων σπέρμα
καὶ οἰκείους[12] ἐν Ιερουσαλημ.

A King Will Reign in Righteousness

32 ἰδοὺ γὰρ βασιλεὺς δίκαιος βασιλεύσει,[13]
καὶ ἄρχοντες μετὰ κρίσεως ἄρξουσιν.
2 καὶ ἔσται ὁ ἄνθρωπος κρύπτων[14] τοὺς λόγους αὐτοῦ
καὶ κρυβήσεται[15] ὡς ἀφ᾽ ὕδατος φερομένου·
καὶ φανήσεται[16] ἐν Σιων ὡς ποταμὸς[17] φερόμενος
ἔνδοξος[18] ἐν γῇ διψώσῃ.[19]

3 καὶ οὐκέτι ἔσονται πεποιθότες ἐπ᾽ ἀνθρώποις,
ἀλλὰ τὰ ὦτα δώσουσιν ἀκούειν.
4 καὶ ἡ καρδία τῶν ἀσθενούντων[20] προσέξει[21] τοῦ ἀκούειν,
καὶ αἱ γλῶσσαι αἱ ψελλίζουσαι[22] ταχὺ[23] μαθήσονται[24] λαλεῖν εἰρήνην.
5 καὶ οὐκέτι μὴ εἴπωσιν τῷ μωρῷ[25] ἄρχειν,
καὶ οὐκέτι μὴ εἴπωσιν οἱ ὑπηρέται[26] σου Σίγα.[27]
6 ὁ γὰρ μωρὸς[28] μωρὰ λαλήσει,
καὶ ἡ καρδία αὐτοῦ μάταια[29] νοήσει[30]

1 φεύγω, *fut mid ind 3s*, flee
2 νεανίσκος, young man
3 ἥττημα, defeat
4 πέτρα, rock
5 περιλαμβάνω, *fut pas ind 3p*, surround
6 χάραξ, stockade, bulwark
7 ἡττάω, *fut pas ind 3p*, overcome, defeat
8 φεύγω, *pres act ptc nom s m*, flee
9 ἁλίσκομαι, *fut mid ind 3s*, be captured
10 ὅδε, this
11 μακάριος, blessed, happy
12 οἰκεῖος, kinsman
13 βασιλεύω, *fut act ind 3s*, reign as king
14 κρύπτω, *pres act ptc nom s m*, conceal
15 κρύπτω, *fut pas ind 3s*, conceal
16 φαίνω, *fut pas ind 3s*, appear
17 ποταμός, river
18 ἔνδοξος, glorious
19 διψάω, *pres act ptc dat s f*, be thirsty
20 ἀσθενέω, *pres act ptc gen p m*, be weak
21 προσέχω, *fut act ind 3s*, turn attention to
22 ψελλίζω, *pres act ptc nom p f*, stammer
23 ταχύς, soon
24 μανθάνω, *fut mid ind 3p*, learn
25 μωρός, foolish
26 ὑπηρέτης, servant
27 σιγάω, *pres act impv 2s*, keep silent
28 μωρός, foolish
29 μάταιος, vain (thing)
30 νοέω, *fut act ind 3s*, intend, think of

τοῦ συντελεῖν[1] ἄνομα[2] καὶ λαλεῖν πρὸς κύριον πλάνησιν[3]
τοῦ διασπεῖραι[4] ψυχὰς πεινώσας[5]
καὶ τὰς ψυχὰς τὰς διψώσας[6] κενὰς[7] ποιῆσαι.
7 ἡ γὰρ βουλὴ[8] τῶν πονηρῶν ἄνομα[9] βουλεύσεται[10]
καταφθεῖραι[11] ταπεινοὺς[12] ἐν λόγοις ἀδίκοις[13]
καὶ διασκεδάσαι[14] λόγους ταπεινῶν ἐν κρίσει.
8 οἱ δὲ εὐσεβεῖς[15] συνετὰ[16] ἐβουλεύσαντο,[17]
καὶ αὕτη ἡ βουλὴ[18] μενεῖ.[19]

Warning to Wealthy Women

9 Γυναῖκες πλούσιαι,[20] ἀνάστητε καὶ ἀκούσατε τῆς φωνῆς μου·
θυγατέρες[21] ἐν ἐλπίδι, ἀκούσατε τοὺς λόγους μου.
10 ἡμέρας ἐνιαυτοῦ[22] μνείαν[23] ποιήσασθε ἐν ὀδύνῃ[24] μετ᾽ ἐλπίδος·
ἀνήλωται[25] ὁ τρύγητος,[26] πέπαυται[27] ὁ σπόρος[28] καὶ οὐκέτι μὴ ἔλθῃ.
11 ἔκστητε,[29] λυπήθητε,[30] αἱ πεποιθυῖαι,[31]
ἐκδύσασθε,[32] γυμναὶ[33] γένεσθε,
περιζώσασθε[34] σάκκους[35] τὰς ὀσφύας[36]
12 καὶ ἐπὶ τῶν μαστῶν[37] κόπτεσθε[38]
ἀπὸ ἀγροῦ ἐπιθυμήματος[39] καὶ ἀμπέλου[40] γενήματος.[41]
13 ἡ γῆ τοῦ λαοῦ μου ἄκανθα[42] καὶ χόρτος[43] ἀναβήσεται,
καὶ ἐκ πάσης οἰκίας εὐφροσύνη[44] ἀρθήσεται·

1 συντελέω, *pres act inf*, accomplish
2 ἄνομος, evil, lawless
3 πλάνησις, error, deception
4 διασπείρω, *aor act inf*, scatter
5 πεινάω, *pres act ptc acc p f*, be hungry
6 διψάω, *pres act ptc acc p f*, be thirsty
7 κενός, empty, worthless
8 βουλή, plan, scheme
9 ἄνομος, evil, lawless
10 βουλεύω, *fut mid ind 3s*, devise
11 καταφθείρω, *aor act inf*, destroy
12 ταπεινός, humble
13 ἄδικος, unrighteous
14 διασκεδάζω, *aor act inf*, disperse
15 εὐσεβής, pious
16 συνετός, wise, prudent
17 βουλεύω, *aor mid ind 3p*, devise
18 βουλή, counsel
19 μένω, *fut act ind 3s*, abide, endure
20 πλούσιος, wealthy
21 θυγάτηρ, daughter
22 ἐνιαυτός, year
23 μνεία, remembrance
24 ὀδύνη, grief
25 ἀναλίσκω, *perf pas ind 3s*, consume, exhaust
26 τρύγητος, vintage, harvest
27 παύω, *perf mid ind 3s*, cease
28 σπόρος, (sowing of) seed
29 ἐξίστημι, *aor act impv 2p*, be confounded
30 λυπέω, *aor pas impv 2p*, grieve
31 πείθω, *perf act ptc nom p f*, be confident
32 ἐκδύω, *aor mid impv 2p*, disrobe
33 γυμνός, naked
34 περιζώννυμι, *aor mid impv 2p*, gird on
35 σάκκος, sackcloth, *Heb. LW*
36 ὀσφύς, waist, loins
37 μαστός, breast
38 κόπτω, *pres mid impv 2p*, strike, beat
39 ἐπιθύμημα, desire
40 ἄμπελος, vine
41 γένημα, yield, produce
42 ἄκανθα, thorn
43 χόρτος, grass
44 εὐφροσύνη, joy, gladness

πόλις πλουσία,[1] **14** οἶκοι ἐγκαταλελειμμένοι[2]
πλοῦτον[3] πόλεως καὶ οἴκους ἐπιθυμητοὺς[4] ἀφήσουσιν·[5]
καὶ ἔσονται αἱ κῶμαι[6] σπήλαια[7] ἕως τοῦ αἰῶνος,
εὐφροσύνη[8] ὄνων[9] ἀγρίων,[10] βοσκήματα[11] ποιμένων,[12]
15 ἕως ἂν ἐπέλθῃ[13] ἐφ᾽ ὑμᾶς πνεῦμα ἀφ᾽ ὑψηλοῦ.[14]
καὶ ἔσται ἔρημος ὁ Χερμελ,
καὶ ὁ Χερμελ εἰς δρυμὸν[15] λογισθήσεται.

16 καὶ ἀναπαύσεται[16] ἐν τῇ ἐρήμῳ κρίμα,[17]
καὶ δικαιοσύνη ἐν τῷ Καρμήλῳ κατοικήσει·
17 καὶ ἔσται τὰ ἔργα τῆς δικαιοσύνης εἰρήνη,
καὶ κρατήσει ἡ δικαιοσύνη ἀνάπαυσιν,[18]
καὶ πεποιθότες ἕως τοῦ αἰῶνος·
18 καὶ κατοικήσει ὁ λαὸς αὐτοῦ ἐν πόλει εἰρήνης
καὶ ἐνοικήσει[19] πεποιθώς, καὶ ἀναπαύσονται[20] μετὰ πλούτου.[21]
19 ἡ δὲ χάλαζα[22] ἐὰν καταβῇ, οὐκ ἐφ᾽ ὑμᾶς ἥξει.[23]
καὶ ἔσονται οἱ ἐνοικοῦντες[24] ἐν τοῖς δρυμοῖς[25] πεποιθότες
ὡς οἱ ἐν τῇ πεδινῇ.[26]
20 μακάριοι[27] οἱ σπείροντες[28] ἐπὶ πᾶν ὕδωρ,
οὗ[29] βοῦς[30] καὶ ὄνος[31] πατεῖ.[32]

Judgment and Help

33 Οὐαὶ τοῖς ταλαιπωροῦσιν[33] ὑμᾶς,
ὑμᾶς δὲ οὐδεὶς ποιεῖ ταλαιπώρους,[34]

1 πλούσιος, wealthy
2 ἐγκαταλείπω, *perf pas ptc nom p m*, desert, forsake
3 πλοῦτος, wealth, riches
4 ἐπιθυμητός, desired
5 ἀφίημι, *fut act ind 3p*, abandon
6 κώμη, village
7 σπήλαιον, cave
8 εὐφροσύνη, joy, gladness
9 ὄνος, donkey
10 ἄγριος, wild
11 βόσκημα, pasture
12 ποιμήν, shepherd
13 ἐπέρχομαι, *aor act sub 3s*, come upon
14 ὑψηλός, high
15 δρυμός, forest
16 ἀναπαύω, *fut mid ind 3s*, rest
17 κρίμα, judgment
18 ἀνάπαυσις, rest
19 ἐνοικέω, *fut act ind 3s*, reside, inhabit
20 ἀναπαύω, *fut mid ind 3p*, rest
21 πλοῦτος, wealth, riches
22 χάλαζα, hail
23 ἥκω, *fut act ind 3s*, come
24 ἐνοικέω, *pres act ptc nom p m*, reside, inhabit
25 δρυμός, forest
26 πεδινός, plain
27 μακάριος, blessed, happy
28 σπείρω, *pres act ptc nom p m*, sow
29 οὗ, where
30 βοῦς, cattle, ox
31 ὄνος, donkey
32 πατέω, *pres act ind 3s*, tread
33 ταλαιπωρέω, *pres act ptc dat p m*, afflict
34 ταλαίπωρος, afflicted

καὶ ὁ ἀθετῶν[1] ὑμᾶς οὐκ ἀθετεῖ·[2]
ἁλώσονται[3] οἱ ἀθετοῦντες[4] καὶ παραδοθήσονται
καὶ ὡς σὴς[5] ἐπὶ ἱματίου οὕτως ἡττηθήσονται.[6]

2 κύριε, ἐλέησον[7] ἡμᾶς, ἐπὶ σοὶ γὰρ πεποίθαμεν·
ἐγενήθη τὸ σπέρμα τῶν ἀπειθούντων[8] εἰς ἀπώλειαν,[9]
ἡ δὲ σωτηρία ἡμῶν ἐν καιρῷ θλίψεως.
3 διὰ φωνὴν τοῦ φόβου σου ἐξέστησαν[10] λαοὶ ἀπὸ τοῦ φόβου σου,
καὶ διεσπάρησαν[11] τὰ ἔθνη.
4 νῦν δὲ συναχθήσεται τὰ σκῦλα[12] ὑμῶν μικροῦ καὶ μεγάλου·
ὃν τρόπον[13] ἐάν τις συναγάγῃ ἀκρίδας,[14] οὕτως ἐμπαίξουσιν[15] ὑμῖν.
5 ἅγιος ὁ θεὸς ὁ κατοικῶν ἐν ὑψηλοῖς,[16]
ἐνεπλήσθη[17] Σιων κρίσεως καὶ δικαιοσύνης.
6 ἐν νόμῳ παραδοθήσονται,
ἐν θησαυροῖς[18] ἡ σωτηρία ἡμῶν,
ἐκεῖ σοφία καὶ ἐπιστήμη[19] καὶ εὐσέβεια[20] πρὸς τὸν κύριον·
οὗτοί εἰσιν θησαυροὶ δικαιοσύνης.

7 ἰδοὺ δὴ[21] ἐν τῷ φόβῳ ὑμῶν αὐτοὶ φοβηθήσονται·
οὓς ἐφοβεῖσθε, φοβηθήσονται ἀφ᾿ ὑμῶν·
ἄγγελοι γὰρ ἀποσταλήσονται ἀξιοῦντες[22] εἰρήνην
πικρῶς[23] κλαίοντες παρακαλοῦντες εἰρήνην.
8 ἐρημωθήσονται[24] γὰρ αἱ τούτων ὁδοί·
πέπαυται[25] ὁ φόβος τῶν ἐθνῶν,
καὶ ἡ πρὸς τούτους διαθήκη αἴρεται,
καὶ οὐ μὴ λογίσησθε αὐτοὺς ἀνθρώπους.
9 ἐπένθησεν[26] ἡ γῆ, ᾐσχύνθη[27] ὁ Λίβανος, ἕλη[28] ἐγένετο ὁ Σαρων·
φανερὰ[29] ἔσται ἡ Γαλιλαία καὶ ὁ Κάρμηλος.

1 ἀθετέω, *pres act ptc nom s m*, deal treacherously
2 ἀθετέω, *pres act ind 3s*, deal treacherously
3 ἁλίσκομαι, *fut mid ind 3p*, be conquered
4 ἀθετέω, *pres act ptc nom p m*, deal treacherously
5 σής, moth
6 ἡττάω, *fut pas ind 3p*, be defeated
7 ἐλεέω, *aor act impv 2s*, show mercy
8 ἀπειθέω, *pres act ptc gen p m*, rebel
9 ἀπώλεια, destruction
10 ἐξίστημι, *aor act ind 3p*, be confounded
11 διασπείρω, *aor pas ind 3p*, scatter
12 σκῦλον, spoils, plunder
13 ὃν τρόπον, in the same manner as
14 ἀκρίς, locust
15 ἐμπαίζω, *fut act ind 3p*, scorn, abuse
16 ὑψηλός, high, lofty
17 ἐμπίμπλημι, *aor pas ind 3s*, fill up
18 θησαυρός, treasure
19 ἐπιστήμη, understanding
20 εὐσέβεια, piety
21 δή, now
22 ἀξιόω, *pres act ptc nom p m*, entreat for
23 πικρῶς, bitterly
24 ἐρημόω, *fut pas ind 3p*, make desolate
25 παύω, *perf pas ind 3s*, cease
26 πενθέω, *aor act ind 3s*, grieve
27 αἰσχύνω, *aor pas ind 3s*, put to shame
28 ἕλος, marshland
29 φανερός, manifest, revealed

10 νῦν ἀναστήσομαι, λέγει κύριος,
νῦν δοξασθήσομαι, νῦν ὑψωθήσομαι·[1]
11 νῦν ὄψεσθε, νῦν αἰσθηθήσεσθε·[2]
ματαία[3] ἔσται ἡ ἰσχὺς[4] τοῦ πνεύματος ὑμῶν,
πῦρ ὑμᾶς κατέδεται.[5]
12 καὶ ἔσονται ἔθνη κατακεκαυμένα[6]
ὡς ἄκανθα[7] ἐν ἀγρῷ ἐρριμμένη[8] καὶ κατακεκαυμένη.[9]

13 ἀκούσονται οἱ πόρρωθεν[10] ἃ ἐποίησα,
γνώσονται οἱ ἐγγίζοντες τὴν ἰσχύν[11] μου.
14 ἀπέστησαν[12] οἱ ἐν Σιων ἄνομοι,[13]
λήμψεται τρόμος[14] τοὺς ἀσεβεῖς·[15]
τίς ἀναγγελεῖ[16] ὑμῖν ὅτι πῦρ καίεται;[17]
τίς ἀναγγελεῖ ὑμῖν τὸν τόπον τὸν αἰώνιον;
15 πορευόμενος ἐν δικαιοσύνῃ, λαλῶν εὐθεῖαν[18] ὁδόν,
μισῶν ἀνομίαν[19] καὶ ἀδικίαν[20]
καὶ τὰς χεῖρας ἀποσειόμενος[21] ἀπὸ δώρων,[22]
βαρύνων[23] τὰ ὦτα ἵνα μὴ ἀκούσῃ κρίσιν αἵματος,
καμμύων[24] τοὺς ὀφθαλμοὺς ἵνα μὴ ἴδῃ ἀδικίαν,[25]
16 οὗτος οἰκήσει[26] ἐν ὑψηλῷ[27] σπηλαίῳ[28] πέτρας[29] ἰσχυρᾶς·[30]
ἄρτος αὐτῷ δοθήσεται, καὶ τὸ ὕδωρ αὐτοῦ πιστόν.[31]

17 βασιλέα μετὰ δόξης ὄψεσθε,
καὶ οἱ ὀφθαλμοὶ ὑμῶν ὄψονται γῆν πόρρωθεν.[32]
18 ἡ ψυχὴ ὑμῶν μελετήσει[33] φόβον·
ποῦ εἰσιν οἱ γραμματικοί;[34] ποῦ εἰσιν οἱ συμβουλεύοντες;[35]

1 ὑψόω, *fut pas ind 1s*, lift high, exalt
2 αἰσθάνομαι, *fut pas ind 2p*, perceive
3 μάταιος, worthless, vain
4 ἰσχύς, strength
5 κατεσθίω, *fut mid ind 3s*, devour
6 κατακαίω, *perf pas ptc nom p n*, burn up
7 ἄκανθα, thorn
8 ῥίπτω, *perf pas ptc nom s f*, cast away
9 κατακαίω, *perf pas ptc nom s f*, burn up
10 πόρρωθεν, at a distance
11 ἰσχύς, strength
12 ἀφίστημι, *aor act ind 3p*, depart
13 ἄνομος, evil, lawless
14 τρόμος, trembling, quaking
15 ἀσεβής, ungodly
16 ἀναγγέλλω, *fut act ind 3s*, proclaim
17 καίω, *pres pas ind 3s*, kindle
18 εὐθύς, straight
19 ἀνομία, transgression
20 ἀδικία, injustice
21 ἀποσείω, *pres mid ptc nom s m*, prevent from
22 δῶρον, bribe
23 βαρύνω, *pres act ptc nom s m*, make dull
24 καμμύω, *pres act ptc nom s m*, close, shut
25 ἀδικία, injustice
26 οἰκέω, *fut act ind 3s*, reside, dwell
27 ὑψηλός, high
28 σπήλαιον, cave
29 πέτρα, rock
30 ἰσχυρός, strong
31 πιστός, unfailing
32 πόρρωθεν, from afar
33 μελετάω, *fut act ind 3s*, meditate on
34 γραμματικός, teacher, scholar
35 συμβουλεύω, *pres act ptc nom p m*, counsel

ποῦ ἐστιν ὁ ἀριθμῶν[1] τοὺς τρεφομένους[2]
19 μικρὸν καὶ μέγαν λαόν;
ᾧ οὐ συνεβουλεύσαντο[3] οὐδὲ ᾔδει[4] βαθύφωνον[5]
ὥστε μὴ ἀκοῦσαι λαὸς πεφαυλισμένος,[6]
καὶ οὐκ ἔστιν τῷ ἀκούοντι σύνεσις.[7]
20 ἰδοὺ Σιων ἡ πόλις τὸ σωτήριον[8] ἡμῶν·
οἱ ὀφθαλμοί σου ὄψονται Ιερουσαλημ, πόλις πλουσία,[9]
σκηναὶ[10] αἳ οὐ μὴ σεισθῶσιν,[11]
οὐδὲ μὴ κινηθῶσιν[12] οἱ πάσσαλοι[13] τῆς σκηνῆς[14] αὐτῆς εἰς τὸν αἰῶνα
χρόνον,
οὐδὲ τὰ σχοινία[15] αὐτῆς οὐ μὴ διαρραγῶσιν.[16]
21 ὅτι τὸ ὄνομα κυρίου μέγα ὑμῖν·
τόπος ὑμῖν ἔσται, ποταμοὶ[17] καὶ διώρυγες[18] πλατεῖς[19] καὶ εὐρύχωροι·[20]
οὐ πορεύσῃ ταύτην τὴν ὁδόν,
οὐδὲ πορεύσεται πλοῖον[21] ἐλαῦνον.[22]
22 ὁ γὰρ θεός μου μέγας ἐστίν,
οὐ παρελεύσεταί[23] με κύριος·
κριτὴς[24] ἡμῶν κύριος, ἄρχων ἡμῶν κύριος,
βασιλεὺς ἡμῶν κύριος, οὗτος ἡμᾶς σώσει.

23 ἐρράγησαν[25] τὰ σχοινία[26] σου, ὅτι οὐκ ἐνίσχυσεν·[27]
ὁ ἱστός[28] σου ἔκλινεν,[29] οὐ χαλάσει[30] τὰ ἱστία·[31]
οὐκ ἀρεῖ σημεῖον, ἕως οὗ παραδοθῇ εἰς προνομήν·[32]
τοίνυν[33] πολλοὶ χωλοὶ[34] προνομὴν ποιήσουσιν.
24 καὶ οὐ μὴ εἴπῃ Κοπιῶ[35] ὁ λαὸς ὁ ἐνοικῶν[36] ἐν αὐτοῖς·
ἀφέθη γὰρ αὐτοῖς ἡ ἁμαρτία.

1 ἀριθμέω, *pres act ptc nom s m*, count
2 τρέφω, *pres pas ptc acc p m*, nourish
3 συμβουλεύω, *aor mid ind 3p*, take counsel
4 οἶδα, *plpf act ind 3s*, know
5 βαθύφωνος, deep
6 φαυλίζω, *perf mid ptc nom s m*, despise
7 σύνεσις, understanding
8 σωτήριον, salvation
9 πλούσιος, wealthy
10 σκηνή, tent
11 σείω, *aor pas sub 3p*, shake
12 κινέω, *aor pas sub 3p*, move, disturb
13 πάσσαλος, tent peg
14 σκηνή, tent
15 σχοινίον, cord, rope
16 διαρρήγνυμι, *aor pas sub 3p*, tear, break
17 ποταμός, river
18 διῶρυξ, canal, channel
19 πλατύς, wide
20 εὐρύχωρος, spacious
21 πλοῖον, ship
22 ἐλαύνω, *pres act ptc nom s n*, row
23 παρέρχομαι, *fut mid ind 3s*, pass by
24 κριτής, judge
25 ῥήγνυμι, *aor pas ind 3p*, tear
26 σχοινίον, cord, rope
27 ἐνισχύω, *aor act ind 3s*, be strong
28 ἱστός, mast
29 κλίνω, *aor act ind 3s*, tip over
30 χαλάω, *fut act ind 3s*, loose, let down
31 ἱστίον, sail
32 προνομή, plundering
33 τοίνυν, hence, so
34 χωλός, lame
35 κοπιάω, *pres act ind 1s*, grow weary
36 ἐνοικέω, *pres act ptc nom s m*, reside, dwell

Wrath against the Nations

34 Προσαγάγετε,[1] ἔθνη, καὶ ἀκούσατε, ἄρχοντες·
ἀκουσάτω ἡ γῆ καὶ οἱ ἐν αὐτῇ,
ἡ οἰκουμένη[2] καὶ ὁ λαὸς ὁ ἐν αὐτῇ.
2 διότι[3] θυμὸς[4] κυρίου ἐπὶ πάντα τὰ ἔθνη καὶ ὀργὴ ἐπὶ τὸν ἀριθμὸν[5] αὐτῶν
τοῦ ἀπολέσαι αὐτοὺς καὶ παραδοῦναι αὐτοὺς εἰς σφαγήν.[6]
3 οἱ δὲ τραυματίαι[7] αὐτῶν ῥιφήσονται[8] καὶ οἱ νεκροί,[9]
καὶ ἀναβήσεται αὐτῶν ἡ ὀσμή,[10]
καὶ βραχήσεται[11] τὰ ὄρη ἀπὸ τοῦ αἵματος αὐτῶν.
4 καὶ ἑλιγήσεται[12] ὁ οὐρανὸς ὡς βιβλίον,[13]
καὶ πάντα τὰ ἄστρα[14] πεσεῖται ὡς φύλλα[15] ἐξ ἀμπέλου[16]
καὶ ὡς πίπτει φύλλα ἀπὸ συκῆς.[17]

5 ἐμεθύσθη[18] ἡ μάχαιρά[19] μου ἐν τῷ οὐρανῷ·
ἰδοὺ ἐπὶ τὴν Ιδουμαίαν καταβήσεται
καὶ ἐπὶ τὸν λαὸν τῆς ἀπωλείας[20] μετὰ κρίσεως.
6 ἡ μάχαιρα[21] κυρίου ἐνεπλήσθη[22] αἵματος,
ἐπαχύνθη[23] ἀπὸ στέατος[24] ἀρνῶν[25]
καὶ ἀπὸ στέατος τράγων[26] καὶ κριῶν·[27]
ὅτι θυσία[28] κυρίῳ ἐν Βοσορ καὶ σφαγὴ[29] μεγάλη ἐν τῇ Ιδουμαίᾳ.
7 καὶ συμπεσοῦνται[30] οἱ ἁδροὶ[31] μετ᾽ αὐτῶν
καὶ οἱ κριοὶ[32] καὶ οἱ ταῦροι,[33]
καὶ μεθυσθήσεται[34] ἡ γῆ ἀπὸ τοῦ αἵματος
καὶ ἀπὸ τοῦ στέατος[35] αὐτῶν ἐμπλησθήσεται.[36]

1 προσάγω, *aor act impv 2p*, draw near
2 οἰκουμένη, inhabited world
3 διότι, because
4 θυμός, wrath
5 ἀριθμός, number
6 σφαγή, slaughter
7 τραυματίας, casualty
8 ῥίπτω, *fut pas ind 3p*, cast out
9 νεκρός, dead
10 ὀσμή, odor
11 βρέχω, *fut pas ind 3s*, drench
12 ἑλίσσω, *fut pas ind 3s*, roll up
13 βιβλίον, scroll
14 ἄστρον, star
15 φύλλον, leaf
16 ἄμπελος, vine
17 συκῆ, fig tree
18 μεθύω, *aor pas ind 3s*, become drunk
19 μάχαιρα, sword
20 ἀπώλεια, destruction
21 μάχαιρα, sword
22 ἐμπίμπλημι, *aor pas ind 3s*, fill up
23 παχύνω, *aor pas ind 3s*, engorge, satiate
24 στέαρ, fat
25 ἀρήν, lamb
26 τράγος, goat
27 κριός, ram
28 θυσία, sacrifice
29 σφαγή, slaughter
30 συμπίπτω, *fut mid ind 3p*, fall together
31 ἁδρός, chief, prince
32 κριός, ram
33 ταῦρος, bull
34 μεθύω, *fut pas ind 3s*, become drunk
35 στέαρ, fat
36 ἐμπίμπλημι, *fut pas ind 3s*, fill up

8 ἡμέρα γὰρ κρίσεως κυρίου
καὶ ἐνιαυτὸς[1] ἀνταποδόσεως[2] κρίσεως Σιων.
9 καὶ στραφήσονται[3] αὐτῆς αἱ φάραγγες[4] εἰς πίσσαν[5]
καὶ ἡ γῆ αὐτῆς εἰς θεῖον,[6]
καὶ ἔσται αὐτῆς ἡ γῆ καιομένη[7] ὡς πίσσα
10 νυκτὸς καὶ ἡμέρας καὶ οὐ σβεσθήσεται[8] εἰς τὸν αἰῶνα χρόνον,
καὶ ἀναβήσεται ὁ καπνὸς[9] αὐτῆς ἄνω·[10]
εἰς γενεὰς ἐρημωθήσεται[11] καὶ εἰς χρόνον πολύν.
11 καὶ κατοικήσουσιν ἐν αὐτῇ ὄρνεα[12]
καὶ ἐχῖνοι[13] καὶ ἴβεις[14] καὶ κόρακες,[15]
καὶ ἐπιβληθήσεται[16] ἐπ᾽ αὐτὴν σπαρτίον[17] γεωμετρίας[18] ἐρήμου,
καὶ ὀνοκένταυροι[19] οἰκήσουσιν[20] ἐν αὐτῇ.
12 οἱ ἄρχοντες αὐτῆς οὐκ ἔσονται·
οἱ γὰρ βασιλεῖς αὐτῆς καὶ οἱ ἄρχοντες αὐτῆς
καὶ οἱ μεγιστᾶνες[21] αὐτῆς ἔσονται εἰς ἀπώλειαν.[22]
13 καὶ ἀναφύσει[23] εἰς τὰς πόλεις αὐτῶν ἀκάνθινα[24] ξύλα[25]
καὶ εἰς τὰ ὀχυρώματα[26] αὐτῆς,
καὶ ἔσται ἔπαυλις[27] σειρήνων[28] καὶ αὐλὴ[29] στρουθῶν.[30]
14 καὶ συναντήσουσιν[31] δαιμόνια[32] ὀνοκενταύροις[33]
καὶ βοήσουσιν[34] ἕτερος πρὸς τὸν ἕτερον·
ἐκεῖ ἀναπαύσονται[35] ὀνοκένταυροι,
εὗρον γὰρ αὐτοῖς ἀνάπαυσιν.[36]

1 ἐνιαυτός, year
2 ἀνταπόδοσις, recompense, requital
3 στρέφω, *fut pas ind 3p*, turn into
4 φάραγξ, ravine
5 πίσσα, pitch, resin
6 θεῖον, sulfur
7 καίω, *pres pas ptc nom s f*, smolder, burn
8 σβέννυμι, *fut pas ind 3s*, quench
9 καπνός, smoke
10 ἄνω, upward
11 ἐρημόω, *fut pas ind 3s*, make desolate
12 ὄρνεον, bird
13 ἐχῖνος, hedgehog
14 ἶβις, ibis
15 κόραξ, raven
16 ἐπιβάλλω, *fut pas ind 3s*, cast upon
17 σπαρτίον, cord
18 γεωμετρία, measuring
19 ὀνοκένταυρος, centaur resembling a donkey
20 οἰκέω, *fut act ind 3p*, reside, dwell
21 μεγιστάν, nobleman
22 ἀπώλεια, destruction
23 ἀναφύω, *fut act ind 3s*, grow, shoot up
24 ἀκάνθινος, thorny
25 ξύλον, tree
26 ὀχύρωμα, fortress
27 ἔπαυλις, dwelling
28 σειρήν, siren, demon of the dead living in the desert
29 αὐλή, abode
30 στρουθός, ostrich
31 συναντάω, *fut act ind 3p*, meet
32 δαιμόνιον, demon
33 ὀνοκένταυρος, centaur resembling a donkey
34 βοάω, *fut act ind 3p*, cry aloud
35 ἀναπαύω, *fut mid ind 3p*, rest
36 ἀνάπαυσις, resting place

15 ἐκεῖ ἐνόσσευσεν[1] ἐχῖνος,[2]
καὶ ἔσωσεν ἡ γῆ τὰ παιδία αὐτῆς μετὰ ἀσφαλείας·[3]
ἐκεῖ ἔλαφοι[4] συνήντησαν[5] καὶ εἶδον τὰ πρόσωπα ἀλλήλων·[6]
16 ἀριθμῷ[7] παρῆλθον,[8] καὶ μία αὐτῶν οὐκ ἀπώλετο,
ἑτέρα τὴν ἑτέραν οὐκ ἐζήτησαν·
ὅτι κύριος ἐνετείλατο[9] αὐτοῖς,
καὶ τὸ πνεῦμα αὐτοῦ συνήγαγεν αὐτάς.
17 καὶ αὐτὸς ἐπιβαλεῖ[10] αὐτοῖς κλήρους,[11]
καὶ ἡ χεὶρ αὐτοῦ διεμέρισεν[12] βόσκεσθαι·[13]
εἰς τὸν αἰῶνα χρόνον κληρονομήσετε,[14]
εἰς γενεὰς γενεῶν ἀναπαύσονται[15] ἐπ᾽ αὐτῆς.

Return of the Redeemed to Zion

35 Εὐφράνθητι,[16] ἔρημος διψῶσα,[17]
ἀγαλλιάσθω[18] ἔρημος καὶ ἀνθείτω[19] ὡς κρίνον,[20]
2 καὶ ἐξανθήσει[21] καὶ ἀγαλλιάσεται[22] τὰ ἔρημα τοῦ Ιορδάνου·
καὶ ἡ δόξα τοῦ Λιβάνου ἐδόθη αὐτῇ
καὶ ἡ τιμὴ[23] τοῦ Καρμήλου,
καὶ ὁ λαός μου ὄψεται τὴν δόξαν κυρίου καὶ τὸ ὕψος[24] τοῦ θεοῦ.

3 ἰσχύσατε,[25] χεῖρες ἀνειμέναι[26] καὶ γόνατα[27] παραλελυμένα·[28]
4 παρακαλέσατε, οἱ ὀλιγόψυχοι[29] τῇ διανοίᾳ·[30]
ἰσχύσατε,[31] μὴ φοβεῖσθε·
ἰδοὺ ὁ θεὸς ἡμῶν κρίσιν ἀνταποδίδωσιν[32]
καὶ ἀνταποδώσει,[33]
αὐτὸς ἥξει[34] καὶ σώσει ἡμᾶς.

1 νοσσεύω, *aor act ind 3s*, build a shelter
2 ἐχῖνος, hedgehog
3 ἀσφάλεια, security
4 ἔλαφος, deer
5 συναντάω, *aor act ind 3p*, meet
6 ἀλλήλων, one another
7 ἀριθμός, number
8 παρέρχομαι, *aor act ind 3p*, pass by
9 ἐντέλλομαι, *aor mid ind 3s*, command
10 ἐπιβάλλω, *fut act ind 3s*, cast
11 κλῆρος, lot
12 διαμερίζω, *aor act ind 3s*, divide, distribute
13 βόσκω, *pres mid inf*, feed, graze
14 κληρονομέω, *fut act ind 2p*, acquire possession
15 ἀναπαύω, *fut mid ind 3p*, rest
16 εὐφραίνω, *aor pas impv 2s*, be glad, rejoice
17 διψάω, *pres act ptc nom s f*, be parched
18 ἀγαλλιάω, *aor mid impv 3s*, exult, rejoice
19 ἀνθέω, *pres act impv 3s*, flourish, bloom
20 κρίνον, lily
21 ἐξανθέω, *fut act ind 3s*, blossom
22 ἀγαλλιάω, *fut mid ind 3s*, exult, rejoice
23 τιμή, honor
24 ὕψος, exaltation
25 ἰσχύω, *aor act impv 2p*, be strong
26 ἀνίημι, *perf pas ptc nom p f*, loosen
27 γόνυ, knee
28 παραλύω, *perf pas ptc nom p n*, weaken
29 ὀλιγόψυχος, discouraged, fainthearted
30 διάνοια, mind
31 ἰσχύω, *aor act impv 2p*, be strong
32 ἀνταποδίδωμι, *pres act ind 3s*, render
33 ἀνταποδίδωμι, *fut act ind 3s*, render
34 ἥκω, *fut act ind 3s*, come

5 τότε ἀνοιχθήσονται ὀφθαλμοὶ τυφλῶν,[1]
καὶ ὦτα κωφῶν[2] ἀκούσονται.
6 τότε ἁλεῖται[3] ὡς ἔλαφος[4] ὁ χωλός,[5]
καὶ τρανὴ[6] ἔσται γλῶσσα μογιλάλων,[7]
ὅτι ἐρράγη[8] ἐν τῇ ἐρήμῳ ὕδωρ καὶ φάραγξ[9] ἐν γῇ διψώσῃ,[10]
7 καὶ ἡ ἄνυδρος[11] ἔσται εἰς ἕλη,[12]
καὶ εἰς τὴν διψῶσαν[13] γῆν πηγὴ[14] ὕδατος ἔσται·
ἐκεῖ εὐφροσύνη[15] ὀρνέων,[16] ἔπαυλις[17] καλάμου[18] καὶ ἕλη.

8 ἐκεῖ ἔσται ὁδὸς καθαρὰ[19] καὶ ὁδὸς ἁγία κληθήσεται,
καὶ οὐ μὴ παρέλθῃ[20] ἐκεῖ ἀκάθαρτος,
οὐδὲ ἔσται ἐκεῖ ὁδὸς ἀκάθαρτος·
οἱ δὲ διεσπαρμένοι[21] πορεύσονται ἐπ᾽ αὐτῆς καὶ οὐ μὴ πλανηθῶσιν.
9 καὶ οὐκ ἔσται ἐκεῖ λέων,[22]
οὐδὲ τῶν θηρίων τῶν πονηρῶν οὐ μὴ ἀναβῇ ἐπ᾽ αὐτὴν
οὐδὲ μὴ εὑρεθῇ ἐκεῖ,
ἀλλὰ πορεύσονται ἐν αὐτῇ λελυτρωμένοι.[23]
10 καὶ συνηγμένοι διὰ κύριον ἀποστραφήσονται[24]
καὶ ἥξουσιν[25] εἰς Σιων μετ᾽ εὐφροσύνης,[26]
καὶ εὐφροσύνη αἰώνιος ὑπὲρ κεφαλῆς αὐτῶν·
ἐπὶ γὰρ κεφαλῆς αὐτῶν αἴνεσις[27] καὶ ἀγαλλίαμα,[28]
καὶ εὐφροσύνη καταλήμψεται[29] αὐτούς,
ἀπέδρα[30] ὀδύνη[31] καὶ λύπη[32] καὶ στεναγμός.[33]

Sennacherib Invades Judah

36 Καὶ ἐγένετο τοῦ τεσσαρεσκαιδεκάτου[34] ἔτους βασιλεύοντος[35] Εζεκιου
ἀνέβη Σενναχηριμ βασιλεὺς Ἀσσυρίων ἐπὶ τὰς πόλεις τῆς Ιουδαίας τὰς

1 τυφλός, blind
2 κωφός, deaf
3 ἅλλομαι, *fut mid ind 3s*, leap about
4 ἔλαφος, deer
5 χωλός, lame
6 τρανός, clear, articulate
7 μογίλαλος, one who stammers
8 ῥήγνυμι, *aor pas ind 3s*, break out
9 φάραγξ, ravine
10 διψάω, *pres act ptc dat s f*, be parched
11 ἄνυδρος, waterless (land)
12 ἕλος, marshland
13 διψάω, *pres act ptc acc s f*, be parched
14 πηγή, spring
15 εὐφροσύνη, joy, gladness
16 ὄρνεον, bird
17 ἔπαυλις, dwelling, fold
18 κάλαμος, reed
19 καθαρός, pure
20 παρέρχομαι, *aor act sub 3s*, pass by
21 διασπείρω, *perf pas ptc nom p m*, scatter
22 λέων, lion
23 λυτρόω, *perf pas ptc nom p m*, redeem
24 ἀποστρέφω, *fut pas ind 3p*, return
25 ἥκω, *fut act ind 3p*, come
26 εὐφροσύνη, joy, gladness
27 αἴνεσις, praise
28 ἀγαλλίαμα, rejoicing
29 καταλαμβάνω, *fut mid ind 3s*, lay hold of
30 ἀποδιδράσκω, *aor act ind 3s*, run away
31 ὀδύνη, grief
32 λύπη, sorrow
33 στεναγμός, groaning
34 τεσσαρεσκαιδέκατος, fourteenth
35 βασιλεύω, *pres act ptc gen s m*, reign as king

ὀχυρὰς[1] καὶ ἔλαβεν αὐτάς. **2** καὶ ἀπέστειλεν βασιλεὺς Ἀσσυρίων Ραψακην ἐκ Λαχις
εἰς Ιερουσαλημ πρὸς τὸν βασιλέα Εζεκιαν μετὰ δυνάμεως πολλῆς, καὶ ἔστη ἐν τῷ
ὑδραγωγῷ[2] τῆς κολυμβήθρας[3] τῆς ἄνω[4] ἐν τῇ ὁδῷ τοῦ ἀγροῦ τοῦ γναφέως.[5] **3** καὶ
ἐξῆλθεν πρὸς αὐτὸν Ελιακιμ ὁ τοῦ Χελκιου ὁ οἰκονόμος[6] καὶ Σομνας ὁ γραμματεὺς[7]
καὶ Ιωαχ ὁ τοῦ Ασαφ ὁ ὑπομνηματογράφος.[8]

4 καὶ εἶπεν αὐτοῖς Ραψακης Εἴπατε Εζεκια Τάδε[9] λέγει ὁ βασιλεὺς ὁ μέγας βασιλεὺς
Ἀσσυρίων Τί πεποιθὼς εἶ; **5** μὴ ἐν βουλῇ[10] ἢ λόγοις χειλέων[11] παράταξις[12] γίνεται;
καὶ νῦν ἐπὶ τίνι πέποιθας ὅτι ἀπειθεῖς[13] μοι; **6** ἰδοὺ πεποιθὼς εἶ ἐπὶ τὴν ῥάβδον[14] τὴν
καλαμίνην[15] τὴν τεθλασμένην[16] ταύτην, ἐπ᾽ Αἴγυπτον· ὃς ἂν ἐπ᾽ αὐτὴν ἐπιστηρισθῇ,[17]
εἰσελεύσεται εἰς τὴν χεῖρα αὐτοῦ· οὕτως ἐστὶν Φαραω βασιλεὺς Αἰγύπτου καὶ πάντες
οἱ πεποιθότες ἐπ᾽ αὐτῷ. **7** εἰ δὲ λέγετε Ἐπὶ κύριον τὸν θεὸν ἡμῶν πεποίθαμεν, **8** νῦν
μείχθητε[18] τῷ κυρίῳ μου τῷ βασιλεῖ Ἀσσυρίων, καὶ δώσω ὑμῖν δισχιλίαν[19] ἵππον,[20]
εἰ δυνήσεσθε δοῦναι ἀναβάτας[21] ἐπ᾽ αὐτούς. **9** καὶ πῶς δύνασθε ἀποστρέψαι[22] εἰς
πρόσωπον τοπάρχου[23] ἑνός; οἰκέται[24] εἰσὶν οἱ πεποιθότες ἐπ᾽ Αἰγυπτίοις εἰς ἵππον[25]
καὶ ἀναβάτην.[26] **10** καὶ νῦν μὴ ἄνευ[27] κυρίου ἀνέβημεν ἐπὶ τὴν χώραν[28] ταύτην πολεμῆσαι αὐτήν;

11 καὶ εἶπεν πρὸς αὐτὸν Ελιακιμ καὶ Σομνας καὶ Ιωαχ Λάλησον πρὸς τοὺς παῖδάς[29]
σου Συριστί,[30] ἀκούομεν γὰρ ἡμεῖς, καὶ μὴ λάλει πρὸς ἡμᾶς Ιουδαϊστί·[31] καὶ ἵνα τί
λαλεῖς εἰς τὰ ὦτα τῶν ἀνθρώπων τῶν ἐπὶ τῷ τείχει;[32] **12** καὶ εἶπεν Ραψακης πρὸς
αὐτούς Μὴ πρὸς τὸν κύριον ὑμῶν ἢ πρὸς ὑμᾶς ἀπέσταλκέν με ὁ κύριός μου λαλῆσαι
τοὺς λόγους τούτους; οὐχὶ πρὸς τοὺς ἀνθρώπους τοὺς καθημένους ἐπὶ τῷ τείχει,[33]
ἵνα φάγωσιν κόπρον[34] καὶ πίωσιν οὖρον[35] μεθ᾽ ὑμῶν ἅμα;[36]

13 καὶ ἔστη Ραψακης καὶ ἐβόησεν[37] φωνῇ μεγάλῃ Ιουδαϊστὶ[38] καὶ εἶπεν Ἀκούσατε
τοὺς λόγους τοῦ βασιλέως τοῦ μεγάλου βασιλέως Ἀσσυρίων **14** Τάδε[39] λέγει ὁ

1 ὀχυρός, fortified
2 ὑδραγωγός, aqueduct
3 κολυμβήθρα, reservoir, pool
4 ἄνω, upper
5 γναφεύς, fuller, cloth-dresser
6 οἰκονόμος, steward, manager
7 γραμματεύς, scribe
8 ὑπομνηματογράφος, recorder
9 ὅδε, this
10 βουλή, counsel, plan
11 χεῖλος, lip
12 παράταξις, marshaling for battle
13 ἀπειθέω, *pres act ind 2s*, rebel against
14 ῥάβδος, rod
15 καλάμινος, reed-like
16 θλάω, *perf pas ptc acc s f*, break
17 ἐπιστηρίζω, *aor pas sub 3s*, support
18 μίγνυμι, *aor pas impv 2p*, join together
19 δισχίλιος, two thousand
20 ἵππος, horse
21 ἀναβάτης, horseman
22 ἀποστρέφω, *aor act inf*, turn back upon
23 τοπάρχης, governor
24 οἰκέτης, household servant
25 ἵππος, horse
26 ἀναβάτης, rider, horseman
27 ἄνευ, without
28 χώρα, country
29 παῖς, servant
30 Συριστί, in the Syrian language
31 Ιουδαϊστί, in the language of the Jews
32 τεῖχος, city wall
33 τεῖχος, city wall
34 κόπρος, excrement, dung
35 οὖρον, urine
36 ἅμα, together
37 βοάω, *aor act ind 3s*, cry out
38 Ιουδαϊστί, in the language of the Jews
39 ὅδε, this

βασιλεύς Μὴ ἀπατάτω[1] ὑμᾶς Εζεκιας λόγοις, οἳ οὐ δυνήσονται ῥύσασθαι[2] ὑμᾶς·
15 καὶ μὴ λεγέτω ὑμῖν Εζεκιας ὅτι Ῥύσεται[3] ὑμᾶς ὁ θεός, καὶ οὐ μὴ παραδοθῇ ἡ
πόλις αὕτη ἐν χειρὶ βασιλέως Ἀσσυρίων· **16** μὴ ἀκούετε Εζεκιου. τάδε[4] λέγει ὁ
βασιλεὺς Ἀσσυρίων Εἰ βούλεσθε εὐλογηθῆναι, ἐκπορεύεσθε πρός με καὶ φάγεσθε
ἕκαστος τὴν ἄμπελον[5] αὐτοῦ καὶ τὰς συκᾶς[6] καὶ πίεσθε ὕδωρ τοῦ λάκκου[7] ὑμῶν,
17 ἕως ἂν ἔλθω καὶ λάβω ὑμᾶς εἰς γῆν ὡς ἡ γῆ ὑμῶν, γῆ σίτου[8] καὶ οἴνου καὶ ἄρτων
καὶ ἀμπελώνων.[9] **18** μὴ ὑμᾶς ἀπατάτω[10] Εζεκιας λέγων Ὁ θεὸς ὑμῶν ῥύσεται[11]
ὑμᾶς. μὴ ἐρρύσαντο[12] οἱ θεοὶ τῶν ἐθνῶν ἕκαστος τὴν ἑαυτοῦ χώραν[13] ἐκ χειρὸς
βασιλέως Ἀσσυρίων; **19** ποῦ ἐστιν ὁ θεὸς Αιμαθ καὶ Αρφαθ; καὶ ποῦ ὁ θεὸς τῆς
πόλεως Σεπφαριμ; μὴ ἐδύναντο ῥύσασθαι[14] Σαμάρειαν ἐκ χειρός μου; **20** τίς τῶν
θεῶν πάντων τῶν ἐθνῶν τούτων ἐρρύσατο[15] τὴν γῆν αὐτοῦ ἐκ τῆς χειρός μου,
ὅτι ῥύσεται[16] ὁ θεὸς Ιερουσαλημ ἐκ χειρός μου; **21** καὶ ἐσιώπησαν,[17] καὶ οὐδεὶς
ἀπεκρίθη αὐτῷ λόγον διὰ τὸ προστάξαι[18] τὸν βασιλέα μηδένα[19] ἀποκριθῆναι.

22 Καὶ εἰσῆλθεν Ελιακιμ ὁ τοῦ Χελκιου ὁ οἰκονόμος[20] καὶ Σομνας ὁ γραμματεὺς[21]
τῆς δυνάμεως καὶ Ιωαχ ὁ τοῦ Ασαφ ὁ ὑπομνηματογράφος[22] πρὸς Εζεκιαν ἐσχι-
σμένοι[23] τοὺς χιτῶνας[24] καὶ ἀπήγγειλαν[25] αὐτῷ τοὺς λόγους Ραψακου.

Hezekiah Seeks Isaiah's Help

37 καὶ ἐγένετο ἐν τῷ ἀκοῦσαι τὸν βασιλέα Εζεκιαν ἔσχισεν[26] τὰ ἱμάτια καὶ
σάκκον[27] περιεβάλετο[28] καὶ ἀνέβη εἰς τὸν οἶκον κυρίου. **2** καὶ ἀπέστειλεν
Ελιακιμ τὸν οἰκονόμον[29] καὶ Σομναν τὸν γραμματέα[30] καὶ τοὺς πρεσβυτέρους τῶν
ἱερέων περιβεβλημένους[31] σάκκους[32] πρὸς Ησαιαν υἱὸν Αμως τὸν προφήτην, **3** καὶ
εἶπαν αὐτῷ Τάδε[33] λέγει Εζεκιας Ἡμέρα θλίψεως καὶ ὀνειδισμοῦ[34] καὶ ἐλεγμοῦ[35] καὶ
ὀργῆς ἡ σήμερον ἡμέρα, ὅτι ἥκει[36] ἡ ὠδὶν[37] τῇ τικτούσῃ,[38] ἰσχὺν[39] δὲ οὐκ ἔχει τοῦ

1 ἀπατάω, *pres act impv 3s*, deceive
2 ῥύομαι, *aor mid inf*, deliver
3 ῥύομαι, *fut mid ind 3s*, deliver
4 ὅδε, this
5 ἄμπελος, vine
6 συκῆ, fig tree
7 λάκκος, cistern
8 σῖτος, grain
9 ἀμπελών, vineyard
10 ἀπατάω, *pres act impv 3s*, deceive
11 ῥύομαι, *fut mid ind 3s*, deliver
12 ῥύομαι, *aor mid ind 3p*, deliver
13 χώρα, country
14 ῥύομαι, *aor mid inf*, deliver
15 ῥύομαι, *aor mid ind 3s*, deliver
16 ῥύομαι, *fut mid ind 3s*, deliver
17 σιωπάω, *aor act ind 3p*, keep silent
18 προστάσσω, *aor act inf*, order
19 μηδείς, nothing
20 οἰκονόμος, steward, manager
21 γραμματεύς, scribe
22 ὑπομνηματογράφος, recorder
23 σχίζω, *perf pas ptc nom p m*, tear, rend
24 χιτών, tunic
25 ἀπαγγέλλω, *aor act ind 3p*, report
26 σχίζω, *aor act ind 3s*, tear, rend
27 σάκκος, sackcloth, *Heb. LW*
28 περιβάλλω, *aor mid ind 3s*, put on, clothe
29 οἰκονόμος, steward, manager
30 γραμματεύς, scribe
31 περιβάλλω, *perf mid ptc acc p m*, put on, clothe
32 σάκκος, sackcloth, *Heb. LW*
33 ὅδε, this
34 ὀνειδισμός, disgrace
35 ἐλεγμός, reproof
36 ἥκω, *pres act ind 3s*, come
37 ὠδίν, birth pangs
38 τίκτω, *pres act ptc dat s f*, give birth
39 ἰσχύς, strength

τεκεῖν.[1] **4** εἰσακούσαι[2] κύριος ὁ θεός σου τοὺς λόγους Ραψακου, οὓς ἀπέστειλεν
βασιλεὺς Ἀσσυρίων ὀνειδίζειν[3] θεὸν ζῶντα καὶ ὀνειδίζειν λόγους, οὓς ἤκουσεν
κύριος ὁ θεός σου· καὶ δεηθήσῃ[4] πρὸς κύριον τὸν θεόν σου περὶ τῶν καταλελειμ-
μένων[5] τούτων. **5** καὶ ἦλθον οἱ παῖδες[6] τοῦ βασιλέως πρὸς Ησαιαν, **6** καὶ εἶπεν
αὐτοῖς Ησαιας Οὕτως ἐρεῖτε πρὸς τὸν κύριον ὑμῶν Τάδε[7] λέγει κύριος Μὴ φοβηθῇς
ἀπὸ τῶν λόγων, ὧν ἤκουσας, οὓς ὠνείδισάν[8] με οἱ πρέσβεις[9] βασιλέως Ἀσσυρίων·
7 ἰδοὺ ἐγὼ ἐμβαλῶ[10] εἰς αὐτὸν πνεῦμα, καὶ ἀκούσας ἀγγελίαν[11] ἀποστραφήσεται[12]
εἰς τὴν χώραν[13] αὐτοῦ καὶ πεσεῖται μαχαίρᾳ[14] ἐν τῇ γῇ αὐτοῦ.

8 Καὶ ἀπέστρεψεν[15] Ραψακης καὶ κατέλαβεν[16] πολιορκοῦντα[17] τὸν βασιλέα Λομναν.
καὶ ἤκουσεν βασιλεὺς Ἀσσυρίων ὅτι **9** ἐξῆλθεν Θαρακα βασιλεὺς Αἰθιόπων πολι-
ορκῆσαι[18] αὐτόν· καὶ ἀκούσας ἀπέστρεψεν[19] καὶ ἀπέστειλεν ἀγγέλους πρὸς Εζεκιαν
λέγων **10** Οὕτως ἐρεῖτε Εζεκια βασιλεῖ τῆς Ιουδαίας Μή σε ἀπατάτω[20] ὁ θεός
σου, ἐφ᾽ ᾧ πεποιθὼς εἶ ἐπ᾽ αὐτῷ λέγων Οὐ μὴ παραδοθῇ Ιερουσαλημ εἰς χεῖρας
βασιλέως Ἀσσυρίων. **11** ἢ οὐκ ἤκουσας ἃ ἐποίησαν βασιλεῖς Ἀσσυρίων πᾶσαν τὴν
γῆν ὡς ἀπώλεσαν; **12** μὴ ἐρρύσαντο[21] αὐτοὺς οἱ θεοὶ τῶν ἐθνῶν, οὓς οἱ πατέρες μου
ἀπώλεσαν, τήν τε Γωζαν καὶ Χαρραν καὶ Ραφες, αἵ εἰσιν ἐν χώρᾳ[22] Θεμαδ; **13** ποῦ
εἰσιν οἱ βασιλεῖς Αιμαθ καὶ Αρφαθ καὶ πόλεως Σεπφαριμ, Αναγ, Ουγαυα;

Hezekiah's Prayer

14 καὶ ἔλαβεν Εζεκιας τὸ βιβλίον παρὰ τῶν ἀγγέλων καὶ ἤνοιξεν αὐτὸ ἐναντίον[23]
κυρίου, **15** καὶ προσεύξατο Εζεκιας πρὸς κύριον λέγων **16** Κύριε σαβαωθ[24] ὁ θεὸς
Ισραηλ ὁ καθήμενος ἐπὶ τῶν χερουβιν,[25] σὺ θεὸς μόνος εἶ πάσης βασιλείας τῆς
οἰκουμένης,[26] σὺ ἐποίησας τὸν οὐρανὸν καὶ τὴν γῆν. **17** εἰσάκουσον,[27] κύριε, εἴσ-
βλεψον,[28] κύριε, καὶ ἰδὲ τοὺς λόγους, οὓς ἀπέστειλεν Σενναχηριμ ὀνειδίζειν[29] θεὸν
ζῶντα.

1 τίκτω, *aor act inf*, give birth
2 εἰσακούω, *aor act opt 3s*, hear, listen
3 ὀνειδίζω, *pres act inf*, reproach, revile
4 δέομαι, *fut pas ind 2s*, supplicate
5 καταλείπω, *perf pas ptc gen p m*, leave behind
6 παῖς, servant
7 ὅδε, this
8 ὀνειδίζω, *aor act ind 3p*, reproach, revile
9 πρέσβυς, ambassador
10 ἐμβάλλω, *fut act ind 1s*, place, set
11 ἀγγελία, news, report
12 ἀποστρέφω, *fut pas ind 3s*, turn away, return
13 χώρα, country
14 μάχαιρα, sword
15 ἀποστρέφω, *aor act ind 3s*, return
16 καταλαμβάνω, *aor act ind 3s*, catch up with
17 πολιορκέω, *pres act ptc acc s m*, besiege
18 πολιορκέω, *aor act inf*, besiege
19 ἀποστρέφω, *aor act ind 3s*, turn away, return
20 ἀπατάω, *pres act impv 3s*, deceive
21 ῥύομαι, *aor mid ind 3p*, deliver
22 χώρα, region
23 ἐναντίον, before
24 σαβαωθ, of hosts, *translit.*
25 χερουβιν, cherubim, *translit.*
26 οἰκουμένη, inhabited world
27 εἰσακούω, *aor act impv 2s*, hear, listen
28 εἰσβλέπω, *aor act impv 2s*, look upon
29 ὀνειδίζω, *pres act inf*, reproach, revile

18 ἐπ᾽ ἀληθείας γὰρ ἠρήμωσαν[1] βασιλεῖς Ἀσσυρίων τὴν οἰκουμένην[2] ὅλην καὶ τὴν
χώραν[3] αὐτῶν **19** καὶ ἐνέβαλον[4] τὰ εἴδωλα[5] αὐτῶν εἰς τὸ πῦρ, οὐ γὰρ θεοὶ ἦσαν ἀλλὰ
ἔργα χειρῶν ἀνθρώπων, ξύλα[6] καὶ λίθοι, καὶ ἀπώλεσαν αὐτούς. **20** σὺ δέ, κύριε ὁ
θεὸς ἡμῶν, σῶσον ἡμᾶς ἐκ χειρὸς αὐτῶν, ἵνα γνῷ πᾶσα βασιλεία τῆς γῆς ὅτι σὺ εἶ
ὁ θεὸς μόνος.

Isaiah Declares Sennacherib's Fall

21 Καὶ ἀπεστάλη Ησαιας υἱὸς Αμως πρὸς Εζεκιαν καὶ εἶπεν αὐτῷ Τάδε[7] λέγει κύριος
ὁ θεὸς Ισραηλ Ἤκουσα ἃ προσηύξω πρός με περὶ Σενναχηριμ βασιλέως Ἀσσυρίων.
22 οὗτος ὁ λόγος, ὃν ἐλάλησεν περὶ αὐτοῦ ὁ θεός

Ἐφαύλισέν[8] σε καὶ ἐμυκτήρισέν[9] σε παρθένος[10] θυγάτηρ[11] Σιων,
ἐπὶ σοὶ κεφαλὴν ἐκίνησεν[12] θυγάτηρ Ιερουσαλημ.
23 τίνα ὠνείδισας[13] καὶ παρώξυνας;[14]
ἢ πρὸς τίνα ὕψωσας[15] τὴν φωνήν σου;
καὶ οὐκ ἦρας εἰς ὕψος[16] τοὺς ὀφθαλμούς σου
εἰς τὸν ἅγιον τοῦ Ισραηλ.
24 ὅτι δι᾽ ἀγγέλων ὠνείδισας[17] κύριον·
σὺ γὰρ εἶπας Τῷ πλήθει τῶν ἁρμάτων[18]
ἐγὼ ἀνέβην εἰς ὕψος[19] ὀρέων καὶ εἰς τὰ ἔσχατα τοῦ Λιβάνου
καὶ ἔκοψα[20] τὸ ὕψος τῆς κέδρου[21] αὐτοῦ
καὶ τὸ κάλλος τῆς κυπαρίσσου[22]
καὶ εἰσῆλθον εἰς ὕψος μέρους[23] τοῦ δρυμοῦ[24]
25 καὶ ἔθηκα γέφυραν[25] καὶ ἠρήμωσα[26] ὕδατα
καὶ πᾶσαν συναγωγὴν ὕδατος.

26 οὐ ταῦτα ἤκουσας πάλαι,[27] ἃ ἐγὼ ἐποίησα;
ἐξ ἀρχαίων[28] ἡμερῶν συνέταξα,[29]

1 ἐρημόω, *aor act ind 3p*, make desolate, lay waste
2 οἰκουμένη, inhabited world
3 χώρα, country
4 ἐμβάλλω, *aor act ind 3p*, throw into
5 εἴδωλον, idol
6 ξύλον, wood
7 ὅδε, this
8 φαυλίζω, *aor act ind 3s*, despise
9 μυκτηρίζω, *aor act ind 3s*, sneer at, mock
10 παρθένος, virgin
11 θυγάτηρ, daughter
12 κινέω, *aor act ind 3s*, shake
13 ὀνειδίζω, *aor act ind 2s*, reproach
14 παροξύνω, *aor act ind 2s*, provoke
15 ὑψόω, *aor act ind 2s*, lift up
16 ὕψος, high, heights
17 ὀνειδίζω, *aor act ind 2s*, reproach
18 ἅρμα, chariot
19 ὕψος, high, heights
20 κόπτω, *aor act ind 1s*, cut down
21 κέδρος, cedar
22 κυπάρισσος, cypress
23 μέρος, portion
24 δρυμός, forest
25 γέφυρα, bridge
26 ἐρημόω, *aor act ind 1s*, dry up
27 πάλαι, long ago
28 ἀρχαῖος, ancient (time)
29 συντάσσω, *aor act ind 1s*, order, appoint

νῦν δὲ ἐπέδειξα[1] ἐξερημῶσαι[2] ἔθνη ἐν ὀχυροῖς[3]
καὶ ἐνοικοῦντας[4] ἐν πόλεσιν ὀχυραῖς·

27 ἀνῆκα[5] τὰς χεῖρας, καὶ ἐξηράνθησαν[6]
καὶ ἐγένοντο ὡς χόρτος[7] ξηρὸς[8] ἐπὶ δωμάτων[9] καὶ ὡς ἄγρωστις.[10]

28 νῦν δὲ τὴν ἀνάπαυσίν[11] σου
καὶ τὴν ἔξοδόν[12] σου καὶ τὴν εἴσοδόν[13] σου ἐγὼ ἐπίσταμαι·[14]

29 ὁ δὲ θυμός[15] σου, ὃν ἐθυμώθης,[16]
καὶ ἡ πικρία[17] σου ἀνέβη πρός με,
καὶ ἐμβαλῶ[18] φιμὸν[19] εἰς τὴν ῥῖνά[20] σου καὶ χαλινὸν[21] εἰς τὰ χείλη[22] σου
καὶ ἀποστρέψω[23] σε τῇ ὁδῷ, ᾗ ἦλθες ἐν αὐτῇ.

30 τοῦτο δέ σοι τὸ σημεῖον· φάγε τοῦτον τὸν ἐνιαυτὸν[24] ἃ ἔσπαρκας,[25] τῷ δὲ ἐνιαυτῷ
τῷ δευτέρῳ τὸ κατάλειμμα,[26] τῷ δὲ τρίτῳ σπείραντες[27] ἀμήσατε[28] καὶ φυτεύσατε[29]
ἀμπελῶνας[30] καὶ φάγεσθε τὸν καρπὸν αὐτῶν. **31** καὶ ἔσονται οἱ καταλελειμμένοι[31]
ἐν τῇ Ιουδαίᾳ φυήσουσιν[32] ῥίζαν[33] κάτω[34] καὶ ποιήσουσιν σπέρμα ἄνω.[35] **32** ὅτι ἐξ
Ιερουσαλημ ἐξελεύσονται οἱ καταλελειμμένοι[36] καὶ οἱ σῳζόμενοι ἐξ ὄρους Σιων· ὁ
ζῆλος[37] κυρίου σαβαωθ[38] ποιήσει ταῦτα.

33 διὰ τοῦτο οὕτως λέγει κύριος ἐπὶ βασιλέα Ἀσσυρίων Οὐ μὴ εἰσέλθῃ εἰς τὴν
πόλιν ταύτην οὐδὲ μὴ βάλῃ[39] ἐπ᾽ αὐτὴν βέλος[40] οὐδὲ μὴ ἐπιβάλῃ[41] ἐπ᾽ αὐτὴν θυ-
ρεὸν[42] οὐδὲ μὴ κυκλώσῃ[43] ἐπ᾽ αὐτὴν χάρακα,[44] **34** ἀλλὰ τῇ ὁδῷ, ᾗ ἦλθεν, ἐν αὐτῇ

1 ἐπιδεικνύω, *aor act ind 1s*, display
2 ἐξερημόω, *aor act inf*, devastate
3 ὀχυρός, fortified
4 ἐνοικέω, *pres act ptc acc p m*, reside, dwell
5 ἀνίημι, *aor act ind 1s*, loosen
6 ξηραίνω, *aor pas ind 3p*, wither
7 χόρτος, grass
8 ξηρός, dry
9 δῶμα, rooftop
10 ἄγρωστις, weeds
11 ἀνάπαυσις, resting place
12 ἔξοδος, going out
13 εἴσοδος, going in
14 ἐπίσταμαι, *pres act ind 1s*, know
15 θυμός, wrath
16 θυμόω, *aor pas ind 2s*, be wrathful, rage
17 πικρία, bitterness
18 ἐμβάλλω, *fut act ind 1s*, place, set
19 φιμός, muzzle
20 ῥίς, nose
21 χαλινός, bit, bridle
22 χεῖλος, lip
23 ἀποστρέφω, *fut act ind 1s*, turn away from
24 ἐνιαυτός, year
25 σπείρω, *perf act ind 2s*, sow
26 κατάλειμμα, remnant
27 σπείρω, *aor act ptc nom p m*, sow
28 ἀμάω, *aor act impv 2p*, reap
29 φυτεύω, *aor act impv 2p*, plant
30 ἀμπελών, vineyard
31 καταλείπω, *perf pas ptc nom p m*, leave behind
32 φύω, *fut act ind 3p*, grow, shoot forth
33 ῥίζα, root
34 κάτω, downward
35 ἄνω, upward
36 καταλείπω, *perf pas ptc nom p m*, leave behind
37 ζῆλος, zeal
38 σαβαωθ, of hosts, *translit.*
39 βάλλω, *aor act sub 3s*, shoot, throw
40 βέλος, arrow, dart
41 ἐπιβάλλω, *aor act sub 3s*, impose upon
42 θυρεός, oblong shield
43 κυκλόω, *aor act sub 3s*, surround
44 χάραξ, stockade, bulwark

ἀποστραφήσεται·[1] τάδε[2] λέγει κύριος. **35** ὑπερασπιῶ[3] ὑπὲρ τῆς πόλεως ταύτης τοῦ σῶσαι αὐτὴν δι᾽ ἐμὲ καὶ διὰ Δαυιδ τὸν παῖδά[4] μου.

Assyrians Destroyed

36 Καὶ ἐξῆλθεν ἄγγελος κυρίου καὶ ἀνεῖλεν[5] ἐκ τῆς παρεμβολῆς[6] τῶν Ἀσσυρίων ἑκατὸν[7] ὀγδοήκοντα[8] πέντε χιλιάδας,[9] καὶ ἐξαναστάντες[10] τὸ πρωὶ[11] εὗρον πάντα τὰ σώματα νεκρά.[12] **37** καὶ ἀποστραφεὶς[13] ἀπῆλθεν βασιλεὺς Ἀσσυρίων καὶ ᾤκησεν[14] ἐν Νινευη. **38** καὶ ἐν τῷ αὐτὸν προσκυνεῖν ἐν τῷ οἴκῳ Νασαραχ τὸν παταχρον[15] αὐτοῦ, Αδραμελεχ καὶ Σαρασαρ οἱ υἱοὶ αὐτοῦ ἐπάταξαν[16] αὐτὸν μαχαίραις,[17] αὐτοὶ δὲ διεσώθησαν[18] εἰς Ἀρμενίαν· καὶ ἐβασίλευσεν[19] Ασορδαν ὁ υἱὸς αὐτοῦ ἀντ᾽[20] αὐτοῦ.

Hezekiah's Illness and Recovery

38 Ἐγένετο δὲ ἐν τῷ καιρῷ ἐκείνῳ ἐμαλακίσθη[21] Εζεκιας ἕως θανάτου· καὶ ἦλθεν πρὸς αὐτὸν Ησαιας υἱὸς Αμως ὁ προφήτης καὶ εἶπεν πρὸς αὐτόν Τάδε[22] λέγει κύριος Τάξαι[23] περὶ τοῦ οἴκου σου, ἀποθνῄσκεις γὰρ σὺ καὶ οὐ ζήσῃ. **2** καὶ ἀπέστρεψεν[24] Εζεκιας τὸ πρόσωπον αὐτοῦ πρὸς τὸν τοῖχον[25] καὶ προσηύξατο πρὸς κύριον **3** λέγων Μνήσθητι,[26] κύριε, ὡς ἐπορεύθην ἐνώπιόν σου μετὰ ἀληθείας ἐν καρδίᾳ ἀληθινῇ[27] καὶ τὰ ἀρεστὰ[28] ἐνώπιόν σου ἐποίησα· καὶ ἔκλαυσεν Εζεκιας κλαυθμῷ[29] μεγάλῳ.

4 καὶ ἐγένετο λόγος κυρίου πρὸς Ησαιαν λέγων **5** Πορεύθητι καὶ εἰπὸν Εζεκια Τάδε[30] λέγει κύριος ὁ θεὸς Δαυιδ τοῦ πατρός σου Ἤκουσα τῆς φωνῆς τῆς προσευχῆς σου καὶ εἶδον τὰ δάκρυά[31] σου· ἰδοὺ προστίθημι[32] πρὸς τὸν χρόνον σου ἔτη δέκα[33] πέντε· **6** καὶ ἐκ χειρὸς βασιλέως Ἀσσυρίων σώσω σε καὶ ὑπὲρ τῆς πόλεως ταύτης ὑπερασπιῶ.[34]

7 τοῦτο δέ σοι τὸ σημεῖον παρὰ κυρίου ὅτι ὁ θεὸς ποιήσει τὸ ῥῆμα τοῦτο· **8** τὴν σκιὰν[35] τῶν ἀναβαθμῶν,[36] οὓς κατέβη ὁ ἥλιος, τοὺς δέκα[37] ἀναβαθμοὺς τοῦ οἴκου

1 ἀποστρέφω, *fut pas ind 3s*, return
2 ὅδε, this
3 ὑπερασπίζω, *fut act ind 1s*, protect, shield
4 παῖς, servant
5 ἀναιρέω, *aor act ind 3s*, destroy, kill
6 παρεμβολή, camp
7 ἑκατόν, hundred
8 ὀγδοήκοντα, eighty
9 χιλιάς, thousand
10 ἐξανίστημι, *aor act ptc nom p m*, rise up
11 πρωί, (in the) morning
12 νεκρός, dead
13 ἀποστρέφω, *aor pas ptc nom s m*, turn away
14 οἰκέω, *aor act ind 3s*, reside, dwell
15 παταχρος, idol
16 πατάσσω, *aor act ind 3p*, strike, smite
17 μάχαιρα, sword
18 διασῴζω, *aor pas ind 3p*, escape
19 βασιλεύω, *aor act ind 3s*, reign as king
20 ἀντί, in place of
21 μαλακίζομαι, *aor pas ind 3s*, become sick
22 ὅδε, this
23 τάσσω, *aor mid impv 2s*, put in order
24 ἀποστρέφω, *aor act ind 3s*, turn back
25 τοῖχος, wall
26 μιμνῄσκομαι, *aor pas impv 2s*, remember
27 ἀληθινός, true
28 ἀρεστός, acceptable, pleasing
29 κλαυθμός, weeping
30 ὅδε, this
31 δάκρυον, tear
32 προστίθημι, *pres act ind 1s*, add to
33 δέκα, ten
34 ὑπερασπίζω, *fut act ind 1s*, protect, shield
35 σκιά, shadow
36 ἀναβαθμός, (stair) step
37 δέκα, ten

τοῦ πατρός σου, ἀποστρέψω[1] τὸν ἥλιον τοὺς δέκα ἀναβαθμούς. καὶ ἀνέβη ὁ ἥλιος τοὺς δέκα ἀναβαθμούς, οὓς κατέβη ἡ σκιά.

9 Προσευχὴ Εζεκιου βασιλέως τῆς Ιουδαίας, ἡνίκα[2] ἐμαλακίσθη[3] καὶ ἀνέστη ἐκ τῆς μαλακίας[4] αὐτοῦ.

10 Ἐγὼ εἶπα Ἐν τῷ ὕψει[5] τῶν ἡμερῶν μου ἐν πύλαις[6] ᾅδου[7]
καταλείψω[8] τὰ ἔτη τὰ ἐπίλοιπα.[9]
11 εἶπα Οὐκέτι μὴ ἴδω τὸ σωτήριον τοῦ θεοῦ ἐπὶ τῆς γῆς,
οὐκέτι μὴ ἴδω ἄνθρωπον **12** ἐκ τῆς συγγενείας[10] μου.
κατέλιπον[11] τὸ λοιπὸν[12] τῆς ζωῆς μου·
ἐξῆλθεν καὶ ἀπῆλθεν ἀπ᾽ ἐμοῦ ὥσπερ ὁ καταλύων[13] σκηνὴν[14] πήξας,[15]
τὸ πνεῦμά μου παρ᾽ ἐμοὶ ἐγένετο ὡς ἱστὸς[16] ἐρίθου[17] ἐγγιζούσης ἐκτεμεῖν.[18]
ἐν τῇ ἡμέρᾳ ἐκείνῃ παρεδόθην **13** ἕως πρωὶ[19] ὡς λέοντι·[20]
οὕτως τὰ ὀστᾶ[21] μου συνέτριψεν,[22]
ἀπὸ γὰρ τῆς ἡμέρας ἕως τῆς νυκτὸς παρεδόθην.

14 ὡς χελιδών,[23] οὕτως φωνήσω,[24]
καὶ ὡς περιστερά,[25] οὕτως μελετήσω·[26]
ἐξέλιπον[27] γάρ μου οἱ ὀφθαλμοὶ τοῦ βλέπειν εἰς τὸ ὕψος[28] τοῦ οὐρανοῦ
πρὸς τὸν κύριον, ὃς ἐξείλατό[29] με
15 καὶ ἀφείλατό[30] μου τὴν ὀδύνην[31] τῆς ψυχῆς.

16 κύριε, περὶ αὐτῆς γὰρ ἀνηγγέλη[32] σοι,
καὶ ἐξήγειράς[33] μου τὴν πνοήν,[34]
καὶ παρακληθεὶς ἔζησα.

1 ἀποστρέφω, *fut act ind 1s*, turn back
2 ἡνίκα, when
3 μαλακίζομαι, *aor pas ind 3s*, become sick
4 μαλακία, sickness
5 ὕψος, summit, height
6 πύλη, gate
7 ᾅδης, Hades, underworld
8 καταλείπω, *fut act ind 1s*, leave behind
9 ἐπίλοιπος, remaining
10 συγγένεια, kindred
11 καταλείπω, *aor act ind 1s*, leave behind
12 λοιπός, remaining
13 καταλύω, *pres act ptc nom s m*, take down
14 σκηνή, tent
15 πήγνυμι, *aor act ptc nom s m*, pitch (a tent)
16 ἱστός, warp, webbing
17 ἔριθος, weaver
18 ἐκτέμνω, *aor act inf*, cut off
19 πρωί, morning
20 λέων, lion
21 ὀστέον, bone
22 συντρίβω, *aor act ind 3s*, crush, break
23 χελιδών, swallow
24 φωνέω, *fut act ind 1s*, make sound
25 περιστερά, dove
26 μελετάω, *fut act ind 1s*, mutter, (mourn)
27 ἐκλείπω, *aor act ind 3p*, cease, fail
28 ὕψος, heights
29 ἐξαιρέω, *aor mid ind 3s*, deliver, rescue
30 ἀφαιρέω, *aor mid ind 3s*, take away
31 ὀδύνη, grief
32 ἀναγγέλλω, *aor pas ind 3s*, report, declare
33 ἐξεγείρω, *aor act ind 2s*, raise up, stir up
34 πνοή, breath

17 εἵλου[1] γάρ μου τὴν ψυχήν, ἵνα μὴ ἀπόληται,
καὶ ἀπέρριψας[2] ὀπίσω[3] μου πάσας τὰς ἁμαρτίας μου.
18 οὐ γὰρ οἱ ἐν ᾅδου[4] αἰνέσουσίν[5] σε,
οὐδὲ οἱ ἀποθανόντες εὐλογήσουσίν σε,
οὐδὲ ἐλπιοῦσιν οἱ ἐν ᾅδου τὴν ἐλεημοσύνην[6] σου·
19 οἱ ζῶντες εὐλογήσουσίν σε ὃν τρόπον[7] κἀγώ.[8]
ἀπὸ γὰρ τῆς σήμερον παιδία ποιήσω,
ἃ ἀναγγελοῦσιν[9] τὴν δικαιοσύνην σου,
20 κύριε τῆς σωτηρίας μου·
καὶ οὐ παύσομαι[10] εὐλογῶν σε μετὰ ψαλτηρίου[11]
πάσας τὰς ἡμέρας τῆς ζωῆς μου
κατέναντι[12] τοῦ οἴκου τοῦ θεοῦ.

21 Καὶ εἶπεν Ησαιας πρὸς Εζεκιαν Λαβὲ παλάθην[13] ἐκ σύκων[14] καὶ τρῖψον[15] καὶ κατά-
πλασαι,[16] καὶ ὑγιὴς[17] ἔσῃ. **22** καὶ εἶπεν Εζεκιας Τοῦτο τὸ σημεῖον, ὅτι ἀναβήσομαι
εἰς τὸν οἶκον κυρίου τοῦ θεοῦ.

Envoys from Babylon Visit Hezekiah

39 Ἐν τῷ καιρῷ ἐκείνῳ ἀπέστειλεν Μαρωδαχ υἱὸς τοῦ Λααδαν ὁ βασιλεὺς
τῆς Βαβυλωνίας ἐπιστολὰς[18] καὶ πρέσβεις[19] καὶ δῶρα[20] Εζεκια· ἤκουσεν
γὰρ ὅτι ἐμαλακίσθη[21] ἕως θανάτου καὶ ἀνέστη. **2** καὶ ἐχάρη[22] ἐπ᾽ αὐτοῖς Εζεκιας
χαρὰν[23] μεγάλην καὶ ἔδειξεν αὐτοῖς τὸν οἶκον τοῦ νεχωθα[24] καὶ τῆς στακτῆς[25] καὶ
τῶν θυμιαμάτων[26] καὶ τοῦ μύρου[27] καὶ τοῦ ἀργυρίου[28] καὶ τοῦ χρυσίου[29] καὶ πάντας
τοὺς οἴκους τῶν σκευῶν[30] τῆς γάζης[31] καὶ πάντα, ὅσα ἦν ἐν τοῖς θησαυροῖς[32] αὐτοῦ·
καὶ οὐκ ἦν οὐθέν,[33] ὃ οὐκ ἔδειξεν Εζεκιας ἐν τῷ οἴκῳ αὐτοῦ. **3** καὶ ἦλθεν Ησαιας ὁ
προφήτης πρὸς τὸν βασιλέα Εζεκιαν καὶ εἶπεν πρὸς αὐτόν Τί λέγουσιν οἱ ἄνθρωποι
οὗτοι καὶ πόθεν[34] ἥκασιν[35] πρὸς σέ; καὶ εἶπεν Εζεκιας Ἐκ γῆς πόρρωθεν[36] ἥκασιν

1 αἱρέω, *aor mid ind 2s*, select, choose
2 ἀπορρίπτω, *aor act ind 2s*, throw away
3 ὀπίσω, behind
4 ᾅδης, Hades, underworld
5 αἰνέω, *fut act ind 3p*, praise
6 ἐλεημοσύνη, mercy
7 ὃν τρόπον, in the same manner
8 κἀγώ, I also, I too, *cr.* καὶ ἐγώ
9 ἀναγγέλλω, *fut act ind 3p*, proclaim
10 παύω, *fut mid ind 1s*, cease
11 ψαλτήριον, harp
12 κατέναντι, in the presence of
13 παλάθη, cake of dried fruit
14 σῦκον, fig
15 τρίβω, *aor act impv 2s*, crush, grind
16 καταπλάσσω, *aor mid impv 2s*, plaster over
17 ὑγιής, healthy
18 ἐπιστολή, letter
19 πρέσβυς, ambassador
20 δῶρον, gift
21 μαλακίζομαι, *aor pas ind 3s*, become sick
22 χαίρω, *aor pas ind 3s*, rejoice
23 χαρά, joy
24 νεχωθα, treasury, *translit.*
25 στακτή, oil of myrrh
26 θυμίαμα, incense
27 μύρον, unguent, perfume
28 ἀργύριον, silver
29 χρυσίον, gold
30 σκεῦος, vessel, thing
31 γάζα, treasure, *Heb. LW*
32 θησαυρός, treasury
33 οὐθείς, nothing
34 πόθεν, from where
35 ἥκω, *perf act ind 3p*, come
36 πόρρωθεν, far away

πρός με, ἐκ Βαβυλῶνος. **4** καὶ εἶπεν Ησαιας Τί εἴδοσαν ἐν τῷ οἴκῳ σου; καὶ εἶπεν
Εζεκιας Πάντα τὰ ἐν τῷ οἴκῳ μου εἴδοσαν, καὶ οὐκ ἔστιν ἐν τῷ οἴκῳ μου ὃ οὐκ
εἴδοσαν, ἀλλὰ καὶ τὰ ἐν τοῖς θησαυροῖς[1] μου.

5 καὶ εἶπεν αὐτῷ Ησαιας Ἄκουσον τὸν λόγον κυρίου σαβαωθ[2] **6** Ἰδοὺ ἡμέραι
ἔρχονται, λέγει κύριος, καὶ λήμψονται πάντα τὰ ἐν τῷ οἴκῳ σου, καὶ ὅσα συν-
ήγαγον οἱ πατέρες σου ἕως τῆς ἡμέρας ταύτης, εἰς Βαβυλῶνα ἥξει,[3] καὶ οὐδὲν οὐ
μὴ καταλίπωσιν·[4] εἶπεν δὲ ὁ θεὸς **7** ὅτι καὶ ἀπὸ τῶν τέκνων σου, ὧν ἐγέννησας,
λήμψονται καὶ ποιήσουσιν σπάδοντας[5] ἐν τῷ οἴκῳ τοῦ βασιλέως τῶν Βαβυλωνίων.
8 καὶ εἶπεν Εζεκιας πρὸς Ησαιαν Ἀγαθὸς ὁ λόγος κυρίου, ὃν ἐλάλησεν· γενέσθω
δὴ[6] εἰρήνη καὶ δικαιοσύνη ἐν ταῖς ἡμέραις μου.

Comfort for God's People

40 Παρακαλεῖτε παρακαλεῖτε τὸν λαόν μου,
λέγει ὁ θεός.
2 ἱερεῖς, λαλήσατε εἰς τὴν καρδίαν Ιερουσαλημ,
παρακαλέσατε αὐτήν·
ὅτι ἐπλήσθη[7] ἡ ταπείνωσις[8] αὐτῆς, λέλυται αὐτῆς ἡ ἁμαρτία·
ὅτι ἐδέξατο[9] ἐκ χειρὸς κυρίου διπλᾶ[10] τὰ ἁμαρτήματα[11] αὐτῆς.

3 φωνὴ βοῶντος[12] ἐν τῇ ἐρήμῳ Ἑτοιμάσατε τὴν ὁδὸν κυρίου,
εὐθείας[13] ποιεῖτε τὰς τρίβους[14] τοῦ θεοῦ ἡμῶν·
4 πᾶσα φάραγξ[15] πληρωθήσεται
καὶ πᾶν ὄρος καὶ βουνὸς[16] ταπεινωθήσεται,[17]
καὶ ἔσται πάντα τὰ σκολιὰ[18] εἰς εὐθεῖαν[19]
καὶ ἡ τραχεῖα[20] εἰς πεδία·[21]
5 καὶ ὀφθήσεται ἡ δόξα κυρίου,
καὶ ὄψεται πᾶσα σὰρξ τὸ σωτήριον[22] τοῦ θεοῦ·
ὅτι κύριος ἐλάλησεν.

6 φωνὴ λέγοντος Βόησον·[23]
καὶ εἶπα Τί βοήσω;[24]

1 θησαυρός, treasury
2 σαβαωθ, of hosts, *translit.*
3 ἥκω, *fut act ind 3s*, go
4 καταλείπω, *aor act sub 3p*, leave behind
5 σπάδων, eunuch
6 δή, now
7 πίμπλημι, *aor pas ind 3s*, fulfill, satisfy
8 ταπείνωσις, humiliation
9 δέχομαι, *aor mid ind 3s*, receive
10 διπλοῦς, double, twofold
11 ἁμάρτημα, sin, offense
12 βοάω, *pres act ptc gen s m*, cry out
13 εὐθύς, straight
14 τρίβος, path
15 φάραγξ, ravine, valley
16 βουνός, hill
17 ταπεινόω, *fut pas ind 3s*, bring low
18 σκολιός, crooked
19 εὐθύς, straight
20 τραχύς, rough, uneven
21 πεδίον, level place
22 σωτήριον, salvation
23 βοάω, *aor act impv 2s*, cry aloud
24 βοάω, *fut act ind 1s*, cry aloud

Πᾶσα σὰρξ χόρτος,[1]
καὶ πᾶσα δόξα ἀνθρώπου ὡς ἄνθος[2] χόρτου·
7 ἐξηράνθη[3] ὁ χόρτος,[4] καὶ τὸ ἄνθος[5] ἐξέπεσεν,[6]
8 τὸ δὲ ῥῆμα τοῦ θεοῦ ἡμῶν μένει[7] εἰς τὸν αἰῶνα.

Greatness of God

9 ἐπʼ ὄρος ὑψηλὸν[8] ἀνάβηθι,
ὁ εὐαγγελιζόμενος[9] Σιων·
ὕψωσον[10] τῇ ἰσχύι[11] τὴν φωνήν σου,
ὁ εὐαγγελιζόμενος Ιερουσαλημ·
ὑψώσατε,[12] μὴ φοβεῖσθε·
εἰπὸν ταῖς πόλεσιν Ιουδα Ἰδοὺ ὁ θεὸς ὑμῶν.
10 ἰδοὺ κύριος μετὰ ἰσχύος[13] ἔρχεται καὶ ὁ βραχίων[14] μετὰ κυριείας,[15]
ἰδοὺ ὁ μισθὸς[16] αὐτοῦ μετʼ αὐτοῦ καὶ τὸ ἔργον ἐναντίον[17] αὐτοῦ.
11 ὡς ποιμὴν[18] ποιμανεῖ[19] τὸ ποίμνιον[20] αὐτοῦ
καὶ τῷ βραχίονι[21] αὐτοῦ συνάξει ἄρνας[22]
καὶ ἐν γαστρὶ[23] ἐχούσας παρακαλέσει.

12 Τίς ἐμέτρησεν[24] τῇ χειρὶ τὸ ὕδωρ
καὶ τὸν οὐρανὸν σπιθαμῇ[25] καὶ πᾶσαν τὴν γῆν δρακί;[26]
τίς ἔστησεν τὰ ὄρη σταθμῷ[27]
καὶ τὰς νάπας[28] ζυγῷ;[29]
13 τίς ἔγνω νοῦν[30] κυρίου,
καὶ τίς αὐτοῦ σύμβουλος[31] ἐγένετο, ὃς συμβιβᾷ[32] αὐτόν;
14 ἢ πρὸς τίνα συνεβουλεύσατο[33] καὶ συνεβίβασεν[34] αὐτόν;
ἢ τίς ἔδειξεν αὐτῷ κρίσιν;
ἢ ὁδὸν συνέσεως[35] τίς ἔδειξεν αὐτῷ;

1 χόρτος, grass
2 ἄνθος, flower, blossom
3 ξηραίνω, *aor pas ind 3s*, dry, wither
4 χόρτος, grass
5 ἄνθος, flower, blossom
6 ἐκπίπτω, *aor act ind 3s*, fall away
7 μένω, *pres act ind 3s*, remain, abide
8 ὑψηλός, high
9 εὐαγγελίζομαι, *pres mid ptc nom s m*, proclaim good news
10 ὑψόω, *aor act impv 2s*, lift high
11 ἰσχύς, strength
12 ὑψόω, *aor act impv 2p*, lift high
13 ἰσχύς, strength
14 βραχίων, arm
15 κυριεία, dominion, power
16 μισθός, reward
17 ἐναντίον, before
18 ποιμήν, shepherd
19 ποιμαίνω, *fut act ind 3s*, tend (flocks)
20 ποίμνιον, flock
21 βραχίων, arm
22 ἀρήν, lamb
23 γαστήρ, womb
24 μετρέω, *aor act ind 3s*, measure
25 σπιθαμή, span
26 δράξ, handful
27 σταθμός, scales, weight
28 νάπη, wooded valley
29 ζυγός, balance
30 νοῦς, mind
31 σύμβουλος, counselor, advisor
32 συμβιβάζω, *fut act ind 3s*, instruct, advise
33 συμβουλεύω, *aor mid ind 3s*, seek counsel
34 συμβιβάζω, *aor act ind 3s*, instruct, advise
35 σύνεσις, understanding

15 εἰ πάντα τὰ ἔθνη ὡς σταγὼν[1] ἀπὸ κάδου[2]
καὶ ὡς ῥοπὴ[3] ζυγοῦ[4] ἐλογίσθησαν,
καὶ ὡς σίελος[5] λογισθήσονται·
16 ὁ δὲ Λίβανος οὐχ ἱκανὸς[6] εἰς καῦσιν,[7]
καὶ πάντα τὰ τετράποδα[8] οὐχ ἱκανὰ εἰς ὁλοκάρπωσιν,[9]
17 καὶ πάντα τὰ ἔθνη ὡς οὐδέν εἰσι
καὶ εἰς οὐθὲν[10] ἐλογίσθησαν.

18 τίνι ὡμοιώσατε[11] κύριον
καὶ τίνι ὁμοιώματι[12] ὡμοιώσατε αὐτόν;
19 μὴ εἰκόνα[13] ἐποίησεν τέκτων,[14]
ἢ χρυσοχόος[15] χωνεύσας[16] χρυσίον[17] περιεχρύσωσεν[18] αὐτόν,
ὁμοίωμα[19] κατεσκεύασεν[20] αὐτόν;
20 ξύλον[21] γὰρ ἄσηπτον[22] ἐκλέγεται[23] τέκτων[24]
καὶ σοφῶς[25] ζητεῖ πῶς στήσει αὐτοῦ εἰκόνα[26]
καὶ ἵνα μὴ σαλεύηται.[27]

21 οὐ γνώσεσθε; οὐκ ἀκούσεσθε;
οὐκ ἀνηγγέλη[28] ἐξ ἀρχῆς ὑμῖν;
οὐκ ἔγνωτε τὰ θεμέλια[29] τῆς γῆς;
22 ὁ κατέχων[30] τὸν γῦρον[31] τῆς γῆς,
καὶ οἱ ἐνοικοῦντες[32] ἐν αὐτῇ ὡς ἀκρίδες,[33]
ὁ στήσας ὡς καμάραν[34] τὸν οὐρανόν
καὶ διατείνας[35] ὡς σκηνὴν[36] κατοικεῖν,
23 ὁ διδοὺς ἄρχοντας εἰς οὐδὲν ἄρχειν,
τὴν δὲ γῆν ὡς οὐδὲν ἐποίησεν.

1 σταγών, drop
2 κάδος, bucket, jar
3 ῥοπή, weight (in a balance), tipping
4 ζυγός, balance
5 σίελος, spittle
6 ἱκανός, sufficient
7 καῦσις, burning
8 τετράπους, four-footed animal, (creature)
9 ὁλοκάρπωσις, whole burnt offering
10 οὐθείς, nothing
11 ὁμοιόω, *aor act ind 2p*, liken, compare
12 ὁμοίωμα, likeness
13 εἰκών, image, reproduction
14 τέκτων, craftsman
15 χρυσοχόος, goldsmith
16 χωνεύω, *aor act ptc nom s m*, cast
17 χρυσίον, gold
18 περιχρυσόω, *aor act ind 3s*, gild
19 ὁμοίωμα, likeness
20 κατασκευάζω, *aor act ind 3s*, fabricate
21 ξύλον, wood
22 ἄσηπτος, decay-resistant
23 ἐκλέγω, *pres mid ind 3s*, choose
24 τέκτων, craftsman
25 σοφῶς, wisely
26 εἰκών, image
27 σαλεύω, *pres pas sub 3s*, shake, move
28 ἀναγγέλλω, *aor pas ind 3s*, declare
29 θεμέλιον, foundation
30 κατέχω, *pres act ptc nom s m*, possess, hold
31 γῦρος, horizon
32 ἐνοικέω, *pres act ptc nom p m*, inhabit
33 ἀκρίς, locust
34 καμάρα, vault
35 διατείνω, *aor act ptc nom s m*, stretch out
36 σκηνή, tent

24 οὐ γὰρ μὴ σπείρωσιν[1] οὐδὲ μὴ φυτεύσωσιν,[2]
οὐδὲ μὴ ῥιζωθῇ[3] εἰς τὴν γῆν ἡ ῥίζα[4] αὐτῶν·
ἔπνευσεν[5] ἐπ᾽ αὐτοὺς καὶ ἐξηράνθησαν,[6]
καὶ καταιγὶς[7] ὡς φρύγανα[8] ἀναλήμψεται[9] αὐτούς.
25 νῦν οὖν τίνι με ὡμοιώσατε[10]
καὶ ὑψωθήσομαι;[11] εἶπεν ὁ ἅγιος.
26 ἀναβλέψατε[12] εἰς ὕψος[13] τοὺς ὀφθαλμοὺς ὑμῶν καὶ ἴδετε·
τίς κατέδειξεν[14] πάντα ταῦτα;
ὁ ἐκφέρων[15] κατὰ ἀριθμὸν[16] τὸν κόσμον[17] αὐτοῦ
πάντας ἐπ᾽ ὀνόματι καλέσει·
ἀπὸ πολλῆς δόξης καὶ ἐν κράτει[18] ἰσχύος[19] οὐδέν σε ἔλαθεν.[20]

27 Μὴ γὰρ εἴπῃς, Ιακωβ, καὶ τί ἐλάλησας,
Ισραηλ Ἀπεκρύβη[21] ἡ ὁδός μου ἀπὸ τοῦ θεοῦ,
καὶ ὁ θεός μου τὴν κρίσιν ἀφεῖλεν[22] καὶ ἀπέστη;[23]
28 καὶ νῦν οὐκ ἔγνως εἰ μὴ ἤκουσας;
θεὸς αἰώνιος ὁ θεὸς ὁ κατασκευάσας[24] τὰ ἄκρα[25] τῆς γῆς,
οὐ πεινάσει[26] οὐδὲ κοπιάσει,[27]
οὐδὲ ἔστιν ἐξεύρεσις[28] τῆς φρονήσεως[29] αὐτοῦ·
29 διδοὺς τοῖς πεινῶσιν[30] ἰσχὺν[31]
καὶ τοῖς μὴ ὀδυνωμένοις[32] λύπην.[33]
30 πεινάσουσιν[34] γὰρ νεώτεροι,[35] καὶ κοπιάσουσιν[36] νεανίσκοι,[37]
καὶ ἐκλεκτοὶ[38] ἀνίσχυες[39] ἔσονται·

1 σπείρω, *aor act sub 3p*, sow
2 φυτεύω, *aor act sub 3p*, plant
3 ῥιζόω, *aor pas sub 3s*, take root
4 ῥίζα, root
5 πνέω, *aor act ind 3s*, blow
6 ξηραίνω, *aor pas ind 3p*, dry up, wither
7 καταιγίς, storm
8 φρύγανον, brushwood
9 ἀναλαμβάνω, *fut mid ind 3s*, take up
10 ὁμοιόω, *aor act ind 2p*, liken, compare
11 ὑψόω, *fut pas ind 1s*, lift high, exalt
12 ἀναβλέπω, *aor act impv 2p*, look up
13 ὕψος, high
14 καταδείκνυμι, *aor act ind 3s*, display
15 ἐκφέρω, *pres act ptc nom s m*, carry out
16 ἀριθμός, number
17 κόσμος, decoration, ornamentation
18 κράτος, might
19 ἰσχύς, strength
20 λανθάνω, *aor act ind 3s*, go unnoticed, escape detection
21 ἀποκρύπτω, *aor pas ind 3s*, conceal
22 ἀφαιρέω, *aor act ind 3s*, take away
23 ἀφίστημι, *aor act ind 3s*, depart
24 κατασκευάζω, *aor act ptc nom s m*, build, fabricate
25 ἄκρος, end, extremity
26 πεινάω, *fut act ind 3s*, be hungry
27 κοπιάω, *fut act ind 3s*, labor, grow weary
28 ἐξεύρεσις, discovery, searching
29 φρόνησις, intelligence
30 πεινάω, *pres act ptc dat p m*, be hungry
31 ἰσχύς, strength
32 ὀδυνάω, *pres mid ptc dat p m*, grieve
33 λύπη, sorrow
34 πεινάω, *fut act ind 3p*, be hungry
35 νέος, *comp*, younger
36 κοπιάω, *fut act ind 3p*, labor, grow weary
37 νεανίσκος, young man
38 ἐκλεκτός, chosen
39 ἄνισχυς, without strength

31 οἱ δὲ ὑπομένοντες[1] τὸν θεὸν ἀλλάξουσιν[2] ἰσχύν,[3]
πτεροφυήσουσιν[4] ὡς ἀετοί,[5]
δραμοῦνται[6] καὶ οὐ κοπιάσουσιν,[7]
βαδιοῦνται[8] καὶ οὐ πεινάσουσιν.[9]

Encouragement for Israel

41 Ἐγκαινίζεσθε[10] πρός με, νῆσοι,[11]
οἱ γὰρ ἄρχοντες ἀλλάξουσιν[12] ἰσχύν·[13]
ἐγγισάτωσαν καὶ λαλησάτωσαν ἅμα,[14]
τότε κρίσιν ἀναγγειλάτωσαν.[15]

2 τίς ἐξήγειρεν[16] ἀπὸ ἀνατολῶν[17] δικαιοσύνην,
ἐκάλεσεν αὐτὴν κατὰ πόδας αὐτοῦ, καὶ πορεύσεται;
δώσει ἐναντίον[18] ἐθνῶν καὶ βασιλεῖς ἐκστήσει[19]
καὶ δώσει εἰς γῆν τὰς μαχαίρας[20] αὐτῶν
καὶ ὡς φρύγανα[21] ἐξωσμένα[22] τὰ τόξα[23] αὐτῶν·
3 καὶ διώξεται αὐτούς
καὶ διελεύσεται ἐν εἰρήνῃ ἡ ὁδὸς τῶν ποδῶν αὐτοῦ.
4 τίς ἐνήργησεν[24] καὶ ἐποίησεν ταῦτα;
ἐκάλεσεν αὐτὴν ὁ καλῶν αὐτὴν ἀπὸ γενεῶν ἀρχῆς,
ἐγὼ θεὸς πρῶτος,
καὶ εἰς τὰ ἐπερχόμενα[25] ἐγώ εἰμι.
5 εἴδοσαν ἔθνη καὶ ἐφοβήθησαν,
τὰ ἄκρα[26] τῆς γῆς ἤγγισαν καὶ ἤλθοσαν ἅμα[27]
6 κρίνων ἕκαστος τῷ πλησίον[28] καὶ τῷ ἀδελφῷ βοηθῆσαι[29]
καὶ ἐρεῖ 7 Ἴσχυσεν[30] ἀνὴρ τέκτων[31]

1 ὑπομένω, *pres act ptc nom p m*, await
2 ἀλλάσσω, *fut act ind 3p*, gain, change
3 ἰσχύς, strength
4 πτεροφυέω, *fut act ind 3p*, grow wings
5 ἀετός, eagle
6 τρέχω, *fut mid ind 3p*, run
7 κοπιάω, *fut act ind 3p*, grow weary
8 βαδίζω, *fut mid ind 3p*, walk
9 πεινάω, *fut act ind 3p*, be hungry
10 ἐγκαινίζω, *pres mid impv 2p*, be restored
11 νῆσος, island
12 ἀλλάσσω, *fut act ind 3p*, gain, change
13 ἰσχύς, strength
14 ἅμα, together
15 ἀναγγέλλω, *aor act impv 3p*, pronounce
16 ἐξεγείρω, *aor act ind 3s*, stir up, raise up
17 ἀνατολή, east
18 ἐναντίον, before
19 ἐξίστημι, *fut act ind 3s*, amaze
20 μάχαιρα, sword
21 φρύγανον, dry brushwood
22 ἐξωθέω, *pres pas ptc nom p n*, thrust out
23 τόξον, bow
24 ἐνεργέω, *aor act ind 3s*, produce, effect
25 ἐπέρχομαι, *pres mid ptc acc p n*, come
26 ἄκρος, end, extremity
27 ἅμα, together
28 πλησίον, neighbor
29 βοηθέω, *aor act inf*, help, aid
30 ἰσχύω, *aor act ind 3s*, become strong
31 τέκτων, craftsman

καὶ χαλκεὺς[1] τύπτων[2] σφύρῃ[3] ἅμα[4] ἐλαύνων·[5]
ποτὲ[6] μὲν ἐρεῖ Σύμβλημα[7] καλόν ἐστιν·
ἰσχύρωσαν[8] αὐτὰ ἐν ἥλοις,[9]
θήσουσιν αὐτὰ καὶ οὐ κινηθήσονται.[10]

8 Σὺ δέ, Ισραηλ, παῖς[11] μου Ιακωβ, ὃν ἐξελεξάμην,[12]
σπέρμα Αβρααμ, ὃν ἠγάπησα,
9 οὗ ἀντελαβόμην[13] ἀπ᾽ ἄκρων[14] τῆς γῆς
καὶ ἐκ τῶν σκοπιῶν[15] αὐτῆς ἐκάλεσά σε
καὶ εἶπά σοι Παῖς[16] μου εἶ, ἐξελεξάμην[17] σε
καὶ οὐκ ἐγκατέλιπόν[18] σε,
10 μὴ φοβοῦ, μετὰ σοῦ γάρ εἰμι·
μὴ πλανῶ, ἐγὼ γάρ εἰμι ὁ θεός σου
ὁ ἐνισχύσας[19] σε καὶ ἐβοήθησά[20] σοι
καὶ ἠσφαλισάμην[21] σε τῇ δεξιᾷ τῇ δικαίᾳ μου.

11 ἰδοὺ αἰσχυνθήσονται[22] καὶ ἐντραπήσονται[23]
πάντες οἱ ἀντικείμενοί[24] σοι·
ἔσονται γὰρ ὡς οὐκ ὄντες
καὶ ἀπολοῦνται πάντες οἱ ἀντίδικοί[25] σου.
12 ζητήσεις αὐτοὺς καὶ οὐ μὴ εὕρῃς τοὺς ἀνθρώπους,
οἳ παροινήσουσιν[26] εἰς σέ·
ἔσονται γὰρ ὡς οὐκ ὄντες
καὶ οὐκ ἔσονται οἱ ἀντιπολεμοῦντές[27] σε.
13 ὅτι ἐγὼ ὁ θεός σου ὁ κρατῶν τῆς δεξιᾶς σου,
ὁ λέγων σοι Μὴ φοβοῦ, **14** Ιακωβ, ὀλιγοστὸς[28] Ισραηλ·
ἐγὼ ἐβοήθησά[29] σοι, λέγει ὁ θεὸς
ὁ λυτρούμενός[30] σε, Ισραηλ.

1 χαλκεύς, metal worker, smith
2 τύπτω, *pres act ptc nom s m*, beat, strike
3 σφῦρα, hammer
4 ἅμα, at the same time
5 ἐλαύνω, *pres act ptc nom s m*, strike
6 πότε, when
7 σύμβλημα, juncture, seam
8 ἰσχυρόω, *aor act ind 3p*, strengthen
9 ἧλος, nail
10 κινέω, *fut pas ind 3p*, disturb, move
11 παῖς, servant
12 ἐκλέγω, *aor mid ind 1s*, choose
13 ἀντιλαμβάνομαι, *aor mid ind 1s*, lay hold, support
14 ἄκρος, end, extremity
15 σκοπιά, hilltop, high place, lookout
16 παῖς, servant
17 ἐκλέγω, *aor mid ind 1s*, choose
18 ἐγκαταλείπω, *aor act ind 1s*, desert, forsake
19 ἐνισχύω, *aor act ptc nom s m*, give strength to
20 βοηθέω, *aor act ind 1s*, help, aid
21 ἀσφαλίζω, *aor mid ind 1s*, secure
22 αἰσχύνω, *fut pas ind 3p*, dishonor
23 ἐντρέπω, *fut pas ind 3p*, be ashamed
24 ἀντίκειμαι, *pres mid ptc nom p m*, oppose
25 ἀντίδικος, adversary, opponent
26 παροινέω, *fut act ind 3p*, rage against
27 ἀντιπολεμέω, *pres act ptc nom p m*, war against
28 ὀλίγος, *sup*, smallest
29 βοηθέω, *aor act ind 1s*, help, aid
30 λυτρόω, *pres mid ptc nom s m*, redeem, ransom

15 ἰδοὺ ἐποίησά σε ὡς τροχοὺς[1] ἁμάξης[2] ἀλοῶντας[3]
καινοὺς[4] πριστηροειδεῖς,[5]
καὶ ἀλοήσεις[6] ὄρη καὶ λεπτυνεῖς[7] βουνούς[8]
καὶ ὡς χνοῦν[9] θήσεις·
16 καὶ λικμήσεις,[10] καὶ ἄνεμος λήμψεται αὐτούς,
καὶ καταιγὶς[11] διασπερεῖ[12] αὐτούς,
σὺ δὲ εὐφρανθήσῃ[13] ἐν τοῖς ἁγίοις Ισραηλ.

καὶ ἀγαλλιάσονται[14] **17** οἱ πτωχοὶ[15] καὶ οἱ ἐνδεεῖς·[16]
ζητήσουσιν γὰρ ὕδωρ, καὶ οὐκ ἔσται,
ἡ γλῶσσα αὐτῶν ἀπὸ τῆς δίψης[17] ἐξηράνθη·[18]
ἐγὼ κύριος ὁ θεός, ἐγὼ ἐπακούσομαι,[19]
ὁ θεὸς Ισραηλ, καὶ οὐκ ἐγκαταλείψω[20] αὐτούς,
18 ἀλλὰ ἀνοίξω ἐπὶ τῶν ὀρέων ποταμούς[21]
καὶ ἐν μέσῳ πεδίων[22] πηγάς,[23]
ποιήσω τὴν ἔρημον εἰς ἕλη[24]
καὶ τὴν διψῶσαν[25] γῆν ἐν ὑδραγωγοῖς,[26]
19 θήσω εἰς τὴν ἄνυδρον[27] γῆν κέδρον[28]
καὶ πύξον[29] καὶ μυρσίνην[30] καὶ κυπάρισσον[31] καὶ λεύκην,[32]
20 ἵνα ἴδωσιν καὶ γνῶσιν καὶ ἐννοηθῶσιν[33]
καὶ ἐπιστῶνται[34] ἅμα[35] ὅτι χεὶρ κυρίου ἐποίησεν ταῦτα πάντα
καὶ ὁ ἅγιος τοῦ Ισραηλ κατέδειξεν.[36]

Futility of Idols

21 Ἐγγίζει ἡ κρίσις ὑμῶν, λέγει κύριος ὁ θεός·
ἤγγισαν αἱ βουλαὶ[37] ὑμῶν, λέγει ὁ βασιλεὺς Ιακωβ.

1 τροχός, wheel
2 ἅμαξα, wagon
3 ἀλοάω, *pres act ptc acc p m*, thresh
4 καινός, new
5 πριστηροειδής, saw-shaped
6 ἀλοάω, *fut act ind 2s*, thresh
7 λεπτύνω, *fut act ind 2s*, crush
8 βουνός, hill
9 χνοῦς, dust
10 λικμάω, *fut act ind 2s*, winnow
11 καταιγίς, storm
12 διασπείρω, *fut act ind 3s*, scatter
13 εὐφραίνω, *fut pas ind 2s*, be glad, rejoice
14 ἀγαλλιάω, *fut mid ind 3p*, exult, rejoice
15 πτωχός, poor
16 ἐνδεής, needy
17 δίψα, thirst
18 ξηραίνω, *aor pas ind 3s*, dry up
19 ἐπακούω, *fut mid ind 1s*, hear, listen
20 ἐγκαταλείπω, *fut act ind 1s*, desert, forsake
21 ποταμός, river
22 πεδίον, plain
23 πηγή, spring
24 ἕλος, marshland
25 διψάω, *pres act ptc acc s f*, be thirsty
26 ὑδραγωγός, aqueduct
27 ἄνυδρος, waterless (land)
28 κέδρος, cedar
29 πύξος, boxwood tree
30 μυρσίνη, myrtle
31 κυπάρισσος, cypress
32 λεύκη, white poplar
33 ἐννοέω, *aor pas sub 3p*, consider
34 ἐπίσταμαι, *pres mid sub 3p*, know
35 ἅμα, at once, together
36 καταδείκνυμι, *aor act ind 3s*, demonstrate
37 βουλή, counsel

22 ἐγγισάτωσαν καὶ ἀναγγειλάτωσαν[1] ὑμῖν ἃ συμβήσεται,[2]
ἢ τὰ πρότερα[3] τίνα ἦν εἴπατε,
καὶ ἐπιστήσομεν[4] τὸν νοῦν[5] καὶ γνωσόμεθα τί τὰ ἔσχατα,
καὶ τὰ ἐπερχόμενα[6] εἴπατε ἡμῖν.
23 ἀναγγείλατε[7] ἡμῖν τὰ ἐπερχόμενα[8] ἐπ᾽ ἐσχάτου,
καὶ γνωσόμεθα ὅτι θεοί ἐστε·
εὖ[9] ποιήσατε καὶ κακώσατε,[10]
καὶ θαυμασόμεθα[11] καὶ ὀψόμεθα ἅμα·[12]
24 ὅτι πόθεν[13] ἐστὲ ὑμεῖς καὶ πόθεν ἡ ἐργασία[14] ὑμῶν;
ἐκ γῆς· βδέλυγμα[15] ἐξελέξαντο[16] ὑμᾶς.

25 ἐγὼ δὲ ἤγειρα[17] τὸν ἀπὸ βορρᾶ[18] καὶ τὸν ἀφ᾽ ἡλίου ἀνατολῶν,[19]
κληθήσονται τῷ ὀνόματί μου·
ἐρχέσθωσαν ἄρχοντες, καὶ ὡς πηλὸς[20] κεραμέως[21]
καὶ ὡς κεραμεὺς καταπατῶν[22] τὸν πηλόν,
οὕτως καταπατηθήσεσθε.[23]
26 τίς γὰρ ἀναγγελεῖ[24] τὰ ἐξ ἀρχῆς, ἵνα γνῶμεν,
καὶ τὰ ἔμπροσθεν,[25] καὶ ἐροῦμεν ὅτι ἀληθῆ[26] ἐστιν;
οὐκ ἔστιν ὁ προλέγων[27]
οὐδὲ ὁ ἀκούων ὑμῶν τοὺς λόγους.
27 ἀρχὴν Σιων δώσω καὶ Ιερουσαλημ παρακαλέσω εἰς ὁδόν.

28 ἀπὸ γὰρ τῶν ἐθνῶν ἰδοὺ οὐδείς,
καὶ ἀπὸ τῶν εἰδώλων[28] αὐτῶν οὐκ ἦν ὁ ἀναγγέλλων·[29]
καὶ ἐὰν ἐρωτήσω[30] αὐτούς
Πόθεν[31] ἐστέ, οὐ μὴ ἀποκριθῶσίν μοι.
29 εἰσὶν γὰρ οἱ ποιοῦντες ὑμᾶς,
καὶ μάτην[32] οἱ πλανῶντες ὑμᾶς.

1 ἀναγγέλλω, *aor act impv 3p*, proclaim
2 συμβαίνω, *fut mid ind 3s*, happen
3 πρότερος, former, earlier
4 ἐφίστημι, *fut act ind 1p*, set
5 νοῦς, mind
6 ἐπέρχομαι, *pres mid ptc acc p n*, come (in the future)
7 ἀναγγέλλω, *aor act impv 2p*, proclaim
8 ἐπέρχομαι, *pres mid ptc acc p n*, come (in the future)
9 εὖ, good
10 κακόω, *aor act impv 2p*, do evil
11 θαυμάζω, *fut mid ind 1p*, be confounded
12 ἅμα, both
13 πόθεν, from where
14 ἐργασία, work
15 βδέλυγμα, abomination
16 ἐκλέγω, *aor mid ind 3p*, choose
17 ἐγείρω, *aor act ind 1s*, stir up, raise up
18 βορρᾶς, north
19 ἀνατολή, rising
20 πηλός, clay
21 κεραμεύς, potter
22 καταπατέω, *pres act ptc nom s m*, trample, (knead)
23 καταπατέω, *fut pas ind 2p*, trample
24 ἀναγγέλλω, *fut act ind 3s*, proclaim
25 ἔμπροσθεν, former
26 ἀληθής, true
27 προλέγω, *pres act ptc nom s m*, foretell
28 εἴδωλον, idol
29 ἀναγγέλλω, *pres act ptc nom s m*, proclaim
30 ἐρωτάω, *aor act sub 1s*, ask
31 πόθεν, from where
32 μάτην, vain

Jacob, My Servant

42 Ιακωβ ὁ παῖς[1] μου, ἀντιλήμψομαι[2] αὐτοῦ·
Ισραηλ ὁ ἐκλεκτός[3] μου, προσεδέξατο[4] αὐτὸν ἡ ψυχή μου·
ἔδωκα τὸ πνεῦμά μου ἐπ᾽ αὐτόν,
κρίσιν τοῖς ἔθνεσιν ἐξοίσει.[5]
2 οὐ κεκράξεται οὐδὲ ἀνήσει,[6]
οὐδὲ ἀκουσθήσεται ἔξω[7] ἡ φωνὴ αὐτοῦ.
3 κάλαμον[8] τεθλασμένον[9] οὐ συντρίψει[10]
καὶ λίνον[11] καπνιζόμενον[12] οὐ σβέσει,[13]
ἀλλὰ εἰς ἀλήθειαν ἐξοίσει[14] κρίσιν.
4 ἀναλάμψει[15] καὶ οὐ θραυσθήσεται,[16]
ἕως ἂν θῇ ἐπὶ τῆς γῆς κρίσιν·
καὶ ἐπὶ τῷ ὀνόματι αὐτοῦ ἔθνη ἐλπιοῦσιν.
5 οὕτως λέγει κύριος ὁ θεὸς
ὁ ποιήσας τὸν οὐρανὸν καὶ πήξας[17] αὐτόν,
ὁ στερεώσας[18] τὴν γῆν καὶ τὰ ἐν αὐτῇ
καὶ διδοὺς πνοὴν[19] τῷ λαῷ τῷ ἐπ᾽ αὐτῆς
καὶ πνεῦμα τοῖς πατοῦσιν[20] αὐτήν·
6 ἐγὼ κύριος ὁ θεὸς ἐκάλεσά σε ἐν δικαιοσύνῃ
καὶ κρατήσω τῆς χειρός σου
καὶ ἐνισχύσω[21] σε καὶ ἔδωκά σε εἰς διαθήκην γένους,[22]
εἰς φῶς ἐθνῶν
7 ἀνοῖξαι ὀφθαλμοὺς τυφλῶν,[23]
ἐξαγαγεῖν[24] ἐκ δεσμῶν[25] δεδεμένους[26]
καὶ ἐξ οἴκου φυλακῆς καθημένους ἐν σκότει.

1 παῖς, servant
2 ἀντιλαμβάνομαι, *fut mid ind 1s*, take hold, support
3 ἐκλεκτός, chosen
4 προσδέχομαι, *aor mid ind 3s*, receive, accept
5 ἐκφέρω, *fut act ind 3s*, carry out, bring forth
6 ἀνίημι, *fut act ind 3s*, lift up (one's voice)
7 ἔξω, outside
8 κάλαμος, reed
9 θλάω, *perf pas ptc acc s m*, bruise
10 συντρίβω, *fut act ind 3s*, break
11 λίνον, flax
12 καπνίζω, *pres mid ptc acc s n*, smoke, smolder
13 σβέννυμι, *fut act ind 3s*, extinguish, quench
14 ἐκφέρω, *fut act ind 3s*, carry out, bring forth
15 ἀναλάμπω, *fut act ind 3s*, flame up, shine
16 θραύω, *fut pas ind 3s*, be weakened
17 πήγνυμι, *aor act ptc nom s m*, establish
18 στερεόω, *aor act ptc nom s m*, make firm
19 πνοή, breath
20 πατέω, *pres act ptc dat p m*, walk on
21 ἐνισχύω, *fut act ind 1s*, strengthen
22 γένος, nation, race
23 τυφλός, blind
24 ἐξάγω, *aor act inf*, lead out
25 δεσμός, bonds, chains
26 δέω, *perf pas ptc acc p m*, bind

8 ἐγὼ κύριος ὁ θεός, τοῦτό μού ἐστιν τὸ ὄνομα·
τὴν δόξαν μου ἑτέρῳ οὐ δώσω
οὐδὲ τὰς ἀρετάς[1] μου τοῖς γλυπτοῖς.[2]
9 τὰ ἀπ᾽ ἀρχῆς ἰδοὺ ἥκασιν,[3] καὶ καινὰ[4] ἃ ἐγὼ ἀναγγελῶ,[5]
καὶ πρὸ τοῦ ἀνατεῖλαι[6] ἐδηλώθη[7] ὑμῖν.

A New Song to the Lord

10 Ὑμνήσατε[8] τῷ κυρίῳ ὕμνον[9] καινόν,[10] ἡ ἀρχὴ αὐτοῦ·
δοξάζετε τὸ ὄνομα αὐτοῦ ἀπ᾽ ἄκρου[11] τῆς γῆς,
οἱ καταβαίνοντες εἰς τὴν θάλασσαν καὶ πλέοντες[12] αὐτήν,
αἱ νῆσοι[13] καὶ οἱ κατοικοῦντες αὐτάς.
11 εὐφράνθητι,[14] ἔρημος καὶ αἱ κῶμαι[15] αὐτῆς,
ἐπαύλεις[16] καὶ οἱ κατοικοῦντες Κηδαρ·
εὐφρανθήσονται[17] οἱ κατοικοῦντες Πέτραν,
ἀπ᾽ ἄκρων[18] τῶν ὀρέων βοήσουσιν·[19]
12 δώσουσιν τῷ θεῷ δόξαν,
τὰς ἀρετὰς[20] αὐτοῦ ἐν ταῖς νήσοις[21] ἀναγγελοῦσιν.[22]
13 κύριος ὁ θεὸς τῶν δυνάμεων ἐξελεύσεται καὶ συντρίψει[23] πόλεμον,
ἐπεγερεῖ[24] ζῆλον[25] καὶ βοήσεται[26] ἐπὶ τοὺς ἐχθροὺς αὐτοῦ μετὰ ἰσχύος.[27]
14 ἐσιώπησα,[28] μὴ καὶ ἀεὶ[29] σιωπήσομαι[30] καὶ ἀνέξομαι;[31]
ἐκαρτέρησα[32] ὡς ἡ τίκτουσα,[33] ἐκστήσω[34] καὶ ξηρανῶ[35] ἅμα.[36]
15 καὶ θήσω ποταμοὺς[37] εἰς νήσους[38]
καὶ ἕλη[39] ξηρανῶ.[40]

1 ἀρετή, majesty
2 γλυπτός, carved image
3 ἥκω, *perf act ind 3p*, come
4 καινός, new
5 ἀναγγέλλω, *fut act ind 1s*, declare, proclaim
6 ἀνατέλλω, *aor act inf*, spring forth
7 δηλόω, *aor pas ind 3s*, make manifest
8 ὑμνέω, *aor act impv 2p*, sing
9 ὕμνος, song, hymn
10 καινός, new
11 ἄκρος, end, extremity
12 πλέω, *pres act ptc nom p m*, sail
13 νῆσος, island
14 εὐφραίνω, *aor pas impv 2s*, be glad, rejoice
15 κώμη, territory, land
16 ἔπαυλις, village
17 εὐφραίνω, *fut pas ind 3p*, be glad, rejoice
18 ἄκρος, end, extremity
19 βοάω, *fut act ind 3p*, cry aloud
20 ἀρετή, majesty
21 νῆσος, island
22 ἀναγγέλλω, *fut act ind 3p*, declare
23 συντρίβω, *fut act ind 3s*, break, crush
24 ἐπεγείρω, *fut act ind 3s*, raise up, stir up
25 ζῆλος, zeal, jealousy
26 βοάω, *fut mid ind 3s*, cry aloud
27 ἰσχύς, strength
28 σιωπάω, *aor act ind 1s*, keep silent
29 ἀεί, always
30 σιωπάω, *fut mid ind 1s*, keep silent
31 ἀνέχω, *fut mid ind 1s*, withhold
32 καρτερέω, *aor act ind 1s*, bear patiently
33 τίκτω, *pres act ptc nom s f*, give birth
34 ἐξίστημι, *fut act ind 1s*, amaze, confound
35 ξηραίνω, *fut act ind 1s*, cause to wither
36 ἅμα, at once
37 ποταμός, river
38 νῆσος, island
39 ἕλος, marshland
40 ξηραίνω, *fut act ind 1s*, cause to wither

16 καὶ ἄξω τυφλοὺς[1] ἐν ὁδῷ, ᾗ οὐκ ἔγνωσαν,
καὶ τρίβους,[2] οὓς οὐκ ᾔδεισαν,[3] πατῆσαι[4] ποιήσω αὐτούς·
ποιήσω αὐτοῖς τὸ σκότος εἰς φῶς καὶ τὰ σκολιὰ[5] εἰς εὐθεῖαν·[6]
ταῦτα τὰ ῥήματα ποιήσω καὶ οὐκ ἐγκαταλείψω[7] αὐτούς.
17 αὐτοὶ δὲ ἀπεστράφησαν[8] εἰς τὰ ὀπίσω·[9]
αἰσχύνθητε[10] αἰσχύνην,[11]
οἱ πεποιθότες ἐπὶ τοῖς γλυπτοῖς[12]
οἱ λέγοντες τοῖς χωνευτοῖς[13] Ὑμεῖς ἐστε θεοὶ ἡμῶν.

Israel, the Blind and Deaf Servant

18 Οἱ κωφοί,[14] ἀκούσατε,
καὶ οἱ τυφλοί,[15] ἀναβλέψατε[16] ἰδεῖν.
19 καὶ τίς τυφλὸς[17] ἀλλ᾽ ἢ οἱ παῖδές[18] μου
καὶ κωφοὶ[19] ἀλλ᾽ ἢ οἱ κυριεύοντες[20] αὐτῶν;
καὶ ἐτυφλώθησαν[21] οἱ δοῦλοι τοῦ θεοῦ.
20 εἴδετε πλεονάκις,[22] καὶ οὐκ ἐφυλάξασθε·
ἠνοιγμένα τὰ ὦτα, καὶ οὐκ ἠκούσατε.

21 κύριος ὁ θεὸς ἐβούλετο ἵνα δικαιωθῇ
καὶ μεγαλύνῃ[23] αἴνεσιν.[24]
καὶ εἶδον, **22** καὶ ἐγένετο ὁ λαὸς πεπρονομευμένος[25] καὶ διηρπασμένος·[26]
ἡ γὰρ παγὶς[27] ἐν τοῖς ταμιείοις[28] πανταχοῦ,[29]
καὶ ἐν οἴκοις ἅμα,[30] ὅπου[31] ἔκρυψαν[32] αὐτούς,
ἐγένοντο εἰς προνομήν,[33]
καὶ οὐκ ἦν ὁ ἐξαιρούμενος[34] ἅρπαγμα,[35]
καὶ οὐκ ἦν ὁ λέγων Ἀπόδος.

1 τυφλός, blind
2 τρίβος, path
3 οἶδα, *plpf act ind 3p*, know
4 πατέω, *aor act inf*, trample
5 σκολιός, crooked
6 εὐθύς, straight
7 ἐγκαταλείπω, *fut act ind 1s*, desert, forsake
8 ἀποστρέφω, *aor pas ind 3p*, turn back
9 ὀπίσω, backward
10 αἰσχύνω, *aor pas impv 2p*, put to shame
11 αἰσχύνη, shame
12 γλυπτός, carved image
13 χωνευτός, cast image
14 κωφός, deaf
15 τυφλός, blind
16 ἀναβλέπω, *aor act impv 2p*, look up
17 τυφλός, blind
18 παῖς, servant
19 κωφός, deaf
20 κυριεύω, *pres act ptc nom p m*, lord over
21 τυφλόω, *aor pas ind 3p*, be blind
22 πλεονάκις, many times
23 μεγαλύνω, *aor act sub 3s*, increase, magnify
24 αἴνεσις, praise
25 προνομεύω, *perf pas ptc nom s m*, plunder
26 διαρπάζω, *perf pas ptc nom s m*, seize as spoils
27 παγίς, trap, snare
28 ταμιεῖον, chamber
29 πανταχοῦ, everywhere
30 ἅμα, at the same time
31 ὅπου, where
32 κρύπτω, *aor act ind 3p*, hide
33 προνομή, plunder, spoils
34 ἐξαιρέω, *pres mid ptc nom s m*, deliver, rescue
35 ἅρπαγμα, spoils, plunder

23 τίς ἐν ὑμῖν, ὃς ἐνωτιεῖται[1] ταῦτα,
εἰσακούσεται[2] εἰς τὰ ἐπερχόμενα;[3]
24 τίς ἔδωκεν εἰς διαρπαγὴν[4] Ιακωβ
καὶ Ισραηλ τοῖς προνομεύουσιν[5] αὐτόν;
οὐχὶ ὁ θεός, ᾧ ἡμάρτοσαν αὐτῷ
καὶ οὐκ ἐβούλοντο ἐν ταῖς ὁδοῖς αὐτοῦ πορεύεσθαι
οὐδὲ ἀκούειν τοῦ νόμου αὐτοῦ;
25 καὶ ἐπήγαγεν[6] ἐπ᾽ αὐτοὺς ὀργὴν θυμοῦ[7] αὐτοῦ,
καὶ κατίσχυσεν[8] αὐτοὺς πόλεμος
καὶ οἱ συμφλέγοντες[9] αὐτοὺς κύκλῳ,[10]
καὶ οὐκ ἔγνωσαν ἕκαστος αὐτῶν οὐδὲ ἔθεντο ἐπὶ ψυχήν.

Redemption from the Lord God

43 Καὶ νῦν οὕτως λέγει κύριος ὁ θεὸς ὁ ποιήσας σε, Ιακωβ, ὁ πλάσας[11] σε,
Ισραηλ

Μὴ φοβοῦ, ὅτι ἐλυτρωσάμην[12] σε·
ἐκάλεσά σε τὸ ὄνομά σου, ἐμὸς εἶ σύ.
2 καὶ ἐὰν διαβαίνῃς[13] δι᾽ ὕδατος, μετὰ σοῦ εἰμι,
καὶ ποταμοὶ[14] οὐ συγκλύσουσίν[15] σε·
καὶ ἐὰν διέλθῃς[16] διὰ πυρός, οὐ μὴ κατακαυθῇς,[17]
φλὸξ[18] οὐ κατακαύσει[19] σε.
3 ὅτι ἐγὼ κύριος ὁ θεός σου ὁ ἅγιος Ισραηλ ὁ σῴζων σε·
ἐποίησά σου ἄλλαγμα[20] Αἴγυπτον καὶ Αἰθιοπίαν καὶ Σοήνην ὑπὲρ σοῦ.
4 ἀφ᾽ οὗ ἔντιμος[21] ἐγένου ἐναντίον[22] μου,
ἐδοξάσθης, κἀγώ[23] σε ἠγάπησα·
καὶ δώσω ἀνθρώπους πολλοὺς ὑπὲρ σοῦ
καὶ ἄρχοντας ὑπὲρ τῆς κεφαλῆς σου.

1 ἐνωτίζομαι, *fut mid ind 3s*, give ear, hearken
2 εἰσακούω, *fut mid ind 3s*, hear, listen to
3 ἐπέρχομαι, *pres mid ptc acc p n*, come
4 διαρπαγή, (act of) plundering
5 προνομεύω, *pres act ptc dat p m*, plunder
6 ἐπάγω, *aor act ind 3s*, bring up
7 θυμός, wrath
8 κατισχύω, *aor act ind 3s*, prevail over
9 συμφλέγω, *pres act ptc nom p m*, burn to ashes
10 κύκλῳ, all around
11 πλάσσω, *aor act ptc nom s m*, form
12 λυτρόω, *aor mid ind 1s*, redeem, ransom
13 διαβαίνω, *pres act sub 2s*, cross through
14 ποταμός, river
15 συγκλύζω, *fut act ind 3p*, overwhelm, wash over
16 διέρχομαι, *aor act sub 2s*, pass through
17 κατακαίω, *aor pas sub 2s*, burn up
18 φλόξ, flame
19 κατακαίω, *fut act ind 3s*, burn up
20 ἄλλαγμα, that which is given in exchange for
21 ἔντιμος, highly valued
22 ἐναντίον, before
23 κἀγώ, and I, *cr.* καὶ ἐγώ

5 μὴ φοβοῦ, ὅτι μετὰ σοῦ εἰμι·
ἀπὸ ἀνατολῶν[1] ἄξω τὸ σπέρμα σου
καὶ ἀπὸ δυσμῶν[2] συνάξω σε.
6 ἐρῶ τῷ βορρᾷ[3] Ἄγε, καὶ τῷ λιβί[4] Μὴ κώλυε·[5]
ἄγε τοὺς υἱούς μου ἀπὸ γῆς πόρρωθεν[6]
καὶ τὰς θυγατέρας[7] μου ἀπ᾽ ἄκρων[8] τῆς γῆς,
7 πάντας ὅσοι ἐπικέκληνται[9] τῷ ὀνόματί μου.
ἐν γὰρ τῇ δόξῃ μου κατεσκεύασα[10] αὐτὸν
καὶ ἔπλασα[11] καὶ ἐποίησα αὐτόν·
8 καὶ ἐξήγαγον[12] λαὸν τυφλόν,[13] καὶ ὀφθαλμοί εἰσιν ὡσαύτως[14] τυφλοί,
καὶ κωφοὶ[15] τὰ ὦτα ἔχοντες.

9 πάντα τὰ ἔθνη συνήχθησαν ἅμα,[16]
καὶ συναχθήσονται ἄρχοντες ἐξ αὐτῶν·
τίς ἀναγγελεῖ[17] ταῦτα; ἢ τὰ ἐξ ἀρχῆς τίς ἀναγγελεῖ ὑμῖν;
ἀγαγέτωσαν τοὺς μάρτυρας[18] αὐτῶν
καὶ δικαιωθήτωσαν καὶ εἰπάτωσαν ἀληθῆ.[19]
10 γένεσθέ μοι μάρτυρες,[20] κἀγὼ[21] μάρτυς, λέγει κύριος ὁ θεός,
καὶ ὁ παῖς,[22] ὃν ἐξελεξάμην,[23]
ἵνα γνῶτε καὶ πιστεύσητε καὶ συνῆτε[24] ὅτι ἐγώ εἰμι,
ἔμπροσθέν[25] μου οὐκ ἐγένετο ἄλλος θεὸς καὶ μετ᾽ ἐμὲ οὐκ ἔσται·
11 ἐγὼ ὁ θεός,
καὶ οὐκ ἔστιν πάρεξ[26] ἐμοῦ σῴζων.
12 ἀνήγγειλα[27] καὶ ἔσωσα,
ὠνείδισα[28] καὶ οὐκ ἦν ἐν ὑμῖν ἀλλότριος·[29]
ὑμεῖς ἐμοὶ μάρτυρες[30] κἀγὼ[31] μάρτυς,
λέγει κύριος ὁ θεός.

1 ἀνατολή, east
2 δυσμή, west
3 βορρᾶς, north
4 λίψ, southwest
5 κωλύω, *pres act impv 2s*, hinder
6 πόρρωθεν, far away
7 θυγάτηρ, daughter
8 ἄκρος, end, extremity
9 ἐπικαλέω, *perf mid ind 3p*, call upon
10 κατασκευάζω, *aor act ind 1s*, prepare
11 πλάσσω, *aor act ind 1s*, form, mold
12 ἐξάγω, *aor act ind 1s*, bring forth
13 τυφλός, blind
14 ὡσαύτως, like, as
15 κωφός, deaf
16 ἅμα, together
17 ἀναγγέλλω, *fut act ind 3s*, proclaim
18 μάρτυς, witness
19 ἀληθής, truthfully
20 μάρτυς, witness
21 κἀγώ, I too, *cr.* καὶ ἐγώ
22 παῖς, servant
23 ἐκλέγω, *aor mid ind 1s*, choose
24 συνίημι, *aor act sub 2p*, know, understand
25 ἔμπροσθεν, before
26 πάρεξ, besides, except
27 ἀναγγέλλω, *aor act ind 1s*, proclaim, declare
28 ὀνειδίζω, *aor act ind 1s*, reproach
29 ἀλλότριος, foreign, strange
30 μάρτυς, witness
31 κἀγώ, I too, *cr.* καὶ ἐγώ

13 ἔτι ἀπ᾽ ἀρχῆς καὶ οὐκ ἔστιν ὁ ἐκ τῶν χειρῶν μου ἐξαιρούμενος·[1]
ποιήσω, καὶ τίς ἀποστρέψει[2] αὐτό;

Judgment on Babylon

14 Οὕτως λέγει κύριος ὁ θεὸς
ὁ λυτρούμενος[3] ὑμᾶς ὁ ἅγιος Ισραηλ
Ἕνεκεν[4] ὑμῶν ἀποστελῶ εἰς Βαβυλῶνα
καὶ ἐπεγερῶ[5] πάντας φεύγοντας,[6]
καὶ Χαλδαῖοι ἐν πλοίοις[7] δεθήσονται.[8]
15 ἐγὼ κύριος ὁ θεὸς ὁ ἅγιος ὑμῶν
ὁ καταδείξας[9] Ισραηλ βασιλέα ὑμῶν.
16 οὕτως λέγει κύριος ὁ διδοὺς ὁδὸν ἐν θαλάσσῃ
καὶ ἐν ὕδατι ἰσχυρῷ[10] τρίβον[11]
17 ὁ ἐξαγαγὼν[12] ἅρματα[13] καὶ ἵππον[14] καὶ ὄχλον[15] ἰσχυρόν,[16]
ἀλλὰ ἐκοιμήθησαν[17] καὶ οὐκ ἀναστήσονται,
ἐσβέσθησαν[18] ὡς λίνον[19] ἐσβεσμένον[20]
18 Μὴ μνημονεύετε[21] τὰ πρῶτα
καὶ τὰ ἀρχαῖα[22] μὴ συλλογίζεσθε.[23]
19 ἰδοὺ ποιῶ καινὰ[24] ἃ νῦν ἀνατελεῖ,[25]
καὶ γνώσεσθε αὐτά·
καὶ ποιήσω ἐν τῇ ἐρήμῳ ὁδόν
καὶ ἐν τῇ ἀνύδρῳ[26] ποταμούς.[27]
20 εὐλογήσει με τὰ θηρία τοῦ ἀγροῦ,
σειρῆνες[28] καὶ θυγατέρες[29] στρουθῶν,[30]

1 ἐξαιρέω, *pres mid ptc nom s m*, deliver, rescue
2 ἀποστρέφω, *fut act ind 3s*, reject, turn back
3 λυτρόω, *pres mid ptc nom s m*, ransom, redeem
4 ἕνεκα, because of
5 ἐπεγείρω, *fut act ind 1s*, stir up against
6 φεύγω, *pres act ptc acc p m*, flee
7 πλοῖον, ship
8 δέω, *fut pas ind 3p*, bind
9 καταδείκνυμι, *aor act ptc nom s m*, make known
10 ἰσχυρός, strong
11 τρίβος, path
12 ἐξάγω, *aor act ptc nom s m*, lead out
13 ἅρμα, chariot
14 ἵππος, horse
15 ὄχλος, multitude
16 ἰσχυρός, mighty
17 κοιμάω, *aor pas ind 3p*, lie down (to sleep)
18 σβέννυμι, *aor pas ind 3p*, quench
19 λίνον, flax
20 σβέννυμι, *perf pas ptc nom s n*, quench
21 μνημονεύω, *pres act impv 2p*, remember
22 ἀρχαῖος, former, of old
23 συλλογίζομαι, *pres mid impv 2p*, consider
24 καινός, new
25 ἀνατέλλω, *fut act ind 3s*, spring forth
26 ἄνυδρος, waterless (land)
27 ποταμός, river
28 σειρήν, siren, demon of the dead living in the desert
29 θυγάτηρ, daughter
30 στρουθός, ostrich

ὅτι ἔδωκα ἐν τῇ ἐρήμῳ ὕδωρ καὶ ποταμοὺς[1] ἐν τῇ ἀνύδρῳ[2]
ποτίσαι[3] τὸ γένος[4] μου τὸ ἐκλεκτόν,[5]
21 λαόν μου, ὃν περιεποιησάμην[6] τὰς ἀρετάς[7] μου διηγεῖσθαι.[8]

Shortcomings of Israel

22 οὐ νῦν ἐκάλεσά σε, Ιακωβ,
οὐδὲ κοπιᾶσαί[9] σε ἐποίησα, Ισραηλ·
23 οὐκ ἐμοὶ πρόβατα τῆς ὁλοκαρπώσεώς[10] σου,
οὐδὲ ἐν ταῖς θυσίαις[11] σου ἐδόξασάς με,
οὐδὲ ἔγκοπον[12] ἐποίησά σε ἐν λιβάνῳ,[13]
24 οὐδὲ ἐκτήσω[14] μοι ἀργυρίου[15] θυμίαμα,[16]
οὐδὲ τὸ στέαρ[17] τῶν θυσιῶν[18] σου ἐπεθύμησα,[19]
ἀλλὰ ἐν ταῖς ἁμαρτίαις σου
καὶ ἐν ταῖς ἀδικίαις[20] σου προέστην[21] σου.

25 ἐγώ εἰμι ἐγώ εἰμι ὁ ἐξαλείφων[22] τὰς ἀνομίας[23] σου
καὶ οὐ μὴ μνησθήσομαι.[24]
26 σὺ δὲ μνήσθητι[25] καὶ κριθῶμεν·
λέγε σὺ τὰς ἀνομίας[26] σου πρῶτος, ἵνα δικαιωθῇς.
27 οἱ πατέρες ὑμῶν πρῶτοι καὶ οἱ ἄρχοντες αὐτῶν
ἠνόμησαν[27] εἰς ἐμέ,
28 καὶ ἐμίαναν[28] οἱ ἄρχοντες τὰ ἅγιά μου,
καὶ ἔδωκα ἀπολέσαι Ιακωβ καὶ Ισραηλ εἰς ὀνειδισμόν.[29]

Israel the Chosen Servant

44 νῦν δὲ ἄκουσον, παῖς[30] μου Ιακωβ
καὶ Ισραηλ, ὃν ἐξελεξάμην·[31]

1 ποταμός, river
2 ἄνυδρος, waterless (land)
3 ποτίζω, *aor act inf*, give water to
4 γένος, nation, race
5 ἐκλεκτός, chosen
6 περιποιέω, *aor mid ind 1s*, obtain
7 ἀρετή, majesty
8 διηγέομαι, *pres mid inf*, set forth, display
9 κοπιάω, *aor act inf*, make weary
10 ὁλοκάρπωσις, whole burnt offering
11 θυσία, sacrifice
12 ἔγκοπος, wearied
13 λίβανος, frankincense, *Heb. LW*
14 κτάομαι, *aor mid ind 2s*, provide, bring
15 ἀργύριον, silver
16 θυμίαμα, incense
17 στέαρ, fat
18 θυσία, sacrifice
19 ἐπιθυμέω, *aor act ind 1s*, desire
20 ἀδικία, wrongdoing
21 προΐστημι, *aor act ind 1s*, stand before
22 ἐξαλείφω, *pres act ptc nom s m*, wipe away
23 ἀνομία, transgression, lawlessness
24 μιμνῄσκομαι, *fut pas ind 1s*, remember
25 μιμνῄσκομαι, *aor pas impv 2s*, remember
26 ἀνομία, transgression, lawlessness
27 ἀνομέω, *aor act ind 3p*, deal unjustly with
28 μιαίνω, *aor act ind 3p*, defile, pollute
29 ὀνειδισμός, (object of) reproach
30 παῖς, servant
31 ἐκλέγω, *aor mid ind 1s*, choose

2 οὕτως λέγει κύριος ὁ θεὸς ὁ ποιήσας σε
καὶ ὁ πλάσας[1] σε ἐκ κοιλίας[2]
Ἔτι βοηθηθήσῃ,[3] μὴ φοβοῦ, παῖς[4] μου Ιακωβ
καὶ ὁ ἠγαπημένος Ισραηλ, ὃν ἐξελεξάμην·[5]
3 ὅτι ἐγὼ δώσω ὕδωρ ἐν δίψει[6] τοῖς πορευομένοις ἐν ἀνύδρῳ,[7]
ἐπιθήσω τὸ πνεῦμά μου ἐπὶ τὸ σπέρμα σου
καὶ τὰς εὐλογίας[8] μου ἐπὶ τὰ τέκνα σου,
4 καὶ ἀνατελοῦσιν[9] ὡσεὶ[10] χόρτος[11] ἀνὰ μέσον[12] ὕδατος
καὶ ὡς ἰτέα[13] ἐπὶ παραρρέον[14] ὕδωρ.
5 οὗτος ἐρεῖ Τοῦ θεοῦ εἰμι,
καὶ οὗτος βοήσεται[15] ἐπὶ τῷ ὀνόματι Ιακωβ,
καὶ ἕτερος ἐπιγράψει[16]
Τοῦ θεοῦ εἰμι, ἐπὶ τῷ ὀνόματι Ισραηλ.

6 Οὕτως λέγει ὁ θεὸς ὁ βασιλεὺς τοῦ Ισραηλ
ὁ ῥυσάμενος[17] αὐτὸν θεὸς σαβαωθ[18]
Ἐγὼ πρῶτος καὶ ἐγὼ μετὰ ταῦτα,
πλὴν ἐμοῦ οὐκ ἔστιν θεός.
7 τίς ὥσπερ ἐγώ; στήτω καλεσάτω
καὶ ἑτοιμασάτω μοι ἀφ᾽ οὗ ἐποίησα ἄνθρωπον εἰς τὸν αἰῶνα,
καὶ τὰ ἐπερχόμενα[19] πρὸ τοῦ ἐλθεῖν ἀναγγειλάτωσαν[20] ὑμῖν.
8 μὴ παρακαλύπτεσθε·[21]
οὐκ ἀπ᾽ ἀρχῆς ἠνωτίσασθε[22] καὶ ἀπήγγειλα[23] ὑμῖν;
μάρτυρες[24] ὑμεῖς ἐστε, εἰ ἔστιν θεὸς πλὴν ἐμοῦ·
καὶ οὐκ ἦσαν τότε.

Folly of Idolatry

9 οἱ πλάσσοντες[25] καὶ γλύφοντες[26] πάντες μάταιοι[27] οἱ ποιοῦντες τὰ καταθύμια[28]
αὐτῶν, ἃ οὐκ ὠφελήσει[29] αὐτούς· ἀλλὰ αἰσχυνθήσονται[30] **10** πάντες οἱ

1 πλάσσω, *aor act ptc nom s m*, form
2 κοιλία, womb
3 βοηθέω, *fut pas ind 2s*, help, aid
4 παῖς, servant
5 ἐκλέγω, *aor mid ind 1s*, choose
6 δίψος, thirst
7 ἄνυδρος, waterless (land)
8 εὐλογία, blessing
9 ἀνατέλλω, *fut act ind 3p*, sprout up
10 ὡσεί, as, like
11 χόρτος, grass
12 ἀνὰ μέσον, amid
13 ἰτέα, willow
14 παραρρέω, *pres act ptc acc s n*, flow
15 βοάω, *fut mid ind 3s*, cry aloud
16 ἐπιγράφω, *fut act ind 3s*, write, inscribe
17 ῥύομαι, *aor mid ptc nom s m*, deliver
18 σαβαωθ, of hosts, *translit.*
19 ἐπέρχομαι, *pres mid ptc acc p n*, come upon
20 ἀναγγέλλω, *aor act impv 3p*, announce
21 παρακαλύπτω, *pres mid impv 2p*, hide
22 ἐνωτίζομαι, *aor mid ind 2p*, give ear, hearken
23 ἀπαγγέλλω, *aor act ind 1s*, report
24 μάρτυς, witness
25 πλάσσω, *pres act ptc nom p m*, mold
26 γλύφω, *pres act ptc nom p m*, carve
27 μάταιος, foolish, vain
28 καταθύμιος, according to one's mind
29 ὠφελέω, *fut act ind 3s*, benefit, profit
30 αἰσχύνω, *fut pas ind 3p*, put to shame

πλάσσοντες[1] θεὸν καὶ γλύφοντες[2] ἀνωφελῆ,[3] **11** καὶ πάντες ὅθεν[4] ἐγένοντο ἐξηράνθησαν,[5] καὶ κωφοὶ[6] ἀπὸ ἀνθρώπων συναχθήτωσαν πάντες καὶ στήτωσαν ἅμα,[7] ἐντραπήτωσαν[8] καὶ αἰσχυνθήτωσαν[9] ἅμα.

12 ὅτι ὤξυνεν[10] τέκτων[11] σίδηρον,[12] σκεπάρνῳ[13] εἰργάσατο αὐτὸ καὶ ἐν τερέτρῳ[14] ἔτρησεν[15] αὐτό, εἰργάσατο αὐτὸ ἐν τῷ βραχίονι[16] τῆς ἰσχύος[17] αὐτοῦ· καὶ πεινάσει[18] καὶ ἀσθενήσει[19] καὶ οὐ μὴ πίῃ ὕδωρ. ἐκλεξάμενος[20] **13** τέκτων[21] ξύλον[22] ἔστησεν αὐτὸ ἐν μέτρῳ[23] καὶ ἐν κόλλῃ[24] ἐρρύθμισεν[25] αὐτό, ἐποίησεν αὐτὸ ὡς μορφὴν[26] ἀνδρὸς καὶ ὡς ὡραιότητα[27] ἀνθρώπου στῆσαι αὐτὸ ἐν οἴκῳ. **14** ὃ ἔκοψεν[28] ξύλον[29] ἐκ τοῦ δρυμοῦ,[30] ὃ ἐφύτευσεν[31] κύριος καὶ ὑετὸς[32] ἐμήκυνεν,[33] **15** ἵνα ᾖ ἀνθρώποις εἰς καῦσιν·[34] καὶ λαβὼν ἀπ᾽ αὐτοῦ ἐθερμάνθη,[35] καὶ καύσαντες[36] ἔπεψαν[37] ἄρτους ἐπ᾽ αὐτῶν· τὸ δὲ λοιπὸν εἰργάσαντο εἰς θεούς, καὶ προσκυνοῦσιν αὐτούς. **16** οὗ τὸ ἥμισυ[38] αὐτοῦ κατέκαυσαν[39] ἐν πυρὶ καὶ καύσαντες[40] ἔπεψαν[41] ἄρτους ἐπ᾽ αὐτῶν· καὶ ἐπ᾽ αὐτοῦ κρέας[42] ὀπτήσας[43] ἔφαγεν καὶ ἐνεπλήσθη·[44] καὶ θερμανθεὶς[45] εἶπεν Ἡδύ[46] μοι ὅτι ἐθερμάνθην[47] καὶ εἶδον πῦρ. **17** τὸ δὲ λοιπὸν ἐποίησεν εἰς θεὸν γλυπτὸν[48] καὶ προσκυνεῖ αὐτῷ καὶ προσεύχεται λέγων Ἐξελοῦ[49] με, ὅτι θεός μου εἶ σύ.

18 οὐκ ἔγνωσαν φρονῆσαι,[50] ὅτι ἀπημαυρώθησαν[51] τοῦ βλέπειν τοῖς ὀφθαλμοῖς αὐτῶν καὶ τοῦ νοῆσαι[52] τῇ καρδίᾳ αὐτῶν. **19** καὶ οὐκ ἐλογίσατο τῇ καρδίᾳ αὐτοῦ

1 πλάσσω, *pres act ptc nom p m*, mold
2 γλύφω, *pres act ptc nom p m*, carve
3 ἀνωφελής, unprofitable, useless
4 ὅθεν, from which
5 ξηραίνω, *aor pas ind 3p*, wither, dry up
6 κωφός, deaf, mute
7 ἅμα, together
8 ἐντρέπω, *aor pas impv 3p*, be ashamed
9 αἰσχύνω, *aor pas impv 3p*, put to shame
10 ὀξύνω, *aor act ind 3s*, sharpen
11 τέκτων, craftsman
12 σίδηρος, iron (tool)
13 σκέπαρνον, (carpenter's) axe
14 τέρετρον, awl
15 τετραίνω, *aor act ind 3s*, pierce, bore
16 βραχίων, arm
17 ἰσχύς, strength
18 πεινάω, *fut act ind 3s*, be hungry
19 ἀσθενέω, *fut act ind 3s*, be weak
20 ἐκλέγω, *aor mid ptc nom s m*, select
21 τέκτων, craftsman
22 ξύλον, (piece of) wood
23 μέτρον, measurement
24 κόλλα, glue
25 ῥυθμίζω, *aor act ind 3s*, fit, arrange
26 μορφή, form, shape
27 ὡραιότης, beauty
28 κόπτω, *aor act ind 3s*, cut down
29 ξύλον, tree
30 δρυμός, forest
31 φυτεύω, *aor act ind 3s*, plant
32 ὑετός, rain
33 μηκύνω, *impf act ind 3s*, cause to grow
34 καῦσις, burning
35 θερμαίνω, *aor pas ind 3s*, be warmed
36 καίω, *aor act ptc nom p m*, burn
37 πέσσω, *aor act ind 3p*, bake
38 ἥμισυς, half
39 κατακαίω, *aor act ind 3p*, burn up
40 καίω, *aor act ptc nom p m*, burn
41 πέσσω, *aor act ind 3p*, bake
42 κρέας, meat
43 ὀπτάω, *aor act ptc nom s m*, roast
44 ἐμπίμπλημι, *aor pas ind 3s*, satisfy
45 θερμαίνω, *aor pas ptc nom s m*, be warmed
46 ἡδύς, well pleased
47 θερμαίνω, *aor pas ind 1s*, be warmed
48 γλυπτός, carved
49 ἐξαιρέω, *aor mid impv 2s*, deliver, rescue
50 φρονέω, *aor act inf*, think
51 ἀπαμαυρόω, *aor pas ind 3p*, make blind
52 νοέω, *aor act inf*, perceive

οὐδὲ ἀνελογίσατο[1] ἐν τῇ ψυχῇ αὐτοῦ οὐδὲ ἔγνω τῇ φρονήσει[2] ὅτι τὸ ἥμισυ[3] αὐτοῦ κατέκαυσεν[4] ἐν πυρὶ καὶ ἔπεψεν[5] ἐπὶ τῶν ἀνθράκων[6] αὐτοῦ ἄρτους καὶ ὀπτήσας[7] κρέας[8] ἔφαγεν καὶ τὸ λοιπὸν αὐτοῦ εἰς βδέλυγμα[9] ἐποίησεν καὶ προσκυνοῦσιν αὐτῷ. **20** γνῶτε ὅτι σποδὸς[10] ἡ καρδία αὐτῶν, καὶ πλανῶνται, καὶ οὐδεὶς δύναται ἐξελέσθαι[11] τὴν ψυχὴν αὐτοῦ· ἴδετε, οὐκ ἐρεῖτε ὅτι Ψεῦδος[12] ἐν τῇ δεξιᾷ μου;

God Forgives and Redeems

21 Μνήσθητι[13] ταῦτα, Ιακωβ καὶ Ισραηλ,
ὅτι παῖς[14] μου εἶ σύ· ἔπλασά[15] σε παῖδά μου,
καὶ σύ, Ισραηλ, μὴ ἐπιλανθάνου[16] μου.
22 ἰδοὺ γὰρ ἀπήλειψα[17] ὡς νεφέλην[18] τὰς ἀνομίας[19] σου
καὶ ὡς γνόφον[20] τὰς ἁμαρτίας σου·
ἐπιστράφητι πρός με, καὶ λυτρώσομαί[21] σε.
23 εὐφράνθητε,[22] οὐρανοί, ὅτι ἠλέησεν[23] ὁ θεὸς τὸν Ισραηλ·
σαλπίσατε,[24] θεμέλια[25] τῆς γῆς, βοήσατε,[26] ὄρη,
εὐφροσύνην,[27] οἱ βουνοὶ[28] καὶ πάντα τὰ ξύλα[29] τὰ ἐν αὐτοῖς,
ὅτι ἐλυτρώσατο[30] ὁ θεὸς τὸν Ιακωβ, καὶ Ισραηλ δοξασθήσεται.

Jerusalem to Be Inhabited

24 Οὕτως λέγει κύριος ὁ λυτρούμενός[31] σε
καὶ ὁ πλάσσων[32] σε ἐκ κοιλίας[33]
Ἐγὼ κύριος ὁ συντελῶν[34] πάντα
ἐξέτεινα[35] τὸν οὐρανὸν μόνος[36] καὶ ἐστερέωσα[37] τὴν γῆν.

1 ἀναλογίζομαι, *aor mid ind 3s*, consider
2 φρόνησις, mental faculty
3 ἥμισυς, half
4 κατακαίω, *aor act ind 3s*, burn up
5 πέσσω, *aor act ind 3s*, bake
6 ἄνθραξ, coal
7 ὀπτάω, *aor act ptc nom s m*, roast
8 κρέας, meat
9 βδέλυγμα, abomination
10 σποδός, ashes
11 ἐξαιρέω, *aor mid inf*, deliver, rescue
12 ψεῦδος, lie, deception
13 μιμνῄσκομαι, *aor pas impv 2s*, remember
14 παῖς, servant
15 πλάσσω, *aor act ind 1s*, form
16 ἐπιλανθάνω, *pres mid impv 2s*, forget
17 ἀπαλείφω, *aor act ind 1s*, blot out, wipe away
18 νεφέλη, cloud
19 ἀνομία, transgression, lawlessness
20 γνόφος, darkness
21 λυτρόω, *fut mid ind 1s*, redeem, ransom
22 εὐφραίνω, *aor pas impv 2p*, be glad, rejoice
23 ἐλεέω, *aor act ind 3s*, show mercy to
24 σαλπίζω, *aor act impv 2p*, sound a trumpet
25 θεμέλιον, foundation
26 βοάω, *aor act impv 2p*, cry aloud
27 εὐφροσύνη, joy, gladness
28 βουνός, hill
29 ξύλον, tree
30 λυτρόω, *aor mid ind 3s*, redeem, ransom
31 λυτρόω, *pres mid ptc nom s m*, redeem, ransom
32 πλάσσω, *pres act ptc nom s m*, form
33 κοιλία, womb
34 συντελέω, *pres act ptc nom s m*, finish, accomplish
35 ἐκτείνω, *aor act ind 1s*, stretch out
36 μόνος, alone
37 στερεόω, *aor act ind 1s*, establish, make firm

τίς ἕτερος **25** διασκεδάσει[1] σημεῖα ἐγγαστριμύθων[2]
καὶ μαντείας[3] ἀπὸ καρδίας,
ἀποστρέφων[4] φρονίμους[5] εἰς τὰ ὀπίσω[6]
καὶ τὴν βουλὴν[7] αὐτῶν μωρεύων[8]
26 καὶ ἱστῶν ῥήματα παιδὸς[9] αὐτοῦ
καὶ τὴν βουλὴν[10] τῶν ἀγγέλων αὐτοῦ ἀληθεύων;[11]
ὁ λέγων Ιερουσαλημ Κατοικηθήσῃ,
καὶ ταῖς πόλεσιν τῆς Ιουδαίας Οἰκοδομηθήσεσθε,
καὶ τὰ ἔρημα αὐτῆς ἀνατελεῖ·[12]
27 ὁ λέγων τῇ ἀβύσσῳ[13] Ἐρημωθήσῃ,[14]
καὶ τοὺς ποταμούς[15] σου ξηρανῶ·[16]
28 ὁ λέγων Κύρῳ φρονεῖν,[17]
καὶ Πάντα τὰ θελήματά[18] μου ποιήσει·
ὁ λέγων Ιερουσαλημ Οἰκοδομηθήσῃ,
καὶ τὸν οἶκον τὸν ἅγιόν μου θεμελιώσω.[19]

Cyrus, the Lord's Instrument

45 Οὕτως λέγει κύριος ὁ θεὸς τῷ χριστῷ μου Κύρῳ,
οὗ ἐκράτησα τῆς δεξιᾶς ἐπακοῦσαι[20] ἔμπροσθεν αὐτοῦ ἔθνη,
καὶ ἰσχὺν[21] βασιλέων διαρρήξω,[22] ἀνοίξω ἔμπροσθεν αὐτοῦ θύρας,
καὶ πόλεις οὐ συγκλεισθήσονται[23]
2 Ἐγὼ ἔμπροσθέν σου πορεύσομαι καὶ ὄρη ὁμαλιῶ,[24]
θύρας χαλκᾶς[25] συντρίψω[26] καὶ μοχλοὺς[27] σιδηροῦς[28] συγκλάσω[29]
3 καὶ δώσω σοι θησαυροὺς[30] σκοτεινούς,[31]
ἀποκρύφους[32] ἀοράτους[33] ἀνοίξω σοι,

1 διασκεδάζω, *fut act ind 3s*, scatter
2 ἐγγαστρίμυθος, ventriloquist
3 μαντεία, divination
4 ἀποστρέφω, *pres act ptc nom s m*, reject, turn back
5 φρόνιμος, clever, prudent
6 ὀπίσω, backward
7 βουλή, plan, scheme
8 μωρεύω, *pres act ptc nom s m*, make foolish
9 παῖς, servant
10 βουλή, counsel, plan
11 ἀληθεύω, *pres act ptc nom s m*, prove true
12 ἀνατέλλω, *fut act ind 3s*, spring forth, arise
13 ἄβυσσος, abyss, deeps
14 ἐρημόω, *fut pas ind 2s*, make desolate
15 ποταμός, river
16 ξηραίνω, *fut act ind 1s*, dry up
17 φρονέω, *pres act inf*, be wise
18 θέλημα, will, desire
19 θεμελιόω, *fut act ind 1s*, lay the foundation
20 ἐπακούω, *aor act inf*, listen, obey
21 ἰσχύς, strength
22 διαρρήγνυμι, *fut act ind 1s*, break through
23 συγκλείω, *fut pas ind 3p*, shut, close
24 ὁμαλίζω, *fut act ind 1s*, make level
25 χαλκοῦς, bronze
26 συντρίβω, *fut act ind 1s*, break
27 μοχλός, bar, bolt
28 σιδηροῦς, iron
29 συγκλάω, *fut act ind 1s*, burst, shatter
30 θησαυρός, treasure
31 σκοτεινός, dark
32 ἀπόκρυφος, hidden
33 ἀόρατος, unseen

ἵνα γνῷς ὅτι ἐγὼ κύριος ὁ θεός
ὁ καλῶν τὸ ὄνομά σου, θεὸς Ισραηλ.
4 ἕνεκεν[1] Ιακωβ τοῦ παιδός[2] μου καὶ Ισραηλ τοῦ ἐκλεκτοῦ[3] μου
ἐγὼ καλέσω σε τῷ ὀνόματί σου καὶ προσδέξομαί[4] σε,
σὺ δὲ οὐκ ἔγνως με.
5 ὅτι ἐγὼ κύριος ὁ θεός,
καὶ οὐκ ἔστιν ἔτι πλὴν ἐμοῦ θεός, καὶ οὐκ ᾔδεις[5] με,
6 ἵνα γνῶσιν οἱ ἀπὸ ἀνατολῶν[6] ἡλίου καὶ οἱ ἀπὸ δυσμῶν[7]
ὅτι οὐκ ἔστιν πλὴν ἐμοῦ· ἐγὼ κύριος ὁ θεός, καὶ οὐκ ἔστιν ἔτι·
7 ἐγὼ ὁ κατασκευάσας[8] φῶς καὶ ποιήσας σκότος,
ὁ ποιῶν εἰρήνην καὶ κτίζων[9] κακά·
ἐγὼ κύριος ὁ θεὸς ὁ ποιῶν ταῦτα πάντα.
8 εὐφρανθήτω[10] ὁ οὐρανὸς ἄνωθεν,[11]
καὶ αἱ νεφέλαι[12] ῥανάτωσαν[13] δικαιοσύνην·
ἀνατειλάτω[14] ἡ γῆ ἔλεος[15] καὶ δικαιοσύνην ἀνατειλάτω ἅμα·[16]
ἐγώ εἰμι κύριος ὁ κτίσας[17] σε.

9 Ποῖον[18] βέλτιον[19] κατεσκεύασα[20] ὡς πηλὸν[21] κεραμέως;[22]
μὴ ὁ ἀροτριῶν[23] ἀροτριάσει[24] τὴν γῆν ὅλην τὴν ἡμέραν;
μὴ ἐρεῖ ὁ πηλὸς[25] τῷ κεραμεῖ[26] Τί ποιεῖς,
ὅτι οὐκ ἐργάζῃ οὐδὲ ἔχεις χεῖρας;
10 ὁ λέγων τῷ πατρί Τί γεννήσεις;
καὶ τῇ μητρί Τί ὠδινήσεις;[27]
11 ὅτι οὕτως λέγει κύριος ὁ θεὸς ὁ ἅγιος Ισραηλ
ὁ ποιήσας τὰ ἐπερχόμενα[28]
Ἐρωτήσατέ[29] με περὶ τῶν υἱῶν μου καὶ περὶ τῶν θυγατέρων[30] μου
καὶ περὶ τῶν ἔργων τῶν χειρῶν μου ἐντείλασθέ[31] μοι.

1 ἕνεκα, for the sake of
2 παῖς, servant
3 ἐκλεκτός, chosen
4 προσδέχομαι, *fut mid ind 1s*, accept, receive
5 οἶδα, *plpf act ind 2s*, know
6 ἀνατολή, rising
7 δυσμή, setting
8 κατασκευάζω, *aor act ptc nom s m*, make
9 κτίζω, *pres act ptc nom s m*, create
10 εὐφραίνω, *aor pas impv 3s*, be glad, rejoice
11 ἄνωθεν, above
12 νεφέλη, cloud
13 ῥαίνω, *aor act impv 3p*, shower
14 ἀνατέλλω, *aor act impv 3s*, cause to rise
15 ἔλεος, mercy
16 ἅμα, together
17 κτίζω, *aor act ptc nom s m*, create
18 ποῖος, what
19 βελτίων, *comp of* ἀγαθός, better
20 κατασκευάζω, *aor act ind 1s*, make
21 πηλός, clay
22 κεραμεύς, potter
23 ἀροτριάω, *pres act ptc nom s m*, plow
24 ἀροτριάω, *fut act ind 3s*, plow
25 πηλός, clay
26 κεραμεύς, potter
27 ὠδίνω, *fut act ind 2s*, suffer birth pangs
28 ἐπέρχομαι, *pres mid ptc acc p n*, come
29 ἐρωτάω, *aor act impv 2p*, inquire, ask
30 θυγάτηρ, daughter
31 ἐντέλλομαι, *aor mid impv 2p*, command

12 ἐγὼ ἐποίησα γῆν καὶ ἄνθρωπον ἐπ᾽ αὐτῆς,
ἐγὼ τῇ χειρί μου ἐστερέωσα[1] τὸν οὐρανόν,
ἐγὼ πᾶσι τοῖς ἄστροις[2] ἐνετειλάμην.[3]
13 ἐγὼ ἤγειρα[4] αὐτὸν μετὰ δικαιοσύνης βασιλέα,
καὶ πᾶσαι αἱ ὁδοὶ αὐτοῦ εὐθεῖαι·[5]
οὗτος οἰκοδομήσει τὴν πόλιν μου
καὶ τὴν αἰχμαλωσίαν[6] τοῦ λαοῦ μου ἐπιστρέψει
οὐ μετὰ λύτρων[7] οὐδὲ μετὰ δώρων,[8]
εἶπεν κύριος σαβαωθ.[9]

Salvation from the Lord

14 Οὕτως λέγει κύριος σαβαωθ[10]
Ἐκοπίασεν[11] Αἴγυπτος καὶ ἐμπορία[12] Αἰθιόπων,
καὶ οἱ Σεβωιν ἄνδρες ὑψηλοὶ[13] ἐπὶ σὲ διαβήσονται[14]
καὶ σοὶ ἔσονται δοῦλοι
καὶ ὀπίσω σου ἀκολουθήσουσιν δεδεμένοι[15] χειροπέδαις[16]
καὶ προσκυνήσουσίν σοι καὶ ἐν σοὶ προσεύξονται,
ὅτι ἐν σοὶ ὁ θεός ἐστιν,
καὶ ἐροῦσιν Οὐκ ἔστιν θεὸς πλὴν σοῦ·
15 σὺ γὰρ εἶ θεός, καὶ οὐκ ᾔδειμεν,[17]
ὁ θεὸς τοῦ Ισραηλ σωτήρ.[18]
16 αἰσχυνθήσονται[19] καὶ ἐντραπήσονται[20] πάντες οἱ ἀντικείμενοι[21] αὐτῷ
καὶ πορεύσονται ἐν αἰσχύνῃ.[22]
ἐγκαινίζεσθε[23] πρός με, νῆσοι.[24]
17 Ισραηλ σῴζεται ὑπὸ κυρίου σωτηρίαν αἰώνιον·
οὐκ αἰσχυνθήσονται[25] οὐδὲ μὴ ἐντραπῶσιν[26] ἕως τοῦ αἰῶνος.

18 Οὕτως λέγει κύριος ὁ ποιήσας τὸν οὐρανόν
οὗτος ὁ θεὸς ὁ καταδείξας[27] τὴν γῆν καὶ ποιήσας αὐτήν,

1 στερεόω, *aor act ind 1s*, establish, make firm
2 ἄστρον, star
3 ἐντέλλομαι, *aor mid ind 1s*, command
4 ἐγείρω, *aor act ind 1s*, raise up
5 εὐθύς, straight
6 αἰχμαλωσία, captivity
7 λύτρον, ransom (price)
8 δῶρον, gift
9 σαβαωθ, of hosts, *translit.*
10 σαβαωθ, of hosts, *translit.*
11 κοπιάω, *aor act ind 3s*, labor, toil
12 ἐμπορία, market, commerce
13 ὑψηλός, lofty, haughty
14 διαβαίνω, *fut mid ind 3p*, cross over
15 δέω, *perf pas ptc nom p m*, bind
16 χειροπέδη, fetter
17 οἶδα, *plpf act ind 1p*, know
18 σωτήρ, savior
19 αἰσχύνω, *fut pas ind 3p*, put to shame
20 ἐντρέπω, *fut pas ind 3p*, be ashamed
21 ἀντίκειμαι, *pres mid ptc nom p m*, oppose
22 αἰσχύνη, shame
23 ἐγκαινίζω, *pres pas impv 2p*, restore
24 νῆσος, island
25 αἰσχύνω, *fut pas ind 3p*, put to shame
26 ἐντρέπω, *aor pas sub 3p*, be ashamed
27 καταδείκνυμι, *aor act ptc nom s m*, fashion

αὐτὸς διώρισεν[1] αὐτήν, οὐκ εἰς κενὸν[2] ἐποίησεν αὐτὴν ἀλλὰ κατοικεῖσθαι
Ἐγώ εἰμι, καὶ οὐκ ἔστιν ἔτι.
19 οὐκ ἐν κρυφῇ[3] λελάληκα οὐδὲ ἐν τόπῳ γῆς σκοτεινῷ·[4]
οὐκ εἶπα τῷ σπέρματι Ιακωβ Μάταιον[5] ζητήσατε·
ἐγώ εἰμι ἐγώ εἰμι κύριος λαλῶν δικαιοσύνην
καὶ ἀναγγέλλων[6] ἀλήθειαν.
20 συνάχθητε καὶ ἥκετε,[7] βουλεύσασθε[8] ἅμα,[9]
οἱ σῳζόμενοι ἀπὸ τῶν ἐθνῶν.
οὐκ ἔγνωσαν οἱ αἴροντες τὸ ξύλον[10] γλύμμα[11] αὐτῶν
καὶ προσευχόμενοι ὡς πρὸς θεούς, οἳ οὐ σῴζουσιν.
21 εἰ ἀναγγελοῦσιν,[12] ἐγγισάτωσαν,
ἵνα γνῶσιν ἅμα[13] τίς ἀκουστὰ[14] ἐποίησεν ταῦτα ἀπ᾽ ἀρχῆς.
τότε ἀνηγγέλη[15] ὑμῖν Ἐγὼ ὁ θεός, καὶ οὐκ ἔστιν ἄλλος πλὴν ἐμοῦ·
δίκαιος καὶ σωτὴρ[16] οὐκ ἔστιν πάρεξ[17] ἐμοῦ.

22 ἐπιστράφητε[18] πρός με καὶ σωθήσεσθε,
οἱ ἀπ᾽ ἐσχάτου τῆς γῆς·
ἐγώ εἰμι ὁ θεός, καὶ οὐκ ἔστιν ἄλλος.
23 κατ᾽ ἐμαυτοῦ[19] ὀμνύω[20]
Ἦ μὴν[21] ἐξελεύσεται ἐκ τοῦ στόματός μου δικαιοσύνη,
οἱ λόγοι μου οὐκ ἀποστραφήσονται[22]
ὅτι ἐμοὶ κάμψει[23] πᾶν γόνυ[24]
καὶ ἐξομολογήσεται[25] πᾶσα γλῶσσα τῷ θεῷ
24 λέγων Δικαιοσύνη καὶ δόξα πρὸς αὐτὸν ἥξουσιν,[26]
καὶ αἰσχυνθήσονται[27] πάντες οἱ ἀφορίζοντες[28] ἑαυτούς·
25 ἀπὸ κυρίου δικαιωθήσονται
καὶ ἐν τῷ θεῷ ἐνδοξασθήσονται[29] πᾶν τὸ σπέρμα τῶν υἱῶν Ισραηλ.

1 διορίζω, *aor act ind 3s*, establish boundaries
2 κενός, empty
3 κρυφῇ, secret
4 σκοτεινός, dark
5 μάταιος, vain, worthless
6 ἀναγγέλλω, *pres act ptc nom s m*, announce
7 ἥκω, *pres act impv 2p*, come
8 βουλεύω, *aor mid impv 2p*, take counsel
9 ἅμα, together
10 ξύλον, wood
11 γλύμμα, engraved object
12 ἀναγγέλλω, *fut act ind 3p*, announce
13 ἅμα, at once
14 ἀκουστός, heard, audible
15 ἀναγγέλλω, *aor pas ind 3s*, announce
16 σωτήρ, savior
17 πάρεξ, besides, except
18 ἐπιστρέφω, *aor pas impv 2p*, return
19 ἐμαυτοῦ, myself
20 ὄμνυμι, *pres act ind 1s*, swear an oath
21 ἦ μήν, truly
22 ἀποστρέφω, *fut pas ind 3p*, turn back
23 κάμπτω, *fut act ind 3s*, bow down
24 γόνυ, knee
25 ἐξομολογέομαι, *fut mid ind 3s*, confess, acknowledge
26 ἥκω, *fut act ind 3p*, come
27 αἰσχύνω, *fut pas ind 3p*, put to shame
28 ἀφορίζω, *pres act ptc nom p m*, separate
29 ἐνδοξάζομαι, *fut pas ind 3p*, glorify

Babylon's Idols and the True God

46 Ἔπεσε Βηλ, συνετρίβη[1] Δαγων,
ἐγένετο τὰ γλυπτὰ[2] αὐτῶν εἰς θηρία καὶ κτήνη·[3]
αἴρετε αὐτὰ καταδεδεμένα[4] ὡς φορτίον[5] κοπιῶντι[6]
2 καὶ πεινῶντι[7] καὶ ἐκλελυμένῳ[8] οὐκ ἰσχύοντι[9] ἅμα,[10]
οἳ οὐ δυνήσονται σωθῆναι ἀπὸ πολέμου,
αὐτοὶ δὲ αἰχμάλωτοι[11] ἤχθησαν.

3 Ἀκούσατέ μου, οἶκος τοῦ Ιακωβ
καὶ πᾶν τὸ κατάλοιπον[12] τοῦ Ισραηλ οἱ αἰρόμενοι ἐκ κοιλίας[13]
καὶ παιδευόμενοι[14] ἐκ παιδίου·
4 ἕως γήρους[15] ἐγώ εἰμι, καὶ ἕως ἂν καταγηράσητε,[16] ἐγώ εἰμι·
ἐγὼ ἀνέχομαι[17] ὑμῶν, ἐγὼ ἐποίησα καὶ ἐγὼ ἀνήσω,[18]
ἐγὼ ἀναλήμψομαι[19] καὶ σώσω ὑμᾶς.

5 τίνι με ὡμοιώσατε;[20]
ἴδετε τεχνάσασθε,[21] οἱ πλανώμενοι.
6 οἱ συμβαλλόμενοι[22] χρυσίον[23] ἐκ μαρσιππίου[24]
καὶ ἀργύριον[25] ἐν ζυγῷ[26] στήσουσιν ἐν σταθμῷ[27]
καὶ μισθωσάμενοι[28] χρυσοχόον[29] ἐποίησαν χειροποίητα[30]
καὶ κύψαντες[31] προσκυνοῦσιν αὐτοῖς.
7 αἴρουσιν αὐτὸ ἐπὶ τῶν ὤμων,[32] καὶ πορεύονται·
ἐὰν δὲ θῶσιν αὐτό, ἐπὶ τοῦ τόπου αὐτοῦ μένει,[33] οὐ μὴ κινηθῇ·[34]
καὶ ὃς ἂν βοήσῃ[35] πρὸς αὐτόν, οὐ μὴ εἰσακούσῃ,[36]
ἀπὸ κακῶν οὐ μὴ σώσῃ αὐτόν.

1 συντρίβω, *aor pas ind 3s*, crush, shatter
2 γλυπτός, carved image
3 κτῆνος, animal
4 καταδέω, *perf pas ptc acc p n*, bind
5 φορτίον, burden
6 κοπιάω, *pres act ptc dat s m*, toil, be weary
7 πεινάω, *pres act ptc dat s m*, be hungry
8 ἐκλύω, *perf pas ptc dat s m*, faint, be feeble
9 ἰσχύω, *pres act ptc dat s m*, be strong
10 ἅμα, along with
11 αἰχμάλωτος, captive
12 κατάλοιπος, remnant
13 κοιλία, womb
14 παιδεύω, *pres pas ptc nom p m*, train, instruct
15 γῆρας, old age
16 καταγηράσκω, *aor act sub 2p*, grow old
17 ἀνέχω, *pres mid ind 1s*, bear with
18 ἀνίημι, *fut act ind 1s*, set free
19 ἀναλαμβάνω, *fut mid ind 1s*, take up
20 ὁμοιόω, *aor act ind 2p*, liken, compare
21 τεχνάζομαι, *aor mid impv 2p*, contrive
22 συμβάλλω, *pres mid ptc nom p m*, contribute
23 χρυσίον, gold
24 μαρσίππιον, small sack
25 ἀργύριον, silver
26 ζυγός, balance
27 σταθμός, scale
28 μισθόω, *aor mid ptc nom p m*, hire
29 χρυσοχόος, goldsmith
30 χειροποίητος, handmade (object), (idol)
31 κύπτω, *aor act ptc nom p m*, bow down
32 ὦμος, shoulder
33 μένω, *pres act ind 3s*, remain
34 κινέω, *aor pas sub 3s*, move
35 βοάω, *aor act sub 3s*, cry out
36 εἰσακούω, *aor act sub 3s*, hear, listen

8 μνήσθητε[1] ταῦτα καὶ στενάξατε,[2]
μετανοήσατε,[3] οἱ πεπλανημένοι, ἐπιστρέψατε τῇ καρδίᾳ.
9 καὶ μνήσθητε[4] τὰ πρότερα[5] ἀπὸ τοῦ αἰῶνος,
ὅτι ἐγώ εἰμι ὁ θεός, καὶ οὐκ ἔστιν ἔτι πλὴν ἐμοῦ
10 ἀναγγέλλων[6] πρότερον[7] τὰ ἔσχατα πρὶν[8] αὐτὰ γενέσθαι,
καὶ ἅμα[9] συνετελέσθη·[10]
καὶ εἶπα Πᾶσά μου ἡ βουλὴ[11] στήσεται,
καὶ πάντα, ὅσα βεβούλευμαι,[12] ποιήσω·
11 καλῶν ἀπ᾽ ἀνατολῶν[13] πετεινόν[14]
καὶ ἀπὸ γῆς πόρρωθεν[15] περὶ ὧν βεβούλευμαι,[16]
ἐλάλησα καὶ ἤγαγον, ἔκτισα[17] καὶ ἐποίησα,
ἤγαγον αὐτὸν καὶ εὐόδωσα[18] τὴν ὁδὸν αὐτοῦ.

12 ἀκούσατέ μου, οἱ ἀπολωλεκότες τὴν καρδίαν
οἱ μακρὰν[19] ἀπὸ τῆς δικαιοσύνης.
13 ἤγγισα τὴν δικαιοσύνην μου
καὶ τὴν σωτηρίαν τὴν παρ᾽ ἐμοῦ οὐ βραδυνῶ·[20]
δέδωκα ἐν Σιων σωτηρίαν τῷ Ισραηλ εἰς δόξασμα.[21]

Humiliation of Babylon

47 Κατάβηθι κάθισον ἐπὶ τὴν γῆν,
παρθένος[22] θυγάτηρ[23] Βαβυλῶνος,
εἴσελθε εἰς τὸ σκότος, θυγάτηρ Χαλδαίων,
ὅτι οὐκέτι προστεθήσῃ[24] κληθῆναι ἁπαλὴ[25] καὶ τρυφερά.[26]

1 μιμνῄσκομαι, *aor pas impv 2p*, remember
2 στενάζω, *aor act impv 2p*, groan
3 μετανοέω, *aor act impv 2p*, repent
4 μιμνῄσκομαι, *aor pas impv 2p*, remember
5 πρότερος, former
6 ἀναγγέλλω, *pres act ptc nom s m*, declare
7 πρότερος, former
8 πρίν, before
9 ἅμα, at once
10 συντελέω, *aor pas ind 3s*, accomplish
11 βουλή, counsel, plan
12 βουλεύω, *perf mid ind 1s*, resolve, determine
13 ἀνατολή, east
14 πετεινός, bird
15 πόρρωθεν, faraway
16 βουλεύω, *perf mid ind 1s*, resolve, determine
17 κτίζω, *aor act ind 1s*, create
18 εὐοδόω, *aor act ind 1s*, prosper
19 μακράν, at a distance
20 βραδύνω, *fut act ind 1s*, delay
21 δόξασμα, glory
22 παρθένος, virgin
23 θυγάτηρ, daughter
24 προστίθημι, *fut pas ind 2s*, add to, continue
25 ἁπαλός, soft, tender
26 τρυφερός, delicate

2 λαβὲ μύλον,[1] ἄλεσον[2] ἄλευρον,[3] ἀποκάλυψαι[4] τὸ κατακάλυμμά[5] σου,
ἀνακάλυψαι[6] τὰς πολιάς,[7] ἀνάσυραι[8] τὰς κνήμας,[9] διάβηθι[10] ποταμούς·[11]
3 ἀνακαλυφθήσεται[12] ἡ αἰσχύνη[13] σου, φανήσονται[14] οἱ ὀνειδισμοί[15] σου·
τὸ δίκαιον ἐκ σοῦ λήμψομαι, οὐκέτι μὴ παραδῶ ἀνθρώποις.
4 εἶπεν ὁ ῥυσάμενός[16] σε κύριος σαβαωθ[17]
ὄνομα αὐτῷ ἅγιος Ισραηλ

5 Κάθισον κατανενυγμένη,[18] εἴσελθε εἰς τὸ σκότος, θυγάτηρ[19] Χαλδαίων,
οὐκέτι μὴ κληθῇς ἰσχὺς[20] βασιλείας.
6 παρωξύνθην[21] ἐπὶ τῷ λαῷ μου, ἐμίανας[22] τὴν κληρονομίαν[23] μου·
ἐγὼ ἔδωκα εἰς τὴν χεῖρά σου,
σὺ δὲ οὐκ ἔδωκας αὐτοῖς ἔλεος,[24]
τοῦ πρεσβυτέρου ἐβάρυνας[25] τὸν ζυγὸν[26] σφόδρα.[27]
7 καὶ εἶπας Εἰς τὸν αἰῶνα ἔσομαι ἄρχουσα·
οὐκ ἐνόησας[28] ταῦτα ἐν τῇ καρδίᾳ σου οὐδὲ ἐμνήσθης[29] τὰ ἔσχατα.

8 νῦν δὲ ἄκουσον ταῦτα, ἡ τρυφερὰ[30] ἡ καθημένη πεποιθυῖα[31]
ἡ λέγουσα ἐν τῇ καρδίᾳ αὐτῆς Ἐγώ εἰμι, καὶ οὐκ ἔστιν ἑτέρα·
οὐ καθιῶ χήρα[32] οὐδὲ γνώσομαι ὀρφανείαν.[33]
9 νῦν δὲ ἥξει[34] ἐξαίφνης[35] ἐπὶ σὲ τὰ δύο ταῦτα ἐν μιᾷ ἡμέρᾳ·
χηρεία[36] καὶ ἀτεκνία[37] ἥξει[38] ἐξαίφνης ἐπὶ σὲ ἐν τῇ φαρμακείᾳ[39] σου
ἐν τῇ ἰσχύι[40] τῶν ἐπαοιδῶν[41] σου σφόδρα[42]
10 τῇ ἐλπίδι τῆς πονηρίας[43] σου.

1 μύλος, millstone
2 ἀλέω, *aor act impv 2s*, grind
3 ἄλευρον, grain, meal
4 ἀποκαλύπτω, *aor mid impv 2s*, uncover
5 κατακάλυμμα, covering
6 ἀνακαλύπτω, *aor mid impv 2s*, reveal
7 πολιά, gray hair
8 ἀνασύρω, *aor mid impv 2s*, expose
9 κνήμη, leg
10 διαβαίνω, *aor act impv 2s*, cross over
11 ποταμός, river
12 ἀνακαλύπτω, *fut pas ind 3s*, reveal
13 αἰσχύνη, shame
14 φαίνω, *fut pas ind 3p*, appear, disclose
15 ὀνειδισμός, reproach, disgrace
16 ῥύομαι, *aor mid ptc nom s m*, deliver
17 σαβαωθ, of hosts, *translit.*
18 κατανύσσω, *perf pas ptc nom s f*, pierce to the heart
19 θυγάτηρ, daughter
20 ἰσχύς, strength
21 παροξύνω, *aor pas ind 1s*, provoke
22 μιαίνω, *aor act ind 2s*, defile, pollute
23 κληρονομία, inheritance
24 ἔλεος, mercy
25 βαρύνω, *aor act ind 2s*, make heavy
26 ζυγός, yoke
27 σφόδρα, very
28 νοέω, *aor act ind 2s*, perceive
29 μιμνήσκομαι, *aor pas ind 2s*, remember
30 τρυφερός, delicate
31 πείθω, *perf act ptc nom s f*, trust
32 χήρα, widow
33 ὀρφανεία, loss of children
34 ἥκω, *fut act ind 3s*, come
35 ἐξαίφνης, suddenly
36 χηρεία, widowhood
37 ἀτεκνία, childlessness
38 ἥκω, *fut act ind 3s*, come
39 φαρμακεία, witchcraft
40 ἰσχύς, strength
41 ἐπαοιδός, enchantment, charm
42 σφόδρα, very much
43 πονηρία, evil, wickedness

σὺ γὰρ εἶπας Ἐγώ εἰμι, καὶ οὐκ ἔστιν ἑτέρα.
γνῶθι ὅτι ἡ σύνεσις[1] τούτων καὶ ἡ πορνεία[2] σου ἔσται σοι αἰσχύνη.[3]
καὶ εἶπας τῇ καρδίᾳ σου Ἐγώ εἰμι, καὶ οὐκ ἔστιν ἑτέρα.
11 καὶ ἥξει[4] ἐπὶ σὲ ἀπώλεια,[5] καὶ οὐ μὴ γνῷς,
βόθυνος,[6] καὶ ἐμπεσῇ[7] εἰς αὐτόν·
καὶ ἥξει ἐπὶ σὲ ταλαιπωρία,[8] καὶ οὐ μὴ δυνήσῃ καθαρὰ[9] γενέσθαι·
καὶ ἥξει ἐπὶ σὲ ἐξαπίνης[10] ἀπώλεια, καὶ οὐ μὴ γνῷς.

12 στῆθι νῦν ἐν ταῖς ἐπαοιδαῖς[11] σου καὶ τῇ πολλῇ φαρμακείᾳ[12] σου,
ἃ ἐμάνθανες[13] ἐκ νεότητός[14] σου,
εἰ δυνήσῃ ὠφεληθῆναι.[15]
13 κεκοπίακας[16] ἐν ταῖς βουλαῖς[17] σου·
στήτωσαν καὶ σωσάτωσάν σε οἱ ἀστρολόγοι[18] τοῦ οὐρανοῦ,
οἱ ὁρῶντες τοὺς ἀστέρας[19] ἀναγγειλάτωσάν[20] σοι τί μέλλει[21] ἐπὶ σὲ
ἔρχεσθαι.
14 ἰδοὺ πάντες ὡς φρύγανα[22] ἐπὶ πυρὶ κατακαήσονται[23]
καὶ οὐ μὴ ἐξέλωνται[24] τὴν ψυχὴν αὐτῶν ἐκ φλογός·[25]
ὅτι ἔχεις ἄνθρακας[26] πυρός, κάθισαι ἐπ᾽ αὐτούς.
15 οὗτοι ἔσονταί σοι βοήθεια,[27] ἐκοπίασας[28] ἐν τῇ μεταβολῇ[29] σου ἐκ νεότητος,[30]
ἄνθρωπος καθ᾽ ἑαυτὸν ἐπλανήθη, σοὶ δὲ οὐκ ἔσται σωτηρία.

Israel's Obstinacy

48 Ἀκούσατε ταῦτα, οἶκος Ιακωβ
οἱ κεκλημένοι τῷ ὀνόματι Ισραηλ
καὶ οἱ ἐξ Ιουδα ἐξελθόντες
οἱ ὀμνύοντες[31] τῷ ὀνόματι κυρίου θεοῦ Ισραηλ
μιμνῃσκόμενοι[32] οὐ μετὰ ἀληθείας οὐδὲ μετὰ δικαιοσύνης

1 σύνεσις, understanding
2 πορνεία, fornication
3 αἰσχύνη, shame
4 ἥκω, *fut act ind 3s*, come
5 ἀπώλεια, destruction, ruin
6 βόθυνος, pit
7 ἐμπίπτω, *aor act sub 3s*, fall into
8 ταλαιπωρία, distress
9 καθαρός, clean
10 ἐξαπίνης, all of a sudden
11 ἐπαοιδή, enchantment
12 φαρμακεία, sorcery, witchcraft
13 μανθάνω, *impf act ind 2s*, learn
14 νεότης, youth
15 ὠφελέω, *aor pas inf*, benefit, profit
16 κοπιάω, *perf act ind 2s*, grow weary
17 βουλή, counsel, scheme
18 ἀστρολόγος, astrologer
19 ἀστήρ, star
20 ἀναγγέλλω, *aor act impv 3p*, proclaim
21 μέλλω, *pres act ind 3s*, be about to
22 φρύγανον, brushwood
23 κατακαίω, *fut pas ind 3p*, burn up
24 ἐξαιρέω, *aor mid sub 3p*, deliver, rescue
25 φλόξ, flame
26 ἄνθραξ, coal
27 βοήθεια, help, aid
28 κοπιάω, *aor act ind 2s*, labor, toil
29 μεταβολή, exchange, traffic
30 νεότης, youth
31 ὄμνυμι, *pres act ptc nom p m*, swear an oath
32 μιμνῄσκομαι, *pres mid ptc nom p m*, remember

2 καὶ ἀντεχόμενοι[1] τῷ ὀνόματι τῆς πόλεως τῆς ἁγίας
καὶ ἐπὶ τῷ θεῷ τοῦ Ισραηλ ἀντιστηριζόμενοι,[2]
κύριος σαβαωθ[3] ὄνομα αὐτῷ.

3 Τὰ πρότερα[4] ἔτι ἀνήγγειλα,[5]
καὶ ἐκ τοῦ στόματός μου ἐξῆλθεν καὶ ἀκουστὸν[6] ἐγένετο·
ἐξάπινα[7] ἐποίησα, καὶ ἐπῆλθεν.[8]
4 γινώσκω ἐγὼ ὅτι σκληρὸς[9] εἶ,
καὶ νεῦρον[10] σιδηροῦν[11] ὁ τράχηλός[12] σου,
καὶ τὸ μέτωπόν[13] σου χαλκοῦν.[14]
5 καὶ ἀνήγγειλά[15] σοι πάλαι,[16]
πρὶν[17] ἐλθεῖν ἐπὶ σὲ ἀκουστόν[18] σοι ἐποίησα·
μὴ εἴπῃς ὅτι Τὰ εἴδωλά[19] μου ἐποίησαν,
καὶ μὴ εἴπῃς ὅτι Τὰ γλυπτὰ[20] καὶ τὰ χωνευτὰ[21] ἐνετείλατό[22] μοι.

6 ἠκούσατε πάντα, καὶ ὑμεῖς οὐκ ἔγνωτε·
ἀλλὰ καὶ ἀκουστά[23] σοι ἐποίησα τὰ καινὰ[24] ἀπὸ τοῦ νῦν,
ἃ μέλλει[25] γίνεσθαι, καὶ οὐκ εἶπας.
7 νῦν γίνεται καὶ οὐ πάλαι,[26]
καὶ οὐ προτέραις[27] ἡμέραις ἤκουσας αὐτά·
μὴ εἴπῃς ὅτι Ναί, γινώσκω αὐτά.
8 οὔτε ἔγνως οὔτε ἠπίστω,[28]
οὔτε ἀπ᾽ ἀρχῆς ἤνοιξά σου τὰ ὦτα·
ἔγνων γὰρ ὅτι ἀθετῶν[29] ἀθετήσεις[30]
καὶ ἄνομος[31] ἔτι ἐκ κοιλίας[32] κληθήσῃ.

1 ἀντέχω, *pres mid ptc nom p m*, cleave to
2 ἀντιστηρίζω, *pres mid ptc nom p m*, lean for support
3 σαβαωθ, of hosts, *translit.*
4 πρότερος, former
5 ἀναγγέλλω, *aor act ind 1s*, declare
6 ἀκουστός, heard
7 ἐξάπινα, suddenly
8 ἐπέρχομαι, *aor act ind 3s*, come (to pass)
9 σκληρός, stiff, hardened
10 νεῦρον, sinew
11 σιδηροῦς, iron
12 τράχηλος, neck
13 μέτωπον, forehead
14 χαλκοῦς, bronze
15 ἀναγγέλλω, *aor act ind 1s*, declare
16 πάλαι, (things of) old
17 πρίν, before
18 ἀκουστός, heard
19 εἴδωλον, idol
20 γλυπτός, carved image
21 χωνευτός, cast image
22 ἐντέλλομαι, *aor mid ind 3s*, command
23 ἀκουστός, heard
24 καινός, new
25 μέλλω, *pres act ind 3s*, be about to
26 πάλαι, long ago
27 πρότερος, former, earlier
28 ἐπίσταμαι, *impf mid ind 2s*, know
29 ἀθετέω, *pres act ptc nom s m*, deal treacherously
30 ἀθετέω, *fut act ind 2s*, deal treacherously
31 ἄνομος, evil, wicked
32 κοιλία, womb

9 ἕνεκεν[1] τοῦ ἐμοῦ ὀνόματος δείξω σοι τὸν θυμόν[2] μου
καὶ τὰ ἔνδοξά[3] μου ἐπάξω[4] ἐπὶ σοί,
ἵνα μὴ ἐξολεθρεύσω[5] σε.
10 ἰδοὺ πέπρακά[6] σε οὐχ ἕνεκεν[7] ἀργυρίου,[8]
ἐξειλάμην[9] δέ σε ἐκ καμίνου[10] πτωχείας·[11]
11 ἕνεκεν[12] ἐμοῦ ποιήσω σοι,
ὅτι τὸ ἐμὸν ὄνομα βεβηλοῦται,[13]
καὶ τὴν δόξαν μου ἑτέρῳ οὐ δώσω.

Promise of Deliverance

12 Ἄκουέ μου, Ιακωβ καὶ Ισραηλ ὃν ἐγὼ καλῶ·
ἐγώ εἰμι πρῶτος, καὶ ἐγώ εἰμι εἰς τὸν αἰῶνα,
13 καὶ ἡ χείρ μου ἐθεμελίωσεν[14] τὴν γῆν,
καὶ ἡ δεξιά μου ἐστερέωσεν[15] τὸν οὐρανόν·
καλέσω αὐτούς, καὶ στήσονται ἅμα[16]
14 καὶ συναχθήσονται πάντες καὶ ἀκούσονται.
τίς αὐτοῖς ἀνήγγειλεν[17] ταῦτα;
ἀγαπῶν σε ἐποίησα τὸ θέλημά[18] σου ἐπὶ Βαβυλῶνα
τοῦ ἆραι σπέρμα Χαλδαίων.
15 ἐγὼ ἐλάλησα, ἐγὼ ἐκάλεσα,
ἤγαγον αὐτὸν καὶ εὐόδωσα[19] τὴν ὁδὸν αὐτοῦ.
16 προσαγάγετε[20] πρός με καὶ ἀκούσατε ταῦτα·
οὐκ ἀπ᾽ ἀρχῆς ἐν κρυφῇ[21] ἐλάλησα οὐδὲ ἐν τόπῳ γῆς σκοτεινῷ·[22]
ἡνίκα[23] ἐγένετο, ἐκεῖ ἤμην,
καὶ νῦν κύριος ἀπέσταλκέν με καὶ τὸ πνεῦμα αὐτοῦ.

17 οὕτως λέγει κύριος ὁ ῥυσάμενός[24] σε
ὁ ἅγιος Ισραηλ
Ἐγώ εἰμι ὁ θεός σου,
δέδειχά[25] σοι τοῦ εὑρεῖν σε τὴν ὁδόν, ἐν ᾗ πορεύσῃ ἐν αὐτῇ.

1 ἕνεκα, on behalf of
2 θυμός, wrath
3 ἔνδοξος, glorious (deed)
4 ἐπάγω, *fut act ind 1s*, bring upon
5 ἐξολεθρεύω, *aor act sub 1s*, utterly destroy
6 πιπράσκω, *perf act ind 1s*, sell
7 ἕνεκα, for
8 ἀργύριον, silver
9 ἐξαιρέω, *aor mid ind 1s*, deliver, rescue
10 κάμινος, furnace
11 πτωχεία, poverty
12 ἕνεκα, on behalf of
13 βεβηλόω, *pres pas ind 3s*, profane
14 θεμελιόω, *aor act ind 3s*, lay the foundation
15 στερεόω, *aor act ind 3s*, make firm
16 ἅμα, together
17 ἀναγγέλλω, *aor act ind 3s*, report
18 θέλημα, will, desire
19 εὐοδόω, *aor act ind 1s*, prosper
20 προσάγω, *aor act impv 2p*, draw near
21 κρυφῇ, secret
22 σκοτεινός, dark
23 ἡνίκα, when
24 ῥύομαι, *aor mid ptc nom s m*, deliver
25 δείκνυμι, *perf act ind 1s*, make known

18 καὶ εἰ ἤκουσας τῶν ἐντολῶν μου,
ἐγένετο ἂν ὡσεὶ[1] ποταμὸς[2] ἡ εἰρήνη σου
καὶ ἡ δικαιοσύνη σου ὡς κῦμα[3] θαλάσσης·
19 καὶ ἐγένετο ἂν ὡς ἡ ἄμμος[4] τὸ σπέρμα σου
καὶ τὰ ἔκγονα[5] τῆς κοιλίας[6] σου ὡς ὁ χοῦς[7] τῆς γῆς·
οὐδὲ νῦν οὐ μὴ ἐξολεθρευθῇς,[8]
οὐδὲ ἀπολεῖται τὸ ὄνομά σου ἐνώπιόν μου.

20 Ἔξελθε ἐκ Βαβυλῶνος φεύγων[9] ἀπὸ τῶν Χαλδαίων·
φωνὴν εὐφροσύνης[10] ἀναγγείλατε,[11] καὶ ἀκουστὸν[12] γενέσθω τοῦτο,
ἀπαγγείλατε ἕως ἐσχάτου τῆς γῆς,
λέγετε Ἐρρύσατο[13] κύριος τὸν δοῦλον αὐτοῦ Ιακωβ.
21 καὶ ἐὰν διψήσωσιν,[14] δι᾽ ἐρήμου ἄξει αὐτούς,
ὕδωρ ἐκ πέτρας[15] ἐξάξει[16] αὐτοῖς·
σχισθήσεται[17] πέτρα, καὶ ῥυήσεται[18] ὕδωρ,
καὶ πίεται ὁ λαός μου.

22 οὐκ ἔστιν χαίρειν[19] τοῖς ἀσεβέσιν,[20] λέγει κύριος.

Salvation through the Servant

49 Ἀκούσατέ μου, νῆσοι,[21] καὶ προσέχετε,[22] ἔθνη·
διὰ χρόνου πολλοῦ στήσεται, λέγει κύριος.
ἐκ κοιλίας[23] μητρός μου ἐκάλεσεν τὸ ὄνομά μου
2 καὶ ἔθηκεν τὸ στόμα μου ὡσεὶ[24] μάχαιραν[25] ὀξεῖαν[26]
καὶ ὑπὸ τὴν σκέπην[27] τῆς χειρὸς αὐτοῦ ἔκρυψέν[28] με,
ἔθηκέν με ὡς βέλος[29] ἐκλεκτὸν[30]
καὶ ἐν τῇ φαρέτρᾳ[31] αὐτοῦ ἐσκέπασέν[32] με.

1 ὡσεί, like, as
2 ποταμός, river
3 κῦμα, wave
4 ἄμμος, sand
5 ἔκγονος, offspring, descendant
6 κοιλία, womb
7 χοῦς, dust
8 ἐξολεθρεύω, *aor pas sub 2s*, utterly destroy
9 φεύγω, *pres act ptc nom s m*, flee
10 εὐφροσύνη, joy, gladness
11 ἀναγγέλλω, *aor act impv 2p*, proclaim
12 ἀκουστός, heard
13 ῥύομαι, *aor mid ind 3s*, deliver
14 διψάω, *aor act sub 3p*, be thirsty
15 πέτρα, rock
16 ἐξάγω, *fut act ind 3s*, bring out
17 σχίζω, *fut pas ind 3s*, split
18 ῥέω, *fut mid ind 3s*, flow
19 χαίρω, *pres act inf*, rejoice
20 ἀσεβής, ungodly
21 νῆσος, island
22 προσέχω, *pres act impv 2p*, give heed
23 κοιλία, womb
24 ὡσεί, as, like
25 μάχαιρα, sword
26 ὀξύς, sharp
27 σκέπη, shelter, protection
28 κρύπτω, *aor act ind 3s*, hide
29 βέλος, arrow
30 ἐκλεκτός, chosen
31 φαρέτρα, quiver
32 σκεπάζω, *aor act ind 3s*, hide, cover

3 καὶ εἶπέν μοι Δοῦλός μου εἶ σύ, Ισραηλ,
καὶ ἐν σοὶ δοξασθήσομαι.
4 καὶ ἐγὼ εἶπα Κενῶς[1] ἐκοπίασα[2]
καὶ εἰς μάταιον[3] καὶ εἰς οὐδὲν ἔδωκα τὴν ἰσχύν[4] μου·
διὰ τοῦτο ἡ κρίσις μου παρὰ κυρίῳ,
καὶ ὁ πόνος[5] μου ἐναντίον[6] τοῦ θεοῦ μου.

5 καὶ νῦν οὕτως λέγει κύριος
ὁ πλάσας[7] με ἐκ κοιλίας[8] δοῦλον ἑαυτῷ
τοῦ συναγαγεῖν τὸν Ιακωβ καὶ Ισραηλ πρὸς αὐτόν
συναχθήσομαι καὶ δοξασθήσομαι ἐναντίον[9] κυρίου,
καὶ ὁ θεός μου ἔσται μου ἰσχύς[10]
6 καὶ εἶπέν μοι
Μέγα σοί ἐστιν τοῦ κληθῆναί σε παῖδά[11] μου
τοῦ στῆσαι τὰς φυλὰς Ιακωβ
καὶ τὴν διασπορὰν[12] τοῦ Ισραηλ ἐπιστρέψαι·
ἰδοὺ τέθεικά σε εἰς διαθήκην γένους[13] εἰς φῶς ἐθνῶν
τοῦ εἶναί σε εἰς σωτηρίαν ἕως ἐσχάτου τῆς γῆς.

7 Οὕτως λέγει κύριος ὁ ῥυσάμενός[14] σε ὁ θεὸς Ισραηλ

Ἁγιάσατε[15] τὸν φαυλίζοντα[16] τὴν ψυχὴν αὐτοῦ
τὸν βδελυσσόμενον[17] ὑπὸ τῶν ἐθνῶν τῶν δούλων τῶν ἀρχόντων·
βασιλεῖς ὄψονται αὐτὸν καὶ ἀναστήσονται,
ἄρχοντες καὶ προσκυνήσουσιν αὐτῷ ἕνεκεν[18] κυρίου·
ὅτι πιστός[19] ἐστιν ὁ ἅγιος Ισραηλ,
καὶ ἐξελεξάμην[20] σε.

Restoration of Israel

8 οὕτως λέγει κύριος

Καιρῷ δεκτῷ[21] ἐπήκουσά[22] σου
καὶ ἐν ἡμέρᾳ σωτηρίας ἐβοήθησά[23] σοι

1 κενῶς, in vain
2 κοπιάω, *aor act ind 1s*, labor, toil
3 μάταιος, meaningless, vain
4 ἰσχύς, strength
5 πόνος, labor, toil
6 ἐναντίον, before
7 πλάσσω, *aor act ptc nom s m*, form
8 κοιλία, womb
9 ἐναντίον, before
10 ἰσχύς, strength
11 παῖς, servant
12 διασπορά, dispersion
13 γένος, nation
14 ῥύομαι, *aor mid ptc nom s m*, deliver
15 ἁγιάζω, *aor act impv 2p*, sanctify, consecrate
16 φαυλίζω, *pres act ptc acc s m*, despise
17 βδελύσσω, *pres pas ptc acc s m*, abominate
18 ἕνεκα, for the sake of
19 πιστός, faithful, trustworthy
20 ἐκλέγω, *aor mid ind 1s*, choose
21 δεκτός, acceptable
22 ἐπακούω, *aor act ind 1s*, hear, listen
23 βοηθέω, *aor act ind 1s*, help, aid

καὶ ἔδωκά σε εἰς διαθήκην ἐθνῶν τοῦ καταστῆσαι[1] τὴν γῆν
καὶ κληρονομῆσαι[2] κληρονομίαν[3] ἐρήμου,
9 λέγοντα τοῖς ἐν δεσμοῖς[4] Ἐξέλθατε,
καὶ τοῖς ἐν τῷ σκότει ἀνακαλυφθῆναι.[5]
καὶ ἐν πάσαις ταῖς ὁδοῖς αὐτῶν βοσκηθήσονται,[6]
καὶ ἐν πάσαις ταῖς τρίβοις[7] ἡ νομὴ[8] αὐτῶν·
10 οὐ πεινάσουσιν[9] οὐδὲ διψήσουσιν,[10]
οὐδὲ πατάξει[11] αὐτοὺς καύσων[12] οὐδὲ ὁ ἥλιος,
ἀλλὰ ὁ ἐλεῶν[13] αὐτοὺς παρακαλέσει
καὶ διὰ πηγῶν[14] ὑδάτων ἄξει αὐτούς·
11 καὶ θήσω πᾶν ὄρος εἰς ὁδὸν
καὶ πᾶσαν τρίβον[15] εἰς βόσκημα[16] αὐτοῖς.
12 ἰδοὺ οὗτοι πόρρωθεν[17] ἔρχονται,
οὗτοι ἀπὸ βορρᾶ[18] καὶ οὗτοι ἀπὸ θαλάσσης,
ἄλλοι δὲ ἐκ γῆς Περσῶν.
13 εὐφραίνεσθε,[19] οὐρανοί, καὶ ἀγαλλιάσθω[20] ἡ γῆ,
ῥηξάτωσαν[21] τὰ ὄρη εὐφροσύνην[22] καὶ οἱ βουνοὶ[23] δικαιοσύνην,
ὅτι ἠλέησεν[24] ὁ θεὸς τὸν λαὸν αὐτοῦ
καὶ τοὺς ταπεινοὺς[25] τοῦ λαοῦ αὐτοῦ παρεκάλεσεν.

14 Εἶπεν δὲ Σιων Ἐγκατέλιπέν[26] με κύριος,
καὶ ὁ κύριος ἐπελάθετό[27] μου.
15 μὴ ἐπιλήσεται[28] γυνὴ τοῦ παιδίου αὐτῆς
τοῦ μὴ ἐλεῆσαι[29] τὰ ἔκγονα[30] τῆς κοιλίας[31] αὐτῆς;
εἰ δὲ καὶ ἐπιλάθοιτο[32] ταῦτα γυνή,
ἀλλ᾽ ἐγὼ οὐκ ἐπιλήσομαί[33] σου, εἶπεν κύριος.

1 καθίστημι, *aor act inf*, set in order, establish
2 κληρονομέω, *aor act inf*, acquire possession, inherit
3 κληρονομία, inheritance
4 δεσμός, bonds, chains
5 ἀνακαλύπτω, *aor pas inf*, uncover, reveal
6 βόσκω, *fut pas ind 3p*, graze
7 τρίβος, path
8 νομή, pasture
9 πεινάω, *fut act ind 3p*, be hungry
10 διψάω, *fut act ind 3p*, be thirsty
11 πατάσσω, *fut act ind 3s*, strike
12 καύσων, burning heat
13 ἐλεέω, *pres act ptc nom s m*, show mercy
14 πηγή, spring, fountain
15 τρίβος, path
16 βόσκημα, pasture
17 πόρρωθεν, from afar
18 βορρᾶς, north
19 εὐφραίνω, *pres pas impv 2p*, be glad, rejoice
20 ἀγαλλιάω, *pres mid impv 3s*, rejoice
21 ῥήγνυμι, *aor act impv 3p*, break loose
22 εὐφροσύνη, joy, gladness
23 βουνός, hill
24 ἐλεέω, *aor act ind 3s*, show mercy
25 ταπεινός, lowly, humble
26 ἐγκαταλείπω, *aor act ind 3s*, forsake, desert
27 ἐπιλανθάνω, *aor mid ind 3s*, forget
28 ἐπιλανθάνω, *fut mid ind 3s*, forget
29 ἐλεέω, *aor act opt 3s*, show mercy
30 ἔκγονος, offspring
31 κοιλία, womb
32 ἐπιλανθάνω, *aor mid opt 3s*, forget
33 ἐπιλανθάνω, *fut mid ind 1s*, forget

16 ἰδοὺ ἐπὶ τῶν χειρῶν μου ἐζωγράφησά[1] σου τὰ τείχη,[2]
καὶ ἐνώπιόν μου εἶ διὰ παντός·
17 καὶ ταχὺ[3] οἰκοδομηθήσῃ ὑφ᾽ ὧν καθῃρέθης,[4]
καὶ οἱ ἐρημώσαντές[5] σε ἐκ σοῦ ἐξελεύσονται.
18 ἆρον κύκλῳ[6] τοὺς ὀφθαλμούς σου καὶ ἰδὲ πάντας,
ἰδοὺ συνήχθησαν καὶ ἤλθοσαν πρὸς σέ·
ζῶ ἐγώ, λέγει κύριος, ὅτι πάντας αὐτοὺς ἐνδύσῃ[7]
καὶ περιθήσῃ[8] αὐτοὺς ὡς κόσμον[9] νύμφης.[10]

19 ὅτι τὰ ἔρημά σου καὶ τὰ διεφθαρμένα[11] καὶ τὰ πεπτωκότα
νῦν στενοχωρήσει[12] ἀπὸ τῶν κατοικούντων,
καὶ μακρυνθήσονται[13] ἀπὸ σοῦ οἱ καταπίνοντές[14] σε.
20 ἐροῦσιν γὰρ εἰς τὰ ὦτά σου οἱ υἱοί σου
οὓς ἀπολώλεκας Στενός[15] μοι ὁ τόπος,
ποίησόν μοι τόπον ἵνα κατοικήσω.
21 καὶ ἐρεῖς ἐν τῇ καρδίᾳ σου Τίς ἐγέννησέν μοι τούτους;
ἐγὼ δὲ ἄτεκνος[16] καὶ χήρα,[17] τούτους δὲ τίς ἐξέθρεψέν[18] μοι;
ἐγὼ δὲ κατελείφθην[19] μόνη, οὗτοι δέ μοι ποῦ ἦσαν;

22 Οὕτως λέγει κύριος

Ἰδοὺ αἴρω εἰς τὰ ἔθνη τὴν χεῖρά μου
καὶ εἰς τὰς νήσους[20] ἀρῶ σύσσημόν[21] μου,
καὶ ἄξουσιν τοὺς υἱούς σου ἐν κόλπῳ,[22]
τὰς δὲ θυγατέρας[23] σου ἐπ᾽ ὤμων[24] ἀροῦσιν,
23 καὶ ἔσονται βασιλεῖς τιθηνοί[25] σου,
αἱ δὲ ἄρχουσαι τροφοί[26] σου·
ἐπὶ πρόσωπον τῆς γῆς προσκυνήσουσίν σοι
καὶ τὸν χοῦν[27] τῶν ποδῶν σου λείξουσιν·[28]
καὶ γνώσῃ ὅτι ἐγὼ κύριος,
καὶ οὐκ αἰσχυνθήσῃ.[29]

1 ζωγραφέω, *aor act ind 1s*, paint
2 τεῖχος, wall
3 ταχύς, soon
4 καθαιρέω, *aor pas ind 2s*, destroy
5 ἐρημόω, *aor act ptc nom p m*, make desolate
6 κύκλῳ, all around
7 ἐνδύω, *fut mid ind 2s*, clothe
8 περιτίθημι, *fut mid ind 2s*, put on
9 κόσμος, adornment
10 νύμφη, bride
11 διαφθείρω, *perf pas ptc nom p n*, destroy
12 στενοχωρέω, *fut act ind 3s*, be confined
13 μακρύνω, *fut pas ind 3p*, linger
14 καταπίνω, *pres act ptc nom p m*, devour
15 στενός, narrow
16 ἄτεκνος, without children
17 χήρα, widow
18 ἐκτρέφω, *aor act ind 3s*, rear, bring up
19 καταλείπω, *aor pas ind 1s*, leave
20 νῆσος, island
21 σύσσημον, signal
22 κόλπος, bosom
23 θυγάτηρ, daughter
24 ὦμος, shoulder
25 τιθηνός, foster father
26 τροφός, nurse
27 χοῦς, dust
28 λείχω, *fut act ind 3p*, lick
29 αἰσχύνω, *fut pas ind 2s*, put to shame

24 μὴ λήμψεταί τις παρὰ γίγαντος[1] σκῦλα;[2]
καὶ ἐὰν αἰχμαλωτεύσῃ[3] τις ἀδίκως,[4] σωθήσεται;

25 οὕτως λέγει κύριος
Ἐάν τις αἰχμαλωτεύσῃ[5] γίγαντα,[6]
λήμψεται σκῦλα·[7]
λαμβάνων δὲ παρὰ ἰσχύοντος[8] σωθήσεται·
ἐγὼ δὲ τὴν κρίσιν σου κρινῶ,
καὶ ἐγὼ τοὺς υἱούς σου ῥύσομαι·[9]
26 καὶ φάγονται οἱ θλίψαντές[10] σε τὰς σάρκας αὐτῶν
καὶ πίονται ὡς οἶνον νέον[11] τὸ αἷμα αὐτῶν καὶ μεθυσθήσονται,[12]
καὶ αἰσθανθήσεται[13] πᾶσα σὰρξ
ὅτι ἐγὼ κύριος ὁ ῥυσάμενός[14] σε
καὶ ἀντιλαμβανόμενος[15] ἰσχύος[16] Ιακωβ.

Israel's Sin and the Servant's Obedience

50 Οὕτως λέγει κύριος
Ποῖον[17] τὸ βιβλίον[18] τοῦ ἀποστασίου[19] τῆς μητρὸς ὑμῶν,
ᾧ ἐξαπέστειλα[20] αὐτήν;
ἢ τίνι ὑπόχρεῳ[21] πέπρακα[22] ὑμᾶς;
ἰδοὺ ταῖς ἁμαρτίαις ὑμῶν ἐπράθητε,[23]
καὶ ταῖς ἀνομίαις[24] ὑμῶν ἐξαπέστειλα τὴν μητέρα ὑμῶν.
2 τί ὅτι ἦλθον καὶ οὐκ ἦν ἄνθρωπος;
ἐκάλεσα καὶ οὐκ ἦν ὁ ὑπακούων;[25]
μὴ οὐκ ἰσχύει[26] ἡ χείρ μου τοῦ ῥύσασθαι;[27]
ἢ οὐκ ἰσχύω[28] τοῦ ἐξελέσθαι;[29]
ἰδοὺ τῇ ἀπειλῇ[30] μου ἐξερημώσω[31] τὴν θάλασσαν
καὶ θήσω ποταμοὺς[32] ἐρήμους,

1 γίγας, giant, mighty one
2 σκῦλον, spoils, plunder
3 αἰχμαλωτεύω, *aor act sub 3s*, take captive
4 ἀδίκως, unjustly
5 αἰχμαλωτεύω, *aor act sub 3s*, take captive
6 γίγας, giant, mighty one
7 σκῦλον, spoils, plunder
8 ἰσχύω, *pres act ptc gen s m*, be strong
9 ῥύομαι, *fut mid ind 1s*, deliver
10 θλίβω, *aor act ptc nom p m*, afflict, oppress
11 νέος, new
12 μεθύω, *fut pas ind 3p*, become drunk
13 αἰσθάνομαι, *fut pas ind 3s*, perceive
14 ῥύομαι, *aor mid ptc nom s m*, deliver
15 ἀντιλαμβάνομαι, *pres mid ptc nom s m*, support
16 ἰσχύς, strength
17 ποῖος, where, of what kind
18 βιβλίον, document, (certificate)
19 ἀποστάσιον, divorce
20 ἐξαποστέλλω, *aor act ind 1s*, send away
21 ὑπόχρεως, debtor
22 πιπράσκω, *perf act ind 1s*, sell
23 πιπράσκω, *aor pas ind 2p*, sell
24 ἀνομία, transgression, lawlessness
25 ὑπακούω, *pres act ptc nom s m*, listen, obey
26 ἰσχύω, *pres act ind 3s*, be strong
27 ῥύομαι, *aor mid inf*, deliver
28 ἰσχύω, *pres act ind 1s*, be strong
29 ἐξαιρέω, *aor mid inf*, rescue
30 ἀπειλή, anger, threat
31 ἐξερημόω, *fut act ind 1s*, devastate, lay waste
32 ποταμός, river

καὶ ξηρανθήσονται[1] οἱ ἰχθύες[2] αὐτῶν ἀπὸ τοῦ μὴ εἶναι ὕδωρ
καὶ ἀποθανοῦνται ἐν δίψει.[3]
3 καὶ ἐνδύσω[4] τὸν οὐρανὸν σκότος
καὶ θήσω ὡς σάκκον[5] τὸ περιβόλαιον[6] αὐτοῦ.

4 Κύριος δίδωσίν μοι γλῶσσαν παιδείας[7]
τοῦ γνῶναι ἐν καιρῷ ἡνίκα[8] δεῖ[9] εἰπεῖν λόγον,
ἔθηκέν μοι πρωί,[10] προσέθηκέν[11] μοι ὠτίον[12] ἀκούειν·
5 καὶ ἡ παιδεία[13] κυρίου ἀνοίγει μου τὰ ὦτα,
ἐγὼ δὲ οὐκ ἀπειθῶ[14] οὐδὲ ἀντιλέγω.[15]
6 τὸν νῶτόν[16] μου δέδωκα εἰς μάστιγας,[17]
τὰς δὲ σιαγόνας[18] μου εἰς ῥαπίσματα,[19]
τὸ δὲ πρόσωπόν μου οὐκ ἀπέστρεψα[20]
ἀπὸ αἰσχύνης[21] ἐμπτυσμάτων·[22]

7 καὶ κύριος βοηθός[23] μου ἐγενήθη,
διὰ τοῦτο οὐκ ἐνετράπην,[24]
ἀλλὰ ἔθηκα τὸ πρόσωπόν μου ὡς στερεὰν[25] πέτραν[26]
καὶ ἔγνων ὅτι οὐ μὴ αἰσχυνθῶ.[27]
8 ὅτι ἐγγίζει ὁ δικαιώσας με·
τίς ὁ κρινόμενός μοι; ἀντιστήτω[28] μοι ἅμα·[29]
καὶ τίς ὁ κρινόμενός μοι; ἐγγισάτω μοι.
9 ἰδοὺ κύριος βοηθεῖ[30] μοι· τίς κακώσει[31] με;
ἰδοὺ πάντες ὑμεῖς ὡς ἱμάτιον παλαιωθήσεσθε,[32]
καὶ ὡς σὴς[33] καταφάγεται[34] ὑμᾶς.
10 Τίς ἐν ὑμῖν ὁ φοβούμενος τὸν κύριον;
ἀκουσάτω τῆς φωνῆς τοῦ παιδός[35] αὐτοῦ·

1 ξηραίνω, *fut pas ind 3p*, wither, dry up
2 ἰχθύς, fish
3 δίψος, thirst
4 ἐνδύω, *fut act ind 1s*, clothe
5 σάκκος, sackcloth, *Heb. LW*
6 περιβόλαιον, cloak, covering
7 παιδεία, discipline, correction
8 ἡνίκα, when
9 δεῖ, *pres act ind 3s*, be necessary
10 πρωί, (in the) morning
11 προστίθημι, *aor act ind 3s*, add to
12 ὠτίον, ear
13 παιδεία, discipline, correction
14 ἀπειθέω, *pres act ind 1s*, disobey
15 ἀντιλέγω, *pres act ind 1s*, speak against
16 νῶτος, back
17 μάστιξ, whipping, scourging
18 σιαγών, cheek
19 ῥάπισμα, stroke, blow
20 ἀποστρέφω, *aor act ind 1s*, turn away
21 αἰσχύνη, shame
22 ἔμπτυσμα, spitting
23 βοηθός, helper
24 ἐντρέπω, *aor pas ind 1s*, be ashamed
25 στερεός, solid, strong
26 πέτρα, rock
27 αἰσχύνω, *aor pas sub 1s*, put to shame
28 ἀνθίστημι, *aor act impv 3s*, oppose
29 ἅμα, at once
30 βοηθέω, *pres act ind 3s*, help, aid
31 κακόω, *fut act ind 3s*, mistreat, harm
32 παλαιόω, *fut pas ind 2p*, become old
33 σής, moth
34 κατεσθίω, *fut mid ind 3s*, devour
35 παῖς, servant

οἱ πορευόμενοι ἐν σκότει οὐκ ἔστιν αὐτοῖς φῶς,
πεποίθατε ἐπὶ τῷ ὀνόματι κυρίου
καὶ ἀντιστηρίσασθε[1] ἐπὶ τῷ θεῷ.
11 ἰδοὺ πάντες ὑμεῖς πῦρ καίετε[2] καὶ κατισχύετε[3] φλόγα·[4]
πορεύεσθε τῷ φωτὶ τοῦ πυρὸς ὑμῶν καὶ τῇ φλογί, ᾗ ἐξεκαύσατε·[5]
δι᾽ ἐμὲ ἐγένετο ταῦτα ὑμῖν,
ἐν λύπῃ[6] κοιμηθήσεσθε.[7]

Everlasting Salvation for Zion

51 Ἀκούσατέ μου, οἱ διώκοντες τὸ δίκαιον
καὶ ζητοῦντες τὸν κύριον,
ἐμβλέψατε[8] εἰς τὴν στερεὰν[9] πέτραν,[10] ἣν ἐλατομήσατε,[11]
καὶ εἰς τὸν βόθυνον[12] τοῦ λάκκου,[13] ὃν ὠρύξατε.[14]
2 ἐμβλέψατε[15] εἰς Αβρααμ τὸν πατέρα ὑμῶν
καὶ εἰς Σαρραν τὴν ὠδίνουσαν[16] ὑμᾶς·
ὅτι εἷς ἦν, καὶ ἐκάλεσα αὐτὸν καὶ εὐλόγησα αὐτὸν
καὶ ἠγάπησα αὐτὸν καὶ ἐπλήθυνα[17] αὐτόν.
3 καὶ σὲ νῦν παρακαλέσω, Σιων,
καὶ παρεκάλεσα πάντα τὰ ἔρημα αὐτῆς
καὶ θήσω τὰ ἔρημα αὐτῆς ὡς παράδεισον[18] κυρίου·
εὐφροσύνην[19] καὶ ἀγαλλίαμα[20] εὑρήσουσιν ἐν αὐτῇ,
ἐξομολόγησιν[21] καὶ φωνὴν αἰνέσεως.[22]

4 ἀκούσατέ μου ἀκούσατε, λαός μου,
καὶ οἱ βασιλεῖς, πρός με ἐνωτίσασθε·[23]
ὅτι νόμος παρ᾽ ἐμοῦ ἐξελεύσεται
καὶ ἡ κρίσις μου εἰς φῶς ἐθνῶν.
5 ἐγγίζει ταχὺ[24] ἡ δικαιοσύνη μου,
καὶ ἐξελεύσεται ὡς φῶς τὸ σωτήριόν[25] μου,

1 ἀντιστηρίζω, *aor mid impv 2p*, lean for support
2 καίω, *pres act ind 2p*, kindle
3 κατισχύω, *pres act impv 2p*, make strong
4 φλόξ, flame
5 ἐκκαίω, *aor act ind 2p*, set on fire
6 λύπη, grief
7 κοιμάω, *fut pas ind 2p*, lie down
8 ἐμβλέπω, *aor act impv 2p*, look to
9 στερεός, solid
10 πέτρα, rock
11 λατομέω, *aor act ind 2p*, hew
12 βόθυνος, hole
13 λάκκος, pit, cistern, well
14 ὀρύσσω, *aor act ind 2p*, dig out
15 ἐμβλέπω, *aor act impv 2p*, look to
16 ὠδίνω, *pres act ptc acc s f*, be in labor with
17 πληθύνω, *aor act ind 1s*, multiply
18 παράδεισος, garden, paradise
19 εὐφροσύνη, joy, gladness
20 ἀγαλλίαμα, rejoicing
21 ἐξομολόγησις, thanksgiving
22 αἴνεσις, praise
23 ἐνωτίζομαι, *aor mid impv 2p*, give ear, hearken
24 ταχύς, quickly
25 σωτήριον, salvation

καὶ εἰς τὸν βραχίονά[1] μου ἔθνη ἐλπιοῦσιν·
ἐμὲ νῆσοι[2] ὑπομενοῦσιν[3] καὶ εἰς τὸν βραχίονά[4] μου ἐλπιοῦσιν.
6 ἄρατε εἰς τὸν οὐρανὸν τοὺς ὀφθαλμοὺς ὑμῶν
καὶ ἐμβλέψατε[5] εἰς τὴν γῆν κάτω,[6]
ὅτι ὁ οὐρανὸς ὡς καπνὸς[7] ἐστερεώθη,[8]
ἡ δὲ γῆ ὡς ἱμάτιον παλαιωθήσεται,[9]
οἱ δὲ κατοικοῦντες τὴν γῆν ὥσπερ[10] ταῦτα ἀποθανοῦνται,
τὸ δὲ σωτήριόν[11] μου εἰς τὸν αἰῶνα ἔσται,
ἡ δὲ δικαιοσύνη μου οὐ μὴ ἐκλίπῃ.[12]

7 ἀκούσατέ μου, οἱ εἰδότες κρίσιν,
λαός μου, οὗ ὁ νόμος μου ἐν τῇ καρδίᾳ ὑμῶν·
μὴ φοβεῖσθε ὀνειδισμὸν[13] ἀνθρώπων
καὶ τῷ φαυλισμῷ[14] αὐτῶν μὴ ἡττᾶσθε.[15]
8 ὥσπερ[16] γὰρ ἱμάτιον βρωθήσεται[17] ὑπὸ χρόνου
καὶ ὡς ἔρια[18] βρωθήσεται ὑπὸ σητός·[19]
ἡ δὲ δικαιοσύνη μου εἰς τὸν αἰῶνα ἔσται,
τὸ δὲ σωτήριόν[20] μου εἰς γενεὰς γενεῶν.

9 Ἐξεγείρου[21] ἐξεγείρου, Ιερουσαλημ,
καὶ ἔνδυσαι[22] τὴν ἰσχὺν[23] τοῦ βραχίονός[24] σου·
ἐξεγείρου ὡς ἐν ἀρχῇ ἡμέρας,
ὡς γενεὰ αἰῶνος.
οὐ σὺ εἶ **10** ἡ ἐρημοῦσα[25] θάλασσαν,
ὕδωρ ἀβύσσου[26] πλῆθος;
ἡ θεῖσα τὰ βάθη[27] τῆς θαλάσσης ὁδὸν διαβάσεως[28] ῥυομένοις[29]
11 καὶ λελυτρωμένοις;[30]

1 βραχίων, arm
2 νῆσος, island
3 ὑπομένω, *fut act ind 3p*, wait upon
4 βραχίων, arm
5 ἐμβλέπω, *aor act impv 2p*, look to
6 κάτω, beneath
7 καπνός, smoke
8 στερεόω, *aor pas ind 3s*, make strong, (intensify)
9 παλαιόω, *fut pas ind 3s*, become old
10 ὥσπερ, as, like
11 σωτήριον, salvation
12 ἐκλείπω, *aor act sub 3s*, cease, fail
13 ὀνειδισμός, insult, reproach
14 φαυλισμός, contempt
15 ἡττάω, *pres pas impv 2p*, overcome, dismay
16 ὥσπερ, even as
17 βιβρώσκω, *fut pas ind 3s*, eat, devour
18 ἔριον, wool
19 σής, moth
20 σωτήριον, salvation
21 ἐξεγείρω, *pres mid impv 2s*, awaken, arise
22 ἐνδύω, *aor mid impv 2s*, put on, clothe
23 ἰσχύς, strength
24 βραχίων, arm
25 ἐρημόω, *pres act ptc nom s f*, make desolate
26 ἄβυσσος, abyss, deeps
27 βάθος, depth
28 διάβασις, passage
29 ῥύομαι, *pres pas ptc dat p m*, deliver
30 λυτρόω, *perf pas ptc dat p m*, redeem, ransom

ὑπὸ γὰρ κυρίου ἀποστραφήσονται[1]
καὶ ἥξουσιν[2] εἰς Σιων μετ᾽ εὐφροσύνης[3] καὶ ἀγαλλιάματος[4] αἰωνίου·
ἐπὶ γὰρ τῆς κεφαλῆς αὐτῶν ἀγαλλίασις[5] καὶ αἴνεσις,[6]
καὶ εὐφροσύνη καταλήμψεται[7] αὐτούς,
ἀπέδρα[8] ὀδύνη[9] καὶ λύπη[10] καὶ στεναγμός.[11]

12 ἐγώ εἰμι ἐγώ εἰμι ὁ παρακαλῶν σε·
γνῶθι τίνα εὐλαβηθεῖσα[12]
ἐφοβήθης ἀπὸ ἀνθρώπου θνητοῦ[13]
καὶ ἀπὸ υἱοῦ ἀνθρώπου, οἳ ὡσεὶ[14] χόρτος[15] ἐξηράνθησαν.[16]
13 καὶ ἐπελάθου[17] θεὸν τὸν ποιήσαντά σε,
τὸν ποιήσαντα τὸν οὐρανὸν καὶ θεμελιώσαντα[18] τὴν γῆν,
καὶ ἐφόβου ἀεὶ[19] πάσας τὰς ἡμέρας
τὸ πρόσωπον τοῦ θυμοῦ[20] τοῦ θλίβοντός[21] σε·
ὃν τρόπον[22] γὰρ ἐβουλεύσατο[23] τοῦ ἆραί σε,
καὶ νῦν ποῦ ὁ θυμὸς τοῦ θλίβοντός σε;
14 ἐν γὰρ τῷ σῴζεσθαί σε οὐ στήσεται οὐδὲ χρονιεῖ·[24]
15 ὅτι ἐγὼ ὁ θεός σου ὁ ταράσσων[25] τὴν θάλασσαν
καὶ ἠχῶν[26] τὰ κύματα[27] αὐτῆς,
κύριος σαβαωθ[28] ὄνομά μοι.
16 θήσω τοὺς λόγους μου εἰς τὸ στόμα σου
καὶ ὑπὸ τὴν σκιὰν[29] τῆς χειρός μου σκεπάσω[30] σε,
ἐν ᾗ ἔστησα τὸν οὐρανὸν καὶ ἐθεμελίωσα[31] τὴν γῆν·
καὶ ἐρεῖ Σιων Λαός μου εἶ σύ.

17 Ἐξεγείρου[32] ἐξεγείρου ἀνάστηθι, Ιερουσαλημ
ἡ πιοῦσα τὸ ποτήριον[33] τοῦ θυμοῦ[34] ἐκ χειρὸς κυρίου·

1 ἀποστρέφω, *fut pas ind 3p*, return
2 ἥκω, *fut act ind 3p*, come
3 εὐφροσύνη, joy, gladness
4 ἀγαλλίαμα, rejoicing
5 ἀγαλλίασις, exultation
6 αἴνεσις, praise
7 καταλαμβάνω, *fut mid ind 3s*, lay hold of
8 ἀποδιδράσκω, *aor act ind 3s*, flee from
9 ὀδύνη, grief
10 λύπη, sorrow
11 στεναγμός, groaning
12 εὐλαβέομαι, *aor pas ptc nom s f*, be cautious
13 θνητός, mortal
14 ὡσεί, as
15 χόρτος, grass
16 ξηραίνω, *aor pas ind 3p*, wither
17 ἐπιλανθάνω, *aor mid ind 2s*, forget
18 θεμελιόω, *aor act ptc acc s m*, lay the foundation
19 ἀεί, always
20 θυμός, wrath
21 θλίβω, *pres act ptc gen s m*, afflict, oppress
22 ὃν τρόπον, just as
23 βουλεύω, *aor mid ind 3s*, determine, resolve
24 χρονίζω, *fut act ind 3s*, delay
25 ταράσσω, *pres act ptc nom s m*, stir up
26 ἠχέω, *pres act ptc nom s m*, cause to roar
27 κῦμα, wave, billow
28 σαβαωθ, of hosts, *translit.*
29 σκιά, shadow
30 σκεπάζω, *fut act ind 1s*, cover, shelter
31 θεμελιόω, *aor act ind 1s*, lay the foundation
32 ἐξεγείρω, *pres mid impv 2s*, awaken, arise
33 ποτήριον, cup
34 θυμός, wrath

τὸ ποτήριον γὰρ τῆς πτώσεως,[1]
τὸ κόνδυ[2] τοῦ θυμοῦ ἐξέπιες[3] καὶ ἐξεκένωσας.[4]
18 καὶ οὐκ ἦν ὁ παρακαλῶν σε
ἀπὸ πάντων τῶν τέκνων σου, ὧν ἔτεκες,[5]
καὶ οὐκ ἦν ὁ ἀντιλαμβανόμενος[6] τῆς χειρός σου
οὐδὲ ἀπὸ πάντων τῶν υἱῶν σου, ὧν ὕψωσας.[7]
19 δύο ταῦτα ἀντικείμενά[8] σοι·
τίς σοι συλλυπηθήσεται;[9]
πτῶμα[10] καὶ σύντριμμα,[11] λιμὸς[12] καὶ μάχαιρα·[13]
τίς σε παρακαλέσει;
20 οἱ υἱοί σου οἱ ἀπορούμενοι,[14]
οἱ καθεύδοντες[15] ἐπ᾽ ἄκρου[16] πάσης ἐξόδου[17] ὡς σευτλίον[18] ἡμίεφθον,[19]
οἱ πλήρεις[20] θυμοῦ[21] κυρίου,
ἐκλελυμένοι[22] διὰ κυρίου τοῦ θεοῦ.

21 διὰ τοῦτο ἄκουε, τεταπεινωμένη[23]
καὶ μεθύουσα[24] οὐκ ἀπὸ οἴνου·
22 οὕτως λέγει κύριος ὁ θεὸς ὁ κρίνων τὸν λαὸν αὐτοῦ
Ἰδοὺ εἴληφα[25] ἐκ τῆς χειρός σου τὸ ποτήριον[26] τῆς πτώσεως,[27]
τὸ κόνδυ[28] τοῦ θυμοῦ,[29]
καὶ οὐ προσθήσῃ[30] ἔτι πιεῖν αὐτό·
23 καὶ ἐμβαλῶ[31] αὐτὸ εἰς τὰς χεῖρας
τῶν ἀδικησάντων[32] σε καὶ τῶν ταπεινωσάντων[33] σε,

1 πτῶσις, falling, calamity
2 κόνδυ, vessel, cup
3 ἐκπίνω, *aor act ind 2s*, swallow, gulp
4 ἐκκενόω, *aor act ind 2s*, empty
5 τίκτω, *aor act ind 2s*, give birth
6 ἀντιλαμβάνομαι, *pres mid ptc nom s m*, support
7 ὑψόω, *aor act ind 2s*, lift up, raise
8 ἀντίκειμαι, *pres mid ptc nom p n*, oppose
9 συλλυπέω, *fut pas ind 3s*, share in grief
10 πτῶμα, misfortune, disaster
11 σύντριμμα, ruin
12 λιμός, famine
13 μάχαιρα, sword
14 ἀπορέω, *pres mid ptc nom p m*, be confused
15 καθεύδω, *pres act ptc nom p m*, lie down
16 ἄκρος, end
17 ἔξοδος, going out, street
18 σευτλίον, beet
19 ἡμίεφθος, half-boiled
20 πλήρης, full
21 θυμός, wrath
22 ἐκλύω, *perf pas ptc nom p m*, cause to faint
23 ταπεινόω, *perf pas ptc nom s f*, humble, bring low
24 μεθύω, *pres act ptc nom s f*, be drunk
25 λαμβάνω, *perf act ind 1s*, take away
26 ποτήριον, cup
27 πτῶσις, falling, calamity
28 κόνδυ, vessel, cup
29 θυμός, wrath
30 προστίθημι, *fut mid ind 2s*, add to, continue
31 ἐμβάλλω, *fut act ind 1s*, place in
32 ἀδικέω, *aor act ptc gen p m*, treat unjustly
33 ταπεινόω, *aor act ptc gen p m*, humble, bring low

οἳ εἶπαν τῇ ψυχῇ σου Κύψον,[1] ἵνα παρέλθωμεν·[2]
καὶ ἔθηκας ἴσα[3] τῇ γῇ τὰ μετάφρενά[4] σου ἔξω τοῖς
παραπορευομένοις.[5]

Awaken, Zion

52 Ἐξεγείρου[6] ἐξεγείρου, Σιων,
ἔνδυσαι[7] τὴν ἰσχύν[8] σου, Σιων,
καὶ ἔνδυσαι τὴν δόξαν σου, Ιερουσαλημ πόλις ἡ ἁγία·
οὐκέτι προστεθήσεται[9] διελθεῖν[10] διὰ σοῦ ἀπερίτμητος[11] καὶ ἀκάθαρτος.
2 ἐκτίναξαι[12] τὸν χοῦν[13] καὶ ἀνάστηθι κάθισον, Ιερουσαλημ·
ἔκδυσαι[14] τὸν δεσμὸν[15] τοῦ τραχήλου[16] σου,
ἡ αἰχμάλωτος[17] θυγάτηρ[18] Σιων.

3 ὅτι τάδε[19] λέγει κύριος Δωρεὰν[20] ἐπράθητε[21] καὶ οὐ μετὰ ἀργυρίου[22] λυτρωθή-
σεσθε.[23] **4** οὕτως λέγει κύριος Εἰς Αἴγυπτον κατέβη ὁ λαός μου τὸ πρότερον[24]
παροικῆσαι[25] ἐκεῖ, καὶ εἰς Ἀσσυρίους βίᾳ[26] ἤχθησαν· **5** καὶ νῦν τί ὧδέ[27] ἐστε; τάδε[28]
λέγει κύριος. ὅτι ἐλήμφθη ὁ λαός μου δωρεάν,[29] θαυμάζετε[30] καὶ ὀλολύζετε·[31] τάδε
λέγει κύριος. δι' ὑμᾶς διὰ παντὸς τὸ ὄνομά μου βλασφημεῖται[32] ἐν τοῖς ἔθνεσιν.
6 διὰ τοῦτο γνώσεται ὁ λαός μου τὸ ὄνομά μου ἐν τῇ ἡμέρᾳ ἐκείνῃ, ὅτι ἐγώ εἰμι
αὐτὸς ὁ λαλῶν·

πάρειμι[33] **7** ὡς ὥρα[34] ἐπὶ τῶν ὀρέων,
ὡς πόδες εὐαγγελιζομένου[35] ἀκοὴν[36] εἰρήνης,
ὡς εὐαγγελιζόμενος ἀγαθά,

1 κύπτω, *aor act impv 2s*, bow down
2 παρέρχομαι, *aor act sub 1p*, pass by
3 ἴσος, level with
4 μετάφρενον, broad of one's back
5 παραπορεύομαι, *pres mid ptc dat p m*, go by
6 ἐξεγείρω, *pres mid impv 2s*, awaken, arise
7 ἐνδύω, *aor mid impv 2s*, put on
8 ἰσχύς, strength
9 προστίθημι, *fut pas ind 3s*, add to, continue
10 διέρχομαι, *aor act inf*, pass through
11 ἀπερίτμητος, uncircumcised
12 ἐκτινάσσω, *aor mid impv 2s*, shake out
13 χοῦς, dust
14 ἐκδύω, *aor mid impv 2s*, take off
15 δεσμός, bonds, chains
16 τράχηλος, neck
17 αἰχμάλωτος, captive
18 θυγάτηρ, daughter
19 ὅδε, this
20 δωρεάν, freely, for nothing
21 πιπράσκω, *aor pas ind 2p*, sell
22 ἀργύριον, silver
23 λυτρόω, *fut pas ind 2p*, redeem, ransom
24 πρότερος, formerly
25 παροικέω, *aor act inf*, dwell as a foreigner, be a noncitizen
26 βία, forcibly
27 ὧδε, here
28 ὅδε, this
29 δωρεάν, freely, for nothing
30 θαυμάζω, *pres act impv 2p*, be astonished
31 ὀλολύζω, *pres act impv 2p*, cry loudly
32 βλασφημέω, *pres pas ind 3s*, blaspheme
33 πάρειμι, *pres act ind 1s*, be present
34 ὥρα, season, fitting time, (beautiful)
35 εὐαγγελίζομαι, *pres mid ptc gen s m*, proclaim good news
36 ἀκοή, news, report

ὅτι ἀκουστὴν[1] ποιήσω τὴν σωτηρίαν σου
λέγων Σιων Βασιλεύσει[2] σου ὁ θεός·
8 ὅτι φωνὴ τῶν φυλασσόντων σε ὑψώθη,[3]
καὶ τῇ φωνῇ ἅμα[4] εὐφρανθήσονται·[5]
ὅτι ὀφθαλμοὶ πρὸς ὀφθαλμοὺς ὄψονται,
ἡνίκα[6] ἂν ἐλεήσῃ[7] κύριος τὴν Σιων.
9 ῥηξάτω[8] εὐφροσύνην[9] ἅμα[10] τὰ ἔρημα Ιερουσαλημ,
ὅτι ἠλέησεν[11] κύριος αὐτὴν καὶ ἐρρύσατο[12] Ιερουσαλημ.
10 καὶ ἀποκαλύψει[13] κύριος τὸν βραχίονα[14] αὐτοῦ τὸν ἅγιον
ἐνώπιον πάντων τῶν ἐθνῶν,
καὶ ὄψονται πάντα τὰ ἄκρα[15] τῆς γῆς
τὴν σωτηρίαν τὴν παρὰ τοῦ θεοῦ.

11 ἀπόστητε[16] ἀπόστητε ἐξέλθατε ἐκεῖθεν[17]
καὶ ἀκαθάρτου μὴ ἅπτεσθε,
ἐξέλθατε ἐκ μέσου αὐτῆς ἀφορίσθητε,[18]
οἱ φέροντες τὰ σκεύη[19] κυρίου·
12 ὅτι οὐ μετὰ ταραχῆς[20] ἐξελεύσεσθε οὐδὲ φυγῇ[21] πορεύσεσθε,
πορεύσεται γὰρ πρότερος[22] ὑμῶν κύριος
καὶ ὁ ἐπισυνάγων[23] ὑμᾶς κύριος ὁ θεὸς Ισραηλ.

Suffering and Glory of the Servant

13 Ἰδοὺ συνήσει[24] ὁ παῖς[25] μου
καὶ ὑψωθήσεται[26] καὶ δοξασθήσεται σφόδρα.[27]
14 ὃν τρόπον[28] ἐκστήσονται[29] ἐπὶ σὲ πολλοί
οὕτως ἀδοξήσει[30] ἀπὸ ἀνθρώπων τὸ εἶδός[31] σου
καὶ ἡ δόξα σου ἀπὸ τῶν ἀνθρώπων,

1 ἀκουστός, heard
2 βασιλεύω, *fut act ind 3s*, reign as king
3 ὑψόω, *aor pas ind 3s*, lift up
4 ἅμα, together
5 εὐφραίνω, *fut pas ind 3p*, be glad, rejoice
6 ἡνίκα, when
7 ἐλεέω, *aor act sub 3s*, show mercy
8 ῥήγνυμι, *aor act impv 3s*, break (forth)
9 εὐφροσύνη, joy, gladness
10 ἅμα, together
11 ἐλεέω, *aor act ind 3s*, show mercy
12 ῥύομαι, *aor mid ind 3s*, deliver
13 ἀποκαλύπτω, *fut act ind 3s*, reveal
14 βραχίων, arm
15 ἄκρος, end, extremity
16 ἀφίστημι, *aor act impv 2p*, depart
17 ἐκεῖθεν, from here
18 ἀφορίζω, *aor pas impv 2p*, separate
19 σκεῦος, vessel
20 ταραχή, trouble, anxiety
21 φυγή, fleeing
22 πρότερος, before
23 ἐπισυνάγω, *pres act ptc nom s m*, gather together
24 συνίημι, *fut act ind 3s*, understand
25 παῖς, servant
26 ὑψόω, *fut pas ind 3s*, lift high, exalt
27 σφόδρα, exceedingly
28 ὃν τρόπον, just as
29 ἐξίστημι, *fut mid ind 3p*, be confounded, be amazed
30 ἀδοξέω, *fut act ind 3s*, hold in dishonor
31 εἶδος, appearance

15 οὕτως θαυμάσονται[1] ἔθνη πολλὰ ἐπ᾽ αὐτῷ,
καὶ συνέξουσιν[2] βασιλεῖς τὸ στόμα αὐτῶν·
ὅτι οἷς οὐκ ἀνηγγέλη[3] περὶ αὐτοῦ, ὄψονται,
καὶ οἳ οὐκ ἀκηκόασιν, συνήσουσιν.[4]

53 κύριε, τίς ἐπίστευσεν τῇ ἀκοῇ[5] ἡμῶν;
καὶ ὁ βραχίων[6] κυρίου τίνι ἀπεκαλύφθη;[7]
2 ἀνηγγείλαμεν[8] ἐναντίον[9] αὐτοῦ ὡς παιδίον,
ὡς ῥίζα[10] ἐν γῇ διψώσῃ,[11]
οὐκ ἔστιν εἶδος[12] αὐτῷ οὐδὲ δόξα·
καὶ εἴδομεν αὐτόν, καὶ οὐκ εἶχεν εἶδος οὐδὲ κάλλος·
3 ἀλλὰ τὸ εἶδος[13] αὐτοῦ ἄτιμον[14] ἐκλεῖπον[15] παρὰ πάντας ἀνθρώπους,
ἄνθρωπος ἐν πληγῇ[16] ὢν καὶ εἰδὼς[17] φέρειν μαλακίαν,[18]
ὅτι ἀπέστραπται[19] τὸ πρόσωπον αὐτοῦ,
ἠτιμάσθη[20] καὶ οὐκ ἐλογίσθη.

4 οὗτος τὰς ἁμαρτίας ἡμῶν φέρει
καὶ περὶ ἡμῶν ὀδυνᾶται,[21]
καὶ ἡμεῖς ἐλογισάμεθα αὐτὸν εἶναι ἐν πόνῳ[22]
καὶ ἐν πληγῇ[23] καὶ ἐν κακώσει.[24]
5 αὐτὸς δὲ ἐτραυματίσθη[25] διὰ τὰς ἀνομίας[26] ἡμῶν
καὶ μεμαλάκισται[27] διὰ τὰς ἁμαρτίας ἡμῶν·
παιδεία[28] εἰρήνης ἡμῶν ἐπ᾽ αὐτόν,
τῷ μώλωπι[29] αὐτοῦ ἡμεῖς ἰάθημεν.[30]
6 πάντες ὡς πρόβατα ἐπλανήθημεν,
ἄνθρωπος τῇ ὁδῷ αὐτοῦ ἐπλανήθη·
καὶ κύριος παρέδωκεν αὐτὸν ταῖς ἁμαρτίαις ἡμῶν.

1 θαυμάζω, *fut mid ind 3p*, be astonished
2 συνέχω, *fut act ind 3p*, hold fast, close up
3 ἀναγγέλλω, *aor pas ind 3s*, report
4 συνίημι, *fut act ind 3p*, understand
5 ἀκοή, report
6 βραχίων, arm
7 ἀποκαλύπτω, *aor pas ind 3s*, reveal
8 ἀναγγέλλω, *aor act ind 1p*, declare, proclaim
9 ἐναντίον, before
10 ῥίζα, root
11 διψάω, *pres act ptc dat s f*, be thirsty
12 εἶδος, appearance
13 εἶδος, appearance
14 ἄτιμος, not honorable
15 ἐκλείπω, *pres act ptc nom s n*, desert, forsake
16 πληγή, wound, blow
17 οἶδα, *perf act ptc nom s m*, know
18 μαλακία, sickness, weakness
19 ἀποστρέφω, *perf pas ind 3s*, turn away
20 ἀτιμάζω, *aor pas ind 3s*, dishonor
21 ὀδυνάω, *pres pas ind 3s*, suffer pain
22 πόνος, distress, affliction
23 πληγή, wound, blow
24 κάκωσις, affliction, suffering
25 τραυματίζω, *aor pas ind 3s*, wound
26 ἀνομία, transgression, lawlessness
27 μαλακίζομαι, *perf pas ind 3s*, be weakened
28 παιδεία, discipline, chastisement
29 μώλωψ, stripe, bruise
30 ἰάομαι, *aor pas ind 1p*, heal, restore

7 καὶ αὐτὸς διὰ τὸ κεκακῶσθαι[1] οὐκ ἀνοίγει τὸ στόμα·
ὡς πρόβατον ἐπὶ σφαγὴν[2] ἤχθη
καὶ ὡς ἀμνὸς[3] ἐναντίον[4] τοῦ κείροντος[5] αὐτὸν ἄφωνος[6]
οὕτως οὐκ ἀνοίγει τὸ στόμα αὐτοῦ.
8 ἐν τῇ ταπεινώσει[7] ἡ κρίσις αὐτοῦ ἤρθη·
τὴν γενεὰν αὐτοῦ τίς διηγήσεται;[8]
ὅτι αἴρεται ἀπὸ τῆς γῆς ἡ ζωὴ αὐτοῦ,
ἀπὸ τῶν ἀνομιῶν[9] τοῦ λαοῦ μου ἤχθη εἰς θάνατον.
9 καὶ δώσω τοὺς πονηροὺς ἀντὶ[10] τῆς ταφῆς[11] αὐτοῦ
καὶ τοὺς πλουσίους[12] ἀντὶ τοῦ θανάτου αὐτοῦ·
ὅτι ἀνομίαν[13] οὐκ ἐποίησεν,
οὐδὲ εὑρέθη δόλος[14] ἐν τῷ στόματι αὐτοῦ.

10 καὶ κύριος βούλεται καθαρίσαι αὐτὸν τῆς πληγῆς·[15]
ἐὰν δῶτε περὶ ἁμαρτίας,
ἡ ψυχὴ ὑμῶν ὄψεται σπέρμα μακρόβιον·[16]
καὶ βούλεται κύριος ἀφελεῖν[17]
11 ἀπὸ τοῦ πόνου[18] τῆς ψυχῆς αὐτοῦ,
δεῖξαι αὐτῷ φῶς καὶ πλάσαι[19] τῇ συνέσει,[20]
δικαιῶσαι δίκαιον εὖ[21] δουλεύοντα[22] πολλοῖς,
καὶ τὰς ἁμαρτίας αὐτῶν αὐτὸς ἀνοίσει.[23]
12 διὰ τοῦτο αὐτὸς κληρονομήσει[24] πολλούς
καὶ τῶν ἰσχυρῶν[25] μεριεῖ[26] σκῦλα,[27]
ἀνθ᾽ ὧν[28] παρεδόθη εἰς θάνατον ἡ ψυχὴ αὐτοῦ,
καὶ ἐν τοῖς ἀνόμοις[29] ἐλογίσθη·
καὶ αὐτὸς ἁμαρτίας πολλῶν ἀνήνεγκεν[30]
καὶ διὰ τὰς ἁμαρτίας αὐτῶν παρεδόθη.

1 κακόω, *perf pas inf*, afflict, mistreat
2 σφαγή, slaughter
3 ἀμνός, lamb
4 ἐναντίον, before
5 κείρω, *pres act ptc gen s m*, shear
6 ἄφωνος, silent, speechless
7 ταπείνωσις, humiliation, abasement
8 διηγέομαι, *fut mid ind 3s*, tell of, describe
9 ἀνομία, transgression, lawlessness
10 ἀντί, for
11 ταφή, burial
12 πλούσιος, rich, wealthy
13 ἀνομία, transgression, lawlessness
14 δόλος, deceit
15 πληγή, wound, blow
16 μακρόβιος, long-lived
17 ἀφαιρέω, *aor act inf*, remove
18 πόνος, distress, affliction
19 πλάσσω, *aor act inf*, mold
20 σύνεσις, understanding
21 εὖ, well
22 δουλεύω, *pres act ptc acc s m*, serve
23 ἀναφέρω, *fut act ind 3s*, bear, take upon
24 κληρονομέω, *fut act ind 3s*, inherit, cause to inherit
25 ἰσχυρός, strong
26 μερίζω, *fut act ind 3s*, divide, apportion
27 σκῦλον, spoils
28 ἀνθ᾽ ὧν, because
29 ἄνομος, evil, lawless
30 ἀναφέρω, *aor act ind 3s*, bear, take upon

Zion the Desolate Woman

54 Εὐφράνθητι,[1] στεῖρα[2] ἡ οὐ τίκτουσα,[3]
ῥῆξον[4] καὶ βόησον,[5] ἡ οὐκ ὠδίνουσα,[6]
ὅτι πολλὰ τὰ τέκνα τῆς ἐρήμου μᾶλλον[7] ἢ τῆς ἐχούσης τὸν ἄνδρα,
εἶπεν γὰρ κύριος.
2 πλάτυνον[8] τὸν τόπον τῆς σκηνῆς[9] σου
καὶ τῶν αὐλαιῶν[10] σου, πῆξον,[11] μὴ φείσῃ·[12]
μάκρυνον[13] τὰ σχοινίσματά[14] σου
καὶ τοὺς πασσάλους[15] σου κατίσχυσον.[16]
3 ἔτι εἰς τὰ δεξιὰ καὶ εἰς τὰ ἀριστερὰ[17] ἐκπέτασον,[18]
καὶ τὸ σπέρμα σου ἔθνη κληρονομήσει,[19]
καὶ πόλεις ἠρημωμένας[20] κατοικιεῖς.[21]
4 μὴ φοβοῦ ὅτι κατῃσχύνθης,[22]
μηδὲ ἐντραπῇς[23] ὅτι ὠνειδίσθης·[24]
ὅτι αἰσχύνην[25] αἰώνιον ἐπιλήσῃ[26]
καὶ ὄνειδος[27] τῆς χηρείας[28] σου οὐ μὴ μνησθήσῃ.[29]
5 ὅτι κύριος ὁ ποιῶν σε, κύριος σαβαωθ[30] ὄνομα αὐτῷ·
καὶ ὁ ῥυσάμενός[31] σε αὐτὸς θεὸς Ισραηλ,
πάσῃ τῇ γῇ κληθήσεται.
6 οὐχ ὡς γυναῖκα καταλελειμμένην[32] καὶ ὀλιγόψυχον[33] κέκληκέν σε κύριος
οὐδ᾽ ὡς γυναῖκα ἐκ νεότητος[34] μεμισημένην, εἶπεν ὁ θεός σου·
7 χρόνον μικρὸν κατέλιπόν[35] σε
καὶ μετὰ ἐλέους[36] μεγάλου ἐλεήσω[37] σε,

1 εὐφραίνω, *aor pas impv 2s*, be glad, rejoice
2 στεῖρα, barren
3 τίκτω, *pres act ptc nom s f*, give birth, bear children
4 ῥήγνυμι, *aor act impv 2s*, break (forth)
5 βοάω, *aor act impv 2s*, cry out
6 ὠδίνω, *pres act ptc nom s f*, be in labor, suffer birth pangs
7 μᾶλλον, more
8 πλατύνω, *aor act impv 2s*, enlarge
9 σκηνή, tent
10 αὐλαία, curtain
11 πήγνυμι, *aor act impv 2s*, make firm
12 φείδομαι, *aor mid sub 2s*, restrain
13 μακρύνω, *aor act impv 2s*, lengthen
14 σχοίνισμα, allotment of land
15 πάσσαλος, tent peg
16 κατισχύω, *aor act impv 2s*, strengthen
17 ἀριστερός, left
18 ἐκπετάννυμι, *aor act impv 2s*, spread out
19 κληρονομέω, *fut act ind 3s*, inherit, acquire
20 ἐρημόω, *perf pas ptc acc p f*, make desolate
21 κατοικίζω, *fut act ind 2s*, settle, inhabit
22 καταισχύνω, *aor pas ind 2s*, put to shame
23 ἐντρέπω, *aor pas sub 2s*, feel shame
24 ὀνειδίζω, *aor pas ind 2s*, revile, reproach
25 αἰσχύνη, shame
26 ἐπιλανθάνω, *fut mid ind 2s*, forget
27 ὄνειδος, disgrace, reproach
28 χηρεία, widowhood
29 μιμνήσκομαι, *fut pas ind 2s*, remember
30 σαβαωθ, of hosts, *translit.*
31 ῥύομαι, *aor mid ptc nom s m*, deliver
32 καταλείπω, *perf pas ptc acc s f*, abandon, forsake
33 ὀλιγόψυχος, fainthearted
34 νεότης, youth
35 καταλείπω, *aor act ind 1s*, abandon, forsake
36 ἔλεος, mercy
37 ἐλεέω, *fut act ind 1s*, show mercy

8 ἐν θυμῷ[1] μικρῷ ἀπέστρεψα[2] τὸ πρόσωπόν μου ἀπὸ σοῦ
καὶ ἐν ἐλέει[3] αἰωνίῳ ἐλεήσω[4] σε,
εἶπεν ὁ ῥυσάμενός[5] σε κύριος.

Restoration and the Covenant of Peace

9 ἀπὸ τοῦ ὕδατος τοῦ ἐπὶ Νωε τοῦτό μοί ἐστιν·
καθότι[6] ὤμοσα[7] αὐτῷ ἐν τῷ χρόνῳ ἐκείνῳ
τῇ γῇ μὴ θυμωθήσεσθαι[8] ἐπὶ σοὶ ἔτι
μηδὲ ἐν ἀπειλῇ[9] σου
10 τὰ ὄρη μεταστήσεσθαι[10]
οὐδὲ οἱ βουνοί[11] σου μετακινηθήσονται,[12]
οὕτως οὐδὲ τὸ παρ᾽ ἐμοῦ σοι ἔλεος[13] ἐκλείψει[14]
οὐδὲ ἡ διαθήκη τῆς εἰρήνης σου οὐ μὴ μεταστῇ·[15]
εἶπεν γὰρ κύριος Ἵλεώς[16] σοι.

11 Ταπεινὴ[17] καὶ ἀκατάστατος,[18] οὐ παρεκλήθης,
ἰδοὺ ἐγὼ ἑτοιμάζω σοὶ ἄνθρακα[19] τὸν λίθον σου
καὶ τὰ θεμέλιά[20] σου σάπφειρον[21]
12 καὶ θήσω τὰς ἐπάλξεις[22] σου ἴασπιν[23]
καὶ τὰς πύλας[24] σου λίθους κρυστάλλου[25]
καὶ τὸν περίβολόν[26] σου λίθους ἐκλεκτοὺς[27]
13 καὶ πάντας τοὺς υἱούς σου διδακτοὺς[28] θεοῦ
καὶ ἐν πολλῇ εἰρήνῃ τὰ τέκνα σου.
14 καὶ ἐν δικαιοσύνῃ οἰκοδομηθήσῃ·
ἀπέχου[29] ἀπὸ ἀδίκου[30] καὶ οὐ φοβηθήσῃ,
καὶ τρόμος[31] οὐκ ἐγγιεῖ σοι.
15 ἰδοὺ προσήλυτοι[32] προσελεύσονταί σοι δι᾽ ἐμοῦ
καὶ ἐπὶ σὲ καταφεύξονται.[33]

1 θυμός, wrath
2 ἀποστρέφω, *aor act ind 1s*, turn away
3 ἔλεος, mercy
4 ἐλεέω, *fut act ind 1s*, show mercy
5 ῥύομαι, *aor mid ptc nom s m*, deliver
6 καθότι, just as
7 ὄμνυμι, *aor act ind 1s*, swear an oath
8 θυμόω, *fut pas inf*, be angry
9 ἀπειλή, threat
10 μεθίστημι, *fut mid inf*, remove
11 βουνός, hill
12 μετακινέω, *fut pas ind 3p*, move away, shift
13 ἔλεος, mercy
14 ἐκλείπω, *fut act ind 3s*, fail
15 μεθίστημι, *aor act sub 3s*, remove, (annul)
16 ἵλεως, merciful
17 ταπεινός, humble, lowly
18 ἀκατάστατος, unstable
19 ἄνθραξ, coal, (carbuncle)
20 θεμέλιον, foundation
21 σάπφειρος, sapphire
22 ἔπαλξις, bulwarks, battlements
23 ἴασπις, jasper
24 πύλη, gate
25 κρύσταλλος, crystal
26 περίβολος, enclosing wall
27 ἐκλεκτός, choice
28 διδακτός, taught, instructed
29 ἀπέχω, *pres mid impv 2s*, abstain
30 ἄδικος, unrighteous
31 τρόμος, trembling
32 προσήλυτος, immigrant, guest
33 καταφεύγω, *fut mid ind 3p*, flee for refuge

16 ἰδοὺ ἐγὼ κτίζω[1] σε, οὐχ ὡς χαλκεὺς[2] φυσῶν[3] ἄνθρακας[4]
καὶ ἐκφέρων[5] σκεῦος[6] εἰς ἔργον·
ἐγὼ δὲ ἔκτισά[7] σε οὐκ εἰς ἀπώλειαν[8]
φθεῖραι[9] **17** πᾶν σκεῦος[10] φθαρτόν.[11]
ἐπὶ σὲ οὐκ εὐοδώσω,[12]
καὶ πᾶσα φωνὴ ἀναστήσεται ἐπὶ σὲ εἰς κρίσιν·
πάντας αὐτοὺς ἡττήσεις,[13]
οἱ δὲ ἔνοχοί[14] σου ἔσονται ἐν αὐτῇ.
ἔστιν κληρονομία[15] τοῖς θεραπεύουσιν[16] κύριον,
καὶ ὑμεῖς ἔσεσθέ μοι δίκαιοι, λέγει κύριος.

Invitation to the Thirsty

55 Οἱ διψῶντες,[17] πορεύεσθε ἐφ᾽ ὕδωρ,
καὶ ὅσοι μὴ ἔχετε ἀργύριον,[18]
βαδίσαντες[19] ἀγοράσατε[20] καὶ πίετε
ἄνευ[21] ἀργυρίου[22] καὶ τιμῆς[23] οἴνου καὶ στέαρ.[24]
2 ἵνα τί τιμᾶσθε[25] ἀργυρίου,[26]
καὶ τὸν μόχθον[27] ὑμῶν οὐκ εἰς πλησμονήν;[28]
ἀκούσατέ μου καὶ φάγεσθε ἀγαθά,
καὶ ἐντρυφήσει[29] ἐν ἀγαθοῖς ἡ ψυχὴ ὑμῶν.
3 προσέχετε[30] τοῖς ὠτίοις[31] ὑμῶν
καὶ ἐπακολουθήσατε[32] ταῖς ὁδοῖς μου·
ἐπακούσατέ[33] μου,
καὶ ζήσεται ἐν ἀγαθοῖς ἡ ψυχὴ ὑμῶν·
καὶ διαθήσομαι[34] ὑμῖν διαθήκην αἰώνιον,
τὰ ὅσια[35] Δαυιδ τὰ πιστά.[36]

1 κτίζω, *pres act ind 1s*, create, establish
2 χαλκεύς, coppersmith
3 φυσάω, *pres act ptc nom s m*, blow on
4 ἄνθραξ, coal
5 ἐκφέρω, *pres act ptc nom s m*, bring forth
6 σκεῦος, vessel
7 κτίζω, *aor act ind 1s*, create, establish
8 ἀπώλεια, ruin
9 φθείρω, *aor act inf*, destroy
10 σκεῦος, vessel
11 φθαρτός, perishable
12 εὐοδόω, *fut act ind 1s*, prosper
13 ἡττάω, *fut act ind 2s*, defeat, overcome
14 ἔνοχος, acquainted with
15 κληρονομία, inheritance
16 θεραπεύω, *pres act ind 3p*, serve (in worship)
17 διψάω, *pres act ptc nom p m*, be thirsty
18 ἀργύριον, money
19 βαδίζω, *aor act ptc nom p m*, go
20 ἀγοράζω, *aor act impv 2p*, buy
21 ἄνευ, without
22 ἀργύριον, money
23 τιμή, price
24 στέαρ, fat
25 τιμάω, *pres mid ind 2p*, value
26 ἀργύριον, money
27 μόχθος, labor, toil
28 πλησμονή, satisfaction
29 ἐντρυφάω, *fut act ind 3s*, delight
30 προσέχω, *pres act impv 2p*, pay attention
31 ὠτίον, ear
32 ἐπακολουθέω, *aor act impv 2p*, attend to
33 ἐπακούω, *aor act impv 2p*, listen, obey
34 διατίθημι, *fut mid ind 1s*, arrange
35 ὅσιος, holy
36 πιστός, faithful

4 ἰδοὺ μαρτύριον[1] ἐν ἔθνεσιν δέδωκα αὐτόν,
ἄρχοντα καὶ προστάσσοντα[2] ἔθνεσιν.
5 ἔθνη, ἃ οὐκ ᾔδεισάν[3] σε, ἐπικαλέσονταί[4] σε,
καὶ λαοί, οἳ οὐκ ἐπίστανταί[5] σε, ἐπὶ σὲ καταφεύξονται[6]
ἕνεκεν[7] τοῦ θεοῦ σου τοῦ ἁγίου Ισραηλ,
ὅτι ἐδόξασέν σε.

6 Ζητήσατε τὸν θεὸν καὶ ἐν τῷ εὑρίσκειν αὐτὸν ἐπικαλέσασθε·[8]
ἡνίκα[9] δ᾽ ἂν ἐγγίζῃ ὑμῖν,
7 ἀπολιπέτω[10] ὁ ἀσεβὴς[11] τὰς ὁδοὺς αὐτοῦ
καὶ ἀνὴρ ἄνομος[12] τὰς βουλὰς[13] αὐτοῦ
καὶ ἐπιστραφήτω[14] ἐπὶ κύριον, καὶ ἐλεηθήσεται,[15]
ὅτι ἐπὶ πολὺ ἀφήσει τὰς ἁμαρτίας ὑμῶν.
8 οὐ γάρ εἰσιν αἱ βουλαί[16] μου ὥσπερ αἱ βουλαὶ ὑμῶν
οὐδὲ ὥσπερ αἱ ὁδοὶ ὑμῶν αἱ ὁδοί μου, λέγει κύριος·
9 ἀλλ᾽ ὡς ἀπέχει[17] ὁ οὐρανὸς ἀπὸ τῆς γῆς,
οὕτως ἀπέχει ἡ ὁδός μου ἀπὸ τῶν ὁδῶν ὑμῶν
καὶ τὰ διανοήματα[18] ὑμῶν ἀπὸ τῆς διανοίας[19] μου.

10 ὡς γὰρ ἐὰν καταβῇ ὑετὸς[20] ἢ χιὼν[21] ἐκ τοῦ οὐρανοῦ
καὶ οὐ μὴ ἀποστραφῇ,[22] ἕως ἂν μεθύσῃ[23] τὴν γῆν,
καὶ ἐκτέκῃ[24] καὶ ἐκβλαστήσῃ[25]
καὶ δῷ σπέρμα τῷ σπείροντι[26] καὶ ἄρτον εἰς βρῶσιν,[27]
11 οὕτως ἔσται τὸ ῥῆμά μου, ὃ ἐὰν ἐξέλθῃ ἐκ τοῦ στόματός μου,
οὐ μὴ ἀποστραφῇ,[28]
ἕως ἂν συντελεσθῇ[29] ὅσα ἠθέλησα
καὶ εὐοδώσω[30] τὰς ὁδούς σου καὶ τὰ ἐντάλματά[31] μου.

1 μαρτύριον, testimony
2 προστάσσω, *pres act ptc acc s m*, command
3 οἶδα, *plpf act ind 3p*, know
4 ἐπικαλέω, *fut mid ind 3p*, call upon
5 ἐπίσταμαι, *pres mid ind 3p*, perceive, understand
6 καταφεύγω, *fut mid ind 3p*, flee for refuge
7 ἕνεκα, for the sake of
8 ἐπικαλέω, *aor mid impv 2p*, call upon
9 ἡνίκα, when
10 ἀπολείπω, *aor act impv 3s*, leave behind, abandon
11 ἀσεβής, ungodly
12 ἄνομος, evil, lawless
13 βουλή, counsel, plan
14 ἐπιστρέφω, *aor pas impv 3s*, return, turn back
15 ἐλεέω, *fut pas ind 3s*, show mercy
16 βουλή, counsel, plan
17 ἀπέχω, *pres act ind 3s*, be far away from
18 διανόημα, thought
19 διάνοια, thinking
20 ὑετός, rain
21 χιών, snow
22 ἀποστρέφω, *aor pas sub 3s*, return
23 μεθύω, *aor act sub 3s*, water, drench
24 ἐκτίκτω, *aor act sub 3s*, bring forth
25 ἐκβλαστάνω, *aor act sub 3s*, cause to grow
26 σπείρω, *pres act ptc dat s m*, sow
27 βρῶσις, food
28 ἀποστρέφω, *aor pas sub 3s*, return
29 συντελέω, *aor pas sub 3s*, accomplish
30 εὐοδόω, *fut act ind 1s*, prosper
31 ἔνταλμα, commands

12 ἐν γὰρ εὐφροσύνῃ[1] ἐξελεύσεσθε
καὶ ἐν χαρᾷ[2] διδαχθήσεσθε·[3]
τὰ γὰρ ὄρη καὶ οἱ βουνοὶ[4] ἐξαλοῦνται[5] προσδεχόμενοι[6] ὑμᾶς ἐν χαρᾷ,
καὶ πάντα τὰ ξύλα[7] τοῦ ἀγροῦ[8] ἐπικροτήσει[9] τοῖς κλάδοις,[10]
13 καὶ ἀντὶ[11] τῆς στοιβῆς[12] ἀναβήσεται κυπάρισσος,[13]
ἀντὶ δὲ τῆς κονύζης[14] ἀναβήσεται μυρσίνη·[15]
καὶ ἔσται κύριος εἰς ὄνομα
καὶ εἰς σημεῖον αἰώνιον καὶ οὐκ ἐκλείψει.[16]

Salvation for Foreigners

56 Τάδε[17] λέγει κύριος

Φυλάσσεσθε κρίσιν, ποιήσατε δικαιοσύνην·
ἤγγισεν γὰρ τὸ σωτήριόν[18] μου παραγίνεσθαι[19]
καὶ τὸ ἔλεός[20] μου ἀποκαλυφθῆναι.[21]

2 μακάριος[22] ἀνὴρ ὁ ποιῶν ταῦτα
καὶ ἄνθρωπος ὁ ἀντεχόμενος[23] αὐτῶν
καὶ φυλάσσων τὰ σάββατα μὴ βεβηλοῦν[24]
καὶ διατηρῶν[25] τὰς χεῖρας αὐτοῦ μὴ ποιεῖν ἀδίκημα.[26]

3 μὴ λεγέτω ὁ ἀλλογενὴς[27] ὁ προσκείμενος[28] πρὸς κύριον
Ἀφοριεῖ[29] με ἄρα κύριος ἀπὸ τοῦ λαοῦ αὐτοῦ·
καὶ μὴ λεγέτω ὁ εὐνοῦχος[30] ὅτι
Ἐγώ εἰμι ξύλον[31] ξηρόν.[32]

1 εὐφροσύνη, joy, gladness
2 χαρά, joy
3 διδάσκω, *fut pas ind 2p*, instruct
4 βουνός, hill
5 ἐξάλλομαι, *fut mid ind 3p*, leap forth
6 προσδέχομαι, *pres mid ptc nom p m*, welcome
7 ξύλον, tree
8 ἀγρός, field
9 ἐπικροτέω, *fut act ind 3s*, clap
10 κλάδος, branch
11 ἀντί, instead of, in place of
12 στοιβή, shrub
13 κυπάρισσος, cypress
14 κόνυζα, nettle
15 μυρσίνη, myrtle
16 ἐκλείπω, *fut act ind 3s*, fail, cease
17 ὅδε, this
18 σωτήριον, salvation
19 παραγίνομαι, *pres mid inf*, come near
20 ἔλεος, mercy
21 ἀποκαλύπτω, *aor pas inf*, reveal
22 μακάριος, blessed, happy
23 ἀντέχω, *pres mid ptc nom s m*, cling to
24 βεβηλόω, *pres act inf*, pollute, profane
25 διατηρέω, *pres act ptc nom s m*, preserve
26 ἀδίκημα, trespass, wrong
27 ἀλλογενής, foreign
28 πρόσκειμαι, *pres mid ptc nom s m*, keep close to
29 ἀφορίζω, *fut act ind 3s*, separate
30 εὐνοῦχος, eunuch
31 ξύλον, tree
32 ξηρός, dry

4 τάδε[1] λέγει κύριος

Τοῖς εὐνούχοις,[2] ὅσοι ἂν φυλάξωνται τὰ σάββατά μου
καὶ ἐκλέξωνται[3] ἃ ἐγὼ θέλω
καὶ ἀντέχωνται[4] τῆς διαθήκης μου,
5 δώσω αὐτοῖς ἐν τῷ οἴκῳ μου καὶ ἐν τῷ τείχει[5] μου
τόπον ὀνομαστὸν[6] κρείττω[7] υἱῶν καὶ θυγατέρων,[8]
ὄνομα αἰώνιον δώσω αὐτοῖς καὶ οὐκ ἐκλείψει.[9]
6 καὶ τοῖς ἀλλογενέσι[10] τοῖς προσκειμένοις[11] κυρίῳ
δουλεύειν[12] αὐτῷ καὶ ἀγαπᾶν τὸ ὄνομα κυρίου
τοῦ εἶναι αὐτῷ εἰς δούλους καὶ δούλας[13]
καὶ πάντας τοὺς φυλασσομένους τὰ σάββατά μου μὴ βεβηλοῦν[14]
καὶ ἀντεχομένους[15] τῆς διαθήκης μου,
7 εἰσάξω[16] αὐτοὺς εἰς τὸ ὄρος τὸ ἅγιόν μου
καὶ εὐφρανῶ[17] αὐτοὺς ἐν τῷ οἴκῳ τῆς προσευχῆς μου·
τὰ ὁλοκαυτώματα[18] αὐτῶν καὶ αἱ θυσίαι[19] αὐτῶν
ἔσονται δεκταὶ[20] ἐπὶ τοῦ θυσιαστηρίου[21] μου·
ὁ γὰρ οἶκός μου οἶκος προσευχῆς κληθήσεται πᾶσιν τοῖς ἔθνεσιν,
8 εἶπεν κύριος ὁ συνάγων τοὺς διεσπαρμένους[22] Ισραηλ,
ὅτι συνάξω ἐπ᾽ αὐτὸν συναγωγήν.

Judgment against Israel's Failed Leaders

9 Πάντα τὰ θηρία τὰ ἄγρια,[23] δεῦτε[24] φάγετε,
πάντα τὰ θηρία τοῦ δρυμοῦ.[25]
10 ἴδετε ὅτι πάντες ἐκτετύφλωνται,[26] οὐκ ἔγνωσαν φρονῆσαι,[27]
πάντες κύνες[28] ἐνεοί,[29] οὐ δυνήσονται ὑλακτεῖν,[30]
ἐνυπνιαζόμενοι[31] κοίτην,[32] φιλοῦντες[33] νυστάξαι.[34]

1 ὅδε, this
2 εὐνοῦχος, eunuch
3 ἐκλέγω, *aor mid sub 3p*, choose
4 ἀντέχω, *pres mid sub 3p*, cling to
5 τεῖχος, wall
6 ὀνομαστός, renowned
7 κρείττων (σσ), *comp of* ἀγαθός, better
8 θυγάτηρ, daughter
9 ἐκλείπω, *fut act ind 3s*, fail, cease
10 ἀλλογενής, foreign
11 πρόσκειμαι, *pres mid ptc dat p m*, keep close to
12 δουλεύω, *pres act inf*, serve
13 δούλη, female servant
14 βεβηλόω, *pres act inf*, pollute, profane
15 ἀντέχω, *pres mid ptc acc p m*, cling to
16 εἰσάγω, *fut act ind 1s*, bring into
17 εὐφραίνω, *fut act ind 1s*, cheer, gladden
18 ὁλοκαύτωμα, whole burnt offering
19 θυσία, sacrifice
20 δεκτός, accepted
21 θυσιαστήριον, altar
22 διασπείρω, *perf pas ptc acc p m*, scatter
23 ἄγριος, wild
24 δεῦτε, come!
25 δρυμός, forest
26 ἐκτυφλόω, *perf pas ind 3p*, make blind
27 φρονέω, *aor act inf*, think
28 κύων, dog
29 ἐνεός, silent
30 ὑλακτέω, *pres act inf*, bark
31 ἐνυπνιάζομαι, *pres mid ptc nom p m*, dream
32 κοίτη, bed
33 φιλέω, *pres act ptc nom p m*, love
34 νυστάζω, *aor act inf*, doze, slumber

11 καὶ οἱ κύνες[1] ἀναιδεῖς[2] τῇ ψυχῇ, οὐκ εἰδότες πλησμονήν·[3]
καί εἰσιν πονηροὶ οὐκ εἰδότες σύνεσιν,[4]
πάντες ἐν ταῖς ὁδοῖς αὐτῶν ἐξηκολούθησαν,[5]
ἕκαστος κατὰ τὸ ἑαυτοῦ.

57 Ἴδετε ὡς ὁ δίκαιος ἀπώλετο, καὶ οὐδεὶς ἐκδέχεται[6] τῇ καρδίᾳ,
καὶ ἄνδρες δίκαιοι αἴρονται, καὶ οὐδεὶς κατανοεῖ.[7]
ἀπὸ γὰρ προσώπου ἀδικίας[8] ἦρται ὁ δίκαιος·
2 ἔσται ἐν εἰρήνῃ ἡ ταφὴ[9] αὐτοῦ, ἦρται ἐκ τοῦ μέσου.
3 ὑμεῖς δὲ προσαγάγετε[10] ὧδε,[11] υἱοὶ ἄνομοι,[12]
σπέρμα μοιχῶν[13] καὶ πόρνης·[14]
4 ἐν τίνι ἐνετρυφήσατε;[15]
καὶ ἐπὶ τίνα ἠνοίξατε τὸ στόμα ὑμῶν;
καὶ ἐπὶ τίνα ἐχαλάσατε[16] τὴν γλῶσσαν ὑμῶν;
οὐχ ὑμεῖς ἐστε τέκνα ἀπωλείας,[17] σπέρμα ἄνομον;[18]
5 οἱ παρακαλοῦντες ἐπὶ τὰ εἴδωλα[19] ὑπὸ δένδρα[20] δασέα,[21]
σφάζοντες[22] τὰ τέκνα αὐτῶν ἐν ταῖς φάραγξιν[23]
ἀνὰ μέσον[24] τῶν πετρῶν.[25]
6 ἐκείνη σου ἡ μερίς,[26] οὗτός σου ὁ κλῆρος,[27]
κἀκείνοις[28] ἐξέχεας[29] σπονδὰς[30] κἀκείνοις ἀνήνεγκας[31] θυσίας·[32]
ἐπὶ τούτοις οὖν οὐκ ὀργισθήσομαι;[33]
7 ἐπ᾽ ὄρος ὑψηλὸν[34] καὶ μετέωρον,[35]
ἐκεῖ σου ἡ κοίτη,[36]
κἀκεῖ[37] ἀνεβίβασας[38] θυσίας.[39]

1 κύων, dog
2 ἀναιδής, shameless
3 πλησμονή, satisfaction
4 σύνεσις, understanding
5 ἐξακολουθέω, *aor act ind 3p*, follow
6 ἐκδέχομαι, *pres mid ind 3s*, take in
7 κατανοέω, *pres act ind 3s*, perceive
8 ἀδικία, injustice
9 ταφή, burial
10 προσάγω, *aor act impv 2p*, come near
11 ὧδε, here
12 ἄνομος, evil, lawless
13 μοιχός, adulterer
14 πόρνη, prostitute
15 ἐντρυφάω, *aor act ind 2p*, revel, delight
16 χαλάω, *aor act ind 2p*, loosen
17 ἀπώλεια, destruction, ruin
18 ἄνομος, evil, lawless
19 εἴδωλον, idol
20 δένδρον, tree
21 δασύς, dense, bushy
22 σφάζω, *pres act ptc nom p m*, slaughter
23 φάραγξ, ravine
24 ἀνὰ μέσον, among
25 πέτρος, rock
26 μερίς, portion
27 κλῆρος, lot, share
28 κἀκείνοις, and those, *cr.* καὶ ἐκεῖνος
29 ἐκχέω, *aor act ind 2s*, pour out
30 σπονδή, drink offering
31 ἀναφέρω, *aor act ind 2s*, offer up
32 θυσία, sacrifice
33 ὀργίζω, *fut pas ind 1s*, be angry
34 ὑψηλός, high
35 μετέωρος, lofty
36 κοίτη, bed
37 κἀκεῖ, and there, *cr.* καὶ ἐκεῖ
38 ἀναβιβάζω, *aor act ind 2s*, offer up
39 θυσία, sacrifice

8 καὶ ὀπίσω τῶν σταθμῶν[1] τῆς θύρας σου ἔθηκας μνημόσυνά[2] σου·
ᾤου[3] ὅτι ἐὰν ἀπ᾽ ἐμοῦ ἀποστῇς,[4] πλεῖόν[5] τι ἕξεις·
ἠγάπησας τοὺς κοιμωμένους[6] μετὰ σοῦ
9 καὶ ἐπλήθυνας[7] τὴν πορνείαν[8] σου μετ᾽ αὐτῶν
καὶ πολλοὺς ἐποίησας τοὺς μακρὰν[9] ἀπὸ σοῦ
καὶ ἀπέστειλας πρέσβεις[10] ὑπὲρ τὰ ὅριά[11] σου
καὶ ἀπέστρεψας[12] καὶ ἐταπεινώθης[13] ἕως ᾅδου.[14]
10 ταῖς πολυοδίαις[15] σου ἐκοπίασας[16] καὶ οὐκ εἶπας
Παύσομαι[17] ἐνισχύουσα[18] ὅτι ἔπραξας[19] ταῦτα,
διὰ τοῦτο οὐ κατεδεήθης[20] μου **11** σύ.

τίνα εὐλαβηθεῖσα[21] ἐφοβήθης καὶ ἐψεύσω[22] με
καὶ οὐκ ἐμνήσθης[23] μου
οὐδὲ ἔλαβές με εἰς τὴν διάνοιαν[24]
οὐδὲ εἰς τὴν καρδίαν σου;
κἀγώ[25] σε ἰδὼν παρορῶ,[26]
καὶ ἐμὲ οὐκ ἐφοβήθης.
12 κἀγὼ[27] ἀπαγγελῶ τὴν δικαιοσύνην μου καὶ τὰ κακά σου,
ἃ οὐκ ὠφελήσουσίν[28] σε.
13 ὅταν ἀναβοήσῃς,[29] ἐξελέσθωσάν[30] σε ἐν τῇ θλίψει σου·
τούτους γὰρ πάντας ἄνεμος[31] λήμψεται καὶ ἀποίσει[32] καταιγίς.[33]
οἱ δὲ ἀντεχόμενοί[34] μου κτήσονται[35] γῆν
καὶ κληρονομήσουσιν[36] τὸ ὄρος τὸ ἅγιόν μου.

1 σταθμός, doorpost
2 μνημόσυνον, memorial
3 οἴομαι, *impf mid ind 2s*, suppose, think
4 ἀφίστημι, *aor act sub 2s*, desert, leave
5 πλείων/πλεῖον, *comp of* πολύς, greater
6 κοιμάω, *pres mid ptc acc p m*, sleep, lie down (sexually)
7 πληθύνω, *aor act ind 2s*, multiply
8 πορνεία, fornication
9 μακράν, far away
10 πρέσβυς, ambassador
11 ὅριον, boundary, border
12 ἀποστρέφω, *aor act ind 2s*, turn away
13 ταπεινόω, *aor pas ind 2s*, bring low
14 ᾅδης, Hades, underworld
15 πολυοδία, long journey
16 κοπιάω, *aor act ind 2s*, grow weary
17 παύω, *fut mid ind 1s*, cease
18 ἐνισχύω, *pres act ptc nom s f*, regain strength
19 πράσσω, *aor act ind 2s*, do, accomplish
20 καταδέω, *aor pas ind 2s*, bind up
21 εὐλαβέομαι, *aor pas ptc nom s f*, be cautious
22 ψεύδομαι, *aor mid ind 2s*, lie, deceive
23 μιμνῄσκομαι, *aor pas ind 2s*, remember
24 διάνοια, thought, mind
25 κἀγώ, and I, *cr.* καὶ ἐγώ
26 παροράω, *pres act ind 1s*, disregard
27 κἀγώ, and I, *cr.* καὶ ἐγώ
28 ὠφελέω, *fut act ind 3p*, benefit
29 ἀναβοάω, *aor act sub 2s*, shout aloud
30 ἐξαιρέω, *aor mid impv 3p*, deliver, rescue
31 ἄνεμος, wind
32 ἀποφέρω, *fut act ind 3s*, carry away
33 καταιγίς, storm
34 ἀντέχω, *pres mid ptc nom p m*, cling to
35 κτάομαι, *fut mid ind 3p*, acquire
36 κληρονομέω, *fut act ind 3p*, inherit

Comfort for the Contrite

14 καὶ ἐροῦσιν Καθαρίσατε ἀπὸ προσώπου αὐτοῦ ὁδοὺς
καὶ ἄρατε σκῶλα[1] ἀπὸ τῆς ὁδοῦ τοῦ λαοῦ μου.
15 Τάδε[2] λέγει κύριος ὁ ὕψιστος[3]
ὁ ἐν ὑψηλοῖς[4] κατοικῶν τὸν αἰῶνα,
ἅγιος ἐν ἁγίοις ὄνομα αὐτῷ,
κύριος ὕψιστος ἐν ἁγίοις ἀναπαυόμενος[5]
καὶ ὀλιγοψύχοις[6] διδοὺς μακροθυμίαν[7]
καὶ διδοὺς ζωὴν τοῖς συντετριμμένοις[8] τὴν καρδίαν
16 Οὐκ εἰς τὸν αἰῶνα ἐκδικήσω[9] ὑμᾶς οὐδὲ διὰ παντὸς ὀργισθήσομαι[10] ὑμῖν·
πνεῦμα γὰρ παρ᾽ ἐμοῦ ἐξελεύσεται, καὶ πνοὴν[11] πᾶσαν ἐγὼ ἐποίησα.
17 δι᾽ ἁμαρτίαν βραχύ[12] τι ἐλύπησα[13] αὐτὸν καὶ ἐπάταξα[14] αὐτὸν
καὶ ἀπέστρεψα[15] τὸ πρόσωπόν μου ἀπ᾽ αὐτοῦ,
καὶ ἐλυπήθη[16] καὶ ἐπορεύθη στυγνὸς[17] ἐν ταῖς ὁδοῖς αὐτοῦ.
18 τὰς ὁδοὺς αὐτοῦ ἑώρακα καὶ ἰασάμην[18] αὐτὸν
καὶ παρεκάλεσα αὐτὸν καὶ ἔδωκα αὐτῷ παράκλησιν[19] ἀληθινήν,[20]
19 εἰρήνην ἐπ᾽ εἰρήνην τοῖς μακρὰν[21] καὶ τοῖς ἐγγὺς[22] οὖσιν·
καὶ εἶπεν κύριος Ἰάσομαι[23] αὐτούς.
20 οἱ δὲ ἄδικοι[24] οὕτως κλυδωνισθήσονται[25]
καὶ ἀναπαύσασθαι[26] οὐ δυνήσονται.

21 οὐκ ἔστιν χαίρειν[27] τοῖς ἀσεβέσιν,[28] εἶπεν κύριος ὁ θεός.

True and False Fasting

58 Ἀναβόησον[29] ἐν ἰσχύι[30] καὶ μὴ φείσῃ,[31]
ὡς σάλπιγγα[32] ὕψωσον[33] τὴν φωνήν σου

1 σκῶλον, obstacle
2 ὅδε, this
3 ὕψιστος, *sup*, Most High
4 ὑψηλός, lofty, high
5 ἀναπαύω, *pres mid ptc nom s m*, rest
6 ὀλιγόψυχος, fainthearted
7 μακροθυμία, endurance
8 συντρίβω, *perf pas ptc dat p m*, crush, break
9 ἐκδικέω, *fut act ind 1s*, punish
10 ὀργίζω, *fut pas ind 1s*, be angry
11 πνοή, wind, breath
12 βραχύς, a little while
13 λυπέω, *aor act ind 1s*, cause to grieve
14 πατάσσω, *aor act ind 1s*, strike, smite
15 ἀποστρέφω, *aor act ind 1s*, turn away, avert
16 λυπέω, *aor pas ind 3s*, cause to grieve
17 στυγνός, gloomy, sullen
18 ἰάομαι, *aor mid ind 1s*, heal, restore
19 παράκλησις, consolation
20 ἀληθινός, true
21 μακράν, far away
22 ἐγγύς, nearby
23 ἰάομαι, *fut mid ind 1s*, heal, restore
24 ἄδικος, unjust, unrighteous
25 κλυδωνίζομαι, *fut pas ind 3p*, disturb, throw into confusion
26 ἀναπαύω, *aor mid inf*, rest
27 χαίρω, *pres act inf*, be glad, rejoice
28 ἀσεβής, ungodly
29 ἀναβοάω, *aor act impv 2s*, shout aloud
30 ἰσχύς, strength
31 φείδομαι, *aor mid sub 2s*, refrain, hold back
32 σάλπιγξ, trumpet
33 ὑψόω, *aor act impv 2s*, lift high

καὶ ἀνάγγειλον[1] τῷ λαῷ μου τὰ ἁμαρτήματα[2] αὐτῶν
καὶ τῷ οἴκῳ Ιακωβ τὰς ἀνομίας[3] αὐτῶν.
2 ἐμὲ ἡμέραν ἐξ ἡμέρας ζητοῦσιν
καὶ γνῶναί μου τὰς ὁδοὺς ἐπιθυμοῦσιν·[4]
ὡς λαὸς δικαιοσύνην πεποιηκὼς
καὶ κρίσιν θεοῦ αὐτοῦ μὴ ἐγκαταλελοιπὼς[5]
αἰτοῦσίν[6] με νῦν κρίσιν δικαίαν
καὶ ἐγγίζειν θεῷ ἐπιθυμοῦσιν[7]
3 λέγοντες Τί ὅτι ἐνηστεύσαμεν[8] καὶ οὐκ εἶδες;
ἐταπεινώσαμεν[9] τὰς ψυχὰς ἡμῶν καὶ οὐκ ἔγνως;
ἐν γὰρ ταῖς ἡμέραις τῶν νηστειῶν[10] ὑμῶν εὑρίσκετε τὰ θελήματα[11] ὑμῶν
καὶ πάντας τοὺς ὑποχειρίους[12] ὑμῶν ὑπονύσσετε.[13]
4 εἰ εἰς κρίσεις καὶ μάχας[14] νηστεύετε[15]
καὶ τύπτετε[16] πυγμαῖς[17] ταπεινόν,[18]
ἵνα τί μοι νηστεύετε ὡς σήμερον
ἀκουσθῆναι ἐν κραυγῇ[19] τὴν φωνὴν ὑμῶν;
5 οὐ ταύτην τὴν νηστείαν[20] ἐξελεξάμην[21]
καὶ ἡμέραν ταπεινοῦν[22] ἄνθρωπον τὴν ψυχὴν αὐτοῦ·
οὐδ᾽ ἂν κάμψῃς[23] ὡς κρίκον[24] τὸν τράχηλόν[25] σου
καὶ σάκκον[26] καὶ σποδὸν[27] ὑποστρώσῃ,[28]
οὐδ᾽ οὕτως καλέσετε νηστείαν[29] δεκτήν.[30]

6 οὐχὶ τοιαύτην[31] νηστείαν[32] ἐγὼ ἐξελεξάμην,[33] λέγει κύριος,
ἀλλὰ λῦε πάντα σύνδεσμον[34] ἀδικίας,[35]

1 ἀναγγέλλω, *aor act impv 2s*, proclaim
2 ἁμάρτημα, offense, sin
3 ἀνομία, transgression, lawlessness
4 ἐπιθυμέω, *pres act ind 3p*, long for, desire
5 ἐγκαταλείπω, *perf act ptc nom s m*, forsake
6 αἰτέω, *pres act ind 3p*, demand
7 ἐπιθυμέω, *pres act ind 3p*, long for, desire
8 νηστεύω, *aor act ind 1p*, fast
9 ταπεινόω, *aor act ind 1p*, humble
10 νηστεία, fasting
11 θέλημα, will, desire
12 ὑποχείριος, under one's authority
13 ὑπονύσσω, *pres act ind 2p*, goad
14 μάχη, battle
15 νηστεύω, *pres act ind 2p*, fast
16 τύπτω, *pres act ind 2p*, beat, strike
17 πυγμή, fist
18 ταπεινός, humble
19 κραυγή, crying
20 νηστεία, fasting
21 ἐκλέγω, *aor mid ind 1s*, choose
22 ταπεινόω, *pres act inf*, humble
23 κάμπτω, *aor act sub 2s*, bend, bow down
24 κρίκος, ring
25 τράχηλος, neck
26 σάκκος, sackcloth, *Heb. LW*
27 σποδός, ashes
28 ὑποστρώννυμι, *aor act sub 3s*, spread under
29 νηστεία, fasting
30 δεκτός, acceptable
31 τοιοῦτος, such
32 νηστεία, fasting
33 ἐκλέγω, *aor mid ind 1s*, choose
34 σύνδεσμος, bond, fetter
35 ἀδικία, injustice

διάλυε[1] στραγγαλιὰς[2] βιαίων[3] συναλλαγμάτων,[4]
ἀπόστελλε τεθραυσμένους[5] ἐν ἀφέσει[6]
καὶ πᾶσαν συγγραφὴν[7] ἄδικον[8] διάσπα·[9]
7 διάθρυπτε[10] πεινῶντι[11] τὸν ἄρτον σου
καὶ πτωχοὺς[12] ἀστέγους[13] εἴσαγε[14] εἰς τὸν οἶκόν σου·
ἐὰν ἴδῃς γυμνόν,[15] περίβαλε,[16]
καὶ ἀπὸ τῶν οἰκείων[17] τοῦ σπέρματός σου οὐχ ὑπερόψῃ.[18]
8 τότε ῥαγήσεται[19] πρόιμον[20] τὸ φῶς σου,
καὶ τὰ ἰάματά[21] σου ταχὺ[22] ἀνατελεῖ,[23]
καὶ προπορεύσεται[24] ἔμπροσθέν[25] σου ἡ δικαιοσύνη σου,
καὶ ἡ δόξα τοῦ θεοῦ περιστελεῖ[26] σε·
9 τότε βοήσῃ,[27] καὶ ὁ θεὸς εἰσακούσεταί[28] σου·
ἔτι λαλοῦντός σου ἐρεῖ Ἰδοὺ πάρειμι.[29]
ἐὰν ἀφέλῃς[30] ἀπὸ σοῦ σύνδεσμον[31]
καὶ χειροτονίαν[32] καὶ ῥῆμα γογγυσμοῦ[33]
10 καὶ δῷς πεινῶντι[34] τὸν ἄρτον ἐκ ψυχῆς σου
καὶ ψυχὴν τεταπεινωμένην[35] ἐμπλήσῃς,[36]
τότε ἀνατελεῖ[37] ἐν τῷ σκότει τὸ φῶς σου,
καὶ τὸ σκότος σου ὡς μεσημβρία.[38]

11 καὶ ἔσται ὁ θεός σου μετὰ σοῦ διὰ παντός·
καὶ ἐμπλησθήσῃ[39] καθάπερ[40] ἐπιθυμεῖ[41] ἡ ψυχή σου,

1 διαλύω, *pres act impv 2s*, untie
2 στραγγαλιά, knot
3 βίαιος, by force
4 συνάλλαγμα, contract
5 θραύω, *perf pas ptc acc p m*, afflict, oppress
6 ἄφεσις, release
7 συγγραφή, document
8 ἄδικος, unjust
9 διασπάω, *pres act impv 2s*, tear up
10 διαθρύπτω, *pres act impv 2s*, break
11 πεινάω, *pres act ptc dat s m*, be hungry
12 πτωχός, poor
13 ἄστεγος, homeless
14 εἰσάγω, *pres act impv 2s*, bring into
15 γυμνός, naked
16 περιβάλλω, *aor act impv 2s*, clothe
17 οἰκεῖος, kin, relative
18 ὑπεροράω, *fut mid ind 2s*, neglect
19 ῥήγνυμι, *fut pas ind 3s*, break (forth)
20 πρόϊμος, (in the) early morning
21 ἴαμα, healing
22 ταχύς, quickly
23 ἀνατέλλω, *fut act ind 3s*, rise up
24 προπορεύομαι, *fut mid ind 3s*, go before, precede
25 ἔμπροσθεν, before
26 περιστέλλω, *fut act ind 3s*, cover
27 βοάω, *fut act ind 3s*, cry out
28 εἰσακούω, *fut mid ind 3s*, hear, listen
29 πάρειμι, *pres act ind 1s*, be present
30 ἀφαιρέω, *aor act sub 2s*, remove
31 σύνδεσμος, bond, fetter
32 χειροτονία, stretching of the hands
33 γογγυσμός, grumbling
34 πεινάω, *pres act ptc dat s m*, be hungry
35 ταπεινόω, *perf pas ptc acc s f*, humble, bring low
36 ἐμπίμπλημι, *aor act sub 2s*, fill up, satisfy
37 ἀνατέλλω, *fut act ind 3s*, rise up
38 μεσημβρία, midday
39 ἐμπίμπλημι, *fut pas ind 2s*, fill up, satisfy
40 καθάπερ, just as
41 ἐπιθυμέω, *pres act ind 3s*, long for, desire

καὶ τὰ ὀστᾶ[1] σου πιανθήσεται,[2]
καὶ ἔσῃ ὡς κῆπος[3] μεθύων[4]
καὶ ὡς πηγὴ[5] ἣν μὴ ἐξέλιπεν[6] ὕδωρ,
καὶ τὰ ὀστᾶ σου ὡς βοτάνη[7] ἀνατελεῖ[8] καὶ πιανθήσεται,
καὶ κληρονομήσουσι[9] γενεὰς γενεῶν.
12 καὶ οἰκοδομηθήσονταί σου αἱ ἔρημοι αἰώνιοι,
καὶ ἔσται σου τὰ θεμέλια[10] αἰώνια γενεῶν γενεαῖς·
καὶ κληθήσῃ Οἰκοδόμος[11] φραγμῶν,[12]
καὶ τοὺς τρίβους[13] τοὺς ἀνὰ μέσον[14] παύσεις.[15]

Keeping the Sabbath

13 ἐὰν ἀποστρέψῃς[16] τὸν πόδα σου ἀπὸ τῶν σαββάτων
τοῦ μὴ ποιεῖν τὰ θελήματά[17] σου ἐν τῇ ἡμέρᾳ τῇ ἁγίᾳ
καὶ καλέσεις τὰ σάββατα τρυφερά,[18] ἅγια τῷ θεῷ σου,
οὐκ ἀρεῖς τὸν πόδα σου ἐπ᾽ ἔργῳ
οὐδὲ λαλήσεις λόγον ἐν ὀργῇ ἐκ τοῦ στόματός σου,
14 καὶ ἔσῃ πεποιθὼς ἐπὶ κύριον,
καὶ ἀναβιβάσει[19] σε ἐπὶ τὰ ἀγαθὰ τῆς γῆς
καὶ ψωμιεῖ[20] σε τὴν κληρονομίαν[21] Ιακωβ τοῦ πατρός σου·
τὸ γὰρ στόμα κυρίου ἐλάλησεν ταῦτα.

Confession of Sin and Redemption

59 Μὴ οὐκ ἰσχύει[22] ἡ χεὶρ κυρίου τοῦ σῶσαι;
ἢ ἐβάρυνεν[23] τὸ οὖς αὐτοῦ τοῦ μὴ εἰσακοῦσαι;[24]
2 ἀλλὰ τὰ ἁμαρτήματα[25] ὑμῶν
διιστῶσιν[26] ἀνὰ μέσον[27] ὑμῶν καὶ τοῦ θεοῦ,
καὶ διὰ τὰς ἁμαρτίας ὑμῶν
ἀπέστρεψεν[28] τὸ πρόσωπον αὐτοῦ ἀφ᾽ ὑμῶν τοῦ μὴ ἐλεῆσαι.[29]

1 ὀστέον, bone
2 πιαίνω, *fut pas ind 3s*, enrich
3 κῆπος, garden
4 μεθύω, *pres act ptc nom s m*, be drenched with water
5 πηγή, spring
6 ἐκλείπω, *aor act ind 3s*, fail
7 βοτάνη, plant
8 ἀνατέλλω, *fut act ind 3s*, rise up
9 κληρονομέω, *fut act ind 3p*, inherit
10 θεμέλιον, foundation
11 οἰκοδόμος, builder
12 φραγμός, fence
13 τρίβος, path
14 ἀνὰ μέσον, between
15 παύω, *fut act ind 2s*, give rest
16 ἀποστρέφω, *aor act sub 2s*, turn away
17 θέλημα, will, desire
18 τρυφερός, joyous, delightful
19 ἀναβιβάζω, *fut act ind 3s*, bring up
20 ψωμίζω, *fut act ind 3s*, feed
21 κληρονομία, inheritance
22 ἰσχύω, *pres act ind 3s*, be strong
23 βαρύνω, *aor act ind 3s*, make heavy
24 εἰσακούω, *aor act inf*, hear, listen
25 ἁμάρτημα, offense, sin
26 διΐστημι, *pres act sub 3p*, separate
27 ἀνὰ μέσον, between
28 ἀποστρέφω, *aor act ind 3s*, turn away
29 ἐλεέω, *aor act inf*, show mercy

3 αἱ γὰρ χεῖρες ὑμῶν μεμολυμμέναι[1] αἵματι
καὶ οἱ δάκτυλοι[2] ὑμῶν ἐν ἁμαρτίαις,
τὰ δὲ χείλη[3] ὑμῶν ἐλάλησεν ἀνομίαν,[4]
καὶ ἡ γλῶσσα ὑμῶν ἀδικίαν[5] μελετᾷ.[6]
4 οὐδεὶς λαλεῖ δίκαια, οὐδὲ ἔστιν κρίσις ἀληθινή·[7]
πεποίθασιν ἐπὶ ματαίοις[8] καὶ λαλοῦσιν κενά,[9]
ὅτι κύουσιν[10] πόνον[11] καὶ τίκτουσιν[12] ἀνομίαν.[13]
5 ᾠὰ[14] ἀσπίδων[15] ἔρρηξαν[16] καὶ ἱστὸν[17] ἀράχνης[18] ὑφαίνουσιν·[19]
καὶ ὁ μέλλων[20] τῶν ᾠῶν αὐτῶν φαγεῖν συντρίψας[21] οὔριον[22] εὗρεν,
καὶ ἐν αὐτῷ βασιλίσκος·[23]
6 ὁ ἱστὸς[24] αὐτῶν οὐκ ἔσται εἰς ἱμάτιον,
οὐδὲ μὴ περιβάλωνται[25] ἀπὸ τῶν ἔργων αὐτῶν·
τὰ γὰρ ἔργα αὐτῶν ἔργα ἀνομίας.[26]
7 οἱ δὲ πόδες αὐτῶν ἐπὶ πονηρίαν[27] τρέχουσιν[28]
ταχινοὶ[29] ἐκχέαι[30] αἷμα·
καὶ οἱ διαλογισμοὶ[31] αὐτῶν διαλογισμοὶ ἀφρόνων,[32]
σύντριμμα[33] καὶ ταλαιπωρία[34] ἐν ταῖς ὁδοῖς αὐτῶν.
8 καὶ ὁδὸν εἰρήνης οὐκ οἴδασιν,
καὶ οὐκ ἔστιν κρίσις ἐν ταῖς ὁδοῖς αὐτῶν·
αἱ γὰρ τρίβοι[35] αὐτῶν διεστραμμέναι,[36] ἃς διοδεύουσιν,[37]
καὶ οὐκ οἴδασιν εἰρήνην.
9 διὰ τοῦτο ἀπέστη[38] ἡ κρίσις ἀπ᾽ αὐτῶν,
καὶ οὐ μὴ καταλάβῃ[39] αὐτοὺς δικαιοσύνη·

1 μολύνω, *perf pas ptc nom p f*, stain, defile
2 δάκτυλος, finger
3 χεῖλος, lip
4 ἀνομία, transgression, lawlessness
5 ἀδικία, injustice
6 μελετάω, *pres act ind 3s*, practice
7 ἀληθινός, true
8 μάταιος, vanity, futility
9 κενός, empty (word)
10 κύω, *pres act ind 3p*, conceive
11 πόνος, distress, affliction
12 τίκτω, *pres act ind 3p*, give birth
13 ἀνομία, transgression, lawlessness
14 ᾠόν, egg
15 ἀσπίς, asp
16 ῥήγνυμι, *aor act ind 3p*, break
17 ἱστός, (web)
18 ἀράχνη, spider
19 ὑφαίνω, *pres act ind 3p*, weave
20 μέλλω, *pres act ptc nom s m*, be about to
21 συντρίβω, *aor act ptc nom s m*, break, crush
22 οὔριος, empty egg
23 βασιλίσκος, basilisk (serpent)
24 ἱστός, (web)
25 περιβάλλω, *aor mid sub 3p*, clothe
26 ἀνομία, transgression, lawlessness
27 πονηρία, evil, wickedness
28 τρέχω, *pres act ind 3p*, run
29 ταχινός, swiftly
30 ἐκχέω, *aor act inf*, pour out
31 διαλογισμός, deliberation, thought
32 ἄφρων, foolish
33 σύντριμμα, ruin
34 ταλαιπωρία, misery, distress
35 τρίβος, path
36 διαστρέφω, *perf pas ptc nom p f*, make crooked, twist
37 διοδεύω, *pres act ind 3p*, travel through
38 ἀφίστημι, *aor act ind 3s*, depart, withdraw
39 καταλαμβάνω, *aor act sub 3s*, lay hold of

ὑπομεινάντων[1] αὐτῶν φῶς ἐγένετο αὐτοῖς σκότος,
μείναντες[2] αὐγὴν[3] ἐν ἀωρίᾳ[4] περιεπάτησαν.[5]
10 ψηλαφήσουσιν[6] ὡς τυφλοὶ[7] τοῖχον[8]
καὶ ὡς οὐχ ὑπαρχόντων ὀφθαλμῶν ψηλαφήσουσιν·
καὶ πεσοῦνται ἐν μεσημβρίᾳ[9] ὡς ἐν μεσονυκτίῳ,[10]
ὡς ἀποθνῄσκοντες στενάξουσιν.[11]
11 ὡς ἄρκος[12] καὶ ὡς περιστερὰ[13] ἅμα[14] πορεύσονται·
ἀνεμείναμεν[15] κρίσιν, καὶ οὐκ ἔστιν·
σωτηρία μακρὰν[16] ἀφέστηκεν[17] ἀφ᾽ ἡμῶν.
12 πολλὴ γὰρ ἡμῶν ἡ ἀνομία[18] ἐναντίον[19] σου,
καὶ αἱ ἁμαρτίαι ἡμῶν ἀντέστησαν[20] ἡμῖν·
αἱ γὰρ ἀνομίαι ἡμῶν ἐν ἡμῖν,
καὶ τὰ ἀδικήματα[21] ἡμῶν ἔγνωμεν·
13 ἠσεβήσαμεν[22] καὶ ἐψευσάμεθα[23]
καὶ ἀπέστημεν[24] ἀπὸ ὄπισθεν[25] τοῦ θεοῦ ἡμῶν·
ἐλαλήσαμεν ἄδικα[26] καὶ ἠπειθήσαμεν,[27]
ἐκύομεν[28] καὶ ἐμελετήσαμεν[29] ἀπὸ καρδίας ἡμῶν λόγους ἀδίκους·
14 καὶ ἀπεστήσαμεν[30] ὀπίσω[31] τὴν κρίσιν,
καὶ ἡ δικαιοσύνη μακρὰν[32] ἀφέστηκεν,[33]
ὅτι καταναλώθη[34] ἐν ταῖς ὁδοῖς αὐτῶν ἡ ἀλήθεια,
καὶ δι᾽ εὐθείας[35] οὐκ ἠδύναντο διελθεῖν.[36]
15 καὶ ἡ ἀλήθεια ἦρται, καὶ μετέστησαν[37] τὴν διάνοιαν[38] τοῦ συνιέναι·[39]
καὶ εἶδεν κύριος, καὶ οὐκ ἤρεσεν[40] αὐτῷ, ὅτι οὐκ ἦν κρίσις.

1 ὑπομένω, *aor act ptc gen p m*, wait upon
2 μένω, *aor act ptc nom p m*, wait upon
3 αὐγή, brightness
4 ἀωρία, midnight, darkness
5 περιπατέω, *aor act ind 3p*, walk around
6 ψηλαφάω, *fut act ind 3p*, grope around
7 τυφλός, blind
8 τοῖχος, wall
9 μεσημβρία, midday
10 μεσονύκτιον, midnight
11 στενάζω, *fut act ind 3p*, groan
12 ἄρκος, bear
13 περιστερά, dove
14 ἅμα, together
15 ἀναμένω, *aor act ind 1p*, await
16 μακράν, far away
17 ἀφίστημι, *perf act ind 3s*, depart, withdraw
18 ἀνομία, transgression, lawlessness
19 ἐναντίον, before
20 ἀνθίστημι, *aor act ind 3p*, stand against
21 ἀδίκημα, trespass, wrong
22 ἀσεβέω, *aor act ind 1p*, act impiously toward
23 ψεύδομαι, *aor mid ind 1p*, lie, deceive
24 ἀφίστημι, *aor act ind 1p*, turn away
25 ὄπισθε(ν), behind
26 ἄδικος, unjust, unrighteous
27 ἀπειθέω, *aor act ind 1p*, disobey
28 κύω, *aor act ind 1p*, conceive
29 μελετάω, *aor act ind 1p*, meditate on, practice
30 ἀφίστημι, *aor act ind 1p*, turn away
31 ὀπίσω, back(ward)
32 μακράν, at a distance, far away
33 ἀφίστημι, *perf act ind 3s*, depart, withdraw
34 καταναλίσκω, *aor pas ind 3s*, consume
35 εὐθύς, straight, upright
36 διέρχομαι, *aor act inf*, pass through
37 μεθίστημι, *aor act ind 3p*, remove
38 διάνοια, mind
39 συνίημι, *pres act inf*, understand
40 ἀρέσκω, *aor act ind 3s*, please

16 καὶ εἶδεν καὶ οὐκ ἦν ἀνήρ,
καὶ κατενόησεν[1] καὶ οὐκ ἦν ὁ ἀντιλημψόμενος,[2]
καὶ ἠμύνατο[3] αὐτοὺς τῷ βραχίονι[4] αὐτοῦ
καὶ τῇ ἐλεημοσύνῃ[5] ἐστηρίσατο.[6]
17 καὶ ἐνεδύσατο[7] δικαιοσύνην ὡς θώρακα[8]
καὶ περιέθετο[9] περικεφαλαίαν[10] σωτηρίου[11] ἐπὶ τῆς κεφαλῆς
καὶ περιεβάλετο[12] ἱμάτιον ἐκδικήσεως[13]
καὶ τὸ περιβόλαιον[14] **18** ὡς ἀνταποδώσων[15] ἀνταπόδοσιν[16]
ὄνειδος[17] τοῖς ὑπεναντίοις.[18]
19 καὶ φοβηθήσονται οἱ ἀπὸ δυσμῶν[19] τὸ ὄνομα κυρίου
καὶ οἱ ἀπ᾽ ἀνατολῶν[20] ἡλίου τὸ ὄνομα τὸ ἔνδοξον·[21]
ἥξει[22] γὰρ ὡς ποταμὸς[23] βίαιος[24] ἡ ὀργὴ παρὰ κυρίου,
ἥξει μετὰ θυμοῦ.[25]
20 καὶ ἥξει[26] ἕνεκεν[27] Σιων ὁ ῥυόμενος[28]
καὶ ἀποστρέψει[29] ἀσεβείας[30] ἀπὸ Ιακωβ.

21 καὶ αὕτη αὐτοῖς ἡ παρ᾽ ἐμοῦ διαθήκη, εἶπεν κύριος· τὸ πνεῦμα τὸ ἐμόν, ὅ ἐστιν
ἐπὶ σοί, καὶ τὰ ῥήματα, ἃ ἔδωκα εἰς τὸ στόμα σου, οὐ μὴ ἐκλίπῃ[31] ἐκ τοῦ στόματός
σου καὶ ἐκ τοῦ στόματος τοῦ σπέρματός σου, εἶπεν γὰρ κύριος, ἀπὸ τοῦ νῦν καὶ
εἰς τὸν αἰῶνα.

Future Glory of Zion

60 Φωτίζου[32] φωτίζου, Ιερουσαλημ, ἥκει[33] γάρ σου τὸ φῶς,
καὶ ἡ δόξα κυρίου ἐπὶ σὲ ἀνατέταλκεν.[34]

1 κατανοέω, *aor act ind 3s*, perceive
2 ἀντιλαμβάνομαι, *fut mid ptc nom s m*, support, help
3 ἀμύνω, *aor mid ind 3s*, defend
4 βραχίων, arm
5 ἐλεημοσύνη, mercy
6 στηρίζω, *aor mid ind 3s*, uphold, make firm
7 ἐνδύω, *aor mid ind 3s*, put on, clothe
8 θώραξ, breastplate
9 περιτίθημι, *aor mid ind 3s*, place upon
10 περικεφαλαία, helmet
11 σωτήριον, salvation
12 περιβάλλω, *aor mid ind 3s*, cover, put on
13 ἐκδίκησις, vengeance
14 περιβόλαιον, covering
15 ἀνταποδίδωμι, *fut act ptc nom s m*, repay
16 ἀνταπόδοσις, requital, retribution
17 ὄνειδος, reproach
18 ὑπεναντίος, opponent
19 δυσμή, west
20 ἀνατολή, rising
21 ἔνδοξος, glorious
22 ἥκω, *fut act ind 3s*, come
23 ποταμός, river
24 βίαιος, violent
25 θυμός, wrath
26 ἥκω, *fut act ind 3s*, come
27 ἕνεκα, on behalf of
28 ῥύομαι, *pres mid ptc nom s m*, deliver
29 ἀποστρέφω, *fut act ind 3s*, turn away
30 ἀσέβεια, ungodliness
31 ἐκλείπω, *aor act sub 3s*, fail
32 φωτίζω, *pres mid impv 2s*, shine
33 ἥκω, *pres act ind 3s*, come
34 ἀνατέλλω, *perf act ind 3s*, rise up

2 ἰδοὺ σκότος καὶ γνόφος[1] καλύψει[2] γῆν ἐπ᾽ ἔθνη·
ἐπὶ δὲ σὲ φανήσεται[3] κύριος,
καὶ ἡ δόξα αὐτοῦ ἐπὶ σὲ ὀφθήσεται.
3 καὶ πορεύσονται βασιλεῖς τῷ φωτί σου
καὶ ἔθνη τῇ λαμπρότητί[4] σου.

4 ἆρον κύκλῳ[5] τοὺς ὀφθαλμούς σου καὶ ἰδὲ συνηγμένα τὰ τέκνα σου·
ἰδοὺ ἥκασιν[6] πάντες οἱ υἱοί σου μακρόθεν,[7]
καὶ αἱ θυγατέρες[8] σου ἐπ᾽ ὤμων[9] ἀρθήσονται.
5 τότε ὄψῃ καὶ φοβηθήσῃ καὶ ἐκστήσῃ[10] τῇ καρδίᾳ,
ὅτι μεταβαλεῖ[11] εἰς σὲ πλοῦτος[12] θαλάσσης καὶ ἐθνῶν καὶ λαῶν.
καὶ ἥξουσίν[13] σοι **6** ἀγέλαι[14] καμήλων,[15]
καὶ καλύψουσίν[16] σε κάμηλοι Μαδιαμ καὶ Γαιφα·
πάντες ἐκ Σαβα ἥξουσιν[17] φέροντες χρυσίον[18] καὶ λίβανον[19] οἴσουσιν[20]
καὶ τὸ σωτήριον[21] κυρίου εὐαγγελιοῦνται.[22]
7 καὶ πάντα τὰ πρόβατα Κηδαρ συναχθήσονταί σοι,
καὶ κριοὶ[23] Ναβαιωθ ἥξουσίν[24] σοι,
καὶ ἀνενεχθήσεται[25] δεκτὰ[26] ἐπὶ τὸ θυσιαστήριόν[27] μου,
καὶ ὁ οἶκος τῆς προσευχῆς μου δοξασθήσεται.
8 τίνες οἵδε[28] ὡς νεφέλαι[29] πέτανται[30]
καὶ ὡς περιστεραὶ[31] σὺν νεοσσοῖς;[32]
9 ἐμὲ νῆσοι[33] ὑπέμειναν[34] καὶ πλοῖα[35] Θαρσις ἐν πρώτοις,
ἀγαγεῖν τὰ τέκνα σου μακρόθεν[36]
καὶ τὸν ἄργυρον[37] καὶ τὸν χρυσὸν[38] μετ᾽ αὐτῶν
διὰ τὸ ὄνομα κυρίου τὸ ἅγιον
καὶ διὰ τὸ τὸν ἅγιον τοῦ Ισραηλ ἔνδοξον[39] εἶναι.

1 γνόφος, dark gloom
2 καλύπτω, *fut act ind 3s*, cover
3 φαίνω, *fut pas ind 3s*, give light
4 λαμπρότης, brightness, splendor
5 κύκλῳ, all around
6 ἥκω, *perf act ind 3p*, come
7 μακρόθεν, from afar
8 θυγάτηρ, daughter
9 ὦμος, shoulder
10 ἐξίστημι, *fut mid ind 2s*, be amazed
11 μεταβάλλω, *fut act ind 3s*, change
12 πλοῦτος, wealth
13 ἥκω, *fut act ind 3p*, come
14 ἀγέλη, herd
15 κάμηλος, camel
16 καλύπτω, *fut act ind 3p*, cover
17 ἥκω, *fut act ind 3p*, come
18 χρυσίον, gold
19 λίβανος, frankincense, *Heb. LW*
20 φέρω, *fut act ind 3p*, bring
21 σωτήριον, salvation
22 εὐαγγελίζομαι, *fut mid ind 3p*, proclaim good news
23 κριός, ram
24 ἥκω, *fut act ind 3p*, come
25 ἀναφέρω, *fut pas ind 3s*, offer up
26 δεκτός, acceptable (thing)
27 θυσιαστήριον, altar
28 ὅδε, this, these
29 νεφέλη, cloud
30 πέταμαι, *pres mid ind 3p*, fly
31 περιστερά, dove
32 νεοσσός, young bird
33 νῆσος, island
34 ὑπομένω, *aor act ind 3p*, wait for
35 πλοῖον, ship
36 μακρόθεν, from afar
37 ἄργυρος, silver
38 χρυσός, gold
39 ἔνδοξος, glorious

10 καὶ οἰκοδομήσουσιν ἀλλογενεῖς[1] τὰ τείχη[2] σου,
καὶ οἱ βασιλεῖς αὐτῶν παραστήσονταί[3] σοι·
διὰ γὰρ ὀργήν μου ἐπάταξά[4] σε
καὶ διὰ ἔλεον[5] ἠγάπησά σε.
11 καὶ ἀνοιχθήσονται αἱ πύλαι[6] σου διὰ παντός,
ἡμέρας καὶ νυκτὸς οὐ κλεισθήσονται,[7]
εἰσαγαγεῖν[8] πρὸς σὲ δύναμιν ἐθνῶν καὶ βασιλεῖς ἀγομένους.
12 τὰ γὰρ ἔθνη καὶ οἱ βασιλεῖς,
οἵτινες οὐ δουλεύσουσίν[9] σοι, ἀπολοῦνται,
καὶ τὰ ἔθνη ἐρημίᾳ[10] ἐρημωθήσονται.[11]
13 καὶ ἡ δόξα τοῦ Λιβάνου πρὸς σὲ ἥξει[12]
ἐν κυπαρίσσῳ[13] καὶ πεύκῃ[14] καὶ κέδρῳ[15] ἅμα,[16]
δοξάσαι τὸν τόπον τὸν ἅγιόν μου.
14 καὶ πορεύσονται πρὸς σὲ δεδοικότες[17] υἱοὶ
ταπεινωσάντων[18] σε καὶ παροξυνάντων[19] σε,
καὶ κληθήσῃ Πόλις κυρίου Σιων ἁγίου Ισραηλ.
15 διὰ τὸ γεγενῆσθαί σε ἐγκαταλελειμμένην[20] καὶ μεμισημένην
καὶ οὐκ ἦν ὁ βοηθῶν,[21]
καὶ θήσω σε ἀγαλλίαμα[22] αἰώνιον,
εὐφροσύνην[23] γενεῶν γενεαῖς.
16 καὶ θηλάσεις[24] γάλα[25] ἐθνῶν καὶ πλοῦτον[26] βασιλέων φάγεσαι·
καὶ γνώσῃ ὅτι ἐγὼ κύριος ὁ σῴζων σε
καὶ ἐξαιρούμενός[27] σε θεὸς Ισραηλ.

17 καὶ ἀντὶ[28] χαλκοῦ[29] οἴσω[30] σοι χρυσίον,[31]
ἀντὶ δὲ σιδήρου[32] οἴσω σοι ἀργύριον,[33]

1 ἀλλογενής, foreign
2 τεῖχος, wall
3 παρίστημι, *fut mid ind 3p*, attend to
4 πατάσσω, *aor act ind 1s*, strike, smite
5 ἔλεος, mercy
6 πύλη, gate
7 κλείω, *fut pas ind 3p*, shut, close
8 εἰσάγω, *aor act inf*, bring in
9 δουλεύω, *fut act ind 3p*, serve
10 ἐρημία, desolation
11 ἐρημόω, *fut pas ind 3p*, make desolate
12 ἥκω, *fut act ind 3s*, come
13 κυπάρισσος, cypress
14 πεύκη, pine
15 κέδρος, cedar
16 ἅμα, together
17 δείδω, *perf act ptc nom p m*, dread
18 ταπεινόω, *aor act ptc gen p m*, humble, bring low
19 παροξύνω, *aor act ptc gen p m*, provoke
20 ἐγκαταλείπω, *perf pas ptc acc s f*, abandon, forsake
21 βοηθέω, *pres act ptc nom s m*, help, aid
22 ἀγαλλίαμα, rejoicing
23 εὐφροσύνη, joy, gladness
24 θηλάζω, *fut act ind 2s*, suckle, nurse
25 γάλα, milk
26 πλοῦτος, wealth, riches
27 ἐξαιρέω, *pres mid ptc nom s m*, deliver, rescue
28 ἀντί, instead of, in place of
29 χαλκοῦς, bronze
30 φέρω, *fut act ind 1s*, bring
31 χρυσίον, gold
32 σίδηρος, iron
33 ἀργύριον, silver

ἀντὶ δὲ ξύλων[1] οἴσω σοι χαλκόν,[2]
ἀντὶ δὲ λίθων σίδηρον.
καὶ δώσω τοὺς ἄρχοντάς σου ἐν εἰρήνῃ
καὶ τοὺς ἐπισκόπους[3] σου ἐν δικαιοσύνῃ·
18 καὶ οὐκ ἀκουσθήσεται ἔτι ἀδικία[4] ἐν τῇ γῇ σου
οὐδὲ σύντριμμα[5] οὐδὲ ταλαιπωρία[6] ἐν τοῖς ὁρίοις[7] σου,
ἀλλὰ κληθήσεται Σωτήριον[8] τὰ τείχη[9] σου,
καὶ αἱ πύλαι[10] σου Γλύμμα.[11]
19 καὶ οὐκ ἔσται σοι ὁ ἥλιος εἰς φῶς ἡμέρας,
οὐδὲ ἀνατολὴ[12] σελήνης[13] φωτιεῖ[14] σοι τὴν νύκτα,
ἀλλ᾽ ἔσται σοι κύριος φῶς αἰώνιον
καὶ ὁ θεὸς δόξα σου.
20 οὐ γὰρ δύσεται[15] ὁ ἥλιός σοι,
καὶ ἡ σελήνη[16] σοι οὐκ ἐκλείψει·[17]
ἔσται γὰρ κύριός σοι φῶς αἰώνιον,
καὶ ἀναπληρωθήσονται[18] αἱ ἡμέραι τοῦ πένθους[19] σου.
21 καὶ ὁ λαός σου πᾶς δίκαιος,
καὶ δι᾽ αἰῶνος κληρονομήσουσιν[20] τὴν γῆν,
φυλάσσων τὸ φύτευμα,[21]
ἔργα χειρῶν αὐτοῦ εἰς δόξαν.
22 ὁ ὀλιγοστὸς[22] ἔσται εἰς χιλιάδας[23] καὶ ὁ ἐλάχιστος[24] εἰς ἔθνος μέγα·
ἐγὼ κύριος κατὰ καιρὸν συνάξω αὐτούς.

Anointing by the Spirit and the Acceptable Year of the Lord

61 Πνεῦμα κυρίου ἐπ᾽ ἐμέ, οὗ εἵνεκεν[25] ἔχρισέν[26] με·
εὐαγγελίσασθαι[27] πτωχοῖς[28] ἀπέσταλκέν με,

1 ξύλον, wood
2 χαλκός, bronze
3 ἐπίσκοπος, overseer
4 ἀδικία, injustice
5 σύντριμμα, affliction
6 ταλαιπωρία, distress, misery
7 ὅριον, boundary, border
8 σωτήριον, salvation
9 τεῖχος, city wall
10 πύλη, gate
11 γλύμμα, engraving, inscription
12 ἀνατολή, rising
13 σελήνη, moon
14 φωτίζω, *fut act ind 3s*, shine
15 δύω, *fut mid ind 3s*, set
16 σελήνη, moon
17 ἐκλείπω, *fut act ind 3s*, fail, cease
18 ἀναπληρόω, *fut pas ind 3p*, fulfill
19 πένθος, mourning
20 κληρονομέω, *fut act ind 3p*, inherit
21 φύτευμα, planting
22 ὀλίγος, *sup*, smallest
23 χιλιάς, thousand
24 ἐλάχιστος, *sup of* μικρός, *from* ἐλαχύς, least, lowliest
25 εἵνεκεν, because
26 χρίω, *aor act ind 3s*, anoint
27 εὐαγγελίζομαι, *aor mid inf*, proclaim good news
28 πτωχός, poor

ἰάσασθαι[1] τοὺς συντετριμμένους[2] τῇ καρδίᾳ,
κηρύξαι[3] αἰχμαλώτοις[4] ἄφεσιν[5] καὶ τυφλοῖς[6] ἀνάβλεψιν,[7]
2 καλέσαι ἐνιαυτὸν[8] κυρίου δεκτὸν[9] καὶ ἡμέραν ἀνταποδόσεως,[10]
παρακαλέσαι πάντας τοὺς πενθοῦντας,[11]
3 δοθῆναι τοῖς πενθοῦσιν[12] Σιων δόξαν ἀντὶ[13] σποδοῦ,[14]
ἄλειμμα[15] εὐφροσύνης[16] τοῖς πενθοῦσιν,
καταστολὴν[17] δόξης ἀντὶ πνεύματος ἀκηδίας·[18]
καὶ κληθήσονται γενεαὶ δικαιοσύνης,
φύτευμα[19] κυρίου εἰς δόξαν.
4 καὶ οἰκοδομήσουσιν ἐρήμους αἰωνίας,
ἐξηρημωμένας[20] πρότερον[21] ἐξαναστήσουσιν·[22]
καὶ καινιοῦσιν[23] πόλεις ἐρήμους
ἐξηρημωμένας[24] εἰς γενεάς.

5 καὶ ἥξουσιν[25] ἀλλογενεῖς[26] ποιμαίνοντες[27] τὰ πρόβατά σου,
καὶ ἀλλόφυλοι[28] ἀροτῆρες[29] καὶ ἀμπελουργοί·[30]
6 ὑμεῖς δὲ ἱερεῖς κυρίου κληθήσεσθε, λειτουργοὶ[31] θεοῦ·
ἰσχὺν[32] ἐθνῶν κατέδεσθε[33]
καὶ ἐν τῷ πλούτῳ[34] αὐτῶν θαυμασθήσεσθε.[35]
7 οὕτως ἐκ δευτέρας κληρονομήσουσιν[36] τὴν γῆν,
καὶ εὐφροσύνη[37] αἰώνιος ὑπὲρ κεφαλῆς αὐτῶν.

8 ἐγὼ γάρ εἰμι κύριος ὁ ἀγαπῶν δικαιοσύνην
καὶ μισῶν ἁρπάγματα[38] ἐξ ἀδικίας·[39]

1 ἰάομαι, *aor mid inf*, heal, restore
2 συντρίβω, *perf pas ptc acc p m*, crush, break
3 κηρύσσω, *aor act inf*, proclaim
4 αἰχμάλωτος, captive
5 ἄφεσις, release
6 τυφλός, blind
7 ἀνάβλεψις, recovery of sight
8 ἐνιαυτός, year
9 δεκτός, acceptable
10 ἀνταπόδοσις, recompense, retribution
11 πενθέω, *pres act ptc acc p m*, mourn
12 πενθέω, *pres act ind 3p*, mourn
13 ἀντί, in place of
14 σποδός, ashes
15 ἄλειμμα, anointing
16 εὐφροσύνη, joy, gladness
17 καταστολή, garment
18 ἀκηδία, weariness
19 φύτευμα, planting
20 ἐξερημόω, *perf pas ptc acc p f*, make desolate
21 πρότερος, former, previous
22 ἐξανίστημι, *fut act ind 3p*, raise up
23 καινίζω, *fut act ind 3p*, renew, repair
24 ἐξερημόω, *perf pas ptc acc p f*, make desolate
25 ἥκω, *fut act ind 3p*, come
26 ἀλλογενής, foreign
27 ποιμαίνω, *pres act ptc nom p m*, tend (flocks)
28 ἀλλόφυλος, foreign, alien
29 ἀροτήρ, plowman
30 ἀμπελουργός, vinedresser
31 λειτουργός, minister
32 ἰσχύς, strength
33 κατεσθίω, *fut mid ind 2p*, devour
34 πλοῦτος, wealth
35 θαυμάζω, *fut pas ind 2p*, admire
36 κληρονομέω, *fut act ind 3p*, acquire possession, inherit
37 εὐφροσύνη, joy, gladness
38 ἅρπαγμα, plunder, spoils
39 ἀδικία, injustice

καὶ δώσω τὸν μόχθον[1] αὐτῶν δικαίοις
καὶ διαθήκην αἰώνιον διαθήσομαι[2] αὐτοῖς.
9 καὶ γνωσθήσεται ἐν τοῖς ἔθνεσιν
τὸ σπέρμα αὐτῶν καὶ τὰ ἔκγονα[3] αὐτῶν·
πᾶς ὁ ὁρῶν αὐτοὺς ἐπιγνώσεται αὐτούς,
ὅτι οὗτοί εἰσιν σπέρμα ηὐλογημένον ὑπὸ θεοῦ
10 καὶ εὐφροσύνῃ[4] εὐφρανθήσονται[5] ἐπὶ κύριον.

ἀγαλλιάσθω[6] ἡ ψυχή μου ἐπὶ τῷ κυρίῳ·
ἐνέδυσεν[7] γάρ με ἱμάτιον σωτηρίου[8]
καὶ χιτῶνα[9] εὐφροσύνης[10]
ὡς νυμφίῳ[11] περιέθηκέν[12] μοι μίτραν[13]
καὶ ὡς νύμφην[14] κατεκόσμησέν[15] με κόσμῳ.[16]
11 καὶ ὡς γῆν αὔξουσαν[17] τὸ ἄνθος[18] αὐτῆς
καὶ ὡς κῆπος[19] τὰ σπέρματα αὐτοῦ,
οὕτως ἀνατελεῖ[20] κύριος δικαιοσύνην
καὶ ἀγαλλίαμα[21] ἐναντίον[22] πάντων τῶν ἐθνῶν.

Glory and a New Name for Zion

62 Διὰ Σιων οὐ σιωπήσομαι[23]
καὶ διὰ Ιερουσαλημ οὐκ ἀνήσω,[24]
ἕως ἂν ἐξέλθῃ ὡς φῶς ἡ δικαιοσύνη μου,
τὸ δὲ σωτήριόν[25] μου ὡς λαμπὰς[26] καυθήσεται.[27]
2 καὶ ὄψονται ἔθνη τὴν δικαιοσύνην σου
καὶ βασιλεῖς τὴν δόξαν σου,
καὶ καλέσει σε τὸ ὄνομά σου τὸ καινόν,[28]
ὃ ὁ κύριος ὀνομάσει[29] αὐτό.
3 καὶ ἔσῃ στέφανος[30] κάλλους ἐν χειρὶ κυρίου
καὶ διάδημα[31] βασιλείας ἐν χειρὶ θεοῦ σου.

1 μόχθος, toil, labor
2 διατίθημι, *fut mid ind 1s*, arrange
3 ἔκγονος, offspring
4 εὐφροσύνη, joy, gladness
5 εὐφραίνω, *fut pas ind 3p*, be glad, rejoice
6 ἀγαλλιάω, *aor mid impv 3s*, exult, rejoice
7 ἐνδύω, *aor act ind 3s*, put on, clothe
8 σωτήριον, salvation
9 χιτών, tunic
10 εὐφροσύνη, joy, gladness
11 νυμφίος, bridegroom
12 περιτίθημι, *aor act ind 3s*, put on
13 μίτρα, headdress
14 νύμφη, bride
15 κατακοσμέω, *aor act ind 3s*, adorn
16 κόσμος, adornment
17 αὐξάνω, *pres act ptc acc s f*, cause to grow
18 ἄνθος, flower, blossom
19 κῆπος, garden, orchard
20 ἀνατέλλω, *fut act ind 3s*, cause to spring forth
21 ἀγαλλίαμα, rejoicing
22 ἐναντίον, before, in the presence of
23 σιωπάω, *fut mid ind 1s*, keep silence
24 ἀνίημι, *fut act ind 1s*, ease up, loosen
25 σωτήριον, salvation
26 λαμπάς, torch, lamp
27 καίω, *fut pas ind 3s*, kindle, burn
28 καινός, new
29 ὀνομάζω, *fut act ind 3s*, name
30 στέφανος, crown
31 διάδημα, diadem

4 καὶ οὐκέτι κληθήσῃ Καταλελειμμένη,[1]
καὶ ἡ γῆ σου οὐ κληθήσεται Ἔρημος·
σοὶ γὰρ κληθήσεται Θέλημα[2] ἐμόν,
καὶ τῇ γῇ σου Οἰκουμένη.[3]
5 καὶ ὡς συνοικῶν[4] νεανίσκος[5] παρθένῳ,[6]
οὕτως κατοικήσουσιν οἱ υἱοί σου μετὰ σοῦ·
καὶ ἔσται ὃν τρόπον[7] εὐφρανθήσεται[8] νυμφίος[9] ἐπὶ νύμφῃ,[10]
οὕτως εὐφρανθήσεται κύριος ἐπὶ σοί.
6 καὶ ἐπὶ τῶν τειχέων[11] σου, Ιερουσαλημ,
κατέστησα[12] φύλακας[13] ὅλην τὴν ἡμέραν καὶ ὅλην τὴν νύκτα,
οἳ διὰ τέλους οὐ σιωπήσονται[14] μιμνῃσκόμενοι[15] κυρίου.
7 οὐκ ἔστιν γὰρ ὑμῖν ὅμοιος,[16]
ἐὰν διορθώσῃ[17] καὶ ποιήσῃ Ιερουσαλημ ἀγαυρίαμα[18] ἐπὶ τῆς γῆς.
8 ὤμοσεν[19] κύριος κατὰ τῆς δεξιᾶς αὐτοῦ
καὶ κατὰ τῆς ἰσχύος[20] τοῦ βραχίονος[21] αὐτοῦ
Εἰ ἔτι δώσω τὸν σῖτόν[22] σου καὶ τὰ βρώματά[23] σου τοῖς ἐχθροῖς σου,
καὶ εἰ ἔτι πίονται υἱοὶ ἀλλότριοι[24] τὸν οἶνόν σου, ἐφ᾽ ᾧ ἐμόχθησας·[25]
9 ἀλλ᾽ ἢ οἱ συνάγοντες φάγονται αὐτὰ καὶ αἰνέσουσιν[26] κύριον,
καὶ οἱ συνάγοντες πίονται αὐτὰ ἐν ταῖς ἐπαύλεσιν[27] ταῖς ἁγίαις μου.

10 πορεύεσθε διὰ τῶν πυλῶν[28] μου
καὶ ὁδοποιήσατε[29] τῷ λαῷ μου
καὶ τοὺς λίθους τοὺς ἐκ τῆς ὁδοῦ διαρρίψατε·[30]
ἐξάρατε[31] σύσσημον[32] εἰς τὰ ἔθνη.

1 καταλείπω, *perf pas ptc nom s f*, abandon, forsake
2 θέλημα, will
3 οἰκουμένη, inhabited
4 συνοικέω, *pres act ptc nom s m*, live with (in marriage)
5 νεανίσκος, young man
6 παρθένος, young woman, virgin
7 ὃν τρόπον, in like manner
8 εὐφραίνω, *fut pas ind 3s*, be glad, rejoice
9 νυμφίος, bridegroom
10 νύμφη, bride
11 τεῖχος, city wall
12 καθίστημι, *aor act ind 1s*, set up, appoint
13 φύλαξ, sentinel, watchman
14 σιωπάω, *fut mid ind 3p*, keep silence
15 μιμνήσκομαι, *pres mid ptc nom p m*, call to mind
16 ὅμοιος, like, similar
17 διορθόω, *aor act sub 3s*, restore
18 ἀγαυρίαμα, pride, boast
19 ὄμνυμι, *aor act ind 3s*, swear an oath
20 ἰσχύς, strength
21 βραχίων, arm
22 σῖτος, grain
23 βρῶμα, food, provisions
24 ἀλλότριος, foreign
25 μοχθέω, *aor act ind 2s*, toil, labor
26 αἰνέω, *fut act ind 3p*, praise
27 ἔπαυλις, dwelling
28 πύλη, gate, court
29 ὁδοποιέω, *aor act impv 2p*, prepare the way
30 διαρρίπτω, *aor act impv 2p*, cast, clear out
31 ἐξαίρω, *aor act impv 2p*, lift up
32 σύσσημον, signal

11 ἰδοὺ γὰρ κύριος ἐποίησεν ἀκουστὸν[1] ἕως ἐσχάτου τῆς γῆς
Εἴπατε τῇ θυγατρὶ[2] Σιων Ἰδού σοι ὁ σωτὴρ[3] παραγίνεται[4]
ἔχων τὸν ἑαυτοῦ μισθὸν[5] καὶ τὸ ἔργον πρὸ προσώπου αὐτοῦ.
12 καὶ καλέσει αὐτὸν λαὸν ἅγιον
λελυτρωμένον[6] ὑπὸ κυρίου,
σὺ δὲ κληθήσῃ ἐπιζητουμένη[7] πόλις
καὶ οὐκ ἐγκαταλελειμμένη.[8]

A Day of Vengeance on the Nations

63 Τίς οὗτος ὁ παραγινόμενος[9] ἐξ Εδωμ,
ἐρύθημα[10] ἱματίων ἐκ Βοσορ,
οὕτως ὡραῖος[11] ἐν στολῇ[12] βίᾳ[13] μετὰ ἰσχύος;[14]
ἐγὼ διαλέγομαι[15] δικαιοσύνην καὶ κρίσιν σωτηρίου.[16]
2 διὰ τί σου ἐρυθρὰ[17] τὰ ἱμάτια
καὶ τὰ ἐνδύματά[18] σου ὡς ἀπὸ πατητοῦ[19] ληνοῦ;[20]
3 πλήρης[21] καταπεπατημένης,[22]
καὶ τῶν ἐθνῶν οὐκ ἔστιν ἀνὴρ μετ᾽ ἐμοῦ,
καὶ κατεπάτησα[23] αὐτοὺς ἐν θυμῷ[24]
καὶ κατέθλασα[25] αὐτοὺς ὡς γῆν
καὶ κατήγαγον[26] τὸ αἷμα αὐτῶν εἰς γῆν.
4 ἡμέρα γὰρ ἀνταποδόσεως[27] ἐπῆλθεν[28] αὐτοῖς,
καὶ ἐνιαυτὸς[29] λυτρώσεως[30] πάρεστιν.[31]
5 καὶ ἐπέβλεψα,[32] καὶ οὐδεὶς βοηθός·[33]
καὶ προσενόησα,[34] καὶ οὐθεὶς[35] ἀντελαμβάνετο·[36]

1 ἀκουστός, heard
2 θυγάτηρ, daughter
3 σωτήρ, savior
4 παραγίνομαι, *pres mid ind 3s*, come, arrive
5 μισθός, reward
6 λυτρόω, *perf pas ptc acc s m*, redeem, ransom
7 ἐπιζητέω, *pres pas ptc nom s f*, seek after
8 ἐγκαταλείπω, *perf pas ptc nom s f*, abandon, desert
9 παραγίνομαι, *pres mid ptc nom s m*, come
10 ἐρύθημα, dyed red, scarlet
11 ὡραῖος, beautiful
12 στολή, garment
13 βία, mightily, forcefully
14 ἰσχύς, strength
15 διαλέγομαι, *pres mid ind 1s*, discourse, reason
16 σωτήριον, salvation
17 ἐρυθρός, dyed red, scarlet
18 ἔνδυμα, clothing
19 πατητός, trodden
20 ληνός, winepress, wine vat
21 πλήρης, complete, full
22 καταπατέω, *pres pas ptc gen s f*, trample down
23 καταπατέω, *aor act ind 1s*, trample down
24 θυμός, wrath
25 καταθλάω, *aor act ind 1s*, crush
26 κατάγω, *aor act ind 1s*, cause to flow down
27 ἀνταπόδοσις, requital, recompense
28 ἐπέρχομαι, *aor act ind 3s*, come upon
29 ἐνιαυτός, year
30 λύτρωσις, redemption
31 πάρειμι, *pres act ind 3s*, be present
32 ἐπιβλέπω, *aor act ind 1s*, observe
33 βοηθός, helper
34 προσνοέω, *aor act ind 1s*, pay attention
35 οὐθείς, no one
36 ἀντιλαμβάνομαι, *impf mid ind 3s*, help, support

καὶ ἐρρύσατο[1] αὐτοὺς ὁ βραχίων[2] μου,
καὶ ὁ θυμός[3] μου ἐπέστη.[4]
6 καὶ κατεπάτησα[5] αὐτοὺς τῇ ὀργῇ μου
καὶ κατήγαγον[6] τὸ αἷμα αὐτῶν εἰς γῆν.

Remembering the Lord's Mercy

7 Τὸν ἔλεον[7] κυρίου ἐμνήσθην,[8] τὰς ἀρετὰς[9] κυρίου ἐν πᾶσιν,
οἷς ὁ κύριος ἡμῖν ἀνταποδίδωσιν·[10]
κύριος κριτὴς[11] ἀγαθὸς τῷ οἴκῳ Ισραηλ,
ἐπάγει[12] ἡμῖν κατὰ τὸ ἔλεος αὐτοῦ
καὶ κατὰ τὸ πλῆθος τῆς δικαιοσύνης αὐτοῦ.
8 καὶ εἶπεν Οὐχ ὁ λαός μου
τέκνα οὐ μὴ ἀθετήσωσιν;[13]
καὶ ἐγένετο αὐτοῖς εἰς σωτηρίαν
9 ἐκ πάσης θλίψεως.
οὐ πρέσβυς[14] οὐδὲ ἄγγελος, ἀλλ᾽ αὐτὸς κύριος ἔσωσεν αὐτοὺς
διὰ τὸ ἀγαπᾶν αὐτοὺς καὶ φείδεσθαι[15] αὐτῶν·
αὐτὸς ἐλυτρώσατο[16] αὐτοὺς καὶ ἀνέλαβεν[17] αὐτοὺς
καὶ ὕψωσεν[18] αὐτοὺς πάσας τὰς ἡμέρας τοῦ αἰῶνος.
10 αὐτοὶ δὲ ἠπείθησαν[19] καὶ παρώξυναν[20] τὸ πνεῦμα τὸ ἅγιον αὐτοῦ·
καὶ ἐστράφη[21] αὐτοῖς εἰς ἔχθραν,[22] καὶ αὐτὸς ἐπολέμησεν αὐτούς.
11 καὶ ἐμνήσθη[23] ἡμερῶν αἰωνίων ὁ ἀναβιβάσας[24] ἐκ τῆς γῆς
τὸν ποιμένα[25] τῶν προβάτων·
ποῦ ἐστιν ὁ θεὶς ἐν αὐτοῖς τὸ πνεῦμα τὸ ἅγιον;
12 ὁ ἀγαγὼν τῇ δεξιᾷ Μωυσῆν, ὁ βραχίων[26] τῆς δόξης αὐτοῦ;
κατίσχυσεν[27] ὕδωρ ἀπὸ προσώπου αὐτοῦ ποιῆσαι αὐτῷ ὄνομα αἰώνιον.
13 ἤγαγεν αὐτοὺς διὰ τῆς ἀβύσσου[28] ὡς ἵππον[29] δι᾽ ἐρήμου,
καὶ οὐκ ἐκοπίασαν.[30]

1 ῥύομαι, *aor mid ind 3s*, deliver
2 βραχίων, arm
3 θυμός, wrath
4 ἐφίστημι, *aor act ind 3s*, be nearby
5 καταπατέω, *aor act ind 1s*, trample down
6 κατάγω, *aor act ind 1s*, cause to flow down
7 ἔλεος, mercy
8 μιμνῄσκομαι, *aor pas ind 1s*, remember
9 ἀρετή, praises, excellence
10 ἀνταποδίδωμι, *pres act ind 3s*, reward, repay
11 κριτής, judge
12 ἐπάγω, *pres act ind 3s*, bring upon
13 ἀθετέω, *aor act sub 3p*, deal treacherously
14 πρέσβυς, ambassador
15 φείδομαι, *pres mid inf*, spare
16 λυτρόω, *aor mid ind 3s*, redeem, ransom
17 ἀναλαμβάνω, *aor act ind 3s*, lay hold of
18 ὑψόω, *aor act ind 3s*, lift high, exalt
19 ἀπειθέω, *aor act ind 3p*, disobey
20 παροξύνω, *aor act ind 3p*, provoke
21 στρέφω, *aor pas ind 3s*, turn into
22 ἔχθρα, enmity
23 μιμνῄσκομαι, *aor pas ind 3s*, remember
24 ἀναβιβάζω, *aor act ptc nom s m*, guide up
25 ποιμήν, shepherd
26 βραχίων, arm
27 κατισχύω, *aor act ind 3s*, prevail over
28 ἄβυσσος, deeps, abyss
29 ἵππος, horse
30 κοπιάω, *aor act ind 3p*, grow weary

14 καὶ ὡς κτήνη[1] διὰ πεδίου,[2]
κατέβη πνεῦμα παρὰ κυρίου καὶ ὡδήγησεν[3] αὐτούς·
οὕτως ἤγαγες τὸν λαόν σου ποιῆσαι σεαυτῷ ὄνομα δόξης.

A Prayer for Mercy and Help

15 Ἐπίστρεψον ἐκ τοῦ οὐρανοῦ
καὶ ἰδὲ ἐκ τοῦ οἴκου τοῦ ἁγίου σου καὶ δόξης·
ποῦ ἐστιν ὁ ζῆλός[4] σου καὶ ἡ ἰσχύς[5] σου;
ποῦ ἐστιν τὸ πλῆθος τοῦ ἐλέους[6] σου
καὶ τῶν οἰκτιρμῶν[7] σου, ὅτι ἀνέσχου[8] ἡμῶν;
16 σὺ γὰρ ἡμῶν εἶ πατήρ, ὅτι Αβρααμ οὐκ ἔγνω ἡμᾶς,
καὶ Ισραηλ οὐκ ἐπέγνω ἡμᾶς, ἀλλὰ σύ, κύριε, πατὴρ ἡμῶν·
ῥῦσαι[9] ἡμᾶς, ἀπ᾽ ἀρχῆς τὸ ὄνομά σου ἐφ᾽ ἡμᾶς ἐστιν.

17 τί ἐπλάνησας ἡμᾶς, κύριε, ἀπὸ τῆς ὁδοῦ σου,
ἐσκλήρυνας[10] ἡμῶν τὰς καρδίας τοῦ μὴ φοβεῖσθαί σε;
ἐπίστρεψον διὰ τοὺς δούλους σου,
διὰ τὰς φυλὰς τῆς κληρονομίας[11] σου,
18 ἵνα μικρὸν κληρονομήσωμεν[12] τοῦ ὄρους τοῦ ἁγίου σου,
οἱ ὑπεναντίοι[13] ἡμῶν κατεπάτησαν[14] τὸ ἁγίασμά[15] σου.
19 ἐγενόμεθα ὡς τὸ ἀπ᾽ ἀρχῆς,
ὅτε οὐκ ἦρξας ἡμῶν οὐδὲ ἐπεκλήθη[16] τὸ ὄνομά σου ἐφ᾽ ἡμᾶς.
ἐὰν ἀνοίξῃς τὸν οὐρανόν,
τρόμος[17] λήμψεται ἀπὸ σοῦ ὄρη, καὶ τακήσονται,[18]

64 ὡς κηρὸς[19] ἀπὸ πυρὸς τήκεται.[20]
καὶ κατακαύσει[21] πῦρ τοὺς ὑπεναντίους,[22]
καὶ φανερὸν[23] ἔσται τὸ ὄνομα κυρίου ἐν τοῖς ὑπεναντίοις·
ἀπὸ προσώπου σου ἔθνη ταραχθήσονται.[24]

1 κτῆνος, animal, (*p*) herd
2 πεδίον, field, plain
3 ὁδηγέω, *aor act ind 3s*, lead, guide
4 ζῆλος, zeal
5 ἰσχύς, strength
6 ἔλεος, mercy
7 οἰκτιρμός, compassion
8 ἀνέχω, *aor mid ind 2s*, withhold
9 ῥύομαι, *aor mid impv 2s*, deliver
10 σκληρύνω, *aor act ind 2s*, harden, make heavy
11 κληρονομία, inheritance
12 κληρονομέω, *aor act sub 1p*, inherit
13 ὑπεναντίος, opponent
14 καταπατέω, *aor act ind 3p*, trample down
15 ἁγίασμα, sanctuary
16 ἐπικαλέω, *aor pas ind 3s*, call upon
17 τρόμος, trembling, quaking
18 τήκω, *fut pas ind 3p*, melt
19 κηρός, wax
20 τήκω, *pres pas ind 3s*, melt
21 κατακαίω, *fut act ind 3s*, burn up
22 ὑπεναντίος, opponent
23 φανερός, manifest, visible
24 ταράσσω, *fut pas ind 3p*, trouble, disturb

2 ὅταν ποιῇς τὰ ἔνδοξα,[1]
τρόμος[2] λήμψεται ἀπὸ σοῦ ὄρη.
3 ἀπὸ τοῦ αἰῶνος οὐκ ἠκούσαμεν
οὐδὲ οἱ ὀφθαλμοὶ ἡμῶν εἶδον θεὸν πλὴν σοῦ
καὶ τὰ ἔργα σου, ἃ ποιήσεις τοῖς ὑπομένουσιν[3] ἔλεον.[4]
4 συναντήσεται[5] γὰρ τοῖς ποιοῦσιν τὸ δίκαιον,
καὶ τῶν ὁδῶν σου μνησθήσονται.[6]
ἰδοὺ σὺ ὠργίσθης,[7] καὶ ἡμεῖς ἡμάρτομεν·
διὰ τοῦτο ἐπλανήθημεν.
5 καὶ ἐγενήθημεν ὡς ἀκάθαρτοι πάντες ἡμεῖς,
ὡς ῥάκος[8] ἀποκαθημένης[9] πᾶσα ἡ δικαιοσύνη ἡμῶν·
καὶ ἐξερρύημεν[10] ὡς φύλλα[11] διὰ τὰς ἀνομίας[12] ἡμῶν,
οὕτως ἄνεμος[13] οἴσει[14] ἡμᾶς.
6 καὶ οὐκ ἔστιν ὁ ἐπικαλούμενος[15] τὸ ὄνομά σου
καὶ ὁ μνησθεὶς[16] ἀντιλαβέσθαι[17] σου·
ὅτι ἀπέστρεψας[18] τὸ πρόσωπόν σου ἀφ᾽ ἡμῶν
καὶ παρέδωκας ἡμᾶς διὰ τὰς ἁμαρτίας ἡμῶν.

7 καὶ νῦν, κύριε, πατὴρ ἡμῶν σύ,
ἡμεῖς δὲ πηλὸς[19] ἔργον τῶν χειρῶν σου πάντες·
8 μὴ ὀργίζου[20] ἡμῖν σφόδρα[21] καὶ μὴ ἐν καιρῷ μνησθῇς[22] ἁμαρτιῶν ἡμῶν.
καὶ νῦν ἐπίβλεψον,[23] ὅτι λαός σου πάντες ἡμεῖς.
9 πόλις τοῦ ἁγίου σου ἐγενήθη ἔρημος,
Σιων ὡς ἔρημος ἐγενήθη, Ιερουσαλημ εἰς κατάραν.[24]
10 ὁ οἶκος, τὸ ἅγιον ἡμῶν, καὶ ἡ δόξα,
ἣν ηὐλόγησαν οἱ πατέρες ἡμῶν,
ἐγενήθη πυρίκαυστος,[25]
καὶ πάντα τὰ ἔνδοξα[26] συνέπεσεν.[27]

1 ἔνδοξος, glorious (deed)
2 τρόμος, trembling, quaking
3 ὑπομένω, *pres act ind 3p*, await
4 ἔλεος, mercy
5 συναντάω, *fut mid ind 3s*, rise to meet
6 μιμνῄσκομαι, *fut pas ind 3p*, remember
7 ὀργίζω, *aor pas ind 2s*, be angry
8 ῥάκος, rag
9 ἀποκάθημαι, *pres pas ptc gen s f*, be indisposed (during menstruation)
10 ἐκρέω, *aor pas ind 1p*, fall off
11 φύλλον, leaf
12 ἀνομία, transgression, lawlessness
13 ἄνεμος, wind
14 φέρω, *fut act ind 3s*, carry away
15 ἐπικαλέω, *pres mid ptc nom s m*, call upon
16 μιμνῄσκομαι, *aor pas ptc nom s m*, remember
17 ἀντιλαμβάνομαι, *aor mid inf*, take hold of
18 ἀποστρέφω, *aor act ind 2s*, turn away
19 πηλός, clay
20 ὀργίζω, *pres pas impv 2s*, be angry
21 σφόδρα, exceedingly
22 μιμνῄσκομαι, *aor pas sub 2s*, remember
23 ἐπιβλέπω, *aor act impv 2s*, look upon
24 κατάρα, curse
25 πυρίκαυστος, burned with fire
26 ἔνδοξος, glorious (place)
27 συμπίπτω, *aor act ind 3s*, collapse, fall

11 καὶ ἐπὶ πᾶσι τούτοις ἀνέσχου,[1] κύριε,
καὶ ἐσιώπησας[2] καὶ ἐταπείνωσας[3] ἡμᾶς σφόδρα.[4]

Judgment and Salvation

65 Ἐμφανὴς[5] ἐγενόμην τοῖς ἐμὲ μὴ ζητοῦσιν,
εὑρέθην τοῖς ἐμὲ μὴ ἐπερωτῶσιν·[6]
εἶπα Ἰδού εἰμι,
τῷ ἔθνει οἳ οὐκ ἐκάλεσάν μου τὸ ὄνομα.
2 ἐξεπέτασα[7] τὰς χεῖράς μου ὅλην τὴν ἡμέραν
πρὸς λαὸν ἀπειθοῦντα[8] καὶ ἀντιλέγοντα,[9]
οἳ οὐκ ἐπορεύθησαν ὁδῷ ἀληθινῇ,[10]
ἀλλ᾽ ὀπίσω[11] τῶν ἁμαρτιῶν αὐτῶν.
3 ὁ λαὸς οὗτος ὁ παροξύνων[12] με ἐναντίον[13] ἐμοῦ διὰ παντός,
αὐτοὶ θυσιάζουσιν[14] ἐν τοῖς κήποις[15]
καὶ θυμιῶσιν[16] ἐπὶ ταῖς πλίνθοις[17]
τοῖς δαιμονίοις,[18] ἃ οὐκ ἔστιν·
4 καὶ ἐν τοῖς μνήμασιν[19] καὶ ἐν τοῖς σπηλαίοις[20]
κοιμῶνται[21] δι᾽ ἐνύπνια,
οἱ ἔσθοντες[22] κρέα[23] ὕεια[24] καὶ ζωμὸν[25] θυσιῶν,[26]
μεμολυμμένα[27] πάντα τὰ σκεύη[28] αὐτῶν·
5 οἱ λέγοντες Πόρρω[29] ἀπ᾽ ἐμοῦ, μὴ ἐγγίσῃς μου,
ὅτι καθαρός[30] εἰμι·
οὗτος καπνὸς[31] τοῦ θυμοῦ[32] μου,
πῦρ καίεται[33] ἐν αὐτῷ πάσας τὰς ἡμέρας.

1 ἀνέχω, *aor mid ind 2s*, restrain
2 σιωπάω, *aor act ind 2s*, keep silence
3 ταπεινόω, *aor act ind 2s*, humble, bring low
4 σφόδρα, exceedingly
5 ἐμφανής, manifest, visible
6 ἐπερωτάω, *pres act ind 3p*, inquire, ask
7 ἐκπετάννυμι, *aor act ind 1s*, hold out
8 ἀπειθέω, *pres act ptc acc s m*, disobey
9 ἀντιλέγω, *pres act ptc acc s m*, oppose, speak against
10 ἀληθινός, true
11 ὀπίσω, after
12 παροξύνω, *pres act ptc nom s m*, provoke
13 ἐναντίον, before
14 θυσιάζω, *pres act ind 3p*, sacrifice
15 κῆπος, orchard
16 θυμιάω, *pres act ind 3p*, burn incense
17 πλίνθος, brick
18 δαιμόνιον, demon
19 μνῆμα, grave, tomb
20 σπήλαιον, cave
21 κοιμάω, *pres mid ind 3p*, lie down to sleep
22 ἔσθω, *pres act ptc nom p m*, eat
23 κρέας, meat
24 ὕειος, of pigs
25 ζωμός, soup, broth
26 θυσία, sacrifice
27 μολύνω, *perf pas ptc nom p n*, defile
28 σκεῦος, vessel
29 πόρρω, far off
30 καθαρός, clean, pure
31 καπνός, smoke
32 θυμός, wrath
33 καίω, *pres pas ind 3s*, kindle, burn

6 ἰδοὺ γέγραπται ἐνώπιόν μου Οὐ σιωπήσω,[1]
ἕως ἂν ἀποδῶ εἰς τὸν κόλπον[2] αὐτῶν·
7 τὰς ἁμαρτίας αὐτῶν καὶ τῶν πατέρων αὐτῶν, λέγει κύριος,
οἳ ἐθυμίασαν[3] ἐπὶ τῶν ὀρέων καὶ ἐπὶ τῶν βουνῶν[4] ὠνείδισάν[5] με,
ἀποδώσω τὰ ἔργα αὐτῶν εἰς τὸν κόλπον[6] αὐτῶν.

8 Οὕτως λέγει κύριος

Ὃν τρόπον[7] εὑρεθήσεται ὁ ῥὼξ[8] ἐν τῷ βότρυι[9] καὶ ἐροῦσιν
Μὴ λυμήνῃ[10] αὐτὸν ὅτι εὐλογία[11] κυρίου ἐστὶν ἐν αὐτῷ,
οὕτως ποιήσω ἕνεκεν[12] τοῦ δουλεύοντός[13] μοι,
τούτου ἕνεκεν οὐ μὴ ἀπολέσω πάντας.
9 καὶ ἐξάξω[14] τὸ ἐξ Ιακωβ σπέρμα καὶ τὸ ἐξ Ιουδα,
καὶ κληρονομήσει[15] τὸ ὄρος τὸ ἅγιόν μου,
καὶ κληρονομήσουσιν[16] οἱ ἐκλεκτοί[17] μου
καὶ οἱ δοῦλοί μου καὶ κατοικήσουσιν ἐκεῖ.
10 καὶ ἔσονται ἐν τῷ δρυμῷ[18] ἐπαύλεις[19] ποιμνίων[20]
καὶ φάραγξ[21] Αχωρ εἰς ἀνάπαυσιν[22] βουκολίων[23] τῷ λαῷ μου,
οἳ ἐζήτησάν με.
11 ὑμεῖς δὲ οἱ ἐγκαταλιπόντες[24] με
καὶ ἐπιλανθανόμενοι[25] τὸ ὄρος τὸ ἅγιόν μου
καὶ ἑτοιμάζοντες τῷ δαίμονι[26] τράπεζαν[27]
καὶ πληροῦντες τῇ τύχῃ[28] κέρασμα,[29]
12 ἐγὼ παραδώσω ὑμᾶς εἰς μάχαιραν,[30] πάντες ἐν σφαγῇ[31] πεσεῖσθε,
ὅτι ἐκάλεσα ὑμᾶς καὶ οὐχ ὑπηκούσατε,[32]
ἐλάλησα καὶ παρηκούσατε[33] καὶ ἐποιήσατε τὸ πονηρὸν ἐναντίον[34] ἐμοῦ
καὶ ἃ οὐκ ἐβουλόμην ἐξελέξασθε.[35]

1 σιωπάω, *fut act ind 1s*, keep silence
2 κόλπος, bosom, lap
3 θυμιάω, *aor act ind 3p*, burn incense
4 βουνός, hill
5 ὀνειδίζω, *aor act ind 3p*, revile
6 κόλπος, bosom, lap
7 ὃν τρόπον, in the same manner
8 ῥώξ, grape
9 βότρυς, bunch, cluster
10 λυμαίνομαι, *aor mid sub 2s*, ruin, destroy
11 εὐλογία, blessing
12 ἕνεκα, on behalf of
13 δουλεύω, *pres act ptc gen s m*, serve
14 ἐξάγω, *fut act ind 1s*, bring forth
15 κληρονομέω, *fut act ind 3s*, inherit
16 κληρονομέω, *fut act ind 3p*, inherit
17 ἐκλεκτός, chosen
18 δρυμός, forest, thicket
19 ἔπαυλις, fold
20 ποίμνιον, flock (of sheep)
21 φάραγξ, ravine
22 ἀνάπαυσις, fallow land, resting place
23 βουκόλιον, herd (of cattle)
24 ἐγκαταλείπω, *aor act ptc nom p m*, desert, forsake
25 ἐπιλανθάνω, *pres mid ptc nom p m*, forget
26 δαίμων, demon
27 τράπεζα, table
28 τύχη, fortune
29 κέρασμα, mixed drink
30 μάχαιρα, sword
31 σφαγή, slaughter
32 ὑπακούω, *aor act ind 2p*, listen, obey
33 παρακούω, *aor act ind 2p*, take no heed
34 ἐναντίον, before
35 ἐκλέγω, *aor mid ind 2p*, choose

13 Διὰ τοῦτο τάδε[1] λέγει κύριος

Ἰδοὺ οἱ δουλεύοντές[2] μοι φάγονται, ὑμεῖς δὲ πεινάσετε·[3]
ἰδοὺ οἱ δουλεύοντές μοι πίονται, ὑμεῖς δὲ διψήσετε·[4]
ἰδοὺ οἱ δουλεύοντές μοι εὐφρανθήσονται,[5] ὑμεῖς δὲ αἰσχυνθήσεσθε·[6]
14 ἰδοὺ οἱ δουλεύοντές[7] μοι ἀγαλλιάσονται[8] ἐν εὐφροσύνῃ,[9]
ὑμεῖς δὲ κεκράξεσθε διὰ τὸν πόνον[10] τῆς καρδίας ὑμῶν
καὶ ἀπὸ συντριβῆς[11] πνεύματος ὀλολύξετε.[12]
15 καταλείψετε[13] γὰρ τὸ ὄνομα ὑμῶν εἰς πλησμονὴν[14] τοῖς ἐκλεκτοῖς[15] μου,
ὑμᾶς δὲ ἀνελεῖ[16] κύριος.
τοῖς δὲ δουλεύουσιν[17] αὐτῷ κληθήσεται ὄνομα καινόν,
16 ὃ εὐλογηθήσεται ἐπὶ τῆς γῆς·
εὐλογήσουσιν γὰρ τὸν θεὸν τὸν ἀληθινόν,[18]
καὶ οἱ ὀμνύοντες[19] ἐπὶ τῆς γῆς ὀμοῦνται[20] τὸν θεὸν τὸν ἀληθινόν·[21]
ἐπιλήσονται[22] γὰρ τὴν θλῖψιν αὐτῶν τὴν πρώτην,
καὶ οὐκ ἀναβήσεται αὐτῶν ἐπὶ τὴν καρδίαν.

New Heavens and New Earth

17 ἔσται γὰρ ὁ οὐρανὸς καινὸς[23] καὶ ἡ γῆ καινή,
καὶ οὐ μὴ μνησθῶσιν[24] τῶν προτέρων,[25]
οὐδ᾽ οὐ μὴ ἐπέλθῃ[26] αὐτῶν ἐπὶ τὴν καρδίαν,
18 ἀλλ᾽ εὐφροσύνην[27] καὶ ἀγαλλίαμα[28] εὑρήσουσιν ἐν αὐτῇ·
ὅτι ἰδοὺ ἐγὼ ποιῶ Ιερουσαλημ ἀγαλλίαμα
καὶ τὸν λαόν μου εὐφροσύνην.
19 καὶ ἀγαλλιάσομαι[29] ἐπὶ Ιερουσαλημ
καὶ εὐφρανθήσομαι[30] ἐπὶ τῷ λαῷ μου,
καὶ οὐκέτι μὴ ἀκουσθῇ ἐν αὐτῇ φωνὴ κλαυθμοῦ[31]
οὐδὲ φωνὴ κραυγῆς.[32]

1 ὅδε, this
2 δουλεύω, *pres act ptc nom p m*, serve
3 πεινάω, *fut act ind 2p*, be hungry
4 διψάω, *fut act ind 2p*, be thirsty
5 εὐφραίνω, *fut pas ind 3p*, be glad, rejoice
6 αἰσχύνω, *fut pas ind 2p*, put to shame
7 δουλεύω, *pres act ptc nom p m*, serve
8 ἀγαλλιάω, *fut mid ind 3p*, exult
9 εὐφροσύνη, joy, gladness
10 πόνος, grief, distress
11 συντριβή, crushing, breaking
12 ὀλολύζω, *fut act ind 2p*, cry with a loud voice
13 καταλείπω, *fut act ind 2p*, leave
14 πλησμονή, abundance
15 ἐκλεκτός, chosen
16 ἀναιρέω, *fut act ind 3s*, destroy, remove
17 δουλεύω, *pres act ind 3p*, serve
18 ἀληθινός, true
19 ὄμνυμι, *pres act ptc nom p m*, swear an oath
20 ὄμνυμι, *fut mid ind 3p*, swear an oath
21 ἀληθινός, true
22 ἐπιλανθάνω, *fut mid ind 3p*, forget
23 καινός, new
24 μιμνῄσκομαι, *aor pas sub 3p*, remember
25 πρότερος, former
26 ἐπέρχομαι, *aor act sub 3s*, come upon
27 εὐφροσύνη, joy, gladness
28 ἀγαλλίαμα, rejoicing
29 ἀγαλλιάω, *fut mid ind 1s*, exult, rejoice
30 εὐφραίνω, *fut pas ind 1s*, be glad, rejoice
31 κλαυθμός, weeping
32 κραυγή, crying

20 καὶ οὐ μὴ γένηται ἐκεῖ ἄωρος[1] καὶ πρεσβύτης,[2]
ὃς οὐκ ἐμπλήσει[3] τὸν χρόνον αὐτοῦ·
ἔσται γὰρ ὁ νέος[4] ἑκατὸν[5] ἐτῶν,
ὁ δὲ ἀποθνῄσκων ἁμαρτωλὸς ἑκατὸν ἐτῶν καὶ ἐπικατάρατος[6] ἔσται.
21 καὶ οἰκοδομήσουσιν οἰκίας καὶ αὐτοὶ ἐνοικήσουσιν,[7]
καὶ καταφυτεύσουσιν[8] ἀμπελῶνας[9]
καὶ αὐτοὶ φάγονται τὰ γενήματα[10] αὐτῶν·
22 καὶ οὐ μὴ οἰκοδομήσουσιν καὶ ἄλλοι ἐνοικήσουσιν,[11]
καὶ οὐ μὴ φυτεύσουσιν[12] καὶ ἄλλοι φάγονται·
κατὰ γὰρ τὰς ἡμέρας τοῦ ξύλου[13] τῆς ζωῆς ἔσονται αἱ ἡμέραι τοῦ λαοῦ μου,
τὰ ἔργα τῶν πόνων[14] αὐτῶν παλαιώσουσιν.[15]

23 οἱ δὲ ἐκλεκτοί[16] μου οὐ κοπιάσουσιν[17] εἰς κενόν[18]
οὐδὲ τεκνοποιήσουσιν[19] εἰς κατάραν,[20]
ὅτι σπέρμα ηὐλογημένον ὑπὸ θεοῦ ἐστιν,
καὶ τὰ ἔκγονα[21] αὐτῶν μετ᾽ αὐτῶν ἔσονται.
24 καὶ ἔσται πρὶν[22] κεκρᾶξαι αὐτοὺς ἐγὼ ἐπακούσομαι[23] αὐτῶν,
ἔτι λαλούντων αὐτῶν ἐρῶ Τί ἐστιν;
25 τότε λύκοι[24] καὶ ἄρνες[25] βοσκηθήσονται[26] ἅμα,[27]
καὶ λέων[28] ὡς βοῦς[29] φάγεται ἄχυρα,[30]
ὄφις[31] δὲ γῆν ὡς ἄρτον·
οὐκ ἀδικήσουσιν[32] οὐδὲ μὴ λυμανοῦνται[33] ἐπὶ τῷ ὄρει τῷ ἁγίῳ μου,
λέγει κύριος.

1 ἄωρος, untimely
2 πρεσβύτης, old man
3 ἐμπίμπλημι, *fut act ind 3s*, fill up
4 νέος, young
5 ἑκατόν, hundred
6 ἐπικατάρατος, accursed
7 ἐνοικέω, *fut act ind 3p*, inhabit, reside
8 καταφυτεύω, *fut act ind 3p*, plant
9 ἀμπελών, vineyard
10 γένημα, produce, yield
11 ἐνοικέω, *fut act ind 3p*, inhabit, reside
12 φυτεύω, *fut act ind 3p*, plant
13 ξύλον, tree
14 πόνος, labor, toil
15 παλαιόω, *fut act ind 3p*, enjoy a long time
16 ἐκλεκτός, chosen
17 κοπιάω, *fut act ind 3p*, labor, toil
18 κενός, without result
19 τεκνοποιέω, *fut act ind 3p*, bear children
20 κατάρα, curse
21 ἔκγονος, offspring
22 πρίν, before
23 ἐπακούω, *fut mid ind 1s*, hear, listen
24 λύκος, wolf
25 ἀρήν, lamb
26 βόσκω, *fut pas ind 3p*, feed, graze
27 ἅμα, together
28 λέων, lion
29 βοῦς, cow, ox
30 ἄχυρον, straw
31 ὄφις, serpent
32 ἀδικέω, *fut act ind 3p*, do wrong
33 λυμαίνομαι, *fut mid ind 3p*, maltreat

Final Judgment and God's Glory

66 Οὕτως λέγει κύριος

Ὁ οὐρανός μοι θρόνος,
ἡ δὲ γῆ ὑποπόδιον[1] τῶν ποδῶν μου·
ποῖον[2] οἶκον οἰκοδομήσετέ μοι;
ἢ ποῖος τόπος τῆς καταπαύσεώς[3] μου;
2 πάντα γὰρ ταῦτα ἐποίησεν ἡ χείρ μου,
καὶ ἔστιν ἐμὰ[4] πάντα ταῦτα, λέγει κύριος·
καὶ ἐπὶ τίνα ἐπιβλέψω[5] ἀλλ᾽ ἢ ἐπὶ τὸν ταπεινὸν[6] καὶ ἡσύχιον[7]
καὶ τρέμοντα[8] τοὺς λόγους μου;
3 ὁ δὲ ἄνομος[9] ὁ θύων[10] μοι μόσχον[11] ὡς ὁ ἀποκτέννων κύνα,[12]
ὁ δὲ ἀναφέρων[13] σεμίδαλιν[14] ὡς αἷμα ὕειον,[15]
ὁ διδοὺς λίβανον[16] εἰς μνημόσυνον[17] ὡς βλάσφημος·[18]
καὶ οὗτοι ἐξελέξαντο[19] τὰς ὁδοὺς αὐτῶν καὶ τὰ βδελύγματα[20] αὐτῶν,
ἃ ἡ ψυχὴ αὐτῶν ἠθέλησεν,[21]
4 κἀγὼ[22] ἐκλέξομαι[23] τὰ ἐμπαίγματα[24] αὐτῶν
καὶ τὰς ἁμαρτίας ἀνταποδώσω[25] αὐτοῖς·
ὅτι ἐκάλεσα αὐτοὺς καὶ οὐχ ὑπήκουσάν[26] μου,
ἐλάλησα καὶ οὐκ ἤκουσαν,
καὶ ἐποίησαν τὸ πονηρὸν ἐναντίον[27] μου
καὶ ἃ οὐκ ἐβουλόμην ἐξελέξαντο.[28]

5 Ἀκούσατε τὸ ῥῆμα κυρίου, οἱ τρέμοντες[29] τὸν λόγον αὐτοῦ·
εἴπατε, ἀδελφοὶ ἡμῶν, τοῖς μισοῦσιν ἡμᾶς καὶ βδελυσσομένοις,[30]
ἵνα τὸ ὄνομα κυρίου δοξασθῇ καὶ ὀφθῇ ἐν τῇ εὐφροσύνῃ[31] αὐτῶν,
κἀκεῖνοι[32] αἰσχυνθήσονται.[33]

1 ὑποπόδιον, footstool
2 ποῖος, what kind of
3 κατάπαυσις, resting place
4 ἐμός, mine
5 ἐπιβλέπω, *fut act ind 1s*, look upon
6 ταπεινός, humble
7 ἡσύχιος, quiet
8 τρέμω, *pres act ptc acc s m*, tremble
9 ἄνομος, evil, lawless
10 θύω, *pres act ptc nom s m*, sacrifice
11 μόσχος, calf
12 κύων, dog
13 ἀναφέρω, *pres act ptc nom s m*, offer up
14 σεμίδαλις, fine flour
15 ὕειος, of pigs
16 λίβανος, frankincense, *Heb. LW*
17 μνημόσυνον, memorial (offering)
18 βλάσφημος, blasphemer
19 ἐκλέγω, *aor mid ind 3p*, choose
20 βδέλυγμα, abomination
21 θέλω, *aor act ind 3s*, desire
22 κἀγώ, I also, *cr.* καὶ ἐγώ
23 ἐκλέγω, *fut mid ind 1s*, choose
24 ἔμπαιγμα, mocking
25 ἀνταποδίδωμι, *fut act ind 1s*, repay
26 ὑπακούω, *aor act ind 3p*, obey
27 ἐναντίον, before
28 ἐκλέγω, *aor mid ind 3p*, choose
29 τρέμω, *pres act ptc nom p m*, tremble
30 βδελύσσω, *pres mid ptc dat p m*, abominate
31 εὐφροσύνη, joy, gladness
32 κἀκείνοις, and those, *cr.* καὶ ἐκεῖνος
33 αἰσχύνω, *fut pas ind 3p*, put to shame

6 φωνὴ κραυγῆς[1] ἐκ πόλεως, φωνὴ ἐκ ναοῦ,
φωνὴ κυρίου ἀνταποδιδόντος[2] ἀνταπόδοσιν[3] τοῖς ἀντικειμένοις.[4]
7 πρὶν[5] ἢ τὴν ὠδίνουσαν[6] τεκεῖν,[7] πρὶν ἐλθεῖν τὸν πόνον[8] τῶν ὠδίνων,[9]
ἐξέφυγεν[10] καὶ ἔτεκεν[11] ἄρσεν.[12]
8 τίς ἤκουσεν τοιοῦτο,[13] καὶ τίς ἑώρακεν οὕτως;
ἦ ὤδινεν[14] γῆ ἐν μιᾷ ἡμέρᾳ, ἢ καὶ ἐτέχθη[15] ἔθνος εἰς ἅπαξ;[16]
ὅτι ὤδινεν καὶ ἔτεκεν[17] Σιων τὰ παιδία αὐτῆς.
9 ἐγὼ δὲ ἔδωκα τὴν προσδοκίαν[18] ταύτην,
καὶ οὐκ ἐμνήσθης[19] μου, εἶπεν κύριος.
οὐκ ἰδοὺ ἐγὼ γεννῶσαν καὶ στεῖραν[20] ἐποίησα;
εἶπεν ὁ θεός.

10 εὐφράνθητι,[21] Ιερουσαλημ,
καὶ πανηγυρίσατε[22] ἐν αὐτῇ, πάντες οἱ ἀγαπῶντες αὐτήν,
χάρητε[23] χαρᾷ,[24] πάντες ὅσοι πενθεῖτε[25] ἐπ᾽ αὐτῆς,
11 ἵνα θηλάσητε[26] καὶ ἐμπλησθῆτε[27] ἀπὸ μαστοῦ[28] παρακλήσεως[29] αὐτῆς,
ἵνα ἐκθηλάσαντες[30] τρυφήσητε[31] ἀπὸ εἰσόδου[32] δόξης αὐτῆς.

12 ὅτι τάδε[33] λέγει κύριος

Ἰδοὺ ἐγὼ ἐκκλίνω[34] εἰς αὐτοὺς ὡς ποταμὸς[35] εἰρήνης
καὶ ὡς χειμάρρους[36] ἐπικλύζων[37] δόξαν ἐθνῶν·
τὰ παιδία αὐτῶν ἐπ᾽ ὤμων[38] ἀρθήσονται
καὶ ἐπὶ γονάτων[39] παρακληθήσονται.

1 κραυγή, crying
2 ἀνταποδίδωμι, *pres act ptc gen s m*, render back
3 ἀνταπόδοσις, requital, recompense
4 ἀντίκειμαι, *pres mid ptc dat p m*, oppose, resist
5 πρίν, before
6 ὠδίνω, *pres act ptc acc s f*, suffer birth pangs
7 τίκτω, *aor act inf*, give birth
8 πόνος, pain
9 ὠδίν, labor pain
10 ἐκφεύγω, *aor act ind 3s*, flee, escape
11 τίκτω, *aor act ind 3s*, give birth
12 ἄρσην, male
13 τοιοῦτος, such a (thing)
14 ὠδίνω, *impf act ind 3s*, suffer birth pangs
15 τίκτω, *aor pas ind 3s*, give birth
16 ἅπαξ, once
17 τίκτω, *aor act ind 3s*, give birth
18 προσδοκία, expectation
19 μιμνήσκομαι, *aor pas ind 2s*, remember
20 στεῖρα, barren
21 εὐφραίνω, *aor pas impv 2s*, be glad, rejoice
22 πανηγυρίζω, *aor act impv 2p*, celebrate a festival
23 χαίρω, *aor pas impv 2p*, be glad, rejoice
24 χαρά, joy
25 πενθέω, *pres act impv 2p*, mourn
26 θηλάζω, *aor act sub 2p*, nurse
27 ἐμπίμπλημι, *aor pas impv 2p*, fill up
28 μαστός, breast
29 παράκλησις, comfort
30 ἐκθηλάζω, *aor act ptc nom p m*, suckle
31 τρυφάω, *aor act sub 2p*, delight
32 εἴσοδος, entrance
33 ὅδε, this
34 ἐκκλίνω, *pres act ind 1s*, bend down
35 ποταμός, river
36 χείμαρρος, brook
37 ἐπικλύζω, *pres act ptc nom s m*, overflow
38 ὦμος, shoulder
39 γόνυ, knee

13 ὡς εἴ τινα μήτηρ παρακαλέσει,
οὕτως καὶ ἐγὼ παρακαλέσω ὑμᾶς,
καὶ ἐν Ιερουσαλημ παρακληθήσεσθε.
14 καὶ ὄψεσθε, καὶ χαρήσεται[1] ὑμῶν ἡ καρδία,
καὶ τὰ ὀστᾶ[2] ὑμῶν ὡς βοτάνη[3] ἀνατελεῖ·[4]
καὶ γνωσθήσεται ἡ χεὶρ κυρίου τοῖς σεβομένοις[5] αὐτόν,
καὶ ἀπειλήσει[6] τοῖς ἀπειθοῦσιν.[7]

15 Ἰδοὺ γὰρ κύριος ὡς πῦρ ἥξει[8]
καὶ ὡς καταιγὶς[9] τὰ ἅρματα[10] αὐτοῦ
ἀποδοῦναι[11] ἐν θυμῷ[12] ἐκδίκησιν[13]
καὶ ἀποσκορακισμὸν[14] ἐν φλογὶ[15] πυρός.
16 ἐν γὰρ τῷ πυρὶ κυρίου κριθήσεται πᾶσα ἡ γῆ
καὶ ἐν τῇ ῥομφαίᾳ[16] αὐτοῦ πᾶσα σάρξ·
πολλοὶ τραυματίαι[17] ἔσονται ὑπὸ κυρίου.

17 οἱ ἁγνιζόμενοι[18] καὶ καθαριζόμενοι εἰς τοὺς κήπους[19] καὶ ἐν τοῖς προθύροις[20]
ἔσθοντες[21] κρέας[22] ὕειον[23] καὶ τὰ βδελύγματα[24] καὶ τὸν μῦν[25] ἐπὶ τὸ αὐτὸ
ἀναλωθήσονται,[26] εἶπεν κύριος,

18 κἀγὼ[27] τὰ ἔργα αὐτῶν καὶ τὸν λογισμὸν[28] αὐτῶν ἐπίσταμαι.[29] ἔρχομαι συναγαγεῖν
πάντα τὰ ἔθνη καὶ τὰς γλώσσας, καὶ ἥξουσιν[30] καὶ ὄψονται τὴν δόξαν μου. **19** καὶ
καταλείψω[31] ἐπ᾽ αὐτῶν σημεῖα καὶ ἐξαποστελῶ[32] ἐξ αὐτῶν σεσῳσμένους εἰς τὰ ἔθνη,
εἰς Θαρσις καὶ Φουδ καὶ Λουδ καὶ Μοσοχ καὶ Θοβελ καὶ εἰς τὴν Ἑλλάδα καὶ εἰς
τὰς νήσους[33] τὰς πόρρω,[34] οἳ οὐκ ἀκηκόασίν μου τὸ ὄνομα οὐδὲ ἑωράκασιν τὴν
δόξαν μου, καὶ ἀναγγελοῦσίν[35] μου τὴν δόξαν ἐν τοῖς ἔθνεσιν. **20** καὶ ἄξουσιν τοὺς

1 χαίρω, *fut pas ind 3s*, be glad, rejoice
2 ὀστέον, bone
3 βοτάνη, plant
4 ἀνατέλλω, *fut act ind 3s*, spring up
5 σέβομαι, *pres mid ptc dat p m*, revere
6 ἀπειλέω, *fut act ind 3s*, threaten
7 ἀπειθέω, *pres act ind 3p*, disobey
8 ἥκω, *fut act ind 3s*, come
9 καταιγίς, storm
10 ἅρμα, chariot
11 ἀποδίδωμι, *aor act inf*, render
12 θυμός, wrath
13 ἐκδίκησις, vengeance
14 ἀποσκορακισμός, repudiation
15 φλόξ, flame
16 ῥομφαία, sword
17 τραυματίας, casualty
18 ἁγνίζω, *pres mid ptc nom p m*, sanctify, consecrate
19 κῆπος, garden
20 πρόθυρον, porch
21 ἔσθω, *pres act ptc nom p m*, eat
22 κρέας, meat
23 ὕειος, of pigs
24 βδέλυγμα, abomination
25 μῦν, mouse
26 ἀναλίσκω, *fut pas ind 3p*, consume
27 κἀγώ, and I, *cr.* καὶ ἐγώ
28 λογισμός, deliberation, reasoning
29 ἐπίσταμαι, *pres mid ind 1s*, understand
30 ἥκω, *fut act ind 3p*, come
31 καταλείπω, *fut act ind 1s*, leave
32 ἐξαποστέλλω, *fut act ind 1s*, send forth
33 νῆσος, island
34 πόρρω, far away
35 ἀναγγέλλω, *fut act ind 3p*, declare, proclaim

ἀδελφοὺς ὑμῶν ἐκ πάντων τῶν ἐθνῶν δῶρον[1] κυρίῳ μεθ᾽ ἵππων[2] καὶ ἁρμάτων[3] ἐν λαμπήναις[4] ἡμιόνων[5] μετὰ σκιαδίων[6] εἰς τὴν ἁγίαν πόλιν Ιερουσαλημ, εἶπεν κύριος, ὡς ἂν ἐνέγκαισαν[7] οἱ υἱοὶ Ισραηλ ἐμοὶ τὰς θυσίας[8] αὐτῶν μετὰ ψαλμῶν εἰς τὸν οἶκον κυρίου. **21** καὶ ἀπ᾽ αὐτῶν λήμψομαι ἐμοὶ ἱερεῖς καὶ Λευίτας, εἶπεν κύριος.

22 ὃν τρόπον[9] γὰρ ὁ οὐρανὸς καινὸς[10] καὶ ἡ γῆ καινή,
ἃ ἐγὼ ποιῶ, μένει[11] ἐνώπιόν μου, λέγει κύριος,
οὕτως στήσεται τὸ σπέρμα ὑμῶν καὶ τὸ ὄνομα ὑμῶν.
23 καὶ ἔσται μῆνα[12] ἐκ μηνὸς καὶ σάββατον ἐκ σαββάτου
ἥξει[13] πᾶσα σὰρξ ἐνώπιόν μου προσκυνῆσαι ἐν Ιερουσαλημ,
εἶπεν κύριος.

24 καὶ ἐξελεύσονται καὶ ὄψονται τὰ κῶλα[14] τῶν ἀνθρώπων τῶν παραβεβηκότων[15] ἐν ἐμοί· ὁ γὰρ σκώληξ[16] αὐτῶν οὐ τελευτήσει,[17] καὶ τὸ πῦρ αὐτῶν οὐ σβεσθήσεται,[18] καὶ ἔσονται εἰς ὅρασιν[19] πάσῃ σαρκί.

1 δῶρον, gift
2 ἵππος, horse
3 ἅρμα, chariot
4 λαμπήνη, covered chariot
5 ἡμίονος, mule
6 σκιάδιον, sunshade
7 φέρω, *aor act opt 3p*, bring
8 θυσία, sacrifice
9 ὃν τρόπον, in such manner
10 καινός, new
11 μένω, *pres act ind 3s*, endure, remain
12 μήν, month
13 ἥκω, *fut act ind 3s*, come
14 κῶλον, dead body, corpse
15 παραβαίνω, *perf act ptc gen p m*, transgress
16 σκώληξ, worm
17 τελευτάω, *fut act ind 3s*, die
18 σβέννυμι, *fut pas ind 3s*, quench
19 ὅρασις, spectacle

ΙΕΡΕΜΙΑΣ
Jeremiah

Jeremiah's Commissioning

1 Τὸ ῥῆμα τοῦ θεοῦ, ὃ ἐγένετο ἐπὶ Ιερεμιαν τὸν τοῦ Χελκιου ἐκ τῶν ἱερέων, ὃς
κατῴκει ἐν Αναθωθ ἐν γῇ Βενιαμιν· **2** ὃς ἐγενήθη λόγος τοῦ θεοῦ πρὸς αὐτὸν
ἐν ταῖς ἡμέραις Ιωσια υἱοῦ Αμως βασιλέως Ιουδα ἔτους τρισκαιδεκάτου[1] ἐν τῇ
βασιλείᾳ αὐτοῦ· **3** καὶ ἐγένετο ἐν ταῖς ἡμέραις Ιωακιμ υἱοῦ Ιωσια βασιλέως Ιουδα
ἕως ἑνδεκάτου[2] ἔτους Σεδεκια υἱοῦ Ιωσια βασιλέως Ιουδα ἕως τῆς αἰχμαλωσίας[3]
Ιερουσαλημ ἐν τῷ πέμπτῳ[4] μηνί.[5]

4 Καὶ ἐγένετο λόγος κυρίου πρός με λέγων

5 Πρὸ τοῦ με πλάσαι[6] σε ἐν κοιλίᾳ[7] ἐπίσταμαί[8] σε
καὶ πρὸ τοῦ σε ἐξελθεῖν ἐκ μήτρας[9] ἡγίακά[10] σε,
προφήτην εἰς ἔθνη τέθεικά σε.

6 καὶ εἶπα

Ὦ[11] δέσποτα[12] κύριε, ἰδοὺ οὐκ ἐπίσταμαι[13] λαλεῖν,
ὅτι νεώτερος[14] ἐγώ εἰμι.

7 καὶ εἶπεν κύριος πρός με

Μὴ λέγε ὅτι Νεώτερος[15] ἐγώ εἰμι,
ὅτι πρὸς πάντας, οὓς ἐὰν ἐξαποστείλω[16] σε, πορεύσῃ,
καὶ κατὰ πάντα, ὅσα ἐὰν ἐντείλωμαί[17] σοι, λαλήσεις·
8 μὴ φοβηθῇς ἀπὸ προσώπου αὐτῶν,
ὅτι μετὰ σοῦ ἐγώ εἰμι τοῦ ἐξαιρεῖσθαί[18] σε,
λέγει κύριος.

1 τρισκαιδέκατος, thirteenth
2 ἑνδέκατος, eleventh
3 αἰχμαλωσία, captivity
4 πέμπτος, fifth
5 μήν, month
6 πλάσσω, *aor act inf*, form
7 κοιλία, womb, belly
8 ἐπίσταμαι, *pres act ind 1s*, know
9 μήτρα, womb
10 ἁγιάζω, *perf act ind 1s*, consecrate
11 ὦ, O!
12 δεσπότης, master
13 ἐπίσταμαι, *pres act ind 1s*, know
14 νέος, *comp*, young
15 νέος, *comp*, young
16 ἐξαποστέλλω, *aor act sub 1s*, send forth
17 ἐντέλλομαι, *aor mid sub 1s*, command
18 ἐξαιρέω, *pres mid inf*, deliver, rescue

9 καὶ ἐξέτεινεν[1] κύριος τὴν χεῖρα αὐτοῦ πρός με καὶ ἥψατο τοῦ στόματός μου, καὶ εἶπεν κύριος πρός με

Ἰδοὺ δέδωκα τοὺς λόγους μου εἰς τὸ στόμα σου·
10 ἰδοὺ κατέστακά[2] σε σήμερον ἐπὶ ἔθνη καὶ βασιλείας
ἐκριζοῦν[3] καὶ κατασκάπτειν[4] καὶ ἀπολλύειν
καὶ ἀνοικοδομεῖν[5] καὶ καταφυτεύειν.[6]

Vision of an Almond Branch and a Boiling Pot

11 Καὶ ἐγένετο λόγος κυρίου πρός με λέγων Τί σὺ ὁρᾷς, Ιερεμια; καὶ εἶπα Βακτηρίαν[7]
καρυΐνην.[8] **12** καὶ εἶπεν κύριος πρός με Καλῶς[9] ἑώρακας, διότι[10] ἐγρήγορα[11] ἐγὼ ἐπὶ
τοὺς λόγους μου τοῦ ποιῆσαι αὐτούς. — **13** καὶ ἐγένετο λόγος κυρίου πρός με ἐκ
δευτέρου λέγων Τί σὺ ὁρᾷς; καὶ εἶπα Λέβητα[12] ὑποκαιόμενον,[13] καὶ τὸ πρόσωπον
αὐτοῦ ἀπὸ προσώπου βορρᾶ.[14]

14 καὶ εἶπεν κύριος πρός με Ἀπὸ προσώπου βορρᾶ[15] ἐκκαυθήσεται[16] τὰ κακὰ ἐπὶ
πάντας τοὺς κατοικοῦντας τὴν γῆν. **15** διότι[17] ἰδοὺ ἐγὼ συγκαλῶ[18] πάσας τὰς βασι-
λείας ἀπὸ βορρᾶ[19] τῆς γῆς, λέγει κύριος, καὶ ἥξουσιν[20] καὶ θήσουσιν ἕκαστος τὸν
θρόνον αὐτοῦ ἐπὶ τὰ πρόθυρα[21] τῶν πυλῶν[22] Ιερουσαλημ καὶ ἐπὶ πάντα τὰ τείχη[23]
τὰ κύκλῳ[24] αὐτῆς καὶ ἐπὶ πάσας τὰς πόλεις Ιουδα. **16** καὶ λαλήσω πρὸς αὐτοὺς μετὰ
κρίσεως περὶ πάσης τῆς κακίας[25] αὐτῶν, ὡς ἐγκατέλιπόν[26] με καὶ ἔθυσαν[27] θεοῖς
ἀλλοτρίοις[28] καὶ προσεκύνησαν τοῖς ἔργοις τῶν χειρῶν αὐτῶν. **17** καὶ σὺ περίζωσαι[29]
τὴν ὀσφύν[30] σου καὶ ἀνάστηθι καὶ εἰπὸν πρὸς αὐτοὺς πάντα, ὅσα ἂν ἐντείλωμαί[31]
σοι· μὴ φοβηθῇς ἀπὸ προσώπου αὐτῶν μηδὲ πτοηθῇς[32] ἐναντίον[33] αὐτῶν, ὅτι μετὰ
σοῦ ἐγώ εἰμι τοῦ ἐξαιρεῖσθαί[34] σε, λέγει κύριος.

1 ἐκτείνω, *aor act ind 3s*, stretch forth
2 καθίστημι, *perf act ind 1s*, set over, appoint
3 ἐκριζόω, *pres act inf*, root out
4 κατασκάπτω, *pres act inf*, tear down
5 ἀνοικοδομέω, *pres act inf*, rebuild
6 καταφυτεύω, *pres act inf*, plant
7 βακτηρία, staff
8 καρύϊνος, of almond (wood)
9 καλῶς, well, rightly
10 διότι, because
11 ἐγείρω, *perf act ind 1s*, stir up, rouse
12 λέβης, kettle
13 ὑποκαίω, *pres pas ptc acc s m*, heat from below
14 βορρᾶς, north
15 βορρᾶς, north
16 ἐκκαίω, *fut pas ind 3s*, kindle, set on fire
17 διότι, because
18 συγκαλέω, *pres act ind 1s*, call together
19 βορρᾶς, north
20 ἥκω, *fut act ind 3p*, come
21 πρόθυρον, doorway
22 πύλη, porch
23 τεῖχος, city wall
24 κύκλῳ, round about
25 κακία, wickedness
26 ἐγκαταλείπω, *aor act ind 3p*, desert, forsake
27 θύω, *aor act ind 3p*, sacrifice
28 ἀλλότριος, strange, foreign
29 περιζώννυμι, *aor mid impv 2s*, gird
30 ὀσφύς, loins, waist
31 ἐντέλλομαι, *aor mid sub 1s*, command
32 πτοέω, *aor pas sub 2s*, terrify
33 ἐναντίον, before
34 ἐξαιρέω, *pres mid inf*, deliver, rescue

18 ἰδοὺ τέθεικά σε ἐν τῇ σήμερον ἡμέρᾳ ὡς πόλιν ὀχυρὰν[1] καὶ ὡς τεῖχος[2] χαλκοῦν[3]
ὀχυρὸν ἅπασιν[4] τοῖς βασιλεῦσιν Ιουδα καὶ τοῖς ἄρχουσιν αὐτοῦ καὶ τῷ λαῷ τῆς γῆς,
19 καὶ πολεμήσουσίν σε καὶ οὐ μὴ δύνωνται πρὸς σέ, διότι[5] μετὰ σοῦ ἐγώ εἰμι τοῦ
ἐξαιρεῖσθαί[6] σε, εἶπεν κύριος.

Judah Forsakes God

2 Καὶ εἶπεν Τάδε[7] λέγει κύριος

Ἐμνήσθην[8] ἐλέους[9] νεότητός[10] σου καὶ ἀγάπης τελειώσεώς[11] σου
τοῦ ἐξακολουθῆσαί[12] σε τῷ ἁγίῳ Ισραηλ,
λέγει κύριος **3** ἅγιος Ισραηλ.
τῷ κυρίῳ ἀρχὴ γενημάτων[13] αὐτοῦ·
πάντες οἱ ἔσθοντες[14] αὐτὸν πλημμελήσουσιν,[15]
κακὰ ἥξει[16] ἐπ᾽ αὐτούς, φησὶν[17] κύριος.

4 ἀκούσατε λόγον κυρίου, οἶκος Ιακωβ καὶ πᾶσα πατριὰ[18] οἴκου Ισραηλ. **5** τάδε[19]
λέγει κύριος

Τί εὕροσαν οἱ πατέρες ὑμῶν ἐν ἐμοὶ πλημμέλημα,[20]
ὅτι ἀπέστησαν[21] μακρὰν[22] ἀπ᾽ ἐμοῦ
καὶ ἐπορεύθησαν ὀπίσω τῶν ματαίων[23] καὶ ἐματαιώθησαν;[24]
6 καὶ οὐκ εἶπαν Ποῦ ἐστιν κύριος ὁ ἀναγαγὼν[25] ἡμᾶς ἐκ γῆς Αἰγύπτου
ὁ καθοδηγήσας[26] ἡμᾶς ἐν τῇ ἐρήμῳ ἐν γῇ ἀπείρῳ[27] καὶ ἀβάτῳ,[28]
ἐν γῇ ἀνύδρῳ[29] καὶ ἀκάρπῳ,[30]
ἐν γῇ, ἐν ᾗ οὐ διώδευσεν[31] ἐν αὐτῇ οὐθέν[32]
καὶ οὐ κατῴκησεν ἐκεῖ υἱὸς ἀνθρώπου;

1 ὀχυρός, fortified
2 τεῖχος, city wall
3 χαλκοῦς, bronze
4 ἅπας, all
5 διότι, because
6 ἐξαιρέω, *pres mid inf*, deliver, rescue
7 ὅδε, this
8 μιμνῄσκομαι, *aor pas ind 1s*, remember
9 ἔλεος, mercy
10 νεότης, youth
11 τελείωσις, maturity
12 ἐξακολουθέω, *aor act inf*, follow
13 γένημα, fruit, produce
14 ἔσθω, *pres act ptc nom p m*, eat
15 πλημμελέω, *fut act ind 3p*, offend, commit error
16 ἥκω, *fut act ind 3s*, come
17 φημί, *pres act ind 3s*, say
18 πατριά, paternal lineage, house
19 ὅδε, this
20 πλημμέλημα, offense, error
21 ἀφίστημι, *aor act ind 3p*, turn from, depart
22 μακράν, far away
23 μάταιος, vain, worthless
24 ματαιόω, *aor pas ind 3p*, make worthless
25 ἀνάγω, *aor act ptc nom s m*, bring up
26 καθοδηγέω, *aor act ptc nom s m*, guide, lead
27 ἄπειρος, boundless
28 ἄβατος, untrodden, desolate
29 ἄνυδρος, waterless
30 ἄκαρπος, barren, sterile
31 διοδεύω, *aor act ind 3s*, travel through
32 οὐθείς, no one

7 καὶ εἰσήγαγον[1] ὑμᾶς εἰς τὸν Κάρμηλον
τοῦ φαγεῖν ὑμᾶς τοὺς καρποὺς αὐτοῦ καὶ τὰ ἀγαθὰ αὐτοῦ·
καὶ εἰσήλθατε καὶ ἐμιάνατε[2] τὴν γῆν μου
καὶ τὴν κληρονομίαν[3] μου ἔθεσθε[4] εἰς βδέλυγμα.[5]
8 οἱ ἱερεῖς οὐκ εἶπαν Ποῦ ἐστιν κύριος;
καὶ οἱ ἀντεχόμενοι[6] τοῦ νόμου οὐκ ἠπίσταντό[7] με,
καὶ οἱ ποιμένες[8] ἠσέβουν[9] εἰς ἐμέ,
καὶ οἱ προφῆται ἐπροφήτευον[10] τῇ Βααλ
καὶ ὀπίσω ἀνωφελοῦς[11] ἐπορεύθησαν.

9 διὰ τοῦτο ἔτι κριθήσομαι πρὸς ὑμᾶς, λέγει κύριος,
καὶ πρὸς τοὺς υἱοὺς τῶν υἱῶν ὑμῶν κριθήσομαι.
10 διότι[12] διέλθετε[13] εἰς νήσους[14] Χεττιιμ καὶ ἴδετε,
καὶ εἰς Κηδαρ ἀποστείλατε καὶ νοήσατε[15] σφόδρα,[16]
καὶ ἴδετε εἰ γέγονεν τοιαῦτα.[17]
11 εἰ ἀλλάξονται[18] ἔθνη θεοὺς αὐτῶν; καὶ οὗτοι οὔκ εἰσιν θεοί.
ὁ δὲ λαός μου ἠλλάξατο[19] τὴν δόξαν αὐτοῦ, ἐξ ἧς οὐκ
ὠφεληθήσονται.[20]
12 ἐξέστη[21] ὁ οὐρανὸς ἐπὶ τούτῳ
καὶ ἔφριξεν[22] ἐπὶ πλεῖον[23] σφόδρα,[24] λέγει κύριος.
13 ὅτι δύο πονηρὰ ἐποίησεν ὁ λαός μου·
ἐμὲ ἐγκατέλιπον,[25] πηγὴν[26] ὕδατος ζωῆς,
καὶ ὤρυξαν[27] ἑαυτοῖς λάκκους[28] συντετριμμένους,[29]
οἳ οὐ δυνήσονται ὕδωρ συνέχειν.[30]

14 Μὴ δοῦλός ἐστιν Ισραηλ ἢ οἰκογενής[31] ἐστιν;
διὰ τί εἰς προνομὴν[32] ἐγένετο;

1 εἰσάγω, *aor act ind 1s*, bring in
2 μιαίνω, *aor act ind 2p*, defile
3 κληρονομία, inheritance
4 τίθημι, *aor mid ind 2p*, set, make
5 βδέλυγμα, abomination
6 ἀντέχω, *pres mid ptc nom p m*, cleave to
7 ἐπίσταμαι, *impf mid ind 3p*, know
8 ποιμήν, shepherd
9 ἀσεβέω, *impf act ind 3p*, act impiously
10 προφητεύω, *impf act ind 3p*, prophesy
11 ἀνωφελής, unprofitable (thing)
12 διότι, for
13 διέρχομαι, *aor act impv 2p*, pass through
14 νῆσος, island
15 νοέω, *aor act impv 2p*, perceive, comprehend
16 σφόδρα, very much
17 τοιοῦτος, such, like
18 ἀλλάσσω, *fut mid ind 3p*, alter, exchange
19 ἀλλάσσω, *aor mid ind 3s*, alter, exchange
20 ὠφελέω, *fut pas ind 3p*, benefit, profit
21 ἐξίστημι, *aor act ind 3s*, be amazed, be confounded
22 φρίσσω, *aor act ind 3s*, shudder, shake
23 πλείων/πλεῖον, *comp of* πολύς, more
24 σφόδρα, very
25 ἐγκαταλείπω, *aor act ind 3p*, desert, forsake
26 πηγή, spring, fountain
27 ὀρύσσω, *aor act ind 3p*, dig out
28 λάκκος, pit, cistern
29 συντρίβω, *perf pas ptc acc p m*, break, ruin
30 συνέχω, *pres act inf*, hold fast
31 οἰκογενής, member of a household
32 προνομή, plunder, spoils

15 ἐπ᾽ αὐτὸν ὠρύοντο[1] λέοντες[2] καὶ ἔδωκαν τὴν φωνὴν αὐτῶν,
οἳ ἔταξαν[3] τὴν γῆν αὐτοῦ εἰς ἔρημον,
καὶ αἱ πόλεις αὐτοῦ κατεσκάφησαν[4] παρὰ τὸ μὴ κατοικεῖσθαι.
16 καὶ υἱοὶ Μέμφεως καὶ Ταφνας ἔγνωσάν σε
καὶ κατέπαιζόν[5] σου.
17 οὐχὶ ταῦτα ἐποίησέν σοι τὸ καταλιπεῖν[6] σε ἐμέ;
λέγει κύριος ὁ θεός σου.
18 καὶ νῦν τί σοι καὶ τῇ ὁδῷ Αἰγύπτου τοῦ πιεῖν ὕδωρ Γηων;
καὶ τί σοι καὶ τῇ ὁδῷ Ἀσσυρίων τοῦ πιεῖν ὕδωρ ποταμῶν;[7]
19 παιδεύσει[8] σε ἡ ἀποστασία[9] σου,
καὶ ἡ κακία[10] σου ἐλέγξει[11] σε·
καὶ γνῶθι καὶ ἰδὲ ὅτι πικρόν[12] σοι τὸ καταλιπεῖν[13] σε ἐμέ,
λέγει κύριος ὁ θεός σου·
καὶ οὐκ εὐδόκησα[14] ἐπὶ σοί,
λέγει κύριος ὁ θεός σου.
20 ὅτι ἀπ᾽ αἰῶνος συνέτριψας[15] τὸν ζυγόν[16] σου,
διέσπασας[17] τοὺς δεσμούς[18] σου
καὶ εἶπας Οὐ δουλεύσω,[19]
ἀλλὰ πορεύσομαι ἐπὶ πᾶν βουνὸν[20] ὑψηλὸν[21]
καὶ ὑποκάτω[22] παντὸς ξύλου[23] κατασκίου,[24]
ἐκεῖ διαχυθήσομαι[25] ἐν τῇ πορνείᾳ[26] μου.
21 ἐγὼ δὲ ἐφύτευσά[27] σε ἄμπελον[28] καρποφόρον[29] πᾶσαν ἀληθινήν·[30]
πῶς ἐστράφης[31] εἰς πικρίαν,[32] ἡ ἄμπελος ἡ ἀλλοτρία;[33]
22 ἐὰν ἀποπλύνῃ[34] ἐν νίτρῳ[35] καὶ πληθύνῃς[36] σεαυτῇ πόαν,[37]
κεκηλίδωσαι[38] ἐν ταῖς ἀδικίαις[39] σου ἐναντίον[40] ἐμοῦ, λέγει κύριος.

1 ὠρύομαι, *impf mid ind 3p*, roar
2 λέων, lion
3 τάσσω, *aor act ind 3p*, cause to become
4 κατασκάπτω, *aor pas ind 3p*, tear down
5 καταπαίζω, *impf act ind 3p*, mock
6 καταλείπω, *aor act inf*, abandon, leave
7 ποταμός, river
8 παιδεύω, *fut act ind 3s*, chastise, discipline
9 ἀποστασία, apostasy, rebellion
10 κακία, wickedness
11 ἐλέγχω, *fut act ind 3s*, reprove
12 πικρός, bitter
13 καταλείπω, *aor act inf*, abandon, leave
14 εὐδοκέω, *aor act ind 1s*, favor, approve
15 συντρίβω, *aor act ind 2s*, shatter
16 ζυγός, yoke
17 διασπάω, *aor act ind 2s*, break
18 δεσμός, bonds, chains
19 δουλεύω, *fut act ind 1s*, serve
20 βουνός, hill
21 ὑψηλός, high
22 ὑποκάτω, beneath
23 ξύλον, tree
24 κατάσκιος, shady
25 διαχέω, *fut pas ind 1s*, spread out
26 πορνεία, fornication
27 φυτεύω, *aor act ind 1s*, plant
28 ἄμπελος, vine
29 καρποφόρος, fruit-bearing
30 ἀληθινός, true, genuine
31 στρέφω, *aor pas ind 2s*, turn into
32 πικρία, bitterness
33 ἀλλότριος, another, foreign
34 ἀποπλύνω, *pres mid sub 2s*, wash
35 νίτρον, washing powder, *Heb. LW*
36 πληθύνω, *pres act sub 2s*, multiply
37 πόα, herb
38 κηλιδόω, *perf pas ind 2s*, stain
39 ἀδικία, wrongdoing, injustice
40 ἐναντίον, before

23 πῶς ἐρεῖς Οὐκ ἐμιάνθην[1] καὶ ὀπίσω τῆς Βααλ οὐκ ἐπορεύθην;
ἰδὲ τὰς ὁδούς σου ἐν τῷ πολυανδρείῳ[2] καὶ γνῶθι τί ἐποίησας.
ὀψὲ[3] φωνὴ αὐτῆς ὠλόλυξεν,[4]
τὰς ὁδοὺς αὐτῆς **24** ἐπλάτυνεν[5] ἐφ᾽ ὕδατα ἐρήμου,
ἐν ἐπιθυμίαις[6] ψυχῆς αὐτῆς ἐπνευματοφορεῖτο,[7] παρεδόθη·
τίς ἐπιστρέψει αὐτήν;
πάντες οἱ ζητοῦντες αὐτὴν οὐ κοπιάσουσιν,[8]
ἐν τῇ ταπεινώσει[9] αὐτῆς εὑρήσουσιν αὐτήν.
25 ἀπόστρεψον[10] τὸν πόδα σου ἀπὸ ὁδοῦ τραχείας[11]
καὶ τὸν φάρυγγά[12] σου ἀπὸ δίψους.[13]
ἡ δὲ εἶπεν Ἀνδριοῦμαι·[14]
ὅτι ἠγαπήκει[15] ἀλλοτρίους[16] καὶ ὀπίσω αὐτῶν ἐπορεύετο.

26 ὡς αἰσχύνη[17] κλέπτου[18] ὅταν ἁλῷ,[19]
οὕτως αἰσχυνθήσονται[20] οἱ υἱοὶ Ισραηλ,
αὐτοὶ καὶ οἱ βασιλεῖς αὐτῶν καὶ οἱ ἄρχοντες αὐτῶν
καὶ οἱ ἱερεῖς αὐτῶν καὶ οἱ προφῆται αὐτῶν.
27 τῷ ξύλῳ[21] εἶπαν ὅτι Πατήρ μου εἶ σύ,
καὶ τῷ λίθῳ Σὺ ἐγέννησάς με,
καὶ ἔστρεψαν ἐπ᾽ ἐμὲ νῶτα[22] καὶ οὐ πρόσωπα αὐτῶν·
καὶ ἐν τῷ καιρῷ τῶν κακῶν αὐτῶν ἐροῦσιν Ἀνάστα καὶ σῶσον ἡμᾶς.
28 καὶ ποῦ εἰσιν οἱ θεοί σου, οὓς ἐποίησας σεαυτῷ;
εἰ ἀναστήσονται καὶ σώσουσίν σε ἐν καιρῷ τῆς κακώσεώς[23] σου;
ὅτι κατ᾽ ἀριθμὸν[24] τῶν πόλεών σου ἦσαν θεοί σου, Ιουδα,
καὶ κατ᾽ ἀριθμὸν διόδων[25] τῆς Ιερουσαλημ ἔθυον[26] τῇ Βααλ.

29 ἵνα τί λαλεῖτε πρός με; πάντες ὑμεῖς ἠσεβήσατε[27]
καὶ πάντες ὑμεῖς ἠνομήσατε[28] εἰς ἐμέ, λέγει κύριος.

1 μιαίνω, *aor pas ind 1s*, defile, pollute
2 πολυανδρεῖον, common burial place
3 ὀψέ, in the evening
4 ὀλολύζω, *aor act ind 3s*, howl, wail
5 πλατύνω, *aor act ind 3s*, enlarge, widen
6 ἐπιθυμία, desire, lust
7 πνευματοφορέομαι, *impf pas ind 3s*, blow about (by the wind)
8 κοπιάω, *fut act ind 3p*, toil, labor
9 ταπείνωσις, humiliation
10 ἀποστρέφω, *aor act impv 2s*, turn back
11 τραχύς, rough, uneven
12 φάρυγξ, throat
13 δίψος, thirst
14 ἀνδρίζομαι, *fut mid ind 1s*, be courageous
15 ἀγαπάω, *plpf act ind 3s*, love
16 ἀλλότριος, foreign
17 αἰσχύνη, shame
18 κλέπτης, thief
19 ἁλίσκομαι, *aor act sub 3s*, be caught
20 αἰσχύνω, *fut pas ind 3p*, put to shame
21 ξύλον, tree
22 νῶτον, back
23 κάκωσις, affliction, oppression
24 ἀριθμός, number
25 δίοδος, street, passage
26 θύω, *impf act ind 3p*, sacrifice
27 ἀσεβέω, *aor act ind 2p*, act profanely
28 ἀνομέω, *aor act ind 2p*, act lawlessly

30 μάτην[1] ἐπάταξα[2] τὰ τέκνα ὑμῶν, παιδείαν[3] οὐκ ἐδέξασθε·[4]
μάχαιρα[5] κατέφαγεν[6] τοὺς προφήτας ὑμῶν ὡς λέων[7] ὀλεθρεύων,[8]
καὶ οὐκ ἐφοβήθητε.
31 ἀκούσατε λόγον κυρίου Τάδε[9] λέγει κύριος
Μὴ ἔρημος ἐγενόμην τῷ Ισραηλ ἢ γῆ κεχερσωμένη;[10]
διὰ τί εἶπεν ὁ λαός μου
Οὐ κυριευθησόμεθα[11] καὶ οὐχ ἥξομεν[12] πρὸς σὲ ἔτι;
32 μὴ ἐπιλήσεται[13] νύμφη[14] τὸν κόσμον[15] αὐτῆς
καὶ παρθένος[16] τὴν στηθοδεσμίδα[17] αὐτῆς;
ὁ δὲ λαός μου ἐπελάθετό[18] μου ἡμέρας,
ὧν οὐκ ἔστιν ἀριθμός.[19]

33 τί ἔτι καλὸν ἐπιτηδεύσεις[20] ἐν ταῖς ὁδοῖς σου τοῦ ζητῆσαι ἀγάπησιν;[21]
οὐχ οὕτως, ἀλλὰ καὶ σὺ ἐπονηρεύσω[22] τοῦ μιᾶναι[23] τὰς ὁδούς σου.
34 καὶ ἐν ταῖς χερσίν σου εὑρέθησαν αἵματα ψυχῶν ἀθῴων·[24]
οὐκ ἐν διορύγμασιν[25] εὗρον αὐτούς, ἀλλ᾽ ἐπὶ πάσῃ δρυΐ.[26]
35 καὶ εἶπας Ἀθῷός[27] εἰμι, ἀλλὰ ἀποστραφήτω[28] ὁ θυμὸς[29] αὐτοῦ ἀπ᾽ ἐμοῦ.
ἰδοὺ ἐγὼ κρίνομαι πρὸς σὲ ἐν τῷ λέγειν σε Οὐχ ἥμαρτον.
36 τί κατεφρόνησας[30] σφόδρα[31] τοῦ δευτερῶσαι[32] τὰς ὁδούς σου;
καὶ ἀπὸ Αἰγύπτου καταισχυνθήσῃ,[33] καθὼς κατῃσχύνθης[34] ἀπὸ
Ασσουρ.
37 ὅτι καὶ ἐντεῦθεν[35] ἐξελεύσῃ, καὶ αἱ χεῖρές σου ἐπὶ τῆς κεφαλῆς σου·
ὅτι ἀπώσατο[36] κύριος τὴν ἐλπίδα σου, καὶ οὐκ εὐοδωθήσῃ[37] ἐν αὐτῇ.

1 μάτην, in vain, without result
2 πατάσσω, *aor act ind 1s*, strike
3 παιδεία, discipline, chastisement
4 δέχομαι, *aor mid ind 2p*, accept
5 μάχαιρα, sword
6 κατεσθίω, *aor act ind 3s*, devour
7 λέων, lion
8 ὀλεθρεύω, *pres act ptc nom s m*, destroy
9 ὅδε, this
10 χερσόομαι, *perf pas ptc nom s f*, make barren
11 κυριεύω, *fut pas ind 1p*, rule over
12 ἥκω, *fut act ind 1p*, come
13 ἐπιλανθάνω, *fut mid ind 3s*, forget
14 νύμφη, bride
15 κόσμος, adornment, decoration
16 παρθένος, virgin, young woman
17 στηθοδεσμίς, girdle, breast band
18 ἐπιλανθάνω, *aor mid ind 3s*, forget
19 ἀριθμός, number
20 ἐπιτηδεύω, *fut act ind 2s*, attempt to
21 ἀγάπησις, affection, care
22 πονηρεύομαι, *aor mid ind 2s*, act wickedly
23 μιαίνω, *aor act inf*, defile, pollute
24 ἀθῷος, innocent
25 διόρυγμα, trench
26 δρῦς, oak tree
27 ἀθῷος, innocent
28 ἀποστρέφω, *aor pas impv 3s*, turn back
29 θυμός, wrath
30 καταφρονέω, *aor act ind 2s*, despise
31 σφόδρα, exceedingly
32 δευτερόω, *aor act inf*, do again, repeat
33 καταισχύνω, *fut pas ind 2s*, put to shame
34 καταισχύνω, *aor pas ind 2s*, put to shame
35 ἐντεῦθεν, from there
36 ἀπωθέω, *aor mid ind 3s*, reject
37 εὐοδόω, *fut pas ind 2s*, prosper

A Summons to Change

3 Ἐὰν ἐξαποστείλῃ[1] ἀνὴρ τὴν γυναῖκα αὐτοῦ,
καὶ ἀπέλθῃ ἀπ᾽ αὐτοῦ καὶ γένηται ἀνδρὶ ἑτέρῳ,
μὴ ἀνακάμπτουσα[2] ἀνακάμψει[3] πρὸς αὐτὸν ἔτι;
οὐ μιαινομένη[4] μιανθήσεται[5] ἡ γυνὴ ἐκείνη;
καὶ σὺ ἐξεπόρνευσας[6] ἐν ποιμέσιν[7] πολλοῖς·
καὶ ἀνέκαμπτες[8] πρός με; λέγει κύριος.
2 ἆρον εἰς εὐθεῖαν[9] τοὺς ὀφθαλμούς σου καὶ ἰδέ·
ποῦ οὐχὶ ἐξεφύρθης;[10]
ἐπὶ ταῖς ὁδοῖς ἐκάθισας αὐτοῖς ὡσεὶ[11] κορώνη[12] ἐρημουμένη[13]
καὶ ἐμίανας[14] τὴν γῆν ἐν ταῖς πορνείαις[15] σου καὶ ἐν ταῖς κακίαις[16] σου.
3 καὶ ἔσχες ποιμένας[17] πολλοὺς εἰς πρόσκομμα[18] σεαυτῇ·
ὄψις[19] πόρνης[20] ἐγένετό σοι, ἀπηναισχύντησας[21] πρὸς πάντας.
4 οὐχ ὡς οἶκόν με ἐκάλεσας καὶ πατέρα καὶ ἀρχηγὸν[22] τῆς παρθενίας[23] σου;
5 μὴ διαμενεῖ[24] εἰς τὸν αἰῶνα ἢ διαφυλαχθήσεται[25] εἰς νῖκος;[26]
ἰδοὺ ἐλάλησας καὶ ἐποίησας τὰ πονηρὰ ταῦτα καὶ ἠδυνάσθης.

Faithless Israel Summoned to Repent

6 Καὶ εἶπεν κύριος πρός με ἐν ταῖς ἡμέραις Ιωσια τοῦ βασιλέως Εἶδες ἃ ἐποίησέν μοι
ἡ κατοικία[27] τοῦ Ισραηλ· ἐπορεύθησαν ἐπὶ πᾶν ὄρος ὑψηλὸν[28] καὶ ὑποκάτω[29] παντὸς
ξύλου[30] ἀλσώδους[31] καὶ ἐπόρνευσαν[32] ἐκεῖ. **7** καὶ εἶπα μετὰ τὸ πορνεῦσαι[33] αὐτὴν
ταῦτα πάντα Πρός με ἀνάστρεψον,[34] καὶ οὐκ ἀνέστρεψεν·[35] καὶ εἶδεν τὴν ἀσυνθεσίαν[36]

1 ἐξαποστέλλω, *aor act sub 3s*, send away, divorce
2 ἀνακάμπτω, *pres act ptc nom s f*, return
3 ἀνακάμπτω, *fut act ind 3s*, return
4 μιαίνω, *pres pas ptc nom s f*, defile
5 μιαίνω, *fut pas ind 3s*, defile
6 ἐκπορνεύω, *aor act ind 2s*, fornicate, play the whore
7 ποιμήν, shepherd
8 ἀνακάμπτω, *impf act ind 2s*, return
9 εὐθύς, straight
10 ἐκφύρω, *aor pas ind 2s*, contaminate
11 ὡσεί, as, like
12 κορώνη, crow, raven
13 ἐρημόω, *pres pas ptc nom s f*, make desolate
14 μιαίνω, *aor act ind 2s*, defile
15 πορνεία, fornication
16 κακία, wickedness
17 ποιμήν, shepherd
18 πρόσκομμα, obstacle, source of stumbling
19 ὄψις, look, appearance
20 πόρνη, prostitute
21 ἀπαναισχυντέω, *aor act ind 2s*, behave shamelessly
22 ἀρχηγός, chief, origin
23 παρθένια, virginity
24 διαμένω, *fut act ind 3s*, endure
25 διαφυλάσσω, *fut pas ind 3s*, remain
26 νῖκος, victory
27 κατοικία, settlement
28 ὑψηλός, high
29 ὑποκάτω, beneath
30 ξύλον, tree
31 ἀλσώδης, of a forest
32 πορνεύω, *aor act ind 3p*, fornicate
33 πορνεύω, *aor act inf*, fornicate
34 ἀναστρέφω, *aor act impv 2s*, return
35 ἀναστρέφω, *aor act ind 3s*, return
36 ἀσυνθεσία, faithlessness

αὐτῆς ἡ ἀσύνθετος[1] Ιουδα. **8** καὶ εἶδον διότι[2] περὶ πάντων ὧν κατελήμφθη[3] ἐν οἷς
ἐμοιχᾶτο[4] ἡ κατοικία[5] τοῦ Ισραηλ, καὶ ἐξαπέστειλα[6] αὐτὴν καὶ ἔδωκα αὐτῇ βιβλίον[7]
ἀποστασίου[8] εἰς τὰς χεῖρας αὐτῆς· καὶ οὐκ ἐφοβήθη ἡ ἀσύνθετος[9] Ιουδα καὶ ἐπο-
ρεύθη καὶ ἐπόρνευσεν[10] καὶ αὐτή. **9** καὶ ἐγένετο εἰς οὐθὲν[11] ἡ πορνεία[12] αὐτῆς, καὶ
ἐμοίχευσεν[13] τὸ ξύλον[14] καὶ τὸν λίθον. **10** καὶ ἐν πᾶσιν τούτοις οὐκ ἐπεστράφη πρός
με ἡ ἀσύνθετος[15] Ιουδα ἐξ ὅλης τῆς καρδίας αὐτῆς, ἀλλ᾽ ἐπὶ ψεύδει.[16]

11 καὶ εἶπεν κύριος πρός με Ἐδικαίωσεν τὴν ψυχὴν αὐτοῦ Ισραηλ ἀπὸ τῆς ἀσυν-
θέτου[17] Ιουδα. **12** πορεύου καὶ ἀνάγνωθι[18] τοὺς λόγους τούτους πρὸς βορρᾶν[19] καὶ
ἐρεῖς

Ἐπιστράφητι πρός με, ἡ κατοικία[20] τοῦ Ισραηλ, λέγει κύριος,
καὶ οὐ στηριῶ[21] τὸ πρόσωπόν μου ἐφ᾽ ὑμᾶς·
ὅτι ἐλεήμων[22] ἐγώ εἰμι, λέγει κύριος,
καὶ οὐ μηνιῶ[23] ὑμῖν εἰς τὸν αἰῶνα.
13 πλὴν γνῶθι τὴν ἀδικίαν[24] σου,
ὅτι εἰς κύριον τὸν θεόν σου ἠσέβησας[25]
καὶ διέχεας[26] τὰς ὁδούς σου εἰς ἀλλοτρίους[27] ὑποκάτω[28] παντὸς ξύλου[29]
ἀλσώδους,[30]
τῆς δὲ φωνῆς μου οὐχ ὑπήκουσας,[31] λέγει κύριος.
14 ἐπιστράφητε, υἱοὶ ἀφεστηκότες,[32] λέγει κύριος,
διότι[33] ἐγὼ κατακυριεύσω[34] ὑμῶν καὶ λήμψομαι ὑμᾶς
ἕνα ἐκ πόλεως καὶ δύο ἐκ πατριᾶς[35]
καὶ εἰσάξω[36] ὑμᾶς εἰς Σιων

1 ἀσύνθετος, faithless
2 διότι, because of, for
3 καταλαμβάνω, *aor pas ind 3s*, overtake
4 μοιχάομαι, *impf mid ind 3s*, commit adultery
5 κατοικία, settlement
6 ἐξαποστέλλω, *aor act ind 1s*, send away, divorce
7 βιβλίον, certificate
8 ἀποστάσιον, of divorce
9 ἀσύνθετος, faithless
10 πορνεύω, *aor act ind 3s*, fornicate
11 οὐθείς, nothing
12 πορνεία, fornication
13 μοιχεύω, *aor act ind 3s*, fornicate (with), commit adultery (with)
14 ξύλον, wood
15 ἀσύνθετος, faithless
16 ψεῦδος, deception
17 ἀσύνθετος, faithless
18 ἀναγινώσκω, *aor act impv 2s*, read
19 βορρᾶς, north
20 κατοικία, settlement
21 στηρίζω, *fut act ind 1s*, set against
22 ἐλεήμων, merciful
23 μηνίω, *fut act ind 1s*, maintain wrath
24 ἀδικία, wrongdoing, injustice
25 ἀσεβέω, *aor act ind 2s*, act impiously
26 διαχέω, *aor act ind 2s*, spread
27 ἀλλότριος, foreign
28 ὑποκάτω, beneath
29 ξύλον, tree
30 ἀλσώδης, of a forest
31 ὑπακούω, *aor act ind 2s*, listen, obey
32 ἀφίστημι, *perf act ptc nom p m*, turn away, depart
33 διότι, because
34 κατακυριεύω, *fut act ind 1s*, exercise dominion over
35 πατριά, paternal lineage, house
36 εἰσάγω, *fut act ind 1s*, bring into

15 καὶ δώσω ὑμῖν ποιμένας[1] κατὰ τὴν καρδίαν μου,
καὶ ποιμανοῦσιν[2] ὑμᾶς ποιμαίνοντες[3] μετ᾽ ἐπιστήμης.[4]

16 καὶ ἔσται ἐὰν πληθυνθῆτε[5] καὶ αὐξηθῆτε[6] ἐπὶ τῆς γῆς ἐν ταῖς ἡμέραις ἐκείναις,
λέγει κύριος, οὐκ ἐροῦσιν ἔτι Κιβωτὸς[7] διαθήκης ἁγίου Ισραηλ, οὐκ ἀναβήσεται ἐπὶ
καρδίαν, οὐκ ὀνομασθήσεται[8] οὐδὲ ἐπισκεφθήσεται[9] καὶ οὐ ποιηθήσεται ἔτι· **17** ἐν
ταῖς ἡμέραις ἐκείναις καὶ ἐν τῷ καιρῷ ἐκείνῳ καλέσουσιν τὴν Ιερουσαλημ Θρόνος
κυρίου, καὶ συναχθήσονται εἰς αὐτὴν πάντα τὰ ἔθνη καὶ οὐ πορεύσονται ἔτι ὀπίσω
τῶν ἐνθυμημάτων[10] τῆς καρδίας αὐτῶν τῆς πονηρᾶς. **18** ἐν ταῖς ἡμέραις ἐκείναις
συνελεύσονται[11] οἶκος Ιουδα ἐπὶ τὸν οἶκον τοῦ Ισραηλ, καὶ ἥξουσιν[12] ἐπὶ τὸ αὐτὸ
ἀπὸ γῆς βορρᾶ[13] καὶ ἀπὸ πασῶν τῶν χωρῶν[14] ἐπὶ τὴν γῆν, ἣν κατεκληρονόμησα[15]
τοὺς πατέρας αὐτῶν.

19 καὶ ἐγὼ εἶπα Γένοιτο,[16] κύριε· ὅτι τάξω[17] σε εἰς τέκνα
καὶ δώσω σοι γῆν ἐκλεκτὴν[18] κληρονομίαν[19] θεοῦ παντοκράτορος[20] ἐθνῶν·
καὶ εἶπα Πατέρα καλέσετέ με
καὶ ἀπ᾽ ἐμοῦ οὐκ ἀποστραφήσεσθε.[21]
20 πλὴν ὡς ἀθετεῖ[22] γυνὴ εἰς τὸν συνόντα[23] αὐτῇ,
οὕτως ἠθέτησεν[24] εἰς ἐμὲ οἶκος Ισραηλ, λέγει κύριος.

21 φωνὴ ἐκ χειλέων[25] ἠκούσθη κλαυθμοῦ[26] καὶ δεήσεως[27] υἱῶν Ισραηλ,
ὅτι ἠδίκησαν[28] ἐν ταῖς ὁδοῖς αὐτῶν, ἐπελάθοντο[29] θεοῦ ἁγίου αὐτῶν.
22 ἐπιστράφητε, υἱοὶ ἐπιστρέφοντες,
καὶ ἰάσομαι[30] τὰ συντρίμματα[31] ὑμῶν.
ἰδοὺ δοῦλοι ἡμεῖς ἐσόμεθά σοι,
ὅτι σὺ κύριος ὁ θεὸς ἡμῶν εἶ.

1 ποιμήν, shepherd
2 ποιμαίνω, *fut act ind 3p*, tend (flocks), shepherd
3 ποιμαίνω, *pres act ptc nom p m*, tend (flocks), shepherd
4 ἐπιστήμη, skill, understanding
5 πληθύνω, *aor pas sub 2p*, multiply
6 αὐξάνω, *aor pas sub 2p*, increase
7 κιβωτός, chest, ark
8 ὀνομάζω, *fut pas ind 3s*, name
9 ἐπισκέπτομαι, *fut pas ind 3s*, consider
10 ἐνθύμημα, thought, reasoning
11 συνέρχομαι, *fut mid ind 3p*, come together
12 ἥκω, *fut act ind 3p*, come
13 βορρᾶς, north
14 χώρα, land, territory
15 κατακληρονομέω, *aor act ind 1s*, give as inheritance
16 γίνομαι, *aor mid opt 3s*, be
17 τάσσω, *fut act ind 1s*, set, make
18 ἐκλεκτός, choice, elect
19 κληρονομία, inheritance
20 παντοκράτωρ, almighty
21 ἀποστρέφω, *fut pas ind 2p*, turn away
22 ἀθετέω, *pres act ind 3s*, break faith with
23 σύνειμι, *pres act ptc acc s m*, be with
24 ἀθετέω, *aor act ind 3s*, break faith with
25 χεῖλος, lip
26 κλαυθμός, weeping
27 δέησις, supplication
28 ἀδικέω, *aor act ind 3p*, do wrong, act unjustly
29 ἐπιλανθάνω, *aor mid ind 3p*, forget
30 ἰάομαι, *fut mid ind 1s*, heal
31 σύντριμμα, wound, affliction

23 ὄντως[1] εἰς ψεῦδος[2] ἦσαν οἱ βουνοὶ[3] καὶ ἡ δύναμις τῶν ὀρέων,
πλὴν διὰ κυρίου θεοῦ ἡμῶν ἡ σωτηρία τοῦ Ισραηλ.

24 ἡ δὲ αἰσχύνη[4] κατανάλωσεν[5] τοὺς μόχθους[6] τῶν πατέρων ἡμῶν ἀπὸ νεότητος[7]
ἡμῶν, τὰ πρόβατα αὐτῶν καὶ τοὺς μόσχους[8] αὐτῶν καὶ τοὺς υἱοὺς αὐτῶν καὶ τὰς
θυγατέρας[9] αὐτῶν. **25** ἐκοιμήθημεν[10] ἐν τῇ αἰσχύνῃ[11] ἡμῶν, καὶ ἐπεκάλυψεν[12] ἡμᾶς ἡ
ἀτιμία[13] ἡμῶν, διότι[14] ἔναντι[15] τοῦ θεοῦ ἡμῶν ἡμάρτομεν ἡμεῖς καὶ οἱ πατέρες ἡμῶν
ἀπὸ νεότητος[16] ἡμῶν ἕως τῆς ἡμέρας ταύτης καὶ οὐχ ὑπηκούσαμεν[17] τῆς φωνῆς
κυρίου τοῦ θεοῦ ἡμῶν.

4 Ἐὰν ἐπιστραφῇ Ισραηλ, λέγει κύριος,
πρός με ἐπιστραφήσεται·
ἐὰν περιέλῃ[18] τὰ βδελύγματα[19] αὐτοῦ ἐκ στόματος αὐτοῦ
καὶ ἀπὸ τοῦ προσώπου μου εὐλαβηθῇ[20]
2 καὶ ὀμόσῃ[21] Ζῇ κύριος μετὰ ἀληθείας
καὶ ἐν κρίσει καὶ ἐν δικαιοσύνῃ,
καὶ εὐλογήσουσιν ἐν αὐτῇ ἔθνη
καὶ ἐν αὐτῷ αἰνέσουσιν[22] τῷ θεῷ ἐν Ιερουσαλημ.
3 ὅτι τάδε[23] λέγει κύριος τοῖς ἀνδράσιν Ιουδα καὶ τοῖς κατοικοῦσιν
Ιερουσαλημ
Νεώσατε[24] ἑαυτοῖς νεώματα[25] καὶ μὴ σπείρητε[26] ἐπ᾽ ἀκάνθαις.[27]
4 περιτμήθητε[28] τῷ θεῷ ὑμῶν καὶ περιτέμεσθε[29] τὴν σκληροκαρδίαν[30] ὑμῶν,
ἄνδρες Ιουδα καὶ οἱ κατοικοῦντες Ιερουσαλημ,
μὴ ἐξέλθῃ ὡς πῦρ ὁ θυμός[31] μου καὶ ἐκκαυθήσεται,[32]
καὶ οὐκ ἔσται ὁ σβέσων[33] ἀπὸ προσώπου πονηρίας[34] ἐπιτηδευμάτων[35]
ὑμῶν.

1 ὄντως, indeed, certainly
2 ψεῦδος, lie, falsehood
3 βουνός, hill
4 αἰσχύνη, shame
5 καταναλίσκω, *aor act ind 3s*, consume, devour
6 μόχθος, fruit of labor
7 νεότης, youth
8 μόσχος, calf
9 θυγάτηρ, daughter
10 κοιμάω, *aor pas ind 1p*, lie down
11 αἰσχύνη, shame
12 ἐπικαλύπτω, *aor act ind 3s*, cover
13 ἀτιμία, dishonor
14 διότι, because
15 ἔναντι, before
16 νεότης, youth
17 ὑπακούω, *aor act ind 1p*, hear, listen
18 περιαιρέω, *aor act sub 3s*, remove
19 βδέλυγμα, abomination
20 εὐλαβέομαι, *aor pas sub 3s*, show reverence
21 ὄμνυμι, *aor act sub 3s*, swear an oath
22 αἰνέω, *fut act ind 3p*, praise
23 ὅδε, this
24 νεόω, *aor act impv 2p*, plow up
25 νέωμα, newly plowed field
26 σπείρω, *aor act sub 2p*, sow
27 ἄκανθα, thorny plant
28 περιτέμνω, *aor pas impv 2p*, circumcise
29 περιτέμνω, *aor mid impv 2p*, circumcise
30 σκληροκαρδία, hardness of heart
31 θυμός, wrath
32 ἐκκαίω, *fut pas ind 3s*, kindle, burn
33 σβέννυμι, *fut act ptc nom s m*, quench
34 πονηρία, wickedness
35 ἐπιτήδευμα, habits, way of living

Disaster from the North

5 Ἀναγγείλατε[1] ἐν τῷ Ιουδα, καὶ ἀκουσθήτω ἐν Ιερουσαλημ·
εἴπατε Σημάνατε[2] ἐπὶ τῆς γῆς σάλπιγγι[3] καὶ κεκράξατε μέγα·
εἴπατε Συνάχθητε καὶ εἰσέλθωμεν εἰς τὰς πόλεις τὰς τειχήρεις.[4]
6 ἀναλαβόντες[5] φεύγετε[6] εἰς Σιων·
σπεύσατε[7] μὴ στῆτε,
ὅτι κακὰ ἐγὼ ἐπάγω[8] ἀπὸ βορρᾶ[9] καὶ συντριβὴν[10] μεγάλην.
7 ἀνέβη λέων[11] ἐκ τῆς μάνδρας[12] αὐτοῦ, ἐξολεθρεύων[13] ἔθνη ἐξῆρεν[14]
καὶ ἐξῆλθεν ἐκ τοῦ τόπου αὐτοῦ τοῦ θεῖναι τὴν γῆν εἰς ἐρήμωσιν,[15]
καὶ πόλεις καθαιρεθήσονται[16] παρὰ τὸ μὴ κατοικεῖσθαι αὐτάς.
8 ἐπὶ τούτοις περιζώσασθε[17] σάκκους[18]
καὶ κόπτεσθε[19] καὶ ἀλαλάξατε,[20]
διότι[21] οὐκ ἀπεστράφη[22] ὁ θυμὸς[23] κυρίου ἀφ᾽ ὑμῶν.

9 καὶ ἔσται ἐν ἐκείνῃ τῇ ἡμέρᾳ, λέγει κύριος,
ἀπολεῖται ἡ καρδία τοῦ βασιλέως καὶ ἡ καρδία τῶν ἀρχόντων,
καὶ οἱ ἱερεῖς ἐκστήσονται,[24]
καὶ οἱ προφῆται θαυμάσονται.[25]
10 καὶ εἶπα Ὦ[26] δέσποτα[27] κύριε,
ἄρα γε ἀπατῶν[28] ἠπάτησας[29] τὸν λαὸν τοῦτον καὶ τὴν Ιερουσαλημ λέγων
Εἰρήνη ἔσται ὑμῖν,
καὶ ἰδοὺ ἥψατο ἡ μάχαιρα[30] ἕως τῆς ψυχῆς αὐτῶν.

1 ἀναγγέλλω, *aor act impv 2p*, proclaim
2 σημαίνω, *aor act impv 2p*, sound forth, signal
3 σάλπιγξ, trumpet
4 τειχήρης, walled, fortified
5 ἀναλαμβάνω, *aor act ptc nom p m*, take up
6 φεύγω, *pres act impv 2p*, flee
7 σπεύδω, *aor act impv 2p*, hasten
8 ἐπάγω, *pres act ind 1s*, bring upon
9 βορρᾶς, north
10 συντριβή, crushing, destruction
11 λέων, lion
12 μάνδρα, den (of lions)
13 ἐξολεθρεύω, *pres act ptc nom s m*, utterly destroy
14 ἐξαίρω, *aor act ind 3s*, set out
15 ἐρήμωσις, desolation
16 καθαιρέω, *fut pas ind 3p*, break down
17 περιζώννυμι, *aor mid impv 2p*, put on
18 σάκκος, sackcloth, *Heb. LW*
19 κόπτω, *pres mid impv 2p*, mourn, beat (one's breast in lamentation)
20 ἀλαλάζω, *aor act impv 2p*, cry with pain
21 διότι, because
22 ἀποστρέφω, *aor pas ind 3s*, turn away
23 θυμός, wrath
24 ἐξίστημι, *fut mid ind 3p*, be confounded, be amazed
25 θαυμάζω, *fut mid ind 3p*, wonder, be astonished
26 ὦ, O!
27 δεσπότης, master
28 ἀπατάω, *pres act ptc nom s m*, deceive
29 ἀπατάω, *aor act ind 2s*, deceive
30 μάχαιρα, sword

11 ἐν τῷ καιρῷ ἐκείνῳ ἐροῦσιν τῷ λαῷ τούτῳ καὶ τῇ Ιερουσαλημ Πνεῦμα πλανήσεως[1]
ἐν τῇ ἐρήμῳ, ὁδὸς τῆς θυγατρός[2] τοῦ λαοῦ μου οὐκ εἰς καθαρὸν[3] οὐδ᾽ εἰς ἅγιον.
12 πνεῦμα πληρώσεως[4] ἥξει[5] μοι· νῦν δὲ ἐγὼ λαλῶ κρίματα[6] πρὸς αὐτούς.

13 ἰδοὺ ὡς νεφέλη[7] ἀναβήσεται, καὶ ὡς καταιγὶς[8] τὰ ἅρματα[9] αὐτοῦ,
κουφότεροι[10] ἀετῶν[11] οἱ ἵπποι[12] αὐτοῦ· οὐαὶ ἡμῖν, ὅτι ταλαιπωροῦμεν.[13]
14 ἀπόπλυνε[14] ἀπὸ κακίας[15] τὴν καρδίαν σου, Ιερουσαλημ, ἵνα σωθῇς·
ἕως πότε[16] ὑπάρξουσιν ἐν σοὶ διαλογισμοὶ[17] πόνων[18] σου;
15 διότι[19] φωνὴ ἀναγγέλλοντος[20] ἐκ Δαν ἥξει,[21]
καὶ ἀκουσθήσεται πόνος[22] ἐξ ὄρους Εφραιμ.
16 ἀναμνήσατε[23] ἔθνη Ἰδοὺ ἥκασιν·[24]
ἀναγγείλατε[25] ἐν Ιερουσαλημ
Συστροφαὶ[26] ἔρχονται ἐκ γῆς μακρόθεν[27]
καὶ ἔδωκαν ἐπὶ τὰς πόλεις Ιουδα φωνὴν αὐτῶν.
17 ὡς φυλάσσοντες ἀγρὸν ἐγένοντο ἐπ᾽ αὐτὴν κύκλῳ,[28]
ὅτι ἐμοῦ ἠμέλησας,[29] λέγει κύριος.
18 αἱ ὁδοί σου καὶ τὰ ἐπιτηδεύματά[30] σου ἐποίησαν ταῦτά σοι·
αὕτη ἡ κακία[31] σου, ὅτι πικρά,[32] ὅτι ἥψατο ἕως τῆς καρδίας σου.

Anguish over Judah's Desolation

19 τὴν κοιλίαν[33] μου τὴν κοιλίαν μου ἀλγῶ,[34]
καὶ τὰ αἰσθητήρια[35] τῆς καρδίας μου·
μαιμάσσει[36] ἡ ψυχή μου, σπαράσσεται[37] ἡ καρδία μου, οὐ σιωπήσομαι,[38]
ὅτι φωνὴν σάλπιγγος[39] ἤκουσεν ἡ ψυχή μου, κραυγὴν[40] πολέμου.

1 πλάνησις, error, wandering astray
2 θυγάτηρ, daughter
3 καθαρός, clean, pure
4 πλήρωσις, fullness
5 ἥκω, *fut act ind 3s*, come
6 κρίμα, judgment, decree
7 νεφέλη, cloud
8 καταιγίς, storm
9 ἅρμα, chariot
10 κοῦφος, *comp*, swifter
11 ἀετός, eagle
12 ἵππος, horse
13 ταλαιπωρέω, *pres act ind 1p*, suffer distress
14 ἀποπλύνω, *pres act impv 2s*, wash away
15 κακία, wickedness
16 πότε, when
17 διαλογισμός, thought, deliberation
18 πόνος, affliction, distress
19 διότι, for
20 ἀναγγέλλω, *pres act ptc gen s m*, proclaim, declare
21 ἥκω, *fut act ind 3s*, come
22 πόνος, affliction, distress
23 ἀναμιμνήσκω, *aor act impv 2p*, call to mind, remind
24 ἥκω, *perf act ind 3p*, come
25 ἀναγγέλλω, *aor act impv 2p*, proclaim, declare
26 συστροφή, band, assembly, swarm
27 μακρόθεν, far off
28 κύκλῳ, round about
29 ἀμελέω, *aor act ind 2s*, neglect
30 ἐπιτήδευμα, habits, way of living
31 κακία, wickedness
32 πικρός, bitter
33 κοιλία, belly
34 ἀλγέω, *pres act ind 1s*, feel (bodily) pain
35 αἰσθητήριον, senses
36 μαιμάσσω, *pres act ind 3s*, be in commotion
37 σπαράσσω, *pres pas ind 3s*, tear
38 σιωπάω, *fut mid ind 1s*, keep silent
39 σάλπιγξ, trumpet
40 κραυγή, outcry

20 καὶ ταλαιπωρίαν[1] συντριμμὸν[2] ἐπικαλεῖται,[3]
ὅτι τεταλαιπώρηκεν[4] πᾶσα ἡ γῆ·
ἄφνω[5] τεταλαιπώρηκεν ἡ σκηνή,[6]
διεσπάσθησαν[7] αἱ δέρρεις[8] μου.
21 ἕως πότε[9] ὄψομαι φεύγοντας[10]
ἀκούων φωνὴν σαλπίγγων;[11]
22 διότι[12] οἱ ἡγούμενοι[13] τοῦ λαοῦ μου ἐμὲ οὐκ ᾔδεισαν,[14]
υἱοὶ ἄφρονές[15] εἰσιν καὶ οὐ συνετοί·[16]
σοφοί[17] εἰσιν τοῦ κακοποιῆσαι,[18]
τὸ δὲ καλῶς[19] ποιῆσαι οὐκ ἐπέγνωσαν.
23 ἐπέβλεψα[20] ἐπὶ τὴν γῆν, καὶ ἰδοὺ οὐθέν,[21]
καὶ εἰς τὸν οὐρανόν, καὶ οὐκ ἦν τὰ φῶτα αὐτοῦ·
24 εἶδον τὰ ὄρη, καὶ ἦν τρέμοντα,[22]
καὶ πάντας τοὺς βουνοὺς[23] ταρασσομένους·[24]
25 ἐπέβλεψα,[25] καὶ ἰδοὺ οὐκ ἦν ἄνθρωπος,
καὶ πάντα τὰ πετεινὰ[26] τοῦ οὐρανοῦ ἐπτοεῖτο·[27]
26 εἶδον, καὶ ἰδοὺ ὁ Κάρμηλος ἔρημος,
καὶ πᾶσαι αἱ πόλεις ἐμπεπυρισμέναι[28] πυρὶ ἀπὸ προσώπου κυρίου,
καὶ ἀπὸ προσώπου ὀργῆς θυμοῦ[29] αὐτοῦ ἠφανίσθησαν.[30]

27 τάδε[31] λέγει κύριος Ἔρημος ἔσται πᾶσα ἡ γῆ,
συντέλειαν[32] δὲ οὐ μὴ ποιήσω.
28 ἐπὶ τούτοις πενθείτω[33] ἡ γῆ,
καὶ συσκοτασάτω[34] ὁ οὐρανὸς ἄνωθεν,[35]

1 ταλαιπωρία, misery, distress
2 συντριμμός, ruin, crushing
3 ἐπικαλέω, *pres mid ind 3s*, call upon
4 ταλαιπωρέω, *perf act ind 3s*, suffer misery
5 ἄφνω, all of a sudden
6 σκηνή, tent
7 διασπάω, *aor pas ind 3p*, tear asunder
8 δέρρις, curtain (of skin or hide)
9 πότε, when
10 φεύγω, *pres act ptc acc p m*, flee
11 σάλπιγξ, trumpet
12 διότι, because
13 ἡγέομαι, *pres mid ptc nom p m*, lead
14 οἶδα, *plpf act ind 3p*, know
15 ἄφρων, foolish
16 συνετός, wise, prudent
17 σοφός, wise
18 κακοποιέω, *aor act inf*, do evil
19 καλῶς, well, rightly
20 ἐπιβλέπω, *aor act ind 1s*, look upon
21 οὐθείς, nothing
22 τρέμω, *pres act ptc nom p n*, tremble, shake
23 βουνός, hill
24 ταράσσω, *pres mid ptc acc p m*, agitate, disturb
25 ἐπιβλέπω, *aor act ind 1s*, look upon
26 πετεινός, bird
27 πτοέω, *impf pas ind 3s*, terrify, dismay
28 ἐμπυρίζω, *perf pas ptc nom p f*, set on fire
29 θυμός, wrath
30 ἀφανίζω, *aor pas ind 3p*, blot out, destroy
31 ὅδε, this
32 συντέλεια, completion (of destruction)
33 πενθέω, *pres act impv 3s*, mourn
34 συσκοτάζω, *aor act impv 3s*, darken
35 ἄνωθεν, above

διότι[1] ἐλάλησα καὶ οὐ μετανοήσω,[2]
ὥρμησα[3] καὶ οὐκ ἀποστρέψω[4] ἀπ᾽ αὐτῆς.
29 ἀπὸ φωνῆς ἱππέως[5] καὶ ἐντεταμένου[6] τόξου[7] ἀνεχώρησεν[8] πᾶσα χώρα·[9]
εἰσέδυσαν[10] εἰς τὰ σπήλαια[11] καὶ εἰς τὰ ἄλση[12] ἐκρύβησαν[13]
καὶ ἐπὶ τὰς πέτρας[14] ἀνέβησαν·
πᾶσα πόλις ἐγκατελείφθη,[15]
οὐ κατοικεῖ ἐν αὐταῖς ἄνθρωπος.
30 καὶ σὺ τί ποιήσεις,
ἐὰν περιβάλῃ[16] κόκκινον[17] καὶ κοσμήσῃ[18] κόσμῳ[19] χρυσῷ[20]
καὶ ἐὰν ἐγχρίσῃ[21] στίβι[22] τοὺς ὀφθαλμούς σου;
εἰς μάτην[23] ὁ ὡραϊσμός[24] σου·
ἀπώσαντό[25] σε οἱ ἐρασταί[26] σου, τὴν ψυχήν σου ζητοῦσιν.
31 ὅτι φωνὴν ὡς ὠδινούσης[27] ἤκουσα,
τοῦ στεναγμοῦ[28] σου ὡς πρωτοτοκούσης,[29] φωνὴ θυγατρὸς[30] Σιων·
ἐκλυθήσεται[31] καὶ παρήσει[32] τὰς χεῖρας αὐτῆς
Οἴμμοι[33] ἐγώ, ὅτι ἐκλείπει[34] ἡ ψυχή μου ἐπὶ τοῖς ἀνῃρημένοις.[35]

Futile Search for an Upright Person

5 Περιδράμετε[36] ἐν ταῖς ὁδοῖς Ιερουσαλημ
καὶ ἴδετε καὶ γνῶτε καὶ ζητήσατε ἐν ταῖς πλατείαις[37] αὐτῆς,
ἐὰν εὕρητε ἄνδρα, εἰ ἔστιν ποιῶν κρίμα[38] καὶ ζητῶν πίστιν,
καὶ ἵλεως[39] ἔσομαι αὐτοῖς, λέγει κύριος.

1 διότι, for
2 μετανοέω, *fut act ind 1s*, repent
3 ὁρμάω, *aor act ind 1s*, rush out
4 ἀποστρέφω, *fut act ind 1s*, turn back
5 ἱππεύς, horseman
6 ἐντείνω, *perf pas ptc gen s n*, stretch tight
7 τόξον, bow
8 ἀναχωρέω, *aor act ind 3s*, recoil, withdraw
9 χώρα, land, territory
10 εἰσδύω, *aor act ind 3p*, crawl into
11 σπήλαιον, cave
12 ἄλσος, sacred grove
13 κρύπτω, *aor pas ind 3p*, hide
14 πέτρα, rock
15 ἐγκαταλείπω, *aor pas ind 3s*, desert, forsake
16 περιβάλλω, *aor mid sub 2s*, put on
17 κόκκινος, scarlet
18 κοσμέω, *aor mid sub 2s*, adorn with
19 κόσμος, adornment
20 χρυσοῦς, gold
21 ἐγχρίω, *aor mid sub 2s*, anoint
22 στίβι, powdered antimony used for eye painting
23 μάτην, in vain
24 ὡραϊσμός, adornment
25 ἀπωθέω, *aor mid ind 3p*, reject, thrust away
26 ἐραστής, lover, admirer
27 ὠδίνω, *pres act ptc gen s f*, suffer birth pains
28 στεναγμός, groaning
29 πρωτοτοκέω, *pres act ptc gen s f*, give birth to a first child
30 θυγάτηρ, daughter
31 ἐκλύω, *fut pas ind 3s*, let fall
32 παρίημι, *fut act ind 3s*, weaken
33 οἴμμοι, woe!, alas!
34 ἐκλείπω, *pres act ind 3s*, faint
35 ἀναιρέω, *perf pas ptc dat p m*, destroy, kill
36 περιτρέχω, *aor act impv 2p*, run about
37 πλατεῖα, wide (street)
38 κρίμα, decree, (justice)
39 ἵλεως, merciful

2 Ζῇ κύριος, λέγουσιν·
διὰ τοῦτο οὐκ ἐπὶ ψεύδεσιν[1] ὀμνύουσιν;[2]
3 κύριε, οἱ ὀφθαλμοί σου εἰς πίστιν·
ἐμαστίγωσας[3] αὐτούς, καὶ οὐκ ἐπόνεσαν·[4]
συνετέλεσας[5] αὐτούς, καὶ οὐκ ἠθέλησαν δέξασθαι[6] παιδείαν·[7]
ἐστερέωσαν[8] τὰ πρόσωπα αὐτῶν ὑπὲρ πέτραν[9]
καὶ οὐκ ἠθέλησαν ἐπιστραφῆναι.

4 καὶ ἐγὼ εἶπα Ἴσως[10] πτωχοί[11] εἰσιν, διότι[12] οὐκ ἐδυνάσθησαν,
ὅτι οὐκ ἔγνωσαν ὁδὸν κυρίου καὶ κρίσιν θεοῦ·
5 πορεύσομαι πρὸς τοὺς ἁδροὺς[13] καὶ λαλήσω αὐτοῖς,
ὅτι αὐτοὶ ἐπέγνωσαν ὁδὸν κυρίου καὶ κρίσιν θεοῦ·
καὶ ἰδοὺ ὁμοθυμαδὸν[14] συνέτριψαν[15] ζυγόν,[16]
διέρρηξαν[17] δεσμούς.[18]
6 διὰ τοῦτο ἔπαισεν[19] αὐτοὺς λέων[20] ἐκ τοῦ δρυμοῦ,[21]
καὶ λύκος[22] ἕως τῶν οἰκιῶν ὠλέθρευσεν[23] αὐτούς,
καὶ πάρδαλις[24] ἐγρηγόρησεν[25] ἐπὶ τὰς πόλεις αὐτῶν·
πάντες οἱ ἐκπορευόμενοι ἀπ᾽ αὐτῶν θηρευθήσονται,[26]
ὅτι ἐπλήθυναν[27] ἀσεβείας[28] αὐτῶν,
ἴσχυσαν[29] ἐν ταῖς ἀποστροφαῖς[30] αὐτῶν.

7 ποίᾳ[31] τούτων ἵλεως[32] γένωμαί σοι;
οἱ υἱοί σου ἐγκατέλιπόν[33] με καὶ ὤμνυον[34] ἐν τοῖς οὐκ οὖσιν θεοῖς·
καὶ ἐχόρτασα[35] αὐτούς,
καὶ ἐμοιχῶντο[36] καὶ ἐν οἴκοις πορνῶν[37] κατέλυον.[38]

1 ψεῦδος, lie, deceit
2 ὄμνυμι, *pres act ind 3p*, swear (an oath)
3 μαστιγόω, *aor act ind 2s*, chastise, punish
4 πονέω, *aor act ind 3p*, be troubled, be in pain
5 συντελέω, *aor act ind 2s*, bring an end to
6 δέχομαι, *aor mid inf*, accept, receive
7 παιδεία, instruction, correction
8 στερεόω, *aor act ind 3p*, harden
9 πέτρα, rock
10 ἴσως, perhaps
11 πτωχός, poor
12 διότι, for
13 ἁδρός, chief, man of prominence
14 ὁμοθυμαδόν, with one accord
15 συντρίβω, *aor act ind 3p*, break
16 ζυγός, yoke
17 διαρρήγνυμι, *aor act ind 3p*, rend, tear apart
18 δεσμός, bonds, chains
19 παίω, *aor act ind 3s*, strike, wound
20 λέων, lion
21 δρυμός, forest
22 λύκος, wolf
23 ὀλεθρεύω, *aor act ind 3s*, destroy, kill
24 πάρδαλις, leopard
25 γρηγορέω, *aor act ind 3s*, watch over
26 θηρεύω, *fut pas ind 3p*, hunt for prey
27 πληθύνω, *aor act ind 3p*, multiply
28 ἀσέβεια, iniquity
29 ἰσχύω, *aor act ind 3p*, prevail, strengthen
30 ἀποστροφή, aversion, faithlessness
31 ποῖος, which
32 ἵλεως, merciful
33 ἐγκαταλείπω, *aor act ind 3p*, desert, forsake
34 ὄμνυμι, *impf act ind 3p*, swear (an oath)
35 χορτάζω, *aor act ind 1s*, feed
36 μοιχάομαι, *impf mid ind 3p*, commit adultery
37 πόρνη, prostitute, harlot
38 καταλύω, *impf act ind 3p*, lodge in

8 ἵπποι[1] θηλυμανεῖς[2] ἐγενήθησαν,
ἕκαστος ἐπὶ τὴν γυναῖκα τοῦ πλησίον[3] αὐτοῦ ἐχρεμέτιζον.[4]
9 μὴ ἐπὶ τούτοις οὐκ ἐπισκέψομαι;[5] λέγει κύριος·
ἢ ἐν ἔθνει τοιούτῳ[6] οὐκ ἐκδικήσει[7] ἡ ψυχή μου;

10 ἀνάβητε ἐπὶ τοὺς προμαχῶνας[8] αὐτῆς καὶ κατασκάψατε,[9]
συντέλειαν[10] δὲ μὴ ποιήσητε·
ὑπολίπεσθε[11] τὰ ὑποστηρίγματα[12] αὐτῆς,
ὅτι τοῦ κυρίου εἰσίν.
11 ὅτι ἀθετῶν[13] ἠθέτησεν[14] εἰς ἐμέ, λέγει κύριος,
οἶκος Ισραηλ καὶ οἶκος Ιουδα.
12 ἐψεύσαντο[15] τῷ κυρίῳ ἑαυτῶν καὶ εἶπαν Οὐκ ἔστιν ταῦτα·
οὐχ ἥξει[16] ἐφ᾽ ἡμᾶς κακά, καὶ μάχαιραν[17] καὶ λιμὸν[18] οὐκ ὀψόμεθα·
13 οἱ προφῆται ἡμῶν ἦσαν εἰς ἄνεμον,[19]
καὶ λόγος κυρίου οὐχ ὑπῆρχεν ἐν αὐτοῖς· οὕτως ἔσται αὐτοῖς.

Judgment Decreed by the Lord

14 διὰ τοῦτο τάδε[20] λέγει κύριος παντοκράτωρ[21]
Ἀνθ᾽ ὧν[22] ἐλαλήσατε τὸ ῥῆμα τοῦτο,
ἰδοὺ ἐγὼ δέδωκα τοὺς λόγους μου εἰς τὸ στόμα σου πῦρ
καὶ τὸν λαὸν τοῦτον ξύλα,[23] καὶ καταφάγεται[24] αὐτούς.
15 ἰδοὺ ἐγὼ ἐπάγω[25] ἐφ᾽ ὑμᾶς ἔθνος πόρρωθεν,[26] οἶκος Ισραηλ, λέγει κύριος,
ἔθνος, οὗ[27] οὐκ ἀκούσῃ τῆς φωνῆς τῆς γλώσσης αὐτοῦ·
16 πάντες ἰσχυροὶ[28] **17** καὶ κατέδονται[29] τὸν θερισμὸν[30] ὑμῶν καὶ τοὺς ἄρτους ὑμῶν
καὶ κατέδονται τοὺς υἱοὺς ὑμῶν καὶ τὰς θυγατέρας[31] ὑμῶν

1 ἵππος, horse
2 θηλυμανής, lusty, wanton
3 πλησίον, neighbor
4 χρεμετίζω, *impf act ind 3p*, neigh
5 ἐπισκέπτομαι, *fut mid ind 1s*, visit (in judgment)
6 τοιοῦτος, such, like
7 ἐκδικέω, *fut act ind 3s*, take vengeance
8 προμαχών, bulwark, rampart
9 κατασκάπτω, *aor act impv 2p*, tear down
10 συντέλεια, complete end
11 ὑπολείπω, *aor mid impv 2p*, leave, spare
12 ὑποστήριγμα, undergirding support
13 ἀθετέω, *pres act ptc nom s m*, break faith with, reject
14 ἀθετέω, *aor act ind 3s*, break faith with, reject
15 ψεύδομαι, *aor mid ind 3p*, lie, deceive
16 ἥκω, *fut act ind 3s*, come
17 μάχαιρα, sword
18 λιμός, famine
19 ἄνεμος, wind
20 ὅδε, this
21 παντοκράτωρ, almighty
22 ἀνθ᾽ ὧν, because
23 ξύλον, wood
24 κατεσθίω, *fut mid ind 3s*, devour
25 ἐπάγω, *pres act ind 1s*, bring upon
26 πόρρωθεν, from afar
27 οὗ, where
28 ἰσχυρός, strong
29 κατεσθίω, *fut mid ind 3p*, devour, consume
30 θερισμός, harvest, crop
31 θυγάτηρ, daughter

καὶ κατέδονται τὰ πρόβατα ὑμῶν καὶ τοὺς μόσχους[1] ὑμῶν
καὶ κατέδονται τοὺς ἀμπελῶνας[2] ὑμῶν καὶ τοὺς συκῶνας[3] ὑμῶν καὶ τοὺς ἐλαιῶνας[4] ὑμῶν·
καὶ ἀλοήσουσιν[5] τὰς πόλεις τὰς ὀχυρὰς[6] ὑμῶν,
ἐφ᾿ αἷς ὑμεῖς πεποίθατε ἐπ᾿ αὐταῖς, ἐν ῥομφαίᾳ.[7]

18 καὶ ἔσται ἐν ταῖς ἡμέραις ἐκείναις, λέγει κύριος ὁ θεός σου, οὐ μὴ ποιήσω ὑμᾶς
εἰς συντέλειαν.[8] **19** καὶ ἔσται ὅταν εἴπητε Τίνος ἕνεκεν[9] ἐποίησεν κύριος ὁ θεὸς ἡμῶν
ἡμῖν ἅπαντα[10] ταῦτα; καὶ ἐρεῖς αὐτοῖς Ἀνθ᾿ ὧν[11] ἐδουλεύσατε[12] θεοῖς ἀλλοτρίοις[13] ἐν
τῇ γῇ ὑμῶν, οὕτως δουλεύσετε[14] ἀλλοτρίοις ἐν γῇ οὐχ ὑμῶν.

20 ἀναγγείλατε[15] ταῦτα εἰς τὸν οἶκον Ιακωβ,
καὶ ἀκουσθήτω ἐν τῷ Ιουδα.
21 ἀκούσατε δὴ[16] ταῦτα, λαὸς μωρὸς[17] καὶ ἀκάρδιος,[18]
ὀφθαλμοὶ αὐτοῖς καὶ οὐ βλέπουσιν,
ὦτα αὐτοῖς καὶ οὐκ ἀκούουσιν.
22 μὴ ἐμὲ οὐ φοβηθήσεσθε; λέγει κύριος,
ἢ ἀπὸ προσώπου μου οὐκ εὐλαβηθήσεσθε;[19]
τὸν τάξαντα[20] ἄμμον[21] ὅριον[22] τῇ θαλάσσῃ,
πρόσταγμα[23] αἰώνιον, καὶ οὐχ ὑπερβήσεται[24] αὐτό,
καὶ ταραχθήσεται[25] καὶ οὐ δυνήσεται,
καὶ ἠχήσουσιν[26] τὰ κύματα[27] αὐτῆς καὶ οὐχ ὑπερβήσεται αὐτό.
23 τῷ δὲ λαῷ τούτῳ ἐγενήθη καρδία ἀνήκοος[28] καὶ ἀπειθής,[29]
καὶ ἐξέκλιναν[30] καὶ ἀπήλθοσαν·[31]
24 καὶ οὐκ εἶπον ἐν τῇ καρδίᾳ αὐτῶν
Φοβηθῶμεν δὴ[32] κύριον τὸν θεὸν ἡμῶν τὸν διδόντα ἡμῖν ὑετὸν[33] πρόιμον[34] καὶ ὄψιμον[35]

1 μόσχος, calf
2 ἀμπελών, vineyard
3 συκών, field of figs
4 ἐλαιών, olive grove
5 ἀλοάω, *fut act ind 3p*, tread, thresh
6 ὀχυρός, fortified
7 ῥομφαία, sword
8 συντέλεια, complete end
9 ἕνεκα, on account of
10 ἅπας, all
11 ἀνθ᾿ ὧν, because
12 δουλεύω, *aor act ind 2p*, serve
13 ἀλλότριος, strange, foreign
14 δουλεύω, *fut act ind 2p*, serve
15 ἀναγγέλλω, *aor act impv 2p*, declare, proclaim
16 δή, now, indeed
17 μωρός, foolish
18 ἀκάρδιος, heartless, senseless
19 εὐλαβέομαι, *fut pas ind 2p*, show reverence
20 τάσσω, *aor act ptc acc s m*, make, set
21 ἄμμος, sand
22 ὅριον, boundary
23 πρόσταγμα, ordinance
24 ὑπερβαίνω, *fut mid ind 3s*, cross over, transgress
25 ταράσσω, *fut pas ind 3s*, disturb, agitate
26 ἠχέω, *fut act ind 3p*, roar
27 κῦμα, wave
28 ἀνήκοος, heedless
29 ἀπειθής, rebellious, disobedient
30 ἐκκλίνω, *aor act ind 3p*, turn aside
31 ἀπέρχομαι, *aor act ind 3p*, depart
32 δή, indeed
33 ὑετός, rain
34 πρόϊμος, early
35 ὄψιμος, late

κατὰ καιρὸν πληρώσεως[1] προστάγματος[2] θερισμοῦ[3]
καὶ ἐφύλαξεν ἡμῖν.
25 αἱ ἀνομίαι[4] ὑμῶν ἐξέκλιναν[5] ταῦτα,
καὶ αἱ ἁμαρτίαι ὑμῶν ἀπέστησαν[6] τὰ ἀγαθὰ ἀφ᾽ ὑμῶν·
26 ὅτι εὑρέθησαν ἐν τῷ λαῷ μου ἀσεβεῖς[7]
καὶ παγίδας[8] ἔστησαν διαφθεῖραι[9] ἄνδρας καὶ συνελαμβάνοσαν.[10]
27 ὡς παγὶς[11] ἐφεσταμένη[12] πλήρης[13] πετεινῶν,[14]
οὕτως οἱ οἶκοι αὐτῶν πλήρεις δόλου·[15]
διὰ τοῦτο ἐμεγαλύνθησαν[16] καὶ ἐπλούτησαν·[17]
28 καὶ παρέβησαν[18] κρίσιν,
οὐκ ἔκριναν κρίσιν ὀρφανοῦ[19] καὶ κρίσιν χήρας[20] οὐκ ἐκρίνοσαν.
29 μὴ ἐπὶ τούτοις οὐκ ἐπισκέψομαι;[21] λέγει κύριος,
ἢ ἐν ἔθνει τῷ τοιούτῳ[22] οὐκ ἐκδικήσει[23] ἡ ψυχή μου;

30 ἔκστασις[24] καὶ φρικτὰ[25] ἐγενήθη ἐπὶ τῆς γῆς.
31 οἱ προφῆται προφητεύουσιν[26] ἄδικα,[27]
καὶ οἱ ἱερεῖς ἐπεκρότησαν[28] ταῖς χερσὶν αὐτῶν,
καὶ ὁ λαός μου ἠγάπησεν οὕτως·
καὶ τί ποιήσετε εἰς τὰ μετὰ ταῦτα;

Impending Siege of Jerusalem

6 Ἐνισχύσατε,[29] υἱοὶ Βενιαμιν, ἐκ μέσου τῆς Ιερουσαλημ
καὶ ἐν Θεκουε σημάνατε[30] σάλπιγγι[31]
καὶ ὑπὲρ Βαιθαχαρμα ἄρατε σημεῖον,

1 πλήρωσις, fulfillment, completion
2 πρόσταγμα, ordinance
3 θερισμός, harvest
4 ἀνομία, transgression, lawlessness
5 ἐκκλίνω, *aor act ind 3p*, pervert, turn aside
6 ἀφίστημι, *aor act ind 3p*, cause to depart
7 ἀσεβής, ungodly, impious
8 παγίς, trap
9 διαφθείρω, *aor act inf*, utterly destroy
10 συλλαμβάνω, *impf act ind 3p*, catch
11 παγίς, trap
12 ἐφίστημι, *perf mid ptc nom s f*, set up
13 πλήρης, full
14 πετεινός, bird
15 δόλος, deception
16 μεγαλύνω, *aor pas ind 3p*, make great
17 πλουτέω, *aor act ind 3p*, become wealthy
18 παραβαίνω, *aor act ind 3p*, transgress
19 ὀρφανός, orphan
20 χήρα, widow
21 ἐπισκέπτομαι, *fut mid ind 1s*, visit (in judgment)
22 τοιοῦτος, such, like
23 ἐκδικέω, *fut act ind 3s*, take vengeance
24 ἔκστασις, dismay, astonishment
25 φρικτός, horrible (thing)
26 προφητεύω, *pres act ind 3p*, prophesy
27 ἄδικος, unrighteous (thing)
28 ἐπικροτέω, *aor act ind 3p*, applaud
29 ἐνισχύω, *aor act impv 2p*, prevail, be strong
30 σημαίνω, *aor act impv 2p*, sound forth, signal
31 σάλπιγξ, trumpet

ὅτι κακὰ ἐκκέκυφεν[1] ἀπὸ βορρᾶ,[2] καὶ συντριβὴ[3] μεγάλη γίνεται,
2 καὶ ἀφαιρεθήσεται[4] τὸ ὕψος[5] σου, θύγατερ[6] Σιων.
3 εἰς αὐτὴν ἥξουσιν[7] ποιμένες[8] καὶ τὰ ποίμνια[9] αὐτῶν
καὶ πήξουσιν[10] ἐπ᾿ αὐτὴν σκηνὰς[11] κύκλῳ[12]
καὶ ποιμανοῦσιν[13] ἕκαστος τῇ χειρὶ αὐτοῦ.
4 παρασκευάσασθε[14] ἐπ᾿ αὐτὴν εἰς πόλεμον,
ἀνάστητε καὶ ἀναβῶμεν[15] ἐπ᾿ αὐτὴν μεσημβρίας·[16]
οὐαὶ ἡμῖν, ὅτι κέκλικεν[17] ἡ ἡμέρα,
ὅτι ἐκλείπουσιν[18] αἱ σκιαὶ[19] τῆς ἑσπέρας.[20]
5 ἀνάστητε καὶ ἀναβῶμεν[21] ἐν τῇ νυκτί
καὶ διαφθείρωμεν[22] τὰ θεμέλια[23] αὐτῆς.

6 ὅτι τάδε[24] λέγει κύριος Ἔκκοψον[25] τὰ ξύλα[26] αὐτῆς,
ἔκχεον[27] ἐπὶ Ιερουσαλημ δύναμιν·
ὦ[28] πόλις ψευδής,[29] ὅλη καταδυναστεία[30] ἐν αὐτῇ.
7 ὡς ψύχει[31] λάκκος[32] ὕδωρ, οὕτως ψύχει κακία[33] αὐτῆς·
ἀσέβεια[34] καὶ ταλαιπωρία[35] ἀκουσθήσεται ἐν αὐτῇ
ἐπὶ πρόσωπον αὐτῆς διὰ παντός.
πόνῳ[36] καὶ μάστιγι[37] **8** παιδευθήσῃ,[38] Ιερουσαλημ,
μὴ ἀποστῇ[39] ἡ ψυχή μου ἀπὸ σοῦ,
μὴ ποιήσω σε ἄβατον[40] γῆν ἥτις οὐ κατοικηθήσεται.

1 ἐκκύπτω, *perf act ind 3s*, proceed from
2 βορρᾶς, north
3 συντριβή, crushing, annihilation
4 ἀφαιρέω, *fut pas ind 3s*, remove, take away
5 ὕψος, haughtiness, loftiness
6 θυγάτηρ, daughter
7 ἥκω, *fut act ind 3p*, come
8 ποιμήν, shepherd
9 ποίμνιον, flock
10 πήγνυμι, *fut act ind 3p*, pitch, set up
11 σκηνή, tent
12 κύκλῳ, all around
13 ποιμαίνω, *fut act ind 3p*, tend (flocks), shepherd
14 παρασκευάζω, *aor mid impv 2p*, prepare
15 ἀναβαίνω, *aor act sub 1p*, mount up
16 μεσημβρία, midday
17 κλίνω, *perf act ind 3s*, decline
18 ἐκλείπω, *pres act ind 3p*, fall
19 σκιά, shadow
20 ἑσπέρα, evening
21 ἀναβαίνω, *aor act sub 1p*, mount up
22 διαφθείρω, *pres act sub 1p*, utterly destroy
23 θεμέλιον, foundation
24 ὅδε, this
25 ἐκκόπτω, *aor act impv 2s*, cut down
26 ξύλον, tree
27 ἐκχέω, *aor act impv 2s*, pour out
28 ὦ, Oh!
29 ψευδής, lying
30 καταδυναστεία, oppression
31 ψύχω, *pres act ind 3s*, keep cool
32 λάκκος, cistern
33 κακία, wickedness
34 ἀσέβεια, ungodliness, impiety
35 ταλαιπωρία, distress, misery
36 πόνος, toil, distress
37 μάστιξ, whip, scourge
38 παιδεύω, *fut pas ind 2s*, discipline
39 ἀφίστημι, *aor act sub 3s*, depart, remove from
40 ἄβατος, impassable, desolate

9 ὅτι τάδε[1] λέγει κύριος
Καλαμᾶσθε[2] καλαμᾶσθε ὡς ἄμπελον[3] τὰ κατάλοιπα[4] τοῦ Ισραηλ,
ἐπιστρέψατε ὡς ὁ τρυγῶν[5] ἐπὶ τὸν κάρταλλον[6] αὐτοῦ.

10 πρὸς τίνα λαλήσω καὶ διαμαρτύρωμαι,[7] καὶ ἀκούσεται;
ἰδοὺ ἀπερίτμητα[8] τὰ ὦτα αὐτῶν, καὶ οὐ δύνανται ἀκούειν·
ἰδοὺ τὸ ῥῆμα κυρίου ἐγένετο αὐτοῖς εἰς ὀνειδισμόν,[9]
οὐ μὴ βουληθῶσιν αὐτὸ ἀκοῦσαι.
11 καὶ τὸν θυμόν[10] μου ἔπλησα[11] καὶ ἐπέσχον[12] καὶ οὐ συνετέλεσα[13] αὐτούς·
ἐκχεῶ[14] ἐπὶ νήπια[15] ἔξωθεν[16] καὶ ἐπὶ συναγωγὴν νεανίσκων[17] ἅμα,[18]
ὅτι ἀνὴρ καὶ γυνὴ συλλημφθήσονται,[19]
πρεσβύτερος[20] μετὰ πλήρους[21] ἡμερῶν·
12 καὶ μεταστραφήσονται[22] αἱ οἰκίαι αὐτῶν εἰς ἑτέρους,
ἀγροὶ καὶ αἱ γυναῖκες αὐτῶν ἐπὶ τὸ αὐτό,
ὅτι ἐκτενῶ[23] τὴν χεῖρά μου
ἐπὶ τοὺς κατοικοῦντας τὴν γῆν ταύτην, λέγει κύριος.

13 ὅτι ἀπὸ μικροῦ αὐτῶν καὶ ἕως μεγάλου πάντες συνετελέσαντο[24] ἄνομα,[25]
ἀπὸ ἱερέως καὶ ἕως ψευδοπροφήτου[26] πάντες ἐποίησαν ψευδῆ.[27]
14 καὶ ἰῶντο[28] τὸ σύντριμμα[29] τοῦ λαοῦ μου ἐξουθενοῦντες[30]
καὶ λέγοντες Εἰρήνη εἰρήνη· καὶ ποῦ ἐστιν εἰρήνη;
15 κατῃσχύνθησαν,[31] ὅτι ἐξελίποσαν·[32]
καὶ οὐδ᾽ ὡς καταισχυνόμενοι[33] κατῃσχύνθησαν
καὶ τὴν ἀτιμίαν[34] αὐτῶν οὐκ ἔγνωσαν.

1 ὅδε, this
2 καλαμάομαι, *pres mid ind 2p*, glean
3 ἄμπελος, vineyard
4 κατάλοιπος, remnant
5 τρυγάω, *pres act ptc nom s m*, gather grapes
6 κάρταλλος, basket
7 διαμαρτύρομαι, *pres mid sub 1s*, warn, testify
8 ἀπερίτμητος, uncircumcised
9 ὀνειδισμός, reproach
10 θυμός, wrath
11 πίμπλημι, *aor act ind 1s*, fill up
12 ἐπέχω, *aor act ind 1s*, refrain
13 συντελέω, *aor act ind 1s*, bring to an end
14 ἐκχέω, *fut act ind 1s*, pour out
15 νήπιος, infant
16 ἔξωθεν, outside
17 νεανίσκος, young men
18 ἅμα, at the same time
19 συλλαμβάνω, *fut pas ind 3p*, lay hold of, capture
20 πρέσβυς, *comp*, older (person)
21 πλήρης, fullness
22 μεταστρέφω, *fut pas ind 3p*, give over to
23 ἐκτείνω, *fut act ind 1s*, stretch forth
24 συντελέω, *aor mid ind 3p*, accomplish, complete
25 ἄνομος, wicked, lawless
26 ψευδοπροφήτης, false prophet
27 ψευδής, lie, falsehood
28 ἰάομαι, *impf mid ind 3p*, heal, repair
29 σύντριμμα, fracture, wound
30 ἐξουθενέω, *pres act ptc nom p m*, disdain, scorn
31 καταισχύνω, *aor pas ind 3p*, put to shame
32 ἐκλείπω, *aor act ind 3p*, fail
33 καταισχύνω, *pres pas ptc nom p m*, put to shame
34 ἀτιμία, dishonor

διὰ τοῦτο πεσοῦνται ἐν τῇ πτώσει[1] αὐτῶν
καὶ ἐν καιρῷ ἐπισκοπῆς[2] αὐτῶν ἀπολοῦνται, εἶπεν κύριος.

16 τάδε[3] λέγει κύριος Στῆτε ἐπὶ ταῖς ὁδοῖς καὶ ἴδετε,
καὶ ἐρωτήσατε[4] τρίβους[5] κυρίου αἰωνίους
καὶ ἴδετε, ποία[6] ἐστὶν ἡ ὁδὸς ἡ ἀγαθή, καὶ βαδίζετε[7] ἐν αὐτῇ,
καὶ εὑρήσετε ἁγνισμὸν[8] ταῖς ψυχαῖς ὑμῶν·
καὶ εἶπαν Οὐ πορευσόμεθα.
17 κατέστακα[9] ἐφ᾽ ὑμᾶς σκοπούς,[10] ἀκούσατε τῆς φωνῆς τῆς σάλπιγγος·[11]
καὶ εἶπαν Οὐκ ἀκουσόμεθα.
18 διὰ τοῦτο ἤκουσαν τὰ ἔθνη
καὶ οἱ ποιμαίνοντες[12] τὰ ποίμνια[13] αὐτῶν.
19 ἄκουε, γῆ· ἰδοὺ ἐγὼ ἐπάγω[14] ἐπὶ τὸν λαὸν τοῦτον κακά,
τὸν καρπὸν ἀποστροφῆς[15] αὐτῶν·
ὅτι τῶν λόγων μου οὐ προσέσχον[16] καὶ τὸν νόμον μου ἀπώσαντο.[17]
20 ἵνα τί μοι λίβανον[18] ἐκ Σαβα φέρετε καὶ κιννάμωμον[19] ἐκ γῆς μακρόθεν;[20]
τὰ ὁλοκαυτώματα[21] ὑμῶν οὔκ εἰσιν δεκτά,[22]
καὶ αἱ θυσίαι[23] ὑμῶν οὐχ ἥδυνάν[24] μοι.
21 διὰ τοῦτο τάδε[25] λέγει κύριος
Ἰδοὺ ἐγὼ δίδωμι ἐπὶ τὸν λαὸν τοῦτον ἀσθένειαν,[26]
καὶ ἀσθενήσουσιν[27] ἐν αὐτῇ πατέρες καὶ υἱοὶ ἅμα,[28]
γείτων[29] καὶ ὁ πλησίον[30] αὐτοῦ ἀπολοῦνται.

22 τάδε[31] λέγει κύριος Ἰδοὺ λαὸς ἔρχεται ἀπὸ βορρᾶ,[32]
καὶ ἔθνη ἐξεγερθήσεται[33] ἀπ᾽ ἐσχάτου τῆς γῆς·

1 πτῶσις, falling, calamity
2 ἐπισκοπή, visitation
3 ὅδε, this
4 ἐρωτάω, *aor act impv 2p*, inquire
5 τρίβος, path
6 ποῖος, what kind
7 βαδίζω, *pres act impv 2p*, proceed, walk
8 ἁγνισμός, purification, expiation
9 καθίστημι, *perf act ind 1s*, appoint, set over
10 σκοπός, sentry, watchman
11 σάλπιγξ, trumpet
12 ποιμαίνω, *pres act ptc nom p m*, tend (flocks), shepherd
13 ποίμνιον, flock
14 ἐπάγω, *pres act ind 1s*, bring upon
15 ἀποστροφή, turning away
16 προσέχω, *aor act ind 3p*, give heed
17 ἀπωθέω, *aor mid ind 3p*, thrust away, reject
18 λίβανος, frankincense, *Heb. LW*
19 κιννάμωμον, cinnamon, *Heb. LW*
20 μακρόθεν, from afar
21 ὁλοκαύτωμα, whole burnt offering
22 δεκτός, acceptable
23 θυσία, sacrifice
24 ἡδύνω, *aor act ind 3p*, please
25 ὅδε, this
26 ἀσθένεια, weakness
27 ἀσθενέω, *fut act ind 3p*, make weak
28 ἅμα, together
29 γείτων, neighbor
30 πλησίον, companion
31 ὅδε, this
32 βορρᾶς, north
33 ἐξεγείρω, *fut pas ind 3s*, raise up, stir up

23 τόξον[1] καὶ ζιβύνην[2] κρατήσουσιν, ἰταμός[3] ἐστιν καὶ οὐκ ἐλεήσει,[4]
φωνὴ αὐτοῦ ὡς θάλασσα κυμαίνουσα,[5]
ἐφ᾽ ἵπποις[6] καὶ ἅρμασιν[7] παρατάξεται[8] ὡς πῦρ
εἰς πόλεμον πρὸς σέ, θύγατερ[9] Σιων.

24 ἠκούσαμεν τὴν ἀκοὴν[10] αὐτῶν, παρελύθησαν[11] αἱ χεῖρες ἡμῶν,
θλῖψις κατέσχεν[12] ἡμᾶς, ὠδῖνες[13] ὡς τικτούσης.[14]
25 μὴ ἐκπορεύεσθε εἰς ἀγρὸν καὶ ἐν ταῖς ὁδοῖς μὴ βαδίζετε,[15]
ὅτι ῥομφαία[16] τῶν ἐχθρῶν παροικεῖ[17] κυκλόθεν.[18]
26 θύγατερ[19] λαοῦ μου, περίζωσαι[20] σάκκον,[21] κατάπασαι[22] ἐν σποδῷ,[23]
πένθος[24] ἀγαπητοῦ[25] ποίησαι σεαυτῇ, κοπετὸν[26] οἰκτρόν,[27]
ὅτι ἐξαίφνης[28] ἥξει[29] ταλαιπωρία[30] ἐφ᾽ ὑμᾶς.

27 δοκιμαστὴν[31] δέδωκά σε ἐν λαοῖς δεδοκιμασμένοις,[32]
καὶ γνώσῃ με ἐν τῷ δοκιμάσαι[33] με τὴν ὁδὸν αὐτῶν·
28 πάντες ἀνήκοοι,[34] πορευόμενοι σκολιῶς,[35]
χαλκὸς[36] καὶ σίδηρος,[37] πάντες διεφθαρμένοι[38] εἰσίν.
29 ἐξέλιπεν[39] φυσητὴρ[40] ἀπὸ πυρός, ἐξέλιπεν μόλιβος·[41]
εἰς κενὸν[42] ἀργυροκόπος[43] ἀργυροκοπεῖ,[44]
πονηρία[45] αὐτῶν οὐκ ἐτάκη.[46]

1 τόξον, bow
2 ζιβύνη, spear
3 ἰταμός, bold, reckless
4 ἐλεέω, *fut act ind 3s*, show mercy
5 κυμαίνω, *pres act ptc nom s f*, swell in waves
6 ἵππος, horse
7 ἅρμα, chariot
8 παρατάσσω, *fut mid ind 3s*, set up in battle formation
9 θυγάτηρ, daughter
10 ἀκοή, report, news
11 παραλύω, *aor pas ind 3p*, weaken, enfeeble
12 κατέχω, *aor act ind 3s*, take hold of
13 ὠδίν, labor pains
14 τίκτω, *pres act ptc gen s f*, give birth
15 βαδίζω, *pres act impv 2p*, walk, go
16 ῥομφαία, sword
17 παροικέω, *pres act ind 2s*, dwell alongside
18 κυκλόθεν, all around
19 θυγάτηρ, daughter
20 περιζώννυμι, *aor mid impv 2s*, put on
21 σάκκος, sackcloth, *Heb. LW*
22 καταπάσσω, *aor mid impv 2s*, sprinkle
23 σποδός, ashes
24 πένθος, mourning
25 ἀγαπητός, beloved
26 κοπετός, lamentation
27 οἰκτρός, pitiable
28 ἐξαίφνης, suddenly
29 ἥκω, *fut act ind 3s*, come
30 ταλαιπωρία, distress, misery
31 δοκιμαστής, examiner
32 δοκιμάζω, *perf pas ptc dat p m*, test, examine
33 δοκιμάζω, *aor act inf*, test, examine
34 ἀνήκοος, heedless
35 σκολιῶς, perversely
36 χαλκός, bronze
37 σίδηρος, iron
38 διαφθείρω, *perf pas ptc nom p m*, utterly destroy
39 ἐκλείπω, *aor act ind 3s*, cease, fail
40 φυσητήρ, bellows
41 μόλιβος, lead (metal)
42 κενός, vain, without effect
43 ἀργυροκόπος, silversmith
44 ἀργυροκοπέω, *pres act ind 3s*, coin money
45 πονηρία, iniquity
46 τήκω, *aor pas ind 3s*, melt

30 ἀργύριον[1] ἀποδεδοκιμασμένον[2] καλέσατε αὐτούς,
ὅτι ἀπεδοκίμασεν[3] αὐτοὺς κύριος.

Worthlessness of False Religion

7 Ἀκούσατε λόγον κυρίου, πᾶσα ἡ Ιουδαία· **3** τάδε[4] λέγει κύριος ὁ θεὸς Ισραηλ
Διορθώσατε[5] τὰς ὁδοὺς ὑμῶν καὶ τὰ ἐπιτηδεύματα[6] ὑμῶν, καὶ κατοικιῶ[7] ὑμᾶς ἐν
τῷ τόπῳ τούτῳ. **4** μὴ πεποίθατε ἐφ' ἑαυτοῖς ἐπὶ λόγοις ψευδέσιν,[8] ὅτι τὸ παράπαν[9]
οὐκ ὠφελήσουσιν[10] ὑμᾶς λέγοντες Ναὸς[11] κυρίου ναὸς κυρίου ἐστίν.

5 ὅτι ἐὰν διορθοῦντες[12] διορθώσητε[13] τὰς ὁδοὺς ὑμῶν καὶ τὰ ἐπιτηδεύματα[14] ὑμῶν
καὶ ποιοῦντες ποιήσητε κρίσιν ἀνὰ μέσον[15] ἀνδρὸς καὶ ἀνὰ μέσον τοῦ πλησίον[16]
αὐτοῦ **6** καὶ προσήλυτον[17] καὶ ὀρφανὸν[18] καὶ χήραν[19] μὴ καταδυναστεύσητε[20] καὶ
αἷμα ἀθῷον[21] μὴ ἐκχέητε[22] ἐν τῷ τόπῳ τούτῳ καὶ ὀπίσω θεῶν ἀλλοτρίων[23] μὴ πο-
ρεύησθε εἰς κακὸν ὑμῖν, **7** καὶ κατοικιῶ[24] ὑμᾶς ἐν τῷ τόπῳ τούτῳ ἐν γῇ, ᾗ ἔδωκα
τοῖς πατράσιν ὑμῶν ἐξ αἰῶνος καὶ ἕως αἰῶνος.

8 εἰ δὲ ὑμεῖς πεποίθατε ἐπὶ λόγοις ψευδέσιν,[25] ὅθεν[26] οὐκ ὠφεληθήσεσθε,[27] **9** καὶ
φονεύετε[28] καὶ μοιχᾶσθε[29] καὶ κλέπτετε[30] καὶ ὀμνύετε[31] ἐπ' ἀδίκῳ[32] καὶ ἐθυμιᾶτε[33] τῇ
Βααλ καὶ ἐπορεύεσθε ὀπίσω θεῶν ἀλλοτρίων,[34] ὧν οὐκ οἴδατε, τοῦ κακῶς[35] εἶναι
ὑμῖν **10** καὶ ἤλθετε καὶ ἔστητε ἐνώπιον ἐμοῦ ἐν τῷ οἴκῳ, οὗ[36] ἐπικέκληται[37] τὸ ὄνομά
μου ἐπ' αὐτῷ, καὶ εἴπατε Ἀπεσχήμεθα[38] τοῦ μὴ ποιεῖν πάντα τὰ βδελύγματα[39] ταῦτα,

1 ἀργύριον, silver
2 ἀποδοκιμάζω, *perf pas ptc acc s n*, reject as unfit
3 ἀποδοκιμάζω, *aor act ind 3s*, reject as unfit
4 ὅδε, this
5 διορθόω, *aor act impv 2p*, make straight
6 ἐπιτήδευμα, habits, way of living
7 κατοικίζω, *fut act ind 1s*, settle, cause to dwell
8 ψευδής, lying
9 παράπαν, at all
10 ὠφελέω, *fut act ind 3p*, benefit, profit
11 ναός, temple (sanctuary)
12 διορθόω, *pres act ptc nom p m*, make straight
13 διορθόω, *aor act sub 2p*, make straight
14 ἐπιτήδευμα, habits, way of living
15 ἀνὰ μέσον, between
16 πλησίον, neighbor
17 προσήλυτος, immigrant, guest
18 ὀρφανός, orphan
19 χήρα, widow
20 καταδυναστεύω, *aor act sub 2p*, oppress
21 ἀθῷος, innocent
22 ἐκχέω, *pres act sub 2p*, pour out
23 ἀλλότριος, strange, foreign
24 κατοικίζω, *fut act ind 1s*, settle, cause to dwell
25 ψευδής, lying
26 ὅθεν, hence
27 ὠφελέω, *fut pas ind 2p*, benefit, profit
28 φονεύω, *pres act ind 2p*, murder
29 μοιχάομαι, *pres mid ind 2p*, commit adultery
30 κλέπτω, *pres act ind 2p*, steal
31 ὄμνυμι, *pres act impv 2p*, swear an oath
32 ἄδικος, unjust
33 θυμιάω, *impf act ind 2p*, burn incense
34 ἀλλότριος, strange, foreign
35 κακῶς, wrong
36 οὗ, where
37 ἐπικαλέω, *perf pas ind 3s*, call upon
38 ἀπέχω, *perf mid ind 1p*, abstain from
39 βδέλυγμα, abomination

11 μὴ σπήλαιον[1] λῃστῶν[2] ὁ οἶκός μου, οὗ[3] ἐπικέκληται[4] τὸ ὄνομά μου ἐπ᾽ αὐτῷ ἐκεῖ,
ἐνώπιον ὑμῶν; καὶ ἐγὼ ἰδοὺ ἑώρακα, λέγει κύριος.

12 ὅτι πορεύθητε εἰς τὸν τόπον μου τὸν ἐν Σηλωμ, οὗ[5] κατεσκήνωσα[6] τὸ ὄνομά μου
ἐκεῖ ἔμπροσθεν, καὶ ἴδετε ἃ ἐποίησα αὐτῷ ἀπὸ προσώπου κακίας[7] λαοῦ μου Ισραηλ.
13 καὶ νῦν ἀνθ᾽ ὧν[8] ἐποιήσατε πάντα τὰ ἔργα ταῦτα, καὶ ἐλάλησα πρὸς ὑμᾶς καὶ
οὐκ ἠκούσατέ μου, καὶ ἐκάλεσα ὑμᾶς καὶ οὐκ ἀπεκρίθητε, **14** καὶ ποιήσω τῷ οἴκῳ
τούτῳ, ᾧ ἐπικέκληται[9] τὸ ὄνομά μου ἐπ᾽ αὐτῷ, ἐφ᾽ ᾧ ὑμεῖς πεποίθατε ἐπ᾽ αὐτῷ, καὶ
τῷ τόπῳ, ᾧ ἔδωκα ὑμῖν καὶ τοῖς πατράσιν ὑμῶν, καθὼς ἐποίησα τῇ Σηλωμ. **15** καὶ
ἀπορρίψω[10] ὑμᾶς ἀπὸ προσώπου μου, καθὼς ἀπέρριψα[11] τοὺς ἀδελφοὺς ὑμῶν πᾶν
τὸ σπέρμα Εφραιμ.

16 καὶ σὺ μὴ προσεύχου περὶ τοῦ λαοῦ τούτου καὶ μὴ ἀξίου[12] τοῦ ἐλεηθῆναι[13] αὐτοὺς
καὶ μὴ εὔχου[14] καὶ μὴ προσέλθῃς μοι περὶ αὐτῶν, ὅτι οὐκ εἰσακούσομαι.[15] **17** ἢ οὐχ
ὁρᾷς τί αὐτοὶ ποιοῦσιν ἐν ταῖς πόλεσιν Ιουδα καὶ ἐν ταῖς ὁδοῖς Ιερουσαλημ; **18** οἱ υἱοὶ
αὐτῶν συλλέγουσιν[16] ξύλα,[17] καὶ οἱ πατέρες αὐτῶν καίουσι[18] πῦρ, καὶ αἱ γυναῖκες
αὐτῶν τρίβουσιν[19] σταῖς[20] τοῦ ποιῆσαι χαυῶνας[21] τῇ στρατιᾷ[22] τοῦ οὐρανοῦ καὶ
ἔσπεισαν[23] σπονδὰς[24] θεοῖς ἀλλοτρίοις,[25] ἵνα παροργίσωσίν[26] με. **19** μὴ ἐμὲ αὐτοὶ παρ-
οργίζουσιν;[27] λέγει κύριος· οὐχὶ ἑαυτούς, ὅπως καταισχυνθῇ[28] τὰ πρόσωπα αὐτῶν;
20 διὰ τοῦτο τάδε[29] λέγει κύριος Ἰδοὺ ὀργὴ καὶ θυμός[30] μου χεῖται[31] ἐπὶ τὸν τόπον
τοῦτον καὶ ἐπὶ τοὺς ἀνθρώπους καὶ ἐπὶ τὰ κτήνη[32] καὶ ἐπὶ πᾶν ξύλον[33] τοῦ ἀγροῦ
αὐτῶν καὶ ἐπὶ πάντα τὰ γενήματα[34] τῆς γῆς, καὶ καυθήσεται[35] καὶ οὐ σβεσθήσεται.[36]

21 τάδε[37] λέγει κύριος Τὰ ὁλοκαυτώματα[38] ὑμῶν συναγάγετε μετὰ τῶν θυσιῶν[39]
ὑμῶν καὶ φάγετε κρέα.[40] **22** ὅτι οὐκ ἐλάλησα πρὸς τοὺς πατέρας ὑμῶν καὶ οὐκ

1 σπήλαιον, den
2 λῃστής, robber
3 οὗ, where
4 ἐπικαλέω, *perf pas ind 3s*, call upon
5 οὗ, where
6 κατασκηνόω, *aor act ind 1s*, dwell
7 κακία, wickedness
8 ἀνθ᾽ ὧν, because
9 ἐπικαλέω, *perf pas ind 3s*, call upon
10 ἀπορρίπτω, *fut act ind 1s*, cast away
11 ἀπορρίπτω, *aor act ind 1s*, cast away
12 ἀξιόω, *pres act impv 2s*, request
13 ἐλεέω, *aor pas inf*, show mercy
14 εὔχομαι, *pres mid impv 2s*, vow
15 εἰσακούω, *fut mid ind 1s*, hear, listen
16 συλλέγω, *pres act ind 3p*, gather
17 ξύλον, wood
18 καίω, *pres act ind 3p*, kindle, burn
19 τρίβω, *pres act ind 3p*, grind
20 σταῖς, flour
21 χαυών, cake, *Heb. LW*
22 στρατιά, host, company
23 σπένδω, *aor act ind 3p*, pour out (a drink offering)
24 σπονδή, drink offering
25 ἀλλότριος, strange, foreign
26 παροργίζω, *aor act sub 3p*, provoke to anger
27 παροργίζω, *pres act ind 3p*, provoke to anger
28 καταισχύνω, *aor pas sub 3s*, put to shame
29 ὅδε, this
30 θυμός, wrath
31 χέω, *pres pas ind 3s*, pour
32 κτῆνος, animal, (*p*) herd
33 ξύλον, tree
34 γένημα, yield, produce
35 καίω, *fut pas ind 3s*, kindle, burn
36 σβέννυμι, *fut pas ind 3s*, quench
37 ὅδε, this
38 ὁλοκαύτωμα, whole burnt offering
39 θυσία, sacrifice
40 κρέας, meat

ἐνετειλάμην[1] αὐτοῖς ἐν ἡμέρᾳ, ᾗ ἀνήγαγον[2] αὐτοὺς ἐκ γῆς Αἰγύπτου, περὶ ὁλοκαυ-
τωμάτων[3] καὶ θυσίας·[4] **23** ἀλλ᾽ ἢ τὸ ῥῆμα τοῦτο ἐνετειλάμην[5] αὐτοῖς λέγων Ἀκού-
σατε τῆς φωνῆς μου, καὶ ἔσομαι ὑμῖν εἰς θεόν, καὶ ὑμεῖς ἔσεσθέ μοι εἰς λαόν· καὶ
πορεύεσθε ἐν πάσαις ταῖς ὁδοῖς μου, αἷς ἂν ἐντείλωμαι[6] ὑμῖν, ὅπως ἂν εὖ[7] ᾖ ὑμῖν.
24 καὶ οὐκ ἤκουσάν μου, καὶ οὐ προσέσχεν[8] τὸ οὖς αὐτῶν, ἀλλ᾽ ἐπορεύθησαν ἐν
τοῖς ἐνθυμήμασιν[9] τῆς καρδίας αὐτῶν τῆς κακῆς καὶ ἐγενήθησαν εἰς τὰ ὀπίσθεν[10]
καὶ οὐκ εἰς τὰ ἔμπροσθεν. **25** ἀφ᾽ ἧς ἡμέρας ἐξήλθοσαν οἱ πατέρες αὐτῶν ἐκ γῆς
Αἰγύπτου καὶ ἕως τῆς ἡμέρας ταύτης καὶ ἐξαπέστειλα[11] πρὸς ὑμᾶς πάντας τοὺς
δούλους μου τοὺς προφήτας ἡμέρας καὶ ὄρθρου[12] καὶ ἀπέστειλα, **26** καὶ οὐκ ἤκου-
σάν μου, καὶ οὐ προσέσχεν[13] τὸ οὖς αὐτῶν, καὶ ἐσκλήρυναν[14] τὸν τράχηλον[15] αὐτῶν
ὑπὲρ τοὺς πατέρας αὐτῶν. **27** καὶ ἐρεῖς αὐτοῖς τὸν λόγον τοῦτον Τοῦτο τὸ ἔθνος,
ὃ οὐκ ἤκουσεν τῆς φωνῆς κυρίου οὐδὲ ἐδέξατο[16] παιδείαν·[17] ἐξέλιπεν[18] ἡ πίστις ἐκ
στόματος αὐτῶν.

29 Κεῖραι[19] τὴν κεφαλήν σου καὶ ἀπόρριπτε[20]
καὶ ἀνάλαβε[21] ἐπὶ χειλέων[22] θρῆνον,[23]
ὅτι ἀπεδοκίμασεν[24] κύριος καὶ ἀπώσατο[25]
τὴν γενεὰν τὴν ποιοῦσαν ταῦτα.

Valley of Slaughter

30 ὅτι ἐποίησαν οἱ υἱοὶ Ιουδα τὸ πονηρὸν ἐναντίον[26] ἐμοῦ, λέγει κύριος· ἔταξαν[27]
τὰ βδελύγματα[28] αὐτῶν ἐν τῷ οἴκῳ, οὗ[29] ἐπικέκληται[30] τὸ ὄνομά μου ἐπ᾽ αὐτόν, τοῦ
μιᾶναι[31] αὐτόν· **31** καὶ ᾠκοδόμησαν τὸν βωμὸν[32] τοῦ Ταφεθ, ὅς ἐστιν ἐν φάραγγι[33]
υἱοῦ Εννομ, τοῦ κατακαίειν[34] τοὺς υἱοὺς αὐτῶν καὶ τὰς θυγατέρας[35] αὐτῶν ἐν πυρί,
ὃ οὐκ ἐνετειλάμην[36] αὐτοῖς καὶ οὐ διενοήθην[37] ἐν τῇ καρδίᾳ μου. **32** διὰ τοῦτο ἰδοὺ

1 ἐντέλλομαι, *aor mid ind 1s*, command
2 ἀνάγω, *aor act ind 1s*, bring up
3 ὁλοκαύτωμα, whole burnt offering
4 θυσία, sacrifice
5 ἐντέλλομαι, *aor mid ind 1s*, command
6 ἐντέλλομαι, *aor mid sub 1s*, command
7 εὖ, well, good
8 προσέχω, *aor act ind 3s*, give heed
9 ἐνθύμημα, reasoning, thoughts
10 ὄπισθε(ν), behind
11 ἐξαποστέλλω, *aor act ind 1s*, send forth
12 ὄρθρος, (in the) early morning
13 προσέχω, *aor act ind 3s*, give heed
14 σκληρύνω, *aor act ind 3p*, stiffen
15 τράχηλος, neck
16 δέχομαι, *aor mid ind 3s*, accept, receive
17 παιδεία, instruction, correction
18 ἐκλείπω, *aor act ind 3s*, fail, cease
19 κείρω, *aor mid impv 2s*, shave
20 ἀπορρίπτω, *pres act impv 2s*, throw away
21 ἀναλαμβάνω, *aor act impv 2s*, take up
22 χεῖλος, lip
23 θρῆνος, lamentation
24 ἀποδοκιμάζω, *aor act ind 3s*, reject as unfit
25 ἀπωθέω, *aor mid ind 3s*, thrust away
26 ἐναντίον, before
27 τάσσω, *aor act ind 3p*, set up
28 βδέλυγμα, abomination
29 οὗ, where
30 ἐπικαλέω, *perf pas ind 3s*, call upon
31 μιαίνω, *aor act inf*, defile, pollute
32 βωμός, (illegitimate) altar
33 φάραγξ, ravine
34 κατακαίω, *pres act inf*, burn up
35 θυγάτηρ, daughter
36 ἐντέλλομαι, *aor mid ind 1s*, command
37 διανοέομαι, *aor pas ind 1s*, have in mind

ἡμέραι ἔρχονται, λέγει κύριος, καὶ οὐκ ἐροῦσιν ἔτι Βωμὸς[1] τοῦ Ταφεθ καὶ Φάραγξ[2] υἱοῦ Εννομ, ἀλλ᾽ ἢ Φάραγξ τῶν ἀνῃρημένων,[3] καὶ θάψουσιν[4] ἐν τῷ Ταφεθ διὰ τὸ μὴ ὑπάρχειν τόπον.
33 καὶ ἔσονται οἱ νεκροὶ[5] τοῦ λαοῦ τούτου εἰς βρῶσιν[6] τοῖς πετεινοῖς[7] τοῦ οὐρανοῦ καὶ τοῖς θηρίοις τῆς γῆς, καὶ οὐκ ἔσται ὁ ἀποσοβῶν.[8]
34 καὶ καταλύσω[9] ἐκ πόλεων Ιουδα καὶ ἐκ διόδων[10] Ιερουσαλημ φωνὴν εὐφραινομένων[11] καὶ φωνὴν χαιρόντων,[12] φωνὴν νυμφίου[13] καὶ φωνὴν νύμφης,[14] ὅτι εἰς ἐρήμωσιν[15] ἔσται πᾶσα ἡ γῆ.

8 ἐν τῷ καιρῷ ἐκείνῳ, λέγει κύριος, ἐξοίσουσιν[16] τὰ ὀστᾶ[17] τῶν βασιλέων Ιουδα καὶ τὰ ὀστᾶ τῶν ἀρχόντων αὐτοῦ καὶ τὰ ὀστᾶ τῶν ἱερέων καὶ τὰ ὀστᾶ τῶν προφητῶν καὶ τὰ ὀστᾶ τῶν κατοικούντων Ιερουσαλημ ἐκ τῶν τάφων[18] αὐτῶν
2 καὶ ψύξουσιν[19] αὐτὰ πρὸς τὸν ἥλιον καὶ τὴν σελήνην[20] καὶ πρὸς πάντας τοὺς ἀστέρας[21] καὶ πρὸς πᾶσαν τὴν στρατιὰν[22] τοῦ οὐρανοῦ, ἃ ἠγάπησαν καὶ οἷς ἐδούλευσαν[23] καὶ ὧν ἐπορεύθησαν ὀπίσω αὐτῶν καὶ ὧν ἀντείχοντο[24] καὶ οἷς προσεκύνησαν αὐτοῖς· οὐ κοπήσονται[25] καὶ οὐ ταφήσονται[26] καὶ ἔσονται εἰς παράδειγμα[27] ἐπὶ προσώπου τῆς γῆς,
3 ὅτι εἵλοντο[28] τὸν θάνατον ἢ τὴν ζωήν, καὶ πᾶσιν τοῖς καταλοίποις[29] τοῖς καταλειφθεῖσιν[30] ἀπὸ τῆς γενεᾶς ἐκείνης ἐν παντὶ τόπῳ, οὗ[31] ἐὰν ἐξώσω[32] αὐτοὺς ἐκεῖ.

Sin and Punishment

4 Ὅτι τάδε[33] λέγει κύριος

Μὴ ὁ πίπτων οὐκ ἀνίσταται;
ἢ ὁ ἀποστρέφων[34] οὐκ ἐπιστρέφει;

1 βωμός, (illegitimate) altar
2 φάραγξ, ravine
3 ἀναιρέω, *perf pas ptc gen p m*, kill
4 θάπτω, *fut act ind 3p*, bury
5 νεκρός, dead
6 βρῶσις, food
7 πετεινός, bird
8 ἀποσοβέω, *pres act ptc nom s m*, scare off
9 καταλύω, *fut act ind 1s*, abolish
10 δίοδος, passage, street
11 εὐφραίνω, *pres pas ptc gen p m*, be glad, rejoice
12 χαίρω, *pres act ptc gen p m*, rejoice
13 νυμφίος, bridegroom
14 νύμφη, bride
15 ἐρήμωσις, desolation
16 ἐκφέρω, *fut act ind 3p*, carry off
17 ὀστέον, bone
18 τάφος, grave
19 ψύχω, *fut act ind 3p*, dry (in the air)
20 σελήνη, moon
21 ἀστήρ, star
22 στρατιά, host
23 δουλεύω, *aor act ind 3p*, serve
24 ἀντέχω, *impf mid ind 3p*, cleave to
25 κόπτω, *fut pas ind 3p*, mourn for
26 θάπτω, *fut pas ind 3p*, bury
27 παράδειγμα, pattern, example
28 αἱρέω, *aor mid ind 3p*, choose, prefer
29 κατάλοιπος, remnant
30 καταλείπω, *aor pas ptc dat p m*, leave behind
31 οὗ, where
32 ἐξωθέω, *aor act sub 1s*, drive out, thrust away
33 ὅδε, this
34 ἀποστρέφω, *pres act ptc nom s m*, turn away

5 διὰ τί ἀπέστρεψεν[1] ὁ λαός μου οὗτος ἀποστροφὴν[2] ἀναιδῆ[3]
καὶ κατεκρατήθησαν[4] ἐν τῇ προαιρέσει[5] αὐτῶν
καὶ οὐκ ἠθέλησαν τοῦ ἐπιστρέψαι;
6 ἐνωτίσασθε[6] δὴ[7] καὶ ἀκούσατε·
οὐχ οὕτως λαλήσουσιν, οὐκ ἔστιν ἄνθρωπος μετανοῶν[8] ἀπὸ τῆς
κακίας[9] αὐτοῦ
λέγων Τί ἐποίησα;
διέλιπεν[10] ὁ τρέχων[11] ἀπὸ τοῦ δρόμου[12] αὐτοῦ
ὡς ἵππος[13] κάθιδρος[14] ἐν χρεμετισμῷ[15] αὐτοῦ.
7 καὶ ἡ ασιδα[16] ἐν τῷ οὐρανῷ ἔγνω τὸν καιρὸν αὐτῆς,
τρυγὼν[17] καὶ χελιδών,[18] ἀγροῦ στρουθία[19] ἐφύλαξαν καιροὺς εἰσόδων[20]
αὐτῶν,
ὁ δὲ λαός μου οὐκ ἔγνω τὰ κρίματα[21] κυρίου.

8 πῶς ἐρεῖτε ὅτι Σοφοί[22] ἐσμεν ἡμεῖς, καὶ νόμος κυρίου ἐστὶν μεθ᾽ ἡμῶν;
εἰς μάτην[23] ἐγενήθη σχοῖνος[24] ψευδὴς[25] γραμματεῦσιν.[26]
9 ᾐσχύνθησαν[27] σοφοὶ[28] καὶ ἐπτοήθησαν[29] καὶ ἑάλωσαν,[30]
ὅτι τὸν λόγον κυρίου ἀπεδοκίμασαν·[31] σοφία τίς ἐστιν ἐν αὐτοῖς;
10 διὰ τοῦτο δώσω τὰς γυναῖκας αὐτῶν ἑτέροις
καὶ τοὺς ἀγροὺς αὐτῶν τοῖς κληρονόμοις,[32]
13 καὶ συνάξουσιν τὰ γενήματα[33] αὐτῶν, λέγει κύριος,
οὐκ ἔστιν σταφυλὴ[34] ἐν ταῖς ἀμπέλοις,[35]
καὶ οὐκ ἔστιν σῦκα[36] ἐν ταῖς συκαῖς,[37]
καὶ τὰ φύλλα[38] κατερρύηκεν.[39]

1 ἀποστρέφω, *aor act ind 3s*, turn away
2 ἀποστροφή, turning away
3 ἀναιδής, shameless
4 κατακρατέω, *aor pas ind 3p*, seize, overcome
5 προαίρεσις, choice, inclination
6 ἐνωτίζομαι, *aor mid impv 2p*, hearken
7 δή, now, indeed
8 μετανοέω, *pres act ptc nom s m*, repent
9 κακία, wickedness
10 διαλείπω, *aor act ind 3s*, cease, intermit
11 τρέχω, *pres act ptc nom s m*, run
12 δρόμος, course, race
13 ἵππος, horse
14 κάθιδρος, sweating
15 χρεμετισμός, neighing
16 ασιδα, heron, *translit.*
17 τρυγών, turtledove
18 χελιδών, swallow
19 στρουθίον, sparrow
20 εἴσοδος, entering, arrival
21 κρίμα, judgment
22 σοφός, wise
23 μάτην, vain, useless
24 σχοῖνος, pen, stylus
25 ψευδής, lying, false
26 γραμματεύς, scribe
27 αἰσχύνω, *aor pas ind 3p*, put to shame
28 σοφός, wise
29 πτοέω, *aor pas ind 3p*, terrify, dismay
30 ἁλίσκομαι, *aor act ind 3p*, be captured
31 ἀποδοκιμάζω, *aor act ind 3p*, reject as unfit
32 κληρονόμος, heir
33 γένημα, yield, produce
34 σταφυλή, (bunch of) grapes
35 ἄμπελος, vine
36 σῦκον, fig
37 συκῆ, fig tree
38 φύλλον, leaf
39 καταρρέω, *perf act ind 3s*, fall off

A Lament for the People

14 ἐπὶ τί ἡμεῖς καθήμεθα;
συνάχθητε καὶ εἰσέλθωμεν εἰς τὰς πόλεις τὰς ὀχυρὰς[1] καὶ ἀπορριφῶμεν,[2]
ὅτι ὁ θεὸς ἀπέρριψεν[3] ἡμᾶς καὶ ἐπότισεν[4] ἡμᾶς ὕδωρ χολῆς,[5]
ὅτι ἡμάρτομεν ἐναντίον[6] αὐτοῦ.
15 συνήχθημεν εἰς εἰρήνην, καὶ οὐκ ἦν ἀγαθά·
εἰς καιρὸν ἰάσεως,[7] καὶ ἰδοὺ σπουδή.[8]
16 ἐκ Δαν ἀκουσόμεθα φωνὴν ὀξύτητος[9] ἵππων[10] αὐτοῦ,
ἀπὸ φωνῆς χρεμετισμοῦ[11] ἱππασίας[12] ἵππων αὐτοῦ ἐσείσθη[13] πᾶσα ἡ γῆ·
καὶ ἥξει[14] καὶ καταφάγεται[15] τὴν γῆν καὶ τὸ πλήρωμα[16] αὐτῆς,
πόλιν καὶ τοὺς κατοικοῦντας ἐν αὐτῇ.
17 διότι[17] ἰδοὺ ἐγὼ ἐξαποστέλλω[18] εἰς ὑμᾶς ὄφεις[19] θανατοῦντας,[20]
οἷς οὐκ ἔστιν ἐπᾷσαι,[21] καὶ δήξονται[22] ὑμᾶς.
18 ἀνίατα[23] μετ᾽ ὀδύνης[24] καρδίας ὑμῶν ἀπορουμένης.[25]

19 ἰδοὺ φωνὴ κραυγῆς[26] θυγατρὸς[27] λαοῦ μου ἀπὸ γῆς μακρόθεν[28]
Μὴ κύριος οὐκ ἔστιν ἐν Σιων; ἢ βασιλεὺς οὐκ ἔστιν ἐκεῖ;
διὰ τί παρώργισάν[29] με ἐν τοῖς γλυπτοῖς[30] αὐτῶν
καὶ ἐν ματαίοις[31] ἀλλοτρίοις;[32]
20 διῆλθεν θέρος,[33] παρῆλθεν[34] ἄμητος,[35]
καὶ ἡμεῖς οὐ διεσώθημεν.[36]
21 ἐπὶ συντρίμματι[37] θυγατρὸς[38] λαοῦ μου ἐσκοτώθην·[39]
ἀπορίᾳ[40] κατίσχυσάν[41] με ὠδῖνες[42] ὡς τικτούσης.[43]

1 ὀχυρός, fortified, secure
2 ἀπορρίπτω, *aor pas sub 1p*, cast out
3 ἀπορρίπτω, *aor act ind 3s*, cast out
4 ποτίζω, *aor act ind 3s*, give drink
5 χολή, gall
6 ἐναντίον, before
7 ἴασις, healing
8 σπουδή, effort, anxiety
9 ὀξύτης, swiftness
10 ἵππος, horse
11 χρεμετισμός, neighing
12 ἱππασία, horsemanship
13 σείω, *aor pas ind 3s*, shake, quake
14 ἥκω, *fut act ind 3s*, come
15 κατεσθίω, *fut mid ind 3s*, devour
16 πλήρωμα, fullness
17 διότι, for
18 ἐξαποστέλλω, *pres act ind 1s*, send forth
19 ὄφις, serpent
20 θανατόω, *pres act ptc acc p m*, kill
21 ἐπᾴδω, *aor act inf*, charm
22 δάκνω, *fut mid ind 3p*, bite
23 ἀνίατος, incurable
24 ὀδύνη, pain
25 ἀπορέω, *pres mid ptc gen s f*, be at a loss
26 κραυγή, crying
27 θυγάτηρ, daughter
28 μακρόθεν, far away
29 παροργίζω, *aor act ind 3p*, provoke to anger
30 γλυπτός, carved (image)
31 μάταιος, vain
32 ἀλλότριος, strange, foreign
33 θέρος, summer
34 παρέρχομαι, *aor act ind 3s*, pass by
35 ἄμητος, harvest, reaping
36 διασῴζω, *aor pas ind 1p*, save
37 σύντριμμα, affliction, ruin
38 θυγάτηρ, daughter
39 σκοτόω, *aor pas ind 1s*, suffer dizziness
40 ἀπορία, distress
41 κατισχύω, *aor act ind 3p*, prevail over
42 ὠδίν, labor pains
43 τίκτω, *pres act ptc gen s f*, give birth

22 μὴ ῥητίνη[1] οὐκ ἔστιν ἐν Γαλααδ, ἢ ἰατρὸς[2] οὐκ ἔστιν ἐκεῖ;
διὰ τί οὐκ ἀνέβη ἴασις[3] θυγατρὸς[4] λαοῦ μου;
23 τίς δώσει κεφαλῇ μου ὕδωρ καὶ ὀφθαλμοῖς μου πηγὴν[5] δακρύων,[6]
καὶ κλαύσομαι τὸν λαόν μου τοῦτον ἡμέρας καὶ νυκτός,
τοὺς τετραυματισμένους[7] θυγατρὸς[8] λαοῦ μου;

9 τίς δῴη[9] μοι ἐν τῇ ἐρήμῳ σταθμὸν[10] ἔσχατον
καὶ καταλείψω[11] τὸν λαόν μου καὶ ἀπελεύσομαι ἀπ᾽ αὐτῶν;
ὅτι πάντες μοιχῶνται,[12] σύνοδος[13] ἀθετούντων.[14]
2 καὶ ἐνέτειναν[15] τὴν γλῶσσαν αὐτῶν ὡς τόξον·[16]
ψεῦδος[17] καὶ οὐ πίστις ἐνίσχυσεν[18] ἐπὶ τῆς γῆς,
ὅτι ἐκ κακῶν εἰς κακὰ ἐξήλθοσαν καὶ ἐμὲ οὐκ ἔγνωσαν.
3 ἕκαστος ἀπὸ τοῦ πλησίον[19] αὐτοῦ φυλάξασθε
καὶ ἐπ᾽ ἀδελφοῖς αὐτῶν μὴ πεποίθατε,
ὅτι πᾶς ἀδελφὸς πτέρνῃ[20] πτερνιεῖ,[21]
καὶ πᾶς φίλος δολίως[22] πορεύσεται.

4 ἕκαστος κατὰ τοῦ φίλου[23] αὐτοῦ καταπαίξεται,[24]
ἀλήθειαν οὐ μὴ λαλήσωσιν·
μεμάθηκεν[25] ἡ γλῶσσα αὐτῶν λαλεῖν ψευδῆ,[26]
ἠδίκησαν[27] καὶ οὐ διέλιπον[28] τοῦ ἐπιστρέψαι.
5 τόκος[29] ἐπὶ τόκῳ, δόλος[30] ἐπὶ δόλῳ·
οὐκ ἤθελον εἰδέναι με.

6 διὰ τοῦτο τάδε[31] λέγει κύριος
Ἰδοὺ ἐγὼ πυρώσω[32] αὐτοὺς καὶ δοκιμῶ[33] αὐτούς,
ὅτι ποιήσω ἀπὸ προσώπου πονηρίας[34] θυγατρὸς[35] λαοῦ μου.

1 ῥητίνη, resin
2 ἰατρός, physician
3 ἴασις, healing
4 θυγάτηρ, daughter
5 πηγή, fountain
6 δάκρυον, tear(s)
7 τραυματίζω, *perf pas ptc acc p m*, wound
8 θυγάτηρ, daughter
9 δίδωμι, *aor act opt 3s*, give
10 σταθμός, lodging place
11 καταλείπω, *fut act ind 1s*, leave behind
12 μοιχάομαι, *pres mid ind 3p*, commit adultery
13 σύνοδος, assembly
14 ἀθετέω, *pres act ptc gen p m*, revolt, break faith
15 ἐντείνω, *aor act ind 3p*, bend
16 τόξον, bow
17 ψεῦδος, lying, deception
18 ἐνισχύω, *aor act ind 3s*, grow strong
19 πλησίον, neighbor
20 πτέρνα, heel
21 πτερνίζω, *fut act ind 3s*, trip up
22 δολίως, treacherously, deceitfully
23 φίλος, friend
24 καταπαίζω, *fut act ind 3s*, mock
25 μανθάνω, *perf act ind 3s*, learn
26 ψευδής, lie
27 ἀδικέω, *aor act ind 3p*, act unjustly
28 διαλείπω, *aor act ind 3p*, cease, intermit
29 τόκος, usury
30 δόλος, treachery, deceit
31 ὅδε, this
32 πυρόω, *fut act ind 1s*, purge (by fire)
33 δοκιμάζω, *fut act ind 1s*, test, put to trial
34 πονηρία, wickedness
35 θυγάτηρ, daughter

7 βολὶς[1] τιτρώσκουσα[2] ἡ γλῶσσα αὐτῶν,
δόλια[3] τὰ ῥήματα τοῦ στόματος αὐτῶν·
τῷ πλησίον[4] αὐτοῦ λαλεῖ εἰρηνικὰ[5]
καὶ ἐν ἑαυτῷ ἔχει τὴν ἔχθραν.[6]
8 μὴ ἐπὶ τούτοις οὐκ ἐπισκέψομαι,[7] λέγει κύριος,
ἢ ἐν λαῷ τῷ τοιούτῳ[8] οὐκ ἐκδικήσει[9] ἡ ψυχή μου;

9 Ἐπὶ τὰ ὄρη λάβετε κοπετὸν[10] καὶ ἐπὶ τὰς τρίβους[11] τῆς ἐρήμου θρῆνον,[12]
ὅτι ἐξέλιπον[13] παρὰ τὸ μὴ εἶναι ἀνθρώπους·
οὐκ ἤκουσαν φωνὴν ὑπάρξεως·[14]
ἀπὸ πετεινῶν[15] τοῦ οὐρανοῦ καὶ ἕως κτηνῶν[16] ἐξέστησαν,[17] ᾤχοντο.[18]
10 καὶ δώσω τὴν Ιερουσαλημ εἰς μετοικίαν[19] καὶ εἰς κατοικητήριον[20]
δρακόντων[21]
καὶ τὰς πόλεις Ιουδα εἰς ἀφανισμὸν[22] θήσομαι παρὰ τὸ μὴ κατοικεῖσθαι.

11 τίς ὁ ἄνθρωπος ὁ συνετός,[23] καὶ συνέτω[24] τοῦτο, καὶ ᾧ λόγος στόματος κυρίου
πρὸς αὐτόν, ἀναγγειλάτω[25] ὑμῖν· ἕνεκεν[26] τίνος ἀπώλετο ἡ γῆ, ἀνήφθη[27] ὡς ἔρημος
παρὰ τὸ μὴ διοδεύεσθαι[28] αὐτήν; **12** καὶ εἶπεν κύριος πρός με Διὰ τὸ ἐγκαταλιπεῖν[29]
αὐτοὺς τὸν νόμον μου, ὃν ἔδωκα πρὸ προσώπου αὐτῶν, καὶ οὐκ ἤκουσαν τῆς φωνῆς
μου, **13** ἀλλ᾽ ἐπορεύθησαν ὀπίσω τῶν ἀρεστῶν[30] τῆς καρδίας αὐτῶν τῆς κακῆς καὶ
ὀπίσω τῶν εἰδώλων,[31] ἃ ἐδίδαξαν αὐτοὺς οἱ πατέρες αὐτῶν, **14** διὰ τοῦτο τάδε[32]
λέγει κύριος ὁ θεὸς Ισραηλ Ἰδοὺ ἐγὼ ψωμιῶ[33] αὐτοὺς ἀνάγκας[34] καὶ ποτιῶ[35] αὐτοὺς
ὕδωρ χολῆς[36] **15** καὶ διασκορπιῶ[37] αὐτοὺς ἐν τοῖς ἔθνεσιν, εἰς οὓς οὐκ ἐγίνωσκον
αὐτοὶ καὶ οἱ πατέρες αὐτῶν, καὶ ἐπαποστελῶ[38] ἐπ᾽ αὐτοὺς τὴν μάχαιραν[39] ἕως τοῦ
ἐξαναλῶσαι[40] αὐτοὺς ἐν αὐτῇ. **16** τάδε[41] λέγει κύριος

1 βολίς, arrow
2 τιτρώσκω, *pres act ptc nom s f*, pierce
3 δόλιος, deceitful
4 πλησίον, neighbor
5 εἰρηνικός, peaceably
6 ἔχθρα, hatred, enmity
7 ἐπισκέπτομαι, *fut mid ind 1s*, visit (in judgment)
8 τοιοῦτος, such, like this
9 ἐκδικέω, *fut act ind 3s*, take vengeance
10 κοπετός, mourning
11 τρίβος, path
12 θρῆνος, lamentation
13 ἐκλείπω, *aor act ind 3p*, fail
14 ὕπαρξις, substance, existence
15 πετεινός, bird
16 κτῆνος, animal, (*p*) herd
17 ἐξίστημι, *aor act ind 3p*, (depart)
18 οἴχομαι, *impf mid ind 3p*, go away
19 μετοικία, settlement
20 κατοικητήριον, abode
21 δράκων, dragon, serpent
22 ἀφανισμός, (place of) destruction
23 συνετός, intelligent, prudent
24 συνίημι, *aor act impv 3s*, understand
25 ἀναγγέλλω, *aor act impv 3s*, report, declare
26 ἕνεκα, for reason that
27 ἀνάπτω, *aor pas ind 3s*, kindle, set on fire
28 διοδεύω, *pres mid inf*, pass through
29 ἐγκαταλείπω, *aor act inf*, desert, forsake
30 ἀρεστός, pleasing, acceptable
31 εἴδωλον, idol
32 ὅδε, this
33 ψωμίζω, *fut act ind 1s*, feed
34 ἀνάγκη, distress
35 ποτίζω, *fut act ind 1s*, give to drink
36 χολή, gall
37 διασκορπίζω, *fut act ind 1s*, scatter
38 ἐπαποστέλλω, *fut act ind 1s*, send upon
39 μάχαιρα, sword
40 ἐξαναλίσκω, *aor act inf*, destroy, consume
41 ὅδε, this

Καλέσατε τὰς θρηνούσας[1] καὶ ἐλθέτωσαν,
καὶ πρὸς τὰς σοφὰς[2] ἀποστείλατε καὶ φθεγξάσθωσαν[3]
17 καὶ λαβέτωσαν ἐφ᾽ ὑμᾶς θρῆνον,[4]
καὶ καταγαγέτωσαν[5] οἱ ὀφθαλμοὶ ὑμῶν δάκρυα,[6]
καὶ τὰ βλέφαρα[7] ὑμῶν ῥείτω[8] ὕδωρ.
18 ὅτι φωνὴ οἴκτου[9] ἠκούσθη ἐν Σιων
Πῶς ἐταλαιπωρήσαμεν[10] κατῃσχύνθημεν[11] σφόδρα,[12]
ὅτι ἐγκατελίπομεν[13] τὴν γῆν καὶ ἀπερρίψαμεν[14] τὰ σκηνώματα[15] ἡμῶν.
19 ἀκούσατε δή,[16] γυναῖκες, λόγον θεοῦ,
καὶ δεξάσθω[17] τὰ ὦτα ὑμῶν λόγους στόματος αὐτοῦ,
καὶ διδάξατε τὰς θυγατέρας[18] ὑμῶν οἶκτον[19] καὶ γυνὴ τὴν πλησίον[20]
αὐτῆς θρῆνον.[21]
20 ὅτι ἀνέβη θάνατος διὰ τῶν θυρίδων[22] ὑμῶν,
εἰσῆλθεν εἰς τὴν γῆν ὑμῶν τοῦ ἐκτρῖψαι[23] νήπια[24] ἔξωθεν[25]
καὶ νεανίσκους[26] ἀπὸ τῶν πλατειῶν.[27]
21 καὶ ἔσονται οἱ νεκροὶ[28] τῶν ἀνθρώπων εἰς παράδειγμα[29]
ἐπὶ προσώπου τοῦ πεδίου[30] τῆς γῆς ὑμῶν
καὶ ὡς χόρτος[31] ὀπίσω θερίζοντος,[32]
καὶ οὐκ ἔσται ὁ συνάγων.

22 Τάδε[33] λέγει κύριος

Μὴ καυχάσθω[34] ὁ σοφὸς[35] ἐν τῇ σοφίᾳ αὐτοῦ,
καὶ μὴ καυχάσθω ὁ ἰσχυρὸς[36] ἐν τῇ ἰσχύι[37] αὐτοῦ,
καὶ μὴ καυχάσθω ὁ πλούσιος[38] ἐν τῷ πλούτῳ[39] αὐτοῦ,

1 θρηνέω, *pres act ptc acc p f*, wail, mourn
2 σοφός, skilled, wise
3 φθέγγομαι, *aor mid impv 3p*, speak
4 θρῆνος, lamentation
5 κατάγω, *aor act impv 3p*, bring down
6 δάκρυον, tear(s)
7 βλέφαρον, eyelid
8 ῥέω, *pres act impv 3s*, flow
9 οἶκτος, sorrow, pity
10 ταλαιπωρέω, *aor act ind 1p*, suffer distress
11 καταισχύνω, *aor pas ind 1p*, put to shame
12 σφόδρα, exceedingly
13 ἐγκαταλείπω, *aor act ind 1p*, desert, forsake
14 ἀπορρίπτω, *aor act ind 1p*, cast out
15 σκήνωμα, dwelling, tent
16 δή, now, indeed
17 δέχομαι, *aor mid impv 3s*, receive
18 θυγάτηρ, daughter
19 οἶκτος, sorrow, pity
20 πλησίον, neighbor
21 θρῆνος, lamentation
22 θυρίς, window
23 ἐκτρίβω, *aor act inf*, destroy
24 νήπιος, infant
25 ἔξωθεν, outside, from without
26 νεανίσκος, young man
27 πλατεῖα, broad (street)
28 νεκρός, dead, corpse
29 παράδειγμα, pattern, example
30 πεδίον, plain, field
31 χόρτος, grass
32 θερίζω, *pres act ptc gen s m*, reap, mow down
33 ὅδε, this
34 καυχάομαι, *pres mid impv 3s*, boast
35 σοφός, wise
36 ἰσχυρός, strong
37 ἰσχύς, strength
38 πλούσιος, rich, wealthy
39 πλοῦτος, riches, wealth

23 ἀλλ᾽ ἢ ἐν τούτῳ καυχάσθω[1] ὁ καυχώμενος,[2]
συνίειν[3] καὶ γινώσκειν ὅτι ἐγώ εἰμι κύριος
ποιῶν ἔλεος[4] καὶ κρίμα[5] καὶ δικαιοσύνην ἐπὶ τῆς γῆς,
ὅτι ἐν τούτοις τὸ θέλημά[6] μου, λέγει κύριος.

24 ἰδοὺ ἡμέραι ἔρχονται, λέγει κύριος, καὶ ἐπισκέψομαι[7] ἐπὶ πάντας περιτετμη-
μένους[8] ἀκροβυστίας[9] αὐτῶν, 25 ἐπ᾽ Αἴγυπτον καὶ ἐπὶ τὴν Ιουδαίαν καὶ ἐπὶ Εδωμ
καὶ ἐπὶ υἱοὺς Αμμων καὶ ἐπὶ υἱοὺς Μωαβ καὶ ἐπὶ πάντα περικειρόμενον[10] τὰ κατὰ
πρόσωπον αὐτοῦ τοὺς κατοικοῦντας ἐν τῇ ἐρήμῳ· ὅτι πάντα τὰ ἔθνη ἀπερίτμητα[11]
σαρκί, καὶ πᾶς οἶκος Ισραηλ ἀπερίτμητοι καρδίας αὐτῶν.

Warning against Idolatry

10 Ἀκούσατε τὸν λόγον κυρίου, ὃν ἐλάλησεν ἐφ᾽ ὑμᾶς, οἶκος Ισραηλ. 2 τάδε[12]
λέγει κύριος

Κατὰ τὰς ὁδοὺς τῶν ἐθνῶν μὴ μανθάνετε[13]
καὶ ἀπὸ τῶν σημείων τοῦ οὐρανοῦ μὴ φοβεῖσθε,
ὅτι φοβοῦνται αὐτὰ τοῖς προσώποις αὐτῶν.
3 ὅτι τὰ νόμιμα[14] τῶν ἐθνῶν μάταια·[15]
ξύλον[16] ἐστὶν ἐκ τοῦ δρυμοῦ[17] ἐκκεκομμένον,[18]
ἔργον τέκτονος[19] καὶ χώνευμα·[20]
4 ἀργυρίῳ[21] καὶ χρυσίῳ[22] κεκαλλωπισμένα[23] ἐστίν·
ἐν σφύραις[24] καὶ ἥλοις[25] ἐστερέωσαν[26] αὐτά,
καὶ οὐ κινηθήσονται·[27]
5 αἰρόμενα ἀρθήσονται, ὅτι οὐκ ἐπιβήσονται.[28]
μὴ φοβηθῆτε αὐτά, ὅτι οὐ μὴ κακοποιήσωσιν,[29]
καὶ ἀγαθὸν οὐκ ἔστιν ἐν αὐτοῖς.

1 καυχάομαι, *pres mid impv 3s*, boast
2 καυχάομαι, *pres mid ptc nom s m*, boast
3 συνίημι, *pres act inf*, understand
4 ἔλεος, mercy
5 κρίμα, justice, decree
6 θέλημα, will
7 ἐπισκέπτομαι, *fut mid ind 1s*, visit (in judgment)
8 περιτέμνω, *perf pas ptc acc p m*, circumcise
9 ἀκροβυστία, foreskin
10 περικείρω, *pres mid ptc acc s m*, shear
11 ἀπερίτμητος, uncircumcised
12 ὅδε, this
13 μανθάνω, *pres act impv 2p*, learn
14 νόμιμος, ordinance, statute
15 μάταιος, vain, worthless
16 ξύλον, tree
17 δρυμός, forest
18 ἐκκόπτω, *perf pas ptc nom s n*, cut down
19 τέκτων, craftsman
20 χώνευμα, molten work
21 ἀργύριον, silver
22 χρυσίον, gold
23 καλλωπίζω, *perf pas ptc nom p n*, beautify
24 σφῦρα, hammer
25 ἧλος, nail
26 στερεόω, *aor act ind 3p*, fasten
27 κινέω, *fut pas ind 3p*, move, shake
28 ἐπιβαίνω, *fut mid ind 3p*, walk
29 κακοποιέω, *aor act sub 3p*, do evil, harm

9 ἀργύριον[1] τορευτόν[2] ἐστιν, οὐ πορεύσονται·
ἀργύριον προσβλητὸν[3] ἀπὸ Θαρσις ἥξει,[4]
χρυσίον[5] Μωφαζ καὶ χεὶρ χρυσοχόων,[6]
ἔργα τεχνιτῶν[7] πάντα·
ὑάκινθον[8] καὶ πορφύραν[9] ἐνδύσουσιν[10] αὐτά·

11 οὕτως ἐρεῖτε αὐτοῖς Θεοί, οἳ τὸν οὐρανὸν καὶ τὴν γῆν οὐκ ἐποίησαν, ἀπολέσθωσαν ἀπὸ τῆς γῆς καὶ ὑποκάτωθεν[11] τοῦ οὐρανοῦ τούτου.

12 κύριος ὁ ποιήσας τὴν γῆν ἐν τῇ ἰσχύι[12] αὐτοῦ,
ὁ ἀνορθώσας[13] τὴν οἰκουμένην[14] ἐν τῇ σοφίᾳ αὐτοῦ
καὶ τῇ φρονήσει[15] αὐτοῦ ἐξέτεινεν[16] τὸν οὐρανὸν
13 καὶ πλῆθος ὕδατος ἐν οὐρανῷ καὶ ἀνήγαγεν[17] νεφέλας[18] ἐξ ἐσχάτου τῆς γῆς,
ἀστραπὰς[19] εἰς ὑετὸν[20] ἐποίησεν
καὶ ἐξήγαγεν[21] φῶς ἐκ θησαυρῶν[22] αὐτοῦ.
14 ἐμωράνθη[23] πᾶς ἄνθρωπος ἀπὸ γνώσεως,[24]
κατῃσχύνθη[25] πᾶς χρυσοχόος[26] ἐπὶ τοῖς γλυπτοῖς[27] αὐτοῦ,
ὅτι ψευδῆ[28] ἐχώνευσαν,[29] οὐκ ἔστιν πνεῦμα ἐν αὐτοῖς·
15 μάταιά[30] ἐστιν, ἔργα ἐμπεπαιγμένα,[31]
ἐν καιρῷ ἐπισκοπῆς[32] αὐτῶν ἀπολοῦνται.
16 οὐκ ἔστιν τοιαύτη[33] μερὶς[34] τῷ Ιακωβ,
ὅτι ὁ πλάσας[35] τὰ πάντα αὐτὸς κληρονομία[36] αὐτοῦ, κύριος ὄνομα αὐτῷ.

1 ἀργύριον, silver
2 τορευτός, forged
3 προσβλητός, overlaid
4 ἥκω, *fut act ind 3s*, come
5 χρυσίον, gold
6 χρυσοχόος, goldsmith
7 τεχνίτης, craftsman
8 ὑάκινθος, blue, hyacinth
9 πορφύρα, purple
10 ἐνδύω, *fut act ind 3p*, clothe, put on
11 ὑποκάτωθεν, underneath
12 ἰσχύς, strength
13 ἀνορθόω, *aor act ptc nom s m*, set upright
14 οἰκουμένη, inhabited world
15 φρόνησις, intelligence
16 ἐκτείνω, *aor act ind 3s*, stretch out
17 ἀνάγω, *aor act ind 3s*, bring up
18 νεφέλη, cloud
19 ἀστραπή, lightning
20 ὑετός, rain
21 ἐξάγω, *aor act ind 3s*, bring out
22 θησαυρός, treasury
23 μωραίνω, *aor pas ind 3s*, make foolish
24 γνῶσις, knowledge
25 καταισχύνω, *aor pas ind 3s*, put to shame
26 χρυσοχόος, goldsmith
27 γλυπτός, graven image
28 ψευδής, lie, falsehood
29 χωνεύω, *aor act ind 3p*, cast, forge
30 μάταιος, vain, worthless
31 ἐμπαίζω, *perf pas ptc nom p n*, mock
32 ἐπισκοπή, visitation (in judgment)
33 τοιοῦτος, such, like
34 μερίς, portion
35 πλάσσω, *aor act ptc nom s m*, form, mold
36 κληρονομία, inheritance

Warning about the Coming Exile

17 Συνήγαγεν ἔξωθεν[1] τὴν ὑπόστασίν[2] σου,
κατοικοῦσα ἐν ἐκλεκτοῖς.[3]
18 ὅτι τάδε[4] λέγει κύριος
Ἰδοὺ ἐγὼ σκελίζω[5] τοὺς κατοικοῦντας τὴν γῆν ταύτην ἐν θλίψει,
ὅπως εὑρεθῇ ἡ πληγή[6] σου·

19 οὐαὶ ἐπὶ συντρίμματί[7] σου, ἀλγηρὰ[8] ἡ πληγή[9] σου.
κἀγὼ[10] εἶπα Ὄντως[11] τοῦτο τὸ τραῦμά[12] μου καὶ κατέλαβέν[13] με·
20 ἡ σκηνή[14] μου ἐταλαιπώρησεν[15] ὤλετο,[16]
καὶ πᾶσαι αἱ δέρρεις[17] μου διεσπάσθησαν·[18]
οἱ υἱοί μου καὶ τὰ πρόβατά μου οὐκ εἰσιν,
οὐκ ἔστιν ἔτι τόπος τῆς σκηνῆς μου, τόπος τῶν δέρρεών μου.
21 ὅτι οἱ ποιμένες[19] ἠφρονεύσαντο[20] καὶ τὸν κύριον οὐκ ἐξεζήτησαν·[21]
διὰ τοῦτο οὐκ ἐνόησεν[22] πᾶσα ἡ νομὴ[23] καὶ διεσκορπίσθησαν.[24]
22 φωνὴ ἀκοῆς[25] ἰδοὺ ἔρχεται καὶ σεισμὸς[26] μέγας ἐκ γῆς βορρᾶ[27]
τοῦ τάξαι[28] τὰς πόλεις Ιουδα εἰς ἀφανισμὸν[29] καὶ κοίτην[30] στρουθῶν.[31]

Jeremiah's Prayer

23 οἶδα, κύριε, ὅτι οὐχὶ τοῦ ἀνθρώπου ἡ ὁδὸς αὐτοῦ,
οὐδὲ ἀνὴρ πορεύσεται καὶ κατορθώσει[32] πορείαν[33] αὐτοῦ.
24 παίδευσον[34] ἡμᾶς, κύριε, πλὴν ἐν κρίσει καὶ μὴ ἐν θυμῷ,[35]
ἵνα μὴ ὀλίγους[36] ἡμᾶς ποιήσῃς.
25 ἔκχεον[37] τὸν θυμόν[38] σου ἐπὶ ἔθνη τὰ μὴ εἰδότα σε
καὶ ἐπὶ γενεὰς αἳ τὸ ὄνομά σου οὐκ ἐπεκαλέσαντο,[39]

1 ἔξωθεν, from outside
2 ὑπόστασις, existence, substance
3 ἐκλεκτός, choice (place)
4 ὅδε, this
5 σκελίζω, *pres act ind 1s*, overthrow
6 πληγή, misfortune
7 σύντριμμα, wound, fracture
8 ἀλγηρός, painful
9 πληγή, blow, misfortune
10 κἀγώ, and I, *cr.* καὶ ἐγώ
11 ὄντως, certainly, indeed
12 τραῦμα, wound, hurt
13 καταλαμβάνω, *aor act ind 3s*, lay hold of
14 σκηνή, tent
15 ταλαιπωρέω, *aor act ind 3s*, endure misery
16 ὄλλυμι, *aor mid ind 3s*, ruin, destroy
17 δέρρις, curtain (of skin or hide)
18 διασπάω, *aor pas ind 3p*, tear apart
19 ποιμήν, shepherd
20 ἀφρονεύομαι, *aor mid ind 3p*, act foolishly
21 ἐκζητέω, *aor act ind 3p*, seek after
22 νοέω, *aor act ind 3s*, perceive, know
23 νομή, pasture
24 διασκορπίζω, *aor pas ind 3p*, scatter
25 ἀκοή, news, report
26 σεισμός, earthquake, upheaval
27 βορρᾶς, north
28 τάσσω, *aor act inf*, make, set
29 ἀφανισμός, (place of) destruction
30 κοίτη, nest
31 στρουθός, sparrow
32 κατορθόω, *fut act ind 3s*, keep straight
33 πορεία, journey
34 παιδεύω, *aor act impv 2s*, discipline
35 θυμός, wrath
36 ὀλίγος, few
37 ἐκχέω, *aor act impv 2s*, pour out
38 θυμός, wrath
39 ἐπικαλέω, *aor mid ind 3p*, call upon

ὅτι κατέφαγον[1] τὸν Ιακωβ καὶ ἐξανήλωσαν[2] αὐτὸν
καὶ τὴν νομὴν[3] αὐτοῦ ἠρήμωσαν.[4]

Judah's Broken Covenant with God

11 Ὁ λόγος ὁ γενόμενος παρὰ κυρίου πρὸς Ιερεμιαν λέγων **2** Ἀκούσατε τοὺς
λόγους τῆς διαθήκης ταύτης. καὶ λαλήσεις πρὸς ἄνδρας Ιουδα καὶ πρὸς
τοὺς κατοικοῦντας Ιερουσαλημ· **3** καὶ ἐρεῖς πρὸς αὐτούς Τάδε[5] λέγει κύριος ὁ θεὸς
Ισραηλ Ἐπικατάρατος[6] ὁ ἄνθρωπος, ὃς οὐκ ἀκούσεται τῶν λόγων τῆς διαθήκης
ταύτης, **4** ἧς ἐνετειλάμην[7] τοῖς πατράσιν ὑμῶν ἐν ἡμέρᾳ, ᾗ ἀνήγαγον[8] αὐτοὺς ἐκ γῆς
Αἰγύπτου ἐκ καμίνου[9] τῆς σιδηρᾶς[10] λέγων Ἀκούσατε τῆς φωνῆς μου καὶ ποιήσατε
πάντα, ὅσα ἐὰν ἐντείλωμαι[11] ὑμῖν, καὶ ἔσεσθέ μοι εἰς λαόν, καὶ ἐγὼ ἔσομαι ὑμῖν εἰς
θεόν, **5** ὅπως στήσω τὸν ὅρκον[12] μου, ὃν ὤμοσα[13] τοῖς πατράσιν ὑμῶν, τοῦ δοῦναι
αὐτοῖς γῆν ῥέουσαν[14] γάλα[15] καὶ μέλι[16] καθὼς ἡ ἡμέρα αὕτη. καὶ ἀπεκρίθην καὶ εἶπα
Γένοιτο,[17] κύριε.

6 καὶ εἶπεν κύριος πρός με Ἀνάγνωθι[18] τοὺς λόγους τούτους ἐν πόλεσιν Ιουδα
καὶ ἔξωθεν[19] Ιερουσαλημ λέγων Ἀκούσατε τοὺς λόγους τῆς διαθήκης ταύτης καὶ
ποιήσατε αὐτούς. **8** καὶ οὐκ ἐποίησαν.

9 καὶ εἶπεν κύριος πρός με Εὑρέθη σύνδεσμος[20] ἐν ἀνδράσιν Ιουδα καὶ ἐν τοῖς
κατοικοῦσιν Ιερουσαλημ· **10** ἐπεστράφησαν ἐπὶ τὰς ἀδικίας[21] τῶν πατέρων αὐτῶν
τῶν πρότερον,[22] οἳ οὐκ ἤθελον εἰσακοῦσαι[23] τῶν λόγων μου, καὶ ἰδοὺ αὐτοὶ βαδί-
ζουσιν[24] ὀπίσω[25] θεῶν ἀλλοτρίων[26] τοῦ δουλεύειν[27] αὐτοῖς, καὶ διεσκέδασαν[28] οἶκος
Ισραηλ καὶ οἶκος Ιουδα τὴν διαθήκην μου, ἣν διεθέμην[29] πρὸς τοὺς πατέρας αὐτῶν.
11 διὰ τοῦτο τάδε[30] λέγει κύριος Ἰδοὺ ἐγὼ ἐπάγω[31] ἐπὶ τὸν λαὸν τοῦτον κακά, ἐξ ὧν
οὐ δυνήσονται ἐξελθεῖν ἐξ αὐτῶν, καὶ κεκράξονται πρός με, καὶ οὐκ εἰσακούσομαι[32]
αὐτῶν. **12** καὶ πορεύσονται πόλεις Ιουδα καὶ οἱ κατοικοῦντες Ιερουσαλημ καὶ
κεκράξονται πρὸς τοὺς θεούς, οἷς αὐτοὶ θυμιῶσιν[33] αὐτοῖς· μὴ σώσουσιν αὐτοὺς

1 κατεσθίω, *aor act ind 3p*, devour
2 ἐξαναλίσκω, *aor act ind 3p*, utterly destroy
3 νομή, pasture
4 ἐρημόω, *aor act ind 3p*, make desolate
5 ὅδε, this
6 ἐπικατάρατος, cursed
7 ἐντέλλομαι, *aor mid ind 1s*, command
8 ἀνάγω, *aor act ind 1s*, bring up
9 κάμινος, furnace, oven
10 σιδηροῦς, iron
11 ἐντέλλομαι, *aor mid sub 1s*, command
12 ὅρκος, oath
13 ὄμνυμι, *aor act ind 1s*, swear (an oath)
14 ῥέω, *pres act ptc acc s f*, flow
15 γάλα, milk
16 μέλι, honey
17 γίνομαι, *aor mid opt 3s*, be
18 ἀναγινώσκω, *aor act impv 2s*, read
19 ἔξωθεν, outside
20 σύνδεσμος, (conspiracy)
21 ἀδικία, wrongdoing
22 πρότερος, former, earlier
23 εἰσακούω, *aor act inf*, listen, obey
24 βαδίζω, *pres act ind 3p*, go
25 ὀπίσω, after
26 ἀλλότριος, strange, foreign
27 δουλεύω, *pres act inf*, serve
28 διασκεδάζω, *aor act ind 3p*, reject, break
29 διατίθημι, *aor mid ind 1s*, arrange
30 ὅδε, this
31 ἐπάγω, *pres act ind 1s*, bring upon
32 εἰσακούω, *fut mid ind 1s*, hear, listen
33 θυμιάω, *pres act ind 3p*, burn incense

ἐν καιρῷ τῶν κακῶν αὐτῶν; **13** ὅτι κατʼ ἀριθμὸν[1] τῶν πόλεών σου ἦσαν θεοί σου, Ιουδα, καὶ κατʼ ἀριθμὸν ἐξόδων[2] τῆς Ιερουσαλημ ἐτάξατε[3] βωμοὺς[4] θυμιᾶν[5] τῇ Βααλ.

14 καὶ σὺ μὴ προσεύχου περὶ τοῦ λαοῦ τούτου καὶ μὴ ἀξίου[6] περὶ αὐτῶν ἐν δεήσει[7] καὶ προσευχῇ, ὅτι οὐκ εἰσακούσομαι[8] ἐν τῷ καιρῷ, ἐν ᾧ ἐπικαλοῦνταί[9] με, ἐν καιρῷ κακώσεως[10] αὐτῶν. **15** τί ἡ ἠγαπημένη ἐν τῷ οἴκῳ μου ἐποίησεν βδέλυγμα;[11] μὴ εὐχαὶ[12] καὶ κρέα[13] ἅγια ἀφελοῦσιν[14] ἀπὸ σοῦ τὰς κακίας[15] σου, ἢ τούτοις διαφεύξῃ;[16]
16 ἐλαίαν[17] ὡραίαν[18] εὔσκιον[19] τῷ εἴδει[20] ἐκάλεσεν κύριος τὸ ὄνομά σου· εἰς φωνὴν περιτομῆς[21] αὐτῆς ἀνήφθη[22] πῦρ ἐπʼ αὐτήν, μεγάλη ἡ θλῖψις ἐπὶ σέ, ἠχρεώθησαν[23] οἱ κλάδοι[24] αὐτῆς. **17** καὶ κύριος ὁ καταφυτεύσας[25] σε ἐλάλησεν ἐπὶ σὲ κακὰ ἀντὶ[26] τῆς κακίας[27] οἴκου Ισραηλ καὶ οἴκου Ιουδα, ὅτι ἐποίησαν ἑαυτοῖς τοῦ παροργίσαι[28] με ἐν τῷ θυμιᾶν[29] αὐτοὺς τῇ Βααλ.

A Plot against Jeremiah

18 Κύριε, γνώρισόν[30] μοι, καὶ γνώσομαι·
τότε εἶδον τὰ ἐπιτηδεύματα[31] αὐτῶν.
19 ἐγὼ δὲ ὡς ἀρνίον[32] ἄκακον[33] ἀγόμενον τοῦ θύεσθαι[34] οὐκ ἔγνων·
ἐπʼ ἐμὲ ἐλογίσαντο λογισμὸν[35] πονηρὸν λέγοντες
Δεῦτε[36] καὶ ἐμβάλωμεν[37] ξύλον[38] εἰς τὸν ἄρτον αὐτοῦ
καὶ ἐκτρίψωμεν[39] αὐτὸν ἀπὸ γῆς ζώντων,
καὶ τὸ ὄνομα αὐτοῦ οὐ μὴ μνησθῇ[40] ἔτι.

1 ἀριθμός, number
2 ἔξοδος, (street) going out
3 τάσσω, *aor act ind 2p*, make, set up
4 βωμός, (illegitimate) altar
5 θυμιάω, *pres act inf*, burn incense
6 ἀξιόω, *pres act impv 2s*, petition
7 δέησις, supplication
8 εἰσακούω, *fut mid ind 1s*, hear, listen
9 ἐπικαλέω, *pres mid ind 3p*, call upon
10 κάκωσις, affliction, distress
11 βδέλυγμα, abomination
12 εὐχή, vow
13 κρέας, meat
14 ἀφαιρέω, *fut act ind 3p*, take away, remove
15 κακία, wickedness
16 διαφεύγω, *fut mid ind 2s*, escape
17 ἐλαία, olive tree
18 ὡραῖος, beautiful
19 εὔσκιος, well-shaded
20 εἶδος, appearance, form
21 περιτομή, circumcision
22 ἀνάπτω, *aor pas ind 3s*, kindle, light up
23 ἀχρειόω, *aor pas ind 3p*, make useless, damage
24 κλάδος, branch
25 καταφυτεύω, *aor act ptc nom s m*, plant
26 ἀντί, in return for
27 κακία, wickedness
28 παροργίζω, *aor act inf*, provoke to anger
29 θυμιάω, *pres act inf*, burn incense
30 γνωρίζω, *aor act impv 2s*, reveal, make known
31 ἐπιτήδευμα, habits, way of living
32 ἀρνίον, lamb
33 ἄκακος, innocent
34 θύω, *pres pas inf*, sacrifice, slaughter
35 λογισμός, deliberation, scheme
36 δεῦτε, come!
37 ἐμβάλλω, *aor act sub 1p*, put in
38 ξύλον, wood
39 ἐκτρίβω, *aor act sub 1p*, wipe out, destroy
40 μιμνήσκομαι, *aor pas sub 3s*, remember

20 κύριε κρίνων δίκαια δοκιμάζων[1] νεφροὺς[2] καὶ καρδίας,
ἴδοιμι[3] τὴν παρὰ σοῦ ἐκδίκησιν[4] ἐξ αὐτῶν,
ὅτι πρὸς σὲ ἀπεκάλυψα[5] τὸ δικαίωμά[6] μου.

21 διὰ τοῦτο τάδε[7] λέγει κύριος ἐπὶ τοὺς ἄνδρας Αναθωθ τοὺς ζητοῦντας τὴν
ψυχήν μου τοὺς λέγοντας Οὐ μὴ προφητεύσῃς[8] ἐπὶ τῷ ὀνόματι κυρίου· εἰ δὲ μή,
ἀποθανῇ ἐν ταῖς χερσὶν ἡμῶν. **22** ἰδοὺ ἐγὼ ἐπισκέψομαι[9] ἐπ᾽ αὐτούς· οἱ νεανίσκοι[10]
αὐτῶν ἐν μαχαίρᾳ[11] ἀποθανοῦνται, καὶ οἱ υἱοὶ αὐτῶν καὶ αἱ θυγατέρες[12] αὐτῶν
τελευτήσουσιν[13] ἐν λιμῷ,[14] **23** καὶ ἐγκατάλειμμα[15] οὐκ ἔσται αὐτῶν, ὅτι ἐπάξω[16]
κακὰ ἐπὶ τοὺς κατοικοῦντας ἐν Αναθωθ ἐν ἐνιαυτῷ[17] ἐπισκέψεως[18] αὐτῶν.

Jeremiah's Complaint

12 Δίκαιος εἶ, κύριε, ὅτι ἀπολογήσομαι[19] πρὸς σέ,
πλὴν κρίματα[20] λαλήσω πρὸς σέ·
τί ὅτι ὁδὸς ἀσεβῶν[21] εὐοδοῦται,[22]
εὐθήνησαν[23] πάντες οἱ ἀθετοῦντες[24] ἀθετήματα;[25]
2 ἐφύτευσας[26] αὐτοὺς καὶ ἐρριζώθησαν,[27]
ἐτεκνοποίησαν[28] καὶ ἐποίησαν καρπόν·
ἐγγὺς[29] εἶ σὺ τοῦ στόματος αὐτῶν
καὶ πόρρω[30] ἀπὸ τῶν νεφρῶν[31] αὐτῶν.
3 καὶ σύ, κύριε, γινώσκεις με, δεδοκίμακας[32] τὴν καρδίαν μου ἐναντίον[33] σου·
ἅγνισον[34] αὐτοὺς εἰς ἡμέραν σφαγῆς[35] αὐτῶν.
4 ἕως πότε[36] πενθήσει[37] ἡ γῆ καὶ πᾶς ὁ χόρτος[38] τοῦ ἀγροῦ ξηρανθήσεται[39]
ἀπὸ κακίας[40] τῶν κατοικούντων ἐν αὐτῇ;

1 δοκιμάζω, *pres act ptc nom s m*, test, prove
2 νεφρός, kidney
3 ὁράω, *aor act opt 1s*, see
4 ἐκδίκησις, vengeance
5 ἀποκαλύπτω, *aor act ind 1s*, reveal
6 δικαίωμα, (plea for) justice
7 ὅδε, this
8 προφητεύω, *aor act sub 2s*, prophesy
9 ἐπισκέπτομαι, *fut mid ind 1s*, visit (in judgment)
10 νεανίσκος, young man
11 μάχαιρα, sword
12 θυγάτηρ, daughter
13 τελευτάω, *fut act ind 3p*, die
14 λιμός, hunger, famine
15 ἐγκατάλειμμα, remnant
16 ἐπάγω, *fut act ind 1s*, bring upon
17 ἐνιαυτός, year
18 ἐπίσκεψις, visitation (in judgment)
19 ἀπολογέομαι, *fut mid ind 1s*, speak in defense
20 κρίμα, judgment
21 ἀσεβής, ungodly, impious
22 εὐοδόω, *pres pas ind 3s*, prosper
23 εὐθηνέω, *aor act ind 3p*, flourish, thrive
24 ἀθετέω, *pres act ptc nom p m*, deal treacherously, break faith
25 ἀθέτημα, breach of faith
26 φυτεύω, *aor act ind 2s*, plant
27 ῥιζόω, *aor pas ind 3p*, take root
28 τεκνοποιέω, *aor act ind 3p*, bear children
29 ἐγγύς, near
30 πόρρω, far away
31 νεφρός, kidney, (seat of emotions)
32 δοκιμάζω, *perf act ind 2s*, test, prove
33 ἐναντίον, before
34 ἁγνίζω, *aor act impv 2s*, cleanse, purify
35 σφαγή, slaughter
36 πότε, when
37 πενθέω, *fut act ind 3s*, mourn
38 χόρτος, grass
39 ξηραίνω, *fut pas ind 3s*, dry up, wither
40 κακία, wickedness

ἠφανίσθησαν[1] κτήνη[2] καὶ πετεινά,[3]
ὅτι εἶπαν Οὐκ ὄψεται ὁ θεὸς ὁδοὺς ἡμῶν.

God's Response

5 σοῦ οἱ πόδες τρέχουσιν[4] καὶ ἐκλύουσίν[5] σε·
πῶς παρασκευάσῃ[6] ἐφ᾽ ἵπποις;[7]
καὶ ἐν γῇ εἰρήνης σὺ πέποιθας·
πῶς ποιήσεις ἐν φρυάγματι[8] τοῦ Ιορδάνου;
6 ὅτι καὶ οἱ ἀδελφοί σου καὶ ὁ οἶκος τοῦ πατρός σου,
καὶ οὗτοι ἠθέτησάν[9] σε, καὶ αὐτοὶ ἐβόησαν,[10]
ἐκ τῶν ὀπίσω σου ἐπισυνήχθησαν·[11]
μὴ πιστεύσῃς ἐν αὐτοῖς, ὅτι λαλήσουσιν πρὸς σὲ καλά.

7 Ἐγκαταλέλοιπα[12] τὸν οἶκόν μου, ἀφῆκα τὴν κληρονομίαν[13] μου,
ἔδωκα τὴν ἠγαπημένην ψυχήν μου εἰς χεῖρας ἐχθρῶν αὐτῆς.
8 ἐγενήθη ἡ κληρονομία[14] μου ἐμοὶ ὡς λέων[15] ἐν δρυμῷ·[16]
ἔδωκεν ἐπ᾽ ἐμὲ τὴν φωνὴν αὐτῆς, διὰ τοῦτο ἐμίσησα αὐτήν.
9 μὴ σπήλαιον[17] ὑαίνης[18] ἡ κληρονομία[19] μου ἐμοὶ ἢ σπήλαιον κύκλῳ[20]
αὐτῆς;
βαδίσατε[21] συναγάγετε πάντα τὰ θηρία τοῦ ἀγροῦ,
καὶ ἐλθέτωσαν τοῦ φαγεῖν αὐτήν.
10 ποιμένες[22] πολλοὶ διέφθειραν[23] τὸν ἀμπελῶνά[24] μου,
ἐμόλυναν[25] τὴν μερίδα[26] μου,
ἔδωκαν μερίδα ἐπιθυμητήν[27] μου εἰς ἔρημον ἄβατον·[28]
11 ἐτέθη εἰς ἀφανισμὸν[29] ἀπωλείας,[30]
δι᾽ ἐμὲ ἀφανισμῷ ἠφανίσθη[31] πᾶσα ἡ γῆ,
ὅτι οὐκ ἔστιν ἀνὴρ τιθέμενος ἐν καρδίᾳ.

1 ἀφανίζω, *aor pas ind 3p*, destroy
2 κτῆνος, animal
3 πετεινός, bird
4 τρέχω, *pres act ind 3p*, run
5 ἐκλύω, *pres act ind 3p*, weaken, fail
6 παρασκευάζω, *fut mid ind 2s*, prepare
7 ἵππος, horse
8 φρύαγμα, violent noise
9 ἀθετέω, *aor act ind 3p*, deal treacherously
10 βοάω, *aor act ind 3p*, cry out
11 ἐπισυνάγω, *aor pas ind 3p*, gather together
12 ἐγκαταλείπω, *perf act ind 1s*, desert, forsake
13 κληρονομία, inheritance
14 κληρονομία, inheritance
15 λέων, lion
16 δρυμός, forest
17 σπήλαιον, cave, den
18 ὕαινα, hyena
19 κληρονομία, inheritance
20 κύκλῳ, round about
21 βαδίζω, *aor act impv 2p*, go
22 ποιμήν, shepherd
23 διαφθείρω, *aor act ind 3p*, utterly destroy
24 ἀμπελών, vineyard
25 μολύνω, *aor act ind 3p*, pollute, defile
26 μερίς, portion
27 ἐπιθυμητός, desirable
28 ἄβατος, impassable, desolate
29 ἀφανισμός, (place of) destruction
30 ἀπώλεια, annihilation
31 ἀφανίζω, *aor pas ind 3s*, destroy

12 ἐπὶ πᾶσαν διεκβολὴν[1] ἐν τῇ ἐρήμῳ ἦλθον ταλαιπωροῦντες,[2]
ὅτι μάχαιρα[3] τοῦ κυρίου καταφάγεται[4] ἀπ᾽ ἄκρου[5] τῆς γῆς ἕως ἄκρου τῆς γῆς,
οὐκ ἔστιν εἰρήνη πάσῃ σαρκί.
13 σπείρατε[6] πυροὺς καὶ ἀκάνθας[7] θερίσατε·[8]
οἱ κλῆροι[9] αὐτῶν οὐκ ὠφελήσουσιν[10] αὐτούς·
αἰσχύνθητε[11] ἀπὸ καυχήσεως[12] ὑμῶν,
ἀπὸ ὀνειδισμοῦ[13] ἔναντι[14] κυρίου.

14 Ὅτι τάδε[15] λέγει κύριος περὶ πάντων τῶν γειτόνων[16] τῶν πονηρῶν τῶν ἁπτομένων
τῆς κληρονομίας[17] μου, ἧς ἐμέρισα[18] τῷ λαῷ μου Ισραηλ Ἰδοὺ ἐγὼ ἀποσπῶ[19] αὐτοὺς
ἀπὸ τῆς γῆς αὐτῶν καὶ τὸν Ιουδαν ἐκβαλῶ ἐκ μέσου αὐτῶν. **15** καὶ ἔσται μετὰ τὸ
ἐκβαλεῖν με αὐτοὺς ἐπιστρέψω καὶ ἐλεήσω[20] αὐτοὺς καὶ κατοικιῶ[21] αὐτοὺς ἕκαστον εἰς
τὴν κληρονομίαν[22] αὐτοῦ καὶ ἕκαστον εἰς τὴν γῆν αὐτοῦ. **16** καὶ ἔσται ἐὰν μαθόντες[23]
μάθωσιν[24] τὴν ὁδὸν τοῦ λαοῦ μου τοῦ ὀμνύειν[25] τῷ ὀνόματί μου Ζῇ κύριος, καθὼς
ἐδίδαξαν τὸν λαόν μου ὀμνύειν τῇ Βααλ, καὶ οἰκοδομηθήσονται ἐν μέσῳ τοῦ λαοῦ
μου· **17** ἐὰν δὲ μὴ ἐπιστρέψωσιν, καὶ ἐξαρῶ[26] τὸ ἔθνος ἐκεῖνο ἐξάρσει[27] καὶ ἀπωλείᾳ.[28]

A Ruined Linen Garment

13 Τάδε[29] λέγει κύριος Βάδισον[30] καὶ κτῆσαι[31] σεαυτῷ περίζωμα[32] λινοῦν[33] καὶ
περίθου[34] περὶ τὴν ὀσφύν[35] σου, καὶ ἐν ὕδατι οὐ διελεύσεται.[36] **2** καὶ ἐκτη-
σάμην[37] τὸ περίζωμα[38] κατὰ τὸν λόγον κυρίου καὶ περιέθηκα[39] περὶ τὴν ὀσφύν[40]
μου. **3** καὶ ἐγενήθη λόγος κυρίου πρός με λέγων **4** Λαβὲ τὸ περίζωμα[41] τὸ περὶ τὴν

1 διεκβολή, passage
2 ταλαιπωρέω, *pres act ptc nom p m*, cause distress
3 μάχαιρα, sword
4 κατεσθίω, *fut mid ind 3s*, devour
5 ἄκρος, end, extremity
6 σπείρω, *aor act impv 2p*, sow
7 ἄκανθα, thorn
8 θερίζω, *aor act impv 2p*, reap
9 κλῆρος, lot, share, portion
10 ὠφελέω, *fut act ind 3p*, benefit, profit
11 αἰσχύνω, *aor pas impv 2p*, put to shame
12 καύχησις, boasting
13 ὀνειδισμός, reproach, disgrace
14 ἔναντι, before
15 ὅδε, this
16 γείτων, neighbor
17 κληρονομία, inheritance
18 μερίζω, *aor act ind 1s*, divide, distribute
19 ἀποσπάω, *pres act ind 1s*, break off from
20 ἐλεέω, *fut act ind 1s*, show mercy
21 κατοικίζω, *fut act ind 1s*, settle, cause to dwell
22 κληρονομία, inheritance
23 μανθάνω, *aor act ptc nom p m*, learn
24 μανθάνω, *aor act sub 3p*, learn
25 ὄμνυμι, *pres act inf*, swear an oath
26 ἐξαίρω, *fut act ind 1s*, take away, remove
27 ἔξαρσις, ruin, destruction
28 ἀπώλεια, annihilation
29 ὅδε, this
30 βαδίζω, *aor act impv 2s*, go
31 κτάομαι, *aor mid impv 2s*, acquire
32 περίζωμα, loincloth
33 λινοῦς, linen
34 περιτίθημι, *aor mid impv 2s*, put around
35 ὀσφύς, waist, loins
36 διέρχομαι, *fut mid ind 3s*, pass through
37 κτάομαι, *aor mid ind 1s*, acquire
38 περίζωμα, loincloth
39 περιτίθημι, *aor act ind 1s*, put around
40 ὀσφύς, waist, loins
41 περίζωμα, loincloth

ὀσφύν[1] σου καὶ ἀνάστηθι καὶ βάδισον[2] ἐπὶ τὸν Εὐφράτην καὶ κατάκρυψον[3] αὐτὸ
ἐκεῖ ἐν τῇ τρυμαλιᾷ[4] τῆς πέτρας.[5] **5** καὶ ἐπορεύθην καὶ ἔκρυψα[6] αὐτὸ ἐν τῷ Εὐφράτῃ,
καθὼς ἐνετείλατό[7] μοι κύριος. **6** καὶ ἐγένετο μεθ᾽ ἡμέρας πολλὰς καὶ εἶπεν κύριος
πρός με Ἀνάστηθι βάδισον[8] ἐπὶ τὸν Εὐφράτην καὶ λαβὲ ἐκεῖθεν[9] τὸ περίζωμα,[10] ὃ
ἐνετειλάμην[11] σοι τοῦ κατακρύψαι[12] ἐκεῖ. **7** καὶ ἐπορεύθην ἐπὶ τὸν Εὐφράτην ποτα-
μὸν[13] καὶ ὤρυξα[14] καὶ ἔλαβον τὸ περίζωμα[15] ἐκ τοῦ τόπου, οὗ[16] κατώρυξα[17] αὐτὸ ἐκεῖ,
καὶ ἰδοὺ διεφθαρμένον[18] ἦν, ὃ οὐ μὴ χρησθῇ[19] εἰς οὐθέν.[20]

8 καὶ ἐγενήθη λόγος κυρίου πρός με λέγων **9** Τάδε[21] λέγει κύριος Οὕτω φθερῶ[22]
τὴν ὕβριν[23] Ιουδα καὶ τὴν ὕβριν Ιερουσαλημ, **10** τὴν πολλὴν ταύτην ὕβριν,[24] τοὺς μὴ
βουλομένους ὑπακούειν[25] τῶν λόγων μου καὶ πορευθέντας ὀπίσω θεῶν ἀλλοτρίων[26]
τοῦ δουλεύειν[27] αὐτοῖς καὶ τοῦ προσκυνεῖν αὐτοῖς, καὶ ἔσονται ὥσπερ[28] τὸ περί-
ζωμα[29] τοῦτο, ὃ οὐ χρησθήσεται[30] εἰς οὐθέν.[31] **11** ὅτι καθάπερ[32] κολλᾶται[33] τὸ περί-
ζωμα[34] περὶ τὴν ὀσφὺν[35] τοῦ ἀνθρώπου, οὕτως ἐκόλλησα[36] πρὸς ἐμαυτὸν[37] τὸν οἶκον
τοῦ Ισραηλ καὶ πᾶν οἶκον Ιουδα τοῦ γενέσθαι μοι εἰς λαὸν ὀνομαστὸν[38] καὶ εἰς
καύχημα[39] καὶ εἰς δόξαν, καὶ οὐκ εἰσήκουσάν[40] μου.

Bags Filled with Wine

12 καὶ ἐρεῖς πρὸς τὸν λαὸν τοῦτον Πᾶς ἀσκὸς[41] πληρωθήσεται οἴνου. καὶ ἔσται ἐὰν
εἴπωσιν πρὸς σέ Μὴ γνόντες οὐ γνωσόμεθα ὅτι πᾶς ἀσκὸς πληρωθήσεται οἴνου;
13 καὶ ἐρεῖς πρὸς αὐτούς Τάδε[42] λέγει κύριος Ἰδοὺ ἐγὼ πληρῶ τοὺς κατοικοῦντας τὴν
γῆν ταύτην καὶ τοὺς βασιλεῖς αὐτῶν τοὺς καθημένους υἱοὺς Δαυιδ ἐπὶ θρόνου αὐτοῦ
καὶ τοὺς ἱερεῖς καὶ τοὺς προφήτας καὶ τὸν Ιουδαν καὶ πάντας τοὺς κατοικοῦντας

1 ὀσφύς, waist, loins
2 βαδίζω, *aor act impv 2s*, go
3 κατακρύπτω, *aor act impv 2s*, conceal, hide
4 τρυμαλιά, hole
5 πέτρα, rock
6 κρύπτω, *aor act ind 1s*, hide
7 ἐντέλλομαι, *aor mid ind 3s*, command
8 βαδίζω, *aor act impv 2s*, go
9 ἐκεῖθεν, from there
10 περίζωμα, loincloth
11 ἐντέλλομαι, *aor mid ind 1s*, command
12 κατακρύπτω, *aor act inf*, conceal, hide
13 ποταμός, river
14 ὀρύσσω, *aor act ind 1s*, dig
15 περίζωμα, loincloth
16 οὗ, where
17 κατορύσσω, *aor act ind 1s*, bury
18 διαφθείρω, *perf pas ptc nom s n*, spoil, destroy
19 χράω, *aor pas sub 3s*, use
20 οὐθείς, nothing, anything
21 ὅδε, this
22 φθείρω, *fut act ind 1s*, destroy
23 ὕβρις, arrogance, insolence
24 ὕβρις, arrogance, insolence
25 ὑπακούω, *pres act inf*, listen, obey
26 ἀλλότριος, strange, foreign
27 δουλεύω, *pres act inf*, serve
28 ὥσπερ, just as, like
29 περίζωμα, loincloth
30 χράω, *fut pas ind 3s*, use
31 οὐθείς, nothing, anything
32 καθάπερ, just as
33 κολλάω, *pres mid ind 3s*, cling to
34 περίζωμα, loincloth
35 ὀσφύς, waist, loins
36 κολλάω, *aor act ind 1s*, cling to
37 ἐμαυτοῦ, myself
38 ὀνομαστός, renowned
39 καύχημα, pride, boasting, rejoicing
40 εἰσακούω, *aor act ind 3p*, listen, obey
41 ἀσκός, bag (made from animal skin)
42 ὅδε, this

Ιερουσαλημ μεθύσματι[1] **14** καὶ διασκορπιῶ[2] αὐτοὺς ἄνδρα καὶ τὸν ἀδελφὸν αὐτοῦ καὶ τοὺς πατέρας αὐτῶν καὶ τοὺς υἱοὺς αὐτῶν ἐν τῷ αὐτῷ· οὐκ ἐπιποθήσω,[3] λέγει κύριος, καὶ οὐ φείσομαι[4] καὶ οὐκ οἰκτιρήσω[5] ἀπὸ διαφθορᾶς[6] αὐτῶν.

Threat of Exile

15 Ἀκούσατε καὶ ἐνωτίσασθε[7] καὶ μὴ ἐπαίρεσθε,[8]
ὅτι κύριος ἐλάλησεν.
16 δότε τῷ κυρίῳ θεῷ ὑμῶν δόξαν πρὸ τοῦ συσκοτάσαι[9]
καὶ πρὸς τοῦ προσκόψαι[10] πόδας ὑμῶν ἐπ᾽ ὄρη σκοτεινά[11]
καὶ ἀναμενεῖτε[12] εἰς φῶς καὶ ἐκεῖ σκιὰ[13] θανάτου
καὶ τεθήσονται εἰς σκότος.
17 ἐὰν δὲ μὴ ἀκούσητε,
κεκρυμμένως[14] κλαύσεται ἡ ψυχὴ ὑμῶν ἀπὸ προσώπου ὕβρεως,[15]
καὶ κατάξουσιν[16] οἱ ὀφθαλμοὶ ὑμῶν δάκρυα,[17]
ὅτι συνετρίβη[18] τὸ ποίμνιον[19] κυρίου.
18 εἴπατε τῷ βασιλεῖ καὶ τοῖς δυναστεύουσιν[20]
Ταπεινώθητε[21] καὶ καθίσατε,
ὅτι καθηρέθη[22] ἀπὸ κεφαλῆς ὑμῶν στέφανος[23] δόξης ὑμῶν.
19 πόλεις αἱ πρὸς νότον[24] συνεκλείσθησαν,[25] καὶ οὐκ ἦν ὁ ἀνοίγων·
ἀπῳκίσθη[26] Ιουδας, συνετέλεσεν[27] ἀποικίαν[28] τελείαν.[29]

20 Ἀνάλαβε[30] ὀφθαλμούς σου, Ιερουσαλημ,
καὶ ἰδὲ τοὺς ἐρχομένους ἀπὸ βορρᾶ·[31]
ποῦ ἐστιν τὸ ποίμνιον,[32] ὃ ἐδόθη σοι, πρόβατα δόξης σου;

1 μέθυσμα, intoxication
2 διασκορπίζω, *fut act ind 1s*, scatter
3 ἐπιποθέω, *fut act ind 1s*, long for, yearn for
4 φείδομαι, *fut mid ind 1s*, spare
5 οἰκτίρω, *fut act ind 1s*, show compassion
6 διαφθορά, destruction
7 ἐνωτίζομαι, *aor mid impv 2p*, hearken
8 ἐπαίρω, *pres pas impv 2p*, lift up, exalt
9 συσκοτάζω, *aor act inf*, mark dark
10 προσκόπτω, *aor act inf*, strike against, stumble
11 σκοτεινός, dark, gloomy
12 ἀναμένω, *fut act ind 2p*, await
13 σκιά, shadow
14 κεκρυμμένως, secretly
15 ὕβρις, arrogance, insolence
16 κατάγω, *fut act ind 3p*, bring down
17 δάκρυον, tear(s)
18 συντρίβω, *aor pas ind 3s*, crush, shatter
19 ποίμνιον, flock
20 δυναστεύω, *pres act ptc dat p m*, exercise power
21 ταπεινόω, *aor pas impv 2p*, humble, bring low
22 καθαιρέω, *aor pas ind 3s*, remove
23 στέφανος, crown
24 νότος, south
25 συγκλείω, *aor pas ind 3p*, close up, shut
26 ἀποικίζω, *aor pas ind 3s*, send into exile
27 συντελέω, *aor act ind 3s*, finish, complete
28 ἀποικία, captivity, exile
29 τέλειος, whole, complete
30 ἀναλαμβάνω, *aor act impv 2s*, lift up
31 βορρᾶς, north
32 ποίμνιον, flock

21 τί ἐρεῖς ὅταν ἐπισκέπτωνταί[1] σε;
καὶ σὺ ἐδίδαξας αὐτοὺς ἐπὶ σὲ μαθήματα[2] εἰς ἀρχήν·
οὐκ ὠδῖνες[3] καθέξουσίν[4] σε καθὼς γυναῖκα τίκτουσαν;[5]
22 καὶ ἐὰν εἴπῃς ἐν τῇ καρδίᾳ σου
Διὰ τί ἀπήντησέν[6] μοι ταῦτα;
διὰ τὸ πλῆθος τῆς ἀδικίας[7] σου ἀνεκαλύφθη[8] τὰ ὀπίσθιά[9] σου
παραδειγματισθῆναι[10] τὰς πτέρνας[11] σου.
23 εἰ ἀλλάξεται[12] Αἰθίοψ τὸ δέρμα[13] αὐτοῦ καὶ πάρδαλις[14] τὰ ποικίλματα[15]
αὐτῆς,
καὶ ὑμεῖς δυνήσεσθε εὖ[16] ποιῆσαι μεμαθηκότες[17] τὰ κακά.
24 καὶ διέσπειρα[18] αὐτοὺς ὡς φρύγανα[19] φερόμενα ὑπὸ ἀνέμου[20] εἰς ἔρημον.

25 οὗτος ὁ κλῆρός[21] σου καὶ μερὶς[22] τοῦ ἀπειθεῖν[23] ὑμᾶς ἐμοί, λέγει κύριος,
ὡς ἐπελάθου[24] μου καὶ ἤλπισας ἐπὶ ψεύδεσιν.[25]
26 κἀγὼ[26] ἀποκαλύψω[27] τὰ ὀπίσω σου ἐπὶ τὸ πρόσωπόν σου,
καὶ ὀφθήσεται ἡ ἀτιμία[28] σου.
27 καὶ ἡ μοιχεία[29] σου καὶ ὁ χρεμετισμός[30] σου
καὶ ἡ ἀπαλλοτρίωσις[31] τῆς πορνείας[32] σου,
ἐπὶ τῶν βουνῶν[33] καὶ ἐν τοῖς ἀγροῖς ἑώρακα τὰ βδελύγματά[34] σου·
οὐαί σοι, Ιερουσαλημ, ὅτι οὐκ ἐκαθαρίσθης ὀπίσω μου, ἕως τίνος ἔτι;

1 ἐπισκέπτομαι, *pres mid sub 3p*, visit
2 μάθημα, lesson
3 ὠδίν, labor pains
4 κατέχω, *fut act ind 3p*, lay hold of
5 τίκτω, *pres act ptc acc s f*, give birth
6 ἀπαντάω, *aor act ind 3s*, fall upon, encounter
7 ἀδικία, wrongdoing, injustice
8 ἀνακαλύπτω, *aor pas ind 3s*, uncover
9 ὀπίσθιος, back parts
10 παραδειγματίζω, *aor pas inf*, put to open shame, make a spectacle
11 πτέρνα, heel
12 ἀλλάσσω, *fut mid ind 3s*, alter
13 δέρμα, skin
14 πάρδαλις, leopard
15 ποίκιλμα, spottedness
16 εὖ, well, good
17 μανθάνω, *perf act ptc nom p m*, learn
18 διασπείρω, *aor act ind 1s*, scatter
19 φρύγανον, brushwood
20 ἄνεμος, wind
21 κλῆρος, lot
22 μερίς, portion
23 ἀπειθέω, *pres act inf*, disobey
24 ἐπιλανθάνω, *aor mid ind 2s*, forget
25 ψεῦδος, lie, deception
26 κἀγώ, and I, *cr.* καὶ ἐγώ
27 ἀποκαλύπτω, *fut act ind 1s*, reveal
28 ἀτιμία, dishonor, disgrace
29 μοιχεία, adultery
30 χρεμετισμός, neighing
31 ἀπαλλοτρίωσις, estrangement
32 πορνεία, fornication
33 βουνός, hill
34 βδέλυγμα, abomination

Famine, Sword, and Pestilence

14 Καὶ ἐγένετο λόγος κυρίου πρὸς Ιερεμιαν περὶ τῆς ἀβροχίας[1]

2 Ἐπένθησεν[2] ἡ Ιουδαία,
καὶ αἱ πύλαι[3] αὐτῆς ἐκενώθησαν[4] καὶ ἐσκοτώθησαν[5] ἐπὶ τῆς γῆς,
καὶ ἡ κραυγὴ[6] τῆς Ιερουσαλημ ἀνέβη.
3 καὶ οἱ μεγιστᾶνες[7] αὐτῆς ἀπέστειλαν τοὺς νεωτέρους[8] αὐτῶν ἐφ᾽ ὕδωρ·
ἤλθοσαν ἐπὶ τὰ φρέατα[9] καὶ οὐχ εὕροσαν ὕδωρ
καὶ ἀπέστρεψαν[10] τὰ ἀγγεῖα[11] αὐτῶν κενά.[12]
4 καὶ τὰ ἔργα τῆς γῆς ἐξέλιπεν,[13] ὅτι οὐκ ἦν ὑετός·[14]
ᾐσχύνθησαν[15] γεωργοί,[16] ἐπεκάλυψαν[17] τὴν κεφαλὴν αὐτῶν.
5 καὶ ἔλαφοι[18] ἐν ἀγρῷ ἔτεκον[19] καὶ ἐγκατέλιπον,[20]
ὅτι οὐκ ἦν βοτάνη.[21]
6 ὄνοι[22] ἄγριοι ἔστησαν ἐπὶ νάπας·[23]
εἵλκυσαν[24] ἄνεμον,[25] ἐξέλιπον[26] οἱ ὀφθαλμοὶ αὐτῶν,
ὅτι οὐκ ἦν χόρτος[27] ἀπὸ λαοῦ ἀδικίας.[28]

7 εἰ αἱ ἁμαρτίαι ἡμῶν ἀντέστησαν[29] ἡμῖν, κύριε,
ποίησον ἡμῖν ἕνεκεν[30] σοῦ,
ὅτι πολλαὶ αἱ ἁμαρτίαι ἡμῶν ἐναντίον[31] σοῦ,
ὅτι σοὶ ἡμάρτομεν.
8 ὑπομονὴ[32] Ισραηλ, κύριε, καὶ σῴζεις ἐν καιρῷ κακῶν·
ἵνα τί ἐγενήθης ὡσεὶ[33] πάροικος[34] ἐπὶ τῆς γῆς
καὶ ὡς αὐτόχθων[35] ἐκκλίνων[36] εἰς κατάλυμα;[37]

1 ἀβροχία, drought
2 πενθέω, *aor act ind 3s*, mourn
3 πύλη, gate
4 κενόω, *aor pas ind 3p*, leave empty
5 σκοτόω, *aor pas ind 3p*, put in darkness
6 κραυγή, outcry
7 μεγιστάν, noble
8 νέος, *comp*, younger
9 φρέαρ, well
10 ἀποστρέφω, *aor act ind 3p*, return
11 ἀγγεῖον, vessel
12 κενός, empty
13 ἐκλείπω, *aor act ind 3s*, fail
14 ὑετός, rain
15 αἰσχύνω, *aor pas ind 3p*, put to shame
16 γεωργός, farmer
17 ἐπικαλύπτω, *aor act ind 3p*, cover up
18 ἔλαφος, deer
19 τίκτω, *aor act ind 3p*, give birth
20 ἐγκαταλείπω, *aor act ind 3p*, leave behind, forsake
21 βοτάνη, pasture, herbage
22 ὄνος, donkey
23 νάπη, wooded valley, streambed
24 ἕλκω, *aor act ind 3p*, draw in, snort
25 ἄνεμος, breath
26 ἐκλείπω, *aor act ind 3p*, fail
27 χόρτος, grass
28 ἀδικία, injustice
29 ἀνθίστημι, *aor act ind 3p*, stand against
30 ἕνεκα, for the sake of
31 ἐναντίον, before
32 ὑπομονή, hope, (source of) endurance
33 ὡσεί, as, like
34 πάροικος, sojourner, foreigner
35 αὐτόχθων, indigenous, native
36 ἐκκλίνω, *pres act ptc nom s m*, turn aside
37 κατάλυμα, lodging, resting place

9 μὴ ἔσῃ ὥσπερ[1] ἄνθρωπος ὑπνῶν[2] ἢ ὡς ἀνὴρ οὐ δυνάμενος σῴζειν;
καὶ σὺ ἐν ἡμῖν εἶ, κύριε,
καὶ τὸ ὄνομά σου ἐπικέκληται[3] ἐφ᾽ ἡμᾶς·
μὴ ἐπιλάθῃ[4] ἡμῶν.

10 οὕτως λέγει κύριος τῷ λαῷ τούτῳ
Ἠγάπησαν κινεῖν[5] πόδας αὐτῶν καὶ οὐκ ἐφείσαντο,[6]
καὶ ὁ θεὸς οὐκ εὐδόκησεν[7] ἐν αὐτοῖς·
νῦν μνησθήσεται[8] τῶν ἀδικιῶν[9] αὐτῶν.

11 καὶ εἶπεν κύριος πρός με Μὴ προσεύχου περὶ τοῦ λαοῦ τούτου εἰς ἀγαθά· **12** ὅτι
ἐὰν νηστεύσωσιν,[10] οὐκ εἰσακούσομαι[11] τῆς δεήσεως[12] αὐτῶν, καὶ ἐὰν προσενέγ-
κωσιν[13] ὁλοκαυτώματα[14] καὶ θυσίας,[15] οὐκ εὐδοκήσω[16] ἐν αὐτοῖς, ὅτι ἐν μαχαίρᾳ[17]
καὶ ἐν λιμῷ[18] καὶ ἐν θανάτῳ ἐγὼ συντελέσω[19] αὐτούς.

Lying Prophets

13 καὶ εἶπα Ὦ[20] κύριε, ἰδοὺ οἱ προφῆται αὐτῶν προφητεύουσιν[21] καὶ λέγουσιν Οὐκ
ὄψεσθε μάχαιραν,[22] οὐδὲ λιμὸς[23] ἔσται ἐν ὑμῖν, ὅτι ἀλήθειαν καὶ εἰρήνην δώσω ἐπὶ
τῆς γῆς καὶ ἐν τῷ τόπῳ τούτῳ. **14** καὶ εἶπεν κύριος πρός με Ψευδῆ[24] οἱ προφῆται
προφητεύουσιν[25] ἐπὶ τῷ ὀνόματί μου, οὐκ ἀπέστειλα αὐτοὺς καὶ οὐκ ἐνετειλάμην[26]
αὐτοῖς καὶ οὐκ ἐλάλησα πρὸς αὐτούς· ὅτι ὁράσεις[27] ψευδεῖς[28] καὶ μαντείας[29] καὶ
οἰωνίσματα[30] καὶ προαιρέσεις[31] καρδίας αὐτῶν αὐτοὶ προφητεύουσιν[32] ὑμῖν. **15** διὰ
τοῦτο τάδε[33] λέγει κύριος περὶ τῶν προφητῶν τῶν προφητευόντων[34] ἐπὶ τῷ ὀνόματί
μου ψευδῆ,[35] καὶ ἐγὼ οὐκ ἀπέστειλα αὐτούς, οἳ λέγουσιν Μάχαιρα[36] καὶ λιμὸς[37]
οὐκ ἔσται ἐπὶ τῆς γῆς ταύτης Ἐν θανάτῳ νοσερῷ[38] ἀποθανοῦνται, καὶ ἐν λιμῷ

1 ὥσπερ, as
2 ὑπνόω, *pres act ptc nom s m*, sleep, slumber
3 ἐπικαλέω, *perf pas ind 3s*, call upon
4 ἐπιλανθάνω, *aor mid sub 2s*, forget
5 κινέω, *pres act inf*, move, stir up
6 φείδομαι, *aor mid ind 3p*, restrain
7 εὐδοκέω, *aor act ind 3s*, take pleasure
8 μιμνῄσκομαι, *fut pas ind 3s*, remember
9 ἀδικία, wrongdoing, injustice
10 νηστεύω, *aor act sub 3p*, fast
11 εἰσακούω, *fut mid ind 1s*, hear, listen
12 δέησις, petition, supplication
13 προσφέρω, *aor act sub 3p*, offer
14 ὁλοκαύτωμα, whole burnt offering
15 θυσία, sacrifice
16 εὐδοκέω, *fut act ind 1s*, take pleasure
17 μάχαιρα, sword
18 λιμός, famine
19 συντελέω, *fut act ind 1s*, bring to an end
20 ὦ, O!
21 προφητεύω, *pres act ind 3p*, prophesy
22 μάχαιρα, sword
23 λιμός, famine
24 ψευδής, lie, falsehood
25 προφητεύω, *pres act ind 3p*, prophesy
26 ἐντέλλομαι, *aor mid ind 1s*, command
27 ὅρασις, vision
28 ψευδής, lying
29 μαντεία, divination
30 οἰώνισμα, omen
31 προαίρεσις, inclination
32 προφητεύω, *pres act ind 3p*, prophesy
33 ὅδε, this
34 προφητεύω, *pres act ptc gen p m*, prophesy
35 ψευδής, lie, falsehood
36 μάχαιρα, sword
37 λιμός, famine
38 νοσερός, by disease

συντελεσθήσονται[1] οἱ προφῆται. **16** καὶ ὁ λαός, οἷς αὐτοὶ προφητεύουσιν[2] αὐτοῖς, καὶ ἔσονται ἐρριμμένοι[3] ἐν ταῖς διόδοις[4] Ιερουσαλημ ἀπὸ προσώπου μαχαίρας[5] καὶ τοῦ λιμοῦ,[6] καὶ οὐκ ἔσται ὁ θάπτων[7] αὐτούς, καὶ αἱ γυναῖκες αὐτῶν καὶ οἱ υἱοὶ αὐτῶν καὶ αἱ θυγατέρες[8] αὐτῶν· καὶ ἐκχεῶ[9] ἐπ᾽ αὐτοὺς τὰ κακὰ αὐτῶν.

17 καὶ ἐρεῖς πρὸς αὐτοὺς τὸν λόγον τοῦτον

Καταγάγετε[10] ἐπ᾽ ὀφθαλμοὺς ὑμῶν δάκρυα[11] ἡμέρας καὶ νυκτός,
καὶ μὴ διαλιπέτωσαν,[12]
ὅτι συντρίμματι[13] συνετρίβη[14] θυγάτηρ[15] λαοῦ μου
καὶ πληγῇ[16] ὀδυνηρᾷ[17] σφόδρα.[18]
18 ἐὰν ἐξέλθω εἰς τὸ πεδίον,[19] καὶ ἰδοὺ τραυματίαι[20] μαχαίρας,[21]
καὶ ἐὰν εἰσέλθω εἰς τὴν πόλιν,
καὶ ἰδοὺ πόνος[22] λιμοῦ·[23] ὅτι ἱερεὺς καὶ προφήτης ἐπορεύθησαν εἰς γῆν,
ἣν οὐκ ᾔδεισαν.[24]

19 μὴ ἀποδοκιμάζων[25] ἀπεδοκίμασας[26] τὸν Ιουδαν,
καὶ ἀπὸ Σιων ἀπέστη[27] ἡ ψυχή σου;
ἵνα τί ἔπαισας[28] ἡμᾶς, καὶ οὐκ ἔστιν ἡμῖν ἴασις;[29]
ὑπεμείναμεν[30] εἰς εἰρήνην, καὶ οὐκ ἦν ἀγαθά·
εἰς καιρὸν ἰάσεως, καὶ ἰδοὺ ταραχή.[31]
20 ἔγνωμεν, κύριε, ἁμαρτήματα[32] ἡμῶν, ἀδικίας[33] πατέρων ἡμῶν,
ὅτι ἡμάρτομεν ἐναντίον[34] σου.
21 κόπασον[35] διὰ τὸ ὄνομά σου, μὴ ἀπολέσῃς θρόνον δόξης σου·
μνήσθητι,[36] μὴ διασκεδάσῃς[37] τὴν διαθήκην σου τὴν μεθ᾽ ἡμῶν.

1 συντελέω, *fut pas ind 3p*, bring to an end
2 προφητεύω, *pres act ind 3p*, prophesy
3 ῥίπτω, *perf pas ptc nom p m*, cast down
4 δίοδος, passage
5 μάχαιρα, sword
6 λιμός, famine
7 θάπτω, *pres act ptc nom s m*, bury
8 θυγάτηρ, daughter
9 ἐκχέω, *fut act ind 1s*, pour out
10 κατάγω, *aor act impv 2p*, bring down
11 δάκρυον, tear(s)
12 διαλείπω, *aor act impv 3p*, cease
13 σύντριμμα, fracture
14 συντρίβω, *aor pas ind 3s*, crush, shatter
15 θυγάτηρ, daughter
16 πληγή, wound, blow
17 ὀδυνηρός, painful
18 σφόδρα, exceedingly
19 πεδίον, plain, field
20 τραυματίας, casualty
21 μάχαιρα, sword
22 πόνος, affliction, distress
23 λιμός, famine
24 οἶδα, *plpf act ind 3p*, know
25 ἀποδοκιμάζω, *pres act ptc nom s m*, reject as unfit
26 ἀποδοκιμάζω, *aor act ind 2s*, reject as unfit
27 ἀφίστημι, *aor act ind 3s*, depart, draw away
28 παίω, *aor act ind 2s*, strike
29 ἴασις, healing
30 ὑπομένω, *aor act ind 1p*, wait upon
31 ταραχή, trouble, anxiety
32 ἁμάρτημα, sin, offense
33 ἀδικία, wrongdoing, injustice
34 ἐναντίον, before
35 κοπάζω, *aor act impv 2s*, cease
36 μιμνῄσκομαι, *aor pas impv 2s*, remember
37 διασκεδάζω, *aor act sub 2s*, reject, break

22 μὴ ἔστιν ἐν εἰδώλοις[1] τῶν ἐθνῶν ὑετίζων;[2]
καὶ εἰ ὁ οὐρανὸς δώσει πλησμονὴν[3] αὐτοῦ;
οὐχὶ σὺ εἶ αὐτός; καὶ ὑπομενοῦμέν[4] σε,
ὅτι σὺ ἐποίησας πάντα ταῦτα.

Vengeance of the Lord

15 Καὶ εἶπεν κύριος πρός με Ἐὰν στῇ Μωυσῆς καὶ Σαμουηλ πρὸ προσώπου
μου, οὐκ ἔστιν ἡ ψυχή μου πρὸς αὐτούς· ἐξαπόστειλον[5] τὸν λαὸν τοῦτον,
καὶ ἐξελθέτωσαν. 2 καὶ ἔσται ἐὰν εἴπωσιν πρὸς σέ Ποῦ ἐξελευσόμεθα; καὶ ἐρεῖς
πρὸς αὐτούς

Τάδε[6] λέγει κύριος Ὅσοι εἰς θάνατον, εἰς θάνατον·
καὶ ὅσοι εἰς μάχαιραν,[7] εἰς μάχαιραν·
καὶ ὅσοι εἰς λιμόν,[8] εἰς λιμόν·
καὶ ὅσοι εἰς αἰχμαλωσίαν,[9] εἰς αἰχμαλωσίαν.

3 καὶ ἐκδικήσω[10] ἐπ᾽ αὐτοὺς τέσσαρα εἴδη,[11] λέγει κύριος, τὴν μάχαιραν[12] εἰς σφα-
γὴν[13] καὶ τοὺς κύνας[14] εἰς διασπασμὸν[15] καὶ τὰ θηρία τῆς γῆς καὶ τὰ πετεινὰ[16] τοῦ
οὐρανοῦ εἰς βρῶσιν[17] καὶ εἰς διαφθοράν.[18] 4 καὶ παραδώσω αὐτοὺς εἰς ἀνάγκας[19]
πάσαις ταῖς βασιλείαις τῆς γῆς διὰ Μανασση υἱὸν Εζεκιου βασιλέα Ιουδα περὶ
πάντων, ὧν ἐποίησεν ἐν Ιερουσαλημ.

5 τίς φείσεται[20] ἐπὶ σοί, Ιερουσαλημ;
καὶ τίς δειλιάσει[21] ἐπὶ σοί;
ἢ τίς ἀνακάμψει[22] εἰς εἰρήνην σοι;
6 σὺ ἀπεστράφης[23] με, λέγει κύριος, ὀπίσω πορεύσῃ,
καὶ ἐκτενῶ[24] τὴν χεῖρά μου καὶ διαφθερῶ[25] σε,
καὶ οὐκέτι ἀνήσω[26] αὐτούς.

1 εἴδωλον, idol
2 ὑετίζω, *pres act ptc nom s m*, bring rain
3 πλησμονή, abundance
4 ὑπομένω, *fut act ind 1p*, wait upon
5 ἐξαποστέλλω, *aor act impv 2s*, send away
6 ὅδε, this
7 μάχαιρα, sword
8 λιμός, famine
9 αἰχμαλωσία, captivity
10 ἐκδικέω, *fut act ind 1s*, take vengeance
11 εἶδος, form, kind
12 μάχαιρα, sword
13 σφαγή, slaughter
14 κύων, dog
15 διασπασμός, tearing in pieces
16 πετεινός, bird
17 βρῶσις, food
18 διαφθορά, destruction
19 ἀνάγκη, distress
20 φείδομαι, *fut mid ind 3s*, restrain, spare
21 δειλιάω, *fut act ind 3s*, be afraid
22 ἀνακάμπτω, *fut act ind 3s*, turn back
23 ἀποστρέφω, *aor pas ind 2s*, turn away from
24 ἐκτείνω, *fut act ind 1s*, stretch forth
25 διαφθείρω, *fut act ind 1s*, utterly destroy
26 ἀνίημι, *fut act ind 1s*, leave unpunished

7 καὶ διασπερῶ[1] αὐτοὺς ἐν διασπορᾷ·[2]
ἐν πύλαις[3] λαοῦ μου ἠτεκνώθησαν,[4]
ἀπώλεσαν τὸν λαόν μου διὰ τὰς κακίας[5] αὐτῶν.
8 ἐπληθύνθησαν[6] χῆραι[7] αὐτῶν ὑπὲρ τὴν ἄμμον[8] τῆς θαλάσσης·
ἐπήγαγον[9] ἐπὶ μητέρα νεανίσκου[10] ταλαιπωρίαν[11] ἐν μεσημβρίᾳ,[12]
ἐπέρριψα[13] ἐπ᾽ αὐτὴν ἐξαίφνης[14] τρόμον[15] καὶ σπουδήν.[16]
9 ἐκενώθη[17] ἡ τίκτουσα[18] ἑπτά,
ἀπεκάκησεν[19] ἡ ψυχὴ αὐτῆς,
ἐπέδυ[20] ὁ ἥλιος αὐτῇ ἔτι μεσούσης[21] τῆς ἡμέρας,
κατῃσχύνθη[22] καὶ ὠνειδίσθη·[23]
τοὺς καταλοίπους[24] αὐτῶν εἰς μάχαιραν[25] δώσω
ἐναντίον[26] τῶν ἐχθρῶν αὐτῶν.

Jeremiah's Complaint

10 Οἴμμοι[27] ἐγώ, μῆτερ, ὡς τίνα με ἔτεκες;[28] ἄνδρα δικαζόμενον[29] καὶ διακρινό-
μενον[30] πάσῃ τῇ γῇ· οὔτε ὠφέλησα,[31] οὔτε ὠφέλησέν[32] με οὐδείς· ἡ ἰσχύς[33] μου
ἐξέλιπεν[34] ἐν τοῖς καταρωμένοις[35] με. **11** γένοιτο,[36] δέσποτα,[37] κατευθυνόντων[38]
αὐτῶν, εἰ μὴ παρέστην[39] σοι ἐν καιρῷ τῶν κακῶν αὐτῶν καὶ ἐν καιρῷ θλίψεως
αὐτῶν εἰς ἀγαθὰ πρὸς τὸν ἐχθρόν.

1 διασπείρω, *fut act ind 1s*, scatter
2 διασπορά, dispersion
3 πύλη, gate
4 ἀτεκνόω, *aor pas ind 3p*, make childless
5 κακία, wickedness
6 πληθύνω, *aor pas ind 3p*, multiply
7 χήρα, widow
8 ἄμμος, sand
9 ἐπάγω, *aor act ind 1s*, bring upon
10 νεανίσκος, young man
11 ταλαιπωρία, misery
12 μεσημβρία, midday
13 ἐπιρρίπτω, *aor act ind 1s*, cast upon
14 ἐξαίφνης, suddenly
15 τρόμος, trembling
16 σπουδή, anxiety, haste
17 κενόω, *aor pas ind 3s*, make empty
18 τίκτω, *pres act ptc nom s f*, give birth
19 ἀποκακέω, *aor act ind 3s*, suffer misfortune
20 ἐπιδύω, *aor act ind 3s*, set, go down
21 μεσόω, *pres act ptc gen s f*, be in the middle
22 καταισχύνω, *aor pas ind 3s*, put to shame
23 ὀνειδίζω, *aor pas ind 3s*, revile
24 κατάλοιπος, remnant
25 μάχαιρα, sword
26 ἐναντίον, before
27 οἴμμοι, woe!, alas!
28 τίκτω, *aor act ind 2s*, give birth
29 δικάζω, *pres pas ptc acc s m*, condemn
30 διακρίνω, *pres pas ptc acc s m*, give judgment, distinguish
31 ὠφελέω, *aor act ind 1s*, profit from
32 ὠφελέω, *aor act ind 3s*, profit
33 ἰσχύς, strength
34 ἐκλείπω, *aor act ind 3s*, forsake, fail
35 καταράομαι, *pres mid ptc dat p m*, curse
36 γίνομαι, *aor mid opt 3s*, be
37 δεσπότης, master
38 κατευθύνω, *pres act ptc gen p m*, prosper, succeed
39 παρίστημι, *aor act ind 1s*, stand nearby

12 εἰ γνωσθήσεται σίδηρος;[1] καὶ περιβόλαιον[2] χαλκοῦν[3] **13** ἡ ἰσχύς[4] σου. καὶ τοὺς
θησαυρούς[5] σου εἰς προνομὴν[6] δώσω ἀντάλλαγμα[7] διὰ πάσας τὰς ἁμαρτίας σου καὶ
ἐν πᾶσι τοῖς ὁρίοις[8] σου. **14** καὶ καταδουλώσω[9] σε κύκλῳ[10] τοῖς ἐχθροῖς σου ἐν τῇ
γῇ, ᾗ οὐκ ᾔδεις·[11] ὅτι πῦρ ἐκκέκαυται[12] ἐκ τοῦ θυμοῦ[13] μου, ἐφ᾽ ὑμᾶς καυθήσεται.[14]

15 Κύριε, μνήσθητί[15] μου καὶ ἐπίσκεψαί[16] με
καὶ ἀθῴωσόν[17] με ἀπὸ τῶν καταδιωκόντων[18] με,
μὴ εἰς μακροθυμίαν·[19]
γνῶθι ὡς ἔλαβον περὶ σοῦ ὀνειδισμὸν[20]
16 ὑπὸ τῶν ἀθετούντων[21] τοὺς λόγους σου·
συντέλεσον[22] αὐτούς,
καὶ ἔσται ὁ λόγος σου ἐμοὶ εἰς εὐφροσύνην[23] καὶ χαρὰν[24] καρδίας μου,
ὅτι ἐπικέκληται[25] τὸ ὄνομά σου ἐπ᾽ ἐμοί, κύριε παντοκράτωρ.[26]
17 οὐκ ἐκάθισα ἐν συνεδρίῳ[27] αὐτῶν παιζόντων,[28]
ἀλλὰ εὐλαβούμην[29] ἀπὸ προσώπου χειρός σου·
κατὰ μόνας ἐκαθήμην, ὅτι πικρίας[30] ἐνεπλήσθην.[31]
18 ἵνα τί οἱ λυποῦντές[32] με κατισχύουσίν[33] μου;
ἡ πληγή[34] μου στερεά,[35] πόθεν[36] ἰαθήσομαι;[37]
γινομένη ἐγενήθη μοι ὡς ὕδωρ ψευδὲς[38] οὐκ ἔχον πίστιν.

19 διὰ τοῦτο τάδε[39] λέγει κύριος

Ἐὰν ἐπιστρέψῃς, καὶ ἀποκαταστήσω[40] σε,
καὶ πρὸ προσώπου μου στήσῃ·

1 σίδηρος, iron
2 περιβόλαιον, covering
3 χαλκοῦς, bronze
4 ἰσχύς, strength
5 θησαυρός, treasure
6 προνομή, plunder, spoils
7 ἀντάλλαγμα, price, payment in exchange for something
8 ὅριον, boundary, border
9 καταδουλόω, *fut act ind 1s*, cause to serve
10 κύκλῳ, all around
11 οἶδα, *plpf act ind 2s*, know
12 ἐκκαίω, *perf pas ind 3s*, kindle, burn up
13 θυμός, wrath
14 καίω, *fut pas ind 3s*, burn
15 μιμνῄσκομαι, *aor pas impv 2s*, remember
16 ἐπισκέπτομαι, *aor mid impv 2s*, consider
17 ἀθῳόω, *aor act impv 2s*, hold guiltless
18 καταδιώκω, *pres act ptc gen p m*, pursue closely
19 μακροθυμία, patience, forbearance
20 ὀνειδισμός, insult, reproach
21 ἀθετέω, *pres act ptc gen p m*, break faith with
22 συντελέω, *aor act impv 2s*, bring to an end
23 εὐφροσύνη, joy, gladness
24 χαρά, joy
25 ἐπικαλέω, *perf pas ind 3s*, call upon
26 παντοκράτωρ, almighty
27 συνέδριον, council, assembly
28 παίζω, *pres act ptc gen p m*, mock, make sport
29 εὐλαβέομαι, *impf mid ind 1s*, be cautious
30 πικρία, bitterness
31 ἐμπίμπλημι, *aor pas ind 1s*, fill up
32 λυπέω, *pres act ptc nom p m*, cause grief
33 κατισχύω, *pres act ind 3p*, prevail over
34 πληγή, blow, wound
35 στερεός, severe
36 πόθεν, how
37 ἰάομαι, *fut pas ind 1s*, heal
38 ψευδής, false
39 ὅδε, this
40 ἀποκαθίστημι, *aor act sub 1s*, restore

καὶ ἐὰν ἐξαγάγῃς[1] τίμιον[2] ἀπὸ ἀναξίου,[3]
ὡς στόμα μου ἔσῃ·
καὶ ἀναστρέψουσιν[4] αὐτοὶ πρὸς σέ,
καὶ σὺ οὐκ ἀναστρέψεις[5] πρὸς αὐτούς.
20 καὶ δώσω σε τῷ λαῷ τούτῳ ὡς τεῖχος[6] ὀχυρὸν[7] χαλκοῦν,[8]
καὶ πολεμήσουσιν πρὸς σὲ καὶ οὐ μὴ δύνωνται πρὸς σέ,
διότι[9] μετὰ σοῦ εἰμι τοῦ σῴζειν σε
21 καὶ ἐξαιρεῖσθαί[10] σε ἐκ χειρὸς πονηρῶν
καὶ λυτρώσομαί[11] σε ἐκ χειρὸς λοιμῶν.[12]

A Day of Famine and Disaster

16 Καὶ σὺ μὴ λάβῃς γυναῖκα, λέγει κύριος ὁ θεὸς Ισραηλ, **2** καὶ οὐ γεννηθήσεταί
σοι υἱὸς οὐδὲ θυγάτηρ[13] ἐν τῷ τόπῳ τούτῳ. **3** ὅτι τάδε[14] λέγει κύριος περὶ
τῶν υἱῶν καὶ περὶ τῶν θυγατέρων[15] τῶν γεννωμένων ἐν τῷ τόπῳ τούτῳ καὶ περὶ
τῶν μητέρων αὐτῶν τῶν τετοκυιῶν[16] αὐτοὺς καὶ περὶ τῶν πατέρων αὐτῶν τῶν
γεγεννηκότων αὐτοὺς ἐν τῇ γῇ ταύτῃ **4** Ἐν θανάτῳ νοσερῷ[17] ἀποθανοῦνται, οὐ
κοπήσονται[18] καὶ οὐ ταφήσονται·[19] εἰς παράδειγμα[20] ἐπὶ προσώπου τῆς γῆς ἔσονται
καὶ τοῖς θηρίοις τῆς γῆς καὶ τοῖς πετεινοῖς[21] τοῦ οὐρανοῦ· ἐν μαχαίρᾳ[22] πεσοῦνται
καὶ ἐν λιμῷ[23] συντελεσθήσονται.[24]

5 τάδε[25] λέγει κύριος Μὴ εἰσέλθῃς εἰς θίασον[26] αὐτῶν καὶ μὴ πορευθῇς τοῦ κόψα-
σθαι[27] καὶ μὴ πενθήσῃς[28] αὐτούς, ὅτι ἀφέστακα[29] τὴν εἰρήνην μου ἀπὸ τοῦ λαοῦ
τούτου. **6** οὐ μὴ κόψωνται[30] αὐτοὺς οὐδὲ ἐντομίδας[31] οὐ μὴ ποιήσωσιν καὶ οὐ ξυ-
ρήσονται,[32] **7** καὶ οὐ μὴ κλασθῇ[33] ἄρτος ἐν πένθει[34] αὐτῶν εἰς παράκλησιν[35] ἐπὶ

1 ἐξάγω, *aor act sub 2s*, bring out
2 τίμιος, valuable (thing)
3 ἀνάξιος, worthless (thing)
4 ἀναστρέφω, *fut act ind 3p*, return
5 ἀναστρέφω, *fut act ind 2s*, return
6 τεῖχος, wall
7 ὀχυρός, strong, fortified
8 χαλκοῦς, bronze
9 διότι, for
10 ἐξαιρέω, *pres mid inf*, deliver
11 λυτρόω, *fut mid ind 1s*, redeem, ransom
12 λοιμός, pestilent (person)
13 θυγάτηρ, daughter
14 ὅδε, this
15 θυγάτηρ, daughter
16 τίκτω, *perf act ptc gen p f*, give birth
17 νοσερός, by disease
18 κόπτω, *fut pas ind 3p*, mourn, beat (one's breast in lamentation)
19 θάπτω, *fut pas ind 3p*, bury
20 παράδειγμα, example
21 πετεινός, bird
22 μάχαιρα, sword
23 λιμός, hunger, famine
24 συντελέω, *fut pas ind 3p*, bring to an end, die
25 ὅδε, this
26 θίασος, mourning feast, revelry
27 κόπτω, *aor mid inf*, mourn, beat (one's breast in lamentation)
28 πενθέω, *aor act sub 2s*, grieve for, lament
29 ἀφίστημι, *perf act ind 1s*, remove
30 κόπτω, *aor mid sub 3p*, mourn, beat (one's breast in lamentation)
31 ἐντομίς, gash
32 ξυρέω, *fut mid ind 3p*, shave one's hair
33 κλάω, *aor pas sub 3s*, break
34 πένθος, mourning, sorrow
35 παράκλησις, comfort, consolation

τεθνηκότι,[1] οὐ ποτιοῦσιν[2] αὐτὸν ποτήριον[3] εἰς παράκλησιν ἐπὶ πατρὶ καὶ μητρὶ
αὐτοῦ. **8** εἰς οἰκίαν πότου[4] οὐκ εἰσελεύσῃ συγκαθίσαι[5] μετ᾽ αὐτῶν τοῦ φαγεῖν καὶ
πιεῖν. **9** διότι[6] τάδε[7] λέγει κύριος ὁ θεὸς Ισραηλ Ἰδοὺ ἐγὼ καταλύω[8] ἐκ τοῦ τόπου
τούτου ἐνώπιον τῶν ὀφθαλμῶν ὑμῶν καὶ ἐν ταῖς ἡμέραις ὑμῶν φωνὴν χαρᾶς[9] καὶ
φωνὴν εὐφροσύνης,[10] φωνὴν νυμφίου[11] καὶ φωνὴν νύμφης.[12]

10 καὶ ἔσται ὅταν ἀναγγείλῃς[13] τῷ λαῷ τούτῳ ἅπαντα[14] τὰ ῥήματα ταῦτα καὶ εἴπω-
σιν πρὸς σέ Διὰ τί ἐλάλησεν κύριος ἐφ᾽ ἡμᾶς πάντα τὰ κακὰ ταῦτα; τίς ἡ ἀδικία[15]
ἡμῶν; καὶ τίς ἡ ἁμαρτία ἡμῶν, ἣν ἡμάρτομεν ἔναντι[16] κυρίου τοῦ θεοῦ ἡμῶν; **11** καὶ
ἐρεῖς αὐτοῖς Ἀνθ᾽ ὧν[17] ἐγκατέλιπόν[18] με οἱ πατέρες ὑμῶν, λέγει κύριος, καὶ ᾤχοντο[19]
ὀπίσω θεῶν ἀλλοτρίων[20] καὶ ἐδούλευσαν[21] αὐτοῖς καὶ προσεκύνησαν αὐτοῖς καὶ
ἐμὲ ἐγκατέλιπον καὶ τὸν νόμον μου οὐκ ἐφυλάξαντο, **12** καὶ ὑμεῖς ἐπονηρεύσασθε[22]
ὑπὲρ τοὺς πατέρας ὑμῶν καὶ ἰδοὺ ὑμεῖς πορεύεσθε ἕκαστος ὀπίσω τῶν ἀρεστῶν[23]
τῆς καρδίας ὑμῶν τῆς πονηρᾶς τοῦ μὴ ὑπακούειν[24] μου, **13** καὶ ἀπορρίψω[25] ὑμᾶς
ἀπὸ τῆς γῆς ταύτης εἰς τὴν γῆν, ἣν οὐκ ᾔδειτε[26] ὑμεῖς καὶ οἱ πατέρες ὑμῶν, καὶ
δουλεύσετε[27] ἐκεῖ θεοῖς ἑτέροις, οἳ οὐ δώσουσιν ὑμῖν ἔλεος.[28]

Promise of a Day of Restoration

14 Διὰ τοῦτο ἰδοὺ ἡμέραι ἔρχονται, λέγει κύριος, καὶ οὐκ ἐροῦσιν ἔτι Ζῇ κύριος ὁ
ἀναγαγὼν[29] τοὺς υἱοὺς Ισραηλ ἐκ γῆς Αἰγύπτου, **15** ἀλλά Ζῇ κύριος ὃς ἀνήγαγεν[30]
τὸν οἶκον Ισραηλ ἀπὸ γῆς βορρᾶ[31] καὶ ἀπὸ πασῶν τῶν χωρῶν,[32] οὗ[33] ἐξώσθησαν[34]
ἐκεῖ· καὶ ἀποκαταστήσω[35] αὐτοὺς εἰς τὴν γῆν αὐτῶν, ἣν ἔδωκα τοῖς πατράσιν αὐτῶν.

16 ἰδοὺ ἐγὼ ἀποστέλλω τοὺς ἁλεεῖς[36] τοὺς πολλούς, λέγει κύριος, καὶ ἁλιεύσουσιν[37]
αὐτούς· καὶ μετὰ ταῦτα ἀποστελῶ τοὺς πολλοὺς θηρευτάς,[38] καὶ θηρεύσουσιν[39]

1 θνῄσκω, *perf act ptc dat s m*, die
2 ποτίζω, *fut act ind 3p*, cause to drink
3 ποτήριον, cup
4 ποτόν, drinking party, feast
5 συγκαθίζω, *aor act inf*, sit together
6 διότι, for
7 ὅδε, this
8 καταλύω, *pres act ind 1s*, abolish, destroy
9 χαρά, joy
10 εὐφροσύνη, joy, gladness
11 νυμφίος, bridegroom
12 νύμφη, bride
13 ἀναγγέλλω, *aor act sub 2s*, proclaim, declare
14 ἅπας, all
15 ἀδικία, wrongdoing
16 ἔναντι, in the presence of, before
17 ἀνθ᾽ ὧν, because
18 ἐγκαταλείπω, *aor act ind 3p*, desert, forsake
19 οἴχομαι, *impf mid ind 3p*, go
20 ἀλλότριος, strange, foreign
21 δουλεύω, *aor act ind 3p*, serve
22 πονηρεύομαι, *aor mid ind 2p*, act wickedly
23 ἀρεστός, pleasing, acceptable
24 ὑπακούω, *pres act inf*, listen, obey
25 ἀπορρίπτω, *fut act ind 1s*, cast away
26 οἶδα, *plpf act ind 2p*, know
27 δουλεύω, *fut act ind 2p*, serve
28 ἔλεος, mercy
29 ἀνάγω, *aor act ptc nom s m*, bring out
30 ἀνάγω, *aor act ind 3s*, bring out
31 βορρᾶς, north
32 χώρα, country, region
33 οὗ, where
34 ἐξωθέω, *aor pas ind 3p*, drive out
35 ἀποκαθίστημι, *fut act ind 1s*, restore, return to
36 ἁλιεύς, fisherman
37 ἁλιεύω, *fut act ind 3p*, fish for, catch
38 θηρευτής, hunter
39 θηρεύω, *fut act ind 3p*, hunt for

αὐτοὺς ἐπάνω[1] παντὸς ὄρους καὶ ἐπάνω παντὸς βουνοῦ[2] καὶ ἐκ τῶν τρυμαλιῶν[3]
τῶν πετρῶν.[4] **17** ὅτι οἱ ὀφθαλμοί μου ἐπὶ πάσας τὰς ὁδοὺς αὐτῶν, καὶ οὐκ ἐκρύβη[5]
τὰ ἀδικήματα[6] αὐτῶν ἀπέναντι[7] τῶν ὀφθαλμῶν μου. **18** καὶ ἀνταποδώσω[8] διπλᾶς[9]
τὰς ἀδικίας[10] αὐτῶν καὶ τὰς ἁμαρτίας αὐτῶν, ἐφ᾽ αἷς ἐβεβήλωσαν[11] τὴν γῆν μου ἐν
τοῖς θνησιμαίοις[12] τῶν βδελυγμάτων[13] αὐτῶν καὶ ἐν ταῖς ἀνομίαις[14] αὐτῶν, ἐν αἷς
ἐπλημμέλησαν[15] τὴν κληρονομίαν[16] μου.

19 κύριε ἰσχύς[17] μου καὶ βοήθειά[18] μου
καὶ καταφυγή[19] μου ἐν ἡμέρᾳ κακῶν,
πρὸς σὲ ἔθνη ἥξουσιν[20] ἀπ᾽ ἐσχάτου τῆς γῆς καὶ ἐροῦσιν
Ὡς ψευδῆ[21] ἐκτήσαντο[22] οἱ πατέρες ἡμῶν εἴδωλα,[23]
καὶ οὐκ ἔστιν ἐν αὐτοῖς ὠφέλημα.[24]
20 εἰ ποιήσει ἑαυτῷ ἄνθρωπος θεούς;
καὶ οὗτοι οὔκ εἰσιν θεοί.

21 διὰ τοῦτο ἰδοὺ ἐγὼ δηλώσω[25] αὐτοῖς ἐν τῷ καιρῷ τούτῳ τὴν χεῖρά μου καὶ
γνωριῶ[26] αὐτοῖς τὴν δύναμίν μου, καὶ γνώσονται ὅτι ὄνομά μοι κύριος.

Curses and Blessings

17 Ἐπικατάρατος[27] ὁ ἄνθρωπος, ὃς τὴν ἐλπίδα ἔχει ἐπ᾽ ἄνθρωπον
καὶ στηρίσει[28] σάρκα βραχίονος[29] αὐτοῦ ἐπ᾽ αὐτόν,
καὶ ἀπὸ κυρίου ἀποστῇ[30] ἡ καρδία αὐτοῦ·
6 καὶ ἔσται ὡς ἡ ἀγριομυρίκη[31] ἡ ἐν τῇ ἐρήμῳ,
οὐκ ὄψεται ὅταν ἔλθῃ τὰ ἀγαθά,
καὶ κατασκηνώσει[32] ἐν ἁλίμοις[33] καὶ ἐν ἐρήμῳ,
ἐν γῇ ἁλμυρᾷ[34] ἥτις οὐ κατοικεῖται.

1 ἐπάνω, on the upper side of
2 βουνός, hill
3 τρυμαλιά, hole
4 πέτρος, rock
5 κρύπτω, *aor pas ind 3s*, hide, conceal
6 ἀδίκημα, trespass, injustice
7 ἀπέναντι, before
8 ἀνταποδίδωμι, *fut act ind 1s*, repay
9 διπλοῦς, double
10 ἀδικία, wrongdoing
11 βεβηλόω, *aor act ind 3p*, profane, defile
12 θνησιμαῖος, animal carcass
13 βδέλυγμα, abomination
14 ἀνομία, transgression
15 πλημμελέω, *aor act ind 3p*, trespass against
16 κληρονομία, inheritance
17 ἰσχύς, strength
18 βοήθεια, help, aid
19 καταφυγή, refuge
20 ἥκω, *fut act ind 3p*, come
21 ψευδής, false
22 κτάομαι, *aor mid ind 3p*, acquire
23 εἴδωλον, idol
24 ὠφέλημα, benefit, use
25 δηλόω, *fut act ind 1s*, make manifest
26 γνωρίζω, *fut act ind 1s*, make known
27 ἐπικατάρατος, cursed
28 στηρίζω, *fut act ind 3s*, support, strengthen
29 βραχίων, arm
30 ἀφίστημι, *aor act sub 3s*, draw away from
31 ἀγριομυρίκη, tamarisk
32 κατασκηνόω, *fut act ind 3s*, settle, dwell
33 ἅλιμος, seaside
34 ἁλμυρός, salt

7 καὶ εὐλογημένος ὁ ἄνθρωπος, ὃς πέποιθεν ἐπὶ τῷ κυρίῳ,
καὶ ἔσται κύριος ἐλπὶς αὐτοῦ·
8 καὶ ἔσται ὡς ξύλον[1] εὐθηνοῦν[2] παρ᾽ ὕδατα
καὶ ἐπὶ ἰκμάδα[3] βαλεῖ[4] ῥίζας[5] αὐτοῦ
καὶ οὐ φοβηθήσεται ὅταν ἔλθῃ καῦμα,[6]
καὶ ἔσται ἐπ᾽ αὐτῷ στελέχη[7] ἀλσώδη,[8]
ἐν ἐνιαυτῷ[9] ἀβροχίας[10] οὐ φοβηθήσεται
καὶ οὐ διαλείψει[11] ποιῶν καρπόν.

9 βαθεῖα[12] ἡ καρδία παρὰ πάντα, καὶ ἄνθρωπός ἐστιν·
καὶ τίς γνώσεται αὐτόν;
10 ἐγὼ κύριος ἐτάζων[13] καρδίας καὶ δοκιμάζων[14] νεφρούς[15]
τοῦ δοῦναι ἑκάστῳ κατὰ τὰς ὁδοὺς αὐτοῦ
καὶ κατὰ τοὺς καρποὺς τῶν ἐπιτηδευμάτων[16] αὐτοῦ.

11 ἐφώνησεν[17] πέρδιξ,[18] συνήγαγεν ἃ οὐκ ἔτεκεν·[19]
ποιῶν πλοῦτον[20] αὐτοῦ οὐ μετὰ κρίσεως,
ἐν ἡμίσει[21] ἡμερῶν αὐτοῦ ἐγκαταλείψουσιν[22] αὐτόν,
καὶ ἐπ᾽ ἐσχάτων αὐτοῦ ἔσται ἄφρων.[23]

12 Θρόνος δόξης ὑψωμένος[24] ἁγίασμα[25] ἡμῶν
13 ὑπομονὴ[26] Ισραηλ κύριε,
πάντες οἱ καταλιπόντες[27] σε καταισχυνθήτωσαν,[28]
ἀφεστηκότες[29] ἐπὶ τῆς γῆς γραφήτωσαν,
ὅτι ἐγκατέλιπον[30] πηγὴν[31] ζωῆς τὸν κύριον.

1 ξύλον, tree
2 εὐθηνέω, *pres act ptc nom s n*, thrive, flourish
3 ἰκμάς, moisture
4 βάλλω, *fut act ind 3s*, put forth
5 ῥίζα, root
6 καῦμα, heat
7 στέλεχος, trunk
8 ἀλσώδης, growing in a forest
9 ἐνιαυτός, year
10 ἀβροχία, drought
11 διαλείπω, *fut act ind 3s*, cease
12 βαθύς, deep
13 ἐτάζω, *pres act ptc nom s m*, examine
14 δοκιμάζω, *pres act ptc nom s m*, test, prove
15 νεφρός, kidney, (seat of emotions)
16 ἐπιτήδευμα, habits, way of living
17 φωνέω, *aor act ind 3s*, call, make sound
18 πέρδιξ, partridge
19 τίκτω, *aor act ind 3s*, bring forth, (hatch)
20 πλοῦτος, wealth, riches
21 ἥμισυς, half of, midpoint of
22 ἐγκαταλείπω, *fut act ind 3p*, desert, forsake
23 ἄφρων, foolish
24 ὑψόω, *pres pas ptc nom s m*, lift high, exalt
25 ἁγίασμα, sanctuary
26 ὑπομονή, hope, (source of) endurance
27 καταλείπω, *aor act ptc nom p m*, leave, abandon
28 καταισχύνω, *aor pas impv 3p*, put to shame
29 ἀφίστημι, *perf act ptc nom p m*, turn away
30 ἐγκαταλείπω, *aor act ind 3p*, desert, forsake
31 πηγή, fountain

A Prayer for Salvation

14 ἴασαί[1] με, κύριε, καὶ ἰαθήσομαι·[2]
σῶσόν με, καὶ σωθήσομαι·
ὅτι καύχημά[3] μου σὺ εἶ.
15 ἰδοὺ αὐτοὶ λέγουσι πρός με
Ποῦ ἐστιν ὁ λόγος κυρίου; ἐλθάτω.
16 ἐγὼ δὲ οὐκ ἐκοπίασα[4] κατακολουθῶν[5] ὀπίσω σου
καὶ ἡμέραν ἀνθρώπου οὐκ ἐπεθύμησα,[6]
σὺ ἐπίστῃ·[7]
τὰ ἐκπορευόμενα διὰ τῶν χειλέων[8] μου πρὸ προσώπου σού ἐστιν.
17 μὴ γενηθῇς μοι εἰς ἀλλοτρίωσιν[9]
φειδόμενός[10] μου ἐν ἡμέρᾳ πονηρᾷ.
18 καταισχυνθήτωσαν[11] οἱ διώκοντές με,
καὶ μὴ καταισχυνθείην[12] ἐγώ·
πτοηθείησαν[13] αὐτοί,
καὶ μὴ πτοηθείην[14] ἐγώ·
ἐπάγαγε[15] ἐπ᾽ αὐτοὺς ἡμέραν πονηράν,
δισσὸν[16] σύντριμμα[17] σύντριψον[18] αὐτούς.

Keeping the Sabbath

19 Τάδε[19] λέγει κύριος Βάδισον[20] καὶ στῆθι ἐν πύλαις[21] υἱῶν λαοῦ σου, ἐν αἷς εἰσ-
πορεύονται[22] ἐν αὐταῖς βασιλεῖς Ιουδα καὶ ἐν αἷς ἐκπορεύονται ἐν αὐταῖς, καὶ ἐν
πάσαις ταῖς πύλαις Ιερουσαλημ **20** καὶ ἐρεῖς πρὸς αὐτούς Ἀκούσατε λόγον κυρίου,
βασιλεῖς Ιουδα καὶ πᾶσα Ιουδαία καὶ πᾶσα Ιερουσαλημ οἱ εἰσπορευόμενοι[23] ἐν
ταῖς πύλαις[24] ταύταις, **21** τάδε[25] λέγει κύριος Φυλάσσεσθε τὰς ψυχὰς ὑμῶν καὶ μὴ
αἴρετε βαστάγματα[26] ἐν τῇ ἡμέρᾳ τῶν σαββάτων καὶ μὴ ἐκπορεύεσθε ταῖς πύλαις[27]
Ιερουσαλημ **22** καὶ μὴ ἐκφέρετε[28] βαστάγματα[29] ἐξ οἰκιῶν ὑμῶν ἐν τῇ ἡμέρᾳ τῶν

1 ἰάομαι, *aor mid impv 2s*, heal
2 ἰάομαι, *fut pas ind 1s*, heal
3 καύχημα, pride, boasting, rejoicing
4 κοπιάω, *aor act ind 1s*, grow weary
5 κατακολουθέω, *pres act ptc nom s m*, follow after
6 ἐπιθυμέω, *aor act ind 1s*, long for, desire
7 ἐπίσταμαι, *pres mid ind 2s*, know, understand
8 χεῖλος, lip
9 ἀλλοτρίωσις, estrangement, alienation
10 φείδομαι, *pres mid ptc nom s m*, spare
11 καταισχύνω, *aor pas impv 3p*, put to shame
12 καταισχύνω, *aor pas opt 1s*, put to shame
13 πτοέω, *aor pas opt 3p*, terrify, scare
14 πτοέω, *aor pas opt 1s*, terrify, scare
15 ἐπάγω, *aor act impv 2s*, bring upon
16 δισσός, double
17 σύντριμμα, crushing, affliction
18 συντρίβω, *aor act impv 2s*, crush, afflict
19 ὅδε, this
20 βαδίζω, *aor act impv 2s*, go
21 πύλη, gate
22 εἰσπορεύομαι, *pres mid ind 3p*, enter
23 εἰσπορεύομαι, *pres mid ptc nom p m*, enter
24 πύλη, gate
25 ὅδε, this
26 βάσταγμα, burden
27 πύλη, gate
28 ἐκφέρω, *pres act impv 2p*, carry out
29 βάσταγμα, burden

σαββάτων καὶ πᾶν ἔργον οὐ ποιήσετε· ἁγιάσατε[1] τὴν ἡμέραν τῶν σαββάτων, καθὼς
ἐνετειλάμην[2] τοῖς πατράσιν ὑμῶν. καὶ οὐκ ἤκουσαν καὶ οὐκ ἔκλιναν[3] τὸ οὖς αὐτῶν
23 καὶ ἐσκλήρυναν[4] τὸν τράχηλον[5] αὐτῶν ὑπὲρ τοὺς πατέρας αὐτῶν τοῦ μὴ ἀκοῦσαί
μου καὶ τοῦ μὴ δέξασθαι[6] παιδείαν.[7]

24 καὶ ἔσται ἐὰν ἀκοῇ[8] ἀκούσητέ μου, λέγει κύριος, τοῦ μὴ εἰσφέρειν[9] βαστάγματα[10]
διὰ τῶν πυλῶν[11] τῆς πόλεως ταύτης ἐν τῇ ἡμέρᾳ τῶν σαββάτων καὶ ἁγιάζειν[12] τὴν
ἡμέραν τῶν σαββάτων τοῦ μὴ ποιεῖν πᾶν ἔργον, **25** καὶ εἰσελεύσονται διὰ τῶν
πυλῶν[13] τῆς πόλεως ταύτης βασιλεῖς καὶ ἄρχοντες καθήμενοι ἐπὶ θρόνου Δαυιδ καὶ
ἐπιβεβηκότες[14] ἐφ᾽ ἅρμασιν[15] καὶ ἵπποις[16] αὐτῶν, αὐτοὶ καὶ οἱ ἄρχοντες αὐτῶν, ἄν-
δρες Ιουδα καὶ οἱ κατοικοῦντες Ιερουσαλημ, καὶ κατοικισθήσεται[17] ἡ πόλις αὕτη εἰς
τὸν αἰῶνα. **26** καὶ ἥξουσιν[18] ἐκ τῶν πόλεων Ιουδα καὶ κυκλόθεν[19] Ιερουσαλημ καὶ ἐκ
γῆς Βενιαμιν καὶ ἐκ τῆς πεδινῆς[20] καὶ ἐκ τοῦ ὄρους καὶ ἐκ τῆς πρὸς νότον[21] φέροντες
ὁλοκαυτώματα[22] καὶ θυσίαν[23] καὶ θυμιάματα[24] καὶ μαναα[25] καὶ λίβανον,[26] φέροντες
αἴνεσιν[27] εἰς οἶκον κυρίου. **27** καὶ ἔσται ἐὰν μὴ εἰσακούσητέ[28] μου τοῦ ἁγιάζειν[29]
τὴν ἡμέραν τῶν σαββάτων τοῦ μὴ αἴρειν βαστάγματα[30] καὶ μὴ εἰσπορεύεσθαι[31] ταῖς
πύλαις[32] Ιερουσαλημ ἐν τῇ ἡμέρᾳ τῶν σαββάτων, καὶ ἀνάψω[33] πῦρ ἐν ταῖς πύλαις
αὐτῆς, καὶ καταφάγεται[34] ἄμφοδα[35] Ιερουσαλημ καὶ οὐ σβεσθήσεται.[36]

Oracles at the Potter's House

18 Ὁ λόγος ὁ γενόμενος παρὰ κυρίου πρὸς Ιερεμιαν λέγων **2** Ἀνάστηθι καὶ
κατάβηθι εἰς οἶκον τοῦ κεραμέως,[37] καὶ ἐκεῖ ἀκούσῃ τοὺς λόγους μου. **3** καὶ
κατέβην εἰς τὸν οἶκον τοῦ κεραμέως,[38] καὶ ἰδοὺ αὐτὸς ἐποίει ἔργον ἐπὶ τῶν λίθων·

1 ἁγιάζω, *aor act impv 2p*, sanctify, consecrate
2 ἐντέλλομαι, *aor mid ind 1s*, command
3 κλίνω, *aor act ind 3p*, incline
4 σκληρύνω, *aor act ind 3p*, stiffen
5 τράχηλος, neck
6 δέχομαι, *aor mid inf*, accept, receive
7 παιδεία, instruction, correction
8 ἀκοή, hearing, report
9 εἰσφέρω, *pres act inf*, carry in
10 βάσταγμα, burden
11 πύλη, gate
12 ἁγιάζω, *pres act inf*, sanctify, consecrate
13 πύλη, gate
14 ἐπιβαίνω, *perf act ptc nom p m*, mount upon
15 ἅρμα, chariot
16 ἵππος, horse
17 κατοικίζω, *fut pas ind 3s*, settle, inhabit
18 ἥκω, *fut act ind 3p*, come
19 κυκλόθεν, all around
20 πεδινός, plain, flatlands
21 νότος, south
22 ὁλοκαύτωμα, whole burnt offering
23 θυσία, sacrifice
24 θυμίαμα, incense offering
25 μαναα, (grain) offering, *translit.*
26 λίβανος, frankincense, *Heb. LW*
27 αἴνεσις, praise
28 εἰσακούω, *aor act sub 2p*, listen, obey
29 ἁγιάζω, *pres act inf*, sanctify, consecrate
30 βάσταγμα, burden
31 εἰσπορεύομαι, *pres mid inf*, enter
32 πύλη, gate
33 ἀνάπτω, *fut act ind 1s*, kindle, light up
34 κατεσθίω, *fut mid ind 3s*, devour, consume
35 ἄμφοδον, residential quarters
36 σβέννυμι, *fut pas ind 3s*, quench
37 κεραμεύς, potter
38 κεραμεύς, potter

4 καὶ διέπεσεν[1] τὸ ἀγγεῖον,[2] ὃ αὐτὸς ἐποίει, ἐν ταῖς χερσὶν αὐτοῦ, καὶ πάλιν[3] αὐτὸς
ἐποίησεν αὐτὸ ἀγγεῖον ἕτερον, καθὼς ἤρεσεν[4] ἐνώπιον αὐτοῦ τοῦ ποιῆσαι.

5 καὶ ἐγένετο λόγος κυρίου πρός με λέγων **6** Εἰ καθὼς ὁ κεραμεὺς[5] οὗτος οὐ δυνή-
σομαι τοῦ ποιῆσαι ὑμᾶς, οἶκος Ισραηλ; ἰδοὺ ὡς ὁ πηλὸς[6] τοῦ κεραμέως ὑμεῖς ἐστε ἐν
ταῖς χερσίν μου. **7** πέρας[7] λαλήσω ἐπὶ ἔθνος ἢ ἐπὶ βασιλείαν τοῦ ἐξᾶραι[8] αὐτοὺς καὶ
τοῦ ἀπολλύειν, **8** καὶ ἐπιστραφῇ τὸ ἔθνος ἐκεῖνο ἀπὸ πάντων τῶν κακῶν αὐτῶν, καὶ
μετανοήσω[9] περὶ τῶν κακῶν, ὧν ἐλογισάμην τοῦ ποιῆσαι αὐτοῖς· **9** καὶ πέρας[10] λαλήσω
ἐπὶ ἔθνος καὶ ἐπὶ βασιλείαν τοῦ ἀνοικοδομεῖσθαι[11] καὶ τοῦ καταφυτεύεσθαι,[12] **10** καὶ
ποιήσωσιν τὰ πονηρὰ ἐναντίον[13] μου τοῦ μὴ ἀκούειν τῆς φωνῆς μου, καὶ μετανοήσω[14]
περὶ τῶν ἀγαθῶν, ὧν ἐλάλησα τοῦ ποιῆσαι αὐτοῖς. **11** καὶ νῦν εἰπὸν πρὸς ἄνδρας
Ιουδα καὶ πρὸς τοὺς κατοικοῦντας Ιερουσαλημ Ἰδοὺ ἐγὼ πλάσσω[15] ἐφ᾽ ὑμᾶς κακὰ
καὶ λογίζομαι ἐφ᾽ ὑμᾶς λογισμόν·[16] ἀποστραφήτω[17] δὴ[18] ἕκαστος ἀπὸ ὁδοῦ αὐτοῦ τῆς
πονηρᾶς, καὶ καλλίονα[19] ποιήσετε τὰ ἐπιτηδεύματα[20] ὑμῶν.

12 καὶ εἶπαν Ἀνδριούμεθα,[21] ὅτι ὀπίσω τῶν ἀποστροφῶν[22] ἡμῶν πορευσόμεθα καὶ
ἕκαστος τὰ ἀρεστὰ[23] τῆς καρδίας αὐτοῦ τῆς πονηρᾶς ποιήσομεν. **13** διὰ τοῦτο τάδε[24]
λέγει κύριος

Ἐρωτήσατε[25] δὴ[26] ἐν ἔθνεσιν
Τίς ἤκουσεν τοιαῦτα[27] φρικτά,[28]
ἃ ἐποίησεν σφόδρα[29] παρθένος[30] Ισραηλ;
14 μὴ ἐκλείψουσιν[31] ἀπὸ πέτρας[32] μαστοὶ[33] ἢ χιὼν[34] ἀπὸ τοῦ Λιβάνου;
μὴ ἐκκλινεῖ[35] ὕδωρ βιαίως[36] ἀνέμῳ[37] φερόμενον;
15 ὅτι ἐπελάθοντό[38] μου ὁ λαός μου, εἰς κενὸν[39] ἐθυμίασαν·[40]
καὶ ἀσθενήσουσιν[41] ἐν ταῖς ὁδοῖς αὐτῶν

1 διαπίπτω, *aor act ind 3s*, crumble
2 ἀγγεῖον, vessel
3 πάλιν, again
4 ἀρέσκω, *aor act ind 3s*, seem good, please
5 κεραμεύς, potter
6 πηλός, clay
7 πέρας, (in) conclusion, (at) last
8 ἐξαίρω, *aor act inf*, remove
9 μετανοέω, *fut act ind 1s*, turn from
10 πέρας, (in) conclusion, (at) last
11 ἀνοικοδομέω, *pres mid inf*, rebuild
12 καταφυτεύω, *pres mid inf*, replant
13 ἐναντίον, before
14 μετανοέω, *fut act ind 1s*, turn from
15 πλάσσω, *pres act ind 1s*, form, mold
16 λογισμός, plan
17 ἀποστρέφω, *aor pas impv 3s*, turn from
18 δή, now, indeed
19 καλός, *comp*, more beautiful
20 ἐπιτήδευμα, habits, way of living
21 ἀνδρίζομαι, *fut mid ind 1p*, play the man
22 ἀποστροφή, aversion, turning away
23 ἀρεστός, pleasing
24 ὅδε, this
25 ἐρωτάω, *aor act impv 2p*, ask, inquire
26 δή, now, indeed
27 τοιοῦτος, such, like this
28 φρικτός, shocking, horrible
29 σφόδρα, exceedingly
30 παρθένος, virgin
31 ἐκλείπω, *fut act ind 3p*, cease, fail
32 πέτρα, rock
33 μαστός, breast(-shaped)
34 χιών, snow
35 ἐκκλίνω, *fut act ind 3s*, bend out of line, turn aside
36 βιαίως, violent, forceful
37 ἄνεμος, wind
38 ἐπιλανθάνομαι, *aor mid ind 3p*, forget
39 κενός, in vain, without result
40 θυμιάζω, *aor act ind 3p*, burn incense
41 ἀσθενέω, *fut act ind 3p*, weaken

σχοίνους[1] αἰωνίους τοῦ ἐπιβῆναι[2] τρίβους[3]
οὐκ ἔχοντας ὁδὸν εἰς πορείαν[4]
16 τοῦ τάξαι[5] τὴν γῆν αὐτῶν εἰς ἀφανισμὸν[6] καὶ σύριγμα[7] αἰώνιον·
πάντες οἱ διαπορευόμενοι[8] δι᾽ αὐτῆς ἐκστήσονται[9]
καὶ κινήσουσιν[10] τὴν κεφαλὴν αὐτῶν.
17 ὡς ἄνεμον[11] καύσωνα[12] διασπερῶ[13] αὐτοὺς κατὰ πρόσωπον ἐχθρῶν αὐτῶν,
δείξω αὐτοῖς ἡμέραν ἀπωλείας[14] αὐτῶν.

18 Καὶ εἶπαν Δεῦτε[15] λογισώμεθα ἐπὶ Ιερεμιαν λογισμόν,[16] ὅτι οὐκ ἀπολεῖται
νόμος ἀπὸ ἱερέως καὶ βουλὴ[17] ἀπὸ συνετοῦ[18] καὶ λόγος ἀπὸ προφήτου· δεῦτε καὶ
πατάξωμεν[19] αὐτὸν ἐν γλώσσῃ καὶ ἀκουσόμεθα πάντας τοὺς λόγους αὐτοῦ.

19 εἰσάκουσόν[20] μου, κύριε,
καὶ εἰσάκουσον τῆς φωνῆς τοῦ δικαιώματός[21] μου.
20 εἰ ἀνταποδίδοται[22] ἀντὶ[23] ἀγαθῶν κακά;
ὅτι συνελάλησαν[24] ῥήματα κατὰ τῆς ψυχῆς μου
καὶ τὴν κόλασιν[25] αὐτῶν ἔκρυψάν[26] μοι·
μνήσθητι[27] ἑστηκότος μου κατὰ πρόσωπόν σου
τοῦ λαλῆσαι ὑπὲρ αὐτῶν ἀγαθά
τοῦ ἀποστρέψαι[28] τὸν θυμόν[29] σου ἀπ᾽ αὐτῶν.
21 διὰ τοῦτο δὸς τοὺς υἱοὺς αὐτῶν εἰς λιμὸν[30]
καὶ ἄθροισον[31] αὐτοὺς εἰς χεῖρας μαχαίρας·[32]
γενέσθωσαν αἱ γυναῖκες αὐτῶν ἄτεκνοι[33] καὶ χῆραι,[34]
καὶ οἱ ἄνδρες αὐτῶν γενέσθωσαν ἀνῃρημένοι[35] θανάτῳ
καὶ οἱ νεανίσκοι[36] αὐτῶν πεπτωκότες μαχαίρᾳ[37] ἐν πολέμῳ.

1 σχοῖνος, measure of length
2 ἐπιβαίνω, *aor act inf*, tread, walk upon
3 τρίβος, path
4 πορεία, journey, travel
5 τάσσω, *aor act inf*, set, make
6 ἀφανισμός, (place of) destruction
7 σύριγμα, (place of) hissing
8 διαπορεύομαι, *pres mid ptc nom p m*, pass through
9 ἐξίστημι, *fut mid ind 3p*, be astonished
10 κινέω, *fut act ind 3p*, shake
11 ἄνεμος, wind
12 καύσων, scorching
13 διασπείρω, *fut act ind 1s*, scatter
14 ἀπώλεια, destruction
15 δεῦτε, come!
16 λογισμός, plan
17 βουλή, counsel
18 συνετός, prudent, intelligent
19 πατάσσω, *aor act sub 1p*, strike
20 εἰσακούω, *aor act impv 2s*, hear, listen
21 δικαίωμα, justice, vindication
22 ἀνταποδίδωμι, *pres pas ind 3s*, repay
23 ἀντί, in return for
24 συλλαλέω, *aor act ind 3p*, talk together with
25 κόλασις, punishment
26 κρύπτω, *aor act ind 3p*, hide, conceal
27 μιμνῄσκομαι, *aor pas impv 2s*, remember
28 ἀποστρέφω, *aor act inf*, turn away, avert
29 θυμός, wrath
30 λιμός, hunger, famine
31 ἀθροίζω, *aor act impv 2s*, gather together
32 μάχαιρα, sword
33 ἄτεκνος, childless
34 χήρα, widow
35 ἀναιρέω, *perf pas ptc nom p m*, destroy, kill
36 νεανίσκος, young man
37 μάχαιρα, sword

22 γενηθήτω κραυγὴ[1] ἐν ταῖς οἰκίαις αὐτῶν,
ἐπάξεις[2] ἐπ᾽ αὐτοὺς λῃστὰς[3] ἄφνω,[4]
ὅτι ἐνεχείρησαν[5] λόγον εἰς σύλλημψίν[6] μου
καὶ παγίδας[7] ἔκρυψαν[8] ἐπ᾽ ἐμέ.
23 καὶ σύ, κύριε, ἔγνως
ἅπασαν[9] τὴν βουλὴν[10] αὐτῶν ἐπ᾽ ἐμὲ εἰς θάνατον·
μὴ ἀθῳώσῃς[11] τὰς ἀδικίας[12] αὐτῶν,
καὶ τὰς ἁμαρτίας αὐτῶν ἀπὸ προσώπου σου μὴ ἐξαλείψῃς·[13]
γενέσθω ἡ ἀσθένεια[14] αὐτῶν ἐναντίον[15] σου,
ἐν καιρῷ θυμοῦ[16] σου ποίησον ἐν αὐτοῖς.

Judah a Broken Potter's Vessel

19 Τότε εἶπεν κύριος πρός με Βάδισον[17] καὶ κτῆσαι[18] βῖκον[19] πεπλασμένον[20] ὀστρά-
κινον[21] καὶ ἄξεις ἀπὸ τῶν πρεσβυτέρων τοῦ λαοῦ καὶ ἀπὸ τῶν πρεσβυτέρων
τῶν ἱερέων **2** καὶ ἐξελεύσῃ εἰς τὸ πολυανδρεῖον[22] υἱῶν τῶν τέκνων αὐτῶν, ὅ ἐστιν
ἐπὶ τῶν προθύρων[23] πύλης[24] τῆς χαρσιθ,[25] καὶ ἀνάγνωθι[26] ἐκεῖ πάντας τοὺς λόγους,
οὓς ἂν λαλήσω πρὸς σέ, **3** καὶ ἐρεῖς αὐτοῖς Ἀκούσατε τὸν λόγον κυρίου, βασιλεῖς
Ιουδα καὶ ἄνδρες Ιουδα καὶ οἱ κατοικοῦντες Ιερουσαλημ καὶ οἱ εἰσπορευόμενοι[27]
ἐν ταῖς πύλαις[28] ταύταις Τάδε[29] λέγει κύριος ὁ θεὸς Ισραηλ Ἰδοὺ ἐγὼ ἐπάγω[30]
ἐπὶ τὸν τόπον τοῦτον κακὰ ὥστε παντὸς ἀκούοντος αὐτὰ ἠχήσει[31] ἀμφότερα[32]
τὰ ὦτα αὐτοῦ **4** ἀνθ᾽ ὧν[33] ἐγκατέλιπόν[34] με καὶ ἀπηλλοτρίωσαν[35] τὸν τόπον τοῦτον
καὶ ἐθυμίασαν[36] ἐν αὐτῷ θεοῖς ἀλλοτρίοις,[37] οἷς οὐκ ᾔδεισαν[38] αὐτοὶ καὶ οἱ πατέρες
αὐτῶν, καὶ οἱ βασιλεῖς Ιουδα ἔπλησαν[39] τὸν τόπον τοῦτον αἱμάτων ἀθῴων[40]

1 κραυγή, crying
2 ἐπάγω, *fut act ind 2s*, bring upon
3 λῃστής, robber
4 ἄφνω, all of a sudden
5 ἐγχειρέω, *aor act ind 3p*, undertake
6 σύλλημψις, capture
7 παγίς, trap
8 κρύπτω, *aor act ind 3p*, hide, conceal
9 ἅπας, all
10 βουλή, counsel, scheme
11 ἀθῳόω, *aor act sub 2s*, let go unpunished
12 ἀδικία, wrongdoing, injustice
13 ἐξαλείφω, *aor act sub 2s*, wipe out
14 ἀσθένεια, weakness
15 ἐναντίον, before
16 θυμός, wrath
17 βαδίζω, *aor act impv 2s*, go
18 κτάομαι, *aor mid impv 2s*, acquire
19 βῖκος, jar, vessel
20 πλάσσω, *perf pas ptc acc s m*, form, mold
21 ὀστράκινος, clay
22 πολυανδρεῖον, common burial ground
23 πρόθυρον, doorway
24 πύλη, gate
25 χαρσιθ, potsherd, *translit.*
26 ἀναγινώσκω, *aor act impv 2s*, read
27 εἰσπορεύομαι, *pres mid ptc nom p m*, enter
28 πύλη, gate
29 ὅδε, this
30 ἐπάγω, *pres act ind 1s*, bring upon
31 ἠχέω, *fut act ind 3s*, tingle
32 ἀμφότεροι, both
33 ἀνθ᾽ ὧν, because
34 ἐγκαταλείπω, *aor act ind 3p*, desert, forsake
35 ἀπαλλοτριόω, *aor act ind 3p*, make foreign, alienate
36 θυμιάζω, *aor act ind 3p*, burn incense
37 ἀλλότριος, strange, foreign
38 οἶδα, *plpf act ind 3p*, know
39 πίμπλημι, *aor act ind 3p*, fill up
40 ἀθῷος, innocent

5 καὶ ᾠκοδόμησαν ὑψηλὰ[1] τῇ Βααλ τοῦ κατακαίειν[2] τοὺς υἱοὺς αὐτῶν ἐν πυρί, ἃ οὐκ ἐνετειλάμην[3] οὐδὲ ἐλάλησα οὐδὲ διενοήθην[4] ἐν τῇ καρδίᾳ μου.

6 διὰ τοῦτο ἰδοὺ ἡμέραι ἔρχονται, λέγει κύριος, καὶ οὐ κληθήσεται τῷ τόπῳ τούτῳ ἔτι Διάπτωσις[5] καὶ Πολυανδρεῖον[6] υἱοῦ Εννομ, ἀλλ᾽ ἢ Πολυανδρεῖον τῆς σφαγῆς.[7]
7 καὶ σφάξω[8] τὴν βουλὴν[9] Ιουδα καὶ τὴν βουλὴν Ιερουσαλημ ἐν τῷ τόπῳ τούτῳ καὶ καταβαλῶ[10] αὐτοὺς ἐν μαχαίρᾳ[11] ἐναντίον[12] τῶν ἐχθρῶν αὐτῶν καὶ ἐν χερσὶν τῶν ζητούντων τὰς ψυχὰς αὐτῶν καὶ δώσω τοὺς νεκροὺς[13] αὐτῶν εἰς βρῶσιν[14] τοῖς πετεινοῖς[15] τοῦ οὐρανοῦ καὶ τοῖς θηρίοις τῆς γῆς. **8** καὶ τάξω[16] τὴν πόλιν ταύτην εἰς ἀφανισμὸν[17] καὶ εἰς συριγμόν·[18] πᾶς ὁ παραπορευόμενος[19] ἐπ᾽ αὐτῆς σκυθρωπάσει[20] καὶ συριεῖ[21] ὑπὲρ πάσης τῆς πληγῆς[22] αὐτῆς. **9** καὶ ἔδονται[23] τὰς σάρκας τῶν υἱῶν αὐτῶν καὶ τὰς σάρκας τῶν θυγατέρων[24] αὐτῶν, καὶ ἕκαστος τὰς σάρκας τοῦ πλησίον[25] αὐτοῦ ἔδονται ἐν τῇ περιοχῇ[26] καὶ ἐν τῇ πολιορκίᾳ,[27] ᾗ πολιορκήσουσιν[28] αὐτοὺς οἱ ἐχθροὶ αὐτῶν.

10 καὶ συντρίψεις[29] τὸν βῖκον[30] κατ᾽ ὀφθαλμοὺς τῶν ἀνδρῶν τῶν ἐκπορευομένων
μετὰ σοῦ **11** καὶ ἐρεῖς Τάδε[31] λέγει κύριος Οὕτως συντρίψω[32] τὸν λαὸν τοῦτον καὶ τὴν πόλιν ταύτην, καθὼς συντρίβεται[33] ἄγγος[34] ὀστράκινον,[35] ὃ οὐ δυνήσεται ἰαθῆναι[36]
ἔτι. **12** οὕτως ποιήσω, λέγει κύριος, τῷ τόπῳ τούτῳ καὶ τοῖς κατοικοῦσιν ἐν αὐτῷ τοῦ δοθῆναι τὴν πόλιν ταύτην ὡς τὴν διαπίπτουσαν.[37] **13** καὶ οἱ οἶκοι Ιερουσαλημ καὶ
οἱ οἶκοι βασιλέων Ιουδα ἔσονται καθὼς ὁ τόπος ὁ διαπίπτων[38] τῶν ἀκαθαρσιῶν[39] ἐν

1 ὑψηλός, high place
2 κατακαίω, *pres act inf*, burn up
3 ἐντέλλομαι, *aor mid ind 1s*, command
4 διανοέομαι, *aor pas ind 1s*, bring to mind
5 διάπτωσις, falling
6 πολυανδρεῖον, common burial ground
7 σφαγή, slaughter
8 σφάζω, *fut act ind 1s*, slaughter
9 βουλή, plan, scheme
10 καταβάλλω, *fut act ind 1s*, strike down
11 μάχαιρα, sword
12 ἐναντίον, before
13 νεκρός, dead
14 βρῶσις, food
15 πετεινός, bird
16 τάσσω, *fut act ind 1s*, make
17 ἀφανισμός, (place of) destruction
18 συριγμός, (place of) hissing
19 παραπορεύομαι, *pres mid ptc nom s m*, pass by
20 σκυθρωπάζω, *fut act ind 3s*, be of sad countenance
21 συρίζω, *fut act ind 3s*, hiss, whistle
22 πληγή, blow, misfortune
23 ἐσθίω, *fut mid ind 3p*, eat
24 θυγάτηρ, daughter
25 πλησίον, neighbor
26 περιοχή, fortified enclosure
27 πολιορκία, siege
28 πολιορκέω, *fut act ind 3p*, besiege
29 συντρίβω, *fut act ind 2s*, crush, break
30 βῖκος, jar, vessel
31 ὅδε, this
32 συντρίβω, *fut act ind 1s*, crush, break
33 συντρίβω, *pres pas ind 3s*, crush, break
34 ἄγγος, vessel, container
35 ὀστράκινος, clay
36 ἰάομαι, *aor pas inf*, repair, restore
37 διαπίπτω, *pres act ptc acc s f*, crumble, fall to pieces
38 διαπίπτω, *pres act ptc nom s m*, crumble, fall to pieces
39 ἀκαθαρσία, ritual impurity

πάσαις ταῖς οἰκίαις, ἐν αἷς ἐθυμίασαν[1] ἐπὶ τῶν δωμάτων[2] αὐτῶν πάσῃ τῇ στρατιᾷ[3]
τοῦ οὐρανοῦ καὶ ἔσπεισαν[4] σπονδὰς[5] θεοῖς ἀλλοτρίοις.[6]

14 καὶ ἦλθεν Ιερεμιας ἀπὸ τῆς διαπτώσεως,[7] οὗ[8] ἀπέστειλεν αὐτὸν κύριος ἐκεῖ τοῦ
προφητεῦσαι,[9] καὶ ἔστη ἐν τῇ αὐλῇ[10] οἴκου κυρίου καὶ εἶπε πρὸς πάντα τὸν λαόν
15 Τάδε[11] λέγει κύριος Ἰδοὺ ἐγὼ ἐπάγω[12] ἐπὶ τὴν πόλιν ταύτην καὶ ἐπὶ πάσας τὰς
πόλεις αὐτῆς καὶ ἐπὶ τὰς κώμας[13] αὐτῆς ἅπαντα[14] τὰ κακά, ἃ ἐλάλησα ἐπ᾽ αὐτήν, ὅτι
ἐσκλήρυναν[15] τὸν τράχηλον[16] αὐτῶν τοῦ μὴ εἰσακούειν[17] τῶν λόγων μου.

Jeremiah's Imprisonment

20 Καὶ ἤκουσεν Πασχωρ υἱὸς Εμμηρ ὁ ἱερεύς, καὶ οὗτος ἦν καθεσταμένος[18]
ἡγούμενος[19] οἴκου κυρίου, τοῦ Ιερεμιου προφητεύοντος[20] τοὺς λόγους τού-
τους. **2** καὶ ἐπάταξεν[21] αὐτὸν καὶ ἐνέβαλεν αὐτὸν εἰς τὸν καταρράκτην,[22] ὃς ἦν ἐν
πύλῃ[23] οἴκου ἀποτεταγμένου[24] τοῦ ὑπερῴου,[25] ὃς ἦν ἐν οἴκῳ κυρίου. **3** καὶ ἐξήγαγεν[26]
Πασχωρ τὸν Ιερεμιαν ἐκ τοῦ καταρράκτου,[27] καὶ εἶπεν αὐτῷ Ιερεμιας Οὐχὶ Πασχωρ
ἐκάλεσεν κύριος τὸ ὄνομά σου, ἀλλ᾽ ἢ Μέτοικον·[28] **4** διότι[29] τάδε[30] λέγει κύριος Ἰδοὺ
ἐγὼ δίδωμί σε εἰς μετοικίαν[31] σὺν πᾶσι τοῖς φίλοις[32] σου, καὶ πεσοῦνται ἐν μαχαίρᾳ[33]
ἐχθρῶν αὐτῶν, καὶ οἱ ὀφθαλμοί σου ὄψονται, καὶ σὲ καὶ πάντα Ιουδαν δώσω εἰς
χεῖρας βασιλέως Βαβυλῶνος, καὶ μετοικιοῦσιν[34] αὐτοὺς καὶ κατακόψουσιν[35] αὐτοὺς
ἐν μαχαίραις· **5** καὶ δώσω τὴν πᾶσαν ἰσχὺν[36] τῆς πόλεως ταύτης καὶ πάντας τοὺς
πόνους[37] αὐτῆς καὶ πάντας τοὺς θησαυροὺς[38] τοῦ βασιλέως Ιουδα εἰς χεῖρας ἐχθρῶν
αὐτοῦ, καὶ ἄξουσιν αὐτοὺς εἰς Βαβυλῶνα. **6** καὶ σὺ καὶ πάντες οἱ κατοικοῦντες ἐν τῷ

1 θυμιάζω, *aor act ind 3p*, burn incense
2 δῶμα, rooftop
3 στρατιά, host, company
4 σπένδω, *aor act ind 3p*, pour out (a drink offering)
5 σπονδή, drink offering
6 ἀλλότριος, strange, foreign
7 διάπτωσις, falling
8 οὗ, where
9 προφητεύω, *aor act inf*, prophesy
10 αὐλή, court
11 ὅδε, this
12 ἐπάγω, *pres act ind 1s*, bring upon
13 κώμη, village
14 ἅπας, all
15 σκληρύνω, *aor act ind 3p*, stiffen
16 τράχηλος, neck
17 εἰσακούω, *pres act inf*, listen, obey
18 καθίστημι, *perf pas ptc nom s m*, appoint
19 ἡγέομαι, *pres mid ptc nom s m*, lead
20 προφητεύω, *pres act ptc gen s m*, prophesy
21 πατάσσω, *aor act ind 3s*, strike
22 καταρράκτης, cistern, (dungeon)
23 πύλη, gate
24 ἀποτάσσω, *perf pas ptc gen s m*, set apart, detach
25 ὑπερῷος, upper
26 ἐξάγω, *aor act ind 3s*, bring out
27 καταρράκτης, cistern, (dungeon)
28 μέτοικος, resident alien, deportee
29 διότι, for
30 ὅδε, this
31 μετοικία, deportation
32 φίλος, friend
33 μάχαιρα, sword
34 μετοικίζω, *fut act ind 3p*, deport
35 κατακόπτω, *fut act ind 3p*, cut down, slay
36 ἰσχύς, strength
37 πόνος, (result of) labor
38 θησαυρός, treasure

οἴκῳ σου πορεύσεσθε ἐν αἰχμαλωσίᾳ,[1] καὶ ἐν Βαβυλῶνι ἀποθανῇ καὶ ἐκεῖ ταφήσῃ,[2]
σὺ καὶ πάντες οἱ φίλοι[3] σου, οἷς ἐπροφήτευσας[4] αὐτοῖς ψευδῆ.[5]

Jeremiah's Lament to the Lord

7 Ἠπάτησάς[6] με, κύριε, καὶ ἠπατήθην,[7]
ἐκράτησας καὶ ἠδυνάσθης·
ἐγενόμην εἰς γέλωτα,[8]
πᾶσαν ἡμέραν διετέλεσα[9] μυκτηριζόμενος·[10]
8 ὅτι πικρῷ[11] λόγῳ μου γελάσομαι,[12]
ἀθεσίαν[13] καὶ ταλαιπωρίαν[14] ἐπικαλέσομαι,[15]
ὅτι ἐγενήθη λόγος κυρίου εἰς ὀνειδισμὸν[16] ἐμοί
καὶ εἰς χλευασμὸν[17] πᾶσαν ἡμέραν μου.
9 καὶ εἶπα Οὐ μὴ ὀνομάσω[18] τὸ ὄνομα κυρίου
καὶ οὐ μὴ λαλήσω ἔτι ἐπὶ τῷ ὀνόματι αὐτοῦ·
καὶ ἐγένετο ὡς πῦρ καιόμενον[19] φλέγον[20] ἐν τοῖς ὀστέοις[21] μου,
καὶ παρεῖμαι[22] πάντοθεν[23] καὶ οὐ δύναμαι φέρειν.
10 ὅτι ἤκουσα ψόγον[24] πολλῶν συναθροιζομένων[25] κυκλόθεν[26]
Ἐπισύστητε[27] καὶ ἐπισυστῶμεν[28] αὐτῷ,
πάντες ἄνδρες φίλοι[29] αὐτοῦ·
τηρήσατε[30] τὴν ἐπίνοιαν[31] αὐτοῦ, εἰ ἀπατηθήσεται[32]
καὶ δυνησόμεθα αὐτῷ
καὶ λημψόμεθα τὴν ἐκδίκησιν[33] ἡμῶν ἐξ αὐτοῦ.
11 καὶ κύριος μετ᾽ ἐμοῦ καθὼς μαχητὴς[34] ἰσχύων·[35]
διὰ τοῦτο ἐδίωξαν καὶ νοῆσαι[36] οὐκ ἠδύναντο·

1 αἰχμαλωσία, captivity
2 θάπτω, *fut pas ind 2s*, bury
3 φίλος, friend
4 προφητεύω, *aor act ind 2s*, prophesy
5 ψευδής, lie, falsehood
6 ἀπατάω, *aor act ind 2s*, mislead
7 ἀπατάω, *aor pas ind 1s*, mislead
8 γέλως, (source of) laughter
9 διατελέω, *aor act ind 1s*, continue
10 μυκτηρίζω, *pres pas ptc nom s m*, treat with contempt
11 πικρός, bitter
12 γελάω, *fut mid ind 1s*, laugh
13 ἀθεσία, faithlessness
14 ταλαιπωρία, misery, wretchedness
15 ἐπικαλέω, *fut mid ind 1s*, call upon
16 ὀνειδισμός, reproach
17 χλευασμός, object of mockery
18 ὀνομάζω, *fut act ind 1s*, name, call
19 καίω, *pres mid ptc nom s n*, burn
20 φλέγω, *pres act ptc nom s n*, set on fire, flame up
21 ὀστέον, bone
22 παρίημι, *perf pas ind 1s*, be faint
23 πάντοθεν, everywhere
24 ψόγος, blame
25 συναθροίζω, *pres pas ptc gen p m*, gather
26 κυκλόθεν, from all around
27 ἐπισυνίστημι, *aor act impv 2p*, gather against
28 ἐπισυνίστημι, *aor act sub 1p*, gather against
29 φίλος, friend
30 τηρέω, *aor act impv 2p*, watch over
31 ἐπίνοια, intention
32 ἀπατάω, *fut pas ind 3s*, divert, deceive
33 ἐκδίκησις, vengeance
34 μαχητής, warrior
35 ἰσχύω, *pres act ptc nom s m*, be strong
36 νοέω, *aor act inf*, perceive, comprehend

ᾐσχύνθησαν[1] σφόδρα,[2] ὅτι οὐκ ἐνόησαν[3] ἀτιμίας[4] αὐτῶν,
αἳ δι᾽ αἰῶνος οὐκ ἐπιλησθήσονται.[5]
12 κύριε δοκιμάζων[6] δίκαια συνίων[7] νεφροὺς[8] καὶ καρδίας,
ἴδοιμι[9] τὴν παρὰ σοῦ ἐκδίκησιν[10] ἐν αὐτοῖς,
ὅτι πρὸς σὲ ἀπεκάλυψα[11] τὰ ἀπολογήματά[12] μου.

13 ᾄσατε[13] τῷ κυρίῳ, αἰνέσατε[14] αὐτῷ,
ὅτι ἐξείλατο[15] ψυχὴν πένητος[16] ἐκ χειρὸς πονηρευομένων.[17]

14 ἐπικατάρατος[18] ἡ ἡμέρα, ἐν ᾗ ἐτέχθην[19] ἐν αὐτῇ·
ἡ ἡμέρα, ἐν ᾗ ἔτεκέν[20] με ἡ μήτηρ μου, μὴ ἔστω ἐπευκτή.[21]
15 ἐπικατάρατος[22] ὁ ἄνθρωπος ὁ εὐαγγελισάμενος[23] τῷ πατρί μου λέγων
Ἐτέχθη[24] σοι ἄρσεν,[25] εὐφραινόμενος.[26]
16 ἔστω ὁ ἄνθρωπος ἐκεῖνος ὡς αἱ πόλεις,
ἃς κατέστρεψεν[27] κύριος ἐν θυμῷ[28] καὶ οὐ μετεμελήθη,[29]
ἀκουσάτω κραυγῆς[30] τὸ πρωὶ[31] καὶ ἀλαλαγμοῦ[32] μεσημβρίας,[33]
17 ὅτι οὐκ ἀπέκτεινέν με ἐν μήτρᾳ[34] μητρός
καὶ ἐγένετό μοι ἡ μήτηρ μου τάφος[35] μου
καὶ ἡ μήτρα συλλήμψεως[36] αἰωνίας.
18 ἵνα τί τοῦτο ἐξῆλθον ἐκ μήτρας τοῦ βλέπειν κόπους[37] καὶ πόνους,[38]
καὶ διετέλεσαν[39] ἐν αἰσχύνῃ[40] αἱ ἡμέραι μου;

1 αἰσχύνω, *aor pas ind 3p*, put to shame
2 σφόδρα, exceedingly
3 νοέω, *aor act ind 3p*, perceive, comprehend
4 ἀτιμία, dishonor
5 ἐπιλανθάνω, *fut pas ind 3p*, forget
6 δοκιμάζω, *pres act ptc nom s m*, test, prove
7 συνίημι, *pres act ptc nom s m*, understand
8 νεφρός, kidney, (seat of emotion)
9 ὁράω, *aor act opt 1s*, see
10 ἐκδίκησις, vengeance
11 ἀποκαλύπτω, *aor act ind 1s*, reveal
12 ἀπολόγημα, plea in defense
13 ᾄδω, *aor act impv 2p*, sing
14 αἰνέω, *aor act impv 2p*, praise
15 ἐξαιρέω, *aor mid ind 3s*, deliver, rescue
16 πένης, poor
17 πονηρεύομαι, *pres mid ptc gen p m*, act wickedly
18 ἐπικατάρατος, cursed
19 τίκτω, *aor pas ind 1s*, give birth
20 τίκτω, *aor act ind 3s*, give birth
21 ἐπευκτός, longed for
22 ἐπικατάρατος, cursed
23 εὐαγγελίζομαι, *aor mid ptc nom s m*, declare good news
24 τίκτω, *aor pas ind 3s*, give birth
25 ἄρσην, male
26 εὐφραίνω, *pres pas ptc nom s m*, be glad, rejoice
27 καταστρέφω, *aor act ind 3s*, overthrow
28 θυμός, wrath
29 μεταμελέω, *aor pas ind 3s*, repent
30 κραυγή, outcry
31 πρωί, (in the) morning
32 ἀλαλαγμός, shout
33 μεσημβρία, midday
34 μήτρα, womb
35 τάφος, tomb
36 σύλλημψις, conception, pregnancy
37 κόπος, labor, suffering
38 πόνος, affliction, pain
39 διατελέω, *aor act ind 3p*, continue
40 αἰσχύνη, shame

Jeremiah Warns Zedekiah of the Babylonians

21 Ὁ λόγος ὁ γενόμενος παρὰ κυρίου πρὸς Ιερεμιαν, ὅτε ἀπέστειλεν πρὸς
αὐτὸν ὁ βασιλεὺς Σεδεκιας τὸν Πασχωρ υἱὸν Μελχιου καὶ Σοφονιαν υἱὸν
Μαασαιου τὸν ἱερέα λέγων **2** Ἐπερώτησον[1] περὶ ἡμῶν τὸν κύριον, ὅτι βασιλεὺς
Βαβυλῶνος ἐφέστηκεν[2] ἐφ᾽ ἡμᾶς, εἰ ποιήσει κύριος κατὰ πάντα τὰ θαυμάσια[3]
αὐτοῦ, καὶ ἀπελεύσεται ἀφ᾽ ἡμῶν.

3 καὶ εἶπεν πρὸς αὐτοὺς Ιερεμιας Οὕτως ἐρεῖτε πρὸς Σεδεκιαν βασιλέα Ιουδα
4 Τάδε[4] λέγει κύριος Ἰδοὺ ἐγὼ μεταστρέφω[5] τὰ ὅπλα[6] τὰ πολεμικά,[7] ἐν οἷς ὑμεῖς
πολεμεῖτε ἐν αὐτοῖς πρὸς τοὺς Χαλδαίους τοὺς συγκεκλεικότας[8] ὑμᾶς ἔξωθεν[9]
τοῦ τείχους,[10] εἰς τὸ μέσον τῆς πόλεως ταύτης **5** καὶ πολεμήσω ἐγὼ ὑμᾶς ἐν χειρὶ
ἐκτεταμένῃ[11] καὶ ἐν βραχίονι[12] κραταιῷ[13] μετὰ θυμοῦ[14] καὶ ὀργῆς καὶ παροργισμοῦ[15]
μεγάλου **6** καὶ πατάξω[16] πάντας τοὺς κατοικοῦντας ἐν τῇ πόλει ταύτῃ, τοὺς ἀνθρώ-
πους καὶ τὰ κτήνη,[17] ἐν θανάτῳ μεγάλῳ, καὶ ἀποθανοῦνται. **7** καὶ μετὰ ταῦτα —
οὕτως λέγει κύριος — δώσω τὸν Σεδεκιαν βασιλέα Ιουδα καὶ τοὺς παῖδας[18] αὐτοῦ
καὶ τὸν λαὸν τὸν καταλειφθέντα[19] ἐν τῇ πόλει ταύτῃ ἀπὸ τοῦ θανάτου καὶ ἀπὸ τοῦ
λιμοῦ[20] καὶ ἀπὸ τῆς μαχαίρας[21] εἰς χεῖρας ἐχθρῶν αὐτῶν τῶν ζητούντων τὰς ψυχὰς
αὐτῶν, καὶ κατακόψουσιν[22] αὐτοὺς ἐν στόματι μαχαίρας· οὐ φείσομαι[23] ἐπ᾽ αὐτοῖς
καὶ οὐ μὴ οἰκτιρήσω[24] αὐτούς.

8 καὶ πρὸς τὸν λαὸν τοῦτον ἐρεῖς Τάδε[25] λέγει κύριος Ἰδοὺ ἐγὼ δέδωκα πρὸ προσώ-
που ὑμῶν τὴν ὁδὸν τῆς ζωῆς καὶ τὴν ὁδὸν τοῦ θανάτου· **9** ὁ καθήμενος ἐν τῇ πόλει
ταύτῃ ἀποθανεῖται ἐν μαχαίρᾳ[26] καὶ ἐν λιμῷ,[27] καὶ ὁ ἐκπορευόμενος προσχωρῆσαι[28]
πρὸς τοὺς Χαλδαίους τοὺς συγκεκλεικότας[29] ὑμᾶς ζήσεται, καὶ ἔσται ἡ ψυχὴ αὐτοῦ
εἰς σκῦλα,[30] καὶ ζήσεται. **10** διότι[31] ἐστήρικα[32] τὸ πρόσωπόν μου ἐπὶ τὴν πόλιν ταύτην
εἰς κακὰ καὶ οὐκ εἰς ἀγαθά· εἰς χεῖρας βασιλέως Βαβυλῶνος παραδοθήσεται, καὶ
κατακαύσει[33] αὐτὴν ἐν πυρί.

1 ἐπερωτάω, *aor act impv 2s*, ask, inquire
2 ἐφίστημι, *perf act ind 3s*, stand against
3 θαυμάσιος, wonderful (deed)
4 ὅδε, this
5 μεταστρέφω, *pres act ind 1s*, turn away
6 ὅπλον, weapon
7 πολεμικός, for war
8 συγκλείω, *perf act ptc acc p m*, encircle
9 ἔξωθεν, outside
10 τεῖχος, city wall
11 ἐκτείνω, *perf pas ptc dat s f*, stretch forth
12 βραχίων, arm
13 κραταιός, strong
14 θυμός, wrath
15 παροργισμός, anger
16 πατάσσω, *fut act ind 1s*, strike, smite
17 κτῆνος, animal, (*p*) herd
18 παῖς, servant
19 καταλείπω, *aor pas ptc acc s m*, leave behind
20 λιμός, famine
21 μάχαιρα, sword
22 κατακόπτω, *fut act ind 3p*, cut down
23 φείδομαι, *fut mid ind 1s*, spare
24 οἰκτίρω, *fut act ind 1s*, show compassion
25 ὅδε, this
26 μάχαιρα, sword
27 λιμός, famine
28 προσχωρέω, *aor act inf*, take sides with
29 συγκλείω, *perf act ptc acc p m*, encircle
30 σκῦλον, plunder, spoils
31 διότι, for
32 στηρίζω, *perf act ind 1s*, strengthen against
33 κατακαίω, *fut act ind 3s*, burn up

Judgment on the House of David

11 ὁ οἶκος βασιλέως Ιουδα, ἀκούσατε λόγον κυρίου· **12** οἶκος Δαυιδ, τάδε[1] λέγει
κύριος

Κρίνατε τὸ πρωὶ[2] κρίμα[3] καὶ κατευθύνατε[4]
  καὶ ἐξέλεσθε[5] διηρπασμένον[6] ἐκ χειρὸς ἀδικοῦντος[7] αὐτόν,
ὅπως μὴ ἀναφθῇ[8] ὡς πῦρ ἡ ὀργή μου καὶ καυθήσεται,[9]
  καὶ οὐκ ἔσται ὁ σβέσων.[10]

13 ἰδοὺ ἐγὼ πρὸς σὲ τὸν κατοικοῦντα τὴν κοιλάδα[11] Σορ
  τὴν πεδινὴν[12] τοὺς λέγοντας Τίς πτοήσει[13] ἡμᾶς;
  ἢ τίς εἰσελεύσεται[14] πρὸς τὸ κατοικητήριον[15] ἡμῶν;
14 καὶ ἀνάψω[16] πῦρ ἐν τῷ δρυμῷ[17] αὐτῆς,
  καὶ ἔδεται[18] πάντα τὰ κύκλῳ[19] αὐτῆς.

Prophecies against the Kings of Judah

22 Τάδε[20] λέγει κύριος Πορεύου καὶ κατάβηθι εἰς τὸν οἶκον τοῦ βασιλέως
Ιουδα καὶ λαλήσεις ἐκεῖ τὸν λόγον τοῦτον **2** καὶ ἐρεῖς Ἄκουε λόγον κυρίου,
βασιλεῦ Ιουδα ὁ καθήμενος ἐπὶ θρόνου Δαυιδ, σὺ καὶ ὁ οἶκός σου καὶ ὁ λαός σου
καὶ οἱ εἰσπορευόμενοι[21] ταῖς πύλαις[22] ταύταις **3** Τάδε[23] λέγει κύριος Ποιεῖτε κρίσιν
καὶ δικαιοσύνην καὶ ἐξαιρεῖσθε[24] διηρπασμένον[25] ἐκ χειρὸς ἀδικοῦντος[26] αὐτὸν καὶ
προσήλυτον[27] καὶ ὀρφανὸν[28] καὶ χήραν[29] μὴ καταδυναστεύετε[30] καὶ μὴ ἀσεβεῖτε[31]
καὶ αἷμα ἀθῷον[32] μὴ ἐκχέητε[33] ἐν τῷ τόπῳ τούτῳ. **4** διότι[34] ἐὰν ποιοῦντες ποιήσητε
τὸν λόγον τοῦτον, καὶ εἰσελεύσονται[35] ἐν ταῖς πύλαις[36] τοῦ οἴκου τούτου βασιλεῖς
καθήμενοι ἐπὶ θρόνου Δαυιδ καὶ ἐπιβεβηκότες[37] ἐφ᾽ ἁρμάτων[38] καὶ ἵππων,[39] αὐτοὶ

1 ὅδε, this
2 πρωί, (in the) morning
3 κρίμα, judgment
4 κατευθύνω, *aor act impv 2p*, direct, guide
5 ἐξαιρέω, *aor mid impv 2p*, deliver, rescue
6 διαρπάζω, *perf mid ptc acc s n*, seize as spoils
7 ἀδικέω, *pres act ptc gen s m*, treat unjustly
8 ἀνάπτω, *aor pas sub 3s*, kindle, light up
9 καίω, *fut pas ind 3s*, burn
10 σβέννυμι, *fut act ptc nom s m*, quench
11 κοιλάς, valley
12 πεδινός, plain, flatlands
13 πτοέω, *fut act ind 3s*, terrify
14 εἰσέρχομαι, *fut mid ind 3s*, enter
15 κατοικητήριον, dwelling, habitation
16 ἀνάπτω, *fut act ind 1s*, kindle, light up
17 δρυμός, forest
18 ἐσθίω, *fut mid ind 3s*, consume
19 κύκλῳ, round about
20 ὅδε, this
21 εἰσπορεύομαι, *pres mid ptc nom p m*, enter
22 πύλη, gate
23 ὅδε, this
24 ἐξαιρέω, *pres mid ind 2p*, remove
25 διαρπάζω, *perf pas ptc acc s m*, plunder
26 ἀδικέω, *pres act ptc gen s m*, act unjustly, do wrong
27 προσήλυτος, immigrant, guest
28 ὀρφανός, orphan
29 χήρα, widow
30 καταδυναστεύω, *pres act impv 2p*, oppress
31 ἀσεβέω, *pres act impv 2p*, act impiously
32 ἀθῷος, innocent
33 ἐκχέω, *pres act sub 2p*, pour out
34 διότι, for
35 εἰσέρχομαι, *fut mid ind 3p*, enter
36 πύλη, gate
37 ἐπιβαίνω, *perf act ptc nom p m*, mount upon
38 ἅρμα, chariot
39 ἵππος, horse

καὶ οἱ παῖδες[1] αὐτῶν καὶ ὁ λαὸς αὐτῶν· **5** ἐὰν δὲ μὴ ποιήσητε τοὺς λόγους τούτους,
κατ᾽ ἐμαυτοῦ[2] ὤμοσα,[3] λέγει κύριος, ὅτι εἰς ἐρήμωσιν[4] ἔσται ὁ οἶκος οὗτος.

6 ὅτι τάδε[5] λέγει κύριος κατὰ τοῦ οἴκου βασιλέως Ιουδα

Γαλααδ σύ μοι, ἀρχὴ τοῦ Λιβάνου·
ἐὰν μὴ θῶ σε εἰς ἔρημον, πόλεις μὴ κατοικηθησομένας·[6]
7 καὶ ἐπάξω[7] ἐπὶ σὲ ἄνδρα ὀλεθρεύοντα[8] καὶ τὸν πέλεκυν[9] αὐτοῦ,
καὶ ἐκκόψουσιν[10] τὰς ἐκλεκτὰς[11] κέδρους[12] σου
καὶ ἐμβαλοῦσιν[13] εἰς τὸ πῦρ.
8 καὶ διελεύσονται ἔθνη διὰ τῆς πόλεως ταύτης
καὶ ἐροῦσιν ἕκαστος πρὸς τὸν πλησίον[14] αὐτοῦ
Διὰ τί ἐποίησεν κύριος οὕτως τῇ πόλει τῇ μεγάλῃ ταύτῃ;
9 καὶ ἐροῦσιν Ἀνθ᾽ ὧν[15] ἐγκατέλιπον[16] τὴν διαθήκην κυρίου θεοῦ αὐτῶν
καὶ προσεκύνησαν θεοῖς ἀλλοτρίοις[17] καὶ ἐδούλευσαν[18] αὐτοῖς.

10 Μὴ κλαίετε τὸν τεθνηκότα[19]
μηδὲ θρηνεῖτε[20] αὐτόν·
κλαύσατε κλαυθμῷ[21] τὸν ἐκπορευόμενον,
ὅτι οὐκ ἐπιστρέψει ἔτι
καὶ οὐ μὴ ἴδῃ τὴν γῆν πατρίδος[22] αὐτοῦ.

11 διότι[23] τάδε[24] λέγει κύριος ἐπὶ Σελλημ υἱὸν Ιωσια τὸν βασιλεύοντα[25] ἀντὶ[26] Ιωσια
τοῦ πατρὸς αὐτοῦ, ὃς ἐξῆλθεν ἐκ τοῦ τόπου τούτου Οὐκ ἀναστρέψει[27] ἐκεῖ οὐκέτι,
12 ἀλλ᾽ ἢ ἐν τῷ τόπῳ, οὗ[28] μετῴκισα[29] αὐτόν, ἐκεῖ ἀποθανεῖται καὶ τὴν γῆν ταύτην
οὐκ ὄψεται ἔτι.

13 Ὦ[30] ὁ οἰκοδομῶν οἰκίαν αὐτοῦ οὐ μετὰ δικαιοσύνης
καὶ τὰ ὑπερῷα[31] αὐτοῦ οὐκ ἐν κρίματι,[32]

1 παῖς, servant
2 ἐμαυτοῦ, myself
3 ὄμνυμι, *aor act ind 1s*, swear an oath
4 ἐρήμωσις, desolation
5 ὅδε, this
6 κατοικέω, *fut pas ptc acc p f*, inhabit
7 ἐπάγω, *fut act ind 1s*, bring upon
8 ὀλεθρεύω, *pres act ptc acc s m*, destroy
9 πέλεκυς, battle axe
10 ἐκκόπτω, *fut act ind 3p*, cut down
11 ἐκλεκτός, choice
12 κέδρος, cedar
13 ἐμβάλλω, *fut act ind 3p*, cast into
14 πλησίον, neighbor, companion
15 ἀνθ᾽ ὧν, because
16 ἐγκαταλείπω, *aor act ind 3p*, forsake
17 ἀλλότριος, strange, foreign
18 δουλεύω, *aor act ind 3p*, serve
19 θνῄσκω, *perf act ptc acc s m*, die
20 θρηνέω, *pres act impv 2p*, mourn
21 κλαυθμός, weeping
22 πατρίς, native land
23 διότι, because
24 ὅδε, this
25 βασιλεύω, *pres act ptc acc s m*, reign as king
26 ἀντί, in place of
27 ἀναστρέφω, *fut act ind 3s*, return
28 οὗ, where
29 μετοικίζω, *aor act ind 1s*, deport
30 ὦ, Oh!
31 ὑπερῷον, upper part of a house
32 κρίμα, judgment

παρὰ τῷ πλησίον[1] αὐτοῦ ἐργᾶται δωρεάν[2]
καὶ τὸν μισθὸν[3] αὐτοῦ οὐ μὴ ἀποδώσει[4] αὐτῷ.
14 ᾠκοδόμησας σεαυτῷ οἶκον σύμμετρον,[5]
ὑπερῷα[6] ῥιπιστὰ[7] διεσταλμένα[8] θυρίσιν[9]
καὶ ἐξυλωμένα[10] ἐν κέδρῳ[11] καὶ κεχρισμένα[12] ἐν μίλτῳ.[13]
15 μὴ βασιλεύσεις,[14] ὅτι σὺ παροξύνῃ[15] ἐν Αχαζ τῷ πατρί σου;
οὐ φάγονται[16] καὶ οὐ πίονται·
βέλτιον[17] ἦν σε ποιεῖν κρίμα[18] καὶ δικαιοσύνην καλήν.
16 οὐκ ἔγνωσαν, οὐκ ἔκριναν κρίσιν ταπεινῷ[19] οὐδὲ κρίσιν πένητος·[20]
οὐ τοῦτό ἐστιν τὸ μὴ γνῶναί σε ἐμέ; λέγει κύριος.
17 ἰδοὺ οὔκ εἰσιν οἱ ὀφθαλμοί σου οὐδὲ ἡ καρδία σου καλή,
ἀλλ᾽ εἰς τὴν πλεονεξίαν[21] σου
καὶ εἰς τὸ αἷμα τὸ ἀθῷον[22] τοῦ ἐκχέειν[23] αὐτό
καὶ εἰς ἀδίκημα[24] καὶ εἰς φόνον[25] τοῦ ποιεῖν.

18 διὰ τοῦτο τάδε[26] λέγει κύριος ἐπὶ Ιωακιμ υἱὸν Ιωσια βασιλέα Ιουδα

Οὐαὶ ἐπὶ τὸν ἄνδρα τοῦτον·
οὐ μὴ κόψωνται[27] αὐτόν Ὦ[28] ἀδελφέ,
οὐδὲ μὴ κλαύσονται αὐτόν Οἴμμοι[29] κύριε.
19 ταφὴν[30] ὄνου[31] ταφήσεται,[32]
συμψησθεὶς[33] ῥιφήσεται[34] ἐπέκεινα[35] τῆς πύλης[36] Ιερουσαλημ.

20 Ἀνάβηθι εἰς τὸν Λίβανον καὶ κέκραξον
καὶ εἰς τὴν Βασαν δὸς[37] τὴν φωνήν σου

1 πλησίον, neighbor, companion
2 δωρεάν, freely, for nothing
3 μισθός, wages
4 ἀποδίδωμι, *fut act ind 3s*, render, pay
5 σύμμετρος, symmetrical
6 ὑπερῷον, upper part of a house
7 ῥιπιστός, ventilated
8 διαστέλλω, *perf pas ptc acc p n*, distinguish with
9 θυρίς, window
10 ξυλόω, *perf pas ptc acc p n*, install paneling
11 κέδρος, cedar
12 χρίω, *perf pas ptc acc p n*, paint
13 μίλτος, red, vermilion
14 βασιλεύω, *fut act ind 2s*, appoint as king
15 παροξύνω, *pres mid ind 2s*, provoke
16 ἐσθίω, *fut mid ind 3p*, eat
17 βελτίων, *comp of* ἀγαθός, better
18 κρίμα, justice, judgment
19 ταπεινός, humble
20 πένης, poor
21 πλεονεξία, greed
22 ἀθῷος, innocent
23 ἐκχέω, *pres act inf*, pour out
24 ἀδίκημα, injustice
25 φόνος, murder
26 ὅδε, this
27 κόπτω, *aor mid sub 3p*, mourn, beat (one's breast in lamentation)
28 ὦ, Oh!
29 οἴμμοι, woe!, alas!
30 ταφή, burial
31 ὄνος, donkey
32 θάπτω, *fut pas ind 3s*, bury
33 συμψάω, *aor pas ptc nom s m*, sweep away
34 ῥίπτω, *fut pas ind 3s*, cast out
35 ἐπέκεινα, beyond
36 πύλη, gate
37 δίδωμι, *aor act impv 2s*, give

καὶ βόησον[1] εἰς τὸ πέραν[2] τῆς θαλάσσης,
ὅτι συνετρίβησαν[3] πάντες οἱ ἐρασταί[4] σου.
21 ἐλάλησα πρὸς σὲ ἐν τῇ παραπτώσει[5] σου,
καὶ εἶπας Οὐκ ἀκούσομαι·
αὕτη ἡ ὁδός σου ἐκ νεότητός[6] σου,
οὐκ ἤκουσας τῆς φωνῆς μου.
22 πάντας τοὺς ποιμένας[7] σου ποιμανεῖ[8] ἄνεμος,[9]
καὶ οἱ ἐρασταί[10] σου ἐν αἰχμαλωσίᾳ[11] ἐξελεύσονται·
ὅτι τότε αἰσχυνθήσῃ[12] καὶ ἀτιμωθήσῃ[13]
ἀπὸ πάντων τῶν φιλούντων[14] σε.
23 κατοικοῦσα ἐν τῷ Λιβάνῳ ἐννοσσεύουσα[15] ἐν ταῖς κέδροις,[16]
καταστενάξεις[17] ἐν τῷ ἐλθεῖν σοι ὠδῖνας[18] ὡς τικτούσης.[19]

24 ζῶ ἐγώ, λέγει κύριος, ἐὰν γενόμενος γένηται Ιεχονιας υἱὸς Ιωακιμ βασιλεὺς
Ιουδα ἀποσφράγισμα[20] ἐπὶ τῆς χειρὸς τῆς δεξιᾶς μου, ἐκεῖθεν[21] ἐκσπάσω[22] σε
25 καὶ παραδώσω σε εἰς χεῖρας τῶν ζητούντων τὴν ψυχήν σου, ὧν σὺ εὐλαβῇ[23] ἀπὸ
προσώπου αὐτῶν, εἰς χεῖρας τῶν Χαλδαίων· **26** καὶ ἀπορρίψω[24] σὲ καὶ τὴν μητέρα
σου τὴν τεκοῦσάν[25] σε εἰς γῆν, οὗ[26] οὐκ ἐτέχθης[27] ἐκεῖ, καὶ ἐκεῖ ἀποθανεῖσθε· **27** εἰς
δὲ τὴν γῆν, ἣν αὐτοὶ εὔχονται[28] ταῖς ψυχαῖς αὐτῶν, οὐ μὴ ἀποστρέψωσιν.[29]

28 ἠτιμώθη[30] Ιεχονιας ὡς σκεῦος,[31] οὗ οὐκ ἔστιν χρεία[32] αὐτοῦ,
ὅτι ἐξερρίφη[33] καὶ ἐξεβλήθη εἰς γῆν, ἣν οὐκ ᾔδει.[34]
29 γῆ γῆ, ἄκουε λόγον κυρίου
30 Γράψον τὸν ἄνδρα τοῦτον ἐκκήρυκτον[35] ἄνθρωπον,
ὅτι οὐ μὴ αὐξηθῇ[36] ἐκ τοῦ σπέρματος αὐτοῦ
ἀνὴρ καθήμενος ἐπὶ θρόνου Δαυιδ
ἄρχων ἔτι ἐν τῷ Ιουδα.

1 βοάω, *aor act impv 2s*, cry out
2 πέραν, across
3 συντρίβω, *aor pas ind 3p*, crush
4 ἐραστής, lover, admirer
5 παράπτωσις, trespass, downfall
6 νεότης, youth
7 ποιμήν, shepherd
8 ποιμαίνω, *fut act ind 3s*, tend (flocks), shepherd
9 ἄνεμος, wind
10 ἐραστής, lover, admirer
11 αἰχμαλωσία, captivity
12 αἰσχύνω, *fut pas ind 2s*, put to shame
13 ἀτιμόω, *fut pas ind 2s*, dishonor
14 φιλέω, *pres act ptc gen p m*, love
15 ἐννοσσεύω, *pres act ptc nom s f*, build a nest
16 κέδρος, cedar
17 καταστενάζω, *fut act ind 2s*, groan
18 ὠδίν, labor pain
19 τίκτω, *pres act ptc gen s f*, give birth
20 ἀποσφράγισμα, signet ring
21 ἐκεῖθεν, from there
22 ἐκσπάω, *fut act ind 1s*, remove
23 εὐλαβέομαι, *pres mid ind 2s*, be afraid
24 ἀπορρίπτω, *fut act ind 1s*, cast away
25 τίκτω, *aor act ptc acc s f*, give birth
26 οὗ, where
27 τίκτω, *aor pas ind 2s*, give birth
28 εὔχομαι, *pres mid ind 3p*, vow
29 ἀποστρέφω, *aor act sub 3p*, return
30 ἀτιμόω, *aor pas ind 3s*, dishonor
31 σκεῦος, vessel
32 χρεία, use, need
33 ἐκρίπτω, *aor pas ind 3s*, cast out
34 οἶδα, *plpf act ind 3s*, know
35 ἐκκήρυκτος, banished
36 αὐξάνω, *aor pas sub 3s*, increase, grow

Warning and Promise

23 Ὦ[1] οἱ ποιμένες[2] οἱ διασκορπίζοντες[3] καὶ ἀπολλύοντες τὰ πρόβατα τῆς νομῆς[4] μου. **2** διὰ τοῦτο τάδε[5] λέγει κύριος ἐπὶ τοὺς ποιμαίνοντας[6] τὸν λαόν μου Ὑμεῖς διεσκορπίσατε[7] τὰ πρόβατά μου καὶ ἐξώσατε[8] αὐτὰ καὶ οὐκ ἐπεσκέψασθε[9] αὐτά, ἰδοὺ ἐγὼ ἐκδικῶ[10] ἐφ᾽ ὑμᾶς κατὰ τὰ πονηρὰ ἐπιτηδεύματα[11] ὑμῶν· **3** καὶ ἐγὼ εἰσδέξομαι[12] τοὺς καταλοίπους[13] τοῦ λαοῦ μου ἀπὸ πάσης τῆς γῆς, οὗ[14] ἐξῶσα[15] αὐτοὺς ἐκεῖ, καὶ καταστήσω[16] αὐτοὺς εἰς τὴν νομὴν[17] αὐτῶν, καὶ αὐξηθήσονται[18] καὶ πληθυνθήσονται·[19] **4** καὶ ἀναστήσω αὐτοῖς ποιμένας,[20] οἳ ποιμανοῦσιν[21] αὐτούς, καὶ οὐ φοβηθήσονται ἔτι οὐδὲ πτοηθήσονται,[22] λέγει κύριος.

5 Ἰδοὺ ἡμέραι ἔρχονται, λέγει κύριος,
  καὶ ἀναστήσω τῷ Δαυιδ ἀνατολὴν[23] δικαίαν,
καὶ βασιλεύσει[24] βασιλεὺς καὶ συνήσει[25]
  καὶ ποιήσει κρίμα[26] καὶ δικαιοσύνην ἐπὶ τῆς γῆς.
6 ἐν ταῖς ἡμέραις αὐτοῦ σωθήσεται Ιουδας,
  καὶ Ισραηλ κατασκηνώσει[27] πεποιθώς,
καὶ τοῦτο τὸ ὄνομα αὐτοῦ,
  ὃ καλέσει αὐτὸν κύριος Ιωσεδεκ.

9 Ἐν τοῖς προφήταις συνετρίβη[28] ἡ καρδία μου,
  ἐν ἐμοὶ ἐσαλεύθη[29] πάντα τὰ ὀστᾶ[30] μου,
ἐγενήθην ὡς ἀνὴρ συντετριμμένος[31]
  καὶ ὡς ἄνθρωπος συνεχόμενος[32] ἀπὸ οἴνου
ἀπὸ προσώπου κυρίου
  καὶ ἀπὸ προσώπου εὐπρεπείας[33] δόξης αὐτοῦ.

1 ὦ, Oh!
2 ποιμήν, shepherd
3 διασκορπίζω, *pres act ptc nom p m*, scatter
4 νομή, pasture
5 ὅδε, this
6 ποιμαίνω, *pres act ptc acc p m*, tend (flocks), shepherd
7 διασκορπίζω, *aor act ind 2p*, scatter
8 ἐξωθέω, *aor act impv 2p*, drive out
9 ἐπισκέπτομαι, *aor mid ind 2p*, inspect, visit
10 ἐκδικέω, *pres act ind 1s*, punish
11 ἐπιτήδευμα, habits, way of living
12 εἰσδέχομαι, *fut mid ind 1s*, receive
13 κατάλοιπος, remnant
14 οὗ, where
15 ἐξωθέω, *aor act ind 1s*, drive out
16 καθίστημι, *fut act ind 1s*, place, set
17 νομή, pasture
18 αὐξάνω, *fut pas ind 3p*, increase
19 πληθύνω, *fut pas ind 3p*, multiply
20 ποιμήν, shepherd
21 ποιμαίνω, *fut act ind 3p*, tend (flocks), shepherd
22 πτοέω, *fut pas ind 3p*, terrify
23 ἀνατολή, rising (one), dawn
24 βασιλεύω, *fut act ind 3s*, reign as king
25 συνίημι, *fut act ind 3s*, understand
26 κρίμα, judgment
27 κατασκηνόω, *fut act ind 3s*, settle, dwell
28 συντρίβω, *aor pas ind 3s*, crush
29 σαλεύω, *aor pas ind 3s*, shake
30 ὀστέον, bone
31 συντρίβω, *perf pas ptc nom s m*, crush
32 συνέχω, *pres pas ptc nom s m*, control, overcome
33 εὐπρέπεια, dignity

10 ὅτι ἀπὸ προσώπου τούτων ἐπένθησεν[1] ἡ γῆ,
ἐξηράνθησαν[2] αἱ νομαὶ[3] τῆς ἐρήμου,
καὶ ἐγένετο ὁ δρόμος[4] αὐτῶν πονηρός
καὶ ἡ ἰσχὺς[5] αὐτῶν οὐχ οὕτως.
11 ὅτι ἱερεὺς καὶ προφήτης ἐμολύνθησαν[6]
καὶ ἐν τῷ οἴκῳ μου εἶδον πονηρίας[7] αὐτῶν.

12 διὰ τοῦτο γενέσθω ἡ ὁδὸς αὐτῶν αὐτοῖς εἰς ὀλίσθημα[8] ἐν γνόφῳ,[9]
καὶ ὑποσκελισθήσονται[10] καὶ πεσοῦνται ἐν αὐτῇ·
διότι[11] ἐπάξω[12] ἐπ᾽ αὐτοὺς κακὰ ἐν ἐνιαυτῷ[13] ἐπισκέψεως[14] αὐτῶν,
φησὶν[15] κύριος.
13 καὶ ἐν τοῖς προφήταις Σαμαρείας εἶδον ἀνομήματα·[16]
ἐπροφήτευσαν[17] διὰ τῆς Βααλ καὶ ἐπλάνησαν τὸν λαόν μου Ισραηλ.
14 καὶ ἐν τοῖς προφήταις Ιερουσαλημ ἑώρακα φρικτά,[18]
μοιχωμένους[19] καὶ πορευομένους ἐν ψεύδεσι[20]
καὶ ἀντιλαμβανομένους[21] χειρῶν πονηρῶν
τοῦ μὴ ἀποστραφῆναι[22] ἕκαστον ἀπὸ τῆς ὁδοῦ αὐτοῦ τῆς πονηρᾶς·
ἐγενήθησάν μοι πάντες ὡς Σοδομα
καὶ οἱ κατοικοῦντες αὐτὴν ὥσπερ[23] Γομορρα.
15 διὰ τοῦτο τάδε[24] λέγει κύριος
Ἰδοὺ ἐγὼ ψωμιῶ[25] αὐτοὺς ὀδύνην[26]
καὶ ποτιῶ[27] αὐτοὺς ὕδωρ πικρόν,[28]
ὅτι ἀπὸ τῶν προφητῶν Ιερουσαλημ ἐξῆλθεν μολυσμὸς[29] πάσῃ τῇ γῇ.

16 οὕτως λέγει κύριος παντοκράτωρ[30] Μὴ ἀκούετε τοὺς λόγους τῶν προφητῶν, ὅτι
ματαιοῦσιν[31] ἑαυτοῖς ὅρασιν,[32] ἀπὸ καρδίας αὐτῶν λαλοῦσιν καὶ οὐκ ἀπὸ στόματος
κυρίου. **17** λέγουσιν τοῖς ἀπωθουμένοις[33] τὸν λόγον κυρίου Εἰρήνη ἔσται ὑμῖν· καὶ

1 πενθέω, *aor act ind 3s*, mourn
2 ξηραίνω, *aor pas ind 3p*, dry up, wither
3 νομή, pasture
4 δρόμος, course
5 ἰσχύς, strength
6 μολύνω, *aor pas ind 3p*, defile
7 πονηρία, evil, iniquity
8 ὀλίσθημα, slipping, falling
9 γνόφος, darkness
10 ὑποσκελίζω, *fut pas ind 3p*, trip
11 διότι, for
12 ἐπάγω, *fut act ind 1s*, bring upon
13 ἐνιαυτός, year
14 ἐπίσκεψις, visitation (in judgment)
15 φημί, *pres act ind 3s*, say
16 ἀνόμημα, transgression
17 προφητεύω, *aor act ind 3p*, prophesy
18 φρικτός, shocking, horrible
19 μοιχάομαι, *pres mid ptc acc p m*, commit adultery
20 ψεῦδος, lie, falsehood
21 ἀντιλαμβάνομαι, *pres mid ptc acc p m*, take hold of, support
22 ἀποστρέφω, *aor pas inf*, turn back
23 ὥσπερ, just as
24 ὅδε, this
25 ψωμίζω, *fut act ind 1s*, feed, nourish
26 ὀδύνη, pain, grief
27 ποτίζω, *fut act ind 1s*, give drink
28 πικρός, bitter
29 μολυσμός, defilement
30 παντοκράτωρ, almighty
31 ματαιόω, *pres act ind 3p*, render useless
32 ὅρασις, vision
33 ἀπωθέω, *pres mid ptc dat p m*, drive out

πᾶσιν τοῖς πορευομένοις τοῖς θελήμασιν[1] αὐτῶν, παντὶ τῷ πορευομένῳ πλάνῃ[2] καρδίας αὐτοῦ εἶπαν Οὐχ ἥξει[3] ἐπὶ σὲ κακά.

18 ὅτι τίς ἔστη ἐν ὑποστήματι[4] κυρίου
καὶ εἶδεν τὸν λόγον αὐτοῦ;
τίς ἐνωτίσατο[5] καὶ ἤκουσεν;
19 ἰδοὺ σεισμὸς[6] παρὰ κυρίου καὶ ὀργὴ ἐκπορεύεται εἰς συσσεισμόν,[7]
συστρεφομένη[8] ἐπὶ τοὺς ἀσεβεῖς[9] ἥξει.[10]
20 καὶ οὐκέτι ἀποστρέψει[11] ὁ θυμὸς[12] κυρίου,
ἕως ἂν ποιήσῃ αὐτὸ
καὶ ἕως ἂν ἀναστήσῃ αὐτὸ
ἀπὸ ἐγχειρήματος[13] καρδίας αὐτοῦ·
ἐπ᾽ ἐσχάτου τῶν ἡμερῶν νοήσουσιν[14] αὐτά.

21 οὐκ ἀπέστελλον τοὺς προφήτας, καὶ αὐτοὶ ἔτρεχον·[15]
οὐκ ἐλάλησα πρὸς αὐτούς, καὶ αὐτοὶ ἐπροφήτευον.[16]
22 καὶ εἰ ἔστησαν ἐν τῇ ὑποστάσει[17] μου
καὶ εἰσήκουσαν[18] τῶν λόγων μου,
καὶ τὸν λαόν μου ἂν ἀπέστρεφον[19] αὐτοὺς
ἀπὸ τῶν πονηρῶν ἐπιτηδευμάτων[20] αὐτῶν.

23 θεὸς ἐγγίζων ἐγώ εἰμι, λέγει κύριος,
καὶ οὐχὶ θεὸς πόρρωθεν.[21]
24 εἰ κρυβήσεται[22] ἄνθρωπος ἐν κρυφαίοις,[23]
καὶ ἐγὼ οὐκ ὄψομαι αὐτόν;
μὴ οὐχὶ τὸν οὐρανὸν καὶ τὴν γῆν ἐγὼ πληρῶ;
λέγει κύριος.

25 ἤκουσα ἃ λαλοῦσιν οἱ προφῆται, ἃ προφητεύουσιν[24] ἐπὶ τῷ ὀνόματί μου ψευδῆ[25]
λέγοντες Ἠνυπνιασάμην[26] ἐνύπνιον. **26** ἕως πότε[27] ἔσται ἐν καρδίᾳ τῶν προφητῶν

1 θέλημα, will, desire
2 πλάνη, error, deceit
3 ἥκω, *fut act ind 3s*, come
4 ὑπόστημα, support
5 ἐνωτίζομαι, *aor mid ind 3s*, hearken
6 σεισμός, earthquake
7 συσσεισμός, upheaval
8 συστρέφω, *pres mid ptc nom s f*, gather, amass
9 ἀσεβής, ungodly
10 ἥκω, *fut act ind 3s*, come
11 ἀποστρέφω, *fut act ind 3s*, turn back
12 θυμός, wrath
13 ἐγχείρημα, undertaking
14 νοέω, *fut act ind 3p*, perceive, comprehend
15 τρέχω, *impf act ind 3p*, run
16 προφητεύω, *impf act ind 3p*, prophesy
17 ὑπόστασις, support
18 εἰσακούω, *aor act ind 3p*, listen, obey
19 ἀποστρέφω, *impf act ind 3p*, turn back
20 ἐπιτήδευμα, habits, way of living
21 πόρρωθεν, far away
22 κρύπτω, *fut pas ind 3s*, hide
23 κρυφαῖος, secret (place)
24 προφητεύω, *pres act ind 3p*, prophesy
25 ψευδής, lie, falsehood
26 ἐνυπνιάζομαι, *aor mid ind 1s*, dream
27 πότε, when

τῶν προφητευόντων[1] ψευδῆ[2] καὶ ἐν τῷ προφητεύειν[3] αὐτοὺς τὰ θελήματα[4] καρδίας
αὐτῶν; **27** τῶν λογιζομένων τοῦ ἐπιλαθέσθαι[5] τοῦ νόμου μου ἐν τοῖς ἐνυπνίοις
αὐτῶν, ἃ διηγοῦντο[6] ἕκαστος τῷ πλησίον[7] αὐτοῦ, καθάπερ[8] ἐπελάθοντο[9] οἱ πατέρες
αὐτῶν τοῦ ὀνόματός μου ἐν τῇ Βααλ.

28 ὁ προφήτης, ἐν ᾧ τὸ ἐνύπνιόν ἐστιν, διηγησάσθω[10] τὸ ἐνύπνιον αὐτοῦ, καὶ ἐν ᾧ
ὁ λόγος μου πρὸς αὐτόν, διηγησάσθω τὸν λόγον μου ἐπ᾽ ἀληθείας. τί τὸ ἄχυρον[11]
πρὸς τὸν σῖτον;[12] οὕτως οἱ λόγοι μου, λέγει κύριος· **29** οὐχὶ οἱ λόγοι μου ὥσπερ[13] πῦρ
φλέγον,[14] λέγει κύριος, καὶ ὡς πέλυξ[15] κόπτων[16] πέτραν;[17] **30** διὰ τοῦτο ἰδοὺ ἐγὼ πρὸς
τοὺς προφήτας, λέγει κύριος ὁ θεός, τοὺς κλέπτοντας[18] τοὺς λόγους μου ἕκαστος
παρὰ τοῦ πλησίον[19] αὐτοῦ. **31** ἰδοὺ ἐγὼ πρὸς τοὺς προφήτας τοὺς ἐκβάλλοντας
προφητείας[20] γλώσσης καὶ νυστάζοντας[21] νυσταγμὸν[22] ἑαυτῶν. **32** ἰδοὺ ἐγὼ πρὸς
τοὺς προφήτας τοὺς προφητεύοντας[23] ἐνύπνια ψευδῆ[24] καὶ διηγοῦντο[25] αὐτὰ καὶ
ἐπλάνησαν τὸν λαόν μου ἐν τοῖς ψεύδεσιν[26] αὐτῶν καὶ ἐν τοῖς πλάνοις[27] αὐτῶν
καὶ ἐγὼ οὐκ ἀπέστειλα αὐτοὺς καὶ οὐκ ἐνετειλάμην[28] αὐτοῖς καὶ ὠφέλειαν[29] οὐκ
ὠφελήσουσιν[30] τὸν λαὸν τοῦτον.

33 Καὶ ἐὰν ἐρωτήσωσί[31] σε ὁ λαὸς οὗτος ἢ ἱερεὺς ἢ προφήτης λέγων Τί τὸ λῆμμα[32]
κυρίου; καὶ ἐρεῖς αὐτοῖς Ὑμεῖς ἐστε τὸ λῆμμα, καὶ ῥάξω[33] ὑμᾶς, λέγει κύριος. **34** καὶ
ὁ προφήτης καὶ ὁ ἱερεὺς καὶ ὁ λαός, οἳ ἂν εἴπωσιν Λῆμμα[34] κυρίου, καὶ ἐκδικήσω[35]
τὸν ἄνθρωπον ἐκεῖνον καὶ τὸν οἶκον αὐτοῦ. **35** ὅτι οὕτως ἐρεῖτε ἕκαστος πρὸς
τὸν πλησίον[36] αὐτοῦ καὶ ἕκαστος πρὸς τὸν ἀδελφὸν αὐτοῦ Τί ἀπεκρίθη κύριος,
καὶ Τί ἐλάλησεν κύριος; **36** καὶ Λῆμμα[37] κυρίου μὴ ὀνομάζετε[38] ἔτι, ὅτι τὸ λῆμμα

1 προφητεύω, *pres act ptc gen p m*, prophesy
2 ψευδής, lie, falsehood
3 προφητεύω, *pres act inf*, prophesy
4 θέλημα, will, desire
5 ἐπιλανθάνω, *aor mid inf*, forget
6 διηγέομαι, *impf mid ind 3p*, describe in detail
7 πλησίον, companion
8 καθάπερ, just as
9 ἐπιλανθάνω, *aor mid ind 3p*, forget
10 διηγέομαι, *aor mid impv 3s*, describe in detail
11 ἄχυρον, chaff
12 σῖτος, grain
13 ὥσπερ, just as
14 φλέγω, *pres act ptc nom s n*, burn, flame up
15 πέλυξ, axe
16 κόπτω, *pres act ptc nom s m*, cut
17 πέτρα, rock
18 κλέπτω, *pres act ptc acc p m*, steal
19 πλησίον, companion
20 προφητεία, prophecy
21 νυστάζω, *pres act ptc acc p m*, doze, sleep
22 νυσταγμός, dozing, slumber
23 προφητεύω, *pres act ptc acc p m*, prophesy
24 ψευδής, lying, false
25 διηγέομαι, *impf mid ind 3p*, describe in detail
26 ψεῦδος, lie, falsehood
27 πλάνος, error
28 ἐντέλλομαι, *aor mid ind 1s*, command, instruct
29 ὠφέλεια, profit, benefit
30 ὠφελέω, *fut act ind 3p*, profit, benefit
31 ἐρωτάω, *aor act sub 3p*, inquire of
32 λῆμμα, argument, (oracle)
33 ῥάσσω, *fut act ind 1s*, strike
34 λῆμμα, argument, (oracle)
35 ἐκδικέω, *fut act ind 1s*, punish
36 πλησίον, companion
37 λῆμμα, argument, (oracle)
38 ὀνομάζω, *pres act impv 2p*, name

τῷ ἀνθρώπῳ ἔσται ὁ λόγος αὐτοῦ· **37** καὶ διὰ τί ἐλάλησεν κύριος ὁ θεὸς ἡμῶν;
38 διὰ τοῦτο τάδε[1] λέγει κύριος ὁ θεός Ἀνθ᾽ ὧν[2] εἴπατε τὸν λόγον τοῦτον Λῆμμα[3]
κυρίου, καὶ ἀπέστειλα πρὸς ὑμᾶς λέγων Οὐκ ἐρεῖτε Λῆμμα κυρίου, **39** διὰ τοῦτο
ἰδοὺ ἐγὼ λαμβάνω καὶ ῥάσσω[4] ὑμᾶς καὶ τὴν πόλιν, ἣν ἔδωκα ὑμῖν καὶ τοῖς πατράσιν
ὑμῶν, **40** καὶ δώσω ἐφ᾽ ὑμᾶς ὀνειδισμὸν[5] αἰώνιον καὶ ἀτιμίαν[6] αἰώνιον, ἥτις οὐκ
ἐπιλησθήσεται.[7]

7 Διὰ τοῦτο ἰδοὺ ἡμέραι ἔρχονται, λέγει κύριος, καὶ οὐκ ἐροῦσιν ἔτι Ζῇ κύριος ὃς
ἀνήγαγεν[8] τὸν οἶκον Ισραηλ ἐκ γῆς Αἰγύπτου, **8** ἀλλά Ζῇ κύριος ὃς συνήγαγεν
ἅπαν[9] τὸ σπέρμα Ισραηλ ἀπὸ γῆς βορρᾶ[10] καὶ ἀπὸ πασῶν τῶν χωρῶν,[11] οὗ[12] ἐξῶσεν[13]
αὐτοὺς ἐκεῖ, καὶ ἀπεκατέστησεν[14] αὐτοὺς εἰς τὴν γῆν αὐτῶν.

Good and Bad Figs

24 Ἔδειξέν μοι κύριος δύο καλάθους[15] σύκων[16] κειμένους[17] κατὰ πρόσωπον
ναοῦ κυρίου μετὰ τὸ ἀποικίσαι[18] Ναβουχοδονοσορ βασιλέα Βαβυλῶνος τὸν
Ιεχονιαν υἱὸν Ιωακιμ βασιλέα Ιουδα καὶ τοὺς ἄρχοντας καὶ τοὺς τεχνίτας[19] καὶ τοὺς
δεσμώτας[20] καὶ τοὺς πλουσίους[21] ἐξ Ιερουσαλημ καὶ ἤγαγεν αὐτοὺς εἰς Βαβυλῶνα·
2 ὁ κάλαθος[22] ὁ εἷς σύκων[23] χρηστῶν[24] σφόδρα[25] ὡς τὰ σῦκα τὰ πρόιμα,[26] καὶ ὁ
κάλαθος ὁ ἕτερος σύκων πονηρῶν σφόδρα, ἃ οὐ βρωθήσεται[27] ἀπὸ πονηρίας[28]
αὐτῶν. **3** καὶ εἶπεν κύριος πρός με Τί σὺ ὁρᾷς, Ιερεμια; καὶ εἶπα Σῦκα·[29] τὰ χρηστὰ[30]
χρηστὰ λίαν,[31] καὶ τὰ πονηρ πονηρὰ λίαν, ἃ οὐ βρωθήσεται[32] ἀπὸ πονηρίας[33] αὐτῶν.

4 καὶ ἐγένετο λόγος κυρίου πρός με λέγων **5** Τάδε[34] λέγει κύριος ὁ θεὸς Ισ-
ραηλ Ὡς τὰ σῦκα[35] τὰ χρηστὰ[36] ταῦτα, οὕτως ἐπιγνώσομαι τοὺς ἀποικισθέντας[37]
Ιουδα, οὓς ἐξαπέσταλκα[38] ἐκ τοῦ τόπου τούτου εἰς γῆν Χαλδαίων εἰς ἀγαθά. **6** καὶ

1 ὅδε, this
2 ἀνθ᾽ ὧν, because
3 λῆμμα, argument, (oracle)
4 ῥάσσω, *pres act ind 1s*, strike
5 ὀνειδισμός, reproach
6 ἀτιμία, dishonor, disgrace
7 ἐπιλανθάνω, *fut pas ind 3s*, forget
8 ἀνάγω, *aor act ind 3s*, bring up
9 ἅπας, all
10 βορρᾶς, north
11 χώρα, land, country
12 οὗ, where
13 ἐξωθέω, *aor act ind 3s*, drive out
14 ἀποκαθίστημι, *aor act ind 3s*, restore, return to
15 κάλαθος, basket
16 σῦκον, fig
17 κεῖμαι, *pres pas ptc acc p m*, set, place
18 ἀποικίζω, *aor act inf*, carry into exile
19 τεχνίτης, craftsman
20 δεσμώτης, captive, prisoner
21 πλούσιος, wealthy
22 κάλαθος, basket
23 σῦκον, fig
24 χρηστός, good, fine
25 σφόδρα, exceedingly
26 πρόϊμος, early, (first-ripened)
27 βιβρώσκω, *fut pas ind 3s*, eat
28 πονηρία, badness
29 σῦκον, fig
30 χρηστός, good, fine
31 λίαν, very
32 βιβρώσκω, *fut pas ind 3s*, eat
33 πονηρία, badness
34 ὅδε, this
35 σῦκον, fig
36 χρηστός, good, fine
37 ἀποικίζω, *aor pas ptc acc p m*, carry into exile
38 ἐξαποστέλλω, *perf act ind 1s*, send away

στηριῶ[1] τοὺς ὀφθαλμούς μου ἐπ᾽ αὐτοὺς εἰς ἀγαθὰ καὶ ἀποκαταστήσω[2] αὐτοὺς
εἰς τὴν γῆν ταύτην εἰς ἀγαθὰ καὶ ἀνοικοδομήσω[3] αὐτοὺς καὶ οὐ μὴ καθελῶ[4] καὶ
καταφυτεύσω[5] αὐτοὺς καὶ οὐ μὴ ἐκτίλω·[6] **7** καὶ δώσω αὐτοῖς καρδίαν τοῦ εἰδέναι
αὐτοὺς ἐμὲ ὅτι ἐγώ εἰμι κύριος, καὶ ἔσονταί μοι εἰς λαόν, καὶ ἐγὼ ἔσομαι αὐτοῖς εἰς
θεόν, ὅτι ἐπιστραφήσονται ἐπ᾽ ἐμὲ ἐξ ὅλης τῆς καρδίας αὐτῶν.

8 καὶ ὡς τὰ σῦκα[7] τὰ πονηρά, ἃ οὐ βρωθήσεται[8] ἀπὸ πονηρίας[9] αὐτῶν, τάδε[10] λέγει
κύριος, οὕτως παραδώσω τὸν Σεδεκιαν βασιλέα Ιουδα καὶ τοὺς μεγιστᾶνας[11] αὐτοῦ
καὶ τὸ κατάλοιπον[12] Ιερουσαλημ τοὺς ὑπολελειμμένους[13] ἐν τῇ γῇ ταύτῃ καὶ τοὺς
κατοικοῦντας ἐν Αἰγύπτῳ· **9** καὶ δώσω αὐτοὺς εἰς διασκορπισμὸν[14] εἰς πάσας τὰς
βασιλείας τῆς γῆς, καὶ ἔσονται εἰς ὀνειδισμὸν[15] καὶ εἰς παραβολὴν[16] καὶ εἰς μῖσος[17]
καὶ εἰς κατάραν[18] ἐν παντὶ τόπῳ, οὗ[19] ἐξῶσα[20] αὐτοὺς ἐκεῖ· **10** καὶ ἀποστελῶ εἰς
αὐτοὺς τὸν λιμὸν[21] καὶ τὸν θάνατον καὶ τὴν μάχαιραν,[22] ἕως ἂν ἐκλίπωσιν[23] ἀπὸ
τῆς γῆς, ἧς ἔδωκα αὐτοῖς.

Seventy Years of Captivity

25 Ὁ λόγος ὁ γενόμενος πρὸς Ιερεμιαν ἐπὶ πάντα τὸν λαὸν Ιουδα ἐν τῷ
ἔτει τῷ τετάρτῳ[24] τοῦ Ιωακιμ υἱοῦ Ιωσια βασιλέως Ιουδα, **2** ὃν ἐλάλησεν
πρὸς πάντα τὸν λαὸν Ιουδα καὶ πρὸς τοὺς κατοικοῦντας Ιερουσαλημ λέγων
3 Ἐν τρισκαιδεκάτῳ[25] ἔτει Ιωσια υἱοῦ Αμως βασιλέως Ιουδα καὶ ἕως τῆς ἡμέρας
ταύτης εἴκοσι[26] καὶ τρία ἔτη καὶ ἐλάλησα πρὸς ὑμᾶς ὀρθρίζων[27] καὶ λέγων **4** καὶ
ἀπέστελλον πρὸς ὑμᾶς τοὺς δούλους μου τοὺς προφήτας ὄρθρου[28] ἀποστέλλων,
καὶ οὐκ εἰσηκούσατε[29] καὶ οὐ προσέσχετε[30] τοῖς ὠσὶν ὑμῶν, **5** λέγων Ἀποστράφητε[31]
ἕκαστος ἀπὸ τῆς ὁδοῦ αὐτοῦ τῆς πονηρᾶς καὶ ἀπὸ τῶν πονηρῶν ἐπιτηδευμάτων[32]
ὑμῶν, καὶ κατοικήσετε ἐπὶ τῆς γῆς, ἧς ἔδωκα ὑμῖν καὶ τοῖς πατράσιν ὑμῶν ἀπ᾽ αἰῶνος
καὶ ἕως αἰῶνος· **6** μὴ πορεύεσθε ὀπίσω θεῶν ἀλλοτρίων[33] τοῦ δουλεύειν[34] αὐτοῖς καὶ

1 στηρίζω, *fut act ind 1s*, fix
2 ἀποκαθίστημι, *fut act ind 1s*, establish, restore
3 ἀνοικοδομέω, *fut act ind 1s*, rebuild
4 καθαιρέω, *aor act sub 1s*, tear down, destroy
5 καταφυτεύω, *fut act ind 1s*, plant
6 ἐκτίλλω, *aor act sub 1s*, pluck up
7 σῦκον, fig
8 βιβρώσκω, *fut pas ind 3s*, eat
9 πονηρία, badness
10 ὅδε, this
11 μεγιστάν, nobleman
12 κατάλοιπος, remnant
13 ὑπολείπω, *perf pas ptc acc p m*, leave behind
14 διασκορπισμός, scattering, dispersion
15 ὀνειδισμός, reproach
16 παραβολή, taunt, mocking speech
17 μῖσος, hated (thing)
18 κατάρα, curse, imprecation
19 οὗ, where
20 ἐξωθέω, *aor act ind 1s*, drive out
21 λιμός, famine
22 μάχαιρα, sword
23 ἐκλείπω, *aor act sub 3p*, cease, fail
24 τέταρτος, fourth
25 τρισκαιδέκατος, thirteenth
26 εἴκοσι, twenty
27 ὀρθρίζω, *pres act ptc nom s m*, seek eagerly
28 ὄρθρος, persistently
29 εἰσακούω, *aor act ind 2p*, listen, obey
30 προσέχω, *aor act ind 2p*, pay attention
31 ἀποστρέφω, *aor pas impv 2p*, turn away
32 ἐπιτήδευμα, habits, way of living
33 ἀλλότριος, strange, foreign
34 δουλεύω, *pres act inf*, serve

τοῦ προσκυνεῖν αὐτοῖς, ὅπως μὴ παροργίζητέ[1] με ἐν τοῖς ἔργοις τῶν χειρῶν ὑμῶν
τοῦ κακῶσαι[2] ὑμᾶς. **7** καὶ οὐκ ἠκούσατέ μου.

8 διὰ τοῦτο τάδε[3] λέγει κύριος Ἐπειδὴ[4] οὐκ ἐπιστεύσατε τοῖς λόγοις μου, **9** ἰδοὺ
ἐγὼ ἀποστέλλω καὶ λήμψομαι τὴν πατριὰν[5] ἀπὸ βορρᾶ[6] καὶ ἄξω αὐτοὺς ἐπὶ τὴν
γῆν ταύτην καὶ ἐπὶ τοὺς κατοικοῦντας αὐτὴν καὶ ἐπὶ πάντα τὰ ἔθνη τὰ κύκλῳ[7]
αὐτῆς καὶ ἐξερημώσω[8] αὐτοὺς καὶ δώσω αὐτοὺς εἰς ἀφανισμὸν[9] καὶ εἰς συριγμὸν[10]
καὶ εἰς ὀνειδισμὸν[11] αἰώνιον· **10** καὶ ἀπολῶ ἀπ' αὐτῶν φωνὴν χαρᾶς[12] καὶ φωνὴν
εὐφροσύνης,[13] φωνὴν νυμφίου[14] καὶ φωνὴν νύμφης,[15] ὀσμὴν[16] μύρου[17] καὶ φῶς
λύχνου.[18] **11** καὶ ἔσται πᾶσα ἡ γῆ εἰς ἀφανισμόν,[19] καὶ δουλεύσουσιν[20] ἐν τοῖς ἔθνεσιν
ἑβδομήκοντα[21] ἔτη. **12** καὶ ἐν τῷ πληρωθῆναι τὰ ἑβδομήκοντα[22] ἔτη ἐκδικήσω[23] τὸ
ἔθνος ἐκεῖνο, φησὶν[24] κύριος, καὶ θήσομαι αὐτοὺς εἰς ἀφανισμὸν[25] αἰώνιον· **13** καὶ
ἐπάξω[26] ἐπὶ τὴν γῆν ἐκείνην πάντας τοὺς λόγους μου, οὓς ἐλάλησα κατ' αὐτῆς,
πάντα τὰ γεγραμμένα ἐν τῷ βιβλίῳ τούτῳ.

Warnings about Elam, Egypt, and Babylon

14 Ἃ ἐπροφήτευσεν[27] Ιερεμιας ἐπὶ τὰ ἔθνη τὰ Αιλαμ.

15 Τάδε[28] λέγει κύριος Συντριβήτω[29] τὸ τόξον[30] Αιλαμ, ἀρχὴ δυναστείας[31] αὐτῶν.
16 καὶ ἐπάξω[32] ἐπὶ Αιλαμ τέσσαρας[33] ἀνέμους[34] ἐκ τῶν τεσσάρων ἄκρων[35] τοῦ οὐ-
ρανοῦ καὶ διασπερῶ[36] αὐτοὺς ἐν πᾶσιν τοῖς ἀνέμοις τούτοις, καὶ οὐκ ἔσται ἔθνος,
ὃ οὐχ ἥξει[37] ἐκεῖ οἱ ἐξωσμένοι[38] Αιλαμ. **17** καὶ πτοήσω[39] αὐτοὺς ἐναντίον[40] τῶν
ἐχθρῶν αὐτῶν τῶν ζητούντων τὴν ψυχὴν αὐτῶν καὶ ἐπάξω[41] ἐπ' αὐτοὺς κακὰ κατὰ

1 παροργίζω, *pres act sub 2p*, provoke to anger
2 κακόω, *aor act inf*, harm, mistreat
3 ὅδε, this
4 ἐπειδή, since, because
5 πατριά, paternal lineage, house
6 βορρᾶς, north
7 κύκλῳ, round about
8 ἐξερημόω, *fut act ind 1s*, make desolate
9 ἀφανισμός, (place of) destruction
10 συριγμός, (place of) hissing
11 ὀνειδισμός, reproach
12 χαρά, joy
13 εὐφροσύνη, joy, gladness
14 νυμφίος, bridegroom
15 νύμφη, bride
16 ὀσμή, scent
17 μύρον, perfume, unguent
18 λύχνος, lamp
19 ἀφανισμός, (place of) destruction
20 δουλεύω, *fut act ind 3p*, serve
21 ἑβδομήκοντα, seventy
22 ἑβδομήκοντα, seventy
23 ἐκδικέω, *fut act ind 1s*, punish
24 φημί, *pres act ind 3s*, say
25 ἀφανισμός, (place of) destruction
26 ἐπάγω, *fut act ind 1s*, bring upon
27 προφητεύω, *aor act ind 3s*, prophesy
28 ὅδε, this
29 συντρίβω, *aor pas impv 3s*, crush
30 τόξον, bow
31 δυναστεία, dominion
32 ἐπάγω, *fut act ind 1s*, bring upon
33 τέσσαρες, four
34 ἄνεμος, wind
35 ἄκρος, end, extremity
36 διασπείρω, *fut act ind 1s*, scatter
37 ἥκω, *fut act ind 3s*, come
38 ἐξωθέω, *perf pas ptc nom p m*, drive out
39 πτοέω, *fut act ind 1s*, terrify
40 ἐναντίον, before
41 ἐπάγω, *fut act ind 1s*, bring upon

τὴν ὀργὴν τοῦ θυμοῦ[1] μου καὶ ἐπαποστελῶ[2] ὀπίσω αὐτῶν τὴν μάχαιράν[3] μου ἕως
τοῦ ἐξαναλῶσαι[4] αὐτούς. **18** καὶ θήσω τὸν θρόνον μου ἐν Αιλαμ καὶ ἐξαποστελῶ[5]
ἐκεῖθεν[6] βασιλέα καὶ μεγιστᾶνας.[7] **19** καὶ ἔσται ἐπ᾽ ἐσχάτου τῶν ἡμερῶν ἀποστρέψω[8]
τὴν αἰχμαλωσίαν[9] Αιλαμ, λέγει κύριος.

20 ἐν ἀρχῇ βασιλεύοντος[10] Σεδεκιου τοῦ βασιλέως ἐγένετο ὁ λόγος οὗτος περὶ
Αιλαμ.

26 Τῇ Αἰγύπτῳ ἐπὶ δύναμιν Φαραω Νεχαω βασιλέως Αἰγύπτου, ὃς ἦν ἐπὶ τῷ
ποταμῷ[11] Εὐφράτῃ ἐν Χαρχαμις, ὃν ἐπάταξε[12] Ναβουχοδονοσορ βασιλεὺς
Βαβυλῶνος ἐν τῷ ἔτει τῷ τετάρτῳ[13] Ιωακιμ βασιλέως Ιουδα.

3 Ἀναλάβετε[14] ὅπλα[15] καὶ ἀσπίδας[16]
καὶ προσαγάγετε[17] εἰς πόλεμον·
4 ἐπισάξατε[18] τοὺς ἵππους[19] ἐπίβητε,[20] οἱ ἱππεῖς,[21]
καὶ κατάστητε[22] ἐν ταῖς περικεφαλαίαις[23] ὑμῶν·
προβάλετε[24] τὰ δόρατα[25] καὶ ἐνδύσασθε[26] τοὺς θώρακας[27] ὑμῶν.
5 τί ὅτι αὐτοὶ πτοοῦνται[28] καὶ ἀποχωροῦσιν[29] ὀπίσω;
διότι[30] οἱ ἰσχυροὶ[31] αὐτῶν κοπήσονται.[32]
φυγῇ[33] ἔφυγον[34] καὶ οὐκ ἀνέστρεψαν[35] περιεχόμενοι[36] κυκλόθεν,[37]
λέγει κύριος.
6 μὴ φευγέτω[38] ὁ κοῦφος,[39] καὶ μὴ ἀνασῳζέσθω[40] ὁ ἰσχυρός·[41]
ἐπὶ βορρᾶν[42] τὰ παρὰ τὸν Εὐφράτην ἠσθένησαν[43] πεπτώκασιν.

1 θυμός, wrath
2 ἐπαποστέλλω, *fut act ind 1s*, send upon
3 μάχαιρα, sword
4 ἐξαναλίσκω, *aor act inf*, utterly destroy
5 ἐξαποστέλλω, *fut act ind 1s*, send forth
6 ἐκεῖθεν, from there
7 μεγιστάν, nobleman
8 ἀποστρέφω, *fut act ind 1s*, return
9 αἰχμαλωσία, group of captives
10 βασιλεύω, *pres act ptc gen s m*, reign as king
11 ποταμός, river
12 πατάσσω, *aor act ind 3s*, strike, smite
13 τέταρτος, fourth
14 ἀναλαμβάνω, *aor act impv 2p*, take up
15 ὅπλον, armor, weapon
16 ἀσπίς, shield
17 προσάγω, *aor act impv 2p*, advance
18 ἐπισάσσω, *aor act impv 2p*, saddle
19 ἵππος, horse
20 ἐπιβαίνω, *aor act impv 2p*, mount up
21 ἱππεύς, horsemen
22 καθίστημι, *aor act impv 2p*, take position
23 περικεφαλαία, helmet
24 προβάλλω, *aor act impv 2p*, thrust forth
25 δόρυ, spear
26 ἐνδύω, *aor mid impv 2p*, put on
27 θώραξ, breastplate
28 πτοέω, *pres pas ind 3p*, terrify
29 ἀποχωρέω, *pres act ind 3p*, retreat, withdraw
30 διότι, for
31 ἰσχυρός, strong
32 κόπτω, *fut pas ind 3p*, strike down
33 φυγή, flight
34 φεύγω, *aor act ind 3p*, flee
35 ἀναστρέφω, *aor act ind 3p*, turn back
36 περιέχω, *pres pas ptc nom p m*, encircle, surround
37 κυκλόθεν, all around
38 φεύγω, *pres act impv 3s*, flee
39 κοῦφος, swift, nimble
40 ἀνασῴζω, *pres mid impv 3s*, escape
41 ἰσχυρός, strong
42 βορρᾶς, north
43 ἀσθενέω, *aor act ind 3p*, weaken

7 τίς οὗτος ὡς ποταμὸς[1] ἀναβήσεται
καὶ ὡς ποταμοὶ κυμαίνουσιν[2] ὕδωρ;
8 ὕδατα Αἰγύπτου ὡσεὶ[3] ποταμὸς[4] ἀναβήσεται καὶ εἶπεν
Ἀναβήσομαι καὶ κατακαλύψω[5] γῆν
καὶ ἀπολῶ κατοικοῦντας ἐν αὐτῇ.
9 ἐπίβητε[6] ἐπὶ τοὺς ἵππους,[7] παρασκευάσατε[8] τὰ ἅρματα·[9]
ἐξέλθατε, οἱ μαχηταὶ[10] Αἰθιόπων
καὶ Λίβυες καθωπλισμένοι[11] ὅπλοις·[12]
καὶ Λυδοί, ἀνάβητε ἐντείνατε[13] τόξον.[14]

10 καὶ ἡ ἡμέρα ἐκείνη κυρίῳ τῷ θεῷ ἡμῶν
ἡμέρα ἐκδικήσεως[15] τοῦ ἐκδικῆσαι[16] τοὺς ἐχθροὺς αὐτοῦ,
καὶ καταφάγεται[17] ἡ μάχαιρα[18] κυρίου
καὶ ἐμπλησθήσεται[19] καὶ μεθυσθήσεται[20] ἀπὸ τοῦ αἵματος αὐτῶν,
ὅτι θυσία[21] τῷ κυρίῳ σαβαωθ[22]
ἀπὸ γῆς βορρᾶ[23] ἐπὶ ποταμῷ[24] Εὐφράτῃ.
11 ἀνάβηθι, Γαλααδ,
καὶ λαβὲ ῥητίνην[25] τῇ παρθένῳ[26] θυγατρὶ[27] Αἰγύπτου·
εἰς κενὸν[28] ἐπλήθυνας[29] ἰάματά[30] σου,
ὠφέλεια[31] οὐκ ἔστιν σοί.
12 ἤκουσαν ἔθνη φωνήν σου,
καὶ τῆς κραυγῆς[32] σου ἐπλήσθη[33] ἡ γῆ,
ὅτι μαχητὴς[34] πρὸς μαχητὴν ἠσθένησεν,[35]
ἐπὶ τὸ αὐτὸ ἔπεσαν ἀμφότεροι.[36]

13 Ἃ ἐλάλησεν κύριος ἐν χειρὶ Ιερεμιου τοῦ ἐλθεῖν Ναβουχοδονοσορ τὸν βασιλέα
Βαβυλῶνος τοῦ κόψαι[37] τὴν γῆν Αἰγύπτου.

1 ποταμός, river
2 κυμαίνω, *pres act ind 3p*, agitate, swell
3 ὡσεί, like, as
4 ποταμός, river
5 κατακαλύπτω, *fut act ind 1s*, cover, flood
6 ἐπιβαίνω, *aor act impv 2p*, mount up
7 ἵππος, horse
8 παρασκευάζω, *aor act impv 2p*, prepare
9 ἅρμα, chariot
10 μαχητής, warrior
11 καθοπλίζω, *perf pas ptc nom p m*, equip, put on armor
12 ὅπλον, armor, weapon
13 ἐντείνω, *aor act impv 2p*, bend
14 τόξον, bow
15 ἐκδίκησις, vengeance
16 ἐκδικέω, *aor act inf*, punish, take vengeance
17 κατεσθίω, *fut mid ind 3s*, devour
18 μάχαιρα, sword
19 ἐμπίμπλημι, *fut pas ind 3s*, fill up
20 μεθύω, *fut pas ind 3s*, become drunk
21 θυσία, sacrifice
22 σαβαωθ, of hosts, *translit.*
23 βορρᾶς, north
24 ποταμός, river
25 ῥητίνη, resin
26 παρθένος, virgin
27 θυγάτηρ, daughter
28 κενός, in vain, for nothing
29 πληθύνω, *aor act ind 2s*, multiply
30 ἴαμα, remedy, medicine
31 ὠφέλεια, benefit
32 κραυγή, outcry
33 πίμπλημι, *aor pas ind 3s*, fill
34 μαχητής, warrior
35 ἀσθενέω, *aor act ind 3s*, weaken
36 ἀμφότεροι, both
37 κόπτω, *aor act inf*, strike, cut down

14 Ἀναγγείλατε[1] εἰς Μάγδωλον καὶ παραγγείλατε[2] εἰς Μέμφιν,
εἴπατε Ἐπίστηθι[3] καὶ ἑτοίμασον,
ὅτι κατέφαγεν[4] μάχαιρα[5] τὴν σμίλακά[6] σου.
15 διὰ τί ἔφυγεν[7] ὁ Ἆπις;
ὁ μόσχος[8] ὁ ἐκλεκτός[9] σου οὐκ ἔμεινεν,[10]
ὅτι κύριος παρέλυσεν[11] αὐτόν.
16 καὶ τὸ πλῆθός σου ἠσθένησεν[12] καὶ ἔπεσεν,
καὶ ἕκαστος πρὸς τὸν πλησίον[13] αὐτοῦ ἐλάλει
Ἀναστῶμεν καὶ ἀναστρέψωμεν[14] πρὸς τὸν λαὸν ἡμῶν
εἰς τὴν πατρίδα[15] ἡμῶν ἀπὸ προσώπου μαχαίρας[16] Ἑλληνικῆς.
17 καλέσατε τὸ ὄνομα Φαραω Νεχαω
βασιλέως Αἰγύπτου Σαων-εσβι-εμωηδ.

18 ζῶ ἐγώ, λέγει κύριος ὁ θεός,
ὅτι ὡς τὸ Ἰταβύριον ἐν τοῖς ὄρεσιν
καὶ ὡς ὁ Κάρμηλος ἐν τῇ θαλάσσῃ ἥξει.[17]
19 σκεύη[18] ἀποικισμοῦ[19] ποίησον σεαυτῇ,
κατοικοῦσα θύγατερ[20] Αἰγύπτου,
ὅτι Μέμφις εἰς ἀφανισμὸν[21] ἔσται
καὶ κληθήσεται οὐαὶ διὰ τὸ μὴ ὑπάρχειν κατοικοῦντας ἐν αὐτῇ.

20 δάμαλις[22] κεκαλλωπισμένη[23] Αἴγυπτος,
ἀπόσπασμα[24] ἀπὸ βορρᾶ[25] ἦλθεν ἐπ᾽ αὐτήν.
21 καὶ οἱ μισθωτοὶ[26] αὐτῆς ἐν αὐτῇ
ὥσπερ μόσχοι[27] σιτευτοὶ[28] τρεφόμενοι[29] ἐν αὐτῇ,
διότι[30] καὶ αὐτοὶ ἀπεστράφησαν[31] καὶ ἔφυγον[32] ὁμοθυμαδόν,[33]
οὐκ ἔστησαν,

1 ἀναγγέλλω, *aor act impv 2p*, declare
2 παραγγέλλω, *aor act impv 2p*, proclaim
3 ἐφίστημι, *aor pas impv 2s*, stand up
4 κατεσθίω, *aor act ind 3s*, devour
5 μάχαιρα, sword
6 σμῖλαξ, bindweed
7 φεύγω, *aor act ind 3s*, flee
8 μόσχος, young bull, calf
9 ἐκλεκτός, choice
10 μένω, *aor act ind 3s*, remain
11 παραλύω, *aor act ind 3s*, disable, enfeeble
12 ἀσθενέω, *aor act ind 3s*, weaken
13 πλησίον, companion
14 ἀναστρέφω, *aor act sub 1p*, return
15 πατρίς, native land
16 μάχαιρα, sword
17 ἥκω, *fut act ind 3s*, come
18 σκεῦος, equipment
19 ἀποικισμός, captivity, exile
20 θυγάτηρ, daughter
21 ἀφανισμός, (place of) destruction
22 δάμαλις, young heifer
23 καλλωπίζω, *perf pas ptc nom s f*, adorn, beautify
24 ἀπόσπασμα, piece, fragment
25 βορρᾶς, north
26 μισθωτός, hired worker, mercenary
27 μόσχος, young calf
28 σιτευτός, fatted
29 τρέφω, *pres pas ptc nom p m*, nourish, feed
30 διότι, for
31 ἀποστρέφω, *aor pas ind 3p*, turn back
32 φεύγω, *aor act ind 3p*, flee
33 ὁμοθυμαδόν, with one accord

ὅτι ἡμέρα ἀπωλείας[1] ἦλθεν ἐπ᾽ αὐτοὺς
καὶ καιρὸς ἐκδικήσεως[2] αὐτῶν.

22 φωνὴ ὡς ὄφεως[3] συρίζοντος,[4] ὅτι ἐν ἄμμῳ[5] πορεύσονται·
ἐν ἀξίναις[6] ἥξουσιν[7] ἐπ᾽ αὐτὴν ὡς κόπτοντες[8] ξύλα.[9]
23 ἐκκόψουσιν[10] τὸν δρυμὸν[11] αὐτῆς,
λέγει κύριος ὁ θεός,
ὅτι οὐ μὴ εἰκασθῇ,[12]
ὅτι πληθύνει[13] ὑπὲρ ἀκρίδα[14] καὶ οὐκ ἔστιν αὐτοῖς ἀριθμός.[15]
24 κατῃσχύνθη[16] θυγάτηρ[17] Αἰγύπτου,
παρεδόθη εἰς χεῖρας λαοῦ ἀπὸ βορρᾶ.[18]

25 ἰδοὺ ἐγὼ ἐκδικῶ[19] τὸν Αμων τὸν υἱὸν αὐτῆς ἐπὶ Φαραω
καὶ ἐπὶ τοὺς πεποιθότας ἐπ᾽ αὐτῷ.
27 σὺ δὲ μὴ φοβηθῇς, δοῦλός μου Ιακωβ,
μηδὲ πτοηθῇς,[20] Ισραηλ,
διότι[21] ἰδοὺ ἐγὼ σῴζων σε μακρόθεν[22]
καὶ τὸ σπέρμα σου ἐκ τῆς αἰχμαλωσίας[23] αὐτῶν,
καὶ ἀναστρέψει[24] Ιακωβ καὶ ἡσυχάσει[25] καὶ ὑπνώσει,[26]
καὶ οὐκ ἔσται ὁ παρενοχλῶν[27] αὐτόν.
28 μὴ φοβοῦ, παῖς[28] μου Ιακωβ, λέγει κύριος,
ὅτι μετὰ σοῦ ἐγώ εἰμι·
ὅτι ποιήσω συντέλειαν[29] ἐν παντὶ ἔθνει,
εἰς οὓς ἐξῶσά[30] σε ἐκεῖ, σὲ δὲ οὐ μὴ ποιήσω ἐκλιπεῖν·[31]
καὶ παιδεύσω[32] σε εἰς κρίμα[33]
καὶ ἀθῷον[34] οὐκ ἀθῳώσω[35] σε.

1 ἀπώλεια, destruction
2 ἐκδίκησις, vengeance
3 ὄφις, serpent
4 συρίζω, *pres act ptc gen s m*, hiss
5 ἄμμος, sand
6 ἀξίνη, axe
7 ἥκω, *fut act ind 3p*, come
8 κόπτω, *pres act ptc nom p m*, cut
9 ξύλον, tree, timber
10 ἐκκόπτω, *fut act ind 3p*, cut down
11 δρυμός, forest
12 εἰκάζω, *aor pas sub 3s*, compare, be like
13 πληθύνω, *pres act ind 3s*, multiply
14 ἀκρίς, locust
15 ἀριθμός, number
16 καταισχύνω, *aor pas ind 3s*, put to shame
17 θυγάτηρ, daughter
18 βορρᾶς, north
19 ἐκδικέω, *pres act ind 1s*, punish, take vengeance
20 πτοέω, *aor pas sub 2s*, terrify
21 διότι, for, because
22 μακρόθεν, from afar
23 αἰχμαλωσία, captivity
24 ἀναστρέφω, *fut act ind 3s*, return
25 ἡσυχάζω, *fut act ind 3s*, have quiet, be restful
26 ὑπνόω, *fut act ind 3s*, sleep
27 παρενοχλέω, *pres act ptc nom s m*, trouble
28 παῖς, servant
29 συντέλεια, end, (destruction)
30 ἐξωθέω, *aor act ind 1s*, drive out
31 ἐκλείπω, *aor act inf*, fail, cease
32 παιδεύω, *fut act ind 1s*, instruct, discipline
33 κρίμα, judgment
34 ἀθῷος, innocent
35 ἀθῳόω, *fut act ind 1s*, declare innocent

Oracles against Babylon

27 Λόγος κυρίου, ὃν ἐλάλησεν ἐπὶ Βαβυλῶνα.

2 Ἀναγγείλατε[1] ἐν τοῖς ἔθνεσιν
καὶ ἀκουστὰ[2] ποιήσατε καὶ μὴ κρύψητε,[3]
εἴπατε Ἑάλωκεν[4] Βαβυλών,
κατῃσχύνθη[5] Βῆλος ἡ ἀπτόητος,[6]
ἡ τρυφερὰ[7] παρεδόθη Μαρωδαχ.

3 ὅτι ἀνέβη ἐπ᾽ αὐτὴν ἔθνος ἀπὸ βορρᾶ·[8]
οὗτος θήσει τὴν γῆν αὐτῆς εἰς ἀφανισμόν,[9]
καὶ οὐκ ἔσται ὁ κατοικῶν ἐν αὐτῇ
ἀπὸ ἀνθρώπου καὶ ἕως κτήνους.[10]

4 ἐν ταῖς ἡμέραις ἐκείναις καὶ ἐν τῷ καιρῷ ἐκείνῳ ἥξουσιν[11] οἱ υἱοὶ Ισραηλ, αὐτοὶ
καὶ οἱ υἱοὶ Ιουδα ἐπὶ τὸ αὐτό· βαδίζοντες[12] καὶ κλαίοντες πορεύσονται τὸν κύριον
θεὸν αὐτῶν ζητοῦντες. **5** ἕως Σιων ἐρωτήσουσιν[13] τὴν ὁδόν, ὧδε[14] γὰρ τὸ πρόσωπον
αὐτῶν δώσουσιν· καὶ ἥξουσιν[15] καὶ καταφεύξονται[16] πρὸς κύριον τὸν θεόν, διαθήκη
γὰρ αἰώνιος οὐκ ἐπιλησθήσεται.[17]

6 πρόβατα ἀπολωλότα ἐγενήθη ὁ λαός μου, οἱ ποιμένες[18] αὐτῶν ἐξῶσαν[19] αὐτούς,
ἐπὶ τὰ ὄρη ἀπεπλάνησαν[20] αὐτούς, ἐξ ὄρους ἐπὶ βουνὸν[21] ᾤχοντο,[22] ἐπελάθοντο[23]
κοίτης[24] αὐτῶν. **7** πάντες οἱ εὑρίσκοντες αὐτοὺς κατανάλισκον[25] αὐτούς, οἱ ἐχθροὶ
αὐτῶν εἶπαν Μὴ ἀνῶμεν[26] αὐτούς· ἀνθ᾽ ὧν[27] ἥμαρτον τῷ κυρίῳ νομῇ[28] δικαιοσύνης
τῷ συναγαγόντι τοὺς πατέρας αὐτῶν.

8 ἀπαλλοτριώθητε[29] ἐκ μέσου Βαβυλῶνος καὶ ἀπὸ γῆς Χαλδαίων καὶ ἐξέλθατε καὶ
γένεσθε ὥσπερ δράκοντες[30] κατὰ πρόσωπον προβάτων. **9** ὅτι ἰδοὺ ἐγὼ ἐγείρω[31]

1 ἀναγγέλλω, *aor act impv 2p*, declare
2 ἀκουστός, heard, audible
3 κρύπτω, *aor act sub 2p*, hide, conceal
4 ἁλίσκομαι, *perf act ind 3s*, be conquered
5 καταισχύνω, *aor pas ind 3s*, put to shame
6 ἀπτόητος, fearless
7 τρυφερός, delicate
8 βορρᾶς, north
9 ἀφανισμός, (place of) destruction
10 κτῆνος, animal, (*p*) herd
11 ἥκω, *fut act ind 3p*, come
12 βαδίζω, *pres act ptc nom p m*, go
13 ἐρωτάω, *fut act ind 3p*, inquire, ask
14 ὧδε, here
15 ἥκω, *fut act ind 3p*, come
16 καταφεύγω, *fut mid ind 3p*, flee for refuge
17 ἐπιλανθάνω, *fut pas ind 3s*, forget
18 ποιμήν, shepherd
19 ἐξωθέω, *aor act ind 3p*, drive out
20 ἀποπλανάω, *aor act ind 3p*, lead astray
21 βουνός, hill
22 οἴχομαι, *impf mid ind 3p*, go, depart
23 ἐπιλανθάνω, *aor mid ind 3p*, forget
24 κοίτη, nest, fold (for livestock)
25 καταναλίσκω, *impf act ind 3p*, devour
26 ἀνίημι, *aor act sub 1p*, release
27 ἀνθ᾽ ὧν, because
28 νομή, pasture
29 ἀπαλλοτριόω, *aor pas impv 2p*, alienate, estrange
30 δράκων, dragon, serpent
31 ἐγείρω, *pres act ind 1s*, stir up, raise up

ἐπὶ Βαβυλῶνα συναγωγὰς ἐθνῶν ἐκ γῆς βορρᾶ,[1] καὶ παρατάξονται[2] αὐτῇ· ἐκεῖθεν[3]
ἁλώσεται,[4] ὡς βολὶς[5] μαχητοῦ[6] συνετοῦ[7] οὐκ ἐπιστρέψει κενή.[8] **10** καὶ ἔσται ἡ Χαλ-
δαία εἰς προνομήν,[9] πάντες οἱ προνομεύοντες[10] αὐτὴν ἐμπλησθήσονται.[11]

11 ὅτι ηὐφραίνεσθε[12] καὶ κατεκαυχᾶσθε[13]
διαρπάζοντες[14] τὴν κληρονομίαν[15] μου,
διότι[16] ἐσκιρτᾶτε[17] ὡς βοΐδια[18] ἐν βοτάνῃ[19]
καὶ ἐκερατίζετε[20] ὡς ταῦροι.[21]
12 ᾐσχύνθη[22] ἡ μήτηρ ὑμῶν σφόδρα,[23]
μήτηρ ἐπ᾽ ἀγαθὰ ἐσχάτη ἐθνῶν ἔρημος.
13 ἀπὸ ὀργῆς κυρίου οὐ κατοικηθήσεται
καὶ ἔσται εἰς ἀφανισμὸν[24] πᾶσα,
καὶ πᾶς ὁ διοδεύων[25] διὰ Βαβυλῶνος σκυθρωπάσει[26]
καὶ συριοῦσιν[27] ἐπὶ πᾶσαν τὴν πληγὴν[28] αὐτῆς.
14 παρατάξασθε[29] ἐπὶ Βαβυλῶνα κύκλῳ,[30] πάντες τείνοντες[31] τόξον·[32]
τοξεύσατε[33] ἐπ᾽ αὐτήν, μὴ φείσησθε[34] ἐπὶ τοῖς τοξεύμασιν[35] ὑμῶν.
15 κατακροτήσατε[36] ἐπ᾽ αὐτήν· παρελύθησαν[37] αἱ χεῖρες αὐτῆς,
ἔπεσαν αἱ ἐπάλξεις[38] αὐτῆς, καὶ κατεσκάφη[39] τὸ τεῖχος[40] αὐτῆς·
ὅτι ἐκδίκησις[41] παρὰ θεοῦ ἐστιν, ἐκδικεῖτε[42] ἐπ᾽ αὐτήν·
καθὼς ἐποίησεν, ποιήσατε αὐτῇ.

1 βορρᾶς, north
2 παρατάσσω, *fut mid ind 3p*, set up in battle formation
3 ἐκεῖθεν, from there
4 ἁλίσκομαι, *fut mid ind 3s*, be conquered
5 βολίς, arrow
6 μαχητής, warrior
7 συνετός, skilled
8 κενός, in vain, empty-handed
9 προνομή, plunder, spoils
10 προνομεύω, *pres act ptc nom p m*, plunder
11 ἐμπίμπλημι, *fut pas ind 3p*, fill up, satisfy
12 εὐφραίνω, *impf mid ind 2p*, rejoice, be glad
13 κατακαυχάομαι, *impf mid ind 2p*, boast
14 διαρπάζω, *pres act ptc nom p m*, take as spoils
15 κληρονομία, inheritance
16 διότι, for
17 σκιρτάω, *impf act ind 2p*, leap, bound
18 βοΐδιον, heifer
19 βοτάνη, pasture
20 κερατίζω, *impf act ind 2p*, strike with horns
21 ταῦρος, bull, ox
22 αἰσχύνω, *aor pas ind 3s*, put to shame
23 σφόδρα, exceedingly
24 ἀφανισμός, (place of) destruction
25 διοδεύω, *pres act ptc nom s m*, travel through
26 σκυθρωπάζω, *fut act ind 3s*, be of sad countenance
27 συρίζω, *fut act ind 3p*, hiss, whistle
28 πληγή, blow, misfortune
29 παρατάσσω, *aor mid impv 2p*, set up in battle formation
30 κύκλῳ, round about
31 τείνω, *pres act ptc nom p m*, stretch out
32 τόξον, bow
33 τοξεύω, *aor act impv 2p*, shoot (with a bow)
34 φείδομαι, *aor mid sub 2p*, refrain, withhold
35 τόξευμα, arrow
36 κατακροτέω, *aor act impv 2p*, applaud
37 παραλύω, *aor pas ind 3p*, enfeeble, weaken
38 ἔπαλξις, bulwark, defense
39 κατασκάπτω, *aor pas ind 3s*, cast down
40 τεῖχος, city wall
41 ἐκδίκησις, vengeance
42 ἐκδικέω, *pres act ind 2p*, punish, take vengeance

16 ἐξολεθρεύσατε[1] σπέρμα ἐκ Βαβυλῶνος,
κατέχοντα[2] δρέπανον[3] ἐν καιρῷ θερισμοῦ·[4]
ἀπὸ προσώπου μαχαίρας[5] Ἑλληνικῆς
ἕκαστος εἰς τὸν λαὸν αὐτοῦ ἀποστρέψουσιν[6]
καὶ ἕκαστος εἰς τὴν γῆν αὐτοῦ φεύξεται.[7]

17 Πρόβατον πλανώμενον Ισραηλ, λέοντες[8] ἐξῶσαν[9] αὐτόν·
ὁ πρῶτος ἔφαγεν αὐτὸν βασιλεὺς Ασσουρ
καὶ οὗτος ὕστερον[10] τὰ ὀστᾶ[11] αὐτοῦ βασιλεὺς Βαβυλῶνος.
18 διὰ τοῦτο τάδε[12] λέγει κύριος
Ἰδοὺ ἐγὼ ἐκδικῶ[13] ἐπὶ τὸν βασιλέα Βαβυλῶνος
καὶ ἐπὶ τὴν γῆν αὐτοῦ,
καθὼς ἐξεδίκησα[14] ἐπὶ τὸν βασιλέα Ασσουρ.
19 καὶ ἀποκαταστήσω[15] τὸν Ισραηλ εἰς τὴν νομὴν[16] αὐτοῦ,
καὶ νεμήσεται[17] ἐν τῷ Καρμήλῳ
καὶ ἐν ὄρει Εφραιμ καὶ ἐν τῷ Γαλααδ,
καὶ πλησθήσεται[18] ἡ ψυχὴ αὐτοῦ.
20 ἐν ταῖς ἡμέραις ἐκείναις καὶ ἐν τῷ καιρῷ ἐκείνῳ
ζητήσουσιν τὴν ἀδικίαν[19] Ισραηλ, καὶ οὐχ ὑπάρξει,
καὶ τὰς ἁμαρτίας Ιουδα, καὶ οὐ μὴ εὑρεθῶσιν,
ὅτι ἵλεως[20] ἔσομαι τοῖς ὑπολελειμμένοις[21] ἐπὶ τῆς γῆς,
λέγει κύριος.

21 Πικρῶς[22] ἐπίβηθι[23] ἐπ᾽ αὐτὴν
καὶ ἐπὶ τοὺς κατοικοῦντας ἐπ᾽ αὐτήν·
ἐκδίκησον,[24] μάχαιρα,[25] καὶ ἀφάνισον,[26] λέγει κύριος,
καὶ ποίει κατὰ πάντα, ὅσα ἐντέλλομαί[27] σοι.

1 ἐξολεθρεύω, *aor act impv 2p*, utterly destroy
2 κατέχω, *pres act ptc acc s m*, wield, take hold
3 δρέπανον, sickle
4 θερισμός, harvest
5 μάχαιρα, sword
6 ἀποστρέφω, *fut act ind 3p*, return
7 φεύγω, *fut mid ind 3s*, flee
8 λέων, lion
9 ἐξωθέω, *aor act ind 3p*, drive out
10 ὕστερον, later, coming afterward
11 ὀστέον, bone
12 ὅδε, this
13 ἐκδικέω, *pres act ind 1s*, punish, take vengeance
14 ἐκδικέω, *aor act ind 1s*, punish, take vengeance
15 ἀποκαθίστημι, *fut act ind 1s*, restore, reestablish
16 νομή, pasture
17 νέμω, *fut mid ind 3s*, graze
18 πίμπλημι, *fut pas ind 3s*, fill up
19 ἀδικία, wrongdoing
20 ἵλεως, merciful
21 ὑπολείπω, *perf pas ptc dat p m*, leave behind
22 πικρῶς, bitterly, harshly
23 ἐπιβαίνω, *aor act impv 2s*, go up against
24 ἐκδικέω, *aor act impv 2s*, punish, take vengeance
25 μάχαιρα, sword
26 ἀφανίζω, *aor act impv 2s*, destroy, blot out
27 ἐντέλλομαι, *pres mid ind 1s*, command

22 φωνὴ πολέμου καὶ συντριβὴ[1] μεγάλη
ἐν γῇ Χαλδαίων.
23 πῶς συνεκλάσθη[2] καὶ συνετρίβη[3] ἡ σφῦρα[4] πάσης τῆς γῆς;
πῶς ἐγενήθη εἰς ἀφανισμὸν[5] Βαβυλὼν ἐν ἔθνεσιν;
24 ἐπιθήσονταί σοι, καὶ ἁλώσῃ,[6] ὦ[7] Βαβυλών, καὶ οὐ γνώσῃ·
εὑρέθης καὶ ἐλήμφθης, ὅτι τῷ κυρίῳ ἀντέστης.[8]
25 ἤνοιξεν κύριος τὸν θησαυρὸν[9] αὐτοῦ
καὶ ἐξήνεγκεν[10] τὰ σκεύη[11] ὀργῆς αὐτοῦ,
ὅτι ἔργον τῷ κυρίῳ θεῷ ἐν γῇ Χαλδαίων,
26 ὅτι ἐληλύθασιν οἱ καιροὶ αὐτῆς.
ἀνοίξατε τὰς ἀποθήκας[12] αὐτῆς,
ἐρευνήσατε[13] αὐτὴν ὡς σπήλαιον[14]
καὶ ἐξολεθρεύσατε[15] αὐτήν,
μὴ γενέσθω αὐτῆς κατάλειμμα·[16]
27 ἀναξηράνατε[17] αὐτῆς πάντας τοὺς καρπούς,
καὶ καταβήτωσαν εἰς σφαγήν·[18]
οὐαὶ αὐτοῖς, ὅτι ἥκει[19] ἡ ἡμέρα αὐτῶν
καὶ καιρὸς ἐκδικήσεως[20] αὐτῶν.

28 φωνὴ φευγόντων[21] καὶ ἀνασῳζομένων[22] ἐκ γῆς Βαβυλῶνος τοῦ ἀναγγεῖλαι[23]
εἰς Σιων τὴν ἐκδίκησιν[24] παρὰ κυρίου θεοῦ ἡμῶν.

29 παραγγείλατε[25] ἐπὶ Βαβυλῶνα πολλοῖς, παντὶ ἐντείνοντι[26] τόξον·[27] παρεμβάλετε[28]
ἐπ᾽ αὐτὴν κυκλόθεν,[29] μὴ ἔστω αὐτῆς ἀνασῳζόμενος·[30] ἀνταπόδοτε[31] αὐτῇ κατὰ τὰ
ἔργα αὐτῆς, κατὰ πάντα ὅσα ἐποίησεν ποιήσατε αὐτῇ, ὅτι πρὸς τὸν κύριον ἀντέστη[32]
θεὸν ἅγιον τοῦ Ισραηλ. **30** διὰ τοῦτο πεσοῦνται οἱ νεανίσκοι[33] αὐτῆς ἐν ταῖς πλατείαις[34]
αὐτῆς, καὶ πάντες οἱ ἄνδρες οἱ πολεμισταὶ[35] αὐτῆς ῥιφήσονται,[36] εἶπεν κύριος.

1 συντριβή, crushing
2 συγκλάω, *aor pas ind 3s*, shatter, break
3 συντρίβω, *aor pas ind 3s*, crush
4 σφῦρα, hammer
5 ἀφανισμός, (place of) destruction
6 ἁλίσκομαι, *fut mid ind 2s*, be conquered
7 ὦ, O!
8 ἀνθίστημι, *aor act ind 2s*, oppose, resist
9 θησαυρός, treasury
10 ἐκφέρω, *aor act ind 3s*, carry away
11 σκεῦος, vessel
12 ἀποθήκη, storeroom
13 ἐρευνάω, *aor act impv 2p*, search
14 σπήλαιον, cave
15 ἐξολεθρεύω, *aor act impv 2p*, utterly destroy
16 κατάλειμμα, remnant
17 ἀναξηραίνω, *aor act impv 2p*, dry up
18 σφαγή, slaughter
19 ἥκω, *pres act ind 3s*, come
20 ἐκδίκησις, vengeance
21 φεύγω, *pres act ptc gen p m*, flee
22 ἀνασῴζω, *pres mid ptc gen p m*, escape
23 ἀναγγέλλω, *aor act inf*, declare, proclaim
24 ἐκδίκησις, vengeance
25 παραγγέλλω, *aor act impv 2p*, summon
26 ἐντείνω, *pres act ptc dat s m*, bend
27 τόξον, bow
28 παρεμβάλλω, *aor act impv 2p*, encamp (against)
29 κυκλόθεν, all around
30 ἀνασῴζω, *pres mid ptc nom s m*, escape
31 ἀνταποδίδωμι, *aor act impv 2p*, repay
32 ἀνθίστημι, *aor act ind 3s*, oppose, resist
33 νεανίσκος, young man
34 πλατεῖα, broad (street)
35 πολεμιστής, warrior
36 ῥίπτω, *fut pas ind 3p*, throw down

31 ἰδοὺ ἐγὼ ἐπὶ σὲ τὴν ὑβρίστριαν,[1] λέγει κύριος,
ὅτι ἥκει[2] ἡ ἡμέρα σου καὶ ὁ καιρὸς ἐκδικήσεώς[3] σου·
32 καὶ ἀσθενήσει[4] ἡ ὕβρις[5] σου καὶ πεσεῖται,
καὶ οὐκ ἔσται ὁ ἀνιστῶν[6] αὐτήν·
καὶ ἀνάψω[7] πῦρ ἐν τῷ δρυμῷ[8] αὐτῆς,
καὶ καταφάγεται[9] πάντα τὰ κύκλῳ[10] αὐτῆς.

33 Τάδε[11] λέγει κύριος Καταδεδυνάστευνται[12] οἱ υἱοὶ Ισραηλ καὶ οἱ υἱοὶ Ιουδα
ἅμα,[13] πάντες οἱ αἰχμαλωτεύσαντες[14] αὐτοὺς κατεδυνάστευσαν[15] αὐτούς, ὅτι οὐκ
ἠθέλησαν ἐξαποστεῖλαι[16] αὐτούς. **34** καὶ ὁ λυτρούμενος[17] αὐτοὺς ἰσχυρός,[18] κύριος
παντοκράτωρ[19] ὄνομα αὐτῷ· κρίσιν κρινεῖ πρὸς τοὺς ἀντιδίκους[20] αὐτοῦ, ὅπως
ἐξάρῃ[21] τὴν γῆν, καὶ παροξυνεῖ[22] τοῖς κατοικοῦσι Βαβυλῶνα.

35 μάχαιραν[23] ἐπὶ τοὺς Χαλδαίους
καὶ ἐπὶ τοὺς κατοικοῦντας Βαβυλῶνα
καὶ ἐπὶ τοὺς μεγιστᾶνας[24] αὐτῆς
καὶ ἐπὶ τοὺς συνετοὺς[25] αὐτῆς·
36 μάχαιραν[26] ἐπὶ τοὺς μαχητὰς[27] αὐτῆς,
καὶ παραλυθήσονται·[28]
37 μάχαιραν[29] ἐπὶ τοὺς ἵππους[30] αὐτῶν
καὶ ἐπὶ τὰ ἅρματα[31] αὐτῶν·
μάχαιραν ἐπὶ τοὺς μαχητὰς[32] αὐτῶν
καὶ ἐπὶ τὸν σύμμικτον[33] τὸν ἐν μέσῳ αὐτῆς,
καὶ ἔσονται ὡσεὶ[34] γυναῖκες·
μάχαιραν ἐπὶ τοὺς θησαυροὺς[35] αὐτῆς,
καὶ διασκορπισθήσονται.[36]

1 ὑβρίστρια, insolent (woman)
2 ἥκω, *pres act ind 3s*, come
3 ἐκδίκησις, vengeance
4 ἀσθενέω, *fut act ind 3s*, weaken
5 ὕβρις, insolence, arrogance
6 ἀνίστημι, *pres act ptc nom s m*, restore, raise up
7 ἀνάπτω, *fut act ind 1s*, kindle, light up
8 δρυμός, forest
9 κατεσθίω, *fut mid ind 3s*, devour
10 κύκλῳ, round about
11 ὅδε, this
12 καταδυναστεύω, *perf pas ind 3s*, oppress
13 ἅμα, together
14 αἰχμαλωτεύω, *aor act ptc nom p m*, take captive
15 καταδυναστεύω, *aor act ind 3p*, oppress
16 ἐξαποστέλλω, *aor act inf*, send away
17 λυτρόω, *pres mid ptc nom s m*, ransom, redeem
18 ἰσχυρός, strong
19 παντοκράτωρ, almighty
20 ἀντίδικος, opponent
21 ἐξαίρω, *aor act sub 3s*, destroy
22 παροξύνω, *pres act ind 3s*, incite, provoke
23 μάχαιρα, sword
24 μεγιστάν, nobleman
25 συνετός, intelligent
26 μάχαιρα, sword
27 μαχητής, warrior
28 παραλύω, *fut pas ind 3p*, enfeeble, paralyze
29 μάχαιρα, sword
30 ἵππος, horse
31 ἅρμα, chariot
32 μαχητής, warrior
33 σύμμικτος, of several nationalities
34 ὡσεί, as
35 θησαυρός, treasure
36 διασκορπίζω, *fut pas ind 3p*, scatter

38 ἐπὶ τῷ ὕδατι αὐτῆς ἐπεποίθει[1] καὶ καταισχυνθήσονται,[2]
ὅτι γῆ τῶν γλυπτῶν[3] ἐστιν,
καὶ ἐν ταῖς νήσοις,[4] οὗ κατεκαυχῶντο.[5]

39 διὰ τοῦτο κατοικήσουσιν ἰνδάλματα[6] ἐν ταῖς νήσοις,[7]
καὶ κατοικήσουσιν ἐν αὐτῇ θυγατέρες[8] σειρήνων·[9]
οὐ μὴ κατοικηθῇ οὐκέτι εἰς τὸν αἰῶνα.
40 καθὼς κατέστρεψεν[10] ὁ θεὸς Σοδομα καὶ Γομορρα
καὶ τὰς ὁμορούσας[11] αὐταῖς, εἶπεν κύριος,
οὐ μὴ κατοικήσῃ ἐκεῖ ἄνθρωπος,
καὶ οὐ μὴ παροικήσῃ[12] ἐκεῖ υἱὸς ἀνθρώπου.

41 ἰδοὺ λαὸς ἔρχεται ἀπὸ βορρᾶ,[13]
καὶ ἔθνος μέγα καὶ βασιλεῖς πολλοί
ἐξεγερθήσονται[14] ἀπ᾽ ἐσχάτου τῆς γῆς
42 τόξον[15] καὶ ἐγχειρίδιον[16] ἔχοντες·
ἰταμός[17] ἐστιν καὶ οὐ μὴ ἐλεήσῃ·[18]
φωνὴ αὐτῶν ὡς θάλασσα ἠχήσει,[19]
ἐφ᾽ ἵπποις[20] ἱππάσονται[21] παρεσκευασμένοι[22]
ὥσπερ πῦρ εἰς πόλεμον πρὸς σέ,
θύγατερ[23] Βαβυλῶνος.
43 ἤκουσεν βασιλεὺς Βαβυλῶνος τὴν ἀκοὴν[24] αὐτῶν,
καὶ παρελύθησαν[25] αἱ χεῖρες αὐτοῦ·
θλῖψις κατεκράτησεν[26] αὐτοῦ, ὠδῖνες[27] ὡς τικτούσης.[28]

44 ἰδοὺ ὥσπερ λέων[29] ἀναβήσεται ἀπὸ τοῦ Ιορδάνου εἰς τόπον Αιθαμ, ὅτι ταχέως[30]
ἐκδιώξω[31] αὐτοὺς ἀπ᾽ αὐτῆς καὶ πάντα νεανίσκον[32] ἐπ᾽ αὐτὴν ἐπιστήσω.[33] ὅτι τίς

1 πείθω, *plpf act ind 3s*, trust, believe
2 καταισχύνω, *fut pas ind 3p*, put to shame
3 γλυπτός, carved image
4 νῆσος, island
5 κατακαυχάομαι, *impf mid ind 3p*, boast
6 ἴνδαλμα, apparition, phantom
7 νῆσος, island
8 θυγάτηρ, daughter
9 σειρήν, siren, demon of the dead living in the desert
10 καταστρέφω, *aor act ind 3s*, overthrow
11 ὁμορέω, *pres act ptc acc p f*, border upon
12 παροικέω, *aor act sub 3s*, dwell, reside
13 βορρᾶς, north
14 ἐξεγείρω, *fut pas ind 3p*, stir up, raise up
15 τόξον, bow
16 ἐγχειρίδιον, dagger
17 ἰταμός, bold, reckless
18 ἐλεέω, *aor act sub 3s*, show mercy
19 ἠχέω, *fut act ind 3s*, sound forth
20 ἵππος, horse
21 ἱππάζομαι, *fut mid ind 3p*, ride
22 παρασκευάζω, *perf pas ptc nom p m*, equip, prepare
23 θυγάτηρ, daughter
24 ἀκοή, report, news
25 παραλύω, *aor pas ind 3p*, enfeeble, paralyze
26 κατακρατέω, *aor act ind 3s*, prevail over
27 ὠδίν, labor pain
28 τίκτω, *pres act ptc gen s f*, give birth
29 λέων, lion
30 ταχέως, quickly
31 ἐκδιώκω, *fut act ind 1s*, pursue aggressively
32 νεανίσκος, young man
33 ἐφίστημι, *fut act ind 1s*, set against

ὥσπερ ἐγώ; καὶ τίς ἀντιστήσεταί[1] μοι; καὶ τίς οὗτος ποιμήν,[2] ὃς στήσεται κατὰ
πρόσωπόν μου; **45** διὰ τοῦτο ἀκούσατε τὴν βουλὴν[3] κυρίου, ἣν βεβούλευται[4] ἐπὶ
Βαβυλῶνα, καὶ λογισμοὺς[5] αὐτοῦ, οὓς ἐλογίσατο ἐπὶ τοὺς κατοικοῦντας Χαλδαίους·
ἐὰν μὴ διαφθαρῇ[6] τὰ ἀρνία[7] τῶν προβάτων αὐτῶν, ἐὰν μὴ ἀφανισθῇ[8] νομὴ[9] ἀπ'
αὐτῶν. **46** ὅτι ἀπὸ φωνῆς ἁλώσεως[10] Βαβυλῶνος σεισθήσεται[11] ἡ γῆ, καὶ κραυγὴ[12]
ἐν ἔθνεσιν ἀκουσθήσεται.

Judgment to Come on Babylon

28 Τάδε[13] λέγει κύριος

Ἰδοὺ ἐγὼ ἐξεγείρω[14] ἐπὶ Βαβυλῶνα
καὶ ἐπὶ τοὺς κατοικοῦντας Χαλδαίους
ἄνεμον[15] καύσωνα[16] διαφθείροντα.[17]
2 καὶ ἐξαποστελῶ[18] εἰς Βαβυλῶνα ὑβριστάς,[19]
καὶ καθυβρίσουσιν[20] αὐτὴν καὶ λυμανοῦνται[21] τὴν γῆν αὐτῆς·
οὐαὶ ἐπὶ Βαβυλῶνα κυκλόθεν[22] ἐν ἡμέρᾳ κακώσεως[23] αὐτῆς.
3 ἐπ᾿ αὐτὴν τεινέτω[24] ὁ τείνων[25] τὸ τόξον[26] αὐτοῦ
καὶ περιθέσθω[27] ᾧ ἐστιν ὅπλα[28] αὐτῷ,
καὶ μὴ φείσησθε[29] ἐπὶ νεανίσκους[30] αὐτῆς
καὶ ἀφανίσατε[31] πᾶσαν τὴν δύναμιν αὐτῆς,
4 καὶ πεσοῦνται τραυματίαι[32] ἐν γῇ Χαλδαίων
καὶ κατακεκεντημένοι[33] ἔξωθεν[34] αὐτῆς.

1 ἀνθίστημι, *fut mid ind 3s*, resist, withstand
2 ποιμήν, shepherd
3 βουλή, counsel, plan
4 βουλεύω, *perf mid ind 3s*, devise, plan
5 λογισμός, deliberation, purpose
6 διαφθείρω, *aor pas sub 3s*, utterly destroy
7 ἀρνίον, lamb
8 ἀφανίζω, *aor pas sub 3s*, remove, destroy
9 νομή, pasture
10 ἅλωσις, capture
11 σείω, *fut pas ind 3s*, shake, quake
12 κραυγή, outcry
13 ὅδε, this
14 ἐξεγείρω, *pres act ind 1s*, stir up, raise up
15 ἄνεμος, wind
16 καύσων, burning heat
17 διαφθείρω, *pres act ptc acc s m*, utterly destroy
18 ἐξαποστέλλω, *fut act ind 1s*, send forth
19 ὑβριστής, insolent, haughty
20 καθυβρίζω, *fut act ind 3p*, despise, treat with insolence
21 λυμαίνομαι, *fut mid ind 3p*, maltreat
22 κυκλόθεν, all around
23 κάκωσις, affliction, distress
24 τείνω, *pres act impv 3s*, stretch, bend
25 τείνω, *pres act ptc nom s m*, stretch, bend
26 τόξον, bow
27 περιτίθημι, *aor mid impv 3s*, put on
28 ὅπλον, armor
29 φείδομαι, *aor mid sub 2p*, spare, refrain
30 νεανίσκος, young man
31 ἀφανίζω, *aor act impv 2p*, blot out, destroy
32 τραυματίας, casualty, wounded
33 κατακεντέω, *perf pas ptc nom p m*, pierce, stab
34 ἔξωθεν, from without

5 διότι[1] οὐκ ἐχήρευσεν[2] Ισραηλ καὶ Ιουδας ἀπὸ θεοῦ αὐτῶν,
ἀπὸ κυρίου παντοκράτορος·[3]
ὅτι ἡ γῆ αὐτῶν ἐπλήσθη[4] ἀδικίας[5] ἀπὸ τῶν ἁγίων Ισραηλ.
6 φεύγετε[6] ἐκ μέσου Βαβυλῶνος
καὶ ἀνασῴζετε[7] ἕκαστος τὴν ψυχὴν αὐτοῦ,
καὶ μὴ ἀπορριφῆτε[8] ἐν τῇ ἀδικίᾳ[9] αὐτῆς,
ὅτι καιρὸς ἐκδικήσεως[10] αὐτῆς ἐστιν παρὰ κυρίου,
ἀνταπόδομα[11] αὐτὸς ἀνταποδίδωσιν[12] αὐτῇ.
7 ποτήριον[13] χρυσοῦν[14] Βαβυλὼν ἐν χειρὶ κυρίου
μεθύσκον[15] πᾶσαν τὴν γῆν·
ἀπὸ τοῦ οἴνου αὐτῆς ἐπίοσαν ἔθνη,
διὰ τοῦτο ἐσαλεύθησαν[16].
8 καὶ ἄφνω[17] ἔπεσεν Βαβυλὼν καὶ συνετρίβη·[18]
θρηνεῖτε[19] αὐτήν, λάβετε ῥητίνην[20] τῇ διαφθορᾷ[21] αὐτῆς,
εἴ πως ἰαθήσεται.[22]
9 ἰατρεύσαμεν[23] τὴν Βαβυλῶνα, καὶ οὐκ ἰάθη·[24]
ἐγκαταλίπωμεν[25] αὐτὴν καὶ ἀπέλθωμεν ἕκαστος εἰς τὴν γῆν αὐτοῦ,
ὅτι ἤγγισεν εἰς οὐρανὸν τὸ κρίμα[26] αὐτῆς,
ἐξῆρεν[27] ἕως τῶν ἄστρων.[28]
10 ἐξήνεγκεν[29] κύριος τὸ κρίμα[30] αὐτοῦ·
δεῦτε[31] καὶ ἀναγγείλωμεν[32] εἰς Σιων τὰ ἔργα κυρίου θεοῦ ἡμῶν.

Praise for the Power of God

11 παρασκευάζετε[33] τὰ τοξεύματα,[34]
πληροῦτε τὰς φαρέτρας·[35]

1 διότι, for
2 χηρεύω, *aor act ind 3s*, be widowed
3 παντοκράτωρ, almighty
4 πίμπλημι, *aor pas ind 3s*, fill
5 ἀδικία, wrongdoing, injustice
6 φεύγω, *pres act impv 2p*, flee
7 ἀνασῴζω, *pres act ind 2p*, escape
8 ἀπορρίπτω, *aor pas sub 2p*, cast out
9 ἀδικία, wrongdoing, injustice
10 ἐκδίκησις, vengeance
11 ἀνταπόδομα, requital, recompense
12 ἀνταποδίδωμι, *pres act ind 3s*, repay, render in return
13 ποτήριον, cup
14 χρυσοῦς, gold
15 μεθύσκω, *pres act ptc nom s n*, make drunk
16 σαλεύω, *aor pas ind 3p*, shake
17 ἄφνω, suddenly
18 συντρίβω, *aor pas ind 3s*, crush, shatter
19 θρηνέω, *pres act impv 2p*, mourn
20 ῥητίνη, resin
21 διαφθορά, destruction
22 ἰάομαι, *fut pas ind 3s*, heal
23 ἰατρεύω, *aor act ind 1p*, treat medically
24 ἰάομαι, *aor pas ind 3s*, heal
25 ἐγκαταλείπω, *aor act sub 1p*, desert, abandon
26 κρίμα, judgment
27 ἐξαίρω, *aor act ind 3s*, lift up
28 ἄστρον, star
29 ἐκφέρω, *aor act ind 3s*, bring forth
30 κρίμα, judgment
31 δεῦτε, come!
32 ἀναγγέλλω, *aor act sub 1p*, declare
33 παρασκευάζω, *pres act ind 2p*, prepare
34 τόξευμα, arrow
35 φαρέτρα, quiver

ἤγειρεν[1] κύριος τὸ πνεῦμα βασιλέως Μήδων,
ὅτι εἰς Βαβυλῶνα ἡ ὀργὴ αὐτοῦ τοῦ ἐξολεθρεῦσαι[2] αὐτήν,
ὅτι ἐκδίκησις[3] κυρίου ἐστίν,
ἐκδίκησις λαοῦ αὐτοῦ ἐστιν.
12 ἐπὶ τειχέων[4] Βαβυλῶνος ἄρατε σημεῖον,
ἐπιστήσατε[5] φαρέτρας,[6] ἐγείρατε[7] φυλακάς,
ἑτοιμάσατε ὅπλα,[8] ὅτι ἐνεχείρησεν[9] καὶ ποιήσει κύριος
ἃ ἐλάλησεν ἐπὶ τοὺς κατοικοῦντας Βαβυλῶνα
13 κατασκηνοῦντας[10] ἐφ᾽ ὕδασι πολλοῖς
καὶ ἐπὶ πλήθει θησαυρῶν[11] αὐτῆς·
ἥκει[12] τὸ πέρας[13] σου ἀληθῶς[14] εἰς τὰ σπλάγχα[15] σου.
14 ὅτι ὤμοσεν[16] κύριος κατὰ τοῦ βραχίονος[17] αὐτοῦ
Διότι[18] πληρώσω σε ἀνθρώπων ὡσεὶ[19] ἀκρίδων,[20]
καὶ φθέγξονται[21] ἐπὶ σὲ οἱ καταβαίνοντες.

15 ποιῶν γῆν ἐν τῇ ἰσχύι[22] αὐτοῦ,
ἑτοιμάζων οἰκουμένην[23] ἐν τῇ σοφίᾳ αὐτοῦ,
ἐν τῇ συνέσει[24] αὐτοῦ ἐξέτεινεν[25] τὸν οὐρανόν,
16 εἰς φωνὴν ἔθετο ἦχος[26] ὕδατος ἐν τῷ οὐρανῷ
καὶ ἀνήγαγεν[27] νεφέλας[28] ἀπ᾽ ἐσχάτου τῆς γῆς,
ἀστραπὰς[29] εἰς ὑετὸν[30] ἐποίησεν
καὶ ἐξήγαγεν[31] φῶς ἐκ θησαυρῶν[32] αὐτοῦ.
17 ἐμωράνθη[33] πᾶς ἄνθρωπος ἀπὸ γνώσεως,[34]
κατῃσχύνθη[35] πᾶς χρυσοχόος[36] ἀπὸ τῶν γλυπτῶν[37] αὐτοῦ,

1 ἐγείρω, *aor act ind 3s*, stir up
2 ἐξολεθρεύω, *aor act inf*, utterly destroy
3 ἐκδίκησις, vengeance
4 τεῖχος, city wall
5 ἐφίστημι, *aor act impv 2p*, set, place
6 φαρέτρα, quiver
7 ἐγείρω, *aor act impv 2p*, stir up
8 ὅπλον, weapon, armor
9 ἐγχειρέω, *aor act ind 3s*, take into hand
10 κατασκηνόω, *pres act ptc acc p m*, dwell
11 θησαυρός, treasure
12 ἥκω, *pres act ind 3s*, come
13 πέρας, end
14 ἀληθῶς, truly, really
15 σπλάγχνον, entrails
16 ὄμνυμι, *aor act ind 3s*, swear an oath
17 βραχίων, arm
18 διότι, because, for
19 ὡσεί, like, as
20 ἀκρίς, locust
21 φθέγγομαι, *fut mid ind 3p*, make sounds
22 ἰσχύς, strength
23 οἰκουμένη, inhabited world
24 σύνεσις, intelligence, understanding
25 ἐκτείνω, *aor act ind 3s*, stretch forth
26 ἦχος, sound
27 ἀνάγω, *aor act ind 3s*, bring up
28 νεφέλη, cloud
29 ἀστραπή, lightning
30 ὑετός, rain
31 ἐξάγω, *aor act ind 3s*, bring out
32 θησαυρός, treasury
33 μωραίνω, *aor pas ind 3s*, become foolish
34 γνῶσις, knowledge
35 καταισχύνω, *aor pas ind 3s*, put to shame
36 χρυσοχόος, goldsmith
37 γλυπτός, cast image

ὅτι ψευδῆ[1] ἐχώνευσαν,[2]
οὐκ ἔστιν πνεῦμα ἐν αὐτοῖς·
18 μάταιά[3] ἐστιν, ἔργα μεμωκημένα,[4]
ἐν καιρῷ ἐπισκέψεως[5] αὐτῶν ἀπολοῦνται.
19 οὐ τοιαύτη[6] μερὶς[7] τῷ Ιακωβ,
ὅτι ὁ πλάσας[8] τὰ πάντα
αὐτός ἐστιν κληρονομία[9] αὐτοῦ,
κύριος ὄνομα αὐτῷ.

20 διασκορπίζεις[10] σύ μοι σκεύη[11] πολέμου,
καὶ διασκορπιῶ[12] ἐν σοὶ ἔθνη καὶ ἐξαρῶ[13] ἐκ σοῦ βασιλεῖς
21 καὶ διασκορπιῶ[14] ἐν σοὶ ἵππον[15] καὶ ἀναβάτην[16] αὐτοῦ
καὶ διασκορπιῶ ἐν σοὶ ἅρματα[17] καὶ ἀναβάτας αὐτῶν
22 καὶ διασκορπιῶ[18] ἐν σοὶ νεανίσκον[19] καὶ παρθένον[20]
καὶ διασκορπιῶ ἐν σοὶ ἄνδρα καὶ γυναῖκα
23 καὶ διασκορπιῶ[21] ἐν σοὶ ποιμένα[22] καὶ τὸ ποίμνιον[23] αὐτοῦ
καὶ διασκορπιῶ ἐν σοὶ γεωργὸν[24] καὶ τὸ γεώργιον[25] αὐτοῦ
καὶ διασκορπιῶ ἐν σοὶ ἡγεμόνας[26] καὶ στρατηγούς[27] σου.

Opposition to Babylon

24 καὶ ἀνταποδώσω[28] τῇ Βαβυλῶνι
καὶ πᾶσι τοῖς κατοικοῦσι Χαλδαίοις πάσας τὰς κακίας[29] αὐτῶν,
ἃς ἐποίησαν ἐπὶ Σιων κατ᾽ ὀφθαλμοὺς ὑμῶν,
λέγει κύριος.
25 ἰδοὺ ἐγὼ πρὸς σέ, τὸ ὄρος τὸ διεφθαρμένον[30]
τὸ διαφθεῖρον[31] πᾶσαν τὴν γῆν,

1 ψευδής, lie, falsehood
2 χωνεύω, *aor act ind 3p*, cast
3 μάταιος, meaningless, worthless
4 μωκάομαι, *perf pas ptc nom p n*, ridicule, mock
5 ἐπίσκεψις, visitation (in judgment)
6 τοιοῦτος, such as this
7 μερίς, portion
8 πλάσσω, *aor act ptc nom s m*, form, mold
9 κληρονομία, inheritance
10 διασκορπίζω, *pres act ind 2s*, scatter
11 σκεῦος, equipment, instrument
12 διασκορπίζω, *fut act ind 1s*, scatter
13 ἐξαίρω, *fut act ind 1s*, destroy, remove
14 διασκορπίζω, *fut act ind 1s*, scatter
15 ἵππος, horse
16 ἀναβάτης, rider, horseman
17 ἅρμα, chariot
18 διασκορπίζω, *fut act ind 1s*, scatter
19 νεανίσκος, young man
20 παρθένος, young woman, virgin
21 διασκορπίζω, *fut act ind 1s*, scatter
22 ποιμήν, shepherd
23 ποίμνιον, flock
24 γεωργός, farmer
25 γεώργιον, farming, cultivation of fields
26 ἡγεμών, leader
27 στρατηγός, captain, general
28 ἀνταποδίδωμι, *fut act ind 1s*, repay, render in return
29 κακία, wickedness
30 διαφθείρω, *perf pas ptc acc s n*, utterly destroy
31 διαφθείρω, *pres act ptc acc s n*, utterly destroy

καὶ ἐκτενῶ[1] τὴν χεῖρά μου ἐπὶ σέ
καὶ κατακυλιῶ[2] σε ἀπὸ τῶν πετρῶν[3]
καὶ δώσω σε ὡς ὄρος ἐμπεπυρισμένον,[4]
26 καὶ οὐ μὴ λάβωσιν ἀπὸ σοῦ λίθον εἰς γωνίαν[5]
καὶ λίθον εἰς θεμέλιον,[6]
ὅτι εἰς ἀφανισμὸν[7] εἰς τὸν αἰῶνα ἔσῃ,
λέγει κύριος.

27 Ἄρατε σημεῖον ἐπὶ τῆς γῆς,
σαλπίσατε[8] ἐν ἔθνεσιν σάλπιγγι,[9]
ἁγιάσατε[10] ἐπ᾽ αὐτὴν ἔθνη,
παραγγείλατε[11] ἐπ᾽ αὐτὴν βασιλείαις Αραρατ
παρ᾽ ἐμοῦ καὶ τοῖς Ασχαναζαίοις,
ἐπιστήσατε[12] ἐπ᾽ αὐτὴν βελοστάσεις,[13]
ἀναβιβάσατε[14] ἐπ᾽ αὐτὴν ἵππον[15] ὡς ἀκρίδων[16] πλῆθος.
28 ἁγιάσατε[17] ἐπ᾽ αὐτὴν ἔθνη,
τὸν βασιλέα τῶν Μήδων καὶ πάσης τῆς γῆς,
τοὺς ἡγουμένους[18] αὐτοῦ καὶ πάντας τοὺς στρατηγοὺς[19] αὐτοῦ.
29 ἐσείσθη[20] ἡ γῆ καὶ ἐπόνεσεν,[21]
διότι[22] ἐξανέστη[23] ἐπὶ Βαβυλῶνα λογισμὸς[24] κυρίου
τοῦ θεῖναι τὴν γῆν Βαβυλῶνος εἰς ἀφανισμόν[25]
καὶ μὴ κατοικεῖσθαι αὐτήν.
30 ἐξέλιπεν[26] μαχητὴς[27] Βαβυλῶνος τοῦ πολεμεῖν,
καθήσονται ἐκεῖ ἐν περιοχῇ,[28]
ἐθραύσθη[29] ἡ δυναστεία[30] αὐτῶν,
ἐγενήθησαν ὡσεὶ[31] γυναῖκες,

1 ἐκτείνω, *fut act ind 1s*, stretch forth
2 κατακυλίω, *fut act ind 1s*, roll down
3 πέτρος, rock
4 ἐμπυρίζω, *perf pas ptc acc s n*, set on fire
5 γωνία, corner
6 θεμέλιον, foundation
7 ἀφανισμός, (place of) destruction
8 σαλπίζω, *aor act impv 2p*, sound (a trumpet)
9 σάλπιγξ, trumpet
10 ἁγιάζω, *aor act impv 2p*, sanctify, consecrate
11 παραγγέλλω, *aor act impv 2p*, summon
12 ἐφίστημι, *aor act impv 2p*, set up, establish
13 βελόστασις, artillery
14 ἀναβιβάζω, *aor act impv 2p*, mount up
15 ἵππος, horse
16 ἀκρίς, locust
17 ἁγιάζω, *aor act impv 2p*, sanctify, consecrate
18 ἡγέομαι, *pres mid ptc acc p m*, lead
19 στρατηγός, captain, general
20 σείω, *aor pas ind 3s*, shake, quake
21 πονέω, *aor act ind 3s*, be distressed
22 διότι, for
23 ἐξανίστημι, *aor act ind 3s*, arise
24 λογισμός, plan, deliberation
25 ἀφανισμός, (place of) destruction
26 ἐκλείπω, *aor act ind 3s*, faint, fail
27 μαχητής, warrior
28 περιοχή, siege
29 θραύω, *aor pas ind 3s*, break, shatter
30 δυναστεία, domination
31 ὡσεί, as

ἐνεπυρίσθη[1] τὰ σκηνώματα[2] αὐτῆς,
συνετρίβησαν[3] οἱ μοχλοὶ[4] αὐτῆς·
31 διώκων εἰς ἀπάντησιν[5] διώκοντος διώξεται
καὶ ἀναγγέλλων[6] εἰς ἀπάντησιν ἀναγγέλλοντος[7]
τοῦ ἀναγγεῖλαι[8] τῷ βασιλεῖ Βαβυλῶνος
ὅτι ἑάλωκεν[9] ἡ πόλις αὐτοῦ,
32 ἀπ᾽ ἐσχάτου τῶν διαβάσεων[10] αὐτοῦ ἐλήμφθησαν,
καὶ τὰ συστέματα[11] αὐτῶν ἐνέπρησαν[12] ἐν πυρί,
καὶ ἄνδρες αὐτοῦ οἱ πολεμισταὶ[13] ἐξέρχονται.
33 διότι[14] τάδε[15] λέγει κύριος
Οἶκοι βασιλέως Βαβυλῶνος ὡς ἅλων[16] ὥριμος[17] ἀλοηθήσονται·[18]
ἔτι μικρὸν καὶ ἥξει[19] ὁ ἄμητος[20] αὐτῆς.

34 κατέφαγέν[21] με, ἐμερίσατό[22] με,
κατέλαβέν[23] με σκεῦος[24] λεπτόν[25]
Ναβουχοδονοσορ βασιλεὺς Βαβυλῶνος·
κατέπιέν[26] με ὡς δράκων,[27] ἔπλησεν[28] τὴν κοιλίαν[29] αὐτοῦ,
ἀπὸ τῆς τρυφῆς[30] μου ἐξῶσέν[31] με·
35 οἱ μόχθοι[32] μου καὶ αἱ ταλαιπωρίαι[33] μου εἰς Βαβυλῶνα,
ἐρεῖ κατοικοῦσα Σιων,
καὶ τὸ αἷμά μου ἐπὶ τοὺς κατοικοῦντας Χαλδαίους,
ἐρεῖ Ιερουσαλημ.
36 διὰ τοῦτο τάδε[34] λέγει κύριος
Ἰδοὺ ἐγὼ κρινῶ τὴν ἀντίδικόν[35] σου
καὶ ἐκδικήσω[36] τὴν ἐκδίκησίν[37] σου

1 ἐμπυρίζω, *aor pas ind 3s*, set on fire
2 σκήνωμα, tent, dwelling
3 συντρίβω, *aor pas ind 3p*, crush
4 μοχλός, bar or bolt (of a door)
5 ἀπάντησις, meeting
6 ἀναγγέλλω, *pres act ptc nom s m*, announce, report
7 ἀναγγέλλω, *pres act ptc gen s m*, announce, report
8 ἀναγγέλλω, *aor act inf*, announce, report
9 ἁλίσκομαι, *perf act ind 3s*, be conquered
10 διάβασις, point of crossing over
11 σύστεμα, garrison
12 ἐμπίμπρημι, *aor act ind 3p*, burn up
13 πολεμιστής, warrior
14 διότι, for
15 ὅδε, this
16 ἅλων, threshing floor
17 ὥριμος, in season
18 ἀλοάω, *fut pas ind 3p*, thresh
19 ἥκω, *fut act ind 3s*, come
20 ἄμητος, harvest, reaping
21 κατεσθίω, *aor act ind 3s*, devour
22 μερίζω, *aor mid ind 3s*, apportion, divide
23 καταλαμβάνω, *aor act ind 3s*, lay hold of
24 σκεῦος, vessel
25 λεπτός, fine, fragile
26 καταπίνω, *aor act ind 3s*, swallow up
27 δράκων, dragon, serpent
28 πίμπλημι, *aor act ind 3s*, fill up
29 κοιλία, belly
30 τρυφή, delicacy, fine food
31 ἐξωθέω, *aor act ind 3s*, drive out
32 μόχθος, hardship, toil
33 ταλαιπωρία, distress, misery
34 ὅδε, this
35 ἀντίδικος, opponent, adversary
36 ἐκδικέω, *fut act ind 1s*, punish, take vengeance
37 ἐκδίκησις, vengeance

καὶ ἐρημώσω[1] τὴν θάλασσαν αὐτῆς
καὶ ξηρανῶ[2] τὴν πηγὴν[3] αὐτῆς,
37 καὶ ἔσται Βαβυλὼν εἰς ἀφανισμόν[4]
καὶ οὐ κατοικηθήσεται.

38 ἅμα[5] ὡς λέοντες[6] ἐξηγέρθησαν[7]
καὶ ὡς σκύμνοι[8] λεόντων.[9]
39 ἐν τῇ θερμασίᾳ[10] αὐτῶν δώσω πότημα[11] αὐτοῖς καὶ μεθύσω[12] αὐτούς,
ὅπως καρωθῶσιν[13] καὶ ὑπνώσωσιν[14] ὕπνον[15] αἰώνιον
καὶ οὐ μὴ ἐγερθῶσι,[16] λέγει κύριος·
40 καταβιβάσω[17] αὐτοὺς ὡς ἄρνας[18] εἰς σφαγὴν[19]
καὶ ὡς κριοὺς[20] μετ᾽ ἐρίφων.[21]

41 πῶς ἑάλω[22] καὶ ἐθηρεύθη[23] τὸ καύχημα[24] πάσης τῆς γῆς;
πῶς ἐγένετο Βαβυλὼν εἰς ἀφανισμὸν[25] ἐν τοῖς ἔθνεσιν;
42 ἀνέβη ἐπὶ Βαβυλῶνα ἡ θάλασσα ἐν ἤχῳ[26] κυμάτων[27] αὐτῆς,
καὶ κατεκαλύφθη.[28]
43 ἐγενήθησαν αἱ πόλεις αὐτῆς γῆ ἄνυδρος[29] καὶ ἄβατος,[30]
οὐ κατοικήσει ἐν αὐτῇ οὐδὲ εἷς,
οὐδὲ μὴ καταλύσῃ[31] ἐν αὐτῇ υἱὸς ἀνθρώπου.
44 καὶ ἐκδικήσω[32] ἐπὶ Βαβυλῶνα
καὶ ἐξοίσω[33] ἃ κατέπιεν[34] ἐκ τοῦ στόματος αὐτῆς,
καὶ οὐ μὴ συναχθῶσιν πρὸς αὐτὴν ἔτι τὰ ἔθνη.
49 καὶ ἐν Βαβυλῶνι πεσοῦνται τραυματίαι[35] πάσης τῆς γῆς.

1 ἐρημόω, *fut act ind 1s*, lay waste, make desolate
2 ξηραίνω, *fut act ind 1s*, dry up
3 πηγή, spring, fountain
4 ἀφανισμός, (place of) destruction
5 ἅμα, at the same time
6 λέων, lion
7 ἐξεγείρω, *aor pas ind 3p*, stir up, raise up
8 σκύμνος, cub, whelp
9 λέων, lion
10 θερμασία, heat
11 πότημα, drink
12 μεθύω, *fut act ind 1s*, make drunk
13 καρόω, *aor pas sub 3p*, be in a stupor
14 ὑπνόω, *aor act sub 3p*, sleep
15 ὕπνος, slumber
16 ἐγείρω, *aor pas sub 3p*, awaken, rouse
17 καταβιβάζω, *fut act ind 1s*, bring down
18 ἀρήν, lamb
19 σφαγή, slaughter
20 κριός, ram
21 ἔριφος, kid (of a goat or ram)
22 ἁλίσκομαι, *aor act ind 3s*, be conquered
23 θηρεύω, *aor pas ind 3s*, catch (as prey)
24 καύχημα, pride, boasting
25 ἀφανισμός, (place of) destruction
26 ἦχος, sound
27 κῦμα, wave
28 κατακαλύπτω, *aor pas ind 3s*, flood, cover over
29 ἄνυδρος, waterless
30 ἄβατος, impassable, desolate
31 καταλύω, *fut mid ind 2s*, lodge in
32 ἐκδικέω, *fut act ind 1s*, punish, take vengeance
33 ἐκφέρω, *fut act ind 1s*, bring out
34 καταπίνω, *aor act ind 3s*, swallow
35 τραυματίας, casualty, wounded

50 ἀνασῳζόμενοι[1] ἐκ γῆς, πορεύεσθε καὶ μὴ ἵστασθε·[2]
οἱ μακρόθεν,[3] μνήσθητε[4] τοῦ κυρίου,
καὶ Ιερουσαλημ ἀναβήτω ἐπὶ τὴν καρδίαν ὑμῶν.
51 ᾐσχύνθημεν,[5] ὅτι ἠκούσαμεν ὀνειδισμὸν[6] ἡμῶν,
κατεκάλυψεν[7] ἀτιμία[8] τὸ πρόσωπον ἡμῶν,
εἰσῆλθον ἀλλογενεῖς[9] εἰς τὰ ἅγια ἡμῶν, εἰς οἶκον κυρίου.
52 διὰ τοῦτο ἰδοὺ ἡμέραι ἔρχονται, λέγει κύριος,
καὶ ἐκδικήσω[10] ἐπὶ τὰ γλυπτὰ[11] αὐτῆς,
καὶ ἐν πάσῃ τῇ γῇ αὐτῆς πεσοῦνται τραυματίαι.[12]
53 ὅτι ἐὰν ἀναβῇ Βαβυλὼν ὡς ὁ οὐρανός
καὶ ὅτι ἐὰν ὀχυρώσῃ[13] ὕψος[14] ἰσχύος[15] αὐτῆς,
παρ᾽ ἐμοῦ ἥξουσιν[16] ἐξολεθρεύοντες[17] αὐτήν,
λέγει κύριος.
54 φωνὴ κραυγῆς[18] ἐν Βαβυλῶνι,
καὶ συντριβὴ[19] μεγάλη ἐν γῇ Χαλδαίων,
55 ὅτι ἐξωλέθρευσεν[20] κύριος τὴν Βαβυλῶνα
καὶ ἀπώλεσεν ἀπ᾽ αὐτῆς φωνὴν μεγάλην ἠχοῦσαν[21] ὡς ὕδατα πολλά,
ἔδωκεν εἰς ὄλεθρον[22] φωνὴν αὐτῆς.
56 ὅτι ἦλθεν ἐπὶ Βαβυλῶνα ταλαιπωρία,[23]
ἑάλωσαν[24] οἱ μαχηταὶ[25] αὐτῆς,
ἐπτόηται[26] τὸ τόξον[27] αὐτῶν, ὅτι θεὸς ἀνταποδίδωσιν[28] αὐτοῖς,
κύριος ἀνταποδίδωσιν αὐτῇ τὴν ἀνταπόδοσιν·[29]
57 καὶ μεθύσει[30] μέθῃ[31] τοὺς ἡγεμόνας[32] αὐτῆς
καὶ τοὺς σοφοὺς[33] αὐτῆς καὶ τοὺς στρατηγοὺς[34] αὐτῆς,
λέγει ὁ βασιλεύς, κύριος παντοκράτωρ[35] ὄνομα αὐτῷ.

1 ἀνασῴζω, *pres pas ptc nom p m*, rescue
2 ἵστημι, *pres mid impv 2p*, stand (still)
3 μακρόθεν, at a distance, from far off
4 μιμνήσκομαι, *aor pas impv 2p*, remember
5 αἰσχύνω, *aor pas ind 1p*, put to shame
6 ὀνειδισμός, insult, reproach
7 κατακαλύπτω, *aor act ind 3s*, cover
8 ἀτιμία, dishonor
9 ἀλλογενής, foreign
10 ἐκδικέω, *fut act ind 1s*, take vengeance
11 γλυπτός, carved image
12 τραυματίας, casualty, wounded
13 ὀχυρόω, *aor act sub 3s*, fortify
14 ὕψος, height
15 ἰσχύς, strength
16 ἥκω, *fut act ind 3p*, come
17 ἐξολεθρεύω, *pres act ptc nom p m*, utterly destroy
18 κραυγή, outcry
19 συντριβή, crushing
20 ἐξολεθρεύω, *aor act ind 3s*, utterly destroy
21 ἠχέω, *pres act ptc acc s f*, sound forth
22 ὄλεθρος, ruin, destruction
23 ταλαιπωρία, distress, misery
24 ἁλίσκομαι, *aor act ind 3p*, be conquered
25 μαχητής, warrior
26 πτοέω, *perf pas ind 3s*, terrify
27 τόξον, bow
28 ἀνταποδίδωμι, *pres act ind 3s*, repay, render in return
29 ἀνταπόδοσις, requital, recompense
30 μεθύω, *fut act ind 3s*, make drunk
31 μέθη, strong drink
32 ἡγεμών, leader, chief
33 σοφός, wise
34 στρατηγός, captain, general
35 παντοκράτωρ, almighty

58 τάδε[1] λέγει κύριος Τεῖχος[2] Βαβυλῶνος ἐπλατύνθη,[3]
κατασκαπτόμενον[4] κατασκαφήσεται,[5]
καὶ αἱ πύλαι[6] αὐτῆς αἱ ὑψηλαὶ[7] ἐμπυρισθήσονται,[8]
καὶ οὐ κοπιάσουσιν[9] λαοὶ εἰς κενόν,[10]
καὶ ἔθνη ἐν ἀρχῇ ἐκλείψουσιν.[11]

59 Ὁ λόγος ὃν ἐνετείλατο[12] κύριος Ιερεμια τῷ προφήτῃ εἰπεῖν τῷ Σαραια υἱῷ Νηριου
υἱοῦ Μαασαιου, ὅτε ἐπορεύετο παρὰ Σεδεκιου βασιλέως Ιουδα εἰς Βαβυλῶνα ἐν τῷ
ἔτει τῷ τετάρτῳ[13] τῆς βασιλείας αὐτοῦ, καὶ Σαραιας ἄρχων δώρων·[14] **60** καὶ ἔγραψεν
Ιερεμιας πάντα τὰ κακά, ἃ ἥξει[15] ἐπὶ Βαβυλῶνα, ἐν βιβλίῳ ἑνί, πάντας τοὺς λόγους
τούτους τοὺς γεγραμμένους ἐπὶ Βαβυλῶνα. **61** καὶ εἶπεν Ιερεμιας πρὸς Σαραιαν
Ὅταν ἔλθῃς εἰς Βαβυλῶνα, καὶ ὄψῃ καὶ ἀναγνώσῃ[16] πάντας τοὺς λόγους τούτους
62 καὶ ἐρεῖς Κύριε κύριε, σὺ ἐλάλησας ἐπὶ τὸν τόπον τοῦτον τοῦ ἐξολεθρεῦσαι[17]
αὐτὸν καὶ τοῦ μὴ εἶναι ἐν αὐτῷ κατοικοῦντας ἀπὸ ἀνθρώπου ἕως κτήνους,[18] ὅτι
ἀφανισμὸς[19] εἰς τὸν αἰῶνα ἔσται. **63** καὶ ἔσται ὅταν παύσῃ[20] τοῦ ἀναγινώσκειν[21]
τὸ βιβλίον τοῦτο, καὶ ἐπιδήσεις[22] ἐπʼ αὐτὸ λίθον καὶ ῥίψεις[23] αὐτὸ εἰς μέσον τοῦ
Εὐφράτου **64** καὶ ἐρεῖς Οὕτως καταδύσεται[24] Βαβυλὼν καὶ οὐ μὴ ἀναστῇ ἀπὸ προ-
σώπου τῶν κακῶν, ὧν ἐγὼ ἐπάγω[25] ἐπʼ αὐτήν.

Concerning Foreign Tribes

29 Ἐπὶ τοὺς ἀλλοφύλους.[26] **2** Τάδε[27] λέγει κύριος

Ἰδοὺ ὕδατα ἀναβαίνει ἀπὸ βορρᾶ[28]
καὶ ἔσται εἰς χειμάρρουν[29] κατακλύζοντα[30]
καὶ κατακλύσει[31] γῆν καὶ τὸ πλήρωμα[32] αὐτῆς,
πόλιν καὶ τοὺς κατοικοῦντας ἐν αὐτῇ·

1 ὅδε, this
2 τεῖχος, city wall
3 πλατύνω, *aor pas ind 3s*, enlarge
4 κατασκάπτω, *pres pas ptc nom s n*, destroy, raze to the ground
5 κατασκάπτω, *fut pas ind 3s*, destroy, raze to the ground
6 πύλη, gate
7 ὑψηλός, high, lofty
8 ἐμπυρίζω, *fut pas ind 3p*, set on fire
9 κοπιάω, *fut act ind 3p*, labor, toil
10 κενός, without result, in vain
11 ἐκλείπω, *fut act ind 3p*, fail, cease
12 ἐντέλλομαι, *aor mid ind 3s*, command
13 τέταρτος, fourth
14 δῶρον, gift, bribe
15 ἥκω, *fut act ind 3s*, come
16 ἀναγινώσκω, *fut mid ind 2s*, read
17 ἐξολεθρεύω, *aor act inf*, utterly destroy
18 κτῆνος, animal, (*p*) herd
19 ἀφανισμός, (place of) destruction
20 παύω, *fut mid ind 2s*, cease
21 ἀναγινώσκω, *pres act inf*, read
22 ἐπιδέω, *fut act ind 2s*, tie, bind
23 ῥίπτω, *fut act ind 2s*, cast, throw
24 καταδύω, *fut mid ind 3s*, sink down
25 ἐπάγω, *pres act ind 1s*, bring upon
26 ἀλλόφυλος, foreign, (Philistine)
27 ὅδε, this
28 βορρᾶς, north
29 χείμαρρος, torrent, brook
30 κατακλύζω, *pres act ptc acc s m*, overflow, flood
31 κατακλύζω, *fut act ind 3s*, overflow, flood
32 πλήρωμα, fullness

καὶ κεκράξονται οἱ ἄνθρωποι,
καὶ ἀλαλάξουσιν[1] ἅπαντες[2] οἱ κατοικοῦντες τὴν γῆν.
3 ἀπὸ φωνῆς ὁρμῆς[3] αὐτοῦ,
ἀπὸ τῶν ὁπλῶν[4] τῶν ποδῶν αὐτοῦ
καὶ ἀπὸ σεισμοῦ[5] τῶν ἁρμάτων[6] αὐτοῦ,
ἤχου[7] τροχῶν[8] αὐτοῦ
οὐκ ἐπέστρεψαν πατέρες ἐφ᾽ υἱοὺς αὐτῶν
ἀπὸ ἐκλύσεως[9] χειρῶν αὐτῶν
4 ἐν τῇ ἡμέρᾳ τῇ ἐρχομένῃ
τοῦ ἀπολέσαι πάντας τοὺς ἀλλοφύλους·[10]
καὶ ἀφανιῶ[11] τὴν Τύρον καὶ τὴν Σιδῶνα
καὶ πάντας τοὺς καταλοίπους[12] τῆς βοηθείας[13] αὐτῶν,
ὅτι ἐξολεθρεύσει[14] κύριος τοὺς καταλοίπους[15] τῶν νήσων.[16]
5 ἥκει[17] φαλάκρωμα[18] ἐπὶ Γάζαν,
ἀπερρίφη[19] Ἀσκαλὼν καὶ οἱ κατάλοιποι[20] Ενακιμ.
ἕως τίνος κόψεις,[21] **6** ἡ μάχαιρα[22] τοῦ κυρίου;
ἕως τίνος οὐχ ἡσυχάσεις;[23]
ἀποκατάστηθι[24] εἰς τὸν κολεόν[25] σου,
ἀνάπαυσαι[26] καὶ ἐπάρθητι.[27]
7 πῶς ἡσυχάσει;[28]
καὶ κύριος ἐνετείλατο[29] αὐτῇ ἐπὶ τὴν Ἀσκαλῶνα
καὶ ἐπὶ τὰς παραθαλασσίους,[30]
ἐπὶ τὰς καταλοίπους,[31] ἐπεγερθῆναι.[32]

1 ἀλαλάζω, *fut act ind 3p*, shout aloud
2 ἅπας, all
3 ὁρμή, attack, onrush
4 ὅπλον, armor
5 σεισμός, rumbling
6 ἅρμα, chariot
7 ἦχος, sound
8 τροχός, wheel
9 ἔκλυσις, faintness, feebleness
10 ἀλλόφυλος, foreign, (Philistine)
11 ἀφανίζω, *fut act ind 1s*, destroy
12 κατάλοιπος, remnant
13 βοήθεια, allies, auxiliary force
14 ἐξολεθρεύω, *fut act ind 3s*, utterly destroy
15 κατάλοιπος, remnant
16 νῆσος, island
17 ἥκω, *pres act ind 3s*, come
18 φαλάκρωμα, baldness
19 ἀπορρίπτω, *aor pas ind 3s*, abandon, cast away
20 κατάλοιπος, remnant
21 κόπτω, *fut act ind 2s*, cut down
22 μάχαιρα, sword
23 ἡσυχάζω, *fut act ind 2s*, keep quiet
24 ἀποκαθίστημι, *aor act impv 2s*, return to
25 κολεός, sheath, scabbard
26 ἀναπαύω, *aor mid impv 2s*, take rest
27 ἐπαίρω, *aor pas impv 2s*, lift up
28 ἡσυχάζω, *fut act ind 3s*, keep quiet
29 ἐντέλλομαι, *aor mid ind 3s*, command
30 παραθαλάσσιος, by the sea
31 κατάλοιπος, remnant
32 ἐπεγείρω, *aor pas inf*, arouse, awaken

Concerning Idumea

30 Τῇ Ιδουμαίᾳ. Τάδε[1] λέγει κύριος

Οὐκ ἔστιν ἔτι σοφία ἐν Θαιμαν,
ἀπώλετο βουλὴ[2] ἐκ συνετῶν,[3]
ᾤχετο[4] σοφία αὐτῶν,
2 ἠπατήθη[5] ὁ τόπος αὐτῶν.
βαθύνατε[6] εἰς κάθισιν,[7] οἱ κατοικοῦντες ἐν Δαιδαν,
ὅτι δύσκολα[8] ἐποίησεν·
ἤγαγον ἐπ᾽ αὐτὸν ἐν χρόνῳ,
ᾧ ἐπεσκεψάμην[9] ἐπ᾽ αὐτόν.
3 ὅτι τρυγηταὶ[10] ἦλθόν σοι, οὐ καταλείψουσίν[11] σοι καταλείμματα·[12]
ὡς κλέπται[13] ἐν νυκτὶ ἐπιθήσουσιν χεῖρα αὐτῶν.

4 ὅτι ἐγὼ κατέσυρα[14] τὸν Ησαυ,
ἀνεκάλυψα[15] τὰ κρυπτὰ[16] αὐτῶν,
κρυβῆναι[17] οὐ μὴ δύνωνται·
ὤλοντο[18] διὰ χεῖρα ἀδελφοῦ αὐτοῦ καὶ γείτονος[19] αὐτοῦ,
καὶ οὐκ ἔστιν **5** ὑπολείπεσθαι[20] ὀρφανόν[21] σου, ἵνα ζήσηται·
καὶ ἐγὼ ζήσομαι,
καὶ χῆραι[22] ἐπ᾽ ἐμὲ πεποίθασιν.

6 ὅτι τάδε[23] εἶπεν κύριος

Οἷς οὐκ ἦν νόμος πιεῖν τὸ ποτήριον,[24] ἔπιον·
καὶ σὺ ἀθῳωμένη[25] οὐ μὴ ἀθῳωθῇς,[26] ὅτι πίνων πίεσαι·
7 ὅτι κατ᾽ ἐμαυτοῦ[27] ὤμοσα,[28] λέγει κύριος,
ὅτι εἰς ἄβατον[29] καὶ εἰς ὀνειδισμὸν[30]

1 ὅδε, this
2 βουλή, counsel
3 συνετός, intelligent, prudent
4 οἴχομαι, *impf mid ind 3s*, depart
5 ἀπατάω, *aor pas ind 3s*, deceive, mislead
6 βαθύνω, *aor act impv 2p*, sink deep
7 κάθισις, dwelling place
8 δύσκολος, trouble, difficulty
9 ἐπισκέπτομαι, *aor mid ind 1s*, inspect, examine
10 τρυγητής, gatherer of grapes
11 καταλείπω, *fut act ind 3p*, leave behind
12 κατάλειμμα, (gleaning), remainder
13 κλέπτης, thief
14 κατασύρω, *aor act ind 1s*, drag off, ravage
15 ἀνακαλύπτω, *aor act ind 1s*, uncover
16 κρυπτός, hidden, secret
17 κρύπτω, *aor pas inf*, hide
18 ὄλλυμι, *aor mid ind 3p*, perish
19 γείτων, neighbor
20 ὑπολείπω, *pres pas inf*, leave, spare
21 ὀρφανός, orphan
22 χήρα, widow
23 ὅδε, this
24 ποτήριον, cup
25 ἀθῳόω, *pres pas ptc nom s f*, declare innocent
26 ἀθῳόω, *aor pas sub 2s*, declare innocent
27 ἐμαυτοῦ, myself
28 ὄμνυμι, *aor act ind 1s*, swear an oath
29 ἄβατος, inaccessible, desolate
30 ὀνειδισμός, reproach

καὶ εἰς κατάρασιν[1] ἔσῃ ἐν μέσῳ αὐτῆς,
καὶ πᾶσαι αἱ πόλεις αὐτῆς ἔσονται ἔρημοι εἰς αἰῶνα.
8 ἀκοὴν[2] ἤκουσα παρὰ κυρίου,
καὶ ἀγγέλους εἰς ἔθνη ἀπέστειλεν
Συνάχθητε καὶ παραγένεσθε εἰς αὐτήν,
ἀνάστητε εἰς πόλεμον.
9 μικρὸν ἔδωκά σε ἐν ἔθνεσιν,
εὐκαταφρόνητον[3] ἐν ἀνθρώποις.
10 ἡ παιγνία[4] σου ἐνεχείρησέν[5] σοι,
ἰταμία καρδίας σου κατέλυσεν[6] τρυμαλιὰς[7] πετρῶν,[8]
συνέλαβεν[9] ἰσχὺν[10] βουνοῦ[11] ὑψηλοῦ·[12]
ὅτι ὕψωσεν[13] ὥσπερ[14] ἀετὸς[15] νοσσιὰν[16] αὐτοῦ,
ἐκεῖθεν[17] καθελῶ[18] σε.
11 καὶ ἔσται ἡ Ιδουμαία εἰς ἄβατον,[19]
πᾶς ὁ παραπορευόμενος[20] ἐπ᾿ αὐτὴν συριεῖ.[21]
12 ὥσπερ[22] κατεστράφη[23] Σοδομα καὶ Γομορρα καὶ αἱ πάροικοι[24] αὐτῆς,
εἶπεν κύριος παντοκράτωρ,[25]
οὐ μὴ καθίσῃ ἐκεῖ ἄνθρωπος,
καὶ οὐ μὴ ἐνοικήσῃ[26] ἐκεῖ υἱὸς ἀνθρώπου.

13 ἰδοὺ ὥσπερ[27] λέων[28] ἀναβήσεται ἐκ μέσου τοῦ Ιορδάνου εἰς τόπον Αιθαμ,
ὅτι ταχὺ[29] ἐκδιώξω αὐτοὺς ἀπ᾿ αὐτῆς·
καὶ τοὺς νεανίσκους[30] ἐπ᾿ αὐτὴν ἐπιστήσατε.[31]
ὅτι τίς ὥσπερ ἐγώ;
καὶ τίς ἀντιστήσεταί[32] μοι;
καὶ τίς οὗτος ποιμήν,[33]
ὃς στήσεται κατὰ πρόσωπόν μου;

1 κατάρασις, cursing
2 ἀκοή, report, news
3 εὐκαταφρόνητος, contemptible, despised
4 παίγνιον, playful game
5 ἐγχειρέω, *aor act ind 3s*, lay hands upon
6 καταλύω, *aor act ind 3s*, break up
7 τρυμαλιά, hole (in the rock)
8 πέτρος, rock
9 συλλαμβάνω, *aor act ind 3s*, lay hold of, seize
10 ἰσχύς, strength
11 βουνός, hill
12 ὑψηλός, high
13 ὑψόω, *aor act ind 3s*, make high
14 ὥσπερ, just as
15 ἀετός, eagle
16 νοσσιά, nest
17 ἐκεῖθεν, from there
18 καθαιρέω, *fut act ind 1s*, pull down
19 ἄβατος, inaccessible, desolate
20 παραπορεύομαι, *pres mid ptc nom s m*, pass by
21 συρίζω, *fut act ind 3s*, hiss, whistle
22 ὥσπερ, just as
23 καταστρέφω, *aor pas ind 3s*, overthrow
24 πάροικος, sojourner, foreigner
25 παντοκράτωρ, almighty
26 ἐνοικέω, *aor act sub 3s*, dwell, inhabit
27 ὥσπερ, just as
28 λέων, lion
29 ταχύς, quickly
30 νεανίσκος, young man
31 ἐφίστημι, *aor act impv 2p*, place over, appoint
32 ἀνθίστημι, *fut mid ind 3s*, oppose, resist
33 ποιμήν, shepherd

14 διὰ τοῦτο ἀκούσατε βουλὴν[1] κυρίου,
ἣν ἐβουλεύσατο[2] ἐπὶ τὴν Ιδουμαίαν,
καὶ λογισμὸν[3] αὐτοῦ,
ὃν ἐλογίσατο ἐπὶ τοὺς κατοικοῦντας Θαιμαν
Ἐὰν μὴ συμψησθῶσιν[4] τὰ ἐλάχιστα[5] τῶν προβάτων,
ἐὰν μὴ ἀβατωθῇ[6] ἐπ᾽ αὐτὴν κατάλυσις[7] αὐτῶν·
15 ὅτι ἀπὸ φωνῆς πτώσεως[8] αὐτῶν ἐσείσθη[9] ἡ γῆ,
καὶ κραυγή[10] σου ἐν θαλάσσῃ ἠκούσθη.
16 ἰδοὺ ὥσπερ[11] ἀετὸς[12] ὄψεται
καὶ ἐκτενεῖ[13] τὰς πτέρυγας[14] ἐπ᾽ ὀχυρώματα[15] αὐτῆς·
καὶ ἔσται ἡ καρδία τῶν ἰσχυρῶν[16] τῆς Ιδουμαίας ἐν τῇ ἡμέρᾳ ἐκείνῃ
ὡς καρδία γυναικὸς ὠδινούσης.[17]

To the Sons of Ammon

17 Τοῖς υἱοῖς Αμμων. Οὕτως εἶπεν κύριος

Μὴ υἱοὶ οὐκ εἰσιν ἐν Ισραηλ,
ἢ παραλημψόμενος[18] οὐκ ἔστιν αὐτοῖς;
διὰ τί παρέλαβεν[19] Μελχομ τὸν Γαδ,
καὶ ὁ λαὸς αὐτῶν ἐν πόλεσιν αὐτῶν ἐνοικήσει;[20]
18 διὰ τοῦτο ἰδοὺ ἡμέραι ἔρχονται, φησὶν[21] κύριος,
καὶ ἀκουτιῶ[22] ἐπὶ Ραββαθ θόρυβον[23] πολέμων,
καὶ ἔσονται εἰς ἄβατον[24] καὶ εἰς ἀπώλειαν,[25]
καὶ βωμοὶ[26] αὐτῆς ἐν πυρὶ κατακαυθήσονται,[27]
καὶ παραλήμψεται[28] Ισραηλ τὴν ἀρχὴν αὐτοῦ.

19 ἀλάλαξον,[29] Εσεβων, ὅτι ὤλετο[30] Γαι·
κεκράξατε, θυγατέρες[31] Ραββαθ,

1 βουλή, counsel, plan
2 βουλεύω, *aor mid ind 3s*, plan, devise
3 λογισμός, deliberation
4 συμψάω, *aor pas sub 3p*, sweep away
5 ἐλάχιστος, *sup of* μικρός, *from* ἐλαχύς, smallest, least
6 ἀβατόομαι, *aor pas sub 3s*, lay waste
7 κατάλυσις, lodging, shelter
8 πτῶσις, falling, calamity
9 σείω, *aor pas ind 3s*, shake, quake
10 κραυγή, outcry
11 ὥσπερ, just as
12 ἀετός, eagle
13 ἐκτείνω, *fut act ind 3s*, stretch forth
14 πτέρυξ, wing
15 ὀχύρωμα, stronghold
16 ἰσχυρός, strong
17 ὠδίνω, *pres act ptc gen s f*, suffer labor pains
18 παραλαμβάνω, *fut mid ptc nom s m*, be a successor
19 παραλαμβάνω, *aor act ind 3s*, overtake
20 ἐνοικέω, *fut act ind 3s*, dwell, settle
21 φημί, *pres act ind 3s*, say
22 ἀκουτίζω, *fut act ind 1s*, cause to hear
23 θόρυβος, tumult
24 ἄβατος, impassable, desolate
25 ἀπώλεια, (place of) destruction
26 βωμός, (illegitimate) altar
27 κατακαίω, *fut pas ind 3p*, burn up
28 παραλαμβάνω, *fut mid ind 3s*, be a successor
29 ἀλαλάζω, *aor act impv 2s*, shout aloud
30 ὄλλυμι, *aor mid ind 3s*, perish
31 θυγάτηρ, daughter

περιζώσασθε[1] σάκκους[2] καὶ ἐπιλημπτεύσασθε[3]
καὶ κόψασθε[4] ἐπὶ Μελχομ,
ὅτι ἐν ἀποικίᾳ[5] βαδιεῖται,[6]
οἱ ἱερεῖς αὐτοῦ καὶ οἱ ἄρχοντες αὐτοῦ ἅμα.[7]
20 τί ἀγαλλιάσῃ[8] ἐν τοῖς πεδίοις[9] Ενακιμ, θύγατερ[10] ἀτιμίας[11]
ἡ πεποιθυῖα ἐπὶ θησαυροῖς[12] αὐτῆς
ἡ λέγουσα Τίς εἰσελεύσεται ἐπ᾽ ἐμέ;
21 ἰδοὺ ἐγὼ φέρω φόβον ἐπὶ σέ, εἶπεν κύριος,
ἀπὸ πάσης τῆς περιοίκου[13] σου,
καὶ διασπαρήσεσθε[14] ἕκαστος εἰς πρόσωπον αὐτοῦ,
καὶ οὐκ ἔσται ὁ συνάγων.

Concerning Kedar

23 Τῇ Κηδαρ βασιλίσσῃ[15] τῆς αὐλῆς,[16] ἣν ἐπάταξεν[17] Ναβουχοδονοσορ βασιλεὺς
Βαβυλῶνος. Οὕτως εἶπεν κύριος

Ἀνάστητε καὶ ἀνάβητε ἐπὶ Κηδαρ
καὶ πλήσατε[18] τοὺς υἱοὺς Κεδεμ·
24 σκηνὰς[19] αὐτῶν καὶ πρόβατα αὐτῶν λήμψονται,
ἱμάτια αὐτῶν καὶ πάντα τὰ σκεύη[20] αὐτῶν
καὶ καμήλους[21] αὐτῶν λήμψονται ἑαυτοῖς·
καὶ καλέσατε ἐπ᾽ αὐτοὺς ἀπώλειαν[22] κυκλόθεν.[23]
25 φεύγετε[24] λίαν,[25] βαθύνατε[26] εἰς κάθισιν,[27]
καθήμενοι ἐν τῇ αὐλῇ,[28]
ὅτι ἐβουλεύσατο[29] ἐφ᾽ ὑμᾶς βασιλεὺς Βαβυλῶνος βουλήν[30]
καὶ ἐλογίσατο ἐφ᾽ ὑμᾶς λογισμόν.[31]

26 ἀνάστηθι καὶ ἀνάβηθι ἐπ᾽ ἔθνος εὐσταθοῦν[32]
καθήμενον εἰς ἀναψυχήν,[33]

1 περιζώννυμι, *aor mid impv 2p*, put on
2 σάκκος, sackcloth, *Heb. LW*
3 ἐπιληπτεύομαι, *aor mid impv 2p*, have a fit
4 κόπτω, *aor mid impv 2p*, mourn, beat (one's breast in lamentation)
5 ἀποικία, captivity, exile
6 βαδίζω, *fut mid ind 3s*, go
7 ἅμα, together
8 ἀγαλλιάω, *fut mid ind 2s*, rejoice
9 πεδίον, plain, field
10 θυγάτηρ, daughter
11 ἀτιμία, dishonor, disgrace
12 θησαυρός, treasure
13 περίοικος, surrounding region
14 διασπείρω, *fut pas ind 2p*, scatter
15 βασίλισσα, queen
16 αὐλή, court
17 πατάσσω, *aor act ind 3s*, strike
18 πίμπλημι, *aor act impv 2p*, fill up
19 σκηνή, tent
20 σκεῦος, thing, implement
21 κάμηλος, camel
22 ἀπώλεια, destruction
23 κυκλόθεν, all around
24 φεύγω, *pres act impv 2p*, flee
25 λίαν, very much
26 βαθύνω, *aor act impv 2p*, sink deep
27 κάθισις, dwelling place
28 αὐλή, court
29 βουλεύω, *aor mid ind 3s*, plan, devise
30 βουλή, plan, scheme
31 λογισμός, deliberation
32 εὐσταθής, at ease, quiet
33 ἀναψυχή, relief, refreshment

οἷς οὐκ εἰσιν θύραι, οὐ βάλανοι,[1]
οὐ μοχλοί,[2] μόνοι καταλύουσιν.[3]
27 καὶ ἔσονται κάμηλοι[4] αὐτῶν εἰς προνομὴν[5]
καὶ πλῆθος κτηνῶν[6] αὐτῶν εἰς ἀπώλειαν·[7]
καὶ λικμήσω[8] αὐτοὺς παντὶ πνεύματι
κεκαρμένους[9] πρὸ προσώπου αὐτῶν,
ἐκ παντὸς πέραν[10] αὐτῶν οἴσω[11] τὴν τροπὴν[12] αὐτῶν,
εἶπεν κύριος.
28 καὶ ἔσται ἡ αὐλὴ[13] διατριβὴ[14] στρουθῶν[15]
καὶ ἄβατος[16] ἕως αἰῶνος,
οὐ μὴ καθίσῃ ἐκεῖ ἄνθρωπος,
καὶ οὐ μὴ κατοικήσῃ ἐκεῖ υἱὸς ἀνθρώπου.

Concerning Damascus

29 Τῇ Δαμασκῷ.

Κατῃσχύνθη[17] Ημαθ καὶ Αρφαδ, ὅτι ἤκουσαν ἀκοὴν[18] πονηράν·
ἐξέστησαν,[19] ἐθυμώθησαν,[20] ἀναπαύσασθαι[21] οὐ μὴ δύνωνται.
30 ἐξελύθη[22] Δαμασκός, ἀπεστράφη[23] εἰς φυγήν,[24]
τρόμος[25] ἐπελάβετο[26] αὐτῆς.
31 πῶς οὐχὶ ἐγκατέλιπεν[27] πόλιν ἐμήν;
κώμην[28] ἠγάπησαν.
32 διὰ τοῦτο πεσοῦνται νεανίσκοι[29] ἐν πλατείαις[30] σου,
καὶ πάντες οἱ ἄνδρες οἱ πολεμισταί[31] σου πεσοῦνται, φησὶν[32] κύριος·
33 καὶ καύσω[33] πῦρ ἐν τείχει[34] Δαμασκοῦ,
καὶ καταφάγεται[35] ἄμφοδα[36] υἱοῦ Αδερ.

1 βάλανος, bolt pin, iron peg
2 μοχλός, bar or bolt (of a door)
3 καταλύω, *pres act ind 3p*, lodge
4 κάμηλος, camel
5 προνομή, plunder, booty
6 κτῆνος, animal, (*p*) herd
7 ἀπώλεια, destruction
8 λικμάω, *fut act ind 1s*, winnow, scatter like chaff
9 κείρω, *perf mid ptc acc p m*, shear
10 πέραν, on the side
11 φέρω, *fut act ind 1s*, bring, bear
12 τροπή, rout (in battle)
13 αὐλή, court
14 διατριβή, haunt, dwelling place
15 στρουθός, sparrow
16 ἄβατος, impassable, desolate
17 καταισχύνω, *aor pas ind 3s*, put to shame
18 ἀκοή, news, report
19 ἐξίστημι, *aor act ind 3p*, be confounded, be amazed
20 θυμόω, *aor pas ind 3p*, provoke to anger
21 ἀναπαύω, *aor mid inf*, rest
22 ἐκλύω, *aor pas ind 3s*, weaken, fail
23 ἀποστρέφω, *aor pas ind 3s*, turn away
24 φυγή, fleeing, flight
25 τρόμος, trembling
26 ἐπιλαμβάνω, *aor mid ind 3s*, take hold of
27 ἐγκαταλείπω, *aor act ind 3s*, desert, forsake
28 κώμη, village
29 νεανίσκος, young man
30 πλατεῖα, wide (street)
31 πολεμιστής, warrior
32 φημί, *pres act ind 3s*, say
33 καίω, *fut act ind 1s*, kindle, burn
34 τεῖχος, city wall
35 κατεσθίω, *fut mid ind 3s*, devour
36 ἄμφοδον, residential quarters

Concerning Moab

31 Τῇ Μωαβ. Οὕτως εἶπεν κύριος

Οὐαὶ ἐπὶ Ναβαυ, ὅτι ὤλετο·[1]
ἐλήμφθη Καριαθαιμ, ᾐσχύνθη[2] Αμαθ καὶ ἡττήθη.[3]
2 οὐκ ἔστιν ἔτι ἰατρεία[4] Μωαβ, ἀγαυρίαμα[5] ἐν Εσεβων·
ἐλογίσαντο ἐπ᾽ αὐτὴν κακά·
ἐκόψαμεν[6] αὐτὴν ἀπὸ ἔθνους,
καὶ παῦσιν[7] παύσεται,[8] ὄπισθέν[9] σου βαδιεῖται[10] μάχαιρα.[11]
3 ὅτι φωνὴ κεκραγότων ἐξ Ωρωναιμ,
ὄλεθρος[12] καὶ σύντριμμα[13] μέγα
4 Συνετρίβη[14] Μωαβ, ἀναγγείλατε[15] εἰς Ζογορα.

5 ὅτι ἐπλήσθη[16] Αλαωθ ἐν κλαυθμῷ,[17]
ἀναβήσεται κλαίων ἐν ὁδῷ Ωρωναιμ,
κραυγὴν[18] συντρίμματος[19] ἠκούσατε
6 Φεύγετε[20] καὶ σώσατε τὰς ψυχὰς ὑμῶν
καὶ ἔσεσθε ὥσπερ ὄνος[21] ἄγριος[22] ἐν ἐρήμῳ.

7 ἐπειδὴ[23] ἐπεποίθεις[24] ἐν ὀχυρώμασίν[25] σου,
καὶ σὺ συλλημφθήσῃ·[26]
καὶ ἐξελεύσεται Χαμως ἐν ἀποικίᾳ,[27]
οἱ ἱερεῖς αὐτοῦ καὶ οἱ ἄρχοντες αὐτοῦ ἅμα.[28]
8 καὶ ἥξει[29] ὄλεθρος[30] ἐπὶ πᾶσαν πόλιν,
καὶ πόλις οὐ μὴ σωθῇ,
καὶ ἀπολεῖται ὁ αὐλών,[31]
καὶ ἐξολεθρευθήσεται[32] ἡ πεδινή,[33] καθὼς εἶπεν κύριος.

1 ὄλλυμι, *aor mid ind 3s*, perish
2 αἰσχύνω, *aor pas ind 3s*, put to shame
3 ἡττάω, *aor pas ind 3s*, overcome
4 ἰατρεία, healing
5 ἀγαυρίαμα, insolence
6 κόπτω, *aor act ind 1p*, cut off
7 παῦσις, cessation, stop
8 παύω, *fut mid ind 3s*, cease, stop
9 ὄπισθε(ν), behind, following
10 βαδίζω, *fut mid ind 3s*, go
11 μάχαιρα, sword
12 ὄλεθρος, ruin, destruction
13 σύντριμμα, fracture, affliction
14 συντρίβω, *aor pas ind 3s*, crush, break
15 ἀναγγέλλω, *aor act impv 2p*, declare
16 πίμπλημι, *aor pas ind 3s*, fill up
17 κλαυθμός, weeping
18 κραυγή, outcry
19 σύντριμμα, fracture, affliction
20 φεύγω, *pres act impv 2p*, flee
21 ὄνος, donkey
22 ἄγριος, wild
23 ἐπειδή, since, because
24 πείθω, *plpf act ind 2s*, trust
25 ὀχύρωμα, stronghold
26 συλλαμβάνω, *fut pas ind 2s*, lay hold of, capture
27 ἀποικία, captivity, exile
28 ἅμα, together
29 ἥκω, *fut act ind 3s*, come
30 ὄλεθρος, ruin, destruction
31 αὐλών, valley
32 ἐξολεθρεύω, *fut pas ind 3s*, utterly destroy
33 πεδινός, plain, field

9 δότε σημεῖα τῇ Μωαβ, ὅτι ἀφῇ[1] ἀναφθήσεται,[2]
καὶ πᾶσαι αἱ πόλεις αὐτῆς εἰς ἄβατον[3] ἔσονται·
πόθεν[4] ἔνοικος[5] αὐτῇ;
10 ἐπικατάρατος[6] ὁ ποιῶν τὰ ἔργα κυρίου ἀμελῶς[7]
ἐξαίρων[8] μάχαιραν[9] αὐτοῦ ἀφ᾽ αἵματος.

11 ἀνεπαύσατο[10] Μωαβ ἐκ παιδαρίου[11]
καὶ πεποιθὼς ἦν ἐπὶ τῇ δόξῃ αὐτοῦ,
οὐκ ἐνέχεεν[12] ἐξ ἀγγείου[13] εἰς ἀγγεῖον
καὶ εἰς ἀποικισμὸν[14] οὐκ ᾤχετο·[15]
διὰ τοῦτο ἔστη γεῦμα[16] αὐτοῦ ἐν αὐτῷ,
καὶ ὀσμὴ[17] αὐτοῦ οὐκ ἐξέλιπεν.[18]

12 διὰ τοῦτο ἰδοὺ ἡμέραι ἔρχονται, φησὶν[19] κύριος,
καὶ ἀποστελῶ αὐτῷ κλίνοντας,[20]
καὶ κλινοῦσιν[21] αὐτὸν καὶ τὰ σκεύη[22] αὐτοῦ λεπτυνοῦσιν[23]
καὶ τὰ κέρατα[24] αὐτοῦ συγκόψουσιν.[25]
13 καὶ καταισχυνθήσεται[26] Μωαβ ἀπὸ Χαμως,
ὥσπερ κατῃσχύνθη[27] οἶκος Ισραηλ ἀπὸ Βαιθηλ
ἐλπίδος αὐτῶν πεποιθότες ἐπ᾽ αὐτοῖς.

14 πῶς ἐρεῖτε Ἰσχυροί[28] ἐσμεν
καὶ ἄνθρωπος ἰσχύων[29] εἰς τὰ πολεμικά;[30]
15 ὤλετο[31] Μωαβ πόλις αὐτοῦ,
καὶ ἐκλεκτοὶ[32] νεανίσκοι[33] αὐτοῦ κατέβησαν εἰς σφαγήν·[34]

1 ἁφή, infection
2 ἀνάπτω, *fut pas ind 3s*, set on fire
3 ἄβατος, impassable, desolate
4 πόθεν, from where
5 ἔνοικος, inhabitant
6 ἐπικατάρατος, cursed
7 ἀμελῶς, carelessly
8 ἐξαίρω, *pres act ptc nom s m*, lift out, remove
9 μάχαιρα, sword
10 ἀναπαύω, *aor mid ind 3s*, be at rest
11 παιδάριον, child(hood)
12 ἐγχέω, *impf act ind 3s*, pour
13 ἀγγεῖον, vessel, container
14 ἀποικισμός, exile
15 οἴχομαι, *impf mid ind 3s*, depart
16 γεῦμα, flavor, taste
17 ὀσμή, smell, scent
18 ἐκλείπω, *aor act ind 3s*, leave, cease
19 φημί, *pres act ind 3s*, say
20 κλίνω, *pres act ptc acc p m*, turn aside, deviate
21 κλίνω, *fut act ind 3p*, (cause to) turn aside, deviate
22 σκεῦος, vessel, equipment
23 λεπτύνω, *fut act ind 3p*, break into pieces
24 κέρας, horn
25 συγκόπτω, *fut act ind 3p*, hew down, cut to pieces
26 καταισχύνω, *fut pas ind 3s*, put to shame
27 καταισχύνω, *aor pas ind 3s*, put to shame
28 ἰσχυρός, strong
29 ἰσχύω, *pres act ptc nom s m*, be strong
30 πολεμικός, warfare
31 ὄλλυμι, *aor mid ind 3s*, perish
32 ἐκλεκτός, choice
33 νεανίσκος, young man
34 σφαγή, slaughter

16 ἐγγὺς[1] ἡμέρα Μωαβ ἐλθεῖν,
καὶ πονηρία[2] αὐτοῦ ταχεῖα[3] σφόδρα.[4]
17 κινήσατε[5] αὐτῷ, πάντες κυκλόθεν[6] αὐτοῦ,
πάντες εἰδότες ὄνομα αὐτοῦ·
εἴπατε Πῶς συνετρίβη[7] βακτηρία[8] εὐκλεής,[9]
ῥάβδος[10] μεγαλώματος;[11]
18 κατάβηθι ἀπὸ δόξης καὶ κάθισον ἐν ὑγρασίᾳ,[12]
καθημένη Δαιβων·
ἐκτρίβητε,[13] ὅτι ὤλετο[14] Μωαβ,
ἀνέβη εἰς σὲ λυμαινόμενος[15] ὀχύρωμά[16] σου.
19 ἐφ᾽ ὁδοῦ στῆθι καὶ ἔπιδε,[17] καθημένη ἐν Αροηρ,
καὶ ἐρώτησον[18] φεύγοντα[19] καὶ σῳζόμενον
καὶ εἰπόν Τί ἐγένετο;
20 κατῃσχύνθη[20] Μωαβ, ὅτι συνετρίβη·[21]
ὀλόλυξον[22] καὶ κέκραξον,
ἀνάγγειλον[23] ἐν Αρνων ὅτι ὤλετο[24] Μωαβ.

21 καὶ κρίσις ἔρχεται εἰς γῆν τοῦ Μισωρ ἐπὶ Χαιλων
καὶ ἐπὶ Ιασσα καὶ ἐπὶ Μωφαθ
22 καὶ ἐπὶ Δαιβων καὶ ἐπὶ Ναβαυ
καὶ ἐπ᾽ οἶκον Δεβλαθαιμ
23 καὶ ἐπὶ Καριαθαιμ καὶ ἐπ᾽ οἶκον Γαμωλ
καὶ ἐπ᾽ οἶκον Μαων
24 καὶ ἐπὶ Καριωθ καὶ ἐπὶ Βοσορ
καὶ ἐπὶ πάσας τὰς πόλεις Μωαβ τὰς πόρρω[25] καὶ τὰς ἐγγύς.[26]
25 κατεάχθη[27] κέρας[28] Μωαβ,
καὶ τὸ ἐπίχειρον[29] αὐτοῦ συνετρίβη.[30]

1 ἐγγύς, near at hand
2 πονηρία, wickedness, iniquity
3 ταχύς, hastily, swiftly
4 σφόδρα, exceedingly
5 κινέω, *aor act impv 2p*, move, stir, shake
6 κυκλόθεν, round about
7 συντρίβω, *aor pas ind 3s*, break
8 βακτηρία, staff
9 εὐκλεής, famous, renowned
10 ῥάβδος, rod
11 μεγάλωμα, magnificence
12 ὑγρασία, moist (ground)
13 ἐκτρίβω, *aor pas impv 2p*, destroy, wipe out
14 ὄλλυμι, *aor mid ind 3s*, perish
15 λυμαίνομαι, *pres mid ptc nom s m*, lay waste
16 ὀχύρωμα, stronghold
17 ἐφοράω, *aor act impv 2s*, watch
18 ἐρωτάω, *aor act impv 2s*, ask, inquire of
19 φεύγω, *pres act ptc acc s m*, flee
20 καταισχύνω, *aor pas ind 3s*, put to shame
21 συντρίβω, *aor pas ind 3s*, crush, break
22 ὀλολύζω, *aor act impv 2s*, howl, wail
23 ἀναγγέλλω, *aor act impv 2s*, report, announce
24 ὄλλυμι, *aor mid ind 3s*, perish
25 πόρρω, far away
26 ἐγγύς, near
27 κατάγνυμι, *aor pas ind 3s*, break, shatter
28 κέρας, horn
29 ἐπίχειρον, (result of labor, effort)
30 συντρίβω, *aor pas ind 3s*, crush

26 μεθύσατε[1] αὐτόν, ὅτι ἐπὶ κύριον ἐμεγαλύνθη·[2]
καὶ ἐπικρούσει[3] Μωαβ ἐν χειρὶ αὐτοῦ
καὶ ἔσται εἰς γέλωτα[4] καὶ αὐτός.
27 καὶ εἰ μὴ εἰς γελοιασμὸν[5] ἦν σοι Ισραηλ;
εἰ ἐν κλοπαῖς[6] σου εὑρέθη, ὅτι ἐπολέμεις αὐτόν;

28 κατέλιπον[7] τὰς πόλεις καὶ ᾤκησαν[8] ἐν πέτραις[9]
οἱ κατοικοῦντες Μωαβ,
ἐγενήθησαν ὡς περιστεραὶ[10] νοσσεύουσαι[11] ἐν πέτραις
στόματι βοθύνου.[12]
29 ἤκουσα ὕβριν[13] Μωαβ, ὕβρισεν[14] λίαν·[15]
ὕβριν αὐτοῦ καὶ ὑπερηφανίαν[16] αὐτοῦ,
καὶ ὑψώθη[17] ἡ καρδία αὐτοῦ.
30 ἐγὼ δὲ ἔγνων ἔργα αὐτοῦ·
οὐχὶ τὸ ἱκανὸν[18] αὐτοῦ, οὐχ οὕτως ἐποίησεν.
31 διὰ τοῦτο ἐπὶ Μωαβ ὀλολύζετε[19] πάντοθεν,[20]
βοήσατε[21] ἐπ᾽ ἄνδρας Κιραδας αὐχμοῦ.[22]
32 ὡς κλαυθμὸν[23] Ιαζηρ ἀποκλαύσομαί[24] σοι, ἄμπελος[25] Σεβημα·
κλήματά[26] σου διῆλθεν[27] θάλασσαν, Ιαζηρ ἥψαντο·
ἐπὶ ὀπώραν[28] σου, ἐπὶ τρυγηταῖς[29] σου ὄλεθρος[30] ἐπέπεσεν.[31]
33 συνεψήσθη[32] χαρμοσύνη[33] καὶ εὐφροσύνη[34] ἐκ τῆς Μωαβίτιδος,
καὶ οἶνος ἦν ἐπὶ ληνοῖς[35] σου·
πρωὶ[36] οὐκ ἐπάτησαν[37] οὐδὲ δείλης,[38]
οὐκ ἐποίησαν αιδαδ.[39]

1 μεθύω, *aor act impv 2p*, make drunk
2 μεγαλύνω, *aor pas ind 3s*, magnify (against)
3 ἐπικρούω, *fut act ind 3s*, applaud
4 γέλως, (object of) laughter
5 γελοιασμός, jesting
6 κλοπή, theft
7 καταλείπω, *aor act ind 3p*, leave, abandon
8 οἰκέω, *aor act ind 3p*, dwell, inhabit
9 πέτρα, rock
10 περιστερά, dove
11 νοσσεύω, *pres act ptc nom p f*, build a nest
12 βόθυνος, cave
13 ὕβρις, insolence
14 ὑβρίζω, *aor act ind 3s*, act insolently
15 λίαν, very
16 ὑπερηφανία, arrogance
17 ὑψόω, *aor pas ind 3s*, lift up, exalt
18 ἱκανός, sufficient, adequate
19 ὀλολύζω, *pres act impv 2p*, howl, wail
20 πάντοθεν, all around
21 βοάω, *aor act impv 2p*, cry out
22 αὐχμός, drought
23 κλαυθμός, weeping, wailing
24 ἀποκλαίω, *fut mid ind 1s*, weep aloud
25 ἄμπελος, vine
26 κλῆμα, branch
27 διέρχομαι, *aor act ind 3s*, pass through
28 ὀπώρα, fruit
29 τρυγητής, gatherer of grapes
30 ὄλεθρος, ruin, destruction
31 ἐπιπίπτω, *aor act ind 3s*, fall upon
32 συμψάω, *aor pas ind 3s*, sweep away
33 χαρμοσύνη, delight
34 εὐφροσύνη, joy, gladness
35 ληνός, wine vat, trough
36 πρωί, (in the) morning
37 πατέω, *aor act ind 3p*, tread
38 δείλη, (in the) evening
39 αιδαδ, shouting in the harvest, *translit.*

34 ἀπὸ κραυγῆς[1] Εσεβων ἕως Ελεαλη αἱ πόλεις αὐτῶν ἔδωκαν φωνὴν αὐτῶν, ἀπὸ
Ζογορ ἕως Ωρωναιμ καὶ Αγλαθ-σαλισια, ὅτι καὶ τὸ ὕδωρ Νεβριμ εἰς κατάκαυμα[2]
ἔσται. **35** καὶ ἀπολῶ τὸν Μωαβ, φησὶν[3] κύριος, ἀναβαίνοντα ἐπὶ βωμὸν[4]
καὶ θυμιῶντα[5] θεοῖς αὐτοῦ. **36** διὰ τοῦτο καρδία μου, Μωαβ, ὥσπερ αὐλοὶ[6]
βομβήσουσιν,[7] καρδία μου ἐπ᾽ ἀνθρώπους Κιραδας ὥσπερ αὐλὸς βομβήσει·[8] διὰ
τοῦτο ἃ περιεποιήσατο,[9] ἀπώλετο ἀπὸ ἀνθρώπου.

37 πᾶσαν κεφαλὴν ἐν παντὶ τόπῳ ξυρήσονται,[10] καὶ πᾶς πώγων[11] ξυρηθήσεται,[12]
καὶ πᾶσαι χεῖρες κόψονται,[13] καὶ ἐπὶ πάσης ὀσφύος[14] σάκκος.[15] **38** καὶ ἐπὶ πάντων
τῶν δωμάτων[16] Μωαβ καὶ ἐπὶ πλατείαις[17] αὐτῆς, ὅτι συνέτριψα[18] τὸν Μωαβ,
φησὶν[19] κύριος, ὡς ἀγγεῖον,[20] οὗ οὐκ ἔστιν χρεία[21] αὐτοῦ. **39** πῶς κατήλλαξεν;[22]
πῶς ἔστρεψεν[23] νῶτον[24] Μωαβ; ᾐσχύνθη[25] καὶ ἐγένετο Μωαβ εἰς γέλωτα[26] καὶ ἐγκό-
τημα[27] πᾶσιν τοῖς κύκλῳ[28] αὐτῆς.

40 ὅτι οὕτως εἶπεν κύριος

41 Ἐλήμφθη Ακκαριωθ,
καὶ τὰ ὀχυρώματα[29] συνελήμφθη·[30]
42 καὶ ἀπολεῖται Μωαβ ἀπὸ ὄχλου,
ὅτι ἐπὶ τὸν κύριον ἐμεγαλύνθη.[31]
43 παγὶς[32] καὶ φόβος καὶ βόθυνος[33] ἐπὶ σοί,
καθήμενος Μωαβ·
44 ὁ φεύγων[34] ἀπὸ προσώπου τοῦ φόβου
ἐμπεσεῖται[35] εἰς τὸν βόθυνον,[36]
καὶ ὁ ἀναβαίνων ἐκ τοῦ βοθύνου
συλλημφθήσεται[37] ἐν τῇ παγίδι,[38]

1 κραυγή, outcry
2 κατάκαυμα, burning
3 φημί, *pres act ind 3s*, say
4 βωμός, (illegitimate) altar
5 θυμιάω, *pres act ptc acc s m*, burn incense
6 αὐλός, pipe, flute
7 βομβέω, *fut act ind 3p*, make a loud noise
8 βομβέω, *fut act ind 3s*, make a loud noise
9 περιποιέω, *aor mid ind 3s*, acquire, obtain
10 ξυρέω, *fut mid ind 3p*, shave
11 πώγων, beard
12 ξυρέω, *fut pas ind 3s*, shave
13 κόπτω, *fut mid ind 3p*, mourn, beat (one's breast in lamentation)
14 ὀσφύς, waist, loins
15 σάκκος, sackcloth, *Heb. LW*
16 δῶμα, housetop
17 πλατεῖα, wide (street)
18 συντρίβω, *aor act ind 1s*, crush, break
19 φημί, *pres act ind 3s*, say
20 ἀγγεῖον, vessel, container
21 χρεία, need, use
22 καταλλάσσω, *aor act ind 3s*, be reconciled
23 στρέφω, *aor act ind 3s*, turn
24 νῶτον, back (of one's body)
25 αἰσχύνω, *aor pas ind 3s*, put to shame
26 γέλως, (source of) laughter
27 ἐγκότημα, (object of) hatred
28 κύκλῳ, around
29 ὀχύρωμα, stronghold
30 συλλαμβάνω, *aor pas ind 3s*, capture
31 μεγαλύνω, *aor pas ind 3s*, magnify (against)
32 παγίς, trap, snare
33 βόθυνος, pit
34 φεύγω, *pres act ptc nom s m*, flee
35 ἐμπίπτω, *fut mid ind 3s*, fall into
36 βόθυνος, pit
37 συλλαμβάνω, *fut pas ind 3s*, capture
38 παγίς, trap, snare

ὅτι ἐπάξω[1] ταῦτα ἐπὶ Μωαβ
ἐν ἐνιαυτῷ[2] ἐπισκέψεως[3] αὐτῆς.

Prophecies to the Nations

32 Ὅσα ἐπροφήτευσεν[4] Ιερεμιας ἐπὶ πάντα τὰ ἔθνη. **15** Οὕτως εἶπεν κύριος ὁ
θεὸς Ισραηλ Λαβὲ τὸ ποτήριον[5] τοῦ οἴνου τοῦ ἀκράτου[6] τούτου ἐκ χειρός
μου καὶ ποτιεῖς[7] πάντα τὰ ἔθνη, πρὸς ἃ ἐγὼ ἀποστέλλω σε πρὸς αὐτούς **16** καὶ
πίονται καὶ ἐξεμοῦνται[8] καὶ μανήσονται[9] ἀπὸ προσώπου τῆς μαχαίρας,[10] ἧς ἐγὼ
ἀποστέλλω ἀνὰ μέσον[11] αὐτῶν.

17 καὶ ἔλαβον τὸ ποτήριον[12] ἐκ χειρὸς κυρίου καὶ ἐπότισα[13] τὰ ἔθνη, πρὸς ἃ ἀπέστειλέν
με κύριος ἐπ᾽ αὐτά, **18** τὴν Ιερουσαλημ καὶ τὰς πόλεις Ιουδα καὶ βασιλεῖς Ιουδα καὶ
ἄρχοντας αὐτοῦ τοῦ θεῖναι αὐτὰς εἰς ἐρήμωσιν[14] καὶ εἰς ἄβατον[15] καὶ εἰς συριγμὸν[16]
19 καὶ τὸν Φαραω βασιλέα Αἰγύπτου καὶ τοὺς παῖδας[17] αὐτοῦ καὶ τοὺς μεγιστᾶνας[18]
αὐτοῦ καὶ πάντα τὸν λαὸν αὐτοῦ **20** καὶ πάντας τοὺς συμμίκτους[19] αὐτοῦ καὶ πάντας
τοὺς βασιλεῖς ἀλλοφύλων,[20] τὴν Ἀσκαλῶνα καὶ τὴν Γάζαν καὶ τὴν Ακκαρων καὶ τὸ
ἐπίλοιπον[21] Ἀζώτου **21** καὶ τὴν Ιδουμαίαν καὶ τὴν Μωαβῖτιν καὶ τοὺς υἱοὺς Αμμων
22 καὶ πάντας βασιλεῖς Τύρου καὶ βασιλεῖς Σιδῶνος καὶ βασιλεῖς τοὺς ἐν τῷ πέραν[22]
τῆς θαλάσσης **23** καὶ τὴν Δαιδαν καὶ τὴν Θαιμαν καὶ τὴν Ρως καὶ πᾶν περικεκαρ-
μένον[23] κατὰ πρόσωπον αὐτοῦ **24** καὶ πάντας τοὺς συμμίκτους[24] τοὺς καταλύοντας[25]
ἐν τῇ ἐρήμῳ **25** καὶ πάντας βασιλεῖς Αιλαμ καὶ πάντας βασιλεῖς Περσῶν **26** καὶ πάν-
τας βασιλεῖς ἀπὸ ἀπηλιώτου[26] τοὺς πόρρω[27] καὶ τοὺς ἐγγύς,[28] ἕκαστον πρὸς τὸν
ἀδελφὸν αὐτοῦ, καὶ πάσας τὰς βασιλείας τὰς ἐπὶ προσώπου τῆς γῆς.

27 καὶ ἐρεῖς αὐτοῖς Οὕτως εἶπεν κύριος παντοκράτωρ[29] Πίετε καὶ μεθύσθητε[30] καὶ
ἐξεμέσατε[31] καὶ πεσεῖσθε καὶ οὐ μὴ ἀναστῆτε ἀπὸ προσώπου τῆς μαχαίρας,[32] ἧς
ἐγὼ ἀποστέλλω ἀνὰ μέσον[33] ὑμῶν. **28** καὶ ἔσται ὅταν μὴ βούλωνται δέξασθαι[34]

1 ἐπάγω, *fut act ind 1s*, bring upon
2 ἐνιαυτός, year
3 ἐπίσκεψις, visitation (in judgment)
4 προφητεύω, *aor act ind 3s*, prophesy
5 ποτήριον, cup
6 ἄκρατος, unmixed, very strong
7 ποτίζω, *fut act ind 2s*, give drink to
8 ἐξεμέω, *pres mid ind 3p*, vomit
9 μαίνομαι, *fut pas ind 3p*, be out of one's mind
10 μάχαιρα, sword
11 ἀνὰ μέσον, among
12 ποτήριον, cup
13 ποτίζω, *aor act ind 1s*, give drink to
14 ἐρήμωσις, desolation
15 ἄβατος, impassable
16 συριγμός, (place of) hissing
17 παῖς, servant
18 μεγιστάν, noble
19 σύμμικτος, of several nationalities
20 ἀλλόφυλος, foreign, (Philistine)
21 ἐπίλοιπος, remaining
22 πέραν, across, on the other side
23 περικείρω, *perf pas ptc acc s n*, shave all around
24 σύμμικτος, of several nationalities
25 καταλύω, *pres act ptc acc p m*, lodge
26 ἀπηλιώτης, east
27 πόρρω, far away
28 ἐγγύς, near
29 παντοκράτωρ, almighty
30 μεθύω, *aor pas impv 2p*, become drunk
31 ἐξεμέω, *aor act impv 2p*, vomit
32 μάχαιρα, sword
33 ἀνὰ μέσον, among
34 δέχομαι, *aor mid inf*, accept, receive

τὸ ποτήριον[1] ἐκ τῆς χειρός σου ὥστε πιεῖν, καὶ ἐρεῖς Οὕτως εἶπεν κύριος Πιόντες
πίεσθε· **29** ὅτι ἐν πόλει, ἐν ᾗ ὠνομάσθη[2] τὸ ὄνομά μου ἐπ᾽ αὐτήν, ἐγὼ ἄρχομαι κακῶ-
σαι,[3] καὶ ὑμεῖς καθάρσει[4] οὐ μὴ καθαρισθῆτε, ὅτι μάχαιραν[5] ἐγὼ καλῶ ἐπὶ τοὺς
καθημένους ἐπὶ τῆς γῆς.

30 καὶ σὺ προφητεύσεις[6] ἐπ᾽ αὐτοὺς τοὺς λόγους τούτους καὶ ἐρεῖς

Κύριος ἀφ᾽ ὑψηλοῦ[7] χρηματιεῖ,[8]
   ἀπὸ τοῦ ἁγίου αὐτοῦ δώσει φωνὴν αὐτοῦ·
λόγον χρηματιεῖ ἐπὶ τοῦ τόπου αὐτοῦ,
   καὶ αιδαδ[9] ὥσπερ τρυγῶντες[10] ἀποκριθήσονται·
καὶ ἐπὶ τοὺς καθημένους ἐπὶ τὴν γῆν
31 ἥκει[11] ὄλεθρος[12] ἐπὶ μέρος τῆς γῆς,
ὅτι κρίσις τῷ κυρίῳ ἐν τοῖς ἔθνεσιν,
   κρίνεται αὐτὸς πρὸς πᾶσαν σάρκα,
οἱ δὲ ἀσεβεῖς[13] ἐδόθησαν εἰς μάχαιραν,[14]
   λέγει κύριος.

32 οὕτως εἶπεν κύριος

Ἰδοὺ κακὰ ἔρχεται ἀπὸ ἔθνους ἐπὶ ἔθνος,
   καὶ λαῖλαψ[15] μεγάλη ἐκπορεύεται ἀπ᾽ ἐσχάτου τῆς γῆς.
33 καὶ ἔσονται τραυματίαι[16] ὑπὸ κυρίου ἐν ἡμέρᾳ κυρίου
   ἐκ μέρους τῆς γῆς καὶ ἕως εἰς μέρος τῆς γῆς·
οὐ μὴ κατορυγῶσιν,[17]
   εἰς κόπρια[18] ἐπὶ προσώπου τῆς γῆς ἔσονται.
34 ἀλαλάξατε,[19] ποιμένες,[20] καὶ κεκράξατε·
   καὶ κόπτεσθε,[21] οἱ κριοὶ[22] τῶν προβάτων·
ὅτι ἐπληρώθησαν αἱ ἡμέραι ὑμῶν εἰς σφαγήν,[23]
   καὶ πεσεῖσθε ὥσπερ οἱ κριοὶ οἱ ἐκλεκτοί·[24]

1 ποτήριον, cup
2 ὀνομάζω, *aor pas ind 3s*, name, call
3 κακόω, *aor act inf*, bring evil upon, afflict
4 κάθαρσις, cleansing, purification
5 μάχαιρα, sword
6 προφητεύω, *fut act ind 2s*, prophesy
7 ὑψηλός, on high
8 χρηματίζω, *fut act ind 3s*, declare (an oracle)
9 αιδαδ, shouting in the harvest, *translit.*
10 τρυγάω, *pres act ptc nom p m*, reap, gather in
11 ἥκω, *pres act ind 3s*, come
12 ὄλεθρος, ruin, destruction
13 ἀσεβής, ungodly
14 μάχαιρα, sword
15 λαῖλαψ, whirlwind
16 τραυματίας, casualty, wounded
17 κατορύσσω, *aor pas sub 3p*, bury
18 κόπριον, dirt, dung
19 ἀλαλάζω, *aor act impv 2p*, shout aloud
20 ποιμήν, shepherd
21 κόπτω, *pres mid impv 2p*, mourn, beat (one's breast in lamentation)
22 κριός, ram
23 σφαγή, slaughter
24 ἐκλεκτός, choice

35 καὶ ἀπολεῖται φυγὴ[1] ἀπὸ τῶν ποιμένων[2]
καὶ σωτηρία ἀπὸ τῶν κριῶν[3] τῶν προβάτων.
36 φωνὴ κραυγῆς[4] τῶν ποιμένων[5]
καὶ ἀλαλαγμὸς[6] τῶν προβάτων καὶ τῶν κριῶν,[7]
ὅτι ὠλέθρευσεν[8] κύριος τὰ βοσκήματα[9] αὐτῶν,
37 καὶ παύσεται[10] τὰ κατάλοιπα[11] τῆς εἰρήνης ἀπὸ προσώπου ὀργῆς
θυμοῦ[12] μου.
38 ἐγκατέλιπεν[13] ὥσπερ λέων[14] κατάλυμα[15] αὐτοῦ,
ὅτι ἐγενήθη ἡ γῆ αὐτῶν εἰς ἄβατον[16]
ἀπὸ προσώπου τῆς μαχαίρας[17] τῆς μεγάλης.

Oracles for Judah

33 Ἐν ἀρχῇ βασιλέως Ιωακιμ υἱοῦ Ιωσια ἐγενήθη ὁ λόγος οὗτος παρὰ κυρίου
2 Οὕτως εἶπεν κύριος Στῆθι ἐν αὐλῇ[18] οἴκου κυρίου καὶ χρηματιεῖς[19] ἅπασι[20]
τοῖς Ιουδαίοις καὶ πᾶσι τοῖς ἐρχομένοις προσκυνεῖν ἐν οἴκῳ κυρίου ἅπαντας
τοὺς λόγους, οὓς συνέταξά[21] σοι αὐτοῖς χρηματίσαι,[22] μὴ ἀφέλῃς[23] ῥῆμα· **3** ἴσως[24]
ἀκούσονται καὶ ἀποστραφήσονται[25] ἕκαστος ἀπὸ τῆς ὁδοῦ αὐτοῦ τῆς πονηρᾶς,
καὶ παύσομαι[26] ἀπὸ τῶν κακῶν, ὧν ἐγὼ λογίζομαι τοῦ ποιῆσαι αὐτοῖς ἕνεκεν[27] τῶν
πονηρῶν ἐπιτηδευμάτων[28] αὐτῶν. **4** καὶ ἐρεῖς Οὕτως εἶπεν κύριος Ἐὰν μὴ ἀκούσητέ
μου τοῦ πορεύεσθαι ἐν τοῖς νομίμοις[29] μου, οἷς ἔδωκα κατὰ πρόσωπον ὑμῶν, **5** εἰσ-
ακούειν[30] τῶν λόγων τῶν παίδων[31] μου τῶν προφητῶν, οὓς ἐγὼ ἀποστέλλω πρὸς
ὑμᾶς ὄρθρου[32] καὶ ἀπέστειλα καὶ οὐκ εἰσηκούσατέ[33] μου, **6** καὶ δώσω τὸν οἶκον
τοῦτον ὥσπερ Σηλωμ καὶ τὴν πόλιν δώσω εἰς κατάραν[34] πᾶσιν τοῖς ἔθνεσιν πάσης
τῆς γῆς.

1 φυγή, fleeing, flight
2 ποιμήν, shepherd
3 κριός, ram
4 κραυγή, crying, shouting
5 ποιμήν, shepherd
6 ἀλαλαγμός, bleating
7 κριός, ram
8 ὀλεθρεύω, *aor act ind 3s*, destroy
9 βόσκημα, cattle
10 παύω, *fut mid ind 3s*, take rest
11 κατάλοιπος, remnant
12 θυμός, wrath
13 ἐγκαταλείπω, *aor act ind 3s*, leave behind
14 λέων, lion
15 κατάλυμα, lodging, habitation
16 ἄβατος, impassable, desolate
17 μάχαιρα, sword
18 αὐλή, court
19 χρηματίζω, *fut act ind 2s*, declare (an oracle)
20 ἅπας, all
21 συντάσσω, *aor act ind 1s*, order, prescribe
22 χρηματίζω, *aor act inf*, declare (an oracle)
23 ἀφαιρέω, *aor act sub 2s*, take away, leave out
24 ἴσως, perhaps
25 ἀποστρέφω, *fut pas ind 3p*, turn away
26 παύω, *fut mid ind 1s*, cease
27 ἕνεκεν, due to, because of
28 ἐπιτήδευμα, habits, way of living
29 νόμιμος, ordinance
30 εἰσακούω, *pres act inf*, listen, obey
31 παῖς, servant
32 ὄρθρος, persistently
33 εἰσακούω, *aor act ind 2p*, listen, obey
34 κατάρα, curse

7 καὶ ἤκουσαν οἱ ἱερεῖς καὶ οἱ ψευδοπροφῆται[1] καὶ πᾶς ὁ λαὸς τοῦ Ιερεμιου λα-
λοῦντος τοὺς λόγους τούτους ἐν οἴκῳ κυρίου. **8** καὶ ἐγένετο Ιερεμιου παυσαμένου[2]
λαλοῦντος πάντα, ἃ συνέταξεν[3] αὐτῷ κύριος λαλῆσαι παντὶ τῷ λαῷ, καὶ συν-
ελάβοσαν[4] αὐτὸν οἱ ἱερεῖς καὶ οἱ ψευδοπροφῆται[5] καὶ πᾶς ὁ λαὸς λέγων Θανάτῳ
ἀποθανῇ, **9** ὅτι ἐπροφήτευσας[6] τῷ ὀνόματι κυρίου λέγων Ὥσπερ Σηλωμ ἔσται
ὁ οἶκος οὗτος, καὶ ἡ πόλις αὕτη ἐρημωθήσεται[7] ἀπὸ κατοικούντων· καὶ ἐξεκ-
κλησιάσθη[8] πᾶς ὁ λαὸς ἐπὶ Ιερεμιαν ἐν οἴκῳ κυρίου.

10 Καὶ ἤκουσαν οἱ ἄρχοντες Ιουδα τὸν λόγον τοῦτον καὶ ἀνέβησαν ἐξ οἴκου τοῦ
βασιλέως εἰς οἶκον κυρίου καὶ ἐκάθισαν ἐν προθύροις[9] πύλης[10] κυρίου τῆς καινῆς.[11]
11 καὶ εἶπαν οἱ ἱερεῖς καὶ οἱ ψευδοπροφῆται[12] πρὸς τοὺς ἄρχοντας καὶ παντὶ τῷ λαῷ
Κρίσις θανάτου τῷ ἀνθρώπῳ τούτῳ, ὅτι ἐπροφήτευσεν[13] κατὰ τῆς πόλεως ταύτης,
καθὼς ἠκούσατε ἐν τοῖς ὠσὶν ὑμῶν.

12 καὶ εἶπεν Ιερεμιας πρὸς τοὺς ἄρχοντας καὶ παντὶ τῷ λαῷ λέγων Κύριος ἀπέστει-
λέν με προφητεῦσαι[14] ἐπὶ τὸν οἶκον τοῦτον καὶ ἐπὶ τὴν πόλιν ταύτην πάντας τοὺς
λόγους τούτους, οὓς ἠκούσατε. **13** καὶ νῦν βελτίους[15] ποιήσατε τὰς ὁδοὺς ὑμῶν
καὶ τὰ ἔργα ὑμῶν καὶ ἀκούσατε τῆς φωνῆς κυρίου, καὶ παύσεται[16] κύριος ἀπὸ τῶν
κακῶν, ὧν ἐλάλησεν ἐφ᾽ ὑμᾶς. **14** καὶ ἰδοὺ ἐγὼ ἐν χερσὶν ὑμῶν· ποιήσατέ μοι ὡς
συμφέρει[17] καὶ ὡς βέλτιον[18] ὑμῖν. **15** ἀλλ᾽ ἢ γνόντες γνώσεσθε ὅτι, εἰ ἀναιρεῖτέ[19] με,
αἷμα ἀθῷον[20] δίδοτε ἐφ᾽ ὑμᾶς καὶ ἐπὶ τὴν πόλιν ταύτην καὶ ἐπὶ τοὺς κατοικοῦντας
ἐν αὐτῇ· ὅτι ἐν ἀληθείᾳ ἀπέσταλκέν με κύριος πρὸς ὑμᾶς λαλῆσαι εἰς τὰ ὦτα ὑμῶν
πάντας τοὺς λόγους τούτους.

16 καὶ εἶπαν οἱ ἄρχοντες καὶ πᾶς ὁ λαὸς πρὸς τοὺς ἱερεῖς καὶ πρὸς τοὺς ψευδοπρο-
φήτας[21] Οὐκ ἔστιν τῷ ἀνθρώπῳ τούτῳ κρίσις θανάτου, ὅτι ἐπὶ τῷ ὀνόματι κυρίου
τοῦ θεοῦ ἡμῶν ἐλάλησεν πρὸς ἡμᾶς. **17** καὶ ἀνέστησαν ἄνδρες τῶν πρεσβυτέρων
τῆς γῆς καὶ εἶπαν πάσῃ τῇ συναγωγῇ τοῦ λαοῦ **18** Μιχαιας ὁ Μωραθίτης ἦν ἐν ταῖς
ἡμέραις Εζεκιου βασιλέως Ιουδα καὶ εἶπεν παντὶ τῷ λαῷ Ιουδα Οὕτως εἶπεν κύριος

Σιων ὡς ἀγρὸς ἀροτριαθήσεται,[22]
  καὶ Ιερουσαλημ εἰς ἄβατον[23] ἔσται
  καὶ τὸ ὄρος τοῦ οἴκου εἰς ἄλσος[24] δρυμοῦ.[25]

1 ψευδοπροφήτης, false prophet
2 παύω, *aor mid ptc gen s m*, cease
3 συντάσσω, *aor act ind 3s*, order, prescribe
4 συλλαμβάνω, *aor act ind 3p*, lay hold of, arrest
5 ψευδοπροφήτης, false prophet
6 προφητεύω, *aor act ind 2s*, prophesy
7 ἐρημόω, *fut pas ind 3s*, make desolate
8 ἐξεκκλησιάζω, *aor pas ind 3s*, assemble
9 πρόθυρον, doorway
10 πύλη, gate
11 καινός, new
12 ψευδοπροφήτης, false prophet
13 προφητεύω, *aor act ind 3s*, prophesy
14 προφητεύω, *aor act inf*, prophesy
15 βελτίων, *comp of* ἀγαθός, better
16 παύω, *fut mid ind 3s*, cease
17 συμφέρω, *pres act ind 3s*, deem profitable
18 βελτίων, *comp of* ἀγαθός, better
19 ἀναιρέω, *pres act ind 2p*, kill
20 ἀθῷος, innocent
21 ψευδοπροφήτης, false prophet
22 ἀροτριάω, *fut pas ind 3s*, plow
23 ἄβατος, impassable, desolate
24 ἄλσος, grove
25 δρυμός, thicket, forest

19 μὴ ἀνελὼν[1] ἀνεῖλεν[2] αὐτὸν Εζεκιας καὶ πᾶς Ιουδα; οὐχὶ ὅτι ἐφοβήθησαν τὸν κύριον καὶ ὅτι ἐδεήθησαν[3] τοῦ προσώπου κυρίου, καὶ ἐπαύσατο[4] κύριος ἀπὸ τῶν κακῶν, ὧν ἐλάλησεν ἐπ᾽ αὐτούς; καὶ ἡμεῖς ἐποιήσαμεν κακὰ μεγάλα ἐπὶ ψυχὰς ἡμῶν.

20 καὶ ἄνθρωπος ἦν προφητεύων[5] τῷ ὀνόματι κυρίου, Ουριας υἱὸς Σαμαιου ἐκ Καριαθιαριμ, καὶ ἐπροφήτευσεν[6] περὶ τῆς γῆς ταύτης κατὰ πάντας τοὺς λόγους
Ιερεμιου. **21** καὶ ἤκουσεν ὁ βασιλεὺς Ιωακιμ καὶ πάντες οἱ ἄρχοντες πάντας τοὺς λόγους αὐτοῦ καὶ ἐζήτουν ἀποκτεῖναι αὐτόν, καὶ ἤκουσεν Ουριας καὶ εἰσῆλθεν εἰς
Αἴγυπτον. **22** καὶ ἐξαπέστειλεν[7] ὁ βασιλεὺς ἄνδρας εἰς Αἴγυπτον, **23** καὶ ἐξηγάγοσαν[8]
αὐτὸν ἐκεῖθεν[9] καὶ εἰσηγάγοσαν[10] αὐτὸν πρὸς τὸν βασιλέα, καὶ ἐπάταξεν[11] αὐτὸν ἐν μαχαίρᾳ[12] καὶ ἔρριψεν[13] αὐτὸν εἰς τὸ μνῆμα[14] υἱῶν λαοῦ αὐτοῦ.

24 πλὴν χεὶρ Αχικαμ υἱοῦ Σαφαν ἦν μετὰ Ιερεμιου τοῦ μὴ παραδοῦναι αὐτὸν εἰς χεῖρας τοῦ λαοῦ τοῦ μὴ ἀνελεῖν[15] αὐτόν.

Nebuchadnezzar's Yoke on Judah

34 Οὕτως εἶπεν κύριος Ποίησον δεσμοὺς[16] καὶ κλοιοὺς[17] καὶ περίθου[18] περὶ
τὸν τράχηλόν[19] σου· **3** καὶ ἀποστελεῖς αὐτοὺς πρὸς βασιλέα Ιδουμαίας καὶ πρὸς βασιλέα Μωαβ καὶ πρὸς βασιλέα υἱῶν Αμμων καὶ πρὸς βασιλέα Τύρου καὶ πρὸς βασιλέα Σιδῶνος ἐν χερσὶν ἀγγέλων αὐτῶν τῶν ἐρχομένων εἰς ἀπάντησιν[20]
αὐτῶν εἰς Ιερουσαλημ πρὸς Σεδεκιαν βασιλέα Ιουδα. **4** καὶ συντάξεις[21] αὐτοῖς πρὸς τοὺς κυρίους αὐτῶν εἰπεῖν Οὕτως εἶπεν κύριος ὁ θεὸς Ισραηλ Οὕτως ἐρεῖτε πρὸς
τοὺς κυρίους ὑμῶν **5** ὅτι ἐγὼ ἐποίησα τὴν γῆν ἐν τῇ ἰσχύι[22] μου τῇ μεγάλῃ καὶ ἐν τῷ
ἐπιχείρῳ[23] μου τῷ ὑψηλῷ[24] καὶ δώσω αὐτὴν ᾧ ἐὰν δόξῃ[25] ἐν ὀφθαλμοῖς μου. **6** ἔδωκα
τὴν γῆν τῷ Ναβουχοδονοσορ βασιλεῖ Βαβυλῶνος δουλεύειν[26] αὐτῷ, καὶ τὰ θηρία τοῦ ἀγροῦ ἐργάζεσθαι αὐτῷ.

8 καὶ τὸ ἔθνος καὶ ἡ βασιλεία, ὅσοι ἐὰν μὴ ἐμβάλωσιν[27] τὸν τράχηλον[28] αὐτῶν ὑπὸ τὸν ζυγὸν[29] βασιλέως Βαβυλῶνος, ἐν μαχαίρᾳ[30] καὶ ἐν λιμῷ[31] ἐπισκέψομαι[32]

1 ἀναιρέω, *aor act ptc nom s m*, kill
2 ἀναιρέω, *aor act ind 3s*, kill
3 δέομαι, *aor pas ind 3p*, supplicate, beseech
4 παύω, *aor mid ind 3s*, cease
5 προφητεύω, *pres act ptc nom s m*, prophesy
6 προφητεύω, *aor act ind 3s*, prophesy
7 ἐξαποστέλλω, *aor act ind 3s*, send forth
8 ἐξάγω, *aor act ind 3p*, bring out
9 ἐκεῖθεν, from there
10 εἰσάγω, *aor act ind 3p*, bring into
11 πατάσσω, *aor act ind 3s*, strike
12 μάχαιρα, sword
13 ῥίπτω, *aor act ind 3s*, throw, cast
14 μνῆμα, graveyard, burial place
15 ἀναιρέω, *aor act inf*, kill
16 δεσμός, bonds, chains
17 κλοιός, yoke, collar
18 περιτίθημι, *aor mid impv 2s*, put around
19 τράχηλος, neck
20 ἀπάντησις, meeting
21 συντάσσω, *fut act ind 2s*, order, instruct
22 ἰσχύς, strength
23 ἐπίχειρον, arm
24 ὑψηλός, uplifted, high
25 δοκέω, *aor act sub 3s*, think, seem
26 δουλεύω, *pres act inf*, serve
27 ἐμβάλλω, *aor act sub 3p*, put into, put under
28 τράχηλος, neck
29 ζυγός, yoke
30 μάχαιρα, sword
31 λιμός, famine
32 ἐπισκέπτομαι, *fut mid ind 1s*, visit (in judgment)

αὐτούς, εἶπεν κύριος, ἕως ἐκλίπωσιν[1] ἐν χειρὶ αὐτοῦ. **9** καὶ ὑμεῖς μὴ ἀκούετε τῶν ψευδοπροφητῶν[2] ὑμῶν καὶ τῶν μαντευομένων[3] ὑμῖν καὶ τῶν ἐνυπνιαζομένων[4] ὑμῖν καὶ τῶν οἰωνισμάτων[5] ὑμῶν καὶ τῶν φαρμάκων[6] ὑμῶν τῶν λεγόντων Οὐ μὴ ἐργάσησθε τῷ βασιλεῖ Βαβυλῶνος· **10** ὅτι ψευδῆ[7] αὐτοὶ προφητεύουσιν[8] ὑμῖν πρὸς τὸ μακρῦναι[9] ὑμᾶς ἀπὸ τῆς γῆς ὑμῶν. **11** καὶ τὸ ἔθνος, ὃ ἐὰν εἰσαγάγῃ[10] τὸν τράχηλον[11] αὐτοῦ ὑπὸ τὸν ζυγὸν[12] βασιλέως Βαβυλῶνος καὶ ἐργάσηται αὐτῷ, καὶ καταλείψω[13] αὐτὸν ἐπὶ τῆς γῆς αὐτοῦ, καὶ ἐργᾶται αὐτῷ καὶ ἐνοικήσει[14] ἐν αὐτῇ.

12 καὶ πρὸς Σεδεκιαν βασιλέα Ιουδα ἐλάλησα κατὰ πάντας τοὺς λόγους τούτους λέγων Εἰσαγάγετε[15] τὸν τράχηλον[16] ὑμῶν **14** καὶ ἐργάσασθε τῷ βασιλεῖ Βαβυλῶνος, ὅτι ἄδικα[17] αὐτοὶ προφητεύουσιν[18] ὑμῖν· **15** ὅτι οὐκ ἀπέστειλα αὐτούς, φησὶν[19] κύριος, καὶ προφητεύουσιν[20] τῷ ὀνόματί μου ἐπ᾽ ἀδίκῳ[21] πρὸς τὸ ἀπολέσαι ὑμᾶς, καὶ ἀπολεῖσθε ὑμεῖς καὶ οἱ προφῆται ὑμῶν οἱ προφητεύοντες[22] ὑμῖν ἐπ᾽ ἀδίκῳ[23] ψευδῆ.[24]

16 ὑμῖν καὶ παντὶ τῷ λαῷ τούτῳ καὶ τοῖς ἱερεῦσιν ἐλάλησα λέγων Οὕτως εἶπεν κύριος Μὴ ἀκούετε τῶν λόγων τῶν προφητῶν τῶν προφητευόντων[25] ὑμῖν λεγόντων Ἰδοὺ σκεύη[26] οἴκου κυρίου ἐπιστρέψει ἐκ Βαβυλῶνος· ὅτι ἄδικα[27] αὐτοὶ προφητεύουσιν[28] ὑμῖν, οὐκ ἀπέστειλα αὐτούς. **18** εἰ προφῆταί εἰσιν καὶ εἰ ἔστιν λόγος κυρίου ἐν αὐτοῖς, ἀπαντησάτωσάν[29] μοι· **19** ὅτι οὕτως εἶπεν κύριος Καὶ τῶν ἐπιλοίπων[30] σκευῶν,[31] **20** ὧν οὐκ ἔλαβεν βασιλεὺς Βαβυλῶνος, ὅτε ἀπῴκισεν[32] τὸν Ιεχονιαν ἐξ Ιερουσαλημ, **22** εἰς Βαβυλῶνα εἰσελεύσεται, λέγει κύριος.

Hananias the False Prophet

35 Καὶ ἐγένετο ἐν τῷ τετάρτῳ[33] ἔτει Σεδεκια βασιλέως Ιουδα ἐν μηνὶ[34] τῷ πέμπτῳ[35] εἶπέν μοι Ανανιας υἱὸς Αζωρ ὁ ψευδοπροφήτης[36] ὁ ἀπὸ Γαβαων

1 ἐκλείπω, *aor act sub 3p*, faint, fail, cease
2 ψευδοπροφήτης, false prophet
3 μαντεύομαι, *pres mid ptc gen p m*, divine, consult oracles
4 ἐνυπνιάζομαι, *pres mid ptc gen p m*, dream
5 οἰώνισμα, one who discerns omens, soothsayer
6 φάρμακον, one who deals with potions
7 ψευδής, lie, deception
8 προφητεύω, *pres act ind 3p*, prophesy
9 μακρύνω, *aor act inf*, remove at a distance
10 εἰσάγω, *aor act sub 3s*, put into
11 τράχηλος, neck
12 ζυγός, yoke
13 καταλείπω, *fut act ind 1s*, leave
14 ἐνοικέω, *fut act ind 3s*, dwell, settle
15 εἰσάγω, *aor act impv 2p*, put into
16 τράχηλος, neck
17 ἄδικος, unrighteous (thing)
18 προφητεύω, *pres act ind 3p*, prophesy
19 φημί, *pres act ind 3s*, say
20 προφητεύω, *pres act ind 3p*, prophesy
21 ἄδικος, unrighteous
22 προφητεύω, *pres act ptc nom p m*, prophesy
23 ἄδικος, unrighteous
24 ψευδής, lie, falsehood
25 προφητεύω, *pres act ptc gen p m*, prophesy
26 σκεῦος, vessel, furnishing
27 ἄδικος, unrighteous
28 προφητεύω, *pres act ind 3p*, prophesy
29 ἀπαντάω, *aor act impv 3p*, encounter, meet with
30 ἐπίλοιπος, remaining
31 σκεῦος, vessel, furnishing
32 ἀποικίζω, *aor act ind 3s*, send into exile
33 τέταρτος, fourth
34 μήν, month
35 πέμπτος, fifth
36 ψευδοπροφήτης, false prophet

ἐν οἴκῳ κυρίου κατ᾽ ὀφθαλμοὺς τῶν ἱερέων καὶ παντὸς τοῦ λαοῦ λέγων **2** Οὕτως εἶπεν κύριος Συνέτριψα[1] τὸν ζυγὸν[2] τοῦ βασιλέως Βαβυλῶνος· **3** ἔτι δύο ἔτη ἡμερῶν ἐγὼ ἀποστρέψω[3] εἰς τὸν τόπον τοῦτον τὰ σκεύη[4] οἴκου κυρίου **4** καὶ Ιεχονιαν καὶ τὴν ἀποικίαν[5] Ιουδα, ὅτι συντρίψω[6] τὸν ζυγὸν[7] βασιλέως Βαβυλῶνος.

5 καὶ εἶπεν Ιερεμιας πρὸς Ανανιαν κατ᾽ ὀφθαλμοὺς παντὸς τοῦ λαοῦ καὶ κατ᾽ ὀφθαλμοὺς τῶν ἱερέων τῶν ἑστηκότων ἐν οἴκῳ κυρίου **6** καὶ εἶπεν Ιερεμιας Ἀληθῶς·[8] οὕτω ποιήσαι[9] κύριος· στήσαι[10] τὸν λόγον σου, ὃν σὺ προφητεύεις,[11] τοῦ ἐπιστρέψαι τὰ σκεύη[12] οἴκου κυρίου καὶ πᾶσαν τὴν ἀποικίαν[13] ἐκ Βαβυλῶνος εἰς τὸν τόπον τοῦτον. **7** πλὴν ἀκούσατε τὸν λόγον κυρίου, ὃν ἐγὼ λέγω εἰς τὰ ὦτα ὑμῶν καὶ εἰς τὰ ὦτα παντὸς τοῦ λαοῦ **8** Οἱ προφῆται οἱ γεγονότες πρότεροί[14] μου καὶ πρότεροι ὑμῶν ἀπὸ τοῦ αἰῶνος καὶ ἐπροφήτευσαν[15] ἐπὶ γῆς πολλῆς καὶ ἐπὶ βασιλείας μεγάλας εἰς πόλεμον· **9** ὁ προφήτης ὁ προφητεύσας[16] εἰς εἰρήνην, ἐλθόντος τοῦ λόγου γνώσονται τὸν προφήτην, ὃν ἀπέστειλεν αὐτοῖς κύριος ἐν πίστει.

10 καὶ ἔλαβεν Ανανιας ἐν ὀφθαλμοῖς παντὸς τοῦ λαοῦ τοὺς κλοιοὺς[17] ἀπὸ τοῦ τραχήλου[18] Ιερεμιου καὶ συνέτριψεν[19] αὐτούς. **11** καὶ εἶπεν Ανανιας κατ᾽ ὀφθαλμοὺς παντὸς τοῦ λαοῦ λέγων Οὕτως εἶπεν κύριος Οὕτως συντρίψω[20] τὸν ζυγὸν[21] βασιλέως Βαβυλῶνος ἀπὸ τραχήλων[22] πάντων τῶν ἐθνῶν. καὶ ᾤχετο[23] Ιερεμιας εἰς τὴν ὁδὸν αὐτοῦ.

12 καὶ ἐγένετο λόγος κυρίου πρὸς Ιερεμιαν μετὰ τὸ συντρῖψαι[24] Ανανιαν τοὺς κλοιοὺς[25] ἀπὸ τοῦ τραχήλου[26] αὐτοῦ λέγων **13** Βάδιζε[27] καὶ εἰπὸν πρὸς Ανανιαν λέγων Οὕτως εἶπεν κύριος Κλοιοὺς[28] ξυλίνους[29] συνέτριψας,[30] καὶ ποιήσω ἀντ᾽[31] αὐτῶν κλοιοὺς σιδηροῦς.[32] **14** ὅτι οὕτως εἶπεν κύριος Ζυγὸν[33] σιδηροῦν[34] ἔθηκα ἐπὶ τὸν τράχηλον[35] πάντων τῶν ἐθνῶν ἐργάζεσθαι τῷ βασιλεῖ Βαβυλῶνος. **15** καὶ εἶπεν Ιερεμιας τῷ Ανανια Οὐκ ἀπέσταλκέν σε κύριος, καὶ πεποιθέναι ἐποίησας τὸν λαὸν

1 συντρίβω, *aor act ind 1s*, break, shatter
2 ζυγός, yoke
3 ἀποστρέφω, *fut act ind 1s*, bring back, return
4 σκεῦος, vessel, furnishing
5 ἀποικία, exile, captivity
6 συντρίβω, *fut act ind 1s*, break, shatter
7 ζυγός, yoke
8 ἀληθῶς, indeed
9 ποιέω, *aor act opt 3s*, do
10 ἵστημι, *aor act opt 3s*, establish
11 προφητεύω, *pres act ind 2s*, prophesy
12 σκεῦος, vessel, furnishing
13 ἀποικία, exile, captivity
14 πρότερος, before
15 προφητεύω, *aor act ind 3p*, prophesy
16 προφητεύω, *aor act ptc nom s m*, prophesy
17 κλοιός, yoke, collar
18 τράχηλος, neck
19 συντρίβω, *aor act ind 3s*, break, shatter
20 συντρίβω, *fut act ind 1s*, break, shatter
21 ζυγός, yoke
22 τράχηλος, neck
23 οἴχομαι, *impf mid ind 3s*, depart
24 συντρίβω, *aor act inf*, break, shatter
25 κλοιός, collar, yoke
26 τράχηλος, neck
27 βαδίζω, *pres act impv 2s*, go
28 κλοιός, collar, yoke
29 ξύλινος, wooden
30 συντρίβω, *aor act ind 2s*, break, shatter
31 ἀντί, in place of
32 σιδηροῦς, iron
33 ζυγός, yoke
34 σιδηροῦς, iron
35 τράχηλος, neck

τοῦτον ἐπ᾽ ἀδίκῳ·[1] **16** διὰ τοῦτο οὕτως εἶπεν κύριος Ἰδοὺ ἐγὼ ἐξαποστέλλω[2] σε ἀπὸ
προσώπου τῆς γῆς, τούτῳ τῷ ἐνιαυτῷ[3] ἀποθανῇ. **17** καὶ ἀπέθανεν ἐν τῷ μηνὶ[4] τῷ
ἑβδόμῳ.[5]

Jeremiah's Letter to the Exiles

36 Καὶ οὗτοι οἱ λόγοι τῆς βίβλου, οὓς ἀπέστειλεν Ιερεμιας ἐξ Ιερουσαλημ
πρὸς τοὺς πρεσβυτέρους τῆς ἀποικίας[6] καὶ πρὸς τοὺς ἱερεῖς καὶ πρὸς τοὺς
ψευδοπροφήτας[7] ἐπιστολὴν[8] εἰς Βαβυλῶνα τῇ ἀποικίᾳ καὶ πρὸς ἅπαντα[9] τὸν λαὸν
2 ὕστερον[10] ἐξελθόντος Ιεχονιου τοῦ βασιλέως καὶ τῆς βασιλίσσης[11] καὶ τῶν εὐνού-
χων[12] καὶ παντὸς ἐλευθέρου[13] καὶ δεσμώτου[14] καὶ τεχνίτου[15] ἐξ Ιερουσαλημ **3** ἐν χειρὶ
Ελεασα υἱοῦ Σαφαν καὶ Γαμαριου υἱοῦ Χελκιου, ὃν ἀπέστειλεν Σεδεκιας βασιλεὺς
Ιουδα πρὸς βασιλέα Βαβυλῶνος εἰς Βαβυλῶνα, λέγων **4** Οὕτως εἶπεν κύριος ὁ θεὸς
Ισραηλ ἐπὶ τὴν ἀποικίαν,[16] ἣν ἀπῴκισα[17] ἀπὸ Ιερουσαλημ **5** Οἰκοδομήσατε οἴκους
καὶ κατοικήσατε καὶ φυτεύσατε[18] παραδείσους[19] καὶ φάγετε τοὺς καρποὺς αὐτῶν
6 καὶ λάβετε γυναῖκας καὶ τεκνοποιήσατε[20] υἱοὺς καὶ θυγατέρας[21] καὶ λάβετε τοῖς
υἱοῖς ὑμῶν γυναῖκας καὶ τὰς θυγατέρας ὑμῶν ἀνδράσιν δότε καὶ πληθύνεσθε[22] καὶ
μὴ σμικρυνθῆτε[23] **7** καὶ ζητήσατε εἰς εἰρήνην τῆς γῆς, εἰς ἣν ἀπῴκισα[24] ὑμᾶς ἐκεῖ,
καὶ προσεύξασθε περὶ αὐτῶν πρὸς κύριον, ὅτι ἐν εἰρήνῃ αὐτῆς ἔσται εἰρήνη ὑμῖν.
8 ὅτι οὕτως εἶπεν κύριος Μὴ ἀναπειθέτωσαν[25] ὑμᾶς οἱ ψευδοπροφῆται[26] οἱ ἐν ὑμῖν,
καὶ μὴ ἀναπειθέτωσαν[27] ὑμᾶς οἱ μάντεις[28] ὑμῶν, καὶ μὴ ἀκούετε εἰς τὰ ἐνύπνια[29]
ὑμῶν, ἃ ὑμεῖς ἐνυπνιάζεσθε,[30] **9** ὅτι ἄδικα[31] αὐτοὶ προφητεύουσιν[32] ὑμῖν ἐπὶ τῷ
ὀνόματί μου, καὶ οὐκ ἀπέστειλα αὐτούς. **10** ὅτι οὕτως εἶπεν κύριος Ὅταν μέλλῃ[33]
πληροῦσθαι Βαβυλῶνι ἑβδομήκοντα[34] ἔτη, ἐπισκέψομαι[35] ὑμᾶς καὶ ἐπιστήσω[36] τοὺς
λόγους μου ἐφ᾽ ὑμᾶς τοῦ τὸν λαὸν ὑμῶν ἀποστρέψαι[37] εἰς τὸν τόπον τοῦτον· **11** καὶ

1 ἄδικος, unrighteous
2 ἐξαποστέλλω, *pres act ind 1s*, send forth
3 ἐνιαυτός, year
4 μήν, month
5 ἕβδομος, seventh
6 ἀποικία, group of captives, captivity
7 ψευδοπροφήτης, false prophet
8 ἐπιστολή, letter
9 ἅπας, all
10 ὕστερον, later (than)
11 βασίλισσα, queen
12 εὐνοῦχος, eunuch, official
13 ἐλεύθερος, freedman
14 δεσμώτης, prisoner
15 τεχνίτης, craftsman
16 ἀποικία, group of captives
17 ἀποικίζω, *aor act ind 1s*, send into exile
18 φυτεύω, *aor act impv 2p*, plant
19 παράδεισος, garden, orchard
20 τεκνοποιέω, *aor act impv 2p*, bear children
21 θυγάτηρ, daughter
22 πληθύνω, *pres pas impv 2p*, multiply
23 σμικρύνω, *aor pas sub 2p*, diminish in number
24 ἀποικίζω, *aor act ind 1s*, send into exile
25 ἀναπείθω, *pres act impv 3p*, persuade
26 ψευδοπροφήτης, false prophet
27 ἀναπείθω, *pres act impv 3p*, convince (deceptively)
28 μάντις, diviner, seer
29 ἐνύπνιον, dream
30 ἐνυπνιάζομαι, *pres mid ind 2p*, dream
31 ἄδικος, unrighteous (thing)
32 προφητεύω, *pres act ind 3p*, prophesy
33 μέλλω, *pres act sub 3s*, be about to
34 ἑβδομήκοντα, seventy
35 ἐπισκέπτομαι, *fut mid ind 1s*, visit
36 ἐφίστημι, *fut act ind 1s*, establish
37 ἀποστρέφω, *aor act inf*, return

λογιοῦμαι ἐφ᾿ ὑμᾶς λογισμὸν[1] εἰρήνης καὶ οὐ κακὰ τοῦ δοῦναι ὑμῖν ταῦτα. **12** καὶ
προσεύξασθε πρός με, καὶ εἰσακούσομαι[2] ὑμῶν· **13** καὶ ἐκζητήσατέ[3] με, καὶ εὑρήσετέ
με, ὅτι ζητήσετέ με ἐν ὅλῃ καρδίᾳ ὑμῶν, **14** καὶ ἐπιφανοῦμαι[4] ὑμῖν.

15 ὅτι εἴπατε Κατέστησεν[5] ἡμῖν κύριος προφήτας ἐν Βαβυλῶνι, **21** οὕτως εἶπεν
κύριος ἐπὶ Αχιαβ καὶ ἐπὶ Σεδεκιαν Ἰδοὺ ἐγὼ δίδωμι αὐτοὺς εἰς χεῖρας βασιλέως
Βαβυλῶνος, καὶ πατάξει[6] αὐτοὺς κατ᾿ ὀφθαλμοὺς ὑμῶν. **22** καὶ λήμψονται ἀπ᾿ αὐτῶν
κατάραν[7] ἐν πάσῃ τῇ ἀποικίᾳ[8] Ιουδα ἐν Βαβυλῶνι λέγοντες Ποιήσαι[9] σε κύριος, ὡς
Σεδεκιαν ἐποίησεν καὶ ὡς Αχιαβ, οὓς ἀπετηγάνισεν[10] βασιλεὺς Βαβυλῶνος ἐν πυρὶ
23 δι᾿ ἣν ἐποίησαν ἀνομίαν[11] ἐν Ισραηλ καὶ ἐμοιχῶντο[12] τὰς γυναῖκας τῶν πολιτῶν[13]
αὐτῶν καὶ λόγον ἐχρημάτισαν[14] ἐν τῷ ὀνόματί μου, ὃν οὐ συνέταξα[15] αὐτοῖς, καὶ
ἐγὼ μάρτυς,[16] φησὶν[17] κύριος.

24 καὶ πρὸς Σαμαιαν τὸν Νελαμίτην ἐρεῖς **25** Οὐκ ἀπέστειλά σε τῷ ὀνόματί
μου. καὶ πρὸς Σοφονιαν υἱὸν Μαασαιου τὸν ἱερέα εἰπέ **26** Κύριος ἔδωκέν σε
εἰς ἱερέα ἀντὶ[18] Ιωδαε τοῦ ἱερέως γενέσθαι ἐπιστάτην[19] ἐν τῷ οἴκῳ κυρίου παντὶ
ἀνθρώπῳ προφητεύοντι[20] καὶ παντὶ ἀνθρώπῳ μαινομένῳ,[21] καὶ δώσεις αὐτὸν εἰς
τὸ ἀπόκλεισμα[22] καὶ εἰς τὸν καταρράκτην.[23] **27** καὶ νῦν διὰ τί συνελοιδορήσατε[24]
Ιερεμιαν τὸν ἐξ Αναθωθ τὸν προφητεύσαντα[25] ὑμῖν; **28** οὐ διὰ τοῦτο ἀπέστειλεν
πρὸς ὑμᾶς εἰς Βαβυλῶνα λέγων Μακράν[26] ἐστιν, οἰκοδομήσατε οἰκίας καὶ κατ-
οικήσατε[27] καὶ φυτεύσατε[28] κήπους[29] καὶ φάγεσθε τὸν καρπὸν αὐτῶν;

29 καὶ ἀνέγνω[30] Σοφονιας τὸ βιβλίον εἰς τὰ ὦτα Ιερεμιου. **30** καὶ ἐγένετο λόγος
κυρίου πρὸς Ιερεμιαν λέγων **31** Ἀπόστειλον πρὸς τὴν ἀποικίαν[31] λέγων Οὕτως
εἶπεν κύριος ἐπὶ Σαμαιαν τὸν Νελαμίτην Ἐπειδὴ[32] ἐπροφήτευσεν[33] ὑμῖν Σαμαιας,
καὶ ἐγὼ οὐκ ἀπέστειλα αὐτόν, καὶ πεποιθέναι ἐποίησεν ὑμᾶς ἐπ᾿ ἀδίκοις,[34] **32** διὰ

1 λογισμός, deliberation
2 εἰσακούω, *fut mid ind 1s*, hear, listen
3 ἐκζητέω, *aor act impv 2p*, seek after
4 ἐπιφαίνω, *fut mid ind 1s*, appear, make manifest
5 καθίστημι, *aor act ind 3s*, appoint, set over
6 πατάσσω, *fut act ind 3s*, strike, smite
7 κατάρα, curse
8 ἀποικία, group of captives
9 ποιέω, *aor act opt 3s*, do
10 ἀποτηγανίζω, *aor act ind 3s*, cook, roast
11 ἀνομία, transgression, lawlessness
12 μοιχάω, *impf mid ind 3p*, commit adultery
13 πολίτης, citizen, countryman
14 χρηματίζω, *aor act ind 3p*, declare (an oracle)
15 συντάσσω, *aor act ind 1s*, order, instruct
16 μάρτυς, witness
17 φημί, *pres act ind 3s*, say
18 ἀντί, in place of
19 ἐπιστάτης, superintendent, overseer
20 προφητεύω, *pres act ptc dat s m*, prophesy
21 μαίνομαι, *pres pas ptc dat s m*, be out of one's mind
22 ἀπόκλεισμα, jail
23 καταρράκτης, cistern, (dungeon)
24 συλλοιδορέω, *aor act ind 2p*, jointly revile
25 προφητεύω, *aor act ptc acc s m*, prophesy
26 μακράν, far off
27 κατοικέω, *aor act impv 2p*, settle, dwell
28 φυτεύω, *aor act impv 2p*, plant
29 κῆπος, garden
30 ἀναγινώσκω, *aor act ind 3s*, read
31 ἀποικία, group of captives
32 ἐπειδή, because, since
33 προφητεύω, *aor act ind 3s*, prophesy
34 ἄδικος, unrighteous

τοῦτο οὕτως εἶπεν κύριος Ἰδοὺ ἐγὼ ἐπισκέψομαι[1] ἐπὶ Σαμαιαν καὶ ἐπὶ τὸ γένος[2] αὐτοῦ, καὶ οὐκ ἔσται αὐτῶν ἄνθρωπος ἐν μέσῳ ὑμῶν τοῦ ἰδεῖν τὰ ἀγαθά, ἃ ἐγὼ ποιήσω ὑμῖν· οὐκ ὄψονται.

Promise of Restoration for Israel and Judah

37 Ὁ λόγος ὁ γενόμενος πρὸς Ιερεμιαν παρὰ κυρίου εἰπεῖν **2** Οὕτως εἶπεν
κύριος ὁ θεὸς Ισραηλ λέγων Γράψον πάντας τοὺς λόγους, οὓς ἐχρημάτισα[3]
πρὸς σέ, ἐπὶ βιβλίου· **3** ὅτι ἰδοὺ ἡμέραι ἔρχονται, φησὶν[4] κύριος, καὶ ἀποστρέψω[5] τὴν
ἀποικίαν[6] λαοῦ μου Ισραηλ καὶ Ιουδα, εἶπεν κύριος, καὶ ἀποστρέψω[7] αὐτοὺς εἰς τὴν
γῆν, ἣν ἔδωκα τοῖς πατράσιν αὐτῶν, καὶ κυριεύσουσιν[8] αὐτῆς.

4 Καὶ οὗτοι οἱ λόγοι, οὓς ἐλάλησεν κύριος ἐπὶ Ισραηλ καὶ Ιουδα **5** Οὕτως εἶπεν
κύριος

Φωνὴν φόβου ἀκούσεσθε·
  φόβος, καὶ οὐκ ἔστιν εἰρήνη.
6 ἐρωτήσατε[9] καὶ ἴδετε εἰ ἔτεκεν[10] ἄρσεν,[11] καὶ περὶ φόβου,
  ἐν ᾧ καθέξουσιν ὀσφὺν[12] καὶ σωτηρίαν·
διότι[13] ἑώρακα πάντα ἄνθρωπον
  καὶ αἱ χεῖρες αὐτοῦ ἐπὶ τῆς ὀσφύος αὐτοῦ,
  ἐστράφησαν[14] πρόσωπα, εἰς ἴκτερον[15] **7** ἐγενήθη.
ὅτι μεγάλη ἡ ἡμέρα ἐκείνη καὶ οὐκ ἔστιν τοιαύτη,[16]
  καὶ χρόνος στενός[17] ἐστιν τῷ Ιακωβ,
  καὶ ἀπὸ τούτου σωθήσεται.

8 ἐν τῇ ἡμέρᾳ ἐκείνῃ, εἶπεν κύριος,
  συντρίψω[18] τὸν ζυγὸν[19] ἀπὸ τοῦ τραχήλου[20] αὐτῶν
καὶ τοὺς δεσμοὺς[21] αὐτῶν διαρρήξω,[22]
  καὶ οὐκ ἐργῶνται αὐτοὶ ἔτι ἀλλοτρίοις·[23]
9 καὶ ἐργῶνται τῷ κυρίῳ θεῷ αὐτῶν,
  καὶ τὸν Δαυιδ βασιλέα αὐτῶν ἀναστήσω αὐτοῖς.

1 ἐπισκέπτομαι, *fut mid ind 1s*, visit (in judgment)
2 γένος, family
3 χρηματίζω, *aor act ind 1s*, declare (an oracle)
4 φημί, *pres act ind 3s*, say
5 ἀποστρέφω, *fut act ind 1s*, turn back
6 ἀποικία, exile
7 ἀποστρέφω, *fut act ind 1s*, return
8 κυριεύω, *fut act ind 3p*, exercise dominion over
9 ἐρωτάω, *aor act impv 2p*, ask, inquire
10 τίκτω, *aor act ind 3s*, give birth
11 ἄρσην, male
12 ὀσφύς, loins
13 διότι, for
14 στρέφω, *aor pas ind 3p*, turn, change
15 ἴκτερος, jaundice
16 τοιοῦτος, such as (this)
17 στενός, severe, narrow
18 συντρίβω, *fut act ind 1s*, break, shatter
19 ζυγός, yoke
20 τράχηλος, neck
21 δεσμός, bonds, chains
22 διαρρήγνυμι, *fut act ind 1s*, rend, tear apart
23 ἀλλότριος, foreign, strange

12 Οὕτως εἶπεν κύριος

Ἀνέστησα σύντριμμα,[1] ἀλγηρὰ[2] ἡ πληγή[3] σου·
13 οὐκ ἔστιν κρίνων κρίσιν σου,
εἰς ἀλγηρὸν[4] ἰατρεύθης,[5]
ὠφέλεια[6] οὐκ ἔστιν σοι.
14 πάντες οἱ φίλοι[7] σου ἐπελάθοντό[8] σου,
οὐ μὴ ἐπερωτήσουσιν·[9]
ὅτι πληγὴν[10] ἐχθροῦ ἔπαισά[11] σε, παιδείαν[12] στερεάν,
ἐπὶ πᾶσαν ἀδικίαν[13] σου ἐπλήθυναν[14] αἱ ἁμαρτίαι σου.
16 διὰ τοῦτο πάντες οἱ ἔσθοντές[15] σε βρωθήσονται,[16]
καὶ πάντες οἱ ἐχθροί σου, κρέας[17] αὐτῶν πᾶν ἔδονται·[18]
ἐπὶ πλῆθος ἀδικιῶν[19] σου ἐπληθύνθησαν[20] αἱ ἁμαρτίαι σου,
ἐποίησαν ταῦτά σοι·
καὶ ἔσονται οἱ διαφοροῦντές[21] σε εἰς διαφόρημα,[22]
καὶ πάντας τοὺς προνομεύοντάς[23] σε δώσω εἰς προνομήν.[24]
17 ὅτι ἀνάξω[25] τὸ ἴαμά[26] σου,
ἀπὸ πληγῆς[27] ὀδυνηρᾶς[28] ἰατρεύσω[29] σε, φησὶν[30] κύριος,
ὅτι ἐσπαρμένη[31] ἐκλήθης·
θήρευμα[32] ὑμῶν ἐστιν, ὅτι ζητῶν οὐκ ἔστιν αὐτήν.

18 οὕτως εἶπεν κύριος

Ἰδοὺ ἐγὼ ἀποστρέψω[33] τὴν ἀποικίαν[34] Ιακωβ
καὶ αἰχμαλωσίαν[35] αὐτοῦ ἐλεήσω·[36]

1 σύντριμμα, wound, affliction
2 ἀλγηρός, painful
3 πληγή, blow, misfortune
4 ἀλγηρός, painful
5 ἰατρεύω, *aor pas ind 2s*, treat medically
6 ὠφέλεια, helpful, beneficial
7 φίλος, friend
8 ἐπιλανθάνω, *aor mid ind 3p*, forget
9 ἐπερωτάω, *fut act ind 3p*, inquire about
10 πληγή, blow, misfortune
11 παίζω, *aor act ind 1s*, (inflict)
12 παιδεία, discipline, chastisement
13 ἀδικία, wrongdoing, injustice
14 πληθύνω, *aor act ind 3p*, multiply
15 ἔσθω, *pres act ptc nom p m*, eat
16 βιβρώσκω, *fut pas ind 3p*, devour
17 κρέας, meat
18 ἐσθίω, *fut mid ind 3p*, eat
19 ἀδικία, wrongdoing, injustice
20 πληθύνω, *aor pas ind 3p*, multiply
21 διαφορέω, *pres act ptc nom p m*, tear into pieces
22 διαφόρημα, thing torn into pieces
23 προνομεύω, *pres act ptc acc p m*, plunder
24 προνομή, booty, spoils
25 ἀνάγω, *fut act ind 1s*, bring upon
26 ἴαμα, remedy, healing
27 πληγή, blow, misfortune
28 ὀδυνηρός, painful
29 ἰατρεύω, *fut act ind 1s*, treat medically, heal
30 φημί, *pres act ind 3s*, say
31 σπείρω, *perf pas ptc nom s f*, scatter, disperse
32 θήρευμα, prey
33 ἀποστρέφω, *fut act ind 1s*, turn back
34 ἀποικία, exile
35 αἰχμαλωσία, captivity
36 ἐλεέω, *fut act ind 1s*, show mercy

καὶ οἰκοδομηθήσεται πόλις ἐπὶ τὸ ὕψος[1] αὐτῆς,
καὶ ὁ ναὸς κατὰ τὸ κρίμα[2] αὐτοῦ καθεδεῖται.[3]
19 καὶ ἐξελεύσονται ἀπ᾽ αὐτῶν ᾄδοντες[4] καὶ φωνὴ παιζόντων·[5]
καὶ πλεονάσω[6] αὐτούς, καὶ οὐ μὴ ἐλαττωθῶσιν.[7]
20 καὶ εἰσελεύσονται οἱ υἱοὶ αὐτῶν ὡς τὸ πρότερον,[8]
καὶ τὰ μαρτύρια[9] αὐτῶν κατὰ πρόσωπόν μου ὀρθωθήσεται·[10]
καὶ ἐπισκέψομαι[11] τοὺς θλίβοντας[12] αὐτούς.
21 καὶ ἔσονται ἰσχυρότεροι[13] αὐτοῦ ἐπ᾽ αὐτούς,
καὶ ὁ ἄρχων αὐτοῦ ἐξ αὐτοῦ ἐξελεύσεται·
καὶ συνάξω αὐτούς, καὶ ἀποστρέψουσιν[14] πρός με·
ὅτι τίς ἐστιν οὗτος,
ὃς ἔδωκεν τὴν καρδίαν αὐτοῦ ἀποστρέψαι[15] πρός με;
φησὶν[16] κύριος.
23 ὅτι ὀργὴ κυρίου ἐξῆλθεν θυμώδης,[17]
ἐξῆλθεν ὀργὴ στρεφομένη,[18] ἐπ᾽ ἀσεβεῖς[19] ἥξει.[20]
24 οὐ μὴ ἀποστραφῇ[21] ὀργὴ θυμοῦ[22] κυρίου,
ἕως ποιήσῃ καὶ ἕως καταστήσῃ[23] ἐγχείρημα[24] καρδίας αὐτοῦ·
ἐπ᾽ ἐσχάτων τῶν ἡμερῶν γνώσεσθε αὐτά.

Mourning Will Become Joy

38 Ἐν τῷ χρόνῳ ἐκείνῳ, εἶπεν κύριος, ἔσομαι εἰς θεὸν τῷ γένει[25] Ισραηλ, καὶ
αὐτοὶ ἔσονταί μοι εἰς λαόν. **2** οὕτως εἶπεν κύριος

Εὗρον θερμὸν[26] ἐν ἐρήμῳ μετὰ ὀλωλότων[27] ἐν μαχαίρᾳ·[28]
βαδίσατε[29] καὶ μὴ ὀλέσητε[30] τὸν Ισραηλ.

1 ὕψος, height
2 κρίμα, judgment
3 καθέζομαι, *fut mid ind 3s*, remain, sit
4 ᾄδω, *pres act ptc nom p m*, sing
5 παίζω, *pres act ptc gen p m*, dance and sing
6 πλεονάζω, *fut act ind 1s*, increase abundantly
7 ἐλαττόω, *aor pas sub 3p*, diminish, make few
8 πρότερος, former, earlier
9 μαρτύριον, testimony
10 ὀρθόω, *fut pas ind 3s*, establish, rectify
11 ἐπισκέπτομαι, *fut mid ind 1s*, visit (in judgment)
12 θλίβω, *pres act ptc acc p m*, afflict, oppress
13 ἰσχυρός, *comp*, stronger, mightier
14 ἀποστρέφω, *fut act ind 3p*, return
15 ἀποστρέφω, *aor act inf*, return
16 φημί, *pres act ind 3s*, say
17 θυμώδης, wrathful
18 στρέφω, *pres mid ptc nom s f*, change, turn
19 ἀσεβής, ungodly
20 ἥκω, *fut act ind 3s*, come
21 ἀποστρέφω, *aor pas sub 3s*, turn back
22 θυμός, wrath
23 καθίστημι, *aor act sub 3s*, establish, accomplish
24 ἐγχείρημα, undertaking
25 γένος, nation
26 θερμός, warm
27 ὄλλυμι, *perf act ptc gen p m*, perish
28 μάχαιρα, sword
29 βαδίζω, *aor act impv 2p*, go
30 ὄλλυμι, *aor act sub 2p*, cause to perish, destroy

3 κύριος πόρρωθεν[1] ὤφθη αὐτῷ
Ἀγάπησιν[2] αἰωνίαν ἠγάπησά σε,
διὰ τοῦτο εἵλκυσά[3] σε εἰς οἰκτίρημα.[4]
4 ἔτι οἰκοδομήσω σε, καὶ οἰκοδομηθήσῃ,
παρθένος[5] Ισραηλ·
ἔτι λήμψῃ τύμπανόν[6] σου
καὶ ἐξελεύσῃ μετὰ συναγωγῆς παιζόντων.[7]
5 ἔτι φυτεύσατε[8] ἀμπελῶνας[9] ἐν ὄρεσιν Σαμαρείας,
φυτεύσατε καὶ αἰνέσατε.[10]
6 ὅτι ἔστιν ἡμέρα κλήσεως[11] ἀπολογουμένων[12] ἐν ὄρεσιν Εφραιμ
Ἀνάστητε καὶ ἀνάβητε εἰς Σιων πρὸς κύριον τὸν θεὸν ἡμῶν.

7 ὅτι οὕτως εἶπεν κύριος τῷ Ιακωβ
Εὐφράνθητε[13] καὶ χρεμετίσατε[14] ἐπὶ κεφαλὴν ἐθνῶν,
ἀκουστὰ[15] ποιήσατε καὶ αἰνέσατε·[16]
εἴπατε Ἔσωσεν κύριος τὸν λαὸν αὐτοῦ,
τὸ κατάλοιπον[17] τοῦ Ισραηλ.
8 ἰδοὺ ἐγὼ ἄγω αὐτοὺς ἀπὸ βορρᾶ[18]
καὶ συνάξω αὐτοὺς ἀπ᾽ ἐσχάτου τῆς γῆς ἐν ἑορτῇ[19] φασεκ·[20]
καὶ τεκνοποιήσῃ[21] ὄχλον πολύν,
καὶ ἀποστρέψουσιν[22] ὧδε.[23]
9 ἐν κλαυθμῷ[24] ἐξῆλθον,
καὶ ἐν παρακλήσει[25] ἀνάξω[26] αὐτούς
αὐλίζων[27] ἐπὶ διώρυγας[28] ὑδάτων ἐν ὁδῷ ὀρθῇ,[29]
καὶ οὐ μὴ πλανηθῶσιν ἐν αὐτῇ·
ὅτι ἐγενόμην τῷ Ισραηλ εἰς πατέρα,
καὶ Εφραιμ πρωτότοκός[30] μού ἐστιν.

1 πόρρωθεν, from a distance
2 ἀγάπησις, affection, love
3 ἑλκύω, *aor act ind 1s*, draw, attract
4 οἰκτίρημα, compassion
5 παρθένος, virgin
6 τύμπανον, drum
7 παίζω, *pres act ptc gen p m*, dance and sing
8 φυτεύω, *aor act impv 2p*, plant
9 ἀμπελών, vineyard
10 αἰνέω, *aor act impv 2p*, praise
11 κλῆσις, invitation, calling
12 ἀπολογέομαι, *pres mid ptc gen p m*, argue, defend
13 εὐφραίνω, *aor pas impv 2p*, be glad, rejoice
14 χρεμετίζω, *aor act impv 2p*, neigh
15 ἀκουστός, heard, audible
16 αἰνέω, *aor act impv 2p*, praise
17 κατάλοιπος, remnant
18 βορρᾶς, north
19 ἑορτή, feast
20 φασεκ, Passover, *translit.*
21 τεκνοποιέω, *fut mid ind 2s*, bear children
22 ἀποστρέφω, *fut act ind 3p*, return
23 ὧδε, here
24 κλαυθμός, weeping, wailing
25 παράκλησις, comfort, consolation
26 ἀνάγω, *fut act ind 1s*, bring up
27 αὐλίζω, *pres act ptc nom s m*, settle, cause to dwell
28 διῶρυξ, channel, canal
29 ὀρθός, straight
30 πρωτότοκος, firstborn

10 Ἀκούσατε λόγον κυρίου, ἔθνη,
καὶ ἀναγγείλατε[1] εἰς νήσους[2] τὰς μακρότερον·[3]
εἴπατε Ὁ λικμήσας[4] τὸν Ισραηλ συνάξει αὐτόν
καὶ φυλάξει αὐτὸν ὡς ὁ βόσκων[5] τὸ ποίμνιον[6] αὐτοῦ.
11 ὅτι ἐλυτρώσατο[7] κύριος τὸν Ιακωβ,
ἐξείλατο[8] αὐτὸν ἐκ χειρὸς στερεωτέρων[9] αὐτοῦ.
12 καὶ ἥξουσιν[10] καὶ εὐφρανθήσονται[11] ἐν τῷ ὄρει Σιων·
καὶ ἥξουσιν ἐπ᾽ ἀγαθὰ κυρίου,
ἐπὶ γῆν σίτου[12] καὶ οἴνου καὶ καρπῶν καὶ κτηνῶν[13] καὶ προβάτων,
καὶ ἔσται ἡ ψυχὴ αὐτῶν ὥσπερ ξύλον[14] ἔγκαρπον,[15]
καὶ οὐ πεινάσουσιν[16] ἔτι.
13 τότε χαρήσονται[17] παρθένοι[18] ἐν συναγωγῇ νεανίσκων,[19]
καὶ πρεσβῦται[20] χαρήσονται,
καὶ στρέψω[21] τὸ πένθος[22] αὐτῶν εἰς χαρμονὴν[23]
καὶ ποιήσω αὐτοὺς εὐφραινομένους.[24]
14 μεγαλυνῶ[25] καὶ μεθύσω[26] τὴν ψυχὴν τῶν ἱερέων υἱῶν Λευι,
καὶ ὁ λαός μου τῶν ἀγαθῶν μου ἐμπλησθήσεται.[27]

15 Οὕτως εἶπεν κύριος

Φωνὴ ἐν Ραμα ἠκούσθη θρήνου[28]
καὶ κλαυθμοῦ[29] καὶ ὀδυρμοῦ·[30]
Ραχηλ ἀποκλαιομένη[31] οὐκ ἤθελεν παύσασθαι[32] ἐπὶ τοῖς υἱοῖς αὐτῆς,
ὅτι οὐκ εἰσίν.

1 ἀναγγέλλω, *aor act impv 2p*, announce, declare
2 νῆσος, island
3 μακρός, *comp*, more distant
4 λικμάω, *aor act ptc nom s m*, winnow
5 βόσκω, *pres act ptc nom s m*, feed, graze
6 ποίμνιον, flock
7 λυτρόω, *aor mid ind 3s*, ransom, redeem
8 ἐξαιρέω, *aor mid ind 3s*, deliver, rescue
9 στερεός, *comp*, stronger, mightier
10 ἥκω, *fut act ind 3p*, come
11 εὐφραίνω, *fut pas ind 3p*, be glad, rejoice
12 σῖτος, grain
13 κτῆνος, animal, (*p*) herd
14 ξύλον, tree
15 ἔγκαρπος, fruitful
16 πεινάω, *fut act ind 3p*, be hungry
17 χαίρω, *fut mid ind 3p*, rejoice
18 παρθένος, virgin, young woman
19 νεανίσκος, young man
20 πρεσβύτης, old man
21 στρέφω, *fut act ind 1s*, turn, change
22 πένθος, mourning
23 χαρμονή, gladness, delight
24 εὐφραίνω, *pres pas ptc acc p m*, be glad, rejoice
25 μεγαλύνω, *fut act ind 1s*, magnify
26 μεθύω, *fut act ind 1s*, make drunk
27 ἐμπίμπλημι, *fut pas ind 3s*, fill up
28 θρῆνος, lamentation
29 κλαυθμός, weeping, wailing
30 ὀδυρμός, mourning
31 ἀποκλαίω, *pres mid ptc nom s f*, weep
32 παύω, *aor mid inf*, cease

16 οὕτως εἶπεν κύριος

Διαλιπέτω[1] ἡ φωνή σου ἀπὸ κλαυθμοῦ[2]
καὶ οἱ ὀφθαλμοί σου ἀπὸ δακρύων[3] σου,
ὅτι ἔστιν μισθὸς[4] τοῖς σοῖς ἔργοις,
καὶ ἐπιστρέψουσιν ἐκ γῆς ἐχθρῶν,
17 μόνιμον[5] τοῖς σοῖς[6] τέκνοις.

18 ἀκοὴν[7] ἤκουσα Εφραιμ ὀδυρομένου[8]
Ἐπαίδευσάς[9] με, καὶ ἐπαιδεύθην[10] ἐγώ·
ὥσπερ μόσχος[11] οὐκ ἐδιδάχθην·
ἐπίστρεψόν με, καὶ ἐπιστρέψω, ὅτι σὺ κύριος ὁ θεός μου.
19 ὅτι ὕστερον[12] αἰχμαλωσίας[13] μου μετενόησα[14]
καὶ ὕστερον τοῦ γνῶναί με ἐστέναξα[15] ἐφ᾽ ἡμέρας αἰσχύνης[16]
καὶ ὑπέδειξά[17] σοι ὅτι ἔλαβον ὀνειδισμὸν[18] ἐκ νεότητός[19] μου.
20 υἱὸς ἀγαπητὸς[20] Εφραιμ ἐμοί,
παιδίον ἐντρυφῶν,[21]
ὅτι ἀνθ᾽ ὧν[22] οἱ λόγοι μου ἐν αὐτῷ,
μνείᾳ[23] μνησθήσομαι[24] αὐτοῦ·
διὰ τοῦτο ἔσπευσα[25] ἐπ᾽ αὐτῷ,
ἐλεῶν[26] ἐλεήσω[27] αὐτόν, φησὶν[28] κύριος.

21 Στῆσον σεαυτήν, Σιων, ποίησον τιμωρίαν,[29]
δὸς καρδίαν σου εἰς τοὺς ὤμους·[30]
ὁδὸν ἣν ἐπορεύθης ἀποστράφητι,[31] παρθένος[32] Ισραηλ,
ἀποστράφητι εἰς τὰς πόλεις σου πενθοῦσα.[33]

1 διαλείπω, *aor act impv 3s*, cease, intermit
2 κλαυθμός, weeping, wailing
3 δάκρυον, tear(s)
4 μισθός, reward, wage
5 μόνιμος, stability, security
6 σός, your
7 ἀκοή, sound
8 ὀδύρομαι, *pres mid ptc gen s m*, lament
9 παιδεύω, *aor act ind 2s*, instruct, discipline
10 παιδεύω, *aor pas ind 1s*, instruct, discipline
11 μόσχος, calf
12 ὕστερον, afterward
13 αἰχμαλωσία, captivity, exile
14 μετανοέω, *aor act ind 1s*, repent
15 στενάζω, *aor act ind 1s*, sigh, groan
16 αἰσχύνη, shame
17 ὑποδείκνυμι, *aor act ind 1s*, indicate
18 ὀνειδισμός, disgrace, reproach
19 νεότης, youth
20 ἀγαπητός, beloved, unique
21 ἐντρυφάω, *pres act ptc nom s n*, delight in
22 ἀνθ᾽ ὧν, because
23 μνεία, remembrance
24 μιμνῄσκομαι, *fut pas ind 1s*, remember
25 σπεύδω, *aor act ind 1s*, hasten
26 ἐλεέω, *pres act ptc nom s m*, show mercy
27 ἐλεέω, *fut act ind 1s*, show mercy
28 φημί, *pres act ind 3s*, say
29 τιμωρία, retribution
30 ὦμος, shoulder
31 ἀποστρέφω, *aor pas impv 2s*, return, turn back
32 παρθένος, virgin
33 πενθέω, *pres act ptc nom s f*, mourn

22 ἕως πότε[1] ἀποστρέψεις,[2] θυγάτηρ[3] ἠτιμωμένη;[4]
ὅτι ἔκτισεν[5] κύριος σωτηρίαν εἰς καταφύτευσιν[6] καινήν,[7]
ἐν σωτηρίᾳ περιελεύσονται[8] ἄνθρωποι.

23 οὕτως εἶπεν κύριος Ἔτι ἐροῦσιν τὸν λόγον τοῦτον ἐν γῇ Ιουδα καὶ ἐν πόλεσιν
αὐτοῦ, ὅταν ἀποστρέψω[9] τὴν αἰχμαλωσίαν[10] αὐτοῦ Εὐλογημένος κύριος ἐπὶ δίκαιον
ὄρος τὸ ἅγιον αὐτοῦ **24** καὶ ἐνοικοῦντες[11] ἐν ταῖς πόλεσιν Ιουδα καὶ ἐν πάσῃ τῇ γῇ
αὐτοῦ ἅμα[12] γεωργῷ,[13] καὶ ἀρθήσεται ἐν ποιμνίῳ.[14] **25** ὅτι ἐμέθυσα[15] πᾶσαν ψυχὴν
διψῶσαν[16] καὶ πᾶσαν ψυχὴν πεινῶσαν[17] ἐνέπλησα.[18] **26** διὰ τοῦτο ἐξηγέρθην[19] καὶ
εἶδον, καὶ ὁ ὕπνος[20] μου ἡδύς[21] μοι ἐγενήθη.

27 διὰ τοῦτο ἰδοὺ ἡμέραι ἔρχονται, φησὶν[22] κύριος, καὶ σπερῶ[23] τὸν Ισραηλ καὶ τὸν
Ιουδαν σπέρμα ἀνθρώπου καὶ σπέρμα κτήνους.[24] **28** καὶ ἔσται ὥσπερ ἐγρηγόρουν[25]
ἐπ᾽ αὐτοὺς καθαιρεῖν[26] καὶ κακοῦν,[27] οὕτως γρηγορήσω[28] ἐπ᾽ αὐτοὺς τοῦ οἰκοδομεῖν
καὶ καταφυτεύειν,[29] φησὶν[30] κύριος. **29** ἐν ταῖς ἡμέραις ἐκείναις οὐ μὴ εἴπωσιν

Οἱ πατέρες ἔφαγον ὄμφακα,[31]
καὶ οἱ ὀδόντες[32] τῶν τέκνων ᾑμωδίασαν·[33]

30 ἀλλ᾽ ἢ ἕκαστος ἐν τῇ ἑαυτοῦ ἁμαρτίᾳ ἀποθανεῖται, καὶ τοῦ φαγόντος τὸν ὄμ-
φακα[34] αἱμωδιάσουσιν[35] οἱ ὀδόντες[36] αὐτοῦ.

Promise of a New Covenant

31 Ἰδοὺ ἡμέραι ἔρχονται, φησὶν[37] κύριος, καὶ διαθήσομαι[38] τῷ οἴκῳ Ισραηλ καὶ τῷ
οἴκῳ Ιουδα διαθήκην καινήν,[39] **32** οὐ κατὰ τὴν διαθήκην, ἣν διεθέμην[40] τοῖς πα-

1 πότε, when
2 ἀποστρέφω, *fut act ind 2s*, turn away
3 θυγάτηρ, daughter
4 ἀτιμόω, *perf pas ptc nom s f*, dishonor
5 κτίζω, *aor act ind 3s*, establish, create
6 καταφύτευσις, planting
7 καινός, new
8 περιέρχομαι, *fut mid ind 3p*, go about
9 ἀποστρέφω, *fut act ind 1s*, turn back
10 αἰχμαλωσία, captivity
11 ἐνοικέω, *pres act ptc nom p m*, dwell, inhabit
12 ἅμα, together
13 γεωργός, farmer
14 ποίμνιον, flock
15 μεθύω, *aor act ind 1s*, make drunk
16 διψάω, *pres act ptc acc s f*, be thirsty
17 πεινάω, *pres act ptc acc s f*, be hungry
18 ἐμπίμπλημι, *aor act ind 1s*, fill up, satisfy
19 ἐξεγείρω, *aor pas ind 1s*, stir up, arise
20 ὕπνος, sleep
21 ἡδύς, pleasant, sweet
22 φημί, *pres act ind 3s*, say
23 σπείρω, *fut act ind 1s*, sow
24 κτῆνος, animal, (*p*) herd
25 γρηγορέω, *impf act ind 1s*, watch over
26 καθαιρέω, *pres act inf*, tear down
27 κακόω, *pres act inf*, afflict
28 γρηγορέω, *fut act ind 1s*, watch over
29 καταφυτεύω, *pres act inf*, plant
30 φημί, *pres act ind 3s*, say
31 ὄμφαξ, unripe grape
32 ὀδούς, tooth
33 αἱμωδιάω, *aor act ind 3p*, tingle
34 ὄμφαξ, unripe grape
35 αἱμωδιάω, *fut act ind 3p*, tingle
36 ὀδούς, tooth
37 φημί, *pres act ind 3s*, say
38 διατίθημι, *fut mid ind 1s*, arrange
39 καινός, new
40 διατίθημι, *aor mid ind 1s*, arrange

τράσιν αὐτῶν ἐν ἡμέρᾳ ἐπιλαβομένου[1] μου τῆς χειρὸς αὐτῶν ἐξαγαγεῖν[2] αὐτοὺς ἐκ
γῆς Αἰγύπτου, ὅτι αὐτοὶ οὐκ ἐνέμειναν[3] ἐν τῇ διαθήκῃ μου, καὶ ἐγὼ ἠμέλησα[4] αὐτῶν,
φησὶν[5] κύριος· **33** ὅτι αὕτη ἡ διαθήκη, ἣν διαθήσομαι[6] τῷ οἴκῳ Ισραηλ μετὰ τὰς
ἡμέρας ἐκείνας, φησὶν[7] κύριος Διδοὺς δώσω νόμους μου εἰς τὴν διάνοιαν[8] αὐτῶν
καὶ ἐπὶ καρδίας αὐτῶν γράψω αὐτούς· καὶ ἔσομαι αὐτοῖς εἰς θεόν, καὶ αὐτοὶ ἔσονταί
μοι εἰς λαόν· **34** καὶ οὐ μὴ διδάξωσιν ἕκαστος τὸν πολίτην[9] αὐτοῦ καὶ ἕκαστος τὸν
ἀδελφὸν αὐτοῦ λέγων Γνῶθι τὸν κύριον· ὅτι πάντες εἰδήσουσίν[10] με ἀπὸ μικροῦ
αὐτῶν καὶ ἕως μεγάλου αὐτῶν, ὅτι ἵλεως[11] ἔσομαι ταῖς ἀδικίαις[12] αὐτῶν καὶ τῶν
ἁμαρτιῶν αὐτῶν οὐ μὴ μνησθῶ[13] ἔτι.

35 ἐὰν ὑψωθῇ[14] ὁ οὐρανὸς εἰς τὸ μετέωρον,[15] φησὶν[16] κύριος,
καὶ ἐὰν ταπεινωθῇ[17] τὸ ἔδαφος[18] τῆς γῆς κάτω,[19]
καὶ ἐγὼ οὐκ ἀποδοκιμῶ[20] τὸ γένος[21] Ισραηλ,
φησὶν[22] κύριος, περὶ πάντων, ὧν ἐποίησαν.

36 οὕτως εἶπεν κύριος ὁ δοὺς τὸν ἥλιον εἰς φῶς τῆς ἡμέρας,
σελήνην[23] καὶ ἀστέρας[24] εἰς φῶς τῆς νυκτός,
καὶ κραυγὴν[25] ἐν θαλάσσῃ καὶ ἐβόμβησεν[26] τὰ κύματα[27] αὐτῆς,
κύριος παντοκράτωρ[28] ὄνομα αὐτῷ
37 Ἐὰν παύσωνται[29] οἱ νόμοι οὗτοι
ἀπὸ προσώπου μου, φησὶν[30] κύριος,
καὶ τὸ γένος[31] Ισραηλ παύσεται[32] γενέσθαι ἔθνος
κατὰ πρόσωπόν μου πάσας τὰς ἡμέρας.

38 ἰδοὺ ἡμέραι ἔρχονται, φησὶν[33] κύριος, καὶ οἰκοδομηθήσεται πόλις τῷ κυρίῳ ἀπὸ
πύργου[34] Αναμεηλ ἕως πύλης[35] τῆς γωνίας.[36] **39** καὶ ἐξελεύσεται ἡ διαμέτρησις[37]

1 ἐπιλαμβάνω, *aor mid ptc gen s m*, lay hold of
2 ἐξάγω, *aor act inf*, bring out
3 ἐμμένω, *aor act ind 3p*, abide by, remain true to
4 ἀμελέω, *aor act ind 1s*, neglect
5 φημί, *pres act ind 3s*, say
6 διατίθημι, *fut mid ind 1s*, arrange
7 φημί, *pres act ind 3s*, say
8 διάνοια, mind
9 πολίτης, countryman
10 οἶδα, *fut perf act ind 3p*, know
11 ἵλεως, merciful
12 ἀδικία, wrongdoing, injustice
13 μιμνῄσκομαι, *aor pas sub 1s*, remember
14 ὑψόω, *aor pas sub 3s*, lift high, raise up
15 μετέωρος, highest place
16 φημί, *pres act ind 3s*, say
17 ταπεινόω, *aor pas sub 3s*, bring low
18 ἔδαφος, floor, ground
19 κάτω, beneath, below
20 ἀποδοκιμάζω, *fut act ind 1s*, reject as unworthy
21 γένος, nation, race
22 φημί, *pres act ind 3s*, say
23 σελήνη, moon
24 ἀστήρ, star
25 κραυγή, crying
26 βομβέω, *aor act ind 3s*, make a booming noise
27 κῦμα, wave
28 παντοκράτωρ, almighty
29 παύω, *aor mid sub 3p*, cease
30 φημί, *pres act ind 3s*, say
31 γένος, nation, race
32 παύω, *fut mid ind 3s*, cease
33 φημί, *pres act ind 3s*, say
34 πύργος, tower
35 πύλη, gate
36 γωνία, corner
37 διαμέτρησις, measurement

αὐτῆς ἀπέναντι[1] αὐτῶν ἕως βουνῶν[2] Γαρηβ καὶ περικυκλωθήσεται[3] κύκλῳ[4] ἐξ ἐκλεκτῶν[5] λίθων· **40** καὶ πάντες ασαρημωθ[6] ἕως ναχαλ[7] Κεδρων ἕως γωνίας[8] πύλης[9] ἵππων[10] ἀνατολῆς[11] ἁγίασμα[12] τῷ κυρίῳ καὶ οὐκέτι οὐ μὴ ἐκλίπῃ[13] καὶ οὐ μὴ καθαιρεθῇ[14] ἕως τοῦ αἰῶνος.

Jeremiah Buys a Field

39 Ὁ λόγος ὁ γενόμενος παρὰ κυρίου πρὸς Ιερεμιαν ἐν τῷ ἐνιαυτῷ[15] τῷ δεκάτῳ[16] τῷ βασιλεῖ Σεδεκια, οὗτος ἐνιαυτὸς ὀκτωκαιδέκατος[17] τῷ βασιλεῖ Ναβουχοδονοσορ βασιλεῖ Βαβυλῶνος, **2** καὶ δύναμις βασιλέως Βαβυλῶνος ἐχαράκωσεν[18] ἐπὶ Ιερουσαλημ, καὶ Ιερεμιας ἐφυλάσσετο ἐν αὐλῇ[19] τῆς φυλακῆς, ἥ ἐστιν ἐν οἴκῳ τοῦ βασιλέως, **3** ἐν ᾗ κατέκλεισεν[20] αὐτὸν ὁ βασιλεὺς Σεδεκιας λέγων Διὰ τί σὺ προφητεύεις[21] λέγων Οὕτως εἶπεν κύριος Ἰδοὺ ἐγὼ δίδωμι τὴν πόλιν ταύτην ἐν χερσὶν βασιλέως Βαβυλῶνος, καὶ λήμψεται αὐτήν, **4** καὶ Σεδεκιας οὐ μὴ σωθῇ ἐκ χειρὸς τῶν Χαλδαίων, ὅτι παραδόσει[22] παραδοθήσεται εἰς χεῖρας βασιλέως Βαβυλῶνος, καὶ λαλήσει στόμα αὐτοῦ πρὸς στόμα αὐτοῦ, καὶ οἱ ὀφθαλμοὶ αὐτοῦ τοὺς ὀφθαλμοὺς αὐτοῦ ὄψονται, **5** καὶ εἰσελεύσεται Σεδεκιας εἰς Βαβυλῶνα καὶ ἐκεῖ καθιεῖται.

6 καὶ λόγος κυρίου ἐγενήθη πρὸς Ιερεμιαν λέγων **7** Ἰδοὺ Αναμεηλ υἱὸς Σαλωμ ἀδελφοῦ πατρός σου ἔρχεται πρὸς σὲ λέγων Κτῆσαι[23] σεαυτῷ τὸν ἀγρόν μου τὸν ἐν Αναθωθ, ὅτι σοὶ κρίμα[24] παραλαβεῖν[25] εἰς κτῆσιν.[26] **8** καὶ ἦλθεν πρός με Αναμεηλ υἱὸς Σαλωμ ἀδελφοῦ πατρός μου εἰς τὴν αὐλὴν[27] τῆς φυλακῆς καὶ εἶπέν μοι Κτῆσαι[28] τὸν ἀγρόν μου τὸν ἐν γῇ Βενιαμιν τὸν ἐν Αναθωθ, ὅτι σοὶ κρίμα[29] κτήσασθαι,[30] καὶ σὺ πρεσβύτερος.[31] καὶ ἔγνων ὅτι λόγος κυρίου ἐστίν, **9** καὶ ἐκτησάμην[32] τὸν ἀγρὸν Αναμεηλ υἱοῦ ἀδελφοῦ πατρός μου καὶ ἔστησα αὐτῷ ἑπτὰ σίκλους[33] καὶ δέκα[34] ἀργυρίου·[35]

1 ἀπέναντι, before
2 βουνός, hill
3 περικυκλόω, *fut pas ind 3s*, encircle, surround
4 κύκλῳ, all around
5 ἐκλεκτός, choice
6 ασαρημωθ, (fields?), *translit.*
7 ναχαλ, river, *translit.*
8 γωνία, corner
9 πύλη, gate
10 ἵππος, horse
11 ἀνατολή, east
12 ἁγίασμα, sanctuary
13 ἐκλείπω, *aor act sub 3s*, cease, fail
14 καθαιρέω, *aor pas sub 3s*, remove, tear down
15 ἐνιαυτός, year
16 δέκατος, tenth
17 ὀκτωκαιδέκατος, eighteenth
18 χαρακόω, *aor act ind 3s*, besiege
19 αὐλή, court
20 κατακλείω, *aor act ind 3s*, shut up, confine
21 προφητεύω, *pres act ind 2s*, prophesy
22 παράδοσις, surrender
23 κτάομαι, *aor mid impv 2s*, acquire
24 κρίμα, judicial right
25 παραλαμβάνω, *aor act inf*, inherit
26 κτῆσις, possession
27 αὐλή, court
28 κτάομαι, *aor mid impv 2s*, acquire
29 κρίμα, judicial right
30 κτάομαι, *aor mid inf*, acquire
31 πρέσβυς, *comp*, older
32 κτάομαι, *aor mid ind 1s*, acquire
33 σίκλος, shekel, *Heb. LW*
34 δέκα, ten
35 ἀργύριον, silver

10 καὶ ἔγραψα εἰς βιβλίον καὶ ἐσφραγισάμην[1] καὶ διεμαρτυράμην[2] μάρτυρας[3] καὶ
ἔστησα τὸ ἀργύριον[4] ἐν ζυγῷ.[5] **11** καὶ ἔλαβον τὸ βιβλίον τῆς κτήσεως[6] τὸ ἐσφρα-
γισμένον[7] καὶ τὸ ἀνεγνωσμένον[8] **12** καὶ ἔδωκα αὐτὸ τῷ Βαρουχ υἱῷ Νηριου υἱοῦ
Μαασαιου κατ᾽ ὀφθαλμοὺς Αναμεηλ υἱοῦ ἀδελφοῦ πατρός μου καὶ κατ᾽ ὀφθαλμοὺς
τῶν ἑστηκότων καὶ γραφόντων ἐν τῷ βιβλίῳ τῆς κτήσεως[9] καὶ κατ᾽ ὀφθαλμοὺς
τῶν Ιουδαίων τῶν ἐν τῇ αὐλῇ[10] τῆς φυλακῆς. **13** καὶ συνέταξα[11] τῷ Βαρουχ κατ᾽
ὀφθαλμοὺς αὐτῶν λέγων **14** Οὕτως εἶπεν κύριος παντοκράτωρ[12] Λαβὲ τὸ βιβλίον
τῆς κτήσεως[13] τοῦτο καὶ τὸ βιβλίον τὸ ἀνεγνωσμένον[14] καὶ θήσεις αὐτὸ εἰς ἀγγεῖον[15]
ὀστράκινον,[16] ἵνα διαμείνῃ[17] ἡμέρας πλείους.[18] **15** ὅτι οὕτως εἶπεν κύριος Ἔτι κτηθή-
σονται[19] ἀγροὶ καὶ οἰκίαι καὶ ἀμπελῶνες[20] ἐν τῇ γῇ ταύτῃ.

Jeremiah's Prayer and God's Response

16 Καὶ προσευξάμην πρὸς κύριον μετὰ τὸ δοῦναί με τὸ βιβλίον τῆς κτήσεως[21] πρὸς
Βαρουχ υἱὸν Νηριου λέγων **17** Ὦ[22] κύριε, σὺ ἐποίησας τὸν οὐρανὸν καὶ τὴν γῆν τῇ
ἰσχύι[23] σου τῇ μεγάλῃ καὶ τῷ βραχίονί[24] σου τῷ ὑψηλῷ[25] καὶ τῷ μετεώρῳ,[26] οὐ μὴ
ἀποκρυβῇ[27] ἀπὸ σοῦ οὐθέν,[28] **18** ποιῶν ἔλεος[29] εἰς χιλιάδας[30] καὶ ἀποδιδοὺς ἁμαρ-
τίας πατέρων εἰς κόλπους[31] τέκνων αὐτῶν μετ᾽ αὐτούς, ὁ θεὸς ὁ μέγας καὶ ἰσχυρός,[32]
19 κύριος μεγάλης βουλῆς[33] καὶ δυνατὸς τοῖς ἔργοις, ὁ θεὸς ὁ μέγας ὁ παντο-
κράτωρ[34] καὶ μεγαλώνυμος[35] κύριος· οἱ ὀφθαλμοί σου εἰς τὰς ὁδοὺς τῶν υἱῶν τῶν
ἀνθρώπων δοῦναι ἑκάστῳ κατὰ τὴν ὁδὸν αὐτοῦ· **20** ὃς ἐποίησας σημεῖα καὶ τέρατα[36]
ἐν γῇ Αἰγύπτῳ ἕως τῆς ἡμέρας ταύτης καὶ ἐν Ισραηλ καὶ ἐν τοῖς γηγενέσιν[37] καὶ
ἐποίησας σεαυτῷ ὄνομα ὡς ἡ ἡμέρα αὕτη **21** καὶ ἐξήγαγες[38] τὸν λαόν σου Ισραηλ
ἐκ γῆς Αἰγύπτου ἐν σημείοις καὶ ἐν τέρασιν[39] καὶ ἐν χειρὶ κραταιᾷ[40] καὶ ἐν βραχίονι[41]

1 σφραγίζω, *aor mid ind 1s*, seal
2 διαμαρτυρέω, *aor mid ind 1s*, obtain witness
3 μάρτυς, witness
4 ἀργύριον, silver
5 ζυγός, balance, scales
6 κτῆσις, possession
7 σφραγίζω, *perf pas ptc acc s n*, seal
8 ἀναγινώσκω, *perf pas ptc acc s n*, read aloud
9 κτῆσις, possession
10 αὐλή, court
11 συντάσσω, *aor act ind 1s*, order, instruct
12 παντοκράτωρ, almighty
13 κτῆσις, possession
14 ἀναγινώσκω, *perf pas ptc acc s n*, read aloud
15 ἀγγεῖον, vessel
16 ὀστράκινος, earthen, made of clay
17 διαμένω, *aor act sub 3s*, endure
18 πλείων/πλεῖον, *comp of* πολύς, more numerous
19 κτάομαι, *fut pas ind 3p*, acquire
20 ἀμπελών, vineyard
21 κτῆσις, possession
22 ὦ, O!
23 ἰσχύς, strength
24 βραχίων, arm
25 ὑψηλός, upraised, high
26 μετέωρος, exalted, uplifted
27 ἀποκρύπτω, *aor pas sub 3s*, hide, conceal
28 οὐθείς, nothing
29 ἔλεος, mercy
30 χιλιάς, thousand
31 κόλπος, lap, bosom
32 ἰσχυρός, strong
33 βουλή, counsel
34 παντοκράτωρ, almighty
35 μεγαλώνυμος, possessing a great name
36 τέρας, wonder
37 γηγενής, earthborn
38 ἐξάγω, *aor act ind 2s*, bring out
39 τέρας, wonder
40 κραταιός, strong, powerful
41 βραχίων, arm

ὑψηλῷ[1] καὶ ἐν ὁράμασιν[2] μεγάλοις **22** καὶ ἔδωκας αὐτοῖς τὴν γῆν ταύτην, ἣν ὤμο-
σας[3] τοῖς πατράσιν αὐτῶν, γῆν ῥέουσαν[4] γάλα[5] καὶ μέλι·[6] **23** καὶ εἰσήλθοσαν καὶ
ἐλάβοσαν αὐτὴν καὶ οὐκ ἤκουσαν τῆς φωνῆς σου καὶ ἐν τοῖς προστάγμασίν[7] σου οὐκ
ἐπορεύθησαν· ἅπαντα,[8] ἃ ἐνετείλω[9] αὐτοῖς, οὐκ ἐποίησαν· καὶ ἐποίησας συμβῆναι[10]
αὐτοῖς πάντα τὰ κακὰ ταῦτα. **24** ἰδοὺ ὄχλος[11] ἥκει[12] εἰς τὴν πόλιν ταύτην συλλαβεῖν[13]
αὐτήν, καὶ ἡ πόλις ἐδόθη εἰς χεῖρας Χαλδαίων τῶν πολεμούντων αὐτὴν ἀπὸ προσώ-
που μαχαίρας[14] καὶ τοῦ λιμοῦ·[15] ὡς ἐλάλησας, οὕτως ἐγένετο. **25** καὶ σὺ λέγεις πρός
με Κτῆσαι[16] σεαυτῷ ἀγρὸν ἀργυρίου·[17] καὶ ἔγραψα βιβλίον καὶ ἐσφραγισάμην[18] καὶ
ἐπεμαρτυράμην[19] μάρτυρας·[20] καὶ ἡ πόλις ἐδόθη εἰς χεῖρας Χαλδαίων.

26 Καὶ ἐγένετο λόγος κυρίου πρός με λέγων **27** Ἐγὼ κύριος ὁ θεὸς πάσης σαρκός·
μὴ ἀπ᾽ ἐμοῦ κρυβήσεταί[21] τι; **28** διὰ τοῦτο οὕτως εἶπεν κύριος ὁ θεὸς Ισραηλ Δοθεῖσα
παραδοθήσεται ἡ πόλις αὕτη εἰς χεῖρας βασιλέως Βαβυλῶνος, καὶ λήμψεται αὐτήν,
29 καὶ ἥξουσιν[22] οἱ Χαλδαῖοι πολεμοῦντες ἐπὶ τὴν πόλιν ταύτην καὶ καύσουσιν[23]
τὴν πόλιν ταύτην ἐν πυρὶ καὶ κατακαύσουσιν[24] τὰς οἰκίας, ἐν αἷς ἐθυμιῶσαν[25] ἐπὶ
τῶν δωμάτων[26] αὐτῶν τῇ Βααλ καὶ ἔσπενδον[27] σπονδὰς[28] θεοῖς ἑτέροις πρὸς τὸ
παραπικρᾶναί[29] με. **30** ὅτι ἦσαν οἱ υἱοὶ Ισραηλ καὶ οἱ υἱοὶ Ιουδα μόνοι ποιοῦντες τὸ
πονηρὸν κατ᾽ ὀφθαλμούς μου ἐκ νεότητος[30] αὐτῶν· **31** ὅτι ἐπὶ τὴν ὀργήν μου καὶ
ἐπὶ τὸν θυμόν[31] μου ἦν ἡ πόλις αὕτη ἀφ᾽ ἧς ἡμέρας ᾠκοδόμησαν αὐτὴν καὶ ἕως τῆς
ἡμέρας ταύτης ἀπαλλάξαι[32] αὐτὴν ἀπὸ προσώπου μου **32** διὰ πάσας τὰς πονηρίας[33]
τῶν υἱῶν Ισραηλ καὶ Ιουδα, ὧν ἐποίησαν πικρᾶναί[34] με αὐτοὶ καὶ οἱ βασιλεῖς αὐτῶν
καὶ οἱ ἄρχοντες αὐτῶν καὶ οἱ ἱερεῖς αὐτῶν καὶ οἱ προφῆται αὐτῶν, ἄνδρες Ιουδα καὶ
οἱ κατοικοῦντες Ιερουσαλημ, **33** καὶ ἐπέστρεψαν πρός με νῶτον[35] καὶ οὐ πρόσωπον,
καὶ ἐδίδαξα αὐτοὺς ὄρθρου[36] καὶ ἐδίδαξα, καὶ οὐκ ἤκουσαν ἐπιλαβεῖν[37] παιδείαν·[38]

1 ὑψηλός, upraised, high
2 ὅραμα, spectacle
3 ὄμνυμι, *aor act ind 2s*, swear an oath
4 ῥέω, *pres act ptc acc s f*, flow
5 γάλα, milk
6 μέλι, honey
7 πρόσταγμα, ordinance
8 ἅπας, all
9 ἐντέλλομαι, *aor mid ind 2s*, command
10 συμβαίνω, *aor act inf*, happen to, befall
11 ὄχλος, crowd
12 ἥκω, *pres act ind 3s*, come
13 συλλαμβάνω, *aor act inf*, capture
14 μάχαιρα, sword
15 λιμός, hunger
16 κτάομαι, *aor mid impv 2s*, acquire
17 ἀργύριον, silver
18 σφραγίζω, *aor mid ind 1s*, seal
19 ἐπιμαρτυρέομαι, *aor mid ind 1s*, obtain witness
20 μάρτυς, witness
21 κρύπτω, *fut pas ind 3s*, hide, conceal
22 ἥκω, *fut act ind 3p*, come
23 καίω, *fut act ind 3p*, set on fire
24 κατακαίω, *fut act ind 3p*, burn up
25 θυμιάω, *aor act ind 3p*, burn incense
26 δῶμα, rooftop
27 σπένδω, *impf act ind 3p*, pour out (a drink offering)
28 σπονδή, drink offering
29 παραπικραίνω, *aor act inf*, embitter, provoke
30 νεότης, youth
31 θυμός, wrath
32 ἀπαλλάσσω, *aor act inf*, put away from, remove from
33 πονηρία, iniquity, evil deed
34 πικραίνω, *aor act inf*, embitter, provoke
35 νῶτον, back
36 ὄρθρος, persistently
37 ἐπιλαμβάνω, *aor act inf*, take hold of
38 παιδεία, instruction, correction

34 καὶ ἔθηκαν τὰ μιάσματα[1] αὐτῶν ἐν τῷ οἴκῳ, οὗ ἐπεκλήθη[2] τὸ ὄνομά μου ἐπ᾽ αὐτῷ,
ἐν ἀκαθαρσίαις[3] αὐτῶν **35** καὶ ᾠκοδόμησαν τοὺς βωμοὺς[4] τῇ Βααλ τοὺς ἐν φάραγγι[5]
υἱοῦ Εννομ τοῦ ἀναφέρειν[6] τοὺς υἱοὺς αὐτῶν καὶ τὰς θυγατέρας[7] αὐτῶν τῷ Μολοχ
βασιλεῖ, ἃ οὐ συνέταξα[8] αὐτοῖς καὶ οὐκ ἀνέβη ἐπὶ καρδίαν μου, τοῦ ποιῆσαι τὸ
βδέλυγμα[9] τοῦτο πρὸς τὸ ἐφαμαρτεῖν[10] τὸν Ιουδαν.

36 καὶ νῦν οὕτως εἶπεν κύριος ὁ θεὸς Ισραηλ ἐπὶ τὴν πόλιν, ἣν σὺ λέγεις Παραδοθή-
σεται εἰς χεῖρας βασιλέως Βαβυλῶνος ἐν μαχαίρᾳ[11] καὶ ἐν λιμῷ[12] καὶ ἐν ἀποστολῇ[13]
37 Ἰδοὺ ἐγὼ συνάγω αὐτοὺς ἐκ πάσης τῆς γῆς, οὗ[14] διέσπειρα[15] αὐτοὺς ἐκεῖ ἐν ὀργῇ
μου καὶ τῷ θυμῷ[16] μου καὶ παροξυσμῷ[17] μεγάλῳ, καὶ ἐπιστρέψω αὐτοὺς εἰς τὸν τόπον
τοῦτον καὶ καθιῶ αὐτοὺς πεποιθότας, **38** καὶ ἔσονταί μοι εἰς λαόν, καὶ ἐγὼ ἔσομαι
αὐτοῖς εἰς θεόν. **39** καὶ δώσω αὐτοῖς ὁδὸν ἑτέραν καὶ καρδίαν ἑτέραν φοβηθῆναί
με πάσας τὰς ἡμέρας εἰς ἀγαθὸν αὐτοῖς καὶ τοῖς τέκνοις αὐτῶν μετ᾽ αὐτούς. **40** καὶ
διαθήσομαι[18] αὐτοῖς διαθήκην αἰωνίαν, ἣν οὐ μὴ ἀποστρέψω[19] ὄπισθεν[20] αὐτῶν·
καὶ τὸν φόβον μου δώσω εἰς τὴν καρδίαν αὐτῶν πρὸς τὸ μὴ ἀποστῆναι[21] αὐτοὺς
ἀπ᾽ ἐμοῦ.

41 καὶ ἐπισκέψομαι[22] τοῦ ἀγαθῶσαι[23] αὐτοὺς καὶ φυτεύσω[24] αὐτοὺς ἐν τῇ γῇ ταύτῃ
ἐν πίστει καὶ ἐν πάσῃ καρδίᾳ καὶ ἐν πάσῃ ψυχῇ. **42** ὅτι οὕτως εἶπεν κύριος Καθὰ[25]
ἐπήγαγον[26] ἐπὶ τὸν λαὸν τοῦτον πάντα τὰ κακὰ τὰ μεγάλα ταῦτα, οὕτως ἐγὼ ἐπάξω[27]
ἐπ᾽ αὐτοὺς πάντα τὰ ἀγαθά, ἃ ἐλάλησα ἐπ᾽ αὐτούς. **43** καὶ κτηθήσονται[28] ἔτι ἀγροὶ ἐν
τῇ γῇ, ᾗ σὺ λέγεις Ἄβατός[29] ἐστιν ἀπὸ ἀνθρώπων καὶ κτήνους[30] καὶ παρεδόθησαν
εἰς χεῖρας Χαλδαίων. **44** καὶ κτήσονται[31] ἀγροὺς ἐν ἀργυρίῳ,[32] καὶ γράψεις βιβλίον
καὶ σφραγιῇ[33] καὶ διαμαρτυρῇ[34] μάρτυρας[35] ἐν γῇ Βενιαμιν καὶ κύκλῳ[36] Ιερουσαλημ
καὶ ἐν πόλεσιν Ιουδα καὶ ἐν πόλεσιν τοῦ ὄρους καὶ ἐν πόλεσιν τῆς Σεφηλα καὶ ἐν
πόλεσιν τῆς Ναγεβ, ὅτι ἀποστρέψω[37] τὰς ἀποικίας[38] αὐτῶν.

1 μίασμα, defilement, pollution
2 ἐπικαλέω, *aor pas ind 3s*, call upon
3 ἀκαθαρσία, impurity
4 βωμός, (illegitimate) altar
5 φάραγξ, ravine
6 ἀναφέρω, *pres act inf*, offer up
7 θυγάτηρ, daughter
8 συντάσσω, *aor act ind 1s*, order, instruct
9 βδέλυγμα, abomination
10 ἐφαμαρτάνω, *aor act inf*, seduce to sin
11 μάχαιρα, sword
12 λιμός, hunger
13 ἀποστολή, exile
14 οὗ, where
15 διασπείρω, *aor act ind 1s*, scatter
16 θυμός, wrath
17 παροξυσμός, irritation
18 διατίθημι, *fut mid ind 1s*, arrange
19 ἀποστρέφω, *fut act ind 1s*, turn away
20 ὄπισθε(ν), behind
21 ἀφίστημι, *aor act inf*, depart from, turn away
22 ἐπισκέπτομαι, *fut mid ind 1s*, visit
23 ἀγαθόω, *aor act inf*, do good to
24 φυτεύω, *fut act ind 1s*, plant
25 καθά, just as
26 ἐπάγω, *aor act ind 1s*, bring upon
27 ἐπάγω, *fut act ind 1s*, bring upon
28 κτάομαι, *fut pas ind 3p*, acquire
29 ἄβατος, impassable, desolate
30 κτῆνος, animal, (*p*) herd
31 κτάομαι, *fut mid ind 3p*, acquire
32 ἀργύριον, silver
33 σφραγίζω, *fut mid ind 2s*, seal
34 διαμαρτύρομαι, *fut mid ind 2s*, obtain witness
35 μάρτυς, witness
36 κύκλῳ, all around
37 ἀποστρέφω, *fut act ind 1s*, turn back
38 ἀποικία, captivity, exile

Promise of Restoration

40 Καὶ ἐγένετο λόγος κυρίου πρὸς Ιερεμιαν δεύτερον, καὶ αὐτὸς ἦν ἔτι δεδεμένος[1] ἐν τῇ αὐλῇ[2] τῆς φυλακῆς, λέγων **2** Οὕτως εἶπεν κύριος ποιῶν γῆν καὶ πλάσσων[3] αὐτὴν τοῦ ἀνορθῶσαι[4] αὐτήν, κύριος ὄνομα αὐτῷ **3** Κέκραξον πρός με, καὶ ἀποκριθήσομαί σοι καὶ ἀπαγγελῶ σοι μεγάλα καὶ ἰσχυρά,[5] ἃ οὐκ ἔγνως αὐτά. **4** ὅτι οὕτως εἶπεν κύριος ὁ θεὸς Ισραηλ περὶ οἴκων τῆς πόλεως ταύτης καὶ περὶ οἴκων βασιλέως Ιουδα τῶν καθῃρημένων[6] εἰς χάρακας[7] καὶ προμαχῶνας[8] **5** τοῦ μάχεσθαι[9] πρὸς τοὺς Χαλδαίους καὶ πληρῶσαι αὐτὴν τῶν νεκρῶν[10] τῶν ἀνθρώπων, οὓς ἐπάταξα[11] ἐν ὀργῇ μου καὶ ἐν θυμῷ[12] μου, καὶ ἀπέστρεψα[13] τὸ πρόσωπόν μου ἀπ᾽ αὐτῶν περὶ πασῶν τῶν πονηριῶν[14] αὐτῶν **6** Ἰδοὺ ἐγὼ ἀνάγω[15] αὐτῇ συνούλωσιν[16] καὶ ἴαμα[17] καὶ φανερώσω[18] αὐτοῖς εἰσακούειν[19] καὶ ἰατρεύσω[20] αὐτὴν καὶ ποιήσω αὐτοῖς εἰρήνην καὶ πίστιν· **7** καὶ ἐπιστρέψω τὴν ἀποικίαν[21] Ιουδα καὶ τὴν ἀποικίαν Ισραηλ καὶ οἰκοδομήσω αὐτοὺς καθὼς τὸ πρότερον·[22] **8** καὶ καθαριῶ αὐτοὺς ἀπὸ πασῶν τῶν ἀδικιῶν[23] αὐτῶν, ὧν ἡμάρτοσάν μοι, καὶ οὐ μὴ μνησθήσομαι[24] ἁμαρτιῶν αὐτῶν, ὧν ἥμαρτόν μοι καὶ ἀπέστησαν[25] ἀπ᾽ ἐμοῦ. **9** καὶ ἔσται εἰς εὐφροσύνην[26] καὶ εἰς αἴνεσιν[27] καὶ εἰς μεγαλειότητα[28] παντὶ τῷ λαῷ τῆς γῆς, οἵτινες ἀκούσονται πάντα τὰ ἀγαθά, ἃ ἐγὼ ποιήσω, καὶ φοβηθήσονται καὶ πικρανθήσονται[29] περὶ πάντων τῶν ἀγαθῶν καὶ περὶ πάσης τῆς εἰρήνης, ἧς ἐγὼ ποιήσω αὐτοῖς.

10 οὕτως εἶπεν κύριος Ἔτι ἀκουσθήσεται ἐν τῷ τόπῳ τούτῳ, ᾧ ὑμεῖς λέγετε Ἔρημός ἐστιν ἀπὸ ἀνθρώπων καὶ κτηνῶν,[30] ἐν πόλεσιν Ιουδα καὶ ἔξωθεν[31] Ιερουσαλημ ταῖς ἠρημωμέναις[32] παρὰ τὸ μὴ εἶναι ἄνθρωπον καὶ κτήνη **11** φωνὴ εὐφροσύνης[33] καὶ φωνὴ χαρμοσύνης,[34] φωνὴ νυμφίου[35] καὶ φωνὴ νύμφης,[36] φωνὴ λεγόντων

1 δέω, *perf pas ptc nom s m*, bind (in chains)
2 αὐλή, court
3 πλάσσω, *pres act ptc nom s m*, form, mold
4 ἀνορθόω, *aor act inf*, establish
5 ἰσχυρός, strong
6 καθαιρέω, *perf pas ptc gen p m*, tear down
7 χάραξ, bulwark
8 προμαχών, fortification
9 μάχομαι, *pres mid inf*, fight, do battle
10 νεκρός, dead
11 πατάσσω, *aor act ind 1s*, strike, smite
12 θυμός, wrath
13 ἀποστρέφω, *aor act ind 1s*, turn back
14 πονηρία, iniquity, evil deed
15 ἀνάγω, *pres act ind 1s*, bring upon
16 συνούλωσις, healing (of a wound)
17 ἴαμα, healing, remedy
18 φανερόω, *fut act ind 1s*, manifest, reveal
19 εἰσακούω, *pres act inf*, hear, listen
20 ἰατρεύω, *fut act ind 1s*, treat medically
21 ἀποικία, captivity, exile
22 πρότερος, former, earlier
23 ἀδικία, wrongdoing, injustice
24 μιμνῄσκομαι, *fut pas ind 1s*, remember
25 ἀφίστημι, *aor act ind 3p*, depart from
26 εὐφροσύνη, gladness, joy
27 αἴνεσις, praise
28 μεγαλειότης, majesty
29 πικραίνω, *fut pas ind 3p*, embitter, provoke
30 κτῆνος, animal, (*p*) herd
31 ἔξωθεν, outside
32 ἐρημόω, *perf pas ptc dat p f*, make desolate
33 εὐφροσύνη, gladness, joy
34 χαρμοσύνη, delight, rejoicing
35 νυμφίος, bridegroom
36 νύμφη, bride

Ἐξομολογεῖσθε[1] κυρίῳ παντοκράτορι,[2]
ὅτι χρηστὸς[3] κύριος,
ὅτι εἰς τὸν αἰῶνα τὸ ἔλεος[4] αὐτοῦ·

καὶ εἰσοίσουσιν[5] δῶρα[6] εἰς οἶκον κυρίου· ὅτι ἀποστρέψω[7] πᾶσαν τὴν ἀποικίαν[8] τῆς
γῆς ἐκείνης κατὰ τὸ πρότερον,[9] εἶπεν κύριος.

12 οὕτως εἶπεν κύριος τῶν δυνάμεων Ἔτι ἔσται ἐν τῷ τόπῳ τούτῳ τῷ ἐρήμῳ παρὰ
τὸ μὴ εἶναι ἄνθρωπον καὶ κτῆνος[10] καὶ ἐν πάσαις ταῖς πόλεσιν αὐτοῦ καταλύματα[11]
ποιμένων[12] κοιταζόντων[13] πρόβατα. **13** ἐν πόλεσιν τῆς ὀρεινῆς[14] καὶ ἐν πόλεσιν τῆς
Σεφηλα καὶ ἐν πόλεσιν τῆς Ναγεβ καὶ ἐν γῇ Βενιαμιν καὶ ἐν ταῖς κύκλῳ[15] Ιερουσαλημ
καὶ ἐν πόλεσιν Ιουδα ἔτι παρελεύσεται[16] πρόβατα ἐπὶ χεῖρα ἀριθμοῦντος,[17] εἶπεν
κύριος.

Warnings to Zedekiah

41 Ὁ λόγος ὁ γενόμενος πρὸς Ιερεμιαν παρὰ κυρίου, καὶ Ναβουχοδονοσορ
βασιλεὺς Βαβυλῶνος καὶ πᾶν τὸ στρατόπεδον[18] αὐτοῦ καὶ πᾶσα ἡ γῆ ἀρχῆς
αὐτοῦ ἐπολέμουν ἐπὶ Ιερουσαλημ καὶ ἐπὶ πάσας τὰς πόλεις Ιουδα, λέγων **2** Οὕτως
εἶπεν κύριος Βάδισον[19] πρὸς Σεδεκιαν βασιλέα Ιουδα καὶ ἐρεῖς αὐτῷ Οὕτως εἶπεν
κύριος Παραδόσει[20] παραδοθήσεται ἡ πόλις αὕτη εἰς χεῖρας βασιλέως Βαβυλῶνος,
καὶ συλλήμψεται[21] αὐτὴν καὶ καύσει[22] αὐτὴν ἐν πυρί· **3** καὶ σὺ οὐ μὴ σωθῇς ἐκ
χειρὸς αὐτοῦ καὶ συλλήμψει[23] συλλημφθήσῃ[24] καὶ εἰς χεῖρας αὐτοῦ δοθήσῃ, καὶ
οἱ ὀφθαλμοί σου τοὺς ὀφθαλμοὺς αὐτοῦ ὄψονται, καὶ τὸ στόμα αὐτοῦ μετὰ τοῦ
στόματός σου λαλήσει, καὶ εἰς Βαβυλῶνα εἰσελεύσῃ. **4** ἀλλὰ ἄκουσον τὸν λόγον
κυρίου, Σεδεκια βασιλεῦ Ιουδα Οὕτως λέγει κύριος **5** Ἐν εἰρήνῃ ἀποθανῇ, καὶ ὡς
ἔκλαυσαν[25] τοὺς πατέρας σου τοὺς βασιλεύσαντας[26] πρότερόν[27] σου, κλαύσονται[28]
καὶ σὲ καὶ Ὦ[29] αδων[30] κόψονταί[31] σε· ὅτι λόγον ἐγὼ ἐλάλησα, εἶπεν κύριος.

1 ἐξομολογέομαι, *pres mid impv 2p*, acknowledge, confess
2 παντοκράτωρ, almighty
3 χρηστός, kind, good
4 ἔλεος, mercy
5 εἰσφέρω, *fut act ind 3p*, bring in
6 δῶρον, gift
7 ἀποστρέφω, *fut act ind 1s*, turn back
8 ἀποικία, captivity, exile
9 πρότερος, former, earlier
10 κτῆνος, animal, (*p*) herd
11 κατάλυμα, lodging, habitation
12 ποιμήν, shepherd
13 κοιτάζω, *pres act ptc gen p m*, cause to lie down
14 ὀρεινή, hill
15 κύκλῳ, around
16 παρέρχομαι, *fut mid ind 3s*, pass by
17 ἀριθμέω, *pres act ptc gen s m*, count
18 στρατόπεδον, army
19 βαδίζω, *aor act impv 2s*, go
20 παράδοσις, surrender
21 συλλαμβάνω, *fut mid ind 3s*, capture
22 καίω, *fut act ind 3s*, burn
23 σύλλημψις, capturing
24 συλλαμβάνω, *fut pas ind 2s*, capture
25 κλαίω, *aor act ind 3p*, weep for
26 βασιλεύω, *aor act ptc acc p m*, reign as king
27 πρότερος, before
28 κλαίω, *fut mid ind 3p*, weep for
29 ὦ, Oh!, alas!
30 αδων, lord, *translit.*
31 κόπτω, *fut mid ind 3p*, mourn, beat (one's breast in lamentation)

6 καὶ ἐλάλησεν Ιερεμιας πρὸς τὸν βασιλέα Σεδεκιαν πάντας τοὺς λόγους τούτους ἐν Ιερουσαλημ· **7** καὶ ἡ δύναμις βασιλέως Βαβυλῶνος ἐπολέμει ἐπὶ Ιερουσαλημ καὶ ἐπὶ τὰς πόλεις Ιουδα, ἐπὶ Λαχις καὶ ἐπὶ Αζηκα, ὅτι αὗται κατελείφθησαν[1] ἐν πόλεσιν Ιουδα πόλεις ὀχυραί.[2]

8 Ὁ λόγος ὁ γενόμενος πρὸς Ιερεμιαν παρὰ κυρίου μετὰ τὸ συντελέσαι[3] τὸν βασιλέα Σεδεκιαν διαθήκην πρὸς τὸν λαὸν τοῦ καλέσαι ἄφεσιν[4] **9** τοῦ ἐξαποστεῖλαι[5] ἕκαστον τὸν παῖδα[6] αὐτοῦ καὶ ἕκαστον τὴν παιδίσκην[7] αὐτοῦ τὸν Εβραῖον[8] καὶ τὴν Εβραίαν ἐλευθέρους[9] πρὸς τὸ μὴ δουλεύειν[10] ἄνδρα ἐξ Ιουδα, **10** καὶ ἐπεστράφησαν πάντες οἱ μεγιστᾶνες[11] καὶ πᾶς ὁ λαὸς οἱ εἰσελθόντες ἐν τῇ διαθήκῃ τοῦ ἀποστεῖλαι ἕκαστον τὸν παῖδα[12] αὐτοῦ καὶ ἕκαστον τὴν παιδίσκην[13] αὐτοῦ **11** καὶ ἔωσαν[14] αὐτοὺς εἰς παῖδας[15] καὶ παιδίσκας.[16]

12 καὶ ἐγενήθη λόγος κυρίου πρὸς Ιερεμιαν λέγων **13** Οὕτως εἶπεν κύριος ὁ θεὸς Ισραηλ Ἐγὼ ἐθέμην διαθήκην πρὸς τοὺς πατέρας ὑμῶν ἐν τῇ ἡμέρᾳ, ᾗ ἐξειλάμην[17] αὐτοὺς ἐκ γῆς Αἰγύπτου ἐξ οἴκου δουλείας,[18] λέγων **14** Ὅταν πληρωθῇ ἓξ[19] ἔτη, ἀποστελεῖς τὸν ἀδελφόν σου τὸν Εβραῖον,[20] ὃς πραθήσεταί[21] σοι· καὶ ἐργᾶταί[22] σοι ἓξ ἔτη, καὶ ἐξαποστελεῖς[23] αὐτὸν ἐλεύθερον.[24] καὶ οὐκ ἤκουσάν μου καὶ οὐκ ἔκλιναν[25] τὸ οὖς αὐτῶν. **15** καὶ ἐπέστρεψαν σήμερον ποιῆσαι τὸ εὐθὲς[26] πρὸ ὀφθαλμῶν μου τοῦ καλέσαι ἄφεσιν[27] ἕκαστον τοῦ πλησίον[28] αὐτοῦ καὶ συνετέλεσαν[29] διαθήκην κατὰ πρόσωπόν μου ἐν τῷ οἴκῳ, οὗ[30] ἐπεκλήθη[31] τὸ ὄνομά μου ἐπ' αὐτῷ. **16** καὶ ἐπεστρέψατε καὶ ἐβεβηλώσατε[32] τὸ ὄνομά μου τοῦ ἐπιστρέψαι ἕκαστον τὸν παῖδα[33] αὐτοῦ καὶ ἕκαστον τὴν παιδίσκην[34] αὐτοῦ, οὓς ἐξαπεστείλατε[35] ἐλευθέρους[36] τῇ ψυχῇ αὐτῶν, ὑμῖν εἰς παῖδας καὶ παιδίσκας.

17 διὰ τοῦτο οὕτως εἶπεν κύριος Ὑμεῖς οὐκ ἠκούσατέ μου τοῦ καλέσαι ἄφεσιν[37] ἕκαστος πρὸς τὸν πλησίον[38] αὐτοῦ· ἰδοὺ ἐγὼ καλῶ ἄφεσιν ὑμῖν εἰς μάχαιραν[39] καὶ εἰς

1 καταλείπω, *aor pas ind 3p*, leave behind
2 ὀχυρός, fortified
3 συντελέω, *aor act inf*, fulfill, complete
4 ἄφεσις, release
5 ἐξαποστέλλω, *aor act inf*, send forth
6 παῖς, servant
7 παιδίσκη, female servant
8 Ἑβραῖος, Hebrew
9 ἐλεύθερος, free
10 δουλεύω, *pres act inf*, serve
11 μεγιστάν, noble
12 παῖς, servant
13 παιδίσκη, female servant
14 ὠθέω, *pres act ptc acc s f*, force, compel
15 παῖς, servant
16 παιδίσκη, female servant
17 ἐξαιρέω, *aor mid ind 1s*, deliver, rescue
18 δουλεία, slavery, bondage
19 ἕξ, six
20 Ἑβραῖος, Hebrew
21 πιπράσκω, *fut pas ind 3s*, sell
22 ἐργάτης, worker
23 ἐξαποστέλλω, *fut act ind 2s*, send forth
24 ἐλεύθερος, free
25 κλίνω, *aor act ind 3p*, incline
26 εὐθής, (what is) right
27 ἄφεσις, release
28 πλησίον, neighbor, comrade
29 συντελέω, *aor act ind 3p*, fulfill, complete
30 οὗ, where
31 ἐπικαλέω, *aor pas ind 3s*, call upon
32 βεβηλόω, *aor act ind 2p*, profane, defile
33 παῖς, servant
34 παιδίσκη, female servant
35 ἐξαποστέλλω, *aor act ind 2p*, send forth
36 ἐλεύθερος, free
37 ἄφεσις, release
38 πλησίον, neighbor, comrade
39 μάχαιρα, sword

τὸν θάνατον καὶ εἰς τὸν λιμὸν[1] καὶ δώσω ὑμᾶς εἰς διασπορὰν[2] πάσαις ταῖς βασιλείαις τῆς γῆς. **18** καὶ δώσω τοὺς ἄνδρας τοὺς παρεληλυθότας[3] τὴν διαθήκην μου τοὺς μὴ στήσαντας τὴν διαθήκην μου, ἣν ἐποίησαν κατὰ πρόσωπόν μου, τὸν μόσχον[4] ὃν ἐποίησαν ἐργάζεσθαι αὐτῷ, **19** τοὺς ἄρχοντας Ιουδα καὶ τοὺς δυνάστας[5] καὶ τοὺς ἱερεῖς καὶ τὸν λαόν, **20** καὶ δώσω αὐτοὺς τοῖς ἐχθροῖς αὐτῶν, καὶ ἔσται τὰ θνησιμαῖα[6] αὐτῶν βρῶσις[7] τοῖς πετεινοῖς[8] τοῦ οὐρανοῦ καὶ τοῖς θηρίοις τῆς γῆς. **21** καὶ τὸν Σεδεκιαν βασιλέα τῆς Ιουδαίας καὶ τοὺς ἄρχοντας αὐτῶν δώσω εἰς χεῖρας ἐχθρῶν αὐτῶν, καὶ δύναμις βασιλέως Βαβυλῶνος τοῖς ἀποτρέχουσιν[9] ἀπ᾽ αὐτῶν. **22** ἰδοὺ ἐγὼ συντάσσω,[10] φησὶν[11] κύριος, καὶ ἐπιστρέψω αὐτοὺς εἰς τὴν γῆν ταύτην, καὶ πολεμήσουσιν ἐπ᾽ αὐτὴν καὶ λήμψονται αὐτὴν καὶ κατακαύσουσιν[12] αὐτὴν ἐν πυρὶ καὶ τὰς πόλεις Ιουδα, καὶ δώσω αὐτὰς ἐρήμους ἀπὸ κατοικούντων.

Jeremiah and the Rechabites

42 Ὁ λόγος ὁ γενόμενος πρὸς Ιερεμιαν παρὰ κυρίου ἐν ἡμέραις Ιωακιμ βασιλέως Ιουδα λέγων **2** Βάδισον[13] εἰς οἶκον Αρχαβιν καὶ ἄξεις αὐτοὺς εἰς οἶκον κυρίου εἰς μίαν τῶν αὐλῶν[14] καὶ ποτιεῖς[15] αὐτοὺς οἶνον. **3** καὶ ἐξήγαγον[16] τὸν Ιεζονιαν υἱὸν Ιερεμιν υἱοῦ Χαβασιν καὶ τοὺς ἀδελφοὺς αὐτοῦ καὶ τοὺς υἱοὺς αὐτοῦ καὶ πᾶσαν τὴν οἰκίαν Αρχαβιν **4** καὶ εἰσήγαγον[17] αὐτοὺς εἰς οἶκον κυρίου εἰς τὸ παστοφόριον[18] υἱῶν Ανανιου υἱοῦ Γοδολιου ἀνθρώπου τοῦ θεοῦ, ὅ ἐστιν ἐγγὺς[19] τοῦ οἴκου τῶν ἀρχόντων τῶν ἐπάνω[20] τοῦ οἴκου Μαασαιου υἱοῦ Σελωμ τοῦ φυλάσσοντος τὴν αὐλήν,[21] **5** καὶ ἔδωκα κατὰ πρόσωπον αὐτῶν κεράμιον[22] οἴνου καὶ ποτήρια[23] καὶ εἶπα Πίετε οἶνον.

6 καὶ εἶπαν Οὐ μὴ πίωμεν οἶνον, ὅτι Ιωναδαβ υἱὸς Ρηχαβ ὁ πατὴρ ἡμῶν ἐνετείλατο[24] ἡμῖν λέγων Οὐ μὴ πίητε οἶνον, ὑμεῖς καὶ οἱ υἱοὶ ὑμῶν ἕως αἰῶνος, **7** καὶ οἰκίαν οὐ μὴ οἰκοδομήσητε καὶ σπέρμα οὐ μὴ σπείρητε,[25] καὶ ἀμπελὼν[26] οὐκ ἔσται ὑμῖν, ὅτι ἐν σκηναῖς[27] οἰκήσετε[28] πάσας τὰς ἡμέρας ὑμῶν, ὅπως ἂν ζήσητε ἡμέρας πολλὰς ἐπὶ τῆς γῆς, ἐφ᾽ ἧς διατρίβετε[29] ὑμεῖς ἐπ᾽ αὐτῆς. **8** καὶ ἠκούσαμεν τῆς φωνῆς Ιωναδαβ τοῦ πατρὸς ἡμῶν πρὸς τὸ μὴ πιεῖν οἶνον πάσας τὰς ἡμέρας ἡμῶν, ἡμεῖς καὶ αἱ γυναῖκες

1 λιμός, famine
2 διασπορά, dispersion
3 παρέρχομαι, *perf act ptc acc p m*, transgress
4 μόσχος, calf
5 δυνάστης, master
6 θνησιμαῖος, carcass
7 βρῶσις, food
8 πετεινόν, bird
9 ἀποτρέχω, *pres act ptc dat p m*, run away
10 συντάσσω, *pres act ind 1s*, order, instruct
11 φημί, *pres act ind 3s*, say
12 κατακαίω, *fut act ind 3p*, burn up
13 βαδίζω, *aor act impv 2s*, go
14 αὐλός, court
15 ποτίζω, *fut act ind 2s*, give to drink
16 ἐξάγω, *aor act ind 1s*, bring out
17 εἰσάγω, *aor act ind 1s*, bring in
18 παστοφόριον, chamber
19 ἐγγύς, near
20 ἐπάνω, above
21 αὐλή, court
22 κεράμιον, vessel, jar
23 ποτήριον, cup
24 ἐντέλλομαι, *aor mid ind 3s*, command
25 σπείρω, *aor act sub 2p*, sow
26 ἀμπελών, vineyard
27 σκηνή, tent
28 οἰκέω, *fut act ind 2p*, dwell
29 διατρίβω, *pres act ind 2p*, spend time, live

ἡμῶν καὶ οἱ υἱοὶ ἡμῶν καὶ αἱ θυγατέρες[1] ἡμῶν, **9** καὶ πρὸς τὸ μὴ οἰκοδομεῖν οἰκίας τοῦ κατοικεῖν ἐκεῖ, καὶ ἀμπελὼν[2] καὶ ἀγρὸς καὶ σπέρμα οὐκ ἐγένετο ἡμῖν, **10** καὶ ᾠκήσαμεν[3] ἐν σκηναῖς[4] καὶ ἠκούσαμεν καὶ ἐποιήσαμεν κατὰ πάντα, ἃ ἐνετείλατο[5] ἡμῖν Ιωναδαβ ὁ πατὴρ ἡμῶν. **11** καὶ ἐγενήθη ὅτε ἀνέβη Ναβουχοδονοσορ ἐπὶ τὴν γῆν, καὶ εἴπαμεν Εἰσέλθατε καὶ εἰσέλθωμεν εἰς Ιερουσαλημ ἀπὸ προσώπου τῆς δυνάμεως τῶν Χαλδαίων καὶ ἀπὸ προσώπου τῆς δυνάμεως τῶν Ἀσσυρίων, καὶ ᾠκοῦμεν[6] ἐκεῖ.

12 καὶ ἐγένετο λόγος κυρίου πρός με λέγων **13** Οὕτως λέγει κύριος Πορεύου καὶ εἰπὸν ἀνθρώπῳ Ιουδα καὶ τοῖς κατοικοῦσιν Ιερουσαλημ Οὐ μὴ λάβητε παιδείαν[7] τοῦ ἀκούειν τοὺς λόγους μου; **14** ἔστησαν ῥῆμα υἱοὶ Ιωναδαβ υἱοῦ Ρηχαβ, ὃ ἐνετείλατο[8] τοῖς τέκνοις αὐτοῦ πρὸς τὸ μὴ πιεῖν οἶνον, καὶ οὐκ ἐπίοσαν· καὶ ἐγὼ ἐλάλησα πρὸς ὑμᾶς ὄρθρου[9] καὶ ἐλάλησα, καὶ οὐκ ἠκούσατε. **15** καὶ ἀπέστειλα πρὸς ὑμᾶς τοὺς παῖδάς[10] μου τοὺς προφήτας λέγων Ἀποστράφητε[11] ἕκαστος ἀπὸ τῆς ὁδοῦ αὐτοῦ τῆς πονηρᾶς καὶ βελτίω[12] ποιήσατε τὰ ἐπιτηδεύματα[13] ὑμῶν καὶ οὐ πορεύσεσθε ὀπίσω θεῶν ἑτέρων τοῦ δουλεύειν[14] αὐτοῖς, καὶ οἰκήσετε[15] ἐπὶ τῆς γῆς, ἧς ἔδωκα ὑμῖν καὶ τοῖς πατράσιν ὑμῶν· καὶ οὐκ ἐκλίνατε[16] τὰ ὦτα ὑμῶν καὶ οὐκ ἠκούσατε. **16** καὶ ἔστησαν υἱοὶ Ιωναδαβ υἱοῦ Ρηχαβ τὴν ἐντολὴν τοῦ πατρὸς αὐτῶν, ὁ δὲ λαὸς οὗτος οὐκ ἤκουσάν μου. **17** διὰ τοῦτο οὕτως εἶπεν κύριος Ἰδοὺ ἐγὼ φέρω ἐπὶ Ιουδαν καὶ ἐπὶ τοὺς κατοικοῦντας Ιερουσαλημ πάντα τὰ κακά, ἃ ἐλάλησα ἐπ᾽ αὐτούς.

18 διὰ τοῦτο οὕτως εἶπεν κύριος Ἐπειδὴ[17] ἤκουσαν υἱοὶ Ιωναδαβ υἱοῦ Ρηχαβ τὴν ἐντολὴν τοῦ πατρὸς αὐτῶν ποιεῖν καθότι[18] ἐνετείλατο[19] αὐτοῖς ὁ πατὴρ αὐτῶν, **19** οὐ μὴ ἐκλίπῃ[20] ἀνὴρ τῶν υἱῶν Ιωναδαβ υἱοῦ Ρηχαβ παρεστηκὼς[21] κατὰ πρόσωπόν μου πάσας τὰς ἡμέρας τῆς γῆς.

Jehoiakim Burns Jeremiah's Scroll

43 Καὶ ἐν τῷ ἐνιαυτῷ[22] τῷ τετάρτῳ[23] Ιωακιμ υἱοῦ Ιωσια βασιλέως Ιουδα ἐγενήθη λόγος κυρίου πρός με λέγων **2** Λαβὲ σεαυτῷ χαρτίον[24] βιβλίου καὶ γράψον ἐπ᾽ αὐτοῦ πάντας τοὺς λόγους, οὓς ἐχρημάτισα[25] πρὸς σὲ ἐπὶ Ιερουσαλημ καὶ ἐπὶ Ιουδαν καὶ ἐπὶ πάντα τὰ ἔθνη ἀφ᾽ ἧς ἡμέρας λαλήσαντός μου πρός σε, ἀφ᾽

1 θυγάτηρ, daughter
2 ἀμπελών, vineyard
3 οἰκέω, *aor act ind 1p*, dwell
4 σκηνή, tent
5 ἐντέλλομαι, *aor mid ind 3s*, command
6 οἰκέω, *impf act ind 1p*, dwell
7 παιδεία, instruction, training
8 ἐντέλλομαι, *aor mid ind 3s*, command
9 ὄρθρος, persistently
10 παῖς, servant
11 ἀποστρέφω, *aor pas impv 2p*, turn away
12 βελτίων, *comp of* ἀγαθός, better
13 ἐπιτήδευμα, habits, way of living
14 δουλεύω, *pres act inf*, serve
15 οἰκέω, *fut act ind 2p*, dwell
16 κλίνω, *aor act ind 2p*, incline
17 ἐπειδή, since, because
18 καθότι, just as
19 ἐντέλλομαι, *aor mid ind 3s*, command
20 ἐκλείπω, *aor act sub 3s*, cease (to have), (lack)
21 παρίστημι, *perf act ptc nom s m*, stand nearby
22 ἐνιαυτός, year
23 τέταρτος, fourth
24 χαρτίον, papyrus roll
25 χρηματίζω, *aor act ind 1s*, declare (an oracle)

ἡμερῶν Ιωσια βασιλέως Ιουδα καὶ ἕως τῆς ἡμέρας ταύτης· **3** ἴσως[1] ἀκούσεται ὁ
οἶκος Ιουδα πάντα τὰ κακά, ἃ ἐγὼ λογίζομαι ποιῆσαι αὐτοῖς, ἵνα ἀποστρέψωσιν[2]
ἀπὸ ὁδοῦ αὐτῶν τῆς πονηρᾶς, καὶ ἵλεως[3] ἔσομαι ταῖς ἀδικίαις[4] αὐτῶν καὶ ταῖς
ἁμαρτίαις αὐτῶν.

4 καὶ ἐκάλεσεν Ιερεμιας τὸν Βαρουχ υἱὸν Νηριου, καὶ ἔγραψεν ἀπὸ στόματος
Ιερεμιου πάντας τοὺς λόγους κυρίου, οὓς ἐχρημάτισεν[5] πρὸς αὐτόν, εἰς χαρτίον[6]
βιβλίου. **5** καὶ ἐνετείλατο[7] Ιερεμιας τῷ Βαρουχ λέγων Ἐγὼ φυλάσσομαι, οὐ μὴ
δύνωμαι εἰσελθεῖν εἰς οἶκον κυρίου· **6** καὶ ἀναγνώσῃ[8] ἐν τῷ χαρτίῳ[9] τούτῳ εἰς τὰ
ὦτα τοῦ λαοῦ ἐν οἴκῳ κυρίου ἐν ἡμέρᾳ νηστείας,[10] καὶ ἐν ὠσὶ παντὸς Ιουδα τῶν
ἐρχομένων ἐκ πόλεως αὐτῶν ἀναγνώσῃ αὐτοῖς· **7** ἴσως[11] πεσεῖται ἔλεος[12] αὐτῶν
κατὰ πρόσωπον κυρίου, καὶ ἀποστρέψουσιν[13] ἐκ τῆς ὁδοῦ αὐτῶν τῆς πονηρᾶς,
ὅτι μέγας ὁ θυμὸς[14] καὶ ἡ ὀργὴ κυρίου, ἣν ἐλάλησεν ἐπὶ τὸν λαὸν τοῦτον. **8** καὶ
ἐποίησεν Βαρουχ κατὰ πάντα, ἃ ἐνετείλατο[15] αὐτῷ Ιερεμιας τοῦ ἀναγνῶναι[16] ἐν
τῷ βιβλίῳ λόγους κυρίου ἐν οἴκῳ κυρίου.

9 καὶ ἐγενήθη ἐν τῷ ἔτει τῷ ὀγδόῳ[17] βασιλεῖ Ιωακιμ τῷ μηνὶ[18] τῷ ἐνάτῳ[19] ἐξεκ-
κλησίασαν[20] νηστείαν[21] κατὰ πρόσωπον κυρίου πᾶς ὁ λαὸς ἐν Ιερουσαλημ καὶ οἶκος
Ιουδα. **10** καὶ ἀνεγίνωσκε[22] Βαρουχ ἐν τῷ βιβλίῳ τοὺς λόγους Ιερεμιου ἐν οἴκῳ
κυρίου ἐν οἴκῳ Γαμαριου υἱοῦ Σαφαν τοῦ γραμματέως[23] ἐν τῇ αὐλῇ[24] τῇ ἐπάνω[25] ἐν
προθύροις[26] πύλης[27] τοῦ οἴκου κυρίου τῆς καινῆς[28] ἐν ὠσὶ παντὸς τοῦ λαοῦ.

11 καὶ ἤκουσεν Μιχαιας υἱὸς Γαμαριου υἱοῦ Σαφαν ἅπαντας[29] τοὺς λόγους κυρίου ἐκ
τοῦ βιβλίου· **12** καὶ κατέβη εἰς οἶκον τοῦ βασιλέως εἰς τὸν οἶκον τοῦ γραμματέως,[30]
καὶ ἰδοὺ ἐκεῖ πάντες οἱ ἄρχοντες ἐκάθηντο, Ελισαμα ὁ γραμματεὺς καὶ Δαλαιας υἱὸς
Σελεμιου καὶ Ελναθαν υἱὸς Ακχοβωρ καὶ Γαμαριας υἱὸς Σαφαν καὶ Σεδεκιας υἱὸς
Ανανιου καὶ πάντες οἱ ἄρχοντες, **13** καὶ ἀνήγγειλεν[31] αὐτοῖς Μιχαιας πάντας τοὺς

1 ἴσως, perhaps
2 ἀποστρέφω, *aor act sub 3p*, turn from
3 ἵλεως, merciful
4 ἀδικία, wrongdoing
5 χρηματίζω, *aor act ind 3s*, declare (an oracle)
6 χαρτίον, papyrus roll
7 ἐντέλλομαι, *aor mid ind 3s*, command, instruct
8 ἀναγινώσκω, *fut mid ind 2s*, read aloud
9 χαρτίον, papyrus roll
10 νηστεία, fasting
11 ἴσως, perhaps
12 ἔλεος, mercy
13 ἀποστρέφω, *fut act ind 3p*, turn back
14 θυμός, wrath
15 ἐντέλλομαι, *aor mid ind 3s*, command, instruct
16 ἀναγινώσκω, *aor act inf*, read aloud
17 ὄγδοος, eighth
18 μήν, month
19 ἔνατος, ninth
20 ἐξεκκλησιάζω, *aor act ind 3p*, convene, summon
21 νηστεία, (time of) fasting
22 ἀναγινώσκω, *impf act ind 3s*, read aloud
23 γραμματεύς, scribe
24 αὐλή, court
25 ἐπάνω, upper
26 πρόθυρον, porch
27 πύλη, gate
28 καινός, new
29 ἅπας, all
30 γραμματεύς, scribe
31 ἀναγγέλλω, *aor act ind 3s*, report

λόγους, οὓς ἤκουσεν ἀναγινώσκοντος[1] τοῦ Βαρουχ εἰς τὰ ὦτα τοῦ λαοῦ. **14** καὶ
ἀπέστειλαν πάντες οἱ ἄρχοντες πρὸς Βαρουχ υἱὸν Νηριου τὸν Ιουδιν υἱὸν Ναθανιου
υἱοῦ Σελεμιου υἱοῦ Χουσι λέγοντες Τὸ χαρτίον,[2] ἐν ᾧ σὺ ἀναγινώσκεις[3] ἐν αὐτῷ ἐν
ὠσὶ τοῦ λαοῦ, λαβὲ αὐτὸ εἰς τὴν χεῖρά σου καὶ ἧκε·[4] καὶ ἔλαβεν Βαρουχ τὸ χαρτίον[5]
καὶ κατέβη πρὸς αὐτούς. **15** καὶ εἶπαν αὐτῷ Πάλιν[6] ἀνάγνωθι[7] εἰς τὰ ὦτα ἡμῶν· καὶ
ἀνέγνω[8] Βαρουχ.

16 καὶ ἐγενήθη ὡς ἤκουσαν πάντας τοὺς λόγους, συνεβουλεύσαντο[9] ἕκαστος
πρὸς τὸν πλησίον[10] αὐτοῦ καὶ εἶπαν Ἀναγγέλλοντες[11] ἀναγγείλωμεν[12] τῷ βασιλεῖ
ἅπαντας[13] τοὺς λόγους τούτους. **17** καὶ τὸν Βαρουχ ἠρώτησαν[14] λέγοντες Πόθεν[15]
ἔγραψας πάντας τοὺς λόγους τούτους; **18** καὶ εἶπεν Βαρουχ Ἀπὸ στόματος αὐτοῦ
ἀνήγγειλέν[16] μοι Ιερεμιας πάντας τοὺς λόγους τούτους, καὶ ἔγραφον ἐν βιβλίῳ. **19** καὶ
εἶπαν τῷ Βαρουχ Βάδισον[17] κατακρύβηθι,[18] σὺ καὶ Ιερεμιας· ἄνθρωπος μὴ γνώτω ποῦ
ὑμεῖς. **20** καὶ εἰσῆλθον πρὸς τὸν βασιλέα εἰς τὴν αὐλήν,[19] καὶ τὸ χαρτίον[20] ἔδωκαν
φυλάσσειν ἐν οἴκῳ Ελισαμα, καὶ ἀνήγγειλαν[21] τῷ βασιλεῖ πάντας τοὺς λόγους.

21 καὶ ἀπέστειλεν ὁ βασιλεὺς τὸν Ιουδιν λαβεῖν τὸ χαρτίον,[22] καὶ ἔλαβεν αὐτὸ
ἐξ οἴκου Ελισαμα· καὶ ἀνέγνω[23] Ιουδιν εἰς τὰ ὦτα τοῦ βασιλέως καὶ εἰς τὰ ὦτα
πάντων τῶν ἀρχόντων τῶν ἑστηκότων περὶ τὸν βασιλέα. **22** καὶ ὁ βασιλεὺς ἐκάθητο
ἐν οἴκῳ χειμερινῷ,[24] καὶ ἐσχάρα[25] πυρὸς κατὰ πρόσωπον αὐτοῦ. **23** καὶ ἐγενήθη
ἀναγινώσκοντος[26] Ιουδιν τρεῖς σελίδας[27] καὶ τέσσαρας, ἀπέτεμνεν[28] αὐτὰς τῷ ξυρῷ[29]
τοῦ γραμματέως[30] καὶ ἔρριπτεν[31] εἰς τὸ πῦρ τὸ ἐπὶ τῆς ἐσχάρας,[32] ἕως ἐξέλιπεν[33] πᾶς
ὁ χάρτης[34] εἰς τὸ πῦρ τὸ ἐπὶ τῆς ἐσχάρας **24** καὶ οὐκ ἐζήτησαν καὶ οὐ διέρρηξαν[35] τὰ
ἱμάτια αὐτῶν ὁ βασιλεὺς καὶ οἱ παῖδες[36] αὐτοῦ οἱ ἀκούοντες πάντας τοὺς λόγους
τούτους· **25** καὶ Ελναθαν καὶ Γοδολιας καὶ Γαμαριας ὑπέθεντο[37] τῷ βασιλεῖ πρὸς

1 ἀναγινώσκω, *pres act ptc gen s m*, read aloud
2 χαρτίον, papyrus roll
3 ἀναγινώσκω, *pres act ind 2s*, read aloud
4 ἥκω, *pres act impv 2s*, come
5 χαρτίον, papyrus roll
6 πάλιν, again
7 ἀναγινώσκω, *aor act impv 2s*, read aloud
8 ἀναγινώσκω, *aor act ind 3s*, read aloud
9 συμβουλεύω, *aor mid ind 3p*, take counsel
10 πλησίον, fellow, comrade
11 ἀναγγέλλω, *pres act ptc nom p m*, report
12 ἀναγγέλλω, *aor act sub 1p*, report
13 ἅπας, all
14 ἐρωτάω, *aor act ind 3p*, inquire
15 πόθεν, from where
16 ἀναγγέλλω, *aor act ind 3s*, declare
17 βαδίζω, *aor act impv 2s*, go
18 κατακρύπτω, *aor pas impv 2s*, hide
19 αὐλή, court
20 χαρτίον, papyrus roll
21 ἀναγγέλλω, *aor act ind 3p*, report
22 χαρτίον, papyrus roll
23 ἀναγινώσκω, *aor act ind 3s*, read aloud
24 χειμερινός, winter
25 ἐσχάρα, hearth, fireplace
26 ἀναγινώσκω, *pres act ptc gen s m*, read aloud
27 σελίς, column of writing
28 ἀποτέμνω, *impf act ind 3s*, cut off
29 ξυρόν, small knife
30 γραμματεύς, scribe
31 ῥίπτω, *impf act ind 3s*, cast, throw
32 ἐσχάρα, hearth, fireplace
33 ἐκλείπω, *aor act ind 3s*, cease
34 χάρτης, papyrus roll
35 διαρρήγνυμι, *aor act ind 3p*, tear, rend
36 παῖς, servant
37 ὑποτίθημι, *aor mid ind 3s*, suggest

τὸ μὴ κατακαῦσαι[1] τὸ χαρτίον.[2] **26** καὶ ἐνετείλατο[3] ὁ βασιλεὺς τῷ Ιερεμεηλ υἱῷ τοῦ βασιλέως καὶ τῷ Σαραια υἱῷ Εσριηλ συλλαβεῖν[4] τὸν Βαρουχ καὶ τὸν Ιερεμιαν· καὶ κατεκρύβησαν.[5]

27 Καὶ ἐγένετο λόγος κυρίου πρὸς Ιερεμιαν μετὰ τὸ κατακαῦσαι[6] τὸν βασιλέα τὸ χαρτίον,[7] πάντας τοὺς λόγους οὓς ἔγραψεν Βαρουχ ἀπὸ στόματος Ιερεμιου, λέγων
28 Πάλιν[8] λαβὲ σὺ χαρτίον[9] ἕτερον καὶ γράψον πάντας τοὺς λόγους τοὺς ὄντας
ἐπὶ τοῦ χαρτίου, οὓς κατέκαυσεν[10] ὁ βασιλεὺς Ιωακιμ. **29** καὶ ἐρεῖς Οὕτως εἶπεν
κύριος Σὺ κατέκαυσας[11] τὸ χαρτίον[12] τοῦτο λέγων Διὰ τί ἔγραψας ἐπ᾽ αὐτῷ λέγων
Εἰσπορευόμενος[13] εἰσπορεύσεται[14] ὁ βασιλεὺς Βαβυλῶνος καὶ ἐξολεθρεύσει[15] τὴν
γῆν ταύτην, καὶ ἐκλείψει[16] ἀπ᾽ αὐτῆς ἄνθρωπος καὶ κτήνη;[17] **30** διὰ τοῦτο οὕτως εἶπεν
κύριος ἐπὶ Ιωακιμ βασιλέα Ιουδα Οὐκ ἔσται αὐτῷ καθήμενος ἐπὶ θρόνου Δαυιδ,
καὶ τὸ θνησιμαῖον[18] αὐτοῦ ἔσται ἐρριμμένον[19] ἐν τῷ καύματι[20] τῆς ἡμέρας καὶ ἐν τῷ
παγετῷ[21] τῆς νυκτός· **31** καὶ ἐπισκέψομαι[22] ἐπ᾽ αὐτὸν καὶ ἐπὶ τὸ γένος[23] αὐτοῦ καὶ ἐπὶ
τοὺς παῖδας[24] αὐτοῦ καὶ ἐπάξω[25] ἐπ᾽ αὐτοὺς καὶ ἐπὶ τοὺς κατοικοῦντας Ιερουσαλημ
καὶ ἐπὶ γῆν Ιουδα πάντα τὰ κακά, ἃ ἐλάλησα πρὸς αὐτοὺς καὶ οὐκ ἤκουσαν.

32 καὶ ἔλαβεν Βαρουχ χαρτίον[26] ἕτερον καὶ ἔγραψεν ἐπ᾽ αὐτῷ ἀπὸ στόματος Ιερεμιου ἅπαντας[27] τοὺς λόγους τοῦ βιβλίου, οὗ κατέκαυσεν[28] Ιωακιμ· καὶ ἔτι προσετέθησαν[29] αὐτῷ λόγοι πλείονες[30] ὡς οὗτοι.

Jeremiah Warns Zedekiah

44 Καὶ ἐβασίλευσεν[31] Σεδεκιας υἱὸς Ιωσια ἀντὶ[32] Ιωακιμ, ὃν ἐβασίλευσεν[33] Ναβουχοδονοσορ βασιλεύειν[34] τοῦ Ιουδα· **2** καὶ οὐκ ἤκουσεν αὐτὸς καὶ
οἱ παῖδες[35] αὐτοῦ καὶ ὁ λαὸς τῆς γῆς τοὺς λόγους κυρίου, οὓς ἐλάλησεν ἐν χειρὶ Ιερεμιου.

1 κατακαίω, *aor act inf*, burn up
2 χαρτίον, papyrus roll
3 ἐντέλλομαι, *aor mid ind 3s*, command
4 συλλαμβάνω, *aor act inf*, lay hold of, arrest
5 κατακρύπτω, *aor pas ind 3p*, hide, conceal
6 κατακαίω, *aor act inf*, burn up
7 χαρτίον, papyrus roll
8 πάλιν, again
9 χαρτίον, papyrus roll
10 κατακαίω, *aor act ind 3s*, burn up
11 κατακαίω, *aor act ind 2s*, burn up
12 χαρτίον, papyrus roll
13 εἰσπορεύομαι, *pres mid ptc nom s m*, enter
14 εἰσπορεύομαι, *fut mid ind 3s*, enter
15 ἐξολεθρεύω, *fut act ind 3s*, utterly destroy
16 ἐκλείπω, *fut act ind 3s*, cease
17 κτῆνος, animal, (*p*) herd
18 θνησιμαῖος, carcass
19 ῥίπτω, *perf pas ptc nom s n*, cast out
20 καῦμα, heat
21 παγετός, frost
22 ἐπισκέπτομαι, *fut mid ind 1s*, visit (in judgment)
23 γένος, family
24 παῖς, servant
25 ἐπάγω, *fut act ind 1s*, bring upon
26 χαρτίον, papyrus scroll
27 ἅπας, all
28 κατακαίω, *aor act ind 3s*, burn up
29 προστίθημι, *aor pas ind 3p*, add to
30 πλείων/πλεῖον, *comp of* πολύς, more
31 βασιλεύω, *aor act ind 3s*, reign as king
32 ἀντί, in place of
33 βασιλεύω, *aor act ind 3s*, appoint as king
34 βασιλεύω, *pres act inf*, reign as king
35 παῖς, servant

3 καὶ ἀπέστειλεν ὁ βασιλεὺς Σεδεκιας τὸν Ιωαχαλ υἱὸν Σελεμιου καὶ τὸν Σοφονιαν
υἱὸν Μαασαιου τὸν ἱερέα πρὸς Ιερεμιαν λέγων Πρόσευξαι δή[1] περὶ ἡμῶν πρὸς κύ-
ριον. **4** καὶ Ιερεμιας ἦλθεν καὶ διῆλθεν διὰ μέσου τῆς πόλεως, καὶ οὐκ ἔδωκαν αὐτὸν
εἰς οἶκον τῆς φυλακῆς. **5** καὶ δύναμις Φαραω ἐξῆλθεν ἐξ Αἰγύπτου, καὶ ἤκουσαν οἱ
Χαλδαῖοι τὴν ἀκοὴν[2] αὐτῶν καὶ ἀνέβησαν ἀπὸ Ιερουσαλημ. **6** καὶ ἐγένετο λόγος
κυρίου πρὸς Ιερεμιαν λέγων **7** Οὕτως εἶπεν κύριος Οὕτως ἐρεῖς πρὸς βασιλέα Ιουδα
τὸν ἀποστείλαντα πρὸς σὲ τοῦ ἐκζητῆσαί[3] με Ἰδοὺ δύναμις Φαραω ἡ ἐξελθοῦσα
ὑμῖν εἰς βοήθειαν[4] ἀποστρέψουσιν[5] εἰς γῆν Αἰγύπτου, **8** καὶ ἀναστρέψουσιν[6] αὐτοὶ
οἱ Χαλδαῖοι καὶ πολεμήσουσιν ἐπὶ τὴν πόλιν ταύτην καὶ συλλήμψονται[7] αὐτὴν καὶ
καύσουσιν[8] αὐτὴν ἐν πυρί. **9** ὅτι οὕτως εἶπεν κύριος Μὴ ὑπολάβητε[9] ταῖς ψυχαῖς
ὑμῶν λέγοντες Ἀποτρέχοντες[10] ἀπελεύσονται[11] ἀφ᾽ ἡμῶν οἱ Χαλδαῖοι, ὅτι οὐ μὴ
ἀπέλθωσιν· **10** καὶ ἐὰν πατάξητε[12] πᾶσαν δύναμιν τῶν Χαλδαίων τοὺς πολεμοῦντας
ὑμᾶς καὶ καταλειφθῶσίν[13] τινες ἐκκεκεντημένοι[14] ἕκαστος ἐν τῷ τόπῳ αὐτοῦ, οὗτοι
ἀναστήσονται καὶ καύσουσιν[15] τὴν πόλιν ταύτην ἐν πυρί.

Jeremiah's Imprisonment

11 Καὶ ἐγένετο ὅτε ἀνέβη ἡ δύναμις τῶν Χαλδαίων ἀπὸ Ιερουσαλημ ἀπὸ προσώπου
τῆς δυνάμεως Φαραω, **12** ἐξῆλθεν Ιερεμιας ἀπὸ Ιερουσαλημ τοῦ πορευθῆναι εἰς
γῆν Βενιαμιν τοῦ ἀγοράσαι[16] ἐκεῖθεν[17] ἐν μέσῳ τοῦ λαοῦ. **13** καὶ ἐγένετο αὐτὸς ἐν
πύλῃ[18] Βενιαμιν, καὶ ἐκεῖ ἄνθρωπος, παρ᾽ ᾧ κατέλυεν,[19] Σαρουιας υἱὸς Σελεμιου υἱοῦ
Ανανιου, καὶ συνέλαβεν[20] τὸν Ιερεμιαν λέγων Πρὸς τοὺς Χαλδαίους σὺ φεύγεις.[21]
14 καὶ εἶπεν Ψεῦδος·[22] οὐκ εἰς τοὺς Χαλδαίους ἐγὼ φεύγω.[23] καὶ οὐκ ἤκουσεν
αὐτοῦ καὶ συνέλαβεν[24] Σαρουιας τὸν Ιερεμιαν καὶ εἰσήγαγεν[25] αὐτὸν πρὸς τοὺς
ἄρχοντας. **15** καὶ ἐπικράνθησαν[26] οἱ ἄρχοντες ἐπὶ Ιερεμιαν καὶ ἐπάταξαν[27] αὐτὸν καὶ
ἀπέστειλαν αὐτὸν εἰς τὴν οἰκίαν Ιωναθαν τοῦ γραμματέως,[28] ὅτι ταύτην ἐποίησαν
εἰς οἰκίαν φυλακῆς. **16** καὶ ἦλθεν Ιερεμιας εἰς οἰκίαν τοῦ λάκκου[29] καὶ εἰς τὴν χερεθ[30]
καὶ ἐκάθισεν ἐκεῖ ἡμέρας πολλάς.

1 δή, now
2 ἀκοή, report, news
3 ἐκζητέω, *aor act inf*, inquire
4 βοήθεια, auxiliary force, ally
5 ἀποστρέφω, *fut act ind 3p*, turn back
6 ἀναστρέφω, *fut act ind 3p*, return
7 συλλαμβάνω, *fut mid ind 3p*, capture
8 καίω, *fut act ind 3p*, burn
9 ὑπολαμβάνω, *aor act sub 2p*, suppose
10 ἀποτρέχω, *pres act ptc nom p m*, depart, flee
11 ἀπέρχομαι, *fut mid ind 3p*, go away from
12 πατάσσω, *aor act sub 2p*, strike, smite
13 καταλείπω, *aor pas sub 3p*, leave behind
14 ἐκκεντέω, *perf pas ptc nom p m*, pierce, stab
15 καίω, *fut act ind 3p*, burn
16 ἀγοράζω, *aor act inf*, buy
17 ἐκεῖθεν, from there
18 πύλη, gate
19 καταλύω, *impf act ind 3s*, lodge
20 συλλαμβάνω, *aor act ind 3s*, lay hold of
21 φεύγω, *pres act ind 2s*, flee
22 ψεῦδος, lie, falsehood
23 φεύγω, *pres act ind 1s*, flee
24 συλλαμβάνω, *aor act ind 3s*, lay hold of, arrest
25 εἰσάγω, *aor act ind 3s*, bring into
26 πικραίνω, *aor pas ind 3p*, embitter, provoke
27 πατάσσω, *aor act ind 3p*, strike
28 γραμματεύς, scribe
29 λάκκος, pit, cistern
30 χερεθ, (dungeon cell?), *translit.*

17 Καὶ ἀπέστειλεν Σεδεκιας καὶ ἐκάλεσεν αὐτόν, καὶ ἠρώτα[1] αὐτὸν ὁ βασιλεὺς
κρυφαίως[2] εἰπεῖν εἰ ἔστιν λόγος παρὰ κυρίου, καὶ εἶπεν Ἔστιν· εἰς χεῖρας βασιλέως
Βαβυλῶνος παραδοθήσῃ. **18** καὶ εἶπεν Ιερεμιας τῷ βασιλεῖ Τί ἠδίκησά[3] σε καὶ τοὺς
παῖδάς[4] σου καὶ τὸν λαὸν τοῦτον, ὅτι σὺ δίδως με εἰς οἰκίαν φυλακῆς; **19** καὶ ποῦ
εἰσιν οἱ προφῆται ὑμῶν οἱ προφητεύσαντες[5] ὑμῖν λέγοντες ὅτι Οὐ μὴ ἔλθῃ βασιλεὺς
Βαβυλῶνος ἐπὶ τὴν γῆν ταύτην; **20** καὶ νῦν, κύριε βασιλεῦ, πεσέτω τὸ ἔλεός[6] μου
κατὰ πρόσωπόν σου, καὶ τί ἀποστρέφεις[7] με εἰς οἰκίαν Ιωναθαν τοῦ γραμματέως[8]
καὶ οὐ μὴ ἀποθάνω ἐκεῖ; **21** καὶ συνέταξεν[9] ὁ βασιλεὺς καὶ ἐνεβάλοσαν[10] αὐτὸν εἰς
οἰκίαν τῆς φυλακῆς καὶ ἐδίδοσαν αὐτῷ ἄρτον ἕνα τῆς ἡμέρας ἔξωθεν[11] οὗ[12] πέσ-
σουσιν,[13] ἕως ἐξέλιπον[14] οἱ ἄρτοι ἐκ τῆς πόλεως· καὶ ἐκάθισεν Ιερεμιας ἐν τῇ αὐλῇ[15]
τῆς φυλακῆς.

Jeremiah Thrown into a Cistern

45 Καὶ ἤκουσεν Σαφατιας υἱὸς Μαθαν καὶ Γοδολιας υἱὸς Πασχωρ καὶ Ιωαχαλ
υἱὸς Σελεμιου τοὺς λόγους, οὓς ἐλάλει Ιερεμιας ἐπὶ τὸν λαὸν λέγων **2** Οὕτως
εἶπεν κύριος Ὁ κατοικῶν ἐν τῇ πόλει ταύτῃ ἀποθανεῖται ἐν ῥομφαίᾳ[16] καὶ ἐν λιμῷ,[17]
καὶ ὁ ἐκπορευόμενος πρὸς τοὺς Χαλδαίους ζήσεται, καὶ ἔσται ἡ ψυχὴ αὐτοῦ εἰς
εὕρεμα,[18] καὶ ζήσεται· **3** ὅτι οὕτως εἶπεν κύριος Παραδιδομένη παραδοθήσεται ἡ
πόλις αὕτη εἰς χεῖρας δυνάμεως βασιλέως Βαβυλῶνος, καὶ συλλήμψεται[19] αὐτήν.
4 καὶ εἶπαν τῷ βασιλεῖ Ἀναιρεθήτω[20] δὴ[21] ὁ ἄνθρωπος ἐκεῖνος, ὅτι αὐτὸς ἐκλύει[22]
τὰς χεῖρας τῶν ἀνθρώπων τῶν πολεμούντων τῶν καταλειπομένων[23] ἐν τῇ πόλει καὶ
τὰς χεῖρας παντὸς τοῦ λαοῦ λαλῶν πρὸς αὐτοὺς κατὰ τοὺς λόγους τούτους, ὅτι
ὁ ἄνθρωπος οὗτος οὐ χρησμολογεῖ[24] εἰρήνην τῷ λαῷ τούτῳ ἀλλ᾽ ἢ πονηρά. **5** καὶ
εἶπεν ὁ βασιλεύς Ἰδοὺ αὐτὸς ἐν χερσὶν ὑμῶν· ὅτι οὐκ ἠδύνατο ὁ βασιλεὺς πρὸς
αὐτούς. **6** καὶ ἔρριψαν[25] αὐτὸν εἰς τὸν λάκκον[26] Μελχιου υἱοῦ τοῦ βασιλέως, ὃς ἦν
ἐν τῇ αὐλῇ[27] τῆς φυλακῆς, καὶ ἐχάλασαν[28] αὐτὸν εἰς τὸν λάκκον, καὶ ἐν τῷ λάκκῳ
οὐκ ἦν ὕδωρ ἀλλ᾽ ἢ βόρβορος,[29] καὶ ἦν ἐν τῷ βορβόρῳ.

1 ἐρωτάω, *impf act ind 3s*, inquire of
2 κρυφαίως, secretly
3 ἀδικέω, *aor act ind 1s*, do wrong
4 παῖς, servant
5 προφητεύω, *aor act ptc nom p m*, prophesy
6 ἔλεος, mercy
7 ἀποστρέφω, *pres act ind 2s*, return
8 γραμματεύς, scribe
9 συντάσσω, *aor act ind 3s*, order, instruct
10 ἐμβάλλω, *aor act ind 3p*, put into
11 ἔξωθεν, from outside
12 οὗ, where
13 πέσσω, *pres act ind 3p*, bake
14 ἐκλείπω, *aor act ind 3p*, cease, fail
15 αὐλή, court
16 ῥομφαία, sword
17 λιμός, famine
18 εὕρεμα, windfall
19 συλλαμβάνω, *fut mid ind 3s*, capture
20 ἀναιρέω, *aor pas impv 3s*, kill
21 δή, now, already
22 ἐκλύω, *pres act ind 3s*, weaken
23 καταλείπω, *pres pas ptc gen p m*, leave behind
24 χρησμολογέω, *pres act ind 2s*, reveal oracles
25 ῥίπτω, *aor act ind 3p*, cast, throw
26 λάκκος, pit, cistern
27 αὐλή, court
28 χαλάω, *aor act ind 3p*, let down
29 βόρβορος, mire, filth

7 Καὶ ἤκουσεν Αβδεμελεχ ὁ Αἰθίοψ, καὶ αὐτὸς ἐν οἰκίᾳ τοῦ βασιλέως, ὅτι ἔδωκαν Ιερεμιαν εἰς τὸν λάκκον·[1] καὶ ὁ βασιλεὺς ἦν ἐν τῇ πύλῃ[2] Βενιαμιν· **8** καὶ ἐξῆλθεν πρὸς αὐτὸν καὶ ἐλάλησεν πρὸς τὸν βασιλέα καὶ εἶπεν **9** Ἐπονηρεύσω[3] ἃ ἐποίησας τοῦ ἀποκτεῖναι τὸν ἄνθρωπον τοῦτον ἀπὸ προσώπου τοῦ λιμοῦ,[4] ὅτι οὐκ εἰσὶν ἔτι ἄρτοι ἐν τῇ πόλει. **10** καὶ ἐνετείλατο[5] ὁ βασιλεὺς τῷ Αβδεμελεχ λέγων Λαβὲ εἰς τὰς χεῖράς σου ἐντεῦθεν[6] τριάκοντα[7] ἀνθρώπους καὶ ἀνάγαγε[8] αὐτὸν ἐκ τοῦ λάκκου,[9] ἵνα μὴ ἀποθάνῃ. **11** καὶ ἔλαβεν Αβδεμελεχ τοὺς ἀνθρώπους καὶ εἰσῆλθεν εἰς τὴν οἰκίαν τοῦ βασιλέως τὴν ὑπόγειον[10] καὶ ἔλαβεν ἐκεῖθεν[11] παλαιὰ[12] ῥάκη[13] καὶ παλαιὰ σχοινία[14] καὶ ἔρριψεν[15] αὐτὰ πρὸς Ιερεμιαν εἰς τὸν λάκκον[16] **12** καὶ εἶπεν Ταῦτα θὲς ὑποκάτω[17] τῶν σχοινίων·[18] καὶ ἐποίησεν Ιερεμιας οὕτως. **13** καὶ εἵλκυσαν[19] αὐτὸν τοῖς σχοινίοις[20] καὶ ἀνήγαγον[21] αὐτὸν ἐκ τοῦ λάκκου·[22] καὶ ἐκάθισεν Ιερεμιας ἐν τῇ αὐλῇ[23] τῆς φυλακῆς.

14 Καὶ ἀπέστειλεν ὁ βασιλεὺς καὶ ἐκάλεσεν αὐτὸν πρὸς ἑαυτὸν εἰς οἰκίαν ασελισι[24] τὴν ἐν οἴκῳ κυρίου· καὶ εἶπεν αὐτῷ ὁ βασιλεύς Ἐρωτήσω[25] σε λόγον, καὶ μὴ δὴ κρύψῃς[26] ἀπ᾽ ἐμοῦ ῥῆμα. **15** καὶ εἶπεν Ιερεμιας τῷ βασιλεῖ Ἐὰν ἀναγγείλω[27] σοι, οὐχὶ θανάτῳ με θανατώσεις;[28] καὶ ἐὰν συμβουλεύσω[29] σοι, οὐ μὴ ἀκούσῃς μου. **16** καὶ ὤμοσεν[30] αὐτῷ ὁ βασιλεὺς λέγων Ζῇ κύριος, ὃς ἐποίησεν ἡμῖν τὴν ψυχὴν ταύτην, εἰ ἀποκτενῶ σε καὶ εἰ δώσω σε εἰς χεῖρας τῶν ἀνθρώπων τούτων.

17 καὶ εἶπεν αὐτῷ Ιερεμιας Οὕτως εἶπεν κύριος Ἐὰν ἐξελθὼν ἐξέλθῃς πρὸς ἡγεμόνας[31] βασιλέως Βαβυλῶνος, καὶ ζήσεται ἡ ψυχή σου, καὶ ἡ πόλις αὕτη οὐ μὴ κατακαυθῇ[32] ἐν πυρί, καὶ ζήσῃ σὺ καὶ ἡ οἰκία σου· **18** καὶ ἐὰν μὴ ἐξέλθῃς, δοθήσεται ἡ πόλις αὕτη εἰς χεῖρας τῶν Χαλδαίων, καὶ καύσουσιν[33] αὐτὴν ἐν πυρί, καὶ σὺ οὐ μὴ σωθῇς. **19** καὶ εἶπεν ὁ βασιλεὺς τῷ Ιερεμια Ἐγὼ λόγον ἔχω τῶν Ιουδαίων τῶν πεφευγότων[34] πρὸς τοὺς Χαλδαίους, μὴ δώσειν με εἰς χεῖρας αὐτῶν, καὶ καταμωκήσονταί[35] μου.

1 λάκκος, pit, cistern
2 πύλη, gate
3 πονηρεύομαι, *aor mid ind 2s*, act wickedly
4 λιμός, famine
5 ἐντέλλομαι, *aor mid ind 3s*, command
6 ἐντεῦθεν, hence
7 τριάκοντα, thirty
8 ἀνάγω, *aor act impv 2s*, bring up
9 λάκκος, pit, cistern
10 ὑπόγειος, underground
11 ἐκεῖθεν, from there
12 παλαιός, old
13 ῥάκος, rag
14 σχοινίον, rope
15 ῥίπτω, *aor act ind 3s*, cast, throw
16 λάκκος, pit, cistern
17 ὑποκάτω, under
18 σχοινίον, rope
19 ἑλκύω, *aor act ind 3p*, draw out
20 σχοινίον, rope
21 ἀνάγω, *aor act ind 3p*, bring up
22 λάκκος, pit, cistern
23 αὐλή, court
24 ασελισι, third, *translit.*
25 ἐρωτάω, *fut act ind 1s*, ask, inquire
26 κρύπτω, *aor act sub 2s*, hide
27 ἀναγγέλλω, *aor act sub 1s*, tell
28 θανατόω, *fut act ind 2s*, put to death
29 συμβουλεύω, *fut act ind 1s*, advise, counsel
30 ὄμνυμι, *aor act ind 3s*, swear an oath
31 ἡγεμών, leader, chief
32 κατακαίω, *aor pas sub 3s*, burn up
33 καίω, *fut act ind 3p*, burn
34 φεύγω, *perf act ptc gen p m*, flee
35 καταμωκάομαι, *fut mid ind 3p*, mock, scorn

20 καὶ εἶπεν Ιερεμιας Οὐ μὴ παραδῶσίν σε· ἄκουσον τὸν λόγον κυρίου, ὃν ἐγὼ λέγω πρὸς σέ, καὶ βέλτιον[1] ἔσται σοι, καὶ ζήσεται ἡ ψυχή σου. **21** καὶ εἰ μὴ θέλεις σὺ ἐξελθεῖν, οὗτος ὁ λόγος, ὃν ἔδειξέν μοι κύριος **22** Καὶ ἰδοὺ πᾶσαι αἱ γυναῖκες αἱ καταλειφθεῖσαι[2] ἐν οἰκίᾳ βασιλέως Ιουδα ἐξήγοντο[3] πρὸς ἄρχοντας βασιλέως Βαβυλῶνος, καὶ αὗται ἔλεγον

Ἠπάτησάν[4] σε καὶ δυνήσονταί σοι
  ἄνδρες εἰρηνικοί[5] σου
καὶ καταλύσουσιν[6] ἐν ὀλισθήμασιν[7] πόδας σου,
  ἀπέστρεψαν[8] ἀπὸ σοῦ.

23 καὶ τὰς γυναῖκάς σου καὶ τὰ τέκνα σου ἐξάξουσιν[9] πρὸς τοὺς Χαλδαίους, καὶ σὺ οὐ μὴ σωθῇς, ὅτι ἐν χειρὶ βασιλέως Βαβυλῶνος συλλημφθήσῃ,[10] καὶ ἡ πόλις αὕτη κατακαυθήσεται.[11] **24** καὶ εἶπεν αὐτῷ ὁ βασιλεύς Ἄνθρωπος μὴ γνώτω ἐκ τῶν λόγων τούτων, καὶ σὺ οὐ μὴ ἀποθάνῃς. **25** καὶ ἐὰν ἀκούσωσιν οἱ ἄρχοντες ὅτι ἐλάλησά σοι καὶ ἔλθωσιν πρὸς σὲ καὶ εἴπωσίν σοι Ἀνάγγειλον[12] ἡμῖν τί ἐλάλησέν σοι ὁ βασιλεύς· μὴ κρύψῃς[13] ἀφ᾽ ἡμῶν, καὶ οὐ μὴ ἀνέλωμέν[14] σε· καὶ τί ἐλάλησεν πρὸς σὲ ὁ βασιλεύς; **26** καὶ ἐρεῖς αὐτοῖς Ῥίπτω[15] ἐγὼ τὸ ἔλεός[16] μου κατ᾽ ὀφθαλμοὺς τοῦ βασιλέως πρὸς τὸ μὴ ἀποστρέψαι[17] με εἰς οἰκίαν Ιωναθαν ἀποθανεῖν ἐκεῖ. **27** καὶ ἦλθοσαν πάντες οἱ ἄρχοντες πρὸς Ιερεμιαν καὶ ἠρώτησαν[18] αὐτόν, καὶ ἀνήγγειλεν[19] αὐτοῖς κατὰ πάντας τοὺς λόγους τούτους, οὓς ἐνετείλατο[20] αὐτῷ ὁ βασιλεύς· καὶ ἀπεσιώπησαν,[21] ὅτι οὐκ ἠκούσθη λόγος κυρίου. **28** καὶ ἐκάθισεν Ιερεμιας ἐν τῇ αὐλῇ[22] τῆς φυλακῆς ἕως χρόνου οὗ συνελήμφθη[23] Ιερουσαλημ.

Fall of Jerusalem

46 Καὶ ἐγένετο ἐν τῷ ἔτει τῷ ἐνάτῳ[24] τοῦ Σεδεκια βασιλέως Ιουδα ἐν τῷ μηνὶ[25] τῷ δεκάτῳ[26] παρεγένετο Ναβουχοδονοσορ βασιλεὺς Βαβυλῶνος καὶ πᾶσα ἡ δύναμις αὐτοῦ ἐπὶ Ιερουσαλημ καὶ ἐπολιόρκουν[27] αὐτήν. **2** καὶ ἐν τῷ ἑνδεκάτῳ[28] ἔτει τοῦ Σεδεκια ἐν τῷ μηνὶ[29] τῷ τετάρτῳ[30] ἐνάτῃ[31] τοῦ μηνὸς ἐρράγη[32] ἡ πόλις. **3** καὶ

1 βελτίων, *comp of* ἀγαθός, better
2 καταλείπω, *aor pas ptc nom p f*, leave behind
3 ἐξάγω, *impf pas ind 3p*, lead out
4 ἀπατάω, *aor act ind 3p*, deceive
5 εἰρηνικός, peaceable
6 καταλύω, *fut act ind 3p*, sink
7 ὀλίσθημα, slipperiness
8 ἀποστρέφω, *aor act ind 3p*, turn away
9 ἐξάγω, *fut act ind 3p*, lead out
10 συλλαμβάνω, *fut pas ind 2s*, capture
11 κατακαίω, *fut pas ind 3s*, burn up
12 ἀναγγέλλω, *aor act impv 2s*, report, tell
13 κρύπτω, *aor act sub 2s*, hide, conceal
14 ἀναιρέω, *aor pas sub 1p*, kill
15 ῥίπτω, *pres act ind 1s*, cast
16 ἔλεος, mercy
17 ἀποστρέφω, *aor act inf*, return
18 ἐρωτάω, *aor act ind 3p*, question
19 ἀναγγέλλω, *aor act ind 3s*, report, tell
20 ἐντέλλομαι, *aor mid ind 3s*, command
21 ἀποσιωπάω, *aor act ind 3p*, keep silent
22 αὐλή, court
23 συλλαμβάνω, *aor pas ind 3s*, capture
24 ἔνατος, ninth
25 μήν, month
26 δέκατος, tenth
27 πολιορκέω, *impf act ind 3p*, besiege
28 ἑνδέκατος, eleventh
29 μήν, month
30 τέταρτος, fourth
31 ἔνατος, ninth
32 ῥήγνυμι, *aor pas ind 3s*, tear down

εἰσῆλθον πάντες οἱ ἡγεμόνες[1] βασιλέως Βαβυλῶνος καὶ ἐκάθισαν ἐν πύλῃ[2] τῇ μέσῃ, Ναργαλασαρ καὶ Σαμαγωθ καὶ Ναβουσαχαρ καὶ Ναβουσαρις καὶ Ναγαργασνασερ Ραβαμαγ καὶ οἱ κατάλοιποι[3] ἡγεμόνες βασιλέως Βαβυλῶνος·
14 καὶ ἀπέστειλαν καὶ ἔλαβον τὸν Ιερεμιαν ἐξ αὐλῆς[4] τῆς φυλακῆς καὶ ἔδωκαν αὐτὸν πρὸς τὸν Γοδολιαν υἱὸν Αχικαμ υἱοῦ Σαφαν· καὶ ἐξήγαγον[5] αὐτόν, καὶ ἐκάθισεν ἐν μέσῳ τοῦ λαοῦ.

15 Καὶ πρὸς Ιερεμιαν ἐγένετο λόγος Κυρίου ἐν τῇ αὐλῇ[6] τῆς φυλακῆς λέγων
16 Πορεύου καὶ εἰπὸν πρὸς Αβδεμελεχ τὸν Αἰθίοπα Οὕτως εἶπεν κύριος ὁ θεὸς Ισραηλ Ἰδοὺ ἐγὼ φέρω τοὺς λόγους μου ἐπὶ τὴν πόλιν ταύτην εἰς κακὰ καὶ οὐκ εἰς ἀγαθά·
17 καὶ σώσω σε ἐν τῇ ἡμέρᾳ ἐκείνῃ καὶ οὐ μὴ δώσω σε εἰς χεῖρας τῶν ἀνθρώπων, ὧν σὺ φοβῇ ἀπὸ προσώπου αὐτῶν.
18 ὅτι σῴζων σώσω σε, καὶ ἐν ῥομφαίᾳ[7] οὐ μὴ πέσῃς· καὶ ἔσται ἡ ψυχή σου εἰς εὕρεμα,[8] ὅτι ἐπεποίθεις[9] ἐπ᾽ ἐμοί, φησὶν[10] κύριος.

Jeremiah Is Freed and Remains in Jerusalem

47 Ὁ λόγος ὁ γενόμενος παρὰ κυρίου πρὸς Ιερεμιαν ὕστερον[11] μετὰ τὸ ἀποστεῖλαι αὐτὸν Ναβουζαρδαν τὸν ἀρχιμάγειρον[12] τὸν ἐκ Δαμαν ἐν τῷ λαβεῖν αὐτὸν ἐν χειροπέδαις[13] ἐν μέσῳ ἀποικίας[14] Ιουδα τῶν ἠγμένων[15] εἰς Βαβυλῶνα.
2 Καὶ ἔλαβεν αὐτὸν ὁ ἀρχιμάγειρος[16] καὶ εἶπεν αὐτῷ Κύριος ὁ θεός σου ἐλάλησεν τὰ κακὰ ταῦτα ἐπὶ τὸν τόπον τοῦτον,
3 καὶ ἐποίησεν κύριος, ὅτι ἡμάρτετε αὐτῷ καὶ οὐκ ἠκούσατε αὐτοῦ τῆς φωνῆς.
4 ἰδοὺ ἔλυσά[17] σε ἀπὸ τῶν χειροπέδων[18] τῶν ἐπὶ τὰς χεῖράς σου· εἰ καλὸν ἐναντίον[19] σου ἐλθεῖν μετ᾽ ἐμοῦ εἰς Βαβυλῶνα, ἧκε,[20] καὶ θήσω τοὺς ὀφθαλμούς μου ἐπὶ σέ·
5 εἰ δὲ μή, ἀπότρεχε[21] καὶ ἀνάστρεψον[22] πρὸς Γοδολιαν υἱὸν Αχικαμ υἱοῦ Σαφαν, ὃν κατέστησεν[23] βασιλεὺς Βαβυλῶνος ἐν γῇ Ιουδα, καὶ οἴκησον[24] μετ᾽ αὐτοῦ ἐν μέσῳ τοῦ λαοῦ ἐν γῇ Ιουδα· εἰς ἅπαντα[25] τὰ ἀγαθὰ ἐν ὀφθαλμοῖς σου τοῦ πορευθῆναι πορεύου. καὶ ἔδωκεν αὐτῷ ὁ ἀρχιμάγειρος[26] δῶρα[27] καὶ ἀπέστειλεν αὐτόν.
6 καὶ ἦλθεν πρὸς Γοδολιαν εἰς Μασσηφα καὶ ἐκάθισεν ἐν μέσῳ τοῦ λαοῦ τοῦ καταλειφθέντος[28] ἐν τῇ γῇ.

1 ἡγεμών, leader, chief
2 πύλη, gate
3 κατάλοιπος, remainder
4 αὐλή, court
5 ἐξάγω, *aor act ind 3p*, lead out
6 αὐλή, court
7 ῥομφαία, sword
8 εὕρεμα, windfall
9 πείθω, *plpf act ind 2s*, trust
10 φημί, *pres act ind 3s*, say
11 ὕστερον, after
12 ἀρχιμάγειρος, chief of the royal guard
13 χειροπέδη, handcuff
14 ἀποικία, place of captivity
15 ἄγω, *perf pas ptc gen p m*, bring
16 ἀρχιμάγειρος, chief of the royal guard
17 λύω, *aor act ind 1s*, release
18 χειροπέδη, handcuff
19 ἐναντίον, before
20 ἥκω, *pres act impv 2s*, come
21 ἀποτρέχω, *pres act impv 2s*, depart
22 ἀναστρέφω, *aor act impv 2s*, return
23 καθίστημι, *aor act ind 3s*, appoint
24 οἰκέω, *aor act impv 2s*, dwell
25 ἅπας, all
26 ἀρχιμάγειρος, chief of the royal guard
27 δῶρον, gift
28 καταλείπω, *aor pas ptc gen s m*, leave behind

Gedaliah's Assassination

7 Καὶ ἤκουσαν πάντες οἱ ἡγεμόνες[1] τῆς δυνάμεως τῆς ἐν ἀγρῷ, αὐτοὶ καὶ οἱ ἄν-
δρες αὐτῶν, ὅτι κατέστησεν[2] βασιλεὺς Βαβυλῶνος τὸν Γοδολιαν ἐν τῇ γῇ καὶ παρ-
εκατέθετο[3] αὐτῷ ἄνδρας καὶ γυναῖκας αὐτῶν, οὓς οὐκ ἀπῴκισεν[4] εἰς Βαβυλῶνα.
8 καὶ ἦλθεν πρὸς Γοδολιαν εἰς Μασσηφα Ισμαηλ υἱὸς Ναθανιου καὶ Ιωαναν υἱὸς
Καρηε καὶ Σαραιας υἱὸς Θαναεμεθ καὶ υἱοὶ Ωφε τοῦ Νετωφατι καὶ Ιεζονιας υἱὸς
τοῦ Μοχατι, αὐτοὶ καὶ οἱ ἄνδρες αὐτῶν. **9** καὶ ὤμοσεν[5] αὐτοῖς Γοδολιας καὶ τοῖς
ἀνδράσιν αὐτῶν λέγων Μὴ φοβηθῆτε ἀπὸ προσώπου τῶν παίδων[6] τῶν Χαλδαίων·
κατοικήσατε ἐν τῇ γῇ καὶ ἐργάσασθε τῷ βασιλεῖ Βαβυλῶνος, καὶ βέλτιον[7] ἔσται
ὑμῖν· **10** καὶ ἰδοὺ ἐγὼ κάθημαι ἐναντίον[8] ὑμῶν εἰς Μασσηφα στῆναι κατὰ πρόσωπον
τῶν Χαλδαίων, οἳ ἂν ἔλθωσιν ἐφ' ὑμᾶς, καὶ ὑμεῖς συναγάγετε οἶνον καὶ ὀπώραν[9]
καὶ συναγάγετε ἔλαιον[10] καὶ βάλετε[11] εἰς τὰ ἀγγεῖα[12] ὑμῶν καὶ οἰκήσατε[13] ἐν ταῖς
πόλεσιν, αἷς κατεκρατήσατε.[14]

11 καὶ πάντες οἱ Ιουδαῖοι οἱ ἐν γῇ Μωαβ καὶ ἐν υἱοῖς Αμμων καὶ οἱ ἐν τῇ Ιδουμαίᾳ
καὶ οἱ ἐν πάσῃ τῇ γῇ ἤκουσαν ὅτι ἔδωκεν βασιλεὺς Βαβυλῶνος κατάλειμμα[15] τῷ
Ιουδα καὶ ὅτι κατέστησεν[16] ἐπ' αὐτοὺς τὸν Γοδολιαν υἱὸν Αχικαμ, **12** καὶ ἦλθον πρὸς
Γοδολιαν εἰς γῆν Ιουδα εἰς Μασσηφα καὶ συνήγαγον οἶνον καὶ ὀπώραν[17] πολλὴν
σφόδρα[18] καὶ ἔλαιον.[19]

13 Καὶ Ιωαναν υἱὸς Καρηε καὶ πάντες οἱ ἡγεμόνες[20] τῆς δυνάμεως οἱ ἐν τοῖς ἀγροῖς
ἦλθον πρὸς Γοδολιαν εἰς Μασσηφα **14** καὶ εἶπαν αὐτῷ Εἰ γνώσει[21] γινώσκεις ὅτι
Βελισα βασιλεὺς υἱῶν Αμμων ἀπέστειλεν πρὸς σὲ τὸν Ισμαηλ πατάξαι[22] σου ψυχήν;
καὶ οὐκ ἐπίστευσεν αὐτοῖς Γοδολιας. **15** καὶ Ιωαναν εἶπεν τῷ Γοδολια κρυφαίως[23]
ἐν Μασσηφα Πορεύσομαι δὴ[24] καὶ πατάξω[25] τὸν Ισμαηλ καὶ μηθεὶς[26] γνώτω, μὴ
πατάξῃ[27] σου ψυχὴν καὶ διασπαρῇ[28] πᾶς Ιουδα οἱ συνηγμένοι πρὸς σὲ καὶ ἀπολοῦνται
οἱ κατάλοιποι[29] Ιουδα. **16** καὶ εἶπεν Γοδολιας πρὸς Ιωαναν Μὴ ποιήσῃς τὸ πρᾶγμα[30]
τοῦτο, ὅτι ψευδῆ[31] σὺ λέγεις περὶ Ισμαηλ.

1 ἡγεμών, leader, chief
2 καθίστημι, *aor act ind 3s*, appoint
3 παρακάθημαι, *aor mid ind 3s*, sit near, (commit to)
4 ἀποικίζω, *aor act ind 3s*, send into exile
5 ὄμνυμι, *aor act ind 3s*, swear an oath
6 παῖς, servant
7 βελτίων, *comp of* ἀγαθός, better
8 ἐναντίον, before
9 ὀπώρα, fruit
10 ἔλαιον, oil
11 βάλλω, *aor act impv 2p*, put
12 ἀγγεῖον, vessel, container
13 οἰκέω, *aor act impv 2p*, dwell
14 κατακρατέω, *aor act ind 2p*, seize, overpower
15 κατάλειμμα, remnant
16 καθίστημι, *aor act ind 3s*, appoint
17 ὀπώρα, fruit
18 σφόδρα, very
19 ἔλαιον, oil
20 ἡγεμών, leader, chief
21 γνῶσις, knowledge
22 πατάσσω, *aor act inf*, strike
23 κρυφαίως, secretly
24 δή, now
25 πατάσσω, *fut act ind 1s*, strike
26 μηθείς, no one
27 πατάσσω, *aor act sub 3s*, strike
28 διασπείρω, *aor pas sub 3s*, scatter
29 κατάλοιπος, remnant
30 πρᾶγμα, deed, action
31 ψευδής, lie, falsehood

48 Καὶ ἐγένετο τῷ μηνὶ[1] τῷ ἑβδόμῳ[2] ἦλθεν Ισμαηλ υἱὸς Ναθανιου υἱοῦ Ελασα ἀπὸ γένους[3] τοῦ βασιλέως καὶ δέκα[4] ἄνδρες μετ᾽ αὐτοῦ πρὸς Γοδολιαν εἰς Μασσηφα, καὶ ἔφαγον ἐκεῖ ἄρτον ἅμα.[5] **2** καὶ ἀνέστη Ισμαηλ καὶ οἱ δέκα[6] ἄνδρες, οἳ ἦσαν μετ᾽ αὐτοῦ, καὶ ἐπάταξαν[7] τὸν Γοδολιαν, ὃν κατέστησεν[8] βασιλεὺς Βαβυλῶνος ἐπὶ τῆς γῆς, **3** καὶ πάντας τοὺς Ιουδαίους τοὺς ὄντας μετ᾽ αὐτοῦ ἐν Μασσηφα καὶ πάντας τοὺς Χαλδαίους τοὺς εὑρεθέντας ἐκεῖ.

4 καὶ ἐγένετο τῇ ἡμέρᾳ τῇ δευτέρᾳ πατάξαντος[9] αὐτοῦ τὸν Γοδολιαν, καὶ ἄνθρωπος οὐκ ἔγνω, **5** καὶ ἤλθοσαν ἄνδρες ἀπὸ Συχεμ καὶ ἀπὸ Σαλημ καὶ ἀπὸ Σαμαρείας, ὀγδοήκοντα[10] ἄνδρες, ἐξυρημένοι[11] πώγωνας[12] καὶ διερρηγμένοι[13] τὰ ἱμάτια καὶ κοπτόμενοι,[14] καὶ μαναα[15] καὶ λίβανος[16] ἐν χερσὶν αὐτῶν τοῦ εἰσενεγκεῖν[17] εἰς οἶκον κυρίου. **6** καὶ ἐξῆλθεν εἰς ἀπάντησιν[18] αὐτοῖς Ισμαηλ· αὐτοὶ ἐπορεύοντο καὶ ἔκλαιον, καὶ εἶπεν αὐτοῖς Εἰσέλθετε πρὸς Γοδολιαν. **7** καὶ ἐγένετο εἰσελθόντων αὐτῶν εἰς τὸ μέσον τῆς πόλεως ἔσφαξεν[19] αὐτοὺς εἰς τὸ φρέαρ.[20] **8** καὶ δέκα[21] ἄνδρες εὑρέθησαν ἐκεῖ καὶ εἶπαν τῷ Ισμαηλ Μὴ ἀνέλῃς[22] ἡμᾶς, ὅτι εἰσὶν ἡμῖν θησαυροὶ[23] ἐν ἀγρῷ, πυροὶ[24] καὶ κριθαί,[25] μέλι[26] καὶ ἔλαιον·[27] καὶ παρῆλθεν[28] καὶ οὐκ ἀνεῖλεν[29] αὐτοὺς ἐν μέσῳ τῶν ἀδελφῶν αὐτῶν.

9 καὶ τὸ φρέαρ,[30] εἰς ὃ ἔρριψεν[31] ἐκεῖ Ισμαηλ πάντας οὓς ἐπάταξεν,[32] φρέαρ μέγα τοῦτό ἐστιν ὃ ἐποίησεν ὁ βασιλεὺς Ασα ἀπὸ προσώπου Βαασα βασιλέως Ισραηλ· τοῦτο ἐνέπλησεν[33] Ισμαηλ τραυματιῶν.[34] **10** καὶ ἀπέστρεψεν[35] Ισμαηλ πάντα τὸν λαὸν τὸν καταλειφθέντα[36] εἰς Μασσηφα καὶ τὰς θυγατέρας[37] τοῦ βασιλέως, ἃς παρεκατέθετο[38] ὁ ἀρχιμάγειρος[39] τῷ Γοδολια υἱῷ Αχικαμ, καὶ ᾤχετο[40] εἰς τὸ πέραν[41] υἱῶν Αμμων.

1 μήν, month
2 ἕβδομος, seventh
3 γένος, family
4 δέκα, ten
5 ἅμα, together
6 δέκα, ten
7 πατάσσω, *aor act ind 3p*, strike, slay
8 καθίστημι, *aor act ind 3s*, appoint
9 πατάσσω, *aor act ptc gen s m*, strike, slay
10 ὀγδοήκοντα, eighty
11 ξυρέω, *perf pas ptc nom p m*, shave
12 πώγων, beard
13 διαρρήγνυμι, *perf mid ptc nom p m*, tear, rend
14 κόπτω, *pres mid ptc nom p m*, mourn, beat (one's breast in lamentation)
15 μαναα, gift, offering, *translit.*
16 λίβανος, frankincense, *Heb. LW*
17 εἰσφέρω, *aor act inf*, bring to
18 ἀπάντησις, meeting
19 σφάζω, *aor act ind 3s*, slaughter
20 φρέαρ, well, pit
21 δέκα, ten
22 ἀναιρέω, *aor act sub 2s*, kill
23 θησαυρός, granary, storehouse
24 πυρός, wheat
25 κριθή, barley
26 μέλι, honey
27 ἔλαιον, oil
28 παρέρχομαι, *aor act ind 3s*, pass by
29 ἀναιρέω, *aor act ind 3s*, kill
30 φρέαρ, well, pit
31 ῥίπτω, *aor act ind 3s*, throw, cast
32 πατάσσω, *aor act ind 3s*, strike, slay
33 ἐμπίμπλημι, *aor act ind 3s*, fill up
34 τραυματίας, wounded person, casualty
35 ἀποστρέφω, *aor act ind 3s*, turn away
36 καταλείπω, *aor pas ptc acc s m*, leave behind
37 θυγάτηρ, daughter
38 παρακατατίθημι, *aor mid ind 3s*, commit to
39 ἀρχιμάγειρος, chief of the royal guard
40 οἴχομαι, *impf mid ind 3s*, go out
41 πέραν, beyond, other side

11 καὶ ἤκουσεν Ιωαναν υἱὸς Καρηε καὶ πάντες οἱ ἡγεμόνες[1] τῆς δυνάμεως οἱ μετ' αὐτοῦ πάντα τὰ κακά, ἃ ἐποίησεν Ισμαηλ, **12** καὶ ἤγαγον ἅπαν[2] τὸ στρατόπεδον[3] αὐτῶν καὶ ᾤχοντο[4] πολεμεῖν αὐτὸν καὶ εὗρον αὐτὸν ἐπὶ ὕδατος πολλοῦ ἐν Γαβαων.
13 καὶ ἐγένετο ὅτε εἶδον πᾶς ὁ λαὸς ὁ μετὰ Ισμαηλ τὸν Ιωαναν καὶ τοὺς ἡγεμόνας[5] τῆς δυνάμεως τῆς μετ' αὐτοῦ, **14** καὶ ἀνέστρεψαν[6] πρὸς Ιωαναν. **15** καὶ Ισμαηλ ἐσώθη σὺν ὀκτὼ[7] ἀνθρώποις καὶ ᾤχετο[8] πρὸς τοὺς υἱοὺς Αμμων.

Warning against Fleeing to Egypt

16 καὶ ἔλαβεν Ιωαναν καὶ πάντες οἱ ἡγεμόνες[9] τῆς δυνάμεως οἱ μετ' αὐτοῦ πάντας τοὺς καταλοίπους[10] τοῦ λαοῦ, οὓς ἀπέστρεψεν[11] ἀπὸ Ισμαηλ, δυνατοὺς ἄνδρας ἐν πολέμῳ καὶ τὰς γυναῖκας καὶ τὰ λοιπὰ καὶ τοὺς εὐνούχους,[12] οὓς ἀπέστρεψεν[13] ἀπὸ
Γαβαων, **17** καὶ ᾤχοντο[14] καὶ ἐκάθισαν ἐν Γαβηρωθ-χαμααμ τὴν πρὸς Βηθλεεμ τοῦ πορευθῆναι εἰσελθεῖν εἰς Αἴγυπτον **18** ἀπὸ προσώπου τῶν Χαλδαίων, ὅτι ἐφοβήθησαν ἀπὸ προσώπου αὐτῶν, ὅτι ἐπάταξεν[15] Ισμαηλ τὸν Γοδολιαν, ὃν κατέστησεν[16] βασιλεὺς Βαβυλῶνος ἐν τῇ γῇ.

49 Καὶ προσῆλθον πάντες οἱ ἡγεμόνες[17] τῆς δυνάμεως καὶ Ιωαναν καὶ Αζαριας υἱὸς Μαασαιου καὶ πᾶς ὁ λαὸς ἀπὸ μικροῦ ἕως μεγάλου **2** πρὸς Ιερεμιαν τὸν προφήτην καὶ εἶπαν αὐτῷ Πεσέτω δὴ[18] τὸ ἔλεος[19] ἡμῶν κατὰ πρόσωπόν σου καὶ πρόσευξαι πρὸς κύριον τὸν θεόν σου περὶ τῶν καταλοίπων[20] τούτων, ὅτι κατελείφθημεν[21] ὀλίγοι[22] ἀπὸ πολλῶν, καθὼς οἱ ὀφθαλμοί σου βλέπουσιν· **3** καὶ ἀναγγειλάτω[23] ἡμῖν κύριος ὁ θεός σου τὴν ὁδόν, ᾗ πορευσόμεθα ἐν αὐτῇ, καὶ λόγον, ὃν ποιήσομεν.

4 καὶ εἶπεν αὐτοῖς Ιερεμιας Ἤκουσα, ἰδοὺ ἐγὼ προσεύξομαι πρὸς κύριον τὸν θεὸν ἡμῶν κατὰ τοὺς λόγους ὑμῶν· καὶ ἔσται, ὁ λόγος, ὃν ἂν ἀποκριθήσεται κύριος, ἀναγγελῶ[24] ὑμῖν, οὐ μὴ κρύψω[25] ἀφ' ὑμῶν ῥῆμα. **5** καὶ αὐτοὶ εἶπαν τῷ Ιερεμια Ἔστω κύριος ἐν ἡμῖν εἰς μάρτυρα[26] δίκαιον καὶ πιστόν,[27] εἰ μὴ κατὰ πάντα τὸν λόγον, ὃν ἂν ἀποστείλῃ σε κύριος πρὸς ἡμᾶς, οὕτως ποιήσομεν· **6** καὶ ἐὰν ἀγαθὸν καὶ ἐὰν

1 ἡγεμών, leader, chief
2 ἅπας, all
3 στρατόπεδον, army
4 οἴχομαι, *impf mid ind 3p*, go out
5 ἡγεμών, leader, chief
6 ἀναστρέφω, *aor act ind 3p*, return, turn back
7 ὀκτώ, eight
8 οἴχομαι, *impf mid ind 3s*, go out
9 ἡγεμών, leader, chief
10 κατάλοιπος, remnant
11 ἀποστρέφω, *aor act ind 3s*, turn away
12 εὐνοῦχος, eunuch
13 ἀποστρέφω, *aor act ind 3s*, return
14 οἴχομαι, *impf mid ind 3p*, go out
15 πατάσσω, *aor act ind 3s*, strike, slay
16 καθίστημι, *aor act ind 3s*, appoint
17 ἡγεμών, leader, chief
18 δή, now
19 ἔλεος, mercy
20 κατάλοιπος, remnant
21 καταλείπω, *aor pas ind 1p*, leave behind
22 ὀλίγος, few
23 ἀναγγέλλω, *aor act impv 3s*, declare, report
24 ἀναγγέλλω, *fut act ind 1s*, declare, report
25 κρύπτω, *aor act sub 1s*, hide, conceal
26 μάρτυς, witness
27 πιστός, faithful, trustworthy

κακόν, τὴν φωνὴν κυρίου τοῦ θεοῦ ἡμῶν, οὗ ἡμεῖς ἀποστέλλομέν σε πρὸς αὐτόν,
ἀκουσόμεθα, ἵνα βέλτιον[1] ἡμῖν γένηται, ὅτι ἀκουσόμεθα τῆς φωνῆς κυρίου τοῦ
θεοῦ ἡμῶν.

7 καὶ ἐγενήθη μετὰ δέκα[2] ἡμέρας ἐγενήθη λόγος κυρίου πρὸς Ιερεμιαν. **8** καὶ ἐκά-
λεσεν τὸν Ιωαναν καὶ τοὺς ἡγεμόνας[3] τῆς δυνάμεως καὶ πάντα τὸν λαὸν ἀπὸ μικροῦ
ἕως μεγάλου **9** καὶ εἶπεν αὐτοῖς Οὕτως εἶπεν κύριος **10** Ἐὰν καθίσαντες καθίσητε
ἐν τῇ γῇ ταύτῃ, οἰκοδομήσω ὑμᾶς καὶ οὐ μὴ καθέλω[4] καὶ φυτεύσω[5] ὑμᾶς καὶ οὐ
μὴ ἐκτίλω·[6] ὅτι ἀναπέπαυμαι[7] ἐπὶ τοῖς κακοῖς, οἷς ἐποίησα ὑμῖν. **11** μὴ φοβηθῆτε
ἀπὸ προσώπου βασιλέως Βαβυλῶνος, οὗ ὑμεῖς φοβεῖσθε ἀπὸ προσώπου αὐτοῦ· μὴ
φοβηθῆτε, φησὶν[8] κύριος, ὅτι μεθ᾽ ὑμῶν ἐγώ εἰμι τοῦ ἐξαιρεῖσθαι[9] ὑμᾶς καὶ σῴζειν
ὑμᾶς ἐκ χειρὸς αὐτοῦ· **12** καὶ δώσω ὑμῖν ἔλεος[10] καὶ ἐλεήσω[11] ὑμᾶς καὶ ἐπιστρέψω
ὑμᾶς εἰς τὴν γῆν ὑμῶν.

13 καὶ εἰ λέγετε ὑμεῖς Οὐ μὴ καθίσωμεν ἐν τῇ γῇ ταύτῃ πρὸς τὸ μὴ ἀκοῦσαι φωνῆς
κυρίου, **14** ὅτι εἰς γῆν Αἰγύπτου εἰσελευσόμεθα καὶ οὐ μὴ ἴδωμεν πόλεμον καὶ
φωνὴν σάλπιγγος[12] οὐ μὴ ἀκούσωμεν καὶ ἐν ἄρτοις οὐ μὴ πεινάσωμεν[13] καὶ ἐκεῖ
οἰκήσομεν,[14] **15** διὰ τοῦτο ἀκούσατε λόγον κυρίου Οὕτως εἶπεν κύριος Ἐὰν ὑμεῖς
δῶτε τὸ πρόσωπον ὑμῶν εἰς Αἴγυπτον καὶ εἰσέλθητε ἐκεῖ κατοικεῖν, **16** καὶ ἔσται, ἡ
ῥομφαία,[15] ἣν ὑμεῖς φοβεῖσθε ἀπὸ προσώπου αὐτῆς, εὑρήσει ὑμᾶς ἐν γῇ Αἰγύπτου,
καὶ ὁ λιμός,[16] οὗ ὑμεῖς λόγον ἔχετε ἀπὸ προσώπου αὐτοῦ, καταλήμψεται[17] ὑμᾶς
ὀπίσω ὑμῶν ἐν Αἰγύπτῳ, καὶ ἐκεῖ ἀποθανεῖσθε. **17** καὶ ἔσονται πάντες οἱ ἄνθρωποι
καὶ πάντες οἱ ἀλλογενεῖς[18] οἱ θέντες τὸ πρόσωπον αὐτῶν εἰς γῆν Αἰγύπτου ἐνοικεῖν[19]
ἐκεῖ ἐκλείψουσιν[20] ἐν τῇ ῥομφαίᾳ[21] καὶ ἐν τῷ λιμῷ,[22] καὶ οὐκ ἔσται αὐτῶν οὐθεὶς[23]
σῳζόμενος ἀπὸ τῶν κακῶν, ὧν ἐγὼ ἐπάγω[24] ἐπ᾽ αὐτούς.

18 ὅτι οὕτως εἶπεν κύριος Καθὼς ἔσταξεν[25] ὁ θυμός[26] μου ἐπὶ τοὺς κατοικοῦντας
Ιερουσαλημ, οὕτως στάξει[27] ὁ θυμός μου ἐφ᾽ ὑμᾶς εἰσελθόντων ὑμῶν εἰς Αἴγυπτον,
καὶ ἔσεσθε εἰς ἄβατον[28] καὶ ὑποχείριοι[29] καὶ εἰς ἀρὰν[30] καὶ εἰς ὀνειδισμὸν[31] καὶ οὐ
μὴ ἴδητε οὐκέτι τὸν τόπον τοῦτον, **19** ἃ ἐλάλησεν κύριος ἐφ᾽ ὑμᾶς τοὺς κατα-

1 βελτίων, *comp of* ἀγαθός, better
2 δέκα, ten
3 ἡγεμών, leader, chief
4 καθαιρέω, *aor act sub 1s*, tear down
5 φυτεύω, *aor act sub 1s*, plant
6 ἐκτίλλω, *aor act sub 1s*, pluck up
7 ἀναπαύω, *perf mid ind 1s*, take rest
8 φημί, *pres act ind 3s*, say
9 ἐξαιρέω, *pres mid inf*, deliver, rescue
10 ἔλεος, mercy
11 ἐλεέω, *fut act ind 1s*, show mercy
12 σάλπιγξ, trumpet
13 πεινάω, *aor act sub 1p*, be hungry
14 οἰκέω, *fut act ind 1p*, dwell
15 ῥομφαία, sword
16 λιμός, famine
17 καταλαμβάνω, *fut mid ind 3s*, lay hold of, capture
18 ἀλλογενής, foreign
19 ἐνοικέω, *pres act inf*, inhabit
20 ἐκλείπω, *fut act ind 3p*, cease, die
21 ῥομφαία, sword
22 λιμός, famine
23 οὐθείς, no one
24 ἐπάγω, *pres act ind 1s*, bring upon
25 στάζω, *aor act ind 3s*, let fall, drip
26 θυμός, wrath
27 στάζω, *fut act ind 3s*, let fall, drip
28 ἄβατος, impassable, desolate
29 ὑποχείριος, subjection
30 ἀρά, oath, curse
31 ὀνειδισμός, reproach

λοίπους[1] Ιουδα Μὴ εἰσέλθητε εἰς Αἴγυπτον. καὶ νῦν γνόντες γνώσεσθε 20 ὅτι ἐπονηρεύσασθε[2] ἐν ψυχαῖς ὑμῶν ἀποστείλαντές με λέγοντες Πρόσευξαι περὶ ἡμῶν πρὸς κύριον, καὶ κατὰ πάντα, ἃ ἐὰν λαλήσῃ σοι κύριος, ποιήσομεν. **21** καὶ οὐκ ἠκούσατε τῆς φωνῆς κυρίου, ἧς ἀπέστειλέν με πρὸς ὑμᾶς. **22** καὶ νῦν ἐν ῥομφαίᾳ[3] καὶ ἐν λιμῷ[4] ἐκλείψετε[5] ἐν τῷ τόπῳ, οὗ[6] ὑμεῖς βούλεσθε εἰσελθεῖν κατοικεῖν ἐκεῖ.

Jeremiah Taken to Egypt

50 Καὶ ἐγενήθη ὡς ἐπαύσατο[7] Ιερεμιας λέγων πρὸς τὸν λαὸν πάντας τοὺς λόγους κυρίου, οὓς ἀπέστειλεν αὐτὸν κύριος πρὸς αὐτούς, πάντας τοὺς λόγους τούτους, **2** καὶ εἶπεν Αζαριας υἱὸς Μαασαιου καὶ Ιωαναν υἱὸς Καρηε καὶ πάντες οἱ ἄνδρες οἱ εἴπαντες τῷ Ιερεμια λέγοντες Ψεύδη,[8] οὐκ ἀπέστειλέν σε κύριος πρὸς ἡμᾶς λέγων Μὴ εἰσέλθητε εἰς Αἴγυπτον οἰκεῖν[9] ἐκεῖ, **3** ἀλλ᾽ ἢ Βαρουχ υἱὸς Νηριου συμβάλλει[10] σε πρὸς ἡμᾶς, ἵνα δῷς ἡμᾶς εἰς χεῖρας τῶν Χαλδαίων τοῦ θανατῶσαι[11] ἡμᾶς καὶ ἀποικισθῆναι[12] ἡμᾶς εἰς Βαβυλῶνα. **4** καὶ οὐκ ἤκουσεν Ιωαναν καὶ πάντες οἱ ἡγεμόνες[13] τῆς δυνάμεως καὶ πᾶς ὁ λαὸς τῆς φωνῆς κυρίου κατοικῆσαι ἐν γῇ Ιουδα. **5** καὶ ἔλαβεν Ιωαναν καὶ πάντες οἱ ἡγεμόνες[14] τῆς δυνάμεως πάντας τοὺς καταλοίπους[15] Ιουδα τοὺς ἀποστρέψαντας[16] κατοικεῖν ἐν τῇ γῇ, **6** τοὺς δυνατοὺς ἄνδρας καὶ τὰς γυναῖκας καὶ τὰ νήπια[17] καὶ τὰς θυγατέρας[18] τοῦ βασιλέως καὶ τὰς ψυχάς, ἃς κατέλιπεν[19] Ναβουζαρδαν μετὰ Γοδολιου υἱοῦ Αχικαμ, καὶ Ιερεμιαν τὸν προφήτην καὶ Βαρουχ υἱὸν Νηριου **7** καὶ εἰσῆλθον εἰς Αἴγυπτον, ὅτι οὐκ ἤκουσαν τῆς φωνῆς κυρίου· καὶ εἰσῆλθον εἰς Ταφνας.

8 Καὶ ἐγένετο λόγος κυρίου πρὸς Ιερεμιαν ἐν Ταφνας λέγων **9** Λαβὲ σεαυτῷ λίθους μεγάλους καὶ κατάκρυψον[20] αὐτοὺς ἐν προθύροις[21] ἐν πύλῃ[22] τῆς οἰκίας Φαραω ἐν Ταφνας κατ᾽ ὀφθαλμοὺς ἀνδρῶν Ιουδα **10** καὶ ἐρεῖς Οὕτως εἶπεν κύριος Ἰδοὺ ἐγὼ ἀποστέλλω καὶ ἄξω Ναβουχοδονοσορ βασιλέα Βαβυλῶνος, καὶ θήσει αὐτοῦ τὸν θρόνον ἐπάνω[23] τῶν λίθων τούτων, ὧν κατέκρυψας,[24] καὶ ἀρεῖ τὰ ὅπλα[25] αὐτοῦ ἐπ᾽ αὐτοὺς **11** καὶ εἰσελεύσεται καὶ πατάξει[26] γῆν Αἰγύπτου,

1 κατάλοιπος, remnant
2 πονηρεύομαι, *aor mid ind 2p*, act wickedly
3 ῥομφαία, sword
4 λιμός, famine
5 ἐκλείπω, *fut act ind 2p*, cease, die
6 οὗ, where
7 παύω, *aor mid ind 3s*, cease
8 ψεῦδος, lie, falsehood
9 οἰκέω, *pres act inf*, dwell
10 συμβάλλω, *pres act ind 3s*, incite against
11 θανατόω, *aor act inf*, put to death
12 ἀποικίζω, *aor pas inf*, send into exile
13 ἡγεμών, leader, chief
14 ἡγεμών, leader, chief
15 κατάλοιπος, remnant
16 ἀποστρέφω, *aor act ptc acc p m*, return
17 νήπιος, infant
18 θυγάτηρ, daughter
19 καταλείπω, *aor act ind 3s*, leave behind
20 κατακρύπτω, *aor act impv 2s*, hide
21 πρόθυρον, doorway
22 πύλη, gate
23 ἐπάνω, upon, above
24 κατακρύπτω, *aor act ind 2s*, hide
25 ὅπλον, weapon
26 πατάσσω, *fut act ind 3s*, strike, slay

οὓς εἰς θάνατον, εἰς θάνατον,
καὶ οὓς εἰς ἀποικισμόν,[1] εἰς ἀποικισμόν,
καὶ οὓς εἰς ῥομφαίαν,[2] εἰς ῥομφαίαν.

12 καὶ καύσει[3] πῦρ ἐν οἰκίαις θεῶν αὐτῶν καὶ ἐμπυριεῖ[4] αὐτὰς καὶ ἀποικιεῖ[5] αὐτοὺς
καὶ φθειριεῖ[6] γῆν Αἰγύπτου, ὥσπερ[7] φθειρίζει[8] ποιμὴν[9] τὸ ἱμάτιον αὐτοῦ, καὶ ἐξελεύ-
σεται ἐν εἰρήνῃ. **13** καὶ συντρίψει[10] τοὺς στύλους[11] Ἡλίου πόλεως τοὺς ἐν Ων καὶ
τὰς οἰκίας αὐτῶν κατακαύσει[12] ἐν πυρί.

Judgment Because of Idolatry

51 Ὁ λόγος ὁ γενόμενος πρὸς Ιερεμιαν ἅπασιν[13] τοῖς Ιουδαίοις τοῖς κατοικοῦσιν
ἐν γῇ Αἰγύπτῳ καὶ τοῖς καθημένοις ἐν Μαγδώλῳ καὶ ἐν Ταφνας καὶ ἐν γῇ
Παθουρης λέγων **2** Οὕτως εἶπεν κύριος ὁ θεὸς Ισραηλ Ὑμεῖς ἑωράκατε πάντα τὰ
κακά, ἃ ἐπήγαγον[14] ἐπὶ Ιερουσαλημ καὶ ἐπὶ τὰς πόλεις Ιουδα, καὶ ἰδού εἰσιν ἔρημοι
ἀπὸ ἐνοίκων[15] **3** ἀπὸ προσώπου πονηρίας[16] αὐτῶν, ἧς ἐποίησαν παραπικρᾶναί[17] με
πορευθέντες θυμιᾶν[18] θεοῖς ἑτέροις, οἷς οὐκ ἔγνωτε. **4** καὶ ἀπέστειλα πρὸς ὑμᾶς τοὺς
παῖδάς[19] μου τοὺς προφήτας ὄρθρου[20] καὶ ἀπέστειλα λέγων Μὴ ποιήσητε τὸ πρᾶγμα[21]
τῆς μολύνσεως[22] ταύτης, ἧς ἐμίσησα. **5** καὶ οὐκ ἤκουσάν μου καὶ οὐκ ἔκλιναν[23] τὸ οὖς
αὐτῶν ἀποστρέψαι[24] ἀπὸ τῶν κακῶν αὐτῶν πρὸς τὸ μὴ θυμιᾶν[25] θεοῖς ἑτέροις. **6** καὶ
ἔσταξεν[26] ἡ ὀργή μου καὶ ὁ θυμός[27] μου καὶ ἐξεκαύθη[28] ἐν πόλεσιν Ιουδα καὶ ἔξωθεν[29]
Ιερουσαλημ, καὶ ἐγενήθησαν εἰς ἐρήμωσιν καὶ εἰς ἄβατον[30] ὡς ἡ ἡμέρα αὕτη.

7 καὶ νῦν οὕτως εἶπεν κύριος παντοκράτωρ[31] Ἵνα τί ὑμεῖς ποιεῖτε κακὰ μεγάλα ἐπὶ
ψυχαῖς ὑμῶν ἐκκόψαι[32] ὑμῶν ἄνθρωπον καὶ γυναῖκα, νήπιον[33] καὶ θηλάζοντα[34]
ἐκ μέσου Ιουδα πρὸς τὸ μὴ καταλειφθῆναι[35] ὑμῶν μηδένα,[36] **8** παραπικρᾶναί[37]

1 ἀποικισμός, captivity, exile
2 ῥομφαία, sword
3 καίω, *fut act ind 3s*, kindle
4 ἐμπυρίζω, *fut act ind 3s*, set on fire
5 ἀποικίζω, *fut act ind 3s*, send into exile
6 φθειρίζω, *fut act ind 3s*, pick the lice off, delouse
7 ὥσπερ, just as, like
8 φθειρίζω, *pres act ind 3s*, pick the lice off, delouse
9 ποιμήν, shepherd
10 συντρίβω, *fut act ind 3s*, crush, tear down
11 στῦλος, pillar
12 κατακαίω, *fut act ind 3s*, burn up
13 ἅπας, all
14 ἐπάγω, *aor act ind 1s*, bring upon
15 ἔνοικος, inhabitant
16 πονηρία, wickedness
17 παραπικραίνω, *aor act inf*, embitter, provoke
18 θυμιάω, *pres act inf*, burn incense
19 παῖς, servant
20 ὄρθρος, persistently
21 πρᾶγμα, deed, action
22 μόλυνσις, defilement, pollution
23 κλίνω, *aor act ind 3p*, incline
24 ἀποστρέφω, *aor act inf*, turn away
25 θυμιάω, *pres act inf*, burn incense
26 στάζω, *aor act ind 3s*, let fall, drip
27 θυμός, wrath
28 ἐκκαίω, *aor pas ind 3s*, burn out, inflame
29 ἔξωθεν, outside
30 ἄβατος, impassable, desolate
31 παντοκράτωρ, almighty
32 ἐκκόπτω, *aor act inf*, cut off
33 νήπιος, infant
34 θηλάζω, *pres act ptc acc s m*, suckle, nurse
35 καταλείπω, *aor pas inf*, leave behind
36 μηδείς, nothing, no one
37 παραπικραίνω, *aor act inf*, embitter, provoke

με ἐν τοῖς ἔργοις τῶν χειρῶν ὑμῶν θυμιᾶν[1] θεοῖς ἑτέροις ἐν γῇ Αἰγύπτῳ, εἰς ἣν εἰσήλθατε ἐνοικεῖν[2] ἐκεῖ, ἵνα ἐκκοπῆτε[3] καὶ ἵνα γένησθε εἰς κατάραν[4] καὶ εἰς ὀνειδισμὸν[5] ἐν πᾶσιν τοῖς ἔθνεσιν τῆς γῆς; **9** μὴ ἐπιλέλησθε[6] ὑμεῖς τῶν κακῶν τῶν πατέρων ὑμῶν καὶ τῶν κακῶν τῶν βασιλέων Ιουδα καὶ τῶν κακῶν τῶν ἀρχόντων ὑμῶν καὶ τῶν κακῶν τῶν γυναικῶν ὑμῶν, ὧν ἐποίησαν ἐν γῇ Ιουδα καὶ ἔξωθεν[7] Ιερουσαλημ; **10** καὶ οὐκ ἐπαύσαντο[8] ἕως τῆς ἡμέρας ταύτης καὶ οὐκ ἀντείχοντο[9] τῶν προσταγμάτων[10] μου, ὧν ἔδωκα κατὰ πρόσωπον τῶν πατέρων αὐτῶν.

11 διὰ τοῦτο οὕτως εἶπεν κύριος Ἰδοὺ ἐγὼ ἐφίστημι[11] τὸ πρόσωπόν μου **12** τοῦ ἀπολέσαι πάντας τοὺς καταλοίπους[12] τοὺς ἐν Αἰγύπτῳ, καὶ πεσοῦνται· ἐν ῥομφαίᾳ[13] καὶ ἐν λιμῷ[14] ἐκλείψουσιν[15] ἀπὸ μικροῦ ἕως μεγάλου καὶ ἔσονται εἰς ὀνειδισμὸν[16] καὶ εἰς ἀπώλειαν[17] καὶ εἰς κατάραν.[18] **13** καὶ ἐπισκέψομαι[19] ἐπὶ τοὺς καθημένους ἐν γῇ Αἰγύπτῳ ὡς ἐπεσκεψάμην[20] ἐπὶ Ιερουσαλημ ἐν ῥομφαίᾳ[21] καὶ ἐν λιμῷ[22] καὶ ἐν θανάτῳ, **14** καὶ οὐκ ἔσται σεσῳσμένος οὐθεὶς[23] τῶν ἐπιλοίπων[24] Ιουδα τῶν παροικούντων[25] ἐν γῇ Αἰγύπτῳ τοῦ ἐπιστρέψαι εἰς γῆν Ιουδα, ἐφ᾽ ἣν αὐτοὶ ἐλπίζουσιν ταῖς ψυχαῖς αὐτῶν τοῦ ἐπιστρέψαι ἐκεῖ· οὐ μὴ ἐπιστρέψωσιν ἀλλ᾽ ἢ ἀνασεσῳσμένοι.[26]

15 καὶ ἀπεκρίθησαν τῷ Ιερεμια πάντες οἱ ἄνδρες οἱ γνόντες ὅτι θυμιῶσιν[27] αἱ γυναῖκες αὐτῶν θεοῖς ἑτέροις καὶ πᾶσαι αἱ γυναῖκες, συναγωγὴ μεγάλη, καὶ πᾶς ὁ λαὸς οἱ καθήμενοι ἐν γῇ Αἰγύπτῳ ἐν Παθουρη λέγοντες **16** Ὁ λόγος, ὃν ἐλάλησας πρὸς ἡμᾶς τῷ ὀνόματι κυρίου, οὐκ ἀκούσομέν σου, **17** ὅτι ποιοῦντες ποιήσομεν πάντα τὸν λόγον, ὃς ἐξελεύσεται ἐκ τοῦ στόματος ἡμῶν, θυμιᾶν[28] τῇ βασιλίσσῃ[29] τοῦ οὐρανοῦ καὶ σπένδειν[30] αὐτῇ σπονδάς,[31] καθὰ[32] ἐποιήσαμεν ἡμεῖς καὶ οἱ πατέρες ἡμῶν καὶ οἱ βασιλεῖς ἡμῶν καὶ οἱ ἄρχοντες ἡμῶν ἐν πόλεσιν Ιουδα καὶ ἔξωθεν[33] Ιερουσαλημ καὶ ἐπλήσθημεν[34] ἄρτων καὶ ἐγενόμεθα χρηστοὶ[35] καὶ κακὰ οὐκ εἴδομεν· **18** καὶ ὡς

1 θυμιάω, *pres act inf*, burn incense
2 ἐνοικέω, *pres act inf*, dwell, inhabit
3 ἐκκόπτω, *aor pas sub 2p*, cut down
4 κατάρα, curse
5 ὀνειδισμός, reproach
6 ἐπιλανθάνω, *perf mid ind 2p*, forget
7 ἔξωθεν, outside
8 παύω, *aor mid ind 3p*, cease, stop
9 ἀντέχω, *impf mid ind 3p*, cling to
10 πρόσταγμα, ordinance
11 ἐφίστημι, *pres act ind 1s*, make firm, set against
12 κατάλοιπος, remnant
13 ῥομφαία, sword
14 λιμός, famine
15 ἐκλείπω, *fut act ind 3p*, cease, die
16 ὀνειδισμός, reproach
17 ἀπώλεια, destruction
18 κατάρα, curse
19 ἐπισκέπτομαι, *fut mid ind 1s*, visit (in judgment)
20 ἐπισκέπτομαι, *aor mid ind 1s*, visit (in judgment)
21 ῥομφαία, sword
22 λιμός, famine
23 οὐθείς, anyone, no one
24 ἐπίλοιπος, remaining
25 παροικέω, *pres act ptc gen p m*, live as a foreigner, sojourn
26 ἀνασῴζω, *perf pas ptc nom p m*, rescue
27 θυμιάω, *pres act ind 3p*, burn incense
28 θυμιάω, *pres act inf*, burn incense
29 βασίλισσα, queen
30 σπένδω, *pres act inf*, pour out (a drink offering)
31 σπονδή, drink offering
32 καθά, just as
33 ἔξωθεν, outside
34 πίμπλημι, *aor pas ind 1p*, fill up
35 χρηστός, bountiful

διελίπομεν[1] θυμιῶντες[2] τῇ βασιλίσσῃ[3] τοῦ οὐρανοῦ, ἠλαττώθημεν[4] πάντες καὶ ἐν
ῥομφαίᾳ[5] καὶ ἐν λιμῷ[6] ἐξελίπομεν.[7] **19** καὶ ὅτι ἡμεῖς θυμιῶμεν[8] τῇ βασιλίσσῃ[9] τοῦ
οὐρανοῦ καὶ ἐσπείσαμεν[10] αὐτῇ σπονδάς,[11] μὴ ἄνευ[12] τῶν ἀνδρῶν ἡμῶν ἐποιήσαμεν
αὐτῇ χαυῶνας[13] καὶ ἐσπείσαμεν σπονδὰς αὐτῇ;

20 καὶ εἶπεν Ιερεμιας παντὶ τῷ λαῷ, τοῖς δυνατοῖς καὶ ταῖς γυναιξὶν καὶ παντὶ τῷ λαῷ
τοῖς ἀποκριθεῖσιν αὐτῷ λόγους, λέγων **21** Οὐχὶ τοῦ θυμιάματος,[14] οὗ ἐθυμιάσατε[15]
ἐν ταῖς πόλεσιν Ιουδα καὶ ἔξωθεν[16] Ιερουσαλημ ὑμεῖς καὶ οἱ πατέρες ὑμῶν καὶ οἱ
βασιλεῖς ὑμῶν καὶ οἱ ἄρχοντες ὑμῶν καὶ ὁ λαὸς τῆς γῆς, ἐμνήσθη[17] κύριος, καὶ
ἀνέβη ἐπὶ τὴν καρδίαν αὐτοῦ; **22** καὶ οὐκ ἠδύνατο κύριος ἔτι φέρειν ἀπὸ προσώπου
πονηρίας[18] πραγμάτων[19] ὑμῶν ἀπὸ τῶν βδελυγμάτων,[20] ὧν ἐποιήσατε· καὶ ἐγενήθη
ἡ γῆ ὑμῶν εἰς ἐρήμωσιν[21] καὶ εἰς ἄβατον[22] καὶ εἰς ἀρὰν[23] ὡς ἐν τῇ ἡμέρᾳ ταύτῃ
23 ἀπὸ προσώπου ὧν ἐθυμιᾶτε[24] καὶ ὧν ἡμάρτετε τῷ κυρίῳ καὶ οὐκ ἠκούσατε τῆς
φωνῆς κυρίου καὶ ἐν τοῖς προστάγμασιν[25] αὐτοῦ καὶ ἐν τῷ νόμῳ αὐτοῦ καὶ ἐν τοῖς
μαρτυρίοις[26] αὐτοῦ οὐκ ἐπορεύθητε, καὶ ἐπελάβετο[27] ὑμῶν τὰ κακὰ ταῦτα.

24 καὶ εἶπεν Ιερεμιας τῷ λαῷ καὶ ταῖς γυναιξίν Ἀκούσατε τὸν λόγον κυρίου· **25** οὕτως
εἶπεν κύριος ὁ θεὸς Ισραηλ Ὑμεῖς γυναῖκες τῷ στόματι ὑμῶν ἐλαλήσατε καὶ ταῖς
χερσὶν ὑμῶν ἐπληρώσατε λέγουσαι Ποιοῦσαι ποιήσομεν τὰς ὁμολογίας[28] ἡμῶν, ἃς
ὡμολογήσαμεν,[29] θυμιᾶν[30] τῇ βασιλίσσῃ[31] τοῦ οὐρανοῦ καὶ σπένδειν[32] αὐτῇ σπον-
δάς·[33] ἐμμείνασαι[34] ἐνεμείνατε[35] ταῖς ὁμολογίαις ὑμῶν καὶ ποιοῦσαι ἐποιήσατε.
26 διὰ τοῦτο ἀκούσατε λόγον κυρίου, πᾶς Ιουδα οἱ καθήμενοι ἐν γῇ Αἰγύπτῳ Ἰδοὺ
ὤμοσα[36] τῷ ὀνόματί μου τῷ μεγάλῳ, εἶπεν κύριος, ἐὰν γένηται ἔτι ὄνομά μου ἐν τῷ
στόματι παντὸς Ιουδα εἰπεῖν Ζῇ κύριος κύριος, ἐπὶ πάσῃ γῇ Αἰγύπτῳ. **27** ὅτι ἰδοὺ ἐγὼ

1 διαλείπω, *aor act ind 1p*, cease, intermit
2 θυμιάω, *pres act ptc nom p m*, burn incense
3 βασίλισσα, queen
4 ἐλαττόω, *aor pas ind 1p*, diminish, make few
5 ῥομφαία, sword
6 λιμός, famine
7 ἐκλείπω, *aor act ind 1p*, cease, fail
8 θυμιάω, *pres act ind 1p*, burn incense
9 βασίλισσα, queen
10 σπένδω, *aor act ind 1p*, pour out (a drink offering)
11 σπονδή, drink offering
12 ἄνευ, without
13 χαυών, cake, *Heb. LW*
14 θυμίαμα, incense offering
15 θυμιάζω, *aor act ind 2p*, burn incense
16 ἔξωθεν, outside
17 μιμνήσκομαι, *aor pas ind 3s*, forget
18 πονηρία, wickedness
19 πρᾶγμα, deed, action
20 βδέλυγμα, abomination
21 ἐρήμωσις, desolation
22 ἄβατος, impassable, desolate
23 ἀρά, oath, curse
24 θυμιάω, *impf act ind 2p*, burn incense
25 πρόσταγμα, deed, action
26 μαρτύριον, testimony
27 ἐπιλαμβάνω, *aor mid ind 3s*, lay hold of, overtake
28 ὁμολογία, voluntary vow
29 ὁμολογέω, *aor act ind 1p*, vow
30 θυμιάω, *pres act inf*, burn incense
31 βασίλισσα, queen
32 σπένδω, *pres act inf*, pour out (a drink offering)
33 σπονδή, drink offering
34 ἐμμένω, *aor act ptc nom p f*, abide by, stand by
35 ἐμμένω, *aor act ind 2p*, abide by, stand by
36 ὄμνυμι, *aor act ind 1s*, swear an oath

ἐγρήγορα[1] ἐπ᾽ αὐτοὺς τοῦ κακῶσαι[2] αὐτοὺς καὶ οὐκ ἀγαθῶσαι,[3] καὶ ἐκλείψουσιν[4] πᾶς
Ιουδα οἱ κατοικοῦντες ἐν γῇ Αἰγύπτῳ ἐν ῥομφαίᾳ[5] καὶ ἐν λιμῷ,[6] ἕως ἂν ἐκλίπωσιν.[7]
28 καὶ οἱ σεσῳσμένοι ἀπὸ ῥομφαίας[8] ἐπιστρέψουσιν εἰς γῆν Ιουδα ὀλίγοι[9] ἀριθμῷ,[10]
καὶ γνώσονται οἱ κατάλοιποι[11] Ιουδα οἱ καταστάντες[12] ἐν γῇ Αἰγύπτῳ κατοικῆσαι
ἐκεῖ, λόγος τίνος ἐμμενεῖ.[13] **29** καὶ τοῦτο ὑμῖν τὸ σημεῖον ὅτι ἐπισκέψομαι[14] ἐγὼ
ἐφ᾽ ὑμᾶς εἰς πονηρά· **30** οὕτως εἶπεν κύριος Ἰδοὺ ἐγὼ δίδωμι τὸν Ουαφρη βασιλέα
Αἰγύπτου εἰς χεῖρας ἐχθροῦ αὐτοῦ καὶ εἰς χεῖρας ζητούντων τὴν ψυχὴν αὐτοῦ, καθὰ[15]
ἔδωκα τὸν Σεδεκιαν βασιλέα Ιουδα εἰς χεῖρας Ναβουχοδονοσορ βασιλέως Βαβυ-
λῶνος ἐχθροῦ αὐτοῦ καὶ ζητοῦντος τὴν ψυχὴν αὐτοῦ.

Message to Baruch

31 Ὁ λόγος, ὃν ἐλάλησεν Ιερεμιας ὁ προφήτης πρὸς Βαρουχ υἱὸν Νηριου, ὅτε
ἔγραφεν τοὺς λόγους τούτους ἐν τῷ βιβλίῳ ἀπὸ στόματος Ιερεμιου ἐν τῷ ἐνιαυτῷ[16]
τῷ τετάρτῳ[17] τῷ Ιωακιμ υἱῷ Ιωσια βασιλέως Ιουδα **32** Οὕτως εἶπεν κύριος ἐπὶ σοί,
Βαρουχ **33** Ὅτι εἶπας Οἴμμοι[18] οἴμμοι, ὅτι προσέθηκεν[19] κύριος κόπον[20] ἐπὶ πόνον[21]
μοι, ἐκοιμήθην[22] ἐν στεναγμοῖς,[23] ἀνάπαυσιν[24] οὐχ εὗρον, **34** εἰπὸν αὐτῷ Οὕτως
εἶπεν κύριος Ἰδοὺ οὓς ἐγὼ ᾠκοδόμησα, ἐγὼ καθαιρῶ,[25] καὶ οὓς ἐγὼ ἐφύτευσα,[26]
ἐγὼ ἐκτίλλω·[27] **35** καὶ σὺ ζητεῖς σεαυτῷ μεγάλα; μὴ ζητήσῃς, ὅτι ἰδοὺ ἐγὼ ἐπάγω[28]
κακὰ ἐπὶ πᾶσαν σάρκα, λέγει κύριος, καὶ δώσω τὴν ψυχήν σου εἰς εὕρεμα[29] ἐν παντὶ
τόπῳ, οὗ[30] ἐὰν βαδίσῃς[31] ἐκεῖ.

The Fall of Jerusalem and Its Temple

52 Ὄντος εἰκοστοῦ[32] καὶ ἑνὸς ἔτους Σεδεκιου ἐν τῷ βασιλεύειν[33] αὐτόν, καὶ
ἕνδεκα[34] ἔτη ἐβασίλευσεν[35] ἐν Ιερουσαλημ, καὶ ὄνομα τῇ μητρὶ αὐτοῦ
Αμιτααλ θυγάτηρ[36] Ιερεμιου ἐκ Λοβενα, **4** καὶ ἐγένετο ἐν τῷ ἔτει τῷ ἐνάτῳ[37] τῆς

1 γρηγορέω, *perf act ind 1s*, watch over
2 κακόω, *aor act inf*, afflict
3 ἀγαθόω, *aor act inf*, do good
4 ἐκλείπω, *fut act ind 3p*, cease, die
5 ῥομφαία, sword
6 λιμός, famine
7 ἐκλείπω, *aor act sub 3p*, cease, die
8 ῥομφαία, sword
9 ὀλίγος, few
10 ἀριθμός, number
11 κατάλοιπος, remnant
12 καθίστημι, *aor act ptc nom p m*, establish
13 ἐμμένω, *fut act ind 3s*, endure
14 ἐπισκέπτομαι, *fut mid ind 1s*, visit (in judgment)
15 καθά, just as
16 ἐνιαυτός, year
17 τέταρτος, fourth
18 οἴμμοι, woe!, alas!
19 προστίθημι, *aor act ind 3s*, add to
20 κόπος, trouble, suffering
21 πόνος, affliction, distress
22 κοιμάω, *aor pas ind 1s*, sleep
23 στεναγμός, sighing, groaning
24 ἀνάπαυσις, rest, repose
25 καθαίρω, *pres act ind 1s*, destroy
26 φυτεύω, *aor act ind 1s*, plant
27 ἐκτίλλω, *pres act ind 1s*, pluck up
28 ἐπάγω, *pres act ind 1s*, bring upon
29 εὕρεμα, windfall
30 οὗ, where
31 βαδίζω, *aor act sub 2s*, go
32 εἰκοστός, twentieth
33 βασιλεύω, *pres act inf*, reign as king
34 ἕνδεκα, eleven
35 βασιλεύω, *aor act ind 3s*, reign as king
36 θυγάτηρ, daughter
37 ἔνατος, ninth

βασιλείας αὐτοῦ ἐν μηνὶ[1] τῷ δεκάτῳ[2] δεκάτῃ τοῦ μηνὸς ἦλθεν Ναβουχοδονοσορ
βασιλεὺς Βαβυλῶνος καὶ πᾶσα ἡ δύναμις αὐτοῦ ἐπὶ Ιερουσαλημ καὶ περιεχαρά-
κωσαν[3] αὐτὴν καὶ περιῳκοδόμησαν[4] αὐτὴν τετραπέδοις[5] λίθοις κύκλῳ.[6] **5** καὶ ἦλθεν
ἡ πόλις εἰς συνοχὴν[7] ἕως ἑνδεκάτου[8] ἔτους τῷ βασιλεῖ Σεδεκια· **6** ἐν τῇ ἐνάτῃ[9]
τοῦ μηνὸς[10] καὶ ἐστερεώθη[11] ὁ λιμὸς[12] ἐν τῇ πόλει, καὶ οὐκ ἦσαν ἄρτοι τῷ λαῷ τῆς
γῆς. **7** καὶ διεκόπη[13] ἡ πόλις, καὶ πάντες οἱ ἄνδρες οἱ πολεμισταὶ[14] ἐξῆλθον νυκτὸς
κατὰ τὴν ὁδὸν τῆς πύλης[15] ἀνὰ μέσον[16] τοῦ τείχους[17] καὶ τοῦ προτειχίσματος,[18] ὃ
ἦν κατὰ τὸν κῆπον[19] τοῦ βασιλέως, καὶ οἱ Χαλδαῖοι ἐπὶ τῆς πόλεως κύκλῳ.[20] καὶ
ἐπορεύθησαν ὁδὸν τὴν εἰς Αραβα, **8** καὶ κατεδίωξεν[21] ἡ δύναμις τῶν Χαλδαίων
ὀπίσω τοῦ βασιλέως καὶ κατέλαβον[22] αὐτὸν ἐν τῷ πέραν[23] Ιεριχω, καὶ πάντες οἱ
παῖδες[24] αὐτοῦ διεσπάρησαν[25] ἀπ᾽ αὐτοῦ. **9** καὶ συνέλαβον[26] τὸν βασιλέα καὶ ἤγαγον
αὐτὸν πρὸς τὸν βασιλέα Βαβυλῶνος εἰς Δεβλαθα, καὶ ἐλάλησεν αὐτῷ μετὰ κρίσεως·
10 καὶ ἔσφαξεν[27] βασιλεὺς Βαβυλῶνος τοὺς υἱοὺς Σεδεκιου κατ᾽ ὀφθαλμοὺς αὐτοῦ,
καὶ πάντας τοὺς ἄρχοντας Ιουδα ἔσφαξεν ἐν Δεβλαθα· **11** καὶ τοὺς ὀφθαλμοὺς
Σεδεκιου ἐξετύφλωσεν[28] καὶ ἔδησεν[29] αὐτὸν ἐν πέδαις,[30] καὶ ἤγαγεν αὐτὸν βασιλεὺς
Βαβυλῶνος εἰς Βαβυλῶνα καὶ ἔδωκεν αὐτὸν εἰς οἰκίαν μυλῶνος[31] ἕως ἡμέρας ἧς
ἀπέθανεν.

12 Καὶ ἐν μηνὶ[32] πέμπτῳ[33] δεκάτῃ[34] τοῦ μηνὸς ἦλθεν Ναβουζαρδαν ὁ ἀρχιμάγειρος[35]
ὁ ἑστηκὼς κατὰ πρόσωπον τοῦ βασιλέως Βαβυλῶνος εἰς Ιερουσαλημ. **13** καὶ ἐν-
έπρησεν[36] τὸν οἶκον κυρίου καὶ τὸν οἶκον τοῦ βασιλέως καὶ πάσας τὰς οἰκίας
τῆς πόλεως, καὶ πᾶσαν οἰκίαν μεγάλην ἐνέπρησεν ἐν πυρί. **14** καὶ πᾶν τεῖχος[37]
Ιερουσαλημ κύκλῳ[38] καθεῖλεν[39] ἡ δύναμις τῶν Χαλδαίων ἡ μετὰ τοῦ ἀρχιμαγείρου.[40]

1 μήν, month
2 δέκατος, tenth
3 περιχαρακόω, *aor act ind 3p*, besiege
4 περιοικοδομέω, *aor act ind 3p*, build ramparts around
5 τετράπεδος, four-sided
6 κύκλῳ, all around
7 συνοχή, siege, distress
8 ἑνδέκατος, eleventh
9 ἔνατος, ninth
10 μήν, month
11 στερεόω, *aor pas ind 3s*, be severe
12 λιμός, famine, hunger
13 διακόπτω, *aor pas ind 3s*, breach
14 πολεμιστής, warrior
15 πύλη, gate
16 ἀνὰ μέσον, by means of
17 τεῖχος, city wall
18 προτείχισμα, outer fortification
19 κῆπος, orchard
20 κύκλῳ, all around
21 καταδιώκω, *aor act ind 3s*, pursue
22 καταλαμβάνω, *aor act ind 3p*, overtake, capture
23 πέραν, on the other side
24 παῖς, servant
25 διασπείρω, *aor pas ind 3p*, scatter
26 συλλαμβάνω, *aor act ind 3p*, lay hold of, arrest
27 σφάζω, *aor act ind 3s*, slaughter
28 ἐκτυφλόω, *aor act ind 3s*, make blind
29 δέω, *aor act ind 3s*, bind
30 πέδη, fetter, shackle
31 μυλών, milling, grinding
32 μήν, month
33 πέμπτος, fifth
34 δέκατος, tenth
35 ἀρχιμάγειρος, chief of the royal guard
36 ἐμπίμπρημι, *aor act ind 3s*, set on fire
37 τεῖχος, city wall
38 κύκλῳ, all around
39 καθαιρέω, *aor act ind 3s*, tear down
40 ἀρχιμάγειρος, chief of the royal guard

16 καὶ τοὺς καταλοίπους[1] τοῦ λαοῦ κατέλιπεν[2] ὁ ἀρχιμάγειρος[3] εἰς ἀμπελουργοὺς[4] καὶ εἰς γεωργούς.[5]

17 καὶ τοὺς στύλους[6] τοὺς χαλκοῦς[7] τοὺς ἐν οἴκῳ κυρίου καὶ τὰς βάσεις[8] καὶ τὴν
θάλασσαν τὴν χαλκῆν τὴν ἐν οἴκῳ κυρίου συνέτριψαν[9] οἱ Χαλδαῖοι καὶ ἔλαβον
τὸν χαλκὸν αὐτῶν καὶ ἀπήνεγκαν[10] εἰς Βαβυλῶνα. **18** καὶ τὴν στεφάνην[11] καὶ τὰς
φιάλας[12] καὶ τὰς κρεάγρας[13] καὶ πάντα τὰ σκεύη[14] τὰ χαλκᾶ,[15] ἐν οἷς ἐλειτούργουν[16]
ἐν αὐτοῖς, **19** καὶ τὰ σαφφωθ[17] καὶ τὰ μασμαρωθ[18] καὶ τοὺς ὑποχυτῆρας[19] καὶ τὰς
λυχνίας[20] καὶ τὰς θυίσκας[21] καὶ τοὺς κυάθους,[22] ἃ ἦν χρυσᾶ[23] χρυσᾶ καὶ ἃ ἦν ἀργυρᾶ[24]
ἀργυρᾶ, ἔλαβεν ὁ ἀρχιμάγειρος.[25] **20** καὶ οἱ στῦλοι[26] δύο καὶ ἡ θάλασσα μία καὶ
οἱ μόσχοι[27] δώδεκα[28] χαλκοῖ[29] ὑποκάτω[30] τῆς θαλάσσης, ἃ ἐποίησεν ὁ βασιλεὺς
Σαλωμων εἰς οἶκον κυρίου· οὐκ ἦν σταθμὸς[31] τοῦ χαλκοῦ αὐτῶν. **21** καὶ οἱ στῦλοι,[32]
τριάκοντα[33] πέντε πηχῶν[34] ὕψος[35] τοῦ στύλου τοῦ ἑνός, καὶ σπαρτίον[36] δώδεκα[37]
πήχεων περιεκύκλου[38] αὐτόν, καὶ τὸ πάχος[39] αὐτοῦ δακτύλων[40] τεσσάρων[41] κύκλῳ,[42]
22 καὶ γεῖσος[43] ἐπ' αὐτοῖς χαλκοῦν,[44] καὶ πέντε πήχεων[45] τὸ μῆκος[46] ὑπεροχὴ[47] τοῦ
γείσους τοῦ ἑνός, καὶ δίκτυον[48] καὶ ῥόαι[49] ἐπὶ τοῦ γείσους κύκλῳ,[50] τὰ πάντα χαλκᾶ·
καὶ κατὰ ταῦτα τῷ στύλῳ[51] τῷ δευτέρῳ, ὀκτὼ[52] ῥόαι τῷ πήχει τοῖς δώδεκα[53] πήχεσιν.

1 κατάλοιπος, remnant
2 καταλείπω, *aor act ind 3s*, leave behind
3 ἀρχιμάγειρος, chief of the royal guard
4 ἀμπελουργός, vinedresser
5 γεωργός, farmer
6 στῦλος, pillar
7 χαλκοῦς, bronze
8 βάσις, base
9 συντρίβω, *aor act ind 3p*, break in pieces
10 ἀποφέρω, *aor act ind 3p*, carry away
11 στεφάνη, molding, rim
12 φιάλη, shallow bowl, cup
13 κρεάγρα, meat hook
14 σκεῦος, equipment, vessel
15 χαλκοῦς, bronze
16 λειτουργέω, *impf act ind 3p*, minister
17 σαφφωθ, basins?, *translit.*
18 μασμαρωθ, snuffers?, *translit.*
19 ὑποχύτηρ, pitcher
20 λυχνία, lampstand
21 θυίσκας, censer
22 κύαθος, cup, ladle
23 χρυσοῦς, gold
24 ἀργυροῦς, silver
25 ἀρχιμάγειρος, chief of the royal guard
26 στῦλος, pillar
27 μόσχος, calf
28 δώδεκα, twelve
29 χαλκοῦς, bronze
30 ὑποκάτω, beneath, under
31 σταθμός, weighing
32 στῦλος, pillar
33 τριάκοντα, thirty
34 πῆχυς, cubit
35 ὕψος, high
36 σπαρτίον, measuring cord
37 δώδεκα, twelve
38 περικυκλόω, *impf act ind 3s*, encircle
39 πάχος, thickness
40 δάκτυλος, finger's breadth
41 τέσσαρες, four
42 κύκλῳ, around
43 γεῖσος, cornice
44 χαλκοῦς, bronze
45 πῆχυς, cubit
46 μῆκος, length
47 ὑπεροχή, excess
48 δίκτυον, lattice
49 ῥόα, pomegranate
50 κύκλῳ, around
51 στῦλος, pillar
52 ὀκτώ, eight
53 δώδεκα, twelve

23 καὶ ἦσαν αἱ ῥόαι[1] ἐνενήκοντα[2] ἓξ[3] τὸ ἓν μέρος, καὶ ἦσαν αἱ πᾶσαι ῥόαι ἐπὶ τοῦ
δικτύου[4] κύκλῳ[5] ἑκατόν.[6]

Exile of the People to Babylon

24 καὶ ἔλαβεν ὁ ἀρχιμάγειρος[7] τὸν ἱερέα τὸν πρῶτον καὶ τὸν ἱερέα τὸν δευτερεύ-
οντα[8] καὶ τοὺς τρεῖς τοὺς φυλάττοντας[9] τὴν ὁδὸν **25** καὶ εὐνοῦχον[10] ἕνα, ὃς ἦν
ἐπιστάτης[11] τῶν ἀνδρῶν τῶν πολεμιστῶν,[12] καὶ ἑπτὰ ἄνδρας ὀνομαστοὺς[13] τοὺς
ἐν προσώπῳ τοῦ βασιλέως τοὺς εὑρεθέντας ἐν τῇ πόλει καὶ τὸν γραμματέα[14] τῶν
δυνάμεων τὸν γραμματεύοντα[15] τῷ λαῷ τῆς γῆς καὶ ἑξήκοντα[16] ἀνθρώπους ἐκ
τοῦ λαοῦ τῆς γῆς τοὺς εὑρεθέντας ἐν μέσῳ τῆς πόλεως· **26** καὶ ἔλαβεν αὐτοὺς
Ναβουζαρδαν ὁ ἀρχιμάγειρος[17] καὶ ἤγαγεν αὐτοὺς πρὸς βασιλέα Βαβυλῶνος εἰς
Δεβλαθα, **27** καὶ ἐπάταξεν[18] αὐτοὺς βασιλεὺς Βαβυλῶνος ἐν Δεβλαθα ἐν γῇ Αιμαθ.

Release of Jehoiachin

31 Καὶ ἐγένετο ἐν τῷ τριακοστῷ[19] καὶ ἑβδόμῳ[20] ἔτει ἀποικισθέντος[21] τοῦ Ιωακιμ
βασιλέως Ιουδα ἐν τῷ δωδεκάτῳ[22] μηνὶ[23] ἐν τῇ τετράδι[24] καὶ εἰκάδι[25] τοῦ μηνὸς
ἔλαβεν Ουλαιμαραδαχ βασιλεὺς Βαβυλῶνος ἐν τῷ ἐνιαυτῷ,[26] ᾧ ἐβασίλευσεν,[27] τὴν
κεφαλὴν Ιωακιμ βασιλέως Ιουδα καὶ ἐξήγαγεν[28] αὐτὸν ἐξ οἰκίας, ἧς ἐφυλάττετο·[29]
32 καὶ ἐλάλησεν αὐτῷ χρηστὰ[30] καὶ ἔδωκεν τὸν θρόνον αὐτοῦ ἐπάνω[31] τῶν θρόνων
τῶν βασιλέων τῶν μετ᾽ αὐτοῦ ἐν Βαβυλῶνι· **33** καὶ ἤλλαξεν[32] τὴν στολὴν[33] τῆς
φυλακῆς αὐτοῦ καὶ ἤσθιεν ἄρτον διὰ παντὸς κατὰ πρόσωπον αὐτοῦ πάσας τὰς
ἡμέρας, ἃς ἔζησεν· **34** καὶ ἡ σύνταξις[34] αὐτῷ ἐδίδοτο διὰ παντὸς παρὰ τοῦ βασιλέως
Βαβυλῶνος ἐξ ἡμέρας εἰς ἡμέραν ἕως ἡμέρας, ἧς ἀπέθανεν.

1 ῥόα, pomegranate
2 ἐνενήκοντα, ninety
3 ἕξ, six
4 δίκτυον, lattice
5 κύκλῳ, all around
6 ἑκατόν, one hundred
7 ἀρχιμάγειρος, chief of the royal guard
8 δευτερεύω, *pres act ptc acc s m*, rank second
9 φυλάττω (σσ), *pres act ptc acc p m*, guard
10 εὐνοῦχος, eunuch
11 ἐπιστάτης, overseer
12 πολεμιστής, warrior
13 ὀνομαστός, renowned
14 γραμματεύς, scribe
15 γραμματεύω, *pres act ptc acc s m*, serve as scribe
16 ἑξήκοντα, sixty
17 ἀρχιμάγειρος, chief of the royal guard
18 πατάσσω, *aor act ind 3s*, strike, smite
19 τριακοστός, thirtieth
20 ἕβδομος, seventh
21 ἀποικίζω, *aor pas ptc gen s m*, send into exile
22 δωδέκατος, twelfth
23 μήν, month
24 τετράς, fourth
25 εἰκάς, twentieth
26 ἐνιαυτός, year
27 βασιλεύω, *aor act ind 3s*, become king
28 ἐξάγω, *aor act ind 3s*, bring out
29 φυλάττω (σσ), *impf pas ind 3s*, guard
30 χρηστός, kind
31 ἐπάνω, above
32 ἀλλάσσω, *aor act ind 3s*, exchange
33 στολή, garment
34 σύνταξις, portion, allowance

ΒΑΡΟΥΧ
Baruch

Baruch with the Jews in Babylon

1 Καὶ οὗτοι οἱ λόγοι τοῦ βιβλίου, οὓς ἔγραψεν Βαρουχ υἱὸς Νηριου υἱοῦ Μαασαιου υἱοῦ Σεδεκιου υἱοῦ Ασαδιου υἱοῦ Χελκιου ἐν Βαβυλῶνι **2** ἐν τῷ ἔτει τῷ πέμπτῳ[1] ἐν ἑβδόμῃ[2] τοῦ μηνὸς[3] ἐν τῷ καιρῷ, ᾧ ἔλαβον οἱ Χαλδαῖοι τὴν Ιερουσαλημ καὶ ἐνέπρησαν[4] αὐτὴν ἐν πυρί. **3** καὶ ἀνέγνω[5] Βαρουχ τοὺς λόγους τοῦ βιβλίου τούτου ἐν ὠσὶν Ιεχονιου υἱοῦ Ιωακιμ βασιλέως Ιουδα καὶ ἐν ὠσὶ παντὸς τοῦ λαοῦ τῶν ἐρχομένων πρὸς τὴν βίβλον **4** καὶ ἐν ὠσὶν τῶν δυνατῶν καὶ υἱῶν τῶν βασιλέων καὶ ἐν ὠσὶ τῶν πρεσβυτέρων καὶ ἐν ὠσὶ παντὸς τοῦ λαοῦ ἀπὸ μικροῦ ἕως μεγάλου, πάντων τῶν κατοικούντων ἐν Βαβυλῶνι ἐπὶ ποταμοῦ[6] Σουδ.

5 καὶ ἔκλαιον καὶ ἐνήστευον[7] καὶ ηὔχοντο[8] ἐναντίον[9] κυρίου **6** καὶ συνήγαγον ἀργύριον,[10] καθὰ[11] ἑκάστου ἠδύνατο ἡ χείρ, **7** καὶ ἀπέστειλαν εἰς Ιερουσαλημ πρὸς Ιωακιμ υἱὸν Χελκιου υἱοῦ Σαλωμ τὸν ἱερέα καὶ πρὸς τοὺς ἱερεῖς καὶ πρὸς πάντα τὸν λαὸν τοὺς εὑρεθέντας μετ᾽ αὐτοῦ ἐν Ιερουσαλημ **8** ἐν τῷ λαβεῖν αὐτὸν τὰ σκεύη[12] οἴκου κυρίου τὰ ἐξενεχθέντα[13] ἐκ τοῦ ναοῦ ἀποστρέψαι[14] εἰς γῆν Ιουδα τῇ δεκάτῃ[15] τοῦ Σιουαν, σκεύη ἀργυρᾶ,[16] ἃ ἐποίησεν Σεδεκιας υἱὸς Ιωσια βασιλεὺς Ιουδα **9** μετὰ τὸ ἀποικίσαι[17] Ναβουχοδονοσορ βασιλέα Βαβυλῶνος τὸν Ιεχονιαν καὶ τοὺς ἄρχοντας καὶ τοὺς δεσμώτας[18] καὶ τοὺς δυνατοὺς καὶ τὸν λαὸν τῆς γῆς ἀπὸ Ιερουσαλημ καὶ ἤγαγεν αὐτὸν εἰς Βαβυλῶνα.

A Letter to Jerusalem

10 καὶ εἶπαν Ἰδοὺ ἀπεστείλαμεν πρὸς ὑμᾶς ἀργύριον,[19] καὶ ἀγοράσατε[20] τοῦ ἀργυρίου ὁλοκαυτώματα[21] καὶ περὶ ἁμαρτίας καὶ λίβανον[22] καὶ ποιήσατε μαννα[23] καὶ

1 πέμπτος, fifth
2 ἕβδομος, seventh
3 μήν, month
4 ἐμπίμπρημι, *aor act ind 3p*, set on fire
5 ἀναγινώσκω, *aor act ind 3s*, read
6 ποταμός, river
7 νηστεύω, *impf act ind 3p*, fast
8 εὔχομαι, *impf mid ind 3p*, pray
9 ἐναντίον, before
10 ἀργύριον, silver
11 καθά, as
12 σκεῦος, vessel
13 ἐκφέρω, *aor pas ptc acc p n*, carry away
14 ἀποστρέφω, *aor act inf*, return, bring back
15 δέκατος, tenth
16 ἀργυροῦς, silver
17 ἀποικίζω, *aor act inf*, send into exile
18 δεσμώτης, captive
19 ἀργύριον, silver
20 ἀγοράζω, *aor act impv 2p*, buy
21 ὁλοκαύτωμα, whole burnt offering
22 λίβανος, frankincense, *Heb. LW*
23 μαννα, manna, *translit.*

ἀνοίσατε[1] ἐπὶ τὸ θυσιαστήριον[2] κυρίου θεοῦ ἡμῶν **11** καὶ προσεύξασθε περὶ τῆς
ζωῆς Ναβουχοδονοσορ βασιλέως Βαβυλῶνος καὶ εἰς ζωὴν Βαλτασαρ υἱοῦ αὐτοῦ,
ἵνα ὦσιν αἱ ἡμέραι αὐτῶν ὡς αἱ ἡμέραι τοῦ οὐρανοῦ ἐπὶ τῆς γῆς. **12** καὶ δώσει κύριος
ἰσχὺν[3] ἡμῖν καὶ φωτίσει[4] τοὺς ὀφθαλμοὺς ἡμῶν, καὶ ζησόμεθα ὑπὸ τὴν σκιὰν[5] Να-
βουχοδονοσορ βασιλέως Βαβυλῶνος καὶ ὑπὸ τὴν σκιὰν Βαλτασαρ υἱοῦ αὐτοῦ καὶ
δουλεύσομεν[6] αὐτοῖς ἡμέρας πολλὰς καὶ εὑρήσομεν χάριν ἐναντίον[7] αὐτῶν. **13** καὶ
προσεύξασθε περὶ ἡμῶν πρὸς κύριον τὸν θεὸν ἡμῶν, ὅτι ἡμάρτομεν τῷ κυρίῳ θεῷ
ἡμῶν, καὶ οὐκ ἀπέστρεψεν[8] ὁ θυμὸς[9] κυρίου καὶ ἡ ὀργὴ αὐτοῦ ἀφ᾽ ἡμῶν ἕως τῆς
ἡμέρας ταύτης.

A Confession of Sin

14 καὶ ἀναγνώσεσθε[10] τὸ βιβλίον τοῦτο, ὃ ἀπεστείλαμεν πρὸς ὑμᾶς ἐξαγορεῦσαι[11]
ἐν οἴκῳ κυρίου ἐν ἡμέρᾳ ἑορτῆς[12] καὶ ἐν ἡμέραις καιροῦ, **15** καὶ ἐρεῖτε Τῷ κυρίῳ θεῷ
ἡμῶν ἡ δικαιοσύνη, ἡμῖν δὲ αἰσχύνη[13] τῶν προσώπων ὡς ἡ ἡμέρα αὕτη, ἀνθρώπῳ
Ιουδα καὶ τοῖς κατοικοῦσιν Ιερουσαλημ **16** καὶ τοῖς βασιλεῦσιν ἡμῶν καὶ τοῖς
ἄρχουσιν ἡμῶν καὶ τοῖς ἱερεῦσιν ἡμῶν καὶ τοῖς προφήταις ἡμῶν καὶ τοῖς πατράσιν
ἡμῶν, **17** ὧν ἡμάρτομεν ἔναντι[14] κυρίου **18** καὶ ἠπειθήσαμεν[15] αὐτῷ καὶ οὐκ ἠκού-
σαμεν τῆς φωνῆς κυρίου θεοῦ ἡμῶν πορεύεσθαι τοῖς προστάγμασιν[16] κυρίου,
οἷς ἔδωκεν κατὰ πρόσωπον ἡμῶν. **19** ἀπὸ τῆς ἡμέρας, ἧς ἐξήγαγεν[17] κύριος τοὺς
πατέρας ἡμῶν ἐκ γῆς Αἰγύπτου, καὶ ἕως τῆς ἡμέρας ταύτης ἤμεθα ἀπειθοῦντες[18]
πρὸς κύριον θεὸν ἡμῶν καὶ ἐσχεδιάζομεν[19] πρὸς τὸ μὴ ἀκούειν τῆς φωνῆς αὐτοῦ.
20 καὶ ἐκολλήθη[20] εἰς ἡμᾶς τὰ κακὰ καὶ ἡ ἀρά,[21] ἣν συνέταξεν[22] κύριος τῷ Μωυσῇ
παιδὶ[23] αὐτοῦ ἐν ἡμέρᾳ, ᾗ ἐξήγαγεν[24] τοὺς πατέρας ἡμῶν ἐκ γῆς Αἰγύπτου δοῦναι
ἡμῖν γῆν ῥέουσαν[25] γάλα[26] καὶ μέλι[27] ὡς ἡ ἡμέρα αὕτη. **21** καὶ οὐκ ἠκούσαμεν
τῆς φωνῆς κυρίου τοῦ θεοῦ ἡμῶν κατὰ πάντας τοὺς λόγους τῶν προφητῶν, ὧν
ἀπέστειλεν πρὸς ἡμᾶς, **22** καὶ ᾠχόμεθα[28] ἕκαστος ἐν διανοίᾳ[29] καρδίας αὐτοῦ τῆς
πονηρᾶς ἐργάζεσθαι θεοῖς ἑτέροις ποιῆσαι τὰ κακὰ κατ᾽ ὀφθαλμοὺς κυρίου θεοῦ
ἡμῶν.

1 ἀναφέρω, *aor act impv 2p*, offer up
2 θυσιαστήριον, altar
3 ἰσχύς, strength
4 φωτίζω, *fut act ind 3s*, illumine
5 σκιά, shadow
6 δουλεύω, *fut act ind 1p*, serve
7 ἐναντίον, before
8 ἀποστρέφω, *aor act ind 3s*, turn away
9 θυμός, wrath
10 ἀναγινώσκω, *fut mid ind 2p*, read
11 ἐξαγορεύω, *aor act inf*, confess, declare
12 ἑορτή, feast
13 αἰσχύνη, shame
14 ἔναντι, before
15 ἀπειθέω, *aor act ind 1p*, disobey
16 πρόσταγμα, decree
17 ἐξάγω, *aor act ind 3s*, bring out
18 ἀπειθέω, *pres act ptc nom p m*, disobey
19 σχεδιάζω, *impf act ind 1p*, act carelessly
20 κολλάω, *aor pas ind 3s*, cling to
21 ἄρα, curse
22 συντάσσω, *aor act ind 3s*, order, instruct
23 παῖς, servant
24 ἐξάγω, *aor act ind 3s*, bring out
25 ῥέω, *pres act ptc acc s f*, flow
26 γάλα, milk
27 μέλι, honey
28 οἴχομαι, *impf mid ind 1p*, depart
29 διάνοια, intention, thought

2 καὶ ἔστησεν κύριος τὸν λόγον αὐτοῦ, ὃν ἐλάλησεν ἐφ᾽ ἡμᾶς καὶ ἐπὶ τοὺς δικαστὰς[1] ἡμῶν τοὺς δικάσαντας[2] τὸν Ισραηλ καὶ ἐπὶ τοὺς βασιλεῖς ἡμῶν καὶ ἐπὶ τοὺς ἄρχοντας ἡμῶν καὶ ἐπὶ ἄνθρωπον Ισραηλ καὶ Ιουδα. **2** οὐκ ἐποιήθη ὑποκάτω[3] παντὸς τοῦ οὐρανοῦ καθὰ[4] ἐποίησεν ἐν Ιερουσαλημ κατὰ τὰ γεγραμμένα ἐν τῷ νόμῳ Μωυσῆ **3** τοῦ φαγεῖν ἡμᾶς ἄνθρωπον σάρκας υἱοῦ αὐτοῦ καὶ ἄνθρωπον σάρκας θυγατρὸς[5] αὐτοῦ. **4** καὶ ἔδωκεν αὐτοὺς ὑποχειρίους[6] πάσαις ταῖς βασιλείαις ταῖς κύκλῳ[7] ἡμῶν εἰς ὀνειδισμὸν[8] καὶ εἰς ἄβατον[9] ἐν πᾶσι τοῖς λαοῖς τοῖς κύκλῳ, οὗ[10] διέσπειρεν[11] αὐτοὺς κύριος ἐκεῖ. **5** καὶ ἐγενήθησαν ὑποκάτω[12] καὶ οὐκ ἐπάνω,[13] ὅτι ἡμάρτομεν κυρίῳ θεῷ ἡμῶν πρὸς τὸ μὴ ἀκούειν τῆς φωνῆς αὐτοῦ.

6 τῷ κυρίῳ θεῷ ἡμῶν ἡ δικαιοσύνη, ἡμῖν δὲ καὶ τοῖς πατράσιν ἡμῶν ἡ αἰσχύνη[14] τῶν προσώπων ὡς ἡ ἡμέρα αὕτη. **7** ἃ ἐλάλησεν κύριος ἐφ᾽ ἡμᾶς, πάντα τὰ κακὰ ταῦτα ἦλθεν ἐφ᾽ ἡμᾶς. **8** καὶ οὐκ ἐδεήθημεν[15] τοῦ προσώπου κυρίου τοῦ ἀποστρέψαι[16] ἕκαστον ἀπὸ τῶν νοημάτων[17] τῆς καρδίας αὐτῶν τῆς πονηρᾶς. **9** καὶ ἐγρηγόρησεν[18] κύριος ἐπὶ τοῖς κακοῖς, καὶ ἐπήγαγε[19] κύριος ἐφ᾽ ἡμᾶς, ὅτι δίκαιος ὁ κύριος ἐπὶ πάντα τὰ ἔργα αὐτοῦ, ἃ ἐνετείλατο[20] ἡμῖν. **10** καὶ οὐκ ἠκούσαμεν τῆς φωνῆς αὐτοῦ πορεύεσθαι τοῖς προστάγμασιν[21] κυρίου, οἷς ἔδωκεν κατὰ πρόσωπον ἡμῶν.

Prayer for Deliverance

11 καὶ νῦν, κύριε ὁ θεὸς Ισραηλ, ὃς ἐξήγαγες[22] τὸν λαόν σου ἐκ γῆς Αἰγύπτου ἐν χειρὶ κραταιᾷ[23] καὶ ἐν σημείοις καὶ ἐν τέρασιν[24] καὶ ἐν δυνάμει μεγάλῃ καὶ ἐν βραχίονι[25] ὑψηλῷ[26] καὶ ἐποίησας σεαυτῷ ὄνομα ὡς ἡ ἡμέρα αὕτη, **12** ἡμάρτομεν ἠσεβήσαμεν[27] ἠδικήσαμεν,[28] κύριε ὁ θεὸς ἡμῶν, ἐπὶ πᾶσιν τοῖς δικαιώμασίν[29] σου. **13** ἀποστραφήτω[30] ὁ θυμός[31] σου ἀφ᾽ ἡμῶν, ὅτι κατελείφθημεν[32] ὀλίγοι[33] ἐν τοῖς ἔθνεσιν, οὗ[34] διέσπειρας[35] ἡμᾶς ἐκεῖ. **14** εἰσάκουσον,[36] κύριε, τῆς προσευχῆς ἡμῶν καὶ τῆς δεήσεως[37] ἡμῶν καὶ ἐξελοῦ[38] ἡμᾶς ἕνεκεν[39] σοῦ καὶ δὸς ἡμῖν χάριν κατὰ

1 δικαστής, judge
2 δικάζω, *aor act ptc acc p m*, judge
3 ὑποκάτω, beneath, under
4 καθά, as
5 θυγάτηρ, daughter
6 ὑποχείριος, one in subjection
7 κύκλῳ, round about
8 ὀνειδισμός, reproach, insult
9 ἄβατος, impassable, desolate
10 οὗ, where
11 διασπείρω, *aor act ind 3s*, scatter
12 ὑποκάτω, beneath
13 ἐπάνω, above
14 αἰσχύνη, shame
15 δέομαι, *aor pas ind 1p*, beseech, supplicate
16 ἀποστρέφω, *aor act inf*, turn away
17 νόημα, thought, design
18 γρηγορέω, *aor act ind 3s*, watch over
19 ἐπάγω, *aor act ind 3s*, bring upon
20 ἐντέλλομαι, *aor mid ind 3s*, command
21 πρόσταγμα, decree
22 ἐξάγω, *aor act ind 2s*, bring out
23 κραταιός, strong
24 τέρας, wonder
25 βραχίων, arm
26 ὑψηλός, high, upraised
27 ἀσεβέω, *aor act ind 1p*, act profanely
28 ἀδικέω, *aor act ind 1p*, act unjustly
29 δικαίωμα, ordinance
30 ἀποστρέφω, *aor pas impv 3s*, turn back
31 θυμός, wrath
32 καταλείπω, *aor pas ind 1p*, leave behind
33 ὀλίγος, few (in number)
34 οὗ, where
35 διασπείρω, *aor act ind 2s*, scatter
36 εἰσακούω, *aor act impv 2s*, hear, listen
37 δέησις, petition, supplication
38 ἐξαιρέω, *aor mid impv 2s*, deliver, rescue
39 ἕνεκα, for the sake of

πρόσωπον τῶν ἀποικισάντων[1] ἡμᾶς, **15** ἵνα γνῷ πᾶσα ἡ γῆ ὅτι σὺ κύριος ὁ θεὸς
ἡμῶν, ὅτι τὸ ὄνομά σου ἐπεκλήθη[2] ἐπὶ Ισραηλ καὶ ἐπὶ τὸ γένος[3] αὐτοῦ. **16** κύριε,
κάτιδε[4] ἐκ τοῦ οἴκου τοῦ ἁγίου σου καὶ ἐννόησον[5] εἰς ἡμᾶς· κλῖνον,[6] κύριε, τὸ οὖς
σου καὶ ἄκουσον· **17** ἄνοιξον, κύριε, τοὺς ὀφθαλμούς σου καὶ ἰδέ· ὅτι οὐχ οἱ τεθνη-
κότες[7] ἐν τῷ ᾅδῃ,[8] ὧν ἐλήμφθη τὸ πνεῦμα αὐτῶν ἀπὸ τῶν σπλάγχνων[9] αὐτῶν,
δώσουσιν δόξαν καὶ δικαίωμα[10] τῷ κυρίῳ, **18** ἀλλὰ ἡ ψυχὴ ἡ λυπουμένη[11] ἐπὶ τὸ
μέγεθος,[12] ὃ βαδίζει[13] κύπτον[14] καὶ ἀσθενοῦν[15] καὶ οἱ ὀφθαλμοὶ οἱ ἐκλείποντες[16] καὶ
ἡ ψυχὴ ἡ πεινῶσα[17] δώσουσίν σοι δόξαν καὶ δικαιοσύνην, κύριε.

19 ὅτι οὐκ ἐπὶ τὰ δικαιώματα[18] τῶν πατέρων ἡμῶν καὶ τῶν βασιλέων ἡμῶν ἡμεῖς
καταβάλλομεν[19] τὸν ἔλεον[20] ἡμῶν κατὰ πρόσωπόν σου, κύριε ὁ θεὸς ἡμῶν, **20** ὅτι
ἐνῆκας[21] τὸν θυμόν[22] σου καὶ τὴν ὀργήν σου εἰς ἡμᾶς, καθάπερ[23] ἐλάλησας ἐν χειρὶ
τῶν παίδων[24] σου τῶν προφητῶν λέγων **21** Οὕτως εἶπεν κύριος Κλίνατε[25] τὸν
ὦμον[26] ὑμῶν καὶ ἐργάσασθε τῷ βασιλεῖ Βαβυλῶνος καὶ καθίσατε ἐπὶ τὴν γῆν, ἣν
ἔδωκα τοῖς πατράσιν ὑμῶν· **22** καὶ ἐὰν μὴ ἀκούσητε τῆς φωνῆς κυρίου ἐργάσασθαι
τῷ βασιλεῖ Βαβυλῶνος, **23** ἐκλείψειν[27] ποιήσω ἐκ πόλεων Ιουδα καὶ ἔξωθεν[28]
Ιερουσαλημ φωνὴν εὐφροσύνης[29] καὶ φωνὴν χαρμοσύνης,[30] φωνὴν νυμφίου[31]
καὶ φωνὴν νύμφης,[32] καὶ ἔσται πᾶσα ἡ γῆ εἰς ἄβατον[33] ἀπὸ ἐνοικούντων.[34] **24** καὶ
οὐκ ἠκούσαμεν τῆς φωνῆς σου ἐργάσασθαι τῷ βασιλεῖ Βαβυλῶνος, καὶ ἔστησας
τοὺς λόγους σου, οὓς ἐλάλησας ἐν χερσὶν τῶν παίδων[35] σου τῶν προφητῶν τοῦ
ἐξενεχθῆναι[36] τὰ ὀστᾶ[37] βασιλέων ἡμῶν καὶ τὰ ὀστᾶ τῶν πατέρων ἡμῶν ἐκ τοῦ τόπου
αὐτῶν, **25** καὶ ἰδού ἐστιν ἐξερριμμένα[38] τῷ καύματι[39] τῆς ἡμέρας καὶ τῷ παγετῷ[40]
τῆς νυκτός, καὶ ἀπεθάνοσαν ἐν πόνοις[41] πονηροῖς, ἐν λιμῷ[42] καὶ ἐν ῥομφαίᾳ[43] καὶ

1 ἀποικίζω, *aor act ptc gen p m*, send into exile
2 ἐπικαλέω, *aor pas ind 3s*, call upon
3 γένος, nation, race
4 καθοράω, *aor act impv 2s*, look down
5 ἐννοέω, *aor act impv 2s*, consider
6 κλίνω, *aor act impv 2s*, incline
7 θνῄσκω, *perf act ptc nom p m*, die
8 ᾅδης, underworld, Hades
9 σπλάγχνον, inward parts
10 δικαίωμα, plea of justification
11 λυπέω, *pres mid ptc nom s f*, grieve
12 μέγεθος, greatness, stature
13 βαδίζω, *pres act ind 3s*, walk
14 κύπτω, *pres act ptc nom s n*, bend over, bow
15 ἀσθενέω, *pres act ptc nom s n*, be weak
16 ἐκλείπω, *pres act ptc nom p m*, fail
17 πεινάω, *pres act ptc nom s f*, be hungry
18 δικαίωμα, righteous deed
19 καταβάλλω, *pres act ind 1p*, throw down, place before
20 ἔλεος, (act of) mercy
21 ἐνίημι, *aor act ind 2s*, send into, bring
22 θυμός, wrath
23 καθάπερ, just as
24 παῖς, servant
25 κλίνω, *aor act impv 2p*, incline, bend down
26 ὦμος, shoulder
27 ἐκλείπω, *fut act inf*, cease
28 ἔξωθεν, outside
29 εὐφροσύνη, gladness, joy
30 χαρμοσύνη, delight
31 νυμφίος, bridegroom
32 νύμφη, bride
33 ἄβατος, impassable, desolate
34 ἐνοικέω, *pres act ptc gen p m*, inhabit, dwell
35 παῖς, servant
36 ἐκφέρω, *aor pas inf*, carry away
37 ὀστέον, bone
38 ἐκρίπτω, *perf pas ptc nom p n*, cast out
39 καῦμα, heat
40 παγετός, frost
41 πόνος, affliction, pain
42 λιμός, hunger, famine
43 ῥομφαία, sword

ἐν ἀποστολῇ.[1] **26** καὶ ἔθηκας τὸν οἶκον, οὗ[2] ἐπεκλήθη[3] τὸ ὄνομά σου ἐπ᾿ αὐτῷ, ὡς ἡ ἡμέρα αὕτη διὰ πονηρίαν οἴκου Ισραηλ καὶ οἴκου Ιουδα.

Remembering God's Promise

27 καὶ ἐποίησας εἰς ἡμᾶς, κύριε ὁ θεὸς ἡμῶν, κατὰ πᾶσαν ἐπιείκειάν[4] σου καὶ κατὰ
πάντα οἰκτιρμόν[5] σου τὸν μέγαν, **28** καθὰ[6] ἐλάλησας ἐν χειρὶ παιδός[7] σου Μωυσῆ ἐν
ἡμέρᾳ ἐντειλαμένου[8] σου αὐτῷ γράψαι τὸν νόμον σου ἐναντίον[9] υἱῶν Ισραηλ λέγων
29 Ἐὰν μὴ ἀκούσητε τῆς φωνῆς μου, ἦ μὴν[10] ἡ βόμβησις[11] ἡ μεγάλη ἡ πολλὴ αὕτη
ἀποστρέψει[12] εἰς μικρὰν ἐν τοῖς ἔθνεσιν, οὗ[13] διασπερῶ[14] αὐτοὺς ἐκεῖ· **30** ὅτι ἔγνων
ὅτι οὐ μὴ ἀκούσωσίν μου, ὅτι λαὸς σκληροτράχηλός[15] ἐστιν. καὶ ἐπιστρέψουσιν ἐπὶ
καρδίαν αὐτῶν ἐν γῇ ἀποικισμοῦ[16] αὐτῶν **31** καὶ γνώσονται ὅτι ἐγὼ κύριος ὁ θεὸς
αὐτῶν. καὶ δώσω αὐτοῖς καρδίαν καὶ ὦτα ἀκούοντα, **32** καὶ αἰνέσουσίν[17] με ἐν γῇ
ἀποικισμοῦ[18] αὐτῶν καὶ μνησθήσονται[19] τοῦ ὀνόματός μου **33** καὶ ἀποστρέψουσιν[20]
ἀπὸ τοῦ νώτου[21] αὐτῶν τοῦ σκληροῦ[22] καὶ ἀπὸ πονηρῶν πραγμάτων[23] αὐτῶν, ὅτι
μνησθήσονται τῆς ὁδοῦ πατέρων αὐτῶν τῶν ἁμαρτόντων ἔναντι[24] κυρίου. **34** καὶ
ἀποστρέψω[25] αὐτοὺς εἰς τὴν γῆν, ἣν ὤμοσα[26] τοῖς πατράσιν αὐτῶν τῷ Αβρααμ καὶ
τῷ Ισαακ καὶ τῷ Ιακωβ, καὶ κυριεύσουσιν[27] αὐτῆς· καὶ πληθυνῶ[28] αὐτούς, καὶ οὐ
μὴ σμικρυνθῶσιν·[29] **35** καὶ στήσω αὐτοῖς διαθήκην αἰώνιον τοῦ εἶναί με αὐτοῖς εἰς
θεὸν καὶ αὐτοὶ ἔσονταί μοι εἰς λαόν· καὶ οὐ κινήσω[30] ἔτι τὸν λαόν μου Ισραηλ ἀπὸ
τῆς γῆς, ἧς ἔδωκα αὐτοῖς.

3 κύριε παντοκράτωρ[31] ὁ θεὸς Ισραηλ, ψυχὴ ἐν στενοῖς[32] καὶ πνεῦμα ἀκηδιῶν[33]
κέκραγεν[34] πρὸς σέ. **2** ἄκουσον, κύριε, καὶ ἐλέησον,[35] ὅτι ἡμάρτομεν ἐναντίον[36]
σου· **3** ὅτι σὺ καθήμενος τὸν αἰῶνα, καὶ ἡμεῖς ἀπολλύμενοι τὸν αἰῶνα. **4** κύριε
παντοκράτωρ[37] ὁ θεὸς Ισραηλ, ἄκουσον δὴ[38] τῆς προσευχῆς τῶν τεθνηκότων[39]

1 ἀποστολή, exile, sending away
2 οὗ, where
3 ἐπικαλέω, *aor pas ind 3s*, call upon
4 ἐπιείκεια, equity, fairness
5 οἰκτιρμός, compassion
6 καθά, just as
7 παῖς, servant
8 ἐντέλλομαι, *aor mid ptc gen s m*, command
9 ἐναντίον, in the presence of
10 μήν, indeed, surely
11 βόμβησις, buzzing (crowd)
12 ἀποστρέφω, *fut act ind 3s*, turn
13 οὗ, where
14 διασπείρω, *fut act ind 1s*, scatter
15 σκληροτράχηλος, stiff-necked
16 ἀποικισμός, captivity, exile
17 αἰνέω, *fut act ind 3p*, praise
18 ἀποικισμός, captivity, exile
19 μιμνήσκομαι, *fut pas ind 3p*, remember
20 ἀποστρέφω, *fut act ind 3p*, turn away
21 νῶτον, back (of the body)
22 σκληρός, stubborn, stiff
23 πρᾶγμα, deed, action
24 ἔναντι, before
25 ἀποστρέφω, *fut act ind 1s*, return
26 ὄμνυμι, *aor act ind 1s*, swear an oath
27 κυριεύω, *fut act ind 3p*, rule over
28 πληθύνω, *fut act ind 1s*, multiply
29 σμικρύνω, *aor pas sub 3p*, diminish
30 κινέω, *fut act ind 1s*, disturb, drive (away)
31 παντοκράτωρ, almighty
32 στενός, anguish, narrow straits
33 ἀκηδία, exhaustion, weariness
34 κράζω, *perf act ind 3s*, cry out
35 ἐλεέω, *aor act impv 2s*, show mercy
36 ἐναντίον, before
37 παντοκράτωρ, almighty
38 δή, now
39 θνῄσκω, *perf act ptc gen p m*, die

Ισραηλ καὶ υἱῶν τῶν ἁμαρτανόντων ἐναντίον[1] σου, οἳ οὐκ ἤκουσαν τῆς φωνῆς
κυρίου θεοῦ αὐτῶν καὶ ἐκολλήθη[2] ἡμῖν τὰ κακά. **5** μὴ μνησθῇς[3] ἀδικιῶν[4] πατέρων
ἡμῶν, ἀλλὰ μνήσθητι[5] χειρός σου καὶ ὀνόματός σου ἐν τῷ καιρῷ τούτῳ· **6** ὅτι σὺ
κύριος ὁ θεὸς ἡμῶν, καὶ αἰνέσομέν[6] σε, κύριε. **7** ὅτι διὰ τοῦτο ἔδωκας τὸν φόβον
σου ἐπὶ καρδίαν ἡμῶν τοῦ ἐπικαλεῖσθαι[7] τὸ ὄνομά σου, καὶ αἰνέσομέν σε ἐν τῇ
ἀποικίᾳ[8] ἡμῶν, ὅτι ἀπεστρέψαμεν[9] ἀπὸ καρδίας ἡμῶν πᾶσαν ἀδικίαν[10] πατέρων
ἡμῶν τῶν ἡμαρτηκότων ἐναντίον[11] σου. **8** ἰδοὺ ἡμεῖς σήμερον ἐν τῇ ἀποικίᾳ[12] ἡμῶν,
οὗ[13] διέσπειρας[14] ἡμᾶς ἐκεῖ εἰς ὀνειδισμὸν[15] καὶ εἰς ἀρὰν[16] καὶ εἰς ὄφλησιν[17] κατὰ
πάσας τὰς ἀδικίας[18] πατέρων ἡμῶν, οἳ ἀπέστησαν[19] ἀπὸ κυρίου θεοῦ ἡμῶν.

Praise of Wisdom

9 Ἄκουε, Ισραηλ, ἐντολὰς ζωῆς,
ἐνωτίσασθε[20] γνῶναι φρόνησιν.[21]
10 τί ἐστιν, Ισραηλ, τί ὅτι ἐν γῇ τῶν ἐχθρῶν εἶ,
ἐπαλαιώθης[22] ἐν γῇ ἀλλοτρίᾳ,[23]
11 συνεμιάνθης[24] τοῖς νεκροῖς,[25]
προσελογίσθης[26] μετὰ τῶν εἰς ᾅδου;[27]
12 ἐγκατέλιπες[28] τὴν πηγὴν[29] τῆς σοφίας.
13 τῇ ὁδῷ τοῦ θεοῦ εἰ ἐπορεύθης,
κατῴκεις ἂν ἐν εἰρήνῃ τὸν αἰῶνα.
14 μάθε[30] ποῦ ἐστιν φρόνησις,[31]
ποῦ ἐστιν ἰσχύς,[32]
ποῦ ἐστιν σύνεσις[33]

1 ἐναντίον, before
2 κολλάω, *aor pas ind 3s*, cling to
3 μιμνῄσκομαι, *aor pas sub 2s*, remember
4 ἀδικία, wrongdoing, injustice
5 μιμνῄσκομαι, *aor pas impv 2s*, remember
6 αἰνέω, *fut act ind 1p*, praise
7 ἐπικαλέω, *pres mid inf*, call upon
8 ἀποικία, captivity, exile
9 ἀποστρέφω, *aor act ind 1p*, turn away
10 ἀδικία, wrongdoing, injustice
11 ἐναντίον, before
12 ἀποικία, captivity, exile
13 οὗ, where
14 διασπείρω, *aor act ind 2s*, scatter
15 ὀνειδισμός, reproach
16 ἀρά, curse
17 ὄφλησις, punishment
18 ἀδικία, wrongdoing, injustice
19 ἀφίστημι, *aor act ind 3p*, depart
20 ἐνωτίζομαι, *aor mid impv 2p*, give ear, hearken
21 φρόνησις, insight
22 παλαιόω, *aor pas ind 2s*, cause to grow old
23 ἀλλότριος, foreign, strange
24 συμμιαίνω, *aor pas ind 2s*, defile
25 νεκρός, dead
26 προσλογίζομαι, *aor pas ind 2s*, reckon, count
27 ᾅδης, underworld, Hades
28 ἐγκαταλείπω, *aor act ind 2s*, desert, forsake
29 πηγή, spring, source
30 μανθάνω, *aor act impv 2s*, learn
31 φρόνησις, insight
32 ἰσχύς, strength
33 σύνεσις, understanding

τοῦ γνῶναι ἅμα,[1]
ποῦ ἐστιν μακροβίωσις[2] καὶ ζωή,
ποῦ ἐστιν φῶς ὀφθαλμῶν καὶ εἰρήνη.

15 τίς εὗρεν τὸν τόπον αὐτῆς,
καὶ τίς εἰσῆλθεν εἰς τοὺς θησαυροὺς[3] αὐτῆς;
16 ποῦ εἰσιν οἱ ἄρχοντες τῶν ἐθνῶν
καὶ οἱ κυριεύοντες[4] τῶν θηρίων τῶν ἐπὶ τῆς γῆς,
17 οἱ ἐν τοῖς ὀρνέοις[5] τοῦ οὐρανοῦ ἐμπαίζοντες[6]
καὶ τὸ ἀργύριον[7] θησαυρίζοντες[8] καὶ τὸ χρυσίον,[9]
ᾧ ἐπεποίθεισαν[10] ἄνθρωποι,
καὶ οὐκ ἔστιν τέλος τῆς κτήσεως[11] αὐτῶν,
18 οἱ τὸ ἀργύριον[12] τεκταίνοντες[13] καὶ μεριμνῶντες,[14]
καὶ οὐκ ἔστιν ἐξεύρεσις[15] τῶν ἔργων αὐτῶν;
19 ἠφανίσθησαν[16] καὶ εἰς ᾅδου[17] κατέβησαν,
καὶ ἄλλοι ἀντανέστησαν[18] ἀντ᾽[19] αὐτῶν.

20 νεώτεροι[20] εἶδον φῶς καὶ κατῴκησαν ἐπὶ τῆς γῆς,
ὁδὸν δὲ ἐπιστήμης[21] οὐκ ἔγνωσαν
21 οὐδὲ συνῆκαν[22] τρίβους[23] αὐτῆς οὐδὲ ἀντελάβοντο[24] αὐτῆς·
οἱ υἱοὶ αὐτῶν ἀπὸ τῆς ὁδοῦ αὐτῶν πόρρω[25] ἐγενήθησαν.
22 οὐδὲ ἠκούσθη ἐν Χαναα
οὐδὲ ὤφθη ἐν Θαιμαν,
23 οὔτε υἱοὶ Αγαρ οἱ ἐκζητοῦντες[26] τὴν σύνεσιν[27] ἐπὶ τῆς γῆς,
οἱ ἔμποροι[28] τῆς Μερραν καὶ Θαιμαν
οἱ μυθολόγοι[29] καὶ οἱ ἐκζητηταὶ[30] τῆς συνέσεως
ὁδὸν τῆς σοφίας οὐκ ἔγνωσαν
οὐδὲ ἐμνήσθησαν[31] τὰς τρίβους[32] αὐτῆς.

1 ἅμα, at the same time
2 μακροβίωσις, longevity
3 θησαυρός, treasury
4 κυριεύω, *pres act ptc nom p m*, rule over
5 ὄρνεον, bird
6 ἐμπαίζω, *pres act ptc nom p m*, make sport of
7 ἀργύριον, silver
8 θησαυρίζω, *pres act ptc nom p m*, treasure up
9 χρυσίον, gold
10 πείθω, *plpf act ind 3p*, trust
11 κτῆσις, getting, acquisition
12 ἀργύριον, silver
13 τεκταίνω, *pres act ptc nom p m*, scheme after
14 μεριμνάω, *pres act ptc nom p m*, be anxious
15 ἐξεύρεσις, discovery
16 ἀφανίζω, *aor pas ind 3p*, blot out, destroy
17 ᾅδης, underworld, Hades
18 ἀντανίστημι, *aor act ind 3p*, rise up
19 ἀντί, in place of
20 νέος, *comp*, younger
21 ἐπιστήμη, knowledge
22 συνίημι, *aor act ind 3p*, understand
23 τρίβος, path
24 ἀντιλαμβάνομαι, *aor mid ind 3p*, lay hold of
25 πόρρω, far away
26 ἐκζητέω, *pres act ptc nom p m*, seek after
27 σύνεσις, understanding
28 ἔμπορος, merchant, trader
29 μυθολόγος, storyteller
30 ἐκζητητής, seeker, inquirer
31 μιμνῄσκομαι, *aor act ind 3p*, remember
32 τρίβος, path

24 ὦ[1] Ισραηλ, ὡς μέγας ὁ οἶκος τοῦ θεοῦ
καὶ ἐπιμήκης[2] ὁ τόπος τῆς κτήσεως[3] αὐτοῦ·
25 μέγας καὶ οὐκ ἔχει τελευτήν,[4]
ὑψηλὸς[5] καὶ ἀμέτρητος.[6]
26 ἐκεῖ ἐγεννήθησαν οἱ γίγαντες[7] οἱ ὀνομαστοὶ[8] οἱ ἀπ᾽ ἀρχῆς,
γενόμενοι εὐμεγέθεις,[9] ἐπιστάμενοι[10] πόλεμον.
27 οὐ τούτους ἐξελέξατο[11] ὁ θεὸς
οὐδὲ ὁδὸν ἐπιστήμης[12] ἔδωκεν αὐτοῖς·
28 καὶ ἀπώλοντο παρὰ τὸ μὴ ἔχειν φρόνησιν,[13]
ἀπώλοντο διὰ τὴν ἀβουλίαν[14] αὐτῶν.

29 τίς ἀνέβη εἰς τὸν οὐρανὸν καὶ ἔλαβεν αὐτὴν
καὶ κατεβίβασεν[15] αὐτὴν ἐκ τῶν νεφελῶν;[16]
30 τίς διέβη[17] πέραν[18] τῆς θαλάσσης καὶ εὗρεν αὐτὴν
καὶ οἴσει[19] αὐτὴν χρυσίου[20] ἐκλεκτοῦ;[21]
31 οὐκ ἔστιν ὁ γινώσκων τὴν ὁδὸν αὐτῆς
οὐδὲ ὁ ἐνθυμούμενος[22] τὴν τρίβον[23] αὐτῆς·
32 ἀλλὰ ὁ εἰδὼς[24] τὰ πάντα γινώσκει αὐτήν,
ἐξεῦρεν[25] αὐτὴν τῇ συνέσει[26] αὐτοῦ·
ὁ κατασκευάσας[27] τὴν γῆν εἰς τὸν αἰῶνα χρόνον,
ἐνέπλησεν[28] αὐτὴν κτηνῶν[29] τετραπόδων·[30]
33 ὁ ἀποστέλλων τὸ φῶς, καὶ πορεύεται,
ἐκάλεσεν αὐτό, καὶ ὑπήκουσεν[31] αὐτῷ τρόμῳ·[32]
34 οἱ δὲ ἀστέρες[33] ἔλαμψαν[34] ἐν ταῖς φυλακαῖς αὐτῶν
καὶ εὐφράνθησαν,[35]

1 ὦ, O!
2 ἐπιμήκης, extensive
3 κτῆσις, property, possession
4 τελευτή, end
5 ὑψηλός, high
6 ἀμέτρητος, immeasurable
7 γίγας, giant
8 ὀνομαστός, renowned
9 εὐμεγέθης, tall, large
10 ἐπίσταμαι, *pres mid ptc nom p m*, be knowledgeable
11 ἐκλέγω, *aor mid ind 3s*, choose
12 ἐπιστήμη, knowledge
13 φρόνησις, insight
14 ἀβουλία, recklessness
15 καταβιβάζω, *aor act ind 3s*, bring down
16 νεφέλη, cloud
17 διαβαίνω, *aor act ind 3s*, go across
18 πέραν, (other) side
19 φέρω, *fut act ind 3s*, bring, carry
20 χρυσίον, gold
21 ἐκλεκτός, choice
22 ἐνθυμέομαι, *pres mid ptc nom s m*, ponder
23 τρίβος, path
24 οἶδα, *perf act ptc nom s m*, know
25 ἐξευρίσκω, *aor act ind 3s*, discover
26 σύνεσις, understanding
27 κατασκευάζω, *aor act ptc nom s m*, construct
28 ἐμπίμπλημι, *aor act ind 3s*, fill up
29 κτῆνος, animal, (*p*) herd
30 τετράπους, four-footed
31 ὑπακούω, *aor act ind 3s*, obey
32 τρόμος, trembling
33 ἀστήρ, star
34 λάμπω, *aor act ind 3p*, shine
35 εὐφραίνω, *aor pas ind 3p*, rejoice, be glad

35 ἐκάλεσεν αὐτοὺς καὶ εἶπον Πάρεσμεν,[1]
ἔλαμψαν[2] μετ᾽ εὐφροσύνης[3] τῷ ποιήσαντι αὐτούς.
36 οὗτος ὁ θεὸς ἡμῶν,
οὐ λογισθήσεται ἕτερος πρὸς αὐτόν.
37 ἐξεῦρεν[4] πᾶσαν ὁδὸν ἐπιστήμης[5]
καὶ ἔδωκεν αὐτὴν Ιακωβ τῷ παιδὶ[6] αὐτοῦ
καὶ Ισραηλ τῷ ἠγαπημένῳ ὑπ᾽ αὐτοῦ·
38 μετὰ τοῦτο ἐπὶ τῆς γῆς ὤφθη
καὶ ἐν τοῖς ἀνθρώποις συνανεστράφη.[7]

4 αὕτη ἡ βίβλος τῶν προσταγμάτων[8] τοῦ θεοῦ
καὶ ὁ νόμος ὁ ὑπάρχων εἰς τὸν αἰῶνα·
πάντες οἱ κρατοῦντες αὐτῆς εἰς ζωήν,
οἱ δὲ καταλείποντες[9] αὐτὴν ἀποθανοῦνται.
2 ἐπιστρέφου, Ιακωβ, καὶ ἐπιλαβοῦ[10] αὐτῆς,
διόδευσον[11] πρὸς τὴν λάμψιν[12] κατέναντι[13] τοῦ φωτὸς αὐτῆς.
3 μὴ δῷς ἑτέρῳ τὴν δόξαν σου
καὶ τὰ συμφέροντά[14] σοι ἔθνει ἀλλοτρίῳ.[15]
4 μακάριοί[16] ἐσμεν, Ισραηλ,
ὅτι τὰ ἀρεστὰ[17] τῷ θεῷ ἡμῖν γνωστά[18] ἐστιν.

Encouragement for Israel

5 Θαρσεῖτε,[19] λαός μου,
μνημόσυνον[20] Ισραηλ.
6 ἐπράθητε[21] τοῖς ἔθνεσιν οὐκ εἰς ἀπώλειαν,[22]
διὰ δὲ τὸ παροργίσαι[23] ὑμᾶς τὸν θεόν
παρεδόθητε τοῖς ὑπεναντίοις·[24]
7 παρωξύνατε[25] γὰρ τὸν ποιήσαντα ὑμᾶς
θύσαντες[26] δαιμονίοις[27] καὶ οὐ θεῷ.

1 πάρειμι, *pres act ind 1p*, be present
2 λάμπω, *aor act ind 3p*, shine
3 εὐφροσύνη, gladness, joy
4 ἐξευρίσκω, *aor act ind 3s*, discover
5 ἐπιστήμη, knowledge
6 παῖς, servant
7 συναναστρέφω, *aor pas ind 3s*, live among
8 πρόσταγμα, ordinance
9 καταλείπω, *pres act ptc nom p m*, desert, forsake
10 ἐπιλαμβάνω, *aor mid impv 2s*, lay hold of
11 διοδεύω, *aor act impv 2s*, pass through
12 λάμψις, shining, light
13 κατέναντι, in the presence of
14 συμφέρω, *pres act ptc acc p n*, profit, benefit
15 ἀλλότριος, foreign, strange
16 μακάριος, blessed, happy
17 ἀρεστός, pleasing
18 γνωστός, known
19 θαρσέω, *pres act impv 2p*, take courage
20 μνημόσυνον, remembrance
21 πιπράσκω, *aor pas ind 2p*, sell
22 ἀπώλεια, destruction
23 παροργίζω, *aor act inf*, provoke to anger
24 ὑπεναντίος, enemy
25 παροξύνω, *aor act ind 2p*, provoke
26 θύω, *aor act ptc nom p m*, sacrifice
27 δαιμόνιον, demon

8 ἐπελάθεσθε[1] δὲ τὸν τροφεύσαντα[2] ὑμᾶς θεὸν αἰώνιον,
ἐλυπήσατε[3] δὲ καὶ τὴν ἐκθρέψασαν[4] ὑμᾶς Ιερουσαλημ·
9 εἶδεν γὰρ τὴν ἐπελθοῦσαν[5] ὑμῖν ὀργὴν παρὰ τοῦ θεοῦ
καὶ εἶπεν Ἀκούσατε, αἱ πάροικοι[6] Σιων,
ἐπήγαγέν[7] μοι ὁ θεὸς πένθος[8] μέγα·
10 εἶδον γὰρ τὴν αἰχμαλωσίαν[9] τῶν υἱῶν μου καὶ τῶν θυγατέρων,[10]
ἣν ἐπήγαγεν[11] αὐτοῖς ὁ αἰώνιος·
11 ἔθρεψα[12] γὰρ αὐτοὺς μετ᾽ εὐφροσύνης,[13]
ἐξαπέστειλα[14] δὲ μετὰ κλαυθμοῦ[15] καὶ πένθους.[16]
12 μηδεὶς[17] ἐπιχαιρέτω[18] μοι
τῇ χήρᾳ[19] καὶ καταλειφθείσῃ[20] ὑπὸ πολλῶν·
ἠρημώθην[21] διὰ τὰς ἁμαρτίας τῶν τέκνων μου,
διότι[22] ἐξέκλιναν[23] ἐκ νόμου θεοῦ,
13 δικαιώματα[24] δὲ αὐτοῦ οὐκ ἔγνωσαν
οὐδὲ ἐπορεύθησαν ὁδοῖς ἐντολῶν θεοῦ
οὐδὲ τρίβους[25] παιδείας[26] ἐν δικαιοσύνῃ αὐτοῦ ἐπέβησαν.[27]
14 ἐλθάτωσαν αἱ πάροικοι[28] Σιων,
καὶ μνήσθητε[29] τὴν αἰχμαλωσίαν[30] τῶν υἱῶν μου καὶ θυγατέρων,[31]
ἣν ἐπήγαγεν[32] αὐτοῖς ὁ αἰώνιος·
15 ἐπήγαγεν[33] γὰρ ἐπ᾽ αὐτοὺς ἔθνος μακρόθεν,[34]
ἔθνος ἀναιδὲς[35] καὶ ἀλλόγλωσσον,[36]
οἳ οὐκ ᾐσχύνθησαν[37] πρεσβύτην[38]
οὐδὲ παιδίον ἠλέησαν[39]

1 ἐπιλανθάνω, *aor mid ind 2p*, forget
2 τροφεύω, *aor act ptc acc s m*, nurse
3 λυπέω, *aor act ind 2p*, cause grief
4 ἐκτρέφω, *aor act ptc acc s f*, bring up from childhood
5 ἐπέρχομαι, *aor act ptc acc s f*, come upon
6 πάροικος, neighbor
7 ἐπάγω, *aor act ind 3s*, bring upon
8 πένθος, mourning, sorrow
9 αἰχμαλωσία, captivity
10 θυγάτηρ, daughter
11 ἐπάγω, *aor act ind 3s*, bring upon
12 τρέφω, *aor act ind 1s*, nourish, rear
13 εὐφροσύνη, gladness, joy
14 ἐξαποστέλλω, *aor act ind 1s*, send away
15 κλαυθμός, weeping
16 πένθος, mourning, sorrow
17 μηδείς, no one
18 ἐπιχαίρω, *pres act impv 3s*, rejoice
19 χήρα, widow
20 καταλείπω, *aor pas ptc dat s f*, abandon
21 ἐρημόω, *aor pas ind 1s*, make desolate
22 διότι, for, because
23 ἐκκλίνω, *aor act ind 3p*, turn aside from
24 δικαίωμα, ordinance
25 τρίβος, path
26 παιδεία, discipline, instruction
27 ἐπιβαίνω, *aor act ind 3p*, walk upon
28 πάροικος, neighbor
29 μιμνήσκομαι, *aor pas impv 2p*, remember
30 αἰχμαλωσία, captivity
31 θυγάτηρ, daughter
32 ἐπάγω, *aor act ind 3s*, bring upon
33 ἐπάγω, *aor act ind 3s*, bring upon
34 μακρόθεν, from far away
35 ἀναιδής, shameless
36 ἀλλόγλωσσος, speaking a foreign language
37 αἰσχύνω, *aor pas ind 3p*, feel shame before
38 πρεσβύτης, old man
39 ἐλεέω, *aor act ind 3p*, show mercy

16 καὶ ἀπήγαγον[1] τοὺς ἀγαπητοὺς[2] τῆς χήρας[3]
καὶ ἀπὸ τῶν θυγατέρων[4] τὴν μόνην ἠρήμωσαν.[5]

17 ἐγὼ δὲ τί δυνατὴ βοηθῆσαι[6] ὑμῖν;
18 ὁ γὰρ ἐπαγαγὼν[7] τὰ κακὰ ὑμῖν
ἐξελεῖται[8] ὑμᾶς ἐκ χειρὸς ἐχθρῶν ὑμῶν.
19 βαδίζετε,[9] τέκνα, βαδίζετε,
ἐγὼ γὰρ κατελείφθην[10] ἔρημος·
20 ἐξεδυσάμην[11] τὴν στολὴν[12] τῆς εἰρήνης,
ἐνεδυσάμην[13] δὲ σάκκον[14] τῆς δεήσεώς[15] μου,
κεκράξομαι πρὸς τὸν αἰώνιον ἐν ταῖς ἡμέραις μου.

21 θαρσεῖτε,[16] τέκνα, βοήσατε[17] πρὸς τὸν θεόν,
καὶ ἐξελεῖται[18] ὑμᾶς ἐκ δυναστείας,[19] ἐκ χειρὸς ἐχθρῶν.
22 ἐγὼ γὰρ ἤλπισα ἐπὶ τῷ αἰωνίῳ τὴν σωτηρίαν ὑμῶν,
καὶ ἦλθέν μοι χαρὰ[20] παρὰ τοῦ ἁγίου ἐπὶ τῇ ἐλεημοσύνῃ,[21]
ᾗ ἥξει[22] ὑμῖν ἐν τάχει[23] παρὰ τοῦ αἰωνίου σωτῆρος[24] ὑμῶν.
23 ἐξέπεμψα[25] γὰρ ὑμᾶς μετὰ πένθους[26] καὶ κλαυθμοῦ,[27]
ἀποδώσει δέ μοι ὁ θεὸς ὑμᾶς μετὰ χαρμοσύνης[28]
καὶ εὐφροσύνης[29] εἰς τὸν αἰῶνα.
24 ὥσπερ γὰρ νῦν ἑωράκασιν αἱ πάροικοι[30] Σιων τὴν ὑμετέραν[31]
αἰχμαλωσίαν,[32]
οὕτως ὄψονται ἐν τάχει[33] τὴν παρὰ τοῦ θεοῦ ὑμῶν σωτηρίαν,
ἣ ἐπελεύσεται[34] ὑμῖν μετὰ δόξης μεγάλης
καὶ λαμπρότητος[35] τοῦ αἰωνίου.

1 ἀπάγω, *aor act ind 3p*, lead away
2 ἀγαπητός, beloved
3 χήρα, widow
4 θυγάτηρ, daughter
5 ἐρημόω, *aor act ind 3p*, make desolate
6 βοηθέω, *aor act inf*, aid, help
7 ἐπάγω, *aor act ptc nom s m*, bring upon
8 ἐξαιρέω, *fut mid ind 3s*, deliver, rescue
9 βαδίζω, *pres act impv 2p*, go, walk
10 καταλείπω, *aor pas ind 1s*, leave, forsake
11 ἐκδύω, *aor mid ind 1s*, take off
12 στολή, garment
13 ἐνδύω, *aor mid ind 1s*, put on
14 σάκκος, sackcloth, *Heb. LW*
15 δέησις, supplication, entreaty
16 θαρσέω, *pres act impv 2p*, take courage
17 βοάω, *aor act impv 2p*, cry out
18 ἐξαιρέω, *fut mid ind 3s*, rescue, deliver
19 δυναστεία, lordship, domination
20 χαρά, joy
21 ἐλεημοσύνη, mercy
22 ἥκω, *fut act ind 3s*, come
23 τάχος, quickly
24 σωτήρ, savior
25 ἐκπέμπω, *aor act ind 1s*, send forth, dispatch
26 πένθος, mourning, sorrow
27 κλαυθμός, weeping
28 χαρμοσύνη, delight
29 εὐφροσύνη, gladness, joy
30 πάροικος, neighbor
31 ὑμέτερος, your
32 αἰχμαλωσία, captivity
33 τάχος, quickly
34 ἐπέρχομαι, *fut mid ind 3s*, come upon
35 λαμπρότης, splendor

25 τέκνα, μακροθυμήσατε[1] τὴν παρὰ τοῦ θεοῦ ἐπελθοῦσαν[2] ὑμῖν ὀργήν·
κατεδίωξέν[3] σε ὁ ἐχθρός σου,
καὶ ὄψει[4] αὐτοῦ τὴν ἀπώλειαν[5] ἐν τάχει[6]
καὶ ἐπὶ τραχήλους[7] αὐτῶν ἐπιβήσῃ.[8]
26 οἱ τρυφεροί[9] μου ἐπορεύθησαν ὁδοὺς τραχείας,[10]
ἤρθησαν[11] ὡς ποίμνιον[12] ἡρπασμένον[13] ὑπὸ ἐχθρῶν.

27 θαρσήσατε,[14] τέκνα, καὶ βοήσατε[15] πρὸς τὸν θεόν,
ἔσται γὰρ ὑμῶν ὑπὸ τοῦ ἐπάγοντος[16] μνεία.[17]
28 ὥσπερ γὰρ ἐγένετο ἡ διάνοια[18] ὑμῶν εἰς τὸ πλανηθῆναι ἀπὸ τοῦ θεοῦ,
δεκαπλασιάσατε[19] ἐπιστραφέντες ζητῆσαι αὐτόν.
29 ὁ γὰρ ἐπαγαγὼν[20] ὑμῖν τὰ κακά
ἐπάξει[21] ὑμῖν τὴν αἰώνιον εὐφροσύνην[22] μετὰ τῆς σωτηρίας ὑμῶν.

God Will Comfort Jerusalem

30 Θάρσει,[23] Ιερουσαλημ,
παρακαλέσει σε ὁ ὀνομάσας[24] σε.
31 δείλαιοι[25] οἱ σὲ κακώσαντες[26]
καὶ ἐπιχαρέντες[27] τῇ σῇ[28] πτώσει,[29]
32 δείλαιαι[30] αἱ πόλεις αἷς ἐδούλευσαν[31] τὰ τέκνα σου,
δειλαία ἡ δεξαμένη[32] τοὺς υἱούς σου.
33 ὥσπερ γὰρ ἐχάρη[33] ἐπὶ τῇ σῇ[34] πτώσει[35]
καὶ εὐφράνθη[36] ἐπὶ τῷ πτώματί[37] σου,
οὕτως λυπηθήσεται[38] ἐπὶ τῇ ἑαυτῆς ἐρημίᾳ.[39]

1 μακροθυμέω, *aor act impv 2p*, wait patiently for
2 ἐπέρχομαι, *aor act ptc acc s f*, come upon
3 καταδιώκω, *aor act ind 3s*, pursue closely
4 ὄψις, appearance, countenance
5 ἀπώλεια, destruction
6 τάχος, quickly
7 τράχηλος, neck
8 ἐπιβαίνω, *aor mid sub 2s*, tread upon
9 τρυφερός, delicate, comfortable
10 τραχύς, rough, uneven
11 αἴρω, *aor pas ind 3p*, remove, take away
12 ποίμνιον, flock
13 ἁρπάζω, *perf pas ptc nom s n*, snatch away
14 θαρσέω, *aor act impv 2p*, take courage
15 βοάω, *aor act impv 2p*, cry out
16 ἐπάγω, *pres act ptc gen s m*, bring upon
17 μνεία, remembrance
18 διάνοια, intention, thought
19 δεκαπλασιάζω, *aor act impv 2p*, multiply by ten
20 ἐπάγω, *aor act ptc nom s m*, bring upon
21 ἐπάγω, *fut act ind 3s*, bring upon
22 εὐφροσύνη, gladness, joy
23 θαρσέω, *pres act impv 2s*, take courage
24 ὀνομάζω, *aor act ptc nom s m*, name
25 δείλαιος, wretched
26 κακόω, *aor act ptc nom p m*, mistreat, harm
27 ἐπιχαίρω, *aor pas ptc nom p m*, rejoice
28 σός, your
29 πτῶσις, falling, calamity
30 δείλαιος, wretched
31 δουλεύω, *aor act ind 3p*, serve
32 δέχομαι, *aor mid ptc nom s f*, receive
33 χαίρω, *aor pas ind 3s*, rejoice
34 σός, your
35 πτῶσις, falling, calamity
36 εὐφραίνω, *aor pas ind 3s*, be glad, rejoice
37 πτῶμα, misfortune, disaster
38 λυπέω, *fut pas ind 3s*, grieve, mourn
39 ἐρημία, desolation, loneliness

34 καὶ περιελῶ[1] αὐτῆς τὸ ἀγαλλίαμα[2] τῆς πολυοχλίας,[3]
καὶ τὸ ἀγαυρίαμα[4] αὐτῆς ἔσται εἰς πένθος.[5]
35 πῦρ γὰρ ἐπελεύσεται[6] αὐτῇ παρὰ τοῦ αἰωνίου εἰς ἡμέρας μακράς,[7]
καὶ κατοικηθήσεται ὑπὸ δαιμονίων[8] τὸν πλείονα[9] χρόνον.

Gathering of the Children of Jerusalem

36 περίβλεψαι[10] πρὸς ἀνατολάς,[11] Ιερουσαλημ,
καὶ ἰδὲ τὴν εὐφροσύνην[12] τὴν παρὰ τοῦ θεοῦ σοι ἐρχομένην.
37 ἰδοὺ ἔρχονται οἱ υἱοί σου, οὓς ἐξαπέστειλας,[13]
ἔρχονται συνηγμένοι ἀπ᾽ ἀνατολῶν[14] ἕως δυσμῶν[15]
τῷ ῥήματι τοῦ ἁγίου χαίροντες[16] τῇ τοῦ θεοῦ δόξῃ.

5 ἔκδυσαι,[17] Ιερουσαλημ, τὴν στολὴν[18] τοῦ πένθους[19] καὶ τῆς κακώσεώς[20] σου
καὶ ἔνδυσαι[21] τὴν εὐπρέπειαν[22] τῆς παρὰ τοῦ θεοῦ δόξης εἰς τὸν αἰῶνα.
2 περιβαλοῦ[23] τὴν διπλοΐδα[24] τῆς παρὰ τοῦ θεοῦ δικαιοσύνης,
ἐπίθου τὴν μίτραν[25] ἐπὶ τὴν κεφαλήν σου τῆς δόξης τοῦ αἰωνίου.
3 ὁ γὰρ θεὸς δείξει τῇ ὑπ᾽ οὐρανόν πάσῃ
τὴν σὴν[26] λαμπρότητα.[27]
4 κληθήσεται γάρ σου τὸ ὄνομα παρὰ τοῦ θεοῦ εἰς τὸν αἰῶνα
Εἰρήνη δικαιοσύνης καὶ δόξα θεοσεβείας.[28]

5 ἀνάστηθι, Ιερουσαλημ,
καὶ στῆθι ἐπὶ τοῦ ὑψηλοῦ[29] καὶ περίβλεψαι[30] πρὸς ἀνατολάς[31]
καὶ ἰδέ σου συνηγμένα τὰ τέκνα ἀπὸ ἡλίου δυσμῶν[32] ἕως ἀνατολῶν[33]
τῷ ῥήματι τοῦ ἁγίου χαίροντας[34] τῇ τοῦ θεοῦ μνείᾳ.[35]

1 περιαιρέω, *fut act ind 1s*, take away, remove
2 ἀγαλλίαμα, rejoicing
3 πολυοχλία, great multitude
4 ἀγαυρίαμα, arrogance
5 πένθος, mourning, sorrow
6 ἐπέρχομαι, *fut mid ind 3s*, come upon
7 μακρός, long (ago)
8 δαιμόνιον, demon
9 πλείων/πλεῖον, *comp of* πολύς, greater
10 περιβλέπω, *aor mid impv 2s*, look around
11 ἀνατολή, east
12 εὐφροσύνη, gladness, joy
13 ἐξαποστέλλω, *aor act ind 2s*, send away
14 ἀνατολή, east
15 δυσμή, west
16 χαίρω, *pres act ptc nom p m*, rejoice
17 ἐκδύω, *aor mid impv 2s*, take off
18 στολή, garment
19 πένθος, mourning, sorrow
20 κάκωσις, distress, affliction
21 ἐνδύω, *aor mid impv 2s*, put on
22 εὐπρέπεια, dignity
23 περιβάλλω, *aor mid impv 2s*, cover with, put on
24 διπλοΐς, double cloak
25 μίτρα, headdress
26 σός, your
27 λαμπρότης, splendor
28 θεοσέβεια, godliness, piety
29 ὑψηλός, heights, high place
30 περιβλέπω, *aor mid impv 2s*, look around
31 ἀνατολή, east
32 δυσμή, setting
33 ἀνατολή, rising
34 χαίρω, *pres act ptc acc p m*, rejoice
35 μνεία, remembrance

6 ἐξῆλθον γὰρ παρὰ σοῦ πεζοὶ[1] ἀγόμενοι ὑπὸ ἐχθρῶν,
εἰσάγει[2] δὲ αὐτοὺς ὁ θεὸς πρὸς σέ
αἰρομένους μετὰ δόξης ὡς θρόνον βασιλείας.
7 συνέταξεν[3] γὰρ ὁ θεὸς ταπεινοῦσθαι[4]
πᾶν ὄρος ὑψηλὸν[5] καὶ θῖνας[6] ἀενάους[7]
καὶ φάραγγας[8] πληροῦσθαι εἰς ὁμαλισμὸν[9] τῆς γῆς,
ἵνα βαδίσῃ[10] Ισραηλ ἀσφαλῶς[11] τῇ τοῦ θεοῦ δόξῃ·
8 ἐσκίασαν[12] δὲ καὶ οἱ δρυμοὶ[13] καὶ πᾶν ξύλον[14] εὐωδίας[15]
τῷ Ισραηλ προστάγματι[16] τοῦ θεοῦ·
9 ἡγήσεται[17] γὰρ ὁ θεὸς Ισραηλ μετ᾽ εὐφροσύνης[18]
τῷ φωτὶ τῆς δόξης αὐτοῦ
σὺν ἐλεημοσύνῃ[19] καὶ δικαιοσύνῃ τῇ παρ᾽ αὐτοῦ.

1 πεζός, on foot
2 εἰσάγω, *pres act ind 3s*, lead to
3 συντάσσω, *aor act ind 3s*, order, instruct
4 ταπεινόω, *pres pas inf*, bring low
5 ὑψηλός, high
6 θίς, mound, heap
7 ἀέναος, everlasting
8 φάραγξ, ravine, valley
9 ὁμαλισμός, level
10 βαδίζω, *aor act sub 3s*, walk
11 ἀσφαλῶς, securely
12 σκιάζω, *aor act ind 3p*, shelter, give shade
13 δρυμός, forest
14 ξύλον, tree
15 εὐωδία, fragrance
16 πρόσταγμα, ordinance
17 ἡγέομαι, *fut mid ind 3s*, lead, go before
18 εὐφροσύνη, gladness, joy
19 ἐλεημοσύνη, mercy

ΘΡΗΝΟΙ
Lamentations

Woe for the Deserted City

1 Καὶ ἐγένετο μετὰ τὸ αἰχμαλωτισθῆναι[1] τὸν Ισραηλ καὶ Ιερουσαλημ ἐρημωθῆναι[2]
ἐκάθισεν Ιερεμιας κλαίων καὶ ἐθρήνησεν[3] τὸν θρῆνον[4] τοῦτον ἐπὶ Ιερουσαλημ
καὶ εἶπεν

1 Πῶς ἐκάθισεν μόνη ἡ πόλις ἡ πεπληθυμμένη[5] λαῶν;
ἐγενήθη ὡς χήρα[6] πεπληθυμμένη ἐν ἔθνεσιν,
ἄρχουσα ἐν χώραις[7] ἐγενήθη εἰς φόρον.[8]

2 Κλαίουσα ἔκλαυσεν ἐν νυκτί, καὶ τὰ δάκρυα[9] αὐτῆς ἐπὶ τῶν σιαγόνων[10] αὐτῆς,
καὶ οὐχ ὑπάρχει ὁ παρακαλῶν αὐτὴν ἀπὸ πάντων τῶν ἀγαπώντων αὐτήν·
πάντες οἱ φιλοῦντες[11] αὐτὴν ἠθέτησαν[12] ἐν αὐτῇ, ἐγένοντο αὐτῇ εἰς ἐχθρούς.

3 Μετῳκίσθη[13] ἡ Ιουδαία ἀπὸ ταπεινώσεως[14] αὐτῆς καὶ ἀπὸ πλήθους δουλείας[15] αὐτῆς·
ἐκάθισεν ἐν ἔθνεσιν, οὐχ εὗρεν ἀνάπαυσιν·[16]
πάντες οἱ καταδιώκοντες[17] αὐτὴν κατέλαβον[18] αὐτὴν ἀνὰ μέσον[19] τῶν θλιβόντων.[20]

1 αἰχμαλωτίζω, *aor pas inf*, take captive
2 ἐρημόω, *aor pas inf*, desolate
3 θρηνέω, *aor act ind 3s*, wail, sing a dirge
4 θρῆνος, lamentation
5 πληθύνω, *perf pas ptc nom s f*, multiply, increase
6 χήρα, widow
7 χώρα, country, land
8 φόρος, tribute
9 δάκρυον, tear
10 σιαγών, cheek
11 φιλέω, *pres act ptc nom p m*, love
12 ἀθετέω, *aor act ind 3p*, break faith, reject
13 μετοικίζω, *aor pas ind 3s*, deport, resettle
14 ταπείνωσις, humiliation, abasement
15 δουλεία, bondage, forced labor
16 ἀνάπαυσις, rest
17 καταδιώκω, *pres act ptc nom p m*, pursue doggedly
18 καταλαμβάνω, *aor act ind 3p*, seize, overtake
19 ἀνὰ μέσον, among
20 θλίβω, *pres act ptc gen p m*, afflict, oppress

4 Ὁδοὶ Σιων πενθοῦσιν[1] παρὰ τὸ μὴ εἶναι ἐρχομένους ἐν ἑορτῇ·[2]
πᾶσαι αἱ πύλαι[3] αὐτῆς ἠφανισμέναι,[4] οἱ ἱερεῖς αὐτῆς ἀναστενάζουσιν,[5]
αἱ παρθένοι[6] αὐτῆς ἀγόμεναι, καὶ αὐτὴ πικραινομένη[7] ἐν ἑαυτῇ.

5 Ἐγένοντο οἱ θλίβοντες[8] αὐτὴν εἰς κεφαλήν, καὶ οἱ ἐχθροὶ αὐτῆς εὐθηνοῦσαν,[9]
ὅτι κύριος ἐταπείνωσεν[10] αὐτὴν ἐπὶ τὸ πλῆθος τῶν ἀσεβειῶν[11] αὐτῆς·
τὰ νήπια[12] αὐτῆς ἐπορεύθησαν ἐν αἰχμαλωσίᾳ[13] κατὰ πρόσωπον
θλίβοντος.[14]

6 Καὶ ἐξῆλθεν ἐκ θυγατρὸς[15] Σιων πᾶσα ἡ εὐπρέπεια[16] αὐτῆς·
ἐγένοντο οἱ ἄρχοντες αὐτῆς ὡς κριοὶ[17] οὐχ εὑρίσκοντες νομὴν[18]
καὶ ἐπορεύοντο ἐν οὐκ ἰσχύι[19] κατὰ πρόσωπον διώκοντος.

7 Ἐμνήσθη[20] Ιερουσαλημ ἡμερῶν ταπεινώσεως[21] αὐτῆς καὶ ἀπωσμῶν[22] αὐτῆς,
πάντα τὰ ἐπιθυμήματα[23] αὐτῆς, ὅσα ἦν ἐξ ἡμερῶν ἀρχαίων,[24]
ἐν τῷ πεσεῖν τὸν λαὸν αὐτῆς εἰς χεῖρας θλίβοντος[25] καὶ οὐκ ἦν ὁ βοηθῶν[26]
αὐτῇ,
ἰδόντες οἱ ἐχθροὶ αὐτῆς ἐγέλασαν[27] ἐπὶ μετοικεσίᾳ[28] αὐτῆς.

8 Ἁμαρτίαν ἥμαρτεν Ιερουσαλημ, διὰ τοῦτο εἰς σάλον[29] ἐγένετο·
πάντες οἱ δοξάζοντες αὐτὴν ἐταπείνωσαν[30] αὐτήν,
εἶδον γὰρ τὴν ἀσχημοσύνην[31] αὐτῆς,
καί γε αὐτὴ στενάζουσα[32] καὶ ἀπεστράφη[33] ὀπίσω.

9 Ἀκαθαρσία[34] αὐτῆς πρὸς ποδῶν αὐτῆς, οὐκ ἐμνήσθη[35] ἔσχατα αὐτῆς·
καὶ κατεβίβασεν[36] ὑπέρογκα,[37] οὐκ ἔστιν ὁ παρακαλῶν αὐτήν·
ἰδέ, κύριε, τὴν ταπείνωσίν[38] μου, ὅτι ἐμεγαλύνθη[39] ἐχθρός.

1 πενθέω, *pres act ind 3p*, mourn
2 ἑορτή, festival, feast
3 πύλη, gate
4 ἀφανίζω, *perf pas ptc nom p f*, destroy
5 ἀναστενάζω, *pres act ind 3p*, sigh deeply
6 παρθένος, virgin
7 πικραίνω, *pres pas ptc nom s f*, embitter
8 θλίβω, *pres act ptc nom p m*, afflict, oppress
9 εὐθηνέω, *pres act ptc acc s f*, be prosperous
10 ταπεινόω, *aor act ind 3s*, abuse, humiliate
11 ἀσέβεια, ungodliness, wickedness
12 νήπιος, infant, child
13 αἰχμαλωσία, captivity
14 θλίβω, *pres act ptc gen s m*, afflict, oppress
15 θυγάτηρ, daughter
16 εὐπρέπεια, dignity, majesty
17 κριός, ram
18 νομή, pasture
19 ἰσχύς, strength, ability
20 μιμνήσκομαι, *aor pas ind 3s*, remember
21 ταπείνωσις, humiliation, abasement
22 ἀπωσμός, rejection, expulsion
23 ἐπιθύμημα, object of desire
24 ἀρχαῖος, old, former
25 θλίβω, *pres act ptc gen s m*, afflict, oppress
26 βοηθέω, *pres act ptc nom s m*, help
27 γελάω, *aor act ind 3p*, laugh
28 μετοικεσία, deportation
29 σάλος, upheaval
30 ταπεινόω, *aor act ind 3p*, abuse, humiliate
31 ἀσχημοσύνη, shame, disgrace
32 στενάζω, *pres act ptc nom s f*, moan, groan
33 ἀποστρέφω, *aor pas ind 3s*, turn away
34 ἀκαθαρσία, impurity
35 μιμνήσκομαι, *aor pas ind 3s*, remember
36 καταβιβάζω, *aor act ind 3s*, lessen, bring down
37 ὑπέρογκος, arrogant (conduct), pompous (speech)
38 ταπείνωσις, humiliation, abasement
39 μεγαλύνω, *aor pas ind 3s*, become great

10 Χεῖρα αὐτοῦ ἐξεπέτασεν[1] θλίβων[2] ἐπὶ πάντα τὰ ἐπιθυμήματα[3] αὐτῆς·
εἶδεν γὰρ ἔθνη εἰσελθόντα εἰς τὸ ἁγίασμα[4] αὐτῆς,
ἃ ἐνετείλω[5] μὴ εἰσελθεῖν αὐτὰ εἰς ἐκκλησίαν σου.

11 Πᾶς ὁ λαὸς αὐτῆς καταστενάζοντες,[6] ζητοῦντες ἄρτον,
ἔδωκαν τὰ ἐπιθυμήματα[7] αὐτῆς ἐν βρώσει[8] τοῦ ἐπιστρέψαι ψυχήν·
ἰδέ, κύριε, καὶ ἐπίβλεψον,[9] ὅτι ἐγενήθην ἠτιμωμένη.[10]

12 Οὐ πρὸς ὑμᾶς πάντες οἱ παραπορευόμενοι[11] ὁδόν·
ἐπιστρέψατε καὶ ἴδετε εἰ ἔστιν ἄλγος[12] κατὰ τὸ ἄλγος μου, ὃ ἐγενήθη·
φθεγξάμενος[13] ἐν ἐμοὶ ἐταπείνωσέν[14] με κύριος ἐν ἡμέρᾳ ὀργῆς θυμοῦ[15]
αὐτοῦ.

13 Ἐξ ὕψους[16] αὐτοῦ ἀπέστειλεν πῦρ, ἐν τοῖς ὀστέοις[17] μου κατήγαγεν[18] αὐτό·
διεπέτασεν[19] δίκτυον[20] τοῖς ποσίν μου, ἀπέστρεψέν[21] με εἰς τὰ ὀπίσω,
ἔδωκέν με ἠφανισμένην,[22] ὅλην τὴν ἡμέραν ὀδυνωμένην.[23]

14 Ἐγρηγορήθη[24] ἐπὶ τὰ ἀσεβήματά[25] μου·
ἐν χερσίν μου συνεπλάκησαν,[26] ἀνέβησαν ἐπὶ τὸν τράχηλόν[27] μου·
ἠσθένησεν[28] ἡ ἰσχύς[29] μου, ὅτι ἔδωκεν κύριος ἐν χερσίν μου ὀδύνας,[30]
οὐ δυνήσομαι στῆναι.

15 Ἐξῆρεν[31] πάντας τοὺς ἰσχυρούς[32] μου ὁ κύριος ἐκ μέσου μου,
ἐκάλεσεν ἐπ᾽ ἐμὲ καιρὸν τοῦ συντρῖψαι[33] ἐκλεκτούς[34] μου·
ληνὸν[35] ἐπάτησεν[36] κύριος παρθένῳ[37] θυγατρὶ[38] Ιουδα, ἐπὶ τούτοις ἐγὼ
κλαίω.

1 ἐκπετάννυμι, *aor act ind 3s*, spread over
2 θλίβω, *pres act ptc nom s m*, afflict, oppress
3 ἐπιθύμημα, object of desire
4 ἁγίασμα, sanctuary
5 ἐντέλλομαι, *aor mid ind 2s*, command, order
6 καταστενάζω, *pres act ptc nom p m*, sigh, groan
7 ἐπιθύμημα, object of desire
8 βρῶσις, food
9 ἐπιβλέπω, *aor act impv 2s*, gaze down, show regard
10 ἀτιμόω, *perf pas ptc nom s f*, dishonor, shame
11 παραπορεύομαι, *pres mid ptc nom p m*, pass by
12 ἄλγος, grief
13 φθέγγομαι, *aor mid ptc nom s m*, utter
14 ταπεινόω, *aor act ind 3s*, bring low, humble
15 θυμός, anger, wrath
16 ὕψος, height, high (place)
17 ὀστέον, bone
18 κατάγω, *aor act ind 3s*, bring down
19 διαπετάννυμι, *aor act ind 3s*, spread out
20 δίκτυον, net
21 ἀποστρέφω, *aor act ind 3s*, turn away
22 ἀφανίζω, *perf mid ptc acc s f*, remove
23 ὀδυνάω, *pres pas ptc acc s f*, grieve
24 γρηγορέω, *aor pas ind 3s*, keep watch
25 ἀσέβημα, impious act
26 συμπλέκω, *aor pas ind 3p*, plot, weave together
27 τράχηλος, neck
28 ἀσθενέω, *aor act ind 3s*, become weak
29 ἰσχύς, strength
30 ὀδύνη, grief
31 ἐξαίρω, *aor act ind 3s*, remove
32 ἰσχυρός, strong, capable
33 συντρίβω, *aor act inf*, smash, crush
34 ἐκλεκτός, chosen, select
35 ληνός, wine vat
36 πατέω, *aor act ind 3s*, tread
37 παρθένος, virgin
38 θυγάτηρ, daughter

16 Ὁ ὀφθαλμός μου κατήγαγεν[1] ὕδωρ,
ὅτι ἐμακρύνθη[2] ἀπ᾽ ἐμοῦ ὁ παρακαλῶν με, ὁ ἐπιστρέφων ψυχήν μου·
ἐγένοντο οἱ υἱοί μου ἠφανισμένοι,[3] ὅτι ἐκραταιώθη[4] ὁ ἐχθρός.

17 Διεπέτασεν[5] Σιων χεῖρας αὐτῆς, οὐκ ἔστιν ὁ παρακαλῶν αὐτήν·
ἐνετείλατο[6] κύριος τῷ Ιακωβ, κύκλῳ[7] αὐτοῦ οἱ θλίβοντες[8] αὐτόν,
ἐγενήθη Ιερουσαλημ εἰς ἀποκαθημένην[9] ἀνὰ μέσον[10] αὐτῶν.

18 Δίκαιός ἐστιν κύριος, ὅτι τὸ στόμα αὐτοῦ παρεπίκρανα.[11]
ἀκούσατε δή,[12] πάντες οἱ λαοί, καὶ ἴδετε τὸ ἄλγος[13] μου·
παρθένοι[14] μου καὶ νεανίσκοι[15] μου ἐπορεύθησαν ἐν αἰχμαλωσίᾳ.[16]

19 Ἐκάλεσα τοὺς ἐραστάς[17] μου, αὐτοὶ δὲ παρελογίσαντό[18] με·
οἱ ἱερεῖς μου καὶ οἱ πρεσβύτεροί μου ἐν τῇ πόλει ἐξέλιπον,[19]
ὅτι ἐζήτησαν βρῶσιν[20] αὐτοῖς, ἵνα ἐπιστρέψωσιν ψυχὰς αὐτῶν, καὶ οὐχ
εὗρον.

20 Ἰδέ, κύριε, ὅτι θλίβομαι·[21] ἡ κοιλία[22] μου ἐταράχθη,[23]
καὶ ἡ καρδία μου ἐστράφη[24] ἐν ἐμοί, ὅτι παραπικραίνουσα[25]
παρεπίκρανα·[26]
ἔξωθεν[27] ἠτέκνωσέν[28] με μάχαιρα[29] ὥσπερ θάνατος ἐν οἴκῳ.

21 Ἀκούσατε δὴ[30] ὅτι στενάζω[31] ἐγώ, οὐκ ἔστιν ὁ παρακαλῶν με·
πάντες οἱ ἐχθροί μου ἤκουσαν τὰ κακά μου καὶ ἐχάρησαν,[32] ὅτι σὺ
ἐποίησας·
ἐπήγαγες[33] ἡμέραν, ἐκάλεσας καιρόν, καὶ ἐγένοντο ὅμοιοι[34] ἐμοί.

1 κατάγω, *aor act ind 3s*, let down
2 μακρύνω, *aor pas ind 3s*, keep at a distance
3 ἀφανίζω, *perf pas ptc nom p m*, remove, destroy
4 κραταιόω, *aor pas ind 3s*, become strong
5 διαπετάννυμι, *aor act ind 3s*, spread out
6 ἐντέλλομαι, *aor mid ind 3s*, command, order
7 κύκλῳ, all around
8 θλίβω, *pres act ptc nom p m*, afflict, oppress
9 ἀποκάθημαι, *pres pas ptc acc s f*, sit apart (in menstruation)
10 ἀνὰ μέσον, among
11 παραπικραίνω, *aor act ind 1s*, make bitter
12 δή, now, then
13 ἄλγος, grief
14 παρθένος, young woman, virgin
15 νεανίσκος, young man
16 αἰχμαλωσία, captivity
17 ἐραστής, lover
18 παραλογίζομαι, *aor mid ind 3p*, deceive
19 ἐκλείπω, *aor act ind 3p*, faint, fail, come to an end
20 βρῶσις, food
21 θλίβω, *pres pas ind 1s*, afflict, oppress
22 κοιλία, belly, stomach
23 ταράσσω, *aor pas ind 3s*, trouble, upset
24 στρέφω, *aor pas ind 3s*, turn over
25 παραπικραίνω, *pres act ptc nom s f*, provoke, make bitter
26 παραπικραίνω, *aor act ind 1s*, provoke, make bitter
27 ἔξωθεν, from outside
28 ἀτεκνόω, *aor act ind 3s*, make barren
29 μάχαιρα, sword
30 δή, now, then
31 στενάζω, *pres act ind 1s*, moan, groan
32 χαίρω, *aor pas ind 3p*, rejoice
33 ἐπάγω, *aor act ind 2s*, bring on
34 ὅμοιος, like

22 Εἰσέλθοι[1] πᾶσα ἡ κακία[2] αὐτῶν κατὰ πρόσωπόν σου,
καὶ ἐπιφύλλισον[3] αὐτοῖς,
ὃν τρόπον[4] ἐποίησαν ἐπιφυλλίδα[5] περὶ πάντων τῶν ἁμαρτημάτων[6] μου,
ὅτι πολλοὶ οἱ στεναγμοί[7] μου, καὶ ἡ καρδία μου λυπεῖται.[8]

God's Warnings of Destruction Have Been Fulfilled

2 Πῶς ἐγνόφωσεν[9] ἐν ὀργῇ αὐτοῦ κύριος τὴν θυγατέρα[10] Σιων;
κατέρριψεν[11] ἐξ οὐρανοῦ εἰς γῆν δόξασμα[12] Ισραηλ
καὶ οὐκ ἐμνήσθη[13] ὑποποδίου[14] ποδῶν αὐτοῦ ἐν ἡμέρᾳ ὀργῆς αὐτοῦ.

2 Κατεπόντισεν[15] κύριος οὐ φεισάμενος[16] πάντα τὰ ὡραῖα[17] Ιακωβ,
καθεῖλεν[18] ἐν θυμῷ[19] αὐτοῦ τὰ ὀχυρώματα[20] τῆς θυγατρὸς[21] Ιουδα,
ἐκόλλησεν[22] εἰς τὴν γῆν, ἐβεβήλωσεν[23] βασιλέα αὐτῆς καὶ ἄρχοντας αὐτῆς.

3 Συνέκλασεν[24] ἐν ὀργῇ θυμοῦ[25] αὐτοῦ πᾶν κέρας[26] Ισραηλ,
ἀπέστρεψεν[27] ὀπίσω δεξιὰν αὐτοῦ ἀπὸ προσώπου ἐχθροῦ
καὶ ἀνῆψεν[28] ἐν Ιακωβ ὡς πῦρ φλόγα,[29] καὶ κατέφαγεν[30] πάντα τὰ κύκλῳ.[31]

4 Ἐνέτεινεν[32] τόξον[33] αὐτοῦ ὡς ἐχθρός, ἐστερέωσεν[34] δεξιὰν αὐτοῦ ὡς ὑπεναντίος[35]
καὶ ἀπέκτεινεν πάντα τὰ ἐπιθυμήματα[36] ὀφθαλμῶν μου ἐν σκηνῇ[37] θυγατρὸς[38] Σιων,
ἐξέχεεν[39] ὡς πῦρ τὸν θυμὸν[40] αὐτοῦ.

1 εἰσέρχομαι, *aor act opt 3s*, go in, enter
2 κακία, wickedness
3 ἐπιφυλλίζω, *aor act impv 2s*, gather
4 ὃν τρόπον, in the manner that
5 ἐπιφυλλίς, gleaning
6 ἁμάρτημα, sin
7 στεναγμός, sighing, groaning
8 λυπέω, *pres pas ind 3s*, grieve, vex
9 γνοφόω, *aor act ind 3s*, darken
10 θυγάτηρ, daughter
11 καταρρίπτω, *aor act ind 3s*, cast down
12 δόξασμα, notion, idea
13 μιμνῄσκομαι, *aor pas ind 3s*, remember
14 ὑποπόδιον, footstool
15 καταποντίζω, *aor act ind 3s*, drown, sink
16 φείδομαι, *aor mid ptc nom s m*, spare
17 ὡραῖος, beautiful, fine
18 καθαιρέω, *aor act ind 3s*, take down, destroy
19 θυμός, anger, wrath
20 ὀχύρωμα, stronghold
21 θυγάτηρ, daughter
22 κολλάω, *aor act ind 3s*, bind
23 βεβηλόω, *aor act ind 3s*, defile, profane
24 συγκλάω, *aor act ind 3s*, break, smash
25 θυμός, anger, wrath
26 κέρας, horn
27 ἀποστρέφω, *aor act ind 3s*, take away
28 ἀνάπτω, *aor act ind 3s*, kindle
29 φλόξ, flame
30 κατεσθίω, *aor act ind 3s*, devour
31 κύκλῳ, all around
32 ἐντείνω, *aor act ind 3s*, bend
33 τόξον, bow
34 στερεόω, *aor act ind 3s*, reinforce, brace
35 ὑπεναντίος, opposing
36 ἐπιθύμημα, object of desire
37 σκηνή, tent
38 θυγάτηρ, daughter
39 ἐκχέω, *impf act ind 3s*, pour out
40 θυμός, anger, wrath

5 Ἐγενήθη κύριος ὡς ἐχθρός, κατεπόντισεν[1] Ισραηλ,
κατεπόντισεν πάσας τὰς βάρεις[2] αὐτῆς, διέφθειρεν[3] τὰ ὀχυρώματα[4] αὐτοῦ
καὶ ἐπλήθυνεν[5] τῇ θυγατρὶ[6] Ιουδα ταπεινουμένην[7] καὶ τεταπεινωμένην.[8]

6 Καὶ διεπέτασεν[9] ὡς ἄμπελον[10] τὸ σκήνωμα[11] αὐτοῦ, διέφθειρεν[12] ἑορτὴν[13] αὐτοῦ·
ἐπελάθετο[14] κύριος ὃ ἐποίησεν ἐν Σιων ἑορτῆς[15] καὶ σαββάτου
καὶ παρώξυνεν[16] ἐμβριμήματι[17] ὀργῆς αὐτοῦ βασιλέα καὶ ἱερέα καὶ ἄρχοντα.

7 Ἀπώσατο[18] κύριος θυσιαστήριον[19] αὐτοῦ, ἀπετίναξεν[20] ἁγίασμα[21] αὐτοῦ,
συνέτριψεν[22] ἐν χειρὶ ἐχθροῦ τεῖχος[23] βάρεων[24] αὐτῆς·
φωνὴν ἔδωκαν ἐν οἴκῳ κυρίου ὡς ἐν ἡμέρᾳ ἑορτῆς.[25]

8 Καὶ ἐπέστρεψεν κύριος τοῦ διαφθεῖραι[26] τεῖχος[27] θυγατρὸς[28] Σιων·
ἐξέτεινεν[29] μέτρον,[30] οὐκ ἀπέστρεψεν[31] χεῖρα αὐτοῦ ἀπὸ καταπατήματος,[32]
καὶ ἐπένθησεν[33] τὸ προτείχισμα,[34] καὶ τεῖχος[35] ὁμοθυμαδὸν[36] ἠσθένησεν.[37]

1 καταποντίζω, *aor act ind 3s*, drown, sink
2 βάρις, tower
3 διαφθείρω, *aor act ind 3s*, completely destroy
4 ὀχύρωμα, stronghold
5 πληθύνω, *impf act ind 3s*, increase, multiply
6 θυγάτηρ, daughter
7 ταπεινόω, *pres pas ptc acc s f*, abase, humiliate
8 ταπεινόω, *perf pas ptc acc s f*, abase, humiliate
9 διαπετάννυμι, *aor act ind 3s*, spread out (to set up)
10 ἄμπελος, vine
11 σκήνωμα, tent
12 διαφθείρω, *aor act ind 3s*, completely ruin
13 ἑορτή, festival, feast
14 ἐπιλανθάνω, *aor mid ind 3s*, cause to forget, cause to overlook
15 ἑορτή, festival, feast
16 παροξύνω, *aor act ind 3s*, provoke
17 ἐμβρίμημα, indignation
18 ἀπωθέω, *aor mid ind 3s*, reject
19 θυσιαστήριον, altar
20 ἀποτινάσσω, *aor act ind 3s*, cast away, shake off
21 ἁγίασμα, sanctuary
22 συντρίβω, *aor act ind 3s*, break
23 τεῖχος, wall
24 βάρις, tower
25 ἑορτή, festival, feast
26 διαφθείρω, *aor act inf*, completely destroy
27 τεῖχος, wall
28 θυγάτηρ, daughter
29 ἐκτείνω, *aor act ind 3s*, stretch out
30 μέτρον, measuring tool
31 ἀποστρέφω, *aor act ind 3s*, turn back
32 καταπάτημα, destroying
33 πενθέω, *aor act ind 3s*, mourn, weep
34 προτείχισμα, outer fortification
35 τεῖχος, wall
36 ὁμοθυμαδόν, at the same time, at once
37 ἀσθενέω, *aor act ind 3s*, become weak

9 Ἐνεπάγησαν[1] εἰς γῆν πύλαι[2] αὐτῆς, ἀπώλεσεν καὶ συνέτριψεν[3] μοχλοὺς[4]
αὐτῆς·
βασιλέα αὐτῆς καὶ ἄρχοντας αὐτῆς ἐν τοῖς ἔθνεσιν·
οὐκ ἔστιν νόμος, καί γε προφῆται αὐτῆς οὐκ εἶδον ὅρασιν[5] παρὰ
κυρίου.

10 Ἐκάθισαν εἰς τὴν γῆν, ἐσιώπησαν[6] πρεσβύτεροι θυγατρὸς[7] Σιων,
ἀνεβίβασαν[8] χοῦν[9] ἐπὶ τὴν κεφαλὴν αὐτῶν, περιεζώσαντο[10] σάκκους,[11]
κατήγαγον[12] εἰς γῆν ἀρχηγοὺς[13] παρθένους[14] ἐν Ιερουσαλημ.

11 Ἐξέλιπον[15] ἐν δάκρυσιν[16] οἱ ὀφθαλμοί μου, ἐταράχθη[17] ἡ καρδία μου,
ἐξεχύθη[18] εἰς γῆν ἡ δόξα μου ἐπὶ τὸ σύντριμμα[19] τῆς θυγατρὸς[20] τοῦ
λαοῦ μου
ἐν τῷ ἐκλιπεῖν[21] νήπιον[22] καὶ θηλάζοντα[23] ἐν πλατείαις[24] πόλεως.

12 Ταῖς μητράσιν αὐτῶν εἶπαν Ποῦ σῖτος[25] καὶ οἶνος;
ἐν τῷ ἐκλύεσθαι[26] αὐτοὺς ὡς τραυματίας[27] ἐν πλατείαις[28] πόλεως,
ἐν τῷ ἐκχεῖσθαι[29] ψυχὰς αὐτῶν εἰς κόλπον[30] μητέρων αὐτῶν.

13 Τί μαρτυρήσω[31] σοι ἢ τί ὁμοιώσω[32] σοι, θύγατερ[33] Ιερουσαλημ;
τίς σώσει σε καὶ παρακαλέσει σε, παρθένος[34] θύγατερ Σιων;
ὅτι ἐμεγαλύνθη[35] ποτήριον[36] συντριβῆς[37] σου· τίς ἰάσεταί[38] σε;

1 ἐμπήγνυμι, *aor pas ind 3p*, stick, fix, fasten
2 πύλη, gate
3 συντρίβω, *aor act ind 3s*, break
4 μοχλός, bar, bolt
5 ὅρασις, vision
6 σιωπάω, *aor act ind 3p*, keep quiet
7 θυγάτηρ, daughter
8 ἀναβιβάζω, *aor act ind 3p*, pick up
9 χοῦς, dust
10 περιζώννυμι, *aor mid ind 3p*, put on
11 σάκκος, sackcloth, *Heb. LW*
12 κατάγω, *aor act ind 3p*, bring down
13 ἀρχηγός, foremost
14 παρθένος, virgin
15 ἐκλείπω, *aor act ind 3p*, abandon
16 δάκρυον, tear
17 ταράσσω, *aor pas ind 3s*, trouble
18 ἐκχέω, *aor pas ind 3s*, pour out
19 σύντριμμα, affliction
20 θυγάτηρ, daughter
21 ἐκλείπω, *aor act inf*, desert, forsake
22 νήπιος, child
23 θηλάζω, *pres act ptc nom p n*, nurse
24 πλατεῖα, street
25 σῖτος, bread
26 ἐκλύω, *pres pas inf*, weaken
27 τραυματίας, wounded person
28 πλατεῖα, street
29 ἐκχέω, *pres pas inf*, pour out
30 κόλπος, bosom, breast
31 μαρτυρέω, *fut act ind 1s*, testify, witness
32 ὁμοιόω, *fut act ind 1s*, compare
33 θυγάτηρ, daughter
34 παρθένος, virgin
35 μεγαλύνω, *aor pas ind 3s*, enlarge
36 ποτήριον, cup
37 συντριβή, destruction
38 ἰάομαι, *fut mid ind 3s*, restore, heal, repair

14 Προφῆταί σου εἴδοσάν σοι μάταια[1] καὶ ἀφροσύνην[2]
καὶ οὐκ ἀπεκάλυψαν[3] ἐπὶ τὴν ἀδικίαν[4] σου τοῦ ἐπιστρέψαι
αἰχμαλωσίαν[5] σου
καὶ εἴδοσάν σοι λήμματα[6] μάταια καὶ ἐξώσματα.[7]

15 Ἐκρότησαν[8] ἐπὶ σὲ χεῖρας πάντες οἱ παραπορευόμενοι[9] ὁδόν,
ἐσύρισαν[10] καὶ ἐκίνησαν[11] τὴν κεφαλὴν αὐτῶν ἐπὶ τὴν θυγατέρα[12]
Ιερουσαλημ
Ἦ αὕτη ἡ πόλις, ἣν ἐροῦσιν Στέφανος[13] δόξης, εὐφροσύνη[14] πάσης τῆς
γῆς;

16 Διήνοιξαν[15] ἐπὶ σὲ στόμα αὐτῶν πάντες οἱ ἐχθροί σου,
ἐσύρισαν[16] καὶ ἔβρυξαν[17] ὀδόντας,[18] εἶπαν Κατεπίομεν[19] αὐτήν,
πλὴν αὕτη ἡ ἡμέρα, ἣν προσεδοκῶμεν,[20] εὕρομεν αὐτήν, εἴδομεν.

17 Ἐποίησεν κύριος ἃ ἐνεθυμήθη,[21] συνετέλεσεν[22] ῥήματα αὐτοῦ,
ἃ ἐνετείλατο[23] ἐξ ἡμερῶν ἀρχαίων,[24] καθεῖλεν[25] καὶ οὐκ ἐφείσατο,[26]
καὶ ηὔφρανεν[27] ἐπὶ σὲ ἐχθρόν, ὕψωσεν[28] κέρας[29] θλίβοντός[30] σε.

18 Ἐβόησεν[31] καρδία αὐτῶν πρὸς κύριον
Τείχη[32] Σιων, καταγάγετε[33] ὡς χειμάρρους[34] δάκρυα[35] ἡμέρας καὶ νυκτός·
μὴ δῷς ἔκνηψιν[36] σεαυτῇ, μὴ σιωπήσαιτο,[37] θύγατερ,[38] ὁ ὀφθαλμός σου.

19 Ἀνάστα ἀγαλλίασαι[39] ἐν νυκτὶ εἰς ἀρχὰς φυλακῆς σου,
ἔκχεον[40] ὡς ὕδωρ καρδίαν σου ἀπέναντι[41] προσώπου κυρίου,

1 μάταιος, pointless
2 ἀφροσύνη, foolishness
3 ἀποκαλύπτω, *aor act ind 3p*, disclose, reveal
4 ἀδικία, injustice
5 αἰχμαλωσία, captivity
6 λῆμμα, profit, gain
7 ἔξωσμα, banishment
8 κροτέω, *aor act ind 3p*, clap
9 παραπορεύομαι, *pres mid ptc nom p m*, walk along
10 συρίζω, *aor act ind 3p*, whistle, hiss
11 κινέω, *aor act ind 3p*, shake
12 θυγάτηρ, daughter
13 στέφανος, crown
14 εὐφροσύνη, joy
15 διανοίγω, *aor act ind 3p*, open wide
16 συρίζω, *aor act ind 3p*, whistle, hiss
17 βρύχω, *aor act ind 3p*, chomp, grind
18 ὀδούς, tooth
19 καταπίνω, *impf act ind 1p*, swallow
20 προσδοκάω, *impf act ind 1p*, expect
21 ἐνθυμέομαι, *aor pas ind 3s*, intend
22 συντελέω, *aor act ind 3s*, finish, accomplish
23 ἐντέλλομαι, *aor mid ind 3s*, command, order
24 ἀρχαῖος, ancient
25 καθαιρέω, *aor act ind 3s*, destroy
26 φείδομαι, *aor mid ind 3s*, hold back
27 εὐφραίνω, *aor act ind 3s*, cheer up
28 ὑψόω, *aor act ind 3s*, raise up
29 κέρας, horn
30 θλίβω, *pres act ptc gen s m*, afflict, oppress
31 βοάω, *aor act ind 3s*, cry out
32 τεῖχος, wall
33 κατάγω, *aor act impv 2p*, cause to flow
34 χείμαρρος, brook, wadi
35 δάκρυον, tear
36 ἔκνηψις, calm, sobriety
37 σιωπάω, *aor mid opt 3s*, keep quiet
38 θυγάτηρ, daughter
39 ἀγαλλιάω, *aor mid impv 2s*, rejoice
40 ἐκχέω, *aor act impv 2s*, pour out
41 ἀπέναντι, before

ἆρον πρὸς αὐτὸν χεῖράς σου περὶ ψυχῆς νηπίων[1] σου
τῶν ἐκλυομένων[2] λιμῷ[3] ἐπ᾽ ἀρχῆς πασῶν ἐξόδων.[4]

20 Ἰδέ, κύριε, καὶ ἐπίβλεψον[5] τίνι ἐπεφύλλισας[6] οὕτως·
εἰ φάγονται γυναῖκες καρπὸν κοιλίας[7] αὐτῶν;
ἐπιφυλλίδα[8] ἐποίησεν μάγειρος·[9] φονευθήσονται[10] νήπια[11] θηλάζοντα[12]
μαστούς;[13]
ἀποκτενεῖς ἐν ἁγιάσματι[14] κυρίου ἱερέα καὶ προφήτην;

21 Ἐκοιμήθησαν[15] εἰς τὴν ἔξοδον[16] παιδάριον[17] καὶ πρεσβύτης·[18]
παρθένοι[19] μου καὶ νεανίσκοι[20] μου ἐπορεύθησαν ἐν αἰχμαλωσίᾳ·[21]
ἐν ῥομφαίᾳ[22] καὶ ἐν λιμῷ[23] ἀπέκτεινας,
ἐν ἡμέρᾳ ὀργῆς σου ἐμαγείρευσας,[24] οὐκ ἐφείσω.[25]

22 Ἐκάλεσεν ἡμέραν ἑορτῆς[26] παροικίας[27] μου κυκλόθεν,[28]
καὶ οὐκ ἐγένοντο ἐν ἡμέρᾳ ὀργῆς κυρίου ἀνασῳζόμενος[29] καὶ
καταλελειμμένος,[30]
ὡς ἐπεκράτησα[31] καὶ ἐπλήθυνα[32] ἐχθρούς μου πάντας.

God's Great Faithfulness Endures

3 Ἐγὼ ἀνὴρ ὁ βλέπων πτωχείαν[33] ἐν ῥάβδῳ[34] θυμοῦ[35] αὐτοῦ
ἐπ᾽ ἐμέ·
2 παρέλαβέν[36] με καὶ ἀπήγαγεν[37] εἰς σκότος καὶ οὐ φῶς,
3 πλὴν ἐν ἐμοὶ ἐπέστρεψεν χεῖρα αὐτοῦ ὅλην τὴν ἡμέραν.

1 νήπιος, child
2 ἐκλύω, *pres pas ptc gen p m*, become weak
3 λιμός, hunger
4 ἔξοδος, outlet (of a street)
5 ἐπιβλέπω, *aor act impv 2s*, look attentively
6 ἐπιφυλλίζω, *aor act ind 2s*, glean (grapes)
7 κοιλία, womb
8 ἐπιφυλλίς, gleaning
9 μάγειρος, cook, butcher
10 φονεύω, *fut pas ind 3p*, murder
11 νήπιος, child
12 θηλάζω, *pres act ptc nom p n*, nurse
13 μαστός, breast
14 ἁγίασμα, sanctuary
15 κοιμάω, *aor pas ind 3p*, fall asleep
16 ἔξοδος, outlet (of a street)
17 παιδάριον, boy
18 πρεσβύτης, old man
19 παρθένος, young woman
20 νεανίσκος, young man
21 αἰχμαλωσία, captivity
22 ῥομφαία, sword
23 λιμός, famine
24 μαγειρεύω, *aor act ind 2s*, butcher, massacre
25 φείδομαι, *aor mid ind 2s*, hold back, spare
26 ἑορτή, festival, feast
27 παροικία, (group of noncitizens)
28 κυκλόθεν, all around
29 ἀνασῴζω, *pres mid ptc nom s m*, save, rescue
30 καταλείπω, *perf pas ptc nom s m*, leave behind, abandon
31 ἐπικρατέω, *aor act ind 1s*, prevail
32 πληθύνω, *aor act ind 1s*, increase
33 πτωχεία, poverty
34 ῥάβδος, staff, rod
35 θυμός, anger, wrath
36 παραλαμβάνω, *aor act ind 3s*, take along
37 ἀπάγω, *aor act ind 3s*, lead off

4 Ἐπαλαίωσεν[1] σάρκας μου καὶ δέρμα[2] μου,
ὀστέα[3] μου συνέτριψεν·[4]
5 ἀνῳκοδόμησεν[5] κατ᾽ ἐμοῦ
καὶ ἐκύκλωσεν[6] κεφαλήν μου
καὶ ἐμόχθησεν,[7]
6 ἐν σκοτεινοῖς[8] ἐκάθισέν με ὡς νεκροὺς[9] αἰῶνος.

7 Ἀνῳκοδόμησεν[10] κατ᾽ ἐμοῦ, καὶ οὐκ ἐξελεύσομαι,
ἐβάρυνεν[11] χαλκόν[12] μου·
8 καί γε κεκράξομαι καὶ βοήσω,[13]
ἀπέφραξεν[14] προσευχήν μου·
9 ἀνῳκοδόμησεν[15] ὁδούς μου,
ἐνέφραξεν[16] τρίβους[17] μου, ἐτάραξεν.[18]

10 Ἄρκος[19] ἐνεδρεύουσα[20] αὐτός μοι,
λέων[21] ἐν κρυφαίοις·[22]
11 κατεδίωξεν[23] ἀφεστηκότα[24] καὶ κατέπαυσέν[25] με,
ἔθετό με ἠφανισμένην·[26]
12 ἐνέτεινεν[27] τόξον[28] αὐτοῦ
καὶ ἐστήλωσέν[29] με ὡς σκοπὸν[30] εἰς βέλος.[31]

13 Εἰσήγαγεν[32] τοῖς νεφροῖς[33] μου
ἰοὺς[34] φαρέτρας[35] αὐτοῦ·
14 ἐγενήθην γέλως[36] παντὶ λαῷ μου,
ψαλμὸς αὐτῶν ὅλην τὴν ἡμέραν·

1 παλαιόω, *aor act ind 3s*, age, make old
2 δέρμα, skin
3 ὀστέον, bone
4 συντρίβω, *aor act ind 3s*, break
5 ἀνοικοδομέω, *aor act ind 3s*, rebuild (siege works)
6 κυκλόω, *aor act ind 3s*, surround
7 μοχθέω, *aor act ind 3s*, become weary, be distressed
8 σκοτεινός, dark
9 νεκρός, dead
10 ἀνοικοδομέω, *aor act ind 3s*, rebuild (siege works)
11 βαρύνω, *aor act ind 3s*, make heavy
12 χαλκός, brass (chain)
13 βοάω, *fut act ind 1s*, cry
14 ἀποφράσσω, *aor act ind 3s*, block
15 ἀνοικοδομέω, *aor act ind 3s*, rebuild, restore
16 ἐμφράσσω, *aor act ind 3s*, barricade
17 τρίβος, path
18 ταράσσω, *aor act ind 3s*, unsettle, confuse
19 ἄρκος, bear
20 ἐνεδρεύω, *pres act ptc nom s f*, lie in wait for
21 λέων, lion
22 κρυφαῖος, secret
23 καταδιώκω, *aor act ind 3s*, hunt
24 ἀφίστημι, *perf act ptc acc s m*, withdraw, (flee)
25 καταπαύω, *aor act ind 3s*, bring to an end, cause to stop
26 ἀφανίζω, *perf mid ptc acc s f*, destroy
27 ἐντείνω, *aor act ind 3s*, bend
28 τόξον, bow
29 στηλόω, *aor act ind 3s*, erect, set up
30 σκοπός, mark, target
31 βέλος, arrow
32 εἰσάγω, *aor act ind 3s*, direct into
33 νεφρός, entrails
34 ἰός, poison
35 φαρέτρα, quiver (of arrows)
36 γέλως, (cause of) laughter

15 ἐχόρτασέν[1] με πικρίας,[2]
ἐμέθυσέν[3] με χολῆς.[4]

16 Καὶ ἐξέβαλεν ψήφῳ[5] ὀδόντας[6] μου,
ἐψώμισέν[7] με σποδόν·[8]
17 καὶ ἀπώσατο[9] ἐξ εἰρήνης ψυχήν μου,
ἐπελαθόμην[10] ἀγαθὰ
18 καὶ εἶπα Ἀπώλετο νεῖκός[11] μου
καὶ ἡ ἐλπίς μου ἀπὸ κυρίου.

19 Ἐμνήσθην[12] ἀπὸ πτωχείας[13] μου
καὶ ἐκ διωγμοῦ[14] μου πικρίας[15] καὶ χολῆς[16] μου·
20 μνησθήσεται[17]
καὶ καταδολεσχήσει[18] ἐπ᾽ ἐμὲ ἡ ψυχή μου·
21 ταύτην τάξω[19] εἰς τὴν καρδίαν μου,
διὰ τοῦτο ὑπομενῶ.[20]

25 Ἀγαθὸς κύριος τοῖς ὑπομένουσιν[21] αὐτόν,
ψυχῇ ἣ ζητήσει αὐτὸν ἀγαθὸν
26 καὶ ὑπομενεῖ[22] καὶ ἡσυχάσει[23] εἰς τὸ σωτήριον[24] κυρίου.
27 ἀγαθὸν ἀνδρὶ ὅταν ἄρῃ ζυγὸν[25] ἐν νεότητι[26] αὐτοῦ.

28 Καθήσεται κατὰ μόνας καὶ σιωπήσεται,[27]
ὅτι ἦρεν ἐφ᾽ ἑαυτῷ·
30 δώσει τῷ παίοντι[28] αὐτὸν σιαγόνα,[29]
χορτασθήσεται[30] ὀνειδισμῶν.[31]

31 Ὅτι οὐκ εἰς τὸν αἰῶνα ἀπώσεται[32] κύριος·
32 ὅτι ὁ ταπεινώσας[33] οἰκτιρήσει[34] κατὰ τὸ πλῆθος τοῦ ἐλέους[35] αὐτοῦ·

1 χορτάζω, *aor act ind 3s*, feed
2 πικρία, bitterness
3 μεθύω, *aor act ind 3s*, make drunk
4 χολή, gall
5 ψῆφος, gravel, pebble
6 ὀδούς, tooth
7 ψωμίζω, *aor act ind 3s*, feed
8 σποδός, ashes
9 ἀπωθέω, *aor mid ind 3s*, thrust away
10 ἐπιλανθάνω, *aor mid ind 1s*, forget
11 νεῖκος, victory
12 μιμνῄσκομαι, *aor pas ind 1s*, remember
13 πτωχεία, poverty
14 διωγμός, persecution
15 πικρία, bitterness
16 χολή, gall
17 μιμνῄσκομαι, *fut pas ind 3s*, remember
18 καταδολεσχέω, *fut act ind 3s*, wear down with chatter
19 τάσσω, *fut act ind 1s*, set, situate
20 ὑπομένω, *fut act ind 1s*, remain, wait
21 ὑπομένω, *pres act ptc dat p m*, wait for
22 ὑπομένω, *pres act ind 3s*, wait
23 ἡσυχάζω, *fut act ind 3s*, keep quiet
24 σωτήριον, salvation
25 ζυγός, yoke
26 νεότης, youth
27 σιωπάω, *fut mid ind 3s*, be silent
28 παίω, *pres act ptc dat s m*, hit, strike
29 σιαγών, jaw, cheek
30 χορτάζω, *fut pas ind 3s*, feed
31 ὀνειδισμός, disgrace, reproach
32 ἀπωθέω, *fut mid ind 3s*, reject
33 ταπεινόω, *aor act ptc nom s m*, humble
34 οἰκτίρω, *fut act ind 3s*, have mercy
35 ἔλεος, compassion

33 ὅτι οὐκ ἀπεκρίθη ἀπὸ καρδίας αὐτοῦ
καὶ ἐταπείνωσεν[1] υἱοὺς ἀνδρός.

34 Τοῦ ταπεινῶσαι[2] ὑπὸ τοὺς πόδας αὐτοῦ πάντας δεσμίους[3] γῆς,
35 τοῦ ἐκκλῖναι[4] κρίσιν ἀνδρὸς κατέναντι[5] προσώπου ὑψίστου,[6]
36 καταδικάσαι[7] ἄνθρωπον ἐν τῷ κρίνεσθαι αὐτὸν κύριος οὐκ εἶπεν.

37 Τίς οὕτως εἶπεν, καὶ ἐγενήθη;
κύριος οὐκ ἐνετείλατο,[8]
38 ἐκ στόματος ὑψίστου[9] οὐκ ἐξελεύσεται
τὰ κακὰ καὶ τὸ ἀγαθόν;
39 τί γογγύσει[10] ἄνθρωπος ζῶν,
ἀνὴρ περὶ τῆς ἁμαρτίας αὐτοῦ;

40 Ἐξηρευνήθη[11] ἡ ὁδὸς ἡμῶν καὶ ἠτάσθη,[12]
καὶ ἐπιστρέψωμεν ἕως κυρίου·
41 ἀναλάβωμεν[13] καρδίας ἡμῶν ἐπὶ χειρῶν
πρὸς ὑψηλὸν[14] ἐν οὐρανῷ

42 Ἡμαρτήσαμεν, ἠσεβήσαμεν,[15]
καὶ οὐχ ἱλάσθης.[16]

43 Ἐπεσκέπασας[17] ἐν θυμῷ[18] καὶ ἀπεδίωξας[19] ἡμᾶς·
ἀπέκτεινας, οὐκ ἐφείσω.[20]
44 ἐπεσκέπασας[21] νεφέλην[22] σεαυτῷ
εἵνεκεν[23] προσευχῆς,
45 καμμύσαι[24] με καὶ ἀπωσθῆναι[25] ἔθηκας ἡμᾶς
ἐν μέσῳ τῶν λαῶν.

46 Διήνοιξαν[26] ἐφ᾽ ἡμᾶς τὸ στόμα αὐτῶν
πάντες οἱ ἐχθροὶ ἡμῶν·

1 ταπεινόω, *aor act ind 3s*, humble
2 ταπεινόω, *aor act inf*, humble
3 δέσμιος, captive, prisoner
4 ἐκκλίνω, *aor act inf*, redirect, turn away
5 κατέναντι, before
6 ὕψιστος, *sup*, Most High
7 καταδικάζω, *aor act inf*, pronounce guilty
8 ἐντέλλομαι, *aor mid ind 3s*, command, order
9 ὕψιστος, *sup*, Most High
10 γογγύζω, *fut act ind 3s*, mutter, grumble
11 ἐξερευνάω, *aor pas ind 3s*, examine, investigate
12 ἐτάζω, *aor pas ind 3s*, test, scrutinize
13 ἀναλαμβάνω, *aor act sub 1p*, take up
14 ὑψηλός, high, exalted
15 ἀσεβέω, *aor act ind 1p*, act godlessly
16 ἱλάσκομαι, *aor pas ind 2s*, conciliate, appease
17 ἐπισκεπάζω, *aor act ind 2s*, cover
18 θυμός, anger, wrath
19 ἀποδιώκω, *aor act ind 2s*, chase away
20 φείδομαι, *aor mid ind 2s*, spare, hold back
21 ἐπισκεπάζω, *aor act ind 2s*, cover
22 νεφέλη, cloud
23 εἵνεκεν, on account of
24 καμμύω, *aor act inf*, close (the eyes), (*read* cause to bow down?)
25 ἀπωθέω, *aor pas inf*, reject
26 διανοίγω, *aor act ind 3p*, open wide

47 φόβος καὶ θυμὸς[1] ἐγενήθη ἡμῖν,
ἔπαρσις[2] καὶ συντριβή·[3]
48 ἀφέσεις[4] ὑδάτων κατάξει[5] ὁ ὀφθαλμός μου
ἐπὶ τὸ σύντριμμα[6] τῆς θυγατρὸς[7] τοῦ λαοῦ μου.

49 Ὁ ὀφθαλμός μου κατεπόθη,[8]
καὶ οὐ σιγήσομαι[9] τοῦ μὴ εἶναι ἔκνηψιν,[10]
50 ἕως οὗ διακύψῃ[11]
καὶ ἴδῃ κύριος ἐξ οὐρανοῦ·
51 ὁ ὀφθαλμός μου ἐπιφυλλιεῖ[12] ἐπὶ τὴν ψυχήν μου
παρὰ πάσας θυγατέρας[13] πόλεως.

52 Θηρεύοντες[14] ἐθήρευσάν[15] με ὡς στρουθίον[16]
οἱ ἐχθροί μου δωρεάν,[17]
53 ἐθανάτωσαν[18] ἐν λάκκῳ[19] ζωήν μου
καὶ ἐπέθηκαν λίθον ἐπ' ἐμοί,
54 ὑπερεχύθη[20] ὕδωρ ἐπὶ κεφαλήν μου·
εἶπα Ἀπῶσμαι.[21]

55 Ἐπεκαλεσάμην[22] τὸ ὄνομά σου, κύριε,
ἐκ λάκκου[23] κατωτάτου·[24]
56 φωνήν μου ἤκουσας
Μὴ κρύψῃς[25] τὰ ὦτά σου εἰς τὴν δέησίν[26] μου.
57 εἰς τὴν βοήθειάν[27] μου ἤγγισας ἐν ᾗ σε ἡμέρᾳ ἐπεκαλεσάμην·[28]
εἶπάς μοι Μὴ φοβοῦ.

58 Ἐδίκασας,[29] κύριε, τὰς δίκας[30] τῆς ψυχῆς μου,
ἐλυτρώσω[31] τὴν ζωήν μου·
59 εἶδες, κύριε, τὰς ταραχάς[32] μου,
ἔκρινας τὴν κρίσιν μου·

1 θυμός, anger, wrath
2 ἔπαρσις, elation, pride
3 συντριβή, vexation, ruin
4 ἄφεσις, release, emission
5 κατάγω, *fut act ind 3s*, let down
6 σύντριμμα, destruction
7 θυγάτηρ, daughter
8 καταπίνω, *aor pas ind 3s*, drown
9 σιγάω, *fut mid ind 1s*, keep silent
10 ἔκνηψις, becoming sober, calm
11 διακύπτω, *aor act sub 3s*, bend down
12 ἐπιφυλλίζω, *fut act ind 3s*, glean, (perceive)
13 θυγάτηρ, daughter
14 θηρεύω, *pres act ptc nom p m*, hunt, chase
15 θηρεύω, *aor act ind 3p*, catch
16 στρουθίον, sparrow
17 δωρεάν, without reason
18 θανατόω, *aor act ind 3p*, put to death
19 λάκκος, prison, dungeon
20 ὑπερχέω, *aor pas ind 3s*, flow over
21 ἀπωθέω, *perf pas ind 1s*, reject
22 ἐπικαλέω, *aor mid ind 1s*, call upon
23 λάκκος, prison, dungeon
24 κάτω, *sup*, lowest
25 κρύπτω, *aor act sub 2s*, cover
26 δέησις, supplication, plea
27 βοήθεια, help
28 ἐπικαλέω, *aor mid ind 1s*, call upon
29 δικάζω, *aor act ind 2s*, deliver judgment
30 δίκη, penalty
31 λυτρόω, *aor mid ind 2s*, redeem
32 ταραχή, anxiety, rebellion

60 εἶδες πᾶσαν τὴν ἐκδίκησιν[1] αὐτῶν
εἰς πάντας διαλογισμοὺς[2] αὐτῶν ἐν ἐμοί.

61 Ἤκουσας τὸν ὀνειδισμὸν[3] αὐτῶν,
πάντας τοὺς διαλογισμοὺς[4] αὐτῶν κατ᾽ ἐμοῦ,
62 χείλη[5] ἐπανιστανομένων[6] μοι καὶ μελέτας[7] αὐτῶν
κατ᾽ ἐμοῦ ὅλην τὴν ἡμέραν,
63 καθέδραν[8] αὐτῶν καὶ ἀνάστασιν[9] αὐτῶν·
ἐπίβλεψον[10] ἐπὶ τοὺς ὀφθαλμοὺς αὐτῶν.

64 Ἀποδώσεις αὐτοῖς ἀνταπόδομα,[11] κύριε,
κατὰ τὰ ἔργα τῶν χειρῶν αὐτῶν,
65 ἀποδώσεις αὐτοῖς ὑπερασπισμὸν[12] καρδίας,
μόχθον[13] σου αὐτοῖς,
66 καταδιώξεις[14] ἐν ὀργῇ καὶ ἐξαναλώσεις[15] αὐτοὺς
ὑποκάτω[16] τοῦ οὐρανοῦ, κύριε.

Zion's Punishment

4 Πῶς ἀμαυρωθήσεται[17] χρυσίον,[18]
ἀλλοιωθήσεται[19] τὸ ἀργύριον[20] τὸ ἀγαθόν;
ἐξεχύθησαν[21] λίθοι ἅγιοι ἐπ᾽ ἀρχῆς πασῶν ἐξόδων.[22]

2 Υἱοὶ Σιων οἱ τίμιοι[23] οἱ ἐπηρμένοι[24] ἐν χρυσίῳ[25]
πῶς ἐλογίσθησαν εἰς ἀγγεῖα[26] ὀστράκινα[27] ἔργα χειρῶν κεραμέως;[28]

3 Καί γε δράκοντες[29] ἐξέδυσαν[30] μαστούς,[31] ἐθήλασαν[32] σκύμνοι[33] αὐτῶν·
θυγατέρες[34] λαοῦ μου εἰς ἀνίατον[35] ὡς στρουθίον[36] ἐν ἐρήμῳ.

1 ἐκδίκησις, vengeance
2 διαλογισμός, plot, device, scheme
3 ὀνειδισμός, reproach, insult
4 διαλογισμός, plot, device, scheme
5 χεῖλος, lip
6 ἐπανίστημι, *pres mid ptc gen p n*, rise against
7 μελέτη, plan, pursuit
8 καθέδρα, situation, sitting
9 ἀνάστασις, advancement, rising
10 ἐπιβλέπω, *aor act impv 2s*, look attentively
11 ἀνταπόδομα, reward, repayment
12 ὑπερασπισμός, protection
13 μόχθος, grief, effort
14 καταδιώκω, *fut act ind 2s*, pursue
15 ἐξαναλίσκω, *fut act ind 2s*, completely destroy
16 ὑποκάτω, under, beneath
17 ἀμαυρόω, *fut pas ind 3s*, tarnish
18 χρυσίον, gold
19 ἀλλοιόω, *fut pas ind 3s*, change
20 ἀργύριον, silver
21 ἐκχέω, *aor pas ind 3p*, dump out
22 ἔξοδος, outlet (of a street)
23 τίμιος, noble, honorable
24 ἐπαίρω, *perf act ptc nom p m*, put in opposition (on a scale), (counterbalance)
25 χρυσίον, gold
26 ἀγγεῖον, container
27 ὀστράκινος, made of clay
28 κεραμεύς, potter
29 δράκων, dragon
30 ἐκδύω, *aor act ind 3p*, unclothe, lay bare
31 μαστός, breast
32 θηλάζω, *aor act ind 3p*, nurse
33 σκύμνος, young, cub
34 θυγάτηρ, daughter
35 ἀνίατος, incurable, rotten
36 στρουθίον, sparrow

4 Ἐκολλήθη[1] ἡ γλῶσσα θηλάζοντος[2] πρὸς τὸν φάρυγγα[3] αὐτοῦ ἐν δίψει·[4]
νήπια[5] ᾔτησαν[6] ἄρτον, ὁ διακλῶν[7] οὐκ ἔστιν αὐτοῖς.

5 Οἱ ἔσθοντες[8] τὰς τρυφὰς[9] ἠφανίσθησαν[10] ἐν ταῖς ἐξόδοις,[11]
οἱ τιθηνούμενοι[12] ἐπὶ κόκκων[13] περιεβάλοντο[14] κοπρίας.[15]

6 Καὶ ἐμεγαλύνθη[16] ἀνομία[17] θυγατρὸς[18] λαοῦ μου ὑπὲρ ἀνομίας[19] Σοδομων
τῆς κατεστραμμένης[20] ὥσπερ σπουδῇ,[21] καὶ οὐκ ἐπόνεσαν[22] ἐν αὐτῇ
χεῖρας.

7 Ἐκαθαριώθησαν[23] ναζιραῖοι[24] αὐτῆς ὑπὲρ χιόνα,[25] ἔλαμψαν[26] ὑπὲρ γάλα,[27]
ἐπυρρώθησαν[28] ὑπὲρ λίθους σαπφείρου[29] τὸ ἀπόσπασμα[30] αὐτῶν.

8 Ἐσκότασεν[31] ὑπὲρ ἀσβόλην[32] τὸ εἶδος[33] αὐτῶν, οὐκ ἐπεγνώσθησαν ἐν ταῖς
ἐξόδοις·[34]
ἐπάγη[35] δέρμα[36] αὐτῶν ἐπὶ τὰ ὀστέα[37] αὐτῶν, ἐξηράνθησαν,[38]
ἐγενήθησαν ὥσπερ ξύλον.[39]

9 Καλοὶ ἦσαν οἱ τραυματίαι[40] ῥομφαίας[41] ἢ οἱ τραυματίαι λιμοῦ·[42]
ἐπορεύθησαν ἐκκεκεντημένοι[43] ἀπὸ γενημάτων[44] ἀγρῶν.

1 κολλάω, *aor pas ind 3s*, stick, cling
2 θηλάζω, *pres act ptc gen s m*, nurse
3 φάρυγξ, throat
4 δίψος, thirst
5 νήπιος, baby
6 αἰτέω, *aor act ind 3p*, demand
7 διακλάω, *pres act ptc nom s m*, break into pieces
8 ἔσθω, *pres act ptc nom p m*, eat
9 τρυφή, luxury, delicacy
10 ἀφανίζω, *aor pas ind 3p*, destroy
11 ἔξοδος, outlet (of a street)
12 τιθηνέω, *pres pas ptc nom p m*, rear, bring up
13 κόκκος, scarlet
14 περιβάλλω, *aor mid ind 3p*, clothe with
15 κοπρία, dung, refuse
16 μεγαλύνω, *aor pas ind 3s*, become severe, intensify
17 ἀνομία, lawlessness
18 θυγάτηρ, daughter
19 ἀνομία, lawlessness
20 καταστρέφω, *perf pas ptc gen s f*, overthrow
21 σπουδή, haste, zeal
22 πονέω, *aor act ind 3p*, trouble, exert
23 καθαρίζω, *aor pas ind 3p*, consider pure
24 ναζιραῖος, Nazirite, *Heb. LW*
25 χιών, snow
26 λάμπω, *aor act ind 3p*, shine
27 γάλα, milk
28 πυρρόομαι, *aor pas ind 3p*, become red
29 σάπφειρος, sapphire
30 ἀπόσπασμα, (polishing?)
31 σκοτάζω, *aor act ind 3s*, become dark
32 ἀσβόλη, soot
33 εἶδος, appearance
34 ἔξοδος, outlet (of a street)
35 πήγνυμι, *aor pas ind 3s*, stretch out, become taut
36 δέρμα, skin
37 ὀστέον, bone
38 ξηραίνω, *aor pas ind 3p*, dry up
39 ξύλον, firewood
40 τραυματίας, casualty
41 ῥομφαία, sword
42 λιμός, famine
43 ἐκκεντέω, *perf pas ptc nom p m*, wound, incapacitate
44 γένημα, produce, yield

10 Χεῖρες γυναικῶν οἰκτιρμόνων[1] ἥψησαν[2] τὰ παιδία αὐτῶν,
ἐγενήθησαν εἰς βρῶσιν[3] αὐταῖς ἐν τῷ συντρίμματι[4] τῆς θυγατρὸς[5] λαοῦ μου.

11 Συνετέλεσεν[6] κύριος θυμὸν[7] αὐτοῦ, ἐξέχεεν[8] θυμὸν ὀργῆς αὐτοῦ
καὶ ἀνῆψεν[9] πῦρ ἐν Σιων, καὶ κατέφαγεν[10] τὰ θεμέλια[11] αὐτῆς.

12 Οὐκ ἐπίστευσαν βασιλεῖς γῆς, πάντες οἱ κατοικοῦντες τὴν οἰκουμένην,[12]
ὅτι εἰσελεύσεται ἐχθρὸς καὶ ἐκθλίβων[13] διὰ τῶν πυλῶν[14] Ιερουσαλημ.

13 Ἐξ ἁμαρτιῶν προφητῶν αὐτῆς, ἀδικιῶν[15] ἱερέων αὐτῆς
τῶν ἐκχεόντων[16] αἷμα δίκαιον ἐν μέσῳ αὐτῆς.

14 Ἐσαλεύθησαν[17] ἐγρήγοροι[18] αὐτῆς ἐν ταῖς ἐξόδοις,[19] ἐμολύνθησαν[20] ἐν αἵματι·
ἐν τῷ μὴ δύνασθαι αὐτοὺς ἥψαντο ἐνδυμάτων[21] αὐτῶν.

15 Ἀπόστητε[22] ἀκαθάρτων — καλέσατε αὐτούς — ἀπόστητε ἀπόστητε, μὴ ἅπτεσθε,
ὅτι ἀνήφθησαν[23] καί γε ἐσαλεύθησαν·[24] εἴπατε ἐν τοῖς ἔθνεσιν Οὐ μὴ προσθῶσιν[25] τοῦ παροικεῖν.[26]

16 Πρόσωπον κυρίου μερὶς[27] αὐτῶν, οὐ προσθήσει[28] ἐπιβλέψαι[29] αὐτοῖς·
πρόσωπον ἱερέων οὐκ ἔλαβον, πρεσβύτας[30] οὐκ ἠλέησαν.[31]

17 Ἔτι ὄντων ἡμῶν ἐξέλιπον[32] οἱ ὀφθαλμοὶ ἡμῶν εἰς τὴν βοήθειαν[33] ἡμῶν μάταια·[34]
ἀποσκοπευόντων[35] ἡμῶν ἀπεσκοπεύσαμεν[36] εἰς ἔθνος οὐ σῷζον.

1 οἰκτίρμων, compassionate
2 ἕψω, *aor act ind 3p*, boil
3 βρῶσις, food
4 σύντριμμα, affliction, ruin
5 θυγάτηρ, daughter
6 συντελέω, *aor act ind 3s*, exhaust, bring to an end
7 θυμός, anger, wrath
8 ἐκχέω, *aor act ind 3s*, pour out
9 ἀνάπτω, *aor act ind 3s*, kindle, light
10 κατεσθίω, *aor act ind 3s*, consume
11 θεμέλιον, foundation
12 οἰκουμένη, inhabited world
13 ἐκθλίβω, *pres act ptc nom s m*, oppress
14 πύλη, gate
15 ἀδικία, wrongdoing, injustice
16 ἐκχέω, *pres act ptc gen p m*, spill
17 σαλεύω, *aor pas ind 3p*, stir up, shake up
18 ἐγείρω, *perf act opt 3s*, rouse, awaken
19 ἔξοδος, outlet (of a street)
20 μολύνω, *aor pas ind 3p*, stain, defile
21 ἔνδυμα, garment
22 ἀφίστημι, *aor act impv 2p*, keep away, withdraw from
23 ἀνάπτω, *aor pas ind 3p*, kindle, light
24 σαλεύω, *aor pas ind 3p*, shake up, stir up
25 προστίθημι, *aor act sub 3p*, continue
26 παροικέω, *pres act inf*, live as a noncitizen
27 μερίς, portion
28 προστίθημι, *fut act ind 3s*, continue
29 ἐπιβλέπω, *aor act inf*, look upon
30 πρεσβύτης, elder, old man
31 ἐλεέω, *aor act ind 3p*, show mercy to
32 ἐκλείπω, *aor act ind 3p*, fail
33 βοήθεια, help
34 μάταιος, pointless
35 ἀποσκοπεύω, *pres act ptc gen p m*, keep watch
36 ἀποσκοπεύω, *aor act ind 1p*, keep watch

18 Ἐθηρεύσαμεν[1] μικροὺς ἡμῶν τοῦ μὴ πορεύεσθαι ἐν ταῖς πλατείαις[2] ἡμῶν·
ἤγγικεν ὁ καιρὸς ἡμῶν, ἐπληρώθησαν αἱ ἡμέραι ἡμῶν, πάρεστιν[3] ὁ
καιρὸς ἡμῶν.

19 Κοῦφοι[4] ἐγένοντο οἱ διώκοντες ἡμᾶς ὑπὲρ ἀετοὺς[5] οὐρανοῦ,
ἐπὶ τῶν ὀρέων ἐξήφθησαν,[6] ἐν ἐρήμῳ ἐνήδρευσαν[7] ἡμᾶς.

20 Πνεῦμα προσώπου ἡμῶν χριστὸς κυρίου συνελήμφθη[8] ἐν ταῖς διαφθοραῖς[9]
αὐτῶν,
οὗ[10] εἴπαμεν Ἐν τῇ σκιᾷ[11] αὐτοῦ ζησόμεθα ἐν τοῖς ἔθνεσιν.

21 Χαῖρε[12] καὶ εὐφραίνου,[13] θύγατερ[14] Ιδουμαίας ἡ κατοικοῦσα ἐπὶ γῆς·
καί γε ἐπὶ σὲ διελεύσεται τὸ ποτήριον[15] κυρίου, καὶ μεθυσθήσῃ[16] καὶ
ἀποχεεῖς.[17]

22 Ἐξέλιπεν[18] ἡ ἀνομία[19] σου, θύγατερ[20] Σιων· οὐ προσθήσει[21] ἔτι ἀποικίσαι[22] σε.
ἐπεσκέψατο[23] ἀνομίας[24] σου, θύγατερ[25] Εδωμ· ἀπεκάλυψεν[26] ἐπὶ τὰ
ἀσεβήματά[27] σου.

A Plea for Restoration

5 Μνήσθητι,[28] κύριε, ὅ τι ἐγενήθη ἡμῖν·
ἐπίβλεψον[29] καὶ ἰδὲ τὸν ὀνειδισμὸν[30] ἡμῶν.
2 κληρονομία[31] ἡμῶν μετεστράφη[32] ἀλλοτρίοις,[33]
οἱ οἶκοι ἡμῶν ξένοις.[34]
3 ὀρφανοὶ[35] ἐγενήθημεν, οὐχ ὑπάρχει πατήρ·
μητέρες ἡμῶν ὡς αἱ χῆραι.[36]

1 θηρεύω, *aor act ind 1p*, pursue, seek
2 πλατεῖα, street
3 πάρειμι, *pres act ind 3s*, arrive
4 κοῦφος, swift, quick
5 ἀετός, eagle
6 ἐξάπτω, *aor pas ind 3p*, fasten upon, cling to
7 ἐνεδρεύω, *aor act ind 3p*, set an ambush for
8 συλλαμβάνω, *aor pas ind 3s*, catch, capture
9 διαφθορά, ruin
10 οὗ, where
11 σκιά, shadow
12 χαίρω, *pres act impv 2s*, be glad
13 εὐφραίνω, *pres mid impv 2s*, rejoice
14 θυγάτηρ, daughter
15 ποτήριον, cup
16 μεθύω, *fut pas ind 2s*, become drunk
17 ἀποχέω, *fut act ind 2s*, spill
18 ἐκλείπω, *aor act ind 3s*, come to an end
19 ἀνομία, lawlessness
20 θυγάτηρ, daughter
21 προστίθημι, *fut act ind 3s*, continue
22 ἀποικίζω, *aor act inf*, keep in exile
23 ἐπισκέπτομαι, *aor mid ind 3s*, examine
24 ἀνομία, lawlessness
25 θυγάτηρ, daughter
26 ἀποκαλύπτω, *aor act ind 3s*, disclose, uncover
27 ἀσέβημα, ungodliness, wrongdoing
28 μιμνῄσκομαι, *aor pas impv 2s*, remember
29 ἐπιβλέπω, *aor act impv 2s*, look carefully
30 ὀνειδισμός, disgrace, reproach
31 κληρονομία, inheritance
32 μεταστρέφω, *aor pas ind 3s*, swap, exchange
33 ἀλλότριος, strange, other
34 ξένος, foreign
35 ὀρφανός, orphan
36 χήρα, widow

4 ἐξ ἡμερῶν ἡμῶν ξύλα[1] ἡμῶν
ἐν ἀλλάγματι[2] ἦλθεν.
5 ἐπὶ τὸν τράχηλον[3] ἡμῶν ἐδιώχθημεν·
ἐκοπιάσαμεν,[4] οὐκ ἀνεπαύθημεν.[5]
6 Αἴγυπτος ἔδωκεν χεῖρα,
Ασσουρ εἰς πλησμονὴν[6] αὐτῶν.
7 οἱ πατέρες ἡμῶν ἥμαρτον, οὐχ ὑπάρχουσιν·
ἡμεῖς τὰ ἀνομήματα[7] αὐτῶν ὑπέσχομεν.[8]
8 δοῦλοι ἐκυρίευσαν[9] ἡμῶν,
λυτρούμενος[10] οὐκ ἔστιν ἐκ τῆς χειρὸς αὐτῶν.
9 ἐν ταῖς ψυχαῖς ἡμῶν εἰσοίσομεν[11] ἄρτον ἡμῶν
ἀπὸ προσώπου ῥομφαίας[12] τῆς ἐρήμου.
10 τὸ δέρμα[13] ἡμῶν ὡς κλίβανος[14] ἐπελιώθη,[15]
συνεσπάσθησαν[16] ἀπὸ προσώπου καταιγίδων[17] λιμοῦ.[18]
11 γυναῖκας ἐν Σιων ἐταπείνωσαν,[19]
παρθένους[20] ἐν πόλεσιν Ιουδα.
12 ἄρχοντες ἐν χερσὶν αὐτῶν ἐκρεμάσθησαν,[21]
πρεσβύτεροι οὐκ ἐδοξάσθησαν.
13 ἐκλεκτοὶ[22] κλαυθμὸν[23] ἀνέλαβον,[24]
καὶ νεανίσκοι[25] ἐν ξύλῳ[26] ἠσθένησαν.[27]
14 καὶ πρεσβῦται[28] ἀπὸ πύλης[29] κατέπαυσαν,[30]
ἐκλεκτοὶ[31] ἐκ ψαλμῶν αὐτῶν κατέπαυσαν.
15 κατέλυσεν[32] χαρὰ[33] καρδίας ἡμῶν,
ἐστράφη[34] εἰς πένθος[35] ὁ χορὸς[36] ἡμῶν.

1 ξύλον, wood, timber
2 ἄλλαγμα, exchange, barter
3 τράχηλος, neck
4 κοπιάω, *aor act ind 1p*, become tired
5 ἀναπαύω, *aor pas ind 1p*, give rest
6 πλησμονή, surplus, satisfaction
7 ἀνόμημα, lawlessness
8 ὑπέχω, *aor act ind 1p*, bear
9 κυριεύω, *aor act ind 3p*, rule over, dominate
10 λυτρόω, *pres mid ptc nom s m*, redeem
11 εἰσφέρω, *fut act ind 1p*, carry in
12 ῥομφαία, sword
13 δέρμα, skin
14 κλίβανος, oven
15 πελιόομαι, *aor pas ind 3s*, become black
16 συσπάω, *aor pas ind 3p*, shrivel up
17 καταιγίς, blasting wind
18 λιμός, famine
19 ταπεινόω, *aor act ind 3p*, humble
20 παρθένος, virgin, young woman
21 κρεμάννυμι, *aor pas ind 3p*, hang
22 ἐκλεκτός, chosen, select
23 κλαυθμός, wailing, weeping
24 ἀναλαμβάνω, *aor act ind 3p*, raise up
25 νεανίσκος, young man
26 ξύλον, wood, (stocks)
27 ἀσθενέω, *aor act ind 3p*, become weak
28 πρεσβύτης, old man
29 πύλη, gate
30 καταπαύω, *aor act ind 3p*, come to an end
31 ἐκλεκτός, chosen, select
32 καταλύω, *aor act ind 3s*, come undone
33 χαρά, joy
34 στρέφω, *aor pas ind 3s*, change
35 πένθος, grief, sorrow
36 χορός, dance

16 ἔπεσεν ὁ στέφανος[1] τῆς κεφαλῆς ἡμῶν·
οὐαὶ[2] δὴ[3] ἡμῖν, ὅτι ἡμάρτομεν.
17 περὶ τούτου ἐγενήθη ὀδυνηρὰ[4] ἡ καρδία ἡμῶν,
περὶ τούτου ἐσκότασαν[5] οἱ ὀφθαλμοὶ ἡμῶν·
18 ἐπ᾽ ὄρος Σιων, ὅτι ἠφανίσθη,[6]
ἀλώπεκες[7] διῆλθον ἐν αὐτῇ.

19 σὺ δέ, κύριε, εἰς τὸν αἰῶνα κατοικήσεις,
ὁ θρόνος σου εἰς γενεὰν καὶ γενεάν.
20 ἵνα τί εἰς νεῖκος[8] ἐπιλήσῃ[9] ἡμῶν,
καταλείψεις[10] ἡμᾶς εἰς μακρότητα[11] ἡμερῶν;
21 ἐπίστρεψον ἡμᾶς, κύριε, πρὸς σέ, καὶ ἐπιστραφησόμεθα·
καὶ ἀνακαίνισον[12] ἡμέρας ἡμῶν καθὼς ἔμπροσθεν.
22 ὅτι ἀπωθούμενος[13] ἀπώσω[14] ἡμᾶς,
ὠργίσθης[15] ἐφ᾽ ἡμᾶς ἕως σφόδρα.[16]

1 στέφανος, crown
2 οὐαί, woe
3 δή, indeed
4 ὀδυνηρός, distressed, grieved
5 σκοτάζω, *aor act ind 3p*, become dark
6 ἀφανίζω, *aor pas ind 3s*, destroy
7 ἀλώπηξ, fox
8 νεῖκος, victory
9 ἐπιλανθάνομαι, *fut mid ind 2s*, forget
10 καταλείπω, *fut act ind 2s*, abandon, forsake
11 μακρότης, long period
12 ἀνακαινίζω, *aor act impv 2s*, renew
13 ἀπωθέω, *pres mid ptc nom s m*, reject, repudiate
14 ἀπωθέω, *aor mid ind 2s*, reject, repudiate
15 ὀργίζω, *aor pas ind 2s*, become angry
16 σφόδρα, exceedingly

ΕΠΙΣΤΟΛΗ ΙΕΡΕΜΙΟΥ
Epistle of Jeremiah

1 Ἀντίγραφον[1] ἐπιστολῆς,[2] ἧς ἀπέστειλεν[3] Ιερεμιας πρὸς τοὺς ἀχθησομένους[4]
αἰχμαλώτους[5] εἰς Βαβυλῶνα ὑπὸ τοῦ βασιλέως τῶν Βαβυλωνίων ἀναγγεῖλαι[6]
αὐτοῖς καθότι[7] ἐπετάγη[8] αὐτῷ ὑπὸ τοῦ θεοῦ.

Foretelling a Long Captivity

Διὰ τὰς ἁμαρτίας, ἃς ἡμαρτήκατε ἐναντίον[9] τοῦ θεοῦ, ἀχθήσεσθε[10] εἰς Βαβυλῶνα
αἰχμάλωτοι[11] ὑπὸ Ναβουχοδονοσορ βασιλέως τῶν Βαβυλωνίων. **2** εἰσελθόντες
οὖν εἰς Βαβυλῶνα ἔσεσθε ἐκεῖ ἔτη πλείονα[12] καὶ χρόνον μακρὸν[13] ἕως γενεῶν
ἑπτά, μετὰ τοῦτο δὲ ἐξάξω[14] ὑμᾶς ἐκεῖθεν[15] μετ᾽ εἰρήνης. **3** νυνὶ[16] δὲ ὄψεσθε ἐν
Βαβυλῶνι θεοὺς ἀργυροῦς[17] καὶ χρυσοῦς[18] καὶ ξυλίνους[19] ἐπ᾽ ὤμοις[20] αἰρομένους
δεικνύντας φόβον τοῖς ἔθνεσιν. **4** εὐλαβήθητε[21] οὖν μὴ καὶ ὑμεῖς ἀφομοιωθέντες[22]
τοῖς ἀλλοφύλοις[23] ἀφομοιωθῆτε[24] καὶ φόβος ὑμᾶς λάβῃ ἐπ᾽ αὐτοῖς **5** ἰδόντας ὄχλον[25]
ἔμπροσθεν καὶ ὄπισθεν[26] αὐτῶν προσκυνοῦντας αὐτά, εἴπατε δὲ τῇ διανοίᾳ[27] Σοὶ
δεῖ[28] προσκυνεῖν, δέσποτα.[29] **6** ὁ γὰρ ἄγγελός μου μεθ᾽ ὑμῶν ἐστιν, αὐτός τε ἐκζη-
τῶν[30] τὰς ψυχὰς ὑμῶν.

1 ἀντίγραφον, copy
2 ἐπιστολή, letter
3 ἀποστέλλω, *aor act ind 3s*, send
4 ἄγω, *fut pas ptc acc p m*, bring
5 αἰχμάλωτος, captive, prisoner
6 ἀναγγέλλω, *aor act inf*, announce, proclaim
7 καθότι, just as
8 ἐπιτάσσω, *aor pas ind 3s*, order, command
9 ἐναντίον, before
10 ἄγω, *fut pas ind 2p*, bring
11 αἰχμάλωτος, captive, prisoner
12 πλείων/πλεῖον, *comp of* πολύς, numerous, very many
13 μακρός, long
14 ἐξάγω, *fut act ind 1s*, bring out
15 ἐκεῖθεν, from there
16 νυνί, now
17 ἀργυροῦς, silver
18 χρυσοῦς, gold
19 ξύλινος, wooden
20 ὦμος, shoulder
21 εὐλαβέομαι, *aor pas impv 2p*, beware, take heed
22 ἀφομοιόω, *aor pas ptc nom p m*, become like
23 ἀλλόφυλος, foreign
24 ἀφομοιόω, *aor pas sub 2p*, become like
25 ὄχλος, crowd, host
26 ὄπισθε(ν), behind
27 διάνοια, mind, thought
28 δεῖ, *pres act ind 3s*, be required
29 δεσπότης, lord, master
30 ἐκζητέω, *pres act ptc nom s m*, seek

Helplessness of Idols

7 Γλῶσσα γὰρ αὐτῶν ἐστιν κατεξυσμένη[1] ὑπὸ τέκτονος,[2] αὐτά τε περίχρυσα[3] καὶ
περιάργυρα,[4] ψευδῆ[5] δ᾽ ἐστὶν καὶ οὐ δύνανται λαλεῖν. **8** καὶ ὥσπερ παρθένῳ[6] φιλο-
κόσμῳ[7] λαμβάνοντες χρυσίον[8] κατασκευάζουσιν[9] στεφάνους[10] ἐπὶ τὰς κεφαλὰς
τῶν θεῶν αὐτῶν· **9** ἔστι δὲ καὶ ὅτε ὑφαιρούμενοι[11] οἱ ἱερεῖς ἀπὸ τῶν θεῶν αὐτῶν
χρυσίον[12] καὶ ἀργύριον[13] εἰς ἑαυτοὺς καταναλώσουσιν,[14] δώσουσιν δὲ ἀπ᾽ αὐτῶν
καὶ ταῖς ἐπὶ τοῦ τέγους[15] πόρναις.[16] **10** κοσμοῦσί[17] τε αὐτοὺς ὡς ἀνθρώπους τοῖς
ἐνδύμασιν,[18] θεοὺς ἀργυροῦς[19] καὶ χρυσοῦς[20] καὶ ξυλίνους·[21] οὗτοι δὲ οὐ δια-
σῴζονται[22] ἀπὸ ἰοῦ[23] καὶ βρωμάτων.[24] **11** περιβεβλημένων[25] αὐτῶν ἱματισμὸν[26] πορ-
φυροῦν,[27] ἐκμάσσονται[28] τὸ πρόσωπον αὐτῶν διὰ τὸν ἐκ τῆς οἰκίας κονιορτόν,[29]
ὅς ἐστιν πλείων[30] ἐπ᾽ αὐτοῖς. **12** καὶ σκῆπτρον[31] ἔχει ὡς ἄνθρωπος κριτὴς[32] χώρας,[33]
ὃς τὸν εἰς αὐτὸν ἁμαρτάνοντα οὐκ ἀνελεῖ.[34] **13** ἔχει δὲ ἐγχειρίδιον[35] ἐν δεξιᾷ καὶ
πέλεκυν,[36] ἑαυτὸν δὲ ἐκ πολέμου καὶ λῃστῶν[37] οὐκ ἐξελεῖται.[38] **14** ὅθεν[39] γνώριμοί[40]
εἰσιν οὐκ ὄντες θεοί· μὴ οὖν φοβηθῆτε αὐτούς.

15 Ὥσπερ γὰρ σκεῦος[41] ἀνθρώπου συντριβὲν[42] ἀχρεῖον[43] γίνεται, τοιοῦτοι[44] ὑπάρ-
χουσιν οἱ θεοὶ αὐτῶν, καθιδρυμένων[45] αὐτῶν ἐν τοῖς οἴκοις. **16** οἱ ὀφθαλμοὶ αὐτῶν
πλήρεις[46] εἰσὶν κονιορτοῦ[47] ἀπὸ τῶν ποδῶν τῶν εἰσπορευομένων.[48] **17** καὶ ὥσπερ

1 καταξύω, *perf pas ptc nom s f*, polish, smooth
2 τέκτων, craftsman
3 περίχρυσος, gold-plated
4 περιάργυρος, silver-plated
5 ψευδής, false, fake
6 παρθένος, young woman
7 φιλόκοσμος, fond of adornment
8 χρυσίον, gold
9 κατασκευάζω, *pres act ind 3p*, prepare, outfit
10 στέφανος, crown
11 ὑφαιρέω, *pres mid ptc nom p m*, filch, steal (gradually)
12 χρυσίον, gold
13 ἀργύριον, silver
14 καταναλίσκω, *fut act ind 3p*, spend
15 τέγος, covered hall, roofed chamber
16 πόρνη, prostitute
17 κοσμέω, *pres act ind 3p*, adorn, make tidy
18 ἔνδυμα, clothing, apparel
19 ἀργυροῦς, silver
20 χρυσοῦς, gold
21 ξύλινος, wooden
22 διασῴζω, *pres mid ind 3p*, maintain, preserve
23 ἰός, rust
24 βρῶμα, food
25 περιβάλλω, *perf mid ptc gen p m*, clothe, dress
26 ἱματισμός, clothing
27 πορφυροῦς, purple
28 ἐκμάσσω, *pres mid ind 3p*, wipe off
29 κονιορτός, dust, powder
30 πλείων/πλεῖον, *comp of* πολύς, much
31 σκῆπτρον, scepter
32 κριτής, judge
33 χώρα, town, country
34 ἀναιρέω, *fut act ind 3s*, put to death
35 ἐγχειρίδιον, dagger
36 πέλεκυς, double-sided axe
37 λῃστής, robber
38 ἐξαιρέω, *fut mid ind 3s*, extricate, remove
39 ὅθεν, from where
40 γνώριμος, recognizable, well-known
41 σκεῦος, object, item
42 συντρίβω, *aor pas ptc nom s n*, break
43 ἀχρεῖος, worthless, useless
44 τοιοῦτος, such
45 καθιδρύω, *perf pas ptc gen p m*, set up, situate
46 πλήρης, full
47 κονιορτός, dust, powder
48 εἰσπορεύομαι, *pres mid ptc gen p m*, enter in

τινὶ ἠδικηκότι[1] βασιλέα περιπεφραγμέναι[2] εἰσὶν αἱ αὐλαὶ[3] ὡς ἐπὶ θανάτῳ ἀπηγμένῳ,[4]
τοὺς οἴκους αὐτῶν ὀχυροῦσιν[5] οἱ ἱερεῖς θυρώμασίν[6] τε καὶ κλείθροις[7] καὶ μοχλοῖς,[8]
ὅπως ὑπὸ τῶν λῃστῶν[9] μὴ συληθῶσι.[10] **18** λύχνους[11] καίουσιν[12] καὶ πλείους[13] ἢ
ἑαυτοῖς, ὧν οὐδένα δύνανται ἰδεῖν. **19** ἔστιν μὲν ὥσπερ δοκὸς[14] τῶν ἐκ τῆς οἰκίας, τὰς
δὲ καρδίας αὐτῶν φασιν[15] ἐκλείχεσθαι,[16] τῶν ἀπὸ τῆς γῆς ἑρπετῶν[17] κατεσθόντων[18]
αὐτούς τε καὶ τὸν ἱματισμὸν[19] αὐτῶν οὐκ αἰσθάνονται.[20] **20** μεμελανωμένοι[21] τὸ
πρόσωπον αὐτῶν ἀπὸ τοῦ καπνοῦ[22] τοῦ ἐκ τῆς οἰκίας. **21** ἐπὶ τὸ σῶμα αὐτῶν καὶ
ἐπὶ τὴν κεφαλὴν ἐφίπτανται[23] νυκτερίδες,[24] χελιδόνες[25] καὶ τὰ ὄρνεα,[26] ὡσαύτως[27]
δὲ καὶ οἱ αἴλουροι.[28] **22** ὅθεν[29] γνώσεσθε ὅτι οὔκ εἰσιν θεοί· μὴ οὖν φοβεῖσθε αὐτά.

23 Τὸ γὰρ χρυσίον,[30] ὃ περίκεινται[31] εἰς κάλλος, ἐὰν μή τις ἐκμάξῃ[32] τὸν ἰόν,[33] οὐ μὴ
στίλψωσιν·[34] οὐδὲ γάρ, ὅτε ἐχωνεύοντο,[35] ᾐσθάνοντο.[36] **24** ἐκ πάσης τιμῆς[37] ἠγο-
ρασμένα[38] ἐστίν, ἐν οἷς οὐκ ἔστιν πνεῦμα. **25** ἄνευ[39] ποδῶν ἐπ᾽ ὤμοις[40] φέρονται
ἐνδεικνύμενοι[41] τὴν ἑαυτῶν ἀτιμίαν[42] τοῖς ἀνθρώποις, αἰσχύνονταί[43] τε καὶ οἱ θερα-
πεύοντες[44] αὐτὰ διὰ τό, μήποτε[45] ἐπὶ τὴν γῆν πέσῃ, δι᾽ αὐτῶν ἀνίστασθαι· **26** μήτε[46]
ἐάν τις αὐτὸ ὀρθὸν[47] στήσῃ, δι᾽ ἑαυτοῦ κινηθήσεται,[48] μήτε[49] ἐὰν κλιθῇ,[50] οὐ μὴ

1 ἀδικέω, *perf act ptc dat s m*, harm, wrong
2 περιφράσσω, *perf pas ptc nom p f*, fortify
3 αὐλή, court
4 ἀπάγω, *perf pas ptc dat s m*, lead away
5 ὀχυρόω, *pres act ind 3p*, lock, secure
6 θύρωμα, entryway, doorway
7 κλεῖθρον, bar
8 μοχλός, bolt
9 λῃστής, robber
10 συλάω, *aor pas sub 3p*, rob, steal
11 λύχνος, lamp
12 καίω, *pres act ind 3p*, burn, light
13 πλείων/πλεῖον, *comp of* πολύς, all the more
14 δοκός, beam (of timber)
15 φημί, *pres act ind 3p*, say
16 ἐκλείχω, *pres pas inf*, lick up
17 ἑρπετόν, reptile
18 κατέσθω, *pres act ptc gen p n*, eat up
19 ἱματισμός, clothing
20 αἰσθάνομαι, *pres mid ind 3p*, notice, perceive
21 μελανόομαι, *perf pas ptc nom p m*, become black
22 καπνός, smoke
23 ἐφίπταμαι, *pres mid ind 3p*, fly
24 νυκτερίς, bat
25 χελιδών, swallow
26 ὄρνεον, bird
27 ὡσαύτως, in the same way
28 αἴλουρος, cat
29 ὅθεν, for which reason, hence
30 χρυσίον, gold
31 περίκειμαι, *pres pas ind 3p*, wear
32 ἐκμάσσω, *aor act sub 3s*, wipe off
33 ἰός, rust
34 στίλβω, *aor act sub 3p*, shine, gleam
35 χωνεύω, *impf pas ind 3p*, cast (metal)
36 αἰσθάνομαι, *impf mid ind 3p*, understand, notice
37 τιμή, price, cost
38 ἀγοράζω, *perf pas ptc nom p n*, buy, purchase
39 ἄνευ, without, lacking
40 ὦμος, shoulder
41 ἐνδείκνυμι, *pres mid ptc nom p m*, show, display
42 ἀτιμία, shame, disgrace
43 αἰσχύνω, *pres mid ind 3p*, dishonor
44 θεραπεύω, *pres act ptc nom p m*, attend, serve
45 μήποτε, lest
46 μήτε, neither, not even
47 ὀρθός, upright
48 κινέω, *fut pas ind 3s*, totter, sway
49 μήτε, nor, and not
50 κλίνω, *aor pas sub 3s*, tip, lean

ὀρθωθῇ,[1] ἀλλ᾽ ὥσπερ νεκροῖς[2] τὰ δῶρα[3] αὐτοῖς παρατίθεται.[4] **27** τὰς δὲ θυσίας[5]
αὐτῶν ἀποδόμενοι οἱ ἱερεῖς αὐτῶν καταχρῶνται·[6] ὡσαύτως[7] δὲ καὶ αἱ γυναῖκες
αὐτῶν ἀπ᾽ αὐτῶν ταριχεύουσαι[8] οὔτε πτωχῷ οὔτε ἀδυνάτῳ[9] μεταδιδόασιν·[10] τῶν
θυσιῶν[11] αὐτῶν ἀποκαθημένη[12] καὶ λεχὼ[13] ἅπτονται. **28** γνόντες οὖν ἀπὸ τούτων
ὅτι οὐκ εἰσιν θεοί, μὴ φοβηθῆτε αὐτούς.

29 Πόθεν[14] γὰρ κληθείησαν[15] θεοί; ὅτι γυναῖκες παρατιθέασιν[16] θεοῖς ἀργυροῖς[17] καὶ
χρυσοῖς[18] καὶ ξυλίνοις·[19] **30** καὶ ἐν τοῖς οἴκοις αὐτῶν οἱ ἱερεῖς διφρεύουσιν[20] ἔχοντες
τοὺς χιτῶνας[21] διερρωγότας[22] καὶ τὰς κεφαλὰς καὶ τοὺς πώγωνας[23] ἐξυρημένους,[24] ὧν
αἱ κεφαλαὶ ἀκάλυπτοί[25] εἰσιν, **31** ὠρύονται[26] δὲ βοῶντες[27] ἐναντίον[28] τῶν θεῶν αὐτῶν
ὥσπερ τινὲς ἐν περιδείπνῳ[29] νεκροῦ.[30] **32** ἀπὸ τοῦ ἱματισμοῦ[31] αὐτῶν ἀφελόμενοι[32] οἱ
ἱερεῖς ἐνδύουσιν[33] τὰς γυναῖκας αὐτῶν καὶ τὰ παιδία. **33** οὔτε ἐὰν κακὸν πάθωσιν[34]
ὑπό τινος οὔτε ἐὰν ἀγαθόν, δυνήσονται ἀνταποδοῦναι·[35] οὔτε καταστῆσαι[36] βασιλέα
δύνανται οὔτε ἀφελέσθαι.[37] **34** ὡσαύτως[38] οὔτε πλοῦτον[39] οὔτε χαλκὸν[40] οὐ μὴ
δύνωνται διδόναι· ἐάν τις αὐτοῖς εὐχὴν[41] εὐξάμενος[42] μὴ ἀποδῷ, οὐ μὴ ἐπιζητή-
σωσιν.[43] **35** ἐκ θανάτου ἄνθρωπον οὐ μὴ ῥύσωνται[44] οὔτε ἥττονα[45] ἀπὸ ἰσχυροῦ[46]
οὐ μὴ ἐξέλωνται.[47] **36** ἄνθρωπον τυφλὸν[48] εἰς ὅρασιν[49] οὐ μὴ περιστήσωσιν,[50] ἐν

1 ὀρθόω, *aor pas sub 3s*, straighten
2 νεκρός, dead
3 δῶρον, gift
4 παρατίθημι, *pres pas ind 3s*, set before
5 θυσία, sacrifice
6 καταχράομαι, *pres mid ind 3p*, misuse, extort
7 ὡσαύτως, similarly, likewise
8 ταριχεύω, *pres act ptc nom p f*, salt, preserve
9 ἀδύνατος, weak
10 μεταδίδωμι, *pres act ind 3p*, share with, donate
11 θυσία, sacrifice
12 ἀποκάθημαι, *pres pas ptc nom s f*, sit apart (during menstruation)
13 λεχώ, during childbirth
14 πόθεν, in what way, on what grounds
15 καλέω, *aor pas opt 3p*, call
16 παρατίθημι, *pres act ind 3p*, commend, point out
17 ἀργυροῦς, silver
18 χρυσοῦς, gold
19 ξύλινος, wooden
20 διφρεύω, *pres act ind 3p*, drive a chariot
21 χιτών, tunic
22 διαρρήγνυμι, *perf act ptc acc p m*, rip, tear
23 πώγων, beard
24 ξυρέω, *perf pas ptc acc p m*, shave
25 ἀκάλυπτος, uncovered
26 ὠρύομαι, *pres mid ind 3p*, shout, yell
27 βοάω, *pres act ptc nom p m*, call out
28 ἐναντίον, before
29 περίδειπνον, funeral feast
30 νεκρός, dead
31 ἱματισμός, clothing
32 ἀφαιρέω, *aor mid ptc nom p m*, do away with, remove
33 ἐνδύω, *pres act ind 3p*, clothe
34 πάσχω, *aor act sub 3p*, experience, undergo
35 ἀνταποδίδωμι, *aor act inf*, pay back, do in return
36 καθίστημι, *aor act inf*, appoint, put in office
37 ἀφαιρέω, *aor mid inf*, remove
38 ὡσαύτως, similarly, likewise
39 πλοῦτος, riches
40 χαλκός, money
41 εὐχή, vow
42 εὔχομαι, *aor mid ptc nom s m*, swear
43 ἐπιζητέω, *aor act sub 3p*, require, demand
44 ῥύομαι, *aor mid sub 3p*, save, deliver
45 ἥττων (σσ), *comp of* κακός, lesser, weaker
46 ἰσχυρός, strong, powerful
47 ἐξαιρέω, *aor mid sub 3p*, set free, deliver
48 τυφλός, blind
49 ὅρασις, seeing
50 περιΐστημι, *aor act sub 3p*, convert, transfer

ἀνάγκη[1] ἄνθρωπον ὄντα οὐ μὴ ἐξέλωνται.[2] **37** χήραν[3] οὐ μὴ ἐλεήσωσιν[4] οὔτε ὀρφανὸν[5] εὖ[6] ποιήσουσιν. **38** τοῖς ἀπὸ τοῦ ὄρους λίθοις ὡμοιωμένοι[7] εἰσὶν τὰ ξύλινα[8] καὶ τὰ περίχρυσα[9] καὶ τὰ περιάργυρα,[10] οἱ δὲ θεραπεύοντες[11] αὐτὰ καταισχυνθήσονται.[12]
39 πῶς οὖν νομιστέον[13] ἢ κλητέον[14] αὐτοὺς ὑπάρχειν θεούς;

Foolishness of Worshiping Idols

40 Ἔτι δὲ καὶ αὐτῶν τῶν Χαλδαίων ἀτιμαζόντων[15] αὐτά, οἵ, ὅταν ἴδωσιν ἐνεὸν[16] οὐ
δυνάμενον λαλῆσαι, προσενεγκάμενοι τὸν Βῆλον ἀξιοῦσιν[17] φωνῆσαι,[18] ὡς δυνατοῦ
ὄντος αὐτοῦ αἰσθέσθαι,[19] **41** καὶ οὐ δύνανται αὐτοὶ νοήσαντες[20] καταλιπεῖν[21] αὐτά,
αἴσθησιν[22] γὰρ οὐκ ἔχουσιν. **42** αἱ δὲ γυναῖκες περιθέμεναι[23] σχοινία[24] ἐν ταῖς ὁδοῖς
ἐγκάθηνται[25] θυμιῶσαι[26] τὰ πίτυρα·[27] **43** ὅταν δέ τις αὐτῶν ἐφελκυσθεῖσα[28] ὑπό
τινος τῶν παραπορευομένων[29] κοιμηθῇ,[30] τὴν πλησίον[31] ὀνειδίζει,[32] ὅτι οὐκ ἠξίωται[33]
ὥσπερ καὶ αὐτὴ οὔτε τὸ σχοινίον[34] αὐτῆς διερράγη.[35] **44** πάντα τὰ γινόμενα αὐτοῖς
ἐστιν ψευδῆ·[36] πῶς οὖν νομιστέον[37] ἢ κλητέον[38] ὥστε θεοὺς αὐτοὺς ὑπάρχειν;

45 Ὑπὸ τεκτόνων[39] καὶ χρυσοχόων[40] κατεσκευασμένα[41] εἰσίν· οὐθὲν[42] ἄλλο μὴ γένωνται ἢ ὃ βούλονται οἱ τεχνῖται[43] αὐτὰ γενέσθαι. **46** αὐτοί τε οἱ κατασκευάζοντες[44] αὐτὰ
οὐ μὴ γένωνται πολυχρόνιοι·[45] πῶς τε δὴ[46] μέλλει[47] τὰ ὑπ᾽ αὐτῶν κατασκευασθέντα[48]

1 ἀνάγκη, distress
2 ἐξαιρέω, *aor mid sub 3p*, rescue
3 χήρα, widow
4 ἐλεέω, *aor act sub 3p*, show mercy to
5 ὀρφανός, orphan
6 εὖ, well
7 ὁμοιόω, *perf pas ptc nom p m*, be similar to
8 ξύλινος, wooden
9 περίχρυσος, gold-plated
10 περιάργυρος, silver-plated
11 θεραπεύω, *pres act ptc nom p m*, worship
12 καταισχύνω, *fut pas ind 3p*, put to shame
13 νομιστέος, considered, supposed
14 κλητέος, called
15 ἀτιμάζω, *pres act ptc gen p m*, dishonor
16 ἐνεός, mute, dumb
17 ἀξιόω, *pres act ind 3p*, ask, request
18 φωνέω, *aor act inf*, speak
19 αἰσθάνομαι, *aor mid inf*, feel, perceive
20 νοέω, *aor act ptc nom p m*, understand
21 καταλείπω, *aor act inf*, leave behind
22 αἴσθησις, feeling, perception
23 περιτίθημι, *aor mid ptc nom p f*, put on, wrap around
24 σχοινίον, cord, belt
25 ἐγκάθημαι, *pres mid ind 3p*, linger, spend time
26 θυμιάω, *pres act ptc nom p f*, burn as an incense offering
27 πίτυρον, bran husk
28 ἐφελκύω, *aor pas ptc nom s f*, lead away, attract away
29 παραπορεύομαι, *pres mid ptc gen p n*, pass by
30 κοιμάω, *aor pas sub 3s*, sleep with (sexually)
31 πλησίον, companion
32 ὀνειδίζω, *pres act ind 3s*, insult, taunt
33 ἀξιόω, *perf pas ind 3s*, consider worthy
34 σχοινίον, cord, belt
35 διαρρήγνυμι, *aor pas ind 3s*, rip, tear
36 ψευδής, false, fake
37 νομιστέος, considered, supposed
38 κλητέος, called
39 τέκτων, builder, workman
40 χρυσοχόος, goldsmith
41 κατασκευάζω, *perf pas ptc nom p n*, fabricate, make
42 οὐθείς, nothing
43 τεχνίτης, craftsman
44 κατασκευάζω, *pres act ptc nom p m*, fabricate, make
45 πολυχρόνιος, long-lived, lasting
46 δή, now, indeed
47 μέλλω, *pres act ind 3s*, be about to
48 κατασκευάζω, *aor pas ptc nom p n*, fabricate, make

εἶναι θεοί; **47** κατέλιπον[1] γὰρ ψεύδη[2] καὶ ὄνειδος[3] τοῖς ἐπιγινομένοις.[4] **48** ὅταν
γὰρ ἐπέλθῃ[5] ἐπ' αὐτὰ πόλεμος καὶ κακά, βουλεύονται[6] πρὸς ἑαυτοὺς οἱ ἱερεῖς ποῦ
συναποκρυβῶσι[7] μετ' αὐτῶν. **49** πῶς οὖν οὐκ ἔστιν αἰσθέσθαι[8] ὅτι οὔκ εἰσιν θεοί,
οἳ οὔτε σῴζουσιν ἑαυτοὺς ἐκ πολέμου οὔτε ἐκ κακῶν; **50** ὑπάρχοντα γὰρ ξύλινα[9]
καὶ περίχρυσα[10] καὶ περιάργυρα[11] γνωσθήσεται μετὰ ταῦτα ὅτι ἐστὶν ψευδῆ·[12] τοῖς
ἔθνεσι πᾶσι τοῖς τε βασιλεῦσι φανερὸν[13] ἔσται ὅτι οὔκ εἰσι θεοὶ ἀλλὰ ἔργα χειρῶν
ἀνθρώπων, καὶ οὐδὲν θεοῦ ἔργον ἐν αὐτοῖς ἐστιν. **51** τίνι οὖν γνωστέον[14] ἐστὶν ὅτι
οὔκ εἰσιν θεοί;

52 Βασιλέα γὰρ χώρας[15] οὐ μὴ ἀναστήσωσιν οὔτε ὑετὸν[16] ἀνθρώποις οὐ μὴ δῶσιν
53 κρίσιν τε οὐ μὴ διακρίνωσιν[17] αὐτῶν οὐδὲ μὴ ῥύσωνται[18] ἀδικούμενον[19] ἀδύνα-
τοι[20] ὄντες· ὥσπερ γὰρ κορῶναι[21] ἀνὰ μέσον[22] τοῦ οὐρανοῦ καὶ τῆς γῆς. **54** καὶ γὰρ
ὅταν ἐμπέσῃ[23] εἰς οἰκίαν θεῶν ξυλίνων[24] ἢ περιχρύσων[25] ἢ περιαργύρων[26] πῦρ, οἱ
μὲν ἱερεῖς αὐτῶν φεύξονται[27] καὶ διασωθήσονται,[28] αὐτοὶ δὲ ὥσπερ δοκοὶ[29] μέσοι
κατακαυθήσονται.[30] **55** βασιλεῖ δὲ καὶ πολεμίοις[31] οὐ μὴ ἀντιστῶσιν.[32] **56** πῶς οὖν
ἐκδεκτέον[33] ἢ νομιστέον[34] ὅτι εἰσὶν θεοί;

57 Οὔτε ἀπὸ κλεπτῶν[35] οὔτε ἀπὸ λῃστῶν[36] οὐ μὴ διασωθῶσιν[37] θεοὶ ξύλινοι[38] καὶ
περιάργυροι[39] καὶ περίχρυσοι,[40] ὧν οἱ ἰσχύοντες[41] περιελοῦνται[42] τὸ χρυσίον[43] καὶ
τὸ ἀργύριον[44] καὶ τὸν ἱματισμὸν[45] τὸν περικείμενον[46] αὐτοῖς ἀπελεύσονται ἔχοντες,

1 καταλείπω, *aor act ind 3p*, abandon, leave behind
2 ψεῦδος, lie
3 ὄνειδος, disgrace
4 ἐπιγίνομαι, *pres mid ptc dat p m*, come later, come after
5 ἐπέρχομαι, *aor act sub 3s*, come upon
6 βουλεύω, *pres mid ind 3p*, deliberate
7 συναποκρύπτω, *aor pas sub 3p*, hide with (something)
8 αἰσθάνομαι, *aor mid inf*, sense, perceive
9 ξύλινος, wooden
10 περίχρυσος, gold-plated
11 περιάργυρος, silver-plated
12 ψευδής, false, fake
13 φανερός, obvious, clear
14 γνωστέος, knowable
15 χώρα, land, country
16 ὑετός, rain
17 διακρίνω, *aor act sub 3p*, judge, determine
18 ῥύομαι, *aor mid sub 3p*, save, deliver
19 ἀδικέω, *pres pas ptc acc s m*, wrong, harm
20 ἀδύνατος, incapable, powerless
21 κορώνη, crow, raven
22 ἀνὰ μέσον, between
23 ἐμπίπτω, *aor act sub 3s*, fall upon
24 ξύλινος, wooden
25 περίχρυσος, gold-plated
26 περιάργυρος, silver-plated
27 φεύγω, *fut mid ind 3p*, flee
28 διασῴζω, *fut pas ind 3p*, preserve
29 δοκός, beam (of timber)
30 κατακαίω, *fut pas ind 3p*, burn up completely
31 πολέμιος, hostile, enemy
32 ἀνθίστημι, *aor act sub 3p*, resist, withstand
33 ἐκδεκτέος, gathered, admitted
34 νομιστέος, considered, supposed
35 κλέπτης, thief
36 λῃστής, robber
37 διασῴζω, *aor pas sub 3p*, keep safe
38 ξύλινος, wooden
39 περιάργυρος, silver-plated
40 περίχρυσος, gold-plated
41 ἰσχύω, *pres act ptc nom p m*, be powerful, be strong
42 περιαιρέω, *fut mid ind 3p*, carry off, take away
43 χρυσίον, gold
44 ἀργύριον, silver
45 ἱματισμός, clothing
46 περίκειμαι, *pres pas ptc acc s m*, wear

οὔτε ἑαυτοῖς οὐ μὴ βοηθήσωσιν·[1] **58** ὥστε κρεῖσσον[2] εἶναι βασιλέα ἐπιδεικνύμενον[3]
τὴν ἑαυτοῦ ἀνδρείαν[4] ἢ σκεῦος[5] ἐν οἰκίᾳ χρήσιμον,[6] ἐφ᾽ ᾧ χρήσεται[7] ὁ κεκτημένος,[8]
ἢ οἱ ψευδεῖς[9] θεοί· ἢ καὶ θύρα ἐν οἰκίᾳ διασῴζουσα[10] τὰ ἐν αὐτῇ ὄντα ἢ οἱ ψευδεῖς
θεοί, καὶ ξύλινος[11] στῦλος[12] ἐν βασιλείοις[13] ἢ οἱ ψευδεῖς θεοί. **59** ἥλιος μὲν γὰρ
καὶ σελήνη[14] καὶ ἄστρα[15] ὄντα λαμπρὰ[16] καὶ ἀποστελλόμενα ἐπὶ χρείας[17] εὐήκοά[18]
εἰσιν· **60** ὡσαύτως[19] καὶ ἀστραπή,[20] ὅταν ἐπιφανῇ,[21] εὔοπτός[22] ἐστιν· τὸ δ᾽ αὐτὸ
καὶ πνεῦμα ἐν πάσῃ χώρᾳ[23] πνεῖ·[24] **61** καὶ νεφέλαις[25] ὅταν ἐπιταγῇ[26] ὑπὸ τοῦ θεοῦ
ἐπιπορεύεσθαι[27] ἐφ᾽ ὅλην τὴν οἰκουμένην,[28] συντελοῦσι[29] τὸ ταχθέν·[30] τό τε πῦρ
ἐξαποσταλὲν[31] ἄνωθεν[32] ἐξαναλῶσαι[33] ὄρη καὶ δρυμοὺς[34] ποιεῖ τὸ συνταχθέν.[35]
62 ταῦτα δὲ οὔτε ταῖς ἰδέαις[36] οὔτε ταῖς δυνάμεσιν αὐτῶν ἀφωμοιωμένα[37] ἐστίν.
63 ὅθεν[38] οὔτε νομιστέον[39] οὔτε κλητέον[40] ὑπάρχειν αὐτοὺς θεούς, οὐ δυνατῶν
ὄντων αὐτῶν οὔτε κρίσιν κρῖναι οὔτε εὖ[41] ποιεῖν ἀνθρώποις. **64** γνόντες οὖν ὅτι
οὐκ εἰσιν θεοί, μὴ φοβηθῆτε αὐτούς.

65 Οὔτε γὰρ βασιλεῦσιν οὐ μὴ καταράσωνται[42] οὔτε μὴ εὐλογήσωσι. **66** σημεῖά τε ἐν
ἔθνεσιν ἐν οὐρανῷ οὐ μὴ δείξωσιν οὐδὲ ὡς ὁ ἥλιος λάμψουσιν[43] οὐδὲ φωτίσουσιν[44]
ὡς σελήνη.[45] **67** τὰ θηρία ἐστὶν κρείττω[46] αὐτῶν, ἃ δύνανται ἐκφυγόντα[47] εἰς σκέπην[48]

1 βοηθέω, *aor act sub 3p*, help
2 κρείσσων (ττ), *comp of* ἀγαθός, better
3 ἐπιδείκνυμι, *pres mid ptc acc s m*, demonstrate, prove
4 ἀνδρεία, virtue, courage
5 σκεῦος, object, thing
6 χρήσιμος, useful, practical
7 χράω, *fut mid ind 3s*, use
8 κτάομαι, *perf mid ptc nom s m*, own
9 ψευδής, false, fake
10 διασῴζω, *pres act ptc nom s f*, preserve, keep safe
11 ξύλινος, wooden
12 στῦλος, pillar, stele
13 βασίλειον, royal palace
14 σελήνη, moon
15 ἄστρον, star
16 λαμπρός, bright, clear
17 χρεία, purpose, need
18 εὐήκοος, ready, obedient
19 ὡσαύτως, similarly, likewise
20 ἀστραπή, lightning
21 ἐπιφαίνω, *aor pas sub 3s*, display, flash
22 εὔοπτος, obvious, striking
23 χώρα, country, land
24 πνέω, *pres act ind 3s*, glow
25 νεφέλη, cloud
26 ἐπιτάσσω, *aor pas sub 3s*, command
27 ἐπιπορεύομαι, *pres mid inf*, journey, traverse
28 οἰκουμένη, inhabited world
29 συντελέω, *pres act ind 3p*, finish, complete
30 τάσσω, *aor pas ptc nom s n*, appoint, order
31 ἐξαποστέλλω, *aor pas ptc nom s n*, dispatch, send out
32 ἄνωθεν, from above
33 ἐξαναλίσκω, *aor act inf*, utterly destroy
34 δρυμός, woods
35 συντάσσω, *aor pas ptc acc s n*, appoint, ordain
36 ἰδέα, appearance
37 ἀφομοιόω, *perf pas ptc nom p n*, be similar
38 ὅθεν, for which reason
39 νομιστέος, considered, supposed
40 κλητέος, called
41 εὖ, well
42 καταράομαι, *aor mid sub 3p*, curse
43 λάμπω, *fut act ind 3p*, shine
44 φωτίζω, *fut act ind 3p*, provide light
45 σελήνη, moon
46 κρείττων (σσ), *comp of* ἀγαθός, better
47 ἐκφεύγω, *aor act ptc nom p n*, run away
48 σκέπη, shelter

ἑαυτὰ ὠφελῆσαι.[1] **68** κατ᾽ οὐδένα οὖν τρόπον[2] ἐστὶν ἡμῖν φανερὸν[3] ὅτι εἰσὶν θεοί·
διὸ[4] μὴ φοβηθῆτε αὐτούς.

69 Ὥσπερ γὰρ ἐν σικυηράτῳ[5] προβασκάνιον[6] οὐδὲν φυλάσσον, οὕτως οἱ θεοὶ
αὐτῶν εἰσιν ξύλινοι[7] καὶ περίχρυσοι[8] καὶ περιάργυροι.[9] **70** τὸν αὐτὸν τρόπον[10] καὶ
τῇ ἐν κήπῳ[11] ῥάμνῳ,[12] ἐφ᾽ ἧς πᾶν ὄρνεον[13] ἐπικάθηται,[14] ὡσαύτως[15] δὲ καὶ νεκρῷ[16]
ἐρριμμένῳ[17] ἐν σκότει ἀφωμοίωνται[18] οἱ θεοὶ αὐτῶν ξύλινοι[19] καὶ περίχρυσοι[20] καὶ
περιάργυροι.[21] **71** ἀπό τε τῆς πορφύρας[22] καὶ τῆς μαρμάρου[23] τῆς ἐπ᾽ αὐτοῖς σηπο-
μένης[24] γνώσεσθε ὅτι οὐκ εἰσιν θεοί· αὐτά τε ἐξ ὑστέρου[25] βρωθήσονται,[26] καὶ ἔσται
ὄνειδος[27] ἐν τῇ χώρᾳ.[28] **72** κρείσσων[29] οὖν ἄνθρωπος δίκαιος οὐκ ἔχων εἴδωλα,[30]
ἔσται γὰρ μακρὰν[31] ἀπὸ ὀνειδισμοῦ.[32]

1 ὠφελέω, *aor act inf*, help, benefit
2 ὃν τρόπον, way, manner
3 φανερός, clear, obvious
4 διό, thus, accordingly
5 σικυήρατον, cucumber patch
6 προβασκάνιον, amulet
7 ξύλινος, wooden
8 περίχρυσος, gold-plated
9 περιάργυρος, silver-plated
10 τὸν τρόπον, in the manner that
11 κῆπος, garden
12 ῥάμνος, bramble
13 ὄρνεον, bird
14 ἐπικάθημαι, *pres mid ind 3s*, perch, sit
15 ὡσαύτως, similarly, likewise
16 νεκρός, dead
17 ῥίπτω, *perf pas ptc dat s m*, throw, cast
18 ἀφομοιόω, *perf pas ind 3p*, be similar
19 ξύλινος, wooden
20 περίχρυσος, gold-plated
21 περιάργυρος, silver-plated
22 πορφύρα, purple (cloth)
23 μάρμαρος, marble
24 σήπω, *pres pas ptc gen s f*, decay
25 ὕστερος, *comp*, later
26 βιβρώσκω, *fut pas ind 3p*, consume
27 ὄνειδος, disgrace, shame
28 χώρα, country, land
29 κρείσσων (ττ), *comp of* ἀγαθός, better
30 εἴδωλον, image, idol
31 μακρός, removed, far away
32 ὀνειδισμός, disgrace, shame

ΙΕΖΕΚΙΗΛ
Ezekiel

A Vision of the Glory of the Lord

1 Καὶ ἐγένετο ἐν τῷ τριακοστῷ[1] ἔτει ἐν τῷ τετάρτῳ[2] μηνὶ[3] πέμπτῃ[4] τοῦ μηνὸς καὶ ἐγὼ ἤμην ἐν μέσῳ τῆς αἰχμαλωσίας[5] ἐπὶ τοῦ ποταμοῦ[6] τοῦ Χοβαρ, καὶ ἠνοίχθησαν οἱ οὐρανοί, καὶ εἶδον ὁράσεις[7] θεοῦ· **2** πέμπτῃ[8] τοῦ μηνός[9] (τοῦτο τὸ ἔτος τὸ πέμπτον τῆς αἰχμαλωσίας[10] τοῦ βασιλέως Ιωακιμ) **3** καὶ ἐγένετο λόγος κυρίου πρὸς Ιεζεκιηλ υἱὸν Βουζι τὸν ἱερέα ἐν γῇ Χαλδαίων ἐπὶ τοῦ ποταμοῦ[11] τοῦ Χοβαρ·

καὶ ἐγένετο ἐπ᾽ ἐμὲ χεὶρ κυρίου, **4** καὶ εἶδον καὶ ἰδοὺ πνεῦμα ἐξαῖρον[12] ἤρχετο ἀπὸ βορρᾶ,[13] καὶ νεφέλη[14] μεγάλη ἐν αὐτῷ, καὶ φέγγος[15] κύκλῳ[16] αὐτοῦ καὶ πῦρ ἐξαστράπτον,[17] καὶ ἐν τῷ μέσῳ αὐτοῦ ὡς ὅρασις[18] ἠλέκτρου[19] ἐν μέσῳ τοῦ πυρὸς καὶ φέγγος ἐν αὐτῷ. **5** καὶ ἐν τῷ μέσῳ ὡς ὁμοίωμα[20] τεσσάρων ζῴων·[21] καὶ αὕτη ἡ ὅρασις[22] αὐτῶν· ὁμοίωμα ἀνθρώπου ἐπ᾽ αὐτοῖς, **6** καὶ τέσσαρα πρόσωπα τῷ ἑνί, καὶ τέσσαρες πτέρυγες[23] τῷ ἑνί. **7** καὶ τὰ σκέλη[24] αὐτῶν ὀρθά,[25] καὶ πτερωτοὶ[26] οἱ πόδες αὐτῶν, καὶ σπινθῆρες[27] ὡς ἐξαστράπτων[28] χαλκός,[29] καὶ ἐλαφραὶ[30] αἱ πτέρυγες[31] αὐτῶν. **8** καὶ χεὶρ ἀνθρώπου ὑποκάτωθεν[32] τῶν πτερύγων[33] αὐτῶν ἐπὶ τὰ τέσσαρα μέρη αὐτῶν· καὶ τὰ πρόσωπα αὐτῶν τῶν τεσσάρων **9** οὐκ ἐπεστρέφοντο ἐν τῷ

1 τριακοστός, thirtieth
2 τέταρτος, fourth
3 μήν, month
4 πέμπτος, fifth
5 αἰχμαλωσία, captivity, body of captives
6 ποταμός, river
7 ὅρασις, vision, dream
8 πέμπτος, fifth
9 μήν, month
10 αἰχμαλωσία, captivity
11 ποταμός, river
12 ἐξαίρω, *pres act ptc nom s n*, drive
13 βορρᾶς, north
14 νεφέλη, cloud
15 φέγγος, brightness, radiance
16 κύκλῳ, all around
17 ἐξαστράπτω, *pres act ptc nom s n*, flash like lightning
18 ὅρασις, appearance
19 ἤλεκτρον, metallic alloy
20 ὁμοίωμα, likeness, appearance
21 ζῷον, living thing
22 ὅρασις, appearance
23 πτέρυξ, wing
24 σκέλος, leg
25 ὀρθός, straight
26 πτερωτός, winged
27 σπινθήρ, spark
28 ἐξαστράπτω, *pres act ptc nom s m*, flash like lightning
29 χαλκός, copper, bronze
30 ἐλαφρός, light (in weight)
31 πτέρυξ, wing
32 ὑποκάτωθεν, underneath, below
33 πτέρυξ, wing

βαδίζειν[1] αὐτά, ἕκαστον κατέναντι[2] τοῦ προσώπου αὐτῶν ἐπορεύοντο. **10** καὶ ὁμοί-
ωσις[3] τῶν προσώπων αὐτῶν· πρόσωπον ἀνθρώπου καὶ πρόσωπον λέοντος[4] ἐκ
δεξιῶν τοῖς τέσσαρσιν καὶ πρόσωπον μόσχου[5] ἐξ ἀριστερῶν[6] τοῖς τέσσαρσιν καὶ
πρόσωπον ἀετοῦ[7] τοῖς τέσσαρσιν. **11** καὶ αἱ πτέρυγες[8] αὐτῶν ἐκτεταμέναι[9] ἄνωθεν[10]
τοῖς τέσσαρσιν, ἑκατέρῳ[11] δύο συνεζευγμέναι[12] πρὸς ἀλλήλας,[13] καὶ δύο ἐπεκά-
λυπτον[14] ἐπάνω[15] τοῦ σώματος αὐτῶν. **12** καὶ ἑκάτερον[16] κατὰ πρόσωπον αὐτοῦ
ἐπορεύετο· οὗ[17] ἂν ἦν τὸ πνεῦμα πορευόμενον, ἐπορεύοντο καὶ οὐκ ἐπέστρεφον.
13 καὶ ἐν μέσῳ τῶν ζῴων[18] ὅρασις[19] ὡς ἀνθράκων[20] πυρὸς καιομένων,[21] ὡς ὄψις[22]
λαμπάδων[23] συστρεφομένων[24] ἀνὰ μέσον[25] τῶν ζῴων καὶ φέγγος[26] τοῦ πυρός, καὶ
ἐκ τοῦ πυρὸς ἐξεπορεύετο ἀστραπή.[27]

15 καὶ εἶδον καὶ ἰδοὺ τροχὸς[28] εἷς ἐπὶ τῆς γῆς ἐχόμενος τῶν ζῴων[29] τοῖς τέσσαρσιν·
16 καὶ τὸ εἶδος[30] τῶν τροχῶν[31] ὡς εἶδος θαρσις,[32] καὶ ὁμοίωμα[33] ἓν τοῖς τέσσαρσιν, καὶ
τὸ ἔργον αὐτῶν ἦν καθὼς ἂν εἴη[34] τροχὸς ἐν τροχῷ. **17** ἐπὶ τὰ τέσσαρα μέρη αὐτῶν
ἐπορεύοντο, οὐκ ἐπέστρεφον ἐν τῷ πορεύεσθαι αὐτὰ **18** οὐδ᾽ οἱ νῶτοι[35] αὐτῶν, καὶ
ὕψος[36] ἦν αὐτοῖς· καὶ εἶδον αὐτά, καὶ οἱ νῶτοι αὐτῶν πλήρεις[37] ὀφθαλμῶν κυκλόθεν[38]
τοῖς τέσσαρσιν. **19** καὶ ἐν τῷ πορεύεσθαι τὰ ζῷα[39] ἐπορεύοντο οἱ τροχοὶ[40] ἐχόμενοι
αὐτῶν, καὶ ἐν τῷ ἐξαίρειν[41] τὰ ζῷα ἀπὸ τῆς γῆς ἐξῄροντο[42] οἱ τροχοί. **20** οὗ[43] ἂν ἦν
ἡ νεφέλη,[44] ἐκεῖ τὸ πνεῦμα τοῦ πορεύεσθαι· ἐπορεύοντο τὰ ζῷα[45] καὶ οἱ τροχοὶ[46] καὶ
ἐξῄροντο[47] σὺν αὐτοῖς, διότι[48] πνεῦμα ζωῆς ἦν ἐν τοῖς τροχοῖς.[49] **21** ἐν τῷ πορεύεσθαι

1 βαδίζω, *pres act inf*, walk, proceed
2 κατέναντι, in front of
3 ὁμοίωσις, likeness, appearance
4 λέων, lion
5 μόσχος, calf
6 ἀριστερός, left
7 ἀετός, eagle
8 πτέρυξ, wing
9 ἐκτείνω, *perf pas ptc nom p f*, stretch out
10 ἄνωθεν, above
11 ἑκάτερος, each
12 συζεύγνυμι, *perf pas ptc nom p f*, join
13 ἀλλήλων, one another
14 ἐπικαλύπτω, *impf act ind 3p*, cover
15 ἐπάνω, above, over
16 ἑκάτερος, each
17 οὗ, where
18 ζῷον, living thing
19 ὅρασις, appearance
20 ἄνθραξ, coal
21 καίω, *pres pas ptc gen p m*, burn, smolder
22 ὄψις, aspect, look
23 λαμπάς, lamp
24 συστρέφω, *pres pas ptc gen p f*, gather together
25 ἀνὰ μέσον, between
26 φέγγος, brightness, radiance
27 ἀστραπή, lightning, flashing
28 τροχός, wheel
29 ζῷον, living thing
30 εἶδος, form, shape
31 τροχός, wheel
32 θαρσις, precious stone, *translit.*
33 ὁμοίωμα, likeness, appearance
34 εἰμί, *pres act opt 3s*, be
35 νῶτος, back side
36 ὕψος, height
37 πλήρης, full
38 κυκλόθεν, all around
39 ζῷον, living thing
40 τροχός, wheel
41 ἐξαίρω, *pres act inf*, rise up
42 ἐξαίρω, *impf pas ind 3p*, rise up
43 οὗ, where
44 νεφέλη, cloud
45 ζῷον, living thing
46 τροχός, wheel
47 ἐξαίρω, *impf mid ind 3p*, rise up
48 διότι, for
49 τροχός, wheel

αὐτὰ ἐπορεύοντο καὶ ἐν τῷ ἑστάναι αὐτὰ εἱστήκεισαν[1] καὶ ἐν τῷ ἐξαίρειν[2] αὐτὰ ἀπὸ τῆς γῆς ἐξῄροντο[3] σὺν αὐτοῖς, ὅτι πνεῦμα ζωῆς ἦν ἐν τοῖς τροχοῖς.[4]

22 καὶ ὁμοίωμα[5] ὑπὲρ κεφαλῆς αὐτοῖς τῶν ζῴων[6] ὡσεὶ[7] στερέωμα[8] ὡς ὅρασις[9] κρυ-
στάλλου[10] ἐκτεταμένον[11] ἐπὶ τῶν πτερύγων[12] αὐτῶν ἐπάνωθεν·[13] **23** καὶ ὑποκάτω[14]
τοῦ στερεώματος[15] αἱ πτέρυγες[16] αὐτῶν ἐκτεταμέναι,[17] πτερυσσόμεναι[18] ἑτέρα τῇ
ἑτέρᾳ, ἑκάστῳ δύο συνεζευγμέναι[19] ἐπικαλύπτουσαι[20] τὰ σώματα αὐτῶν. **24** καὶ
ἤκουον τὴν φωνὴν τῶν πτερύγων[21] αὐτῶν ἐν τῷ πορεύεσθαι αὐτὰ ὡς φωνὴν ὕδατος
πολλοῦ· καὶ ἐν τῷ ἑστάναι αὐτὰ κατέπαυον[22] αἱ πτέρυγες αὐτῶν. **25** καὶ ἰδοὺ φωνὴ
ὑπεράνωθεν[23] τοῦ στερεώματος[24] τοῦ ὄντος ὑπὲρ κεφαλῆς αὐτῶν.

26 ὡς ὅρασις[25] λίθου σαπφείρου[26] ὁμοίωμα[27] θρόνου ἐπ᾿ αὐτοῦ, καὶ ἐπὶ τοῦ ὁμοι-
ώματος τοῦ θρόνου ὁμοίωμα ὡς εἶδος[28] ἀνθρώπου ἄνωθεν.[29] **27** καὶ εἶδον ὡς ὄψιν[30]
ἠλέκτρου[31] ἀπὸ ὁράσεως[32] ὀσφύος[33] καὶ ἐπάνω,[34] καὶ ἀπὸ ὁράσεως ὀσφύος καὶ ἕως
κάτω[35] εἶδον ὡς ὅρασιν πυρὸς καὶ τὸ φέγγος[36] αὐτοῦ κύκλῳ.[37]

28 ὡς ὅρασις[38] τόξου,[39] ὅταν ᾖ ἐν τῇ νεφέλῃ[40] ἐν ἡμέρᾳ ὑετοῦ,[41] οὕτως ἡ στάσις[42] τοῦ φέγγους[43] κυκλόθεν.[44] αὕτη ἡ ὅρασις ὁμοιώματος[45] δόξης κυρίου· καὶ εἶδον καὶ πίπτω ἐπὶ πρόσωπόν μου καὶ ἤκουσα φωνὴν λαλοῦντος.

Ezekiel's Call to Be a Prophet

2 Καὶ εἶπεν πρός με Υἱὲ ἀνθρώπου, στῆθι ἐπὶ τοὺς πόδας σου, καὶ λαλήσω πρὸς
σέ. **2** καὶ ἦλθεν ἐπ᾿ ἐμὲ πνεῦμα καὶ ἀνέλαβέν[46] με καὶ ἐξῆρέν[47] με καὶ ἔστησέν με

1 ἵστημι, *plpf act ind 3p*, stand (in place)
2 ἐξαίρω, *pres act inf*, rise up
3 ἐξαίρω, *impf mid ind 3p*, rise up
4 τροχός, wheel
5 ὁμοίωμα, likeness, appearance
6 ζῷον, living thing
7 ὡσεί, like
8 στερέωμα, firmament (in the sky)
9 ὅρασις, appearance
10 κρύσταλλος, ice, crystal
11 ἐκτείνω, *perf pas ptc nom s n*, stretch over
12 πτέρυξ, wing
13 ἐπάνωθεν, on top, above
14 ὑποκάτω, underneath
15 στερέωμα, firmament (in the sky)
16 πτέρυξ, wing
17 ἐκτείνω, *perf pas ptc nom p f*, stretch out
18 πτερύσσομαι, *pres mid ptc nom p f*, flap
19 συζεύγνυμι, *perf pas ptc nom p f*, join
20 ἐπικαλύπτω, *pres act ptc nom p f*, cover
21 πτέρυξ, wing
22 καταπαύω, *impf act ind 3p*, stop, rest
23 ὑπεράνωθεν, from above
24 στερέωμα, firmament (in the sky)
25 ὅρασις, appearance
26 σάπφειρος, sapphire
27 ὁμοίωμα, likeness, appearance
28 εἶδος, form, shape
29 ἄνωθεν, above, overhead
30 ὄψις, aspect, look
31 ἤλεκτρον, metallic alloy
32 ὅρασις, appearance
33 ὀσφύς, waist
34 ἐπάνω, above
35 κάτω, downward, beneath
36 φέγγος, brightness, radiance
37 κύκλῳ, all around
38 ὅρασις, appearance
39 τόξον, bow
40 νεφέλη, cloud
41 ὑετός, rain
42 στάσις, position
43 φέγγος, brightness, radiance
44 κυκλόθεν, all around
45 ὁμοίωμα, likeness, appearance
46 ἀναλαμβάνω, *aor act ind 3s*, take up
47 ἐξαίρω, *aor act ind 3s*, raise up

ἐπὶ τοὺς πόδας μου, καὶ ἤκουον αὐτοῦ λαλοῦντος πρός με, **3** καὶ εἶπεν πρός με Υἱὲ
ἀνθρώπου, ἐξαποστέλλω[1] ἐγώ σε πρὸς τὸν οἶκον τοῦ Ισραηλ τοὺς παραπικραί-
νοντάς[2] με, οἵτινες παρεπίκρανάν[3] με αὐτοὶ καὶ οἱ πατέρες αὐτῶν ἕως τῆς σήμερον
ἡμέρας, **4** καὶ ἐρεῖς πρὸς αὐτούς Τάδε[4] λέγει κύριος **5** Ἐὰν ἄρα ἀκούσωσιν ἢ πτο-
ηθῶσιν[5] — διότι[6] οἶκος παραπικραίνων[7] ἐστίν — καὶ γνώσονται ὅτι προφήτης εἶ
σὺ ἐν μέσῳ αὐτῶν. **6** καὶ σύ, υἱὲ ἀνθρώπου, μὴ φοβηθῇς αὐτοὺς μηδὲ ἐκστῇς[8] ἀπὸ
προσώπου αὐτῶν, διότι[9] παροιστρήσουσι[10] καὶ ἐπισυστήσονται[11] ἐπὶ σὲ κύκλῳ,[12] καὶ
ἐν μέσῳ σκορπίων[13] σὺ κατοικεῖς· τοὺς λόγους αὐτῶν μὴ φοβηθῇς καὶ ἀπὸ προσώπου
αὐτῶν μὴ ἐκστῇς, διότι οἶκος παραπικραίνων[14] ἐστίν. **7** καὶ λαλήσεις τοὺς λόγους μου
πρὸς αὐτούς, ἐὰν ἄρα ἀκούσωσιν ἢ πτοηθῶσιν,[15] διότι[16] οἶκος παραπικραίνων[17] ἐστίν.
8 καὶ σύ, υἱὲ ἀνθρώπου, ἄκουε τοῦ λαλοῦντος πρὸς σέ, μὴ γίνου παραπικραίνων[18]
καθὼς ὁ οἶκος ὁ παραπικραίνων· χάνε[19] τὸ στόμα σου καὶ φάγε ἃ ἐγὼ δίδωμί σοι.

9 καὶ εἶδον καὶ ἰδοὺ χεὶρ ἐκτεταμένη[20] πρός με, καὶ ἐν αὐτῇ κεφαλὶς[21] βιβλίου· **10** καὶ
ἀνείλησεν[22] αὐτὴν ἐνώπιον ἐμοῦ, καὶ ἐν αὐτῇ γεγραμμένα ἦν τὰ ὄπισθεν[23] καὶ τὰ
ἔμπροσθεν,[24] καὶ ἐγέγραπτο[25] εἰς αὐτὴν θρῆνος[26] καὶ μέλος[27] καὶ οὐαί.[28]

3 καὶ εἶπεν πρός με Υἱὲ ἀνθρώπου, κατάφαγε[29] τὴν κεφαλίδα[30] ταύτην καὶ πο-
ρεύθητι καὶ λάλησον τοῖς υἱοῖς Ισραηλ. **2** καὶ διήνοιξα[31] τὸ στόμα μου, καὶ
ἐψώμισέν[32] με τὴν κεφαλίδα.[33] **3** καὶ εἶπεν πρός με Υἱὲ ἀνθρώπου, τὸ στόμα σου
φάγεται, καὶ ἡ κοιλία[34] σου πλησθήσεται[35] τῆς κεφαλίδος[36] ταύτης τῆς δεδομένης
εἰς σέ. καὶ ἔφαγον αὐτήν, καὶ ἐγένετο ἐν τῷ στόματί μου ὡς μέλι[37] γλυκάζον.[38]

1 ἐξαποστέλλω, *pres act ind 1s*, dispatch, send out
2 παραπικραίνω, *pres act ptc acc p m*, make angry, provoke
3 παραπικραίνω, *aor act ind 3p*, make angry, provoke
4 ὅδε, this
5 πτοέω, *aor pas sub 3p*, scare, frighten
6 διότι, for
7 παραπικραίνω, *pres act ptc nom s m*, make angry, provoke
8 ἐξίστημι, *aor act sub 2s*, be troubled
9 διότι, for
10 παροιστράω, *fut act ind 3p*, be enraged
11 ἐπισυνίστημι, *fut mid ind 3p*, rise up against
12 κύκλῳ, all around
13 σκορπίος, scorpion
14 παραπικραίνω, *pres act ptc nom s m*, make angry, provoke
15 πτοέω, *aor pas sub 3p*, terrify
16 διότι, for
17 παραπικραίνω, *pres act ptc nom s m*, make angry, provoke
18 παραπικραίνω, *pres act ptc nom s m*, make angry, provoke
19 χάσκω, *aor act impv 2s*, open
20 ἐκτείνω, *perf pas ptc nom s f*, stretch out
21 κεφαλίς, scroll
22 ἀνειλέω, *aor act ind 3s*, unroll
23 ὄπισθε(ν), back
24 ἔμπροσθεν, front
25 γράφω, *plpf pas ind 3s*, write
26 θρῆνος, lamentation
27 μέλος, musical part (of a dirge)
28 οὐαί, woe
29 κατεσθίω, *aor act impv 2s*, eat up
30 κεφαλίς, scroll
31 διανοίγω, *aor act ind 1s*, open up
32 ψωμίζω, *aor act ind 3s*, feed with
33 κεφαλίς, scroll
34 κοιλία, belly
35 πίμπλημι, *fut pas ind 3s*, fill
36 κεφαλίς, scroll
37 μέλι, honey
38 γλυκάζω, *pres act ptc nom s n*, taste sweet

4 καὶ εἶπεν πρός με Υἱὲ ἀνθρώπου, βάδιζε[1] εἴσελθε πρὸς τὸν οἶκον τοῦ Ισραηλ καὶ λάλησον τοὺς λόγους μου πρὸς αὐτούς· **5** διότι[2] οὐ πρὸς λαὸν βαθύχειλον[3] καὶ βαρύγλωσσον[4] σὺ ἐξαποστέλλῃ[5] πρὸς τὸν οἶκον τοῦ Ισραηλ **6** οὐδὲ πρὸς λαοὺς πολλοὺς ἀλλοφώνους[6] ἢ ἀλλογλώσσους[7] οὐδὲ στιβαροὺς[8] τῇ γλώσσῃ ὄντας, ὧν οὐκ ἀκούσῃ τοὺς λόγους αὐτῶν· καὶ εἰ πρὸς τοιούτους[9] ἐξαπέστειλά[10] σε, οὗτοι ἂν εἰσήκουσάν[11] σου. **7** ὁ δὲ οἶκος τοῦ Ισραηλ οὐ μὴ θελήσωσιν εἰσακοῦσαί[12] σου, διότι[13] οὐ βούλονται εἰσακούειν[14] μου· ὅτι πᾶς ὁ οἶκος Ισραηλ φιλόνεικοί[15] εἰσιν καὶ σκληροκάρδιοι.[16]

8 καὶ ἰδοὺ δέδωκα τὸ πρόσωπόν σου δυνατὸν κατέναντι[17] τῶν προσώπων αὐτῶν καὶ τὸ νεῖκός[18] σου κατισχύσω[19] κατέναντι[20] τοῦ νείκους αὐτῶν, **9** καὶ ἔσται διὰ παντὸς κραταιότερον[21] πέτρας·[22] μὴ φοβηθῇς ἀπ᾽ αὐτῶν μηδὲ πτοηθῇς[23] ἀπὸ προσώπου αὐτῶν, διότι[24] οἶκος παραπικραίνων[25] ἐστίν. **10** καὶ εἶπεν πρός με Υἱὲ ἀνθρώπου, πάντας τοὺς λόγους, οὓς λελάληκα μετὰ σοῦ, λαβὲ εἰς τὴν καρδίαν σου καὶ τοῖς ὠσίν σου ἄκουε **11** καὶ βάδιζε[26] εἴσελθε εἰς τὴν αἰχμαλωσίαν[27] πρὸς τοὺς υἱοὺς τοῦ λαοῦ σου καὶ λαλήσεις πρὸς αὐτοὺς καὶ ἐρεῖς πρὸς αὐτούς Τάδε[28] λέγει κύριος, ἐὰν ἄρα ἀκούσωσιν, ἐὰν ἄρα ἐνδῶσιν.[29] **12** καὶ ἀνέλαβέν[30] με πνεῦμα, καὶ ἤκουσα κατόπισθέν[31] μου φωνὴν σεισμοῦ[32] μεγάλου Εὐλογημένη ἡ δόξα κυρίου ἐκ τοῦ τόπου αὐτοῦ. **13** καὶ εἶδον φωνὴν πτερύγων[33] τῶν ζῴων[34] πτερυσσομένων[35] ἑτέρα πρὸς τὴν ἑτέραν, καὶ φωνὴ τῶν τροχῶν[36] ἐχομένη αὐτῶν καὶ φωνὴ τοῦ σεισμοῦ.[37] **14** καὶ τὸ πνεῦμα ἐξῆρέν[38] με καὶ ἀνέλαβέν[39] με, καὶ ἐπορεύθην ἐν ὁρμῇ[40] τοῦ πνεύματός μου, καὶ χεὶρ κυρίου ἐγένετο ἐπ᾽ ἐμὲ κραταιά.[41] **15** καὶ εἰσῆλθον εἰς τὴν αἰχμαλωσίαν[42]

1 βαδίζω, *pres act impv 2s*, go
2 διότι, for
3 βαθύχειλος, of confusing speech
4 βαρύγλωσσος, of difficult language
5 ἐξαποστέλλω, *pres pas ind 2s*, send forth
6 ἀλλόφωνος, speaking in a foreign way
7 ἀλλόγλωσσος, speaking a foreign language
8 στιβαρός, clunky, clumsy
9 τοιοῦτος, like this
10 ἐξαποστέλλω, *aor act ind 1s*, send forth
11 εἰσακούω, *aor act ind 3p*, listen to
12 εἰσακούω, *aor act inf*, listen to
13 διότι, for
14 εἰσακούω, *pres act inf*, listen to
15 φιλόνεικος, stubborn
16 σκληροκάρδιος, hard-hearted
17 κατέναντι, against
18 νεῖκος, quarrel, feud
19 κατισχύω, *fut act ind 1s*, intensify
20 κατέναντι, against
21 κραταιός, *comp*, stronger, harder
22 πέτρα, rock
23 πτοέω, *aor pas sub 2s*, scare
24 διότι, for
25 παραπικραίνω, *pres act ptc nom s m*, provoke, make angry
26 βαδίζω, *pres act impv 2s*, go
27 αἰχμαλωσία, captivity
28 ὅδε, this
29 ἐνδίδωμι, *aor act sub 3p*, relent, surrender
30 ἀναλαμβάνω, *aor act ind 3s*, lift up
31 κατόπισθεν, behind
32 σεισμός, rattling, earthquake
33 πτέρυξ, wing
34 ζῷον, living thing
35 πτερύσσομαι, *pres mid ptc gen p f*, flap
36 τροχός, wheel
37 σεισμός, rattling, earthquake
38 ἐξαίρω, *aor act ind 3s*, extract
39 ἀναλαμβάνω, *aor act ind 3s*, take up
40 ὁρμή, onrush, burst
41 κραταιός, strong, fierce
42 αἰχμαλωσία, body of captives, captivity

μετέωρος[1] καὶ περιῆλθον[2] τοὺς κατοικοῦντας ἐπὶ τοῦ ποταμοῦ[3] τοῦ Χοβαρ τοὺς ὄντας ἐκεῖ καὶ ἐκάθισα ἐκεῖ ἑπτὰ ἡμέρας ἀναστρεφόμενος[4] ἐν μέσῳ αὐτῶν.

A Watchman for Israel

16 Καὶ ἐγένετο μετὰ τὰς ἑπτὰ ἡμέρας λόγος κυρίου πρός με λέγων **17** Υἱὲ ἀνθρώπου, σκοπὸν[5] δέδωκά σε τῷ οἴκῳ Ισραηλ, καὶ ἀκούσῃ ἐκ στόματός μου λόγον καὶ διαπειλήσῃ[6] αὐτοῖς παρ᾽ ἐμοῦ. **18** ἐν τῷ λέγειν με τῷ ἀνόμῳ[7] Θανάτῳ θανατωθήσῃ,[8] καὶ οὐ διεστείλω[9] αὐτῷ οὐδὲ ἐλάλησας τοῦ διαστείλασθαι[10] τῷ ἀνόμῳ[11] ἀποστρέψαι[12] ἀπὸ τῶν ὁδῶν αὐτοῦ τοῦ ζῆσαι αὐτόν, ὁ ἄνομος ἐκεῖνος τῇ ἀδικίᾳ[13] αὐτοῦ ἀποθανεῖται, καὶ τὸ αἷμα αὐτοῦ ἐκ χειρός σου ἐκζητήσω.[14] **19** καὶ σὺ ἐὰν διαστείλῃ[15] τῷ ἀνόμῳ,[16] καὶ μὴ ἀποστρέψῃ[17] ἀπὸ τῆς ἀνομίας[18] αὐτοῦ καὶ τῆς ὁδοῦ αὐτοῦ, ὁ ἄνομος ἐκεῖνος ἐν τῇ ἀδικίᾳ[19] αὐτοῦ ἀποθανεῖται, καὶ σὺ τὴν ψυχήν σου ῥύσῃ.[20] **20** καὶ ἐν τῷ ἀποστρέφειν[21] δίκαιον ἀπὸ τῶν δικαιοσυνῶν αὐτοῦ καὶ ποιήσῃ παράπτωμα[22] καὶ δώσω τὴν βάσανον[23] εἰς πρόσωπον αὐτοῦ, αὐτὸς ἀποθανεῖται, ὅτι οὐ διεστείλω[24] αὐτῷ, καὶ ἐν ταῖς ἁμαρτίαις αὐτοῦ ἀποθανεῖται, διότι[25] οὐ μὴ μνησθῶσιν[26] αἱ δικαιοσύναι αὐτοῦ, ἃς ἐποίησεν, καὶ τὸ αἷμα αὐτοῦ ἐκ τῆς χειρός σου ἐκζητήσω.[27] **21** σὺ δὲ ἐὰν διαστείλῃ[28] τῷ δικαίῳ τοῦ μὴ ἁμαρτεῖν, καὶ αὐτὸς μὴ ἁμάρτῃ, ὁ δίκαιος ζωῇ ζήσεται, ὅτι διεστείλω[29] αὐτῷ, καὶ σὺ τὴν σεαυτοῦ ψυχὴν ῥύσῃ.[30]

22 Καὶ ἐγένετο ἐπ᾽ ἐμὲ χεὶρ κυρίου, καὶ εἶπεν πρός με Ἀνάστηθι καὶ ἔξελθε εἰς τὸ πεδίον,[31] καὶ ἐκεῖ λαληθήσεται πρὸς σέ. **23** καὶ ἀνέστην καὶ ἐξῆλθον εἰς τὸ πεδίον,[32] καὶ ἰδοὺ ἐκεῖ δόξα κυρίου εἱστήκει[33] καθὼς ἡ ὅρασις[34] καὶ καθὼς ἡ δόξα, ἣν εἶδον ἐπὶ τοῦ ποταμοῦ[35] τοῦ Χοβαρ, καὶ πίπτω ἐπὶ πρόσωπόν μου.

24 καὶ ἦλθεν ἐπ᾽ ἐμὲ πνεῦμα καὶ ἔστησέν με ἐπὶ πόδας μου, καὶ ἐλάλησεν πρός με καὶ εἶπέν μοι Εἴσελθε καὶ ἐγκλείσθητι[36] ἐν μέσῳ τοῦ οἴκου σου. **25** καὶ σύ, υἱὲ ἀνθρώπου,

1 μετέωρος, uncertain, in suspense
2 περιέρχομαι, *aor act ind 1s*, go around
3 ποταμός, river
4 ἀναστρέφω, *pres pas ptc nom s m*, stay, conduct oneself
5 σκοπός, watchman, lookout
6 διαπειλέω, *fut mid ind 2s*, threaten, warn
7 ἄνομος, lawless
8 θανατόω, *fut pas ind 2s*, put to death
9 διαστέλλω, *aor mid ind 2s*, direct, charge
10 διαστέλλω, *aor mid inf*, direct, charge
11 ἄνομος, lawless
12 ἀποστρέφω, *aor act inf*, turn away
13 ἀδικία, injustice, wrongdoing
14 ἐκζητέω, *fut act ind 1s*, seek, demand
15 διαστέλλω, *aor mid sub 2s*, direct, charge
16 ἄνομος, lawless
17 ἀποστρέφω, *aor act sub 3s*, turn away
18 ἀνομία, lawlessness
19 ἀδικία, injustice, wrongdoing
20 ῥύομαι, *fut mid ind 2s*, rescue, deliver
21 ἀποστρέφω, *pres act inf*, turn away
22 παράπτωμα, transgression
23 βάσανος, test, misfortune
24 διαστέλλω, *aor mid ind 2s*, direct, charge
25 διότι, for
26 μιμνῄσκομαι, *aor pas sub 3p*, remember
27 ἐκζητέω, *fut act ind 1s*, seek, demand
28 διαστέλλω, *aor mid sub 2s*, direct, charge
29 διαστέλλω, *aor mid ind 2s*, direct, charge
30 ῥύομαι, *fut mid ind 2s*, rescue, deliver
31 πεδίον, field, plain
32 πεδίον, field, plain
33 ἵστημι, *plpf act ind 3s*, stand
34 ὅρασις, appearance
35 ποταμός, river
36 ἐγκλείω, *aor pas impv 2s*, confine, shut in

ἰδοὺ δέδονται ἐπὶ σὲ δεσμοί,[1] καὶ δήσουσίν[2] σε ἐν αὐτοῖς, καὶ οὐ μὴ ἐξέλθῃς ἐκ μέσου
αὐτῶν. **26** καὶ τὴν γλῶσσάν σου συνδήσω,[3] καὶ ἀποκωφωθήσῃ[4] καὶ οὐκ ἔσῃ αὐτοῖς
εἰς ἄνδρα ἐλέγχοντα,[5] διότι[6] οἶκος παραπικραίνων[7] ἐστίν. **27** καὶ ἐν τῷ λαλεῖν με
πρὸς σὲ ἀνοίξω τὸ στόμα σου, καὶ ἐρεῖς πρὸς αὐτούς Τάδε[8] λέγει κύριος Ὁ ἀκούων
ἀκουέτω, καὶ ὁ ἀπειθῶν[9] ἀπειθείτω,[10] διότι[11] οἶκος παραπικραίνων[12] ἐστίν.

Prophetic Sign of the Siege of Jerusalem

4 Καὶ σύ, υἱὲ ἀνθρώπου, λαβὲ σεαυτῷ πλίνθον[13] καὶ θήσεις αὐτὴν πρὸ προσώπου
σου καὶ διαγράψεις[14] ἐπ᾽ αὐτὴν πόλιν τὴν Ιερουσαλημ **2** καὶ δώσεις ἐπ᾽ αὐτὴν
περιοχὴν[15] καὶ οἰκοδομήσεις ἐπ᾽ αὐτὴν προμαχῶνας[16] καὶ περιβαλεῖς[17] ἐπ᾽ αὐτὴν
χάρακα[18] καὶ δώσεις ἐπ᾽ αὐτὴν παρεμβολὰς[19] καὶ τάξεις[20] τὰς βελοστάσεις[21] κύκλῳ·[22]
3 καὶ σὺ λαβὲ σεαυτῷ τήγανον[23] σιδηροῦν[24] καὶ θήσεις αὐτὸ τοῖχον[25] σιδηροῦν ἀνὰ
μέσον[26] σοῦ καὶ ἀνὰ μέσον τῆς πόλεως καὶ ἑτοιμάσεις τὸ πρόσωπόν σου ἐπ᾽ αὐτήν,
καὶ ἔσται ἐν συγκλεισμῷ,[27] καὶ συγκλείσεις[28] αὐτήν· σημεῖόν ἐστιν τοῦτο τοῖς υἱοῖς
Ισραηλ.

4 καὶ σὺ κοιμηθήσῃ[29] ἐπὶ τὸ πλευρόν[30] σου τὸ ἀριστερὸν[31] καὶ θήσεις τὰς ἀδικίας[32]
τοῦ οἴκου Ισραηλ ἐπ᾽ αὐτοῦ κατὰ ἀριθμὸν[33] τῶν ἡμερῶν πεντήκοντα[34] καὶ ἑκατόν,[35]
ἃς κοιμηθήσῃ[36] ἐπ᾽ αὐτοῦ, καὶ λήμψῃ τὰς ἀδικίας[37] αὐτῶν. **5** καὶ ἐγὼ δέδωκά σοι
τὰς δύο ἀδικίας[38] αὐτῶν εἰς ἀριθμὸν[39] ἡμερῶν ἐνενήκοντα[40] καὶ ἑκατὸν[41] ἡμέρας.
καὶ λήμψῃ τὰς ἀδικίας τοῦ οἴκου Ισραηλ **6** καὶ συντελέσεις[42] ταῦτα πάντα· καὶ

1 δεσμός, chains
2 δέω, *fut act ind 3p*, bind, chain
3 συνδέω, *fut act ind 1s*, tie up
4 ἀποκωφόομαι, *fut pas ind 2s*, become deaf
5 ἐλέγχω, *pres act ptc acc s m*, rebuke
6 διότι, for
7 παραπικραίνω, *pres act ptc nom s m*, provoke, make angry
8 ὅδε, this
9 ἀπειθέω, *pres act ptc nom s m*, refuse, disobey
10 ἀπειθέω, *pres act impv 3s*, refuse, disobey
11 διότι, for
12 παραπικραίνω, *pres act ptc nom s m*, provoke, make angry
13 πλίνθος, brick
14 διαγράφω, *fut act ind 2s*, depict, engrave
15 περιοχή, fortified enclosure
16 προμαχών, rampart, siege wall
17 περιβάλλω, *fut act ind 2s*, cast against
18 χάραξ, entrenchment, pointed stake
19 παρεμβολή, company, army
20 τάσσω, *fut act ind 2s*, arrange, position
21 βελόστασις, engine of war
22 κύκλῳ, all around
23 τήγανον, frying pan
24 σιδηροῦς, iron
25 τοῖχος, wall
26 ἀνὰ μέσον, between
27 συγκλεισμός, confined place, enclosure
28 συγκλείω, *fut act ind 2s*, shut in, confine
29 κοιμάω, *fut pas ind 2s*, lie down, sleep
30 πλευρόν, side (of the body)
31 ἀριστερός, left
32 ἀδικία, injustice, wrongdoing
33 ἀριθμός, number
34 πεντήκοντα, fifty
35 ἑκατόν, one hundred
36 κοιμάω, *fut pas ind 2s*, lie down, sleep
37 ἀδικία, injustice, wrongdoing
38 ἀδικία, injustice, wrongdoing
39 ἀριθμός, number
40 ἐνενήκοντα, ninety
41 ἑκατόν, one hundred
42 συντελέω, *fut act ind 2s*, finish, complete

κοιμηθήσῃ[1] ἐπὶ τὸ πλευρόν[2] σου τὸ δεξιὸν[3] καὶ λήμψῃ τὰς ἀδικίας[4] τοῦ οἴκου Ιουδα
τεσσαράκοντα[5] ἡμέρας. ἡμέραν εἰς ἐνιαυτὸν[6] τέθεικά[7] σοι. **7** καὶ εἰς τὸν συγκλει-
σμὸν[8] Ιερουσαλημ ἑτοιμάσεις τὸ πρόσωπόν σου καὶ τὸν βραχίονά[9] σου στερεώσεις[10]
καὶ προφητεύσεις[11] ἐπ᾽ αὐτήν. **8** καὶ ἐγὼ ἰδοὺ δέδωκα ἐπὶ σὲ δεσμούς,[12] καὶ μὴ στρα-
φῇς[13] ἀπὸ τοῦ πλευροῦ[14] σου ἐπὶ τὸ πλευρόν σου, ἕως οὗ συντελεσθῶσιν[15] αἱ ἡμέραι
τοῦ συγκλεισμοῦ[16] σου.

9 καὶ σὺ λαβὲ σεαυτῷ πυροὺς[17] καὶ κριθὰς[18] καὶ κύαμον[19] καὶ φακὸν[20] καὶ κέγχρον[21]
καὶ ὄλυραν[22] καὶ ἐμβαλεῖς[23] αὐτὰ εἰς ἄγγος[24] ἓν ὀστράκινον[25] καὶ ποιήσεις αὐτὰ
σαυτῷ εἰς ἄρτους, καὶ κατ᾽ ἀριθμὸν[26] τῶν ἡμερῶν, ἃς σὺ καθεύδεις[27] ἐπὶ τοῦ πλευ-
ροῦ[28] σου, ἐνενήκοντα[29] καὶ ἑκατὸν[30] ἡμέρας φάγεσαι αὐτά. **10** καὶ τὸ βρῶμά[31] σου,
ὃ φάγεσαι, ἐν σταθμῷ[32] εἴκοσι[33] σίκλους[34] τὴν ἡμέραν· ἀπὸ καιροῦ ἕως καιροῦ
φάγεσαι αὐτά. **11** καὶ ὕδωρ ἐν μέτρῳ[35] πίεσαι τὸ ἕκτον[36] τοῦ ιν·[37] ἀπὸ καιροῦ ἕως
καιροῦ πίεσαι. **12** καὶ ἐγκρυφίαν[38] κρίθινον[39] φάγεσαι αὐτά· ἐν βολβίτοις[40] κόπρου[41]
ἀνθρωπίνης[42] ἐγκρύψεις[43] αὐτὰ κατ᾽ ὀφθαλμοὺς αὐτῶν **13** καὶ ἐρεῖς Τάδε[44] λέγει
κύριος ὁ θεὸς τοῦ Ισραηλ Οὕτως φάγονται οἱ υἱοὶ Ισραηλ ἀκάθαρτα ἐν τοῖς ἔθνεσιν.

14 καὶ εἶπα Μηδαμῶς,[45] κύριε θεὲ τοῦ Ισραηλ· ἰδοὺ ἡ ψυχή μου οὐ μεμίανται[46] ἐν
ἀκαθαρσίᾳ,[47] καὶ θνησιμαῖον[48] καὶ θηριάλωτον[49] οὐ βέβρωκα[50] ἀπὸ γενέσεώς[51] μου
ἕως τοῦ νῦν, οὐδὲ εἰσελήλυθεν εἰς τὸ στόμα μου πᾶν κρέας[52] ἕωλον.[53] **15** καὶ εἶπεν

1 κοιμάω, *fut pas ind 2s*, lie down, sleep
2 πλευρόν, side (of the body)
3 δεξιός, right
4 ἀδικία, injustice, wrongdoing
5 τεσσαράκοντα, forty
6 ἐνιαυτός, year
7 τίθημι, *perf act ind 1s*, assign
8 συγκλεισμός, confined place, enclosure
9 βραχίων, arm
10 στερεόω, *fut act ind 2s*, brace, strengthen
11 προφητεύω, *fut act ind 2s*, prophesy
12 δεσμός, chains
13 στρέφω, *aor pas sub 2s*, turn
14 πλευρόν, side (of the body)
15 συντελέω, *aor pas sub 3p*, finish, complete
16 συγκλεισμός, confinement
17 πυρός, wheat
18 κριθή, barley
19 κύαμος, beans
20 φακός, lentil
21 κέγχρος, millet
22 ὄλυρα, rice wheat
23 ἐμβάλλω, *fut act ind 2s*, place in
24 ἄγγος, container
25 ὀστράκινος, made of clay
26 ἀριθμός, number
27 καθεύδω, *pres act ind 2s*, lie down, sleep
28 πλευρόν, side (of the body)
29 ἐνενήκοντα, ninety
30 ἑκατόν, one hundred
31 βρῶμα, food
32 σταθμός, weight
33 εἴκοσι, twenty
34 σίκλος, shekel, *Heb. LW*
35 μέτρον, measure
36 ἕκτος, sixth
37 ιν, hin, *translit.*
38 ἐγκρυφίας, cake baked under ashes
39 κρίθινος, made of barley
40 βόλβιτον, filth
41 κόπρος, dung
42 ἀνθρώπινος, human
43 ἐγκρύπτω, *fut act ind 2s*, conceal, cover
44 ὅδε, this
45 μηδαμῶς, by no means
46 μιαίνω, *perf pas ind 3p*, defile, pollute
47 ἀκαθαρσία, uncleanness, impurity
48 θνησιμαῖος, dead body, carcass
49 θηριάλωτος, killed by wild animals
50 βιβρώσκω, *perf act ind 1s*, eat
51 γένεσις, birth
52 κρέας, meat
53 ἕωλος, day-old, stale

πρός με Ἰδοὺ δέδωκά σοι βόλβιτα[1] βοῶν[2] ἀντὶ[3] τῶν βολβίτων τῶν ἀνθρωπίνων,[4]
καὶ ποιήσεις τοὺς ἄρτους σου ἐπ' αὐτῶν. **16** καὶ εἶπεν πρός με Υἱὲ ἀνθρώπου, ἰδοὺ
ἐγὼ συντρίβω[5] στήριγμα[6] ἄρτου ἐν Ιερουσαλημ, καὶ φάγονται ἄρτον ἐν σταθμῷ[7]
καὶ ἐν ἐνδείᾳ[8] καὶ ὕδωρ ἐν μέτρῳ[9] καὶ ἐν ἀφανισμῷ[10] πίονται, **17** ὅπως ἐνδεεῖς[11]
γένωνται ἄρτου καὶ ὕδατος· καὶ ἀφανισθήσεται[12] ἄνθρωπος καὶ ἀδελφὸς αὐτοῦ καὶ
τακήσονται[13] ἐν ταῖς ἀδικίαις[14] αὐτῶν.

Destruction by a Sword of Judgment

5 καὶ σύ, υἱὲ ἀνθρώπου, λαβὲ σεαυτῷ ῥομφαίαν[15] ὀξεῖαν[16] ὑπὲρ ξυρὸν[17] κουρέως·[18]
κτήσῃ[19] αὐτὴν σεαυτῷ καὶ ἐπάξεις[20] αὐτὴν ἐπὶ τὴν κεφαλήν σου καὶ ἐπὶ τὸν
πώγωνά[21] σου. καὶ λήμψῃ ζυγὸν[22] σταθμίων[23] καὶ διαστήσεις[24] αὐτούς· **2** τὸ τέταρ-
τον[25] ἐν πυρὶ ἀνακαύσεις[26] ἐν μέσῃ τῇ πόλει κατὰ τὴν πλήρωσιν[27] τῶν ἡμερῶν τοῦ
συγκλεισμοῦ·[28] καὶ λήμψῃ τὸ τέταρτον[29] καὶ κατακαύσεις[30] αὐτὸ ἐν μέσῳ αὐτῆς· καὶ
τὸ τέταρτον κατακόψεις[31] ἐν ῥομφαίᾳ[32] κύκλῳ[33] αὐτῆς· καὶ τὸ τέταρτον διασκορ-
πίσεις[34] τῷ πνεύματι, καὶ μάχαιραν[35] ἐκκενώσω[36] ὀπίσω αὐτῶν. **3** καὶ λήμψῃ ἐκεῖθεν[37]
ὀλίγους[38] ἐν ἀριθμῷ[39] καὶ συμπεριλήμψῃ[40] αὐτοὺς τῇ ἀναβολῇ[41] σου. **4** καὶ ἐκ τούτων
λήμψῃ ἔτι καὶ ῥίψεις[42] αὐτοὺς εἰς μέσον τοῦ πυρὸς καὶ κατακαύσεις[43] αὐτοὺς ἐν πυρί·
ἐξ αὐτῆς ἐξελεύσεται πῦρ.

Καὶ ἐρεῖς παντὶ οἴκῳ Ισραηλ **5** Τάδε[44] λέγει κύριος Αὕτη ἡ Ιερουσαλημ ἐν μέσῳ τῶν
ἐθνῶν τέθεικα αὐτὴν καὶ τὰς κύκλῳ[45] αὐτῆς χώρας.[46] **6** καὶ ἐρεῖς τὰ δικαιώματά[47]

1 βόλβιτον, filth
2 βοῦς, cow, (*p*) cattle
3 ἀντί, instead of
4 ἀνθρώπινος, human
5 συντρίβω, *pres act ind 1s*, break up
6 στήριγμα, support, provision
7 σταθμός, weight
8 ἔνδεια, deficiency, need
9 μέτρον, measure
10 ἀφανισμός, destruction
11 ἐνδεής, lacking, needing
12 ἀφανίζω, *fut pas ind 3s*, destroy
13 τήκω, *fut pas ind 3p*, waste away
14 ἀδικία, injustice, wrongdoing
15 ῥομφαία, sword
16 ὀξύς, sharp
17 ξυρόν, razor
18 κουρεύς, barber
19 κτάομαι, *fut mid ind 2s*, obtain, get
20 ἐπάγω, *fut act ind 2s*, lay upon, put on
21 πώγων, beard
22 ζυγός, balance
23 στάθμιον, weight
24 διΐστημι, *fut act ind 2s*, divide up
25 τέταρτος, quarter
26 ἀνακαίω, *fut act ind 2s*, burn up
27 πλήρωσις, entirety
28 συγκλεισμός, confinement
29 τέταρτος, quarter
30 κατακαίω, *fut act ind 2s*, burn up
31 κατακόπτω, *fut act ind 2s*, cut up
32 ῥομφαία, sword
33 κύκλῳ, all around
34 διασκορπίζω, *fut act ind 2s*, scatter
35 μάχαιρα, knife
36 ἐκκενόω, *fut act ind 1s*, draw out, unsheathe
37 ἐκεῖθεν, from there
38 ὀλίγος, few
39 ἀριθμός, number
40 συμπεριλαμβάνω, *fut mid ind 2s*, wrap up
41 ἀναβολή, garment, robe
42 ῥίπτω, *fut act ind 2s*, throw
43 κατακαίω, *fut act ind 2s*, burn up
44 ὅδε, this
45 κύκλῳ, all around
46 χώρα, country, land
47 δικαίωμα, ordinance

μου τῇ ἀνόμῳ[1] ἐκ τῶν ἐθνῶν καὶ τὰ νόμιμά[2] μου ἐκ τῶν χωρῶν[3] τῶν κύκλῳ[4] αὐτῆς,
διότι[5] τὰ δικαιώματά[6] μου ἀπώσαντο[7] καὶ ἐν τοῖς νομίμοις[8] μου οὐκ ἐπορεύθησαν
ἐν αὐτοῖς. **7** διὰ τοῦτο τάδε[9] λέγει κύριος Ἀνθ᾽ ὧν[10] ἡ ἀφορμὴ[11] ὑμῶν ἐκ τῶν ἐθνῶν
τῶν κύκλῳ[12] ὑμῶν καὶ ἐν τοῖς νομίμοις[13] μου οὐκ ἐπορεύθητε καὶ τὰ δικαιώματά[14]
μου οὐκ ἐποιήσατε, ἀλλ᾽ οὐδὲ κατὰ τὰ δικαιώματα τῶν ἐθνῶν τῶν κύκλῳ[15] ὑμῶν
οὐ πεποιήκατε, **8** διὰ τοῦτο τάδε[16] λέγει κύριος Ἰδοὺ ἐγὼ ἐπὶ σὲ καὶ ποιήσω ἐν μέσῳ
σου κρίμα[17] ἐνώπιον τῶν ἐθνῶν **9** καὶ ποιήσω ἐν σοὶ ἃ οὐ πεποίηκα καὶ ἃ οὐ ποιήσω
ὅμοια[18] αὐτοῖς ἔτι κατὰ πάντα τὰ βδελύγματά[19] σου. **10** διὰ τοῦτο πατέρες φάγονται
τέκνα ἐν μέσῳ σου, καὶ τέκνα φάγονται πατέρας· καὶ ποιήσω ἐν σοὶ κρίματα[20] καὶ
διασκορπιῶ[21] πάντας τοὺς καταλοίπους[22] σου εἰς πάντα ἄνεμον.[23] **11** διὰ τοῦτο Ζῶ
ἐγώ, λέγει κύριος, εἰ μὴ ἀνθ᾽ ὧν[24] τὰ ἅγιά μου ἐμίανας[25] ἐν πᾶσιν τοῖς βδελύγμασίν[26]
σου, κἀγὼ[27] ἀπώσομαί[28] σε, οὐ φείσεταί[29] μου ὁ ὀφθαλμός, κἀγὼ οὐκ ἐλεήσω.[30]
12 τὸ τέταρτόν[31] σου ἐν θανάτῳ ἀναλωθήσεται·[32] καὶ τὸ τέταρτόν σου ἐν λιμῷ[33]
συντελεσθήσεται[34] ἐν μέσῳ σου· καὶ τὸ τέταρτόν σου εἰς πάντα ἄνεμον[35] σκορπιῶ[36]
αὐτούς· καὶ τὸ τέταρτόν σου ἐν ῥομφαίᾳ[37] πεσοῦνται κύκλῳ[38] σου, καὶ μάχαιραν[39]
ἐκκενώσω[40] ὀπίσω αὐτῶν.

13 καὶ συντελεσθήσεται[41] ὁ θυμός[42] μου καὶ ἡ ὀργή μου ἐπ᾽ αὐτούς, καὶ ἐπιγνώσῃ
διότι[43] ἐγὼ κύριος λελάληκα ἐν ζήλῳ[44] μου ἐν τῷ συντελέσαι[45] με τὴν ὀργήν μου ἐπ᾽
αὐτούς. **14** καὶ θήσομαί σε εἰς ἔρημον καὶ τὰς θυγατέρας[46] σου κύκλῳ[47] σου ἐνώπιον

1 ἄνομος, lawless
2 νόμιμος, legal statute
3 χώρα, country, land
4 κύκλῳ, all around
5 διότι, for
6 δικαίωμα, ordinance
7 ἀπωθέω, *aor mid ind 3p*, reject
8 νόμιμος, legal statute
9 ὅδε, this
10 ἀνθ᾽ ὧν, since
11 ἀφορμή, occasion, pretext
12 κύκλῳ, all around
13 νόμιμος, legal statute
14 δικαίωμα, ordinance
15 κύκλῳ, all around
16 ὅδε, this
17 κρίμα, judgment
18 ὅμοιος, like
19 βδέλυγμα, abomination
20 κρίμα, judgment
21 διασκορπίζω, *fut act ind 1s*, scatter
22 κατάλοιπος, remainder
23 ἄνεμος, wind
24 ἀνθ᾽ ὧν, since
25 μιαίνω, *aor act ind 2s*, defile, pollute
26 βδέλυγμα, abomination
27 κἀγώ, I too, *cr.* καὶ ἐγώ
28 ἀπωθέω, *fut mid ind 1s*, turn away
29 φείδομαι, *fut mid ind 3s*, hold back, refrain
30 ἐλεέω, *fut act ind 1s*, have mercy
31 τέταρτος, quarter
32 ἀναλίσκω, *fut pas ind 3s*, consume
33 λιμός, famine
34 συντελέω, *fut pas ind 3s*, bring to an end
35 ἄνεμος, wind
36 σκορπίζω, *fut act ind 1s*, scatter
37 ῥομφαία, sword
38 κύκλῳ, around
39 μάχαιρα, knife
40 ἐκκενόω, *fut act ind 1s*, draw out, unsheathe
41 συντελέω, *fut pas ind 3s*, use up, exhaust
42 θυμός, anger, wrath
43 διότι, for
44 ζῆλος, zeal, fervor
45 συντελέω, *aor act inf*, use up, exhaust
46 θυγάτηρ, daughter
47 κύκλῳ, around

παντὸς διοδεύοντος,[1] **15** καὶ ἔσῃ στενακτὴ[2] καὶ δηλαϊστὴ[3] ἐν τοῖς ἔθνεσιν τοῖς κύ-
κλῳ[4] σου ἐν τῷ ποιῆσαί με ἐν σοὶ κρίματα[5] ἐν ἐκδικήσει[6] θυμοῦ[7] μου· ἐγὼ κύριος
λελάληκα. **16** ἐν τῷ ἐξαποστεῖλαί[8] με τὰς βολίδας[9] μου τοῦ λιμοῦ[10] ἐπ᾽ αὐτοὺς καὶ
ἔσονται εἰς ἔκλειψιν,[11] καὶ συντρίψω[12] στήριγμα[13] ἄρτου σου. **17** καὶ ἐξαποστελῶ[14]
ἐπὶ σὲ λιμὸν[15] καὶ θηρία πονηρὰ καὶ τιμωρήσομαί[16] σε, καὶ θάνατος καὶ αἷμα διελεύ-
σονται ἐπὶ σέ, καὶ ῥομφαίαν[17] ἐπάξω[18] ἐπὶ σὲ κυκλόθεν·[19] ἐγὼ κύριος λελάληκα.

Judgment against Idolatry

6 Καὶ ἐγένετο λόγος κυρίου πρός με λέγων **2** Υἱὲ ἀνθρώπου, στήρισον[20] τὸ πρό-
σωπόν σου ἐπὶ τὰ ὄρη Ισραηλ καὶ προφήτευσον[21] ἐπ᾽ αὐτὰ **3** καὶ ἐρεῖς Τὰ ὄρη
Ισραηλ, ἀκούσατε λόγον κυρίου Τάδε[22] λέγει κύριος τοῖς ὄρεσιν καὶ τοῖς βουνοῖς[23]
καὶ ταῖς φάραγξιν[24] καὶ ταῖς νάπαις[25] Ἰδοὺ ἐγὼ ἐπάγω[26] ἐφ᾽ ὑμᾶς ῥομφαίαν,[27] καὶ
ἐξολεθρευθήσεται[28] τὰ ὑψηλὰ[29] ὑμῶν, **4** καὶ συντριβήσονται[30] τὰ θυσιαστήρια[31]
ὑμῶν καὶ τὰ τεμένη[32] ὑμῶν, καὶ καταβαλῶ[33] τραυματίας[34] ὑμῶν ἐνώπιον τῶν εἰ-
δώλων[35] ὑμῶν **5** καὶ διασκορπιῶ[36] τὰ ὀστᾶ[37] ὑμῶν κύκλῳ[38] τῶν θυσιαστηρίων[39]
ὑμῶν. **6** ἐν πάσῃ τῇ κατοικίᾳ[40] ὑμῶν αἱ πόλεις ἐξερημωθήσονται[41] καὶ τὰ ὑψηλὰ[42]
ἀφανισθήσεται,[43] ὅπως ἐξολεθρευθῇ[44] τὰ θυσιαστήρια[45] ὑμῶν, καὶ συντριβήσονται[46]
τὰ εἴδωλα[47] ὑμῶν, καὶ ἐξαρθήσεται[48] τὰ τεμένη[49] ὑμῶν, **7** καὶ πεσοῦνται τραυματίαι[50]
ἐν μέσῳ ὑμῶν, καὶ ἐπιγνώσεσθε ὅτι ἐγὼ κύριος.

1 διοδεύω, *pres act ptc gen s m*, travel through, pass by
2 στενακτός, mournful
3 δηλαϊστός, miserable
4 κύκλῳ, all around
5 κρίμα, judgment
6 ἐκδίκησις, punishment
7 θυμός, anger, wrath
8 ἐξαποστέλλω, *aor act inf*, send out
9 βολίς, dart, javelin
10 λιμός, famine
11 ἔκλειψις, destruction, extinction
12 συντρίβω, *fut act ind 1s*, break up
13 στήριγμα, supply, provision
14 ἐξαποστέλλω, *fut act ind 1s*, dispatch, send out
15 λιμός, famine
16 τιμωρέω, *fut mid ind 1s*, punish
17 ῥομφαία, sword
18 ἐπάγω, *fut act ind 1s*, bring against
19 κυκλόθεν, all around
20 στηρίζω, *aor act impv 2s*, fix, set
21 προφητεύω, *aor act impv 2s*, prophesy
22 ὅδε, this
23 βουνός, hill
24 φάραγξ, ravine
25 νάπη, valley, glen
26 ἐπάγω, *pres act ind 1s*, bring against
27 ῥομφαία, sword
28 ἐξολεθρεύω, *fut pas ind 3s*, utterly destroy
29 ὑψηλός, high (place)
30 συντρίβω, *fut pas ind 3p*, smash
31 θυσιαστήριον, altar
32 τέμενος, shrine
33 καταβάλλω, *fut act ind 1s*, bring down
34 τραυματίας, casualty, wounded person
35 εἴδωλον, idol, image
36 διασκορπίζω, *fut act ind 1s*, scatter
37 ὀστέον, bone
38 κύκλῳ, around
39 θυσιαστήριον, altar
40 κατοικία, dwelling place
41 ἐξερημόω, *fut pas ind 3p*, make desolate
42 ὑψηλός, high (place)
43 ἀφανίζω, *fut pas ind 3s*, ruin
44 ἐξολεθρεύω, *aor pas sub 3s*, utterly destroy
45 θυσιαστήριον, altar
46 συντρίβω, *fut pas ind 3p*, smash
47 εἴδωλον, idol, image
48 ἐξαίρω, *fut pas ind 3s*, remove
49 τέμενος, shrine
50 τραυματίας, casualty, wounded person

8 ἐν τῷ γενέσθαι ἐξ ὑμῶν ἀνασῳζομένους[1] ἐκ ῥομφαίας[2] ἐν τοῖς ἔθνεσιν καὶ ἐν τῷ
διασκορπισμῷ[3] ὑμῶν ἐν ταῖς χώραις[4] **9** καὶ μνησθήσονταί[5] μου οἱ ἀνασῳζόμενοι[6]
ἐξ ὑμῶν ἐν τοῖς ἔθνεσιν, οὗ ᾐχμαλωτεύθησαν[7] ἐκεῖ· ὀμώμοκα[8] τῇ καρδίᾳ αὐτῶν τῇ
ἐκπορνευούσῃ[9] ἀπ᾽ ἐμοῦ καὶ τοῖς ὀφθαλμοῖς αὐτῶν τοῖς πορνεύουσιν[10] ὀπίσω τῶν
ἐπιτηδευμάτων[11] αὐτῶν, καὶ κόψονται[12] πρόσωπα αὐτῶν ἐν πᾶσι τοῖς βδελύγμασιν[13]
αὐτῶν· **10** καὶ ἐπιγνώσονται διότι[14] ἐγὼ κύριος λελάληκα.

11 τάδε[15] λέγει κύριος Κρότησον[16] τῇ χειρὶ καὶ ψόφησον[17] τῷ ποδὶ καὶ εἰπόν Εὖγε[18]
εὖγε ἐπὶ πᾶσιν τοῖς βδελύγμασιν[19] οἴκου Ισραηλ· ἐν ῥομφαίᾳ[20] καὶ ἐν θανάτῳ καὶ
ἐν λιμῷ[21] πεσοῦνται. **12** ὁ ἐγγὺς[22] ἐν ῥομφαίᾳ[23] πεσεῖται, ὁ δὲ μακρὰν[24] ἐν θανάτῳ
τελευτήσει,[25] καὶ ὁ περιεχόμενος[26] ἐν λιμῷ[27] συντελεσθήσεται,[28] καὶ συντελέσω[29]
τὴν ὀργήν μου ἐπ᾽ αὐτούς. **13** καὶ γνώσεσθε διότι[30] ἐγὼ κύριος ἐν τῷ εἶναι τοὺς
τραυματίας[31] ὑμῶν ἐν μέσῳ τῶν εἰδώλων[32] ὑμῶν κύκλῳ[33] τῶν θυσιαστηρίων[34] ὑμῶν
ἐπὶ πάντα βουνὸν[35] ὑψηλὸν[36] καὶ ὑποκάτω[37] δένδρου[38] συσκίου,[39] οὗ[40] ἔδωκαν ἐκεῖ
ὀσμὴν[41] εὐωδίας[42] πᾶσι τοῖς εἰδώλοις[43] αὐτῶν. **14** καὶ ἐκτενῶ[44] τὴν χεῖρά μου ἐπ᾽
αὐτοὺς καὶ θήσομαι τὴν γῆν εἰς ἀφανισμὸν[45] καὶ εἰς ὄλεθρον[46] ἀπὸ τῆς ἐρήμου
Δεβλαθα ἐκ πάσης τῆς κατοικίας·[47] καὶ ἐπιγνώσεσθε ὅτι ἐγὼ κύριος.

1 ἀνασῴζω, *pres mid ptc acc p m*, rescue, save
2 ῥομφαία, sword
3 διασκορπισμός, scatter
4 χώρα, country, land
5 μιμνῄσκομαι, *fut pas ind 3p*, remember
6 ἀνασῴζω, *pres mid ptc nom p m*, rescue, save
7 αἰχμαλωτεύω, *aor pas ind 3p*, take captive
8 ὄμνυμι, *perf act ind 1s*, swear an oath
9 ἐκπορνεύω, *pres act ptc dat s f*, fornicate
10 πορνεύω, *pres act ptc dat p m*, act as a prostitute
11 ἐπιτήδευμα, pursuit, habit
12 κόπτω, *fut mid ind 3p*, strike
13 βδέλυγμα, abomination
14 διότι, for
15 ὅδε, this
16 κροτέω, *aor act impv 2s*, clap
17 ψοφέω, *aor act impv 2s*, stamp
18 εὖγε, good, perfect
19 βδέλυγμα, abomination
20 ῥομφαία, sword
21 λιμός, famine
22 ἐγγύς, near
23 ῥομφαία, sword
24 μακράν, far away
25 τελευτάω, *fut act ind 3s*, die
26 περιέχω, *pres pas ptc nom s m*, seize
27 λιμός, hunger
28 συντελέω, *fut pas ind 3s*, bring to an end
29 συντελέω, *fut act ind 1s*, use up, exhaust
30 διότι, for
31 τραυματίας, casualty, wounded person
32 εἴδωλον, idol, image
33 κύκλῳ, around
34 θυσιαστήριον, altar
35 βουνός, hill
36 ὑψηλός, high
37 ὑποκάτω, under
38 δένδρον, tree
39 σύσκιος, shady
40 οὗ, where
41 ὀσμή, smell
42 εὐωδία, sweet fragrance
43 εἴδωλον, idol, image
44 ἐκτείνω, *fut act ind 1s*, reach out
45 ἀφανισμός, destruction
46 ὄλεθρος, ruin
47 κατοικία, habitation

A Day of Wrath

7 Καὶ ἐγένετο λόγος κυρίου πρός με λέγων **2** Καὶ σύ, υἱὲ ἀνθρώπου, εἰπόν Τάδε[1]
λέγει κύριος τῇ γῇ τοῦ Ισραηλ

Πέρας[2] ἥκει,[3] τὸ πέρας ἥκει ἐπὶ τὰς τέσσαρας πτέρυγας[4] τῆς γῆς·
3 ἥκει[5] τὸ πέρας[6] **4** ἐπὶ σὲ τὸν κατοικοῦντα τὴν γῆν,
ἥκει ὁ καιρός, ἤγγικεν ἡ ἡμέρα,
οὐ μετὰ θορύβων[7] οὐδὲ μετὰ ὠδίνων.[8]
5 νῦν ἐγγύθεν[9] ἐκχεῶ[10] τὴν ὀργήν μου ἐπὶ σέ
καὶ συντελέσω[11] τὸν θυμόν[12] μου ἐν σοί
καὶ κρινῶ σε ἐν ταῖς ὁδοῖς σου
καὶ δώσω ἐπὶ σὲ πάντα τὰ βδελύγματά[13] σου·
6 οὐ φείσεται[14] ὁ ὀφθαλμός μου, οὐδὲ μὴ ἐλεήσω,[15]
διότι[16] τὰς ὁδούς σου ἐπὶ σὲ δώσω,
καὶ τὰ βδελύγματά[17] σου ἐν μέσῳ σου ἔσονται,
καὶ ἐπιγνώσῃ διότι ἐγώ εἰμι κύριος ὁ τύπτων.[18]
7 νῦν τὸ πέρας[19] πρὸς σέ,
καὶ ἀποστελῶ ἐγὼ ἐπὶ σέ
καὶ ἐκδικήσω[20] σε ἐν ταῖς ὁδοῖς σου
καὶ δώσω ἐπὶ σὲ πάντα τὰ βδελύγματά[21] σου·
8 οὐ φείσεται[22] ὁ ὀφθαλμός μου ἐπὶ σέ,
οὐδὲ μὴ ἐλεήσω,[23] διότι[24] τὴν ὁδόν σου ἐπὶ σὲ δώσω,
καὶ τὰ βδελύγματά[25] σου ἐν μέσῳ σου ἔσται·
καὶ ἐπιγνώσῃ διότι ἐγὼ κύριος.

9 διότι[26] τάδε[27] λέγει κύριος

10 Ἰδοὺ τὸ πέρας[28] ἥκει,[29] ἰδοὺ ἡμέρα κυρίου·
εἰ καὶ ἡ ῥάβδος[30] ἤνθηκεν,[31] ἡ ὕβρις[32] ἐξανέστηκεν.[33]

1 ὅδε, this
2 πέρας, end
3 ἥκω, *pres act ind 3s*, (has) come
4 πτέρυξ, edge, extremity, wing
5 ἥκω, *pres act ind 3s*, (has) come
6 πέρας, end
7 θόρυβος, clamor, confusion, turmoil
8 ὠδίν, agony, pain
9 ἐγγύθεν, nearby
10 ἐκχέω, *pres act ind 1s*, pour out
11 συντελέω, *aor act sub 1s*, use up, expend
12 θυμός, anger, wrath
13 βδέλυγμα, abomination
14 φείδομαι, *fut mid ind 3s*, hold back, spare
15 ἐλεέω, *fut act ind 1s*, have mercy
16 διότι, for
17 βδέλυγμα, abomination
18 τύπτω, *pres act ptc nom s m*, strike
19 πέρας, end
20 ἐκδικέω, *fut act ind 1s*, punish
21 βδέλυγμα, abomination
22 φείδομαι, *fut mid ind 3s*, hold back, spare
23 ἐλεέω, *fut act ind 1s*, have mercy
24 διότι, for
25 βδέλυγμα, abomination
26 διότι, for
27 ὅδε, this
28 πέρας, end
29 ἥκω, *pres act ind 3s*, (has) come
30 ῥάβδος, staff, rod
31 ἀνθέω, *perf act ind 3s*, bloom, blossom
32 ὕβρις, arrogance, pride
33 ἐξανίστημι, *perf act ind 3s*, arise

11 καὶ συντρίψει[1] στήριγμα[2] ἀνόμου[3]
καὶ οὐ μετὰ θορύβου[4] οὐδὲ μετὰ σπουδῆς.[5]
12 ἥκει[6] ὁ καιρός, ἰδοὺ ἡ ἡμέρα·
ὁ κτώμενος[7] μὴ χαιρέτω,[8] καὶ ὁ πωλῶν[9] μὴ θρηνείτω·[10]
13 διότι[11] ὁ κτώμενος[12] πρὸς τὸν πωλοῦντα[13] οὐκέτι μὴ ἐπιστρέψῃ,
καὶ ἄνθρωπος ἐν ὀφθαλμῷ ζωῆς αὐτοῦ οὐ κρατήσει.
14 σαλπίσατε[14] ἐν σάλπιγγι[15]
καὶ κρίνατε τὰ σύμπαντα.[16]
15 ὁ πόλεμος ἐν ῥομφαίᾳ[17] ἔξωθεν,[18]
καὶ ὁ λιμὸς[19] καὶ ὁ θάνατος ἔσωθεν·[20]
ὁ ἐν τῷ πεδίῳ[21] ἐν ῥομφαίᾳ τελευτήσει,[22]
τοὺς δὲ ἐν τῇ πόλει λιμὸς καὶ θάνατος συντελέσει.[23]
16 καὶ ἀνασωθήσονται[24] οἱ ἀνασῳζόμενοι[25] ἐξ αὐτῶν
καὶ ἔσονται ἐπὶ τῶν ὀρέων·
πάντας ἀποκτενῶ,
ἕκαστον ἐν ταῖς ἀδικίαις[26] αὐτοῦ.
17 πᾶσαι χεῖρες ἐκλυθήσονται,[27]
καὶ πάντες μηροὶ[28] μολυνθήσονται[29] ὑγρασίᾳ,[30]
18 καὶ περιζώσονται[31] σάκκους,[32]
καὶ καλύψει[33] αὐτοὺς θάμβος,[34]
καὶ ἐπὶ πᾶν πρόσωπον αἰσχύνη[35] ἐπ᾽ αὐτούς,
καὶ ἐπὶ πᾶσαν κεφαλὴν φαλάκρωμα.[36]
19 τὸ ἀργύριον[37] αὐτῶν ῥιφήσεται[38] ἐν ταῖς πλατείαις,[39]
καὶ τὸ χρυσίον[40] αὐτῶν ὑπεροφθήσεται·[41]

1 συντρίβω, *fut act ind 3s*, break up
2 στήριγμα, support, provision
3 ἄνομος, lawless
4 θόρυβος, clamor, confusion, turmoil
5 σπουδή, anxiety, haste
6 ἥκω, *pres act ind 3s*, (has) come
7 κτάομαι, *pres mid ptc nom s m*, buy
8 χαίρω, *pres act impv 3s*, rejoice
9 πωλέω, *pres act ptc nom s m*, sell
10 θρηνέω, *pres act impv 3s*, mourn
11 διότι, for
12 κτάομαι, *pres mid ptc nom s m*, buy
13 πωλέω, *pres act ptc acc s m*, sell
14 σαλπίζω, *aor act impv 2p*, sound, blow
15 σάλπιγξ, trumpet
16 σύμπας, everything
17 ῥομφαία, sword
18 ἔξωθεν, from outside
19 λιμός, famine
20 ἔσωθεν, from within
21 πεδίον, field, plain
22 τελευτάω, *fut act ind 3s*, die
23 συντελέω, *fut act ind 3s*, bring to an end
24 ἀνασῴζω, *fut pas ind 3p*, rescue
25 ἀνασῴζω, *pres mid ptc nom p m*, escape, survive
26 ἀδικία, injustice, wrongdoing
27 ἐκλύω, *fut pas ind 3p*, weaken
28 μηρός, thigh
29 μολύνω, *fut pas ind 3p*, soil, defile
30 ὑγρασία, (urine)
31 περιζώννυμι, *fut mid ind 3p*, put on
32 σάκκος, sackcloth, *Heb. LW*
33 καλύπτω, *fut act ind 3s*, cover
34 θάμβος, awe
35 αἰσχύνη, shame
36 φαλάκρωμα, baldness
37 ἀργύριον, silver
38 ῥίπτω, *fut pas ind 3s*, throw
39 πλατεῖα, street
40 χρυσίον, gold
41 ὑπεροράω, *fut pas ind 3s*, disregard

αἱ ψυχαὶ αὐτῶν οὐ μὴ ἐμπλησθῶσιν,[1]
καὶ αἱ κοιλίαι[2] αὐτῶν οὐ μὴ πληρωθῶσιν·
διότι[3] βάσανος[4] τῶν ἀδικιῶν[5] αὐτῶν ἐγένετο.

20 ἐκλεκτὰ[6] κόσμου[7] εἰς ὑπερηφανίαν[8] ἔθεντο αὐτά
καὶ εἰκόνας[9] τῶν βδελυγμάτων[10] αὐτῶν ἐποίησαν ἐξ αὐτῶν·
ἕνεκεν[11] τούτου δέδωκα αὐτὰ αὐτοῖς εἰς ἀκαθαρσίαν.[12]
21 καὶ παραδώσω αὐτὰ εἰς χεῖρας ἀλλοτρίων[13] τοῦ διαρπάσαι[14] αὐτά
καὶ τοῖς λοιμοῖς[15] τῆς γῆς εἰς σκῦλα,[16] καὶ βεβηλώσουσιν[17] αὐτά.
22 καὶ ἀποστρέψω[18] τὸ πρόσωπόν μου ἀπ᾽ αὐτῶν,
καὶ μιανοῦσιν[19] τὴν ἐπισκοπήν[20] μου
καὶ εἰσελεύσονται εἰς αὐτὰ ἀφυλάκτως[21]
καὶ βεβηλώσουσιν[22] αὐτά·
23 καὶ ποιήσουσι φυρμόν,[23] διότι[24] ἡ γῆ πλήρης[25] λαῶν,
καὶ ἡ πόλις πλήρης ἀνομίας.[26]
24 καὶ ἀποστρέψω[27] τὸ φρύαγμα[28] τῆς ἰσχύος[29] αὐτῶν,
καὶ μιανθήσεται[30] τὰ ἅγια αὐτῶν.
25 ἐξιλασμὸς[31] ἥξει[32] καὶ ζητήσει εἰρήνην,
καὶ οὐκ ἔσται.
26 οὐαὶ ἐπὶ οὐαὶ ἔσται,
καὶ ἀγγελία[33] ἐπ᾽ ἀγγελίαν ἔσται,
καὶ ζητηθήσεται ὅρασις[34] ἐκ προφήτου,
καὶ νόμος ἀπολεῖται ἐξ ἱερέως
καὶ βουλὴ[35] ἐκ πρεσβυτέρων.
27 ἄρχων ἐνδύσεται[36] ἀφανισμόν,[37]
καὶ αἱ χεῖρες τοῦ λαοῦ τῆς γῆς παραλυθήσονται·[38]

1 ἐμπίμπλημι, *aor pas sub 3p*, satisfy
2 κοιλία, belly
3 διότι, for
4 βάσανος, test
5 ἀδικία, injustice, wrongdoing
6 ἐκλεκτός, chosen, selected
7 κόσμος, adornment, decoration
8 ὑπερηφανία, pride
9 εἰκών, idol, image
10 βδέλυγμα, abomination
11 ἕνεκεν, on account of
12 ἀκαθαρσία, impurity
13 ἀλλότριος, foreign
14 διαρπάζω, *aor act inf*, plunder
15 λοιμός, plague, pest
16 σκῦλον, spoil, plunder
17 βεβηλόω, *fut act ind 3p*, profane, defile
18 ἀποστρέφω, *fut act ind 1s*, reject
19 μιαίνω, *fut act ind 3p*, taint, pollute
20 ἐπισκοπή, visitation, examination
21 ἀφυλάκτως, unreservedly, off guard
22 βεβηλόω, *fut act ind 3p*, profane, defile
23 φυρμός, disorder
24 διότι, for
25 πλήρης, full
26 ἀνομία, lawlessness
27 ἀποστρέφω, *fut act ind 1s*, reject
28 φρύαγμα, insolence
29 ἰσχύς, power, ability
30 μιαίνω, *fut pas ind 3s*, taint, pollute
31 ἐξιλασμός, atonement
32 ἥκω, *fut act ind 3s*, come
33 ἀγγελία, news, message
34 ὅρασις, vision
35 βουλή, counsel
36 ἐνδύω, *fut mid ind 3s*, clothe
37 ἀφανισμός, destruction
38 παραλύω, *fut pas ind 3p*, paralyze, disable

κατὰ τὰς ὁδοὺς αὐτῶν ποιήσω αὐτοῖς
καὶ ἐν τοῖς κρίμασιν[1] αὐτῶν ἐκδικήσω[2] αὐτούς·
καὶ γνώσονται ὅτι ἐγὼ κύριος.

Abominations in the Temple

8 Καὶ ἐγένετο ἐν τῷ ἕκτῳ[3] ἔτει ἐν τῷ πέμπτῳ[4] μηνὶ[5] πέμπτῃ τοῦ μηνὸς ἐγὼ ἐκα-
θήμην ἐν τῷ οἴκῳ, καὶ οἱ πρεσβύτεροι Ιουδα ἐκάθηντο ἐνώπιόν μου, καὶ ἐγένετο
ἐπ᾽ ἐμὲ χεὶρ κυρίου, **2** καὶ εἶδον καὶ ἰδοὺ ὁμοίωμα[6] ἀνδρός, ἀπὸ τῆς ὀσφύος[7] αὐτοῦ
καὶ ἕως κάτω[8] πῦρ, καὶ ἀπὸ τῆς ὀσφύος αὐτοῦ ὑπεράνω[9] ὡς ὅρασις[10] ἠλέκτρου.[11]
3 καὶ ἐξέτεινεν[12] ὁμοίωμα[13] χειρὸς καὶ ἀνέλαβέν[14] με τῆς κορυφῆς[15] μου, καὶ ἀν-
έλαβέν με πνεῦμα ἀνὰ μέσον[16] τῆς γῆς καὶ ἀνὰ μέσον τοῦ οὐρανοῦ καὶ ἤγαγέν με
εἰς Ιερουσαλημ ἐν ὁράσει[17] θεοῦ ἐπὶ τὰ πρόθυρα[18] τῆς πύλης[19] τῆς ἐσωτέρας[20] τῆς
βλεπούσης πρὸς βορρᾶν,[21] οὗ[22] ἦν ἡ στήλη[23] τοῦ κτωμένου.[24] **4** καὶ ἰδοὺ ἐκεῖ ἦν δόξα
κυρίου θεοῦ Ισραηλ κατὰ τὴν ὅρασιν,[25] ἣν εἶδον ἐν τῷ πεδίῳ.[26]

5 καὶ εἶπεν πρός με Υἱὲ ἀνθρώπου, ἀνάβλεψον[27] τοῖς ὀφθαλμοῖς σου πρὸς βορρᾶν·[28]
καὶ ἀνέβλεψα[29] τοῖς ὀφθαλμοῖς μου πρὸς βορρᾶν, καὶ ἰδοὺ ἀπὸ βορρᾶ ἐπὶ τὴν
πύλην[30] τὴν πρὸς ἀνατολάς.[31] **6** καὶ εἶπεν πρός με Υἱὲ ἀνθρώπου, ἑώρακας τί οὗτοι
ποιοῦσιν; ἀνομίας[32] μεγάλας ποιοῦσιν ὧδε[33] τοῦ ἀπέχεσθαι[34] ἀπὸ τῶν ἁγίων μου·
καὶ ἔτι ὄψει ἀνομίας[35] μείζονας.[36]

7 καὶ εἰσήγαγέν[37] με ἐπὶ τὰ πρόθυρα[38] τῆς αὐλῆς[39] **8** καὶ εἶπεν πρός με Υἱὲ ἀνθρώπου,
ὄρυξον·[40] καὶ ὤρυξα,[41] καὶ ἰδοὺ θύρα μία. **9** καὶ εἶπεν πρός με Εἴσελθε καὶ ἰδὲ τὰς
ἀνομίας,[42] ἃς οὗτοι ποιοῦσιν ὧδε·[43] **10** καὶ εἰσῆλθον καὶ εἶδον καὶ ἰδοὺ μάταια[44]

1 κρίμα, judgment
2 ἐκδικέω, *fut act ind 1s*, punish
3 ἕκτος, sixth
4 πέμπτος, fifth
5 μήν, month
6 ὁμοίωμα, form
7 ὀσφύς, waist
8 κάτω, down, below
9 ὑπεράνω, up, above
10 ὅρασις, appearance
11 ἤλεκτρον, metallic alloy
12 ἐκτείνω, *aor act ind 3s*, reach out
13 ὁμοίωμα, form
14 ἀναλαμβάνω, *aor act ind 3s*, lift up
15 κορυφή, top (of the head)
16 ἀνὰ μέσον, between
17 ὅρασις, vision
18 πρόθυρον, entryway
19 πύλη, gate
20 ἔσω, *comp*, inner
21 βορρᾶς, north
22 οὗ, where
23 στήλη, pillar, stele
24 κτάομαι, *pres mid ptc gen s m*, buy
25 ὅρασις, vision
26 πεδίον, field, plain
27 ἀναβλέπω, *aor act impv 2s*, look out
28 βορρᾶς, north
29 ἀναβλέπω, *aor act ind 1s*, look out
30 πύλη, gate
31 ἀνατολή, east
32 ἀνομία, lawlessness, wrongdoing
33 ὧδε, here
34 ἀπέχω, *pres mid inf*, keep away
35 ἀνομία, lawlessness, wrongdoing
36 μείζων, *comp of* μέγας, greater
37 εἰσάγω, *aor act ind 3s*, bring in
38 πρόθυρον, entryway
39 αὐλή, court
40 ὀρύσσω, *aor act impv 2s*, dig
41 ὀρύσσω, *aor act ind 1s*, dig
42 ἀνομία, lawlessness, wrongdoing
43 ὧδε, here
44 μάταιος, worthless, useless

βδελύγματα[1] καὶ πάντα τὰ εἴδωλα[2] οἴκου Ισραηλ διαγεγραμμένα[3] ἐπ᾽ αὐτοῦ κύκλῳ,[4]
11 καὶ ἑβδομήκοντα[5] ἄνδρες ἐκ τῶν πρεσβυτέρων οἴκου Ισραηλ, καὶ Ιεζονιας ὁ τοῦ
Σαφαν ἐν μέσῳ αὐτῶν εἱστήκει[6] πρὸ προσώπου αὐτῶν, καὶ ἕκαστος θυμιατήριον[7]
αὐτοῦ εἶχεν ἐν τῇ χειρί, καὶ ἡ ἀτμὶς[8] τοῦ θυμιάματος[9] ἀνέβαινεν. **12** καὶ εἶπεν πρός
με Υἱὲ ἀνθρώπου, ἑώρακας ἃ οἱ πρεσβύτεροι τοῦ οἴκου Ισραηλ ποιοῦσιν, ἕκαστος
αὐτῶν ἐν τῷ κοιτῶνι[10] τῷ κρυπτῷ[11] αὐτῶν; διότι[12] εἶπαν Οὐχ ὁρᾷ ὁ κύριος, ἐγκατα-
λέλοιπεν[13] κύριος τὴν γῆν. **13** καὶ εἶπεν πρός με Ἔτι ὄψει ἀνομίας[14] μείζονας,[15] ἃς
οὗτοι ποιοῦσιν.

14 καὶ εἰσήγαγέν[16] με ἐπὶ τὰ πρόθυρα[17] τῆς πύλης[18] οἴκου κυρίου τῆς βλεπούσης
πρὸς βορρᾶν,[19] καὶ ἰδοὺ ἐκεῖ γυναῖκες καθήμεναι θρηνοῦσαι[20] τὸν Θαμμουζ, **15** καὶ
εἶπεν πρός με Υἱὲ ἀνθρώπου, ἑώρακας; καὶ ἔτι ὄψει ἐπιτηδεύματα[21] μείζονα[22] τούτων.

16 καὶ εἰσήγαγέν[23] με εἰς τὴν αὐλὴν[24] οἴκου κυρίου τὴν ἐσωτέραν,[25] καὶ ἰδοὺ ἐπὶ
τῶν προθύρων[26] τοῦ ναοῦ κυρίου ἀνὰ μέσον[27] τῶν αιλαμ[28] καὶ ἀνὰ μέσον τοῦ
θυσιαστηρίου[29] ὡς εἴκοσι[30] ἄνδρες, τὰ ὀπίσθια[31] αὐτῶν πρὸς τὸν ναὸν τοῦ κυρίου
καὶ τὰ πρόσωπα αὐτῶν ἀπέναντι,[32] καὶ οὗτοι προσκυνοῦσιν τῷ ἡλίῳ· **17** καὶ εἶπεν
πρός με Ἑώρακας, υἱὲ ἀνθρώπου; μὴ μικρὰ τῷ οἴκῳ Ιουδα τοῦ ποιεῖν τὰς ἀνομίας,[33]
ἃς πεποιήκασιν ὧδε;[34] διότι[35] ἔπλησαν[36] τὴν γῆν ἀνομίας, καὶ ἰδοὺ αὐτοὶ ὡς μυκτη-
ρίζοντες.[37] **18** καὶ ἐγὼ ποιήσω αὐτοῖς μετὰ θυμοῦ·[38] οὐ φείσεται[39] ὁ ὀφθαλμός μου,
οὐδὲ μὴ ἐλεήσω.[40]

1 βδέλυγμα, abomination
2 εἴδωλον, idol, image
3 διαγράφω, *perf pas ptc nom p n*, depict, engrave
4 κύκλῳ, all around
5 ἑβδομήκοντα, seventy
6 ἵστημι, *plpf act ind 3s*, stand
7 θυμιατήριον, censer
8 ἀτμίς, smoke
9 θυμίαμα, incense
10 κοιτών, bedroom, chamber
11 κρυπτός, secret
12 διότι, for
13 ἐγκαταλείπω, *perf act ind 3s*, abandon
14 ἀνομία, lawlessness, wrongdoing
15 μείζων, *comp of* μέγας, greater
16 εἰσάγω, *aor act ind 3s*, bring in
17 πρόθυρον, entryway
18 πύλη, gate
19 βορρᾶς, north
20 θρηνέω, *pres act ptc nom p f*, mourn
21 ἐπιτήδευμα, pursuit, habit
22 μείζων, *comp of* μέγας, more severe
23 εἰσάγω, *aor act ind 3s*, bring in
24 αὐλή, court
25 ἔσω, *comp*, inner
26 πρόθυρον, entryway
27 ἀνὰ μέσον, between
28 αιλαμ, porch, *translit.*
29 θυσιαστήριον, altar
30 εἴκοσι, twenty
31 ὀπίσθιος, back, rear
32 ἀπέναντι, opposite
33 ἀνομία, lawlessness, wrongdoing
34 ὧδε, here
35 διότι, for
36 πίμπλημι, *aor act ind 3p*, fill
37 μυκτηρίζω, *pres act ptc nom p m*, scoff, sneer
38 θυμός, anger, wrath
39 φείδομαι, *fut mid ind 3s*, hold back, refrain
40 ἐλεέω, *fut act ind 1s*, have mercy

Judgment on Idolators

9 Καὶ ἀνέκραγεν[1] εἰς τὰ ὦτά μου φωνῇ μεγάλῃ λέγων Ἤγγικεν ἡ ἐκδίκησις[2] τῆς
πόλεως· καὶ ἕκαστος εἶχεν τὰ σκεύη[3] τῆς ἐξολεθρεύσεως[4] ἐν χειρὶ αὐτοῦ. **2** καὶ
ἰδοὺ ἓξ[5] ἄνδρες ἤρχοντο ἀπὸ τῆς ὁδοῦ τῆς πύλης[6] τῆς ὑψηλῆς[7] τῆς βλεπούσης
πρὸς βορρᾶν,[8] καὶ ἑκάστου πέλυξ[9] ἐν τῇ χειρὶ αὐτοῦ· καὶ εἷς ἀνὴρ ἐν μέσῳ αὐτῶν
ἐνδεδυκὼς[10] ποδήρη,[11] καὶ ζώνη[12] σαπφείρου[13] ἐπὶ τῆς ὀσφύος[14] αὐτοῦ· καὶ εἰσήλθο-
σαν καὶ ἔστησαν ἐχόμενοι τοῦ θυσιαστηρίου[15] τοῦ χαλκοῦ.[16]

3 καὶ δόξα θεοῦ τοῦ Ισραηλ ἀνέβη ἀπὸ τῶν χερουβιν[17] ἡ οὖσα ἐπ' αὐτῶν εἰς τὸ
αἴθριον[18] τοῦ οἴκου. καὶ ἐκάλεσεν τὸν ἄνδρα τὸν ἐνδεδυκότα[19] τὸν ποδήρη,[20] ὃς
εἶχεν ἐπὶ τῆς ὀσφύος[21] αὐτοῦ τὴν ζώνην,[22] **4** καὶ εἶπεν πρὸς αὐτόν Δίελθε μέσην
τὴν Ιερουσαλημ καὶ δὸς τὸ σημεῖον ἐπὶ τὰ μέτωπα[23] τῶν ἀνδρῶν τῶν καταστενα-
ζόντων[24] καὶ τῶν κατωδυνωμένων[25] ἐπὶ πάσαις ταῖς ἀνομίαις[26] ταῖς γινομέναις ἐν
μέσῳ αὐτῆς. **5** καὶ τούτοις εἶπεν ἀκούοντός μου Πορεύεσθε ὀπίσω αὐτοῦ εἰς τὴν
πόλιν καὶ κόπτετε[27] καὶ μὴ φείδεσθε[28] τοῖς ὀφθαλμοῖς ὑμῶν καὶ μὴ ἐλεήσητε·[29]
6 πρεσβύτερον καὶ νεανίσκον[30] καὶ παρθένον[31] καὶ νήπια[32] καὶ γυναῖκας ἀποκτεί-
νατε εἰς ἐξάλειψιν,[33] ἐπὶ δὲ πάντας, ἐφ' οὓς ἐστιν τὸ σημεῖον, μὴ ἐγγίσητε· καὶ ἀπὸ
τῶν ἁγίων μου ἄρξασθε. καὶ ἤρξαντο ἀπὸ τῶν ἀνδρῶν τῶν πρεσβυτέρων, οἳ ἦσαν
ἔσω[34] ἐν τῷ οἴκῳ.

7 καὶ εἶπεν πρὸς αὐτούς Μιάνατε[35] τὸν οἶκον καὶ πλήσατε[36] τὰς ὁδοὺς νεκρῶν[37]
ἐκπορευόμενοι καὶ κόπτετε.[38] **8** καὶ ἐγένετο ἐν τῷ κόπτειν[39] αὐτοὺς καὶ πίπτω
ἐπὶ πρόσωπόν μου καὶ ἀνεβόησα[40] καὶ εἶπα Οἴμμοι,[41] κύριε, ἐξαλείφεις[42] σὺ τοὺς

1 ἀνακράζω, *aor act ind 3s*, cry out
2 ἐκδίκησις, verdict, punishment
3 σκεῦος, tool, instrument
4 ἐξολέθρευσις, destruction
5 ἕξ, six
6 πύλη, gate
7 ὑψηλός, high
8 βορρᾶς, north
9 πέλυξ, axe
10 ἐνδύω, *perf act ptc nom s m*, clothe
11 ποδήρης, full-length (robe)
12 ζωνή, belt
13 σάπφειρος, sapphire
14 ὀσφύς, waist
15 θυσιαστήριον, altar
16 χαλκοῦς, bronze
17 χερουβιν, cherubim, *translit.*
18 αἴθριον, atrium
19 ἐνδύω, *perf act ptc acc s m*, clothe
20 ποδήρης, full-length (robe)
21 ὀσφύς, waist
22 ζωνή, belt
23 μέτωπον, forehead
24 καταστενάζω, *perf act ptc gen p m*, groan
25 κατοδυνάω, *perf pas ptc gen p m*, afflict
26 ἀνομία, lawless
27 κόπτω, *pres act impv 2p*, strike down
28 φείδομαι, *pres mid ind 2p*, hold back, refrain
29 ἐλεέω, *aor act sub 2p*, show mercy
30 νεανίσκος, young man
31 παρθένος, young woman
32 νήπιος, child
33 ἐξάλειψις, annihilation
34 ἔσω, inside
35 μιαίνω, *aor act impv 2p*, taint, pollute
36 πίμπλημι, *aor act impv 2p*, fill
37 νεκρός, dead
38 κόπτω, *pres act impv 2p*, strike down
39 κόπτω, *pres act inf*, strike down
40 ἀναβοάω, *aor act ind 1s*, cry out
41 οἴμμοι, woe!, alas!
42 ἐξαλείφω, *pres act ind 2s*, destroy, annihilate

καταλοίπους[1] τοῦ Ισραηλ ἐν τῷ ἐκχέαι[2] σε τὸν θυμόν[3] σου ἐπὶ Ιερουσαλημ; **9** καὶ εἶπεν πρός με Ἀδικία[4] τοῦ οἴκου Ισραηλ καὶ Ιουδα μεμεγάλυνται[5] σφόδρα[6] σφόδρα, ὅτι ἐπλήσθη[7] ἡ γῆ λαῶν πολλῶν, καὶ ἡ πόλις ἐπλήσθη ἀδικίας καὶ ἀκαθαρσίας·[8] ὅτι εἶπαν Ἐγκαταλέλοιπεν[9] κύριος τὴν γῆν, οὐκ ἐφορᾷ[10] ὁ κύριος. **10** καὶ οὐ φείσεταί[11] μου ὁ ὀφθαλμός, οὐδὲ μὴ ἐλεήσω·[12] τὰς ὁδοὺς αὐτῶν εἰς κεφαλὰς αὐτῶν δέδωκα.

11 καὶ ἰδοὺ ὁ ἀνὴρ ὁ ἐνδεδυκὼς[13] τὸν ποδήρη[14] καὶ ἐζωσμένος[15] τῇ ζώνῃ[16] τὴν ὀσφὺν[17] αὐτοῦ καὶ ἀπεκρίνατο λέγων Πεποίηκα καθὼς ἐνετείλω[18] μοι.

God's Glory Prepares to Leave the Temple

10 Καὶ εἶδον καὶ ἰδοὺ ἐπάνω[19] τοῦ στερεώματος[20] τοῦ ὑπὲρ κεφαλῆς τῶν χερουβιν[21] ὡς λίθος σαπφείρου[22] ὁμοίωμα[23] θρόνου ἐπ᾽ αὐτῶν. **2** καὶ εἶπεν πρὸς τὸν ἄνδρα τὸν ἐνδεδυκότα[24] τὴν στολήν[25] Εἴσελθε εἰς τὸ μέσον τῶν τροχῶν[26] τῶν ὑποκάτω[27] τῶν χερουβιν[28] καὶ πλῆσον[29] τὰς δράκας[30] σου ἀνθράκων[31] πυρὸς ἐκ μέσου τῶν χερουβιν καὶ διασκόρπισον[32] ἐπὶ τὴν πόλιν· καὶ εἰσῆλθεν ἐνώπιόν μου. **3** καὶ τὰ χερουβιν[33] εἱστήκει[34] ἐκ δεξιῶν τοῦ οἴκου ἐν τῷ εἰσπορεύεσθαι[35] τὸν ἄνδρα, καὶ ἡ νεφέλη[36] ἔπλησεν[37] τὴν αὐλὴν[38] τὴν ἐσωτέραν.[39] **4** καὶ ἀπῆρεν[40] ἡ δόξα κυρίου ἀπὸ τῶν χερουβιν[41] εἰς τὸ αἴθριον[42] τοῦ οἴκου, καὶ ἔπλησεν[43] τὸν οἶκον ἡ νεφέλη,[44] καὶ ἡ αὐλὴ[45] ἐπλήσθη[46] τοῦ φέγγους[47] τῆς δόξης κυρίου· **5** καὶ φωνὴ τῶν

1 κατάλοιπος, remnant
2 ἐκχέω, *aor act inf*, pour out
3 θυμός, anger, wrath
4 ἀδικία, injustice, wrongdoing
5 μεγαλύνω, *perf pas ind 3p*, increase, intensify
6 σφόδρα, exceedingly
7 πίμπλημι, *aor pas ind 3s*, fill
8 ἀκαθαρσία, impurity
9 ἐγκαταλείπω, *perf act ind 3s*, abandon, forsake
10 ἐφοράω, *pres act ind 3s*, watch, observe
11 φείδομαι, *fut mid ind 3s*, hold back, refrain
12 ἐλεέω, *fut act ind 1s*, have mercy
13 ἐνδύω, *perf act ptc nom s m*, clothe
14 ποδήρης, full-length (robe)
15 ζώννυμι, *perf pas ptc nom s m*, gird
16 ζωνή, belt
17 ὀσφύς, waist
18 ἐντέλλομαι, *aor mid ind 2s*, command
19 ἐπάνω, above
20 στερέωμα, firmament (in the sky)
21 χερουβιν, cherubim, *translit.*
22 σάπφειρος, sapphire
23 ὁμοίωμα, form, appearance
24 ἐνδύω, *perf act ptc acc s m*, clothe
25 στολή, robe
26 τροχός, wheel
27 ὑποκάτω, under
28 χερουβιν, cherubim, *translit.*
29 πίμπλημι, *aor act impv 2s*, fill
30 δράξ, (open) hand
31 ἄνθραξ, coal
32 διασκορπίζω, *aor act impv 2s*, scatter
33 χερουβιν, cherubim, *translit.*
34 ἵστημι, *plpf act ind 3s*, stand
35 εἰσπορεύομαι, *pres mid inf*, go in
36 νεφέλη, cloud
37 πίμπλημι, *aor act ind 3s*, fill
38 αὐλή, court
39 ἔσω, *comp*, inner
40 ἀπαίρω, *aor act ind 3s*, (rise up from)
41 χερουβιν, cherubim, *translit.*
42 αἴθριον, atrium
43 πίμπλημι, *aor act ind 3s*, fill
44 νεφέλη, cloud
45 αὐλή, court
46 πίμπλημι, *aor pas ind 3s*, fill
47 φέγγος, splendor, brightness

πτερύγων[1] τῶν χερουβιν[2] ἠκούετο ἕως τῆς αὐλῆς[3] τῆς ἐξωτέρας[4] ὡς φωνὴ θεοῦ Σαδδαι λαλοῦντος.

6 καὶ ἐγένετο ἐν τῷ ἐντέλλεσθαι[5] αὐτὸν τῷ ἀνδρὶ τῷ ἐνδεδυκότι[6] τὴν στολὴν[7] τὴν ἁγίαν λέγων Λαβὲ πῦρ ἐκ μέσου τῶν τροχῶν[8] ἐκ μέσου τῶν χερουβιν,[9] καὶ εἰσῆλθεν καὶ ἔστη ἐχόμενος τῶν τροχῶν,
7 καὶ ἐξέτεινεν[10] τὴν χεῖρα αὐτοῦ εἰς μέσον τοῦ πυρὸς τοῦ ὄντος ἐν μέσῳ τῶν χερουβιν[11] καὶ ἔλαβεν καὶ ἔδωκεν εἰς τὰς χεῖρας τοῦ ἐνδεδυκότος[12] τὴν στολὴν[13] τὴν ἁγίαν, καὶ ἔλαβεν καὶ ἐξῆλθεν.
8 καὶ εἶδον τὰ χερουβιν,[14] ὁμοίωμα[15] χειρῶν ἀνθρώπων ὑποκάτωθεν[16] τῶν πτερύγων[17] αὐτῶν.

9 καὶ εἶδον καὶ ἰδοὺ τροχοὶ[18] τέσσαρες εἱστήκεισαν[19] ἐχόμενοι τῶν χερουβιν,[20] τροχὸς εἷς ἐχόμενος χερουβ[21] ἑνός, καὶ ἡ ὄψις[22] τῶν τροχῶν ὡς ὄψις λίθου ἄνθρακος.[23]
10 καὶ ἡ ὄψις[24] αὐτῶν ὁμοίωμα[25] ἓν τοῖς τέσσαρσιν, ὃν τρόπον[26] ὅταν ᾖ τροχὸς[27] ἐν μέσῳ τροχοῦ.
11 ἐν τῷ πορεύεσθαι αὐτὰ εἰς τὰ τέσσαρα μέρη αὐτῶν ἐπορεύοντο, οὐκ ἐπέστρεφον ἐν τῷ πορεύεσθαι αὐτά, ὅτι εἰς ὃν ἂν τόπον ἐπέβλεψεν[28] ἡ ἀρχὴ ἡ μία, ἐπορεύοντο καὶ οὐκ ἐπέστρεφον ἐν τῷ πορεύεσθαι αὐτά.
12 καὶ οἱ νῶτοι[29] αὐτῶν καὶ αἱ χεῖρες αὐτῶν καὶ αἱ πτέρυγες[30] αὐτῶν καὶ οἱ τροχοὶ[31] πλήρεις[32] ὀφθαλμῶν κυκλόθεν[33] τοῖς τέσσαρσιν τροχοῖς αὐτῶν·
13 τοῖς δὲ τροχοῖς[34] τούτοις ἐπεκλήθη[35] Γελγελ ἀκούοντός μου·

15 καὶ ἦραν τὰ χερουβιν.[36] τοῦτο τὸ ζῷον,[37] ὃ εἶδον ἐπὶ τοῦ ποταμοῦ[38] τοῦ Χοβαρ.
16 καὶ ἐν τῷ πορεύεσθαι τὰ χερουβιν[39] ἐπορεύοντο οἱ τροχοί,[40] καὶ οὗτοι ἐχόμενοι αὐτῶν· καὶ ἐν τῷ ἐξαίρειν[41] τὰ χερουβιν τὰς πτέρυγας[42] αὐτῶν τοῦ μετεωρίζεσθαι[43] ἀπὸ τῆς γῆς οὐκ ἐπέστρεφον οἱ τροχοὶ[44] αὐτῶν·
17 ἐν τῷ ἑστάναι αὐτὰ εἱστήκεισαν[45]

1 πτέρυξ, wing
2 χερουβιν, cherubim, *translit.*
3 αὐλή, court
4 ἔξω, *comp*, outer
5 ἐντέλλομαι, *pres mid inf*, command
6 ἐνδύω, *perf act ptc dat s m*, clothe
7 στολή, robe
8 τροχός, wheel
9 χερουβιν, cherubim, *translit.*
10 ἐκτείνω, *aor act ind 3s*, reach out
11 χερουβιν, cherubim, *translit.*
12 ἐνδύω, *perf act ptc gen s m*, clothe
13 στολή, robe
14 χερουβιν, cherubim, *translit.*
15 ὁμοίωμα, form, appearance
16 ὑποκάτωθεν, under
17 πτέρυξ, wing
18 τροχός, wheel
19 ἵστημι, *plpf act ind 3p*, stand
20 χερουβιν, cherubim, *translit.*
21 χερουβ, cherub, *translit.*
22 ὄψις, look, appearance
23 ἄνθραξ, coal
24 ὄψις, look, appearance
25 ὁμοίωμα, form, appearance
26 ὃν τρόπον, in the manner that
27 τροχός, wheel
28 ἐπιβλέπω, *aor act ind 3s*, look
29 νῶτος, back, rear
30 πτέρυξ, wing
31 τροχός, wheel
32 πλήρης, full
33 κυκλόθεν, all around
34 τροχός, wheel
35 ἐπικαλέω, *aor pas ind 3s*, assign
36 χερουβιν, cherubim, *translit.*
37 ζῷον, living thing
38 ποταμός, river
39 χερουβιν, cherubim, *translit.*
40 τροχός, wheel
41 ἐξαίρω, *pres act inf*, raise up
42 πτέρυξ, wing
43 μετεωρίζω, *pres mid inf*, soar up, take off
44 τροχός, wheel
45 ἵστημι, *plpf act ind 3p*, stand (in place)

καὶ ἐν τῷ μετεωρίζεσθαι[1] αὐτὰ ἐμετεωρίζοντο[2] μετ᾽ αὐτῶν, διότι[3] πνεῦμα ζωῆς ἐν αὐτοῖς ἦν.

18 καὶ ἐξῆλθεν δόξα κυρίου ἀπὸ τοῦ οἴκου καὶ ἐπέβη[4] ἐπὶ τὰ χερουβιν,[5] **19** καὶ
ἀνέλαβον[6] τὰ χερουβιν[7] τὰς πτέρυγας[8] αὐτῶν καὶ ἐμετεωρίσθησαν[9] ἀπὸ τῆς γῆς ἐνώπιον ἐμοῦ ἐν τῷ ἐξελθεῖν αὐτὰ καὶ οἱ τροχοὶ[10] ἐχόμενοι αὐτῶν καὶ ἔστησαν ἐπὶ τὰ πρόθυρα[11] τῆς πύλης[12] οἴκου κυρίου τῆς ἀπέναντι,[13] καὶ δόξα θεοῦ Ισραηλ ἦν ἐπ᾽ αὐτῶν ὑπεράνω.[14]

20 τοῦτο τὸ ζῷόν[15] ἐστιν, ὃ εἶδον ὑποκάτω[16] θεοῦ Ισραηλ ἐπὶ τοῦ ποταμοῦ[17] τοῦ
Χοβαρ, καὶ ἔγνων ὅτι χερουβιν[18] ἐστίν. **21** τέσσαρα πρόσωπα τῷ ἑνί, καὶ ὀκτὼ[19]
πτέρυγες[20] τῷ ἑνί, καὶ ὁμοίωμα[21] χειρῶν ἀνθρώπου ὑποκάτωθεν[22] τῶν πτερύγων[23]
αὐτῶν. **22** καὶ ὁμοίωσις[24] τῶν προσώπων αὐτῶν, ταῦτα τὰ πρόσωπά ἐστιν, ἃ εἶδον ὑποκάτω[25] τῆς δόξης θεοῦ Ισραηλ ἐπὶ τοῦ ποταμοῦ[26] τοῦ Χοβαρ, καὶ αὐτὰ ἕκαστον κατὰ πρόσωπον αὐτῶν ἐπορεύοντο.

Declaration of Judgment on Jerusalem

11 Καὶ ἀνέλαβέν[27] με πνεῦμα καὶ ἤγαγέν με ἐπὶ τὴν πύλην[28] τοῦ οἴκου κυρίου τὴν κατέναντι[29] τὴν βλέπουσαν κατὰ ἀνατολάς·[30] καὶ ἰδοὺ ἐπὶ τῶν προθύρων[31] τῆς πύλης[32] ὡς εἴκοσι[33] καὶ πέντε ἄνδρες, καὶ εἶδον ἐν μέσῳ αὐτῶν τὸν Ιεζονιαν τὸν
τοῦ Εζερ καὶ Φαλτιαν τὸν τοῦ Βαναιου τοὺς ἀφηγουμένους[34] τοῦ λαοῦ. **2** καὶ εἶπεν
κύριος πρός με Υἱὲ ἀνθρώπου, οὗτοι οἱ ἄνδρες οἱ λογιζόμενοι μάταια[35] καὶ βουλευόμενοι[36] βουλὴν[37] πονηρὰν ἐν τῇ πόλει ταύτῃ **3** οἱ λέγοντες Οὐχὶ προσφάτως[38]

1 μετεωρίζω, *pres mid inf*, soar up, take off
2 μετεωρίζω, *impf mid ind 3p*, soar up, take off
3 διότι, for
4 ἐπιβαίνω, *aor act ind 3s*, ride, mount
5 χερουβιν, cherubim, *translit.*
6 ἀναλαμβάνω, *aor act ind 3p*, (raise)
7 χερουβιν, cherubim, *translit.*
8 πτέρυξ, wing
9 μετεωρίζω, *aor pas ind 3p*, lift off
10 τροχός, wheel
11 πρόθυρον, entryway
12 πύλη, gate
13 ἀπέναντι, opposite
14 ὑπεράνω, above
15 ζῷον, living thing
16 ὑποκάτω, below
17 ποταμός, river
18 χερουβιν, cherubim, *translit.*
19 ὀκτώ, eight
20 πτέρυξ, wing
21 ὁμοίωμα, form, appearance
22 ὑποκάτωθεν, under
23 πτέρυξ, wing
24 ὁμοίωσις, likeness
25 ὑποκάτω, under
26 ποταμός, river
27 ἀναλαμβάνω, *aor act ind 3s*, lift up
28 πύλη, gate
29 κατέναντι, opposite
30 ἀνατολή, east
31 πρόθυρον, entryway
32 πύλη, gate
33 εἴκοσι, twenty
34 ἀφηγέομαι, *pres mid ptc acc p m*, lead, command
35 μάταιος, pointless, useless
36 βουλεύω, *pres mid ptc nom p m*, plan, devise
37 βουλή, counsel
38 προσφάτως, recently

ᾠκοδόμηνται αἱ οἰκίαι; αὕτη ἐστὶν ὁ λέβης,[1] ἡμεῖς δὲ τὰ κρέα.[2] **4** διὰ τοῦτο προφήτευσον[3] ἐπ᾽ αὐτούς, προφήτευσον, υἱὲ ἀνθρώπου.

5 καὶ ἔπεσεν ἐπ᾽ ἐμὲ πνεῦμα κυρίου καὶ εἶπεν πρός με Λέγε Τάδε[4] λέγει κύριος Οὕτως εἴπατε, οἶκος Ισραηλ, καὶ τὰ διαβούλια[5] τοῦ πνεύματος ὑμῶν ἐγὼ ἐπίσταμαι.[6] **6** ἐπληθύνατε[7] νεκροὺς[8] ὑμῶν ἐν τῇ πόλει ταύτῃ καὶ ἐνεπλήσατε[9] τὰς ὁδοὺς αὐτῆς τραυματιῶν.[10] **7** διὰ τοῦτο τάδε[11] λέγει κύριος Τοὺς νεκροὺς[12] ὑμῶν οὓς ἐπατάξατε[13] ἐν μέσῳ αὐτῆς, οὗτοί εἰσιν τὰ κρέα,[14] αὐτὴ δὲ ὁ λέβης[15] ἐστίν, καὶ ὑμᾶς ἐξάξω[16] ἐκ μέσου αὐτῆς. **8** ῥομφαίαν[17] φοβεῖσθε, καὶ ῥομφαίαν ἐπάξω[18] ἐφ᾽ ὑμᾶς, λέγει κύριος. **9** καὶ ἐξάξω[19] ὑμᾶς ἐκ μέσου αὐτῆς καὶ παραδώσω ὑμᾶς εἰς χεῖρας ἀλλοτρίων[20] καὶ ποιήσω ἐν ὑμῖν κρίματα.[21] **10** ἐν ῥομφαίᾳ[22] πεσεῖσθε, ἐπὶ τῶν ὁρίων[23] τοῦ Ισραηλ κρινῶ ὑμᾶς· καὶ ἐπιγνώσεσθε ὅτι ἐγὼ κύριος. **11** αὐτὴ ὑμῖν οὐκ ἔσται εἰς λέβητα,[24] καὶ ὑμεῖς οὐ μὴ γένησθε ἐν μέσῳ αὐτῆς εἰς κρέα·[25] ἐπὶ τῶν ὁρίων[26] τοῦ Ισραηλ κρινῶ ὑμᾶς, **12** καὶ ἐπιγνώσεσθε διότι[27] ἐγὼ κύριος.

13 καὶ ἐγένετο ἐν τῷ προφητεύειν[28] με καὶ Φαλτιας ὁ τοῦ Βαναιου ἀπέθανεν, καὶ πίπτω ἐπὶ πρόσωπόν μου καὶ ἀνεβόησα[29] φωνῇ μεγάλῃ καὶ εἶπα Οἴμμοι[30] οἴμμοι, κύριε, εἰς συντέλειαν[31] σὺ ποιεῖς τοὺς καταλοίπους[32] τοῦ Ισραηλ.

Israel's New Heart and Spirit

14 Καὶ ἐγένετο λόγος κυρίου πρός με λέγων **15** Υἱὲ ἀνθρώπου, οἱ ἀδελφοί σου καὶ οἱ ἄνδρες τῆς αἰχμαλωσίας[33] σου καὶ πᾶς ὁ οἶκος τοῦ Ισραηλ συντετέλεσται,[34] οἷς εἶπαν αὐτοῖς οἱ κατοικοῦντες Ιερουσαλημ Μακρὰν[35] ἀπέχετε[36] ἀπὸ τοῦ κυρίου, ἡμῖν δέδοται ἡ γῆ εἰς κληρονομίαν.[37] **16** διὰ τοῦτο εἰπόν Τάδε[38] λέγει κύριος ὅτι Ἀπώσομαι[39] αὐτοὺς εἰς τὰ ἔθνη καὶ διασκορπιῶ[40] αὐτοὺς εἰς πᾶσαν τὴν γῆν, καὶ

1 λέβης, kettle
2 κρέας, meat
3 προφητεύω, *aor act impv 2s*, prophesy
4 ὅδε, this
5 διαβούλιον, deliberation, plotting
6 ἐπίσταμαι, *pres mid ind 1s*, know, understand
7 πληθύνω, *aor act ind 2p*, increase, multiply
8 νεκρός, dead
9 ἐμπίμπλημι, *aor act ind 2p*, fill
10 τραυματίας, casualty, wounded person
11 ὅδε, this
12 νεκρός, dead
13 πατάσσω, *aor act ind 2p*, strike
14 κρέας, meat
15 λέβης, kettle
16 ἐξάγω, *fut act ind 1s*, remove, lead out
17 ῥομφαία, sword
18 ἐπάγω, *fut act ind 1s*, bring upon
19 ἐξάγω, *fut act ind 1s*, remove, lead out
20 ἀλλότριος, foreign
21 κρίμα, decision, judgment
22 ῥομφαία, sword
23 ὅριον, territory, border
24 λέβης, kettle
25 κρέας, meat
26 ὅριον, boundary, border
27 διότι, for
28 προφητεύω, *pres act inf*, prophesy
29 ἀναβοάω, *aor act ind 1s*, cry out
30 οἴμμοι, woe!, alas!
31 συντέλεια, end, ruin
32 κατάλοιπος, remnant
33 αἰχμαλωσία, group of captives
34 συντελέω, *perf pas ind 3s*, bring to an end
35 μακράν, far off
36 ἀπέχω, *pres act ind 2p*, keep away
37 κληρονομία, inheritance
38 ὅδε, this
39 ἀπωθέω, *fut mid ind 1s*, drive off
40 διασκορπίζω, *fut act ind 1s*, scatter

ἔσομαι αὐτοῖς εἰς ἁγίασμα[1] μικρὸν ἐν ταῖς χώραις,[2] οὗ[3] ἂν εἰσέλθωσιν ἐκεῖ. **17** διὰ
τοῦτο εἰπόν Τάδε[4] λέγει κύριος Καὶ εἰσδέξομαι[5] αὐτοὺς ἐκ τῶν ἐθνῶν καὶ συνάξω
αὐτοὺς ἐκ τῶν χωρῶν,[6] οὗ[7] διέσπειρα[8] αὐτοὺς ἐν αὐταῖς, καὶ δώσω αὐτοῖς τὴν γῆν
τοῦ Ισραηλ. **18** καὶ εἰσελεύσονται ἐκεῖ καὶ ἐξαροῦσιν[9] πάντα τὰ βδελύγματα[10] αὐτῆς
καὶ πάσας τὰς ἀνομίας[11] αὐτῆς ἐξ αὐτῆς. **19** καὶ δώσω αὐτοῖς καρδίαν ἑτέραν καὶ
πνεῦμα καινὸν[12] δώσω ἐν αὐτοῖς καὶ ἐκσπάσω[13] τὴν καρδίαν τὴν λιθίνην[14] ἐκ τῆς
σαρκὸς αὐτῶν καὶ δώσω αὐτοῖς καρδίαν σαρκίνην,[15] **20** ὅπως ἐν τοῖς προστάγμα-
σίν[16] μου πορεύωνται καὶ τὰ δικαιώματά[17] μου φυλάσσωνται καὶ ποιῶσιν αὐτά· καὶ
ἔσονταί μοι εἰς λαόν, καὶ ἐγὼ ἔσομαι αὐτοῖς εἰς θεόν. **21** καὶ εἰς τὴν καρδίαν τῶν
βδελυγμάτων[18] αὐτῶν καὶ τῶν ἀνομιῶν[19] αὐτῶν, ὡς ἡ καρδία αὐτῶν ἐπορεύετο, τὰς
ὁδοὺς αὐτῶν εἰς κεφαλὰς αὐτῶν δέδωκα, λέγει κύριος.

God's Glory Leaves the Temple

22 Καὶ ἐξῆραν[20] τὰ χερουβιν[21] τὰς πτέρυγας[22] αὐτῶν, καὶ οἱ τροχοὶ[23] ἐχόμενοι αὐτῶν,
καὶ ἡ δόξα θεοῦ Ισραηλ ἐπ᾽ αὐτὰ ὑπεράνω[24] αὐτῶν· **23** καὶ ἀνέβη ἡ δόξα κυρίου
ἐκ μέσης τῆς πόλεως καὶ ἔστη ἐπὶ τοῦ ὄρους, ὃ ἦν ἀπέναντι[25] τῆς πόλεως. **24** καὶ
ἀνέλαβέν[26] με πνεῦμα καὶ ἤγαγέν με εἰς γῆν Χαλδαίων εἰς τὴν αἰχμαλωσίαν[27] ἐν
ὁράσει[28] ἐν πνεύματι θεοῦ· καὶ ἀνέβην ἀπὸ τῆς ὁράσεως, ἧς εἶδον, **25** καὶ ἐλάλησα
πρὸς τὴν αἰχμαλωσίαν[29] πάντας τοὺς λόγους τοῦ κυρίου, οὓς ἔδειξέν μοι.

Prophetic Sign of the Captivity of Judah

12 Καὶ ἐγένετο λόγος κυρίου πρός με λέγων **2** Υἱὲ ἀνθρώπου, ἐν μέσῳ τῶν
ἀδικιῶν[30] αὐτῶν σὺ κατοικεῖς, οἳ ἔχουσιν ὀφθαλμοὺς τοῦ βλέπειν καὶ οὐ
βλέπουσιν καὶ ὦτα ἔχουσιν τοῦ ἀκούειν καὶ οὐκ ἀκούουσιν, διότι[31] οἶκος παρα-
πικραίνων[32] ἐστίν. **3** καὶ σύ, υἱὲ ἀνθρώπου, ποίησον σεαυτῷ σκεύη[33] αἰχμαλωσίας[34]

1 ἁγίασμα, sanctuary
2 χώρα, country, land
3 οὗ, where
4 ὅδε, this
5 εἰσδέχομαι, *fut mid ind 1s*, welcome, receive
6 χώρα, country, land
7 οὗ, where
8 διασπείρω, *aor act ind 1s*, scatter
9 ἐξαίρω, *fut act ind 3p*, remove
10 βδέλυγμα, abomination
11 ἀνομία, lawlessness, wrongdoing
12 καινός, new
13 ἐκσπάω, *fut act ind 1s*, remove, take out
14 λίθινος, of stone
15 σάρκινος, of flesh
16 πρόσταγμα, ordinance, rule
17 δικαίωμα, decree, statute
18 βδέλυγμα, abomination
19 ἀνομία, lawless
20 ἐξαίρω, *aor act ind 3p*, lift up
21 χερουβιν, cherubim, *translit.*
22 πτέρυξ, wing
23 τροχός, wheel
24 ὑπεράνω, above, over
25 ἀπέναντι, opposite
26 ἀναλαμβάνω, *aor act ind 3s*, lift up
27 αἰχμαλωσία, group of captives
28 ὅρασις, vision
29 αἰχμαλωσία, group of captives
30 ἀδικία, injustice, wrongdoing
31 διότι, for
32 παραπικραίνω, *pres act ptc nom s m*, provoke
33 σκεῦος, baggage, belongings
34 αἰχμαλωσία, captivity

ἡμέρας ἐνώπιον αὐτῶν καὶ αἰχμαλωτευθήσῃ[1] ἐκ τοῦ τόπου σου εἰς ἕτερον τόπον
ἐνώπιον αὐτῶν, ὅπως ἴδωσιν, διότι[2] οἶκος παραπικραίνων[3] ἐστίν. **4** καὶ ἐξοίσεις[4] τὰ
σκεύη[5] σου ὡς σκεύη αἰχμαλωσίας[6] ἡμέρας κατ᾽ ὀφθαλμοὺς αὐτῶν, καὶ σὺ ἐξελεύσῃ
ἑσπέρας[7] ὡς ἐκπορεύεται αἰχμάλωτος·[8] **5** ἐνώπιον αὐτῶν διόρυξον[9] σεαυτῷ εἰς τὸν
τοῖχον[10] καὶ διεξελεύσῃ[11] δι᾽ αὐτοῦ· **6** ἐνώπιον αὐτῶν ἐπ᾽ ὤμων[12] ἀναλημφθήσῃ[13]
καὶ κεκρυμμένος[14] ἐξελεύσῃ, τὸ πρόσωπόν σου συγκαλύψεις[15] καὶ οὐ μὴ ἴδῃς τὴν
γῆν· διότι[16] τέρας[17] δέδωκά σε τῷ οἴκῳ Ισραηλ.

7 καὶ ἐποίησα οὕτως κατὰ πάντα, ὅσα ἐνετείλατό[18] μοι, καὶ σκεύη[19] ἐξήνεγκα[20] ὡς
σκεύη αἰχμαλωσίας[21] ἡμέρας καὶ ἑσπέρας[22] διώρυξα[23] ἐμαυτῷ[24] τὸν τοῖχον[25] καὶ
κεκρυμμένος[26] ἐξῆλθον, ἐπ᾽ ὤμων[27] ἀνελήμφθην[28] ἐνώπιον αὐτῶν.

8 καὶ ἐγένετο λόγος κυρίου πρός με τὸ πρωὶ[29] λέγων **9** Υἱὲ ἀνθρώπου, οὐκ εἶπαν
πρὸς σὲ ὁ οἶκος τοῦ Ισραηλ οἶκος ὁ παραπικραίνων[30] Τί σὺ ποιεῖς; **10** εἰπὸν πρὸς
αὐτούς Τάδε[31] λέγει κύριος κύριος Ὁ ἄρχων καὶ ὁ ἀφηγούμενος[32] ἐν Ιερουσαλημ
καὶ παντὶ οἴκῳ Ισραηλ, οἵ εἰσιν ἐν μέσῳ αὐτῶν, **11** εἰπὸν ὅτι ἐγὼ τέρατα[33] ποιῶ
ἐν μέσῳ αὐτῆς· ὃν τρόπον[34] πεποίηκα, οὕτως ἔσται αὐτοῖς· ἐν μετοικεσίᾳ[35] καὶ ἐν
αἰχμαλωσίᾳ[36] πορεύσονται, **12** καὶ ὁ ἄρχων ἐν μέσῳ αὐτῶν ἐπ᾽ ὤμων[37] ἀρθήσεται
καὶ κεκρυμμένος[38] ἐξελεύσεται διὰ τοῦ τοίχου,[39] καὶ διορύξει[40] τοῦ ἐξελθεῖν αὐτὸν
δι᾽ αὐτοῦ· τὸ πρόσωπον αὐτοῦ συγκαλύψει,[41] ὅπως μὴ ὁραθῇ ὀφθαλμῷ, καὶ αὐτὸς

1 αἰχμαλωτεύω, *fut pas ind 2s*, take into captivity
2 διότι, for
3 παραπικραίνω, *pres act ptc nom s m*, provoke
4 ἐκφέρω, *fut act ind 2s*, bring out, carry off
5 σκεῦος, baggage, belongings
6 αἰχμαλωσία, captivity
7 ἑσπέρα, (in the) evening
8 αἰχμάλωτος, prisoner, captive
9 διορύσσω, *aor act impv 2s*, dig through
10 τοῖχος, wall
11 διεξέρχομαι, *fut mid ind 2s*, escape, pass through
12 ὦμος, shoulder
13 ἀναλαμβάνω, *fut pas ind 2s*, lift up
14 κρύπτω, *perf pas ptc nom s m*, hide, conceal
15 συγκαλύπτω, *fut act ind 2s*, disguise, conceal
16 διότι, for
17 τέρας, sign
18 ἐντέλλομαι, *aor mid ind 3s*, command
19 σκεῦος, baggage, belongings
20 ἐκφέρω, *aor act ind 1s*, bring out, carry off
21 αἰχμαλωσία, captivity
22 ἑσπέρα, (in the) evening
23 διορύσσω, *aor act ind 1s*, dig through
24 ἐμαυτοῦ, myself
25 τοῖχος, wall
26 κρύπτω, *perf pas ptc nom s m*, hide, conceal
27 ὦμος, shoulder
28 ἀναλαμβάνω, *aor pas ind 1s*, lift up
29 πρωί, (in the) morning
30 παραπικραίνω, *pres act ptc nom s m*, provoke
31 ὅδε, this
32 ἀφηγέομαι, *pres mid ptc nom s m*, lead, command
33 τέρας, sign
34 ὃν τρόπον, in the manner that
35 μετοικεσία, deportation, exile
36 αἰχμαλωσία, captivity
37 ὦμος, shoulder
38 κρύπτω, *perf pas ptc nom s m*, hide, conceal
39 τοῖχος, wall
40 διορύσσω, *fut act ind 3s*, dig through
41 συγκαλύπτω, *fut act ind 3s*, disguise, conceal

τὴν γῆν οὐκ ὄψεται. **13** καὶ ἐκπετάσω[1] τὸ δίκτυόν[2] μου ἐπ᾽ αὐτόν, καὶ συλλημφθήσεται[3] ἐν τῇ περιοχῇ[4] μου, καὶ ἄξω αὐτὸν εἰς Βαβυλῶνα εἰς γῆν Χαλδαίων, καὶ αὐτὴν οὐκ ὄψεται καὶ ἐκεῖ τελευτήσει.[5] **14** καὶ πάντας τοὺς κύκλῳ[6] αὐτοῦ τοὺς βοηθοὺς[7] αὐτοῦ καὶ πάντας τοὺς ἀντιλαμβανομένους[8] αὐτοῦ διασπερῶ[9] εἰς πάντα ἄνεμον[10] καὶ ῥομφαίαν[11] ἐκκενώσω[12] ὀπίσω αὐτῶν· **15** καὶ γνώσονται διότι[13] ἐγὼ κύριος ἐν τῷ διασκορπίσαι[14] με αὐτοὺς ἐν τοῖς ἔθνεσιν, καὶ διασπερῶ[15] αὐτοὺς ἐν ταῖς χώραις.[16] **16** καὶ ὑπολείψομαι[17] ἐξ αὐτῶν ἄνδρας ἀριθμῷ[18] ἐκ ῥομφαίας[19] καὶ ἐκ λιμοῦ[20] καὶ ἐκ θανάτου, ὅπως ἐκδιηγῶνται[21] πάσας τὰς ἀνομίας[22] αὐτῶν ἐν τοῖς ἔθνεσιν, οὗ εἰσήλθοσαν ἐκεῖ· καὶ γνώσονται ὅτι ἐγὼ κύριος.

17 καὶ ἐγένετο λόγος κυρίου πρός με λέγων **18** Υἱὲ ἀνθρώπου, τὸν ἄρτον σου μετ᾽ ὀδύνης[23] φάγεσαι καὶ τὸ ὕδωρ σου μετὰ βασάνου[24] καὶ θλίψεως πίεσαι **19** καὶ ἐρεῖς πρὸς τὸν λαὸν τῆς γῆς Τάδε[25] λέγει κύριος τοῖς κατοικοῦσιν Ιερουσαλημ ἐπὶ τῆς γῆς τοῦ Ισραηλ Τοὺς ἄρτους αὐτῶν μετ᾽ ἐνδείας[26] φάγονται καὶ τὸ ὕδωρ αὐτῶν μετὰ ἀφανισμοῦ[27] πίονται, ὅπως ἀφανισθῇ[28] ἡ γῆ σὺν πληρώματι[29] αὐτῆς, ἐν ἀσεβείᾳ[30] γὰρ πάντες οἱ κατοικοῦντες ἐν αὐτῇ· **20** καὶ αἱ πόλεις αὐτῶν αἱ κατοικούμεναι ἐξερημωθήσονται,[31] καὶ ἡ γῆ εἰς ἀφανισμὸν[32] ἔσται· καὶ ἐπιγνώσεσθε διότι[33] ἐγὼ κύριος.

21 Καὶ ἐγένετο λόγος κυρίου πρός με λέγων **22** Υἱὲ ἀνθρώπου, τίς ὑμῖν ἡ παραβολὴ[34] αὕτη ἐπὶ τῆς γῆς τοῦ Ισραηλ λέγοντες Μακρὰν[35] αἱ ἡμέραι ἀπόλωλεν ὅρασις;[36] **23** διὰ τοῦτο εἰπὸν πρὸς αὐτούς Τάδε[37] λέγει κύριος Ἀποστρέψω[38] τὴν παραβολὴν[39] ταύτην, καὶ οὐκέτι μὴ εἴπωσιν τὴν παραβολὴν ταύτην οἶκος τοῦ Ισραηλ, ὅτι λαλήσεις πρὸς αὐτούς Ἠγγίκασιν αἱ ἡμέραι καὶ λόγος πάσης ὁράσεως·[40] **24** ὅτι οὐκ

1 ἐκπετάννυμι, *fut act ind 1s*, spread out
2 δίκτυον, net
3 συλλαμβάνω, *fut pas ind 3s*, capture, catch
4 περιοχή, enclosure
5 τελευτάω, *fut act ind 3s*, die
6 κύκλῳ, all around
7 βοηθός, help
8 ἀντιλαμβάνομαι, *pres mid ptc acc p m*, help, assist
9 διασπείρω, *fut act ind 1s*, disperse, scatter
10 ἄνεμος, wind
11 ῥομφαία, sword
12 ἐκκενόω, *fut act ind 1s*, draw, unsheathe
13 διότι, for
14 διασκορπίζω, *aor act inf*, scatter
15 διασπείρω, *fut act ind 1s*, scatter
16 χώρα, country, land
17 ὑπολείπω, *fut mid ind 1s*, leave behind
18 ἀριθμός, number
19 ῥομφαία, sword
20 λιμός, famine
21 ἐκδιηγέομαι, *pres mid sub 3p*, describe
22 ἀνομία, lawlessness, wrongdoing
23 ὀδύνη, sorrow, grief
24 βάσανος, torment, pain
25 ὅδε, this
26 ἔνδεια, lack
27 ἀφανισμός, destruction
28 ἀφανίζω, *aor pas sub 3s*, destroy
29 πλήρωμα, contents
30 ἀσέβεια, ungodliness, wickedness
31 ἐξερημόω, *fut pas ind 3p*, make desolate, annihilate
32 ἀφανισμός, destruction
33 διότι, for
34 παραβολή, illustration, parable
35 μακράν, remote, far away
36 ὅρασις, vision
37 ὅδε, this
38 ἀποστρέφω, *fut act ind 1s*, undo, turn back
39 παραβολή, illustration, parable
40 ὅρασις, vision

ἔσται ἔτι πᾶσα ὅρασις[1] ψευδὴς[2] καὶ μαντευόμενος[3] τὰ πρὸς χάριν ἐν μέσῳ τῶν υἱῶν
Ισραηλ, **25** διότι[4] ἐγὼ κύριος λαλήσω τοὺς λόγους μου, λαλήσω καὶ ποιήσω καὶ οὐ
μὴ μηκύνω[5] ἔτι, ὅτι ἐν ταῖς ἡμέραις ὑμῶν, οἶκος ὁ παραπικραίνων,[6] λαλήσω λόγον
καὶ ποιήσω, λέγει κύριος.

26 καὶ ἐγένετο λόγος κυρίου πρός με λέγων **27** Υἱὲ ἀνθρώπου, ἰδοὺ οἶκος Ισραηλ
ὁ παραπικραίνων[7] λέγοντες λέγουσιν Ἡ ὅρασις,[8] ἣν οὗτος ὁρᾷ, εἰς ἡμέρας πολλάς,
καὶ εἰς καιροὺς μακροὺς[9] οὗτος προφητεύει.[10] **28** διὰ τοῦτο εἰπὸν πρὸς αὐτούς
Τάδε[11] λέγει κύριος Οὐ μὴ μηκύνωσιν[12] οὐκέτι πάντες οἱ λόγοι μου, οὓς ἂν λαλήσω·
λαλήσω καὶ ποιήσω, λέγει κύριος.

False Prophets Condemned

13 Καὶ ἐγένετο λόγος κυρίου πρός με λέγων **2** Υἱὲ ἀνθρώπου, προφήτευσον[13]
ἐπὶ τοὺς προφήτας τοῦ Ισραηλ καὶ προφητεύσεις[14] καὶ ἐρεῖς πρὸς αὐτούς
Ἀκούσατε λόγον κυρίου **3** Τάδε[15] λέγει κύριος Οὐαὶ τοῖς προφητεύουσιν[16] ἀπὸ καρ-
δίας αὐτῶν καὶ τὸ καθόλου[17] μὴ βλέπουσιν. **4** οἱ προφῆταί σου, Ισραηλ, ὡς ἀλώ-
πεκες[18] ἐν ταῖς ἐρήμοις· **5** οὐκ ἔστησαν ἐν στερεώματι[19] καὶ συνήγαγον ποίμνια[20] ἐπὶ
τὸν οἶκον τοῦ Ισραηλ, οὐκ ἀνέστησαν οἱ λέγοντες Ἐν ἡμέρᾳ κυρίου· **6** βλέποντες
ψευδῆ,[21] μαντευόμενοι[22] μάταια[23] οἱ λέγοντες Λέγει κύριος, καὶ κύριος οὐκ ἀπέσταλ-
κεν αὐτούς, καὶ ἤρξαντο τοῦ ἀναστῆσαι λόγον. **7** οὐχ ὅρασιν[24] ψευδῆ[25] ἑωράκατε
καὶ μαντείας[26] ματαίας[27] εἰρήκατε;

8 διὰ τοῦτο εἰπόν Τάδε[28] λέγει κύριος Ἀνθ᾽ ὧν[29] οἱ λόγοι ὑμῶν ψευδεῖς[30] καὶ αἱ μαν-
τεῖαι[31] ὑμῶν μάταιαι,[32] διὰ τοῦτο ἰδοὺ ἐγὼ ἐφ᾽ ὑμᾶς, λέγει κύριος, **9** καὶ ἐκτενῶ[33] τὴν
χεῖρά μου ἐπὶ τοὺς προφήτας τοὺς ὁρῶντας ψευδῆ[34] καὶ τοὺς ἀποφθεγγομένους[35]

1 ὅρασις, vision
2 ψευδής, false
3 μαντεύομαι, *pres mid ptc nom s m*, make divinations, tell fortunes
4 διότι, for
5 μηκύνω, *pres act ind 1s*, delay
6 παραπικραίνω, *pres act ptc nom s m*, provoke
7 παραπικραίνω, *pres act ptc nom s m*, provoke
8 ὅρασις, vision
9 μακρός, remote, far away
10 προφητεύω, *pres act ind 3s*, prophesy
11 ὅδε, this
12 μηκύνω, *pres act sub 3p*, delay
13 προφητεύω, *aor act impv 2s*, prophesy
14 προφητεύω, *fut act ind 2s*, prophesy
15 ὅδε, this
16 προφητεύω, *pres act ptc dat p m*, prophesy
17 καθόλου, at all
18 ἀλώπηξ, fox
19 στερέωμα, firmness, steadiness
20 ποίμνιον, flock
21 ψευδής, lying, false
22 μαντεύομαι, *pres mid ptc nom p m*, make divinations, tell fortunes
23 μάταιος, vain, meaningless
24 ὅρασις, vision
25 ψευδής, lying, false
26 μαντεία, divination, fortune-telling
27 μάταιος, vain, meaningless
28 ὅδε, this
29 ἀνθ᾽ ὧν, since
30 ψευδής, lying, false
31 μαντεία, divination, fortune-telling
32 μάταιος, vain, meaningless
33 ἐκτείνω, *fut act ind 1s*, reach out
34 ψευδής, lying, false
35 ἀποφθέγγομαι, *pres mid ptc acc p m*, utter, speak

μάταια·[1] ἐν παιδείᾳ[2] τοῦ λαοῦ μου οὐκ ἔσονται οὐδὲ ἐν γραφῇ[3] οἴκου Ισραηλ οὐ
γραφήσονται καὶ εἰς τὴν γῆν τοῦ Ισραηλ οὐκ εἰσελεύσονται· καὶ γνώσονται διότι[4]
ἐγὼ κύριος. **10** ἀνθ᾽ ὧν[5] τὸν λαόν μου ἐπλάνησαν λέγοντες Εἰρήνη εἰρήνη, καὶ οὐκ
ἦν εἰρήνη, καὶ οὗτος οἰκοδομεῖ τοῖχον,[6] καὶ αὐτοὶ ἀλείφουσιν[7] αὐτόν, εἰ πεσεῖται,
11 εἰπὸν πρὸς τοὺς ἀλείφοντας[8] Πεσεῖται, καὶ ἔσται ὑετὸς[9] κατακλύζων,[10] καὶ δώσω
λίθους πετροβόλους[11] εἰς τοὺς ἐνδέσμους[12] αὐτῶν, καὶ πεσοῦνται, καὶ πνεῦμα ἐξαῖ-
ρον,[13] καὶ ῥαγήσεται.[14] **12** καὶ ἰδοὺ πέπτωκεν ὁ τοῖχος,[15] καὶ οὐκ ἐροῦσιν πρὸς ὑμᾶς
Ποῦ ἐστιν ἡ ἀλοιφὴ[16] ὑμῶν, ἣν ἠλείψατε;[17]

13 διὰ τοῦτο τάδε[18] λέγει κύριος Καὶ ῥήξω[19] πνοὴν[20] ἐξαίρουσαν[21] μετὰ θυμοῦ,[22] καὶ
ὑετὸς[23] κατακλύζων[24] ἐν ὀργῇ μου ἔσται, καὶ τοὺς λίθους τοὺς πετροβόλους[25] ἐν
θυμῷ[26] ἐπάξω[27] εἰς συντέλειαν[28] **14** καὶ κατασκάψω[29] τὸν τοῖχον,[30] ὃν ἠλείψατε,[31]
καὶ πεσεῖται· καὶ θήσω αὐτὸν ἐπὶ τὴν γῆν, καὶ ἀποκαλυφθήσεται[32] τὰ θεμέλια[33]
αὐτοῦ, καὶ πεσεῖται, καὶ συντελεσθήσεσθε[34] μετ᾽ ἐλέγχων·[35] καὶ ἐπιγνώσεσθε διότι[36]
ἐγὼ κύριος. **15** καὶ συντελέσω[37] τὸν θυμόν[38] μου ἐπὶ τὸν τοῖχον[39] καὶ ἐπὶ τοὺς
ἀλείφοντας[40] αὐτόν, καὶ πεσεῖται. καὶ εἶπα πρὸς ὑμᾶς Οὐκ ἔστιν ὁ τοῖχος οὐδὲ οἱ
ἀλείφοντες[41] αὐτὸν **16** προφῆται τοῦ Ισραηλ οἱ προφητεύοντες[42] ἐπὶ Ιερουσαλημ
καὶ οἱ ὁρῶντες αὐτῇ εἰρήνην, καὶ εἰρήνη οὐκ ἔστιν, λέγει κύριος.

17 καὶ σύ, υἱὲ ἀνθρώπου, στήρισον[43] τὸ πρόσωπόν σου ἐπὶ τὰς θυγατέρας[44] τοῦ
λαοῦ σου τὰς προφητευούσας[45] ἀπὸ καρδίας αὐτῶν καὶ προφήτευσον[46] ἐπ᾽

1 μάταιος, vain, meaningless
2 παιδεία, instruction, teaching
3 γραφή, record
4 διότι, for
5 ἀνθ᾽ ὧν, since
6 τοῖχος, wall
7 ἀλείφω, *pres act ind 3p*, plaster
8 ἀλείφω, *pres act ptc acc p m*, plaster
9 ὑετός, rain
10 κατακλύζω, *pres act ptc nom s m*, overwhelm, pour down
11 πετροβόλος, hurled as from a sling
12 ἔνδεσμος, tie, bond, bundle
13 ἐξαίρω, *pres act ptc acc s n*, drive
14 ῥήγνυμι, *fut pas ind 3s*, break apart
15 τοῖχος, wall
16 ἀλοιφή, plaster
17 ἀλείφω, *aor act ind 2p*, plaster
18 ὅδε, this
19 ῥήγνυμι, *fut act ind 1s*, break apart
20 πνοή, wind
21 ἐξαίρω, *pres act ptc acc s f*, drive
22 θυμός, anger, wrath
23 ὑετός, rain
24 κατακλύζω, *pres act ptc nom s m*, overwhelm, pour down
25 πετροβόλος, hurled as from a sling
26 θυμός, anger, wrath
27 ἐπάγω, *fut act ind 1s*, bring on
28 συντέλεια, destruction, ruin
29 κατασκάπτω, *fut act ind 1s*, destroy
30 τοῖχος, wall
31 ἀλείφω, *aor act ind 2p*, plaster
32 ἀποκαλύπτω, *fut pas ind 3s*, lay bare, uncover
33 θεμέλιον, foundation
34 συντελέω, *fut pas ind 2p*, bring to an end
35 ἔλεγχος, rebuke, conviction
36 διότι, for
37 συντελέω, *fut act ind 1s*, exhaust, spend
38 θυμός, anger, wrath
39 τοῖχος, wall
40 ἀλείφω, *pres act ptc acc p m*, plaster
41 ἀλείφω, *pres act ptc nom p m*, plaster
42 προφητεύω, *pres act ptc nom p m*, prophesy
43 στηρίζω, *aor act impv 2s*, fix, set
44 θυγάτηρ, daughter
45 προφητεύω, *pres act ptc acc p f*, prophesy
46 προφητεύω, *aor act impv 2s*, prophesy

αὐτὰς **18** καὶ ἐρεῖς Τάδε[1] λέγει κύριος Οὐαὶ ταῖς συρραπτούσαις[2] προσκεφάλαια[3] ἐπὶ πάντα ἀγκῶνα[4] χειρὸς καὶ ποιούσαις ἐπιβόλαια[5] ἐπὶ πᾶσαν κεφαλὴν πάσης ἡλικίας[6] τοῦ διαστρέφειν[7] ψυχάς· αἱ ψυχαὶ διεστράφησαν[8] τοῦ λαοῦ μου, καὶ ψυχὰς περιεποιοῦντο.[9] **19** καὶ ἐβεβήλουν[10] με πρὸς τὸν λαόν μου ἕνεκεν[11] δρακὸς[12] κριθῶν[13] καὶ ἕνεκεν κλασμάτων[14] ἄρτου τοῦ ἀποκτεῖναι ψυχάς, ἃς οὐκ ἔδει[15] ἀποθανεῖν, καὶ τοῦ περιποιήσασθαι[16] ψυχάς, ἃς οὐκ ἔδει ζῆσαι, ἐν τῷ ἀποφθέγγεσθαι[17] ὑμᾶς λαῷ εἰσακούοντι[18] μάταια[19] ἀποφθέγματα.[20]

20 διὰ τοῦτο τάδε[21] λέγει κύριος κύριος Ἰδοὺ ἐγὼ ἐπὶ τὰ προσκεφάλαια[22] ὑμῶν, ἐφ᾽ ἃ ὑμεῖς συστρέφετε[23] ἐκεῖ ψυχάς, καὶ διαρρήξω[24] αὐτὰ ἀπὸ τῶν βραχιόνων[25] ὑμῶν καὶ ἐξαποστελῶ[26] τὰς ψυχάς, ἃς ὑμεῖς ἐκστρέφετε[27] τὰς ψυχὰς αὐτῶν, εἰς διασκορπισμόν·[28] **21** καὶ διαρρήξω[29] τὰ ἐπιβόλαια[30] ὑμῶν καὶ ῥύσομαι[31] τὸν λαόν μου ἐκ χειρὸς ὑμῶν, καὶ οὐκέτι ἔσονται ἐν χερσὶν ὑμῶν εἰς συστροφήν·[32] καὶ ἐπιγνώσεσθε διότι[33] ἐγὼ κύριος. **22** ἀνθ᾽ ὧν[34] διεστρέφετε[35] καρδίαν δικαίου ἀδίκως[36] καὶ ἐγὼ οὐ διέστρεφον[37] αὐτὸν καὶ τοῦ κατισχῦσαι[38] χεῖρας ἀνόμου[39] τὸ καθόλου[40] μὴ ἀποστρέψαι[41] ἀπὸ τῆς ὁδοῦ αὐτοῦ τῆς πονηρᾶς καὶ ζῆσαι αὐτόν, **23** διὰ τοῦτο ψευδῆ[42] οὐ μὴ ἴδητε καὶ μαντείας[43] οὐ μὴ μαντεύσησθε[44] ἔτι, καὶ ῥύσομαι[45] τὸν λαόν μου ἐκ χειρὸς ὑμῶν· καὶ γνώσεσθε ὅτι ἐγὼ κύριος.

1 ὅδε, this
2 συρράπτω, *pres act ptc dat p f*, sew
3 προσκεφάλαιον, pillow, cushion
4 ἀγκών, (wrist)
5 ἐπιβόλαιον, covering
6 ἡλικία, age
7 διαστρέφω, *pres act inf*, pervert, distort
8 διαστρέφω, *aor pas ind 3p*, pervert, distort
9 περιποιέω, *impf mid ind 3p*, preserve
10 βεβηλόω, *impf act ind 3p*, profane
11 ἕνεκεν, on account of
12 δράξ, handful
13 κριθή, barley
14 κλάσμα, bit, morsel
15 δεῖ, *impf act ind 3s*, be necessary
16 περιποιέω, *aor mid inf*, preserve
17 ἀποφθέγγομαι, *pres mid inf*, utter, speak
18 εἰσακούω, *pres act ptc dat s m*, listen
19 μάταιος, vain, meaningless
20 ἀπόφθεγμα, saying, utterance
21 ὅδε, this
22 προσκεφάλαιον, pillow, cushion
23 συστρέφω, *pres act ind 2p*, gather
24 διαρρήγνυμι, *fut act ind 1s*, rip, tear
25 βραχίων, arm
26 ἐξαποστέλλω, *fut act ind 1s*, send away
27 ἐκστρέφω, *pres act ind 2p*, twist, pervert
28 διασκορπισμός, dispersion, scattering
29 διαρρήγνυμι, *fut act ind 1s*, rip, tear
30 ἐπιβόλαιον, covering
31 ῥύομαι, *fut mid ind 1s*, save, rescue
32 συστροφή, (seditious) gathering
33 διότι, for
34 ἀνθ᾽ ὧν, since
35 διαστρέφω, *impf act ind 2p*, pervert, distort
36 ἀδίκως, unjustly
37 διαστρέφω, *impf act ind 1s*, pervert, distort
38 κατισχύω, *aor act inf*, strengthen, empower
39 ἄνομος, lawless
40 καθόλου, at all
41 ἀποστρέφω, *aor act inf*, revert, turn back
42 ψευδής, lying, false
43 μαντεία, divination, fortune-telling
44 μαντεύομαι, *aor mid sub 2p*, make divinations, tell fortunes
45 ῥύομαι, *fut mid ind 1s*, rescue, save

Condemnation of Idolatrous Elders

14 Καὶ ἦλθον πρός με ἄνδρες ἐκ τῶν πρεσβυτέρων τοῦ Ισραηλ καὶ ἐκάθισαν πρὸ προσώπου μου. **2** καὶ ἐγένετο λόγος κυρίου πρός με λέγων **3** Υἱὲ ἀνθρώπου, οἱ ἄνδρες οὗτοι ἔθεντο τὰ διανοήματα[1] αὐτῶν ἐπὶ τὰς καρδίας αὐτῶν καὶ τὴν κόλασιν[2] τῶν ἀδικιῶν[3] αὐτῶν ἔθηκαν πρὸ προσώπου αὐτῶν· εἰ ἀποκρινόμενος ἀποκριθῶ αὐτοῖς; **4** διὰ τοῦτο λάλησον αὐτοῖς καὶ ἐρεῖς πρὸς αὐτούς Τάδε[4] λέγει κύριος Ἄνθρωπος ἄνθρωπος ἐκ τοῦ οἴκου Ισραηλ, ὃς ἂν θῇ τὰ διανοήματα[5] αὐτοῦ ἐπὶ τὴν καρδίαν αὐτοῦ καὶ τὴν κόλασιν[6] τῆς ἀδικίας[7] αὐτοῦ τάξῃ[8] πρὸ προσώπου αὐτοῦ καὶ ἔλθῃ πρὸς τὸν προφήτην, ἐγὼ κύριος ἀποκριθήσομαι αὐτῷ ἐν οἷς ἐνέχεται[9] ἡ διάνοια[10] αὐτοῦ, **5** ὅπως πλαγιάσῃ[11] τὸν οἶκον τοῦ Ισραηλ κατὰ τὰς καρδίας αὐτῶν τὰς ἀπηλλοτριωμένας[12] ἀπ᾽ ἐμοῦ ἐν τοῖς ἐνθυμήμασιν[13] αὐτῶν.

6 διὰ τοῦτο εἰπὸν πρὸς τὸν οἶκον τοῦ Ισραηλ Τάδε[14] λέγει κύριος κύριος Ἐπιστράφητε καὶ ἀποστρέψατε[15] ἀπὸ τῶν ἐπιτηδευμάτων[16] ὑμῶν καὶ ἀπὸ πασῶν τῶν ἀσεβειῶν[17] ὑμῶν καὶ ἐπιστρέψατε τὰ πρόσωπα ὑμῶν. **7** διότι[18] ἄνθρωπος ἄνθρωπος ἐκ τοῦ οἴκου Ισραηλ καὶ ἐκ τῶν προσηλύτων[19] τῶν προσηλυτευόντων[20] ἐν τῷ Ισραηλ, ὃς ἂν ἀπαλλοτριωθῇ[21] ἀπ᾽ ἐμοῦ καὶ θῆται τὰ ἐνθυμήματα[22] αὐτοῦ ἐπὶ τὴν καρδίαν αὐτοῦ καὶ τὴν κόλασιν[23] τῆς ἀδικίας[24] αὐτοῦ τάξῃ[25] πρὸ προσώπου αὐτοῦ καὶ ἔλθῃ πρὸς τὸν προφήτην τοῦ ἐπερωτῆσαι[26] αὐτὸν ἐν ἐμοί, ἐγὼ κύριος ἀποκριθήσομαι αὐτῷ ἐν ᾧ ἐνέχεται[27] ἐν αὐτῷ· **8** καὶ στηριῶ[28] τὸ πρόσωπόν μου ἐπὶ τὸν ἄνθρωπον ἐκεῖνον καὶ θήσομαι αὐτὸν εἰς ἔρημον καὶ εἰς ἀφανισμὸν[29] καὶ ἐξαρῶ[30] αὐτὸν ἐκ μέσου τοῦ λαοῦ μου· καὶ ἐπιγνώσεσθε ὅτι ἐγὼ κύριος.

9 καὶ ὁ προφήτης ἐὰν πλανηθῇ καὶ λαλήσῃ, ἐγὼ κύριος πεπλάνηκα τὸν προφήτην ἐκεῖνον καὶ ἐκτενῶ[31] τὴν χεῖρά μου ἐπ᾽ αὐτὸν καὶ ἀφανιῶ[32] αὐτὸν ἐκ μέσου τοῦ λαοῦ μου Ισραηλ. **10** καὶ λήμψονται τὴν ἀδικίαν[33] αὐτῶν· κατὰ τὸ ἀδίκημα[34]

1 διανόημα, thought
2 κόλασις, punishment
3 ἀδικία, injustice, wrongdoing
4 ὅδε, this
5 διανόημα, thought
6 κόλασις, punishment
7 ἀδικία, injustice, wrongdoing
8 τάσσω, *aor act sub 3s*, situate, arrange
9 ἐνέχω, *pres pas ind 3s*, entangle
10 διάνοια, thought
11 πλαγιάζω, *aor act sub 3s*, lead astray
12 ἀπαλλοτριόω, *perf pas ptc acc p f*, alienate, make unfamiliar
13 ἐνθύμημα, idea, notion
14 ὅδε, this
15 ἀποστρέφω, *aor act impv 2p*, turn away
16 ἐπιτήδευμα, habit, practice
17 ἀσέβεια, ungodliness, wickedness
18 διότι, for
19 προσήλυτος, immigrant, guest
20 προσηλυτεύω, *pres act ptc gen p m*, live temporarily
21 ἀπαλλοτριόω, *aor pas sub 3s*, alienate, make unfamiliar
22 ἐνθύμημα, idea, notion
23 κόλασις, punishment
24 ἀδικία, injustice, wrongdoing
25 τάσσω, *aor act sub 3s*, situate, arrange
26 ἐπερωτάω, *aor act inf*, inquire
27 ἐνέχω, *pres mid ind 3s*, entangle
28 στηρίζω, *fut act ind 1s*, fix, position
29 ἀφανισμός, destruction
30 ἐξαίρω, *fut act ind 1s*, remove
31 ἐκτείνω, *fut act ind 1s*, reach out
32 ἀφανίζω, *fut act ind 1s*, destroy, extract
33 ἀδικία, injustice, wrongdoing
34 ἀδίκημα, crime

τοῦ ἐπερωτῶντος[1] καὶ κατὰ τὸ ἀδίκημα[2] ὁμοίως[3] τῷ προφήτῃ ἔσται, **11** ὅπως μὴ πλανᾶται ἔτι ὁ οἶκος τοῦ Ισραηλ ἀπ᾽ ἐμοῦ, καὶ ἵνα μὴ μιαίνωνται[4] ἔτι ἐν πᾶσιν τοῖς παραπτώμασιν[5] αὐτῶν· καὶ ἔσονταί μοι εἰς λαόν, καὶ ἐγὼ ἔσομαι αὐτοῖς εἰς θεόν, λέγει κύριος.

Jerusalem Cannot Escape Judgment

12 Καὶ ἐγένετο λόγος κυρίου πρός με λέγων **13** Υἱὲ ἀνθρώπου, γῆ ἐὰν ἁμάρτῃ μοι τοῦ παραπεσεῖν[6] παράπτωμα[7] καὶ ἐκτενῶ[8] τὴν χεῖρά μου ἐπ᾽ αὐτὴν καὶ συντρίψω[9] αὐτῆς στήριγμα[10] ἄρτου καὶ ἐξαποστελῶ[11] ἐπ᾽ αὐτὴν λιμὸν[12] καὶ ἐξαρῶ[13] ἐξ αὐτῆς ἄνθρωπον καὶ κτήνη,[14] **14** καὶ ἐὰν ὦσιν οἱ τρεῖς ἄνδρες οὗτοι ἐν μέσῳ αὐτῆς, Νωε καὶ Δανιηλ καὶ Ιωβ, αὐτοὶ ἐν τῇ δικαιοσύνῃ αὐτῶν σωθήσονται, λέγει κύριος. **15** ἐὰν καὶ θηρία πονηρὰ ἐπάγω[15] ἐπὶ τὴν γῆν καὶ τιμωρήσομαι[16] αὐτὴν καὶ ἔσται εἰς ἀφανισμὸν[17] καὶ οὐκ ἔσται ὁ διοδεύων[18] ἀπὸ προσώπου τῶν θηρίων, **16** καὶ οἱ τρεῖς ἄνδρες οὗτοι ἐν μέσῳ αὐτῆς ὦσι, ζῶ ἐγώ, λέγει κύριος, εἰ υἱοὶ ἢ θυγατέρες[19] σωθήσονται, ἀλλ᾽ ἢ αὐτοὶ μόνοι σωθήσονται, ἡ δὲ γῆ ἔσται εἰς ὄλεθρον.[20] **17** ἢ καὶ ῥομφαίαν[21] ἐὰν ἐπάγω[22] ἐπὶ τὴν γῆν ἐκείνην καὶ εἴπω Ῥομφαία διελθάτω διὰ τῆς γῆς, καὶ ἐξαρῶ[23] ἐξ αὐτῆς ἄνθρωπον καὶ κτῆνος,[24] **18** καὶ οἱ τρεῖς ἄνδρες οὗτοι ἐν μέσῳ αὐτῆς, ζῶ ἐγώ, λέγει κύριος, οὐ μὴ ῥύσωνται[25] υἱοὺς οὐδὲ θυγατέρας,[26] αὐτοὶ μόνοι σωθήσονται. **19** ἢ καὶ θάνατον ἐπαποστείλω[27] ἐπὶ τὴν γῆν ἐκείνην καὶ ἐκχεῶ[28] τὸν θυμόν[29] μου ἐπ᾽ αὐτὴν ἐν αἵματι τοῦ ἐξολεθρεῦσαι[30] ἐξ αὐτῆς ἄνθρωπον καὶ κτῆνος,[31] **20** καὶ Νωε καὶ Δανιηλ καὶ Ιωβ ἐν μέσῳ αὐτῆς, ζῶ ἐγώ, λέγει κύριος, ἐὰν υἱοὶ ἢ θυγατέρες[32] ὑπολειφθῶσιν,[33] αὐτοὶ ἐν τῇ δικαιοσύνῃ αὐτῶν ῥύσονται[34] τὰς ψυχὰς αὐτῶν.

21 τάδε[35] λέγει κύριος Ἐὰν δὲ καὶ τὰς τέσσαρας ἐκδικήσεις[36] μου τὰς πονηράς, ῥομφαίαν[37] καὶ λιμὸν[38] καὶ θηρία πονηρὰ καὶ θάνατον, ἐξαποστείλω[39] ἐπὶ Ιερουσαλημ

1 ἐπερωτάω, *pres act ptc gen s m*, inquire
2 ἀδίκημα, crime
3 ὁμοίως, similarly
4 μιαίνω, *pres mid sub 3p*, pollute, defile
5 παράπτωμα, transgression
6 παραπίπτω, *aor act inf*, fall into
7 παράπτωμα, transgression
8 ἐκτείνω, *fut act ind 1s*, reach out
9 συντρίβω, *fut act ind 1s*, break up
10 στήριγμα, provision
11 ἐξαποστέλλω, *fut act ind 1s*, send out
12 λιμός, famine
13 ἐξαίρω, *fut act ind 1s*, remove
14 κτῆνος, animal, (*p*) herd
15 ἐπάγω, *pres act ind 1s*, bring upon
16 τιμωρέω, *fut mid ind 1s*, punish
17 ἀφανισμός, destruction
18 διοδεύω, *pres act ptc nom s m*, travel through
19 θυγάτηρ, daughter
20 ὄλεθρος, ruin
21 ῥομφαία, sword
22 ἐπάγω, *pres act sub 1s*, bring upon
23 ἐξαίρω, *fut act ind 1s*, remove
24 κτῆνος, animal
25 ῥύομαι, *aor mid sub 3p*, rescue, save
26 θυγάτηρ, daughter
27 ἐπαποστέλλω, *aor act sub 1s*, send upon
28 ἐκχέω, *fut act ind 1s*, pour out
29 θυμός, anger, wrath
30 ἐξολεθρεύω, *aor act inf*, utterly destroy
31 κτῆνος, animal
32 θυγάτηρ, daughter
33 ὑπολείπω, *aor pas sub 3p*, leave behind
34 ῥύομαι, *fut mid ind 3p*, rescue, save
35 ὅδε, this
36 ἐκδίκησις, punishment
37 ῥομφαία, sword
38 λιμός, famine
39 ἐξαποστέλλω, *aor act sub 1s*, send out

τοῦ ἐξολεθρεῦσαι[1] ἐξ αὐτῆς ἄνθρωπον καὶ κτῆνος[2] **22** καὶ ἰδοὺ ὑπολελειμμένοι[3] ἐν
αὐτῇ οἱ ἀνασεσῳσμένοι[4] αὐτῆς, οἳ ἐξάγουσιν[5] ἐξ αὐτῆς υἱοὺς καὶ θυγατέρας,[6] ἰδοὺ
αὐτοὶ ἐκπορεύονται πρὸς ὑμᾶς, καὶ ὄψεσθε τὰς ὁδοὺς αὐτῶν καὶ τὰ ἐνθυμήματα[7]
αὐτῶν καὶ μεταμεληθήσεσθε[8] ἐπὶ τὰ κακά, ἃ ἐπήγαγον[9] ἐπὶ Ιερουσαλημ, πάντα
τὰ κακὰ ἃ ἐπήγαγον ἐπ᾽ αὐτήν, **23** καὶ παρακαλέσουσιν ὑμᾶς, διότι[10] ὄψεσθε[11]
τὰς ὁδοὺς αὐτῶν καὶ τὰ ἐνθυμήματα[12] αὐτῶν, καὶ ἐπιγνώσεσθε διότι οὐ μάτην[13]
πεποίηκα πάντα, ὅσα ἐποίησα ἐν αὐτῇ, λέγει κύριος.

Jerusalem Is a Useless Vine

15 Καὶ ἐγένετο λόγος κυρίου πρός με λέγων

2 Καὶ σύ, υἱὲ ἀνθρώπου,
τί ἂν γένοιτο[14] τὸ ξύλον[15] τῆς ἀμπέλου[16] ἐκ πάντων τῶν ξύλων
τῶν κλημάτων[17] τῶν ὄντων ἐν τοῖς ξύλοις[18] τοῦ δρυμοῦ;[19]
3 εἰ λήμψονται ἐξ αὐτῆς ξύλον[20] τοῦ ποιῆσαι εἰς ἐργασίαν;[21]
εἰ λήμψονται ἐξ αὐτῆς πάσσαλον[22] τοῦ κρεμάσαι[23] ἐπ᾽ αὐτὸν πᾶν
σκεῦος;[24]
4 πάρεξ[25] πυρὶ δέδοται εἰς ἀνάλωσιν,[26]
τὴν κατ᾽ ἐνιαυτὸν[27] κάθαρσιν[28] ἀπ᾽ αὐτῆς ἀναλίσκει[29] τὸ πῦρ,
καὶ ἐκλείπει[30] εἰς τέλος·
μὴ χρήσιμον[31] ἔσται εἰς ἐργασίαν;[32]
5 οὐδὲ ἔτι αὐτοῦ ὄντος ὁλοκλήρου[33]
οὐκ ἔσται εἰς ἐργασίαν.[34]
μὴ ὅτι ἐὰν καὶ πῦρ αὐτὸ ἀναλώσῃ[35] εἰς τέλος,
εἰ ἔσται ἔτι εἰς ἐργασίαν;[36]

1 ἐξολεθρεύω, *aor act inf*, utterly destroy
2 κτῆνος, animal
3 ὑπολείπω, *perf pas ptc nom p m*, leave behind
4 ἀνασῴζω, *perf pas ptc nom p m*, rescue, save
5 ἐξάγω, *pres act ind 3p*, bring out
6 θυγάτηρ, daughter
7 ἐνθύμημα, thought
8 μεταμελέω, *fut pas ind 2p*, be sorry
9 ἐπάγω, *aor act ind 1s*, bring upon
10 διότι, for
11 ὁράω, *fut mid ind 2p*, see
12 ἐνθύμημα, thought
13 μάτην, without reason
14 γίνομαι, *aor mid opt 3s*, be, become
15 ξύλον, wood
16 ἄμπελος, vine
17 κλῆμα, branch
18 ξύλον, tree
19 δρυμός, woods, forest
20 ξύλον, wood
21 ἐργασία, fabrication, product
22 πάσσαλος, peg, pin
23 κρεμάννυμι, *aor act inf*, hang
24 σκεῦος, thing, object
25 πάρεξ, furthermore, besides
26 ἀνάλωσις, consumption, (fuel)
27 ἐνιαυτός, year
28 κάθαρσις, purification
29 ἀναλίσκω, *pres act ind 3s*, consume
30 ἐκλείπω, *pres act ind 3s*, (run out), come to an end
31 χρήσιμος, useful
32 ἐργασία, business, production
33 ὁλόκληρος, whole
34 ἐργασία, fabrication, production
35 ἀναλίσκω, *aor act sub 3s*, consume
36 ἐργασία, fabrication, production

6 διὰ τοῦτο εἰπόν Τάδε[1] λέγει κύριος

Ὃν τρόπον[2] τὸ ξύλον[3] τῆς ἀμπέλου[4] ἐν τοῖς ξύλοις[5] τοῦ δρυμοῦ,[6]
ὃ δέδωκα αὐτὸ τῷ πυρὶ εἰς ἀνάλωσιν,[7]
οὕτως δέδωκα τοὺς κατοικοῦντας Ιερουσαλημ.
7 καὶ δώσω τὸ πρόσωπόν μου ἐπ᾽ αὐτούς·
ἐκ τοῦ πυρὸς ἐξελεύσονται,
καὶ πῦρ αὐτοὺς καταφάγεται,[8]
καὶ ἐπιγνώσονται ὅτι ἐγὼ κύριος
ἐν τῷ στηρίσαι[9] με τὸ πρόσωπόν μου ἐπ᾽ αὐτούς.
8 καὶ δώσω τὴν γῆν εἰς ἀφανισμὸν[10] ἀνθ᾽ ὧν[11] παρέπεσον[12] παραπτώματι,[13]
λέγει κύριος.

Jerusalem Is a Faithless Bride

16 Καὶ ἐγένετο λόγος κυρίου πρός με λέγων **2** Υἱὲ ἀνθρώπου, διαμάρτυραι[14] τῇ
Ιερουσαλημ τὰς ἀνομίας[15] αὐτῆς **3** καὶ ἐρεῖς Τάδε[16] λέγει κύριος τῇ Ιερουσα-
λημ Ἡ ῥίζα[17] σου καὶ ἡ γένεσίς[18] σου ἐκ γῆς Χανααν, ὁ πατήρ σου Αμορραῖος, καὶ ἡ
μήτηρ σου Χετταία. **4** καὶ ἡ γένεσίς[19] σου· ἐν ᾗ ἡμέρᾳ ἐτέχθης,[20] οὐκ ἔδησαν[21] τοὺς
μαστούς[22] σου, καὶ ἐν ὕδατι οὐκ ἐλούσθης[23] οὐδὲ ἁλὶ[24] ἡλίσθης[25] καὶ σπαργάνοις[26]
οὐκ ἐσπαργανώθης,[27] **5** οὐδὲ ἐφείσατο[28] ὁ ὀφθαλμός μου ἐπὶ σοὶ τοῦ ποιῆσαί σοι
ἓν ἐκ πάντων τούτων τοῦ παθεῖν[29] τι ἐπὶ σοί, καὶ ἀπερρίφης[30] ἐπὶ πρόσωπον τοῦ
πεδίου[31] τῇ σκολιότητι[32] τῆς ψυχῆς σου ἐν ᾗ ἡμέρᾳ ἐτέχθης.[33]

6 καὶ διῆλθον ἐπὶ σὲ καὶ εἶδόν σε πεφυρμένην[34] ἐν τῷ αἵματί σου καὶ εἶπά σοι Ἐκ
τοῦ αἵματός σου ζωή· **7** πληθύνου·[35] καθὼς ἡ ἀνατολὴ[36] τοῦ ἀγροῦ δέδωκά σε. καὶ

1 ὅδε, this
2 ὃν τρόπον, in the manner that
3 ξύλον, wood
4 ἄμπελος, vine
5 ξύλον, tree
6 δρυμός, woods, forest
7 ἀνάλωσις, consumption, (fuel)
8 κατεσθίω, *fut mid ind 3s*, consume
9 στηρίζω, *aor act inf*, fix, position
10 ἀφανισμός, destruction
11 ἀνθ᾽ ὧν, since
12 παραπίπτω, *aor act ind 3p*, fall away, commit apostasy
13 παράπτωμα, transgression
14 διαμαρτύρομαι, *aor mid impv 2s*, bear witness, testify
15 ἀνομία, lawlessness, wrongdoing
16 ὅδε, this
17 ῥίζα, origin
18 γένεσις, birth, family
19 γένεσις, birth, family
20 τίκτω, *aor pas ind 2s*, give birth
21 δέω, *aor act ind 3p*, bind up
22 μαστός, breast
23 λούω, *aor pas ind 2s*, bathe
24 ἅλς, salt
25 ἁλίζω, *aor pas ind 2s*, salt
26 σπάργανον, swaddling cloth
27 σπαργανόω, *aor pas ind 2s*, swaddle
28 φείδομαι, *aor mid ind 3s*, hold back, refrain
29 πάσχω, *aor act inf*, undergo, suffer
30 ἀπορρίπτω, *aor pas ind 2s*, throw away
31 πεδίον, field, plain
32 σκολιότης, perversity
33 τίκτω, *aor pas ind 2s*, give birth
34 φύρω, *perf pas ptc acc s f*, soak
35 πληθύνω, *pres pas impv 2s*, multiply, increase
36 ἀνατολή, growth, sprouting

ἐπληθύνθης[1] καὶ ἐμεγαλύνθης[2] καὶ εἰσῆλθες εἰς πόλεις πόλεων· οἱ μαστοί[3] σου
ἀνωρθώθησαν,[4] καὶ ἡ θρίξ[5] σου ἀνέτειλεν,[6] σὺ δὲ ἦσθα γυμνὴ[7] καὶ ἀσχημονοῦσα.[8]

8 καὶ διῆλθον διὰ σοῦ καὶ εἶδόν σε, καὶ ἰδοὺ καιρός σου καιρὸς καταλυόντων,[9] καὶ
διεπέτασα[10] τὰς πτέρυγάς[11] μου ἐπὶ σὲ καὶ ἐκάλυψα[12] τὴν ἀσχημοσύνην[13] σου· καὶ
ὤμοσά[14] σοι καὶ εἰσῆλθον ἐν διαθήκῃ μετὰ σοῦ, λέγει κύριος, καὶ ἐγένου μοι. **9** καὶ
ἔλουσά[15] σε ἐν ὕδατι καὶ ἀπέπλυνα[16] τὸ αἷμά σου ἀπὸ σοῦ καὶ ἔχρισά[17] σε ἐν ἐλαίῳ[18]
10 καὶ ἐνέδυσά[19] σε ποικίλα[20] καὶ ὑπέδησά[21] σε ὑάκινθον[22] καὶ ἔζωσά[23] σε βύσσῳ[24]
καὶ περιέβαλόν[25] σε τριχάπτῳ[26] **11** καὶ ἐκόσμησά[27] σε κόσμῳ[28] καὶ περιέθηκα[29]
ψέλια[30] περὶ τὰς χεῖράς σου καὶ κάθεμα[31] περὶ τὸν τράχηλόν[32] σου **12** καὶ ἔδωκα
ἐνώτιον[33] περὶ τὸν μυκτῆρά[34] σου καὶ τροχίσκους[35] ἐπὶ τὰ ὦτά σου καὶ στέφανον[36]
καυχήσεως[37] ἐπὶ τὴν κεφαλήν σου· **13** καὶ ἐκοσμήθης[38] χρυσίῳ[39] καὶ ἀργυρίῳ,[40]
καὶ τὰ περιβόλαιά[41] σου βύσσινα[42] καὶ τρίχαπτα[43] καὶ ποικίλα·[44] σεμίδαλιν[45] καὶ
ἔλαιον[46] καὶ μέλι[47] ἔφαγες καὶ ἐγένου καλὴ σφόδρα.[48] **14** καὶ ἐξῆλθέν σου ὄνομα
ἐν τοῖς ἔθνεσιν ἐν τῷ κάλλει σου, διότι[49] συντετελεσμένον[50] ἦν ἐν εὐπρεπείᾳ[51] ἐν
τῇ ὡραιότητι,[52] ᾗ ἔταξα[53] ἐπὶ σέ, λέγει κύριος.

1 πληθύνω, *aor pas ind 2s*, multiply, increase
2 μεγαλύνω, *aor pas ind 2s*, become large
3 μαστός, breast
4 ἀνορθόω, *aor pas ind 3p*, restore, firm up
5 θρίξ, hair
6 ἀνατέλλω, *aor act ind 3s*, sprout, grow
7 γυμνός, naked
8 ἀσχημονέω, *pres act ptc nom s f*, behave disgracefully
9 καταλύω, *pres act ptc gen p m*, ruin
10 διαπετάννυμι, *aor act ind 1s*, spread
11 πτέρυξ, wing
12 καλύπτω, *aor act ind 1s*, cover
13 ἀσχημοσύνη, shame, disgrace
14 ὄμνυμι, *aor act ind 1s*, swear an oath
15 λούω, *aor act ind 1s*, wash
16 ἀποπλύνω, *aor act ind 1s*, cleanse
17 χρίω, *aor act ind 1s*, anoint
18 ἔλαιον, oil
19 ἐνδύω, *aor act ind 1s*, clothe
20 ποικίλος, multicolored, embroidered (garment)
21 ὑποδέω, *aor act ind 1s*, put on
22 ὑάκινθος, hyacinth-colored cloth
23 ζώννυμι, *aor act ind 1s*, gird
24 βύσσος, fine linen
25 περιβάλλω, *aor act ind 1s*, lay upon
26 τρίχαπτος, fine veil
27 κοσμέω, *aor act ind 1s*, adorn, decorate
28 κόσμος, adornment, ornament
29 περιτίθημι, *aor act ind 1s*, place around
30 ψέλιον, armlet
31 κάθεμα, necklace
32 τράχηλος, neck
33 ἐνώτιον, earring
34 μυκτήρ, nose
35 τροχίσκος, small earring
36 στέφανος, crown, tiara
37 καύχησις, boasting, pride
38 κοσμέω, *aor pas ind 2s*, adorn, decorate
39 χρυσίον, gold
40 ἀργύριον, silver
41 περιβόλαιον, covering
42 βύσσινος, of fine linen
43 τρίχαπτος, of fine thread
44 ποικίλος, multicolored, embroidered
45 σεμίδαλις, fine flour
46 ἔλαιον, oil
47 μέλι, honey
48 σφόδρα, exceedingly
49 διότι, for
50 συντελέω, *perf pas ptc nom s n*, finish off, perfect
51 εὐπρέπεια, loveliness
52 ὡραιότης, beauty, readiness
53 τάσσω, *aor act ind 1s*, arrange

15 καὶ ἐπεποίθεις[1] ἐν τῷ κάλλει σου καὶ ἐπόρνευσας[2] ἐπὶ τῷ ὀνόματί σου καὶ ἐξέχεας[3] τὴν πορνείαν[4] σου ἐπὶ πάντα πάροδον,[5] ὃ οὐκ ἔσται. **16** καὶ ἔλαβες ἐκ τῶν ἱματίων σου καὶ ἐποίησας σεαυτῇ εἴδωλα[6] ῥαπτὰ[7] καὶ ἐξεπόρνευσας[8] ἐπ᾽ αὐτά· καὶ οὐ μὴ εἰσέλθῃς, οὐδὲ μὴ γένηται. **17** καὶ ἔλαβες τὰ σκεύη[9] τῆς καυχήσεώς[10] σου ἐκ τοῦ χρυσίου[11] μου καὶ ἐκ τοῦ ἀργυρίου[12] μου, ἐξ ὧν ἔδωκά σοι, καὶ ἐποίησας σεαυτῇ εἰκόνας[13] ἀρσενικὰς[14] καὶ ἐξεπόρνευσας[15] ἐν αὐταῖς· **18** καὶ ἔλαβες τὸν ἱματισμὸν[16] τὸν ποικίλον[17] σου καὶ περιέβαλες[18] αὐτὰ καὶ τὸ ἔλαιόν[19] μου καὶ τὸ θυμίαμά[20] μου ἔθηκας πρὸ προσώπου αὐτῶν· **19** καὶ τοὺς ἄρτους μου, οὓς ἔδωκά σοι, σεμίδαλιν[21] καὶ ἔλαιον[22] καὶ μέλι[23] ἐψώμισά[24] σε καὶ ἔθηκας αὐτὰ πρὸ προσώπου αὐτῶν εἰς ὀσμὴν[25] εὐωδίας·[26] καὶ ἐγένετο, λέγει κύριος. **20** καὶ ἔλαβες τοὺς υἱούς σου καὶ τὰς θυγατέρας[27] σου, ἃς ἐγέννησας, καὶ ἔθυσας[28] αὐτὰ αὐτοῖς εἰς ἀνάλωσιν,[29] ὡς μικρὰ ἐξεπόρνευσας,[30] **21** καὶ ἔσφαξας[31] τὰ τέκνα σου καὶ ἔδωκας αὐτὰ ἐν τῷ ἀποτροπιάζεσθαί[32] σε ἐν αὐτοῖς. **22** τοῦτο παρὰ πᾶσαν τὴν πορνείαν[33] σου, καὶ οὐκ ἐμνήσθης[34] τὰς ἡμέρας τῆς νηπιότητός[35] σου, ὅτε ἦσθα γυμνὴ[36] καὶ ἀσχημονοῦσα[37] καὶ πεφυρμένη[38] ἐν τῷ αἵματί σου ἔζησας.

23 καὶ ἐγένετο μετὰ πάσας τὰς κακίας[39] σου, λέγει κύριος, **24** καὶ ᾠκοδόμησας σεαυτῇ οἴκημα[40] πορνικὸν[41] καὶ ἐποίησας σεαυτῇ ἔκθεμα[42] ἐν πάσῃ πλατείᾳ[43] **25** καὶ ἐπ᾽ ἀρχῆς πάσης ὁδοῦ ᾠκοδόμησας τὰ πορνεῖά[44] σου καὶ ἐλυμήνω[45] τὸ κάλλος

1 πείθω, *plpf act ind 2s*, trust, rely
2 πορνεύω, *aor act ind 2s*, act unfaithfully
3 ἐκχέω, *aor act ind 2s*, pour out
4 πορνεία, fornication
5 πάροδος, traveler
6 εἴδωλον, idol
7 ῥαπτός, of needlework
8 ἐκπορνεύω, *aor act ind 2s*, commit fornication
9 σκεῦος, object, thing
10 καύχησις, boasting, pride
11 χρυσίον, gold
12 ἀργύριον, silver
13 εἰκών, image
14 ἀρσενικός, male
15 ἐκπορνεύω, *aor act ind 2s*, commit fornication
16 ἱματισμός, clothing
17 ποικίλος, multicolored, embroidered
18 περιβάλλω, *aor act ind 2s*, put on
19 ἔλαιον, oil
20 θυμίαμα, incense
21 σεμίδαλις, fine flour
22 ἔλαιον, oil
23 μέλι, honey
24 ψωμίζω, *aor act ind 1s*, feed with
25 ὀσμή, smell
26 εὐωδία, sweet fragrance
27 θυγάτηρ, daughter
28 θύω, *aor act ind 2s*, sacrifice
29 ἀνάλωσις, insignificant expense
30 ἐκπορνεύω, *aor act ind 2s*, commit fornication
31 σφάζω, *aor act ind 2s*, slaughter
32 ἀποτροπιάζω, *pres mid inf*, avert evil
33 πορνεία, fornication
34 μιμνῄσκομαι, *aor pas ind 2s*, remember
35 νηπιότης, childhood
36 γυμνός, naked
37 ἀσχημονέω, *pres act ptc nom s f*, behave disgracefully
38 φύρω, *perf pas ptc nom s f*, soak
39 κακία, wickedness
40 οἴκημα, room
41 πορνικός, for prostitution
42 ἔκθεμα, advertisement
43 πλατεῖα, street
44 πορνεῖον, brothel
45 λυμαίνομαι, *aor mid ind 2s*, waste, ruin

σου καὶ διήγαγες[1] τὰ σκέλη[2] σου παντὶ παρόδῳ[3] καὶ ἐπλήθυνας[4] τὴν πορνείαν[5]
σου· **26** καὶ ἐξεπόρνευσας[6] ἐπὶ τοὺς υἱοὺς Αἰγύπτου τοὺς ὁμοροῦντάς[7] σοι τοὺς
μεγαλοσάρκους[8] καὶ πολλαχῶς[9] ἐξεπόρνευσας[10] τοῦ παροργίσαι[11] με.

27 ἐὰν δὲ ἐκτείνω[12] τὴν χεῖρά μου ἐπὶ σέ, καὶ ἐξαρῶ[13] τὰ νόμιμά[14] σου καὶ παραδώσω
σε εἰς ψυχὰς μισούντων σε, θυγατέρας[15] ἀλλοφύλων[16] τὰς ἐκκλινούσας[17] σε ἐκ τῆς
ὁδοῦ σου, ἧς ἠσέβησας.[18] **28** καὶ ἐξεπόρνευσας[19] ἐπὶ τὰς θυγατέρας[20] Ασσουρ καὶ
οὐδ᾽ οὕτως ἐνεπλήσθης·[21] καὶ ἐξεπόρνευσας καὶ οὐκ ἐνεπίπλω.[22] **29** καὶ ἐπλήθυνας[23]
τὰς διαθήκας σου πρὸς γῆν Χαλδαίων καὶ οὐδὲ ἐν τούτοις ἐνεπλήσθης.[24] **30** τί
διαθῶ[25] τὴν θυγατέρα[26] σου, λέγει κύριος, ἐν τῷ ποιῆσαί σε ταῦτα πάντα, ἔργα
γυναικὸς πόρνης;[27] καὶ ἐξεπόρνευσας[28] τρισσῶς[29] **31** ἐν ταῖς θυγατράσιν[30] σου· τὸ
πορνεῖόν[31] σου ᾠκοδόμησας ἐπὶ πάσης ἀρχῆς ὁδοῦ καὶ τὴν βάσιν[32] σου ἐποίησας
ἐν πάσῃ πλατείᾳ[33] καὶ ἐγένου ὡς πόρνη[34] συνάγουσα μισθώματα.[35] **32** ἡ γυνὴ ἡ
μοιχωμένη[36] ὁμοία[37] σοι παρὰ τοῦ ἀνδρὸς αὐτῆς λαμβάνουσα μισθώματα·[38] **33** πᾶσι
τοῖς ἐκπορνεύσασιν[39] αὐτὴν προσεδίδου[40] μισθώματα,[41] καὶ σὺ δέδωκας μισθώματα
πᾶσι τοῖς ἐρασταῖς[42] σου καὶ ἐφόρτιζες[43] αὐτοὺς τοῦ ἔρχεσθαι πρὸς σὲ κυκλόθεν[44]
ἐν τῇ πορνείᾳ[45] σου. **34** καὶ ἐγένετο ἐν σοὶ διεστραμμένον[46] παρὰ τὰς γυναῖκας ἐν

1 διάγω, *aor act ind 2s*, spread apart, draw through
2 σκέλος, leg
3 πάροδος, traveler, passerby
4 πληθύνω, *aor act ind 2s*, intensify, increase
5 πορνεία, fornication
6 ἐκπορνεύω, *aor act ind 2s*, commit fornication
7 ὁμορέω, *pres act ptc acc p m*, be a neighbor
8 μεγαλόσαρκος, (well-endowed)
9 πολλαχῶς, in many ways
10 ἐκπορνεύω, *aor act ind 2s*, commit fornication
11 παροργίζω, *aor act inf*, provoke to anger
12 ἐκτείνω, reach out
13 ἐξαίρω, *fut act ind 1s*, remove
14 νόμιμος, rightful (possession)
15 θυγάτηρ, daughter
16 ἀλλόφυλος, foreign, (Philistine)
17 ἐκκλίνω, *pres act ptc acc p f*, turn away
18 ἀσεβέω, *aor act ind 2s*, commit sacrilege, act wickedly
19 ἐκπορνεύω, *aor act ind 2s*, commit fornication
20 θυγάτηρ, daughter
21 ἐμπίμπλημι, *aor pas ind 2s*, satisfy
22 ἐμπίπλημι, *impf pas ind 2s*, satisfy
23 πληθύνω, *aor act ind 2s*, multiply
24 ἐμπίμπλημι, *aor pas ind 2s*, satisfy
25 διατίθημι, *aor act sub 1s*, treat, act toward
26 θυγάτηρ, daughter
27 πόρνη, prostitute
28 ἐκπορνεύω, *aor act ind 2s*, commit fornication
29 τρισσῶς, three times
30 θυγάτηρ, daughter
31 πορνεῖον, brothel
32 βάσις, platform
33 πλατεῖα, street
34 πόρνη, prostitute
35 μίσθωμα, payment, wages
36 μοιχάω, *pres mid ptc nom s f*, commit adultery
37 ὅμοιος, like
38 μίσθωμα, payment, wages
39 ἐκπορνεύω, *aor act ptc dat p m*, commit fornication
40 προσδίδωμι, *impf act ind 3s*, distribute, hand out
41 μίσθωμα, payment, wages
42 ἐραστής, lover
43 φορτίζω, *impf act ind 2s*, pressure
44 κυκλόθεν, from all around
45 πορνεία, fornication
46 διαστρέφω, *perf pas ptc acc s n*, distort, pervert

τῇ πορνείᾳ[1] σου, καὶ μετὰ σοῦ πεπορνεύκασιν[2] ἐν τῷ προσδιδόναι[3] σε μισθώματα,[4] καὶ σοὶ μισθώματα οὐκ ἐδόθη, καὶ ἐγένετο ἐν σοὶ διεστραμμένα.[5]

35 διὰ τοῦτο, πόρνη,[6] ἄκουε λόγον κυρίου **36** Τάδε[7] λέγει κύριος Ἀνθ᾽ ὧν[8] ἐξέχεας[9]
τὸν χαλκόν[10] σου, καὶ ἀποκαλυφθήσεται[11] ἡ αἰσχύνη[12] σου ἐν τῇ πορνείᾳ[13] σου πρὸς
τοὺς ἐραστάς[14] σου καὶ εἰς πάντα τὰ ἐνθυμήματα[15] τῶν ἀνομιῶν[16] σου καὶ ἐν τοῖς
αἵμασιν τῶν τέκνων σου, ὧν ἔδωκας αὐτοῖς. **37** διὰ τοῦτο ἰδοὺ ἐγὼ ἐπὶ σὲ συνάγω
πάντας τοὺς ἐραστάς[17] σου, ἐν οἷς ἐπεμίγης[18] ἐν αὐτοῖς, καὶ πάντας, οὓς ἠγάπησας,
σὺν πᾶσιν, οἷς ἐμίσεις· καὶ συνάξω αὐτοὺς ἐπὶ σὲ κυκλόθεν[19] καὶ ἀποκαλύψω[20] τὰς
κακίας[21] σου πρὸς αὐτούς, καὶ ὄψονται πᾶσαν τὴν αἰσχύνην[22] σου· **38** καὶ ἐκδι-
κήσω[23] σε ἐκδικήσει[24] μοιχαλίδος[25] καὶ ἐκχεούσης[26] αἷμα καὶ θήσω σε ἐν αἵματι
θυμοῦ[27] καὶ ζήλου.[28] **39** καὶ παραδώσω σε εἰς χεῖρας αὐτῶν, καὶ κατασκάψουσιν[29]
τὸ πορνεῖόν[30] σου καὶ καθελοῦσιν[31] τὴν βάσιν[32] σου καὶ ἐκδύσουσίν[33] σε τὸν ἱμα-
τισμόν[34] σου καὶ λήμψονται τὰ σκεύη[35] τῆς καυχήσεώς[36] σου καὶ ἀφήσουσίν σε
γυμνὴν[37] καὶ ἀσχημονοῦσαν.[38] **40** καὶ ἄξουσιν ἐπὶ σὲ ὄχλους[39] καὶ λιθοβολήσουσίν[40]
σε ἐν λίθοις καὶ κατασφάξουσίν[41] σε ἐν τοῖς ξίφεσιν[42] αὐτῶν. **41** καὶ ἐμπρήσουσιν[43]
τοὺς οἴκους σου πυρὶ καὶ ποιήσουσιν ἐν σοὶ ἐκδικήσεις[44] ἐνώπιον γυναικῶν πολλῶν·
καὶ ἀποστρέψω[45] σε ἐκ τῆς πορνείας[46] σου, καὶ μισθώματα[47] οὐ μὴ δῷς οὐκέτι.

1 πορνεία, fornication
2 πορνεύω, *perf act ind 3p*, commit fornication
3 προσδίδωμι, *pres act inf*, distribute, hand out
4 μίσθωμα, payment, wages
5 διαστρέφω, *perf pas ptc nom p n*, distort, pervert
6 πόρνη, prostitute
7 ὅδε, this
8 ἀνθ᾽ ὧν, since
9 ἐκχέω, *aor act ind 2s*, pour out
10 χαλκός, money
11 ἀποκαλύπτω, *fut pas ind 3s*, reveal, disclose
12 αἰσχύνη, shame, disgrace
13 πορνεία, fornication
14 ἐραστής, lover
15 ἐνθύμημα, notion, thought
16 ἀνομία, lawlessness, wrongdoing
17 ἐραστής, lover
18 ἐπιμίγνυμι, *aor pas ind 2s*, mingle, consort
19 κυκλόθεν, from all around
20 ἀποκαλύπτω, *fut act ind 1s*, reveal, disclose
21 κακία, wickedness
22 αἰσχύνη, shame, disgrace
23 ἐκδικέω, *fut act ind 1s*, punish
24 ἐκδίκησις, punishment
25 μοιχαλίς, adulteress
26 ἐκχέω, *pres act ptc gen s f*, pour out
27 θυμός, anger, wrath
28 ζῆλος, jealousy
29 κατασκάπτω, *fut act ind 3p*, destroy, raze
30 πορνεῖον, brothel
31 καθαιρέω, *fut act ind 3p*, break down
32 βάσις, platform
33 ἐκδύω, *fut act ind 3p*, take off
34 ἱματισμός, clothing
35 σκεῦος, object, stuff
36 καύχησις, pride, boasting
37 γυμνός, naked
38 ἀσχημονέω, *pres act ptc acc s f*, behave disgracefully
39 ὄχλος, crowd
40 λιθοβολέω, *fut act ind 3p*, stone
41 κατασφάζω, *fut act ind 3p*, slaughter
42 ξίφος, sword
43 ἐμπίμπρημι, *fut act ind 3p*, torch, burn down
44 ἐκδίκησις, punishment
45 ἀποστρέφω, *fut act ind 1s*, turn away
46 πορνεία, fornication
47 μίσθωμα, payment, wages

42 καὶ ἐπαφήσω[1] τὸν θυμόν[2] μου ἐπὶ σέ, καὶ ἐξαρθήσεται[3] ὁ ζῆλός[4] μου ἐκ σοῦ, καὶ ἀναπαύσομαι[5] καὶ οὐ μὴ μεριμνήσω[6] οὐκέτι.

43 ἀνθ᾽ ὧν[7] οὐκ ἐμνήσθης[8] τὴν ἡμέραν τῆς νηπιότητός[9] σου καὶ ἐλύπεις[10] με ἐν
πᾶσι τούτοις, καὶ ἐγὼ ἰδοὺ τὰς ὁδούς σου εἰς κεφαλήν σου δέδωκα, λέγει κύριος·
καὶ οὕτως ἐποίησας τὴν ἀσέβειαν[11] ἐπὶ πάσαις ταῖς ἀνομίαις[12] σου. **44** ταῦτά ἐστιν
πάντα, ὅσα εἶπαν κατὰ σοῦ ἐν παραβολῇ[13] λέγοντες Καθὼς ἡ μήτηρ, καὶ ἡ θυγά-
τηρ.[14] **45** θυγάτηρ[15] τῆς μητρός σου σὺ εἶ ἡ ἀπωσαμένη[16] τὸν ἄνδρα αὐτῆς καὶ
τὰ τέκνα αὐτῆς καὶ ἀδελφὴ τῶν ἀδελφῶν σου τῶν ἀπωσαμένων[17] τοὺς ἄνδρας
αὐτῶν καὶ τὰ τέκνα αὐτῶν· ἡ μήτηρ ὑμῶν Χετταία, καὶ ὁ πατὴρ ὑμῶν Αμορραῖος.
46 ἡ ἀδελφὴ ὑμῶν ἡ πρεσβυτέρα[18] Σαμάρεια, αὐτὴ καὶ αἱ θυγατέρες[19] αὐτῆς, ἡ
κατοικοῦσα ἐξ εὐωνύμων[20] σου· καὶ ἡ ἀδελφή σου ἡ νεωτέρα[21] σου ἡ κατοικοῦσα
ἐκ δεξιῶν σου Σοδομα καὶ αἱ θυγατέρες[22] αὐτῆς. **47** καὶ οὐδ᾽ ὧς ἐν ταῖς ὁδοῖς
αὐτῶν ἐπορεύθης οὐδὲ κατὰ τὰς ἀνομίας[23] αὐτῶν ἐποίησας· παρὰ μικρὸν καὶ ὑπέρ-
κεισαι[24] αὐτὰς ἐν πάσαις ταῖς ὁδοῖς σου. **48** ζῶ ἐγώ, λέγει κύριος, εἰ πεποίηκεν
Σοδομα ἡ ἀδελφή σου, αὐτὴ καὶ αἱ θυγατέρες[25] αὐτῆς, ὃν τρόπον[26] ἐποίησας σὺ
καὶ αἱ θυγατέρες σου. **49** πλὴν τοῦτο τὸ ἀνόμημα[27] Σοδομων τῆς ἀδελφῆς σου,
ὑπερηφανία·[28] ἐν πλησμονῇ[29] ἄρτων καὶ ἐν εὐθηνίᾳ[30] οἴνου ἐσπατάλων[31] αὐτὴ καὶ
αἱ θυγατέρες[32] αὐτῆς· τοῦτο ὑπῆρχεν αὐτῇ καὶ ταῖς θυγατράσιν αὐτῆς, καὶ χεῖρα
πτωχοῦ καὶ πένητος[33] οὐκ ἀντελαμβάνοντο.[34]

50 καὶ ἐμεγαλαύχουν[35] καὶ ἐποίησαν ἀνομήματα[36] ἐνώπιόν μου, καὶ ἐξῆρα[37] αὐτάς,
καθὼς εἶδον. **51** καὶ Σαμάρεια κατὰ τὰς ἡμίσεις[38] τῶν ἁμαρτιῶν σου οὐχ ἥμαρτεν·
καὶ ἐπλήθυνας[39] τὰς ἀνομίας[40] σου ὑπὲρ αὐτὰς καὶ ἐδικαίωσας τὰς ἀδελφάς σου

1 ἐπαφίημι, *fut act ind 1s*, exhaust, spend
2 θυμός, anger, wrath
3 ἐξαίρω, *fut pas ind 3s*, remove, lift off
4 ζῆλος, jealousy
5 ἀναπαύω, *fut mid ind 1s*, come to a stop
6 μεριμνάω, *fut act ind 1s*, be concerned
7 ἀνθ᾽ ὧν, since
8 μιμνήσκομαι, *aor pas ind 2s*, remember
9 νηπιότης, childhood
10 λυπέω, *impf act ind 2s*, grieve
11 ἀσέβεια, ungodliness, wickedness
12 ἀνομία, lawlessness, wrongdoing
13 παραβολή, saying, parable
14 θυγάτηρ, daughter
15 θυγάτηρ, daughter
16 ἀπωθέω, *aor mid ptc nom s f*, reject
17 ἀπωθέω, *aor mid ptc gen p n*, reject
18 πρέσβυς, *comp*, older (sister)
19 θυγάτηρ, daughter
20 εὐώνυμος, left
21 νέος, *comp*, younger (sister)
22 θυγάτηρ, daughter
23 ἀνομία, lawlessness, go beyond
24 ὑπέρκειμαι, *pres pas ind 2s*, exceed, surpass
25 θυγάτηρ, daughter
26 ὃν τρόπον, in the manner that
27 ἀνόμημα, transgression
28 ὑπερηφανία, pride, arrogance
29 πλησμονή, abundance
30 εὐθηνία, plenty
31 σπαταλάω, *impf act ind 3p*, live indulgently
32 θυγάτηρ, daughter
33 πένης, poor
34 ἀντιλαμβάνομαι, *impf mid ind 3p*, help, aid
35 μεγαλαυχέω, *impf act ind 3p*, boast
36 ἀνόμημα, transgression
37 ἐξαίρω, *aor act ind 1s*, remove
38 ἥμισυς, half
39 πληθύνω, *aor act ind 2s*, intensify, multiply
40 ἀνομία, lawlessness, wrongdoing

ἐν πάσαις ταῖς ἀνομίαις σου, αἷς ἐποίησας. **52** καὶ σὺ κόμισαι[1] βάσανόν[2] σου, ἐν ᾗ ἔφθειρας[3] τὰς ἀδελφάς σου ἐν ταῖς ἁμαρτίαις σου, αἷς ἠνόμησας[4] ὑπὲρ αὐτὰς καὶ ἐδικαίωσας αὐτὰς ὑπὲρ σεαυτήν· καὶ σὺ αἰσχύνθητι[5] καὶ λαβὲ τὴν ἀτιμίαν[6] σου ἐν τῷ δικαιῶσαί σε τὰς ἀδελφάς σου.

53 καὶ ἀποστρέψω[7] τὰς ἀποστροφὰς[8] αὐτῶν, τὴν ἀποστροφὴν Σοδομων καὶ τῶν θυγατέρων[9] αὐτῆς, καὶ ἀποστρέψω τὴν ἀποστροφὴν Σαμαρείας καὶ τῶν θυγατέρων αὐτῆς, καὶ ἀποστρέψω τὴν ἀποστροφήν σου ἐν μέσῳ αὐτῶν, **54** ὅπως κομίσῃ[10] τὴν βάσανόν[11] σου καὶ ἀτιμωθήσῃ[12] ἐκ πάντων, ὧν ἐποίησας ἐν τῷ σε παροργίσαι[13] με. **55** καὶ ἡ ἀδελφή σου Σοδομα καὶ αἱ θυγατέρες[14] αὐτῆς ἀποκατασταθήσονται[15] καθὼς ἦσαν ἀπ᾽ ἀρχῆς, καὶ Σαμάρεια καὶ αἱ θυγατέρες αὐτῆς ἀποκατασταθήσονται καθὼς ἦσαν ἀπ᾽ ἀρχῆς, καὶ σὺ καὶ αἱ θυγατέρες σου ἀποκατασταθήσεσθε[16] καθὼς ἀπ᾽ ἀρχῆς ἦτε. **56** καὶ εἰ μὴ ἦν Σοδομα ἡ ἀδελφή σου εἰς ἀκοὴν[17] ἐν τῷ στόματί σου ἐν ταῖς ἡμέραις ὑπερηφανίας[18] σου **57** πρὸ τοῦ ἀποκαλυφθῆναι[19] τὰς κακίας[20] σου, ὃν τρόπον[21] νῦν ὄνειδος[22] εἶ θυγατέρων[23] Συρίας καὶ πάντων τῶν κύκλῳ[24] αὐτῆς, θυγατέρων ἀλλοφύλων[25] τῶν περιεχουσῶν[26] σε κύκλῳ; **58** τὰς ἀσεβείας[27] σου καὶ τὰς ἀνομίας[28] σου, σὺ κεκόμισαι[29] αὐτάς, λέγει κύριος.

An Everlasting Covenant

59 τάδε[30] λέγει κύριος Καὶ ποιήσω ἐν σοὶ καθὼς ἐποίησας, ὡς ἠτίμωσας[31] ταῦτα τοῦ παραβῆναι[32] τὴν διαθήκην μου. **60** καὶ μνησθήσομαι[33] ἐγὼ τῆς διαθήκης μου τῆς μετὰ σοῦ ἐν ἡμέραις νηπιότητός[34] σου καὶ ἀναστήσω σοι διαθήκην αἰώνιον. **61** καὶ μνησθήσῃ[35] τὴν ὁδόν σου καὶ ἐξατιμωθήσῃ[36] ἐν τῷ ἀναλαβεῖν[37] σε τὰς ἀδελφάς σου

1 κομίζω, *aor mid impv 2s*, receive
2 βάσανος, misfortune, test
3 φθείρω, *aor act ind 2s*, destroy
4 ἀνομέω, *aor act ind 2s*, act wickedly
5 αἰσχύνω, *aor pas impv 2s*, be ashamed
6 ἀτιμία, disgrace
7 ἀποστρέφω, *fut act ind 1s*, turn back, revert
8 ἀποστροφή, turning away
9 θυγάτηρ, daughter
10 κομίζω, *aor act sub 3s*, receive
11 βάσανος, misfortune, test
12 ἀτιμόω, *fut pas ind 2s*, disgrace
13 παροργίζω, *aor act inf*, provoke to anger
14 θυγάτηρ, daughter
15 ἀποκαθίστημι, *fut pas ind 3p*, restore
16 ἀποκαθίστημι, *fut pas ind 2p*, restore
17 ἀκοή, news, gossip
18 ὑπερηφανία, pride, arrogance
19 ἀποκαλύπτω, *aor pas inf*, reveal, disclose
20 κακία, wickedness
21 ὃν τρόπον, in the manner that
22 ὄνειδος, disgrace, reproach
23 θυγάτηρ, daughter
24 κύκλῳ, around
25 ἀλλόφυλος, foreign, (Philistine)
26 περιέχω, *pres act ptc gen p f*, encompass, surround
27 ἀσέβεια, ungodliness, wickedness
28 ἀνομία, lawlessness, wrongdoing
29 κομίζω, *perf mid ind 2s*, receive
30 ὅδε, this
31 ἀτιμόω, *aor act ind 2s*, dishonor
32 παραβαίνω, *aor act inf*, transgress
33 μιμνῄσκομαι, *fut pas ind 1s*, remember
34 νηπιότης, childhood
35 μιμνῄσκομαι, *fut pas ind 2s*, remember
36 ἐξατιμόομαι, *fut pas ind 2s*, be totally disgraced
37 ἀναλαμβάνω, *aor act inf*, receive, welcome

τὰς πρεσβυτέρας[1] σου σὺν ταῖς νεωτέραις[2] σου, καὶ δώσω αὐτάς σοι εἰς οἰκοδομὴν[3]
καὶ οὐκ ἐκ διαθήκης σου. **62** καὶ ἀναστήσω ἐγὼ τὴν διαθήκην μου μετὰ σοῦ, καὶ
ἐπιγνώσῃ ὅτι ἐγὼ κύριος, **63** ὅπως μνησθῇς[4] καὶ αἰσχυνθῇς,[5] καὶ μὴ ᾖ σοι ἔτι ἀνοῖξαι
τὸ στόμα σου ἀπὸ προσώπου τῆς ἀτιμίας[6] σου ἐν τῷ ἐξιλάσκεσθαί[7] μέ σοι κατὰ
πάντα, ὅσα ἐποίησας, λέγει κύριος.

Parable of Two Eagles and a Vine

17 Καὶ ἐγένετο λόγος κυρίου πρός με λέγων **2** Υἱὲ ἀνθρώπου, διήγησαι[8] διή-
γημα[9] καὶ εἰπὸν παραβολὴν[10] πρὸς τὸν οἶκον τοῦ Ισραηλ **3** καὶ ἐρεῖς Τάδε[11]
λέγει κύριος

Ὁ ἀετὸς[12] ὁ μέγας ὁ μεγαλοπτέρυγος[13]
ὁ μακρὸς[14] τῇ ἐκτάσει[15] πλήρης[16] ὀνύχων,[17]
ὃς ἔχει τὸ ἥγημα[18] εἰσελθεῖν εἰς τὸν Λίβανον
καὶ ἔλαβε τὰ ἐπίλεκτα[19] τῆς κέδρου,[20]
4 τὰ ἄκρα[21] τῆς ἁπαλότητος[22] ἀπέκνισεν[23]
καὶ ἤνεγκεν αὐτὰ εἰς γῆν Χανααν,
εἰς πόλιν τετειχισμένην[24] ἔθετο αὐτά.
5 καὶ ἔλαβεν ἀπὸ τοῦ σπέρματος τῆς γῆς
καὶ ἔδωκεν αὐτὸ εἰς τὸ πεδίον[25] φυτὸν[26] ἐφ᾽ ὕδατι πολλῷ,
ἐπιβλεπόμενον[27] ἔταξεν[28] αὐτό.
6 καὶ ἀνέτειλεν[29] καὶ ἐγένετο εἰς ἄμπελον[30] ἀσθενοῦσαν[31]
καὶ μικρὰν τῷ μεγέθει[32] τοῦ ἐπιφαίνεσθαι[33] αὐτήν·
τὰ κλήματα[34] αὐτῆς ἐπ᾽ αὐτὴν
καὶ αἱ ῥίζαι[35] αὐτῆς ὑποκάτω[36] αὐτῆς ἦσαν.

1 πρέσβυς, *comp*, older
2 νέος, *comp*, younger
3 οἰκοδομή, edification
4 μιμνήσκομαι, *aor pas sub 2s*, remember
5 αἰσχύνω, *aor pas sub 2s*, be ashamed
6 ἀτιμία, disgrace
7 ἐξιλάσκομαι, *pres mid inf*, appease
8 διηγέομαι, *aor mid impv 2s*, tell
9 διήγημα, tale, story
10 παραβολή, illustration, parable
11 ὅδε, this
12 ἀετός, eagle
13 μεγαλοπτέρυγος, with large wings
14 μακρός, large
15 ἔκτασις, expanse, breadth
16 πλήρης, full
17 ὄνυξ, claw, talon
18 ἥγημα, intention, purpose
19 ἐπίλεκτος, choice, prime
20 κέδρος, cedar
21 ἄκρος, top, end
22 ἁπαλότης, (pliable part)
23 ἀποκνίζω, *aor act ind 3s*, rip off
24 τειχίζω, *perf pas ptc acc s f*, enclose with walls
25 πεδίον, field, plain
26 φυτόν, plant
27 ἐπιβλέπω, *pres pas ptc acc s n*, monitor, watch
28 τάσσω, *aor act ind 3s*, lay out, arrange
29 ἀνατέλλω, *aor act ind 3s*, sprout up
30 ἄμπελος, vine
31 ἀσθενέω, *pres act ptc acc s f*, be feeble
32 μέγεθος, stature
33 ἐπιφαίνω, *pres pas inf*, appear
34 κλῆμα, branch
35 ῥίζα, root
36 ὑποκάτω, under

καὶ ἐγένετο εἰς ἄμπελον[1] καὶ ἐποίησεν ἀπώρυγας[2]
καὶ ἐξέτεινεν[3] τὴν ἀναδενδράδα[4] αὐτῆς.

7 καὶ ἐγένετο ἀετὸς[5] ἕτερος μέγας μεγαλοπτέρυγος[6] πολὺς ὄνυξιν,[7]
καὶ ἰδοὺ ἡ ἄμπελος[8] αὕτη περιπεπλεγμένη[9] πρὸς αὐτόν,
καὶ αἱ ῥίζαι[10] αὐτῆς πρὸς αὐτόν,
καὶ τὰ κλήματα[11] αὐτῆς ἐξαπέστειλεν[12] αὐτῷ
τοῦ ποτίσαι[13] αὐτὴν σὺν τῷ βώλῳ[14] τῆς φυτείας[15] αὐτῆς.
8 εἰς πεδίον[16] καλὸν ἐφ᾽ ὕδατι πολλῷ αὕτη πιαίνεται[17]
τοῦ ποιεῖν βλαστοὺς[18] καὶ φέρειν καρπὸν
τοῦ εἶναι εἰς ἄμπελον[19] μεγάλην.

9 διὰ τοῦτο εἰπόν Τάδε[20] λέγει κύριος

Εἰ κατευθυνεῖ;[21]
οὐχὶ αἱ ῥίζαι[22] τῆς ἁπαλότητος[23] αὐτῆς
καὶ ὁ καρπὸς σαπήσεται,[24]
καὶ ξηρανθήσεται[25] πάντα τὰ προανατέλλοντα[26] αὐτῆς;
καὶ οὐκ ἐν βραχίονι[27] μεγάλῳ οὐδ᾽ ἐν λαῷ πολλῷ
τοῦ ἐκσπάσαι[28] αὐτὴν ἐκ ῥιζῶν[29] αὐτῆς.
10 καὶ ἰδοὺ πιαίνεται·[30]
μὴ κατευθυνεῖ;[31]
οὐχ ἅμα[32] τῷ ἅψασθαι αὐτῆς ἄνεμον[33] τὸν καύσωνα[34] ξηρανθήσεται[35]
ξηρασίᾳ;[36]
σὺν τῷ βώλῳ[37] ἀνατολῆς[38] αὐτῆς ξηρανθήσεται.

1 ἄμπελος, vine
2 ἀπῶρυξ, layer of a vine
3 ἐκτείνω, *aor act ind 3s*, spread out
4 ἀναδενδράς, tendril
5 ἀετός, eagle
6 μεγαλοπτέρυγος, with large wings
7 ὄνυξ, claw, talon
8 ἄμπελος, vine
9 περιπλέκω, *perf pas ptc nom s f*, wrap up, entangle
10 ῥίζα, root
11 κλῆμα, branch
12 ἐξαποστέλλω, *aor act ind 3s*, send out
13 ποτίζω, *aor act inf*, provide a drink
14 βῶλος, (soil), bed
15 φυτεία, plant, planting
16 πεδίον, field, plain
17 πιαίνω, *pres mid ind 3s*, flourish, grow
18 βλαστός, bud, shoot
19 ἄμπελος, vine
20 ὅδε, this
21 κατευθύνω, *fut act ind 3s*, keep straight
22 ῥίζα, root
23 ἁπαλότης, tenderness
24 σήπω, *fut pas ind 3s*, decay, rot
25 ξηραίνω, *fut pas ind 3s*, dry up
26 προανατέλλω, *pres act ptc nom p n*, sprout early
27 βραχίων, (effort), arm
28 ἐκσπάω, *aor act inf*, root up, rip out
29 ῥίζα, root
30 πιαίνω, *pres mid ind 3s*, flourish, grow
31 κατευθύνω, *fut act ind 3s*, keep straight
32 ἅμα, at once, altogether
33 ἄνεμος, wind
34 καύσων, burning
35 ξηραίνω, *fut pas ind 3s*, dry up
36 ξηρασία, drought
37 βῶλος, (soil), bed
38 ἀνατολή, growing

11 Καὶ ἐγένετο λόγος κυρίου πρός με λέγων **12** Υἱὲ ἀνθρώπου, εἰπὸν δή[1] πρὸς τὸν οἶκον τὸν παραπικραίνοντα[2] Οὐκ ἐπίστασθε[3] τί ἦν ταῦτα; εἰπόν Ὅταν ἔλθῃ βασιλεὺς Βαβυλῶνος ἐπὶ Ιερουσαλημ, καὶ λήμψεται τὸν βασιλέα αὐτῆς καὶ τοὺς ἄρχοντας αὐτῆς καὶ ἄξει αὐτοὺς πρὸς ἑαυτὸν εἰς Βαβυλῶνα. **13** καὶ λήμψεται ἐκ τοῦ σπέρματος τῆς βασιλείας καὶ διαθήσεται[4] πρὸς αὐτὸν διαθήκην καὶ εἰσάξει[5] αὐτὸν ἐν ἀρᾷ·[6] καὶ τοὺς ἡγουμένους[7] τῆς γῆς λήμψεται **14** τοῦ γενέσθαι εἰς βασιλείαν ἀσθενῆ[8] τὸ καθόλου[9] μὴ ἐπαίρεσθαι[10] τοῦ φυλάσσειν τὴν διαθήκην αὐτοῦ καὶ ἱστάνειν αὐτήν. **15** καὶ ἀποστήσεται[11] ἀπ᾽ αὐτοῦ τοῦ ἐξαποστέλλειν[12] ἀγγέλους ἑαυτοῦ εἰς Αἴγυπτον τοῦ δοῦναι αὐτῷ ἵππους[13] καὶ λαὸν πολύν. εἰ κατευθυνεῖ;[14] εἰ διασωθήσεται[15] ὁ ποιῶν ἐναντία;[16] καὶ παραβαίνων[17] διαθήκην εἰ σωθήσεται;

16 ζῶ ἐγώ, λέγει κύριος, ἐὰν μὴ ἐν ᾧ τόπῳ ὁ βασιλεὺς ὁ βασιλεύσας[18] αὐτόν, ὅς ἠτίμωσεν[19] τὴν ἀράν μου καὶ ὅς παρέβη[20] τὴν διαθήκην μου, μετ᾽ αὐτοῦ ἐν μέσῳ Βαβυλῶνος τελευτήσει.[21] **17** καὶ οὐκ ἐν δυνάμει μεγάλῃ οὐδ᾽ ἐν ὄχλῳ[22] πολλῷ ποιήσει πρὸς αὐτὸν Φαραω πόλεμον, ἐν χαρακοβολίᾳ[23] καὶ ἐν οἰκοδομῇ[24] βελοστάσεων[25] τοῦ ἐξᾶραι[26] ψυχάς. **18** καὶ ἠτίμωσεν[27] ὁρκωμοσίαν[28] τοῦ παραβῆναι[29] διαθήκην, καὶ ἰδοὺ δέδωκεν τὴν χεῖρα αὐτοῦ καὶ πάντα ταῦτα ἐποίησεν αὐτῷ· μὴ σωθήσεται; **19** διὰ τοῦτο εἰπόν Τάδε[30] λέγει κύριος Ζῶ ἐγὼ ἐὰν μὴ τὴν διαθήκην μου, ἣν παρέβη,[31] καὶ τὴν ὁρκωμοσίαν[32] μου, ἣν ἠτίμωσεν,[33] καὶ δώσω αὐτὰ εἰς κεφαλὴν αὐτοῦ. **20** καὶ ἐκπετάσω[34] ἐπ᾽ αὐτὸν τὸ δίκτυόν[35] μου, καὶ ἁλώσεται[36] ἐν τῇ περιοχῇ[37] αὐτοῦ. **21** ἐν πάσῃ παρατάξει[38] αὐτοῦ ἐν ῥομφαίᾳ[39] πεσοῦνται, καὶ τοὺς καταλοίπους[40] εἰς πάντα ἄνεμον[41] διασπερῶ·[42] καὶ ἐπιγνώσεσθε διότι[43] ἐγὼ κύριος λελάληκα.

1 δή, now, then
2 παραπικραίνω, *pres act ptc acc s m*, provoke
3 ἐπίσταμαι, *pres mid ind 2p*, comprehend, understand
4 διατίθημι, *fut mid ind 3s*, grant, arrange
5 εἰσάγω, *fut act ind 3s*, bring in
6 ἀρά, vow, oath
7 ἡγέομαι, *pres mid ptc acc p m*, lead
8 ἀσθενής, weak
9 καθόλου, utterly, completely
10 ἐπαίρω, *pres pas inf*, rise up (in opposition)
11 ἀφίστημι, *fut mid ind 3s*, revolt
12 ἐξαποστέλλω, *pres act inf*, dispatch, send out
13 ἵππος, horse
14 κατευθύνω, *fut act ind 3s*, keep straight, prove correct
15 διασῴζω, *fut pas ind 3s*, deliver
16 ἐναντίος, adverse, opposing
17 παραβαίνω, *pres act ptc nom s m*, transgress
18 βασιλεύω, *aor act ptc nom s m*, appoint king
19 ἀτιμόω, *aor act ind 3s*, dishonor
20 παραβαίνω, *aor act ind 3s*, transgress
21 τελευτάω, *fut act ind 3s*, die
22 ὄχλος, multitude, crowd
23 χαρακοβολία, constructing a bulwark
24 οἰκοδομή, building
25 βελόστασις, war engine
26 ἐξαίρω, *aor act inf*, remove
27 ἀτιμόω, *aor act ind 3s*, dishonor, disgrace
28 ὁρκωμοσία, oath-taking
29 παραβαίνω, *aor act inf*, transgress
30 ὅδε, this
31 παραβαίνω, *aor act ind 3s*, transgress
32 ὁρκωμοσία, oath-taking
33 ἀτιμόω, *aor act ind 3s*, dishonor, disgrace
34 ἐκπετάννυμι, *fut act ind 1s*, spread out
35 δίκτυον, net
36 ἁλίσκομαι, *fut mid ind 3s*, catch
37 περιοχή, enclosure
38 παράταξις, battle
39 ῥομφαία, sword
40 κατάλοιπος, remainder, remnant
41 ἄνεμος, wind
42 διασπείρω, *fut act ind 1s*, scatter
43 διότι, for

22 διότι[1] τάδε[2] λέγει κύριος

Καὶ λήμψομαι ἐγὼ ἐκ τῶν ἐπιλέκτων[3] τῆς κέδρου,[4]
ἐκ κορυφῆς[5] καρδίας αὐτῶν ἀποκνιῶ[6]
καὶ καταφυτεύσω[7] ἐγὼ ἐπ᾽ ὄρος ὑψηλόν·[8]
καὶ κρεμάσω[9] αὐτὸν **23** ἐν ὄρει μετεώρῳ[10] τοῦ Ισραηλ
καὶ καταφυτεύσω,[11]
καὶ ἐξοίσει[12] βλαστὸν[13] καὶ ποιήσει καρπὸν
καὶ ἔσται εἰς κέδρον[14] μεγάλην,
καὶ ἀναπαύσεται[15] ὑποκάτω[16] αὐτοῦ πᾶν θηρίον,
καὶ πᾶν πετεινὸν[17] ὑπὸ τὴν σκιὰν[18] αὐτοῦ ἀναπαύσεται,
τὰ κλήματα[19] αὐτοῦ ἀποκατασταθήσεται.[20]
24 καὶ γνώσονται πάντα τὰ ξύλα[21] τοῦ πεδίου[22]
διότι[23] ἐγὼ κύριος
ὁ ταπεινῶν[24] ξύλον ὑψηλὸν[25]
καὶ ὑψῶν[26] ξύλον ταπεινὸν[27]
καὶ ξηραίνων[28] ξύλον χλωρὸν[29]
καὶ ἀναθάλλων[30] ξύλον ξηρόν·[31]
ἐγὼ κύριος λελάληκα καὶ ποιήσω.

The One Who Sins Will Die

18 Καὶ ἐγένετο λόγος κυρίου πρός με λέγων **2** Υἱὲ ἀνθρώπου, τί ὑμῖν ἡ παρα-
βολὴ[32] αὕτη ἐν τοῖς υἱοῖς Ισραηλ λέγοντες Οἱ πατέρες ἔφαγον ὄμφακα,[33]
καὶ οἱ ὀδόντες[34] τῶν τέκνων ἐγομφίασαν;[35] **3** ζῶ ἐγώ, λέγει κύριος, ἐὰν γένηται
ἔτι λεγομένη ἡ παραβολὴ[36] αὕτη ἐν τῷ Ισραηλ· **4** ὅτι πᾶσαι αἱ ψυχαὶ ἐμαί εἰσιν·
ὃν τρόπον[37] ἡ ψυχὴ τοῦ πατρός, οὕτως καὶ ἡ ψυχὴ τοῦ υἱοῦ, ἐμαί εἰσιν· ἡ ψυχὴ ἡ
ἁμαρτάνουσα, αὕτη ἀποθανεῖται.

1 διότι, for
2 ὅδε, this
3 ἐπίλεκτος, choice, select
4 κέδρος, cedar
5 κορυφή, top
6 ἀποκνίζω, *fut act ind 1s*, prune
7 καταφυτεύω, *fut act ind 1s*, plant
8 ὑψηλός, high
9 κρεμάννυμι, *fut act ind 1s*, hang, suspend
10 μετέωρος, elevated
11 καταφυτεύω, *fut act ind 1s*, plant
12 ἐκφέρω, *fut act ind 3s*, bring forth
13 βλαστός, blossom, shoot
14 κέδρος, cedar
15 ἀναπαύω, *fut mid ind 3s*, rest, be refreshed
16 ὑποκάτω, under
17 πετεινόν, bird
18 σκιά, shade
19 κλῆμα, branch
20 ἀποκαθίστημι, *fut pas ind 3s*, restore
21 ξύλον, tree
22 πεδίον, field, plain
23 διότι, that
24 ταπεινόω, *pres act ptc nom s m*, bring down
25 ὑψηλός, high
26 ὑψόω, *pres act ptc nom s m*, raise up
27 ταπεινός, lower
28 ξηραίνω, *pres act ptc nom s m*, dry up
29 χλωρός, green
30 ἀναθάλλω, *pres act ptc nom s m*, revive
31 ξηρός, dry
32 παραβολή, illustration, proverb
33 ὄμφαξ, unripe grape
34 ὀδούς, tooth
35 γομφιάζω, *aor act ind 3p*, have pain
36 παραβολή, illustration, proverb
37 ὃν τρόπον, just as

5 ὁ δὲ ἄνθρωπος, ὃς ἔσται δίκαιος, ὁ ποιῶν κρίμα[1] καὶ δικαιοσύνην, **6** ἐπὶ τῶν ὀρέων
οὐ φάγεται καὶ τοὺς ὀφθαλμοὺς αὐτοῦ οὐ μὴ ἐπάρῃ[2] πρὸς τὰ ἐνθυμήματα[3] οἴκου
Ισραηλ καὶ τὴν γυναῖκα τοῦ πλησίον[4] αὐτοῦ οὐ μὴ μιάνῃ[5] καὶ πρὸς γυναῖκα ἐν
ἀφέδρῳ[6] οὖσαν οὐ προσεγγιεῖ[7] **7** καὶ ἄνθρωπον οὐ μὴ καταδυναστεύσῃ,[8] ἐνεχυρα-
σμὸν[9] ὀφείλοντος[10] ἀποδώσει[11] καὶ ἅρπαγμα[12] οὐχ ἁρπᾶται,[13] τὸν ἄρτον αὐτοῦ τῷ
πεινῶντι[14] δώσει καὶ γυμνὸν[15] περιβαλεῖ[16] **8** καὶ τὸ ἀργύριον[17] αὐτοῦ ἐπὶ τόκῳ[18] οὐ
δώσει καὶ πλεονασμὸν[19] οὐ λήμψεται καὶ ἐξ ἀδικίας[20] ἀποστρέψει[21] τὴν χεῖρα αὐτοῦ,
κρίμα[22] δίκαιον ποιήσει ἀνὰ μέσον[23] ἀνδρὸς καὶ ἀνὰ μέσον τοῦ πλησίον[24] αὐτοῦ
9 καὶ τοῖς προστάγμασίν[25] μου πεπόρευται καὶ τὰ δικαιώματά[26] μου πεφύλακται
τοῦ ποιῆσαι αὐτά, δίκαιος οὗτός ἐστιν, ζωῇ ζήσεται, λέγει κύριος.

10 καὶ ἐὰν γεννήσῃ υἱὸν λοιμὸν[27] ἐκχέοντα[28] αἷμα καὶ ποιοῦντα ἁμαρτήματα,[29] **11** ἐν
τῇ ὁδῷ τοῦ πατρὸς αὐτοῦ τοῦ δικαίου οὐκ ἐπορεύθη, ἀλλὰ καὶ ἐπὶ τῶν ὀρέων
ἔφαγεν καὶ τὴν γυναῖκα τοῦ πλησίον[30] αὐτοῦ ἐμίανεν[31] **12** καὶ πτωχὸν καὶ πένητα[32]
κατεδυνάστευσεν[33] καὶ ἅρπαγμα[34] ἥρπασεν[35] καὶ ἐνεχυρασμὸν[36] οὐκ ἀπέδωκεν καὶ
εἰς τὰ εἴδωλα[37] ἔθετο τοὺς ὀφθαλμοὺς αὐτοῦ, ἀνομίαν[38] πεποίηκεν, **13** μετὰ τόκου[39]
ἔδωκε καὶ πλεονασμὸν[40] ἔλαβεν, οὗτος ζωῇ οὐ ζήσεται, πάσας τὰς ἀνομίας[41] ταύτας
ἐποίησεν, θανάτῳ θανατωθήσεται,[42] τὸ αἷμα αὐτοῦ ἐπ᾽ αὐτὸν ἔσται.

14 ἐὰν δὲ γεννήσῃ υἱόν, καὶ ἴδῃ πάσας τὰς ἁμαρτίας τοῦ πατρὸς αὐτοῦ, ἃς ἐποίησεν,
καὶ φοβηθῇ καὶ μὴ ποιήσῃ κατὰ ταύτας, **15** ἐπὶ τῶν ὀρέων οὐ βέβρωκεν[43] καὶ τοὺς
ὀφθαλμοὺς αὐτοῦ οὐκ ἔθετο εἰς τὰ ἐνθυμήματα[44] οἴκου Ισραηλ καὶ τὴν γυναῖκα
τοῦ πλησίον[45] αὐτοῦ οὐκ ἐμίανεν[46] **16** καὶ ἄνθρωπον οὐ κατεδυνάστευσεν[47] καὶ

1 κρίμα, decision, judgment
2 ἐπαίρω, *aor act sub 3s*, raise
3 ἐνθύμημα, notion, thought
4 πλησίον, companion, neighbor
5 μιαίνω, *aor act sub 3s*, defile
6 ἄφεδρος, menstruation
7 προσεγγίζω, *fut act ind 3s*, come near
8 καταδυναστεύω, *aor act sub 3s*, oppress
9 ἐνεχυρασμός, security, pledge
10 ὀφείλω, *pres act ptc gen s m*, owe (a debt)
11 ἀποδίδωμι, *fut act ind 3s*, pay back
12 ἅρπαγμα, spoils, plunder
13 ἁρπάζω, *fut mid ind 3s*, seize
14 πεινάω, *pres act ptc dat s m*, be hungry
15 γυμνός, bare, naked
16 περιβάλλω, *fut act ind 3s*, clothe
17 ἀργύριον, money
18 τόκος, interest
19 πλεονασμός, unjust gain
20 ἀδικία, injustice, wrongdoing
21 ἀποστρέφω, *fut act ind 3s*, avert
22 κρίμα, decision, judgment
23 ἀνὰ μέσον, between
24 πλησίον, companion, neighbor
25 πρόσταγμα, command, ordinance
26 δικαίωμα, decree, legal requirement
27 λοιμός, menace
28 ἐκχέω, *pres act ptc acc s m*, spill
29 ἁμάρτημα, sin
30 πλησίον, companion, neighbor
31 μιαίνω, *aor act ind 3s*, defile
32 πένης, poor
33 καταδυναστεύω, *aor act ind 3s*, oppress
34 ἅρπαγμα, spoils, plunder
35 ἁρπάζω, *aor act ind 3s*, seize
36 ἐνεχυρασμός, security, pledge
37 εἴδωλον, image, idol
38 ἀνομία, lawlessness, wrongdoing
39 τόκος, interest
40 πλεονασμός, unjust gain
41 ἀνομία, lawlessness, wrongdoing
42 θανατόω, *fut pas ind 3s*, put to death, kill
43 βιβρώσκω, *perf act ind 3s*, eat
44 ἐνθύμημα, notion, thought
45 πλησίον, companion, neighbor
46 μιαίνω, *aor act ind 3s*, defile
47 καταδυναστεύω, *aor act ind 3s*, oppress

ἐνεχυρασμὸν[1] οὐκ ἐνεχύρασεν[2] καὶ ἅρπαγμα[3] οὐχ ἥρπασεν,[4] τὸν ἄρτον αὐτοῦ τῷ πεινῶντι[5] ἔδωκεν καὶ γυμνὸν[6] περιέβαλεν[7] **17** καὶ ἀπ᾽ ἀδικίας[8] ἀπέστρεψε[9] τὴν χεῖρα αὐτοῦ, τόκον[10] οὐδὲ πλεονασμὸν[11] οὐκ ἔλαβεν, δικαιοσύνην ἐποίησεν καὶ ἐν τοῖς προστάγμασίν[12] μου ἐπορεύθη, οὐ τελευτήσει[13] ἐν ἀδικίαις[14] πατρὸς αὐτοῦ, ζωῇ ζήσεται. **18** ὁ δὲ πατὴρ αὐτοῦ ἐὰν θλίψει[15] θλίψῃ καὶ ἁρπάσῃ[16] ἅρπαγμα,[17] ἐναντία[18] ἐποίησεν ἐν μέσῳ τοῦ λαοῦ μου καὶ ἀποθανεῖται ἐν τῇ ἀδικίᾳ[19] αὐτοῦ.

19 καὶ ἐρεῖτε Τί ὅτι οὐκ ἔλαβεν τὴν ἀδικίαν[20] ὁ υἱὸς τοῦ πατρὸς αὐτοῦ; ὅτι ὁ υἱὸς δικαιοσύνην καὶ ἔλεος[21] ἐποίησεν, πάντα τὰ νόμιμά[22] μου συνετήρησεν[23] καὶ ἐποίησεν αὐτά· ζωῇ ζήσεται. **20** ἡ δὲ ψυχὴ ἡ ἁμαρτάνουσα ἀποθανεῖται· ὁ δὲ υἱὸς οὐ λήμψεται τὴν ἀδικίαν[24] τοῦ πατρὸς αὐτοῦ, οὐδὲ ὁ πατὴρ λήμψεται τὴν ἀδικίαν τοῦ υἱοῦ αὐτοῦ· δικαιοσύνη δικαίου ἐπ᾽ αὐτὸν ἔσται, καὶ ἀνομία[25] ἀνόμου[26] ἐπ᾽ αὐτὸν ἔσται. **21** καὶ ὁ ἄνομος[27] ἐὰν ἀποστρέψῃ[28] ἐκ πασῶν τῶν ἀνομιῶν[29] αὐτοῦ, ὧν ἐποίησεν, καὶ φυλάξηται πάσας τὰς ἐντολάς μου καὶ ποιήσῃ δικαιοσύνην καὶ ἔλεος,[30] ζωῇ ζήσεται, οὐ μὴ ἀποθάνῃ. **22** πάντα τὰ παραπτώματα[31] αὐτοῦ, ὅσα ἐποίησεν, οὐ μνησθήσεται·[32] ἐν τῇ δικαιοσύνῃ αὐτοῦ, ᾗ ἐποίησεν, ζήσεται. **23** μὴ θελήσει[33] θελήσω τὸν θάνατον τοῦ ἀνόμου,[34] λέγει κύριος, ὡς τὸ ἀποστρέψαι[35] αὐτὸν ἐκ τῆς ὁδοῦ τῆς πονηρᾶς καὶ ζῆν αὐτόν; **24** ἐν δὲ τῷ ἀποστρέψαι[36] δίκαιον ἐκ τῆς δικαιοσύνης αὐτοῦ καὶ ποιήσῃ ἀδικίαν[37] κατὰ πάσας τὰς ἀνομίας,[38] ἃς ἐποίησεν ὁ ἄνομος,[39] πᾶσαι αἱ δικαιοσύναι αὐτοῦ, ἃς ἐποίησεν, οὐ μὴ μνησθῶσιν·[40] ἐν τῷ παραπτώματι[41] αὐτοῦ, ᾧ παρέπεσεν,[42] καὶ ἐν ταῖς ἁμαρτίαις αὐτοῦ, αἷς ἥμαρτεν, ἐν αὐταῖς ἀποθανεῖται.

1 ἐνεχυρασμός, security, pledge
2 ἐνεχυράζω, *aor act ind 3s*, force payment of
3 ἅρπαγμα, spoils, plunder
4 ἁρπάζω, *aor act ind 3s*, seize
5 πεινάω, *pres act ptc dat s m*, be hungry
6 γυμνός, bare, naked
7 περιβάλλω, *aor act ind 3s*, clothe
8 ἀδικία, injustice, wrongdoing
9 ἀποστρέφω, *aor act ind 3s*, avert
10 τόκος, interest
11 πλεονασμός, unjust gains
12 πρόσταγμα, command, ordinance
13 τελευτάω, *fut act ind 3s*, die
14 ἀδικία, injustice, wrongdoing
15 θλίβω, *fut mid ind 2s*, afflict
16 ἁρπάζω, *aor act sub 3s*, seize
17 ἅρπαγμα, spoils, plunder
18 ἐναντίος, opposite
19 ἀδικία, injustice, wrongdoing
20 ἀδικία, injustice, wrongdoing
21 ἔλεος, mercy
22 νόμιμος, legal statute
23 συντηρέω, *aor act ind 3s*, keep, observe
24 ἀδικία, injustice, wrongdoing
25 ἀνομία, lawlessness, wrongdoing
26 ἄνομος, lawless
27 ἄνομος, lawless
28 ἀποστρέφω, *aor act sub 3s*, turn away
29 ἀνομία, lawlessness, wrongdoing
30 ἔλεος, mercy
31 παράπτωμα, transgression
32 μιμνήσκομαι, *fut pas ind 3s*, remember
33 θέλησις, desire, will
34 ἄνομος, lawless
35 ἀποστρέφω, *aor act inf*, turn away
36 ἀποστρέφω, *aor act inf*, turn away
37 ἀδικία, injustice, wrongdoing
38 ἀνομία, lawlessness, wrongdoing
39 ἄνομος, lawless
40 μιμνήσκομαι, *aor pas sub 3p*, remember
41 παράπτωμα, transgression
42 παραπίπτω, *aor act ind 3s*, fall away, commit apostasy

25 καὶ εἴπατε Οὐ κατευθύνει[1] ἡ ὁδὸς κυρίου. ἀκούσατε δή,[2] πᾶς οἶκος Ισραηλ· μὴ
ἡ ὁδός μου οὐ κατευθύνει; οὐχὶ ἡ ὁδὸς ὑμῶν οὐ κατευθύνει; **26** ἐν τῷ ἀποστρέψαι[3]
τὸν δίκαιον ἐκ τῆς δικαιοσύνης αὐτοῦ καὶ ποιήσῃ παράπτωμα[4] καὶ ἀποθάνῃ, ἐν τῷ
παραπτώματι, ᾧ ἐποίησεν, ἐν αὐτῷ ἀποθανεῖται. **27** καὶ ἐν τῷ ἀποστρέψαι[5] ἄνομον[6]
ἀπὸ τῆς ἀνομίας[7] αὐτοῦ, ἧς ἐποίησεν, καὶ ποιήσῃ κρίμα[8] καὶ δικαιοσύνην, οὗτος
τὴν ψυχὴν αὐτοῦ ἐφύλαξεν **28** καὶ ἀπέστρεψεν[9] ἐκ πασῶν τῶν ἀσεβειῶν[10] αὐτοῦ,
ὧν ἐποίησεν, ζωῇ ζήσεται, οὐ μὴ ἀποθάνῃ. **29** καὶ λέγουσιν ὁ οἶκος τοῦ Ισραηλ Οὐ
κατορθοῖ[11] ἡ ὁδὸς κυρίου. μὴ ἡ ὁδός μου οὐ κατορθοῖ, οἶκος Ισραηλ; οὐχὶ ἡ ὁδὸς
ὑμῶν οὐ κατορθοῖ; **30** ἕκαστον κατὰ τὴν ὁδὸν αὐτοῦ κρινῶ ὑμᾶς, οἶκος Ισραηλ,
λέγει κύριος· ἐπιστράφητε καὶ ἀποστρέψατε[12] ἐκ πασῶν τῶν ἀσεβειῶν[13] ὑμῶν, καὶ
οὐκ ἔσονται ὑμῖν εἰς κόλασιν[14] ἀδικίας.[15] **31** ἀπορρίψατε[16] ἀπὸ ἑαυτῶν πάσας τὰς
ἀσεβείας[17] ὑμῶν, ἃς ἠσεβήσατε[18] εἰς ἐμέ, καὶ ποιήσατε ἑαυτοῖς καρδίαν καινὴν[19]
καὶ πνεῦμα καινόν· καὶ ἵνα τί ἀποθνῄσκετε, οἶκος Ισραηλ; **32** διότι[20] οὐ θέλω τὸν
θάνατον τοῦ ἀποθνῄσκοντος, λέγει κύριος.

A Lament for the Princes of Israel

19 Καὶ σὺ λαβὲ θρῆνον[21] ἐπὶ τὸν ἄρχοντα τοῦ Ισραηλ **2** καὶ ἐρεῖς

Τί ἡ μήτηρ σου; σκύμνος·[22]
  ἐν μέσῳ λεόντων[23] ἐγενήθη,
  ἐν μέσῳ λεόντων ἐπλήθυνεν[24] σκύμνους αὐτῆς.
3 καὶ ἀπεπήδησεν[25] εἷς τῶν σκύμνων[26] αὐτῆς,
  λέων[27] ἐγένετο
καὶ ἔμαθεν[28] τοῦ ἁρπάζειν[29] ἁρπάγματα,[30]
  ἀνθρώπους ἔφαγεν.

1 κατευθύνω, *pres act ind 3s*, prove correct, keep straight
2 δή, now, then
3 ἀποστρέφω, *aor act inf*, turn away
4 παράπτωμα, transgression
5 ἀποστρέφω, *aor act inf*, turn away
6 ἄνομος, lawless
7 ἀνομία, lawlessness, wrongdoing
8 κρίμα, decision, judgment
9 ἀποστρέφω, *aor act ind 3s*, turn away
10 ἀσέβεια, ungodliness, wickedness
11 κατορθόω, *pres act ind 3s*, make correct
12 ἀποστρέφω, *aor act impv 2p*, turn away
13 ἀσέβεια, ungodliness, wickedness
14 κόλασις, punishment
15 ἀδικία, injustice, wrongdoing
16 ἀπορρίπτω, *aor act impv 2p*, drive off, reject
17 ἀσέβεια, ungodliness, wickedness
18 ἀσεβέω, *aor act ind 2p*, do wickedly
19 καινός, new
20 διότι, for
21 θρῆνος, lamentation
22 σκύμνος, cub
23 λέων, lion
24 πληθύνω, *impf act ind 3s*, multiply
25 ἀποπηδάω, *aor act ind 3s*, go in a hurry
26 σκύμνος, cub
27 λέων, lion
28 μανθάνω, *aor act ind 3s*, learn
29 ἁρπάζω, *pres act inf*, catch
30 ἅρπαγμα, prey

4 καὶ ἤκουσαν κατ᾽ αὐτοῦ ἔθνη,
ἐν τῇ διαφθορᾷ[1] αὐτῶν συνελήμφθη,[2]
καὶ ἤγαγον αὐτὸν ἐν κημῷ[3] εἰς γῆν Αἰγύπτου.
5 καὶ εἶδεν ὅτι ἀπῶσται[4] ἀπ᾽ αὐτῆς
καὶ ἀπώλετο ἡ ὑπόστασις[5] αὐτῆς,
καὶ ἔλαβεν ἄλλον ἐκ τῶν σκύμνων[6] αὐτῆς,
λέοντα[7] ἔταξεν[8] αὐτόν.
6 καὶ ἀνεστρέφετο[9] ἐν μέσῳ λεόντων,[10]
λέων ἐγένετο
καὶ ἔμαθεν[11] ἁρπάζειν[12] ἁρπάγματα,[13]
ἀνθρώπους ἔφαγεν·
7 καὶ ἐνέμετο[14] τῷ θράσει[15] αὐτοῦ
καὶ τὰς πόλεις αὐτῶν ἐξηρήμωσεν[16]
καὶ ἠφάνισεν[17] γῆν καὶ τὸ πλήρωμα[18] αὐτῆς
ἀπὸ φωνῆς ὠρύματος[19] αὐτοῦ.
8 καὶ ἔδωκαν ἐπ᾽ αὐτὸν ἔθνη ἐκ χωρῶν[20] κυκλόθεν[21]
καὶ ἐξεπέτασαν[22] ἐπ᾽ αὐτὸν δίκτυα[23] αὐτῶν,
ἐν διαφθορᾷ[24] αὐτῶν συνελήμφθη·[25]
9 καὶ ἔθεντο αὐτὸν ἐν κημῷ[26] καὶ ἐν γαλεάγρᾳ,[27]
ἦλθεν πρὸς βασιλέα Βαβυλῶνος,
καὶ εἰσήγαγεν[28] αὐτὸν εἰς φυλακήν,
ὅπως μὴ ἀκουσθῇ ἡ φωνὴ αὐτοῦ ἐπὶ τὰ ὄρη τοῦ Ισραηλ.

10 ἡ μήτηρ σου ὡς ἄμπελος,[29]
ὡς ἄνθος[30] ἐν ῥόᾳ[31] ἐν ὕδατι πεφυτευμένη,[32]
ὁ καρπὸς αὐτῆς καὶ ὁ βλαστὸς[33] αὐτῆς
ἐγένετο ἐξ ὕδατος πολλοῦ.

1 διαφθορά, seduction, (trap)
2 συλλαμβάνω, *aor pas ind 3s*, capture
3 κημός, muzzle
4 ἀπωθέω, *perf pas ind 3s*, reject, drive away
5 ὑπόστασις, assurance, expectation
6 σκύμνος, cub
7 λέων, lion
8 τάσσω, *aor act ind 3s*, appoint, assign
9 ἀναστρέφω, *impf pas ind 3s*, stay, carry on
10 λέων, lion
11 μανθάνω, *aor act ind 3s*, learn
12 ἁρπάζω, *pres act inf*, catch
13 ἅρπαγμα, prey
14 νέμω, *impf mid ind 3s*, feed
15 θράσος, confidence, audacity
16 ἐξερημόω, *aor act ind 3s*, devastate
17 ἀφανίζω, *aor act ind 3s*, ruin
18 πλήρωμα, contents
19 ὤρυμα, roaring
20 χώρα, land, country
21 κυκλόθεν, all around
22 ἐκπετάννυμι, *aor act ind 3p*, spread out
23 δίκτυον, net
24 διαφθορά, seduction, (trap)
25 συλλαμβάνω, *aor pas ind 3s*, capture
26 κημός, muzzle
27 γαλεάγρα, cage
28 εἰσάγω, *aor act ind 3s*, bring in
29 ἄμπελος, vine
30 ἄνθος, flower
31 ῥόα, pomegranate tree
32 φυτεύω, *perf pas ptc nom s f*, plant
33 βλαστός, bud, blossom

11 καὶ ἐγένετο αὐτῇ ῥάβδος[1] ἰσχύος[2] ἐπὶ φυλὴν ἡγουμένων,[3]
καὶ ὑψώθη[4] τῷ μεγέθει[5] αὐτῆς ἐν μέσῳ στελεχῶν[6]
καὶ εἶδεν τὸ μέγεθος[7] αὐτῆς
ἐν πλήθει κλημάτων[8] αὐτῆς.
12 καὶ κατεκλάσθη[9] ἐν θυμῷ,[10] ἐπὶ γῆν ἐρρίφη,[11]
καὶ ἄνεμος[12] ὁ καύσων[13] ἐξήρανεν[14] τὰ ἐκλεκτὰ[15] αὐτῆς·
ἐξεδικήθη[16] καὶ ἐξηράνθη[17] ἡ ῥάβδος[18] ἰσχύος[19] αὐτῆς,
πῦρ ἀνήλωσεν[20] αὐτήν.
13 καὶ νῦν πεφύτευκαν[21] αὐτὴν ἐν τῇ ἐρήμῳ,
ἐν γῇ ἀνύδρῳ·[22]
14 καὶ ἐξῆλθεν πῦρ ἐκ ῥάβδου[23] ἐκλεκτῶν[24] αὐτῆς
καὶ κατέφαγεν[25] αὐτήν,
καὶ οὐκ ἦν ἐν αὐτῇ ῥάβδος ἰσχύος.[26]

φυλὴ εἰς παραβολὴν[27] θρήνου[28] ἐστὶν καὶ ἔσται εἰς θρῆνον.

Israel's Continued Rebellion

20 Καὶ ἐγένετο ἐν τῷ ἔτει τῷ ἑβδόμῳ[29] ἐν τῷ πέμπτῳ[30] μηνὶ[31] δεκάτῃ[32] τοῦ μηνὸς
ἦλθον ἄνδρες ἐκ τῶν πρεσβυτέρων οἴκου Ισραηλ ἐπερωτῆσαι[33] τὸν κύριον
καὶ ἐκάθισαν πρὸ προσώπου μου. **2** καὶ ἐγένετο λόγος κυρίου πρός με λέγων **3** Υἱὲ
ἀνθρώπου, λάλησον πρὸς τοὺς πρεσβυτέρους τοῦ Ισραηλ καὶ ἐρεῖς πρὸς αὐτούς
Τάδε[34] λέγει κύριος Εἰ ἐπερωτῆσαί[35] με ὑμεῖς ἔρχεσθε; ζῶ ἐγὼ εἰ ἀποκριθήσομαι
ὑμῖν, λέγει κύριος; **4** εἰ ἐκδικήσω[36] αὐτοὺς ἐκδικήσει;[37] υἱὲ ἀνθρώπου, τὰς ἀνομίας[38]
τῶν πατέρων αὐτῶν διαμάρτυραι[39] αὐτοῖς **5** καὶ ἐρεῖς πρὸς αὐτούς Τάδε[40] λέγει

1 ῥάβδος, scepter, rod
2 ἰσχύς, strength, power
3 ἡγέομαι, *pres mid ptc gen p m*, lead
4 ὑψόω, *aor pas ind 3s*, exalt
5 μέγεθος, trunk
6 στέλεχος, limb
7 μέγεθος, height, size
8 κλῆμα, branch
9 κατακλάω, *aor pas ind 3s*, break off
10 θυμός, anger, wrath
11 ῥίπτω, *aor pas ind 3s*, throw down
12 ἄνεμος, wind
13 καύσων, scorching wind
14 ξηραίνω, *aor act ind 3s*, dry up
15 ἐκλεκτός, select, choice
16 ἐκδικέω, *aor pas ind 3s*, punish
17 ξηραίνω, *aor pas ind 3s*, dry up
18 ῥάβδος, scepter, rod
19 ἰσχύς, strength, power
20 ἀναλίσκω, *aor act ind 3s*, consume
21 φυτεύω, *perf act ind 3p*, plant
22 ἄνυδρος, dry, without water
23 ῥάβδος, scepter, rod
24 ἐκλεκτός, select, choice
25 κατεσθίω, *aor act ind 3s*, consume
26 ἰσχύς, strength, power
27 παραβολή, illustration, proverb
28 θρῆνος, lamentation
29 ἕβδομος, seventh
30 πέμπτος, fifth
31 μήν, month
32 δέκατος, tenth
33 ἐπερωτάω, *aor act inf*, consult
34 ὅδε, this
35 ἐπερωτάω, *aor act inf*, consult
36 ἐκδικέω, *fut act ind 1s*, punish, judge
37 ἐκδίκησις, penalty
38 ἀνομία, lawlessness, wrongdoing
39 διαμαρτύρομαι, *aor mid impv 2s*, bear witness
40 ὅδε, this

κύριος Ἀφ᾽ ἧς ἡμέρας ᾑρέτισα[1] τὸν οἶκον Ισραηλ καὶ ἐγνωρίσθην[2] τῷ σπέρματι οἴκου Ιακωβ καὶ ἐγνώσθην αὐτοῖς ἐν γῇ Αἰγύπτου καὶ ἀντελαβόμην[3] τῇ χειρί μου αὐτῶν λέγων Ἐγὼ κύριος ὁ θεὸς ὑμῶν,
6 ἐν ἐκείνῃ τῇ ἡμέρᾳ ἀντελαβόμην[4] τῇ χειρί μου αὐτῶν τοῦ ἐξαγαγεῖν[5] αὐτοὺς ἐκ γῆς Αἰγύπτου εἰς τὴν γῆν, ἣν ἡτοίμασα αὐτοῖς, γῆν ῥέουσαν[6] γάλα[7] καὶ μέλι,[8] κηρίον[9] ἐστὶν παρὰ πᾶσαν τὴν γῆν.
7 καὶ εἶπα πρὸς αὐτούς Ἕκαστος τὰ βδελύγματα[10] τῶν ὀφθαλμῶν αὐτοῦ ἀπορριψάτω,[11] καὶ ἐν τοῖς ἐπιτηδεύμασιν[12] Αἰγύπτου μὴ μιαίνεσθε·[13] ἐγὼ κύριος ὁ θεὸς ὑμῶν.

8 καὶ ἀπέστησαν[14] ἀπ᾽ ἐμοῦ καὶ οὐκ ἠθέλησαν εἰσακοῦσαί[15] μου, τὰ βδελύγματα[16] τῶν ὀφθαλμῶν αὐτῶν οὐκ ἀπέρριψαν[17] καὶ τὰ ἐπιτηδεύματα[18] Αἰγύπτου οὐκ ἐγκατέλιπον.[19] καὶ εἶπα τοῦ ἐκχέαι[20] τὸν θυμόν[21] μου ἐπ᾽ αὐτοὺς τοῦ συντελέσαι[22] τὴν ὀργήν μου ἐν αὐτοῖς ἐν μέσῳ γῆς Αἰγύπτου.
9 καὶ ἐποίησα ὅπως τὸ ὄνομά μου τὸ παράπαν[23] μὴ βεβηλωθῇ[24] ἐνώπιον τῶν ἐθνῶν, ὧν αὐτοί εἰσιν ἐν μέσῳ αὐτῶν, ἐν οἷς ἐγνώσθην πρὸς αὐτοὺς ἐνώπιον αὐτῶν τοῦ ἐξαγαγεῖν[25] αὐτοὺς ἐκ γῆς Αἰγύπτου.
10 καὶ ἐξήγαγον[26] αὐτοὺς ἐκ γῆς Αἰγύπτου καὶ ἤγαγον αὐτοὺς εἰς τὴν ἔρημον **11** καὶ ἔδωκα αὐτοῖς τὰ προστάγματά[27] μου καὶ τὰ δικαιώματά[28] μου ἐγνώρισα[29] αὐτοῖς, ὅσα ποιήσει αὐτὰ ἄνθρωπος καὶ ζήσεται ἐν αὐτοῖς.
12 καὶ τὰ σάββατά μου ἔδωκα αὐτοῖς τοῦ εἶναι εἰς σημεῖον ἀνὰ μέσον[30] ἐμοῦ καὶ ἀνὰ μέσον αὐτῶν τοῦ γνῶναι αὐτοὺς διότι[31] ἐγὼ κύριος ὁ ἁγιάζων[32] αὐτούς.

13 καὶ εἶπα πρὸς τὸν οἶκον τοῦ Ισραηλ ἐν τῇ ἐρήμῳ Ἐν τοῖς προστάγμασίν[33] μου πορεύεσθε. καὶ οὐκ ἐπορεύθησαν καὶ τὰ δικαιώματά[34] μου ἀπώσαντο,[35] ἃ ποιήσει αὐτὰ ἄνθρωπος καὶ ζήσεται ἐν αὐτοῖς, καὶ τὰ σάββατά μου ἐβεβήλωσαν[36] σφόδρα.[37]

1 αἱρετίζω, *aor act ind 1s*, choose
2 γνωρίζω, *aor pas ind 1s*, declare
3 ἀντιλαμβάνομαι, *aor mid ind 1s*, assist, take hold of
4 ἀντιλαμβάνομαι, *aor mid ind 1s*, assist, take hold of
5 ἐξάγω, *aor act inf*, lead out
6 ῥέω, *pres act ptc acc s f*, flow
7 γάλα, milk
8 μέλι, honey
9 κηρίον, honeycomb
10 βδέλυγμα, abomination
11 ἀπορρίπτω, *aor act impv 3s*, cast away
12 ἐπιτήδευμα, habit, practice
13 μιαίνω, *pres mid impv 2p*, pollute, defile
14 ἀφίστημι, *aor act ind 3p*, rebel
15 εἰσακούω, *aor act inf*, listen to
16 βδέλυγμα, abomination
17 ἀπορρίπτω, *aor act ind 3p*, cast away
18 ἐπιτήδευμα, habit, practice
19 ἐγκαταλείπω, *aor act ind 3p*, give up, abandon
20 ἐκχέω, *aor act inf*, pour out
21 θυμός, anger, wrath
22 συντελέω, *aor act inf*, use up, exhaust
23 παράπαν, completely, totally
24 βεβηλόω, *aor pas sub 3s*, profane, defile
25 ἐξάγω, *aor act inf*, lead out
26 ἐξάγω, *aor act ind 1s*, lead out
27 πρόσταγμα, command, ordinance
28 δικαίωμα, decree, rule
29 γνωρίζω, *aor act ind 1s*, declare
30 ἀνὰ μέσον, between
31 διότι, for
32 ἁγιάζω, *pres act ptc nom s m*, make holy, sanctify
33 πρόσταγμα, command, ordinance
34 δικαίωμα, decree, rule
35 ἀπωθέω, *aor mid ind 3p*, reject
36 βεβηλόω, *aor act ind 3p*, profane, defile
37 σφόδρα, severely, drastically

καὶ εἶπα τοῦ ἐκχέαι[1] τὸν θυμόν[2] μου ἐπ᾽ αὐτοὺς ἐν τῇ ἐρήμῳ τοῦ ἐξαναλῶσαι[3] αὐτούς.
14 καὶ ἐποίησα ὅπως τὸ ὄνομά μου τὸ παράπαν[4] μὴ βεβηλωθῇ[5] ἐνώπιον τῶν ἐθνῶν, ὧν
ἐξήγαγον[6] αὐτοὺς κατ᾽ ὀφθαλμοὺς αὐτῶν. **15** καὶ ἐγὼ ἐξῆρα[7] τὴν χεῖρά μου ἐπ᾽ αὐτοὺς
ἐν τῇ ἐρήμῳ τὸ παράπαν[8] τοῦ μὴ εἰσαγαγεῖν[9] αὐτοὺς εἰς τὴν γῆν, ἣν ἔδωκα αὐτοῖς,
γῆν ῥέουσαν[10] γάλα[11] καὶ μέλι,[12] κηρίον[13] ἐστὶν παρὰ πᾶσαν τὴν γῆν, **16** ἀνθ᾽ ὧν[14] τὰ
δικαιώματά[15] μου ἀπώσαντο[16] καὶ ἐν τοῖς προστάγμασίν[17] μου οὐκ ἐπορεύθησαν ἐν
αὐτοῖς καὶ τὰ σάββατά μου ἐβεβήλουν[18] καὶ ὀπίσω τῶν ἐνθυμημάτων[19] τῶν καρδιῶν
αὐτῶν ἐπορεύοντο. **17** καὶ ἐφείσατο[20] ὁ ὀφθαλμός μου ἐπ᾽ αὐτοὺς τοῦ ἐξαλεῖψαι[21]
αὐτοὺς καὶ οὐκ ἐποίησα αὐτοὺς εἰς συντέλειαν[22] ἐν τῇ ἐρήμῳ.

18 καὶ εἶπα πρὸς τὰ τέκνα αὐτῶν ἐν τῇ ἐρήμῳ Ἐν τοῖς νομίμοις[23] τῶν πατέρων ὑμῶν
μὴ πορεύεσθε καὶ τὰ δικαιώματα[24] αὐτῶν μὴ φυλάσσεσθε καὶ ἐν τοῖς ἐπιτηδεύμασιν[25]
αὐτῶν μὴ συναναμίσγεσθε[26] καὶ μὴ μιαίνεσθε·[27] **19** ἐγὼ κύριος ὁ θεὸς ὑμῶν, ἐν τοῖς
προστάγμασίν[28] μου πορεύεσθε καὶ τὰ δικαιώματά[29] μου φυλάσσεσθε καὶ ποιεῖτε
αὐτὰ **20** καὶ τὰ σάββατά μου ἁγιάζετε,[30] καὶ ἔστω εἰς σημεῖον ἀνὰ μέσον[31] ἐμοῦ καὶ
ὑμῶν τοῦ γινώσκειν διότι[32] ἐγὼ κύριος ὁ θεὸς ὑμῶν. **21** καὶ παρεπίκρανάν[33] με καὶ
τὰ τέκνα αὐτῶν, ἐν τοῖς προστάγμασίν[34] μου οὐκ ἐπορεύθησαν, καὶ τὰ δικαιώματά[35]
μου οὐκ ἐφυλάξαντο τοῦ ποιεῖν αὐτά, ἃ ποιήσει ἄνθρωπος καὶ ζήσεται ἐν αὐτοῖς,
καὶ τὰ σάββατά μου ἐβεβήλουν.[36] καὶ εἶπα τοῦ ἐκχέαι[37] τὸν θυμόν[38] μου ἐπ᾽ αὐτοὺς
ἐν τῇ ἐρήμῳ τοῦ συντελέσαι[39] τὴν ὀργήν μου ἐπ᾽ αὐτούς·

22 καὶ ἐποίησα ὅπως τὸ ὄνομά μου τὸ παράπαν[40] μὴ βεβηλωθῇ[41] ἐνώπιον τῶν
ἐθνῶν, ὧν ἐξήγαγον[42] αὐτοὺς κατ᾽ ὀφθαλμοὺς αὐτῶν. **23** καὶ ἐξῆρα[43] τὴν χεῖρά μου

1 ἐκχέω, *aor act inf*, pour out
2 θυμός, anger, wrath
3 ἐξαναλίσκω, *aor act inf*, completely destroy
4 παράπαν, completely, totally
5 βεβηλόω, *aor pas sub 3s*, profane, defile
6 ἐξάγω, *aor act ind 1s*, lead out
7 ἐξαίρω, *aor act ind 1s*, lift up
8 παράπαν, fully, completely
9 εἰσάγω, *aor act inf*, bring in
10 ῥέω, *pres act ptc acc s f*, flow
11 γάλα, milk
12 μέλι, honey
13 κηρίον, honeycomb
14 ἀνθ᾽ ὧν, since
15 δικαίωμα, decree, rule
16 ἀπωθέω, *aor mid ind 3p*, reject
17 πρόσταγμα, command, ordinance
18 βεβηλόω, *impf act ind 3p*, profane, defile
19 ἐνθύμημα, notion, imagination
20 φείδομαι, *aor mid ind 3s*, refrain, hold back
21 ἐξαλείφω, *aor act inf*, destroy
22 συντέλεια, conclusion, destruction
23 νόμιμος, custom, procedure
24 δικαίωμα, decree, rule
25 ἐπιτήδευμα, habit, practice
26 συναναμίσγω, *pres mid impv 2p*, associate with
27 μιαίνω, *pres mid impv 2p*, pollute, defile
28 πρόσταγμα, command, ordinance
29 δικαίωμα, decree, rule
30 ἁγιάζω, *pres act impv 2p*, make holy, sanctify
31 ἀνὰ μέσον, between
32 διότι, for
33 παραπικραίνω, *aor act ind 3p*, make angry
34 πρόσταγμα, command, ordinance
35 δικαίωμα, decree, rule
36 βεβηλόω, *impf act ind 3p*, profane, defile
37 ἐκχέω, *aor act inf*, pour out
38 θυμός, anger, wrath
39 συντελέω, *aor act inf*, exhaust, use up
40 παράπαν, at all, whatsoever
41 βεβηλόω, *aor pas sub 3s*, profane, defile
42 ἐξάγω, *aor act ind 1s*, lead out
43 ἐξαίρω, *aor act ind 1s*, lift up

ἐπ᾽ αὐτοὺς ἐν τῇ ἐρήμῳ τοῦ διασκορπίσαι[1] αὐτοὺς ἐν τοῖς ἔθνεσιν καὶ διασπεῖ-
ραι[2] αὐτοὺς ἐν ταῖς χώραις,[3] **24** ἀνθ᾽ ὧν[4] τὰ δικαιώματά[5] μου οὐκ ἐποίησαν καὶ τὰ
προστάγματάς[6] μου ἀπώσαντο[7] καὶ τὰ σάββατά μου ἐβεβήλουν,[8] καὶ ὀπίσω τῶν
ἐνθυμημάτων[9] τῶν πατέρων αὐτῶν ἦσαν οἱ ὀφθαλμοὶ αὐτῶν. **25** καὶ ἐγὼ ἔδωκα
αὐτοῖς προστάγματα[10] οὐ καλὰ καὶ δικαιώματα[11] ἐν οἷς οὐ ζήσονται ἐν αὐτοῖς. **26** καὶ
μιανῶ[12] αὐτοὺς ἐν τοῖς δόμασιν[13] αὐτῶν ἐν τῷ διαπορεύεσθαί[14] με πᾶν διανοῖγον[15]
μήτραν[16] ὅπως ἀφανίσω[17] αὐτούς.

27 Διὰ τοῦτο λάλησον πρὸς τὸν οἶκον τοῦ Ισραηλ, υἱὲ ἀνθρώπου, καὶ ἐρεῖς πρὸς
αὐτούς Τάδε[18] λέγει κύριος Ἕως τούτου παρώργισάν[19] με οἱ πατέρες ὑμῶν ἐν τοῖς
παραπτώμασιν[20] αὐτῶν, ἐν οἷς παρέπεσον[21] εἰς ἐμέ. **28** καὶ εἰσήγαγον[22] αὐτοὺς εἰς
τὴν γῆν, ἣν ἦρα τὴν χεῖρά μου τοῦ δοῦναι αὐτοῖς, καὶ εἶδον πᾶν βουνὸν[23] ὑψηλὸν[24]
καὶ πᾶν ξύλον[25] κατάσκιον[26] καὶ ἔθυσαν[27] ἐκεῖ τοῖς θεοῖς αὐτῶν καὶ ἔταξαν[28] ἐκεῖ
ὀσμὴν[29] εὐωδίας[30] καὶ ἔσπεισαν[31] ἐκεῖ σπονδὰς[32] αὐτῶν. **29** καὶ εἶπον πρὸς αὐτούς
Τί ἐστιν Αβαμα, ὅτι ὑμεῖς εἰσπορεύεσθε[33] ἐκεῖ; καὶ ἐπεκάλεσαν[34] τὸ ὄνομα αὐτοῦ
Αβαμα ἕως τῆς σήμερον ἡμέρας. **30** διὰ τοῦτο εἰπὸν πρὸς τὸν οἶκον τοῦ Ισραηλ
Τάδε[35] λέγει κύριος Εἰ ἐν ταῖς ἀνομίαις[36] τῶν πατέρων ὑμῶν ὑμεῖς μιαίνεσθε[37] καὶ
ὀπίσω τῶν βδελυγμάτων[38] αὐτῶν ὑμεῖς ἐκπορνεύετε;[39] **31** καὶ ἐν ταῖς ἀπαρχαῖς[40] τῶν
δομάτων[41] ὑμῶν ἐν τοῖς ἀφορισμοῖς[42] ὑμεῖς μιαίνεσθε[43] ἐν πᾶσιν τοῖς ἐνθυμήμασιν[44]
ὑμῶν ἕως τῆς σήμερον ἡμέρας. καὶ ἐγὼ ἀποκριθῶ ὑμῖν, οἶκος τοῦ Ισραηλ; ζῶ ἐγώ,
λέγει κύριος, εἰ ἀποκριθήσομαι ὑμῖν, καὶ εἰ ἀναβήσεται ἐπὶ τὸ πνεῦμα ὑμῶν τοῦτο.

1 διασκορπίζω, *aor act inf*, disperse
2 διασπείρω, *aor act inf*, scatter
3 χώρα, country, land
4 ἀνθ᾽ ὧν, since
5 δικαίωμα, decree, rule
6 πρόσταγμα, command, ordinance
7 ἀπωθέω, *aor mid ind 3p*, reject
8 βεβηλόω, *impf act ind 3p*, profane, defile
9 ἐνθύμημα, notion, imagination
10 πρόσταγμα, command, ordinance
11 δικαίωμα, decree, rule
12 μιαίνω, *fut act ind 1s*, pollute, defile
13 δόμα, gift
14 διαπορεύομαι, *pres mid inf*, go through
15 διανοίγω, *pres act ptc acc s n*, open up
16 μήτρα, womb
17 ἀφανίζω, *aor act sub 1s*, eradicate
18 ὅδε, this
19 παροργίζω, *aor act ind 3p*, make angry
20 παράπτωμα, transgression
21 παραπίπτω, *aor act ind 3p*, commit apostasy
22 εἰσάγω, *aor act ind 1s*, bring in
23 βουνός, hill
24 ὑψηλός, high
25 ξύλον, tree
26 κατάσκιος, shady
27 θύω, *aor act ind 3p*, sacrifice
28 τάσσω, *aor act ind 3p*, put in place, arrange
29 ὀσμή, smell
30 εὐωδία, sweet fragrance
31 σπένδω, *aor act ind 3p*, pour out
32 σπονδή, drink offering
33 εἰσπορεύομαι, *pres mid impv 2p*, go in
34 ἐπικαλέω, *aor act ind 3p*, call upon
35 ὅδε, this
36 ἀνομία, lawlessness, wrongdoing
37 μιαίνω, *pres mid impv 2p*, pollute, defile
38 βδέλυγμα, abomination
39 ἐκπορνεύω, *pres act ind 2p*, commit fornication
40 ἀπαρχή, first portion
41 δόμα, gift
42 ἀφορισμός, (special offering)
43 μιαίνω, *pres mid impv 2p*, pollute, defile
44 ἐνθύμημα, notion, imagination

Promise of Restoration

32 καὶ οὐκ ἔσται ὃν τρόπον[1] ὑμεῖς λέγετε Ἐσόμεθα ὡς τὰ ἔθνη καὶ ὡς αἱ φυλαὶ
τῆς γῆς τοῦ λατρεύειν[2] ξύλοις[3] καὶ λίθοις. **33** διὰ τοῦτο ζῶ ἐγώ, λέγει κύριος, ἐν
χειρὶ κραταιᾷ[4] καὶ ἐν βραχίονι[5] ὑψηλῷ[6] καὶ ἐν θυμῷ[7] κεχυμένῳ[8] βασιλεύσω[9] ἐφ᾽
ὑμᾶς· **34** καὶ ἐξάξω[10] ὑμᾶς ἐκ τῶν λαῶν καὶ εἰσδέξομαι[11] ὑμᾶς ἐκ τῶν χωρῶν,[12] οὗ
διεσκορπίσθητε[13] ἐν αὐταῖς, ἐν χειρὶ κραταιᾷ[14] καὶ ἐν βραχίονι[15] ὑψηλῷ[16] καὶ ἐν
θυμῷ[17] κεχυμένῳ·[18] **35** καὶ ἄξω ὑμᾶς εἰς τὴν ἔρημον τῶν λαῶν καὶ διακριθήσομαι[19]
πρὸς ὑμᾶς ἐκεῖ πρόσωπον κατὰ πρόσωπον. **36** ὃν τρόπον[20] διεκρίθην[21] πρὸς τοὺς
πατέρας ὑμῶν ἐν τῇ ἐρήμῳ γῆς Αἰγύπτου, οὕτως κρινῶ ὑμᾶς, λέγει κύριος· **37** καὶ
διάξω[22] ὑμᾶς ὑπὸ τὴν ῥάβδον[23] μου καὶ εἰσάξω[24] ὑμᾶς ἐν ἀριθμῷ[25] **38** καὶ ἐκλέξω[26]
ἐξ ὑμῶν τοὺς ἀσεβεῖς[27] καὶ τοὺς ἀφεστηκότας,[28] διότι[29] ἐκ τῆς παροικεσίας[30] αὐτῶν
ἐξάξω[31] αὐτούς, καὶ εἰς τὴν γῆν τοῦ Ισραηλ οὐκ εἰσελεύσονται· καὶ ἐπιγνώσεσθε
διότι[32] ἐγὼ κύριος.

39 καὶ ὑμεῖς, οἶκος Ισραηλ, τάδε[33] λέγει κύριος κύριος Ἕκαστος τὰ ἐπιτηδεύματα[34]
αὐτοῦ ἐξάρατε·[35] καὶ μετὰ ταῦτα εἰ μὴ ὑμεῖς εἰσακούετέ[36] μου καὶ τὸ ὄνομά μου τὸ
ἅγιον οὐ βεβηλώσετε[37] οὐκέτι ἐν τοῖς δώροις[38] ὑμῶν καὶ ἐν τοῖς ἐπιτηδεύμασιν ὑμῶν·
40 διότι[39] ἐπὶ τοῦ ὄρους τοῦ ἁγίου μου, ἐπ᾽ ὄρους ὑψηλοῦ,[40] λέγει κύριος κύριος,
ἐκεῖ δουλεύσουσίν[41] μοι πᾶς οἶκος Ισραηλ εἰς τέλος, καὶ ἐκεῖ προσδέξομαι[42] καὶ ἐκεῖ
ἐπισκέψομαι[43] τὰς ἀπαρχὰς[44] ὑμῶν καὶ τὰς ἀπαρχὰς τῶν ἀφορισμῶν[45] ὑμῶν ἐν πᾶσιν

1 ὃν τρόπον, in the way that
2 λατρεύω, *pres act inf*, serve, worship
3 ξύλον, wood
4 κραταιός, mighty, strong
5 βραχίων, arm
6 ὑψηλός, high, upraised
7 θυμός, anger, wrath
8 χέω, *perf pas ptc dat s m*, pour out
9 βασιλεύω, *fut act ind 1s*, reign as king
10 ἐξάγω, *fut act ind 1s*, lead out
11 εἰσδέχομαι, *fut mid ind 1s*, bring in
12 χώρα, country, land
13 διασκορπίζω, *aor pas ind 2p*, disperse
14 κραταιός, mighty, strong
15 βραχίων, arm
16 ὑψηλός, high, upraised
17 θυμός, anger, wrath
18 χέω, *perf pas ptc dat s m*, pour out
19 διακρίνω, *fut pas ind 1s*, give judgment
20 ὃν τρόπον, in the way that
21 διακρίνω, *aor pas ind 1s*, give judgment
22 διάγω, *fut act ind 1s*, maintain, keep
23 ῥάβδος, scepter, rod
24 εἰσάγω, *fut act ind 1s*, bring in
25 ἀριθμός, number
26 ἐκλέγω, *fut act ind 1s*, choose
27 ἀσεβής, ungodly, wicked
28 ἀφίστημι, *perf act ptc acc p m*, draw away
29 διότι, for
30 παροικεσία, temporary stay, status as a noncitizen
31 ἐξάγω, *fut act ind 1s*, bring out
32 διότι, for
33 ὅδε, this
34 ἐπιτήδευμα, habit, practice
35 ἐξαίρω, *aor act impv 2p*, do away with
36 εἰσακούω, *pres act ind 2p*, listen to
37 βεβηλόω, *fut act ind 2p*, profane, defile
38 δῶρον, gift
39 διότι, for
40 ὑψηλός, high
41 δουλεύω, *fut act ind 3p*, serve
42 προσδέχομαι, *fut mid ind 1s*, receive, welcome
43 ἐπισκέπτομαι, *fut mid ind 1s*, look at, examine
44 ἀπαρχή, first portion
45 ἀφορισμός, (special offering)

τοῖς ἁγιάσμασιν[1] ὑμῶν· **41** ἐν ὀσμῇ[2] εὐωδίας[3] προσδέξομαι[4] ὑμᾶς ἐν τῷ ἐξαγαγεῖν[5] με ὑμᾶς ἐκ τῶν λαῶν καὶ εἰσδέχεσθαι[6] ὑμᾶς ἐκ τῶν χωρῶν,[7] ἐν αἷς διεσκορπίσθητε[8] ἐν αὐταῖς, καὶ ἁγιασθήσομαι[9] ἐν ὑμῖν κατ᾽ ὀφθαλμοὺς τῶν λαῶν. **42** καὶ ἐπιγνώσεσθε διότι[10] ἐγὼ κύριος ἐν τῷ εἰσαγαγεῖν[11] με ὑμᾶς εἰς τὴν γῆν τοῦ Ισραηλ εἰς τὴν γῆν, εἰς ἣν ἦρα τὴν χεῖρά μου τοῦ δοῦναι αὐτὴν τοῖς πατράσιν ὑμῶν. **43** καὶ μνησθήσεσθε[12] ἐκεῖ τὰς ὁδοὺς ὑμῶν καὶ τὰ ἐπιτηδεύματα[13] ὑμῶν, ἐν οἷς ἐμιαίνεσθε[14] ἐν αὐτοῖς, καὶ κόψεσθε[15] τὰ πρόσωπα ὑμῶν ἐν πάσαις ταῖς κακίαις[16] ὑμῶν. **44** καὶ ἐπιγνώσεσθε διότι[17] ἐγὼ κύριος ἐν τῷ ποιῆσαί με οὕτως ὑμῖν ὅπως τὸ ὄνομά μου μὴ βεβηλωθῇ[18] κατὰ τὰς ὁδοὺς ὑμῶν τὰς κακὰς καὶ κατὰ τὰ ἐπιτηδεύματα[19] ὑμῶν τὰ διεφθαρμένα,[20] λέγει κύριος.

Babylon as the Lord's Sword of Judgment

21 Καὶ ἐγένετο λόγος κυρίου πρός με λέγων **2** Υἱὲ ἀνθρώπου, στήρισον[21] τὸ πρόσωπόν σου ἐπὶ Θαιμαν καὶ ἐπίβλεψον[22] ἐπὶ Δαρωμ καὶ προφήτευσον[23] ἐπὶ δρυμὸν[24] ἡγούμενον[25] Ναγεβ **3** καὶ ἐρεῖς τῷ δρυμῷ[26] Ναγεβ Ἄκουε λόγον κυρίου Τάδε[27] λέγει κύριος κύριος Ἰδοὺ ἐγὼ ἀνάπτω[28] ἐν σοὶ πῦρ, καὶ καταφάγεται[29] ἐν σοὶ πᾶν ξύλον[30] χλωρὸν[31] καὶ πᾶν ξύλον ξηρόν,[32] οὐ σβεσθήσεται[33] ἡ φλὸξ[34] ἡ ἐξαφθεῖσα,[35] καὶ κατακαυθήσεται[36] ἐν αὐτῇ πᾶν πρόσωπον ἀπὸ ἀπηλιώτου[37] ἕως βορρᾶ·[38] **4** καὶ ἐπιγνώσονται πᾶσα σὰρξ ὅτι ἐγὼ κύριος ἐξέκαυσα[39] αὐτό, καὶ οὐ σβεσθήσεται.[40] **5** καὶ εἶπα Μηδαμῶς,[41] κύριε κύριε· αὐτοὶ λέγουσιν πρός με Οὐχὶ παραβολή[42] ἐστιν λεγομένη αὕτη;

1 ἁγίασμα, sanctuary
2 ὀσμή, smell
3 εὐωδία, sweet fragrance
4 προσδέχομαι, *fut mid ind 1s*, receive, welcome
5 ἐξάγω, *aor act inf*, lead out
6 εἰσδέχομαι, *pres mid inf*, take in
7 χώρα, country, land
8 διασκορπίζω, *aor pas ind 2p*, disperse
9 ἁγιάζω, *fut pas ind 1s*, make holy, sanctify
10 διότι, for
11 εἰσάγω, *aor act inf*, bring in
12 μιμνήσκομαι, *fut pas ind 2p*, recall, remember
13 ἐπιτήδευμα, habit, practice
14 μιαίνω, *impf mid ind 2p*, pollute, defile
15 κόπτω, *fut mid ind 2p*, hit, strike
16 κακία, evil, wickedness
17 διότι, that
18 βεβηλόω, *aor pas sub 3s*, profane, defile
19 ἐπιτήδευμα, habit, practice
20 διαφθείρω, *perf pas ptc acc p n*, spoil, corrupt
21 στηρίζω, *aor act impv 2s*, fix, set
22 ἐπιβλέπω, *aor act impv 2s*, look closely
23 προφητεύω, *aor act impv 2s*, prophesy
24 δρυμός, forest
25 ἡγέομαι, *pres mid ptc acc s m*, be (most) prominent
26 δρυμός, forest
27 ὅδε, this
28 ἀνάπτω, *pres act ind 1s*, light, kindle
29 κατεσθίω, *fut mid ind 3s*, consume
30 ξύλον, tree
31 χλωρός, green
32 ξηρός, dry
33 σβέννυμι, *fut pas ind 3s*, extinguish
34 φλόξ, flame
35 ἐξάπτω, *aor pas ptc nom s f*, flame, flare
36 κατακαίω, *fut pas ind 3s*, completely burn, torch
37 ἀπηλιώτης, east
38 βορρᾶς, north
39 ἐκκαίω, *aor act ind 1s*, light up, set on fire
40 σβέννυμι, *fut pas ind 3s*, quench
41 μηδαμῶς, certainly not
42 παραβολή, illustration, proverb

6 καὶ ἐγένετο λόγος κυρίου πρός με λέγων **7** Διὰ τοῦτο προφήτευσον,[1] υἱὲ ἀνθρώ-
που, καὶ στήρισον[2] τὸ πρόσωπόν σου ἐπὶ Ιερουσαλημ καὶ ἐπίβλεψον[3] ἐπὶ τὰ ἅγια
αὐτῶν καὶ προφητεύσεις[4] ἐπὶ τὴν γῆν τοῦ Ισραηλ **8** καὶ ἐρεῖς πρὸς τὴν γῆν τοῦ
Ισραηλ Ἰδοὺ ἐγὼ πρὸς σὲ καὶ ἐκσπάσω[5] τὸ ἐγχειρίδιόν[6] μου ἐκ τοῦ κολεοῦ[7] αὐτοῦ
καὶ ἐξολεθρεύσω[8] ἐκ σοῦ ἄδικον[9] καὶ ἄνομον·[10] **9** ἀνθ᾽ ὧν[11] ἐξολεθρεύσω[12] ἐκ σοῦ
ἄδικον[13] καὶ ἄνομον,[14] οὕτως ἐξελεύσεται τὸ ἐγχειρίδιόν[15] μου ἐκ τοῦ κολεοῦ[16]
αὐτοῦ ἐπὶ πᾶσαν σάρκα ἀπὸ ἀπηλιώτου[17] ἕως βορρᾶ·[18] **10** καὶ ἐπιγνώσεται πᾶσα
σὰρξ διότι[19] ἐγὼ κύριος ἐξέσπασα[20] τὸ ἐγχειρίδιόν[21] μου ἐκ τοῦ κολεοῦ[22] αὐτοῦ, καὶ
οὐκ ἀποστρέψει[23] οὐκέτι. **11** καὶ σύ, υἱὲ ἀνθρώπου, καταστέναξον[24] ἐν συντριβῇ[25]
ὀσφύος[26] σου καὶ ἐν ὀδύναις[27] στενάξεις[28] κατ᾽ ὀφθαλμοὺς αὐτῶν. **12** καὶ ἔσται ἐὰν
εἴπωσιν πρὸς σέ Ἕνεκα[29] τίνος σὺ στενάζεις;[30] καὶ ἐρεῖς Ἐπὶ τῇ ἀγγελίᾳ,[31] διότι[32]
ἔρχεται, καὶ θραυσθήσεται[33] πᾶσα καρδία, καὶ πᾶσαι χεῖρες παραλυθήσονται,[34] καὶ
ἐκψύξει[35] πᾶσα σὰρξ καὶ πᾶν πνεῦμα, καὶ πάντες μηροὶ[36] μολυνθήσονται[37] ὑγρασίᾳ·[38]
ἰδοὺ ἔρχεται καὶ ἔσται, λέγει κύριος κύριος.

13 καὶ ἐγένετο λόγος κυρίου πρός με λέγων **14** Υἱὲ ἀνθρώπου, προφήτευσον[39] καὶ
ἐρεῖς Τάδε[40] λέγει κύριος Εἰπόν

Ῥομφαία[41] ῥομφαία, ὀξύνου[42] καὶ θυμώθητι,[43]
15 ὅπως σφάξῃς[44] σφάγια,[45]

1 προφητεύω, *aor act impv 2s*, prophesy
2 στηρίζω, *aor act impv 2s*, fix, set
3 ἐπιβλέπω, *aor act impv 2s*, look closely
4 προφητεύω, *fut act ind 2s*, prophesy
5 ἐκσπάω, *fut act ind 1s*, draw out
6 ἐγχειρίδιον, dagger
7 κολεός, sheath
8 ἐξολεθρεύω, *fut act ind 1s*, utterly destroy
9 ἄδικος, unjust
10 ἄνομος, lawless
11 ἀνθ᾽ ὧν, since
12 ἐξολεθρεύω, *fut act ind 1s*, utterly destroy
13 ἄδικος, unjust
14 ἄνομος, lawless
15 ἐγχειρίδιον, dagger
16 κολεός, sheath
17 ἀπηλιώτης, east
18 βορρᾶς, north
19 διότι, that
20 ἐκσπάω, *aor act ind 1s*, draw out
21 ἐγχειρίδιον, dagger
22 κολεός, sheath
23 ἀποστρέφω, *fut act ind 3s*, turn away
24 καταστενάζω, *aor act impv 2s*, sigh
25 συντριβή, destruction
26 ὀσφύς, (offspring)
27 ὀδύνη, pain, grief
28 στενάζω, *fut act ind 2s*, groan, lament
29 ἕνεκα, on account of
30 στενάζω, *pres act ind 2s*, groan, lament
31 ἀγγελία, news, report
32 διότι, that
33 θραύω, *fut pas ind 3s*, break, shatter
34 παραλύω, *fut pas ind 3p*, disable, weaken
35 ἐκψύχω, *fut act ind 3s*, expire, perish
36 μηρός, thigh
37 μολύνω, *fut pas ind 3p*, stain
38 ὑγρασία, (urine)
39 προφητεύω, *aor act impv 2s*, prophesy
40 ὅδε, this
41 ῥομφαία, sword
42 ὀξύνω, *pres pas impv 2s*, sharpen
43 θυμόω, *aor pas impv 2s*, be aggressive
44 σφάζω, *aor act sub 2s*, slay
45 σφάγιον, victim

ὀξύνου[1] ὅπως γένῃ εἰς στίλβωσιν,[2]
ἑτοίμη[3] εἰς παράλυσιν[4]
σφάζε[5] ἐξουδένει[6] ἀπωθοῦ[7] πᾶν ξύλον.[8]
16 καὶ ἔδωκεν αὐτὴν ἑτοίμην[9] τοῦ κρατεῖν χεῖρα αὐτοῦ·
ἐξηκονήθη[10] ῥομφαία,[11]
ἔστιν ἑτοίμη[12] τοῦ δοῦναι αὐτὴν εἰς χεῖρα ἀποκεντοῦντος.[13]
17 ἀνάκραγε[14] καὶ ὀλόλυξον,[15] υἱὲ ἀνθρώπου,
ὅτι αὐτὴ ἐγένετο ἐν τῷ λαῷ μου,
αὐτὴ ἐν πᾶσιν τοῖς ἀφηγουμένοις[16] τοῦ Ισραηλ·
παροικήσουσιν[17] ἐπὶ ῥομφαίᾳ,[18]
ἐγένετο ἐν τῷ λαῷ μου·
διὰ τοῦτο κρότησον[19] ἐπὶ τὴν χεῖρά σου.

18 ὅτι δεδικαίωται·
καὶ τί, εἰ καὶ φυλὴ ἀπώσθη;[20]
οὐκ ἔσται, λέγει κύριος κύριος.
19 καὶ σύ, υἱὲ ἀνθρώπου, προφήτευσον[21]
καὶ κρότησον[22] χεῖρα ἐπὶ χεῖρα
καὶ διπλασίασον[23] ῥομφαίαν·[24]
ἡ τρίτη ῥομφαία τραυματιῶν[25]
ἐστιν ῥομφαία τραυματιῶν ἡ μεγάλη
καὶ ἐκστήσει[26] αὐτούς,
20 ὅπως θραυσθῇ[27] ἡ καρδία
καὶ πληθυνθῶσιν[28] οἱ ἀσθενοῦντες[29] ἐπὶ πᾶσαν πύλην[30] αὐτῶν·

1 ὀξύνω, *pres pas impv 2s*, sharpen
2 στίλβωσις, glinting, gleaming
3 ἕτοιμος, ready
4 παράλυσις, destruction
5 σφάζω, *pres act impv 2s*, slay
6 ἐξουδενέω, *pres act impv 2s*, bring to nothing
7 ἀπωθέω, *pres mid impv 2s*, drive off
8 ξύλον, tree
9 ἕτοιμος, ready
10 ἐξακονάω, *aor pas ind 3s*, finely sharpen
11 ῥομφαία, sword
12 ἕτοιμος, ready
13 ἀποκεντέω, *pres act ptc gen s m*, pierce
14 ἀνακράζω, *pres act impv 2s*, cry out
15 ὀλολύζω, *aor act impv 2s*, howl
16 ἀφηγέομαι, *pres mid ptc dat p m*, lead
17 παροικέω, *fut act ind 3p*, live as a noncitizen
18 ῥομφαία, sword
19 κροτέω, *aor act impv 2s*, clap, strike
20 ἀπωθέω, *aor pas ind 3s*, reject
21 προφητεύω, *aor act impv 2s*, prophesy
22 κροτέω, *aor act impv 2s*, clap, strike
23 διπλασιάζω, *aor act impv 2s*, double (in size or number)
24 ῥομφαία, sword
25 τραυματίας, casualty
26 ἐξίστημι, *fut act ind 3s*, astound
27 θραύω, *aor pas sub 3s*, break, shatter
28 πληθύνω, *aor pas sub 3p*, multiply, increase
29 ἀσθενέω, *pres act ptc nom p m*, be weak
30 πύλη, gate

παραδέδονται εἰς σφάγια[1] ῥομφαίας,[2]
εὖ[3] γέγονεν εἰς σφαγήν,[4]
εὖ γέγονεν εἰς στίλβωσιν.[5]
21 διαπορεύου[6] ὀξύνου[7] ἐκ δεξιῶν καὶ ἐξ εὐωνύμων,[8]
οὗ ἂν τὸ πρόσωπόν[9] σου ἐξεγείρηται.[10]
22 καὶ ἐγὼ δὲ κροτήσω[11] χεῖρά μου πρὸς χεῖρά μου
καὶ ἐναφήσω[12] τὸν θυμόν[13] μου·
ἐγὼ κύριος λελάληκα.

23 καὶ ἐγένετο λόγος κυρίου πρός με λέγων **24** Καὶ σύ, υἱὲ ἀνθρώπου, διάταξον[14]
σεαυτῷ δύο ὁδοὺς τοῦ εἰσελθεῖν ῥομφαίαν[15] βασιλέως Βαβυλῶνος· ἐκ χώρας[16]
μιᾶς ἐξελεύσονται αἱ δύο, καὶ χεὶρ ἐν ἀρχῇ ὁδοῦ πόλεως· ἐπ᾽ ἀρχῆς **25** ὁδοῦ δια-
τάξεις[17] τοῦ εἰσελθεῖν ῥομφαίαν[18] ἐπὶ Ραββαθ υἱῶν Αμμων καὶ ἐπὶ τὴν Ιουδαίαν
καὶ ἐπὶ Ιερουσαλημ ἐν μέσῳ αὐτῆς. **26** διότι[19] στήσεται βασιλεὺς Βαβυλῶνος ἐπὶ
τὴν ἀρχαίαν[20] ὁδὸν ἐπ᾽ ἀρχῆς τῶν δύο ὁδῶν τοῦ μαντεύσασθαι[21] μαντείαν,[22] τοῦ
ἀναβράσαι[23] ῥάβδον[24] καὶ ἐπερωτῆσαι[25] ἐν τοῖς γλυπτοῖς[26] καὶ ἡπατοσκοπήσασθαι[27]
ἐκ δεξιῶν αὐτοῦ. **27** ἐγένετο τὸ μαντεῖον[28] ἐπὶ Ιερουσαλημ τοῦ βαλεῖν[29] χάρακα,[30] τοῦ
διανοῖξαι[31] στόμα ἐν βοῇ,[32] ὑψῶσαι[33] φωνὴν μετὰ κραυγῆς,[34] τοῦ βαλεῖν χάρακα ἐπὶ
τὰς πύλας[35] αὐτῆς καὶ βαλεῖν χῶμα[36] καὶ οἰκοδομῆσαι βελοστάσεις.[37] **28** καὶ αὐτὸς
αὐτοῖς ὡς μαντευόμενος[38] μαντείαν[39] ἐνώπιον αὐτῶν, καὶ αὐτὸς ἀναμιμνῄσκων[40]
ἀδικίας[41] αὐτοῦ μνησθῆναι.[42]

1 σφάγιον, victim
2 ῥομφαία, sword
3 εὖ, good
4 σφαγή, slaughter
5 στίλβωσις, glinting, gleaming
6 διαπορεύομαι, *pres mid impv 2s*, go across, pass through
7 ὀξύνω, *pres mid impv 2s*, sharpen
8 εὐώνυμος, left
9 πρόσωπον, (edge)
10 ἐξεγείρω, *pres mid sub 3s*, lift up, raise up
11 κροτέω, *fut act ind 1s*, clap, strike
12 ἐναφίημι, *fut act ind 1s*, release
13 θυμός, anger, wrath
14 διατάσσω, *aor act impv 2s*, arrange
15 ῥομφαία, sword
16 χώρα, country, land
17 διατάσσω, *fut act ind 2s*, arrange
18 ῥομφαία, sword
19 διότι, for
20 ἀρχαῖος, old
21 μαντεύομαι, *aor mid inf*, make divinations
22 μαντεία, divination, oracle
23 ἀναβράσσω, *aor act inf*, toss in the air (in divination)
24 ῥάβδος, rod, stick
25 ἐπερωτάω, *aor act inf*, consult, inquire
26 γλυπτός, carved (image)
27 ἡπατοσκοπέω, *aor mid inf*, examine the liver (in divination)
28 μαντεῖον, divination, oracle
29 βάλλω, *aor act inf*, put up
30 χάραξ, pointed stake, entrenchment
31 διανοίγω, *aor act inf*, open
32 βοή, outcry
33 ὑψόω, *aor act inf*, raise
34 κραυγή, shouting
35 πύλη, gate
36 χῶμα, mound, (barrier)
37 βελόστασις, war machine
38 μαντεύομαι, *pres mid ptc nom s m*, make divinations
39 μαντεία, divination, oracle
40 ἀναμιμνῄσκω, *pres act ptc nom s m*, recall, bring to attention
41 ἀδικία, injustice, wrongdoing
42 μιμνῄσκομαι, *aor pas inf*, remember

29 διὰ τοῦτο τάδε[1] λέγει κύριος Ἀνθ᾽ ὧν[2] ἀνεμνήσατε[3] τὰς ἀδικίας[4] ὑμῶν ἐν τῷ ἀποκαλυφθῆναι[5] τὰς ἀσεβείας[6] ὑμῶν τοῦ ὁραθῆναι ἁμαρτίας ὑμῶν ἐν πάσαις ταῖς ἀσεβείαις ὑμῶν καὶ ἐν τοῖς ἐπιτηδεύμασιν[7] ὑμῶν, ἀνθ᾽ ὧν[8] ἀνεμνήσατε, ἐν τούτοις ἁλώσεσθε.[9]

30 καὶ σύ, βέβηλε[10] ἄνομε[11] ἀφηγούμενε[12] τοῦ Ισραηλ,
οὗ ἥκει[13] ἡ ἡμέρα, ἐν καιρῷ ἀδικίας[14] πέρας,[15]

31 τάδε[16] λέγει κύριος

Ἀφείλου[17] τὴν κίδαριν[18] καὶ ἐπέθου[19] τὸν στέφανον·[20]
αὕτη οὐ τοιαύτη[21] ἔσται·
ἐταπείνωσας[22] τὸ ὑψηλόν[23]
καὶ τὸ ταπεινὸν[24] ὕψωσας.[25]
32 ἀδικίαν[26] ἀδικίαν θήσομαι αὐτήν,
οὐδ᾽ αὕτη τοιαύτη[27] ἔσται,
ἕως οὗ ἔλθῃ ᾧ καθήκει,[28]
καὶ παραδώσω αὐτῷ.

33 καὶ σύ, υἱὲ ἀνθρώπου, προφήτευσον[29] καὶ ἐρεῖς Τάδε[30] λέγει κύριος πρὸς τοὺς
υἱοὺς Αμμων καὶ πρὸς τὸν ὀνειδισμὸν[31] αὐτῶν καὶ ἐρεῖς

Ῥομφαία[32] ῥομφαία ἐσπασμένη[33] εἰς σφάγια[34]
καὶ ἐσπασμένη εἰς συντέλειαν,[35]
ἐγείρου[36] ὅπως στίλβῃς[37] **34** ἐν τῇ ὁράσει[38] σου τῇ ματαίᾳ[39]

1 ὅδε, this
2 ἀνθ᾽ ὧν, since
3 ἀναμιμνῄσκω, *aor act ind 2p*, recall, bring to attention
4 ἀδικία, injustice, wrongdoing
5 ἀποκαλύπτω, *aor pas inf*, disclose, reveal
6 ἀσέβεια, ungodliness, wickedness
7 ἐπιτήδευμα, practice, habit
8 ἀνθ᾽ ὧν, since
9 ἁλίσκομαι, *fut mid ind 2p*, be caught, be conquered
10 βέβηλος, unclean, profane
11 ἄνομος, lawless
12 ἀφηγέομαι, *pres mid ptc voc s m*, lead
13 ἥκω, *pres act ind 3s*, come
14 ἀδικία, injustice, wrongdoing
15 πέρας, limit, end
16 ὅδε, this
17 ἀφαιρέω, *aor mid ind 2s*, remove
18 κίδαρις, turban
19 ἐπιτίθημι, *aor mid ind 2s*, put on
20 στέφανος, crown
21 τοιοῦτος, like this, as such
22 ταπεινόω, *aor act ind 2s*, humiliate, bring low
23 ὑψηλός, exalted, high
24 ταπεινός, humble, low
25 ὑψόω, *aor act ind 2s*, exalt, lift up
26 ἀδικία, injustice, wrongdoing
27 τοιοῦτος, like this, as such
28 καθήκω, *pres act ind 3s*, be fitting
29 προφητεύω, *aor act impv 2s*, prophesy
30 ὅδε, this
31 ὀνειδισμός, disgrace, reproach
32 ῥομφαία, sword
33 σπάω, *perf pas ptc nom s f*, draw out
34 σφάγιον, victim
35 συντέλεια, destruction
36 ἐγείρω, *pres mid impv 2s*, get up, rise up
37 στίλβω, *pres act sub 2s*, shine, gleam
38 ὅρασις, appearance, vision
39 μάταιος, pointless, worthless

καὶ ἐν τῷ μαντεύεσθαί[1] σε ψευδῆ[2]
τοῦ παραδοῦναί σε ἐπὶ τραχήλους[3] τραυματιῶν[4] ἀνόμων,[5]
ὧν ἥκει[6] ἡ ἡμέρα, ἐν καιρῷ ἀδικίας[7] πέρας.[8]
35 ἀπόστρεφε,[9] μὴ καταλύσῃς[10] ἐν τῷ τόπῳ τούτῳ,
ᾧ γεγέννησαι·
ἐν τῇ γῇ τῇ ἰδίᾳ[11] σου κρινῶ σε
36 καὶ ἐκχεῶ[12] ἐπὶ σὲ ὀργήν μου,
ἐν πυρὶ ὀργῆς μου ἐμφυσήσω[13] ἐπὶ σέ
καὶ παραδώσω σε εἰς χεῖρας ἀνδρῶν βαρβάρων[14]
τεκταινόντων[15] διαφθοράν.[16]
37 ἐν πυρὶ ἔσῃ κατάβρωμα,[17]
τὸ αἷμά σου ἔσται ἐν μέσῳ τῆς γῆς σου·
οὐ μὴ γένηταί σου μνεία,[18]
διότι[19] ἐγὼ κύριος λελάληκα.

Israel's Shedding of Blood

22 Καὶ ἐγένετο λόγος κυρίου πρός με λέγων **2** Καὶ σύ, υἱὲ ἀνθρώπου, εἰ κρινεῖς
τὴν πόλιν τῶν αἱμάτων; καὶ παράδειξον[20] αὐτῇ πάσας τὰς ἀνομίας[21] αὐτῆς
3 καὶ ἐρεῖς Τάδε[22] λέγει κύριος κύριος Ὦ[23] πόλις ἐκχέουσα[24] αἵματα ἐν μέσῳ αὐτῆς
τοῦ ἐλθεῖν καιρὸν αὐτῆς καὶ ποιοῦσα ἐνθυμήματα[25] καθ᾽ αὐτῆς τοῦ μιαίνειν[26] αὐτήν,
4 ἐν τοῖς αἵμασιν αὐτῶν, οἷς ἐξέχεας,[27] παραπέπτωκας[28] καὶ ἐν τοῖς ἐνθυμήμασίν[29]
σου, οἷς ἐποίεις, ἐμιαίνου[30] καὶ ἤγγισας τὰς ἡμέρας σου καὶ ἤγαγες καιρὸν ἐτῶν
σου. διὰ τοῦτο δέδωκά σε εἰς ὄνειδος[31] τοῖς ἔθνεσιν καὶ εἰς ἐμπαιγμὸν[32] πάσαις ταῖς
χώραις[33] **5** ταῖς ἐγγιζούσαις πρὸς σὲ καὶ ταῖς μακρὰν[34] ἀπεχούσαις[35] ἀπὸ σοῦ, καὶ
ἐμπαίξονταί[36] ἐν σοί Ἀκάθαρτος ἡ ὀνομαστὴ[37] καὶ πολλὴ ἐν ταῖς ἀνομίαις.[38]

1 μαντεύομαι, *pres mid inf*, make divinations, tell fortunes
2 ψευδής, false
3 τράχηλος, neck
4 τραυματίας, casualty
5 ἄνομος, lawless
6 ἥκω, *pres act ind 3s*, come
7 ἀδικία, injustice, wrongdoing
8 πέρας, limit, end
9 ἀποστρέφω, *pres act impv 2s*, turn away
10 καταλύω, *aor act sub 2s*, destroy, lodge
11 ἴδιος, one's own
12 ἐκχέω, *fut act ind 1s*, pour out
13 ἐμφυσάω, *fut act ind 1s*, breathe
14 βάρβαρος, barbarous, foreign
15 τεκταίνω, *pres act ptc gen p m*, devise, plan
16 διαφθορά, destruction
17 κατάβρωμα, (fuel)
18 μνεία, memory
19 διότι, for
20 παραδείκνυμι, *aor act impv 2s*,
21 ἀνομία, lawlessness, wrongdoing
22 ὅδε, this
23 ὦ, O!
24 ἐκχέω, *pres act ptc nom s f*, shed
25 ἐνθύμημα, idea, reasoning
26 μιαίνω, *pres act inf*, pollute, defile
27 ἐκχέω, *aor act ind 2s*, shed
28 παραπίπτω, *perf act ind 2s*, fall away, commit apostasy
29 ἐνθύμημα, idea, reasoning
30 μιαίνω, *impf mid ind 2s*, pollute, defile
31 ὄνειδος, disgrace, reproach
32 ἐμπαιγμός, mockery
33 χώρα, country, land
34 μακράν, far away
35 ἀπέχω, *pres act ptc dat p f*, be distant
36 ἐμπαίζω, *fut mid ind 3p*, ridicule, mock
37 ὀνομαστός, infamous, notorious
38 ἀνομία, lawlessness, wrongdoing

6 ἰδοὺ οἱ ἀφηγούμενοι[1] οἴκου Ισραηλ ἕκαστος πρὸς τοὺς συγγενεῖς[2] αὐτοῦ συνανεφύροντο[3] ἐν σοί, ὅπως ἐκχέωσιν[4] αἷμα· **7** πατέρα καὶ μητέρα ἐκακολόγουν[5] ἐν σοὶ καὶ πρὸς τὸν προσήλυτον[6] ἀνεστρέφοντο[7] ἐν ἀδικίαις[8] ἐν σοί, ὀρφανὸν[9] καὶ χήραν[10] κατεδυνάστευον[11] ἐν σοί· **8** καὶ τὰ ἅγιά μου ἐξουδένουν[12] καὶ τὰ σάββατά μου ἐβεβήλουν[13] ἐν σοί. **9** ἄνδρες λῃσταὶ[14] ἐν σοί, ὅπως ἐκχέωσιν[15] ἐν σοὶ αἷμα, καὶ ἐπὶ τῶν ὀρέων ἤσθοσαν[16] ἐν σοί, ἀνόσια[17] ἐποίουν ἐν μέσῳ σου. **10** αἰσχύνην[18] πατρὸς ἀπεκάλυψαν[19] ἐν σοὶ καὶ ἐν ἀκαθαρσίαις[20] ἀποκαθημένην[21] ἐταπείνουν[22] ἐν σοί· **11** ἕκαστος τὴν γυναῖκα τοῦ πλησίον[23] αὐτοῦ ἠνομοῦσαν,[24] καὶ ἕκαστος τὴν νύμφην[25] αὐτοῦ ἐμίαινεν[26] ἐν ἀσεβείᾳ,[27] καὶ ἕκαστος τὴν ἀδελφὴν αὐτοῦ θυγατέρα[28] τοῦ πατρὸς αὐτοῦ ἐταπείνουν[29] ἐν σοί. **12** δῶρα[30] ἐλαμβάνοσαν ἐν σοί, ὅπως ἐκχέωσιν[31] αἷμα, τόκον[32] καὶ πλεονασμὸν[33] ἐλαμβάνοσαν ἐν σοί· καὶ συνετελέσω[34] συντέλειαν[35] κακίας[36] σου τὴν ἐν καταδυναστείᾳ,[37] ἐμοῦ δὲ ἐπελάθου,[38] λέγει κύριος.

13 ἐὰν δὲ πατάξω[39] χεῖρά μου πρὸς χεῖρά μου ἐφ᾽ οἷς συντετέλεσαι,[40] οἷς ἐποίησας, καὶ ἐπὶ τοῖς αἵμασίν σου τοῖς γεγενημένοις ἐν μέσῳ σου, **14** εἰ ὑποστήσεται[41] ἡ καρδία σου; εἰ κρατήσουσιν αἱ χεῖρές σου ἐν ταῖς ἡμέραις, αἷς ἐγὼ ποιῶ ἐν σοί; ἐγὼ κύριος λελάληκα καὶ ποιήσω. **15** καὶ διασκορπιῶ[42] σε ἐν τοῖς ἔθνεσιν καὶ διασπερῶ[43] σε ἐν ταῖς χώραις,[44] καὶ ἐκλείψει[45] ἡ ἀκαθαρσία[46] σου ἐκ σοῦ, **16** καὶ κατακληρονομήσω[47] ἐν σοὶ κατ᾽ ὀφθαλμοὺς τῶν ἐθνῶν· καὶ γνώσεσθε διότι[48] ἐγὼ κύριος.

1 ἀφηγέομαι, *pres mid ptc nom p m*, lead
2 συγγενής, relative, kin
3 συναναφύρω, *impf mid ind 3p*, conspire together, mingle
4 ἐκχέω, *pres act sub 3p*, shed
5 κακολογέω, *impf act ind 3p*, speak evil of
6 προσήλυτος, immigrant, guest
7 ἀναστρέφω, *impf pas ind 3p*, behave, conduct oneself
8 ἀδικία, injustice, wrongdoing
9 ὀρφανός, orphan
10 χήρα, widow
11 καταδυναστεύω, *impf act ind 3p*, exploit, oppress
12 ἐξουδενέω, *impf act ind 1s*, ignore, disdain
13 βεβηλόω, *impf act ind 3p*, profane
14 λῃστής, robber, insurrectionist
15 ἐκχέω, *pres act sub 3p*, shed
16 ἔσθω, *aor act ind 3p*, eat
17 ἀνόσιος, unholy
18 αἰσχύνη, disgrace, shame
19 ἀποκαλύπτω, *aor act ind 3p*, reveal, demonstrate
20 ἀκαθαρσία, impurity
21 ἀποκάθημαι, *pres mid ptc acc s f*, sit apart (during menstruation)
22 ταπεινόω, *impf act ind 1s*, humiliate, (violate)
23 πλησίον, companion, neighbor
24 ἀνομέω, *impf act ind 3p*, sin, act lawlessly
25 νύμφη, bride
26 μιαίνω, *impf act ind 3s*, pollute, defile
27 ἀσέβεια, ungodliness, wickedness
28 θυγάτηρ, daughter
29 ταπεινόω, *impf act ind 3p*, humiliate, (violate)
30 δῶρον, gift
31 ἐκχέω, *pres act sub 3p*, shed
32 τόκος, interest
33 πλεονασμός, unjust gain
34 συντελέω, *aor mid ind 2s*, carry out
35 συντέλεια, (financial) destruction
36 κακία, wickedness, ill will
37 καταδυναστεία, oppression
38 ἐπιλανθάνω, *aor mid ind 2s*, forget
39 πατάσσω, *fut act ind 1s*, clap, strike
40 συντελέω, *perf mid ind 2s*, carry out
41 ὑφίστημι, *fut mid ind 3s*, resist, endure
42 διασκορπίζω, *fut act ind 1s*, disperse
43 διασπείρω, *fut act ind 1s*, scatter
44 χώρα, country, land
45 ἐκλείπω, *fut act ind 3s*, come to an end
46 ἀκαθαρσία, impurity
47 κατακληρονομέω, *fut act ind 1s*, receive as inheritance
48 διότι, that

17 καὶ ἐγένετο λόγος κυρίου πρός με λέγων **18** Υἱὲ ἀνθρώπου, ἰδοὺ γεγόνασί μοι ὁ οἶκος Ισραηλ ἀναμεμειγμένοι[1] πάντες χαλκῷ[2] καὶ σιδήρῳ[3] καὶ κασσιτέρῳ[4] καὶ μολίβῳ,[5] ἐν μέσῳ ἀργυρίου[6] ἀναμεμειγμένος[7] ἐστίν. **19** διὰ τοῦτο εἰπόν Τάδε[8] λέγει κύριος Ἀνθ᾽ ὧν[9] ἐγένεσθε πάντες εἰς σύγκρασιν[10] μίαν, διὰ τοῦτο ἐγὼ εἰσδέχομαι[11] ὑμᾶς εἰς μέσον Ιερουσαλημ. **20** καθὼς εἰσδέχεται[12] ἄργυρος[13] καὶ χαλκὸς[14] καὶ σίδηρος[15] καὶ κασσίτερος[16] καὶ μόλιβος[17] εἰς μέσον καμίνου[18] τοῦ ἐκφυσῆσαι[19] εἰς αὐτὸ πῦρ τοῦ χωνευθῆναι,[20] οὕτως εἰσδέξομαι[21] ὑμᾶς ἐν ὀργῇ μου καὶ συνάξω καὶ χωνεύσω[22] ὑμᾶς **21** καὶ ἐκφυσήσω[23] ἐφ᾽ ὑμᾶς ἐν πυρὶ ὀργῆς μου, καὶ χωνευθήσεσθε[24] ἐν μέσῳ αὐτῆς. **22** ὃν τρόπον[25] χωνεύεται[26] ἀργύριον[27] ἐν μέσῳ καμίνου,[28] οὕτως χωνευθήσεσθε[29] ἐν μέσῳ αὐτῆς· καὶ ἐπιγνώσεσθε διότι[30] ἐγὼ κύριος ἐξέχεα[31] τὸν θυμόν[32] μου ἐφ᾽ ὑμᾶς.

23 καὶ ἐγένετο λόγος κυρίου πρός με λέγων **24** Υἱὲ ἀνθρώπου, εἰπὸν αὐτῇ Σὺ εἶ γῆ ἡ οὐ βρεχομένη,[33] οὐδὲ ὑετὸς[34] ἐγένετο ἐπὶ σὲ ἐν ἡμέρᾳ ὀργῆς· **25** ἧς οἱ ἀφηγούμενοι[35] ἐν μέσῳ αὐτῆς ὡς λέοντες[36] ὠρυόμενοι[37] ἁρπάζοντες[38] ἁρπάγματα,[39] ψυχὰς κατεσθίοντες[40] ἐν δυναστείᾳ,[41] τιμὰς[42] λαμβάνοντες ἐν ἀδικίᾳ,[43] καὶ αἱ χῆραί[44] σου ἐπληθύνθησαν[45] ἐν μέσῳ σου. **26** καὶ οἱ ἱερεῖς αὐτῆς ἠθέτησαν[46] νόμον μου καὶ ἐβεβήλουν[47] τὰ ἅγιά μου· ἀνὰ μέσον[48] ἁγίου καὶ βεβήλου[49] οὐ διέστελλον[50] καὶ ἀνὰ μέσον ἀκαθάρτου καὶ τοῦ καθαροῦς[51] οὐ διέστελλον καὶ ἀπὸ τῶν σαββάτων μου

1 ἀναμείγνυμι, *perf pas ptc nom p m*, mix together, infuse
2 χαλκός, bronze
3 σίδηρος, iron
4 κασσίτερος, tin
5 μόλιβος, lead
6 ἀργύριον, silver
7 ἀναμείγνυμι, *perf pas ptc nom s m*, mix together, infuse
8 ὅδε, this
9 ἀνθ᾽ ὧν, because
10 σύγκρασις, mixture, mass
11 εἰσδέχομαι, *pres mid ind 1s*, take in
12 εἰσδέχομαι, *pres mid ind 3s*, take in
13 ἄργυρος, silver
14 χαλκός, bronze
15 σίδηρος, iron
16 κασσίτερος, tin
17 μόλιβος, lead
18 κάμινος, furnace, kiln
19 ἐκφυσάω, *aor act inf*, blow into flame
20 χωνεύω, *aor pas inf*, smelt
21 εἰσδέχομαι, *fut mid ind 1s*, take in
22 χωνεύω, *fut act ind 1s*, smelt
23 ἐκφυσάω, *fut act ind 1s*, exhale, breathe out
24 χωνεύω, *fut pas ind 2p*, smelt
25 ὃν τρόπον, in the manner that
26 χωνεύω, *pres pas ind 3s*, smelt
27 ἀργύριον, silver
28 κάμινος, furnace, kiln
29 χωνεύω, *fut pas ind 2p*, smelt
30 διότι, that
31 ἐκχέω, *aor act ind 1s*, pour out
32 θυμός, anger, wrath
33 βρέχω, *pres pas ptc nom s f*, make wet
34 ὑετός, rain
35 ἀφηγέομαι, *pres mid ptc nom p m*, lead
36 λέων, lion
37 ὠρύομαι, *pres mid ptc nom p m*, roar
38 ἁρπάζω, *pres act ptc nom p m*, catch
39 ἅρπαγμα, prey
40 κατεσθίω, *pres act ptc nom p m*, consume, devour
41 δυναστεία, power, domination
42 τιμή, value, honor
43 ἀδικία, injustice, wrongdoing
44 χήρα, widow
45 πληθύνω, *aor pas ind 3p*, multiply
46 ἀθετέω, *aor act ind 3p*, ignore, reject
47 βεβηλόω, *impf act ind 3p*, profane
48 ἀνὰ μέσον, between
49 βέβηλος, profane
50 διαστέλλω, *impf act ind 3p*, distinguish
51 καθαρός, clean, pure

παρεκάλυπτον[1] τοὺς ὀφθαλμοὺς αὐτῶν, καὶ ἐβεβηλούμην[2] ἐν μέσῳ αὐτῶν. **27** οἱ ἄρχοντες αὐτῆς ἐν μέσῳ αὐτῆς ὡς λύκοι[3] ἁρπάζοντες[4] ἁρπάγματα[5] τοῦ ἐκχέαι[6] αἷμα, ὅπως πλεονεξίᾳ[7] πλεονεκτῶσιν.[8]

28 καὶ οἱ προφῆται αὐτῆς ἀλείφοντες[9] αὐτοὺς πεσοῦνται, ὁρῶντες μάταια,[10] μαντευόμενοι[11] ψευδῆ,[12] λέγοντες Τάδε[13] λέγει κύριος, καὶ κύριος οὐ λελάληκεν· **29** λαὸν τῆς γῆς ἐκπιεζοῦντες[14] ἀδικίᾳ[15] καὶ διαρπάζοντες[16] ἁρπάγματα,[17] πτωχὸν καὶ πένητα[18] καταδυναστεύοντες[19] καὶ πρὸς τὸν προσήλυτον[20] οὐκ ἀναστρεφόμενοι[21] μετὰ κρίματος.[22] **30** καὶ ἐζήτουν ἐξ αὐτῶν ἄνδρα ἀναστρεφόμενον[23] ὀρθῶς[24] καὶ ἑστῶτα πρὸ προσώπου μου ὁλοσχερῶς[25] ἐν καιρῷ τῆς γῆς τοῦ μὴ εἰς τέλος ἐξαλεῖψαι[26] αὐτήν, καὶ οὐχ εὗρον. **31** καὶ ἐξέχεα[27] ἐπ' αὐτὴν θυμόν[28] μου ἐν πυρὶ ὀργῆς μου τοῦ συντελέσαι·[29] τὰς ὁδοὺς αὐτῶν εἰς κεφαλὰς αὐτῶν δέδωκα, λέγει κύριος κύριος.

Two Adulterous Sisters

23 Καὶ ἐγένετο λόγος κυρίου πρός με λέγων **2** Υἱὲ ἀνθρώπου, δύο γυναῖκες ἦσαν θυγατέρες[30] μητρὸς μιᾶς **3** καὶ ἐξεπόρνευσαν[31] ἐν Αἰγύπτῳ ἐν τῇ νεότητι[32] αὐτῶν· ἐκεῖ ἔπεσον οἱ μαστοὶ[33] αὐτῶν, ἐκεῖ διεπαρθενεύθησαν.[34] **4** καὶ τὰ ὀνόματα αὐτῶν ἦν Οολα ἡ πρεσβυτέρα[35] καὶ Οολιβα ἡ ἀδελφὴ αὐτῆς. καὶ ἐγένοντό μοι καὶ ἔτεκον[36] υἱοὺς καὶ θυγατέρας.[37] καὶ τὰ ὀνόματα αὐτῶν· Σαμάρεια ἡ Οολα, καὶ Ιερουσαλημ ἡ Οολιβα.

1 παρακαλύπτω, *impf act ind 3p*, avert, hide
2 βεβηλόω, *impf pas ind 1s*, profane
3 λύκος, wolf
4 ἁρπάζω, *pres act ptc nom p m*, catch
5 ἅρπαγμα, prey
6 ἐκχέω, *aor act inf*, shed
7 πλεονεξία, greed
8 πλεονεκτέω, *pres act sub 3p*, defraud, exploit
9 ἀλείφω, *pres act ptc nom p m*, anoint
10 μάταιος, meaningless, worthless
11 μαντεύομαι, *pres mid ptc nom p m*, make divinations
12 ψευδής, false
13 ὅδε, this
14 ἐκπιέζω, *pres act ptc nom p m*, pressure, squeeze
15 ἀδικία, injustice, wrongdoing
16 διαρπάζω, *pres act ptc nom p m*, plunder
17 ἅρπαγμα, prey, spoils
18 πένης, poor person
19 καταδυναστεύω, *pres act ptc nom p m*, oppress
20 προσήλυτος, immigrant, guest
21 ἀναστρέφω, *pres pas ptc nom p m*, behave, live
22 κρίμα, judgment
23 ἀναστρέφω, *pres pas ptc acc s m*, behave, live
24 ὀρθῶς, correctly
25 ὁλοσχερῶς, totally, completely
26 ἐξαλείφω, *aor act inf*, destroy, wipe out
27 ἐκχέω, *aor act ind 1s*, pour out
28 θυμός, anger, wrath
29 συντελέω, *aor act inf*, bring to an end, finish off
30 θυγάτηρ, daughter
31 ἐκπορνεύω, *aor act ind 3p*, commit fornication
32 νεότης, youth
33 μαστός, breast
34 διαπαρθενεύω, *aor pas ind 3p*, take virginity
35 πρέσβυς, *comp*, older
36 τίκτω, *aor act ind 3p*, bear, give birth
37 θυγάτηρ, daughter

5 καὶ ἐξεπόρνευσεν[1] ἡ Οολα ἀπ᾽ ἐμοῦ καὶ ἐπέθετο ἐπὶ τοὺς ἐραστὰς[2] αὐτῆς, ἐπὶ
τοὺς Ἀσσυρίους τοὺς ἐγγίζοντας αὐτῇ **6** ἐνδεδυκότας[3] ὑακίνθινα,[4] ἡγουμένους[5]
καὶ στρατηγούς·[6] νεανίσκοι[7] ἐπίλεκτοι[8] πάντες, ἱππεῖς[9] ἱππαζόμενοι[10] ἐφ᾽ ἵππων.[11]
7 καὶ ἔδωκεν τὴν πορνείαν[12] αὐτῆς ἐπ᾽ αὐτούς· ἐπίλεκτοι[13] υἱοὶ Ἀσσυρίων πάντες,
καὶ ἐπὶ πάντας, οὓς ἐπέθετο, ἐν πᾶσι τοῖς ἐνθυμήμασιν[14] αὐτῆς ἐμιαίνετο.[15] **8** καὶ
τὴν πορνείαν[16] αὐτῆς ἐξ Αἰγύπτου οὐκ ἐγκατέλιπεν,[17] ὅτι μετ᾽ αὐτῆς ἐκοιμῶντο[18]
ἐν νεότητι[19] αὐτῆς, καὶ αὐτοὶ διεπαρθένευσαν[20] αὐτὴν καὶ ἐξέχεαν[21] τὴν πορνείαν[22]
αὐτῶν ἐπ᾽ αὐτήν. **9** διὰ τοῦτο παρέδωκα αὐτὴν εἰς χεῖρας τῶν ἐραστῶν[23] αὐτῆς, εἰς
χεῖρας υἱῶν Ἀσσυρίων, ἐφ᾽ οὓς ἐπετίθετο. **10** αὐτοὶ ἀπεκάλυψαν[24] τὴν αἰσχύνην[25]
αὐτῆς, υἱοὺς καὶ θυγατέρας[26] αὐτῆς ἔλαβον καὶ αὐτὴν ἐν ῥομφαίᾳ[27] ἀπέκτειναν· καὶ
ἐγένετο λάλημα[28] εἰς γυναῖκας, καὶ ἐποίησαν ἐκδικήσεις[29] ἐν αὐτῇ εἰς τὰς θυγατέρας.

11 καὶ εἶδεν ἡ ἀδελφὴ αὐτῆς Οολιβα καὶ διέφθειρε[30] τὴν ἐπίθεσιν[31] αὐτῆς ὑπὲρ
αὐτὴν καὶ τὴν πορνείαν[32] αὐτῆς ὑπὲρ τὴν πορνείαν τῆς ἀδελφῆς αὐτῆς. **12** ἐπὶ τοὺς
υἱοὺς τῶν Ἀσσυρίων ἐπέθετο, ἡγουμένους[33] καὶ στρατηγοὺς[34] τοὺς ἐγγὺς[35] αὐτῆς
ἐνδεδυκότας[36] εὐπάρυφα,[37] ἱππεῖς[38] ἱππαζομένους[39] ἐφ᾽ ἵππων·[40] νεανίσκοι[41] ἐπίλε-
κτοι[42] πάντες. **13** καὶ εἶδον ὅτι μεμίανται·[43] ὁδὸς μία τῶν δύο. **14** καὶ προσέθετο[44]
πρὸς τὴν πορνείαν[45] αὐτῆς καὶ εἶδεν ἄνδρας ἐζωγραφημένους[46] ἐπὶ τοῦ τοίχου,[47]

1 ἐκπορνεύω, *aor act ind 3s*, commit fornication
2 ἐραστής, lover
3 ἐνδύω, *perf act ptc acc p m*, clothe
4 ὑακίνθινος, blue (clothing)
5 ἡγέομαι, *pres mid ptc acc p m*, lead
6 στρατηγός, commander
7 νεανίσκος, young man
8 ἐπίλεκτος, chosen, select
9 ἱππεύς, horseman
10 ἱππάζομαι, *pres mid ptc nom p m*, ride
11 ἵππος, horse
12 πορνεία, fornication
13 ἐπίλεκτος, chosen, select
14 ἐνθύμημα, notion, imagination
15 μιαίνω, *impf mid ind 3s*, defile, pollute
16 πορνεία, fornication
17 ἐγκαταλείπω, *aor act ind 3s*, abandon, give up
18 κοιμάω, *impf mid ind 3p*, sleep, lie (sexually)
19 νεότης, youth
20 διαπαρθενεύω, *aor act ind 3p*, take (someone's) virginity
21 ἐκχέω, *aor act ind 3p*, spill out
22 πορνεία, fornication
23 ἐραστής, lover
24 ἀποκαλύπτω, *aor act ind 3p*, uncover
25 αἰσχύνη, disgrace, shame
26 θυγάτηρ, daughter
27 ῥομφαία, sword
28 λάλημα, subject of gossip
29 ἐκδίκησις, punishment
30 διαφθείρω, *impf act ind 3s*, spoil, corrupt
31 ἐπίθεσις, attack, machination
32 πορνεία, fornication
33 ἡγέομαι, *pres mid ptc acc p m*, lead
34 στρατηγός, commander
35 ἐγγύς, near
36 ἐνδύω, *perf act ptc acc p m*, wear
37 εὐπάρυφος, pompous, lavish
38 ἱππεύς, horseman
39 ἱππάζομαι, *pres mid ptc acc p m*, ride
40 ἵππος, horse
41 νεανίσκος, young man
42 ἐπίλεκτος, choice, select
43 μιαίνω, *perf pas ind 3p*, defile, pollute
44 προστίθημι, *aor mid ind 3s*, intensify
45 πορνεία, fornication
46 ζωγραφέω, *perf pas ptc acc p m*, paint
47 τοῖχος, wall

εἰκόνας[1] Χαλδαίων, ἐζωγραφημένους ἐν γραφίδι[2] **15** ἐζωσμένους[3] ποικίλματα[4] ἐπὶ τὰς ὀσφύας[5] αὐτῶν, καὶ τιάραι[6] βαπταὶ[7] ἐπὶ τῶν κεφαλῶν αὐτῶν, ὄψις[8] τρισσὴ[9] πάντων, ὁμοίωμα[10] υἱῶν Χαλδαίων γῆς πατρίδος[11] αὐτῶν, **16** καὶ ἐπέθετο ἐπ᾽ αὐτοὺς τῇ ὁράσει[12] ὀφθαλμῶν αὐτῆς καὶ ἐξαπέστειλεν[13] ἀγγέλους πρὸς αὐτοὺς εἰς γῆν Χαλδαίων. **17** καὶ ἤλθοσαν πρὸς αὐτὴν υἱοὶ Βαβυλῶνος εἰς κοίτην[14] καταλυόντων[15] καὶ ἐμίαινον[16] αὐτὴν ἐν τῇ πορνείᾳ[17] αὐτῆς, καὶ ἐμιάνθη[18] ἐν αὐτοῖς· καὶ ἀπέστη[19] ἡ ψυχὴ αὐτῆς ἀπ᾽ αὐτῶν. **18** καὶ ἀπεκάλυψεν[20] τὴν πορνείαν[21] αὐτῆς καὶ ἀπεκάλυψεν τὴν αἰσχύνην[22] αὐτῆς, καὶ ἀπέστη[23] ἡ ψυχή μου ἀπ᾽ αὐτῆς, ὃν τρόπον[24] ἀπέστη ἡ ψυχή μου ἀπὸ τῆς ἀδελφῆς αὐτῆς. **19** καὶ ἐπλήθυνας[25] τὴν πορνείαν[26] σου τοῦ ἀναμνῆσαι[27] ἡμέρας νεότητός[28] σου, ἐν αἷς ἐπόρνευσας[29] ἐν Αἰγύπτῳ, **20** καὶ ἐπέθου ἐπὶ τοὺς Χαλδαίους, ὧν ἦσαν ὡς ὄνων[30] αἱ σάρκες αὐτῶν καὶ αἰδοῖα[31] ἵππων[32] τὰ αἰδοῖα αὐτῶν. **21** καὶ ἐπεσκέψω[33] τὴν ἀνομίαν[34] νεότητός[35] σου, ἃ ἐποίεις ἐν Αἰγύπτῳ ἐν τῷ καταλύματί[36] σου, οὗ οἱ μαστοὶ[37] νεότητός[38] σου.

22 διὰ τοῦτο, Οολιβα, τάδε[39] λέγει κύριος Ἰδοὺ ἐγὼ ἐξεγείρω[40] τοὺς ἐραστάς[41] σου ἐπὶ σέ, ἀφ᾽ ὧν ἀπέστη[42] ἡ ψυχή σου ἀπ᾽ αὐτῶν, καὶ ἐπάξω[43] αὐτοὺς ἐπὶ σὲ κυκλόθεν,[44] **23** υἱοὺς Βαβυλῶνος καὶ πάντας τοὺς Χαλδαίους, Φακουδ καὶ Σουε καὶ Κουε καὶ πάντας υἱοὺς Ἀσσυρίων μετ᾽ αὐτῶν, νεανίσκους[45] ἐπιλέκτους,[46] ἡγεμόνας[47] καὶ στρατηγοὺς[48] πάντας, τρισσοὺς[49] καὶ ὀνομαστοὺς[50] ἱππεύοντας[51]

1 εἰκών, image
2 γραφίς, paintbrush
3 ζώννυμι, *perf mid ptc acc p m*, gird
4 ποίκιλμα, embroidery
5 ὀσφύς, waist
6 τιάρα, headdress
7 βαπτός, bright-colored
8 ὄψις, look, appearance
9 τρισσός, triple
10 ὁμοίωμα, like
11 πατρίς, homeland
12 ὅρασις, vision
13 ἐξαποστέλλω, *aor act ind 3s*, dispatch, send out
14 κοίτη, bed
15 καταλύω, *pres act ptc gen p m*, lodge
16 μιαίνω, *impf act ind 3p*, defile, pollute
17 πορνεία, fornication
18 μιαίνω, *aor pas ind 3s*, defile, pollute
19 ἀφίστημι, *aor act ind 3s*, draw away
20 ἀποκαλύπτω, *aor act ind 3s*, uncover
21 πορνεία, fornication
22 αἰσχύνη, dishonor, shame
23 ἀφίστημι, *aor act ind 3s*, draw away
24 ὃν τρόπον, in the manner that
25 πληθύνω, *aor act ind 2s*, intensify
26 πορνεία, fornication
27 ἀναμιμνῄσκω, *aor act inf*, remind
28 νεότης, youth
29 πορνεύω, *aor act ind 2s*, commit fornication
30 ὄνος, donkey
31 αἰδοῖος, private (part)
32 ἵππος, horse
33 ἐπισκέπτομαι, *aor mid ind 2s*, examine, evaluate
34 ἀνομία, lawlessness, wrongdoing
35 νεότης, youth
36 κατάλυμα, lodging place
37 μαστός, breast
38 νεότης, youth
39 ὅδε, this
40 ἐξεγείρω, *pres act ind 1s*, stir up, incite
41 ἐραστής, lover
42 ἀφίστημι, *aor act ind 3s*, draw away
43 ἐπάγω, *fut act ind 1s*, bring against
44 κυκλόθεν, from all around
45 νεανίσκος, young man
46 ἐπίλεκτος, choice, select
47 ἡγεμών, leader
48 στρατηγός, commander
49 τρισσός, triple (in rank?)
50 ὀνομαστός, notorious, famous
51 ἱππεύω, *pres act ptc acc p m*, ride

ἐφ᾽ ἵππων·[1] **24** καὶ πάντες ἥξουσιν[2] ἐπὶ σὲ ἀπὸ βορρᾶ,[3] ἅρματα[4] καὶ τροχοὶ[5] μετ᾽ ὄχλου[6] λαῶν, θυρεοὶ[7] καὶ πέλται,[8] καὶ βαλοῦσιν[9] φυλακὴν[10] ἐπὶ σὲ κύκλῳ·[11] καὶ δώσω πρὸ προσώπου αὐτῶν κρίμα,[12] καὶ ἐκδικήσουσίν[13] σε ἐν τοῖς κρίμασιν[14] αὐτῶν. **25** καὶ δώσω τὸν ζῆλόν[15] μου ἐν σοί, καὶ ποιήσουσιν μετὰ σοῦ ἐν ὀργῇ θυμοῦ·[16] μυκτῆρά[17] σου καὶ ὦτά[18] σου ἀφελοῦσιν[19] καὶ τοὺς καταλοίπους[20] σου ἐν ῥομφαίᾳ[21] καταβαλοῦσιν.[22] αὐτοὶ υἱούς σου καὶ θυγατέρας[23] σου λήμψονται, καὶ τοὺς καταλοίπους σου πῦρ καταφάγεται.[24] **26** καὶ ἐκδύσουσίν[25] σε τὸν ἱματισμόν[26] σου καὶ λήμψονται τὰ σκεύη[27] τῆς καυχήσεώς[28] σου.

27 καὶ ἀποστρέψω[29] τὰς ἀσεβείας[30] σου ἐκ σοῦ καὶ τὴν πορνείαν[31] σου ἐκ γῆς Αἰγύπτου, καὶ οὐ μὴ ἄρῃς τοὺς ὀφθαλμούς σου ἐπ᾽ αὐτοὺς καὶ Αἰγύπτου οὐ μὴ μνησθῇς[32] οὐκέτι. **28** διότι[33] τάδε[34] λέγει κύριος κύριος Ἰδοὺ ἐγὼ παραδίδωμί σε εἰς χεῖρας ὧν μισεῖς, ἀφ᾽ ὧν ἀπέστη[35] ἡ ψυχή σου ἀπ᾽ αὐτῶν· **29** καὶ ποιήσουσιν ἐν σοὶ ἐν μίσει[36] καὶ λήμψονται πάντας τοὺς πόνους[37] σου καὶ τοὺς μόχθους[38] σου, καὶ ἔσῃ γυμνὴ[39] καὶ ἀσχημονοῦσα,[40] καὶ ἀποκαλυφθήσεται[41] αἰσχύνη[42] πορνείας[43] σου καὶ ἀσέβειά[44] σου. καὶ ἡ πορνεία σου **30** ἐποίησεν ταῦτά σοι ἐν τῷ ἐκπορνεῦσαί[45] σε ὀπίσω ἐθνῶν καὶ ἐμιαίνου[46] ἐν τοῖς ἐνθυμήμασιν[47] αὐτῶν. **31** ἐν τῇ ὁδῷ τῆς ἀδελφῆς σου ἐπορεύθης, καὶ δώσω τὸ ποτήριον[48] αὐτῆς εἰς χεῖράς σου. **32** τάδε[49] λέγει κύριος

1 ἵππος, horse
2 ἥκω, *fut act ind 3p*, come
3 βορρᾶς, north
4 ἅρμα, chariot
5 τροχός, wheel
6 ὄχλος, crowd, multitude
7 θυρεός, (tall) shield
8 πέλτη, (light) shield
9 βάλλω, *fut act ind 3p*, put
10 φυλακή, guard
11 κύκλῳ, on all sides
12 κρίμα, ruling, judgment
13 ἐκδικέω, *fut act ind 3p*, take vengeance
14 κρίμα, ruling, judgment
15 ζῆλος, jealousy
16 θυμός, anger, wrath
17 μυκτήρ, nose
18 οὖς, ear
19 ἀφαιρέω, *fut act ind 3p*, remove
20 κατάλοιπος, remainder, leftover
21 ῥομφαία, sword
22 καταβάλλω, *fut act ind 3p*, strike down
23 θυγάτηρ, daughter
24 κατεσθίω, *fut mid ind 3s*, consume
25 ἐκδύω, *fut act ind 3p*, strip off, remove
26 ἱματισμός, clothing
27 σκεῦος, object, thing
28 καύχησις, boasting, pride
29 ἀποστρέφω, *fut act ind 1s*, remove
30 ἀσέβεια, ungodliness, wickedness
31 πορνεία, fornication
32 μιμνήσκομαι, *aor pas sub 2s*, remember
33 διότι, for
34 ὅδε, this
35 ἀφίστημι, *aor act ind 3s*, draw away
36 μῖσος, hatred
37 πόνος, pain, distress
38 μόχθος, toil, hardship
39 γυμνός, naked
40 ἀσχημονέω, *pres act ptc nom s f*, behave shamefully
41 ἀποκαλύπτω, *fut pas ind 3s*, reveal, disclose
42 αἰσχύνη, disgrace, shame
43 πορνεία, fornication
44 ἀσέβεια, ungodliness, wickedness
45 ἐκπορνεύω, *aor act inf*, commit fornication
46 μιαίνω, *impf mid ind 2s*, pollute, defile
47 ἐνθύμημα, notion, thought
48 ποτήριον, cup
49 ὅδε, this

Τὸ ποτήριον[1] τῆς ἀδελφῆς σου πίεσαι τὸ βαθὺ[2] καὶ τὸ πλατὺ[3]
τὸ πλεονάζον[4] τοῦ συντελέσαι[5]
33 μέθην[6] καὶ ἐκλύσεως[7] πλησθήσῃ·[8]
καὶ τὸ ποτήριον[9] ἀφανισμοῦ,[10]
ποτήριον ἀδελφῆς σου Σαμαρείας,
34 καὶ πίεσαι αὐτό·
καὶ τὰς ἑορτὰς[11] καὶ τὰς νεομηνίας[12] αὐτῆς ἀποστρέψω·[13]
διότι[14] ἐγὼ λελάληκα, λέγει κύριος.

35 διὰ τοῦτο τάδε[15] λέγει κύριος Ἀνθ᾽ ὧν[16] ἐπελάθου[17] μου καὶ ἀπέρριψάς[18] με ὀπίσω
τοῦ σώματός σου, καὶ σὺ λαβὲ τὴν ἀσέβειάν[19] σου καὶ τὴν πορνείαν[20] σου.

36 καὶ εἶπεν κύριος πρός με Υἱὲ ἀνθρώπου, οὐ κρινεῖς τὴν Οολαν καὶ τὴν Οολιβαν;
καὶ ἀπαγγελεῖς αὐταῖς τὰς ἀνομίας[21] αὐτῶν, **37** ὅτι ἐμοιχῶντο,[22] καὶ αἷμα ἐν χερσὶν
αὐτῶν· τὰ ἐνθυμήματα[23] αὐτῶν ἐμοιχῶντο καὶ τὰ τέκνα αὐτῶν, ἃ ἐγέννησάν μοι,
διήγαγον[24] αὐτοῖς δι᾽ ἐμπύρων.[25] **38** ἕως καὶ ταῦτα ἐποίησάν μοι· τὰ ἅγιά μου ἐμί-
αινον[26] καὶ τὰ σάββατά μου ἐβεβήλουν.[27] **39** καὶ ἐν τῷ σφάζειν[28] αὐτοὺς τὰ τέκνα
αὐτῶν τοῖς εἰδώλοις[29] αὐτῶν καὶ εἰσεπορεύοντο[30] εἰς τὰ ἅγιά μου τοῦ βεβηλοῦν[31]
αὐτά· καὶ ὅτι οὕτως ἐποίουν ἐν μέσῳ τοῦ οἴκου μου.

40 καὶ ὅτι τοῖς ἀνδράσιν τοῖς ἐρχομένοις μακρόθεν,[32] οἷς ἀγγέλους ἐξαπεστέλλοσαν[33]
πρὸς αὐτούς, καὶ ἅμα[34] τῷ ἔρχεσθαι αὐτοὺς εὐθὺς[35] ἐλούου[36] καὶ ἐστιβίζου[37] τοὺς
ὀφθαλμούς σου καὶ ἐκόσμου[38] κόσμῳ[39] **41** καὶ ἐκάθου ἐπὶ κλίνης[40] ἐστρωμένης,[41] καὶ

1 ποτήριον, cup
2 βαθύς, deep
3 πλατύς, wide
4 πλεονάζω, *pres act ptc acc s n*, be plenty
5 συντελέω, *aor act inf*, finish off
6 μέθη, drunkenness
7 ἔκλυσις, faintness
8 πίμπλημι, *fut pas ind 2s*, fill with
9 ποτήριον, cup
10 ἀφανισμός, destruction
11 ἑορτή, feast, festival
12 νεομηνία, new moon
13 ἀποστρέφω, *fut act ind 1s*, repudiate
14 διότι, for
15 ὅδε, this
16 ἀνθ᾽ ὧν, since
17 ἐπιλανθάνω, *aor mid ind 2s*, forget
18 ἀπορρίπτω, *aor act ind 2s*, discard
19 ἀσέβεια, ungodliness, wickedness
20 πορνεία, fornication
21 ἀνομία, lawlessness, wrongdoing
22 μοιχάω, *impf mid ind 3p*, commit adultery
23 ἐνθύμημα, notion, thought
24 διάγω, *aor act ind 3p*, cause to pass through
25 ἔμπυρος, fiery (furnace)
26 μιαίνω, *impf act ind 3p*, defile, pollute
27 βεβηλόω, *impf act ind 3p*, profane
28 σφάζω, *pres act inf*, slaughter
29 εἴδωλον, image, idol
30 εἰσπορεύομαι, *impf mid ind 3p*, enter into
31 βεβηλόω, *pres act inf*, profane
32 μακρόθεν, far away
33 ἐξαποστέλλω, *aor act ind 3p*, dispatch, send out
34 ἅμα, at once, as soon as
35 εὐθύς, immediately
36 λούω, *impf mid ind 2s*, bathe, wash
37 στιβίζομαι, *impf mid ind 2s*, put on makeup
38 κοσμέω, *impf mid ind 2s*, adorn
39 κόσμος, ornament, (jewelry)
40 κλίνη, couch, bed
41 στρώννυμι, *perf pas ptc gen s f*, cover (with linens), make up (a bed)

τράπεζα[1] κεκοσμημένη[2] πρὸ προσώπου αὐτῆς. καὶ τὸ θυμίαμά[3] μου καὶ τὸ ἔλαιόν[4]
μου εὐφραίνοντο[5] ἐν αὐτοῖς. **42** καὶ φωνὴν ἁρμονίας[6] ἀνεκρούοντο·[7] καὶ πρὸς ἄν-
δρας ἐκ πλήθους ἀνθρώπων ἥκοντας[8] ἐκ τῆς ἐρήμου καὶ ἐδίδοσαν ψέλια[9] ἐπὶ τὰς
χεῖρας αὐτῶν καὶ στέφανον[10] καυχήσεως[11] ἐπὶ τὰς κεφαλὰς αὐτῶν.

43 καὶ εἶπα Οὐκ ἐν τούτοις μοιχεύουσιν;[12] καὶ ἔργα πόρνης[13] καὶ αὐτὴ ἐξεπόρνευσεν.[14]
44 καὶ εἰσεπορεύοντο[15] πρὸς αὐτήν, ὃν τρόπον[16] εἰσπορεύονται[17] πρὸς γυναῖκα πόρ-
νην,[18] οὕτως εἰσεπορεύοντο πρὸς Οολαν καὶ πρὸς Οολιβαν τοῦ ποιῆσαι ἀνομίαν.[19]
45 καὶ ἄνδρες δίκαιοι αὐτοὶ ἐκδικήσουσιν[20] αὐτὰς ἐκδικήσει[21] μοιχαλίδος[22] καὶ ἐκ-
δικήσει αἵματος, ὅτι μοιχαλίδες εἰσίν, καὶ αἷμα ἐν χερσὶν αὐτῶν. **46** τάδε[23] λέγει κύριος
κύριος Ἀνάγαγε[24] ἐπ᾽ αὐτὰς ὄχλον[25] καὶ δὸς ἐν αὐταῖς ταραχὴν[26] καὶ διαρπαγὴν[27]
47 καὶ λιθοβόλησον[28] ἐπ᾽ αὐτὰς λίθοις ὄχλων[29] καὶ κατακέντει[30] αὐτὰς ἐν τοῖς ξίφεσιν[31]
αὐτῶν· υἱοὺς αὐτῶν καὶ θυγατέρας[32] αὐτῶν ἀποκτενοῦσι καὶ τοὺς οἴκους αὐτῶν
ἐμπρήσουσιν.[33] **48** καὶ ἀποστρέψω[34] ἀσέβειαν[35] ἐκ τῆς γῆς, καὶ παιδευθήσονται[36]
πᾶσαι αἱ γυναῖκες καὶ οὐ μὴ ποιήσουσιν κατὰ τὰς ἀσεβείας αὐτῶν. **49** καὶ δοθήσεται
ἡ ἀσέβεια[37] ὑμῶν ἐφ᾽ ὑμᾶς, καὶ τὰς ἁμαρτίας τῶν ἐνθυμημάτων[38] ὑμῶν λήμψεσθε·
καὶ γνώσεσθε διότι[39] ἐγὼ κύριος.

Jerusalem as a Cooking Pot

24 Καὶ ἐγένετο λόγος κυρίου πρός με ἐν τῷ ἔτει τῷ ἐνάτῳ[40] ἐν τῷ μηνὶ[41] τῷ
δεκάτῳ[42] δεκάτῃ τοῦ μηνὸς λέγων **2** Υἱὲ ἀνθρώπου, γράψον σεαυτῷ εἰς

1 τράπεζα, table
2 κοσμέω, *perf pas ptc nom s f*, arrange
3 θυμίαμα, incense
4 ἔλαιον, oil
5 εὐφραίνω, *impf pas ind 3p*, enjoy oneself, rejoice
6 ἁρμονία, harmony
7 ἀνακρούομαι, *impf mid ind 3p*, strike up (music)
8 ἥκω, *pres act ptc acc p m*, come
9 ψέλιον, bracelet, clasp
10 στέφανος, crown
11 καύχησις, boasting, honor
12 μοιχεύω, *pres act ind 3p*, commit adultery
13 πόρνη, prostitute
14 ἐκπορνεύω, *aor act ind 3s*, commit fornication
15 εἰσπορεύομαι, *impf mid ind 3p*, go in
16 ὃν τρόπον, in the way that
17 εἰσπορεύομαι, *pres mid ind 3p*, go in
18 πόρνη, prostitute
19 ἀνομία, lawlessness, wrongdoing
20 ἐκδικέω, *fut act ind 3p*, execute justice, punish
21 ἐκδίκησις, punishment
22 μοιχαλίς, adulteress
23 ὅδε, this
24 ἀνάγω, *aor act impv 2s*, lead up
25 ὄχλος, crowd, mob
26 ταραχή, commotion
27 διαρπαγή, plundering
28 λιθοβολέω, *aor act impv 2s*, stone
29 ὄχλος, crowd, mob
30 κατακεντέω, *pres act impv 2s*, stab
31 ξίφος, sword
32 θυγάτηρ, daughter
33 ἐμπίμπρημι, *fut act ind 3p*, set on fire
34 ἀποστρέφω, *fut act ind 1s*, turn away
35 ἀσέβεια, ungodliness, wickedness
36 παιδεύω, *fut pas ind 3p*, correct, instruct
37 ἀσέβεια, ungodliness, wickedness
38 ἐνθύμημα, invention, thought
39 διότι, that
40 ἔνατος, ninth
41 μήν, month
42 δέκατος, tenth

ἡμέραν ἀπὸ τῆς ἡμέρας ταύτης, ἀφ᾽ ἧς ἀπηρείσατο[1] βασιλεὺς Βαβυλῶνος ἐπὶ
Ιερουσαλημ, ἀπὸ τῆς ἡμέρας τῆς σήμερον, **3** καὶ εἰπὸν ἐπὶ τὸν οἶκον τὸν παρα-
πικραίνοντα[2] παραβολὴν[3] καὶ ἐρεῖς πρὸς αὐτούς Τάδε[4] λέγει κύριος

Ἐπίστησον[5] τὸν λέβητα[6]
  καὶ ἔκχεον[7] εἰς αὐτὸν ὕδωρ
4 καὶ ἔμβαλε[8] εἰς αὐτὸν τὰ διχοτομήματα,[9]
  πᾶν διχοτόμημα καλόν,
σκέλος[10] καὶ ὦμον[11]
  ἐκσεσαρκισμένα[12] ἀπὸ τῶν ὀστῶν[13]
5 ἐξ ἐπιλέκτων[14] κτηνῶν[15] εἰλημμένων[16]
  καὶ ὑπόκαιε[17] τὰ ὀστᾶ[18] ὑποκάτω[19] αὐτῶν·
ἔζεσεν[20] ἔζεσεν,
  καὶ ἥψηται[21] τὰ ὀστᾶ αὐτῆς ἐν μέσῳ αὐτῆς.

6 διὰ τοῦτο τάδε[22] λέγει κύριος

Ὦ[23] πόλις αἱμάτων,
  λέβης[24] ἐν ᾧ ἐστιν ἰὸς[25] ἐν αὐτῷ,
  καὶ ὁ ἰὸς οὐκ ἐξῆλθεν ἐξ αὐτῆς·
κατὰ μέλος[26] αὐτῆς ἐξήνεγκεν,[27]
  οὐκ ἔπεσεν ἐπ᾽ αὐτὴν κλῆρος.[28]
7 ὅτι αἷμα αὐτῆς ἐν μέσῳ αὐτῆς ἐστιν,
  ἐπὶ λεωπετρίαν[29] τέταχα[30] αὐτό·
οὐκ ἐκκέχυκα[31] αὐτὸ ἐπὶ τὴν γῆν
  τοῦ καλύψαι[32] ἐπ᾽ αὐτὸ γῆν.

1 ἀπερείδομαι, *aor mid ind 3s*, direct oneself, fix
2 παραπικραίνω, *pres act ptc acc s m*, provoke
3 παραβολή, illustration, parable
4 ὅδε, this
5 ἐφίστημι, *aor act impv 2s*, set, situate
6 λέβης, kettle
7 ἐκχέω, *aor act impv 2s*, pour
8 ἐμβάλλω, *aor act impv 2s*, toss, throw
9 διχοτόμημα, chopped up piece
10 σκέλος, leg
11 ὦμος, shoulder
12 ἐκσαρκίζω, *perf mid ptc acc p n*, flay
13 ὀστέον, bone
14 ἐπίλεκτος, choice, select
15 κτῆνος, animal
16 λαμβάνω, *perf pas ptc gen p n*, take
17 ὑποκαίω, *pres act impv 2s*, heat from underneath
18 ὀστέον, bone
19 ὑποκάτω, below
20 ζέω, *aor act ind 3s*, heat up
21 ἕψω, *perf pas ind 3s*, boil
22 ὅδε, this
23 ὦ, O!
24 λέβης, kettle
25 ἰός, rust
26 μέλος, piece, part
27 ἐκφέρω, *aor act ind 3s*, bring out
28 κλῆρος, share, portion
29 λεωπετρία, smooth rock
30 τάσσω, *perf act ind 1s*, arrange, lay out
31 ἐκχέω, *perf act ind 1s*, dump, pour
32 καλύπτω, *aor act inf*, cover

8 τοῦ ἀναβῆναι θυμὸν[1] εἰς ἐκδίκησιν[2] ἐκδικηθῆναι[3]
δέδωκα τὸ αἷμα αὐτῆς ἐπὶ λεωπετρίαν[4]
τοῦ μὴ καλύψαι[5] αὐτό.

9 διὰ τοῦτο τάδε[6] λέγει κύριος

Κἀγὼ[7] μεγαλυνῶ[8] τὸν δαλόν[9]
10 καὶ πληθυνῶ[10] τὰ ξύλα[11] καὶ ἀνακαύσω[12] τὸ πῦρ,
ὅπως τακῇ[13] τὰ κρέα[14]
καὶ ἐλαττωθῇ[15] ὁ ζωμός[16]
11 καὶ στῇ[17] ἐπὶ τοὺς ἄνθρακας,[18]
ὅπως προσκαυθῇ[19] καὶ θερμανθῇ[20] ὁ χαλκὸς[21] αὐτῆς
καὶ τακῇ[22] ἐν μέσῳ ἀκαθαρσίας[23] αὐτῆς,
καὶ ἐκλίπῃ[24] ὁ ἰὸς[25] αὐτῆς,
12 καὶ οὐ μὴ ἐξέλθῃ ἐξ αὐτῆς πολὺς ὁ ἰὸς[26] αὐτῆς,
καταισχυνθήσεται[27] ὁ ἰὸς αὐτῆς,
13 ἀνθ᾽ ὧν[28] ἐμιαίνου[29] σύ.
καὶ τί ἐὰν μὴ καθαρισθῇς ἔτι,
ἕως οὗ ἐμπλήσω[30] τὸν θυμόν[31] μου;

14 ἐγὼ κύριος λελάληκα, καὶ ἥξει,[32] καὶ ποιήσω, οὐ διαστελῶ[33] οὐδὲ μὴ ἐλεήσω·[34]
κατὰ τὰς ὁδούς σου καὶ κατὰ τὰ ἐνθυμήματά[35] σου κρινῶ σε, λέγει κύριος. διὰ
τοῦτο ἐγὼ κρινῶ σε κατὰ τὰ αἵματά σου καὶ κατὰ τὰ ἐνθυμήματά σου κρινῶ σε, ἡ
ἀκάθαρτος ἡ ὀνομαστὴ[36] καὶ πολλὴ τοῦ παραπικραίνειν.[37]

1 θυμός, anger, wrath
2 ἐκδίκησις, punishment
3 ἐκδικέω, *aor pas inf*, exact, carry out
4 λεωπετρία, smooth rock
5 καλύπτω, *aor act inf*, cover
6 ὅδε, this
7 κἀγώ, I also, *cr*. καὶ ἐγώ
8 μεγαλύνω, *fut act ind 1s*, extol, magnify
9 δαλός, firebrand
10 πληθύνω, *fut act ind 1s*, multiply
11 ξύλον, wood
12 ἀνακαίω, *fut act ind 1s*, light up, kindle
13 τήκω, *aor pas sub 3s*, (sear)
14 κρέας, meat
15 ἐλαττόω, *aor pas sub 3s*, reduce
16 ζωμός, sauce
17 ἵστημι, *aor act sub 3s*, set down
18 ἄνθραξ, coal
19 προσκαίω, *aor pas sub 3s*, burn
20 θερμαίνω, *aor pas sub 3s*, make hot
21 χαλκός, copper
22 τήκω, *aor pas sub 3s*, melt, dissolve
23 ἀκαθαρσία, impurity
24 ἐκλείπω, *aor act sub 3s*, be gone
25 ἰός, rust
26 ἰός, rust
27 καταισχύνω, *fut pas ind 3s*, disgrace
28 ἀνθ᾽ ὧν, since
29 μιαίνω, *impf mid ind 2s*, pollute, defile
30 ἐμπίμπλημι, *fut act ind 1s*, satisfy
31 θυμός, anger, wrath
32 ἥκω, *fut act ind 3s*, arrive, come
33 διαστέλλω, *fut act ind 1s*, distinguish
34 ἐλεέω, *fut act ind 1s*, show pity, have mercy
35 ἐνθύμημα, notion, thought
36 ὀνομαστός, infamous, notorious
37 παραπικραίνω, *pres act inf*, provoke

Ezekiel's Wife Dies

15 Καὶ ἐγένετο λόγος κυρίου πρός με λέγων **16** Υἱὲ ἀνθρώπου, ἰδοὺ ἐγὼ λαμβάνω ἐκ σοῦ τὰ ἐπιθυμήματα[1] τῶν ὀφθαλμῶν σου ἐν παρατάξει·[2] οὐ μὴ κοπῇς[3] οὐδὲ μὴ κλαυσθῇς. **17** στεναγμὸς[4] αἵματος, ὀσφύος,[5] πένθους[6] ἐστίν· οὐκ ἔσται τὸ τρίχωμά[7] σου συμπεπλεγμένον[8] ἐπὶ σὲ καὶ τὰ ὑποδήματά[9] σου ἐν τοῖς ποσίν σου, οὐ μὴ παρακληθῇς ἐν χείλεσιν[10] αὐτῶν καὶ ἄρτον ἀνδρῶν οὐ μὴ φάγῃς. **18** καὶ ἐλάλησα πρὸς τὸν λαὸν τὸ πρωὶ[11] ὃν τρόπον[12] ἐνετείλατό[13] μοι, καὶ ἀπέθανεν ἡ γυνή μου ἑσπέρας,[14] καὶ ἐποίησα τὸ πρωὶ ὃν τρόπον ἐπετάγη[15] μοι.

19 καὶ εἶπεν πρός με ὁ λαός Οὐκ ἀναγγελεῖς[16] ἡμῖν τί ἐστιν ταῦτα, ἃ σὺ ποιεῖς; **20** καὶ εἶπα πρὸς αὐτούς Λόγος κυρίου πρός με ἐγένετο λέγων **21** Εἰπὸν πρὸς τὸν οἶκον τοῦ Ισραηλ Τάδε[17] λέγει κύριος Ἰδοὺ ἐγὼ βεβηλῶ[18] τὰ ἅγιά μου, φρύαγμα[19] ἰσχύος[20] ὑμῶν, ἐπιθυμήματα[21] ὀφθαλμῶν ὑμῶν, καὶ ὑπὲρ ὧν φείδονται[22] αἱ ψυχαὶ ὑμῶν· καὶ οἱ υἱοὶ ὑμῶν καὶ αἱ θυγατέρες[23] ὑμῶν, οὓς ἐγκατελίπετε,[24] ἐν ῥομφαίᾳ[25] πεσοῦνται. **22** καὶ ποιήσετε ὃν τρόπον[26] πεποίηκα· ἀπὸ στόματος αὐτῶν οὐ παρακληθήσεσθε καὶ ἄρτον ἀνδρῶν οὐ φάγεσθε, **23** καὶ αἱ κόμαι[27] ὑμῶν ἐπὶ τῆς κεφαλῆς ὑμῶν, καὶ τὰ ὑποδήματα[28] ὑμῶν ἐν τοῖς ποσὶν ὑμῶν· οὔτε μὴ κόψησθε[29] οὔτε μὴ κλαύσητε καὶ ἐντακήσεσθε[30] ἐν ταῖς ἀδικίαις[31] ὑμῶν καὶ παρακαλέσετε ἕκαστος τὸν ἀδελφὸν αὐτοῦ. **24** καὶ ἔσται Ιεζεκιηλ ὑμῖν εἰς τέρας·[32] κατὰ πάντα, ὅσα ἐποίησεν, ποιήσετε, ὅταν ἔλθῃ ταῦτα· καὶ ἐπιγνώσεσθε διότι[33] ἐγὼ κύριος.

25 καὶ σύ, υἱὲ ἀνθρώπου, οὐχὶ ἐν τῇ ἡμέρᾳ, ὅταν λαμβάνω τὴν ἰσχὺν[34] παρ' αὐτῶν, τὴν ἔπαρσιν[35] τῆς καυχήσεως[36] αὐτῶν, τὰ ἐπιθυμήματα[37] ὀφθαλμῶν αὐτῶν καὶ τὴν ἔπαρσιν ψυχῆς αὐτῶν, υἱοὺς αὐτῶν καὶ θυγατέρας[38] αὐτῶν, **26** ἐν ἐκείνῃ τῇ ἡμέρᾳ

1 ἐπιθύμημα, desire, thought
2 παράταξις, battle
3 κόπτω, *aor pas sub 2s*, mourn, beat (one's breast in lamentation)
4 στεναγμός, sighing, groaning
5 ὀσφύς, waist, loins
6 πένθος, sorrow, mourning
7 τρίχωμα, hair
8 συμπλέκω, *perf pas ptc nom s n*, braid
9 ὑπόδημα, sandal
10 χεῖλος, lip, (speech)
11 πρωί, (in the) morning
12 ὃν τρόπον, in the manner that
13 ἐντέλλομαι, *aor mid ind 3s*, command, order
14 ἑσπέρα, (in the) evening
15 ἐπιτάσσω, *aor pas ind 3s*, instruct
16 ἀναγγέλλω, *fut act ind 2s*, report, announce
17 ὅδε, this
18 βεβηλόω, *pres act ind 1s*, defile
19 φρύαγμα, insolence, pride
20 ἰσχύς, strength, power
21 ἐπιθύμημα, desire, thought
22 φείδομαι, *pres mid ind 3p*, refrain
23 θυγάτηρ, daughter
24 ἐγκαταλείπω, *aor act ind 2p*, abandon
25 ῥομφαία, sword
26 ὃν τρόπον, in the manner that
27 κόμη, hair
28 ὑπόδημα, sandal
29 κόπτω, *aor mid sub 2p*, mourn, beat (one's breast in lamentation)
30 ἐντήκω, *fut mid ind 2p*, be absorbed
31 ἀδικία, injustice, wrongdoing
32 τέρας, sign
33 διότι, that
34 ἰσχύς, strength, power
35 ἔπαρσις, swelling
36 καύχησις, pride
37 ἐπιθύμημα, desire, thought
38 θυγάτηρ, daughter

ἥξει[1] ὁ ἀνασῳζόμενος[2] πρὸς σὲ τοῦ ἀναγγεῖλαί[3] σοι εἰς τὰ ὦτα; **27** ἐν ἐκείνῃ τῇ ἡμέρᾳ
διανοιχθήσεται[4] τὸ στόμα σου πρὸς τὸν ἀνασῳζόμενον,[5] καὶ λαλήσεις καὶ οὐ μὴ
ἀποκωφωθῇς[6] οὐκέτι· καὶ ἔσῃ αὐτοῖς εἰς τέρας,[7] καὶ ἐπιγνώσονται διότι[8] ἐγὼ κύριος.

Prophecy against Ammon

25 Καὶ ἐγένετο λόγος κυρίου πρός με λέγων **2** Υἱὲ ἀνθρώπου, στήρισον[9]
τὸ πρόσωπόν σου ἐπὶ τοὺς υἱοὺς Αμμων καὶ προφήτευσον[10] ἐπ᾽ αὐτοὺς
3 καὶ ἐρεῖς τοῖς υἱοῖς Αμμων Ἀκούσατε λόγον κυρίου Τάδε[11] λέγει κύριος Ἀνθ᾽
ὧν[12] ἐπεχάρητε[13] ἐπὶ τὰ ἅγιά μου, ὅτι ἐβεβηλώθη,[14] καὶ ἐπὶ τὴν γῆν τοῦ Ισραηλ,
ὅτι ἠφανίσθη,[15] καὶ ἐπὶ τὸν οἶκον τοῦ Ιουδα, ὅτι ἐπορεύθησαν ἐν αἰχμαλωσίᾳ,[16]
4 διὰ τοῦτο ἰδοὺ ἐγὼ παραδίδωμι ὑμᾶς τοῖς υἱοῖς Κεδεμ εἰς κληρονομίαν,[17] καὶ
κατασκηνώσουσιν[18] ἐν τῇ ἀπαρτίᾳ[19] αὐτῶν ἐν σοὶ καὶ δώσουσιν ἐν σοὶ τὰ σκη-
νώματα[20] αὐτῶν· αὐτοὶ φάγονται τοὺς καρπούς σου, καὶ αὐτοὶ πίονται τὴν πιότητά[21]
σου. **5** καὶ δώσω τὴν πόλιν τοῦ Αμμων εἰς νομὰς[22] καμήλων[23] καὶ τοὺς υἱοὺς Αμμων
εἰς νομὴν προβάτων· καὶ ἐπιγνώσεσθε διότι[24] ἐγὼ κύριος. **6** διότι[25] τάδε[26] λέγει
κύριος Ἀνθ᾽ ὧν[27] ἐκρότησας[28] τὴν χεῖρά σου καὶ ἐπεψόφησας[29] τῷ ποδί σου καὶ
ἐπέχαρας[30] ἐκ ψυχῆς σου ἐπὶ τὴν γῆν τοῦ Ισραηλ, **7** διὰ τοῦτο ἐκτενῶ[31] τὴν χεῖρά
μου ἐπὶ σὲ καὶ δώσω σε εἰς διαρπαγὴν[32] ἐν τοῖς ἔθνεσιν καὶ ἐξολεθρεύσω[33] σε ἐκ
τῶν λαῶν καὶ ἀπολῶ σε ἐκ τῶν χωρῶν[34] ἀπωλείᾳ·[35] καὶ ἐπιγνώσῃ διότι[36] ἐγὼ κύριος.

Prophecy against Moab

8 Τάδε[37] λέγει κύριος Ἀνθ᾽ ὧν[38] εἶπεν Μωαβ Ἰδοὺ ὃν τρόπον[39] πάντα τὰ ἔθνη
οἶκος Ισραηλ καὶ Ιουδα, **9** διὰ τοῦτο ἰδοὺ ἐγὼ παραλύω[40] τὸν ὦμον[41] Μωαβ ἀπὸ

1 ἥκω, *fut act ind 3s*, come
2 ἀνασῴζω, *pres mid ptc nom s m*, escape
3 ἀναγγέλλω, *aor act inf*, announce, report
4 διανοίγω, *fut pas ind 3s*, open up
5 ἀνασῴζω, *pres mid ptc acc s m*, escape
6 ἀποκωφόομαι, *aor pas sub 2s*, be unable to hear
7 τέρας, sign
8 διότι, that
9 στηρίζω, *aor act impv 2s*, fix, set
10 προφητεύω, *aor act impv 2s*, prophesy
11 ὅδε, this
12 ἀνθ᾽ ὧν, since
13 ἐπιχαίρω, *aor pas ind 2p*, rejoice
14 βεβηλόω, *aor pas ind 3s*, defile, profane
15 ἀφανίζω, *aor pas ind 3s*, destroy, eradicate
16 αἰχμαλωσία, captivity
17 κληρονομία, inheritance
18 κατασκηνόω, *fut act ind 3p*, settle
19 ἀπαρτία, baggage, household items
20 σκήνωμα, dwelling
21 πιότης, prosperity (of the vine)
22 νομή, pasture
23 κάμηλος, camel
24 διότι, that
25 διότι, for
26 ὅδε, this
27 ἀνθ᾽ ὧν, since
28 κροτέω, *aor act ind 2s*, clap
29 ἐπιψοφέω, *aor act ind 2s*, stomp
30 ἐπιχαίρω, *aor act ind 2s*, exult
31 ἐκτείνω, *fut act ind 1s*, reach out
32 διαρπαγή, plundering
33 ἐξολεθρεύω, *fut act ind 1s*, utterly destroy
34 χώρα, land, country
35 ἀπώλεια, destruction
36 διότι, that
37 ὅδε, this
38 ἀνθ᾽ ὧν, since
39 ὃν τρόπον, just like
40 παραλύω, *pres act ind 1s*, weaken
41 ὦμος, shoulder

πόλεων ἀκρωτηρίων[1] αὐτοῦ, ἐκλεκτὴν[2] γῆν, οἶκον Ασιμουθ ἐπάνω[3] πηγῆς[4] πόλεως
παραθαλασσίας.[5] **10** τοῖς υἱοῖς Κεδεμ ἐπὶ τοὺς υἱοὺς Αμμων δέδωκα αὐτοὺς εἰς
κληρονομίαν,[6] ὅπως μὴ μνεία[7] γένηται τῶν υἱῶν Αμμων· **11** καὶ εἰς Μωαβ ποιήσω
ἐκδίκησιν,[8] καὶ ἐπιγνώσονται διότι[9] ἐγὼ κύριος.

Prophecy against Edom

12 Τάδε[10] λέγει κύριος Ἀνθ᾽ ὧν[11] ἐποίησεν ἡ Ιδουμαία ἐν τῷ ἐκδικῆσαι[12] αὐτοὺς
ἐκδίκησιν[13] εἰς τὸν οἶκον Ιουδα καὶ ἐμνησικάκησαν[14] καὶ ἐξεδίκησαν[15] δίκην,[16]
13 διὰ τοῦτο τάδε[17] λέγει κύριος Καὶ ἐκτενῶ[18] τὴν χεῖρά μου ἐπὶ τὴν Ιδουμαίαν
καὶ ἐξολεθρεύσω[19] ἐξ αὐτῆς ἄνθρωπον καὶ κτῆνος[20] καὶ θήσομαι αὐτὴν ἔρημον,
καὶ ἐκ Θαιμαν διωκόμενοι ἐν ῥομφαίᾳ[21] πεσοῦνται· **14** καὶ δώσω ἐκδίκησίν[22] μου
ἐπὶ τὴν Ιδουμαίαν ἐν χειρὶ λαοῦ μου Ισραηλ, καὶ ποιήσουσιν ἐν τῇ Ιδουμαίᾳ κατὰ
τὴν ὀργήν μου καὶ κατὰ τὸν θυμόν[23] μου· καὶ ἐπιγνώσονται τὴν ἐκδίκησίν μου,
λέγει κύριος.

Prophecy against Philistia

15 Διὰ τοῦτο τάδε[24] λέγει κύριος Ἀνθ᾽ ὧν[25] ἐποίησαν οἱ ἀλλόφυλοι[26] ἐν ἐκδικήσει[27] καὶ
ἐξανέστησαν[28] ἐκδίκησιν ἐπιχαίροντες[29] ἐκ ψυχῆς τοῦ ἐξαλεῖψαι[30] ἕως αἰῶνος, **16** διὰ
τοῦτο τάδε[31] λέγει κύριος Ἰδοὺ ἐγὼ ἐκτενῶ[32] τὴν χεῖρά μου ἐπὶ τοὺς ἀλλοφύλους[33]
καὶ ἐξολεθρεύσω[34] Κρῆτας καὶ ἀπολῶ τοὺς καταλοίπους[35] τοὺς κατοικοῦντας τὴν
παραλίαν·[36] **17** καὶ ποιήσω ἐν αὐτοῖς ἐκδικήσεις[37] μεγάλας, καὶ ἐπιγνώσονται διότι[38]
ἐγὼ κύριος ἐν τῷ δοῦναι τὴν ἐκδίκησίν μου ἐπ᾽ αὐτούς.

1 ἀκρωτήριον, highest point, farthest reaches
2 ἐκλεκτός, chosen
3 ἐπάνω, above, over
4 πηγή, spring, fountain
5 παραθαλάσσιος, near the sea
6 κληρονομία, inheritance
7 μνεία, recollection
8 ἐκδίκησις, punishment
9 διότι, that
10 ὅδε, this
11 ἀνθ᾽ ὧν since
12 ἐκδικέω, *aor act inf*, exact, carry out
13 ἐκδίκησις, punishment
14 μνησικακέω, *aor act ind 3p*, bear a grudge
15 ἐκδικέω, *aor act ind 3p*, exact, carry out
16 δίκη, penalty
17 ὅδε, this
18 ἐκτείνω, *fut act ind 1s*, reach out
19 ἐξολεθρεύω, *fut act ind 1s*, utterly destroy
20 κτῆνος, animal
21 ῥομφαία, sword
22 ἐκδίκησις, punishment
23 θυμός, anger, wrath
24 ὅδε, this
25 ἀνθ᾽ ὧν since
26 ἀλλόφυλος, foreign, (Philistine)
27 ἐκδίκησις, vengeance
28 ἐξανίστημι, *aor act ind 3p*, raise up, send forth
29 ἐπιχαίρω, *pres act ptc nom p m*, exult
30 ἐξαλείφω, *aor act inf*, destroy, wipe out
31 ὅδε, this
32 ἐκτείνω, *fut act ind 1s*, reach out
33 ἀλλόφυλος, foreign, (Philistine)
34 ἐξολεθρεύω, *fut act ind 1s*, utterly destroy
35 κατάλοιπος, remaining, rest
36 παράλιος, seaside (region)
37 ἐκδίκησις, punishment
38 διότι, that

Prophecy against Tyre

26 Καὶ ἐγενήθη ἐν τῷ ἑνδεκάτῳ[1] ἔτει μιᾷ τοῦ μηνὸς[2] ἐγένετο λόγος κυρίου
πρός με λέγων **2** Υἱὲ ἀνθρώπου, ἀνθ᾽ ὧν[3] εἶπεν Σορ ἐπὶ Ιερουσαλημ Εὖγε[4]
συνετρίβη,[5] ἀπόλωλεν τὰ ἔθνη, ἐπεστράφη πρός με, ἡ πλήρης[6] ἠρήμωται,[7] **3** διὰ
τοῦτο τάδε[8] λέγει κύριος

Ἰδοὺ ἐγὼ ἐπὶ σέ, Σορ,
καὶ ἀνάξω[9] ἐπὶ σὲ ἔθνη πολλά,
ὡς ἀναβαίνει ἡ θάλασσα τοῖς κύμασιν[10] αὐτῆς.
4 καὶ καταβαλοῦσιν[11] τὰ τείχη[12] Σορ
καὶ καταβαλοῦσι τοὺς πύργους[13] σου,
καὶ λικμήσω[14] τὸν χοῦν[15] αὐτῆς ἀπ᾽ αὐτῆς
καὶ δώσω αὐτὴν εἰς λεωπετρίαν·[16]
5 ψυγμὸς[17] σαγηνῶν[18] ἔσται ἐν μέσῳ θαλάσσης,
ὅτι ἐγὼ λελάληκα, λέγει κύριος·
καὶ ἔσται εἰς προνομὴν[19] τοῖς ἔθνεσιν,
6 καὶ αἱ θυγατέρες[20] αὐτῆς αἱ ἐν τῷ πεδίῳ[21]
μαχαίρᾳ[22] ἀναιρεθήσονται·[23]
καὶ γνώσονται ὅτι ἐγὼ κύριος.

7 ὅτι τάδε[24] λέγει κύριος Ἰδοὺ ἐγὼ ἐπάγω[25] ἐπὶ σέ, Σορ, τὸν Ναβουχοδονοσορ βα-
σιλέα Βαβυλῶνος ἀπὸ τοῦ βορρᾶ[26] (βασιλεὺς βασιλέων ἐστίν) μεθ᾽ ἵππων[27] καὶ
ἁρμάτων[28] καὶ ἱππέων[29] καὶ συναγωγῆς ἐθνῶν πολλῶν σφόδρα.[30]

8 οὗτος τὰς θυγατέρας[31] σου τὰς ἐν τῷ πεδίῳ[32] μαχαίρᾳ[33] ἀνελεῖ[34]
καὶ δώσει ἐπὶ σὲ προφυλακὴν[35]

1 ἑνδέκατος, eleventh
2 μήν, month
3 ἀνθ᾽ ὧν, since
4 εὖγε, good, excellent
5 συντρίβω, *aor pas ind 3s*, break
6 πλήρης, full
7 ἐρημόω, *perf pas ind 3s*, make desolate
8 ὅδε, this
9 ἀνάγω, *fut act ind 1s*, raise up, bring up
10 κῦμα, wave
11 καταβάλλω, *fut act ind 3p*, tear down
12 τεῖχος, wall
13 πύργος, tower
14 λικμάω, *fut act ind 1s*, winnow, scatter
15 χοῦς, dust
16 λεωπετρία, bare rock
17 ψυγμός, drying place
18 σαγήνη, fishing net
19 προνομή, plunder
20 θυγάτηρ, daughter
21 πεδίον, field, plain
22 μάχαιρα, sword
23 ἀναιρέω, *fut pas ind 3p*, slay
24 ὅδε, this
25 ἐπάγω, *pres act ind 1s*, bring upon
26 βορρᾶς, north
27 ἵππος, horse
28 ἅρμα, chariot
29 ἱππεύς, horseman
30 σφόδρα, very
31 θυγάτηρ, daughter
32 πεδίον, field, plain
33 μάχαιρα, sword
34 ἀναιρέω, *fut act ind 3s*, slay
35 προφυλακή, advance guard, outpost

καὶ περιοικοδομήσει[1] καὶ ποιήσει ἐπὶ σὲ κύκλῳ χάρακα[2]
καὶ περίστασιν[3] ὅπλων[4]
καὶ τὰς λόγχας[5] αὐτοῦ ἀπέναντί[6] σου δώσει·
9 τὰ τείχη[7] σου καὶ τοὺς πύργους[8] σου
καταβαλεῖ[9] ἐν ταῖς μαχαίραις[10] αὐτοῦ.
10 ἀπὸ τοῦ πλήθους τῶν ἵππων[11] αὐτοῦ
κατακαλύψει[12] σε ὁ κονιορτὸς[13] αὐτῶν,
καὶ ἀπὸ τῆς φωνῆς τῶν ἱππέων[14] αὐτοῦ
καὶ τῶν τροχῶν[15] τῶν ἁρμάτων[16] αὐτοῦ
σεισθήσεται[17] τὰ τείχη[18] σου
εἰσπορευομένου[19] αὐτοῦ τὰς πύλας[20] σου
ὡς εἰσπορευόμενος[21] εἰς πόλιν ἐκ πεδίου.[22]
11 ἐν ταῖς ὁπλαῖς[23] τῶν ἵππων[24] αὐτοῦ
καταπατήσουσίν[25] σου πάσας τὰς πλατείας·[26]
τὸν λαόν σου μαχαίρᾳ[27] ἀνελεῖ[28]
καὶ τὴν ὑπόστασίν[29] σου τῆς ἰσχύος[30] ἐπὶ τὴν γῆν κατάξει.[31]
12 καὶ προνομεύσει[32] τὴν δύναμίν σου
καὶ σκυλεύσει[33] τὰ ὑπάρχοντά σου
καὶ καταβαλεῖ[34] σου τὰ τείχη[35]
καὶ τοὺς οἴκους σου τοὺς ἐπιθυμητοὺς[36] καθελεῖ[37]
καὶ τοὺς λίθους σου καὶ τὰ ξύλα[38] σου
καὶ τὸν χοῦν[39] σου εἰς μέσον τῆς θαλάσσης ἐμβαλεῖ.[40]

1 περιοικοδομέω, *fut act ind 3s*, surround with a wall
2 χάραξ, entrenchment, pointed stake
3 περίστασις, walled area
4 ὅπλον, weapon
5 λόγχη, spear
6 ἀπέναντι, before
7 τεῖχος, wall
8 πύργος, tower
9 καταβάλλω, *fut act ind 3s*, bring down
10 μάχαιρα, sword
11 ἵππος, horse
12 κατακαλύπτω, *fut act ind 3s*, envelop
13 κονιορτός, cloud of dust
14 ἱππεύς, horseman
15 τροχός, wheel
16 ἅρμα, chariot
17 σείω, *fut pas ind 3s*, shake
18 τεῖχος, wall
19 εἰσπορεύομαι, *pres mid ptc gen s m*, go in, enter
20 πύλη, gate
21 εἰσπορεύομαι, *pres mid ptc nom s m*, go in, enter
22 πεδίον, field, plain
23 ὁπλή, hoof
24 ἵππος, horse
25 καταπατέω, *fut act ind 3p*, trample
26 πλατεῖα, street
27 μάχαιρα, sword
28 ἀναιρέω, *fut act ind 3s*, slay
29 ὑπόστασις, substance, essence
30 ἰσχύς, power, strength
31 κατάγω, *fut act ind 3s*, bring down
32 προνομεύω, *fut act ind 3s*, plunder
33 σκυλεύω, *fut act ind 3s*, strip
34 καταβάλλω, *fut act ind 3s*, tear down
35 τεῖχος, wall
36 ἐπιθυμητός, coveted
37 καθαιρέω, *fut act ind 3s*, bring down, destroy
38 ξύλον, wood, timber
39 χοῦς, soil
40 ἐμβάλλω, *fut act ind 3s*, throw into

13 καὶ καταλύσει[1] τὸ πλῆθος τῶν μουσικῶν[2] σου,
καὶ ἡ φωνὴ τῶν ψαλτηρίων[3] σου οὐ μὴ ἀκουσθῇ ἔτι.
14 καὶ δώσω σε εἰς λεωπετρίαν,[4]
ψυγμὸς[5] σαγηνῶν[6] ἔσῃ·
οὐ μὴ οἰκοδομηθῇς ἔτι,
ὅτι ἐγὼ ἐλάλησα, λέγει κύριος.

15 διότι[7] τάδε[8] λέγει κύριος κύριος τῇ Σορ Οὐκ ἀπὸ φωνῆς τῆς πτώσεώς[9] σου ἐν
τῷ στενάξαι[10] τραυματίας[11] ἐν τῷ σπάσαι[12] μάχαιραν[13] ἐν μέσῳ σου σεισθήσονται[14]
αἱ νῆσοι;[15] **16** καὶ καταβήσονται ἀπὸ τῶν θρόνων αὐτῶν πάντες οἱ ἄρχοντες ἐκ τῶν
ἐθνῶν τῆς θαλάσσης καὶ ἀφελοῦνται[16] τὰς μίτρας[17] ἀπὸ τῶν κεφαλῶν αὐτῶν καὶ
τὸν ἱματισμὸν[18] τὸν ποικίλον[19] αὐτῶν ἐκδύσονται·[20] ἐκστάσει[21] ἐκστήσονται,[22] ἐπὶ
γῆν καθεδοῦνται[23] καὶ φοβηθήσονται τὴν ἀπώλειαν[24] αὐτῶν καὶ στενάξουσιν[25] ἐπὶ
σέ· **17** καὶ λήμψονται ἐπὶ σὲ θρῆνον[26] καὶ ἐροῦσίν σοι

Πῶς κατελύθης[27] ἐκ θαλάσσης,
ἡ πόλις ἡ ἐπαινεστὴ[28]
ἡ δοῦσα τὸν φόβον αὐτῆς πᾶσι τοῖς κατοικοῦσιν αὐτήν;
18 καὶ φοβηθήσονται αἱ νῆσοι[29]
ἀφ᾽ ἡμέρας πτώσεώς[30] σου.

19 ὅτι τάδε[31] λέγει κύριος κύριος Ὅταν δῶ σε πόλιν ἠρημωμένην[32] ὡς τὰς πόλεις τὰς
μὴ κατοικηθησομένας ἐν τῷ ἀναγαγεῖν[33] με ἐπὶ σὲ τὴν ἄβυσσον[34] καὶ κατακαλύψῃ[35]
σε ὕδωρ πολύ, **20** καὶ καταβιβάσω[36] σε πρὸς τοὺς καταβαίνοντας εἰς βόθρον[37]
πρὸς λαὸν αἰῶνος καὶ κατοικιῶ[38] σε εἰς βάθη[39] τῆς γῆς ὡς ἔρημον αἰώνιον μετὰ

1 καταλύω, *fut act ind 3s*, put to an end
2 μουσικός, (player of) music
3 ψαλτήριον, harp
4 λεωπετρία, bare rock
5 ψυγμός, drying place
6 σαγήνη, fishing net
7 διότι, for
8 ὅδε, this
9 πτῶσις, downfall, destruction
10 στενάζω, *aor act inf*, groan, complain
11 τραυματίας, casualty, wounded person
12 σπάω, *aor act inf*, draw out
13 μάχαιρα, sword
14 σείω, *fut pas ind 3p*, shake, disturb
15 νῆσος, island
16 ἀφαιρέω, *fut mid ind 3p*, take away, remove
17 μίτρα, headdress
18 ἱματισμός, clothing
19 ποικίλος, multicolored, embroidered
20 ἐκδύω, *fut mid ind 3p*, strip off
21 ἔκστασις, dismay, terror
22 ἐξίστημι, *fut mid ind 3p*, astonish, confound
23 καθέζομαι, *fut mid ind 3p*, sit down
24 ἀπώλεια, destruction, loss
25 στενάζω, *fut act ind 3p*, groan, lament
26 θρῆνος, lamentation
27 καταλύω, *aor pas ind 2s*, dismiss
28 ἐπαινεστός, praiseworthy, renowned
29 νῆσος, island
30 πτῶσις, downfall, destruction
31 ὅδε, this
32 ἐρημόω, *perf pas ptc acc s f*, make desolate
33 ἀνάγω, *aor act inf*, raise up
34 ἄβυσσος, deep, abyss
35 κατακαλύπτω, *aor act sub 3s*, cover over, flood
36 καταβιβάζω, *fut act ind 1s*, force down
37 βόθρος, pit
38 κατοικίζω, *fut act ind 1s*, settle
39 βάθος, bottom

καταβαινόντων εἰς βόθρον, ὅπως μὴ κατοικηθῇς μηδὲ ἀνασταθῇς ἐπὶ γῆς ζωῆς.
21 ἀπώλειάν[1] σε δώσω, καὶ οὐχ ὑπάρξεις ἔτι εἰς τὸν αἰῶνα, λέγει κύριος κύριος.

A Lament over Tyre

27 Καὶ ἐγένετο λόγος κυρίου πρός με λέγων **2** Υἱὲ ἀνθρώπου, λαβὲ ἐπὶ Σορ
θρῆνον[2] **3** καὶ ἐρεῖς τῇ Σορ τῇ κατοικούσῃ ἐπὶ τῆς εἰσόδου[3] τῆς θαλάσσης,
τῷ ἐμπορίῳ[4] τῶν λαῶν ἀπὸ νήσων[5] πολλῶν Τάδε[6] λέγει κύριος τῇ Σορ

Σὺ εἶπας
 Ἐγὼ περιέθηκα[7] ἐμαυτῇ[8] κάλλος[9] μου.
4 ἐν καρδίᾳ θαλάσσης τῷ Βεελιμ
 υἱοί σου περιέθηκάν[10] σοι κάλλος.
5 κέδρος[11] ἐκ Σανιρ ᾠκοδομήθη σοι,
 ταινίαι[12] σανίδων[13] κυπαρίσσου[14] ἐκ τοῦ Λιβάνου ἐλήμφθησαν
 τοῦ ποιῆσαί σοι ἱστοὺς[15] ἐλατίνους.[16]
6 ἐκ τῆς Βασανίτιδος ἐποίησαν τὰς κώπας[17] σου,
 τὰ ἱερά σου ἐποίησαν ἐξ ἐλέφαντος,[18]
 οἴκους ἀλσώδεις[19] ἀπὸ νήσων[20] τῶν Χεττιιν.
7 βύσσος[21] μετὰ ποικιλίας[22] ἐξ Αἰγύπτου ἐγένετό σοι στρωμνὴ[23]
 τοῦ περιθεῖναί[24] σοι δόξαν
καὶ περιβαλεῖν[25] σε ὑάκινθον[26] καὶ πορφύραν[27] ἐκ τῶν νήσων[28] Ελισαι
 καὶ ἐγένετο περιβόλαιά[29] σου.
8 καὶ οἱ ἄρχοντές σου οἱ κατοικοῦντες Σιδῶνα καὶ Αράδιοι
 ἐγένοντο κωπηλάται[30] σου·
οἱ σοφοί[31] σου, Σορ, οἳ ἦσαν ἐν σοί,
 οὗτοι κυβερνῆταί[32] σου.

1 ἀπώλεια, destruction, loss
2 θρῆνος, lament
3 εἴσοδος, entrance
4 ἐμπόριον, marketplace
5 νῆσος, island
6 ὅδε, this
7 περιτίθημι, *aor act ind 1s*, put on
8 ἐμαυτοῦ, myself
9 κάλλος, beauty
10 περιτίθημι, *aor act ind 3p*, put on
11 κέδρος, cedar
12 ταινία, fascia board
13 σανίς, board
14 κυπάρισσος, cypress wood
15 ἱστός, pole
16 ἐλάτινος, made of fir wood
17 κώπη, oar handle
18 ἐλέφας, ivory
19 ἀλσώδης, of the woodland
20 νῆσος, island
21 βύσσος, fine linen
22 ποικιλία, embroidery
23 στρωμνή, bedding
24 περιτίθημι, *aor act inf*, put on
25 περιβάλλω, *aor act inf*, clothe
26 ὑάκινθος, blue (cloth)
27 πορφύρα, purple (cloth)
28 νῆσος, island
29 περιβόλαιον, cloak, covering
30 κωπηλάτης, rower
31 σοφός, learned, skillful
32 κυβερνήτης, captain

9 οἱ πρεσβύτεροι Βυβλίων καὶ οἱ σοφοὶ[1] αὐτῶν ἦσαν ἐν σοί,
οὗτοι ἐνίσχυον[2] τὴν βουλήν[3] σου·
καὶ πάντα τὰ πλοῖα[4] τῆς θαλάσσης
καὶ οἱ κωπηλάται[5] αὐτῶν ἐγένοντό σοι ἐπὶ δυσμὰς[6] δυσμῶν.
10 Πέρσαι καὶ Λυδοὶ καὶ Λίβυες ἦσαν ἐν τῇ δυνάμει σου,
ἄνδρες πολεμισταί[7] σου πέλτας[8]
καὶ περικεφαλαίας[9] ἐκρέμασαν[10] ἐν σοί,
οὗτοι ἔδωκαν τὴν δόξαν σου.
11 υἱοὶ Αραδίων καὶ ἡ δύναμίς σου
ἐπὶ τῶν τειχέων[11] σου φύλακες[12] ἐν τοῖς πύργοις[13] σου ἦσαν,
τὰς φαρέτρας[14] αὐτῶν ἐκρέμασαν[15] ἐπὶ τῶν ὅρμων[16] σου κύκλῳ·[17]
οὗτοι ἐτελείωσάν[18] σου τὸ κάλλος.[19]

12 Καρχηδόνιοι ἔμποροί[20] σου ἀπὸ πλήθους πάσης ἰσχύος[21] σου, ἀργύριον[22] καὶ
χρυσίον[23] καὶ σίδηρον[24] καὶ κασσίτερον[25] καὶ μόλυβον[26] ἔδωκαν τὴν ἀγοράν[27] σου.
13 ἡ Ἑλλὰς καὶ ἡ σύμπασα[28] καὶ τὰ παρατείνοντα,[29] οὗτοι ἐνεπορεύοντό[30] σοι ἐν
ψυχαῖς ἀνθρώπων καὶ σκεύη[31] χαλκᾶ[32] ἔδωκαν τὴν ἐμπορίαν[33] σου. **14** ἐξ οἴκου
Θεργαμα ἵππους[34] καὶ ἱππεῖς[35] ἔδωκαν ἀγοράν[36] σου. **15** υἱοὶ Ῥοδίων ἔμποροί[37]
σου ἀπὸ νήσων[38] ἐπλήθυναν[39] τὴν ἐμπορίαν[40] σου ὀδόντας[41] ἐλεφαντίνους,[42] καὶ
τοῖς εἰσαγομένοις[43] ἀντεδίδους[44] τοὺς μισθούς[45] σου, **16** ἀνθρώπους ἐμπορίαν[46]

1 σοφός, learned, skillful
2 ἐνισχύω, *impf act ind 3p*, confirm, reinforce
3 βουλή, counsel, advice
4 πλοῖον, ship
5 κωπηλάτης, rower
6 δυσμή, west
7 πολεμιστής, warrior
8 πέλτη, (light) shield
9 περικεφαλαία, helmet
10 κρεμάννυμι, *aor act ind 3p*, hang up
11 τεῖχος, wall
12 φύλαξ, guard
13 πύργος, tower
14 φαρέτρα, quiver of arrows
15 κρεμάννυμι, *aor act ind 3p*, hang up
16 ὁρμή, inner harbor
17 κύκλῳ, all around
18 τελειόω, *aor act ind 3p*, complete, make perfect
19 κάλλος, beauty
20 ἔμπορος, merchant
21 ἰσχύς, strength (of material wealth)
22 ἀργύριον, silver
23 χρυσίον, gold
24 σίδηρος, iron
25 κασσίτερος, tin
26 μόλυβος, lead
27 ἀγορά, marketplace
28 σύμπας, entire, total, (*read* Tubal)
29 παρατείνω, *pres act ptc nom p n*, border alongside, (*read* Meshech)
30 ἐμπορεύομαι, *impf mid ind 3p*, trade, buy and sell
31 σκεῦος, object, goods
32 χαλκοῦς, bronze
33 ἐμπορία, merchandise
34 ἵππος, horse
35 ἱππεύς, horseman
36 ἀγορά, marketplace
37 ἔμπορος, merchant
38 νῆσος, island
39 πληθύνω, *aor act ind 3p*, add to, contribute to
40 ἐμπορία, marketplace
41 ὀδούς, tusk
42 ἐλεφάντινος, ivory
43 εἰσάγω, *pres mid ptc dat p m*, import, bring in
44 ἀντιδίδωμι, *impf act ind 2s*, repay, exchange
45 μισθός, wages, earnings
46 ἐμπορία, business, trade

σου ἀπὸ πλήθους τοῦ συμμίκτου[1] σου, στακτὴν[2] καὶ ποικίλματα[3] ἐκ Θαρσις, καὶ
Ραμωθ καὶ Χορχορ ἔδωκαν τὴν ἀγοράν[4] σου. **17** Ιουδας καὶ οἱ υἱοὶ τοῦ Ισραηλ,
οὗτοι ἔμποροί[5] σου ἐν σίτου[6] πράσει[7] καὶ μύρων[8] καὶ κασίας,[9] καὶ πρῶτον μέλι[10] καὶ
ἔλαιον[11] καὶ ῥητίνην[12] ἔδωκαν εἰς τὸν σύμμικτόν[13] σου. **18** Δαμασκὸς ἔμπορός[14] σου
ἐκ πλήθους πάσης δυνάμεώς σου· οἶνος ἐκ Χελβων καὶ ἔρια[15] ἐκ Μιλήτου· **19** καὶ
οἶνον εἰς τὴν ἀγοράν[16] σου ἔδωκαν. ἐξ Ασηλ σίδηρος[17] εἰργασμένος[18] καὶ τροχὸς[19]
ἐν τῷ συμμίκτῳ[20] σού ἐστιν. **20** Δαιδαν ἔμποροί[21] σου μετὰ κτηνῶν[22] ἐκλεκτῶν[23]
εἰς ἅρματα.[24] **21** ἡ Ἀραβία καὶ πάντες οἱ ἄρχοντες Κηδαρ, οὗτοι ἔμποροί[25] σου διὰ
χειρός σου, καμήλους[26] καὶ κριοὺς[27] καὶ ἀμνοὺς[28] ἐν οἷς ἐμπορεύονταί[29] σε.

22 ἔμποροι[30] Σαβα καὶ Ραγμα, οὗτοι ἔμποροί σου μετὰ πρώτων ἡδυσμάτων[31] καὶ
λίθων χρηστῶν[32] καὶ χρυσίον[33] ἔδωκαν τὴν ἀγοράν[34] σου. **23** Χαρραν καὶ Χαννα,
οὗτοι ἔμποροί[35] σου. Ασσουρ καὶ Χαρμαν ἔμποροί σου **24** φέροντες ἐμπορίαν[36]
ὑάκινθον[37] καὶ θησαυροὺς[38] ἐκλεκτοὺς[39] δεδεμένους[40] σχοινίοις[41] καὶ κυπαρίσσινα.[42]
25 πλοῖα,[43] ἐν αὐτοῖς Καρχηδόνιοι ἔμποροί[44] σου ἐν τῷ πλήθει ἐν τῷ συμμίκτῳ[45] σου,
καὶ ἐνεπλήσθης[46] καὶ ἐβαρύνθης[47] σφόδρα[48] ἐν καρδίᾳ θαλάσσης.

26 ἐν ὕδατι πολλῷ ἦγόν σε οἱ κωπηλάται[49] σου·
τὸ πνεῦμα τοῦ νότου[50] συνέτριψέν[51] σε ἐν καρδίᾳ θαλάσσης.

1 σύμμικτος, mixed (goods)
2 στακτή, oil of myrrh
3 ποίκιλμα, embroidery
4 ἀγορά, marketplace
5 ἔμπορος, merchant
6 σῖτος, grain
7 πρᾶσις, transaction, sale
8 μύρον, myrrh, perfume
9 κασία, cassia, *Heb. LW*
10 μέλι, honey
11 ἔλαιον, oil
12 ῥητίνη, resin
13 σύμμικτος, mixed (goods)
14 ἔμπορος, merchant
15 ἔριον, wool
16 ἀγορά, marketplace
17 σίδηρος, iron
18 ἐργάζομαι, *perf pas ptc nom s m*, work (in metal), (forge)
19 τροχός, wheel
20 σύμμικτος, mixed (goods)
21 ἔμπορος, merchant
22 κτῆνος, animal
23 ἐκλεκτός, choice, select
24 ἅρμα, chariot
25 ἔμπορος, merchant
26 κάμηλος, camel
27 κριός, ram
28 ἀμνός, lamb
29 ἐμπορεύομαι, *pres mid ind 3p*, trade
30 ἔμπορος, merchant
31 ἥδυσμα, aromatics, spices
32 χρηστός, fine, precious
33 χρυσίον, gold
34 ἀγορά, marketplace
35 ἔμπορος, merchant
36 ἐμπορία, trade, merchandise
37 ὑάκινθος, blue (cloth)
38 θησαυρός, treasury (box)
39 ἐκλεκτός, choice, select
40 δέω, *perf pas ptc acc p m*, bind
41 σχοινίον, cord, rope
42 κυπαρίσσινος, made of cypress wood
43 πλοῖον, ship
44 ἔμπορος, merchant
45 σύμμικτος, mixed (goods)
46 ἐμπίμπλημι, *aor pas ind 2s*, fill up
47 βαρύνω, *aor pas ind 2s*, load heavily
48 σφόδρα, exceedingly
49 κωπηλάτης, rower
50 νότος, south
51 συντρίβω, *aor act ind 3s*, break into pieces

27 ἦσαν δυνάμεις σου καὶ ὁ μισθός[1] σου καὶ τῶν συμμίκτων[2] σου
καὶ οἱ κωπηλάται[3] σου καὶ οἱ κυβερνῆταί[4] σου καὶ οἱ σύμβουλοί[5] σου
καὶ οἱ σύμμικτοί σου ἐκ τῶν συμμίκτων σου
καὶ πάντες οἱ ἄνδρες οἱ πολεμισταί[6] σου οἱ ἐν σοὶ
καὶ πᾶσα ἡ συναγωγή σου ἐν μέσῳ σου,
πεσοῦνται ἐν καρδίᾳ θαλάσσης ἐν τῇ ἡμέρᾳ τῆς πτώσεώς[7] σου.
28 πρὸς τὴν φωνὴν τῆς κραυγῆς[8] σου
οἱ κυβερνῆταί[9] σου φόβῳ φοβηθήσονται,
29 καὶ καταβήσονται ἀπὸ τῶν πλοίων[10]
πάντες οἱ κωπηλάται[11] σου
καὶ οἱ ἐπιβάται[12] καὶ οἱ πρωρεῖς[13] τῆς θαλάσσης
ἐπὶ τὴν γῆν στήσονται
30 καὶ ἀλαλάξουσιν[14] ἐπὶ σὲ τῇ φωνῇ αὐτῶν
καὶ κεκράξονται πικρὸν[15]
καὶ ἐπιθήσουσιν ἐπὶ τὴν κεφαλὴν αὐτῶν γῆν
καὶ σποδὸν[16] ὑποστρώσονται.[17]
32 καὶ λήμψονται οἱ υἱοὶ αὐτῶν ἐπὶ σὲ
θρῆνον[18] καὶ θρήνημά[19] σοι
33 Πόσον[20] τινὰ εὗρες μισθὸν[21] ἀπὸ τῆς θαλάσσης;
ἐνέπλησας[22] ἔθνη ἀπὸ τοῦ πλήθους σου
καὶ ἀπὸ τοῦ συμμίκτου[23] σου
ἐπλούτισας[24] πάντας βασιλεῖς τῆς γῆς.
34 νῦν συνετρίβης[25] ἐν θαλάσσῃ,
ἐν βάθει[26] ὕδατος· ὁ σύμμικτός[27] σου
καὶ πᾶσα ἡ συναγωγή σου ἐν μέσῳ σου ἔπεσον,
πάντες οἱ κωπηλάται[28] σου.

1 μισθός, earnings, wages
2 σύμμικτος, mixed (goods)
3 κωπηλάτης, rower
4 κυβερνήτης, captain
5 σύμβουλος, adviser
6 πολεμιστής, warrior
7 πτῶσις, downfall, calamity
8 κραυγή, outcry, shouting
9 κυβερνήτης, captain
10 πλοῖον, ship
11 κωπηλάτης, rower
12 ἐπιβάτης, soldier on board a ship, passenger
13 πρωρεύς, commanding officer
14 ἀλαλάζω, *fut act ind 3p*, wail loudly
15 πικρός, bitterly
16 σποδός, ashes
17 ὑποστρώννυμι, *fut mid ind 3p*, spread under (for bedding)
18 θρῆνος, lament
19 θρήνημα, dirge
20 πόσος, how much
21 μισθός, earnings, payment
22 ἐμπίμπλημι, *aor act ind 2s*, fill up, supply
23 σύμμικτος, mixed (goods)
24 πλουτίζω, *aor act ind 2s*, profit, make wealthy
25 συντρίβω, *aor pas ind 2s*, break into pieces
26 βάθος, depth
27 σύμμικτος, mixed (goods)
28 κωπηλάτης, rower

35 πάντες οἱ κατοικοῦντες τὰς νήσους[1] ἐστύγνασαν[2] ἐπὶ σέ,
καὶ οἱ βασιλεῖς αὐτῶν ἐκστάσει[3] ἐξέστησαν,[4]
καὶ ἐδάκρυσεν[5] τὸ πρόσωπον αὐτῶν.
36 ἔμποροι[6] ἀπὸ ἐθνῶν ἐσύρισάν[7] σε·
ἀπώλεια[8] ἐγένου καὶ οὐκέτι ἔσῃ εἰς τὸν αἰῶνα.

Prophecies against the Ruler of Tyre

28 Καὶ ἐγένετο λόγος κυρίου πρός με λέγων **2** Καὶ σύ, υἱὲ ἀνθρώπου, εἰπὸν τῷ
ἄρχοντι Τύρου Τάδε[9] λέγει κύριος

Ἀνθ᾽ ὧν[10] ὑψώθη[11] σου ἡ καρδία,
καὶ εἶπας Θεός εἰμι ἐγώ,
κατοικίαν[12] θεοῦ κατῴκηκα ἐν καρδίᾳ θαλάσσης,
σὺ δὲ εἶ ἄνθρωπος καὶ οὐ θεὸς
καὶ ἔδωκας τὴν καρδίαν σου ὡς καρδίαν θεοῦ,
3 μὴ σοφώτερος[13] εἶ σὺ τοῦ Δανιηλ;
σοφοὶ[14] οὐκ ἐπαίδευσάν[15] σε τῇ ἐπιστήμῃ[16] αὐτῶν;
4 μὴ ἐν τῇ ἐπιστήμῃ[17] σου ἢ ἐν τῇ φρονήσει[18] σου
ἐποίησας σεαυτῷ δύναμιν
καὶ χρυσίον[19] καὶ ἀργύριον[20] ἐν τοῖς θησαυροῖς[21] σου;
5 ἐν τῇ πολλῇ ἐπιστήμῃ[22] σου
καὶ ἐμπορίᾳ[23] σου ἐπλήθυνας[24] δύναμίν σου,
ὑψώθη[25] ἡ καρδία σου ἐν τῇ δυνάμει σου.
6 διὰ τοῦτο τάδε[26] λέγει κύριος
Ἐπειδὴ[27] δέδωκας τὴν καρδίαν σου ὡς καρδίαν θεοῦ,
7 ἀντὶ τούτου[28] ἰδοὺ ἐγὼ ἐπάγω[29] ἐπὶ σὲ ἀλλοτρίους[30] λοιμοὺς[31] ἀπὸ ἐθνῶν,
καὶ ἐκκενώσουσιν[32] τὰς μαχαίρας[33] αὐτῶν ἐπὶ σὲ

1 νῆσος, island
2 στυγνάζω, *aor act ind 3p*, sword
3 ἔκστασις, dismay, astonishment
4 ἐξίστημι, *aor act ind 3p*, be stunned, be astounded
5 δακρύω, *aor act ind 3s*, shed tears
6 ἔμπορος, merchant
7 συρίζω, *aor act ind 3p*, hiss at
8 ἀπώλεια, ruin, loss
9 ὅδε, this
10 ἀνθ᾽ ὧν, because
11 ὑψόω, *aor pas ind 3s*, exalt, lift up
12 κατοικία, dwelling, habitation
13 σοφός, *comp*, wiser
14 σοφός, wise, skilled
15 παιδεύω, *aor act ind 3p*, instruct, teach
16 ἐπιστήμη, knowledge
17 ἐπιστήμη, knowledge
18 φρόνησις, intelligence
19 χρυσίον, gold
20 ἀργύριον, silver
21 θησαυρός, treasury
22 ἐπιστήμη, knowledge
23 ἐμπορία, business, trade
24 πληθύνω, *aor act ind 2s*, increase
25 ὑψόω, *aor pas ind 3s*, exalt, lift up
26 ὅδε, this
27 ἐπειδή, insofar as
28 ἀντὶ τούτου, because of this
29 ἐπάγω, *pres act ind 1s*, bring against
30 ἀλλότριος, foreign, strange
31 λοιμός, plague, enemy
32 ἐκκενόω, *fut act ind 3p*, draw out, unsheathe
33 μάχαιρα, sword

καὶ ἐπὶ τὸ κάλλος τῆς ἐπιστήμης[1] σου
καὶ στρώσουσιν[2] τὸ κάλλος σου εἰς ἀπώλειαν[3]
8 καὶ καταβιβάσουσίν[4] σε,
καὶ ἀποθανῇ θανάτῳ τραυματιῶν[5] ἐν καρδίᾳ θαλάσσης.
9 μὴ λέγων ἐρεῖς Θεός εἰμι ἐγώ, ἐνώπιον τῶν ἀναιρούντων[6] σε;
σὺ δὲ εἶ ἄνθρωπος καὶ οὐ θεός.
ἐν πλήθει **10** ἀπεριτμήτων[7] ἀπολῇ ἐν χερσὶν ἀλλοτρίων·[8]
ὅτι ἐγὼ ἐλάλησα, λέγει κύριος.

11 Καὶ ἐγένετο λόγος κυρίου πρός με λέγων **12** Υἱὲ ἀνθρώπου, λαβὲ θρῆνον[9] ἐπὶ τὸν
ἄρχοντα Τύρου καὶ εἰπὸν αὐτῷ Τάδε[10] λέγει κύριος κύριος

Σὺ ἀποσφράγισμα[11] ὁμοιώσεως[12]
καὶ στέφανος[13] κάλλους
13 ἐν τῇ τρυφῇ[14] τοῦ παραδείσου[15] τοῦ θεοῦ ἐγενήθης·
πᾶν λίθον χρηστὸν[16] ἐνδέδεσαι,[17]
σάρδιον[18] καὶ τοπάζιον[19] καὶ σμάραγδον[20]
καὶ ἄνθρακα[21] καὶ σάπφειρον[22]
καὶ ἴασπιν[23] καὶ ἀργύριον[24] καὶ χρυσίον[25]
καὶ λιγύριον[26] καὶ ἀχάτην[27]
καὶ ἀμέθυστον[28] καὶ χρυσόλιθον[29]
καὶ βηρύλλιον[30] καὶ ὀνύχιον,[31]
καὶ χρυσίου ἐνέπλησας[32] τοὺς θησαυρούς[33] σου
καὶ τὰς ἀποθήκας[34] σου ἐν σοὶ ἀφ᾽ ἧς ἡμέρας ἐκτίσθης[35] σύ.
14 μετὰ τοῦ χερουβ[36] ἔθηκά σε ἐν ὄρει ἁγίῳ θεοῦ,
ἐγενήθης ἐν μέσῳ λίθων πυρίνων.[37]

1 ἐπιστήμη, knowledge
2 στρωννύω, *fut act ind 3p*, flatten, pave
3 ἀπώλεια, destruction
4 καταβιβάζω, *fut act ind 3p*, bring down
5 τραυματίας, casualty
6 ἀναιρέω, *pres act ptc gen p m*, put to death
7 ἀπερίτμητος, uncircumcised
8 ἀλλότριος, foreign, (Philistine)
9 θρῆνος, lament
10 ὅδε, this
11 ἀποσφράγισμα, signet ring, seal
12 ὁμοίωσις, similarity, likeness
13 στέφανος, crown
14 τρυφή, luxury
15 παράδεισος, garden, paradise
16 χρηστός, fine, precious
17 ἐνδέω, *perf mid ind 2s*, bind on oneself
18 σάρδιον, carnelian
19 τοπάζιον, topaz
20 σμάραγδος, emerald
21 ἄνθραξ, ruby
22 σάπφειρος, sapphire
23 ἴασπις, jasper
24 ἀργύριον, silver
25 χρυσίον, gold
26 λιγύριον, stone of Liguria
27 ἀχάτης, agate stone
28 ἀμέθυστος, amethyst
29 χρυσόλιθος, chrysolite
30 βηρύλλιον, beryl
31 ὀνύχιον, onyx
32 ἐμπίμπλημι, *aor act ind 2s*, fill up
33 θησαυρός, treasury
34 ἀποθήκη, vault, repository
35 κτίζω, *aor pas ind 2s*, make, create
36 χερουβ, cherub, *translit.*
37 πύρινος, fiery

15 ἐγενήθης ἄμωμος[1] σὺ ἐν ταῖς ἡμέραις σου
ἀφ᾽ ἧς ἡμέρας σὺ ἐκτίσθης[2] ἕως εὑρέθη τὰ ἀδικήματα[3] ἐν σοί.
16 ἀπὸ πλήθους τῆς ἐμπορίας[4] σου
ἔπλησας[5] τὰ ταμιεῖά[6] σου ἀνομίας[7] καὶ ἥμαρτες
καὶ ἐτραυματίσθης[8] ἀπὸ ὄρους τοῦ θεοῦ,
καὶ ἤγαγέν σε τὸ χερουβ[9] ἐκ μέσου λίθων πυρίνων.[10]
17 ὑψώθη[11] ἡ καρδία σου ἐπὶ τῷ κάλλει σου,
διεφθάρη[12] ἡ ἐπιστήμη[13] σου μετὰ τοῦ κάλλους σου·
διὰ πλῆθος ἁμαρτιῶν σου ἐπὶ τὴν γῆν ἔρριψά[14] σε,
ἐναντίον[15] βασιλέων ἔδωκά σε παραδειγματισθῆναι.[16]
18 διὰ τὸ πλῆθος τῶν ἁμαρτιῶν σου
καὶ τῶν ἀδικιῶν[17] τῆς ἐμπορίας[18] σου
ἐβεβήλωσας[19] τὰ ἱερά σου·
καὶ ἐξάξω[20] πῦρ ἐκ μέσου σου, τοῦτο καταφάγεταί[21] σε·
καὶ δώσω σε εἰς σποδὸν[22] ἐπὶ τῆς γῆς σου
ἐναντίον[23] πάντων τῶν ὁρώντων[24] σε.
19 καὶ πάντες οἱ ἐπιστάμενοί[25] σε ἐν τοῖς ἔθνεσιν στυγνάσουσιν[26] ἐπὶ σέ·
ἀπώλεια[27] ἐγένου καὶ οὐχ ὑπάρξεις ἔτι εἰς τὸν αἰῶνα.

Prophecies against Sidon

20 Καὶ ἐγένετο λόγος κυρίου πρός με λέγων **21** Υἱὲ ἀνθρώπου, στήρισον[28] τὸ πρό-
σωπόν σου ἐπὶ Σιδῶνα καὶ προφήτευσον[29] ἐπ᾽ αὐτὴν **22** καὶ εἰπόν Τάδε[30] λέγει κύριος

Ἰδοὺ ἐγὼ ἐπὶ σέ, Σιδών,
καὶ ἐνδοξασθήσομαι[31] ἐν σοί,

1 ἄμωμος, unblemished, spotless
2 κτίζω, *aor pas ind 2s*, make, create
3 ἀδίκημα, injustice, wrongdoing
4 ἐμπορία, business, trade
5 πίμπλημι, *aor act ind 2s*, fill
6 ταμιεῖον, store room
7 ἀνομία, iniquity, wrongdoing
8 τραυματίζω, *aor pas ind 2s*, wound
9 χερουβ, cherub, *translit.*
10 πύρινος, fiery
11 ὑψόω, *aor pas ind 3s*, exalt, raise up
12 διαφθείρω, *aor pas ind 3s*, ruin, spoil
13 ἐπιστήμη, knowledge
14 ῥίπτω, *aor act ind 1s*, throw, discard
15 ἐναντίον, in front of
16 παραδειγματίζω, *aor pas inf*, expose, publicly disgrace
17 ἀδικία, injustice
18 ἐμπορία, business, trade
19 βεβηλόω, *aor act ind 2s*, profane, defile
20 ἐξάγω, *fut act ind 1s*, draw out
21 κατεσθίω, *fut mid ind 3s*, consume
22 σποδός, ashes
23 ἐναντίον, in front of
24 ὁράω, *pres act ptc gen p m*, see
25 ἐπίσταμαι, *pres mid ptc nom p m*, know, understand
26 στυγνάζω, *fut act ind 3p*, be shocked, appear gloomy
27 ἀπώλεια, ruin
28 στηρίζω, *aor act impv 2s*, fix, set
29 προφητεύω, *aor act impv 2s*, prophesy
30 ὅδε, this
31 ἐνδοξάζω, *fut pas ind 1s*, glorify

καὶ γνώσῃ ὅτι ἐγώ εἰμι κύριος ἐν τῷ ποιῆσαί με ἐν σοὶ κρίματα,[1]
καὶ ἁγιασθήσομαι[2] ἐν σοί.
23 αἷμα καὶ θάνατος ἐν ταῖς πλατείαις[3] σου,
καὶ πεσοῦνται τετραυματισμένοι[4] ἐν μαχαίραις[5] ἐν σοὶ περικύκλῳ[6] σου·
καὶ γνώσονται διότι[7] ἐγώ εἰμι κύριος.

24 καὶ οὐκ ἔσονται οὐκέτι τῷ οἴκῳ τοῦ Ισραηλ σκόλοψ[8] πικρίας[9] καὶ ἄκανθα[10] ὀδύ-
νης[11] ἀπὸ πάντων τῶν περικύκλῳ[12] αὐτῶν τῶν ἀτιμασάντων[13] αὐτούς· καὶ γνώ-
σονται ὅτι ἐγώ εἰμι κύριος.

Israel to Be Gathered in Security

25 τάδε[14] λέγει κύριος κύριος Καὶ συνάξω τὸν Ισραηλ ἐκ τῶν ἐθνῶν, οὗ[15] δι-
εσκορπίσθησαν[16] ἐκεῖ, καὶ ἁγιασθήσομαι[17] ἐν αὐτοῖς ἐνώπιον τῶν λαῶν καὶ τῶν
ἐθνῶν· καὶ κατοικήσουσιν ἐπὶ τῆς γῆς αὐτῶν, ἣν δέδωκα τῷ δούλῳ μου Ιακωβ, **26** καὶ
κατοικήσουσιν ἐπ᾽ αὐτῆς ἐν ἐλπίδι καὶ οἰκοδομήσουσιν οἰκίας καὶ φυτεύσουσιν[18]
ἀμπελῶνας[19] καὶ κατοικήσουσιν ἐν ἐλπίδι, ὅταν ποιήσω κρίμα[20] ἐν πᾶσιν τοῖς ἀτι-
μάσασιν[21] αὐτοὺς ἐν τοῖς κύκλῳ[22] αὐτῶν· καὶ γνώσονται ὅτι ἐγώ εἰμι κύριος ὁ θεὸς
αὐτῶν καὶ ὁ θεὸς τῶν πατέρων αὐτῶν.

Prophecy against Egypt

29 Ἐν τῷ ἔτει τῷ δεκάτῳ[23] ἐν τῷ δεκάτῳ μηνὶ[24] μιᾷ τοῦ μηνὸς ἐγένετο λόγος
κυρίου πρός με λέγων **2** Υἱὲ ἀνθρώπου, στήρισον[25] τὸ πρόσωπόν σου ἐπὶ
Φαραω βασιλέα Αἰγύπτου καὶ προφήτευσον[26] ἐπ᾽ αὐτὸν καὶ ἐπ᾽ Αἴγυπτον ὅλην **3** καὶ
εἰπόν Τάδε[27] λέγει κύριος

1 κρίμα, decision, judgment
2 ἁγιάζω, *fut pas ind 1s*, regard as holy, consecrate
3 πλατεῖα, street
4 τραυματίζω, *perf pas ptc nom p m*, wound
5 μάχαιρα, sword
6 περικύκλῳ, all around
7 διότι, that
8 σκόλοψ, thorn
9 πικρία, bitterness
10 ἄκανθα, thistle
11 ὀδύνη, pain
12 περικύκλῳ, all around
13 ἀτιμάζω, *aor act ptc gen p m*, dishonor, shame
14 ὅδε, this
15 οὗ, where
16 διασκορπίζω, *aor pas ind 3p*, disperse, scatter
17 ἁγιάζω, *fut pas ind 1s*, regard as holy, consecrate
18 φυτεύω, *fut act ind 3p*, plant
19 ἀμπελών, vineyard
20 κρίμα, judgment
21 ἀτιμάζω, *aor act ptc dat p m*, dishonor, shame
22 κύκλῳ, all around
23 δέκατος, tenth
24 μήν, month
25 στηρίζω, *aor act impv 2s*, fix, set
26 προφητεύω, *aor act impv 2s*, prophesy
27 ὅδε, this

Ἰδοὺ ἐγὼ ἐπὶ Φαραω τὸν δράκοντα[1] τὸν μέγαν
τὸν ἐγκαθήμενον[2] ἐν μέσῳ ποταμῶν[3] αὐτοῦ
τὸν λέγοντα Ἐμοί εἰσιν οἱ ποταμοί,
καὶ ἐγὼ ἐποίησα αὐτούς.
4 καὶ ἐγὼ δώσω παγίδας[4] εἰς τὰς σιαγόνας[5] σου
καὶ προσκολλήσω[6] τοὺς ἰχθῦς[7] τοῦ ποταμοῦ[8] σου
πρὸς τὰς πτέρυγάς[9] σου
καὶ ἀνάξω[10] σε ἐκ μέσου τοῦ ποταμοῦ σου
καὶ πάντας τοὺς ἰχθύας τοῦ ποταμοῦ σου
5 καὶ καταβαλῶ[11] σε ἐν τάχει[12]
καὶ πάντας τοὺς ἰχθύας[13] τοῦ ποταμοῦ[14] σου·
ἐπὶ πρόσωπον τοῦ πεδίου[15] πεσῇ καὶ οὐ μὴ συναχθῇς
καὶ οὐ μὴ περισταλῇς,[16]
τοῖς θηρίοις τῆς γῆς καὶ τοῖς πετεινοῖς[17] τοῦ οὐρανοῦ
δέδωκά σε εἰς κατάβρωμα·[18]
6 καὶ γνώσονται πάντες οἱ κατοικοῦντες Αἴγυπτον
ὅτι ἐγώ εἰμι κύριος,
ἀνθ᾽ ὧν[19] ἐγενήθης ῥάβδος[20] καλαμίνη[21]
τῷ οἴκῳ Ισραηλ.
7 ὅτε ἐπελάβοντό[22] σου τῇ χειρὶ αὐτῶν, ἐθλάσθης·[23]
καὶ ὅτε ἐπεκράτησεν[24] ἐπ᾽ αὐτοὺς πᾶσα χείρ
καὶ ὅτε ἐπανεπαύσαντο[25] ἐπὶ σέ,
συνετρίβης[26] καὶ συνέκλασας[27] αὐτῶν πᾶσαν ὀσφύν.[28]

8 διὰ τοῦτο τάδε[29] λέγει κύριος Ἰδοὺ ἐγὼ ἐπάγω[30] ἐπὶ σὲ ῥομφαίαν[31] καὶ ἀπολῶ
ἀνθρώπους ἀπὸ σοῦ καὶ κτήνη·[32] **9** καὶ ἔσται ἡ γῆ Αἰγύπτου ἀπώλεια[33] καὶ ἔρημος,

1 δράκων, dragon
2 ἐγκάθημαι, *pres mid ptc acc s m*, lie in ambush
3 ποταμός, river
4 παγίς, trap, snare
5 σιαγών, jawbone
6 προσκολλάω, *fut act ind 1s*, attach, stick
7 ἰχθύς, fish
8 ποταμός, river
9 πτέρυξ, fin, wing
10 ἀνάγω, *fut act ind 1s*, bring up
11 καταβάλλω, *fut act ind 1s*, throw down
12 τάχος, haste
13 ἰχθύς, fish
14 ποταμός, river
15 πεδίον, field, plain
16 περιστέλλω, *aor pas sub 2s*, attend to, protect
17 πετεινόν, bird
18 κατάβρωμα, food
19 ἀνθ᾽ ὧν, since
20 ῥάβδος, staff, rod
21 καλάμινος, of reed
22 ἐπιλαμβάνω, *aor mid ind 3p*, seize, catch
23 θλάω, *aor pas ind 2s*, squish, bruise
24 ἐπικρατέω, *aor act ind 3s*, prevail
25 ἐπαναπαύω, *aor mid ind 3p*, lean on, rest on
26 συντρίβω, *aor pas ind 2s*, crush
27 συγκλάω, *aor act ind 2s*, mangle
28 ὀσφύς, loins
29 ὅδε, this
30 ἐπάγω, *pres act ind 1s*, bring against
31 ῥομφαία, sword
32 κτῆνος, animal, (*p*) herd
33 ἀπώλεια, waste, ruin

καὶ γνώσονται ὅτι ἐγώ εἰμι κύριος, ἀντὶ[1] τοῦ λέγειν σε Οἱ ποταμοὶ[2] ἐμοί εἰσιν, καὶ ἐγὼ ἐποίησα αὐτούς. **10** διὰ τοῦτο ἰδοὺ ἐγὼ ἐπὶ σὲ καὶ ἐπὶ πάντας τοὺς ποταμούς[3] σου καὶ δώσω γῆν Αἰγύπτου εἰς ἔρημον καὶ ῥομφαίαν[4] καὶ ἀπώλειαν[5] ἀπὸ Μαγδώλου καὶ Συήνης καὶ ἕως ὁρίων[6] Αἰθιόπων. **11** οὐ μὴ διέλθῃ ἐν αὐτῇ ποὺς ἀνθρώπου, καὶ ποὺς κτήνους[7] οὐ μὴ διέλθῃ αὐτήν, καὶ οὐ κατοικηθήσεται τεσσαράκοντα[8] ἔτη. **12** καὶ δώσω τὴν γῆν αὐτῆς ἀπώλειαν[9] ἐν μέσῳ γῆς ἠρημωμένης,[10] καὶ αἱ πόλεις αὐτῆς ἐν μέσῳ πόλεων ἠρημωμένων[11] ἔσονται τεσσαράκοντα[12] ἔτη· καὶ διασπερῶ[13] Αἴγυπτον ἐν τοῖς ἔθνεσιν καὶ λικμήσω[14] αὐτοὺς εἰς τὰς χώρας.[15]

13 τάδε[16] λέγει κύριος Μετὰ τεσσαράκοντα[17] ἔτη συνάξω τοὺς Αἰγυπτίους ἀπὸ τῶν ἐθνῶν, οὗ[18] διεσκορπίσθησαν[19] ἐκεῖ, **14** καὶ ἀποστρέψω[20] τὴν αἰχμαλωσίαν[21] τῶν Αἰγυπτίων καὶ κατοικίσω[22] αὐτοὺς ἐν γῇ Παθουρης, ἐν τῇ γῇ, ὅθεν[23] ἐλήμφθησαν·[24] καὶ ἔσται ἀρχὴ ταπεινὴ[25] **15** παρὰ πάσας τὰς ἀρχάς, οὐ μὴ ὑψωθῇ[26] ἔτι ἐπὶ τὰ ἔθνη, καὶ ὀλιγοστοὺς[27] αὐτοὺς ποιήσω τοῦ μὴ εἶναι αὐτοὺς πλείονας[28] ἐν τοῖς ἔθνεσιν. **16** καὶ οὐκέτι ἔσονται τῷ οἴκῳ Ισραηλ εἰς ἐλπίδα ἀναμιμνῄσκουσαν[29] ἀνομίαν[30] ἐν τῷ αὐτοὺς ἀκολουθῆσαι[31] ὀπίσω αὐτῶν· καὶ γνώσονται ὅτι ἐγώ εἰμι κύριος.

17 Καὶ ἐγένετο ἐν τῷ ἑβδόμῳ[32] καὶ εἰκοστῷ[33] ἔτει μιᾷ τοῦ μηνὸς[34] τοῦ πρώτου ἐγένετο λόγος κυρίου πρός με λέγων **18** Υἱὲ ἀνθρώπου, Ναβουχοδονοσορ βασιλεὺς Βαβυλῶνος κατεδουλώσατο[35] αὐτοῦ τὴν δύναμιν δουλείᾳ[36] μεγάλῃ ἐπὶ Τύρου, πᾶσα κεφαλὴ φαλακρὰ[37] καὶ πᾶς ὦμος[38] μαδῶν,[39] καὶ μισθὸς[40] οὐκ ἐγενήθη αὐτῷ καὶ τῇ δυνάμει αὐτοῦ ἐπὶ Τύρου καὶ τῆς δουλείας,[41] ἧς ἐδούλευσαν[42] ἐπ᾽ αὐτήν. **19** τάδε[43]

1 ἀντί, instead of
2 ποταμός, river
3 ποταμός, river
4 ῥομφαία, sword
5 ἀπώλεια, waste, ruin
6 ὅριον, territory, region
7 κτῆνος, animal
8 τεσσαράκοντα, forty
9 ἀπώλεια, waste, ruin
10 ἐρημόω, *perf pas ptc gen s f*, make desolate
11 ἐρημόω, *perf pas ptc gen p f*, make desolate
12 τεσσαράκοντα, forty
13 διασπείρω, *fut act ind 1s*, scatter
14 λικμάω, *fut act ind 1s*, winnow
15 χώρα, land, country
16 ὅδε, this
17 τεσσαράκοντα, forty
18 οὗ, where
19 διασκορπίζω, *aor pas ind 3p*, disperse
20 ἀποστρέφω, *fut act ind 1s*, reverse, turn back
21 αἰχμαλωσία, captivity
22 κατοικίζω, *fut act ind 1s*, settle, establish
23 ὅθεν, where
24 λαμβάνω, *aor pas ind 3p*, take
25 ταπεινός, oppressed, humble
26 ὑψόω, *aor pas sub 3s*, raise up, exalt
27 ὀλίγος, *sup*, smallest, least
28 πλείων/πλεῖον, *comp of* πολύς, greater, more numerous
29 ἀναμιμνῄσκω, *pres act ptc acc s f*, bring to mind
30 ἀνομία, lawlessness
31 ἀκολουθέω, *aor act inf*, follow
32 ἕβδομος, seventh
33 εἰκοστός, twentieth
34 μήν, month
35 καταδουλόω, *aor mid ind 3s*, enslave
36 δουλεία, bondage
37 φαλακρός, bald
38 ὦμος, shoulder
39 μαδάω, *pres act ptc nom s m*, become hairless
40 μισθός, wages, pay
41 δουλεία, bondage, forced labor
42 δουλεύω, *aor act ind 3p*, render (service)
43 ὅδε, this

λέγει κύριος κύριος Ἰδοὺ δίδωμι τῷ Ναβουχοδονοσορ βασιλεῖ Βαβυλῶνος γῆν Αἰγύπτου, καὶ προνομεύσει[1] τὴν προνομὴν[2] αὐτῆς καὶ σκυλεύσει[3] τὰ σκῦλα[4] αὐτῆς, καὶ ἔσται μισθὸς[5] τῇ δυνάμει αὐτοῦ· **20** ἀντὶ[6] τῆς λειτουργίας[7] αὐτοῦ, ἧς ἐδούλευσεν[8] ἐπὶ Τύρον, δέδωκα αὐτῷ γῆν Αἰγύπτου. τάδε[9] λέγει κύριος κύριος **21** Ἐν τῇ ἡμέρᾳ ἐκείνῃ ἀνατελεῖ[10] κέρας[11] παντὶ τῷ οἴκῳ Ισραηλ, καὶ σοὶ δώσω στόμα ἀνεῳγμένον ἐν μέσῳ αὐτῶν· καὶ γνώσονται ὅτι ἐγώ εἰμι κύριος.

A Lament for Egypt

30 Καὶ ἐγένετο λόγος κυρίου πρός με λέγων **2** Υἱὲ ἀνθρώπου, προφήτευσον[12] καὶ εἰπόν Τάδε[13] λέγει κύριος

Ὦ[14] ὢ ἡ ἡμέρα,
3 ὅτι ἐγγὺς[15] ἡ ἡμέρα τοῦ κυρίου,
ἡμέρα πέρας[16] ἐθνῶν ἔσται.
4 καὶ ἥξει[17] μάχαιρα[18] ἐπ᾽ Αἰγυπτίους,
καὶ ἔσται ταραχὴ[19] ἐν τῇ Αἰθιοπίᾳ,
καὶ πεσοῦνται τετραυματισμένοι[20] ἐν Αἰγύπτῳ,
καὶ συμπεσεῖται[21] αὐτῆς τὰ θεμέλια.[22]
5 Πέρσαι καὶ Κρῆτες καὶ Λυδοὶ καὶ Λίβυες
καὶ πάντες οἱ ἐπίμικτοι[23] καὶ τῶν υἱῶν τῆς διαθήκης μου
μαχαίρᾳ[24] πεσοῦνται ἐν αὐτῇ.

6 καὶ πεσοῦνται τὰ ἀντιστηρίγματα[25] Αἰγύπτου,
καὶ καταβήσεται ἡ ὕβρις[26] τῆς ἰσχύος[27] αὐτῆς
ἀπὸ Μαγδώλου ἕως Συήνης·
μαχαίρᾳ[28] πεσοῦνται ἐν αὐτῇ, λέγει κύριος.
7 καὶ ἐρημωθήσεται[29] ἐν μέσῳ χωρῶν[30] ἠρημωμένων,[31]
καὶ αἱ πόλεις αὐτῶν ἐν μέσῳ πόλεων ἠρημωμένων ἔσονται·

1 προνομεύω, *fut act ind 3s*, plunder
2 προνομή, spoils
3 σκυλεύω, *fut act ind 3s*, strip
4 σκῦλον, booty
5 μισθός, wages, pay
6 ἀντί, in exchange for
7 λειτουργία, service
8 δουλεύω, *aor act ind 3s*, render (service)
9 ὅδε, this
10 ἀνατέλλω, *fut act ind 3s*, appear
11 κέρας, horn
12 προφητεύω, *aor act impv 2s*, prophesy
13 ὅδε, this
14 ὦ, Oh!, alas!
15 ἐγγύς, near
16 πέρας, conclusion, end
17 ἥκω, *fut act ind 3s*, come
18 μάχαιρα, sword
19 ταραχή, commotion, disturbance
20 τραυματίζω, *perf pas ptc nom p m*, wound
21 συμπίπτω, *fut mid ind 3s*, collapse
22 θεμέλιον, foundation
23 ἐπίμικτος, combined, mixed
24 μάχαιρα, sword
25 ἀντιστήριγμα, support
26 ὕβρις, pride, arrogance
27 ἰσχύς, power, strength
28 μάχαιρα, sword
29 ἐρημόω, *fut pas ind 3s*, make desolate
30 χώρα, country, land
31 ἐρημόω, *perf pas ptc gen p f*, make desolate

8 καὶ γνώσονται ὅτι ἐγώ εἰμι κύριος,
ὅταν δῶ πῦρ ἐπ᾽ Αἴγυπτον
καὶ συντριβῶσι[1] πάντες οἱ βοηθοῦντες[2] αὐτῇ.

9 ἐν τῇ ἡμέρᾳ ἐκείνῃ ἐξελεύσονται ἄγγελοι σπεύδοντες[3] ἀφανίσαι[4] τὴν Αἰθιοπίαν,
καὶ ἔσται ταραχὴ[5] ἐν αὐτοῖς ἐν τῇ ἡμέρᾳ Αἰγύπτου, ὅτι ἰδοὺ ἥκει.[6] **10** τάδε[7] λέγει
κύριος κύριος

Καὶ ἀπολῶ πλῆθος Αἰγυπτίων
διὰ χειρὸς Ναβουχοδονοσορ βασιλέως Βαβυλῶνος,
11 αὐτοῦ καὶ τοῦ λαοῦ αὐτοῦ·
λοιμοὶ[8] ἀπὸ ἐθνῶν ἀπεσταλμένοι ἀπολέσαι τὴν γῆν
καὶ ἐκκενώσουσιν[9] πάντες τὰς μαχαίρας[10] αὐτῶν ἐπ᾽ Αἴγυπτον,
καὶ πλησθήσεται[11] ἡ γῆ τραυματιῶν.[12]
12 καὶ δώσω τοὺς ποταμοὺς[13] αὐτῶν ἐρήμους
καὶ ἀπολῶ τὴν γῆν
καὶ τὸ πλήρωμα[14] αὐτῆς ἐν χερσὶν ἀλλοτρίων·[15]
ἐγὼ κύριος λελάληκα.

13 ὅτι τάδε[16] λέγει κύριος κύριος

Καὶ ἀπολῶ μεγιστᾶνας[17] ἀπὸ Μέμφεως
καὶ ἄρχοντας ἐκ γῆς Αἰγύπτου,
καὶ οὐκ ἔσονται ἔτι.
14 καὶ ἀπολῶ γῆν Παθουρης καὶ δώσω πῦρ ἐπὶ Τάνιν
καὶ ποιήσω ἐκδίκησιν[18] ἐν Διοσπόλει
15 καὶ ἐκχεῶ[19] τὸν θυμόν[20] μου ἐπὶ Σάιν τὴν ἰσχὺν[21] Αἰγύπτου
καὶ ἀπολῶ τὸ πλῆθος Μέμφεως·
16 καὶ δώσω πῦρ ἐπ᾽ Αἴγυπτον,
καὶ ταραχὴν[22] ταραχθήσεται[23] Συήνη,
καὶ ἐν Διοσπόλει ἔσται ἔκρηγμα[24]
καὶ διαχυθήσεται[25] ὕδατα.

1 συντρίβω, *aor pas sub 3p*, crush
2 βοηθέω, *pres act ptc nom p m*, help, aid
3 σπεύδω, *pres act ptc nom p m*, hurry up
4 ἀφανίζω, *aor act inf*, destroy
5 ταραχή, commotion, disturbance
6 ἥκω, *pres act ind 3s*, come
7 ὅδε, this
8 λοιμός, plague
9 ἐκκενόω, *fut act ind 3p*, draw out
10 μάχαιρα, sword
11 πίμπλημι, *fut pas ind 3s*, fill up
12 τραυματίας, casualty, wounded person
13 ποταμός, river
14 πλήρωμα, contents, fullness
15 ἀλλότριος, foreign, other
16 ὅδε, this
17 μεγιστάν, noble, magistrate
18 ἐκδίκησις, judgment, punishment
19 ἐκχέω, *fut act ind 1s*, pour out
20 θυμός, anger, wrath
21 ἰσχύς, power, strength
22 ταραχή, commotion, disturbance
23 ταράσσω, *fut pas ind 3s*, shake up, disturb
24 ἔκρηγμα, breach
25 διαχέω, *fut pas ind 3s*, run through

17 νεανίσκοι[1] Ἡλίου πόλεως καὶ Βουβάστου ἐν μαχαίρᾳ[2] πεσοῦνται,
καὶ αἱ γυναῖκες ἐν αἰχμαλωσίᾳ[3] πορεύσονται.
18 καὶ ἐν Ταφνας συσκοτάσει[4] ἡ ἡμέρα
ἐν τῷ συντρῖψαι[5] με ἐκεῖ τὰ σκῆπτρα[6] Αἰγύπτου,
καὶ ἀπολεῖται ἐκεῖ ἡ ὕβρις[7] τῆς ἰσχύος[8] αὐτῆς,
καὶ αὐτὴν νεφέλη[9] καλύψει,[10]
καὶ αἱ θυγατέρες[11] αὐτῆς αἰχμάλωτοι[12] ἀχθήσονται.[13]
19 καὶ ποιήσω κρίμα[14] ἐν Αἰγύπτῳ,
καὶ γνώσονται ὅτι ἐγώ εἰμι κύριος.

Egypt Will Fall to Babylon

20 Καὶ ἐγένετο ἐν τῷ ἑνδεκάτῳ[15] ἔτει ἐν τῷ πρώτῳ μηνὶ[16] ἑβδόμῃ[17] τοῦ μηνὸς ἐγένετο
λόγος κυρίου πρός με λέγων **21** Υἱὲ ἀνθρώπου, τοὺς βραχίονας[18] Φαραω βασιλέως
Αἰγύπτου συνέτριψα,[19] καὶ ἰδοὺ οὐ κατεδέθη[20] τοῦ δοθῆναι[21] ἴασιν[22] τοῦ δοθῆναι
ἐπ' αὐτὸν μάλαγμα[23] τοῦ δοθῆναι ἰσχὺν[24] ἐπιλαβέσθαι[25] μαχαίρας.[26] **22** διὰ τοῦτο
τάδε[27] λέγει κύριος κύριος Ἰδοὺ ἐγὼ ἐπὶ Φαραω βασιλέα Αἰγύπτου καὶ συντρίψω[28]
τοὺς βραχίονας[29] αὐτοῦ τοὺς ἰσχυροὺς[30] καὶ τοὺς τεταμένους[31] καὶ καταβαλῶ[32] τὴν
μάχαιραν[33] αὐτοῦ ἐκ τῆς χειρὸς αὐτοῦ **23** καὶ διασπερῶ[34] Αἴγυπτον εἰς τὰ ἔθνη καὶ
λικμήσω[35] αὐτοὺς εἰς τὰς χώρας·[36] **24** καὶ κατισχύσω[37] τοὺς βραχίονας[38] βασιλέως
Βαβυλῶνος καὶ δώσω τὴν ῥομφαίαν[39] μου εἰς τὴν χεῖρα αὐτοῦ, καὶ ἐπάξει[40] αὐτὴν
ἐπ' Αἴγυπτον καὶ προνομεύσει[41] τὴν προνομὴν[42] αὐτῆς καὶ σκυλεύσει[43] τὰ σκῦλα[44]

1 νεανίσκος, young man
2 μάχαιρα, sword
3 αἰχμαλωσία, captivity
4 συσκοτάζω, *fut act ind 3s*, grow completely dark
5 συντρίβω, *aor act inf*, break, shatter
6 σκῆπτρον, scepter
7 ὕβρις, pride, arrogance
8 ἰσχύς, power, strength
9 νεφέλη, cloud
10 καλύπτω, *fut act ind 3s*, cover
11 θυγάτηρ, daughter
12 αἰχμάλωτος, captive, prisoner
13 ἄγω, *fut pas ind 3p*, lead away
14 κρίμα, judgment
15 ἑνδέκατος, eleventh
16 μήν, month
17 ἕβδομος, seventh
18 βραχίων, arm
19 συντρίβω, *aor act ind 1s*, break, shatter
20 καταδέω, *aor pas ind 3s*, bandage
21 δίδωμι, *aor pas inf*, give
22 ἴασις, healing, recovery
23 μάλαγμα, bandage, wrap
24 ἰσχύς, strength
25 ἐπιλαμβάνω, *aor mid inf*, grasp, handle
26 μάχαιρα, sword
27 ὅδε, this
28 συντρίβω, *fut act ind 1s*, break, shatter
29 βραχίων, arm
30 ἰσχυρός, strong, powerful
31 τείνω, *perf pas ptc acc p m*, reach out, extend
32 καταβάλλω, *fut act ind 1s*, bring down, strike down
33 μάχαιρα, sword
34 διασπείρω, *fut act ind 1s*, scatter
35 λικμάω, *fut act ind 1s*, winnow
36 χώρα, country, land
37 κατισχύω, *fut act ind 1s*, fortify, strengthen
38 βραχίων, arm
39 ῥομφαία, sword
40 ἐπάγω, *fut act ind 3s*, bring against
41 προνομεύω, *fut act ind 3s*, plunder
42 προνομή, spoils
43 σκυλεύω, *fut act ind 3s*, strip
44 σκῦλον, booty

αὐτῆς. **25** καὶ ἐνισχύσω[1] τοὺς βραχίονας[2] βασιλέως Βαβυλῶνος, οἱ δὲ βραχίονες
Φαραω πεσοῦνται· καὶ γνώσονται ὅτι ἐγώ εἰμι κύριος, ἐν τῷ δοῦναι τὴν ῥομφαίαν[3]
μου εἰς χεῖρας βασιλέως Βαβυλῶνος, καὶ ἐκτενεῖ[4] αὐτὴν ἐπὶ γῆν Αἰγύπτου. **26** καὶ
διασπερῶ[5] Αἴγυπτον εἰς τὰ ἔθνη καὶ λικμήσω[6] αὐτοὺς εἰς τὰς χώρας·[7] καὶ γνώσονται
πάντες ὅτι ἐγώ εἰμι κύριος.

Pharaoh to Be a Fallen Cedar of Lebanon

31 Καὶ ἐγένετο ἐν τῷ ἑνδεκάτῳ[8] ἔτει ἐν τῷ τρίτῳ μηνὶ[9] μιᾷ τοῦ μηνὸς ἐγένετο
λόγος κυρίου πρός με λέγων **2** Υἱὲ ἀνθρώπου, εἰπὸν πρὸς Φαραω βασιλέα
Αἰγύπτου καὶ τῷ πλήθει αὐτοῦ

Τίνι ὡμοίωσας[10] σεαυτὸν ἐν τῷ ὕψει[11] σου;
3 ἰδοὺ Ασσουρ κυπάρισσος[12] ἐν τῷ Λιβάνῳ
καὶ καλὸς ταῖς παραφυάσιν[13] καὶ ὑψηλὸς[14] τῷ μεγέθει,[15]
εἰς μέσον νεφελῶν[16] ἐγένετο ἡ ἀρχὴ αὐτοῦ·
4 ὕδωρ ἐξέθρεψεν[17] αὐτόν,
ἡ ἄβυσσος[18] ὕψωσεν[19] αὐτόν,
τοὺς ποταμοὺς[20] αὐτῆς ἤγαγεν κύκλῳ[21] τῶν φυτῶν[22] αὐτοῦ
καὶ τὰ συστέματα[23] αὐτῆς ἐξαπέστειλεν[24] εἰς πάντα τὰ ξύλα[25] τοῦ
πεδίου.[26]
5 ἕνεκεν[27] τούτου ὑψώθη[28] τὸ μέγεθος[29] αὐτοῦ
παρὰ πάντα τὰ ξύλα[30] τοῦ πεδίου,[31]
καὶ ἐπλατύνθησαν[32] οἱ κλάδοι[33] αὐτοῦ
ἀφ᾽ ὕδατος πολλοῦ.
6 ἐν ταῖς παραφυάσιν[34] αὐτοῦ
ἐνόσσευσαν[35] πάντα τὰ πετεινὰ[36] τοῦ οὐρανοῦ,

1 ἐνισχύω, *fut act ind 1s*, reinforce, support
2 βραχίων, arm
3 ῥομφαία, sword
4 ἐκτείνω, *fut act ind 3s*, hold out, extend
5 διασπείρω, *fut act ind 1s*, scatter
6 λικμάω, *fut act ind 1s*, winnow
7 χώρα, country, land
8 ἑνδέκατος, eleventh
9 μήν, month
10 ὁμοιόω, *aor act ind 2s*, compare
11 ὕψος, stature
12 κυπάρισσος, cypress
13 παραφυάς, limb, branch
14 ὑψηλός, tall
15 μέγεθος, height, size
16 νεφέλη, cloud
17 ἐκτρέφω, *aor act ind 3s*, cultivate
18 ἄβυσσος, deep, abyss
19 ὑψόω, *aor act ind 3s*, raise up, exalt
20 ποταμός, river
21 κύκλῳ, around
22 φυτόν, offshoot
23 σύστεμα, system (of roots)
24 ἐξαποστέλλω, *aor act ind 3s*, send out
25 ξύλον, tree
26 πεδίον, plain, field
27 ἕνεκεν, on account of
28 ὑψόω, *aor pas ind 3s*, raise up, exalt
29 μέγεθος, height, size
30 ξύλον, tree
31 πεδίον, plain, field
32 πλατύνω, *aor pas ind 3p*, spread out
33 κλάδος, branch
34 παραφυάς, limb, branch
35 νοσσεύω, *aor act ind 3p*, nest
36 πετεινόν, bird

καὶ ὑποκάτω[1] τῶν κλάδων[2] αὐτοῦ
ἐγεννῶσαν πάντα τὰ θηρία τοῦ πεδίου,[3]
ἐν τῇ σκιᾷ[4] αὐτοῦ
κατῴκησεν πᾶν πλῆθος ἐθνῶν.
7 καὶ ἐγένετο καλὸς ἐν τῷ ὕψει[5] αὐτοῦ
διὰ τὸ πλῆθος τῶν κλάδων[6] αὐτοῦ,
ὅτι ἐγενήθησαν αἱ ῥίζαι[7] αὐτοῦ εἰς ὕδωρ πολύ.
8 κυπάρισσοι[8] τοιαῦται οὐκ ἐγενήθησαν ἐν τῷ παραδείσῳ[9] τοῦ θεοῦ,
καὶ πίτυες[10] οὐχ ὅμοιαι[11] ταῖς παραφυάσιν[12] αὐτοῦ,
καὶ ἐλάται[13] οὐκ ἐγένοντο ὅμοιαι[14] τοῖς κλάδοις[15] αὐτοῦ·
πᾶν ξύλον[16] ἐν τῷ παραδείσῳ τοῦ θεοῦ
οὐχ ὡμοιώθη[17] αὐτῷ ἐν τῷ κάλλει αὐτοῦ
9 διὰ τὸ πλῆθος τῶν κλάδων[18] αὐτοῦ,
καὶ ἐζήλωσεν[19] αὐτὸν
τὰ ξύλα[20] τοῦ παραδείσου[21] τῆς τρυφῆς[22] τοῦ θεοῦ.

10 διὰ τοῦτο τάδε[23] λέγει κύριος Ἀνθ᾽ ὧν[24] ἐγένου μέγας τῷ μεγέθει[25] καὶ ἔδωκας
τὴν ἀρχήν σου εἰς μέσον νεφελῶν,[26] καὶ εἶδον ἐν τῷ ὑψωθῆναι[27] αὐτόν, **11** καὶ παρ-
έδωκα αὐτὸν εἰς χεῖρας ἄρχοντος ἐθνῶν, καὶ ἐποίησεν τὴν ἀπώλειαν[28] αὐτοῦ. **12** καὶ
ἐξωλέθρευσαν[29] αὐτὸν ἀλλότριοι[30] λοιμοὶ[31] ἀπὸ ἐθνῶν καὶ κατέβαλον[32] αὐτὸν ἐπὶ
τῶν ὀρέων, ἐν πάσαις ταῖς φάραγξιν[33] ἔπεσαν οἱ κλάδοι[34] αὐτοῦ, καὶ συνετρίβη[35]
τὰ στελέχη[36] αὐτοῦ ἐν παντὶ πεδίῳ[37] τῆς γῆς, καὶ κατέβησαν ἀπὸ τῆς σκέπης[38]
αὐτῶν πάντες οἱ λαοὶ τῶν ἐθνῶν καὶ ἠδάφισαν[39] αὐτόν. **13** ἐπὶ τὴν πτῶσιν[40] αὐτοῦ

1 ὑποκάτω, under
2 κλάδος, branch
3 πεδίον, plain, field
4 σκιά, shade
5 ὕψος, stature
6 κλάδος, branch
7 ῥίζα, root
8 κυπάρισσος, cypress tree
9 παράδεισος, orchard
10 πίτυς, pine tree
11 ὅμοιος, similar to, like
12 παραφυάς, limb, branch
13 ἐλάτη, fir tree
14 ὅμοιος, similar to, like
15 κλάδος, branch
16 ξύλον, tree
17 ὁμοιόω, *aor pas ind 3s*, compare
18 κλάδος, branch
19 ζηλόω, *aor act ind 3s*, be jealous, envy
20 ξύλον, tree
21 παράδεισος, orchard
22 τρυφή, luxury
23 ὅδε, this
24 ἀνθ᾽ ὧν, since
25 μέγεθος, height, size
26 νεφέλη, cloud
27 ὑψόω, *aor pas inf*, raise up, exalt
28 ἀπώλεια, destruction
29 ἐξολεθρεύω, *aor act ind 3p*, utterly destroy
30 ἀλλότριος, foreign
31 λοιμός, plague
32 καταβάλλω, *aor act ind 3p*, bring down
33 φάραγξ, ravine
34 κλάδος, branch
35 συντρίβω, *aor pas ind 3s*, break, shatter
36 στέλεχος, trunk
37 πεδίον, plain, field
38 σκέπη, covering, shelter
39 ἐδαφίζω, *aor act ind 3p*, raze to the ground
40 πτῶσις, falling down

ἀνεπαύσαντο[1] πάντα τὰ πετεινὰ[2] τοῦ οὐρανοῦ, καὶ ἐπὶ τὰ στελέχη[3] αὐτοῦ ἐγένοντο
πάντα τὰ θηρία τοῦ ἀγροῦ, **14** ὅπως μὴ ὑψωθῶσιν[4] ἐν τῷ μεγέθει[5] αὐτῶν πάντα
τὰ ξύλα[6] τὰ ἐν τῷ ὕδατι· καὶ οὐκ ἔδωκαν τὴν ἀρχὴν αὐτῶν εἰς μέσον νεφελῶν[7]
καὶ οὐκ ἔστησαν ἐν τῷ ὕψει[8] αὐτῶν πρὸς αὐτὰ πάντες οἱ πίνοντες ὕδωρ, πάντες
ἐδόθησαν εἰς θάνατον εἰς γῆς βάθος[9] ἐν μέσῳ υἱῶν ἀνθρώπων πρὸς καταβαίνοντας
εἰς βόθρον.[10]

15 τάδε[11] λέγει κύριος κύριος Ἐν ᾗ ἡμέρᾳ κατέβη εἰς ᾅδου,[12] ἐπένθησεν[13] αὐτὸν
ἡ ἄβυσσος,[14] καὶ ἐπέστησα[15] τοὺς ποταμοὺς[16] αὐτῆς καὶ ἐκώλυσα[17] πλῆθος ὕδα-
τος, καὶ ἐσκότασεν[18] ἐπ᾽ αὐτὸν ὁ Λίβανος, πάντα τὰ ξύλα[19] τοῦ πεδίου[20] ἐπ᾽ αὐτῷ
ἐξελύθησαν.[21] **16** ἀπὸ τῆς φωνῆς τῆς πτώσεως[22] αὐτοῦ ἐσείσθησαν[23] τὰ ἔθνη,
ὅτε κατεβίβαζον[24] αὐτὸν εἰς ᾅδου[25] μετὰ τῶν καταβαινόντων[26] εἰς λάκκον,[27] καὶ
παρεκάλουν αὐτὸν ἐν γῇ πάντα τὰ ξύλα[28] τῆς τρυφῆς[29] καὶ τὰ ἐκλεκτὰ[30] τοῦ Λιβά-
νου, πάντα τὰ πίνοντα ὕδωρ. **17** καὶ γὰρ αὐτοὶ κατέβησαν μετ᾽ αὐτοῦ εἰς ᾅδου[31] ἐν
τοῖς τραυματίαις[32] ἀπὸ μαχαίρας,[33] καὶ τὸ σπέρμα αὐτοῦ, οἱ κατοικοῦντες ὑπὸ τὴν
σκέπην[34] αὐτοῦ, ἐν μέσῳ τῆς ζωῆς αὐτῶν ἀπώλοντο.

18 τίνι ὡμοιώθης;[35] κατάβηθι καὶ καταβιβάσθητι[36] μετὰ τῶν ξύλων[37] τῆς τρυφῆς[38]
εἰς γῆς βάθος·[39] ἐν μέσῳ ἀπεριτμήτων[40] κοιμηθήσῃ[41] μετὰ τραυματιῶν[42] μαχαίρας.[43]
οὕτως Φαραω καὶ τὸ πλῆθος τῆς ἰσχύος[44] αὐτοῦ, λέγει κύριος κύριος.

1 ἀναπαύω, *aor mid ind 3p*, rest
2 πετεινόν, bird
3 στέλεχος, log
4 ὑψόω, *aor pas sub 3p*, raise up, exalt
5 μέγεθος, height, size
6 ξύλον, tree
7 νεφέλη, cloud
8 ὕψος, stature
9 βάθος, depth
10 βόθρος, pit
11 ὅδε, this
12 ᾅδης, Hades, underworld
13 πενθέω, *aor act ind 3s*, lament over
14 ἄβυσσος, deep, abyss
15 ἐφίστημι, *aor act ind 1s*, oversee
16 ποταμός, river
17 κωλύω, *aor act ind 1s*, hold back
18 σκοτάζω, *aor act ind 3s*, grow dark
19 ξύλον, tree
20 πεδίον, plain, field
21 ἐκλύω, *aor pas ind 3p*, wilt, become weak
22 πτῶσις, downfall
23 σείω, *aor pas ind 3p*, shake
24 καταβιβάζω, *impf act ind 1s*, bring down
25 ᾅδης, Hades, underworld
26 καταβαίνω, *pres act ptc gen p m*, descend, go down
27 λάκκος, cistern, pit
28 ξύλον, tree
29 τρυφή, delight, splendor
30 ἐκλεκτός, choice, select
31 ᾅδης, Hades, underworld
32 τραυματίας, casualty, wounded person
33 μάχαιρα, sword
34 σκέπη, covering, shelter
35 ὁμοιόω, *aor pas ind 2s*, compare
36 καταβιβάζω, *aor pas impv 2s*, bring down
37 ξύλον, tree
38 τρυφή, delight, splendor
39 βάθος, depth
40 ἀπερίτμητος, uncircumcised
41 κοιμάω, *fut pas ind 2s*, lie down
42 τραυματίας, casualty, wounded person
43 μάχαιρα, sword
44 ἰσχύς, power, strength

A Lament over Pharaoh and Egypt

32 Καὶ ἐγένετο ἐν τῷ ἑνδεκάτῳ[1] ἔτει ἐν τῷ δωδεκάτῳ[2] μηνὶ[3] μιᾷ τοῦ μηνὸς
ἐγένετο λόγος κυρίου πρός με λέγων 2 Υἱὲ ἀνθρώπου, λαβὲ θρῆνον[4] ἐπὶ
Φαραω βασιλέα Αἰγύπτου καὶ ἐρεῖς αὐτῷ

Λέοντι[5] ἐθνῶν ὡμοιώθης[6]
καὶ σὺ ὡς δράκων[7] ὁ ἐν τῇ θαλάσσῃ
καὶ ἐκεράτιζες[8] τοῖς ποταμοῖς[9] σου
καὶ ἐτάρασσες[10] ὕδωρ τοῖς ποσίν σου
καὶ κατεπάτεις[11] τοὺς ποταμούς σου.

3 τάδε[12] λέγει κύριος

Καὶ περιβαλῶ[13] ἐπὶ σὲ δίκτυα[14] λαῶν πολλῶν
καὶ ἀνάξω[15] σε ἐν τῷ ἀγκίστρῳ[16] μου
4 καὶ ἐκτενῶ[17] σε ἐπὶ τὴν γῆν,
πεδία[18] πλησθήσεταί[19] σου,
καὶ ἐπικαθιῶ[20] ἐπὶ σὲ πάντα τὰ πετεινὰ[21] τοῦ οὐρανοῦ
καὶ ἐμπλήσω[22] ἐκ σοῦ πάντα τὰ θηρία πάσης τῆς γῆς·
5 καὶ δώσω τὰς σάρκας σου ἐπὶ τὰ ὄρη
καὶ ἐμπλήσω[23] ἀπὸ τοῦ αἵματός σου,
6 καὶ ποτισθήσεται[24] ἡ γῆ ἀπὸ τῶν προχωρημάτων[25] σου
ἀπὸ τοῦ πλήθους σου ἐπὶ τῶν ὀρέων,
φάραγγας[26] ἐμπλήσω[27] ἀπὸ σοῦ.
7 καὶ κατακαλύψω[28] ἐν τῷ σβεσθῆναί[29] σε οὐρανόν
καὶ συσκοτάσω[30] τὰ ἄστρα[31] αὐτοῦ,

1 ἑνδέκατος, eleventh
2 δωδέκατος, twelfth
3 μήν, month
4 θρῆνος, lament
5 λέων, lion
6 ὁμοιόω, *aor pas ind 2s*, compare, be like
7 δράκων, dragon
8 κερατίζω, *impf act ind 2s*, butt with the horns
9 ποταμός, river, stream
10 ταράσσω, *impf act ind 2s*, churn up
11 καταπατέω, *impf act ind 2s*, trample under foot
12 ὅδε, this
13 περιβάλλω, *fut act ind 1s*, wrap around, ensnare
14 δίκτυον, net
15 ἀνάγω, *fut act ind 1s*, draw up
16 ἄγκιστρον, hook
17 ἐκτείνω, *fut act ind 1s*, spread out
18 πεδίον, plain, field
19 πίμπλημι, *fut pas ind 3s*, fill up
20 ἐπικαθίζω, *fut act ind 1s*, put upon
21 πετεινόν, bird
22 ἐμπίμπλημι, *fut act ind 1s*, satisfy, fill up
23 ἐμπίμπλημι, *fut act ind 1s*, satisfy, fill up
24 ποτίζω, *fut pas ind 3s*, give water to
25 προχώρημα, excrement
26 φάραγξ, ravine
27 ἐμπίμπλημι, *fut act ind 1s*, satisfy, fill up
28 κατακαλύπτω, *fut act ind 1s*, cover
29 σβέννυμι, *aor pas inf*, extinguish
30 συσκοτάζω, *fut act ind 1s*, bring about darkness
31 ἄστρον, star

ἥλιον ἐν νεφέλῃ[1] καλύψω,[2]
καὶ σελήνη[3] οὐ μὴ φάνῃ[4] τὸ φῶς αὐτῆς·
8 πάντα τὰ φαίνοντα[5] φῶς ἐν τῷ οὐρανῷ συσκοτάσουσιν[6] ἐπὶ σέ,
καὶ δώσω σκότος ἐπὶ τὴν γῆν σου,
λέγει κύριος κύριος.
9 καὶ παροργιῶ[7] καρδίαν λαῶν πολλῶν,
ἡνίκα[8] ἂν ἄγω αἰχμαλωσίαν[9] σου εἰς τὰ ἔθνη εἰς γῆν,
ἣν οὐκ ἔγνως.
10 καὶ στυγνάσουσιν[10] ἐπὶ σὲ ἔθνη πολλά,
καὶ οἱ βασιλεῖς αὐτῶν ἐκστάσει[11] ἐκστήσονται[12]
ἐν τῷ πέτασθαι[13] τὴν ῥομφαίαν[14] μου ἐπὶ πρόσωπα αὐτῶν,
προσδεχόμενοι[15] τὴν πτῶσιν[16] αὐτῶν ἀφ᾽ ἡμέρας πτώσεώς σου.

11 ὅτι τάδε[17] λέγει κύριος

Ῥομφαία[18] βασιλέως Βαβυλῶνος ἥξει[19] σοι
12 ἐν μαχαίραις[20] γιγάντων,[21]
καὶ καταβαλῶ[22] τὴν ἰσχύν[23] σου·
λοιμοὶ[24] ἀπὸ ἐθνῶν πάντες,
καὶ ἀπολοῦσι τὴν ὕβριν[25] Αἰγύπτου,
καὶ συντριβήσεται[26] πᾶσα ἡ ἰσχὺς[27] αὐτῆς.
13 καὶ ἀπολῶ πάντα τὰ κτήνη[28] αὐτῆς ἀφ᾽ ὕδατος πολλοῦ,
καὶ οὐ μὴ ταράξῃ[29] αὐτὸ ἔτι ποὺς ἀνθρώπου,
καὶ ἴχνος[30] κτηνῶν οὐ μὴ καταπατήσῃ[31] αὐτό.
14 οὕτως τότε ἡσυχάσει[32] τὰ ὕδατα αὐτῶν,
καὶ οἱ ποταμοὶ[33] αὐτῶν ὡς ἔλαιον[34] πορεύσονται,
λέγει κύριος.

1 νεφέλη, cloud
2 καλύπτω, *fut act ind 1s*, cover
3 σελήνη, moon
4 φαίνω, *aor act sub 3s*, shine
5 φαίνω, *pres act ptc nom p n*, shine
6 συσκοτάζω, *fut act ind 3p*, bring about darkness
7 παροργίζω, *fut act ind 1s*, make angry
8 ἡνίκα, when
9 αἰχμαλωσία, group of captives
10 στυγνάζω, *fut act ind 3p*, be shocked, appear gloomy
11 ἔκστασις, dismay, astonishment
12 ἐξίστημι, *fut mid ind 3p*, be stunned, be astounded
13 πέταμαι, *pres mid inf*, fly
14 ῥομφαία, sword
15 προσδέχομαι, *pres mid ptc nom p m*, await
16 πτῶσις, downfall, destruction
17 ὅδε, this
18 sword
19 ἥκω, *fut act ind 3s*, come
20 μάχαιρα, sword
21 γίγας, giant
22 καταβάλλω, *fut act ind 1s*, overthrow
23 ἰσχύς, power, strength
24 λοιμός, plague
25 ὕβρις, insolence, pride
26 συντρίβω, *fut pas ind 3s*, break up
27 ἰσχύς, power, strength
28 κτῆνος, animal
29 ταράσσω, *aor act sub 3s*, upset, disturb
30 ἴχνος, footstep, track
31 καταπατέω, *aor act sub 3s*, walk over
32 ἡσυχάζω, *fut act ind 3s*, be still
33 ποταμός, river
34 ἔλαιον, oil

15 ὅταν δῶ Αἴγυπτον εἰς ἀπώλειαν[1]
καὶ ἐρημωθῇ[2] ἡ γῆ σὺν τῇ πληρώσει[3] αὐτῆς,
ὅταν διασπείρω[4] πάντας τοὺς κατοικοῦντας ἐν αὐτῇ,
καὶ γνώσονται ὅτι ἐγώ εἰμι κύριος.
16 θρῆνός[5] ἐστιν καὶ θρηνήσεις[6] αὐτόν,
καὶ αἱ θυγατέρες[7] τῶν ἐθνῶν θρηνήσουσιν[8] αὐτόν·
ἐπ᾽ Αἴγυπτον καὶ ἐπὶ πᾶσαν τὴν ἰσχὺν[9] αὐτῆς θρηνήσουσιν αὐτήν,
λέγει κύριος κύριος.

17 Καὶ ἐγενήθη ἐν τῷ δωδεκάτῳ[10] ἔτει τοῦ πρώτου μηνὸς[11] πεντεκαιδεκάτῃ[12] τοῦ
μηνὸς ἐγένετο λόγος κυρίου πρός με λέγων **18** Υἱὲ ἀνθρώπου, θρήνησον[13] ἐπὶ τὴν
ἰσχὺν[14] Αἰγύπτου, καὶ καταβιβάσουσιν[15] αὐτῆς τὰς θυγατέρας[16] τὰ ἔθνη νεκρὰς[17] εἰς
τὸ βάθος[18] τῆς γῆς πρὸς τοὺς καταβαίνοντας εἰς βόθρον·[19] **20** ἐν μέσῳ τραυματιῶν[20]
μαχαίρας[21] πεσοῦνται μετ᾽ αὐτοῦ, καὶ κοιμηθήσεται[22] πᾶσα ἡ ἰσχὺς[23] αὐτοῦ. **21** καὶ
ἐροῦσίν σοι οἱ γίγαντες[24] Ἐν βάθει[25] βόθρου[26] γίνου, τίνος κρείττων[27] εἶ; κατάβηθι
καὶ κοιμήθητι[28] μετὰ ἀπεριτμήτων[29] ἐν μέσῳ τραυματιῶν[30] μαχαίρας.[31]

22 ἐκεῖ Ασσουρ καὶ πᾶσα ἡ συναγωγὴ αὐτοῦ πάντες τραυματίαι[32] ἐκεῖ ἐδόθησαν, καὶ
ἡ ταφὴ[33] αὐτῶν ἐν βάθει[34] βόθρου,[35] καὶ ἐγενήθη ἡ συναγωγὴ αὐτοῦ περικύκλῳ[36]
τοῦ μνήματος[37] αὐτοῦ, πάντες οἱ τραυματίαι[38] οἱ πεπτωκότες μαχαίρᾳ,[39] **23** οἱ
δόντες τὸν φόβον αὐτῶν ἐπὶ γῆς ζωῆς. **24** ἐκεῖ Αιλαμ καὶ πᾶσα ἡ δύναμις αὐτοῦ
περικύκλῳ[40] τοῦ μνήματος[41] αὐτοῦ, πάντες οἱ τραυματίαι[42] οἱ πεπτωκότες μαχαίρᾳ[43]
καὶ οἱ καταβαίνοντες ἀπερίτμητοι[44] εἰς γῆς βάθος,[45] οἱ δεδωκότες αὐτῶν φόβον ἐπὶ

1 ἀπώλεια, destruction, ruin
2 ἐρημόω, *aor pas sub 3s*, make desolate
3 πλήρωσις, completion, fulfillment
4 διασπείρω, *aor act sub 1s*, scatter
5 θρῆνος, lament
6 θρηνέω, *fut act ind 2s*, lament, mourn
7 θυγάτηρ, daughter
8 θρηνέω, *fut act ind 3p*, lament, mourn
9 ἰσχύς, power, strength
10 δωδέκατος, twelfth
11 μήν, month
12 πεντεκαιδέκατος, fifteenth
13 θρηνέω, *aor act impv 2s*, lament, mourn
14 ἰσχύς, power, strength
15 καταβιβάζω, *fut act ind 3p*, drive down
16 θυγάτηρ, daughter
17 νεκρός, dead
18 βάθος, depth
19 βόθρος, pit
20 τραυματίας, casualty, wounded person
21 μάχαιρα, sword
22 κοιμάω, *fut pas ind 3s*, lie down
23 ἰσχύς, power, strength
24 γίγας, giant
25 βάθος, bottom
26 βόθρος, pit
27 κρείττων (σσ), *comp of* ἀγαθός, better
28 κοιμάω, *aor pas impv 2s*, lie down
29 ἀπερίτμητος, uncircumcised
30 τραυματίας, casualty, wounded person
31 μάχαιρα, sword
32 τραυματίας, casualty, wounded person
33 ταφή, burial place
34 βάθος, bottom
35 βόθρος, pit
36 περικύκλῳ, all around
37 μνῆμα, tomb
38 τραυματίας, casualty, wounded person
39 μάχαιρα, sword
40 περικύκλῳ, all around
41 μνῆμα, tomb
42 τραυματίας, casualty, wounded person
43 μάχαιρα, sword
44 ἀπερίτμητος, uncircumcised
45 βάθος, depth, bottom

γῆς ζωῆς καὶ ἐλάβοσαν τὴν βάσανον[1] αὐτῶν μετὰ τῶν καταβαινόντων εἰς βόθρον[2]
25 ἐν μέσῳ τραυματιῶν.[3]

26 ἐκεῖ ἐδόθησαν Μοσοχ καὶ Θοβελ καὶ πᾶσα ἡ ἰσχὺς[4] αὐτῶν περικύκλῳ[5] τοῦ
μνήματος[6] αὐτοῦ, πάντες τραυματίαι[7] αὐτοῦ, πάντες ἀπερίτμητοι[8] τραυματίαι ἀπὸ
μαχαίρας,[9] οἱ δεδωκότες τὸν φόβον αὐτῶν ἐπὶ γῆς ζωῆς· **27** καὶ ἐκοιμήθησαν[10]
μετὰ τῶν γιγάντων[11] τῶν πεπτωκότων ἀπὸ αἰῶνος, οἳ κατέβησαν εἰς ᾅδου[12] ἐν
ὅπλοις[13] πολεμικοῖς[14] καὶ ἔθηκαν τὰς μαχαίρας[15] αὐτῶν ὑπὸ τὰς κεφαλὰς αὐτῶν· καὶ
ἐγενήθησαν αἱ ἀνομίαι[16] αὐτῶν ἐπὶ τῶν ὀστῶν[17] αὐτῶν, ὅτι ἐξεφόβησαν[18] γίγαντας
ἐν γῇ ζωῆς. **28** καὶ σὺ ἐν μέσῳ ἀπεριτμήτων[19] κοιμηθήσῃ[20] μετὰ τετραυματισμένων[21]
μαχαίρᾳ.[22] **29** ἐκεῖ ἐδόθησαν οἱ ἄρχοντες Ασσουρ οἱ δόντες τὴν ἰσχὺν[23] αὐτοῦ εἰς
τραῦμα[24] μαχαίρας·[25] οὗτοι μετὰ τραυματιῶν[26] ἐκοιμήθησαν,[27] μετὰ καταβαινόντων
εἰς βόθρον.[28]

30 ἐκεῖ οἱ ἄρχοντες τοῦ βορρᾶ[29] πάντες στρατηγοὶ[30] Ασσουρ οἱ καταβαίνοντες
τραυματίαι[31] σὺν τῷ φόβῳ αὐτῶν καὶ τῇ ἰσχύι[32] αὐτῶν ἐκοιμήθησαν[33] ἀπερίτμητοι[34]
μετὰ τραυματιῶν μαχαίρας[35] καὶ ἀπήνεγκαν[36] τὴν βάσανον[37] αὐτῶν μετὰ τῶν
καταβαινόντων εἰς βόθρον.[38] **31** ἐκείνους ὄψεται βασιλεὺς Φαραω καὶ παρακλη-
θήσεται ἐπὶ πᾶσαν τὴν ἰσχὺν[39] αὐτῶν, λέγει κύριος κύριος. **32** ὅτι δέδωκα τὸν φόβον
αὐτοῦ ἐπὶ γῆς ζωῆς, καὶ κοιμηθήσεται[40] ἐν μέσῳ ἀπεριτμήτων[41] μετὰ τραυματιῶν[42]
μαχαίρας,[43] Φαραω καὶ πᾶν τὸ πλῆθος αὐτοῦ, λέγει κύριος κύριος.

1 βάσανος, misfortune, torment
2 βόθρος, pit
3 τραυματίας, casualty, wounded person
4 ἰσχύς, power, strength
5 περικύκλῳ, all around
6 μνῆμα, tomb
7 τραυματίας, casualty, wounded person
8 ἀπερίτμητος, uncircumcised
9 μάχαιρα, sword
10 κοιμάω, *aor pas ind 3p*, lie down, sleep
11 γίγας, giant
12 ᾅδης, Hades, underworld
13 ὅπλον, armor
14 πολεμικός, for war
15 μάχαιρα, sword
16 ἀνομία, lawlessness, wickedness
17 ὀστέον, bone
18 ἐκφοβέω, *aor act ind 3p*, frighten
19 ἀπερίτμητος, uncircumcised
20 κοιμάω, *fut pas ind 2s*, lie down, sleep
21 τραυματίζω, *perf pas ptc gen p m*, wound
22 μάχαιρα, sword
23 ἰσχύς, power, strength
24 τραῦμα, wound
25 μάχαιρα, sword
26 τραυματίας, casualty, wounded person
27 κοιμάω, *aor pas ind 3p*, lie down, sleep
28 βόθρος, pit
29 βορρᾶς, north
30 στρατηγός, commander, captain
31 τραυματίας, casualty, wounded person
32 ἰσχύς, power, strength
33 κοιμάω, *aor pas ind 3p*, lie down, sleep
34 ἀπερίτμητος, uncircumcised
35 μάχαιρα, sword
36 ἀποφέρω, *aor act ind 3p*, bear
37 βάσανος, misfortune, torment
38 βόθρος, pit
39 ἰσχύς, power, strength
40 κοιμάω, *fut pas ind 3s*, lie down, sleep
41 ἀπερίτμητος, uncircumcised
42 τραυματίας, casualty, wounded person
43 μάχαιρα, sword

Ezekiel as Israel's Watchman

33 Καὶ ἐγένετο λόγος κυρίου πρός με λέγων **2** Υἱὲ ἀνθρώπου, λάλησον τοῖς υἱοῖς τοῦ λαοῦ σου καὶ ἐρεῖς πρὸς αὐτούς Γῆ, ἐφ᾽ ἣν ἂν ἐπάγω[1] ῥομφαίαν,[2] καὶ λάβῃ ὁ λαὸς τῆς γῆς ἄνθρωπον ἕνα ἐξ αὐτῶν καὶ δῶσιν αὐτὸν ἑαυτοῖς εἰς σκοπόν,[3] **3** καὶ ἴδῃ τὴν ῥομφαίαν[4] ἐρχομένην ἐπὶ τὴν γῆν καὶ σαλπίσῃ[5] τῇ σάλπιγγι[6] καὶ σημάνῃ[7] τῷ λαῷ, **4** καὶ ἀκούσῃ ὁ ἀκούσας τὴν φωνὴν τῆς σάλπιγγος[8] καὶ μὴ φυλάξηται, καὶ ἐπέλθῃ[9] ἡ ῥομφαία[10] καὶ καταλάβῃ[11] αὐτόν, τὸ αἷμα αὐτοῦ ἐπὶ τῆς κεφαλῆς αὐτοῦ ἔσται· **5** ὅτι τὴν φωνὴν τῆς σάλπιγγος[12] ἀκούσας οὐκ ἐφυλάξατο, τὸ αἷμα αὐτοῦ ἐπ᾽ αὐτοῦ ἔσται, καὶ οὗτος, ὅτι ἐφυλάξατο, τὴν ψυχὴν αὐτοῦ ἐξείλατο.[13] **6** καὶ ὁ σκοπός,[14] ἐὰν ἴδῃ τὴν ῥομφαίαν[15] ἐρχομένην καὶ μὴ σημάνῃ[16] τῇ σάλπιγγι,[17] καὶ ὁ λαὸς μὴ φυλάξηται, καὶ ἐλθοῦσα ἡ ῥομφαία λάβῃ ἐξ αὐτῶν ψυχήν, αὕτη διὰ τὴν αὐτῆς ἀνομίαν[18] ἐλήμφθη, καὶ τὸ αἷμα ἐκ τῆς χειρὸς τοῦ σκοποῦ ἐκζητήσω.[19]

7 καὶ σύ, υἱὲ ἀνθρώπου, σκοπὸν[20] δέδωκά σε τῷ οἴκῳ Ισραηλ, καὶ ἀκούσῃ ἐκ στόματός μου λόγον. **8** ἐν τῷ εἶπαί με τῷ ἁμαρτωλῷ Θανάτῳ θανατωθήσῃ,[21] καὶ μὴ λαλήσῃς τοῦ φυλάξασθαι τὸν ἀσεβῆ[22] ἀπὸ τῆς ὁδοῦ αὐτοῦ, αὐτὸς ὁ ἄνομος[23] τῇ ἀνομίᾳ[24] αὐτοῦ ἀποθανεῖται, τὸ δὲ αἷμα αὐτοῦ ἐκ τῆς χειρός σου ἐκζητήσω.[25] **9** σὺ δὲ ἐὰν προαπαγγείλῃς[26] τῷ ἀσεβεῖ[27] τὴν ὁδὸν αὐτοῦ τοῦ ἀποστρέψαι[28] ἀπ᾽ αὐτῆς, καὶ μὴ ἀποστρέψῃ[29] ἀπὸ τῆς ὁδοῦ αὐτοῦ, οὗτος τῇ ἀσεβείᾳ[30] αὐτοῦ ἀποθανεῖται, καὶ σὺ τὴν ψυχὴν σαυτοῦ ἐξῄρησαι.[31]

10 καὶ σύ, υἱὲ ἀνθρώπου, εἰπὸν τῷ οἴκῳ Ισραηλ Οὕτως ἐλαλήσατε λέγοντες Αἱ πλάναι[32] ἡμῶν καὶ αἱ ἀνομίαι[33] ἡμῶν ἐφ᾽ ἡμῖν εἰσιν, καὶ ἐν αὐταῖς ἡμεῖς τηκόμεθα·[34] καὶ πῶς ζησόμεθα; **11** εἰπὸν αὐτοῖς Ζῶ ἐγώ, τάδε[35] λέγει κύριος Οὐ βούλομαι τὸν θάνατον τοῦ ἀσεβοῦς[36] ὡς τὸ ἀποστρέψαι[37] τὸν ἀσεβῆ ἀπὸ τῆς ὁδοῦ αὐτοῦ καὶ ζῆν

1 ἐπάγω, *pres act sub 1s*, bring upon
2 ῥομφαία, sword
3 σκοπός, watchman, guard
4 ῥομφαία, sword
5 σαλπίζω, *aor act sub 3s*, sound, blow
6 σάλπιγξ, trumpet
7 σημαίνω, *aor act sub 3s*, alert, signal
8 σάλπιγξ, trumpet
9 ἐπέρχομαι, *aor act sub 3s*, come, arrive
10 ῥομφαία, sword
11 καταλαμβάνω, *aor act sub 3s*, overtake
12 σάλπιγξ, trumpet
13 ἐξαιρέω, *aor mid ind 3s*, rescue, deliver
14 σκοπός, watchman, guard
15 ῥομφαία, sword
16 σημαίνω, *aor act sub 3s*, alert, signal
17 σάλπιγξ, trumpet
18 ἀνομία, lawlessness, wickedness
19 ἐκζητέω, *fut act ind 1s*, seek out
20 σκοπός, watchman, guard
21 θανατόω, *fut pas ind 2s*, kill, put to death
22 ἀσεβής, ungodly, wicked
23 ἄνομος, lawless
24 ἀνομία, lawlessness, wickedness
25 ἐκζητέω, *fut act ind 1s*, seek out
26 προαπαγγέλλω, *aor act sub 2s*, warn beforehand
27 ἀσεβής, ungodly, wicked
28 ἀποστρέφω, *aor act inf*, turn away
29 ἀποστρέφω, *aor act sub 3s*, turn away
30 ἀσέβεια, ungodliness, wickedness
31 ἐξαιρέω, *perf mid ind 2s*, rescue, deliver
32 πλάνη, error
33 ἀνομία, lawlessness, wickedness
34 τήκω, *pres pas ind 1p*, consume
35 ὅδε, this
36 ἀσεβής, ungodly, wicked
37 ἀποστρέφω, *aor act inf*, turn away

αὐτόν. ἀποστροφῇ[1] ἀποστρέψατε[2] ἀπὸ τῆς ὁδοῦ ὑμῶν· καὶ ἵνα τί ἀποθνῄσκετε,
οἶκος Ισραηλ; **12** εἰπὸν πρὸς τοὺς υἱοὺς τοῦ λαοῦ σου Δικαιοσύνη δικαίου οὐ μὴ
ἐξέληται[3] αὐτὸν ἐν ᾗ ἂν ἡμέρᾳ πλανηθῇ, καὶ ἀνομία[4] ἀσεβοῦς[5] οὐ μὴ κακώσῃ[6]
αὐτὸν ἐν ᾗ ἂν ἡμέρᾳ ἀποστρέψῃ[7] ἀπὸ τῆς ἀνομίας αὐτοῦ· καὶ δίκαιος οὐ μὴ δύνηται
σωθῆναι. **13** ἐν τῷ εἶπαί με τῷ δικαίῳ Οὗτος πέποιθεν ἐπὶ τῇ δικαιοσύνῃ αὐτοῦ,
καὶ ποιήσῃ ἀνομίαν,[8] πᾶσαι αἱ δικαιοσύναι αὐτοῦ οὐ μὴ ἀναμνησθῶσιν·[9] ἐν τῇ
ἀδικίᾳ[10] αὐτοῦ, ᾗ ἐποίησεν, ἐν αὐτῇ ἀποθανεῖται. **14** καὶ ἐν τῷ εἶπαί με τῷ ἀσεβεῖ[11]
Θανάτῳ θανατωθήσῃ,[12] καὶ ἀποστρέψῃ[13] ἀπὸ τῆς ἁμαρτίας αὐτοῦ καὶ ποιήσῃ
κρίμα[14] καὶ δικαιοσύνην **15** καὶ ἐνεχύρασμα[15] ἀποδῷ καὶ ἅρπαγμα[16] ἀποτείσῃ,[17] ἐν
προστάγμασιν[18] ζωῆς διαπορεύηται[19] τοῦ μὴ ποιῆσαι ἄδικον,[20] ζωῇ ζήσεται καὶ οὐ
μὴ ἀποθάνῃ· **16** πᾶσαι αἱ ἁμαρτίαι αὐτοῦ, ἃς ἥμαρτεν, οὐ μὴ ἀναμνησθῶσιν·[21] ὅτι
κρίμα[22] καὶ δικαιοσύνην ἐποίησεν, ἐν αὐτοῖς ζήσεται.

17 καὶ ἐροῦσιν οἱ υἱοὶ τοῦ λαοῦ σου Οὐκ εὐθεῖα[23] ἡ ὁδὸς τοῦ κυρίου· καὶ αὕτη ἡ
ὁδὸς αὐτῶν οὐκ εὐθεῖα. **18** ἐν τῷ ἀποστρέψαι[24] δίκαιον ἀπὸ τῆς δικαιοσύνης αὐτοῦ
καὶ ποιήσῃ ἀνομίας,[25] καὶ ἀποθανεῖται ἐν αὐταῖς· **19** καὶ ἐν τῷ ἀποστρέψαι[26] τὸν
ἁμαρτωλὸν ἀπὸ τῆς ἀνομίας[27] αὐτοῦ καὶ ποιήσῃ κρίμα[28] καὶ δικαιοσύνην, ἐν αὐτοῖς
αὐτὸς ζήσεται. **20** καὶ τοῦτό ἐστιν, ὃ εἴπατε Οὐκ εὐθεῖα[29] ἡ ὁδὸς κυρίου· ἕκαστον
ἐν ταῖς ὁδοῖς αὐτοῦ κρινῶ ὑμᾶς, οἶκος Ισραηλ.

Explanation of Jerusalem's Fall

21 Καὶ ἐγενήθη ἐν τῷ δωδεκάτῳ[30] ἔτει ἐν τῷ δωδεκάτῳ μηνὶ[31] πέμπτῃ[32] τοῦ μηνὸς
τῆς αἰχμαλωσίας[33] ἡμῶν ἦλθεν ὁ ἀνασωθεὶς[34] πρός με ἀπὸ Ιερουσαλημ λέγων
Ἑάλω[35] ἡ πόλις. **22** καὶ ἐγενήθη ἐπ' ἐμὲ χεὶρ κυρίου ἑσπέρας[36] πρὶν[37] ἐλθεῖν αὐτὸν

1 ἀποστροφή, turning
2 ἀποστρέφω, *aor act impv 2p*, turn away
3 ἐξαιρέω, *aor mid sub 3s*, rescue, deliver
4 ἀνομία, lawlessness, wickedness
5 ἀσεβής, ungodly, wicked
6 κακόω, *aor act sub 3s*, mistreat, harm
7 ἀποστρέφω, *aor act sub 3s*, turn away
8 ἀνομία, lawlessness, wickedness
9 ἀναμιμνῄσκω, *aor pas sub 3p*, remember, recall
10 ἀδικία, unrighteousness, injustice
11 ἀσεβής, ungodly, wicked
12 θανατόω, *fut pas ind 2s*, kill, put to death
13 ἀποστρέφω, *aor act sub 3s*, turn away
14 κρίμα, judgment
15 ἐνεχύρασμα, pledge
16 ἅρπαγμα, something stolen
17 ἀποτίνω, *aor act sub 3s*, pay damages, compensate
18 πρόσταγμα, ordinance
19 διαπορεύομαι, *pres mid sub 3s*, proceed
20 ἄδικος, unjust, unrighteous
21 ἀναμιμνῄσκω, *aor pas sub 3p*, remember, recall
22 κρίμα, judgment
23 εὐθύς, straight, upright
24 ἀποστρέφω, *aor act inf*, turn away
25 ἀνομία, lawlessness, wickedness
26 ἀποστρέφω, *aor act inf*, turn away
27 ἀνομία, lawlessness, wickedness
28 κρίμα, judgment
29 εὐθύς, straight, upright
30 δωδέκατος, twelfth
31 μήν, month
32 πέμπτος, fifth
33 αἰχμαλωσία, captivity
34 ἀνασῴζω, *aor pas ptc nom s m*, save, rescue
35 ἁλίσκομαι, *aor act ind 3s*, conquer
36 ἑσπέρα, (in the) evening
37 πρίν, before

καὶ ἤνοιξέν μου τὸ στόμα, ἕως ἦλθεν πρός με τὸ πρωί,[1] καὶ ἀνοιχθέν μου τὸ στόμα
οὐ συνεσχέθη[2] ἔτι. **23** καὶ ἐγενήθη λόγος κυρίου πρός με λέγων **24** Υἱὲ ἀνθρώπου,
οἱ κατοικοῦντες τὰς ἠρημωμένας[3] ἐπὶ τῆς γῆς τοῦ Ισραηλ λέγουσιν Εἷς ἦν Αβρααμ
καὶ κατέσχεν[4] τὴν γῆν, καὶ ἡμεῖς πλείους[5] ἐσμέν, ἡμῖν δέδοται ἡ γῆ εἰς κατάσχεσιν.[6]
25 διὰ τοῦτο εἰπὸν αὐτοῖς Τάδε[7] λέγει κύριος κύριος **27** Ζῶ ἐγώ, εἰ μὴν[8] οἱ ἐν ταῖς
ἠρημωμέναις[9] μαχαίρᾳ[10] πεσοῦνται, καὶ οἱ ἐπὶ προσώπου τοῦ πεδίου[11] τοῖς θηρίοις
τοῦ ἀγροῦ δοθήσονται εἰς κατάβρωμα,[12] καὶ τοὺς ἐν ταῖς τετειχισμέναις[13] καὶ τοὺς
ἐν τοῖς σπηλαίοις[14] θανάτῳ ἀποκτενῶ. **28** καὶ δώσω τὴν γῆν ἔρημον, καὶ ἀπολεῖται
ἡ ὕβρις[15] τῆς ἰσχύος[16] αὐτῆς, καὶ ἐρημωθήσεται[17] τὰ ὄρη τοῦ Ισραηλ διὰ τὸ μὴ
εἶναι διαπορευόμενον.[18] **29** καὶ γνώσονται ὅτι ἐγώ εἰμι κύριος· καὶ ποιήσω τὴν γῆν
αὐτῶν ἔρημον, καὶ ἐρημωθήσεται[19] διὰ πάντα τὰ βδελύγματα[20] αὐτῶν, ἃ ἐποίησαν.

30 καὶ σύ, υἱὲ ἀνθρώπου, οἱ υἱοὶ τοῦ λαοῦ σου οἱ λαλοῦντες περὶ σοῦ παρὰ τὰ
τείχη[21] καὶ ἐν τοῖς πυλῶσι[22] τῶν οἰκιῶν καὶ λαλοῦσιν ἄνθρωπος τῷ ἀδελφῷ αὐτοῦ
λέγοντες Συνέλθωμεν[23] καὶ ἀκούσωμεν τὰ ἐκπορευόμενα παρὰ κυρίου, **31** ἔρχονται
πρὸς σέ, ὡς συμπορεύεται[24] λαός, καὶ κάθηνται ἐναντίον[25] σου καὶ ἀκούουσιν τὰ
ῥήματά σου, καὶ αὐτὰ οὐ μὴ ποιήσουσιν, ὅτι ψεῦδος[26] ἐν τῷ στόματι αὐτῶν, καὶ
ὀπίσω τῶν μιασμάτων[27] ἡ καρδία αὐτῶν. **32** καὶ γίνῃ αὐτοῖς ὡς φωνὴ ψαλτηρίου[28]
ἡδυφώνου[29] εὐαρμόστου,[30] καὶ ἀκούσονταί σου τὰ ῥήματα καὶ οὐ μὴ ποιήσουσιν
αὐτά. **33** καὶ ἡνίκα[31] ἂν ἔλθῃ, ἐροῦσιν Ἰδοὺ ἥκει·[32] καὶ γνώσονται ὅτι προφήτης ἦν
ἐν μέσῳ αὐτῶν.

Prophecy against Israel's Failed Shepherds

34 Καὶ ἐγένετο λόγος κυρίου πρός με λέγων **2** Υἱὲ ἀνθρώπου, προφήτευσον[33]
ἐπὶ τοὺς ποιμένας[34] τοῦ Ισραηλ, προφήτευσον καὶ εἰπὸν τοῖς ποιμέσι

1 πρωί, (in the) morning
2 συνέχω, *aor pas ind 3s*, hold shut
3 ἐρημόω, *perf pas ptc acc p f*, make desolate
4 κατέχω, *aor act ind 3s*, possess
5 πλείων/πλεῖον, *comp of* πολύς, more, greater
6 κατάσχεσις, possession
7 ὅδε, this
8 μήν, indeed, surely
9 ἐρημόω, *perf pas ptc dat p f*, make desolate
10 μάχαιρα, sword
11 πεδίον, plain, field
12 κατάβρωμα, food
13 τειχίζω, *perf pas ptc dat p f*, fortify, wall in
14 σπήλαιον, cave
15 ὕβρις, insolence, pride
16 ἰσχύς, power, strength
17 ἐρημόω, *fut pas ind 3s*, make desolate
18 διαπορεύομαι, *pres mid ptc acc s m*, pass through
19 ἐρημόω, *fut pas ind 3s*, make desolate
20 βδέλυγμα, abomination
21 τεῖχος, wall
22 πυλών, gateway, entrance
23 συνέρχομαι, *aor act sub 1p*, come together
24 συμπορεύομαι, *pres mid ind 3s*, go together, gather
25 ἐναντίον, before
26 ψεῦδος, lie
27 μίασμα, crime, pollution
28 ψαλτήριον, harp, stringed instrument
29 ἡδύφωνος, sweet-sounding
30 εὐάρμοστος, harmonious
31 ἡνίκα, when
32 ἥκω, *pres act ind 3s*, come
33 προφητεύω, *aor act impv 2s*, prophesy
34 ποιμήν, shepherd

Τάδε[1] λέγει κύριος κύριος Ὦ[2] ποιμένες Ισραηλ, μὴ βόσκουσιν[3] ποιμένες ἑαυτούς;
οὐ τὰ πρόβατα βόσκουσιν οἱ ποιμένες; **3** ἰδοὺ τὸ γάλα[4] κατέσθετε[5] καὶ τὰ ἔρια[6]
περιβάλλεσθε[7] καὶ τὸ παχὺ[8] σφάζετε[9] καὶ τὰ πρόβατά μου οὐ βόσκετε·[10] **4** τὸ
ἠσθενηκὸς[11] οὐκ ἐνισχύσατε[12] καὶ τὸ κακῶς[13] ἔχον οὐκ ἐσωματοποιήσατε[14] καὶ
τὸ συντετριμμένον[15] οὐ κατεδήσατε[16] καὶ τὸ πλανώμενον οὐκ ἐπεστρέψατε καὶ
τὸ ἀπολωλὸς[17] οὐκ ἐζητήσατε καὶ τὸ ἰσχυρὸν[18] κατειργάσασθε[19] μόχθῳ.[20] **5** καὶ
διεσπάρη[21] τὰ πρόβατά μου διὰ τὸ μὴ εἶναι ποιμένας[22] καὶ ἐγενήθη εἰς κατάβρωμα[23]
πᾶσι τοῖς θηρίοις τοῦ ἀγροῦ· **6** καὶ διεσπάρη[24] μου τὰ πρόβατα ἐν παντὶ ὄρει καὶ
ἐπὶ πᾶν βουνὸν[25] ὑψηλὸν[26] καὶ ἐπὶ προσώπου πάσης τῆς γῆς διεσπάρη, καὶ οὐκ ἦν
ὁ ἐκζητῶν[27] οὐδὲ ὁ ἀποστρέφων.[28]

7 διὰ τοῦτο, ποιμένες,[29] ἀκούσατε λόγον κυρίου **8** Ζῶ ἐγώ, λέγει κύριος κύριος, εἰ
μὴν[30] ἀντὶ[31] τοῦ γενέσθαι τὰ πρόβατά μου εἰς προνομὴν[32] καὶ γενέσθαι τὰ πρόβατά
μου εἰς κατάβρωμα[33] πᾶσι τοῖς θηρίοις τοῦ πεδίου[34] παρὰ τὸ μὴ εἶναι ποιμένας,[35]
καὶ οὐκ ἐξεζήτησαν[36] οἱ ποιμένες[37] τὰ πρόβατά μου, καὶ ἐβόσκησαν[38] οἱ ποιμένες
ἑαυτούς, τὰ δὲ πρόβατά μου οὐκ ἐβόσκησαν, **9** ἀντὶ[39] τούτου, ποιμένες,[40] **10** τάδε[41]
λέγει κύριος κύριος Ἰδοὺ ἐγὼ ἐπὶ τοὺς ποιμένας[42] καὶ ἐκζητήσω[43] τὰ πρόβατά μου
ἐκ τῶν χειρῶν αὐτῶν καὶ ἀποστρέψω[44] αὐτοὺς τοῦ μὴ ποιμαίνειν[45] τὰ πρόβατά μου,
καὶ οὐ βοσκήσουσιν[46] ἔτι οἱ ποιμένες αὐτά· καὶ ἐξελοῦμαι[47] τὰ πρόβατά μου ἐκ τοῦ
στόματος αὐτῶν, καὶ οὐκ ἔσονται αὐτοῖς ἔτι εἰς κατάβρωμα.[48]

1 ὅδε, this
2 ὦ, O!
3 βόσκω, *pres act ind 3p*, tend, feed
4 γάλα, milk
5 κατέσθω, *pres act ind 2p*, devour
6 ἔριον, wool
7 περιβάλλω, *pres mid ind 2p*, clothe, wrap up
8 παχύς, rich, fat
9 σφάζω, *pres act ind 2p*, slaughter
10 βόσκω, *pres act ind 2p*, tend, feed
11 ἀσθενέω, *perf act ptc nom s n*, be weak
12 ἐνισχύω, *aor act impv 2p*, support, strengthen
13 κακῶς, ill, sick
14 σωματοποιέω, *aor act ind 2p*, revive
15 συντρίβω, *perf pas ptc acc s n*, break
16 καταδέω, *aor act ind 2p*, bandage, bind up
17 ἀπόλλυμι, *perf act ptc acc s n*, destroy
18 ἰσχυρός, powerful, strong
19 κατεργάζομαι, *aor mid ind 2p*, conquer
20 μόχθος, toil, hardship
21 διασπείρω, *aor pas ind 3s*, scatter
22 ποιμήν, shepherd
23 κατάβρωμα, food
24 διασπείρω, *aor pas ind 3s*, scatter
25 βουνός, hill
26 ὑψηλός, high
27 ἐκζητέω, *pres act ptc nom s m*, search for, seek
28 ἀποστρέφω, *pres act ptc nom s m*, redirect
29 ποιμήν, shepherd
30 μήν, surely, indeed
31 ἀντί, on account of
32 προνομή, plunder
33 κατάβρωμα, food
34 πεδίον, plain, field
35 ποιμήν, shepherd
36 ἐκζητέω, *aor act ind 3p*, search for, seek
37 ποιμήν, shepherd
38 βόσκω, *aor act ind 3p*, tend, feed
39 ἀντί, on account of
40 ποιμήν, shepherd
41 ὅδε, this
42 ποιμήν, shepherd
43 ἐκζητέω, *fut act ind 1s*, search for, seek
44 ἀποστρέφω, *fut act ind 1s*, turn back
45 ποιμαίνω, *pres act inf*, tend (flocks), shepherd
46 βόσκω, *fut act ind 3p*, tend, feed
47 ἐξαιρέω, *fut mid ind 1s*, remove, extract
48 κατάβρωμα, food

God Will Be Israel's Shepherd

11 διότι[1] τάδε[2] λέγει κύριος Ἰδοὺ ἐγὼ ἐκζητήσω[3] τὰ πρόβατά μου καὶ ἐπισκέψομαι[4]
αὐτά. **12** ὥσπερ ζητεῖ ὁ ποιμὴν[5] τὸ ποίμνιον[6] αὐτοῦ ἐν ἡμέρᾳ, ὅταν ᾖ γνόφος[7] καὶ
νεφέλη[8] ἐν μέσῳ προβάτων διακεχωρισμένων,[9] οὕτως ἐκζητήσω[10] τὰ πρόβατά μου
καὶ ἀπελάσω[11] αὐτὰ ἀπὸ παντὸς τόπου, οὗ διεσπάρησαν[12] ἐκεῖ ἐν ἡμέρᾳ νεφέλης καὶ
γνόφου. **13** καὶ ἐξάξω[13] αὐτοὺς ἐκ τῶν ἐθνῶν καὶ συνάξω αὐτοὺς ἀπὸ τῶν χωρῶν[14] καὶ
εἰσάξω[15] αὐτοὺς εἰς τὴν γῆν αὐτῶν καὶ βοσκήσω[16] αὐτοὺς ἐπὶ τὰ ὄρη Ισραηλ καὶ ἐν
ταῖς φάραγξιν[17] καὶ ἐν πάσῃ κατοικίᾳ[18] τῆς γῆς· **14** ἐν νομῇ[19] ἀγαθῇ βοσκήσω[20] αὐτούς,
καὶ ἐν τῷ ὄρει τῷ ὑψηλῷ[21] Ισραηλ ἔσονται αἱ μάνδραι[22] αὐτῶν· ἐκεῖ κοιμηθήσονται[23]
καὶ ἐκεῖ ἀναπαύσονται[24] ἐν τρυφῇ[25] ἀγαθῇ καὶ ἐν νομῇ[26] πίονι[27] βοσκηθήσονται[28] ἐπὶ
τῶν ὀρέων Ισραηλ. **15** ἐγὼ βοσκήσω[29] τὰ πρόβατά μου καὶ ἐγὼ ἀναπαύσω[30] αὐτά, καὶ
γνώσονται ὅτι ἐγώ εἰμι κύριος. τάδε[31] λέγει κύριος κύριος **16** Τὸ ἀπολωλὸς[32] ζητήσω
καὶ τὸ πλανώμενον ἐπιστρέψω καὶ τὸ συντετριμμένον[33] καταδήσω[34] καὶ τὸ ἐκλεῖπον[35]
ἐνισχύσω[36] καὶ τὸ ἰσχυρὸν[37] φυλάξω καὶ βοσκήσω[38] αὐτὰ μετὰ κρίματος.[39]

17 καὶ ὑμεῖς, πρόβατα, τάδε[40] λέγει κύριος κύριος Ἰδοὺ ἐγὼ διακρινῶ[41] ἀνὰ μέσον[42]
προβάτου καὶ προβάτου, κριῶν[43] καὶ τράγων·[44] **18** καὶ οὐχ ἱκανὸν[45] ὑμῖν ὅτι τὴν
καλὴν νομὴν[46] ἐνέμεσθε,[47] καὶ τὰ κατάλοιπα[48] τῆς νομῆς ὑμῶν κατεπατεῖτε[49] τοῖς
ποσὶν ὑμῶν· καὶ τὸ καθεστηκὸς[50] ὕδωρ ἐπίνετε καὶ τὸ λοιπὸν τοῖς ποσὶν ὑμῶν

1 διότι, since
2 ὅδε, this
3 ἐκζητέω, *fut act ind 1s*, search for, seek
4 ἐπισκέπτομαι, *fut mid ind 1s*, inspect, oversee
5 ποιμήν, shepherd
6 ποίμνιον, flock
7 γνόφος, darkness
8 νεφέλη, cloud
9 διαχωρίζω, *perf pas ptc gen p n*, separate
10 ἐκζητέω, *fut act ind 1s*, search for, seek
11 ἀπελαύνω, *fut act ind 1s*, drive away
12 διασπείρω, *aor pas ind 3p*, scatter
13 ἐξάγω, *fut act ind 1s*, bring out
14 χώρα, region, country
15 εἰσάγω, *fut act ind 1s*, bring in
16 βόσκω, *fut act ind 1s*, tend, feed
17 φάραγξ, ravine, valley
18 κατοικία, settlement, dwelling place
19 νομή, pasture
20 βόσκω, *fut act ind 1s*, tend, feed
21 ὑψηλός, high
22 μάνδρα, sheepfold
23 κοιμάω, *fut pas ind 3p*, lie down
24 ἀναπαύω, *fut mid ind 3p*, take rest
25 τρυφή, luxury, splendor
26 νομή, pasture
27 πίων, rich, fertile
28 βόσκω, *fut pas ind 3p*, tend, feed
29 βόσκω, *fut act ind 1s*, tend, feed
30 ἀναπαύω, *fut act ind 1s*, refresh, give rest
31 ὅδε, this
32 ἀπόλλυμι, *perf act ptc acc s n*, destroy
33 συντρίβω, *perf pas ptc acc s n*, break
34 καταδέω, *fut act ind 1s*, bandage, bind up
35 ἐκλείπω, *pres act ptc acc s n*, abandon, forsake
36 ἐνισχύω, *fut act ind 1s*, strengthen
37 ἰσχυρός, powerful, strong
38 βόσκω, *fut act ind 1s*, tend, feed
39 κρίμα, judgment, discernment
40 ὅδε, this
41 διακρίνω, *fut act ind 1s*, discriminate, distinguish
42 ἀνὰ μέσον, between
43 κριός, ram
44 τράγος, male goat
45 ἱκανός, sufficient, adequate
46 νομή, pasture
47 νέμω, *impf mid ind 2p*, graze
48 κατάλοιπος, rest, remainder
49 καταπατέω, *impf act ind 2p*, trample down
50 καθίστημι, *perf act ptc acc s n*, stand

ἐταράσσετε·[1] **19** καὶ τὰ πρόβατά μου τὰ πατήματα[2] τῶν ποδῶν ὑμῶν ἐνέμοντο[3] καὶ τὸ τεταραγμένον[4] ὕδωρ ὑπὸ τῶν ποδῶν ὑμῶν ἔπινον. **20** διὰ τοῦτο τάδε[5] λέγει κύριος κύριος Ἰδοὺ ἐγὼ διακρινῶ[6] ἀνὰ μέσον[7] προβάτου ἰσχυροῦ[8] καὶ ἀνὰ μέσον προβάτου ἀσθενοῦς.[9] **21** ἐπὶ ταῖς πλευραῖς[10] καὶ τοῖς ὤμοις[11] ὑμῶν διωθεῖσθε[12] καὶ τοῖς κέρασιν[13] ὑμῶν ἐκερατίζετε[14] καὶ πᾶν τὸ ἐκλεῖπον[15] ἐξεθλίβετε.[16] **22** καὶ σώσω τὰ πρόβατά μου, καὶ οὐ μὴ ὦσιν ἔτι εἰς προνομήν,[17] καὶ κρινῶ ἀνὰ μέσον[18] κριοῦ[19] πρὸς κριόν. **23** καὶ ἀναστήσω ἐπ᾽ αὐτοὺς ποιμένα[20] ἕνα καὶ ποιμανεῖ[21] αὐτούς, τὸν δοῦλόν μου Δαυιδ, καὶ ἔσται αὐτῶν ποιμήν·[22] **24** καὶ ἐγὼ κύριος ἔσομαι αὐτοῖς εἰς θεόν, καὶ Δαυιδ ἐν μέσῳ αὐτῶν ἄρχων· ἐγὼ κύριος ἐλάλησα.

A Covenant of Peace

25 καὶ διαθήσομαι[23] τῷ Δαυιδ διαθήκην εἰρήνης καὶ ἀφανιῶ[24] θηρία πονηρὰ ἀπὸ τῆς γῆς, καὶ κατοικήσουσιν ἐν τῇ ἐρήμῳ καὶ ὑπνώσουσιν[25] ἐν τοῖς δρυμοῖς.[26] **26** καὶ δώσω αὐτοὺς περικύκλῳ[27] τοῦ ὄρους μου· καὶ δώσω τὸν ὑετὸν[28] ὑμῖν, ὑετὸν εὐλογίας.[29] **27** καὶ τὰ ξύλα[30] τὰ ἐν τῷ πεδίῳ[31] δώσει τὸν καρπὸν αὐτῶν, καὶ ἡ γῆ δώσει τὴν ἰσχὺν[32] αὐτῆς, καὶ κατοικήσουσιν ἐπὶ τῆς γῆς αὐτῶν ἐν ἐλπίδι εἰρήνης, καὶ γνώσονται ὅτι ἐγώ εἰμι κύριος ἐν τῷ συντρῖψαί[33] με τὸν ζυγὸν[34] αὐτῶν· καὶ ἐξελοῦμαι[35] αὐτοὺς ἐκ χειρὸς τῶν καταδουλωσαμένων[36] αὐτούς. **28** καὶ οὐκ ἔσονται ἔτι ἐν προνομῇ[37] τοῖς ἔθνεσιν, καὶ τὰ θηρία τῆς γῆς οὐκέτι μὴ φάγωσιν αὐτούς· καὶ κατοικήσουσιν ἐν ἐλπίδι, καὶ οὐκ ἔσται ὁ ἐκφοβῶν[38] αὐτούς. **29** καὶ ἀναστήσω αὐτοῖς φυτὸν[39] εἰρήνης, καὶ οὐκέτι ἔσονται ἀπολλύμενοι λιμῷ[40] ἐπὶ τῆς γῆς καὶ οὐ

1 ταράσσω, *impf act ind 2p*, disturb
2 πάτημα, that which is trampled
3 νέμω, *impf mid ind 3p*, graze
4 ταράσσω, *perf pas ptc acc s n*, disturb
5 ὅδε, this
6 διακρίνω, *fut act ind 1s*, discriminate, distinguish
7 ἀνὰ μέσον, between
8 ἰσχυρός, strong
9 ἀσθενής, weak
10 πλευρά, side, flank
11 ὦμος, shoulder
12 διωθέω, *pres mid ind 2p*, thrust through, push
13 κέρας, horn
14 κερατίζω, *impf act ind 2p*, butt, gore
15 ἐκλείπω, *pres act ptc acc s n*, abandon, remain
16 ἐκθλίβω, *impf act ind 2p*, afflict
17 προνομή, plunder
18 ἀνὰ μέσον, between
19 κριός, ram
20 ποιμήν, shepherd
21 ποιμαίνω, *fut act ind 3s*, tend (flocks), shepherd
22 ποιμήν, shepherd
23 διατίθημι, *fut mid ind 1s*, grant, arrange
24 ἀφανίζω, *fut act ind 1s*, remove
25 ὑπνόω, *fut act ind 3p*, sleep
26 δρυμός, forest
27 περικύκλῳ, all around
28 ὑετός, rain
29 εὐλογία, blessing
30 ξύλον, tree
31 πεδίον, field, plain
32 ἰσχύς, power, strength
33 συντρίβω, *aor act inf*, break, shatter
34 ζυγός, yoke
35 ἐξαιρέω, *fut mid ind 1s*, deliver
36 καταδουλόω, *aor mid ptc gen p n*, put to forced labor
37 προνομή, plunder
38 ἐκφοβέω, *pres act ptc nom s m*, frighten
39 φυτόν, plant
40 λιμός, famine

μὴ ἐνέγκωσιν ἔτι ὀνειδισμὸν[1] ἐθνῶν. **30** καὶ γνώσονται ὅτι ἐγώ εἰμι κύριος ὁ θεὸς
αὐτῶν, καὶ αὐτοὶ λαός μου οἶκος Ισραηλ, λέγει κύριος. **31** πρόβατά μου καὶ πρόβατα
ποιμνίου[2] μού ἐστε, καὶ ἐγὼ κύριος ὁ θεὸς ὑμῶν, λέγει κύριος κύριος.

Prophecy against Mount Seir

35 Καὶ ἐγένετο λόγος κυρίου πρός με λέγων **2** Υἱὲ ἀνθρώπου, ἐπίστρεψον τὸ
πρόσωπόν σου ἐπ᾽ ὄρος Σηιρ καὶ προφήτευσον[3] ἐπ᾽ αὐτὸ **3** καὶ εἰπόν Τάδε[4]
λέγει κύριος κύριος

Ἰδοὺ ἐγὼ ἐπὶ σέ, ὄρος Σηιρ,
  καὶ ἐκτενῶ[5] τὴν χεῖρά μου ἐπὶ σέ
καὶ δώσω σε ἔρημον,
  καὶ ἐρημωθήσῃ,[6]
4 καὶ ταῖς πόλεσίν σου ἐρημίαν[7] ποιήσω,
  καὶ σὺ ἔρημος ἔσῃ·
  καὶ γνώσῃ ὅτι ἐγώ εἰμι κύριος.

5 ἀντὶ[8] τοῦ γενέσθαι σε ἐχθρὰν[9] αἰωνίαν καὶ ἐνεκάθισας[10] τῷ οἴκῳ Ισραηλ δόλῳ[11]
ἐν χειρὶ ἐχθρῶν μαχαίρᾳ[12] ἐν καιρῷ ἀδικίας[13] ἐπ᾽ ἐσχάτῳ, **6** διὰ τοῦτο, ζῶ ἐγώ, λέγει
κύριος κύριος, εἰ μὴν[14] εἰς αἷμα ἥμαρτες, καὶ αἷμά σε διώξεται. **7** καὶ δώσω τὸ ὄρος
Σηιρ εἰς ἔρημον καὶ ἠρημωμένον[15] καὶ ἀπολῶ ἀπ᾽ αὐτοῦ ἀνθρώπους καὶ κτήνη[16]
8 καὶ ἐμπλήσω[17] τῶν τραυματιῶν[18] σου τοὺς βουνοὺς[19] καὶ τὰς φάραγγάς[20] σου, καὶ
ἐν πᾶσι τοῖς πεδίοις[21] σου τετραυματισμένοι[22] μαχαίρᾳ[23] πεσοῦνται ἐν σοί. **9** ἐρη-
μίαν[24] αἰώνιον θήσομαί σε, καὶ αἱ πόλεις σου οὐ μὴ κατοικηθῶσιν ἔτι· καὶ γνώσῃ
ὅτι ἐγώ εἰμι κύριος.

10 διὰ τὸ εἰπεῖν σε Τὰ δύο ἔθνη καὶ αἱ δύο χῶραι[25] ἐμαὶ ἔσονται καὶ κληρονομήσω[26]
αὐτάς, καὶ κύριος ἐκεῖ ἐστιν, **11** διὰ τοῦτο, ζῶ ἐγώ, λέγει κύριος, καὶ ποιήσω σοι
κατὰ τὴν ἔχθραν[27] σου καὶ γνωσθήσομαί σοι, ἡνίκα[28] ἂν κρίνω σε· **12** καὶ γνώσῃ ὅτι

1 ὀνειδισμός, disgrace, reproach
2 ποίμνιον, flock
3 προφητεύω, *aor act impv 2s*, prophesy
4 ὅδε, this
5 ἐκτείνω, *fut act ind 1s*, reach out
6 ἐρημόω, *fut pas ind 2s*, make desolate
7 ἐρημία, desolate region
8 ἀντί, on account of
9 ἔχθρα, hostility, hatred
10 ἐγκαθίζω, *aor act ind 2s*, sit on, (*read* lie in wait)
11 δόλος, deceit
12 μάχαιρα, sword
13 ἀδικία, injustice
14 μήν, surely, indeed
15 ἐρημόω, *perf pas ptc acc s n*, make desolate
16 κτῆνος, (domesticated) animal
17 ἐμπίμπλημι, *fut act ind 1s*, fill up
18 τραυματίας, casualty, wounded person
19 βουνός, hill, mount
20 φάραγξ, ravine
21 πεδίον, plain, field
22 τραυματίζω, *perf pas ptc nom p m*, wound
23 μάχαιρα, sword
24 ἐρημία, desolate region
25 χώρα, land, country
26 κληρονομέω, *fut act ind 1s*, inherit, take possession of
27 ἔχθρα, hostility, hatred
28 ἡνίκα, when

ἐγώ εἰμι κύριος. ἤκουσα τῆς φωνῆς τῶν βλασφημιῶν[1] σου, ὅτι εἶπας Τὰ ὄρη Ισραηλ
ἔρημα, ἡμῖν δέδοται εἰς κατάβρωμα·[2] **13** καὶ ἐμεγαλορημόνησας[3] ἐπ᾽ ἐμὲ τῷ στόματί
σου· ἐγὼ ἤκουσα. **14** τάδε[4] λέγει κύριος Ἐν τῇ εὐφροσύνῃ[5] πάσης τῆς γῆς ἔρημον
ποιήσω σε· **15** ἔρημον ἔσῃ, ὄρος Σηιρ, καὶ πᾶσα ἡ Ιδουμαία ἐξαναλωθήσεται·[6] καὶ
γνώσῃ ὅτι ἐγώ εἰμι κύριος ὁ θεὸς αὐτῶν.

Hope for the Mountains of Israel

36 Καὶ σύ, υἱὲ ἀνθρώπου, προφήτευσον[7] ἐπὶ τὰ ὄρη Ισραηλ καὶ εἰπὸν τοῖς ὄρεσιν
τοῦ Ισραηλ Ἀκούσατε λόγον κυρίου **2** Τάδε[8] λέγει κύριος κύριος Ἀνθ᾽ ὧν[9]
εἶπεν ὁ ἐχθρὸς ἐφ᾽ ὑμᾶς Εὖγε[10] ἔρημα αἰώνια εἰς κατάσχεσιν[11] ἡμῖν ἐγενήθη, **3** διὰ
τοῦτο προφήτευσον[12] καὶ εἰπόν Τάδε[13] λέγει κύριος κύριος Ἀντὶ[14] τοῦ ἀτιμασθῆναι[15]
ὑμᾶς καὶ μισηθῆναι ὑμᾶς ὑπὸ τῶν κύκλῳ[16] ὑμῶν τοῦ εἶναι ὑμᾶς εἰς κατάσχεσιν[17] τοῖς
καταλοίποις[18] ἔθνεσιν καὶ ἀνέβητε λάλημα[19] γλώσσῃ καὶ εἰς ὀνείδισμα[20] ἔθνεσιν,
4 διὰ τοῦτο, ὄρη Ισραηλ, ἀκούσατε λόγον κυρίου Τάδε[21] λέγει κύριος τοῖς ὄρεσιν
καὶ τοῖς βουνοῖς[22] καὶ ταῖς φάραγξιν[23] καὶ τοῖς χειμάρροις[24] καὶ τοῖς ἐξηρημωμένοις[25]
καὶ ἠφανισμένοις[26] καὶ ταῖς πόλεσιν ταῖς ἐγκαταλελειμμέναις,[27] αἳ ἐγένοντο εἰς
προνομὴν[28] καὶ εἰς καταπάτημα[29] τοῖς καταλειφθεῖσιν[30] ἔθνεσιν περικύκλῳ·[31] **5** διὰ
τοῦτο τάδε[32] λέγει κύριος κύριος Εἰ μὴν[33] ἐν πυρὶ θυμοῦ[34] μου ἐλάλησα ἐπὶ τὰ λοιπὰ
ἔθνη καὶ ἐπὶ τὴν Ιδουμαίαν πᾶσαν, ὅτι ἔδωκαν τὴν γῆν μου ἑαυτοῖς εἰς κατάσχεσιν[35]
μετ᾽ εὐφροσύνης[36] ἀτιμάσαντες[37] ψυχὰς τοῦ ἀφανίσαι[38] ἐν προνομῇ·[39] **6** διὰ τοῦτο
προφήτευσον[40] ἐπὶ τὴν γῆν τοῦ Ισραηλ καὶ εἰπὸν τοῖς ὄρεσιν καὶ τοῖς βουνοῖς[41] καὶ

1 βλασφημία, blasphemy
2 κατάβρωμα, food
3 μεγαλορρημονέω, *aor act ind 2s*, boast, speak magnanimously
4 ὅδε, this
5 εὐφροσύνη, joy, gladness
6 ἐξαναλίσκω, *fut pas ind 3s*, use up, spend, exhaust
7 προφητεύω, *aor act impv 2s*, prophesy
8 ὅδε, this
9 ἀνθ᾽ ὧν, because
10 εὖγε, good, excellent
11 κατάσχεσις, possession
12 προφητεύω, *aor act impv 2s*, prophesy
13 ὅδε, this
14 ἀντί, on account of
15 ἀτιμάζω, *aor pas inf*, shame
16 κύκλῳ, all around
17 κατάσχεσις, possession
18 κατάλοιπος, remaining
19 λάλημα, byword
20 ὀνείδισμα, reproach
21 ὅδε, this
22 βουνός, hill
23 φάραγξ, ravine
24 χείμαρρος, brook, wadi
25 ἐξερημόω, *perf pas ptc dat p n*, make desolate
26 ἀφανίζω, *perf pas ptc dat p n*, disfigure
27 ἐγκαταλείπω, *perf pas ptc dat p f*, abandon
28 προνομή, pasture
29 καταπάτημα, that which is trampled
30 καταλείπω, *aor pas ptc dat p n*, leave behind
31 περικύκλῳ, all around, everywhere
32 ὅδε, this
33 μήν, surely
34 θυμός, anger, wrath
35 κατάσχεσις, possession
36 εὐφροσύνη, gladness
37 ἀτιμάζω, *aor act ptc nom p m*, disrespect
38 ἀφανίζω, *aor act inf*, destroy
39 προνομή, plunder
40 προφητεύω, *aor act impv 2s*, prophesy
41 βουνός, hill

ταῖς φάραγξιν[1] καὶ ταῖς νάπαις[2] Τάδε[3] λέγει κύριος Ἰδοὺ ἐγὼ ἐν τῷ ζήλῳ[4] μου καὶ
ἐν τῷ θυμῷ[5] μου ἐλάλησα ἀντὶ[6] τοῦ ὀνειδισμοὺς[7] ἐθνῶν ἐνέγκαι[8] ὑμᾶς· **7** διὰ τοῦτο
ἐγὼ ἀρῶ τὴν χεῖρά μου ἐπὶ τὰ ἔθνη τὰ περικύκλῳ[9] ὑμῶν, οὗτοι τὴν ἀτιμίαν[10] αὐτῶν
λήμψονται·

8 ὑμῶν δέ, ὄρη Ισραηλ, τὴν σταφυλὴν[11] καὶ τὸν καρπὸν ὑμῶν καταφάγεται[12] ὁ λαός
μου, ὅτι ἐγγίζουσιν τοῦ ἐλθεῖν. **9** ὅτι ἰδοὺ ἐγὼ ἐφ᾽ ὑμᾶς καὶ ἐπιβλέψω[13] ἐφ᾽ ὑμᾶς,
καὶ κατεργασθήσεσθε[14] καὶ σπαρήσεσθε.[15] **10** καὶ πληθυνῶ[16] ἐφ᾽ ὑμᾶς ἀνθρώπους,
πᾶν οἶκον Ισραηλ εἰς τέλος, καὶ κατοικηθήσονται αἱ πόλεις, καὶ ἡ ἠρημωμένη[17]
οἰκοδομηθήσεται. **11** καὶ πληθυνῶ[18] ἐφ᾽ ὑμᾶς ἀνθρώπους καὶ κτήνη[19] καὶ κατοικιῶ[20]
ὑμᾶς ὡς τὸ ἐν ἀρχῇ ὑμῶν καὶ εὖ[21] ποιήσω ὑμᾶς ὥσπερ τὰ ἔμπροσθεν ὑμῶν· καὶ
γνώσεσθε ὅτι ἐγώ εἰμι κύριος. **12** καὶ γεννήσω ἐφ᾽ ὑμᾶς ἀνθρώπους τὸν λαόν μου
Ισραηλ, καὶ κληρονομήσουσιν[22] ὑμᾶς, καὶ ἔσεσθε αὐτοῖς εἰς κατάσχεσιν·[23] καὶ οὐ
μὴ προστεθῆτε[24] ἔτι ἀτεκνωθῆναι[25] ἀπ᾽ αὐτῶν. **13** τάδε[26] λέγει κύριος κύριος Ἀνθ᾽
ὧν[27] εἶπάν σοι Κατέσθουσα[28] ἀνθρώπους εἶ καὶ ἠτεκνωμένη[29] ὑπὸ τοῦ ἔθνους σου
ἐγένου, **14** διὰ τοῦτο ἀνθρώπους οὐκέτι φάγεσαι καὶ τὸ ἔθνος σου οὐκ ἀτεκνώσεις[30]
ἔτι, λέγει κύριος κύριος. **15** καὶ οὐκ ἀκουσθήσεται οὐκέτι ἐφ᾽ ὑμᾶς ἀτιμία[31] ἐθνῶν,
καὶ ὀνειδισμοὺς[32] λαῶν οὐ μὴ ἀνενέγκητε,[33] λέγει κύριος κύριος.

Israel's Restoration and the Spirit of God

16 Καὶ ἐγένετο λόγος κυρίου πρός με λέγων **17** Υἱὲ ἀνθρώπου, οἶκος Ισραηλ κατῴ-
κησεν ἐπὶ τῆς γῆς αὐτῶν καὶ ἐμίαναν[34] αὐτὴν ἐν τῇ ὁδῷ αὐτῶν καὶ ἐν τοῖς εἰδώλοις[35]
αὐτῶν καὶ ἐν ταῖς ἀκαθαρσίαις[36] αὐτῶν· κατὰ τὴν ἀκαθαρσίαν τῆς ἀποκαθημένης[37]

1 φάραγξ, ravine
2 νάπη, glen, valley
3 ὅδε, this
4 ζῆλος, jealousy, zeal
5 θυμός, anger, wrath
6 ἀντί, on account of
7 ὀνειδισμός, disgrace, reproach
8 φέρω, *aor act inf*, bear
9 περικύκλῳ, all around
10 ἀτιμία, dishonor
11 σταφυλή, grapes
12 κατεσθίω, *fut mid ind 3s*, devour
13 ἐπιβλέπω, *fut act ind 1s*, look upon
14 κατεργάζομαι, *fut pas ind 2p*, work (a field)
15 σπείρω, *fut pas ind 2p*, sow
16 πληθύνω, *fut act ind 1s*, multiply
17 ἐρημόω, *perf pas ptc nom s f*, make desolate
18 πληθύνω, *fut act ind 1s*, multiply
19 κτῆνος, animal, (*p*) herd
20 κατοικίζω, *fut act ind 1s*, settle
21 εὖ, well
22 κληρονομέω, *fut act ind 3p*, take possession of
23 κατάσχεσις, possession
24 προστίθημι, *aor pas sub 2p*, continue
25 ἀτεκνόω, *aor pas inf*, remain childless
26 ὅδε, this
27 ἀνθ᾽ ὧν, since
28 κατέσθω, *pres act ptc nom s f*, devour
29 ἀτεκνόω, *perf pas ptc nom s f*, remain childless
30 ἀτεκνόω, *fut act ind 2s*, make childless
31 ἀτιμία, dishonor
32 ὀνειδισμός, disgrace, reproach
33 ἀναφέρω, *aor act sub 2p*, take
34 μιαίνω, *aor act ind 3p*, pollute, defile
35 εἴδωλον, image, idol
36 ἀκαθαρσία, impurity
37 ἀποκάθημαι, *pres pas ptc gen s f*, sit apart (during menstruation)

ἐγενήθη ἡ ὁδὸς αὐτῶν πρὸ προσώπου μου. **18** καὶ ἐξέχεα[1] τὸν θυμόν[2] μου ἐπ᾽αὐτοὺς
19 καὶ διέσπειρα[3] αὐτοὺς εἰς τὰ ἔθνη καὶ ἐλίκμησα[4] αὐτοὺς εἰς τὰς χώρας·[5] κατὰ τὴν
ὁδὸν αὐτῶν καὶ κατὰ τὴν ἁμαρτίαν αὐτῶν ἔκρινα αὐτούς. **20** καὶ εἰσήλθοσαν εἰς τὰ
ἔθνη, οὗ εἰσήλθοσαν ἐκεῖ, καὶ ἐβεβήλωσαν[6] τὸ ὄνομά μου τὸ ἅγιον ἐν τῷ λέγεσθαι
αὐτούς Λαὸς κυρίου οὗτοι καὶ ἐκ τῆς γῆς αὐτοῦ ἐξεληλύθασιν. **21** καὶ ἐφεισάμην[7]
αὐτῶν διὰ τὸ ὄνομά μου τὸ ἅγιον, ὃ ἐβεβήλωσαν[8] οἶκος Ισραηλ ἐν τοῖς ἔθνεσιν, οὗ[9]
εἰσήλθοσαν ἐκεῖ.

22 διὰ τοῦτο εἰπὸν τῷ οἴκῳ Ισραηλ Τάδε[10] λέγει κύριος Οὐχ ὑμῖν ἐγὼ ποιῶ, οἶκος
Ισραηλ, ἀλλ᾽ ἢ διὰ τὸ ὄνομά μου τὸ ἅγιον, ὃ ἐβεβηλώσατε[11] ἐν τοῖς ἔθνεσιν, οὗ
εἰσήλθετε ἐκεῖ. **23** καὶ ἁγιάσω[12] τὸ ὄνομά μου τὸ μέγα τὸ βεβηλωθὲν[13] ἐν τοῖς
ἔθνεσιν, ὃ ἐβεβηλώσατε[14] ἐν μέσῳ αὐτῶν, καὶ γνώσονται τὰ ἔθνη ὅτι ἐγώ εἰμι κύριος
ἐν τῷ ἁγιασθῆναί[15] με ἐν ὑμῖν κατ᾽ ὀφθαλμοὺς αὐτῶν. **24** καὶ λήμψομαι ὑμᾶς ἐκ
τῶν ἐθνῶν καὶ ἀθροίσω[16] ὑμᾶς ἐκ πασῶν τῶν γαιῶν[17] καὶ εἰσάξω[18] ὑμᾶς εἰς τὴν γῆν
ὑμῶν. **25** καὶ ῥανῶ[19] ἐφ᾽ ὑμᾶς ὕδωρ καθαρόν,[20] καὶ καθαρισθήσεσθε ἀπὸ πασῶν
τῶν ἀκαθαρσιῶν[21] ὑμῶν καὶ ἀπὸ πάντων τῶν εἰδώλων[22] ὑμῶν, καὶ καθαριῶ ὑμᾶς.
26 καὶ δώσω ὑμῖν καρδίαν καινὴν[23] καὶ πνεῦμα καινὸν δώσω ἐν ὑμῖν καὶ ἀφελῶ[24] τὴν
καρδίαν τὴν λιθίνην[25] ἐκ τῆς σαρκὸς ὑμῶν καὶ δώσω ὑμῖν καρδίαν σαρκίνην.[26] **27** καὶ
τὸ πνεῦμά μου δώσω ἐν ὑμῖν καὶ ποιήσω ἵνα ἐν τοῖς δικαιώμασίν[27] μου πορεύησθε
καὶ τὰ κρίματά[28] μου φυλάξησθε καὶ ποιήσητε. **28** καὶ κατοικήσετε ἐπὶ τῆς γῆς, ἧς
ἔδωκα τοῖς πατράσιν ὑμῶν, καὶ ἔσεσθέ μοι εἰς λαόν, κἀγὼ[29] ἔσομαι ὑμῖν εἰς θεόν.
29 καὶ σώσω ὑμᾶς ἐκ πασῶν τῶν ἀκαθαρσιῶν[30] ὑμῶν καὶ καλέσω τὸν σῖτον[31] καὶ
πληθυνῶ[32] αὐτὸν καὶ οὐ δώσω ἐφ᾽ ὑμᾶς λιμόν·[33] **30** καὶ πληθυνῶ[34] τὸν καρπὸν τοῦ
ξύλου[35] καὶ τὰ γενήματα[36] τοῦ ἀγροῦ, ὅπως μὴ λάβητε ὀνειδισμὸν[37] λιμοῦ[38] ἐν τοῖς

1 ἐκχέω, *aor act ind 1s*, pour out
2 θυμός, anger, wrath
3 διασπείρω, *aor act ind 1s*, scatter
4 λικμάω, *aor act ind 1s*, winnow
5 χώρα, land, country
6 βεβηλόω, *aor act ind 3p*, profane
7 φείδομαι, *aor mid ind 1s*, spare
8 βεβηλόω, *aor act ind 3p*, profane
9 οὗ, where
10 ὅδε, this
11 βεβηλόω, *aor act ind 2p*, profane
12 ἁγιάζω, *fut act ind 1s*, sanctify
13 βεβηλόω, *aor pas ptc nom s n*, profane
14 βεβηλόω, *aor act ind 2p*, profane
15 ἁγιάζω, *aor pas inf*, sanctify
16 ἀθροίζω, *fut act ind 1s*, gather up
17 γαῖα, land
18 εἰσάγω, *fut act ind 1s*, bring in
19 ῥαίνω, *fut act ind 1s*, sprinkle
20 καθαρός, pure, clean
21 ἀκαθαρσία, impurity
22 εἴδωλον, image, idol
23 καινός, new
24 ἀφαιρέω, *fut act ind 1s*, remove, extract
25 λίθινος, of stone
26 σάρκινος, of flesh
27 δικαίωμα, statute, ordinance
28 κρίμα, rule, decree
29 κἀγώ, and I, *cr.* καὶ ἐγώ
30 ἀκαθαρσία, impurity
31 σῖτος, grain
32 πληθύνω, *fut act ind 1s*, increase, multiply
33 λιμός, famine
34 πληθύνω, *fut act ind 1s*, increase, multiply
35 ξύλον, tree
36 γένημα, produce
37 ὀνειδισμός, reproach
38 λιμός, famine

ἔθνεσιν. **31** καὶ μνησθήσεσθε[1] τὰς ὁδοὺς ὑμῶν τὰς πονηρὰς καὶ τὰ ἐπιτηδεύματα[2] ὑμῶν τὰ μὴ ἀγαθὰ καὶ προσοχθιεῖτε[3] κατὰ πρόσωπον αὐτῶν ἐν ταῖς ἀνομίαις[4] ὑμῶν καὶ ἐπὶ τοῖς βδελύγμασιν[5] ὑμῶν. **32** οὐ δι᾽ ὑμᾶς ἐγὼ ποιῶ, λέγει κύριος κύριος, γνωστὸν[6] ἔσται ὑμῖν· αἰσχύνθητε[7] καὶ ἐντράπητε[8] ἐκ τῶν ὁδῶν ὑμῶν, οἶκος Ισραηλ.

33 τάδε[9] λέγει κύριος Ἐν ἡμέρᾳ, ᾗ καθαριῶ ὑμᾶς ἐκ πασῶν τῶν ἀνομιῶν[10] ὑμῶν, καὶ κατοικιῶ[11] τὰς πόλεις, καὶ οἰκοδομηθήσονται αἱ ἔρημοι. **34** καὶ ἡ γῆ ἡ ἠφανισμένη[12] ἐργασθήσεται, ἀνθ᾽ ὧν[13] ὅτι ἠφανισμένη ἐγενήθη κατ᾽ ὀφθαλμοὺς παντὸς παροδεύοντος.[14] **35** καὶ ἐροῦσιν Ἡ γῆ ἐκείνη ἡ ἠφανισμένη[15] ἐγενήθη ὡς κῆπος[16] τρυφῆς,[17] καὶ αἱ πόλεις αἱ ἔρημοι καὶ ἠφανισμέναι[18] καὶ κατεσκαμμέναι[19] ὀχυραὶ[20] ἐκάθισαν. **36** καὶ γνώσονται τὰ ἔθνη, ὅσα ἂν καταλειφθῶσιν[21] κύκλῳ[22] ὑμῶν, ὅτι ἐγὼ κύριος ᾠκοδόμησα τὰς καθῃρημένας[23] καὶ κατεφύτευσα[24] τὰς ἠφανισμένας·[25] ἐγὼ κύριος ἐλάλησα καὶ ποιήσω. **37** τάδε[26] λέγει κύριος Ἔτι τοῦτο ζητηθήσομαι τῷ οἴκῳ Ισραηλ τοῦ ποιῆσαι αὐτοῖς· πληθυνῶ[27] αὐτοὺς ὡς πρόβατα ἀνθρώπους. **38** ὡς πρόβατα ἅγια, ὡς πρόβατα Ιερουσαλημ ἐν ταῖς ἑορταῖς[28] αὐτῆς, οὕτως ἔσονται αἱ πόλεις αἱ ἔρημοι πλήρεις[29] προβάτων ἀνθρώπων· καὶ γνώσονται ὅτι ἐγὼ κύριος.

Valley of Dry Bones

37 Καὶ ἐγένετο ἐπ᾽ ἐμὲ χεὶρ κυρίου, καὶ ἐξήγαγέν[30] με ἐν πνεύματι κύριος καὶ ἔθηκέν με ἐν μέσῳ τοῦ πεδίου,[31] καὶ τοῦτο ἦν μεστὸν[32] ὀστέων[33] ἀνθρωπίνων·[34] **2** καὶ περιήγαγέν[35] με ἐπ᾽ αὐτὰ κυκλόθεν[36] κύκλῳ,[37] καὶ ἰδοὺ πολλὰ σφόδρα[38] ἐπὶ προσώπου τοῦ πεδίου,[39] ξηρὰ[40] σφόδρα.[41] **3** καὶ εἶπεν πρός με Υἱὲ

1 μιμνῄσκομαι, *fut pas ind 2p*, remember
2 ἐπιτήδευμα, practice, habit
3 προσοχθίζω, *fut act ind 2p*, become irritated
4 ἀνομία, lawlessness
5 βδέλυγμα, abomination
6 γνωστός, known
7 αἰσχύνω, *aor pas impv 2p*, be ashamed
8 ἐντρέπω, *aor pas impv 2p*, feel remorse
9 ὅδε, this
10 ἀνομία, lawlessness
11 κατοικίζω, *fut act ind 1s*, settle, establish
12 ἀφανίζω, *perf pas ptc nom s f*, destroy, ruin
13 ἀνθ᾽ ὧν, since
14 παροδεύω, *pres act ptc gen s m*, pass by
15 ἀφανίζω, *perf pas ptc nom s f*, destroy, ruin
16 κῆπος, garden
17 τρυφή, splendor
18 ἀφανίζω, *perf pas ptc nom p f*, destroy, ruin
19 κατασκάπτω, *perf pas ptc nom p f*, raze
20 ὀχυρός, strong, secure
21 καταλείπω, *aor pas sub 3p*, abandon
22 κύκλῳ, all around
23 καθαιρέω, *perf pas ptc acc p f*, tear down
24 καταφυτεύω, *aor act ind 1s*, plant
25 ἀφανίζω, *perf pas ptc acc p f*, destroy, ruin
26 ὅδε, this
27 πληθύνω, *fut act ind 1s*, multiply
28 ἑορτή, feast, festival
29 πλήρης, full
30 ἐξάγω, *aor act ind 3s*, lead out
31 πεδίον, field, plain
32 μεστός, full of
33 ὀστέον, bone
34 ἀνθρώπινος, human
35 περιάγω, *aor act ind 3s*, lead around
36 κυκλόθεν, all around
37 κύκλῳ, in a circle
38 σφόδρα, very
39 πεδίον, field, plain
40 ξηρός, dry
41 σφόδρα, exceedingly

ἀνθρώπου, εἰ ζήσεται τὰ ὀστᾶ[1] ταῦτα; καὶ εἶπα Κύριε, σὺ ἐπίστῃ[2] ταῦτα. **4** καὶ εἶπεν
πρός με Προφήτευσον[3] ἐπὶ τὰ ὀστᾶ[4] ταῦτα καὶ ἐρεῖς αὐτοῖς Τὰ ὀστᾶ τὰ ξηρά,[5]
ἀκούσατε λόγον κυρίου **5** Τάδε[6] λέγει κύριος τοῖς ὀστέοις[7] τούτοις Ἰδοὺ ἐγὼ φέρω
εἰς ὑμᾶς πνεῦμα ζωῆς **6** καὶ δώσω ἐφ᾽ ὑμᾶς νεῦρα[8] καὶ ἀνάξω[9] ἐφ᾽ ὑμᾶς σάρκας
καὶ ἐκτενῶ[10] ἐφ᾽ ὑμᾶς δέρμα[11] καὶ δώσω πνεῦμά μου εἰς ὑμᾶς, καὶ ζήσεσθε· καὶ
γνώσεσθε ὅτι ἐγώ εἰμι κύριος.

7 καὶ ἐπροφήτευσα[12] καθὼς ἐνετείλατό[13] μοι. καὶ ἐγένετο ἐν τῷ ἐμὲ προφητεῦσαι[14]
καὶ ἰδοὺ σεισμός,[15] καὶ προσήγαγε[16] τὰ ὀστᾶ[17] ἑκάτερον[18] πρὸς τὴν ἁρμονίαν[19]
αὐτοῦ. **8** καὶ εἶδον καὶ ἰδοὺ ἐπ᾽ αὐτὰ νεῦρα[20] καὶ σάρκες ἐφύοντο,[21] καὶ ἀνέβαινεν
ἐπ᾽ αὐτὰ δέρμα[22] ἐπάνω,[23] καὶ πνεῦμα οὐκ ἦν ἐν αὐτοῖς. **9** καὶ εἶπεν πρός με Προ-
φήτευσον,[24] υἱὲ ἀνθρώπου, προφήτευσον ἐπὶ τὸ πνεῦμα καὶ εἰπὸν τῷ πνεύματι
Τάδε[25] λέγει κύριος Ἐκ τῶν τεσσάρων πνευμάτων ἐλθὲ καὶ ἐμφύσησον[26] εἰς τοὺς
νεκροὺς[27] τούτους, καὶ ζησάτωσαν. **10** καὶ ἐπροφήτευσα[28] καθότι[29] ἐνετείλατό[30] μοι·
καὶ εἰσῆλθεν εἰς αὐτοὺς τὸ πνεῦμα, καὶ ἔζησαν καὶ ἔστησαν ἐπὶ τῶν ποδῶν αὐτῶν,
συναγωγὴ πολλὴ σφόδρα.[31]

11 καὶ ἐλάλησεν κύριος πρός με λέγων Υἱὲ ἀνθρώπου, τὰ ὀστᾶ[32] ταῦτα πᾶς οἶκος
Ισραηλ ἐστίν, καὶ αὐτοὶ λέγουσιν Ξηρὰ[33] γέγονεν τὰ ὀστᾶ ἡμῶν, ἀπόλωλεν ἡ ἐλπὶς
ἡμῶν, διαπεφωνήκαμεν.[34] **12** διὰ τοῦτο προφήτευσον[35] καὶ εἰπόν Τάδε[36] λέγει κύριος
Ἰδοὺ ἐγὼ ἀνοίγω ὑμῶν τὰ μνήματα[37] καὶ ἀνάξω[38] ὑμᾶς ἐκ τῶν μνημάτων ὑμῶν καὶ
εἰσάξω[39] ὑμᾶς εἰς τὴν γῆν τοῦ Ισραηλ, **13** καὶ γνώσεσθε ὅτι ἐγώ εἰμι κύριος ἐν τῷ
ἀνοῖξαί με τοὺς τάφους[40] ὑμῶν τοῦ ἀναγαγεῖν[41] με ἐκ τῶν τάφων τὸν λαόν μου.

1 ὀστέον, bone
2 ἐπίσταμαι, *pres mid ind 2s*, understand, know
3 προφητεύω, *aor act impv 2s*, prophesy
4 ὀστέον, bone
5 ξηρός, dry
6 ὅδε, this
7 ὀστέον, bone
8 νεῦρον, sinew
9 ἀνάγω, *fut act ind 1s*, restore
10 ἐκτείνω, *fut act ind 1s*, stretch out
11 δέρμα, skin
12 προφητεύω, *aor act ind 1s*, prophesy
13 ἐντέλλομαι, *aor mid ind 3s*, command, order
14 προφητεύω, *aor act inf*, prophesy
15 σεισμός, shaking, quaking
16 προσάγω, *aor act ind 3s*, bring near
17 ὀστέον, bone
18 ἑκάτερος, each
19 ἁρμονία, joint
20 νεῦρον, sinew
21 φύω, *impf mid ind 3p*, grow
22 δέρμα, skin
23 ἐπάνω, over, on top
24 προφητεύω, *aor act impv 2s*, prophesy
25 ὅδε, this
26 ἐμφυσάω, *aor act impv 2s*, breathe on, blow on
27 νεκρός, dead
28 προφητεύω, *aor act ind 1s*, prophesy
29 καθότι, just as
30 ἐντέλλομαι, *aor mid ind 3s*, command, order
31 σφόδρα, very
32 ὀστέον, bone
33 ξηρός, dry
34 διαφωνέω, *perf act ind 1p*, be lost
35 προφητεύω, *aor act impv 2s*, prophesy
36 ὅδε, this
37 μνῆμα, grave, tomb
38 ἀνάγω, *fut act ind 1s*, raise up
39 εἰσάγω, *fut act ind 1s*, bring in
40 τάφος, grave, tomb
41 ἀνάγω, *aor act inf*, raise up

14 καὶ δώσω τὸ πνεῦμά μου εἰς ὑμᾶς, καὶ ζήσεσθε, καὶ θήσομαι ὑμᾶς ἐπὶ τὴν γῆν ὑμῶν, καὶ γνώσεσθε ὅτι ἐγὼ κύριος λελάληκα καὶ ποιήσω, λέγει κύριος.

One Nation under One King

15 Καὶ ἐγένετο λόγος κυρίου πρός με λέγων **16** Υἱὲ ἀνθρώπου, λαβὲ σεαυτῷ ῥάβδον[1] καὶ γράψον ἐπ᾽ αὐτὴν τὸν Ιουδαν καὶ τοὺς υἱοὺς Ισραηλ τοὺς προσκειμένους[2] ἐπ᾽ αὐτόν· καὶ ῥάβδον δευτέραν λήμψῃ σεαυτῷ καὶ γράψεις αὐτήν Τῷ Ιωσηφ, ῥάβδον Εφραιμ καὶ πάντας τοὺς υἱοὺς Ισραηλ τοὺς προστεθέντας[3] πρὸς αὐτόν. **17** καὶ συνάψεις[4] αὐτὰς πρὸς ἀλλήλας[5] σαυτῷ εἰς ῥάβδον[6] μίαν τοῦ δῆσαι[7] αὐτάς, καὶ ἔσονται ἐν τῇ χειρί σου. **18** καὶ ἔσται ὅταν λέγωσιν πρὸς σὲ οἱ υἱοὶ τοῦ λαοῦ σου Οὐκ ἀναγγελεῖς[8] ἡμῖν τί ἐστιν ταῦτά σοι; **19** καὶ ἐρεῖς πρὸς αὐτούς Τάδε[9] λέγει κύριος Ἰδοὺ ἐγὼ λήμψομαι τὴν φυλὴν Ιωσηφ τὴν διὰ χειρὸς Εφραιμ καὶ τὰς φυλὰς Ισραηλ τὰς προσκειμένας[10] πρὸς αὐτὸν καὶ δώσω αὐτοὺς ἐπὶ τὴν φυλὴν Ιουδα, καὶ ἔσονται εἰς ῥάβδον[11] μίαν ἐν τῇ χειρὶ Ιουδα. **20** καὶ ἔσονται αἱ ῥάβδοι,[12] ἐφ᾽ αἷς σὺ ἔγραψας ἐπ᾽ αὐταῖς, ἐν τῇ χειρί σου ἐνώπιον αὐτῶν, **21** καὶ ἐρεῖς αὐτοῖς Τάδε[13] λέγει κύριος κύριος Ἰδοὺ ἐγὼ λαμβάνω πάντα οἶκον Ισραηλ ἐκ μέσου τῶν ἐθνῶν, οὗ[14] εἰσήλθοσαν ἐκεῖ, καὶ συνάξω αὐτοὺς ἀπὸ πάντων τῶν περικύκλῳ[15] αὐτῶν καὶ εἰσάξω[16] αὐτοὺς εἰς τὴν γῆν τοῦ Ισραηλ· **22** καὶ δώσω αὐτοὺς εἰς ἔθνος ἓν ἐν τῇ γῇ μου καὶ ἐν τοῖς ὄρεσιν Ισραηλ, καὶ ἄρχων εἷς ἔσται αὐτῶν, καὶ οὐκ ἔσονται ἔτι εἰς δύο ἔθνη οὐδὲ μὴ διαιρεθῶσιν[17] οὐκέτι εἰς δύο βασιλείας, **23** ἵνα μὴ μιαίνωνται[18] ἔτι ἐν τοῖς εἰδώλοις[19] αὐτῶν. καὶ ῥύσομαι[20] αὐτοὺς ἀπὸ πασῶν τῶν ἀνομιῶν[21] αὐτῶν, ὧν ἡμάρτοσαν ἐν αὐταῖς, καὶ καθαριῶ αὐτούς, καὶ ἔσονταί μοι εἰς λαόν, καὶ ἐγὼ κύριος ἔσομαι αὐτοῖς εἰς θεόν.

24 καὶ ὁ δοῦλός μου Δαυιδ ἄρχων ἐν μέσῳ αὐτῶν, καὶ ποιμὴν[22] εἷς ἔσται πάντων· ὅτι ἐν τοῖς προστάγμασίν[23] μου πορεύσονται καὶ τὰ κρίματά[24] μου φυλάξονται καὶ ποιήσουσιν αὐτά. **25** καὶ κατοικήσουσιν ἐπὶ τῆς γῆς αὐτῶν, ἣν ἐγὼ δέδωκα τῷ δούλῳ μου Ιακωβ, οὗ[25] κατῴκησαν ἐκεῖ οἱ πατέρες αὐτῶν· καὶ κατοικήσουσιν ἐπ᾽ αὐτῆς αὐτοί, καὶ Δαυιδ ὁ δοῦλός μου ἄρχων αὐτῶν ἔσται εἰς τὸν αἰῶνα. **26** καὶ

1 ῥάβδος, rod, staff
2 πρόσκειμαι, *pres pas ptc acc p m*, join to, attach to
3 προστίθημι, *aor pas ptc acc p m*, add to, group with
4 συνάπτω, *fut act ind 2s*, join together
5 ἀλλήλων, one another
6 ῥάβδος, rod, staff
7 δέω, *aor act inf*, bind
8 ἀναγγέλλω, *fut act ind 2s*, announce, proclaim
9 ὅδε, this
10 πρόσκειμαι, *pres pas ptc acc p f*, join to, attach to
11 ῥάβδος, rod, staff
12 ῥάβδος, rod, staff
13 ὅδε, this
14 οὗ, where
15 περικύκλῳ, all around
16 εἰσάγω, *fut act ind 1s*, bring in
17 διαιρέω, *aor pas sub 3p*, divide
18 μιαίνω, *pres mid sub 3p*, defile, profane
19 εἴδωλον, image, idol
20 ῥύομαι, *fut mid ind 1s*, rescue, deliver
21 ἀνομία, lawlessness
22 ποιμήν, shepherd
23 πρόσταγμα, statute, ordinance
24 κρίμα, rule, decree
25 οὗ, where

διαθήσομαι[1] αὐτοῖς διαθήκην εἰρήνης, διαθήκη αἰωνία ἔσται μετ᾽ αὐτῶν· καὶ θήσω τὰ ἅγιά μου ἐν μέσῳ αὐτῶν εἰς τὸν αἰῶνα. **27** καὶ ἔσται ἡ κατασκήνωσίς[2] μου ἐν αὐτοῖς, καὶ ἔσομαι αὐτοῖς θεός, καὶ αὐτοί μου ἔσονται λαός. **28** καὶ γνώσονται τὰ ἔθνη ὅτι ἐγώ εἰμι κύριος ὁ ἁγιάζων[3] αὐτοὺς ἐν τῷ εἶναι τὰ ἅγιά μου ἐν μέσῳ αὐτῶν εἰς τὸν αἰῶνα.

Prophecies against Gog

38 Καὶ ἐγένετο λόγος κυρίου πρός με λέγων **2** Υἱὲ ἀνθρώπου, στήρισον[4] τὸ πρόσωπόν σου ἐπὶ Γωγ καὶ τὴν γῆν τοῦ Μαγωγ, ἄρχοντα Ρως, Μοσοχ καὶ Θοβελ, καὶ προφήτευσον[5] ἐπ᾽ αὐτὸν **3** καὶ εἰπὸν αὐτῷ Τάδε[6] λέγει κύριος κύριος Ἰδοὺ ἐγὼ ἐπὶ σὲ Γωγ ἄρχοντα Ρως, Μοσοχ καὶ Θοβελ **4** καὶ συνάξω σε καὶ πᾶσαν τὴν δύναμίν σου, ἵππους[7] καὶ ἱππεῖς[8] ἐνδεδυμένους[9] θώρακας[10] πάντας, συναγωγὴ πολλή, πέλται[11] καὶ περικεφαλαῖαι[12] καὶ μάχαιραι,[13] **5** Πέρσαι καὶ Αἰθίοπες καὶ Λίβυες, πάντες περικεφαλαίαις[14] καὶ πέλταις,[15] **6** Γομερ καὶ πάντες οἱ περὶ αὐτόν, οἶκος τοῦ Θεργαμα ἀπ᾽ ἐσχάτου βορρᾶ[16] καὶ πάντες οἱ περὶ αὐτόν, καὶ ἔθνη πολλὰ μετὰ σοῦ· **7** ἑτοιμάσθητι ἑτοίμασον σεαυτὸν σὺ καὶ πᾶσα ἡ συναγωγή σου οἱ συνηγμένοι μετὰ σοῦ καὶ ἔσῃ μοι εἰς προφυλακήν.[17] **8** ἀφ᾽ ἡμερῶν πλειόνων[18] ἑτοιμασθήσεται καὶ ἐπ᾽ ἐσχάτου ἐτῶν ἐλεύσεται καὶ ἥξει[19] εἰς τὴν γῆν τὴν ἀπεστραμμένην[20] ἀπὸ μαχαίρας,[21] συνηγμένων ἀπὸ ἐθνῶν πολλῶν, ἐπὶ γῆν Ισραηλ, ἣ ἐγενήθη ἔρημος δι᾽ ὅλου· καὶ οὗτος ἐξ ἐθνῶν ἐξελήλυθεν, καὶ κατοικήσουσιν ἐπ᾽ εἰρήνης ἅπαντες.[22] **9** καὶ ἀναβήσῃ ὡς ὑετὸς[23] καὶ ἥξεις[24] ὡς νεφέλη[25] κατακαλύψαι[26] γῆν καὶ ἔσῃ σὺ καὶ πάντες οἱ περὶ σὲ καὶ ἔθνη πολλὰ μετὰ σοῦ.

10 τάδε[27] λέγει κύριος κύριος Καὶ ἔσται ἐν τῇ ἡμέρᾳ ἐκείνῃ ἀναβήσεται ῥήματα ἐπὶ τὴν καρδίαν σου, καὶ λογιῇ[28] λογισμοὺς[29] πονηροὺς **11** καὶ ἐρεῖς Ἀναβήσομαι ἐπὶ γῆν ἀπερριμμένην,[30] ἥξω[31] ἐπὶ ἡσυχάζοντας[32] ἐν ἡσυχίᾳ[33] καὶ οἰκοῦντας[34] ἐπ᾽

1 διατίθημι, *fut mid ind 1s*, grant, arrange
2 κατασκήνωσις, habitation, dwelling place
3 ἁγιάζω, *pres act ptc nom s m*, sanctify
4 στηρίζω, *aor act impv 2s*, set, fix
5 προφητεύω, *aor act impv 2s*, prophesy
6 ὅδε, this
7 ἵππος, horse
8 ἱππεύς, horseman
9 ἐνδύω, *perf pas ptc acc p m*, clothe, put on
10 θώραξ, breastplate
11 πέλτη, (light) shield
12 περικεφαλαία, helmet
13 μάχαιρα, sword
14 περικεφαλαία, helmet
15 πέλτη, (light) shield
16 βορρᾶς, north
17 προφυλακή, advance guard, outpost
18 πλείων/πλεῖον, *comp of* πολύς, many
19 ἥκω, *fut act ind 3s*, come
20 ἀποστρέφω, *perf pas ptc acc s f*, turn back, repel
21 μάχαιρα, sword
22 ἅπας, all
23 ὑετός, rain
24 ἥκω, *fut act ind 2s*, come
25 νεφέλη, cloud
26 κατακαλύπτω, *aor act inf*, cover over
27 ὅδε, this
28 λογίζομαι, *fut mid ind 2s*, deliberate
29 λογισμός, plan, scheme
30 ἀπορρίπτω, *perf pas ptc acc s f*, reject
31 ἥκω, *fut act ind 1s*, come
32 ἡσυχάζω, *pres act ptc acc p m*, be at rest
33 ἡσυχία, quiet, silence
34 οἰκέω, *pres act ptc acc p m*, live, dwell

εἰρήνης, πάντας κατοικοῦντας γῆν, ἐν ᾗ οὐχ ὑπάρχει τεῖχος[1] οὐδὲ μοχλοί,[2] καὶ θύραι
οὐκ εἰσὶν αὐτοῖς, **12** προνομεῦσαι[3] προνομὴν[4] καὶ σκυλεῦσαι[5] σκῦλα[6] αὐτῶν τοῦ
ἐπιστρέψαι χεῖρά σου εἰς τὴν ἠρημωμένην,[7] ἣ κατῳκίσθη,[8] καὶ ἐπ᾽ ἔθνος συνηγμένον
ἀπὸ ἐθνῶν πολλῶν πεποιηκότας κτήσεις[9] κατοικοῦντας ἐπὶ τὸν ὀμφαλὸν[10] τῆς γῆς.
13 Σαβα καὶ Δαιδαν καὶ ἔμποροι[11] Καρχηδόνιοι καὶ πᾶσαι αἱ κῶμαι[12] αὐτῶν ἐροῦσίν
σοι Εἰς προνομὴν[13] τοῦ προνομεῦσαι[14] σὺ ἔρχῃ καὶ σκυλεῦσαι[15] σκῦλα;[16] συνήγαγες
συναγωγήν σου λαβεῖν ἀργύριον[17] καὶ χρυσίον,[18] ἀπενέγκασθαι[19] κτῆσιν[20] τοῦ σκυ-
λεῦσαι σκῦλα; **14** διὰ τοῦτο προφήτευσον,[21] υἱὲ ἀνθρώπου, καὶ εἰπὸν τῷ Γωγ Τάδε[22]
λέγει κύριος Οὐκ ἐν τῇ ἡμέρᾳ ἐκείνῃ ἐν τῷ κατοικισθῆναι[23] τὸν λαόν μου Ισραηλ
ἐπ᾽ εἰρήνης ἐγερθήσῃ;[24] **15** καὶ ἥξεις[25] ἐκ τοῦ τόπου σου ἀπ᾽ ἐσχάτου βορρᾶ[26] καὶ ἔθνη
πολλὰ μετὰ σοῦ, ἀναβάται[27] ἵππων[28] πάντες, συναγωγὴ μεγάλη καὶ δύναμις πολλή,
16 καὶ ἀναβήσῃ ἐπὶ τὸν λαόν μου Ισραηλ ὡς νεφέλη[29] καλύψαι[30] γῆν· ἐπ᾽ ἐσχάτων
τῶν ἡμερῶν ἔσται, καὶ ἀνάξω[31] σε ἐπὶ τὴν γῆν μου, ἵνα γνῶσιν πάντα τὰ ἔθνη ἐμὲ
ἐν τῷ ἁγιασθῆναί[32] με ἐν σοὶ ἐνώπιον αὐτῶν.

17 τάδε[33] λέγει κύριος κύριος τῷ Γωγ Σὺ εἶ περὶ οὗ ἐλάλησα πρὸ ἡμερῶν τῶν
ἔμπροσθεν διὰ χειρὸς τῶν δούλων μου προφητῶν τοῦ Ισραηλ ἐν ταῖς ἡμέραις
ἐκείναις καὶ ἔτεσιν τοῦ ἀγαγεῖν σε ἐπ᾽ αὐτούς. **18** καὶ ἔσται ἐν τῇ ἡμέρᾳ ἐκείνῃ ἐν
ἡμέρᾳ, ᾗ ἂν ἔλθῃ Γωγ ἐπὶ τὴν γῆν τοῦ Ισραηλ, λέγει κύριος κύριος, ἀναβήσεται ὁ
θυμός[34] μου **19** καὶ ὁ ζῆλός[35] μου. ἐν πυρὶ τῆς ὀργῆς μου ἐλάλησα Εἰ μὴν[36] ἐν τῇ
ἡμέρᾳ ἐκείνῃ ἔσται σεισμὸς[37] μέγας ἐπὶ γῆς Ισραηλ, **20** καὶ σεισθήσονται[38] ἀπὸ
προσώπου κυρίου οἱ ἰχθύες[39] τῆς θαλάσσης καὶ τὰ πετεινὰ[40] τοῦ οὐρανοῦ καὶ τὰ
θηρία τοῦ πεδίου[41] καὶ πάντα τὰ ἑρπετὰ[42] τὰ ἕρποντα[43] ἐπὶ τῆς γῆς καὶ πάντες

1 τεῖχος, wall
2 μοχλός, bolt, lock
3 προνομεύω, *aor act inf*, plunder
4 προνομή, spoils
5 σκυλεύω, *aor act inf*, strip
6 σκῦλον, booty
7 ἐρημόω, *perf pas ptc acc s f*, make desolate
8 κατοικίζω, *aor pas ind 3s*, settle, (populate)
9 κτῆσις, possession, property
10 ὀμφαλός, center, middle
11 ἔμπορος, merchant
12 κώμη, village
13 προνομή, spoils
14 προνομεύω, *aor act inf*, plunder
15 σκυλεύω, *aor act inf*, strip
16 σκῦλον, booty
17 ἀργύριον, silver
18 χρυσίον, gold
19 ἀποφέρω, *aor mid inf*, carry away, haul off
20 κτῆσις, property
21 προφητεύω, *aor act impv 2s*, prophesy
22 ὅδε, this
23 κατοικίζω, *aor pas inf*, settle, establish
24 ἐγείρω, *fut pas ind 2s*, stir up, rouse
25 ἥκω, *fut act ind 2s*, come
26 βορρᾶς, north
27 ἀναβάτης, rider
28 ἵππος, horse
29 νεφέλη, cloud
30 καλύπτω, *aor act inf*, cover
31 ἀνάγω, *fut act ind 1s*, bring up, lead up
32 ἁγιάζω, *aor pas inf*, sanctify
33 ὅδε, this
34 θυμός, anger, wrath
35 ζῆλος, jealousy, zeal
36 μήν, indeed
37 σεισμός, shaking, quaking
38 σείω, *fut pas ind 3p*, shake, quake
39 ἰχθύς, fish
40 πετεινόν, bird
41 πεδίον, field, plain
42 ἑρπετόν, reptile
43 ἕρπω, *pres act ptc nom p n*, crawl

οἱ ἄνθρωποι οἱ ἐπὶ προσώπου τῆς γῆς, καὶ ῥαγήσεται[1] τὰ ὄρη, καὶ πεσοῦνται αἱ φάραγγες,[2] καὶ πᾶν τεῖχος[3] ἐπὶ τὴν γῆν πεσεῖται. **21** καὶ καλέσω ἐπ᾽ αὐτὸν πᾶν φόβον, λέγει κύριος· μάχαιρα[4] ἀνθρώπου ἐπὶ τὸν ἀδελφὸν αὐτοῦ ἔσται. **22** καὶ κρινῶ αὐτὸν θανάτῳ καὶ αἵματι καὶ ὑετῷ[5] κατακλύζοντι[6] καὶ λίθοις χαλάζης,[7] καὶ πῦρ καὶ θεῖον[8] βρέξω[9] ἐπ᾽ αὐτὸν καὶ ἐπὶ πάντας τοὺς μετ᾽ αὐτοῦ καὶ ἐπ᾽ ἔθνη πολλὰ μετ᾽ αὐτοῦ.

23 καὶ μεγαλυνθήσομαι[10] καὶ ἁγιασθήσομαι[11] καὶ ἐνδοξασθήσομαι[12] καὶ γνωσθήσομαι ἐναντίον[13] ἐθνῶν πολλῶν, καὶ γνώσονται ὅτι ἐγώ εἰμι κύριος.

39 Καὶ σύ, υἱὲ ἀνθρώπου, προφήτευσον[14] ἐπὶ Γωγ καὶ εἰπόν Τάδε[15] λέγει κύριος Ἰδοὺ ἐγὼ ἐπὶ σὲ Γωγ ἄρχοντα Ρως, Μοσοχ καὶ Θοβελ **2** καὶ συνάξω σε καὶ καθοδηγήσω[16] σε καὶ ἀναβιβῶ[17] σε ἀπ᾽ ἐσχάτου τοῦ βορρᾶ[18] καὶ ἀνάξω[19] σε ἐπὶ τὰ ὄρη τοῦ Ισραηλ. **3** καὶ ἀπολῶ τὸ τόξον[20] σου ἀπὸ τῆς χειρός σου τῆς ἀριστερᾶς[21] καὶ τὰ τοξεύματά[22] σου ἀπὸ τῆς χειρός σου τῆς δεξιᾶς[23] καὶ καταβαλῶ[24] σε **4** ἐπὶ τὰ ὄρη Ισραηλ, καὶ πεσῇ σὺ καὶ πάντες οἱ περὶ σέ, καὶ τὰ ἔθνη τὰ μετὰ σοῦ δοθήσονται εἰς πλήθη ὀρνέων,[25] παντὶ πετεινῷ[26] καὶ πᾶσι τοῖς θηρίοις τοῦ πεδίου[27] δέδωκά σε καταβρωθῆναι.[28] **5** ἐπὶ προσώπου τοῦ πεδίου[29] πεσῇ, ὅτι ἐγὼ ἐλάλησα, λέγει κύριος. **6** καὶ ἀποστελῶ πῦρ ἐπὶ Γωγ, καὶ κατοικηθήσονται αἱ νῆσοι[30] ἐπ᾽ εἰρήνης· καὶ γνώσονται ὅτι ἐγώ εἰμι κύριος.

7 καὶ τὸ ὄνομά μου τὸ ἅγιον γνωσθήσεται ἐν μέσῳ λαοῦ μου Ισραηλ, καὶ οὐ βεβηλωθήσεται[31] τὸ ὄνομά μου τὸ ἅγιον οὐκέτι· καὶ γνώσονται τὰ ἔθνη ὅτι ἐγώ εἰμι κύριος ἅγιος ἐν Ισραηλ. **8** ἰδοὺ ἥκει,[32] καὶ γνώσῃ ὅτι ἔσται, λέγει κύριος κύριος· αὕτη ἐστὶν ἡ ἡμέρα, ἐν ᾗ ἐλάλησα. **9** καὶ ἐξελεύσονται οἱ κατοικοῦντες τὰς πόλεις Ισραηλ καὶ καύσουσιν[33] ἐν τοῖς ὅπλοις,[34] πέλταις[35] καὶ κοντοῖς[36] καὶ τόξοις[37] καὶ

1 ῥήγνυμι, *fut pas ind 3s*, break in pieces
2 φάραγξ, ravine
3 τεῖχος, wall
4 μάχαιρα, sword
5 ὑετός, rain
6 κατακλύζω, *pres act ptc dat s m*, overwhelm, inundate
7 χάλαζα, hail
8 θεῖος, divine
9 βρέχω, *fut act ind 1s*, rain down
10 μεγαλύνω, *fut pas ind 1s*, magnify, exalt
11 ἁγιάζω, *fut pas ind 1s*, sanctify
12 ἐνδοξάζω, *fut pas ind 1s*, glorify
13 ἐναντίον, before
14 προφητεύω, *aor act impv 2s*, prophesy
15 ὅδε, this
16 καθοδηγέω, *fut act ind 1s*, guide
17 ἀναβιβάζω, *fut act ind 1s*, bring up
18 βορρᾶς, north
19 ἀνάγω, *fut act ind 1s*, lead up
20 τόξον, bow
21 ἀριστερός, left (hand)
22 τόξευμα, arrow
23 δεξιός, right (hand)
24 καταβάλλω, *fut act ind 1s*, overthrow
25 ὄρνεον, bird
26 πετεινός, winged, (bird)
27 πεδίον, field, plain
28 καταβιβρώσκω, *aor pas inf*, devour
29 πεδίον, field, plain
30 νῆσος, island
31 βεβηλόω, *fut pas ind 3s*, profane
32 ἥκω, *pres act ind 3s*, come
33 καίω, *fut act ind 3p*, start a fire
34 ὅπλον, weapon
35 πέλτη, (light) shield
36 κοντός, spear
37 τόξον, bow

τοξεύμασιν[1] καὶ ῥάβδοις[2] χειρῶν καὶ λόγχαις·[3] καὶ καύσουσιν[4] ἐν αὐτοῖς πῦρ ἑπτὰ ἔτη.
10 καὶ οὐ μὴ λάβωσιν ξύλα[5] ἐκ τοῦ πεδίου[6] οὐδὲ μὴ κόψωσιν[7] ἐκ τῶν δρυμῶν,[8] ἀλλ'
ἢ τὰ ὅπλα[9] κατακαύσουσιν[10] πυρί· καὶ προνομεύσουσιν[11] τοὺς προνομεύσαντας[12]
αὐτοὺς καὶ σκυλεύσουσιν[13] τοὺς σκυλεύσαντας[14] αὐτούς, λέγει κύριος.

11 καὶ ἔσται ἐν τῇ ἡμέρᾳ ἐκείνῃ δώσω τῷ Γωγ τόπον ὀνομαστόν,[15] μνημεῖον[16] ἐν Ισραηλ,
τὸ πολυανδρεῖον[17] τῶν ἐπελθόντων[18] πρὸς τῇ θαλάσσῃ, καὶ περιοικοδομήσουσιν[19]
τὸ περιστόμιον[20] τῆς φάραγγος·[21] καὶ κατορύξουσιν ἐκεῖ τὸν Γωγ καὶ πᾶν τὸ πλῆθος
αὐτοῦ, καὶ κληθήσεται Τὸ γαι τὸ πολυανδρεῖον τοῦ Γωγ. **12** καὶ κατορύξουσιν[22]
αὐτοὺς οἶκος Ισραηλ, ἵνα καθαρισθῇ ἡ γῆ, ἐν ἑπταμήνῳ·[23] **13** καὶ κατορύξουσιν[24]
αὐτοὺς πᾶς ὁ λαὸς τῆς γῆς, καὶ ἔσται αὐτοῖς εἰς ὀνομαστὸν[25] ᾗ ἡμέρᾳ ἐδοξάσθην,
λέγει κύριος. **14** καὶ ἄνδρας διὰ παντὸς διαστελοῦσιν[26] ἐπιπορευομένους[27] τὴν γῆν
θάψαι[28] τοὺς καταλελειμμένους[29] ἐπὶ προσώπου τῆς γῆς καθαρίσαι αὐτὴν μετὰ τὴν
ἑπτάμηνον,[30] καὶ ἐκζητήσουσιν.[31] **15** καὶ πᾶς ὁ διαπορευόμενος[32] τὴν γῆν καὶ ἰδὼν
ὀστοῦν[33] ἀνθρώπου οἰκοδομήσει παρ' αὐτὸ σημεῖον, ἕως ὅτου θάψωσιν[34] αὐτὸ οἱ
θάπτοντες[35] εἰς τὸ γαι[36] τὸ πολυανδρεῖον[37] τοῦ Γωγ· **16** καὶ γὰρ τὸ ὄνομα τῆς πόλεως
Πολυανδρεῖον·[38] καὶ καθαρισθήσεται ἡ γῆ.

17 καὶ σύ, υἱὲ ἀνθρώπου, εἰπόν Τάδε[39] λέγει κύριος Εἰπὸν παντὶ ὀρνέῳ[40] πετεινῷ[41]
καὶ πρὸς πάντα τὰ θηρία τοῦ πεδίου[42] Συνάχθητε καὶ ἔρχεσθε, συνάχθητε ἀπὸ
πάντων τῶν περικύκλῳ[43] ἐπὶ τὴν θυσίαν[44] μου, ἣν τέθυκα[45] ὑμῖν, θυσίαν μεγάλην

1 τόξευμα, arrow
2 ῥάβδος, staff
3 λόγχη, lance
4 καίω, *fut act ind 3p*, burn
5 ξύλον, tree
6 πεδίον, field, plain
7 κόπτω, *aor act sub 3p*, cut
8 δρυμός, forest
9 ὅπλον, weapon
10 κατακαίω, *fut act ind 3p*, burn completely
11 προνομεύω, *fut act ind 3p*, plunder
12 προνομεύω, *aor act ptc acc p m*, plunder
13 σκυλεύω, *fut act ind 3p*, strip
14 σκυλεύω, *aor act ptc acc p m*, strip
15 ὀνομαστός, notorious, infamous
16 μνημεῖον, monument
17 πολυάνδριος, common burial place
18 ἐπέρχομαι, *aor act ptc gen p m*, come to, arrive at
19 περιοικοδομέω, *fut act ind 3p*, build a wall along
20 περιστόμιον, ridge
21 φάραγξ, ravine
22 κατορύσσω, *fut act ind 3p*, bury
23 ἑπτάμηνος, period of seven months
24 κατορύσσω, *fut act ind 3p*, bury
25 ὀνομαστός, notorious, infamous
26 διαστέλλω, *fut act ind 3p*, set apart, appoint
27 ἐπιπορεύομαι, *pres mid ptc acc p m*, go through, travel around
28 θάπτω, *aor act inf*, bury
29 καταλείπω, *perf pas ptc acc p m*, abandon, leave behind
30 ἑπτάμηνος, period of seven months
31 ἐκζητέω, *fut act ind 3p*, search
32 διαπορεύομαι, *pres mid ptc nom s m*, travel through
33 ὀστέον, bone
34 θάπτω, *aor act sub 3p*, bury
35 θάπτω, *pres act ptc nom p m*, bury
36 γαι, valley, *translit.*
37 πολυάνδριος, common burial place
38 πολυάνδριος, common burial place
39 ὅδε, this
40 ὄρνεον, bird
41 πετεινός, winged
42 πεδίον, field, plain
43 περικύκλῳ, surrounding (area)
44 θυσία, sacrifice
45 θύω, *perf act ind 1s*, sacrifice

ἐπὶ τὰ ὄρη Ισραηλ, καὶ φάγεσθε κρέα[1] καὶ πίεσθε αἷμα. **18** κρέα[2] γιγάντων[3] φάγεσθε
καὶ αἷμα ἀρχόντων τῆς γῆς πίεσθε, κριοὺς[4] καὶ μόσχους[5] καὶ τράγους,[6] καὶ οἱ μόσχοι
ἐστεατωμένοι[7] πάντες. **19** καὶ φάγεσθε στέαρ[8] εἰς πλησμονὴν[9] καὶ πίεσθε αἷμα εἰς
μέθην[10] ἀπὸ τῆς θυσίας[11] μου, ἧς ἔθυσα[12] ὑμῖν. **20** καὶ ἐμπλησθήσεσθε[13] ἐπὶ τῆς
τραπέζης[14] μου ἵππον[15] καὶ ἀναβάτην,[16] γίγαντα[17] καὶ πάντα ἄνδρα πολεμιστήν,[18]
λέγει κύριος.

21 καὶ δώσω τὴν δόξαν μου ἐν ὑμῖν, καὶ ὄψονται πάντα τὰ ἔθνη τὴν κρίσιν μου,
ἣν ἐποίησα, καὶ τὴν χεῖρά μου, ἣν ἐπήγαγον[19] ἐπ᾽ αὐτούς. **22** καὶ γνώσονται οἶκος
Ισραηλ ὅτι ἐγώ εἰμι κύριος ὁ θεὸς αὐτῶν ἀπὸ τῆς ἡμέρας ταύτης καὶ ἐπέκεινα.[20] **23** καὶ
γνώσονται πάντα τὰ ἔθνη ὅτι διὰ τὰς ἁμαρτίας αὐτῶν ᾐχμαλωτεύθησαν[21] οἶκος
Ισραηλ, ἀνθ᾽ ὧν[22] ἠθέτησαν[23] εἰς ἐμέ, καὶ ἀπέστρεψα[24] τὸ πρόσωπόν μου ἀπ᾽ αὐτῶν
καὶ παρέδωκα αὐτοὺς εἰς χεῖρας τῶν ἐχθρῶν αὐτῶν, καὶ ἔπεσαν πάντες μαχαίρᾳ.[25]

God Will Restore Israel

24 κατὰ τὰς ἀκαθαρσίας[26] αὐτῶν καὶ κατὰ τὰ ἀνομήματα[27] αὐτῶν ἐποίησα αὐτοῖς καὶ
ἀπέστρεψα[28] τὸ πρόσωπόν μου ἀπ᾽ αὐτῶν. **25** διὰ τοῦτο τάδε[29] λέγει κύριος κύριος Νῦν
ἀποστρέψω[30] τὴν αἰχμαλωσίαν[31] Ιακωβ καὶ ἐλεήσω[32] τὸν οἶκον Ισραηλ καὶ ζηλώσω[33]
διὰ τὸ ὄνομα τὸ ἅγιόν μου. **26** καὶ λήμψονται τὴν ἀτιμίαν[34] ἑαυτῶν καὶ τὴν ἀδικίαν,[35]
ἣν ἠδίκησαν,[36] ἐν τῷ κατοικισθῆναι[37] αὐτοὺς ἐπὶ τὴν γῆν αὐτῶν ἐπ᾽ εἰρήνης, καὶ οὐκ
ἔσται ὁ ἐκφοβῶν.[38] **27** ἐν τῷ ἀποστρέψαι[39] με αὐτοὺς ἐκ τῶν ἐθνῶν καὶ συναγαγεῖν
με αὐτοὺς ἐκ τῶν χωρῶν[40] τῶν ἐθνῶν καὶ ἁγιασθήσομαι[41] ἐν αὐτοῖς ἐνώπιον τῶν
ἐθνῶν, **28** καὶ γνώσονται ὅτι ἐγώ εἰμι κύριος ὁ θεὸς αὐτῶν ἐν τῷ ἐπιφανῆναί[42] με

1 κρέας, meat
2 κρέας, meat
3 γίγας, giant
4 κριός, ram
5 μόσχος, calf
6 τράγος, goat
7 στεατόομαι, *perf pas ptc nom p m*, fatten up
8 στέαρ, fat
9 πλησμονή, satisfaction, gratification
10 μέθη, drunkenness
11 θυσία, sacrifice
12 θύω, *aor act ind 1s*, sacrifice
13 ἐμπίμπλημι, *fut pas ind 2p*, satisfy
14 τράπεζα, table
15 ἵππος, horse
16 ἀναβάτης, rider
17 γίγας, giant
18 πολεμιστής, warrior
19 ἐπάγω, *aor act ind 1s*, bring upon
20 ἐπέκεινα, henceforth, beyond
21 αἰχμαλωτεύω, *aor pas ind 3p*, take captive
22 ἀνθ᾽ ὧν, since
23 ἀθετέω, *aor act ind 3p*, be insolent
24 ἀποστρέφω, *aor act ind 1s*, turn away
25 μάχαιρα, sword
26 ἀκαθαρσία, impurity
27 ἀνόμημα, lawless act
28 ἀποστρέφω, *aor act ind 1s*, turn away
29 ὅδε, this
30 ἀποστρέφω, *fut act ind 1s*, turn away
31 αἰχμαλωσία, captivity
32 ἐλεέω, *fut act ind 1s*, show mercy to
33 ζηλόω, *fut act ind 1s*, be jealous
34 ἀτιμία, disgrace
35 ἀδικία, injustice
36 ἀδικέω, *aor act ind 3p*, do wrong
37 κατοικίζω, *aor pas inf*, settle, establish
38 ἐκφοβέω, *pres act ptc nom s m*, frighten
39 ἀποστρέφω, *aor act inf*, bring back
40 χώρα, country, region
41 ἁγιάζω, *fut pas ind 1s*, sanctify
42 ἐπιφαίνω, *aor pas inf*, appear

αὐτοῖς ἐν τοῖς ἔθνεσιν. **29** καὶ οὐκ ἀποστρέψω[1] οὐκέτι τὸ πρόσωπόν μου ἀπ᾽ αὐτῶν, ἀνθ᾽ οὗ[2] ἐξέχεα[3] τὸν θυμόν[4] μου ἐπὶ τὸν οἶκον Ισραηλ, λέγει κύριος κύριος.

A Vision of the New Temple

40 Καὶ ἐγένετο ἐν τῷ πέμπτῳ[5] καὶ εἰκοστῷ[6] ἔτει τῆς αἰχμαλωσίας[7] ἡμῶν ἐν τῷ πρώτῳ μηνὶ[8] δεκάτῃ[9] τοῦ μηνὸς ἐν τῷ τεσσαρεσκαιδεκάτῳ[10] ἔτει μετὰ τὸ ἁλῶναι[11] τὴν πόλιν, ἐν τῇ ἡμέρᾳ ἐκείνῃ ἐγένετο ἐπ᾽ ἐμὲ χεὶρ κυρίου καὶ ἤγαγέν
με **2** ἐν ὁράσει[12] θεοῦ εἰς τὴν γῆν τοῦ Ισραηλ καὶ ἔθηκέν με ἐπ᾽ ὄρους ὑψηλοῦ[13] σφόδρα,[14] καὶ ἐπ᾽ αὐτοῦ ὡσεὶ[15] οἰκοδομὴ[16] πόλεως ἀπέναντι.[17] **3** καὶ εἰσήγαγέν[18] με
ἐκεῖ, καὶ ἰδοὺ ἀνήρ, καὶ ἡ ὅρασις[19] αὐτοῦ ἦν ὡσεὶ[20] ὅρασις χαλκοῦ[21] στίλβοντος,[22] καὶ ἐν τῇ χειρὶ αὐτοῦ ἦν σπαρτίον[23] οἰκοδόμων[24] καὶ κάλαμος[25] μέτρου,[26] καὶ αὐτὸς εἱστήκει[27] ἐπὶ τῆς πύλης.[28] **4** καὶ εἶπεν πρός με ὁ ἀνήρ Ἑώρακας, υἱὲ ἀνθρώπου; ἐν τοῖς ὀφθαλμοῖς σου ἰδὲ καὶ ἐν τοῖς ὠσίν σου ἄκουε καὶ τάξον[29] εἰς τὴν καρδίαν σου πάντα, ὅσα ἐγὼ δεικνύω σοι, διότι[30] ἕνεκα[31] τοῦ δεῖξαί σοι εἰσελήλυθας ὧδε[32] καὶ δείξεις πάντα, ὅσα σὺ ὁρᾷς, τῷ οἴκῳ τοῦ Ισραηλ.

East Gate

5 Καὶ ἰδοὺ περίβολος[33] ἔξωθεν[34] τοῦ οἴκου κύκλῳ·[35] καὶ ἐν τῇ χειρὶ τοῦ ἀνδρὸς κάλαμος,[36] τὸ μέτρον[37] πηχῶν[38] ἓξ[39] ἐν πήχει καὶ παλαιστῆς,[40] καὶ διεμέτρησεν[41] τὸ προτείχισμα,[42] πλάτος[43] ἴσον[44] τῷ καλάμῳ[45] καὶ τὸ ὕψος[46] αὐτοῦ ἴσον τῷ καλάμῳ.

1 ἀποστρέφω, *fut act ind 1s*, turn away
2 ἀνθ᾽ οὗ, since
3 ἐκχέω, *aor act ind 1s*, pour out
4 θυμός, anger, wrath
5 πέμπτος, fifth
6 εἰκοστός, twentieth
7 αἰχμαλωσία, captivity
8 μήν, month
9 δέκατος, tenth
10 τεσσαρεσκαιδέκατος, fourteenth
11 ἁλίσκομαι, *aor act inf*, be conquered, fall to an enemy
12 ὅρασις, vision
13 ὑψηλός, high
14 σφόδρα, exceedingly
15 ὡσεί, like
16 οἰκοδομή, construction, edifice
17 ἀπέναντι, across, opposite
18 εἰσάγω, *aor act ind 3s*, bring in
19 ὅρασις, appearance
20 ὡσεί, like
21 χαλκοῦς, brass, bronze
22 στίλβω, *pres act ptc gen s m*, gleam, shine
23 σπαρτίον, measuring line
24 οἰκοδόμος, builder
25 κάλαμος, rod
26 μέτρον, measurement
27 ἵστημι, *plpf act ind 3s*, stand
28 πύλη, gate
29 τάσσω, *aor act impv 2s*, set in place, arrange
30 διότι, since
31 ἕνεκα, in order to
32 ὧδε, here
33 περίβολος, enclosure, exterior wall
34 ἔξωθεν, outside
35 κύκλῳ, on all sides
36 κάλαμος, rod
37 μέτρον, measurement
38 πῆχυς, cubit
39 ἕξ, six
40 παλαιστής, breadth of a hand
41 διαμετρέω, *aor act ind 3s*, measure out
42 προτείχισμα, outer fortification
43 πλάτος, width
44 ἴσος, equal
45 κάλαμος, rod
46 ὕψος, height

6 καὶ εἰσῆλθεν εἰς τὴν πύλην[1] τὴν βλέπουσαν κατὰ ἀνατολὰς[2] ἐν ἑπτὰ ἀναβαθμοῖς[3]
καὶ διεμέτρησεν[4] τὸ αιλαμ[5] τῆς πύλης[6] ἴσον[7] τῷ καλάμῳ[8] **7** καὶ τὸ θεε[9] ἴσον[10] τῷ
καλάμῳ[11] τὸ μῆκος[12] καὶ ἴσον τῷ καλάμῳ τὸ πλάτος[13] καὶ τὸ αιλαμ[14] ἀνὰ μέσον[15] τοῦ
θαιηλαθα[16] πηχῶν[17] ἓξ[18] καὶ τὸ θεε τὸ δεύτερον[19] ἴσον τῷ καλάμῳ τὸ πλάτος καὶ ἴσον
τῷ καλάμῳ τὸ μῆκος καὶ τὸ αιλαμ πήχεων πέντε **8** καὶ τὸ θεε[20] τὸ τρίτον ἴσον[21] τῷ
καλάμῳ[22] τὸ πλάτος[23] καὶ ἴσον τῷ καλάμῳ τὸ μῆκος[24] **9** καὶ τὸ αιλαμ[25] τοῦ πυλῶνος[26]
πλησίον[27] τοῦ αιλαμ τῆς πύλης[28] πηχῶν[29] ὀκτὼς[30] καὶ τὰ αιλευ[31] πηχῶν δύο καὶ τὸ
αιλαμ τῆς πύλης ἔσωθεν[32] **10** καὶ τὰ θεε[33] τῆς πύλης[34] θεε κατέναντι[35] τρεῖς ἔνθεν[36]
καὶ τρεῖς ἔνθεν,[37] καὶ μέτρον[38] ἓν τοῖς τρισὶν καὶ μέτρον ἓν τοῖς αιλαμ[39] ἔνθεν καὶ
ἔνθεν. **11** καὶ διεμέτρησεν[40] τὸ πλάτος[41] τῆς θύρας τοῦ πυλῶνος[42] πηχῶν[43] δέκα[44]
καὶ τὸ εὖρος[45] τοῦ πυλῶνος πηχῶν δέκα τριῶν, **12** καὶ πῆχυς[46] ἐπισυναγόμενος[47] ἐπὶ
πρόσωπον τῶν θεϊμ[48] ἔνθεν[49] καὶ ἔνθεν,[50] καὶ τὸ θεε[51] πηχῶν ἓξ[52] ἔνθεν καὶ πηχῶν
ἓξ ἔνθεν. **13** καὶ διεμέτρησεν[53] τὴν πύλην[54] ἀπὸ τοῦ τοίχου[55] τοῦ θεε[56] ἐπὶ τὸν τοῖχον
τοῦ θεε πλάτος[57] πήχεις[58] εἴκοσι[59] πέντε, αὕτη πύλη ἐπὶ πύλην· **14** καὶ τὸ αἴθριον[60]

1 πύλη, gate
2 ἀνατολή, east
3 ἀναβαθμός, degree
4 διαμετρέω, *aor act ind 3s*, measure out
5 αιλαμ, porch, *translit.*
6 πύλη, gate
7 ἴσος, equal
8 κάλαμος, rod
9 θεε, room, *translit.*
10 ἴσος, equal
11 κάλαμος, rod
12 μῆκος, length(wise)
13 πλάτος, (in) width
14 αιλαμ, porch, *translit.*
15 ἀνὰ μέσον, between
16 θαιηλαθα, (*read* porch to porch?)
17 πῆχυς, cubit
18 ἕξ, six
19 δεύτερος, second
20 θεε, room, *translit.*
21 ἴσος, equal
22 κάλαμος, rod
23 πλάτος, (in) width
24 μῆκος, length(wise)
25 αιλαμ, porch, *translit.*
26 πυλών, gateway, entrance
27 πλησίον, near, adjoining
28 πύλη, gate
29 πῆχυς, cubit
30 ὀκτώ, eight
31 αιλευ, its doorpost, *translit.*
32 ἔσωθεν, interior, inside
33 θεε, room, *translit.*
34 πύλη, gate
35 κατέναντι, opposite
36 ἔνθεν, on one side
37 ἔνθεν, on the other side
38 μέτρον, measurement, dimension
39 αιλαμ, porch, *translit.*, (*read* its doorpost?)
40 διαμετρέω, *aor act ind 3s*, measure out
41 πλάτος, width
42 πυλών, gateway, entrance
43 πῆχυς, cubit
44 δέκα, ten
45 εὖρος, breadth
46 πῆχυς, cubit
47 ἐπισυνάγω, *pres pas ptc nom s m*, bring in, (narrow)
48 θεϊμ, rooms, *translit.*
49 ἔνθεν, on one side
50 ἔνθεν, on the other side
51 θεε, room, *translit.*
52 ἕξ, six
53 διαμετρέω, *aor act ind 3s*, measure out
54 πύλη, gate
55 τοῖχος, wall
56 θεε, room, *translit.*
57 πλάτος, width
58 πῆχυς, cubit
59 εἴκοσι, twenty
60 αἴθριον, atrium

τοῦ αιλαμ τῆς πύλης[1] ἑξήκοντα[2] πήχεις,[3] εἴκοσι[4] θεϊμ[5] τῆς πύλης κύκλῳ·[6] **15** καὶ τὸ
αἴθριον[7] τῆς πύλης[8] ἔξωθεν[9] εἰς τὸ αἴθριον αιλαμ[10] τῆς πύλης ἔσωθεν[11] πηχῶν[12]
πεντήκοντα·[13] **16** καὶ θυρίδες[14] κρυπταὶ[15] ἐπὶ τὰ θεϊμ[16] καὶ ἐπὶ τὰ αιλαμ[17] ἔσωθεν[18] τῆς
πύλης[19] τῆς αὐλῆς[20] κυκλόθεν,[21] καὶ ὡσαύτως[22] τοῖς αιλαμ θυρίδες κύκλῳ[23] ἔσωθεν,
καὶ ἐπὶ τὸ αιλαμ φοίνικες[24] ἔνθεν[25] καὶ ἔνθεν.[26]

Outer Court and North Gate

17 καὶ εἰσήγαγέν[27] με εἰς τὴν αὐλὴν[28] τὴν ἐσωτέραν,[29] καὶ ἰδοὺ παστοφόρια[30] καὶ
περίστυλα[31] κύκλῳ[32] τῆς αὐλῆς,[33] τριάκοντα[34] παστοφόρια ἐν τοῖς περιστύλοις,[35]
18 καὶ αἱ στοαὶ[36] κατὰ νώτου[37] τῶν πυλῶν,[38] κατὰ τὸ μῆκος[39] τῶν πυλῶν τὸ
περίστυλον[40] τὸ ὑποκάτω.[41] **19** καὶ διεμέτρησεν[42] τὸ πλάτος[43] τῆς αὐλῆς[44] ἀπὸ
τοῦ αἰθρίου[45] τῆς πύλης[46] τῆς ἐξωτέρας[47] ἔσωθεν[48] ἐπὶ τὸ αἴθριον[49] τῆς πύλης τῆς
βλεπούσης ἔξω, πήχεις[50] ἑκατόν,[51] τῆς βλεπούσης κατ᾽ ἀνατολάς.[52] καὶ εἰσήγαγέν[53]
με ἐπὶ βορρᾶν,[54] **20** καὶ ἰδοὺ πύλη[55] βλέπουσα πρὸς βορρᾶν[56] τῇ αὐλῇ[57] τῇ ἐξωτέρᾳ,[58]
καὶ διεμέτρησεν[59] αὐτήν, τό τε μῆκος[60] αὐτῆς καὶ τὸ πλάτος.[61] **21** καὶ τὰ θεε[62] τρεῖς

1 πύλη, gate
2 ἑξήκοντα, sixty
3 πῆχυς, cubit
4 εἴκοσι, twenty
5 θεϊμ, rooms, *translit.*
6 κύκλῳ, all around
7 αἴθριον, atrium
8 πύλη, gate
9 ἔξωθεν, exterior, outside
10 αιλαμ, porch, *translit.*
11 ἔσωθεν, interior, inside
12 πῆχυς, cubit
13 πεντήκοντα, fifty
14 θυρίς, window
15 κρυπτός, secret, hidden
16 θεϊμ, rooms, *translit.*
17 αιλαμ, porch, *translit.*, (*read* its doorpost?)
18 ἔσωθεν, interior, inside
19 πύλη, gate
20 αὐλή, court
21 κυκλόθεν, all around
22 ὡσαύτως, similarly
23 κύκλῳ, all around
24 φοῖνιξ, palm tree
25 ἔνθεν, on one side
26 ἔνθεν, on the other side
27 εἰσάγω, *aor act ind 3s*, bring in
28 αὐλή, court
29 ἔσω, *comp*, inner
30 παστοφόριον, chamber
31 περίστυλον, colonnaded gallery
32 κύκλῳ, around
33 αὐλή, court
34 τριάκοντα, thirty
35 περίστυλον, colonnaded gallery
36 στοά, portico
37 νῶτος, back, rear
38 πυλών, gateway, entrance
39 μῆκος, length
40 περίστυλον, colonnaded gallery
41 ὑποκάτω, lower
42 διαμετρέω, *aor act ind 3s*, measure out
43 πλάτος, width
44 αὐλή, court
45 αἴθριος, atrium
46 πύλη, gate
47 ἔξω, *comp*, outer
48 ἔσωθεν, from inside
49 αἴθριον, atrium
50 πῆχυς, cubit
51 ἑκατόν, one hundred
52 ἀνατολή, east
53 εἰσάγω, *aor act ind 3s*, bring in
54 βορρᾶς, north
55 πύλη, gate
56 βορρᾶς, north
57 αὐλή, court
58 ἔξω, *comp*, outer
59 διαμετρέω, *aor act ind 3s*, measure out
60 μῆκος, length
61 πλάτος, width
62 θεε, room, *translit.*

ἔνθεν[1] καὶ τρεῖς ἔνθεν[2] καὶ τὰ αιλευ[3] καὶ τὰ αιλαμμω[4] καὶ τοὺς φοίνικας[5] αὐτῆς,
καὶ ἐγένετο κατὰ τὰ μέτρα[6] τῆς πύλης[7] τῆς βλεπούσης κατὰ ἀνατολὰς[8] πηχῶν[9]
πεντήκοντα[10] τὸ μῆκος[11] αὐτῆς καὶ πηχῶν εἴκοσι[12] πέντε τὸ εὖρος[13] αὐτῆς. **22** καὶ αἱ
θυρίδες[14] αὐτῆς καὶ τὰ αιλαμμω[15] καὶ οἱ φοίνικες[16] αὐτῆς καθὼς ἡ πύλη[17] ἡ βλέπουσα
κατὰ ἀνατολάς·[18] καὶ ἐν ἑπτὰ κλιμακτῆρσιν[19] ἀνέβαινον ἐπ᾽ αὐτήν, καὶ τὰ αιλαμμω[20]
ἔσωθεν.[21] **23** καὶ πύλη[22] τῇ αὐλῇ[23] τῇ ἐσωτέρᾳ[24] βλέπουσα ἐπὶ πύλην τοῦ βορρᾶ[25] ὃν
τρόπον[26] τῆς πύλης τῆς βλεπούσης κατὰ ἀνατολάς,[27] καὶ διεμέτρησεν[28] τὴν αὐλὴν[29]
ἀπὸ πύλης ἐπὶ πύλην πήχεις[30] ἑκατόν.[31]

South Gate

24 καὶ ἤγαγέν με κατὰ νότον,[32] καὶ ἰδοὺ πύλη[33] βλέπουσα πρὸς νότον, καὶ διεμέτρη-
σεν[34] αὐτὴν καὶ τὰ θεε[35] καὶ τὰ αιλευ[36] καὶ τὰ αιλαμμω[37] κατὰ τὰ μέτρα[38] ταῦτα.
25 καὶ αἱ θυρίδες[39] αὐτῆς καὶ τὰ αιλαμμω[40] κυκλόθεν[41] καθὼς αἱ θυρίδες τοῦ αιλαμ,[42]
πηχῶν[43] πεντήκοντα[44] τὸ μῆκος[45] αὐτῆς καὶ πηχῶν εἴκοσι[46] πέντε τὸ εὖρος[47] αὐτῆς.
26 καὶ ἑπτὰ κλιμακτῆρες[48] αὐτῇ, καὶ αιλαμμω[49] ἔσωθεν,[50] καὶ φοίνικες[51] αὐτῇ εἷς
ἔνθεν[52] καὶ εἷς ἔνθεν[53] ἐπὶ τὰ αιλευ.[54] **27** καὶ πύλη[55] κατέναντι[56] πύλης τῆς αὐλῆς[57]

1 ἔνθεν, on one side
2 ἔνθεν, on the other side
3 αιλευ, its doorpost, *translit.*
4 αιλαμμω, its porch, *translit.*
5 φοῖνιξ, palm tree
6 μέτρον, measurement, dimension
7 πύλη, gate
8 ἀνατολή, east
9 πῆχυς, cubit
10 πεντήκοντα, fifty
11 μῆκος, length
12 εἴκοσι, twenty
13 εὖρος, breadth
14 θυρίς, window
15 αιλαμμω, its porch, *translit.*
16 φοῖνιξ, palm tree
17 πύλη, gate
18 ἀνατολή, east
19 κλιμακτήρ, rung (of a ladder)
20 αιλαμμω, its porch, *translit.*
21 ἔσωθεν, interior, inside
22 πύλη, gate
23 αὐλή, court
24 ἔσω, *comp*, inner
25 βορρᾶς, north
26 ὃν τρόπον, just as
27 ἀνατολή, east
28 διαμετρέω, *aor act ind 3s*, measure out
29 αὐλή, court
30 πῆχυς, cubit
31 ἑκατόν, one hundred
32 νότος, south
33 πύλη, gate
34 διαμετρέω, *aor act ind 3s*, measure out
35 θεε, room, *translit.*
36 αιλευ, its doorpost, *translit.*
37 αιλαμμω, its porch, *translit.*
38 μέτρον, measurement, dimension
39 θυρίς, window
40 αιλαμμω, its porch, *translit.*
41 κυκλόθεν, all around, on all sides
42 αιλαμ, porch, *translit.*
43 πῆχυς, cubit
44 πεντήκοντα, fifty
45 μῆκος, length
46 εἴκοσι, twenty
47 εὖρος, breadth
48 κλιμακτήρ, step
49 αιλαμμω, its porch, *translit.*
50 ἔσωθεν, inside
51 φοῖνιξ, palm tree
52 ἔνθεν, on one side
53 ἔνθεν, on the other side
54 αιλευ, its doorpost, *translit.*
55 πύλη, gate
56 κατέναντι, opposite
57 αὐλή, court

τῆς ἐσωτέρας[1] πρὸς νότον·[2] καὶ διεμέτρησεν[3] τὴν αὐλὴν ἀπὸ πύλης ἐπὶ πύλην,
πήχεις[4] ἑκατὸν[5] τὸ εὖρος[6] πρὸς νότον.

28 Καὶ εἰσήγαγέν[7] με εἰς τὴν αὐλὴν[8] τὴν ἐσωτέραν[9] τῆς πύλης[10] τῆς πρὸς νότον[11] καὶ
διεμέτρησεν[12] τὴν πύλην κατὰ τὰ μέτρα[13] ταῦτα **29** καὶ τὰ θεε[14] καὶ τὰ αιλευ[15] καὶ
τὰ αιλαμμω[16] κατὰ τὰ μέτρα[17] ταῦτα· καὶ θυρίδες[18] αὐτῇ καὶ τῷ αιλαμμω κύκλῳ·[19]
πήχεις[20] πεντήκοντα[21] τὸ μῆκος[22] αὐτῆς καὶ τὸ εὖρος[23] πήχεις εἴκοσι[24] πέντε. **31** καὶ
αιλαμμω[25] εἰς τὴν αὐλὴν[26] τὴν ἐξωτέραν,[27] καὶ φοίνικες[28] τῷ αιλευ,[29] καὶ ὀκτὼ[30] κλι-
μακτῆρες.[31] **32** καὶ εἰσήγαγέν[32] με εἰς τὴν πύλην[33] τὴν βλέπουσαν κατὰ ἀνατολὰς[34]
καὶ διεμέτρησεν[35] αὐτὴν κατὰ τὰ μέτρα[36] ταῦτα **33** καὶ τὰ θεε[37] καὶ τὰ αιλευ[38] καὶ
τὰ αιλαμμω[39] κατὰ τὰ μέτρα[40] ταῦτα· καὶ θυρίδες[41] αὐτῇ καὶ τῷ αιλαμμω κύκλῳ,[42]
πήχεις[43] πεντήκοντα[44] μῆκος[45] αὐτῆς καὶ εὖρος[46] πήχεις εἴκοσι[47] πέντε. **34** καὶ αι-
λαμμω[48] εἰς τὴν αὐλὴν[49] τὴν ἐσωτέραν,[50] καὶ φοίνικες[51] ἐπὶ τοῦ αιλευ[52] ἔνθεν[53] καὶ
ἔνθεν,[54] καὶ ὀκτὼ[55] κλιμακτῆρες[56] αὐτῇ. **35** καὶ εἰσήγαγέν[57] με εἰς τὴν πύλην[58] τὴν
πρὸς βορρᾶν[59] καὶ διεμέτρησεν[60] κατὰ τὰ μέτρα[61] ταῦτα **36** καὶ τὰ θεε[62] καὶ τὰ

1 ἔσω, *comp*, inner
2 νότος, south
3 διαμετρέω, *aor act ind 3s*, measure out
4 πῆχυς, cubit
5 ἑκατόν, one hundred
6 εὖρος, breadth
7 εἰσάγω, *aor act ind 3s*, bring in
8 αὐλή, court
9 ἔσω, *comp*, inner
10 πύλη, gate
11 νότος, south
12 διαμετρέω, *aor act ind 3s*, measure out
13 μέτρον, measurement, dimension
14 θεε, room, *translit.*
15 αιλευ, its doorpost, *translit.*
16 αιλαμμω, its porch, *translit.*
17 μέτρον, measurement, dimension
18 θυρίς, window
19 κύκλῳ, all around, on all sides
20 πῆχυς, cubit
21 πεντήκοντα, fifty
22 μῆκος, length
23 εὖρος, breadth
24 εἴκοσι, twenty
25 αιλαμμω, its porch, *translit.*
26 αὐλή, court
27 ἔξω, *comp*, outer
28 φοῖνιξ, palm tree
29 αιλευ, its doorpost, *translit.*
30 ὀκτώ, eight
31 κλιμακτήρ, step
32 εἰσάγω, *aor act ind 3s*, bring in
33 πύλη, gate
34 ἀνατολή, east
35 διαμετρέω, *aor act ind 3s*, measure out
36 μέτρον, measurement, dimension
37 θεε, room, *translit.*
38 αιλευ, its doorpost, *translit.*
39 αιλαμμω, its porch, *translit.*
40 μέτρον, measurement, dimension
41 θυρίς, window
42 κύκλῳ, all around, on all sides
43 πῆχυς, cubit
44 πεντήκοντα, fifty
45 μῆκος, length
46 εὖρος, breadth
47 εἴκοσι, twenty
48 αιλαμμω, its porch, *translit.*
49 αὐλή, court
50 ἔσω, *comp*, inner
51 φοῖνιξ, palm tree
52 αιλευ, its doorpost, *translit.*
53 ἔνθεν, on one side
54 ἔνθεν, on the other side
55 ὀκτώ, eight
56 κλιμακτήρ, step
57 εἰσάγω, *aor act ind 3s*, bring in
58 πύλη, gate
59 βορρᾶς, north
60 διαμετρέω, *aor act ind 3s*, measure out
61 μέτρον, measurement, dimension
62 θεε, room, *translit.*

αιλευ[1] καὶ τὰ αιλαμμω·[2] καὶ θυρίδες[3] αὐτῇ κύκλῳ[4] καὶ τῷ αιλαμμω αὐτῆς· πήχεις[5]
πεντήκοντα[6] μῆκος[7] αὐτῆς καὶ εὖρος[8] πήχεις εἴκοσι[9] πέντε. **37** καὶ τὰ αιλαμμω[10] εἰς
τὴν αὐλὴν[11] τὴν ἐξωτέραν,[12] καὶ φοίνικες[13] τῷ αιλευ[14] ἔνθεν[15] καὶ ἔνθεν,[16] καὶ ὀκτὼ[17]
κλιμακτῆρες[18] αὐτῇ.

Chambers for Priestly Service

38 τὰ παστοφόρια[19] αὐτῆς καὶ τὰ θυρώματα[20] αὐτῆς καὶ τὰ αιλαμμω[21] αὐτῆς ἐπὶ
τῆς πύλης[22] **39** τῆς δευτέρας ἔκρυσις,[23] ὅπως σφάζωσιν[24] ἐν αὐτῇ τὰ ὑπὲρ ἁμαρτίας
καὶ ὑπὲρ ἀγνοίας·[25] **40** καὶ κατὰ νώτου[26] τοῦ ῥόακος[27] τῶν ὁλοκαυτωμάτων[28] τῆς
βλεπούσης πρὸς βορρᾶν[29] δύο τράπεζαι[30] πρὸς ἀνατολὰς[31] καὶ κατὰ νώτου[32] τῆς
δευτέρας καὶ τοῦ αιλαμ[33] τῆς πύλης[34] δύο τράπεζαι κατὰ ἀνατολάς, **41** τέσσαρες
ἔνθεν[35] καὶ τέσσαρες ἔνθεν[36] κατὰ νώτου[37] τῆς πύλης,[38] ἐπ᾽ αὐτὰς σφάξουσι[39] τὰ
θύματα[40] κατέναντι[41] τῶν ὀκτὼ[42] τραπεζῶν[43] τῶν θυμάτων.[44] **42** καὶ τέσσαρες τρά-
πεζαι[45] τῶν ὁλοκαυτωμάτων[46] λίθιναι[47] λελαξευμέναι[48] πήχεος[49] καὶ ἡμίσους[50] τὸ
πλάτος[51] καὶ πήχεων δύο καὶ ἡμίσους τὸ μῆκος[52] καὶ ἐπὶ πῆχυν τὸ ὕψος,[53] ἐπ᾽ αὐτὰς
ἐπιθήσουσιν τὰ σκεύη,[54] ἐν οἷς σφάζουσιν[55] ἐκεῖ τὰ ὁλοκαυτώματα[56] καὶ τὰ θύματα.[57]

1 αιλευ, its doorpost, *translit.*
2 αιλαμμω, its porch, *translit.*
3 θυρίς, window
4 κύκλῳ, all around, on all sides
5 πῆχυς, cubit
6 πεντήκοντα, fifty
7 μῆκος, length
8 εὖρος, breadth
9 εἴκοσι, twenty
10 αιλαμμω, its porch, *translit.*
11 αὐλή, court
12 ἔξω, *comp*, outer
13 φοῖνιξ, palm tree
14 αιλευ, its doorpost, *translit.*
15 ἔνθεν, on one side
16 ἔνθεν, on the other side
17 ὀκτώ, eight
18 κλιμακτήρ, step
19 παστοφόριον, chamber
20 θύρωμα, doorway
21 αιλαμμω, its porch, *translit.*
22 πύλη, gate
23 ἔκρυσις, runoff
24 σφάζω, *pres act sub 3p*, slaughter
25 ἄγνοια, ignorance
26 νῶτος, back, rear
27 ῥόαξ, drain
28 ὁλοκαύτωμα, whole burnt offering
29 βορρᾶς, north
30 τράπεζα, table
31 ἀνατολή, east
32 νῶτος, back, rear
33 αιλαμ, porch, *translit.*
34 πύλη, gate
35 ἔνθεν, on one side
36 ἔνθεν, on the other side
37 νῶτος, back, rear
38 πύλη, gate
39 σφάζω, *fut act ind 3p*, slaughter
40 θῦμα, sacrifice
41 κατέναντι, opposite, facing
42 ὀκτώ, eight
43 τράπεζα, table
44 θῦμα, sacrifice
45 τράπεζα, table
46 ὁλοκαύτωμα, whole burnt offering
47 λίθινος, of stone
48 λαξεύω, *perf pas ptc nom p f*, hew
49 πῆχυς, cubit
50 ἥμισυς, half
51 πλάτος, width
52 μῆκος, length
53 ὕψος, height
54 σκεῦος, object, equipment
55 σφάζω, *pres act ind 3p*, slaughter
56 ὁλοκαύτωμα, whole burnt offering
57 θῦμα, sacrifice

43 καὶ παλαιστὴν[1] ἕξουσιν[2] γεῖσος[3] λελαξευμένον[4] ἔσωθεν[5] κύκλῳ[6] καὶ ἐπὶ τὰς τραπέζας[7] ἐπάνωθεν[8] στέγας[9] τοῦ καλύπτεσθαι[10] ἀπὸ τοῦ ὑετοῦ[11] καὶ ἀπὸ τῆς ξηρασίας.[12]

44 καὶ εἰσήγαγέν[13] με εἰς τὴν αὐλὴν[14] τὴν ἐσωτέραν,[15] καὶ ἰδοὺ δύο ἐξέδραι[16] ἐν
τῇ αὐλῇ τῇ ἐσωτέρᾳ, μία κατὰ νώτου[17] τῆς πύλης[18] τῆς βλεπούσης πρὸς βορρᾶν[19]
φέρουσα πρὸς νότον[20] καὶ μία κατὰ νώτου τῆς πύλης τῆς πρὸς νότον βλεπούσης δὲ
πρὸς βορρᾶν. **45** καὶ εἶπεν πρός με Ἡ ἐξέδρα[21] αὕτη ἡ βλέπουσα πρὸς νότον[22] τοῖς
ἱερεῦσι τοῖς φυλάσσουσι τὴν φυλακὴν τοῦ οἴκου, **46** καὶ ἡ ἐξέδρα[23] ἡ βλέπουσα πρὸς
βορρᾶν[24] τοῖς ἱερεῦσι τοῖς φυλάσσουσι τὴν φυλακὴν τοῦ θυσιαστηρίου·[25] ἐκεῖνοί
εἰσιν οἱ υἱοὶ Σαδδουκ οἱ ἐγγίζοντες ἐκ τοῦ Λευι πρὸς κύριον λειτουργεῖν[26] αὐτῷ.
47 καὶ διεμέτρησεν[27] τὴν αὐλὴν[28] μῆκος[29] πήχεων[30] ἑκατὸν[31] καὶ εὖρος[32] πήχεων
ἑκατὸν ἐπὶ τὰ τέσσαρα μέρη αὐτῆς καὶ τὸ θυσιαστήριον[33] ἀπέναντι[34] τοῦ οἴκου.

Vestibule of the New Temple

48 Καὶ εἰσήγαγέν[35] με εἰς τὸ αιλαμ[36] τοῦ οἴκου. καὶ διεμέτρησεν[37] τὸ αιλ[38] τοῦ αιλαμ
πηχῶν[39] πέντε τὸ πλάτος[40] ἔνθεν[41] καὶ πηχῶν πέντε ἔνθεν,[42] καὶ τὸ εὖρος[43] τοῦ
θυρώματος[44] πηχῶν δέκα[45] τεσσάρων, καὶ ἐπωμίδες[46] τῆς θύρας τοῦ αιλαμ πηχῶν
τριῶν ἔνθεν καὶ πηχῶν τριῶν ἔνθεν· **49** καὶ τὸ μῆκος[47] τοῦ αιλαμ[48] πηχῶν[49] εἴκοσι[50]

1 παλαιστή, breadth of four fingers
2 ἔχω, *fut act ind 3p*, have, possess
3 γεῖσος, border
4 λαξεύω, *perf pas ptc acc s n*, hew
5 ἔσωθεν, inside
6 κύκλῳ, all around, on all sides
7 τράπεζα, table
8 ἐπάνωθεν, on top
9 στέγη, covering, roof
10 καλύπτω, *pres pas inf*, cover
11 ὑετός, rain
12 ξηρασία, drought
13 εἰσάγω, *aor act ind 3s*, bring in
14 αὐλή, court
15 ἔσω, *comp*, inner
16 ἐξέδρα, hall, arcade
17 νῶτος, back, rear
18 πύλη, gate
19 βορρᾶς, north
20 νότος, south
21 ἐξέδρα, hall, arcade
22 νότος, south
23 ἐξέδρα, hall, arcade
24 βορρᾶς, north
25 θυσιαστήριον, altar
26 λειτουργέω, *pres act inf*, serve
27 διαμετρέω, *aor act ind 3s*, measure out
28 αὐλή, court
29 μῆκος, length
30 πῆχυς, cubit
31 ἑκατόν, one hundred
32 εὖρος, breadth
33 θυσιαστήριον, altar
34 ἀπέναντι, in front, opposite
35 εἰσάγω, *aor act ind 3s*, bring in
36 αιλαμ, porch, *translit.*
37 διαμετρέω, *aor act ind 3s*, measure out
38 αιλ, doorpost, *translit.*
39 πῆχυς, cubit
40 πλάτος, width
41 ἔνθεν, on one side
42 ἔνθεν, on the other side
43 εὖρος, breadth
44 θύρωμα, doorway
45 δέκα, ten
46 ἐπωμίς, (uppermost part)
47 μῆκος, length
48 αιλαμ, porch, *translit.*
49 πῆχυς, cubit
50 εἴκοσι, twenty

καὶ τὸ εὖρος[1] πηχῶν δώδεκα·[2] καὶ ἐπὶ δέκα[3] ἀναβαθμῶν[4] ἀνέβαινον ἐπ᾽ αὐτό· καὶ στῦλοι[5] ἦσαν ἐπὶ τὸ αιλαμ, εἷς ἔνθεν[6] καὶ εἷς ἔνθεν.[7]

Inner Temple

41 καὶ εἰσήγαγέν[8] με εἰς τὸν ναόν, ᾧ διεμέτρησεν[9] τὸ αιλαμ[10] πηχῶν[11] ἓξ[12] τὸ
πλάτος[13] ἔνθεν[14] καὶ πηχῶν ἓξ τὸ εὖρος[15] τοῦ αιλαμ ἔνθεν,[16] **2** καὶ τὸ εὖρος[17]
τοῦ πυλῶνος[18] πηχῶν[19] δέκα,[20] καὶ ἐπωμίδες[21] τοῦ πυλῶνος πηχῶν πέντε ἔνθεν[22] καὶ
πηχῶν πέντε ἔνθεν·[23] καὶ διεμέτρησεν[24] τὸ μῆκος[25] αὐτοῦ πηχῶν τεσσαράκοντα[26]
καὶ τὸ εὖρος[27] πηχῶν εἴκοσι.[28] **3** καὶ εἰσῆλθεν εἰς τὴν αὐλὴν[29] τὴν ἐσωτέραν[30] καὶ
διεμέτρησεν[31] τὸ αιλ[32] τοῦ θυρώματος[33] πηχῶν[34] δύο καὶ τὸ θύρωμα πηχῶν ἓξ[35] καὶ
τὰς ἐπωμίδας[36] τοῦ θυρώματος πηχῶν ἑπτὰ ἔνθεν[37] καὶ πηχῶν ἑπτὰ ἔνθεν.[38] **4** καὶ
διεμέτρησεν[39] τὸ μῆκος[40] τῶν θυρῶν πηχῶν[41] τεσσαράκοντα[42] καὶ εὖρος[43] πηχῶν
εἴκοσι[44] κατὰ πρόσωπον τοῦ ναοῦ. καὶ εἶπεν Τοῦτο τὸ ἅγιον τῶν ἁγίων.

5 καὶ διεμέτρησεν[45] τὸν τοῖχον[46] τοῦ οἴκου πηχῶν[47] ἓξ[48] καὶ τὸ εὖρος[49] τῆς πλευρᾶς[50]
πηχῶν τεσσάρων κυκλόθεν.[51] **6** καὶ τὰ πλευρὰ[52] πλευρὸν ἐπὶ πλευρὸν τριάκοντα[53]
καὶ τρεῖς δίς,[54] καὶ διάστημα[55] ἐν τῷ τοίχῳ[56] τοῦ οἴκου ἐν τοῖς πλευροῖς κύκλῳ[57] τοῦ

1 εὖρος, breadth
2 δώδεκα, twelve
3 δέκα, ten
4 ἀναβαθμός, step, stair
5 στῦλος, pillar, column
6 ἔνθεν, on one side
7 ἔνθεν, on the other side
8 εἰσάγω, *aor act ind 3s*, bring in
9 διαμετρέω, *aor act ind 3s*, measure out
10 αιλαμ, porch, *translit.*
11 πῆχυς, cubit
12 ἕξ, six
13 πλάτος, width
14 ἔνθεν, on one side
15 εὖρος, breadth
16 ἔνθεν, on the other side
17 εὖρος, breadth
18 πυλών, gateway, entrance
19 πῆχυς, cubit
20 δέκα, ten
21 ἐπωμίς, (uppermost part)
22 ἔνθεν, on one side
23 ἔνθεν, on the other side
24 διαμετρέω, *aor act ind 3s*, measure out
25 μῆκος, length
26 τεσσαράκοντα, forty
27 εὖρος, breadth
28 εἴκοσι, twenty
29 αὐλή, court
30 ἔσω, *comp*, inner
31 διαμετρέω, *aor act ind 3s*, measure out
32 αιλ, doorpost, *translit.*
33 θύρωμα, doorway
34 πῆχυς, cubit
35 ἕξ, six
36 ἐπωμίς, (uppermost part)
37 ἔνθεν, on one side
38 ἔνθεν, on the other side
39 διαμετρέω, *aor act ind 3s*, measure out
40 μῆκος, length
41 πῆχυς, cubit
42 τεσσαράκοντα, forty
43 εὖρος, breadth
44 εἴκοσι, twenty
45 διαμετρέω, *aor act ind 3s*, measure out
46 τοῖχος, wall
47 πῆχυς, cubit
48 ἕξ, six
49 εὖρος, breadth
50 πλευρά, side, (wing)
51 κυκλόθεν, all around, on every side
52 πλευρά, side, (wing)
53 τριάκοντα, thirty
54 δίς, twice
55 διάστημα, space
56 τοῖχος, wall
57 κύκλῳ, all around, on every side

εἶναι τοῖς ἐπιλαμβανομένοις[1] ὁρᾶν,[2] ὅπως τὸ παράπαν[3] μὴ ἅπτωνται τῶν τοίχων[4]
τοῦ οἴκου. **7** καὶ τὸ εὖρος[5] τῆς ἀνωτέρας[6] τῶν πλευρῶν[7] κατὰ τὸ πρόσθεμα[8] ἐκ τοῦ
τοίχου[9] πρὸς τὴν ἀνωτέραν[10] κύκλῳ[11] τοῦ οἴκου, ὅπως διαπλατύνηται[12] ἄνωθεν[13] καὶ
ἐκ τῶν κάτωθεν[14] ἀναβαίνωσιν ἐπὶ τὰ ὑπερῷα[15] καὶ ἐκ τῶν μέσων ἐπὶ τὰ τριώροφα.[16]
8 καὶ τὸ θραελ[17] τοῦ οἴκου ὕψος[18] κύκλῳ[19] διάστημα[20] τῶν πλευρῶν[21] ἴσον[22] τῷ
καλάμῳ,[23] πήχεων[24] ἓξ[25] διάστημα. **9** καὶ εὖρος[26] τοῦ τοίχου[27] τῆς πλευρᾶς[28] ἔξωθεν[29]
πηχῶν[30] πέντε· καὶ τὰ ἀπόλοιπα[31] ἀνὰ μέσον[32] τῶν πλευρῶν τοῦ οἴκου **10** καὶ ἀνὰ
μέσον[33] τῶν ἐξεδρῶν[34] εὖρος[35] πηχῶν[36] εἴκοσι,[37] τὸ περιφερὲς[38] τῷ οἴκῳ κύκλῳ.[39]
11 καὶ αἱ θύραι τῶν ἐξεδρῶν[40] ἐπὶ τὸ ἀπόλοιπον[41] τῆς θύρας τῆς μιᾶς τῆς πρὸς
βορρᾶν·[42] καὶ ἡ θύρα ἡ μία πρὸς νότον,[43] καὶ τὸ εὖρος[44] τοῦ φωτὸς τοῦ ἀπολοίπου[45]
πηχῶν[46] πέντε πλάτος[47] κυκλόθεν.[48]

12 καὶ τὸ διορίζον[49] κατὰ πρόσωπον τοῦ ἀπολοίπου[50] ὡς πρὸς θάλασσαν πηχῶν[51]
ἑβδομήκοντα,[52] πλάτος[53] τοῦ τοίχου[54] τοῦ διορίζοντος[55] πήχεων πέντε, εὖρος[56] κυ-
κλόθεν[57] καὶ μῆκος[58] αὐτοῦ πήχεων ἐνενήκοντα.[59] **13** καὶ διεμέτρησεν[60] κατέναντι[61]

1 ἐπιλαμβάνω, *pres mid ptc dat p m*, get beside, occupy
2 ὁράω, *pres act inf*, see
3 παράπαν, absolutely
4 τοῖχος, wall
5 εὖρος, breadth
6 ἄνω, *comp*, upper
7 πλευρόν, side, (wing)
8 πρόσθεμα, annex, addition
9 τοῖχος, wall
10 ἄνω, *comp*, upper
11 κύκλῳ, all around, on every side
12 διαπλατύνω, *pres pas sub 3s*, widen
13 ἄνωθεν, above
14 κάτωθεν, below
15 ὑπερῷον, upper chamber
16 τριώροφος, third story
17 θραελ, (*read* part of the temple), *translit.*
18 ὕψος, height
19 κύκλῳ, all around, on all sides
20 διάστημα, space
21 πλευρόν, side, (wing)
22 ἴσος, equal
23 κάλαμος, rod
24 πῆχυς, cubit
25 ἕξ, six
26 εὖρος, breadth
27 τοῖχος, wall
28 πλευρά, side, (wing)
29 ἔξωθεν, exterior, outside
30 πῆχυς, cubit
31 ἀπόλοιπον, open space
32 ἀνὰ μέσον, between
33 ἀνὰ μέσον, between
34 ἐξέδρα, hall, arcade
35 εὖρος, breadth
36 πῆχυς, cubit
37 εἴκοσι, twenty
38 περιφερής, circumference, periphery
39 κύκλῳ, all around, on every side
40 ἐξέδρα, hall, arcade
41 ἀπόλοιπον, open space
42 βορρᾶς, north
43 νότος, south
44 εὖρος, breadth
45 ἀπόλοιπον, open space
46 πῆχυς, cubit
47 πλάτος, width
48 κυκλόθεν, all around, on every side
49 διορίζω, *pres act ptc nom s n*, divide
50 ἀπόλοιπον, open space
51 πῆχυς, cubit
52 ἑβδομήκοντα, seventy
53 πλάτος, width
54 τοῖχος, wall
55 διορίζω, *pres act ptc gen s m*, divide
56 εὖρος, breadth
57 κυκλόθεν, all around, on every side
58 μῆκος, length
59 ἐνενήκοντα, ninety
60 διαμετρέω, *aor act ind 3s*, measure out
61 κατέναντι, opposite, in front

τοῦ οἴκου μῆκος[1] πηχῶν[2] ἑκατόν,[3] καὶ τὰ ἀπόλοιπα[4] καὶ τὰ διορίζοντα[5] καὶ οἱ
τοῖχοι[6] αὐτῶν μῆκος πηχῶν ἑκατόν, **14** καὶ τὸ εὖρος[7] κατὰ πρόσωπον τοῦ οἴκου
καὶ τὰ ἀπόλοιπα[8] κατέναντι[9] πηχῶν[10] ἑκατόν.[11] **15** καὶ διεμέτρησεν[12] μῆκος[13] τοῦ
διορίζοντος[14] κατὰ πρόσωπον τοῦ ἀπολοίπου[15] τῶν κατόπισθεν[16] τοῦ οἴκου ἐκείνου
καὶ τὰ ἀπόλοιπα ἔνθεν[17] καὶ ἔνθεν[18] πήχεων[19] ἑκατὸν[20] τὸ μῆκος.[21] καὶ ὁ ναὸς καὶ
αἱ γωνίαι[22] καὶ τὸ αιλαμ[23] τὸ ἐξώτερον[24] **16** πεφατνωμένα,[25] καὶ αἱ θυρίδες[26] δικτυ-
ωταί,[27] ὑποφαύσεις[28] κύκλῳ[29] τοῖς τρισὶν ὥστε διακύπτειν·[30] καὶ ὁ οἶκος καὶ τὰ
πλησίον[31] ἐξυλωμένα[32] κύκλῳ καὶ τὸ ἔδαφος[33] καὶ ἐκ τοῦ ἐδάφους ἕως τῶν θυρίδων,
καὶ αἱ θυρίδες ἀναπτυσσόμεναι[34] τρισσῶς[35] εἰς τὸ διακύπτειν. **17** καὶ ἕως πλησίον[36]
τῆς ἐσωτέρας[37] καὶ ἕως τῆς ἐξωτέρας[38] καὶ ἐφ᾽ ὅλον τὸν τοῖχον[39] κύκλῳ[40] ἐν τῷ
ἔσωθεν[41] καὶ ἐν τῷ ἔξωθεν[42] **18** γεγλυμμένα[43] χερουβιν,[44] καὶ φοίνικες[45] ἀνὰ μέσον[46]
χερουβ[47] καὶ χερουβ· δύο πρόσωπα τῷ χερουβ, **19** πρόσωπον ἀνθρώπου πρὸς τὸν
φοίνικα[48] ἔνθεν[49] καὶ ἔνθεν[50] καὶ πρόσωπον λέοντος[51] πρὸς τὸν φοίνικα ἔνθεν καὶ
ἔνθεν· διαγεγλυμμένος[52] ὅλος ὁ οἶκος κυκλόθεν,[53] **20** ἐκ τοῦ ἐδάφους[54] ἕως τοῦ
φατνώματος[55] τὰ χερουβιν[56] καὶ οἱ φοίνικες[57] διαγεγλυμμένοι.[58]

1 μῆκος, length
2 πῆχυς, cubit
3 ἑκατόν, one hundred
4 ἀπόλοιπον, open space
5 διορίζω, *pres act ptc nom p n*, divide
6 τοῖχος, wall
7 εὖρος, breadth
8 ἀπόλοιπον, open space
9 κατέναντι, opposite, in front
10 πῆχυς, cubit
11 ἑκατόν, one hundred
12 διαμετρέω, *aor act ind 3s*, measure out
13 μῆκος, length
14 διορίζω, *pres act ptc gen s n*, divide
15 ἀπόλοιπον, open space
16 κατόπισθεν, in the rear
17 ἔνθεν, on one side
18 ἔνθεν, on the other side
19 πῆχυς, cubit
20 ἑκατόν, one hundred
21 μῆκος, length(wise)
22 γωνία, corner
23 αιλαμ, porch, *translit.*
24 ἔξω, *comp*, outer
25 φατνόω, *perf mid ptc nom p n*, lay a roof
26 θυρίς, window
27 δικτυωτός, latticed
28 ὑπόφαυσις, narrow opening
29 κύκλῳ, all around, on every side
30 διακύπτω, *pres act inf*, look out
31 πλησίον, nearby, adjoining
32 ξυλόω, *perf pas ptc nom p n*, panel with wood
33 ἔδαφος, bottom, floor
34 ἀναπτύσσω, *pres pas ptc nom p f*, unfold (to open)
35 τρισσῶς, three times
36 πλησίον, nearby, adjoining
37 ἔσω, *comp*, inner
38 ἔξω, *comp*, outer
39 τοῖχος, wall
40 κύκλῳ, all around, on every side
41 ἔσωθεν, inside
42 ἔξωθεν, outside
43 γλύφω, *perf pas ptc nom p n*, carve
44 χερουβιν, cherubim, *translit.*
45 φοῖνιξ, palm tree
46 ἀνὰ μέσον, between
47 χερουβ, cherub, *translit.*
48 φοῖνιξ, palm tree
49 ἔνθεν, on one side
50 ἔνθεν, on the other side
51 λέων, lion
52 διαγλύφω, *perf pas ptc nom s m*, carve
53 κυκλόθεν, all around, on all sides
54 ἔδαφος, ground, floor
55 φάτνωμα, coffer-work, ornate paneling
56 χερουβιν, cherubim, *translit.*
57 φοῖνιξ, palm tree
58 διαγλύφω, *perf pas ptc nom p m*, carve

21 καὶ τὸ ἅγιον καὶ ὁ ναὸς ἀναπτυσσόμενος[1] τετράγωνα.[2] κατὰ πρόσωπον τῶν
ἁγίων ὅρασις[3] ὡς ὄψις[4] **22** θυσιαστηρίου[5] ξυλίνου,[6] πηχῶν[7] τριῶν τὸ ὕψος[8] αὐτοῦ
καὶ τὸ μῆκος[9] πηχῶν δύο καὶ τὸ εὖρος[10] πηχῶν δύο· καὶ κέρατα[11] εἶχεν, καὶ ἡ βάσις[12]
αὐτοῦ καὶ οἱ τοῖχοι[13] αὐτοῦ ξύλινοι· καὶ εἶπεν πρός με Αὕτη ἡ τράπεζα[14] ἡ πρὸ
προσώπου κυρίου. **23** καὶ δύο θυρώματα[15] τῷ ναῷ καὶ τῷ ἁγίῳ· **24** δύο θυρώματα[16]
τοῖς δυσὶ θυρώμασι τοῖς στροφωτοῖς,[17] δύο θυρώματα τῷ ἑνὶ καὶ δύο θυρώματα τῇ
θύρᾳ τῇ δευτέρᾳ.

25 καὶ γλυφὴ[18] ἐπ᾽ αὐτῶν, καὶ ἐπὶ τὰ θυρώματα[19] τοῦ ναοῦ χερουβιν[20] καὶ φοίνικες[21]
κατὰ τὴν γλυφὴν[22] τῶν ἁγίων, καὶ σπουδαῖα[23] ξύλα[24] κατὰ πρόσωπον τοῦ αιλαμ[25]
ἔξωθεν[26] **26** καὶ θυρίδες[27] κρυπταί.[28] καὶ διεμέτρησεν[29] ἔνθεν[30] καὶ ἔνθεν[31] εἰς τὰ
ὀροφώματα[32] τοῦ αιλαμ[33] καὶ τὰ πλευρὰ[34] τοῦ οἴκου ἐζυγωμένα.[35]

Inner Chambers of the Temple

42 Καὶ ἐξήγαγέν[36] με εἰς τὴν αὐλὴν[37] τὴν ἐξωτέραν[38] κατὰ ἀνατολὰς[39] κατέναντι[40]
τῆς πύλης[41] τῆς πρὸς βορρᾶν·[42] καὶ εἰσήγαγέν[43] με, καὶ ἰδοὺ ἐξέδραι[44] πέντε
ἐχόμεναι τοῦ ἀπολοίπου[45] καὶ ἐχόμεναι τοῦ διορίζοντος[46] πρὸς βορρᾶν, **2** ἐπὶ
πήχεις[47] ἑκατὸν[48] μῆκος[49] πρὸς βορρᾶν[50] καὶ τὸ πλάτος[51] πεντήκοντα[52] πήχεων,

1 ἀναπτύσσω, *pres pas ptc nom s m*, unfold (to open)
2 τετράγωνος, (on four sides)
3 ὅρασις, appearance
4 ὄψις, aspect, look
5 θυσιαστήριον, altar
6 ξύλινος, wooden
7 πῆχυς, cubit
8 ὕψος, height
9 μῆκος, length
10 εὖρος, breadth
11 κέρας, horn
12 βάσις, base
13 τοῖχος, wall, side
14 τράπεζα, table
15 θύρωμα, doorway
16 θύρωμα, doorway
17 στροφωτός, turning, swinging
18 γλυφή, carving, figure
19 θύρωμα, doorway
20 χερουβιν, cherubim, *translit.*
21 φοῖνιξ, palm tree
22 γλυφή, carving, figure
23 σπουδαῖος, hefty, excellent
24 ξύλον, wood, timber
25 αιλαμ, porch, *translit.*
26 ἔξωθεν, outside
27 θυρίς, window
28 κρυπτός, hidden
29 διαμετρέω, *aor act ind 3s*, measure out
30 ἔνθεν, on one side
31 ἔνθεν, on the other side
32 ὀρόφωμα, ceiling
33 αιλαμ, porch, *translit.*
34 πλευρά, side
35 ζυγόω, *perf pas ptc nom p n*, join
36 ἐξάγω, *aor act ind 3s*, bring in
37 αὐλή, court
38 ἔξω, *comp*, outer
39 ἀνατολή, east
40 κατέναντι, in front
41 πύλη, gate
42 βορρᾶς, north
43 εἰσάγω, *aor act ind 3s*, bring in
44 ἐξέδρα, hall, arcade
45 ἀπόλοιπον, open space
46 διορίζω, *pres act ptc gen s n*, divide
47 πῆχυς, cubit
48 ἑκατόν, one hundred
49 μῆκος, length
50 βορρᾶς, north
51 πλάτος, width
52 πεντήκοντα, fifty

3 διαγεγραμμέναι[1] ὃν τρόπον[2] αἱ πύλαι[3] τῆς αὐλῆς[4] τῆς ἐσωτέρας[5] καὶ ὃν τρόπον τὰ
περίστυλα[6] τῆς αὐλῆς τῆς ἐξωτέρας,[7] ἐστιχισμέναι[8] ἀντιπρόσωποι[9] στοαὶ[10] τρισσαί.[11]
4 καὶ κατέναντι[12] τῶν ἐξεδρῶν[13] περίπατος[14] πηχῶν[15] δέκα[16] τὸ πλάτος,[17] ἐπὶ πήχεις
ἑκατὸν[18] τὸ μῆκος·[19] καὶ τὰ θυρώματα[20] αὐτῶν πρὸς βορρᾶν.[21] **5** καὶ οἱ περίπατοι[22] οἱ
ὑπερῷοι[23] ὡσαύτως,[24] ὅτι ἐξείχετο[25] τὸ περίστυλον[26] ἐξ αὐτοῦ, ἐκ τοῦ ὑποκάτωθεν[27]
περιστύλου, καὶ τὸ διάστημα·[28] οὕτως περίστυλον καὶ διάστημα καὶ οὕτως στοαί·[29]
6 διότι[30] τριπλαῖ[31] ἦσαν καὶ στύλους[32] οὐκ εἶχον καθὼς οἱ στῦλοι τῶν ἐξωτέρων,[33] διὰ
τοῦτο ἐξείχοντο[34] τῶν ὑποκάτωθεν[35] καὶ τῶν μέσων ἀπὸ τῆς γῆς. **7** καὶ φῶς ἔξωθεν[36]
ὃν τρόπον[37] αἱ ἐξέδραι[38] τῆς αὐλῆς[39] τῆς ἐξωτέρας[40] αἱ βλέπουσαι ἀπέναντι[41] τῶν
ἐξεδρῶν τῶν πρὸς βορρᾶν,[42] μῆκος[43] πήχεων[44] πεντήκοντα·[45] **8** ὅτι τὸ μῆκος[46] τῶν
ἐξεδρῶν[47] τῶν βλεπουσῶν εἰς τὴν αὐλὴν[48] τὴν ἐξωτέραν[49] πηχῶν[50] πεντήκοντα,[51]
καὶ αὗταί εἰσιν ἀντιπρόσωποι[52] ταύταις· τὸ πᾶν πηχῶν ἑκατόν.[53] **9** καὶ αἱ θύραι τῶν
ἐξεδρῶν[54] τούτων τῆς εἰσόδου[55] τῆς πρὸς ἀνατολὰς[56] τοῦ εἰσπορεύεσθαι[57] δι᾽ αὐτῶν
ἐκ τῆς αὐλῆς[58] τῆς ἐξωτέρας[59] **10** κατὰ τὸ φῶς τοῦ ἐν ἀρχῇ περιπάτου.[60]

1 διαγράφω, *perf pas ptc nom p f*, mark off, carve
2 ὃν τρόπον, just as
3 πύλη, gate
4 αὐλή, court
5 ἔσω, *comp*, inner
6 περίστυλον, colonnaded gallery
7 ἔξω, *comp*, outer
8 στιχίζω, *perf pas ptc nom p f*, arrange in rows
9 ἀντιπρόσωπος, facing
10 στοά, portico
11 τρισσός, threefold
12 κατέναντι, opposite
13 ἐξέδρα, hall, arcade
14 περίπατος, passageway, hallway
15 πῆχυς, cubit
16 δέκα, ten
17 πλάτος, (in) width
18 ἑκατόν, one hundred
19 μῆκος, length(wise)
20 θύρωμα, doorway
21 βορρᾶς, north
22 περίπατος, passageway, hallway
23 ὑπερῷος, upper
24 ὡσαύτως, just so
25 ἐξέχω, *impf mid ind 3s*, stand out, project
26 περίστυλον, colonnaded gallery
27 ὑποκάτωθεν, underneath
28 διάστημα, surface
29 στοά, portico
30 διότι, therefore
31 τριπλοῦς, tripled, threefold
32 στῦλος, pillar, column
33 ἔξω, *comp*, outer
34 ἐξέχω, *impf mid ind 3p*, stand out, project
35 ὑποκάτωθεν, underneath
36 ἔξωθεν, outside
37 ὃν τρόπον, just as
38 ἐξέδρα, hall, arcade
39 αὐλή, court
40 ἔξω, *comp*, outer
41 ἀπέναντι, across, toward
42 βορρᾶς, north
43 μῆκος, length
44 πῆχυς, cubit
45 πεντήκοντα, fifty
46 μῆκος, length
47 ἐξέδρα, hall, arcade
48 αὐλή, court
49 ἔξω, *comp*, outer
50 πῆχυς, cubit
51 πεντήκοντα, fifty
52 ἀντιπρόσωπος, facing, standing opposite
53 ἑκατόν, one hundred
54 ἐξέδρα, hall, arcade
55 εἴσοδος, vestibule, entrance
56 ἀνατολή, east
57 εἰσπορεύομαι, *pres mid inf*, come in, enter
58 αὐλή, court
59 ἔξω, *comp*, outer
60 περίπατος, passageway, hallway

καὶ τὰ πρὸς νότον[1] κατὰ πρόσωπον τοῦ νότου κατὰ πρόσωπον τοῦ ἀπολοίπου[2] καὶ
κατὰ πρόσωπον τοῦ διορίζοντος[3] ἐξέδραι,[4] **11** καὶ ὁ περίπατος[5] κατὰ πρόσωπον αὐτῶν
κατὰ τὰ μέτρα[6] τῶν ἐξεδρῶν[7] τῶν πρὸς βορρᾶν[8] καὶ κατὰ τὸ μῆκος[9] αὐτῶν καὶ κατὰ τὸ
εὖρος[10] αὐτῶν καὶ κατὰ πάσας τὰς ἐξόδους[11] αὐτῶν καὶ κατὰ πάσας τὰς ἐπιστροφὰς[12]
αὐτῶν καὶ κατὰ τὰ φῶτα αὐτῶν καὶ κατὰ τὰ θυρώματα[13] αὐτῶν **12** τῶν ἐξεδρῶν[14]
τῶν πρὸς νότον[15] καὶ κατὰ τὰ θυρώματα[16] ἀπ᾽ ἀρχῆς τοῦ περιπάτου[17] ὡς ἐπὶ φῶς
διαστήματος[18] καλάμου[19] καὶ κατ᾽ ἀνατολὰς[20] τοῦ εἰσπορεύεσθαι[21] δι᾽ αὐτῶν.

13 καὶ εἶπεν πρός με Αἱ ἐξέδραι[22] αἱ πρὸς βορρᾶν[23] καὶ αἱ ἐξέδραι[24] αἱ πρὸς νότον[25] αἱ
οὖσαι κατὰ πρόσωπον τῶν διαστημάτων,[26] αὗταί εἰσιν αἱ ἐξέδραι[27] τοῦ ἁγίου, ἐν αἷς
φάγονται ἐκεῖ οἱ ἱερεῖς υἱοὶ Σαδδουκ οἱ ἐγγίζοντες πρὸς κύριον τὰ ἅγια τῶν ἁγίων·
καὶ ἐκεῖ θήσουσιν τὰ ἅγια τῶν ἁγίων καὶ τὴν θυσίαν[28] καὶ τὰ περὶ ἁμαρτίας καὶ τὰ περὶ
ἀγνοίας,[29] διότι[30] ὁ τόπος ἅγιος. **14** οὐκ εἰσελεύσονται ἐκεῖ πάρεξ[31] τῶν ἱερέων· οὐκ
ἐξελεύσονται ἐκ τοῦ ἁγίου εἰς τὴν αὐλὴν[32] τὴν ἐξωτέραν,[33] ὅπως διὰ παντὸς ἅγιοι ὦσιν
οἱ προσάγοντες,[34] καὶ μὴ ἅπτωνται τοῦ στολισμοῦ[35] αὐτῶν, ἐν οἷς λειτουργοῦσιν[36] ἐν
αὐτοῖς, διότι[37] ἁγιά ἐστιν· καὶ ἐνδύσονται[38] ἱμάτια ἕτερα, ὅταν ἅπτωνται τοῦ λαοῦ.

15 καὶ συνετελέσθη[39] ἡ διαμέτρησις[40] τοῦ οἴκου ἔσωθεν.[41] καὶ ἐξήγαγέν[42] με καθ᾽ ὁδὸν
τῆς πύλης[43] τῆς βλεπούσης πρὸς ἀνατολὰς[44] καὶ διεμέτρησεν[45] τὸ ὑπόδειγμα[46] τοῦ
οἴκου κυκλόθεν[47] ἐν διατάξει.[48] **16** καὶ ἔστη κατὰ νώτου[49] τῆς πύλης[50] τῆς βλεπούσης

1 νότος, south
2 ἀπόλοιπον, open space
3 διορίζω, *pres act ptc gen s n*, divide, separate
4 ἐξέδρα, hall, arcade
5 περίπατος, passageway, hallway
6 μέτρον, measurement, dimension
7 ἐξέδρα, hall, passageway
8 βορρᾶς, north
9 μῆκος, length
10 εὖρος, breadth
11 ἔξοδος, exit
12 ἐπιστροφή, winding, curvature
13 θύρωμα, doorway
14 ἐξέδρα, hall, arcade
15 νότος, south
16 θύρωμα, doorway
17 περίπατος, passageway, hallway
18 διάστημα, stretch, span
19 κάλαμος, rod
20 ἀνατολή, east
21 εἰσπορεύομαι, *pres mid inf*, come in, enter
22 ἐξέδρα, hall, arcade
23 βορρᾶς, north
24 ἐξέδρα, hall, arcade
25 νότος, south
26 διάστημα, space
27 ἐξέδρα, hall, arcade
28 θυσία, sacrifice
29 ἄγνοια, ignorance
30 διότι, since
31 πάρεξ, except, besides
32 αὐλή, court
33 ἔξω, *comp*, outer
34 προσάγω, *pres act ptc nom p m*, approach
35 στολισμός, clothing
36 λειτουργέω, *pres act ind 3p*, serve
37 διότι, since
38 ἐνδύω, *fut mid ind 3p*, put on
39 συντελέω, *aor pas ind 3s*, finish, complete
40 διαμέτρησις, measuring out
41 ἔσωθεν, inside
42 ἐξάγω, *aor act ind 3s*, bring out
43 πύλη, gate
44 ἀνατολή, gate
45 διαμετρέω, *aor act ind 3s*, measure out
46 ὑπόδειγμα, plan, diagram
47 κυκλόθεν, all around, on every side
48 διάταξις, layout, arrangement
49 νῶτος, back, rear
50 πύλη, gate

κατὰ ἀνατολὰς[1] καὶ διεμέτρησεν[2] πεντακοσίους[3] ἐν τῷ καλάμῳ[4] τοῦ μέτρου·[5] **17** καὶ
ἐπέστρεψεν πρὸς βορρᾶν[6] καὶ διεμέτρησεν[7] τὸ κατὰ πρόσωπον τοῦ βορρᾶ πήχεις[8]
πεντακοσίους[9] ἐν τῷ καλάμῳ[10] τοῦ μέτρου·[11] **18** καὶ ἐπέστρεψεν πρὸς θάλασσαν καὶ
διεμέτρησεν[12] τὸ κατὰ πρόσωπον τῆς θαλάσσης πεντακοσίους[13] ἐν τῷ καλάμῳ[14]
τοῦ μέτρου·[15] **19** καὶ ἐπέστρεψεν πρὸς νότον[16] καὶ διεμέτρησεν[17] κατέναντι[18] τοῦ
νότου πεντακοσίους[19] ἐν τῷ καλάμῳ[20] τοῦ μέτρου·[21] **20** τὰ τέσσαρα μέρη τοῦ αὐτοῦ
καλάμου.[22] καὶ διέταξεν[23] αὐτὸν καὶ περίβολον[24] αὐτῶν κύκλῳ[25] πεντακοσίων[26] πρὸς
ἀνατολὰς[27] καὶ πεντακοσίων πηχῶν[28] εὖρος[29] τοῦ διαστέλλειν[30] ἀνὰ μέσον[31] τῶν
ἁγίων καὶ ἀνὰ μέσον τοῦ προτειχίσματος[32] τοῦ ἐν διατάξει[33] τοῦ οἴκου.

God's Glory Returns to the Temple

43 Καὶ ἤγαγέν με ἐπὶ τὴν πύλην[34] τὴν βλέπουσαν κατὰ ἀνατολὰς[35] καὶ ἐξήγαγέν[36]
με, **2** καὶ ἰδοὺ δόξα θεοῦ Ισραηλ ἤρχετο κατὰ τὴν ὁδὸν τῆς πύλης[37] τῆς
βλεπούσης πρὸς ἀνατολάς,[38] καὶ φωνὴ τῆς παρεμβολῆς[39] ὡς φωνὴ διπλασιαζόντων[40]
πολλῶν, καὶ ἡ γῆ ἐξέλαμπεν[41] ὡς φέγγος[42] ἀπὸ τῆς δόξης κυκλόθεν.[43] **3** καὶ ἡ ὅρασις,[44]
ἣν εἶδον, κατὰ τὴν ὅρασιν, ἣν εἶδον ὅτε εἰσεπορευόμην[45] τοῦ χρῖσαι[46] τὴν πόλιν, καὶ
ἡ ὅρασις τοῦ ἅρματος,[47] οὗ εἶδον, κατὰ τὴν ὅρασιν, ἣν εἶδον ἐπὶ τοῦ ποταμοῦ[48] τοῦ
Χοβαρ· καὶ πίπτω ἐπὶ πρόσωπόν μου. **4** καὶ δόξα κυρίου εἰσῆλθεν εἰς τὸν οἶκον κατὰ
τὴν ὁδὸν τῆς πύλης[49] τῆς βλεπούσης κατὰ ἀνατολάς.[50] **5** καὶ ἀνέλαβέν[51] με πνεῦμα καὶ

1 ἀνατολή, east
2 διαμετρέω, *aor act ind 3s*, measure out
3 πεντακόσιοι, five hundred
4 κάλαμος, rod
5 μέτρον, measure
6 βορρᾶς, north
7 διαμετρέω, *aor act ind 3s*, measure out
8 πῆχυς, cubit
9 πεντακόσιοι, five hundred
10 κάλαμος, rod
11 μέτρον, measure
12 διαμετρέω, *aor act ind 3s*, measure out
13 πεντακόσιοι, five hundred
14 κάλαμος, rod
15 μέτρον, measure
16 νότος, south
17 διαμετρέω, *aor act ind 3s*, measure out
18 κατέναντι, before, in front
19 πεντακόσιοι, five hundred
20 κάλαμος, rod
21 μέτρον, measure
22 κάλαμος, rod
23 διατάσσω, *aor act ind 3s*, set out, order
24 περίβολος, enclosed area
25 κύκλῳ, all around, on all sides
26 πεντακόσιοι, five hundred
27 ἀνατολή, east
28 πῆχυς, cubit
29 εὖρος, breadth
30 διαστέλλω, *pres act inf*, create a separation
31 ἀνὰ μέσον, between
32 προτείχισμα, exterior wall
33 διάταξις, plan, design
34 πύλη, gate
35 ἀνατολή, east
36 ἐξάγω, *aor act ind 3s*, bring out
37 πύλη, gate
38 ἀνατολή, east
39 παρεμβολή, army
40 διπλασιάζω, *pres act ptc gen p m*, repeat, redouble (in volume)
41 ἐκλάμπω, *impf act ind 3s*, shine
42 φέγγος, light
43 κυκλόθεν, all around
44 ὅρασις, sight
45 εἰσπορεύομαι, *impf mid ind 1s*, enter in
46 χρίω, *aor act inf*, anoint
47 ἅρμα, chariot
48 ποταμός, river
49 πύλη, gate
50 ἀνατολή, east
51 ἀναλαμβάνω, *aor act ind 3s*, take up

εἰσήγαγέν[1] με εἰς τὴν αὐλὴν[2] τὴν ἐσωτέραν,[3] καὶ ἰδοὺ πλήρης[4] δόξης κυρίου ὁ οἶκος.
6 καὶ ἔστην, καὶ ἰδοὺ φωνὴ ἐκ τοῦ οἴκου λαλοῦντος πρός με, καὶ ὁ ἀνὴρ εἱστήκει[5]
ἐχόμενός μου. **7** καὶ εἶπεν πρός με Ἑώρακας, υἱὲ ἀνθρώπου, τὸν τόπον τοῦ θρόνου
μου καὶ τὸν τόπον τοῦ ἴχνους[6] τῶν ποδῶν μου, ἐν οἷς κατασκηνώσει[7] τὸ ὄνομά μου
ἐν μέσῳ οἴκου Ισραηλ τὸν αἰῶνα· καὶ οὐ βεβηλώσουσιν[8] οὐκέτι οἶκος Ισραηλ τὸ
ὄνομα τὸ ἅγιόν μου, αὐτοὶ καὶ οἱ ἡγούμενοι[9] αὐτῶν, ἐν τῇ πορνείᾳ[10] αὐτῶν καὶ ἐν
τοῖς φόνοις[11] τῶν ἡγουμένων[12] ἐν μέσῳ αὐτῶν, **8** ἐν τῷ τιθέναι αὐτοὺς τὸ πρόθυρόν[13]
μου ἐν τοῖς προθύροις αὐτῶν καὶ τὰς φλιάς[14] μου ἐχομένας τῶν φλιῶν αὐτῶν καὶ
ἔδωκαν τὸν τοῖχόν[15] μου ὡς συνεχόμενον[16] ἐμοῦ καὶ αὐτῶν καὶ ἐβεβήλωσαν[17] τὸ
ὄνομα τὸ ἅγιόν μου ἐν ταῖς ἀνομίαις[18] αὐτῶν, αἷς ἐποίουν· καὶ ἐξέτριψα[19] αὐτοὺς
ἐν θυμῷ[20] μου καὶ ἐν φόνῳ.[21] **9** καὶ νῦν ἀπωσάσθωσαν[22] τὴν πορνείαν[23] αὐτῶν καὶ
τοὺς φόνους[24] τῶν ἡγουμένων[25] αὐτῶν ἀπ᾽ ἐμοῦ, καὶ κατασκηνώσω[26] ἐν μέσῳ αὐτῶν
τὸν αἰῶνα.

10 καὶ σύ, υἱὲ ἀνθρώπου, δεῖξον τῷ οἴκῳ Ισραηλ τὸν οἶκον, καὶ κοπάσουσιν[27] ἀπὸ
τῶν ἁμαρτιῶν αὐτῶν· καὶ τὴν ὅρασιν[28] αὐτοῦ καὶ τὴν διάταξιν[29] αὐτοῦ, **11** καὶ αὐτοὶ
λήμψονται τὴν κόλασιν[30] αὐτῶν περὶ πάντων, ὧν ἐποίησαν. καὶ διαγράψεις[31] τὸν οἶκον
καὶ τὰς ἐξόδους[32] αὐτοῦ καὶ τὴν ὑπόστασιν[33] αὐτοῦ, καὶ πάντα τὰ προστάγματα[34]
αὐτοῦ καὶ πάντα τὰ νόμιμα[35] αὐτοῦ γνωριεῖς[36] αὐτοῖς καὶ διαγράψεις ἐναντίον[37]
αὐτῶν, καὶ φυλάξονται πάντα τὰ δικαιώματά[38] μου καὶ πάντα τὰ προστάγματά
μου καὶ ποιήσουσιν αὐτά· **12** καὶ τὴν διαγραφὴν[39] τοῦ οἴκου ἐπὶ τῆς κορυφῆς[40] τοῦ
ὄρους, πάντα τὰ ὅρια[41] αὐτοῦ κυκλόθεν[42] ἅγια ἁγίων.

1 εἰσάγω, *aor act ind 3s*, bring in
2 αὐλή, court
3 ἔσω, *comp*, inner
4 πλήρης, full
5 ἵστημι, *plpf act ind 3s*, position, stand
6 ἴχνος, track, footprint
7 κατασκηνόω, *fut act ind 3s*, live, dwell
8 βεβηλόω, *fut act ind 3p*, defile, profane
9 ἡγέομαι, *pres mid ptc nom p m*, lead
10 πορνεία, fornication
11 φόνος, murder
12 ἡγέομαι, *pres mid ptc gen p m*, lead
13 πρόθυρον, doorway
14 φλιά, doorpost
15 τοῖχος, wall
16 συνέχω, *pres mid ptc acc s m*, keep together, hold together
17 βεβηλόω, *aor act ind 3p*, defile, profane
18 ἀνομία, lawlessness
19 ἐκτρίβω, *aor act ind 1s*, destroy
20 θυμός, anger, wrath
21 φόνος, slaughter
22 ἀπωθέω, *aor mid impv 3p*, reject
23 πορνεία, fornication
24 φόνος, murder
25 ἡγέομαι, *pres mid ptc gen p m*, lead
26 κατασκηνόω, *fut act ind 1s*, live, dwell
27 κοπάζω, *fut act ind 3p*, cease
28 ὅρασις, appearance
29 διάταξις, design, plan
30 κόλασις, punishment
31 διαγράφω, *fut act ind 2s*, mark out, draft a plan for
32 ἔξοδος, exit
33 ὑπόστασις, framing, structure
34 πρόσταγμα, command
35 νόμιμος, legal statute
36 γνωρίζω, *fut act ind 2s*, explain
37 ἐναντίον, before
38 δικαίωμα, ordinance
39 διαγραφή, design, plan
40 κορυφή, top, summit
41 ὅριον, limit, boundary
42 κυκλόθεν, around

Restored Altar

13 Καὶ ταῦτα τὰ μέτρα[1] τοῦ θυσιαστηρίου[2] ἐν πήχει[3] τοῦ πήχεος καὶ παλαιστῆς·[4]
κόλπωμα[5] βάθος[6] ἐπὶ πῆχυν καὶ πῆχυς τὸ εὖρος,[7] καὶ γεῖσος[8] ἐπὶ τὸ χεῖλος[9] αὐτοῦ
κυκλόθεν[10] σπιθαμῆς.[11] καὶ τοῦτο τὸ ὕψος[12] τοῦ θυσιαστηρίου· **14** ἐκ βάθους[13] τῆς
ἀρχῆς τοῦ κοιλώματος[14] αὐτοῦ πρὸς τὸ ἱλαστήριον[15] τὸ μέγα τὸ ὑποκάτωθεν[16]
πηχῶν[17] δύο καὶ τὸ εὖρος[18] πήχεος· καὶ ἀπὸ τοῦ ἱλαστηρίου τοῦ μικροῦ ἐπὶ τὸ
ἱλαστήριον τὸ μέγα πήχεις τέσσαρες καὶ εὖρος πῆχυς· **15** καὶ τὸ αριηλ[19] πηχῶν[20]
τεσσάρων, καὶ ἀπὸ τοῦ αριηλ καὶ ὑπεράνω[21] τῶν κεράτων[22] πῆχυς. **16** καὶ τὸ αριηλ[23]
πηχῶν[24] δώδεκα[25] μήκους[26] ἐπὶ πήχεις δώδεκα πλάτους,[27] τετράγωνον[28] ἐπὶ τὰ τέσ-
σαρα μέρη αὐτοῦ· **17** καὶ τὸ ἱλαστῆριον[29] πηχῶν[30] δέκα[31] τεσσάρων τὸ μῆκος[32] ἐπὶ
πήχεις δέκα τέσσαρας τὸ εὖρος[33] ἐπὶ τέσσαρα μέρη αὐτοῦ· καὶ τὸ γεῖσος[34] αὐτῷ
κυκλόθεν[35] κυκλούμενον[36] αὐτῷ ἥμισυ[37] πήχεος, καὶ τὸ κύκλωμα[38] αὐτοῦ πῆχυς
κυκλόθεν· καὶ οἱ κλιμακτῆρες[39] αὐτοῦ βλέποντες κατ᾽ ἀνατολάς.[40]

18 καὶ εἶπεν πρός με Υἱὲ ἀνθρώπου, τάδε[41] λέγει κύριος ὁ θεὸς Ισραηλ Ταῦτα τὰ
προστάγματα[42] τοῦ θυσιαστηρίου[43] ἐν ἡμέρᾳ ποιήσεως[44] αὐτοῦ τοῦ ἀναφέρειν[45] ἐπ᾽
αὐτοῦ ὁλοκαυτώματα[46] καὶ προσχέειν[47] πρὸς αὐτὸ αἷμα. **19** καὶ δώσεις τοῖς ἱερεῦσι
τοῖς Λευίταις τοῖς ἐκ τοῦ σπέρματος Σαδδουκ τοῖς ἐγγίζουσι πρός με, λέγει κύριος ὁ

1 μέτρον, measure, dimension
2 θυσιαστήριον, altar
3 πῆχυς, cubit
4 παλαιστή, breadth of a hand
5 κόλπωμα, curvature
6 βάθος, deep
7 εὖρος, (in) breadth
8 γεῖσος, border
9 χεῖλος, rim
10 κυκλόθεν, around
11 σπιθαμή, span
12 ὕψος, height
13 βάθος, depth
14 κοίλωμα, cavity, hollow area
15 ἱλαστήριον, mercy seat, place of propitiation
16 ὑποκάτωθεν, below
17 πῆχυς, cubit
18 εὖρος, (in) breadth
19 αριηλ, (*read* altar hearth?), *translit.*
20 πῆχυς, cubit
21 ὑπεράνω, above
22 κέρας, horn
23 αριηλ, (*read* altar hearth?), *translit.*
24 πῆχυς, cubit
25 δώδεκα, twelve
26 μῆκος, length(wise)
27 πλάτος, (in) width
28 τετράγωνος, squared
29 ἱλαστήριον, mercy seat, place of propitiation
30 πῆχυς, cubit
31 δέκα, ten
32 μῆκος, length(wise)
33 εὖρος, (in) breadth
34 γεῖσος, border
35 κυκλόθεν, around
36 κυκλόω, *pres mid ptc acc s n*, surround, proceed around
37 ἥμισυς, half
38 κύκλωμα, rim, circumference
39 κλιμακτήρ, step
40 ἀνατολή, east
41 ὅδε, this
42 πρόσταγμα, ordinance
43 θυσιαστήριον, altar
44 ποίησις, production, creation
45 ἀναφέρω, *pres act inf*, offer
46 ὁλοκαύτωμα, whole burnt offering
47 προσχέω, *pres act inf*, pour out

θεός, τοῦ λειτουργεῖν[1] μοι, μόσχον[2] ἐκ βοῶν[3] περὶ ἁμαρτίας· **20** καὶ λήμψονται ἐκ τοῦ
αἵματος αὐτοῦ καὶ ἐπιθήσουσιν ἐπὶ τὰ τέσσαρα κέρατα[4] τοῦ θυσιαστηρίου[5] καὶ ἐπὶ
τὰς τέσσαρας γωνίας[6] τοῦ ἱλαστηρίου[7] καὶ ἐπὶ τὴν βάσιν[8] κύκλῳ[9] καὶ ἐξιλάσονται[10]
αὐτό· **21** καὶ λήμψονται τὸν μόσχον[11] τὸν περὶ ἁμαρτίας, καὶ κατακαυθήσεται[12] ἐν
τῷ ἀποκεχωρισμένῳ[13] τοῦ οἴκου ἔξωθεν[14] τῶν ἁγίων. **22** καὶ τῇ ἡμέρᾳ τῇ δευτέρᾳ
λήμψονται ἐρίφους[15] δύο αἰγῶν[16] ἀμώμους[17] ὑπὲρ ἁμαρτίας καὶ ἐξιλάσονται[18] τὸ
θυσιαστήριον[19] καθότι[20] ἐξιλάσαντο[21] ἐν τῷ μόσχῳ·[22] **23** καὶ μετὰ τὸ συντελέσαι[23]
σε τὸν ἐξιλασμὸν[24] προσοίσουσι[25] μόσχον[26] ἐκ βοῶν[27] ἄμωμον[28] καὶ κριὸν[29] ἐκ προ-
βάτων ἄμωμον, **24** καὶ προσοίσετε ἐναντίον[30] κυρίου, καὶ ἐπιρρίψουσιν[31] οἱ ἱερεῖς
ἐπ' αὐτὰ ἅλα[32] καὶ ἀνοίσουσιν[33] αὐτὰ ὁλοκαυτώματα[34] τῷ κυρίῳ.

25 ἑπτὰ ἡμέρας ποιήσεις ἔριφον[35] ὑπὲρ ἁμαρτίας καθ' ἡμέραν καὶ μόσχον[36] ἐκ
βοῶν[37] καὶ κριὸν[38] ἐκ προβάτων, ἄμωμα[39] ποιήσουσιν **26** ἑπτὰ ἡμέρας· καὶ ἐξιλά-
σονται[40] τὸ θυσιαστήριον[41] καὶ καθαριοῦσιν αὐτὸ καὶ πλήσουσιν[42] χεῖρας αὐτῶν.
27 καὶ ἔσται ἀπὸ τῆς ἡμέρας τῆς ὀγδόης[43] καὶ ἐπέκεινα[44] ποιήσουσιν οἱ ἱερεῖς
ἐπὶ τὸ θυσιαστήριον[45] τὰ ὁλοκαυτώματα[46] ὑμῶν καὶ τὰ τοῦ σωτηρίου[47] ὑμῶν. καὶ
προσδέξομαι[48] ὑμᾶς, λέγει κύριος.

1 λειτουργέω, *pres act inf*, serve
2 μόσχος, calf
3 βοῦς, cow, (*p*) cattle
4 κέρας, horn
5 θυσιαστήριον, altar
6 γωνία, corner
7 ἱλαστῆριον, mercy seat, place of propitiation
8 βάσις, base
9 κύκλῳ, all around
10 ἐξιλάσκομαι, *fut mid ind 3p*, make atonement, propitiate
11 μόσχος, calf
12 κατακαίω, *fut pas ind 3s*, burn completely
13 ἀποχωρίζω, *perf pas ptc dat s m*, separate
14 ἔξωθεν, outside
15 ἔριφος, kid of a goat
16 αἴξ, goat
17 ἄμωμος, spotless
18 ἐξιλάσκομαι, *fut mid ind 3p*, make atonement, propitiate
19 θυσιαστήριον, altar
20 καθότι, just as
21 ἐξιλάσκομαι, *aor mid ind 3p*, make atonement, propitiate
22 μόσχος, calf
23 συντελέω, *aor act inf*, finish, complete
24 ἐξιλασμός, atonement, propitiation
25 προσφέρω, *fut act ind 3p*, offer
26 μόσχος, calf
27 βοῦς, cow, (*p*) cattle
28 ἄμωμος, spotless
29 κριός, ram
30 ἐναντίον, before
31 ἐπιρρίπτω, *fut act ind 3p*, throw, toss
32 ἅλς, salt
33 ἀναφέρω, *fut act ind 3p*, offer
34 ὁλοκαύτωμα, whole burnt offering
35 ἔριφος, kid of a goat
36 μόσχος, calf
37 βοῦς, cow, (*p*) cattle
38 κριός, ram
39 ἄμωμος, spotless
40 ἐξιλάσκομαι, *fut mid ind 3p*, make atonement, propitiate
41 θυσιαστήριον, altar
42 πίμπλημι, *fut act ind 3p*, fill
43 ὄγδοος, eighth
44 ἐπέκεινα, from then on, henceforth
45 θυσιαστήριον, altar
46 ὁλοκαύτωμα, whole burnt offering
47 σωτήριον, deliverance, salvation
48 προσδέχομαι, *fut mid ind 1s*, receive, accept

Restored Priesthood

44 Καὶ ἐπέστρεψέν με κατὰ τὴν ὁδὸν τῆς πύλης[1] τῶν ἁγίων τῆς ἐξωτέρας[2]
τῆς βλεπούσης κατ᾽ ἀνατολάς,[3] καὶ αὕτη ἦν κεκλεισμένη.[4] **2** καὶ εἶπεν κύ-
ριος πρός με Ἡ πύλη[5] αὕτη κεκλεισμένη[6] ἔσται, οὐκ ἀνοιχθήσεται, καὶ οὐδεὶς μὴ
διέλθῃ δι᾽ αὐτῆς, ὅτι κύριος ὁ θεὸς τοῦ Ισραηλ εἰσελεύσεται δι᾽ αὐτῆς, καὶ ἔσται
κεκλεισμένη· **3** διότι[7] ὁ ἡγούμενος,[8] οὗτος καθήσεται ἐν αὐτῇ τοῦ φαγεῖν ἄρτον
ἐναντίον[9] κυρίου· κατὰ τὴν ὁδὸν αιλαμ[10] τῆς πύλης[11] εἰσελεύσεται καὶ κατὰ τὴν
ὁδὸν αὐτοῦ ἐξελεύσεται.

4 καὶ εἰσήγαγέν[12] με κατὰ τὴν ὁδὸν τῆς πύλης[13] τῆς πρὸς βορρᾶν[14] κατέναντι[15] τοῦ
οἴκου, καὶ εἶδον καὶ ἰδοὺ πλήρης[16] δόξης ὁ οἶκος κυρίου, καὶ πίπτω ἐπὶ πρόσωπόν
μου. **5** καὶ εἶπεν κύριος πρός με Υἱὲ ἀνθρώπου, τάξον[17] εἰς τὴν καρδίαν σου καὶ
ἰδὲ τοῖς ὀφθαλμοῖς σου καὶ τοῖς ὠσίν σου ἄκουε πάντα, ὅσα ἐγὼ λαλῶ μετὰ σοῦ,
κατὰ πάντα τὰ προστάγματα[18] οἴκου κυρίου καὶ κατὰ πάντα τὰ νόμιμα[19] αὐτοῦ·
καὶ τάξεις[20] τὴν καρδίαν σου εἰς τὴν εἴσοδον[21] τοῦ οἴκου κατὰ πάσας τὰς ἐξόδους[22]
αὐτοῦ ἐν πᾶσι τοῖς ἁγίοις. **6** καὶ ἐρεῖς πρὸς τὸν οἶκον τὸν παραπικραίνοντα,[23] πρὸς
τὸν οἶκον τοῦ Ισραηλ Τάδε[24] λέγει κύριος ὁ θεός Ἱκανούσθω[25] ὑμῖν ἀπὸ πασῶν
τῶν ἀνομιῶν[26] ὑμῶν, οἶκος Ισραηλ, **7** τοῦ εἰσαγαγεῖν[27] ὑμᾶς υἱοὺς ἀλλογενεῖς[28]
ἀπεριτμήτους[29] καρδίᾳ καὶ ἀπεριτμήτους σαρκὶ τοῦ γίνεσθαι ἐν τοῖς ἁγίοις μου, καὶ
ἐβεβήλουν[30] αὐτὰ ἐν τῷ προσφέρειν ὑμᾶς ἄρτους, στέαρ[31] καὶ αἷμα, καὶ παρεβαίνετε
τὴν διαθήκην μου ἐν πάσαις ταῖς ἀνομίαις[32] ὑμῶν **8** καὶ διετάξατε[33] τοῦ φυλάσσειν
φυλακὰς ἐν τοῖς ἁγίοις μου.

9 διὰ τοῦτο τάδε[34] λέγει κύριος ὁ θεός Πᾶς υἱὸς ἀλλογενὴς[35] ἀπερίτμητος[36] καρδίᾳ
καὶ ἀπερίτμητος σαρκὶ οὐκ εἰσελεύσεται εἰς τὰ ἅγιά μου ἐν πᾶσιν υἱοῖς ἀλλογενῶν

1 πύλη, gate
2 ἔξω, *comp*, outer
3 ἀνατολή, east
4 κλείω, *perf pas ptc nom s f*, shut, close
5 πύλη, gate
6 κλείω, *perf pas ptc nom s f*, shut, close
7 διότι, for
8 ἡγέομαι, *pres mid ptc nom s m*, lead
9 ἐναντίον, before
10 αιλαμ, porch, *translit.*
11 πύλη, gate
12 εἰσάγω, *aor act ind 3s*, bring in
13 πύλη, gate
14 βορρᾶς, north
15 κατέναντι, opposite, in front
16 πλήρης, full
17 τάσσω, *aor act impv 2s*, arrange, position
18 πρόσταγμα, command
19 νόμιμος, legal statute
20 τάσσω, *fut act ind 2s*, arrange, position
21 εἴσοδος, entryway
22 ἔξοδος, exit
23 παραπικραίνω, *pres act ptc acc s m*, provoke
24 ὅδε, this
25 ἱκανόω, *pres pas impv 3s*, be sufficient, be enough
26 ἀνομία, lawlessness
27 εἰσάγω, *aor act inf*, bring in
28 ἀλλογενής, foreign
29 ἀπερίτμητος, uncircumcised
30 βεβηλόω, *impf act ind 3p*, profane, defile
31 στέαρ, fat
32 ἀνομία, lawlessness
33 διατάσσω, *aor act ind 2p*, appoint, instruct
34 ὅδε, this
35 ἀλλογενής, foreign
36 ἀπερίτμητος, uncircumcised

τῶν ὄντων ἐν μέσῳ οἴκου Ισραηλ, **10** ἀλλ᾽ ἢ οἱ Λευῖται, οἵτινες ἀφήλαντο[1] ἀπ᾽ ἐμοῦ ἐν τῷ πλανᾶσθαι τὸν Ισραηλ ἀπ᾽ ἐμοῦ κατόπισθεν[2] τῶν ἐνθυμημάτων[3] αὐτῶν, καὶ λήμψονται ἀδικίαν[4] αὐτῶν **11** καὶ ἔσονται ἐν τοῖς ἁγίοις μου λειτουργοῦντες[5] θυρωροὶ[6] ἐπὶ τῶν πυλῶν[7] τοῦ οἴκου καὶ λειτουργοῦντες τῷ οἴκῳ· οὗτοι σφάξουσιν[8] τὰ ὁλοκαυτώματα[9] καὶ τὰς θυσίας[10] τῷ λαῷ, καὶ οὗτοι στήσονται ἐναντίον[11] τοῦ λαοῦ τοῦ λειτουργεῖν[12] αὐτοῖς. **12** ἀνθ᾽ ὧν[13] ἐλειτούργουν[14] αὐτοῖς πρὸ προσώπου τῶν εἰδώλων[15] αὐτῶν καὶ ἐγένετο τῷ οἴκῳ Ισραηλ εἰς κόλασιν[16] ἀδικίας,[17] ἕνεκα[18] τούτου ἦρα τὴν χεῖρά μου ἐπ᾽ αὐτούς, λέγει κύριος ὁ θεός, **13** καὶ οὐκ ἐγγιοῦσι πρός με τοῦ ἱερατεύειν[19] μοι οὐδὲ τοῦ προσάγειν[20] πρὸς τὰ ἅγια υἱῶν τοῦ Ισραηλ οὐδὲ πρὸς τὰ ἅγια τῶν ἁγίων μου καὶ λήμψονται ἀτιμίαν[21] αὐτῶν ἐν τῇ πλανήσει,[22] ᾗ ἐπλανήθησαν. **14** καὶ κατατάξουσιν[23] αὐτοὺς φυλάσσειν φυλακὰς τοῦ οἴκου εἰς πάντα τὰ ἔργα αὐτοῦ καὶ εἰς πάντα, ὅσα ἂν ποιήσωσιν.

15 οἱ ἱερεῖς οἱ Λευῖται οἱ υἱοὶ τοῦ Σαδδουκ, οἵτινες ἐφυλάξαντο τὰς φυλακὰς τῶν ἁγίων μου ἐν τῷ πλανᾶσθαι οἶκον Ισραηλ ἀπ᾽ ἐμοῦ, οὗτοι προσάξουσιν[24] πρός με τοῦ λειτουργεῖν[25] μοι καὶ στήσονται πρὸ προσώπου μου τοῦ προσφέρειν μοι θυσίαν,[26] στέαρ[27] καὶ αἷμα,[28] λέγει κύριος ὁ θεός. **16** οὗτοι εἰσελεύσονται εἰς τὰ ἅγιά μου, καὶ οὗτοι προσελεύσονται πρὸς τὴν τράπεζάν[29] μου τοῦ λειτουργεῖν[30] μοι καὶ φυλάξουσιν τὰς φυλακάς μου. **17** καὶ ἔσται ἐν τῷ εἰσπορεύεσθαι[31] αὐτοὺς τὰς πύλας[32] τῆς αὐλῆς[33] τῆς ἐσωτέρας[34] στολὰς[35] λινᾶς[36] ἐνδύσονται[37] καὶ οὐκ ἐνδύσονται ἐρεᾶ[38] ἐν τῷ λειτουργεῖν[39] αὐτοὺς ἀπὸ τῆς πύλης τῆς ἐσωτέρας αὐλῆς· **18** καὶ κιδάρεις[40] λινᾶς[41] ἕξουσιν ἐπὶ ταῖς κεφαλαῖς αὐτῶν καὶ περισκελῆ[42] λινᾶ ἕξουσιν ἐπὶ τὰς

1 ἀφάλλομαι, *aor mid ind 3p*, rebound, spring away
2 κατόπισθεν, behind, after
3 ἐνθύμημα, imagination, notion
4 ἀδικία, injustice, wrongdoing
5 λειτουργέω, *pres act ptc nom p m*, serve
6 θυρωρός, doorkeeper, porter
7 πύλη, gate
8 σφάζω, *fut act ind 3p*, slaughter
9 ὁλοκαύτωμα, whole burnt offering
10 θυσία, sacrifice
11 ἐναντίον, opposite, in front
12 λειτουργέω, *pres act inf*, serve
13 ἀνθ᾽ ὧν, since
14 λειτουργέω, *impf act ind 3p*, serve
15 εἴδωλον, image, idol
16 κόλασις, punishment
17 ἀδικία, injustice, wrongdoing
18 ἕνεκα, on account of
19 ἱερατεύω, *pres act inf*, serve as priest
20 προσάγω, *pres act inf*, approach, come near
21 ἀτιμία, disgrace
22 πλάνησις, deception
23 κατατάσσω, *fut act ind 3p*, appoint
24 προσάγω, *fut act ind 3p*, approach, come near
25 λειτουργέω, *pres act inf*, serve
26 θυσία, sacrifice
27 στέαρ, fat
28 αἷμα, blood
29 τράπεζα, table
30 λειτουργέω, *pres act inf*, serve
31 εἰσπορεύομαι, *pres mid inf*, go in, enter
32 πύλη, gate
33 αὐλή, court
34 ἔσω, *comp*, inner
35 στολή, clothing
36 λινοῦς, of linen
37 ἐνδύω, *fut mid ind 3p*, put on
38 ἐρεοῦς, of wool
39 λειτουργέω, *pres act inf*, serve
40 κίδαρις, headdress
41 λινοῦς, of linen
42 περισκελής, irritating, rough

ὀσφύας[1] αὐτῶν καὶ οὐ περιζώσονται[2] βίᾳ.[3] **19** καὶ ἐν τῷ ἐκπορεύεσθαι αὐτοὺς εἰς τὴν αὐλὴν[4] τὴν ἐξωτέραν[5] πρὸς τὸν λαὸν ἐκδύσονται[6] τὰς στολὰς[7] αὐτῶν, ἐν αἷς αὐτοὶ λειτουργοῦσιν[8] ἐν αὐταῖς, καὶ θήσουσιν αὐτὰς ἐν ταῖς ἐξέδραις[9] τῶν ἁγίων καὶ ἐνδύσονται[10] στολὰς[11] ἑτέρας καὶ οὐ μὴ ἁγιάσωσιν[12] τὸν λαὸν ἐν ταῖς στολαῖς αὐτῶν.

20 καὶ τὰς κεφαλὰς αὐτῶν οὐ ξυρήσονται[13] καὶ τὰς κόμας[14] αὐτῶν οὐ ψιλώσουσιν,[15]
καλύπτοντες[16] καλύψουσιν[17] τὰς κεφαλὰς αὐτῶν. **21** καὶ οἶνον οὐ μὴ πίωσιν πᾶς
ἱερεὺς ἐν τῷ εἰσπορεύεσθαι[18] αὐτοὺς εἰς τὴν αὐλὴν[19] τὴν ἐσωτέραν.[20] **22** καὶ χήραν[21]
καὶ ἐκβεβλημένην οὐ λήμψονται ἑαυτοῖς εἰς γυναῖκα, ἀλλ᾽ ἢ παρθένον[22] ἐκ τοῦ
σπέρματος Ισραηλ· καὶ χήρα ἐὰν γένηται ἐξ ἱερέως, λήμψονται. **23** καὶ τὸν λαόν
μου διδάξουσιν ἀνὰ μέσον[23] ἁγίου καὶ βεβήλου[24] καὶ ἀνὰ μέσον ἀκαθάρτου καὶ κα-
θαροῦ[25] γνωριοῦσιν[26] αὐτοῖς. **24** καὶ ἐπὶ κρίσιν αἵματος οὗτοι ἐπιστήσονται[27] τοῦ
διακρίνειν·[28] τὰ δικαιώματά[29] μου δικαιώσουσιν καὶ τὰ κρίματά[30] μου κρινοῦσιν καὶ
τὰ νόμιμά[31] μου καὶ τὰ προστάγματά[32] μου ἐν πάσαις ταῖς ἑορταῖς[33] μου φυλάξονται
καὶ τὰ σάββατά μου ἁγιάσουσιν.[34] **25** καὶ ἐπὶ ψυχὴν ἀνθρώπου οὐκ εἰσελεύσονται
τοῦ μιανθῆναι,[35] ἀλλ᾽ ἢ ἐπὶ πατρὶ καὶ ἐπὶ μητρὶ καὶ ἐπὶ υἱῷ καὶ ἐπὶ θυγατρὶ[36] καὶ
ἐπὶ ἀδελφῷ καὶ ἐπὶ ἀδελφῇ αὐτοῦ, ἣ οὐ γέγονεν ἀνδρί, μιανθήσεται.[37] **26** καὶ
μετὰ τὸ καθαρισθῆναι αὐτὸν ἑπτὰ ἡμέρας ἐξαριθμήσει[38] αὐτῷ· **27** καὶ ᾗ ἂν ἡμέρᾳ
εἰσπορεύωνται[39] εἰς τὴν αὐλὴν[40] τὴν ἐσωτέραν[41] τοῦ λειτουργεῖν[42] ἐν τῷ ἁγίῳ, προσ-
οίσουσιν ἱλασμόν,[43] λέγει κύριος ὁ θεός.

1 ὀσφύς, waist, loins
2 περιζώννυμι, *fut mid ind 3p*, wrap
3 βία, tightness
4 αὐλή, court
5 ἔξω, *comp*, outer
6 ἐκδύω, *fut mid ind 3p*, put on
7 στολή, clothing
8 λειτουργέω, *pres act ind 3p*, serve
9 ἐξέδρα, hall, arcade
10 ἐνδύω, *fut mid ind 3p*, put on
11 στολή, clothing
12 ἁγιάζω, *aor act sub 3p*, sanctify, regard as holy
13 ξυρέω, *fut mid ind 3p*, shave
14 κόμη, hair
15 ψιλόω, *fut act ind 3p*, strip bare (of a covering)
16 καλύπτω, *pres act ptc nom p m*, cover
17 καλύπτω, *fut act ind 3p*, cover
18 εἰσπορεύομαι, *pres mid inf*, come in, enter
19 αὐλή, court
20 ἔσω, *comp*, inner
21 χήρα, widow
22 παρθένος, virgin
23 ἀνὰ μέσον, between
24 βέβηλος, profane, defiled
25 καθαρός, clean
26 γνωρίζω, *fut act ind 3p*, inform, make known
27 ἐφίστημι, *fut mid ind 3p*, attend, stand
28 διακρίνω, *pres act inf*, give judgment
29 δικαίωμα, ordinance
30 κρίμα, rule, judgment
31 νόμιμος, legal statute
32 πρόσταγμα, commandment
33 ἑορτή, feast, festival
34 ἁγιάζω, *fut act ind 3p*, sanctify, consider holy
35 μιαίνω, *aor pas inf*, defile
36 θυγάτηρ, daughter
37 μιαίνω, *fut pas ind 3s*, defile
38 ἐξαριθμέω, *fut act ind 3s*, count out
39 εἰσπορεύομαι, *pres mid sub 3p*, come in, enter
40 αὐλή, court
41 ἔσω, *comp*, inner
42 λειτουργέω, *pres act inf*, serve
43 ἱλασμός, atonement, propitiation

28 καὶ ἔσται αὐτοῖς εἰς κληρονομίαν·[1] ἐγὼ κληρονομία αὐτοῖς, καὶ κατάσχεσις[2]
αὐτοῖς οὐ δοθήσεται ἐν τοῖς υἱοῖς Ισραηλ, ὅτι ἐγὼ κατάσχεσις αὐτῶν. **29** καὶ τὰς
θυσίας[3] καὶ τὰ ὑπὲρ ἁμαρτίας καὶ τὰ ὑπὲρ ἀγνοίας[4] οὗτοι φάγονται, καὶ πᾶν ἀφό-
ρισμα[5] ἐν τῷ Ισραηλ αὐτοῖς ἔσται· **30** ἀπαρχαὶ[6] πάντων καὶ τὰ πρωτότοκα[7] πάντων
καὶ τὰ ἀφαιρέματα πάντα ἐκ πάντων τῶν ἀπαρχῶν ὑμῶν τοῖς ἱερεῦσιν ἔσται· καὶ
τὰ πρωτογενήματα[8] ὑμῶν δώσετε τῷ ἱερεῖ τοῦ θεῖναι εὐλογίας[9] ὑμῶν ἐπὶ τοὺς
οἴκους ὑμῶν. **31** καὶ πᾶν θνησιμαῖον[10] καὶ θηριάλωτον[11] ἐκ τῶν πετεινῶν[12] καὶ ἐκ
τῶν κτηνῶν[13] οὐ φάγονται οἱ ἱερεῖς.

Full Restoration of Israel

45 Καὶ ἐν τῷ καταμετρεῖσθαι[14] ὑμᾶς τὴν γῆν ἐν κληρονομίᾳ[15] ἀφοριεῖτε[16] ἀπ-
αρχὴν[17] τῷ κυρίῳ ἅγιον ἀπὸ τῆς γῆς, πέντε καὶ εἴκοσι[18] χιλιάδας[19] μῆκος[20]
καὶ εὖρος[21] εἴκοσι χιλιάδας· ἅγιον ἔσται ἐν πᾶσι τοῖς ὁρίοις[22] αὐτοῦ κυκλόθεν.[23]
2 καὶ ἔσται ἐκ τούτου εἰς ἁγίασμα[24] πεντακόσιοι[25] ἐπὶ πεντακοσίους τετράγωνον[26]
κυκλόθεν,[27] καὶ πήχεις[28] πεντήκοντα[29] διάστημα[30] αὐτῷ κυκλόθεν. **3** καὶ ἐκ ταύτης
τῆς διαμετρήσεως[31] διαμετρήσεις[32] μῆκος[33] πέντε καὶ εἴκοσι[34] χιλιάδας[35] καὶ εὖρος[36]
δέκα[37] χιλιάδας, καὶ ἐν αὐτῇ ἔσται τὸ ἁγίασμα,[38] ἅγια τῶν ἁγίων· **4** ἀπὸ τῆς γῆς ἔσται
τοῖς ἱερεῦσιν τοῖς λειτουργοῦσιν[39] ἐν τῷ ἁγίῳ καὶ ἔσται τοῖς ἐγγίζουσι λειτουργεῖν[40]
τῷ κυρίῳ, καὶ ἔσται αὐτοῖς τόπος εἰς οἴκους ἀφωρισμένους[41] τῷ ἁγιασμῷ[42] αὐτῶν.
5 εἴκοσι[43] καὶ πέντε χιλιάδες[44] μῆκος[45] καὶ εὖρος[46] δέκα[47] χιλιάδες ἔσται τοῖς Λευίταις

1 κληρονομία, inheritance
2 κατάσχεσις, possession
3 θυσία, sacrifice
4 ἄγνοια, ignorance
5 ἀφόρισμα, that which is set apart
6 ἀπαρχή, first portion
7 πρωτότοκος, firstborn
8 πρωτογένημα, earliest produce
9 εὐλογία, blessing
10 θνησιμαῖος, carcass
11 θηριάλωτος, (dead prey)
12 πετεινόν, bird
13 κτῆνος, wild animal
14 καταμετρέω, *pres mid inf*, measure out exactly
15 κληρονομία, inheritance
16 ἀφορίζω, *fut act ind 2p*, set aside
17 ἀπαρχή, first portion
18 εἴκοσι, twenty
19 χιλιάς, thousand
20 μῆκος, length
21 εὖρος, breadth
22 ὅριον, territory, boundary
23 κυκλόθεν, all over, all around
24 ἁγίασμα, sanctuary
25 πεντακόσιοι, five hundred
26 τετράγωνος, square
27 κυκλόθεν, on all sides
28 πῆχυς, cubit
29 πεντήκοντα, fifty
30 διάστημα, area
31 διαμέτρησις, measurement
32 διαμετρέω, *fut act ind 2s*, measure out
33 μῆκος, length
34 εἴκοσι, twenty
35 χιλιάς, thousand
36 εὖρος, breadth
37 δέκα, ten
38 ἁγίασμα, sanctuary
39 λειτουργέω, *pres act ptc dat p m*, serve
40 λειτουργέω, *pres act inf*, serve
41 ἀφορίζω, *perf pas ptc acc p m*, set aside, distinguish
42 ἁγιασμός, sanctification
43 εἴκοσι, twenty
44 χιλιάς, thousand
45 μῆκος, length
46 εὖρος, breadth
47 δέκα, ten

τοῖς λειτουργοῦσιν[1] τῷ οἴκῳ, αὐτοῖς εἰς κατάσχεσιν,[2] πόλεις τοῦ κατοικεῖν. **6** καὶ τὴν
κατάσχεσιν[3] τῆς πόλεως δώσεις πέντε χιλιάδας[4] εὖρος[5] καὶ μῆκος[6] πέντε καὶ εἴκοσι[7]
χιλιάδας· ὃν τρόπον[8] ἡ ἀπαρχὴ[9] τῶν ἁγίων παντὶ οἴκῳ Ισραηλ ἔσονται.

7 καὶ τῷ ἡγουμένῳ[10] ἐκ τούτου καὶ ἀπὸ τούτου εἰς τὰς ἀπαρχὰς[11] τῶν ἁγίων εἰς
κατάσχεσιν[12] τῆς πόλεως κατὰ πρόσωπον τῶν ἀπαρχῶν τῶν ἁγίων καὶ κατὰ πρόσω-
πον τῆς κατασχέσεως τῆς πόλεως τὰ πρὸς θάλασσαν καὶ ἀπὸ τῶν πρὸς θάλασσαν
πρὸς ἀνατολάς,[13] καὶ τὸ μῆκος[14] ὡς μία τῶν μερίδων[15] ἀπὸ τῶν ὁρίων[16] τῶν πρὸς
θάλασσαν καὶ τὸ μῆκος ἐπὶ τὰ ὅρια τὰ πρὸς ἀνατολὰς τῆς γῆς· **8** καὶ ἔσται αὐτῷ εἰς
κατάσχεσιν[17] ἐν τῷ Ισραηλ, καὶ οὐ καταδυναστεύσουσιν[18] οὐκέτι οἱ ἀφηγούμενοι[19]
τοῦ Ισραηλ τὸν λαόν μου, καὶ τὴν γῆν κατακληρονομήσουσιν[20] οἶκος Ισραηλ κατὰ
φυλὰς αὐτῶν.

9 τάδε[21] λέγει κύριος θεός Ἱκανούσθω[22] ὑμῖν, οἱ ἀφηγούμενοι[23] τοῦ Ισραηλ· ἀδικίαν[24]
καὶ ταλαιπωρίαν[25] ἀφέλεσθε καὶ κρίμα[26] καὶ δικαιοσύνην ποιήσατε, ἐξάρατε[27] κατα-
δυναστείαν[28] ἀπὸ τοῦ λαοῦ μου, λέγει κύριος θεός. **10** ζυγὸς[29] δίκαιος[30] καὶ μέτρον[31]
δίκαιον καὶ χοῖνιξ[32] δικαία ἔστω ὑμῖν. **11** τὸ μέτρον[33] καὶ ἡ χοῖνιξ[34] ὁμοίως[35] μία
ἔσται τοῦ λαμβάνειν· τὸ δέκατον[36] τοῦ γομορ[37] ἡ χοῖνιξ, καὶ τὸ δέκατον τοῦ γομορ
τὸ μέτρον, πρὸς τὸ γομορ ἔσται ἴσον.[38] **12** καὶ τὸ στάθμιον[39] εἴκοσι[40] ὀβολοί·[41] οἱ
πέντε σίκλοι[42] πέντε, καὶ οἱ δέκα[43] σίκλοι δέκα, καὶ πεντήκοντα[44] σίκλοι ἡ μνᾶ[45]
ἔσται ὑμῖν.

1 λειτουργέω, *pres act ptc dat p m*, serve
2 κατάσχεσις, possession
3 κατάσχεσις, possession
4 χιλιάς, thousand
5 εὖρος, breadth
6 μῆκος, length
7 εἴκοσι, twenty
8 ὃν τρόπον, just as
9 ἀπαρχή, first portion
10 ἡγέομαι, *pres mid ptc dat s m*, lead
11 ἀπαρχή, first portion
12 κατάσχεσις, possession
13 ἀνατολή, east
14 μῆκος, length
15 μερίς, part
16 ὅριον, border, territory
17 κατάσχεσις, possession
18 καταδυναστεύω, *fut act ind 3p*, oppress
19 ἀφηγέομαι, *pres mid ptc nom p m*, lead
20 κατακληρονομέω, *fut act ind 3p*, give as a possession
21 ὅδε, this
22 ἱκανόω, *pres pas impv 3s*, be sufficient
23 ἀφηγέομαι, *pres mid ptc nom p m*, lead
24 ἀδικία, injustice, wrongdoing
25 ταλαιπωρία, trouble, distress
26 κρίμα, judgment
27 ἐξαίρω, *aor act impv 2p*, remove
28 καταδυναστεία, oppression
29 ζυγός, balance, scale
30 δίκαιος, just
31 μέτρον, measure, content
32 χοῖνιξ, dry measure, daily portion
33 μέτρον, measure, content
34 χοῖνιξ, dry measure, daily portion
35 ὁμοίως, likewise
36 δέκατος, tenth
37 γομορ, homer, *translit.*
38 ἴσος, equal
39 στάθμιον, weight
40 εἴκοσι, twenty
41 ὄβολοι, obol, *translit.*
42 σίκλος, shekel, *Heb. LW*
43 δέκα, ten
44 πεντήκοντα, fifty
45 μνᾶ, mina, *Heb. LW*

13 Καὶ αὕτη ἡ ἀπαρχή,[1] ἣν ἀφοριεῖτε·[2] ἕκτον[3] τοῦ μέτρου[4] ἀπὸ τοῦ γομορ[5] τοῦ πυροῦ[6]
καὶ τὸ ἕκτον[7] τοῦ οιφι[8] ἀπὸ τοῦ κόρου τῶν κριθῶν.[9] **14** καὶ τὸ πρόσταγμα[10] τοῦ
ἐλαίου·[11] κοτύλην[12] ἐλαίου ἀπὸ δέκα[13] κοτυλῶν, ὅτι αἱ δέκα κοτύλαι εἰσὶν γομορ.[14]
15 καὶ πρόβατον ἀπὸ τῶν δέκα[15] προβάτων ἀφαίρεμα[16] ἐκ πασῶν τῶν πατριῶν[17] τοῦ
Ισραηλ εἰς θυσίας[18] καὶ εἰς ὁλοκαυτώματα[19] καὶ εἰς σωτηρίου[20] τοῦ ἐξιλάσκεσθαι[21]
περὶ ὑμῶν, λέγει κύριος θεός. **16** καὶ πᾶς ὁ λαὸς δώσει τὴν ἀπαρχὴν[22] ταύτην τῷ
ἀφηγουμένῳ[23] τοῦ Ισραηλ. **17** καὶ διὰ τοῦ ἀφηγουμένου[24] ἔσται τὰ ὁλοκαυτώματα[25]
καὶ αἱ θυσίαι[26] καὶ αἱ σπονδαὶ[27] ἔσονται ἐν ταῖς ἑορταῖς[28] καὶ ἐν ταῖς νουμηνίαις[29]
καὶ ἐν τοῖς σαββάτοις καὶ ἐν πάσαις ταῖς ἑορταῖς οἴκου Ισραηλ· αὐτὸς ποιήσει τὰ
ὑπὲρ ἁμαρτίας καὶ τὴν θυσίαν[30] καὶ τὰ ὁλοκαυτώματα καὶ τὰ τοῦ σωτηρίου[31] τοῦ
ἐξιλάσκεσθαι[32] ὑπὲρ τοῦ οἴκου Ισραηλ.

18 Τάδε[33] λέγει κύριος θεός Ἐν τῷ πρώτῳ μηνὶ[34] μιᾷ τοῦ μηνὸς λήμψεσθε μόσχον[35]
ἐκ βοῶν[36] ἄμωμον[37] τοῦ ἐξιλάσασθαι[38] τὸ ἅγιον. **19** καὶ λήμψεται ὁ ἱερεὺς ἀπὸ τοῦ
αἵματος τοῦ ἐξιλασμοῦ[39] καὶ δώσει ἐπὶ τὰς φλιὰς[40] τοῦ οἴκου καὶ ἐπὶ τὰς τέσσαρας
γωνίας[41] τοῦ ἱεροῦ καὶ ἐπὶ τὸ θυσιαστήριον[42] καὶ ἐπὶ τὰς φλιὰς τῆς πύλης[43] τῆς
αὐλῆς[44] τῆς ἐσωτέρας.[45] **20** καὶ οὕτως ποιήσεις ἐν τῷ ἑβδόμῳ[46] μηνὶ[47] μιᾷ τοῦ μηνὸς
λήμψῃ παρ᾽ ἑκάστου ἀπόμοιραν[48] καὶ ἐξιλάσεσθε[49] τὸν οἶκον.

1 ἀπαρχή, first portion
2 ἀφορίζω, *fut act ind 2p*, set aside
3 ἕκτος, sixth
4 μέτρον, measure, content
5 γομορ, homer, *translit.*
6 πυρός, wheat
7 ἕκτος, sixth
8 οιφι, ephah, *translit.*
9 κριθή, barley
10 πρόσταγμα, guidelines, directive
11 ἔλαιον, oil
12 κοτύλη, measuring cup
13 δέκα, ten
14 γομορ, homer, *translit.*
15 δέκα, ten
16 ἀφαίρεμα, tribute, deduction
17 πατριά, paternal household
18 θυσία, sacrifice
19 ὁλοκαύτωμα, whole burnt offering
20 σωτήριον, deliverance, salvation
21 ἐξιλάσκομαι, *pres mid inf*, make atonement, propitiate
22 ἀπαρχή, first portion
23 ἀφηγέομαι, *pres mid ptc dat s m*, lead
24 ἀφηγέομαι, *pres mid ptc gen s m*, lead
25 ὁλοκαύτωμα, whole burnt offering
26 θυσία, sacrifice
27 σπονδή, drink offering
28 ἑορτή, festival, feast
29 νουμηνία, new moon
30 θυσία, sacrifice
31 σωτήριον, deliverance, salvation
32 ἐξιλάσκομαι, *pres mid inf*, make atonement, propitiate
33 ὅδε, this
34 μήν, month
35 μόσχος, calf
36 βοῦς, cow, (*p*) cattle
37 ἄμωμος, spotless
38 ἐξιλάσκομαι, *aor mid inf*, make atonement, propitiate
39 ἐξιλασμός, atonement, propitiation
40 φλιά, doorpost
41 γωνία, corner
42 θυσιαστήριον, altar
43 πύλη, gate
44 αὐλή, court
45 ἔσω, *comp*, inner
46 ἕβδομος, seventh
47 μήν, month
48 ἀπόμοιρα, portion
49 ἐξιλάσκομαι, *fut mid ind 2p*, make atonement, propitiate

21 καὶ ἐν τῷ πρώτῳ μηνὶ[1] τεσσαρεσκαιδεκάτῃ[2] τοῦ μηνὸς ἔσται ὑμῖν τὸ πασχα[3]
ἑορτή·[4] ἑπτὰ ἡμέρας ἄζυμα[5] ἔδεσθε.[6] **22** καὶ ποιήσει ὁ ἀφηγούμενος[7] ἐν ἐκείνῃ τῇ
ἡμέρᾳ ὑπὲρ αὐτοῦ καὶ τοῦ οἴκου καὶ ὑπὲρ παντὸς τοῦ λαοῦ τῆς γῆς μόσχον[8] ὑπὲρ
ἁμαρτίας. **23** καὶ τὰς ἑπτὰ ἡμέρας τῆς ἑορτῆς[9] ποιήσει ὁλοκαυτώματα[10] τῷ κυρίῳ,
ἑπτὰ μόσχους[11] καὶ ἑπτὰ κριοὺς[12] ἀμώμους[13] καθ' ἡμέραν τὰς ἑπτὰ ἡμέρας καὶ ὑπὲρ
ἁμαρτίας ἔριφον[14] αἰγῶν[15] καθ' ἡμέραν. **24** καὶ θυσίαν[16] πέμμα[17] τῷ μόσχῳ[18] καὶ
πέμμα τῷ κριῷ[19] ποιήσεις καὶ ἐλαίου[20] τὸ ιν[21] τῷ πέμματι. **25** καὶ ἐν τῷ ἑβδόμῳ[22]
μηνὶ[23] πεντεκαιδεκάτῃ[24] τοῦ μηνὸς ἐν τῇ ἑορτῇ[25] ποιήσεις κατὰ τὰ αὐτὰ ἑπτὰ ἡμέ-
ρας, καθὼς τὰ ὑπὲρ τῆς ἁμαρτίας καὶ καθὼς τὰ ὁλοκαυτώματα[26] καὶ καθὼς τὸ
μαναα[27] καὶ καθὼς τὸ ἔλαιον.[28]

46 Τάδε[29] λέγει κύριος θεός Πύλη[30] ἡ ἐν τῇ αὐλῇ[31] τῇ ἐσωτέρᾳ[32] ἡ βλέπουσα
πρὸς ἀνατολὰς[33] ἔσται κεκλεισμένη[34] ἓξ[35] ἡμέρας τὰς ἐνεργούς,[36] ἐν δὲ τῇ
ἡμέρᾳ τῶν σαββάτων ἀνοιχθήσεται καὶ ἐν τῇ ἡμέρᾳ τῆς νουμηνίας[37] ἀνοιχθήσεται.
2 καὶ εἰσελεύσεται ὁ ἀφηγούμενος[38] κατὰ τὴν ὁδὸν τοῦ αιλαμ[39] τῆς πύλης[40] τῆς
ἔξωθεν[41] καὶ στήσεται ἐπὶ τὰ πρόθυρα[42] τῆς πύλης, καὶ ποιήσουσιν οἱ ἱερεῖς τὰ
ὁλοκαυτώματα[43] αὐτοῦ καὶ τὰ τοῦ σωτηρίου[44] αὐτοῦ· καὶ προσκυνήσει ἐπὶ τοῦ
προθύρου τῆς πύλης καὶ ἐξελεύσεται, καὶ ἡ πύλη οὐ μὴ κλεισθῇ[45] ἕως ἑσπέρας.[46]
3 καὶ προσκυνήσει ὁ λαὸς τῆς γῆς κατὰ τὰ πρόθυρα[47] τῆς πύλης[48] ἐκείνης ἐν τοῖς
σαββάτοις καὶ ἐν ταῖς νουμηνίαις[49] ἐναντίον[50] κυρίου. **4** καὶ τὰ ὁλοκαυτώματα[51]

1 μήν, month
2 τεσσαρεσκαιδέκατος, fourteenth
3 πασχα, Passover, *translit.*
4 ἑορτή, festival, feast
5 ἄζυμος, unleavened (bread)
6 ἐσθίω, *fut mid ind 2p*, eat
7 ἀφηγέομαι, *pres mid ptc nom s m*, lead
8 μόσχος, calf
9 ἑορτή, festival, feast
10 ὁλοκαύτωμα, whole burnt offering
11 μόσχος, calf
12 κριός, ram
13 ἄμωμος, spotless
14 ἔριφος, kid of a goat
15 αἴξ, goat
16 θυσία, sacrifice
17 πέμμα, cake, pastry
18 μόσχος, calf
19 κριός, ram
20 ἔλαιον, oil
21 ιν, hin, *translit.*
22 ἕβδομος, seventh
23 μήν, month
24 πεντεκαιδέκατος, fifteenth
25 ἑορτή, festival, feast
26 ὁλοκαύτωμα, whole burnt offering
27 μαναα, (*read* offering), *translit.*
28 ἔλαιον, oil
29 ὅδε, this
30 πύλη, gate
31 αὐλή, court
32 ἔσω, *comp*, inner
33 ἀνατολή, east
34 κλείω, *perf pas ptc nom s f*, close, shut
35 ἕξ, six
36 ἐνεργός, working
37 νουμηνία, new moon
38 ἀφηγέομαι, *pres mid ptc nom s m*, lead
39 αιλαμ, porch, *translit.*
40 πύλη, gate
41 ἔξωθεν, outside, exterior
42 πρόθυρον, doorway
43 ὁλοκαύτωμα, whole burnt offering
44 σωτήριον, deliverance, salvation
45 κλείω, *aor pas sub 3s*, close, shut
46 ἑσπέρα, evening
47 πρόθυρον, doorway
48 πύλη, gate
49 νουμηνία, new moon
50 ἐναντίον, before
51 ὁλοκαύτωμα, whole burnt offering

προσοίσει ὁ ἀφηγούμενος[1] τῷ κυρίῳ· ἐν τῇ ἡμέρᾳ τῶν σαββάτων ἓξ[2] ἀμνοὺς[3] ἀμώμους[4] καὶ κριὸν[5] ἄμωμον **5** καὶ μαναα[6] πέμμα[7] τῷ κριῷ[8] καὶ τοῖς ἀμνοῖς[9] θυσίαν[10] δόμα[11] χειρὸς αὐτοῦ καὶ ἐλαίου[12] τὸ ιν[13] τῷ πέμματι· **6** καὶ ἐν τῇ ἡμέρᾳ τῆς νουμηνίας[14] μόσχον[15] ἄμωμον[16] καὶ ἓξ[17] ἀμνούς,[18] καὶ κριὸς[19] ἄμωμος ἔσται, **7** καὶ πέμμα[20] τῷ κριῷ[21] καὶ πέμμα τῷ μόσχῳ[22] ἔσται μαναα,[23] καὶ τοῖς ἀμνοῖς[24] καθὼς ἐὰν ἐκποιῇ[25] ἡ χεὶρ αὐτοῦ, καὶ ἐλαίου[26] τὸ ιν[27] τῷ πέμματι. **8** καὶ ἐν τῷ εἰσπορεύεσθαι[28] τὸν ἀφηγούμενον[29] κατὰ τὴν ὁδὸν τοῦ αιλαμ[30] τῆς πύλης[31] εἰσελεύσεται καὶ κατὰ τὴν ὁδὸν τῆς πύλης ἐξελεύσεται.

9 καὶ ὅταν εἰσπορεύηται[32] ὁ λαὸς τῆς γῆς ἐναντίον[33] κυρίου ἐν ταῖς ἑορταῖς,[34] ὁ εἰσπορευόμενος[35] κατὰ τὴν ὁδὸν τῆς πύλης[36] τῆς πρὸς βορρᾶν[37] προσκυνεῖν ἐξελεύσεται κατὰ τὴν ὁδὸν τῆς πύλης τῆς πρὸς νότον,[38] καὶ ὁ εἰσπορευόμενος κατὰ τὴν ὁδὸν τῆς πύλης τῆς πρὸς νότον ἐξελεύσεται κατὰ τὴν ὁδὸν τῆς πύλης τῆς πρὸς βορρᾶν· οὐκ ἀναστρέψει[39] κατὰ τὴν πύλην, ἣν εἰσελήλυθεν, ἀλλ᾽ ἢ κατ᾽ εὐθὺ[40] αὐτῆς ἐξελεύσεται. **10** καὶ ὁ ἀφηγούμενος[41] ἐν μέσῳ αὐτῶν ἐν τῷ εἰσπορεύεσθαι[42] αὐτοὺς εἰσελεύσεται μετ᾽ αὐτῶν καὶ ἐν τῷ ἐκπορεύεσθαι αὐτοὺς ἐξελεύσεται. **11** καὶ ἐν ταῖς ἑορταῖς[43] καὶ ἐν ταῖς πανηγύρεσιν[44] ἔσται τὸ μαναα[45] πέμμα[46] τῷ μόσχῳ[47] καὶ πέμμα τῷ κριῷ[48] καὶ τοῖς ἀμνοῖς[49] καθὼς ἂν ἐκποιῇ[50] ἡ χεὶρ αὐτοῦ καὶ ἐλαίου[51] τὸ ιν[52] τῷ πέμματι.

1 ἀφηγέομαι, *pres mid ptc nom s m*, lead
2 ἕξ, six
3 ἀμνός, lamb
4 ἄμωμος, spotless
5 κριός, ram
6 μαναα, (*read* offering), *translit.*
7 πέμμα, cake, pastry
8 κριός, ram
9 ἀμνός, lamb
10 θυσία, sacrifice
11 δόμα, gift
12 ἔλαιον, oil
13 ιν, hin, *translit.*
14 νουμηνία, new moon
15 μόσχος, calf
16 ἄμωμος, spotless
17 ἕξ, six
18 ἀμνός, lamb
19 κριός, ram
20 πέμμα, cake, pastry
21 κριός, ram
22 μόσχος, calf
23 μαναα, (*read* offering), *translit.*
24 ἀμνός, lamb
25 ἐκποιέω, *pres act sub 3s*, furnish, procure
26 ἔλαιον, oil
27 ιν, hin, *translit.*
28 εἰσπορεύομαι, *pres mid inf*, go in, enter
29 ἀφηγέομαι, *pres mid ptc acc s m*, lead
30 αιλαμ, porch, *translit.*
31 πύλη, gate
32 εἰσπορεύομαι, *pres mid sub 3s*, go in, enter
33 ἐναντίον, before
34 ἑορτή, feast, festival
35 εἰσπορεύομαι, *pres mid ptc nom s m*, go in, enter
36 πύλη, gate
37 βορρᾶς, north
38 νότος, south
39 ἀναστρέφω, *fut act ind 3s*, return, come back
40 εὐθύς, immediately
41 ἀφηγέομαι, *pres mid ptc nom s m*, lead
42 εἰσπορεύομαι, *pres mid inf*, go in, enter
43 ἑορτή, feast, festival
44 πανήγυρις, public gathering
45 μαναα, (*read* offering), *translit.*
46 πέμμα, cake, pastry
47 μόσχος, calf
48 κριός, ram
49 ἀμνός, lamb
50 ἐκποιέω, *pres act sub 3s*, furnish, procure
51 ἔλαιον, oil
52 ιν, hin, *translit.*

12 ἐὰν δὲ ποιήσῃ ὁ ἀφηγούμενος[1] ὁμολογίαν[2] ὁλοκαύτωμα[3] σωτηρίου[4] τῷ κυρίῳ,
καὶ ἀνοίξει ἑαυτῷ τὴν πύλην[5] τὴν βλέπουσαν κατ' ἀνατολὰς[6] καὶ ποιήσει τὸ ὁλο-
καύτωμα αὐτοῦ καὶ τὰ τοῦ σωτηρίου αὐτοῦ, ὃν τρόπον[7] ποιεῖ ἐν τῇ ἡμέρᾳ τῶν
σαββάτων, καὶ ἐξελεύσεται καὶ κλείσει[8] τὰς θύρας μετὰ τὸ ἐξελθεῖν αὐτόν. **13** καὶ
ἀμνὸν[9] ἐνιαύσιον[10] ἄμωμον[11] ποιήσει εἰς ὁλοκαύτωμα[12] καθ' ἡμέραν τῷ κυρίῳ,
πρωὶ[13] ποιήσει αὐτόν· **14** καὶ μαναα[14] ποιήσει ἐπ' αὐτῷ τὸ πρωὶ[15] ἕκτον[16] τοῦ μέτρου[17]
καὶ ἐλαίου[18] τὸ τρίτον[19] τοῦ ιν[20] τοῦ ἀναμεῖξαι[21] τὴν σεμίδαλιν[22] μαναα τῷ κυρίῳ,
πρόσταγμα[23] διὰ παντός. **15** ποιήσετε τὸν ἀμνὸν[24] καὶ τὸ μαναα[25] καὶ τὸ ἔλαιον[26]
ποιήσετε τὸ πρωὶ[27] ὁλοκαύτωμα[28] διὰ παντός.

16 Τάδε[29] λέγει κύριος θεός Ἐὰν δῷ ὁ ἀφηγούμενος[30] δόμα[31] ἑνὶ ἐκ τῶν υἱῶν αὐτοῦ ἐκ
τῆς κληρονομίας[32] αὐτοῦ, τοῦτο τοῖς υἱοῖς αὐτοῦ ἔσται κατάσχεσις[33] ἐν κληρονομίᾳ.
17 ἐὰν δὲ δῷ δόμα[34] ἑνὶ τῶν παίδων[35] αὐτοῦ, καὶ ἔσται αὐτῷ ἕως τοῦ ἔτους τῆς ἀφέ-
σεως,[36] καὶ ἀποδώσει τῷ ἀφηγουμένῳ·[37] πλὴν τῆς κληρονομίας[38] τῶν υἱῶν αὐτοῦ,
αὐτοῖς ἔσται. **18** καὶ οὐ μὴ λάβῃ ὁ ἀφηγούμενος[39] ἐκ τῆς κληρονομίας[40] τοῦ λαοῦ
καταδυναστεῦσαι[41] αὐτούς· ἐκ τῆς κατασχέσεως[42] αὐτοῦ κατακληρονομήσει[43] τοῖς
υἱοῖς αὐτοῦ, ὅπως μὴ διασκορπίζηται[44] ὁ λαός μου ἕκαστος ἐκ τῆς κατασχέσεως αὐτοῦ.

19 Καὶ εἰσήγαγέν[45] με εἰς τὴν εἴσοδον[46] τῆς κατὰ νώτου[47] τῆς πύλης[48] εἰς τὴν ἐξέδραν[49]
τῶν ἁγίων τῶν ἱερέων τὴν βλέπουσαν πρὸς βορρᾶν,[50] καὶ ἰδοὺ τόπος ἐκεῖ κεχωρισ-

1 ἀφηγέομαι, *pres mid ptc nom s m*, lead
2 ὁμολογία, acknowledgment, confession
3 ὁλοκαύτωμα, whole burnt offering
4 σωτήριον, deliverance, salvation
5 πύλη, gate
6 ἀνατολή, east
7 ὃν τρόπον, just as
8 κλείω, *fut act ind 3s*, close, shut
9 ἀμνός, lamb
10 ἐνιαύσιος, one year old
11 ἄμωμος, spotless
12 ὁλοκαύτωμα, whole burnt offering
13 πρωί, (in the) morning
14 μαναα, (*read* offering), *translit.*
15 πρωί, (in the) morning
16 ἕκτος, sixth
17 μέτρον, measure
18 ἔλαιον, oil
19 τρίτος, third
20 ιν, hin, *translit.*
21 ἀναμείγνυμι, *aor act inf*, mix
22 σεμίδαλις, fine flour
23 πρόσταγμα, command, ordinance
24 ἀμνός, lamb
25 μαναα, (*read* offering), *translit.*
26 ἔλαιον, oil
27 πρωί, (in the) morning
28 ὁλοκαύτωμα, whole burnt offering
29 ὅδε, this
30 ἀφηγέομαι, *pres mid ptc nom s m*, lead
31 δόμα, gift
32 κληρονομία, inheritance
33 κατάσχεσις, possession
34 δόμα, gift
35 παῖς, servant
36 ἄφεσις, remission, release
37 ἀφηγέομαι, *pres mid ptc dat s m*, lead
38 κληρονομία, inheritance
39 ἀφηγέομαι, *pres mid ptc nom s m*, lead
40 κληρονομία, inheritance
41 καταδυναστεύω, *aor act inf*, oppress
42 κατάσχεσις, possession
43 κατακληρονομέω, *fut act ind 3s*, give as inheritance
44 διασκορπίζω, *pres pas sub 3s*, scatter
45 εἰσάγω, *aor act ind 3s*, bring in
46 εἴσοδος, entrance
47 νῶτος, back, rear
48 πύλη, gate
49 ἐξέδρα, hall, arcade
50 βορρᾶς, north

μένος.[1] **20** καὶ εἶπεν πρός με Οὗτος ὁ τόπος ἐστίν, οὗ[2] ἑψήσουσιν[3] ἐκεῖ οἱ ἱερεῖς τὰ
ὑπὲρ ἀγνοίας[4] καὶ τὰ ὑπὲρ ἁμαρτίας καὶ ἐκεῖ πέψουσι[5] τὸ μαναα[6] τὸ παράπαν[7] τοῦ
μὴ ἐκφέρειν[8] εἰς τὴν αὐλὴν[9] τὴν ἐξωτέραν[10] τοῦ ἁγιάζειν[11] τὸν λαόν. **21** καὶ ἐξήγαγέν[12]
με εἰς τὴν αὐλὴν[13] τὴν ἐξωτέραν[14] καὶ περιήγαγέν[15] με ἐπὶ τὰ τέσσαρα μέρη τῆς
αὐλῆς, καὶ ἰδοὺ αὐλὴ κατὰ τὸ κλίτος[16] τῆς αὐλῆς αὐλὴ κατὰ τὸ κλίτος τῆς αὐλῆς·
22 ἐπὶ τὰ τέσσαρα κλίτη[17] τῆς αὐλῆς[18] αὐλὴ μικρά, μῆκος[19] πηχῶν[20] τεσσαράκοντα[21]
καὶ εὖρος[22] πηχῶν τριάκοντα,[23] μέτρον[24] ἓν ταῖς τέσσαρσιν. **23** καὶ ἐξέδραι[25] κύκλῳ[26]
ἐν αὐταῖς, κύκλῳ ταῖς τέσσαρσιν, καὶ μαγειρεῖα[27] γεγονότα ὑποκάτω[28] τῶν ἐξεδρῶν
κύκλῳ· **24** καὶ εἶπεν πρός με Οὗτοι οἱ οἶκοι τῶν μαγειρείων,[29] οὗ[30] ἑψήσουσιν[31] ἐκεῖ
οἱ λειτουργοῦντες[32] τῷ οἴκῳ τὰ θύματα[33] τοῦ λαοῦ.

A River Flowing from the Temple

47 Καὶ εἰσήγαγέν[34] με ἐπὶ τὰ πρόθυρα[35] τοῦ οἴκου, καὶ ἰδοὺ ὕδωρ ἐξεπορεύετο
ὑποκάτωθεν[36] τοῦ αἰθρίου[37] κατ᾽ ἀνατολάς,[38] ὅτι τὸ πρόσωπον τοῦ οἴκου
ἔβλεπεν κατ᾽ ἀνατολάς, καὶ τὸ ὕδωρ κατέβαινεν ἀπὸ τοῦ κλίτους[39] τοῦ δεξιοῦ ἀπὸ
νότου[40] ἐπὶ τὸ θυσιαστήριον.[41] **2** καὶ ἐξήγαγέν[42] με κατὰ τὴν ὁδὸν τῆς πύλης[43] τῆς
πρὸς βορρᾶν[44] καὶ περιήγαγέν[45] με τὴν ὁδὸν ἔξωθεν[46] πρὸς τὴν πύλην τῆς αὐλῆς[47]
τῆς βλεπούσης κατ᾽ ἀνατολάς,[48] καὶ ἰδοὺ τὸ ὕδωρ κατεφέρετο[49] ἀπὸ τοῦ κλίτους[50]
τοῦ δεξιοῦ. **3** καθὼς ἔξοδος[51] ἀνδρὸς ἐξ ἐναντίας,[52] καὶ μέτρον[53] ἐν τῇ χειρὶ αὐτοῦ,

1 χωρίζω, *perf pas ptc nom s m*, separate, restrict
2 οὗ, where
3 ἕψω, *fut act ind 3p*, boil
4 ἄγνοια, ignorance
5 πέπτω, *fut act ind 3p*, bake
6 μαναα, (*read* offering), *translit.*
7 παράπαν, completely
8 ἐκφέρω, *pres act inf*, bring in
9 αὐλή, court
10 ἔξω, *comp*, outer
11 ἁγιάζω, *pres act inf*, consecrate, sanctify
12 ἐξάγω, *aor act ind 3s*, bring in
13 αὐλή, court
14 ἔξω, *comp*, outer
15 περιάγω, *aor act ind 3s*, lead around
16 κλίτος, side
17 κλίτος, side
18 αὐλή, court
19 μῆκος, length
20 πῆχυς, cubit
21 τεσσαράκοντα, forty
22 εὖρος, breadth
23 τριάκοντα, thirty
24 μέτρον, measurement, dimension
25 ἐξέδρα, hall, arcade
26 κύκλῳ, all around, on all sides
27 μαγειρεῖον, kitchen
28 ὑποκάτω, below
29 μαγειρεῖον, kitchen
30 οὗ, where
31 ἕψω, *fut act ind 3p*, boil
32 λειτουργέω, *pres act ptc nom p m*, serve
33 θῦμα, sacrifice
34 εἰσάγω, *aor act ind 3s*, bring in
35 πρόθυρον, entrance, doorway
36 ὑποκάτωθεν, underneath
37 αἴθριος, atrium
38 ἀνατολή, east
39 κλίτος, side
40 νότος, south
41 θυσιαστήριον, altar
42 ἐξάγω, *aor act ind 3s*, bring in
43 πύλη, gate
44 βορρᾶς, south
45 περιάγω, *aor act ind 3s*, lead around
46 ἔξωθεν, outer, exterior
47 αὐλή, court
48 ἀνατολή, east
49 καταφέρω, *impf pas ind 3s*, bring down
50 κλίτος, side
51 ἔξοδος, exit
52 ἐναντίος, opposite
53 μέτρον, measuring instrument

καὶ διεμέτρησεν[1] χιλίους[2] ἐν τῷ μέτρῳ, καὶ διῆλθεν ἐν τῷ ὕδατι ὕδωρ ἀφέσεως·[3]
4 καὶ διεμέτρησεν[4] χιλίους,[5] καὶ διῆλθεν ἐν τῷ ὕδατι ὕδωρ ἕως τῶν μηρῶν·[6] καὶ
διεμέτρησεν χιλίους, καὶ διῆλθεν ὕδωρ ἕως ὀσφύος·[7] **5** καὶ διεμέτρησεν[8] χιλίους,[9]
καὶ οὐκ ἠδύνατο διελθεῖν, ὅτι ἐξύβριζεν[10] τὸ ὕδωρ ὡς ῥοῖζος[11] χειμάρρου,[12] ὃν οὐ
διαβήσονται.[13] **6** καὶ εἶπεν πρός με Εἰ ἑώρακας, υἱὲ ἀνθρώπου;

καὶ ἤγαγέν με ἐπὶ τὸ χεῖλος[14] τοῦ ποταμοῦ.[15] **7** ἐν τῇ ἐπιστροφῇ[16] μου καὶ ἰδοὺ ἐπὶ τοῦ
χείλους[17] τοῦ ποταμοῦ[18] δένδρα[19] πολλὰ σφόδρα[20] ἔνθεν[21] καὶ ἔνθεν.[22] **8** καὶ εἶπεν
πρός με Τὸ ὕδωρ τοῦτο τὸ ἐκπορευόμενον εἰς τὴν Γαλιλαίαν τὴν πρὸς ἀνατολὰς[23]
καὶ κατέβαινεν ἐπὶ τὴν Ἀραβίαν καὶ ἤρχετο ἕως ἐπὶ τὴν θάλασσαν ἐπὶ τὸ ὕδωρ
τῆς διεκβολῆς,[24] καὶ ὑγιάσει[25] τὰ ὕδατα. **9** καὶ ἔσται πᾶσα ψυχὴ τῶν ζῴων[26] τῶν
ἐκζεόντων[27] ἐπὶ πάντα, ἐφ᾽ ἃ ἂν ἐπέλθῃ[28] ἐκεῖ ὁ ποταμός,[29] ζήσεται, καὶ ἔσται ἐκεῖ
ἰχθὺς[30] πολὺς σφόδρα,[31] ὅτι ἥκει[32] ἐκεῖ τὸ ὕδωρ τοῦτο, καὶ ὑγιάσει[33] καὶ ζήσεται·
πᾶν, ἐφ᾽ ὃ ἂν ἐπέλθῃ ὁ ποταμὸς ἐκεῖ, ζήσεται. **10** καὶ στήσονται ἐκεῖ ἁλεεῖς[34] ἀπὸ
Αινγαδιν ἕως Αιναγαλιμ· ψυγμὸς[35] σαγηνῶν[36] ἔσται, καθ᾽ αὐτὴν ἔσται, καὶ οἱ ἰχθύες[37]
αὐτῆς ὡς οἱ ἰχθύες τῆς θαλάσσης τῆς μεγάλης πλῆθος πολὺ σφόδρα.[38] **11** καὶ ἐν
τῇ διεκβολῇ[39] αὐτοῦ καὶ ἐν τῇ ἐπιστροφῇ[40] αὐτοῦ καὶ ἐν τῇ ὑπεράρσει[41] αὐτοῦ οὐ
μὴ ὑγιάσωσιν·[42] εἰς ἅλας[43] δέδονται. **12** καὶ ἐπὶ τοῦ ποταμοῦ[44] ἀναβήσεται ἐπὶ τοῦ
χείλους[45] αὐτοῦ ἔνθεν[46] καὶ ἔνθεν[47] πᾶν ξύλον[48] βρώσιμον,[49] οὐ μὴ παλαιωθῇ[50] ἐπ᾽

1 διαμετρέω, *aor act ind 3s*, measure out
2 χίλιοι, one thousand
3 ἄφεσις, release
4 διαμετρέω, *aor act ind 3s*, measure out
5 χίλιοι, one thousand
6 μηρός, thigh
7 ὀσφύς, waist
8 διαμετρέω, *aor act ind 3s*, measure out
9 χίλιοι, one thousand
10 ἐξυβρίζω, *impf act ind 3s*, break out violently
11 ῥοῖζος, rushing
12 χείμαρρος, brook, torrent
13 διαβαίνω, *fut mid ind 3p*, pass over
14 χεῖλος, edge
15 ποταμός, river
16 ἐπιστροφή, turning back
17 χεῖλος, edge
18 ποταμός, river
19 δένδρον, tree
20 σφόδρα, exceedingly
21 ἔνθεν, on one side
22 ἔνθεν, on the other side
23 ἀνατολή, east
24 διεκβολή, outlet
25 ὑγιάζω, *fut act ind 3s*, become healthy
26 ζῷον, living thing
27 ἐκζέω, *pres act ptc gen p n*, breed fervently
28 ἐπέρχομαι, *aor act sub 3s*, come to, reach
29 ποταμός, river
30 ἰχθύς, fish
31 σφόδρα, exceedingly
32 ἥκω, *pres act ind 3s*, come
33 ὑγιάζω, *fut act ind 3s*, become healthy
34 ἁλιεύς, fisherman
35 ψυγμός, drying place
36 σαγήνη, dragnet
37 ἰχθύς, fish
38 σφόδρα, exceedingly
39 διεκβολή, outlet
40 ἐπιστροφή, turning back
41 ὑπέραρσις, high-water mark
42 ὑγιάζω, *aor act sub 3p*, become healthy
43 ἅλς, salt
44 ποταμός, river
45 χεῖλος, edge
46 ἔνθεν, on one side
47 ἔνθεν, on the other side
48 ξύλον, tree
49 βρώσιμος, edible
50 παλαιόω, *aor pas sub 3s*, rot

αὐτοῦ, οὐδὲ μὴ ἐκλίπῃ[1] ὁ καρπὸς αὐτοῦ· τῆς καινότητος[2] αὐτοῦ πρωτοβολήσει,[3] διότι[4] τὰ ὕδατα αὐτῶν ἐκ τῶν ἁγίων ταῦτα ἐκπορεύεται, καὶ ἔσται ὁ καρπὸς αὐτῶν εἰς βρῶσιν[5] καὶ ἀνάβασις[6] αὐτῶν εἰς ὑγίειαν.[7]

Boundaries of the Land

13 Τάδε[8] λέγει κύριος θεός Ταῦτα τὰ ὅρια[9] κατακληρονομήσετε[10] τῆς γῆς, ταῖς
δώδεκα[11] φυλαῖς τῶν υἱῶν Ισραηλ πρόσθεσις[12] σχοινίσματος.[13] **14** καὶ κατακληρο-
νομήσετε[14] αὐτὴν ἕκαστος καθὼς ὁ ἀδελφὸς αὐτοῦ, εἰς ἣν ἦρα τὴν χεῖρά μου τοῦ
δοῦναι αὐτὴν τοῖς πατράσιν αὐτῶν, καὶ πεσεῖται ἡ γῆ αὕτη ὑμῖν ἐν κληρονομίᾳ.[15]
15 καὶ ταῦτα τὰ ὅρια[16] τῆς γῆς πρὸς βορρᾶν·[17] ἀπὸ τῆς θαλάσσης τῆς μεγάλης
τῆς καταβαινούσης καὶ περισχιζούσης[18] τῆς εἰσόδου[19] Ημαθ Σεδδαδα, **16** Βηρωθα,
Σεβραιμ, Ηλιαμ, ἀνὰ μέσον[20] ὁρίων[21] Δαμασκοῦ καὶ ἀνὰ μέσον ὁρίων Ημαθ, αὐλὴ[22]
τοῦ Σαυναν, αἵ εἰσιν ἐπάνω[23] τῶν ὁρίων Αυρανίτιδος. **17** ταῦτα τὰ ὅρια[24] ἀπὸ τῆς
θαλάσσης ἀπὸ τῆς αὐλῆς[25] τοῦ Αιναν, ὅρια Δαμασκοῦ καὶ τὰ πρὸς βορρᾶν.[26]

18 καὶ τὰ πρὸς ἀνατολὰς[27] ἀνὰ μέσον[28] τῆς Αυρανίτιδος καὶ ἀνὰ μέσον Δαμασκοῦ
καὶ ἀνὰ μέσον τῆς Γαλααδίτιδος καὶ ἀνὰ μέσον τῆς γῆς τοῦ Ισραηλ, ὁ Ιορδάνης διο-
ρίζει[29] ἐπὶ τὴν θάλασσαν τὴν πρὸς ἀνατολὰς Φοινικῶνος· ταῦτα τὰ πρὸς ἀνατολάς.
19 καὶ τὰ πρὸς νότον[30] καὶ λίβα[31] ἀπὸ Θαιμαν καὶ Φοινικῶνος ἕως ὕδατος Μαριμωθ
Καδης παρεκτεῖνον[32] ἐπὶ τὴν θάλασσαν τὴν μεγάλην· τοῦτο τὸ μέρος νότος[33] καὶ
λίψ.[34] **20** τοῦτο τὸ μέρος τῆς θαλάσσης τῆς μεγάλης· ὁρίζει[35] ἕως κατέναντι[36] τῆς
εἰσόδου[37] Ημαθ ἕως εἰσόδου αὐτοῦ· ταῦτά ἐστιν τὰ πρὸς θάλασσαν Ημαθ. **21** καὶ
διαμερίσετε[38] τὴν γῆν ταύτην αὐτοῖς, ταῖς φυλαῖς τοῦ Ισραηλ. **22** βαλεῖτε[39] αὐτὴν

1 ἐκλείπω, *aor act sub 3s*, cease
2 καινότης, freshness
3 πρωτοβολέω, *fut act ind 3s*, bring forth new fruit
4 διότι, since
5 βρῶσις, food
6 ἀνάβασις, ascent, (*read* foliage)
7 ὑγίεια, health
8 ὅδε, this
9 ὅριον, territory, region
10 κατακληρονομέω, *fut act ind 2p*, give as inheritance
11 δώδεκα, twelve
12 πρόσθεσις, addition
13 σχοίνισμα, allotment
14 κατακληρονομέω, *fut act ind 2p*, give as inheritance
15 κληρονομία, inheritance
16 ὅριον, boundary, border
17 βορρᾶς, north
18 περισχίζω, *pres act ptc gen s f*, divide
19 εἴσοδος, entrance
20 ἀνὰ μέσον, between
21 ὅριον, boundary, region
22 αὐλή, court
23 ἐπάνω, above
24 ὅριον, boundary, region
25 αὐλή, court
26 βορρᾶς, north
27 ἀνατολή, east
28 ἀνὰ μέσον, between
29 διορίζω, *pres act ind 3s*, separate
30 νότος, south
31 λίψ, southwest
32 παρεκτείνω, *pres act ptc nom s n*, extend
33 νότος, south
34 λίψ, southwest
35 ὁρίζω, *pres act ind 3s*, mark off
36 κατέναντι, opposite
37 εἴσοδος, entrance
38 διαμερίζω, *fut act ind 2p*, distribute
39 βάλλω, *fut act ind 2p*, cast

ἐν κλήρῳ[1] ὑμῖν καὶ τοῖς προσηλύτοις[2] τοῖς παροικοῦσιν[3] ἐν μέσῳ ὑμῶν, οἵτινες ἐγέννησαν υἱοὺς ἐν μέσῳ ὑμῶν· καὶ ἔσονται ὑμῖν ὡς αὐτόχθονες[4] ἐν τοῖς υἱοῖς τοῦ Ισραηλ, μεθ᾽ὑμῶν φάγονται ἐν κληρονομίᾳ[5] ἐν μέσῳ τῶν φυλῶν τοῦ Ισραηλ· **23** καὶ ἔσονται ἐν φυλῇ προσηλύτων[6] ἐν τοῖς προσηλύτοις τοῖς μετ᾽ αὐτῶν, ἐκεῖ δώσετε κληρονομίαν[7] αὐτοῖς, λέγει κύριος θεός.

Divisions of the Land

48 Καὶ ταῦτα τὰ ὀνόματα τῶν φυλῶν· ἀπὸ τῆς ἀρχῆς τῆς πρὸς βορρᾶν[8] κατὰ τὸ μέρος τῆς καταβάσεως[9] τοῦ περισχίζοντος[10] ἐπὶ τὴν εἴσοδον[11] τῆς Ημαθ αὐλῆς[12] τοῦ Αιναν, ὅριον[13] Δαμασκοῦ πρὸς βορρᾶν κατὰ μέρος Ημαθ αὐλῆς, καὶ ἔσται αὐτοῖς τὰ πρὸς ἀνατολὰς[14] ἕως πρὸς θάλασσαν Δαν, μία. **2** καὶ ἀπὸ τῶν ὁρίων[15] τοῦ Δαν τὰ πρὸς ἀνατολὰς[16] ἕως τῶν πρὸς θάλασσαν Ασηρ, μία. **3** καὶ ἀπὸ τῶν ὁρίων Ασηρ ἀπὸ τῶν πρὸς ἀνατολὰς ἕως τῶν πρὸς θάλασσαν Νεφθαλιμ, μία. **4** καὶ ἀπὸ τῶν ὁρίων[17] Νεφθαλι ἀπὸ τῶν πρὸς ἀνατολὰς[18] ἕως τῶν πρὸς θάλασσαν Μανασση, μία. **5** καὶ ἀπὸ τῶν ὁρίων[19] Μανασση ἀπὸ τῶν πρὸς ἀνατολὰς[20] ἕως τῶν πρὸς θάλασσαν Εφραιμ, μία. **6** καὶ ἀπὸ τῶν ὁρίων[21] Εφραιμ ἀπὸ τῶν πρὸς ἀνατολὰς[22] ἕως τῶν πρὸς θάλασσαν Ρουβην, μία. **7** καὶ ἀπὸ τῶν ὁρίων[23] Ρουβην ἀπὸ τῶν πρὸς ἀνατολὰς[24] ἕως τῶν πρὸς θάλασσαν Ιουδα, μία.

8 Καὶ ἀπὸ τῶν ὁρίων[25] Ιουδα ἀπὸ τῶν πρὸς ἀνατολὰς[26] ἕως τῶν πρὸς θάλασσαν ἔσται ἡ ἀπαρχὴ[27] τοῦ ἀφορισμοῦ,[28] πέντε καὶ εἴκοσι[29] χιλιάδες[30] εὖρος[31] καὶ μῆκος[32] καθὼς μία τῶν μερίδων[33] ἀπὸ τῶν πρὸς ἀνατολὰς[34] καὶ ἕως τῶν πρὸς θάλασσαν, καὶ ἔσται τὸ ἅγιον ἐν μέσῳ αὐτῶν· **9** ἀπαρχή,[35] ἣν ἀφοριοῦσι[36] τῷ κυρίῳ, μῆκος[37]

1 κλῆρος, lot
2 προσήλυτος, immigrant, guest
3 παροικέω, *pres act ptc dat p m*, live as a noncitizen
4 αὐτόχθων, native
5 κληρονομία, inheritance
6 προσήλυτος, immigrant, guest
7 κληρονομία, inheritance
8 βορρᾶς, north
9 κατάβασις, descent
10 περισχίζω, *pres act ptc gen s n*, divide
11 εἴσοδος, entrance
12 αὐλή, court
13 ὅριον, boundary, border
14 ἀνατολή, east
15 ὅριον, border, territory
16 ἀνατολή, east
17 ὅριον, border, territory
18 ἀνατολή, east
19 ὅριον, border, territory
20 ἀνατολή, east
21 ὅριον, border, territory
22 ἀνατολή, east
23 ὅριον, border, territory
24 ἀνατολή, east
25 ὅριον, border, territory
26 ἀνατολή, east
27 ἀπαρχή, first portion
28 ἀφορισμός, delimitation
29 εἴκοσι, twenty
30 χιλιάς, thousand
31 εὖρος, breadth
32 μῆκος, length
33 μερίς, portion
34 ἀνατολή, east
35 ἀπαρχή, first portion
36 ἀφορίζω, *fut act ind 3p*, set apart, distinguish
37 μῆκος, length

πέντε καὶ εἴκοσι[1] χιλιάδες[2] καὶ εὖρος[3] εἴκοσι[4] καὶ πέντε χιλιάδες. **10** τούτων ἔσται ἡ
ἀπαρχὴ[5] τῶν ἁγίων· τοῖς ἱερεῦσιν, πρὸς βορρᾶν[6] πέντε καὶ εἴκοσι[7] χιλιάδες[8] καὶ πρὸς
θάλασσαν πλάτος[9] δέκα[10] χιλιάδες καὶ πρὸς ἀνατολὰς[11] πλάτος[12] δέκα[13] χιλιάδες
καὶ πρὸς νότον[14] μῆκος[15] εἴκοσι καὶ πέντε χιλιάδες, καὶ τὸ ὄρος τῶν ἁγίων ἔσται
ἐν μέσῳ αὐτοῦ· **11** τοῖς ἱερεῦσι τοῖς ἡγιασμένοις[16] υἱοῖς Σαδδουκ τοῖς φυλάσσουσι
τὰς φυλακὰς τοῦ οἴκου, οἵτινες οὐκ ἐπλανήθησαν ἐν τῇ πλανήσει[17] υἱῶν Ισραηλ ὃν
τρόπον[18] ἐπλανήθησαν οἱ Λευῖται, **12** καὶ ἔσται αὐτοῖς ἡ ἀπαρχὴ[19] δεδομένη ἐκ τῶν
ἀπαρχῶν τῆς γῆς, ἅγιον ἁγίων ἀπὸ τῶν ὁρίων[20] τῶν Λευιτῶν.

13 τοῖς δὲ Λευίταις τὰ ἐχόμενα τῶν ὁρίων[21] τῶν ἱερέων, μῆκος[22] πέντε καὶ εἴκοσι[23]
χιλιάδες[24] καὶ εὖρος[25] δέκα[26] χιλιάδες. πᾶν τὸ μῆκος πέντε καὶ εἴκοσι χιλιάδες καὶ
εὖρος εἴκοσι χιλιάδες. **14** οὐ πραθήσεται[27] ἐξ αὐτοῦ οὐδὲ καταμετρηθήσεται,[28] οὐδὲ
ἀφαιρεθήσεται[29] τὰ πρωτογενήματα[30] τῆς γῆς, ὅτι ἅγιόν ἐστιν τῷ κυρίῳ.

15 τὰς δὲ πέντε χιλιάδας[31] τὰς περισσὰς[32] ἐπὶ τῷ πλάτει[33] ἐπὶ ταῖς πέντε καὶ εἴκοσι[34]
χιλιάσιν,[35] προτείχισμα[36] ἔσται τῇ πόλει εἰς τὴν κατοικίαν[37] καὶ εἰς διάστημα[38] αὐτοῦ,
καὶ ἔσται ἡ πόλις ἐν μέσῳ αὐτοῦ. **16** καὶ ταῦτα τὰ μέτρα[39] αὐτῆς· ἀπὸ τῶν πρὸς
βορρᾶν[40] πεντακόσιοι[41] καὶ τετρακισχίλιοι[42] καὶ ἀπὸ τῶν πρὸς νότον[43] πεντακόσιοι
καὶ τέσσαρες χιλιάδες[44] καὶ ἀπὸ τῶν πρὸς ἀνατολὰς[45] πεντακόσιοι καὶ τέσσαρες
χιλιάδες καὶ ἀπὸ τῶν πρὸς θάλασσαν τετρακισχιλίους[46] πεντακοσίους·[47] **17** καὶ

1 εἴκοσι, twenty
2 χιλιάς, thousand
3 εὖρος, breadth
4 εἴκοσι, twenty
5 ἀπαρχή, first portion
6 βορρᾶς, north
7 εἴκοσι, twenty
8 χιλιάς, thousand
9 πλάτος, width
10 δέκα, ten
11 ἀνατολή, east
12 πλάτος, width
13 δέκα, ten
14 νότος, south
15 μῆκος, length
16 ἁγιάζω, *perf pas ptc dat p m*, sanctify, consecrate
17 πλάνησις, error
18 ὃν τρόπον, in the manner that
19 ἀπαρχή, first portion
20 ὅριον, territory, region
21 ὅριον, territory, region
22 μῆκος, length
23 εἴκοσι, twenty
24 χιλιάς, thousand
25 εὖρος, breadth
26 δέκα, ten
27 πιπράσκω, *fut pas ind 3s*, sell
28 καταμετρέω, *fut pas ind 3s*, assign for military encampment
29 ἀφαιρέω, *fut pas ind 3s*, remove
30 πρωτογένημα, firstfruit
31 χιλιάς, thousand
32 περισσά, additional, remaining
33 πλατύς, width
34 εἴκοσι, twenty
35 χιλιάς, thousand
36 προτείχισμα, outer fortification
37 κατοικία, dwelling place
38 διάστημα, space
39 μέτρον, measurement, dimension
40 βορρᾶς, north
41 πεντακόσιοι, five hundred
42 τετρακισχίλιοι, four thousand
43 νότος, south
44 χιλιάς, thousand
45 ἀνατολή, east
46 τετρακισχίλιοι, four thousand
47 πεντακόσιοι, five hundred

ἔσται διάστημα[1] τῇ πόλει πρὸς βορρᾶν[2] διακόσιοι[3] πεντήκοντα[4] καὶ πρὸς νότον[5]
διακόσιοι καὶ πεντήκοντα καὶ πρὸς ἀνατολὰς[6] διακόσιοι πεντήκοντα καὶ πρὸς
θάλασσαν διακόσιοι πεντήκοντα. **18** καὶ τὸ περισσὸν[7] τοῦ μήκους[8] τὸ ἐχόμενον
τῶν ἀπαρχῶν[9] τῶν ἁγίων δέκα[10] χιλιάδες[11] πρὸς ἀνατολὰς[12] καὶ δέκα χιλιάδες πρὸς
θάλασσαν, καὶ ἔσονται αἱ ἀπαρχαὶ τοῦ ἁγίου, καὶ ἔσται τὰ γενήματα[13] αὐτῆς εἰς
ἄρτους τοῖς ἐργαζομένοις τὴν πόλιν· **19** οἱ δὲ ἐργαζόμενοι τὴν πόλιν ἐργῶνται
αὐτὴν ἐκ πασῶν τῶν φυλῶν τοῦ Ισραηλ. **20** πᾶσα ἡ ἀπαρχὴ[14] πέντε καὶ εἴκοσι[15]
χιλιάδες[16] ἐπὶ πέντε καὶ εἴκοσι χιλιάδας· τετράγωνον[17] ἀφοριεῖτε[18] αὐτοῦ τὴν ἀπ-
αρχὴν[19] τοῦ ἁγίου ἀπὸ τῆς κατασχέσεως[20] τῆς πόλεως.

21 τὸ δὲ περισσὸν[21] τῷ ἀφηγουμένῳ[22] ἐκ τούτου καὶ ἐκ τούτου ἀπὸ τῶν ἀπαρχῶν[23]
τοῦ ἁγίου καὶ εἰς τὴν κατάσχεσιν[24] τῆς πόλεως ἐπὶ πέντε καὶ εἴκοσι[25] χιλιάδας[26]
μῆκος[27] ἕως τῶν ὁρίων[28] τῶν πρὸς ἀνατολὰς[29] καὶ πρὸς θάλασσαν ἐπὶ πέντε καὶ
εἴκοσι χιλιάδας ἕως τῶν ὁρίων τῶν πρὸς θάλασσαν ἐχόμενα τῶν μερίδων[30] τοῦ
ἀφηγουμένου·[31] καὶ ἔσται ἡ ἀπαρχὴ[32] τῶν ἁγίων καὶ τὸ ἁγίασμα[33] τοῦ οἴκου ἐν μέσῳ
αὐτῆς. **22** καὶ ἀπὸ τῆς κατασχέσεως[34] τῶν Λευιτῶν καὶ ἀπὸ τῆς κατασχέσεως τῆς
πόλεως ἐν μέσῳ τῶν ἀφηγουμένων[35] ἔσται· ἀνὰ μέσον[36] τῶν ὁρίων[37] Ιουδα καὶ ἀνὰ
μέσον τῶν ὁρίων Βενιαμιν τῶν ἀφηγουμένων ἔσται.

23 Καὶ τὸ περισσὸν[38] τῶν φυλῶν ἀπὸ τῶν πρὸς ἀνατολὰς[39] ἕως τῶν πρὸς θάλασσαν
Βενιαμιν, μία. **24** καὶ ἀπὸ τῶν ὁρίων[40] τῶν Βενιαμιν ἀπὸ τῶν πρὸς ἀνατολὰς[41] ἕως
τῶν πρὸς θάλασσαν Συμεων, μία. **25** καὶ ἀπὸ τῶν ὁρίων[42] τῶν Συμεων ἀπὸ τῶν
πρὸς ἀνατολὰς[43] ἕως τῶν πρὸς θάλασσαν Ισσαχαρ, μία. **26** καὶ ἀπὸ τῶν ὁρίων[44] τῶν

1 διάστημα, space
2 βορρᾶς, north
3 διακόσιοι, two hundred
4 πεντήκοντα, fifty
5 νότος, south
6 ἀνατολή, east
7 περισσός, additional, remaining
8 μῆκος, length
9 ἀπαρχή, first portion
10 δέκα, ten
11 χιλιάς, thousand
12 ἀνατολή, east
13 γένημα, yield, produce
14 ἀπαρχή, first portion
15 εἴκοσι, twenty
16 χιλιάς, thousand
17 τετράγωνος, square
18 ἀφορίζω, *fut act ind 2p*, set apart
19 ἀπαρχή, first portion
20 κατάσχεσις, possession
21 περισσός, additional, remaining
22 ἀφηγέομαι, *pres mid ptc dat s m*, set apart
23 ἀπαρχή, first portion
24 κατάσχεσις, possession
25 εἴκοσι, twenty
26 χιλιάς, thousand
27 μῆκος, length
28 ὅριον, boundary, border
29 ἀνατολή, east
30 μερίς, portion
31 ἀφηγέομαι, *pres mid ptc gen s m*, set apart
32 ἀπαρχή, first portion
33 ἁγίασμα, sanctuary
34 κατάσχεσις, possession
35 ἀφηγέομαι, *pres mid ptc gen p m*, set apart
36 ἀνὰ μέσον, between
37 ὅριον, border, territory
38 περισσός, additional, remaining
39 ἀνατολή, east
40 ὅριον, border, territory
41 ἀνατολή, east
42 ὅριον, border, territory
43 ἀνατολή, east
44 ὅριον, border, territory

Ισσαχαρ ἀπὸ τῶν πρὸς ἀνατολὰς[1] ἕως τῶν πρὸς θάλασσαν Ζαβουλων, μία. **27** καὶ
ἀπὸ τῶν ὁρίων[2] τῶν Ζαβουλων ἀπὸ τῶν πρὸς ἀνατολὰς[3] ἕως τῶν πρὸς θάλασσαν
Γαδ, μία. **28** καὶ ἀπὸ τῶν ὁρίων[4] τῶν Γαδ ἕως τῶν πρὸς λίβα[5] καὶ ἔσται τὰ ὅρια[6]
αὐτοῦ ἀπὸ Θαιμαν καὶ ὕδατος Μαριμωθ Καδης κληρονομίας[7] ἕως τῆς θαλάσσης
τῆς μεγάλης. **29** αὕτη ἡ γῆ, ἣν βαλεῖτε[8] ἐν κλήρῳ[9] ταῖς φυλαῖς Ισραηλ, καὶ οὗτοι οἱ
διαμερισμοὶ[10] αὐτῶν, λέγει κύριος θεός.

Gates of the Restored City

30 Καὶ αὗται αἱ διεκβολαὶ[11] τῆς πόλεως αἱ πρὸς βορρᾶν,[12] τετρακισχίλιοι[13] καὶ πεντα-
κόσιοι[14] μέτρῳ.[15] **31** καὶ αἱ πύλαι[16] τῆς πόλεως ἐπ᾽ ὀνόμασιν φυλῶν τοῦ Ισραηλ· πύλαι
τρεῖς πρὸς βορρᾶν,[17] πύλη[18] Ρουβην μία καὶ πύλη Ιουδα μία καὶ πύλη Λευι μία. **32** καὶ
τὰ πρὸς ἀνατολὰς[19] τετρακισχίλιοι[20] καὶ πεντακόσιοι·[21] καὶ πύλαι[22] τρεῖς, πύλη Ιωσηφ
μία καὶ πύλη Βενιαμιν μία καὶ πύλη Δαν μία. **33** καὶ τὰ πρὸς νότον[23] τετρακισχίλιοι[24]
καὶ πεντακόσιοι[25] μέτρῳ·[26] καὶ πύλαι[27] τρεῖς, πύλη Συμεων μία καὶ πύλη Ισσαχαρ μία
καὶ πύλη Ζαβουλων μία. **34** καὶ τὰ πρὸς θάλασσαν τετρακισχίλιοι[28] καὶ πεντακόσιοι[29]
μέτρῳ·[30] καὶ πύλαι[31] τρεῖς, πύλη Γαδ μία καὶ πύλη Ασηρ μία καὶ πύλη Νεφθαλιμ μία.
35 κύκλωμα[32] δέκα[33] καὶ ὀκτὼ[34] χιλιάδες.[35] καὶ τὸ ὄνομα τῆς πόλεως, ἀφ᾽ ἧς ἂν
ἡμέρας γένηται, ἔσται τὸ ὄνομα αὐτῆς.

1 ἀνατολή, east
2 ὅριον, border, territory
3 ἀνατολή, east
4 ὅριον, border, territory
5 λίψ, southwest
6 ὅριον, border, territory
7 κληρονομία, inheritance
8 βάλλω, *fut act ind 2p*, cast
9 κλῆρος, lot
10 διαμερισμός, division
11 διεκβολή, exit, way out
12 βορρᾶς, north
13 τετρακισχίλιοι, four thousand
14 πεντακόσιοι, five hundred
15 μέτρον, measurement, dimension
16 πύλη, gate
17 βορρᾶς, north
18 πύλη, gate
19 ἀνατολή, east
20 τετρακισχίλιοι, four thousand
21 πεντακόσιοι, five hundred
22 πύλη, gate
23 νότος, south
24 τετρακισχίλιοι, four thousand
25 πεντακόσιοι, five hundred
26 μέτρον, measurement, division
27 πύλη, gate
28 τετρακισχίλιοι, four thousand
29 πεντακόσιοι, five hundred
30 μέτρον, measurement, dimension
31 πύλη, gate
32 κύκλωμα, circumference
33 δέκα, ten
34 ὀκτώ, eight
35 χιλιάς, thousand

ΣΟΥΣΑΝΝΑ
Susanna

Susanna's Beauty Attracts Two Elders

1 Καὶ ἤρχοντο κρίσεις ἐξ ἄλλων πόλεων πρὸς αὐτούς. **7** οὗτοι ἰδόντες γυναῖκα
ἀστείαν[1] τῷ εἴδει,[2] γυναῖκα ἀδελφοῦ αὐτῶν ἐκ τῶν υἱῶν Ισραηλ, ὄνομα Σουσαν-
ναν θυγατέρα[3] Χελκιου γυναῖκα Ιωακιμ, περιπατοῦσαν[4] ἐν τῷ παραδείσῳ[5] τοῦ
ἀνδρὸς αὐτῆς τὸ δειλινὸν[6] καὶ ἐπιθυμήσαντες[7] αὐτῆς **9** διέστρεψαν[8] τὸν νοῦν[9]
αὐτῶν καὶ ἐξέκλιναν[10] τοὺς ὀφθαλμοὺς αὐτῶν τοῦ μὴ βλέπειν εἰς τὸν οὐρανὸν
μηδὲ μνημονεύειν[11] κριμάτων[12] δικαίων. **10** καὶ ἀμφότεροι[13] ἦσαν κατανενυγμένοι[14]
περὶ αὐτῆς, καὶ ἕτερος τῷ ἑτέρῳ οὐ προσεποιεῖτο[15] τὸ κακὸν τὸ ἔχον αὐτοὺς περὶ
αὐτῆς, οὐδὲ ἡ γυνὴ ἔγνω τὸ πρᾶγμα[16] τοῦτο. **12** καὶ ὡς ἐγίνετο ὄρθρος,[17] ἐρχόμενοι
ἔκλεπτον[18] ἀλλήλους[19] σπεύδοντες,[20] τίς φανήσεται[21] αὐτῇ πρότερος[22] καὶ λαλήσει
πρὸς αὐτήν.

13 καὶ ἰδοὺ αὕτη κατὰ τὸ εἰωθὸς[23] περιεπάτει,[24] καὶ ὁ εἷς τῶν πρεσβυτέρων ἐληλύθει,
καὶ ἰδοὺ ὁ ἕτερος παρεγένετο,[25] καὶ εἷς τὸν ἕτερον ἀνέκρινε[26] λέγων Τί σὺ οὕτως

1 ἀστεῖος, graceful, elegant
2 εἶδος, form, appearance
3 θυγάτηρ, daughter
4 περιπατέω, *pres act ptc acc s f*, walk around
5 παράδεισος, garden, orchard
6 δειλινός, (in the) evening
7 ἐπιθυμέω, *aor act ptc nom p m*, lust for, desire after
8 διαστρέφω, *aor act ind 3p*, divert
9 νοῦς, mind
10 ἐκκλίνω, *aor act ind 3p*, turn away
11 μνημονεύω, *pres act inf*, bring to mind
12 κρίμα, decision
13 ἀμφότεροι, both
14 κατανύσσω, *perf pas ptc nom p m*, pierce to the heart
15 προσποιέω, *impf mid ind 3s*, feign, pretend
16 πρᾶγμα, matter, occurrence
17 ὄρθρος, dawn, early morning
18 κλέπτω, *impf act ind 3p*, deceive
19 ἀλλήλων, one another
20 σπεύδω, *pres act ptc nom p m*, hasten
21 φαίνω, *fut pas ind 3s*, appear
22 πρότερος, earlier, before
23 ἔθω, *perf act ptc acc s n*, be customary
24 περιπατέω, *impf act ind 3s*, walk around
25 παραγίνομαι, *aor mid ind 3s*, be present
26 ἀνακρίνω, *aor act ind 3s*, interrogate

Θ

ΣΟΥΣΑΝΝΑ
Susanna

Susanna's Beauty Attracts Two Elders

1 Καὶ ἦν ἀνὴρ οἰκῶν[1] ἐν Βαβυλῶνι, καὶ ὄνομα αὐτῷ Ιωακιμ. **2** καὶ ἔλαβεν γυναῖκα,
ᾗ ὄνομα Σουσαννα θυγάτηρ[2] Χελκιου, καλὴ σφόδρα[3] καὶ φοβουμένη τὸν κύριον·
3 καὶ οἱ γονεῖς[4] αὐτῆς δίκαιοι καὶ ἐδίδαξαν τὴν θυγατέρα[5] αὐτῶν κατὰ τὸν νόμον
Μωυσῆ. **4** καὶ ἦν Ιωακιμ πλούσιος[6] σφόδρα,[7] καὶ ἦν αὐτῷ παράδεισος[8] γειτνιῶν[9] τῷ
οἴκῳ αὐτοῦ· καὶ πρὸς αὐτὸν προσήγοντο[10] οἱ Ιουδαῖοι διὰ τὸ εἶναι αὐτὸν ἐνδοξό-
τερον[11] πάντων. **5** καὶ ἀπεδείχθησαν[12] δύο πρεσβύτεροι ἐκ τοῦ λαοῦ κριταὶ[13] ἐν τῷ
ἐνιαυτῷ[14] ἐκείνῳ, περὶ ὧν ἐλάλησεν ὁ δεσπότης[15] ὅτι Ἐξῆλθεν ἀνομία[16] ἐκ Βαβυλῶνος
ἐκ πρεσβυτέρων κριτῶν, οἳ ἐδόκουν[17] κυβερνᾶν[18] τὸν λαόν. **6** οὗτοι προσεκαρτέρουν[19]
ἐν τῇ οἰκίᾳ Ιωακιμ, καὶ ἤρχοντο πρὸς αὐτοὺς πάντες οἱ κρινόμενοι. **7** καὶ ἐγένετο
ἡνίκα[20] ἀπέτρεχεν[21] ὁ λαὸς μέσον ἡμέρας, εἰσεπορεύετο[22] Σουσαννα καὶ περιεπάτει[23]
ἐν τῷ παραδείσῳ[24] τοῦ ἀνδρὸς αὐτῆς. **8** καὶ ἐθεώρουν[25] αὐτὴν οἱ δύο πρεσβύτε-
ροι καθ᾽ ἡμέραν εἰσπορευομένην[26] καὶ περιπατοῦσαν[27] καὶ ἐγένοντο ἐν ἐπιθυμίᾳ[28]
αὐτῆς. **9** καὶ διέστρεψαν[29] τὸν ἑαυτῶν νοῦν καὶ ἐξέκλιναν[30] τοὺς ὀφθαλμοὺς αὐτῶν
τοῦ μὴ βλέπειν εἰς τὸν οὐρανὸν μηδὲ μνημονεύειν[31] κριμάτων[32] δικαίων. **10** καὶ

1 οἰκέω, *pres act ptc nom s m*, live, dwell
2 θυγάτηρ, daughter
3 σφόδρα, very
4 γονεύς, parent
5 θυγάτηρ, daughter
6 πλούσιος, rich, wealthy
7 σφόδρα, very
8 παράδεισος, garden, orchard
9 γειτνιάω, *pres act ptc nom s m*, be adjacent to
10 προσάγω, *impf mid ind 3p*, come to
11 ἔνδοξος, *comp*, more honorable
12 ἀποδείκνυμι, *aor pas ind 3p*, appoint
13 κριτής, judge
14 ἐνιαυτός, year
15 δεσπότης, master
16 ἀνομία, transgression, lawlessness
17 δοκέω, *impf act ind 3p*, suppose
18 κυβερνάω, *pres act inf*, govern
19 προσκαρτερέω, *impf act ind 3p*, spend much time in
20 ἡνίκα, when
21 ἀποτρέχω, *impf act ind 3s*, depart
22 εἰσπορεύομαι, *impf mid ind 3s*, enter
23 περιπατέω, *impf act ind 3s*, walk around
24 παράδεισος, garden, orchard
25 θεωρέω, *impf act ind 3p*, see, behold
26 εἰσπορεύομαι, *pres mid ptc acc s f*, enter
27 περιπατέω, *pres act ptc acc s f*, walk around
28 ἐπιθυμία, lust, desire
29 διαστρέφω, *aor act ind 3p*, divert
30 ἐκκλίνω, *aor act ind 3p*, turn away
31 μνημονεύω, *pres act inf*, bring to mind
32 κρίμα, decision

ὄρθρου[1] ἐξῆλθες οὐ παραλαβών[2] με; καὶ ἐξωμολογήσαντο[3] πρὸς ἀλλήλους[4] ἑκάτερος[5] τὴν ὀδύνην[6] αὐτοῦ. **19** καὶ εἶπεν εἷς τῷ ἑτέρῳ Πορευθῶμεν πρὸς αὐτήν· καὶ συνθέμενοι[7] προσήλθοσαν αὐτῇ καὶ ἐξεβιάζοντο[8] αὐτήν. **22** καὶ εἶπεν αὐτοῖς ἡ Ιουδαία Οἶδα ὅτι ἐὰν πράξω[9] τοῦτο, θάνατός μοί ἐστι, καὶ ἐὰν μὴ πράξω, οὐκ ἐκφεύξομαι[10] τὰς χεῖρας ὑμῶν· **23** κάλλιον[11] δέ με μὴ πράξασαν[12] ἐμπεσεῖν[13] εἰς τὰς χεῖρας ὑμῶν ἢ ἁμαρτεῖν ἐνώπιον κυρίου.

1 ὄρθρος, (at) dawn, (in the) early morning
2 παραλαμβάνω, *aor act ptc nom s m*, take along
3 ἐξομολογέομαι, *aor mid ind 3p*, acknowledge
4 ἀλλήλων, one another
5 ἑκάτερος, each
6 ὀδύνη, grief, distress
7 συντίθημι, *aor mid ptc nom p m*, agree
8 ἐκβιάζω, *impf mid ind 3p*, force upon, do violence to
9 πράσσω, *aor act sub 1s*, do
10 ἐκφεύγω, *fut mid ind 1s*, escape
11 καλός, *comp*, better
12 πράσσω, *aor act ptc acc s f*, do
13 ἐμπίπτω, *aor act inf*, fall (into)

Θ ἦσαν ἀμφότεροι[1] κατανενυγμένοι[2] περὶ αὐτῆς καὶ οὐκ ἀνήγγειλαν[3] ἀλλήλοις[4] τὴν
ὀδύνην[5] αὐτῶν, **11** ὅτι ᾐσχύνοντο[6] ἀναγγεῖλαι[7] τὴν ἐπιθυμίαν[8] αὐτῶν ὅτι ἤθελον
συγγενέσθαι[9] αὐτῇ. **12** καὶ παρετηροῦσαν[10] φιλοτίμως[11] καθ' ἡμέραν ὁρᾶν αὐτήν.

13 καὶ εἶπαν ἕτερος τῷ ἑτέρῳ Πορευθῶμεν δὴ[12] εἰς οἶκον, ὅτι ἀρίστου[13] ὥρα ἐστίν·
καὶ ἐξελθόντες διεχωρίσθησαν[14] ἀπ' ἀλλήλων·[15] **14** καὶ ἀνακάμψαντες[16] ἦλθον ἐπὶ
τὸ αὐτὸ καὶ ἀνετάζοντες[17] ἀλλήλους[18] τὴν αἰτίαν[19] ὡμολόγησαν[20] τὴν ἐπιθυμίαν[21]
αὐτῶν· καὶ τότε κοινῇ[22] συνετάξαντο[23] καιρὸν ὅτε αὐτὴν δυνήσονται εὑρεῖν μόνην.
15 καὶ ἐγένετο ἐν τῷ παρατηρεῖν[24] αὐτοὺς ἡμέραν εὔθετον[25] εἰσῆλθέν ποτε[26] καθὼς
ἐχθὲς[27] καὶ τρίτης ἡμέρας μετὰ δύο μόνων κορασίων[28] καὶ ἐπεθύμησε[29] λούσασθαι[30]
ἐν τῷ παραδείσῳ,[31] ὅτι καῦμα[32] ἦν· **16** καὶ οὐκ ἦν οὐδεὶς ἐκεῖ πλὴν οἱ δύο πρεσβύτεροι
κεκρυμμένοι[33] καὶ παρατηροῦντες[34] αὐτήν. **17** καὶ εἶπεν τοῖς κορασίοις[35] Ἐνέγκατε[36]
δή[37] μοι ἔλαιον[38] καὶ σμῆγμα[39] καὶ τὰς θύρας τοῦ παραδείσου[40] κλείσατε,[41] ὅπως
λούσωμαι.[42] **18** καὶ ἐποίησαν καθὼς εἶπεν καὶ ἀπέκλεισαν[43] τὰς θύρας τοῦ παρα-
δείσου[44] καὶ ἐξῆλθαν κατὰ τὰς πλαγίας[45] θύρας ἐνέγκαι[46] τὰ προστεταγμένα[47] αὐταῖς
καὶ οὐκ εἴδοσαν[48] τοὺς πρεσβυτέρους, ὅτι ἦσαν κεκρυμμένοι.[49]

1 ἀμφότεροι, both
2 κατανύσσω, *perf pas ptc nom p m*, pierce to the heart
3 ἀναγγέλλω, *aor act ind 3p*, confess, declare
4 ἀλλήλων, one another
5 ὀδύνη, grief, distress
6 αἰσχύνω, *impf pas ind 3p*, be ashamed
7 ἀναγγέλλω, *aor act inf*, confess, declare
8 ἐπιθυμία, lust, desire
9 συγγίνομαι, *aor mid inf*, have sexual intercourse with
10 παρατηρέω, *impf act ind 3p*, watch closely
11 φιλοτίμως, diligently
12 δή, now
13 ἄριστον, midday meal, lunch
14 διαχωρίζω, *aor pas ind 3p*, separate
15 ἀλλήλων, one another
16 ἀνακάμπτω, *aor act ptc nom p m*, return
17 ἀνετάζω, *pres act ptc nom p m*, inquire of
18 ἀλλήλων, one another
19 αἰτία, reason, cause
20 ὁμολογέω, *aor act ind 3p*, confess
21 ἐπιθυμία, lust, desire
22 κοινῇ, together
23 συντάσσω, *aor mid ind 3p*, establish
24 παρατηρέω, *pres act inf*, watch closely
25 εὔθετος, convenient, opportune
26 ποτέ, when
27 ἐχθές, yesterday
28 κοράσιον, girl
29 ἐπιθυμέω, *aor act ind 3s*, desire
30 λούω, *aor mid inf*, bathe
31 παράδεισος, garden, orchard
32 καῦμα, hot
33 κρύπτω, *perf pas ptc nom p m*, hide, conceal
34 παρατηρέω, *pres act ptc nom p m*, watch closely
35 κοράσιον, girl
36 φέρω, *aor act impv 2p*, bring
37 δή, now
38 ἔλαιον, oil
39 σμῆγμα, soap
40 παράδεισος, garden, orchard
41 κλείω, *aor act impv 2p*, shut, close
42 λούω, *aor mid sub 1s*, bathe
43 ἀποκλείω, *aor act ind 3p*, shut, close
44 παράδεισος, garden, orchard
45 πλάγιος, on the side
46 φέρω, *aor act inf*, bring
47 προστάσσω, *perf pas ptc acc p n*, order, instruct
48 ὁράω, *aor act ind 3p*, see
49 κρύπτω, *perf pas ptc nom p m*, hide, conceal

The Elders' Testimony against Susanna

28 Οἱ δὲ παράνομοι[1] ἄνδρες ἀπέστρεψαν[2] ἀπειλοῦντες[3] ἐν ἑαυτοῖς καὶ ἐνεδρεύ-
οντες[4] ἵνα θανατώσουσιν[5] αὐτήν· καὶ ἐλθόντες ἐπὶ τὴν συναγωγὴν τῆς πόλεως,
οὗ[6] παρῳκοῦσαν,[7] καὶ συνήδρευσαν[8] οἱ ὄντες ἐκεῖ πάντες οἱ υἱοὶ Ισραηλ· **29** καὶ
ἀναστάντες οἱ δύο πρεσβύτεροι καὶ κριταὶ[9] εἶπαν Ἀποστείλατε ἐπὶ Σουσανναν
θυγατέρα[10] Χελκιου, ἥτις ἐστὶ γυνὴ Ιωακιμ· οἱ δὲ εὐθέως ἐκάλεσαν αὐτήν. **30** ὡς
δὲ παρεγενήθη ἡ γυνὴ σὺν τῷ πατρὶ ἑαυτῆς καὶ τῇ μητρί, καὶ οἱ παῖδες[11] καὶ αἱ

1 παράνομος, lawless
2 ἀποστρέφω, *aor act ind 3p*, turn away
3 ἀπειλέω, *pres act ptc nom p m*, threaten
4 ἐνεδρεύω, *pres act ptc nom p m*, set an ambush
5 θανατόω, *aor act sub 3p*, put to death
6 οὗ, where
7 παροικέω, *impf act ind 3p*, dwell
8 συνεδρεύω, *aor act ind 3p*, deliberate (as a council)
9 κριτής, judge
10 θυγάτηρ, daughter
11 παῖς, servant

Θ **19** καὶ ἐγένετο ὡς ἐξῆλθοσαν τὰ κοράσια,[1] καὶ ἀνέστησαν οἱ δύο πρεσβῦται[2] καὶ
ἐπέδραμον[3] αὐτῇ **20** καὶ εἶπον Ἰδοὺ αἱ θύραι τοῦ παραδείσου[4] κέκλεινται,[5] καὶ
οὐδεὶς θεωρεῖ[6] ἡμᾶς, καὶ ἐν ἐπιθυμίᾳ[7] σού ἐσμεν· διὸ[8] συγκατάθου[9] ἡμῖν καὶ γενοῦ
μεθ᾽ ἡμῶν· **21** εἰ δὲ μή, καταμαρτυρήσομέν[10] σου ὅτι ἦν μετὰ σοῦ νεανίσκος[11] καὶ
διὰ τοῦτο ἐξαπέστειλας[12] τὰ κοράσια[13] ἀπὸ σοῦ. **22** καὶ ἀνεστέναξεν[14] Σουσαννα καὶ
εἶπεν Στενά[15] μοι πάντοθεν·[16] ἐάν τε γὰρ τοῦτο πράξω,[17] θάνατός μοί ἐστιν, ἐάν τε
μὴ πράξω, οὐκ ἐκφεύξομαι[18] τὰς χεῖρας ὑμῶν· **23** αἱρετόν[19] μοί ἐστιν μὴ πράξασαν[20]
ἐμπεσεῖν[21] εἰς τὰς χεῖρας ὑμῶν ἢ ἁμαρτεῖν ἐνώπιον κυρίου. **24** καὶ ἀνεβόησεν[22]
φωνῇ μεγάλῃ Σουσαννα, ἐβόησαν[23] δὲ καὶ οἱ δύο πρεσβῦται[24] κατέναντι[25] αὐτῆς.
25 καὶ δραμὼν[26] ὁ εἷς ἤνοιξεν τὰς θύρας τοῦ παραδείσου.[27] **26** ὡς δὲ ἤκουσαν τὴν
κραυγὴν[28] ἐν τῷ παραδείσῳ οἱ ἐκ τῆς οἰκίας, εἰσεπήδησαν[29] διὰ τῆς πλαγίας[30] θύρας
ἰδεῖν τὸ συμβεβηκὸς[31] αὐτῇ. **27** ἡνίκα[32] δὲ εἶπαν οἱ πρεσβῦται[33] τοὺς λόγους αὐτῶν,
κατῃσχύνθησαν[34] οἱ δοῦλοι σφόδρα,[35] ὅτι πώποτε[36] οὐκ ἐρρέθη λόγος τοιοῦτος[37]
περὶ Σουσαννης.

The Elders' Testimony against Susanna

28 Καὶ ἐγένετο τῇ ἐπαύριον[38] ὡς συνῆλθεν[39] ὁ λαὸς πρὸς τὸν ἄνδρα αὐτῆς Ιωακιμ,
ἦλθον οἱ δύο πρεσβῦται[40] πλήρεις[41] τῆς ἀνόμου[42] ἐννοίας[43] κατὰ Σουσαννης τοῦ
θανατῶσαι[44] αὐτὴν **29** καὶ εἶπαν ἔμπροσθεν τοῦ λαοῦ Ἀποστείλατε ἐπὶ Σουσανναν
θυγατέρα[45] Χελκιου, ἥ ἐστιν γυνὴ Ιωακιμ· οἱ δὲ ἀπέστειλαν. **30** καὶ ἦλθεν αὐτὴ
καὶ οἱ γονεῖς[46] αὐτῆς καὶ τὰ τέκνα αὐτῆς καὶ πάντες οἱ συγγενεῖς[47] αὐτῆς· **31** ἡ δὲ

1 κοράσιον, girl
2 πρεσβύτης, elder, old man
3 ἐπιτρέχω, *aor act ind 3p*, rush upon
4 παράδεισος, garden, orchard
5 κλείω, *perf pas ind 3p*, shut, close
6 θεωρέω, *pres act ind 3s*, see, observe
7 ἐπιθυμία, lust, desire
8 διό, therefore
9 συγκατατίθημι, *aor mid impv 2s*, consent to, agree to
10 καταμαρτυρέω, *fut act ind 1p*, testify against
11 νεανίσκος, young man
12 ἐξαποστέλλω, *aor act ind 2s*, send away
13 κοράσιον, girl
14 ἀναστενάζω, *aor act ind 3s*, groan
15 στενός, severe, difficult
16 πάντοθεν, from all directions
17 πράσσω, *aor act sub 1s*, do
18 ἐκφεύγω, *fut mid ind 1s*, escape
19 αἱρετός, preferable
20 πράσσω, *aor act ptc acc s f*, do
21 ἐμπίπτω, *aor act inf*, fall into
22 ἀναβοάω, *aor act ind 3s*, shout aloud
23 βοάω, *aor act ind 3p*, cry out
24 πρεσβύτης, elder, old man
25 κατέναντι, against
26 τρέχω, *aor act ptc nom s m*, run
27 παράδεισος, garden, orchard
28 κραυγή, shouting
29 εἰσπηδάω, *aor act ind 3p*, rush in
30 πλάγιος, on the side
31 συμβαίνω, *perf act ptc acc s n*, happen, befall
32 ἡνίκα, when
33 πρεσβύτης, elder, old man
34 καταισχύνω, *aor pas ind 3p*, be ashamed
35 σφόδρα, exceedingly
36 πώποτε, ever
37 τοιοῦτος, such as this
38 ἐπαύριον, next day
39 συνέρχομαι, *aor act ind 3s*, go together
40 πρεσβύτης, elder, old man
41 πλήρης, full of
42 ἄνομος, evil, wicked
43 ἔννοια, thought, idea
44 θανατόω, *aor act inf*, put to death
45 θυγάτηρ, daughter
46 γονεύς, parent
47 συγγενής, kinsman, relative

παιδίσκαι[1] αὐτῆς ὄντες τὸν ἀριθμὸν[2] πεντακόσιοι[3] παρεγένοντο καὶ τὰ παιδία
Σουσαννας τέσσαρα· **31** ἦν δὲ ἡ γυνὴ τρυφερὰ[4] σφόδρα.[5] **32** καὶ προσέταξαν[6] οἱ
παράνομοι[7] ἀποκαλύψαι[8] αὐτήν, ἵνα ἐμπλησθῶσι[9] κάλλους ἐπιθυμίας[10] αὐτῆς·
33 καὶ ἐκλαίοσαν οἱ παρ' αὐτῆς πάντες καὶ ὅσοι αὐτὴν ᾔδεισαν[11] πάντες.

34 ἀναστάντες δὲ οἱ πρεσβύτεροι καὶ κριταὶ[12] ἐπέθηκαν τὰς χεῖρας αὐτῶν ἐπὶ
τῆς κεφαλῆς αὐτῆς· **35** ἡ δὲ καρδία αὐτῆς ἐπεποίθει ἐπὶ κυρίῳ τῷ θεῷ αὐτῆς, καὶ
ἀνακύψασα[13] ἔκλαυσεν ἐν ἑαυτῇ λέγουσα **35a** Κύριε ὁ θεὸς ὁ αἰώνιος ὁ εἰδὼς[14]
τὰ πάντα πρὶν[15] γενέσεως[16] αὐτῶν, σὺ οἶδας ὅτι οὐκ ἐποίησα ἃ πονηρεύονται[17] οἱ
ἄνομοι[18] οὗτοι ἐπ' ἐμοί. καὶ εἰσήκουσε[19] κύριος τῆς δεήσεως[20] αὐτῆς. **36** οἱ δὲ δύο
πρεσβύτεροι εἶπαν Ἡμεῖς περιεπατοῦμεν[21] ἐν τῷ παραδείσῳ[22] τοῦ ἀνδρὸς αὐτῆς
37 καὶ κυκλοῦντες[23] τὸ στάδιον[24] εἴδομεν ταύτην ἀναπαυομένην[25] μετὰ ἀνδρὸς
καὶ στάντες ἐθεωροῦμεν[26] αὐτοὺς ὁμιλοῦντας[27] ἀλλήλοις,[28] **38** καὶ αὐτοὶ οὐκ ᾔδει-
σαν[29] ὅτι εἱστήκειμεν.[30] τότε συνειπάμεθα[31] ἀλλήλοις[32] λέγοντες Μάθωμεν[33] τίνες
εἰσὶν οὗτοι. **39** καὶ προσελθόντες[34] ἐπέγνωμεν αὐτήν, ὁ δὲ νεανίσκος[35] ἔφυγε[36]
συγκεκαλυμμένος,[37] **40** ταύτης δὲ ἐπιλαβόμενοι[38] ἐπηρωτῶμεν[39] αὐτήν Τίς ὁ ἄν-
θρωπος; **41** καὶ οὐκ ἀπήγγειλεν ἡμῖν, τίς ἦν. ταῦτα μαρτυροῦμεν.[40] καὶ ἐπίστευσεν
αὐτοῖς ἡ συναγωγὴ πᾶσα ὡς πρεσβυτέρων ὄντων καὶ κριτῶν[41] τοῦ λαοῦ.

1 παιδίσκη, female servant
2 ἀριθμός, number
3 πεντακόσιοι, five hundred
4 τρυφερός, refined, delicate
5 σφόδρα, very
6 προστάσσω, *aor act ind 3p*, command, order
7 παράνομος, lawless
8 ἀποκαλύπτω, *aor act inf*, uncover
9 ἐμπίμπλημι, *aor pas sub 3p*, fill up, satisfy
10 ἐπιθυμία, lust, desire
11 οἶδα, *plpf act ind 3p*, know
12 κριτής, judge
13 ἀνακύπτω, *aor act ptc nom s f*, raise one's head
14 οἶδα, *perf act ptc nom s m*, know
15 πρίν, before
16 γένεσις, origin, beginning
17 πονηρεύομαι, *pres mid ind 3p*, act wickedly
18 ἄνομος, evil, wicked
19 εἰσακούω, *aor act ind 3s*, hear, listen
20 δέησις, entreaty, supplication
21 περιπατέω, *impf act ind 1p*, walk around
22 παράδεισος, garden, orchard
23 κυκλόω, *pres act ptc nom p m*, encircle, go around
24 στάδιον, walk, (measure of length)
25 ἀναπαύω, *pres mid ptc acc s f*, rest
26 θεωρέω, *impf act ind 1p*, see, behold
27 ὁμιλέω, *pres act ptc acc p m*, keep company with (sexually)
28 ἀλλήλων, one another
29 οἶδα, *plpf act ind 3p*, know
30 ἵστημι, *plpf act ind 1p*, stand
31 σύμφημι, *aor mid ind 1p*, converse together, agree
32 ἀλλήλων, one another
33 μανθάνω, *aor act sub 1p*, learn, discover
34 προσέρχομαι, *aor act ptc nom p m*, draw near, go toward
35 νεανίσκος, young man
36 φεύγω, *aor act ind 3s*, flee
37 συγκαλύπτω, *perf pas ptc nom s m*, disguise oneself
38 ἐπιλαμβάνω, *aor mid ptc nom p m*, take hold of
39 ἐπερωτάω, *impf act ind 1p*, ask
40 μαρτυρέω, *pres act ind 1p*, testify
41 κριτής, judge

Θ Σουσαννα ἦν τρυφερὰ[1] σφόδρα[2] καὶ καλὴ τῷ εἴδει.[3] 32 οἱ δὲ παράνομοι[4] ἐκέλευσαν[5] ἀποκαλυφθῆναι[6] αὐτήν, ἦν γὰρ κατακεκαλυμμένη,[7] ὅπως ἐμπλησθῶσιν[8] τοῦ κάλλους αὐτῆς· 33 ἔκλαιον δὲ οἱ παρ᾽ αὐτῆς καὶ πάντες οἱ ἰδόντες αὐτήν.

34 ἀναστάντες δὲ οἱ δύο πρεσβῦται[9] ἐν μέσῳ τῷ λαῷ ἔθηκαν τὰς χεῖρας ἐπὶ τὴν κεφαλὴν αὐτῆς· 35 ἡ δὲ κλαίουσα ἀνέβλεψεν[10] εἰς τὸν οὐρανόν, ὅτι ἦν ἡ καρδία αὐτῆς πεποιθυῖα ἐπὶ τῷ κυρίῳ. 36 εἶπαν δὲ οἱ πρεσβῦται[11] Περιπατούντων[12] ἡμῶν ἐν τῷ παραδείσῳ[13] μόνων εἰσῆλθεν αὕτη μετὰ δύο παιδισκῶν[14] καὶ ἀπέκλεισεν[15] τὰς θύρας τοῦ παραδείσου[16] καὶ ἀπέλυσεν[17] τὰς παιδίσκας· 37 καὶ ἦλθεν πρὸς αὐτὴν νεανίσκος,[18] ὃς ἦν κεκρυμμένος,[19] καὶ ἀνέπεσε[20] μετ᾽ αὐτῆς. 38 ἡμεῖς δὲ ὄντες ἐν τῇ γωνίᾳ[21] τοῦ παραδείσου[22] ἰδόντες τὴν ἀνομίαν[23] ἐδράμομεν[24] ἐπ᾽ αὐτούς· 39 καὶ ἰδόντες συγγινομένους[25] αὐτοὺς ἐκείνου μὲν οὐκ ἠδυνήθημεν ἐγκρατεῖς[26] γενέσθαι διὰ τὸ ἰσχύειν[27] αὐτὸν ὑπὲρ ἡμᾶς καὶ ἀνοίξαντα τὰς θύρας ἐκπεπηδηκέναι,[28] 40 ταύτης δὲ ἐπιλαβόμενοι[29] ἐπηρωτῶμεν,[30] τίς ἦν ὁ νεανίσκος,[31] 41 καὶ οὐκ ἠθέλησεν ἀναγγεῖλαι[32] ἡμῖν. ταῦτα μαρτυροῦμεν.[33] καὶ ἐπίστευσεν αὐτοῖς ἡ συναγωγὴ ὡς πρεσβυτέροις τοῦ λαοῦ καὶ κριταῖς[34] καὶ κατέκριναν[35] αὐτὴν ἀποθανεῖν.

42 ἀνεβόησεν[36] δὲ φωνῇ μεγάλῃ Σουσαννα καὶ εἶπεν Ὁ θεὸς ὁ αἰώνιος ὁ τῶν κρυπτῶν[37] γνώστης[38] ὁ εἰδὼς τὰ πάντα πρὶν[39] γενέσεως[40] αὐτῶν, 43 σὺ ἐπίστασαι[41] ὅτι ψευδῆ[42] μου κατεμαρτύρησαν·[43] καὶ ἰδοὺ ἀποθνῄσκω μὴ ποιήσασα μηδὲν[44] ὧν οὗτοι ἐπονηρεύσαντο[45] κατ᾽ ἐμοῦ. 44 Καὶ εἰσήκουσεν[46] κύριος τῆς φωνῆς αὐτῆς.

1 τρυφερός, refined, delicate
2 σφόδρα, exceedingly
3 εἶδος, form, appearance
4 παράνομος, lawless
5 κελεύω, *aor act ind 3p*, command, order
6 ἀποκαλύπτω, *aor pas inf*, uncover
7 κατακαλύπτω, *perf pas ptc nom s f*, cover
8 ἐμπίμπλημι, *aor pas sub 3p*, fill up, satisfy
9 πρεσβύτης, elder, old man
10 ἀναβλέπω, *aor act ind 3s*, look up
11 πρεσβύτης, elder, old man
12 περιπατέω, *pres act ptc gen p m*, walk around
13 παράδεισος, garden, orchard
14 παιδίσκη, female servant
15 ἀποκλείω, *aor act ind 3s*, shut, close
16 παράδεισος, garden, orchard
17 ἀπολύω, *aor act ind 3s*, dismiss
18 νεανίσκος, young man
19 κρύπτω, *perf pas ptc nom s m*, hide, conceal
20 ἀναπίπτω, *aor act ind 3s*, lay down
21 γωνία, corner
22 παράδεισος, garden, orchard
23 ἀνομία, transgression, lawlessness
24 τρέχω, *aor act ind 1p*, run
25 συγγίνομαι, *pres mid ptc acc p m*, have sexual intercourse with
26 ἐγκρατής, self-controlled
27 ἰσχύω, *pres act inf*, be strong
28 ἐκπηδάω, *perf act inf*, escape, run away
29 ἐπιλαμβάνω, *aor mid ptc nom p m*, take hold of
30 ἐπερωτάω, *impf act ind 1p*, ask
31 νεανίσκος, young man
32 ἀναγγέλλω, *aor act inf*, confess, declare
33 μαρτυρέω, *pres act ind 1p*, testify
34 κριτής, judge
35 κατακρίνω, *aor act ind 3p*, condemn
36 ἀναβοάω, *aor act ind 3s*, shout aloud
37 κρυπτός, hidden
38 γνώστης, one who knows
39 πρίν, before
40 γένεσις, origin, beginning
41 ἐπίσταμαι, *pres mid ind 2s*, know
42 ψευδής, lie, deception
43 καταμαρτυρέω, *aor act ind 3p*, testify against
44 μηδείς, nothing
45 πονηρεύομαι, *aor mid ind 3p*, act wickedly
46 εἰσακούω, *aor act ind 3s*, hear, listen

Daniel Intervenes for Susanna

44 Καὶ ἰδοὺ ἄγγελος κυρίου ἐκείνης ἐξαγομένης[1] ἀπολέσθαι, καὶ ἔδωκεν ὁ ἄγγελος, καθὼς προσετάγη,[2] πνεῦμα συνέσεως[3] νεωτέρῳ[4] ὄντι Δανιηλ. **48** διαστείλας[5] δὲ Δανιηλ τὸν ὄχλον[6] καὶ στὰς ἐν μέσῳ αὐτῶν εἶπεν Οὕτως μωροί,[7] υἱοὶ Ισραηλ; οὐκ ἀνακρίναντες[8] οὐδὲ τὸ σαφὲς[9] ἐπιγνόντες ἀπεκρίνατε[10] θυγατέρα[11] Ισραηλ; **51** καὶ νῦν διαχωρίσατέ[12] μοι αὐτοὺς ἀπ᾽ ἀλλήλων[13] μακράν,[14] ἵνα ἐτάσω[15] αὐτούς.

52 ὡς δὲ διεχωρίσθησαν,[16] εἶπεν Δανιηλ τῇ συναγωγῇ Νῦν μὴ βλέψητε ὅτι οὗτοί εἰσι πρεσβύτεροι, λέγοντες Οὐ μὴ ψεύσωνται·[17] ἀλλὰ ἀνακρινῶ[18] αὐτοὺς κατὰ τὰ ὑποπίπτοντά[19] μοι. καὶ ἐκάλεσε τὸν ἕνα αὐτῶν, καὶ προσήγαγον[20] τὸν πρεσβύτερον τῷ νεωτέρῳ,[21] καὶ εἶπεν αὐτῷ Δανιηλ Ἄκουε ἄκουε, πεπαλαιωμένε[22] ἡμερῶν κακῶν· νῦν ἥκασί[23] σου αἱ ἁμαρτίαι, ἃς ἐποίεις τὸ πρότερον[24] **53** πιστευθεὶς[25] ἀκούειν καὶ κρίνειν κρίσεις θάνατον ἐπιφερούσας[26] καὶ τὸν μὲν ἀθῷον[27] κατέκρινας,[28] τοὺς δὲ ἐνόχους[29] ἠφίεις, τοῦ κυρίου λέγοντος Ἀθῷον καὶ δίκαιον οὐκ ἀποκτενεῖς· **54** νῦν οὖν ὑπὸ τί δένδρον[30] καὶ ποταπῷ[31] τοῦ παραδείσου[32] τόπῳ ἑώρακας αὐτοὺς ὄντας σὺν ἑαυτοῖς; καὶ εἶπεν ὁ ἀσεβής[33] Ὑπὸ σχῖνον.[34] **55** εἶπεν δὲ ὁ νεώτερος[35] Ὀρθῶς[36] ἔψευσαι[37] εἰς τὴν σεαυτοῦ ψυχήν· ὁ γὰρ ἄγγελος κυρίου σχίσει[38] σου τὴν ψυχὴν σήμερον.

1 ἐξάγω, *pres pas ptc gen s f*, lead out
2 προστάσσω, *aor pas ind 3s*, command, order
3 σύνεσις, intelligence
4 νέος, *comp*, younger
5 διαστέλλω, *aor act ptc nom s m*, divide
6 ὄχλος, crowd, multitude
7 μωρός, foolish
8 ἀνακρίνω, *aor act ptc nom p m*, examine, interrogate
9 σαφής, plain (truth)
10 ἀποκρίνω, *aor act ind 2p*, condemn
11 θυγάτηρ, daughter
12 διαχωρίζω, *aor act impv 2p*, separate
13 ἀλλήλων, one another
14 μακράν, far away
15 ἐτάζω, *aor act sub 1s*, examine
16 διαχωρίζω, *aor pas ind 3p*, separate
17 ψεύδομαι, *aor mid sub 3p*, lie
18 ἀνακρίνω, *fut act ind 1s*, examine, interrogate
19 ὑποπίπτω, *pres act ptc acc p n*, happen, occur
20 προσάγω, *aor act ind 3p*, bring to
21 νέος, *comp*, younger
22 παλαιόω, *perf pas ptc voc s m*, grow old
23 ἥκω, *perf act ind 3p*, come
24 πρότερος, formerly, previously
25 πιστεύω, *aor pas ptc nom s m*, entrust
26 ἐπιφέρω, *pres act ptc acc p f*, carry upon
27 ἀθῷος, innocent
28 κατακρίνω, *aor act ind 2s*, condemn
29 ἔνοχος, guilty
30 δένδρον, tree
31 ποταπός, river
32 παράδεισος, garden, orchard
33 ἀσεβής, ungodly
34 σχῖνος, mastic tree
35 νέος, *comp*, younger
36 ὀρθῶς, truly
37 ψεύδομαι, *perf mid ind 2s*, lie, speak falsely
38 σχίζω, *fut act ind 3s*, divide, split

Θ

Daniel Intervenes for Susanna

45 Καὶ ἀπαγομένης[1] αὐτῆς ἀπολέσθαι ἐξήγειρεν[2] ὁ θεὸς τὸ πνεῦμα τὸ ἅγιον παιδαρίου νεωτέρου,[3] ᾧ ὄνομα Δανιηλ, **46** καὶ ἐβόησεν[4] φωνῇ μεγάλῃ Καθαρὸς[5] ἐγὼ ἀπὸ τοῦ αἵματος ταύτης. **47** ἐπέστρεψεν δὲ πᾶς ὁ λαὸς πρὸς αὐτὸν καὶ εἶπαν Τίς ὁ λόγος οὗτος, ὃν σὺ λελάληκας; **48** ὁ δὲ στὰς ἐν μέσῳ αὐτῶν εἶπεν Οὕτως μωροί,[6] οἱ υἱοὶ Ισραηλ; οὐκ ἀνακρίναντες[7] οὐδὲ τὸ σαφὲς[8] ἐπιγνόντες κατεκρίνατε[9] θυγατέρα[10] Ισραηλ; **49** ἀναστρέψατε[11] εἰς τὸ κριτήριον·[12] ψευδῆ[13] γὰρ οὗτοι κατεμαρτύρησαν[14] αὐτῆς. **50** καὶ ἀνέστρεψεν[15] πᾶς ὁ λαὸς μετὰ σπουδῆς.[16] καὶ εἶπαν αὐτῷ οἱ πρεσβύτεροι Δεῦρο[17] κάθισον ἐν μέσῳ ἡμῶν καὶ ἀνάγγειλον[18] ἡμῖν· ὅτι σοὶ δέδωκεν ὁ θεὸς τὸ πρεσβεῖον.[19] **51** καὶ εἶπεν πρὸς αὐτοὺς Δανιηλ Διαχωρίσατε[20] αὐτοὺς ἀπ' ἀλλήλων[21] μακράν,[22] καὶ ἀνακρινῶ[23] αὐτούς.

52 ὡς δὲ διεχωρίσθησαν[24] εἷς ἀπὸ τοῦ ἑνός, ἐκάλεσεν τὸν ἕνα αὐτῶν καὶ εἶπεν πρὸς αὐτόν Πεπαλαιωμένε[25] ἡμερῶν κακῶν, νῦν ἥκασιν[26] αἱ ἁμαρτίαι σου, ἃς ἐποίεις τὸ πρότερον[27] **53** κρίνων κρίσεις ἀδίκους[28] καὶ τοὺς μὲν ἀθῴους[29] κατακρίνων[30] ἀπολύων[31] δὲ τοὺς αἰτίους,[32] λέγοντος τοῦ κυρίου Ἀθῷον καὶ δίκαιον οὐκ ἀποκτενεῖς· **54** νῦν οὖν ταύτην εἴπερ[33] εἶδες, εἰπόν Ὑπὸ τί δένδρον[34] εἶδες αὐτοὺς ὁμιλοῦντας[35] ἀλλήλοις;[36] ὁ δὲ εἶπεν Ὑπὸ σχῖνον.[37] **55** εἶπεν δὲ Δανιηλ Ὀρθῶς[38] ἔψευσαι[39] εἰς τὴν σεαυτοῦ κεφαλήν· ἤδη[40] γὰρ ἄγγελος τοῦ θεοῦ λαβὼν φάσιν[41] παρὰ τοῦ θεοῦ σχίσει[42] σε μέσον.

1 ἀπάγω, *pres pas ptc gen s f*, lead away
2 ἐξεγείρω, *aor act ind 3s*, stir up, rouse
3 νέος, *comp*, younger
4 βοάω, *aor act ind 3s*, cry out
5 καθαρός, free from guilt
6 μωρός, foolish
7 ἀνακρίνω, *aor act ptc nom p m*, examine, interrogate
8 σαφής, plain (truth)
9 κατακρίνω, *aor act ind 2p*, condemn
10 θυγάτηρ, daughter
11 ἀναστρέφω, *aor act impv 2p*, return
12 κριτήριον, judgment seat
13 ψευδής, lie, deception
14 καταμαρτυρέω, *aor act ind 3p*, testify against
15 ἀναστρέφω, *aor act ind 3s*, return
16 σπουδή, haste
17 δεῦρο, come!
18 ἀναγγέλλω, *aor act impv 2s*, recount, tell
19 πρεσβεῖον, privilege of an elder
20 διαχωρίζω, *aor act impv 2p*, separate
21 ἀλλήλων, one another
22 μακράν, far away
23 ἀνακρίνω, *fut act ind 1s*, examine, interrogate
24 διαχωρίζω, *aor pas ind 3p*, separate
25 παλαιόω, *perf pas ptc voc s m*, grow old
26 ἥκω, *perf act ind 3p*, come
27 πρότερος, formerly, previously
28 ἄδικος, unrighteous
29 ἀθῷος, innocent
30 κατακρίνω, *pres act ptc nom s m*, condemn
31 ἀπολύω, *pres act ptc nom s m*, acquit
32 αἴτιος, guilty
33 εἴπερ, if indeed
34 δένδρον, tree
35 ὁμιλέω, *pres act ptc acc p m*, keep company with (sexually)
36 ἀλλήλων, one another
37 σχῖνος, mastic tree
38 ὀρθῶς, truly
39 ψεύδομαι, *perf mid ind 2s*, lie, speak falsely
40 ἤδη, already
41 φημί, *pres act ind 3p*, say
42 σχίζω, *fut act ind 3s*, split

OG

56 καὶ τοῦτον μεταστήσας[1] εἶπε προσαγαγεῖν[2] αὐτῷ τὸν ἕτερον· καὶ τούτῳ δὲ εἶπεν
Διὰ τί διεστραμμένον[3] τὸ σπέρμα σου, ὡς Σιδῶνος καὶ οὐχ ὡς Ιουδα; τὸ κάλλος
σε ἠπάτησεν,[4] ἡ μιαρὰ[5] ἐπιθυμία·[6] **57** καὶ οὕτως ἐποιεῖτε θυγατράσιν[7] Ισραηλ, καὶ
ἐκεῖναι φοβούμεναι ὡμιλοῦσαν[8] ὑμῖν, ἀλλ᾽ οὐ θυγάτηρ Ιουδα ὑπέμεινε[9] τὴν νόσον[10]
ὑμῶν ἐν ἀνομίᾳ[11] ὑπενεγκεῖν·[12] **58** νῦν οὖν λέγε μοι Ὑπὸ τί δένδρον[13] καὶ ἐν ποίῳ[14]
τοῦ κήπου[15] τόπῳ κατέλαβες[16] αὐτοὺς ὁμιλοῦντας[17] ἀλλήλοις;[18] ὁ δὲ εἶπεν Ὑπὸ
πρῖνον.[19] **59** καὶ εἶπεν Δανιηλ Ἁμαρτωλέ, νῦν ὁ ἄγγελος κυρίου τὴν ῥομφαίαν[20]
ἕστηκεν ἔχων, ἕως ὁ λαὸς ἐξολεθρεύσει[21] ὑμᾶς, ἵνα καταπρίσῃ[22] σε. **60** καὶ πᾶσα ἡ
συναγωγὴ ἀνεβόησεν[23] ἐπὶ τῷ νεωτέρῳ,[24] ὡς ἐκ τοῦ ἰδίου[25] στόματος ὁμολόγους[26]
αὐτοὺς κατέστησεν[27] ἀμφοτέρους[28] ψευδομάρτυρας·[29] καὶ ὡς ὁ νόμος διαγορεύει,[30]
ἐποίησαν αὐτοῖς, καθὼς ἐπονηρεύσαντο[31] κατὰ τῆς ἀδελφῆς. καὶ ἐφίμωσαν[32] αὐτοὺς
καὶ ἐξαγαγόντες[33] ἔρριψαν[34] εἰς φάραγγα·[35] τότε ὁ ἄγγελος κυρίου ἔρριψε[36] πῦρ διὰ
μέσου αὐτῶν. καὶ ἐσώθη αἷμα ἀναίτιον[37] ἐν τῇ ἡμέρᾳ ἐκείνῃ.

63 Διὰ τοῦτο οἱ νεώτεροι[38] ἀγαπητοὶ[39] Ιακωβ ἐν τῇ ἁπλότητι[40] αὐτῶν. καὶ ἡμεῖς
φυλασσώμεθα εἰς υἱοὺς δυνατοὺς νεωτέρους·[41] εὐσεβήσουσι[42] γὰρ νεώτεροι, καὶ
ἔσται ἐν αὐτοῖς πνεῦμα ἐπιστήμης[43] καὶ συνέσεως[44] εἰς αἰῶνα αἰῶνος.

1 μεθίστημι, *aor act ptc nom s m*, remove
2 προσάγω, *aor act inf*, bring in
3 διαστρέφω, *perf pas ptc nom s n*, distort, pervert
4 ἀπατάω, *aor act ind 3s*, deceive
5 μιαρός, vile
6 ἐπιθυμία, lust, desire
7 θυγάτηρ, daughter
8 ὁμιλέω, *impf act ind 3p*, keep company with (sexually)
9 ὑπομένω, *aor act ind 3s*, endure
10 νόσος, disease
11 ἀνομία, transgression, lawlessness
12 ὑποφέρω, *aor act inf*, bear, endure
13 δένδρον, tree
14 ποῖος, which, what
15 κῆπος, garden
16 καταλαμβάνω, *aor act ind 2s*, overtake
17 ὁμιλέω, *pres act ptc acc p m*, keep company with (sexually)
18 ἀλλήλων, one another
19 πρῖνος, oak tree
20 ῥομφαία, sword
21 ἐξολεθρεύω, *fut act ind 3s*, utterly destroy
22 καταπρίω, *aor act sub 3s*, saw in two
23 ἀναβοάω, *aor act ind 3s*, shout aloud
24 νέος, *comp*, younger
25 ἴδιος, one's own
26 ὁμόλογος, confessing
27 καθίστημι, *aor act ind 3s*, establish
28 ἀμφότεροι, both
29 ψευδομάρτυς, false witness
30 διαγορεύω, *pres act ind 3s*, declare
31 πονηρεύομαι, *aor mid ind 3p*, act wickedly
32 φιμόω, *aor act ind 3p*, silence, gag
33 ἐξάγω, *aor act ptc nom p m*, lead away
34 ῥίπτω, *aor act ind 3p*, throw
35 φάραγξ, ravine
36 ῥίπτω, *aor act ind 3s*, throw
37 ἀναίτιος, innocent, guiltless
38 νέος, *comp*, younger
39 ἀγαπητός, beloved
40 ἁπλότης, integrity
41 νέος, *comp*, younger
42 εὐσεβέω, *fut act ind 3p*, live piously
43 ἐπιστήμη, knowledge
44 σύνεσις, intelligence

Θ **56** καὶ μεταστήσας[1] αὐτὸν ἐκέλευσεν[2] προσαγαγεῖν[3] τὸν ἕτερον· καὶ εἶπεν αὐτῷ
Σπέρμα Χανααν καὶ οὐκ Ιουδα, τὸ κάλλος ἐξηπάτησέν[4] σε, καὶ ἡ ἐπιθυμία[5] δι-
έστρεψεν[6] τὴν καρδίαν σου· **57** οὕτως ἐποιεῖτε θυγατράσιν[7] Ισραηλ, καὶ ἐκεῖναι
φοβούμεναι ὡμίλουν[8] ὑμῖν, ἀλλ᾽ οὐ θυγάτηρ Ιουδα ὑπέμεινεν[9] τὴν ἀνομίαν[10] ὑμῶν·
58 νῦν οὖν λέγε μοι Ὑπὸ τί δένδρον[11] κατέλαβες[12] αὐτοὺς ὁμιλοῦντας[13] ἀλλήλοις;[14]
ὁ δὲ εἶπεν Ὑπὸ πρῖνον.[15] **59** εἶπεν δὲ αὐτῷ Δανιηλ Ὀρθῶς[16] ἔψευσαι[17] καὶ σὺ εἰς
τὴν σεαυτοῦ κεφαλήν· μένει[18] γὰρ ὁ ἄγγελος τοῦ θεοῦ τὴν ῥομφαίαν[19] ἔχων
πρίσαι[20] σε μέσον, ὅπως ἐξολεθρεύσῃ[21] ὑμᾶς. **60** καὶ ἀνεβόησεν[22] πᾶσα ἡ συνα-
γωγὴ φωνῇ μεγάλῃ καὶ εὐλόγησαν τῷ θεῷ τῷ σῴζοντι τοὺς ἐλπίζοντας ἐπ᾽ αὐτόν.
61 καὶ ἀνέστησαν ἐπὶ τοὺς δύο πρεσβύτας,[23] ὅτι συνέστησεν[24] αὐτοὺς Δανιηλ ἐκ
τοῦ στόματος αὐτῶν ψευδομαρτυρήσαντας,[25] καὶ ἐποίησαν αὐτοῖς ὃν τρόπον[26]
ἐπονηρεύσαντο[27] τῷ πλησίον,[28] **62** ποιῆσαι κατὰ τὸν νόμον Μωυσῆ, καὶ ἀπέκτειναν
αὐτούς· καὶ ἐσώθη αἷμα ἀναίτιον[29] ἐν τῇ ἡμέρᾳ ἐκείνῃ.

63 Χελκιας δὲ καὶ ἡ γυνὴ αὐτοῦ ᾔνεσαν[30] τὸν θεὸν περὶ τῆς θυγατρὸς[31] αὐτῶν
Σουσαννας μετὰ Ιωακιμ τοῦ ἀνδρὸς αὐτῆς καὶ τῶν συγγενῶν[32] πάντων, ὅτι οὐχ
εὑρέθη ἐν αὐτῇ ἄσχημον[33] πρᾶγμα.[34] **64** καὶ Δανιηλ ἐγένετο μέγας ἐνώπιον τοῦ
λαοῦ ἀπὸ τῆς ἡμέρας ἐκείνης καὶ ἐπέκεινα.[35]

1 μεθίστημι, *aor act ptc nom s m*, remove
2 κελεύω, *aor act ind 3s*, command, order
3 προσάγω, *aor act inf*, bring in
4 ἐξαπατάω, *aor act ind 3s*, deceive
5 ἐπιθυμία, lust, desire
6 διαστρέφω, *aor act ind 3s*, distort, pervert
7 θυγάτηρ, daughter
8 ὁμιλέω, *impf act ind 3p*, keep company with (sexually)
9 ὑπομένω, *aor act ind 3s*, endure
10 ἀνομία, transgression, lawlessness
11 δένδρον, tree
12 καταλαμβάνω, *aor act ind 2s*, overtake
13 ὁμιλέω, *pres act ptc acc p m*, keep company with (sexually)
14 ἀλλήλων, one another
15 πρῖνος, oak tree
16 ὀρθῶς, truly
17 ψεύδομαι, *perf mid ind 2s*, lie, speak falsely
18 μένω, *pres act ind 3s*, wait, remain
19 ῥομφαία, sword
20 πρίω, *aor act inf*, saw in two
21 ἐξολεθρεύω, *aor act sub 3s*, utterly destroy
22 ἀναβοάω, *aor act ind 3s*, shout aloud
23 πρεσβύτης, elder, old man
24 συνίστημι, *aor act ind 3s*, convict
25 ψευδομαρτυρέω, *aor act ptc acc p m*, bear false witness
26 ὃν τρόπον, in the manner that
27 πονηρεύομαι, *aor mid ind 3p*, act wickedly
28 πλησίον, neighbor
29 ἀναίτιος, innocent, guiltless
30 αἰνέω, *aor act ind 3p*, praise
31 θυγάτηρ, daughter
32 συγγενής, kinsman, relative
33 ἀσχήμων, shameful
34 πρᾶγμα, deed
35 ἐπέκεινα, henceforth

ΔΑΝΙΗΛ
Daniel

Daniel and His Friends in the Babylonian Court

1 Ἐπὶ βασιλέως Ιωακιμ τῆς Ιουδαίας ἔτους τρίτου παραγενόμενος Ναβουχοδονοσορ βασιλεὺς Βαβυλῶνος εἰς Ιερουσαλημ ἐπολιόρκει[1] αὐτήν.
2 καὶ παρέδωκεν αὐτὴν κύριος εἰς χεῖρας αὐτοῦ καὶ Ιωακιμ τὸν βασιλέα τῆς Ιουδαίας καὶ μέρος τι τῶν ἱερῶν σκευῶν[2] τοῦ κυρίου, καὶ ἀπήνεγκεν[3] αὐτὰ εἰς Βαβυλῶνα καὶ ἀπηρείσατο[4] αὐτὰ ἐν τῷ εἰδωλίῳ[5] αὐτοῦ.

3 καὶ εἶπεν ὁ βασιλεὺς Αβιεσδρι τῷ ἑαυτοῦ ἀρχιευνούχῳ[6] ἀγαγεῖν αὐτῷ ἐκ τῶν υἱῶν
τῶν μεγιστάνων[7] τοῦ Ισραηλ καὶ ἐκ τοῦ βασιλικοῦ[8] γένους[9] καὶ ἐκ τῶν ἐπιλέκτων[10]
4 νεανίσκους[11] ἀμώμους[12] καὶ εὐειδεῖς[13] καὶ ἐπιστήμονας[14] ἐν πάσῃ σοφίᾳ καὶ γραμματικοὺς[15] καὶ συνετοὺς[16] καὶ σοφοὺς[17] καὶ ἰσχύοντας[18] ὥστε εἶναι ἐν τῷ οἴκῳ τοῦ
βασιλέως καὶ διδάξαι αὐτοὺς γράμματα[19] καὶ διάλεκτον[20] Χαλδαϊκὴν **5** καὶ δίδοσθαι
αὐτοῖς ἔκθεσιν[21] ἐκ τοῦ οἴκου τοῦ βασιλέως καθ᾽ ἑκάστην ἡμέραν καὶ ἀπὸ τῆς βασιλικῆς τραπέζης[22] καὶ ἀπὸ τοῦ οἴνου, οὗ πίνει ὁ βασιλεύς, καὶ ἐκπαιδεῦσαι[23]
αὐτοὺς ἔτη τρία καὶ ἐκ τούτων στῆσαι ἔμπροσθεν τοῦ βασιλέως. **6** καὶ ἦσαν ἐκ τοῦ
γένους[24] τῶν υἱῶν Ισραηλ τῶν ἀπὸ τῆς Ιουδαίας Δανιηλ, Ανανιας, Μισαηλ, Αζαριας.
7 καὶ ἐπέθηκεν[25] αὐτοῖς ὁ ἀρχιευνοῦχος[26] ὀνόματα, τῷ μὲν Δανιηλ Βαλτασαρ, τῷ δὲ Ανανια Σεδραχ καὶ τῷ Μισαηλ Μισαχ καὶ τῷ Αζαρια Αβδεναγω.

1 πολιορκέω, *impf act ind 3s*, besiege
2 σκεῦος, vessel, furnishing
3 ἀποφέρω, *aor act ind 3s*, carry away
4 ἀπερείδομαι, *aor mid ind 3s*, set up in, deposit in
5 εἰδώλιον, temple for idols
6 ἀρχιευνοῦχος, chief of the eunuchs
7 μεγιστάν, noble
8 βασιλικός, royal, kingly
9 γένος, family
10 ἐπίλεκτος, choice
11 νεανίσκος, young man
12 ἄμωμος, unblemished
13 εὐειδής, well formed, good-looking
14 ἐπιστήμων, wise, prudent
15 γραμματικός, well educated
16 συνετός, intelligent
17 σοφός, wise
18 ἰσχύω, *pres act ptc acc p m*, be strong
19 γράμμα, letter, form of writing
20 διάλεκτος, language
21 ἔκθεσις, portion
22 τράπεζα, table
23 ἐκπαιδεύω, *aor act inf*, instruct
24 γένος, race, nation
25 ἐπιτίθημι, *aor act ind 3s*, place upon
26 ἀρχιευνοῦχος, chief of the eunuchs

Θ

ΔΑΝΙΗΛ
Daniel

Daniel and His Friends in the Babylonian Court

1 Ἐν ἔτει τρίτῳ τῆς βασιλείας Ιωακιμ βασιλέως Ιουδα ἦλθεν Ναβουχοδονοσορ
βασιλεὺς Βαβυλῶνος εἰς Ιερουσαλημ καὶ ἐπολιόρκει[1] αὐτήν. **2** καὶ ἔδωκεν κύριος
ἐν χειρὶ αὐτοῦ τὸν Ιωακιμ βασιλέα Ιουδα καὶ ἀπὸ μέρους τῶν σκευῶν[2] οἴκου τοῦ
θεοῦ, καὶ ἤνεγκεν[3] αὐτὰ εἰς γῆν Σεννααρ οἶκον τοῦ θεοῦ αὐτοῦ· καὶ τὰ σκεύη
εἰσήνεγκεν[4] εἰς τὸν οἶκον θησαυροῦ[5] τοῦ θεοῦ αὐτοῦ.

3 καὶ εἶπεν ὁ βασιλεὺς τῷ Ασφανεζ τῷ ἀρχιευνούχῳ[6] αὐτοῦ εἰσαγαγεῖν[7] ἀπὸ τῶν
υἱῶν τῆς αἰχμαλωσίας[8] Ισραηλ καὶ ἀπὸ τοῦ σπέρματος τῆς βασιλείας καὶ ἀπὸ τῶν
φορθομμιν[9] **4** νεανίσκους[10] οἷς οὐκ ἔστιν ἐν αὐτοῖς μῶμος[11] καὶ καλοὺς τῇ ὄψει[12]
καὶ συνιέντας[13] ἐν πάσῃ σοφίᾳ καὶ γιγνώσκοντας γνῶσιν[14] καὶ διανοουμένους[15]
φρόνησιν[16] καὶ οἷς ἐστιν ἰσχὺς[17] ἐν αὐτοῖς ἑστάναι[18] ἐν τῷ οἴκῳ τοῦ βασιλέως,
καὶ διδάξαι αὐτοὺς γράμματα[19] καὶ γλῶσσαν Χαλδαίων. **5** καὶ διέταξεν[20] αὐτοῖς ὁ
βασιλεὺς τὸ τῆς ἡμέρας καθ᾽ ἡμέραν ἀπὸ τῆς τραπέζης[21] τοῦ βασιλέως καὶ ἀπὸ
τοῦ οἴνου τοῦ πότου[22] αὐτοῦ καὶ θρέψαι[23] αὐτοὺς ἔτη τρία καὶ μετὰ ταῦτα στῆναι
ἐνώπιον τοῦ βασιλέως. **6** καὶ ἐγένετο ἐν αὐτοῖς ἐκ τῶν υἱῶν Ιουδα Δανιηλ καὶ
Ανανιας καὶ Μισαηλ καὶ Αζαριας. **7** καὶ ἐπέθηκεν αὐτοῖς ὁ ἀρχιευνοῦχος[24] ὀνόματα,
τῷ Δανιηλ Βαλτασαρ καὶ τῷ Ανανια Σεδραχ καὶ τῷ Μισαηλ Μισαχ καὶ τῷ Αζαρια
Αβδεναγω.

1 πολιορκέω, *impf act ind 3s*, besiege
2 σκεῦος, vessel, furnishing
3 φέρω, *aor act ind 3s*, carry
4 εἰσφέρω, *aor act ind 3s*, carry into
5 θησαυρός, treasury
6 ἀρχιευνοῦχος, chief of the eunuchs
7 εἰσάγω, *aor act inf*, bring in
8 αἰχμαλωσία, captive
9 φορθομμιν, nobleman, *translit.*
10 νεανίσκος, young man
11 μῶμος, blemish
12 ὄψις, appearance
13 συνίημι, *pres act ptc acc p m*, have understanding
14 γνῶσις, knowledge
15 διανοέομαι, *pres mid ptc acc p m*, discern
16 φρόνησις, wisdom, insight
17 ἰσχύς, strength
18 ἵστημι, *perf act inf*, stand
19 γράμμα, letter, form of writing
20 διατάσσω, *aor act ind 3s*, arrange, assign
21 τράπεζα, table
22 πότος, drinking
23 τρέφω, *aor act inf*, nourish, feed
24 ἀρχιευνοῦχος, chief of the eunuchs

OG

8 καὶ ἐνεθυμήθη[1] Δανιηλ ἐν τῇ καρδίᾳ ὅπως μὴ ἀλισγηθῇ[2] ἐν τῷ δείπνῳ[3] τοῦ βασι-
λέως καὶ ἐν ᾧ πίνει οἴνῳ, καὶ ἠξίωσε[4] τὸν ἀρχιευνοῦχον[5] ἵνα μὴ συμμολυνθῇ.[6] **9** καὶ
ἔδωκε κύριος τῷ Δανιηλ τιμὴν[7] καὶ χάριν ἐναντίον[8] τοῦ ἀρχιευνούχου.[9] **10** καὶ εἶπεν
ὁ ἀρχιευνοῦχος[10] τῷ Δανιηλ Ἀγωνιῶ[11] τὸν κύριόν μου τὸν βασιλέα τὸν ἐκτάξαντα[12]
τὴν βρῶσιν[13] ὑμῶν καὶ τὴν πόσιν[14] ὑμῶν ἵνα μὴ ἴδῃ τὰ πρόσωπα ὑμῶν διατετραμ-
μένα[15] καὶ ἀσθενῆ[16] παρὰ τοὺς συντρεφομένους[17] ὑμῖν νεανίας[18] τῶν ἀλλογενῶν,[19]
καὶ κινδυνεύσω[20] τῷ ἰδίῳ[21] τραχήλῳ.[22] **11** καὶ εἶπεν Δανιηλ Αβιεσδρι τῷ ἀναδει-
χθέντι[23] ἀρχιευνούχῳ[24] ἐπὶ τὸν Δανιηλ, Ανανιαν, Μισαηλ, Αζαριαν **12** Πείρασον[25] δὴ[26]
τοὺς παῖδάς[27] σου ἐφ᾽ ἡμέρας δέκα,[28] καὶ δοθήτω ἡμῖν ἀπὸ τῶν ὀσπρίων[29] τῆς γῆς,
ὥστε κάπτειν[30] καὶ ὑδροποτεῖν·[31] **13** καὶ ἐὰν φανῇ[32] ἡ ὄψις[33] ἡμῶν διατετραμμένη[34]
παρὰ τοὺς ἄλλους νεανίσκους[35] τοὺς ἐσθίοντας ἀπὸ τοῦ βασιλικοῦ[36] δείπνου,[37]
καθὼς ἐὰν θέλῃς οὕτω χρῆσαι[38] τοῖς παισί[39] σου. **14** καὶ ἐχρήσατο[40] αὐτοῖς τὸν
τρόπον[41] τοῦτον καὶ ἐπείρασεν[42] αὐτοὺς ἡμέρας δέκα.[43] **15** μετὰ δὲ τὰς δέκα[44]
ἡμέρας ἐφάνη[45] ἡ ὄψις[46] αὐτῶν καλὴ[47] καὶ ἡ ἕξις[48] τοῦ σώματος κρείσσων[49] τῶν
ἄλλων νεανίσκων[50] τῶν ἐσθιόντων τὸ βασιλικὸν[51] δεῖπνον.[52] **16** καὶ ἦν Αβιεσδρι

1 ἐνθυμέομαι, *aor pas ind 3s*, determine
2 ἀλισγέω, *aor pas sub 3s*, pollute
3 δεῖπνον, meal, provisions
4 ἀξιόω, *aor act ind 3s*, entreat, petition
5 ἀρχιευνοῦχος, chief of the eunuchs
6 συμμολύνω, *aor pas sub 3s*, defile
7 τιμή, honor
8 ἐναντίον, before
9 ἀρχιευνοῦχος, chief of the eunuchs
10 ἀρχιευνοῦχος, chief of the eunuchs
11 ἀγωνιάω, *pres act ind 1s*, be distressed
12 ἐκτάσσω, *aor act ptc acc s m*, order, set forth
13 βρῶσις, food
14 πόσις, drink
15 διατρέπω, *perf pas ptc acc p n*, change for the worse
16 ἀσθενής, weak
17 συντρέφω, *pres pas ptc acc p m*, raise together from youth
18 νεανίας, young man
19 ἀλλογενής, foreign
20 κινδυνεύω, *fut act ind 1s*, put at risk
21 ἴδιος, one's own
22 τράχηλος, neck
23 ἀναδείκνυμι, *aor pas ptc dat s m*, appoint
24 ἀρχιευνοῦχος, chief of the eunuchs
25 πειράζω, *aor act impv 2s*, put to the test
26 δή, now, indeed
27 παῖς, servant
28 δέκα, ten
29 ὄσπριον, pulse (edible seeds of vegetables)
30 κάπτω, *pres act inf*, gulp down, (eat)
31 ὑδροποτέω, *pres act inf*, drink water
32 φαίνω, *aor act sub 3s*, appear, seem
33 ὄψις, appearance, countenance
34 διατρέπω, *perf pas ptc nom s f*, change for the worse
35 νεανίσκος, young man
36 βασιλικός, royal
37 δεῖπνον, food, provisions
38 χράω, *aor act inf*, deal with, treat
39 παῖς, servant
40 χράω, *aor mid ind 3s*, deal with, treat
41 τρόπος, manner
42 πειράζω, *aor act ind 3s*, put to the test
43 δέκα, ten
44 δέκα, ten
45 φαίνω, *aor pas ind 3s*, appear, seem
46 ὄψις, appearance, countenance
47 καλός, fair, good
48 ἕξις, outward condition
49 κρείσσων (ττ), *comp of* ἀγαθός, better
50 νεανίσκος, young man
51 βασιλικός, royal
52 δεῖπνον, food, provisions

Θ **8** καὶ ἔθετο Δανιηλ ἐπὶ τὴν καρδίαν αὐτοῦ ὡς οὐ μὴ ἀλισγηθῇ[1] ἐν τῇ τραπέζῃ[2] τοῦ
βασιλέως καὶ ἐν τῷ οἴνῳ τοῦ πότου[3] αὐτοῦ, καὶ ἠξίωσε[4] τὸν ἀρχιευνοῦχον[5] ὡς οὐ
μὴ ἀλισγηθῇ.[6] **9** καὶ ἔδωκεν ὁ θεὸς τὸν Δανιηλ εἰς ἔλεον[7] καὶ εἰς οἰκτιρμὸν[8] ἐνώ-
πιον τοῦ ἀρχιευνούχου.[9] **10** καὶ εἶπεν ὁ ἀρχιευνοῦχος[10] τῷ Δανιηλ Φοβοῦμαι ἐγὼ
τὸν κύριόν μου τὸν βασιλέα τὸν ἐκτάξαντα[11] τὴν βρῶσιν[12] ὑμῶν καὶ τὴν πόσιν[13]
ὑμῶν μήποτε[14] ἴδῃ τὰ πρόσωπα ὑμῶν σκυθρωπὰ[15] παρὰ τὰ παιδάρια[16] τὰ συνήλικα[17]
ὑμῶν καὶ καταδικάσητε[18] τὴν κεφαλήν μου τῷ βασιλεῖ. **11** καὶ εἶπεν Δανιηλ πρὸς
Αμελσαδ, ὃν κατέστησεν[19] ὁ ἀρχιευνοῦχος[20] ἐπὶ Δανιηλ, Ανανιαν, Μισαηλ, Αζαριαν
12 Πείρασον[21] δὴ[22] τοὺς παῖδάς[23] σου ἡμέρας δέκα,[24] καὶ δότωσαν[25] ἡμῖν ἀπὸ τῶν
σπερμάτων,[26] καὶ φαγόμεθα καὶ ὕδωρ πιόμεθα· **13** καὶ ὀφθήτωσαν ἐνώπιόν σου
αἱ ἰδέαι[27] ἡμῶν καὶ αἱ ἰδέαι τῶν παιδαρίων[28] τῶν ἐσθιόντων τὴν τράπεζαν[29] τοῦ
βασιλέως, καὶ καθὼς ἂν ἴδῃς ποίησον μετὰ τῶν παίδων[30] σου. **14** καὶ εἰσήκουσεν[31]
αὐτῶν καὶ ἐπείρασεν[32] αὐτοὺς ἡμέρας δέκα.[33] **15** καὶ μετὰ τὸ τέλος[34] τῶν δέκα[35]
ἡμερῶν ὡράθησαν αἱ ἰδέαι[36] αὐτῶν ἀγαθαὶ καὶ ἰσχυραὶ[37] ταῖς σαρξὶν ὑπὲρ τὰ
παιδάρια[38] τὰ ἐσθίοντα τὴν τράπεζαν[39] τοῦ βασιλέως. **16** καὶ ἐγένετο Αμελσαδ

1 ἀλισγέω, *aor pas sub 3s*, pollute
2 τράπεζα, food (of the table)
3 πότος, drinking
4 ἀξιόω, *aor act ind 3s*, entreat, petition
5 ἀρχιευνοῦχος, chief of the eunuchs
6 ἀλισγέω, *aor pas sub 3s*, pollute
7 ἔλεος, mercy
8 οἰκτιρμός, compassion
9 ἀρχιευνοῦχος, chief of the eunuchs
10 ἀρχιευνοῦχος, chief of the eunuchs
11 ἐκτάσσω, *aor act ptc acc s m*, order, set forth
12 βρῶσις, food
13 πόσις, drink
14 μήποτε, lest, so that not
15 σκυθρωπός, sad, sullen
16 παιδάριον, young man
17 συνήλικος, of the same age
18 καταδικάζω, *aor act sub 2p*, judge against
19 καθίστημι, *aor act ind 3s*, appoint
20 ἀρχιευνοῦχος, chief of the eunuchs
21 πειράζω, *aor act impv 2s*, put to the test
22 δή, now, indeed
23 παῖς, servant
24 δέκα, ten
25 δίδωμι, *aor act impv 3p*, give
26 σπέρμα, seed (of plants)
27 ἰδέα, appearance, countenance
28 παιδάριον, young man
29 τράπεζα, food (of the table)
30 παῖς, servant
31 εἰσακούω, *aor act ind 3s*, listen, obey
32 πειράζω, *aor act ind 3s*, put to the test
33 δέκα, ten
34 τέλος, end
35 δέκα, ten
36 ἰδέα, appearance, countenance
37 ἰσχυρός, strong
38 παιδάριον, young man
39 τράπεζα, food (of the table)

ἀναιρούμενος[1] τὸ δεῖπνον[2] αὐτῶν καὶ τὸν οἶνον αὐτῶν καὶ ἀντεδίδου[3] αὐτοῖς ἀπὸ
τῶν ὀσπρίων.[4] **17** καὶ τοῖς νεανίσκοις[5] ἔδωκεν ὁ κύριος ἐπιστήμην[6] καὶ σύνεσιν[7] καὶ
φρόνησιν[8] ἐν πάσῃ γραμματικῇ[9] τέχνῃ·[10] καὶ τῷ Δανιηλ ἔδωκε σύνεσιν ἐν παντὶ
ῥήματι καὶ ὁράματι[11] καὶ ἐνυπνίοις καὶ ἐν πάσῃ σοφίᾳ.

18 μετὰ δὲ τὰς ἡμέρας ταύτας ἐπέταξεν[12] ὁ βασιλεὺς εἰσαγαγεῖν[13] αὐτούς, καὶ εἰσ-
ήχθησαν[14] ἀπὸ τοῦ ἀρχιευνούχου[15] πρὸς τὸν βασιλέα Ναβουχοδονοσορ. **19** καὶ
ὡμίλησεν[16] αὐτοῖς ὁ βασιλεύς, καὶ οὐχ εὑρέθη ἐν τοῖς σοφοῖς[17] ὅμοιος[18] τῷ Δανιηλ
καὶ Ανανια καὶ Μισαηλ καὶ Αζαρια· καὶ ἦσαν παρὰ τῷ βασιλεῖ. **20** καὶ ἐν παντὶ λόγῳ
καὶ συνέσει[19] καὶ παιδείᾳ,[20] ὅσα ἐζήτησε παρ᾽ αὐτῶν ὁ βασιλεύς, κατέλαβεν[21] αὐτοὺς
σοφωτέρους[22] δεκαπλασίως[23] ὑπὲρ τοὺς σοφιστὰς[24] καὶ τοὺς φιλοσόφους[25] τοὺς ἐν
πάσῃ τῇ βασιλείᾳ αὐτοῦ· καὶ ἐδόξασεν αὐτοὺς ὁ βασιλεὺς καὶ κατέστησεν[26] αὐτοὺς
ἄρχοντας καὶ ἀνέδειξεν[27] αὐτοὺς σοφοὺς[28] παρὰ πάντας τοὺς αὐτοῦ ἐν πράγμασιν[29]
ἐν πάσῃ τῇ γῇ αὐτοῦ καὶ ἐν τῇ βασιλείᾳ αὐτοῦ. **21** καὶ ἦν Δανιηλ ἕως τοῦ πρώτου
ἔτους τῆς βασιλείας Κύρου βασιλέως Περσῶν.

Nebuchadnezzar's Dream

2 Καὶ ἐν τῷ ἔτει τῷ δευτέρῳ τῆς βασιλείας Ναβουχοδονοσορ συνέβη[30] εἰς ὁράματα[31]
καὶ ἐνύπνια ἐμπεσεῖν[32] τὸν βασιλέα καὶ ταραχθῆναι[33] ἐν τῷ ἐνυπνίῳ αὐτοῦ, καὶ
ὁ ὕπνος[34] αὐτοῦ ἐγένετο ἀπ᾽ αὐτοῦ. **2** καὶ ἐπέταξεν[35] ὁ βασιλεὺς εἰσενεχθῆναι[36] τοὺς
ἐπαοιδοὺς[37] καὶ τοὺς μάγους[38] καὶ τοὺς φαρμάκους[39] τῶν Χαλδαίων ἀναγγεῖλαι[40]
τῷ βασιλεῖ τὰ ἐνύπνια αὐτοῦ, καὶ παραγενόμενοι ἔστησαν παρὰ τῷ βασιλεῖ. **3** καὶ
εἶπεν αὐτοῖς ὁ βασιλεύς Ἐνύπνιον ἑώρακα καὶ ἐκινήθη[41] μου τὸ πνεῦμα· ἐπιγνῶναι

1 ἀναιρέω, *pres mid ptc nom s m*, remove, (withhold)
2 δεῖπνον, food, provisions
3 ἀντιδίδωμι, *impf act ind 3s*, give instead
4 ὄσπριον, pulse (edible seeds of vegetables)
5 νεανίσκος, young man
6 ἐπιστήμη, understanding
7 σύνεσις, intelligence
8 φρόνησις, wisdom, insight
9 γραμματικός, scholarly, literary
10 τέχνη, craft, skill
11 ὅραμα, vision
12 ἐπιτάσσω, *aor act ind 3s*, order
13 εἰσάγω, *aor act inf*, bring in
14 εἰσάγω, *aor pas ind 3p*, bring in
15 ἀρχιευνοῦχος, chief of the eunuchs
16 ὁμιλέω, *aor act ind 3s*, converse with
17 σοφός, wise
18 ὅμοιος, equal to
19 σύνεσις, intelligence
20 παιδεία, teaching, instruction
21 καταλαμβάνω, *aor act ind 3s*, take (to be)
22 σοφός, *comp*, wiser, more skilled
23 δεκαπλασίως, tenfold
24 σοφιστής, wise man, diviner, sophist
25 φιλόσοφος, philosopher, one who loves wisdom
26 καθίστημι, *aor act ind 3s*, appoint
27 ἀναδείκνυμι, *aor act ind 3s*, proclaim, show
28 σοφός, wise
29 πρᾶγμα, affair, deed, business
30 συμβαίνω, *aor act ind 3s*, happen
31 ὅραμα, vision
32 ἐμπίπτω, *aor act inf*, fall upon
33 ταράσσω, *aor pas inf*, trouble, disturb
34 ὕπνος, sleep
35 ἐπιτάσσω, *aor act ind 3s*, order, command
36 εἰσφέρω, *aor pas inf*, bring in
37 ἐπαοιδός, enchanter
38 μάγος, sage, magician
39 φάρμακος, sorcerer
40 ἀναγγέλλω, *aor act inf*, reveal, declare
41 κινέω, *aor pas ind 3s*, shake, stir

Θ ἀναιρούμενος[1] τὸ δεῖπνον[2] αὐτῶν καὶ τὸν οἶνον τοῦ πόματος[3] αὐτῶν καὶ ἐδίδου
αὐτοῖς σπέρματα.[4] **17** καὶ τὰ παιδάρια[5] ταῦτα, οἱ τέσσαρες αὐτοί, ἔδωκεν αὐτοῖς ὁ
θεὸς σύνεσιν[6] καὶ φρόνησιν[7] ἐν πάσῃ γραμματικῇ[8] καὶ σοφίᾳ· καὶ Δανιηλ συνῆκεν[9]
ἐν πάσῃ ὁράσει[10] καὶ ἐνυπνίοις.

18 καὶ μετὰ τὸ τέλος τῶν ἡμερῶν, ὧν εἶπεν ὁ βασιλεὺς εἰσαγαγεῖν[11] αὐτούς, καὶ
εἰσήγαγεν[12] αὐτοὺς ὁ ἀρχιευνοῦχος[13] ἐναντίον[14] Ναβουχοδονοσορ. **19** καὶ ἐλάλησεν
μετ᾽ αὐτῶν ὁ βασιλεύς, καὶ οὐχ εὑρέθησαν ἐκ πάντων αὐτῶν ὅμοιοι[15] Δανιηλ καὶ
Ανανια καὶ Μισαηλ καὶ Αζαρια· καὶ ἔστησαν ἐνώπιον τοῦ βασιλέως. **20** καὶ ἐν
παντὶ ῥήματι σοφίας καὶ ἐπιστήμης,[16] ὧν ἐζήτησεν παρ᾽ αὐτῶν ὁ βασιλεύς, εὗρεν
αὐτοὺς δεκαπλασίονας[17] παρὰ πάντας τοὺς ἐπαοιδοὺς[18] καὶ τοὺς μάγους[19] τοὺς
ὄντας ἐν πάσῃ τῇ βασιλείᾳ αὐτοῦ. **21** καὶ ἐγένετο Δανιηλ ἕως ἔτους ἑνὸς Κύρου
τοῦ βασιλέως.

Nebuchadnezzar's Dream

2 Ἐν τῷ ἔτει τῷ δευτέρῳ τῆς βασιλείας Ναβουχοδονοσορ ἠνυπνιάσθη[20] Ναβου-
χοδονοσορ ἐνύπνιον, καὶ ἐξέστη[21] τὸ πνεῦμα αὐτοῦ, καὶ ὁ ὕπνος[22] αὐτοῦ
ἐγένετο ἀπ᾽ αὐτοῦ. **2** καὶ εἶπεν ὁ βασιλεὺς καλέσαι τοὺς ἐπαοιδοὺς[23] καὶ τοὺς
μάγους[24] καὶ τοὺς φαρμάκους[25] καὶ τοὺς Χαλδαίους τοῦ ἀναγγεῖλαι[26] τῷ βασιλεῖ
τὰ ἐνύπνια αὐτοῦ, καὶ ἦλθαν καὶ ἔστησαν ἐνώπιον τοῦ βασιλέως. **3** καὶ εἶπεν
αὐτοῖς ὁ βασιλεύς Ἠνυπνιάσθην,[27] καὶ ἐξέστη[28] τὸ πνεῦμά μου τοῦ γνῶναι τὸ

1 ἀναιρέω, *pres mid ptc nom s m*, remove, (withhold)
2 δεῖπνον, food, provisions
3 πόμα, drink
4 σπέρμα, seed (of plants)
5 παιδάριον, young man
6 σύνεσις, intelligence
7 φρόνησις, wisdom, insight
8 γραμματικός, scholarly, literary (thing)
9 συνίημι, *aor act ind 3s*, have understanding
10 ὅρασις, vision
11 εἰσάγω, *aor act inf*, bring in
12 εἰσάγω, *aor act ind 3s*, bring in
13 ἀρχιευνοῦχος, chief of the eunuchs
14 ἐναντίον, before
15 ὅμοιος, equal to
16 ἐπιστήμη, understanding
17 δεκαπλασίων, tenfold
18 ἐπαοιδός, enchanter
19 μάγος, sage, magician
20 ἐνυπνιάζομαι, *aor pas ind 3s*, dream
21 ἐξίστημι, *aor act ind 3s*, be confounded
22 ὕπνος, sleep
23 ἐπαοιδός, enchanter
24 μάγος, sage, magician
25 φάρμακος, sorcerer
26 ἀναγγέλλω, *aor act inf*, reveal, declare
27 ἐνυπνιάζομαι, *aor pas ind 1s*, dream
28 ἐξίστημι, *aor act ind 3s*, be confounded

οὖν θέλω τὸ ἐνύπνιον. **4** καὶ ἐλάλησαν οἱ Χαλδαῖοι πρὸς τὸν βασιλέα Συριστί Κύριε βασιλεῦ, τὸν αἰῶνα ζῆθι· ἀνάγγειλον[1] τὸ ἐνύπνιόν σου τοῖς παισί[2] σου, καὶ ἡμεῖς σοι φράσομεν[3] τὴν σύγκρισιν[4] αὐτοῦ. **5** ἀποκριθεὶς δὲ ὁ βασιλεὺς εἶπε τοῖς Χαλδαίοις ὅτι Ἐὰν μὴ ἀπαγγείλητέ[5] μοι ἐπ' ἀληθείας τὸ ἐνύπνιον καὶ τὴν τούτου σύγκρισιν[6] δηλώσητέ[7] μοι, παραδειγματισθήσεσθε,[8] καὶ ἀναληφθήσεται[9] ὑμῶν τὰ ὑπάρχοντα εἰς τὸ βασιλικόν·[10] **6** ἐὰν δὲ τὸ ἐνύπνιον διασαφήσητέ[11] μοι καὶ τὴν τούτου σύγκρισιν[12] ἀναγγείλητε,[13] λήψεσθε δόματα[14] παντοῖα[15] καὶ δοξασθήσεσθε ὑπ' ἐμοῦ· δηλώσατέ[16] μοι τὸ ἐνύπνιον καὶ κρίνατε. **7** ἀπεκρίθησαν δὲ ἐκ δευτέρου λέγοντες Βασιλεῦ, τὸ ὅραμα[17] εἰπόν, καὶ οἱ παῖδές[18] σου κρινοῦσι πρὸς ταῦτα. **8** καὶ εἶπεν αὐτοῖς ὁ βασιλεύς Ἐπ' ἀληθείας οἶδα ὅτι καιρὸν ὑμεῖς ἐξαγοράζετε,[19] καθάπερ[20] ἑωράκατε ὅτι ἀπέστη[21] ἀπ' ἐμοῦ τὸ πρᾶγμα·[22] καθάπερ οὖν προστέταχα,[23] οὕτως ἔσται· **9** ἐὰν μὴ τὸ ἐνύπνιον ἀπαγγείλητέ[24] μοι ἐπ' ἀληθείας καὶ τὴν τούτου σύγκρισιν[25] δηλώσητε,[26] θανάτῳ περιπεσεῖσθε·[27] συνείπασθε[28] γὰρ λόγους ψευδεῖς[29] ποιήσασθαι ἐπ' ἐμοῦ, ἕως ἂν ὁ καιρὸς ἀλλοιωθῇ·[30] νῦν οὖν ἐὰν τὸ ῥῆμα εἴπητέ μοι, ὃ τὴν νύκτα ἑώρακα, γνώσομαι ὅτι καὶ τὴν τούτου κρίσιν δηλώσετε.[31] **10** καὶ ἀπεκρίθησαν οἱ Χαλδαῖοι ἐπὶ τοῦ βασιλέως ὅτι Οὐδεὶς τῶν ἐπὶ τῆς γῆς δυνήσεται εἰπεῖν τῷ βασιλεῖ ὃ ἑώρακε, καθάπερ[32] σὺ ἐρωτᾷς,[33] καὶ πᾶς βασιλεὺς καὶ πᾶς δυνάστης[34] τοιοῦτο[35] πρᾶγμα[36] οὐκ ἐπερωτᾷ[37] πάντα σοφὸν[38] καὶ μάγον[39] καὶ Χαλδαῖον· **11** καὶ ὁ λόγος, ὃν ζητεῖς, βασιλεῦ, βαρύς[40] ἐστι καὶ ἐπίδοξος,[41] καὶ οὐδείς ἐστιν, ὃς δηλώσει[42] ταῦτα τῷ βασιλεῖ, εἰ μήτι[43] ἄγγελος, οὗ οὐκ ἔστι κατοικητήριον[44] μετὰ πάσης σαρκός· ὅθεν[45] οὐκ ἐνδέχεται[46] γενέσθαι καθάπερ[47] οἴει.[48]

1 ἀναγγέλλω, *aor act impv 2s*, reveal, declare
2 παῖς, servant
3 φράζω, *fut act ind 1p*, explain, show
4 σύγκρισις, interpretation
5 ἀπαγγέλλω, *aor act sub 2p*, reveal, declare
6 σύγκρισις, interpretation
7 δηλόω, *aor act sub 2p*, make known
8 παραδειγματίζω, *fut pas ind 2p*, punish publicly as an example
9 ἀναλαμβάνω, *fut pas ind 3s*, seize
10 βασιλικός, royal (treasury)
11 διασαφέω, *aor act sub 2p*, explain clearly
12 σύγκρισις, interpretation
13 ἀναγγέλλω, *aor act sub 2p*, reveal, declare
14 δόμα, gift
15 παντοῖος, of all kinds
16 δηλόω, *aor act impv 2p*, make known
17 ὅραμα, vision
18 παῖς, servant
19 ἐξαγοράζω, *pres act ind 2p*, buy time
20 καθάπερ, just as
21 ἀφίστημι, *aor act ind 3s*, depart
22 πρᾶγμα, matter
23 προστάσσω, *perf act ind 1s*, prescribe, order
24 ἀπαγγέλλω, *aor act sub 2p*, reveal, declare
25 σύγκρισις, interpretation
26 δηλόω, *aor act sub 2p*, make known
27 περιπίπτω, *fut mid ind 2p*, encounter
28 σύμφημι, *aor mid ind 2p*, agree
29 ψευδής, lying, false
30 ἀλλοιόω, *aor pas sub 3s*, change
31 δηλόω, *fut act ind 2p*, make known
32 καθάπερ, as
33 ἐρωτάω, *pres act ind 2s*, inquire, request
34 δυνάστης, master, prince
35 τοιοῦτος, such, like this
36 πρᾶγμα, matter
37 ἐπερωτάω, *pres act ind 3s*, inquire, request
38 σοφός, wise
39 μάγος, sage, magician
40 βαρύς, grievous, difficult
41 ἐπίδοξος, notable
42 δηλόω, *fut act ind 3s*, make known
43 μήτι, nor
44 κατοικητήριον, abode
45 ὅθεν, therefore
46 ἐνδέχομαι, *pres mid ind 3s*, be possible
47 καθάπερ, as
48 οἴομαι, *pres mid ind 2s*, think

Θ ἐνύπνιον. **4** καὶ ἐλάλησαν οἱ Χαλδαῖοι τῷ βασιλεῖ Συριστί Βασιλεῦ, εἰς τοὺς αἰῶνας
ζῆθι· σὺ εἰπὸν τὸ ἐνύπνιον τοῖς παισίν[1] σου, καὶ τὴν σύγκρισιν[2] ἀναγγελοῦμεν.[3]
5 ἀπεκρίθη ὁ βασιλεὺς καὶ εἶπεν τοῖς Χαλδαίοις Ὁ λόγος ἀπ᾽ ἐμοῦ ἀπέστη·[4] ἐὰν μὴ
γνωρίσητέ[5] μοι τὸ ἐνύπνιον καὶ τὴν σύγκρισιν[6] αὐτοῦ, εἰς ἀπώλειαν[7] ἔσεσθε, καὶ
οἱ οἶκοι ὑμῶν διαρπαγήσονται·[8] **6** ἐὰν δὲ τὸ ἐνύπνιον καὶ τὴν σύγκρισιν[9] αὐτοῦ
γνωρίσητέ[10] μοι, δόματα[11] καὶ δωρεὰς[12] καὶ τιμὴν[13] πολλὴν λήμψεσθε παρ᾽ ἐμοῦ· πλὴν
τὸ ἐνύπνιον καὶ τὴν σύγκρισιν[14] αὐτοῦ ἀπαγγείλατέ μοι. **7** ἀπεκρίθησαν δεύτερον
καὶ εἶπαν Ὁ βασιλεὺς εἰπάτω τὸ ἐνύπνιον τοῖς παισὶν[15] αὐτοῦ, καὶ τὴν σύγκρισιν[16]
αὐτοῦ ἀναγγελοῦμεν.[17] **8** ἀπεκρίθη ὁ βασιλεὺς καὶ εἶπεν Ἐπ᾽ ἀληθείας οἶδα ἐγὼ ὅτι
καιρὸν ὑμεῖς ἐξαγοράζετε,[18] καθότι[19] εἴδετε ὅτι ἀπέστη[20] ἀπ᾽ ἐμοῦ τὸ ῥῆμα· **9** ἐὰν
οὖν τὸ ἐνύπνιον μὴ ἀναγγείλητέ[21] μοι, οἶδα ὅτι ῥῆμα ψευδὲς[22] καὶ διεφθαρμένον[23]
συνέθεσθε[24] εἰπεῖν ἐνώπιόν μου, ἕως οὗ ὁ καιρὸς παρέλθῃ·[25] τὸ ἐνύπνιόν μου εἴπατέ
μοι, καὶ γνώσομαι ὅτι τὴν σύγκρισιν[26] αὐτοῦ ἀναγγελεῖτέ[27] μοι. **10** ἀπεκρίθησαν οἱ
Χαλδαῖοι ἐνώπιον τοῦ βασιλέως καὶ λέγουσιν Οὐκ ἔστιν ἄνθρωπος ἐπὶ τῆς ξηρᾶς,[28]
ὅστις τὸ ῥῆμα τοῦ βασιλέως δυνήσεται γνωρίσαι,[29] καθότι[30] πᾶς βασιλεὺς μέγας
καὶ ἄρχων ῥῆμα τοιοῦτο[31] οὐκ ἐπερωτᾷ[32] ἐπαοιδόν,[33] μάγον[34] καὶ Χαλδαῖον· **11** ὅτι ὁ
λόγος, ὃν ὁ βασιλεὺς ἐπερωτᾷ,[35] βαρύς,[36] καὶ ἕτερος οὐκ ἔστιν, ὃς ἀναγγελεῖ[37] αὐτὸν
ἐνώπιον τοῦ βασιλέως, ἀλλ᾽ ἢ θεοί, ὧν οὐκ ἔστιν ἡ κατοικία[38] μετὰ πάσης σαρκός.

1 παῖς, servant
2 σύγκρισις, interpretation
3 ἀναγγέλλω, *fut act ind 1p*, reveal, declare
4 ἀφίστημι, *aor act ind 3s*, depart
5 γνωρίζω, *aor act sub 2p*, make known
6 σύγκρισις, interpretation
7 ἀπώλεια, destruction
8 διαρπάζω, *fut pas ind 3p*, plunder
9 σύγκρισις, interpretation
10 γνωρίζω, *aor act sub 2p*, make known
11 δόμα, gift
12 δωρεά, gift, present
13 τιμή, honor
14 σύγκρισις, interpretation
15 παῖς, servant
16 σύγκρισις, interpretation
17 ἀναγγέλλω, *fut act ind 1p*, reveal, declare
18 ἐξαγοράζω, *pres act ind 2p*, gain (time)
19 καθότι, as
20 ἀφίστημι, *aor act ind 3s*, depart
21 ἀναγγέλλω, *aor act sub 2p*, reveal, declare
22 ψευδής, lying, false
23 διαφθείρω, *perf pas ptc acc s n*, corrupt
24 συντίθημι, *aor mid ind 2p*, agree, conspire to
25 παρέρχομαι, *aor act sub 3s*, pass by
26 σύγκρισις, interpretation
27 ἀναγγέλλω, *fut act ind 2p*, reveal, declare
28 ξηρός, dry land
29 γνωρίζω, *aor act inf*, make known
30 καθότι, as
31 τοιοῦτος, such, like this
32 ἐπερωτάω, *pres act ind 3s*, ask for, demand
33 ἐπαοιδός, enchanter
34 μάγος, sage, magician
35 ἐπερωτάω, *pres act ind 3s*, ask for, demand
36 βαρύς, grievous, difficult
37 ἀναγγέλλω, *fut act ind 3s*, reveal, declare
38 κατοικία, dwelling

12 τότε ὁ βασιλεὺς στυγνὸς[1] γενόμενος καὶ περίλυπος[2] προσέταξεν[3] ἐξαγαγεῖν[4]
πάντας τοὺς σοφοὺς[5] τῆς Βαβυλωνίας· **13** καὶ ἐδογματίσθη[6] πάντας ἀποκτεῖναι,
ἐζητήθη δὲ ὁ Δανιηλ καὶ πάντες οἱ μετ᾽ αὐτοῦ χάριν[7] τοῦ συναπολέσθαι.[8] **14** τότε
Δανιηλ εἶπε βουλὴν[9] καὶ γνώμην,[10] ἣν εἶχεν, Αριώχῃ τῷ ἀρχιμαγείρῳ[11] τοῦ βασιλέως,
ᾧ προσέταξεν[12] ἐξαγαγεῖν[13] τοὺς σοφιστὰς[14] τῆς Βαβυλωνίας, **15** καὶ ἐπυνθάνετο[15]
αὐτοῦ λέγων Περὶ τίνος δογματίζεται[16] πικρῶς[17] παρὰ τοῦ βασιλέως; τότε τὸ πρό-
σταγμα[18] ἐσήμανεν[19] ὁ Αριώχης τῷ Δανιηλ. **16** ὁ δὲ Δανιηλ εἰσῆλθε ταχέως[20] πρὸς
τὸν βασιλέα καὶ ἠξίωσεν[21] ἵνα δοθῇ αὐτῷ χρόνος παρὰ τοῦ βασιλέως, καὶ δηλώσῃ[22]
πάντα ἐπὶ τοῦ βασιλέως.

God Reveals Nebuchadnezzar's Dream to Daniel

17 τότε ἀπελθὼν Δανιηλ εἰς τὸν οἶκον αὐτοῦ τῷ Ανανια καὶ Μισαηλ καὶ Αζαρια
τοῖς συνεταίροις[23] ὑπέδειξε[24] πάντα· **18** καὶ παρήγγειλε[25] νηστείαν[26] καὶ δέησιν[27] καὶ
τιμωρίαν[28] ζητῆσαι παρὰ τοῦ κυρίου τοῦ ὑψίστου[29] περὶ τοῦ μυστηρίου[30] τούτου,
ὅπως μὴ ἐκδοθῶσι[31] Δανιηλ καὶ οἱ μετ᾽ αὐτοῦ εἰς ἀπώλειαν[32] ἅμα[33] τοῖς σοφισταῖς[34]
Βαβυλῶνος. **19** τότε τῷ Δανιηλ ἐν ὁράματι[35] ἐν αὐτῇ τῇ νυκτὶ τὸ μυστήριον[36] τοῦ
βασιλέως ἐξεφάνθη[37] εὐσήμως·[38] τότε Δανιηλ εὐλόγησε τὸν κύριον τὸν ὕψιστον[39]
20 καὶ ἐκφωνήσας[40] εἶπεν

Ἔσται τὸ ὄνομα τοῦ κυρίου τοῦ μεγάλου εὐλογημένον
  εἰς τὸν αἰῶνα,
  ὅτι ἡ σοφία καὶ ἡ μεγαλωσύνη[41] αὐτοῦ ἐστι·

1 στυγνός, sullen, gloomy
2 περίλυπος, deeply sad
3 προστάσσω, *aor act ind 3s*, prescribe, order
4 ἐξάγω, *aor act inf*, bring out
5 σοφός, wise
6 δογματίζω, *aor pas ind 3s*, decree
7 χάριν, in order to, so that
8 συναπόλλυμι, *aor mid inf*, destroy together with
9 βουλή, counsel
10 γνώμη, decree
11 ἀρχιμάγειρος, chief of the royal guard
12 προστάσσω, *aor act ind 3s*, prescribe, order
13 ἐξάγω, *aor act inf*, bring out
14 σοφιστής, wise man, diviner, sophist
15 πυνθάνομαι, *impf mid ind 3s*, inquire
16 δογματίζω, *pres pas ind 3s*, decree
17 πικρῶς, harshly
18 πρόσταγμα, ordinance
19 σημαίνω, *aor act ind 3s*, make clear
20 ταχέως, quickly
21 ἀξιόω, *aor act ind 3s*, entreat, petition
22 δηλόω, *aor act sub 3s*, make known
23 συνέταιρος, companion
24 ὑποδείκνυμι, *aor act ind 3s*, disclose
25 παραγγέλλω, *aor act ind 3s*, declare
26 νηστεία, fasting
27 δέησις, prayer, supplication
28 τιμωρία, help
29 ὕψιστος, *sup*, Most High
30 μυστήριον, mystery
31 ἐκδίδωμι, *aor pas sub 3p*, give over
32 ἀπώλεια, destruction
33 ἅμα, together (with)
34 σοφιστής, wise man, diviner, sophist
35 ὅραμα, vision
36 μυστήριον, mystery
37 ἐκφαίνω, *aor pas ind 3s*, disclose, reveal
38 εὐσήμως, clearly
39 ὕψιστος, *sup*, Most High
40 ἐκφωνέω, *aor act ptc nom s m*, cry out
41 μεγαλωσύνη, majesty, greatness

Θ **12** τότε ὁ βασιλεὺς ἐν θυμῷ[1] καὶ ὀργῇ πολλῇ εἶπεν ἀπολέσαι πάντας τοὺς σοφοὺς[2]
Βαβυλῶνος· **13** καὶ τὸ δόγμα[3] ἐξῆλθεν, καὶ οἱ σοφοὶ[4] ἀπεκτέννοντο, καὶ ἐζήτησαν
Δανιηλ καὶ τοὺς φίλους[5] αὐτοῦ ἀνελεῖν.[6] **14** τότε Δανιηλ ἀπεκρίθη βουλὴν[7] καὶ
γνώμην[8] τῷ Αριωχ τῷ ἀρχιμαγείρῳ[9] τοῦ βασιλέως, ὃς ἐξῆλθεν ἀναιρεῖν[10] τοὺς
σοφοὺς[11] Βαβυλῶνος **15** Ἄρχων τοῦ βασιλέως, περὶ τίνος ἐξῆλθεν ἡ γνώμη[12] ἡ
ἀναιδὴς[13] ἐκ προσώπου τοῦ βασιλέως; ἐγνώρισεν[14] δὲ τὸ ῥῆμα Αριωχ τῷ Δανιηλ.
16 καὶ Δανιηλ εἰσῆλθεν καὶ ἠξίωσεν[15] τὸν βασιλέα ὅπως χρόνον δῷ αὐτῷ, καὶ τὴν
σύγκρισιν[16] αὐτοῦ ἀναγγείλῃ[17] τῷ βασιλεῖ.

God Reveals Nebuchadnezzar's Dream to Daniel

17 καὶ εἰσῆλθεν Δανιηλ εἰς τὸν οἶκον αὐτοῦ καὶ τῷ Ανανια καὶ τῷ Μισαηλ καὶ τῷ
Αζαρια τοῖς φίλοις[18] αὐτοῦ τὸ ῥῆμα ἐγνώρισεν·[19] **18** καὶ οἰκτιρμοὺς[20] ἐζήτουν παρὰ
τοῦ θεοῦ τοῦ οὐρανοῦ ὑπὲρ τοῦ μυστηρίου[21] τούτου, ὅπως ἂν μὴ ἀπόλωνται Δανιηλ
καὶ οἱ φίλοι[22] αὐτοῦ μετὰ τῶν ἐπιλοίπων[23] σοφῶν[24] Βαβυλῶνος. **19** τότε τῷ Δανιηλ
ἐν ὁράματι[25] τῆς νυκτὸς τὸ μυστήριον[26] ἀπεκαλύφθη·[27] καὶ εὐλόγησεν τὸν θεὸν τοῦ
οὐρανοῦ **20** Δανιηλ καὶ εἶπεν

Εἴη[28] τὸ ὄνομα τοῦ θεοῦ εὐλογημένον
  ἀπὸ τοῦ αἰῶνος καὶ ἕως τοῦ αἰῶνος,
  ὅτι ἡ σοφία καὶ ἡ σύνεσις[29] αὐτοῦ ἐστιν·

1 θυμός, wrath
2 σοφός, wise
3 δόγμα, decree
4 σοφός, wise
5 φίλος, friend
6 ἀναιρέω, *aor act inf*, murder
7 βουλή, counsel
8 γνώμη, decree
9 ἀρχιμάγειρος, chief of the royal guard
10 ἀναιρέω, *pres act inf*, murder
11 σοφός, wise
12 γνώμη, decree
13 ἀναιδής, shameless, hard
14 γνωρίζω, *aor act ind 3s*, make known
15 ἀξιόω, *aor act ind 3s*, entreat, petition
16 σύγκρισις, interpretation
17 ἀναγγέλλω, *aor act sub 3s*, reveal, declare
18 φίλος, friend
19 γνωρίζω, *aor act ind 3s*, make known
20 οἰκτιρμός, compassion
21 μυστήριον, mystery
22 φίλος, friend
23 ἐπίλοιπος, rest, remaining
24 σοφός, wise
25 ὅραμα, vision
26 μυστήριον, mystery
27 ἀποκαλύπτω, *aor pas ind 3s*, uncover, reveal
28 εἰμί, *pres act opt 3s*, be
29 σύνεσις, intelligence

21 καὶ αὐτὸς ἀλλοιοῖ[1] καιροὺς καὶ χρόνους,
μεθιστῶν[2] βασιλεῖς καὶ καθιστῶν,[3]
διδοὺς σοφοῖς[4] σοφίαν
καὶ σύνεσιν[5] τοῖς ἐν ἐπιστήμῃ[6] οὖσιν·
22 ἀνακαλύπτων[7] τὰ βαθέα[8] καὶ σκοτεινά[9]
καὶ γινώσκων τὰ ἐν τῷ σκότει[10]
καὶ τὰ ἐν τῷ φωτί,
καὶ παρ᾿ αὐτῷ κατάλυσις·[11]
23 σοί, κύριε τῶν πατέρων μου,
ἐξομολογοῦμαι[12] καὶ αἰνῶ,[13]
ὅτι σοφίαν καὶ φρόνησιν[14] ἔδωκάς μοι
καὶ νῦν ἐσήμανάς[15] μοι ὅσα ἠξίωσα[16]
τοῦ δηλῶσαι[17] τῷ βασιλεῖ πρὸς ταῦτα.

24 εἰσελθὼν δὲ Δανιηλ πρὸς τὸν Αριωχ τὸν κατασταθέντα[18] ὑπὸ τοῦ βασιλέως
ἀποκτεῖναι πάντας τοὺς σοφιστὰς[19] τῆς Βαβυλωνίας εἶπεν αὐτῷ Τοὺς μὲν σοφιστὰς
τῆς Βαβυλωνίας μὴ ἀπολέσῃς, εἰσάγαγε[20] δέ με πρὸς τὸν βασιλέα, καὶ ἕκαστα τῷ
βασιλεῖ δηλώσω.[21]

Daniel Interprets Nebuchadnezzar's Dream

25 τότε Αριωχ κατὰ σπουδὴν[22] εἰσήγαγεν[23] τὸν Δανιηλ πρὸς τὸν βασιλέα καὶ εἶπεν
αὐτῷ ὅτι Εὕρηκα ἄνθρωπον σοφὸν[24] ἐκ τῆς αἰχμαλωσίας[25] τῶν υἱῶν τῆς Ιουδαίας,
ὃς τῷ βασιλεῖ δηλώσει[26] ἕκαστα. **26** ἀποκριθεὶς δὲ ὁ βασιλεὺς εἶπε τῷ Δανιηλ ἐπι-
καλουμένῳ[27] δὲ Χαλδαϊστὶ[28] Βαλτασαρ Δυνήσῃ δηλῶσαί[29] μοι τὸ ὅραμα,[30] ὃ εἶδον,
καὶ τὴν τούτου σύγκρισιν;[31] **27** ἐκφωνήσας[32] δὲ ὁ Δανιηλ ἐπὶ τοῦ βασιλέως εἶπεν Τὸ
μυστήριον,[33] ὃ ἑώρακεν ὁ βασιλεύς, οὐκ ἔστι σοφῶν[34] καὶ φαρμάκων[35] καὶ ἐπαοιδῶν[36]

1 ἀλλοιόω, *pres act ind 3s*, change
2 μεθίστημι, *pres act ptc nom s m*, remove, take away
3 καθίστημι, *pres act ptc nom s m*, appoint
4 σοφός, wise
5 σύνεσις, intelligence
6 ἐπιστήμη, understanding
7 ἀνακαλύπτω, *pres act ptc nom s m*, disclose
8 βαθύς, deep
9 σκοτεινός, dark, obscure
10 σκότος, darkness
11 κατάλυσις, release, refuge
12 ἐξομολογέομαι, *pres mid ind 1s*, confess, acknowledge
13 αἰνέω, *pres act ind 1s*, praise
14 φρόνησις, wisdom, insight
15 σημαίνω, *aor act ind 2s*, make clear
16 ἀξιόω, *aor act ind 1s*, entreat, petition
17 δηλόω, *aor act inf*, make known
18 καθίστημι, *aor pas ptc acc s m*, appoint
19 σοφιστής, wise man, diviner, sophist
20 εἰσάγω, *aor act impv 2s*, bring to
21 δηλόω, *fut act ind 1s*, make known
22 σπουδή, quickly
23 εἰσάγω, *aor act ind 3s*, bring to
24 σοφός, wise
25 αἰχμαλωσία, group of captives
26 δηλόω, *fut act ind 3s*, make known
27 ἐπικαλέω, *pres pas ptc dat s m*, call
28 Χαλδαϊστί, in the Chaldean language
29 δηλόω, *aor act inf*, make known
30 ὅραμα, vision
31 σύγκρισις, interpretation
32 ἐκφωνέω, *aor act ptc nom s m*, cry out
33 μυστήριον, mystery
34 σοφός, wise
35 φάρμακος, sorcerer
36 ἐπαοιδός, enchanter

Θ 21 καὶ αὐτὸς ἀλλοιοῖ[1] καιροὺς καὶ χρόνους,
καθιστᾷ[2] βασιλεῖς καὶ μεθιστᾷ,[3]
διδοὺς σοφίαν τοῖς σοφοῖς[4]
καὶ φρόνησιν[5] τοῖς εἰδόσιν[6] σύνεσιν·[7]
22 αὐτὸς ἀποκαλύπτει[8] βαθέα[9] καὶ ἀπόκρυφα,[10]
γινώσκων τὰ ἐν τῷ σκότει,
καὶ τὸ φῶς μετ᾽ αὐτοῦ ἐστιν·

23 σοί, ὁ θεὸς τῶν πατέρων μου,
ἐξομολογοῦμαι[11] καὶ αἰνῶ,[12]
ὅτι σοφίαν καὶ δύναμιν ἔδωκάς μοι
καὶ νῦν ἐγνώρισάς[13] μοι ἃ ἠξιώσαμεν[14] παρὰ σοῦ
καὶ τὸ ὅραμα[15] τοῦ βασιλέως ἐγνώρισάς μοι.

24 καὶ ἦλθεν Δανιηλ πρὸς Αριωχ, ὃν κατέστησεν[16] ὁ βασιλεὺς ἀπολέσαι τοὺς σο-
φοὺς[17] Βαβυλῶνος, καὶ εἶπεν αὐτῷ Τοὺς σοφοὺς Βαβυλῶνος μὴ ἀπολέσῃς, εἰσ-
άγαγε[18] δέ με ἐνώπιον τοῦ βασιλέως, καὶ τὴν σύγκρισιν[19] τῷ βασιλεῖ ἀναγγελῶ.[20]

Daniel Interprets Nebuchadnezzar's Dream

25 τότε Αριωχ ἐν σπουδῇ[21] εἰσήγαγεν[22] τὸν Δανιηλ ἐνώπιον τοῦ βασιλέως καὶ
εἶπεν αὐτῷ Εὕρηκα ἄνδρα ἐκ τῶν υἱῶν τῆς αἰχμαλωσίας[23] τῆς Ιουδαίας, ὅστις
τὸ σύγκριμα[24] τῷ βασιλεῖ ἀναγγελεῖ.[25] **26** καὶ ἀπεκρίθη ὁ βασιλεὺς καὶ εἶπεν τῷ
Δανιηλ, οὗ τὸ ὄνομα Βαλτασαρ Εἰ δύνασαί μοι ἀναγγεῖλαι[26] τὸ ἐνύπνιον, ὃ εἶδον,
καὶ τὴν σύγκρισιν[27] αὐτοῦ; **27** καὶ ἀπεκρίθη Δανιηλ ἐνώπιον τοῦ βασιλέως καὶ λέγει
Τὸ μυστήριον,[28] ὃ ὁ βασιλεὺς ἐπερωτᾷ,[29] οὐκ ἔστιν σοφῶν,[30] μάγων,[31] ἐπαοιδῶν,[32]

1 ἀλλοιόω, *pres act ind 3s*, change
2 καθίστημι, *pres act ind 3s*, set up
3 μεθίστημι, *pres act ind 3s*, remove, depose
4 σοφός, wise
5 φρόνησις, wisdom, insight
6 οἶδα, *perf act ptc dat p m*, know
7 σύνεσις, intelligence
8 ἀποκαλύπτω, *pres act ind 3s*, uncover, reveal
9 βαθύς, deep
10 ἀπόκρυφος, hidden
11 ἐξομολογέομαι, *pres mid ind 1s*, confess, acknowledge
12 αἰνέω, *pres act ind 1s*, praise
13 γνωρίζω, *aor act ind 2s*, make known
14 ἀξιόω, *aor act ind 1p*, entreat, petition
15 ὅραμα, vision
16 καθίστημι, *aor act ind 3s*, appoint
17 σοφός, wise
18 εἰσάγω, *aor act impv 2s*, bring to
19 σύγκρισις, interpretation
20 ἀναγγέλλω, *fut act ind 1s*, reveal, declare
21 σπουδή, haste
22 εἰσάγω, *aor act ind 3s*, bring to
23 αἰχμαλωσία, captive
24 σύγκριμα, interpretation
25 ἀναγγέλλω, *fut act ind 3s*, reveal, declare
26 ἀναγγέλλω, *aor act inf*, reveal, declare
27 σύγκρισις, interpretation
28 μυστήριον, mystery
29 ἐπερωτάω, *pres act ind 3s*, ask for, demand
30 σοφός, wise
31 μάγος, sage, magician
32 ἐπαοιδός, enchanter

καὶ γαζαρηνῶν[1] ἡ δήλωσις,[2] **28** ἀλλ᾽ ἔστι θεὸς ἐν οὐρανῷ ἀνακαλύπτων[3] μυστή-
ρια,[4] ὃς ἐδήλωσε[5] τῷ βασιλεῖ Ναβουχοδονοσορ ἃ δεῖ[6] γενέσθαι ἐπ᾽ ἐσχάτων τῶν
ἡμερῶν. βασιλεῦ, εἰς τὸν αἰῶνα ζῆθι· τὸ ἐνύπνιον καὶ τὸ ὅραμα[7] τῆς κεφαλῆς σου
ἐπὶ τῆς κοίτης[8] σου τοῦτό ἐστι. **29** σύ, βασιλεῦ, κατακλιθεὶς[9] ἐπὶ τῆς κοίτης[10] σου
ἑώρακας πάντα, ὅσα δεῖ[11] γενέσθαι ἐπ᾽ ἐσχάτων τῶν ἡμερῶν, καὶ ὁ ἀνακαλύπτων[12]
μυστήρια[13] ἐδήλωσέ[14] σοι ἃ δεῖ γενέσθαι. **30** κἀμοὶ[15] δὲ οὐ παρὰ τὴν σοφίαν τὴν
οὖσαν ἐν ἐμοὶ ὑπὲρ πάντας τοὺς ἀνθρώπους τὸ μυστήριον[16] τοῦτο ἐξεφάνθη,[17]
ἀλλ᾽ ἕνεκεν[18] τοῦ δηλωθῆναι[19] τῷ βασιλεῖ ἐσημάνθη[20] μοι ἃ ὑπέλαβες[21] τῇ καρδίᾳ
σου ἐν γνώσει.[22]

31 καὶ σύ, βασιλεῦ, ἑώρακας, καὶ ἰδοὺ εἰκὼν[23] μία, καὶ ἦν ἡ εἰκὼν ἐκείνη μεγάλη σφό-
δρα,[24] καὶ ἡ πρόσοψις[25] αὐτῆς ὑπερφερὴς[26] ἑστήκει[27] ἐναντίον[28] σου, καὶ ἡ πρόσοψις
τῆς εἰκόνος φοβερά·[29] **32** καὶ ἦν ἡ κεφαλὴ αὐτῆς ἀπὸ χρυσίου[30] χρηστοῦ,[31] τὸ στῆ-
θος[32] καὶ οἱ βραχίονες[33] ἀργυροῖ,[34] ἡ κοιλία[35] καὶ οἱ μηροὶ[36] χαλκοῖ,[37] **33** τὰ δὲ σκέλη[38]
σιδηρᾶ,[39] οἱ πόδες μέρος μέν τι σιδήρου,[40] μέρος δέ τι ὀστράκινον.[41] **34** ἑώρακας ἕως
ὅτου ἐτμήθη[42] λίθος ἐξ ὄρους ἄνευ[43] χειρῶν καὶ ἐπάταξε[44] τὴν εἰκόνα[45] ἐπὶ τοὺς πόδας
τοὺς σιδηροῦς[46] καὶ ὀστρακίνους[47] καὶ κατήλεσεν[48] αὐτά. **35** τότε λεπτὰ[49] ἐγένετο
ἅμα[50] ὁ σίδηρος[51] καὶ τὸ ὄστρακον[52] καὶ ὁ χαλκὸς[53] καὶ ὁ ἄργυρος[54] καὶ τὸ χρυσίον[55]

1 γαζαρηνός, diviner
2 δήλωσις, revelation, interpretation
3 ἀνακαλύπτω, *pres act ptc nom s m*, disclose
4 μυστήριον, mystery
5 δηλόω, *aor act ind 3s*, make known
6 δεῖ, *pres act ind 3s*, be necessary
7 ὅραμα, vision
8 κοίτη, bed
9 κατακλίνω, *aor pas ptc nom s m*, lie down, recline
10 κοίτη, bed
11 δεῖ, *pres act ind 3s*, be necessary
12 ἀνακαλύπτω, *pres act ptc nom s m*, disclose
13 μυστήριον, mystery
14 δηλόω, *aor act ind 3s*, make known
15 κἀμοί, to me also, *cr.* καὶ ἐμοί
16 μυστήριον, mystery
17 ἐκφαίνω, *aor pas ind 3s*, disclose, reveal
18 ἕνεκα, because of
19 δηλόω, *aor pas inf*, make known
20 σημαίνω, *aor pas ind 3s*, make clear, show
21 ὑπολαμβάνω, *aor act ind 2s*, ponder
22 γνῶσις, knowledge
23 εἰκών, image
24 σφόδρα, exceedingly
25 πρόσοψις, appearance
26 ὑπερφερής, excellent, surpassing
27 ἵστημι, *plpf act ind 3s*, stand
28 ἐναντίον, before
29 φοβερός, fearful, terrible
30 χρυσίον, gold
31 χρηστός, fine
32 στῆθος, breast
33 βραχίων, arm
34 ἀργυροῦς, silver
35 κοιλία, belly, waist
36 μηρός, thigh
37 χαλκοῦς, bronze
38 σκέλος, leg
39 σιδηροῦς, (made of) iron
40 σίδηρος, iron
41 ὀστράκινος, earthen, clay
42 τέμνω, *aor pas ind 3s*, hew, cut out
43 ἄνευ, without
44 πατάσσω, *aor act ind 3s*, strike
45 εἰκών, image
46 σιδηροῦς, (made of) iron
47 ὀστράκινος, earthen, clay
48 καταλέω, *aor act ind 3s*, crush
49 λεπτός, fine, powdery
50 ἅμα, together
51 σίδηρος, iron
52 ὄστρακον, earthenware, clay (material)
53 χαλκός, bronze
54 ἄργυρος, silver
55 χρυσίον, gold

Θ γαζαρηνῶν[1] ἀναγγεῖλαι[2] τῷ βασιλεῖ, **28** ἀλλ᾽ ἢ ἔστιν θεὸς ἐν οὐρανῷ ἀποκαλύπτων[3]
μυστήρια[4] καὶ ἐγνώρισεν[5] τῷ βασιλεῖ Ναβουχοδονοσορ ἃ δεῖ[6] γενέσθαι ἐπ᾽ ἐσχάτων
τῶν ἡμερῶν. τὸ ἐνύπνιόν σου καὶ αἱ ὁράσεις[7] τῆς κεφαλῆς σου ἐπὶ τῆς κοίτης[8] σου
τοῦτό ἐστιν. **29** σὺ βασιλεῦ, οἱ διαλογισμοί[9] σου ἐπὶ τῆς κοίτης[10] σου ἀνέβησαν τί
δεῖ[11] γενέσθαι μετὰ ταῦτα, καὶ ὁ ἀποκαλύπτων[12] μυστήρια[13] ἐγνώρισέν[14] σοι ἃ δεῖ
γενέσθαι. **30** καὶ ἐμοὶ δὲ οὐκ ἐν σοφίᾳ τῇ οὔσῃ ἐν ἐμοὶ παρὰ πάντας τοὺς ζῶντας
τὸ μυστήριον[15] τοῦτο ἀπεκαλύφθη,[16] ἀλλ᾽ ἕνεκεν[17] τοῦ τὴν σύγκρισιν[18] τῷ βασιλεῖ
γνωρίσαι,[19] ἵνα τοὺς διαλογισμοὺς[20] τῆς καρδίας σου γνῷς.

31 σύ, βασιλεῦ, ἐθεώρεις,[21] καὶ ἰδοὺ εἰκὼν[22] μία, μεγάλη ἡ εἰκὼν ἐκείνη καὶ ἡ πρό-
σοψις[23] αὐτῆς ὑπερφερής,[24] ἑστῶσα πρὸ προσώπου σου, καὶ ἡ ὅρασις[25] αὐτῆς φο-
βερά·[26] **32** ἡ εἰκών,[27] ἧς ἡ κεφαλὴ χρυσίου[28] χρηστοῦ,[29] αἱ χεῖρες καὶ τὸ στῆθος[30] καὶ
οἱ βραχίονες[31] αὐτῆς ἀργυροῖ,[32] ἡ κοιλία[33] καὶ οἱ μηροὶ[34] χαλκοῖ,[35] **33** αἱ κνῆμαι[36]
σιδηραῖ,[37] οἱ πόδες μέρος τι σιδηροῦν καὶ μέρος τι ὀστράκινον.[38] **34** ἐθεώρεις,[39]
ἕως οὗ ἐτμήθη[40] λίθος ἐξ ὄρους ἄνευ[41] χειρῶν καὶ ἐπάταξεν[42] τὴν εἰκόνα[43] ἐπὶ τοὺς
πόδας τοὺς σιδηροῦς[44] καὶ ὀστρακίνους[45] καὶ ἐλέπτυνεν[46] αὐτοὺς εἰς τέλος. **35** τότε
ἐλεπτύνθησαν[47] εἰς ἅπαξ[48] τὸ ὄστρακον,[49] ὁ σίδηρος,[50] ὁ χαλκός,[51] ὁ ἄργυρος,[52] ὁ

1 γαζαρηνός, diviner
2 ἀναγγέλλω, *aor act inf*, reveal, declare
3 ἀποκαλύπτω, *pres act ptc nom s m*, uncover, reveal
4 μυστήριον, mystery
5 γνωρίζω, *aor act ind 3s*, make known
6 δεῖ, *pres act ind 3s*, be necessary
7 ὅρασις, vision
8 κοίτη, bed
9 διαλογισμός, thought
10 κοίτη, bed
11 δεῖ, *pres act ind 3s*, be necessary
12 ἀποκαλύπτω, *pres act ptc nom s m*, uncover, reveal
13 μυστήριον, mystery
14 γνωρίζω, *aor act ind 3s*, make known
15 μυστήριον, mystery
16 ἀποκαλύπτω, *aor pas ind 3s*, uncover, reveal
17 ἕνεκα, in order to
18 σύγκρισις, interpretation
19 γνωρίζω, *aor act inf*, make known
20 διαλογισμός, thought
21 θεωρέω, *impf act ind 2s*, look
22 εἰκών, image
23 πρόσοψις, appearance
24 ὑπερφερής, excellent, surpassing
25 ὅρασις, vision
26 φοβερός, fearful, terrible
27 εἰκών, image
28 χρυσίον, gold
29 χρηστός, fine
30 στῆθος, breast
31 βραχίων, arm
32 ἀργυροῦς, silver
33 κοιλία, belly, waist
34 μηρός, thigh
35 χαλκοῦς, bronze
36 κνήμη, leg
37 σιδηροῦς, iron
38 ὀστράκινος, earthen, clay
39 θεωρέω, *impf act ind 2s*, look
40 τέμνω, *aor pas ind 3s*, hew, cut out
41 ἄνευ, without
42 πατάσσω, *aor act ind 3s*, strike
43 εἰκών, image
44 σιδηροῦς, iron
45 ὀστράκινος, earthen, clay
46 λεπτύνω, *aor act ind 3s*, grind to powder
47 λεπτύνω, *aor pas ind 3p*, grind to powder
48 ἅπαξ, all (at once)
49 ὄστρακον, earthenware, clay (material)
50 σίδηρος, iron
51 χαλκός, bronze
52 ἄργυρος, silver

καὶ ἐγένετο ὡσεὶ[1] λεπτότερον[2] ἀχύρου[3] ἐν ἅλωνι,[4] καὶ ἐρρίπισεν[5] αὐτὰ ὁ ἄνεμος[6] ὥστε μηδὲν[7] καταλειφθῆναι[8] ἐξ αὐτῶν· καὶ ὁ λίθος ὁ πατάξας[9] τὴν εἰκόνα[10] ἐγένετο ὄρος μέγα καὶ ἐπάταξε[11] πᾶσαν τὴν γῆν.

36 τοῦτο τὸ ὅραμα·[12] καὶ τὴν κρίσιν δὲ ἐροῦμεν ἐπὶ τοῦ βασιλέως. **37** σύ, βασιλεῦ βασιλεὺς βασιλέων, καὶ σοὶ ὁ κύριος τοῦ οὐρανοῦ τὴν ἀρχὴν καὶ τὴν βασιλείαν καὶ τὴν ἰσχὺν[13] καὶ τὴν τιμὴν[14] καὶ τὴν δόξαν ἔδωκεν, **38** ἐν πάσῃ τῇ οἰκουμένῃ[15] ἀπὸ ἀνθρώπων καὶ θηρίων ἀγρίων[16] καὶ πετεινῶν[17] οὐρανοῦ καὶ τῶν ἰχθύων[18] τῆς θαλάσσης παρέδωκεν ὑπὸ τὰς χεῖράς σου κυριεύειν[19] πάντων, σὺ εἶ ἡ κεφαλὴ ἡ χρυσῆ.[20] **39** καὶ μετὰ σὲ ἀναστήσεται βασιλεία ἐλάττων[21] σου, καὶ τρίτη βασιλεία ἄλλη χαλκῆ,[22] ἣ κυριεύσει[23] πάσης τῆς γῆς. **40** καὶ βασιλεία τετάρτη[24] ἰσχυρὰ[25] ὥσπερ ὁ σίδηρος[26] ὁ δαμάζων[27] πάντα καὶ πᾶν δένδρον[28] ἐκκόπτων,[29] καὶ σεισθήσεται[30] πᾶσα ἡ γῆ. **41** καὶ ὡς ἑώρακας τοὺς πόδας αὐτῆς μέρος μέν τι ὀστράκου[31] κεραμικοῦ[32] μέρος δέ τι σιδήρου,[33] βασιλεία ἄλλη διμερὴς[34] ἔσται ἐν αὐτῇ, καθάπερ[35] εἶδες τὸν σίδηρον ἀναμεμειγμένον[36] ἅμα[37] τῷ πηλίνῳ[38] ὀστράκῳ·[39] **42** καὶ οἱ δάκτυλοι[40] τῶν ποδῶν μέρος μέν τι σιδηροῦν[41] μέρος δέ τι ὀστράκινον,[42] μέρος τι τῆς βασιλείας ἔσται ἰσχυρὸν[43] καὶ μέρος τι ἔσται συντετριμμένον.[44] **43** καὶ ὡς εἶδες τὸν σίδηρον[45] ἀναμεμειγμένον[46] ἅμα[47] τῷ πηλίνῳ[48] ὀστράκῳ,[49] συμμειγεῖς[50] ἔσονται εἰς γένεσιν[51]

1 ὡσεί, as, like
2 λεπτός, fine, powdery
3 ἄχυρον, chaff, straw
4 ἅλων, threshing floor
5 ῥιπίζω, *aor act ind 3s*, blow
6 ἄνεμος, wind
7 μηδείς, nothing
8 καταλείπω, *aor pas inf*, leave behind, remain
9 πατάσσω, *aor act ptc nom s m*, strike
10 εἰκών, image
11 πατάσσω, *aor act ind 3s*, strike
12 ὅραμα, vision
13 ἰσχύς, strength
14 τιμή, honor
15 οἰκουμένη, inhabited world
16 ἄγριος, wild
17 πετεινός, bird
18 ἰχθύς, fish
19 κυριεύω, *pres act inf*, rule over, exercise dominion
20 χρυσοῦς, gold
21 ἐλάττων (σσ), *comp of* μικρός, *from* ἐλαχύς, lesser
22 χαλκοῦς, bronze
23 κυριεύω, *fut act ind 3s*, rule over, exercise dominion
24 τέταρτος, fourth
25 ἰσχυρός, strong
26 σίδηρος, iron
27 δαμάζω, *pres act ptc nom s m*, overpower, subdue
28 δένδρον, tree
29 ἐκκόπτω, *pres act ptc nom s m*, cut down
30 σείω, *fut pas ind 3s*, shake, quake
31 ὄστρακον, earthenware, clay (material)
32 κεραμικός, earthen, clay
33 σίδηρος, iron
34 διμερής, in two parts
35 καθάπερ, just as
36 ἀναμίγνυμι, *perf pas ptc acc s m*, commingle, mix
37 ἅμα, together
38 πήλινος, of clay
39 ὄστρακον, earthenware, clay (material)
40 δάκτυλος, toe
41 σιδηροῦς, iron
42 ὀστράκινος, earthen, clay
43 ἰσχυρός, strong
44 συντρίβω, *perf pas ptc nom s n*, crush, break
45 σίδηρος, iron
46 ἀναμίγνυμι, *perf pas ptc acc s m*, commingle, mix
47 ἅμα, together
48 πήλινος, of clay
49 ὄστρακον, earthenware, clay (material)
50 συμμιγής, commingled, mixed
51 γένεσις, generation

Θ χρυσὸς[1] καὶ ἐγένοντο ὡσεὶ[2] κονιορτὸς[3] ἀπὸ ἅλωνος[4] θερινῆς·[5] καὶ ἐξῆρεν[6] αὐτὰ τὸ
πλῆθος τοῦ πνεύματος, καὶ τόπος οὐχ εὑρέθη αὐτοῖς· καὶ ὁ λίθος ὁ πατάξας[7] τὴν
εἰκόνα[8] ἐγενήθη ὄρος μέγα καὶ ἐπλήρωσεν πᾶσαν τὴν γῆν.

36 τοῦτό ἐστιν τὸ ἐνύπνιον· καὶ τὴν σύγκρισιν[9] αὐτοῦ ἐροῦμεν ἐνώπιον τοῦ βασι-
λέως. **37** σύ, βασιλεῦ βασιλεὺς βασιλέων, ᾧ ὁ θεὸς τοῦ οὐρανοῦ βασιλείαν ἰσχυρὰν[10]
καὶ κραταιὰν[11] καὶ ἔντιμον[12] ἔδωκεν, **38** ἐν παντὶ τόπῳ, ὅπου[13] κατοικοῦσιν οἱ υἱοὶ
τῶν ἀνθρώπων, θηρία τε ἀγροῦ καὶ πετεινὰ[14] οὐρανοῦ ἔδωκεν ἐν τῇ χειρί σου
καὶ κατέστησέν[15] σε κύριον πάντων, σὺ εἶ ἡ κεφαλὴ ἡ χρυσῆ.[16] **39** καὶ ὀπίσω σου
ἀναστήσεται βασιλεία ἑτέρα ἥττων[17] σου, καὶ βασιλεία τρίτη ἥτις ἐστὶν ὁ χαλκός,[18] ἣ
κυριεύσει[19] πάσης τῆς γῆς. **40** καὶ βασιλεία τετάρτη[20] ἔσται ἰσχυρὰ[21] ὡς ὁ σίδηρος·[22]
ὃν τρόπον[23] ὁ σίδηρος[24] λεπτύνει[25] καὶ δαμάζει[26] πάντα, οὕτως πάντα λεπτυνεῖ[27] καὶ
δαμάσει.[28] **41** καὶ ὅτι εἶδες τοὺς πόδας καὶ τοὺς δακτύλους[29] μέρος μέν τι ὀστράκινον[30]
μέρος δέ τι σιδηροῦν,[31] βασιλεία διῃρημένη[32] ἔσται, καὶ ἀπὸ τῆς ῥίζης[33] τῆς σιδηρᾶς[34]
ἔσται ἐν αὐτῇ, ὃν τρόπον[35] εἶδες τὸν σίδηρον[36] ἀναμεμειγμένον[37] τῷ ὀστράκῳ·[38]
42 καὶ οἱ δάκτυλοι[39] τῶν ποδῶν μέρος μέν τι σιδηροῦν[40] μέρος δέ τι ὀστράκινον,[41]
μέρος τι τῆς βασιλείας ἔσται ἰσχυρὸν[42] καὶ ἀπ᾽ αὐτῆς ἔσται συντριβόμενον.[43]
43 ὅτι εἶδες τὸν σίδηρον[44] ἀναμεμειγμένον[45] τῷ ὀστράκῳ,[46] συμμειγεῖς[47] ἔσονται ἐν

1 χρυσός, silver
2 ὡσεί, as
3 κονιορτός, dust
4 ἅλων, threshing floor
5 θερινός, summer
6 ἐξαίρω, *aor act ind 3s*, lift up
7 πατάσσω, *aor act ptc nom s m*, strike
8 εἰκών, image
9 σύγκρισις, interpretation
10 ἰσχυρός, strong
11 κραταιός, powerful
12 ἔντιμος, valuable
13 ὅπου, where
14 πετεινός, bird
15 καθίστημι, *aor act ind 3s*, appoint
16 χρυσοῦς, gold
17 ἥττων (σσ), *comp of* κακός, inferior, lesser
18 χαλκός, bronze
19 κυριεύω, *fut act ind 3s*, rule over, exercise dominion
20 τέταρτος, fourth
21 ἰσχυρός, strong
22 σίδηρος, iron
23 ὃν τρόπον, in like manner, just as
24 σίδηρος, iron
25 λεπτύνω, *pres act ind 3s*, grind to powder
26 δαμάζω, *pres act ind 3s*, overpower, subdue
27 λεπτύνω, *fut act ind 3s*, grind to powder
28 δαμάζω, *fut act ind 3s*, overpower, subdue
29 δάκτυλος, toe
30 ὀστράκινος, earthen, clay
31 σιδηροῦς, iron
32 διαιρέω, *perf pas ptc nom s f*, divide
33 ῥίζα, root, stock
34 σιδηροῦς, iron
35 ὃν τρόπον, in like manner, just as
36 σίδηρος, iron
37 ἀναμίγνυμι, *perf pas ptc acc s m*, commingle, mix
38 ὄστρακον, earthenware, clay (material)
39 δάκτυλος, toe
40 σιδηροῦς, iron
41 ὀστράκινος, earthen, clay
42 ἰσχυρός, strong
43 συντρίβω, *pres pas ptc nom s n*, crush, break
44 σίδηρος, iron
45 ἀναμίγνυμι, *perf pas ptc acc s m*, commingle, mix
46 ὄστρακον, earthenware, clay (material)
47 συμμιγής, commingled, mixed

ἀνθρώπων, οὐκ ἔσονται δὲ ὁμονοοῦντες[1] οὔτε εὐνοοῦντες[2] ἀλλήλοις,[3] ὥσπερ οὐδὲ ὁ σίδηρος[4] δύναται συγκραθῆναι[5] τῷ ὀστράκῳ.[6] **44** καὶ ἐν τοῖς χρόνοις τῶν βασιλέων τούτων στήσει ὁ θεὸς τοῦ οὐρανοῦ βασιλείαν ἄλλην, ἥτις ἔσται εἰς τοὺς αἰῶνας καὶ οὐ φθαρήσεται,[7] καὶ αὕτη ἡ βασιλεία ἄλλο ἔθνος οὐ μὴ ἐάσῃ,[8] πατάξει[9] δὲ καὶ ἀφανίσει[10] τὰς βασιλείας ταύτας, καὶ αὐτὴ στήσεται εἰς τὸν αἰῶνα, **45** καθάπερ[11] ἑώρακας ἐξ ὄρους τμηθῆναι[12] λίθον ἄνευ[13] χειρῶν, καὶ συνηλόησε[14] τὸ ὄστρακον,[15] τὸν σίδηρον[16] καὶ τὸν χαλκὸν[17] καὶ τὸν ἄργυρον[18] καὶ τὸν χρυσόν.[19] ὁ θεὸς ὁ μέγας ἐσήμανε[20] τῷ βασιλεῖ τὰ ἐσόμενα ἐπ' ἐσχάτων τῶν ἡμερῶν, καὶ ἀκριβὲς[21] τὸ ὅραμα,[22] καὶ πιστὴ[23] ἡ τούτου κρίσις.

Nebuchadnezzar Promotes Daniel

46 τότε Ναβουχοδονοσορ ὁ βασιλεὺς πεσὼν ἐπὶ πρόσωπον χαμαὶ[24] προσεκύνησε τῷ Δανιηλ καὶ ἐπέταξε[25] θυσίας[26] καὶ σπονδὰς[27] ποιῆσαι αὐτῷ. **47** καὶ ἐκφωνήσας[28] ὁ βασιλεὺς πρὸς τὸν Δανιηλ εἶπεν Ἐπ' ἀληθείας ἐστὶν ὁ θεὸς ὑμῶν θεὸς τῶν θεῶν καὶ κύριος τῶν βασιλέων ὁ ἐκφαίνων[29] μυστήρια[30] κρυπτὰ[31] μόνος, ὅτι ἐδυνάσθης δηλῶσαι[32] τὸ μυστήριον τοῦτο. **48** τότε ὁ βασιλεὺς Ναβουχοδονοσορ Δανιηλ μεγαλύνας[33] καὶ δοὺς δωρεὰς[34] μεγάλας καὶ πολλὰς κατέστησεν[35] ἐπὶ τῶν πραγμάτων[36] τῆς Βαβυλωνίας καὶ ἀπέδειξεν[37] αὐτὸν ἄρχοντα καὶ ἡγούμενον[38] πάντων τῶν σοφιστῶν[39] Βαβυλωνίας. **49** καὶ Δανιηλ ἠξίωσε[40] τὸν βασιλέα ἵνα κατασταθῶσιν[41] ἐπὶ τῶν πραγμάτων[42] τῆς Βαβυλωνίας Σεδραχ, Μισαχ, Αβδεναγω· καὶ Δανιηλ ἦν ἐν τῇ βασιλικῇ[43] αὐλῇ.[44]

1 ὁμονοέω, *pres act ptc nom p m*, agree with
2 εὐνοέω, *pres act ptc nom p m*, be favorable to
3 ἀλλήλων, one another
4 σίδηρος, iron
5 συγκεράννυμι, *aor pas inf*, mix with
6 ὄστρακον, earthenware, clay (material)
7 φθείρω, *fut pas ind 3s*, destroy, corrupt
8 ἐάω, *aor act sub 3s*, permit
9 πατάσσω, *fut act ind 3s*, strike
10 ἀφανίζω, *fut act ind 3s*, blot out, get rid of
11 καθάπερ, just as
12 τέμνω, *aor pas inf*, hew, cut out
13 ἄνευ, without
14 συναλοάω, *aor act ind 3s*, grind to powder
15 ὄστρακον, earthenware, clay (material)
16 σίδηρος, iron
17 χαλκός, bronze
18 ἄργυρος, silver
19 χρυσός, gold
20 σημαίνω, *aor act ind 3s*, show
21 ἀκριβής, accurate, truthful
22 ὅραμα, vision
23 πιστός, trustworthy
24 χαμαί, on the ground
25 ἐπιτάσσω, *aor act ind 3s*, order, command
26 θυσία, sacrifice
27 σπονδή, drink offering
28 ἐκφωνέω, *aor act ptc nom s m*, cry out
29 ἐκφαίνω, *pres act ptc nom s m*, disclose, reveal
30 μυστήριον, mystery
31 κρυπτός, hidden
32 δηλόω, *aor act inf*, make known
33 μεγαλύνω, *aor act ptc nom s m*, magnify
34 δωρεά, gift
35 καθίστημι, *aor act ind 3s*, appoint
36 πρᾶγμα, affair
37 ἀποδείκνυμι, *aor act ind 3s*, designate
38 ἡγέομαι, *pres mid ptc acc s m*, lead
39 σοφιστής, wise man, diviner, sophist
40 ἀξιόω, *aor act ind 3s*, entreat, petition
41 καθίστημι, *aor pas sub 3p*, appoint
42 πρᾶγμα, affair
43 βασιλικός, royal
44 αὐλή, court

Θ σπέρματι ἀνθρώπων καὶ οὐκ ἔσονται προσκολλώμενοι[1] οὗτος μετὰ τούτου, καθὼς
ὁ σίδηρος[2] οὐκ ἀναμείγνυται[3] μετὰ τοῦ ὀστράκου.[4] **44** καὶ ἐν ταῖς ἡμέραις τῶν βασι-
λέων ἐκείνων ἀναστήσει ὁ θεὸς τοῦ οὐρανοῦ βασιλείαν, ἥτις εἰς τοὺς αἰῶνας οὐ
διαφθαρήσεται,[5] καὶ ἡ βασιλεία αὐτοῦ λαῷ ἑτέρῳ οὐχ ὑπολειφθήσεται·[6] λεπτυνεῖ[7] καὶ
λικμήσει[8] πάσας τὰς βασιλείας, καὶ αὐτὴ ἀναστήσεται εἰς τοὺς αἰῶνας, **45** ὃν τρόπον[9]
εἶδες ὅτι ἀπὸ ὄρους ἐτμήθη[10] λίθος ἄνευ[11] χειρῶν καὶ ἐλέπτυνεν[12] τὸ ὄστρακον,[13] τὸν
σίδηρον,[14] τὸν χαλκόν,[15] τὸν ἄργυρον,[16] τὸν χρυσόν.[17] ὁ θεὸς ὁ μέγας ἐγνώρισεν[18]
τῷ βασιλεῖ ἃ δεῖ[19] γενέσθαι μετὰ ταῦτα, καὶ ἀληθινὸν[20] τὸ ἐνύπνιον, καὶ πιστὴ[21] ἡ
σύγκρισις[22] αὐτοῦ.

Nebuchadnezzar Promotes Daniel

46 τότε ὁ βασιλεὺς Ναβουχοδονοσορ ἔπεσεν ἐπὶ πρόσωπον καὶ τῷ Δανιηλ προσ-
εκύνησεν καὶ μαναα[23] καὶ εὐωδίας[24] εἶπεν σπεῖσαι[25] αὐτῷ. **47** καὶ ἀποκριθεὶς ὁ βασι-
λεὺς εἶπεν τῷ Δανιηλ Ἐπ᾽ ἀληθείας ὁ θεὸς ὑμῶν αὐτός ἐστιν θεὸς θεῶν καὶ κύριος
τῶν βασιλέων καὶ ἀποκαλύπτων[26] μυστήρια,[27] ὅτι ἠδυνήθης ἀποκαλύψαι[28] τὸ μυ-
στήριον[29] τοῦτο. **48** καὶ ἐμεγάλυνεν[30] ὁ βασιλεὺς τὸν Δανιηλ καὶ δόματα[31] μεγάλα
καὶ πολλὰ ἔδωκεν αὐτῷ καὶ κατέστησεν[32] αὐτὸν ἐπὶ πάσης χώρας[33] Βαβυλῶνος
καὶ ἄρχοντα σατραπῶν[34] ἐπὶ πάντας τοὺς σοφοὺς[35] Βαβυλῶνος. **49** καὶ Δανιηλ
ᾐτήσατο[36] παρὰ τοῦ βασιλέως, καὶ κατέστησεν[37] ἐπὶ τὰ ἔργα τῆς χώρας[38] Βαβυλῶνος
τὸν Σεδραχ, Μισαχ, Αβδεναγω· καὶ Δανιηλ ἦν ἐν τῇ αὐλῇ[39] τοῦ βασιλέως.

1 προσκολλάω, *pres pas ptc nom p m*, cling together
2 σίδηρος, iron
3 ἀναμίγνυμι, *pres pas ind 3s*, commingle, mix
4 ὄστρακον, earthenware, clay (material)
5 διαφθείρω, *fut pas ind 3s*, corrupt
6 ὑπολείπω, *fut pas ind 3s*, leave
7 λεπτύνω, *fut act ind 3s*, grind to powder
8 λικμάω, *fut act ind 3s*, winnow
9 ὃν τρόπον, in like manner, just as
10 τέμνω, *aor pas ind 3s*, hew, cut out
11 ἄνευ, without
12 λεπτύνω, *aor act ind 3s*, grind to powder
13 ὄστρακον, earthenware, clay (material)
14 σίδηρος, iron
15 χαλκός, bronze
16 ἄργυρος, silver
17 χρυσός, gold
18 γνωρίζω, *aor act ind 3s*, make known
19 δεῖ, *pres act ind 3s*, be necessary
20 ἀληθινός, truthful
21 πιστός, trustworthy
22 σύγκρισις, interpretation
23 μαναα, gift, *translit.*
24 εὐωδία, sweet smell
25 σπένδω, *aor act inf*, pour out
26 ἀποκαλύπτω, *pres act ptc nom s m*, uncover, reveal
27 μυστήριον, mystery
28 ἀποκαλύπτω, *aor act inf*, uncover, reveal
29 μυστήριον, mystery
30 μεγαλύνω, *aor act ind 3s*, magnify
31 δόμα, gift
32 καθίστημι, *aor act ind 3s*, appoint
33 χώρα, territory
34 σατράπης, governor
35 σοφός, wise
36 αἰτέω, *aor mid ind 3s*, ask for
37 καθίστημι, *aor act ind 3s*, appoint
38 χώρα, territory
39 αὐλή, court

Nebuchadnezzar's Golden Image

3 Ἔτους ὀκτωκαιδεκάτου[1] Ναβουχοδονοσορ βασιλεὺς διοικῶν[2] πόλεις καὶ
χώρας[3] καὶ πάντας τοὺς κατοικοῦντας ἐπὶ τῆς γῆς ἀπὸ Ινδικῆς ἕως Αἰθι-
οπίας ἐποίησεν εἰκόνα[4] χρυσῆν,[5] τὸ ὕψος[6] αὐτῆς πηχῶν[7] ἑξήκοντα[8] καὶ τὸ
πλάτος[9] αὐτῆς πηχῶ ἕξ,[10] καὶ ἔστησεν αὐτὴν ἐν πεδίῳ[11] τοῦ περιβόλου[12] χώρας[13]
Βαβυλωνίας. **2** καὶ Ναβουχοδονοσορ βασιλεὺς βασιλέων καὶ κυριεύων[14] τῆς
οἰκουμένης[15] ὅλης ἀπέστειλεν ἐπισυναγαγεῖν[16] πάντα τὰ ἔθνη καὶ φυλὰς[17] καὶ
γλώσσας, σατράπας,[18] στρατηγούς,[19] τοπάρχας[20] καὶ ὑπάτους,[21] διοικητὰς[22] καὶ
τοὺς ἐπ᾽ ἐξουσιῶν[23] κατὰ χώραν[24] καὶ πάντας τοὺς κατὰ τὴν οἰκουμένην ἐλθεῖν
εἰς τὸν ἐγκαινισμὸν[25] τῆς εἰκόνος[26] τῆς χρυσῆς,[27] ἣν ἔστησε Ναβουχοδονοσορ ὁ
βασιλεύς· **3** καὶ ἔστησαν οἱ προγεγραμμένοι[28] κατέναντι[29] τῆς εἰκόνος.[30] **4** καὶ ὁ
κῆρυξ[31] ἐκήρυξε[32] τοῖς ὄχλοις[33] Ὑμῖν παραγγέλλεται,[34] ἔθνη καὶ χῶραι,[35] λαοὶ καὶ
γλῶσσαι· **5** ὅταν ἀκούσητε τῆς φωνῆς τῆς σάλπιγγος,[36] σύριγγος[37] καὶ κιθάρας,[38]
σαμβύκης[39] καὶ ψαλτηρίου,[40] συμφωνίας[41] καὶ παντὸς γένους[42] μουσικῶν,[43] πε-
σόντες προσκυνήσατε τῇ εἰκόνι[44] τῇ χρυσῇ,[45] ἣν ἔστησε Ναβουχοδονοσορ βα-
σιλεύς· **6** καὶ πᾶς, ὃς ἂν μὴ πεσὼν προσκυνήσῃ, ἐμβαλοῦσιν[46] αὐτὸν εἰς τὴν
κάμινον[47] τοῦ πυρὸς τὴν καιομένην.[48] **7** καὶ ἐν τῷ καιρῷ ἐκείνῳ, ὅτε ἤκουσαν
πάντα τὰ ἔθνη τῆς φωνῆς τῆς σάλπιγγος[49] καὶ παντὸς ἤχου[50] μουσικῶν,[51] πίπτοντα

1 ὀκτωκαιδέκατος, eighteenth
2 διοικέω, *pres act ptc nom s m*, administer
3 χώρα, territory
4 εἰκών, image
5 χρυσοῦς, gold
6 ὕψος, height
7 πῆχυς, cubit
8 ἑξήκοντα, sixty
9 πλάτος, width
10 ἕξ, six
11 πεδίον, plain
12 περίβολος, enclosing wall
13 χώρα, territory
14 κυριεύω, *pres act ptc nom s m*, rule over, exercise dominion
15 οἰκουμένη, inhabited world
16 ἐπισυνάγω, *aor act inf*, gather together
17 φυλή, tribe
18 σατράπης, governor
19 στρατηγός, general, commander
20 τοπάρχης, officer
21 ὕπατος, authority, consul
22 διοικητής, administrator
23 ἐξουσία, authority
24 χώρα, territory
25 ἐγκαινισμός, consecration, dedication
26 εἰκών, image
27 χρυσοῦς, gold
28 προγράφω, *perf pas ptc nom p m*, mention beforehand
29 κατέναντι, before, in front of
30 εἰκών, image
31 κῆρυξ, herald
32 κηρύσσω, *aor act ind 3s*, proclaim, announce
33 ὄχλος, multitude
34 παραγγέλλω, *pres mid ind 3s*, command, order
35 χώρα, territory
36 σάλπιγξ, trumpet
37 σύριγξ, pipe
38 κιθάρα, lyre
39 σαμβύκη, stringed instrument, *Heb. LW*
40 ψαλτήριον, harp
41 συμφωνία, bagpipe?
42 γένος, kind
43 μουσικός, musical instrument
44 εἰκών, image
45 χρυσοῦς, gold
46 ἐμβάλλω, *fut act ind 3p*, throw into
47 κάμινος, furnace
48 καίω, *pres pas ptc acc s f*, burn
49 σάλπιγξ, trumpet
50 ἦχος, sound
51 μουσικός, music, musical instrument

Θ

Nebuchadnezzar's Golden Image

3 Ἔτους ὀκτωκαιδεκάτου[1] Ναβουχοδονοσορ ὁ βασιλεὺς ἐποίησεν εἰκόνα[2] χρυ-
σῆν,[3] ὕψος[4] αὐτῆς πήχεων[5] ἑξήκοντα,[6] εὖρος[7] αὐτῆς πήχεων[8] ἕξ,[9] καὶ ἔστησεν
αὐτὴν ἐν πεδίῳ[10] Δεῖρα ἐν χώρᾳ[11] Βαβυλῶνος. **2** καὶ ἀπέστειλεν συναγαγεῖν τοὺς
ὑπάτους[12] καὶ τοὺς στρατηγοὺς[13] καὶ τοὺς τοπάρχας,[14] ἡγουμένους[15] καὶ τυράν-
νους[16] καὶ τοὺς ἐπ' ἐξουσιῶν[17] καὶ πάντας τοὺς ἄρχοντας τῶν χωρῶν[18] ἐλθεῖν
εἰς τὰ ἐγκαίνια[19] τῆς εἰκόνος,[20] ἧς ἔστησεν Ναβουχοδονοσορ ὁ βασιλεύς· **3** καὶ
συνήχθησαν οἱ τοπάρχαι,[21] ὕπατοι,[22] στρατηγοί,[23] ἡγούμενοι,[24] τύραννοι[25] μεγάλοι,
οἱ ἐπ' ἐξουσιῶν[26] καὶ πάντες οἱ ἄρχοντες τῶν χωρῶν[27] εἰς τὸν ἐγκαινισμὸν[28] τῆς
εἰκόνος,[29] ἧς ἔστησεν Ναβουχοδονοσορ ὁ βασιλεύς, καὶ εἱστήκεισαν[30] ἐνώπιον
τῆς εἰκόνος, ἧς ἔστησεν Ναβουχοδονοσορ. **4** καὶ ὁ κῆρυξ[31] ἐβόα[32] ἐν ἰσχύι[33] Ὑμῖν
λέγεται, λαοί, φυλαί, γλῶσσαι· **5** ᾗ ἂν ὥρᾳ ἀκούσητε τῆς φωνῆς τῆς σάλπιγγος[34]
σύριγγός[35] τε καὶ κιθάρας,[36] σαμβύκης[37] καὶ ψαλτηρίου[38] καὶ συμφωνίας[39] καὶ
παντὸς γένους[40] μουσικῶν,[41] πίπτοντες προσκυνεῖτε τῇ εἰκόνι[42] τῇ χρυσῇ,[43] ᾗ ἔστη-
σεν Ναβουχοδονοσορ ὁ βασιλεύς· **6** καὶ ὃς ἂν μὴ πεσὼν προσκυνήσῃ, αὐτῇ τῇ ὥρᾳ
ἐμβληθήσεται[44] εἰς τὴν κάμινον[45] τοῦ πυρὸς τὴν καιομένην.[46] **7** καὶ ἐγένετο ὅτε
ἤκουσαν οἱ λαοὶ τῆς φωνῆς τῆς σάλπιγγος[47] σύριγγός[48] τε καὶ κιθάρας,[49] σαμβύκης[50]
καὶ ψαλτηρίου[51] καὶ συμφωνίας[52] καὶ παντὸς γένους[53] μουσικῶν,[54] πίπτοντες πάντες

1 ὀκτωκαιδέκατος, eighteenth
2 εἰκών, image
3 χρυσοῦς, gold
4 ὕψος, height
5 πῆχυς, cubit
6 ἑξήκοντα, sixty
7 εὖρος, breadth
8 πῆχυς, cubit
9 ἕξ, six
10 πεδίον, plain
11 χώρα, territory
12 ὕπατος, authority, consul
13 στρατηγός, general, commander
14 τοπάρχης, officer
15 ἡγέομαι, *pres mid ptc acc p m*, lead
16 τύραννος, sovereign
17 ἐξουσία, authority
18 χώρα, territory
19 ἐγκαίνια, consecration
20 εἰκών, image
21 τοπάρχης, officer
22 ὕπατος, authority, consul
23 στρατηγός, general, commander
24 ἡγέομαι, *pres mid ptc nom p m*, lead
25 τύραννος, sovereign
26 ἐξουσία, authority
27 χώρα, territory
28 ἐγκαινισμός, consecration, dedication
29 εἰκών, image
30 ἵστημι, *plpf act ind 3p*, stand
31 κῆρυξ, herald
32 βοάω, *impf act ind 3s*, cry out
33 ἰσχύς, strength
34 σάλπιγξ, trumpet
35 σύριγξ, pipe
36 κιθάρα, lyre
37 σαμβύκη, stringed instrument, *Heb. LW*
38 ψαλτήριον, harp
39 συμφωνία, bagpipe?
40 γένος, kind
41 μουσικός, musical instrument
42 εἰκών, image
43 χρυσοῦς, gold
44 ἐμβάλλω, *fut pas ind 3s*, throw into
45 κάμινος, furnace
46 καίω, *pres pas ptc acc s f*, burn
47 σάλπιγξ, trumpet
48 σύριγξ, pipe
49 κιθάρα, lyre
50 σαμβύκη, stringed instrument, *Heb. LW*
51 ψαλτήριον, harp
52 συμφωνία, bagpipe?
53 γένος, kind
54 μουσικός, musical instrument

πάντα τὰ ἔθνη, φυλαὶ καὶ γλῶσσαι προσεκύνησαν τῇ εἰκόνι[1] τῇ χρυσῇ,[2] ἣν ἔστησε OG
Ναβουχοδονοσορ, κατέναντι[3] τούτου.

8 ἐν ἐκείνῳ τῷ καιρῷ προσελθόντες ἄνδρες Χαλδαῖοι διέβαλον[4] τοὺς Ιουδαίους
9 καὶ ὑπολαβόντες[5] εἶπον Κύριε βασιλεῦ, εἰς τὸν αἰῶνα ζῆθι· **10** σύ, βασιλεῦ, προσ-
έταξας[6] καὶ ἔκρινας, ἵνα πᾶς ἄνθρωπος, ὃς ἂν ἀκούσῃ τῆς φωνῆς τῆς σάλπιγγος[7] καὶ
παντὸς ἤχου[8] μουσικῶν,[9] πεσὼν προσκυνήσῃ τῇ εἰκόνι[10] τῇ χρυσῇ,[11] **11** καὶ ὃς ἂν μὴ
πεσὼν προσκυνήσῃ, ἐμβληθήσεται[12] εἰς τὴν κάμινον[13] τοῦ πυρὸς τὴν καιομένην·[14]
12 εἰσὶ δέ τινες ἄνδρες Ιουδαῖοι, οὓς κατέστησας[15] ἐπὶ τῆς χώρας[16] τῆς Βαβυλωνίας,
Σεδραχ, Μισαχ, Αβδεναγω, οἱ ἄνθρωποι ἐκεῖνοι οὐκ ἐφοβήθησάν σου τὴν ἐντολὴν
καὶ τῷ εἰδώλῳ[17] σου οὐκ ἐλάτρευσαν[18] καὶ τῇ εἰκόνι[19] σου τῇ χρυσῇ,[20] ᾗ ἔστησας,
οὐ προσεκύνησαν.

13 τότε Ναβουχοδονοσορ θυμωθεὶς[21] ὀργῇ προσέταξεν[22] ἀγαγεῖν τὸν Σεδραχ,
Μισαχ, Αβδεναγω· τότε οἱ ἄνθρωποι ἤχθησαν πρὸς τὸν βασιλέα. **14** οὓς καὶ συνι-
δὼν[23] Ναβουχοδονοσορ ὁ βασιλεὺς εἶπεν αὐτοῖς Διὰ τί, Σεδραχ, Μισαχ, Αβδεναγω,
τοῖς θεοῖς μου οὐ λατρεύετε[24] καὶ τῇ εἰκόνι[25] τῇ χρυσῇ,[26] ἣν ἔστησα, οὐ προσκυνεῖτε;
15 καὶ νῦν εἰ μὲν ἔχετε ἑτοίμως[27] ἅμα[28] τῷ ἀκοῦσαι τῆς σάλπιγγος[29] καὶ παντὸς
ἤχου[30] μουσικῶν[31] πεσόντες προσκυνῆσαι τῇ εἰκόνι[32] τῇ χρυσῇ,[33] ᾗ ἔστησα· εἰ δὲ
μή γε, γινώσκετε ὅτι μὴ προσκυνησάντων ὑμῶν αὐθωρὶ[34] ἐμβληθήσεσθε[35] εἰς τὴν
κάμινον[36] τοῦ πυρὸς τὴν καιομένην·[37] καὶ ποῖος[38] θεὸς ἐξελεῖται[39] ὑμᾶς ἐκ τῶν
χειρῶν μου;

1 εἰκών, image
2 χρυσοῦς, gold
3 κατέναντι, before, in front of
4 διαβάλλω, *aor act ind 3p*, accuse, denounce
5 ὑπολαμβάνω, *aor act ptc nom p m*, respond
6 προστάσσω, *aor act ind 2s*, prescribe, order
7 σάλπιγξ, trumpet
8 ἦχος, sound
9 μουσικός, music, musical instrument
10 εἰκών, image
11 χρυσοῦς, gold
12 ἐμβάλλω, *fut pas ind 3s*, throw into
13 κάμινος, furnace
14 καίω, *pres pas ptc acc s f*, burn
15 καθίστημι, *aor act ind 2s*, appoint
16 χώρα, territory
17 εἴδωλον, idol
18 λατρεύω, *aor act ind 3p*, serve (in worship)
19 εἰκών, image
20 χρυσοῦς, gold
21 θυμόω, *aor pas ptc nom s m*, provoke to anger
22 προστάσσω, *aor act ind 3s*, command, order
23 συνοράω, *aor act ptc nom s m*, see
24 λατρεύω, *pres act impv 2p*, serve (in worship)
25 εἰκών, image
26 χρυσοῦς, gold
27 ἑτοίμως, willingly
28 ἅμα, at the time
29 σάλπιγξ, trumpet
30 ἦχος, sound
31 μουσικός, music, musical instrument
32 εἰκών, image
33 χρυσοῦς, gold
34 αὐθωρί, immediately
35 ἐμβάλλω, *fut pas ind 2p*, throw into
36 κάμινος, furnace
37 καίω, *pres pas ptc acc s f*, burn
38 ποῖος, which, what
39 ἐξαιρέω, *fut mid ind 3s*, rescue, deliver

Θ οἱ λαοί, φυλαί, γλῶσσαι προσεκύνουν τῇ εἰκόνι[1] τῇ χρυσῇ,[2] ᾗ ἔστησεν Ναβουχο-
δονοσορ ὁ βασιλεύς.

8 τότε προσῆλθοσαν ἄνδρες Χαλδαῖοι καὶ διέβαλον[3] τοὺς Ιουδαίους **9** τῷ βασιλεῖ
Ναβουχοδονοσορ Βασιλεῦ, εἰς τοὺς αἰῶνας ζῆθι· **10** σύ, βασιλεῦ, ἔθηκας δόγμα[4]
πάντα ἄνθρωπον, ὃς ἂν ἀκούσῃ τῆς φωνῆς τῆς σάλπιγγος[5] σύριγγός[6] τε καὶ κιθά-
ρας,[7] σαμβύκης[8] καὶ ψαλτηρίου[9] καὶ συμφωνίας[10] καὶ παντὸς γένους[11] μουσικῶν[12]
11 καὶ μὴ πεσὼν προσκυνήσῃ τῇ εἰκόνι[13] τῇ χρυσῇ,[14] ἐμβληθήσεται[15] εἰς τὴν κάμι-
νον[16] τοῦ πυρὸς τὴν καιομένην·[17] **12** εἰσὶν ἄνδρες Ιουδαῖοι, οὓς κατέστησας[18] ἐπὶ
τὰ ἔργα τῆς χώρας[19] Βαβυλῶνος, Σεδραχ, Μισαχ, Αβδεναγω, οἱ ἄνδρες ἐκεῖνοι οὐχ
ὑπήκουσαν,[20] βασιλεῦ, τῷ δόγματί[21] σου, τοῖς θεοῖς σου οὐ λατρεύουσιν[22] καὶ τῇ
εἰκόνι[23] τῇ χρυσῇ,[24] ᾗ ἔστησας, οὐ προσκυνοῦσιν.

13 τότε Ναβουχοδονοσορ ἐν θυμῷ[25] καὶ ὀργῇ εἶπεν ἀγαγεῖν τὸν Σεδραχ, Μισαχ καὶ
Αβδεναγω, καὶ ἤχθησαν ἐνώπιον τοῦ βασιλέως. **14** καὶ ἀπεκρίθη Ναβουχοδονοσορ
καὶ εἶπεν αὐτοῖς Εἰ ἀληθῶς,[26] Σεδραχ, Μισαχ, Αβδεναγω, τοῖς θεοῖς μου οὐ λατρεύ-
ετε[27] καὶ τῇ εἰκόνι[28] τῇ χρυσῇ,[29] ᾗ ἔστησα, οὐ προσκυνεῖτε; **15** νῦν οὖν εἰ ἔχετε
ἑτοίμως[30] ἵνα, ὡς ἂν ἀκούσητε τῆς φωνῆς τῆς σάλπιγγος[31] σύριγγός[32] τε καὶ κιθά-
ρας,[33] σαμβύκης[34] καὶ ψαλτηρίου[35] καὶ συμφωνίας[36] καὶ παντὸς γένους[37] μουσικῶν,[38]
πεσόντες προσκυνήσητε τῇ εἰκόνι,[39] ᾗ ἐποίησα· ἐὰν δὲ μὴ προσκυνήσητε, αὐτῇ τῇ
ὥρᾳ ἐμβληθήσεσθε[40] εἰς τὴν κάμινον[41] τοῦ πυρὸς τὴν καιομένην·[42] καὶ τίς ἐστιν
θεός, ὃς ἐξελεῖται[43] ὑμᾶς ἐκ τῶν χειρῶν μου;

1 εἰκών, image
2 χρυσοῦς, gold
3 διαβάλλω, *aor act ind 3p*, accuse, denounce
4 δόγμα, decree, ordinance
5 σάλπιγξ, trumpet
6 σύριγξ, pipe
7 κιθάρα, lyre
8 σαμβύκη, stringed instrument, *Heb. LW*
9 ψαλτήριον, harp
10 συμφωνία, bagpipe?
11 γένος, kind
12 μουσικός, musical instrument
13 εἰκών, image
14 χρυσοῦς, gold
15 ἐμβάλλω, *fut pas ind 3s*, throw into
16 κάμινος, furnace
17 καίω, *pres pas ptc acc s f*, burn
18 καθίστημι, *aor act ind 2s*, appoint
19 χώρα, territory
20 ὑπακούω, *aor act ind 3p*, obey
21 δόγμα, decree, ordinance
22 λατρεύω, *pres act ind 3p*, serve (in worship)
23 εἰκών, image
24 χρυσοῦς, gold
25 θυμός, wrath
26 ἀληθῶς, truly, really
27 λατρεύω, *pres act ind 2p*, serve (in worship)
28 εἰκών, image
29 χρυσοῦς, gold
30 ἑτοίμως, readily
31 σάλπιγξ, trumpet
32 σύριγξ, pipe
33 κιθάρα, lyre
34 σαμβύκη, stringed instrument, *Heb. LW*
35 ψαλτήριον, harp
36 συμφωνία, bagpipe?
37 γένος, kind
38 μουσικός, musical instrument
39 εἰκών, image
40 ἐμβάλλω, *fut pas ind 2p*, throw into
41 κάμινος, furnace
42 καίω, *pres pas ptc acc s f*, burn
43 ἐξαιρέω, *fut mid ind 3s*, rescue, deliver

16 ἀποκριθέντες δὲ Σεδραχ, Μισαχ, Αβδεναγω εἶπαν τῷ βασιλεῖ Ναβουχοδονοσορ
Βασιλεῦ, οὐ χρείαν[1] ἔχομεν ἡμεῖς ἐπὶ τῇ ἐπιταγῇ[2] ταύτῃ ἀποκριθῆναί σοι· **17** ἔστι γὰρ
θεὸς ἐν οὐρανοῖς εἷς κύριος ἡμῶν, ὃν φοβούμεθα, ὅς ἐστι δυνατὸς ἐξελέσθαι[3] ἡμᾶς
ἐκ τῆς καμίνου[4] τοῦ πυρός, καὶ ἐκ τῶν χειρῶν σου, βασιλεῦ, ἐξελεῖται[5] ἡμᾶς· **18** καὶ
τότε φανερόν[6] σοι ἔσται, ὅτι οὔτε τῷ εἰδώλῳ[7] σου λατρεύομεν[8] οὔτε τῇ εἰκόνι[9] σου
τῇ χρυσῇ,[10] ἣν ἔστησας, προσκυνοῦμεν.

Daniel's Friends in the Fiery Furnace

19 τότε Ναβουχοδονοσορ ἐπλήσθη[11] θυμοῦ,[12] καὶ ἡ μορφὴ[13] τοῦ προσώπου αὐτοῦ
ἠλλοιώθη,[14] καὶ ἐπέταξε[15] καῆναι[16] τὴν κάμινον[17] ἑπταπλασίως[18] παρ᾽ ὃ ἔδει[19] αὐτὴν
καῆναι· **20** καὶ ἄνδρας ἰσχυροτάτους[20] τῶν ἐν τῇ δυνάμει ἐπέταξε[21] συμποδίσαντας[22]
τὸν Σεδραχ, Μισαχ, Αβδεναγω ἐμβαλεῖν[23] εἰς τὴν κάμινον[24] τοῦ πυρὸς τὴν καιομέ-
νην.[25] **21** τότε οἱ ἄνδρες ἐκεῖνοι συνεποδίσθησαν[26] ἔχοντες τὰ ὑποδήματα[27] αὐτῶν καὶ
τὰς τιάρας[28] αὐτῶν ἐπὶ τῶν κεφαλῶν αὐτῶν σὺν τῷ ἱματισμῷ αὐτῶν καὶ ἐβλήθησαν[29]
εἰς τὴν κάμινον.[30] **22** ἐπειδὴ[31] τὸ πρόσταγμα[32] τοῦ βασιλέως ἤπειγεν[33] καὶ ἡ κάμινος[34]
ἐξεκαύθη[35] ὑπὲρ τὸ πρότερον[36] ἑπταπλασίως,[37] καὶ οἱ ἄνδρες οἱ προχειρισθέντες[38]
συμποδίσαντες[39] αὐτοὺς καὶ προσαγαγόντες[40] τῇ καμίνῳ[41] ἐνεβάλοσαν[42] εἰς αὐτήν.
23 τοὺς μὲν οὖν ἄνδρας τοὺς συμποδίσαντας[43] τοὺς περὶ τὸν Αζαριαν ἐξελθοῦσα ἡ
φλὸξ[44] ἐκ τῆς καμίνου[45] ἐνεπύρισε[46] καὶ ἀπέκτεινεν, αὐτοὶ δὲ συνετηρήθησαν.[47]

1 χρεία, need, necessity
2 ἐπιταγή, command
3 ἐξαιρέω, *aor mid inf*, rescue, deliver
4 κάμινος, furnace
5 ἐξαιρέω, *fut mid ind 3s*, rescue, deliver
6 φανερός, clear, evident
7 εἴδωλον, idol
8 λατρεύω, *pres act ind 1p*, serve (in worship)
9 εἰκών, image
10 χρυσοῦς, gold
11 πίμπλημι, *aor pas ind 3s*, fill up
12 θυμός, wrath
13 μορφή, appearance, form
14 ἀλλοιόω, *aor pas ind 3s*, change
15 ἐπιτάσσω, *aor act ind 3s*, order, command
16 καίω, *aor pas inf*, kindle, set on fire
17 κάμινος, furnace
18 ἑπταπλασίως, sevenfold
19 δεῖ, *impf act ind 3s*, be necessary
20 ἰσχυρός, *sup*, most strong
21 ἐπιτάσσω, *aor act ind 3s*, order, command
22 συμποδίζω, *aor act ptc acc p m*, bind at the feet
23 ἐμβάλλω, *aor act inf*, throw into
24 κάμινος, furnace
25 καίω, *pres pas ptc acc s f*, burn
26 συμποδίζω, *aor pas ind 3p*, bind at the feet
27 ὑπόδημα, sandal
28 τιάρα, head covering
29 βάλλω, *aor pas ind 3p*, throw
30 κάμινος, furnace
31 ἐπειδή, since, because
32 πρόσταγμα, ordinance
33 ἐπείγω, *impf act ind 3s*, be urgent, be pressing
34 κάμινος, furnace
35 ἐκκαίω, *aor pas ind 3s*, inflame, burn out
36 πρότερος, formerly, before, earlier
37 ἑπταπλασίως, sevenfold
38 προχειρίζομαι, *aor pas ptc nom p m*, select
39 συμποδίζω, *aor act ptc nom p m*, bind at the feet
40 προσάγω, *aor act ptc nom p m*, bring to
41 κάμινος, furnace
42 ἐμβάλλω, *aor act ind 3p*, throw into
43 συμποδίζω, *aor act ptc acc p m*, bind at the feet
44 φλόξ, flame
45 κάμινος, furnace
46 ἐμπυρίζω, *aor act ind 3s*, set on fire
47 συντηρέω, *aor pas ind 3p*, preserve

Θ **16** καὶ ἀπεκρίθησαν Σεδραχ, Μισαχ, Αβδεναγω λέγοντες τῷ βασιλεῖ Ναβουχοδο-
νοσορ Οὐ χρείαν[1] ἔχομεν ἡμεῖς περὶ τοῦ ῥήματος τούτου ἀποκριθῆναί σοι· **17** ἔστιν
γὰρ θεός, ᾧ ἡμεῖς λατρεύομεν,[2] δυνατὸς ἐξελέσθαι[3] ἡμᾶς ἐκ τῆς καμίνου[4] τοῦ πυρὸς
τῆς καιομένης,[5] καὶ ἐκ τῶν χειρῶν σου, βασιλεῦ, ῥύσεται[6] ἡμᾶς· **18** καὶ ἐὰν μή, γνω-
στὸν[7] ἔστω σοι, βασιλεῦ, ὅτι τοῖς θεοῖς σου οὐ λατρεύομεν[8] καὶ τῇ εἰκόνι[9] τῇ χρυσῇ,[10]
ᾗ ἔστησας, οὐ προσκυνοῦμεν.

Daniel's Friends in the Fiery Furnace

19 τότε Ναβουχοδονοσορ ἐπλήσθη[11] θυμοῦ,[12] καὶ ἡ ὄψις[13] τοῦ προσώπου αὐτοῦ
ἠλλοιώθη[14] ἐπὶ Σεδραχ, Μισαχ καὶ Αβδεναγω, καὶ εἶπεν ἐκκαῦσαι[15] τὴν κάμινον[16]
ἑπταπλασίως,[17] ἕως οὗ εἰς τέλος ἐκκαῇ·[18] **20** καὶ ἄνδρας ἰσχυροὺς[19] ἰσχύι[20] εἶπεν
πεδήσαντας[21] τὸν Σεδραχ, Μισαχ καὶ Αβδεναγω ἐμβαλεῖν[22] εἰς τὴν κάμινον[23]
τοῦ πυρὸς τὴν καιομένην.[24] **21** τότε οἱ ἄνδρες ἐκεῖνοι ἐπεδήθησαν[25] σὺν τοῖς σα-
ραβάροις[26] αὐτῶν καὶ τιάραις[27] καὶ περικνημῖσι[28] καὶ ἐνδύμασιν[29] αὐτῶν καὶ ἐβλή-
θησαν[30] εἰς μέσον τῆς καμίνου[31] τοῦ πυρὸς τῆς καιομένης.[32] **22** ἐπεὶ[33] τὸ ῥῆμα τοῦ
βασιλέως ὑπερίσχυεν,[34] καὶ ἡ κάμινος[35] ἐξεκαύθη[36] ἐκ περισσοῦ.[37] **23** καὶ οἱ τρεῖς
οὗτοι Σεδραχ, Μισαχ καὶ Αβδεναγω ἔπεσον εἰς μέσον τῆς καμίνου[38] τοῦ πυρὸς τῆς
καιομένης[39] πεπεδημένοι.[40]

1 χρεία, need
2 λατρεύω, *pres act ind 1p*, serve (in worship)
3 ἐξαιρέω, *aor mid inf*, rescue, deliver
4 κάμινος, furnace
5 καίω, *pres pas ptc gen s f*, burn
6 ῥύομαι, *fut mid ind 3s*, save, rescue
7 γνωστός, known
8 λατρεύω, *pres act ind 1p*, serve (in worship)
9 εἰκών, image
10 χρυσοῦς, gold
11 πίμπλημι, *aor pas ind 3s*, fill up
12 θυμός, wrath
13 ὄψις, appearance, countenance
14 ἀλλοιόω, *aor pas ind 3s*, change
15 ἐκκαίω, *aor act inf*, kindle, light up
16 κάμινος, furnace
17 ἑπταπλασίως, sevenfold
18 ἐκκαίω, *aor pas sub 3s*, inflame, burn out
19 ἰσχυρός, strong
20 ἰσχύς, strength
21 πεδάω, *aor act ptc acc p m*, bind
22 ἐμβάλλω, *aor act inf*, throw into
23 κάμινος, furnace
24 καίω, *pres pas ptc acc s f*, burn
25 πεδάω, *aor pas ind 3p*, bind
26 σαράβαρα, sandal
27 τιάρα, head covering
28 περικνημίς, garment covering the lower leg
29 ἔνδυμα, garment, covering
30 βάλλω, *aor pas ind 3p*, throw
31 κάμινος, furnace
32 καίω, *pres pas ptc gen s f*, burn
33 ἐπεί, when
34 ὑπερισχύω, *impf act ind 3s*, prevail
35 κάμινος, furnace
36 ἐκκαίω, *aor pas ind 3s*, inflame, burn out
37 περισσός, excessively
38 κάμινος, furnace
39 καίω, *pres pas ptc gen s f*, burn
40 πεδάω, *perf pas ptc nom p m*, bind

Prayer of Azariah

24 Οὕτως οὖν προσηύξατο Ανανιας καὶ Αζαριας καὶ Μισαηλ καὶ ὕμνησαν[1] τῷ
κυρίῳ, ὅτε αὐτοὺς ὁ βασιλεὺς προσέταξεν[2] ἐμβληθῆναι[3] εἰς τὴν κάμινον.[4] **25** στὰς
δὲ Αζαριας προσηύξατο οὕτως καὶ ἀνοίξας τὸ στόμα αὐτοῦ ἐξωμολογεῖτο[5] τῷ
κυρίῳ ἅμα[6] τοῖς συνεταίροις[7] αὐτοῦ ἐν μέσῳ τῷ πυρὶ ὑποκαιομένης[8] τῆς καμίνου[9]
ὑπὸ τῶν Χαλδαίων σφόδρα[10] καὶ εἶπαν

26 Εὐλογητὸς[11] εἶ, κύριε ὁ θεὸς τῶν πατέρων ἡμῶν,
καὶ αἰνετὸν[12] καὶ δεδοξασμένον τὸ ὄνομά σου εἰς τοὺς αἰῶνας,
27 ὅτι δίκαιος εἶ ἐπὶ πᾶσιν, οἷς ἐποίησας ἡμῖν,
καὶ πάντα τὰ ἔργα σου ἀληθινά,[13] καὶ αἱ ὁδοί σου εὐθεῖαι,[14]
καὶ πᾶσαι αἱ κρίσεις σου ἀληθιναί,
28 καὶ κρίματα[15] ἀληθείας ἐποίησας
κατὰ πάντα, ἃ ἐπήγαγες[16] ἡμῖν
καὶ ἐπὶ τὴν πόλιν σου τὴν ἁγίαν τὴν τῶν πατέρων ἡμῶν Ιερουσαλημ,
διότι[17] ἐν ἀληθείᾳ καὶ κρίσει ἐποίησας πάντα ταῦτα διὰ τὰς ἁμαρτίας ἡμῶν.
29 ὅτι ἡμάρτομεν ἐν πᾶσι καὶ ἠνομήσαμεν[18] ἀποστῆναι[19] ἀπὸ σοῦ
καὶ ἐξημάρτομεν[20] ἐν πᾶσι καὶ τῶν ἐντολῶν τοῦ νόμου σου οὐχ ὑπηκούσαμεν[21]

30 οὐδὲ συνετηρήσαμεν[22] οὐδὲ ἐποιήσαμεν
καθὼς ἐνετείλω[23] ἡμῖν, ἵνα εὖ[24] ἡμῖν γένηται.
31 καὶ νῦν πάντα, ὅσα ἡμῖν ἐπήγαγες,[25] καὶ πάντα, ὅσα ἐποίησας ἡμῖν,
ἐν ἀληθινῇ[26] κρίσει ἐποίησας
32 καὶ παρέδωκας ἡμᾶς εἰς χεῖρας ἐχθρῶν ἡμῶν ἀνόμων[27] καὶ ἐχθίστων[28] ἀποστατῶν[29]
καὶ βασιλεῖ ἀδίκῳ[30] καὶ πονηροτάτῳ[31] παρὰ πᾶσαν τὴν γῆν.

1 ὑμνέω, *aor act ind 3p*, sing (a hymn)
2 προστάσσω, *aor act ind 3s*, prescribe, order
3 ἐμβάλλω, *aor pas inf*, throw into
4 κάμινος, furnace
5 ἐξομολογέομαι, *impf mid ind 3s*, confess, acknowledge
6 ἅμα, together
7 συνέταιρος, companion
8 ὑποκαίω, *pres mid ptc gen s f*, heat from below
9 κάμινος, furnace
10 σφόδρα, exceedingly
11 εὐλογητός, blessed
12 αἰνετός, praiseworthy
13 ἀληθινός, true
14 εὐθύς, straight, upright
15 κρίμα, judgment
16 ἐπάγω, *aor act ind 2s*, bring upon
17 διότι, because
18 ἀνομέω, *aor act ind 1p*, act lawlessly
19 ἀφίστημι, *aor act inf*, depart, turn away
20 ἐξαμαρτάνω, *aor act ind 1p*, sin
21 ὑπακούω, *aor act ind 1p*, listen, obey
22 συντηρέω, *aor act ind 1p*, keep, observe
23 ἐντέλλομαι, *aor mid ind 2s*, command
24 εὖ, well, good
25 ἐπάγω, *aor act ind 2s*, bring upon
26 ἀληθινός, true
27 ἄνομος, evil, wicked
28 ἐχθρός, *sup*, most hostile
29 ἀποστάτης, apostate, rebel
30 ἄδικος, unrighteous
31 πονηρός, *sup*, most evil

Θ

Prayer of Azariah

24 Καὶ περιεπάτουν[1] ἐν μέσῳ τῆς φλογὸς[2] ὑμνοῦντες[3] τὸν θεὸν καὶ εὐλογοῦντες
τὸν κύριον. **25** καὶ συστὰς[4] Αζαριας προσηύξατο οὕτως καὶ ἀνοίξας τὸ στόμα αὐτοῦ
ἐν μέσῳ τοῦ πυρὸς εἶπεν

26 Εὐλογητὸς[5] εἶ, κύριε ὁ θεὸς τῶν πατέρων ἡμῶν, καὶ αἰνετός,[6]
καὶ δεδοξασμένον τὸ ὄνομά σου εἰς τοὺς αἰῶνας,
27 ὅτι δίκαιος εἶ ἐπὶ πᾶσιν, οἷς ἐποίησας ἡμῖν,
καὶ πάντα τὰ ἔργα σου ἀληθινά,[7] καὶ εὐθεῖαι[8] αἱ ὁδοί σου,
καὶ πᾶσαι αἱ κρίσεις σου ἀλήθεια,
28 καὶ κρίματα[9] ἀληθείας ἐποίησας
κατὰ πάντα, ἃ ἐπήγαγες[10] ἡμῖν
καὶ ἐπὶ τὴν πόλιν τὴν ἁγίαν τὴν τῶν πατέρων ἡμῶν Ιερουσαλημ,
ὅτι ἐν ἀληθείᾳ καὶ κρίσει ἐπήγαγες πάντα ταῦτα διὰ τὰς ἁμαρτίας ἡμῶν.

29 ὅτι ἡμάρτομεν καὶ ἠνομήσαμεν[11] ἀποστῆναι[12] ἀπὸ σοῦ
καὶ ἐξημάρτομεν[13] ἐν πᾶσιν καὶ τῶν ἐντολῶν σου οὐκ ἠκούσαμεν

30 οὐδὲ συνετηρήσαμεν[14] οὐδὲ ἐποιήσαμεν
καθὼς ἐνετείλω[15] ἡμῖν, ἵνα εὖ[16] ἡμῖν γένηται.
31 καὶ πάντα, ὅσα ἡμῖν ἐπήγαγες,[17] καὶ πάντα, ὅσα ἐποίησας ἡμῖν,
ἐν ἀληθινῇ[18] κρίσει ἐποίησας
32 καὶ παρέδωκας ἡμᾶς εἰς χεῖρας ἐχθρῶν ἀνόμων[19] ἐχθίστων[20] ἀποστατῶν[21]
καὶ βασιλεῖ ἀδίκῳ[22] καὶ πονηροτάτῳ[23] παρὰ πᾶσαν τὴν γῆν.

1 περιπατέω, *impf act ind 3p*, walk around
2 φλόξ, flame
3 ὑμνέω, *pres act ptc nom p m*, sing (a hymn)
4 συνίστημι, *aor act ptc nom s m*, stand with, introduce
5 εὐλογητός, blessed
6 αἰνετός, praiseworthy
7 ἀληθινός, true
8 εὐθύς, straight, upright
9 κρίμα, judgment
10 ἐπάγω, *aor act ind 2s*, bring upon
11 ἀνομέω, *aor act ind 1p*, act lawlessly
12 ἀφίστημι, *aor act inf*, depart, turn away
13 ἐξαμαρτάνω, *aor act ind 1p*, sin
14 συντηρέω, *aor act ind 1p*, keep, observe
15 ἐντέλλομαι, *aor mid ind 2s*, command
16 εὖ, well, good
17 ἐπάγω, *aor act ind 2s*, bring upon
18 ἀληθινός, true
19 ἄνομος, evil, wicked
20 ἐχθρός, *sup*, most hostile
21 ἀποστάτης, apostate, rebel
22 ἄδικος, unrighteous
23 πονηρός, *sup*, most evil

OG

33 καὶ νῦν οὐκ ἔστιν ἡμῖν ἀνοῖξαι τὸ στόμα,
αἰσχύνη[1] καὶ ὄνειδος[2] ἐγενήθη τοῖς δούλοις σου καὶ τοῖς σεβομένοις[3]
σε.
34 μὴ παραδῷς ἡμᾶς εἰς τέλος διὰ τὸ ὄνομά σου
καὶ μὴ διασκεδάσῃς[4] σου τὴν διαθήκην
35 καὶ μὴ ἀποστήσῃς[5] τὸ ἔλεός[6] σου ἀφ᾽ ἡμῶν
διὰ Αβρααμ τὸν ἠγαπημένον ὑπὸ σοῦ
καὶ διὰ Ισαακ τὸν δοῦλόν σου
καὶ Ισραηλ τὸν ἅγιόν σου,
36 ὡς ἐλάλησας πρὸς αὐτοὺς λέγων
πληθῦναι[7] τὸ σπέρμα αὐτῶν ὡς τὰ ἄστρα[8] τοῦ οὐρανοῦ
καὶ ὡς τὴν ἄμμον[9] τὴν παρὰ τὸ χεῖλος[10] τῆς θαλάσσης.
37 ὅτι, δέσποτα,[11] ἐσμικρύνθημεν[12] παρὰ πάντα τὰ ἔθνη
καί ἐσμεν ταπεινοὶ[13] ἐν πάσῃ τῇ γῇ σήμερον[14] διὰ τὰς ἁμαρτίας ἡμῶν,
38 καὶ οὐκ ἔστιν ἐν τῷ καιρῷ τούτῳ ἄρχων καὶ προφήτης οὐδὲ ἡγούμενος[15]
οὐδὲ ὁλοκαύτωσις[16] οὐδὲ θυσία[17] οὐδὲ προσφορὰ[18] οὐδὲ θυμίαμα[19]
οὐδὲ τόπος τοῦ καρπῶσαι[20] ἐνώπιόν σου καὶ εὑρεῖν ἔλεος·[21]
39 ἀλλ᾽ ἐν ψυχῇ συντετριμμένῃ[22] καὶ πνεύματι τεταπεινωμένῳ[23]
προσδεχθείημεν[24]
ὡς ἐν ὁλοκαυτώμασι[25] κριῶν[26] καὶ ταύρων[27]
καὶ ὡς ἐν μυριάσιν[28] ἀρνῶν[29] πιόνων·[30]
40 οὕτω γενέσθω ἡμῶν ἡ θυσία[31] ἐνώπιόν σου σήμερον[32]
καὶ ἐξίλασαι[33] ὄπισθέν[34] σου,
ὅτι οὐκ ἔστιν αἰσχύνη[35] τοῖς πεποιθόσιν ἐπὶ σοί,
καὶ τελείωσαι[36] ὄπισθέν σου.

1 αἰσχύνη, shame
2 ὄνειδος, disgrace
3 σέβομαι, *pres mid ptc dat p m*, revere, worship
4 διασκεδάζω, *aor act sub 2s*, reject, break
5 ἀφίστημι, *aor act sub 2s*, withdraw, remove
6 ἔλεος, mercy
7 πληθύνω, *aor act inf*, multiply
8 ἄστρον, star
9 ἄμμος, sand
10 χεῖλος, edge, shore
11 δεσπότης, master
12 σμικρύνω, *aor pas ind 1p*, diminish, reduce in number
13 ταπεινός, humble, lowly
14 σήμερον, today
15 ἡγέομαι, *pres mid ptc nom s m*, lead
16 ὁλοκαύτωσις, whole burnt offering
17 θυσία, sacrifice
18 προσφορά, offering
19 θυμίαμα, incense (offering)
20 καρπόω, *aor act inf*, offer
21 ἔλεος, mercy
22 συντρίβω, *perf pas ptc dat s f*, crush
23 ταπεινόω, *perf pas ptc dat s n*, humble, bring low
24 προσδέχομαι, *aor pas opt 1p*, receive
25 ὁλοκαύτωμα, whole burnt offering
26 κριός, ram
27 ταῦρος, bull, ox
28 μυριάς, myriad, ten thousand
29 ἀρήν, lamb
30 πίων, fatted
31 θυσία, sacrifice
32 σήμερον, today
33 ἐξιλάσκομαι, *aor act opt 3s*, propitiate, make atonement
34 ὄπισθε(ν), behind
35 αἰσχύνη, shame
36 τελειόω, *aor act opt 3s*, come to fullness

Θ 33 καὶ νῦν οὐκ ἔστιν ἡμῖν ἀνοῖξαι τὸ στόμα,
αἰσχύνη[1] καὶ ὄνειδος[2] ἐγενήθη τοῖς δούλοις σου καὶ τοῖς σεβομένοις[3] σε.
34 μὴ δὴ[4] παραδῷς ἡμᾶς εἰς τέλος διὰ τὸ ὄνομά σου
καὶ μὴ διασκεδάσῃς[5] τὴν διαθήκην σου
35 καὶ μὴ ἀποστήσῃς[6] τὸ ἔλεός[7] σου ἀφ᾽ ἡμῶν
δι᾽ Αβρααμ τὸν ἠγαπημένον ὑπὸ σοῦ
καὶ διὰ Ισαακ τὸν δοῦλόν σου
καὶ Ισραηλ τὸν ἅγιόν σου,
36 οἷς ἐλάλησας πρὸς αὐτοὺς λέγων
πληθῦναι[8] τὸ σπέρμα αὐτῶν ὡς τὰ ἄστρα[9] τοῦ οὐρανοῦ
καὶ ὡς τὴν ἄμμον[10] τὴν παρὰ τὸ χεῖλος[11] τῆς θαλάσσης.
37 ὅτι, δέσποτα,[12] ἐσμικρύνθημεν[13] παρὰ πάντα τὰ ἔθνη
καί ἐσμεν ταπεινοὶ[14] ἐν πάσῃ τῇ γῇ σήμερον[15] διὰ τὰς ἁμαρτίας ἡμῶν,
38 καὶ οὐκ ἔστιν ἐν τῷ καιρῷ τούτῳ ἄρχων καὶ προφήτης καὶ ἡγούμενος[16]
οὐδὲ ὁλοκαύτωσις[17] οὐδὲ θυσία[18] οὐδὲ προσφορὰ[19] οὐδὲ θυμίαμα,[20]
οὐ τόπος τοῦ καρπῶσαι[21] ἐναντίον[22] σου καὶ εὑρεῖν ἔλεος·[23]
39 ἀλλ᾽ ἐν ψυχῇ συντετριμμένῃ[24] καὶ πνεύματι ταπεινώσεως[25] προσδεχθείημεν[26]
ὡς ἐν ὁλοκαυτώμασιν[27] κριῶν[28] καὶ ταύρων[29]
καὶ ὡς ἐν μυριάσιν[30] ἀρνῶν[31] πιόνων·[32]
40 οὕτως γενέσθω θυσία[33] ἡμῶν ἐνώπιόν σου σήμερον[34]
καὶ ἐκτέλεσαι[35] ὄπισθέν[36] σου,
ὅτι οὐκ ἔσται αἰσχύνη[37] τοῖς πεποιθόσιν ἐπὶ σοί.

1 αἰσχύνη, shame
2 ὄνειδος, disgrace
3 σέβομαι, *pres mid ptc dat p m*, revere, worship
4 δή, now
5 διασκεδάζω, *aor act sub 2s*, reject, break
6 ἀφίστημι, *aor act sub 2s*, withdraw, remove
7 ἔλεος, mercy
8 πληθύνω, *aor act inf*, multiply
9 ἄστρον, star
10 ἄμμος, sand
11 χεῖλος, shore
12 δεσπότης, master
13 σμικρύνω, *aor pas ind 1p*, diminish, reduce in number
14 ταπεινός, humble, lowly
15 σήμερον, today
16 ἡγέομαι, *pres mid ptc nom s m*, lead
17 ὁλοκαύτωσις, whole burnt offering
18 θυσία, sacrifice
19 προσφορά, offering
20 θυμίαμα, incense offering
21 καρπόω, *aor act inf*, offer
22 ἐναντίον, before
23 ἔλεος, mercy
24 συντρίβω, *perf pas ptc dat s f*, crush
25 ταπείνωσις, humiliation, abasement
26 προσδέχομαι, *aor pas opt 1p*, receive
27 ὁλοκαύτωμα, whole burnt offering
28 κριός, ram
29 ταῦρος, bull
30 μυριάς, myriad, ten thousand
31 ἀρήν, lamb
32 πίων, fatted
33 θυσία, sacrifice
34 σήμερον, today
35 ἐκτελέω, *aor act opt 3s* finish, accomplish
36 ὄπισθε(ν), behind
37 αἰσχύνη, shame

OG

41 καὶ νῦν ἐξακολουθοῦμεν[1] ἐν ὅλῃ καρδίᾳ καὶ φοβούμεθά σε
καὶ ζητοῦμεν τὸ πρόσωπόν σου, μὴ καταισχύνῃς[2] ἡμᾶς,
42 ἀλλὰ ποίησον μεθ᾽ ἡμῶν κατὰ τὴν ἐπιείκειάν[3] σου
καὶ κατὰ τὸ πλῆθος τοῦ ἐλέους[4] σου
43 καὶ ἐξελοῦ[5] ἡμᾶς κατὰ τὰ θαυμάσιά[6] σου
καὶ δὸς δόξαν τῷ ὀνόματί σου, κύριε.
44 καὶ ἐντραπείησαν[7] πάντες οἱ ἐνδεικνύμενοι[8] τοῖς δούλοις σου κακὰ
καὶ καταισχυνθείησαν[9] ἀπὸ πάσης δυναστείας,[10]
καὶ ἡ ἰσχὺς[11] αὐτῶν συντριβείη·[12]
45 γνώτωσαν ὅτι σὺ εἶ μόνος κύριος ὁ θεὸς
καὶ ἔνδοξος[13] ἐφ᾽ ὅλην τὴν οἰκουμένην.[14]

46 Καὶ οὐ διέλιπον[15] οἱ ἐμβάλλοντες[16] αὐτοὺς ὑπηρέται[17] τοῦ βασιλέως καίοντες[18]
τὴν κάμινον.[19] καὶ ἡνίκα[20] ἐνεβάλοσαν[21] τοὺς τρεῖς εἰς ἅπαξ[22] εἰς τὴν κάμινον, καὶ ἡ
κάμινος ἦν διάπυρος[23] κατὰ τὴν θερμασίαν[24] αὐτῆς ἑπταπλασίως,[25] καὶ ὅτε αὐτοὺς
ἐνεβάλοσαν, οἱ μὲν ἐμβάλλοντες αὐτοὺς ἦσαν ὑπεράνω[26] αὐτῶν, οἱ δὲ ὑπέκαιον[27]
ὑποκάτωθεν[28] αὐτῶν νάφθαν[29] καὶ στιππύον[30] καὶ πίσσαν[31] καὶ κληματίδα.[32] **47** καὶ
διεχεῖτο[33] ἡ φλὸξ[34] ἐπάνω[35] τῆς καμίνου[36] ἐπὶ πήχεις[37] τεσσαράκοντα[38] ἐννέα[39]
48 καὶ διεξώδευσε[40] καὶ ἐνεπύρισεν[41] οὓς εὗρε περὶ τὴν κάμινον τῶν Χαλδαίων.
49 ἄγγελος δὲ κυρίου συγκατέβη[42] ἅμα[43] τοῖς περὶ τὸν Αζαριαν εἰς τὴν κάμινον[44] καὶ

1 ἐξακολουθέω, *pres act ind 1p*, follow
2 καταισχύνω, *pres act sub 2s*, put to shame
3 ἐπιείκεια, fairness, equity
4 ἔλεος, mercy
5 ἐξαιρέω, *aor mid impv 2s*, rescue, deliver
6 θαυμάσιος, marvelous (deed)
7 ἐντρέπω, *aor pas opt 3p*, feel shame
8 ἐνδείκνυμι, *pres mid ptc nom p m*, exhibit, display
9 καταισχύνω, *aor pas opt 3p*, put to shame
10 δυναστεία, lordship, dominion
11 ἰσχύς, strength
12 συντρίβω, *aor pas opt 3s*, crush
13 ἔνδοξος, honorable, glorious
14 οἰκουμένη, inhabited world
15 διαλείπω, *aor act ind 3p*, cease
16 ἐμβάλλω, *pres act ptc nom p m*, throw into
17 ὑπηρέτης, servant
18 καίω, *pres act ptc nom p m*, kindle, set on fire
19 κάμινος, furnace
20 ἡνίκα, when
21 ἐμβάλλω, *aor act ind 3p*, throw into
22 ἅπαξ, at once
23 διάπυρος, extremely hot
24 θερμασία, heat
25 ἑπταπλασίως, sevenfold
26 ὑπεράνω, above, over
27 ὑποκαίω, *impf act ind 3p*, heat from below
28 ὑποκάτωθεν, beneath
29 νάφθα, naphtha, *Heb. LW*
30 στιππύον, flax
31 πίσσα, pitch
32 κληματίς, small twig
33 διαχέω, *impf pas ind 3s*, diffuse, spread out
34 φλόξ, flame
35 ἐπάνω, above
36 κάμινος, furnace
37 πῆχυς, cubit
38 τεσσαράκοντα, forty
39 ἐννέα, nine
40 διεξοδεύω, *aor act ind 3s*, break out
41 ἐμπυρίζω, *aor act ind 3s*, burn up
42 συγκαταβαίνω, *aor act ind 3s*, descend with
43 ἅμα, together
44 κάμινος, furnace

Θ 41 καὶ νῦν ἐξακολουθοῦμεν[1] ἐν ὅλῃ καρδίᾳ καὶ φοβούμεθά σε
καὶ ζητοῦμεν τὸ πρόσωπόν σου, μὴ καταισχύνῃς[2] ἡμᾶς,
42 ἀλλὰ ποίησον μεθ᾽ ἡμῶν κατὰ τὴν ἐπιείκειάν[3] σου
καὶ κατὰ τὸ πλῆθος τοῦ ἐλέους[4] σου
43 καὶ ἐξελοῦ[5] ἡμᾶς κατὰ τὰ θαυμάσιά[6] σου
καὶ δὸς δόξαν τῷ ὀνόματί σου, κύριε.
44 καὶ ἐντραπείησαν[7] πάντες οἱ ἐνδεικνύμενοι[8] τοῖς δούλοις σου κακὰ
καὶ καταισχυνθείησαν[9] ἀπὸ πάσης δυνάμεως καὶ δυναστείας,[10]
καὶ ἡ ἰσχὺς[11] αὐτῶν συντριβείη·[12]
45 γνώτωσαν ὅτι σὺ εἶ κύριος ὁ θεὸς μόνος
καὶ ἔνδοξος[13] ἐφ᾽ ὅλην τὴν οἰκουμένην.[14]

46 Καὶ οὐ διέλειπον[15] οἱ ἐμβαλόντες[16] αὐτοὺς ὑπηρέται[17] τοῦ βασιλέως καίοντες[18]
τὴν κάμινον[19] νάφθαν[20] καὶ πίσσαν[21] καὶ στιππύον[22] καὶ κληματίδα.[23] **47** καὶ διε-
χεῖτο[24] ἡ φλὸξ[25] ἐπάνω[26] τῆς καμίνου[27] ἐπὶ πήχεις[28] τεσσαράκοντα[29] ἐννέα[30] **48** καὶ
διώδευσεν[31] καὶ ἐνεπύρισεν[32] οὓς εὗρεν περὶ τὴν κάμινον[33] τῶν Χαλδαίων. **49** ὁ
δὲ ἄγγελος κυρίου συγκατέβη[34] ἅμα[35] τοῖς περὶ τὸν Αζαριαν εἰς τὴν κάμινον[36] καὶ

1 ἐξακολουθέω, *pres act ind 1p*, follow
2 καταισχύνω, *pres act sub 2s*, put to shame
3 ἐπιείκεια, fairness, equity
4 ἔλεος, mercy
5 ἐξαιρέω, *aor mid impv 2s*, rescue, deliver
6 θαυμάσιος, marvelous (deed)
7 ἐντρέπω, *aor pas opt 3p*, feel shame
8 ἐνδείκνυμι, *pres mid ptc nom p m*, exhibit, display
9 καταισχύνω, *aor pas opt 3p*, put to shame
10 δυναστεία, lordship, domination
11 ἰσχύς, strength
12 συντρίβω, *aor pas opt 3s*, crush
13 ἔνδοξος, honorable, glorious
14 οἰκουμένη, inhabited world
15 διαλείπω, *impf act ind 3p*, cease
16 ἐμβάλλω, *aor act ptc nom p m*, throw into
17 ὑπηρέτης, servant
18 καίω, *pres act ptc nom p m*, kindle, light up
19 κάμινος, furnace
20 νάφθα, naphtha, *Heb. LW*
21 πίσσα, pitch
22 στιππύον, flax
23 κληματίς, small twig
24 διαχέω, *impf pas ind 3s*, diffuse, spread out
25 φλόξ, flame
26 ἐπάνω, above
27 κάμινος, furnace
28 πῆχυς, cubit
29 τεσσαράκοντα, forty
30 ἐννέα, nine
31 διοδεύω, *aor act ind 3s*, break forth
32 ἐμπυρίζω, *aor act ind 3s*, burn up
33 κάμινος, furnace
34 συγκαταβαίνω, *aor act ind 3s*, descend with
35 ἅμα, together
36 κάμινος, furnace

ἐξετίναξε[1] τὴν φλόγα[2] τοῦ πυρὸς ἐκ τῆς καμίνου **50** καὶ ἐποίησε τὸ μέσον τῆς κα-
μίνου[3] ὡσεὶ[4] πνεῦμα δρόσου[5] διασυρίζον,[6] καὶ οὐχ ἥψατο αὐτῶν καθόλου[7] τὸ πῦρ
καὶ οὐκ ἐλύπησε[8] καὶ οὐ παρηνώχλησεν[9] αὐτούς.

Song of the Three Young Men

51 Ἀναλαβόντες[10] δὲ οἱ τρεῖς ὡς ἐξ ἑνὸς στόματος ὕμνουν[11] καὶ ἐδόξαζον καὶ εὐλό-
γουν καὶ ἐξύψουν[12] τὸν θεὸν ἐν τῇ καμίνῳ[13] λέγοντες

52 Εὐλογητὸς[14] εἶ, κύριε ὁ θεὸς τῶν πατέρων ἡμῶν,
καὶ αἰνετὸς[15] καὶ ὑπερυψούμενος[16] εἰς τοὺς αἰῶνας,
καὶ εὐλογημένον τὸ ὄνομα τῆς δόξης σου τὸ ἅγιον
καὶ ὑπεραινετὸν[17] καὶ ὑπερυψωμένον[18] εἰς πάντας τοὺς αἰῶνας.
53 εὐλογημένος εἶ ἐν τῷ ναῷ τῆς ἁγίας δόξης σου
καὶ ὑπερυμνητὸς[19] καὶ ὑπερένδοξος[20] εἰς τοὺς αἰῶνας.
54 εὐλογητὸς[21] εἶ ἐπὶ θρόνου τῆς βασιλείας σου
καὶ ὑμνητὸς[22] καὶ ὑπερυψωμένος[23] εἰς τοὺς αἰῶνας.
55 εὐλογητὸς[24] εἶ, ὁ βλέπων ἀβύσσους[25] καθήμενος ἐπὶ χερουβιμ,[26]
καὶ αἰνετὸς[27] καὶ δεδοξασμένος εἰς τοὺς αἰῶνας.
56 εὐλογητὸς[28] εἶ ἐν τῷ στερεώματι[29]
καὶ ὑμνητὸς[30] καὶ δεδοξασμένος εἰς τοὺς αἰῶνας.
57 εὐλογεῖτε, πάντα τὰ ἔργα τοῦ κυρίου, τὸν κύριον·
ὑμνεῖτε[31] καὶ ὑπερυψοῦτε[32] αὐτὸν εἰς τοὺς αἰῶνας.
58 εὐλογεῖτε, οὐρανοί, τὸν κύριον·
ὑμνεῖτε[33] καὶ ὑπερυψοῦτε[34] αὐτὸν εἰς τοὺς αἰῶνας.

1 ἐκτινάσσω, *aor act ind 3s*, expel, shake off
2 φλόξ, flame
3 κάμινος, furnace
4 ὡσεί, as
5 δρόσος, dew
6 διασυρίζω, *pres act ptc acc s n*, whistle
7 καθόλου, at all
8 λυπέω, *aor act ind 3s*, cause distress
9 παρενοχλέω, *aor act ind 3s*, cause trouble
10 ἀναλαμβάνω, *aor act ptc nom p m*, take up, remove
11 ὑμνέω, *impf act ind 3p*, sing (a hymn)
12 ἐξυψόω, *impf act ind 3p*, exalt
13 κάμινος, furnace
14 εὐλογητός, blessed
15 αἰνετός, praiseworthy
16 ὑπερυψόω, *pres pas ptc nom s m*, exalt highly
17 ὑπεραινετός, very praiseworthy
18 ὑπερυψόω, *pres pas ptc nom s n*, exalt highly
19 ὑπερυμνητός, highly praised
20 ὑπερένδοξος, very glorious
21 εὐλογητός, blessed
22 ὑμνητός, worthy of praise
23 ὑπερυψόω, *pres pas ptc nom s m*, exalt highly
24 εὐλογητός, blessed
25 ἄβυσσος, deep, abyss
26 χερουβιμ, cherubim, *translit.*
27 αἰνετός, praiseworthy
28 εὐλογητός, blessed
29 στερέωμα, firmament
30 ὑμνητός, worthy of praise
31 ὑμνέω, *pres act impv 2p*, sing (a hymn)
32 ὑπερυψόω, *pres act impv 2p*, exalt highly
33 ὑμνέω, *pres act impv 2p*, sing (a hymn)
34 ὑπερυψόω, *pres act impv 2p*, exalt highly

Θ ἐξετίναξεν[1] τὴν φλόγα[2] τοῦ πυρὸς ἐκ τῆς καμίνου[3] **50** καὶ ἐποίησεν τὸ μέσον τῆς
καμίνου[4] ὡς πνεῦμα δρόσου[5] διασυρίζον,[6] καὶ οὐχ ἥψατο αὐτῶν τὸ καθόλου[7] τὸ πῦρ
καὶ οὐκ ἐλύπησεν[8] οὐδὲ παρηνώχλησεν[9] αὐτοῖς.

Song of the Three Young Men

51 Τότε οἱ τρεῖς ὡς ἐξ ἑνὸς στόματος ὕμνουν[10] καὶ ἐδόξαζον καὶ εὐλόγουν τὸν
θεὸν ἐν τῇ καμίνῳ[11] λέγοντες

52 Εὐλογητὸς[12] εἶ, κύριε ὁ θεὸς τῶν πατέρων ἡμῶν,
καὶ αἰνετὸς[13] καὶ ὑπερυψούμενος[14] εἰς τοὺς αἰῶνας,
καὶ εὐλογημένον τὸ ὄνομα τῆς δόξης σου τὸ ἅγιον
καὶ ὑπεραινετὸν[15] καὶ ὑπερυψούμενον[16] εἰς τοὺς αἰῶνας.
53 εὐλογημένος εἶ ἐν τῷ ναῷ τῆς ἁγίας δόξης σου
καὶ ὑπερυμνητὸς[17] καὶ ὑπερένδοξος[18] εἰς τοὺς αἰῶνας.
54 εὐλογημένος εἶ ἐπὶ θρόνου τῆς βασιλείας σου
καὶ ὑπερυμνητὸς[19] καὶ ὑπερυψούμενος[20] εἰς τοὺς αἰῶνας.
55 εὐλογημένος εἶ, ὁ ἐπιβλέπων[21] ἀβύσσους[22] καθήμενος ἐπὶ χερουβιν,[23]
καὶ αἰνετὸς[24] καὶ ὑπερυψούμενος[25] εἰς τοὺς αἰῶνας.
56 εὐλογημένος εἶ ἐν τῷ στερεώματι[26] τοῦ οὐρανοῦ
καὶ ὑμνητὸς[27] καὶ δεδοξασμένος εἰς τοὺς αἰῶνας.
57 εὐλογεῖτε, πάντα τὰ ἔργα κυρίου, τὸν κύριον·
ὑμνεῖτε[28] καὶ ὑπερυψοῦτε[29] αὐτὸν εἰς τοὺς αἰῶνας.
58 εὐλογεῖτε, ἄγγελοι κυρίου, τὸν κύριον·
ὑμνεῖτε[30] καὶ ὑπερυψοῦτε[31] αὐτὸν εἰς τοὺς αἰῶνας.

1 ἐκτινάσσω, *aor act ind 3s*, expel, shake off
2 φλόξ, flame
3 κάμινος, furnace
4 κάμινος, furnace
5 δρόσος, dew
6 διασυρίζω, *pres act ptc nom s n*, whistle
7 καθόλου, at all
8 λυπέω, *aor act ind 3s*, cause distress
9 παρενοχλέω, *aor act ind 3s*, trouble
10 ὑμνέω, *impf act ind 3p*, sing (a hymn)
11 κάμινος, furnace
12 εὐλογητός, blessed
13 αἰνετός, praiseworthy
14 ὑπερυψόω, *pres pas ptc nom s m*, exalt highly
15 ὑπεραινετός, very praiseworthy
16 ὑπερυψόω, *pres pas ptc nom s n*, exalt highly
17 ὑπερυμνητός, highly praised
18 ὑπερένδοξος, very glorious
19 ὑπερυμνητός, highly praised
20 ὑπερυψόω, *pres pas ptc nom s m*, exalt highly
21 ἐπιβλέπω, *pres act ptc nom s m*, look upon
22 ἄβυσσος, deep, abyss
23 χερουβιν, cherubim, *translit.*
24 αἰνετός, praiseworthy
25 ὑπερυψόω, *pres pas ptc nom s m*, exalt highly
26 στερέωμα, firmament
27 ὑμνητός, worthy of praise
28 ὑμνέω, *pres act impv 2p*, sing (a hymn)
29 ὑπερυψόω, *pres act impv 2p*, exalt highly
30 ὑμνέω, *pres act impv 2p*, sing (a hymn)
31 ὑπερυψόω, *pres act impv 2p*, exalt highly

OG

59 εὐλογεῖτε, ἄγγελοι κυρίου, τὸν κύριον·
ὑμνεῖτε[1] καὶ ὑπερυψοῦτε[2] αὐτὸν εἰς τοὺς αἰῶνας.
60 εὐλογεῖτε, ὕδατα πάντα τὰ ἐπάνω[3] τοῦ οὐρανοῦ, τὸν κύριον·
ὑμνεῖτε[4] καὶ ὑπερυψοῦτε[5] αὐτὸν εἰς τοὺς αἰῶνας.
61 εὐλογεῖτε, πᾶσαι αἱ δυνάμεις κυρίου, τὸν κύριον·
ὑμνεῖτε[6] καὶ ὑπερυψοῦτε[7] αὐτὸν εἰς τοὺς αἰῶνας.
62 εὐλογεῖτε, ἥλιος καὶ σελήνη,[8] τὸν κύριον·
ὑμνεῖτε[9] καὶ ὑπερυψοῦτε[10] αὐτὸν εἰς τοὺς αἰῶνας.
63 εὐλογεῖτε, ἄστρα[11] τοῦ οὐρανοῦ, τὸν κύριον·
ὑμνεῖτε[12] καὶ ὑπερυψοῦτε[13] αὐτὸν εἰς τοὺς αἰῶνας.
64 εὐλογεῖτε, πᾶς ὄμβρος[14] καὶ δρόσος,[15] τὸν κύριον·
ὑμνεῖτε[16] καὶ ὑπερυψοῦτε[17] αὐτὸν εἰς τοὺς αἰῶνας.
65 εὐλογεῖτε, πάντα τὰ πνεύματα, τὸν κύριον·
ὑμνεῖτε[18] καὶ ὑπερυψοῦτε[19] αὐτὸν εἰς τοὺς αἰῶνας.
66 εὐλογεῖτε, πῦρ καὶ καῦμα,[20] τὸν κύριον·
ὑμνεῖτε[21] καὶ ὑπερυψοῦτε[22] αὐτὸν εἰς τοὺς αἰῶνας.
67 εὐλογεῖτε, ῥῖγος[23] καὶ ψῦχος,[24] τὸν κύριον·
ὑμνεῖτε[25] καὶ ὑπερυψοῦτε[26] αὐτὸν εἰς τοὺς αἰῶνας.
68 εὐλογεῖτε, δρόσοι[27] καὶ νιφετοί,[28] τὸν κύριον·
ὑμνεῖτε[29] καὶ ὑπερυψοῦτε[30] αὐτὸν εἰς τοὺς αἰῶνας.
69 εὐλογεῖτε, πάχναι[31] καὶ χιόνες,[32] τὸν κύριον·
ὑμνεῖτε[33] καὶ ὑπερυψοῦτε[34] αὐτὸν εἰς τοὺς αἰῶνας.
70 εὐλογεῖτε, νύκτες καὶ ἡμέραι, τὸν κύριον·
ὑμνεῖτε[35] καὶ ὑπερυψοῦτε[36] αὐτὸν εἰς τοὺς αἰῶνας.

1 ὑμνέω, *pres act impv 2p*, sing (a hymn)
2 ὑπερυψόω, *pres act impv 2p*, exalt highly
3 ἐπάνω, above
4 ὑμνέω, *pres act impv 2p*, sing (a hymn)
5 ὑπερυψόω, *pres act impv 2p*, exalt highly
6 ὑμνέω, *pres act impv 2p*, sing (a hymn)
7 ὑπερυψόω, *pres act impv 2p*, exalt highly
8 σελήνη, moon
9 ὑμνέω, *pres act impv 2p*, sing (a hymn)
10 ὑπερυψόω, *pres act impv 2p*, exalt highly
11 ἄστρον, star
12 ὑμνέω, *pres act impv 2p*, sing (a hymn)
13 ὑπερυψόω, *pres act impv 2p*, exalt highly
14 ὄμβρος, rainstorm
15 δρόσος, dew
16 ὑμνέω, *pres act impv 2p*, sing (a hymn)
17 ὑπερυψόω, *pres act impv 2p*, exalt highly
18 ὑμνέω, *pres act impv 2p*, sing (a hymn)
19 ὑπερυψόω, *pres act impv 2p*, exalt highly
20 καῦμα, heat
21 ὑμνέω, *pres act impv 2p*, sing (a hymn)
22 ὑπερυψόω, *pres act impv 2p*, exalt highly
23 ῥῖγος, frost
24 ψῦχος, cold
25 ὑμνέω, *pres act impv 2p*, sing (a hymn)
26 ὑπερυψόω, *pres act impv 2p*, exalt highly
27 δρόσος, dew
28 νιφετός, snowfall
29 ὑμνέω, *pres act impv 2p*, sing (a hymn)
30 ὑπερυψόω, *pres act impv 2p*, exalt highly
31 πάχνη, early frost, ice
32 χιών, snow
33 ὑμνέω, *pres act impv 2p*, sing (a hymn)
34 ὑπερυψόω, *pres act impv 2p*, exalt highly
35 ὑμνέω, *pres act impv 2p*, sing (a hymn)
36 ὑπερυψόω, *pres act impv 2p*, exalt highly

Θ

59 εὐλογεῖτε, οὐρανοί, τὸν κύριον·
ὑμνεῖτε[1] καὶ ὑπερυψοῦτε[2] αὐτὸν εἰς τοὺς αἰῶνας.
60 εὐλογεῖτε, ὕδατα πάντα τὰ ἐπάνω[3] τοῦ οὐρανοῦ, τὸν κύριον·
ὑμνεῖτε[4] καὶ ὑπερυψοῦτε[5] αὐτὸν εἰς τοὺς αἰῶνας.
61 εὐλογεῖτε, πᾶσαι αἱ δυνάμεις, τὸν κύριον·
ὑμνεῖτε[6] καὶ ὑπερυψοῦτε[7] αὐτὸν εἰς τοὺς αἰῶνας.
62 εὐλογεῖτε, ἥλιος καὶ σελήνη,[8] τὸν κύριον·
ὑμνεῖτε[9] καὶ ὑπερυψοῦτε[10] αὐτὸν εἰς τοὺς αἰῶνας.
63 εὐλογεῖτε, ἄστρα[11] τοῦ οὐρανοῦ, τὸν κύριον·
ὑμνεῖτε[12] καὶ ὑπερυψοῦτε[13] αὐτὸν εἰς τοὺς αἰῶνας.
64 εὐλογεῖτε, πᾶς ὄμβρος[14] καὶ δρόσος,[15] τὸν κύριον·
ὑμνεῖτε[16] καὶ ὑπερυψοῦτε[17] αὐτὸν εἰς τοὺς αἰῶνας.
65 εὐλογεῖτε, πάντα τὰ πνεύματα, τὸν κύριον·
ὑμνεῖτε[18] καὶ ὑπερυψοῦτε[19] αὐτὸν εἰς τοὺς αἰῶνας.
66 εὐλογεῖτε, πῦρ καὶ καῦμα,[20] τὸν κύριον·
ὑμνεῖτε[21] καὶ ὑπερυψοῦτε[22] αὐτὸν εἰς τοὺς αἰῶνας.
67 εὐλογεῖτε, ψῦχος καὶ καύσων,[23] τὸν κύριον·
ὑμνεῖτε[24] καὶ ὑπερυψοῦτε[25] αὐτὸν εἰς τοὺς αἰῶνας.
68 εὐλογεῖτε, δρόσοι[26] καὶ νιφετοί,[27] τὸν κύριον·
ὑμνεῖτε[28] καὶ ὑπερυψοῦτε[29] αὐτὸν εἰς τοὺς αἰῶνας.
69 εὐλογεῖτε, πάγος[30] καὶ ψῦχος,[31] τὸν κύριον·
ὑμνεῖτε[32] καὶ ὑπερυψοῦτε[33] αὐτὸν εἰς τοὺς αἰῶνας.
70 εὐλογεῖτε, πάχναι[34] καὶ χιόνες,[35] τὸν κύριον·
ὑμνεῖτε[36] καὶ ὑπερυψοῦτε[37] αὐτὸν εἰς τοὺς αἰῶνας.

1 ὑμνέω, *pres act impv 2p*, sing (a hymn)
2 ὑπερυψόω, *pres act impv 2p*, exalt highly
3 ἐπάνω, above
4 ὑμνέω, *pres act impv 2p*, sing (a hymn)
5 ὑπερυψόω, *pres act impv 2p*, exalt highly
6 ὑμνέω, *pres act impv 2p*, sing (a hymn)
7 ὑπερυψόω, *pres act impv 2p*, exalt highly
8 σελήνη, moon
9 ὑμνέω, *pres act impv 2p*, sing (a hymn)
10 ὑπερυψόω, *pres act impv 2p*, exalt highly
11 ἄστρον, star
12 ὑμνέω, *pres act impv 2p*, sing (a hymn)
13 ὑπερυψόω, *pres act impv 2p*, exalt highly
14 ὄμβρος, rainstorm
15 δρόσος, dew
16 ὑμνέω, *pres act impv 2p*, sing (a hymn)
17 ὑπερυψόω, *pres act impv 2p*, exalt highly
18 ὑμνέω, *pres act impv 2p*, sing (a hymn)
19 ὑπερυψόω, *pres act impv 2p*, exalt highly
20 καῦμα, heat
21 ὑμνέω, *pres act impv 2p*, sing (a hymn)
22 ὑπερυψόω, *pres act impv 2p*, exalt highly
23 καύσων, east wind
24 ὑμνέω, *pres act impv 2p*, sing (a hymn)
25 ὑπερυψόω, *pres act impv 2p*, exalt highly
26 δρόσος, dew
27 νιφετός, snowfall
28 ὑμνέω, *pres act impv 2p*, sing (a hymn)
29 ὑπερυψόω, *pres act impv 2p*, exalt highly
30 πάγος, frost
31 ψῦχος, cold
32 ὑμνέω, *pres act impv 2p*, sing (a hymn)
33 ὑπερυψόω, *pres act impv 2p*, exalt highly
34 πάχνη, early frost, ice
35 χιών, snow
36 ὑμνέω, *pres act impv 2p*, sing (a hymn)
37 ὑπερυψόω, *pres act impv 2p*, exalt highly

OG

71 εὐλογεῖτε, φῶς καὶ σκότος, τὸν κύριον·
ὑμνεῖτε[1] καὶ ὑπερυψοῦτε[2] αὐτὸν εἰς τοὺς αἰῶνας.
72 εὐλογεῖτε, πάχναι[3] καὶ χιόνες,[4] τὸν κύριον·
ὑμνεῖτε[5] καὶ ὑπερυψοῦτε[6] αὐτὸν εἰς τοὺς αἰῶνας.
73 εὐλογεῖτε, ἀστραπαὶ[7] καὶ νεφέλαι,[8] τὸν κύριον·
ὑμνεῖτε[9] καὶ ὑπερυψοῦτε[10] αὐτὸν εἰς τοὺς αἰῶνας.
74 εὐλογείτω ἡ γῆ τὸν κύριον·
ὑμνεῖτε[11] καὶ ὑπερυψοῦτε[12] αὐτὸν εἰς τοὺς αἰῶνας.
75 εὐλογεῖτε, ὄρη καὶ βουνοί,[13] τὸν κύριον·
ὑμνεῖτε[14] καὶ ὑπερυψοῦτε[15] αὐτὸν εἰς τοὺς αἰῶνας.
76 εὐλογεῖτε, πάντα τὰ φυόμενα[16] ἐπὶ τῆς γῆς, τὸν κύριον·
ὑμνεῖτε[17] καὶ ὑπερυψοῦτε[18] αὐτὸν εἰς τοὺς αἰῶνας.
77 εὐλογεῖτε, θάλασσαι καὶ ποταμοί,[19] τὸν κύριον·
ὑμνεῖτε[20] καὶ ὑπερυψοῦτε[21] αὐτὸν εἰς τοὺς αἰῶνας.
78 εὐλογεῖτε, αἱ πηγαί,[22] τὸν κύριον·
ὑμνεῖτε[23] καὶ ὑπερυψοῦτε[24] αὐτὸν εἰς τοὺς αἰῶνας.
79 εὐλογεῖτε, κήτη[25] καὶ πάντα τὰ κινούμενα[26] ἐν τοῖς ὕδασι, τὸν κύριον·
ὑμνεῖτε[27] καὶ ὑπερυψοῦτε[28] αὐτὸν εἰς τοὺς αἰῶνας.
80 εὐλογεῖτε, πάντα τὰ πετεινὰ[29] τοῦ οὐρανοῦ, τὸν κύριον·
ὑμνεῖτε[30] καὶ ὑπερυψοῦτε[31] αὐτὸν εἰς τοὺς αἰῶνας.
81 εὐλογεῖτε, τετράποδα[32] καὶ θηρία τῆς γῆς, τὸν κύριον·
ὑμνεῖτε[33] καὶ ὑπερυψοῦτε[34] αὐτὸν εἰς τοὺς αἰῶνας.
82 εὐλογεῖτε, οἱ υἱοὶ τῶν ἀνθρώπων, τὸν κύριον·
ὑμνεῖτε[35] καὶ ὑπερυψοῦτε[36] αὐτὸν εἰς τοὺς αἰῶνας.

1 ὑμνέω, *pres act impv 2p*, sing (a hymn)
2 ὑπερυψόω, *pres act impv 2p*, exalt highly
3 πάχνη, early frost, ice
4 χιών, snow
5 ὑμνέω, *pres act impv 2p*, sing (a hymn)
6 ὑπερυψόω, *pres act impv 2p*, exalt highly
7 ἀστραπή, lightning
8 νεφέλη, cloud
9 ὑμνέω, *pres act impv 2p*, sing (a hymn)
10 ὑπερυψόω, *pres act impv 2p*, exalt highly
11 ὑμνέω, *pres act impv 2p*, sing (a hymn)
12 ὑπερυψόω, *pres act impv 2p*, exalt highly
13 βουνός, hill
14 ὑμνέω, *pres act impv 2p*, sing (a hymn)
15 ὑπερυψόω, *pres act impv 2p*, exalt highly
16 φύω, *pres mid ptc nom p n*, spring up, put forth shoots
17 ὑμνέω, *pres act impv 2p*, sing (a hymn)
18 ὑπερυψόω, *pres act impv 2p*, exalt highly
19 ποταμός, river
20 ὑμνέω, *pres act impv 2p*, sing (a hymn)
21 ὑπερυψόω, *pres act impv 2p*, exalt highly
22 πηγή, spring, fountain
23 ὑμνέω, *pres act impv 2p*, sing (a hymn)
24 ὑπερυψόω, *pres act impv 2p*, exalt highly
25 κῆτος, sea monster
26 κινέω, *pres mid ptc nom p n*, move
27 ὑμνέω, *pres act impv 2p*, sing (a hymn)
28 ὑπερυψόω, *pres act impv 2p*, exalt highly
29 πετεινός, bird
30 ὑμνέω, *pres act impv 2p*, sing (a hymn)
31 ὑπερυψόω, *pres act impv 2p*, exalt highly
32 τετράπους, four-footed (animal)
33 ὑμνέω, *pres act impv 2p*, sing (a hymn)
34 ὑπερυψόω, *pres act impv 2p*, exalt highly
35 ὑμνέω, *pres act impv 2p*, sing (a hymn)
36 ὑπερυψόω, *pres act impv 2p*, exalt highly

Θ 71 εὐλογεῖτε, νύκτες καὶ ἡμέραι, τὸν κύριον·
ὑμνεῖτε[1] καὶ ὑπερυψοῦτε[2] αὐτὸν εἰς τοὺς αἰῶνας.
72 εὐλογεῖτε, φῶς καὶ σκότος, τὸν κύριον·
ὑμνεῖτε[3] καὶ ὑπερυψοῦτε[4] αὐτὸν εἰς τοὺς αἰῶνας.
73 εὐλογεῖτε, ἀστραπαὶ[5] καὶ νεφέλαι,[6] τὸν κύριον·
ὑμνεῖτε[7] καὶ ὑπερυψοῦτε[8] αὐτὸν εἰς τοὺς αἰῶνας.
74 εὐλογείτω ἡ γῆ τὸν κύριον·
ὑμνεῖτε[9] καὶ ὑπερυψοῦτε[10] αὐτὸν εἰς τοὺς αἰῶνας.
75 εὐλογεῖτε, ὄρη καὶ βουνοί,[11] τὸν κύριον·
ὑμνεῖτε[12] καὶ ὑπερυψοῦτε[13] αὐτὸν εἰς τοὺς αἰῶνας.
76 εὐλογεῖτε, πάντα τὰ φυόμενα[14] ἐν τῇ γῇ, τὸν κύριον·
ὑμνεῖτε[15] καὶ ὑπερυψοῦτε[16] αὐτὸν εἰς τοὺς αἰῶνας.
77 εὐλογεῖτε, αἱ πηγαί,[17] τὸν κύριον·
ὑμνεῖτε[18] καὶ ὑπερυψοῦτε[19] αὐτὸν εἰς τοὺς αἰῶνας.
78 εὐλογεῖτε, θάλασσαι καὶ ποταμοί,[20] τὸν κύριον·
ὑμνεῖτε[21] καὶ ὑπερυψοῦτε[22] αὐτὸν εἰς τοὺς αἰῶνας.
79 εὐλογεῖτε, κήτη[23] καὶ πάντα τὰ κινούμενα[24] ἐν τοῖς ὕδασιν, τὸν κύριον·
ὑμνεῖτε[25] καὶ ὑπερυψοῦτε[26] αὐτὸν εἰς τοὺς αἰῶνας.
80 εὐλογεῖτε, πάντα τὰ πετεινὰ[27] τοῦ οὐρανοῦ, τὸν κύριον·
ὑμνεῖτε[28] καὶ ὑπερυψοῦτε[29] αὐτὸν εἰς τοὺς αἰῶνας.
81 εὐλογεῖτε, πάντα τὰ θηρία καὶ τὰ κτήνη,[30] τὸν κύριον·
ὑμνεῖτε[31] καὶ ὑπερυψοῦτε[32] αὐτὸν εἰς τοὺς αἰῶνας.
82 εὐλογεῖτε, οἱ υἱοὶ τῶν ἀνθρώπων, τὸν κύριον·
ὑμνεῖτε[33] καὶ ὑπερυψοῦτε[34] αὐτὸν εἰς τοὺς αἰῶνας.

1 ὑμνέω, *pres act impv 2p*, sing (a hymn)
2 ὑπερυψόω, *pres act impv 2p*, exalt highly
3 ὑμνέω, *pres act impv 2p*, sing (a hymn)
4 ὑπερυψόω, *pres act impv 2p*, exalt highly
5 ἀστραπή, lightning
6 νεφέλη, cloud
7 ὑμνέω, *pres act impv 2p*, sing (a hymn)
8 ὑπερυψόω, *pres act impv 2p*, exalt highly
9 ὑμνέω, *pres act impv 2p*, sing (a hymn)
10 ὑπερυψόω, *pres act impv 2p*, exalt highly
11 βουνός, hill
12 ὑμνέω, *pres act impv 2p*, sing (a hymn)
13 ὑπερυψόω, *pres act impv 2p*, exalt highly
14 φύω, *pres mid ptc nom p n*, spring up, put forth shoots
15 ὑμνέω, *pres act impv 2p*, sing (a hymn)
16 ὑπερυψόω, *pres act impv 2p*, exalt highly
17 πηγή, spring, fountain
18 ὑμνέω, *pres act impv 2p*, sing (a hymn)
19 ὑπερυψόω, *pres act impv 2p*, exalt highly
20 ποταμός, river
21 ὑμνέω, *pres act impv 2p*, sing (a hymn)
22 ὑπερυψόω, *pres act impv 2p*, exalt highly
23 κῆτος, sea monster
24 κινέω, *pres mid ptc nom p n*, move
25 ὑμνέω, *pres act impv 2p*, sing (a hymn)
26 ὑπερυψόω, *pres act impv 2p*, exalt highly
27 πετεινός, bird
28 ὑμνέω, *pres act impv 2p*, sing (a hymn)
29 ὑπερυψόω, *pres act impv 2p*, exalt highly
30 κτῆνος, animal
31 ὑμνέω, *pres act impv 2p*, sing (a hymn)
32 ὑπερυψόω, *pres act impv 2p*, exalt highly
33 ὑμνέω, *pres act impv 2p*, sing (a hymn)
34 ὑπερυψόω, *pres act impv 2p*, exalt highly

83 εὐλογεῖτε, Ισραηλ, τὸν κύριον·
ὑμνεῖτε[1] καὶ ὑπερυψοῦτε[2] αὐτὸν εἰς τοὺς αἰῶνας.
84 εὐλογεῖτε, ἱερεῖς, τὸν κύριον·
ὑμνεῖτε[3] καὶ ὑπερυψοῦτε[4] αὐτὸν εἰς τοὺς αἰῶνας.
85 εὐλογεῖτε, δοῦλοι, τὸν κύριον·
ὑμνεῖτε[5] καὶ ὑπερυψοῦτε[6] αὐτὸν εἰς τοὺς αἰῶνας.
86 εὐλογεῖτε, πνεύματα καὶ ψυχαὶ δικαίων, τὸν κύριον·
ὑμνεῖτε[7] καὶ ὑπερυψοῦτε[8] αὐτὸν εἰς τοὺς αἰῶνας.
87 εὐλογεῖτε, ὅσιοι[9] καὶ ταπεινοὶ[10] καρδίᾳ, τὸν κύριον·
ὑμνεῖτε[11] καὶ ὑπερυψοῦτε[12] αὐτὸν εἰς τοὺς αἰῶνας.
88 εὐλογεῖτε, Ανανια, Αζαρια, Μισαηλ, τὸν κύριον·
ὑμνεῖτε[13] καὶ ὑπερυψοῦτε[14] αὐτὸν εἰς τοὺς αἰῶνας,
ὅτι ἐξείλετο[15] ἡμᾶς ἐξ ᾄδου[16] καὶ ἔσωσεν ἡμᾶς ἐκ χειρὸς θανάτου
καὶ ἐρρύσατο[17] ἡμᾶς ἐκ μέσου καιομένης[18] φλογὸς[19]
καὶ ἐκ τοῦ πυρὸς ἐλυτρώσατο[20] ἡμᾶς.
89 ἐξομολογεῖσθε[21] τῷ κυρίῳ, ὅτι χρηστός,[22]
ὅτι εἰς τὸν αἰῶνα τὸ ἔλεος[23] αὐτοῦ.
90 εὐλογεῖτε, πάντες οἱ σεβόμενοι[24] τὸν θεὸν τῶν θεῶν·
ὑμνεῖτε[25] καὶ ἐξομολογεῖσθε,[26]
ὅτι εἰς τὸν αἰῶνα τὸ ἔλεος[27] αὐτοῦ καὶ εἰς τὸν αἰῶνα τῶν αἰώνων.

Removal of the Three Men from the Furnace

91 Καὶ ἐγένετο ἐν τῷ ἀκοῦσαι τὸν βασιλέα ὑμνούντων[28] αὐτῶν καὶ ἑστὼς ἐθεώρει[29]
αὐτοὺς ζῶντας, τότε Ναβουχοδονοσορ ὁ βασιλεὺς ἐθαύμασε[30] καὶ ἀνέστη σπεύ-
σας[31] καὶ εἶπεν τοῖς φίλοις[32] αὐτοῦ **92** Ἰδοὺ ἐγὼ ὁρῶ ἄνδρας τέσσαρας λελυμένους

1 ὑμνέω, *pres act impv 2p*, sing (a hymn)
2 ὑπερυψόω, *pres act impv 2p*, exalt highly
3 ὑμνέω, *pres act impv 2p*, sing (a hymn)
4 ὑπερυψόω, *pres act impv 2p*, exalt highly
5 ὑμνέω, *pres act impv 2p*, sing (a hymn)
6 ὑπερυψόω, *pres act impv 2p*, exalt highly
7 ὑμνέω, *pres act impv 2p*, sing (a hymn)
8 ὑπερυψόω, *pres act impv 2p*, exalt highly
9 ὅσιος, pious
10 ταπεινός, humble, lowly
11 ὑμνέω, *pres act impv 2p*, sing (a hymn)
12 ὑπερυψόω, *pres act impv 2p*, exalt highly
13 ὑμνέω, *pres act impv 2p*, sing (a hymn)
14 ὑπερυψόω, *pres act impv 2p*, exalt highly
15 ἐξαιρέω, *aor mid ind 3s*, rescue, deliver
16 ᾄδης, underworld, Hades
17 ῥύομαι, *aor mid ind 3s*, save, rescue
18 καίω, *pres pas ptc gen s f*, burn
19 φλόξ, flame
20 λυτρόω, *aor mid ind 3s*, ransom, redeem
21 ἐξομολογέομαι, *pres mid impv 2p*, confess, acknowledge
22 χρηστός, good
23 ἔλεος, mercy
24 σέβομαι, *pres mid ptc nom p m*, revere, worship
25 ὑμνέω, *pres act impv 2p*, sing (a hymn)
26 ἐξομολογέομαι, *pres mid impv 2p*, confess, acknowledge
27 ἔλεος, mercy
28 ὑμνέω, *pres act ptc gen p m*, sing (a hymn)
29 θεωρέω, *impf act ind 3s*, see
30 θαυμάζω, *aor act ind 3s*, be astonished, marvel
31 σπεύδω, *aor act ptc nom s m*, hasten
32 φίλος, friend

Θ 83 εὐλογεῖτε, Ισραηλ, τὸν κύριον·
ὑμνεῖτε[1] καὶ ὑπερυψοῦτε[2] αὐτὸν εἰς τοὺς αἰῶνας.
84 εὐλογεῖτε, ἱερεῖς κυρίου, τὸν κύριον·
ὑμνεῖτε[3] καὶ ὑπερυψοῦτε[4] αὐτὸν εἰς τοὺς αἰῶνας.
85 εὐλογεῖτε, δοῦλοι κυρίου, τὸν κύριον·
ὑμνεῖτε[5] καὶ ὑπερυψοῦτε[6] αὐτὸν εἰς τοὺς αἰῶνας.
86 εὐλογεῖτε, πνεύματα καὶ ψυχαὶ δικαίων, τὸν κύριον·
ὑμνεῖτε[7] καὶ ὑπερυψοῦτε[8] αὐτὸν εἰς τοὺς αἰῶνας.
87 εὐλογεῖτε, ὅσιοι[9] καὶ ταπεινοὶ[10] τῇ καρδίᾳ, τὸν κύριον·
ὑμνεῖτε[11] καὶ ὑπερυψοῦτε[12] αὐτὸν εἰς τοὺς αἰῶνας.
88 εὐλογεῖτε, Ανανια, Αζαρια, Μισαηλ, τὸν κύριον·
ὑμνεῖτε[13] καὶ ὑπερυψοῦτε[14] αὐτὸν εἰς τοὺς αἰῶνας,
ὅτι ἐξείλατο[15] ἡμᾶς ἐξ ᾅδου[16] καὶ ἐκ χειρὸς θανάτου ἔσωσεν ἡμᾶς
καὶ ἐρρύσατο[17] ἡμᾶς ἐκ μέσου καμίνου[18] καιομένης[19] φλογὸς[20]
καὶ ἐκ μέσου πυρὸς ἐρρύσατο ἡμᾶς.
89 ἐξομολογεῖσθε[21] τῷ κυρίῳ, ὅτι χρηστός,[22]
ὅτι εἰς τὸν αἰῶνα τὸ ἔλεος[23] αὐτοῦ.
90 εὐλογεῖτε, πάντες οἱ σεβόμενοι[24] τὸν κύριον τὸν θεὸν τῶν θεῶν·
ὑμνεῖτε[25] καὶ ἐξομολογεῖσθε,[26]
ὅτι εἰς τὸν αἰῶνα τὸ ἔλεος[27] αὐτοῦ.

Removal of the Three Men from the Furnace

91 Καὶ Ναβουχοδονοσορ ἤκουσεν ὑμνούντων[28] αὐτῶν καὶ ἐθαύμασεν[29] καὶ ἐξα-
νέστη[30] ἐν σπουδῇ[31] καὶ εἶπεν τοῖς μεγιστᾶσιν[32] αὐτοῦ Οὐχὶ ἄνδρας τρεῖς ἐβά-
λομεν εἰς μέσον τοῦ πυρὸς πεπεδημένους;[33] καὶ εἶπαν τῷ βασιλεῖ Ἀληθῶς,[34]
βασιλεῦ. **92** καὶ εἶπεν ὁ βασιλεύς Ἰδοὺ ἐγὼ ὁρῶ ἄνδρας τέσσαρας λελυμένους

1 ὑμνέω, *pres act impv 2p*, sing (a hymn)
2 ὑπερυψόω, *pres act impv 2p*, exalt highly
3 ὑμνέω, *pres act impv 2p*, sing (a hymn)
4 ὑπερυψόω, *pres act impv 2p*, exalt highly
5 ὑμνέω, *pres act impv 2p*, sing (a hymn)
6 ὑπερυψόω, *pres act impv 2p*, exalt highly
7 ὑμνέω, *pres act impv 2p*, sing (a hymn)
8 ὑπερυψόω, *pres act impv 2p*, exalt highly
9 ὅσιος, holy
10 ταπεινός, humble, lowly
11 ὑμνέω, *pres act impv 2p*, sing (a hymn)
12 ὑπερυψόω, *pres act impv 2p*, exalt highly
13 ὑμνέω, *pres act impv 2p*, sing (a hymn)
14 ὑπερυψόω, *pres act impv 2p*, exalt highly
15 ἐξαιρέω, *aor mid ind 3s*, rescue, deliver
16 ᾅδης, underworld, Hades
17 ῥύομαι, *aor mid ind 3s*, save, rescue
18 κάμινος, furnace
19 καίω, *pres pas ptc gen s f*, burn
20 φλόξ, flame
21 ἐξομολογέομαι, *pres pas impv 2p*, confess, acknowledge
22 χρηστός, good
23 ἔλεος, mercy
24 σέβομαι, *pres mid ptc nom p m*, revere, worship
25 ὑμνέω, *pres act impv 2p*, sing (a hymn)
26 ἐξομολογέομαι, *pres mid impv 2p*, confess, acknowledge
27 ἔλεος, mercy
28 ὑμνέω, *pres act ptc gen p m*, sing (a hymn)
29 θαυμάζω, *aor act ind 3s*, be astonished, marvel
30 ἐξανίστημι, *aor act ind 3s*, rise up
31 σπουδή, haste
32 μεγιστάν, nobleman
33 πεδάω, *perf pas ptc acc p m*, bind
34 ἀληθῶς, truly, really, indeed

περιπατοῦντας[1] ἐν τῷ πυρί, καὶ φθορὰ[2] οὐδεμία ἐγενήθη ἐν αὐτοῖς, καὶ ἡ ὅρασις[3]
τοῦ τετάρτου[4] ὁμοίωμα[5] ἀγγέλου θεοῦ. **93** καὶ προσελθὼν ὁ βασιλεὺς πρὸς τὴν
θύραν τῆς καμίνου[6] τῆς καιομένης[7] τῷ πυρὶ ἐκάλεσεν αὐτοὺς ἐξ ὀνόματος Σεδραχ,
Μισαχ, Αβδεναγω οἱ παῖδες[8] τοῦ θεοῦ τῶν θεῶν τοῦ ὑψίστου,[9] ἐξέλθετε ἐκ τοῦ
πυρός. οὕτως οὖν ἐξῆλθον οἱ ἄνδρες ἐκ μέσου τοῦ πυρός. **94** καὶ συνήχθησαν οἱ
ὕπατοι,[10] τοπάρχαι[11] καὶ ἀρχιπατριῶται[12] καὶ οἱ φίλοι[13] τοῦ βασιλέως καὶ ἐθεώρουν[14]
τοὺς ἀνθρώπους ἐκείνους, ὅτι οὐχ ἥψατο τὸ πῦρ τοῦ σώματος αὐτῶν, καὶ αἱ τρίχες[15]
αὐτῶν οὐ κατεκάησαν[16] καὶ τὰ σαράβαρα[17] αὐτῶν οὐκ ἠλλοιώθησαν,[18] οὐδὲ ὀσμὴ[19]
τοῦ πυρὸς ἦν ἐν αὐτοῖς.

95 ὑπολαβὼν[20] δὲ Ναβουχοδονοσορ ὁ βασιλεὺς εἶπεν Εὐλογητὸς[21] κύριος ὁ θεὸς
τοῦ Σεδραχ, Μισαχ, Αβδεναγω, ὃς ἀπέστειλε τὸν ἄγγελον αὐτοῦ καὶ ἔσωσε τοὺς
παῖδας[22] αὐτοῦ τοὺς ἐλπίσαντας ἐπ' αὐτόν, τὴν γὰρ προσταγὴν[23] τοῦ βασιλέως
ἠθέτησαν[24] καὶ παρέδωκαν τὰ σώματα αὐτῶν εἰς ἐμπυρισμόν,[25] ἵνα μὴ λατρεύσωσι[26]
μηδὲ προσκυνήσωσι θεῷ ἑτέρῳ ἀλλ' ἢ τῷ θεῷ αὐτῶν· **96** καὶ νῦν ἐγὼ κρίνω ἵνα
πᾶν ἔθνος καὶ πᾶσαι φυλαὶ καὶ πᾶσαι γλῶσσαι, ὃς ἂν βλασφημήσῃ[27] εἰς τὸν κύ-
ριον τὸν θεὸν Σεδραχ, Μισαχ, Αβδεναγω, διαμελισθήσεται[28] καὶ ἡ οἰκία αὐτοῦ
δημευθήσεται,[29] διότι[30] οὐκ ἔστιν θεὸς ἕτερος ὃς δυνήσεται ἐξελέσθαι[31] οὕτως.
97 οὕτως οὖν ὁ βασιλεὺς τῷ Σεδραχ, Μισαχ, Αβδεναγω ἐξουσίαν[32] δοὺς ἐφ' ὅλης
τῆς χώρας[33] κατέστησεν[34] αὐτοὺς ἄρχοντας.

1 περιπατέω, *pres act ptc acc p m*, walk around
2 φθορά, corruption, destruction, ruin
3 ὅρασις, appearance
4 τέταρτος, fourth
5 ὁμοίωμα, likeness
6 κάμινος, furnace
7 καίω, *pres pas ptc gen s f*, burn
8 παῖς, servant
9 ὕψιστος, *sup*, Most High
10 ὕπατος, authority, consul
11 τοπάρχης, officer
12 ἀρχιπατριώτης, head of a family
13 φίλος, friend
14 θεωρέω, *impf act ind 3p*, see
15 θρίξ, hair
16 κατακαίω, *aor pas ind 3p*, burn up
17 σαράβαρα, sandal
18 ἀλλοιόω, *aor pas ind 3p*, change
19 ὀσμή, smell, odor
20 ὑπολαμβάνω, *aor act ptc nom s m*, respond
21 εὐλογητός, blessed
22 παῖς, servant
23 προσταγή, ordinance
24 ἀθετέω, *aor act ind 3p*, reject
25 ἐμπυρισμός, burning
26 λατρεύω, *aor act sub 3p*, serve (in worship)
27 βλασφημέω, *aor act sub 3s*, slander, blaspheme
28 διαμελίζω, *fut pas ind 3s*, dismember
29 δημεύω, *fut pas ind 3s*, seize, confiscate
30 διότι, because, for
31 ἐξαιρέω, *aor mid inf*, rescue, deliver
32 ἐξουσία, authority
33 χώρα, territory
34 καθίστημι, *aor act ind 3s*, appoint

Θ καὶ περιπατοῦντας[1] ἐν μέσῳ τοῦ πυρός, καὶ διαφθορὰ[2] οὐκ ἔστιν ἐν αὐτοῖς, καὶ ἡ ὅρασις[3] τοῦ τετάρτου[4] ὁμοία[5] υἱῷ θεοῦ. **93** τότε προσῆλθεν Ναβουχοδονοσορ πρὸς τὴν θύραν τῆς καμίνου[6] τοῦ πυρὸς τῆς καιομένης[7] καὶ εἶπεν Σεδραχ, Μισαχ, Αβδεναγω οἱ δοῦλοι τοῦ θεοῦ τοῦ ὑψίστου,[8] ἐξέλθετε καὶ δεῦτε.[9] καὶ ἐξῆλθον Σεδραχ, Μισαχ, Αβδεναγω ἐκ μέσου τοῦ πυρός. **94** καὶ συνάγονται οἱ σατράπαι[10] καὶ οἱ στρατηγοὶ[11] καὶ οἱ τοπάρχαι[12] καὶ οἱ δυνάσται[13] τοῦ βασιλέως καὶ ἐθεώρουν[14] τοὺς ἄνδρας ὅτι οὐκ ἐκυρίευσεν[15] τὸ πῦρ τοῦ σώματος αὐτῶν, καὶ ἡ θρὶξ[16] τῆς κεφαλῆς αὐτῶν οὐκ ἐφλογίσθη,[17] καὶ τὰ σαράβαρα[18] αὐτῶν οὐκ ἠλλοιώθη,[19] καὶ ὀσμὴ[20] πυρὸς οὐκ ἦν ἐν αὐτοῖς.

95 καὶ ἀπεκρίθη Ναβουχοδονοσορ καὶ εἶπεν Εὐλογητὸς[21] ὁ θεὸς τοῦ Σεδραχ, Μισαχ, Αβδεναγω, ὃς ἀπέστειλεν τὸν ἄγγελον αὐτοῦ καὶ ἐξείλατο[22] τοὺς παῖδας[23] αὐτοῦ, ὅτι ἐπεποίθεισαν[24] ἐπ᾽ αὐτῷ καὶ τὸ ῥῆμα τοῦ βασιλέως ἠλλοίωσαν[25] καὶ παρέδωκαν τὰ σώματα αὐτῶν εἰς πῦρ, ὅπως μὴ λατρεύσωσιν[26] μηδὲ προσκυνήσωσιν παντὶ θεῷ ἀλλ᾽ ἢ τῷ θεῷ αὐτῶν· **96** καὶ ἐγὼ ἐκτίθεμαι[27] δόγμα[28] Πᾶς λαός, φυλή, γλῶσσα, ἣ ἂν εἴπῃ βλασφημίαν[29] κατὰ τοῦ θεοῦ Σεδραχ, Μισαχ, Αβδεναγω, εἰς ἀπώλειαν[30] ἔσονται καὶ οἱ οἶκοι αὐτῶν εἰς διαρπαγήν,[31] καθότι[32] οὐκ ἔστιν θεὸς ἕτερος ὅστις δυνήσεται ῥύσασθαι[33] οὕτως. **97** τότε ὁ βασιλεὺς κατεύθυνεν[34] τὸν Σεδραχ, Μισαχ, Αβδεναγω ἐν τῇ χώρᾳ[35] Βαβυλῶνος καὶ ἠξίωσεν[36] αὐτοὺς ἡγεῖσθαι[37] πάντων τῶν Ιουδαίων τῶν ὄντων ἐν τῇ βασιλείᾳ αὐτοῦ.

1 περιπατέω, *pres act ptc acc p m*, walk around
2 διαφθορά, corruption, destruction, ruin
3 ὅρασις, appearance
4 τέταρτος, fourth
5 ὅμοιος, like, similar to
6 κάμινος, furnace
7 καίω, *pres pas ptc gen s f*, burn
8 ὕψιστος, *sup*, Most High
9 δεῦτε, come!
10 σατράπης, governor
11 στρατηγός, general, commander
12 τοπάρχης, officer
13 δυνάστης, master, prince
14 θεωρέω, *impf act ind 3p*, see
15 κυριεύω, *aor act ind 3s*, prevail over
16 θρίξ, hair
17 φλογίζω, *aor pas ind 3s*, burn up
18 σαράβαρα, sandal
19 ἀλλοιόω, *aor pas ind 3s*, change
20 ὀσμή, smell, odor
21 εὐλογητός, blessed
22 ἐξαιρέω, *aor mid ind 3s*, rescue, deliver
23 παῖς, servant
24 πείθω, *plpf act ind 3p*, trust
25 ἀλλοιόω, *aor act ind 3p*, change
26 λατρεύω, *aor act sub 3p*, serve (in worship)
27 ἐκτίθημι, *pres mid ind 1s*, publish
28 δόγμα, decree, ordinance
29 βλασφημία, slander, blasphemy
30 ἀπώλεια, destruction
31 διαρπαγή, plundering
32 καθότι, as
33 ῥύομαι, *aor mid inf*, save, rescue
34 κατευθύνω, *impf act ind 3s*, cause to prosper
35 χώρα, territory
36 ἀξιόω, *aor act ind 3s*, deem worthy
37 ἡγέομαι, *pres mid inf*, lead

Nebuchadnezzar's Dream of a Tree

4 Ἔτους ὀκτωκαιδεκάτου[1] τῆς βασιλείας Ναβουχοδονοσορ εἶπεν Εἰρηνεύων[2]
ἤμην ἐν τῷ οἴκῳ μου καὶ εὐθηνῶν[3] ἐπὶ τοῦ θρόνου μου. **5** ἐνύπνιον εἶδον καὶ
εὐλαβήθην,[4] καὶ φόβος μοι ἐπέπεσεν.[5]

10 ἐκάθευδον[6] καὶ ἰδοὺ δένδρον[7] ὑψηλὸν[8]
φυόμενον[9] ἐπὶ τῆς γῆς·
ἡ ὅρασις[10] αὐτοῦ μεγάλη,
καὶ οὐκ ἦν ἄλλο ὅμοιον[11] αὐτῷ.
11 καὶ ἡ ὅρασις[12] αὐτοῦ μεγάλη·
ἡ κορυφὴ[13] αὐτοῦ ἤγγιζεν ἕως τοῦ οὐρανοῦ
καὶ τὸ κύτος[14] αὐτοῦ ἕως τῶν νεφελῶν[15]
πληροῦν τὰ ὑποκάτω[16] τοῦ οὐρανοῦ,
ὁ ἥλιος καὶ ἡ σελήνη[17] ἐν αὐτῷ ᾤκουν[18]
καὶ ἐφώτιζον[19] πᾶσαν τὴν γῆν.
12 οἱ κλάδοι[20] αὐτοῦ τῷ μήκει[21] ὡς σταδίων[22] τριάκοντα,[23]
καὶ ὑποκάτω[24] αὐτοῦ ἐσκίαζον[25] πάντα τὰ θηρία τῆς γῆς,
καὶ ἐν αὐτῷ τὰ πετεινὰ[26] τοῦ οὐρανοῦ ἐνόσσευον·[27]
ὁ καρπὸς αὐτοῦ πολὺς καὶ ἀγαθὸς καὶ ἐχορήγει[28] πᾶσι τοῖς ζῴοις.[29]

13 ἐθεώρουν[30] ἐν τῷ ὕπνῳ[31] μου, καὶ ἰδοὺ ἄγγελος ἀπεστάλη ἐν ἰσχύι[32] ἐκ τοῦ οὐ-
ρανοῦ **14** καὶ ἐφώνησε[33] καὶ εἶπεν αὐτῷ

1 ὀκτωκαιδέκατος, eighteenth
2 εἰρηνεύω, *pres act ptc nom s m*, live peacefully
3 εὐθηνέω, *pres act ptc nom s m*, thrive, prosper
4 εὐλαβέομαι, *aor pas ind 1s*, be afraid
5 ἐπιπίπτω, *aor act ind 3s*, fall upon
6 καθεύδω, *impf act ind 1s*, sleep
7 δένδρον, tree
8 ὑψηλός, tall, high
9 φύω, *pres mid ptc nom s n*, spring up, grow
10 ὅρασις, appearance
11 ὅμοιος, like, equal to
12 ὅρασις, appearance
13 κορυφή, top
14 κύτος, extent (of a tree)
15 νεφέλη, cloud
16 ὑποκάτω, beneath
17 σελήνη, moon
18 οἰκέω, *impf act ind 3p*, dwell
19 φωτίζω, *impf act ind 3p*, illuminate
20 κλάδος, branch
21 μῆκος, length
22 στάδιον, stadium (standard of length)
23 τριάκοντα, thirty
24 ὑποκάτω, beneath
25 σκιάζω, *impf act ind 3p*, shade, shelter
26 πετεινός, bird
27 νοσσεύω, *impf act ind 3p*, build a nest
28 χορηγέω, *impf act ind 3s*, provide for
29 ζῷον, living being, animal
30 θεωρέω, *impf act ind 1s*, see
31 ὕπνος, sleep
32 ἰσχύς, strength
33 φωνέω, *aor act ind 3s*, cry out

Θ

Nebuchadnezzar's Dream of a Tree

4 Ναβουχοδονοσορ ὁ βασιλεὺς πᾶσι τοῖς λαοῖς, φυλαῖς καὶ γλώσσαις τοῖς οἰκοῦ-
σιν[1] ἐν πάσῃ τῇ γῇ Εἰρήνη ὑμῖν πληθυνθείη·[2] **2** τὰ σημεῖα καὶ τὰ τέρατα,[3] ἃ
ἐποίησεν μετ᾽ ἐμοῦ ὁ θεὸς ὁ ὕψιστος,[4] ἤρεσεν[5] ἐναντίον[6] ἐμοῦ ἀναγγεῖλαι[7] ὑμῖν
3 ὡς μεγάλα καὶ ἰσχυρά·[8]

ἡ βασιλεία αὐτοῦ βασιλεία αἰώνιος,
καὶ ἡ ἐξουσία[9] αὐτοῦ εἰς γενεὰν καὶ γενεάν.

4 ἐγὼ Ναβουχοδονοσορ εὐθηνῶν[10] ἤμην ἐν τῷ οἴκῳ μου καὶ εὐθαλῶν.[11] **5** ἐνύπνιον
εἶδον, καὶ ἐφοβέρισέν[12] με, καὶ ἐταράχθην[13] ἐπὶ τῆς κοίτης[14] μου, καὶ αἱ ὁράσεις[15]
τῆς κεφαλῆς μου συνετάραξάν[16] με. **6** καὶ δι᾽ ἐμοῦ ἐτέθη δόγμα[17] τοῦ εἰσαγαγεῖν[18]
ἐνώπιόν μου πάντας τοὺς σοφοὺς[19] Βαβυλῶνος, ὅπως τὴν σύγκρισιν[20] τοῦ ἐνυπνίου
γνωρίσωσίν[21] μοι. **7** καὶ εἰσεπορεύοντο[22] οἱ ἐπαοιδοί,[23] μάγοι,[24] γαζαρηνοί,[25] Χαλ-
δαῖοι, καὶ τὸ ἐνύπνιον εἶπα ἐγὼ ἐνώπιον αὐτῶν, καὶ τὴν σύγκρισιν[26] αὐτοῦ οὐκ
ἐγνώρισάν[27] μοι, **8** ἕως οὗ ἦλθεν Δανιηλ, οὗ τὸ ὄνομα Βαλτασαρ κατὰ τὸ ὄνομα
τοῦ θεοῦ μου, ὃς πνεῦμα θεοῦ ἅγιον ἐν ἑαυτῷ ἔχει, καὶ τὸ ἐνύπνιον ἐνώπιον αὐτοῦ
εἶπα **9** Βαλτασαρ ὁ ἄρχων τῶν ἐπαοιδῶν,[28] ὃν ἐγὼ ἔγνων ὅτι πνεῦμα θεοῦ ἅγιον ἐν
σοὶ καὶ πᾶν μυστήριον[29] οὐκ ἀδυνατεῖ[30] σε, ἄκουσον τὴν ὅρασιν[31] τοῦ ἐνυπνίου, οὗ
εἶδον, καὶ τὴν σύγκρισιν[32] αὐτοῦ εἰπόν μοι.

10 ἐπὶ τῆς κοίτης[33] μου ἐθεώρουν,[34]
καὶ ἰδοὺ δένδρον[35] ἐν μέσῳ τῆς γῆς,
καὶ τὸ ὕψος[36] αὐτοῦ πολύ.

1 οἰκέω, *pres act ptc dat p m*, dwell
2 πληθύνω, *aor pas opt 3s*, increase
3 τέρας, wonder
4 ὕψιστος, *sup*, Most High
5 ἀρέσκω, *aor act ind 3s*, be pleasing
6 ἐναντίον, before
7 ἀναγγέλλω, *aor act inf*, declare
8 ἰσχυρός, strong
9 ἐξουσία, authority
10 εὐθηνέω, *pres act ptc nom s m*, thrive, prosper
11 εὐθαλέω, *pres act ptc nom s m*, flourish
12 φοβερίζω, *aor act ind 3s*, terrify
13 ταράσσω, *aor pas ind 1s*, trouble, disturb
14 κοίτη, bed
15 ὅρασις, vision
16 συνταράσσω, *aor act ind 3p*, confound, confuse
17 δόγμα, decree, ordinance
18 εἰσάγω, *aor act inf*, bring in
19 σοφός, wise
20 σύγκρισις, interpretation
21 γνωρίζω, *aor act sub 3p*, make known
22 εἰσπορεύομαι, *impf mid ind 3p*, enter
23 ἐπαοιδός, enchanter
24 μάγος, sage, magician
25 γαζαρηνός, diviner
26 σύγκρισις, interpretation
27 γνωρίζω, *aor act ind 3p*, make known
28 ἐπαοιδός, enchanter
29 μυστήριον, mystery
30 ἀδυνατέω, *pres act ind 3s*, be difficult for
31 ὅρασις, vision
32 σύγκρισις, interpretation
33 κοίτη, bed
34 θεωρέω, *impf act ind 1s*, see
35 δένδρον, tree
36 ὕψος, height

Ἐκκόψατε[1] αὐτὸ καὶ καταφθείρατε[2] αὐτό·
προστέτακται[3] γὰρ ἀπὸ τοῦ ὑψίστου[4]
ἐκριζῶσαι[5] καὶ ἀχρειῶσαι[6] αὐτό.

15 καὶ οὕτως εἶπε

Ῥίζαν[7] μίαν ἄφετε αὐτοῦ ἐν τῇ γῇ,
ὅπως μετὰ τῶν θηρίων τῆς γῆς ἐν τοῖς ὄρεσι χόρτον[8]
ὡς βοῦς[9] νέμηται·[10]
16 καὶ ἀπὸ τῆς δρόσου[11] τοῦ οὐρανοῦ τὸ σῶμα αὐτοῦ ἀλλοιωθῇ,[12]
καὶ ἑπτὰ ἔτη βοσκηθῇ[13] σὺν αὐτοῖς,

17 ἕως ἂν γνῷ τὸν κύριον τοῦ οὐρανοῦ ἐξουσίαν[14] ἔχειν
πάντων τῶν ἐν τῷ οὐρανῷ
καὶ τῶν ἐπὶ τῆς γῆς,
καὶ ὅσα ἂν θέλῃ,
ποιεῖ ἐν αὐτοῖς.
17a ἐνώπιόν μου ἐξεκόπη[15] ἐν ἡμέρᾳ μιᾷ,
καὶ ἡ καταφθορὰ[16] αὐτοῦ ἐν ὥρᾳ μιᾷ τῆς ἡμέρας,
καὶ οἱ κλάδοι[17] αὐτοῦ ἐδόθησαν εἰς πάντα ἄνεμον,[18]
καὶ εἱλκύσθη[19] καὶ ἐρρίφη·[20]
καὶ τὸν χόρτον[21] τῆς γῆς μετὰ τῶν θηρίων τῆς γῆς ἤσθιε
καὶ εἰς φυλακὴν παρεδόθη
καὶ ἐν πέδαις[22] καὶ ἐν χειροπέδαις[23] χαλκαῖς[24] ἐδέθη[25] ὑπ᾽ αὐτῶν.

1 ἐκκόπτω, *aor act impv 2p*, cut down
2 καταφθείρω, *aor act impv 2p*, destroy
3 προστάσσω, *perf pas ind 3s*, prescribe, order
4 ὕψιστος, *sup*, Most High
5 ἐκριζόω, *aor act inf*, root out
6 ἀχρειόω, *aor act inf*, damage, render useless
7 ῥίζα, root
8 χόρτος, grass
9 βοῦς, cow, ox
10 νέμω, *pres mid sub 3s*, graze
11 δρόσος, dew
12 ἀλλοιόω, *aor pas sub 3s*, change
13 βόσκω, *aor pas sub 3s*, feed
14 ἐξουσία, authority
15 ἐκκόπτω, *aor pas ind 3s*, cut down
16 καταφθορά, destruction, ruin
17 κλάδος, branch
18 ἄνεμος, wind
19 ἑλκύω, *aor pas ind 3s*, drag
20 ῥίπτω, *aor pas ind 3s*, cast away, throw out
21 χόρτος, grass
22 πέδη, fetter, shackle
23 χειροπέδη, handcuff
24 χαλκοῦς, bronze
25 δέω, *aor pas ind 3s*, bind

Θ

11 ἐμεγαλύνθη[1] τὸ δένδρον[2] καὶ ἴσχυσεν,[3]
καὶ τὸ ὕψος[4] αὐτοῦ ἔφθασεν[5] ἕως τοῦ οὐρανοῦ
καὶ τὸ κύτος[6] αὐτοῦ εἰς τὰ πέρατα[7] πάσης τῆς γῆς·
12 τὰ φύλλα[8] αὐτοῦ ὡραῖα,[9]
καὶ ὁ καρπὸς αὐτοῦ πολύς,
καὶ τροφὴ[10] πάντων ἐν αὐτῷ·
καὶ ὑποκάτω[11] αὐτοῦ κατεσκήνουν[12] τὰ θηρία τὰ ἄγρια,[13]
καὶ ἐν τοῖς κλάδοις[14] αὐτοῦ κατῴκουν τὰ ὄρνεα[15] τοῦ οὐρανοῦ,
καὶ ἐξ αὐτοῦ ἐτρέφετο[16] πᾶσα σάρξ.

13 ἐθεώρουν[17] ἐν ὁράματι[18] τῆς νυκτὸς ἐπὶ τῆς κοίτης[19] μου,
καὶ ἰδοὺ ιρ[20] καὶ ἅγιος ἀπ᾽ οὐρανοῦ κατέβη
14 καὶ ἐφώνησεν[21] ἐν ἰσχύι[22] καὶ οὕτως εἶπεν
Ἐκκόψατε[23] τὸ δένδρον[24] καὶ ἐκτίλατε[25] τοὺς κλάδους[26] αὐτοῦ
καὶ ἐκτινάξατε[27] τὰ φύλλα[28] αὐτοῦ
καὶ διασκορπίσατε[29] τὸν καρπὸν αὐτοῦ·
σαλευθήτωσαν[30] τὰ θηρία ὑποκάτωθεν[31] αὐτοῦ
καὶ τὰ ὄρνεα[32] ἀπὸ τῶν κλάδων[33] αὐτοῦ·
15 πλὴν τὴν φυὴν[34] τῶν ῥιζῶν[35] αὐτοῦ ἐν τῇ γῇ ἐάσατε[36]
καὶ ἐν δεσμῷ[37] σιδηρῷ[38] καὶ χαλκῷ[39] καὶ ἐν τῇ χλόῃ[40] τῇ ἔξω,[41]
καὶ ἐν τῇ δρόσῳ[42] τοῦ οὐρανοῦ κοιτασθήσεται,[43]
καὶ μετὰ τῶν θηρίων ἡ μερὶς[44] αὐτοῦ ἐν τῷ χόρτῳ[45] τῆς γῆς.

1 μεγαλύνω, *aor pas ind 3s*, enlarge
2 δένδρον, tree
3 ἰσχύω, *aor act ind 3s*, become strong
4 ὕψος, height
5 φθάνω, *aor act ind 3s*, reach
6 κύτος, extent (of a tree)
7 πέρας, end, boundary
8 φύλλον, leaf, foliage
9 ὡραῖος, beautiful
10 τροφή, food
11 ὑποκάτω, beneath
12 κατασκηνόω, *impf act ind 3p*, settle, dwell
13 ἄγριος, wild
14 κλάδος, branch
15 ὄρνεον, bird
16 τρέφω, *impf pas ind 3s*, feed
17 θεωρέω, *impf act ind 1s*, see
18 ὅραμα, vision
19 κοίτη, bed
20 ιρ, watcher, *translit.*
21 φωνέω, *aor act ind 3s*, cry out
22 ἰσχύς, strength
23 ἐκκόπτω, *aor act impv 2p*, cut down
24 δένδρον, tree
25 ἐκτίλλω, *aor act impv 2p*, pluck out
26 κλάδος, branch
27 ἐκτινάσσω, *aor act impv 2p*, expel, shake off
28 φύλλον, leaf, foliage
29 διασκορπίζω, *aor act impv 2p*, scatter
30 σαλεύω, *aor pas impv 3p*, shake
31 ὑποκάτωθεν, beneath
32 ὄρνεον, bird
33 κλάδος, branch
34 φυή, (base of) growth
35 ῥίζα, root
36 ἐάω, *aor act impv 2p*, leave alone
37 δεσμός, fetter, bonds
38 σιδηροῦς, iron
39 χαλκοῦς, bronze
40 χλόη, tender grass
41 ἔξω, outside
42 δρόσος, dew
43 κοιτάζω, *fut pas ind 3s*, cause to lie down
44 μερίς, portion, lot
45 χόρτος, grass

σφόδρα[1] ἐθαύμασα[2] ἐπὶ πᾶσι τούτοις, καὶ ὁ ὕπνος[3] μου ἀπέστη[4] ἀπὸ τῶν ὀφθαλμῶν
μου. **18** καὶ ἀναστὰς τὸ πρωὶ[5] ἐκ τῆς κοίτης[6] μου ἐκάλεσα τὸν Δανιηλ τὸν ἄρχοντα
τῶν σοφιστῶν[7] καὶ τὸν ἡγούμενον[8] τῶν κρινόντων τὰ ἐνύπνια καὶ διηγησάμην[9]
αὐτῷ τὸ ἐνύπνιον, καὶ ὑπέδειξέ[10] μοι πᾶσαν τὴν σύγκρισιν[11] αὐτοῦ.

Daniel Interprets Nebuchadnezzar's Dream

19 μεγάλως[12] δὲ ἐθαύμασεν[13] ὁ Δανιηλ, καὶ ὑπόνοια[14] κατέσπευδεν[15] αὐτόν, καὶ φο-
βηθεὶς τρόμου[16] λαβόντος αὐτὸν καὶ ἀλλοιωθείσης[17] τῆς ὁράσεως[18] αὐτοῦ κινήσας[19]
τὴν κεφαλὴν ὥραν μίαν ἀποθαυμάσας[20] ἀπεκρίθη μοι φωνῇ πραείᾳ[21] Βασιλεῦ, τὸ
ἐνύπνιον τοῦτο τοῖς μισοῦσί σε καὶ ἡ σύγκρισις[22] αὐτοῦ τοῖς ἐχθροῖς σου ἐπέλθοι.[23]
20 τὸ δένδρον[24] τὸ ἐν τῇ γῇ πεφυτευμένον,[25] οὗ ἡ ὅρασις[26] μεγάλη, σὺ εἶ, βασιλεῦ.
21 καὶ πάντα τὰ πετεινὰ[27] τοῦ οὐρανοῦ τὰ νοσσεύοντα[28] ἐν αὐτῷ· ἡ ἰσχὺς[29] τῆς γῆς
καὶ τῶν ἐθνῶν καὶ τῶν γλωσσῶν πασῶν ἕως τῶν περάτων[30] τῆς γῆς καὶ πᾶσαι αἱ
χῶραι[31] σοὶ δουλεύουσι.[32] **22** τὸ δὲ ἀνυψωθῆναι[33] τὸ δένδρον[34] ἐκεῖνο καὶ ἐγγίσαι

1 σφόδρα, exceedingly
2 θαυμάζω, *aor act ind 1s*, be astonished, marvel
3 ὕπνος, sleep
4 ἀφίστημι, *aor act ind 3s*, depart
5 πρωί, (in the) morning
6 κοίτη, bed
7 σοφιστής, wise man, diviner, sophist
8 ἡγέομαι, *pres mid ptc acc s m*, lead
9 διηγέομαι, *aor mid ind 1s*, describe (in detail)
10 ὑποδείκνυμι, *aor act ind 3s*, show
11 σύγκρισις, interpretation
12 μεγάλως, greatly
13 θαυμάζω, *aor act ind 3s*, be astonished, marvel
14 ὑπόνοια, foreboding
15 κατασπεύδω, *impf act ind 3s*, hasten upon
16 τρόμος, trembling
17 ἀλλοιόω, *aor pas ptc gen s f*, change
18 ὅρασις, appearance
19 κινέω, *aor act ptc nom s m*, shake
20 ἀποθαυμάζω, *aor act ptc nom s m*, marvel
21 πραΰς, quiet, gentle
22 σύγκρισις, interpretation
23 ἐπέρχομαι, *aor act opt 3s*, come upon
24 δένδρον, tree
25 φυτεύω, *perf pas ptc nom s n*, plant
26 ὅρασις, appearance
27 πετεινός, bird
28 νοσσεύω, *pres act ptc nom p n*, build a nest
29 ἰσχύς, strength
30 πέρας, end, boundary
31 χώρα, territory
32 δουλεύω, *pres act ind 3p*, serve
33 ἀνυψόω, *aor pas inf*, raise up
34 δένδρον, tree

Θ 16 ἡ καρδία αὐτοῦ ἀπὸ τῶν ἀνθρώπων ἀλλοιωθήσεται,[1]
καὶ καρδία θηρίου δοθήσεται αὐτῷ,
καὶ ἑπτὰ καιροὶ ἀλλαγήσονται[2] ἐπ᾽ αὐτόν.
17 διὰ συγκρίματος[3] ιρ[4] ὁ λόγος,
καὶ ῥῆμα ἁγίων τὸ ἐπερώτημα,[5]
ἵνα γνῶσιν οἱ ζῶντες
ὅτι κύριός ἐστιν ὁ ὕψιστος[6] τῆς βασιλείας τῶν ἀνθρώπων,
καὶ ᾧ ἐὰν δόξῃ,[7] δώσει αὐτήν
καὶ ἐξουδένημα[8] ἀνθρώπων ἀναστήσει ἐπ᾽ αὐτήν.

18 τοῦτο τὸ ἐνύπνιον, ὃ εἶδον ἐγὼ Ναβουχοδονοσορ ὁ βασιλεύς, καὶ σύ, Βαλτασαρ, τὸ σύγκριμα[9] εἰπόν, ὅτι πάντες οἱ σοφοὶ[10] τῆς βασιλείας μου οὐ δύνανται τὸ σύγκριμα αὐτοῦ δηλῶσαί[11] μοι, σὺ δέ, Δανιηλ, δύνασαι, ὅτι πνεῦμα θεοῦ ἅγιον ἐν σοί.

Daniel Interprets Nebuchadnezzar's Dream

19 τότε Δανιηλ, οὗ τὸ ὄνομα Βαλτασαρ, ἀπηνεώθη[12] ὡσεὶ[13] ὥραν μίαν, καὶ οἱ διαλο-
γισμοὶ[14] αὐτοῦ συνετάρασσον[15] αὐτόν. καὶ ἀπεκρίθη ὁ βασιλεὺς καὶ εἶπεν Βαλτασαρ,
τὸ ἐνύπνιον καὶ ἡ σύγκρισις[16] μὴ κατασπευσάτω[17] σε. καὶ ἀπεκρίθη Βαλτασαρ καὶ
εἶπεν Κύριε, τὸ ἐνύπνιον τοῖς μισοῦσίν σε καὶ ἡ σύγκρισις[18] αὐτοῦ τοῖς ἐχθροῖς
σου. **20** τὸ δένδρον,[19] ὃ εἶδες, τὸ μεγαλυνθὲν[20] καὶ τὸ ἰσχυκός,[21] οὗ τὸ ὕψος[22] ἔφθα-
σεν[23] εἰς τὸν οὐρανὸν καὶ τὸ κύτος[24] αὐτοῦ εἰς πᾶσαν τὴν γῆν **21** καὶ τὰ φύλλα[25]
αὐτοῦ εὐθαλῆ[26] καὶ ὁ καρπὸς αὐτοῦ πολὺς καὶ τροφὴ[27] πᾶσιν ἐν αὐτῷ, ὑποκάτω[28]
αὐτοῦ κατῴκουν τὰ θηρία τὰ ἄγρια[29] καὶ ἐν τοῖς κλάδοις[30] αὐτοῦ κατεσκήνουν[31]

1 ἀλλοιόω, *fut pas ind 3s*, change
2 ἀλλάσσω, *fut pas ind 3p*, exchange for, alter
3 σύγκριμα, interpretation
4 ιρ, watcher, *translit.*
5 ἐπερώτημα, request, decision
6 ὕψιστος, *sup*, Most High
7 δοκέω, *aor act sub 3s*, deem fitting
8 ἐξουδένημα, object of contempt
9 σύγκριμα, interpretation
10 σοφός, wise
11 δηλόω, *aor act inf*, make known
12 ἀπενεόομαι, *aor pas ind 3s*, become mute
13 ὡσεί, about
14 διαλογισμός, thought
15 συνταράσσω, *impf act ind 3p*, confound, confuse
16 σύγκρισις, interpretation
17 κατασπεύδω, *aor act impv 3s*, hasten, press upon
18 σύγκρισις, interpretation
19 δένδρον, tree
20 μεγαλύνω, *aor pas ptc nom s n*, enlarge
21 ἰσχύω, *perf act ptc nom s n*, become strong
22 ὕψος, height
23 φθάνω, *aor act ind 3s*, reach
24 κύτος, extent (of a tree)
25 φύλλον, leaf, foliage
26 εὐθαλής, flourishing, thriving
27 τροφή, food
28 ὑποκάτω, beneath
29 ἄγριος, wild
30 κλάδος, branch
31 κατασκηνόω, *impf act ind 3p*, settle, dwell

τῷ οὐρανῷ καὶ τὸ κύτος[1] αὐτοῦ ἅψασθαι τῶν νεφελῶν·[2] σύ, βασιλεῦ, ὑψώθης[3] ὑπὲρ πάντας τοὺς ἀνθρώπους τοὺς ὄντας ἐπὶ προσώπου πάσης τῆς γῆς, ὑψώθη[4] σου ἡ καρδία ὑπερηφανίᾳ[5] καὶ ἰσχύι[6] τὰ πρὸς τὸν ἅγιον καὶ τοὺς ἀγγέλους αὐτοῦ· τὰ ἔργα σου ὤφθη, καθότι[7] ἐξερήμωσας[8] τὸν οἶκον τοῦ θεοῦ τοῦ ζῶντος ἐπὶ ταῖς ἁμαρτίαις τοῦ λαοῦ τοῦ ἡγιασμένου.[9]

23 καὶ ἡ ὅρασις,[10] ἣν εἶδες, ὅτι ἄγγελος ἐν ἰσχύι[11] ἀπεστάλη παρὰ τοῦ κυρίου καὶ ὅτι
εἶπεν ἐξᾶραι[12] τὸ δένδρον[13] καὶ ἐκκόψαι·[14] ἡ κρίσις τοῦ θεοῦ τοῦ μεγάλου ἥξει[15] ἐπὶ
σέ, **24** καὶ ὁ ὕψιστος[16] καὶ οἱ ἄγγελοι αὐτοῦ ἐπὶ σὲ κατατρέχουσιν·[17] **25** εἰς φυλακὴν
ἀπάξουσί[18] σε καὶ εἰς τόπον ἔρημον ἀποστελοῦσί σε. **26** καὶ ἡ ῥίζα[19] τοῦ δένδρου[20]
ἡ ἀφεθεῖσα, ἐπεὶ[21] οὐκ ἐξερριζώθη·[22] ὁ τόπος τοῦ θρόνου σού σοι συντηρηθήσεται[23]
εἰς καιρὸν καὶ ὥραν. ἰδοὺ ἐπὶ σὲ ἑτοιμάζονται καὶ μαστιγώσουσί[24] σε καὶ ἐπάξουσι[25]
τὰ κεκριμένα ἐπὶ σέ. **27** κύριος ζῇ ἐν οὐρανῷ, καὶ ἡ ἐξουσία[26] αὐτοῦ ἐπὶ πάσῃ τῇ γῇ·
αὐτοῦ δεήθητι[27] περὶ τῶν ἁμαρτιῶν σου καὶ πάσας τὰς ἀδικίας[28] σου ἐν ἐλεημοσύναις[29] λύτρωσαι,[30] ἵνα ἐπιείκεια[31] δοθῇ σοι καὶ πολυήμερος[32] γένῃ ἐπὶ τοῦ θρόνου τῆς βασιλείας σου, καὶ μὴ καταφθείρῃ[33] σε. τούτους τοὺς λόγους ἀγάπησον· ἀκριβής[34] γάρ μου ὁ λόγος, καὶ πλήρης[35] ὁ χρόνος σου.

1 κύτος, extent (of a tree)
2 νεφέλη, cloud
3 ὑψόω, *aor pas ind 2s*, lift high, exalt
4 ὑψόω, *aor pas ind 3s*, lift high, exalt
5 ὑπερηφανία, arrogance, pride
6 ἰσχύς, strength
7 καθότι, as, like
8 ἐξερημόω, *aor act ptc nom s m*, devastate, make desolate
9 ἁγιάζω, *perf pas ptc gen s m*, sanctify, consecrate
10 ὅρασις, vision
11 ἰσχύς, strength
12 ἐξαίρω, *aor act inf*, destroy, remove
13 δένδρον, tree
14 ἐκκόπτω, *aor act inf*, cut down
15 ἥκω, *fut act ind 3s*, come
16 ὕψιστος, *sup*, Most High
17 κατατρέχω, *pres act ind 3p*, pursue
18 ἀπάγω, *fut act ind 3p*, carry away
19 ῥίζα, root
20 δένδρον, tree
21 ἐπεί, given that, since
22 ἐκριζόω, *aor pas ind 3s*, root out
23 συντηρέω, *fut pas ind 3s*, preserve
24 μαστιγόω, *fut act ind 3p*, whip, flog
25 ἐπάγω, *fut act ind 3p*, bring upon
26 ἐξουσία, authority
27 δέομαι, *aor pas impv 2s*, supplicate
28 ἀδικία, wrongdoing, injustice
29 ἐλεημοσύνη, charity, alms
30 λυτρόω, *aor mid impv 2s*, ransom, redeem
31 ἐπιείκεια, equity, fairness
32 πολυήμερος, long-lived
33 καταφθείρω, *pres act sub 3s*, destroy
34 ἀκριβής, precise, accurate
35 πλήρης, complete, full

Θ τὰ ὄρνεα[1] τοῦ οὐρανοῦ, **22** σὺ εἶ, βασιλεῦ, ὅτι ἐμεγαλύνθης[2] καὶ ἴσχυσας[3] καὶ ἡ
μεγαλωσύνη[4] σου ἐμεγαλύνθη[5] καὶ ἔφθασεν[6] εἰς τὸν οὐρανὸν καὶ ἡ κυριεία[7] σου εἰς
τὰ πέρατα[8] τῆς γῆς.

23 καὶ ὅτι εἶδεν ὁ βασιλεὺς ιρ[9] καὶ ἅγιον καταβαίνοντα ἀπὸ τοῦ οὐρανοῦ, καὶ εἶπεν
Ἐκτίλατε[10] τὸ δένδρον[11] καὶ διαφθείρατε[12] αὐτό, πλὴν τὴν φυὴν[13] τῶν ῥιζῶν[14] αὐτοῦ
ἐάσατε[15] ἐν τῇ γῇ καὶ ἐν δεσμῷ[16] σιδηρῷ[17] καὶ χαλκῷ[18] καὶ ἐν τῇ χλόῃ[19] τῇ ἔξω,[20] καὶ ἐν
τῇ δρόσῳ[21] τοῦ οὐρανοῦ αὐλισθήσεται,[22] καὶ μετὰ θηρίων ἀγρίων[23] ἡ μερὶς[24] αὐτοῦ,
ἕως οὗ ἑπτὰ καιροὶ ἀλλοιωθῶσιν[25] ἐπ᾽ αὐτόν, **24** τοῦτο ἡ σύγκρισις[26] αὐτοῦ, βασιλεῦ,
καὶ σύγκριμα[27] ὑψίστου[28] ἐστίν, ὃ ἔφθασεν[29] ἐπὶ τὸν κύριόν μου τὸν βασιλέα, **25** καὶ
σὲ ἐκδιώξουσιν[30] ἀπὸ τῶν ἀνθρώπων, καὶ μετὰ θηρίων ἀγρίων[31] ἔσται ἡ κατοικία[32]
σου, καὶ χόρτον[33] ὡς βοῦν[34] ψωμιοῦσίν[35] σε, καὶ ἀπὸ τῆς δρόσου[36] τοῦ οὐρανοῦ
αὐλισθήσῃ,[37] καὶ ἑπτὰ καιροὶ ἀλλαγήσονται[38] ἐπὶ σέ, ἕως οὗ γνῷς ὅτι κυριεύει[39] ὁ
ὕψιστος[40] τῆς βασιλείας τῶν ἀνθρώπων, καὶ ᾧ ἂν δόξῃ,[41] δώσει αὐτήν. **26** καὶ ὅτι
εἶπαν Ἐάσατε[42] τὴν φυὴν[43] τῶν ῥιζῶν[44] τοῦ δένδρου,[45] ἡ βασιλεία σού σοι μενεῖ,[46]
ἀφ᾽ ἧς ἂν γνῷς τὴν ἐξουσίαν[47] τὴν οὐράνιον.[48] **27** διὰ τοῦτο, βασιλεῦ, ἡ βουλή[49]
μου ἀρεσάτω[50] σοι, καὶ τὰς ἁμαρτίας σου ἐν ἐλεημοσύναις[51] λύτρωσαι[52] καὶ τὰς

1 ὄρνεον, bird
2 μεγαλύνω, *aor pas ind 2s*, enlarge
3 ἰσχύω, *aor act ind 2s*, become strong
4 μεγαλωσύνη, majesty, greatness
5 μεγαλύνω, *aor pas ind 3s*, enlarge
6 φθάνω, *aor act ind 3s*, reach
7 κυριεία, dominion
8 πέρας, end, boundary
9 ιρ, watcher, *translit.*
10 ἐκτίλλω, *aor act impv 2p*, pluck up
11 δένδρον, tree
12 διαφθείρω, *aor act impv 2p*, utterly destroy
13 φυή, (base of) growth
14 ῥίζα, root
15 ἐάω, *aor act impv 2p*, leave alone
16 δεσμός, fetter, bonds
17 σιδηροῦς, iron
18 χαλκοῦς, bronze
19 χλόη, tender grass
20 ἔξω, outside
21 δρόσος, dew
22 αὐλίζω, *fut pas ind 3s*, cause to dwell
23 ἄγριος, wild
24 μερίς, portion, lot
25 ἀλλοιόω, *aor pas sub 3p*, change
26 σύγκρισις, interpretation
27 σύγκριμα, judgment
28 ὕψιστος, *sup*, Most High
29 φθάνω, *aor act ind 3s*, overtake, reach
30 ἐκδιώκω, *fut act ind 3p*, banish
31 ἄγριος, wild
32 κατοικία, habitation, dwelling
33 χόρτος, grass
34 βοῦς, cow, ox
35 ψωμίζω, *fut act ind 3p*, feed (with)
36 δρόσος, dew
37 αὐλίζω, *fut pas ind 2s*, cause to dwell
38 ἀλλάσσω, *fut pas ind 3p*, exchange for, alter
39 κυριεύω, *pres act ind 3s*, rule over, exercise dominion
40 ὕψιστος, *sup*, Most High
41 δοκέω, *aor act sub 3s*, deem fitting
42 ἐάω, *aor act impv 2p*, let alone
43 φυή, (base of) growth
44 ῥίζα, root
45 δένδρον, tree
46 μένω, *pres act ind 3s*, remain
47 ἐξουσία, authority
48 οὐράνιος, heavenly
49 βουλή, counsel, advice
50 ἀρέσκω, *aor act impv 3s*, be pleasing
51 ἐλεημοσύνη, charity, alms
52 λυτρόω, *aor mid impv 2s*, redeem, (atone for)

Nebuchadnezzar's Dream Is Fulfilled

28 καὶ ἐπὶ συντελείᾳ[1] τῶν λόγων Ναβουχοδονοσορ, ὡς ἤκουσε τὴν κρίσιν τοῦ
ὁράματος,[2] τοὺς λόγους ἐν τῇ καρδίᾳ συνετήρησε.[3] **29** καὶ μετὰ μῆνας[4] δώδεκα[5] ὁ
βασιλεὺς ἐπὶ τῶν τειχῶν[6] τῆς πόλεως μετὰ πάσης τῆς δόξης αὐτοῦ περιεπάτει[7] καὶ
ἐπὶ τῶν πύργων[8] αὐτῆς διεπορεύετο[9] **30** καὶ ἀποκριθεὶς εἶπεν Αὕτη ἐστὶ Βαβυλὼν
ἡ μεγάλη, ἣν ἐγὼ ᾠκοδόμησα, καὶ οἶκος βασιλείας μου ἐν ἰσχύι[10] κράτους[11] μου
κληθήσεται εἰς τιμὴν[12] τῆς δόξης μου. **31** καὶ ἐπὶ συντελείας[13] τοῦ λόγου αὐτοῦ
φωνὴν ἐκ τοῦ οὐρανοῦ ἤκουσε Σοὶ λέγεται, Ναβουχοδονοσορ βασιλεῦ, ἡ βασιλεία
Βαβυλῶνος ἀφῄρηταί[14] σου καὶ ἑτέρῳ δίδοται, ἐξουθενημένῳ[15] ἀνθρώπῳ ἐν τῷ
οἴκῳ σου· ἰδοὺ ἐγὼ καθίστημι[16] αὐτὸν ἐπὶ τῆς βασιλείας σου, καὶ τὴν ἐξουσίαν[17] σου
καὶ τὴν δόξαν σου καὶ τὴν τρυφήν[18] σου παραλήψεται,[19] ὅπως ἐπιγνῷς ὅτι ἐξουσίαν
ἔχει ὁ θεὸς τοῦ οὐρανοῦ ἐν τῇ βασιλείᾳ τῶν ἀνθρώπων, καὶ ᾧ ἐὰν βούληται δώσει
αὐτήν· ἕως δὲ ἡλίου ἀνατολῆς[20] βασιλεὺς ἕτερος εὐφρανθήσεται[21] ἐν τῷ οἴκῳ σου
καὶ κρατήσει τῆς δόξης σου καὶ τῆς ἰσχύος[22] σου καὶ τῆς ἐξουσίας σου. **32** καὶ οἱ
ἄγγελοι διώξονταί[23] σε ἐπὶ ἔτη ἑπτά, καὶ οὐ μὴ ὀφθῇς οὐδ᾽ οὐ μὴ λαλήσῃς μετὰ
παντὸς ἀνθρώπου· χόρτον[24] ὡς βοῦν[25] σε ψωμίσουσι,[26] καὶ ἀπὸ τῆς χλόης[27] τῆς
γῆς ἔσται ἡ νομή[28] σου· ἰδοὺ ἀντὶ[29] τῆς δόξης σου δήσουσί[30] σε, καὶ τὸν οἶκον τῆς
τρυφῆς[31] σου καὶ τὴν βασιλείαν σου ἕτερος ἕξει. **33** ἕως δὲ πρωὶ[32] πάντα τελε-
σθήσεται[33] ἐπὶ σέ, Ναβουχοδονοσορ βασιλεῦ Βαβυλῶνος, καὶ οὐχ ὑστερήσει[34] ἀπὸ
πάντων τούτων οὐθέν.[35]

1 συντέλεια, completion
2 ὅραμα, vision
3 συντηρέω, *aor act ind 3s*, keep, preserve, guard
4 μήν, month
5 δώδεκα, twelve
6 τεῖχος, wall
7 περιπατέω, *impf act ind 3s*, walk around
8 πύργος, tower
9 διαπορεύομαι, *impf mid ind 3s*, go through
10 ἰσχύς, strength
11 κράτος, power, might
12 τιμή, honor
13 συντέλεια, completion
14 ἀφαιρέω, *perf pas ind 3s*, remove
15 ἐξουθενέω, *pres pas ptc dat s m*, scorn, disdain
16 καθίστημι, *pres act ind 1s*, appoint
17 ἐξουσία, authority
18 τρυφή, luxury
19 παραλαμβάνω, *fut mid ind 3s*, receive, take hold of
20 ἀνατολή, rising
21 εὐφραίνω, *fut pas ind 3s*, be glad, rejoice
22 ἰσχύς, strength
23 διώκω, *fut mid ind 3p*, pursue
24 χόρτος, grass
25 βοῦς, cow, ox
26 ψωμίζω, *fut act ind 3p*, feed on
27 χλόη, tender grass
28 νομή, pasture
29 ἀντί, in place of
30 δέω, *fut act ind 3p*, bind
31 τρυφή, luxury
32 πρωί, morning
33 τελέω, *fut pas ind 3s*, fulfill, complete
34 ὑστερέω, *fut act ind 3s*, fail, be lacking
35 οὐθείς, nothing

Θ ἀδικίας[1] σου ἐν οἰκτιρμοῖς[2] πενήτων·[3] ἴσως[4] ἔσται μακρόθυμος[5] τοῖς παραπτώμασίν[6]
σου ὁ θεός.

Nebuchadnezzar's Dream Is Fulfilled

28 ταῦτα πάντα ἔφθασεν[7] ἐπὶ Ναβουχοδονοσορ τὸν βασιλέα. **29** μετὰ δωδεκά-
μηνον[8] ἐπὶ τῷ ναῷ τῆς βασιλείας αὐτοῦ ἐν Βαβυλῶνι περιπατῶν[9] **30** ἀπεκρίθη ὁ
βασιλεὺς καὶ εἶπεν Οὐχ αὕτη ἐστὶν Βαβυλὼν ἡ μεγάλη, ἣν ἐγὼ ᾠκοδόμησα εἰς
οἶκον βασιλείας ἐν τῷ κράτει[10] τῆς ἰσχύος[11] μου εἰς τιμὴν[12] τῆς δόξης μου; **31** ἔτι
τοῦ λόγου ἐν στόματι τοῦ βασιλέως ὄντος φωνὴ ἀπ᾽ οὐρανοῦ ἐγένετο Σοὶ λέγου-
σιν, Ναβουχοδονοσορ βασιλεῦ, ἡ βασιλεία παρῆλθεν[13] ἀπὸ σοῦ, **32** καὶ ἀπὸ τῶν
ἀνθρώπων σε ἐκδιώξουσιν,[14] καὶ μετὰ θηρίων ἀγρίων[15] ἡ κατοικία[16] σου, καὶ χόρτον[17]
ὡς βοῦν[18] ψωμιοῦσίν[19] σε, καὶ ἑπτὰ καιροὶ ἀλλαγήσονται[20] ἐπὶ σέ, ἕως οὗ γνῷς
ὅτι κυριεύει[21] ὁ ὕψιστος[22] τῆς βασιλείας τῶν ἀνθρώπων, καὶ ᾧ ἐὰν δόξῃ,[23] δώσει
αὐτήν. **33** αὐτῇ τῇ ὥρᾳ ὁ λόγος συνετελέσθη[24] ἐπὶ Ναβουχοδονοσορ, καὶ ἀπὸ τῶν
ἀνθρώπων ἐξεδιώχθη[25] καὶ χόρτον[26] ὡς βοῦς[27] ἤσθιεν, καὶ ἀπὸ τῆς δρόσου[28] τοῦ
οὐρανοῦ τὸ σῶμα αὐτοῦ ἐβάφη,[29] ἕως οὗ αἱ τρίχες[30] αὐτοῦ ὡς λεόντων[31] ἐμεγαλύν-
θησαν[32] καὶ οἱ ὄνυχες[33] αὐτοῦ ὡς ὀρνέων.[34]

1 ἀδικία, wrongdoing, injustice
2 οἰκτιρμός, compassion
3 πένης, poor, needy
4 ἴσως, perhaps
5 μακρόθυμος, patience, long-suffering
6 παράπτωμα, transgression
7 φθάνω, *aor act ind 3s*, overtake, reach
8 δωδεκάμηνος, twelve month period
9 περιπατέω, *pres act ptc nom s m*, walk around
10 κράτος, power, might
11 ἰσχύς, strength
12 τιμή, honor
13 παρέρχομαι, *aor act ind 3s*, depart
14 ἐκδιώκω, *fut act ind 3p*, banish
15 ἄγριος, wild
16 κατοικία, habitation, dwelling
17 χόρτος, grass
18 βοῦς, cow, ox
19 ψωμίζω, *fut act ind 3p*, feed (with)
20 ἀλλάσσω, *fut pas ind 3p*, exchange for, alter
21 κυριεύω, *pres act ind 3s*, rule over, exercise dominion
22 ὕψιστος, *sup*, Most High
23 δοκέω, *aor act sub 3s*, deem fitting
24 συντελέω, *aor pas ind 3s*, accomplish
25 ἐκδιώκω, *aor pas ind 3s*, banish
26 χόρτος, grass
27 βοῦς, cow, ox
28 δρόσος, dew
29 βάπτω, *aor pas ind 3s*, bathe
30 θρίξ, hair
31 λέων, lion
32 μεγαλύνω, *aor pas ind 3p*, enlarge
33 ὄνυξ, nail
34 ὄρνεον, bird

33a ἐγὼ Ναβουχοδονοσορ βασιλεὺς Βαβυλῶνος ἑπτὰ ἔτη ἐπεδήθην·[1] χόρτον[2] ὡς
βοῦν[3] ἐψώμισάν[4] με, καὶ ἀπὸ τῆς χλόης[5] τῆς γῆς ἤσθιον. καὶ μετὰ ἔτη ἑπτὰ ἔδωκα τὴν
ψυχήν μου εἰς δέησιν[6] καὶ ἠξίωσα[7] περὶ τῶν ἁμαρτιῶν μου κατὰ πρόσωπον κυρίου
τοῦ θεοῦ τοῦ οὐρανοῦ καὶ περὶ τῶν ἀγνοιῶν[8] μου τοῦ θεοῦ τῶν θεῶν τοῦ μεγάλου
ἐδεήθην.[9] **33b** καὶ αἱ τρίχες[10] μου ἐγένοντο ὡς πτέρυγες[11] ἀετοῦ,[12] οἱ ὄνυχές[13] μου
ὡσεὶ[14] λέοντος·[15] ἠλλοιώθη[16] ἡ σάρξ μου καὶ ἡ καρδία μου, γυμνὸς[17] περιεπάτουν[18]
μετὰ τῶν θηρίων τῆς γῆς. ἐνύπνιον εἶδον, καὶ ὑπόνοιαί[19] με εἰλήφασι,[20] καὶ διὰ χρό-
νου ὕπνος[21] με ἔλαβε πολὺς καὶ νυσταγμὸς[22] ἐπέπεσέ[23] μοι. **34** καὶ ἐπὶ συντελείᾳ[24]
τῶν ἑπτὰ ἐτῶν ὁ χρόνος μου τῆς ἀπολυτρώσεως[25] ἦλθε, καὶ αἱ ἁμαρτίαι μου καὶ αἱ
ἄγνοιαί[26] μου ἐπληρώθησαν ἐναντίον[27] τοῦ θεοῦ τοῦ οὐρανοῦ· καὶ ἐδεήθην[28] περὶ
τῶν ἀγνοιῶν μου τοῦ θεοῦ τῶν θεῶν τοῦ μεγάλου, καὶ ἰδοὺ ἄγγελος εἷς ἐκάλεσέ
με ἐκ τοῦ οὐρανοῦ λέγων Ναβουχοδονοσορ, δούλευσον[29] τῷ θεῷ τοῦ οὐρανοῦ τῷ
ἁγίῳ καὶ δὸς δόξαν τῷ ὑψίστῳ·[30] τὸ βασίλειον[31] τοῦ ἔθνους σού σοι ἀποδίδοται.

36 ἐν ἐκείνῳ τῷ καιρῷ ἀποκατεστάθη[32] ἡ βασιλεία μου ἐμοί, καὶ ἡ δόξα μου ἀπεδόθη
μοι. **37** τῷ ὑψίστῳ[33] ἀνθομολογοῦμαι[34] καὶ αἰνῶ[35] τῷ κτίσαντι[36] τὸν οὐρανὸν καὶ τὴν
γῆν καὶ τὰς θαλάσσας καὶ τοὺς ποταμοὺς[37] καὶ πάντα τὰ ἐν αὐτοῖς· ἐξομολογοῦμαι[38] καὶ
αἰνῶ, ὅτι αὐτός ἐστι θεὸς τῶν θεῶν καὶ κύριος τῶν κυρίων καὶ βασιλεὺς τῶν βασιλέων,

ὅτι αὐτὸς ποιεῖ σημεῖα καὶ τέρατα[39]
  καὶ ἀλλοιοῖ[40] καιροὺς καὶ χρόνους
ἀφαιρῶν[41] βασιλείαν βασιλέων
  καὶ καθιστῶν[42] ἑτέρους ἀντ᾽[43] αὐτῶν.

1 πεδάω, *aor pas ind 1s*, bind
2 χόρτος, grass
3 βοῦς, cow, ox
4 ψωμίζω, *aor act ind 3p*, feed on
5 χλόη, tender grass
6 δέησις, supplication
7 ἀξιόω, *aor act ind 1s*, entreat, petition
8 ἄγνοια, sin of ignorance
9 δέομαι, *aor pas ind 1s*, supplicate
10 θρίξ, hair
11 πτέρυξ, wing
12 ἀετός, eagle
13 ὄνυξ, fingernail
14 ὡσεί, as, like
15 λέων, lion
16 ἀλλοιόω, *aor pas ind 3s*, change
17 γυμνός, naked
18 περιπατέω, *impf act ind 1s*, walk around
19 ὑπόνοια, foreboding
20 λαμβάνω, *perf act ind 3p*, (over)take
21 ὕπνος, sleep
22 νυσταγμός, drowsiness
23 ἐπιπίπτω, *aor act ind 3s*, fall upon
24 συντέλεια, completion
25 ἀπολύτρωσις, release, recovery
26 ἄγνοια, sin of ignorance
27 ἐναντίον, before
28 δέομαι, *aor pas ind 1s*, supplicate
29 δουλεύω, *aor act impv 2s*, serve
30 ὕψιστος, *sup*, Most High
31 βασίλειον, royal dominion
32 ἀποκαθίστημι, *aor pas ind 3s*, restore
33 ὕψιστος, *sup*, Most High
34 ἀνθομολογέομαι, *pres mid ind 1s*, confess freely
35 αἰνέω, *pres act ind 1s*, praise
36 κτίζω, *aor act ptc dat s m*, create
37 ποταμός, river
38 ἐξομολογέομαι, *pres mid ind 1s*, confess, acknowledge
39 τέρας, wonder
40 ἀλλοιόω, *pres act ind 3s*, change
41 ἀφαιρέω, *pres act ptc nom s m*, remove
42 καθίστημι, *pres act ptc nom s m*, appoint
43 ἀντί, in place of

Θ **34** καὶ μετὰ τὸ τέλος τῶν ἡμερῶν ἐγὼ Ναβουχοδονοσορ τοὺς ὀφθαλμούς μου εἰς
τὸν οὐρανὸν ἀνέλαβον,[1] καὶ αἱ φρένες[2] μου ἐπ᾽ ἐμὲ ἐπεστράφησαν, καὶ τῷ ὑψίστῳ[3]
εὐλόγησα καὶ τῷ ζῶντι εἰς τὸν αἰῶνα ᾔνεσα[4] καὶ ἐδόξασα, ὅτι

ἡ ἐξουσία[5] αὐτοῦ ἐξουσία αἰώνιος
καὶ ἡ βασιλεία αὐτοῦ εἰς γενεὰν καὶ γενεάν,
35 καὶ πάντες οἱ κατοικοῦντες τὴν γῆν
ὡς οὐδὲν ἐλογίσθησαν,
καὶ κατὰ τὸ θέλημα[6] αὐτοῦ ποιεῖ
ἐν τῇ δυνάμει τοῦ οὐρανοῦ
καὶ ἐν τῇ κατοικίᾳ[7] τῆς γῆς,
καὶ οὐκ ἔστιν ὃς ἀντιποιήσεται[8] τῇ χειρὶ αὐτοῦ
καὶ ἐρεῖ αὐτῷ Τί ἐποίησας;

36 αὐτῷ τῷ καιρῷ αἱ φρένες[9] μου ἐπεστράφησαν ἐπ᾽ ἐμέ, καὶ εἰς τὴν τιμὴν[10] τῆς
βασιλείας μου ἦλθον, καὶ ἡ μορφή[11] μου ἐπέστρεψεν ἐπ᾽ ἐμέ, καὶ οἱ τύραννοί[12] μου
καὶ οἱ μεγιστᾶνές[13] μου ἐζήτουν με, καὶ ἐπὶ τὴν βασιλείαν μου ἐκραταιώθην,[14] καὶ
μεγαλωσύνη[15] περισσοτέρα[16] προσετέθη[17] μοι. **37** νῦν οὖν ἐγὼ Ναβουχοδονοσορ
αἰνῶ[18] καὶ ὑπερυψῶ[19] καὶ δοξάζω τὸν βασιλέα τοῦ οὐρανοῦ,

ὅτι πάντα τὰ ἔργα αὐτοῦ ἀληθινὰ[20]
καὶ αἱ τρίβοι[21] αὐτοῦ κρίσις,
καὶ πάντας τοὺς πορευομένους ἐν ὑπερηφανίᾳ[22]
δύναται ταπεινῶσαι.[23]

1 ἀναλαμβάνω, *aor act ind 1s*, lift up
2 φρήν, reasoning
3 ὕψιστος, *sup*, Most High
4 αἰνέω, *aor act ind 1s*, praise
5 ἐξουσία, authority
6 θέλημα, will, desire
7 κατοικία, habitation, dwelling
8 ἀντιποιέω, *fut mid ind 3s*, withstand, resist
9 φρήν, reasoning
10 τιμή, honor
11 μορφή, appearance
12 τύραννος, sovereign, prince
13 μεγιστάν, noble
14 κραταιόω, *aor pas ind 1s*, strengthen, prevail
15 μεγαλωσύνη, majesty, greatness
16 περισσός, *comp*, greater, more
17 προστίθημι, *aor pas ind 3s*, add to
18 αἰνέω, *pres act ind 1s*, praise
19 ὑπερυψόω, *pres act ind 1s*, exalt highly
20 ἀληθινός, true
21 τρίβος, path
22 ὑπερηφανία, arrogance, pride
23 ταπεινόω, *aor act inf*, humble, bring low

OG

37a ἀπὸ τοῦ νῦν αὐτῷ λατρεύσω,[1] καὶ ἀπὸ τοῦ φόβου αὐτοῦ τρόμος[2] εἴληφέ[3] με, καὶ πάντας τοὺς ἁγίους αὐτοῦ αἰνῶ·[4] οἱ γὰρ θεοὶ τῶν ἐθνῶν οὐκ ἔχουσιν ἐν ἑαυτοῖς ἰσχὺν[5] ἀποστρέψαι[6] βασιλείαν βασιλέως εἰς ἕτερον βασιλέα καὶ ἀποκτεῖναι καὶ ζῆν ποιῆσαι καὶ ποιῆσαι σημεῖα καὶ θαυμάσια[7] μεγάλα καὶ φοβερὰ[8] καὶ ἀλλοιῶσαι[9] ὑπερμεγέθη[10] πράγματα,[11] καθὼς ἐποίησεν ἐν ἐμοὶ ὁ θεὸς τοῦ οὐρανοῦ καὶ ἠλλοίωσεν[12] ἐπ᾽ ἐμοὶ μεγάλα πράγματα. ἐγὼ πάσας τὰς ἡμέρας τῆς βασιλείας μου περὶ τῆς ψυχῆς μου τῷ ὑψίστῳ[13] θυσίας[14] προσοίσω[15] εἰς ὀσμὴν[16] εὐωδίας[17] τῷ κυρίῳ καὶ τὸ ἀρεστὸν[18] ἐνώπιον αὐτοῦ ποιήσω, ἐγὼ καὶ ὁ λαός μου, τὸ ἔθνος μου καὶ αἱ χῶραί[19] μου αἱ ἐν τῇ ἐξουσίᾳ[20] μου. καὶ ὅσοι ἐλάλησαν εἰς τὸν θεὸν τοῦ οὐρανοῦ, καὶ ὅσοι ἂν καταληφθῶσι[21] λαλοῦντές τι, τούτους κατακρινῶ[22] θανάτῳ.

37b ἔγραψε δὲ ὁ βασιλεὺς Ναβουχοδονοσορ ἐπιστολὴν[23] ἐγκύκλιον[24] πᾶσι τοῖς κατὰ τόπον ἔθνεσι καὶ χώραις[25] καὶ γλώσσαις πάσαις ταῖς οἰκούσαις[26] ἐν πάσαις ταῖς χώραις ἐν γενεαῖς καὶ γενεαῖς Κυρίῳ τῷ θεῷ τοῦ οὐρανοῦ αἰνεῖτε[27] καὶ θυσίαν[28] καὶ προσφορὰν[29] προσφέρετε[30] αὐτῷ ἐνδόξως·[31] ἐγὼ βασιλεὺς βασιλέων ἀνθομολογοῦμαι[32] αὐτῷ ἐνδόξως, ὅτι οὕτως ἐποίησε μετ᾽ ἐμοῦ· ἐν αὐτῇ τῇ ἡμέρᾳ ἐκάθισέ με ἐπὶ τοῦ θρόνου μου, καὶ τῆς ἐξουσίας[33] μου καὶ τῆς βασιλείας μου ἐν τῷ λαῷ μου ἐκράτησα, καὶ ἡ μεγαλωσύνη[34] μου ἀποκατεστάθη[35] μοι. **37c** Ναβουχοδονοσορ βασιλεὺς πᾶσι τοῖς ἔθνεσι καὶ πάσαις ταῖς χώραις[36] καὶ πᾶσι τοῖς οἰκοῦσιν[37] ἐν αὐταῖς· εἰρήνη ὑμῖν πληθυνθείη[38] ἐν παντὶ καιρῷ. καὶ νῦν ὑποδείξω[39] ὑμῖν τὰς πράξεις,[40] ἃς ἐποίησε μετ᾽ ἐμοῦ ὁ θεὸς ὁ μέγας· ἔδοξε[41] δέ μοι ἀποδεῖξαι[42] ὑμῖν καὶ τοῖς σοφισταῖς[43]

1 λατρεύω, *fut act ind 1s*, serve (in worship)
2 τρόμος, trembling
3 λαμβάνω, *perf act ind 3s*, (over)take
4 αἰνέω, *pres act ind 1s*, praise
5 ἰσχύς, strength
6 ἀποστρέφω, *aor act inf*, avert, turn away
7 θαυμάσιος, marvelous (deed)
8 φοβερός, fearful, terrible
9 ἀλλοιόω, *aor act inf*, change
10 ὑπερμεγέθης, immensely great
11 πρᾶγμα, deed, matter, action
12 ἀλλοιόω, *aor act ind 3s*, change
13 ὕψιστος, *sup*, Most High
14 θυσία, sacrifice
15 προσφέρω, *fut act ind 1s*, offer
16 ὀσμή, smell
17 εὐωδία, sweet-smelling
18 ἀρεστός, pleasing
19 χώρα, territory
20 ἐξουσία, authority
21 καταλαμβάνω, *aor pas sub 3p*, take hold, catch
22 κατακρίνω, *fut act ind 1s*, condemn
23 ἐπιστολή, letter
24 ἐγκύκλιος, circular, encyclical
25 χώρα, territory
26 οἰκέω, *pres act ptc dat p f*, dwell
27 αἰνέω, *pres act impv 2p*, praise
28 θυσία, sacrifice
29 προσφορά, offering
30 προσφέρω, *pres act impv 2p*, bring to, offer
31 ἐνδόξως, gloriously, honorably
32 ἀνθομολογέομαι, *pres mid ind 1s*, confess freely
33 ἐξουσία, authority
34 μεγαλωσύνη, greatness
35 ἀποκαθίστημι, *aor pas ind 3s*, restore
36 χώρα, territory
37 οἰκέω, *pres act ptc dat p m*, dwell
38 πληθύνω, *aor pas opt 3s*, multiply
39 ὑποδείκνυμι, *fut act ind 1s*, display, demonstrate
40 πρᾶξις, deed, action
41 δοκέω, *aor act ind 3s*, seem (good), appear
42 ἀποδείκνυμι, *aor act inf*, show
43 σοφιστής, wise man, diviner, sophist

There is a gap here in the Theodotion (Θ) text
as compared with the Old Greek (OG) text.

OG

ὑμῶν ὅτι ἔστι θεός, καὶ τὰ θαυμάσια[1] αὐτοῦ μεγάλα, τὸ βασίλειον[2] αὐτοῦ βασίλειον
εἰς τὸν αἰῶνα, ἡ ἐξουσία[3] αὐτοῦ ἀπὸ γενεῶν εἰς γενεάς. καὶ ἀπέστειλεν ἐπιστολὰς[4]
περὶ πάντων τῶν γενηθέντων αὐτῷ ἐν τῇ βασιλείᾳ αὐτοῦ πᾶσι τοῖς ἔθνεσι τοῖς οὖσιν
ὑπὸ τὴν βασιλείαν αὐτοῦ.

Writing on the Wall at Belshazzar's Feast

5 Βαλτασαρ ὁ βασιλεὺς ἐποίησε δοχὴν[5] μεγάλην ἐν ἡμέρᾳ ἐγκαινισμοῦ[6] τῶν
βασιλείων[7] αὐτοῦ καὶ ἀπὸ τῶν μεγιστάνων[8] αὐτοῦ ἐκάλεσεν ἄνδρας δισχιλίους.[9]
ἐν τῇ ἡμέρᾳ ἐκείνῃ Βαλτασαρ ἀνυψούμενος[10] ἀπὸ τοῦ οἴνου καὶ καυχώμενος[11]
ἐπῄνεσε[12] πάντας τοὺς θεοὺς τῶν ἐθνῶν τοὺς χωνευτοὺς[13] καὶ γλυπτοὺς[14] ἐν τῷ
τόπῳ αὐτοῦ, καὶ τῷ θεῷ τῷ ὑψίστῳ[15] οὐκ ἔδωκεν αἴνεσιν.[16] ἐν αὐτῇ τῇ νυκτὶ ἐξῆλθον
δάκτυλοι[17] ὡσεὶ[18] ἀνθρώπου καὶ ἐπέγραψαν[19] ἐπὶ τοῦ τοίχου[20] οἴκου αὐτοῦ ἐπὶ τοῦ
κονιάματος[21] κατέναντι[22] τοῦ λύχνου[23] Μανη[24] φαρες[25] θεκελ.[26] ἔστι δὲ ἡ ἑρμηνεία[27]
αὐτῶν· μανη ἠρίθμηται,[28] φαρες ἐξῆρται,[29] θεκελ ἕσταται.[30]

1a Βαλτασαρ ὁ βασιλεὺς ἐποίησεν ἑστιατορίαν[31] μεγάλην τοῖς ἑταίροις[32] αὐτοῦ
καὶ ἔπινεν οἶνον. **2** καὶ ἀνυψώθη[33] ἡ καρδία αὐτοῦ, καὶ εἶπεν ἐνέγκαι[34] τὰ σκεύη[35]
τὰ χρυσᾶ[36] καὶ τὰ ἀργυρᾶ[37] τοῦ οἴκου τοῦ θεοῦ, ἃ ἤνεγκε[38] Ναβουχοδονοσορ ὁ
πατὴρ αὐτοῦ ἀπὸ Ιερουσαλημ, καὶ οἰνοχοῆσαι[39] ἐν αὐτοῖς τοῖς ἑταίροις[40] αὐτοῦ.
3 καὶ ἠνέχθη,[41] καὶ ἔπινον ἐν αὐτοῖς **4** καὶ ηὐλόγουν τὰ εἴδωλα[42] τὰ χειροποίητα[43]
αὐτῶν, καὶ τὸν θεὸν τοῦ αἰῶνος οὐκ εὐλόγησαν τὸν ἔχοντα τὴν ἐξουσίαν[44] τοῦ
πνεύματος αὐτῶν.

1 θαυμάσιος, marvelous (deed)
2 βασίλειον, royal dominion
3 ἐξουσία, authority
4 ἐπιστολή, letter
5 δοχή, feast
6 ἐγκαινισμός, consecration, dedication
7 βασίλειον, royal palace
8 μεγιστάν, noble
9 δισχίλιοι, two thousand
10 ἀνυψόω, *pres pas ptc nom s m*, lift up, exalt
11 καυχάομαι, *pres mid ptc nom s m*, boast
12 ἐπαινέω, *aor act ind 3s*, praise
13 χωνευτός, molten image
14 γλυπτός, carved image
15 ὕψιστος, *sup*, Most High
16 αἴνεσις, praise
17 δάκτυλος, finger
18 ὡσεί, as if, like
19 ἐπιγράφω, *aor act ind 3p*, write upon
20 τοῖχος, wall
21 κονίαμα, plaster
22 κατέναντι, opposite
23 λύχνος, lamp
24 μανη, mene, *translit.*
25 φαρες, half mina, *translit.*
26 θεκελ, thekel, *translit.*
27 ἑρμηνεία, interpretation
28 ἀριθμέω, *perf pas ind 3s*, number
29 ἐξαίρω, *perf pas ind 3s*, remove, take away
30 ἵστημι, *perf pas ind 3s*, establish, confirm
31 ἑστιατορία, feast
32 ἑταῖρος, companion, associate
33 ἀνυψόω, *aor pas ind 3s*, lift up, exalt
34 φέρω, *aor act inf*, bring
35 σκεῦος, vessel
36 χρυσοῦς, gold
37 ἀργυροῦς, silver
38 φέρω, *aor act ind 3s*, carry
39 οἰνοχοέω, *aor act inf*, pour wine for drinking
40 ἑταῖρος, companion, associate
41 φέρω, *aor pas ind 3s*, bring
42 εἴδωλον, idol
43 χειροποίητος, made by hands
44 ἐξουσία, authority

Writing on the Wall at Belshazzar's Feast

5 Βαλτασαρ ὁ βασιλεὺς ἐποίησεν δεῖπνον[1] μέγα τοῖς μεγιστᾶσιν[2] αὐτοῦ χιλίοις,[3]
καὶ κατέναντι[4] τῶν χιλίων ὁ οἶνος. καὶ πίνων **2** Βαλτασαρ εἶπεν ἐν τῇ γεύσει[5]
τοῦ οἴνου τοῦ ἐνεγκεῖν[6] τὰ σκεύη[7] τὰ χρυσᾶ[8] καὶ τὰ ἀργυρᾶ,[9] ἃ ἐξήνεγκεν[10] Ναβου-
χοδονοσορ ὁ πατὴρ αὐτοῦ ἐκ τοῦ ναοῦ τοῦ ἐν Ιερουσαλημ, καὶ πιέτωσαν ἐν αὐτοῖς
ὁ βασιλεὺς καὶ οἱ μεγιστᾶνες[11] αὐτοῦ καὶ αἱ παλλακαὶ[12] αὐτοῦ καὶ αἱ παράκοιτοι[13]
αὐτοῦ. **3** καὶ ἠνέχθησαν[14] τὰ σκεύη[15] τὰ χρυσᾶ[16] καὶ τὰ ἀργυρᾶ,[17] ἃ ἐξήνεγκεν[18]
ἐκ τοῦ ναοῦ τοῦ θεοῦ τοῦ ἐν Ιερουσαλημ, καὶ ἔπινον ἐν αὐτοῖς ὁ βασιλεὺς καὶ οἱ
μεγιστᾶνες[19] αὐτοῦ καὶ αἱ παλλακαὶ[20] αὐτοῦ καὶ αἱ παράκοιτοι[21] αὐτοῦ· **4** ἔπινον
οἶνον καὶ ᾔνεσαν[22] τοὺς θεοὺς τοὺς χρυσοῦς[23] καὶ ἀργυροῦς[24] καὶ χαλκοῦς[25] καὶ
σιδηροῦς[26] καὶ ξυλίνους[27] καὶ λιθίνους.[28]

1 δεῖπνον, meal
2 μεγιστάν, nobleman
3 χίλιοι, thousand
4 κατέναντι, before, in the presence of
5 γεῦσις, tasting
6 φέρω, *aor act inf*, bring
7 σκεῦος, vessel
8 χρυσοῦς, gold
9 ἀργυροῦς, silver
10 ἐκφέρω, *aor act ind 3s*, carry
11 μεγιστάν, noble
12 παλλακή, concubine
13 παράκοιτος, consort
14 φέρω, *aor pas ind 3p*, bring
15 σκεῦος, vessel
16 χρυσοῦς, gold
17 ἀργυροῦς, silver
18 ἐκφέρω, *aor act ind 3s*, carry
19 μεγιστάν, noble
20 παλλακή, concubine
21 παράκοιτος, consort
22 αἰνέω, *aor act ind 3p*, praise
23 χρυσοῦς, gold
24 ἀργυροῦς, silver
25 χαλκοῦς, bronze
26 σιδηροῦς, iron
27 ξύλινος, wood
28 λίθινος, stone

OG

5 ἐν αὐτῇ τῇ ὥρᾳ ἐκείνῃ ἐξῆλθον δάκτυλοι[1] ὡσεὶ[2] χειρὸς ἀνθρώπου καὶ ἔγραψαν ἐπὶ
τοῦ τοίχου[3] τοῦ οἴκου αὐτοῦ ἐπὶ τοῦ κονιάματος[4] κατέναντι[5] τοῦ φωτὸς ἔναντι[6] τοῦ
βασιλέως Βαλτασαρ, καὶ εἶδε χεῖρα γράφουσαν. **6** καὶ ἡ ὅρασις[7] αὐτοῦ ἠλλοιώθη,[8]
καὶ φόβοι καὶ ὑπόνοιαι[9] αὐτὸν κατέσπευδον.[10] ἔσπευσεν[11] οὖν ὁ βασιλεὺς καὶ ἐξα-
νέστη[12] καὶ ἑώρα τὴν γραφὴν ἐκείνην, καὶ οἱ συνέταιροι[13] κύκλῳ[14] αὐτοῦ ἐκαυ-
χῶντο.[15] **7** καὶ ὁ βασιλεὺς ἐφώνησε[16] φωνῇ μεγάλῃ καλέσαι τοὺς ἐπαοιδοὺς[17] καὶ
φαρμάκους[18] καὶ Χαλδαίους καὶ γαζαρηνοὺς[19] ἀπαγγεῖλαι[20] τὸ σύγκριμα[21] τῆς
γραφῆς. καὶ εἰσεπορεύοντο[22] ἐπὶ θεωρίαν[23] ἰδεῖν τὴν γραφήν, καὶ τὸ σύγκριμα[24]
τῆς γραφῆς οὐκ ἐδύναντο συγκρῖναι[25] τῷ βασιλεῖ. τότε ὁ βασιλεὺς ἐξέθηκε[26] πρόσ-
ταγμα[27] λέγων Πᾶς ἀνήρ, ὃς ἂν ὑποδείξῃ[28] τὸ σύγκριμα τῆς γραφῆς, στολιεῖ[29]
αὐτὸν πορφύραν[30] καὶ μανιάκην[31] χρυσοῦν[32] περιθήσει[33] αὐτῷ, καὶ δοθήσεται αὐτῷ
ἐξουσία[34] τοῦ τρίτου μέρους τῆς βασιλείας. **8** καὶ εἰσεπορεύοντο[35] οἱ ἐπαοιδοὶ[36] καὶ
φάρμακοι[37] καὶ γαζαρηνοί,[38] καὶ οὐκ ἠδύνατο οὐδεὶς τὸ σύγκριμα[39] τῆς γραφῆς
ἀπαγγεῖλαι.[40] **9** τότε ὁ βασιλεὺς ἐκάλεσε τὴν βασίλισσαν[41] περὶ τοῦ σημείου καὶ
ὑπέδειξεν[42] αὐτῇ, ὡς μέγα ἐστί, καὶ ὅτι πᾶς ἄνθρωπος οὐ δύναται ἀπαγγεῖλαι[43] τῷ
βασιλεῖ τὸ σύγκριμα[44] τῆς γραφῆς.

10 τότε ἡ βασίλισσα[45] ἐμνήσθη[46] πρὸς αὐτὸν περὶ τοῦ Δανιηλ, ὃς ἦν ἐκ τῆς αἰχμα-
λωσίας[47] τῆς Ιουδαίας, **11** καὶ εἶπε τῷ βασιλεῖ Ὁ ἄνθρωπος ἐπιστήμων[48] ἦν καὶ

1 δάκτυλος, finger
2 ὡσεί, as if, like
3 τοῖχος, wall
4 κονίαμα, plaster
5 κατέναντι, opposite
6 ἔναντι, in the presence of
7 ὅρασις, appearance
8 ἀλλοιόω, *aor pas ind 3s*, change
9 ὑπόνοια, foreboding
10 κατασπεύδω, *impf act ind 3p*, hasten upon
11 σπεύδω, *aor act ind 3s*, hasten
12 ἐξανίστημι, *aor act ind 3s*, rise up
13 συνέταιρος, companion
14 κύκλῳ, round about
15 καυχάομαι, *impf mid ind 3p*, boast, (speak loudly)
16 φωνέω, *aor act ind 3s*, cry out
17 ἐπαοιδός, enchanter
18 φάρμακος, sorcerer
19 γαζαρηνός, diviner
20 ἀπαγγέλλω, *aor act inf*, reveal, declare
21 σύγκριμα, interpretation
22 εἰσπορεύομαι, *impf mid ind 3p*, enter
23 θεωρία, spectacle
24 σύγκριμα, interpretation
25 συγκρίνω, *aor act inf*, interpret
26 ἐκτίθημι, *aor act ind 3s*, publish
27 πρόσταγμα, ordinance
28 ὑποδείκνυμι, *aor act sub 3s*, show
29 στολίζω, *fut act ind 3s*, clothe
30 πορφύρα, purple (garment)
31 μανιάκης, necklace
32 χρυσοῦς, gold
33 περιτίθημι, *fut act ind 3s*, place around
34 ἐξουσία, authority
35 εἰσπορεύομαι, *impf mid ind 3p*, enter
36 ἐπαοιδός, enchanter
37 φάρμακος, sorcerer
38 γαζαρηνός, diviner
39 σύγκριμα, interpretation
40 ἀπαγγέλλω, *aor act inf*, reveal, declare
41 βασίλισσα, queen
42 ὑποδείκνυμι, *aor act ind 3s*, show
43 ἀπαγγέλλω, *aor act inf*, reveal, declare
44 σύγκριμα, interpretation
45 βασίλισσα, queen
46 μιμνήσκομαι, *aor pas ind 3s*, remember
47 αἰχμαλωσία, group of captives
48 ἐπιστήμων, wise, prudent

Θ **5** ἐν αὐτῇ τῇ ὥρᾳ ἐξῆλθον δάκτυλοι[1] χειρὸς ἀνθρώπου καὶ ἔγραφον κατέναντι[2]
τῆς λαμπάδος[3] ἐπὶ τὸ κονίαμα[4] τοῦ τοίχου[5] τοῦ οἴκου τοῦ βασιλέως, καὶ ὁ βα-
σιλεὺς ἐθεώρει[6] τοὺς ἀστραγάλους[7] τῆς χειρὸς τῆς γραφούσης. **6** τότε τοῦ βασι-
λέως ἡ μορφὴ[8] ἠλλοιώθη,[9] καὶ οἱ διαλογισμοὶ[10] αὐτοῦ συνετάρασσον[11] αὐτόν,
καὶ οἱ σύνδεσμοι[12] τῆς ὀσφύος[13] αὐτοῦ διελύοντο,[14] καὶ τὰ γόνατα[15] αὐτοῦ συν-
εκροτοῦντο.[16] **7** καὶ ἐβόησεν[17] ὁ βασιλεὺς ἐν ἰσχύι[18] τοῦ εἰσαγαγεῖν[19] μάγους,[20]
Χαλδαίους, γαζαρηνοὺς[21] καὶ εἶπεν τοῖς σοφοῖς[22] Βαβυλῶνος Ὃς ἂν ἀναγνῷ[23] τὴν
γραφὴν ταύτην καὶ τὴν σύγκρισιν[24] γνωρίσῃ[25] μοι, πορφύραν[26] ἐνδύσεται,[27] καὶ ὁ
μανιάκης[28] ὁ χρυσοῦς[29] ἐπὶ τὸν τράχηλον[30] αὐτοῦ, καὶ τρίτος ἐν τῇ βασιλείᾳ μου
ἄρξει. **8** καὶ εἰσεπορεύοντο[31] πάντες οἱ σοφοὶ[32] τοῦ βασιλέως καὶ οὐκ ἠδύναντο
τὴν γραφὴν ἀναγνῶναι[33] οὐδὲ τὴν σύγκρισιν[34] γνωρίσαι[35] τῷ βασιλεῖ. **9** καὶ ὁ βασι-
λεὺς Βαλτασαρ πολὺ ἐταράχθη,[36] καὶ ἡ μορφὴ[37] αὐτοῦ ἠλλοιώθη[38] ἐπ᾽ αὐτῷ, καὶ οἱ
μεγιστᾶνες[39] αὐτοῦ συνεταράσσοντο.[40]

10 καὶ εἰσῆλθεν ἡ βασίλισσα[41] εἰς τὸν οἶκον τοῦ πότου[42] καὶ εἶπεν Βασιλεῦ, εἰς
τοὺς αἰῶνας ζῆθι· μὴ ταρασσέτωσάν[43] σε οἱ διαλογισμοί[44] σου, καὶ ἡ μορφή[45] σου

1 δάκτυλος, finger
2 κατέναντι, opposite
3 λαμπάς, torch, lamp
4 κονίαμα, plaster
5 τοῖχος, wall
6 θεωρέω, *impf act ind 3s*, see
7 ἀστράγαλος, knuckle
8 μορφή, countenance
9 ἀλλοιόω, *aor pas ind 3s*, change
10 διαλογισμός, thought
11 συνταράσσω, *impf act ind 3p*, confound, confuse
12 σύνδεσμος, joint
13 ὀσφύς, waist, loins
14 διαλύω, *impf pas ind 3p*, give way, weaken
15 γόνυ, knee
16 συγκροτέω, *impf mid ind 3p*, knock together
17 βοάω, *aor act ind 3s*, cry out
18 ἰσχύς, strength
19 εἰσάγω, *aor act inf*, bring in
20 μάγος, sage, magician
21 γαζαρηνός, diviner
22 σοφός, wise
23 ἀναγινώσκω, *aor act sub 3s*, read
24 σύγκρισις, interpretation
25 γνωρίζω, *aor act sub 3s*, make known
26 πορφύρα, purple (garment)
27 ἐνδύω, *fut mid ind 3s*, clothe, put on
28 μανιάκης, necklace
29 χρυσοῦς, gold
30 τράχηλος, neck
31 εἰσπορεύομαι, *impf mid ind 3p*, enter
32 σοφός, wise
33 ἀναγινώσκω, *aor act inf*, read
34 σύγκρισις, interpretation
35 γνωρίζω, *aor act inf*, make known
36 ταράσσω, *aor pas ind 3s*, trouble, disturb
37 μορφή, countenance
38 ἀλλοιόω, *aor pas ind 3s*, change
39 μεγιστάν, noble
40 συνταράσσω, *impf pas ind 3p*, confound, confuse
41 βασίλισσα, queen
42 πότος, drinking
43 ταράσσω, *pres act impv 3p*, trouble, disturb
44 διαλογισμός, thought
45 μορφή, countenance

σοφὸς[1] καὶ ὑπερέχων[2] πάντας τοὺς σοφοὺς[3] Βαβυλῶνος, **12** καὶ πνεῦμα ἅγιον ἐν OG
αὐτῷ ἐστι, καὶ ἐν ταῖς ἡμέραις τοῦ πατρός σου τοῦ βασιλέως συγκρίματα[4] ὑπέ-
ρογκα[5] ὑπέδειξε[6] Ναβουχοδονοσορ τῷ πατρί σου.

Daniel's Interpretation of the Writing

13 τότε Δανιηλ εἰσήχθη[7] πρὸς τὸν βασιλέα, καὶ ἀποκριθεὶς ὁ βασιλεὺς εἶπεν
αὐτῷ **16** Ὦ[8] Δανιηλ, δύνῃ μοι ὑποδεῖξαι[9] τὸ σύγκριμα[10] τῆς γραφῆς; καὶ στολιῶ[11]
σε πορφύραν[12] καὶ μανιάκην[13] χρυσοῦν[14] περιθήσω[15] σοι, καὶ ἕξεις ἐξουσίαν[16] τοῦ
τρίτου μέρους τῆς βασιλείας μου. **17** τότε Δανιηλ ἔστη κατέναντι[17] τῆς γραφῆς καὶ
ἀνέγνω[18] καὶ οὕτως ἀπεκρίθη τῷ βασιλεῖ Αὕτη ἡ γραφή Ἠρίθμηται,[19] κατελογίσθη,[20]
ἐξῆρται·[21] καὶ ἔστη ἡ γράψασα χείρ. καὶ αὕτη ἡ σύγκρισις[22] αὐτῶν. **23** βασιλεῦ, σὺ
ἐποιήσω ἑστιατορίαν[23] τοῖς φίλοις[24] σου καὶ ἔπινες οἶνον, καὶ τὰ σκεύη[25] τοῦ οἴκου
τοῦ θεοῦ τοῦ ζῶντος ἠνέχθη[26] σοι, καὶ ἐπίνετε ἐν αὐτοῖς σὺ καὶ οἱ μεγιστᾶνές[27] σου
καὶ ᾐνέσατε[28] πάντα τὰ εἴδωλα[29] τὰ χειροποίητα[30] τῶν ἀνθρώπων· καὶ τῷ θεῷ τῷ
ζῶντι οὐκ εὐλογήσατε, καὶ τὸ πνεῦμά σου ἐν τῇ χειρὶ αὐτοῦ, καὶ τὸ βασίλειόν[31]
σου αὐτὸς ἔδωκέ σοι, καὶ οὐκ εὐλόγησας αὐτὸν οὐδὲ ᾔνεσας[32] αὐτῷ. **28** τοῦτο
τὸ σύγκριμα[33] τῆς γραφῆς· ἠρίθμηται[34] ὁ χρόνος σου τῆς βασιλείας, ἀπολήγει[35] ἡ
βασιλεία σου, συντέτμηται[36] καὶ συντετέλεσται[37] ἡ βασιλεία σου, τοῖς Μήδοις καὶ
τοῖς Πέρσαις δίδοται.

1 σοφός, wise
2 ὑπερέχω, *pres act ptc nom s m*, surpass, excel beyond
3 σοφός, wise
4 σύγκριμα, interpretation
5 ὑπέρογκος, difficult
6 ὑποδείκνυμι, *aor act ind 3s*, show
7 εἰσάγω, *aor pas ind 3s*, bring in
8 ὦ, O!
9 ὑποδείκνυμι, *aor act inf*, show
10 σύγκριμα, interpretation
11 στολίζω, *fut act ind 1s*, clothe
12 πορφύρα, purple (garment)
13 μανιάκης, necklace
14 χρυσοῦς, gold
15 περιτίθημι, *fut act ind 1s*, place around
16 ἐξουσία, authority
17 κατέναντι, opposite
18 ἀναγινώσκω, *aor act ind 3s*, read
19 ἀριθμέω, *perf pas ind 3s*, number
20 καταλογίζομαι, *aor pas ind 3s*, count, reckon
21 ἐξαίρω, *perf pas ind 3s*, remove, take away
22 σύγκρισις, interpretation
23 ἑστιατορία, feast
24 φίλος, friend
25 σκεῦος, vessel
26 φέρω, *aor pas ind 3s*, bring
27 μεγιστάν, noble
28 αἰνέω, *aor act ind 2p*, praise
29 εἴδωλον, idol
30 χειροποίητος, made by hands
31 βασίλειον, royal dominion
32 αἰνέω, *aor act ind 2s*, praise
33 σύγκριμα, interpretation
34 ἀριθμέω, *perf pas ind 3s*, number
35 ἀπολήγω, *pres act ind 3s*, cease
36 συντέμνω, *perf pas ind 3s*, cut short
37 συντελέω, *perf pas ind 3s*, bring to an end

Θ μὴ ἀλλοιούσθω·[1] **11** ἔστιν ἀνὴρ ἐν τῇ βασιλείᾳ σου, ἐν ᾧ πνεῦμα θεοῦ, καὶ ἐν ταῖς
ἡμέραις τοῦ πατρός σου γρηγόρησις[2] καὶ σύνεσις[3] εὑρέθη ἐν αὐτῷ, καὶ ὁ βασιλεὺς
Ναβουχοδονοσορ ὁ πατήρ σου ἄρχοντα ἐπαοιδῶν,[4] μάγων,[5] Χαλδαίων, γαζαρηνῶν[6]
κατέστησεν[7] αὐτόν, **12** ὅτι πνεῦμα περισσὸν[8] ἐν αὐτῷ καὶ φρόνησις[9] καὶ σύνεσις,[10]
συγκρίνων[11] ἐνύπνια καὶ ἀναγγέλλων[12] κρατούμενα καὶ λύων συνδέσμους,[13] Δα-
νιηλ καὶ ὁ βασιλεὺς ἐπέθηκεν αὐτῷ ὄνομα Βαλτασαρ· νῦν οὖν κληθήτω, καὶ τὴν
σύγκρισιν[14] αὐτοῦ ἀναγγελεῖ[15] σοι.

Daniel's Interpretation of the Writing

13 τότε Δανιηλ εἰσήχθη[16] ἐνώπιον τοῦ βασιλέως, καὶ εἶπεν ὁ βασιλεὺς τῷ Δανιηλ
Σὺ εἶ Δανιηλ ὁ ἀπὸ τῶν υἱῶν τῆς αἰχμαλωσίας[17] τῆς Ιουδαίας, ἧς ἤγαγεν ὁ βασιλεὺς
ὁ πατήρ μου; **14** ἤκουσα περὶ σοῦ ὅτι πνεῦμα θεοῦ ἐν σοί, καὶ γρηγόρησις[18] καὶ
σύνεσις[19] καὶ σοφία περισσὴ[20] εὑρέθη ἐν σοί. **15** καὶ νῦν εἰσῆλθον ἐνώπιόν μου οἱ
σοφοί,[21] μάγοι,[22] γαζαρηνοί,[23] ἵνα τὴν γραφὴν ταύτην ἀναγνῶσιν[24] καὶ τὴν σύγ-
κρισιν[25] αὐτῆς γνωρίσωσίν[26] μοι, καὶ οὐκ ἠδυνήθησαν ἀναγγεῖλαί[27] μοι. **16** καὶ
ἐγὼ ἤκουσα περὶ σοῦ ὅτι δύνασαι κρίματα[28] συγκρῖναι·[29] νῦν οὖν ἐὰν δυνηθῇς
τὴν γραφὴν ἀναγνῶναι[30] καὶ τὴν σύγκρισιν[31] αὐτῆς γνωρίσαι[32] μοι, πορφύραν[33]
ἐνδύσῃ,[34] καὶ ὁ μανιάκης[35] ὁ χρυσοῦς[36] ἔσται ἐπὶ τὸν τράχηλόν[37] σου, καὶ τρίτος ἐν
τῇ βασιλείᾳ μου ἄρξεις.

17 τότε ἀπεκρίθη Δανιηλ καὶ εἶπεν ἐνώπιον τοῦ βασιλέως Τὰ δόματά[38] σου σοὶ ἔστω,
καὶ τὴν δωρεὰν[39] τῆς οἰκίας σου ἑτέρῳ δός· ἐγὼ δὲ τὴν γραφὴν ἀναγνώσομαι[40] τῷ

1 ἀλλοιόω, *pres pas impv 3s*, change
2 γρηγόρησις, wakefulness
3 σύνεσις, intelligence
4 ἐπαοιδός, enchanter
5 μάγος, sage, magician
6 γαζαρηνός, diviner
7 καθίστημι, *aor act ind 3s*, appoint
8 περισσός, abundant
9 φρόνησις, wisdom, insight
10 σύνεσις, intelligence
11 συγκρίνω, *pres act ptc nom s m*, interpret
12 ἀναγγέλλω, *pres act ptc nom s m*, reveal, declare
13 σύνδεσμος, bond, fetter
14 σύγκρισις, interpretation
15 ἀναγγέλλω, *fut act ind 3s*, reveal, declare
16 εἰσάγω, *aor pas ind 3s*, bring to
17 αἰχμαλωσία, group of captives
18 γρηγόρησις, wakefulness
19 σύνεσις, intelligence
20 περισσός, abundant
21 σοφός, wise
22 μάγος, sage, magician
23 γαζαρηνός, diviner
24 ἀναγινώσκω, *aor act sub 3p*, read
25 σύγκρισις, interpretation
26 γνωρίζω, *aor act sub 3p*, make known
27 ἀναγγέλλω, *aor act inf*, reveal, declare
28 κρίμα, judgment
29 συγκρίνω, *aor act inf*, interpret
30 ἀναγινώσκω, *aor act inf*, read
31 σύγκρισις, interpretation
32 γνωρίζω, *aor act inf*, make known
33 πορφύρα, purple (garment)
34 ἐνδύω, *fut mid ind 2s*, clothe, put on
35 μανιάκης, necklace
36 χρυσοῦς, gold
37 τράχηλος, neck
38 δόμα, gift
39 δωρεά, present, gift
40 ἀναγινώσκω, *fut mid ind 1s*, read

There is a gap here in the Old Greek (OG) text as compared with the Theodotion (Θ) text.

Θ βασιλεῖ καὶ τὴν σύγκρισιν[1] αὐτῆς γνωρίσω[2] σοι. **18** βασιλεῦ, ὁ θεὸς ὁ ὕψιστος[3] τὴν
βασιλείαν καὶ τὴν μεγαλωσύνην[4] καὶ τὴν τιμὴν[5] καὶ τὴν δόξαν ἔδωκεν Ναβουχο-
δονοσορ τῷ πατρί σου, **19** καὶ ἀπὸ τῆς μεγαλωσύνης,[6] ἧς ἔδωκεν αὐτῷ, πάντες οἱ
λαοί, φυλαί, γλῶσσαι ἦσαν τρέμοντες[7] καὶ φοβούμενοι ἀπὸ προσώπου αὐτοῦ· οὓς
ἠβούλετο, αὐτὸς ἀνῄρει,[8] καὶ οὓς ἠβούλετο, αὐτὸς ἔτυπτεν,[9] καὶ οὓς ἠβούλετο,
αὐτὸς ὕψου,[10] καὶ οὓς ἠβούλετο, αὐτὸς ἐταπείνου.[11] **20** καὶ ὅτε ὑψώθη[12] ἡ καρδία
αὐτοῦ καὶ τὸ πνεῦμα αὐτοῦ ἐκραταιώθη[13] τοῦ ὑπερηφανεύσασθαι,[14] κατηνέχθη[15]
ἀπὸ τοῦ θρόνου τῆς βασιλείας αὐτοῦ, καὶ ἡ τιμὴ[16] ἀφῃρέθη[17] ἀπ᾽ αὐτοῦ, **21** καὶ ἀπὸ
τῶν ἀνθρώπων ἐξεδιώχθη,[18] καὶ ἡ καρδία αὐτοῦ μετὰ τῶν θηρίων ἐδόθη, καὶ μετὰ
ὀνάγρων[19] ἡ κατοικία αὐτοῦ, καὶ χόρτον[20] ὡς βοῦν[21] ἐψώμιζον[22] αὐτόν, καὶ ἀπὸ τῆς
δρόσου[23] τοῦ οὐρανοῦ τὸ σῶμα αὐτοῦ ἐβάφη,[24] ἕως οὗ ἔγνω ὅτι κυριεύει[25] ὁ θεὸς
ὁ ὕψιστος[26] τῆς βασιλείας τῶν ἀνθρώπων, καὶ ᾧ ἂν δόξῃ,[27] δώσει αὐτήν. **22** καὶ
σὺ ὁ υἱὸς αὐτοῦ Βαλτασαρ οὐκ ἐταπείνωσας[28] τὴν καρδίαν σου κατενώπιον[29] οὗ
πάντα ταῦτα ἔγνως, **23** καὶ ἐπὶ τὸν κύριον θεὸν τοῦ οὐρανοῦ ὑψώθης,[30] καὶ τὰ
σκεύη[31] τοῦ οἴκου αὐτοῦ ἤνεγκαν[32] ἐνώπιόν σου, καὶ σὺ καὶ οἱ μεγιστᾶνές[33] σου
καὶ αἱ παλλακαί[34] σου καὶ αἱ παράκοιτοί[35] σου οἶνον ἐπίνετε ἐν αὐτοῖς, καὶ τοὺς
θεοὺς τοὺς χρυσοῦς[36] καὶ ἀργυροῦς[37] καὶ χαλκοῦς[38] καὶ σιδηροῦς[39] καὶ ξυλίνους[40]
καὶ λιθίνους,[41] οἳ οὐ βλέπουσιν καὶ οὐκ ἀκούουσιν καὶ οὐ γινώσκουσιν, ᾔνεσας[42] καὶ
τὸν θεόν, οὗ ἡ πνοή[43] σου ἐν χειρὶ αὐτοῦ καὶ πᾶσαι αἱ ὁδοί σου, αὐτὸν οὐκ ἐδόξασας.

1 σύγκρισις, interpretation
2 γνωρίζω, *fut act ind 1s*, make known
3 ὕψιστος, *sup*, Most High
4 μεγαλωσύνη, majesty, greatness
5 τιμή, honor
6 μεγαλωσύνη, majesty, greatness
7 τρέμω, *pres act ptc nom p m*, tremble
8 ἀναιρέω, *impf act ind 3s*, kill
9 τύπτω, *impf act ind 3s*, beat, strike
10 ὑψόω, *impf act ind 3s*, lift high, exalt
11 ταπεινόω, *impf act ind 3s*, humble, bring low
12 ὑψόω, *aor pas ind 3s*, lift high, exalt
13 κραταιόω, *aor pas ind 3s*, overpower
14 ὑπερηφανεύομαι, *aor mid inf*, behave arrogantly
15 καταφέρω, *aor pas ind 3s*, bring down
16 τιμή, honor
17 ἀφαιρέω, *aor pas ind 3s*, take away, remove
18 ἐκδιώκω, *aor pas ind 3s*, banish
19 ὄναγρος, wild donkey
20 χόρτος, grass
21 βοῦς, cow, ox
22 ψωμίζω, *impf act ind 3p*, feed on
23 δρόσος, dew
24 βάπτω, *aor pas ind 3s*, bathe
25 κυριεύω, *pres act ind 3s*, rule over, exercise dominion
26 ὕψιστος, *sup*, Most High
27 δοκέω, *aor act sub 3s*, deem fitting
28 ταπεινόω, *aor act ind 2s*, humble, bring low
29 κατενώπιον, before
30 ὑψόω, *aor pas ind 2s*, lift high, exalt
31 σκεῦος, vessel
32 φέρω, *aor act ind 3p*, bring
33 μεγιστάν, noble
34 παλλακή, concubine
35 παράκοιτος, consort
36 χρυσοῦς, gold
37 ἀργυροῦς, silver
38 χαλκοῦς, bronze
39 σιδηροῦς, iron
40 ξύλινος, wood
41 λίθινος, stone
42 αἰνέω, *aor act ind 2s*, praise
43 πνοή, breath

29 τότε Βαλτασαρ ὁ βασιλεὺς ἐνέδυσε[1] τὸν Δανιηλ πορφύραν[2] καὶ μανιάκην[3]
χρυσοῦν[4] περιέθηκεν[5] αὐτῷ καὶ ἔδωκεν ἐξουσίαν[6] αὐτῷ τοῦ τρίτου μέρους τῆς βασι-
λείας αὐτοῦ. **30** καὶ τὸ σύγκριμα[7] ἐπῆλθε[8] Βαλτασαρ τῷ βασιλεῖ, καὶ τὸ βασίλειον[9]
ἐξῆρται[10] ἀπὸ τῶν Χαλδαίων καὶ ἐδόθη τοῖς Μήδοις καὶ τοῖς Πέρσαις.

6 καὶ Ἀρταξέρξης ὁ τῶν Μήδων παρέλαβε[11] τὴν βασιλείαν.

Plot against Daniel

Καὶ Δαρεῖος πλήρης τῶν ἡμερῶν καὶ ἔνδοξος[12] ἐν γήρει·[13] **2** καὶ κατέστησε[14]
σατράπας[15] ἑκατὸν[16] εἴκοσι[17] ἑπτὰ ἐπὶ πάσης τῆς βασιλείας αὐτοῦ **3** καὶ ἐπ᾽ αὐτῶν
ἄνδρας τρεῖς ἡγουμένους[18] αὐτῶν, καὶ Δανιηλ εἷς ἦν τῶν τριῶν ἀνδρῶν **4** ὑπὲρ πάντας
ἔχων ἐξουσίαν[19] ἐν τῇ βασιλείᾳ. καὶ Δανιηλ ἦν ἐνδεδυμένος[20] πορφύραν[21] καὶ μέγας
καὶ ἔνδοξος[22] ἔναντι[23] Δαρείου τοῦ βασιλέως, καθότι[24] ἦν ἔνδοξος καὶ ἐπιστήμων[25]
καὶ συνετός,[26] καὶ πνεῦμα ἅγιον ἐν αὐτῷ, καὶ εὐοδούμενος[27] ἐν ταῖς πραγματείαις[28]
τοῦ βασιλέως, αἷς ἔπρασσε.[29] τότε ὁ βασιλεὺς ἐβουλεύσατο[30] καταστῆσαι[31] τὸν

1 ἐνδύω, *aor act ind 3s*, clothe, put on
2 πορφύρα, purple (garment)
3 μανιάκης, necklace
4 χρυσοῦς, gold
5 περιτίθημι, *aor act ind 3s*, place around
6 ἐξουσία, authority
7 σύγκριμα, interpretation
8 ἐπέρχομαι, *aor act ind 3s*, come upon
9 βασίλειον, royal dominion
10 ἐξαίρω, *perf pas ind 3s*, remove, take away
11 παραλαμβάνω, *aor act ind 3s*, succeed to, receive
12 ἔνδοξος, honorable, glorious
13 γῆρας, old age
14 καθίστημι, *aor act ind 3s*, appoint
15 σατράπης, governor
16 ἑκατόν, hundred
17 εἴκοσι, twenty
18 ἡγέομαι, *pres mid ptc acc p m*, lead
19 ἐξουσία, authority
20 ἐνδύω, *perf pas ptc nom s m*, clothe
21 πορφύρα, purple (garment)
22 ἔνδοξος, honorable, glorious
23 ἔναντι, before
24 καθότι, just as
25 ἐπιστήμων, wise, prudent
26 συνετός, intelligent
27 εὐοδόω, *pres pas ptc nom s m*, be prosperous
28 πραγματεία, work, affairs
29 πράσσω, *impf act ind 3s*, do, perform
30 βουλεύω, *aor mid ind 3s*, resolve, determine
31 καθίστημι, *aor act inf*, appoint

Θ **24** διὰ τοῦτο ἐκ προσώπου αὐτοῦ ἀπεστάλη ἀστράγαλος[1] χειρὸς καὶ τὴν γραφὴν ταύτην ἐνέταξεν.[2] **25** καὶ αὕτη ἡ γραφὴ ἡ ἐντεταγμένη[3] Μανη[4] θεκελ[5] φαρες.[6] **26** τοῦτο τὸ σύγκριμα[7] τοῦ ῥήματος· μανη,[8] ἐμέτρησεν[9] ὁ θεὸς τὴν βασιλείαν σου καὶ ἐπλήρωσεν αὐτήν· **27** θεκελ,[10] ἐστάθη ἐν ζυγῷ[11] καὶ εὑρέθη ὑστεροῦσα·[12] **28** φαρες,[13] διῄρηται[14] ἡ βασιλεία σου καὶ ἐδόθη Μήδοις καὶ Πέρσαις.

29 καὶ εἶπεν Βαλτασαρ καὶ ἐνέδυσαν[15] τὸν Δανιηλ πορφύραν[16] καὶ τὸν μανιάκην[17] τὸν χρυσοῦν[18] περιέθηκαν[19] περὶ τὸν τράχηλον[20] αὐτοῦ, καὶ ἐκήρυξεν[21] περὶ αὐτοῦ εἶναι αὐτὸν ἄρχοντα τρίτον ἐν τῇ βασιλείᾳ. **30** ἐν αὐτῇ τῇ νυκτὶ ἀναιρέθη[22] Βαλτασαρ ὁ βασιλεὺς ὁ Χαλδαίων.

6 Καὶ Δαρεῖος ὁ Μῆδος παρέλαβεν[23] τὴν βασιλείαν ὢν ἐτῶν ἑξήκοντα[24] δύο.

Plot against Daniel

2 καὶ ἤρεσεν[25] ἐνώπιον Δαρείου καὶ κατέστησεν[26] ἐπὶ τῆς βασιλείας σατράπας[27] ἑκατὸν[28] εἴκοσι[29] τοῦ εἶναι αὐτοὺς ἐν ὅλῃ τῇ βασιλείᾳ αὐτοῦ **3** καὶ ἐπάνω[30] αὐτῶν τακτικοὺς[31] τρεῖς, ὧν ἦν Δανιηλ εἷς ἐξ αὐτῶν, τοῦ ἀποδιδόναι[32] αὐτοῖς τοὺς σατράπας[33] λόγον, ὅπως ὁ βασιλεὺς μὴ ἐνοχλῆται·[34] **4** καὶ ἦν Δανιηλ ὑπὲρ αὐτούς, ὅτι πνεῦμα περισσὸν[35] ἐν αὐτῷ, καὶ ὁ βασιλεὺς κατέστησεν[36] αὐτὸν ἐφ᾽ ὅλης τῆς βασιλείας αὐτοῦ. **5** καὶ οἱ τακτικοὶ[37] καὶ οἱ σατράπαι[38] ἐζήτουν πρόφασιν[39] εὑρεῖν κατὰ Δανιηλ· καὶ πᾶσαν πρόφασιν καὶ παράπτωμα[40] καὶ ἀμβλάκημα[41] οὐχ εὗρον

1 ἀστράγαλος, knuckle
2 ἐντάσσω, *aor act ind 3s*, (inscribe)
3 ἐντάσσω, *perf pas ptc nom s f*, (inscribe)
4 μανη, mene, *translit.*
5 θεκελ, thekel, *translit.*
6 φαρες, half mina, *translit.*
7 σύγκριμα, interpretation
8 μανη, mene, *translit.*
9 μετρέω, *aor act ind 3s*, measure
10 θεκελ, thekel, *translit.*
11 ζυγός, yoke
12 ὑστερέω, *pres act ptc nom s f*, lack, be in want
13 φαρες, half mina, *translit.*
14 διαιρέω, *perf pas ind 3s*, divide
15 ἐνδύω, *aor act ind 3p*, clothe, put on
16 πορφύρα, purple (garment)
17 μανιάκης, necklace
18 χρυσοῦς, gold
19 περιτίθημι, *aor act ind 3p*, place around
20 τράχηλος, neck
21 κηρύσσω, *aor act ind 3s*, proclaim
22 ἀναιρέω, *aor pas ind 3s*, kill
23 παραλαμβάνω, *aor act ind 3s*, succeed to, receive
24 ἑξήκοντα, sixty
25 ἀρέσκω, *aor act ind 3s*, please
26 καθίστημι, *aor act ind 3s*, appoint
27 σατράπης, governor
28 ἑκατόν, hundred
29 εἴκοσι, twenty
30 ἐπάνω, above
31 τακτικός, chief administrator
32 ἀποδίδωμι, *pres act inf*, give account
33 σατράπης, governor
34 ἐνοχλέω, *pres pas sub 3s*, trouble
35 περισσός, greater
36 καθίστημι, *aor act ind 3s*, appoint
37 τακτικός, chief administrator
38 σατράπης, governor
39 πρόφασις, pretext
40 παράπτωμα, transgression
41 ἀμβλάκημα, error, fault

Δανιηλ ἐπὶ πάσης τῆς βασιλείας αὐτοῦ καὶ τοὺς δύο ἄνδρας, οὓς κατέστησε[1] μετ᾽
αὐτοῦ, καὶ σατράπας[2] ἑκατὸν[3] εἴκοσι[4] ἑπτά. **5** ὅτε δὲ ἐβουλεύσατο[5] ὁ βασιλεὺς
καταστῆσαι[6] τὸν Δανιηλ ἐπὶ πάσης τῆς βασιλείας αὐτοῦ, τότε βουλὴν[7] καὶ γνώ-
μην[8] ἐβουλεύσαντο[9] ἐν ἑαυτοῖς οἱ δύο νεανίσκοι[10] πρὸς ἀλλήλους[11] λέγοντες,
ἐπεὶ[12] οὐδεμίαν ἁμαρτίαν οὐδὲ ἄγνοιαν[13] ηὕρισκον κατὰ τοῦ Δανιηλ περὶ ἧς κατ-
ηγορήσουσιν[14] αὐτοῦ πρὸς τὸν βασιλέα, **6** καὶ εἶπαν Δεῦτε[15] στήσωμεν ὁρισμὸν[16] καθ᾽
ἑαυτῶν ὅτι πᾶς ἄνθρωπος οὐκ ἀξιώσει[17] ἀξίωμα[18] καὶ οὐ μὴ εὔξηται[19] εὐχὴν[20] ἀπὸ
παντὸς θεοῦ ἕως ἡμερῶν τριάκοντα,[21] ἀλλ᾽ ἢ παρὰ Δαρείου τοῦ βασιλέως· εἰ δὲ μή,
ἀποθανεῖται· ἵνα ἡττήσωσι[22] τὸν Δανιηλ ἐναντίον[23] τοῦ βασιλέως, καὶ ῥιφῇ[24] εἰς τὸν
λάκκον[25] τῶν λεόντων.[26] ᾔδεισαν[27] γὰρ ὅτι Δανιηλ προσεύχεται καὶ δεῖται[28] κυρίου
τοῦ θεοῦ αὐτοῦ τρὶς[29] τῆς ἡμέρας.

7 τότε προσήλθοσαν οἱ ἄνθρωποι ἐκεῖνοι καὶ εἶπαν ἐναντίον[30] τοῦ βασιλέως **8** Ὁρι-
σμὸν[31] καὶ στάσιν[32] ἐστήσαμεν ὅτι πᾶς ἄνθρωπος, ὃς ἂν εὔξηται[33] εὐχὴν[34] ἢ ἀξιώσῃ[35]
ἀξίωμά[36] τι παρὰ παντὸς θεοῦ ἕως ἡμερῶν τριάκοντα[37] ἀλλ᾽ ἢ παρὰ Δαρείου τοῦ
βασιλέως, ῥιφήσεται[38] εἰς τὸν λάκκον[39] τῶν λεόντων.[40] **9** καὶ ἠξίωσαν[41] τὸν βασιλέα
ἵνα στήσῃ τὸν ὁρισμὸν[42] καὶ μὴ ἀλλοιώσῃ[43] αὐτόν, διότι[44] ᾔδεισαν[45] ὅτι Δανιηλ προσ-
εύχεται καὶ δεῖται[46] τρὶς[47] τῆς ἡμέρας, ἵνα ἡττηθῇ[48] διὰ τοῦ βασιλέως καὶ ῥιφῇ[49] εἰς τὸν
λάκκον[50] τῶν λεόντων.[51] **10** καὶ οὕτως ὁ βασιλεὺς Δαρεῖος ἔστησε καὶ ἐκύρωσεν.[52]

1 καθίστημι, *aor act ind 3s*, appoint
2 σατράπης, governor
3 ἑκατόν, hundred
4 εἴκοσι, twenty
5 βουλεύω, *aor mid ind 3s*, resolve, determine
6 καθίστημι, *aor act inf*, appoint
7 βουλή, plan, scheme
8 γνώμη, decision
9 βουλεύω, *aor mid ind 3p*, resolve, determine
10 νεανίσκος, young man
11 ἀλλήλων, one another
12 ἐπεί, given that, since
13 ἄγνοια, (sin of) ignorance
14 κατηγορέω, *fut act ind 3p*, accuse
15 δεῦτε, come!
16 ὁρισμός, decree
17 ἀξιόω, *fut act ind 3s*, entreat, petition
18 ἀξίωμα, request, entreaty
19 εὔχομαι, *aor mid sub 3s*, vow
20 εὐχή, vow
21 τριάκοντα, thirty
22 ἡττάω, *aor act sub 3p*, weaken, defeat
23 ἐναντίον, before
24 ῥίπτω, *aor pas sub 3s*, throw, cast
25 λάκκος, pit, den
26 λέων, lion
27 οἶδα, *plpf act ind 3p*, know
28 δέομαι, *pres mid ind 3s*, pray, supplicate
29 τρίς, three times
30 ἐναντίον, before
31 ὁρισμός, decree
32 στάσις, statute
33 εὔχομαι, *aor mid sub 3s*, vow
34 εὐχή, vow
35 ἀξιόω, *aor act sub 3s*, entreat, petition
36 ἀξίωμα, request, entreaty
37 τριάκοντα, thirty
38 ῥίπτω, *fut pas ind 3s*, throw, cast
39 λάκκος, pit, den
40 λέων, lion
41 ἀξιόω, *aor act ind 3p*, entreat, petition
42 ὁρισμός, decree
43 ἀλλοιόω, *aor act sub 3s*, change, alter
44 διότι, because
45 οἶδα, *plpf act ind 3p*, know
46 δέομαι, *pres mid ind 3s*, pray, supplicate
47 τρίς, three times
48 ἡττάω, *aor pas sub 3s*, weaken, defeat
49 ῥίπτω, *aor pas sub 3s*, throw, cast
50 λάκκος, pit, den
51 λέων, lion
52 κυρόω, *aor act ind 3s*, confirm, ratify

Θ κατ᾽ αὐτοῦ, ὅτι πιστὸς[1] ἦν. **6** καὶ εἶπον οἱ τακτικοί[2] Οὐχ εὑρήσομεν κατὰ Δανιηλ πρόφασιν[3] εἰ μὴ ἐν νομίμοις[4] θεοῦ αὐτοῦ.

7 τότε οἱ τακτικοὶ[5] καὶ οἱ σατράπαι[6] παρέστησαν[7] τῷ βασιλεῖ καὶ εἶπαν αὐτῷ Δαρεῖε βασιλεῦ, εἰς τοὺς αἰῶνας ζῆθι· **8** συνεβουλεύσαντο[8] πάντες οἱ ἐπὶ τῆς βασιλείας σου στρατηγοὶ[9] καὶ σατράπαι,[10] ὕπατοι[11] καὶ τοπάρχαι[12] τοῦ στῆσαι στάσει[13] βασιλικῇ[14] καὶ ἐνισχῦσαι[15] ὁρισμόν,[16] ὅπως ὃς ἂν αἰτήσῃ[17] αἴτημα[18] παρὰ παντὸς θεοῦ καὶ ἀνθρώπου ἕως ἡμερῶν τριάκοντα[19] ἀλλ᾽ ἢ παρὰ σοῦ, βασιλεῦ, ἐμβληθήσεται[20] εἰς τὸν λάκκον[21] τῶν λεόντων·[22] **9** νῦν οὖν, βασιλεῦ, στῆσον τὸν ὁρισμὸν[23] καὶ ἔκθες[24] γραφήν, ὅπως μὴ ἀλλοιωθῇ[25] τὸ δόγμα[26] Μήδων καὶ Περσῶν. **10** τότε ὁ βασιλεὺς Δαρεῖος ἐπέταξεν[27] γραφῆναι τὸ δόγμα.[28]

1 πιστός, faithful
2 τακτικός, chief administrator
3 πρόφασις, pretext
4 νόμιμος, legal ordinance
5 τακτικός, chief administrator
6 σατράπης, governor
7 παρίστημι, *aor act ind 3p*, approach, attend on
8 συμβουλεύω, *aor mid ind 3p*, take counsel, deliberate
9 στρατηγός, general, commander
10 σατράπης, governor
11 ὕπατος, authority, consul
12 τοπάρχης, officer
13 στάσις, stipulation
14 βασιλικός, royal
15 ἐνισχύω, *aor act inf*, confirm
16 ὁρισμός, decree
17 αἰτέω, *aor act sub 3s*, ask for, request
18 αἴτημα, request
19 τριάκοντα, thirty
20 ἐμβάλλω, *fut pas ind 3s*, throw into
21 λάκκος, pit, den
22 λέων, lion
23 ὁρισμός, decree
24 ἐκτίθημι, *aor act impv 2s*, publish
25 ἀλλοιόω, *aor pas sub 3s*, change, alter
26 δόγμα, decree, ordinance
27 ἐπιτάσσω, *aor act ind 3s*, order, instruct
28 δόγμα, decree, ordinance

Daniel in the Lions' Den

11 ἐπιγνοὺς δὲ Δανιηλ τὸν ὁρισμόν,[1] ὃν ἔστησε κατ' αὐτοῦ, θυρίδας[2] ἤνοιξεν ἐν τῷ
ὑπερῴῳ[3] αὐτοῦ κατέναντι[4] Ιερουσαλημ καὶ ἔπιπτεν ἐπὶ πρόσωπον αὐτοῦ τρὶς[5] τῆς
ἡμέρας, καθὼς ἐποίει ἔμπροσθεν,[6] καὶ ἐδεῖτο.[7] **12** καὶ αὐτοὶ ἐτήρησαν[8] τὸν Δανιηλ
καὶ κατελάβοσαν[9] αὐτὸν εὐχόμενον[10] τρὶς[11] τῆς ἡμέρας καθ' ἑκάστην ἡμέραν. **13** τότε
οὗτοι οἱ ἄνθρωποι ἐνέτυχον[12] τῷ βασιλεῖ καὶ εἶπαν Δαρεῖε βασιλεῦ, οὐχ ὁρισμὸν[13]
ὡρίσω[14] ἵνα πᾶς ἄνθρωπος μὴ εὔξηται[15] εὐχὴν[16] μηδὲ ἀξιώσῃ[17] ἀξίωμα[18] παρὰ παντὸς
θεοῦ ἕως ἡμερῶν τριάκοντα[19] ἀλλὰ παρὰ σοῦ, βασιλεῦ· εἰ δὲ μή, ῥιφήσεται[20] εἰς τὸν
λάκκον[21] τῶν λεόντων;[22] ἀποκριθεὶς δὲ ὁ βασιλεὺς εἶπεν αὐτοῖς Ἀκριβὴς[23] ὁ λόγος,
καὶ μενεῖ ὁ ὁρισμός.[24] **13b** καὶ εἶπον αὐτῷ Ὁρκίζομέν[25] σε τοῖς Μήδων καὶ Περσῶν
δόγμασιν,[26] ἵνα μὴ ἀλλοιώσῃς[27] τὸ πρόσταγμα[28] μηδὲ θαυμάσῃς[29] πρόσωπον καὶ ἵνα
μὴ ἐλαττώσῃς[30] τι τῶν εἰρημένων καὶ κολάσῃς[31] τὸν ἄνθρωπον, ὃς οὐκ ἐνέμεινε[32]
τῷ ὁρισμῷ[33] τούτῳ. καὶ εἶπεν Οὕτως ποιήσω καθὼς λέγετε, καὶ ἕστηκέ μοι τοῦτο.
14 καὶ εἶπαν Ἰδοὺ εὕρομεν Δανιηλ τὸν φίλον[34] σου εὐχόμενον[35] καὶ δεόμενον[36] τοῦ
προσώπου τοῦ θεοῦ αὐτοῦ τρὶς[37] τῆς ἡμέρας.

15 καὶ λυπούμενος[38] ὁ βασιλεὺς εἶπεν ῥιφῆναι[39] τὸν Δανιηλ εἰς τὸν λάκκον[40] τῶν
λεόντων[41] κατὰ τὸν ὁρισμόν,[42] ὃν ἔστησε κατ' αὐτοῦ. τότε ὁ βασιλεὺς σφόδρα[43]

1 ὁρισμός, decree
2 θυρίς, window
3 ὑπερῷον, upper room
4 κατέναντι, opposite
5 τρίς, three times
6 ἔμπροσθεν, previously
7 δέομαι, *impf mid ind 3s*, pray, supplicate
8 τηρέω, *aor act ind 3p*, observe closely
9 καταλαμβάνω, *aor act ind 3p*, lay hold of, catch
10 εὔχομαι, *pres mid ptc acc s m*, vow, pray
11 τρίς, three times
12 ἐντυγχάνω, *aor act ind 3p*, converse with
13 ὁρισμός, decree
14 ὁρίζω, *aor mid ind 2s*, ordain
15 εὔχομαι, *aor mid sub 3s*, vow
16 εὐχή, vow
17 ἀξιόω, *aor act sub 3s*, entreat, petition
18 ἀξίωμα, request, entreaty
19 τριάκοντα, thirty
20 ῥίπτω, *fut pas ind 3s*, throw, cast
21 λάκκος, pit, den
22 λέων, lion
23 ἀκριβής, accurate
24 ὁρισμός, decree
25 ὁρκίζω, *pres act ind 1p*, adjure, bind to an oath
26 δόγμα, public ordinance
27 ἀλλοιόω, *aor act sub 2s*, change, alter
28 πρόσταγμα, ordinance, decree
29 θαυμάζω, *aor act sub 2s*, admire
30 ἐλαττόω, *aor act sub 2s*, reduce
31 κολάζω, *aor act sub 2s*, punish
32 ἐμμένω, *aor act ind 3s*, abide by
33 ὁρισμός, decree
34 φίλος, friend, associate
35 εὔχομαι, *pres mid ptc acc s m*, vow, pray
36 δέομαι, *pres mid ptc acc s m*, pray, supplicate
37 τρίς, three times
38 λυπέω, *pres pas ptc nom s m*, grieve
39 ῥίπτω, *aor pas inf*, throw, cast
40 λάκκος, pit, den
41 λέων, lion
42 ὁρισμός, decree
43 σφόδρα, exceedingly

Θ

Daniel in the Lions' Den

11 καὶ Δανιηλ, ἡνίκα[1] ἔγνω ὅτι ἐνετάγη[2] τὸ δόγμα,[3] εἰσῆλθεν εἰς τὸν οἶκον αὐτοῦ, καὶ
αἱ θυρίδες[4] ἀνεῳγμέναι αὐτῷ ἐν τοῖς ὑπερῴοις[5] αὐτοῦ κατέναντι[6] Ιερουσαλημ, καὶ
καιροὺς τρεῖς τῆς ἡμέρας ἦν κάμπτων[7] ἐπὶ τὰ γόνατα[8] αὐτοῦ καὶ προσευχόμενος καὶ
ἐξομολογούμενος[9] ἐναντίον[10] τοῦ θεοῦ αὐτοῦ, καθὼς ἦν ποιῶν ἔμπροσθεν.[11] **12** τότε
οἱ ἄνδρες ἐκεῖνοι παρετήρησαν[12] καὶ εὗρον τὸν Δανιηλ ἀξιοῦντα[13] καὶ δεόμενον[14]
τοῦ θεοῦ αὐτοῦ. **13** καὶ προσελθόντες λέγουσιν τῷ βασιλεῖ Βασιλεῦ, οὐχ ὁρισμὸν[15]
ἔταξας[16] ὅπως πᾶς ἄνθρωπος, ὃς ἂν αἰτήσῃ[17] παρὰ παντὸς θεοῦ καὶ ἀνθρώπου
αἴτημα[18] ἕως ἡμερῶν τριάκοντα[19] ἀλλ' ἢ παρὰ σοῦ, βασιλεῦ, ἐμβληθήσεται[20] εἰς τὸν
λάκκον[21] τῶν λεόντων;[22] καὶ εἶπεν ὁ βασιλεύς Ἀληθινὸς[23] ὁ λόγος, καὶ τὸ δόγμα[24]
Μήδων καὶ Περσῶν οὐ παρελεύσεται.[25] **14** τότε ἀπεκρίθησαν καὶ λέγουσιν ἐνώπιον
τοῦ βασιλέως Δανιηλ ὁ ἀπὸ τῶν υἱῶν τῆς αἰχμαλωσίας[26] τῆς Ιουδαίας οὐχ ὑπετάγη[27]
τῷ δόγματί[28] σου περὶ τοῦ ὁρισμοῦ,[29] οὗ ἔταξας,[30] καὶ καιροὺς τρεῖς τῆς ἡμέρας
αἰτεῖ[31] παρὰ τοῦ θεοῦ αὐτοῦ τὰ αἰτήματα[32] αὐτοῦ.

15 τότε ὁ βασιλεύς, ὡς τὸ ῥῆμα ἤκουσεν, πολὺ ἐλυπήθη[33] ἐπ' αὐτῷ καὶ περὶ τοῦ
Δανιηλ ἠγωνίσατο[34] τοῦ ἐξελέσθαι[35] αὐτὸν καὶ ἕως ἑσπέρας[36] ἦν ἀγωνιζόμενος[37]

1 ἡνίκα, when
2 ἐντάσσω, *aor pas ind 3s*, issue, order
3 δόγμα, decree, ordinance
4 θυρίς, window
5 ὑπερῷον, upper room
6 κατέναντι, opposite
7 κάμπτω, *pres act ptc nom s m*, bend, bow down
8 γόνυ, knee
9 ἐξομολογέομαι, *pres mid ptc nom s m*, confess
10 ἐναντίον, before
11 ἔμπροσθεν, previously
12 παρατηρέω, *aor act ind 3p*, watch closely
13 ἀξιόω, *pres act ptc acc s m*, entreat, petition
14 δέομαι, *pres mid ptc acc s m*, pray, supplicate
15 ὁρισμός, decree
16 τάσσω, *aor act ind 2s*, prescribe, set forth
17 αἰτέω, *aor act sub 3s*, ask for, request
18 αἴτημα, request
19 τριάκοντα, thirty
20 ἐμβάλλω, *fut pas ind 3s*, throw into
21 λάκκος, pit, den
22 λέων, lion
23 ἀληθινός, truthful
24 δόγμα, decree, ordinance
25 παρέρχομαι, *fut mid ind 3s*, transgress
26 αἰχμαλωσία, group of captives
27 ὑποτάσσω, *aor pas ind 3s*, obey
28 δόγμα, decree, ordinance
29 ὁρισμός, decree
30 τάσσω, *aor act ind 2s*, prescribe, set forth
31 αἰτέω, *pres act ind 3s*, ask for, request
32 αἴτημα, request
33 λυπέω, *aor pas ind 3s*, grieve
34 ἀγωνίζομαι, *aor mid ind 3s*, struggle, agonize
35 ἐξαιρέω, *aor mid inf*, rescue, deliver
36 ἑσπέρα, evening
37 ἀγωνίζομαι, *pres mid ptc nom s m*, struggle, agonize

OG

ἐλυπήθη[1] ἐπὶ τῷ Δανιηλ καὶ ἐβοήθει[2] τοῦ ἐξελέσθαι[3] αὐτὸν ἕως δυσμῶν[4] ἡλίου
ἀπὸ τῶν χειρῶν τῶν σατραπῶν[5] **16** καὶ οὐκ ἠδύνατο ἐξελέσθαι[6] αὐτὸν ἀπ᾽ αὐτῶν.
17 ἀναβοήσας[7] δὲ Δαρεῖος ὁ βασιλεὺς εἶπε τῷ Δανιηλ Ὁ θεός σου, ᾧ σὺ λατρεύεις[8]
ἐνδελεχῶς[9] τρὶς[10] τῆς ἡμέρας, αὐτὸς ἐξελεῖταί[11] σε ἐκ χειρὸς τῶν λεόντων·[12] ἕως
πρωὶ[13] θάρρει.[14] **18** τότε Δανιηλ ἐρρίφη[15] εἰς τὸν λάκκον[16] τῶν λεόντων,[17] καὶ
ἠνέχθη[18] λίθος καὶ ἐτέθη εἰς τὸ στόμα τοῦ λάκκου, καὶ ἐσφραγίσατο[19] ὁ βασιλεὺς
ἐν τῷ δακτυλίῳ[20] ἑαυτοῦ καὶ ἐν τοῖς δακτυλίοις τῶν μεγιστάνων[21] αὐτοῦ, ὅπως μὴ
ἀπ᾽ αὐτῶν ἀρθῇ ὁ Δανιηλ ἢ ὁ βασιλεὺς αὐτὸν ἀνασπάσῃ[22] ἐκ τοῦ λάκκου. **19** τότε
ὑπέστρεψεν[23] ὁ βασιλεὺς εἰς τὰ βασίλεια[24] αὐτοῦ καὶ ηὐλίσθη[25] νῆστις[26] καὶ ἦν
λυπούμενος[27] περὶ τοῦ Δανιηλ. τότε ὁ θεὸς τοῦ Δανιηλ πρόνοιαν[28] ποιούμενος
αὐτοῦ ἀπέκλεισε[29] τὰ στόματα τῶν λεόντων,[30] καὶ οὐ παρηνώχλησαν[31] τῷ Δανιηλ.

20 καὶ ὁ βασιλεὺς Δαρεῖος ὤρθρισε[32] πρωὶ[33] καὶ παρέλαβε[34] μεθ᾽ ἑαυτοῦ τοὺς σατρά-
πας[35] καὶ πορευθεὶς ἔστη ἐπὶ τοῦ στόματος τοῦ λάκκου[36] τῶν λεόντων.[37] **21** τότε ὁ
βασιλεὺς ἐκάλεσε τὸν Δανιηλ φωνῇ μεγάλῃ μετὰ κλαυθμοῦ[38] λέγων Ὦ[39] Δανιηλ, εἰ
ἄρα ζῇς, καὶ ὁ θεός σου, ᾧ λατρεύεις[40] ἐνδελεχῶς,[41] σέσωκέ σε ἀπὸ τῶν λεόντων,[42]
καὶ οὐκ ἠχρείωκάν[43] σε; **22** τότε Δανιηλ ἐπήκουσε[44] φωνῇ μεγάλῃ καὶ εἶπεν Βασιλεῦ,
ἔτι εἰμὶ ζῶν, **23** καὶ σέσωκέ με ὁ θεὸς ἀπὸ τῶν λεόντων,[45] καθότι[46] δικαιοσύνη ἐν ἐμοὶ
εὑρέθη ἐναντίον[47] αὐτοῦ· καὶ ἐναντίον δὲ σοῦ, βασιλεῦ, οὔτε ἄγνοια[48] οὔτε ἁμαρτία
εὑρέθη ἐν ἐμοί· σὺ δὲ ἤκουσας ἀνθρώπων πλανώντων βασιλεῖς καὶ ἔρριψάς[49] με εἰς

1 λυπέω, *aor pas ind 3s*, grieve
2 βοηθέω, *impf act ind 3s*, assist, help
3 ἐξαιρέω, *aor mid inf*, rescue, deliver
4 δυσμή, setting
5 σατράπης, governor
6 ἐξαιρέω, *aor mid inf*, rescue, deliver
7 ἀναβοάω, *aor act ptc nom s m*, cry out
8 λατρεύω, *pres act ind 2s*, serve
9 ἐνδελεχῶς, continually
10 τρίς, three times
11 ἐξαιρέω, *fut mid ind 3s*, rescue, deliver
12 λέων, lion
13 πρωί, morning
14 θαρρέω, *pres act impv 2s*, take courage
15 ῥίπτω, *aor pas ind 3s*, throw, cast
16 λάκκος, pit, den
17 λέων, lion
18 φέρω, *aor pas ind 3s*, carry, bring
19 σφραγίζω, *aor mid ind 3s*, seal up
20 δακτύλιος, signet ring
21 μεγιστάν, noble
22 ἀνασπάω, *aor act sub 3s*, pull up
23 ὑποστρέφω, *aor act ind 3s*, return
24 βασίλειον, royal palace
25 αὐλίζομαι, *aor pas ind 3s*, pass the night
26 νῆστις, fasting
27 λυπέω, *pres pas ptc nom s m*, grieve
28 πρόνοια, forethought
29 ἀποκλείω, *aor act ind 3s*, close, shut
30 λέων, lion
31 παρενοχλέω, *aor act ind 3p*, trouble
32 ὀρθρίζω, *aor act ind 3s*, rise early
33 πρωί, (in the) morning
34 παραλαμβάνω, *aor act ind 3s*, take along with
35 σατράπης, governor
36 λάκκος, pit, den
37 λέων, lion
38 κλαυθμός, wailing
39 ὦ, O!
40 λατρεύω, *pres act ind 2s*, serve
41 ἐνδελεχῶς, continually
42 λέων, lion
43 ἀχρειόω, *perf act ind 3p*, destroy
44 ἐπακούω, *aor act ind 3s*, hear
45 λέων, lion
46 καθότι, because
47 ἐναντίον, before
48 ἄγνοια, (sin of) ignorance
49 ῥίπτω, *aor act ind 2s*, throw, cast

Θ τοῦ ἐξελέσθαι αὐτόν. **16** τότε οἱ ἄνδρες ἐκεῖνοι λέγουσιν τῷ βασιλεῖ Γνῶθι, βασιλεῦ,
ὅτι δόγμα[1] Μήδοις καὶ Πέρσαις τοῦ πᾶν ὁρισμὸν[2] καὶ στάσιν,[3] ἣν ἂν ὁ βασιλεὺς
στήσῃ, οὐ δεῖ[4] παραλλάξαι.[5] **17** τότε ὁ βασιλεὺς εἶπεν καὶ ἤγαγον τὸν Δανιηλ καὶ
ἐνέβαλον[6] αὐτὸν εἰς τὸν λάκκον[7] τῶν λεόντων·[8] καὶ εἶπεν ὁ βασιλεὺς τῷ Δανιηλ
Ὁ θεός σου, ᾧ σὺ λατρεύεις[9] ἐνδελεχῶς,[10] αὐτὸς ἐξελεῖταί[11] σε. **18** καὶ ἤνεγκαν[12]
λίθον καὶ ἐπέθηκαν ἐπὶ τὸ στόμα τοῦ λάκκου,[13] καὶ ἐσφραγίσατο[14] ὁ βασιλεὺς ἐν
τῷ δακτυλίῳ[15] αὐτοῦ καὶ ἐν τῷ δακτυλίῳ τῶν μεγιστάνων[16] αὐτοῦ, ὅπως μὴ ἀλ-
λοιωθῇ[17] πρᾶγμα[18] ἐν τῷ Δανιηλ. **19** καὶ ἀπῆλθεν ὁ βασιλεὺς εἰς τὸν οἶκον αὐτοῦ
καὶ ἐκοιμήθη[19] ἄδειπνος,[20] καὶ ἐδέσματα[21] οὐκ εἰσήνεγκαν[22] αὐτῷ, καὶ ὁ ὕπνος[23]
ἀπέστη[24] ἀπ' αὐτοῦ. καὶ ἀπέκλεισεν[25] ὁ θεὸς τὰ στόματα τῶν λεόντων,[26] καὶ οὐ
παρηνώχλησαν[27] τῷ Δανιηλ.

20 τότε ὁ βασιλεὺς ἀνέστη τὸ πρωὶ[28] ἐν τῷ φωτὶ καὶ ἐν σπουδῇ[29] ἦλθεν ἐπὶ τὸν
λάκκον[30] τῶν λεόντων·[31] **21** καὶ ἐν τῷ ἐγγίζειν αὐτὸν τῷ λάκκῳ[32] ἐβόησεν[33] φωνῇ
ἰσχυρᾷ[34] Δανιηλ ὁ δοῦλος τοῦ θεοῦ τοῦ ζῶντος, ὁ θεός σου, ᾧ σὺ λατρεύεις[35]
ἐνδελεχῶς,[36] εἰ ἠδυνήθη ἐξελέσθαι[37] σε ἐκ στόματος τῶν λεόντων;[38] **22** καὶ εἶπεν
Δανιηλ τῷ βασιλεῖ Βασιλεῦ, εἰς τοὺς αἰῶνας ζῆθι. **23** ὁ θεός μου ἀπέστειλεν τὸν
ἄγγελον αὐτοῦ, καὶ ἐνέφραξεν[39] τὰ στόματα τῶν λεόντων,[40] καὶ οὐκ ἐλυμήναντό[41]
με, ὅτι κατέναντι[42] αὐτοῦ εὐθύτης[43] ηὑρέθη μοι· καὶ ἐνώπιον δὲ σοῦ, βασιλεῦ,

1 δόγμα, decree, ordinance
2 ὁρισμός, decree
3 στάσις, stipulation
4 δεῖ, *pres act ind 3s*, be necessary
5 παραλλάσσω, *aor act inf*, change, make different
6 ἐμβάλλω, *aor act ind 3p*, throw into
7 λάκκος, pit, den
8 λέων, lion
9 λατρεύω, *pres act ind 2s*, serve
10 ἐνδελεχῶς, continually
11 ἐξαιρέω, *fut mid ind 3s*, rescue, deliver
12 φέρω, *aor act ind 3p*, carry, bring
13 λάκκος, pit, den
14 σφραγίζω, *aor mid ind 3s*, seal up
15 δακτύλιος, signet ring
16 μεγιστάν, noble
17 ἀλλοιόω, *aor pas sub 3s*, change, alter
18 πρᾶγμα, undertaking, matter
19 κοιμάω, *aor pas ind 3s*, go to bed
20 ἄδειπνος, without dinner
21 ἔδεσμα, delicacy, choice food
22 εἰσφέρω, *aor act ind 3p*, bring to
23 ὕπνος, sleep
24 ἀφίστημι, *aor act ind 3s*, depart from
25 ἀποκλείω, *aor act ind 3s*, close, shut
26 λέων, lion
27 παρενοχλέω, *aor act ind 3p*, trouble
28 πρωί, (in the) morning
29 σπουδή, haste
30 λάκκος, pit, den
31 λέων, lion
32 λάκκος, pit, den
33 βοάω, *aor act ind 3s*, cry out
34 ἰσχυρός, strong, loud
35 λατρεύω, *pres act ind 2s*, serve
36 ἐνδελεχῶς, continually
37 ἐξαιρέω, *aor mid inf*, rescue, deliver
38 λέων, lion
39 ἐμφράσσω, *aor act ind 3s*, stop up
40 λέων, lion
41 λυμαίνομαι, *aor mid ind 3p*, injure, harm
42 κατέναντι, before, in the presence of
43 εὐθύτης, uprightness

OG

τὸν λάκκον[1] τῶν λεόντων εἰς ἀπώλειαν.[2] **24** τότε συνήχθησαν πᾶσαι αἱ δυνάμεις
καὶ εἶδον τὸν Δανιηλ, ὡς οὐ παρηνώχλησαν[3] αὐτῷ οἱ λέοντες.[4] **25** τότε οἱ δύο ἄν-
θρωποι ἐκεῖνοι οἱ καταμαρτυρήσαντες[5] τοῦ Δανιηλ, αὐτοὶ καὶ αἱ γυναῖκες αὐτῶν
καὶ τὰ τέκνα αὐτῶν, ἐρρίφησαν[6] τοῖς λέουσι,[7] καὶ οἱ λέοντες ἀπέκτειναν αὐτοὺς καὶ
ἔθλασαν[8] τὰ ὀστᾶ[9] αὐτῶν.

Darius's Decree

26 τότε Δαρεῖος ἔγραψε πᾶσι τοῖς ἔθνεσι καὶ χώραις[10] καὶ γλώσσαις, τοῖς οἰκοῦσιν[11]
ἐν πάσῃ τῇ γῇ αὐτοῦ λέγων **27** Πάντες οἱ ἄνθρωποι οἱ ὄντες ἐν τῇ βασιλείᾳ μου
ἔστωσαν προσκυνοῦντες καὶ λατρεύοντες[12] τῷ θεῷ τοῦ Δανιηλ,

αὐτὸς γάρ ἐστι θεὸς μένων[13]
καὶ ζῶν εἰς γενεὰς γενεῶν ἕως τοῦ αἰῶνος·

28 ἐγὼ Δαρεῖος ἔσομαι αὐτῷ προσκυνῶν καὶ δουλεύων[14] πάσας τὰς ἡμέρας μου,
τὰ γὰρ εἴδωλα[15] τὰ χειροποίητα[16] οὐ δύνανται σῶσαι, ὡς ἐλυτρώσατο[17] ὁ θεὸς τοῦ
Δανιηλ τὸν Δανιηλ. **29** καὶ ὁ βασιλεὺς Δαρεῖος προσετέθη[18] πρὸς τὸ γένος[19] αὐτοῦ,
καὶ Δανιηλ κατεστάθη[20] ἐπὶ τῆς βασιλείας Δαρείου· καὶ Κῦρος ὁ Πέρσης παρέλαβε[21]
τὴν βασιλείαν αὐτοῦ.

1 λάκκος, pit, den
2 ἀπώλεια, destruction, ruin
3 παρενοχλέω, *aor act ind 3p*, trouble
4 λέων, lion
5 καταμαρτυρέω, *aor act ptc nom p m*, testify against
6 ῥίπτω, *aor pas ind 3p*, throw, cast
7 λέων, lion
8 θλάω, *aor act ind 3p*, crush
9 ὀστέον, bone
10 χώρα, territory
11 οἰκέω, *pres act ptc dat p m*, dwell
12 λατρεύω, *pres act ptc nom p m*, serve
13 μένω, *pres act ptc nom s m*, abide, endure
14 δουλεύω, *pres act ptc nom s m*, serve
15 εἴδωλον, idol
16 χειροποίητος, made by hands
17 λυτρόω, *aor mid ind 3s*, redeem, deliver
18 προστίθημι, *aor pas ind 3s*, add to
19 γένος, family
20 καθίστημι, *aor pas ind 3s*, appoint
21 παραλαμβάνω, *aor act ind 3s*, succeed to, receive

Θ παράπτωμα[1] οὐκ ἐποίησα. **24** τότε ὁ βασιλεὺς πολὺ ἠγαθύνθη[2] ἐπ' αὐτῷ καὶ τὸν
Δανιηλ εἶπεν ἀνενέγκαι[3] ἐκ τοῦ λάκκου·[4] καὶ ἀνηνέχθη[5] Δανιηλ ἐκ τοῦ λάκκου,
καὶ πᾶσα διαφθορὰ[6] οὐχ εὑρέθη ἐν αὐτῷ, ὅτι ἐπίστευσεν ἐν τῷ θεῷ αὐτοῦ. **25** καὶ
εἶπεν ὁ βασιλεύς, καὶ ἠγάγοσαν τοὺς ἄνδρας τοὺς διαβαλόντας[7] τὸν Δανιηλ, καὶ εἰς
τὸν λάκκον[8] τῶν λεόντων[9] ἐνεβλήθησαν,[10] αὐτοὶ καὶ οἱ υἱοὶ αὐτῶν καὶ αἱ γυναῖκες
αὐτῶν· καὶ οὐκ ἔφθασαν[11] εἰς τὸ ἔδαφος[12] τοῦ λάκκου ἕως οὗ ἐκυρίευσαν[13] αὐτῶν
οἱ λέοντες καὶ πάντα τὰ ὀστᾶ[14] αὐτῶν ἐλέπτυναν.[15]

Darius's Decree

26 τότε Δαρεῖος ὁ βασιλεὺς ἔγραψεν πᾶσι τοῖς λαοῖς, φυλαῖς, γλώσσαις, τοῖς οἰ-
κοῦσιν[16] ἐν πάσῃ τῇ γῇ Εἰρήνη ὑμῖν πληθυνθείη·[17] **27** ἐκ προσώπου μου ἐτέθη
δόγμα[18] τοῦ ἐν πάσῃ ἀρχῇ τῆς βασιλείας μου εἶναι τρέμοντας[19] καὶ φοβουμένους
ἀπὸ προσώπου τοῦ θεοῦ Δανιηλ,

ὅτι αὐτός ἐστιν θεὸς ζῶν
  καὶ μένων[20] εἰς τοὺς αἰῶνας,
καὶ ἡ βασιλεία αὐτοῦ οὐ διαφθαρήσεται,[21]
  καὶ ἡ κυριεία[22] αὐτοῦ ἕως τέλους·
28 ἀντιλαμβάνεται[23] καὶ ῥύεται[24]
  καὶ ποιεῖ σημεῖα καὶ τέρατα[25] ἐν οὐρανῷ καὶ ἐπὶ τῆς γῆς,
ὅστις ἐξείλατο[26] τὸν Δανιηλ ἐκ χειρὸς τῶν λεόντων.[27]

29 καὶ Δανιηλ κατεύθυνεν[28] ἐν τῇ βασιλείᾳ Δαρείου καὶ ἐν τῇ βασιλείᾳ Κύρου τοῦ
Πέρσου.

1 παράπτωμα, transgression
2 ἀγαθύνω, *aor pas ind 3s*, cheer, comfort
3 ἀναφέρω, *aor act inf*, bring up
4 λάκκος, pit, den
5 ἀναφέρω, *aor pas ind 3s*, bring up
6 διαφθορά, harm, injury
7 διαβάλλω, *aor act ptc acc p m*, accuse, slander
8 λάκκος, pit, den
9 λέων, lion
10 ἐμβάλλω, *aor pas ind 3p*, throw into
11 φθάνω, *aor act ind 3p*, reach
12 ἔδαφος, bottom
13 κυριεύω, *aor act ind 3p*, overpower
14 ὀστέον, bone
15 λεπτύνω, *aor act ind 3p*, crush
16 οἰκέω, *pres act ptc dat p m*, dwell
17 πληθύνω, *aor pas opt 3s*, multiply
18 δόγμα, decree, ordinance
19 τρέμω, *pres act ptc acc p m*, tremble
20 μένω, *pres act ptc nom s m*, abide, endure
21 διαφθείρω, *fut pas ind 3s*, utterly destroy
22 κυριεία, dominion, lordship
23 ἀντιλαμβάνομαι, *pres mid ind 3s*, help, support
24 ῥύομαι, *pres mid ind 3s*, save, rescue
25 τέρας, wonder
26 ἐξαιρέω, *aor mid ind 3s*, rescue, deliver
27 λέων, lion
28 κατευθύνω, *impf act ind 3s*, succeed, prosper

Daniel's Vision of the Four Beasts

7 Ἔτους πρώτου βασιλεύοντος[1] Βαλτασαρ χώρας[2] Βαβυλωνίας Δανιηλ ὅραμα[3]
εἶδε παρὰ κεφαλὴν ἐπὶ τῆς κοίτης[4] αὐτοῦ· τότε Δανιηλ τὸ ὅραμα, ὃ εἶδεν, ἔγρα-
ψεν εἰς κεφάλαια[5] λόγων **2** Ἐπὶ τῆς κοίτης[6] μου ἐθεώρουν[7] καθ᾽ ὕπνους[8] νυκτὸς καὶ
ἰδοὺ τέσσαρες ἄνεμοι[9] τοῦ οὐρανοῦ ἐνέπεσον[10] εἰς τὴν θάλασσαν τὴν μεγάλην.
3 καὶ τέσσαρα θηρία ἀνέβαινον ἐκ τῆς θαλάσσης διαφέροντα[11] ἓν παρὰ τὸ ἕν. **4** τὸ
πρῶτον ὡσεὶ[12] λέαινα[13] ἔχουσα πτερὰ[14] ὡσεὶ ἀετοῦ·[15] ἐθεώρουν[16] ἕως ὅτου ἐτίλη[17]
τὰ πτερὰ[18] αὐτῆς, καὶ ἤρθη ἀπὸ τῆς γῆς καὶ ἐπὶ ποδῶν ἀνθρωπίνων[19] ἐστάθη, καὶ
ἀνθρωπίνη καρδία ἐδόθη αὐτῇ. **5** καὶ ἰδοὺ μετ᾽ αὐτὴν ἄλλο θηρίον ὁμοίωσιν[20] ἔχον
ἄρκου,[21] καὶ ἐπὶ τοῦ ἑνὸς πλευροῦ[22] ἐστάθη, καὶ τρία πλευρὰ[23] ἦν ἐν τῷ στόματι
αὐτῆς, καὶ οὕτως εἶπεν Ἀνάστα κατάφαγε[24] σάρκας πολλάς.

6 καὶ μετὰ ταῦτα ἐθεώρουν[25] θηρίον ἄλλο ὡσεὶ[26] πάρδαλιν,[27] καὶ πτερὰ[28] τέσσαρα
ἐπέτεινον[29] ἐπάνω[30] αὐτοῦ, καὶ τέσσαρες κεφαλαὶ τῷ θηρίῳ, καὶ γλῶσσα ἐδόθη
αὐτῷ. **7** μετὰ δὲ ταῦτα ἐθεώρουν[31] ἐν ὁράματι[32] τῆς νυκτὸς θηρίον τέταρτον[33] φοβε-
ρόν,[34] καὶ ὁ φόβος αὐτοῦ ὑπερφέρων[35] ἰσχύι,[36] ἔχον ὀδόντας[37] σιδηροῦς[38] μεγάλους,
ἐσθίον καὶ κοπανίζον,[39] κύκλῳ[40] τοῖς ποσὶ καταπατοῦν,[41] διαφόρως[42] χρώμενον[43]
παρὰ πάντα τὰ πρὸ αὐτοῦ θηρία· εἶχε δὲ κέρατα[44] δέκα,[45] **8** καὶ βουλαὶ[46] πολλαὶ ἐν
τοῖς κέρασιν[47] αὐτοῦ. καὶ ἰδοὺ ἄλλο ἓν κέρας ἀνεφύη[48] ἀνὰ μέσον[49] αὐτῶν μικρὸν

1 βασιλεύω, *pres act ptc gen s m*, reign as king
2 χώρα, land, territory
3 ὅραμα, vision
4 κοίτη, bed
5 κεφάλαιον, summary
6 κοίτη, bed
7 θεωρέω, *impf act ind 1s*, see, behold
8 ὕπνος, sleep
9 ἄνεμος, wind
10 ἐμπίπτω, *aor act ind 3p*, fall upon
11 διαφέρω, *pres act ptc nom p n*, differ from
12 ὡσεί, as, like
13 λέαινα, lioness
14 πτερόν, wing
15 ἀετός, eagle
16 θεωρέω, *impf act ind 1s*, see, behold
17 τίλλω, *aor pas ind 3s*, pluck
18 πτερόν, (feather of a) wing
19 ἀνθρώπινος, human
20 ὁμοίωσις, likeness, resemblance
21 ἄρκος, bear
22 πλευρόν, side
23 πλευρά, rib
24 κατεσθίω, *aor act impv 2s*, devour
25 θεωρέω, *impf act ind 1s*, see, behold
26 ὡσεί, as, like
27 πάρδαλις, leopard
28 πτερόν, wing
29 ἐπιτείνω, *impf act ind 3p*, stretch out
30 ἐπάνω, above
31 θεωρέω, *impf act ind 1s*, see, behold
32 ὅραμα, vision
33 τέταρτος, fourth
34 φοβερός, fearful, terrifying
35 ὑπερφέρω, *pres act ptc nom s m*, surpass, excel
36 ἰσχύς, strength
37 ὀδούς, tooth
38 σιδηροῦς, iron
39 κοπανίζω, *pres act ptc acc s n*, grind, pound
40 κύκλῳ, all around
41 καταπατέω, *pres act ptc acc s n*, trample
42 διαφόρως, differently
43 χράω, *pres mid ptc acc s n*, act, conduct oneself
44 κέρας, horn
45 δέκα, ten
46 βουλή, plan, scheme
47 κέρας, horn
48 ἀναφύω, *aor pas ind 3s*, spring up
49 ἀνὰ μέσον, among

Θ

Daniel's Vision of the Four Beasts

7 Ἐν ἔτει πρώτῳ Βαλτασαρ βασιλέως Χαλδαίων Δανιηλ ἐνύπνιον εἶδεν, καὶ αἱ ὁράσεις[1] τῆς κεφαλῆς αὐτοῦ ἐπὶ τῆς κοίτης[2] αὐτοῦ, καὶ τὸ ἐνύπνιον ἔγραψεν **2** Ἐγὼ Δανιηλ ἐθεώρουν[3] ἐν ὁράματί[4] μου τῆς νυκτὸς καὶ ἰδοὺ οἱ τέσσαρες ἄνεμοι[5] τοῦ οὐρανοῦ προσέβαλλον[6] εἰς τὴν θάλασσαν τὴν μεγάλην. **3** καὶ τέσσαρα θηρία μεγάλα ἀνέβαινον ἐκ τῆς θαλάσσης διαφέροντα[7] ἀλλήλων.[8] **4** τὸ πρῶτον ὡσεὶ[9] λέαινα,[10] καὶ πτερὰ[11] αὐτῇ ὡσεὶ ἀετοῦ·[12] ἐθεώρουν[13] ἕως οὗ ἐξετίλη[14] τὰ πτερὰ[15] αὐτῆς, καὶ ἐξήρθη[16] ἀπὸ τῆς γῆς καὶ ἐπὶ ποδῶν ἀνθρώπου ἐστάθη, καὶ καρδία ἀνθρώπου ἐδόθη αὐτῇ. **5** καὶ ἰδοὺ θηρίον δεύτερον ὅμοιον[17] ἄρκῳ,[18] καὶ εἰς μέρος ἓν ἐστάθη, καὶ τρία πλευρὰ[19] ἐν τῷ στόματι αὐτῆς ἀνὰ μέσον[20] τῶν ὀδόντων[21] αὐτῆς, καὶ οὕτως ἔλεγον αὐτῇ Ἀνάστηθι φάγε σάρκας πολλάς.

6 ὀπίσω τούτου ἐθεώρουν[22] καὶ ἰδοὺ ἕτερον θηρίον ὡσεὶ[23] πάρδαλις,[24] καὶ αὐτῇ πτερὰ[25] τέσσαρα πετεινοῦ[26] ὑπεράνω[27] αὐτῆς, καὶ τέσσαρες κεφαλαὶ τῷ θηρίῳ, καὶ ἐξουσία[28] ἐδόθη αὐτῇ. **7** ὀπίσω τούτου ἐθεώρουν[29] καὶ ἰδοὺ θηρίον τέταρτον[30] φοβερὸν[31] καὶ ἔκθαμβον[32] καὶ ἰσχυρὸν[33] περισσῶς,[34] καὶ οἱ ὀδόντες[35] αὐτοῦ σιδηροῖ[36] μεγάλοι, ἐσθίον καὶ λεπτῦνον[37] καὶ τὰ ἐπίλοιπα[38] τοῖς ποσὶν αὐτοῦ συνεπάτει,[39] καὶ αὐτὸ διάφορον[40] περισσῶς[41] παρὰ πάντα τὰ θηρία τὰ ἔμπροσθεν αὐτοῦ, καὶ κέρατα[42] δέκα[43] αὐτῷ. **8** προσενόουν[44] τοῖς κέρασιν[45] αὐτοῦ, καὶ ἰδοὺ κέρας ἕτερον

1 ὅρασις, vision
2 κοίτη, bed
3 θεωρέω, *impf act ind 1s*, see, behold
4 ὅραμα, vision
5 ἄνεμος, wind
6 προσβάλλω, *impf act ind 3p*, blow upon
7 διαφέρω, *pres act ptc nom p n*, differ from
8 ἀλλήλων, one another
9 ὡσεί, as, like
10 λέαινα, lioness
11 πτερόν, wing
12 ἀετός, eagle
13 θεωρέω, *impf act ind 1s*, see, behold
14 ἐκτίλλω, *aor pas ind 3s*, pluck out
15 πτερόν, (feather of a) wing
16 ἐξαίρω, *aor pas ind 3s*, lift from, remove
17 ὅμοιος, like
18 ἄρκος, bear
19 πλευρά, rib
20 ἀνὰ μέσον, between
21 ὀδούς, tooth
22 θεωρέω, *impf act ind 1s*, see, behold
23 ὡσεί, as, like
24 πάρδαλις, leopard
25 πτερόν, wing
26 πετεινός, bird
27 ὑπεράνω, above
28 ἐξουσία, authority
29 θεωρέω, *impf act ind 1s*, see, behold
30 τέταρτος, fourth
31 φοβερός, fearful, terrifying
32 ἔκθαμβος, terrible
33 ἰσχυρός, strong
34 περισσῶς, exceedingly
35 ὀδούς, tooth
36 σιδηροῦς, iron
37 λεπτύνω, *pres act ptc nom s n*, break to pieces
38 ἐπίλοιπος, residue
39 συμπατέω, *impf act ind 3s*, tread down, trample
40 διάφορος, different
41 περισσῶς, exceedingly
42 κέρας, horn
43 δέκα, ten
44 προσνοέω, *impf act ind 1s*, observe
45 κέρας, horn

ἐν τοῖς κέρασιν αὐτοῦ, καὶ τρία τῶν κεράτων τῶν πρώτων ἐξηράνθησαν[1] δι᾽ αὐτοῦ· καὶ ἰδοὺ ὀφθαλμοὶ ὥσπερ ὀφθαλμοὶ ἀνθρώπινοι[2] ἐν τῷ κέρατι τούτῳ καὶ στόμα λαλοῦν μεγάλα, καὶ ἐποίει πόλεμον πρὸς τοὺς ἁγίους.

Judgment before the Ancient of Days

9 ἐθεώρουν[3] ἕως ὅτε θρόνοι ἐτέθησαν,
καὶ παλαιὸς[4] ἡμερῶν ἐκάθητο
ἔχων περιβολὴν[5] ὡσεὶ[6] χιόνα,[7]
καὶ τὸ τρίχωμα[8] τῆς κεφαλῆς αὐτοῦ ὡσεὶ ἔριον[9] λευκὸν[10] καθαρόν,[11]
ὁ θρόνος ὡσεὶ φλὸξ[12] πυρός,

10 καὶ ἐξεπορεύετο[13] κατὰ πρόσωπον αὐτοῦ ποταμὸς[14] πυρός,
χίλιαι[15] χιλιάδες[16] ἐθεράπευον[17] αὐτὸν
καὶ μύριαι[18] μυριάδες[19] παρειστήκεισαν[20] αὐτῷ·
καὶ κριτήριον[21] ἐκάθισε καὶ βίβλοι ἠνεῴχθησαν.

11 ἐθεώρουν[22] τότε τὴν φωνὴν τῶν λόγων τῶν μεγάλων, ὧν τὸ κέρας[23] ἐλάλει, καὶ
ἀπετυμπανίσθη[24] τὸ θηρίον, καὶ ἀπώλετο τὸ σῶμα αὐτοῦ καὶ ἐδόθη εἰς καῦσιν[25]
πυρός. **12** καὶ τοὺς κύκλῳ[26] αὐτοῦ ἀπέστησε[27] τῆς ἐξουσίας[28] αὐτῶν, καὶ χρόνος
ζωῆς ἐδόθη αὐτοῖς ἕως χρόνου καὶ καιροῦ.

13 ἐθεώρουν[29] ἐν ὁράματι[30] τῆς νυκτὸς
καὶ ἰδοὺ ἐπὶ τῶν νεφελῶν[31] τοῦ οὐρανοῦ
ὡς υἱὸς ἀνθρώπου ἤρχετο,

1 ξηραίνω, *aor pas ind 3p*, wither, dry up, remove
2 ἀνθρώπινος, human
3 θεωρέω, *impf act ind 1s*, see, behold
4 παλαιός, old, ancient
5 περιβολή, robe, cloak
6 ὡσεί, as, like
7 χιών, snow
8 τρίχωμα, hair
9 ἔριον, wool
10 λευκός, white
11 καθαρός, pure
12 φλόξ, flame
13 ἐκπορεύομαι, *impf mid ind 3s*, proceed from
14 ποταμός, river, stream
15 χίλιοι, thousand
16 χιλιάς, thousand
17 θεραπεύω, *impf act ind 3p*, serve
18 μύριοι, ten thousand
19 μυριάς, ten thousand, myriad
20 παρίστημι, *plpf act ind 3p*, stand near, attend upon
21 κριτήριον, judgment seat, (judicial council)
22 θεωρέω, *impf act ind 1s*, see, behold
23 κέρας, horn
24 ἀποτυμπανίζω, *aor pas ind 3s*, cruelly kill
25 καῦσις, burning
26 κύκλῳ, all around
27 ἀφίστημι, *aor act ind 3s*, remove
28 ἐξουσία, authority
29 θεωρέω, *impf act ind 1s*, see, behold
30 ὅραμα, vision
31 νεφέλη, cloud

Θ μικρὸν ἀνέβη ἐν μέσῳ αὐτῶν, καὶ τρία κέρατα τῶν ἔμπροσθεν αὐτοῦ ἐξερριζώθη[1] ἀπὸ προσώπου αὐτοῦ, καὶ ἰδοὺ ὀφθαλμοὶ ὡσεὶ[2] ὀφθαλμοὶ ἀνθρώπου ἐν τῷ κέρατι τούτῳ καὶ στόμα λαλοῦν μεγάλα.

Judgment before the Ancient of Days

9 ἐθεώρουν[3] ἕως ὅτου θρόνοι ἐτέθησαν,
καὶ παλαιὸς[4] ἡμερῶν ἐκάθητο,
καὶ τὸ ἔνδυμα[5] αὐτοῦ ὡσεὶ[6] χιὼν[7] λευκόν,[8]
καὶ ἡ θρὶξ[9] τῆς κεφαλῆς αὐτοῦ ὡσεὶ ἔριον[10] καθαρόν,[11]
ὁ θρόνος αὐτοῦ φλὸξ[12] πυρός,
οἱ τροχοὶ[13] αὐτοῦ πῦρ φλέγον·[14]
10 ποταμὸς[15] πυρὸς εἷλκεν[16] ἔμπροσθεν αὐτοῦ,
χίλιαι[17] χιλιάδες[18] ἐλειτούργουν[19] αὐτῷ,
καὶ μύριαι[20] μυριάδες[21] παρειστήκεισαν[22] αὐτῷ·
κριτήριον[23] ἐκάθισεν, καὶ βίβλοι ἠνεῴχθησαν.

11 ἐθεώρουν[24] τότε ἀπὸ φωνῆς τῶν λόγων τῶν μεγάλων, ὧν τὸ κέρας[25] ἐκεῖνο
ἐλάλει, ἕως ἀνῃρέθη[26] τὸ θηρίον καὶ ἀπώλετο, καὶ τὸ σῶμα αὐτοῦ ἐδόθη εἰς καῦσιν[27]
πυρός. **12** καὶ τῶν λοιπῶν[28] θηρίων ἡ ἀρχὴ μετεστάθη,[29] καὶ μακρότης[30] ζωῆς ἐδόθη
αὐτοῖς ἕως καιροῦ καὶ καιροῦ.

13 ἐθεώρουν[31] ἐν ὁράματι[32] τῆς νυκτὸς

καὶ ἰδοὺ μετὰ τῶν νεφελῶν[33] τοῦ οὐρανοῦ
ὡς υἱὸς ἀνθρώπου ἐρχόμενος ἦν

1 ἐκριζόω, *aor pas ind 3s*, root out
2 ὡσεί, as, like
3 θεωρέω, *impf act ind 1s*, see, behold
4 παλαιός, old, ancient
5 ἔνδυμα, garment
6 ὡσεί, as, like
7 χιών, snow
8 λευκός, white
9 θρίξ, hair
10 ἔριον, wool
11 καθαρός, pure
12 φλόξ, flame
13 τροχός, wheel
14 φλέγω, *pres act ptc nom s n*, burn
15 ποταμός, river, stream
16 ἕλκω, *impf act ind 3s*, draw in
17 χίλιοι, thousand
18 χιλιάς, thousand
19 λειτουργέω, *impf act ind 3p*, serve
20 μύριοι, ten thousand
21 μυριάς, ten thousand, myriad
22 παρίστημι, *plpf act ind 3p*, stand near, attend upon
23 κριτήριον, judgment seat, (judicial council)
24 θεωρέω, *impf act ind 1s*, see, behold
25 κέρας, horn
26 ἀναιρέω, *aor pas ind 3s*, take away, carry off
27 καῦσις, burning
28 λοιπός, remaining
29 μεθίστημι, *aor pas ind 3s*, remove, take away
30 μακρότης, length (of days)
31 θεωρέω, *impf act ind 1s*, see, behold
32 ὅραμα, vision
33 νεφέλη, cloud

καὶ ὡς παλαιὸς[1] ἡμερῶν παρῆν,[2]
καὶ οἱ παρεστηκότες[3] παρῆσαν[4] αὐτῷ.
14 καὶ ἐδόθη αὐτῷ ἐξουσία,[5]
καὶ πάντα τὰ ἔθνη τῆς γῆς κατὰ γένη
καὶ πᾶσα δόξα αὐτῷ λατρεύουσα·[6]
καὶ ἡ ἐξουσία αὐτοῦ ἐξουσία αἰώνιος, ἥτις οὐ μὴ ἀρθῇ,
καὶ ἡ βασιλεία αὐτοῦ, ἥτις οὐ μὴ φθαρῇ.[7]

Interpretation of the Vision

15 καὶ ἀκηδιάσας[8] ἐγὼ Δανιηλ ἐν τούτοις ἐν τῷ ὁράματι[9] τῆς νυκτὸς **16** προσῆλθον
πρὸς ἕνα τῶν ἑστώτων καὶ τὴν ἀκρίβειαν[10] ἐζήτουν παρ᾽ αὐτοῦ ὑπὲρ πάντων τού-
των. ἀποκριθεὶς δὲ λέγει μοι καὶ τὴν κρίσιν τῶν λόγων ἐδήλωσέ[11] μοι **17** Ταῦτα
τὰ θηρία τὰ μεγάλα εἰσὶ τέσσαρες βασιλεῖαι, αἳ ἀπολοῦνται ἀπὸ τῆς γῆς· **18** καὶ
παραλήψονται[12] τὴν βασιλείαν ἅγιοι ὑψίστου[13] καὶ καθέξουσι[14] τὴν βασιλείαν ἕως
τοῦ αἰῶνος καὶ ἕως τοῦ αἰῶνος τῶν αἰώνων.

19 τότε ἤθελον ἐξακριβάσασθαι[15] περὶ τοῦ θηρίου τοῦ τετάρτου[16] τοῦ διαφθεί-
ροντος[17] πάντα καὶ ὑπερφόβου,[18] καὶ ἰδοὺ οἱ ὀδόντες[19] αὐτοῦ σιδηροῖ[20] καὶ οἱ
ὄνυχες[21] αὐτοῦ χαλκοῖ[22] κατεσθίοντες[23] πάντας κυκλόθεν[24] καὶ καταπατοῦντες[25]
τοῖς ποσί, **20** καὶ περὶ τῶν δέκα[26] κεράτων[27] αὐτοῦ τῶν ἐπὶ τῆς κεφαλῆς καὶ τοῦ ἑνὸς
τοῦ ἄλλου τοῦ προσφυέντος,[28] καὶ ἐξέπεσαν[29] δι᾽ αὐτοῦ τρία, καὶ τὸ κέρας ἐκεῖνο
εἶχεν ὀφθαλμοὺς καὶ στόμα λαλοῦν μεγάλα, καὶ ἡ πρόσοψις[30] αὐτοῦ ὑπερέφερε[31]
τὰ ἄλλα. **21** καὶ κατενόουν[32] τὸ κέρας[33] ἐκεῖνο πόλεμον συνιστάμενον[34] πρὸς τοὺς

1 παλαιός, old, ancient
2 πάρειμι, *impf act ind 3s*, be present
3 παρίστημι, *perf act ptc nom p m*, stand near, attend upon
4 πάρειμι, *impf act ind 3p*, be present
5 ἐξουσία, authority
6 λατρεύω, *pres act ptc nom s f*, serve
7 φθείρω, *aor pas sub 3s*, destroy, corrupt
8 ἀκηδιάω, *aor act ptc nom s m*, be exhausted
9 ὅραμα, vision
10 ἀκρίβεια, precise meaning
11 δηλόω, *aor act ind 3s*, make known
12 παραλαμβάνω, *fut mid ind 3p*, receive
13 ὕψιστος, *sup*, Most High
14 κατέχω, *fut act ind 3p*, take hold of, possess
15 ἐξακριβάζομαι, *aor mid inf*, learn accurately
16 τέταρτος, fourth
17 διαφθείρω, *pres act ptc gen s n*, destroy
18 ὑπερφόβος, exceedingly fearful
19 ὀδούς, tooth
20 σιδηροῦς, iron
21 ὄνυξ, claw
22 χαλκοῦς, bronze
23 κατεσθίω, *pres act ptc nom p m*, devour
24 κυκλόθεν, all around
25 καταπατέω, *pres act ptc nom p m*, trample
26 δέκα, ten
27 κέρας, horn
28 προσφύω, *aor pas ptc gen s n*, cause to spring up
29 ἐκπίπτω, *aor act ind 3p*, fall away
30 πρόσοψις, appearance
31 ὑπερφέρω, *impf act ind 3s*, surpass, excel
32 κατανοέω, *impf act ind 1s*, observe
33 κέρας, horn
34 συνίστημι, *pres mid ptc acc s n*, prepare for

Θ

καὶ ἕως τοῦ παλαιοῦ[1] τῶν ἡμερῶν ἔφθασεν[2]
καὶ ἐνώπιον αὐτοῦ προσηνέχθη.[3]
14 καὶ αὐτῷ ἐδόθη ἡ ἀρχὴ καὶ ἡ τιμὴ[4] καὶ ἡ βασιλεία,
καὶ πάντες οἱ λαοί, φυλαί, γλῶσσαι αὐτῷ δουλεύσουσιν·[5]
ἡ ἐξουσία[6] αὐτοῦ ἐξουσία αἰώνιος, ἥτις οὐ παρελεύσεται,[7]
καὶ ἡ βασιλεία αὐτοῦ οὐ διαφθαρήσεται.[8]

Interpretation of the Vision

15 ἔφριξεν[9] τὸ πνεῦμά μου ἐν τῇ ἕξει[10] μου, ἐγὼ Δανιηλ, καὶ αἱ ὁράσεις[11] τῆς κεφαλῆς
μου ἐτάρασσόν[12] με. **16** καὶ προσῆλθον ἑνὶ τῶν ἑστηκότων καὶ τὴν ἀκρίβειαν[13] ἐζή-
τουν παρ᾽ αὐτοῦ περὶ πάντων τούτων, καὶ εἶπέν μοι τὴν ἀκρίβειαν καὶ τὴν σύγκρισιν[14]
τῶν λόγων ἐγνώρισέν[15] μοι **17** Ταῦτα τὰ θηρία τὰ μεγάλα τὰ τέσσαρα, τέσσαρες
βασιλεῖαι ἀναστήσονται ἐπὶ τῆς γῆς, αἳ ἀρθήσονται· **18** καὶ παραλήμψονται[16] τὴν
βασιλείαν ἅγιοι ὑψίστου[17] καὶ καθέξουσιν[18] αὐτὴν ἕως αἰῶνος τῶν αἰώνων.

19 καὶ ἐζήτουν ἀκριβῶς[19] περὶ τοῦ θηρίου τοῦ τετάρτου,[20] ὅτι ἦν διάφορον[21] παρὰ
πᾶν θηρίον φοβερὸν[22] περισσῶς,[23] οἱ ὀδόντες[24] αὐτοῦ σιδηροῖ[25] καὶ οἱ ὄνυχες[26] αὐτοῦ
χαλκοῖ,[27] ἐσθίον καὶ λεπτῦνον[28] καὶ τὰ ἐπίλοιπα[29] τοῖς ποσὶν αὐτοῦ συνεπάτει,[30]
20 καὶ περὶ τῶν κεράτων[31] αὐτοῦ τῶν δέκα[32] τῶν ἐν τῇ κεφαλῇ αὐτοῦ καὶ τοῦ
ἑτέρου τοῦ ἀναβάντος καὶ ἐκτινάξαντος[33] τῶν προτέρων[34] τρία, κέρας ἐκεῖνο, ᾧ οἱ
ὀφθαλμοὶ καὶ στόμα λαλοῦν μεγάλα καὶ ἡ ὅρασις[35] αὐτοῦ μείζων[36] τῶν λοιπῶν.[37]
21 ἐθεώρουν[38] καὶ τὸ κέρας[39] ἐκεῖνο ἐποίει πόλεμον μετὰ τῶν ἁγίων καὶ ἴσχυσεν[40]

1 παλαιός, old, ancient
2 φθάνω, *aor act ind 3s*, come before
3 προσφέρω, *aor pas ind 3s*, bring to
4 τιμή, honor
5 δουλεύω, *fut act ind 3p*, serve
6 ἐξουσία, authority
7 παρέρχομαι, *fut mid ind 3s*, pass by
8 διαφθείρω, *fut pas ind 3s*, destroy
9 φρίσσω, *aor act ind 3s*, shudder
10 ἕξις, inward state
11 ὅρασις, vision
12 ταράσσω, *impf act ind 3p*, trouble, disturb
13 ἀκρίβεια, precise meaning
14 σύγκρισις, interpretation
15 γνωρίζω, *aor act ind 3s*, make known
16 παραλαμβάνω, *fut mid ind 3p*, receive
17 ὕψιστος, *sup*, Most High
18 κατέχω, *fut act ind 3p*, lay hold of
19 ἀκριβῶς, precisely, diligently
20 τέταρτος, fourth
21 διάφορος, different
22 φοβερός, fearful, terrifying
23 περισσῶς, exceedingly
24 ὀδούς, tooth
25 σιδηροῦς, iron
26 ὄνυξ, claw
27 χαλκοῦς, bronze
28 λεπτύνω, *pres act ptc nom s n*, break to pieces
29 ἐπίλοιπος, residue
30 συμπατέω, *impf act ind 3s*, tread down, trample
31 κέρας, horn
32 δέκα, ten
33 ἐκτινάσσω, *aor act ptc gen s n*, expel, shake off
34 πρότερος, former, previous
35 ὅρασις, appearance
36 μείζων, *comp of* μέγας, greater
37 λοιπός, remainder
38 θεωρέω, *impf act ind 1s*, see, behold
39 κέρας, horn
40 ἰσχύω, *aor act ind 3s*, prevail against

ἁγίους καὶ τροπούμενον[1] αὐτοὺς **22** ἕως τοῦ ἐλθεῖν τὸν παλαιὸν[2] ἡμερῶν, καὶ
τὴν κρίσιν ἔδωκε τοῖς ἁγίοις τοῦ ὑψίστου,[3] καὶ ὁ καιρὸς ἐδόθη καὶ τὸ βασίλειον[4]
κατέσχον[5] οἱ ἅγιοι. **23** καὶ ἐρρέθη[6] μοι περὶ τοῦ θηρίου τοῦ τετάρτου,[7]

ὅτι βασιλεία τετάρτη ἔσται ἐπὶ τῆς γῆς,
ἥτις διοίσει[8] παρὰ πᾶσαν τὴν γῆν
καὶ ἀναστατώσει[9] αὐτὴν καὶ καταλεανεῖ[10] αὐτήν.

24 καὶ τὰ δέκα[11] κέρατα[12] τῆς βασιλείας, δέκα βασιλεῖς στήσονται,
καὶ ὁ ἄλλος βασιλεὺς μετὰ τούτους στήσεται,
καὶ αὐτὸς διοίσει[13] κακοῖς ὑπὲρ τοὺς πρώτους
καὶ τρεῖς βασιλεῖς ταπεινώσει·[14]
25 καὶ ῥήματα εἰς τὸν ὕψιστον[15] λαλήσει
καὶ τοὺς ἁγίους τοῦ ὑψίστου κατατρίψει[16]
καὶ προσδέξεται[17] ἀλλοιῶσαι[18] καιροὺς καὶ νόμον,
καὶ παραδοθήσεται πάντα εἰς τὰς χεῖρας αὐτοῦ
ἕως καιροῦ καὶ καιρῶν καὶ ἕως ἡμίσους[19] καιροῦ.

26 καὶ ἡ κρίσις καθίσεται
καὶ τὴν ἐξουσίαν[20] ἀπολοῦσι καὶ βουλεύσονται[21] μιᾶναι[22]
καὶ ἀπολέσαι ἕως τέλους.
27 καὶ τὴν βασιλείαν καὶ τὴν ἐξουσίαν[23]
καὶ τὴν μεγαλειότητα[24] αὐτῶν
καὶ τὴν ἀρχὴν πασῶν τῶν ὑπὸ τὸν οὐρανὸν βασιλειῶν
ἔδωκε λαῷ ἁγίῳ ὑψίστου[25]
βασιλεῦσαι[26] βασιλείαν αἰώνιον,
καὶ πᾶσαι αἱ ἐξουσίαι αὐτῷ ὑποταγήσονται[27] καὶ πειθαρχήσουσιν[28] αὐτῷ.

1 τροπόω, *pres act ptc acc s n*, put to flight, defeat
2 παλαιός, old, ancient
3 ὕψιστος, *sup*, Most High
4 βασίλειον, royal dominion
5 κατέχω, *aor act ind 3p*, take hold of, possess
6 λέγω, *aor pas ind 3s*, tell, speak
7 τέταρτος, fourth
8 διαφέρω, *fut act ind 3s*, spread over
9 ἀναστατόω, *fut act ind 3s*, unsettle, disturb
10 καταλεαίνω, *fut act ind 3s*, grind
11 δέκα, ten
12 κέρας, horn
13 διαφέρω, *fut act ind 3s*, spread over
14 ταπεινόω, *fut act ind 3s*, humble, bring low
15 ὕψιστος, *sup*, Most High
16 κατατρίβω, *fut act ind 3s*, wear down
17 προσδέχομαι, *fut mid ind 3s*, undertake
18 ἀλλοιόω, *aor act inf*, change, alter
19 ἥμισυς, half
20 ἐξουσία, authority
21 βουλεύω, *fut mid ind 3p*, determine, decide
22 μιαίνω, *aor act inf*, defile, pollute
23 ἐξουσία, authority
24 μεγαλειότης, majesty
25 ὕψιστος, *sup*, Most High
26 βασιλεύω, *aor act inf*, reign (over)
27 ὑποτάσσω, *fut pas ind 3p*, be subjected to
28 πειθαρχέω, *fut act ind 3p*, obey

Θ πρὸς αὐτούς, 22 ἕως οὗ ἦλθεν ὁ παλαιὸς[1] τῶν ἡμερῶν καὶ τὸ κρίμα[2] ἔδωκεν ἁγίοις
ὑψίστου,[3] καὶ ὁ καιρὸς ἔφθασεν[4] καὶ τὴν βασιλείαν κατέσχον[5] οἱ ἅγιοι. 23 καὶ
εἶπεν

Τὸ θηρίον τὸ τέταρτον,[6] βασιλεία τετάρτη ἔσται ἐν τῇ γῇ,
ἥτις ὑπερέξει[7] πάσας τὰς βασιλείας
καὶ καταφάγεται[8] πᾶσαν τὴν γῆν
καὶ συμπατήσει[9] αὐτὴν καὶ κατακόψει.[10]
24 καὶ τὰ δέκα[11] κέρατα[12] αὐτοῦ, δέκα βασιλεῖς ἀναστήσονται,
καὶ ὀπίσω αὐτῶν ἀναστήσεται ἕτερος,
ὃς ὑπεροίσει[13] κακοῖς πάντας τοὺς ἔμπροσθεν,
καὶ τρεῖς βασιλεῖς ταπεινώσει·[14]
25 καὶ λόγους πρὸς τὸν ὕψιστον[15] λαλήσει
καὶ τοὺς ἁγίους ὑψίστου παλαιώσει[16]
καὶ ὑπονοήσει[17] τοῦ ἀλλοιῶσαι[18] καιροὺς καὶ νόμον,
καὶ δοθήσεται ἐν χειρὶ αὐτοῦ
ἕως καιροῦ καὶ καιρῶν καὶ ἥμισυ[19] καιροῦ.

26 καὶ τὸ κριτήριον[20] καθίσει
καὶ τὴν ἀρχὴν μεταστήσουσιν[21] τοῦ ἀφανίσαι[22]
καὶ τοῦ ἀπολέσαι ἕως τέλους.
27 καὶ ἡ βασιλεία καὶ ἡ ἐξουσία[23]
καὶ ἡ μεγαλωσύνη[24] τῶν βασιλέων
τῶν ὑποκάτω[25] παντὸς τοῦ οὐρανοῦ
ἐδόθη ἁγίοις ὑψίστου,[26]
καὶ ἡ βασιλεία αὐτοῦ βασιλεία αἰώνιος,
καὶ πᾶσαι αἱ ἀρχαὶ αὐτῷ δουλεύσουσιν[27] καὶ ὑπακούσονται.[28]

1 παλαιός, old, ancient
2 κρίμα, judgment
3 ὕψιστος, *sup*, Most High
4 φθάνω, *aor act ind 3s*, arrive
5 κατέχω, *aor act ind 3p*, lay hold of
6 τέταρτος, fourth
7 ὑπερέχω, *fut act ind 3s*, surpass, excel beyond
8 κατεσθίω, *fut mid ind 3s*, devour
9 συμπατέω, *fut act ind 3s*, tread down, trample
10 κατακόπτω, *fut act ind 3s*, cut down, destroy
11 δέκα, ten
12 κέρας, horn
13 ὑπερφέρω, *fut act ind 3s*, surpass, excel
14 ταπεινόω, *fut act ind 3s*, humble, bring low
15 ὕψιστος, *sup*, Most High
16 παλαιόω, *fut act ind 3s*, wear out
17 ὑπονοέω, *fut act ind 3s*, devise, consider
18 ἀλλοιόω, *aor act inf*, change, alter
19 ἥμισυς, half
20 κριτήριον, judgment seat, (judicial council)
21 μεθίστημι, *fut act ind 3p*, remove, take away
22 ἀφανίζω, *aor act inf*, blot out, get rid of
23 ἐξουσία, authority
24 μεγαλωσύνη, greatness
25 ὑποκάτω, beneath
26 ὕψιστος, *sup*, Most High
27 δουλεύω, *fut act ind 3p*, serve
28 ὑπακούω, *fut mid ind 3p*, obey

28 ἕως καταστροφῆς[1] τοῦ λόγου ἐγὼ Δανιηλ σφόδρα[2] ἐκστάσει[3] περιειχόμην,[4] καὶ OG
ἡ ἕξις[5] μου διήνεγκεν[6] ἐμοί, καὶ τὸ ῥῆμα ἐν καρδίᾳ μου ἐστήριξα.[7]

Daniel's Vision of a Ram and a Goat

8 Ἔτους τρίτου βασιλεύοντος[8] Βαλτασαρ ὅρασις,[9] ἣν εἶδον ἐγὼ Δανιηλ μετὰ
τὸ ἰδεῖν με τὴν πρώτην. **2** καὶ εἶδον ἐν τῷ ὁράματι[10] τοῦ ἐνυπνίου μου ἐμοῦ
ὄντος ἐν Σούσοις τῇ πόλει, ἥτις ἐστὶν ἐν Ἐλυμαΐδι χώρᾳ,[11] ἔτι ὄντος μου πρὸς
τῇ πύλῃ[12] Αιλαμ **3** ἀναβλέψας[13] εἶδον κριὸν[14] ἕνα μέγαν ἑστῶτα ἀπέναντι[15] τῆς
πύλης,[16] καὶ εἶχε κέρατα,[17] καὶ τὸ ἓν ὑψηλότερον[18] τοῦ ἑτέρου, καὶ τὸ ὑψηλότερον
ἀνέβαινε. **4** μετὰ δὲ ταῦτα εἶδον τὸν κριὸν[19] κερατίζοντα[20] πρὸς ἀνατολὰς[21] καὶ πρὸς
βορρᾶν[22] καὶ πρὸς δυσμὰς[23] καὶ μεσημβρίαν,[24] καὶ πάντα τὰ θηρία οὐκ ἔστησαν
ἐνώπιον αὐτοῦ, καὶ οὐκ ἦν ὁ ῥυόμενος[25] ἐκ τῶν χειρῶν αὐτοῦ, καὶ ἐποίει ὡς ἤθελε
καὶ ὑψώθη.[26]

5 καὶ ἐγὼ διενοούμην[27] καὶ ἰδοὺ τράγος[28] αἰγῶν[29] ἤρχετο ἀπὸ δυσμῶν[30] ἐπὶ προ-
σώπου τῆς γῆς καὶ οὐχ ἥπτετο τῆς γῆς, καὶ ἦν τοῦ τράγου κέρας[31] ἓν ἀνὰ μέσον[32]
τῶν ὀφθαλμῶν αὐτοῦ. **6** καὶ ἦλθεν ἐπὶ τὸν κριὸν[33] τὸν τὰ κέρατα[34] ἔχοντα, ὃν εἶδον
ἑστῶτα πρὸς τῇ πύλῃ,[35] καὶ ἔδραμε[36] πρὸς αὐτὸν ἐν θυμῷ[37] ὀργῆς. **7** καὶ εἶδον αὐτὸν
προσάγοντα[38] πρὸς τὸν κριόν,[39] καὶ ἐθυμώθη[40] ἐπ᾽ αὐτὸν καὶ ἐπάταξε[41] καὶ συνέτριψε[42]
τὰ δύο κέρατα[43] αὐτοῦ, καὶ οὐκέτι ἦν ἰσχὺς[44] ἐν τῷ κριῷ στῆναι κατέναντι[45] τοῦ

1 καταστροφή, end, conclusion
2 σφόδρα, exceedingly
3 ἔκστασις, astonishment, entrancement
4 περιέχω, *impf pas ind 1s*, seize upon
5 ἕξις, inward state
6 διαφέρω, *aor act ind 3s*, spread over
7 στηρίζω, *aor act ind 1s*, fix, establish
8 βασιλεύω, *pres act ptc gen s m*, reign as king
9 ὅρασις, vision
10 ὅραμα, vision
11 χώρα, region
12 πύλη, gate
13 ἀναβλέπω, *aor act ptc nom s m*, look up
14 κριός, ram
15 ἀπέναντι, in front of
16 πύλη, gate
17 κέρας, horn
18 ὑψηλός, *comp*, higher, taller
19 κριός, ram
20 κερατίζω, *pres act ptc acc s m*, gore (with horns)
21 ἀνατολή, east
22 βορρᾶς, north
23 δυσμή, west
24 μεσημβρία, south
25 ῥύομαι, *pres mid ptc nom s m*, save, rescue
26 ὑψόω, *aor pas ind 3s*, lift high, exalt
27 διανοέομαι, *impf mid ind 1s*, ponder, think about
28 τράγος, male goat
29 αἴξ, goat
30 δυσμή, west
31 κέρας, horn
32 ἀνὰ μέσον, between
33 κριός, ram
34 κέρας, horn
35 πύλη, gate
36 τρέχω, *aor act ind 3s*, run
37 θυμός, wrath
38 προσάγω, *pres act ptc acc s m*, draw near to
39 κριός, ram
40 θυμόω, *aor pas ind 3s*, be enraged
41 πατάσσω, *aor act ind 3s*, strike, slay
42 συντρίβω, *aor act ind 3s*, break
43 κέρας, horn
44 ἰσχύς, strength
45 κατέναντι, in front of, before

Θ **28** ἕως ὧδε[1] τὸ πέρας[2] τοῦ λόγου. ἐγὼ Δανιηλ, ἐπὶ πολὺ οἱ διαλογισμοί[3] μου συν-
ετάρασσόν[4] με, καὶ ἡ μορφή[5] μου ἠλλοιώθη[6] ἐπ' ἐμοί, καὶ τὸ ῥῆμα ἐν τῇ καρδίᾳ μου
συνετήρησα.[7]

Daniel's Vision of a Ram and a Goat

8 Ἐν ἔτει τρίτῳ τῆς βασιλείας Βαλτασαρ τοῦ βασιλέως ὅρασις[8] ὤφθη πρός με,
ἐγὼ Δανιηλ, μετὰ τὴν ὀφθεῖσάν μοι τὴν ἀρχήν. **2** καὶ ἤμην ἐν Σούσοις τῇ βάρει,[9]
ἥ ἐστιν ἐν χώρᾳ[10] Αιλαμ, καὶ εἶδον ἐν ὁράματι[11] καὶ ἤμην ἐπὶ τοῦ Ουβαλ **3** καὶ ἦρα
τοὺς ὀφθαλμούς μου καὶ εἶδον καὶ ἰδοὺ κριὸς[12] εἷς ἑστηκὼς[13] πρὸ τοῦ Ουβαλ, καὶ
αὐτῷ κέρατα,[14] καὶ τὰ κέρατα ὑψηλά,[15] καὶ τὸ ἓν ὑψηλότερον[16] τοῦ ἑτέρου, καὶ τὸ
ὑψηλὸν ἀνέβαινεν ἐπ' ἐσχάτων. **4** εἶδον τὸν κριὸν[17] κερατίζοντα[18] κατὰ θάλασσαν καὶ
βορρᾶν[19] καὶ νότον,[20] καὶ πάντα τὰ θηρία οὐ στήσονται ἐνώπιον αὐτοῦ, καὶ οὐκ
ἦν ὁ ἐξαιρούμενος[21] ἐκ χειρὸς αὐτοῦ, καὶ ἐποίησεν κατὰ τὸ θέλημα[22] αὐτοῦ καὶ
ἐμεγαλύνθη.[23]

5 καὶ ἐγὼ ἤμην συνίων[24] καὶ ἰδοὺ τράγος[25] αἰγῶν[26] ἤρχετο ἀπὸ λιβὸς[27] ἐπὶ πρόσωπον
πάσης τῆς γῆς καὶ οὐκ ἦν ἁπτόμενος τῆς γῆς, καὶ τῷ τράγῳ κέρας[28] θεωρητὸν[29]
ἀνὰ μέσον[30] τῶν ὀφθαλμῶν αὐτοῦ. **6** καὶ ἦλθεν ἕως τοῦ κριοῦ[31] τοῦ τὰ κέρατα[32]
ἔχοντος, οὗ εἶδον, ἑστῶτος ἐνώπιον τοῦ Ουβαλ καὶ ἔδραμεν[33] πρὸς αὐτὸν ἐν ὁρμῇ[34]
τῆς ἰσχύος[35] αὐτοῦ. **7** καὶ εἶδον αὐτὸν φθάνοντα[36] ἕως τοῦ κριοῦ,[37] καὶ ἐξηγριάνθη[38]
πρὸς αὐτὸν καὶ ἔπαισεν[39] τὸν κριὸν καὶ συνέτριψεν[40] ἀμφότερα[41] τὰ κέρατα[42] αὐτοῦ,

1 ὧδε, here
2 πέρας, conclusion
3 διαλογισμός, thought, deliberation
4 συνταράσσω, *impf act ind 3p*, confound, cause disarray
5 μορφή, outward appearance
6 ἀλλοιόω, *aor pas ind 3s*, change, alter
7 συντηρέω, *aor act ind 1s*, preserve closely
8 ὅρασις, vision
9 βάρις, stronghold, citadel
10 χώρα, region
11 ὅραμα, vision
12 κριός, ram
13 ἵστημι, *perf act ptc nom s m*, stand
14 κέρας, horn
15 ὑψηλός, high, tall
16 ὑψηλός, *comp*, higher, taller
17 κριός, ram
18 κερατίζω, *pres act ptc acc s m*, gore (with horns)
19 βορρᾶς, north
20 νότος, south
21 ἐξαιρέω, *pres mid ptc nom s m*, rescue, deliver
22 θέλημα, will, desire
23 μεγαλύνω, *aor pas ind 3s*, magnify, make great
24 συνίημι, *pres act ptc nom s m*, consider, think about
25 τράγος, male goat
26 αἴξ, goat
27 λίψ, southwest
28 κέρας, horn
29 θεωρητός, notable, prominent
30 ἀνὰ μέσον, between
31 κριός, ram
32 κέρας, horn
33 τρέχω, *aor act ind 3s*, run
34 ὁρμή, rushing, onrush
35 ἰσχύς, strength
36 φθάνω, *pres act ptc acc s m*, come before
37 κριός, ram
38 ἐξαγριαίνω, *aor pas ind 3s*, become furious against
39 παίω, *aor act ind 3s*, strike
40 συντρίβω, *aor act ind 3s*, break
41 ἀμφότεροι, both
42 κέρας, horn

τράγου·[1] καὶ ἐσπάραξεν[2] αὐτὸν ἐπὶ τὴν γῆν καὶ συνέτριψεν[3] αὐτόν, καὶ οὐκ ἦν
ὁ ῥυόμενος[4] τὸν κριὸν ἀπὸ τοῦ τράγου. **8** καὶ ὁ τράγος[5] τῶν αἰγῶν[6] κατίσχυσε[7]
σφόδρα,[8] καὶ ὅτε κατίσχυσε, συνετρίβη[9] αὐτοῦ τὸ κέρας[10] τὸ μέγα, καὶ ἀνέβη ἕτερα
τέσσαρα κέρατα κατόπισθεν[11] αὐτοῦ εἰς τοὺς τέσσαρας ἀνέμους[12] τοῦ οὐρανοῦ.

9 καὶ ἐξ ἑνὸς αὐτῶν ἀνεφύη[13] κέρας[14] ἰσχυρὸν[15] ἓν καὶ κατίσχυσε[16] καὶ ἐπάταξεν[17]
ἐπὶ μεσημβρίαν[18] καὶ ἐπ᾽ ἀνατολὰς[19] καὶ ἐπὶ βορρᾶν·[20] **10** καὶ ὑψώθη[21] ἕως τῶν ἀστέ-
ρων[22] τοῦ οὐρανοῦ, καὶ ἐρράχθη[23] ἐπὶ τὴν γῆν ἀπὸ τῶν ἀστέρων καὶ ἀπὸ αὐτῶν
κατεπατήθη,[24] **11** ἕως ὁ ἀρχιστράτηγος[25] ῥύσεται[26] τὴν αἰχμαλωσίαν,[27] καὶ δι᾽
αὐτὸν τὰ ὄρη τὰ ἀπ᾽ αἰῶνος ἐρράχθη,[28] καὶ ἐξήρθη[29] ὁ τόπος αὐτῶν καὶ θυσία,[30]
καὶ ἔθηκεν αὐτὴν ἕως χαμαὶ[31] ἐπὶ τὴν γῆν καὶ εὐωδώθη[32] καὶ ἐγενήθη, καὶ τὸ ἅγιον
ἐρημωθήσεται·[33] **12** καὶ ἐγενήθησαν ἐπὶ τῇ θυσίᾳ[34] αἱ ἁμαρτίαι, καὶ ἐρρίφη[35] χαμαὶ[36]
ἡ δικαιοσύνη, καὶ ἐποίησε καὶ εὐωδώθη.[37] **13** καὶ ἤκουον ἑτέρου ἁγίου λαλοῦντος,
καὶ εἶπεν ὁ ἕτερος τῷ φελμουνι[38] τῷ λαλοῦντι Ἕως τίνος τὸ ὅραμα[39] στήσεται καὶ ἡ
θυσία[40] ἡ ἀρθεῖσα[41] καὶ ἡ ἁμαρτία ἐρημώσεως[42] ἡ δοθεῖσα, καὶ τὰ ἅγια ἐρημωθήσεται[43]
εἰς καταπάτημα;[44] **14** καὶ εἶπεν αὐτῷ Ἕως ἑσπέρας[45] καὶ πρωὶ[46] ἡμέραι δισχίλιαι[47] τρι-
ακόσιαι,[48] καὶ καθαρισθήσεται[49] τὸ ἅγιον.

1 τράγος, male goat
2 σπαράσσω, *aor act ind 3s*, rend asunder
3 συντρίβω, *aor act ind 3s*, break
4 ῥύομαι, *pres mid ptc nom s m*, save, rescue
5 τράγος, male goat
6 αἴξ, goat
7 κατισχύω, *aor act ind 3s*, prevail, overpower
8 σφόδρα, exceedingly
9 συντρίβω, *aor pas ind 3s*, break
10 κέρας, horn
11 κατόπισθεν, after, behind
12 ἄνεμος, wind
13 ἀναφύω, *aor pas ind 3s*, spring up
14 κέρας, horn
15 ἰσχυρός, strong
16 κατισχύω, *aor act ind 3s*, prevail, overpower
17 πατάσσω, *aor act ind 3s*, strike, slay
18 μεσημβρία, south
19 ἀνατολή, east
20 βορρᾶς, north
21 ὑψόω, *aor pas ind 3s*, lift high, exalt
22 ἀστήρ, star
23 ῥάσσω, *aor pas ind 3s*, dash, throw down
24 καταπατέω, *aor pas ind 3s*, trample
25 ἀρχιστράτηγος, chief captain
26 ῥύομαι, *fut mid ind 3s*, save, rescue
27 αἰχμαλωσία, group of captives
28 ῥάσσω, *aor pas ind 3s*, dash, throw down
29 ἐξαίρω, *aor pas ind 3s*, remove, take away
30 θυσία, sacrifice
31 χαμαί, ground
32 εὐοδόω, *aor pas ind 3s*, be prosperous
33 ἐρημόω, *fut pas ind 3s*, make desolate, lay waste
34 θυσία, sacrifice
35 ῥίπτω, *aor pas ind 3s*, dash, throw down
36 χαμαί, (to the) ground
37 εὐοδόω, *aor pas ind 3s*, be prosperous
38 φελμουνι, another person, *translit.*
39 ὅραμα, vision
40 θυσία, sacrifice
41 αἴρω, *aor pas ptc nom s f*, take away, remove
42 ἐρήμωσις, desolation
43 ἐρημόω, *fut pas ind 3s*, make desolate, lay waste
44 καταπάτημα, trampling down
45 ἑσπέρα, evening
46 πρωί, morning
47 δισχίλιος, two thousand
48 τριακόσιοι, three hundred
49 καθαρίζω, *fut pas ind 3s*, purify, cleanse

Θ καὶ οὐκ ἦν ἰσχὺς[1] τῷ κριῷ τοῦ στῆναι ἐνώπιον αὐτοῦ· καὶ ἔρριψεν[2] αὐτὸν ἐπὶ τὴν
γῆν καὶ συνεπάτησεν[3] αὐτόν, καὶ οὐκ ἦν ὁ ἐξαιρούμενος[4] τὸν κριὸν ἐκ χειρὸς αὐτοῦ.
8 καὶ ὁ τράγος[5] τῶν αἰγῶν[6] ἐμεγαλύνθη[7] ἕως σφόδρα,[8] καὶ ἐν τῷ ἰσχῦσαι[9] αὐτὸν
συνετρίβη[10] τὸ κέρας[11] αὐτοῦ τὸ μέγα, καὶ ἀνέβη κέρατα τέσσαρα ὑποκάτω[12] αὐτοῦ
εἰς τοὺς τέσσαρας ἀνέμους[13] τοῦ οὐρανοῦ.

9 καὶ ἐκ τοῦ ἑνὸς αὐτῶν ἐξῆλθεν κέρας[14] ἓν ἰσχυρὸν[15] καὶ ἐμεγαλύνθη[16] περισσῶς[17]
πρὸς τὸν νότον[18] καὶ πρὸς ἀνατολὴν[19] καὶ πρὸς τὴν δύναμιν·[20] **10** ἐμεγαλύνθη[21] ἕως
τῆς δυνάμεως[22] τοῦ οὐρανοῦ, καὶ ἔπεσεν ἐπὶ τὴν γῆν ἀπὸ τῆς δυνάμεως τοῦ οὐρανοῦ
καὶ ἀπὸ τῶν ἄστρων,[23] καὶ συνεπάτησεν[24] αὐτά, **11** καὶ ἕως οὗ ὁ ἀρχιστράτηγος[25]
ῥύσηται[26] τὴν αἰχμαλωσίαν,[27] καὶ δι᾽ αὐτὸν θυσία[28] ἐρράχθη,[29] καὶ ἐγενήθη καὶ κατ-
ευοδώθη[30] αὐτῷ, καὶ τὸ ἅγιον ἐρημωθήσεται·[31] **12** καὶ ἐδόθη ἐπὶ τὴν θυσίαν[32] ἁμαρτία,
καὶ ἐρρίφη[33] χαμαὶ[34] ἡ δικαιοσύνη, καὶ ἐποίησεν καὶ εὐοδώθη.[35] **13** καὶ ἤκουσα ἑνὸς
ἁγίου λαλοῦντος, καὶ εἶπεν εἷς ἅγιος τῷ φελμουνι[36] τῷ λαλοῦντι Ἕως πότε[37] ἡ
ὅρασις[38] στήσεται, ἡ θυσία[39] ἡ ἀρθεῖσα καὶ ἡ ἁμαρτία ἐρημώσεως[40] ἡ δοθεῖσα, καὶ
τὸ ἅγιον καὶ ἡ δύναμις[41] συμπατηθήσεται;[42] **14** καὶ εἶπεν αὐτῷ Ἕως ἑσπέρας[43] καὶ
πρωὶ[44] ἡμέραι δισχίλιαι[45] καὶ τριακόσιαι,[46] καὶ καθαρισθήσεται[47] τὸ ἅγιον.

1 ἰσχύς, strength
2 ῥίπτω, *aor act ind 3s*, throw, cast
3 συμπατέω, *aor act ind 3s*, tread down, trample
4 ἐξαιρέω, *pres mid ptc nom s m*, rescue, deliver
5 τράγος, male goat
6 αἴξ, goat
7 μεγαλύνω, *aor pas ind 3s*, magnify, make great
8 σφόδρα, very much, exceedingly
9 ἰσχύω, *aor act inf*, grow strong
10 συντρίβω, *aor pas ind 3s*, break
11 κέρας, horn
12 ὑποκάτω, (from) below, at the base of
13 ἄνεμος, wind
14 κέρας, horn
15 ἰσχυρός, strong
16 μεγαλύνω, *aor pas ind 3s*, magnify, make great
17 περισσῶς, exceedingly
18 νότος, south
19 ἀνατολή, east
20 δύναμις, (heavenly) host
21 μεγαλύνω, *aor pas ind 3s*, magnify, make great
22 δύναμις, (heavenly) host
23 ἄστρον, star
24 συμπατέω, *aor act ind 3s*, tread down, trample
25 ἀρχιστράτηγος, chief captain
26 ῥύομαι, *aor mid sub 3s*, save, rescue
27 αἰχμαλωσία, group of captives
28 θυσία, sacrifice
29 ῥάσσω, *aor pas ind 3s*, dash, throw down
30 κατευοδόω, *aor pas ind 3s*, give prosperity to
31 ἐρημόω, *fut pas ind 3s*, desolate, lay waste
32 θυσία, sacrifice
33 ῥίπτω, *aor pas ind 3s*, throw, cast
34 χαμαί, (to the) ground
35 εὐοδόω, *aor pas ind 3s*, cause to prosper
36 φελμουνι, another person, *translit.*
37 πότε, when
38 ὅρασις, vision
39 θυσία, sacrifice
40 ἐρήμωσις, desolation
41 δύναμις, (heavenly) host
42 συμπατέω, *fut pas ind 3s*, tread down, trample
43 ἑσπέρα, evening
44 πρωί, morning
45 δισχίλιοι, two thousand
46 τριακόσιοι, three hundred
47 καθαρίζω, *fut pas ind 3s*, purify, cleanse

Interpretation of the Vision

15 καὶ ἐγένετο ἐν τῷ θεωρεῖν[1] με, ἐγὼ Δανιηλ, τὸ ὅραμα[2] ἐζήτουν διανοηθῆναι,[3]
καὶ ἰδοὺ ἔστη κατεναντίον[4] μου ὡς ὅρασις[5] ἀνθρώπου. **16** καὶ ἤκουσα φωνὴν ἀν-
θρώπου ἀνὰ μέσον[6] τοῦ Ουλαι, καὶ ἐκάλεσε καὶ εἶπεν Γαβριηλ, συνέτισον[7] ἐκεῖνον
τὴν ὅρασιν.[8] καὶ ἀναβοήσας[9] εἶπεν ὁ ἄνθρωπος Ἐπὶ τὸ πρόσταγμα[10] ἐκεῖνο ἡ
ὅρασις. **17** καὶ ἦλθε καὶ ἔστη ἐχόμενός μου τῆς στάσεως,[11] καὶ ἐν τῷ ἔρχεσθαι
αὐτὸν ἐθορυβήθην[12] καὶ ἔπεσα ἐπὶ πρόσωπόν μου, καὶ εἶπέν μοι Διανοήθητι,[13] υἱὲ
ἀνθρώπου, ἔτι γὰρ εἰς ὥραν καιροῦ τοῦτο τὸ ὅραμα.[14]

18 καὶ λαλοῦντος αὐτοῦ μετ᾽ ἐμοῦ ἐκοιμήθην[15] ἐπὶ πρόσωπον χαμαί,[16] καὶ ἁψάμενός
μου ἤγειρέ[17] με ἐπὶ τοῦ τόπου **19** καὶ εἶπέ μοι Ἰδοὺ ἐγὼ ἀπαγγέλλω[18] σοι ἃ ἔσται ἐπ᾽
ἐσχάτου τῆς ὀργῆς τοῖς υἱοῖς τοῦ λαοῦ σου· ἔτι γὰρ εἰς ὥρας καιροῦ συντελείας[19]
μενεῖ.[20] **20** τὸν κριὸν[21] ὃν εἶδες τὸν ἔχοντα τὰ κέρατα,[22] βασιλεὺς Μήδων καὶ
Περσῶν ἐστι. **21** καὶ ὁ τράγος[23] τῶν αἰγῶν[24] βασιλεὺς τῶν Ἑλλήνων ἐστί· καὶ τὸ
κέρας[25] τὸ μέγα τὸ ἀνὰ μέσον[26] τῶν ὀφθαλμῶν αὐτοῦ, αὐτὸς ὁ βασιλεὺς ὁ πρῶτος.
22 καὶ τὰ συντριβέντα[27] καὶ ἀναβάντα ὀπίσω αὐτοῦ τέσσαρα κέρατα,[28] τέσσαρες
βασιλεῖς τοῦ ἔθνους αὐτοῦ ἀναστήσονται οὐ κατὰ τὴν ἰσχὺν[29] αὐτοῦ.

23 καὶ ἐπ᾽ ἐσχάτου τῆς βασιλείας αὐτῶν,
πληρουμένων τῶν ἁμαρτιῶν αὐτῶν,
ἀναστήσεται βασιλεὺς ἀναιδὴς[30] προσώπῳ
διανοούμενος[31] αἰνίγματα.[32]
24 καὶ στερεωθήσεται[33] ἡ ἰσχὺς[34] αὐτοῦ
καὶ οὐκ ἐν τῇ ἰσχύι αὐτοῦ,

1 θεωρέω, *pres act inf*, see, behold
2 ὅραμα, vision
3 διανοέομαι, *aor pas inf*, understand, comprehend
4 κατεναντίον, in front of, before
5 ὅρασις, appearance
6 ἀνὰ μέσον, among
7 συνετίζω, *aor act impv 2s*, instruct, give understanding
8 ὅρασις, vision
9 ἀναβοάω, *aor act ptc nom s m*, shout aloud
10 πρόσταγμα, ordinance
11 στάσις, position (of standing)
12 θορυβέω, *aor pas ind 3s*, become bewildered
13 διανοέομαι, *aor pas impv 2s*, ponder, think about
14 ὅραμα, vision
15 κοιμάω, *aor pas ind 1s*, fall asleep
16 χαμαί, (on the) ground
17 ἐγείρω, *aor act ind 3s*, awaken, stir up
18 ἀπαγγέλλω, *pres act ind 1s*, reveal, declare
19 συντέλεια, consummation, accomplishment
20 μένω, *fut act ind 3s*, remain, endure
21 κριός, ram
22 κέρας, horn
23 τράγος, male goat
24 αἴξ, goat
25 κέρας, horn
26 ἀνὰ μέσον, between
27 συντρίβω, *aor pas ptc nom p n*, break
28 κέρας, horn
29 ἰσχύς, strength
30 ἀναιδής, shameless, bold
31 διανοέομαι, *pres mid ptc nom s m*, understand, comprehend
32 αἴνιγμα, obscure saying
33 στερεόω, *fut pas ind 3s*, make firm, strengthen
34 ἰσχύς, strength

Θ

Interpretation of the Vision

15 καὶ ἐγένετο ἐν τῷ ἰδεῖν με, ἐγὼ Δανιηλ, τὴν ὅρασιν[1] καὶ ἐζήτουν σύνεσιν,[2] καὶ ἰδοὺ
ἔστη ἐνώπιον ἐμοῦ ὡς ὅρασις[3] ἀνδρός. **16** καὶ ἤκουσα φωνὴν ἀνδρὸς ἀνὰ μέσον[4]
τοῦ Ουβαλ, καὶ ἐκάλεσεν καὶ εἶπεν Γαβριηλ, συνέτισον[5] ἐκεῖνον τὴν ὅρασιν.[6] **17** καὶ
ἦλθεν καὶ ἔστη ἐχόμενος τῆς στάσεώς[7] μου, καὶ ἐν τῷ ἐλθεῖν αὐτὸν ἐθαμβήθην[8]
καὶ πίπτω ἐπὶ πρόσωπόν μου, καὶ εἶπεν πρός με Σύνες,[9] υἱὲ ἀνθρώπου, ἔτι γὰρ εἰς
καιροῦ πέρας[10] ἡ ὅρασις.[11]

18 καὶ ἐν τῷ λαλεῖν αὐτὸν μετ᾽ ἐμοῦ πίπτω ἐπὶ πρόσωπόν μου ἐπὶ τὴν γῆν, καὶ ἥψατό
μου καὶ ἔστησέν με ἐπὶ πόδας **19** καὶ εἶπεν Ἰδοὺ ἐγὼ γνωρίζω[12] σοι τὰ ἐσόμενα ἐπ᾽
ἐσχάτων τῆς ὀργῆς· ἔτι γὰρ εἰς καιροῦ πέρας[13] ἡ ὅρασις.[14] **20** ὁ κριός,[15] ὃν εἶδες,
ὁ ἔχων τὰ κέρατα[16] βασιλεὺς Μήδων καὶ Περσῶν. **21** καὶ ὁ τράγος[17] τῶν αἰγῶν[18]
βασιλεὺς Ἑλλήνων· καὶ τὸ κέρας τὸ μέγα, ὃ ἦν ἀνὰ μέσον[19] τῶν ὀφθαλμῶν αὐτοῦ,
αὐτός ἐστιν ὁ βασιλεὺς ὁ πρῶτος. **22** καὶ τοῦ συντριβέντος,[20] οὗ ἔστησαν τέσσαρα
ὑποκάτω[21] κέρατα,[22] τέσσαρες βασιλεῖς ἐκ τοῦ ἔθνους αὐτοῦ ἀναστήσονται καὶ οὐκ
ἐν τῇ ἰσχύι[23] αὐτοῦ.

23 καὶ ἐπ᾽ ἐσχάτων τῆς βασιλείας αὐτῶν
    πληρουμένων τῶν ἁμαρτιῶν αὐτῶν
ἀναστήσεται βασιλεὺς ἀναιδὴς[24] προσώπῳ
    καὶ συνίων[25] προβλήματα.[26]
24 καὶ κραταιὰ[27] ἡ ἰσχὺς[28] αὐτοῦ
    καὶ οὐκ ἐν τῇ ἰσχύι αὐτοῦ,

1 ὅρασις, vision
2 σύνεσις, understanding
3 ὅρασις, appearance
4 ἀνὰ μέσον, amid
5 συνετίζω, *aor act impv 2s*, instruct, give understanding
6 ὅρασις, vision
7 στάσις, position (of standing)
8 θαμβέω, *aor pas ind 1s*, become terrified
9 συνίημι, *aor act impv 2s*, consider, think about
10 πέρας, conclusion
11 ὅρασις, vision
12 γνωρίζω, *pres act ind 1s*, make known
13 πέρας, conclusion
14 ὅρασις, vision
15 κριός, ram
16 κέρας, horn
17 τράγος, male goat
18 αἴξ, goat
19 ἀνὰ μέσον, between
20 συντρίβω, *aor pas ptc gen s n*, break
21 ὑποκάτω, below, at the base of
22 κέρας, horn
23 ἰσχύς, strength
24 ἀναιδής, shameless, bold
25 συνίημι, *pres act ptc nom s m*, have understanding
26 πρόβλημα, riddle
27 κραταιός, vehement, powerful
28 ἰσχύς, strength

καὶ θαυμαστῶς[1] φθερεῖ[2] καὶ εὐοδωθήσεται[3]
καὶ ποιήσει καὶ φθερεῖ δυνάστας[4] καὶ δῆμον[5] ἁγίων.
25 καὶ ἐπὶ τοὺς ἁγίους τὸ διανόημα[6] αὐτοῦ,
καὶ εὐοδωθήσεται[7] τὸ ψεῦδος[8] ἐν ταῖς χερσὶν αὐτοῦ,
καὶ ἡ καρδία αὐτοῦ ὑψωθήσεται,[9]
καὶ δόλῳ[10] ἀφανιεῖ[11] πολλοὺς
καὶ ἐπὶ ἀπωλείας[12] ἀνδρῶν στήσεται
καὶ ποιήσει συναγωγὴν χειρὸς καὶ ἀποδώσεται.

26 τὸ ὅραμα[13] τὸ ἑσπέρας[14] καὶ πρωὶ[15] ηὑρέθη ἐπ' ἀληθείας· καὶ νῦν πεφραγμένον[16]
τὸ ὅραμα, ἔτι γὰρ εἰς ἡμέρας πολλάς.

27 ἐγὼ Δανιηλ ἀσθενήσας[17] ἡμέρας πολλὰς καὶ ἀναστὰς ἐπραγματευόμην[18] πάλιν[19]
βασιλικά.[20] καὶ ἐξελυόμην[21] ἐπὶ τῷ ὁράματι,[22] καὶ οὐδεὶς ἦν ὁ διανοούμενος.[23]

Daniel's Prayer for the People

9 Ἔτους πρώτου ἐπὶ Δαρείου τοῦ Ξέρξου ἀπὸ τῆς γενεᾶς τῆς Μηδικῆς, οἳ ἐβασίλευ-
σαν[24] ἐπὶ τὴν βασιλείαν τῶν Χαλδαίων, **2** τῷ πρώτῳ ἔτει τῆς βασιλείας αὐτοῦ ἐγὼ
Δανιηλ διενοήθην[25] ἐν ταῖς βίβλοις τὸν ἀριθμὸν[26] τῶν ἐτῶν, ὅτε ἐγένετο πρόσταγμα[27]
τῇ γῇ ἐπὶ Ιερεμιαν τὸν προφήτην ἐγεῖραι[28] εἰς ἀναπλήρωσιν[29] ὀνειδισμοῦ[30] Ιερου-
σαλημ, ἑβδομήκοντα[31] ἔτη. **3** καὶ ἔδωκα τὸ πρόσωπόν μου ἐπὶ κύριον τὸν θεὸν εὑρεῖν
προσευχὴν καὶ ἔλεος[32] ἐν νηστείαις[33] καὶ σάκκῳ[34] καὶ σποδῷ.[35] **4** καὶ προσηυξάμην
πρὸς κύριον τὸν θεὸν καὶ ἐξωμολογησάμην[36] καὶ εἶπα

1 θαυμαστῶς, terribly
2 φθείρω, *fut act ind 3s*, ravage, destroy
3 εὐοδόω, *fut pas ind 3s*, be prosperous
4 δυνάστης, mighty one, master
5 δῆμος, people, commoners
6 διανόημα, notion, intention
7 εὐοδόω, *fut pas ind 3s*, be prosperous
8 ψεῦδος, lie, deception
9 ὑψόω, *fut pas ind 3s*, lift high, exalt
10 δόλος, deceit
11 ἀφανίζω, *fut act ind 3s*, blot out, get rid of
12 ἀπώλεια, destruction
13 ὅραμα, vision
14 ἑσπέρα, (in the) evening
15 πρωί, (in the) morning
16 φράσσω, *perf pas ptc acc s n*, close up, stop
17 ἀσθενέω, *aor act ptc nom s m*, be weak
18 πραγματεύομαι, *impf mid ind 1s*, engage in, conduct
19 πάλιν, once more
20 βασιλικός, royal duty
21 ἐκλύω, *impf mid ind 1s*, faint, be weak (physically)
22 ὅραμα, vision
23 διανοέομαι, *pres mid ptc nom s m*, understand, comprehend
24 βασιλεύω, *aor act ind 3p*, reign as king
25 διανοέομαι, *aor pas ind 1s*, understand, comprehend
26 ἀριθμός, number
27 πρόσταγμα, decree
28 ἐγείρω, *aor act inf*, arise
29 ἀναπλήρωσις, fulfillment
30 ὀνειδισμός, reproach, disgrace
31 ἑβδομήκοντα, seventy
32 ἔλεος, mercy
33 νηστεία, fasting
34 σάκκος, sackcloth, *Heb. LW*
35 σποδός, ashes
36 ἐξομολογέομαι, *aor mid ind 1s*, confess, acknowledge

Θ

καὶ θαυμαστὰ[1] διαφθερεῖ[2] καὶ κατευθυνεῖ[3]
καὶ ποιήσει καὶ διαφθερεῖ ἰσχυροὺς[4] καὶ λαὸν ἅγιον.
25 καὶ ὁ ζυγὸς[5] τοῦ κλοιοῦ[6] αὐτοῦ κατευθυνεῖ·[7]
δόλος[8] ἐν τῇ χειρὶ αὐτοῦ,
καὶ ἐν καρδίᾳ αὐτοῦ μεγαλυνθήσεται[9]
καὶ δόλῳ διαφθερεῖ[10] πολλούς
καὶ ἐπὶ ἀπωλείας[11] πολλῶν στήσεται
καὶ ὡς ᾠὰ[12] χειρὶ συντρίψει.[13]

26 καὶ ἡ ὅρασις[14] τῆς ἑσπέρας[15] καὶ τῆς πρωίας[16] τῆς ῥηθείσης[17] ἀληθής[18] ἐστιν· καὶ
σὺ σφράγισον[19] τὴν ὅρασιν,[20] ὅτι εἰς ἡμέρας πολλάς.

27 καὶ ἐγὼ Δανιηλ ἐκοιμήθην[21] καὶ ἐμαλακίσθην[22] ἡμέρας καὶ ἀνέστην καὶ ἐποίουν
τὰ ἔργα τοῦ βασιλέως· καὶ ἐθαύμαζον[23] τὴν ὅρασιν,[24] καὶ οὐκ ἦν ὁ συνίων.[25]

Daniel's Prayer for the People

9 Ἐν τῷ πρώτῳ ἔτει Δαρείου τοῦ υἱοῦ Ασουηρου ἀπὸ τοῦ σπέρματος τῶν Μήδων,
ὃς ἐβασίλευσεν[26] ἐπὶ βασιλείαν Χαλδαίων, **2** ἐν ἔτει ἑνὶ τῆς βασιλείας αὐτοῦ
ἐγὼ Δανιηλ συνῆκα[27] ἐν ταῖς βύβλοις τὸν ἀριθμὸν[28] τῶν ἐτῶν, ὃς ἐγενήθη λόγος
κυρίου πρὸς Ιερεμιαν τὸν προφήτην εἰς συμπλήρωσιν[29] ἐρημώσεως[30] Ιερουσαλημ,
ἑβδομήκοντα[31] ἔτη. **3** καὶ ἔδωκα τὸ πρόσωπόν μου πρὸς κύριον τὸν θεὸν τοῦ ἐκ-
ζητῆσαι[32] προσευχὴν καὶ δεήσεις[33] ἐν νηστείαις[34] καὶ σάκκῳ[35] καὶ σποδῷ.[36] **4** καὶ
προσηυξάμην πρὸς κύριον τὸν θεόν μου καὶ ἐξωμολογησάμην[37] καὶ εἶπα

1 θαυμαστός, marvelous (deed)
2 διαφθείρω, *fut act ind 3s*, utterly destroy
3 κατευθύνω, *fut act ind 3s*, proceed ahead
4 ἰσχυρός, strong
5 ζυγός, yoke
6 κλοιός, chain, bond, collar
7 κατευθύνω, *fut act ind 3s*, proceed ahead
8 δόλος, deceit
9 μεγαλύνω, *fut pas ind 3s*, magnify, make great
10 διαφθείρω, *fut act ind 3s*, utterly destroy
11 ἀπώλεια, destruction
12 ᾠόν, egg
13 συντρίβω, *fut act ind 3s*, break, crush
14 ὅρασις, vision
15 ἑσπέρα, evening
16 πρώϊος, morning
17 λέγω, *aor pas ptc gen s f*, speak, tell
18 ἀληθής, truthful
19 σφραγίζω, *aor act impv 2s*, seal up
20 ὅρασις, vision
21 κοιμάω, *aor pas ind 1s*, sleep
22 μαλακίζομαι, *aor pas ind 1s*, be sick
23 θαυμάζω, *impf act ind 1s*, be astonished at
24 ὅρασις, vision
25 συνίημι, *pres act ptc nom s m*, have understanding
26 βασιλεύω, *aor act ind 3s*, reign as king
27 συνίημι, *aor act ind 1s*, understand
28 ἀριθμός, number
29 συμπλήρωσις, fulfillment
30 ἐρήμωσις, desolation
31 ἑβδομήκοντα, seventy
32 ἐκζητέω, *aor act inf*, seek after
33 δέησις, supplication
34 νηστεία, fasting
35 σάκκος, sackcloth, *Heb. LW*
36 σποδός, ashes
37 ἐξομολογέομαι, *aor mid ind 1s*, confess

Ἰδού, κύριε, σὺ εἶ ὁ θεὸς ὁ μέγας καὶ ὁ ἰσχυρὸς[1] καὶ ὁ φοβερὸς[2] τηρῶν[3] τὴν διαθήκην καὶ τὸ ἔλεος[4] τοῖς ἀγαπῶσί σε καὶ τοῖς φυλάσσουσι τὰ προστάγματά[5] σου,
5 ἡμάρτομεν, ἠδικήσαμεν,[6] ἠσεβήσαμεν[7] καὶ ἀπέστημεν[8] καὶ παρέβημεν[9] τὰς ἐντολάς σου καὶ τὰ κρίματά[10] σου **6** καὶ οὐκ ἠκούσαμεν τῶν παίδων[11] σου τῶν προφητῶν,
ἃ ἐλάλησαν ἐπὶ τῷ ὀνόματί σου ἐπὶ τοὺς βασιλεῖς ἡμῶν καὶ δυνάστας[12] ἡμῶν καὶ πατέρας ἡμῶν καὶ παντὶ ἔθνει ἐπὶ τῆς γῆς.

7 σοί, κύριε, ἡ δικαιοσύνη, καὶ ἡμῖν ἡ αἰσχύνη[13] τοῦ προσώπου κατὰ τὴν ἡμέραν ταύτην, ἀνθρώποις Ιουδα καὶ καθημένοις ἐν Ιερουσαλημ καὶ παντὶ τῷ λαῷ Ισραηλ τῷ ἔγγιστα[14] καὶ τῷ ἀπωτέρω[15] ἐν πάσαις ταῖς χώραις,[16] εἰς ἃς διεσκόρπισας[17]
αὐτοὺς ἐκεῖ ἐν τῇ πλημμελείᾳ,[18] ᾗ ἐπλημμέλησαν[19] ἐναντίον[20] σου. **8** δέσποτα,[21]
ἡμῖν ἡ αἰσχύνη[22] τοῦ προσώπου καὶ τοῖς βασιλεῦσιν ἡμῶν καὶ δυνάσταις[23] καὶ τοῖς
πατράσιν ἡμῶν, ὅτι ἡμάρτομέν σοι. **9** τῷ κυρίῳ ἡ δικαιοσύνη καὶ τὸ ἔλεος,[24] ὅτι
ἀπέστημεν[25] ἀπὸ σοῦ **10** καὶ οὐκ ἠκούσαμεν τῆς φωνῆς κυρίου τοῦ θεοῦ ἡμῶν κατακολουθῆσαι[26] τῷ νόμῳ σου, ᾧ ἔδωκας ἐνώπιον Μωσῆ καὶ ἡμῶν διὰ τῶν παίδων[27] σου τῶν προφητῶν.

11 καὶ πᾶς Ισραηλ ἐγκατέλιπε[28] τὸν νόμον σου καὶ ἀπέστησαν[29] τοῦ μὴ ἀκοῦσαι τῆς φωνῆς σου, καὶ ἐπῆλθεν[30] ἐφ᾽ ἡμᾶς ἡ κατάρα[31] καὶ ὁ ὅρκος[32] ὁ γεγραμμένος
ἐν τῷ νόμῳ Μωσῆ παιδὸς[33] τοῦ θεοῦ, ὅτι ἡμάρτομεν αὐτῷ. **12** καὶ ἔστησεν ἡμῖν
τὰ προστάγματα[34] αὐτοῦ, ὅσα ἐλάλησεν ἐφ᾽ ἡμᾶς καὶ ἐπὶ τοὺς κριτὰς[35] ἡμῶν, ὅσα ἔκρινας ἡμῖν, ἐπαγαγεῖν[36] ἐφ᾽ ἡμᾶς κακὰ μεγάλα, οἷα[37] οὐκ ἐγενήθη ὑπὸ τὸν οὐρανὸν
καθότι[38] ἐγενήθη ἐν Ιερουσαλημ. **13** κατὰ τὰ γεγραμμένα ἐν διαθήκῃ Μωσῆ πάντα
τὰ κακὰ ἐπῆλθεν[39] ἡμῖν, καὶ οὐκ ἐξεζητήσαμεν[40] τὸ πρόσωπον κυρίου θεοῦ ἡμῶν

1 ἰσχυρός, strong
2 φοβερός, dreadful
3 τηρέω, *pres act ptc nom s m*, preserve
4 ἔλεος, mercy
5 πρόσταγμα, ordinance
6 ἀδικέω, *aor act ind 1p*, commit wrongdoing
7 ἀσεβέω, *aor act ind 1p*, act profanely
8 ἀφίστημι, *aor act ind 1p*, turn away from
9 παραβαίνω, *aor act ind 1p*, transgress
10 κρίμα, judgment
11 παῖς, servant
12 δυνάστης, master, prince
13 αἰσχύνη, shame
14 ἐγγύς, *sup*, most nearby
15 ἄπωθεν, *comp*, farther from
16 χώρα, territory
17 διασκορπίζω, *aor act ind 2s*, scatter
18 πλημμέλεια, trespass, offense
19 πλημμελέω, *aor act ind 3p*, trespass, commit offense
20 ἐναντίον, before
21 δεσπότης, master
22 αἰσχύνη, shame
23 δυνάστης, master, prince
24 ἔλεος, mercy
25 ἀφίστημι, *aor act ind 1p*, depart, turn away
26 κατακολουθέω, *aor act inf*, follow after, obey
27 παῖς, servant
28 ἐγκαταλείπω, *aor act ind 3s*, forsake
29 ἀφίστημι, *aor act ind 3p*, depart, turn away
30 ἐπέρχομαι, *aor act ind 3s*, come upon
31 κατάρα, curse
32 ὅρκος, oath
33 παῖς, servant
34 πρόσταγμα, ordinance
35 κριτής, judge
36 ἐπάγω, *aor act inf*, bring upon
37 οἷος, such as this, like this
38 καθότι, as
39 ἐπέρχομαι, *aor act ind 3s*, come upon
40 ἐκζητέω, *aor act ind 1p*, seek after

Θ Κύριε ὁ θεὸς ὁ μέγας καὶ θαυμαστὸς[1] ὁ φυλάσσων τὴν διαθήκην σου καὶ τὸ ἔλεος[2]
τοῖς ἀγαπῶσίν σε καὶ τοῖς φυλάσσουσιν τὰς ἐντολάς σου, **5** ἡμάρτομεν, ἠδικήσαμεν,[3]
ἠνομήσαμεν[4] καὶ ἀπέστημεν[5] καὶ ἐξεκλίναμεν[6] ἀπὸ τῶν ἐντολῶν σου καὶ ἀπὸ τῶν
κριμάτων[7] σου **6** καὶ οὐκ εἰσηκούσαμεν[8] τῶν δούλων σου τῶν προφητῶν, οἳ ἐλάλουν
ἐν τῷ ὀνόματί σου πρὸς τοὺς βασιλεῖς ἡμῶν καὶ ἄρχοντας ἡμῶν καὶ πατέρας ἡμῶν
καὶ πρὸς πάντα τὸν λαὸν τῆς γῆς.

7 σοί, κύριε, ἡ δικαιοσύνη, καὶ ἡμῖν ἡ αἰσχύνη[9] τοῦ προσώπου ὡς ἡ ἡμέρα αὕτη,
ἀνδρὶ Ιουδα καὶ τοῖς ἐνοικοῦσιν[10] ἐν Ιερουσαλημ καὶ παντὶ Ισραηλ τοῖς ἐγγὺς[11]
καὶ τοῖς μακρὰν[12] ἐν πάσῃ τῇ γῇ, οὗ[13] διέσπειρας[14] αὐτοὺς ἐκεῖ ἐν ἀθεσίᾳ[15] αὐτῶν,
ᾗ ἠθέτησαν[16] ἐν σοί. **8** κύριε, ἡμῖν ἡ αἰσχύνη[17] τοῦ προσώπου καὶ τοῖς βασιλεῦ-
σιν ἡμῶν καὶ τοῖς ἄρχουσιν ἡμῶν καὶ τοῖς πατράσιν ἡμῶν, οἵτινες ἡμάρτομέν σοι.
9 τῷ κυρίῳ θεῷ ἡμῶν οἱ οἰκτιρμοὶ[18] καὶ οἱ ἱλασμοί,[19] ὅτι ἀπέστημεν[20] **10** καὶ οὐκ
εἰσηκούσαμεν[21] τῆς φωνῆς κυρίου τοῦ θεοῦ ἡμῶν πορεύεσθαι ἐν τοῖς νόμοις αὐτοῦ,
οἷς ἔδωκεν κατὰ πρόσωπον ἡμῶν ἐν χερσὶν τῶν δούλων αὐτοῦ τῶν προφητῶν.

11 καὶ πᾶς Ισραηλ παρέβησαν[22] τὸν νόμον σου καὶ ἐξέκλιναν[23] τοῦ μὴ ἀκοῦσαι τῆς
φωνῆς σου, καὶ ἐπῆλθεν[24] ἐφ᾽ ἡμᾶς ἡ κατάρα[25] καὶ ὁ ὅρκος[26] ὁ γεγραμμένος ἐν νόμῳ
Μωυσέως δούλου τοῦ θεοῦ, ὅτι ἡμάρτομεν αὐτῷ. **12** καὶ ἔστησεν τοὺς λόγους αὐτοῦ,
οὓς ἐλάλησεν ἐφ᾽ ἡμᾶς καὶ ἐπὶ τοὺς κριτὰς[27] ἡμῶν, οἳ ἔκρινον ἡμᾶς, ἐπαγαγεῖν[28] ἐφ᾽
ἡμᾶς κακὰ μεγάλα, οἷα[29] οὐ γέγονεν ὑποκάτω[30] παντὸς τοῦ οὐρανοῦ κατὰ τὰ γενόμενα
ἐν Ιερουσαλημ. **13** καθὼς γέγραπται ἐν τῷ νόμῳ Μωυσῆ, πάντα τὰ κακὰ ταῦτα ἦλθεν
ἐφ᾽ ἡμᾶς, καὶ οὐκ ἐδεήθημεν[31] τοῦ προσώπου κυρίου τοῦ θεοῦ ἡμῶν ἀποστρέψαι[32]

1 θαυμαστός, marvelous
2 ἔλεος, mercy
3 ἀδικέω, *aor act ind 1p*, commit wrongdoing
4 ἀνομέω, *aor act ind 1p*, act lawlessly
5 ἀφίστημι, *aor act ind 1p*, depart, turn away
6 ἐκκλίνω, *aor act ind 1p*, fall away from
7 κρίμα, judgment
8 εἰσακούω, *aor act ind 1p*, listen, obey
9 αἰσχύνη, shame
10 ἐνοικέω, *pres act ptc dat p m*, dwell, inhabit
11 ἐγγύς, nearby
12 μακράν, far away
13 οὗ, where
14 διασπείρω, *aor act ind 2s*, scatter
15 ἀθεσία, faithlessness, treachery
16 ἀθετέω, *aor act ind 3p*, deal treacherously with
17 αἰσχύνη, shame
18 οἰκτιρμός, (act of) compassion
19 ἱλασμός, (means of) atonement, propitiation
20 ἀφίστημι, *aor act ind 1p*, depart, turn away
21 εἰσακούω, *aor act ind 1p*, listen, obey
22 παραβαίνω, *aor act ind 3p*, transgress
23 ἐκκλίνω, *aor act ind 3p*, fall away from
24 ἐπέρχομαι, *aor act ind 3s*, come upon
25 κατάρα, curse
26 ὅρκος, oath
27 κριτής, judge
28 ἐπάγω, *aor act inf*, bring upon
29 οἷος, such as this, like this
30 ὑποκάτω, beneath
31 δέομαι, *aor pas ind 1p*, pray, supplicate
32 ἀποστρέφω, *aor act inf*, turn back

ἀποστῆναι[1] ἀπὸ τῶν ἁμαρτιῶν ἡμῶν καὶ διανοηθῆναι[2] τὴν δικαιοσύνην σου, κύριε.
14 καὶ ἠγρύπνησε[3] κύριος ὁ θεὸς ἐπὶ τὰ κακὰ καὶ ἐπήγαγεν[4] ἐφ᾽ ἡμᾶς, ὅτι δίκαιος
κύριος ὁ θεὸς ἡμῶν ἐπὶ πάντα, ὅσα ἂν ποιήσῃ, καὶ οὐκ ἠκούσαμεν τῆς φωνῆς αὐτοῦ.

15 καὶ νῦν, δέσποτα[5] κύριε ὁ θεὸς ἡμῶν ὁ ἐξαγαγὼν[6] τὸν λαόν σου ἐξ Αἰγύπτου τῷ
βραχίονί[7] σου τῷ ὑψηλῷ[8] καὶ ἐποίησας σεαυτῷ ὄνομα κατὰ τὴν ἡμέραν ταύτην,
ἡμάρτομεν, ἠγνοήκαμεν.[9] **16** δέσποτα,[10] κατὰ τὴν δικαιοσύνην σου ἀποστραφήτω[11]
ὁ θυμός[12] σου καὶ ἡ ὀργή σου ἀπὸ τῆς πόλεώς σου Ιερουσαλημ ὄρους τοῦ ἁγίου σου,
ὅτι ἐν ταῖς ἁμαρτίαις ἡμῶν καὶ ἐν ταῖς ἀγνοίαις[13] τῶν πατέρων ἡμῶν Ιερουσαλημ
καὶ ὁ δῆμός[14] σου, κύριε, εἰς ὀνειδισμὸν[15] ἐν πᾶσι τοῖς περικύκλῳ[16] ἡμῶν. **17** καὶ νῦν
ἐπάκουσον,[17] δέσποτα,[18] τῆς προσευχῆς τοῦ παιδός[19] σου καὶ ἐπὶ τὰς δεήσεις[20] μου,
καὶ ἐπιβλεψάτω[21] τὸ πρόσωπόν σου ἐπὶ τὸ ὄρος τὸ ἅγιόν σου τὸ ἔρημον[22] ἕνεκεν[23]
τῶν δούλων σου, δέσποτα. **18** πρόσχες,[24] κύριε, τὸ οὖς σου καὶ ἐπάκουσόν[25] μου·
ἄνοιξον τοὺς ὀφθαλμούς σου καὶ ἰδὲ τὴν ἐρήμωσιν[26] ἡμῶν καὶ τῆς πόλεώς σου,
ἐφ᾽ ἧς ἐπεκλήθη[27] τὸ ὄνομά σου ἐπ᾽ αὐτῆς· οὐ γὰρ ἐπὶ ταῖς δικαιοσύναις ἡμῶν
ἡμεῖς δεόμεθα[28] ἐν ταῖς προσευχαῖς ἡμῶν ἐνώπιόν σου, ἀλλὰ διὰ τὸ σὸν[29] ἔλεος,[30]
19 κύριε, σὺ ἱλάτευσον.[31] κύριε, ἐπάκουσον[32] καὶ ποίησον καὶ μὴ χρονίσῃς[33] ἕνεκα[34]
σεαυτοῦ, δέσποτα,[35] ὅτι τὸ ὄνομά σου ἐπεκλήθη[36] ἐπὶ τὴν πόλιν σου Σιων καὶ ἐπὶ
τὸν λαόν σου Ισραηλ.

Prophecy of the Seventy Weeks

20 καὶ ἕως ἐγὼ ἐλάλουν προσευχόμενος καὶ ἐξομολογούμενος[37] τὰς ἁμαρτίας μου
καὶ τὰς ἁμαρτίας τοῦ λαοῦ μου Ισραηλ καὶ δεόμενος[38] ἐν ταῖς προσευχαῖς ἐναντίον[39]

1 ἀφίστημι, *aor act inf*, depart, turn away
2 διανοέομαι, *aor pas inf*, think about, consider
3 ἀγρυπνέω, *aor act ind 3s*, be watchful over
4 ἐπάγω, *aor act ind 3s*, bring upon
5 δεσπότης, master
6 ἐξάγω, *aor act ptc nom s m*, bring out
7 βραχίων, arm
8 ὑψηλός, high, upraised
9 ἀγνοέω, *perf act ind 1p*, fail to understand
10 δεσπότης, master
11 ἀποστρέφω, *aor pas impv 3s*, turn back, avert
12 θυμός, wrath
13 ἄγνοια, sin of ignorance
14 δῆμος, people, commoners
15 ὀνειδισμός, reproach, disgrace
16 περικύκλῳ, all around
17 ἐπακούω, *aor act impv 2s*, hear, listen
18 δεσπότης, master
19 παῖς, servant
20 δέησις, supplication
21 ἐπιβλέπω, *aor act impv 3s*, look upon
22 ἔρημος, desolate
23 ἕνεκα, on behalf of
24 προσέχω, *aor act impv 2s*, give heed
25 ἐπακούω, *aor act impv 2s*, hear, listen
26 ἐρήμωσις, desolation
27 ἐπικαλέω, *aor pas ind 3s*, call upon
28 δέομαι, *pres mid ind 1p*, pray, supplicate
29 σός, your
30 ἔλεος, mercy
31 ἱλατεύω, *aor act impv 2s*, be gracious
32 ἐπακούω, *aor act impv 2s*, hear, listen
33 χρονίζω, *aor act sub 2s*, delay, tarry
34 ἕνεκα, on behalf of
35 δεσπότης, master
36 ἐπικαλέω, *aor pas ind 3s*, call upon
37 ἐξομολογέομαι, *pres mid ptc nom s m*, confess
38 δέομαι, *pres mid ptc nom s m*, pray, supplicate
39 ἐναντίον, before

Θ ἀπὸ τῶν ἀδικιῶν[1] ἡμῶν καὶ τοῦ συνιέναι[2] ἐν πάσῃ ἀληθείᾳ σου. **14** καὶ ἐγρηγόρησεν[3] κύριος καὶ ἐπήγαγεν[4] αὐτὰ ἐφ᾽ ἡμᾶς, ὅτι δίκαιος κύριος ὁ θεὸς ἡμῶν ἐπὶ πᾶσαν τὴν ποίησιν[5] αὐτοῦ, ἣν ἐποίησεν, καὶ οὐκ εἰσηκούσαμεν[6] τῆς φωνῆς αὐτοῦ.

15 καὶ νῦν, κύριε ὁ θεὸς ἡμῶν, ὃς ἐξήγαγες[7] τὸν λαόν σου ἐκ γῆς Αἰγύπτου ἐν χειρὶ κραταιᾷ[8] καὶ ἐποίησας σεαυτῷ ὄνομα ὡς ἡ ἡμέρα αὕτη, ἡμάρτομεν, ἠνομήσαμεν.[9]
16 κύριε, ἐν πάσῃ ἐλεημοσύνῃ[10] σου ἀποστραφήτω[11] δὴ[12] ὁ θυμός[13] σου καὶ ἡ ὀργή σου ἀπὸ τῆς πόλεώς σου Ιερουσαλημ ὄρους ἁγίου σου, ὅτι ἡμάρτομεν, καὶ ἐν ταῖς ἀδικίαις[14] ἡμῶν καὶ τῶν πατέρων ἡμῶν Ιερουσαλημ καὶ ὁ λαός σου εἰς ὀνειδισμὸν[15] ἐγένετο ἐν πᾶσιν τοῖς περικύκλῳ[16] ἡμῶν. **17** καὶ νῦν εἰσάκουσον,[17] κύριε ὁ θεὸς ἡμῶν, τῆς προσευχῆς τοῦ δούλου σου καὶ τῶν δεήσεων[18] αὐτοῦ καὶ ἐπίφανον[19] τὸ πρόσωπόν σου ἐπὶ τὸ ἁγίασμά[20] σου τὸ ἔρημον[21] ἕνεκέν[22] σου, κύριε. **18** κλῖνον,[23] ὁ θεός μου, τὸ οὖς σου καὶ ἄκουσον· ἄνοιξον τοὺς ὀφθαλμούς σου καὶ ἰδὲ τὸν ἀφανισμὸν[24] ἡμῶν καὶ τῆς πόλεώς σου, ἐφ᾽ ἧς ἐπικέκληται[25] τὸ ὄνομά σου ἐπ᾽ αὐτῆς· ὅτι οὐκ ἐπὶ ταῖς δικαιοσύναις ἡμῶν ἡμεῖς ῥιπτοῦμεν[26] τὸν οἰκτιρμὸν[27] ἡμῶν ἐνώπιόν σου, ἀλλ᾽ ἐπὶ τοὺς οἰκτιρμούς σου τοὺς πολλούς. **19** κύριε, εἰσάκουσον·[28] κύριε, ἱλάσθητι·[29] κύριε, πρόσχες[30] καὶ ποίησον· μὴ χρονίσῃς[31] ἕνεκέν[32] σου, ὁ θεός μου, ὅτι τὸ ὄνομά σου ἐπικέκληται[33] ἐπὶ τὴν πόλιν σου καὶ ἐπὶ τὸν λαόν σου.

Prophecy of the Seventy Weeks

20 καὶ ἔτι ἐμοῦ λαλοῦντος καὶ προσευχομένου καὶ ἐξαγορεύοντος[34] τὰς ἁμαρτίας μου καὶ τὰς ἁμαρτίας τοῦ λαοῦ μου Ισραηλ καὶ ῥιπτοῦντος[35] τὸν ἔλεόν[36] μου ἐναντίον[37]

1 ἀδικία, wrongdoing
2 συνίημι, *pres act inf*, understand
3 γρηγορέω, *aor act ind 3s*, be watchful
4 ἐπάγω, *aor act ind 3s*, bring upon
5 ποίησις, creation, work
6 εἰσακούω, *aor act ind 1p*, listen, obey
7 ἐξάγω, *aor act ind 2s*, bring out
8 κραταιός, strong
9 ἀνομέω, *aor act ind 1p*, act lawlessly
10 ἐλεημοσύνη, mercy
11 ἀποστρέφω, *aor pas impv 3s*, turn back, avert
12 δή, now
13 θυμός, wrath
14 ἀδικία, wrongdoing
15 ὀνειδισμός, reproach, disgrace
16 περικύκλῳ, round about
17 εἰσακούω, *aor act impv 2s*, hear, listen
18 δέησις, supplication
19 ἐπιφαίνω, *aor act impv 2s*, show forth, manifest
20 ἁγίασμα, sanctuary
21 ἔρημος, desolate
22 ἕνεκα, for the sake of
23 κλίνω, *aor act impv 2s*, incline
24 ἀφανισμός, destruction
25 ἐπικαλέω, *perf pas ind 3s*, call upon
26 ῥιπτέω, *pres act ind 1p*, cast before
27 οἰκτιρμός, (desire for) compassion
28 εἰσακούω, *aor act impv 2s*, hear, listen
29 ἱλάσκομαι, *aor pas impv 2s*, be propitious
30 προσέχω, *aor act impv 2s*, give heed
31 χρονίζω, *aor act sub 2s*, delay, tarry
32 ἕνεκα, for the sake of
33 ἐπικαλέω, *perf pas ind 3s*, call upon
34 ἐξαγορεύω, *pres act ptc gen s m*, confess
35 ῥιπτέω, *pres act ptc gen s m*, cast before
36 ἔλεος, (desire for) mercy
37 ἐναντίον, before

κυρίου θεοῦ μου καὶ ὑπὲρ τοῦ ὄρους τοῦ ἁγίου τοῦ θεοῦ ἡμῶν, **21** καὶ ἔτι λαλοῦντός
μου ἐν τῇ προσευχῇ μου καὶ ἰδοὺ ὁ ἀνήρ, ὃν εἶδον ἐν τῷ ὕπνῳ[1] μου τὴν ἀρχήν,
Γαβριηλ, τάχει[2] φερόμενος προσήγγισέ[3] μοι ἐν ὥρᾳ θυσίας[4] ἑσπερινῆς.[5] **22** καὶ προσ-
ῆλθε καὶ ἐλάλησε μετ᾽ ἐμοῦ καὶ εἶπεν Δανιηλ, ἄρτι[6] ἐξῆλθον ὑποδεῖξαί[7] σοι διάνοιαν.[8]
23 ἐν ἀρχῇ τῆς δεήσεώς[9] σου ἐξῆλθε πρόσταγμα[10] παρὰ κυρίου, καὶ ἐγὼ ἦλθον
ὑποδεῖξαί[11] σοι, ὅτι ἐλεεινὸς[12] εἶ· καὶ διανοήθητι[13] τὸ πρόσταγμα.

24 ἑβδομήκοντα[14] ἑβδομάδες[15] ἐκρίθησαν ἐπὶ τὸν λαόν σου καὶ ἐπὶ τὴν πόλιν Σιων
συντελεσθῆναι[16] τὴν ἁμαρτίαν καὶ τὰς ἀδικίας[17] σπανίσαι[18] καὶ ἀπαλεῖψαι[19] τὰς
ἀδικίας καὶ διανοηθῆναι[20] τὸ ὅραμα[21] καὶ δοθῆναι δικαιοσύνην αἰώνιον καὶ συντελε-
σθῆναι τὸ ὅραμα καὶ εὐφρᾶναι[22] ἅγιον ἁγίων. **25** καὶ γνώσῃ καὶ διανοηθήσῃ[23]
καὶ εὐφρανθήσῃ[24] καὶ εὑρήσεις προστάγματα[25] ἀποκριθῆναι καὶ οἰκοδομήσεις[26]
Ιερουσαλημ πόλιν κυρίῳ. **26** καὶ μετὰ ἑπτὰ καὶ ἑβδομήκοντα[27] καὶ ἑξήκοντα[28] δύο
ἀποσταθήσεται[29] χρῖσμα[30] καὶ οὐκ ἔσται, καὶ βασιλεία ἐθνῶν φθερεῖ[31] τὴν πόλιν καὶ
τὸ ἅγιον μετὰ τοῦ χριστοῦ, καὶ ἥξει[32] ἡ συντέλεια[33] αὐτοῦ μετ᾽ ὀργῆς καὶ ἕως καιροῦ
συντελείας· ἀπὸ πολέμου πολεμηθήσεται. **27** καὶ δυναστεύσει[34] ἡ διαθήκη εἰς πολ-
λούς, καὶ πάλιν[35] ἐπιστρέψει καὶ ἀνοικοδομηθήσεται[36] εἰς πλάτος[37] καὶ μῆκος·[38] καὶ
κατὰ συντέλειαν[39] καιρῶν καὶ μετὰ ἑπτὰ καὶ ἑβδομήκοντα[40] καιροὺς καὶ ἑξήκοντα[41]
δύο ἔτη ἕως καιροῦ συντελείας πολέμου καὶ ἀφαιρεθήσεται[42] ἡ ἐρήμωσις[43] ἐν τῷ

1 ὕπνος, sleep
2 τάχος, quickly
3 προσεγγίζω, *aor act ind 3s*, draw near, approach
4 θυσία, sacrifice
5 ἑσπερινός, of the evening
6 ἄρτι, just now
7 ὑποδείκνυμι, *aor act inf*, show, display
8 διάνοια, understanding
9 δέησις, supplication
10 πρόσταγμα, ordinance
11 ὑποδείκνυμι, *aor act inf*, show, display
12 ἐλεεινός, worth of mercy, shown mercy
13 διανοέομαι, *aor pas impv 2s*, ponder, think about
14 ἑβδομήκοντα, seventy
15 ἑβδομάς, week, period of seven days
16 συντελέω, *aor pas inf*, finish, bring to an end
17 ἀδικία, wrongdoing, injustice
18 σπανίζω, *aor act inf*, cause to be scarce
19 ἀπαλείφω, *aor act inf*, expunge, blot out
20 διανοέομαι, *aor pas inf*, give understanding of
21 ὅραμα, vision
22 εὐφραίνω, *aor act inf*, make glad, cause to rejoice
23 διανοέομαι, *fut pas ind 2s*, understand
24 εὐφραίνω, *fut pas ind 2s*, be glad, rejoice
25 πρόσταγμα, ordinance
26 οἰκοδομέω, *fut act ind 2s*, build
27 ἑβδομήκοντα, seventy
28 ἑξήκοντα, sixty
29 ἀφίστημι, *fut pas ind 3s*, remove
30 χρῖσμα, anointing
31 φθείρω, *fut act ind 3s*, destroy, ravage
32 ἥκω, *fut act ind 3s*, come
33 συντέλεια, completion
34 δυναστεύω, *fut act ind 3s*, hold authority
35 πάλιν, once again
36 ἀνοικοδομέω, *fut pas ind 3s*, rebuild, restore
37 πλάτος, width
38 μῆκος, length
39 συντέλεια, completion
40 ἑβδομήκοντα, seventy
41 ἑξήκοντα, sixty
42 ἀφαιρέω, *fut pas ind 3s*, remove
43 ἐρήμωσις, desolation

Θ κυρίου τοῦ θεοῦ μου περὶ τοῦ ὄρους τοῦ ἁγίου τοῦ θεοῦ μου **21** καὶ ἔτι ἐμοῦ λαλοῦντος ἐν τῇ προσευχῇ καὶ ἰδοὺ ὁ ἀνὴρ Γαβριηλ, ὃν εἶδον ἐν τῇ ὁράσει[1] ἐν τῇ ἀρχῇ, πετόμενος[2] καὶ ἥψατό μου ὡσεὶ[3] ὥραν θυσίας[4] ἑσπερινῆς.[5] **22** καὶ συνέτισέν[6] με καὶ ἐλάλησεν μετ᾽ ἐμοῦ καὶ εἶπεν Δανιηλ, νῦν ἐξῆλθον συμβιβάσαι[7] σε σύνεσιν.[8] **23** ἐν ἀρχῇ τῆς δεήσεώς[9] σου ἐξῆλθεν λόγος, καὶ ἐγὼ ἦλθον τοῦ ἀναγγεῖλαί[10] σοι, ὅτι ἀνὴρ ἐπιθυμιῶν[11] σὺ εἶ· καὶ ἐννοήθητι[12] ἐν τῷ ῥήματι καὶ σύνες[13] ἐν τῇ ὀπτασίᾳ.[14]

24 ἑβδομήκοντα[15] ἑβδομάδες[16] συνετμήθησαν[17] ἐπὶ τὸν λαόν σου καὶ ἐπὶ τὴν πόλιν τὴν ἁγίαν σου τοῦ συντελεσθῆναι[18] ἁμαρτίαν καὶ τοῦ σφραγίσαι[19] ἁμαρτίας καὶ ἀπαλεῖψαι[20] τὰς ἀνομίας[21] καὶ τοῦ ἐξιλάσασθαι[22] ἀδικίας[23] καὶ τοῦ ἀγαγεῖν δικαιοσύνην αἰώνιον καὶ τοῦ σφραγίσαι ὅρασιν[24] καὶ προφήτην καὶ τοῦ χρῖσαι[25] ἅγιον ἁγίων. **25** καὶ γνώσῃ καὶ συνήσεις·[26] ἀπὸ ἐξόδου[27] λόγου τοῦ ἀποκριθῆναι καὶ τοῦ οἰκοδομῆσαι[28] Ιερουσαλημ ἕως χριστοῦ ἡγουμένου[29] ἑβδομάδες[30] ἑπτὰ καὶ ἑβδομάδες ἑξήκοντα[31] δύο· καὶ ἐπιστρέψει καὶ οἰκοδομηθήσεται[32] πλατεῖα[33] καὶ τεῖχος,[34] καὶ ἐκκενωθήσονται[35] οἱ καιροί. **26** καὶ μετὰ τὰς ἑβδομάδας[36] τὰς ἑξήκοντα[37] δύο ἐξολεθρευθήσεται[38] χρῖσμα,[39] καὶ κρίμα[40] οὐκ ἔστιν ἐν αὐτῷ· καὶ τὴν πόλιν καὶ τὸ ἅγιον διαφθερεῖ[41] σὺν τῷ ἡγουμένῳ[42] τῷ ἐρχομένῳ, καὶ ἐκκοπήσονται[43] ἐν κατακλυσμῷ,[44] καὶ ἕως τέλους πολέμου συντετμημένου[45] τάξει[46] ἀφανισμοῖς.[47]
27 καὶ δυναμώσει[48] διαθήκην πολλοῖς, ἑβδομὰς[49] μία· καὶ ἐν τῷ ἡμίσει[50] τῆς

1 ὅρασις, vision
2 πέτομαι, *pres mid ptc nom s m*, fly
3 ὡσεί, about
4 θυσία, sacrifice
5 ἑσπερινός, in the evening
6 συνετίζω, *aor act ind 3s*, instruct, give understanding
7 συμβιβάζω, *aor act inf*, teach, guide into
8 σύνεσις, understanding
9 δέησις, supplication
10 ἀναγγέλλω, *aor act inf*, declare
11 ἐπιθυμία, yearning, desiring
12 ἐννοέω, *aor pas impv 2s*, think upon
13 συνίημι, *aor act impv 2s*, understand
14 ὀπτασία, appearance, (vision)
15 ἑβδομήκοντα, seventy
16 ἑβδομάς, week, period of seven days
17 συντέμνω, *aor pas ind 3p*, cut short
18 συντελέω, *aor pas inf*, finish, bring to an end
19 σφραγίζω, *aor act inf*, seal up
20 ἀπαλείφω, *aor act inf*, expunge, blot out
21 ἀνομία, transgression, lawlessness
22 ἐξιλάσκομαι, *aor mid inf*, make atonement, propitiate
23 ἀδικία, wrongdoing
24 ὅρασις, vision
25 χρίω, *aor act inf*, anoint
26 συνίημι, *fut act ind 2s*, understand
27 ἔξοδος, going out
28 οἰκοδομέω, *aor act inf*, build
29 ἡγέομαι, *pres mid ptc gen s m*, lead
30 ἑβδομάς, week, period of seven days
31 ἑξήκοντα, sixty
32 οἰκοδομέω, *fut pas ind 3s*, build
33 πλατεῖα, street
34 τεῖχος, city wall
35 ἐκκενόω, *fut pas ind 3p*, empty out
36 ἑβδομάς, week, period of seven days
37 ἑξήκοντα, sixty
38 ἐξολεθρεύω, *fut pas ind 3s*, utterly destroy
39 χρῖσμα, anointing
40 κρίμα, judgment
41 διαφθείρω, *fut act ind 3s*, destroy
42 ἡγέομαι, *pres mid ptc dat s m*, lead
43 ἐκκόπτω, *fut pas ind 3p*, cut off
44 κατακλυσμός, flood, deluge
45 συντέμνω, *perf pas ptc gen s m*, cut short
46 τάσσω, *fut act ind 3s*, prescribe, set forth
47 ἀφανισμός, destruction
48 δυναμόω, *fut act ind 3s*, strengthen
49 ἑβδομάς, week, period of seven days
50 ἥμισυς, half

κατισχῦσαι[1] τὴν διαθήκην ἐπὶ πολλὰς ἑβδομάδας·[2] καὶ ἐν τῷ τέλει τῆς ἑβδομάδος ἀρθήσεται ἡ θυσία[3] καὶ ἡ σπονδή,[4] καὶ ἐπὶ τὸ ἱερὸν βδέλυγμα[5] τῶν ἐρημώσεων ἔσται ἕως συντελείας, καὶ συντέλεια δοθήσεται ἐπὶ τὴν ἐρήμωσιν.

Prophecy of National Conflicts

10 Ἐν τῷ ἐνιαυτῷ[6] τῷ πρώτῳ Κύρου τοῦ βασιλέως Περσῶν πρόσταγμα[7] ἐδείχθη τῷ Δανιηλ, ὃς ἐπεκλήθη[8] τὸ ὄνομα Βαλτασαρ, καὶ ἀληθὲς[9] τὸ ὅραμα[10] καὶ τὸ πρόσταγμα, καὶ τὸ πλῆθος τὸ ἰσχυρὸν[11] διανοηθήσεται[12] τὸ πρόσταγμα, καὶ διενοήθην[13] αὐτὸ ἐν ὁράματι.

2 ἐν ταῖς ἡμέραις ἐκείναις ἐγὼ Δανιηλ ἤμην πενθῶν[14] τρεῖς ἑβδομάδας·[15] **3** ἄρτον
ἐπιθυμιῶν[16] οὐκ ἔφαγον, καὶ κρέας[17] καὶ οἶνος οὐκ εἰσῆλθεν εἰς τὸ στόμα μου,
ἔλαιον[18] οὐκ ἠλειψάμην[19] ἕως τοῦ συντελέσαι[20] με τὰς τρεῖς ἑβδομάδας τῶν ἡμερῶν.
4 καὶ ἐγένετο τῇ ἡμέρᾳ τῇ τετάρτῃ[21] καὶ εἰκάδι[22] τοῦ μηνὸς[23] τοῦ πρώτου, καὶ ἐγὼ
ἤμην ἐπὶ τοῦ χείλους[24] τοῦ ποταμοῦ[25] τοῦ μεγάλου, ὅς ἐστι Τίγρης, **5** καὶ ἦρα τοὺς
ὀφθαλμούς μου καὶ εἶδον καὶ ἰδοὺ ἄνθρωπος εἷς ἐνδεδυμένος[26] βύσσινα[27] καὶ
τὴν ὀσφὺν[28] περιεζωσμένος[29] βυσσίνῳ, καὶ ἐκ μέσου αὐτοῦ φῶς, **6** καὶ τὸ σῶμα
αὐτοῦ ὡσεὶ[30] θαρσις,[31] καὶ τὸ πρόσωπον αὐτοῦ ὡσεὶ ὅρασις[32] ἀστραπῆς,[33] καὶ οἱ
ὀφθαλμοὶ αὐτοῦ ὡσεὶ λαμπάδες[34] πυρός, καὶ οἱ βραχίονες[35] αὐτοῦ καὶ οἱ πόδες
ὡσεὶ χαλκὸς[36] ἐξαστράπτων,[37] καὶ φωνὴ λαλιᾶς[38] αὐτοῦ ὡσεὶ φωνὴ θορύβου.[39] **7** καὶ
εἶδον ἐγὼ Δανιηλ τὴν ὅρασιν[40] τὴν μεγάλην ταύτην, καὶ οἱ ἄνθρωποι οἱ ὄντες μετ᾽

1 κατισχύω, *aor act inf*, overpower, prevail over
2 ἑβδομάς, week, period of seven days
3 θυσία, sacrifice
4 σπονδή, drink offering
5 βδέλυγμα, abomination
6 ἐνιαυτός, year
7 πρόσταγμα, decree
8 ἐπικαλέω, *aor pas ind 3s*, call
9 ἀληθής, truthful
10 ὅραμα, vision
11 ἰσχυρός, strong, powerful
12 διανοέομαι, *fut pas ind 3s*, understand, comprehend
13 διανοέομαι, *aor pas ind 1s*, understand, comprehend
14 πενθέω, *pres act ptc nom s m*, mourn
15 ἑβδομάς, week, period of seven days
16 ἐπιθυμία, desire, yearning
17 κρέας, meat
18 ἔλαιον, oil
19 ἀλείφω, *aor mid ind 1s*, anoint
20 συντελέω, *aor act inf*, finish, complete
21 τέταρτος, fourth
22 εἰκάς, twentieth
23 μήν, month
24 χεῖλος, shore
25 ποταμός, river
26 ἐνδύω, *perf pas ptc nom s m*, clothe in
27 βύσσινος, linen
28 ὀσφύς, waist, loins
29 περιζώννυμι, *perf pas ptc nom s m*, gird on, wrap around
30 ὡσεί, as
31 θαρσις, beryl, *translit.*
32 ὅρασις, appearance
33 ἀστραπή, lightning
34 λαμπάς, torch
35 βραχίων, arm
36 χαλκός, bronze
37 ἐξαστράπτω, *pres act ptc nom s m*, gleam, flash
38 λαλιά, speech
39 θόρυβος, tumult
40 ὅρασις, vision

Θ ἑβδομάδος ἀρθήσεταί μου θυσία[1] καὶ σπονδή,[2] καὶ ἐπὶ τὸ ἱερὸν βδέλυγμα[3] τῶν ἐρημώσεων,[4] καὶ ἕως συντελείας[5] καιροῦ συντέλεια δοθήσεται ἐπὶ τὴν ἐρήμωσιν.

Prophecy of National Conflicts

10 Ἐν ἔτει τρίτῳ Κύρου βασιλέως Περσῶν λόγος ἀπεκαλύφθη[6] τῷ Δανιηλ, οὗ τὸ ὄνομα ἐπεκλήθη[7] Βαλτασαρ, καὶ ἀληθινὸς[8] ὁ λόγος, καὶ δύναμις μεγάλη καὶ σύνεσις[9] ἐδόθη αὐτῷ ἐν τῇ ὀπτασίᾳ.[10]

2 ἐν ταῖς ἡμέραις ἐκείναις ἐγὼ Δανιηλ ἤμην πενθῶν[11] τρεῖς ἑβδομάδας[12] ἡμερῶν·
3 ἄρτον ἐπιθυμιῶν[13] οὐκ ἔφαγον, καὶ κρέας[14] καὶ οἶνος οὐκ εἰσῆλθεν εἰς τὸ στόμα
μου, καὶ ἄλειμμα[15] οὐκ ἠλειψάμην[16] ἕως πληρώσεως[17] τριῶν ἑβδομάδων[18] ἡμερῶν.
4 ἐν ἡμέρᾳ εἰκοστῇ[19] καὶ τετάρτῃ[20] τοῦ μηνὸς[21] τοῦ πρώτου, καὶ ἐγὼ ἤμην ἐχόμενα
τοῦ ποταμοῦ[22] τοῦ μεγάλου, αὐτός ἐστιν Εδδεκελ, **5** καὶ ἦρα τοὺς ὀφθαλμούς μου καὶ
εἶδον καὶ ἰδοὺ ἀνὴρ εἷς ἐνδεδυμένος[23] βαδδιν,[24] καὶ ἡ ὀσφὺς[25] αὐτοῦ περιεζωσμένη[26]
ἐν χρυσίῳ[27] Ωφαζ, **6** καὶ τὸ σῶμα αὐτοῦ ὡσεὶ[28] θαρσις,[29] καὶ τὸ πρόσωπον αὐτοῦ
ὡσεὶ ὅρασις[30] ἀστραπῆς,[31] καὶ οἱ ὀφθαλμοὶ αὐτοῦ ὡσεὶ λαμπάδες[32] πυρός, καὶ οἱ
βραχίονες[33] αὐτοῦ καὶ τὰ σκέλη[34] ὡς ὅρασις[35] χαλκοῦ[36] στίλβοντος,[37] καὶ ἡ φωνὴ τῶν
λόγων αὐτοῦ ὡς φωνὴ ὄχλου.[38] **7** καὶ εἶδον ἐγὼ Δανιηλ μόνος τὴν ὀπτασίαν,[39] καὶ οἱ
ἄνδρες οἱ μετ᾽ ἐμοῦ οὐκ εἶδον τὴν ὀπτασίαν, ἀλλ᾽ ἢ ἔκστασις[40] μεγάλη ἐπέπεσεν[41] ἐπ᾽

1 θυσία, sacrifice
2 σπονδή, drink offering
3 βδέλυγμα, abomination
4 ἐρήμωσις, desolation
5 συντέλεια, completion
6 ἀποκαλύπτω, *aor pas ind 3s*, reveal
7 ἐπικαλέω, *aor pas ind 3s*, call
8 ἀληθινός, truthful
9 σύνεσις, intelligence
10 ὀπτασία, vision
11 πενθέω, *pres act ptc nom s m*, mourn
12 ἑβδομάς, week, period of seven days
13 ἐπιθυμία, desire, yearning
14 κρέας, meat
15 ἄλειμμα, unguent, ointment
16 ἀλείφω, *aor mid ind 1s*, anoint
17 πλήρωσις, fullness, fulfillment
18 ἑβδομάς, week, period of seven days
19 εἰκοστός, twentieth
20 τέταρτος, fourth
21 μήν, month
22 ποταμός, river
23 ἐνδύω, *perf pas ptc nom s m*, clothe in
24 βαδδιν, fine linen, *translit.*
25 ὀσφύς, waist, loins
26 περιζώννυμι, *perf pas ptc nom s f*, gird on, wrap around
27 χρυσίον, gold
28 ὡσεί, as
29 θαρσις, beryl, *translit.*
30 ὅρασις, appearance
31 ἀστραπή, lightning
32 λαμπάς, torch
33 βραχίων, arm
34 σκέλος, leg
35 ὅρασις, appearance
36 χαλκοῦς, bronze
37 στίλβω, *pres act ptc gen s m*, gleam, shine
38 ὄχλος, crowd, multitude
39 ὀπτασία, vision
40 ἔκστασις, astonishment, entrancement
41 ἐπιπίπτω, *aor act ind 3s*, fall upon

ἐμοῦ οὐκ εἴδοσαν τὴν ὅρασιν ταύτην, καὶ φόβος ἰσχυρὸς[1] ἐπέπεσεν[2] ἐπ᾽ αὐτούς, καὶ ἀπέδρασαν[3] ἐν σπουδῇ·[4] **8** καὶ ἐγὼ κατελείφθην[5] μόνος καὶ εἶδον τὴν ὅρασιν[6] τὴν μεγάλην ταύτην, καὶ οὐκ ἐ[γ]κατελείφθη[7] ἐν ἐμοὶ ἰσχύς,[8] καὶ ἰδοὺ πνεῦμα ἐπεστράφη ἐπ᾽ ἐμὲ εἰς φθοράν,[9] καὶ οὐ κατίσχυσα.[10] **9** καὶ οὐκ ἤκουσα τὴν φωνὴν λαλιᾶς[11] αὐτοῦ, ἐγὼ ἤμην πεπτωκὼς ἐπὶ πρόσωπόν μου ἐπὶ τὴν γῆν.

10 καὶ ἰδοὺ χεῖρα προσήγαγέ[12] μοι καὶ ἤγειρέ[13] με ἐπὶ τῶν γονάτων[14] ἐπὶ τὰ ἴχνη[15] τῶν ποδῶν μου. **11** καὶ εἶπέν μοι Δανιηλ, ἄνθρωπος ἐλεεινὸς[16] εἶ· διανοήθητι[17] τοῖς προστάγμασιν,[18] οἷς ἐγὼ λαλῶ ἐπὶ σέ, καὶ στῆθι ἐπὶ τοῦ τόπου σου, ἄρτι[19] γὰρ ἀπεστάλην ἐπὶ σέ. καὶ ἐν τῷ λαλῆσαι αὐτὸν μετ᾽ ἐμοῦ τὸ πρόσταγμα τοῦτο ἔστην τρέμων.[20] **12** καὶ εἶπεν πρός με Μὴ φοβοῦ, Δανιηλ· ὅτι ἀπὸ τῆς ἡμέρας τῆς πρώτης, ἧς ἔδωκας τὸ πρόσωπόν σου διανοηθῆναι[21] καὶ ταπεινωθῆναι[22] ἐναντίον[23] κυρίου τοῦ θεοῦ σου, εἰσηκούσθη[24] τὸ ῥῆμά σου, καὶ ἐγὼ εἰσῆλθον ἐν τῷ ῥήματί σου. **13** καὶ ὁ στρατηγὸς[25] βασιλέως Περσῶν ἀνθειστήκει[26] ἐναντίον[27] μου εἴκοσι[28] καὶ μίαν ἡμέραν, καὶ ἰδοὺ Μιχαηλ εἷς τῶν ἀρχόντων τῶν πρώτων ἐπῆλθε[29] βοηθῆσαί[30] μοι, καὶ αὐτὸν ἐκεῖ κατέλιπον[31] μετὰ τοῦ στρατηγοῦ[32] τοῦ βασιλέως Περσῶν. **14** καὶ εἶπέν μοι Ἦλθον ὑποδεῖξαί[33] σοι τί ὑπαντήσεται[34] τῷ λαῷ σου ἐπ᾽ ἐσχάτου τῶν ἡμερῶν, ἔτι γὰρ ὅρασις[35] εἰς ἡμέρας.

15 καὶ ἐν τῷ αὐτὸν λαλῆσαι μετ᾽ ἐμοῦ τὰ προστάγματα[36] ταῦτα ἔδωκα τὸ πρόσωπόν μου ἐπὶ τὴν γῆν καὶ ἐσιώπησα.[37] **16** καὶ ἰδοὺ ὡς ὁμοίωσις[38] χειρὸς ἀνθρώπου ἥψατό μου τῶν χειλέων·[39] καὶ ἤνοιξα τὸ στόμα μου καὶ ἐλάλησα καὶ εἶπα τῷ ἑστηκότι[40]

1 ἰσχυρός, strong, powerful
2 ἐπιπίπτω, *aor act ind 3s*, fall upon
3 ἀποδιδράσκω, *aor act ind 3p*, run away
4 σπουδή, haste
5 καταλείπω, *aor pas ind 1s*, leave behind
6 ὅρασις, vision
7 ἐ(γ)καταλείπω, *aor pas ind 3s*, leave
8 ἰσχύς, strength
9 φθορά, corruption
10 κατισχύω, *aor act ind 1s*, prevail, overpower
11 λαλιά, speech
12 προσάγω, *aor act ind 3s*, draw near to
13 ἐγείρω, *aor act ind 3s*, rouse, raise up
14 γόνυ, knee
15 ἴχνος, sole
16 ἐλεεινός, worthy of mercy, shown mercy
17 διανοέομαι, *aor pas impv 2s*, ponder, think about
18 πρόσταγμα, decree
19 ἄρτι, just now
20 τρέμω, *pres act ptc nom s m*, tremble
21 διανοέομαι, *aor pas inf*, understand, comprehend
22 ταπεινόω, *aor pas inf*, humble, bring low
23 ἐναντίον, before
24 εἰσακούω, *aor pas ind 3s*, hear, listen
25 στρατηγός, general, commander
26 ἀνθίστημι, *plpf act ind 3s*, oppose, stand against
27 ἐναντίον, before
28 εἴκοσι, twenty
29 ἐπέρχομαι, *aor act ind 3s*, come forward
30 βοηθέω, *aor act inf*, help, aid
31 καταλείπω, *aor act ind 1s*, leave behind
32 στρατηγός, general, commander
33 ὑποδείκνυμι, *aor act inf*, show
34 ὑπαντάω, *fut mid ind 3s*, come upon, meet with
35 ὅρασις, vision
36 πρόσταγμα, decree
37 σιωπάω, *aor act ind 1s*, keep silent
38 ὁμοίωσις, likeness, resemblance
39 χεῖλος, lip
40 ἵστημι, *perf act ptc dat s m*, stand

Θ αὐτούς, καὶ ἔφυγον[1] ἐν φόβῳ· **8** καὶ ἐγὼ ὑπελείφθην[2] μόνος καὶ εἶδον τὴν ὀπτασίαν[3]
τὴν μεγάλην ταύτην, καὶ οὐχ ὑπελείφθη[4] ἐν ἐμοὶ ἰσχύς,[5] καὶ ἡ δόξα μου μετεστράφη[6]
εἰς διαφθοράν,[7] καὶ οὐκ ἐκράτησα ἰσχύος.[8] **9** καὶ ἤκουσα τὴν φωνὴν τῶν λόγων
αὐτοῦ καὶ ἐν τῷ ἀκοῦσαί με αὐτοῦ ἤμην κατανενυγμένος,[9] καὶ τὸ πρόσωπόν μου
ἐπὶ τὴν γῆν.

10 καὶ ἰδοὺ χεὶρ ἁπτομένη μου καὶ ἤγειρέν[10] με ἐπὶ τὰ γόνατά[11] μου. **11** καὶ εἶπεν
πρός με Δανιηλ ἀνὴρ ἐπιθυμιῶν,[12] σύνες[13] ἐν τοῖς λόγοις, οἷς ἐγὼ λαλῶ πρὸς σέ,
καὶ στῆθι ἐπὶ τῇ στάσει[14] σου, ὅτι νῦν ἀπεστάλην πρὸς σέ. καὶ ἐν τῷ λαλῆσαι αὐτὸν
πρός με τὸν λόγον τοῦτον ἀνέστην ἔντρομος.[15] **12** καὶ εἶπεν πρός με Μὴ φοβοῦ,
Δανιηλ· ὅτι ἀπὸ τῆς πρώτης ἡμέρας, ἧς ἔδωκας τὴν καρδίαν σου τοῦ συνιέναι[16] καὶ
κακωθῆναι[17] ἐναντίον[18] τοῦ θεοῦ σου, ἠκούσθησαν οἱ λόγοι σου, καὶ ἐγὼ ἦλθον
ἐν τοῖς λόγοις σου. **13** καὶ ὁ ἄρχων βασιλείας Περσῶν εἱστήκει[19] ἐξ ἐναντίας[20] μου
εἴκοσι[21] καὶ μίαν ἡμέραν, καὶ ἰδοὺ Μιχαηλ εἷς τῶν ἀρχόντων τῶν πρώτων ἦλθεν
βοηθῆσαί[22] μοι, καὶ αὐτὸν κατέλιπον[23] ἐκεῖ μετὰ τοῦ ἄρχοντος βασιλείας Περσῶν
14 καὶ ἦλθον συνετίσαι[24] σε ὅσα ἀπαντήσεται[25] τῷ λαῷ σου ἐπ᾽ ἐσχάτων τῶν ἡμερῶν,
ὅτι ἔτι ἡ ὅρασις[26] εἰς ἡμέρας.

15 καὶ ἐν τῷ λαλῆσαι αὐτὸν μετ᾽ ἐμοῦ κατὰ τοὺς λόγους τούτους ἔδωκα τὸ πρόσωπόν
μου ἐπὶ τὴν γῆν καὶ κατενύγην.[27] **16** καὶ ἰδοὺ ὡς ὁμοίωσις[28] υἱοῦ ἀνθρώπου ἥψατο
τῶν χειλέων[29] μου· καὶ ἤνοιξα τὸ στόμα μου καὶ ἐλάλησα καὶ εἶπα πρὸς τὸν ἑστῶτα

1 φεύγω, *aor act ind 3p*, flee
2 ὑπολείπω, *aor pas ind 1s*, leave behind
3 ὀπτασία, vision
4 ὑπολείπω, *aor pas ind 3s*, leave behind
5 ἰσχύς, strength
6 μεταστρέφω, *aor pas ind 3s*, change, transform
7 διαφθορά, decay
8 ἰσχύς, strength
9 κατανύσσομαι, *perf pas ptc nom s m*, stun, pierce to the heart
10 ἐγείρω, *aor act ind 3s*, rouse, raise up
11 γόνυ, knee
12 ἐπιθυμία, desire, yearning
13 συνίημι, *aor act impv 2s*, consider, think about
14 στάσις, position (of standing)
15 ἔντρομος, trembling
16 συνίημι, *pres act inf*, understand, comprehend
17 κακόω, *aor pas inf*, afflict, maltreat
18 ἐναντίον, before
19 ἵστημι, *plpf act ind 3s*, stand
20 ἐναντίος, opposite
21 εἴκοσι, twenty
22 βοηθέω, *aor act inf*, help, aid
23 καταλείπω, *aor act ind 1s*, leave behind
24 συνετίζω, *aor act inf*, instruct, give understanding
25 ἀπαντάω, *fut mid ind 3s*, encounter, meet
26 ὅρασις, vision
27 κατανύσσω, *aor pas ind 1s*, stun, pierce to the heart
28 ὁμοίωσις, likeness, resemblance
29 χεῖλος, lip

ἀπέναντί[1] μου Κύριε, καὶ ὡς ὅρασις[2] ἐπεστράφη ἐπὶ τὸ πλευρόν[3] μου ἐπ᾽ ἐμέ, καὶ
οὐκ ἦν ἐν ἐμοὶ ἰσχύς·[4] **17** καὶ πῶς δυνήσεται ὁ παῖς[5] λαλῆσαι μετὰ τοῦ κυρίου
αὐτοῦ; καὶ ἐγὼ ἠσθένησα,[6] καὶ οὐκ ἔστιν ἐν ἐμοὶ ἰσχύς,[7] καὶ πνεῦμα οὐ κατελείφθη[8]
ἐν ἐμοί.

18 καὶ προσέθηκε[9] καὶ ἥψατό μου ὡς ὅρασις[10] ἀνθρώπου καὶ κατίσχυσέ[11] με **19** καὶ
εἶπέ μοι Ἄνθρωπος ἐλεεινὸς[12] εἶ, μὴ φοβοῦ, ὑγίαινε·[13] ἀνδρίζου[14] καὶ ἴσχυε.[15] καὶ
ἐν τῷ λαλῆσαι αὐτὸν μετ᾽ ἐμοῦ ἴσχυσα[16] καὶ εἶπα Λαλησάτω ὁ κύριός μου, ὅτι ἐνί-
σχυσέ[17] με. **20** καὶ εἶπεν πρός με Γινώσκεις τί ἦλθον πρὸς σέ; καὶ νῦν ἐπιστρέψω
διαμάχεσθαι[18] μετὰ τοῦ στρατηγοῦ[19] βασιλέως τῶν Περσῶν· καὶ ἐγὼ ἐξεπορευόμην,
καὶ ἰδοὺ στρατηγὸς Ἑλλήνων εἰσεπορεύετο.[20] **21** καὶ μάλα[21] ὑποδείξω[22] σοι τὰ πρῶτα
ἐν ἀπογραφῇ[23] ἀληθείας, καὶ οὐθεὶς[24] ἦν ὁ βοηθῶν[25] μετ᾽ ἐμοῦ ὑπὲρ τούτων ἀλλ᾽ ἢ
Μιχαηλ ὁ ἄγγελος·

11 καὶ ἐν τῷ ἐνιαυτῷ[26] τῷ πρώτῳ Κύρου τοῦ βασιλέως εἶπέν μοι ἐνισχῦσαι[27] καὶ
ἀνδρίζεσθαι.[28]

2 καὶ νῦν ἦλθον τὴν ἀλήθειαν ὑποδεῖξαί[29] σοι. ἰδοὺ τρεῖς βασιλεῖς ἀνθεστήκασιν[30] ἐν
τῇ Περσίδι, καὶ ὁ τέταρτος[31] πλουτήσει[32] πλοῦτον[33] μέγαν παρὰ πάντας· καὶ ἐν τῷ
κατισχῦσαι[34] αὐτὸν ἐν τῷ πλούτῳ αὐτοῦ ἐπαναστήσεται[35] παντὶ βασιλεῖ Ἑλλήνων.
3 καὶ στήσεται βασιλεὺς δυνατὸς καὶ κυριεύσει[36] κυριείας[37] πολλῆς καὶ ποιήσει
καθὼς ἂν βούληται. **4** καὶ ἐν τῷ ἀναστῆναι αὐτὸν συντριβήσεται[38] ἡ βασιλεία αὐτοῦ
καὶ μερισθήσεται[39] εἰς τοὺς τέσσαρας ἀνέμους[40] τοῦ οὐρανοῦ, οὐ κατὰ τὴν ἀλκὴν[41]

1 ἀπέναντι, in the presence of
2 ὅρασις, vision
3 πλευρόν, side (of the body)
4 ἰσχύς, strength
5 παῖς, servant
6 ἀσθενέω, *aor act ind 1s*, become weak
7 ἰσχύς, strength
8 καταλείπω, *aor pas ind 3s*, leave
9 προστίθημι, *aor act ind 3s*, add to, continue
10 ὅρασις, appearance
11 κατισχύω, *aor act ind 3s*, strengthen
12 ἐλεεινός, worth of mercy, shown mercy
13 ὑγιαίνω, *pres act impv 2s*, be in good health
14 ἀνδρίζομαι, *pres mid impv 2s*, strengthen oneself, be courageous
15 ἰσχύω, *pres act impv 2s*, strengthen
16 ἰσχύω, *aor act ind 1s*, strengthen
17 ἐνισχύω, *aor act ind 3s*, make strong
18 διαμάχομαι, *pres mid inf*, fight, contend
19 στρατηγός, general, commander
20 εἰσπορεύομαι, *impf mid ind 3s*, enter
21 μάλα, very much, all the more
22 ὑποδείκνυμι, *fut act ind 1s*, show
23 ἀπογραφή, register, record
24 οὐθείς, no one
25 βοηθέω, *pres act ptc nom s m*, help, aid
26 ἐνιαυτός, year
27 ἐνισχύω, *aor act inf*, strengthen
28 ἀνδρίζομαι, *pres mid inf*, strengthen oneself, be courageous
29 ὑποδείκνυμι, *aor act inf*, show
30 ἀνθίστημι, *perf act ind 3p*, oppose
31 τέταρτος, fourth
32 πλουτέω, *fut act ind 3s*, become rich
33 πλοῦτος, wealth, riches
34 κατισχύω, *aor act inf*, strengthen
35 ἐπανίστημι, *fut mid ind 3s*, rise up against
36 κυριεύω, *fut act ind 3s*, rule over, exercise dominion
37 κυριεία, dominion, kingly realm
38 συντρίβω, *fut pas ind 3s*, break
39 μερίζω, *fut pas ind 3s*, divide, distribute
40 ἄνεμος, wind
41 ἀλκή, force, might

Θ ἐναντίον[1] ἐμοῦ Κύριε, ἐν τῇ ὀπτασίᾳ[2] σου ἐστράφη[3] τὰ ἐντός[4] μου ἐν ἐμοί, καὶ οὐκ
ἔσχον ἰσχύν·[5] **17** καὶ πῶς δυνήσεται ὁ παῖς[6] σου, κύριε, λαλῆσαι μετὰ τοῦ κυρίου μου
τούτου; καὶ ἐγὼ ἀπὸ τοῦ νῦν οὐ στήσεται ἐν ἐμοὶ ἰσχύς,[7] καὶ πνοὴ[8] οὐχ ὑπελείφθη[9]
ἐν ἐμοί.

18 καὶ προσέθετο[10] καὶ ἥψατό μου ὡς ὅρασις[11] ἀνθρώπου καὶ ἐνίσχυσέν[12] με **19** καὶ
εἶπέν μοι Μὴ φοβοῦ, ἀνὴρ ἐπιθυμιῶν,[13] εἰρήνη σοι· ἀνδρίζου[14] καὶ ἴσχυε.[15] καὶ ἐν τῷ
λαλῆσαι αὐτὸν μετ᾽ ἐμοῦ ἴσχυσα[16] καὶ εἶπα Λαλείτω ὁ κύριός μου, ὅτι ἐνίσχυσάς[17]
με. **20** καὶ εἶπεν Εἰ οἶδας ἵνα τί ἦλθον πρὸς σέ; καὶ νῦν ἐπιστρέψω τοῦ πολεμῆσαι
μετὰ ἄρχοντος Περσῶν· καὶ ἐγὼ ἐξεπορευόμην, καὶ ὁ ἄρχων τῶν Ἑλλήνων ἤρχετο.
21 ἀλλ᾽ ἢ ἀναγγελῶ[18] σοι τὸ ἐντεταγμένον[19] ἐν γραφῇ ἀληθείας, καὶ οὐκ ἔστιν εἷς
ἀντεχόμενος[20] μετ᾽ ἐμοῦ περὶ τούτων ἀλλ᾽ ἢ Μιχαηλ ὁ ἄρχων ὑμῶν·

11 καὶ ἐγὼ ἐν ἔτει πρώτῳ Κύρου ἔστην εἰς κράτος[21] καὶ ἰσχύν.[22]

2 καὶ νῦν ἀλήθειαν ἀναγγελῶ[23] σοι. ἰδοὺ ἔτι τρεῖς βασιλεῖς ἀναστήσονται ἐν τῇ
Περσίδι, καὶ ὁ τέταρτος[24] πλουτήσει[25] πλοῦτον[26] μέγαν παρὰ πάντας· καὶ μετὰ τὸ
κρατῆσαι αὐτὸν τοῦ πλούτου αὐτοῦ ἐπαναστήσεται[27] πάσαις βασιλείαις Ἑλλήνων.
3 καὶ ἀναστήσεται βασιλεὺς δυνατὸς καὶ κυριεύσει[28] κυριείας[29] πολλῆς καὶ ποιήσει
κατὰ τὸ θέλημα[30] αὐτοῦ. **4** καὶ ὡς ἂν στῇ, ἡ βασιλεία αὐτοῦ συντριβήσεται[31] καὶ
διαιρεθήσεται[32] εἰς τοὺς τέσσαρας ἀνέμους[33] τοῦ οὐρανοῦ καὶ οὐκ εἰς τὰ ἔσχατα

1 ἐναντίον, before
2 ὀπτασία, appearance
3 στρέφω, *aor pas ind 3s*, turn upside down
4 ἐντός, within, inside
5 ἰσχύς, strength
6 παῖς, servant
7 ἰσχύς, strength
8 πνοή, breath
9 ὑπολείπω, *aor pas ind 3s*, leave
10 προστίθημι, *aor mid ind 3s*, add to, continue
11 ὅρασις, appearance
12 ἐνισχύω, *aor act ind 3s*, make strong
13 ἐπιθυμία, desire, yearning
14 ἀνδρίζομαι, *pres mid impv 2s*, strengthen oneself, be courageous
15 ἰσχύω, *pres act impv 2s*, strengthen
16 ἰσχύω, *aor act ind 1s*, strengthen
17 ἐνισχύω, *aor act ind 2s*, make strong
18 ἀναγγέλλω, *fut act ind 1s*, reveal, declare
19 ἐντάσσω, *perf pas ptc acc s n*, (inscribe), record in
20 ἀντέχω, *pres mid ptc nom s m*, hold out against, withstand
21 κράτος, power, might
22 ἰσχύς, strength
23 ἀναγγέλλω, *fut act ind 1s*, reveal, declare
24 τέταρτος, fourth
25 πλουτέω, *fut act ind 3s*, become rich
26 πλοῦτος, wealth, riches
27 ἐπανίστημι, *fut mid ind 3s*, rise up against
28 κυριεύω, *fut act ind 3s*, rule over, exercise dominion
29 κυριεία, dominion, kingly realm
30 θέλημα, will, desire
31 συντρίβω, *fut pas ind 3s*, break
32 διαιρέω, *fut pas ind 3s*, divide, separate
33 ἄνεμος, wind

αὐτοῦ οὐδὲ κατὰ τὴν κυριείαν[1] αὐτοῦ, ἣν ἐδυνάστευσε,[2] ὅτι ἀποσταθήσεται[3] ἡ
βασιλεία αὐτοῦ, καὶ ἑτέρους διδάξει ταῦτα.

5 καὶ ἐνισχύσει[4] βασιλείαν Αἰγύπτου· καὶ εἷς ἐκ τῶν δυναστῶν[5] κατισχύσει[6] αὐτὸν
καὶ δυναστεύσει·[7] δυναστεία[8] μεγάλη ἡ δυναστεία αὐτοῦ. **6** καὶ εἰς συντέλειαν[9] ἐνι-
αυτῶν[10] ἄξει αὐτούς, καὶ εἰσελεύσεται βασιλεὺς Αἰγύπτου εἰς τὴν βασιλείαν τὴν
βορρᾶ[11] ποιήσασθαι συνθήκας·[12] καὶ οὐ μὴ κατισχύσῃ,[13] ὅτι ὁ βραχίων[14] αὐτοῦ οὐ
στήσει ἰσχύν,[15] καὶ ὁ βραχίων αὐτοῦ ναρκήσει[16] καὶ τῶν συμπορευομένων[17] μετ'
αὐτοῦ, καὶ μενεῖ[18] εἰς ὥρας.

7 καὶ ἀναστήσεται φυτὸν[19] ἐκ τῆς ῥίζης[20] αὐτοῦ καθ' ἑαυτόν, καὶ ἥξει[21] ἐπὶ τὴν δύ-
ναμιν αὐτοῦ ἐν ἰσχύι[22] αὐτοῦ βασιλεὺς βορρᾶ[23] καὶ ποιήσει ταραχὴν[24] καὶ κατι-
σχύσει.[25] **8** καὶ τοὺς θεοὺς αὐτῶν καταστρέψει[26] μετὰ τῶν χωνευτῶν[27] αὐτῶν καὶ
τοὺς ὄχλους[28] αὐτῶν μετὰ τῶν σκευῶν[29] τῶν ἐπιθυμημάτων[30] αὐτῶν, τὸ ἀργύριον[31]
καὶ τὸ χρυσίον,[32] ἐν αἰχμαλωσίᾳ[33] ἀποίσουσιν[34] εἰς Αἴγυπτον· καὶ ἔσται ἔτος βασιλεῖ
βορρᾶ.[35] **9** καὶ εἰσελεύσεται εἰς βασιλείαν Αἰγύπτου ἡμέρας· καὶ ἐπιστρέψει ἐπὶ τὴν
γῆν αὐτοῦ **10** καὶ ὁ υἱὸς αὐτοῦ. καὶ ἐρεθισθήσεται[36] καὶ συνάξει συναγωγὴν ὄχλου[37]
πολλοῦ καὶ εἰσελεύσεται κατ' αὐτὴν κατασύρων·[38] παρελεύσεται[39] καὶ ἐπιστρέψει
καὶ παροξυνθήσεται[40] ἐπὶ πολύ.

1 κυριεία, dominion, kingly realm
2 δυναστεύω, *aor act ind 3s*, dominate
3 ἀφίστημι, *fut pas ind 3s*, take away, remove
4 ἐνισχύω, *fut act ind 3s*, strengthen
5 δυνάστης, master, prince
6 κατισχύω, *fut act ind 3s*, prevail over, overpower
7 δυναστεύω, *fut act ind 3s*, dominate
8 δυναστεία, lordship, dominion
9 συντέλεια, completion
10 ἐνιαυτός, year
11 βορρᾶς, north
12 συνθήκη, agreement, pact
13 κατισχύω, *aor act sub 3s*, prevail
14 βραχίων, arm
15 ἰσχύς, strength
16 ναρκάω, *fut act ind 3s*, grow numb, stiffen
17 συμπορεύομαι, *pres mid ptc gen p m*, go with, associate with
18 μένω, *fut act ind 3s*, remain
19 φυτόν, plant, shoot
20 ῥίζα, root
21 ἥκω, *fut act ind 3s*, come
22 ἰσχύς, strength
23 βορρᾶς, north
24 ταραχή, tumult, upheaval
25 κατισχύω, *fut act ind 3s*, prevail
26 καταστρέφω, *fut act ind 3s*, overturn
27 χωνευτός, molten image
28 ὄχλος, crowd, multitude
29 σκεῦος, vessel
30 ἐπιθύμημα, object of desire
31 ἀργύριον, silver
32 χρυσίον, gold
33 αἰχμαλωσία, captivity, exile
34 ἀποφέρω, *fut act ind 3p*, carry away
35 βορρᾶς, north
36 ἐρεθίζω, *fut pas ind 3s*, provoke
37 ὄχλος, crowd, multitude
38 κατασύρω, *pres act ptc nom s m*, drag away
39 παρέρχομαι, *fut mid ind 3s*, pass through
40 παροξύνω, *fut pas ind 3s*, irritate, rouse to anger

Θ αὐτοῦ οὐδὲ κατὰ τὴν κυριείαν[1] αὐτοῦ, ἣν ἐκυρίευσεν,[2] ὅτι ἐκτιλήσεται[3] ἡ βασιλεία
αὐτοῦ καὶ ἑτέροις ἐκτὸς[4] τούτων.

5 καὶ ἐνισχύσει[5] ὁ βασιλεὺς τοῦ νότου·[6] καὶ εἷς τῶν ἀρχόντων αὐτοῦ ἐνισχύσει[7]
ἐπ᾽ αὐτὸν καὶ κυριεύσει[8] κυριείαν[9] πολλὴν ἐπ᾽ ἐξουσίας[10] αὐτοῦ. **6** καὶ μετὰ τὰ ἔτη
αὐτοῦ συμμειγήσονται,[11] καὶ θυγάτηρ[12] βασιλέως τοῦ νότου[13] εἰσελεύσεται πρὸς
βασιλέα τοῦ βορρᾶ[14] τοῦ ποιῆσαι συνθήκας[15] μετ᾽ αὐτοῦ· καὶ οὐ κρατήσει ἰσχύος[16]
βραχίονος,[17] καὶ οὐ στήσεται τὸ σπέρμα αὐτοῦ, καὶ παραδοθήσεται αὐτὴ καὶ οἱ
φέροντες αὐτὴν καὶ ἡ νεᾶνις[18] καὶ ὁ κατισχύων[19] αὐτὴν ἐν τοῖς καιροῖς.

7 καὶ στήσεται ἐκ τοῦ ἄνθους[20] τῆς ῥίζης[21] αὐτῆς τῆς ἑτοιμασίας[22] αὐτοῦ καὶ ἥξει[23]
πρὸς τὴν δύναμιν καὶ εἰσελεύσεται εἰς τὰ ὑποστηρίγματα[24] τοῦ βασιλέως τοῦ
βορρᾶ[25] καὶ ποιήσει ἐν αὐτοῖς καὶ κατισχύσει.[26] **8** καί γε τοὺς θεοὺς αὐτῶν μετὰ
τῶν χωνευτῶν[27] αὐτῶν, πᾶν σκεῦος[28] ἐπιθυμητὸν[29] αὐτῶν ἀργυρίου[30] καὶ χρυσίου,[31]
μετὰ αἰχμαλωσίας[32] οἴσει[33] εἰς Αἴγυπτον· καὶ αὐτὸς στήσεται ὑπὲρ βασιλέα τοῦ
βορρᾶ.[34] **9** καὶ εἰσελεύσεται εἰς τὴν βασιλείαν τοῦ βασιλέως τοῦ νότου·[35] καὶ ἀνα-
στρέψει[36] εἰς τὴν γῆν αὐτοῦ. **10** καὶ οἱ υἱοὶ αὐτοῦ συνάξουσιν ὄχλον[37] δυνάμεων
πολλῶν, καὶ ἐλεύσεται ἐρχόμενος καὶ κατακλύζων·[38] καὶ παρελεύσεται[39] καὶ κα-
θίεται[40] καὶ συμπροσπλακήσεται[41] ἕως τῆς ἰσχύος[42] αὐτοῦ.

1 κυριεία, dominion, kingly realm
2 κυριεύω, *aor act ind 3s*, rule over, exercise dominion
3 ἐκτίλλω, *fut mid ind 3s*, pluck up, uproot
4 ἐκτός, other than, besides
5 ἐνισχύω, *fut act ind 3s*, become strong
6 νότος, south
7 ἐνισχύω, *fut act ind 3s*, prevail, strengthen
8 κυριεύω, *fut act ind 3s*, rule over, exercise dominion
9 κυριεία, dominion, kingly realm
10 ἐξουσία, authority
11 συμμείγνυμι, *fut pas ind 3p*, join together
12 θυγάτηρ, daughter
13 νότος, south
14 βορρᾶς, north
15 συνθήκη, agreement, pact
16 ἰσχύς, strength
17 βραχίων, arm
18 νεᾶνις, young woman
19 κατισχύω, *pres act ptc nom s m*, make strong
20 ἄνθος, shoot, stem
21 ῥίζα, root
22 ἑτοιμασία, preparation, foundation
23 ἥκω, *fut act ind 3s*, come
24 ὑποστήριγμα, undergirding support
25 βορρᾶς, north
26 κατισχύω, *fut act ind 3s*, prevail
27 χωνευτός, molten image
28 σκεῦος, vessel
29 ἐπιθυμητός, desired
30 ἀργύριον, silver
31 χρυσίον, gold
32 αἰχμαλωσία, body of captives
33 φέρω, *fut act ind 3s*, carry away
34 βορρᾶς, north
35 νότος, south
36 ἀναστρέφω, *fut act ind 3s*, return
37 ὄχλος, crowd, multitude
38 κατακλύζω, *pres act ptc nom s m*, overwhelm
39 παρέρχομαι, *fut mid ind 3s*, pass through
40 καθίζω, *fut mid ind 3s*, settle
41 συμπροσπλέκομαι, *fut mid ind 3s*, contend, struggle
42 ἰσχύς, strength

OG

11 καὶ ὀργισθήσεται[1] βασιλεὺς Αἰγύπτου καὶ πολεμήσει μετὰ βασιλέως βορρᾶ,[2] καὶ παραδοθήσεται ἡ συναγωγὴ εἰς τὰς χεῖρας αὐτοῦ· **12** καὶ λήψεται τὴν συναγωγήν, καὶ ὑψωθήσεται[3] ἡ καρδία αὐτοῦ, καὶ ταράξει[4] πολλοὺς καὶ οὐ μὴ φοβηθῇ. **13** καὶ ἐπιστρέψει βασιλεὺς βορρᾶ[5] καὶ συνάξει πόλεως συναγωγὴν μείζονα[6] παρὰ τὴν πρώτην κατὰ συντέλειαν[7] καιροῦ ἐνιαυτοῦ[8] καὶ εἰσελεύσεται εἰς αὐτὴν ἐπ᾽ αὐτὸν ἐν ὄχλῳ[9] πολλῷ καὶ ἐν χρήμασι[10] πολλοῖς.

14 καὶ ἐν τοῖς καιροῖς ἐκείνοις διάνοιαι[11] ἀναστήσονται ἐπὶ τὸν βασιλέα Αἰγύπτου· καὶ ἀνοικοδομήσει[12] τὰ πεπτωκότα τοῦ ἔθνους σου καὶ ἀναστήσεται εἰς τὸ ἀναστῆσαι τὴν προφητείαν,[13] καὶ προσκόψουσι.[14] **15** καὶ ἐπελεύσεται[15] βασιλεὺς βορρᾶ[16] καὶ ἐπιστρέψει τὰ δόρατα[17] αὐτοῦ καὶ λήψεται τὴν πόλιν τὴν ὀχυράν,[18] καὶ οἱ βραχίονες[19] βασιλέως Αἰγύπτου στήσονται μετὰ τῶν δυναστῶν[20] αὐτοῦ, καὶ οὐκ ἔσται αὐτῷ ἰσχὺς[21] εἰς τὸ ἀντιστῆναι[22] αὐτῷ. **16** καὶ ποιήσει ὁ εἰσπορευόμενος[23] ἐπ᾽ αὐτὸν κατὰ τὸ θέλημα[24] αὐτοῦ, καὶ οὐκ ἔσται ὁ ἀνθεστηκὼς[25] ἐναντίον[26] αὐτοῦ· καὶ στήσεται ἐν τῇ χώρᾳ,[27] καὶ ἐπιτελεσθήσεται[28] πάντα ἐν ταῖς χερσὶν αὐτοῦ. **17** καὶ δώσει τὸ πρόσωπον αὐτοῦ ἐπελθεῖν[29] βίᾳ[30] πᾶν τὸ ἔργον αὐτοῦ καὶ συνθήκας[31] μετ᾽ αὐτοῦ ποιήσεται· καὶ θυγατέρα[32] ἀνθρώπου δώσει αὐτῷ εἰς τὸ φθεῖραι[33] αὐτήν, καὶ οὐ πείσεται[34] καὶ οὐκ ἔσται. **18** καὶ δώσει τὸ πρόσωπον αὐτοῦ ἐπὶ τὴν θάλασσαν καὶ λήψεται πολλοὺς καὶ ἐπιστρέψει ὀργὴν ὀνειδισμοῦ[35] αὐτῶν ἐν ὅρκῳ[36] κατὰ τὸν

1 ὀργίζω, *fut pas ind 3s*, become angry
2 βορρᾶς, north
3 ὑψόω, *fut pas ind 3s*, lift high, exalt
4 ταράσσω, *fut act ind 3s*, trouble, stir up
5 βορρᾶς, north
6 μείζων, *comp of* μέγας, greater, larger
7 συντέλεια, completion
8 ἐνιαυτός, year
9 ὄχλος, crowd, multitude
10 χρῆμα, goods, provisions
11 διάνοια, thought, plan, scheme
12 ἀνοικοδομέω, *fut act ind 3s*, rebuild
13 προφητεία, prophecy
14 προσκόπτω, *fut act ind 3p*, stumble, take offense
15 ἐπέρχομαι, *fut mid ind 3s*, go against (in an attack)
16 βορρᾶς, north
17 δόρυ, spear
18 ὀχυρός, fortified
19 βραχίων, arm
20 δυνάστης, master, prince
21 ἰσχύς, strength
22 ἀνθίστημι, *aor act inf*, oppose
23 εἰσπορεύομαι, *pres mid ptc nom s m*, go, enter
24 θέλημα, will, desire
25 ἀνθίστημι, *perf act ptc nom s m*, oppose
26 ἐναντίον, against
27 χώρα, region, land
28 ἐπιτελέω, *fut pas ind 3s*, finish, accomplish
29 ἐπέρχομαι, *aor act inf*, go against (in an attack)
30 βία, forcibly, violently
31 συνθήκη, agreement, pact
32 θυγάτηρ, daughter
33 φθείρω, *aor act inf*, corrupt
34 πείθω, *fut mid ind 3s*, obey, trust
35 ὀνειδισμός, reproach, disgrace
36 ὅρκος, oath

Θ **11** καὶ ἀγριανθήσεται[1] βασιλεὺς τοῦ νότου[2] καὶ ἐξελεύσεται καὶ πολεμήσει μετὰ
βασιλέως τοῦ βορρᾶ·[3] καὶ στήσει ὄχλον[4] πολύν, καὶ παραδοθήσεται ὁ ὄχλος ἐν
χειρὶ αὐτοῦ· **12** καὶ λήμψεται τὸν ὄχλον,[5] καὶ ὑψωθήσεται[6] ἡ καρδία αὐτοῦ, καὶ
καταβαλεῖ[7] μυριάδας[8] καὶ οὐ κατισχύσει.[9] **13** καὶ ἐπιστρέψει βασιλεὺς τοῦ βορρᾶ[10]
καὶ ἄξει ὄχλον[11] πολὺν ὑπὲρ τὸν πρότερον[12] καὶ εἰς τὸ τέλος τῶν καιρῶν ἐνιαυτῶν[13]
ἐπελεύσεται[14] εἰσόδια[15] ἐν δυνάμει μεγάλῃ καὶ ἐν ὑπάρξει[16] πολλῇ.

14 καὶ ἐν τοῖς καιροῖς ἐκείνοις πολλοὶ ἐπαναστήσονται[17] ἐπὶ βασιλέα τοῦ νότου·[18]
καὶ οἱ υἱοὶ τῶν λοιμῶν[19] τοῦ λαοῦ σου ἐπαρθήσονται[20] τοῦ στῆσαι ὅρασιν[21] καὶ
ἀσθενήσουσιν.[22] **15** καὶ εἰσελεύσεται βασιλεὺς τοῦ βορρᾶ[23] καὶ ἐκχεεῖ[24] πρόσχωμα[25]
καὶ συλλήμψεται[26] πόλεις ὀχυράς,[27] καὶ οἱ βραχίονες[28] τοῦ βασιλέως τοῦ νότου[29] οὐ
στήσονται, καὶ ἀναστήσονται οἱ ἐκλεκτοὶ[30] αὐτοῦ, καὶ οὐκ ἔσται ἰσχὺς[31] τοῦ στῆναι.
16 καὶ ποιήσει ὁ εἰσπορευόμενος[32] πρὸς αὐτὸν κατὰ τὸ θέλημα[33] αὐτοῦ, καὶ οὐκ ἔστιν
ἑστὼς κατὰ πρόσωπον αὐτοῦ· καὶ στήσεται ἐν γῇ τοῦ σαβι,[34] καὶ συντελεσθήσεται[35]
ἐν τῇ χειρὶ αὐτοῦ. **17** καὶ τάξει[36] τὸ πρόσωπον αὐτοῦ εἰσελθεῖν ἐν ἰσχύι[37] πάσης
τῆς βασιλείας αὐτοῦ καὶ εὐθεῖα[38] πάντα μετ᾽ αὐτοῦ ποιήσει· καὶ θυγατέρα[39] τῶν
γυναικῶν δώσει αὐτῷ τοῦ διαφθεῖραι[40] αὐτήν, καὶ οὐ μὴ παραμείνῃ[41] καὶ οὐκ αὐτῷ
ἔσται. **18** καὶ ἐπιστρέψει τὸ πρόσωπον αὐτοῦ εἰς τὰς νήσους[42] καὶ συλλήμψεται[43]
πολλὰς καὶ καταπαύσει[44] ἄρχοντας ὀνειδισμοῦ[45] αὐτῶν, πλὴν ὀνειδισμὸς αὐτοῦ

1 ἀγριαίνω, *fut pas ind 3s*, be inflamed with anger
2 νότος, south
3 βορρᾶς, north
4 ὄχλος, crowd, multitude
5 ὄχλος, crowd, multitude
6 ὑψόω, *fut pas ind 3s*, lift high, exalt
7 καταβάλλω, *fut act ind 3s*, cast down, overthrow
8 μυριάς, ten thousand, myriad
9 κατισχύω, *fut act ind 3s*, prevail
10 βορρᾶς, north
11 ὄχλος, crowd, multitude
12 πρότερος, former, previous
13 ἐνιαυτός, year
14 ἐπέρχομαι, *fut mid ind 3s*, attack
15 εἰσόδιον, entrance
16 ὕπαρξις, property
17 ἐπανίστημι, *fut mid ind 3p*, rise up against
18 νότος, south
19 λοιμός, pestilent
20 ἐπαίρω, *fut pas ind 3p*, raise up
21 ὅρασις, vision
22 ἀσθενέω, *fut act ind 3p*, become weak
23 βορρᾶς, north
24 ἐκχέω, *pres act ind 3s*, spread out, (prepare)
25 πρόσχωμα, mound
26 συλλαμβάνω, *fut mid ind 3s*, lay hold of, capture
27 ὀχυρός, fortified
28 βραχίων, arm
29 νότος, south
30 ἐκλεκτός, chosen
31 ἰσχύς, strength
32 εἰσπορεύομαι, *pres mid ptc nom s m*, go against
33 θέλημα, will, desire
34 σαβι, beauty, *translit.*
35 συντελέω, *fut pas ind 3s*, finish, complete
36 τάσσω, *fut act ind 3s*, set
37 ἰσχύς, strength
38 εὐθύς, immediately
39 θυγάτηρ, daughter
40 διαφθείρω, *aor act inf*, utterly destroy
41 παραμένω, *aor act sub 3s*, abide, remain
42 νῆσος, island
43 συλλαμβάνω, *fut mid ind 3s*, lay hold of, capture
44 καταπαύω, *fut act ind 3s*, cause to cease
45 ὀνειδισμός, reproach, insult

OG

ὀνειδισμὸν αὐτοῦ. **19** ἐπιστρέψει τὸ πρόσωπον αὐτοῦ εἰς τὸ κατισχῦσαι[1] τὴν χώραν[2]
αὐτοῦ καὶ προσκόψει[3] καὶ πεσεῖται καὶ οὐχ εὑρεθήσεται.

20 καὶ ἀναστήσεται ἐκ τῆς ῥίζης[4] αὐτοῦ φυτὸν[5] βασιλείας εἰς ἀνάστασιν,[6] ἀνὴρ
τύπτων[7] δόξαν βασιλέως· καὶ ἐν ἡμέραις ἐσχάταις συντριβήσεται[8] καὶ οὐκ ἐν ὀργῇ
οὐδὲ ἐν πολέμῳ. **21** καὶ ἀναστήσεται ἐπὶ τὸν τόπον αὐτοῦ εὐκαταφρόνητος,[9] καὶ
οὐ δοθήσεται ἐπ᾽ αὐτὸν δόξα βασιλέως· καὶ ἥξει[10] ἐξάπινα,[11] κατισχύσει[12] βασιλεὺς
ἐν κληροδοσίᾳ[13] αὐτοῦ. **22** καὶ τοὺς βραχίονας[14] τοὺς συντριβέντας[15] συντρίψει[16]
ἀπὸ προσώπου αὐτοῦ **23** καὶ μετὰ τῆς διαθήκης καὶ δήμου[17] συνταγέντος[18] μετ᾽
αὐτοῦ ποιήσει ψεῦδος[19] καὶ ἐπὶ ἔθνος ἰσχυρὸν[20] ἐν ὀλιγοστῷ[21] ἔθνει. **24** ἐξάπινα[22]
ἐρημώσει[23] πόλιν καὶ ποιήσει ὅσα οὐκ ἐποίησαν οἱ πατέρες αὐτοῦ οὐδὲ οἱ πατέρες
τῶν πατέρων αὐτοῦ· προνομὴν[24] καὶ σκῦλα[25] καὶ χρήματα[26] αὐτοῖς δώσει καὶ ἐπὶ
τὴν πόλιν τὴν ἰσχυρὰν[27] διανοηθήσεται,[28] καὶ οἱ λογισμοὶ[29] αὐτοῦ εἰς μάτην.[30] **25** καὶ
ἐγερθήσεται[31] ἡ ἰσχὺς[32] αὐτοῦ καὶ ἡ καρδία αὐτοῦ ἐπὶ τὸν βασιλέα Αἰγύπτου ἐν
ὄχλῳ[33] πολλῷ, καὶ ὁ βασιλεὺς Αἰγύπτου ἐρεθισθήσεται[34] εἰς πόλεμον ἐν ὄχλῳ
ἰσχυρῷ[35] σφόδρα[36] λίαν·[37] καὶ οὐ στήσεται, ὅτι διανοηθήσεται[38] ἐπ᾽ αὐτὸν διανοίᾳ·[39]
26 καὶ καταναλώσουσιν[40] αὐτὸν μέριμναι[41] αὐτοῦ καὶ ἀποστρέψουσιν[42] αὐτόν, καὶ
παρελεύσεται[43] καὶ κατασυριεῖ,[44] καὶ πεσοῦνται τραυματίαι[45] πολλοί. **27** καὶ δύο
βασιλεῖς μόνοι δειπνήσουσιν[46] ἐπὶ τὸ αὐτὸ καὶ ἐπὶ μιᾶς τραπέζης[47] φάγονται καὶ

1 κατισχύω, *aor act inf*, strengthen
2 χώρα, land, country
3 προσκόπτω, *fut act ind 3s*, stumble
4 ῥίζα, root
5 φυτόν, plant, shoot
6 ἀνάστασις, rising up
7 τύπτω, *pres act ptc nom s m*, strike against
8 συντρίβω, *fut pas ind 3s*, break
9 εὐκαταφρόνητος, despised, contemptible
10 ἥκω, *fut act ind 3s*, come
11 ἐξάπινα, suddenly
12 κατισχύω, *fut act ind 3s*, prevail
13 κληροδοσία, distribution of land
14 βραχίων, arm
15 συντρίβω, *aor pas ptc acc p m*, break
16 συντρίβω, *fut act ind 3s*, break
17 δῆμος, people, commoners
18 συντάσσω, *aor pas ptc gen s m*, appoint, bring into order
19 ψεῦδος, lie, deception
20 ἰσχυρός, strong
21 ὀλίγος, *sup*, smallest
22 ἐξάπινα, suddenly
23 ἐρημόω, *fut act ind 3s*, make desolate, lay waste
24 προνομή, plunder
25 σκῦλον, spoils, booty
26 χρῆμα, goods, provisions
27 ἰσχυρός, strong
28 διανοέομαι, *fut pas ind 3s*, intend
29 λογισμός, thought, deliberation
30 μάτην, vain, futile
31 ἐγείρω, *fut pas ind 3s*, rouse, stir up
32 ἰσχύς, strength
33 ὄχλος, crowd, multitude
34 ἐρεθίζω, *fut pas ind 3s*, provoke
35 ἰσχυρός, strong
36 σφόδρα, exceedingly
37 λίαν, very
38 διανοέομαι, *fut pas ind 3s*, intend
39 διάνοια, thought, plan, scheme
40 καταναλίσκω, *fut act ind 3p*, consume
41 μέριμνα, anxiety
42 ἀποστρέφω, *fut act ind 3p*, turn away, avert
43 παρέρχομαι, *fut mid ind 3s*, pass through
44 κατασύρω, *fut act ind 3s*, drag away
45 τραυματίας, casualty
46 δειπνέω, *fut act ind 3p*, dine
47 τράπεζα, table

Θ ἐπιστρέψει αὐτῷ. **19** καὶ ἐπιστρέψει τὸ πρόσωπον αὐτοῦ εἰς τὴν ἰσχὺν[1] τῆς γῆς αὐτοῦ καὶ ἀσθενήσει[2] καὶ πεσεῖται καὶ οὐχ εὑρεθήσεται.

20 καὶ ἀναστήσεται ἐκ τῆς ῥίζης[3] αὐτοῦ φυτὸν[4] βασιλείας ἐπὶ τὴν ἑτοιμασίαν[5] αὐτοῦ παραβιβάζων[6] πράσσων[7] δόξαν βασιλείας· καὶ ἐν ταῖς ἡμέραις ἐκείναις συντριβήσεται[8] καὶ οὐκ ἐν προσώποις οὐδὲ ἐν πολέμῳ. **21** στήσεται ἐπὶ τὴν ἑτοιμασίαν[9] αὐτοῦ· ἐξουδενώθη,[10] καὶ οὐκ ἔδωκαν ἐπʼ αὐτὸν δόξαν βασιλείας· καὶ ἥξει[11] ἐν εὐθηνίᾳ[12] καὶ κατισχύσει[13] βασιλείας ἐν ὀλισθρήμασιν.[14] **22** καὶ βραχίονες[15] τοῦ κατακλύζοντος[16] κατακλυσθήσονται[17] ἀπὸ προσώπου αὐτοῦ καὶ συντριβήσονται,[18] καὶ ἡγούμενος[19] διαθήκης· **23** καὶ ἀπὸ τῶν συναναμείξεων[20] πρὸς αὐτὸν ποιήσει δόλον[21] καὶ ἀναβήσεται καὶ ὑπερισχύσει[22] αὐτοῦ ἐν ὀλίγῳ[23] ἔθνει. **24** καὶ ἐν εὐθηνίᾳ[24] καὶ ἐν πίοσιν[25] χώραις[26] ἥξει[27] καὶ ποιήσει ἃ οὐκ ἐποίησαν οἱ πατέρες αὐτοῦ καὶ οἱ πατέρες τῶν πατέρων αὐτοῦ· προνομὴν[28] καὶ σκῦλα[29] καὶ ὕπαρξιν[30] αὐτοῖς διασκορπιεῖ[31] καὶ ἐπʼ Αἴγυπτον λογιεῖται λογισμοὺς[32] αὐτοῦ καὶ ἕως καιροῦ. **25** καὶ ἐξεγερθήσεται[33] ἡ ἰσχὺς[34] αὐτοῦ καὶ ἡ καρδία αὐτοῦ ἐπὶ βασιλέα τοῦ νότου[35] ἐν δυνάμει μεγάλῃ, καὶ ὁ βασιλεὺς τοῦ νότου συνάψει[36] πόλεμον ἐν δυνάμει μεγάλῃ καὶ ἰσχυρᾷ[37] σφόδρα·[38] καὶ οὐ στήσεται, ὅτι λογιοῦνται ἐπʼ αὐτὸν λογισμούς·[39] **26** καὶ φάγονται τὰ δέοντα[40] αὐτοῦ καὶ συντρίψουσιν[41] αὐτόν, καὶ δυνάμεις κατακλύσει,[42] καὶ πεσοῦνται τραυματίαι[43] πολλοί. **27** καὶ ἀμφότεροι[44] οἱ βασιλεῖς, αἱ καρδίαι αὐτῶν εἰς πονηρίαν,[45] καὶ ἐπὶ τραπέζῃ[46] μιᾷ ψευδῆ[47] λαλήσουσιν, καὶ οὐ

1 ἰσχύς, strength
2 ἀσθενέω, *fut act ind 3s*, weaken
3 ῥίζα, root
4 φυτόν, plant, shoot
5 ἑτοιμασία, preparation, foundation
6 παραβιβάζω, *pres act ptc nom s m*, usurp
7 πράσσω, *pres act ptc nom s m*, exact, acquire
8 συντρίβω, *fut pas ind 3s*, break
9 ἑτοιμασία, preparation, foundation
10 ἐξουδενόω, *aor pas ind 3s*, disdain, scorn
11 ἥκω, *fut act ind 3s*, come
12 εὐθηνία, prosperity
13 κατισχύω, *fut act ind 3s*, prevail over, overpower
14 ὀλίσθρημα, slipperiness, (deceptiveness)
15 βραχίων, arm
16 κατακλύζω, *pres act ptc gen s m*, overwhelm
17 κατακλύζω, *fut pas ind 3p*, overwhelm
18 συντρίβω, *fut pas ind 3p*, break
19 ἡγέομαι, *pres mid ptc nom s m*, lead
20 συνανάμιξις, association, alliance
21 δόλος, deceit
22 ὑπερισχύω, *fut act ind 3s*, prevail against
23 ὀλίγος, small
24 εὐθηνία, prosperity
25 πίων, fattened, fertile
26 χώρα, land, country
27 ἥκω, *fut act ind 3s*, come
28 προνομή, plunder
29 σκῦλον, spoils, booty
30 ὕπαρξις, property
31 διασκορπίζω, *fut act ind 3s*, scatter
32 λογισμός, plan, deliberation, scheme
33 ἐξεγείρω, *fut pas ind 3s*, raise up, stir up
34 ἰσχύς, strength
35 νότος, south
36 συνάπτω, *fut act ind 3s*, join together in
37 ἰσχυρός, strong
38 σφόδρα, exceedingly
39 λογισμός, plan, deliberation, scheme
40 δεῖ, *pres act ptc acc p n*, be needful, be required
41 συντρίβω, *fut act ind 3p*, break
42 κατακλύζω, *fut act ind 3s*, overwhelm
43 τραυματίας, casualty
44 ἀμφότεροι, both
45 πονηρία, evil, iniquity
46 τράπεζα, table
47 ψευδής, lie, deception

ψευδολογήσουσι[1] καὶ οὐκ εὐοδωθήσονται·[2] ἔτι γὰρ συντέλεια[3] εἰς καιρόν. **28** καὶ
ἐπιστρέψει εἰς τὴν χώραν[4] αὐτοῦ ἐν χρήμασι[5] πολλοῖς, καὶ ἡ καρδία αὐτοῦ ἐπὶ τὴν
διαθήκην τοῦ ἁγίου· ποιήσει καὶ ἐπιστρέψει ἐπὶ τὴν χώραν αὐτοῦ **29** εἰς καιρόν.

καὶ εἰσελεύσεται εἰς Αἴγυπτον, καὶ οὐκ ἔσται ὡς ἡ πρώτη καὶ ἡ ἐσχάτη. **30** καὶ
ἥξουσι[6] Ῥωμαῖοι καὶ ἐξώσουσιν[7] αὐτὸν καὶ ἐμβριμήσονται[8] αὐτῷ· καὶ ἐπιστρέψει
καὶ ὀργισθήσεται[9] ἐπὶ τὴν διαθήκην τοῦ ἁγίου· καὶ ποιήσει καὶ ἐπιστρέψει καὶ
διανοηθήσεται[10] ἐπ᾽ αὐτούς, ἀνθ᾽ ὧν[11] ἐγκατέλιπον[12] τὴν διαθήκην τοῦ ἁγίου.
31 καὶ βραχίονες[13] παρ᾽ αὐτοῦ στήσονται καὶ μιανοῦσι[14] τὸ ἅγιον τοῦ φόβου καὶ
ἀποστήσουσι[15] τὴν θυσίαν[16] καὶ δώσουσι βδέλυγμα[17] ἐρημώσεως.[18] **32** καὶ ἐν ἁμαρ-
τίαις διαθήκης μιανοῦσιν[19] ἐν σκληρῷ[20] λαῷ, καὶ ὁ δῆμος[21] ὁ γινώσκων ταῦτα
κατισχύσουσι[22] καὶ ποιήσουσι. **33** καὶ ἐννοούμενοι[23] τοῦ ἔθνους συνήσουσιν[24]
εἰς πολλούς· καὶ προσκόψουσι[25] ῥομφαίᾳ[26] καὶ παλαιωθήσονται[27] ἐν αὐτῇ καὶ
ἐν αἰχμαλωσίᾳ[28] καὶ ἐν προνομῇ[29] ἡμερῶν κηλιδωθήσονται.[30] **34** καὶ ὅταν συν-
τρίβωνται,[31] συνάξουσιν ἰσχὺν[32] βραχεῖαν,[33] καὶ ἐπισυναχθήσονται[34] ἐπ᾽ αὐτοὺς
πολλοὶ ἐπὶ πόλεως καὶ πολλοὶ ὡς ἐν κληροδοσίᾳ.[35] **35** καὶ ἐκ τῶν συνιέντων[36]
διανοηθήσονται[37] εἰς τὸ καθαρίσαι[38] ἑαυτοὺς καὶ εἰς τὸ ἐκλεγῆναι[39] καὶ εἰς τὸ
καθαρισθῆναι[40] ἕως καιροῦ συντελείας·[41] ἔτι γὰρ καιρὸς εἰς ὥρας.

1 ψευδολογέω, *fut act ind 3p*, speak lies
2 εὐοδόω, *fut pas ind 3p*, be prosperous
3 συντέλεια, completion
4 χώρα, land, country
5 χρῆμα, goods, provisions
6 ἥκω, *fut act ind 3p*, come
7 ἐξωθέω, *fut act ind 3p*, force out, expel
8 ἐμβριμάομαι, *fut mid ind 3p*, admonish sternly, rebuke
9 ὀργίζω, *fut pas ind 3s*, become angry
10 διανοέομαι, *fut pas ind 3s*, intend
11 ἀνθ᾽ ὧν, because
12 ἐγκαταλείπω, *aor act ind 3p*, desert, forsake
13 βραχίων, arm
14 μιαίνω, *fut act ind 3p*, defile
15 ἀφίστημι, *fut act ind 3p*, take away, remove
16 θυσία, sacrifice
17 βδέλυγμα, abomination
18 ἐρήμωσις, desolation
19 μιαίνω, *fut act ind 3p*, defile
20 σκληρός, severe
21 δῆμος, people, commoners
22 κατισχύω, *fut act ind 3p*, strengthen
23 ἐννοέω, *pres mid ptc nom p m*, think, deliberate
24 συνίημι, *fut act ind 3p*, understand, comprehend
25 προσκόπτω, *fut act ind 3p*, strike against, stumble upon
26 ῥομφαία, sword
27 παλαιόω, *fut pas ind 3p*, become old
28 αἰχμαλωσία, captivity, exile
29 προνομή, plunder
30 κηλιδόω, *fut pas ind 3p*, stain, soil
31 συντρίβω, *pres pas sub 3p*, break
32 ἰσχύς, strength
33 βραχύς, little
34 ἐπισυνάγω, *fut pas ind 3p*, gather together
35 κληροδοσία, distribution of land
36 συνίημι, *pres act ptc gen p m*, have understanding
37 διανοέομαι, *fut pas ind 3p*, intend
38 καθαρίζω, *aor act inf*, purify, cleanse
39 ἐκλέγω, *aor pas inf*, choose
40 καθαρίζω, *aor pas inf*, purify, cleanse
41 συντέλεια, completion

Θ κατευθυνεῖ·[1] ὅτι ἔτι πέρας[2] εἰς καιρόν. **28** καὶ ἐπιστρέψει εἰς τὴν γῆν αὐτοῦ ἐν ὑπάρξει[3] πολλῇ, καὶ ἡ καρδία αὐτοῦ ἐπὶ διαθήκην ἁγίαν, καὶ ποιήσει καὶ ἐπιστρέψει εἰς τὴν γῆν αὐτοῦ.

29 εἰς τὸν καιρὸν ἐπιστρέψει καὶ ἥξει[4] ἐν τῷ νότῳ,[5] καὶ οὐκ ἔσται ὡς ἡ πρώτη καὶ ὡς ἡ ἐσχάτη. **30** καὶ εἰσελεύσονται ἐν αὐτῷ οἱ ἐκπορευόμενοι Κίτιοι, καὶ ταπεινωθήσεται·[6] καὶ ἐπιστρέψει καὶ θυμωθήσεται[7] ἐπὶ διαθήκην ἁγίαν· καὶ ποιήσει καὶ ἐπιστρέψει καὶ συνήσει[8] ἐπὶ τοὺς καταλιπόντας[9] διαθήκην ἁγίαν. **31** καὶ σπέρματα ἐξ αὐτοῦ ἀναστήσονται καὶ βεβηλώσουσιν[10] τὸ ἁγίασμα[11] τῆς δυναστείας[12] καὶ μεταστήσουσιν[13] τὸν ἐνδελεχισμὸν[14] καὶ δώσουσιν βδέλυγμα[15] ἠφανισμένον.[16] **32** καὶ οἱ ἀνομοῦντες[17] διαθήκην ἐπάξουσιν[18] ἐν ὀλισθρήμασιν,[19] καὶ λαὸς γινώσκοντες θεὸν αὐτοῦ κατισχύσουσιν[20] καὶ ποιήσουσιν. **33** καὶ οἱ συνετοὶ[21] τοῦ λαοῦ συνήσουσιν[22] εἰς πολλά· καὶ ἀσθενήσουσιν[23] ἐν ῥομφαίᾳ[24] καὶ ἐν φλογὶ[25] καὶ ἐν αἰχμαλωσίᾳ[26] καὶ ἐν διαρπαγῇ[27] ἡμερῶν. **34** καὶ ἐν τῷ ἀσθενῆσαι[28] αὐτοὺς βοηθηθήσονται[29] βοήθειαν[30] μικράν, καὶ προστεθήσονται[31] ἐπ᾽ αὐτοὺς πολλοὶ ἐν ὀλισθρήμασιν.[32] **35** καὶ ἀπὸ τῶν συνιέντων[33] ἀσθενήσουσιν[34] τοῦ πυρῶσαι[35] αὐτοὺς καὶ τοῦ ἐκλέξασθαι[36] καὶ τοῦ ἀποκαλυφθῆναι,[37] ἕως καιροῦ πέρας·[38] ὅτι ἔτι εἰς καιρόν.

1 κατευθύνω, *fut act ind 3s*, succeed, prosper
2 πέρας, end
3 ὕπαρξις, property
4 ἥκω, *fut act ind 3s*, come
5 νότος, south
6 ταπεινόω, *fut pas ind 3s*, humble, bring low
7 θυμόω, *fut pas ind 3s*, be enraged
8 συνίημι, *fut act ind 3s*, understand, comprehend
9 καταλείπω, *aor act ptc acc p m*, desert, forsake
10 βεβηλόω, *fut act ind 3p*, profane, desecrate
11 ἁγίασμα, sanctuary
12 δυναστεία, lordship, dominion
13 μεθίστημι, *fut act ind 3p*, remove, take away
14 ἐνδελεχισμός, continual, regular (offering?)
15 βδέλυγμα, abomination
16 ἀφανίζω, *perf mid ptc acc s n*, blot out, get rid of
17 ἀνομέω, *pres act ptc nom p m*, act lawlessly
18 ἐπάγω, *fut act ind 3p*, bring into
19 ὀλίσθρημα, slipperiness, (deceptiveness)
20 κατισχύω, *fut act ind 3p*, strengthen
21 συνετός, intelligent
22 συνίημι, *fut act ind 3p*, have understanding
23 ἀσθενέω, *fut act ind 3p*, weaken
24 ῥομφαία, sword
25 φλόξ, flame
26 αἰχμαλωσία, captivity, exile
27 διαρπαγή, plundering
28 ἀσθενέω, *aor act inf*, weaken
29 βοηθέω, *fut pas ind 3p*, help, aid
30 βοήθεια, help, aid
31 προστίθημι, *fut pas ind 3p*, add to, continue
32 ὀλίσθρημα, slipperiness, (deceptiveness)
33 συνίημι, *pres act ptc gen p m*, have understanding
34 ἀσθενέω, *fut act ind 3p*, weaken
35 πυρόω, *aor act inf*, refine by fire
36 ἐκλέγω, *aor mid inf*, choose
37 ἀποκαλύπτω, *aor pas inf*, reveal
38 πέρας, end

36 καὶ ποιήσει κατὰ τὸ θέλημα[1] αὐτοῦ ὁ βασιλεὺς καὶ παροργισθήσεται[2] καὶ ὑψω-
θήσεται[3] ἐπὶ πάντα θεὸν καὶ ἐπὶ τὸν θεὸν τῶν θεῶν ἔξαλλα[4] λαλήσει καὶ εὐοδω-
θήσεται,[5] ἕως ἂν συντελεσθῇ[6] ἡ ὀργή· εἰς αὐτὸν γὰρ συντέλεια[7] γίνεται. **37** καὶ ἐπὶ
τοὺς θεοὺς τῶν πατέρων αὐτοῦ οὐ μὴ προνοηθῇ[8] καὶ ἐν ἐπιθυμίᾳ[9] γυναικὸς οὐ
μὴ προνοηθῇ, ὅτι ἐν παντὶ ὑψωθήσεται,[10] καὶ ὑποταγήσεται[11] αὐτῷ ἔθνη ἰσχυρά·[12]
38 ἐπὶ τὸν τόπον αὐτοῦ κινήσει[13] καὶ θεόν, ὃν οὐκ ἔγνωσαν οἱ πατέρες αὐτοῦ,
τιμήσει[14] ἐν χρυσίῳ[15] καὶ ἀργυρίῳ[16] καὶ λίθῳ πολυτελεῖ.[17] καὶ ἐν ἐπιθυμήμασι[18]
39 ποιήσει πόλεων καὶ εἰς ὀχύρωμα[19] ἰσχυρὸν[20] ἥξει·[21] μετὰ θεοῦ ἀλλοτρίου,[22] οὗ
ἐὰν ἐπιγνῷ, πληθυνεῖ[23] δόξαν καὶ κατακυριεύσει[24] αὐτοῦ ἐπὶ πολὺ καὶ χώραν[25]
ἀπομεριεῖ[26] εἰς δωρεάν.[27]

40 καὶ καθ᾽ ὥραν συντελείας[28] συγκερατισθήσεται[29] αὐτῷ ὁ βασιλεὺς Αἰγύπτου, καὶ
ἐποργισθήσεται[30] αὐτῷ βασιλεὺς βορρᾶ[31] ἐν ἅρμασι[32] καὶ ἐν ἵπποις[33] πολλοῖς καὶ
ἐν πλοίοις[34] πολλοῖς καὶ εἰσελεύσεται εἰς χώραν[35] Αἰγύπτου **41** καὶ ἐπελεύσεται[36]
εἰς τὴν χώραν[37] μου, **42** καὶ ἐν χώρᾳ[38] Αἰγύπτου οὐκ ἔσται ἐν αὐτῇ διασῳζόμενος.[39]
43 καὶ κρατήσει τοῦ τόπου τοῦ χρυσίου[40] καὶ τοῦ τόπου τοῦ ἀργυρίου[41] καὶ πάσης
τῆς ἐπιθυμίας[42] Αἰγύπτου, καὶ Λίβυες καὶ Αἰθίοπες ἔσονται ἐν τῷ ὄχλῳ[43] αὐτοῦ.
44 καὶ ἀκοὴ[44] ταράξει[45] αὐτὸν ἀπὸ ἀνατολῶν[46] καὶ βορρᾶ[47], καὶ ἐξελεύσεται ἐν

1 θέλημα, will, desire
2 παροργίζω, *fut pas ind 3s*, provoke to anger
3 ὑψόω, *fut pas ind 3s*, lift high, exalt
4 ἔξαλλος, extraordinary, strange
5 εὐοδόω, *fut pas ind 3s*, be prosperous
6 συντελέω, *aor pas sub 3s*, finish, complete
7 συντέλεια, completion
8 προνοέω, *aor pas sub 3s*, care for
9 ἐπιθυμία, desire, yearning
10 ὑψόω, *fut pas ind 3s*, lift high, exalt
11 ὑποτάσσω, *fut pas ind 3s*, place in submission
12 ἰσχυρός, strong
13 κινέω, *fut act ind 3s*, move
14 τιμάω, *fut act ind 3s*, honor
15 χρυσίον, gold
16 ἀργύριον, silver
17 πολυτελής, costly, valuable
18 ἐπιθύμημα, object of desire
19 ὀχύρωμα, stronghold, fortress
20 ἰσχυρός, strong
21 ἥκω, *fut act ind 3s*, come
22 ἀλλότριος, foreign
23 πληθύνω, *fut act ind 3s*, multiply, increase
24 κατακυριεύω, *fut act ind 3s*, rule over, exercise dominion
25 χώρα, region, territory
26 ἀπομερίζω, *fut act ind 3s*, divide, distribute
27 δωρεάν, freely
28 συντέλεια, completion
29 συγκερατίζομαι, *fut pas ind 3s*, butt horns with
30 ἐποργίζομαι, *fut pas ind 3s*, be enraged
31 βορρᾶς, north
32 ἅρμα, chariot
33 ἵππος, horse
34 πλοῖον, ship
35 χώρα, country
36 ἐπέρχομαι, *fut mid ind 3s*, go against (in an attack)
37 χώρα, country
38 χώρα, country
39 διασῴζω, *pres pas ptc nom s m*, preserve alive
40 χρυσίον, gold
41 ἀργύριον, silver
42 ἐπιθυμία, desire, yearning
43 ὄχλος, crowd, multitude
44 ἀκοή, report, news
45 ταράσσω, *fut act ind 3s*, trouble, vex
46 ἀνατολή, east
47 βορρᾶς, north

Θ **36** καὶ ποιήσει κατὰ τὸ θέλημα[1] αὐτοῦ καὶ ὑψωθήσεται[2] ὁ βασιλεὺς καὶ μεγαλυν-
θήσεται[3] ἐπὶ πάντα θεὸν καὶ λαλήσει ὑπέρογκα[4] καὶ κατευθυνεῖ,[5] μέχρις[6] οὗ συν-
τελεσθῇ[7] ἡ ὀργή· εἰς γὰρ συντέλειαν[8] γίνεται. **37** καὶ ἐπὶ πάντας θεοὺς τῶν πατέρων
αὐτοῦ οὐ συνήσει[9] καὶ ἐπὶ ἐπιθυμίαν[10] γυναικῶν καὶ ἐπὶ πᾶν θεὸν οὐ συνήσει, ὅτι
ἐπὶ πάντας μεγαλυνθήσεται·[11] **38** καὶ θεὸν μαωζιν[12] ἐπὶ τόπου αὐτοῦ δοξάσει καὶ
θεόν, ὃν οὐκ ἔγνωσαν οἱ πατέρες αὐτοῦ, δοξάσει ἐν χρυσῷ[13] καὶ ἀργύρῳ[14] καὶ λίθῳ
τιμίῳ[15] καὶ ἐν ἐπιθυμήμασιν.[16] **39** καὶ ποιήσει τοῖς ὀχυρώμασιν[17] τῶν καταφυγῶν[18]
μετὰ θεοῦ ἀλλοτρίου[19] καὶ πληθυνεῖ[20] δόξαν καὶ ὑποτάξει[21] αὐτοῖς πολλοὺς καὶ γῆν
διελεῖ[22] ἐν δώροις.[23]

40 καὶ ἐν καιροῦ πέρατι[24] συγκερατισθήσεται[25] μετὰ τοῦ βασιλέως τοῦ νότου,[26] καὶ
συναχθήσεται ἐπ᾽ αὐτὸν βασιλεὺς τοῦ βορρᾶ[27] ἐν ἅρμασιν[28] καὶ ἐν ἱππεῦσιν[29] καὶ ἐν
ναυσὶν[30] πολλαῖς καὶ εἰσελεύσεται εἰς τὴν γῆν καὶ συντρίψει[31] καὶ παρελεύσεται.[32]
41 καὶ εἰσελεύσεται εἰς τὴν γῆν τοῦ σαβι,[33] καὶ πολλοὶ ἀσθενήσουσιν·[34] καὶ οὗτοι
διασωθήσονται[35] ἐκ χειρὸς αὐτοῦ, Εδωμ καὶ Μωαβ καὶ ἀρχὴ υἱῶν Αμμων. **42** καὶ
ἐκτενεῖ[36] τὴν χεῖρα αὐτοῦ ἐπὶ τὴν γῆν, καὶ γῆ Αἰγύπτου οὐκ ἔσται εἰς σωτηρίαν.
43 καὶ κυριεύσει[37] ἐν τοῖς ἀποκρύφοις[38] τοῦ χρυσοῦ[39] καὶ τοῦ ἀργύρου[40] καὶ ἐν πᾶσιν
ἐπιθυμητοῖς[41] Αἰγύπτου καὶ Λιβύων καὶ Αἰθιόπων ἐν τοῖς ὀχυρώμασιν[42] αὐτῶν.
44 καὶ ἀκοαὶ[43] καὶ σπουδαὶ[44] ταράξουσιν[45] αὐτὸν ἐξ ἀνατολῶν[46] καὶ ἀπὸ βορρᾶ,[47] καὶ

1 θέλημα, will, desire
2 ὑψόω, *fut pas ind 3s*, lift high, exalt
3 μεγαλύνω, *fut pas ind 3s*, magnify, make great
4 ὑπέρογκος, puffed up, excessive
5 κατευθύνω, *fut act ind 3s*, succeed, prosper
6 μέχρις, until
7 συντελέω, *aor pas sub 3s*, finish, complete
8 συντέλεια, completion
9 συνίημι, *fut act ind 3s*, ponder, think about
10 ἐπιθυμία, desire, yearning
11 μεγαλύνω, *fut pas ind 3s*, magnify, make great
12 μαωζιν, Maozin, *translit.*
13 χρυσός, gold
14 ἄργυρος, silver
15 τίμιος, precious, costly
16 ἐπιθύμημα, object of desire
17 ὀχύρωμα, stronghold, fortress
18 καταφυγή, refuge
19 ἀλλότριος, foreign, strange
20 πληθύνω, *fut act ind 3s*, multiply
21 ὑποτάσσω, *fut act ind 3s*, place in submission
22 διαιρέω, *fut act ind 3s*, distribute
23 δῶρον, gift
24 πέρας, end
25 συγκερατίζομαι, *fut pas ind 3s*, butt horns with
26 νότος, south
27 βορρᾶς, north
28 ἅρμα, chariot
29 ἱππεύς, horseman
30 ναῦς, boat
31 συντρίβω, *fut act ind 3s*, break, crush
32 παρέρχομαι, *fut mid ind 3s*, pass by
33 σαβι, beauty, *translit.*
34 ἀσθενέω, *fut act ind 3p*, weaken
35 διασῴζω, *fut pas ind 3p*, preserve alive
36 ἐκτείνω, *fut act ind 3s*, stretch forth
37 κυριεύω, *fut act ind 3s*, rule over, exercise dominion
38 ἀπόκρυφος, hidden, concealed
39 χρυσός, gold
40 ἄργυρος, silver
41 ἐπιθυμητός, desired
42 ὀχύρωμα, stronghold, fortress
43 ἀκοή, report, news
44 σπουδή, haste
45 ταράσσω, *fut act ind 3p*, trouble, vex
46 ἀνατολή, east
47 βορρᾶς, north

OG

θυμῷ[1] ἰσχυρῷ[2] καὶ ῥομφαίᾳ[3] ἀφανίσαι[4] καὶ ἀποκτεῖναι πολλούς. **45** καὶ στήσει
αὐτοῦ τὴν σκηνὴν[5] τότε ἀνὰ μέσον[6] τῶν θαλασσῶν καὶ τοῦ ὄρους τῆς θελήσεως[7]
τοῦ ἁγίου· καὶ ἥξει[8] ὥρα τῆς συντελείας[9] αὐτοῦ, καὶ οὐκ ἔσται ὁ βοηθῶν[10] αὐτῷ.

Final Distress and Resurrection

12 καὶ κατὰ τὴν ὥραν ἐκείνην παρελεύσεται[11] Μιχαηλ ὁ ἄγγελος ὁ μέγας
ὁ ἑστηκὼς ἐπὶ τοὺς υἱοὺς τοῦ λαοῦ σου· ἐκείνη ἡ ἡμέρα θλίψεως, οἵα[12]
οὐκ ἐγενήθη ἀφ᾽ οὗ ἐγενήθησαν ἕως τῆς ἡμέρας ἐκείνης· καὶ ἐν ἐκείνῃ τῇ ἡμέρᾳ
ὑψωθήσεται[13] πᾶς ὁ λαός, ὃς ἂν εὑρεθῇ ἐγγεγραμμένος[14] ἐν τῷ βιβλίῳ. **2** καὶ πολλοὶ
τῶν καθευδόντων[15] ἐν τῷ πλάτει[16] τῆς γῆς ἀναστήσονται, οἱ μὲν εἰς ζωὴν αἰώνιον, οἱ
δὲ εἰς ὀνειδισμόν,[17] οἱ δὲ εἰς διασπορὰν[18] καὶ αἰσχύνην[19] αἰώνιον. **3** καὶ οἱ συνιέντες[20]
φανοῦσιν[21] ὡς φωστῆρες[22] τοῦ οὐρανοῦ καὶ οἱ κατισχύοντες[23] τοὺς λόγους μου
ὡσεὶ[24] τὰ ἄστρα[25] τοῦ οὐρανοῦ εἰς τὸν αἰῶνα τοῦ αἰῶνος. **4** καὶ σύ, Δανιηλ, κά-
λυψον[26] τὰ προστάγματα[27] καὶ σφράγισαι[28] τὸ βιβλίον ἕως καιροῦ συντελείας,[29] ἕως
ἂν ἀπομανῶσιν[30] οἱ πολλοὶ καὶ πλησθῇ[31] ἡ γῆ ἀδικίας.[32]

5 καὶ εἶδον ἐγὼ Δανιηλ καὶ ἰδοὺ δύο ἕτεροι εἱστήκεισαν,[33] εἷς ἔνθεν[34] τοῦ ποταμοῦ[35]
καὶ εἷς ἔνθεν.[36] **6** καὶ εἶπα τῷ ἑνὶ τῷ περιβεβλημένῳ[37] τὰ βύσσινα[38] τῷ ἐπάνω[39] Πότε
οὖν συντέλεια[40] ὧν εἴρηκάς μοι τῶν θαυμαστῶν[41] καὶ ὁ καθαρισμὸς[42] τούτων;
7 καὶ ἤκουσα τοῦ περιβεβλημένου[43] τὰ βύσσινα,[44] ὃς ἦν ἐπάνω[45] τοῦ ὕδατος τοῦ

1 θυμός, wrath
2 ἰσχυρός, strong
3 ῥομφαία, sword
4 ἀφανίζω, *aor act inf*, blot out, destroy
5 σκηνή, tent
6 ἀνὰ μέσον, between
7 θέλησις, will, desire
8 ἥκω, *fut act ind 3s*, come
9 συντέλεια, completion
10 βοηθέω, *pres act ptc nom s m*, help, aid
11 παρέρχομαι, *fut mid ind 3s*, pass by
12 οἷος, such as this, like this
13 ὑψόω, *fut pas ind 3s*, lift high, exalt
14 ἐγγράφω, *perf pas ptc nom s m*, write down
15 καθεύδω, *pres act ptc gen p m*, sleep
16 πλατύς, broad (space)
17 ὀνειδισμός, reproach, disgrace
18 διασπορά, scattering, dispersion
19 αἰσχύνη, shame
20 συνίημι, *pres act ptc nom p m*, have understanding
21 φαίνω, *fut act ind 3p*, appear, seem
22 φωστήρ, luminary, light
23 κατισχύω, *pres act ptc nom p m*, become strong
24 ὡσεί, as, like
25 ἄστρον, star
26 καλύπτω, *aor act impv 2s*, hide, conceal
27 πρόσταγμα, decree
28 σφραγίζω, *aor mid impv 2s*, seal
29 συντέλεια, completion
30 ἀπομαίνομαι, *aor pas sub 3p*, go mad, become enraged
31 πίμπλημι, *aor pas sub 3s*, fill up
32 ἀδικία, injustice, wrongdoing
33 ἵστημι, *plpf act ind 3p*, stand
34 ἔνθεν, on this side
35 ποταμός, river
36 ἔνθεν, on that side
37 περιβάλλω, *perf mid ptc dat s m*, cover with, clothe
38 βύσσινος, linen
39 ἐπάνω, on the upper side
40 συντέλεια, completion
41 θαυμαστός, marvelous (deed)
42 καθαρισμός, purification
43 περιβάλλω, *perf mid ptc gen s m*, cover with, clothe
44 βύσσινος, linen
45 ἐπάνω, on the upper side

Θ ἥξει[1] ἐν θυμῷ[2] πολλῷ τοῦ ἀφανίσαι[3] καὶ τοῦ ἀναθεματίσαι[4] πολλούς. **45** καὶ πήξει[5]
τὴν σκηνὴν[6] αὐτοῦ εφαδανω[7] ἀνὰ μέσον[8] τῶν θαλασσῶν εἰς ὄρος σαβι[9] ἅγιον· καὶ
ἥξει[10] ἕως μέρους αὐτοῦ, καὶ οὐκ ἔστιν ὁ ῥυόμενος[11] αὐτόν.

Final Distress and Resurrection

12 καὶ ἐν τῷ καιρῷ ἐκείνῳ ἀναστήσεται Μιχαηλ ὁ ἄρχων ὁ μέγας ὁ ἑστηκὼς ἐπὶ
τοὺς υἱοὺς τοῦ λαοῦ σου· καὶ ἔσται καιρὸς θλίψεως, θλῖψις οἵα[12] οὐ γέγονεν
ἀφ᾽ οὗ γεγένηται ἔθνος ἐπὶ τῆς γῆς ἕως τοῦ καιροῦ ἐκείνου· καὶ ἐν τῷ καιρῷ ἐκείνῳ
σωθήσεται ὁ λαός σου, πᾶς ὁ εὑρεθεὶς γεγραμμένος ἐν τῇ βίβλῳ. **2** καὶ πολλοὶ τῶν
καθευδόντων[13] ἐν γῆς χώματι[14] ἐξεγερθήσονται,[15] οὗτοι εἰς ζωὴν αἰώνιον καὶ οὗτοι
εἰς ὀνειδισμὸν[16] καὶ εἰς αἰσχύνην[17] αἰώνιον. **3** καὶ οἱ συνιέντες[18] ἐκλάμψουσιν[19] ὡς ἡ
λαμπρότης[20] τοῦ στερεώματος[21] καὶ ἀπὸ τῶν δικαίων τῶν πολλῶν ὡς οἱ ἀστέρες[22]
εἰς τοὺς αἰῶνας καὶ ἔτι. **4** καὶ σύ, Δανιηλ, ἔμφραξον[23] τοὺς λόγους καὶ σφράγισον[24]
τὸ βιβλίον ἕως καιροῦ συντελείας,[25] ἕως διδαχθῶσιν πολλοὶ καὶ πληθυνθῇ[26] ἡ
γνῶσις.[27]

5 καὶ εἶδον ἐγὼ Δανιηλ καὶ ἰδοὺ δύο ἕτεροι εἱστήκεισαν,[28] εἷς ἐντεῦθεν[29] τοῦ
χείλους[30] τοῦ ποταμοῦ[31] καὶ εἷς ἐντεῦθεν[32] τοῦ χείλους τοῦ ποταμοῦ. **6** καὶ εἶπεν
τῷ ἀνδρὶ τῷ ἐνδεδυμένῳ[33] τὰ βαδδιν,[34] ὃς ἦν ἐπάνω[35] τοῦ ὕδατος τοῦ ποταμοῦ[36]
Ἕως πότε[37] τὸ πέρας[38] ὧν εἴρηκας τῶν θαυμασίων;[39] **7** καὶ ἤκουσα τοῦ ἀνδρὸς τοῦ

1 ἥκω, *fut act ind 3s*, come
2 θυμός, wrath
3 ἀφανίζω, *aor act inf*, blot out, destroy
4 ἀναθεματίζω, *aor act inf*, devote to destruction, curse
5 πήγνυμι, *fut act ind 3s*, pitch
6 σκηνή, tent
7 εφαδανω, royal tent, *translit.*
8 ἀνὰ μέσον, between
9 σαβι, beauty, *translit.*
10 ἥκω, *fut act ind 3s*, come
11 ῥύομαι, *pres mid ptc nom s m*, save, rescue
12 οἷος, such as this, like this
13 καθεύδω, *pres act ptc gen p m*, sleep
14 χῶμα, dust of the earth
15 ἐξεγείρω, *fut pas ind 3p*, revive, raise up
16 ὀνειδισμός, reproach, disgrace
17 αἰσχύνη, shame
18 συνίημι, *pres act ptc nom p m*, have understanding
19 ἐκλάμπω, *fut act ind 3p*, shine forth
20 λαμπρότης, brightness, splendor
21 στερέωμα, firmament
22 ἀστήρ, star
23 ἐμφράσσω, *aor act impv 2s*, bar up, stop up
24 σφραγίζω, *aor act impv 2s*, seal
25 συντέλεια, completion
26 πληθύνω, *aor pas sub 3s*, increase, multiply
27 γνῶσις, knowledge
28 ἵστημι, *plpf act ind 3p*, stand
29 ἐντεῦθεν, on this side
30 χεῖλος, shore, bank
31 ποταμός, river
32 ἐντεῦθεν, on that side
33 ἐνδύω, *perf mid ptc dat s m*, put on, clothe in
34 βαδδιν, fine linen, *translit.*
35 ἐπάνω, on the upper side
36 ποταμός, river
37 πότε, when
38 πέρας, end
39 θαυμάσιος, marvelous (deed)

ποταμοῦ[1] Ἕως καιροῦ συντελείας·[2] καὶ ὕψωσε[3] τὴν δεξιὰν καὶ τὴν ἀριστερὰν[4] εἰς
τὸν οὐρανὸν καὶ ὤμοσε[5] τὸν ζῶντα εἰς τὸν αἰῶνα θεὸν ὅτι εἰς καιρὸν καὶ καιροὺς
καὶ ἥμισυ[6] καιροῦ ἡ συντέλεια χειρῶν ἀφέσεως[7] λαοῦ ἁγίου, καὶ συντελεσθήσεται[8]
πάντα ταῦτα. **8** καὶ ἐγὼ ἤκουσα καὶ οὐ διενοήθην[9] παρ᾽ αὐτὸν τὸν καιρὸν καὶ εἶπα
Κύριε, τίς ἡ λύσις[10] τοῦ λόγου τούτου, καὶ τίνος αἱ παραβολαὶ[11] αὗται; **9** καὶ εἶπέν μοι
Ἀπότρεχε,[12] Δανιηλ, ὅτι κατακεκαλυμμένα[13] καὶ ἐσφραγισμένα[14] τὰ προστάγματα,[15]
ἕως ἂν **10** πειρασθῶσι[16] καὶ ἁγιασθῶσι[17] πολλοί, καὶ ἁμάρτωσιν οἱ ἁμαρτωλοί· καὶ οὐ
μὴ διανοηθῶσι[18] πάντες οἱ ἁμαρτωλοί, καὶ οἱ διανοούμενοι[19] προσέξουσιν.[20] **11** ἀφ᾽
οὗ ἂν ἀποσταθῇ[21] ἡ θυσία[22] διὰ παντὸς καὶ ἑτοιμασθῇ δοθῆναι τὸ βδέλυγμα[23] τῆς
ἐρημώσεως,[24] ἡμέρας χιλίας[25] διακοσίας[26] ἐνενήκοντα.[27] **12** μακάριος[28] ὁ ἐμμένων[29]
καὶ συνάξει εἰς ἡμέρας χιλίας[30] τριακοσίας[31] τριάκοντα[32] πέντε. **13** καὶ σὺ βάδισον[33]
ἀναπαύου·[34] ἔτι γὰρ εἰσιν ἡμέραι καὶ ὧραι εἰς ἀναπλήρωσιν[35] συντελείας,[36] καὶ
ἀναπαύσῃ[37] καὶ ἀναστήσῃ ἐπὶ τὴν δόξαν σου εἰς συντέλειαν ἡμερῶν.

1 ποταμός, river
2 συντέλεια, completion
3 ὑψόω, *aor act ind 3s*, lift high, raise up
4 ἀριστερός, left (hand)
5 ὄμνυμι, *aor act ind 3s*, swear an oath
6 ἥμισυς, half
7 ἄφεσις, release
8 συντελέω, *fut pas ind 3s*, finish, complete
9 διανοέομαι, *aor pas ind 1s*, give understanding
10 λύσις, interpretation
11 παραβολή, riddle, figurative discourse
12 ἀποτρέχω, *pres act impv 2s*, run off
13 κατακαλύπτω, *perf pas ptc nom p n*, cover over
14 σφραγίζω, *perf pas ptc nom p n*, seal
15 πρόσταγμα, decree
16 πειράζω, *aor pas sub 3p*, put to the test
17 ἁγιάζω, *aor pas sub 3p*, sanctify, consecrate
18 διανοέομαι, *aor pas sub 3p*, give understanding
19 διανοέομαι, *pres mid ptc nom p m*, understand, comprehend
20 προσέχω, *fut act ind 3p*, give heed, pay attention
21 ἀφίστημι, *aor pas sub 3s*, take away, remove
22 θυσία, sacrifice
23 βδέλυγμα, abomination
24 ἐρήμωσις, desolation
25 χίλιοι, thousand
26 διακόσιοι, two hundred
27 ἐνενήκοντα, ninety
28 μακάριος, blessed, happy
29 ἐμμένω, *pres act ptc nom s m*, persist, endure
30 χίλιοι, thousand
31 τριακόσιοι, three hundred
32 τριάκοντα, thirty
33 βαδίζω, *aor act impv 2s*, go
34 ἀναπαύω, *pres mid impv 2s*, rest
35 ἀναπλήρωσις, fulfillment
36 συντέλεια, completion
37 ἀναπαύω, *fut mid ind 2s*, rest

Θ ἐνδεδυμένου[1] τὰ βαδδιν,[2] ὃς ἦν ἐπάνω[3] τοῦ ὕδατος τοῦ ποταμοῦ,[4] καὶ ὕψωσεν[5]
τὴν δεξιὰν αὐτοῦ καὶ τὴν ἀριστερὰν[6] αὐτοῦ εἰς τὸν οὐρανὸν καὶ ὤμοσεν[7] ἐν τῷ
ζῶντι τὸν αἰῶνα ὅτι Εἰς καιρὸν καιρῶν καὶ ἥμισυ[8] καιροῦ· ἐν τῷ συντελεσθῆναι[9]
διασκορπισμὸν[10] χειρὸς λαοῦ ἡγιασμένου[11] γνώσονται πάντα ταῦτα. **8** καὶ ἐγὼ
ἤκουσα καὶ οὐ συνῆκα[12] καὶ εἶπα Κύριε, τί τὰ ἔσχατα τούτων; **9** καὶ εἶπεν Δεῦρο,[13]
Δανιηλ, ὅτι ἐμπεφραγμένοι[14] καὶ ἐσφραγισμένοι[15] οἱ λόγοι, ἕως καιροῦ πέρας·[16]
10 ἐκλεγῶσιν[17] καὶ ἐκλευκανθῶσιν[18] καὶ πυρωθῶσιν[19] πολλοί, καὶ ἀνομήσωσιν[20]
ἄνομοι·[21] καὶ οὐ συνήσουσιν[22] πάντες ἄνομοι, καὶ οἱ νοήμονες[23] συνήσουσιν.[24]
11 καὶ ἀπὸ καιροῦ παραλλάξεως[25] τοῦ ἐνδελεχισμοῦ[26] καὶ τοῦ δοθῆναι βδέλυγμα[27]
ἐρημώσεως[28] ἡμέραι χίλιαι[29] διακόσιαι[30] ἐνενήκοντα.[31] **12** μακάριος[32] ὁ ὑπομένων[33]
καὶ φθάσας[34] εἰς ἡμέρας χιλίας[35] τριακοσίας[36] τριάκοντα[37] πέντε. **13** καὶ σὺ δεῦρο[38]
καὶ ἀναπαύου·[39] ἔτι γὰρ ἡμέραι εἰς ἀναπλήρωσιν[40] συντελείας,[41] καὶ ἀναστήσῃ εἰς
τὸν κλῆρόν[42] σου εἰς συντέλειαν ἡμερῶν.

1 ἐνδύω, *perf mid ptc gen s m*, put on, clothe in
2 βαδδιν, fine linen, *translit.*
3 ἐπάνω, on the upper side
4 ποταμός, river
5 ὑψόω, *aor act ind 3s*, lift high, raise up
6 ἀριστερός, left (hand)
7 ὄμνυμι, *aor act ind 3s*, swear an oath
8 ἥμισυς, half
9 συντελέω, *aor pas inf*, finish, complete
10 διασκορπισμός, dispersion
11 ἁγιάζω, *perf pas ptc gen s m*, sanctify, consecrate
12 συνίημι, *aor act ind 1s*, understand, comprehend
13 δεῦρο, go!
14 ἐμφράσσω, *perf pas ptc nom p m*, bar up, stop up
15 σφραγίζω, *perf pas ptc nom p m*, seal
16 πέρας, end
17 ἐκλέγω, *aor pas sub 3p*, choose
18 ἐκλευκαίνω, *aor pas sub 3p*, make white
19 πυρόω, *aor pas sub 3p*, refine by fire
20 ἀνομέω, *aor act sub 3p*, be wicked, act lawlessly
21 ἄνομος, wicked, lawless
22 συνίημι, *fut act ind 3p*, have understanding
23 νοήμων, discerning, thoughtful
24 συνίημι, *fut act ind 3p*, have understanding
25 παράλλαξις, removal
26 ἐνδελεχισμός, continual, regular (offering?)
27 βδέλυγμα, abomination
28 ἐρήμωσις, desolation
29 χίλιοι, thousand
30 διακόσιοι, two hundred
31 ἐνενήκοντα, ninety
32 μακάριος, blessed, happy
33 ὑπομένω, *pres act ptc nom s m*, persist, endure
34 φθάνω, *aor act ptc nom s m*, reach, arrive
35 χίλιοι, thousand
36 τριακόσιοι, three hundred
37 τριάκοντα, thirty
38 δεῦρο, go!
39 ἀναπαύω, *pres mid impv 2s*, rest
40 ἀναπλήρωσις, fulfillment
41 συντέλεια, completion
42 κλῆρος, lot, portion

ΒΗΛ ΚΑΙ ΔΡΑΚΩΝ
Bel and the Dragon

Daniel and the Priests of Bel

1 Ἐκ προφητείας[1] Αμβακουμ υἱοῦ Ἰησοῦ ἐκ τῆς φυλῆς Λευι. **2** Ἄνθρωπός τις ἦν
ἱερεύς, ᾧ ὄνομα Δανιηλ υἱὸς Αβαλ, συμβιωτὴς[2] τοῦ βασιλέως Βαβυλῶνος.
3 καὶ ἦν εἴδωλον,[3] Βηλ, ὃ ἐσέβοντο[4] οἱ Βαβυλώνιοι· ἀνηλίσκετο[5] δὲ αὐτῷ καθ᾽ ἑκά-
στην ἡμέραν σεμιδάλεως[6] ἀρτάβαι[7] δέκα[8] δύο καὶ πρόβατα τέσσαρα καὶ ἐλαίου[9]
μετρηταὶ[10] ἕξ.[11] **4** καὶ ὁ βασιλεὺς ἐσέβετο[12] αὐτόν, καὶ ἐπορεύετο ὁ βασιλεὺς καθ᾽
ἑκάστην ἡμέραν καὶ προσεκύνει αὐτῷ· Δανιηλ δὲ προσηύχετο πρὸς κύριον. **5** καὶ
εἶπεν ὁ βασιλεὺς τῷ Δανιηλ Διὰ τί οὐ προσκυνεῖς τῷ Βηλ; καὶ εἶπε Δανιηλ πρὸς τὸν
βασιλέα Οὐδένα σέβομαι[13] ἐγὼ εἰ μὴ κύριον τὸν θεὸν τὸν κτίσαντα[14] τὸν οὐρανὸν
καὶ τὴν γῆν καὶ ἔχοντα πάσης σαρκὸς κυριείαν.[15]

6 εἶπεν δὲ ὁ βασιλεὺς αὐτῷ Οὗτος οὖν οὐκ ἔστι θεός; οὐχ ὁρᾷς ὅσα εἰς αὐτὸν
δαπανᾶται[16] καθ᾽ ἑκάστην ἡμέραν; **7** καὶ εἶπεν αὐτῷ Δανιηλ Μηδαμῶς·[17] μηδείς[18] σε
παραλογιζέσθω·[19] οὗτος γὰρ ἔσωθεν[20] μὲν πήλινός[21] ἐστιν, ἔξωθεν[22] δὲ χαλκοῦς·[23]
ὀμνύω[24] δέ σοι κύριον τὸν θεὸν τῶν θεῶν, ὅτι οὐθὲν[25] βέβρωκε[26] πώποτε[27] οὗτος.
8 καὶ θυμωθεὶς[28] ὁ βασιλεὺς ἐκάλεσε τοὺς προεστηκότας[29] τοῦ ἱεροῦ καὶ εἶπεν
αὐτοῖς Παραδείξατε[30] τὸν ἐσθίοντα τὰ παρασκευαζόμενα[31] τῷ Βηλ· εἰ δὲ μή γε,

1 προφητεία, prophecy
2 συμβιωτής, companion
3 εἴδωλον, idol
4 σέβομαι, *impf mid ind 3p*, worship, revere
5 ἀναλίσκω, *impf mid ind 3s*, spend wastefully
6 σεμίδαλις, fine flour
7 ἀρτάβη, artaba (Persian measure of quantity)
8 δέκα, ten
9 ἔλαιον, oil
10 μετρητής, liquid measure
11 ἕξ, six
12 σέβομαι, *impf mid ind 3s*, worship, revere
13 σέβομαι, *pres mid ind 1s*, worship, revere
14 κτίζω, *aor act ptc acc s m*, create
15 κυριεία, lordship, dominion, authority
16 δαπανάω, *pres pas ind 3s*, spend, consume
17 μηδαμῶς, certainly not, by no means
18 μηδείς, no one
19 παραλογίζομαι, *pres mid impv 3s*, deceive
20 ἔσωθεν, inside
21 πήλινος, of clay
22 ἔξωθεν, outside
23 χαλκοῦς, bronze
24 ὄμνυμι, *pres act ind 1s*, swear an oath
25 οὐθείς, nothing
26 βιβρώσκω, *perf act ind 3s*, eat
27 πώποτε, never
28 θυμόω, *aor pas ptc nom s m*, be angry
29 προΐστημι, *perf act ptc acc p m*, lead
30 παραδείκνυμι, *aor act impv 2p*, bring forward, exhibit
31 παρασκευάζω, *pres pas ptc acc p n*, prepare

Θ

ΒΗΛ ΚΑΙ ΔΡΑΚΩΝ
Bel and the Dragon

Daniel and the Priests of Bel

1 Καὶ ὁ βασιλεὺς Ἀστυάγης προσετέθη[1] πρὸς τοὺς πατέρας αὐτοῦ, καὶ παρέλαβεν[2]
Κῦρος ὁ Πέρσης τὴν βασιλείαν αὐτοῦ. **2** καὶ ἦν Δανιηλ συμβιωτὴς[3] τοῦ βασιλέως
καὶ ἔνδοξος[4] ὑπὲρ πάντας τοὺς φίλους[5] αὐτοῦ. **3** καὶ ἦν εἴδωλον[6] τοῖς Βαβυλωνίοις,
ᾧ ὄνομα Βηλ, καὶ ἐδαπανῶντο[7] εἰς αὐτὸν ἑκάστης ἡμέρας σεμιδάλεως[8] ἀρτάβαι[9]
δώδεκα[10] καὶ πρόβατα τεσσαράκοντα[11] καὶ οἴνου μετρηταὶ[12] ἕξ. **4** καὶ ὁ βασιλεὺς
ἐσέβετο[13] αὐτὸν καὶ ἐπορεύετο καθ᾽ ἑκάστην ἡμέραν προσκυνεῖν αὐτῷ· Δανιηλ δὲ
προσεκύνει τῷ θεῷ αὐτοῦ. **5** καὶ εἶπεν αὐτῷ ὁ βασιλεύς Διὰ τί οὐ προσκυνεῖς τῷ
Βηλ; ὁ δὲ εἶπεν Ὅτι οὐ σέβομαι[14] εἴδωλα[15] χειροποίητα,[16] ἀλλὰ τὸν ζῶντα θεὸν τὸν
κτίσαντα[17] τὸν οὐρανὸν καὶ τὴν γῆν καὶ ἔχοντα πάσης σαρκὸς κυριείαν.[18]

6 καὶ εἶπεν αὐτῷ ὁ βασιλεύς Οὐ δοκεῖ[19] σοι Βηλ εἶναι ζῶν θεός; ἢ οὐχ ὁρᾷς ὅσα
ἐσθίει καὶ πίνει καθ᾽ ἑκάστην ἡμέραν; **7** καὶ εἶπεν Δανιηλ γελάσας[20] Μὴ πλανῶ,
βασιλεῦ· οὗτος γὰρ ἔσωθεν[21] μέν ἐστι πηλὸς[22] ἔξωθεν[23] δὲ χαλκὸς[24] καὶ οὐ βέβρω-
κεν[25] οὐδὲ πέπωκεν πώποτε.[26] **8** καὶ θυμωθεὶς[27] ὁ βασιλεὺς ἐκάλεσεν τοὺς ἱερεῖς
αὐτοῦ καὶ εἶπεν αὐτοῖς Ἐὰν μὴ εἴπητέ μοι τίς ὁ κατέσθων[28] τὴν δαπάνην[29] ταύτην,
ἀποθανεῖσθε· ἐὰν δὲ δείξητε ὅτι Βηλ κατεσθίει[30] αὐτά, ἀποθανεῖται Δανιηλ, ὅτι
ἐβλασφήμησεν[31] εἰς τὸν Βηλ. **9** καὶ εἶπεν Δανιηλ τῷ βασιλεῖ Γινέσθω κατὰ τὸ ῥῆμά
σου. καὶ ἦσαν ἱερεῖς τοῦ Βηλ ἑβδομήκοντα[32] ἐκτὸς[33] γυναικῶν καὶ τέκνων.

1 προστίθημι, *aor pas ind 3s*, add to, join
2 παραλαμβάνω, *aor act ind 3s*, receive, succeed to
3 συμβιωτής, companion
4 ἔνδοξος, notable, reputable
5 φίλος, friend, associate
6 εἴδωλον, idol
7 δαπανάω, *impf pas ind 3p*, spend, consume
8 σεμίδαλις, fine flour
9 ἀρτάβη, artaba (Persian measure of quantity)
10 δώδεκα, twelve
11 τεσσαράκοντα, forty
12 μετρητής, liquid measure
13 σέβομαι, *impf mid ind 3s*, worship, revere
14 σέβομαι, *pres mid ind 1s*, worship, revere
15 εἴδωλον, idol
16 χειροποίητος, made by hands
17 κτίζω, *aor act ptc acc s m*, create
18 κυριεία, lordship, dominion, authority
19 δοκέω, *pres act ind 3s*, appear, seem
20 γελάω, *aor act ptc nom s m*, laugh
21 ἔσωθεν, inside
22 πηλός, clay, earthen
23 ἔξωθεν, outside
24 χαλκός, bronze
25 βιβρώσκω, *perf act ind 3s*, eat
26 πώποτε, never
27 θυμόω, *aor pas ptc nom s m*, be angry
28 κατέσθω, *pres act ptc nom s m*, eat
29 δαπάνη, provision
30 κατεσθίω, *pres act ind 3s*, eat
31 βλασφημέω, *aor act ind 3s*, blaspheme
32 ἑβδομήκοντα, seventy
33 ἐκτός, besides, except

ἀποθανεῖσθε ἢ Δανιηλ ὁ φάσκων[1] μὴ ἐσθίεσθαι αὐτὰ ὑπ᾽ αὐτοῦ. οἱ δὲ εἶπαν Αὐτὸς
ὁ Βηλ ἐστὶν ὁ κατεσθίων[2] αὐτά. **9** εἶπε δὲ Δανιηλ πρὸς τὸν βασιλέα Γινέσθω οὕτως·
ἐὰν μὴ παραδείξω[3] ὅτι οὐκ ἔστιν ὁ Βηλ ὁ κατεσθίων[4] ταῦτα, ἀποθανοῦμαι καὶ πάντες
οἱ παρ᾽ ἐμοῦ. ἦσαν δὲ τῷ Βηλ ἱερεῖς ἑβδομήκοντα[5] χωρὶς[6] γυναικῶν καὶ τέκνων.

10 ἤγαγον δέ τὸν βασιλέα εἰς τὸ εἰδώλιον.[7] **11** καὶ παρετέθη[8] τὰ βρώματα[9] ἐνώπιον
τοῦ βασιλέως καὶ τοῦ Δανιηλ, καὶ οἶνος κερασθεὶς[10] εἰσηνέχθη[11] καὶ παρετέθη[12]
τῷ Βηλ. καὶ εἶπεν Δανιηλ Σὺ αὐτὸς ὁρᾷς ὅτι κεῖται[13] ταῦτα, βασιλεῦ· σὺ οὖν ἐπι-
σφράγισαι[14] τὰς κλεῖδας[15] τοῦ ναοῦ, ἐπὰν[16] κλεισθῇ.[17] **13** ἤρεσε[18] δὲ ὁ λόγος τῷ
βασιλεῖ. **14** ὁ δὲ Δανιηλ ἐκέλευσε[19] τοὺς παρ᾽ αὐτοῦ ἐκβαλόντας πάντας ἐκ τοῦ
ναοῦ κατασῆσαι[20] ὅλον τὸν ναὸν σποδῷ[21] οὐθενὸς[22] τῶν ἐκτὸς[23] αὐτοῦ εἰδότος.
καὶ τότε τὸν ναὸν ἐκέλευσε[24] σφραγίσαι[25] τῷ τοῦ βασιλέως δακτυλίῳ[26] καὶ τοῖς
δακτυλίοις τινῶν ἐνδόξων[27] ἱερέων· καὶ ἐγένετο οὕτως. **15** καὶ ἐγένετο τῇ ἐπαύριον[28]
παρεγένοντο ἐπὶ τὸν τόπον· οἱ δὲ ἱερεῖς τοῦ Βηλ διὰ ψευδοθυρίδων[29] εἰσελθόντες
κατεφάγοσαν[30] πάντα τὰ παρακείμενα[31] τῷ Βηλ καὶ ἐξέπιον[32] τὸν οἶνον. καὶ εἶπεν
Δανιηλ Ἐπίδετε[33] τὰς σφραγῖδας[34] ὑμῶν εἰ μένουσιν,[35] ἄνδρες ἱερεῖς· καὶ σὺ δέ,
βασιλεῦ, σκέψαι[36] μή τί σοι ἀσύμφωνον[37] γεγένηται. καὶ εὗρον, ὡς ἦν ἡ σφραγίς,[38]
καὶ ἀπέβαλον[39] τὴν σφραγῖδα.

1 φάσκω, *pres act ptc nom s m*, assert
2 κατεσθίω, *pres act ptc nom s m*, eat
3 παραδείκνυμι, *aor act sub 1s*, demonstrate
4 κατεσθίω, *pres act ptc nom s m*, eat
5 ἑβδομήκοντα, seventy
6 χωρίς, apart from, other than
7 εἰδώλιον, temple of idols
8 παρατίθημι, *aor pas ind 3s*, set before
9 βρῶμα, food
10 κεράννυμι, *aor pas ptc nom s m*, mix, prepare
11 εἰσφέρω, *aor pas ind 3s*, bring in
12 παρατίθημι, *aor pas ind 3s*, place before
13 κεῖμαι, *pres pas ind 3s*, place, set
14 ἐπισφραγίζω, *aor mid impv 2s*, seal
15 κλείς, bar, bolt
16 ἐπάν, when
17 κλείω, *aor pas sub 3s*, shut, close
18 ἀρέσκω, *aor act ind 3s*, be pleasing
19 κελεύω, *aor act ind 3s*, instruct, command
20 κατασείω, *aor act inf*, shake down, spread around
21 σποδός, ashes
22 οὐθείς, no one
23 ἐκτός, besides, except
24 κελεύω, *aor act ind 3s*, instruct, command
25 σφραγίζω, *aor act inf*, seal
26 δακτύλιος, signet ring
27 ἔνδοξος, notable, reputable
28 ἐπαύριον, (on) the next day
29 ψευδοθυρίς, secret door
30 κατεσθίω, *aor act ind 3p*, eat, devour
31 παράκειμαι, *pres pas ptc acc p n*, prepare, place before
32 ἐκπίνω, *aor act ind 3p*, drink
33 ἐφοράω, *aor act impv 2p*, observe, examine
34 σφραγίς, seal
35 μένω, *pres act ind 3p*, remain
36 σκέπτομαι, *aor mid impv 2s*, watch intently
37 ἀσύμφωνος, at variance, out of the ordinary
38 σφραγίς, seal
39 ἀποβάλλω, *aor act ind 3p*, remove, (break)

Θ

10 καὶ ἦλθεν ὁ βασιλεὺς μετὰ Δανιηλ εἰς τὸν οἶκον τοῦ Βηλ. **11** καὶ εἶπαν οἱ ἱερεῖς
τοῦ Βηλ Ἰδοὺ ἡμεῖς ἀποτρέχομεν[1] ἔξω,[2] σὺ δέ, βασιλεῦ, παράθες[3] τὰ βρώματα[4] καὶ
τὸν οἶνον κεράσας[5] θὲς καὶ ἀπόκλεισον[6] τὴν θύραν καὶ σφράγισον[7] τῷ δακτυλίῳ[8]
σου· καὶ ἐλθὼν πρωὶ[9] ἐὰν μὴ εὕρῃς πάντα βεβρωμένα[10] ὑπὸ τοῦ Βηλ, ἀποθανούμεθα
ἢ Δανιηλ ὁ ψευδόμενος[11] καθ' ἡμῶν. **12** αὐτοὶ δὲ κατεφρόνουν,[12] ὅτι πεποιήκεισαν[13]
ὑπὸ τὴν τράπεζαν[14] κεκρυμμένην[15] εἴσοδον[16] καὶ δι' αὐτῆς εἰσεπορεύοντο[17] διό-
λου[18] καὶ ἀνήλουν[19] αὐτά. **13** καὶ ἐγένετο ὡς ἐξήλθοσαν ἐκεῖνοι, καὶ ὁ βασιλεὺς
παρέθηκεν[20] τὰ βρώματα[21] τῷ Βηλ. **14** καὶ ἐπέταξεν[22] Δανιηλ τοῖς παιδαρίοις[23] αὐτοῦ
καὶ ἤνεγκαν[24] τέφραν[25] καὶ κατέσησαν[26] ὅλον τὸν ναὸν ἐνώπιον τοῦ βασιλέως
μόνου· καὶ ἐξελθόντες ἔκλεισαν[27] τὴν θύραν καὶ ἐσφραγίσαντο[28] ἐν τῷ δακτυλίῳ[29]
τοῦ βασιλέως, καὶ ἀπῆλθον. **15** οἱ δὲ ἱερεῖς ἦλθον τὴν νύκτα κατὰ τὸ ἔθος[30] αὐτῶν
καὶ αἱ γυναῖκες καὶ τὰ τέκνα αὐτῶν καὶ κατέφαγον[31] πάντα καὶ ἐξέπιον.[32] **16** καὶ
ὤρθρισεν[33] ὁ βασιλεὺς τὸ πρωὶ[34] καὶ Δανιηλ μετ' αὐτοῦ. **17** καὶ εἶπεν ὁ βασιλεύς
Σῷοι[35] αἱ σφραγῖδες,[36] Δανιηλ; ὁ δὲ εἶπεν Σῷοι, βασιλεῦ.

1 ἀποτρέχω, *pres act ind 1p*, go, depart
2 ἔξω, outside
3 παρατίθημι, *aor act impv 2s*, place before
4 βρῶμα, food
5 κεράννυμι, *aor act ptc nom s m*, mix, prepare
6 ἀποκλείω, *aor act impv 2s*, shut, close up
7 σφραγίζω, *aor act impv 2s*, seal
8 δακτύλιος, signet ring
9 πρωί, (in the) morning
10 βιβρώσκω, *perf pas ptc acc p n*, eat
11 ψεύδομαι, *pres mid ptc nom s m*, speak falsely
12 καταφρονέω, *impf act ind 3p*, despise, think contemptuously
13 ποιέω, *plpf act ind 3p*, make
14 τράπεζα, table
15 κρύπτω, *perf pas ptc acc s f*, hide, conceal
16 εἴσοδος, entrance
17 εἰσπορεύομαι, *impf mid ind 3p*, enter
18 διόλου, regularly, frequently
19 ἀναλίσκω, *impf act ind 3p*, consume
20 παρατίθημι, *aor act ind 3s*, place before
21 βρῶμα, food
22 ἐπιτάσσω, *aor act ind 3s*, instruct, order
23 παιδάριον, servant
24 φέρω, *aor act ind 3p*, bring
25 τέφρα, ashes
26 κατασείω, *aor act ind 3p*, shake down, spread around
27 κλείω, *aor act ind 3p*, shut, close up
28 σφραγίζω, *aor mid ind 3p*, seal
29 δακτύλιος, signet ring
30 ἔθος, (according to) custom
31 κατεσθίω, *aor act ind 3p*, eat, devour
32 ἐκπίνω, *aor act ind 3p*, drink
33 ὀρθρίζω, *aor act ind 3s*, rise early
34 πρωί, (in the) morning
35 σῷος, undamaged, intact
36 σφραγίς, seal

18 καὶ ἀνοίξαντες τὰς θύρας εἴδοσαν δεδαπανημένα[1] πάντα τὰ παρατεθέντα[2] καὶ
τὰς τραπέζας[3] κενάς·[4] καὶ ἐχάρη[5] ὁ βασιλεὺς καὶ εἶπεν πρὸς τὸν Δανιηλ Μέγας ἐστὶν
ὁ Βηλ, καὶ οὐκ ἔστι παρ' αὐτῷ δόλος.[6] **19** καὶ ἐγέλασε[7] Δανιηλ σφόδρα[8] καὶ εἶπεν
τῷ βασιλεῖ Δεῦρο[9] ἰδὲ τὸν δόλον[10] τῶν ἱερέων. καὶ εἶπεν Δανιηλ Βασιλεῦ, ταῦτα
τὰ ἴχνη[11] τίνος ἐστί; **20** καὶ εἶπεν ὁ βασιλεύς Ἀνδρῶν καὶ γυναικῶν καὶ παιδίων.
21 καὶ ἐπῆλθεν[12] ἐπὶ τὸν οἶκον, ἐν ᾧ ἦσαν οἱ ἱερεῖς καταγινόμενοι,[13] καὶ εὗρε τὰ
βρώματα[14] τοῦ Βηλ καὶ τὸν οἶνον· καὶ ἐπέδειξε[15] Δανιηλ τῷ βασιλεῖ τὰ ψευδοθύρια,[16]
δι' ὧν εἰσπορευόμενοι[17] οἱ ἱερεῖς ἐδαπάνων[18] τὰ παρατιθέμενα[19] τῷ Βηλ. **22** καὶ
ἐξήγαγεν[20] αὐτοὺς ὁ βασιλεὺς ἐκ τοῦ Βηλίου καὶ παρέδωκεν αὐτοὺς τῷ Δανιηλ· καὶ
τὴν δαπάνην[21] τὴν εἰς αὐτὸν ἔδωκε τῷ Δανιηλ, τὸν δὲ Βηλ κατέστρεψε.[22]

Daniel Slays the Dragon

23 Καὶ ἦν δράκων[23] ἐν τῷ αὐτῷ τόπῳ, καὶ ἐσέβοντο[24] αὐτὸν οἱ Βαβυλώνιοι. **24** καὶ
εἶπεν ὁ βασιλεὺς τῷ Δανιηλ Μὴ καὶ τοῦτον ἐρεῖς ὅτι χαλκοῦς[25] ἐστιν; ἰδοὺ ζῇ καὶ
ἐσθίει καὶ πίνει· προσκύνησον αὐτῷ. **25** καὶ εἶπεν Δανιηλ Βασιλεῦ, δός μοι τὴν
ἐξουσίαν,[26] καὶ ἀνελῶ[27] τὸν δράκοντα[28] ἄνευ[29] σιδήρου[30] καὶ ῥάβδου.[31] **26** καὶ συν-
εχώρησεν[32] αὐτῷ ὁ βασιλεὺς καὶ εἶπεν αὐτῷ Δέδοταί σοι. **27** καὶ λαβὼν ὁ Δανιηλ
πίσσης[33] μνᾶς[34] τριάκοντα[35] καὶ στέαρ[36] καὶ τρίχας[37] ἥψησεν[38] ἐπὶ τὸ αὐτὸ καὶ ἐποίησε
μάζαν[39] καὶ ἐνέβαλεν[40] εἰς τὸ στόμα τοῦ δράκοντος,[41] καὶ φαγὼν διερράγη.[42] καὶ
ἔδειξεν αὐτὸν τῷ βασιλεῖ λέγων Οὐ ταῦτα σέβεσθε,[43] βασιλεῦ;

1 δαπανάω, *perf pas ptc acc p n*, consume, eat
2 παρατίθημι, *aor pas ptc acc p n*, set before
3 τράπεζα, table
4 κενός, empty, bare
5 χαίρω, *aor pas ind 3s*, be glad, rejoice
6 δόλος, deceit
7 γελάω, *aor act ind 3s*, laugh
8 σφόδρα, exceedingly
9 δεῦρο, come!
10 δόλος, deceit
11 ἴχνος, footprint
12 ἐπέρχομαι, *aor act ind 3s*, come upon
13 καταγίνομαι, *pres mid ptc nom p m*, abide, dwell
14 βρῶμα, food
15 ἐπιδείκνυμι, *aor act ind 3s*, show
16 ψευδοθύριον, secret door
17 εἰσπορεύομαι, *pres mid ptc nom p m*, enter
18 δαπανάω, *impf act ind 3p*, consume, eat
19 παρατίθημι, *pres pas ptc acc p n*, set before
20 ἐξάγω, *aor act ind 3s*, bring out
21 δαπάνη, expenditure, provision
22 καταστρέφω, *aor act ind 3s*, overturn, destroy
23 δράκων, dragon
24 σέβομαι, *impf mid ind 3p*, worship, revere
25 χαλκοῦς, bronze
26 ἐξουσία, authority
27 ἀναιρέω, *fut act ind 1s*, kill
28 δράκων, dragon
29 ἄνευ, without
30 σίδηρος, iron (weapon)
31 ῥάβδος, rod, staff
32 συγχωρέω, *aor act ind 3s*, agree with
33 πίσσα, pitch, resin
34 μνᾶ, mina (unit of cost)
35 τριάκοντα, thirty
36 στέαρ, fat
37 θρίξ, hair
38 ἕψω, *aor act ind 3s*, boil
39 μάζα, cake
40 ἐμβάλλω, *aor act ind 3s*, throw into
41 δράκων, dragon
42 διαρρήγνυμι, *aor pas ind 3s*, burst, rend apart
43 σέβομαι, *pres mid ind 2p*, worship, revere

Θ **18** καὶ ἐγένετο ἅμα[1] τῷ ἀνοῖξαι τὰς θύρας ἐπιβλέψας[2] ὁ βασιλεὺς ἐπὶ τὴν τράπεζαν[3]
ἐβόησεν[4] φωνῇ μεγάλῃ Μέγας εἶ, Βηλ, καὶ οὐκ ἔστιν παρὰ σοὶ δόλος[5] οὐδὲ εἷς.
19 καὶ ἐγέλασεν[6] Δανιηλ καὶ ἐκράτησεν τὸν βασιλέα τοῦ μὴ εἰσελθεῖν αὐτὸν ἔσω[7]
καὶ εἶπεν Ἰδὲ δὴ[8] τὸ ἔδαφος[9] καὶ γνῶθι τίνος τὰ ἴχνη[10] ταῦτα. **20** καὶ εἶπεν ὁ βασιλεύς
Ὁρῶ τὰ ἴχνη[11] ἀνδρῶν καὶ γυναικῶν καὶ παιδίων. **21** καὶ ὀργισθεὶς[12] ὁ βασιλεὺς τότε
συνέλαβεν[13] τοὺς ἱερεῖς καὶ τὰς γυναῖκας καὶ τὰ τέκνα αὐτῶν, καὶ ἔδειξαν αὐτῷ
τὰς κρυπτὰς[14] θύρας, δι' ὧν εἰσεπορεύοντο[15] καὶ ἐδαπάνων[16] τὰ ἐπὶ τῇ τραπέζῃ.[17]
22 καὶ ἀπέκτεινεν αὐτοὺς ὁ βασιλεὺς καὶ ἔδωκεν τὸν Βηλ ἔκδοτον[18] τῷ Δανιηλ, καὶ
κατέστρεψεν[19] αὐτὸν καὶ τὸ ἱερὸν αὐτοῦ.

Daniel Slays the Dragon

23 Καὶ ἦν δράκων[20] μέγας, καὶ ἐσέβοντο[21] αὐτὸν οἱ Βαβυλώνιοι. **24** καὶ εἶπεν ὁ βασι-
λεὺς τῷ Δανιηλ Οὐ δύνασαι εἰπεῖν ὅτι οὐκ ἔστιν οὗτος θεὸς ζῶν· καὶ προσκύνησον
αὐτῷ. **25** καὶ εἶπεν Δανιηλ Κυρίῳ τῷ θεῷ μου προσκυνήσω, ὅτι οὗτός ἐστιν θεὸς ζῶν·
σὺ δέ, βασιλεῦ, δός μοι ἐξουσίαν,[22] καὶ ἀποκτενῶ τὸν δράκοντα[23] ἄνευ[24] μαχαίρας[25]
καὶ ῥάβδου.[26] **26** καὶ εἶπεν ὁ βασιλεύς Δίδωμί σοι. **27** καὶ ἔλαβεν Δανιηλ πίσσαν[27]
καὶ στῆρ[28] καὶ τρίχας[29] καὶ ἥψησεν[30] ἐπὶ τὸ αὐτὸ καὶ ἐποίησεν μάζας[31] καὶ ἔδωκεν
εἰς τὸ στόμα τοῦ δράκοντος,[32] καὶ φαγὼν διερράγη[33] ὁ δράκων. καὶ εἶπεν Ἴδετε τὰ
σεβάσματα[34] ὑμῶν.

1 ἅμα, at the time when
2 ἐπιβλέπω, *aor act ptc nom s m*, look upon
3 τράπεζα, table
4 βοάω, *aor act ind 3s*, cry out
5 δόλος, deceit
6 γελάω, *aor act ind 3s*, laugh
7 ἔσω, inside
8 δή, now
9 ἔδαφος, floor, ground
10 ἴχνος, footstep
11 ἴχνος, footstep
12 ὀργίζω, *aor pas ptc nom s m*, become angry
13 συλλαμβάνω, *aor act ind 3s*, lay hold of
14 κρυπτός, hidden
15 εἰσπορεύομαι, *impf mid ind 3p*, enter
16 δαπανάω, *impf act ind 3p*, consume, eat
17 τράπεζα, table
18 ἔκδοτος, given over
19 καταστρέφω, *aor act ind 3s*, overturn, destroy
20 δράκων, dragon
21 σέβομαι, *impf mid ind 3p*, worship, revere
22 ἐξουσία, authority
23 δράκων, dragon
24 ἄνευ, without
25 μάχαιρα, sword
26 ῥάβδος, rod, staff
27 πίσσα, pitch, resin
28 στῆρ, fat
29 θρίξ, hair
30 ἕψω, *aor act ind 3s*, boil
31 μάζα, cake
32 δράκων, dragon
33 διαρρήγνυμι, *aor pas ind 3s*, burst, rend apart
34 σέβασμα, object of worship

OG

28 καὶ συνήχθησαν οἱ ἀπὸ τῆς χώρας[1] πάντες ἐπὶ τὸν Δανιηλ καὶ εἶπαν Ιουδαῖος
γέγονεν ὁ βασιλεύς· τὸν Βηλ κατέστρεψε[2] καὶ τὸν δράκοντα[3] ἀπέκτεινε. **30** καὶ ἰδὼν
ὁ βασιλεὺς ὅτι ἐπισυνήχθη[4] ὁ ὄχλος[5] τῆς χώρας[6] ἐπ᾽ αὐτόν, ἐκάλεσε τοὺς συμβιωτὰς[7]
αὐτοῦ καὶ εἶπεν Δίδωμι τὸν Δανιηλ εἰς ἀπώλειαν.[8]

Daniel and the Pit of Lions

31 ἦν δὲ λάκκος[9] ἐν ᾧ ἐτρέφοντο[10] λέοντες[11] ἑπτά, οἷς παρεδίδοντο οἱ ἐπίβουλοι[12]
τοῦ βασιλέως, καὶ ἐχορηγεῖτο[13] αὐτοῖς καθ᾽ ἑκάστην ἡμέραν τῶν ἐπιθανατίων[14] σώ-
ματα δύο. καὶ ἐνεβάλοσαν[15] τὸν Δανιηλ οἱ ὄχλοι[16] εἰς ἐκεῖνον τὸν λάκκον,[17] ἵνα
καταβρωθῇ[18] καὶ μηδὲ ταφῆς[19] τύχῃ.[20] καὶ ἦν ἐν τῷ λάκκῳ Δανιηλ ἡμέρας ἕξ.[21]

33 καὶ ἐγένετο τῇ ἡμέρᾳ τῇ ἕκτῃ[22] καὶ ἦν Αμβακουμ ἔχων ἄρτους ἐντεθρυμμένους[23]
ἐν σκάφῃ[24] ἐν ἑψήματι[25] καὶ στάμνον[26] οἴνου κεκερασμένου[27] καὶ ἐπορεύετο εἰς τὸ
πεδίον[28] πρὸς τοὺς θεριστάς.[29] **34** καὶ ἐλάλησεν ἄγγελος κυρίου πρὸς Αμβακουμ
λέγων Τάδε[30] λέγει σοι κύριος ὁ θεός Τὸ ἄριστον,[31] ὃ ἔχεις, ἀπένεγκε[32] Δανιηλ
εἰς τὸν λάκκον[33] τῶν λεόντων[34] ἐν Βαβυλῶνι. **35** καὶ εἶπεν Αμβακουμ Κύριε ὁ
θεός, οὐχ ἑώρακα τὴν Βαβυλῶνα καὶ τὸν λάκκον[35] οὐ γινώσκω ποῦ ἐστι. **36** καὶ
ἐπιλαβόμενος[36] αὐτοῦ ὁ ἄγγελος κυρίου τοῦ Αμβακουμ τῆς κόμης[37] αὐτοῦ τῆς
κεφαλῆς ἔθηκεν αὐτὸν ἐπάνω[38] τοῦ λάκκου[39] τοῦ ἐν Βαβυλῶνι.

1 χώρα, countryside
2 καταστρέφω, *aor act ind 3s*, overturn, destroy
3 δράκων, dragon
4 ἐπισυνάγω, *aor pas ind 3s*, gather together
5 ὄχλος, crowd
6 χώρα, countryside
7 συμβιωτής, companion
8 ἀπώλεια, destruction, ruin
9 λάκκος, pit, den
10 τρέφω, *impf pas ind 3p*, feed
11 λέων, lion
12 ἐπίβουλος, treacherous (person)
13 χορηγέω, *impf pas ind 3s*, supply, provide
14 ἐπιθανάτιος, condemned to death
15 ἐμβάλλω, *aor act ind 3p*, throw into
16 ὄχλος, crowd
17 λάκκος, pit, den
18 καταβιβρώσκω, *aor pas sub 3s*, devour
19 ταφή, burial
20 τυγχάνω, *aor act sub 3s*, have good fortune
21 ἕξ, six
22 ἕκτος, sixth
23 ἐνθρύπτω, *perf pas ptc acc p m*, crumble
24 σκάφη, bowl
25 ἕψεμα, boiled stew
26 στάμνος, jar
27 κεράννυμι, *perf pas ptc gen s m*, mix, prepare
28 πεδίον, plain, field
29 θεριστής, harvester, reaper
30 ὅδε, this
31 ἄριστον, (midday) meal
32 ἀποφέρω, *aor act impv 2s*, take to
33 λάκκος, pit, den
34 λέων, lion
35 λάκκος, pit, den
36 ἐπιλαμβάνω, *aor mid ptc nom s m*, take hold of
37 κόμη, hair (of the head)
38 ἐπάνω, above
39 λάκκος, pit, den

Θ **28** καὶ ἐγένετο ὡς ἤκουσαν οἱ Βαβυλώνιοι, ἠγανάκτησαν[1] λίαν[2] καὶ συνεστράφησαν[3]
ἐπὶ τὸν βασιλέα καὶ εἶπαν Ιουδαῖος γέγονεν ὁ βασιλεύς· τὸν Βηλ κατέσπασεν[4] καὶ
τὸν δράκοντα[5] ἀπέκτεινεν καὶ τοὺς ἱερεῖς κατέσφαξεν.[6] **29** καὶ εἶπαν ἐλθόντες πρὸς
τὸν βασιλέα Παράδος ἡμῖν τὸν Δανιηλ· εἰ δὲ μή, ἀποκτενοῦμέν σε καὶ τὸν οἶκόν
σου. **30** καὶ εἶδεν ὁ βασιλεὺς ὅτι ἐπείγουσιν[7] αὐτὸν σφόδρα,[8] καὶ ἀναγκασθεὶς[9]
παρέδωκεν αὐτοῖς τὸν Δανιηλ.

Daniel and the Pit of Lions

31 οἱ δὲ ἐνέβαλον[10] αὐτὸν εἰς τὸν λάκκον[11] τῶν λεόντων,[12] καὶ ἦν ἐκεῖ ἡμέρας
ἕξ.[13] **32** ἦσαν δὲ ἐν τῷ λάκκῳ[14] ἑπτὰ λέοντες,[15] καὶ ἐδίδετο αὐτοῖς τὴν ἡμέραν
δύο σώματα καὶ δύο πρόβατα· τότε δὲ οὐκ ἐδόθη αὐτοῖς, ἵνα καταφάγωσιν[16] τὸν
Δανιηλ.

33 καὶ ἦν Αμβακουμ ὁ προφήτης ἐν τῇ Ιουδαίᾳ, καὶ αὐτὸς ἥψησεν[17] ἕψεμα[18] καὶ
ἐνέθρυψεν[19] ἄρτους εἰς σκάφην[20] καὶ ἐπορεύετο εἰς τὸ πεδίον[21] ἀπενέγκαι[22] τοῖς
θερισταῖς.[23] **34** καὶ εἶπεν ἄγγελος κυρίου τῷ Αμβακουμ Ἀπένεγκε[24] τὸ ἄριστον,[25]
ὃ ἔχεις, εἰς Βαβυλῶνα τῷ Δανιηλ εἰς τὸν λάκκον[26] τῶν λεόντων.[27] **35** καὶ εἶπεν
Αμβακουμ Κύριε, Βαβυλῶνα οὐχ ἑώρακα καὶ τὸν λάκκον[28] οὐ γινώσκω. **36** καὶ
ἐπελάβετο[29] ὁ ἄγγελος κυρίου τῆς κορυφῆς[30] αὐτοῦ καὶ βαστάσας[31] τῆς κόμης[32]
τῆς κεφαλῆς αὐτοῦ ἔθηκεν αὐτὸν εἰς Βαβυλῶνα ἐπάνω[33] τοῦ λάκκου[34] ἐν τῷ ῥοίζῳ[35]
τοῦ πνεύματος αὐτοῦ.

1 ἀγανακτέω, *aor act ind 3p*, show indignation
2 λίαν, greatly
3 συστρέφω, *aor pas ind 3p*, conspire against
4 κατασπάω, *aor act ind 3s*, destroy
5 δράκων, dragon
6 κατασφάζω, *aor act ind 3s*, slaughter
7 ἐπείγω, *pres act ind 3p*, urge, press upon
8 σφόδρα, exceedingly
9 ἀναγκάζω, *aor pas ptc nom s m*, compel
10 ἐμβάλλω, *aor act ind 3p*, throw into
11 λάκκος, pit, den
12 λέων, lion
13 ἕξ, six
14 λάκκος, pit, den
15 λέων, lion
16 κατεσθίω, *aor act sub 3p*, devour
17 ἕψω, *aor act ind 3s*, boil
18 ἕψεμα, boiled stew
19 ἐνθρύπτω, *aor act ind 3s*, crumble
20 σκάφη, bowl
21 πεδίον, plain, field
22 ἀποφέρω, *aor act inf*, take to
23 θεριστής, harvester, reaper
24 ἀποφέρω, *aor act impv 2s*, take to
25 ἄριστον, (midday) meal
26 λάκκος, pit, den
27 λέων, lion
28 λάκκος, pit, den
29 ἐπιλαμβάνω, *aor mid ind 3s*, take hold of
30 κορυφή, crown (of the head)
31 βαστάζω, *aor act ptc nom s m*, carry
32 κόμη, hair (of the head)
33 ἐπάνω, above
34 λάκκος, pit, den
35 ῥοῖζος, rushing

OG

37 καὶ εἶπεν Αμβακουμ πρὸς Δανιηλ Ἀναστὰς φάγε τὸ ἄριστον,[1] ὃ ἀπέστειλέ σοι κύριος ὁ θεός. **38** καὶ εἶπε Δανιηλ Ἐμνήσθη[2] γάρ μου κύριος ὁ θεὸς ὁ μὴ ἐγκαταλείπων[3] τοὺς ἀγαπῶντας αὐτόν. **39** καὶ ἔφαγε Δανιηλ· ὁ δὲ ἄγγελος κυρίου κατέστησε[4] τὸν Αμβακουμ ὅθεν[5] αὐτὸν ἔλαβε τῇ αὐτῇ ἡμέρᾳ. ὁ δὲ κύριος ὁ θεὸς ἐμνήσθη[6] τοῦ Δανιηλ. **40** ἐξῆλθε δὲ ὁ βασιλεὺς μετὰ ταῦτα πενθῶν[7] τὸν Δανιηλ καὶ ἐγκύψας[8] εἰς τὸν λάκκον[9] ὁρᾷ αὐτὸν καθήμενον. **41** καὶ ἀναβοήσας[10] εἶπεν ὁ βασιλεύς Μέγας ἐστὶ κύριος ὁ θεός, καὶ οὐκ ἔστι πλὴν αὐτοῦ ἄλλος. **42** καὶ ἐξήγαγεν[11] ὁ βασιλεὺς τὸν Δανιηλ ἐκ τοῦ λάκκου·[12] καὶ τοὺς αἰτίους[13] τῆς ἀπωλείας[14] αὐτοῦ ἐνέβαλεν[15] εἰς τὸν λάκκον ἐνώπιον τοῦ Δανιηλ, καὶ κατεβρώθησαν.[16]

1 ἄριστον, (midday) meal
2 μιμνῄσκομαι, *aor pas ind 3s*, remember
3 ἐγκαταλείπω, *pres act ptc nom s m*, desert, forsake
4 καθίστημι, *aor act ind 3s*, put, place
5 ὅθεν, from which, where
6 μιμνῄσκομαι, *aor pas ind 3s*, remember
7 πενθέω, *pres act ptc nom s m*, mourn
8 ἐγκύπτω, *aor act ptc nom s m*, stoop down
9 λάκκος, pit, den
10 ἀναβοάω, *aor act ptc nom s m*, shout aloud
11 ἐξάγω, *aor act ind 3s*, bring out
12 λάκκος, pit, den
13 αἴτιος, responsible for, guilty of
14 ἀπώλεια, destruction, ruin
15 ἐμβάλλω, *aor act ind 3s*, throw into
16 καταβιβρώσκω, *aor pas ind 3p*, devour

Θ **37** καὶ ἐβόησεν[1] Αμβακουμ λέγων Δανιηλ Δανιηλ, λαβὲ τὸ ἄριστον,[2] ὃ ἀπέστειλέν
σοι ὁ θεός. **38** καὶ εἶπεν Δανιηλ Ἐμνήσθης[3] γάρ μου, ὁ θεός, καὶ οὐκ ἐγκατέλιπες[4]
τοὺς ἀγαπῶντάς σε. **39** καὶ ἀναστὰς Δανιηλ ἔφαγεν· ὁ δὲ ἄγγελος τοῦ θεοῦ ἀπεκα-
τέστησεν[5] τὸν Αμβακουμ παραχρῆμα[6] εἰς τὸν τόπον αὐτοῦ. **40** ὁ δὲ βασιλεὺς
ἦλθεν τῇ ἡμέρᾳ τῇ ἑβδόμῃ[7] πενθῆσαι[8] τὸν Δανιηλ· καὶ ἦλθεν ἐπὶ τὸν λάκκον[9] καὶ
ἐνέβλεψεν,[10] καὶ ἰδοὺ Δανιηλ καθήμενος. **41** καὶ ἀναβοήσας[11] φωνῇ μεγάλῃ εἶπεν
Μέγας εἶ, κύριε ὁ θεὸς τοῦ Δανιηλ, καὶ οὐκ ἔστιν πλὴν σοῦ ἄλλος. **42** καὶ ἀν-
έσπασεν[12] αὐτόν, τοὺς δὲ αἰτίους[13] τῆς ἀπωλείας[14] αὐτοῦ ἐνέβαλεν[15] εἰς τὸν λάκκον,[16]
καὶ κατεβρώθησαν[17] παραχρῆμα[18] ἐνώπιον αὐτοῦ.

1 βοάω, *aor act ind 3s*, cry out
2 ἄριστον, (midday) meal
3 μιμνῄσκομαι, *aor pas ind 2s*, remember
4 ἐγκαταλείπω, *aor act ind 2s*, desert, forsake
5 ἀποκαθίστημι, *aor act ind 3s*, return to, bring back
6 παραχρῆμα, immediately
7 ἕβδομος, seventh
8 πενθέω, *aor act inf*, mourn for
9 λάκκος, pit, den
10 ἐμβλέπω, *aor act ind 3s*, look into
11 ἀναβοάω, *aor act ptc nom s m*, shout aloud
12 ἀνασπάω, *aor act ind 3s*, pull up
13 αἴτιος, responsible for, guilty of
14 ἀπώλεια, destruction, ruin
15 ἐμβάλλω, *aor act ind 3s*, throw into
16 λάκκος, pit, den
17 καταβιβρώσκω, *aor pas ind 3p*, devour
18 παραχρῆμα, immediately

GLOSSARY

This glossary includes all the words in *Septuaginta* that are not provided in the running apparatus on each page. The approximately 330 words included here are those that occur both over 100 times in the Septuagint *and* over 30 times in the Greek New Testament (in general, though there are a few exceptions). Only the most common proper nouns are included. Since this glossary is not a full-fledged lexicon, we have chosen to provide glosses, or translation equivalents, not definitions. Each lexical entry includes the word's frequency in *Septuaginta* followed by its frequency in the New Testament.

Α, α

Ἀβραάμ, *m*, noun [212; 73]
Abraham (*translit.*)

ἀγαθός, **-ή**, **-όν**, adj. [640; 102]
good, kind, (morally) upright, beneficial, functional, (high) quality; [τὰ ἀγαθά] goods, possessions

ἀγαπάω, verb [283; 143]
to love, delight in, show affection for, enjoy

ἄγγελος, **-ου**, *m*, noun [351; 175]
angel, messenger, (human) envoy

ἅγιος, **-α**, **-ον**, adj. [831; 233]
holy, sacred, consecrated (to God), (morally) pure; [τὸ ἅγιον] the holy place, the sanctuary; [τὸ ἅγιος] the Holy One

ἀγρός, **-οῦ**, *m*, noun [245; 36]
field, land, countryside

ἄγω, verb [272; 67]
to bring (toward), lead (along), take

ἀδελφή, **-ῆς**, *f*, noun [122; 26]
sister, beloved woman

ἀδελφός, **-οῦ**, *m*, noun [926; 343]
brother, fellow person, neighbor, colleague

Αἰγύπτιος, adj. [140; 5]
Egyptian

Αἴγυπτος, *f*, noun [649; 25]
Egypt

αἷμα, **-ατος**, *n*, noun [399; 97]
blood

αἴρω, verb [290; 101]
to pick up, raise, lift, take up (and carry), take away, remove

αἰών, **-ῶνος**, *m*, noun [749; 122]
very long period, age, eternity

αἰώνιος, **-ος**, **-ον**, adj. [163; 71]
eternal, without end

ἀκάθαρτος, **-ος**, **-ον**, adj. [160; 32]
impure, unclean

ἀκούω, verb [1,067; 428]
to hear (about), listen to, obey, understand

ἀλήθεια, **-ας**, *f*, noun [204; 109]
truth, truthfulness

ἀλλά, conj. [583; 638]
but, rather, yet, nevertheless, except; [ἀ. ἤ] rather (than), except; [οὐ μὴν δὲ ἀ.] nonetheless; [μὲν . . . ἀ.] on one hand . . . on the other hand

ἄλλος, **-η**, **-ον**, adj. [107; 155]
other, another

ἁμαρτάνω, verb [270; 43]
to sin, act sinfully, do wrong

ἁμαρτία, **-ας**, *f*, noun [543; 173]
sin, sinfulness, sin offering

ἁμαρτωλός, **-ός**, **-όν**, adj. [179; 47]
sinful; (*subst*) sinner

ἄν, particle [654; 166]
(*particle of contingency*); [ὅς ἄ. + *sub*] whoever, whichever; [ὡς ἄ. + *sub*] however, whenever; [ἕως ἄ. + *sub/inf/ind*] until

ἀναβαίνω, verb [685; 82]
to go up, rise up, climb, ascend, emerge, mount

ἀνήρ, **ἀνδρός**, *m*, noun [1,917; 216]
man, person, husband; [(*idiom*) ἀ. + ἑαυτοῦ] each (*one*)

ἄνθρωπος, **-ου**, *m*, noun [1,427; 550]
man, husband, person, humanity

ἀνίστημι, verb [539; 108]
to raise (up), set up, restore, (re)build; (*intr*) to rise, stand up, present oneself

ἀνοίγω, verb [183; 77]
to open

ἀπαγγέλλω, verb [254; 45]
to proclaim, declare, inform, explain

ἀπέρχομαι, verb [229; 117]
to go away, depart, leave

ἀπό, prep. [4,147; 646]
(+ *gen*) from, away from, out of, after, because of; [ἀ. οὗ] since; [ἀ. ἐκείνου] from then on

ἀποδίδωμι, verb [220; 48]
to give back (what is owed), return, repay, make amends; (*mid*) to sell

ἀποθνῄσκω, verb [602; 111]
to die

ἀποκρίνομαι, verb [277; 231]
to answer, reply, respond

ἀποκτείνω, verb [237; 74]
to kill, destroy

ἀπόλλυμι, verb [379; 90]
to destroy, conceal, lose; (*mid*) perish, be removed, vanish

ἀποστέλλω, verb [691; 132]
to send (out/away), dispatch, permit to leave, dismiss

ἅπτομαι, verb [133; 39]
(+ *gen*) to touch, grasp, affect, reach; [ἅπτω] to kindle, light

ἄρτος, **-ου**, *m*, noun [307; 97]
bread, food

ἀρχή, **-ῆς**, *f*, noun [236; 55]
origin, start, beginning, ruler, authority

ἄρχω, verb [176; 86]
(+ *gen*) to rule, administer; (*mid*) to begin

ἄρχων, **-οντος**, *m*, noun [664; 37]
ruler, commander, governor, top authority

αὐτός, **-ή**, **-όν**, pron. [29,393; 5,597]
he, she, it; (the very) same; himself, herself, itself

ἀφίημι, verb [137; 143]
to forgive, release, permit, leave (behind)

B, β

βασιλεία, **-ας**, *f*, noun [437; 162]
kingdom, dominion, reign, kingship, royal rule

βασιλεύς, **-έως**, *m*, noun [3,443; 115]
king, (supreme) ruler

βιβλίον, **-ου**, *n*, noun [186; 34]
document, scroll, letter

βλέπω, verb [133; 132]
to see, look at, watch, face

βούλομαι, verb [128; 37]
to desire, be willing, consent to

Γ, γ

γάρ, conj. [1,548; 1,041]
for, since, as; [καὶ γ.] surely, indeed; [ἐάν τε γ. . . . μήτε] for if . . . neither; [μὲν γ. . . . δέ] for indeed . . . but

γέ, particle [176; 26]
(*emphatic particle*) indeed, really

γενεά, **-ᾶς**, *f*, noun [239; 43]
generation, family group, birthplace

γεννάω, verb [254; 97]
to be the father of, give birth to, bring into existence

γῆ, **-ῆς**, *f*, noun [3,172; 250]
earth, soil, ground, land, region

γι(γ)νώσκω, verb [754; 222]
to know, realize, find out, understand, acknowledge, have sexual intercourse

γίνομαι, verb [2,217; 669]
to be, become, come about, happen, be (created, born, produced, etc.)

γλῶσσα, **-ης**, *f*, noun [169; 50]
tongue, language, bar (of metal)

γράφω, verb [304; 191]
to write (down), record

γυνή, **γυναικός**, *f*, noun [1,074; 215]
woman, female, wife

Δ, δ

Δαυιδ, *m*, noun [1,090; 59]
David (*translit.*)

δέ, conj. [4,907; 2,792]
and, but, now, then, in turn; [δ. καί] but also; [μὲν . . . δ./ἀλλά] on one hand . . . on the other hand; [εἰ δ. μή] if not, otherwise; [ἐάν δ. καί] but if; [οὐ μὴν δ. ἀλλά] nonetheless; [τὲ . . . δ.] as . . . so, not only . . . but also, both . . . and; [μὲν γὰρ . . . δ.] for indeed . . . but

δείκνυμι, verb [127; 33]
to point out, show, make known, explain

δεξιός, **-ά**, **-όν**, adj. [227; 54]
right (side); (*opposite of left*)

δεύτερος, **-α**, **-ον**, adj. [228; 43]
second

διά, prep. [1,424; 667]
(+ *gen*) through, during, after, by means of, with; [δ. παντός] continually, always
(+ *acc*) because of, on account of; [δ. τί] why?; [δ. τοῦτο] therefore

διαθήκη, **-ης**, *f*, noun [358; 33]
covenant, treaty, testament

διδάσκω, verb [107; 97]
to teach, instruct; (*pas*) to learn

δίδωμι, verb [2,130; 415]
to give, grant, provide, deliver, place, issue

διέρχομαι, verb [152; 43]
to go through(out), pass (through)

δίκαιος, **-α**, **-ον**, adj. [433; 79]
just, righteous

δικαιοσύνη, **-ης**, *f*, noun [350; 92]
righteousness, uprightness, (divine) justice, equity

διώκω, verb [112; 45]
to pursue, seek after, chase

δόξα, **-ης**, *f*, noun [451; 166]
glory, splendor, majesty, distinction, reputation

δοξάζω, verb [146; 61]
to extol, magnify, hold in honor

δοῦλος, **-η**, **-ον**, adj. [385; 126]
enslaved, subservient; (*subst*) servant, slave

δύναμαι, verb [337; 210]
to be able, be capable

δύναμις, **-εως**, *f*, noun [591; 119]
power, might, ability, (armed military) force, authority

δυνατός, **-ή**, **-όν**, adj. [185; 32]
strong, powerful, capable

δύο, adj. [695; 135]
two; [(*dat*) δύσι]

Ε, ε

ἐάν, conj. [1,357; 350]
if, perhaps, when(ever); [ἐ. καί] even if; [ἐ. δὲ καί] but if; [ἐ. μή] if not, unless; [ὡς/ὅς ἐ.] whoever; [ἡνίκα ἐ.] whenever; [ὅθεν ἐ.] from wherever; [ὅπου ἐ.] wherever; [πλὴν ἐ.] provided only; [ὅν τρόπον ἐ.] as if, just as; [ἐ. τε . . . ἐ. τε] whether . . . or; [ἐ. τε γὰρ . . . μήτε] for if . . . neither; [ἐ. τε] even if, whether

ἑαυτοῦ, **-ῆς**, **-οῦ**, pron. [654; 319]
himself, herself, itself; [(*idiom*) ἀνήρ + ἑ.] each one

ἐγγίζω, verb [158; 42]
to bring near, come near, approach

ἐγώ, pron. [12,697; 2,666]
I; [(*p*) ἡμεῖς] we

ἔθνος, **-ους**, *n*, noun [1,014; 162]
people (group), nation, non-Israelite

εἰ, particle [804; 502]
if, perhaps, whether, since; [ε. μή] except, if not; [ε. πως] if somehow, if perhaps; [ε. δὲ μή] if not, otherwise; [ε. *or* ε. μήν] surely, certainly; [ε. . . . ἤ] whether . . . or; *see also* ἄν, ἔιτε

εἶδον, verb
see ὁράω

εἰμί, verb [6,836; 2,462]
to be, become, function as, be present, exist

εἰρήνη, **-ης**, *f*, noun [295; 92]
peace, well-being

εἰς, prep. [7,470; 1,767]
(+ *acc*) into, toward, until, with regard to; [ε. τοῦτο] for this reason; [ε. τό + *inf*] so that; [ε. ὅ] with regard to which, for which; [ε. τί] why?

εἷς, **μία**, **ἕν** (*gen* **ἑνός**, **μιᾶς**, **ἑνός**) adj. num. [1,034; 345]
one, first; (the) same; (*indef article*) a, an; [≈τις] someone, a certain (*x*); [ε. . . . ε.] one . . . another; [ε. . . . ὁ ἕτερος] (the) one . . . (the) other

εἰσέρχομαι, verb [710; 194]
to enter, go in(to); [ε. + πρός] to have sexual intercourse

εἴτε, conj. [9; 65]
even if; [ε̌. . . . ε̌.] whether . . . or

ἐκ, ἐξ, prep. [3,831; 914]
(+ *gen*) out of, from (within), (part) of, due to, since, after; [ἐ. τούτο] because (of this), for this reason; [ἐ. ἐναντίας] opposite, in front of; [ἐ. προσώπου] from the presence of, from before

ἕκαστος, -η, -ον, adj. [357; 82]
each, every

ἐκβάλλω, verb [101; 81]
to throw out, move out, sever a relationship

ἐκεῖ, adv. [804; 105]
there, in that place

ἐκεῖνος, -η, -ον, pron. [747; 265]
that (person/thing); [μετ' ἐκεῖνο] afterward; [ἀπ' ἐκείνου] from then on

ἐκκλησία, -ας, *f*, noun [103; 114]
assembly, gathering, (social) organization

ἐκπορεύομαι, verb [171; 33]
to go out, emerge, leave

ἐλπίζω, verb [117; 31]
to hope (for), expect, wait for

ἐλπίς, -ίδος, *f*, noun [117; 53]
hope, expectation

ἐμός, -ή, -όν, adj. [105; 76]
my, mine

ἔμπροσθεν, prep. [162; 48]
(+ *gen*) before, in front (of), prior

ἐν, prep. [14,316; 2,752]
(+ *dat*) in, on, among, with, when, at

ἐναντίος, -α, -ον, adj. [66; 8]
opposite, against; [ἐξ ἐναντίας] opposite, in front of

ἐντολή, -ῆς, *f*, noun [240; 67]
commandment, order, precept

ἐνύπνιον, -ου, *n*, noun [107; 1]
dream

ἐνώπιον, prep. [565; 94]
(+ *gen*) in front of, in the presence of, in the opinion of

ἐξέρχομαι, verb [743; 218]
to exit, depart, go away, come out, appear, get out, proceed from

ἔξω, adv. used as prep. [109; 63]
outside; (+ *gen*) out from, outside of

ἐπί, prep. [7,314; 890]
(+ *gen*) at, upon, near, before, in the time of, over, on the basis of
(+ *dat*) on, beside, regarding, owing to, in addition to, above, during
(+ *acc*) over, toward, as far as, until, against; [ἐ. τὸ αὐτὸ] together, at once

ἐπιγινώσκω, verb [149; 44]
to recognize, realize, notice

ἐπιστρέφω, verb [550; 36]
to turn, return, bring back, change (physical or mental) orientation

ἐπιτίθημι, verb [271; 39]
to lay on, place upon, set in place, impose; (*mid*) make an attempt on, attack

ἑπτά, adj. [377; 88]
seven

ἐργάζομαι, verb [120; 41]
(*intr*) to work, labor; (*trans*) to perform, accomplish

ἔργον, -ου, *n*, noun [591; 169]
work, task, action, activity, product

ἔρημος, -ος/η, -ον, adj. [388; 48]
desolate, empty; (*subst*) desert, wasteland, wilderness

ἔρχομαι, verb [1,082; 632]
to go, come (to), arrive (at), come to pass

ἐρῶ, verb
see λέγω

ἐσθίω, verb [645; 158]
to eat, consume; [*or* ἔσθω; (*fut*) ἔδομαι *or* φάγομαι; (*aor*) ἔφαγον; etc.]

ἔσχατος, -η, -ον, adj. [155; 52]
last, final, remotest

ἕτερος, -α, -ον, adj. [267; 98]
other, another, different

ἔτι, adv. [550; 93]
yet, still, even; (+ *neg*) anymore

ἑτοιμάζω, verb [176; 40]
to prepare

ἔτος, -ους, *n*, noun [718; 49]
year; [κατὰ ἔτος] every year, annually

εὐλογέω, verb [519; 41]
to bless, make successful, confer favor, speak well of, praise

εὑρίσκω, verb [611; 176]
to find (out), come upon, encounter, discover, obtain; (*pas*) be available, be at one's disposal; [(*idiom*) ε. χάριν] to gain positive/favorable status

ἐχθρός, -ά, -όν, adj. [447; 32]
hostile, opposed; (*subst*) enemy, opponent

ἔχω, verb [493; 708]
to have, possess, hold, maintain

ἕως, prep./conj. [1,564; 146]
until, as long as, up to, while; [ἕ. ἄν (+ *sub/inf/ind*)] until; [ἕ. οὗ] until; [ἕ. πότε/τίνος] until when; [ἕ. (+ *num*)] as many as (*x*) times; [ἕ. σφόδρα] very exceedingly

Ζ, ζ

ζάω, verb [560; 140]
to live, be alive, survive

ζητέω, verb [320; 117]
to seek, look for, inquire about, desire

ζωή, -ῆς, *f*, noun [298; 135]
life, existence

Η, η

ἤ, conj. [950; 343]
or, (rather) than, as; [ἤ(τοι) . . . ἤ] either . . . or, whether . . . or; [πρὶν ἤ] before; [ἀλλ' ἤ] rather, except; [εἰ . . . ἤ] whether . . . or

ἥλιος, -ου, *m*, noun [214; 32]
sun, sunshine

ἡμέρα, -ας, *f*, noun [2,572; 389]
day, daytime, period (of time)

Θ, θ

θάλασσα, -ης, *f*, noun [449; 91]
sea, (specifically, the Mediterranean Sea); [κατὰ θάλασσαν] toward the sea, westward

θάνατος, -ου, *m*, noun [365; 120]
death

θέλω, verb [163; 208]
to be willing, want

θεός, -οῦ, *m*, noun [4,009; 1,317]
God, god, deity

θηρίον, -ου, *n*, noun [165; 46]
wild animal

θλῖψις, -εως, *f*, noun [135; 45]
distress, suffering, oppression

θρόνος, -ου, *m*, noun [165; 62]
throne, seat (of power)

θύρα, -ας, *f*, noun [240; 39]
door, entrance

Ι, ι

ἰδού, interj./particle [1,177; 200]
see!, look!, watch!

ἱερεύς, **-έως**, *m*, noun [904; 31]
priest

ἱερόν, **-ου**, *n*, noun
see ἱερός

ἱερός, **-ά**, **-όν**, adj. [116; 74]
holy, sacred; [τὸ ἱερόν] temple, sanctuary

Ἰησοῦς, *m*, noun [277; 917]
Joshua (*translit.*)

ἱμάτιον, **-ου**, *n*, noun [223; 60]
clothing, garment

ἵνα, conj. [621; 663]
(+ *sub*) that, in order that, so that; [ἵ. μή (+ *sub*)] (in order) that not; [ἵ. τί] why?

Ἰουδαία, *f*, noun [131; 44]
Judea (*translit.*)

Ἰουδαῖος, adj. [213; 194]
Judean

Ἰούδας, *m*, noun [901; 44]
Judah (*translit.*)

Ισραηλ, *m*, noun [2,747; 68]
Israel (*translit.*)

ἵστημι, verb [766; 154]
to set, situate, position, cause to stand, confirm, appoint, bring about; (*intr*) to stop, stand still, hold out, present oneself

Κ, κ

καθαρίζω, verb [125; 31]
to purify, cleanse

κάθημαι, verb [206; 91]
to sit, stay, reside

καθίζω, verb [229; 46]
to sit down, settle, reside, establish

καθώς, conj. [283; 182]
as, just as

καί, conj. [62,352; 9,161]
and, also, then, so, even; [κ. . . . κ.] both . . . and, not only . . . but also; [κ. γάρ] surely, indeed; [ἐάν κ.] even if; [ἐάν δὲ κ.] but if; [τὲ . . . κ.] as . . . so, not only . . . but also, both . . . and

καιρός, **-οῦ**, *m*, noun [485; 85]
time, period, season, occasion, opportunity

κακός, **-ή**, **-όν**, adj. [392; 50]
bad, dangerous, evil, harmful; [τὰ κακά] wrongdoing, afflictions, troubles

καλέω, verb [511; 148]
to call (upon), address, invite, summon, (give a) name (to), proclaim

καλός, **-ή**, **-όν**, adj. [235; 101]
good, beautiful, useful, precious

καρδία, **-ας**, *f*, noun [960; 156]
(physical) heart, (spiritual) center, (seat of) conscience/emotion

καρπός, **-οῦ**, *m*, noun [128; 66]
fruit, (offspring)

κατά, prep. [2,145; 473]
(+ *gen*) down (from), down (onto), against, along, toward, as far as
(+ *acc*) at, facing, according to, during, concerning; [κ. ἰδίαν] private(ly); [κ. ἑαυτόν] by him/her/itself

καταβαίνω, verb [352; 81]
to go down, come down, descend

κατοικέω, verb [683; 44]
to reside, inhabit, settle (an area), live (in a place)

κεφαλή, **-ῆς**, *f*, noun [432; 75]
head, top, leader

κλαίω, verb [166; 40]
to weep, cry, lament

κράζω, verb [111; 55]
to cry out, scream, call

κρατέω, verb [153; 47]
to grasp, have control over, take possession of, retain, gain strength

κρίνω, verb [269; 114]
to consider, pass judgment, decide, condemn, sentence; (*mid*) dispute

κρίσις, **-εως**, *f*, noun [277; 47]
(legal) case, sentence, judgment, decision

κύριος, **-ου**, *m*, noun [8,605; 717]
master, sir, lord, Lord

Λ, λ

λαλέω, verb [1,189; 296]
to speak, tell, say, communicate

λαμβάνω, verb [1,336; 258]
to take, grasp, remove, acquire, receive, seize, catch, capture; (*pas*) to receive, be given, undergo; [λ. πρόσωπον] to show approval, treat preferentially; [λ. ἐν γαστρί] to conceive; [(*fut*) λή(μ)ψομαι]

λαός, **-οῦ**, *m*, noun [2,060; 142]
people, nation, humankind

λέγω, verb [2,601; 2,353]
to say, speak, tell, address, answer, call, order; [(*fut*) ἐρῶ]

λήμψομαι, verb
see λαμβάνω

λίθος, **-ου**, *m*, noun [302; 59]
stone

λογίζομαι, verb [120; 40]
to devise, regard as, consider, take notice of

λόγος, **-ου**, *m*, noun [1,239; 330]
word, matter, subject (of conversation), statement, message, report, oracle

λοιπός, **-ή**, **-όν**, adj. [119; 55]
remaining; (*subst*) rest, remainder

Μ, μ

μέγας, **μεγάλη**, **μέγα**, adj. [913; 243]
large, great, long, wide, strong; [(*comp*) μείζων, μεῖζον]; [(*sup*) μέγιστος, -η, -ον]

μέν, particle [223; 179]
yet, indeed; [μ. . . . δέ/ἀλλά] on the one hand . . . on the other hand; [μ. γὰρ . . . δέ] for indeed . . . but; [μ. οὖν] then

μέρος, **-ους**, *n*, noun [138; 42]
part, piece, section

μέσος, **-η**, **-ον**, adj./prep. [849; 58]
middle; [τὸ μέσον] the middle; (*prep* + *gen*) among, within, between; [ἀνὰ μέσον] between

μετά, prep. [2,522; 469]
(+ *gen*) with, (accompanied) by, among, in the presence of
(+ *acc*) behind, following, after; [μ. τοῦτο] afterward, later; [μ. ἐκεῖνο] afterward

μή, particle [3,174; 1,042]
not, lest; [οὐ μ. (+ *sub*)] certainly not, by no means; [εἰ δὲ μ.] if not, otherwise; [τοῦ μ. (+ *inf*)] so that not; [οὐδὲ (οὐ) μ.] not even; [οὐκέτι (οὐ) μ.] never again; [ἐάν μ.] if not, unless; [εἰ μ.] except, if not; [ἵνα μ. (+ *sub*)]

μηδέ, particle [139; 56]
and not, nor, not even

μήν, **μηνός**, *m*, noun/particle [346; 19]
month, moon; [εἰ *or* εἶ μ.] surely, certainly; [οὐ μ. δὲ ἀλλά] nonetheless

μήτηρ, **μητρός**, *f*, noun [338; 83]
mother

μικρός, **-ά**, **-όν**, adj. [165; 46]
small, little, insignificant, minor; [μικρόν] a little while; [πρὸ μικροῦ] a little earlier; [μετὰ μικρόν] a little later; [κατὰ (μικρὸν) μικρόν] bit by bit

μισέω, verb [182; 40]
to hate, detest, disdain

μόνος, **-η**, **-ον**, adj. [223; 114]
only, alone

Μωϋσῆς, *m*, noun [732; 80]
Moses (*translit.*)

N, ν

ναός, **-οῦ**, *m*, noun [118; 45]
temple

νόμος, **-ου**, *m*, noun [428; 194]
law, Law, regulation, rule

νῦν, adv. [697; 147]
now, at present; [ὁ/ἡ/τό ν.] the present (time/moment)

νύξ, **νυκτός**, *f*, noun [295; 61]
night

O, ο

ὁ, **ἡ**, **τό**, article [88,461; 19,867]
the, this (one), that (one)

ὁδός, **-οῦ**, *f*, noun [888; 101]
way, path, road, course, journey, conduct, behavior

οἶδα, verb [294; 318]
to know (about), understand, perceive, be(come) aware

οἰκία, **-ας**, *f*, noun [268; 93]
house, household, family

οἰκοδομέω, verb [467; 40]
to build, construct

οἶκος, **-ου**, *m*, noun [2,062; 114]
house, dwelling, possessions, household, kin, descendants

οἶνος, **-ου**, *m*, noun [252; 34]
wine

ὅλος, **-η**, **-ον**, adj. [275; 109]
whole, entire, complete; [δι᾽ ὅλου] throughout; [τοῖς ὅλοις] altogether

ὄνομα, **-ατος**, *n*, noun [1,049; 231]
name, title, reputation

ὀπίσω, adv./prep. [378; 35]
behind; (*prep* + *gen*) after; [τὰ ὀ.] back (parts), rear

ὅπως, conj. [262; 53]
(in order) that (+ *sub*)

ὁράω, verb [1,503; 454]
to see, notice, perceive, look; (*pas*) to appear; [(*aor*) εἶδον]

ὀργή, **-ῆς**, *f*, noun [303; 36]
anger, wrath, indignation

ὄρος, **-ους**, *n*, noun [684; 63]
hill, mountain

ὅς, **ἥ**, **ὅ**, pron. [5,041; 1,399]
who, that, which, (the) one (who); [ἀνθ᾽ ὧν] for, because; [οὗ (*adv*)] where, in which case; [εἰς ὅ] with regard to which, for which; [ἕως οὗ] until; [ἀφ᾽ οὗ] since; [ὅς ἐάν] whoever; [ὃν τρόπον ἐάν] as if, just as

ὅσος, **-η**, **-ον**, adj. [614; 110]
as great as, as much as, as many as, as far as, as long as

ὅστις, **ἥτις**, **ὅτι**, pron. [133; 152]
whoever, whichever, whatever

ὅταν, conj. [210; 123]
when, whenever

ὅτε, conj. [173; 103]
when, while

ὅτι, conj. [4,044; 1,296]
that, so that, because, since; [τί ὅ.] why?; [πλὴν ὅ.] however

οὐ, **οὐκ**, **οὐχ**, adv. [6,406; 1,623]
no, not; [o. μή (+ *sub*)] certainly not, by no means; [o. μὴν δὲ ἀλλά] nonetheless

οὐδέ, conj. [614; 143]
and not, nor, neither; [o. μή] not even; [o. ὥς] even so

οὐδείς, **οὐδεμία**, **οὐδέν**, pron. [188; 227]
no one, none, nothing, not at all

οὐκέτι, adv. [111; 47]
no more, no longer, not again; [o. (οὐ) μή] never again

οὖν, conj. [259; 499]
so, thus, consequently, therefore; [μὲν o.] then

οὐρανός, **-οῦ**, *m*, noun [682; 273]
sky, heaven(s)

οὖς, **ὠτός**, *n*, noun [184; 36]
ear

οὔτε, adv. [123; 87]
and not, neither, nor

οὗτος, **αὕτη**, **τοῦτο**, pron. [4,419; 1,387]
this (one), (*p*) these (ones), he/she/it; [μετὰ τοῦτο] afterward, later; [εἰς τοῦτο] for this reason; [ἐκ τούτο] because (of this), for this reason; [διὰ τοῦτο] therefore

οὕτως, adv. [859; 208]
in this manner, so, thus, accordingly

οὐχί, adv. [200; 54]
no, surely not

ὀφθαλμός, **-οῦ**, *m*, noun [676; 100]
eye, (faculty of) sight; [ὀφθαλμοῖς κατ' ὀφθαλμοὺς] face-to-face

Π, π

παιδίον, **-ου**, *n*, noun [168; 52]
young child; [ἐκ παιδίου] from childhood

παρά, prep. [881; 194]
(+ *gen*) from (the side)
(+ *dat*) beside, by, in the presence of
(+ *acc*) alongside of, near, for the reason that, more than, beyond, rather than, contrary to

παραγίνομαι, verb [178; 37]
to arrive, be present, present oneself

παραδίδωμι, verb [276; 119]
to give up, hand over, deliver, transmit, relate

παρακαλέω, verb [140; 109]
to comfort, exhort, encourage, summon

πᾶς, **πᾶσα**, **πᾶν** (*gen* **παντός**, **πάσης**, **παντός**), adj. [6,826; 1,243]
each, every, all; (*subst*) everyone, everything; [διὰ παντός] continually

πατήρ, **πατρός**, *m*, noun [1,448; 413]
father, parent, ancestor

πεδίον, **-ου**, *n*, noun [174; 0]
plain, field, level area

πείθω, verb [181; 52]
to persuade; (*pas*) to obey, yield; (*perf/plpf*) to believe, rely on, trust (in), feel confidence

πέντε, adj. [278; 38]
five

περί, prep. [852; 333]
(+ *gen*) about, concerning, on account of, with regard to
(+ *acc*) around, near, with

πίνω, verb [294; 73]
to drink

πίπτω, verb [423; 90]
to fall, fail, collapse, perish

πλανάω, verb [126; 39]
to lead astray, misguide, deceive; (*mid*) to move about, wander aimlessly (away)

πλῆθος, **-ους**, *n*, noun [287; 31]
quantity, multitude, crowd

πλήν, adv. used as conj./prep. [248; 31]
(*conj*) rather, nevertheless, but; (*prep* + *gen*) except; [π. ἐάν] provided only; [π. ὅτι] however

πληρόω, verb [112; 86]
to fill (up), complete, bring to an end; [(*idiom*) π. τὰς χεῖρας] to ordain (a priest)

πνεῦμα, **-ατος**, *n*, noun [381; 379]
wind, breath, spirit, soul, (mental/emotional) disposition

ποιέω, verb [3,387; 568]
to do, undertake, act, make, produce, carry out; [π. (+ *inf*)] compel to do

πόλεμος, **-ου**, *m*, noun [387; 18]
war, battle, fight

πόλις, **-εως**, *f*, noun [1,580; 163]
city, town, inhabitants

πολύς, **πολλή**, **πολύ** (*gen* **-οῦ**, **-ῆς**, **-οῦ**), adj. [924; 416]
much, many, great, large, wide, long, strong; [(*comp*) πλείων, πλείονος, πλεῖον]; [(*sup*) πλεῖστος, -η, -ον]

πονηρός, **-ά**, **-όν**, adj. [382; 78]
evil, wicked, immoral, bad, harmful

πορεύομαι, verb [1,260; 153]
to go (from), come (to), proceed, walk, travel, conduct oneself; [π. ὀπίσω] follow

ποῦ, adv. [125; 48]
where?, at which place?

πούς, **ποδός**, *m*, noun [303; 93]
foot, step, track

πρεσβύτερος, **-α**, **-ον**, adj. [219; 66]
older; (*subst*) elder, official, council member

πρό, prep. [254; 47]
(+ *gen*) ahead, before, prior to

πρόβατον, **-ου**, *n*, noun [300; 39]
sheep

πρός, prep. [4,382; 700]
(+ *gen*) in the interest of, necessary for
(+ *dat*) at, near, in addition to
(+ *acc*) to, toward, facing, in order to, so that, against, in reference to, concerning

προσέρχομαι, verb [116; 86]
to go to, approach, arrive

προσευχή, **-ῆς**, *f*, noun [115; 36]
prayer

προσεύχομαι, verb [110; 85]
to pray

προσκυνέω, verb [228; 60]
to (fall down and) worship, bow before in reverence

πρόσταγμα, **-ατος**, *n*, noun [170; 0]
ordinance, command

προσφέρω, verb [165; 47]
to bring to, offer, present

πρόσωπον, **-ου**, *n*, noun [1,303; 76]
face, front (side), surface, appearance, expression; [ἐπὶ προσώπου] in front of; [κατὰ πρόσωπον] facing, across from, against; [ἐκ προσώπου] from the presence of, from before; [λαμβάνω π.] to show approval, treat preferentially

προφήτης, **-ου**, *m*, noun [333; 144]
prophet

πρῶτος, **-η**, **-ον**, adj. [243; 155]
first, earlier, former, foremost

πτωχός, **-ή**, **-όν**, adj. [124; 34]
poor, oppressed, needy

πῦρ, **-ός**, *n*, noun [541; 71]
fire

πῶς, adv. [129; 103]
how, in what way; [εἴ π.] if somehow, if perhaps

Ρ, ρ

ῥῆμα, **-ατος**, *n*, noun [546; 68]
expression, saying, statement, matter, thing, concern

Σ, σ

σάββατον, **-ου**, *n*, noun [130; 68]
sabbath, week

σάρξ, **σαρκός**, *f*, noun [215; 147]
flesh, meat, body, humanity

σεαυτοῦ, **-ῆς**, **-οῦ**, pron. [237; 43]
yourself

σημεῖον, **-ου**, *n*, noun [121; 77]
sign, signal, identifying mark

σήμερον, adv. [291; 41]
today

σκότος, **-ους**, *n*, noun [120; 31]
darkness

σοφία, **-ας**, *f*, noun [254; 51]
wisdom, skill, shrewdness

σπέρμα, **-ατος**, *n*, noun [279; 43]
seed, children, descendants

στόμα, **-ατος**, *n*, noun [490; 78]
mouth, opening, entrance, edge (of a sword)

σύ, pron. [14,026; 2,907]
you; [(*p*) ὑμεῖς] you (all)

σύν, prep. [231; 128]
(+ *dat*) with, in addition to, including

συνάγω, verb [377; 59]
to gather, collect, bring together, assemble, invite, receive

συναγωγή, **-ῆς**, *f*, noun [228; 56]
congregation, assembly, gathering place

σῴζω, verb [365; 106]
to save, rescue, keep from harm; (*pas*) to escape

σῶμα, **-ατος**, *n*, noun [136; 142]
body, corpse, slave, person

σωτηρία, **-ας**, *f*, noun [158; 46]
salvation, deliverance

Τ, τ

τέ, conj. [274; 215]
and; [τ. . . . τ./καί/δέ] as . . . so, not only . . . but also, both . . . and; [ἐάν τ. γὰρ . . . μήτε] for if . . . neither; [ἐάν τ.] even if

τέκνον, **-ου**, *n*, noun [313; 99]
child, son, offspring

τέλος, **-ους**, *n*, noun [165; 40]
end, conclusion, goal; [μετὰ/ἐπὶ/ἀπὸ (τὸ) τ.] after, at the end of (a period); [εἰς/ἕως/διὰ/μέχρι (τὸ) τ.] completely, utterly

τεσσαράκοντα, adj. [151; 0]
forty

τέσσαρες, **-ες**, **-α**, adj. [249; 41]
four

τίθημι, verb [559; 100]
to set, place, put, establish, institute, appoint

τίς, **τίς**, **τί** (*gen* **τίνος**), pron. [1,511; 555]
who?, which (one)?, what (sort)?; [τί ὅτι] why?; [διὰ/εἰς τί] why?; [ἕως τίνος] until when?; [χάριν τίνος] why?; [ἵνα τί] why?

τις, pron. [342; 525]
someone, something, anyone, anything, (a) certain one/thing

τόπος, **-ου**, *m*, noun [611; 94]
place, region, position

τότε, adv. [295; 160]
then, next, at that point, thereupon

τρεῖς, **-εῖς**, **-ία**, adj. [378; 69]
three

τρίτος, **-η**, **-ον**, adj. [179; 56]
third

Υ, υ

ὕδωρ, **ὕδατος**, *n*, noun [676; 76]
water

υἱός, **-οῦ**, *m*, noun [5,204; 377]
son, descendant, community member; [υ. (+ *num*) ἐτῶν] (*num*) years old

ὑπάρχω, verb [156; 60]
to exist, be (present), belong to

ὑπέρ, prep. [430; 150]
(+ *gen*) for (the sake of), on behalf of, in place of, with regard to
(+ *acc*) beyond, more than, over

ὑπό, prep. [495; 220]
(+ *gen*) by
(+ *acc*) below, under, during

Φ, φ

φέρω, verb [291; 66]
to carry, bring along, bear, endure; [*fut* ὄισω; *aor* ἤνεγκα]

φοβέω, verb [463; 95]
to fear, revere, become frightened

φόβος, **-ου**, *m*, noun [199; 47]
fear, alarm, dread, reverence, awe

φυλακή, **-ῆς**, *f*, noun [121; 47]
watch, guard, prison

φυλάσσω, verb [466; 31]
to guard, watch (over), preserve, defend, keep (a commandment); (*mid*) be on one's guard, beware of

φυλή, **-ῆς**, *f*, noun [446; 31]
people group, tribe

φωνή, **-ῆς**, *f*, noun [633; 139]
sound, noise, voice, (out)cry

φῶς, **φωτός**, *n*, noun [176; 73]
light

Χ, χ

Χαναναῖος, **-α**, **-ον**, adj. [87; 1]
Canaanite

χάρις, **-ιτος**, *f*, noun, also used as prep. [134; 155]
grace, goodwill, favor, kindness, gratitude; (*prep* + *gen*) on account of, because of

χείρ, **χειρός**, *f*, noun [1,945; 177]
hand, possession, power, control, dominion; [διὰ χειρὸς *or* ἐν χειρὶ τίνος] by the hand of, by means of; [(*idiom*) πληρόω τὰς χεῖρας] ordain (a priest)

χρόνος, **-ου**, *m*, noun [140; 54]
time, duration, period

Ψ, ψ

ψαλμός, **-οῦ**, *m*, noun [92; 7]
psalm, song of praise

ψυχή, **-ῆς**, *f*, noun [974; 103]
soul, (physical) life, individual (person), (inner) self, mind

Ω, ω

ὡς, adv. [2,047; 504]
like, as, when, (so) that, about (+ *num*); [ὡ. ἂν] however, whenever; (*interj*) how!; [ὡ. (*adv*)] so, thus; [οὐδ' ὧ.] even so; [ὡ. ἐάν] whoever

ὥσπερ, conj. [263; 36]
(just) as, like

ὥστε, conj. [181; 83]
so that, in order that, for the purpose of